民衆
엣센스
日本語 漢字읽기
辭典

민중서림 편집국 편

辭書專門
民衆書林

머 리 말

　우리들이 日本語를 학습함에 있어서 제일 어려운 벽에 맞닥뜨리게 되는 것은 저네들의 漢字 읽기일 것이다.
　물론 日本도 漢字文化圈이니만큼 대개의 글은 漢字만 보고 그 뜻을 대략 짐작할 수 있겠지만, 막상 日本語로 읽으려고 하면 그 고충이 이만저만이 아니다. 우리는 漢字를 읽을 때 音만으로 읽으나, 日本語는 대표적인 音·訓 외에 때로는 아주 엉뚱하게 읽는 것도 적잖이 있으므로 그 낱말 하나하나를 낱낱이 외어야만 하는 어려움이 있는 것이다.
　이를테면 고기 '魚'자 하나만 보아도, 'ぎょ', 'さかな', 'うお' 등으로 읽는 법이 다양하여, '魚道(ぎょどう)(=물고기 길)', '魚屋(さかなや)(=생선 가게)', '魚市場(うおいちば)(=생선 시장)' 외에 '魚籠(びく)(=어롱)' 따위로 읽어야 할 경우도 있으니 어지간히 日本語를 안다고 하는 분들로서도 난감(難堪)해질 때가 종종 있게 된다.
　이같이 日本語에서는 음독(音讀)·훈독(訓讀)을 섞어서 저희들의 관습대로 자유로이 읽고 있으며, 나아가 그들의 人名이나 地名은 더 말할 것도 없거니와 문학 작품에 이르러서는 日本人 사이에서도 헷갈리는 일이 허다함을 보게 된다.
　이에, 이번 저희 '日本語 漢字 읽기 辭典'에서는 학습 또는 사회 생활에 필요한 日本語 漢字 어휘들을 최대한으로 수집, 웬만한 어휘는 거의 다 수록하였다고 자부하는 바이다. 또한, 기본적인 뜻은 그 자리에서 이해되도록 풀이하였으나 아무래도 '漢字 읽기'가 주된 사전인 만큼 주석(註釋)은 되도록 간략하게 달았으므로, 좀더 자세한 뜻풀이를 원하는 분들은 '엣센스 日韓辭典'을 병용(並用) 참조해 주시기를 바란다.
　상재(上梓)에 앞서 다시 한번 훑어보니 여러 가지 미흡한 데가 없지 않지만, 앞으로 그러한 미비점(未備點)이나 혹시 있을 지 모를 오류(誤謬) 등은 바로 정정(訂正) 보완하여 더욱 알차고 완벽한 '漢字 읽기 사전'으로 가꾸어 나갈 것을 다짐하면서, 아무쪼록 이 辭典을 통하여 독자 여러분의 日本語 학습에 큰 도움이 되기를 바라 마지 않는 바이다.

1999년 2월 　일

민중서림 편집국

일 러 두 기

Ⅰ. 어휘 수록 범위

1. **標題漢字** —— 1) **총수록 자수**(字數) : **5,020 餘字**.
   2) **선정 범위** : 常用漢字(教育漢字 포함)를 비롯하여 人名用 漢字・日本国字 및 현대 일본 사회에서 일상 쓰고 있는 일반(一般) 한자 등을 두루 수록하였다.
2. **標題語** —— 1) **수록 어휘수** : 약 **12만 5천 餘語**《준표제어 포함》.
   2) **선정 범위** : 원칙적으로 위의 標題漢字가 첫머리에 오는 어휘를 표제어로 삼았다. 이에는 일상 생활에 자주 쓰이는 현대어를 위주로 하되, 오늘날의 일본 문화를 폭넓게 이해하는 데 필요하다고 여겨지는 俗語・雅語・略語・文語 등과 각종 최신 專門語 등까지 지면이 허락하는 한 최대한으로 다루었다.

Ⅱ. 標題漢字에 대하여

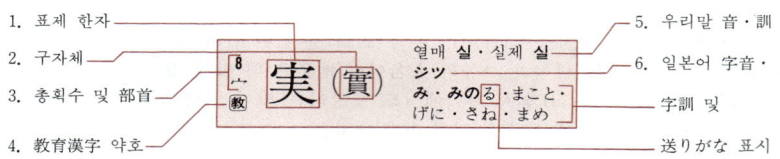

1. 표제 한자
2. 구자체
3. 총획수 및 部首
4. 教育漢字 약호
5. 우리말 音・訓
6. 일본어 字音・字訓 및 送りがな 표시

1. **배열 방식** —— 모든 표제 한자는 우선 '가나다'順에 따라 싣되, 음이 같은 글자는 총획수順, 획수도 같을 때는 部首順으로 배열하였다.
2. **구자체**(舊字體) —— 常用漢字 및 人名用 漢字가 정해지기 전에 쓰던 종래의 구자체를 ( ) 속에 나타내었다.
3. **총획수 및 部首** —— 1) 艹(초두 밑) **部首** : 총획수에서 常用漢字・人名用 漢字는 3획, 그밖의 한자는 4획(艹)으로 쳐서 구별하였다《쓰기는 艹(3획)로 썼음》.
   2) **部首의 분리・신설 및 합병** : 部首 검색의 편의를 위하여 실제 字形에 따라 部首를 분리(手와 扌, 衣와 衤 등)하거나, 신설(丷・齐 등) 또는 합병(冂와 匚 등)하여 보다 쉽게 찾을 수 있도록 간명화하였다.
4. **한자별 구분 표시** —— 다음과 같은 주요 한자에는 약호(略號) 표시와 함께 색도(色圖) 처리하여 일반 한자와는 한 눈에 구별할 수 있게 하였다.
   教 …… 教育漢字 표시《常用漢字 중 초등학교 학습용 기초 한자 1,006字》.
   常 …… 常用漢字 표시《'常用漢字表(1981년 고시)'에 실린 1,945字 중 教育漢字 외의 939字》.

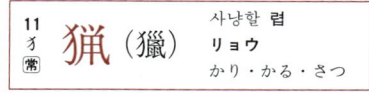

   人 …… 人名用 漢字 표시《常用漢字 외에 인명으로 쓸 수 있는 한자로서 284字》.

약어 및 기호표

◇ 용법 약어 ◇

⟨古⟩ …… 古語　　　　⟨方⟩ …… 方言　　　　⟨兒⟩ …… 幼兒語
⟨口⟩ …… 口語　　　　⟨卑⟩ …… 卑語　　　　⟨女⟩ …… 女性語
⟨老⟩ …… 老人語　　　⟨俗⟩ …… 俗語　　　　⟨隱⟩ …… 隱語
⟨文⟩ …… 文語　　　　⟨雅⟩ …… 雅語　　　　⟨學⟩ …… 學生語

◇ 기호표 ◇

〔　〕…… 앞부분의 대체
〘　〙…… 학술 전문 용어
《　》…… 주석 내(內)의 문법적인 설명
(　) …… 위상(位相) 표시 표기, 주석의 생략 가능 부분
참고 …… (대용(代用) 한자·異體字 등) 표제 한자에 대한 참고 사항

☞ …… 뜻이 같으니 그 표제어를 보라
⇨ …… 한자 表記만 다른 동음 동의어(同音 同義語)에 대한 표시
* …… 한 표제어에 또다른 읽기나 표기가 있음을 나타내는 기호
♣ …… 부표제어 표시
‖ …… 중간 표제어 표시

◇ 학술 전문 용어 ◇

〘建〙…… 건축　　　　〘法〙…… 법률　　　　〘倫〙…… 윤리
〘經〙…… 경제　　　　〘佛〙…… 불교　　　　〘醫〙…… 의학
〘考〙…… 고고학　　　〘史〙…… 역사　　　　〘印〙…… 인쇄
〘工〙…… 공업　　　　〘社〙…… 사회학　　　〘裁〙…… 양재
〘鑛〙…… 광산·광물　〘寫〙…… 사진　　　　〘電〙…… 전기
〘敎〙…… 교육　　　　〘商〙…… 상업　　　　〘政〙…… 정치
〘空〙…… 항공　　　　〘生〙…… 생물·생리　〘鳥〙…… 조류
〘軍〙…… 군사　　　　〘聖〙…… 성서　　　　〘宗〙…… 종교
〘劇〙…… 연극　　　　〘數〙…… 수학　　　　〘地〙…… 지질·지리
〘氣〙…… 기상　　　　〘植〙…… 식물　　　　〘冊〙…… 책이름
〘基〙…… 기독교　　　〘心〙…… 심리　　　　〘天〙…… 천문
〘機〙…… 기계　　　　〘樂〙…… 음악　　　　〘哲〙…… 철학
〘論〙…… 논리　　　　〘野〙…… 야구　　　　〘蟲〙…… 곤충
〘農〙…… 농업　　　　〘藥〙…… 약학　　　　〘컴〙…… 컴퓨터
〘動〙…… 동물　　　　〘魚〙…… 어류　　　　〘土〙…… 토목
〘理〙…… 물리　　　　〘言〙…… 언어학　　　〘貝〙…… 패류
〘文〙…… 문학　　　　〘映〙…… 영화　　　　〘漢醫〙…… 한의학
〘美〙…… 미술　　　　〘藝〙…… 예술　　　　〘海〙…… 해사·항해
〘民〙…… 민속　　　　〘料〙…… 요리　　　　〘化〙…… 화학

※ 이외에 〘가톨릭〙, 〘등산〙 따위와 같이 자명한 것은 생략하였음.

白	1758	臼 臼	1762	臼 臼	1762	鬯	1768
皮	1758	舌 舌	1762	舛 舛	1762	鬲	1768
皿	1758	舛 舛	1762	麦 麥	1765	鬼	1768
目	1758	舟	1762	**8 획**		竜 龍	1768
矛	1759	艮	1762	金	1765	**11 획**	
矢	1759	色	1762	長	1766	魚	1768
石	1759	艸 艹 卄	1762	門	1766	鳥	1768
示 礻	1759	虍	1762	阜 阝	1766	鹵	1769
内	1759	虫	1762	隶	1766	鹿	1769
禾	1759	血	1763	隹	1766	麥 麦	1769
穴	1759	衣	1763	雨 雨	1766	麻 麻	1769
立	1760	襾 西	1763	青 青	1767	黃 黄	1769
罙 网 罒	1762	**7 획**		非	1767	黒 黑	1769
旡 旡 无	1753	臣	1763	食 食 食	1767	龜 龜	1769
氷 水	1756	見	1763	斉 齊	1767	**12 획**	
牙 牙	1756	角	1763	**9 획**		黃 黄	1769
罒	1760	言	1763	面	1767	黍	1769
礻	1760	谷	1764	革	1767	黑 黑	1769
6 획		豆	1764	韋 韋	1767	歯 齒	1769
竹	1760	豕	1764	韭	1767	**13 획**	
米	1760	豸	1764	音	1767	黽	1769
糸	1761	貝	1764	頁	1767	鼎	1769
缶	1762	赤	1764	風	1767	鼓	1769
网 罒 罒	1762	走	1764	飛	1767	鼠	1769
羊 芉 芋	1762	足 足	1764	食 食 食	1767	**14 획**	
羽 羽 ヨ	1762	身	1765	首	1767	鼻 鼻	1769
老 耂	1762	車	1765	香	1767	齊 齐	1769
而	1762	辛 辛	1765	**10 획**		**15 획**	
耒 耒	1762	辰	1765	韋 韋	1767	齒 齒	1769
耳	1762	辵 辶 辶	1757	馬	1767	**16 획**	
聿	1762	邑 阝	1765	骨	1768	龍 竜	1769
肉	1762	酉	1765	高	1768	龜 龜	1769
自	1762	釆	1765	髟	1768		
至	1762	里	1765	鬥	1768		

일러두기 3

日 …… 日本国字 표시《和製(わせい)漢字 곧, 일본에서 만든 한자로서 이 사전에서는 그중 98字를 수록하였음》. ※ 다음 보기 의 '俥'字 참조.

5. **우리말 音·訓** —— 1) 일반 한자 사전과는 달리 해당 일본어를 이해하는 데 꼭 필요하다고 생각되는 音·訓 위주로 되도록 간략히 달았다.
   2) 日本国字의 우리말 읽기는 통례에 따라 대개 그 글자의 중심이 되는 부분을 音으로 읽었으며, 音은 ( ) 속에 명조체로 써서 다른 한자음과 구별하였다.

| 보기 | 9
イ
日 | 俥 | 인력거 (거)

くるま |

6. **일본어 音·訓** —— 字音은 カタカナ로, 字訓은 ひらがな로 표기하였으며, 고딕체로 쓴 것은 '常用漢字表'에서 인정된 音·訓임을 나타낸 것이다.

Ⅲ. 標題語에 대하여

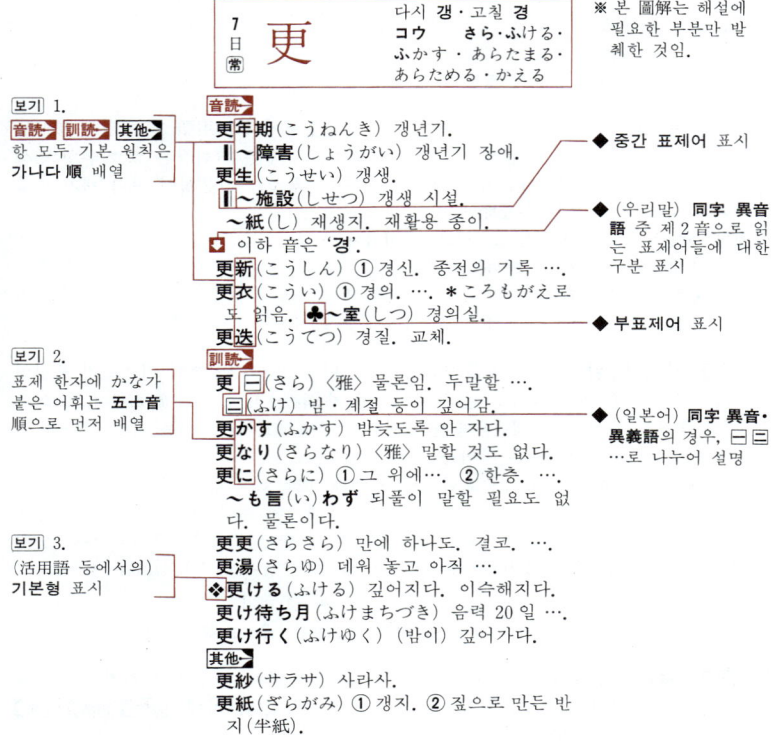

1. **배열 방식** —— 원칙적으로 표제 한자가 첫머리에 오는 어휘를 표제어로 실되, 音으로 읽는 것은 音読 항에, 訓으로 읽는 것은 訓読 항에 두었다. 그밖에 '当て字(あてじ)(=취음자)'라든가 예외적으로 읽는 난독어(難讀語) 등과 같이 표제 한자표 (위의 박스)에 없는 音·訓으로 읽는 것은 其他 항으로 분류하였다.

2. **기본 원칙은 가나다順 배열** —— 音読 訓読, 또는 其他 항의 모든 표제어는 다음과 같은 원칙에 따라 가나다順으로 배열하였다.
   1) 표제 한자 뒤에 かな가 붙은 어휘는 五十音順으로 배열하되, (두 字 이상인) 일반 숙어군(熟語群)보다 먼저 두었다(도해 보기 2 참조).
   2) 漢字 사이나 뒤에 오는 かな는 語順에서 거의 무시하였으나 아래와 같이 同音일 때에는 かな의 有無 또는 획수順·五十音順에 따라 선후(先後)를 정하였다.

   보기 ┌ **先先** 日(さきざき) ① 앞날.
        ├ **先ず先ず**(まずまず) ① 우선 ….
        ├ **先の世**(さきのよ) ① 전의 시대. ….
        ├ **先細**(さきほそ) 끝이 가늚. ….
        └ **先細り**(さきほそり) ① 끝으로 갈수록 ….

   3) 표제 한자 앞에 かな가 오는 어휘는 그 해당 항목의 맨 뒤에 두었다.

   보기 ┌ **箱詰め**(はこづめ) ① 상자에 채움. ….
        ├ **とら箱**(トラばこ) 〈俗〉 곤드레만드레 ….
        └ **ドル箱**(ドルばこ) 달러 박스. ….

3. **기본형 표시**(❖) —— 다만, 訓読 이나 其他 항에서 活用語 또는 일부 接頭語(적으로 쓰이는 말) 중 活用꼴이 같거나 接頭語가 같은 어휘들은 그 기본형 밑에 한데 묶어 일반 숙어 다음에 두되(도해 보기 3 참조), 기본형이 여러 개가 있을 때는 바로 뒤에 오는 かな順에 따라 배열하였다.

   보기 ❖**食う**(くう) ① 먹다. ② (먹고) 살아가다. ….
        ❖**食べる**(たべる) ① 먹다. ② 생활하다.
        ❖**食む**(はむ) ① (소나 말 등이) 먹이를 먹다. ….
        ❖**食らう**(くらう) 〈俗〉① 먹다. 마시다. ….

4. **준표제어 범위** —— 1) 복합어: 표제어가 다른 말과 결합하여 이루어진 복합어 가운데 간단한 대응 역어로 된 표제어+한 자(字)짜리 어휘는 副표제어, 그외는 (한 字라도 풀이가 긴 것은) 중간 표제어로 구별하였는데, 이는 지면 절약을 위한 것일뿐 의미상의 다른 차이는 두지 않았다.
   2) 관용구 및 성구(成句): 중요한 관용구 또는 成句도 간간이 실었는데, 위의 복합어와 함께 모두 준표제어로 다루었으며, 표제어에 해당하는 부분은 ~로 대용하였다. 다만, 아래 보기와 같이 중간 표제어에 속한 부표제어에서의 ~는 중간 표제어 곧, 日和見(ひよりみ)에 대한 생략으로 하였다.

   보기 **日和**(ひより) ① 날씨. 일기. ② 좋은 날씨. ③ 형편.
        ‖ ~**見**(み) ① 날씨를 살핌. ② 형세를 관망함. ♣ ~**主義**(しゅぎ) 기회주의.

5. **同字 異音·異義語** —— 漢字는 같으나 읽기에 따라 그 뜻이 달라지는 경우에는 한 표제어 안에 日 日 日 … 등으로 나누어 풀이하였다. 이때, 音読 訓読 其他 항목과 같은 분류는 반드시 日 번을 기준으로 삼았다.

보기 音読⟶

   実に ㊀(じつに) 실로. 참으로. 매우.
      ㊁(まことに) 참으로. 정말로. 대단히.
      ㊂(げに)〈雅〉① 실로. 참으로. ② 현실로.

6. **역음(逆音) 및 역훈(逆訓)** —— 표제 한자가 첫머리에 오는 표제어가 없거나 또는 그 한자에 대한 활용을 보이기 위해서 간혹 逆音⟶ 또는 逆訓⟶을 싣기도 하였다.

보기

| 5
大
教 | 央 | 가운데 앙
オウ
なかば |

보기

| 17
山
人 | 嶺 | 재 령
レイ
ね・みね |

逆音⟶
年央(ねんおう)〖商〗 연앙. 한 해의 중간.
中央(ちゅうおう) 중앙. 한가운데.
震央(しんおう)〖地〗 진앙. 지진의 진원….

逆音⟶
分水嶺(ぶんすいれい) 분수령.
逆訓⟶
高嶺(たかね) 고령. 높은 산봉우리.

Ⅳ. 주석의 방식

1. 주석은 '漢字 읽기 사전'에 맞게 되도록 우리말에 맞는 대응어(對應語)를 찾아 실었으며 풀이를 요할 때는 간결 명료를 위주로 하였다.
2. 한 표제어에 여러 뜻이 있을 경우에는 현대말로서 일반적으로 많이 쓰이는 뜻부터 ①②③…, 더 세분해야 할 때는 ㉠ ㉡ ㉢… 식으로 나누어 주석을 달았다.
3. 그 표제어가 주로 특수한 범위에서만 쓰이는 경우에는 다음과 같이 〈 〉에 그 말의 쓰임을 보였다.
   〈雅〉 아어(雅語): 일상 회화·문장에는 잘 쓰이지 않으나 和歌(わか)·俳句(はい く) 등 시적(詩的) 표현이나 문어체(文語體)의 글에 쓰이는 어휘.
   〈方〉 방언(方言): 지방에 따라〈関西方〉〈関東方〉 등으로 구분하여 표시하였음.
   〈女〉 여성어(語): 여자들이 주로 쓰는 말. 특히, 궁녀들이 쓰던 말은〈宮中女〉로 구분하였음.
   〈口〉 구어(口語): 구어체의 어휘로서 문장에서는 잘 쓰지 않는 말.
   〈婉曲〉 완곡어(語): 완곡한 표현으로 쓰이는 말.
4. 주석 안에서 일본말에 대한 이해가 필요한 때에는 (=   ) 속에 우리말 설명을 넣었다.
5. 1) 주로 같은 표제 한자 안에서, 뜻풀이가 같아 설명이 중복될 경우에는 ☞표를 하여 보다 표준적인 동의어(同意語) 쪽에서 풀이를 보도록 하였다.
   2) 단, 기본형(✤ 표시)에서는 ⟶ 다음에 音読⟶ 또는 訓読⟶ 항에 있는 표제어를 보여줌으로써 주석의 중복을 피하였다.
      보기 ✤**生**(なま) ⟶ 音読⟶ 生㊂. ……… 音読⟶ 항의 '生' ㊂번을 보라는 뜻.
6. 뜻도 같고 읽기(ふりがな)도 같은데, 다만 한자 表記만 다른 경우에는 ⇨ 표를 하여 보다 표준적으로 쓰는 표제어 쪽에서 풀이를 보도록 하였다.
      最尖端(さいせんたん) ⇨ 最先端(さいせんたん).
      花畠(はなばたけ) ⇨ 花畑(はなばたけ).
      荷作り(にづくり) ⇨ 荷造り(にづくり).

6 일러두기

7. 표제어와 다른 읽기 또는 표기가 있는 경우에는 ✽로 표시하였는데, 앞의 항이 다 해당될 때에는 ①②…의 주석 끝에(아래 보기 1. 참조), 각 항에만 해당될 때는 그 항 바로 뒤에 부기(附記)하였다(아래 보기 2. 참조).

보기 1. **日本晴れ**(にほんばれ) ① 하늘이 쾌청함. ② 의혹·불안 등이 깨끗이 사라지고 상쾌함. ✽にっぽんばれ로도 읽음.
　　　　取り引き(とりひき) ① 거래. …. ② 상행위. ✽取引로도 씀. ♣**取引先**(とりひ きさき) 거래처／**取引所**(とりひきじょ)〖經〗거래소.

보기 2. **腹帯**(はらおび) ① 배가리개. ② (임신부의) 복대. ✽ふくたい로도 읽음. ③ (말 의) 뱃대끈. ✽③은 はるび로도 읽음.

8. 풀이에 대한 이해를 돕기 위하여 주석 앞 (　)에 위상(位相) 표시, 주석 뒤《　》 에 보충 설명을 곁들였다.

9. 표제어에 대한 문법적인 설명은《　》안에 묶어서 주석 앞에 놓았다.

10. 그 표제어가 항상 일정한 성구(成句)로만 쓰이는 것은 그 성구의 꼴을『　』로 묶어 표시하였다.

보기　**風の子**(かぜのこ)『子供(こども)は～』어린이는 바람의 아들《아이들은 찬바람 속 에서도 잘 뛰어다니며 논다는 뜻에서》.

Ⅴ. 부록에 대하여

1. (한자) 색인 부록과 그 활용법

1) **字音** 색인 : 본문에 실린 모든 표제 한자를 가나다順·획수順에 따라 배열한 것 으로, 한자음만 알면 쉽고도 빨리 찾을 수 있게 하였다《제 2 음은 물론, 흔히 俗 音으로 읽는 것도 각각 그 음 자리에 실었음》.

2) **日本語 音訓** 색인 : 모든 표제 한자의 일본어 音·訓을 五十音順에 따라 배열한 것으로, 일본어 音 또는 訓만 알면 획수별로 쉽게 찾아 볼 수 있게 하였다.

3) **部首** 색인 : 모든 표제 한자를 部首別·획수別로 배열한 것으로, 위의 1)·2)를 모를 때 그 한자의 部首만 알면 찾을 수 있게 하였다.

4) **總畫** 색인 : 모든 표제 한자를 총획수順·部首順에 따라 배열한 것으로, 위에 든 1)·2)·3)의 색인으로 안될 때 찾아 볼 수 있게 한 것이다.

2. 그밖의 부록

1) **日本 地名 읽기** : 일본 전국의 都道府県·市町区村 뿐만 아니라, 산(맥)·하천· 온천 등의 비교적 읽기 어려운 地名을 가나다順으로 배열, 우리 音만 알면 쉽게 찾아 그곳의 대략적인 윤곽을 파악할 수 있게 하였다.

2) **人名用 漢字** 일람 : 常用漢字 외에 人名으로 쓸 수 있는 법정(法定) 한자 284 字 를 한데 모은 것으로, 대표적인 人名의 쓰임새를 보여 주었다.

3) **常用·人名用 漢字 新舊 字體表** : 常用漢字뿐만 아니라 人名用 한자의 신·구 자체(字體)를 나란히 제시, 양자를 한눈에 대비해 볼 수 있도록 하였다.

4) **日本国字** 일람 : 본문에 수록된 日本国字들을 部首별로 모은 것으로, 찾기 쉽게 그 실린 페이지를 아울러 밝혀 두었다.

　　이외에 앞면지(面紙)에는 '部首 색인표'를, 뒷면지에는 '학년별 漢字配当表' 곧, 教育漢字 1,006 字를 실어 일본어 학습에 다소나마 도움이 되게 하였다.

字 音 索 引

1. 본문에 있는 모든 標題漢字를 ㄱㄴ順으로 싣되, 同音字는 획수·部首順으로 배열하였음.
2. 한자 왼쪽의 숫자는 총획수, 오른쪽 숫자는 실린 페이지를 가리킴.
3. 붉은 글자는 일본 常用漢字(教育漢字 포함)를 나타냄.
4. ⺾(초두)部首: 常用漢字·人名用 漢字는 3획, 그 외는 4획으로 구별하였음.

색인

ㄱ									
		(각)		11 桿	19	茨	25	江	32
		6 各	12	12 菅	134	9 柑	25	7 杠	32
(가)		7 却	12	秆	19	10 疳	25	8 岡	32
5 加	1	角	13	間	19	11 勘	25	10 剛	32
可	2	8 刻	14	13 幹	21	淦	26	降	33
6 仮	3	9 卻	15	15 慳	21	紺	26	豇	34
7 伽	5	咯	15	澗	21	12 堪	26	11 康	34
8 価	5	恪	15	21	嵌	26	強	34
佳	5	10 垎	15	16 墾	21	減	27	12 腔	36
呵	5	鬪	1549	諫	21	敢	28	絳	36
茄	6	11 脚	15	17 懇	21	酣	28	14 慷	36
9 架	6	桷	15	癎	22	13 感	28	綱	36
柯	6	殼	15	艱	22	戡	29	16 疆	37
珂	6	12 确	15	18 簡	22	15 監	29	穅	37
苛	6	覚	15	19 簳	22	16 憾	30	鋼	37
迦	6	13 塙	16	20 鵰	22	橄	30	17 橿	37
10 哥	6	14 閣	16	(갈)		17 瞰	30	薑	37
家	7	17 擱	16	11 喝	23	20 轗	30	糠	37
痂	9	(간)		渴	23	22 龕	30	繈	37
11 袈	9	3 干	16	13 葛	23	23 鑑	30	講	38
12 街	9	5 刊	17	褐	23	鑒	30	19 疆	38
跏	9	6 奸	17	14 稭	23	24 鹹	30	(개)	
13 嫁	9	艮	17	竭	23	(갑)		4 介	38
暇	10	7 肝	17	15 羯	24	5 甲	30	7 改	39
葭	10	8 侃	18	19 蠍	24	7 匣	31	8 芥	39
14 嘉	10	9 姦	18	(감)		8 岬	31	9 疥	40
榎	10	衎	18	2 凵	24	胛	31	皆	40
歌	10	看	18	5 甘	24	13 閘	32	10 個	40
15 稼	11	竿	19	7 坎	25	(강)		豈	231
駕	12	10 栞	19	8 坩	25	6 扛	32	12 凱	41

剴	41	筥	51	9 挌	58	15 潔	72	頸	81
開	41	鉅	51	10 格	58	겸		18 瓊	82
13 慨	43	15 踞	51	鬲	378	10 兼	72	警	82
愾	43	16 鋸	51	13 隔	58	13 慊	72	鯁	82
14 概	43	17 遽	51	14 膈	59	鉗	72	19 警	82
蓋	43	20 醵	46	15 擊	59	14 箝	72	鏡	82
箇	44	21 欅	51	觖	59	17 謙	72	鯨	83
18 鎧	44	蘧	51	16 激	59	18 鎌	73	20 競	83
객		22 欋	51	17 檄	60	겹		黥	84
9 客	44	건		闃	60	11 袷	73	22 驚	84
12 喀	45	3 巾	52	18 鵙	60	경		계	
갱		6 件	52	견		7 更	45	3 丯	84
7 坑	45	9 建	52	4 犬	60	8 京	73	7 戒	84
更	45	10 虔	53	7 見	60	庚	74	系	85
13 粳	46	11 乾	53	8 肩	64	径	74	8 季	85
19 羹	46	健	54	10 狷	65	茎	74	届	85
20 鏗	46	13 腱	54	11 梘	65	9 勁	75	9 係	85
갹		17 蹇	54	牽	65	10 耕	75	契	86
20 醵	46	鍵	55	12 堅	65	耿	75	泊	86
거		걸		13 遣	66	11 脛	75	界	86
5 巨	46	3 乞	55	筧	67	梗	75	癸	86
去	47	10 桀	55	絹	67	逕	75	計	87
7 車	1395	13 傑	55	14 甄	68	竟	75	10 桂	87
8 居	47	검		16 樫	68	経	75	11 啓	87
拒	49	10 俭	55	18 繝	68	頃	77	悸	88
拠	49	剣	55	繭	68	12 卿	77	渓	88
9 倨	49	12 検	56	21 譴	68	景	77	械	88
炬	49	16 撿	57	22 鑓	68	敬	78	12 堺	88
10 倨	49	18 瞼	57	23 鰹	68	痙	78	階	88
挙	49	겁		결		硬	78	筓	88
袪	50	7 劫	57	4 欠	68	軽	79	13 継	88
11 据	50	8 怯	57	7 抉	69	13 傾	80	14 禊	89
粔	50	게		決	69	14 境	81	誡	89
12 渠	50	11 揭	57	11 訣	70	15 慶	81	15 稽	89
距	50	16 憩	57	12 結	70	憬	81	16 髻	90
13 裾	50	격		絜	1656	16 磬	81	17 薊	90

고 ― 괴　9

谿	90	槹	106	10 骨	111	13 誇	129	25 鸛	138
19 繫	90	皋	106	13 滑	1700	跨	129	26 罐	138
鷄	90	箍	106	14 榾	112	14 夥	130	27 顴	138
〔고〕		誥	106	〔공〕		寡	130	29 鸛	139
5 古	91	15 稿	106	3 工	112	粿	130	〔괄〕	
叩	93	靠	106	4 公	113	蜾	130	8 刮	139
尻	94	16 錮	106	孔	117	裹	130	9 括	139
6 考	95	18 藁	106	5 功	117	15 蝌	130	12 筈	139
7 告	95	馨	107	6 共	117	課	130	〔광〕	
8 刳	95	翺	107	7 攻	119	踝	131	5 広	139
呱	96	21 顧	107	8 供	119	17 鍋	131	6 光	140
固	96	23 蠱	107	空	120	顆	131	匡	141
姑	96	〔곡〕		9 拱	124	〔곽〕		7 狂	141
孤	97	6 曲	107	10 倥	124	11 郭	131	9 洸	142
沽	97	7 谷	108	恐	124	14 廓	131	10 框	142
苦	97	10 哭	109	恭	125	15 椁	131	11 眶	142
股	98	11 斛	109	貢	125	16 霍	131	12 絖	142
呆	99	梏	109	11 控	125	〔관〕		筐	143
9 拷	99	14 穀	109	13 跫	126	6 缶	132	13 鉱	143
故	99	縠	109	14 槓	126	7 串	132	14 誆	143
枯	99	16 穀	109	箜	126	8 官	132	18 壙	143
柧	100	斛	109	15 鞏	126	9 冠	133	19 曠	143
10 庫	100	17 谿	109	19 鵼	126	11 貫	134	20 礦	143
栲	100	鵠	109	〔곶〕		12 棺	134	〔괘〕	
羔	100	18 鵠	110	7 串	132	款	134	8 卦	143
高	100	〔곤〕		〔과〕		菅	134	9 挂	144
11 皐	104	7 困	110	4 戈	126	13 寬	135	11 掛	144
袴	104	8 坤	110	5 瓜	126	14 慣	135	12 絓	145
12 菰	104	昆	110	8 果	126	管	135	13 罫	145
雇	105	11 梱	110	9 科	127	綰	136	〔괴〕	
13 痼	105	袞	110	10 胯	127	関	136	8 乖	146
賈	105	12 棍	111	11 菓	127	16 盥	137	怪	146
跨	129	菎	111	袴	104	館	137	拐	146
鼓	105	14 滾	111	12 堝	128	18 観	137	12 傀	146
14 敲	105	褌	111	過	128	19 臛	138	13 塊	147
膏	105	19 鯤	111	絓	145	21 灌	138	愧	147

14 槐	147	蕎	155	枸	167	颶	174	3 弓	186
瑰	147	17 矯	155	柾	1267	18 瞿	174	8 穹	187
魁	147	磽	155	苟	167	謳	174	10 宮	187
16 壞	147	鮫	155	10 俱	167	軀	174	躬	187
괵		18 嚙	155	痀	167	21 懼	174	15 窮	187
14 摑	148	翹	156	矩	167	22 鷗	174	**권**	
15 膕	148	19 趫	156	11 寇	167	24 衢	174	8 券	188
17 馘	148	轎	156	救	168	26 鼺	174	9 卷	188
굉		22 驕	156	毬	168	**국**		10 倦	189
7 宏	148	23 攪	156	球	168	7 局	174	拳	189
8 肱	148	**구**		蚯	169	8 国	175	11 捲	190
10 紘	148	2 九	156	釦	169	9 侷	181	眷	190
21 轟	148	3 久	158	龜	195	囷	181	12 圏	190
교		口	158	12 鉤	169	11 菊	181	13 勧	190
5 巧	149	4 仇	161	13 傴	169	掬	181	14 蜷	191
6 交	149	勾	161	廐	169	14 跼	181	15 権	191
9 咬	150	区	161	媾	169	17 鞠	182	**궐**	
狡	150	5 丘	162	溝	170	麴	182	16 蕨	191
郊	151	句	162	韮	170	18 鞫	182	18 闕	192
10 校	151	旧	162	舅	170	19 麹	182	19 蹶	192
11 教	151	6 扣	164	裘	170	**군**		**궤**	
皎	153	臼	164	鉤	170	7 君	182	2 几	192
12 喬	153	7 佝	164	鳩	170	9 軍	182	5 凩	192
窖	153	求	164	14 嘔	171	10 捃	184	6 机	192
絞	153	灸	164	嫗	171	郡	184	9 軌	192
蛟	153	玖	165	構	171	12 窘	184	13 詭	192
覚	15	究	165	蒟	172	13 群	184	跪	193
13 較	153	8 具	165	駆	172	14 皸	185	14 匱	193
14 僑	154	咎	165	15 璆	172	輝	185	15 潰	193
鉸	154	拘	166	駒	173	**굴**		18 櫃	193
15 嬌	154	狗	166	駈	173	8 屈	185	19 蹶	192
憍	154	欧	166	16 甌	173	矻	185	**귀**	
膠	154	殴	166	甕	173	11 堀	185	10 帰	193
餃	154	疚	166	篝	173	掘	185	鬼	194
16 橋	154	9 垢	166	糗	173	13 窟	186	11 亀	195
樵	1499	枢	167	17 購	173	**궁**		12 貴	196

규									
규		4 斤	202	亘	220	崎	234	9 拮	241
6 叫	197	7 近	202	8 肯	220	跂	234	10 桔	241
圭	197	芹	204	9 矜	220	12 幾	234	끽	
7 糾	197	9 釿	204	14 兢	221	期	235	12 喫	241
虯	197	10 根	204	기		棋	235		
9 奎	197	11 董	206	3 己	221	朞	235	ㄴ	
糺	197	12 勤	206	6 企	221	欹	235	나	
10 珪	197	筋	206	伎	221	欺	235	7 那	242
赳	197	13 僅	207	肌	221	13 嗜	236	8 奈	252
11 硅	198	跟	207	气	222	棄	236	10 拿	242
桂	198	15 槿	207	7 妓	225	畸	236	11 梛	242
規	198	17 謹	208	岐	225	碁	236	17 懦	242
12 摎	198	20 饉	208	技	225	14 旗	236	20 糯	242
葵	198	금		汽	226	箕	237	낙	
14 閨	198	4 今	208	忌	226	綺	237	15 諾	242
15 槻	199	8 金	209	杞	226	15 器	237	난	
16 窺	199	9 衿	215	8 其	226	畿	237	13 暖	242
17 鮭	199	10 衾	215	奇	228	16 冀	237	煖	243
26 虁	174	12 琴	215	居	47	機	237	18 難	243
균		13 禁	215	枝	1362	17 磯	239	날	
7 均	199	禽	216	祁	229	覬	239	10 埒	244
11 菌	199	16 噤	216	祈	229	18 騎	239	捏	244
龜	195	擒	216	9 枳	1368	騏	239	11 捺	244
12 鈞	199	錦	216	洎	86	19 譏	239	남	
귤		18 襟	217	祇	229	麒	239	7 男	244
16 橘	200	급		紀	229	20 夔	239	9 南	245
극		3 及	217	10 剞	230	21 饑	239	12 喃	247
7 克	200	6 扱	217	既	230	鰭	240	13 楠	247
9 剋	200	7 岌	218	耆	230	22 羈	240	柟	247
10 展	200	汲	218	記	230	24 羇	240	납	
12 戟	200	9 急	218	豈	231	27 驥	240	7 吶	266
極	200	級	219	起	231	긴		9 衲	247
棘	202	10 笈	219	飢	232	15 緊	240	10 納	247
13 隙	202	12 給	219	11 基	232	길		낭	
15 劇	202	긍		埼	233	6 吉	240	10 娘	248
근		6 亙	220	寄	233	8 佶	241	21 囊	248

22 囊	248	18 臑	262	닉		담		鐺	291
내		농		10 匿	268	8 担	281	20 鞳	291
2 乃	248	13 農	262	13 搦	268	9 胆	282	21 钂	292
4 内	248	15 儂	263	溺	268	11 啖	282	23 攩	292
	匂	252	16 濃	263	닐		淡	282	대
7 那	242	17 膿	263	9 昵	268	郯	283	3 大	292
8 奈	252	뇌				12 湛	283	5 代	303
9 耐	253	11 雫	264	ㄷ		13 痰	283	台	305
녀		뇌		다		15 潭	283	7 対	306
3 女	253	10 悩	264	6 多	269	談	283	9 待	307
년		11 脳	264	9 茶	270	16 曇	283	玳	308
6 年	256	뇨		단		蕁	284	10 带	308
15 撚	258	7 尿	264	4 丹	273	19 壜	284	11 袋	309
碾	258	13 嫋	265	5 旦	273	譚	284	12 隊	310
녈		15 撓	265	6 団	273	20 鐔	906	貸	310
10 涅	258	16 橈	1042	7 但	274	답		13 瑇	311
념		17 嬲	265	9 単	274	8 沓	284	碓	311
8 拈	259	20 鐃	265	段	276	12 答	284	16 黛	311
念	259	누		11 断	276	15 踏	284	17 擡	311
9 恬	259	16 耨	265	蛋	277	17 蹋	286	戴	311
11 唸	259	눈		12 猯	277	당		18 臺	311
捻	259	14 嫩	265	短	277	6 当	286	댁	
13 稔	1166	눌		13 椴	279	10 倘	719	6 宅	1536
녕		7 吶	266	14 端	279	党	288	덕	
7 佞	260	11 訥	266	15 緞	280	唐	288	14 德	311
14 寧	260	뉴		16 壇	280	11 堂	290	도	
17 獰	260	10 紐	266	瘕	280	12 棠	290	2 刀	312
네		12 鈕	266	貒	280	15 幢	291	5 忉	312
19 禰	260	뉵		17 檀	280	撞	291	7 図	312
노		7 忸	266	鍛	280	16 瞠	291	8 到	313
5 奴	260	능		18 簞	280	糖	291	9 度	313
7 努	261	10 能	266	달		17 檔	291	挑	314
8 呶	261	니		8 妲	281	螳	291	逃	314
弩	261	5 尼	267	12 達	281	18 礑	291	迯	314
9 怒	261	8 泥	267	19 獺	281	禧	291	10 倒	315
15 駑	262	11 埿	268	22 韃	281	19 蟷	291	島	315

徒	315	7 禿	326	16 鮗	343	鐙	351	30 鸞	361	
途	316	8 毒	326	17 瞳	343	21 艠	351			랄
桃	317	9 独	327	18 幢	343	簦	351	9 剌	361	
11 兜	345	13 督	329	蟊	344			14 辣	361	
悼	317	14 読	329			**ㄹ**		15 蝲	361	
掉	317	16 篤	330	두						람
掏	317	18 瀆	331	4 斗	344	라		11 惏	361	
淘	317	19 犢	331	6 吋	1460	12 喇	352	12 嵐	361	
陶	317	24 蠹	326	7 抖	344	13 裸	352	17 覽	361	
都	318	돈		杜	344	16 瘰	352	18 濫	362	
荼	319	11 惇	331	肚	344	17 螺	352	藍	362	
盜	319	豚	331	豆	344	18 癩	375	20 襤	362	
12 堵	319	12 敦	331	8 枓	345	19 懶	353	21 籃	362	
屠	319	13 頓	331	11 兜	345	羅	353	28 纜	362	
道	320	16 噸	332	逗	345	21 癩	353			랍
渡	321	燉	332	酘	345	騾	353	8 拉	363	
棹	322	돌		12 痘	345	23 蘿	353	14 摺	1257	
萄	322	8 咄	332	14 読	329	邏	354	17 蠟	363	
13 塗	322	突	332	16 頭	346	락		19 臘	363	
搗	323	동		24 蠹	347	9 洛	354	21 蠟	363	
滔	324	5 冬	334	둔		10 烙	354	23 鑞	363	
跳	324	6 同	335	4 屯	347	12 落	354			랑
14 稻	324	8 東	337	12 鈍	347	絡	356	9 郎	363	
絢	325	9 洞	339	13 遁	348	13 樂	356	10 娘	248	
醄	325	10 凍	339	15 遯	348	酪	358	浪	364	
15 導	325	胴	340	17 臀	348	16 駱	358	狼	364	
16 賭	325	桐	340	득		란		朗	364	
17 擣	326	疼	341	11 得	348	7 乱	358	11 茛	364	
濤	326	11 動	341	등		卵	359	琅	364	
蹈	326	12 棟	342	6 灯	349	16 爛	360	12 廊	364	
鍍	326	童	342	12 登	349	17 闌	360	13 滝	402	
18 櫂	326	13 働	342	等	350	19 孏	360			래
19 禱	326	董	342	16 滕	351	蘭	360	7 来	365	
韜	326	14 僮	343	橙	351	20 瀾	360	11 徠	366	
24 蠹	326	銅	343	17 謄	351	欄	360	12 萊	366	
독		15 憧	343	18 藤	351	21 爛	361	16 錸	366	
				20 騰	351	22 欄	361			

랭		15 厲	375	16 鍊	384	13 鈴	389	27 鱸	399
7 冷	366	慮	375	17 縺	384	零	389	록	
락		閭	375	聯	384	14 領	390	11 鹿	399
11 掠	367	黎	375	19 鏈	385	15 霊	390	12 禄	399
略	367	18 濾	375	20 鍊	385	16 澪	391	13 碌	399
18 攊	368	癘	375	23 攣	385	17 嶺	392	14 漉	399
량		19 廬	375	25 欒	385	齡	392	粶	400
6 両	368	藜	375	렬		21 櫺	392	緑	400
7 良	370	邌	375	6 列	385	례		16 錄	401
9 亮	371	麗	376	劣	386	5 礼	392	18 轆	401
10 凉	371	20 礪	376	9 捋	386	8 例	392	19 麓	401
11 涼	371	穭	376	10 烈	386	16 隷	393	론	
梁	371	23 鑢	376	11 捩	386	20 醴	393	15 論	401
12 喨	371	26 驢	376	12 裂	387	24 鱧	393	롱	
椋	371	력		14 綟	375	로		7 弄	402
量	371	2 力	376	렴		6 老	393	10 挵	402
13 補	372	6 朸	377	13 廉	387	7 劳	395	13 滝	402
粱	372	10 鬲	378	17 斂	387	8 炉	396	19 壟	402
粮	372	14 暦	378	賺	387	芦	396	隴	402
14 踉	372	歴	378	19 簾	387	11 鹵	396	20 朧	402
15 諒	372	18 擽	368	20 瀲	387	13 虜	396	22 籠	403
輛	372	19 瀝	378	21 蘞	387	路	396	聾	403
17 簗	372	櫟	379	렵		15 撈	397	뢰	
18 糧	372	20 礫	379	11 猟	388	魯	397	6 耒	403
려		22 轢	379	25 蠟	388	16 蕗	397	7 牢	403
7 励	373	23 轣	379	26 鱲	388	盧	397	13 誅	404
呂	373	련		령		17 癆	397	賂	404
戾	373	10 連	379	5 令	388	19 壚	397	雷	404
9 侶	373	恋	381	7 伶	389	櫓	397	15 磊	404
10 旅	373	13 棟	382	8 囹	389	20 櫨	397	賚	404
茘	374	煉	382	怜	389	蘆	397	16 擂	404
11 唳	374	蓮	382	9 柃	389	21 艣	397	頼	405
12 犁	374	14 漣	383	玲	389	露	398	17 蕾	405
13 絽	374	練	383	11 逞	389	22 鑪	398	19 瀬	405
14 臂	375	15 憐	384	羚	389	24 鷺	398	24 鱩	406
綟	375	輦	384	聆	389	25 顱	399	료	

2 了	406	11 琉	413	12 㭓	421	16 欏	428	16 鳰	437
10 料	406	12 硫	414	(름)		17 蝸	428		
11 聊	406	13 溜	414	15 凜	421	18 䣞	428	**口**	
14 僚	406	旒	414	16 廩	421	鰲	428	(마)	
寮	406	14 榴	414	(릉)		鯉	428	10 馬	438
15 寮	406	瑠	414	10 凌	421	19 羸	428	11 麻	440
撩	407	15 槱	414	11 崚	421	離	428	13 痲	440
潦	407	瘤	414	陵	421	21 魑	429	14 瑪	440
遼	407	17 縲	415	12 菱	421	23 鸝	429	15 摩	440
蓼	407	18 嚠	415	13 楞	422	25 籬	429	碼	441
16 燎	407	瀏	415	稜	422	(린)		16 磨	441
17 療	407	謬	415	14 綾	422	7 吝	430	17 蘑	441
瞭	407	類	415	(리)		10 悋	430	18 麿	442
18 繚	407	(륙)		6 吏	422	14 橉	430	21 魔	442
醪	407	4 六	416	7 李	422	15 鄰	430	(막)	
(룡)		11 陸	417	利	422	16 隣	430	11 莫	442
10 竜	407	15 戮	418	里	424	燐	430	13 幕	442
(루)		蓼	407	9 俚	424	17 磷	431	漠	443
8 泪	408	19 鏐	418	厘	424	19 轔	431	14 寞	443
9 陋	408	(륜)		10 哩	424	20 藺	431	膜	443
10 涙	408	10 倫	418	俐	425	23 躙	431	18 藐	443
11 婁	409	11 崙	418	浬	425	鱗	431	邈	443
累	409	淪	418	狸	425	24 麟	431	(만)	
12 堲	409	14 綸	418	莉	425	27 躪	431	3 万	443
13 僂	409	15 輪	418	11 梨	425	(림)		6 卍	445
楼	409	(률)		理	425	8 林	431	10 娩	445
14 屢	409	9 律	419	12 犂	374	11 淋	432	挽	445
漏	410	10 栗	420	痢	426	12 琳	432	11 曼	446
16 瘻	410	11 率	420	裡	426	13 痳	432	12 満	446
17 縷	410	13 慄	420	13 蜊	426	15 醂	432	湾	447
螻	410	葎	420	裏	426	16 霖	432	晩	447
19 鏤	410	(륭)		14 履	427	18 臨	432	蛮	448
(류)		11 隆	420	15 履	427	(립)		14 幔	448
9 柳	410	(륵)		釐	428	5 立	433	慢	448
10 流	411	6 肋	420	璃	428	11 笠	436	漫	448
留	413	11 勒	421	糎	428	粒	437	輓	449

15 蔓	449	枚	457	8 免	465	7 牡	478	7 沒	490
16 瞞	449	玫	457	9 面	465	8 侮	479	8 歿	490
18 蹣	449	9 昧	458	10 勉	467	茅	479	몽	
19 鏋	449	苺	458	眠	467	旄	479	13 夢	491
20 饅	449	10 埋	458	宀	1039	9 姥	479	14 蒙	491
21 鬘	450	梅	458	11 冕	467	冒	479	17 濛	491
22 彎	450	12 媒	459	12 棉	467	某	480	18 曚	492
鰻	450	寐	459	14 綿	467	拇	480	朦	492
말		買	459	15 緬	468	10 栂	480	20 艨	492
5 末	450	13 楳	461	麪	468	耗	480	묘	
8 抹	451	煤	461	18 鮸	468	毛	480	5 卯	492
沫	451	15 罵	461	20 麵	468	耗	480	7 妙	492
茉	451	魅	461	멸		11 眸	480	8 苗	492
10 秣	451	17 邁	461	13 滅	468	12 募	480	杳	493
14 韤	452	22 霾	461	15 蔑	469	帽	480	9 昴	493
망		맥		명		14 摸	480	眇	493
3 亡	452	7 麦	461	5 皿	469	慕	481	秒	1453
6 妄	452	9 陌	462	6 名	469	暮	481	10 畝	493
忙	453	10 脈	462	8 命	472	模	481	11 描	493
网	453	14 貘	462	明	472	貌	482	猫	493
7 忘	453	18 貊	462	10 冥	474	鉾	482	12 渺	494
芒	453	21 驀	463	茗	475	15 犛	428	淼	494
8 罔	453	맹		11 茵	475	摹	482	13 墓	494
10 茫	454	8 孟	463	13 溟	475	16 謀	482	15 廟	495
11 惘	454	盲	463	酩	475	17 鶩	482	17 錨	495
望	454	9 虻	463	14 榠	475	목		18 藐	443
12 莽	454	11 猛	464	銘	475	4 木	482	무	
14 網	454	萌	464	鳴	475	5 目	486	4 毋	495
15 鋩	455	13 盟	464	15 瞑	476	6 凩	489	5 戊	495
18 蟒	455	甿	527	16 螟	476	7 沐	489	7 巫	495
魍	455	16 儚	464	예		李	489	8 拇	495
매		甍	464	9 袂	476	8 牧	489	茂	496
6 每	455	멱		모		9 苜	490	武	496
7 呆	455	16 冪	465	4 毛	476	13 睦	490	11 務	497
売	456	19 羃	465	5 母	477	16 穆	490	12 無	497
8 妹	457	면		矛	478	몰		貿	503

14 諤	503	12 媚	523	8 拍	529	磐	541	紡	553
15 嘸	503	13 微	523	泊	529	皈	542	舫	554
撫	503	楣	524	狛	529	18 蟠	542	11 訪	554
舞	503	16 躾	524	迫	529	蹣	449	12 傍	554
16 橅	504	17 彌	524	10 剝	530	19 攀	542	幫	555
蕪	504	薇	524	11 粕	530	20 礬	542	13 滂	555
鵡	504	麋	524	舶	530	(발)		14 膀	555
19 霧	504	謎	524	12 博	530	7 拔	542	榜	555
(묵)		麋	525	13 搏	531	9 勃	543	膀	555
14 墨	505	19 靡	525	雹	531	発	544	髣	555
15 默	505	20 瀰	525	14 髆	531	10 悖	1563	15 磅	555
(문)		獼	525	箔	531	12 渤	546	魴	555
4 勿	506	21 黴	525	駁	531	菝	546	16 鎊	555
文	506	23 黴	525	15 撲	531	跋	546	17 謗	555
6 刎	508	(민)		16 薄	532	13 鉢	546	(배)	
7 吻	509	5 民	525	樸	533	鈸	546	5 北	621
8 門	509	8 泯	526	璞	533	14 髮	546	7 坏	556
10 紊	510	旻	526	縛	533	15 撥	547	8 拜	556
紋	510	10 敏	526	(반)		潑	547	杯	556
蚊	510	罠	526	4 反	533	19 醱	547	9 背	557
11 問	510	12 悶	526	5 半	535	(방)		胚	558
14 聞	511	閔	526	7 伴	538	2 匚	547	盃	558
(물)		13 愍	527	返	538	4 方	547	10 俳	558
4 勿	513	黽	527	9 叛	539	7 坊	549	倍	559
8 物	513	14 憫	527	10 班	539	妨	549	配	559
(미)		15 憫	527	畔	540	尨	549	11 培	560
5 未	517	緡	527	般	540	彷	549	徘	560
6 米	518	(밀)		11 彬	655	芳	549	排	560
7 尾	519	11 密	527	絆	540	邦	550	陪	561
8 味	519	14 蜜	528	12 斑	540	防	550	12 焙	561
弥	520	15 榓	528	飯	540	8 房	551	15 賠	561
9 迷	520	謐	528	13 搬	541	放	551	輩	561
眉	521			頒	541	肪	553	19 轠	561
美	521	**ㅂ**		14 槃	541	9 厖	553	(백)	
10 娓	523	(박)		15 瘢	541	10 倣	553	5 白	561
11 楣	523	6 朴	529	盤	541	旁	553	6 百	567

7 伯	569	12 琫	578	10 病	586	15 蝮	599	8 府	611
8 帛	569	(벽)		11 屛	587	16 樸	533	附	611
9 柏	569	13 辟	578	甁	587	輻	599	斧	611
15 魄	569	14 碧	578	12 塀	588	17 鍑	599	阜	612
(번)		15 僻	578	迸	588	鰒	599	9 俘	612
4 反	533	劈	578	14 鞆	588	18 覆	599	枹	612
10 袢	570	16 壁	579	15 鋲	588	馥	599	訃	612
12 番	570	18 璧	579	餠	588	19 蹼	599	赴	612
13 煩	570	癖	579	(보)		20 鰒	600	負	612
15 幡	571	19 襞	579	7 甫	588	(본)		10 俯	613
樊	571	20 甓	579	8 宝	588	5 本	600	剖	613
16 燔	571	21 霹	579	步	589	(봉)		浮	613
蕃	571	24 鸊	579	9 保	590	8 奉	603	釜	615
繁	571	(변)		10 拊	1419	9 封	604	11 副	616
18 藩	572	5 弁	579	12 堡	591	10 俸	604	埠	616
繙	572	辺	580	報	591	峰	604	婦	616
翻	572	7 抃	580	普	591	峯	604	部	617
21 繫	573	采	580	菩	592	捧	604	桴	617
飜	573	9 便	1568	補	592	烽	605	符	617
23 鷭	573	変	580	14 輔	593	逢	605	趺	617
(벌)		12 胼	582	15 鴇	593	12 棒	605	12 傅	617
6 伐	573	15 糒	582	17 鯆	593	13 蜂	605	富	618
12 筏	573	16 辨	1560	19 譜	593	14 鳳	606	復	595
14 罰	573	18 騈	582	(복)		15 蓬	606	腑	618
閥	573	(별)		2 卜	593	鋒	606	椨	618
(범)		7 別	582	4 攴	594	16 縫	606	跗	618
3 凡	573	17 瞥	583	6 伏	594	(부)		13 孵	619
5 氾	574	25 鼈	583	8 服	594	4 不	629	蜉	619
犯	574	(병)		11 匐	595	仆	607	鳧	619
6 帆	574	5 丙	584	袱	595	夫	607	14 孵	619
汎	574	7 兵	584	12 復	595	父	607	榑	619
7 泛	575	8 並	585	13 腹	596	5 付	608	腐	619
11 梵	575	併	585	福	597	7 否	610	15 敷	619
15 範	575	幷	586	14 僕	598	扶	610	膚	620
(법)		9 柄	586	複	598	抔	610	蔀	620
8 法	575	炳	586	箙	599	芙	611	賦	620

駙	620	10 祓	638	紕	648	轡	654	史	662
麩	620	11 棚	638	蚍	648	鯡	654	司	662
16 鮒	621	붕		11 埤	648	鶋	654	四	663
18 覆	599	8 朋	638	婢	648	20 譬	654	6 寺	666
19 簿	621	11 崩	638	貔	648	21 贔	654	死	666
북		12 棚	639	12 備	648	22 轡	654	糸	668
5 北	621	絣	639	悲	649	빈		7 伺	669
분		13 硼	639	扉	649	6 牝	654	似	669
4 分	622	17 繃	639	斐	649	8 玢	654	沙	670
7 坌	625	19 鵬	639	腓	650	10 浜	654	社	670
扮	625	비		脾	650	11 彬	655	私	671
8 奔	625	2 匕	639	琵	650	貧	655	8 事	673
忿	626	4 比	639	菲	650	15 賓	655	些	674
扮	626	5 丕	640	痞	650	17 擯	656	使	674
芬	626	6 妃	640	費	650	頻	656	祀	675
9 盆	626	7 否	610	13 痺	650	18 檳	656	舍	675
10 畚	626	妣	641	脾	650	殯	656	邪	675
粉	626	屁	641	裨	650	19 嬪	656	9 俟	676
紛	627	庇	641	貰	651	瀕	656	卸	676
12 焚	627	批	641	14 鄙	651	20 繽	656	思	676
犇	628	8 泌	641	榧	651	24 鬢	656	查	678
雰	628	怫	638	碑	651	鬘	657	砂	678
13 賁	651	沸	641	緋	651	빙		10 唆	679
15 噴	628	狒	642	翡	651	5 氷	657	娑	679
墳	628	肥	642	蜚	651	8 凭	658	射	679
憤	628	秕	642	鼻	651	12 馮	658	師	680
16 奮	628	非	642	15 誹	653	13 聘	658	祠	681
17 糞	629	9 卑	644	16 篦	653	16 憑	658	紗	681
24 鱝	629	毘	645	糒	653			11 徙	681
불		砒	645	罪	653	**人**		捨	681
4 不	629	秕	645	17 嚊	653	사		赦	682
仏	636	飛	645	嬶	653	3 士	659	斜	682
5 弗	637	10 匪	647	臂	653	巳	659	梭	682
払	637	痺	647	貔	653	5 乍	659	莎	683
8 怫	638	秘	647	18 髀	653	仕	659	笥	683
沸	641	粃	648	19 羆	653	写	661	蛇	683

12 奢	683	**산**		**삽**		17 償	727	婿	743
渣	683	3 山	689	10 揷	708	霜	727	湑	743
斯	683	7 刪	692	11 渋	708	18 觴	727	暑	743
覗	684	杣	692	14 颯	708	20 孀	727	棲	743
詐	684	8 疝	692	**상**		26 孀	728	犀	743
詞	684	9 珊	693	3 上	709	**새**		絮	743
13 嗄	684	舢	693	7 床	714	13 塞	728	舒	744
嗣	685	跚	693	狀	715	17 賽	728	黍	744
獅	685	10 訕	693	8 尙	715	19 璽	728	13 瑞	744
肆	685	11 産	693	牀	716	20 鰓	728	署	744
娑	685	崗	694	9 峠	716	**색**		筮	744
辞	685	12 傘	694	庠	716	6 色	728	耡	744
鉈	685	散	694	相	716	10 索	688	鼠	744
飼	686	14 蒜	696	10 倘	719	13 嗇	730	14 緖	745
14 槎	686	算	696	桑	719	塞	728	聟	745
蓑	686	酸	697	桲	719	穡	730	誓	745
賒	686	15 潸	697	祥	719	**생**		15 糈	745
15 賜	686	18 繖	697	11 商	719	5 生	730	鋤	746
駛	686	20 霰	697	常	721	9 牲	736	舒	746
駟	686	**살**		徜	723	省	774	16 噬	746
鯊	687	10 殺	698	爽	723	11 笙	737	嶼	746
鰤	687	15 撒	698	裇	723	12 甥	737	17 曙	746
16 篩	687	18 薩	698	12 喪	723	**서**		18 薯	746
17 筤	687	**삼**		廂	723	6 西	737	20 齟	746
謝	687	3 三	699	湘	723	7 序	738	25 鱮	746
18 瀉	687	彡	706	翔	723	抒	739	鱮	746
鯊	687	7 杉	706	象	724	8 杼	1214	**석**	
21 鰤	687	8 參	1406	13 傷	724	9 叙	739	3 夕	746
麝	687	芟	707	想	724	胥	739	5 石	747
삭		12 森	707	詳	725	10 徐	739	6 汐	750
9 削	688	14 滲	707	14 像	725	逝	739	8 舍	675
10 朔	688	15 毿	707	嘗	725	恕	739	昔	750
索	688	蔘	707	裳	725	書	739	析	750
14 蒴	688	糝	707	15 箱	725	栖	742	9 炻	750
槊	688	16 穇	707	賞	726	11 庶	742	10 射	679
19 爍	689	17 糝	708	16 橡	726	12 堉	743	席	750

11 惜	751	23 鱓	763	9 城	773	11 巢	800	15 蕨	812
淅	751	(설)		星	773	掃	801	22 贖	812
釋	751	6 舌	763	省	774	梳	801	(손)	
12 晳	751	8 泄	763	10 晟	774	逍	801	10 孫	812
腊	751	9 洩	764	11 盛	774	紹	801	12 巽	812
14 蓆	752	10 屑	764	12 猩	775	12 燒	801	13 損	812
碩	752	11 紲	764	13 腥	775	甦	803	14 遜	813
蜥	752	設	764	筬	776	疎	803	(솔)	
15 潟	752	雪	764	聖	776	疏	804	9 帥	836
16 錫	752	12 渫	766	誠	777	痟	804	11 率	420
(선)		13 楔	766	16 醒	777	訴	804	17 蟀	813
5 仙	752	14 說	766	18 鰣	777	13 嗉	804	(송)	
6 先	752	17 蓺	767	(세)		塑	805	7 宋	813
9 宣	755	21 齧	767	5 世	777	搔	805	8 松	813
10 扇	756	22 鱈	767	9 洗	779	溯	806	9 送	814
11 旋	756	(섬)		11 笹	780	14 遡	806	10 悚	815
船	756	10 閃	767	細	780	15 銷	806	11 訟	815
12 善	758	14 銛	768	12 稅	782	霄	807	12 竦	815
13 尠	759	16 暹	768	貰	782	16 嘯	807	13 頌	815
腺	759	17 纖	768	13 勢	783	蔬	807	14 誦	816
禪	759	19 蟾	768	歲	783	艘	807	17 聳	1049
羨	759	20 譫	768	蛻	784	17 蕭	807	18 鎹	816
跣	760	瞻	768	14 毳	784	篠	807	鬆	816
14 煽	760	21 殲	768	說	766	18 騷	807	(쇄)	
銑	760	(섭)		(소)		19 簫	808	8 刷	816
15 嬋	760	11 涉	768	3 小	784	繰	1305	9 洒	816
撰	1403	13 摂	769	4 少	792	20 瀟	808	碎	817
選	760	17 爕	769	5 召	793	蘇	808	10 晒	817
線	761	21 囁	769	8 沼	794	22 鰺	808	殺	698
16 膳	762	懾	769	所	794	(속)		14 瑣	817
17 鮮	762	27 顳	769	9 咲	795	7 束	808	18 鎖	817
18 繕	762	(성)		昭	796	9 俗	809	(쇠)	
蟬	762	6 成	769	10 宵	796	10 速	810	10 衰	818
20 騸	762	7 声	771	消	796	12 屬	810	14 蓑	686
21 蘚	762	8 姓	771	笑	797	粟	811	(수)	
22 癬	763	性	772	素	798	13 續	811	4 收	818

手	819	嗽	844	6 旬	852	8 虱	858	是	870
殳	826	漱	844	巡	852	13 瑟	858	柿	870
水	826	蒐	844	9 洵	853	15 膝	858	10 時	870
5 囚	832	蓚	844	盾	853	蝨	859	柴	872
6 守	832	竪	845	10 唇	853	(슴)		翅	873
7 寿	833	綬	845	殉	853	9 拾	859	豺	873
秀	833	需	845	笋	853	11 習	859	11 偲	873
8 受	834	15 瘦	845	純	853	12 湿	859	匙	873
垂	835	穂	845	11 淳	854	14 慴	860	猜	873
9 帥	836	誰	846	脣	854	16 褶	860	視	873
狩	836	銹	846	眴	854	22 襲	860	12 啻	874
首	836	16 隧	846	12 循	854	(승)		弑	874
10 修	837	樹	846	筍	855	4 升	860	13 塒	874
搜	839	獣	847	順	855	6 丞	861	蒔	874
殊	839	豎	847	13 楯	855	8 承	861	愢	874
荅	839	輸	847	舜	856	昇	861	詩	874
崇	839	17 燧	848	詢	856	枡	862	試	875
袖	839	雖	848	馴	856	9 乗	862	14 蓍	876
粋	840	19 藪	848	15 蕣	856	10 陞	863	15 嘶	876
11 脩	840	繡	848	諄	856	12 勝	863	16 諡	876
售	840	髄	848	醇	856	13 僧	864	18 顋	876
授	840	20 繻	848	18 瞬	856	15 縄	865	21 鰤	876
羞	841	22 鬚	849	19 鶉	857	19 蠅	865	26 釃	876
12 遂	841	23 讎	849	(술)		(시)		(식)	
随	841	(숙)		6 戌	857	3 尸	866	6 式	876
隋	842	6 夙	849	8 述	857	5 市	866	9 拭	877
酥	842	8 叔	849	11 術	857	示	867	食	877
須	842	11 倏	849	(숭)		矢	867	10 息	880
13 嫂	842	孰	849	11 崇	857	6 寺	666	11 埴	1503
溲	842	宿	849	12 菘	858	7 豕	868	12 喰	880
愁	842	淑	851	13 嵩	858	8 侍	868	植	881
数	843	粛	851	(쉬)		始	869	殖	881
睡	844	12 菽	851	6 伜	858	9 屎	869	13 軾	881
綏	844	14 塾	851	10 倅	858	屍	869	飾	881
酬	844	15 熟	851	12 焠	858	恃	869	14 熄	882
14 嗾	844	(순)		(슬)		施	869	15 蝕	882

19 識	882	4 心	900	蚜	915	10 晏	923	8 快	933
신		7 沁	904	11 啞	915	案	923	昂	933
5 申	882	沈	1511	婀	915	11 眼	923	9 怏	933
6 迅	883	8 芯	904	訝	916	12 雁	924	10 秧	933
7 伸	883	9 甚	904	13 衙	916	15 鞍	924	14 鞅	933
臣	883	11 深	904	痾	916	鴈	925	애	
身	884	12 尋	905	蛾	916	17 鮟	925	6 艾	933
辛	885	13 椹	906	雅	916	18 顏	925	8 厓	933
辰	1377	15 審	906	15 餓	916	19 贋	925	9 哀	933
8 呻	886	潯	283	鴉	916	알		10 唉	934
9 信	886	16 蕈	906	16 錏	917	4 歹	926	埃	934
矧	887	蟳	284	18 鵞	917	8 軋	926	挨	934
神	887	20 鐔	906	20 鐚	917	11 戛	926	11 唯	934
10 娠	890	23 鱏	906	악		14 斡	926	崖	934
宸	890	鱘	906	8 岳	917	15 謁	926	涯	934
訊	891	십		11 偓	917	16 關	926	13 隘	934
11 晨	891	2 十	906	堊	917	암		愛	934
紳	891	4 什	909	惡	917	8 岩	926	睚	936
12 裖	891	6 辻	909	12 幄	920	10 俺	927	碍	936
13 愼	891	9 拾	859	愕	920	11 庵	927	15 皚	936
新	891	쌍		渥	920	12 菴	927	磑	936
腎	895	4 双	909	握	920	13 暗	927	16 噯	936
蜃	896	씨		13 腭	920	16 諳	928	噫	1737
14 榊	896	4 氏	910	樂	356	領	1624	17 曖	936
16 嘶	896			蕚	920	17 癌	928	20 藹	936
薪	896	ㅇ		16 諤	920	闇	929	24 靄	936
18 燼	896	아		17 嶽	920	20 巖	929	鱫	936
21 贐	896	4 牙	912	鍔	920	21 黯	929	25 鑀	936
鑫	896	7 亜	912	18 顎	921	압		액	
실		兒	913	20 鰐	921	5 圧	929	4 厄	936
5 失	896	我	913	鶚	921	8 押	930	7 扼	937
8 実	897	8 芽	914	24 齷	921	狎	932	11 掖	937
9 室	899	阿	914	안		16 鴨	932	液	937
11 悉	899	9 俄	915	6 安	921	앙		軛	937
17 蟋	899	10 娥	915	8 岸	922	5 央	932	12 腋	937
심		峨	915	9 按	923	6 仰	932	16 縊	1118

18 額	937	13 楊	951	16 諺	973	16 閾	984	15 噎	992
(앵)		煬	951	23 鼴	973	19 繹	984	熱	993
10 桜	938	14 様	951	(얼)		鯣	984	閱	994
20 罌	938	瘍	952	16 嚙	973	(연)		(염)	
21 鶯	938	15 養	952	21 蘖	973	8 延	984	5 冉	995
28 鸚	938	16 壤	952	(엄)		沿	985	8 炎	995
(야)		孃	952	8 奄	973	9 姸	985	9 染	995
3 也	939	18 穣	952	11 掩	974	衍	985	12 焰	996
7 冶	939	20 攘	953	淹	974	研	985	焱	996
8 夜	939	瀼	953	13 罨	974	10 娟	986	琰	996
9 耶	941	讓	953	16 閹	974	宴	986	13 塩	996
11 野	941	釀	953	17 厳	974	捐	986	14 厭	998
12 揶	943	21 囊	953	22 儼	974	涎	986	15 髯	998
13 惹	943	(어)		(업)		涓	986	16 殮	998
椰	943	8 於	953	13 業	975	烟	986	閻	998
爺	943	11 菸	953	(에)		11 軟	986	19 艶	998
19 鵺	943	魚	953	16 殪	975	12 淵	987	鯰	999
(약)		12 御	955	(여)		然	987	24 魘	999
8 若	944	馭	966	3 与	975	硯	988	(엽)	
9 約	945	13 瘀	966	4 予	976	13 椽	988	9 頁	1656
10 弱	946	14 漁	966	6 如	976	煙	988	12 葉	999
13 楉	946	語	967	汝	977	筵	989	23 靨	1000
葯	946	17 禦	968	7 余	977	羨	759	24 魘	999
16 薬	946	(억)		9 舁	979	蜒	989	(영)	
20 鰯	947	7 抑	968	10 茹	979	鉛	989	5 永	1000
21 躍	948	15 億	968	17 輿	979	14 演	990	7 迎	1001
鰯	948	16 憶	968	19 礜	979	鳶	990	8 泳	1001
鶸	948	17 檍	968	(역)		15 緣	990	英	1001
(양)		臆	969	6 亦	979	16 燃	991	怴	1002
6 羊	948	(언)		7 役	979	燕	992	9 映	1002
8 佯	948	7 言	969	8 易	980	19 嚥	992	栄	1002
9 洋	948	9 彥	972	9 逆	980	20 臙	992	盈	1003
10 恙	949	11 偃	973	疫	983	蠕	992	10 郢	1003
11 痒	949	焉	973	11 域	983	23 讌	992	12 営	1003
12 揚	950	堰	973	訳	983	(열)		瑛	1004
陽	950	14 嫣	973	14 駅	983	10 悦	992	詠	1004

예 — 요

13 瑩	1004	20 藥	1010	(옥)		窪	1025	5 外	1032
15 影	1004	22 蘥	1010	5 玉	1018	15 蝸	1026	9 畏	1036
16 穎	1005	(오)		7 沃	1020	(완)		12 猥	1036
17 嬰	1005	4 五	1010	9 屋	1020	7 完	1026	隈	1036
嚶	1005	午	1013	14 獄	1021	阮	1026	13 隗	1037
18 檸	1005	6 伍	1013	(온)		8 宛	1026	17 鮠	1037
20 蠑	1005	汚	1013	12 溫	1021	玩	1027	21 巍	1037
贏	1005	7 吳	1014	13 熅	1022	10 浣	1027	(요)	
21 瓔	1005	吾	1014	14 熰	1022	莞	1027	4 夭	1037
蘡	1005	9 俉	1014	15 褞	1022	盌	1027	5 凹	1037
22 癭	1005	10 娛	1014	16 穩	1022	埦	1027	7 妖	1037
23 纓	1005	悟	1015	縕	1023	婉	1027	8 堯	1038
(예)		烏	1015	17 薀	1023	捥	1027	拗	1038
4 予	1005	11 惡	917	醞	1023	12 腕	1027	9 要	1038
刈	1006	敖	1015	19 饂	1023	椀	1028	10 窅	1039
6 曳	1007	晤	1016	20 蘊	1023	13 碗	1028	窈	1039
7 芸	1007	梧	1016	(올)		頑	1028	12 搖	1039
8 泄	763	莫	953	3 兀	1023	14 蜿	1073	遙	1040
枘	1007	12 奧	1016	14 膃	1023	15 緩	1029	13 徭	1040
苅	1007	13 傲	1016	(옹)		翫	1029	腰	1040
10 蚋	1007	嗚	1016	9 瓮	1023	豌	1029	樂	356
11 猊	1008	蜈	1017	10 翁	1023	(왈)		瑤	1041
13 睨	1008	14 嗷	1017	12 喁	1023	4 曰	1029	14 僥	1042
裔	1008	寤	1017	16 甕	1024	(왕)		銚	1042
詣	1008	誤	1017	擁	1024	3 尢	1029	15 嶢	1042
譽	1008	15 熬	1017	18 甕	1024	4 王	1029	澆	1042
預	1008	遨	1017	23 癰	1024	7 汪	1030	窯	1042
15 銳	1009	16 墺	1017	(와)		8 往	1030	16 橈	1042
16 叡	1009	懊	1017	5 瓦	1024	旺	1031	謠	1042
濊	1009	澳	1018	7 囮	1024	枉	1031	17 邀	1042
蕊	1009	17 聱	1018	9 臥	1024	迬	1031	18 擾	1042
蘂	1009	螯	1018	11 訛	1025	(왜)		曜	1042
霓	1009	18 襖	1018	12 渦	1025	9 歪	1031	燿	1043
17 翳	1009	19 鏖	1018	蛙	1025	10 倭	1031	繞	1043
鮨	1372	20 鼯	1018	13 萵	1025	13 矮	1031	蟯	1043
18 穢	1009	24 鼇	1018	14 窩	1025	(외)		20 耀	1043

21 饒	1043	牛	1050	16 蘊	1062	轅	1073	6 有	1085
鷯	1043	5 右	1051	18 縕	1062	19 願	1073	7 酉	1088
(욱)		6 宇	1052	19 韻	1062	(월)		8 乳	1088
10 浴	1043	芋	1052	(울)		4 月	1074	侑	1089
辱	1043	羽	1053	11 蔚	1081	12 越	1076	油	1089
11 欲	1044	7 佑	1054	15 熨	1083	13 鉞	1077	9 宥	1091
13 溽	1044	迂	1054	蔚	1063	(위)		幽	1091
14 蓐	1044	8 盂	1054	29 鬱	1063	6 危	1077	柔	1091
15 慾	1044	雨	1054	(웅)		7 位	1077	柚	1092
褥	1044	9 祐	1055	12 雄	1063	圍	1078	11 唯	1092
16 縟	1044	疣	1055	14 熊	1064	8 委	1078	帷	1092
(용)		紆	1056	(원)		9 威	1078	惟	1092
4 冗	1044	11 偶	1056	4 元	1064	胃	1079	悠	1093
5 用	1045	郵	1056	円	1065	為	1079	羑	1093
9 俑	1045	12 寓	1056	8 苑	1066	韋	1080	蚰	1093
勇	1046	遇	1057	芫	1067	11 偽	1080	12 喩	1093
10 容	1046	隅	1057	9 垣	1067	尉	1081	愉	1093
涌	1046	13 愚	1057	怨	1067	12 偉	1081	揉	1093
茸	1047	虞	1058	爰	1067	喟	1081	游	1094
11 庸	1047	15 憂	1058	10 冤	1067	渭	1081	猶	1094
舂	1047	耦	1058	原	1067	萎	1081	遊	1094
12 湧	1047	17 優	1058	員	1069	13 違	1082	裕	1095
13 傭	1047	19 藕	1059	院	1069	椳	1082	釉	1096
溶	1047	24 麕	1059	袁	1070	葦	1082	13 愈	1096
蓉	1048	(욱)		12 媛	1070	15 慰	1083	腴	1096
蛹	1048	6 旭	1059	援	1070	熨	1083	楡	1096
14 榕	1048	9 郁	1060	13 園	1070	蔚	1063	楢	1096
熔	1048	17 燠	1060	源	1070	緯	1083	瑜	1096
踊	1049	(운)		猿	1071	蝟	1083	逾	1096
17 聳	1049	4 云	1060	遠	1071	16 衛	1083	14 維	1096
18 鎔	1049	8 芸	1060	14 蜿	1073	緯	1084	誘	1096
(우)		10 耘	1060	15 跨	1073	謂	1084	15 遺	1097
2 又	1049	12 運	1060	16 諼	1073	18 魏	1084	糅	1098
3 于	1050	雲	1061	鋺	1073	(유)		蝤	1474
4 友	1050	13 隕	1062	鴛	1073	5 幼	1084	16 儒	1098
尤	1050	14 殞	1062	17 蘭	1073	由	1085	諭	1099

諛	1099	16 憖	1106	義	1117	14 爾	1130	5 辷	1163
蹂	1099	19 齗	1107	14 漪	1118	飴	1130	7 佚	1163
蹓	1099	(을)		疑	1118	15 餌	1130	壱	1163
17 孺	1099	1 乙	1107	15 儀	1118	16 頤	1130	9 衵	1164
嚅	1099	(음)		毅	1118	17 鮞	1130	11 逸	1164
儒	242	7 吟	1107	誼	1118	19 鶂	1130	13 溢	1164
濡	1099	9 音	1108	16 劓	1118	(익)		(임)	
鍮	1100	11 婬	1109	縊	1118	7 杙	1131	4 壬	1165
鮪	1100	淫	1109	17 擬	1118	10 益	1131	6 任	1165
18 癒	1100	陰	1109	薏	1119	11 翊	1131	7 妊	1165
鞣	1100	12 飮	1110	18 礒	1119	17 翼	1131	9 姙	1165
鼬	1100	14 瘖	1111	19 艤	1119	(인)		衽	1166
19 孺	1100	15 蔭	1111	蟻	1119	2 人	1131	10 恁	1166
(육)		(읍)		20 議	1120	儿	1137	荏	1166
6 肉	1100	7 邑	1111	21 饐	1120	3 刃	1137	11 袵	1166
7 宍	1101	8 泣	1111	22 懿	1120	叉	1137	13 稔	1166
8 育	1101	10 悒	1112	(이)		4 仁	1137	賃	1166
12 粥	1336	浥	1112	2 二	1120	引	1138	(입)	
22 鬻	1336	12 揖	1112	3 已	1124	5 仞	1143	2 入	1166
(윤)		(응)		5 以	1125	6 印	1143	4 廿	1169
4 允	1101	7 応	1112	6 伊	1125	因	1144	5 叺	1170
9 胤	1102	16 凝	1113	夷	1125	扨	1144	込	1170
12 閏	1102	17 膺	1114	弐	1126	7 忍	1144	13 魜	1170
15 潤	1102	24 鷹	1114	弛	1126	9 咽	1145	鳰	1170
(율)		鷹	1114	而	1126	姻	1145	(잉)	
6 聿	1102	(의)		耳	1126	籾	1145	4 仍	1170
(융)		6 衣	1114	8 怡	1127	10 氤	1145	5 孕	1170
6 戎	1102	7 医	1115	易	980	茵	1145	11 剩	1170
12 絨	1102	矣	1115	9 姨	1127	11 寅	1145		
16 融	1103	8 依	1115	洟	1127	12 堙	1145	# 天	
(은)		宜	1116	10 袘	1127	湮	1145		
10 恩	1103	10 倚	1116	11 異	1127	靭	1145	(자)	
殷	1103	11 猗	1116	移	1129	14 認	1146	3 子	1171
14 隱	1103	12 椅	1116	蛇	683	(일)		5 仔	1172
憖	1105	欹	235	12 貽	1130	1 一	1146	6 字	1172
銀	1105	13 意	1116	13 紿	1130	4 日	1159	自	1173
								7 孜	1177

8 刺	1177	9 昨	1186	5 仗	1194	6 再	1205	9 抵	1214
姉	1178	柞	1187	6 匠	1194	在	1206	苴	1215
炙	1178	炸	1187	壯	1194	7 材	1208	苧	1215
者	1178	10 酌	1187	庄	1194	災	1208	10 疽	1215
9 咨	1179	11 婥	1187	7 杖	1194	9 哉	1208	11 渚	1215
姿	1179	雀	1187	狀	715	10 宰	1208	猪	1215
柘	1179	12 酢	1455	8 長	1194	栽	1208	著	1215
10 恣	1179	14 綽	1187	9 莊	1197	財	1208	這	1215
茨	1179	15 醋	1457	10 將	1198	11 梓	1209	羝	1216
茲	1179	17 爵	1187	11 帳	1198	斎	1209	蛆	1216
秕	1179	19 鵲	1187	張	1199	12 裁	1210	12 觝	1216
11 瓷	1179	21 嚼	1188	章	1199	13 滓	1210	詛	1216
疵	1179	(잔)		12 場	1200	載	1210	詆	1216
12 滋	1179	10 剗	1188	葬	1200	21 齋	1210	貯	1216
煮	1180	棧	1188	掌	1201	23 纔	1210	13 楮	1216
粢	1180	殘	1188	粧	1201	(쟁)		雎	1217
紫	1181	12 孱	1189	裝	1201	6 爭	1210	15 潴	1217
13 慈	1181	13 盞	1189	奬	1201	11 峥	1211	樗	1217
孶	1182	15 潺	1189	腸	1202	14 筝	1211	箸	1217
觜	1182	(잠)		14 獐	1202	15 噌	1211	18 儲	1217
資	1182	7 岑	1190	障	1202	諍	1211	19 瀦	1217
14 磁	1182	10 涔	1190	15 藏	1203	16 錚	1211	20 藷	1217
雌	1183	蚕	1190	樟	1203	18 鎗	1413	(적)	
15 蔗	1183	12 湛	283	漿	1203	(저)		6 吊	1286
16 諮	1183	15 潛	1190	16 墻	1203	7 佇	1211	7 狄	1217
楮	1183	暫	1191	瘴	1203	低	1211	赤	1218
髭	1183	箴	1191	17 檣	1204	8 咀	1212	8 迪	1220
鮓	1184	17 賺	387	牆	1204	姐	1212	炙	1178
18 藉	1184	18 簪	1191	薔	1204	岨	1213	的	1220
22 鷓	1184	(잡)		18 醬	1204	底	1213	10 迹	1220
(작)		13 煠	1191	19 臟	1204	抵	1214	11 寂	1221
3 勺	1184	14 雜	1191	鏘	1204	沮	1214	荻	1221
7 作	1184	21 囃	1193	22 醬	1204	狙	1214	逖	1221
杓	1186	(장)		欌	1204	邸	1214	笛	1221
灼	1186	3 丈	1193	(재)		杵	1214	13 賊	1221
芍	1186	4 爿	1193	3 才	1204	杼	1214	跡	1221

14 嫡	1222	筌	1238	10 浙	1251	浄	1265	17 樨	1275
摘	1222	13 填	1238	11 梲	1251	政	1266	19 濟	1275
滴	1223	戰	1238	12 絶	1251	柾	1267	蟶	1275
適	1223	殿	1240	13 節	1252	穽	1267	〔제〕	
翟	1224	煎	1240	14 截	1253	訂	1267	7 弟	1275
15 敵	1224	詮	1240	20 癤	1253	貞	1267	8 制	1276
16 積	1224	電	1241	〔점〕		酊	1268	齊	1276
17 績	1225	14 塼	1243	5 占	1253	10 庭	1268	9 悌	1277
18 藉	1184	槇	1243	8 店	1253	挺	1268	帝	1277
謫	1225	箋	1243	拈	259	釘	1268	10 劑	1277
蹟	1225	錢	1243	9 点	1254	11 停	1268	悌	1277
19 鏑	1225	銓	1243	苫	1255	偵	1269	除	1277
20 籍	1225	15 廛	1243	11 粘	1255	情	1269	11 濟	1278
21 癲	1226	箭	1243	12 覘	1255	掟	1270	梯	1278
22 顴	1226	篆	1243	14 漸	1255	旌	1270	皆	1278
〔전〕		16 澱	1244	16 鮎	1256	梃	1270	毗	1279
5 田	1226	甎	1244	〔접〕		頂	1270	祭	1279
6 全	1227	磚	1244	11 接	1256	12 淳	1271	第	1279
伝	1230	甋	1244	13 楪	1257	晶	1271	12 啼	1280
7 佃	1231	鳴	1244	14 摺	1257	菁	1442	堤	1280
8 典	1231	17 氈	1244	15 蝶	1257	程	1271	提	1281
9 前	1231	輾	1244	20 鰈	1257	13 禎	1271	隄	1281
專	1234	餞	1244	〔정〕		遉	1271	睇	1281
畑	1235	18 癜	1244	2 丁	1257	睛	1271	14 際	1281
10 剗	1188	19 氊	1244	4 井	1258	碇	1271	製	1281
展	1235	顚	1244	5 丼	1258	靖	1271	15 諸	1282
悛	1235	20 鐫	1245	叮	1259	艇	1271	16 儕	1283
旃	1236	21 囀	1245	汀	1259	鉦	1272	蹄	1284
栓	1236	纏	1245	正	1259	鼎	1272	醍	1284
栴	1236	22 顫	1245	7 呈	1262	14 精	1272	18 臍	1284
畠	1236	24 癲	1245	廷	1262	鋥	1274	薺	1284
11 剪	1236	鸇	1245	町	1262	静	1274	題	1284
淀	1236	〔절〕		疔	1263	15 鄭	1274	鵜	1284
転	1236	4 切	1245	8 定	1263	諚	1275	19 鼇	1285
12 奠	1238	7 折	1249	征	1265	16 整	1275	鯷	1285
揃	1238	9 窃	1250	9 亭	1265	錠	1275	20 鱭	1285

22 鼚	1285	照	1299	17 簇	1308	挫	1320	誅	1333
鱢	1285	稠	1300	19 鏃	1309	12 痤	1320	14 腠	844
조		誂	1300	**존**		14 莝	1320	綢	1333
4 弔	1285	14 嘈	1300	6 存	1309	**죄**		15 廚	1333
爪	1285	慥	1301	9 拵	1309	13 罪	1320	鑄	1334
6 兆	1286	漕	1301	12 尊	1310	**주**		駐	1334
吊	1286	蔦	1301	**졸**		5 主	1321	16 輳	1334
早	1287	遭	1301	8 卒	1311	6 州	1323	19 疇	1334
7 助	1288	肇	1301	拙	1311	朱	1323	籀	1334
抓	1289	蜩	1301	椊	1311	舟	1324	20 籌	1334
条	1289	趙	1301	**종**		7 住	1325	21 躊	1334
皁	1290	銚	1042	8 宗	1312	肘	1326	**죽**	
8 祖	1290	15 嘲	1301	9 柊	1312	走	1326	6 竹	1335
阻	1290	潮	1302	10 從	1312	8 侏	1327	12 粥	1336
9 挑	314	槽	1303	11 淙	1313	呪	1327	22 鬻	1336
殂	1290	調	1303	終	1313	周	1327	**준**	
俎	1290	16 噪	1304	12 椶	1314	宙	1328	9 俊	1336
祖	1290	操	1304	13 腫	1314	拄	1328	10 准	1336
10 凋	1291	澡	1304	14 種	1314	注	1328	峻	1336
晁	1291	雕	1304	粽	1315	9 胄	1329	浚	1337
造	1291	17 燿	1304	綜	1315	奏	1329	隼	1337
租	1292	燥	1304	15 慫	1315	洲	1329	11 埈	1337
笊	1292	簎	1305	樅	1316	昼	1329	12 皴	1337
蚤	1292	糟	1305	踪	1316	柱	1330	竣	1337
11 彫	1292	19 藻	1305	16 縱	1316	炷	1330	13 準	1337
措	1293	繰	1305	踵	1316	紂	1330	14 僔	1338
曹	1293	鯛	1306	17 螽	1316	10 酒	1330	15 噂	1338
眺	1293	20 躁	1306	鍾	1317	株	1332	遵	1338
粗	1293	21 竈	1306	18 蹤	1317	珠	1332	16 樽	1338
組	1294	22 鰷	1306	20 鐘	1317	酎	1332	17 駿	1338
釣	1295	25 钁	1306	**좌**		11 週	1332	19 蹲	1339
鳥	1296	28 鼃	1403	5 左	1317	紬	1333	21 蠢	1339
12 朝	1298	**족**		7 佐	1318	12 厨	1333	23 鱒	1339
棗	1299	7 足	1306	坐	1318	湊	1333	**줄**	
詔	1299	11 族	1308	9 剉	1319	註	1333	11 啐	1339
13 條	1299	15 蔟	1308	10 座	1319	13 遒	1333	**중**	

4 中	1339	芝	1361	18 織	1375	跌	1388	嵯	1399
6 仲	1344	旨	1361	職	1376	13 嫉	1388	蟬	1400
8 迚	1345	至	1361	〔진〕		15 膣	1388	14 遮	1400
9 重	1345	7 址	1362	6 尽	1376	質	1388	瑳	1400
12 衆	1348	志	1362	7 辰	1377	22 躓	1372	箚	1400
〔즉〕		8 肢	1362	9 津	1377	〔짐〕		17 蹉	1400
7 即	1348	枝	1362	珍	1377	10 朕	1389	〔착〕	
12 喞	1349	祉	1363	10 振	1378	13 斟	1389	10 捉	1400
15 蝍	1349	知	1363	陣	1379	15 鴆	1389	窄	1400
〔즐〕		9 咫	1364	晋	1380	〔집〕		11 著	1215
19 櫛	1349	指	1364	疹	1380	4 什	909	12 着	1400
〔즙〕		持	1366	真	1380	11 執	1389	13 搾	1402
9 戢	1350	枳	1368	秦	1383	12 集	1390	16 錯	1402
〔즙〕		胝	1368	11 進	1383	16 輯	1391	17 籍	1403
5 汁	1350	10 脂	1368	陳	1384	〔징〕		20 齣	1403
13 楫	1350	痔	1369	12 診	1384	14 徵	1391	22 簒	1403
葺	1350	砥	1369	軫	1384	15 澄	1391	28 鑿	1403
17 檝	1350	祇	1369	13 搢	1385	18 懲	1392	〔찬〕	
〔증〕		紙	1369	14 塵	1385	**ㅊ**		15 撰	1403
10 蒸	1350	舐	1370	榛	1385			贊	1403
症	1351	11 趾	1370	賑	1385	〔차〕		16 篡	1403
12 曾	1351	遲	1370	15 瞋	1385	3 叉	1393	餐	1404
証	1351	智	1371	震	1386	5 且	1393	17 燦	1404
13 蒸	1351	痣	1371	16 儘	1386	6 次	1393	18 竄	1404
14 增	1352	14 漬	1371	縉	1386	扠	1394	20 纂	1404
憎	1353	蜘	1371	18 鎭	1386	此	1394	21 饌	1404
17 甑	1353	誌	1372	〔질〕		7 車	1395	22 巑	1404
18 贈	1353	15 摯	1372	5 叱	1387	8 侘	1396	讚	1404
〔지〕		踟	1372	8 帙	1387	9 茶	270	27 鑽	1404
3 之	1354	17 鮨	1372	迭	1387	10 借	1396	29 爨	1404
4 支	1354	鷙	1372	9 姪	1387	差	1397	〔찰〕	
止	1355	18 贄	1372	10 桎	1387	11 偖	1399	5 札	1405
5 只	1355	22 躓	1372	疾	1387	釵	1399	8 刹	1405
6 凪	1355	〔직〕		秩	1388	12 硨	1399	9 拶	1405
地	1356	8 直	1372	11 窒	1388	較	1415	11 紮	1405
池	1360	15 稷	1375	12 蛭	1388	13 嗟	1399	14 察	1405

17 擦	1405	蒼	1412	12 萋	1418	13 踐	1429	16 諜	1437
(참)		14 彰	1412	13 褄	1418	15 遷	1429	(청)	
8 參	1406	漲	1412	(척)		賤	1430	5 厅	1437
10 站	1407	暢	1412	3 彳	1419	16 擅	1430	8 青	1437
11 慘	1407	槍	1412	4 尺	1419	薦	1430	11 清	1439
斬	1407	15 廠	1412	5 斥	1419	20 闡	1430	12 晴	1441
14 慙	1408	瘡	1413	7 呎	1419	(철)		菁	1442
塹	1408	16 艙	1413	8 刺	1177	5 凸	1430	14 蜻	1442
嶄	1408	鏘	1413	拓	1419	10 哲	1430	15 請	1442
慚	1408	17 蹌	1413	10 剔	1419	11 啜	1431	17 聽	1442
15 懺	1408	18 鎗	1413	拶	1419	12 掣	1431	19 鯖	1443
槧	1408	(채)		脊	1419	13 畷	1431	(체)	
19 鏨	1408	8 采	1413	隻	1420	鉄	1431	4 切	1245
20 巉	1408	11 彩	1414	11 惕	1420	14 綴	1433	7 体	1443
懺	1409	採	1414	戚	1420	15 徹	1433	9 剃	1444
攙	1409	菜	1414	14 滌	1420	撤	1433	涕	1127
21 驂	1409	砦	1415	15 瘠	1420	16 錣	1433	砌	1444
24 讒	1409	12 靫	1415	18 擲	1420	19 轍	1434	10 涕	1444
讖	1409	13 債	1415	蹠	1420	(첨)		遞	1445
(창)		14 寨	1415	21 鶺	1420	6 尖	1434	11 逮	1445
8 昌	1409	綵	1415	22 躑	1421	8 忝	1434	12 替	1445
10 倡	1409	(책)		(천)		11 添	1434	躰	1445
倉	1409	5 冊	1416	3 千	1421	甜	1435	掣	1431
氅	1410	9 柵	1416	川	1423	13 僉	1435	13 滯	1445
11 唱	1410	11 笧	1416	4 天	1424	15 諂	1435	髢	1445
娼	1410	蚱	1416	6 阡	1427	18 瞻	1435	15 蔕	1446
悵	1410	責	1416	7 串	132	23 籤	1435	締	1446
惝	1410	12 策	1416	玔	1427	(첩)		16 諦	1446
猖	1410	14 嘖	1417	辿	1428	8 妾	1435	17 嚔	1446
菖	1410	15 磔	1417	9 浅	1428	帖	1435	薙	1446
窓	1410	17 簀	1417	茜	1428	11 捷	1435	(초)	
12 創	1411	(처)		泉	1428	12 喋	1436	6 艸	1447
脹	1411	5 処	1417	穿	1429	疊	1436	7 抄	1447
椙	1411	8 妻	1418	籵	1429	貼	1436	肖	1447
13 愴	1411	10 凄	1418	11 釧	1429	13 牒	1436	初	1447
滄	1411	11 悽	1418	12 喘	1429	睫	1437	8 招	1450

杪	1451	9 促	1458	8 帚	1468	축		12 惴	1490
炒	1451	13 蜀	1458	抽	1468	4 丑	1476	揣	1490
9 俏	1451	觸	1458	樞	1468	9 柚	1092	萃	1490
草	1451	15 囑	1459	隹	1468	祝	1476	16 膵	1490
迢	1453	17 燭	1459	9 追	1468	10 逐	1477	18 贅	1490
秒	1453	23 矚	1459	秋	1470	畜	1477	취	
10 哨	1453	24 蠾	1459	酋	1472	11 舳	1478	7 吹	1491
峭	1453	촌		10 芻	1472	12 筑	1478	8 炊	1492
悄	1453	3 寸	1459	娵	1472	軸	1478	取	1492
秒	1453	6 吋	1460	惆	1472	13 蓄	1478	9 臭	1496
11 梢	1453	忖	1460	推	1472	16 築	1478	10 脆	1497
12 愀	1454	7 邨	1460	陬	1473	17 縮	1479	11 娶	1497
椒	1454	村	1460	12 啾	1473	18 蹙	1479	醉	1497
焦	1454	총		萩	1473	19 蹴	1479	12 就	1497
硝	1454	5 匆	1461	棰	1473	22 鼀	1480	毳	1498
稍	1455	8 忩	1461	椎	1473	춘		13 觜	1182
酢	1455	9 忽	1462	13 楸	1473	9 春	1480	14 翠	1498
貂	1455	10 冢	1462	麁	1473	13 椿	1482	聚	1498
超	1455	12 塚	1462	14 槌	1474	20 鰆	1482	15 趣	1499
鈔	1456	塜	1462	甃	1474	출		16 嘴	1499
13 剿	1456	惣	1462	箒	1474	5 出	1482	橇	1499
勦	1456	13 稔	1462	15 墜	1474	朮	1487	23 鷲	1499
楚	1456	葱	1462	皺	1474	8 怵	1487	24 驟	1499
蛸	1457	14 総	1462	蝤	1474	10 秫	1487	측	
15 憔	1457	聡	1465	諏	1474	17 黜	1487	4 仄	1499
蕉	1457	銃	1465	16 縋	1474	충		11 側	1499
醋	1457	18 叢	1465	縫	1474	6 充	1487	厠	1500
麨	1457	19 寵	1465	錘	1474	虫	1488	12 廁	1500
16 樵	1457	촬		錐	1475	7 忡	1488	惻	1500
燋	1457	15 撮	1466	17 趨	1475	沖	1489	測	1500
鞘	1457	최		醜	1475	狆	1489	층	
17 礁	1458	11 崔	1466	18 鎚	1475	8 忠	1489	21 襯	1501
鍬	1458	12 最	1466	雛	1475	10 衷	1490	층	
18 礎	1458	13 催	1467	鞦	1476	15 衝	1490	14 層	1501
23 鷦	1458	14 摧	1468	20 鰌	1476	췌		치	
촉		16 㝡	1468	鰍	1476	11 悴	1490	8 侈	1501
		추		33 鱺	1476				

治	1501	7 沈	1511	躱	1523	9 眈	1530	10 討	1540
9 峙	1502	8 枕	1512	15 駝	1523	10 耽	1530	12 菟	1540
10 値	1502	9 侵	1512	16 橢	1524	11 探	1530	통	
恥	1503	10 浸	1513	20 鰖	1524	貪	1531	9 恫	1541
致	1503	砧	1513	23 鼉	763	탑		洞	339
11 埴	1503	針	1513	탁		12 塔	1531	10 通	1541
梔	1503	11 棽	1514	6 托	1524	搭	1531	11 桶	1543
痔	1503	13 寢	1514	8 卓	1524	13 搯	1531	12 痛	1543
12 齒	1503	17 鍼	1515	拓	1419	14 榻	1531	筒	1544
13 嗤	1504	駸	1516	拆	1524	탕		統	1544
痴	1504	26 鱵	1516	9 度	313	8 帑	1531	14 慟	1545
稚	1505	칩		柝	1524	12 湯	1531	15 樋	1545
置	1505	17 蟄	1516	10 啄	1524	16 蕩	1533	18 鮪	1545
雉	1506	칭		託	1524	17 盪	1533	퇴	
馳	1506	10 称	1516	11 琢	1525	태		9 退	1545
14 緇	1506	秤	1516	16 濁	1525	4 太	1533	11 堆	1546
15 幟	1506			橐	1525	7 兌	1534	推	1472
褫	1506	**ㅋ**		17 濯	1525	汰	1535	14 腿	1546
輜	1506	쾌		擢	1525	9 怠	1535	槌	1474
16 熾	1506	7 快	1517	21 鐸	1525	胎	1535	15 褪	1546
縒	1507			탄		殆	1535	16 頹	1547
緻	1507	**ㅌ**		7 吞	1525	苔	1535	투	
鴟	1507	타		8 坦	1526	10 泰	1535	7 投	1547
17 薙	1446	5 他	1518	9 炭	1526	11 笞	1536	8 妬	1548
穉	1507	打	1519	12 彈	1527	14 態	1536	10 套	1548
鴻	1507	6 朶	1522	13 嘆	1528	颱	1536	透	1548
19 鯔	1507	7 佗	1522	14 綻	1528	駄	1536	鬥	1549
칙		妥	1522	15 憚	1528	15 駘	1536	11 偸	1549
9 則	1507	8 陀	1522	歎	1528	택		14 骰	1549
勅	1507	11 唾	1523	誕	1528	6 宅	1536	18 鬪	1549
친		紽	1523	22 灘	1528	7 沢	1537	특	
16 親	1508	舵	1523	驒	1529	択	1537	10 特	1550
칠		12 墮	1523	탈		토		틈	
2 七	1509	惰	1523	11 脫	1529	3 土	1537		
14 漆	1511	13 椿	1523	14 奪	1530	6 吐	1539	18 闖	1552
침		詑	1523	탐		8 兎	1540		

파

파
4 巴	1553
7 把	1553
8 波	1553
爬	1554
芭	1554
9 派	1554
玻	1554
10 破	1554
耙	1556
11 婆	1556
12 菠	1556
跛	1556
14 頗	1556
15 播	1556
罷	1557
18 擺	1557
19 簸	1557

판
5 弁	579
7 判	1557
坂	1558
阪	1558
8 板	1558
版	1559
11 販	1559
12 鈑	1560
16 辨	1560
19 瓣	1560

팔
2 八	1560
10 捌	1562

패
7 沛	1562
貝	1562
8 佩	1563
10 唄	1563
悖	1563
11 敗	1563
12 牌	1564
13 稗	1564
蛽	1564
19 霸	1564

팽
10 砰	1564
11 烹	1564
12 捧	1565
15 澎	1565
16 膨	1565

편
4 片	1565
9 扁	1567
便	1568
11 偏	1568
12 遍	1569
14 編	1569
15 篇	1569
篇	1569
編	1569
翩	1570
蝙	1570
18 鞭	1570
19 騙	1570

폄
11 貶	1571

평
5 平	1571
8 坪	1573
9 萍	1574
12 萍	1574
評	1574
16 鮃	1574

폐
7 吠	1574
8 柿	1574
9 肺	1574
10 陛	1575
11 閉	1575
12 廢	1576
敝	1577
15 幣	1577
弊	1577
16 斃	1577
蔽	1577
17 癈	1577
18 獘	1577

포
5 包	1577
布	1578
8 咆	1579
庖	1579
怖	1579
抛	1579
抱	1579
泡	1580
9 匍	1580
胞	1580
柉	612
苞	1580
10 哺	1580
圃	1581
捕	1581
浦	1581
疱	1581
砲	1581
袍	1582
11 匏	1582
晡	1582
脯	1582
逋	1582
12 跑	1582
13 葡	1582
鉋	1582
飽	1583
14 蒲	1583
範	1583
15 舖	1583
襃	1583
暴	1584
鋪	1584
髱	1584
16 鮑	1584

폭
12 幅	1584
15 暴	1584
16 輻	599
18 瀑	1585
19 曝	1585
爆	1585

표
7 杓	1186
8 表	1586
10 俵	1587
豹	1587
11 彪	1587
票	1587
13 剽	1587
裱	1588
14 嫖	1588
漂	1588
15 標	1588
16 瓢	1589
瘭	1589
17 縹	1589
19 鏢	1589
20 飄	1589
21 飆	1590
颷	1590
驃	1590
22 鰾	1590

품
9 品	1590
13 稟	1590

풍
9 風	1591
12 葻	1594
13 楓	1594
豊	1594
14 瘋	1594
16 諷	1594

피
5 皮	1595
8 彼	1595
陂	1596
披	1596
10 疲	1596
被	1596
14 蓆	1597
16 避	1598

필
4 匹	1598
5 必	1598
疋	1599
9 芯	1599
11 畢	1599
12 弼	1599
筆	1599
17 篳	1600

20 懌	1600	7 旱	1617	12 蛤	1627	骸	1636	험	
핍		8 邯	1617	13 溘	1627	17 櫷	1636	8 杴	1647
4 乏	1601	9 恨	1617	14 閤	1627	薤	1636	11 險	1647
7 泛	575	限	1617	17 鴿	1627	邂	1636	16 嶮	1647
13 逼	1601	10 悍	1617	항		醢	1636	18 驗	1648
ㅎ		12 寒	1618	4 亢	1627	19 蟹	1636	24 玁	30
		閑	1619	6 伉	1627	핵		혁	
하		13 漢	1620	行	1637	8 劾	1636	9 奕	1648
3 下	1602	16 澣	1620	7 吭	1628	10 核	1636	革	1648
7 何	1607	翰	1621	抗	1628	행		14 赫	1648
8 河	1609	17 韓	1621	沆	1628	6 行	1637	17 嚇	1613
10 夏	1610	䡪	1621	肛	1628	7 杏	1641	18 鬩	1649
荷	1611	釺	1621	8 杭	1628	8 幸	1641	현	
12 賀	1612	할		9 姮	1628	10 倖	1641	5 玄	1649
13 廈	1612	12 割	1621	巷	1628	荇	1641	7 見	60
煆	1612	14 瞎	1622	恒	1629	11 莕	1641	8 呟	1649
瑕	1612	17 轄	1622	10 降	33	12 絎	1641	弦	1649
遐	1612	함		航	1629	향		泫	1649
15 蝦	1612	7 含	1623	12 港	1629	6 向	1641	9 炫	1649
鞎	1613	8 函	1623	項	1630	8 享	1642	祄	1650
17 嚇	1613	9 咸	1623	14 嫦	1630	9 香	1642	県	1650
罅	1613	10 陷	1623	해		11 鄕	1643	10 晛	1650
霞	1613	11 涵	1623	6 亥	1630	15 餉	1644	痃	1650
학		菡	1623	9 咳	1630	19 嚮	1644	眩	1650
8 学	1613	12 喊	1624	垓	1630	蠁	1644	11 衒	1650
9 狢	1615	啣	1624	孩	1630	20 響	1644	莧	1651
虐	1615	14 銜	1624	海	1630	22 饗	1644	現	1651
11 涸	1615	15 緘	1624	10 奚	1634	허		絃	1652
13 貉	1615	16 頷	1624	害	1634	11 虛	1645	舷	1652
14 瘧	1615	17 餡	1624	11 偕	1634	許	1646	12 絢	1652
16 謔	1616	19 檻	1624	13 楷	1634	15 噓	1646	13 蜆	1652
21 鶴	1616	20 鹹	1624	解	1634	16 歔	1646	鉉	1652
24 鸑	1616	21 艦	1624	該	1635	헌		16 賢	1652
한		합		16 懈	1635	10 軒	1646	18 顯	1653
6 扦	1616	6 合	1625	諧	1636	13 獻	1646	20 懸	1654
汗	1616	8 呷	1627	駭	1636	16 憲	1647	혈	

3 孑	1654	20 馨	1663	薨	1672	9 哄	1678	10 宦	1697
5 穴	1654	혜		豪	1672	洪	1678	11 患	1697
6 血	1655	2 兮	1663	15 皞	1673	紅	1678	12 喚	1697
9 頁	1656	10 恵	1664	糊	1673	虹	1680	換	1697
12 絜	1656	11 彗	1664	蝴	1673	10 訌	1680	渙	1698
혐		15 慧	1664	16 縞	1673	15 篊	1680	13 煥	1698
13 嫌	1657	鞋	1664	醐	1673	16 鬨	1680	15 歡	1698
협		17 蹊	1664	17 壕	1673	17 鴻	1680	16 還	1698
5 叶	1657	18 蟪	1664	濠	1673	화		17 環	1698
7 夾	1657	호		18 鎬	1674	4 化	1680	鍰	1699
8 協	1657	4 互	1664	餬	1674	火	1682	21 鐶	1699
9 俠	1658	戸	1665	19 鯱	1674	5 禾	1685	鰥	1699
峽	1658	5 乎	1665	20 護	1674	7 花	1685	25 玃	1699
悏	1658	号	1665	혹		8 画	1688	활	
挾	1658	6 冱	1665	8 或	1674	和	1689	9 活	1699
狹	1658	好	1666	12 惑	1675	10 華	1692	12 蛞	1700
10 脅	1659	虍	1667	14 熇	1675	11 貨	1692	13 滑	1700
脇	1659	7 冴	1667	酷	1675	13 嘩	1693	猾	1701
11 莢	1660	沍	1667	혼		禍	1693	17 濶	1701
15 篋	1660	8 呼	1667	8 昏	1675	話	1693	豁	1701
鋏	1660	弧	1669	11 婚	1675	靴	1693	闊	1701
16 頰	1660	怙	1669	混	1676	14 樺	1694	황	
형		狐	1669	12 渾	1677	糀	1694	8 況	1701
5 兄	1660	虎	1669	焜	1677	16 鏵	1694	9 恍	1701
6 刑	1661	9 胡	1670	13 溷	1677	19 鰙	1694	荒	1701
7 亨	1661	10 浩	1671	14 魂	1677	확		皇	1703
形	1661	11 扈	1671	17 餛	1677	8 拡	1694	10 晃	1704
9 型	1662	毫	1671	18 鯇	1677	14 廓	131	11 凰	1704
炯	1662	瓠	1671	홀		15 確	1694	黄	1704
10 桁	1662	12 壺	1671	8 忽	1677	18 穫	1695	12 徨	1706
荊	1663	湖	1671	10 笏	1677	20 钁	1695	慌	1706
11 袔	1663	琥	1672	11 惚	1678	23 攫	1695	惶	1706
螢	1663	皓	1672	홉		26 籰	1695	13 幌	1706
14 熒	1663	13 瑚	1672	6 合	1625	환		滉	1706
16 衡	1663	葫	1672	홍		3 丸	1695	煌	1706
17 擤	1663	14 犒	1672	5 弘	1678	4 幻	1696	遑	1706

15 潢	1706	11 梟	1717	획		희		
篁	1706	12 曉	1717	12 揮	1726	4 欠	68	
蝗	1706	14 酵	1717	13 彙	1726	12 欽	1733	
20 鰉	1707	17 嚆	1717	暉	1726	흡		
회		21 囂	1717	15 輝	1726	6 吸	1733	
6 会	1707	22 驍	1717	麾	1726	9 恰	1734	
回	1708	饒	1718	16 諱	1726	洽	1734	
灰	1709	후		17 徽	1726	12 翕	1734	
9 廻	1710	6 后	1718	휴		흥		
徊	1710	朽	1718	6 休	1726	16 興	1734	
悔	1710	7 吼	1718	11 畦	1727	희		
恢	1711	9 侯	1718	13 携	1727	7 希	1735	
枑	1711	厚	1718	17 虧	1728	10 唉	934	
10 茴	1711	後	1719	휼		姬	1735	
11 晦	1711	9 臭	1496	9 恤	1728	11 欷	1736	
12 絵	1711	10 候	1722	19 譎	1728	12 喜	1736	
蛔	1712	12 喉	1723	23 鷸	1728	稀	1736	
13 詼	1712	13 嗅	1723	흉		15 嘻	1736	
賄	1712	煦	1723	4 凶	1728	嬉	1736	
14 誨	1712	훈		6 兇	1728	戱	1736	
16 懷	1713	10 訓	1723	匈	1729	熙	1737	
17 膾	1713	13 暈	1724	9 恟	1729	16 噫	1737	
檜	1713	葷	1724	洶	1729	17 犠	1737	
24 鱠	1714	14 熏	1724	10 胸	1729	23 鱚	1737	
획		15 勳	1724	흑		힐		
8 画	1688	16 薰	1724	11 黑	1730	13 詰	1737	
14 劃	1714	18 燻	1725	흔		15 頡	1738	
16 獲	1714	훼		7 忻	1732	21 纈	1738	
횡		17 毁	1725	8 欣	1732			
15 横	1714	휘		11 痕	1732			
효		12 喧	1725	12 焮	1732			
4 爻	1716	13 萱	1725	25 釁	1732			
7 孝	1716	훼		흘				
8 効	1716	9 虺	1725	6 吃	1732			
肴	1716	12 喙	1725	屹	1733			
10 哮	1717	13 毀	1726	7 迄	1733			

ㄱ

가

5 力 㪅 加
더할 가
カ
くわえる・くわわる

音読▶

加(か) ①〖數〗덧셈. ②'加奈陀(カナダ)(=캐나다)'의 준말.
加減(かげん) ①가감. 덧셈과 뺄셈. ②조절함. ③(사물의) 상태나 형편. ♣**~例**(れい)〖法〗가감례 / **~法**(ほう)〖數〗가감법.
‖**~見**(み) 음식물의 간을 봄.
~物(もの) 알맞게 조절하기 힘든 사물.
~乗除(じょうじょ) 가감승제.
~酢(ず) 양념 식초.
加階(かかい) 가계. 품계(品階)가 오름. 품계를 올림.
加工(かこう) 가공. ♣**~乳**(にゅう) 가공유 / **~紙**(し) 가공지 / **~歯**(し) 가공치.
‖**~貿易**(ぼうえき) 가공 무역.
~輸入(ゆにゅう) 가공 수입.
~食品(しょくひん) 가공 식품.
~役務賠償(えきむばいしょう)〖經〗가공 역무 배상.
~統計(とうけい) 가공 통계.
加功(かこう) 가공. 남의 행위의 일부를 분담하는 일.
加冠(かかん) 가관. 관례(冠禮)를 행하여 처음으로 관을 씀.
加級(かきゅう) 계급을 올리는 일.
加給(かきゅう) 가급.
加年(かねん) 새해를 맞아 나이를 더 먹음.
加担(かたん) ①짐을 짐. ②가담.
加糖練乳(かとうれんにゅう) 가당 연유.
加禄(かろく) 녹봉을 늘림.
加療(かりょう) 가료.
加硫(かりゅう) 가황(加黃).
加盟(かめい) 가맹. ♣**~国**(こく) 가맹국.
加味(かみ) 가미.
加背(かせ)〖鑛〗갱도 또는 터널의 단면적.
加配(かはい) 추가 배급(배당). 배급(배당)을 늘림.
加法(かほう)〖數〗가법. 덧셈.
加俸(かほう) 가봉.
加比の理(かひのり)〖數〗가비의 이. 합비(合比)의 이.
加算(かさん) 가산. ♣**~税**(ぜい) 가산세.
‖**~器**(き) (컴퓨터의) 가산기. 덧셈기.
加色法(かしょくほう) 가색법. 컬러 사진 기술의 한 방법.
加叙(かじょ) 가서. 위계(位階)가 오름.
加線(かせん)〖樂〗가선. 덧줄.
加勢(かせい) 가세. 도움. 조력.
加速(かそく) 가속. ♣**~系**(けい) 가속계 / **~性**(せい) 가속성.
‖**~度**(ど) 가속도. ♣**~計**(けい) 가속도계 / **~病**(びょう) 가속도병 / **~原理**(げんり) 가속도 원리.
~償却(しょうきゃく) 가속 상각.
~装置(そうち) 가속 장치.
~電圧(でんあつ) 가속 전압.
~車線(しゃせん) 가속 차선.
加水(かすい) 가수.
‖**~分解**(ぶんかい) 가수 분해. ♣**~酵素**(こうそ) 가수 분해 효소.
加数(かすう)〖數〗가수. 덧수.
加湿器(かしつき) 가습기.
加湿機(かしつき) ⇨ 加湿器(かしつき).
加圧(かあつ) 가압.
‖**~水型原子炉**(すいがたげんしろ)〖理〗가압수형 원자로.
加薬(かやく) ①가미(加味). ②〈関西方〉양념. 고명.
‖**~飯**(めし)〈関西方〉생선・야채 등 여러 가지를 섞어서 지은 밥.
加養(かよう) 가양. 양생함.
加熱(かねつ) 가열. ♣**~器**(き) 가열기. 히터 / **~炉**(ろ)〖工〗가열로.
加温(かおん) 가온.
加越能(かえつのう)〖地〗加賀(かが)와 越前(えちぜん)과 能登(のと)의 일컬음.
加恩(かおん) 가은.
加入(かにゅう) 가입.
‖**~電信**(でんしん) 가입 전신. 텔렉스.
加点(かてん) ①점수를 추가함. ②한문으로 된 문헌에 훈독을 위한 기호를 써 넣음.
加除(かじょ) 가제. 보탬과 뺌.
加州(かしゅう) ①加賀国(かがのくに)의 딴 이름. ②〖地〗가주. 미국 캘리포니아 주의 약칭.
加重(かじゅう) 가중. *かちょう로도 읽음.
‖**~平均**(へいきん) 가중 평균.
加増(かぞう) 가증. 증가. 특히, 영토・녹봉 따위의 증가.
加持(かじ) 가지. 주문을 외며 부처의 도움・보호를 빌어, 병이나 재앙을 면함.

加秩(かちつ) 녹봉(祿俸)이 증가함.
加餐(かさん) 가찬. 몸조리. 양생(養生).
加筆(かひつ) 가필.
加賀(かが) 〖地〗 옛 지방의 이름. 지금의 石川(いしかわ) 현의 남부.
加虐(かぎゃく) 가학. 학대를 가함.
加害(かがい) 가해. ♣~者(しゃ) 가해자.
加号(かごう) 가호. 가표.
加護(かご) 가호.

訓読
加わる(くわわる) ① 가해지다. 더해지다. 늘다. ② 참가(참여)하다. 가담하다.
❖加える(くわえる) ① 가하다. 더하다. 보태다. ② 가입시키다. 넣다.
加え算(くわえざん) 〖数〗 덧셈.

其他
加奈陀(カナダ) 〖地〗 캐나다.
加農(カノン) 카농(포). ♣~砲(ほう) 〖軍〗 카농포.
加答児(カタル) 〖醫〗 카타르. 「프.
加留多(カルタ) ① 놀이딱지. 화투. ② 트럼
加里(カリ) 〖化〗 칼리.
∥~肥料(ひりょう) 칼리 비료.
~石鹼(せっけん) 칼리 비누. 「장석.
~長石(ちょうせき) 〖鑛〗 칼리 장석. 칼륨
加密爾列(カミルレ) 〖植〗 카밀레. 국화과에 속하는 일년초.
加比丹(カピタン) ① 江戸(えど) 시대, 長崎(ながさき) 등지의 네덜란드 상관장(商館長). ② (네덜란드 배의) 선장.
加之(しかのみならず) 그뿐만 아니라. 그 위에. 게다가. 더군다나.

5
口 **可** 옳을 가
〖教〗 カ
べし・よい

音読
可(か) ① 가. 좋음. ② 가(可)함.
可なり(かなり) 가(可)하다. …해도 좋다.
可決(かけつ) 가결.
可耕(かこう) 가경. ♣~地(ち) 가경지.
可及的(かきゅうてき) 가급적.
可能(かのう) 가능. ♣~性(せい) 가능성.
∥~動詞(どうし) 가능 동사.
可鍛性(かたんせい) 가단성.
可鍛鋳鉄(かたんちゅうてつ) 가단 주철.
可読性(かどくせい) 가독성.
可動(かどう) 가동.
∥~橋(きょう) 가동교. 선박의 통행을 위하여 열리게 된 다리.
~堰(ぜき) 〖土〗 가동언. 가동 장치를 갖춘 둑. 가동 언제(堰堤).
可憐(かれん) ① 가련함. 애처로움. ② 귀여움. 사랑스러움.
可罰(かばつ) 가벌. 처벌이 마땅함.
∥~的違法性(てきいほうせい) 〖法〗 가벌적 위법성.

可変(かへん) 가변. ♣~翼(よく) 〖空〗 가변
~費用(ひよう) 가변 비용.   ㄴ익.
~容量ダイオード(ようりょうダイオード) 〖電〗 가변 용량 다이오드.
~資本(しほん) 가변 자본.
~長(ちょう) 컴퓨터에서 다루는 한 데이터의 길이가 일정하지 않고 변할 수 있는 일.
~抵抗器(ていこうき) 〖電〗 가변 저항기.
~蓄電器(ちくでんき) 가변 축전기.
~後退翼(こうたいよく) (항공기의) 가변 후퇴익.
可否(かひ) 가부. ① 찬부(贊否). ② 가불가(可不可). 좋음과 나쁨.
可分(かぶん) 가분. 나눌[분할할] 수 있음.
♣~物(ぶつ) 〖法〗 가분물.
∥~給付(きゅうふ) 〖法〗 가분 급부.
~債権(さいけん) 가분 채권.
~債務(さいむ) 가분 채무.
可算名詞(かさんめいし) 〖文法〗 가산 명사.
可算集合(かさんしゅうごう) 〖数〗 가산 집
可想界(かそうかい) 〖哲〗 가상계.   ㄴ합.
可塑物(かそぶつ) 가소물. 가소성 물질.
可塑性(かそせい) 〖理〗 가소성.
~物質(ぶっしつ) 가소성 물질.
可塑剤(かそざい) 〖化〗 가소제.
可視(かし) 가시.
∥~光線(こうせん) 가시 광선. 가시선.
~被害(ひがい) 가시 피해.
可食部(かしょくぶ) 가식부. 먹을 수 있는 부분.
可約(かやく) 〖数〗 가약. 약분할 수 있음.
可逆(かぎゃく) 〖化〗 가역. ♣~性(せい) 가역성.
∥~機関(きかん) 가역 기관.
~反応(はんのう) 〖理〗 가역 반응.
~変化(へんか) 〖理〗 가역 변화.
~電池(でんち) 〖理〗 가역 전지.
可燃(かねん) 가연. ♣~性(せい) 가연성.
∥~物(ぶつ) 가연물. 가연성 물질.
可溶(かよう) 가용. 녹아서 액체가 됨.
♣~性(せい) 가용성 / ~片(へん) 〖電〗 퓨즈.
可融合金(かゆうごうきん) 〖化〗 가용 합금. 이융(易融) 합금.
可照時間(かしょうじかん) 〖理〗 가조 시간.
可住地(かじゅうち) 가주지. 거주(居住)가 가능한 땅.
∥~人口密度(じんこうみつど) 가주지 인구 밀도.
可処分所得(かしょぶんしょとく) 가처분
可聴(かちょう) 〖理〗 가청.   ㄴ소득.
可換(かかん) 〖数〗 가환.

訓読
可からず(べからず) 《可し(べし)의 否定形》 안 된다. 해서는 못된다.
可き(べき) ① (당연히) 그렇게 해야 할. ② 적절한. ③ …할 만한.
可く(べく) 〈雅〉 …(하)기에. …(하)기 위해.

可くして(べくして) …할 것이 당연히 예상되어서.
可し(べし) 〈雅〉 ① 임에 틀림없다. ② 반드시 …일 것이다. ③ …할 수 있다.

其他
可惜(あたら) 애석하게도. 아깝게도. ＊힘줌말은 있었다라. 「건・사람.
可惜物(あったらもの) 아까운〔귀중한〕물.
可成(かなり) 제법. 어지간히. 상당히. 꽤.
可笑しい(おかしい) ① 우습다. ② 이상하다. ③ 수상하다.
可笑しな(おかしな) 우스운. 이상한.
可愛い(かわいい) ① 귀엽다. 사랑스럽다. ② 작다. 「지하다.
可愛がる(かわいがる) 귀여워하다. 애지중
可愛げ(かわいげ) 귀여운 데. 귀염성.
可愛らしい(かわいらしい) 귀엽다. 사랑스럽다.
可哀相(かわいそう) 불쌍한 모양. 가엾은 모양. 가련한 모양.
可哀想(かわいそう) ⇨ 可哀相(かわいそう).
可也(かなり) ⇨ 可成(かなり).
可祝(かしく) 〈雅〉 이만 실례합니다《여자가 편지 끝에 쓰는 말》.

仮(假) 6 イ 教 거짓 가 カ・ケ かり

音読
仮す(かす) ① 일시적으로 주다. ② 용서하다.
仮果(かか) 『植』 가과. 위과(僞果). 헛열매.
仮橋(かきょう) 가교. ＊かりばしろ도 읽음.
仮構(かこう) ① 가구. 허구(虛構). ② 임시로 지음. 또, 그 구조물.
仮根(かこん) 『植』 가근. 헛뿌리.
仮納(かのう) 가납. 금품을 임시로 납부함.
仮道管(かどうかん) 『植』 가도관. 헛물관(管).
仮導管(かどうかん) ⇨ 仮道管(かどうかん).
仮痘(かとう) 『醫』 가두. 가벼운 진성 두창(眞性痘瘡).
仮面(かめん) 가면. ♣〜劇(げき) 가면극.
∥〜舞踏会(ぶとうかい) 가면 무도회. 가장 무도회.
〜鬱病(うつびょう) 『醫』 가면 울증.
仮眠(かみん) 선잠.
仮冒(かぼう) 가모. 남의 이름을 사칭함.
仮泊(かはく) 가박. 선박이 임시로 정박함.
仮髪(かはつ) ① (여자의) 다리. ② 가발.
仮病(けびょう) 꾀병.
仮分数(かぶんすう) ① 『數』 가분수. ② 〈俗〉 대갈 장군.
仮死(かし) 『醫』 가사.
仮相 ㊀(かそう) 『佛』 가상. 실재가 아닌 현상(現象). 「승.
㊁(けそう) 『佛』 가상. 덧없고 헛된 모습. 이

仮象(かしょう) 『哲』 가상.
仮想(かそう) 가상.
∥〜記憶(きおく) 가상 기억.
〜私設通信網(しせつつうしんもう) 가상 사설 통신망.
〜敵国(てきこく) 가상 적국. ＊かそうてっこく로도 읽음.
〜現実(げんじつ) 가상 현실.
仮設(かせつ) 가설.
∥〜建築物(けんちくぶつ) 가설 건축물.
〜工事(こうじ) 가설 공사.
仮説(かせつ) 가설. ♣〜的(てき) 가설적.
∥〜検定(けんてい) 가설 검정.
仮声(かせい) 가성.
仮性(かせい) 『醫』 가성.
∥〜近視(きんし) 가성 근시.
〜小児コレラ(しょうにコレラ) 『醫』 가성 소아 콜레라.
〜包茎(ほうけい) 『生』 가성 포경.
仮数(かすう) 『數』 가수.
仮睡(かすい) 가수. 선잠.
仮時(かじ) 한가할 때. 손이 비어 있을 때.
仮植(かしょく) 가식. 임시로 심음.
仮言(かげん) 『論』 가언. 가설(假說).
∥〜命法(めいほう) 가언 명법.
〜命題(めいだい) 가언 명제.
〜的(てき) 가언적. ♣〜三段論法(さんだんろんぽう) 가언적 삼단 논법.
仮葉(かよう) 『植』 가엽. 위엽(僞葉). 헛잎《잎의 변태의 하나》.
仮寓(かぐう) 가우. 일시적으로 사는 일. 또, 그 집.
仮有(けう) 『佛』 가유.
仮字(かじ) 仮名(かな)의 일컬음. ＊かなろも 읽음.
仮作(かさく) 가작. ① 임시로 만듦. 또, 그 물건. ② 허구.
∥〜物語(ものがたり) 허구의 이야기. 꾸며 낸 이야기.
仮粧(かわい) 〈古〉 화장(化粧). 「읽음.
仮葬(かそう) 가장. 가매장. ＊かりそうろ도
仮装(かそう) 가장.
∥〜売買(ばいばい) 가장 매매.
〜舞踏会(ぶとうかい) 가장 무도회.
〜行列(ぎょうれつ) 가장 행렬.
〜行為(こうい) 가장 행위.
仮定(かてい) 가정. ♣〜法(ほう) 가정법 / 〜形(けい) 『文法』 가정형.
∥〜条件(じょうけん) 가정 조건.
仮晶(かしょう) 『鑛』 가정.
仮題(かだい) 가제(목). 임시로 붙인 제명.
仮足(かそく) 『生』 가족. 위족(僞足).
仮種皮(かしゅひ) 『植』 가종피.
仮借 ㊀(かしゃく) 가차. ① 빌림. ② (사정을) 봐줌. 용서함. ③ ⇨ 下記.
㊁(かしゃ) 가차. 한자(漢字)의 육서(六書)의 하나.
仮責(かしゃく) (사정을) 봐줌. 용서함.

仮歯(かし) 가치. 의치(義歯).
仮称(かしょう) 가칭. 가명.
仮托(かたく) ⇨ 仮託(かたく).
仮託(かたく) 가탁. 핑계. 구실.
仮現(かげん)〖宗〗가현. 화신(化身).
∥~運動(うんどう)〖心〗가현 운동. 가상 (仮像) 운동.

[訓読]
仮(かり) ① 임시. 일시. ② 가짜. ③ 가정(仮定).
仮に(かりに) ① 만일. 만약. ② 임시로.
仮にも(かりにも) ① 적어도. 그래도. ② 농으로라도. 어떤 일이 있더라도.
仮勘定(かりかんじょう)〖經〗가(仮)계정.
仮契約(かりけいやく) 가계약.
仮宮(かりみや) ① 임시 궁전. ② 天皇(てんのう)가 순행중에 머무는 별궁.
仮渡し(かりわたし) 임시로 줌. 특히, 가불.
仮登記(かりとうき) 가등기.
仮埋め(かりうめ) 가매장.
仮埋葬(かりまいそう) 가매장.
仮免(かりめん) '仮免許(かりめんきょ)(=가면허)'의 준말.
仮免状(かりめんじょう) 가면장.
仮免許(かりめんきょ) 가면허. 임시 면허.
仮武者(かりむしゃ) 여러 곳에서 임시로 그러모은 병사.
仮発注(かりはっちゅう) 가발주.
仮普請(かりぶしん) 임시 건축.
仮縫い(かりぬい) 가봉.
仮釈放(かりしゃくほう)〖法〗가석방.
仮の世(かりのよ) 덧없는 이 세상. 현세.
仮小屋(かりごや) 임시로 지은 오두막집. 가옥(仮屋).
仮刷り(かりずり)〖印〗가쇄(仮刷).
仮需(かりじゅ) '仮需要(かりじゅよう)(=가수요)'의 준말.
仮受金(かりうけきん)〖經〗가수금.
仮需要(かりじゅよう) 가수요.
仮の宿(かりのやど) ① 객지에서의 숙소. ② 임시 거처. ③ 덧없는 이 세상.
仮植え(かりうえ) 가식. 임시로 심음.
仮の身(かりのみ) 이 세상에 살고 있는 동안의 육체. 현세의 인간의 육체.
仮庵(かりいお) 임시로 만든 풀막. 오두막집. *古語로는 かりほ.
仮庵の祭(かりいおのまつり)〖宗〗수장절(収蔵節). 초막절(草幕節)《유대인의 추수 경축절》.
仮約定(かりやくじょう) 가약정.
仮屋(かりや) 가옥. 임시로 지은 작은 집. *かおく로도 읽음. └이 세상.
仮の憂き世(かりのうきよ) 무상하여 덧없는
仮元服(かりげんぶく) 무가에서, 남자가 11살이 되었을 때 처음 칼을 차는 의식.
囲囲い(かりかこい) (건축 공사 현장 주위에 둘러치는) 가설 벽.
仮議長(かりぎちょう) 임시 의장.
仮政府(かりせいふ) 임시 정부.

仮製本(かりせいほん)〖印〗가제본.
仮条約(かりじょうやく) 가조약.
仮調印(かりちょういん) 가조인.
仮枠(かりわく) 소정의 형태로 콘크리트를 굳히기 위해 가설해 놓은 테두리.
仮住まい(かりずまい) 임시 거처.
仮住所(かりじゅうしょ)〖法〗가주소. 임시 거처의 주소.
仮葺き(かりぶき) ① 임시로 지붕을 임. 또, 그 지붕. ② 판자만 깔고 아직 기와를 이지 않은 모양(지붕).
仮執行(かりしっこう)〖法〗가집행.
∥~の宣言(せんげん)〖法〗가집행 선고.
仮差し押さえ(かりさしおさえ)〖法〗가압류.
仮処分(かりしょぶん)〖法〗가처분.
仮綴じ(かりとじ) 가제본.
仮貼り(かりばり) ① 임시로 바름[붙임]. ② (表具(表具)를 하거나 일본화를 그릴 때) 종이·비단 등이 주름지지 않도록 물칠을 할 때 쓰는 패널[틀].
仮初め(かりそめ) ① 그때만임. 잠시 동안(임). 순간. 일시적(임). ② 우연. 사소. ③ 소홀. 경솔.
仮祝言(かりしゅうげん) 집안끼리 하는 약식 결혼식.   「석방.
仮出所(かりしゅっしょ)〖法〗가(仮)출옥. *
仮出獄(かりしゅつごく)〖法〗가출옥.
仮出場(かりしゅつじょう)〖法〗가출장.
仮親(かりおや) ① 수양부모. ② 양(養)부모. 길러 준 부모.
仮枕(かりまくら) ☞ 仮寝(かりね).
仮寝(かりね) ① 선잠. ② 객지에 나와서 잠.
仮宅(かりたく) 가택. 임시로 사는 집.
仮花道(かりはなみち) 歌舞伎(かぶき) 극장에서, 무대를 향해 오른쪽 객석 사이에 임시로 마련한 배우의 통로.

[其他]
仮令(たとい) 설령. 설사. 가령. 비록… (하더라도). *たとえ로도 읽음.
仮名 ㊀(かな) 한자의 일부를 따서 만든 일본 고유의 음절 문자《보통, 片(かた)かな와 平(ひら)がな를 일컬음》.
∥~遣い(づかい) 말을 かな로 표기하는 법.
~交じり(まじり) 한자와 かな를 섞어 씀. 또, 그런 글.
~文(ぶん) 문어문(文語文)의 일종으로 처음부터 かな로 쓴 글. *かなぶみ라고도
~文字(もじ) ☞ 仮名(かな).   └함.
~本(ぽん) かな로만 쓴 책.
~書き(がき) ① かな로 씀. 또, 그 문서. ② 한자에 かな를 섞어 씀. 또, 그 문서.
~手本(でほん) ① いろは 노래를 平(ひら)がな로 쓴 습자책. ② 전하여, いろは 노래.
~違い(ちがい) かな 표기법이 틀림.
~草子(ぞうし) 江戸(えど) 시대 초기에 유행한 통속 소설.
㊁(かめい) 가명. *けみょう로도 읽음.

㊂(かりな) ①仮名(かな) 글자. ②가명.
仮漆(ニス) 니스. 'ワニス(=와니스)'의 준말.

7 イ 人	伽	절 가 カ・ガ・キャ とぎ

音読
伽羅(きゃら) 가라. ①〖植〗침향(나무). ②침향의 수지(향료).
∥～蕗(ぶき) 껍질 벗긴 머위 줄기를 간장으로 조린 식품.
～木(ぼく) 〖植〗주목과(朱木科)의 키가 낮은 상록수.
～色(いろ) 침향색. 짙은 갈색.
伽藍(がらん) 〖佛〗가람. 절의 (큰) 건물.
∥～堂(どう) 가람당. 가람신을 모신 당.
～神(じん) 〖佛〗가람신. 절을 수호하는 신.
伽倻琴(かやきん) 〖樂〗가야금. 가얏고.
訓読
伽(とぎ) ①지루함을 달래려 말벗을 함. 또, 그 말벗. ②간병(看病)(인).

8 イ 教	価(價)	값 가 カ あたい

音読
価格(かかく) 가격.
∥～景気(けいき) 가격 경기.
～修正因子(しゅうせいいんし) 〖經〗가격 수정 인자.
～差益金(さえききん) 가격 차익금.
～弾力性(だんりょくせい) 가격 탄력성.
～破壊(はかい) 가격 파괴.
～革命(かくめい) 가격 혁명.
～協定(きょうてい) 가격 협정.
価数(かすう) 〖理・化〗가수.
価額(かがく) 가액. 값.
価電子(かでんし) 〖理〗가전자. 원자가(原子價) 전자.
価値(かち) 가치. ♣～観(かん) 가치관 /～論(ろん) 가치론.
∥～分析(ぶんせき) 가치 분석.
～自由(じゆう) 〖哲〗가치 자유.
～判断(はんだん) 가치 판단.
訓読
価 ㊀(あたい) 값. 가격.
㊁(か) 《接尾語ロ》《化》…가(價).
価する(あたいする) 가치가 있다. …르 만하다. 상당하다.

8 イ 常	佳	아름다울 가 カ・ケ よい

音読
佳なり(かなり) 아름답다. 좋다.

佳客(かかく) 가객. 빈객(賓客).
佳景(かけい) 가경.
佳境(かきょう) 가경.
佳季(かき) 가절(佳節).
佳句(かく) 가구. ①잘 지은 글귀. ②잘 지은 俳句(はいく).
佳局(かきょく) 가국. (바둑·장기 등의) 재미있는 국면.
佳期(かき) 가기. 좋은 시기.
佳良(かりょう) 가량. (꽤) 좋음.
佳麗(かれい) 가려. 곱고 품위가 있음.
佳味(かみ) 가미. 진미.
佳芳(かほう) 가방. 아름다운 향기.
佳賓(かひん) 가빈. 진객(珍客).
佳詞(かし) 가사. 좋은 말〔문구〕.
佳所(かしょ) 가소. ①전망과 환경이 좋은 곳. ②장점.
佳辰(かしん) 가신. 길일(吉日).
佳宴(かえん) 가연. 경사스러운 연회.
佳容(かよう) 가용. 아름다운 용모.
佳月(かげつ) 가월. 명월.
佳人(かじん) 가인. 미녀.
∥～薄命(はくめい) 가인 박명.
佳日(かじつ) 가일. 경사스러운 날.
佳作(かさく) 가작.
佳絶(かぜつ) 가절. (풍경이) 더없이 좋음.
佳節(かせつ) 가절. ①경사스러운 날. (경)축일. ②좋은 시절.
佳酒(かしゅ) 가주. 좋은 술.
佳什(かじゅう) 가집. 훌륭한 시가(詩歌)·작품. 가작.
佳饌(かせん) 가찬. 훌륭한 요리.
佳処(かしょ) ⇨ 佳所(かしょ).
佳招(かしょう) 초대받음의 높임말.
佳篇(かへん) ⇨ 佳編(かへん).
佳編(かへん) 가편. 뛰어난 작품.
佳品(かひん) 가품. 훌륭한 물품.
佳話(かわ) 가화. 미담.
佳肴(かこう) 가효. 맛 좋은 안주.
訓読
佳い(よい) ①뛰어나다. 훌륭하다. ②길(吉)하다. 경사스럽다.
佳き(よき) 축하할. 경사스런.
佳し(よし) 〈雅〉좋다.

8 口	呵	꾸짖을 가 カ しかる・わらう

音読
呵す(かす) ☞ 呵する(かする).
呵する(かする) ①꾸짖하다. ②입김을 세게 불다.
呵呵(かか) 가가. 깔깔거림.
呵呵大笑(かかたいしょう) 가가대소. 소리내어 크게 웃음.
呵責(かしゃく) 가책.
呵護(かご) 가호. 나쁜 것을 꾸짖어서 물리치고 지킴.

8 艹 人	茄	가지 **가** カ なす

訓読▶
茄(なす) ⇨ 茄子(なす).
茄紺(なすこん) 가지색과 같은 감색.
其他▶
茄子(なす)〖植〗가지. *なすびとも 읽음.

9 木 常	架	시렁 **가** カ かける・かかる・たな

音読▶
架(か) ①물건을 얹거나 거는 대. ②공중에 건너지름.
架す(かす) ☞架する(かする).
架する(かする) 걸쳐 놓다. 구축하다.
架空(かくう) 가공. 공중에 걸침. 상상으로 만듦. ♣︎─線(せん) 가공선.
‖〜索道(さくどう) 가공 삭도.
〜地線(ちせん) 가공 지선.
架橋(かきょう) 가교.
‖〜工事(こうじ) 가교 공사.
架台(かだい) 가대. ①받침. ②철도・다리 따위를 받치는 대(臺).
架上(かじょう) 가상. 시렁 위.
架線(かせん) 가선.
架設(かせつ) 가설.
架装(かそう) 차량 등에 실려 있는 장비.
架蔵(かぞう) 가장. (주로 서적 등을) 선반이나 시렁에 간직해 둠.
訓読▶
架かる(かかる) (다리・철도 등이) 가설되다. 놓이다. 　　　　　　　「만들어 놓다.
架ける(かける) ①걸쳐 놓다. ②얼기설기

9 木	枷	칼 **가** カ かせ

音読▶
枷鎖(かさ) 가쇄. 죄인의 목에 채우는 칼과 발에 채우는 족쇄.
訓読▶
枷(かせ) 옛 형구인 칼・고랑・차꼬 따위의 총칭. 가쇄(枷鎖). 　　　　　　　　　　「것.
枷杭(かせぐい) 자유로운 행동을 방해하는

9 王	珈	머리꾸미개 **가** カ

其他▶
珈琲(コーヒー) 커피.
‖〜の木(き)〖植〗커피나무.

9 艹	苛	독할 **가** カ いらだつ・きびしい

音読▶
苛辣(からつ) 가랄. 매우 신랄함.
苛斂誅求(かれんちゅうきゅう) 가렴주구.
苛法(かほう) 가법. 가혹한 법률.
苛性(かせい) 가성.
‖〜加里(カリ) 가성칼리.
〜曹達(ソーダ) 가성소다.
苛税(かぜい) 가세. 가혹한 세금.
苛小(かしょう) 가소. 썩 작음.
苛烈(かれつ) 가열. 가혹하고 격렬함.
苛政(かせい) 가정. 학정(虐政).
苛評(かひょう) 가평. 혹평.
苛虐(かぎゃく) 가학. 가혹히 학대함.
苛酷(かこく) 가혹.
訓読▶
苛立たしい(いらだたしい) 초조하다.
苛立つ(いらだつ) 애타하다. 안달하다.
苛立てる(いらだてる) 초조하게 하다. 애태우다.
其他▶
苛つ(いらつ)〈雅〉초조해지다. 애가 타다.
苛む(さいなむ) ①들볶다. 괴롭히다. ②꾸짖다. 책망하다.
苛める(いじめる) 괴롭히다. 구박하다. 못살게 굴다.
苛苛(いらいら) ①안달복달하는 모양. ②따끔따끔. 까칫까칫. 　　　　　　　　「개구쟁이.
苛めっ子(いじめっこ) 짓궂은 아이. 개구쟁이

9 辶	迦	부처이름 **가** カ

音読▶
迦陵頻(かりょうびん) 아악(雅樂)의 하나.
迦陵頻伽(かりょうびんが)〖佛〗가릉빈가.
迦陵頻迦(かりょうびんが) ⇨ 迦陵頻伽(かりょうびんが).
迦梨帝母(かりていも)〖佛〗불교의 여신으로. 귀자모신(鬼子母神).

10 口	哥	소리 **가** カ うた・うたう

音読▶
哥老会(かろうかい)〖史〗가로회.
訓読▶
哥沢(うたざわ) 三味線(しゃみせん) 반주로 부르던 江戸(えど) 말기의 端歌(はうた)의 한 가지.
其他▶
哥兄(あにい) (의협심이 있는) 젊은이.

家 10획 六 敎
집 가
カ・ケ
いえ・や・うち

音読▶
家 ㊀(か)《接尾語로》 …가. …하는 사람.
㊁(け)《接尾語로》 …가. …가문.
㊂(いえ) ①집. 주택. ②가정. 가문.
㊃(や) ①집. ②아호 따위에 붙이는 말.
㊄(うち) 집. 집안.
家刻本(かこくぼん) 가각본. 개인이 간행한 서책. 사가판(私家版).
家居 ㊀(かきょ) 가거. (벼슬하지 않고) 집 안에 박혀 있음.
㊁(いえい) ①집을 짓고 삶. ②집.
家格(かかく) 가격. 문벌. 가문의 격.
家系(かけい) 가계.
家計(かけい) 가계. 생계. ♣～簿(ぼ) 가계부.
‖～調査(ちょうさ) 가계 조사.
家鶏(かけい) 가계. 집에서 치는 닭.
‖～野鶩(やぼく) 가계야목. 눈에 익은 것은 멀리하고 새롭고 진귀한 것을 가까이하는 일.
家具(かぐ) 가구. ♣～師(し) 가구상／～屋(や) 가구점.
家国(かこく) 가국. ①집과 국가. 또, 국가. ②고향.
家君(かくん) 가군. 가친(家親).
家眷(かけん) 한 가족.
家禽(かきん) 가금.
家難(かなん) 가난. 집안의 재난.
家内(かない) ①가내. 가족. ＊雅語로는 やうち. ②(자기의) 아내.
‖～工業(こうぎょう) 가내 공업.
～労働(ろうどう) 가내 노동. ♣～法(ほう) 가내 노동법.
家女(かじょ) 그 집에서 태어난 여자.
家大人(かたいじん) 가대인. 자신의 아버지의 높임말.
家道(かどう) 가도. 가풍(家風).
家督(かとく) 가독. 그 집의 상속인.
‖～相続(そうぞく) 《法》 호주 승계.
家僮(かどう) 가동. 하인.
家来(けらい) 가신(家臣). 종자(従者). 부하.
家令(かれい) 《史》 平安(へいあん) 시대, 친왕가(親王家) 등에서 회계 등을 담당하던 사람.
家例(かれい) 가례. 집안의 관례.
家老(かろう) 가신(家臣) 중의 우두머리.
家禄(かろく) 가록. 세록(世祿).
家名(かめい) 가명.
家母(かぼ) 가모. 자기 어머니.
家務(かむ) 가무. 집안일.
家門(かもん) ①가문. 집안. 문중. ②집의 문.
家紋(かもん) 가문. 한 집안의 문장(紋章).
家法(かほう) 가법.
家宝(かほう) 가보.
家譜(かふ) 가보. 한 집안의 계보(족보).
家僕(かぼく) 가복. 사내종. 가노(家奴).
家父(かふ) 가부. 가친(家親).

家扶(かふ) 전에, 황족・화족(華族)의 집에서 집안일이나 회계를 맡아보던 사람.
家父長的家族制度(かふちょうてきかぞくせいど) 가부장적 가족 제도. 가부장제.
家士(かし) 가사. 가신(家臣).
家事(かじ) 가사.
‖～労働(ろうどう) 가사 노동.
～使用人(しようにん) 《法》 가사 사용인.
～審判(しんぱん) 가사 심판. 가사 소송.
♣～法(ほう) 가사 소송법.
～調停(ちょうてい) 가사 조정.
～向き(むき) 가정에 관한 용건.
家産(かさん) 가산.
‖～国家(こっか) 가산 국가.
～制度(せいど) 가산 제도.
家相(かそう) 가상. 집의 위치・방향・칸살의 배치 따위의 모양. ♣～見る(は)는 일.
家常(かじょう) 가상. 일상(日常). 흔히 있는.
‖～茶飯(さはん) 가상다반. ①가정에서 늘 먹는 식사. ②전하여, 극히 예사로운 일. 다반사.
家書(かしょ) 가서. ①집에서 온 편지. ②집안의 장서(蔵書).
家声(かせい) 가성. 집안의 명예・평판.
家世(かせい) 가세. 가계(家系).
家塾(かじゅく) 가숙. 사숙(私塾).
家乗(かじょう) 가승. 한 집안의 기록.
家臣(かしん) 가신.
家信(かしん) 가신. 집에서 온 서신이나 소식.
家室(かしつ) 가실. ①집. 가정. ②아내. ③부부.
家醸(かじょう) 가양. 집에서 빚은 술.
家厳(かげん) 가엄. 가친(家親). 자기의 엄친.
家業(かぎょう) 가업.
家屋(かおく) 가옥. 집. ♣～税(ぜい) 가옥세.
家運(かうん) 가운.
家恩(かおん) ①집에서 받은 은혜. ②어떤 집이나 가족이 받은 은혜.
家人 ㊀(けにん) ①대대로 그 집에 섬기고 있는 사람. ②律令制(りつりょうせい)에서, 노예적인 천민.
㊁(かじん) 가인. 한 집안 사람.
㊂(いえびと) ①집안 사람. ②집의 고용인.
家資(かし) 가자. 가산(家産). ♣～分散(ぶんさん) 는 말.
家慈(かじ) 가자. 남에게 자기 어머니를 일컫는 말.
家作(かさく) ①집을 지음. 또, 그 집. ②특히, 셋집으로 지은 집.
家蚕(かさん) 가잠. 집에서 치는 누에. ♣～糸(し) 가잠사.
家長(かちょう) 가장. ♣～権(けん) 가장권.
家蔵 ㊀(かぞう) 가장. 자기 집에 간직해 둠. 또, 그 물건.
㊁(いえくら) ①집안의 땅광. ②재산.
家宰(かさい) 집사(執事). 가장을 보좌하여 일체를 관리하고, 가사를 맡아보는 사람.
家財(かざい) 가재. 살림살이. 가구. ②가산(家産).
家裁(かさい) '家庭裁判所(かていさいばん

しょ)(=가정 법원)'의 준말.
家猪(かちょ) 가저. 집돼지.
家嫡(かちゃく) 가적. 집안의 대를 이을 맏아들. *けちゃくろも 읽음.
家伝(かでん) 가전. 전가(傳家).
家電(かでん) '家庭用(かていよう)電器(でんき)(=가정용 전기)'의 준말. 가전.
∥~**業界**(ぎょうかい) 가전업계.
家政(かせい) 가정. 집안 살림. ♣~**科**(か) 가정과 /~**学**(がく) 가정학.
家庭(かてい) 가정. ♣~**科**(か) 가정과 /~**医**(い) 가정의 /~**的**(てき) 가정적.
∥~**教師**(きょうし) 가정 교사.
~**教育**(きょういく) 가정 교육.
~**劇**(げき) 가정극. 홈드라마.
~**内暴力**(ないぼうりょく) 가정내 폭력.
~**欄**(らん) (신문 등의) 가정란.
~**訪問**(ほうもん) 가정 방문. 「퍼.
~**奉仕員**(ほうしえん) 가정 봉사원. 홈 헬
~**小説**(しょうせつ) 가정 소설.
~**薬**(やく) 가정 상비약.
~**裁判所**(さいばんしょ) 가정 법원.
~**争議**(そうぎ)〈俗〉 부부 싸움.
~**着**(ぎ) 든벌. 홈웨어.
~**菜園**(さいえん) 텃밭.
家弟(かてい) 가제. 동생.
家祖(かそ) 가조. 한 집안의 조상.
家族(かぞく) 가족. ♣~**歴**(れき) 가족력 /~**法**(ほう) 가족법.
∥~**計画**(けいかく) 가족 계획.
~**福祉**(ふくし) 가족 복지.
~**手当**(てあて) 가족 수당.
~**療法**(りょうほう) 가족 요법.
~**制度**(せいど) 가족 제도.
~**主義**(しゅぎ) 가족주의.
~**合わせ**(あわせ) 明治(めいじ) 말년에 시작된 딱지놀이의 하나.
家中(かちゅう) ①〈老〉 집안. 온집안 식구. *うちじゅうろも 읽음. ②〈古〉 영주의 가신(家臣)의 총칭.
家職(かしょく) ① 가직. 가업(家業). ② (귀족・부호의 집의) 집사.
家質(かじち) 가옥을 저당 잡히고 돈을 빌려 쓰는 일. *いえじちろも 읽음.
家什(かじゅう) 가집. 가장(家蔵). 「(集).
家集(かしゅう) 가집. 개인의 和歌(わか)집
家借(かしゃく) 남의 집을 빌림. 차가(借
家妻(かさい) 아내. 「家).
家畜(かちく) 가축.
∥~**法定伝染病**(ほうていでんせんびょう) 가축 법정 전염병.
~**人工授精師**(じんこうじゅせいし) 가축 인공 수정사.
家親(かしん) 자기 부모. 집에 있는 부모.
家宅(かたく) 가택.
∥~**捜索**(そうさく) 가택 수색.
家兎(かと) 가토. 집토끼.
家風(かふう) 가풍.

家学(かがく) 가학. 한 집안에 대대로 전하는
家郷(かきょう) 가향. 고향. └학문.
家憲(かけん) 가헌. 가훈.
家筋(かすじ) 가계(家系).
家兄(かけい) 가형. 자기의 형.
家訓(かくん) 가훈.
訓読➡
家家(いえいえ) 가가. 집집.
家見(いえみ) ① 사거나 빌리려는 집을 사전에 살펴보는 일. ② 신축이나 이전을 축하하여 친지들이 방문하는 일.
家継ぎ(いえつぎ) 호주 상속(인).
家尻切り(やじりきり) ⇨ **家後切り**(やじりきり).
家鳩(いえばと)〖鳥〗 집비둘기.
家構え(いえがまえ) 집의 구조・형태.
家筋(いえすじ) 가계(家系). 일가의 혈통.
家大工(やだいく) 집 짓는 목수. 대목.
家渡り(やわたり) 이사(移徙).
家路(いえじ) (집으로의) 귀로(歸路).
家毎(いえごと) 집집마다. 매호(毎戶). 「리.
家鳴り(やなり) 집이 울리는 (흔들리는) 소
家猫(いえねこ) 집괭이.
家無し(いえなし) 집이 없음. 집없는 사람. 무숙자(無宿者).
家壁蝨(いえだに) ⇨ **家蜱**(いえだに).
家並み(いえなみ) 집이 즐비함. 또, 그 모양새. *やなみ로도 읽음.
家柄(いえがら) ① 집안. 가문. 문벌. ② 명문.
家普請(やぶしん) 가옥의 건축. *いえぶしん으로도 읽음.
家付き(いえつき) ① 건물이 딸려 있음. ② 본디 그 건물에 살고 있음. 또, 그 사람.
∥~**娘**(むすめ) 데릴사위를 맞아들여야 할
家蜱(いえだに)〖蟲〗 쥐에 생기는 작은 진드└기.
家鼠(いえねずみ)〖動〗 집쥐.
家所(いえどころ) 처소. 주소.
家捜し(いえさがし) ① 집안을 모조리 뒤짐. 집수색. ② (살) 집을 구함.
家数(やかず) 집의 수. 호수(戶數).
家蝿(いえばえ)〖蟲〗 가승. 집파리.
屋敷(いえやしき) 집과 대지.
家元(いえもと) ① 한 유파의 전통을 잇는 집. 또, 그 집의 당주(當主). ② 본가(本家).
家移り(やうつり) 이사. 전거(轉居). *いえうつりろも 읽음.
∥~**粥**(がゆ) 이사 때, 거들어 준 사람들이나 근처 이웃에게 대접해 주는 죽.
家印(いえじるし) 상가(商家) 등에서 자기 소유인 것을 분명하게 하기 위해 도구류에 표시한 기호.
家賃(やちん) 가임. 집세.
家つ子(やつこ)〈雅〉 신(神)이나 조정(朝廷) 또는 군주를 섬기는 사람.
家の子(いえのこ) ① 양가의 자제. ② 일본 무가(武家)의 가신.
∥~**郎等**(ろうどう) (일본의 무가 사회에

서) 주인을 섬기는 일족과 종자(從者)의 총칭.
*いえのこうとうろども 읽음.
家作り(やづくり) ⇨ 家造り(やづくり).
家跡(いえあと) ① 집터. ② 조상서부터 전해 오는 성씨(姓氏)나 칭호.
家造り(やづくり) ① 집을 지음. ② 집의 구조.
家主(やぬし) 가주. ①(셋집 등의) 집주인. *いえぬしろも 읽음. ② 가장. 가구주. *ⓒ는 いえあるじ로도 읽음.
家重代(いえじゅうだい) 선조 대대로 보물로 전해짐. 또, 그 보물.
家持ち(いえもち) ① 집을 소유함. 또, 그 소유자. ② 가장.
家の集(いえのしゅう) 가집. 개인의 시가(詩歌)를 모은 책.
家出(いえで) ① 가출. ② 〈古〉중이 됨.
家探し(やさがし) ⇨ 家捜し(やさがし).
家苞(いえづと) 집에 가지고 돌아가는 선물. *いえずとろも 읽음.
家後切り(やじりきり) ① 도둑이 집·광의 뒷벽이나 뒷문을 뚫고 침입함. 또, 그 도둑. ② 나쁜 놈. 악당.

其他▶
家船(えぶね) 가족 단위로 배에서 수상 생활을 하던 어민. 또, 그 배. *えぶねろも 읽음.
家鴨(あひる) 〖鳥〗가압. 집오리.

10	痂	딱지 가
疒		カ
		かさぶた

音読▶
痂せる(かせる) ①(종기·상처의 거죽이)마르다. 딱지가 앉다. ② 피부에 염증이 생기다.
痂皮(かひ) 가피. 부스럼 딱지.
訓読▶
痂(かさぶた) (부스럼) 딱지.

11	袈	가사 가
衣		ケ
入		

音読▶
袈裟(けさ) ①〖佛〗가사. ② 袈裟掛け의 준말.
∥〜襷(だすき) 가로세로의 띠무늬.
  〜掛け(がけ) ① 물건을 한쪽 어깨에서 반대쪽 허리께로 비스듬히 걸침. ② 袈裟切り.
  〜切り(ぎり) 어깨로부터 비스듬히 내리 벰.
  〜斬り(ぎり) ⇨ 袈裟切り.
  〜懸け(がけ) ⇨ 袈裟掛け.

12	街	거리 가
行		ガイ·カイ
敎		まち

音読▶
街渠(がいきょ) 가거. 길 위의 빗물이 흘러갈 수 있게 파놓은 길가의 도랑.
街区(がいく) 가구.
街衢(がいく) 가구. 거리.
街談巷説(がいだんこうせつ) 가담 항설. 거리의 풍문〔풍설〕. 「변.
街道(がいどう) 가도. ♣〜筋(すじ) 가도 연 ∥〜湯漬け(ゆづけ) ① 가도의 식당에서 여행자에게 제공한 더운물에 만 밥. ② 성의가 없는 접대.「가두극.
街頭(がいとう) 가두. 길거리. ♣〜劇(げき) ∥〜録音(ろくおん) 가두 녹음.
  〜募金(ぼきん) 가두 모금.
  〜演説(えんぜつ) 가두 연설.
街灯(がいとう) 가등. 가로등.
街路(がいろ) 가로. ♣〜樹(じゅ) 가로수.
街録(がいろく) 街頭録音(がいとうろくおん)의 준말.
街上(がいじょう) 가상. 길거리. 길바닥.
街商(がいしょう) 거리의 상인. 노점상.
街宣(がいせん) 가두 선전. ♣〜車(しゃ) 가두 선전차.
街娼(がいしょう) 가창. 거리의 창녀.
街鉄(がいてつ) 明治(めいじ) 시대에, 시내 전차의 일컬음.
街村(がいそん) 가촌. 도로를 따라 양쪽에 이루어진 마을.
どや街(どやがい) 날품팔이 등이 이용하는 간이 여관이 모여 있는 지역.
ビル街(ビルがい) 빌딩가.

訓読▶
街(まち) (상가 등이 밀집한) 번화한 거리.
街角(まちかど) ① 길모퉁이. 길목. ② 가두. 길거리.
街明かり(まちあかり) 밤거리의 전등·네온사인 등의 불빛.
街並み(まちなみ) 시내에 집·상점들이 즐비하게 늘어선 모양.
街屋根(まちやね) 시가지에 즐비한 집집의 지붕.
街着(まちぎ) 외출복. 나들이옷.
街幅(まちはば) 시가(市街)〔가로〕의 폭.

12	跏	책상다리할 가
足		カ
		あぐら

音読▶
跏趺(かふ) 〖佛〗가부. '結跏趺坐(けっかふざ)(=결가부좌)'의 준말.
跏坐(かざ) 가좌. 결가부좌의 준말.

13	嫁	시집갈 가
女		カ
常		よめ·とつぐ

音読▶
嫁す(かす) ☞ 嫁する(かする).
嫁する(かする) 시집 가다. 출가하다.
嫁資(かし) 가자. 혼수 비용. 또, 지참금.

嫁娶(かしゅ) 가취. 장가 들고 시집 감.

訓読▶

嫁(よめ) ① 며느리. ② 신혼 여성. ③ 결혼 상대로서의 여성.
嫁いびり(よめいびり) (시어머니가) 며느리를 구박함.
嫁広め(よめひろめ) 새 며느리를 여러 사람에게 선보이는 일.
嫁女(よめじょ)〈老〉☞ 嫁(よめ).
嫁御(よめご) '嫁(よめ)'의 높임말.
嫁御寮(よめごりょう) ☞ 嫁御(よめご).
嫁入り(よめいり) 시집 감. 또, 그 혼례.
‖~道具(どうぐ) 시집 갈 때 신부가 가져가는 가재 도구.
~支度(じたく) 시집 갈 준비를 하는 일. 또, 준비하는 것.
嫁入る(よめいる) 시집 가다.
嫁自慢(よめじまん) 시어머니가 자기 집 며느리를 자랑하는 일.
嫁菜(よめな)〖植〗쑥부쟁이.
嫁取り(よめとり) 장가 듦. 아내를 맞음. 또, 그 혼례(婚禮).
嫁探し(よめさがし) 며느릿감을 물색함.
嫁の合器(よめのごき)〖植〗① 뚜껑덩굴의 별칭. ② 도토리의 꼭지.
❖嫁ぐ(とつぐ) 시집 가다. 출가(出嫁)하다.
嫁ぎ(とつぎ) ① 시집 감. 출가함. ② (남녀의) 교접.
嫁ぎ先(とつぎさき) 시집. 시가.

| 13
日
常 | 暇 | 겨를 가
カ
ひま・いとま |

音読▶

暇隙(かげき) 가극. 짬. 틈. 여가.
暇日(かじつ) 가일. 한가로운 날.

訓読▶

暇 ㊀(ひま) ① 자유로운 시간. 여가. 짬. 틈. ② (무엇에 필요한) 시간. ③ 한가한 상태.
㊁(いとま)〈雅〉① 틈. 짬. ② 쉼. 말미. ③ 해고시킴. 또, 이혼함. ④ 작별.
暇暇(ひまひま) 틈틈(이).
暇乞い(いとまごい) ① 작별 인사를 함. ② 청가. 휴가를 청함.
暇潰し(ひまつぶし) 시간 보내기. 심심풀이.
暇人(ひまじん) 한인. 한가한 사람.
暇状(いとまじょう) ① 직(職)을 면하는 사령. ② 이혼장.
暇請い(いとまごい) ⇨ 暇乞い(いとまごい).
暇取る(ひまどる) 시간이 걸리다. 손이 가다.

| 13
艹 | 葭 | 갈대 가
カ
あし・よし |

訓読▶

葭(あし)〖植〗갈대. *よし로도 읽음.

葭子(よしご)〖植〗갈대의 어린 싹.
葭簀(よしず) 갈대발.
葭戸(よしど) 갈대발을 친 문.

| 14
口
人 | 嘉 | 아름다울 가
カ
よい・よみする |

音読▶

嘉納(かのう) 가납.
嘉礼(かれい) 가례. 경사스러운 예식.
嘉例(かれい) 가례. 길례(吉例).
嘉事(かじ) 가사. 경사. 좋은 일.
嘉尚(かしょう) 가상. 극구 칭찬함.
嘉祥(かしょう) 가상. 상서로운 조짐.
嘉賞(かしょう) 가상하여 기림.
嘉瑞(かずい) 좋은 징조. 길조.
嘉辰(かしん) 가신. 길일. 경사스러운 날.
嘉言(かげん) 가언.
嘉月(かげつ) 가월. 음력 3월.
嘉儀(かぎ) 가의. 경사스러운 의식.
嘉日(かじつ) 가일. 경사스러운 날.
嘉節(かせつ) 가절. ① 경사스러운 날. (경)축일. ② 좋은 시절.
嘉兆(かちょう) 가조. 길조(吉兆).
嘉酒(かしゅ) 가주. 좋은 술.
嘉饌(かせん) 가찬. 훌륭한 요리.
嘉招(かしょう) 초대받음의 높임말.
嘉称(かしょう) 좋은 이름〔평판〕.
嘉平次平(かへいじひら) 바짓감용 비단의 하나.
嘉会(かかい) 가회. 즐거운〔기쁜〕 모임.
嘉肴(かこう) 가효. 맛 좋은 안주.

訓読▶

嘉する(よみする) 가상히 여기다. 칭찬하다.

| 14
木 | 榎 | 개오동나무 가
カ
えのき |

訓読▶

榎(えのき)〖植〗팽나무. ♣~茸(たけ)〖植〗팽나무버섯. 팽이버섯 / ~草(ぐさ)〖植〗깨풀.

| 14
欠
教 | 歌 | 노래 가
カ
うた・うたう |

音読▶

歌格(かかく) 和歌(わか)의 격식.
歌境(かきょう) 시경(詩境).
歌稿(かこう) 가고. 시가를 쓴 원고・초고.
歌曲(かきょく) 가곡.
歌劇(かげき) 가극. ♣~団(だん) 가극단.
歌妓(かぎ) 가기. 기생. 예기(藝妓).
歌壇(かだん) 가단. 가인(歌人)들의 사회.
歌談(かだん) 和歌(わか)에 대한 담화.

歌道(かどう) 和歌(わか)를 짓거나 연구하는 일.
歌歴(かれき) 短歌(たんか)를 지은 경력.
歌論(かろん) 和歌에 관한 평론·이론.
歌舞(かぶ) 가무. ①노래와 춤. ②노래하고 춤을 춤. *うたまいろも 읽음.
‖**〜曲**(おんぎょく) 가무 음곡.
歌舞伎(かぶき) 歌舞伎芝居의 준말. ♣**〜座**(ざ) 歌舞伎 극장.
‖**〜十八番**(じゅうはちばん) 歌舞伎 배우 가문인 市川(いちかわ) 집안에 대대로 전해 내려오는 인기 있는 열여덟 가지 狂言(きょう
〜役者(やくしゃ) 歌舞伎 배우.   └げん).
〜踊り(おどり) 江戸(えど) 시대 초기에 시작된 歌舞伎의 무용극.
〜芝居(しばい) 歌舞伎극. 江戸(えど) 시대에 발달한, 일본의 전통적 민중 연극. 「碑.
歌碑(かひ) 그 사람의 和歌(わか)를 새긴 비
歌序(かじょ) 가서. ①가집(歌集)의 서문. ②和歌(わか)의 서문.
歌書(かしょ) 和歌(わか)에 관한 서적.
歌仙(かせん) 和歌(わか)의 명인.
歌声(かせい) 가성. 노랫소리. *うたごえろ도 읽음.
歌聖(かせい) 和歌(わか)에 가장 뛰어난 사
歌手(かしゅ) 가수.   └람.
歌語(かご) 和歌(わか)에서 잘 쓰이는 말씨.
歌謡(かよう) 가요. ♣**〜曲**(きょく) 가요곡.
歌意(かい) 가의. 노래·시가의 뜻.
歌作(かさく) 和歌(わか)를 짓거나 읊음. 또, 그 和歌.
歌才(かさい) 和歌(わか)를 짓는 재주.
歌材(かざい) 和歌(わか)를 짓는 소재.
歌題(かだい) 和歌(わか)의 제목.
歌誌(かし) 短歌(たんか)의 지도·보급을 목적으로 하는 잡지.
歌集(かしゅう) 가집. ①和歌(わか)를 모은 책. ②가곡을 모아 편집한 책.
歌唱(かしょう) 가창. 노래(부름).
歌体(かたい) 가체. 노래 특히 和歌(わか)의 형체(形體).
歌風(かふう) 和歌(わか)의 작풍.
歌学(かがく) 和歌에 관한 학문.
‖**〜書**(しょ) 歌学에 관한 서책.
歌話(かわ) 和歌(わか)에 관한 이야기.
【訓読】
歌〜(うた) 노래.
⊏(か) 《接尾語로》…가. 노래.
歌歌い(うたうたい) 〈俗〉 가수.
歌加留多(うたガルタ) 小倉(おぐら) 百人一首(ひゃくにんいっしゅ)의 和歌(わか)를 적은 카드놀이. 또, 그 카드.
歌口(うたぐち) ①피리·저 따위의, 입을 대고 부는 아귀. ②和歌(わか)를 읊는 투.
歌男(うたおとこ) 雅楽寮(ががくりょう)에 속하여, 예부터 전해 오는 노래를 부르는 남자.
歌女(うため) ①가녀. 노래를 잘 부르는 여자. *かじょ로도 읽음. ②雅楽寮(ががく

りょう)에 속하여, 예부터 전해 오는 노래를 부르는 여자.
歌物語(うたものがたり) 和歌(わか)를 중심으로 한 짧은 이야기 모음.
歌柄(うたがら) 和歌(わか)의 품격.
歌詞 ⊏(うたことば) 주로 和歌(わか)에서 쓰이는 말.
⊏(かし) ①가사. ② ☞歌語(かご).
歌心(うたごころ) 가심. 시정(詩情). 시심.
歌御会始め(うたごかいはじめ) 그 해 최초의 어전(御前) 和歌(わか) 발표회.
歌詠み(うたよみ) 가인(歌人).
歌垣(うたがき) 옛날, 젊은 남녀가 모여 함께 노래하고 춤추던 행사.
歌人 ⊏(うたびと) ①和歌(わか)를 잘 짓는 〔읊는〕 사람. ②歌御会始め의 다른 이름.
⊏(かじん) 가인. 和歌의 작가.
歌切れ(うたぎれ) 옛 명필이 베낀 가집(歌集)의 일부를 족자 등으로 쓰려고 적당한 크기로 오린 쪽지.
歌祭文(うたざいもん) 江戸(えど) 시대의 속곡(俗曲)의 한 가지.
歌枕(うたまくら) ①和歌(わか)의 소재가 된 각처의 명승지. ②和歌를 만드는 자료집.
歌沢(うたざわ) 三味線(しゃみせん) 반주로 부르던 江戸(えど) 말기의 端歌(はうた)의 한 가지.
歌唄い(うたうたい) ⇨ 歌歌い(うたうたい).
歌合わせ(うたあわせ) 短歌(たんか) 짓기를 겨루는 놀이.
歌会(うたかい) 和歌(わか)를 짓고 서로 발표·비평하는 모임. *かいろ도 읽음.
‖**〜始め**(はじめ) ☞歌御会始め(うたごかいはじめ).   「것.
歌絵(うたえ) 노래의 뜻을 그림으로 묘사한
歌姫(うたひめ) 〈雅〉 가희.
❖**歌う**(うたう) ①노래 부르다. 새가 지저귀다. ②시가(詩歌)를 짓다. 읊다.
歌える(うたえる) ①(노래를) 부를 수 있다. 노래할 수 있다. ②노래를. 읊다.
歌い女(うたいめ) ①여가수. ②옛날, 雅楽寮(ががくりょう)에 소속된 여가수.
歌い文句(うたいもんく) 캐치프레이즈.
歌い上げる(うたいあげる) ①소리 높여 노래하다. ②시·노래로 나타내다. ③선전하다.
歌い手(うたいて) 가수.
歌い回し(うたいまわし) 노래 부를 때의 표현 방법. 노래하는 법.
【其他】
歌留多(カルタ) ①놀이딱지. 화투. ②트럼프.
‖**〜遊び**(あそび) 딱지놀이.

¹⁵ **稼** 심을 가·농사 가
禾 常 カ
かせぐ・うえる

【音読】
稼働(かどう) 가동. ♣**〜率**(りつ) 가동률.

稼得(かとく) 가득. 가동하여 결과를 얻음.
稼穡(かしょく) 가색. 농사. 농업.
稼業(かぎょう) 장사. 생업. 직업.

訓読

❖稼ぐ(かせぐ) (돈을) 벌다.
稼ぎ(かせぎ) ① 벌이(함). 일함. ② 일. 생업(生業).
稼ぎ高(かせぎだか) 일하여 번 금액.
稼ぎ手(かせぎて) 한 집안의 생계를 짊어진 사람.
稼ぎ出す(かせぎだす) ① 벌이하기 시작하다. ② 일해서 어느 정도의 금액을 벌다.

15 馬	駕	탈것 가 ガ のる

音読

駕(が) ① 탈것. ② 능가함.
駕す(がす) ☞ 駕する(がする).
駕する(がする) ① 말・수레 따위를 타다. ② 능가하다.

其他

駕籠(かご) 가마. 교.
駕籠舁き(かごかき) 가마꾼.
駕籠屋(かごや) ① ☞ 駕籠舁き(かごかき). ② 가마꾼을 두고 손님에게 가마를 제공해 주는 집. 또, 그 사람.
駕籠脇(かごわき) ① 가마의 옆. ② 귀인이 탄 가마 좌우에서 따라가는 종자.

각

6 口 教	各	각각 각 カク おのおの・お

音読

各 ㊀ (かく) 《接頭語로》 각…. 각각의. 제각기 《주로 한자어에 붙음》.
㊁ (おのおの) 각각. 각기. 각자.
各個(かっこ) 각개. 각각. 제각기. *かくこ로도 읽음.
‖~撃破(げきは) 각개 격파.
各界(かっかい) 각계. *かくかい로도 읽음.
各科(かっか) 각과. *かくかろ도 읽음.
各課(かっか) 각과. *かくか로도 읽음.
各校(かっこう) 각교. 각 학교.
各国(かっこく) 각국.
各論(かくろん) 각론.
各問(かくもん) 각 문제〔질문〕.
各般(かくはん) 각반. 제반. 여러 가지.
各方(かくほう) 각방. 여러 방면.
各方面(かくほうめん) 각 방면. 여러 군데. 모든 방면.
各部(かくぶ) 각부.

各説(かくせつ) 각설. 각론.
各省(かくしょう) 각 성. 여러 성.
‖~大臣(だいじん) 각 성의 대신《우리 나라의 각 부 장관》.
各所(かくしょ) 각처. 여러 곳. 여기저기.
各氏(かくし) 여러분. 제씨(諸氏).
各様(かくよう) 각양. 각색.
各駅停車(かくえきていしゃ) 열차가 정거장마다 정거함.
各員(かくいん) 각원. 각각. 각자.
各月(かくげつ) 각월. 매월. 매달.
各位(かくい) 각위. 여러분.
各人(かくじん) 각인. 각자.
‖~各説(かくせつ) 각인 각설.
~各様(かくよう) 각인 각색.
各日(かくじつ) 각일. 하루하루.
各自(かくじ) 각자.
各停(かくてい) 各駅停車(かくえきていしゃ)의 준말.
各条(かくじょう) 각조. 각 조항.
各種(かくしゅ) 각종.
‖~各様(かくよう) 각종 각양.
~学校(がっこう) 각종 학교.
各週(かくしゅう) 각 주.
各地(かくち) 각지.
各紙(かくし) 각지. 각 신문.
各誌(かくし) 각지. 각 잡지.
各車(かくしゃ) 각 차.
各処(かくしょ) 각처. 여러 곳. 여기저기.
各庁(かくちょう) 각청. 각 관청.
各層(かくそう) 각층. 여러 층.
各通(かくつう) ① 각통. 각각의 서류. ② 각자에게 통지함.
各派(かくは) 각파.
各項(かっこう) 각항. 각 항목. *かくこう로도 읽음.
各戸(かっこ) 각호. 각 집. *かくこ로도 읽음.

訓読

各各(おのおの) 각각. 각기. 각자.

7 口 常	却	물리칠 각 キャク かえって・しりぞく・しりぞける

音読

却来(きゃくらい) 원래의 곳으로 되돌아감.
却説 ㊀ (きゃくせつ) 각설. 각설하고《화제를 돌릴 때 쓰는 말》.
㊁ (さて) ① 막상 (하려고 하면). ② 그런데《다른 화제로 옮기는 기분을 나타냄》.
却掃(きゃくそう) 쫓아버림. 없애 버림.
却走(きゃくそう) 도망쳐 달려감.
却退(きゃくたい) 뒤로 되돌아감. 퇴각.
却下(きゃっか) 각하.
却行(きゃっこう) 뒤로 물러감.

訓読

却って(かえって) 도리어. 오히려. 반대로.
却而(かえって) ⇨ 却って(かえって).

| 7 角 敎 | 角 | 뿔 각
カク
かど・つの・すみ |

音読
角 ㊀(かく) ①일본 장기 말의 하나《角行(かっこう)의 준말》. ②모난 것. ③『數』각. 각도. ④『樂』5음 음계의 셋째 음. 각.
㊁(かど) ①모난 귀퉁이. ②구석. ③규각(圭角). *すみ로도 읽음.
㊂(つの) ①뿔. ②뿔 모양과 같은 것. ③여자의 질투. 「하나.
㊃(すぼし)『天』각수(角宿). 28수(宿)의
角い(かくい)〈俗〉네모지다. 모나다.
角ゴシック(かくゴシック) 모난 고딕《활자 서체의 하나》.
角す(かくす) (우열을) 비교하다. 겨루다.
角距離(かくきょり) 각거리.
角界(かくかい) 씨름꾼의 사회. 씨름계.
*かっかい로도 읽음.
角括弧(かくがっこ) 각괄호. 꺾쇠 괄호.
角巻き(かくまき) 담요로 만든 어깨걸이
角技(かくぎ) 씨름. 〔솔〕
角樏子(かくれんじ) ⇨角連子(かくれんじ)
角壜(かくびん) ⇨角瓶(かくびん)
角帶(かくおび) (일본옷에 매는) 두 겹으로 된 빳빳하고 폭이 좁은 남자용 허리띠.
角度(かくど) 각도. ♣~計(けい) 각도계.
∥~定規(じょうぎ) 각도 자.
角塔(かくとう) 각도. 각기둥.
角頭巾(かくずきん) (江戸(えど) 시대의) 모난 두건. 「둥.
角灯(かくとう) 각등. 유리를 끼운 네모진
角落ち(かくおち) (일본 장기에서) 잘 두는 편에서 角(かく)를 떼고 두는 일.
角落とし(かくおとし) 양쪽에 기둥을 세우고 홈을 파서 각재(角材)를 차례차례 끼워 붓 둑으로 만든 것. 「름.
角力(かくりょく) 각력. ①힘 겨루기. ②씨
角礫岩(かくれきがん)『鑛』각력암.
角連子(かくれんじ) 네모 또는 마름모꼴의 살을 단 살창문.
角菱(かくびし) 모가 나게 함. *かどびし로도 읽음. 「막염.
角膜(かくまく)『生』각막. ♣~炎(えん) 각
∥~潰瘍(かいよう)『醫』각막 궤양.
~反射(はんしゃ)『生』각막 반사.
~軟化症(なんかしょう)『醫』각막 연화증.
~銀行(ぎんこう) 각막 은행.
~移植(いしょく)『醫』각막 이식.
角網(かくあみ) 각망. 정치망(定置網)의 하
角皿(かくざら) 네모난 접시. 「나.
角帽(かくぼう) 각모. 사각모. (전하여) 대학생. 「병.
角斑病(かくはんびょう)『植』각반병. 모무늬
角杯(かくはい) 각배.
角背(かくせ) 양장으로 제책할 때, 책의 등판

을 모가 나게 한 것.
角倍率(かくばいりつ) 각배율.
角瓶(かくびん) ①각병. 네모난 병. ②네모난 병에 든 위스키.
角兵衛獅子(かくべえじし) ①명공(名工) 角兵衛(かくべえ)가 만든 사자탈. ②新潟(にいがた) 현의 사자춤.
角盆(かくぼん) 네모진 쟁반.
角砂糖(かくざとう) 각설탕.
角状(かくじょう) 각상. 짐승의 뿔 모양.
角石(かくいし) 각석.
角閃石(かくせんせき)『鑛』각섬석.
角速度(かくそくど)『理』각속도.
角袖(かくそで) ①네모난 소매. ②일본옷.
角乗り(かくのり) 물에 떠 있는 각재(角材)를 타고 일함. 또, 물에 빠지지 않도록 재목을 굴리는 등 여러 재주를 보이는 일.
角矢来(かくやらい) 대나무를 가로・세로로 얽어 틈새가 네모나게 만든 울짱.
角鍔(かくつば) 각진 날밑.
角岩(かくがん)『鑛』각암.
角刈り(かくがり) 바싹 치켜 깎아서 머리 모양이 네모지게 하는 남자의 머리 깎는 방식.
角運動量(かくうんどうりょう)『理』각운동량.
角銀鉱(かくぎんこう)『鑛』각은광.
角字(かくじ) 각자. ①해서(楷書). ②(かな에 대하여) 한자.
角煮(かくに) 다랑어・가다랑어 또는 돼지고기를 네모나게 썰어서 조리한 요리.
角作り(かくづくり) 생선회를 네모나게 치는 방법.
角将(かくしょう) ☞角行(かっこう).
角張る(かくばる) ①네모지다. ②긴장하다. 어려워하다. ③모나다.
角材(かくざい) 각재. 오리목.
角抵(かくてい) ⇨角觝(かくてい).
角觝(かくてい) 각저. 힘 겨루기. 또, 우열을 겨루기.
角切り(かくぎり) 물체를 입방체〔정 6 면체〕로 자르는 일. 또, 그 자른 것.
角柱 ㊀(かくちゅう) 각주. ①『數』각기둥. ②네모진 기둥.
㊁(かくばしら) ① ☞ ㊀. ②'竹(たけ)(=대나무)'의 딴이름. 「수.
角振動数(かくしんどうすう)『理』각진동
角質(かくしつ) ①『生』각질. ②뿔처럼 단단한 (성)질. ♣~層(そう) 각질층 / ~化(か) 각질화.
角錐(かくすい)『數』각추. 각뿔. ♣~台(だい) 각추대. 「전.
角逐(かくちく) 각축. ♣~戦(せん) 각축
角塔婆(かくとうば) 각기둥 모양의 솔도파(率堵婆).
角通(かくつう) 씨름 세계에 관한 지식・정보 등에 정통한 사람. 「화증.
角皮(かくひ)『生』각피. ♣~症(しょう) 각
角筆(かくひつ) 상아(象牙)나 대나무 끝을

가늘게 깎은 필기 용구.
角行(かっこう) 일본 장기 말의 하나. *かくぎょう로도 읽음.
角行灯(かくあんどん) 사방등.
角形(かくがた) (사)각형. 네모.
角化(かくか) 각질화(角質化). ♣~**症**(しょう)〖醫〗각화증 / ~**層**(そう) 각질층.

▣訓読▣
角ぐむ(つのぐむ)〈雅〉초목의 싹이 (뿔이 나오듯이) 돋아나오다.
角角しい(かどかどしい) ① 모가 많다. ② 성질이 원만치 않다.
角結び(つのむすび) 끈이나 실을 옭맨 뒤 양 끝을 뿔처럼 나오게 한 매듭.
角盥(つのだらい) 좌우에 손잡이가 달린 대야.
角筈(つのはず) 활의 고자잎 또는 화살의 오늬를 동물의 뿔로 만든 것.
角突き(つのつき) ① 뿔로 받음. ② 매우 사이가 나빠 항상 충돌함.
角突き合い(つのつきあい) (사이가 나빠) 서로 으르렁거림.
角突き合わせる(つのつきあわせる) 사이가 나빠 서로 싸우다〔충돌하다〕. 티격태격하다.
角櫓(すみやぐら) 성곽 모퉁이에 세운 망루.
角立つ ㊀(かどだつ) 모나다. 원활(円滑)하지 못하다.
㊁(つのだつ) ① 모가 나다. ② 두드러지다.
角立てる(かどだてる) 모나게 하다.
角帽子(すみぼうし) 能(のう)에서 쓰이는 삼각형의 두건.
角目立つ(かどのめだつ) ① 모가 나다. ② 서로 으르렁대다(감정이 안 좋아 충돌하다).
角髪 ㊀(つのがみ) 옛날에 어린이의 머리를 두 갈래로 갈라서 양쪽 귀 위에다 뿔처럼 동여맨 것.
㊁(みずら) 고대의 남자 결발(結髮)의 하나 《머리를 가운데서 갈라 귓가에 고리처럼 맴》.
角番(かどばん) ① (바둑·장기 등에서) 승패가 결정되는 마지막 대국. ②(씨름에서) 지면 지위가 내려가는 판《특히 大關(おおぜき)에 대해 말함》. ③ 승패의 기로.
角柄(つのがら)〖建〗문〔창〕틀에서 틀 끝부분이 틀 밖으로 나간 부분. 또 그런 창〔문〕틀.
角棚(すみだな) 방 귀퉁이에 설치한 선반.
角書き(つのがき) 淨瑠璃(じょうるり)의 제명이나 책 표제 위에 두 줄로 쓴 간단한 글.
角蟬(つのぜみ)〖蟲〗뿔매미.
角細工(つのざいく)〔角〕세공.
角矢(つのや) 오늬를 뿔로 만든 화살.
角屋(つのや) 집의 본채에서 T자형으로 좌우로 덧내 지은 별채.
角屋敷(かどやしき) 길 모퉁이에 있는 두 면이 길에 면한 큰 집.
角隠し(つのかくし) 일본식 결혼식 때, 신부가 머리에 쓰는 백포(白布).
角張る(かどばる) ① 모지다. ② 모나다. 딱딱하다.
角箸(つのばし) 동물의 뿔로 만든 젓가락.

角笛(つのぶえ) 각적. 뿔피리.
角箭(つのや) ⇨ 角矢(つのや).
角店(かどみせ) 길 모퉁이(에 있는) 가게.
角樽(つのだる) 두 개의 길고 큰 손잡이가 달린 붉은 색의 통《경사 때, 술을 선사하는 데 씀》.
角地(かどち) (두 길이 교차되는) 모퉁이의 땅.
角榛(つのはしばみ)〖植〗참개암나무.
角叉(つのまた)〖植〗홍조류(類)에 속하는 바닷말《주로 회반죽에 씀》.
角蜻蛉(つのとんぼ)〖蟲〗뿔잠자리.
角貝(つのがい)〖貝〗뿔조개.
角偏(つのへん) 한자 부수의 하나: 뿔각변.

▣其他▣
角水(すみず)〖土〗수준기. 수평기.
角宿(すぼし)〖天〗⇨ 角(すぼし).
角子(みずら) ⇨ 角髪(みずら).

刻

8획 / リ / 教

새길 **각**
コク
きざむ・とき

▣音読▣
刻 ㊀(こく) ① 누각〔물시계〕의 눈금. ② 옛날의 시간 단위.
㊁(とき) ① 시각. ② 시절. ③ 기회.
刻する(こくする) 새기다. 파다. 조각하다.
刻刻(こくこく) 각각. 시시각각. 각일각.
*こくこく로도 읽음.
刻苦(こっく) 각고. 몹시 애씀.
▮~**勉励**(べんれい) 각고정려(刻苦精勵).
刻銘(こくめい) 각명. 금속제의 그릇에 새긴 글자.
刻薄(こくはく) 각박. 혹독하고 박정함.
刻本(こくほん) 각본. 판본(版本).
刻意(こくい) 각의. 고심함. 애씀.
刻印(こくいん) 각인. ① 도장을 새김. 새긴 도장. ② 지울 수 없는 증거. 낙인.
▮~**付け**(づけ)〖生〗각인(刻印). 임프린팅(imprinting).
刻一刻(こくいっこく) 각일각. 시시각각.
刻字(こくじ) 각자. 글자를 새김. 또, 그 글자.
刻苧(こくそ) 옻칠에 섬유와 나무의 부스러기를 섞어 갠 것《옻칠 바탕의 틈새를 메움》.
刻舟(こくしゅう) 각주. 각주구검(求劍). 사람이 미련해서 융통성이 없음의 비유.
刻板(こくはん) 각판. 판목(版木)에 새김. 또, 목판으로 인쇄함.
刻版(こくはん) ⇨ 刻板(こくはん).
刻下(こっか) 각하. 시각을 다투는 이때.
刻限(こくげん) 각한. ① 정해진 시각. 정각. ② 때. 시각.

▣訓読▣
❖**刻む**(きざむ) ① 잘게 썰다〔쪼개다〕. ② 칼자국을 남기다. ③ 조각하다. ④ 명심하다.
刻み(きざみ) ① 잘게 썲. 새기는 일. 또, 그 것. ② (시간이 경과하는) 일각일각. ③ 등급.

④ 구분마다. …씩.
刻み目(きざみめ) 칼자국. 새긴 흔적.
刻み付ける(きざみつける) 새겨서 형적을 남기다. 조각하다.
刻み煙草(きざみタバコ) 살담배.
刻み足(きざみあし) 종종걸음.

9 卩	卻	물리칠 **각** キャク かえって・しりぞく・しりぞける

参考 却의 異體字.

音読
卻説(きゃくせつ) 각설. 각설하고.
卻走(きゃくそう) 각주. 도망쳐 달려감.
卻退(きゃくたい) 각퇴. 퇴각.

9 口	咯	울 **각** カク はく

音読
咯痰(かくたん) 각담. 객담(喀痰).
咯血(かっけつ) 각혈. 객혈(喀血).

9 忄	恪	삼갈 **각** カク つつしむ

音読
恪勤(かくごん) 각근. 근신하며 힘씀. *かっきんで로도 읽음. 「킴.
恪守(かくしゅ) 각수. 조심하여〔정성껏〕지

10 土	埆	메마를 **각** カク そね

訓読
埆(そね) 돌이 섞인 척박한 땅.

11 月 常	脚	다리 **각** **キャク**・キャ・カク **あし**

音読
脚光(きゃっこう) 각광.
脚気(かっけ) 〖醫〗 각기.
‖〜**衝心**(しょうしん) 〖漢醫〗 각기충심.
脚力(きゃくりょく) 각력. 다릿심.
脚立(きゃたつ) (작업용) 접사다리.
脚半(きゃはん) 각반.
脚絆(きゃはん) ⇨ 脚半(きゃはん)
脚病(かくびょう) 〖醫〗 각기(脚氣).
脚本(きゃくほん) 각본. ♣〜**家**(か) 각본가.
脚部(きゃくぶ) 다리 (부분).
脚色(きゃくしょく) 각색.
脚線美(きゃくせんび) 각선미.
脚韻(きゃくいん) 각운.
脚注(きゃくちゅう) 각주.
脚註(きゃくちゅう) ⇨ 脚注(きゃくちゅう)
脚榻(きゃたつ) ⇨ 脚立(きゃたつ)
脚下(きゃっか) 각하. 발밑. *きゃくかろも 읽음.

訓読
脚(あし) (사람・물건의) 다리.
脚堅め(あしがため) 〖建〗 마룻바닥 기둥 사이에 대는 튼튼한 가로대.
脚物(あしもの) 의자・책상 등 다리가 달린 것의 총칭.
脚付き(あしつき) 기물에 다리가 달려 있음.
脚湯(あしゆ) (피로를 풀기 위해) 발을 뜨거운 물에 담그는 일.
脚荷(あしに) 바닥짐. 밸러스트.

11 木	桷	서까래 **각**・가지 **각** カク ずみ・たるき

訓読
桷(ずみ) 〖植〗 아그배나무.

11 殳 常	殻 (殼)	껍질 **각** **カク** **から**

音読
殻果(かくか) 각과. 견과(堅果).
殻物(かくぶつ) 조개류.
殻族(かくぞく) ☞殻物(かくぶつ)

訓読
殻(から) ① 껍질. 껍데기. ② 허물. 외피. ③ 두부찌꺼기. 비지.
殻竿(からざお) 도리깨. 연가.
‖〜**唄**(うた) 도리깨질하면서 부르는 노래.
殻臼(からうす) 매통.
殻粉(からこ) ① 밀기울. ② 쌀가루〔밀가루〕 경단.

12 石	确	자갈땅 **각** カク そね

訓読
确(そね) 돌이 섞인 척박한 땅.

12 見 教	覚 (覺)	깨달을 **각**・깰 **교** **カク** **おぼえる・さます・さめる・さとる**

音読
覚道(かくどう) 각도. 오도(悟道).
覚醒(かくせい) 각성.
‖〜**剤**(ざい) 각성제. 흥분제. ♣〜**取締法**(とりしまりほう) 각성제 단속법. 「이름.
覚樹(かくじゅ) 각수. 보리수(菩提樹)의 딴

覚悟(かくご) 각오. 깨달음.
覚者(かくしゃ)『佛』각자. ①부처. ②깨달은 이.
覚知(かくち) 각지. 깨달아 앎.
覚他(かくた)『佛』각타.

訓読
覚しい(おぼしい) 그렇게 보이다. 생각되다.
覚ます(さます) (잠을) 깨다. 깨우다. 깨우치다.
覚ゆ(おぼゆ)〈古〉①생각해 내다. ②(그렇게) 생각되다.
覚束無い(おぼつかない) 불안하다. 의심스럽다. 미덥지 못하다.
覚束無し(おぼつかなし)〈文〉① ☞ 覚束無い(おぼつかない) ②기다리기 안타깝다. 초조하다.
❖覚える(おぼえる) 기억하다. 배우다. 익히다. 「임.
覚え(おぼえ) ①기억. 이해. ②자신. ③신
覚えず(おぼえず) 모르는 사이에. 무의식중에. 그만.
覚え書き(おぼえがき) ①메모. ②각서. 외교 문서의 하나.
覚え込む(おぼえこむ) 완전히 이해하다.
覚え帳(おぼえちょう) ①비망록. ②매매액 기록부.
❖覚める(さめる) 깨다. 눈이 뜨이다.
覚め遣らぬ(さめやらぬ) 아직 완전히 깨지 않음.
覚め際(さめぎわ) 깨려고 할 즈음.
❖覚る(さとる) ①깨닫다. 이해하다. ②『佛』 득도하다.
覚り(さとり) ①『佛』깨달음. 득도. ②이해.
覚り澄ます(さとりすます) 완전히 깨닫다.

| 13 土 | 塙 | 단단할 각
コウ
はなわ |

訓読
塙(はなわ) 산 따위의 돌출한 곳. 또, 땅이 좀 높게 솟아 오른 곳.

| 14 門 教 | 閣 | 다락집 각
カク
たかどの |

音読
閣内(かくない) 각내. ①내각 내부. ②궁정이나 누각의 안. ♣~相(しょう) (영국의) 각
閣令(かくれい)『法』각령. 　　　└상.
閣老(かくろう) 각로. 江戸(えど) 시대의 老中(ろうじゅう)의 딴이름.
閣僚(かくりょう) 각료. 각원.
閣外(かくがい) 각외. 내각의 외부. ♣~相(しょう) (영국의) 각외상.
∥~協力(きょうりょく) 각외 협력.
閣員(かくいん) 각원. 각료.
閣議(かくぎ) 각의.
∥~決定(けってい) 각의 결정.
閣下(かっか) 각하.

| 17 才 | 擱 | 놓을 각
カク
おく |

音読
擱岸(かくがん) 각안.
擱岩(かくがん) 각암.
擱坐(かくざ) 각좌. ①좌초. ②전차(戰車)・차량 따위가 파괴되어 움직이지 못하게 됨.
擱筆(かくひつ) 각필. 붓을 놓음.

訓読
擱く(おく) 쓰기를 중지하다〔끝내다〕.

간

| 3 干 教 | 干 | 방패 간・마를 간
カン
ほす・ひる・あずかる・おかす・たて・もとめる |

音読
干戈(かんか) 간과. 방패와 창. 무기.
干満(かんまん) 간만.
干魃(かんばつ) 한발(旱魃).
干犯(かんぱん) 간범. 간섭하여 남의 권리를 침범함. ＊かんはんのろも 読む.
干渉(かんしょう) 간섭. ①참견. ②『理』두 개 이상의 파동이 겹쳐지는 현상. ♣~計(けい)『理』간섭계 / ~色(しょく)『理』간섭색 / ~性(せい)『理』간섭성 / ~縞(じま)『理』간섭 무늬.
干城(かんじょう) 간성.
干与(かんよ) 간여.
干裂(かんれつ) 건열(乾裂). ①말라서 갈라짐. ②진흙의 엷은 층이 말라서 생기는 다각형(多角形)의 균열.
干潮(かんちょう) 간조. 썰물. ＊ひしおろも 読む. ♣~線(せん)『地』간조선.
干拓(かんたく) 간척.
干天(かんてん) 한천(旱天). 가무는 날씨.
干瓢(かんぴょう) 박고지. 오가리.
∥~巻き(まき) (달고 짭짤하게 양념한) 박고지를 속에 넣은 김초밥.
干害(かんがい) 한해(旱害).

訓読
❖干す(ほす) ①말리다. ②바닥이 드러나도록 하다. ③〈俗〉굶기다. 일거리를 안 주고 먹이다.
干し(ほし) 말림. 말린 것.
干し竿(ほしざお) 빨래 장대. 바지랑대.
干し固める(ほしかためる) 말려 굳히다.
干し大根(ほしだいこん) 통째로 말린 무.
干し栗(ほしぐり) 밤을 삶아 말린 것.
干し物(ほしもの) 볕에 말림. 또, 말린 것.

특히, 세탁물. 빨래.
干し殺す(ほしころす) 굶겨 죽이다.
干し上げる(ほしあげる) ① (햇볕이나 불에) 바싹 말리다. ②〈俗〉굶기다.
干し柿(ほしがき) 곶감.
干し鰯(ほしいか) 기름을 짜고 난 정어리를 말린 것. 말린 정어리(비료로 씀).
干し魚(ほしうお) 말린 물고기. 건어(乾魚).
干し肉(ほしにく) 말린 고기.
干し場(ほしば) 건조장.
干し藷(ほしいも) 고구마를 쪄서 얇게 썰어 말린 것.
干し店(ほしみせ) 노점.
干し菜(ほしな) 시래기.
干し草(ほしくさ) (사료용) 건초(乾草). 마른 풀.
干し椎茸(ほししいたけ) 말린 표고버섯.
干し鮑(ほしあわび) 쪄서 응달에 말린 전복.
干し葡萄(ほしぶどう) 건포도.
干し餡(ほしあん) 말린 팥소 가루.
干し海老(ほしえび) 마른 새우.
干し海苔(ほしのり) 해태. 말린 김.
❖**干る**(ひる) ① 마르다. ② (조수가) 써다. ③ 다하다. ④ 바닥 나다.
干乾し(ひぼし) 굶주려서 바싹 마름.
干菓子(ひがし) 마른 과자.
干物(ひもの) 건물. 포.
干反る(ひぞる) 말라서 뒤틀리다[휘다].
干っ付く(ひっつく) 말라서 달라붙다.
干死に(ひじに) 굶어 죽음.
干上がる(ひあがる) ① 바싹 마르다. 말라붙다. ② 가난해서 살 수 없게 되다. ③ 조수(潮水)가 전부 빠지다〔써다〕. 「펄.
干潟(ひがた) 간석지. 조수가 밀려 나간 개
干鱈(ひだら) 건대구(乾大口).
干魚(ひうお) 건어(물). 말린 물고기. ＊ひざかな 또는 かんぎょ로도 읽음.
干葉(ひば) ① 시래기. ② 가랑잎. 마른 잎.
干鯛(ひだい) (얼간한) 건(乾)도미.
干涸びる(ひからびる) ① 바짝 말라 버리다. ② 신선미가 없어지다. 진부해지다.
干割れ(ひわれ) 건조한 탓으로 재목이나 땅이 갈라지는 일.
干割れる(ひわれる) 너무 말라서 터지다〔갈라지다〕. 금이 가다.

其他➤
干支 ㊀ (えと) 간지. 육십 갑자.
㊁ (かんし) 간지. 십간 십이지.

| 5
リ
教 | 刊 | 책펴낼 **간**
カン
きざむ・けずる |

音読➤
刊(かん) 간. 간행.
刊する(かんする) 간행하다. 출판하다.
刊記(かんき) (책의) 간기. 목기(木記).
刊本(かんぽん) 간본. 간행된 책.
刊行(かんこう) 간행. ♣~物(ぶつ) 간행물.

| 6
女 | 奸 | 간음할 **간**
カン
おかす・よこしま |

音読➤
奸(かん) 간사함. 또, 그런 사람.
奸計(かんけい) 간계.
奸佞(かんねい) 간녕.
奸匿(かんとく) 간특(奸慝). 간사하고 사특함. ＊かんちょく로도 읽음.
奸徒(かんと) 간도. 간사한 무리.
奸盗(かんとう) 간도. 간악한 도적.
奸謀(かんぼう) 간모. 간계.
奸物(かんぶつ) 간물. 간사한 사람.
奸婦(かんぷ) 간부. 간악한 계집.
奸邪(かんじゃ) 간사. 간사한 사람.
奸詐(かんき) 간사.
奸商(かんしょう) 간상.
奸臣(かんしん) 간신.
奸心(かんしん) 간심. 간악한 마음.
奸悪(かんあく) 간악. 간사하고 악독함.
奸雄(かんゆう) 간웅.
奸人(かんじん) 간인. 간사한 사람.
奸才(かんさい) 간재. 간사한 재주. 또, 그런 재주를 가진 사람.
奸賊(かんぞく) 간적.
奸知(かんち) ⇨ 奸智(かんち).
奸智(かんち) 간지. 간사한 지혜.
奸策(かんさく) 간책.

| 6
艮 | 艮 | 간괘 **간**
コン・ゴン
うしとら |

音読➤
艮(ごん) 간. ① 팔괘의 하나. 산의 모양. ② 북동(北東) 방향.
訓読➤
艮(うしとら)〈老〉간방(艮方). 북동(北東).

| 7
月
常 | 肝 | 간 **간**・마음 **간**
カン
きも |

音読➤
肝 ㊀ (かん) 간. 간장.
㊁ (きも) ① 간장. 내장. ② 담력.
肝硬変(かんこうへん) 〖醫〗간경변.
肝膿瘍(かんのうよう) 〖醫〗간농양.
肝脳(かんのう) 간뇌.
肝胆(かんたん) 간담.
・**~相照**(あいて)**らす** 간담상조하다. 서로 마음을 터놓고 사귀다.
肝銘(かんめい) 감명.
肝木(かんぼく) 〖植〗백당나무.
肝文(かんもん) 간문. 요요한 문구.

肝門脈(かんもんみゃく)〚生〛간문맥.
肝斑(かんぱん) 간반. 기미.
肝不全(かんふぜん)〚醫〛간부전.
肝所(かんどころ) 중요한 곳. 요소. 급소.
肝腎(かんじん) ⇨ 肝心(かんじん).
肝心(かんじん) (가장) 긴요함.
‖〜要(かなめ) 가장 중요ز[긴요]함. 또, 그런 것. 핵심.
肝炎(かんえん)〚醫〛간(장)염.
肝要(かんよう) 간요. 요초.
肝萎縮症(かんいしゅくしょう)〚醫〛간 위축증.
肝油(かんゆ) 간유.
肝臟(かんぞう)〚生〛간장. ♣病(びょう) 간장병 / 〜癌(がん) 간(장)암.
‖〜膿瘍(のうよう)〚醫〛간농양.
〜製劑(せいざい)〚藥〛간장 제제.
肝蛭(かんてつ)〚動〛간질. 간충(肝蟲).
肝吸虫(かんきゅうちゅう)〚動〛간흡충. 간(肝)디스토마.

〚訓読〛
肝試し(きもだめし) 담력이 있나 없나를 시험하는 일[행사].
肝玉(きもだま) ☞肝っ玉(きもったま).
肝っ玉(きもったま) 배짱. 간덩이. 담력. 용기.
肝煎り(きもいり) (인간 관계 등을) 돌보거나 주선함. 또, 그 사람.
肝精(きもせい) 노력. 수고. 정성을 다함. 진력(盡力).
肝魂(きもだま) ☞肝っ玉(きもったま).
肝っ魂(きもったま) 배짱. 간덩이. 담력. 용기.
肝吸い(きもすい) 뱀장어의 간을 끓인 국.

8 イ ⼈	侃	굳셀 간 カン つよし

〚音読〛
侃侃諤諤(かんかんがくがく) 간간악악. 기탄없이 논의(직언)함.
侃諤(かんがく) '侃侃諤諤(かんかんがくがく)'의 압축된 말씨.

9 女	姦	간음할 간 カン かしましい・よこしま

〚音読〛
姦する(かんする) (여자를) 범하다. 간통하다.
姦計(かんけい) 간계.
姦佞(かんねい) 간녕. 간사하여 아첨을 잘 함.
姦徒(かんと) 간도. 간사한 무리.
姦盗(かんとう) 간도. 간악한 도적.
姦謀(かんぼう) 간모. 간계.
姦物(かんぶつ) 간물. 간사한 사람.
姦夫(かんぷ) 간부. 샛서방.
姦婦(かんぷ) 간부. 간통한 여자.
姦邪(かんじゃ) 간사. 간사한 사람.
姦詐(かんさ) 간사.
姦商(かんしょう) 간상.
姦臣(かんしん) 간신.
姦心(かんしん) 간심. 간악한 마음.
姦悪(かんあく) 간악. 간사하고 악독함.
姦雄(かんゆう) 간웅. 「죄.
姦淫(かんいん) 간음. ♣〜罪(ざい) 간음
姦人(かんじん) 간인. 간사한 사람.
姦才(かんさい) 간재. 간사한 재주.
姦賊(かんぞく) 간적.
姦智(かんち) 간지. 간사한 지혜.
姦策(かんさく) 간책. 「죄.
姦通(かんつう) 간통. ♣〜罪(ざい) 간통
姦悪(かんとく) 간특. 간사하고 사특함.
*かんちょく로도 읽음.

〚訓読〛
姦しい(かしましい) 시끄럽다. 떠들썩하다.

9 女	奸	간음할 간 カン かだむ・かだましい

参考 姦과 同字.

〚訓読〛
奸し(かだまし) 교활하여 성의가 없음.
奸む(かだむ) 나쁜 일이나 불의를 꾀하다. 간통하다.

9 目 教	看	볼 간 カン みる

〚音読〛
看看踊り(かんかんおどり) 江戸(えど) 시대, 長崎(ながさき)에서 유행한 중국식 춤.
看客(かんかく) 간객. 보는 사람. 구경꾼.
看経(かんきん)〚佛〛간경. ①소리를 내지 않고 경문을 읽음. ②독경(讀經).
看過(かんか) 간과.
看貫(かんかん) ①저울에 달아 봄. ②앉은뱅이저울.
‖〜秤(ばかり) ☞看貫②.
看病(かんびょう) 간병. 병구완. 간호.
看守(かんしゅ) 간수. 교도관.
‖〜長(ちょう) 간수장. 교도관장.
看視(かんし) 경계하며 감시함. 또, 그 사람.
看的(かんてき) 감적(監的). 화살이나 총알이 표적에 맞고 안 맞음을 살핌. 또 그 사람. 감적수.
看取(かんしゅ) 간취. 보고 알아차림.
看破(かんぱ) 간파.
看板(かんばん) ①간판. ②(대외적인) 명분. 명성. 신용. ③외견. 외양.
‖〜娘(むすめ) 가게 앞에서 손님을 끌기 위해 내세운 예쁜 여자 점원. 「없음.
〜倒れ(だおれ) 겉만 번지르르하고 실속이

看護(かんご) 간호. ♣~兵(へい) 위생병 / ~婦(ふ) 간호사 / ~士(し) 남자 간호사 / ~学(がく) 간호학.

訓読→
看做す(みなす) 간주〔가정〕하다. 보다.
看取り(みとり) 병구완. 간호.
看取る(みとる) 병구완하다. 간병하다. 임종을 지켜보다.

9 竹 竿
장대 간
カン
さお

音読→
竿頭 ㊀(かんとう) 간두.
㊁(さおがしら) 그날〔그 배에서〕 제일 많이 낚은 사람.

訓読→
竿(さお) ①(대나무) 장대. 작대기. ②삿대. 상앗대. 저울대. ③三味線(しゃみせん)의 줄이 메워져 있는 길쭉한 부분. 또, 三味線.
竿さす(さおさす) ①삿대질하다. 상앗대질하다. 배를 젓다. ②편승하다. 타다.
竿登り(さおのぼり) 바로 세운 긴 장대에 기어올라 갖가지 곡예를 하는 묘기. 「섬.
竿立ち(さおだち) (말 따위가) 뒷발로 곧추
竿石(さおいし) 등롱(燈籠)의 몸통인 곧게 선 부분.
竿縁(さおぶち) 반자틀. 「대낚.
竿釣り(さおづり) (낚싯대로 하는) 낚시질.
竿竹(さおだけ) 대나무 장대.
竿秤(さおばかり) 대저울.

10 木 栞
표할 간
カン
しおり

訓読→
栞(しおり) ①서표(書標). ②안내서. 입문서.

11 木 桿
나무쓰러질 간
カン
てこ

参考 杆의 異體字.

音読→
桿菌(かんきん) 〖醫〗 간균. 막대기 모양의 세균.

12 禾 稈
짚 간
カン
わら

訓読→
稈(わら) (벼・보리의) 짚.
其他→
稈心(みご) 볏짚의 심.

12 門 間 (間)
사이 간
カン・ケン
あいだ・ま・あい・しず
か・はざま・ひそかに

音読→
間竿(けんざお) 칸수(数)를 재는 눈금이 있는 막대기. 측량대.
間隔(かんかく) 간격.
間隙(かんげき) ①간극. 간격. 틈. ②불화(不和). ③방심. 허(虚).
間脳(かんのう) 〖生〗 간뇌.
間断(かんだん) 간단.
間道(かんどう) 간도. 샛길. 지름길.
間、髪を入れず(かんはつをいれず) 즉각. 지체 없이.
間伐(かんばつ) 간벌. 솎아베기.
間氷期(かんぴょうき) 〖地〗 간빙기.
間色(かんしょく) 간색. 중간색.
間性(かんせい) 간성. 중성. 암수의 중간적인 성적(性的) 특징이 있는 생물.
間税(かんぜい) 간(접)세.
間細胞(かんさいぼう) 〖生〗 간세포.
間縄(けんなわ) 〖農〗 간승. 한 칸마다 표를 한 줄. 못줄.
間食(かんしょく) 간식.
間然(かんぜん) 간연. 흠잡을 여지가 있음.
間一髪(かんいっぱつ) 일발일발. 아슬아슬함.
間者(かんじゃ) 간자. 간첩.
間作(かんさく) 〖農〗 간작. 사이짓기. ♣~林(りん) 간작림.
間点線(かんてんせん) 간점선. 선이나 십자형 사이에 점을 찍은 선.
間接(かんせつ) 간접. ♣~費(ひ) 간접비 / ~税(ぜい) 간접세 / ~的(てき) 간접적.
‖~金融(きんゆう) 간접 금융.
~喫煙(きつえん) 간접 흡연.
~代理(だいり) 〖法〗 간접 대리.
~目的語(もくてきご) 간접 목적어.
~民主政治(みんしゅせいじ) 간접 민주 정치.
~分析(ぶんせき) 간접 분석.
~肥料(ひりょう) 간접 비료.
~射撃(しゃげき) 〖軍〗 간접 사격.
~選挙(せんきょ) 간접 선거.
~伝染(でんせん) 간접 전염.
~正犯(せいはん) 〖法〗 간접 정범.
~照明(しょうめい) 간접 조명.
~証明(しょうめい) 간접 증명.
~撮影(さつえい) 〖醫〗 간접 촬영.
~推理(すいり) 간접 추리.
~侵略(しんりゃく) 간접 침략.
~投資(とうし) 〖經〗 간접 투자.
~話法(わほう) 〖文法〗 간접 화법.
間奏(かんそう) 간주. ♣~曲(きょく) 〖樂〗 간주곡. ~(性) 습진.
間擦疹(かんさつしん) 〖醫〗 간찰진. 간찰성
間諜(かんちょう) 간첩. 스파이.
間投(かんとう) 간투. 사이에 낌. ♣~詞

(し)〖文法〗간투사.
‖〜声(せい) 말의 첫머리나 말을 계속하기 위해 내는 의미 없는 소리.
〜助詞(じょし)〖文法〗간투 조사.
間八(かんぱち)〖魚〗잿방어.
間歇(かんけつ) ⇨ 間欠(かんけつ).
間欠(かんけつ) 간헐(間歇). ♣〜熱(ねつ)〖醫〗간헐열／〜的(てき) 간헐적／〜泉(せん)〖地〗간헐천.
‖〜性跛行症(せいはこうしょう)〖醫〗간헐성 파행증.
〜河川(かせん)〖地〗간헐 하천. 간헐천.

訓読 ⇨
間㊀(あいだ) 간. 사이. 간격. 중간. 동안.
㊁(かん) 칸. 틈. 사이. 동안.
㊂(けん) ① 칸. 이전의 길이의 단위(1間은 6척). ②〖建〗칸. 기둥과 기둥 사이의 칸수.
㊃(ま) ① 사이. 동안. ② 방.
㊄(あい) ①〈雅·方〉사이. 틈. ②☞間狂言(あいきょうげん).
㊅(はざま) ① 틈새기. ② 골짜기. ③ (성벽의) 총안(銃眼).
間間(まま) 간간이. 간혹. 때때로. 가끔.
間に間に(まにまに) 하는 대로 맡기는 모양. 되는 대로.
間鍋(まなべ) 간식.
間狂言(あいきょうげん) 能(のう) 중간에 能狂言(のうきょうげん)을 맡은 사람의 연기. 또, 그 역.
間口(まぐち) ① (토지·가옥 등의) 정면의 폭. 내림. ② (사업·연구 등의) 영역의 넓이. (활동의) 폭.
間駒(あいごま) 장기에서, 상대 말의 길목에 말을 두어 장군을 막는 일. 또, 그 말.
間がな隙がな(まがなすきがな) 틈만 있으면 (언제나). 줄곧. 「옴.
間近(まぢか) (시간이나 거리가) 아주 가까
間近い(まぢかい) (시간·거리가) 아주 가깝다. 임박하다.
間男(まおとこ) ① 서방질. ② 샛서방.
間内(まうち) 실내. 방안.
間代(まだい) 방세.
間貸し(まがし) 셋방을 줌〔놓음〕.
間鈍い(まのろい) ☞間緩い(まぬるい).
間木(まぎ) 중인방(中引枋)의 위 따위에 만든 선반.
間無しに(まなしに) ① 쉴새없이. 끊임없이. ② 머지않아. 얼마 안 되어.
間も無く(まもなく) 이윽고. 곧. 머지않아. 얼마 안 되어.
間拍子(まびょうし) ① 그때의 (진행) 상태. ② 때의 상황〔형세〕.
間抜け(まぬけ) 얼간이(짓을 함). 멍청이.
間配り(まくばり) 간격을 두는 방법.
間配る(まくばる) (여기저기) 사이를 떼어 배치하다.
間柄(あいだがら) (사람과 사람 사이의) 관계. 사이.

間歩(まぶ) 광산의 갱도.
間服(あいふく) 간복. 춘추복.
間夫(まぶ)〈俗〉간부(姦夫). 특히, 창녀의 정부.
間仕切り(まじきり) (방 사이를) 칸막이함. 또, 그 칸막이.
間数㊀(まかず) 방의 수.
㊁(けんすう) 칸수. 칸으로 잰 길이.
間の手(あいのて) ① 노래와 노래 사이의 三味線(しゃみせん)만의 간주. ② 대화 등을 하는 사이에 삽입하는 말이나 소리.
間食い(あいだぐい) 간식. 「잠종.
間鴨(あいがも)〖鳥〗청둥오리와 집오리의
間延び(まのび) 어딘지 느슨함. (새가 떠서) 길빠짐.
間緩い(まぬるい) 하는 일이 느리다. 굼뜨다. 「핍.
間外れ(まはずれ) 좋은 시점에서 빗나가는
間垣(まがき) 대나무나 나뭇가지 따위로 엉성하게 엮어 만든 울타리. 바자울.
間遠(まどお) (거리·시간적으로) 사이가 뜸.
間遠い(まどおい) (거리·시간적으로) 떨어져 있다.
間違い(まちがい) ① 틀림. 잘못. 실수. ② 사고. 말썽.
間違う(まちがう) ① 잘못되다. 틀리다. 그릇되다. ② 잘못 알다.
間違える(まちがえる) ① 틀리다. 실수하다. ② 잘못 알다. 착각하다.
間違っても(まちがっても) 어떤 일이 있어도. 절대로. 결단코.
間引き(まびき) ① 솎아 냄. 솎음(질). ② (江戸(えど) 시대에 생활고로 인해) 산아를 죽이던 일.
‖〜運転(うんてん) 전차·버스 등을 평소보다 운행 대수·횟수를 줄여 운전함.
〜菜(な) 솎아 낸 채소.
間引く(まびく) ① 솎아 내다. ② (江戸 시대, 양육이 어려워) 산아를 죽이다. ③〈俗〉사이에 있는 것을 없애다.
間日(まび) ① 학질에서 앓지 않는 날. ② (일과 일 사이의) 틈이 있는 날.
間の子(あいのこ) ①〈卑〉튀기. 잡종. 혼혈아. ② 얼치기. 중간치.
間銭(あいせん)〈古〉수수료. 구문.
間切り(まぎり) ① 구획 짓는 일. ② 間切り 走리의 준말.
‖〜走り(ばしり) 범선이 바람을 엇비스듬히 받고 지그재그로 전진하는 일.
間切る(まぎる) (돛단배가) 바람을 빗받으며 지그재그로 나아가다.
間釘(あいくぎ) 은혈못. 「나.
間際(まぎわ) (바로) 직전. 막 …하려는 찰
間柱(まばしら)〖建〗간주. 샛기둥.
紙(あいがみ) 간지. 물건 사이에 끼우는 종이.
間借り(まがり) (셋)방을 빌림. 「이.
間着(あいぎ) ☞間服(あいふく).
間尺㊀(ましゃく) ① 공사(工事)·공작(工

作)의 준비·계획. ② (수지) 계산. 비율.
㊂(けんじゃく) 못줄.
間取り(まどり) 방의 배치.
間怠い(まだるい) ☞ 間怠っこい(まだるっこい).
間怠っこい(まだるっこい) 답답할 정도로 굼뜨다. 미적지근하다.
間判(あいばん) 종이 치수의 하나. ① 노트 등에서는 가로 5치, 세로 7치의 크기. ② 사진에서는 가로 10 cm, 세로 13 cm의 크기.
間合い(まあい) 짬. 틈. 사이. 간격.
間に合い(まにあい) ① ☞ 間に合わせ(まにあわせ). ② 어물쩍해서 넘김. 되는대로 넘김.
間に合う(まにあう) ① 시간에 대다. ② 급한〔아쉬운〕대로 쓸 수 있다. 족하다.
間に合わせ(まにあわせ) 급한 대로 대용함. 또, 그러한 것. 임시 변통.
間に合わせる(まにあわせる) ① 임시 변통을 하다. ② 정해진 시간에 늦지 않게 하다.

其他
間架(あぐら)〈古〉발판. 비계.
間人(もうと)『史』예전에, 촌락의 정식 구성원으로 인정받지 못한 사람.
間直し(まんなおし) 불운을 행운으로 바꾸어 놓는 일.

13 干 幹 教
줄기 간
カン
みき・から

音読
幹流(かんりゅう) 간류. 본류.
幹部(かんぶ) 간부.
‖〜候補生(こうほせい) 간부 후보생.
幹事(かんじ) 간사.
‖〜会社(かいしゃ)『經』간사 회사.
幹線(かんせん) 간선.
‖〜道路(どうろ) 간선 도로.
幹枝(かんし) 간지. ① 나무의 줄기와 가지. ② 십간 십이지.
だら幹(だらかん)(노동 조합·정당 등의) 타락한 간부.

訓読
幹 ㊀(みき) 나무의 줄기.
㊁(から) ① (식물의) 줄기. 대. ② 화살대. ③ 자루.
幹竹(からたけ)『植』① 참대. 왕대. ② 담죽. 솜대.

15 忄 慳
인색할 간
ケン
おしむ・やぶさか

音読
慳吝(けんりん) 간린. 인색함.
慳貪(けんどん) ① 간탐. 인색하고 욕심이 많음. ② 무자비함. 무뚝뚝함.

15 氵 澗
산골물 간
カン
たに

音読
澗谷(かんこく) 간곡. 산골짜기. 「물.
澗水(かんすい) 간수. 골짜기에서 흐르는
澗底(かんてい) 곡저(谷底). 골짜기의 밑바닥. 골밑.

16 土 墾
개간할 간
コン
ひらく・はる

音読
墾田(こんでん) 간전. 새로 개간한 전답.
＊はるたとも読む.

16 言 諫
간할 간
カン
いさめる

音読
諫鼓(かんこ) 간고. 옛날 중국에서, 군주에게 간언할 때 치던 북.
諫死(かんし) 간사. 죽음으로써 간함.
諫臣(かんしん) 간신. 임금께 간하는 신하.
諫言(かんげん) 간언.
諫争(かんそう) 간쟁. 굳세게 간함.
諫諍(かんそう) ⇨ 諫争(かんそう).
諫止(かんし) 간지. 간하여 말림.

訓読
❖**諫める**(いさめる) 간(諫)하다.
諫め(いさめ) 간언(諫言).

17 心 懇 常
정성 간
コン
ねんごろ

音読
懇懇と(こんこんと) 매우 간절한 모양.
懇談(こんだん) 간담. ♣〜会(かい) 간담회.
懇到(こんとう) 간도. 친절하고 빈틈없이 마음을 씀. 「움.
懇篤(こんとく) 간독. 친절하고 정이 두터
懇望(こんもう) 간망. 간절한 희망. ＊こんぼうとも読む. 「부.
懇命(こんめい) 간명. 간절하고 고마우신 분
懇書(こんしょ) 간서. ① 정중하고 친밀감이 넘치는 편지. ② 상대 편지의 높임말.
懇願(こんがん) 간원.
懇諭(こんゆ) 간유. 간절히 타이름.
懇意(こんい) ① 친히 지냄. 친한 사이. ② 친절.
懇切(こんせつ) 간절. 「절함.
懇情(こんじょう) 간정. 친절한 마음.
懇志(こんし) 간지. 간곡한 뜻.

懇請(こんせい) 간청.
懇囑(こんしょく) 간촉. 간절히 부탁함.
懇親(こんしん) 간친.
懇話(こんわ) 간화. 담화. ♣~会(かい) 간담회.
懇希(こんき) 진심으로 바람.

[訓読]
懇ろ(ねんごろ) ① 친절하고 공손한 모양. ② 친밀한〔정다운〕모양. ③ 남녀가 몰래 정을 통하는 모양. 「사람.
‖~分(ぶん) 서로 절친한 관계를 맺고 있는 ~合い(あい) 서로 절친한 사이.

| 17 疒 | 癇 | 경풍 간
カン
ひきつけ |

[参考] 癎은 本字.

[音読]
癇(かん) 성을 잘 내는 성질・병. 신경질.
癇立つ(かんだつ) 신경질적이 되다. 왈칵 짜증이 나다.
癇癖(かんぺき) ☞癇癪(かんしゃく).
癇声(かんごえ) 신경질적인 높은 목소리.
癇性(かんしょう) 격하기 쉬운 성질. 또는 병적 결벽증.
癇癪(かんしゃく) 짜증. 뼛성.
‖~筋(すじ) (발칵 짜증낼 때 이마 따위에 나타나는) 핏대.
~声(ごえ) ☞癇声(かんごえ).
~玉(だま) ①〈俗〉울화통. ② 딱총의 한 가지.
~持ち(もち) 뼛성쟁이. 불뚱이. 「지.
癇症(かんしょう) ☞癇性(かんしょう).
癇持ち(かんもち) ☞癇癪持ち(かんしゃくもち).
癇の虫(かんのむし) 감병(疳病) 또는 짜증의 원인으로 생각되었던 벌레. 또, 감병. 짜증.

| 17 艮 | 艱 | 어려울 간
カン
かたい |

[音読]
艱苦(かんく) 간고.
艱難(かんなん) 간난.
‖~辛苦(しんく) 간난 신고.
艱険(かんけん) 간험. 험난.

| 18 竹 教 | 簡 (簡) | 편지 간
カン
ふだ |

[音読]
簡(かん) ① 서장(書狀). 편지. ② 손쉬움. 간단〔간결〕함.
簡にして(かんにして) 간단하고도. 간결하고〔도〕.
簡潔(かんけつ) 간결.
簡勁(かんけい) 간경. 간결하고 힘참.

簡古(かんこ) 간고. 간결하고 예스러움. 또, 그 모양.
簡単(かんたん) 간단.
‖~服(ふく) (원피스 따위의) 간단한 여름용 여성복.
簡牘(かんどく) 간독. ① 문서. 서찰. ② 편지. 서간. ♣~文(ぶん) 서간문.
簡略(かんりゃく) 간략.
簡明(かんめい) 간명. 간단 명료함.
簡朴(かんぼく) 간박. 간소하고 소박함.
簡樸(かんぼく) ⇨簡朴(かんぼく).
簡抜(かんばつ) 간발. 골라 추림.
簡法(かんぽう) 간법. 간단한 방법.
簡保(かんぽ) '簡易生命保険(かんいせいめいほけん)(=간이 생명 보험)'의 준말.
‖~資金(しきん) 간이 생명 보험과 우편 연금으로 만들어진 정부 관리하의 자금.
簡素(かんそ) 간소. ♣~化(か) 간소화.
簡約(かんやく) 간약.
簡閲(かんえつ) 간열.
‖~点呼(てんこ)〖軍〗간열 점호.
簡要(かんよう) 간요. 간단하고 요령이 있음.
簡易(かんい) 간이.
‖~生命保険(せいめいほけん) (우체국에서 취급하는) 간이 생명 보험.
~生活(せいかつ) 간이 생활.
~書留(かきとめ) (절차가 간단한) 등기 우편.
~水道(すいどう) 간이 수도.
~食堂(しょくどう) 간이 식당.
~言語(げんご)〖컴〗간이 언어.
~旅館(りょかん) 간이 여관〔숙박소〕.
~郵便局(ゆうびんきょく) 간이 우체국.
~裁判所(さいばんしょ) 간이 재판소.
~携帯電話システム(けいたいでんわシステム) 간이 휴대 전화 시스템《PHS》.
簡裁(かんさい)〖法〗'簡易裁判所(かんいさいばんしょ)'의 준말.
簡札(かんさつ) 간찰. ① 옛날에 글씨 적는 데 쓰던 대쪽. ② 편지. 서간.
簡捷(かんしょう) 간첩. 간결하고 민첩함.
簡体字(かんたいじ) (중국의) 간체자.
簡択(かんたく) 간택. 여럿 중에서 골라냄.
簡便(かんべん) 간편.
簡化字(かんかじ) 간화자. 간체자.

| 19 竹 | 簳 | 화살대 간
カン
やがら |

[訓読]
簳(やがら) ① 화살대. ② 화살깃 무늬.

| 20 鳥 日 | 鶫 | 공새 (간)
つぐみ |

[訓読]
鶫(つぐみ)〖鳥〗개똥지빠귀.

갈

| 11 口 常 | 喝 (喝) | 꾸짖을 갈
カツ
しかる・おどす |

音読
喝(かつ) 〖佛〗 선종(禪宗)에서 미망이나 잘못을 꾸짖을 때 지르는 고함.
喝する(かっする) 큰소리로 꾸짖다. 호통 치다. 책망하다.
喝采(かっさい) 갈채.
喝破(かっぱ) 갈파.

| 11 氵 常 | 渇 (渴) | 목마를 갈
カツ・ケツ
かわく・かれる |

音読
渇(かつ) ① 목마름. ② 갈망.
渇する(かっする) ① 목이 마르다. ② 물이 마르다. ③ 결핍하다.
渇望(かつぼう) 갈망. 열망.
渇水(かっすい) 갈수. ♣~期(き) 갈수기 / ~位(い) 갈수위.
渇仰(かつごう) 갈앙. ① 〖佛〗 깊이 믿음. ② 몹시 사모함. ③ 갈망. *かつぎょうろも 읽음.
渇愛(かつあい) 갈애. ① 〖佛〗 범부(凡夫)가 오욕(五慾)에 매우 집착함. ② 격렬한 애정. 매우 사랑함. 「나).
渇筆(かっぴつ) 갈필《서도·수묵화 기법의 하
訓読
渇かす(かわかす) 갈증 나게 하다.
❖渇く(かわく) ① 목이[물이] 마르다. ② 몸시 바라다. 걸근거리다.
渇き(かわき) 갈증. 목마름.
‖~の病(やまい) 당뇨병의 옛 이름.

| 13 艹 | 葛 | 칡 갈
カツ
かずら・くず・つづら |

音読
葛根(かっこん) 갈근. 칡뿌리.
‖~湯(とう) 갈근탕(한방의 감기약).
葛藤 ㊀(かっとう) 갈등.
㊁(つらふじ) 〖植〗 ① 댕댕이덩굴. ② 방기(防己).
訓読
葛 ㊀(くず) 〖植〗 칡.
㊁(かずら) 덩굴풀.
㊂(つづら) 〖植〗 댕댕이덩굴.
葛掛け(くずかけ) 葛餡(くずあん)을 야채·어육 등에 쳐서 만드는 요리법. 또, 그 요리.
葛練り(くずねり) 갈분을 물에 개어 설탕을 넣고 끓여 굳힌 것.
葛籠(つづら) (옷 넣는) 옷농. 옷고리짝.
*つづらこり로도 읽음.
葛溜まり(くずだまり) ☞ 葛餡(くずあん).
葛饅頭(くずまんじゅう) 갈분으로 빚어 만든.
葛餅(くずもち) 갈분 떡. 「든 팥만두.
葛粉(くずこ) 갈분.
葛桜(くずざくら) 갈분을 개어 속에 팥소를 넣고 벚나무 잎으로 싼 여름철 과자.
葛羊羹(くずようかん) 갈분과 팥소를 넣어 굳힌 양갱병.
葛折り(つづらおり) 꾸불꾸불한 산길. 구절양장(九折羊腸).
葛湯(くずゆ) 갈분탕. 갈분에 설탕을 넣고 뜨거운 물을 부어 걸쭉하게 만든 식품.
葛布(くずふ) 갈포. 칡의 섬유로 만든 피륙.
葛餡(くずあん) 걸쭉한 녹말 국물.

| 13 木 常 | 褐 (褐) | 베옷 갈
カツ・カチ
ぬのこ |

音読
褐(かち) 짙은 감색(紺色). 「던 관.
褐冠(かちかぶり) 옛날, 사냥할 때 머리에 쓰
褐色 ㊀(かっしょく) 갈색.
‖~木炭(もくたん) 갈색 목탄《갈색 화약의 원료로 쓰임》.
~森林土(しんりんど) 〖地〗 갈색 산림토.
~人種(じんしゅ) 갈색 인종.
~脂肪組織(しぼうそしき) 갈색 지방 조직. 동면선(冬眠腺).
~火薬(かやく) 〖化〗 갈색 화약.
㊁(かちいろ) 검은빛을 띤 감색(紺色).
褐染め(かちぞめ) 갈색으로 염색하는 일. 또, 그 염색물.
褐衣(かちえ) 옛날, 사냥할 때 입던 옷.
褐藻 ㊀(かっそう) 〖植〗 갈조. 갈색 조류. ♣~類(るい) 갈조류 / ~素(そ) 〖生〗 갈조소.
‖~植物(しょくぶつ) 갈조 식물.
褐鉄鉱(かってっこう) 〖鑛〗 갈철광.
褐炭(かったん) 〖鑛〗 갈탄.

| 14 禾 | 稭 | 짚 갈
カイ
しべ |

訓読
稭(しべ) '藁稭(わらしべ)(=볏짚의 새패기)'의 준말.

| 14 立 | 竭 | 다할 갈
ケツ
つきる・つくす |

音読
竭誠(けっせい) 갈성. 정성을 다함.

訓読
竭くす(つくす) 다하다. 진력하다.

15 羊	羯	오랑캐 **갈** カツ

音読
羯鼓(かっこ) ①『樂』갈고. 아악에 쓰는 북의 하나. ② 갈고춤. 能樂(のうがく)에서 갈고를 앞에 메고 치면서 추는 춤.

19 虫	蠍	전갈 **갈** カツ さそり

訓読
蠍(さそり)『蟲』전갈. ♣~座(ざ)『天』전갈자리.

감

2 凵	凵	입벌릴 **감** カン

音読
凵繞(かんにょう) 한자 부수의 하나: 위터진 입구.

5 甘 常	甘	달 **감** カン　あまい・あまえる・あまやかす・あまんずる・うま・うまい

音読
甘苦(かんく) ① 감고. 고락(苦樂). ② 고생을 달갑게 여김.
甘橘類(かんきつるい)『植』감귤류.
甘藍(かんらん)『植』① 감람. 양배추. ② 모란채. 꽃양배추.
甘露(かんろ) 감로. ♣~水(すい) 감로수.
∥~煮(に) (생선 따위를) 달게 요리한 졸임.
甘味 ㊀(かんみ) 감미. 단맛. *あまみ로도 읽음. ♣~料(りょう) 감미료/~劑(ざい) 감미제.
㊁(うまみ) 맛이 좋다는 느낌.
甘美(かんび) 감미.
甘死(かんし) 감사. 기꺼이 죽음.
甘辞(かんじ) 달콤한 말. 감언.
甘酸(かんさん) 감산. 고락.
甘薯(かんしょ) 고구마.
甘受(かんじゅ) 감수.
甘心(かんしん) ① 달게 여김. 만족히 여김. ② 마음껏 함.
甘言(かんげん) 감언.
甘雨(かんう) 감우. 단비.

甘蔗(かんしゃ)『植』감자. 사탕수수. *かんしょ로도 읽음.
甘蔗糖(かんしょとう) 감자당. 사탕수수로 만든 설탕.
甘藷 ㊀(かんしょ) ⇨ 甘薯(かんしょ).
㊁(さつまいも) 고구마.
甘井(かんせい) 감정. 맛좋이 좋은 우물.
~先(ま)ず渇(つ)く 감정 선갈(先渴).
甘精(かんせい)『化』감정. 사카린.
甘泉(かんせん) 감천. 맛좋이 좋은 샘.
甘草(かんぞう)『植』감초. *あまくさ로도 읽음.
~の丸呑み(まるのみ) (감초를 잘 씹어 음미하지 않고 그대로 삼킨다는 뜻으로) 사물의 참뜻을 이해하지 못함의 비유.
∥~エキス『藥』감초 엑스.
甘汞(かんこう)『藥』감홍.
∥~電極(でんきょく)『電』감홍 전극. 칼로멜 전극.

訓読
甘がる(うまがる) 맛있어하다.
甘ちょろい(あまちょろい) ① (생각 등이) 무척 낙천적이다. ② 호인이다.
甘ったるい(あまったるい) ① (맛이) 달콤하다. ② (남녀간의 애정이) 아기자기하다.
甘ったれ(あまったれ) 응석꾸러기.
甘ったれる(あまったれる) 〈俗〉 어리광(응석) 부리다.
甘っちょろい(あまっちょろい) 〈口〉 ☞ 甘ちょろい(あまちょろい).
甘やか(あまやか) 맛이 단 듯함.
甘やかす(あまやかす) 응석 부리게 하다.
甘んじる(あまんじる) ① (주어진 것에) 만족하다. ② 감수하다. 「じる).
甘んずる(あまんずる) ☞ 甘んじる(あまんじる).
❖甘い ㊀(あまい) ① (맛이) 달다. 달콤하다. 싱겁다. ② 무르다. ③ 여리다. 사람이 좀 모자라다. (문제 등이) 다루기 쉽다.
~汁(しる)を吸(す)う 단물을 빨다. 자기는 고생하지 않고 남을 이용해서 이득을 보다.
㊁(うまい) ① 맛있다. ② 어쨌든 손해가 안 되는 모양.
甘き(あまき) 달콤함.
甘干し(あまぼし) ① 곶감. ② 생선을 겉말린 것.
甘葛(あまずら) ①『植』담쟁이. 돌외. ② 돌외의 덩굴에서 나는 즙으로 만든 옛 감미료.
甘甘(うまうま) ① ☞ 甘甘と(うまうまと). ②〈兒〉 맛있는 음식. 맘마.
甘甘と(うまうまと) 교묘하게. 보기 좋게.
甘瓜(あまうり) 참외의 별명.
甘口(あまくち) ① (술·간장·된장 등의) 단맛이 돎. 또, 그런 것. ② 단맛을 좋아함. 또, 그런 사람. *①②는 うまくち로도 읽음. ③ 감언.
甘気(あまけ) 단맛. 감미.
甘納豆(あまなっとう) 삶은 콩이나 팥을 꿀물에 조려 설탕에 버무린 과자.

甘党(あまとう) (술을 싫어하고) 단것을 좋아하는 사람.
甘栗(あまぐり) 감률. ① 단맛이 나게 뜨거운 왕모래에 볶은 밤. ② 황밤. 황률.
甘味噌(あまみそ) 싱겁게 간을 한 된장.
甘酸っぱい(あまずっぱい) 달콤새콤하다.
甘手(あまて) 미온적인 수. 회유적인 수단.
甘柿(あまがき) 단감.
甘食(あましょく) 단 빵과 식빵의 중간 맛인 원추형의 빵.
甘辛(あまから) 단맛과 쏜[매운・짠]맛. 특히, 설탕과 간장으로 맞을 낸 것.
 ‖~**煮**(に) 요리의 재료를 설탕과 간장으로 간을 하는 조리법. 「하다.
甘辛い(あまからい) 맛이 짙어 달고도 매콤
甘野老(あまどころ)〖植〗둥굴레.
甘塩(あまじお) ① 소금기가 적음. 싱거움. ② 생선을 싱겁게 절임. 얼간.
甘煮 ㊀(あまに) (설탕을 많이 써서) 달게 한 점〔조림〕.
 ㊁(うまに) 고기나 야채를 달게 조린 요리.
甘鯛(あまだい)〖魚〗옥돔.
甘酒(あまざけ) 감주. 단술.
甘茶(あまちゃ) ① 산수국(山水菊) 또는 돌외의 잎을 말려 달인 차. ②〖植〗산수국.
甘菜(あまな)〖植〗① 산자고. ② 사탕무의 딴이름. 「초.
甘酢(あまず) 三杯酢(さんばいず)보다 단 식
甘土(あまつち) 표토(表土)를 인공적으로 개량한 경지(耕地).
甘皮(あまかわ) ① (수목・과실의) 속껍질. ② 손톱 뒤의 부드러운 살갗.
甘夏柑(あまなつかん)〖植〗시지 않게 한 여름 밀감의 개량종.
甘海苔(あまのり)〖植〗홍조(紅藻)류의 바닷말〔김 따위〕.
❖**甘える**(あまえる) 어리광 부리다. 응석 부리다.
甘え(あまえ) 어리광. 응석.
甘えん坊(あまえんぼう) 응석꾸러기. 어리광 부리는 아이.
甘え言(あまえごと) 어리광 부리는 말.

7 土	坎	구덩이 **감** カン あな

音読
坎坷(かんか) 감가. 때를 만나지 못하여 뜻을 이루지 못함.

8 土	坩	도가니 **감** カン つぼ

其他
坩堝(るつぼ) 감과. 도가니. ＊かんかろとも 읽음.

8 氵	泔	뜨물 **감** カン ゆする

訓読
泔(ゆする) 머리 감은 후 빗질할 때 쓰는 물.

8 艹	芡	가시연 **감** ケン・ゲン みずぶき

其他
芡(おにばす)〖植〗가시연.

9 木	柑	홍귤나무 **감** カン こうじ

音読
柑橘(かんきつ) 감귤.
柑皮症(かんぴしょう)〖醫〗감피증.
ポン柑(ポンかん)〖植〗뽕깡. 귤의 하나.
訓読
柑子(こうじ)〖植〗감자. 홍귤나무의 열매.
 ♣~**色**(いろ) 주황색.

10 疒	疳	감질 **감** カン

音読
疳(かん) ① 피부나 점막에 생기는 작은 부스럼. ② 신경질적이고 흥분 잘하는 성질.
疳高(かんだかい) 감 되다.
疳性(かんしょう) 격하기 쉬운 성질. 또는 병적 결벽증.
疳走る(かんばしる) (목소리가) 가늘고 높고 날카롭게 울리다. 새되게 울리다.
疳瘡(かんそう)〖醫〗감창. 하감(下疳).
疳の虫(かんのむし) 감병(疳病) 또는 짜증의 원인으로 생각되었던 벌레. 또, 감병. 짜증.

11 力 常	勘	헤아릴 **감** **カン** かんがえる

音読
勘(かん) 직감력.
勘考(かんこう) 감고. 깊이 생각함.
勘校(かんこう) 감교. (문서 등을) 비교하여 생각함.
勘気(かんき) (주군・스승・아버지로부터 받는) 꾸지람. 꾸중. 또, 그 벌.
勘当(かんとう) 의절(義絶).
勘弁(かんべん) 용서함.
勘弁強い(かんべんづよい) 참을성이 많다.
勘付く(かんづく) (직감적으로) 알아차리

다. 껌새 채다.
勘所(かんどころ) ①『樂』三味線(しゃみせん) 따위의 현악기에서 일정한 음을 내기 위해 손가락 끝으로 현을 누르는 곳. ②중요한 곳. 요소. 급소. ＊②는 肝所로도 씀.
勘繰る(かんぐる) 의심하여 억측하다.
勘案(かんあん) 감안.
勘違い(かんちがい) 착각. 잘못 생각함.
勘忍(かんにん) ①참고 견딤. ②화를 참고 용서함.
勘定(かんじょう) ①계산. ②예산. ③(부기의) 계정(計定).
‖〜**高い**(だかい) 타산적이다.
　〜**口座**(こうざ) 계정 과목.
　〜**奉行**(ぶぎょう) 재정 등을 관장하던 옛 직
　〜**書き**(がき) 계산서.　　　　└제 하나.
　〜**日**(び) ①외상값 따위를 치르는 날. ②임금 지급일. 봉급날.
　〜**尽く**(ずく) 타산적으로 행동함.
勘亭流(かんていりゅう) 서체의 하나. 歌舞伎(かぶき)의 간판 따위를 쓰는 굵은 서체.
勘注(かんちゅう) 감주. 조사하여 기록함. 또, 그 문서.
勘合(かんごう) 감합. 조사하여 맞추어 봄.
其他
勘解由使(かげゆし) 律令(りつりょう) 시대의 직명. 国司(こくし) 교체시 사무 인계서인 解由状(げゆじょう)을 감사한 직.

| 11 氵 | 淦 | 뱃바닥에괸물 **감**
カン
あか |

音読
淦水(かんすい) 감수. 배 밑바닥에 괴는 물.
訓読
淦(あか) 뱃바닥에 괸 물.

| 11 糸 常 | 紺 | 감색 **감**
コン・コウ |

音読
紺(こん) 감색.
紺サージ(こんサージ) 감색 서지.
紺絞り(こんしぼり) 감색의 홀치기 염색.
紺菊(こんぎく)『植』野紺菊(のこんぎく)(＝까실쑥부쟁이)의 원예 품종.
紺藍(こんあい) 감색을 띤 남색.
紺瑠璃(こんるり) 감색(紺色)의 유리. 또, 감색을 띤 유리색.
紺碧(こんぺき) 감청색.
紺絣(こんがすり) ⇨ 紺飛白(こんがすり).
紺飛白(こんがすり) 비백 무늬의 감색 옷감.
紺糸(こんいと) 감색실.　　　└또, 그 무늬.
紺色(こんいろ) 감색.
紺搔き(こんかき) ☞ 紺屋(こうや). ＊こうかき로도 읽음.

紺綬褒章(こんじゅほうしょう) (일본에서) 재산을 공익을 위해 바친 사람에게 정부에서 주는 포장.
紺染め(こんぞめ) 감색으로 물들임. 또, 감색으로 물들인 것.
紺屋(こうや) 염색집. ＊こんやろ도 읽음.
紺地(こんじ) ①감색 천. ②감색 바탕.
紺紙(こんし) 감지. 감색의 종이. ＊こんがみ로도 읽음.
‖〜**金泥**(こんでい) 감지금니. 감지에 금니로 경문 등을 씀. 또, 그 것.
紺青(こんじょう) 감청. 선명한 남빛.
紺村濃(こんむらご) 염색의 이름. 엷은 감색 바탕에 군데군데 짙은 감색으로 물들인 것.
紺土佐(こんどさ) 감색의 두꺼운 일본 종이.

| 12 土 常 | 堪 | 견딜 **감**
カン・タン
たえる・こたえる・こらえる・たまる |

音読
堪能 ㊀(かんのう) (어떤 방면에) 숙달함. 잘 감당할 재능이 있음.
　㊁(たんのう) ①(그 길에) 뛰어남. ②충분함. 만족스러움.
堪忍(かんにん) ①참고 견딤. 인내. ②화를 참고 용서함.
‖〜**袋**(ぶくろ) 참고 견디는 도량(을 주머니에 비유한 말).　　　　　　　　　┌력.
堪航能力(たんこうのうりょく)『海』내항능
堪航性(たんこうせい)『海』(선박의) 내항성(耐航性).

訓読
堪らない(たまらない) ①참을 수 없다. ②더할 나위 없이 좋다.
堪らん(たまらん) ☞ 堪らない(たまらない).
❖**堪える** ㊀(たえる) ①견디다. 참다. 버티다. ②…할 만하다.　　　　　　　┌다.
　㊁(こらえる) ①참다. 억누르다. ②용서하
　㊂(たえる) 견디다. 지탱하다. 참아내다.
堪えない(たえない) ①감정 따위를 억제할 수가 없다. ②부담 따위에 대응할 수 없다.
堪えられない(こたえられない) 참을〔견딜〕 수 없다.
堪え兼ねる(たえかねる) 참을〔견딜〕 수 없다.　　　　　　　　　　　　　┌없다.
堪え難い(たえがたい) 참기 어렵다. 견딜 수
堪え性(こらえしょう) 인내성. 참을성.
堪え忍ぶ(たえしのぶ) (괴로움 등을) 참고 견디다.
❖**堪る**(たまる) 참다. 견디다.
堪り兼ねる(たまりかねる) 참지 못하게 되다. 견딜 수 없게 되다.

| 12 山 | 嵌 | 새겨넣을 **감**
カン・ガン
はめる・はまる |

音読

嵌工(かんこう) 감공. 상감(象嵌). 세공(인人). ♣**~卵**(らん) 『生』 모자이크란(卵).
嵌頓(かんとん) 『醫』 감돈. 감돈 헤르니아.
嵌入(かんにゅう) 감입. 박아 넣음. 박음.
嵌合(かんごう) 감합. 기계의 각 부분이 맞물리는 상태.

訓読

❖**嵌まる**(はまる) ① 꼭 맞다. 적합하다. ② 빠지다. ③ 속다. 「역할.
嵌まり役(はまりやく) 적역(適役). 꼭 알맞은
❖**嵌める**(はめる) ① 끼(우)다. 채우다. 박다. ② 빠뜨리다. 속여 넘기다.
嵌め木細工(はめきざいく) 하나의 널빤지에 여러 가지 나무를 끼워 넣어 그림이나 모양을 나타내는 나무 세공.
嵌め殺し(はめごろし) 미닫이나 유리창 따위를 끼웠을 뿐 열지 못하게 만든 방식.
嵌め込み(はめこみ) 끼움. 끼운 것.
嵌め込む(はめこむ) 끼워 넣다.
嵌め絵(はめえ) 지그소 퍼즐(jigsaw puzzle).

減 12획 / 教
덜 감
ゲン
へる・へらす・へす・める

音読

減 ㊀(げん) 감. 줆. 감소.
㊁(めり) ① 줆. 느슨해짐. ② 일본 음악에서, 음조 낮춤. 「리다.
減ずる(げんずる) 감하다. 줄이다. 덜다.
減ページ(げんページ) 감면(減面). 페이지 수를 줄임.
減価(げんか) 감가. ① 정가에서 할인한 값. ② 가격을 감함.
‖**~償却**(しょうきゃく) 감가 상각.
減却(げんきゃく) 감각. 줆. 줄임.
減軽(げんけい) 감경. ① 경감. ② 『法』 형벌을 가볍게 함.
減光(げんこう) 감광. (조명 따위에서) 빛의 강도를 줄임.
減極剤(げんきょくざい) 『理』 감극제.
減給(げんきゅう) 감급. 감봉.
減気(げんき) 병이 쾌차함. 치료 효과가 나타나 기분이 좋아짐.
減農薬(げんのうやく) 농약 사용을 줄이는 일. 또, 그 운동.
減段(げんたん) ⇨ 減反(げんたん).
減等(げんとう) 감등. 강등.
減量(げんりょう) 감량.
‖**~経営**(けいえい) 감량 경영.
減力(げんりょく) 『寫』 감력. 노출 과다 또는 현상 과도로 화상이 지나치게 진할 때 이를 엷게 하는 일.
減摩(げんま) 감마. ① 닳아서 줆. ② 마찰을 줄임. ♣**~剤**(ざい) 감마제.
‖**~合金**(ごうきん) 감마 합금.
減磨(げんま) ⇨ 減摩(げんま).

減免(げんめん) 감면.
減耗(げんもう) 감모. 닳아 줆. 닳아 줄게 함. *本音은 げんこう.
‖**~償却**(しょうきゃく) 감모 상각. 유전・산림・광산 등의 상각 방법.
減反(げんたん) 경작 면적을 줄임.
減配(げんぱい) 감배. 배급・배당(금)을 줄
減法(げんぽう) 『数』 감법. 뺄셈. 「임.
減歩(げんぶ) 감보. 구획 정리 따위에서 도로・공원 등의 용지를 내기 위해 택지를 조금씩 줄이는 일.
減俸(げんぽう) 감봉.
減削(げんさく) 감삭. 삭감.
減産(げんさん) 감산.
減算(げんざん) 감산. 뺄셈.
減色法(げんしょくほう) 감색법.
減石(げんこく) 양조량(醸造量)을 줄임.
減省(げんしょう) 감생. 덜어서 줄임.
減税(げんぜい) 감세.
減勢(げんせい) 감세. 세력을 줄임.
減少(げんしょう) 감소.
‖**~関数**(かんすう) 『数』 감소 함수.
減速(げんそく) 감속. ♣**~材**(ざい) (원자로의) 감속제.
‖**~装置**(そうち) 감속 장치.
減損(げんそん) 감손. 덜어서 없앰.
減殺(げんさつ) 감쇄. 덜어서 없앰.
減衰(げんすい) 감쇠. 점점 감소되어 감.
♣**~器**(き) 『電』 감쇠기.
‖**~曲線**(きょくせん) 감쇠 곡선.
‖**~振動**(しんどう) 『理』 감쇠 진동.
減水(げんすい) 감수.
減収(げんしゅう) 감수.
減数(げんすう) 감수. ① 『数』 뺄셈에서, 빼내리는 수. ② 수가 줆.
‖**~分裂**(ぶんれつ) 감수 분열. 환원 분열.
減食(げんしょく) 감식.
‖**~療法**(りょうほう) 감식 요법.
減圧(げんあつ) 감압. 압력이 줆. 압력을 줄임. ♣**~弁**(べん) 감압 밸브.
‖**~蒸留**(じょうりゅう) 『理』 감압 증류.
減額(げんがく) 감액.
減塩(げんえん) 감염. 치료나 건강 유지상 염분의 섭취량을 줄임.
‖**~食**(しょく) 감염식. 식염의 섭취량을 제한한 식이 요법. 「간장.
~醤油(しょうゆ) 식염 농도가 9% 이하인
減員(げんいん) 감원.
減音程(げんおんてい) 『樂』 감음정.
減益(げんえき) 감익. 이익이 줆.
減資(げんし) 『經』 감자.
減作(げんさく) 감작. 감수(減収).
減点(げんてん) 감점.
減租(げんそ) 감조. 감세.
減枠(げんわく) 배당된 범위[테두리]를 줄
減尽(げんじん) ① 줄여서 없앰. 줄어서 없어짐. ② (형벌의) 면제.
減車(げんしゃ) 감차.

減債(げんさい) 감채. 빚을 조금씩 갚아서 줄
‖~基金(ききん) 감채 기금.   └임.
減縮(げんしゅく) 감축.
減炭(げんたん) 감탄. 석탄 산출량을 줄임.
減退(げんたい) 감퇴.
減便(げんびん) (항공기·자동차 등의) 감
減筆(げんぴつ) 감필. 자획을 생략하는 일.
 특히, 수묵화에서 형식적인 면을 생략하는 화
減刑(げんけい) 감형.   └법.
減号(げんごう) 〖数〗 감호. 뺄셈표.
訓読▶
減す(へす) 〈俗〉 줄이다.
減らす(へらす) 줄이다. 감하다.
減らず口(へらずぐち) 지는 것이 분해서 당
 치 않은 말을 자꾸 함. 또, 그 말.
減る(へる) ① 줄다. ② 허기지다. ③ 닳다.
減甲(めりかり) 음의 고저. 억양.
減し目(へしめ) (뜨개질에서) 코의 수를 줄
 이는 일.
減り込む(めりこむ) 눌러서 깊이 들어가다.
 박히다.

| 12
攵
常 | 敢 | 감히 감
カン
あえて |

音読▶
敢死(かんし) 감사. 결사(決死).
敢然(かんぜん) 감연(히).
敢為(かんい) 감위. 과감하게 함.
敢闘(かんとう) 감투. 용감히 싸움.
敢行(かんこう) 감행.
訓読▶
敢えず(あえず) ① (미처) 다하지 못하고. 끝
 맺지 못하고. ② 견디지〔참지〕 못하고.
敢えて(あえて) 감히. 굳이. 억지로. 구태
 여. 그다지. 결코.
敢え無い(あえない) ① 덧없다. 어이없다.
 ② 기운이 탁 풀린 모양.
敢え無くなる(あえなくなる) 죽다.

| 12
酉 | 酣 | 즐길 감·한창 감
カン
たけなわ |

音読▶
酣酔(かんすい) 감취. 술에 흠뻑 취함.
訓読▶
酣(たけなわ) ① 방감(方酣). (바야흐로) 한
 창. 절정. ② 한창 때를 막 넘어선 무렵.

| 13
心
教 | 感 | 느낄 감
カン |

音読▶
感(かん) 감.
感じ(かんじ) ① 느낌. 감각. ② 인상. ③ 기
분. 분위기. ④ 사물의 특유한 제맛.
感ずる(かんずる) ① 느끼다. 감동하다. ②
 (자극을 받아) 반응하다. *感じる 라고도 함.
感づく(かんづく) (직감적으로) 알아차리
다. 김새 채다.
感覚(かんかく) 감각. ♣~器(き) 감각기 /
~論(ろん) 감각론 / ~的(てき) 감각적 /
~点(てん) 감각점.
‖~器官(きかん) 감각 기관.
~領(りょう) ☞感覚野.
~描写(びょうしゃ) 감각 묘사.
~上皮(じょうひ) 〖生〗 감각 상피.
~細胞(さいぼう) 〖生〗 감각 세포.
~神経(しんけい) 감각 신경.
~野(や) 〖生〗 감각야. 감각령.
~中枢(ちゅうすう) 감각 중추.
~遮断(しゃだん) 〖生〗 감각 차단.
感慨(かんがい) 감개.
‖~無量(むりょう) 감개무량.
感慨深い(かんがいぶかい) 감회가 깊다.
感激(かんげき) 감격. ♣~的(てき) 감격
‖~家(か) 감격을 잘하는 사람.   └적.
感官(かんかん) 감관. '感覚器官(かんかくき
かん)(=감각 기관)'의 압축된 말씨.
感光(かんこう) 감광. ♣~度(ど) 감광도 /
~膜(まく) 감광막.
‖~性(せい) 〖化〗 감광성.
~樹脂(じゅし) 감광성 수지.
~乳剤(にゅうざい) 〖化〗 감광 유제. 감광
제(剤).
~材料(ざいりょう) 감광 재료.
感窮まる(かんきわまる) ⇨ 感極まる(かん
きわまる).
感極まる(かんきわまる) 몹시 감동하다.
感念(かんねん) 감념. (사물에 대해) 느끼는
생각.
感度(かんど) 감도.
感動(かんどう) 감동. ♣~文(ぶん) 감동
문 / ~詞(し) 〖文法〗 감동사. 감탄사.
‖~助詞(じょし) 〖文法〗 감동 조사.
感得(かんとく) ① 감득. ② 신불의 가호로
소원을 이룸.
感量(かんりょう) 감량. 계기(計器)의 바늘
이 감응할 수 있는 최저의 양.
感涙(かんるい) 감루. 감격의 눈물.
感銘(かんめい) 감명.
感冒(かんぼう) 감모. 감기.
感無量(かんむりょう) ☞感慨無量(かんが
いむりょう).
感発(かんぱつ) 감발. 감동하여 분발함.
感服(かんぷく) 감복.
感憤(かんぷん) 감분. 감동하여 분격함.
感奮(かんぷん) 감분. 감격하여 분발함.
感謝(かんしゃ) 감사. ♣~祭(さい) 〖宗〗
감사제.
感傷(かんしょう) 감상. ♣~的(てき) 감상
‖~主義(しゅぎ) 감상주의.   └적.
感想(かんそう) 감상.

感賞(かんしょう) 감상. ① 감동하여 칭찬함. ② 공적이 있는 사람에게 주는 상.
感色性(かんしょくせい) 감색성. *かんしきせいへとも 읽음.
∥〜色素(しきそ) 감색성 색소.
感書(かんしょ) ☞ 感状(かんじょう).
感声(かんせい) 감성. 감탄의 소리.
感性(かんせい) 감성. ♣〜界(かい) 감성계 / 〜論(ろん) 〚哲〛 감성론.
∥〜的(てき) 감성적. ♣〜認識(にんしき)〚哲〛 감성적 인식.
感受(かんじゅ) 감수. ♣〜性(せい) 감수성.
感心(かんしん) ① 감탄. ② 질림. 어이없음. ③ 기특함.
感圧タイオード(かんあつタイオード) 기계적 압력으로 전기 저항이 변하는 반도체 소자.
感圧紙(かんあつし) 감압지《전표 따위에 쓰임》.
感悦(かんえつ) 감열. 감격하여 기뻐함.
感熱紙(かんねつし) 감열지. 감열 기록지《팩시밀리나 컴퓨터용 프린터 등에 쓰이》.
感染(かんせん) 감염. ♣〜源(げん) 감염원 / 〜症(しょう)〚醫〛 감염증.
∥〜経路(けいろ) 감염 경로.
感恩(かんおん) 감은. 은혜에 감동됨.
感吟(かんぎん) 감음. ① 감탄하여 시가(詩歌)를 읊음. ② 감탄할 만한 시가. 특히, 俳句(はいく).
感泣(かんきゅう) 감읍. 감격하여 욺.
感応(かんのう) 감응. *かんおうろにも 읽음.
∥〜道交(どうこう)〚佛〛 감응 도교.
〜精神病(せいしんびょう)〚醫〛 감응 정신병.
感じ易い(かんじやすい) 감수성이 예민하다. 다감하다.
感じ入る(かんじいる) 깊이 감동하다.
感作(かんさ)〚醫〛 감작. 의약품 따위가 체내에 들어가, 같은 물질에 대해 과민한 반응을 하는 상태를 만들어 내는 일.
感状(かんじょう) 전공(戰功) 표창장.
感電(かんでん) 감전. ♣〜死(し) 감전사.
感情(かんじょう) 감정. ♣〜家(か) 감정가 / 〜論(ろん) 감정론 / 〜的(てき) 감정적.
∥〜移入(いにゅう)〚哲〛 감정 이입.
感潮河川(かんちょうかせん)〚地〛 감조 하천. 조수의 간만의 영향을 받는 하천.
感知(かんち) 감지. 직감적으로 알아챔.
感震(かんしん) 감진. 지진을 감지함. ♣〜器(き) 감진기.
感触(かんしょく) 감촉.
感じ取る(かんじとる) 감지하다. 마음에 느끼어 이해하다.
感嘆(かんたん) 감탄. ♣〜文(ぶん) 감탄문 / 〜詞(し)〚文〛 감탄사.
∥〜符(ふ) 감탄부. 느낌표.
感歎(かんたん) ⇨ 感嘆(かんたん).
感通(かんつう) 감통. 자기 생각이 상대에게 통함. 또, 느끼어 이해함.

感佩(かんぱい) 감패. ① 송구스럽게 생각함. ② 마음에 깊이 새겨서 잊지 않음. 감명.
感化(かんか) 감화.
∥〜事業(じぎょう) 감화 사업.
〜院(いん) '教護院(きょうごいん)(=소년원)'의 구칭.
感懐(かんかい) 감회.
感興(かんきょう) 감흥.
感喜(かんき) 감희. 감동하여 기쁨.
しゃり感(しゃりかん) 직물 따위의 매끈하고 차가운 감촉.

| 13
戈 | 戡 | 이길 감
カン
かつ |

音読▶

戡定(かんてい) 감정. 무력으로 전란을 평정(平定)함.

| 15
皿
常 | 監 | 볼 감
カン・ケン・ゲン
みる |

音読▶

監(かん) ① 감방. ② 감독함. 감독하는 사람. …감.
監国(かんこく)〚史〛 감국. 천자가 지방에 순행할 때 태자가 국정을 대행함. 또, 그 소임을 맡은 태자.
監禁(かんきん) 감금. ♣〜罪(ざい) 감금죄.
監督(かんとく) 감독. ♣〜官(かん) 감독관 / 〜員(いん) 감독원.
∥〜官庁(かんちょう) 감독 관청.
〜教会(きょうかい)〚基〛 감독 교회.
監理(かんり) 감리. 감독하고 관리함.
監房(かんぼう) 감방.
監事(かんじ) (공익 법인의) 감사.
監査(かんさ) 감사.
∥〜機関(きかん) 감사 기관.
〜法人(ほうじん)〚法〛 감사 법인.
〜役(やく) (주식 회사의) 감사.
〜委員(いいん) 감사 위원.
監守(かんしゅ) 감수. 감독하고 지킴.
監修(かんしゅう) 감수.
監視(かんし) 감시. ♣〜網(もう) 감시망.
∥〜哨(しょう) 감시초. 감시 초소(의 초병).
監訳(かんやく) 감역. 서적 등의 번역을 감독하고 그에 책임을 짐.
監獄(かんごく) 감옥. 교도소.
∥〜部屋(べや) 〈俗〉 구속과 학대가 심한 인부(人夫)의 숙사.
監的(かんてき) 감적. 또, 감적수(手).
監製(かんせい) 감제. 감독하여 만듦.
監察(かんさつ) 감찰. ♣〜医(い) 검시의 (檢屍醫).
監置(かんち) 감치. 법정 질서를 어지럽힌 자

16 忄 常	憾	한할 감 カン うらみ・うらむ

訓読
❖ 憾む(うらむ) 애석해 하다. 후회하다.
憾むらくは(うらむらくは) ① 원망스럽게도. ② 유감스럽게도. 애석하게도.
憾み(うらみ) 유감. 흠. 불만인 점.

16 木	橄	감람나무 감 カン

音読
橄欖(かんらん)〖植〗감람나무. ♣~石(せき) 감람석／~油(ゆ) 올리브유.

17 目	瞰	볼 감 カン みる・みおろす

音読
瞰射(かんしゃ) 감사. 높은 곳에서 내려다봄.
瞰視(かんし) 감시. 내려다봄.
瞰下(かんか) 감하. 내려다봄.

20 車	轗	가기힘들 감 カン

音読
轗軻(かんか) 감가. 때를 만나지 못하여 뜻을 이루지 못함.

22 龍	龕	감실 감 ガン

音読
龕(がん) 신불을 안치하는 장〔불단〕. 감실.
龕灯(がんどう) ① 불단의 등불. ② ☞ 龕灯提灯.
‖ ~返し(がえし) (연극에서) 장면 변환 장치.
~提灯(ぢょうちん) 초롱의 하나.
龕像(がんぞう)〖佛〗감상. 작은 감(龕) 모양으로 만든 불상.

23 金 常	鑑	거울 감 カン かがみ・かんがみる・かがみ

音読
鑑別(かんべつ) 감별.

‖ ~所(しょ) '少年(しょうねん)鑑別所(= 소년 감별소)'의 준말.
鑑査(かんさ) 감사. 검사하여 우열・적부(適否) 등을 감정함.
鑑賞(かんしょう) 감상. ♣~眼(がん) 감상안. 심미안.
‖ ~批評(ひひょう) 감상 비평.   「안.
鑑識(かんしき) 감식. ♣~眼(がん) 감식
鑑定(かんてい) 감정. ♣~家(か) 감정가／~書(しょ) 감정서／~人(にん) 감정인.
‖ ~留置(りゅうち)〖法〗감정 유치.
~証人(しょうにん)〖法〗감정 증인.
鑑札(かんさつ) 감찰.

訓読
鑑(かがみ) 귀감. 거울.
鑑みる(かんがみる) 거울삼아 비추어 보다. (전례나 현재의 사정을) 감안해서 판단을 하다.

23 金	鑒	거울 감 カン かがみ・かんがみる

参考 鑑의 異體字.

訓読
鑒みる(かんがみる) 거울삼아 비추어 보다. (전례나 현재의 사정을) 감안해서 판단을 하다.

24 鹵	鹼	잿물 감・소금기 험 ケン あく

音読
鹼化(けんか)〖化〗감화. 비누화.

갑

5 田 常	甲	갑옷 갑 コウ・カン かぶと・きのえ・よろい

音読
甲 ㊀(こう) 갑. ① 갑옷. ＊よろい로도 읽음. ② 거북이 따위의 등딱지. ③ 손발의 등.
㊁(かん) (일본 음악에서) 고음(高音).
㊂(かぶと) 투구.
㊃(きのえ) 갑. 천간(天干)의 첫째.
甲殼(こうかく) 갑각. (거북 따위의) 등딱지. ♣~類(るい)〖動〗갑각류.
甲高(こうだか) ① 손등・발등 등이 높이 나옴. ② 발등 부분이 높은 신.
甲高い(かんだかい) 새되다.
甲骨(こうこつ) 갑골. ♣~文(ぶん) 갑골
‖ ~文字(もじ) 갑골 문자.   「문.
甲掛け(こうがけ) 손등이나 발등 등을 보호

하기 위해 쐬우는 천.
甲羅(こうら) ① 갑각(甲殼). (거북・게 따위의) 등딱지. ② 연공(年功).
∥**~干し**(ぼし) 배를 깔고 누워서 일광욕을 함.
甲論乙駁(こうろんおつばく) 갑론을박.
甲立て(こうだて) 음식물을 네모난 쟁반에 담을 때, 그 주위에 세우는 접은 종이.
甲兵(こうへい) 갑병. ① 무기. 전쟁. ② 갑옷을 입은 병사.
甲府(こうふ) 山梨(やまなし) 현에 있는 시(市). 현청 소재지.
甲状(こうじょう) 갑상. 투구와 같은 모양.
∥**~腺**(せん)〖生〗 갑상선. ♣**~機能低下症**(きのうていかしょう) 갑상선 기능 저하증.
~軟骨(なんこつ) 갑상 연골.
甲声(かんごえ) 높고 날카로운 목소리.
甲所(かんどころ) ①〖樂〗三味線(しゃみせん) 따위의 현악기에서 일정한 음을 내기 위해 손가락 끝으로 현을 누르는 곳. ② 중요한 곳. 요소. 급소. ＊②는 肝所로도 씀.
甲申(こうしん) (60 갑자의) 갑신. ＊きのえさるロも 읽음.
∥**~事変**(じへん)〖史〗 갑신 정변.
甲午(こうご) (60 갑자의) 갑오. ＊きのえうまロも 읽음.
∥**~改革**(かいかく)〖史〗 갑오 개혁. 갑오 경장(更張).
~農民戦争(のうみんせんそう)〖史〗 갑오 동학 농민 전쟁. 동학 농민 운동.
甲烏賊(こういか)〖動〗 뼈오징어.
甲乙 ㊀(こうおつ) 갑을. 갑과 을. 첫째와 둘째. 우열.
∥**~人**(にん) 일반인. 서민.
㊁(かるめる) (일본 음악에서) 음성의 높은 가락과 낮은 가락.
甲張り(こうばり) 집・기둥의 버팀목.
甲張り声(かんばりごえ) 새된 목소리.
甲第(こうだい) 갑제. ① 훌륭한 저택. ② (과거에서) 장원. 급제.
甲卒(こうそつ) 갑졸. 갑옷을 입은 병졸.
甲種(こうしゅ) 갑종.
甲州(こうしゅう)〖地〗☞甲斐(かい).
∥**~街道**(がいどう) 江戸(えど) 시대, 五街道(ごかいどう)의 하나《江戸에서 甲府(こうふ)에 이름》.
甲走る(かんばしる) (목소리가) 가늘고 높고 날카롭게 울리다. 새되게 울리다.
甲処(かんどころ) ⇨ 甲所(かんどころ).
甲鉄艦(こうてつかん) 갑철함. 장갑함.
甲板 ㊀(こうはん) ㊁의 뱃사람 말. ♣**~室**(しつ) 갑판실. ∥**~員**(いん) 갑판원.
∥**~渡し**(わたし)〖經〗 본선 인도. FOB.
~旅客(りょかく) 갑판 여객.
㊁(こういた) 책상・계산대 등의 위에 대는 판자. ＊こうばんロも 읽음.
甲皮(こうひ) 갑각(甲殼).

甲戌(きのえいぬ) (60 갑자의) 갑술. ＊こうじゅつロも 읽음.
甲寅(きのえとら) (60 갑자의) 갑인. ＊こういんロも 읽음.
甲子(きのえね) ① (60 갑자의) 갑자. ＊こうし・かっしロも 읽음. ② 甲子祭(きのえねまつり)의 준말. 갑자날 밤 '大黒天(だいこくてん)(=칠복신의 하나)'을 제사지내는 일.
甲辰(きのえたつ) (60 갑자의) 갑진. ＊こうしんロも 읽음.
甲虫 ㊀(かぶとむし)〖蟲〗 투구벌레. 투구. ㊁(こうちゅう) 갑충. └풍뎅이.

其他
甲斐(かい) ① 보람. 효과. ②〖地〗 지금의 山梨(やまなし) 현 지방의 옛 이름.
甲斐甲斐しい(かいがいしい) ① 바지런하다. ② 활발하다.
甲斐絹(かいき) 생명주실로 짠 깁. 「하다.
甲斐無い(かいない) ① 보람없다. ② 무기력
甲斐性(かいしょう) 주변머리. 두름성. 변변함. 「살.
甲矢(はや) (한 쌍의 화살에서) 먼저 쏘는 화
甲走(こはぜ) (서질(書帙)・각반 등을 죄는) 메뚜기. 「갑주어.
甲冑(かっちゅう) 갑주. ♣**~魚**(ぎょ)〖動〗
∥**~師**(し) 갑주를 만드는 장색.
甲必丹(カピタン) 江戸(えど) 시대, 長崎(ながさき) 등지의 네델란드 상관장(商館長). ② (네델란드의 배의) 선장.
甲香(かいこう) 피뿔고동의 딱지. 그것을 가루로 만들어 이겨서 보향제(保香劑)의 향료로 씀.

| 7
匚 | 匣 | 갑 **갑**・궤 **갑**
コウ
はこ・くしげ |

訓読
匣(くしげ) ①〖雅〗빗 따위의 화장 도구를 넣어 두는 상자. 빗집. ② 상자.

| 8
山
常 | 岬 | 갑 **갑**
コウ
みさき・さき |

音読
岬角(こうかく) 갑(岬).
訓読
岬(みさき) 갑. 곶.
岬山(さきやま) 산부리가 뻗어서 된 곳.

| 9
月 | 胛 | 어깨뼈 **갑**
コウ
かいがね |

訓読
胛(かいがね)〖生〗 견갑골. 어깨뼈.

13 門	閘	물문 갑 コウ とじる

音読▶
閘門(こうもん) 갑문.
‖〜式運河(しきうんが) 갑문식 운하.
閘船渠(こうせんきょ) 계선독(繫船 dock).

강

6 扌	扛	마주들 강 コウ あげる

其他▶
扛秤(ちぎばかり) 큰 대저울. *ちぎりにも 읽음.

6 氵 常	江	물이름 강 コウ・ゴウ え

音読▶
江南(こうなん) 강남. ① 양쯔 강 이남의 땅. ② 큰 강의 남쪽 땅.
江都(こうと) 江戸(えど)의 딴이름.
江東(こうとう) ① 강동. 중국 양쯔 강 하류 지방. ② 東京(とうきょう) 隅田(すみだ) 강의 동쪽 지역.
江流(こうりゅう) 강류. 강의 흐름.
江畔(こうはん) 강반. 강변. 강가.
江北(こうほく) 강북. 큰 강의 북쪽. 특히, 양쯔 강의 북쪽 땅.
江山(こうざん) 강산.
江上(こうじょう) 강상. 강 위.
江商(ごうしょう) ☞江州商人(ごうしゅうあきんど).
江月(こうげつ) 강월. 강 위에 뜬 달.
江州(ごうしゅう)〖地〗近江(おうみ) 지방.
‖〜商人(あきんど) 江州 출신의 상인.
江村(こうそん) 강촌.
江河(こうが) 강하. ① 중국의 양쯔 강과 황하. ② 큰 강.
江海(こうかい) 강해. 강과 바다. *ごうかい로도 읽음. 「로도 읽음.
江湖(こうこ) 강호. 세상(사람들). *ごうこ

訓読▶
江(え) 바다・호수 따위의 작은 후미.
江戸(えど) 東京(とうきょう)의 옛 이름.
‖〜家老(がろう) 江戸에서 근무하던 大名(だいみょう)에 딸린 중신.
〜間(ま) 江戸 때의 방넓이를 재는 법. 약 1.75미터가 한 간.
〜幕府(ばくふ) 1603년 徳川家康(とくがわいえやす)가 江戸에 세운 무인 정권.
〜味噌(みそ) (보리 메주를 섞어 만든) 적갈색의 된장.
〜払い(ばらい) 江戸 밖으로의 추방형.
〜小紋(こもん) 종이본을 써서 염색한 천.
〜寿司(ずし) 江戸식 초밥. 쥐어 뭉친 초밥.
〜時代(じだい) 徳川(とくがわ) 씨가 江戸에 幕府(ばくふ)를 세워 일본을 통치하던 시대《1603-1867년》.
〜語(ご) 東京 말의 전신. 「칭.
〜染め(ぞめ) 江戸에서 물들인 염색물의 총
〜引き回し(ひきまわし) 江戸 안에서 조리 돌리던 형벌.
〜紫(むらさき) 남빛이 도는 보랏빛.
〜雀(すずめ) 江戸 소식을 잘 알며 이것을 퍼뜨리고 다니는 사람.
〜前(まえ) ①江戸식〖풍〗. ② 東京 만에서 잡히는 어개류(魚介類).
〜褄(づま) 옷섶에 무늬를 들인 일본 여자 옷.
〜表(おもて) 근세, 지방에서 江戸를 일컫던 「말.
江戸っ子(えどっこ) 東京 토박이.

7 木	杠	다리 강・깃대 강 コウ ちぎ

其他▶
杠(ゆずりは)〖植〗굴거리나무.

8 山	岡	산등성이 강 コウ おか

参考▶ 崗은 異體字.

訓読▶
岡(おか) ① 언덕. 구릉. ② 岡場所(おかばしょ)의 준말.
岡目(おかめ) (남이 하는 일을) 옆에서 봄.
‖〜八目(はちもく) 본인보다 제 3 자가 사물의 시비곡직을 더 잘 앎.
岡辺(おかべ) 언덕가.
岡山(おかやま)〖地〗일본 중부 지방의 현.
岡焼き(おかやき) 남의 사이가 좋음을 공연히 질투함.
岡っ引き(おかっぴき) 江戸(えど) 시대의 탐정. (범인 체포의) 앞잡이.
岡場所(おかばしょ) 江戸(えど) 시대의 비공인 유곽. 사창가.
岡持ち(おかもち) 요리 배달통.
岡虎の尾(おかとらのお)〖植〗큰까치수염.
岡惚れ(おかぼれ)〖俗〗남의 애인을 짝사랑함. 혼자 열을 올림.

10 刂 常	剛	굳셀 강 ゴウ つよい・こわい

音読

剛(ごう) 강함. 단단함.
剛強(ごうきょう) 강강. 굳셈.
剛健(ごうけん) 강건.
剛塊(ごうかい)〖地〗강괴. 안전 지괴(地
剛球(ごうきゅう)〖野〗강속구. └塊).
剛構造(ごうこうぞう)〖建〗강구조.
剛気(ごうき) 강기. 기상이 굳세고 용감한 성
剛胆(ごうたん) 강담. 호담(豪膽). └질.
剛戾(ごうれい) 강려. 성미가 비꼬이고 고집
 이 셈.
剛猛(ごうもう) 강맹. 굳세고 사나움.
剛毛(ごうもう) 강모. 「또, 그 사람.
剛腹(ごうふく) 배짱이 세고 도량이 넓음.
剛性(ごうせい) 강성.
‖**~率**(りつ)〖理〗강성률. 층밀리기 탄성
剛腕(ごうわん) 뛰어난 솜씨. 강한 완력.
剛勇(ごうゆう) 강용. 굳세고 용맹스러움.
剛柔(ごうじゅう) 강유. 「음.
剛毅(ごうき) 강의. 의지가 굳세고 꺾이지 않
剛の者(ごうのもの)〈老〉호걸. (어떤 방면
剛直(ごうちょく) 강직. 〔에〕센 사람.
剛体(ごうたい) 강체.
‖**~力学**(りきがく)〖理〗강체 역학.
~振り子(ふりこ)〖理〗강체 진자. 복(複)
 진자.
剛愎(ごうふく) 강퍅. 고집스러워 남을 따르
 지 않음. 또, 그 사람.

訓読
剛い(こわい) (역)세다.

10
B
㊙

降(降)

내릴 **강**·항복할 항
コウ·**ゴウ**
おりる·**おろす**·**ふ**
る·**くだす**·**くだる**

音読
降嫁(こうか) 강가. 황족의 딸이 신하에게 시
 집감.
降格(こうかく) 격식·계급이 떨어짐. 계급
 을 떨어뜨림. 격하.
降交点(こうこうてん)〖天〗강교점.
降級(こうきゅう) 강급. (특히 군인의) 강
降給(こうきゅう) 급료를 내림. └등.
降旗(こうき) ① 강기. 기를 내림. ② 항기.
 항복의 백기(白旗).
降納(こうのう) 국기 등을 내려 간수함.
降段(こうだん) 강단. 단위(段位)가 떨어짐.
降壇(こうだん) 강단.
降等(こうとう)〖軍〗강등.
降涙(こうるい) 낙루(落涙).
降流魚(こうりゅうぎょ)〖魚〗강류어. 강하
 어(降河魚).
降臨(こうりん) (신불의) 강림. 또, 왕림.
降冪(こうべき)〖数〗강멱. 내림차.
降雹(こうひょう) 우박이 내림.
降霜(こうそう) 강상. 서리가 내림.
降雪(こうせつ) 강설.
降水(こうすい) 강수. ♣**~量**(りょう) 강수

량./**~日**(び) 강수일. 「예보.
‖**~確率予報**(かくりつよほう) 강수 확률
降順(こうじゅん) 숫자·번호가 큰 것부터
 시작되는 순서. 역순. 「술.
降神(こうしん) 강신. ♣**~術**(じゅつ) 강신
降圧(こうあつ) 강압. ♣**~剤**(ざい)〖薬〗
 강압제.
降雨(こうう) 강우. ♣**~量**(りょう) 강우량.
降任(こうにん) 강임. 강등.
降職(こうしょく) 강직. 직위를 낮춤.
降車(こうしゃ) 하차(下車). ♣**~口**(ぐち)
 하차구.
降着(こうちゃく) 강착. 비행기의 착륙.
降誕 ㊀(こうたん) 강탄. 강생.
‖**~祭**(さい) 강탄제. 특히, 크리스마스.
 ㊁(ごうたん) 강탄. 부처나 보살의 탄생.
 ♣**~会**(え)〖佛〗강탄회.
降板(こうばん)〖野〗강판.
降下(こうか) 강하.
‖**~部隊**(ぶたい) 낙하산 부대.
降河魚(こうかぎょ)〖魚〗강하어.
降河回遊(こうかかいゆう)〖魚〗강하 회
 유.
降海型(こうかいがた)〖魚〗강해형. 어류
 생태형의 하나(연어·다랑어 등).
降海回遊(こうかいかいゆう)〖魚〗☞降河回遊
 (こうかかいゆう).
降灰(こうかい) 화산의 폭발로 인해 땅 위에
 재가 내림. 또, 그 재. *こうはいいろ도 읽음.
◨ 이하 音은 '항'.
降(ごう) 항복.
降魔(ごうま)〖佛〗항마. 악마를 항복시킴.
降伏 ㊀(こうふく) 항복. ♣**~点**(てん)〖理〗
 항복점.
 ㊁(こうぶく)〖佛〗항복. 신불에게 빌어서
 악마나 적을 진압케 함.
降服(こうふく) ⇨ 降伏(こうふく)㊀.
降心(こうしん) 마음속으로 납득함.
降人(こうにん)〈古〉항인. 항복한 사람.
 *こうじん으로도 읽음.
降将(こうしょう) 항장.
降卒(こうそつ) 항졸. 항복한 병졸. 「림.
降参(こうさん) ① 항복. 굴복. ② 손듦. 질

訓読
降す(くだす) ① 내리다. 강등하다. ② 선고
 하다. ③ 내려 보내다. ④ 항복시키다.
降って(くだって) ① (편지 등에서) 불초(不
 肖). ② 시대가 흘러서.
降らす(ふらす) (비 등을) 내리게 하다.
降らせる(ふらせる) ☞降らす(ふらす).
降ろす(おろす) ① 내리다. 내려뜨리다. 내
 려 놓다. ② (자물쇠를) 채우다. ③ (지위에
 서) 물러나게 하다.
降って湧く(ふってわく) 느닷없이 나타나
 다. 갑자기 생기다.
❖**降りる**(おりる) ① (탈것 등에서) 내리다.
 ② 일 따위를 도중에서 포기하다.
降り口(おりくち) (플랫폼이나 회장에서) 출

구(통로). *おりぐちろも 읽음.
降り立つ(おりたつ) ① 내려서다. ②〈古〉자진해서 하다.
降り乗り(おりのり) 내리고 탐.
❖**降る** ㊀(ふる) ① 비・눈 따위가 내리다. ② 위에서 떨어지다. ③ 뜻밖의 일이 생기다.
㊁(くだる) ① 내리다. ② 내려가(오)다.
降り ㊀(ふり) (비・눈이) 내림[옴]. 또, 그 모양[정도].
㊁(くだり) ① (낮은 곳으로) 내려감. ② 중앙에서 지방으로 감.
降りみ降らずみ(ふりみふらずみ) 눈・비가 오다가 말다가.
降り籠める(ふりこめる) ⇨ 降り込める(ふりこめる).
降り暮らす(ふりくらす) 눈・비가 온종일 내리다.
降り募る(ふりつのる) (비가) 점차 세차게 내리다.
降り癖(ふりぐせ) 눈・비가 한번 오더니 버릇이 되듯 자주 내림.
降り敷く(ふりしく) 눈・비가 땅을 뒤덮다. 가득히 내리다.
降り頻る(ふりしきる) 눈・비가 계속 내리다.
降り続く(ふりつづく) 오래 계속 내리다.
降り込む(ふりこむ) 눈・비가 들이치다.
降り込める(ふりこめる) 눈・비가 많이 와서 나들이를 못하게 되다.
降り残す(ふりのこす) 비・눈이 거기에만 오지 않다.
降り積もる(ふりつもる) (눈이) 내려 쌓이다.
降り注ぐ(ふりそそぐ) 집중하여 내리다. (비가) 내리쏟다. (햇빛이) 내리쬐다.
降り止む(ふりやむ) (눈・비가) 멎다. 그치하다.
降り出す(ふりだす) 눈・비가 내리기 시작하다.
降り懸かる(ふりかかる) ① 내려 덮이다. ② 재난이 덮치다.
降り荒ぶ(ふりすさぶ) 심하게 (비가) 내리다. 세차게 내리다.
さ降り(さおり) 모심기를 시작할 때 논의 신을 맞는 의례.
ざんざ降り(ざんざぶり) 비가 세차게 내림.

10 豆	豇	광저기 **강** コウ ささげ

訓読
豇豆(ささげ)〖植〗 광저기.

11 广 教	康	편안할 **강** コウ やすい

音読
康強(こうきょう) 심신이 건강함.
康健(こうけん) 강건. 건강.
康衢(こうく) 강구. 번화한 큰 길거리.
康寧(こうねい) 강녕.
康福(こうふく) 강복. 건강하고 행복함.
康熙字典(こうきじてん) 강희자전. 청나라의 한자 자전. ♣~体(たい) 강희자전체.

11 弓 教	強 (强)	강할 **강** キョウ・ゴウ つよい・つよまる・つよめる・しいる・あながち・こわい・したたか

音読
強(きょう) 강. ① (세력이) 강함. 강자. ② 수량을 표시할 때 우수리가 있음을 나타내는 말. …강.
強姦(ごうかん) 강간. ♣~罪(ざい) 강간죄.
強剛(きょうごう) 강호(強豪).
強健(きょうけん) 강건.
強肩(きょうけん)〖野〗 강견. 튼튼한 어깨.
強堅(きょうけん) 강견. 견고. ♣~策(さく) 강견책.
強硬(きょうこう) 강경. ♣~策(さく) 강경책.
強固(きょうこ) 공고(鞏固). 굳음.
強攻(きょうこう) 강공. ♣~策(さく) 강공책.
強球(ごうきゅう)〖野〗 강속구.
強国(きょうこく) 강국.
強弓(ごうきゅう) 강궁. 센 활. 또, 그 활을 쏘는 사람.
強権(きょうけん) 강권.
‖~発動(はつどう) 강권 발동.
~体制(たいせい) 강권 체제.
強記(きょうき) 강기. 기억력이 좋음.
強起(きょうき)〖樂〗 강기. '센내기'의 구용어. 곡이 센박, 즉 첫째 박에서 시작됨.
強弩(きょうど) 강노. 센 쇠뇌.
強談(ごうだん) 강경하게 담판함.
強大(きょうだい) 강대.
強度(きょうど) 강도.
強盗(ごうとう) 강도. ♣~罪(ざい) 강도죄. 강상죄.
‖~致死傷罪(ちししょうざい) 강도 치사상죄.
強突く張り(ごうつくばり) 욕심이 많고 고집이 셈. 또, 그런 사람. 욕심쟁이.
強力 ㊀(きょうりょく) ① 강력. ② 폭력. ♣~犯(はん) 강력범.
㊁(ごうりき) ① 강력. ② 등산가의 짐을 짊어지고 안내하는 사람.
強力粉(きょうりきこ) 강력분.
強烈(きょうれつ) 강렬.
強膜(きょうまく)〖生〗 공막(鞏膜). ♣~炎(えん) 공막염.
強猛(きょうもう) 강맹. 강하고 사나움.
強綿薬(きょうめんやく)〖化〗 강면약.
強拍(きょうはく)〖樂〗 강박. 센박. 박자의 센 부분.
強迫(きょうはく) 강박. 강요. 협박.
‖~観念(かんねん)〖心〗 강박 관념.
~神経症(しんけいしょう)〖醫〗 강박 신경증.
~行為(こうい) 강박 행위.
強半(きょうはん) 절반이 지남. 과반.

強弁(きょうべん) 강변. 억지를 씀. 억지 주
強兵(きょうへい) 강병.   「장.
強仕(きょうし) 강사. 40세의 딴이름.
強酸(きょうさん) 〖化〗 강산.
強殺(ごうさつ) '強盗殺人(ごうとうさつじん)(=강도 살인)'의 준말.
強盛(きょうせい) 강성. 강하고 성함. *ごうじょうろ도 읽음.
強勢(ごうせい) ① 강세. ② 매우. 대단히.
強訴(ごうそ) 무리를 지어 요로(要路)에 호소함.
強手(きょうしゅ) (바둑·장기의) 강수.
強襲(きょうしゅう) 강습.
強識(きょうしき) 강식. 기억력이 좋아 사물을 잘 알고 있음.
強心劑(きょうしんざい) 강심제.   「적.
強圧(きょうあつ) 강압. ♣~的(てき) 강압
強弱(きょうじゃく) 강약.
‖~記号(きごう) 〖樂〗 셈여림표.
強彊(きょうぎょ) 강어. ① 강하고 악한 적. ② 용맹스러움. 또, 그런 사람.
強撚糸(きょうねんし) 강연사.
強熱(きょうねつ) 강열. 강한 열.
強塩(ちゅうじお) 〖料〗 겉이 희게 될 정도로 소금을 뿌리는 일.
強要(きょうよう) 강요. ♣~罪(ざい) 강요
強欲(ごうよく) 탐욕.   「죄.
強慾(つうよく) ⇨ 強欲(ごうよく).
強勇(きょうゆう) 강용. 강하고 씩씩함. 또, 그런 사람.
強雨(きょうう) 강우. 세차게 내리는 비.
強運(きょううん) 운이 매우 좋음.
強誘(きょうゆう) 강유. 억지로 권유함.
強誘電体(きょうゆうでんたい) 〖理〗 강유전체.
強淫(ごういん) 강음. 강간.
強意(きょうい) 〖文法〗 강의.   「함.
強毅(きょうき) 강의. 마음이 굳세고 강인
強引(ごういん) 반대나 장애를 물리치고 억지로 하는 모양.
強靱(きょうじん) 강인.
強者 ㊀(きょうしゃ) 강자.
  ㊁(つわもの) ① 무사. 군인. 용사. ② 노련한 사람.
強の者(ごうのもの) 〈老〉 호걸. (어떤 방면에) 센 사람.   「체.
強磁性体(きょうじせいたい) 〖理〗 강자성
強壮(きょうそう) 강장. 강건. ♣~劑(ざい) 강장제.
強的(ごうてき) 훌륭함. 멋있음.
強賊(きょうぞく) 강적. 강한 세력을 가진 도둑의 무리.
強敵(きょうてき) 강적.
強電(きょうでん) 〖理〗 강전. 고압 전류.
強窃盗(ごうせっとう) 강절도.
強情(ごうじょう) 고집 부림.   「제.
強精(きょうせい) 강정. ♣~劑(ざい) 강정
強情っ張り(ごうじょっぱり) 고집 부리는

強制(きょうせい) 강제. ♣~力(りょく) 강제력 / ~的(てき) 강제적.
‖~隔離(かくり) 강제 격리.
~競売(けいばい) 강제 경매.
~管理(かんり) 강제 관리.
~労働(ろうどう) 강제 노동.
~代執行(だいしっこう) 강제 대집행.
~弁護(べんご) 강제 변호.
~保険(ほけん) 강제 보험.
~消却(しょうかく) 강제 소각. 주주의 동의를 얻지 않고 회사가 일방적으로 주식을 소멸시킴.
~疏開(そかい) 강제 소개.
~送還(そうかん) 강제 송환.
~捜査(そうさ) 강제 수사.
~収容所(しゅうようじょ) 강제 수용소.
~猥褻罪(わいせつざい) 강제 외설죄.
~移民(いみん) 강제 이민.
~認知(にんち) 강제 인지.
~栽培制度(さいばいせいど) 강제 재배 제
~調停(ちょうてい) 강제 조정.   「도.
~措置(そち) 강제 조치.
~仲裁(ちゅうさい) 강제 중재.
~執行(しっこう) 강제 집행.
~徴収(ちょうしゅう) 강제 징수.
~処分(しょぶん) 강제 처분.
~通用力(つうようりょく) 강제 통용력.
~被保険者(ひほけんしゃ) 강제 피보험자.
~和議(わぎ) 강제 화의.
強調(きょうちょう) 강조. 역설.
‖~の誤謬(ごびゅう) 〖論〗 강조의 오류.
強卒(きょうそつ) 강졸. 강한 병사.
強酒(ごうしゅ) 호주(豪酒). 주호.
強直(きょうちょく) 강직. 경직(硬直). *ごうちょく로도 읽음.
強振(きょうしん) 강진. 막대 따위를 세게 휘두름.   「지진.
強震(きょうしん) 강진. (진도 5도의) 강한
強請 ㊀(きょうせい) 강청. 무리하게 청함. *ごうせい로도 읽음.
  ㊁(ねだり) 조름. 치근거림.
  ㊂(ゆすり) 강청. 금품 따위를 강요함. 등침. 또, 그런 사람.
強打(きょうだ) 강타.
強奪(ごうだつ) 강탈.
強暴(きょうぼう) ① 강포. 힘이 세고 난폭한 모양. ② 협박하여 폭행을 가하는 일.
強風(きょうふう) 〖氣〗 강풍. 센바람.
強風雨(きょうふうう) 강풍우.
強皮症(きょうひしょう) 〖醫〗 공피병(鞏皮病).
強悍(きょうかん) 강한. 강하고 사나움.
強行(きょうこう) 강행.
‖~法規(ほうき) 〖法〗 강행 법규.
~採決(さいけつ) 강행 채결.
強行軍(きょうこうぐん) 강행군.
強豪(きょうごう) 강호.
強化(きょうか) 강화.

성질. 또, 그러한 사람.

∥**~木**(ぼく) 강화목. 가공한 강화 합판.
~米(まい) 강화미. 영양가를 강화한 쌀.
~食品(しょくひん) (영양분을 첨가한) 강화 식품.
~刺激(しげき) 강화 자극.
~合宿(がっしゅく) (운동 선수 등의) 강화〔합숙〕.

訓読▶
強いて(しいて) ① 억지로, 무리하여. ② 구태여.
強いる(しいる) 강요하다. 강권하다.
強か(したたか) ① 세게. ② 몹시. 많이. ③ 만만치 않은 모양. 또, 보통 수단으로는 안 되는 모양.
強ち(あながち) ① (아래에 부정하는 말을 수반하여) 반드시. ② 억지로, 무리하게. 적극적으로.
強まる(つよまる) 세지다. 강해지다.
強める(つよめる) 강하게 하다. 세게 하다.
強か者(したたかもの) ① 만만찮은〔다루기 힘든〕사람. ②〈古〉굳센 사람. 용사.
❖**強い** ㊀(つよい) ① 세다. 강하다. ② 능력·실력이 있다. ③ 단단〔튼튼〕하다. ④ (정도가) 높다. ⑤ 세차다. 격렬하다.
㊁(こわい) ① 되다. ② 세다. 억세다.
強さ(つよさ) 세기. 강한 정도.
強り(つより) 의지가 되는 것. 의지.
強強(つよつよ) 몹시 강한 모양. 아주 건강한 모양.
強気 ㊀(つよき) ① (성격·태도가) 강경함. ②〖經〗강세가 예상됨. 또, 강세를 예상하고 계속 사들임.
∥**~筋**(すじ) 오름세를 예상하고 (주식 등을) 계속 사들이는 사람.
㊁(ごうぎ) 기세가 세찬 모양.
強談判(こわだんぱん) 강경한 담판.
強面(こわもて) 위협조의 무서운 얼굴. 상대에게 강경하게 임함.
強目(つよめ) 다소 강한 편임.
強味(つよみ) ① 세기. 강도. ② 든든한 힘. 강점. 장점.
強飯(こわいい)〈雅〉찜통에 찐 밥. 지에밥.
*こわい·こわめし로도 읽음.
強付く(こわつく) 굳고 뻣뻣하다. 굳어지다.
強腰(つよごし) 태도가 강경함.
強意見(こわいけん) 강경한 훈계〔충고〕.
強張る(こわばる) 굳어지다. 딱딱해지다.
強蔵(つよぞう) 정력이 센 사람. 호색인.
強材料(つよざいりょう)〖經〗호재(好材).
強持て(こわもて) 두려워하는 존재이기 때문에 남에게서 우대를 받음.
強含み(つよふくみ) 시세가 앞으로 오를 것 같은 예감.
強火(つよび) 화력이 센 불.
強胸(こわむね) 가슴의 단단한 부문. 가슴의 늑골부.
❖**強がる**(つよがる) 강한 체하다. 강한 것을 자랑하다.
強がり(つよがり) 센 체함. 또, 그 말〔사람〕.

其他▶
強って(たって) 굳이. 꼭. 무리하게.
強盗提灯(がんどうぢょうちん) 초롱의 하나.
強請がましい(ねだりがましい) 조르는 것 같다. 치근거리는 것 같다. 억지스럽다.
❖**強請る** ㊀(ゆする) 공갈해서 금품 따위를 빼앗다.
㊁(ねだる) 치근거리다. 조르다.
強請り掛ける(ゆすりかける) 강요해 오다. 협박해 오다.
強請り取る(ゆすりとる) 협박해서 (금품을) 뺏다.

| 12
月 | 腔 | 빈속 **강**
コウ
うつろ |

音読▶
腔綫(こうせん) (총포의) 강선.
腔線(こうせん) ⇨ 腔綫(こうせん).
腔腸動物(こうちょうどうぶつ)〖動〗강장동「물

| 12
糸 | 絳 | 진홍 **강**
コウ
あか |

音読▶
絳帳(こうちょう) 강장. 붉은 색 장막.

| 14
忄 | 慷 | 강개할 **강**
コウ
なげく |

音読▶
慷慨(こうがい) 강개.
慷嘆(こうたん) 개탄(慨歎).
慷歎(こうたん) ⇨ 慷嘆(こうたん).

| 14
糸
常 | 綱 | 벼리 **강**·대강 **강**
コウ
つな |

音読▶
綱 ㊀(こう) 강. 생물 분류의 한 단계.
㊁(つな) ① 밧줄. ② 비유적으로, 의지하는 것〔줄〕. ③ (씨름에서) 橫綱(よこづな).
綱紀(こうき) 강기. 나라의 대법(大法).
∥**~肅正**(しゅくせい) 강기 숙정.
綱領(こうりょう) 강령.
綱目(こうもく) 강목. 대요와 세목. 요점.
綱常(こうじょう) 강상. 삼강과 오상.
綱要(こうよう) 강요. 중요한 곳.「법도.
綱維(こうい) 강유. ① 큰 줄거리. ② 나라의

訓読▶
綱開き(つなびらき) 출항전에 해신(海神)과 그 배의 수호신에게 신주(神酒)를 올리고 무사 귀환을 빌던 의식.

綱具(つなぐ) 밧줄을 이용한 기구. 삭구(索具). 「험(을 함).
綱渡り(つなわたり) 줄타기. 비유적으로, 모
綱手(つなて)〈雅〉배에 매고 끄는 밧줄.
綱手船(つなでぶね) 밧줄에 매어 끌려가는 배.
綱曳き(つなひき) ⇨ 綱引き(つなひき).
綱引き(つなひき) 줄다리기.
綱場(つなば) 하천의 요소에 든든한 밧줄을 여러 가닥 가로질러 걸어 흘러보내는 목재를 모으는 장소. 「퀴. 도르래.
綱車(つなぐるま) 로프풀리. 로프(활차) 바
綱取り(つなとり) 씨름에서, 大関(おおぜき)가 좋은 성적을 올려 横綱(よこづな)가 되려고 하는 일.

16 弓 彊

굳셀 강 · 힘쓸 강
キョウ
つよい

音読
彊弩(きょうど) 강노. 센 쇠뇌. 「함.
彊毅(きょうき) 강의. 마음이 굳세고 강인
彊族(きょうぞく) 강족. 세력이 강한 일족.
彊志(きょうし) 강지. 잘 기억함.

16 衤 襁

포대기 강
キョウ

音読
襁褓(きょうほう) 강보. ①포대기. ②기저귀. *きょうほ・むつき・おしめ로도 읽음.

16 金 鋼 ⑱

강철 강
コウ
はがね

音読
鋼(こう) 강철. *はがね라고도 함.
‖~鋳物(いもの) 주강(鋳鋼).
鋼管(こうかん) 강관.
鋼塊(こうかい) 강괴. 잉곳(ingot).
鋼索(こうさく) 강삭.
‖~鉄道(てつどう) 강삭 철도.
鋼船(こうせん) 강선.
鋼線(こうせん) 강선.
鋼矢板(こうやいた)〖土〗흙막이용 강철판 말뚝. 시트 파일.
鋼玉(こうぎょく)〖鑛〗강옥. 강옥석.
鋼材(こうざい) 강재.
鋼製(こうせい) 강제.
鋼条(こうじょう) ☞鋼索(こうさく).
鋼鉄(こうてつ) 강철. 「읽음.
鋼板(こうばん) 강(철)판. *こうはん으로도
鋼鈑(こうばん) ⇨ 鋼板(こうばん).
鋼片(こうへん) (제철에서) 강편.
鋼筆(こうひつ) 강필. 가막부리.

17 木 橿

감탕나무 강
キョウ
かし

訓読
橿(かし)〖植〗①떡갈나무. ②'赤樫(あかがし)(=북가시나무)'의 딴이름.
橿鳥(かしどり)〖鳥〗어치. 언치새.

17 艹 薑

생강 강
キョウ
はじかみ

訓読
薑(はじかみ) '生薑(しょうが)(=생강)'의 옛 이름.

17 米 糠

겨 강
コウ
ぬか

音読
糠粃(こうひ) 강비. 변변치 못한 식사. 또, 찌꺼기.

訓読
糠(ぬか) ①(속)겨. 쌀겨. ②극히 가늚. ③덧없음.
糠袋(ぬかぶくろ) (목욕할 때 몸을 닦기 위한) 겨 주머니.
糠働き(ぬかばたらき) 헛수고.
糠味噌(ぬかみそ) (장아찌・짠지를 담그는 밑절미로 쓰기 위해) 겨에 소금을 섞어 물로 반죽하여 발효시킨 것.
‖~女房(にょうぼう) 살림때가 묻은 마누라. 살림에 시달리고 고생하는 아내.
~漬け(づけ) 소금에 절인 것.
糠床(ぬかどこ) 장아찌・짠지를 담그는 밑절미로서의 겨된장.
糠星(ぬかぼし) ①밤하늘에 보이는 수많은 작은 별. ②투구의 머리 덮는 부분에 붙어 있는 작은 별 모양의 돌기(突起).
糠穂(ぬかほ)〖植〗겨이삭.
糠雨(ぬかあめ) 이슬비. 보슬비. 「油).
糠油(ぬかあぶら) 쌀겨 기름. 미강유(米糠
糠釘(ぬかくぎ) ①아주 작은 못. ②겨에 못을 박듯이 아무 반응이 없는 일.
糠漬け(ぬかづけ) (야채 따위를) 소금 겨(겨된장)에 담금. 또, 그 담근 것. 「읽음.
糠蝦(ぬかえび)〖動〗보리새우. *あみ로도
糠喜び(ぬかよろこび) 헛된 기쁨.

17 糸 繦

포대기 강
キョウ
むつき

音読
繦褓(きょうほう) 강보.

17 言 教	講(講)	풀이할 강 コウ

音読
講(こう) 강. ① 강의. ② 저축·융자를 위해 만든 계. ③『佛』불경 강의의 회. ④ 신불에 참예하거나 또는 기부를 하기 위한 단체.
講じる(こうじる) ☞ 講ずる(こうずる).
講ずる(こうずる) ① 강의하다. ② 강구하다. ③ 화해하다.
講究(こうきゅう) 강구.
講壇(こうだん) 강단.
‖〜社会主義(しゃかいしゅぎ)『政』강단 사회주의.
講談(こうだん) 寄席(よせ) 연예의 하나인 야담. ♣〜師(し) 야담가.
講堂(こうどう) 강당.
講読(こうどく) 강독.
講明(こうめい) 강구(講究)하여 밝힘.
講武(こうぶ) 강무. 무술을 연습함.
講本(こうほん) 강본. 강의 내용을 적은 책.
講社(こうしゃ) 계(契) 조직하여 신불(神佛)을 참배하는 단체. ② 계.
講師 ㊀(こうし) 강사.
㊁(こうじ) ① 고대 일본의 승관(僧官). ② 궁중 가회(歌會) 때 시가(詩歌)를 읊는 구실을 맡은 이.
講書(こうしょ) 강서.
‖〜始(はじめ) 매년 1월, 天皇(てんのう)·황족 앞에서 행해지는 진강 시작의 의식.
講席(こうせき) 강석. 강연·강의하는 자리.
講釈(こうしゃく) ① 강석. 문장의 뜻을 설명해 들려줌. ② 講談(こうだん)의 구칭. ♣〜師(し) 야담가 / 〜場(ば) 야담 공연장.
講説(こうせつ) 강설.
講授(こうじゅ) 강수. 강의하여 가르침.
講述(こうじゅつ) 강술.
講習(こうしゅう) 강습. ♣〜所(じょ) 강습소 / 〜会(かい) 강습회.
講筵(こうえん) 강연. 강의하는 장소.
講演(こうえん) 강연. ♣〜会(かい) 강연회.
講元(こうもと) 계주(契主).
講義(こうぎ) 강의. ♣〜録(ろく) 강의록 / 〜しゅ(しゅ) 강의소.
講座(こうざ) 강좌. 강의.
講中(こうじゅう) ① 계를 만들어 신불(神佛)을 참배하는 단체(사람들). ② 계원.
講衆(こうしゅ) ① 강회(講會)에 모인 사람들. ② 계원(契員).
講親(こうおや) 계주. 무진계 등에서 첫번째로 돈을 타는 사람.
講評(こうひょう) 강평.
講学(こうがく) 강학. 학문을 연구함.
講和(こうわ) 강화.
‖〜条約(じょうやく) 강화 조약.

講話(こうわ) 강화.
講会 ㊀(こうえ)『佛』강회. 설법을 위한 법회.
㊁(こうかい) 계(契)모임.

19 田	疆	지경 강 キョウ さかい

音読
疆界(きょうかい) 강계. 강토의 경계.
疆域(きょういき) ① 영역. ② 강역. 경계. 경계 안의 땅.
疆土(きょうど) 강토. 그 나라의 통치권이 미치는 구역. 또, 국경.

개

4 人 常	介	끼일 개 カイ すけ·たすける

音読
介す(かいす) ☞ 介する(かいする).
介する(かいする) ① 개재(介在)시키다. 끼우다. 사이에 세우다. ② 마음에 두다.
介殻(かいかく) 개각. 조가비.
介立(かいりつ) ① 혼자서 일을 함. ② 개립. 둘 사이에 섬.
介母(かいぼ) ☞ 介音(かいおん).
介病(かいびょう) 간병(看病). 병구완.
介補(かいほ) 돕는 일. 보조.
介福(かいふく) 개복. 큰 행복.
介士(かいし) 갑옷을 입은 무사.
介詞(かいし) 중국어에서, 명사 앞에 붙어 동사와의 관계를 나타내는 전치사.
介然(かいぜん) 개연.
介音(かいおん)『言』개음. 중국 음운학(音韻學)에서, 한 운모(韻母) 중 주모음(主母音) 앞에서 나는 모음.
介意(かいい) 개의.
介入(かいにゅう) 개입. ♣〜権(けん) 개입권.
介者(かいしゃ) ① 갑옷을 입은 무사. ② 중개인. 거간꾼.
介在(かいざい) 개재.
介助(かいじょ) 개조. 도움.
介冑(かいちゅう) 개주. 갑옷과 투구.
介錯(かいしゃく) ① 시중을 듦. 또, 그 사람. 후견(後見). ② 할복(割腹)하는 사람의 목을 침. 또, 그 사람.
介添え(かいぞえ) ① 시중 듦. 또, 그 사람. ② 혼행(婚行) 때, 친정집에서 새색시를 따라가는 하녀.
介抱(かいほう) 병구완. 간호.
介護(かいご) 개호. 간호. '介添え看護(かいぞえかんご)(=시중들며 하는 간호)'의 준말.
‖〜福祉士(ふくしし) 개호 복지사《고령자

訓読
介党鱈(すけとうだら)〖魚〗 명태.

改 〔7 攵 教〕 고칠 개 / カイ / あらためる・あらたまる

音読
改嫁(かいか) 개가. 여성이 재혼함.
改稿(かいこう) 개고.
改過(かいか) 개과. 잘못을 고침.
改年(かいねん) 바뀌어진 해. 신년.
改良(かいりょう) 개량. ♣~**種**(しゅ) 개량종.
∥~**木材**(もくざい) 개량 목재.
~**半紙**(はんし) 개량 반지. 삼지닥나무 껍질을 바래서 만든 반지《결이 고우며, 희고 얇음》.
~**主義**(しゅぎ) 개량주의.
~**行為**(こうい)〖法〗 개량 행위.
改暦(かいれき) 개력. ①역법(暦法)을 고침. ②신년. 새해.
改名(かいめい) 개명.
改変(かいへん) 개변. 고쳐 바꿈.
改補(かいほ) 고쳐서 보충하는 일.
改封(かいほう) 개봉. 제후(諸侯)의 영지를 바꿈.
改善(かいぜん) 개선.
∥~**命令**(めいれい) 개선 명령.
改選(かいせん) 개선.
改姓(かいせい) 개성. 성을 바꿈.
改歳(かいさい) 해가 바뀜. 신년.
改修(かいしゅう) 개수. 수리.
改植(かいしょく) 다시 심음.
改新(かいしん) 개신. ①경신(更新). 혁신(革新). ②〈古〉연초(年初).
改心(かいしん) 개심.
改悪(かいあく) 개악.
改案(かいあん) 안(案)을 개정하는 일. 또, 그 개정한 안.
改易(かいえき) ①개역. 고쳐 바꿈. ②면직하고 다른 사람으로 바꿈. 江戸(えど) 시대에, 무사(武士)에게 가한 벌의 한 가지.
改訳(かいやく) 개역.
改悟(かいご) 개오.
改元(かいげん) 개원.
改印(かいいん) 개인.
改任(かいにん) 어떤 지위나 임무를 띤 사람을 다른 사람으로 교체하는 일.
改作(かいさく) 개작.
改装(かいそう) 개장.
改葬(かいそう) 개장. 이장(移葬).
改悛(かいしゅん) 개전.
改丁(かいちょう) (책의 편집에서) 새로운 편(編)이나 장(章)을 시작할 때 홀수면부터 시작하는 일.
改正(かいせい) 개정.
改定(かいてい) 개정. *かいじょう로도 읽음.
∥~**律例**(りつれい) 개정 율례.
改訂(かいてい) 개정.
改製(かいせい) 고쳐 만듦.
改題(かいだい) 개제. 제목을 바꿈.
改造(かいぞう) 개조.
改組(かいそ) 개조. 조직을 개편함.
改宗(かいしゅう) 개종.
改鋳(かいちゅう) 개주. 고치어 다시 주조함.
改進(かいしん) 개진.
改質(かいしつ)〖化〗 개질.
改竄(かいざん) 개찬.
改札(かいさつ) 개찰. 개표(改票).
∥~**止め**(どめ) 개표 중지.
改替(かいたい) 개체. 역할 따위를 바꾸는 일. 또, 바뀌는 일.
改築(かいちく) 개축.
改春(かいしゅん) 개춘. 신년.
改称(かいしょう) 개칭.
改版(かいはん) 개판.
改編(かいへん) 개편.
改廃(かいはい) 개폐. 개정과 폐기.
改行(かいぎょう) 원고 등에서 행을 바꿈.
改憲(かいけん) 개헌.
改革(かいかく) 개혁.
∥~**派教会**(はきょうかい)〖基〗 개혁파 교회.
改鋏(かいきょう) 개찰(改札). 개표(改票).
改号(かいごう) 개호.
改悔(かいげ) 개회. 회개. *がいけ로도 읽음.

訓読
改まる(あらたまる) ①고쳐지다. 바뀌다. 새로워지다. 개선되다. ②정색하다. 격식을 차리다.
❖**改める**(あらためる) ①고치다. 변경하다. 새롭게하다. ②조사하다. 검사하다.
改め(あらため) ①고침. ②〈古〉(용의자의) 일제 조사.
改めて(あらためて) ①딴 기회에. 다시. ②새삼스럽게.

芥 〔8 艹〕 겨자 개·티끌 개 / カイ・ケ / あくた・からし・ごみ

音読
芥蔕(かいたい) 개대. 극히 작은 일〔지장〕.
芥子 ㊀(かいし) 겨자. 겨자씨와 갓씨의 통칭. *がいし로도 읽음.
㊁(からし) ①겨자. ②〖植〗갓. 개채(芥菜).
㊂(けし) ①〖植〗앵속. 양귀비. ②겨자(씨).
芥子頭(けしあたま) 芥子坊主(けしぼうず) 모양으로 깎은 머리.
芥子粒(けしつぶ) ①양귀비씨. ②극히 작은

(낱알 모양의) 것의 비유.
芥子坊主(けしぼうず) (어린이의) 머리를 정수리만 둥글게 남기고 깎은 것.
芥子油 ㊀(けしあぶら) 양귀비(씨로 짠) 기름. ㊁(からしゆ) 겨자 기름. 개자유.
芥子人形(けしにんぎょう) (ひなまつり 등에 쓰이는) 옷을 입힌 목조 인형.
芥子酢(けしず) 겨자초.
芥子雛(けしひな) 아주 작은 雛人形(ひなにんぎょう).
芥塵(かいじん) 개진. 먼지. 티끌.

訓読
芥 ㊀(ごみ) 쓰레기. 먼지. *雅語로는 あくた라고도 함. 「레기통.
   ㊁(ごもく) ①쓰레기. 먼지. ②쓰레기장. 쓰
芥もくた(あくたもくた) 잡동사니.
芥溜め(ごみため) ①쓰레기를 버리는 곳. ②쓰레기통.
芥箱(ごみばこ) 쓰레기통.
芥子泥(からしでい) 물에 갠 점질용 겨자.
芥子漬け(からしづけ) 야채에 겨자·누룩·술·소금 등을 버무려 담근 김치.
芥子菜(からしな) 〖植〗 갓. 개채(芥菜).
芥子和え(からしあえ) 겨자 무침.
芥浚い(ごみさらい) 각 집의 쓰레기를 쳐 감. 또, 쳐 가는 사람.
芥取り(ごみとり) ①쓰레기받기. ②집의 쓰레기를 쳐 감. 또, 그 사람.

9 疥 ガ

음 개
カイ
おこり・はたけ

音読
疥癬(かいせん) 〖醫〗 개선. 옴.
‖〜**虫**(ちゅう) 개선충. 옴벌레.
訓読
疥(はたけ) 〖漢醫〗 마른버짐.

9 皆 白 常

다 개
カイ
みな・みんな

音読
皆掛け(かいかけ) 물건이 담긴 그릇째 저울
皆勤(かいきん) 개근.   「에 닮.
皆既(かいき) ①전부임. ②'皆既食(かいきしょく)(=개기식)'의 준말.
‖〜**月食**(げっしょく) 개기 월식(月蝕).
 〜**日食**(にっしょく) 개기 일식(日蝕).
皆納(かいのう) 개납. 전부〔모두〕 바침.
皆動(かいどう) 모든 물건을 동원함.
皆働(かいどう) 개로(皆勞). 모든 사람이 일을 함.
皆労(かいろう) 개로. 모든 사람이 일을 함.
皆目(かいもく) 전혀. 전연. 도무지.
皆無(かいむ) 개무. 전무.
皆伐(かいばつ) 개벌. 모두 벌채함.
皆兵(かいへい) 개병.
皆敷(かいしき) 그릇에 음식을 담기 전에 나뭇잎을 까는 일. 종이를 까는 수도 있음.
皆色(かいしき) 모두. 몽땅. 도무지.
皆是(かいぜ) 모두. 모조리. 전부.
皆式(かいしき) ⇨ 皆色(かいしき).
皆伝(かいでん) (예도(藝道)·무도(武道) 따위에서) 스승으로부터 모든 비법을 이어받음.
皆済(かいさい) 개제. *みなすみ로도 읽음.
‖〜**目録**(もくろく) 개제 목록.
皆朱(かいしゅ) 옻칠의 일종. 온통 붉게 옻칠하는 일. 또, 그렇게 칠한 물건.
皆出席(かいしゅっせき) ①개근(皆勤). ②모두 다 출석함.

訓読
皆(みな) 전부. 모두. *口語로는 みんな라고도 함.
皆皆(みなみな) 모두. 전부. ♣〜**様**(さま) 여러분들.
皆乍ら(みなながら) 〈文〉 모두. 전부.
皆殺し(みなごろし) 몰살(沒殺).   「어.
皆様(みなさま) 여러분. 많은 사람에 대한 경
皆の衆(みなのしゅう) 〈俗〉 모든 사람. 여러분들. 모두들.

10 個 イ 教

낱 개
コ・カ

音読
個(こ) ①개. 하나하나의 사물·사람. ②물건을 세는 말. …개.
個個(ここ) 개개. 낱낱. 하나하나. 각자.
♣〜**人**(じん) 개개인.
‖〜**別別**(べつべつ) 각자 모두 다름. 각각 따로(따로).
個年(かねん) 《接尾語로》 …개년.
個物(こぶつ) 〖哲〗 개물. 개체.
個癖(こへき) 그 사람(물건) 특유의 버릇.
個別(こべつ) 개별. ♣〜**性**(せい) 개별성.
‖〜**概念**(がいねん) 〖論〗 개별 개념.
 〜**交渉**(こうしょう) 개별 교섭.
 〜**消費税**(しょうひぜい) 개별 소비세. 특별 소비세.   「산.
 〜**原価計算**(げんかけいさん) 개별 원가 계
 〜**的**(てき) 개별적. ♣〜**自衛権**(じえいけん) 개별적 자위권.
 〜**折衝**(せっしょう) 개별 절충.
 〜**指導**(しどう) 개별 지도.
 〜**通信**(つうしん) 개별 통신.
 〜**学習**(がくしゅう) 개별 학습.
個性(こせい) 개성. ♣〜**的**(てき) 개성적 / 〜**化**(か) 개성화.
個所(かしょ) 개소. 군데.
個数(こすう) 개수.
‖〜**貨幣**(かへい) 〖經〗 개수 화폐. 계수(計數) 화폐.
個室(こしつ) 개실. 개인용의 방.

個我(こが) 개아. 개인으로서의 자아.
個眼(こがん) 〖動〗개안. 단안(單眼). 홑눈. 낱눈.
個月(かげつ) 《接尾語로》…개월.
個人(こじん) 개인. ♣~性(せい) 개인성 / ~的(てき) 개인적 / ~差(さ) 개인차.
‖~競技(きょうぎ) 개인 경기.
~教授(きょうじゅ) 개인 교수.
~企業(きぎょう) 개인 기업.
~小切手(こぎって) 개인 수표.
~輸入(ゆにゅう) 개인이 하는 수입.
~手形(てがた) 개인 어음.
~心理学(しんりがく) 개인 심리학.
~語(ご) 〖言〗개인어. 개인 언어.
~年金(ねんきん) 개인 연금.
~営業(えいぎょう) 개인 영업.
~倫理(りんり) 개인 윤리.
~意識(いしき) 개인 의식. 개인 표상(表象).
~主義(しゅぎ) 개인주의.
個展(こてん) 〖美〗'個人展覧会(こじんてんらんかい)(=개인 전람회)'의 준말.
個条(かじょう) 개조. 낱낱의 조목.
個中(こちゅう) 개중. 이 가운데.
個体(こたい) 개체. ♣~差(さ) 〖生〗개체차.
‖~概念(がいねん) 〖論〗개체 개념. 단독 개념.
~群(ぐん) 개체군. ♣~生態学(せいたいがく) 개체군 생태학.
~発生(はっせい) 〖生〗개체 발생.
~変異(へんい) 〖生〗개체 변이.
~主義(しゅぎ) 〖哲〗개체주의.
個虫(こちゅう) 〖動〗개충.
逆音▶
各個(かっこ) 각개.
数個(すうこ) 수개.

| 12
几
入 | 凱 | 개선할 개
ガイ
たのしむ・やわらぐ |

音読▶
凱歌(がいか) 개가.
凱旋(がいせん) 개선. ♣~門(もん) 개선문.
‖~将軍(しょうぐん) 개선 장군.
凱陣(がいじん) 개진. 개선.
凱風(がいふう) 개풍. 초여름의 산들바람.

| 12
刂 | 剴 | 맞을 개
ガイ |

音読▶
剴切(がいせつ) 개절. 아주 적절함.

| 12
門
教 | 開 | 열 개·필 개
カイ
ひらく・ひらける・
あく・あける |

音読▶
開架(かいか) 개가. ♣~式(しき) 개가식.
開脚(かいきゃく) 두 다리를 벌림.
‖~登行(とこう) 스키를 신고 역 八자형으로 디디며 비탈을 올라감.
開墾(かいこん) 개간.
開講(かいこう) 개강.
開坑(かいこう) (광산에서) 갱도(坑道)를 새로 파서 만듦.
開渠(かいきょ) 개거.
開結(かいけつ) 〖佛〗개결. 개경(開經)과 결경(結經). 개결 이경(二經).
開経(かいきょう) 〖佛〗개경. ① 주요 경전의 서설로서의 경전. ② 경문(經文)을 펼침.
開梱(かいこん) 짐을 품.
開管(かいかん) 개관. 양 끝이 뚫리고 속이 빈 관.
開館(かいかん) 개관.
開校(かいこう) 개교.
開教師(かいきょうし) 〖佛〗자파 교법(教法)의 보급을 임무로 하는 승려.
開口(かいこう) 개구. ♣~器(き) 개구기 / ~部(ぶ) 〖建〗개구부 / ~数(すう) 〖理〗개구수 / ~音(おん) 개구음.
‖~一番(いちばん) 입을 열자마자.
開区間(かいくかん) 〖數〗개구간. 구간의 양 끝을 포함하지 않는 구간.
開局(かいきょく) 개국.
開国(かいこく) 개국.
開巻(かいかん) 개권. 권두(卷頭).
開衿(かいきん) ⇨ 開襟(かいきん).
開襟(かいきん) 개금. 깃을 젖힘.
開基(かいき) 개기.
開頭(かいとう) 〖醫〗뇌수술을 하기 위해 두개골을 떼어내는 일.
開落(かいらく) 개락. 개화와 낙화. 꽃의 핌과 짐.
開炉(かいろ) 사찰에서 매년 11월 1일에 실내의 화로를 쓰기 시작하는 일.
開立(かいりつ) 〖數〗개립. 세제곱근풀이. *かいりゅう라고도 함.
開幕(かいまく) 개막. ♣~劇(げき) 개막극.
開綿(かいめん) 개면.
開明(かいめい) ① 개명. 문명의 개화. ② 〈老〉총명.
開毛(かいもう) (방적 공정에서) 개모.
開門(かいもん) 개문. 문을 엶.
開発(かいはつ) 개발. *かいほつ로도 읽음.
‖~教授(きょうじゅ) 개발 교수.
~教育(きょういく) 개발 교육.
~途上国(とじょうこく) 개발 도상국.
~独裁(どくさい) 개발 독재.
~輸入(ゆにゅう) 개발 수입.
~援助委員会(えんじょいいんかい) 개발 원조 위원회.
~利益(りえき) 개발 이익.
開方(かいほう) 〖數〗개방. 근풀이.
開放(かいほう) 개방. ♣~系(けい) 〖理〗개방계 / ~的(てき) 개방적 / ~弦(げん) 〖樂〗개방현.

‖ ~経済(けいざい) 개방 경제.
~耕地制度(こうちせいど) 개방 경지 제도.
~性結核(せいけっかく) 개방성 결핵.
~循環系(じゅんかんけい) 개방 순환계.
~血管系(けっかんけい)〖生〗개방 혈관계.
開帆(かいはん) 개범. 출범.
開法(かいほう) ⇨ 開方(かいほう).
開闢(かいびゃく) 개벽.
開腹(かいふく)〖醫〗개복.
‖ ~手術(しゅじゅつ) 개복 수술.
開封(かいふう) ① 개봉. (편지 등의) 봉한 것을 뜯음. ② 봉하지 않은 우편물.
開府(かいふ) 幕府(ばくふ)를 엶. 특히, 江戶(えど)에 幕府가 설치되어 江戶 부(府)가 열린 일.
開扉(かいひ) ① 문짝을 엶. ② ☞開帳(かいちょう)①.
開削(かいさく) 개착(開鑿).
開山(かいさん)〖佛〗개산.
開署(かいしょ) 개서《소방서·경찰서 따위를 개설함》.
開析(かいせき) 개석.
開船渠(かいせんきょ) 개선거.
開設(かいせつ) 개설.
開成(かいせい) 남이 아직 알지 못하는 새로운 분야를 개척하여 성취하는 일.
開城(かいじょう) 개성. ① 성문을 엶. ② 항복하고 성을 적에게 내어줌.
開所(かいしょ) 개소.
開市(かいし) 개시. 장을 엶. 무역을 시작함.
開示(かいじ) 개시. 분명히 표시함《특히, 공개 법정에서》. ＊かいしろ도 읽음.
開始(かいし) 개시. 시작.
開式(かいしき) 개식. 의식을 시작함.
開申(かいしん) 개신.
開眼 ㊀(かいがん) 개안.
㊁(かいげん)〖佛〗개안.
‖ ~供養(くよう) 불상·불화가 완성되어 처음으로 하는 공양.
開業(かいぎょう) 개업. ♣ ~医(い) 개업의.
開演(かいえん) 개연.
開裂(かいれつ) 개열.
開映(かいえい) 시영(始映).
開悟(かいご) 개오.
開拗音(かいようおん)〖言〗한 음절로서, 'きゃ·しょ·にゅ·くゎ' 따위와 같이 'や·ゆ·よ' 또는 'わ'를 다른 かな에 첨가해서 쓰는 음절.
開運(かいうん) 개운.
開元(かいげん) 개원.
‖ ~通宝(つうほう) 개원 통보《중국 당(唐)나라 때 주조하기 시작하여 청(清)나라 때까지 통용된 화폐》.
開院(かいいん) 개원. ♣ ~式(しき) 개원식.
開園(かいえん) 개원.
開音節(かいおんせつ)〖言〗개음절.
開議(かいぎ) 개의. 회의를 엶.
開作(かいさく) 땅을 개간하여 논밭을 만드는 일.

開帳(かいちょう) 개장. ① 감실(龕室)을 열어 평소에 보이지 않는 불상을 공개함. ②〈俗〉노름판을 엶.
開張(かいちょう) 나비나 나방이 날개를 펼친 너비.
開場(かいじょう) 개장.
開田(かいでん) 황무지를 개간하여 논밭으로 함.
開展(かいてん) 개전. 전개(展開).
開戦(かいせん) 개전.
開店(かいてん) 개점.
‖ ~休業(きゅうぎょう) 개점 휴업.
開廷(かいてい) 개정.
開静(かいじょう)〖佛〗선사(禪寺)에서 아침에 판을 두드리며 잠자는 중들을 깨우는 일.
開題(かいだい) ①〖佛〗개제. 경전의 제목의 의의를 해설하고 대강(大綱)을 제시함. ② 해제(解題).
開祖(かいそ) 개조. ① 한 유파(流派)의 기초를 연 사람. ② 사찰을 창립한 사람.
開知(かいち) 지식을 계발함.
開智(かいち) ⇨ 開知(かいち).
開地遺跡(かいちいせき) 개지 유적. 구릉(丘陵)·대지(臺地) 위에 만들어진 유적.
開陣(かいじん) 병력을 철수시키고 진영을 내줌.
開進(かいしん) 개진.
開陳(かいちん) 개진.
開集合(かいしゅうごう)〖數〗개집합.
開鑿(かいさく) ⇨ 開削(かいさく).
開札(かいさつ) 개찰.
開敞(かいしょう) 개창. 앞이 열리어 막힘이 없음.
開創(かいそう) 개창. ① 절을 처음으로 창건함. ② 사업 등을 창설함.
開拓(かいたく) 개척. ♣ ~者(しゃ) 개척자.
‖ ~使(し)〖史〗개척사. 明治(めいじ) 초년(1869-1882)에 北海道(ほっかいどう)의 행정·개척을 맡은 관청.
開庁(かいちょう) 개청. 관청이 집무를 시작함.
開村(かいそん) 선수촌(選手村) 따위를 새로 건설하는 일.
開催(かいさい) 개최.
開通(かいつう) 개통.
開板(かいはん) 개판. 특히, 목판본에 대하여 이름.
開版(かいはん) ⇨ 開板(かいはん).
開平(かいへい)〖數〗개평. 제곱근풀이.
開閉(かいへい) 개폐.
‖ ~器(き) (전기의) 개폐기. 스위치.
~機(き) (철도 건널목의) 개폐기. 차단기.
開票(かいひょう) 개표.
開披(かいひ) 개피. 개봉. 편지 봉투를 뜯음.
開学(かいがく) 개학.
開港(かいこう) 개항. ♣ ~場(じょう) 개항장.
開顕(かいけん)〖佛〗개현.
開化(かいか) 개화.
~丼(どんぶり) 일본식 덮밥의 하나. 쇠고기나 돼지고기를 얇게 썬 간을 추가 다음, 계란을 풀어서 익힌 후 밥에 얹은 덮밥.
開花(かいか) 개화.
‖ ~前線(ぜんせん) 개화 전선.

開豁(かいかつ) 개활.
開会(かいかい) 개회.
開胸(かいきょう)〚醫〛개흉.

▶訓読◀
開かずの(あかずの) 열리지 않는.
開かる ㊀(あかる)〈俗〉(문 따위가) 저절로 열리다. 열려지다.
㊁(はだかる) ① 손이나 발을 크게 벌려 서다. ② 의복의 깃 언저리나 옷자락이 흐트러져 안이 보이다. *はたかる로도 읽음.
❖**開く** ㊀(ひらく) ①(닫혔던 것이) 열리다. ②(끝이) 벌어지다. ③ 격차가 생기다. ④(꽃이) 피다. ⑤(닫혔던 것을) 열다.
㊁(あく) ①(닫힌[막힌] 것 등이) 열리다. ②(구멍 등이) 뚫리다. 나다. ③ 기한이 다 [차다].
開き ㊀(ひらき) ① 엶. 열린 것. 열림. *あきろも 읽음. ② 벌어짐. 격차. 차. ③ 開き戸(ひらきど)의 준말.
㊁(びらき) 여는 일[것]. ② 시작. 개시.
開き封(ひらきふう) 봉하지 않은 우편물.
開き直る(ひらきなおる) 정색하고 나서다. 갑자기 태도를 바꾸어 강하게 나오다.
開き戸(ひらきど) 여닫게 된 문.
❖**開ける** ㊀(あける)(문·덮개 등 닫힌 것을) 열다.
㊁(ひらける) ①(닫히거나 막힌 것이) 열리다. 트이다. ② 이해성이 있다. ③ 개화[개발]되다.
㊂(はだける) ① 옷깃 언저리나 옷자락 등을 벌리다. ② 손발이나 눈·입 등을 크게 벌리다.
開けっ広げ(あけっぴろげ) ① 활짝 열어 젖힘. ② 개방적임.
開け広げる(あけひろげる) 문이나 창을 활짝 열어젖히다.
開けっ放し(あけっぱなし) ① 열어 놓은 채로 둠. ② 개방적임.
開け放す(あけはなす) 활짝 열어 놓다.
開け払う(あけはらう) ①(문 따위를) 활짝 열어젖뜨리다. ② 명도하다.
開け閉て(あけたて) 개폐. 여닫기.
開け閉め(あけしめ) 개폐. 여닫음.
さ開き(さびらき) 모내기를 시작함. 또, 그 시기.

| 13
 忄
 常 | 慨(慨) | 슬퍼할 개
 ガイ
 なげく |

▶音読◀
慨す(がいす) ☞ 慨する(がいする).
慨する(がいする) 개탄[분개]하다.
慨世(がいせい) 개세. 세상을 개탄함.
慨然(がいぜん) 개연. ① 분개하는 모양. ② 분발하는 모양.
慨歎(がいたん) ⇨ 慨嘆(がいたん).
慨嘆(がいたん) 개탄.

| 13
 忄 | 愷 | 편안할 개
 カイ・ガイ
 やわらぐ・たのしむ |

▶音読◀
愷悌(がいてい) 개제. 화락(和樂)함.

| 14
 木
 常 | 概(概) | 대개 개
 ガイ
 おおむね |

▶音読◀
概(がい) 기개.
概して(がいして) 대체로. 일반적으로.
概見(がいけん) 개견. 대충 봄.
概計(がいけい) 개산. 어림셈.
概観(がいかん) 개관. ♣ 〜的(てき) 개관적.
概括(がいかつ) 개괄. ♣ 〜的(てき) 개괄적.
概念(がいねん) 개념. ♣ 〜図(ず) 개념도 / 〜論(ろん) 개념론 / 〜的(てき) 개념적.
‖〜**法学**(ほうがく)〚法〛개념 법학.
〜**実在論**(じつざいろん)〚哲〛개념 실재.
概略(がいりゃく) 개략. 대략.
概論(がいろん) 개론.
概了(がいりょう) 대충 종료함.
概貌(がいぼう) 대충의 겉모양.
概算(がいさん) 개산. 어림(셈).
‖〜**要求**(ようきゅう) 개산 요구.
概説(がいせつ) 개설.
概成(がいせい) 대충 이루어짐.
概数(がいすう) 개수. 어림수.
概言(がいげん) 개언.
概要(がいよう) 개요.
概容(がいよう) 내용에 대한 개요.
概日リズム(がいじつリズム) 빛·온도 등의 주기적 변화를 배제(排除)한 상태에서, 생물에서 볼 수 있는 생리 활동이나 행동의 1일 주기의 변동.
概定(がいてい) 대충 겨냥해서 정하는 일.
概測(がいそく) 개측. 대략 측량함.
概則(がいそく) 개칙.
概評(がいひょう) 개평.
概形(がいけい) 개형. 대체적 형태.
概況(がいきょう) 개황.

▶訓読◀
概ね(おおむね) 대강의 취지. 대체(로). 대개. 대강.

| 14
 艹 | 蓋 | 덮을 개
 ガイ
 おおう・ふた・けだし |

▶音読◀
蓋擎子(かいけいし) 뚜껑 있는 청자 찻잔의 받침대.
蓋棺(がいかん) 관 뚜껑을 덮음.

箇・鎧・客

蓋世(がいせい) 개세.
蓋然(がいぜん) 개연. ♣～論(ろん) 〖哲〗 개연론 / ～性(せい) 개연성.
‖～的(てき) 개연적. ♣～判断(はんだん) 개연적 판단.
蓋車(がいしゃ) 유개차.
蓋天説(がいてんせつ) 개천설. 중국에서 가장 오래된 우주 구조설.

訓読
蓋(ふた) ① 뚜껑. 덮개. ② (소라 등의) 딱지.
蓋う(おおう) ① 덮다. 가리다. ② 숨기다.
蓋し(けだし) 생각건대. 어쩌면. 확실히. 아마(도).
蓋開け(ふたあけ) 뚜껑을 엶. 특히, 흥행을 시작함. 개시.
蓋明け(ふたあけ) ⇨ 蓋開け(ふたあけ).
蓋物(ふたもの) 뚜껑이 있는 그릇〔도자기〕.
蓋付き(ふたつき) 그릇 등에 뚜껑이 딸려 있음. 또, 그 그릇.
蓋置(ふたおき) (다도(茶道)에서) 솥뚜껑이나 국자를 놓는 받침대.

14 竹 常	箇	낱 개・개수 개 カ・コ じ・ち・つ

音読
箇 ㈠(か) 《接尾語로》 …개. ♣二～月(にかげつ) 2개월.
㈡(こ) …개. ♣三～(さんこ) 세 개 / 二～(にこ) 두 개.
箇箇(ここ) 개개. 낱낱. 하나하나.
箇年(かねん) …개년.
箇別(こべつ) 개별.
箇所(かしょ) 개소. 군데.
箇数(こすう) 개수.
箇月(かげつ) …개월.
箇日(かにち) 날수를 세는 말.
箇条(かじょう) 개조. 낱낱의 조목.
‖～書き(がき) 조목별로 씀. 또, 그 쓴 것.
箇中(こちゅう) 개중. 이 가운데.

18 金	鎧	갑옷 개 ガイ よろい

音読
鎧球(がいきゅう) 미식 축구《갑옷과 같은 방호구(防護具)를 입는 데서》.
鎧袖(がいしゅう) 갑옷의 소매.
‖～一触(いっしょく) 개수일촉. (갑옷 소매로 한 번 스치는 정도로) 쉽게 상대를 물리침.
鎧装(がいそう) 누전을 예방하기 위해 전선을 싸는 일.

訓読
鎧(よろい) 갑옷.
鎧う(よろう) 갑옷을 입다. 무장하다.

鎧直垂(よろいひたたれ) 갑옷 밑에 받쳐 입는 옷.
鎧親(よろいおや) 무가(武家) 시대에, 성년이 된 남자가 처음 갑옷 등을 착용할 때 거드는 사람.
鎧通し(よろいどおし) 단도(短刀)의 하나. 組み討ち(くみうち) 때 쓰는 단검.
鎧板(よろいいた) 미늘 창살.
鎧戸(よろいど) ① 셔터. ② 미늘창.

객

9 宀 教	客	손 객 キャク・カク まれびと・まろうど

音読
客(きゃく) ① 손. 손님. ② 여객. 나그네. *かくろ도 읽음.　「법」.
客あしらい(きゃくあしらい) 손님 접대〔방
客間(きゃくま) 응접실.
客観(きゃっかん) 객관. *かっかん으로도 읽음.
♣～性(せい) 객관성 / ～化(か) 객관화.
‖～価値説(かちせつ) 〖經〗 객관 가치설.
～的(てき) 객관적. ♣～観論(かんねんろん) 객관적 관념론 / ～描写(びょうしゃ) 객관적 묘사 / ～批評(ひひょう) 객관적 비평 / ～精神(せいしん) 객관적 정신《헤겔 철학 용어》/ ～妥当性(だとうせい) 객관적 타당성.
～主義(しゅぎ) 객관주의.
客筋(きゃくすじ) ① 단골 관계. ② 손님의 신분이나 인품. ③ 〖經〗 일반 투자가. 「업.
客勤め(きゃくづとめ) 손님을 접대하는 직
客扱い(きゃくあつかい) ① 손님 접대. ② (철도에서) 여객 수송에 관한 업무.
客気(かっき) 객기. 혈기. *かくき・きゃっき로도 읽음.　「오게 함.
客寄せ(きゃくよせ) 손님의 관심을 끌어내
客年(かくねん) 객년. 작년. *きゃくねん으로도 읽음.　「다림.
客待ち(きゃくまち) (택시 등이) 손님을 기
客冬(かくとう) 객동. 지난 겨울.
客臘(かくろう) 객랍. 구랍.
客来(きゃくらい) 손님이 찾아옴.
客旅(かくりょ) ① 나들이. 여행. ② 나그네. 여객.
客裡(かくり) ① 여행 중임. ② 소속된 절 없이 수행 편력 중인 승려.
客裏(かくり) ⇨ 客裡(かくり).
客坊(きゃくぼう) (절에서) 참배자 등이 묵는 건물. *かくぼう로도 읽음.
客房(かくぼう) 객방. 객실.
客兵(かくへい) 객병. 고용한 병사.
客分(きゃくぶん) 손님으로서의 대우.
客死(かくし) 객사. *きゃくし로도 읽음.

客舎(きゃくしゃ) 객사. *かくしゃ로도 읽음.　　　　　　　　　　　　「情」.
客思(かくし) 객사. 여행 중의 생각. 여정(旅
客商売(きゃくしょうばい) 접객업.
客席(きゃくせき) 객석.
客船(きゃくせん) 여객선. *かくせん으로도 읽음.　　　　　　　　　　　　「상」.
客膳(きゃくぜん) 손님을 접대하는 식사(밥
客星(かくせい) 『天』 객성. *きゃくせい로도 읽음.
客歳(かくさい) 객세. 지난해. 작년.
客受け(きゃくうけ) 손님이 받는 느낌〔인상〕. 손님들 사이의 평판.
客愁(かくしゅう) 객수. 여수(旅愁).
客僧(きゃくそう) 객승. ① 초대받아 와 있는 승려. ② 수도를 위해 객지를 떠도는 승려. *かくそう로도 읽음.
客臣(かくしん) 객신.
客室(きゃくしつ) 객실. 손님방.
客心(きゃくしん) 객심. 여정. 여심(旅心).
客語(きゃくご) 『文法』 객어. 목적어. *かくご로도 읽음.
客演(きゃくえん) 객연. 전속이 아닌 배우가 임시로 다른 극단으로 출연함.
客用(きゃくよう) 객용. 손님용(의 물건).
客寓(かくぐう) 객우. 손님으로 머묾. 또, 그 집.　　　　　　　　　　　　「음」.
客員(かくいん) 객원. きゃくいん으로도 읽
‖~教授(きょうじゅ) 객원 교수.
客月(かくげつ) 객월. 지난 달.
客位(きゃくい) ① 손님의 입장. ② 손으로서의 위치·지위.　　　　　「裝」.
客衣(かくい) 객의. 여행용 의류. 여장(旅
客意(かくい) 타향에서의 시름. 여정(旅情).
客人(きゃくじん) 객인. 손님. *雅語로는 まろうど·まれびと라고도 함.
客引き(きゃくひき) 손님을 끌어들임. 또, 유객(誘客)(꾼).　　　　　　　「수.
客将(きゃくしょう) 객장. 손님 대우를 받는 장
客戦(きゃくせん) 객전. 적의 영토에서 싸움. *かくせん으로도 읽음.
客殿(きゃくでん) 손님을 맞는 전각.
客亭(きゃくてい) 객정. 여관. 여인숙.
客情(きゃくじょう) 객정. 여정(旅情). *きゃくじょう로도 읽음.
客足(きゃくあし) 고객의 출입. 손님의 수.
客種(きゃくだね) (상점 등의) 손님의 종류.
客座敷(きゃくざしき) 손님방. 객실.
客中(きゃくちゅう) 객중. 여행 중.
客止め(きゃくどめ) 만원이 되어 입장을 사
客地(きゃくち) 객지.　　　　　　「절함.
客車(きゃくしゃ) 객차.
客窓(きゃくそう) 객창. *かくそう로도 읽음.
客体(きゃくたい) 객체. *かくたい로도 읽음. ‖~性(せい) 객체성 / ~的(てき) 객체적 / ~化(か) 객체화.
客層(きゃくそう) 객층. 고객의 계층.
客土(かくど) ①『農』 객토. ② 객지. *きゃ

くどろも 읽음.　　　　　　「로도 읽음.
客郷(かっきょう) 객향. 타향. *かくきょう
客好き(きゃくずき) 손님이 오는 것이나 손님 부르기를 좋아함. 또, 그런 사람.

客家(ハッカ) 객가. 중국의 광동(廣東) 성 주변에서 외래자로서 거주하는 한족(漢族).

12 口	喀	토할 **객** カク はく

音読▶

喀痰(かくたん) 객담. 담을 뱉음. 또, 그 담.
‖~検査(けんさ) 객담 검사.
~禁止(きんし) 객담 금지《침 뱉지 말 것》.
喀血(かっけつ) 객혈.

갱

7 土 常	坑	구덩이 **갱** コウ あな

音読▶

坑(こう) 갱. 구덩이.
坑口(こうぐち) 갱구. 굿문.
坑内(こうない) 갱내.
‖~掘り(ぼり) 갱내 채굴.
坑道(こうどう) 갱도.
坑木(こうぼく) 갱목.
坑夫(こうふ) 〈卑〉 갱부.
坑外(こうがい) 갱외. 광산 등의 갱 밖.
坑儒(こうじゅ) 『史』 (진시황의) 갱유.
坑底(こうてい) 탄갱의 밑바닥.
坑井(こうせい) 갱정.

7 日 常	更	다시 **갱**·고칠 **경** コウ　さら·ふける· ふかす·あらたまる·あ らためる·かえる

音読▶

更年期(こうねんき) 갱년기.
‖~障害(しょうがい) 갱년기 장애.
更生(こうせい) 갱생.
‖~担保権(たんぽけん) 『法』 정리 담보
~施設(しせつ) 갱생 시설.　　　　　「권.
~医療(いりょう) (장애인에 대한) 갱생 의
~紙(し) 재생지. 재활용 종이.　　　「료.
~債権(さいけん) 정리 채권.
◪ 이하 音은 '경'.
更改(こうかい) 경개. 다시 고침.
更始(こうし) 경시. 옛것을 고쳐 다시 시작함.
更新(こうしん) ① 경신. 종전의 기록 등을 깸. ② 『法』 경신. 계약 기간 등을 연장해 줌.

‖~世(せい)〖地〗갱신세《홍적세의 구칭》.
更衣(こうい) ①경의. 옷을 갈아입음. ＊こ
 ろもがえ로도 읽음. ②옛 후궁인 여관(女官)
 의 하나. ③天皇(てんのう)의 편전(便殿)〔휴
 식처〕. ♣~室(しつ) 경의실.
更張(こうちょう) 경장. ①느슨해진 줄을 고
 치어 맴. ②전하여, 해이한 사물을 고치어 긴
 장하게 함.
更正(こうせい) 경정.
 ‖~決定(けってい)〖法〗경정 결정.
 ~登記(とうき)〖法〗경정 등기.
更訂(こうてい) 경정. (책의 내용을) 고쳐 정
更迭(こうてつ) 경질. 교체. ㄴ정함.
更革(こうかく) 경혁. 개혁.

▶訓読◀
更 ㊀(さら)〈雅〉물론임. 두말할 나위도 없
 ㊁(ふけ) 밤·계절 등이 깊어감. ㄴ음.
更かす(ふかす) 밤늦도록 안 자다.
更なり(さらなり)〈雅〉말할 것도 없다.
更に(さらに) ①그 위에. 거듭. ②한층. 더
 욱. ③결코. 조금도.
 ~も言(い)わず 되풀이 말할 필요도 없다.
 물론이다.
更わる(かわる) 바뀌다. 교체되다.
更更(さらさら) 만에 하나도. 결코. 조금도.
更地(さらち) 생땅. 생지(生地). 곧 집을 지
 을 수 있는 빈터.
更湯(さらゆ) 데워 놓고 아직 아무도 들어가
 지 않은 목욕물.
❖**更ける**(ふける) 깊어지다. 이슥해지다.
更け待ち月(ふけまちづき) 음력 20일 밤의
更け米(ふけまい) 변질된 쌀. 변질미. ㄴ달.
更け行く(ふけゆく) (밤이) 깊어 가다.

▶其他◀
更紗(サラサ) 사라사. 「(半紙).
更紙(ざらがみ) ①갱지. ②짚으로 만든 반지

| 13
米 | 粳 | 메벼 갱
コウ
うるち・ぬか |

▶訓読◀
粳 ㊀(うる) 곡식 중 찰기가 적은 것. 메.
 ㊁(うるち) 멥쌀.
粳米(うるごめ) 멥쌀.
粳餅(うるもち) 찹쌀에 멥쌀을 섞어 만든 떡.
粳黍(うるきび)〖植〗메수수.
粳粟(うるあわ) 메조. 메좁쌀.

| 19
羊 | 羹 | 국 갱
コウ・カン
あつもの |

▶訓読◀
羹(あつもの)〈雅〉(고기·야채를 넣은) 뜨
 거운 국.

▶逆音◀
洋羹(ようかん) 양갱. 양갱병.

| 20
金 | 鏗 | 금속소리 갱
コウ |

▶音読◀
鏗鏗(こうこう) 갱갱. 종이 울리는 모양.
鏗然(こうぜん) 갱연. 금속 등이 부딪쳐 소리
 를 내는 모양.
鏗鏘(こうそう) 갱장. 옥(玉)·종·거문고 등
 이 울리는 모양.

갹

| 20
酉 | 醵 | 추렴할 갹·추렴할 거
キョ |

▶音読◀
醵金(きょきん) 갹금. 돈을 갹출함. 또, 그
 돈.
醵集(きょしゅう) 거두어 모음.
醵出(きょしゅつ) 거출. 갹출.

거

| 5
工
常 | 巨(巨) | 클 거
キョ・コ
おおきい |

▶音読◀
巨鯨(きょげい) 거경. 큰 고래.
巨魁(きょかい) 거괴. 두목. 우두머리.
巨軀(きょく) 거구. 큰 몸집.
巨多(きょた) 허다(許多). 수가 많음.
 ‖~科学(かがく) 거대 과학.
 ~都市(とし) 거대 도시.
 ~分子(ぶんし) 거대 분자.
 ~染色体(せんしょくたい) 거대 염색체.
 ~地震(じしん) 거대 지진.
巨帶都市(きょたいとし) 거대 도시《'메갈로
 폴리스'의 역어(譯語)》.
巨盗(きょとう) 거도. 큰 도둑.
巨頭(きょとう) 거두.
巨利(きょり) 거리. 큰 이익.
巨万(きょまん) 거만. 대단히 많은 수·금
巨木(きょぼく) 거목. 큰 나무. ㄴ액.
巨擘(きょはく) 거벽. 엄지손가락. 전하여,
 대가. 「〔업적〕.
巨歩(きょほ) 거보. 큰 발자취. 위대한 공적
巨峰(きょほう) 거봉. 큰 산봉우리. 뛰어난
巨富(きょふ) 거부. ㄴ인물.
巨費(きょひ) 거비. 거액의 비용.

巨商(きょしょう) 거상. 대상인. 호상.
巨象(きょぞう) 거상. 큰 코끼리.
巨像(きょぞう) 거상. 커다란 조상(彫像).
巨石(きょせき) 거석. 큰 돌.
∥**~紀念物**(きねんぶつ) 거석 기념물.
~文化(ぶんか) 거석 문화.
巨船(きょせん) 거선. 큰 배.
巨星(きょせい) 거성. ①반경·절대 광도 등이 큰 항성. ②위대한 인물.
巨細(きょさい) 거세. 크고 작음. 큰 일과 작은 일. *こさいとも 읽음.
巨獣(きょじゅう) 거수. 큰 짐승.
巨樹(きょじゅ) 거수. 큰 나무.
巨視的(きょしてき) 거시적. 대국적 견지.
∥**~世界**(せかい) 거시적 세계.
巨室(きょしつ) 거실. ①큰 방·집. ②권세 있는 집안.
巨悪(きょあく) 거악. 큰 악. 대(大)악인.
巨岩(きょがん) 거암. 큰 바위.
巨巌(きょがん) ⇨ 巨岩(きょがん).
巨額(きょがく) 거액.
巨億(きょおく) 거억. 막대한 수.
巨儒(きょじゅ) 거유. 학문이 깊은 (한)학자. 대학자.
巨益(きょえき) 거익. 아주 큰 이익. *こやく로도 읽음.
巨人(きょじん) 거인. ♣**~症**(しょう) 거인
∥**~伝説**(でんせつ) 거인 전설.   └증.
巨資(きょし) 거자. 대자본.
巨匠(きょしょう) 거장. 대가.
巨材(きょざい) 거재. ①큰 재목. ②큰 인물.
巨財(きょざい) 거재. 많은 재산.
巨晶(きょしょう) 〖鑛〗거정.
∥**~花崗岩**(かこうがん) 거정 화강암. 페그마타이트.
巨刹(きょさつ) 거찰. 대찰. 큰 절.
巨体(きょたい) 거체. 거대한 체구[몸뚱이].
巨嘴鳥座(きょしちょうざ) 〖天〗거취조좌. 큰부리새자리.
巨弾(きょだん) 거탄. ①큰 포탄[폭탄]. ②큰 타격을 주는 공격·비난.
巨篇(きょへん) ⇨ 巨編(きょへん).
巨編(きょへん) 거편. 초대작.
巨砲(きょほう) 거포. ①거포. 큰 대포. ②야구 등에서, 강타자.
巨漢(きょかん) 거한. 거인.
巨艦(きょかん) 거함. 큰 군함.   「읽음.
巨海(こかい) 거해. 큰 바다. *きょかいろ도
巨蟹宮(きょかいきゅう) 〖天〗거해궁.
巨猾(きょかつ) 거활. 매우 교활함. 또, 그런 사람.

| 5
ム
教 | 去 | 갈 거·날 거
キョ·コ
いぬ·さる |

音読➡

去去年(きょきょねん) 거거년. 재작년.

47

去去月(きょきょげつ) 거거월. 전전달. 지지난달.
去去日(きょきょじつ) 거거일. 전전날. 그저께.
去年(きょねん) 거년. 지난해. 작년. *雅語로는 こぞ로도 읽음.
去痰(きょたん) 거담.
去冬(きょとう) 거동. 지난 겨울. 작년 겨울.
去来(きょらい) 거래. ①오(고)감. 왕래. ②거래. 과거와 미래.
去留(きょりゅう) 거류. 떠나감과 머무름.
去声(きょしょう) 거성. 한자 사성의 하나. *きょせいろ도 읽음.
去勢(きょせい) 거세.
去歳(きょさい) 거년. 작년. 지난해.
去所(きょしょ) 거소. 가는 곳.
去月(きょげつ) 거월. 지난 달.
去秋(きょしゅう) 거추. 지난〔작년〕 가을.
去春(きょしゅん) 거춘. 작춘. 지난 봄.
去就(きょしゅう) 거취. 향배. 진퇴.
去夏(きょか) 거하. 지난 여름.

訓読➡

去ぬ(いぬ) ①가다. ②죽다.
去なす(いなす) ①돌려보내다. ②(씨름에서) 상대방의 공세를 받아 넘기다.
去らず(さらず) ①피할 수가 없어서. 할 수 없이. ②떠나지 못하게.
去らぬ(さらぬ) 〈俗〉피하려야 피할 수 없는. 피치 못할.
❖**去る**(さる) ①떠나다. ②때가 지나가다. ③사라지다.
去り難い(さりがたい) ①떠나기 어렵다. ②피하기 어렵다.
去り文(さりぶみ) ☞ 去り状(さりじょう).
去り状(さりじょう) ①(남편이 아내에게 주는) 이혼장. ②자기 권익(権益)의 양도를 명시한 문서.
去り嫌い(さりきらい) ①連歌(れんが)·俳諧(はいかい)에서, 같은 계절의 풍물을 읊은 말, 같은 글자, 비슷한 말, 縁語(えんご)를 이웃한 구(句)에 넣는 것을 피함. ②좋은 것 싫은 것을 가림.

| 7
車
教 | 車 거 ⇨ 車 차(p. 1395) |

| 8
尸
教 | 居 | 살 거·어조사 기
キョ·コ
いる·おる |

音読➡

居(きょ) 주거. 거처.
居敬(きょけい) 경경. 공손한 태도로 심신을 바르게 지킴.   「택.
居館(きょかん) 거관. 주거로 사용하는 저
居留(きょりゅう) 거류. ①임시로 그 땅에 머물러 삶. ②외국의 거류지에 거주함. ♣**~**

民(みん) 거류민./～地(ち) 거류지.
居民(きょみん) 거민. 그 땅에 사는 사람.
居士(こじ) ① 거사. ② 남자의 법명(法名) 아래에 붙이는 칭호.
‖～仏教(ぶっきょう) 재가(在家) 신도의 불교.
居常(きょじょう) 거상. 평상시. 일상. 보통
居城(きょじょう) 거성. 거처하는 성.
居室(きょしつ) 거실.
居然(きょぜん) ① 태연한 모양. ② 그대로. 앉아 있으면서. ③ 할 일이 없어 따분한 모양.
居屋(きょおく) 살고 있는 집.
居邸(きょてい) 살고 있는 집. 저택.
居諸(きょしょ) 거저. 일월. 광음. ＊きょさろ도 읽음.
居住(きょじゅう) 거주. ♣～權(けん) 거주권 /～性(せい) 거주성 /～地(ち) 거주지.
‖～面積(めんせき) 거주 면적.
～水準(すいじゅん) 거주 수준.
居中(きょちゅう) 거중. 양쪽 사이에 섬.
‖～調停(ちょうてい) 거중 조정. 중재.
居村(きょそん) 거촌. 살고 있는 마을.
居宅(きょたく) 거택. 주택. ＊いたく로도 읽음.

訓読
居た堪らない(いたたまらない) 더 이상 배겨 낼 수가 없다.
居た堪れず(いたたまれず) 거기에 더는 있을 수 없어.
居た堪れない(いたたまれない) ☞居た堪らない(いたたまらない).
❖居る ㊀(いる) ① 있다. ㉠살고 있다. ㉡머무르고 있다. ② (움직이지 않고) 가만히 있다.
㊁(おる) ① ☞㊀①. ② …하고 있다.
居間(いま) 거실.
居開帳(いがいちょう) 감실(龕室)에서 부처를 딴 데로 옮기지 않고 내객에게 공개하는 일. ＊いかいちょう로도 읽음.
居据る(いすわる) ☞居座る(いすわる).
居待ち(いまち) ① 앉아서 기다림. ② 居待ちの月의 준말.
‖～の月(つき) 음력 18일에 뜨는 달.
居流れる(いながれる) 열좌(列坐)하다.
居留守(いるす) 집에 있으면서도 일부러 없는 것처럼 꾸밈.
居眠り(いねむり) 앉아 졺. 말뚝잠.
居眠る(いねむる) 앉은 채 졸다.
居明かす(いあかす) 일어나 있는 채 밤을 새우다.
居抜き(いぬき) 상점 따위를 팔 때, 상품·설비를 껴서 팖.
居並ぶ(いならぶ) (여럿이) 죽 늘어앉다.
居敷き(いしき) ① 엉덩이. ② 자리. 좌석.
‖～当て(あて) (바지 따위의) 엉덩이 안 부분에 대는 바대.
居乍らに(いながらに) ① (집)에 있는 채로. ② 앉은 채로.

居所 ㊀(いどころ) 거소. ① 거처. 있는 곳. ② 엉덩이.
‖～変り(がわり) 무대 장치 전환법의 하나. 인물은 그 위치에 그대로 있고 장면만 바꾸는 방법.
㊁(いどころ) 거소.
‖～指定権(していけん) 거소 지정권.
居続け(いつづけ) 연일 외박하고 귀가하지 않음.
居竦まる(いすくまる) 앉은 채 꼼짝 못하게 되다.
居竦む(いすくむ) ☞居竦まる(いすくまる).
居睡り(いねむり) ☞居眠り(いねむり).
居馴染む(いなじむ) 오래 있어서 친해지다.
居食い(いぐい) 도식(徒食). 파먹음.
居辛い(いづらい) 거기에 있는 것이 괴롭다.
居心地(いごこち) 어떤 자리·집에서 느끼는 기분.
居溢れる(いこぼれる) 사람이 꽉 차서 자리에서 밀려나 있다.
居残り(いのこり) 잔류. 잔업.
居残る(いのこる) 잔류하다. 잔업하다.
居丈(いたけ) 앉아 있을 때의 키 높이. ＊いだけ로도 읽음.
居丈高(いたけだか) 위압〔고압〕적인 태도.
居場所(いばしょ) 거처. 있는 곳.
居接ぎ(いつぎ) 접목(椄木) 방법의 하나. 대목(臺木)을 파내지 않고 땅에 심은 채 접목하는 법.
居坐る(いすわる) ☞居座る(いすわる).
居座る(いすわる) 눌러앉았다. 버티고 앉다.
居住まい(いずまい) 앉은 자세.
居酒(いざけ) 선술집에서 마시는 일. 또, 그 술.
居酒屋(いざかや) 선술집. 목로 술집. 대폿집.
居直る(いなおる) ① 바로 앉다. ② 태도를 바꾸어 협박조로 나오다.
居直り強盗(いなおりごうとう) 현장을 들킨 좀도둑이 강도로 변함. 또, 그 강도.
居職(いじょく) (바느질 따위) 자기 집에 앉아서 일하는 직업.
居着き(いつき) 자리 잡음. 정주(定住)함.
居着く(いつく) 자리 잡아 살다. 정주(定住)하다. 계속 살다.
居催促(いざいそく) 늘어 붙어서 재촉함.
居合い(いあい) 앉아 있다가 재빨리 칼을 뽑아 적을 베는 검술.
‖～抜き(ぬき) 居合い를 구경시키는 곡예.
～腰(ごし) 居合い 때의 허리의 자세. 한쪽 무릎을 세우고 허리를 일으킨 모양.
居合わせる(いあわせる) 마침 그 자리에 있다.
居回り(いまわり) 주위. 주위.
居回る(いまわる) 〈古〉빙 둘러앉다.
居廻り(いまわり) ☞居回り(いまわり).
居廻る(いまわる) ☞居回る(いまわる).
居候(いそうろう) 식객.

其他
居文金物(すえかなもの) (갑옷이나 투구의) 장식용으로 쓰는 쇠붙이.

8 扌 常	**拒**(拒)	막을 거 キョ こばむ・ふせぐ

音読
拒否(きょひ) 거부. ♣**~権**(けん) 거부권.
‖**~反応**(はんのう) 거부 반응.
拒食症(きょしょくしょう)〖醫〗거식증. 음식 먹기를 거부하는 증세.
拒絶(きょぜつ) 거절. 거부.
‖**~反応**(はんのう)〖醫〗거절〔거부〕반응.
拒止(きょし) 거지. 항거하여 막음. 방지함.
拒斥(きょせき) 거부하여 배척함.

訓読
拒む(こばむ) ① 거부하다. ② 저지하다.

8 扌 常	**拠**(據)	의거할 거 キョ・コ よる・よりどころ

音読
拠金(きょきん) 돈을 갹출함. 또, 그 돈.
拠出(きょしゅつ) 갹출함.
拠守(きょしゅ) 거수. 웅거하여 지킴.
拠有(きょゆう) 거유. 웅거하여 제 것으로 만듦.
拠点(きょてん) 거점.

訓読
拠(よりどころ) ⇨ 拠り所(よりどころ).
拠って(よって) 따라서. 그러므로. 이에.
　~来(き)**る** 그〔것이〕원인이 됨.
拠無い(よんどころない) ⇨ 拠り所ない(よんどころない).
拠ん所ない(よんどころない) 부득이하다. 어쩔 수 없다. 하는 수 없다.
拠って以て(よってもって) よって의 힘줌말.
❖**拠る**(よる) 의(거)하다. ① 근거로 하다. ② 웅거(雄據)하다.
拠り所(よりどころ) ① 근거. ② 믿는〔의지하는〕것·곳.

9 亻 日	**俥**	인력거 (거) くるま

訓読
俥(くるま) 인력거(人力車).

9 火	**炬**	홰 거 キョ・コ たいまつ

音読
炬(きょ) 횃불. ＊たいまつ로도 읽음.
炬燵(こたつ) 각로(脚爐). 나무틀에 화로를 넣고 이불 등을 씌운 난방 기구.
‖**~弁慶**(べんけい) 집에서만 활개치는 자.
炬燭(きょしょく) 거촉. 횃불.

炬火(こか) 거화. 횃불. ＊きょかろ도 읽음.

10 亻	**倨**	거만할 거 キョ おごる

音読
倨慢(きょまん) 거만.
倨傲(きょごう) 거오. 오만함. 건방짐.

10 手 教	**挙**(擧)	들 거 キョ あげる・あがる・こぞって

音読
挙(きょ) 행동. 행위.
挙家(きょか) 거가. (남김없는) 온 집안.
挙国(きょこく) 거국. 나라〔국민〕전체.
‖**~一致**(いっち) 거국 일치.
挙達(きょたつ) 천거를 받아 지위나 관직이 오름.
挙党(きょとう) 거당. 한 정당 전체.
挙動(きょどう) 거동. 동작. ♣**~犯**(はん) 거동범.
‖**~不審**(ふしん) 거동이 수상함.
挙例(きょれい) 거례. 예를 듦. 또, 그 예.
挙白(きょはく) 거백. 술잔을 들고 마심. 술을 권함.
挙兵(きょへい) 거병. 군사를 일으킴.
挙世(きょせい) 거세. 온 세상 사람이 모두. 세상 전체.
挙手(きょしゅ) 거수.
‖**~の礼**(れい) 거수 경례.
挙示(きょじ) 거시. 예를 들어 보임.
挙試(きょし) 奈良(なら)・平安(へいあん) 시대의 문관 임용 시험.
挙式(きょしき) 거식. 식을 올림. 특히, 결혼식을 올림.
挙用(きょよう) 거용. 등용. 기용.
挙隅(きょぐう) 거우. 일부를 가르쳐 전체를 이해시킴《공자의 교육법》.
挙子(きょし) ① 과거 고시(考試)의 수험생. ② 아이를 기름.
挙状(きょじょう) 鎌倉(かまくら)・室町(むろまち) 시대의 추천서.
挙場(きょじょう) 거장. ① 중국에서, 과거의 시험장. ② 회장 전체.
挙銭(きょせん) 鎌倉(かまくら) 시대의 대부금.
挙措(きょそ) 거조. 행동거지.
挙証(きょしょう) 거증. 증거를 듦.
‖**~責任**(せきにん) 거증 책임.
挙止(きょし) 거지. 행동거지. 동작. 거동.
挙行(きょこう) 거행.
挙火(きょか) 거화. 생계(生計)를 꾸려감.

訓読
挙がる(あがる) ① 오르다. ㉠ 올라가다. ㉡ (수입·효과 등이) 오르게 되다. ② 검거되다. 잡히다.
挙る(こぞる)〈雅〉① 모두 다 모이다. ② 빠짐없이 갖추다.

挙って(こぞって) (많은 사람이) 모두. 빠짐없이.
❖**挙げる**(あげる) ① (팔을) 쳐들다. ② 거행하다. ③ 거두다. ④ 천거하다. ⑤ (군사를) 일으키다.
挙げて(あげて) ① 모두. 전부. 남김없이. ② 일일이. 하나하나.
挙げ句(あげく) 끝. …한 끝.
挙げ足(あげあし) 남의 말꼬리나 실언을 잡고 늘어뜸.
其他▶
挙尾虫(しりあげむし) 〖蟲〗 밑들이벌레목의 총칭.

10 ネ	袪	소매 거·떠날 거 キョ・コ そで・たもと

音読▶
袪痰(きょたん) 거담. 목에 달라붙은 담을 없어지게 함.

11 扌 常	据	일할 거 キョ すえる・すわる

音読▶
据銃(きょじゅう) 〖軍〗 거총.
訓読▶
据わる(すわる) 자리잡고 움직이지 않다. 침착해지다.
❖**据える**(すえる) ① 붙박다. 설치하다. ② (눈길 따위를) 쏟다. ③ 차려 놓다. ④ 자리잡다. ⑤ 어떤 지위에 앉히다.
据え炬燵(すえごたつ) ⇨ 据え火燵(すえごたつ).
据金物(すえかなもの) (갑옷이나 투구의) 장식용으로 쓰는 쇠붙이.
据え物(すえもの) 장식으로 두는 것.
据え付け(すえつけ) 설치하는 일. 설치한 모양. 고정시켜 놓음.
据え付ける(すえつける) 설치하다. 고정시켜 놓다.
据え石(すえいし) 정원 등에 장식용으로 놓아둔 돌.
据え膳(すえぜん) 금방 먹을 수 있게 차려 내놓음. 또, 그 음식상.
据え置き(すえおき) 거치. ① 그대로 놓아 둠. ② 변동이 예상되었으나 그대로 있음.
‖**～貯金**(ちょきん) 거치 저금《기한이 도래하지 않으면 찾을 수 없는 저금》.
据え置く(すえおく) ① 움직이지 않도록 놓다. ② (변동할) 〖손댈〗 것을 그대로 두다. ③ 저금·채권 따위를 일정 기간 거치해 두다.
据え風呂(すえふろ) 아궁이를 설치하고 물을 데워 쓰는 (가정용) 목욕통.
据え火燵(すえごたつ) 마루청을 뚫고 묻은 火燵(こたつ).

11 米	粗	중배끼 거 キョ

其他▶
粗(おこし) 밥풀과자.

12	渠	도랑 거·클 거 キョ みぞ・かれ

音読▶
渠(きょ) 도랑.
渠魁(きょかい) 거괴. 두목. 우두머리.
渠底(きょてい) 독(dock) 〖선거〗의 밑.

12 足 常	距 (距)	떨어질 거 キョ へだたる・へだてる けづめ

音読▶
距骨(きょこつ) 〖生〗 거골. 복사뼈.
距離(きょり) 거리. ♣**～標**(ひょう) 거리표. ‖**～競技**(きょうぎ) 거리 경기. **～空間**(くうかん) 거리 공간.
距星(きょせい) 〖天〗 거성.
距爪(きょそう) 〖動·鳥〗 거조. 닭 따위의 며느리발톱.
訓読▶
距(けづめ) 〖動·鳥〗 며느리발톱.
❖**距たる**(へだたる) ① (공간적으로) 떨어지다. ② (세월이) 지나다.
距たり(へだたり) 간격. 격차. 거리. 차이.
距てる(へだてる) ① 사이를 떼다. ② 칸을 막다.

13 ネ	裾	자락 거 キョ すそ

音読▶
裾礁(きょしょう) 〖地〗 거초.
訓読▶
裾(すそ) ① 옷단. 옷자락. ② (일반적으로) …의 아래쪽 부분《산기슭·하류(下流) 따위》. ③ 맨 아래. 「는 표제.
裾見出し(すそみだし) 본 표제 아래쪽에 두
裾濃(すそご) 〈雅〉 아래로 내려갈수록 진하게 하는 염색법.
裾短(すそみじか) 옷자락을 치켜 올려 짧게 한 모양.
裾裏(すそうら) 옷의 안단(에 대는 천).
裾綿(すそわた) 아랫자락에 솜을 넣어 옷을 지음. 또, 그 솜.
裾模様(すそもよう) 여자의 예복 따위의 단에 넣은 무늬. 또, 옷단에 무늬가 있는 옷.
裾物(すそもの) (거래에서) 하등품.

裾分け(すそわけ) (생긴 물건 또는 이익의 일부를) 나누어 줌.
裾分限(すそぶげん) (남자가) 정력이 강함. 또, 그 사람.
裾貧乏(すそびんぼう) 색(色)을 좋아함. 또, 그 사람.
裾山(すそやま) 산기슭에 있는 작은 산.
裾上がり(すそあがり) 옷단을 접어서 꿰맨 부분(의 길이).
裾野(すその) (화산의) 기슭이 완만하게 경사진 들판.
裾刈り(すそがり) 목덜미 가까운 곳의 머리털을 깎는 일.
裾張り(すそばり) ① 옷자락이 옆으로 퍼져 있음. ② (여자가) 색을 좋아함. 또, 그 사람.
裾前(すそまえ) (옷) 앞자락.
裾除け(すそよけ) 일본식 속곳의 하나.
裾取り(すそとり) ☞ 裾回し(すそまわし).
裾捌き(すそさばき) (일본옷을 입고 걷거나 움직일 때) 옷자락을 다루는 솜씨. 또, 행동거지[걸음걸이].
裾風(すそかぜ) 앉았다 일어날 때 옷자락에서 일어나는 공기의 움직임.
裾回(すそみ) ⇨ 裾廻(すそみ).
裾回し(すそまわし) 일본옷 겹옷의 옷단 안쪽에 대는 헝겊.
裾廻(すそみ) 산기슭 근처. 산자락.

13 竹 筥
둥구미 거
キョ
はこ

訓読▷
筥(はこ) 상자. 궤짝. 함.
筥迫(はこせこ) 예전에 여자들이 품에 지니고 다니던 상자 모양의 지갑《지금은 예장(禮裝) 때 장신구로 씀》.
筥狭子(はこせこ) ⇨ 筥迫(はこせこ).

13 金 鉅
클 거
キョ
おおきい

音読▷
鉅万(きょまん) 거만. 대단히 많은 수량.
鉅儒(きょじゅ) 거유. 학문이 깊은 유학자. 대학자.
鉅資(きょし) 거자. 대자본.

15 足 踞
웅크릴 거·오만할 거
キョ
うずくまる

音読▷
踞敖(きょごう) 거오. 거만하게 행동함.
踞座(きょざ) 거좌. 웅크리고 앉음.
訓読▷
踞る(うずくまる) 웅크리다.

逆音▷
蟠踞(ばんきょ) 뿌리박고 움직이지 않음.

16 金 鋸
톱 거
キョ
のこぎり

音読▷
鋸屑(きょせつ) 거설. ① 톱밥. ② 말이나 문장이 막힘 없이 나옴.
鋸歯(きょし) 거치. 톱니.

鋸 ㊀(のこぎり) 톱. ♣~鎌(がま) 톱날낫 / ~鮫(ざめ) 『魚』 톱상어 / ~盤(ばん) 기계톱 / ~屑(くず) 톱밥 / ~草(そう) 『植』 톱풀.
‖ ~挽き(びき) 톱질.
~屋根(やね) 톱니 모양의 지붕.
㊁(のこ) 톱《のこぎり의 준말》.

糸鋸(いとのこぎり) 실톱. 가는 톱으로 얇은 것을 자르는 데 씀. *いとのこ로도 읽음.

17 辶 遽
급히 거
キョ
あわただしい·にわか

音読▷
遽色(きょしょく) 거색. 당황한 표정.
遽卒(きょそつ) 거졸. 갑자기. 급히.
遽然(きょぜん) 거연. 갑작스러운 모양.
訓読▷
遽ただしい(あわただしい) 어수선하다. 분주하다.

21 木 欅
느티나무 거
キョ
けやき

訓読▷
欅(けやき) 『植』 느티나무.

21 艹 蘧
패랭이꽃 거
キョ

其他▷
蘧麦(なでしこ) 『植』 패랭이꽃.

22 ネ(日) 襷
멜빵 (거)
たすき

訓読▷
襷(たすき) ① 일본옷의 소매를 걷어매는 가늘고 긴 끈. ② 멜빵. 어깨띠.
襷掛け(たすきがけ) 襷(たすき)를 걸침. 襷를 걸치고 열심히 일함.

건

巾 ³ 巾
수건 건
キン・コ
きれ・はば

音読
巾箱(きんそう) ① 천으로 바른 작은 상자. ② 巾箱本의 준말.
∥~本(ぼん) 세자(細字)로 쓴 소형의 당책.
巾子(こじ) 전자. 관(冠)의 꼭대기 뒤쪽의 불쑥 나온 부분.
∥~形(がた) 좌우 여닫이문에서 문 중앙에 설치하여 문짝이 밖으로 밀리는 것을 막는 돌.
巾着(きんちゃく) ① 두루주머니. 염낭. 돈주머니. ② '腰(こし)ぎんちゃく(=허리에 차는 돈주머니)'의 준말. ♣~網(あみ) 건착망.
∥~切り(きり) 소매치기.

訓読
巾(はば) 폭. 나비. 넓이.
巾跳び(はばとび) 멀리뛰기.
巾偏(はばへん) 한자 부수의 하나: 수건변

件 ⁶ イ 教
것 건・구분할 건
ケン
くだり・くだん

音読
件 ㊀(けん) ①《接尾語로》…건. 일〔사건〕을 세는 말. ② 건. 사건. 사항. ㊁(くだり) 문장・이야기의 일부분. 대문(大文).
件件(けんけん) 사건마다. 이런 일 저런 일.
件名(けんめい) 건명. 어떠한 관점에서 분류한 낱낱의 항목의 이름.
∥~目録(もくろく) 건명 목록.
件数(けんすう) 건수.

訓読
件の(くだんの) 예(例)의. 그. 전술한.

建 ⁹ 廴 教
세울 건
ケン・コン
たてる・たつ

音読
建国(けんこく) 건국.
∥~記念の日(きねんのひ) (일본국의) 건국 기념일(2월 11일).
~神話(しんわ) 건국 신화.
建軍(けんぐん) 건군. 군대를 창건함.
建都(けんと) 건도. 수도를 세움.
建立(こんりゅう) (절・당탑(堂塔)을) 건립.
建白(けんぱく) 건백. 건의. ♣~書(しょ) 건백서.
建碑(けんぴ) 건비. 비(碑)를 세움.
建設(けんせつ) 건설. ♣~的(てき) 건설적.
∥~工事(こうじ) 건설 공사.
~相(しょう) 건설상. 建設省의 장관.
~省(しょう) 건설성《우리 나라의 건설부에 해당》.
建水(けんすい) 다구(茶具)의 하나. ＊こぼしロ도 읽음.
建言(けんげん) 건언. 건백(建白). 건의.
建業(けんぎょう) 건업. 사업의 기초를 세움.
建議(けんぎ) 건의.
∥~機関(きかん) 건의 기관.
建仁寺垣(けんにんじがき) 쪼갠 대의 겉이 밖을 향하도록 한 대바자울.
建材(けんざい) 건재. 건축 재료.
建定(けんてい) 제도 따위를 정함. 제정.
建造(けんぞう) 건조. ♣~物(ぶつ) 건조물.
建策(けんさく) 건책. 계책을 세움.
建築(けんちく) 건축. ♣~家(か) 건축가 / ~物(ぶつ) 건축물 / ~士(し) 건축사 / ~学(がく) 건축학.
∥~面積(めんせき) 건축 면적.
~許可(きょか) 건축 허가.
建坪率(けんぺいりつ)〖建〗⇨ 建蔽率(けんぺいりつ).
建蔽率(けんぺいりつ) 건폐율.
建学(けんがく) 건학. 새로이 학교를 세움.
建艦(けんかん) 건함. 군함을 건조함.

訓読
建つ(たつ) (건물 등이) 서다. 세워지다.
❖建てる(たてる) (건물 등을) 짓다. 세우다. 건조〔설립〕하다.
建て(だて)《接尾語로》건물의 양식이나 층수를 나타내는 말.
建てかけ(たてかけ) 건축의 중도. 건축중.
建家(たてや) 이미 지어 있는 집. 건물.
建具(たてぐ) 건구.
∥~屋(や) 건구상. 창호 가게.
建て網(たてあみ) 정치망(定置網).
建て売り(たてうり) 팔 목적으로 집을 지어서 팖. 또. 그 집. 집장사.
建て面積(たてめんせき) 건축 면적.
建物(たてもの) 건물. 건축물.
建米(たてまい)〖經〗양곡 거래소에서 거래・매매의 표준으로 정한 쌀. 표준미.
建染染料(たてぞめせんりょう) 건염 물감. 배트 물감.
建玉(たてぎょく)〖經〗건옥. 거래소에서 매매 약정을 한 물건.
建て込む(たてこむ) 건물이 빽빽이 들어차다〔서다〕.
建て場(たてば) ① 역참. ② 넝마장수로부터 넝마를 사들이는 도가.
建て前(たてまえ) ①〖建〗〈俗〉상량(上樑). ② (표면상의) 방침. 원칙.
建株(たてかぶ)〖經〗상장주(上場株).
建て増し(たてまし) 증축. 또, 증축한 부분.
建て増す(たてます) 증축하다.
建て直す(たてなおす) 고쳐(다시) 짓다. 개축하다.

建て替える(たてかえる) (건물을) 고쳐짓다. 개축하다.
建値(たてね) 建値段(たてねだん)의 준말. 매매 기준 가격.
建坪(たてつぼ) 건평.
ドル建て(ドルだて) 달러 표시.

10 虍 虔
삼갈 **건**
ケン
つつしむ

逆音▶
敬虔(けいけん) 경건.

11 乙 乾 常
마를 **건**・하늘 **건**
カン・ケン
かわく・かわかす・ひる・ほす・から・いぬい

音読
乾ドック(かんドック) 건독. 건선거(乾船渠).
乾姜(かんきょう) ⇨ 乾薑(かんきょう).
乾薑(かんきょう)【漢醫】건강. 말린 생강〔새앙〕.
乾繭(かんけん) 건견. 누에고치 말리기. 말린 누에고치.
乾季(かんき) 계계. 특히 열대 지방의 가을에서 봄까지의 사이.
乾固(かんこ) 건고. 말라서 굳어짐.
乾枯(かんこ) 건고. 물기가 마름.
乾坤(けんこん) 건곤. ① 천지. ② 음양. ③ 서북과 서남.
∥~一擲(いってき) 건곤일척.
乾果(かんか) 건과. 건조과(乾燥果).
乾期(かんき) ⇨ 乾季(かんき).
乾徳(けんとく) 건덕. 天皇(てんのう)의 덕.
乾酪(かんらく) 건락. 치즈.
乾留(かんりゅう)【化】건류.
乾溜(かんりゅう) ⇨ 乾留(かんりゅう).
乾脳(けんりん) 건림. 천자의 조치〔재결〕.
乾麺(かんめん) 건면. 마른국수.
乾麺麭(かんパン) 건빵.
乾物 ㊀(かんぶつ) 건물. 마른 식품.
  ㊁(ひもの) 건어물.
乾杯(かんぱい) 건배. 축배.
乾盃(かんぱい) ⇨ 乾杯(かんぱい).
乾生(かんせい) 건생. 생물이 모래밭 따위의 마른 곳에 남.
∥~動物(どうぶつ) 건생 동물.
  ~植物(しょくぶつ) 건생 식물. 「う).
乾生薑(かんしょうが) ⇨ 乾薑(かんきょう).
乾癬(かんせん)【漢醫】건선. 마른버짐.
乾船渠(かんせんきょ) 건선거. 건식 선거.
乾性(かんせい) 건성. ♣~油(ゆ) 건성유 /
  ~咳(せき) 건성 해수(咳嗽).
∥~肋膜炎(ろくまくえん)【醫】건성 늑막염. 「계.
乾湿(かんしつ) 건습. ♣~計(けい) 건습

∥~球湿度計(きゅうしつどけい) 건습구 습도계. 건습계.
  ~運動(うんどう)【植】건습 운동.
乾式(かんしき) 건식.
∥~工法(こうほう) 건식 공법. 물을 쓰지 않는 건축 공법《프리패브 건축・철골(鐵骨) 조립 건축 등》.
  ~製錬(せいれん)【鑛】건식 제련.
乾裂(かんれつ) 건열. 말라서 갈라짐.
乾塩皮(かんえんぴ) 건염피. 소금을 뿌려 말린 짐승의 가죽.
乾油(かんゆ) 건유. 건성유.
乾場(かんば) 해조(海藻) 건조장.
乾田(かんでん) 건답(乾畓).
∥~直播(ちょくはん) 건답 직파.
乾電池(かんでんち) 건전지.
乾燥(かんそう) 건조. ♣~炉(ろ) 건조로 /
  ~剤(ざい) 건조제.
∥~気候(きこう) 건조 기후.
  ~無味(むみ) 무미 건조.
  ~肥料(ひりょう) 건조 비료.
  ~野菜(やさい) 건조 야채(菜소).
  ~地帯(ちたい) 건조 지대.
  ~指数(しすう)【氣】건조 지수.
  ~血漿(けっしょう)【醫】건조 혈장.
  ~酵母(こうぼ) 건조 효모.
乾草(かんそう) 건초.
乾漆(かんしつ) 건칠. ① 奈良(なら) 시대에 당(唐)에서 전래한 칠공(漆工) 기술. ②【漢醫】옻나무 즙을 말린 덩어리.
∥~像(ぞう) 건칠로 만든 불상.
乾打碑(かんだひ) (유연묵에다 밀초를 섞어 만든) 탑본용 먹.
乾拓(かんたく) 물을 쓰지 않고 유연묵(油煙墨) 등으로 탑본(搨本)하는 일.
乾板(かんぱん) (사진의) 건판.
乾布(かんぷ) 건포. 마른 헝겊.
∥~摩擦(まさつ) 건포 마찰.
乾瓢(かんぴょう) 박고지. 오가리.
乾皮(かんぴ) 건피. 말린 짐승 가죽.
乾河道(かんかどう) 냇물이 말라서 생긴 길.
乾舷(かんげん)【海】건현.
乾荒原(かんこうげん)【地】건황원. 일반적으로 사막이라고 함.

訓読
乾 ㊀(いぬい)〈老〉술해방(戌亥方). 서북. 건방(乾方).
  ㊁(けん) 건. 주역(周易)의 팔괘의 하나.
乾びる(からびる) ① 마르다. 시들다. ② 마르고 쓸쓸한 감을 띠다.
乾(からから) 바삭바삭함. 보송보송함.
乾鮭(からざけ) 건(乾)연어.
乾拭き(からふき) (윤기를 내기 위한) 마른 걸레질.
乾熬り(からいり) ⇨ 乾煎り(からいり).
乾煎り(からいり)【料】볶음.
乾風(からかぜ) ☞ 乾っ風(からっかぜ).
乾っ風(からっかぜ) 강바람.

乾咳(からせき) ①마른기침. ②헛기침.
＊からぜきとも 읽음.
❖乾く(かわく) 마르다. 건조하다.
乾かす(かわかす) 말리다.
乾き(かわき) ①마름. 건조. ②병후(病後)의 심한 식욕. ♣～物(もの) 마른안주.
❖乾す ㊀(ほす) 말리다.
　㊁(さばす) 바람을 쐬다. 말리다.
乾し(ほし) 말림. 말린 것.
乾し大根(ほしだいこん) 통째로 말린 무.
乾し物(ほしもの) 볕에 말린 것. 특히, 세탁물.
乾し飯(ほしいい) 찐 쌀을 말린 비상 식량. 「말린 밥.
乾し殺す(ほしころす) 굶겨 죽이다.
乾し上げる(ほしあげる) ①(햇볕이나 불에) 바싹 말리다. ②〈俗〉굶기다.
乾し柿(ほしがき) 곶감.
乾し鰯(ほしか) 기름을 짜고 난 정어리를 말린 것. 말린 정어리.
乾し魚(ほしうお) 말린 물고기. 건어(乾魚).
乾し肉(ほしにく) 말린 고기. 육포.
乾し栗(ほしぐり) 밤을 삶아 말린 것.
乾し場(ほしば) 건조장.
乾し藷(ほしいも) 고구마를 쪄서 얇게 썰어 말리기. 「말린 것.
乾し菜(ほしな) 시래기.
乾し草(ほしくさ) (사료용) 건초. 마른풀.
乾し葡萄(ほしぶどう) 건포도.
乾し海老(ほしえび) 마른 새우.
乾し海鼠(ほしこ) 말린 해삼. 건해삼.
乾し海苔(ほしのり) 해태. 말린 김.
❖乾る(ひる) ①마르다. ②(조수가) 써다. ③다하다. 바닥 나다.
乾涸びる(ひからびる) ①바싹 말라 버리다. ②신선미가 없어지다. 진부해지다.
乾菓子(ひがし) 마른과자.
乾反る(ひぞる) 말라서 뒤틀리다(휘다).
乾上がる(ひあがる) 바싹 마르다. 말라붙다.
乾魚(ひうお) 건어(물). 말린 물고기. ＊ひざかな・かんぎょ로도 읽음.

|其他➡|
乾瘡(はたけ)『漢醫』마른버짐.

|逆音➡|
速乾(そっかん) 속건. 빨리 마름.
塩乾(えんかん) 생선을 소금에 절이거나 말리는 일.

| 11
イ
㊙ | **健** | 건강할 건
ケン
すこやか・したたか・たけし・つよい |

|音読➡|
健脚(けんきゃく) 건각. 「건함.
健剛(けんごう) 건강. 힘이 세고 정신력도 건
健康(けんこう) 건강. 건전. ♣～美(び) 건강미・～食(しょく) 건강식.
‖～保険(ほけん) 건강 보험.
～手帳(てちょう) 건강 수첩.
～診断(しんだん) 건강 진단.
健啖(けんたん) 건담. 대식(大食)함. ♣～家(か) 대식가. 「증.
健忘(けんぼう) 건망. ♣～症(しょう) 건망
健保(けんぽ) '健康保険(けんこうほけん)(=건강 보험)'의 준말.
健棒(けんぼう) 『野』공을 잘 침. 타력이 셈. 또, 그 사람. 「사람.
健常者(けんじょうしゃ) 심신 장애가 없는
健羨(けんせん) 건선. 몹시 부러워함.
健在(けんざい) 건재.
健勝(けんしょう) 건승. 좋은 건강 상태.
健児 ㊀(けんじ) ①건아. ②〈古〉☞㊁.
　㊁(こんでい) ①奈良(なら)・平安(へいあん) 시대에, 兵部省(ひょうぶしょう)에 속하고 각 지방에 배치되어 지방 관아 등을 지키던 병사. ②무사의 머슴・하급 무사.
健胃(けんい) 건위. ♣～剤(ざい) 건위제.
健在(けんざい) 건재.
健全(けんぜん) 건전.
健診(けんしん) '健康診断(けんこうしんだん)(=건강 진단)'의 준말.
健投(けんとう) 『野』건투. 투수가 상대방에게 득점을 주지 않으려고 공을 잘 던짐.
健闘(けんとう) 건투.
健筆(けんぴつ) 건필. 달필.

|訓読➡|
健か(したたか) ①세게. ②몹시. 많이.
健か者(したたかもの) ①만만찮은〔다루기 힘든〕사람. ②억센 사람. 용사.
健やか(すこやか) 튼튼함. 건강함.
健ぶ(たけぶ) 〈古〉사납게 날뛰다〔굴다〕.

|其他➡|
健気(けなげ) ①씩씩하고 부지런함. 다기짐. 다기참. ②갸륵함. 기특함. ③〈古〉건강.
健よか(すくよか) ①(무럭무럭 자라) 튼튼한 모양. ②〈古〉마음이 견실한 모양. ③〈古〉험한 모양.

| 13
月 | **腱** | 힘줄 건
ケン
すじ |

|音読➡|
腱(けん)『生』건. 힘줄.
腱反射(けんはんしゃ)『生』건(힘줄)반사.
腱鞘(けんしょう)『生』건초. ♣～炎(えん)『醫』건초염. 「건.
アキレス腱(アキレスけん)『生』아킬레스

| 17
足 | **蹇** | 절뚝발 건
ケン
あしなえ・なえぐ・なやむ |

|音読➡|
蹇蹇匪躬(けんけんひきゅう) 건건비궁. 일신을 돌보지 않고 충절을 지킴.

|訓読➡|
蹇(あしなえ) ①절름발이. ②앉은뱅이.
蹇ぐ(なえぐ) 다리를 절다.

17 金	鍵	열쇠 건 ケン かぎ

音読
鍵関(けんかん) 열쇠와 빗장.
鍵盤(けんばん) 건반.
‖~楽器(がっき) 건반 악기.
　~鑽孔機(さんこうき) 건반 천공기.
訓読
鍵(かぎ) 열쇠.
鍵孔(かぎあな) 열쇠 구멍.　　　　「아이.
鍵っ子(かぎっこ) 〈俗〉맞벌이하는 부부의
鍵刺激(かぎしげき) 동물의 본능적 행동을 일으키게 하는 특정 자극.
鍵層(かぎそう) 〖地〗건층. 키 베드(key bed). ＊けんそう로도 읽음.
鍵穴(かぎあな) 열쇠 구멍.

걸

3 乙	乞	빌 걸·구걸할 걸 キツ·コツ こう

音読
乞丐(こつがい) 걸개. 거지. 비렁뱅이. ＊かたい로도 읽음.
‖~人(にん) ☞乞丐.
乞巧奠(きっこうでん) 걸교전. 칠석날 밤에 견우·직녀에게 길쌈을 잘 하게 해 달라고 비는 의식. ＊きこうでん으로도 읽음.
乞索状(こっさくじょう) 남의 소유물에 대해 억지로 그 양도증을 쓰게 함. 또, 그 양도
乞児(こつじ) 걸인. 거지.　　　　　　└증.
乞者(こっしゃ) 탁발승(托鉢僧).
訓読
❖乞う(こう) 청하다. 원하다. 바라다.
乞い(こい) 청. 청함.
乞い受ける(こいうける) (임자에게) 사정하여 물건을 얻어내다.　　　　　　「내다.
乞い取る(こいとる) 사정해서 얻다〔얻어
其他
乞食 ㊀(こじき) 거지. 걸인. 비렁뱅이. 또, 비럭질. 구걸. ＊雅語·方言으로는 ほいと라고도 함.
‖~根性(こんじょう) 거지 근성.
　~芝居(しばい) ①노상에서 연극을 하면서 구걸하는 일. ②서투른 연극의 멸칭.
㊁(こつじき) ①〖佛〗탁발(托鉢). ②거지.

10 木	桀	하왕이름 걸·젖을 걸 ケツ あらい

桀(けつ) 걸. 고대 중국 하(夏)나라의 마지막 임금.
桀紂(けっちゅう) 걸주. ②하(夏)의 주왕과 은(殷)의 주왕. ②포악무도한 군주.

13 イ 常	傑(傑)	뛰어날 걸 ケツ すぐれる

音読
傑物(けつぶつ) 걸물.
傑士(けっし) 걸사. 걸물(傑物).
傑僧(けっそう) 걸승. 뛰어난 승려.
傑然(けつぜん) 걸연. ①걸출한 모양. ②의 연한 모양.
傑人(けつじん) 걸인. 걸사(傑士).
傑作(けっさく) ①걸작. 명작. ②〈俗〉별나고 야릇한 언동.
傑出(けっしゅつ) 걸출.
訓読
傑れる(すぐれる) 뛰어나다. 우수하다. 훌륭하다.

검

10 イ 常	倹(儉)	검소할 검 ケン つづまやか·つつましい

音読
倹鈍(けんどん) ①倹鈍箱(けんどんばこ)의 준말. 위아래 또는 좌우에 홈이 있어 뚜껑을 빼고 끼게 된 상자. ②江戸(えど) 시대에 국수·밥·술 등을 한 그릇씩 담은 것.
倹吝(けんりん) 검린. 인색함.
倹素(けんそ) 검소.
倹約(けんやく) 검약.
訓読
倹しい(つましい) 검소하다. 알뜰하다.

10 リ 常	剣(劍)	칼 검 ケン つるぎ

音読
剣 ㊀(けん) ①검. ②총검. ③검술.
㊁(つるぎ) 양날검.
　~の刃渡(はわた)り 칼날 타고 건너기. 아주 위험한 일의 비유.
‖~の山(やま) 〖佛〗날을 위로 하고 검을 심어 놓은 산〔지옥에 있다고 함〕.
剣客(けんかく) 검객. ＊けんきゃく로도 읽
剣光(けんこう) 검광. 칼의 반짝임.　└음.
‖~帽影(ぼうえい) 군대가 무장하고 정렬한 모양.

剣戟(けんげき) 검극. 무기. 칼싸움.
剣劇(けんげき) 검극.　　　　　[랫부분.
剣衿(けんえり) 양복 따위의 깃의 뾰족한 아
剣難(けんなん) 검난. 칼 따위로 입는 재난.
剣帯(けんたい) 검대. 칼을 차기 위해 허리에 두르는 띠.
剣道(けんどう) 검도.
剣突く(けんつく)〈俗〉 핀잔. 호통.
~を食(く)わす 핀잔을 주다. 야단 치다.
剣竜(けんりゅう) 검룡. 초식성 공룡의 하나.
剣幕(けんまく) (몹시 노하여) 험하고 무섭게 된 표정이나 태도.
剣舞(けんぶ) 검무. 칼춤.
剣法(けんぽう) 검법. 검술.
剣が峰(けんがみね) ① 높고 날카로운 산봉우리. ② 씨름판의 둘레를 이루고 있는 경계선. ③ 더 이상 물러날 수 없는 상태.
剣鋒(けんぽう) 검봉. 칼날의 끝.
剣士(けんし) 검사. 검객.
剣山(けんざん) 침봉(針峰).
剣先(けんさき) ① 칼끝. ② 뾰족한 것의 끝.
剣聖(けんせい) 검도의 달인.
剣術(けんじゅつ) 검술. 검도.
‖~使い(つかい) 검술인. 검도가.
剣玉(けんだま) 죽방울. 장난감의 일종.
剣尺(けんじゃく) 검척.
剣呑 ㊀(けんのん)〈俗〉 위태로움. 위험함.
㊁(けんのみ) ☞剣突く(けんつく).
剣侠(けんきょう) 검협. 검술에 능한 협객.
剣豪(けんごう) 검호. 검술의 명인.

訓読
剣太刀(つるぎたち)〈雅〉 양날검.

```
12  検(檢)   조사할 검
木             ケン
敎            しらべる
```

音読
検する(けんする) 검사하다. 단속하다.
検挙(けんきょ) 검거.
検見 ㊀(けんみ) ① 검사(検査). 또, 검사역(役). ② 망을 봄.
㊁(けみ) 검견(検見). 간평(看坪).
検鏡(けんきょう) 검경. 현미경으로 검사함.
検孔(けんこう) 검공. 카드나 종이 테이프에 펀치된 구멍이 잘못된 것이 있는가를 조사함.
♣~機(き) 검공기.
検校(けんぎょう) 검교. ① 옛날에 맹인에게 주던 최고의 벼슬. ② 사찰(寺刹)의 모든 사무를 감독하는 직책.
検尿(けんにょう)『醫』 검뇨. 소변 검사.
検断(けんだん) 검단. 비리(非理)를 조사하여 그 죄를 단정함.
検痰(けんたん)『醫』 검담. 가래침 검사.
検糖計(けんとうけい) 검당계. 설탕 용액의 농도를 재는 측정 기구.
検卵(けんらん) 검란. 달걀의 질과 부화 여부를 검사함.

検量(けんりょう) (선적 화물의) 검량.
検了(けんりょう) 검사 완료. 검사필.
検流計(けんりゅうけい) 검류계.
検梅(けんばい)『醫』 매독의 유무를 검사함.
検脈(けんみゃく)『醫』 검맥. 진맥.
検面調書(けんめんちょうしょ) 検察官面前調書(けんさつかんめんぜんちょうしょ)의 준말. 피의자・참고인의 검사에 대한 진술서.
検問(けんもん) 검문. ♣~所(じょ) 검문소.
検反(けんたん) 방직 과정에서 생기는 여러 가지 흠을 검사하는 공정.
検番(けんばん) 파수꾼.
検便(けんべん)『醫』 검변. 대변 검사.
検封(けんぷう) 검봉. 검사하여 봉함. 또, 봉인을 검사함.
検分(けんぶん) 검분. 입회하여 검사함.
検死(けんし) 검시(検屍).
検使(けんし) 사실 조사 또는 검시(検屍)를 위해 보내는 사자.
検事(けんじ) 검사. ① 검찰관의 계급의 하나. ② '検察官(けんさつかん)(=검찰관)'의 구칭. ♣~局(きょく) 검사국 / ~長(ちょう) 검사장.
‖~控訴(こうそ) 검찰 항소.
検査(けんさ) 검사. ♣~役(やく) 검사역.
検算(けんざん) 검산.
検索(けんさく) 검색.
検束(けんそく) 검속.
検水(けんすい) 검수.
検収(けんしゅう) 검수. 물품의 수량・종류를 확인하고 수납함.
検屍(けんし) ⇨ 検死(けんし).
検視(けんし) 검시. ① 사실을 검사함. ② 검시(検屍).
検案(けんあん) 검안. ① 상황 등을 조사하고 따짐. ②『法』형사 소송에서 특별한 지식・경험이 있는 자가 행하는 감정. ③ 시체에 대하여 사망 사실을 의학적으로 확인함.
‖~書(しょ)『法』(시체) 검안서.
検眼(けんがん) 검안.
検圧(けんあつ) 검압. 압력을 검사함.
検疫(けんえき) 검역. ♣~法(ほう)『法』검역법.
‖~伝染病(でんせんびょう)『法』검역 전염병.
検閲(けんえつ) 검열.
検温(けんおん) 검온.
‖~器(き) 검온기. 体温計(たいおんけい)의 구칭.
検印(けんいん) 검인.
検認(けんにん) 검인. 검사하여 인정함.
検字(けんじ) 검자.
検電器(けんでんき) 검전기.
検定(けんてい) 검정.
‖~教科書(きょうかしょ) 검정 교과서.
~試験(しけん) 검정 시험.
~済み(ずみ) 검정필.
検潮儀(けんちょうぎ)『地』검조의.
検証(けんしょう) 검증.

‖～理論(りろん)〖哲〗검증 이론.
検地(けんち) 논밭을 측량하여 면적·경계·수확고 등을 검사함.
検知(けんち) 검지. 기계 따위로 검사해서 알아 냄.
検真装置(そうち) 검지 장치.
検真(けんしん)〖法〗검진. 민사 소송에서, 증거 문서의 진부(眞否)를 조사함.
検診(けんしん) 검진.
検車(けんしゃ) 검차. 차량 검사. ♣～係(がかり) 검차계.
検札(けんさつ) 검표.
検察(けんさつ) 검찰. ♣～官(かん) 검찰관 /～庁(ちょう) 검찰청.
検尺(けんじゃく) 검척. 벌채한 재목의 길이·굵기를 재어 기장하는 업무.
検体(けんたい) 검체. 검사·분석의 대상으로 하는 물체.
検出(けんしゅつ) 검출.
検測(けんそく)〖地〗지진파의 기록지(記録紙)에서 지진파의 크기·방향·진폭·주기 등 조사와 연구에 필요한 사항을 계측하는 일.
検針(けんしん) 검침.
検討(けんとう) 검토.
検波(けんぱ)〖理〗검파. ♣～器(き) 검파기.
検品(けんぴん) 검품. 물품을 검사함.
其他
検める(あらためる) 조사[검사]하다.
検非違使(けびいし)〖史〗平安(へいあん) 시대 초기에, 비위를 갑찰하던 벼슬.
‖～庁(ちょう) 検非違使가 사무 보던 관청.

| 16 才 | 撿 | 조사할 검
ケン・レン
くくる・しらべる |

音読
撿尺(けんじゃく) 검척. 벌채한 재목의 길이·굵기를 재어 기장하는 업무.

| 18 目 | 瞼 | 눈꺼풀 검
ケン
まぶた |

訓読
瞼(まぶた) 눈꺼풀. ＊まなぶた라고도 함.

겁

| 7 力 | 劫 | 겁탈할 검·위협할 검
ゴウ・コウ・キョウ
おびやかす |

音読
劫(こう) ①〖佛〗겁. ②(바둑의) 패.
劫臘(こうろう) 긴 세월. 또, 연공(年功).
劫臘(こうろう) ⇨劫臘(こうろう).
劫掠(ごうりゃく) 겁략. 폭력으로 뺏음.
劫略(ごうりゃく) ⇨劫掠(ごうりゃく).
劫量(こうりょう) ☞劫臘(こうろう).
劫末(ごうまつ)〖佛〗겁말. 이 세상의 종말.
劫罰(ごうばつ) 겁벌. 지옥의 고통을 겪게 하는 벌.
劫初(ごうしょ)〖佛〗겁초.
劫奪(ごうだつ) 겁탈. 위협하여 빼앗음.
＊きょうだつ로도 읽음.
劫火(ごうか)〖佛〗겁화. 전세계를 태워 없앨 것이라는 큰 불. 전하여, 대화재.

| 8 忄 | 怯 | 겁낼 겁
キョウ
おくれる・おびえる・ひるむ |

音読
怯懦(きょうだ) 겁나. 겁이 많고 의지가 약함. 겁약.
怯夫(きょうふ) 겁부. 겁이 많은 남자.
怯弱(きょうじゃく) 겁약. 겁이 많고 마음이 약함.
怯臆(きょうおく) 겁억. 두려워서 떪.
怯者(きょうしゃ) 겁자. 겁이 많은 사람.
訓読
怯える(おびえる) ①무서워하다. 겁내다. ②가위 눌리다.
怯む(ひるむ) 기가 죽다[꺾이다]. 질리다.
怯れる(おくれる) 주눅 들다. 기가 죽다.

게

| 11 才 常 | 掲 (揭) | 들 게
ケイ
かかげる |

音読
掲記(けいき) 정식 기록으로 올림.
掲名(けいめい) 이름을 내걺.
掲示(けいじ) 게시. ♣～板(ばん) 게시판.
掲額(けいがく) 게액. 공적·우승 등을 기념하여 그 사람의 사진 따위를 사진틀에 넣어 걺.
掲揚(けいよう) 게양.
掲載(けいさい) 게재. ♣～紙(し) 게재지 /～誌(し) 게재지.
掲出(けいしゅつ) 게시하여 내놓음.
訓読
掲げる(かかげる) 내걸다. ①달다. 게양하다. ②싣다. 게재하다. ③(주의·주장 따위를) 내세우다.

| 16 心 常 | 憩 | 쉴 게
ケイ
いこい・いこう |

音読
憩息(けいそく) 게식. 휴식.

憩室(けいしつ) 게실. 소화기(消化器)의 일부가 자루처럼 툭 튀어나와 부푼 것.
憩潮(けいちょう) 게조. 만조와 간조가 바뀔 때 일시적으로 조류가 정지하는 일.

【訓読】
❖憩う(いこう) 휴식하다.
憩い(いこい) 휴식.

격

9 扌	挌	칠 격 カク うつ

【音読】
挌殺(かくさつ) 타살(打殺).
挌闘(かくとう) 격투.

10 木 【教】	格	이를 격 カク・コウ・キャク いたる・ただす

【音読】
格 ㊀(かく) 격.
 ㊁(きゃく)〖史〗왕조 시대에 律令(りつりょう)의 불비를 보완하기 위해 임시로 반포된 칙령 따위. 또, 그것을 모은 책.
格技(かくぎ) 격투기.
格納(かくのう) 격납. ♣〜庫(こ) 격납고.
格段(かくだん) 각별. 현격.
格例(かくれい) 격례. ① 관례. ② 규칙. 격식.
格率(かくりつ)〖哲〗격률. 준칙.
格文法(かくぶんぽう) 격문법.
格物致知(かくぶつちち) 격물치지.
格変化(かくへんか)〖文法〗격변화.
格別(かくべつ) ① 각별. 유별남. 특별남. ② 어쨌든(간에). 또 모르다.
格付け(かくづけ) 신용 평가.
 ‖〜機関(きかん) 신용 평가 기관.
格殺(かくさつ) 타살(打殺).
格上(かくじょう) 지위나 격식이 상위에 있음.
格上げ(かくあげ) 격상. 승격.
格式 ㊀(かくしき) 격식.
 〜張る(ばる) (너무) 격식을 차리(어 딱딱하게 굴)다.
 ㊁(きゃくしき) 특히, 奈良(なら)・平安(へいあん) 시대의 법제도의 총칭.
格安(かくやす) 품질에 비해서 값이 쌈.
格言(かくげん) 격언.
格外(かくがい) 격외. 보통이 아님. 규격에서 벗어난 것.
格子(こうし) 격자. ♣〜点(てん) 격자점 /〜窓(まど) 격자창 /〜戸(ど) 격자문.
 ‖〜欠陥(けっかん)〖化〗격자 결함.
 〜分光器(ぶんこうき)〖理〗격자 분광기.
 〜定数(ていすう)〖数・理〗격자 상수.
 〜造り(づくり) 겉에 격자를 댄 집의 구조.
 〜振動(しんどう)〖理〗격자 진동.
 〜縞(じま) 바둑판(격자・체크) 무늬.
格組み(こうぐみ)〖建〗나무를 가로세로 격자처럼 짜기.
格調(かくちょう) 격조. ♣〜派(は) 격조파.
格助詞(かくじょし)〖文法〗격조사.
格差(かくさ) 격차.
 ‖〜賃銀(ちんぎん) 격차 임금.
格闘(かくとう) 격투. ♣〜技(ぎ) 격투기.
格下(かくした) 격하.
格下げ(かくさげ) 격하.
格好(かっこう) ① 모습. 모양. 볼품. ② 체면치레. ③ 알맞음.
格花(かくばな) 중심이 되는 나뭇가지가 있는 꽃꽂이. ＊かくかろと도 읽음.

【其他】
格縁(ごうぶち)〖建〗소란반자틀.
格天井(ごうてんじょう) 소란반자.
格板(ごういた)〖建〗개판(蓋板). 소란반자를 이루는 네모진 판자.

13 阝 【常】	隔(隔)	막을 격・뜰 격 カク へだてる・へだたる

【音読】
隔年(かくねん) 격년. 한 해 거름.
 ‖〜結実(けつじつ) 격년 결실.
隔離(かくり) 격리. ♣〜説(せつ) 격리설.
 ‖〜病舎(びょうしゃ) 격리 병동.
隔膜(かくまく) 격막. ①〖生〗횡격막. ②〖理〗두 개의 액체를 가로막는 막.
隔晩(かくばん) 하룻밤 거름.
隔壁(かくへき) 격벽.
隔世(かくせい) 격세.
 ‖〜の感(かん) 격세지감.
 〜遺伝(いでん)〖生〗격세 유전.
隔歳(かくさい) 격세.
隔心(かくしん) 격심. 격의(隔意).
隔夜(かくや) ① 격야. 하룻밤을 거름. ② 신사(神社)・불당에 하룻밤씩 한 곳씩 불을 켜 가며 계속 수행하는 일. 또, 그 수행자.
隔遠(かくえん) 격원.
隔月(かくげつ) 격월.
隔意(かくい) 격의. 격심(隔心).
隔日(かくにち) 격일. ＊かくじつ라고도 함.
隔絶(かくぜつ) 격절. 사이가 동떨어짐.
隔週(かくしゅう) 격주.
隔地(かくち) 격지. 떨어져 있는 지방.
隔壁(かくへき) 뱃짐이 놓이지 않도록 선창 안에 만든 칸막이 판자.
隔靴掻痒(かっかそうよう) 격화소양. 신을 신고 발을 긁는다는 뜻. 성이 차지 않음.

【訓読】
❖隔たる(へだたる) ① (공간적으로) 떨어지다. ② (세월이) 지나다.
隔たり(へだたり) 간격. 격차. 거리. 차이.

❖隔てる(へだてる) ① 사이를 떼다. ② 칸을 막다.
隔て(へだて) ① 칸막이. 경계. ② 차별. 구별. ③ 격의(隔意).
‖～顔(がお) 서먹한 표정의 얼굴.
隔てがましい(へだてがましい) 서먹하다. (낯이 익지 않아) 어색하다.
隔て心(へだてごころ) 격을 둔 마음.

| 14 月 | 膈 | 칸막이 **격**
カク |

音読🢂
膈(かく) ①〚生〛복부와 흉부(胸部) 사이. ② 〚醫〛구역질을 수반한 위병.
膈症(かくしょう) 〚醫〛음식물이 가슴에 메는 질병. 위암·식도암이 이에 해당.

| 15 手 常 | 擊(撃) | 칠 **격**·마주칠 **격**
ゲキ
うつ |

音読🢂
擊劍(げきけん) 격검. 검술. *げっけん으로도 읽음.
擊力(げきりょく) 〚理〛격력. 충격력.
擊滅(げきめつ) 격멸.
擊發(げきはつ) 격발. 방아쇠를 당김.
擊殺(げきさつ) 격살. 쳐(쏴) 죽임.
擊碎(げきさい) 격쇄. 쳐부숨.
擊壤(げきじょう) 격양. (옛날 중국에서) 백성이 땅을 구르며 태평을 노래하던 일.
擊攘(げきじょう) 격양. 격퇴함.
擊鐵(げきてつ) 격철. (총의) 공이치기.
擊墜(げきつい) 격추.
擊沈(げきちん) 격침.
擊針(げきしん) 격침. (총의) 공이.
擊柝(げきたく) 격탁. 딱딱이를 침. 딱딱이 소리.
擊退(げきたい) 격퇴.
擊破(げきは) 격파.

訓読🢂
❖擊つ(うつ) ① 공격하다. ② 총포를 쏘다. ③ 목표에 탄환을 맞히다.
擊ち落とす(うちおとす) 쏘아 떨어뜨리다.
擊ち抜く(うちぬく) ① 총으로 구멍을 뚫다. ② (적이 항복하도록까지) 쏴대다.
擊ち払う(うちはらう) (총포 따위를) 쏘아 쫓아버리다.
擊ち殺す(うちころす) 쏘아 죽이다.
擊ち手(うちて) 총포를 쏘는 사람. 사수.
擊ち止める(うちとめる) 쏘아 죽이다.
擊ち取る(うちとる) ① 공격하여 빼앗다. ② (무기로) 죽이다.
擊ち破る(うちやぶる) ① (구습 등을) 타파하다. ② (적을) 쳐부수다.
擊ち合い(うちあい) ① 반격. 되받아침. ② 시합.

| 15 鳥 | 鴃 | 때까치 **격**
ゲキ
もず |

音読🢂
鴃舌(げきぜつ) 격설. (때까치가 지저귄다는 뜻으로) 외국인[야만인]이 지껄이는 알아들을 수 없는 말을 얕잡아 일컫는 말.

| 16 氵 教 | 激 | 과격할 **격**·심할 **격**
ゲキ
はげしい・たぎつ |

音読🢂
激する(げきする) ① 격하다. 격(렬)해지다. ② 격려하다.
激減(げきげん) 격감.
激高(げっこう) 격앙. 격분. *げきこう로도 읽음.
激怒(げきど) 격노.
激湍(げきたん) 격단. 거세게 흐르는 여울.
激談(げきだん) 격한 담판.
激徒(げきと) 격렬한 행동을 하는 자.
激突(げきとつ) 격돌.
激動(げきどう) 격동.
激浪(げきろう) 격랑. 거센 물결.
激勵(げきれい) 격려.
激烈(げきれつ) 격렬.
激論(げきろん) 격론.
激流(げきりゅう) 격류.
激務(げきむ) 격무.
激發(げきはつ) 격발. 격렬하게 일어남.
激變(げきへん) 격변. 급변.
激憤(げきふん) 격분. 분격.
激賞(げきしょう) 격상. 격찬.
激暑(げきしょ) 극서. 혹서.
激成(げきせい) 억눌러서 오히려 격해짐.
激聲(げきせい) 격성. 격앙된 목소리.
激甚(げきじん) 격심. 극심.
‖～災害(さいがい) 격심 재해. 극심한 재해.
～災害法(ほう) 극심 재해법. 극심 재해에 효율적으로 대처하기 위한 법률.
激昻(げっこう) 격앙. 격분. *げきこう로도 읽음.
激語(げきご) 격어. 과격한 말.
激越(げきえつ) 감정이 몹시 격함.
激戰(げきせん) 격전.
激切(げきせつ) 격절. 말씨 따위가 격렬함.
激情(げきじょう) 격정.
激症(げきしょう) 증상이 심함.
激增(げきぞう) 격증.
激職(げきしょく) 격직. 격무.
激震(げきしん) 격진. 격렬한 지진.
激讚(げきさん) 격찬.
激贊(げきさん) ⇨ 激讚(げきさん).
激臭(げきしゅう) 자극이 매우 강한 냄새.
激痛(げきつう) 격통.
激闘(げきとう) 격투. 격전.
激化(げっか) 격화. *げきか로도 읽음.

訓読
激つ(たぎつ) 〈文〉 ☞激る(たぎる).
激る(たぎる) ①끓다. ②(급류가 되어) 소용돌이치다.
激しい(はげしい) 세차다. 격심하다. 잦다.

17 木	檄	격서 **격** ゲキ ふれぶみ

音読
檄(げき) 격. 격문.
檄する(げきする) 격문을 돌리다〔띄우다〕.
檄文(げきぶん) 격문.

17 門	閴	고요할 **격** ゲキ しずか

音読
閴として(げきとして) 쥐죽은 듯이 고요해.
閴然(げきぜん) 몹시 한적한 모양.
閴寂(げきせき) 격적. 아주 고요한 모양.

18 鳥	鵙	때까치 **격** ケキ もず

訓読
鵙(もず) 〖鳥〗 때까치.

견

4 犬 教	犬	개 **견** ケン いぬ

音読
犬馬(けんば) 견마. 개와 말.
犬舍(けんしゃ) 견사. 개집.
犬羊(けんよう) 견양. ①개와 양. ②하찮은 사람.
犬猿(けんえん) 견원. 개와 원숭이.
　〜の仲(なか) 견원지간.
犬儒(けんじゅ) 견유. 견유학파의 철학자.
　∥**〜学派**(がくは) 견유학파.
犬種(けんしゅ) 견종. 개의 품종.
犬歯(けんし) 견치. 송곳니.
犬吠(けんばい) 견패. 개가 짖음. 또, 그 소리.
犬皮(けんぴ) 견피. 개의 가죽.

訓読
犬 ㈠(いぬ) ①〖動〗개. ②앞잡이.
　㈡(けん) 《接尾語로》…견. 개.
犬ころ(いぬころ) 강아지.
犬蕨(いぬわらび) 〖植〗개고사리.
犬蓼(いぬたで) 개여뀌.
犬防ぎ(いぬふせぎ) ①불단 앞의 낮은 격자. ②(신사·절의) 낮은 울짱.
犬死に(いぬじに) 개죽음.
犬飼い(いぬかい) 옛날에, 매 사냥에 쓰는 개를 기르던 사람.
犬殺し(いぬころし) 들개를 잡아 도살장에 보내는 사람.
犬搔き(いぬかき) 개헤엄.
犬小屋(いぬごや) 개집.
犬狩り(いぬがり) 들개 사냥.
犬侍(いぬざむらい) 비겁한 무사를 욕하는 말.
犬養い(いぬかい) ⇨ 犬飼い(いぬかい).
犬泳ぎ(いぬおよぎ) 개헤엄.
犬の陰囊(いぬのふぐり) 〖植〗개불알풀.
犬潜り(いぬくぐり) 개구멍.
犬張り子(いぬはりこ) 개가 서 있는 모양의, 종이로 만든 장난감.
犬釘(いぬくぎ) (철도의) 침목정(枕木釘).
犬走り(いぬはしり) ①건물의 외벽과 그 바깥쪽의 도랑 사이에 만든 좁은 통로. ②제방의 작은 둔덕. *いぬばしりろも 읽음.
犬追物(いぬおうもの) 옛날의 기사(騎射) 연습의 하나.
犬畜生(いぬちくしょう) 짐승보다도 못한 놈. 개새끼.
犬橇(いぬぞり) 개가 끄는 썰매.
犬鷲(いぬわし) 〖鳥〗 검둥수리.
犬黃楊(いぬつげ) 〖植〗 꽝꽝나무.

其他
犬児(えのこ) ⇨ 犬子(えのこ).
犬子(えのこ) 강아지. *えのころ로도 읽음.

7 見 教	見	볼 **견**·뵐 **현** ケン・ゲン みる・みえる・みせる あらわれる・まみえる

音読
見(けん) 견해. 관점. 생각.
見高(けんだか) 거만한 태도로 남을 깔보는 모양.
見当(けんとう) ①목표. ②…쯤. …가량. …정도. ♣〜識(しき)〖心〗소재식(所在識).
　∥**〜違い**(ちがい) 대중〔짐작〕이 틀림. 예상이 어긋남.
見台(けんだい) '書見台(しょけんだい)(=책 등을 올려 놓고 보는 독서대)'의 준말.
見料(けんりょう) 관람료.
見幕(けんまく) (몹시 노하여) 험하고 무섭게 된 표정이나 태도.
見脈(けんみゃく) ①견맥. 진맥. ②겉모양으로 추측함. ③(몹시 노하여) 험하고 무섭게 된 표정이나 태도.
見聞(けんぶん) 견문. ♣〜錄(ろく) 견문록. *けんもん으로도 읽음.
見物 ㈠(けんぶつ) 구경. 구경꾼. ♣〜席(せき) 구경석.
　∥**〜左衛門**(ざえもん) 구경꾼. 또, 江戶(えど) 구경하러 온 시골사람.
　㈡(みもの) ①볼 만한 것. ② ☞㈠.

見番(けんばん) 파수꾼.
見分(けんぶん) 검분(檢分). 입회하여 검사할.
見性(けんしょう) 〖佛〗견성. 대오철저(大悟徹底).
‖~成仏(じょうぶつ) 〖佛〗견성 성불.
見所(けんしょ) 能(のう)의 관람석.
見識(けんしき) 견식. 식견. 품위.
~ぶる 견식이 있는 체하다.
~張る(ばる) 잘난 체하다.
見神(けんしん) 〖宗〗견신. 신의 본체를 감지하는 일.
見者(けんしゃ) 보는 사람. 구경꾼. 관람자.
見地(けんち) ①견지. 관점. ②(건축 예정지 등에 가서) 대지를 살펴봄.
見参(げんざん) ①배알. ②주종 관계에 있는 사람이 정식 대면함.
見学(けんがく) 견학.
見解(けんかい) 견해. 의견.
見惑(けんわく) 〖佛〗견혹. 사상·관념상의 미혹(迷惑). ＊けんなく로도 읽음.

【訓読】
見つかる(みつかる) 발견되다. 들키다. 찾게 되다.
見つける(みつける) ①찾아(아 내)다. ②늘 보다.
見つき(みつき) 〈俗〉외관. 겉모양.
❖見える 〓(みえる) ①보이다. ②…인 것 같다. ③오시다《来(く)る의 높임말》.
〓(まみえる) ①(윗사람을) 만나 뵙다. 배알하다. ②만나다. 대면하다. ③섬기다.
見え(みえ) ①외양. 외관. (겉)보기. ②허식. 겉치레. ③(연극에서) 배우가 최고조에 달한 장면임을 보여, 과장된 동작을 함.
見え見え(みえみえ) 〈俗〉상대방의 의도 등이 환히 들여다보이는 모양.
見え透く(みえすく) ①속까지 환히 비쳐 보이다. ②속보이다.
❖見せる(みせる) 보이다. ①남에게 보도록 하다. ②드러내다. ③겉을 꾸미다.
見せしめ(みせしめ) 본때(를 보임). 본보기(로 징계함).
見せびらかす(みせびらかす) 자랑스럽게 내보이다.
見せ掛け(みせかけ) 외관. 겉보기.
見せ掛ける(みせかける) 겉으로만 그럴싸하게 보이게 하다.
見せ金(みせきん) 믿도록 하기 위해 상대방에게 보이는 돈. ＊みせがねねね라고도 함.
見せ旗(みせばた) 접전(接戦) 등에서, 적에게 이쪽 군인(인원)이 많은 것처럼 보이게 하기 위해 세우는 기.
見せ物(みせもの) ①(곡예나 요술 등의) 흥행. ②구경거리.
‖~小屋(ごや) 가설 흥행장.
見せ付ける(みせつける) 일부러 드러내 보이다. 과시하다.
見せ勢(みせぜい) 적을 속이기 위한 외견상의 군세(軍勢).
見せ所(みせどころ) 자랑 삼아 꼭 보여주고 싶은 장면〔연기·솜씨〕.
見せ消ち(みせけち) 사본(寫本) 따위에서, 지운 글자를 읽을 수 있도록 가는 선이나 점 따위로 표시하는 일.
見せ場(みせば) 연극 따위에서, 배우가 가장 잘 하는 연기를 보이는 장면. 볼 만한 장면.
❖見る(みる) 보다. 구경하다. 살피다.
見よかし(みよかし) 여봐란 듯이 드러내 보이는 모양.
‖~顔(がお) 여봐란 듯한 표정의 얼굴.
見られる(みられる) ①보이다. 어떤 상태에 있다. 그렇게 생각되다. ②볼 만하다.
見るも(みるも) 보기만 해도.
見る可き(みるべき) ①볼 만한. ②이렇다 할.
見覚え(みおぼえ) 본 기억.
見覚える(みおぼえる) ①보고 기억하다. ②보면서 몸에 익히다.
見間違う(みまちがう) ☞見間違える(みまちがえる).
見間違える(みまちがえる) 잘못 보다.
見開き(みひらき) 책 따위를 펼쳤을 때 마주하는 좌우 두 페이지.
見開く(みひらく) ①눈을 크게 뜨다. ②보고 깨닫다. 간파하다.
見据える(みすえる) ①응시하다. ②똑똑히 확인하다.
見す見す(みすみす) 빤히 보면서. 알고 있으면서.
見る見る(みるみる) 보고 있는 동안에. 금방.
見遣る(みやる) ①멀리 바라보다. ②그 쪽을 보다.
見兼ねる(みかねる) ①(차마) 볼 수 없다. 보다 못하다. ②돌볼 수 없다.
見頃(みごろ) (꽃 따위를) 보기에 바로 좋은 시기.
見境(みさかい) 분별. 판별. 구별.
見届ける(みとどける) 끝까지 보고 확인하다. 마지막까지 지켜보다.
見計らう(みはからう) ①보고 알맞은 것을 고르다. ②무언가 할 시기를 고르다.
見計る(みはかる) 꾀하다. 계획하다.
見苦しい(みぐるしい) 보기 흉하다. 모양 사납다.
見果てぬ(みはてぬ) 끝까지 다 보지 못한. 미진한.
~夢(ゆめ) 미진한 꿈. 실현 불가능한 일.
見果てる(みはてる) 끝까지〔전부〕 보다.
見過ごす(みすごす) 간과(看過)하다. (보는 것을) 놓치다.
見慣れる(みなれる) 늘 보아서 익숙하다. 눈에 익다. 낯익다.
見掛け(みかけ) 외관. 겉보기.
‖~倒し(だおし) 겉(모양)만 번드르르 함.
見掛ける(みかける) ①눈에 띄다. ②보기 시작하다. ③언뜻 보다.
見交わす(みかわす) ①서로 상대를 보다. ②남녀가 상대를 연애·결혼의 대상으로 만나다.
見較べる(みくらべる) ⇨ 見比べる(みくらべる).
見巧者(みごうしゃ) 연극 따위를 잘 볼 줄

앎. 또, 그런 사람.
見咎める(みとがめる) ① 보고 수상히 여겨 검문하다. ② 보고 알아차리다.
見極め(みきわめ) ① 끝까지 지켜봄. 확인함. ② 진위를 감정함.
見極める(みきわめる) ① 끝까지 지켜보다. 확인하다. ② 진위를 가리다.
見棄てる(みすてる) ⇨ 見捨てる(みすてる).
見難い(みにくい) ⇨ 見悪い(みにくい).
見納め(みおさめ) 마지막으로 봄〔보는 기회〕.
見端(みば) ⇨ 見場(みば).
見当たる(みあたる) 발견되다. 눈에 띄다. 보이다.
見逃し(みのがし) 보고 못 본 체함. 눈감아 줌.
見逃す(みのがす) ① 못 보고 빠뜨리다. 놓치다. ② 눈감아 주다. 묵인하다. ③『野』타자가 좋은 공을 치지 않고 그냥 보내다.
見倒し(みたおし) ① 물건값 등을 싸게 침〔평가함〕. 또, 보기만 하고 사지 않음. ② 見倒し屋의 준말.
‖**〜屋**(や) 물건값을 싸게 쳐서 사들이는 가게〔헌옷 가게・중고 가구점・넝마 장수 등〕.
見倒す(みたおす) ① 깔보다. 얕보다. ② 물건 값을 아주 싸게 평가하다.
見渡し(みわたし) 조망(眺望). 전망.
見渡す(みわたす) ① 멀리 바라보다. ② 훑어보다.
見突き(みづき) 배 안에서 물 속의 물고기를 직접 눈으로 보고 작살로 찔러 잡는 일.
見遁す(みのがす) ⇨ 見逃す(みのがす).
見得(みえ) ⇨ 見え(みえ)③.
見落とし(みおとし) 간과(看過). 못 보고 빠뜨림.
見落とす(みおとす) 간과하다. 못 보고 빠뜨리다.
見劣り(みおとり) (…만) 못해 보임.
見流す(みながす) 별 관심이 없이 그냥 보다. 대충 보다.
見離す(みはなす) ⇨ 見放す(みはなす).
見立て(みたて) ① 보고 정함〔고름〕. 또, 그것. ② 견해. 진단.
見立てる(みたてる) ① 보고 판단하다. ② (…에) 비기다. (…으로) 보다.
見忘れる(みわすれる) ① 알아보지 못하다. 몰라 보다. ② 볼 것을 잊고 못 보다.
見面(みづら) 겉으로 본 모양. 외견.
見目(みめ) ① 용모. ② 겉모습. ③ 명예. 면목. 체면.
見た目(みため) 외관. 외견. 외부에서 본 모양.
見る目(みるめ) ① 남의 눈. ② 사물을 보는 눈. 감식안. 안목. ③ 관점. ④ 외관.
〜嗅(か)**ぐ鼻**(はな) 남의 이목(耳目)이 무서움을 비유한 말.
見目良い(みめよい) 용모가 아름답다.
見目麗しい(みめうるわしい) 용모가 아름답다.
見目悪(みめわる) 못생긴 여자. 추녀(醜女).
見目形(みめかたち) 용모와 자태.
見目好い(みめよい) ⇨ 見目良い(みめよい).

見舞(みまい) ① 문안. 병문안. 위문. ② 위문〔문안〕 편지나 위문품. ③ 방문. ♣**〜状**(じょう) 문안 편지 / **〜品**(ひん) 위문품.
見舞う(みまう) ① (병)문안하다. 위문하다. ② 재난〔환난〕이 덮치다.
見聞き(みきき) 보고 들음. 견문.
見返し(みかえし) ① 뒤돌아봄. ② (책의) 면지(面紙). ③『裁』안단.
見返す(みかえす) ① 뒤돌아보다. ② 다시 보다. ③ 성공해 보이다.
見返り(みかえり) ① 되돌아 봄. ② 담보나 보증으로 내놓는 것. 또, 그 물건.
‖**〜物資**(ぶっし) 어떤 수입품에 대한 보증으로서 수출하는 물자.
〜預金(よきん) 은행이 채권 담보의 목적으로 인출 등을 제한하고 있는 예금. 구속 예금.
〜資金(しきん) ① 보증〔담보〕금. ② 대충(對充) 자금.
〜品(ひん) ① 비공식 담보. ② 중앙 은행이 어음 할인 때, 담보로서 잡는 유가 증권.
見返る(みかえる) 뒤돌아보다.
見抜く(みぬく) 알아차리다. 꿰뚫어 보다. 간파하다.
見方(みかた) ① 보는 방법. ② 견해. ③ 관점.
見放す(みはなす) 글렀다고 단념하고 포기하다.
見変える(みかえる) ① 버리고 다른 것으로 바꾸다. ② 이전과는 다른 딴 것을 보다.
見本(みほん) 견본. ♣**〜市**(し) 견본시(장).
‖**〜売買**(ばいばい)『經』견본 매매.
〜刷り(ずり)『印』견본쇄.
見付(みつけ) 파수꾼이 망을 보는 장소인 성의 가장 바깥쪽 성문.
見分け(みわけ) 분간. 구별.
見分ける(みわける) 보고 구별하다. 감별하다. 분간하다.
見紛う(みまがう) 보고 다른 것으로 오인하다〔잘못 알다〕. 착각하다.
見比べる(みくらべる) 비교해 보다.
見事(みごと) ① 훌륭함. 볼 만함. ② 완전함.
見捨てる(みすてる) 내버려 둔 채〔관계를 끊고〕 돌보지 않다.
見殺し(みごろし) ① 죽게 내버려 둠. ② 어려운 처지에 있는 사람을 모른 체함.
見上げる(みあげる) ① 우러러보다. 쳐다보다. ② 《'見上げた'의 꼴로》 훌륭하다고 생각하다. 감탄하다.
見繕う(みつくろう) (물품을) 적당히 골라 갖추다. 적당한 것으로 정하다.
見世(みせ) 가게. 상점. 점포.
見世構え(みせがまえ) 점포의 구조〔규모〕.
見世物(みせもの) ⇨ 見せ物(みせもの).
見所(みどころ) ① 볼 만한 곳〔대목〕. ② 장래성. 가망.
見た所(みたところ) 겉으로 본 바. 외견.
見損なう(みそこなう) ① 잘못 보다. ② 볼 기회를 놓치다.
見送り(みおくり) 송별. 배웅. 전송.

見送る(みおくる) ① 배웅〔송별〕하다. ② 장송(葬送)하다. ③ 보류하다.
見手(みて) 보는 사람. 구경꾼.
見収め(みおさめ) ⇨ 見納め(みおさめ).
見守る(みまもる) 지켜보다. 응시하다.
見受ける(みうける) 보다. 보고 판단하다.
見馴れる(みなれる) ⇨ 見慣れる(みなれる).
見習い(みならい) 견습. ① 보고 배움. ② 현장에서 일을 배움. 또, 그 사람. 수습. ♣ーエ(こう) 수습공. 「관.
‖~士官(しかん) 옛 일본 군대의 견습 사
見習う(みならう) ① 보고 배우다〔익히다〕. ② 본받다.
見始め(みはじめ) 처음 봄. 또, 그것.
見時(みどき) (꽃 따위를) 보기〔구경하기〕에 꼭 좋은 시기.
見辛い(みづらい) ① 보기 흉하다〔딱하다〕. ② 보기 어렵다. 잘 보이지 않다.
見失う(みうしなう) 보던 것을 (시야에서) 놓치다.
見悪い(みにくい) 똑똑히 보이지 않다. 알아보기 어렵다.
見様 ㊀(みさま) 겉으로 본 모양. 외견. ＊みざまにも 읽음.
㊁(みよう) 보기. 보는 법.
‖~見真似(みまね) 보고 흉내냄.
見栄(みえ) 허식. 겉치레. 허세. 허영.
見映え(みばえ) ⇨ 見栄え(みばえ).
見栄え(みばえ) 볼품이 좋음.
見栄す(みはやす) 보고 극구 칭찬하다〔추어올리다〕.
見栄坊(みえぼう) 허세 부리는 사람. 겉치레꾼. 허영꾼. 「다.
見栄張る(みえばる) 겉을 꾸미다. 허세 부리
見栄っ張り(みえっぱり) 허세 부리는 사람. 겉치레꾼.
見て呉れ(みてくれ) ①〈俗〉외관. 겉모습. ② 남의 눈에 띄는 행위. 「하다.
見誤る(みあやまる) 잘못 보다. 오인〔착각〕
見外す(みはずす) 빠뜨리고 잘못 보다.
見越し(みこし) 넘어다봄. (앞일을) 내다봄. 예측함.
‖~買い(がい) 시세 등귀를 예측해서 상품을 미리 사는 일. 「소나무.
~の松(まつ) (담 너머로) 넘어다보이는
~入道(にゅうどう) 쇠몽둥이를 든, 키다리 중의 모습을 한 괴물.
見越す(みこす) ① 예측하다. 내다보다. ② (간격·칸막이) 너머로 보다.
見違い(みちがい) 잘못 봄.
見違える(みちがえる) ⇨ 見違える(みちがえる).
見違える(みちがえる) 잘못 보다. 몰라보다.
見隠す(みかくす) 보고도 못 본 척하다.
見え隠れ(みえがくれ) 보였다 안 보였다 함.
見応え(みごたえ) 볼 만한 가치.
見縊る(みくびる) 깔보다. 업신여기다.
見易い(みやすい) ① 보기 쉽다. ② 알기 쉽다. ③ 보기 흉하지 않다.

見逸れる ㊀(みはぐれる) ① 볼 기회를 놓치다. ② 보다가 놓치다.
㊁(みそれる) 알아보지 못하다. 못 알아보
見入る(みいる) 열심히 보다. 주시하다.
見込み(みこみ) ① 가망. ② 예상. 목표.
‖~違い(ちがい) 잘못 예상함. 기대가 빗나감.
見込む(みこむ) ① 유망하다고 보다. ② 내다보다. ③ 노리다.
見残す(みのこす) 다 보지 못하고 남기다. 보다 남기다.
見張り(みはり) 망봄. 파수꾼.
見張る(みはる) ① 눈을 크게 뜨고 보다. ② 경계하다. 망보다. 「관.
見場(みば) 겉에서 얼핏 본 모양. 겉모양. 외
見積もり(みつもり) 견적. 어림. ♣見積書(みつもりしょ) 견적서.
見積もる(みつもる) 견적하다. 어림하다.
見ず転(みずてん) 〈俗〉(기생 등이) 돈만 주면 상대를 가리지 않고 아무하고나 정을 통함. 또, 그런 여자.
見切り(みきり) ① 단념(斷念)함. 포기함. ② 見切り品의 준말.
‖~発車(はっしゃ) 열차 등이 발차 시각이 되었을 때 승객이 다 타기 전에 발차함.
~品(ひん) 투매품. 이익을 포기하고 싸게 파는 물건.
見切る(みきる) ① 끝까지 다 보다. ② 확인하다. ③ 단념하다.
見定め(みさだめ) 보고 정함. 확인.
見霽かす(みはるかす) ⇨ 見晴かす(みはるかす).
見做う(みならう) ① 보고 배우다〔익히다〕. ② 본받다.
見做す(みなす) ① 간주하다. ②《法》성질이 전혀 다른 것을 법률상 동일한 것으로 보고 동일한 법률 효과가 나게 하다. 「정.
見做し規定(みなしきてい) 의제(擬制) 규
見知らぬ(みしらぬ) 알지 못하는. 낯선.
見知り(みしり) ① 보고 앎. ② 안면이 있음. 또, 그 사람. 「음.
‖~越し(ごし) 전부터 알고 있음. 안면이 있
見知る(みしる) 면식이 있다.
見ず知らず(みずしらず) (보지도 듣지도 않아) 전연 모름. 일면식도 없음. 「함.
見直し(みなおし) 처음부터 다시 봄. 재평가
見直す(みなおす) ① 다시 보다. ② 재인식〔재평가〕하다. 달리 보다. ③ (병이나 경기 등이) 나아지다. 호전되다.
見尽くす(みつくす) 전부〔다〕 보다.
見真似(みまね) 보고 흉내냄.
見澄ます(みすます) 확인하다. 정신 차려 잘 보다. 「스럽다.
見窄らしい(みすぼらしい) 초라하다. 거년
見処(みどころ) ⇨ 見所(みどころ).
見晴かす(みはるかす) 〈雅〉멀리 바라보다. 조망하다. 「망대.
見晴らし(みはらし) 전망. ♣~台(だい) 전

見晴らす(みはらす) 멀리 바라보다. 전망〔조망〕하다.
見初める(みそめる) ① 처음 보다〔만나다〕. ② 첫눈에 반하다.
見出し(みだし) ①표제(어). ②색인. ③ 발
‖~語(ご) (사전의) 표제어.   ㄴ탁.
見出す ㊀(みいだす) 찾아내다. 발견하다.
㊁(みだす) ①보기 시작하다. ②뛰어난 사람을 발탁하다.
見取り(みとり) ① 보고 앎. ② 見取り小作의 준말. ③ 見取り算의 준말.
‖~図(ず) ①겨냥도. ②제도 용구를 쓰지 않고 손으로 그린 도면.
~算(ざん) (주산에서) 보고 놓기.
~小作(こさく) 江戸(えど) 시대 소작 형태의 하나. 해마다 작황을 보아 그 해의 소작료를 정함.   ㄴ름.
㊁(みどり) 둘러보고 그 중에서 좋은 것을 고
見取る(みとる) ①보고 알다. 이해하다. ② 보고 베끼다.
見て取る(みてとる) 알아채다. 간파하다.
見蕩れる(みとれる) 넋을 잃고 바라보다.
見通し(みとおし) ① 멀리 한눈에 내다봄. ② 앞일을 내다봄. ③ 꿰뚫어 봄. 통찰.
見通す(みとおす) ①처음부터 끝까지 전부 보다. ②멀리까지 훤히 보다. ③사람의 마음이나 장래 등을 꿰뚫어 보다.
見透かす(みすかす) ①(남의 속 등을) 꿰뚫어 보다. ②빛에 비추어 보다.
見透し(みとおし) ⇨ 見通し(みとおし).
見透す(みとおす) ⇨ 見通す(みとおす).
見破る(みやぶる) 알아채다. 간파하다.
見飽き(みあき) 보기에 싫증남.
見飽きる(みあきる) 보기에 싫증이 나다.
見表わす(みあらわす) ⇨ 見現わす(みあらわす).
見下げる(みさげる) 멸시하다. 업신여기다.
見下す(みくだす) ①깔보다. ②내려다보다. 굽어보다.   ㄴ다.
見下ろす(みおろす) ①내려다보다. ② 얕보
見下げ果てた(みさげはてた) 경멸할〔만한〕.   ㄴ〔멸시하다〕.
見下げ果てる(みさげはてる) 몹시 깔보다
見限る(みかぎる) (가망 없다고 생각하여) 단념〔포기〕하다. 관계를 끊다.
見合い(みあい) ①맞선. ②균형(이 잡힘).
見合う(みあう) ①균형이 맞다〔잡히다〕. ② 서로 상대를 (살펴) 보다.
見合わせる(みあわせる) ①서로 마주 보다. ②대조하다. ③실행을 미루다.
見合い結婚(みあいけっこん) 선을 보아 하는 결혼. 중매 결혼.
見向き(みむき) 돌아다봄. 관심을 보임.
見向く(みむく) 돌아다보다. 관심을 가지고 보다.
見現わす(みあらわす) ①발견하다. 찾아내다. ②알아내다. 간파하다.   ㄴ 「わす).
見顕わす(みあらわす) ⇨ 見現わす(みあら

見好い(みよい) ①보기 좋다. ②보기 쉽다.
見惚れる ㊀(みほれる) 보고 흘딱 반하다.
㊁(みとれる) ⇨ 見蕩れる(みとれる).
見回す(みまわす) 둘러보다.
見回り(みまわり) 돌아봄. 순시.
見回る(みまわる) (이상이 없도록) 돌아다니며 살피다.
見廻す(みまわす) ⇨ 見回す(みまわす).
見廻り(みまわり) ⇨ 見回り(みまわり).
見廻る(みまわる) ⇨ 見回る(みまわる).
見詰める(みつめる) 응시하다. 주시하다.

8月 常 **肩** (肩)   어깨 견   ケン   かた

音読
肩胛骨(けんこうこつ)《生》견갑골.
肩摩(けんま) 견마. 몹시 붐비어 어깨와 어깨가 닿음.
‖~轂擊(こくげき) 견마곡격. 교통이 번잡
肩癖(けんぺき) 현벽(痃癖). ①목에서 어깨에 걸쳐 근육이 땅기는 증세. ②안마술.
肩輿 ㊀(けんよ) 어깨에 메는 탈것《가마·남여(籃輿) 따위》.
㊁(かたこし) 채를 어깨로 메는 가마.
肩章(けんしょう) 견장.

訓読
肩(かた) ①어깨. ②동물의 앞발목 부분. 또, 새의 날개죽지 부분. ③(양복 따위의) 어깨 부분.
肩げる(かたげる) 어깨에 메다.
肩す(かたす) 교군꾼이 잠시 어깨를 쉬다.
肩見出し(かたみだし) 신문의 큰 표제 앞에 다는 작은 표제.   ㄴ「일.
肩叩き(かたたたき) 뻐근한 어깨를 두드리는
肩固め(かたがため) 유도에서 굳히기의 하나. 쓰러진 상대의 한 팔과 목을 껴안고 누르는 수법.
肩慣らし(かたならし)《野》 피처 등이 가볍게 공을 던지며 어깨를 풂.
肩掛け(かたかけ) ①숄. ②어깨에 멤.
肩肱(かたひじ) ⇨ 肩肘(かたひじ).
肩口(かたぐち) 어깨죽지.
肩当て(かたあて) ①짐을 멜 때에 어깨에 대는 것. ②(의복의) 어깨 심.
肩台(かただい) 다리미질 때 어깨 따위에 받치는 틀.
肩袋(かたぶくろ) 어깨에 메는 자루. ㄴ음.
肩代わり(かたがわり) 남을 대신하여 떠맡
肩抜け(かたぬけ) 부담과 책임이 없어져 편해지는 일.
肩背(かたせ) 어깨와 등.
肩付き(かたつき) 어깨 모양.
肩山(かたやま) (옷의) 어깨가 봉긋한 부분.
肩上がり(かたあがり) 쓴 글자의 오른쪽이 위로 올라간 모양.
肩上げ(かたあげ) 의복의 어깨 징그기.

肩書き(かたがき) 직함.
∥**～付き**(つき) 직함이 있음.
肩先(かたさき) 어깻죽지.
肩息(かたいき) 할딱거리는 숨.
肩身(かたみ) ①면목. 체면. ②어깨와 몸.
肩揚げ(かたあげ) ⇨ 肩上げ(かたあげ).
肩越し(かたごし) 남의 어깨 너머로 하는 일.
肩凝り(かたこり) 어깨 결림.
肩衣(かたぎぬ) ①옛날, 하층민이 입었던 소매 없는 웃옷. ②室町(むろまち) 시대 이후 무사들의 예복.
肩入れ(かたいれ) ①편듦. ②진력.
肩助け(かたださすけ) 도움. 조력.
肩肘(かたひじ) 어깨와 팔꿈치. 「일.
肩持ち(かたもち) 편을 드는 일. 두둔하는
肩車(かたぐるま) ①목말. ②(유도에서) 어깨로 메어치기. 「わり」.
肩替わり(かたがわり) ⇨ 肩代わり(かたが
肩脱ぎ(かたぬぎ) 웃통을 벗음.
肩脱ぐ(かたぬぐ) ①상의의 한쪽을 벗고 내의의 어깨를 드러냄. ②상의를 벗고 살갗을 드러냄.
肩痛(かたつう) 어깨의 통증.
肩透かし(かたすかし) ①(씨름에서) 상대의 어깻죽지를 쳐서 고꾸라뜨리는 수. ②상대 공격의 화살을 어긋나게 하여 노력을 헛되게 만듦.
肩布団(かたぶとん) 잘 때 어깨를 덮는 길쭉
肩蒲団(かたぶとん) ⇨ 肩布団(かたぶとん).
肩幅(かたはば) ①어깨 통. ②(옷의) 품.
肩休め(かたやすめ) ①일손을 쉼. ②일이 잘되어 조금 안심이 됨.

其他
肩巾(ひれ) 옛날 귀부인이 정장할 때 어깨에 드리우는 길고 얇은 천.

10 犭	狷	성급할 **견**·견개할 **견** ケン

音読
狷介(けんかい) 견개. 괴퍅하여 의지를 굽히지 않고 남과 화합하지 않음.
狷狭(けんきょう) 견협. 제 생각만 고집하고 마음이 좁은 모양.

11 木	楗	마개 **건** カン・ケン

音読
楗水(かんすい) 〖料〗중국식 국수를 만들 때 가루에 섞는 천연 소다수.

11 牛	牽	끌 **견** ケン ひく

音読
牽強(けんきょう) 견강. 억지로 끌어감.
∥**～付会**(ふかい) 견강부회.
牽連(けんれん) 견련. 서로 관련됨. ♣**～犯**(はん)〖法〗견련범.
牽用動物(けんようどうぶつ) 견용 동물.
牽牛(けんぎゅう) 견우. ♣**～星**(せい)〖天〗견우성 /**～花**(か)〖植〗나팔꽃.
牽引(けんいん) 견인. 器. ♣**～力**(りょく) 견인력 /**～車**(しゃ) 견인차.
∥**～療法**(りょうほう)〖醫〗견인 요법.
牽制(けんせい) 견제. ♣**～球**(きゅう)〖野〗견제구.

訓読
牽く(ひく)(가까이) 잡아끌다〔당기다〕.

12 土 常	堅	굳을 **견**·굳셀 **견** ケン かたい

音読
堅 ㊀(けん) ①견고함. 견고한 것. ②투구와 갑옷.
㊁(かた)《接頭語로》딱딱한. 단단한. 굳은.
堅甲(けんこう) 견갑. ①단단하게 만든 갑옷. ②(게 따위의) 단단한 껍질.
∥**～利兵**(りへい) 견갑 이병. 정예병.
堅剛(けんごう) 견강. 단단하고 굳셈. 의지가 굳셈.
堅強(けんきょう) 견강. 단단하고 강함.
堅硬(けんこう) 견경. 단단하고 튼튼함.
堅固(けんご) ①견고. ②견강함. 튼튼함. ③〈古〉확실함. 의심 없음.
堅果(けんか)〖植〗견과(밤·도토리 따위).
堅牢(けんろう) 견뢰. 단단함. 견고.
堅塁(けんるい) 견루.
堅白同異(けんぱくどうい) 견백동이.
堅氷(けんぴょう) 견빙. 단단한 얼음.
堅城(けんじょう) 견성. 방비가 견고한 성.
堅守(けんしゅ) 견수. 굳게 지킴.
堅実(けんじつ) 견실.
堅忍(けんにん) 견인.
∥**～不抜**(ふばつ) 견인불발.
～持久(じきゅう) 견인지구.
堅靭(けんじん) 견인. 질기고 부드러움.
堅調(けんちょう)〖商〗견조. 견실한 상태.
堅持(けんじ) 견지. 굳게 지킴.
堅陣(けんじん) 견진. 견고한 진지.
堅振礼(けんしんれい)〖가톨릭〗견진 성사.
堅緻(けんち) 견치. 견고하고 치밀함.

訓読
堅まる(かたまる) ①굳다. 딱딱해지다. 덩어리지다. ②(날씨 등이) 안정되다.
❖**堅い**(かたい) ①단단하다. 굳다. ②확실하다. 흔들리지 않다. ③(유동체가) 되다. ④꼭끼다. ⑤질기다.
堅くなる(かたくなる) 긴장하다.
堅め(かため) 조금 굳은 듯한 정도.

堅間(かたま) 대나무로 눈을 촘촘하게 짠 바구니.
堅堅(かたかた) ① (빈틈없이 들어차서) 허물어지지 않는 모양. ② 확실한 모양.
堅苦しい(かたくるしい) 너무 엄격〔딱딱〕하다. 거북하다.
堅軀(かたむくろ) 완고(頑固).
堅気(かたぎ) ① 고지식하고 조신한 성질. ② 건실한 직업(에 종사하는 사람).
堅豆(かたまめ) 단단하게 볶거나 조린 콩.
堅煉り(かたねり) ⇨ 堅練り(かたねり).
堅練り(かたねり) ① 되게 반죽함. ② 차지게 반죽함.
堅麺麭(かたパン) 건빵.
堅木(かたぎ) ① 단단한 나무. ② 떡갈나무.
堅物(かたぶつ) 강직한 사람. 고지식하고 융통성이 없는 사람.
堅餠(かたもち) ① 딱딱하게 말린 떡. ② 鏡餠(かがみもち)를 잘게 부수어 말린 것.
堅肥り(かたぶとり) ⇨ 堅太り(かたぶとり).
堅雪(かたゆき) 봄에 녹기 시작한 눈이 밤에 다시 언 눈.
堅焼き(かたやき) (빵 따위를) 보통보다 딱딱하게 구움. 또, 그렇게 구운 빵.
堅手(かたで) ① 도기 따위의 성질이 굳은 일. ② 딱딱한 성질의 사람.
堅塩 ㊀(かたしお) ① 요리의 소금기가 많은 일. ② 정제되지 않은 굵은 소금. ㊁(きたし) 견염. 정제하지 않은 딱딱한 소금.
堅肉(かたじし) 단단한 살코기.
堅人(かたじん) 강직한 사람. 고지식한 사람.
堅蔵(かたぞう) 강직한 사람. 고지식한 사람.
堅田(かたた) 물이 말라서 굳어진 논.
堅造(かたぞう) ⇨ 堅蔵(かたぞう).
堅地(かたじ) ① 목기(木器)에 옻칠을 한 삼베를 바르고 다시 옻칠을 한 칠기. ② 재료와 바탕감이 견고함.
堅炭(かたずみ) 참숯.
堅太り(かたぶとり) 단단하게 살이 찜. 또, 그런 사람.

〈其他〉
堅磐(かきわ) 견반. 견고한 암석.

| 13 辶 常 | 遣(遣) | 보낼 견
ケン
つかう・つかわす・
やる・よこす |

〈音読〉
遣唐使(けんとうし) 《史》견당사.
遣唐船(けんとうせん) 견당선. 遣唐使(けんとうし)가 타던 배.
遣米(けんべい) 견미(遣美). 미국에 파견함.
遣隋使(けんずいし) 《史》견수사.
遣外(けんがい) 견외. 외국에 파견함.

〈訓読〉
遣す(よこす) ① 보내(오)다. 넘겨주다. ② 어떤 행위를 해 오다.

遣らす(やらす) 하게 하다. 시키다. 보내다.
遣らせる(やらせる) 시키다. 하게 하다.
遣られる(やられる) ① 당하다. ② (병에) 걸리다.
遣わす(つかわす) ① 보내다. 파견하다. ② 〈古〉(윗사람이) 주다. 하사하다.
遣って来る(やってくる) ① 다가오다. 찾아오다. ② 죽 해 오다. 지내 오다.
遣っ付ける(やっつける) 해치우다. ① (일을) 날림으로 끝내다. ② 완전히 이기다.
遣っ付け仕事(やっつけしごと) (급해서) 당장 발림으로 하는 일. 겉날리는 일. 날림일.
遣らずの雨(やらずのあめ) 손님을 못 가게 하기 위한 것처럼 오는 비.
遣って退ける(やってのける) (어려운 일 따위를) 잘 해내다. 해치우다.
遣って行く(やっていく) ① 살아가다. ② 일이나 교제를 계속하다.
❖遣う(つかう) ① 보내다. ② (사람을) 부리다. 사용하다. ③ 소비하다. ④ (정신을) 기울이다. ⑤ 말을 하다.
遣い(づかい) 《名詞에 붙여》 사용(법). 씀. 쓰는 법〔품〕. 쓰는〔부리는〕 사람.
遣い付ける(つかいつける) 써서 손익다〔익숙해지다〕.
遣い先(つかいさき) 돈을 쓴 곳.
遣い込む(つかいこむ) ① (공금 등) 써서는 안 될 돈을 쓰다. 써버리다. ② 예산 이상으로 쓰다.
❖遣る(やる) ① 보내다. ② 주다. ③ 실행하다. ④ (그럭저럭) 생활해 가다. ⑤ (약간) 술을 마시다.
遣り甲斐(やりがい) 하는 보람. 할 만한 가치.
遣り果せる(やりおおせる) (일을) 계속해서 완료하다. 완수하다.
遣り過ぎる(やりすぎる) 지나치게 하다.
遣り過ごす(やりすごす) ① (뒤에서 온 것을 자기보다) 앞에 통과시키다. ② 지나치게 하다. 과도하게 하다.
遣り掛ける(やりかける) 시작하다. 시작하다가 중도에 그만두다.
遣り口(やりくち) 〈俗〉(하는) 방식・방법. 수법.
遣り句(やりく) 連歌(れんが)・俳諧(はいかい)에서 앞 구(句)의 뜻에 별로 구애받지 않고 가벼이 흘려서 붙이는 구.
遣る気(やるき) …을 할 마음. 하고 싶은 기분.
遣り難い(やりにくい) 하기 어렵다〔힘들다〕.
遣る瀬ない(やるせない) 기분을 풀 길이 없다. 시름겹다. 쓸쓸〔처량〕하다.
遣り返す(やりかえす) ① 다시 하다. 고쳐하다. ② (되받아) 반박하다.
遣り抜く(やりぬく) 끝까지 하다. 해내다.
遣り方(やりかた) 하는 방식〔태도〕. 처사. 짓.
遣る方ない(やるかたない) 마음을 풀 길이 없다.
遣り放し(やりばなし) ☞ 遣りっ放し(やりっ

遣りっ放し(やりっぱなし) (뒤처리를 하지 않고) 내버려둠. 방치함.
遣り付ける(やりつける) ① (전부터) 주어 오다. ②…해 오다. …해 버릇하다. ③윽박지르다.
遣る事為す事(やることなすこと) '遣る事(やること)(=하는 일)'의 힘줌말.
遣り上げる(やりあげる) 끝까지 하다. 해내다. 「하다.
遣り損ずる(やりそんずる) 잘못하다. 실수
遣り損ない(やりそこない) 잘못함. 실패함.
遣り損なう(やりそこなう) 잘못하다. 실수하다. 실패하다.
遣り手(やりて) ①일을 하는 사람. ②수완가. ③(물건을) 줄 사람.
‖~婆(ばば) 유곽에서 창녀를 감독하고 잡다한 일을 처리하는 할멈.
遣り水(やりみず) ①뜰에 도랑을 파서 냇물을 끌어들인 흐름. ②뜰의 초목에 물을 줌.
遣り遂げる(やりとげる) 완수하다. 끝까지 해내다.
遣り熟す(やりこなす) (어려운 일 따위를) 적절히 해내다.
遣り様(やりよう) (무엇을) 하는 방법. 「식.
遣り違う(やりちがう) 부딪치지 않도록 스쳐 지나가다.
遣り込める(やりこめる) (말로 상대방을) 꼼짝 못 하게 해대다. 쏙 들어가게 하다.
遣り場(やりば) 가지고 갈 곳.
遣り切る(やりきる) 끝까지 하다. 해내다. 완수하다.
遣り切れない(やりきれない) ①해낼 수가 없다. 끝까지 할 수 없다. ②딱 질색이다. 못 견디겠다.
遣り繰り(やりくり) 주변. 변통.
‖~算段(さんだん) (특히 금전을) 이리저리 둘러댐. 주변성. 두름성.
遣り繰る(やりくる) 둘러맞추다. 융통하다.
遣り直し(やりなおし) 다시 고쳐 하기.
遣り直す(やりなおす) 다시 하다. 고치다.
遣り替える(やりかえる) 다시 하다. 고쳐 하다.
遣り出す(やりだす) 하기 시작하다.
遣り取り(やりとり) 주고 받음. 교환함.
遣り通す(やりとおす) 중도에 그만두지 않고 끝까지 하다.
遣り退ける(やりのける) 잘 해치우다〔해내다〕. 「다.
遣り合う(やりあう) 서로 다투다. 경쟁하다.
遣り戸(やりど) 미닫이.

13 竹	筧	대홈통 **견** ケン かけい・かけひ

訓読
筧(かけひ) 지상에 설치하여 물을 끌어오는 홈통. *かけい로도 읽음.

13 糸	絹	명주 **견** ケン きぬ

音読
絹緞(けんどん) 멧누에고치의 실로 견주(繭紬)보다 배게 짠 비단의 일종.
絹紡(けんぼう) 견방. '絹糸紡績(けんしぼうせき)(=견사 방적)'의 준말.
絹紡糸(けんぼうし) '紡績絹糸(ぼうせきけんし)(=방적 견사)'의 준말. 견방사.
絹帛(けんぱく) 견백. 명주. 견직물.
絹本(けんぽん)《美》견본. 깁바탕. 「읽음.
絹糸(けんし) 견사. 명주실. *きぬいとで로도
‖~紡績(ぼうせき) 견사 방적.
絹雲(けんうん)《天》권운(卷雲). 새털구름.
絹積雲(けんせきうん) 권적운(卷積雲). 비늘구름.
絹紬(けんちゅう) 견주. 산동주(山東紬).
絹層雲(けんそううん) 권층운. 햇무리구름.
絹布(けんぷ) 견포. 명주. 비단.

訓読
絹(きぬ) 명주. 비단('絹織物(きぬおりもの)(=견직물)'의 준말).
絹街道(きぬかいどう) 실크 로드.
絹織(きぬおり) 비단을 짜기, 수직(手織)기.
絹の道(きぬのみち) 실크 로드. 「게.
絹漉し(きぬごし) ①깁체. 깁체나 명주로 곱게 침. 또, 그 친 것. ②특히, '絹ごし豆腐(きぬごしどうふ)(=깁체로 걸러서 만든 두부)'의 준말.
絹綾(きぬあや) 얇은 능직의 비단.
絹綿(きぬわた) 허드렛고치의 거죽 부분의 보물로 만든 풀솜.
絹帽(きぬぼう) 실크 해트.
絹目(きぬめ) 표면이 견직물의 결과 비슷한 인화지.
絹物(きぬもの) 견직물. 또, 비단옷.
絹篩(きぬぶるい) 견사. 깁체.
絹傘(きぬがさ) ①비단을 씌운 자루가 긴 일산(日傘). ②보화종(普化宗)의 유발승(有髮僧)이 쓰는 삿갓.
絹小町(きぬこまち) 絹小町糸(きぬこまちいと)의 준말. 방적 견사로 만든 실.
絹張り(きぬばり) ①비단을 팽팽하게 붙여 씌움. 또, 그렇게 한 것. ②재양(載陽)판. ③재양틀. 「깁바탕.
絹地(きぬじ) ①비단 천. ②견본. 동양화용
絹織(きぬおり) 견직물. 명주. 비단. ♣~物(もの) 견직물.
絹天(きぬてん) 견(絹)비로드의 일종. 우단.
絹縮(きぬちぢみ) 명주실로 짠, 잔주름이 있는 천.
絹針(きぬばり) 비단을 꿰맬 때 쓰는 가는 바늘.
絹表具(きぬひょうぐ) 비단으로 짠 베를 사용한 표구.

絹行灯(きぬあんどん) 나무나 대 틀에 명주천을 바른 사방등.
絹莢(きぬさや) 야채로서의 莢豌豆(さやえんどう)의 일종의 이름.
絹絵(きぬえ) 집바탕에 그린 그림.

14 瓦 甄
질그릇구울 **견**·살필 **견**
ケン

[音読➔]
甄別(けんべつ) 견별. 명확히 구별함.

16 木 [日] 樫
떡갈나무 (견)
かし

[訓読➔]
樫(かし) 〖植〗 ① 떡갈나무. ② '赤樫(あかがし)(=북가시나무)'의 딴이름.
樫鳥(かしどり) 〖鳥〗 어치. 언치새.

18 罒 羂
덫 **견**·걸릴 **견**
ケン
わな

[訓読➔]
羂(わな) (실 따위의) 고.

18 糸 [常] 繭
고치 **견**
ケン
まゆ

[音読➔]
繭価(けんか) 견가. 고치 가격.
繭糸(けんし) 견사. 누에고치와 실.
繭紬(けんちゅう) 견주. 산동주(山東紬).
[訓読➔]
繭(まゆ) 고치. 특히, 누에고치. *옛날에는 まよ라고도 했음.
繭団子(まゆだんご) ☞繭玉(まゆだま)
繭玉(まゆだま) 버드나무나 댓가지 따위에 누에고치 모양의 과자 따위를 단 장식.

21 言 譴
꾸짖을 **견**
ケン
せめる・とがめ・とがめる

[音読➔]
譴責(けんせき) 견책.
∥~処分(しょぶん) 견책 처분.

22 金 [日] 鑓
창 (견)
やり

[訓読➔]
鑓(やり) ① 창. ② 창술(槍術). ③ 일본 장기에서 香車(きょうしゃ)를 일컬음.

23 魚 鰹
가다랑어 **견**
ケン
かつお

[訓読➔]
鰹(かつお) 〖魚〗 가다랑어.
鰹木(かつおぎ) 신사(神社)나 궁전의 마룻대 위에 장식으로서 마룻대와 직각 방향으로 늘어놓은 통나무.
鰹船(かつおぶね) 가다랑어잡이 배.
鰹の烏帽子(かつおのえぼし) 〖動〗 고깔해파리의 일종.
鰹節(かつおぶし) 가다랑어를 써서 말린 포 《조미료》. *口語로는 かつぶし라고도 함.

결

4 欠 [敎] 欠 (缺)
이지러질 **결**·하품 **흠**
ケツ・カン・ケン
かける・かく・あくび

[参考] 우리 음으로는 '(하품)흠'이나 일본어에서는 '缺'의 代用字로 쓰임.

[音読➔]
欠刻(けっこく) 결각. ① 빠짐. ②〖植〗잎 둘레가 깊이 후미지게 패어 들어간 현상.
欠減(けつげん) 결감하여 감소함.
欠講(けっこう) 결강.
欠格(けっかく) 결격. ♣~者(しゃ) 결격자.
欠課(けっか) 결과. 수업(강의)에 결석함.
欠巻(けっかん) 결권. 서적 한 질 중 어떤 권이 빠져 있음.
欠勤(けっきん) 결근.
欠落(けつらく) 결락. 결핍.
欠略(けつりゃく) 결략. 빠지고 없음.
欠礼(けつれい) 결례.
欠漏(けつろう) 결루. 누락.
欠望(けつぼう) 바라던 것을 이루지 못해 원망함.
欠文(けつぶん) 결문. 문장 중에 탈락이 있는 일.
欠配(けっぱい) 주식(主食) 등의 배급이나 급료 지급을 거름.
欠番(けつばん) 결번.
欠本(けっぽん) 결본.
欠席(けっせき) 결석. ♣~届(とどけ) 결석 신고.
∥~裁判(さいばん) ①〖法〗결석(궐석) 재판. ②〖俗〗당사자가 없는 자리에서 본인에게 불리한 사항을 일방적으로 정해 버리는 일.
欠所(けっしょ) ① 영주가 없는 장원(莊園). ② 江戸(えど) 시대에, 추방 이상의 형을 받은 자의 재산·영지를 몰수하는 일.
欠損(けっそん) 결손.
∥~家庭(かてい) 결손 가정.
欠食(けっしょく) 결식. 궐식.

欠失(けっしつ) 결실. ① 빠져 없어짐. ② 없어서는 안 될 필요한 사물을 빠뜨림.
欠如(けつじょ) 결여.
欠員(けついん) 결원. 궐원.
欠位(けつい) 궐위(闕位).
欠字(けつじ) 궐자(闕字). ① 문장 중에 글자가 빠져 있음. 또, 그 글자. ② 경의를 표하는 뜻으로 문장에서 天皇(てんのう)나 귀인의 이름 위에 한두 자 간격을 남기는 excite.
欠場(けつじょう) 결장. 출전할 경기에 나가지 않음.
欠典(けってん) 결전. 불완전한 서적.
欠点(けってん) ① 결점. 단점. ② (학교 성적의) 낙제점.
欠除(けつじょ) 제거함.
欠便(けつびん) 배나 비행기 등의 정기편(定期便)이 결항함.
欠乏(けつぼう) 결핍.
欠陥(けっかん) 결함. ♣~車(しゃ) 결함차.
欠航(けっこう) 결항.
欠号(けつごう) 결호. 차례로 비치된 잡지·신문 중에서 빠진 호.
欠画(けっかく) 결획(缺畫).
欠欽(けんけつ) 흠결.

訓読
欠 ㊀(あくび) 하품.
㊁(けつ) ① 없음. 부족. 빠짐. ② 결석.
欠かす(かかす) 빠뜨리다. 거르다. 빼다.
欠かせない(かかせない) 빠뜨릴 수 없는. 없어서는 안 될.
❖欠く(かく) ① 없다. …이 부족하다. ② 게을리하다. ③ 상하다.
欠き餠(かきもち) ① 鏡餠(かがみもち)를 잘게 뜯은 것. ② 얇게 썰어 말린 찰떡.
欠き氷(かきごおり) ① 잘게 깬 얼음. ② 빙수.
欠き打ち(かきうち) 한쪽 목재를 다른 쪽 목재의 너비에 맞추어 깎아내고, 十자형으로 짜맞춘 후에 못을 박는 일.
欠き割り(かきわり) ① 건청어(乾靑魚). 관목(貫目). ②〈関西方〉잘게 깬 얼음.
❖欠ける(かける) ① 이지러지다. 홈지다. (만월이) 이울다. ② (있어야 할 것이) 빠지다. ④ 부족하다. 모자라다.
欠け(かけ) ① (달의) 이지러짐. ② 빠짐. 모자람. ③〈老〉깨진 것. 또, 그 조각. 파편.
欠け落ち(かけおち) ① 타향으로 도망가서 숨음. ② 실종.
欠け目(かけめ) ① 부족한 근량(斤量). 감량. ② 불완전한 부분. 결점. ③ (바둑에서) 집 같으면서도 집이 안 되는 곳. 옥집.
欠け字(かけじ) 『印』 결자. 탈자(脱字).

其他
欠唇(いぐち) 결순. 언청이. ＊けっしんげろ도 읽음.
欠片(かけら) 부서진 조각. 파편.
欠伸 ㊀(あくび) 하품.
㊁(けんしん) 흠신. 하품과 기지개.

---

7 扌 **抉** 도려낼 결
ケツ
えぐる・くじる・こじる

音読
抉剔(けってき) 도려냄. 척결. 「냄.
抉出(けっしゅつ) 결출. 도려서 속의 것을 꺼

訓読
抉じ開ける(こじあける) (비틀어) 억지로 열다.
抉じ入れる(こじいれる) (좁은 틈으로) 비집어 넣다.
❖抉る ㊀(えぐる) 에다. ① 도려내다. ② 상대방의 약점을 날카롭게 지적하다. 찌르다.
㊁(くじる) 후비다.
㊂(こじる) 비집어 틀다〔열다〕.
㊃(さくる) 땅에 도랑 따위를 파다.
㊄(しゃく) ①〈俗〉(물 등을) 떠내다. 뜨다. ② 후비다. 파다. ③ 치켜올리다.
抉れる(えぐれる) ① 도려낼〔엘〕 수 있다. ② 도려낸 듯 해지다.
抉り出す(えぐりだす) ① 도려내다. ② 은폐한 것을 찾아내어 폭로하다.

---

7 氵 **決** 결정할 결
ケツ
きまる・きめる

音読
決(けつ) ① 결단. 결정. ② 가부를 정함.
~を探(と)る 채결(採決)하다.
決して(けっして) 결코. 절대로.
決する(けっする) ① 정해지다. 결정하다. ② 둑이 끊어진 곳에서 물이 흘러나오다.
決決(けつけつ) 물이 소리 내며 흐르는 모양.
決壊(けっかい) 결궤. (둑 따위가) 터져 무너
決潰(けっかい) ⇨決壊(けっかい). 「짐.
決起(けっき) 궐기(蹶起).
決断(けつだん) ① 결단. ②〈古〉사물의 시비를 가림. ♣~力(りょく) 결단력.
決答(けっとう) 확답.
決裂(けつれつ) 결렬.
決明(けつめい) 『植』 결명차(決明茶).
‖~子(し) 결명자. 결명차의 씨.
決別(けつべつ) 결별(訣別).
決死(けっし) 결사. ♣~隊(たい) 결사대 / ~的(てき) 결사적.
決算(けっさん) 결산. ♣~日(び) 결산일.
‖~報告(ほうこく) 결산 보고.
決選(けっせん) 결선.
‖~投票(とうひょう) 결선 투표.
決水(けっすい) 둑이 무너져 물이 넘쳐남. 둑을 무너뜨려 물을 흘러 보냄.
決勝(けっしょう) 결승. ♣~線(せん) 결승선 / ~点(てん) 결승점.
決心(けっしん) 결심.
決審(けっしん) 『法』 결심(結審).

決然(けつぜん) 결연. 단호.
決意(けつい) 결의. 결심.
決議(けつぎ) 결의. ♣~文(ぶん) 결의문.
‖~事項(じこう) 결의 사항.
決疑論(けつぎろん) 〖論・宗〗결의론.
決裁(けっさい) 결재.
決戦(けっせん) 결전.
決定 ㊀(けってい) 결정. ♣~論(ろん) 결정론 / ~的(てき) 결정적 / ~版(ばん) 결정판.
㊁(けつじょう) 〈古〉① 정해짐. 틀림없음. ② 꼭. 반드시.
決済(けっさい) 결제.
‖~通貨(つうか) 〖經〗결제 통화.
決着(けっちゃく) 결착. 매듭지음.
決択(けったく) 뽑아서 정함.
決闘(けっとう) 결투. ♣~状(じょう) 결투장.
決河(けっか) 결하. 홍수로 강둑이 무너져 물이 넘침.
~の勢(いきお)い 맹렬한 기세.
決行(けっこう) 결행.

[訓読]
❖決まる(きまる) ① 정해지다. ② 승부의 판결이 나다. ③ 틀이 잡히다.
決まって(きまって) 반드시. 꼭. 늘. 으레. 정해 놓고.
決まり(きまり) ① 결정. 규칙. 습관. ② 결말. ③ 판에 박은 듯함.
決まりて(きまりて) 결정적인 수. 특히, 씨름에서 승부를 결정짓는 수.
決まり文句(きまりもんく) 상투어. 틀에 박힌 말.
決まり悪い(きまりわるい) 쑥스럽다. 멋쩍다.
決まり切った(きまりきった) 극히 당연한. 두말할 것도 없는.
❖決める(きめる) ① 정하다. ② 작정하다. ③ 약속하다. ④ 매듭짓다. ⑤ (씨름에서) 수를 써서 꼼짝 못 하게 하다.
決め(きめ) 결정(한 사항). 규칙. ② 약속.
決め球(きめだま) 〖野〗결정구(決定球).
決め倒し(きめたおし) (씨름에서) 상대방 팔꿈치를 세게 끼고 그대로 넘어뜨림.
決め付ける(きめつける) 엄하게 책하다. 몹시 꾸짖다.
決め所(きめどころ) ① 결정짓기 좋은 곳〔때〕. ② 요점. 급소.
決め手(きめて) ① 결정하는 사람. ② 결정적인 방법・수단. ③ (씨름에서) 장기(長技).
決め込む(きめこむ) ① (혼자서 정하여) 그런 줄로 믿다. ② …이 된 듯이 좋아하다. ③ …는거로 (결정) 하다.
決め出し(きめだし) (씨름에서) 상대방의 팔꿈치를 세게 끼고 그대로 씨름판 밖으로 밀어내는 수.

[其他]
❖決る(さくる) 땅에 도랑 따위를 팜.
決り(さくり) ① 밭이랑(고랑). ② 말의 발자국. ③ 문지방・상인방의 홈.

11 言 訣
헤어질 결
ケツ
わかれる

[音読]
訣別(けつべつ) 결별.
訣辞(けつじ) 결사. 결별사. 작별의 말.
訣絶(けつぜつ) 절교함.

12 糸 結 [教]
맺을 결
ケツ・ケチ
むすぶ・ゆう・ゆわえる

[音読]
結する(けっする) ① 변비가 생기다. 비결(祕結)하다. ② 결론 짓다.
結跏(けっか) 結跏趺坐의 준말.
‖~趺坐(ふざ) 〖佛〗결가부좌.
結界(けっかい) 〖佛〗결계. ① 중의 수도를 위한 제한. 또, 그 지역. ② 중과 속인의 자리를 목책으로 가름. 또, 그 목책.
結果(けっか) 결과. ♣~論(ろん) 결과론 / ~的(てき) 결과적.
‖~犯(はん) 〖法〗결과범. 실질범.
~責任(せきにん) 결과 책임.
結句(けっく) 결구. 시가의 맺음 구절. ② 〈老〉결국. ③ 〈古〉오히려. 도리어. ㊁(けく) 결국. 마침내.
結球(けっきゅう) (배추 등의) 결구.
結構(けっこう) ① 결구. 짜임새. 구조. ② 훌륭함. 좋음. 다행임. ③ (사양하는 뜻으로) 괜찮음. ④ 그런 대로. 꽤. 제법.
‖~尽くめ(ずくめ) 온통 좋기만 함.
結局(けっきょく) 결국.
結巻(けっかん) 결권. 한 질을 이루는 책의 마지막 권.
結団(けつだん) 결단. ♣~式(しき) 결단식.
結党(けっとう) 결당.
結露(けつろ) 결로.
結論(けつろん) 결론. ♣~的(てき) 결론적.
結了(けつりょう) 결료. 종결. 종료.
結膜(けつまく) 〖生〗결막. ♣~炎(えん) 결막염.
‖~濾胞症(ろほうしょう) 〖醫〗결막 여포증.
結末(けつまつ) 결말.
結盟(けつめい) 결맹. 동맹을 맺음.
結尾(けつび) 결미. 끝(맺음).
結髪(けっぱつ) ① 결발. ② 관례(冠禮). 성관(成冠).
結氷(けっぴょう) 결빙.
結社(けっしゃ) 결사.
‖~の自由(じゆう) 결사의 자유.
結像(けつぞう) 〖理〗결상.
結石(けっせき) 〖醫〗결석.
結線(けっせん) 결선. 전선을 연결하여 배선함.
結成(けっせい) 결성.
結束(けっそく) 결속.

結縄(けつじょう) 결승. 글자가 없던 시대에 새끼를 매는 모양과 수로 의사를 소통하고 기억의 방편으로 삼았던 일.
結実(けつじつ) 결실.
結審(けっしん)〖法〗결심.
結約(けつやく) 결약. 약속.
結語(けつご) 결어. (문장의) 맺는 말.
結言(けつげん) 결언. 맺음말.
結縁(けちえん)〖佛〗결연. 불도에 귀의함. *けつえん으로도 읽음.
∥~灌頂(かんじょう)〖佛〗결연 관정.
結願(けちがん)〖佛〗결원. 만원(滿願). 불공·입원(立願) 등의 날수가 참.
結腸(けっちょう)〖生〗결장. ♣~炎(えん) 결장염.
結節(けっせつ) 결절.
結晶(けっしょう) 결정. ♣~系(けい) 결정계 /~面(めん) 결정면/~質(しつ) 결정질/~軸(じく) 결정축.
∥~格子(こうし)〖化〗결정 격자.
~光学(こうがく) 결정 광학.
~構造(こうぞう)〖鑛〗결정 구조.
~分化作用(ぶんかさよう)〖鑛〗결정 분화 작용.
結集 ㊀(けっしゅう) 결집. 한데 모아(모여) ㊁(けつじゅう)〖佛〗결집. 석가 입멸 후 구전(口傳)된 교법을 집성(集成)한 일. *けちじゅう로도 읽음.
結着(けっちゃく) 결착. 매듭지음.
結紮(けっさつ)〖醫〗결찰.
結締(けってい) 결체.
∥~組織(そしき)〖生〗결체〔결합〕조직.
結托(けったく) ⇨ 結託(けったく).
結託(けったく) 결탁.
結合(けつごう) 결합. ♣~法(ほう)〖哲〗결합법/~織(しき)〖生〗결합 조직/~体(たい) 결합체.
∥~企業(きぎょう) 기업 결합. 콤비나트.
~半径(はんけい)〖理〗결합 반경.
~法則(ほうそく)〖数〗결합 법칙.
~組織(そしき)〖生〗결합 조직.
結核(けっかく) 결핵. ♣~菌(きん) 결핵균/~症(しょう) 결핵증.
∥~予防法(よぼうほう) 결핵 예방법.
~療養所(りょうようじょ) 결핵 요양소.
結婚(けっこん) 결혼. ♣~式(しき) 결혼식.
∥~記念式(きねんしき) 결혼 기념식.
~相談所(そうだんしょ) 결혼 상담소.
~適齢期(てきれいき) 결혼 적령기.
~指輪(ゆびわ) 결혼 반지.

訓読
結ぼれる(むすぼれる) ① 맺혀서 풀어지지 않다. ② 맺히다.
❖結う(ゆう) 매다. 묶다. 특히, 머리를 땋다.
結い(ゆい) ① 맴. 묶음. ② 두레(꾼).
結いつける(ゆいつける) 머리를 묶어〔땋아〕 버릇하다.
結い機(ゆいはた) 홀치기 염색.

結納(ゆいのう) 약혼의 증거로 예물을 교환하는 일. 또, 그 물건.
結い紐(ゆいひも) 묶은 끈. 묶기 위한 끈.
結い綿(ゆいわた) ① 젊은 여자의 머릿쪽 한 가운데를 홀치기 댕기로 묶은 島田(しまだ)마게. ② 가운데를 묶은 예물용의 풀솜.
結い目(ゆいめ) 매듭. 맨 곳.
結い髪(ゆいがみ) 결발.
結い付ける(ゆいつける) 결부하다.
結い上げる(ゆいあげる) ① 땋아 위로 올리다. ② 매기를 끝내다.
結い繞らす(ゆいめぐらす) 울타리 또는 새끼 같은 것으로 주위를 둘러치다.
結い樽(ゆいだる) 테를 두른 단면이 둥근 나무통.
❖結ぶ(むすぶ) ① 잇다. ② 묶다. ③ 맺다.
結び(むすび) ① 결말. 매듭. ②〖文法〗구말(句末)·문말(文末)을 위에 쓴 말과 호응시키는 일.
結ぼれ(むすぼれ) 마음이 우울함.
結び昆布(むすびこぶ) 다시마를 작게 썰어서 묶은 것. *むすびこんぶ로도 읽음.
結び袋(むすびぶくろ) 아가리를 끈으로 묶게 된 주머니.
結び瘤(むすびこぶ) 매듭.
結び目(むすびめ) 매듭.
∥~理論(りろん) 3차원 공간의 폐곡선을 연구하는 위상(位相) 기하학의 한 분야.
結び文(むすびぶみ) 길고 가느다랗게 말아 끝이나 가운데를 접어 맨 편지.
結び付き(むすびつき) 관계. 결합. 결속.
結び付く(むすびつく) ① 결부되다. ② 한 패가 되다.
結び付ける(むすびつける) ① 연결시키다. ② 결합시키다.
結びの神(むすびのかみ) 남녀의 인연을 맺어 주는 신. 월하빙인.
結び合わせる(むすびあわせる) 결합하다.
結び花(むすびばな) 색실로 꽃 모양의 매듭을 지은 것.
❖結える(ゆわえる) 매다. 묶다. *いわえる로도 읽음.
結わく(ゆわく)〈方〉☞結える(ゆわえる).
結わい付ける(ゆわいつける) ☞結わえ付ける(ゆわえつける).
結わえ付ける(ゆわえつける) 붙들어 매다. 잡아매다. 묶다.

其他
結く(すく) 실로 그물을 뜨다.
結句で(けくで) 오히려. 도리어.
結城(ゆうき) '結城木綿' '結城紬' '結城縞'의 준말.
∥~木綿(もめん) 結城紬를 본떠서 짠 무명.
~紬(つむぎ) 茨城(いばらき) 현 結城(ゆうき) 지방에서 나는 작은 점무늬나 줄무늬가 있는 질긴 명주.
~縞(じま) 結城紬나 結城木綿의 줄무늬가 있는 직물.
結繒(ゆはた) 홀치기 염색.

潔

15 氵 教 **潔**（潔） 깨끗할 결
ケツ
いさぎよい・きよい

音読
- **潔白**(けっぱく) 결백. 「감.
- **潔癖**(けっぺき) 결벽. ♣**~感**(かん) 결벽
- **潔斎**(けっさい) 결재. 목욕재계. 「없음.
- **潔浄**(けつじょう) 결정. 깨끗하여 더러움이

訓読
- **潔い**(いさぎよい) 미련없이 깨끗하다. ＊きよいろ도 읽음.
- **潔し**(いさぎよし) 〈雅〉① 깨끗하다. 떳떳하다. ② ☞潔い(いさぎよい).

겸

10 八 常 **兼**（兼） 겸할 겸
ケン
かねる

音読
- **兼官**(けんかん) 겸관. 겸직.
- **兼勤**(けんきん) 겸근. 본무 이외의 일을 겸함. 또, 직무.
- **兼帯**(けんたい) 겸대. ① 겸용. ②〈俗〉겸임.
- **兼務**(けんむ) 겸무.
- **兼併**(けんぺい) 겸병. 합병.
- **兼補**(けんぽ) 겸보. 본직 외에 겸무로서 직책에 보임함.
- **兼備**(けんび) 겸비.
- **兼摂**(けんせつ) 겸섭. 겸임.
- **兼修**(けんしゅう) 겸수. 동시에 둘 이상의 일을 배움.
- **兼愛**(けんあい) 겸애. 공평하게 사랑함.
- **兼約**(けんやく) 미리 약속함. 또, 그 약속.
- **兼業**(けんぎょう) 겸업. 부업.
‖**~農家**(のうか) 겸업 농가.
- **兼営**(けんえい) 겸영.
- **兼用**(けんよう) 겸용.
‖**~種**(しゅ) (가축의) 겸용종.
- **兼有**(けんゆう) 겸유. 겸하여 가짐.
- **兼任**(けんにん) 겸임.
- **兼掌**(けんしょう) 겸장. 겸무.
- **兼題**(けんだい) 和歌(わか)・俳句(はいく)를 짓는 모임에 미리 내어 두는 제목.
- **兼職**(けんしょく) 겸직.
- **兼学**(けんがく) 겸학. 둘 이상의 학문을 아울러 배움.
- **兼行**(けんこう) 겸행. ① 밤낮을 가리지 않고 서둘러 함. ② 둘 이상의 일을 동시에 함.

訓読
- **兼がね**(かねがね) 전부터. 미리. 진작부터. 이미.
- ❖**兼ねる**(かねる) ① 겸하다. ② (사정이 있어서) 그렇게 하기 어렵다.
- **兼ねて**(かねて) 겸하여. 또.
- **兼ねない**(かねない) …할 듯하다. …할지도 모른다. …않는다고 말할 수 없다.
- **兼ね備える**(かねそなえる) 겸비하다. 함께 갖추다.
- **兼ね合い**(かねあい) 균형. 걸맞음.

13 忄 **慊** 찐덥지않을 겸
ケン
あきたらない

音読
- **慊焉**(けんえん) ① 마음에 차지 않는[불만스런] 모양. ② 만족하게 여기는 모양.

訓読
- **慊らない**(あきたらない) ☞慊りない(あきたりない).
- **慊りない**(あきたりない) 성에 차지 않다. 불만족하다.
- **慊りる**(あきたりる) 만족하다. 흡족하다.
- **慊る**(あきたる) ☞慊りる(あきたりる).

13 金 **鉗** 칼 겸·다물 겸
カン・ケン
くびかせ・はさむ

音読
- **鉗する**(かんする) 《'口(くち)を~'의 꼴로》 입을 다물다. 함구하게 하다.
- **鉗口**(かんこう) 겸구. 입을 막음. ♣**~令**(れい) 함구령.
- **鉗子**(かんし) 〖醫〗겸자《외과 수술용 기구》.
‖**~分娩**(ぶんべん) 겸자 분만.

14 竹 **箝** 재갈먹일 겸
カン
くびかせ・はさむ

音読
- **箝する**(かんする) 《'口(くち)を~'의 꼴로》 입을 다물다. 함구하게 하다.
- **箝口**(かんこう) 겸구. 입을 막음. ♣**~令**(れい) 함구령.
- **箝制**(かんせい) 겸제. 자유를 속박함.

其他
- **箝がる**(すがる) 〈俗〉'箝げる(すげる)'의 가능형.
- ❖**箝げる**(すげる) ① 끼워 넣다[박다]. 끼우다. ② (구멍에) 꿰다.
- **箝げ替える**(すげかえる) ① 바꾸어[갈아] 달다. 갈아 끼우다. ② 직무를 바꾸다. 다른 사람으로 갈다.

17 言 常 **謙**（謙） 겸손할 겸
ケン
へりくだる

音読
謙恭(けんきょう) 겸공. 겸손하여 공경함.
謙徳(けんとく) 겸덕. 겸손한 덕성.
謙辞(けんじ) 겸사. 겸손의 말.
謙遜(けんそん) 겸손. 겸허. 겸양. ♣~語(ご) 겸손어.
謙譲(けんじょう) 겸양. ♣~語(ご) 겸양어.
∥~表現(ひょうげん) 겸양 표현.
謙語(けんご) 겸어. 겸손한 말.
謙抑(けんよく) 겸억. 겸양.
謙称(けんしょう) 겸칭.
謙退(けんたい) 겸퇴. 드러나지 않게 처신〔處身〕함.
謙下(けんげ) 겸하. 겸손.
謙虚(けんきょ) 겸허.

訓読
謙る(へりくだる) 겸양하다. 겸손하다.

| 18金 人 | 鎌 (鎌) | 낫 겸
レン
かま |

訓読
鎌(かま) 낫.
~をかける (넌지시) 넘겨짚다. 마음속을 떠보다. 「성이.
鎌尾根(かまおね) 낫의 날처럼 뾰족한 산등
鎌首(かまくび) 낫 모양으로 굽은 목.
鎌鼬(かまいたち) 갑자기 넘어졌을 때 다치지 않았음에도 낫으로 베인 듯한 상처가 생기는 현상.
鎌髭(かまひげ) 낫 모양으로 끝이 위로 올라간 코 밑의 수염.
∥~奴(やっこ) 鎌髭를 기른 무가의 하인.
鎌切(かまきり) 〖蟲〗 사마귀.
鎌止め(かまどめ) 금양(禁養). 나무나 풀을 베지 못하게 말림.
鎌倉(かまくら) 〖地〗神奈川(かながわ) 현 동남부의 시. ♣~蝦(えび) 〖魚〗왕새우.
∥~幕府(ばくふ) 〖史〗1192년에 源頼朝(みなもとのよりとも)가 鎌倉에 창시한, 일본 최초의 무인 정권.
~時代(じだい) 〖史〗1192년 源頼朝가 幕府를 鎌倉에 연 후 1333년 멸망할 때까지의 약 150년간.
~室町時代(むろまちじだい) 〖史〗鎌倉 시대로부터 室町 시대까지 약 400년간.
~彫(ぼり) 칠기(漆器)의 하나.

겹

| 11 ネ | 袷 | 겹옷 겹
コウ
あわせ |

訓読
袷(あわせ) 겹옷.
∥~羽織(ばおり) 안을 댄 羽織(はおり).

경

| 7日 常 | 更 경 ⇨ 更 갱(p. 45) |

| 8 亠 教 | 京 | 서울 경
キョウ・ケイ・キン
みやこ |

音読
京(きょう) ①서울. 수도. ②京都(きょうと)의 특칭. ③경. 조(兆)의 만 배. *③은 けい로도 읽음.
京間(きょうま) 곡척 6자 5치를 한 칸으로 하는 주택의 척도.
京官(きょうかん) 경관. 京都(きょうと)에서 근무하는 관리.
京劇(きょうげき) 경극. 중국의 고전극. *けいげき로도 읽음.
京畿(けいき) 경기. 왕성에 가까운 땅.
京男(きょうおとこ) 京都(きょうと) 남자.
京女(きょうおんな) 京都(きょうと) 여자.
京談(きょうだん) ①京都(きょうと) 말씨. ②고상한 말씨.
京大(きょうだい) '京都大学(きょうとだいがく)(=京都 대학)'의 준말.
京都(きょうと) ①수도. 서울. ②〖地〗중부 일본에 있는 부청 소재지(옛 일본의 수도).
∥~五山(ござん) 京都(きょうと)에 있는 임제종(臨濟宗)의 5대 사찰.
京童(きょうわらべ) 京都(きょうと)의〔수도에 사는〕젊은이들. *きょうわらわ로도 읽음.
京童部(きょうわらわべ) ☞ 京童(きょうわらわ)
京洛(きょうらく) ①경락. 서울. 수도. ②〖地〗京都(きょうと)의 딴이름. *けいらく로도 읽음.
京鹿の子(きょうがのこ) ①京都(きょうと)에서 염색한 흰 별박이 홀치기. ②찹쌀떡을 붉은 팥으로 싸고 팥고물을 묻힌 떡. ③〖植〗분홍터리꽃.
京舞(きょうまい) 地唄(じうた)를 바탕으로 해서, 京都(きょうと)에서 발달한 무용.
京物(きょうもの) 京都(きょうと)에서 산출하는 물품.
京方(きょうがた) ①京都(きょうと) 쪽〔방면〕. ②조정(朝廷)의 군대. ③무가(武家) 시대, 조정에 종사한 사람들.
京白粉(きょうおしろい) 京都(きょうと)에서 만든 분.
京壁(きょうかべ) 京都(きょうと)를 중심으로 발달한 벽의 겉을 바르는 기법.

京緋色(きょうひいろ) 京都(きょうと)에서 염색한 주홍색.
京浜(けいひん) 〖地〗東京(とうきょう)와 横浜(よこはま).
京師(けいし) 경사. 수도. 제도(帝都).
京の四季(きょうのしき) 歌舞伎(かぶき)에서 연주하는 端唄(はうた)의 하나.
京上り(きょうのぼり) 지방에서 京都(きょうと)〔서울〕로 올라감. 「든 부채」
京扇(きょうおうぎ) 京都(きょうと)에서 만
京城(けいじょう) 경성. ①수도. 서울. ②일제 강점기 때 서울을 일컫던 이름.
京焼(きょうやき) 京都(きょうと)에서 산출하는 도자기의 총칭.
京小袖(きょうこそで) 京都(きょうと)식으로 염색한 小袖(こそで).
京巡礼(きょうじゅんれい) 京都(きょうと)의 부녀자들이 절을 순례하던 일.
京枡(きょうます) 豊臣秀吉(とよとみひでよし)가 제정하고, 江戸(えど) 시대에 통일된 되 《사방 4치 9푼, 높이 2치 7푼》. *きょうしょうろ도 읽음.
京言葉(きょうことば) 京都(きょうと) 말씨〔사투리〕.
京染め(きょうぞめ) 京都(きょうと)에서 행해지는 염색법. 「葉(ちば).
京葉(けいよう) 〖地〗東京(とうきょう)와 千
京五山(きょうござん) ☞京都五山(きょうとござん). 「람.
京人(きょうびと) 京都(きょうと)〔서울〕 사
京人形(きょうにんぎょう) 京都(きょうと)에서 만든 인형.
京紫(きょうむらさき) 붉은 빛을 띤 보랏빛.
京雀(きょうすずめ) ①京都(きょうと)에 살며 그 곳 사정에 밝은 사람. ②입이 건 京都 사람.
京桟(きょうざん) 京桟織り(きょうざんおり)의 준말. 날실과 씨실을 외실로 짠, 줄무늬 있는 무명.
京銭(きんせん) 중국 명대(明代)의 사전(私銭). 또, 그것을 본떠 일본에서 주조된 열악한 동전. *きょうせん으로도 읽음.
京浄瑠璃(きょうじょうるり) 京都(きょうと)에서 유행한 浄瑠璃의 총칭.
京職(きょうしき) 〖史〗平安京(へいあんきょう)의 행정・사법을 맡아본 관청.
京菜(きょうな) 〖植〗순무의 한 품종.
京打ち(きょううち) 京都(きょうと)에서 만든 것《비녀 따위》.
京阪(けいはん) 〖地〗京都(きょうと)와 大阪(おおさか). 「べ).
∥**～神**(しん) 〖地〗京都・大阪와 神戸(こう
～語(ご) 京都・大阪 지방의 말.
京下り(きょうくだり) 京都(きょうと)에서 지방에 감.
京学(きょうがく) ①江戸(えど) 초기, 京都(きょうと)를 중심으로 발흥한 주자학파의 일컬음. ②지방에서 京都에 나가 공부함.

```
8        일곱째천간 경
广  庚     コウ
           かのえ
```

음독
庚申(こうしん) ①(60 갑자의) 경신. *かのえさる으로도 읽음. ②庚申待ち의 준말.
∥**～講**(こう) 庚申待ち를 하는 사람들.
～待ち(まち) 경신 수야(守夜).
～薔薇(ばら) 〖植〗월계화(月季花).
～塚(づか) 청면 금강(青面金剛)을 새긴 길가 등의 공양탑.
～会(え) ☞庚申待ち.

훈독
庚(かのえ) 경. 천간(天干)의 일곱째.
庚戌(かのえいぬ) (60 갑자의) 경술. *こうじゅつ으로도 읽음.
庚午(かのえうま) (60 갑자의) 경오. *こうご으로도 읽음.
庚寅(かのえとら) (60 갑자의) 경인. *こういん으로도 읽음.
庚子(かのえね) (60 갑자의) 경자. *こうし으로도 읽음.
庚辰(かのえたつ) (60 갑자의) 경진. *こうしん으로도 읽음.

```
8        지름길 경
彳  径(徑) ケイ
教         こみち・ただちに・みち
```

음독
径路(けいろ) ①소로(小路). 좁은 길. ②경로(経路).
径庭(けいてい) 경정. 틈새기. 차이. 격차.
径行(けいこう) 경행. 다짐한 것을 결행함.

훈독
径(みち) ①길. 도로. ②도정(道程). 거리.

기타
径間(わたりま) 〖土〗경간(径間).
径山寺(きんざんじ) 径山寺味噌(きんざんじみそ)의 준말. 콩과 보리를 섞어 찐 다음 가지・오이 등을 넣어, 날것으로 먹는 된장.

```
8        줄기 경
艹  茎(莖) ケイ
常         くき
```

음독
茎葉(けいよう) 경엽. 줄기와 잎.
∥**～植物**(しょくぶつ) 경엽 식물.
茎菜類(けいさいるい) 경채류.
茎針(けいしん) 〖植〗줄기의 일부가 가시처럼 변형된 것.

훈독
茎 ㊀(くき) ①줄기. ②창 따위의 자루.
㊁(なかご) ①화살 끝에 촉을 박는 돌기. ②(칼의) 슴베.

9 力 (入)	勁	굳셀 **경** ケイ つよい

音読
勁健(けいけん) 경건. 굳세고 건장함.
勁弓(けいきゅう) 경궁. 센 활.
勁敵(けいてき) 경적. 강적.
勁疾(けいしつ) 경질. 굳세고 재빠름.
勁捷(けいしょう) 경첩. 굳세고 재빠름.
勁風(けいふう) 경풍. 강풍.

10 耒 (教)	耕 (耕)	갈 **경** コウ たがやす

音読
耕境(こうきょう)〚農〛 경경. 경작 한계. 재배 한계.
耕具(こうぐ) 경구. 경작에 쓰는 기구.
耕起(こうき) 경기. 흙을 파서 일굼.
耕馬(こうば) 경마. 경작에 쓰이는 말.
耕鋤(こうじょ) 경서. 농사(農事)를 지음. 경기(耕起).
耕牛(こうぎゅう) 경우. 농사에 쓰이는 소.
耕耘(こううん) 경운. 논밭을 갈고 김을 맴.
♣~**機**(き) 경운기.
耕人(こうじん) (봄에) 밭 가는 사람. 농부.
耕作(こうさく) 경작. ♣~**権**(けん) 경작권.
‖~**限界**(げんかい)〚農〛 경작 한계. 경경(耕境).
耕田(こうでん) 경전. 경작하는 전답.
耕種(こうしゅ) 경종. 씨를 뿌리거나 모종을 냄.
‖~**方式**(ほうしき) 경종 방식. 작부(作付) 방식.
耕地(こうち) 경지.
‖~**整理**(せいり) 경지 정리.
耕織(こうしょく) 경직. 농업과 길쌈하는 일.
耕土(こうど) 경토. 표토(表土).

訓読
❖**耕す**(たがやす) (논밭을) 갈다.
耕し(たがやし) (논밭을) 가는 일.

10 耳	耿	빛날 **경** コウ あきらか

音読
耿耿(こうこう) 경경. ① 마음이 편치 않은 모양. ② 빛이 밝은 모양.

11 月	脛	정강이 **경** ケイ すね・はぎ

音読
脛骨(けいこつ) 경골. 정강이뼈.

訓読
脛(すね) 정강이. *はぎ로도 읽음.
脛高(はぎだか) (옷이 짧아) 정강이 부분까지 드러남. 또, 그런 옷.

其他
脛巾(はばき)〈雅・方〉발감개. 행전. (후세의) 각반.

11 木	梗	대강 **경**・막힐 **경** コウ・キョウ ふさぐ

音読
梗概(こうがい) 경개. 대강(의 줄거리).
梗塞(こうそく) 경색.

11 辶	逕	좁은길 **경** ケイ

参考 径의 異體字.

音読
逕庭(けいてい) 경정. 차이. 격차.

11 立	竟	끝날 **경** キョウ おわる・ついに

音読
竟宴(きょうえん) 平安(へいあん) 시대에, 궁중에서 서책의 강독(講讀)이나 시가집(詩歌集)의 찬진(撰進) 등 큰 사업이 끝났을 때 베푸는 잔치.
竟日(きょうじつ) 경일. 온종일.

訓読
竟に(ついに) ① 드디어. 마침내. 결국. ② (끝) 끝내. 끝까지.

11 糸 (教)	経 (經)	날 **경**・지날 **경** ケイ・キョウ・キン へる・たていと・つね

音読
経 ㊀(きょう) 경. 불경.
㊁(けい) ① 날실. ② 경도(經度). ③ 경서.
㊂(たて) ① 세로. ② 経糸(たていと)의 준말.
経界(けいかい) 경계. *きょうかい로도 읽음.
経過(けいか) 경과. ♣~**法**(ほう) 경과법 / ~**音**(おん)〚樂〛 경과음. 지남음.
‖~**規定**(きてい) 경과 규정.
~**報告**(ほうこく) 경과 보고.
~**利子**(りし) 경과 이자.
経管栄養法(けいかんえいようほう) 경관 영양법. 위나 소장에 관을 삽입하여 액상(液狀)의 영양분을 주입하는 방법(입으로 먹지 못할 때 사용함).
経教(きょうぎょう)〚佛〛경교. 경문(經文)

의 가르침.

経口(けいこう) 경구. 내복. ♣**~薬**(やく) 경구약. 내복약.
‖**~感染**(かんせん)〖醫〗경구 감염.
~免疫(めんえき)〖醫〗경구 면역.
~避妊薬(ひにんやく) 경구 피임약.

経国(けいこく) 경국. 나라를 다스림.
‖**~済民**(さいみん) 경국 제민.

経巻(きょうかん) 경권. 경문을 적은 두루마리.
経机(きょうづくえ) 경상(經床).
経櫃(きょうびつ) 경궤. 경전을 넣어 두는 궤.
経紀(けいき) 경기. ① 나라를 다스리는 근본 법칙. ② 경영. 운영.
経年(けいねん) 경년. 세월이 지나감.
経団連(けいだんれん) 経済団体(けいざいだんたい)連合会(れんごうかい)의 준말.
経堂(きょうどう)〖佛〗경당.
経幢(きょうどう)〖佛〗경당. 여러 모로 깎은 돌기둥에 경문을 새긴 것.
経帯時(けいたいじ)〖天〗경대시.
経度(けいど)〖地〗경도.
経読み(きょうよみ) ① 경을 읽음. ② 중·법사의 딴이름.
‖**~鳥**(どり) 휘파람새의 딴이름.
経絡(けいらく) 경락. ① 사물의 조리. 맥락. ②〖漢醫〗혈(穴)과 혈 사이를 잇는 경로.
経略(けいりゃく) 경략.
経歴(けいれき) 경력.
経路(けいろ) 경로.
‖**~変更**(へんこう) 경로 변경《철도 승객이 기점과 종점을 바꾸지 않고 경로를 변경하는 절차》.
経論(きょうろん)〖佛〗경론.
経料(きょうりょう) 경료. 독경료.
経流し(きょうながし)〖佛〗경류. 죽은 이의 혼백이나 어류의 고난을 구하기 위해 사경(寫經)한 것을 강에 흘려 보냄.
経綸(けいりん) 경륜. 국가를 다스림. 또, 그 수완〔방책〕. 「의 총칭.
経律論(きょうりつろん) 경률론. 곧, 불전
経理(けいり) 경리.
経木(きょうぎ) 경목. 무늬목. 종이처럼 얇게 깎은 나무.
‖**~真田**(さなだ) 얇게 깎은 나무를 真田紐(さなだひも)처럼 엮은 것.
経文(きょうもん) 경문. 경.
経本(きょうほん) 경본. 경전.
経費(けいひ) 경비.
経史(けいし) 경사. ① 경서(經書)와 역사책. ② 유학(儒學) 서적.
経死(けいし) 목매어 죽음. 액사.
経師 ㊀(きょうじ) ①〈古〉경문을 옮겨 적는 사람. ② 표구사. ♣**~屋**(や) 표구업[사].
㊁(きょうし) 경스승. 경문(經文)을 독송하거나 강의하는 승려. 「교관.
㊂(けいし) 한대(漢代)에 경서를 가르치던
経産婦(けいさんぷ) 경산부. 출산 경험이 있는 여성.
経常(けいじょう) 경상. ♣**~費**(ひ) 경상비.
‖**~損益**(そんえき) 경상 손익.
~収支(しゅうし) 경상 수지.
~利益(りえき) 경상 이익.
~取引(とりひき) 경상 거래.

経箱(きょうばこ) 경함(經函). 경문 상자.
経書(きょうしょ) 경서. 유학의 경전.
経石(きょういし)〖佛〗경석. 경문을 적은 작은 돌.
経線(けいせん)〖地〗경선.
経世(けいせい) 경세. ♣**~家**(か) 경세〔정치〕가 / **~論**(ろん) 경세론.
‖**~済民**(さいみん) 경세 제민.
~致用(ちよう) 경세 치용.
経所(きょうじょ)〖佛〗절의, 참배자가 염불·독경을 하는 곳.
経水(けいすい) 경수. 월경.
経術(けいじゅつ) ① 경서(經書)에서 얻은 정치상의 길. ② 경술. 경학(經學).
経始(けいし) 공사 따위를 시작함. 어떤 일을 시작함.
経筵(けいえん) 경연.
経念仏(きょうねんぶつ)〖佛〗경염불.
経営(けいえい) 경영. ♣**~権**(けん) 경영권 / **~学**(がく) 경영학.
‖**~工学**(こうがく) 경영 공학.
~管理(かんり) 경영 관리.
~分析(ぶんせき) 경영 분석.
~危機(きき) 경영 위기.
経瓦(きょうがわら) 경와. 경문을 새겨서 땅속에 묻은 기와.
経緯 ㊀(けいい) 경위. ① 날실과 씨실. ② 사물의 경과. *いきちょうえいとも 읽음. ③ 경도와 위도. ♣**~儀**(ぎ) 경위의.
㊁(たてよこ) ① 세로와 가로. ② 날실과 씨실. *たてぬきろも 읽음.
経由(けいゆ) 경유. *けいゆうろも 읽음.
経帷子(きょうかたびら) (불교식 장례에서) 흰 수의(壽衣). 「②불경.
経蔵(きょうぞう)〖佛〗경장. ① 경당(經堂)
経腸栄養法(けいちょうえいようほう)〖醫〗경장 영양법. 먹지 못하는 환자에게 위나 소장에 직접 영양식을 주입하는 방법.
経籍(けいせき) 경적. 경서(經書).
経伝(けいでん) 경서와 그 주석서.
経典 ㊀(きょうてん) 경전. 신도가 믿고 지켜야 할 것을 적은 책《불경 따위》. *きょうでんろも 읽음.
㊁(けいてん) 경전. 성인이나 현인의 가르침을 적은 책《경서(經書)》 따위》.
経済(けいざい) 경제. ♣**~界**(かい) 경제계 / **~圏**(けん) 경제권 / **~力**(りょく) 경제력 / **~面**(めん) 경제면 / **~史**(し) 경제사 / **~性**(せい) 경제성 / **~人**(じん) 경제인 / **~財**(ざい) 경제재 / **~的**(てき) 경제적 / **~学**(がく) 경제학.
‖**~家**(か) 경제가. ① 경제에 밝은 사람. ② 인색한 사람.
~開発(かいはつ) 경제 개발.

~恐慌(きょうこう) 경제 공황.
~観念(かんねん) 경제 관념.
~企画庁(きかくちょう) 경제 기획청《우리 나라의 전(前) 경제 기획원에 해당함》.
~単位(たんい) 경제 단위.
~団体(だんたい) 경제 단체. ♣~連合会(れんごうかい) 경제 단체 연합회.
~大国(たいこく) 경제 대국.
~白書(はくしょ) 경제 백서.
~封鎖(ふうさ) 경제 봉쇄.
~相互援助会議(そうごえんじょかいぎ) 경제 상호 원조 회의《COMECON》.
~成長率(せいちょうりつ) 경제 성장률.
~水域(すいいき) 경제 수역.
~外交(がいこう) 경제 외교.
~原則(げんそく) 경제 원칙.
~政策(せいさく) 경제 정책.
~制裁(せいさい) 경제 제재.
~浸透(しんとう) 경제 침투.
~統計(とうけい) 경제 통계.
~統制(とうせい) 경제 통제.
~特別区(とくべつく) 경제 특별구《중국이 외자 도입을 위해 설치한 특별 구역》.
~行為(こうい) 경제 행위.
~協力(きょうりょく) 경제 협력. ♣~開発機構(かいはつきこう) 경제 협력 개발 기구《OECD》.
経題(きょうだい) 〖佛〗 경제. 경문(経文)의 제목. 경전의 명칭.
経宗(きょうしゅう) 〖佛〗 경종. 경전으로 종지(宗旨)를 세운 종파.
経紙(きょうがみ) 〖佛〗 경지. 사경(寫經)을 위한 용지. *きょうしろも 읽음.
経帙(きょうちつ) 경질. 경전을 싸서 간수하는 덮개.
経塚(きょうづか) 〖佛〗 경총.
経塔(きょうとう) 〖佛〗 경탑.
経筒(きょうづつ) 경통. 경전을 간수해서 経塚(きょうづか)에 묻는 통.
経閉期(けいへいき) 폐경기. 갱년기.
経皮感染(けいひかんせん) 〖醫〗 경피 감염.
経学(けいがく) 경학.
経函(きょうかん) 경함. 경문을 넣어 두는 상자.
経験(けいけん) 경험. ♣~論(ろん) 경험론／~的(てき) 경험적／~則(そく) 경험칙.
∥~科学(かがく) 경험 과학.
~命題(めいだい) 〖論〗 경험 명제.
~主義(しゅぎ) 경험주의.
~哲学(てつがく) 경험 철학.
~学習(がくしゅう) 경험 학습. 생활 경험 그 자체를 소재로 하는 학습.
経穴(けいけつ) 〖漢醫〗 경혈.
経回(けいかい) ① 돌아다님. ② 살아서 세월을 보냄.
経画(けいかく) ① 세로줄을 그음. 또, 그 줄. ② 짜맞추어 추정함.

訓読►

経つ(たつ) (시간·때가) 지나다. 경과하다.

経糸(たていと) 경사. 날실.　　　　「다.
❖**経る**(へる) 지나가다. 거치다. 통과하다. 겪
経上がる(へあがる) 〈雅〉 ① 승진하다. ② 나이 먹다.
経巡る(へめぐる) 편력하다.
経回る(へめぐる) 편력하다.

其他►

経行(きんひん) 선종에서, 좌선 중 졸음 등을 쫓기 위해 일정한 장소를 걸음. *きょうぎょうろど 읽음.

11 頁	頃	잠간 **경** ケイ・キョウ ころ

音読►

頃刻(けいこく) 경각. 잠시. *きょうこくろ도 읽음.
頃剋(きょうこく) 경각(頃刻).
頃年(きょうねん) 경년. 최근. 근년. *けいねん으로도 읽음.
頃来(けいらい) 요즈음. 근래.
頃日(けいじつ) 경일. 요사이. 요즈음. *きょうじつろロ 읽음.

訓読►

頃(ころ) 때. ① 경. 무렵. 쯤. ② 시기. 계제.
頃おい(ころおい) 〈雅〉 ① ☞頃(ころ). ② ☞頃合い(ころあい).
頃しも(ころしも) 바로 그 무렵. 때마침.
頃合い(ころあい) ① 적당한 시기. 기회. ② 적당한 정도·상태. 알맞음.

12 口	卿	벼슬 **경** ケイ・キョウ きみ

音読►

卿(けい) 경.
卿相(けいしょう) 경상. 공경(公卿).

12 日 教	景	빛 **경**·경치 **경** **ケイ・エイ** かげ

音読►

景(けい) 경치.
景観(けいかん) 경관. 경치.
∥~工学(こうがく) 경관 공학.
景気(けいき) ① 경기. ② 사물의 활동 상태나 기세(기운).
∥~動向指数(どうこうしすう) 〖經〗 경기 동향 지수.
~変動(へんどう) 〖經〗 경기 변동.
~循環(じゅんかん) 〖經〗 경기 순환.
~指標(しひょう) 〖經〗 경기 지표.
景気付く(けいきづく) ① 상업 활동이 활발해지다. ② 활기가 넘치다.
景慕(けいぼ) 경모.

景物(けいぶつ) ① 경물. 품물. ② 흥취를 더하는 것. ③ ☞景品(けいひん).
景福(けいふく) 경복. 크나큰 복.
景象(けいしょう) 경상. 경치.
景石(けいせき) 일본 정원에서, 풍취를 더하기 위해 여기저기 놓은 돌.
景星(けいせい) 경성. 상서로운 별.
景勝(けいしょう) 경승.
景仰(けいこう) 경앙. 위대한 것을 사모하여 우러러봄. *けいぎょう・けいごうろも 읽음.
景趣(けいしゅ) 경취. 경치.
景致(けいち) 경치.
景表法(けいひょうほう) '不当(ふとう)景品類(けいひんるい)(=부당 경품류)' 및 '不当表示(ひょうじ)防止法(ぼうしほう)(=부당 표시 방지법)'의 준말.
景品(けいひん) ① 경품. ② (참가자에게 주는) 상품. 기념품.
景況(けいきょう) 경황. 상황. 경기.
[其他]
景色(けしき) 경치. 풍경. *けいしょくろも 읽음.

| 12
攵
[教] | 敬 | 공경할 경
ケイ・キョウ
うやまう・つつしむ |

[音読]
敬する(けいする) 공경하다.
敬虔(けいけん) 경건.
敬具(けいぐ) 경구. 경백(敬白).
敬待(けいたい) 경대. 정중하게 접대함.
敬礼 ㊀(けいれい) 경례.
㊁(きょうらい) ① 신·승(僧)을 경배함. ② 기원할 때 신불의 이름에 붙여 외는 말.
敬老(けいろう) 경로.
∥～の日(ひ) 경로의 날(9월 15일).
敬慕(けいぼ) 경모.
敬拝(けいはい) 경배. 숭배.
敬白(けいはく) 경백. 경구(敬具). *けいびゃくろも 읽음.
敬服(けいふく) 경복. 탄복.
敬復(けいふく) 경복. 배복(拜復).
敬信(けいしん) 경신. 공경하여 믿음.
敬神(けいしん) 경신. 신을 공경함.
敬仰(けいぎょう) 경앙. 공경하여 우러러봄. *けいこうろも 읽음.
敬愛(けいあい) 경애.
敬譲(けいじょう) 경양. 존중과 겸양. ♣～語(ご) 겸양어. 「경어법.
敬語(けいご) 경어. 높임말. ♣～法(ほう)
敬畏(けいい) 경외.
敬遠(けいえん) 경원.
敬意(けいい) 경의.
敬田(けいでん) 〖佛〗 불·법·승 따위 공경할 만한 것.
敬弔(けいちょう) 경조. 삼가 조상함. 「김.
敬重(けいちょう) 경중. 존경하고 중히 여

敬聴(けいちょう) 경청. 삼가 들음.
敬体(けいたい) 경체. 경어체.
敬称(けいしょう) 경칭.
敬憚(けいたん) 경탄. 존경하고 두려워함.
[訓読]
敬う(うやまう) 존경하다. 공경하다.
❖敬む(つつしむ) 삼가다. 조심하다.
敬み(つつしみ) 삼감. 조심성. 조신〔신중〕함.
敬み深い(つつしみぶかい) 조심성이 많다. 신중하다. 얌전하다.

| 12
疒 | 痙 | 심줄당길 경
ケイ
ひきつる |

[音読]
痙攣(けいれん) 경련.
[其他]
痙る(つる) (근육이) 경련이 이다. 쥐가 나다.

| 12
石
[常] | 硬 | 단단할 경·강할 경
コウ
かたい |

[音読]
硬鋼(こうこう) 경강. 경도 높은 강철.
硬結(こうけつ) 경결. ① 단단하게 굳음. ② 〖醫〗 경변(硬變).
硬膏(こうこう) 경고. 단단한 고약.
硬骨(こうこつ) 경골. ♣～魚(ぎょ)〖魚〗 경골어 / ～漢(かん) 경골한.
硬教育(こうきょういく) 경교육. 스파르타식 교육.
硬球(こうきゅう) 경구.
硬口蓋(こうこうがい) 경구개. *かたこうがいろも 읽음. ♣～音(おん) 경구개음.
硬蛋白質(こうたんぱくしつ) 〖化〗 경단백
硬度(こうど) 경도.   「질.
硬論(こうろん) 경론. 강경한 논의〔의견〕.
硬膜(こうまく) 〖生〗 (뇌의) 경막.
硬毛(こうもう) 경모. 수염·음모 등의 굵고
硬変(こうへん) 경변.   「긴 털.
硬砂岩(こうさがん) 〖鑛〗 경사암.
硬性(こうせい) 경성.
∥～下疳(げかん) 〖醫〗 경성 하감.
～憲法(けんぽう) 〖法〗 경성 헌법.
硬水(こうすい) 경수. 센물.
硬式(こうしき) 경식.
硬軟(こうなん) 경연. 강경과 연약.
硬玉(こうぎょく) 〖鑛〗 경옥.
硬音(こうおん) 〖言〗 경음. 된소리.
硬磁(こうじ) '硬質磁器(こうしつじき)(=경질 자기)'의 준말. 고열에 구운 도자기.
硬調(こうちょう) 경조. 견조(堅調)
硬直(こうちょく) 경직.
硬質(こうしつ) 경질. ♣～米(まい) 경질미.
∥～陶器(とうき) 경질 도기.

～繊維板(せんいばん) 경질 섬유판.
～小麦(こむぎ) 경질밀《강력분의 원료》.
～磁器(じき) 경질 자기.
～漆器(しっき) 경질 칠기.
硬着陸(こうちゃくりく) 경착륙.
硬炭(こうたん) 경탄. ① 핫길의 석탄. ② 경질의 석탄.
硬派(こうは) 경파. ① 강경파. ② (여성적인 것을 경시하고) 완력을 쓰는 청소년. ③ 신문에서 정치·경제면 담당 기자.
硬筆(こうひつ) 경필. 연필·펜 등.
硬化(こうか) 경화. ♣～病(びょう) 경화병 / ～油(ゆ) 경화유 / ～剤(ざい) 경화제 / ～症(しょう) 경화증.
硬貨(こうか) 경화. 금속 화폐.

訓読

❖硬い(かたい) 단단하다. 딱딱하다. 굳다.
硬さ(かたさ) ① 경도. ②『心』여러 상황에 대응하는 융통성·유연성이 없음.
硬表紙(かたびょうし) 견고한 종이로 만든 표지.

其他

硬(ぼた)〈方〉(九州(きゅうしゅう) 지방 탄광에서) ① 선탄(選炭)하고 남은 돌. 버력. ② 저질탄.
硬山(ぼたやま) 탄광에서 선탄(選炭)하고 남은 돌을 쌓아 올린 무더기. 버력더미.
硬張る(こわばる) 굳어지다. 뻣뻣해지다.

12 車 教	軽(輕)	가벼울 경 ケイ・キン・キョウ かるい・かろやか・か ろんずる

音読

軽歌劇(けいかげき) 경가극.
軽減(けいげん) 경감.
軽挙(けいきょ) 경거. 경솔(한 행동).
‖～妄動(もうどう) 경거망동.
軽軽に(けいけいに) 경솔.
軽骨(きょうこつ) ⇨ 軽忽(きょうこつ).
軽工業(けいこうぎょう) 경공업.
軽科(けいか) 경과. 경범죄. 경벌.
軽過失(けいかしつ) 경과실.
軽狡(けいこう) 경박하고 간교함.
軽裘(けいきゅう) 가볍고 따뜻한 갖옷.
軽金属(けいきんぞく) 경금속.
軽気(けいき) 공기보다 가벼운 기체.
軽機(けいき) 경기. 軽機関銃(けいきかんじゅう)의 준말.
軽騎(けいき) 경기. 경기병.
軽機関銃(けいきかんじゅう) 경기관총.
軽騎兵(けいきへい) 경기병.
軽労働(けいろうどう) 경노동.
軽断(けいだん) 경솔하게 판단함.
軽度(けいど) 경도. 정도가 가벼움.
軽羅(けいら) 경라. 가볍고 얇은 비단.
軽量(けいりょう) 경량.

軽雷(けいらい) 멀리 들리는 우레. 「게 굶.
軽慢(きょうまん) 경만. 남을 깔보고 거만하
軽蔑(けいべつ) 경멸. ♣～語(ご) 경멸어.
軽侮(けいぶ) 경모. 경멸. 멸시.
軽妙(けいみょう) 경묘.
‖～洒脱(しゃだつ) 경묘 쇄탈.
軽微(けいび) 경미.
軽薄(けいはく) ① 경박. ② 겉치레 말. ♣～口(ぐち) 아첨 / ～児(じ) 경박한 사람.
軽薄短小(けいはくたんしょう) 경박단소《'가볍고·얇고·짧고·작은'의 뜻》. ① 정밀기기·전기 기기 공업 등과 같이 상황에 유연하게 대처할 수 있는 제조업의 성질을 이르는 말. ② 컴퓨터 관련 제품이 보다 가볍고, 소형화되어 가는 특징을 나타내는 말.
軽輩(けいはい) ① 경배. 신분이 낮은 사람. 경험이 적은 사람. ② 무가(武家)의 최하급 무
軽罰(けいばつ) 경벌.   「사.
軽犯罪(けいはんざい) 경범죄. ♣～法(ほう) 경범죄법.
軽服 ㊀(けいふく) 가벼운 복장.
㊁(きょうぶく) 경복. 먼 친척이 죽었을 때 입는 상복.
軽浮(けいふ) 경부. 경조부박. 경박.
軽費(けいひ) 적은 비용.
軽卑語(けいひご) 남을 낮추어서 하는 말.
軽飛行機(けいひこうき) 경비행기.
軽傷(けいしょう) 경상.
軽少(けいしょう) 경소. 약간. 조금.
軽率(けいそつ) 경솔.
軽鬆土(けいそうど) 경송토. ① 화산재로 된 흙. ② 부식토. *けいしょうど로도 읽음.
軽水(けいすい) 경수. 보통의 물. ♣～炉(ろ) 경수로.   「매.
軽袖(けいしゅう) 얇은 천으로 만든 옷의 소
軽水素(けいすいそ) 경수소.
軽視(けいし) 경시.
軽食(けいしょく) 경식. 간단한 식사.
軽信(けいしん) 경신.
軽演劇(けいえんげき) 경연극.
軽愚(けいぐ) 경우. ① 경솔하고 어리석음. ② 정신 박약 중, 그 정도가 가벼움.
軽油(けいゆ)『化』경유.
軽銀(けいぎん) 경은. 알루미늄.
軽音楽(けいおんがく) 경음악.   「한 옷.
軽衣(けいい) 경의. ① 가벼운 차림. ② 간소
軽易(けいい) 경이. 손쉬움.
軽粒子(けいりゅうし)『理』경입자.
軽自動車(けいじどうしゃ) 경자동차. 소형 자동차.
軽装(けいそう) 경장. 가벼운 차림.
軽電機(けいでんき) 경전기.
軽艇(けいてい) 경정. 경쾌한 배.
軽佻(けいちょう) 경조. 경망함.
‖～浮薄(ふはく) 경조부박.
軽躁(けいそう) 경조. ① 경솔하고 수다스러움. ②『醫』조울증 환자의 이상(異常) 흥분 정도가 가벼운 상태.

軽卒(けいそつ) 경졸. ① 경장(輕裝)한 병졸. ② 졸병.
軽罪(けいざい) 경죄. 가벼운 죄.
軽舟(けいしゅう) 경주. 가볍고 작은 배.
軽重(けいじゅう) 경중. *けいちょう로도
軽症(けいしょう) 경증.
軽震(けいしん) 경진. 가벼운 지진. ㄴ읽음.
軽質油(けいしつゆ) 경질유.
軽車両(けいしゃりょう) 도로 교통법에서, 엔진을 장착하지 않은 자전거·손수레 등의 일컬음.
軽賤(けいせん) 경멸하고 깔봄. 또, 신분 등이 낮고 천함. *きょうせん으로도 읽음.
軽捷(けいしょう) 경첩. ① 몸이 날렵하고 민첩함. ② 손쉽게 빨리 함.
軽快(けいかい) 경쾌.
軽便(けいべん) ① 경편. 간편. ② 몸이 가볍고 날램. ③ 軽便鉄道의 준말.
‖～鉄道(てつどう) 경편 철도.
軽爆(けいばく) 경폭. '軽爆撃機(けいばくげき)(=경폭격기)'의 준말.
軽風(けいふう) 경풍. 남실바람.
軽寒(けいかん) 경한. 조금 추움.
軽合金(けいごうきん) 경합금.
軽忽(きょうこつ) ① 경홀. 경박하고 소홀함. 경솔. *けいこつ로도 읽음. ② 어리석음.
‖～者(もの) 경망[경솔]한 자.
軽火器(けいかき) 경화기.

訓読
軽しめる(かろしめる) ① 얕보다. 경멸하다. ② 가볍게 보다.
軽はずみ(かるはずみ) ①경망함. ②〈雅〉경쾌. *かろはずみ로도 읽음.
軽びやか(かろびやか) 가뿐함. 가든함. 경쾌함.
軽やか(かろやか) 가뿟함. 발랄하고 경쾌함. *かるやか로도 읽음.
軽んじる(かろんじる) ☞軽んずる(かろんずる).   「ずる」
軽んずる(かろんずる) ① 얕보다. 깔보다. 업신여기다. ② 아끼지 않다. 가볍게 보다.
❖軽い(かるい) 가볍다.
軽軽 ㊀(かるがる) (아주) 가볍게. 거뜬거뜬. 쉽게.   「경솔.
㊁(きょうきょう) 경경. 경망스러운 모양.
軽軽しい(かるがるしい) 경솔하다. 경망스럽다. *雅語로 かろがろしい라고도 함.
軽口(かるくち) ① 우습고 재미있는 이야기. ② 입이 가벼움. 또, 그런 사람. ③ 재담.
‖～話(ばなし) 익살과 재담을 섞어 하는 우스꽝스러운 이야기.
軽籠(かるこ) 삼태기.
軽目(かるめ) ① (무게가) 약간 가벼움. ② 軽目金의 준말.
‖～金(きん) 마멸되어 함량이 준 小判(こばん)이나 一分金(いちぶきん).
軽物(かるもの) 견직물.
軽味(かるみ) ① 가벼움. ② 俳句(はいく) 작풍의 하나.

軽石(かるいし)【鑛】경석. 속돌.
軽焼き(かるやき) 軽焼き煎餅의 준말.
‖～煎餅(せんべい) 찹쌀 가루에 설탕을 넣어 부풀게 구운 과자.
軽鴨(かるがも)【動】흰뺨검둥오리.
軽業(かるわざ) ① (공중 그네 등) 위험한 곡예. ② 위험이 많은 사업이나 계획.
‖～師(し) ① 곡예사. ② 위험이 많이 따르는 일[사업]을 하는 사람.
軽子(かるこ) 담꾼[도매 가게 등에서 짐 나르는 일을 업으로 한 사람].
軽井沢(かるいざわ)【地】長野(ながの) 현 동부의 피서지.   「짐.
軽荷(かるに) ① 가벼운 짐. ② (배의) 바다

其他
軽衫(カルサン) 속곳 비슷한 바지. 칼상.
軽袗(カルサン) ⇨軽衫(カルサン).

13 イ 常 傾
기울어질 경
ケイ
かたむく・かたむける・かしぐ・かしげる

音読
傾角(けいかく) 경각. 경사각. 기운각.
傾光性(けいこうせい)【植】경광성. 감광성(感光性).
傾国(けいこく) 경국. ① 나라를 기울게 함. ② 절세의 미인.
傾度(けいど) 경도.
傾倒(けいとう) 경도. ① 심취함. ② 전력함.
傾動(けいどう) 경동. ① 다른 위력 따위에 복종하여 움직임. ② 지괴(地塊)가 경사하여 움직임.
‖～地塊(ちかい)【地】경동 지괴. 지각의 단층 운동으로 경사지게 생긴 지괴.
傾慕(けいぼ) 경모. 사모함.
傾覆(けいふく) 경복. 뒤집힘. 뒤집어엎음.
傾斜(けいしゃ) 경사. ① 기욺. ② 물매.
‖～屈性(くっせい)【植】경사 굴성.
～生産(せいさん) 경사 생산. 특정 산업에 중점적으로 투자하여 생산을 함.
傾瀉(けいしゃ) ① 기울여 쏟음[부음]. ②【化】경사.
傾船差(けいせんさ) 경선차. 배가 경사했을 때 생기는 자기(磁氣) 컴퍼스의 지시 방향 오차.
傾性(けいせい)【植】경성. 감성.
傾城(けいせい) 논다니. 창녀(娼女).
傾注(けいちゅう) 경주.
傾震性(けいしんせい)【植】경진성.
傾聴(けいちょう) 경청.   「성.
傾触性(けいしょくせい)【植】경촉성. 감촉性.
傾吐(けいと) 의견을 충분히 발표함.
傾頽(けいたい) 경퇴. 기울어져 무너짐.
傾敗(けいはい) 경패. 나라 따위가 쇠망함.
傾向(けいこう) 경향. ♣～的(てき) 경향
‖～文学(ぶんがく) 경향 문학.   「적.

訓読
傾ぐ(かしぐ) 기울다. 기울어지다.

傾ける(かたむける) ① 기울이다. ② 집중하다. 쏟다. *かたぶける로도 읽음.
傾げる(かしげる) 기울이다. *かたげるで도 읽음.
❖**傾く**(かたむく) 기울다. 쏠리다. 치우치다. *かたぶく로도 읽음.
傾き(かたむき) ① 경사. ② 경향. *かたぶき로도 읽음.

其他
傾れ(なだれ) 눈사태.
傾れ込む(なだれこむ) 많은 사람이 일시에 우르르 밀려들다[밀어닥치다].

14 土 教 境
지경 경·경계 경
キョウ・ケイ
さかい

音読
境界 ㊀(きょうかい) 경계. *けいかい로도 읽음. ♣~線(せん) 경계선.
∥~**変更**(へんこう) 경계 변경. 지방 공공단체의 신설·폐합을 수반하지 않고 그 구역만을 변경하는 일.
~**条件**(じょうけん)〖數〗경계 조건.
㊁(きょうかい) 경계. ①〖佛〗인과응보로서 이승에서 겪는 업보. ② 처지. 신분. ③ 범위 안.
境内(けいだい) (신사·사찰의) 경내. 구내.
境涯(きょうがい) 경애. 신세. 처지.
境域(きょういき) ① 경역. 영역. ② 경계. 경계 안의 땅.
境外(けいがい) 경외. 경계 밖. 특히 절·신사의 부지 밖.
境遇(きょうぐう) 경우. 처지. 형편. 환경.
境栽(きょうさい) 도로·담장 따위를 따라 심은 초목. 「②분야.
境地(きょうち) 경지. ① 환경. 처지. 심경.
境土(きょうど) 경토. 그 나라의 통치권이 미치는 구역. 또, 국경. 강토.

訓読
境 ㊀(さかい) ① 경계. ② 갈림길. 기로. (어떤 범위 내의) 땅. 장소.
∥~**目**(め) ① 경계. ② 사물의 갈림길.
~**争い**(あらそい) 경계선에 대한 분쟁.
㊁(きょう) 경. ① 일정한 장소. ② 마음의 상태. 경지. 「하다.
境する(さかいする) 경계를 만들다. 경계

其他
境目(さいめ) 경계(境界).

15 广 常 慶
경사 경
ケイ
よろこぶ

音読
慶する(けいする) 경축하다.
慶大(けいだい) 慶応大学(けいおうだいがく)의 준말.
慶福(けいふく) 경복. 경사스럽고 복됨.
慶事(けいじ) 경사.
慶色(けいしょく) 희색(喜色).
慶瑞(けいずい) 경서. 경사스러운 조짐.
慶庵(けいあん) ① 고용인 소개업자. 중매쟁이. ② 발림말을 한. 그 사람. 「전.
慶典(けいてん) 경전. 경사스러운 의식 축
慶弔(けいちょう) 경조. 경사와 상사.
慶兆(けいちょう) 경조. 길조.
慶祝(けいしゅく) 경축.
慶春(けいしゅん) 경춘. 봄을 기뻐함.
慶賀(けいが) 경하.

15 忄 憬
깨달을 경·멀 경
ケイ
さとる・あこがれる

訓読
❖**憬れる**(あこがれる) 동경하다.
憬れ(あこがれ) 동경(憧憬).

16 石 磬
경쇠 경
ケイ

音読
磬(けい) 경쇠.

16 頁 頸
목 경
ケイ
くび

音読
頸骨(けいこつ) 경골. 목뼈.
頸動脈(けいどうみゃく)〖生〗경동맥.
頸部(けいぶ) 경부. 목(부분).
∥~**リンパ節結核**(リンパせつけっかく)〖醫〗경부 림프절 결핵.
頸腺(けいせん) 경선. 목의 림프선.
頸飾(けいしょく) 경식. (장식) 목걸이.
頸腕症候群(けいわんしょうこうぐん)〖醫〗경완 증후군. 목·어깨·팔 따위에 통증·저림증을 느끼는 증상.
頸静脈(けいじょうみゃく)〖生〗경정맥.
頸椎(けいつい) 경추. 목뼈.
頸血(けいけつ) 경혈. 목에서 흐르는 피.

訓読
頸(くび) 목. 모가지. 목 비슷한 부분.
頸枷(くびかせ) ① 목에 씌우는 칼. ② 자유를 속박하는 일.
頸巻き(くびまき) 목도리.
頸根っこ(くびねっこ)〈俗〉목. 목덜미.
頸筋 ㊀(くびすじ) 목덜미. 「총칭.
㊁(けいきん)〖生〗경근. 목에 있는 근육의
頸輪(くびわ) ① 목걸이. ② 개목걸이.
頸木(くびき) 멍에.
頸飾り(くびかざり) 목걸이.
頸っ玉(くびったま)〈俗〉목. 모가지.

頸っ引き(くびっぴき)〈口〉늘 옆에 놓고 참고하는 일.
頸っ丈(くびったけ)〈口〉홀딱 반함.
頸吊り(くびつり) ① 목매달아 죽는 일. ②〈俗〉기성복(既成服).

18 王	瓊	옥 **경**·붉은옥 **경** ケイ たま・に

音読
瓊玉(けいぎょく) 경옥. 주옥(珠玉).
其他
瓊音(ぬなと) 옥이 서로 부딪치며 내는 소리. 옥소리.
瓊脂(ところてん) 우무.

18 言	謦	기침 **경** ケイ しわぶき

音読
謦咳(けいがい) 경해. 헛기침.

18 魚	鯁	뼈 **경**·가시걸릴 **경** コウ のぎ

訓読
鯁(のぎ) 목에 걸린 생선 가시.

19 言 教	警	경계할 **경** ケイ・キョウ いましめる

音読
警戒(けいかい) 경계. ♣**~色**(しょく) 경계색/**~線**(せん) 경계선. 비상선/**~心**(しん) 경계심.
‖**~警報**(けいほう) 경계 경보.
警告(けいこく) 경고.
‖**~反応**(はんのう) 경고 반응. 생체에 가해진 스트레스에 대응해서 생기는 반응.
警固(けいご) 경고. 굳게 지킴. 또, 그 시설이나 사람.
警官(けいかん) 경관. 경찰관.
警句(けいく) 경구.
警急(けいきゅう) 경급. 경계를 요하는 위급한 사건. 긴급한 사건에 대비한 마음가짐.
警邏(けいら) 경라. 순라(巡邏)(군).
警吏(けいり) 경리. 경찰관.
警務(けいむ) 경무. 경찰 업무. 경비·경계의 임무.
警抜(けいばつ) 경발. (착상 등이) 기발하고 빼어남.
警防(けいぼう) 경방. 위험·재해를 경계하고 막음.
警報(けいほう) 경보. ♣**~機**〔器〕(き) 경보기.
警棒(けいぼう) 경(찰)봉.
警部(けいぶ) (경찰에서) 경부《우리 나라의 경위(警衛)에 상당》.
警備(けいび) 경비. 「침.
警醒(けいせい) 경성. 타일러 미혹을 깨우
警世(けいせい) 경세. 세상을 깨우침.
‖**~の鐘**(かね) 경세의 종.
警手(けいしゅ) 철도 건널목지기.
警守(けいしゅ) 경수. 경계하여 지킴.
警乗(けいじょう) 차나 배에 편승하여 이동하며 순찰(경계)함.
警視(けいし) 경시. ♣**~庁**(ちょう) 경시청.
‖**~総監**(そうかん) 경시 총감.
警語(けいご) ☞警句(けいく).
警悟(けいご) 경오. 깨달음이 빠름.
警衛(けいえい) 경위. 경호.
警笛(けいてき) 경적.
警鐘(けいしょう) 경종.
警察(けいさつ) 경찰. ♣**~官**(かん) 경찰관/**~権**(けん) 경찰권/**~署**(しょ) 경찰서/**~庁**(ちょう) 경찰청.
‖**~国家**(こっか) 경찰 국가.
~機動隊(きどうたい) 경찰 기동대.
~手帳(てちょう) 경찰 수첩.
警策 〔ː〕(けいさく) 경책. ① 경계하여 채찍질함. ② 말을 잘 달리게 치는 채찍. ③ ☞〔ː〕(きょうさく) 『佛』 경책. 좌선할 때 어깨 따위를 치는 넓적한 막대기. *けいさく로도 읽음. 「딱따이.
警柝(けいたく) 경탁. 주의를 촉구하기 위한
警砲(けいほう) 경포.
警標(けいひょう) 경표. 경고 표지.
警蹕(けいひつ) ① 경필. 벽제(辟除)(소리). ② 신전의 문을 열 때에 신관(神官)이 내는 '오오'하는 소리.
警護(けいご) 경호.
訓読
❖**警める**(いましめる) ① 훈계하다. 경고하다. ② 경계·수비를 강화하다.
警め(いましめ) ① 훈계. 징계. ② 경계.

19 金 教	鏡	거울 **경** キョウ かがみ

音読
鏡架(きょうか) 경가. 경대.
鏡鑑(きょうかん) 경감. 본보기. 거울.
鏡匣(きょうこう) 경갑. 거울을 넣어 두는 상자.
鏡台(きょうだい) 경대.
鏡胴(きょうどう) 경동. 카메라·현미경 따위에서, 렌즈를 다는 통.
鏡銅(きょうどう) 경동. 청동의 한 가지.
鏡裡(きょうり) ⇨ 鏡裏(きょうり).
鏡裏(きょうり) 경리. ① 거울 속. 경중(鏡中). ② 거울 뒤.
鏡面(きょうめん) 경면. 거울의 표면.
鏡像(きょうぞう) 경상. ① 거울에 비치는 상. ②『数』 어떤 도형을 반전하여 옮긴 상.

鏡心(きょうしん) 경심. 구면경(球面鏡)의 경면의 중심.
鏡鉄鉱(きょうてっこう) 경철광. 휘철광.
鏡花水月(きょうかすいげつ) 경화수월. 거울에 비치는 꽃과 물에 비치는 달.

訓読
鏡(かがみ) ①거울. ②모범. 귀감. ③술통 뚜껑.
‖~掛け(かけ) 거울을 거는 데 쓰는 목제 「틀.
~袋(ぶくろ) 주머니 거울 등 화장 용구를 넣는 주머니.
鏡開き(かがみびらき) 설에, 神棚(かみだな) 등에 차려 놓은 鏡餅(かがみもち)를 잘게 썰어 단팥죽에 넣어 먹는 행사《보통 1월 11일에 행함》.
鏡物(かがみもの) 《文》문학사상, 제목에 鏡(かがみ)가 붙은 역사책을 일컬음《大鏡(おおかがみ)・水鏡(みずかがみ)・増鏡(ますかがみ) 따위》.
鏡餅(かがみもち) 대소(大小) 두 개의 둥글 납작한 떡《겹쳐서 주로 신전(神前)에 차려 놓거나 설의 장식에 씀》.
鏡石(かがみいし) 경석. ①겉에 광택이 있고 물건이 잘 비치는 돌. ②손 씻는 물통 앞에 놓는 돌.
鏡板(かがみいた) ①문・천장 등에 끼우는 반반하고 큰 널빤지. ②能(のう) 무대 정면의 배경이 되는 널빤지. 「き」.
鏡割り(かがみわり) ☞鏡開き(かがみびら

19 魚 常 鯨
고래 경
ゲイ
くじら

音読
鯨骨(げいこつ) 경골. 《세공에 쓰는》 고래의
鯨脳油(げいのうゆ) 경뇌유. 「뼈.
鯨蠟(げいろう) 《化》경랍《연고・양초 등의
鯨油(げいゆ) 경유. 고래 기름. 「원료》.
鯨肉(げいにく) 경육. 고래 고기.
鯨飲(げいいん) 경음. (술을) 많이 마심.
‖~馬食(ばしょく) 경음 마식.
鯨鐘(げいしょう) 조종. 범종.
鯨呑(げいどん) 경탄. ①큰 입으로 한 입에 마심. ②강자가 약자를 병탄함.
鯨波 ㊀(げいは) ①경파. 큰 파도. ②함성.
㊁(とき) 《옛날에 싸움터에서, 많은 병사가 일제히 지르는》 함성.
‖~の声(こえ) 함성. 고함 소리.

訓読
鯨(くじら) ①《動》고래. ②鯨尺(くじらじゃく)의 준말. 「리.
鯨鍋(くじらなべ) 고래 고기를 넣을 냄비 요
鯨帯(くじらおび) 안과 겉을 각각 다른 색의 천으로 만든 여자 어린이 옷의 띠.
鯨幕(くじらまく) 《장례식에 쓰는》 포장막.
鯨鬚(くじらひげ) 고래 수염.
鯨座(くじらざ) 《天》고래자리.

鯨差し(くじらざし) ☞鯨尺(くじらじゃ
鯨尺(くじらじゃく) 경척. 피륙을 재는 자의 「하나.
鯨取り(くじらとり) 고래잡이. 또, 그 사람.

20 立 教 競
다툴 경
キョウ・ケイ
きそう・せる・くらべる・きおう

音読
競犬(けいけん) 경견.
競駆(きょうく) 경구. 앞을 다투어 말을
競技(きょうぎ) 경기. ♣~場(じょう) 경기
‖~設計(せっけい) 경기 설계. 「장.
競起(きょうき) 경기. 둘 이상의 사건이 앞을 다투는이 잇따라 일어남.
競落(きょうらく) 경락. 경쟁 입찰에서 낙찰함. *けいらくろも 읽음.
競輪(けいりん) 경륜. 직업 선수의 자전거 경기. 또, 그에 의한 공인 도박.
競馬(けいば) 경마.
競望(けいぼう) 경망. 바라고 다툼.
競売(きょうばい) 《法》경매.
競演(きょうえん) 경연.
競売買(きょうばいばい) 경매매. 경쟁 매매. *けいばいばいろも 읽음.
競歩(きょうほ) 경보.
競奔(きょうほん) 경분. 앞을 다투어 뛰어
競書(きょうしょ) 경서. 서도에서, 그 작품의 우열을 겨룸.
競業(きょうぎょう) 《經》경업. 영업상의 경쟁을 함.
‖~禁止(きんし) ☞競業避止.
~避止(ひし) 상법상 일정한 자에 대해, 특정인의 영업과 경쟁하여 이익을 얻는 것을 금
競演(きょうえん) 경연. 「함.
競泳(きょうえい) 경영. 수영 경기.
競願(きょうがん) 경원. 복수의 회사・단체가 어떤 허가를 받기 위해 앞을 다투어 관공서에 출원함.
競作(きょうさく) (작품의) 경작.
競争(きょうそう) 경쟁. ♣~力(りょく) 경쟁력 / ~心(しん) 경쟁심.
‖~価格(かかく) 경쟁 가격.
~契約(けいやく) 경쟁 계약.
~売買(ばいばい) 경쟁 매매.
~試験(しけん) 경쟁 시험.
~入札(にゅうさつ) 경쟁 입찰.
競艇(きょうてい) 경정. 모터보트 경주. *けいていろも 읽음.
競漕(きょうそう) 경조.
競走(きょうそう) 경주.
‖~馬保険(ばほけん) 경주마 보험.
競進会(きょうしんかい) 경진회. 공진회.
競闘(きょうとう) 경투. 겨루어 싸움.
競合(きょうごう) ①서로 다툼. ②경합.
♣~犯(はん) 경합범.
‖~地帯(ちたい) (두 세력의) 경합 지대.

~脱線(だっせん) 경합 탈선. 복합적 원인으로 생긴 탈선 사고.

訓読
競(くら) 《接尾語로》…겨루기. …내기.
競取り(せどり) 동업자 사이에서 주문을 받아 매매를 주선하고 구전을 받는 일. 또, 그 사람.
❖競う㊀(きそう) 서로 경쟁하다. 다투다. 겨루다.
㊁(きおう) (지지 않으려고) 기를 쓰다. 분기하다. 다투다.
競い(きおい) ① (지지 않으려고) 기를 씀. ② 競い肌(きおいはだ)의 준말. ♣~馬(うま) 경마.
競って(きそって) 앞다투어.
競い掛かる(きおいかかる) ① (기세를 올려) 분발하다. ② 앞을 다투어 몰려가다.
競い肌(きおいはだ) 호협한 기상. 협기.
競い立つ㊀(きおいたつ) (지지 않으려고) 기를 쓰다. 분기(奮起)하다.
㊁(きそいたつ) 서로 다투다. 경쟁하다.
競い馬(きそいうま) 말타기 경주. 경마.
競い込む(きおいこむ) 긴장된 마음을 언동으로 나타내다.
競い合う(きそいあう) 서로 지지 않으려고 경쟁하다. 서로 힘쓰다. 하다.
❖競べる(くらべる) 비교하다. 겨루다. 경쟁
競べ(くらべ) 비교. 겨룸. 경쟁.
競べ馬(くらべうま) 옛날의 말타기 경주. 경마.
競べ物(くらべもの) 비교하기 족한 것. 우열을 겨룰 만한 것.
❖競る(せる) ① 경쟁하다. 다투다. ② (경매에서) 서로 다투어 값을 올리다〔내리다〕.
競り(せり) ① 경쟁. ② 경매(競賣).
競り落とす(せりおとす) 경락(競落)하다.
競り売り(せりうり) 경매.
競り買い(せりかい) 경매로 삼.
競り負ける(せりまける) 아슬아슬하게 지다. 올리다.
競り上げる(せりあげる) 서로 다투어 값을
競り売買(せりばいばい) 〖經〗경매매.
競り市(せりいち) 경매 시장.
競り場(せりば) 경매장.
競り合い(せりあい) 경합. 심한 경쟁.
競り合う(せりあう) 서로 다투다. 경쟁하다.

逆訓
駆け競べ(かけくらべ) 경주. 달음박질.
力競べ(ちからくらべ) 힘 겨루기.

20
黒 黥
자자 경
ゲイ
いれずみ

音読
黥(げい) ① 문신(文身). ② 자자(刺字)의 형.
黥徒(げいと) 자자(刺字)의 형을 받은 사람.
黥首(げいしゅ) 경수. 형벌로서 이마에 입묵(入墨)하는 일.

22
馬 驚
常
놀랄 경
キョウ
おどろく・おどろかす

音読
驚悸(きょうき) 경계. 놀라서 가슴이 두근거림.
驚起(きょうき) 경기. 놀라 벌떡 일어남.
驚倒(きょうとう) 경도. 놀라 자빠짐.
驚愕(きょうがく) 경악.
‖~交響曲(こうきょうきょく) 〖樂〗(하이든 작곡의) 놀람 교향곡.
~反応(はんのう) 〖醫〗경악 반응. 「적.
驚異(きょうい) 경이. ♣~的(てき) 경이
驚天動地(きょうてんどうち) 경천동지. 세상을 몹시 놀라게 하는 일〔사건〕.
驚歎(きょうたん) ⇨ 驚嘆(きょうたん).
驚嘆(きょうたん) 경탄.
驚破(きょうは) 놀램. 깜짝 놀라게 함.
驚怖(きょうふ) 경포. 놀라고 두려워함.
驚風(きょうふう) 〖漢醫〗경풍. 경기.
驚駭(きょうがい) 경해. 몹시 놀람.
驚惶(きょうこう) 경황. 놀라 당황함.
驚喜(きょうき) 경희. 뜻밖의 좋은 일에 놀라고 기뻐함. 또, 그 기쁨.

訓読
驚かす(おどろかす) 놀래다. 놀라게 하다.
❖驚く(おどろく) 놀라다. 경악하다.
驚き(おどろき) ① 놀람. ② 〈俗〉놀랄〔놀라운〕 일.
驚き入る(おどろきいる) 몹시 놀라다.

계

3
彑 彑
돼지머리 계
ケイ

参考 크와 同字.

音読
彑頭(けいがしら) 한자 부수의 하나: 터진가로왈.

7
戈 戒
常
경계할 계・타이를 계
カイ
いましめる

音読
戒(かい) 계. 계율.
戒告(かいこく) 계고.
戒具(かいぐ) 계구.
戒懼(かいく) 계구. 삼가고 두려워함.
戒禁(かいきん) 계금.
戒壇(かいだん) 〖佛〗계단. ♣~石(せき) 〖佛〗계단석 / ~院(いん) 〖佛〗계단원.

‖~廻り(めぐり) 염불하면서 불당의 마루 밑을 한바퀴 도는 일.
戒刀(かいとう) 계도.
戒力(かいりき)〚佛〛계력.
戒名(かいみょう)〚佛〛계명. ① 승명. ② 법명.
戒善(かいぜん)〚佛〛계선.
戒慎(かいしん) 계신. 반성하여 삼감.
戒心(かいしん) (경)계심. 조심. 경계함.
戒厳(かいげん) 계엄. ♣~令(れい) 계엄령.
‖~司令部(しれいぶ) 계엄 사령부.
戒律(かいりつ)〚佛〛계율.
戒杖(かいじょう) 수도승의 지팡이. 석장(錫杖).
戒尺(かいしゃく) 수계(授戒) 때 법요(法要)의 순서를 정하거나 독경의 박자를 맞추기 위해 치는 막대.
戒牒(かいちょう)〚佛〛계첩.
戒体(かいたい)〚佛〛계(戒)를 받을 때 몸에 갖추어진다고 하는 죄악을 방지하는 힘.
戒飭(かいちょく) 계칙. 타일러 근신시킴.
戒行(かいぎょう)〚佛〛계행.
戒護(かいご) 계호.

訓読▶

❖戒める(いましめる) ① 훈계하다. 징계하다. ② 경계・수비를 강화하다.
戒め(いましめ) ① 훈계. 징계. ② 경계.

系 (ケイ) 이을 계 / つなぐ

音読▶

系(けい) 계. ① 계통. ②〚數・哲〛이미 알려진 정리에서 끌어낼 수 있는 명제.
系図(けいず) 계도. 계보. 족보.
系累(けいるい) 부양 가족. 딸린 식구.
系譜(けいふ) 계보. 족보.
系列(けいれつ) 계열.
‖~企業(きぎょう)〚經〛계열 기업.
~融資(ゆうし)〚經〛계열 융자.
系統(けいとう) 계통. ♣~論(ろん)〚言〛계통론 / ~樹(じゅ) 계통수.
‖~発生(はっせい)〚生〛계통 발생.
~繁殖(はんしょく)〚生〛계통 번식.
~分類学(ぶんるいがく)〚生〛계통 분류학.
~解剖(かいぼう)〚醫〛계통 해부.

季 (キ) 끝 계・철 계 / すえ

音読▶

季(き) ① 계절. ② 俳句(はいく)에서, 각 계절의 풍물(風物).
季刊(きかん) 계간. ♣~誌(し) 계간지.
季寄せ(きよせ) 俳句(はいく)의 季語(きご)를 모은 책.
季女 ㊀(きじょ) 계녀. 막내딸. ㊁(おばこ)〈東北方〉소녀. 딸.

季冬(きとう) 계동. 늦겨울. 만동.
季禄(きろく) 옛날, 관인에게 준 녹봉.
季立て(きだて) 俳諧(はいかい)에서 季語(きご)를 분류 배열하는 일.
季末(きまつ) 계말. 계절의 끝.
季世(きせい) 계세. 말세.
季語(きご) 俳句(はいく)・連歌(れんが) 등에서, 계절을 나타내는 말로 정해져 있는 낱말.
季子(きし) 계자. 막내 아들.
季節(きせつ) 계절. 절기. 철. ♣~感(かん) 계절 감각 / ~病(びょう) 계절병 / ~的(てき) 계절적 / ~風(ふう) 계절풍.
‖~関税(かんぜい) 계절 관세.
~区分(くぶん) 계절 구분.
~労働者(ろうどうしゃ) 계절 노동자.
~予ду(よほう) 계절 예보.
~唄(うた) 어떤 특정한 계절에만 불려진 민요.
~回遊(かいゆう)〚魚〛계절 회유.
季題(きだい) ☞ 季語(きご).
季秋(きしゅう) 계추. ① 만추. ② 음력 9월.
季春(きしゅん) 계춘. ① 만춘. ② 음력 3월.
季夏(きか) 계하. 만하. 늦여름《음력 6월》.
季候(きこう) 계후. 계절과 날씨.

届 (屆) (カイ) 이를 계 / とどける・とどく

訓読▶

届く(とどく) (보낸 것・뻗친 것이) 닿다. (도)달하다. 미치다.
❖届ける(とどける) ① 닿게 하다. ② 가져다 주다. ③ 신고하다.
届け(とどけ) 신고(서).
届け書(とどけしょ) 신고서.
届け先(とどけさき) 보낼 곳. 송달처.
届け済み(とどけずみ) 신고필.
届け出(とどけで) 신고. ＊とどけいでろ도 읽음.
届け出る(とどけでる) 신고하다.

係 (イ) 맬 계・이을 계 / かかる・かかり・かかわる・かかずらう

音読▶

係累(けいるい) 계루. ① 이어서 얽어맴. ② 신변에 얽매인 누(累). ③ 부양 가족.
係留(けいりゅう) 계류.
‖~気球(ききゅう) 계류 기구.
係泊(けいはく) 계박. 배를 매어 둠.
係船(けいせん)〚海〛계선. 선박을 매어 둠. 또, 그 배. ♣~柱(ちゅう) 계선 말뚝.
‖~渠(きょ) 계선거. 계선 독(dock).
~浮標(ふひょう) 계선 부표.
~索(さく) 선박을 계류하는 밧줄.
係属(けいぞく) 계속. ① 연결 지음. ②〚法〛소송 계속.

係数(けいすう)〖數·理〗계수.
係岸(けいがん)배를 안벽에 댐. 접안.
係争(けいそう)계쟁. 양자가 서로 다툼.
係助詞(けいじょし) ☞ 係り助詞(かかりじょし).
エンゲル係数(エンゲルけいすう)〖經〗엥겔 계수.

訓読
係う(かかずらう) ① (귀찮은 일 따위에) 관련되다. ② 구애되다.
❖ 係る(かかる) ① 관계되다. ② (…의) 손으로 되다. ③ (문법에서) 다음 말에 걸리다.
係(〖接尾語로〗…계) 담당(자).
係り(かかり) ① 담당. 계(係). 계원. ② 관계. 관련. ③〖文法〗걸림. 또, 係り助詞(かかりじょし)의 준말.
係り結び(かかりむすび)〖文法〗글 중에 係り助詞(かかりじょし)가 사용되었을 때, 그것이 문말의 진술에 영향을 주는 호응 관계.
係官(かかりかん) 담당관.
係辞(かかりことば) ☞ 係り助詞(かかりじょし).
係員(かかりいん) 계원. 담당자.
係長(かかりちょう) 계장.
係り助詞(かかりじょし)〖文法〗술어의 활용어에 관계를 미치는 문어의 조사.
❖ 係わる(かかわる) ① 관계되다. 상관하다. 관여하다. ② 구애되다.
係わり(かかわり) 관계. 상관.
係わり合う(かかわりあう) 서로 관계를 맺다.

其他
係ける(かける) 그 말을 문법적으로 딴말과 연관시키다.

逆訓
出納係(すいとうがかり) 출납계.
受付係(うけつけがかり) 접수계.

| 9 大 常 | 契 (契) | 맺을 계
ケイ·キツ·セツ
ちぎる |

音読
契機(けいき) 계기.
契父(けいふ) 양친(養親). 양부(養父)·의부(義父).
契約(けいやく) ♣ ~書(しょ) 계약서 / ~説(せつ) 계약설.
‖~結婚(けっこん) 계약 결혼.
契印(けいいん) 계인.
契状(けいじょう) 계장. 계약서.
契沖仮名遣い(けいちゅうかなづかい) 歷史的(れきしてき)仮名遣い의 대표적인 것.
契合(けいごう) 계합. 부합. 꼭 맞음.
契闊(けいかつ) 계활. ① 오랫동안 만나지 않음. ② 단단한 친교를 맺음.

訓読
❖ 契る(ちぎる) 장래를 굳게 약속하다. 부부로서의 인연을 맺다.
契り(ちぎり) ① 약속. 부부의 약속[인연]을 맺음. ② 전세로부터의 인연.

| 9 氵 | 洎 | 윤택할 계·미칠 기
キ |

其他
洎夫藍(サフラン)〖植〗사프란.

| 9 田 教 | 界 | 지경 계
カイ
さかい |

音読
界 ㊀(かい)《接尾語적으로》…계. 사회.
㊁(さかい) ① 경계. ② 갈림길. ③ 땅.
界繫(かいけ)〖佛〗삼계(三界)에 얽매어 자유롭지 못함.　　　　　　　　　〔雷雨〕.
界雷(かいらい)〖氣〗계뢰. 전선 뇌우(前線
界面(かいめん)〖理〗계면.
‖~張力(ちょうりょく)〖理〗계면 장력.
~化学(かがく)〖化〗계면 화학.
~活性剤(かっせいざい)〖化〗계면 활성제.
界壁(かいへき) 경계를 짓는 벽.
界線(かいせん) ① 경계선. ②〖美〗계선. ③ 인쇄물에서 경계를 나타내는 선.
界域(かいいき) 계역. 경계.
界隈(かいわい) 근처. 부근. 일대.
界磁(かいじ) 발전기 등에서 자기장(磁氣場)을 발생케 하는 자석.
界切り(かいきり) 직물에서 양 끝의 다른 실로 짠 부분.
界紙(かいし) 괘선(罫線)을 그은 종이. 괘지.
界尺(かいしゃく) 경문을 베끼며 선을 그을 때, 또는 문진(文鎭)으로 쓰는 문구.
界層(かいそう) 계층.
界標(かいひょう) 계표. 토지 등의 경계표.
‖~設置権(せっちけん) 계표 설치권.
界画(かいが)〖美〗계화.

| 9 癶 | 癸 | 열째천간 계
キ
みずのと |

訓読
癸(みずのと) 계. 천간(天干)의 열째. * きろ도 읽음.
癸卯(みずのとう) (60 갑자(甲子)의) 계묘. * きぼうろ도 읽음.
癸未(みずのとひつじ) (60 갑자의) 계미. * きびろ도 읽음.
癸巳(みずのとみ) (60 갑자(甲子)의) 계사. * きしろ도 읽음.
癸酉(みずのととり) (60 갑자(甲子)의) 계유. * きゆうろ도 읽음.
癸丑(みずのとうし) (60 갑자의) 계축. * きちゅうろ도 읽음.
癸亥(みずのとい) (60 갑자(甲子)의) 계해. * きがいろ도 읽음.

9 言 教	計	셈 계·꾀 계 ケイ はかる·はからう·かぞえる

音読

計 ㊀(けい) 계. ① 계획. ② 합계.
㊁(はか) ① 모심기와 벼베기 때의 분담 구역. ② 목표. 가늠.
計較(けいかく) 교교. 비교해 생각함.
計器(けいき) 계기.
‖〜飛行(ひこう) 계기 비행.
計図(けいと) 계도. 기도. 계획.
計都(けいと) 〖天〗계도. 계도성.
計略(けいりゃく) 계략.
計量(けいりょう) 계량. ♣〜器(き) 계량기／〜士(し) 계량사.
〜経済学(けいざいがく) 계량 경제학.
計慮(けいりょ) 려려. 헤아려 생각함.
計理(けいり) 계리. 회계.
‖〜士(し) 계리사. '公認(こうにん)会計士(かいけいし)(=공인 회계사)'의 구칭.
計謀(けいぼう) 계모. 계략.
計歩器(けいほき) 계보기. 보수계. 측보기.
計算(けいさん) 계산. ♣〜書(しょ) 계산서.
‖〜機(き) 계산기. ♣〜制御(せいぎょ) 계산기 제어.
〜高い(だかい) 이해에 민감하다.
〜違い(ちがい) 계산 착오.
〜尽く(づく) 이해 등을 따져 자기에게 손해가 되지 않도록 행동함.
計上(けいじょう) 계상.
‖〜利益(りえき) 손익 계산서에 기재된 당기 이익.
計数(けいすう) 계수. ♣〜管(かん) 계수관／〜器(き) 계수기.
‖〜型計算機(がたけいさんき) 디지털 계산기.
計時(けいじ) 계시. 스톱 워치를 써서 (경기 등의) 시간을 잼.
計議(けいぎ) 계의. 꾀하여 토의함. 상의함.
計策(けいさく) 계책. 계략.
計測(けいそく) 계측.
計画(けいかく) 계획. ♣〜性(せい) 계획성／〜的(てき) 계획적.
〜経済(けいざい) 〖經〗계획 경제.
〜流通米(りゅうつうまい) 소비자에 대해 계획적·안정적인 공급을 꾀하는 쌀.

訓読

❖ **計らう**(はからう) ① 적절히 조처하다. ② 상의하다. ③ 잘 생각해서 (정)하다. 「주선.
計らい(はからい) ① 조치. 처리. 재량. ②
‖〜注文(ちゅうもん) 일정한 가격폭의 법위 안에서 업자의 재량을 인정하는 매매 주문 방식.
❖ **計る**(はかる) ① 상의하다. ② 헤아리다. ③ 세다. ④ 계획하다.
計り(はかり) ① 저울질(한 양). ② 달아서 팖. ③ 끝. 한량.
計り減り(はかりべり) 여러 번 정량 이상으로 나누어 재어 총량이 모자람.
計り兼ねる(はかりかねる) 추측할 수 없다.
計り込む(はかりこむ) (저울질이나 되질을) 후하게 하다.
計り切り(はかりきり) 근수를 정확하게 달고 덤은 주지 않음. 「없다.
計り知れない(はかりしれない) 헤아릴 수

10 木 人	桂	계수나무 계 ケイ かつら

音読

桂冠(けいかん) 계관. 월계관.
‖〜詩人(しじん) 계관 시인.
桂林(けいりん) 계림. ① 계수나무 숲. 아름다운 숲. ② 문인들의 사회.
桂馬(けいま) 일본 장기의 말의 하나.
桂庵(けいあん) ① 고용인 소개업자. 중매쟁이. ② 발림말을 함. 또, 그런 사람.
桂月(けいげつ) 계월. ① 달. ② 음력 8월의 딴이름.
桂皮(けいひ) 계피. ♣〜酸(さん) 계피산. 신남산(酸)／〜油(ゆ) 계피유.

訓読

桂 ㊀(かつら) ①〖植〗침(榛)나무. ②(달 속에 있다는) 계수나무.
㊁(かつら) 일본 장기 말 桂馬(けいま)의 준말.
桂男(かつらおとこ) ① 달에 산다는 신선. ② 달의 딴이름. ③ 미남자. *かつらおとこ로도 읽음.
桂剝き(かつらむき) 〖料〗깎아썰기.

逆訓

月の桂(つきのかつら) 달에 있다고 하는 전설의 계수나무.

11 口 常	啓 (啓)	열 계·여쭐 계 ケイ ひらく·もうす

音読

啓する(けいする) 말씀드리다. 사뢰다.
啓開(けいかい) 계개. 물 속의 장해물 따위를 제거하여 수로를 트는 일.
啓告(けいこく) 계고. 아뢈. 상신.
啓達(けいたつ) 계달. 문서로 신청함. 편지를 냄.
啓明(けいめい) 계명. 샛별. 계명성(星).
啓蒙(けいもう) 계몽. ♣〜的(てき) 계몽적.
‖〜君主(くんしゅ) 계몽 군주.
〜思想(しそう) 계몽 사상.
〜思潮(しちょう) 계몽 사조. 「군주.
〜専制君主(せんせいくんしゅ) 계몽 전제
〜主義(しゅぎ) 계몽주의.
啓発(けいはつ) 계발. 계몽. 「침.
啓培(けいばい) 계배. 지식을 언도록 가르
啓白(けいはく) 계백. 신불 등에게 사룀.
*けいびゃく로도 읽음.
啓上(けいじょう) 계상. 말씀드림.

啓示(けいじ) 계시. 묵시.
∥〜文学(ぶんがく) 계시 문학. 묵시 문학.
〜宗教(しゅうきょう) 계시 종교.
啓迪(けいてき) 계도. 계발.
啓典(けいてん) 성서·코란 등 신의 계시를 기록한 책.
啓蟄(けいちつ) 계칩. 경칩《24 절기의 하나》.

悸 11 忄
두근거릴 계
キ
おそれる

音読
悸悸(きき) 계계. 놀라 두려워서 가슴이 두근거리는 모양.

渓(溪) 11 氵 常
시내 계
ケイ
たに

音読
渓間(けいかん) 계간. 골짜기.
渓澗(けいかん) 계간. 계곡.
渓谷(けいこく) 계곡. 골짜기.
渓流(けいりゅう) 계류. 시냇물.
渓声(けいせい) 계성. 골짜기의 시냇물 소리.
渓水(けいすい) 계수. 시냇물.
訓読
渓(たに) ① 산골짜기. 계곡. ② 골짜기 모양을 이룬 것. 골.

械 11 木 教
기구 계·형틀 계
カイ
からくり·かせ

音読
械闘(かいとう) 계투. 중국에서, 이해 관계로 대립된 부락과 부락, 또는 노동 집단 사이에서 벌어지는 무력 투쟁.

堺 12 土
지경 계
カイ
さかい

参考 界의 異體字.

訓読
堺(さかい)《地》大阪(おおさか) 부(府) 중남부, 大阪 만(灣)에 면한 시.

階 12 阝 教
섬돌 계·층계 계
カイ
きざはし·しな

音読
階 ㊀(かい) ① 건물의 층. ② 등급.
㊁(きざはし)〈雅〉섬돌. 마당에서 집으로 올라가는 계단. *はしろ로 읽음.
階高(かいだか) 계고. 건물 1 개층의 높이《어떤 층(層)의 바닥에서 그 다음 층의 바닥까지의 높이》.
階級(かいきゅう) 계급. ♣〜性(せい) 계급성 /〜値(ち) 계급치.
∥〜国家(こっか) 계급 국가.
〜社会(しゃかい) 계급 사회.
〜意識(いしき) 계급 의식.
〜政党(せいとう) 계급 정당.
〜闘争(とうそう) 계급 투쟁.
階段(かいだん) 계단. ① 층층대. ② 단계. 순서. ♣〜的(てき) 계단적. 단계적.
∥〜耕作(こうさく) 계단 경작.
〜教室(きょうしつ) 계단 교실.
〜断層(だんそう) 계단 단층.
〜室(しつ) 계단이 설치된 공간.
階名(かいめい)《樂》계명. 계이름.
階唱法(しょうほう)《樂》계명 창법. 계이름 부르기.
階上(かいじょう) 계상. 계단 위. 2 층 이상의 방.
階乗(かいじょう)《數》계승.
階位(かいい) 계위. 관위(官位)의 등급.
階前(かいぜん) 계전. 층계 앞. 마루 앞.
階梯(かいてい) ① 계제. 계단. ② 초보. 첫걸음. 입문(서). ③ (기계 체조에서) 비스듬히 세운 사다리다리. 또, 그에 의한 체조.
階調(かいちょう) 계조. 사진·텔레비전 화상 따위의 농담(濃淡)의 정도. 그러데이션.
階差(かいさ)《數》계차.
階層(かいそう) 계층.
階下(かいか) 계하. 아래층.
階型理論(かいけいりろん)《論》계형 이론.

笄 12 竹
비녀 계
ケイ
こうがい

訓読
笄(こうがい) ① 머리를 빗어 올리는 도구. 일본식 머리 쪽에 꽂는 비녀 같은 장식품. ② 칼집에 꽂아 넣는 가늘고 납작한 도구.

継(繼) 13 糸 常
이을 계
ケイ
つぐ·まま

音読
継起(けいき) 계기. 잇따라 일어남.
継代培養(けいだいばいよう)《生》세포 배양에서, 세포의 일부를 새 배지에 옮겨서 다시 배양하는 일.
継夫(けいふ) 계부. 재혼한 남편.
継父母(けいふぼ) 계부모. 계부와 계모.
継嗣(けいし) 계사. 후계(자).
継続(けいぞく) 계속. ♣〜犯(はん)《法》계속범 /〜費(ひ) 계속비 /〜音(おん)《言》계속음 /〜的(てき) 계속적.
∥〜雇用(こよう) 계속 고용.
継受(けいじゅ) 계수. 이어받음.

継承(けいしょう) 계승.
継時的(けいじてき) 계시적. 시간적 순서에 따라 어떤 일이 이루어지는 모양.
継室(けいしつ) 계실. 후처. 후취.
継泳(けいえい) 계영.
継電器(けいでんき) 『電』 계전기.
継走(けいそう) 계주. 릴레이 경주.
継妻(けいさい) 계처. 후처. 후취.
継体(けいたい) 계체. ① 선조의 뒤를 이음. ② 임금의 뒤를 이음.
継親子(けいしんし) 계친자. 부부와 의붓자식간의 관계.
継投(けいとう) 『野』 계투.

訓読
継(まま) 《接頭語로》 같은 핏줄이 아닌 사이임을 나타냄.
継しい(まましい) 의붓어버이와 의붓자식 사이이다. 배다른 사이이다.
継娘(ままむすめ) 의붓딸.
継母(ままはは) 계모. 의붓어머니. *けいぼ로도 읽음.
継父(ままちち) 계부. 의붓아버지. *けいふ로도 읽음.
継粉(ままこ) (밀가루 따위의) 반죽이 잘 안 되어 덩어리가 진 부분.
継息子(まままこ) 의붓아들.
継子(ままこ) 의붓자식. *けいし로도 읽음.
∥~根性(こんじょう) 비뚤어진 근성.
~扱い(あつかい) 의붓자식 취급(유별나게 따돌림).
~傅き(かしずき) 의붓자식을 소중히 키우는 일.
~虐め(いじめ) 의붓자식을 학대함.
継親(ままおや) 계친. 계부 또는 계모.
継兄(ままあに) 이복형. *まませ로도 읽음.
継兄弟(ままきょうだい) 이복〔이부〕 형제.
❖継ぐ(つぐ) ① 잇다. 계승〔상속〕하다. (뒤를) 이어대다. 잇대다. ② 해진 곳을 깁다.
継ぎ(つぎ) ① 이음. ② 바대를〔천 조각을〕 대어 기움. 또, 그 바대. 또〈古〉 후속자.
継ぎ竿(つぎざお) 이음 낚싯대.
継ぎ橋(つぎはし) 개천의 중간 중간에 기둥을 세우고 그 위에 널빤지를 놓은 다리.
継ぎ端(つぎは) 이야기 등을 이을 틈〔계제〕.
継ぎ台(つぎだい) ①『植』 대목(臺木). 접본(椄本). ② 발판.
継ぎ棹(つぎざお) 끼웠다 떼었다 할 수 있는 三味線(しゃみせん)의 대.
継ぎ立て(つぎたて) 옛날에, 짐을 역참으로 역참으로 송달하는 일. ♣~場(ば) 역참.
∥~馬(うま) 역참에서 역참으로 짐을 실어 나르는 말.
継ぎ馬(つぎうま) 역말. 역마(驛馬).
継ぎ木(つぎき) 접목.
継ぎ目(つぎめ) 이은 솔기. 이음매. 이은 자리.
∥~判(はん) (개찬(改竄) 등을 방지하기 위해) 고문서의 이음매에 찍은 도장.
継ぎ物(つぎもの) (조각을 대어) 깁는 일. 기워야 할 것.

継ぎ糸(つぎいと) 꿰매는 실.
継ぎ手(つぎて) ① (금속·목재 따위의) 이은 부분. 이음매. ② 상속자(相續者). ③ (바둑에서) 이음수.
∥~印(いん) 문서에서 종이를 잇는 이음매에 도장을 찍는 일. 또, 그 도장.
継ぎ穂(つぎほ) ①『植』 접나무. ② 말을 계속할 계제.
継ぎ切れ(つぎきれ) (옷을 깁는 데) 대는 천 조각. 바대.
継ぎ接ぎ(つぎはぎ) (옷에 조각 따위를) 잇거나 붙여 기움.
継ぎ足(つぎあし) ① (기구 따위의) 이은 다리. ② 의족(義足). ③ 디딤대. 발판.
継ぎ足す(つぎたす) (나중에) 더 늘이다〔보태다, 잇다〕. 이어 늘이다. 덧붙이다.
継ぎ紙(つぎがみ) 두루마리·접책처럼 한데 이은 종이.
継ぎ歯(つぎば) (썩은 이를 깎아 내고) 의치를 이어댐. 또, 그런 이. *つぎばら로도 읽음.
継ぎ合わせる(つぎあわせる) ① 맞붙이다. 맞잇다. 때우다. ② 잇대어 꿰매다.

14 示	禊	계제사 계 ケイ みそぎ

訓読
禊(みそぎ) 목욕재계.
禊祓い(みそぎはらい) 목욕재계하여 부정을 씻음.

14 言	誡	경계할 계 カイ いましめる

参考 현대 표기로는 '戒'로 대용함.

音読
誡告(かいこく) 계고.
訓読
誡める(いましめる) ① 훈계하다. 경고하다. ② 경계·수비를 강화하다.

15 禾	稽	상고할 계 ケイ かんがえる

音読
稽古(けいこ) 계고. (학문·기술·예능 따위를) 배움〔익힘, 연습함〕.
∥~台(だい) ① (춤 등을) 익히기 위한 마루를 깐 장소. ② 연습 상대가 되는 사람.
~事(ごと) (다도·꽃꽂이·三味線(しゃみせん) 등을) 스승에게 배워 익히는 일.
~始め(はじめ) 새해 들어 처음 훈련을 시작함.
~着(ぎ) 유도·검도 등의 도복.
稽留(けいりゅう) 계류. 머무름. 체류(滯留). ♣~熱(ねつ) 『醫』 계류열.
稽首(けいしゅ) 계수. 계상(稽顙).
稽失(けいしつ) 실패함.

16 髻

髟 / 상투 **계** / ケイ / みずら・もとどり

訓読
髻(もとどり) 상투. 상툿고. *たぶさらごとも 함.

其他
髻華(うず)〈古〉상고 시대에 머리나 관(冠)에 꽂은 잔가지나 꽃 따위의 장식.

17 薊

艹 / 엉겅퀴 **계** / ケイ / あざみ

訓読
薊(あざみ)〖植〗엉겅퀴.

17 谿

谷 / 시내 **계** / ケイ / たに

参考 渓의 異體字.

音読
谿谷(けいこく) 계곡. 골짜기.
谿流(けいりゅう) 계류. 시냇물.
谿声(けいせい) 계성. 골짜기의 시냇물 소리.

訓読
谿(たに) ① 산골짜기. 계곡. ② 골짜기 모양을 이룬 것. 골.

19 繋

糸 / 맬 **계** / ケイ / かかる・つなぐ・つながる

音読
繋駕(けいが) 말을 수레에 맴.
繋累(けいるい) 계루. ① 이어서 얽맴. ② 부양 가족.
繋留(けいりゅう) 계류.
繋牧(けいぼく) 계목. 가축을 줄로 묶어 행동 반경을 제한하는 방목.
繋泊(けいはく) 계박. 배를 매어 둠.
繋縛(けいばく) 계박. 얽어 맴. 속박.
繋辞(けいじ) 계사. ①〖論〗명제의 주사와 빈사를 이어, 긍정, 또는 부정을 나타내는 말. ② 본문에 붙인 설명의 말.
繋索(けいさく) 계삭. ① 물건을 매어 놓는 밧줄. ② 붙들어 맴.
繋船(けいせん) 계선. 배를 매어둠. 또, 그 배. 「박.
繋束(けいそく) 계속. ① 매어 묶음. ② 속
繋属(けいぞく) 계속. ① 연결 지음. ②〖法〗소송 계속. 「죄수.
繋囚(けいしゅう) 계수. 옥에 갇힘. 또, 그
繋岸(けいがん) 배를 안벽에 댐. 접안.
繋獄(けいごく) 계옥. 옥에 갇힘.
繋争(けいそう) 계쟁. (소송에서) 양자가 서로 다툼.

訓読
繋げる(つなげる) ☞ 繋ぐ(つなぐ).
❖繋がる(つながる) ① 이어지다. ② 연결되다. ③ 연잇다. 계속되다. ④ 연루〔계〕되다.
繋がり(つながり) 연계(連繋). ① 이어짐. 또, 이어진 것. 연결. ② 관계. 유대.
❖繋ぐ(つなぐ) ① (끈・밧줄 따위로) 매다. 묶어 놓다. ② (하나로) 잇다. 연결하다.
繋ぎ(つなぎ) ① 연결(하는 것). 이음. ② 사이를 메우기 위해 하는 일. 막간.
‖~馬(うま) 밧줄로 매어 놓은 말.
~売買(ばいばい)〖經〗연계 매매.
~融資(ゆうし)〖經〗기업 등에서, 입금이 예정되었을 때 그때까지의 공백을 메우기 위해 받는 융자.
~資金(しきん)〖經〗연계(連繋) 자금.
❖繋る(かかる) ① 관계되다. 관련되다. ② 끈으로 묶이다. ③ (배가) 계류되다. 정박하다.
繋り(かかり) (배의) 정박.

其他
繋く(かく) 걸다. 매다. 묶다.

19 鷄(鶏)

鳥 / 닭 **계** / ケイ / にわとり・とり

音読
鶏姦(けいかん) 계간. 비역.
鶏犬(けいけん) 계견. 닭과 개.
鶏骨(けいこつ) 닭뼈처럼 여윈 것을 비유.
鶏口(けいこう) 계구. ① 닭의 주둥이. ② 작은 단체의 장.
鶏群(けいぐん) 계군. 군계. 닭의 무리.
~の一鶴(いっかく) 군계일학.
鶏旦(けいたん) ① 새벽. ② 원단(元旦).
鶏頭(けいとう)〖植〗계두. 맨드라미.
鶏卵(けいらん) 계란. 달걀.
鶏肋(けいろく) 계륵. 그다지 쓸모는 없으나 버리기에는 아까운 것.
鶏林(けいりん) 계림. ① 신라의 다른 이름. ② 전하여, 한국의 딴이름. 「새벽.
鶏鳴(けいめい) 계명. ① 닭의 울음 소리. ②
鶏糞(けいふん) 계분. 닭똥.
鶏舎(けいしゃ) 계사. 닭장.
鶏声(けいせい) 계성. 계명.
鶏肉(けいにく) 계육. 닭고기.

訓読
鶏 ㊀(にわとり)〖鳥〗닭. *とりろ도 읽음.
‖~人(びと) 平安(へいあん) 시대, 궁중에서 시각을 알려주던 사람.
㊁(かけ) 닭의 옛 이름.
㊂(くたかけ)〈古〉닭의 딴이름. *くだかけ로도 읽음.
鶏占(とりうら) 닭싸움을 시켜 그 승부로써 길흉을 점치는 일.
鶏合わせ(とりあわせ) 닭싸움. 투계(鬪鶏).

其他
鶏冠(とさか) 볏. 계관. *けいかん・さかろ도 읽음.

고

| 5 口 教 | 古 | 예 고·묵을 고
コ
ふるい・ふるす・いにしえ・ふるびる |

音読

古歌(こか) 고가. 옛 노래. 오래된 노래. 옛사람이 지은 和歌(わか). *ふるうたろも 읽음.
古刊本(こかんぽん) 고간본. 오랜 옛날의 간본.
古剛(こごう) ⇨ 古豪(こごう)
古格(こかく) 고격. 옛 격식.
古京(こきょう) 구도(舊都). 고도. 옛 서울.
古古米(ここまい) 2년 이상 묵은 쌀.
古曲(こきょく) 고곡. 옛 가곡.
古句(こく) 고구. 옛 글귀. *ふるくろも 읽음.
古九谷(こくたに) 江戸(えど) 시대에 加賀(かが) 지방의 九谷(くたに)에서 구운 채색화 도자기.
古今 ㊀(ここん) 고금. ①옛날과 지금. ②예로부터 지금까지.
∥〜独歩(どっぽ) 고금 독보. 고금을 통하여 비할 것이 없음.
〜東西(とうざい) 고금 동서.
〜無双(むそう) 고금 무쌍. *ここんぶそう로도 읽음.
〜未曾有(みぞう) 고금 미증유.
㊁(きへん) '古今和歌集(こきんわかしゅう)(=일본 최초의 칙찬(勅撰) 시가집)'의 준말.
古記(こき) 고기. 옛 기록.
古記録(こきろく) 고기록. 옛 기록.
古気候(こきこう) 고기후. 과거의 기후.
♣〜学(がく) 고기후학.
古年刀(こねんとう) 무가(武家)에서, 조상 대대로 전해 내려오는 도검.
古年兵(こねんへい) 고참병.
古譚(こたん) 고담(古談). 옛날 이야기.
古代(こだい) 고대.
∥〜紫(むらさき) 붉은색을 띤 자색. 자주「색.
〜切れ(ぎれ) 옛날 직물의 천 조각.
古徳(ことく) 〖佛〗고덕. 옛 고승(高僧).
古刀(ことう) 고도. 옛날의 도검(刀劍).
古都(こと) 고도. 옛 도읍.
古渡(こと) ☞古渡り(こわたり)
古渡り(こわたり) 室町(むろまち) 시대나 그 이전에 외국에서 들어옴. 또, 그 물건.
古道(こどう) ㊀①고대(古代)의 도의·학문·방법. ②옛날에 만들어진 길.
㊁(ふるみち) 구도(舊道). 전에 쓰던 길.
古銅(こどう) 고동. 옛날 구리. 옛날 동전.
∥〜輝石(きせき) 〖鑛〗고동휘석.

古銅器(こどうき) 고동기. 옛날의 구리그릇.
古来(こらい) 고래. 예로부터.
古呂利(ころり) 〖醫〗콜레라.
古礼(これい) 고례. 옛날의 예의〔예식〕.
古例(これい) 고례. ①예전의 선례. ②오래된 관습.
古老(ころう) 고로.
古壘(こるい) 고루. 오래된 보루.
古流(こりゅう) 옛 격식. 고풍스러운 격식.
古馬(こば) 3-4세 이상이 된 말.
古名(こめい) 고명. 옛 이름.
古木(こぼく) 고목. *ふるきろも 읽음.
∥〜責め(ぜめ) 큰 나무에 매달아 괴롭히는 고문.
古武士(こぶし) (근엄한) 옛날 무사.
古墨(こぼく) 고묵. 오래된 먹.
古文(こぶん) 고문. ①전자(篆字) 이전의 한자의 고체. ②문어체로 쓰인 문장.
古文辞(こぶんじ) 고문사. 중국의 진(秦)·한(漢) 이전의 산문. 당(唐) 이전의 시(詩).
♣〜学(がく) 고문사학.
古文書(こもんじょ) 고문서. ♣〜学(がく) 고문서학.
古物(こぶつ) 고물. *ふるものろも 읽음.
♣〜商(しょう) 고물상.
古米(こまい) 고미. 묵은 쌀. *ふるごめろも 읽음.
古美術(こびじゅつ) 고미술.
古樸(こぼく) 고박. 소박하고 질박함.
古方(こほう) 고방. ①옛날의 방법. ②중국에서 특히 진(晉)·당(唐) 시대의 의술.
∥〜家(か) 고방가. 한방의(漢方醫)의 한 파.
古法(こほう) 고법. 옛 방법. 옛법.
古癖(こへき) 고벽. 옛 물건이나 고대 풍습을 좋아하는 습성.
古兵 ㊀(こへい) 고병. 고참병.
㊁(ふるつわもの) ①역전의 용사〔무사〕. ②그 방면에 경험과 연공을 쌓은 사람. 베테랑.
古墳(こふん) 고분.
∥〜文化(ぶんか) 고분 문화.
〜時代(じだい) 고분 시대《4-6세기경》.
古仏(こぶつ) 고불. ①고대의 불상. ②〖佛〗고승의 높임말.
古碑(こひ) 고비. 오래된 비석.
古史(こし) 고사. 고대의 역사.
古写(こしゃ) 고사. 베낀 지가 오래됨. 또, 그 사본.
古社(こしゃ) 오래된 신사.
古祠(こし) 고사. 오래된 사당.
古写本(こしゃほん) 고사본. 江戸(えど) 시대 초기까지의 사본.
古社寺(こしゃじ) 오래되고 유서 깊은 사찰과 신사.
古三島(こみじま) 한국에서 도래한 도자기.
古色(こしょく) 고색.
∥〜蒼然(そうぜん) 고색 창연.
古生界(こせいかい) 〖地〗고생계. 고생대층.
古生代(こせいだい) 〖地〗고생대.
古生物(こせいぶつ) 고생물. ♣〜学(がく) 고생물학.

古生層(こせいそう) ☞古生界(こせいかい).
古書(こしょ) 고서. 옛날 책.
古書肆(こしょし) 고서사.
古昔(こせき) 고석. 옛날.
古説(こせつ) 고설. 옛날 학설. 구설(舊說).
古城(こじょう) 고성. 옛 성.
古聖(こせい) 고성. 옛날의 성인.
古細菌(こさいきん)〖生〗특수한 환경에서만 자라는 세균. 원핵(原核) 생물과 진핵(眞核) 생물의 중간적 존재.
古俗(こぞく) 고속. 옛풍속.
古時(こじ) 고시. 옛날. 옛적.
古詩(こし) 고시. ① 옛 시. ② 한시체(漢詩體)의 하나. 고체시(古體詩).
古式(こしき) 고식. 옛날식.
古雅(こが) 고아. 예스럽고 아담함.
古楽(こがく) 고악. 고대의 음악.
古語(こご) 고어. ① 옛말. ② 옛사람의 말.
‖ ~辞典(じてん) 고어 사전.
古言(こげん) 고언. 옛말. *ふることばとも読む.
古諺(こげん) 고언. 옛 속담.
古往今来(こおうこんらい) 고왕 금래. 예로부터 지금까지.
古謡(こよう) 고요. 예로부터 전해 오는 가요.
古律(こりつ) 고율. 옛 법률.
古音(こおん) 고음. 呉音(ごおん)・漢音(かんおん) 이전에 일본에 전해진 한자음.
古意(こい) ① 옛날의 뜻. ② 예전의 사상.
古義(こぎ) 고의. 옛 해석. 옛 뜻.
古儀(こぎ) 고의. 옛날의 의식.
古人 ㊀(こじん) 고인. 옛 사람.
㊁(ふるびと) ① ☞㊀. ② 늙은이. 노인. ③ 고참.
古字(こじ) 고자. 옛 글자. 옛 서체.
古作(こさく) 옛사람의 작품.
古状(こじょう) ① 옛날 편지. ② 옛 사람의 편지.
古帳(こちょう) 옛날 필기장〔기록〕.
古箏(こそう) 고쟁. 중국 고래의 현악기.
古典(こてん) 고전. ♣ ~劇(げき) 고전극 / ~語(ご) 고전어 / ~的(てき) 고전적.
‖ ~仮名遣い(かなづかい) 仮名(かな) 쓰기에서, 平安(へいあん) 시대 초기의 표기법을 기준으로 한 것.
~建築(けんちく) 고전 건축.
~古代(こだい)〖史〗고전 고대.
~論理学(ろんりがく) 고전 논리학.
~文学(ぶんがく) 고전 문학.
~物理学(ぶつりがく) 고전 물리학.
~量子論(りょうしろん) 고전 양자론.
~力学(りきがく) 고전 역학.
~芸能(げいのう) 고전 예능.
~音楽(おんがく) 고전 음악.
~組曲(くみきょく) 고전 모음곡.
~主義(しゅぎ) 고전주의.
~学派(がくは) 고전학파.
古跡(こせき) 고적. 고지.
古蹟(こせき) ⇨ 古跡(こせき).

古伝(こでん) 고전. 예로부터 전해 내려옴. 옛날 기록.
古銭(こせん) 고전. 옛날 돈. ♣ ~家(か) 고전 수집가 / ~学(がく) 고전학.
古戦場(こせんじょう) 고전장. 옛 싸움터.
古浄瑠璃(こじょうるり) 義太夫節(ぎだゆうぶし) 이전의 浄瑠璃.
古制(こせい) 고제. 옛 제도.
古調(こちょう) 고조. 옛 가락.
古朝鮮(こちょうせん)〖史〗고조선.
古拙(こせつ) 고졸.
古注(こちゅう) 고주. 옛 사람이 붙인 주석.
古註(こちゅう) ⇨ 古注(こちゅう).
古址(こし) 고지. 고적(古跡).
古紙(こし) 헌 종이. 파지.
古趾(こし) 고지. 고적.
古地図(こちず) 고지도. 옛날 지도.
古地理(こちり) 고지리. 지질 시대의 지리.
古地磁気(こちじき)〖地〗고지자기. 과거의 지자기.
古集(こしゅう) 고집. 옛날 시가・문장을 모은음.
古茶(こちゃ) 묵은 차. 지난 해에 만든 차.
古刹(こさつ) 고찰.
古参(こさん) 고참. ♣ ~兵(へい) 고참병.
古泉(こせん) ⇨ 古銭(こせん).
古哲(こてつ) 고철. 옛날의 철인.
古体(こたい) 고체.
古鈔本(こしょうほん) ☞ 古写本(こしゃほん).
古層(こそう) 사물을 역사적으로 관찰할 때, 옛 시대의 층.
古称(こしょう) 고칭. 옛이름.
古態(こたい) 고태(故態). 옛모습.
古套(ことう) 예전의 양식. 구투(舊套).
古版(こはん) 고판. 옛날 책.
‖ ~本(ぼん) 고판본. 江戸(えど) 시대 초기까지 간행된 책.
古品(こひん) 고품. 고물.
古風 ㊀(こふう) 고풍. ① 예스러움. ② 옛 습관.
㊁(いにしえぶり) 옛날 양식이나 풍습.
古皮質(こひしつ)〖生〗고피질. 대뇌 피질의.
古筆(こひつ) 고필. 옛사람의 필적. └일부.
‖ ~家(か) 고필가. 고필 감정가.
~見(み) ⇨ 古筆家.
~切れ(ぎれ) (족자 등을 만들기 위해) 고인(古人)의 필적으로 일부를 자른 단편.
古学(こがく) ① 江戸(えど) 시대에 일어난 유학(儒學)의 일파. ② 江戸 시대에 일어난 일본의 고대 문화・사상 등을 밝히고자 한 학문.
古賢(こけん) 고현. 옛 현인.
古形(こけい) 고형. 옛 형식.
古豪(ごごう) 그 방면에 노련한 사람. 베테랑.
古画(こが) 고화. 옛 그림.
古活字版(こかつじばん) 고활자판. 江戸(えど) 시대 초기까지 쓰인 구식 활자판. 또, 그것으로 인쇄된 책.
古訓(こくん) 고훈. 옛사람의 교훈.
古希(こき) 고희. 70세의 딴이름.

古稀(こき) ⇨ 古希(こき).

訓読
古 □(ふる) ① 낡은 것. 써서 닳은 것. ② 나이를 먹음. ③ 이전의 것. ④《接頭語로》고…. 낡은. 헌것.
□(いにしえ) 〈雅〉옛날. 왕시(往時).
古語り(いにしえがたり) 옛날 이야기.
古学び(いにしえまなび) 고대 문물에 관하여 연구하는 학문. 고학(古學).
❖**古い**(ふるい) 낡다. 오래되다. 헐다.
古く(ふるく) 옛날. 옛날에. 옛날부터.
古めかしい(ふるめかしい) 고풍스럽다.
古家(ふるいえ) 고가. 낡은 집. *こかろも 읽음.
古強者(ふるつわもの) ⇨ 古兵(ふるつわもの).
古古しい(ふるぶるしい) 아주 낡다. 아주 고풍스럽다.
古女房(ふるにょうぼう) 오랫동안 함께 살아온 아내.
古道具(ふるどうぐ) 낡은 도구. 고물. ♣~**屋**(や) 고물상.
古里(ふるさと) ①고향. ②정신적 의지처. ③ 고향. ④ 전에 살던 곳.
‖~**指向**(しこう) 향토 지향.
古狸(ふるだぬき) ①늙은 너구리. ②경험이 많고 교활해진 사람.
古ける(ふるける) 낡아서 퇴색하거나 망가져서 더러워지다.
古本(ふるほん) 고본. 헌 책. *こほん으로도 읽음.
古寺(ふるでら) ①낡고 황폐한 절. ②유서 깊은 고찰(古刹). *こじ로도 읽음.
古事(ふるごと) 고사(故事).
古傷(ふるきず) ①오래된 상처. ②전에 저지른 과실이나 체험.
古巣(ふるす) ①낡은 둥지. 옛 둥지. ②예전의 정들었던 곳.
古手(ふるて) ①낡은 의복이나 도구. ②고참. ③혼해빠짐.
‖~**売り**(うり) 고물상.
古馴染(ふるなじみ) 오랜 친구. 구우.
古顔(ふるがお) 고참.
古屋(ふるや) 고옥. 구옥(舊屋).
古衣(ふるぎぬ) 헌 옷.
古疵(ふるきず) ⇨ 古傷(ふるきず).
古田(ふるた) 묵은 논.
古切れ(ふるぎれ) 낡은 천조각.
古井(ふるい) 오래된 우물.
古井戸(ふるいど) 오랫동안 쓰지 않아 묵은 우물.
古酒(ふるざけ) 오래된 술. *こしゅ로도 읽음.
古株(ふるかぶ) ①묵은 뿌리[그루]. ②고참.
古証文(ふるしょうもん) 옛날의 묵은 증서. 효력이 없어진 증서.
古池(ふるいけ) 오래된 연못.
漬け(ふるづけ) 묵은 김치.
古着(ふるぎ) 헌옷. ♣~**市**(いち) 헌옷 시장.
‖~**屋**(や) 헌옷 가게. 또, 헌 옷을 파는 사람.
古創(ふるきず) ⇨ 古傷(ふるきず).
古川(ふるかわ) 옛날부터 흐르고 있는 강.
~に水(みず)**絶**(た)**えず** 기초가 튼튼한 것은 쇠퇴해도 쉽게 망하지 않음의 비유.
古鉄(ふるかね) 고철. *ふるがね・ふるてつ로도 읽음.
‖~**買い**(かい) 고철 장사[장수].
‖~**屋**(や) 철물을 다루는 고물상.
古草(ふるくさ) 묵은 풀.
古塚(ふるづか) 고분.
古臭い(ふるくさい) 케케묵다.
古河(ふるかわ) ⇨ 古川(ふるかわ).
古血(ふるち) 어혈.
古狐(ふるぎつね) ①늙은 여우. ②경험이 많고 교활한 사람.
古惚ける(ふるぼける) ⇨ 古呆ける(ふるぼける).
❖**古びる**(ふるびる) 낡다. 헐다.
古び(ふるび) 낡음. 오래됨.

5 口	叩	두드릴 고·조아릴 고 コウ たたく

音読
叩頭(こうとう) 고두. 머리를 조려어 경의를 나타냄.
叩扉(こうひ) 고비. 문을 두드림. 방문함.
叩首(こうしゅ) 고수. 머리를 조아리고 절함.
叩打(こうだ) 두드리거나 침.
叩解(こうかい) 구해(叩解). 제지 공정에서, 펄프 섬유를 잘게 잘라 푸는 일.

訓読
❖**叩く** □(たたく) 두드리다.
□(はたく) ①털다. ②돈을 다 써버리다. ③(손바닥으로) 치다.
叩き(たたき) ①두들김. 두드림. ②잘게 다짐. 또, 다진 고기.
□(はたき) 먼지떨이.
叩きのめす(たたきのめす) 때려눕히다.
叩き起こす(たたきおこす) (자는 사람을) 억지로 깨우다.
叩き台(たたきだい) 비판·검토를 가하여, 보다 좋게 하기 위한 원안(原案).
叩き大工(たたきだいく) 서투른 목수.
叩き落とす(たたきおとす) 때려서 떨어뜨리다.
叩き売り(たたきうり) (거리의 상인 등의) 싸구려 팔기. 투매(投賣).
叩き伏せる(たたきふせる) 때려눕히다. 대패시키다.
叩き付ける(たたきつける) ①내동댕이치다. 내던지다. ②세차게 내리치다.
叩き殺す(たたきころす) 때려죽이다.
叩き上げる(たたきあげる) 갖은 고초를 겪어 사람이 되다[성공하다].
叩き込む(たたきこむ) ①힘껏 때려 박다. ②철저히 주입시켜 가르치다.
叩き鐘(たたきがね) 불단 앞에 엎어 놓고 당

목으로 두드리는 바라.
叩き直す(たたきなおす) 힘을 가해 바로 잡다. 엄한 규율로써 바로잡다.
叩き出す(たたきだす) ①때리기〔치기〕 시작하다. ②쫓아버리다.
叩き毀す(たたきこわす) 때려부수다.

5 尸	尻	꽁무니 고 コウ しり

訓読▶
尻 ㊀(しり) ①엉덩이. ②뒤. ③끝. 꼴찌.
㊁(いしき) ① ☞㊀①. ②자리.
㊂(けつ) 〈俗〉 ☞㊀①. ②맨 끝.
尻っぺた(しりっぺた)・〈口〉 ☞**尻臀**(しりべた).
尻仮名(しりがな) 送り仮名(おくりがな). 또, 捨て仮名(すてがな).
尻干(しりび) 끝 무렵에서 세력이 없어짐.
尻居(しりい) 뒤로 넘어져 엉덩이를 찧는 일.
尻軽(しりがる) ①(여자가) 몸가짐이 헤픔. ②촐랑거림. ③동작이 활발함.
尻繋(しりがい) 껑거리끈. 밀치끈.
尻叩き(しりたたき) 신부가 처음 시가로 들어갈 때 시댁 사람들이 짚뭉치로 엉덩이를 두드리는 풍습.
尻高(しりだか) 말 끝이 높아지는 일.
尻骨(しりぼね) 엉덩이 뼈.
尻宮(しりみや) 현재는 나타나지 않지만 나중에 귀찮게 되는 일.
尻鰭(しりびれ) 배지느러미.
尻端折(しりはしょり) (활동하기 좋게) 옷자락을 걷어 올려 허리띠〔허리춤〕에 낌.
尻当て(しりあて) 바지 따위의 둔부에 바대를 댐. 또, 그 바대. 「물.
尻っ跳ね(しりっぱね) 뒤에 튀어오른 흙탕
尻臀(しりべた) 엉덩이의 살이 많은 부분.
  *しりぶた로도 읽음. 「쩍다.
尻擽い(しりこそばゆい) 낯간지럽다. 겸연
尻馬(しりうま) 남이 탄 말 뒤에 탐.
尻毛(しりげ) 항문에 난 털.
尻目(しりめ) 곁눈질.
∥～遣い(づかい) 곁눈질로 봄.
尻舞い(しりまい) 남이 하는 일에 뒤따라 함.
尻抜け(しりぬけ) ①듣기가 무섭게 잊음. 또, 그런 사람. ②뒤를 끝맺지 못함. 또, 그런 사람.
尻っ方(しりっぽ) ①꽁무니(쪽). 끝쪽. ②〈兒〉 짐승이나 연의 꼬리.
尻癖(しりくせ) ①오줌・똥을 잘 싸는 버릇. ②〈俗〉(여자가) 몸가짐이 헤픈 버릇.
尻胼胝(しりだこ) 원숭이 볼기의 털이 없고 가죽이 두꺼운 부분.
尻餅(しりもち) 엉덩방아.
尻付き(しりつき) ①엉덩이의 모양. ②남의 뒤를 따라감.
尻上がり(しりあがり) ①사물의 상태가 갈

수록 좋아짐. ②말끝의 어조(語調)가 높아짐. ③〈俗〉(기계 체조에서) 거꾸로 오르기.
尻声(しりごえ) ①소리의 끝 부분. ②길게 끄는 소리. ③이름 따위에 붙이는 경칭.
尻手(しりて) 뒷쪽. 뒷부분.
尻拭い(しりぬぐい) 〈卑〉 남의 뒤치다꺼리. 뒷갈망.
尻暗い観音(しりくらいかんのん) 〈俗〉 ①암야(暗夜). 캄캄한 밤. ②뒷일은 어떻게 되든 상관없음.
尻押し(しりおし) ①뒤에서 밀어 줌. 후원함. ②〈俗〉뽐비는 전철 승객을 뒤에서 밀어 넣어 줌. 또, 그 일을 하는 사람. 「양.
尻弱い(しりよわい) 마음이 약하고 기가 죽은 모
尻隠し(しりかくし) ①자기의 실패나 과실을 감춤. ②바지 뒤에 있는 호주머니.
尻引き(しりびき) ①말이나 배를 뒤로 물러나게 함. ②먼 후까지 영향이 미치는 일.
尻込み(しりごみ) 뒷걸음질. ②망설임. 꽁무니 뺌.
尻刺し(しりざし) 문・미닫이 따위를 잠글 때 쓰는 걸쇠.
尻子玉(しりこだま) 옛날 항문에 있다고 상상되었던 구슬.
尻前(しりさき) 전후(前後). 앞뒤.
尻切り(しりきり) ☞**尻切れ**(しりきれ).
∥～半纏(ばんてん) 엉덩이 위까지만 오는 짧은 겉옷.
尻切れ(しりきれ) ①뒷부분이 잘라져 있음. ②중도에서 끊어져 있음.
∥～蜻蛉(とんぼ) 끝장을 내지 못하고 중도에서 그만둠.
～草履(ぞうり) 뒤축이 해어진 짚신.
尻足(しりあし) 뒷걸음. 뒷발.
尻重(しりおも) 엉덩이가 무거움. 동작이 둔함. 또, 그런 사람.
尻持ち(しりもち) 남모르게 힘이 되어주는 일. 또, 그런 사람.
尻振り(しりふり) ①엉덩이를 흔듦. ②〈俗〉 핸들을 빼끗〔놓쳐〕서 차가 좌우로 흔들림.
尻窄まり(しりすぼまり) ①아래로〔뒤로〕 갈수록 좁아〔가늘어〕짐. ②당당하던 세력이 차츰 약해짐. 「り).
尻窄み(しりつぼみ) ☞**尻窄まり**(しりすぼま
尻絮げ(しりからげ) 옷자락을 걷어 지름.
尻鞘(しりざや) (주머니 모양의) 모피로 만든 칼집씌우개.
尻取り(しりとり) 말잇기 놀이.
尻皮(しりかわ) 나무꾼 등 산에서 일하는 사람의 엉덩이 부분에 대는 가죽 바대.
尻下がり(しりさがり) ①처음이 처짐. ②뒤로 갈수록 나빠짐. 「부분.
尻桁(しりげた) 엉덩이. 특히 엉덩이의 내민
尻火(しりび) 불길이 바람 불어오는 쪽으로 번져감.

其他▶
尻尾(しっぽ) 꼬리. *しりおろも 읽음.
～を巻(ま)**く** 꼬리를 사리다. 항복하다.

～を振(ふ)る 꼬리를 치다. 아첨하다.
尻腰(しっこし) 끈기. 야무짐.

| 6 老 教 | 考 | 상고할 고
コウ
かんがえる |

音読
考(こう) ①생각함. ②고. 돌아간 아버지.
考拠(こうきょ) 고거. 어떤 것을 근거로 하여 생각함. 또, 그 근거.
考古学(こうこがく) 고고학.
考課(こうか) 고과. 관리 등의 사무 성적을 고려하여 우열을 정함.
‖～状(じょう) ☞考課表.
～表(ひょう) 고과표.
考究(こうきゅう) 고구. 깊이 생각하며 연구함.
考量(こうりょう) 고량. 고려.
考慮(こうりょ) 고려.
考妣(こうひ) 고비. 돌아간 아버지와 어머니.
考思(こうし) 고사. 사고. 고려.
考査(こうさ) 고사.
考試(こうし) 고시. 시험.
考案(こうあん) 고안. ♣～者(しゃ) 고안자.
考定(こうてい) 고정. 생각하여 밝힘.
考訂(こうてい) 고정. 생각해서 고침.
考証(こうしょう) 고증. ♣～学(がく) 고증학.
考察(こうさつ) 고찰.
考覈(こうかく) 고핵. 생각하며 조사함.
考現学(こうげんがく) 고현학.

訓読
考うべき(かんごうべき) 생각할 (만한).
❖考える(かんがえる) ①생각하다. ②고안하다. 안출하다.
～葦(あし) 생각하는 갈대《인간의 본질을 표현한 파스칼의 말》.
考え(かんがえ) 생각. 또, 생각한 것.
考え倦む(かんがえあぐむ) 이것저것 생각에 지치다.
考え及ぶ(かんがえおよぶ) 생각이 미치다.
考え物(かんがえもの) ①깊이 생각해 볼 일. ②잘 생각해서 문제를 푸는 놀이. 또, 그 문제. 수수께끼.
考え抜く(かんがえぬく) 깊이 생각하다.
考え方(かんがえかた) 사고 방식.
考え付く(かんがえつく) 생각 나다. 생각이 떠오르다.
考え事(かんがえごと) 갖가지 생각. 특히, 걱정거리.
考え深い(かんがえぶかい) 생각이 깊다. 사려가 깊다.
考え違い(かんがえちがい) 잘못 생각함. 오해.
考え込む(かんがえこむ) 골똘히 생각하다. 생각에 잠기다.
考え直す(かんがえなおす) ①다시 생각하다. 재고하다. ②생각을 바꾸다.
考え出す(かんがえだす) ①생각해 내다. ②생각하기 시작하다.

| 7 口 教 | 告(告) | 고할 고
コク・コウ
つげる・のる |

音読
告達(こくたつ) 명령・전달 사항을 고지함.
告文 ㊀(こうもん) 고문. ①신에게 드리는 글. ②임금이 신하를 고유(告諭)하는 글.
㊁(こくぶん) ① ☞㊀①. ②상고문.
告発(こくはつ) 고발. ♣～状(じょう) 고발장.
告白(こくはく) 고백.
告別(こくべつ) 고별.
‖～式(しき) 고별식. ①영결식. ②송별식.
告辞(こくじ) 고사. 고해 알리는 말.
告朔の餼羊(こくさくのきよう) 고삭 희양. 삭일(朔日)의 영묘(靈廟) 고제(告祭)에 바치는 희생양.
告訴(こくそ) 고소. ♣～人(にん) 고소인 /～状(じょう) 고소장.
告示(こくじ) 고시. 문서.
告身(こくしん) 위계(位階)의 사연을 기록한 문서.
告諭(こくゆ) 고유. 훈시. 타이름. 또, 그 글〔냄〕.
告祭(こくさい) 고제. 신에게 고하며 제사 지냄.
告知(こくち) 고지. 알림.
‖～義務(ぎむ) (보험에서) 고지 의무.
告天子(こうてんし) 〖鳥〗고천자. *こくてんしろとも 읽음.
告牒(こくちょう) (중의) 도첩(度牒).
告解(こっかい) 〖가톨릭〗고해. 고백.

訓読
告ぐ(つぐ)〈文〉 ☞告げる(つげる).
❖告げる(つげる) 고하다. 알리다.
告げ(つげ) ①《お～'의 꼴로》신불의 계시. ②알림.
告げ口(つげくち) 일러바침. 고자질.
告げ知らせる(つげしらせる) 통지하다. 알리다.
❖告る(のる) 말하다. 고하다. 선언하다.
告り言(のりごと) 임금의 말.

| 8 刂 | 刳 | 가를 고・팔 고
コ
えぐる・くる |

訓読
刳い(えぐい) 아리다. 맵싸하다.
刳味(えぐみ) 아린 맛. 알싸한 맛.
❖刳る(くる) 후벼 파다. (칼 따위로) 도려서 구멍을 내다. 움파다.
㊁(えぐる) ①도려내다. ②상대방의 약점을 날카롭게 지적하다.
刳り(くり) 도려냄. 도린 부분.
刳り(さくり) 땅을 파 일군 곳.
刳り貫き(くりぬき) 도려낸 곳.
刳り貫く(くりぬく) 도려내다. 도려내어 구멍을 뚫다.

刳り鉢(くりばち) 나무를 도려내서〔후벼 내어〕만든 대접.
刳り小刀(くりこがたな) '匕首(あいくち)(=비수)'의 고친 말.
刳り舟(くりぶね) 마상이. 통나무배. *くりふね・えぐりぶね로도 읽음.
刳り形(くりかた) 도려내어 만든 모양.

| 8 口 | 呱 | 울 고
コ
なく |

音読
呱呱(ここ) 고고. 갓난아기의 우는 소리.
　～の声(こえ)**をあげる** 고고지성을 울리다 《태어나다》.

| 8 口 教 | 固 | 굳을 고
コ
かためる・かたまる・かたい・もとより |

音読
固結(こけつ) 고결. 뭉치어 굳어짐.
固陋(ころう) 고루.
固縛(こばく) 단단히 묶음.
固辞(こじ) 고사. 굳이 사양함.
固相(こそう) 고상. 고체상.
固守(こしゅ) 고수.
固溶体(こようたい) 〖化〗 고용체. 혼정(混晶).
固有(こゆう) 고유. 특유. ♣**～法**(ほう)〖法〗 고유법 / **～性**(せい) 고유성 / **～時**(じ)〖理〗 고유시 / **～種**(しゅ)〖生〗 고유종 / **～値**(ち)〖數・理〗 고유값.
‖**～角運動量**(かくうんどうりょう)〖理〗 고유 각운동량. 스핀(spin).
　～名詞(めいし) 고유 명사.
　～事務(じむ) 고유 사무.
　～状態(じょうたい) 고유 상태.
　～運動(うんどう)〖天〗 고유 운동.
　～財産(ざいさん) 고유 재산.
　～振動(しんどう) 고유 진동.
固定(こてい) 고정. ♣**～給**(きゅう) 고정급 / **～費**(ひ) 고정비(용) / **～液**(えき) 고정액 / **～子**(し)〖理〗 고정자 / **～株**(かぶ)〖經〗 고정주 / **～票**(ひょう) 고정표.
‖**～観念**(かんねん) 고정 관념.
　～金利(きんり) 고정 금리.
　～歩合(ぶあい) (외무원 등의) 고정 수수료.
　～負債(ふさい) 고정 부채.
　～費用(ひよう) 고정 비용.
　～比率(ひりつ) 고정 비율.
　～小数点表示(しょうすうてんひょうじ) 고정 소수점 표시.
　～楽想(がくそう)〖樂〗 고정 악상.
　～円木(えんぼく) 고정 원목. 공원·유원지 등에 있는 어린이 놀이 기구의 하나.
　～為替相場制(かわせそうばせい) 고정 환율제.
　～資本(しほん) 고정 자본.
　～資産(しさん) 고정 자산.
　～長(ちょう)〖컴〗 파일(file) 단위의 길이를 일정하게 한 것.
　～化酵素(かこうそ) 고정화 효소.
固持(こじ) 고지. 고집.
固執(こしつ) 고집. *관용음 또는 老人語로는 こしゅう라고도 함.
固着(こちゃく) 고착. 단단히 달라붙음.
‖**～観念**(かんねん) 고착 관념. 고정 관념.
固体(こたい) 고체.
‖**～物理学**(ぶつりがく) 고체 물리학.
　～燃料(ねんりょう) 고체 연료.
　～元素(げんそ) 고체 원소.
　～炭酸(たんさん) 고체 탄산. 드라이 아이스.
固形(こけい) 고형. ♣**～物**(ぶつ) 고형물.
‖**～食**(しょく) 고형식. 유동식에 대하여, 보통 음식.
　～燃料(ねんりょう) 고체 연료.
　～炭酸(たんさん) 고체 탄산. 드라이 아이스.
固化(こか) 고화. 고체화.

訓読
固より(もとより) ① 원래. 본디. ② 물론.
❖**固い**(かたい) ① 단단하다. 굳다. ② 확실하다. ③ 질기다.
固煉り(かたねり) ⇨ 固練り(かたねり).
固練り(かたねり) ① 되게 반죽함. ② 차지게 반죽함.
固目(かため) ⇨ 固め(かため).
固肥り(かたぶとり) ⇨ 固太り(かたぶとり).
固油(かたあぶら) 머릿기름의 하나.
固飴(かたあめ) 사탕.
固粥(かたかゆ) 되직하게 쑨 죽. 지금의 진밥.
固織り(かたおり) 직물의 문양 부분을 얽어 짜는 일. 또, 그 직물.
固唾(かたず) 마른침.
固太り(かたぶとり) 단단하게 살이 찜. 또, 그런 사람.
❖**固まる**(かたまる) ① 딱딱해지다. 덩어리지다. ② (날씨) 안정되다.
固まり(かたまり) ① 덩어리. ② 집단. 일단.
❖**固める**(かためる) ① 굳히다. ② 뭉치다. ③ 꼭 쥐다. ④ 방비를 단단히 하다.
固め(かため) ① 굳힘. 굳히기. ② 굳은 약속. ③ 단단한 경비. ④ 굳은 정도.
固め技(かためわざ) (유도의) 굳히기.

| 8 女 | 姑 | 시어미 고
コ
しばらく・しゅうとめ |

音読
姑息(こそく) 고식. 일시적인 방편.
‖**～の手**(て) 고식적인 수단.

訓読
姑(しゅうとめ) ① 시어머니. ② 장모. *しゅうと로도 읽음.
姑去り(しゅうとめざり) 시어머니 뜻에 따라 부부가 이혼함.

孤・沽・苦

姑御(しゅうとご) 시어머니(장모)의 높임말.
其他→
姑娘(クーニャン) 소녀. 아가씨.

| 8 子 常 | 孤 | 홀로 고
コ
ひとり・みなしご |

音読→
孤(こ) ①고아. *みなしごとも 읽음. ② 외돌토리.
孤介(こかい) 고개. 완고하여 남과 잘 화합하지 않음. 또, 그런 사람.
孤客(こかく) 고객. 외로운 길손.
孤剣(こけん) 고검. 단 한 자루의 칼.
孤高(ここう) 고고. 혼자 초연함.
孤軍(こぐん) 고군.
∥~奮闘(ふんとう) 고군 분투.
孤閨(こけい) 고규. 공규(空閨). 공방.
孤笈(こきゅう) (혼자 책상자를 메고 가서) 유학(遊學)함.
孤島(ことう) 고도. 외딴섬.
孤独(こどく) 고독. ♣~感(かん) 고독감.
孤灯(ことう) 고등. 외로이 홀로 켜 있는 등.
孤例(これい) 단 하나의 예(例).
孤老(ころう) 고로. 외로운 노인.
孤陋(ころう) 고루. 고루하고 견문이 좁음.
孤塁(るい) 고루. 고립된 보루.
孤立(こりつ) 고립. ♣~語(ご) 고립어 / ~点(てん) 〖數〗 고립점 / ~派(は) 고립파.
∥~無援(むえん) 고립무원.
~状況(じょうきょう) 고립 상황.
~主義(しゅぎ) 고립주의.
孤帆(こはん) 고범. 외로이 떠 있는 돛단배.
孤峰(こほう) 고봉.
孤山(こざん) 고산. 따로 있는 산.
孤城(こじょう) 고성. 고립되어 외로운 성.
∥~落日(らくじつ) 고성 낙일.
孤愁(こしゅう) 고수. 홀로 슬픈 생각에 잠김.
孤身(こしん) 고신. 외로운 몸.
孤児(こじ) 고아. *みなしごとも 읽음. ♣~院(いん) 고아원. 보육원.
孤雁(こがん) 고안. 짝 잃은 외기러기.
孤弱(こじゃく) 외톨이로 의지할 데 없어 나약함. 또, 그런 사람.
孤影(こえい) 고영. 외로운 그림자. 혼자 쓸쓸한 모습.
∥~悄然(しょうぜん) 고영 소연(蕭然). 홀로 쓸쓸함.
孤雲(こうん) 고운. 외따로 떠도는 구름.
孤猿(こえん) 외톨이로 있는 원숭이.
孤月(こげつ) 고월. 쓸쓸하게 보이는 달.
孤絶(こぜつ) 외로움. 사고 무친함.
孤坐(こざ) 고좌. 독좌(獨座).
孤舟(こしゅう) 고주. 외로이 떠 있는 한 척의 배.
孤注(こちゅう) 고주. 노름에서, 밑천을 한 번에 다 털어 놓고 막판 승부를 겨룸.
孤村(こそん) 고촌. 외진 마을.

孤忠(こちゅう) 고충. 단 혼자서 바치는 외로운 충성.
孤鶴(こかく) 고학. 한 마리의 외로운 두루미.

| 8 氵 | 沽 | 팔 고・살 고
コ
うる・かう |

音読→
沽却(こきゃく) 매각(賣却).
∥~状(じょう) 고권(沽券). 매도 증서.
沽券 ㊀(こけん) 체면. 면목.
㊁(うりけん) 고권. 매도 증서.
沽酒(こしゅ) 고주. 술을 매매함. 또, 그 술.

| 8 艹 教 | 苦 | 괴로울 고・쓸 고
ク くるしい・くるしむ・くるしめる・にがい・にがる・にがむ・にがめる |

音読→
苦(く) ①고생. 괴로움. ② 근심. 걱정.
苦諫(くかん) 고간. 고언으로 간함.
苦艱(くげん) 고간. 고생과 괴로움. *くかんとも 읽음.
苦境(くきょう) 고경. 괴로운 처지〔입장〕.
苦界(くがい) ①〖佛〗 고계. 괴로움이 끊임없는 인간계. ②(포주에 묶인) 창녀의 신세.
苦難(くなん) 고난.
苦悩(くのう) 고뇌.
苦楽(くらく) 고락. 애써 여러 가지로 생각함.
苦慮(くりょ) 고려.
苦労(くろう) 노고(勞苦). 고생. 애씀.
∥~性(しょう) 사소한 일까지도 속태우며 심로하는 성질.
~人(にん) 많은 고생을 겪어 세상 물정을 잘 아는 사람.
苦も無く(くもなく) 힘 안들이고. 용이하게.
苦味丁幾(くみチンキ) 〖藥〗 고미 정기.
苦悶(くもん) 고민. 면모함.
苦髪楽爪(くがみらくづめ) ☞苦爪楽髪(くづめらくがみ).
苦杯(くはい) 고배.
苦盃(くはい) ⇨ 苦杯(くはい).
苦死(くし) 고생이나 고뇌 끝에 죽음.
苦使(くし) 고사. 혹사함.
苦思(くし) 괴롭게 생각함. 괴로운 생각.
苦参(くらら) 〖植〗 고삼(콩과의 식물).
苦渋(くじゅう) 고삽. ① 쓰고 떫음. ② 일이 잘 안됨.
苦笑(くしょう) 고소. 쓴웃음.
苦辛(くしん) 고신. 몹시 고생함.
苦心(くしん) 고심. ♣~談(だん) 고심담.
∥~惨憺(さんたん) 고심참담.
苦厄(くやく) 고액. 고난과 재액.
苦言(くげん) 고언. 직언(直言).
苦役(くえき) ①고역. 괴로운 육체 노동. ② 징역.
苦熱(くねつ) 고열. 더위로 인한 고생. 그 더위.
苦肉(くにく) 고육. 적을 속이려고 자기 몸의

～の策(さく) 고육지책. 고육책.
苦吟(くぎん) 고음. 고심 끝에 시가(詩歌)를 지음. 또, 그 시가.
苦戦(くせん) 고전.
苦節(くせつ) 고절. 괴로움을 견디며 절개를 지킴.
苦情(くじょう) ①고충. ②불평. 불만.
‖～処理機關(しょりきかん) (근로자의) 고충 처리 기관.
苦爪樂髮(くづめらくがみ) 고생이 많으면 손톱이, 편안하면 머리털이 빨리 자란다는 말.
苦汁(くじゅう) ①고줍. (맛이) 쓴 즙. ②㊀(にがり) ⇨ 苦塩(にがり). 간수.
苦集滅道(くじゅうめつどう) 〖佛〗 고집멸도. 미(迷)와 오(悟)의 인과를 설명한 불교의 근본 사상. 사제(四諦).
苦惨(くさん) 괴롭고 참담함.
苦楚(くそ) 고초. 고생.
苦衷(くちゅう) 고충.
苦土(くど) 〖化〗 고토. 산화 마그네슘의 속명(俗名).
㊁(にがつち) 풍화(風化)하지 않아서 식물의 생육(生育)에 적합지 않은 흙.
苦痛(くつう) 고통.
苦闘(くとう) 고투. 고전.
苦扁桃(くへんとう) 〖植〗 편도의 변종.
苦学(くがく) 고학.
苦虐(くぎゃく) 고학. 못 살게 학대함.
苦寒(くかん) ①고한. 극한기. ②음력 12월의 별칭. ③극빈.
苦海(くかい) 〖佛〗 고해.
苦患(くげん) 〖佛〗 고환. 지옥에서의 괴로움. 번뇌.
苦況(くきょう) 고황. 고통스러운 상황.
〖訓読〗
苦む(にがむ) 찌푸린 얼굴을 하다.
苦める(にがめる) 불쾌해 얼굴을 찡그리다.
❖苦い(にがい) ①쓰다. ②싫다. ③괴롭다.
苦っぽい(にがっぽい) 쓰디쓴.
苦苦しい(にがにがしい) 대단히 불쾌하다. 쓰디쓰다.
苦瓜(にがうり) 〖植〗 '蔓荔枝(つるれいし)(=여지)'의 딴이름.
苦口(にがくち) 입살스러운 말투.
苦木(にがき) 〖植〗 소태나무.
苦味(にがみ) ①고미. 쓴. 쓴맛〔느낌〕. ＊くみどろも 읽음. ②용모가 옹골봐고 야무짐.
苦味走る(にがみばしる) (표정이) 옹골차고 야무지다.
苦笑い(にがわらい) 고소. 쓴웃음.
苦手(にがて) ①다루기 힘든 상대. ②서투름. 또, 그것.
苦水(にがみず) 쓴 물〔즙〕. 쓰라린 경험.
苦艾(にがよもぎ) 향쑥.
苦塩(にがり) 간수(두부와 같은 것을 만드는 데 씀). ＊にがしおろも 읽음.
苦り切る(にがりきる) 몹시 못마땅한 표정을 짓다.

苦菜(にがな) 〖植〗 씀바귀.
苦虫(にがむし) ①씹으면 쓸 것 같은 벌레. ②불쾌한 느낌을 주는 사람.
苦荷首鳥(にがかしゅう) 〖植〗 둥근마.
❖苦しい(くるしい) ①괴롭다. ②난처하다. 딱하다. ③어렵다.
苦しからず(くるしからず) 지장〔상관〕없다.
苦しがる(くるしがる) 괴로워하다. 고통스러워하다.
苦し紛れ(くるしまぎれ) 괴로운 김(에 …함). 괴로운〔난처한〕 나머지 (…함).
❖苦しむ(くるしむ) ①괴로워하다. 번민하다. ②고생하다. 노력하다.
苦しみ(くるしみ) 괴로움. 고통. 고뇌.
❖苦しめる(くるしめる) ①괴롭히다. ②피곤하게 하다.
苦しめ(くるしめ) 괴롭힘.
〖其他〗
苦力(クーリー) 쿨리. 동양 각지의 하층 노동자.
苦竹(まだけ) 〖植〗 참대. 왕대.

股

8月 股 넓적다리 고
コ
또한・もも

〖音読〗
股間(こかん) 고간. 샅. 다릿가랑이.
股関節(こかんせつ) 〖生〗 고관절.
股肱(ここう) 고굉. 가장 믿는 부하.
股動脈(こどうみゃく) 〖生〗 고동맥. 대퇴 동맥.
股分(こぶん) 지분(持分).
股栗(こりつ) ⇨ 股慄(こりつ).
股慄(こりつ) 고율. 무서워서 다리가 떨림.
股掌(こしょう) 고장. 다리와 손바닥.
〖訓読〗
股 ㊀(また) 〖生〗 (다리) 가랑이. 샅.
㊁(もも) 넓적다리. 대퇴.
股がる(またがる) ①양다리를 벌리고 올라타다. ②(양쪽에) 걸치다.
股旅(またたび) 도박꾼의 유랑 (생활).
‖～物(もの) 도박사의 유랑 생활을 주제로 한 영화・소설 따위.
股立ち(ももだち) 袴(はかま)의 허리 양옆을 튼 곳.
股木(またぎ) 두 갈래로 갈라진 나무.
股上(またがみ) 〖裁〗 (바지 따위의) 가랑이에서 허리까지의 길이.
股眼鏡(まためがね) 자기 가랑이 밑으로 뒤쪽을 봄.
股肉(ももにく) 식용육 중, 넓적다리 부위의 살코기.
股引き(ももひき) ①통이 좁은 바지 모양의 (남자용) 의복. ②잠방이.
股座(まぐら) 샅. 다리 가랑이.
‖～膏薬(ごうやく) (허벅지에 붙인 고약처럼) 줏대없이 이쪽 저쪽에 붙음. 또, 그런 사람.
股擦れ(またずれ) 샅이 쓸림.
股鍬(またぐわ) 쇠스랑.
股下(またした) 〖裁〗 (바지 따위의) 가랑이 아래 길이.

股火(またび) (화롯불·모닥불 등을) 다리 가랑이를 벌리고 쬠.
股火鉢(またひばち) 화로를 타듯 가랑이를 벌리고 불을 쬐는 일.
[其他]
股份(クーフン) 주(株). 주식.

8 日	杲	밝을 고·높을 고 コウ あきらか・たかい

[音読]
杲杲(こうこう) 고고. 밝은 모양.

9 才 常	拷	때릴 고 ゴウ うつ

[音読]
拷問(ごうもん) 고문.
‖**〜禁止条約**(きんしじょうやく) 고문 금지 조약.

9 攵 教	故	예 고·고로 고 コ ゆえ・ことさらに・ふるい・もと

[音読]
故京(こきょう) 구도(舊都). 고도. 옛서울.
故旧(こきゅう) 고구. 옛 친구.
故国(ここく) 고국. 모국. 조국. 또, 고향.
故宮(こきゅう) 고궁. 옛 궁전.
故老(ころう) 고로. (옛날 일을 잘 아는) 노인.
故里 ㊀(こり) 고리. 고향.
㊁(ふるさと) ① ☞㊀. ② 고적. 고도(古都).
故買(こばい) 고매. 장물 취득.
故事(こじ) 고사. *ふるごとロ도 읽음.
‖**〜来歴**(らいれき) 고사 내력. 사물의 유래(由来).
故事付け(こじつけ) 억지. 견강(牽強).
故事付ける(こじつける) 억지 쓰다. 억지로 갖다 붙이다[발라 맞추다].
故山(こざん) 고산. 고향의 산. 고향.
故殺(こさつ) 고살. 고의로 사람을 죽임.
故習(こしゅう) 고습. 예로부터의 관습.
故実(こじつ) 고실. 전고(典故). ♣**〜家**(か) 고실가.
‖**〜読み**(よみ) 일본 한자어를 고래의 관례대로 읽는 법(笏(こつ)을(しゃく)로 읽는 것등).
故縁(こえん) 고연. 옛 인연.
故吾(こご) 고오. 옛날의 나. 원래의 나.
故友(こゆう) 고우. 옛 친구.
故園(こえん) 고원. 고향.
故意(こい) 고의. 일부러.
故意犯(こいはん) 《法》 고의범.
故人(こじん) 고인. 죽은 사람.
故障(こしょう) ① (기계나 몸의) 고장. ② 방해. 지장. 장애.
故敵(こてき) 고적. 예로부터의 원수.
故戦(こせん) 옛날에, 사사로운 싸움을 걺. 또, 그 사람.
故主(こしゅ) 〈老〉 고주. 옛 주인.
故地(こち) 고지. 전에 소유하던 땅. 예 연고지.
故知(こち) 고지. 옛사람이 쓴 지략〔계략〕. 고인의 슬기.
故紙(こし) 고지. 한 번 써서 버린 종이. 휴지.
故智(こち) ⇨ **故知**(こち).
故親(こしん) 돌아간 부모.
故轍(こてつ) 고철. 옛날 사람의 방식.
故態(こたい) 고태. 옛 모습.
故宅(こたく) 고택. 전에 살던 집.
故套(ことう) 예전의 양식. 구투(舊套).
故郷(こきょう) 고향. *ふるさとロ도 읽음.

[訓読]
故 ㊀(ゆえ) ① 까닭. ②〈古〉내력. ③…때문.
㊁(こ) 《接頭語로》고…. 이미 죽은 사람을 나타냄.
㊂(ことさら) ① 일부러. ② 특별히.
故なく(ゆえなく) 까닭 없이. 이유 없이.
故に(ゆえに) 고로. 그러므로. 따라서.
故故し(ゆえゆえし)〈文〉무슨 까닭이 있을 듯하다. 예사롭지 않다.
故由(ゆえよし)〈老〉까닭. 이유. 연고.
故有りげ(ゆえありげ) 무슨 이유가 있을 것 같은 모양. 사정이 있는 듯한 모양.

9 木 常	枯	마를 고 コ かれる・からす

[音読]
枯渇(こかつ) 고갈.
枯竭(こけつ) 고갈. 물이 마름.
枯槁(ここう) ① 시듦어 마름. ② 쇠약해짐.
枯骨(ここつ) 고골. 살이 썩어 없어진 뼈. 또, 죽은 사람.
枯淡(こたん) 고담. (서화·문장·인품 등이) 은근한 멋이 있음.
枯露柿(ころがき) 곶감.
枯木(こぼく) 고목.
‖**〜死灰**(しはい) 욕심이 없거나 생기가 없는 모양.
枯死(こし) 고사. 초목이 말라 죽음.
枯山水(こせんすい) ☞ **枯れ山水**(かれさんすい).
枯腸(こちょう) 고장. ① 굶주린 배. ② 사상·시상(詩想)이 부족함.
枯寂(こじゃく) 담담하고 쓸쓸함.
枯凋(こちょう) 고조. 말라서 시듦. 일이 쇠퇴함.
枯燥(こそう) 고조. 건조.
枯草(こそう) 고초. 마른 풀. ♣**〜菌**(きん) 고초균 / **〜熱**(ねつ)《醫》꽃가룻병.

[訓読]
枯らす(からす) (초목 등을) 말리다. 말라 죽게 하다.
枯る(かる)〈文〉초목이 마르다.
❖**枯れる**(かれる) ① (초목이) 마르다. 시들

다. ② 연기·예능 등이 원숙하여 은근한 멋을 풍기게 되다.
枯れ ㊀(かれ) (초목 등이) 마름. 시듦.
㊁(がれ) 《接尾語로》 ① 시들어 마름. ② 고갈. 「하다.
枯ればむ(かればむ) (초목이) 시들기 시작[시들어] 버리다.
枯れ枯れ(かれがれ) 초목이 거의 말라 버린 상태. 시들시들한 모양.
枯れ果てる(かれはてる) 초목이 완전히 말라[시들어] 버리다. 「(たる).
枯れ亘る(かれわたる) ⇨ 枯れ渡る(かれわ
枯れ渡る(かれわたる) 전면적으로 마르다.
枯れ滝(かれたき) 물이 마른 폭포.
枯れ木(かれき) 고목. 「나무들.
枯れ木立(かれこだち) 잎이 다 떨어진 겨울
枯れ尾花(かれおばな) 〈雅〉 마른 참억새.
枯れ薄(かれすすき) 마른 참억새.
枯れ山(かれやま) 초목이 마른 산.
枯れ山水(かれさんすい) 물을 사용하지 않고 지형(地形)으로써만 산수를 표현한 정원. *かれせんすい로도 읽음.
枯れ色(かれいろ) 초목의 마른 색. 고동색. 초목이 말라 버린 모양.
枯れ野(かれの) 풀이 마른 들판.
枯れ野原(かれのはら) ⇨ 枯れ野(かれの).
枯れ葉(かれは) 고엽. ♣~蛾(が) 〖蟲〗 배버들나방 ／ ~剤(ざい) 〖藥〗 고엽제.
枯れ残る(かれのこる) 다른 것은 다 말라 버린 마당에 그것만 마르지 않고 남아 있다.
枯れ池(かれいけ) 바싹 마른 못.
枯れ芝(かれしば) 마른 잔디.
枯れ枝(かれえだ) 삭정이.
枯れ草(かれくさ) 마른 풀. 「깔.
‖~色(いろ) 마른 풀(과 같은 윤기 없는) 빛

| 9
木 | 柧 | 모날 고
コ・カ
かど |

其他
柧手(つまで) ① 재목의 지스러기. ② 모를 거칠게 깎은 재목.

| 10
广
教 | 庫 | 곳집 고
コ・ク
くら |

音読
庫吏(こり) 창고를 지키는 관리.
庫裡(くり) ⇨ 庫裏(くり).
庫裏(くり) 절의 부엌이나 승려의 거처.
訓読
庫(くら) 곳간(間). 곳집. 창고.
庫入り(くらいり) (물건을) 곳간에 넣어 두는 일. 또, 그 물건.
庫入れ(くらいれ) 곳간에 넣음. 입고(入庫).
庫出し(くらだし) 출고(出庫). ♣~税(ぜい) 출고세.

| 10
木 | 栲 | 멀구슬나무 고
コウ
たえ |

訓読
栲(たえ) 〈雅〉 꾸지나무 등의 섬유로 짠 천. 또, 일반적으로 베.
其他
栲布(たくぬの) 닥나무 껍질의 섬유로 짠 베.

| 10
羊 | 羔 | 양새끼 고
コウ
こひつじ |

訓読
羔(こひつじ) 어린 양. 양·염소 새끼의 총칭.

| 10
高
教 | 高 | 높을 고
コウ
たかい・たか・たかまる・たかめる |

音読
高じる(こうじる) ⇨ 高ずる(こうずる).
高ずる(こうずる) ① 더해지다. ② 버릇이 나빠지다.
高価(こうか) 고가.
高架(こうか) 고가. ♣~橋(きょう) 고가교 ／ ~線(せん) 고가선.
‖~鉄道(てつどう) 고가 철도.
高家(こうけ) ① 권세 있는 집. ② 江戸幕府(えどばくふ)를 섬겨 세습으로 의식·전례를 맡았던 집안.
高歌(こうか) 고가. 방가(放歌).
高角 ㊀(こうかく) 고각. 지평선과 이루는 각도가 큼. ♣~砲(ほう) 고각포. 고사포.
㊁(たかづの) 투구의 앞장식으로 사슴뿔을 붙인 것.
高閣(こうかく) 고각. ① 고루. 고층 건물. ② 높은 선반.
高検(こうけん) 고검. '高等檢察庁(こうとうけんさつちょう)(=고등 검찰청)'의 준말.
高見 ㊀(こうけん) 고견.
㊁(たかみ) ⇨ 高み(たかみ).
高潔(こうけつ) 고결.
高古(こうこ) 고상하고 예스러움.
高高度(こうこうど) 고고도.
高工(こうこう) '高等工業学校(こうとうこうぎょうがっこう)(=고등 공업학교)'의 준말.
高空(こうくう) 고공. *たかぞらろも 읽음.
高官(こうかん) 고관.
高校(こうこう) 고교.
‖~総体(そうたい) '高等学校(こうとうがっこう)総合体育大会(そうごうたいいくたいかい)(=고등학교 종합 체육대회)'의 준말.
高教(こうきょう) 고교. 교시. 하교.
高句麗(こうくり) 〖史〗 고구려. *こくり로도 읽음.

高貴(こうき) 고귀.
高金利政策(こうきんりせいさく) 고금리 정책.
高級(こうきゅう) 고급. ♣~品(ひん) 고급품.
∥~概念(がいねん) 〖論〗 고급 개념.
~言語(げんご) 〖컴〗 고급 언어.
~脂肪酸(しぼうさん) 〖化〗 고급 지방산.
高給(こうきゅう) 고급. 높은 급료.
高気圧(こうきあつ) 〖氣〗 고기압.
高女(こうじょ) 고녀. '高等女学校(こうとうじょがっこう)(=고등 여학교)'의 준말.
高年(こうねん) 고년. 고령.
高濃縮ウラン(こうのうしゅくウラン) 고농축 우라늄.
高尿酸血症(こうにょうさんけつしょう) 〖醫〗 고뇨 산혈증.
高段(こうだん) 고단. ♣~者(しゃ) 고단자.
高談(こうだん) 고담. ① 큰소리로 하는 이야기. ② 남의 이야기에 대한 높임말.
高踏(こうとう) 고답. ♣~的(てき) 고답적 / ~派(は) 고답파.
高堂(こうどう) 고당. ① 높은 집. ② 편지에서, 귀댁의 뜻.
高大(こうだい) 고대. 높고 큼.
高台 ㊀(こうだい) ① 높은 건물. ② 굽이 높은 그릇. ③ 존체(尊體).
㊁(たかだい) 고대. 돈대(墩臺).
高徳(こうとく) 고덕.
高度(こうど) 고도. ♣~計(けい) 고도계.
∥~成長(せいちょう) 〖經〗 고도 성장.
~地区(ちく) 〖法〗 고도 지구.
高踏(こうとう) ⇨ 高踏(こうとう)
高等(こうとう) 고등. ♣~科(か) 고등과.
∥~検察庁(けんさつちょう) 고등 검찰청.
~官(かん) 고등관. 구제 관리 등급의 하나.
~教育(きょういく) 고등 교육.
~動物(どうぶつ) 고등 동물.
~植物(しょくぶつ) 고등 식물. 종자식물과 양치식물.
~裁判所(さいばんしょ) 고등 법원.
~専門学校(せんもんがっこう) 고등 전문 학교. 중학교 졸업자가 입학하는 5년제 기술계 학교.
~弁務官(べんむかん) 고등 판무관.
~学校(がっこう) 고등 학교.
高騰(こうとう) 고등. 앙등.
高欄(こうらん) ① 궁전 등의 건물 주위나 복도 등에 있는 끝이 굽은 난간. ② 의자의 팔걸이.
高覧(こうらん) 고람. 상대방이 '봄'의 높임말.
高朗(こうろう) 고랑. 드높고 명랑함.
高冷地(こうれいち) 고랭지.
~農業(のうぎょう) 고랭지 농업.
高慮(こうりょ) 고려. 상대가 생각하고 있는 '고려(考慮)'의 높임말.
高麗(こうらい) ① 〖史〗 고려. ② 고구려.
*こまろに 읽음. ♣~鶯(うぐいす) 〖鳥〗 꾀꼬리 / ~雉(きじ) 〖鳥〗 꿩.
∥~縁(べり) 흰 바탕에 검은 무늬를 넣은 다다미의 테.
~垣(がき) 대나무 등을 마름모꼴로 엮어 만든 낮은 울타리.
~人参(にんじん) 〖植〗 고려인삼.
~芝(しば) 〖植〗 잔디의 일종.
高力ボルト(こうりょくボルト) 〖機〗 고력 볼트(bolt). 고장력(高張力) 볼트.
高齢(こうれい) 고령. ♣~者(しゃ) 고령자.
∥~社会(しゃかい) 고령 사회.
~化社会(かしゃかい) 고령화 사회.
高炉(こうろ) (제철용) 고로.
高禄(こうろく) 고록. 많은 녹봉·봉급.
高論(こうろん) 고론. ① 훌륭한 논설. ② 고견(高見).
高楼(こうろう) 고루. 높은 다락집.
高嶺土(こうりょうど) 고령토(高嶺土).
高利(こうり) 고리.
∥~貸し(がし) 고리 대금.
高慢(こうまん) 교만. 오만.
高邁(こうまい) 고매.
高免(こうめん) 고면. 타인의 용서를 높여 일컫는 말.
高眠(こうみん) 고면. 안면.
高名 ㊀(こうめい) 고명. ① 유명함. ② 존함.
㊁(こうみょう) 〈老〉① ☞ ㊀①. ② 무훈.
♣~帳(ちょう) 무훈자 기록부.
高明(こうめい) 고명. ① 덕이 높고 현명함. ② 부유함.
高木(こうぼく) 고목. 교목(喬木). *たかきとも 읽음. ♣~帯(たい) 교목대.
∥~限界(げんかい) 교목 한계.
高文(こうぶん) ① 고문. '高等文官試験(こうとうぶんかんしけん)(=고등 문관 시험)'의 준말. ② 남의 문장의 높임말.
高密度星(こうみつどせい) 〖天〗 고밀도성.
高密度集積回路(こうみつどしゅうせきかいろ) 고밀도 집적 회로. LSI.
高配(こうはい) 고배. 상대의 배려에 대한 높임말.
高峰(こうほう) 고봉.
高分子(こうぶんし) 고분자.
∥~化学(かがく) 고분자 화학.
~化合物(かごうぶつ) 고분자 화합물.
高卑(こうひ) 고비. 고저(高低). ② 귀천.
高庇(こうひ) 고비. 상대방의 비호의 높임말.
高批(こうひ) 고비. 고평(高評).
高士(こうし) 고사. ① 인격이 고결한 사람. ② 속세를 떠나 사는 훌륭한 인물.
高師(こうし) 고사. '高等師範学校(こうとうしはんがっこう)(=고등 사범 학교)'의 준말.
高射(こうしゃ) 고사. ♣~砲(ほう) 〖軍〗 고사포.
高山(こうざん) 고산. 높은 산. *たかやまとも 읽음. ♣~帯(たい) 고산대 / ~病(びょう) 고산병.
∥~観測(かんそく) 고산 관측.
~気候(きこう) 고산 기후.
~植物(しょくぶつ) 고산 식물.
~流水(りゅうすい) 고산 유수.

~族(ぞく) 고산족. 대만의 원주민.
~草原(そうげん) 고산 초원.
高上(こうじょう) ①품위·정도가 높음. ②고위.
高尚(こうしょう) 고상.
高商(こうしょう) 고상. 구제의 '高等商業学校(こうとうしょうぎょうがっこう)(=고등 상업 학교)'의 준말.
高爽(こうそう) 고결하고 마음이 시원함.
高翔(こうしょう) 고상. 높이 날아오름.
高書(こうしょ) 고서.
高説(こうせつ) 고설. 고견.
高声(こうせい) 고성. *こうしょう로도 읽음.
高小(こうしょう) 구제의 '高等小学校(こうとうしょうがっこう)(=고등 소학교)'의 준말.
高所(こうしょ) 고소. 높은 곳.
∥~恐怖症(きょうふしょう) 고소 공포증.
~順応(じゅんのう) 고소 순응.
高笑(こうしょう) ☞高笑い(たかわらい).
高速(こうそく) 고속.
∥~機関(きかん) 고속(도) 기관.
~気流(きりゅう) 고속(도) 기류.
~道路(どうろ) 고속 도로.
~自動車国道(じどうしゃこくどう) (도로법상의) 고속 국도.
~増殖炉(ぞうしょくろ) 고속 증식로.
高速度(こうそくど) 고속도. ♣~鋼(こう) 고속도강.
∥~写真(しゃしん) 고속도 사진.
~撮影(さつえい) 고속도 촬영.
高寿(こうじゅ) 고수. 고령. 장수.
高蓚酸尿症(こうしゅうさんにょうしょう) 〖醫〗고옥살산 요증.
高湿(こうしつ) 고습. 다습.
高承(こうしょう) (편지에서) 'ご承知(しょうち)'의 정중한 말씨.
高僧(こうそう) 고승. ♣~伝(でん) 고승전.
高雅(こうが) 고아.
高圧(こうあつ) 고압. ♣~帯(たい)〖氣〗고기압대/~釜(がま) 압력솥/~線(せん) 고압선/~的(てき) 고압적.
∥~酸素タンク(さんそタンク)〖醫〗고압 산소 탱크.
~酸素療法(さんそりょうほう)〖醫〗고압 산소 요법.
~浣腸(かんちょう)〖醫〗고압 관장.
~化学(かがく) 고압 화학.
高額(こうがく) 고액.
高野(こうや) 高野山의 준말.
∥~豆腐(どうふ) 언 두부.
~山(さん) 和歌山(わかやま) 현에 있는 산.
~聖(ひじり) 기부금품을 거두러 高野山에서 각 방면으로 나가는 승려.
~槇(まき)〖植〗삼나뭇과의 상록 교목.
高揚(こうよう) 고양. 앙양.
高言(こうげん) 고언. 큰소리. 흰소리.
高年齢出産(こうねんれいしゅっさん) 고령 출산. 고령 초산.
高閲(こうえつ) 상대방 교열의 높임말.

高熱(こうねつ) 고열.
高詠(こうえい) 고영. ①큰소리로 읊음. ②뛰어난 시가. ③상대방 시가의 높임말.
高屋(こうおく) 고옥. 높은 건물. *たかや로도 읽음.
高温(こうおん) 고온. ♣~計(けい)〖理〗고온계. 고온도계.
∥~超伝導(ちょうでんどう) 고온 초전도.
高臥(こうが) 고와. ①세속을 떠나서 삶. ②안심하고 잠.
高運(こううん) 고운. 행운.
高原(こうげん) 고원. *예전에는 たかはら로도 읽었다.
∥~野菜(やさい) 고랭지 채소.
~玄武岩(げんぶがん)〖地〗고원 현무암.
高遠(こうえん) 고원.
高位(こうい) 고위. 높은 지위. 고위층 사람. ♣~株(かぶ)〖經〗고가주.
高緯度(こういど) 고위도.
高論(こうゆ) 고유. 남의 설유(説諭)의 높임말.
高率(こうりつ) 고율.
高恩(こうおん) 고은. 홍은(鴻恩). 높고 큰 은혜.
高吟(こうぎん) 고음. 시가(詩歌)를 큰소리로 읊음.
高音(こうおん) 고음. *たかねろ도 읽음.
高音部記号(こうおんぶきごう)〖樂〗높은음자리표.
高義(こうぎ) 고의. 높은 덕행.
高誼(こうぎ) 고의. 두터운 정의.
高議(こうぎ) 고의. 탁월한 의론.
高逸(こういつ) 고일. 고상하고 뛰어남.
高姿勢(こうしせい) 고자세.
高作(こうさく) 상대방 작품의 높임말.
高張(こうちょう)〖化〗고장. ♣~液(えき) 고장 용액.
高張力鋼(こうちょうりょくこう) 고장력강.
高障碍(こうしょうがい) ⇨高障害(こうしょうがい).
高障害(こうしょうがい) 고장애물 경주.
高才(こうさい) 고재. 뛰어난 재능. 또, 재주가 뛰어난 사람. *こうざい로도 읽음.
高材(こうざい) ☞高才(こうさい).
∥~疾足(しっそく) 고재 질족. 지용(智勇)을 겸비한 사람.
高裁(こうさい) '高等裁判所(こうとうさいばんしょ)(=고등 법원)'의 준말.
高低(こうてい) 고저. 높낮이. *たかひくろ도 읽음.
∥~測量(そくりょう) 고저 측량. 수준 측량.
高著(こうちょ) 고저. 남의 저서의 높임말.
高積雲(こうせきうん) 고적운. 높쌘구름.
高専(こうせん) '高等専門学校(こうとうせんもんがっこう)(=고등 전문 학교)'의 준말.
高電子移動度トランジスタ(こうでんしいどうどトランジスタ) 고전자 이동도 트랜지스터.

高節(こうせつ) 고절. 높은 절개.
高点(こうてん) 고점. 높은 점수.
高精細度テレビジョン(こうせいさいどテレビジョン) 고(高)선명 텔레비전.
高弟(こうてい) 고제. 수제자.
高祖(こうそ) 고조. ①조부모의 조부모. ② 먼 선조. ③《佛》한 종파를 세운 고승.
高調(こうちょう) 고조. ♣~波(は)《電》고조파.
高潮 ㊀(こうちょう) 고조. ♣~線(せん)《地》고조선.
 ㊁(たかしお) ① ☞ ㊀. ②해일(海溢).
高燥(こうそう) 고조. 토지가 높아 공기가 건조함.
高祖母(こうそぼ) 고조모.
高祖父(こうそふ) 고조부.
高足 ㊀(こうそく) 고족. 뛰어난 제자.
 ㊁(たかあし) ①(밥상 따위의) 다리가 긺. ②죽마(竹馬).
高卒(こうそつ) 고졸.
高座(こうざ) 고좌. (연단 등의) 높은 자리.
高周波(こうしゅうは)《電》고주파.
∥~**加熱**(かねつ) 고주파 가열.
~**電気炉**(でんきろ) 고주파 전기로.
~**製鋼法**(せいこうほう) 고주파 제강법.
高峻(こうしゅん) 고준.
高重合体(こうじゅうごうたい)《化》고중합체.
高地(こうち) 고지.
高知(こうち)《地》四国(しこく) 남부의 현 이름. 또, 그 현의 현청 소재지.
高脂血症(こうしけつしょう)《醫》고지혈증.
高直(こうじき)〈老〉값이 비쌈.
高進(こうしん) 항진(亢進).
高真空(こうしんくう)《理》고진공.
高次(こうじ) 고차.
∥~**方程式**(ほうていしき) 고차 방정식.
~**言語**(げんご)《論》고차 언어. 메타 언어.
高札(こうさつ) 고찰. ＊たかふだ로도 읽음.
高察(こうさつ) 고찰.
高唱(こうしょう) 고창.
高天(こうてん) 고천. 높은 하늘.
高聴(こうちょう) 고청. 청취의 높임말.
高嘱(こうしょく) 의뢰·위촉의 높임말.
高忠実度(こうちゅうじつど)《電》고충실도. 하이파이(hi-fi).
高層(こうそう) 고층. ♣~雲(うん) 고층운./~風(ふう) 편서풍.
∥~**気象**(きしょう) 고층 기상. ♣~観測(かんそく) 고층 기상 관측.
~**湿原**(しつげん) 고층 습원.
~**天気図**(てんきず) 고층 기상도. 고층 일기도.
高弾性(こうだんせい)《理》고탄성.
高評(こうひょう) 고평.
高品位テレビ(こうひんいテレビ) 고품위 텔레비전. 고선명 텔레비전.
高風(こうふう) 고풍. 높은 풍격.
高下(こうげ) ①고하. 높낮이. ②오르내림.
高廈(こうか) 고하. 높고 큰 집.
高学年(こうがくねん) 고학년.

高血糖(こうけっとう)《醫》고혈당(증).
高血圧(こうけつあつ) 고혈압. ♣~症(しょう) 고혈압증.
高コレステロール血症(こうコレステロールけつしょう)《醫》고콜레스테롤혈증.

訓読

高 ㊀(たか) ①(수확·생산물 등의) 수량. 액수. 금액. ②(사물의) 정도. ③《接頭語·接尾語的으로》높음. 오름.
 ㊁(こう)《接頭語로》고…. ①높다는 뜻. ②연상(年上).
高が(たかが) 기껏(해야). 고작.
高き(たかき) 높은 곳〔쪽〕.
高で(たかで) ①기껏해야. 고작. ②대저. 대체.
高ぶる(たかぶる) ①우쭐거리다. 뽐내다. ②흥분하다.
高まる(たかまる) 높아지다. 고조되다.
高み(たかみ) 높은 곳.
 ~**の見物**(けんぶつ) 제3자적 입장에서 방관함. 강건너 불구경.
高める(たかめる) 높이다. 향상시키다.
高らか(たからか) (음성이) 높은 모양. 드높이. 소리 높이.
❖**高い**(たかい) ①(수준·지위·정도 등이) 높다. ②(키가) 크다. ③(값이) 비싸다. ④(자존심이) 강하다. 거만하다.
高さ(たかさ) 높이.
高め(たかめ) ①(위치가) 좀 높은 듯함. ②(값이) 좀 비싼 듯함.
高襷(たかだすき) (일할 때) 끈으로 소매를 높이 걷어 올리는 일.
高股(たかもも) 허벅다리.
高高(たかだか) 기껏(해야). 고작.
高高と(たかだかと) 매우 높은 모양. 드높이.
高高指(たかたかゆび) 가운뎃손가락.
高髷(たかまげ) ☞高島田(たかしまだ).
高括り(たかぐくり) ①대충 어림함. ②깔보는 일.
高根(たかね) ☞高嶺(たかね).
高紐(たかひも) 갑옷 동체(胴體)의 앞부분과 뒷부분을 매는 끈.
高曇り(たかぐもり) 구름이 높게 끼고 흐림. 또, 그 하늘.
高跳び(たかとび) ①높이 뜀. ②육상 경기에서, 높이뛰기.
高島田(たかしまだ) 일본 여자들의 높이 치켜올린 머리 모양의 하나.
高浪(たかなみ) ⇨ 高波(たかなみ).
高嶺(たかね) 고령(高嶺). 높은 산봉우리.
 ~**の花**(はな) 높은 산의 꽃. 그림의 떡.
∥~**嵐**(おろし) 재넘이. 높은 산에서 내리부는 바람.
~**下ろし**(おろし) ⇨ 高嶺嵐.
高瀬(たかせ) ①얕은 여울. ②高瀬舟의 준말.
∥~**舟**(ぶね) 얕은 여울에서 저을 수 있는 운두가 낮고 밑이 평평한 너벅선.
高望み(たかのぞみ) 제 분수나 능력에 넘치는 소원.

高網(たかあみ) 새그물의 일종.
高鳴る(たかなる) 크게 울리다. 고동 치다.
高目 ㊀(たかめ) ⇨ 高め(たかめ).
㊁(たかもく) (바둑에서) 고목.
高坏(たかつき) (음식 등을 담는) 굽달린 그릇.
高塀(たかべい) (건물·정원 등의) 높은 담. *たかへいえい로도 읽음.
高飛び(たかとび) ⇨ 高跳び(たかとび).
高飛び込み(たかとびこみ) (수영 경기의) 하이 다이빙.
高飛車(たかびしゃ) 고압적인 태도를 취하는 모양.
高砂(たかさご) ①다정한 노부부의 전설을 다룬 謡曲(ようきょく)의 하나. ②〖地〗고사. 대만의 구칭. 「민.
∥~族(ぞく) 고사족. 고산족. 대만의 원주
高上がり(たかあがり) 비용이 예상보다 많이 치임.
高黍(たかきび) 〖植〗'蜀黍(もろこし)(=수수)'의 딴이름.
高扇(たかおうぎ) (득의양양하게) 부채를 높이 들고 천천히 부치는 일.
高盛り(たかもり) 밥그릇 등에 음식을 수북이 담는 일. 고봉.
高笑い(たかわらい) 큰 웃음.
高松塚古墳(たかまつづかこふん) 다카마쓰쓰카 고분. 奈良(なら)현 明日香(あすか) 마을에 있으며, 석락 내부의 천장과 주위에서 채색 벽화가 발견되고 유물이 출토됨.
高手(たかて) 상박(上膊). 위팔.
∥~小手(こて) 뒷짐결박.
高水(たかみず) 강물이 불어나는 일. 증수(増水).
高蒔絵(たかまきえ) 옻칠 바탕에 금은박으로 무늬를 돋보이게 한 그림. 「심.
高楊枝(たかようじ) 식후에 유유히 이를 쑤
高御座(たかみくら) 天皇(てんのう)의 지위. 옥좌.
高腰(たかごし) 허리를 구부리지 않음. 거만한 태도를 말함.
高張り(たかはり) 高張り提灯의 준말.
∥~提灯(ぢょうちん) 장대 끝에 높게 매다는 큰 초롱.
高殿(たかどの) 고루(高楼). 높고 큰 전각.
高彫り(たかぼり) 〖美〗고부조(高浮彫).
高調子(たかちょうし) ①목소리 등이 들떠서 높음. ②〖經〗시세가 오름세임.
高足駄(たかあしだ) ☞高下駄(たかげた).
高足蟹(たかあしがに) 〖動〗거미게.
高窓(たかまど) (채광·환기 등을 위해 보통보다) 높이 낸 창.
高処(たかどころ) ⇨ 高み(たかみ).
高天が原(たかまがはら) (일본 신화에서) 여러 신들이 산다는 하늘.
高天の原(たかまのはら) ☞高天が原(たかまがはら).
高菜(たかな) 〖植〗갓.
高値(たかね) 값이 비쌈. 비싼 값. 또, 거래소에서 당일의 가장 높은 시세.

∥~引け(びけ) (증권 거래에서) 그날 시세중 가장 고가로 거래가 끝남.
高歯(たかば) 왜나막신의 굽이 높은 것.
高枕(たかまくら) 고침. ①높은 베개. ②베개를 높이하고 잠. 안심하고 잠.
高土間(たかどま) 구식 歌舞伎(かぶき) 극장의 객석의 하나.
高波(たかなみ) 높은 파도. 큰 놀.
高下駄(たかげた) 굽높은 왜나막신.
高軒(たかいびき) 크게 코를 곪〔고는 소리〕.
高胡坐(たかあぐら) 뻔뻔스럽게 책상다리를 하고 있는 모양.
高話 ㊀(たかばなし) 큰소리로 이야기함. 또, 그 이야기.
㊁(こうわ) 상대방의 말에 대한 높임말.

〖其他〗
高粱(コーリャン) 고량. 수수. *こうりょう로도 읽음. ♣~酒(しゅ) 고량주.
高麗錦(こまにしき) 옛날, 고려에서 수입되던 비단. 또, 그 모조품.
高麗鼠(こまねずみ) (중국 원산의) 흰 생쥐.
高志(こし) 〖地〗北陸道(ほくりくどう)의 옛이름.

| 11 白 入 | 皐 | 부르는 소리 고
コウ
さわ・さつき |

〖訓読〗
皐月(さつき) 고월. 음력 5월. *こうげつ로도 읽음.

| 11 衤 | 袴 | 바지 고·사타구니 과
コ
はかま |

〖音読〗
袴褶(こしゅう) 고습. 사마치.
袴下(こした) 구(舊) 일본 육군에서 속바지를 이르던 말.
〖訓読〗
袴(はかま) 일본 옷의 겉에 입는 주름잡힌 하의(下衣).
袴能(はかまのう) 能楽(のうがく)에서, 한여름에 모든 연기자가 무대 의상을 입지 않고 紋服(もんぷく)·袴(はかま)를 입고 하는 能(のう).
袴着(はかまぎ) 사내아이가 처음으로 袴(はかま)를 입을 때의 의식.

| 12 艹 | 菰 | 줄 고
コ
まこも・こも |

〖訓読〗
菰(こも) 〖植〗줄.
菰蓆(こむしろ) ⇨ 菰筵(こむしろ).
菰筵(こむしろ) 줄(로 짠) 돗자리.

12 佳 常	雇(雇)	품살 고 コ やとう

音読

雇兵(こへい) 고병. 용병(傭兵).
雇聘(こへい) 고빙. 사람을 쓰기 위해 예의를 갖추어 초빙함.
雇役(こえき) 고역. 고용하여 부림.
雇用(こよう) 고용. ♣~者(しゃ) 고용자 / ~主(ぬし) 고용주.
∥~構造(こうぞう) 고용 구조.
 ~保険(ほけん) 고용 보험.
 ~流動化(りゅうどうか) 고용 유동화.
 ~調整(ちょうせい) 고용 조정.
 ~差別(さべつ) 고용 차별.
 ~創出(そうしゅつ) 고용 창출.
雇員(こいん) 고원. 고용원.
雇作(こさく) 고용되어 작업함. 또, 그 사람.
雇調金(こちょうきん) '雇用調整補助金(こようちょうせいほじょきん)(=고용 조정 보조금)'의 준말.

訓読

雇われ(やとわれ) 고용됨.
∥~マダム 고용 마담.
雇われる(やとわれる) 고용되다.
雇女(やとな) (京阪(けいはん) 지방에서) 임시로 고용하는 접대부.
❖ **雇う**(やとう) ① (사람을) 고용하다. ② (차·배 따위를) 세내다.
雇い(やとい) ① 고용함. ② 고용인. ③ 임시 직원.
雇い人(やといにん) 고용인. *やといどろで로 읽음.
雇い入れ(やといいれ) (새로) 고용함.
雇い入れる(やといいれる) 새로 고용하다.
雇い主(やといぬし) 고용주.

13 疒	痼	고질 고 コ しこる

音読
痼疾(こしつ) 고질.

訓読
❖ **痼る**(しこる) ① 응어리지다. ② 몰두하다.
痼り(しこり) ① 응어리. ② (사건이 처리된 뒤에도 남아 있는) 개운치 않은〔서먹서먹한〕 기분.

13 貝	賈	살 고·장사 고 カ·コ あきない·あきなう·あたい

音読
賈船(こせん) 고선. 장삿배. 상선.
賈人(こじん) 고인. 상인(商人).

13 鼓 常	鼓	북 고 コ つづみ

音読
鼓する(こする) ① (북을) 치다. 두드리다. ② 북돋다.
鼓角(こかく) 고각. 진중에서 쓰는 북과 뿔피리.
鼓弓(こきゅう) 호궁(胡弓). 깡깡이 비슷한 동양 악기.
鼓隊(こたい) 고대. 큰북·작은북 따위로 된 악대.
鼓動(こどう) 고동.
鼓楼(ころう) 고루. (사원의) 북을 매단 건물.
鼓膜(こまく)〖生〗고막. 귀청. ♣~器(き)〖動〗고막기.
鼓舞(こぶ) 고무.
鼓腹(こふく) 고복. 먹을 것이 넉넉해 안락함.
∥~撃壤(げきじょう) 고복격양. 백성이 태평을 즐김.
鼓騒(こそう) 전쟁터에서 북을 치며 함성을 지름.
鼓手(こしゅ) 고수. 북잡이. 북을 치는 사람.
鼓室(こしつ)〖生〗(귀의) 고실.
鼓楽(こがく) 고악. 북을 치고 음악을 연주함.
鼓腸(こちょう)〖醫〗고창(鼓脹).
鼓笛(こてき)〖樂〗고적. 북과 피리. ♣~隊(たい) 고적대.
鼓譟(こそう) ⇨ 鼓騒(こそう).
鼓脹(こちょう) ⇨ 鼓腸(こちょう).
鼓吹(こすい) 고취.
鼓行(ここう) 고행. 북을 치며 당당히 진군함.

訓読
鼓(つづみ)〖樂〗① 장구. 북. ② 가죽으로 싸서 만든 타악기의 총칭. *こ로도 읽음.
鼓打つ(つづみうつ) 장구를〔북을〕 치다.

14 攴	敲	두드릴 고 コウ たたく

訓読
❖ **敲く**(たたく) ① 치다. 두드리다. 때리다. ② 묻다. ③ 값을 깎다.
敲き(たたき) ① 두들김. 두드림. ② 잘게 다짐. 또, 다진고기.
敲き鐘(たたきがね) 불단 앞에 엎어 놓고 당목으로 두드리는 바라.
敲き土(たたきつち) 푸석흙. 화강암이 풍화하여 된 흙.

14 月	膏	기름 고 コウ あぶら

音読
膏薬(こうやく) 고약.
∥~代(だい) 가해자가 치르는 상해 치료비.
 ~張り(ばり) 장지·맹장지 등의 찢어진 곳

만 땡질함.
膏沃(こうよく) 고옥. 땅이 기름짐. 또, 기름진 땅.
膏雨(こうう) 고우. 단비. 감우(甘雨).
膏油(こうゆ) 고유. 등잔용 기름.
膏腴(こうゆ) 고유. 땅이 기름짐. 또, 그 땅.
膏肉(こうにく) 비계.
膏沢(こうたく) 고택. ① 은혜. ② 기름지고 습기 있는 땅.
膏土(こうど) 고토. 옥토.
膏血(こうけつ) 고혈.
膏肓(こうこう) 〖生〗 고황.

[訓読]
膏 ㊀(あぶら) ① 굳기름. ② (몸의) 기름기.
㊁(こう) …고. 고약.

| 14 木 | 槁 | 마를 고
コウ
かれる |

[参考] 藁와 同字.

[音読]
槁木(こうぼく) 고목. 말라 죽은 나무.
‖〜**死灰**(しかい) 고목 사회. 생기와 의욕이 없는 자.

| 14 囗 | 睾 | 불알 고
コウ |

[音読]
睾丸(こうがん) 〖生〗 고환.

| 14 竹 | 箍 | 테 고
コ
たが |

[訓読]
箍(たが) (나무통 따위에 두르는) 테.
〜が緩(ゆる)**む** ① 테가 느슨해지다. ② 나이를 먹어 능력이 쇠해지다. ③ 긴장이 풀리다. 정신이 해이해지다.

| 14 言 | 誥 | 고할 고
コウ・コク
つげる |

[其他]
誥ぶ(たけぶ) 〈古〉 사납게 날뛰다〔굴다〕.

| 15 禾 常 | 稿 | 볏짚 고・원고 고
コウ
したがき・わら |

[音読]
稿(こう) 고. 원고.
稿料(こうりょう) 고료.
稿本(こうほん) 고본. 초고(草稿).

| 15 非 | 靠 | 기댈 고
コウ
たがう・もたれる |

[訓読]
靠つく(もたつく) 〈俗〉 (얽혀서) 진척되지 않다.
❖**靠れる**(もたれる) ① 기대다. 의지하다. ② 체하다. 트릿하다. (속어) 거북하다.
靠れ掛かる(もたれかかる) 기대다. (남에게) 의지하다.

| 16 金 | 錮 | 막을 고・고질 고
コ
ふさぐ |

[音読]
錮疾(こしつ) 오래도록 잘 낫지 않는 병. 고질(痼疾).

[逆音]
禁錮(きんこ) 〖法〗 금고. ♣〜**刑**(けい) 금고형.

| 18 艹 | 藁 | 짚 고
コウ
わら |

[訓読]
藁(わら) (벼・보리의) 짚.
藁稭(わらしべ) 볏짚의 새패기. *わらみごろ도 읽음. 「따위」
藁工品(わらこうひん) 고공품《새끼・가마니
藁沓(わらぐつ) 멍덕신. 멱신. (눈 위에서 신는) 짚신. 눈신.
藁帽子(わらぼうし) 맥고 모자. 밀짚 모자.
藁半紙(わらばんし) 짚 섬유로 만든 반지(半紙). 갱지.
藁屑(わらくず) 짚 부스러기.
藁細工(わらざいく) 짚세공. 또, 그 세공품.
藁筵(わらむしろ) 짚으로 짠 거적.
藁屋(わらや) ① 초가집. ② 짚을 파는 집.
藁屋根(わらやね) 짚으로 인 지붕.
藁囲い(わらがこい) 수목 등을 추위로부터 보호하기 위해 짚으로 둘러싸 주는 일.
藁人形(わらにんぎょう) 짚으로 만든 인형《검술 연습・저주할 때 따위에 씀》.
藁葺き(わらぶき) 짚으로 지붕을 임. 또, 그 지붕.
‖〜**屋根**(やね) 짚으로 인 지붕.
藁紙(わらがみ) 짚의 섬유 따위를 원료로 해서 만든 질이 나쁜 종이.
藁薦(わらごも) 짚으로 만든 거적.
藁草履(わらぞうり) 짚신.
藁打ち(わらうち) 짚을 (나무망치 따위로) 쳐서 부드럽게 함.
藁苞(わらづと) 짚으로 싸서 만든 꾸러미.
藁布団(わらぶとん) ⇨ 藁蒲団(わらぶとん).

藁蒲団(わらぶとん) 짚을 넣어서 만든 요.
藁筆(わらふで) 고필. 짚의 새패기로 만든 붓.
藁火(わらび) 짚을 태운 불. 짚불.
藁灰(わらばい) 짚을 태운 재. 짚재.
其他
藁本(そらし) 『植』'阿魏(あぎ)(=아위)'의 딴이름.

| 18
目 | 瞽 | 소경 고
コ
めしい・めくら |

音読
瞽す(こす) 눈이 멀다.
瞽人(こじん) 고인. 장님.
瞽者(こしゃ) 고자. 장님.
其他
瞽女(ごぜ) 三味線(しゃみせん)을 타거나 노래를 하며 동냥 다니던 눈먼 여자.
∥〜節(ぶし) 瞽女가 부르는 노래.

| 18
羽 | 翺 | 날 고
コウ・ゴウ
かける |

音読
翺翔(こうしょう) 고상. ① 새가 하늘 높이 날아오름. ② 발호(跋扈)함.

| 21
頁
常 | 顧 (顧) | 돌아볼 고
コ
かえりみる |

音読
顧客(こかく) 고객. 단골. *こきゃく로도 읽음.
顧慮(こりょ) 고려. 배려.
顧望(こぼう) 고망. ① 뒤돌아서 둘러봄. ② 형세를 관망함.
顧眄(こべん) 고면. 돌이켜 봄.
顧命(こめい) 고명. 임금이 임종 때 신하에게 부탁하던 명령.
顧問(こもん) 고문. ♣〜官(かん) 고문관.
∥〜弁護士(べんごし) 고문 변호사.
訓読
❖顧みる(かえりみる) ① 뒤돌아보다. ② 회고하다. ③ 돌보다.
顧み(かえりみ) ① 뒤돌아봄. ② 자신을 걱정함. ③ 반성.

| 23
虫 | 蠱 | 뱃속벌레 고
コ
まどわす |

音読
蠱毒(こどく) 고독. 남에게 독을 먹여 죽임.
蠱惑(こわく) 고혹. 남의 마음을 미혹하게 함. ♣〜的(てき) 고혹적.

곡

| 6
日
教 | 曲 | 굽을 곡・가락 곡
キョク
まがる・まげる・くせ・かね |

音読
曲 ㊀(きょく) ① 구부러짐. ② 곡. 악곡.
㊁(くせ) 謠曲(ようきょく)에서 曲舞(くせまい)의 가락으로 부르는 부분.
㊂(わだ) ① 지형(地形)이 굽은 곳. ② 모양이 구부러싸이 있음.
㊃(わ) 휘어져 들어간 곳. 둘러싸인 곳.
曲る ㊀(きょくる) 〈俗〉조용하다. 놀리다.
㊁(くねる) ① 휘어 구부러지다. ② (성격이) 비꼬이다. ③ 푸념하다. 「양.
曲曲(きょくきょく) 꼬불꼬불 구부러진 모
曲肱(きょくこう) 곡굉. 팔을 굽힘. 팔을 굽혀 팔베개를 함.
曲球(きょっきゅう) 『野』곡구. 커브.
曲鞠(きょくまり) 곡국. 공을 사용하는 곡예(曲藝).
曲技(きょくぎ) 곡기. 곡예에 기술.
曲搗き(きょくづき) 노래나 반주에 맞추어 익살스런 몸짓으로 떡을 침. 또, 그 사람.
曲独楽(きょくごま) 팽이를 다루는 곡예.
曲領(きょくれい) 곡령. 구부러진 깃. 둥근 깃. 또, 그런 깃의 옷.
曲礼(きょくれい) 곡례. 행동거지 따위의 예의 범절. 「의자.
曲录(きょくろく) 곡록. 법회 때 승려가 앉는
曲論(きょくろん) 곡론. 이치에 어긋난 이론. 「름.
曲流(きょくりゅう) 곡류. 강이 꾸불꾸불 흐
曲律(きょくりつ) 곡률. 곡의 선율. 멜로디.
曲率(きょくりつ) 『數』곡률. ♣〜円(えん) 곡률원.
∥〜半径(はんけい) 곡률 반경.
〜中心(ちゅうしん) 곡률 중심.
曲馬(きょくば) 곡마. 말을 타고 하는 곡예.
∥〜団(だん) 곡마단. 서커스.
曲面(きょくめん) 곡면. 평면이 아닌 면.
♣〜体(たい) 곡면체.
曲目(きょくもく) 곡목.
曲撥(きょくばち) 『樂』발목(撥木)으로 三味線(しゃみせん) 따위의 곡을 탐.
曲譜(きょくふ) 곡보. 악보. 「함.
曲庇(きょくひ) 곡비. 도리를 굽히고 비호
曲事 ㊀(きょくじ) 곡사. 부정한 일.
㊁(くせごと) ① 부정(不正)한 일. 몹시 불쾌한 일. ② 흉사. 재앙. ③ 위법.
曲師(きょくし) 浪花節(なにわぶし)에서 三味線(しゃみせん)을 타는 사람. 「포.
曲射(きょくしゃ) 곡사. ♣〜砲(ほう) 곡사
曲想(きょくそう) 곡상. 악상. 악곡의 구상.

曲線(きょくせん) 곡선. ♣~美(び) 곡선미. ♣~처 흐르는 물.
曲水(きょくすい) 곡수. 정원을 에워서 굽이 ‖~の宴(えん) 곡수연. 궁중에서 하던 음력 3월 3일의 축제.
曲乗り(きょくのり) 말이나 자전거 따위를 곡예로 타는 일. 또, 그 사람.
曲言(きょくげん) 곡언. 에둘러 말함.
曲宴(きょくえん) ☞曲水の宴(きょくすいのえん).
曲芸(きょくげい) 곡예.
曲用(きょくよう) 『言』 곡용.
曲飲み(きょくのみ) 곡예의 하나로 술 따위를 멋지게 마셔 보이는 일.
曲折(きょくせつ) 곡절. 꾸불꾸불함. 특히, 사물의 복잡다단한 사정.
曲節(きょくせつ) 곡절. 음악·가요의 가락.
曲調(きょくちょう) 곡조.
曲走路(きょくそうろ) (경주로·경마장 따위에서) 커브가 있는 주로.
曲持ち(きょくもち) 손·발·어깨·배 따위로 통·쌀가마니·사람 따위를 들어올려 자유로이 조종하는 곡예.
曲直(きょくちょく) 곡직. 정사(正邪). 정과 부정.
曲尽(きょくじん) 곡진. 자세하고 간곡하게 말함.
曲打ち(きょくうち) 곡타. 북 따위를 곡예처럼 멋지게 치기.
曲弾き(きょくびき) 三味線(しゃみせん)·비파(琵琶) 따위 악기를 곡예처럼 별나게, 또 빠르게 탐.
曲太鼓(きょくだいこ) 곡타(曲打)하는 북.
曲浦(きょくほ) 꾸불꾸불 후미진 해안.
曲筆(きょくひつ) 곡필. 사실을 굽혀 씀. 또, 그 문장.
曲学(きょくがく) 곡학. 진리를 굽힌 학문. ‖~阿世(あせい) 곡학 아세.
曲解(きょっかい) 곡해.
曲行(きょっこう) 곡행. ① 돌아서 감. ② 부정 행위.
曲形動物(きょくけいどうぶつ) 『動』 곡형
訓読
曲舞(くせまい) 室町(むろまち) 시대 초기의 무축의 한 가지.
曲者(くせもの) ① 수상한 자. ② 방심할 수 없는 자.
曲曲しい(まがまがしい) 화(禍)가 미칠 것 같다. 불길하다.
曲玉(まがたま) 곡옥. 굽은 옥. 고대 장신구의 하나.
曲差(かねざし) 〈口〉 ☞曲尺(かねじゃく).
曲尺(かねじゃく) ① 곱자. ② 곡척《경척(鯨尺)의 여덟 치로 한 자로 함》. ＊きょくしゃく로도 읽음.
❖**曲がる**(まがる) ① 구부러지다. 굽다. ② 방향을 바꾸다. 돌다. ③ (위치 등이) 기울(어지)다.
曲がり(まがり) 구부러짐. 구부러진 곳〔모양·정도〕. ♣~道(みち) 구부러진 길.
曲がりくねる(まがりくねる) 꼬불꼬불 구부러지다.
曲がり角(まがりかど) 길 모퉁이. 전환점. 분기점.
曲がり根性(まがりこんじょう) 비뚤어진 「근성.
曲がり金(まがりがね) 곱자. ㄱ자(字)자.
曲がり目(まがりめ) 구부러진 곳〔점〕.
曲がり屋(まがりや) ㄴ자형(形)을 한 민가의 전통적인 형식.
曲がり差し(まがりざし) 곱자.
曲がり尺(まがりじゃく) ☞曲がり金(まがりがね).
曲がり川(まがりがわ) 한자 부수의 하나: 개미허리부.
曲がり形(まがりなり) 구부러진〔불완전한〕 「모양.
ひん曲がる(ひんまがる) 〈俗〉 몹시 휘어지다.
❖**曲げる**(まげる) ① (곧은 것을) 구부리다. ② (뜻·주의·사실 등을) 굽히다. 바꾸다. 왜곡하다. ③〈俗〉 전당 잡히다.
曲げ(まげ) ① 구부림. ② 曲げ物(まげもの)의 준말.
曲げて(まげて) 무리하게라도. 억지로라도. 「부디.
曲げ木(まげき) ① 나무를 구부림. 또, 구부린 나무. ② 曲げ木細工의 준말. ‖~細工(ざいく) 나무를 구부려서 하는 세공《의자나 스키·악기 제작 등》.
曲げ物(まげもの) 노송나무·삼목 등의 얇은 판자를 구부려 만든 그릇이나 도구.
曲げ試験(まげしけん) 재료나 구조물에 하중(荷重)을 가하고 그 변형과 강도를 조사하는 시험.
曲げ応力(まげおうりょく) 막대나 판자 모양의 것을 구부릴 때 그 물체 내부에서 작용하는 힘.
曲げ込む(まげこむ) ① 안으로 접어서 구부리다. ② 전당 잡히다.
ひん曲げる(ひんまげる) 〈俗〉 몹시 휘어지게 하다. 전(轉)하여, (남에게) 사실과는 다른 말을 전하다.
其他
曲突(くど) 〈方〉 ① 부뚜막 뒤의 굴뚝. ② 부뚜막.
曲物(わげもの) ☞曲げ物(まげもの).

7 谷 教	谷	골 곡 コク たに・きわまる・や

訓読
谷 ㊀(たに) ① 산골짜기. 계곡. ② 골짜기 모양을 이룬 것. 골.
㊁(や) 저습지(低濕地). 또, 골짜기로 된 지형(地形). 〈関東方〉 저지(低地). 습지.
㊂(やつ) 〈関東方〉 저지(低地). 습지.
谷間(たにま) ①(산)골짜기. ＊たにあい로도 읽음. ② 햇볕을 받지 않는 곳.
‖~の姫百合(ひめゆり) 『植』'すずらん(=

은방울꽃)'의 딴이름.
谷渡り(たにわたり) ① 골짜기를 건너감. ② 나뭇가지 등이 골짜기를 건너서 뻗음.
谷蟆(たにぐく)〈古〉〚動〛두꺼비.
谷辺(たにべ) 골짜기의 근처.
谷氷河(たにひょうが)〚地〛곡빙하.
谷水(たにみず) 곡수. 골짜기의 물.
谷底(たにそこ) 골짜기의 밑바닥.
谷足(たにあし) (스키에서) 사면(斜面)에 섰을 때의 아래쪽의 발.
谷川(たにがわ) 골짜기를 흐르는 내. 계류(溪流).
谷風(たにかぜ) 곡풍. 골바람. 골짜기 바람.
谷懷(たにふところ) 산에 둘러싸인 골짜기.
谷地(やち) (늪의) 습지.
谷地莔(やちだも)〚植〛들메나무.
其他▶
谷迫(さこ) 산골짜기의 작은 계곡.

10 口	哭	울 곡·곡할 곡 コク なく

音読▶
哭する(こくする) 곡하다. 통곡하다.
哭声(こくせい) 곡성.
哭泣(こっきゅう) 곡읍. 울부짖음.
哭慟(こくどう) 통곡.

11 斗	斛	휘 곡 コク さか

音読▶
斛器(こっき) 곡기. 양(量)을 되는 그릇. 되.
訓読▶
斛(さか) 고대의 용적의 단위《그 크기는 불명》.

11 木	梏	수갑 곡 コク てかせ

音読▶
梏桎(こくしつ) 곡질. 질곡.

14 殳 教	穀(穀)	곡식 곡 コク

音読▶
穀減り(こくべり) 곡물을 찧거나 저장·운송 중에 그 양이 축나는 일.
穀潰し(ごくつぶし) 밥벌레. 식충이. 밥통.
穀断ち(こくだち) 단곡. (수도·기원을 위해) 일정 기간 곡식을 먹지 않음.
穀盗人(こくぬすびと) 월급만 축내고 아무 짝에도 못 쓸 사람을 욕하는 말. ＊ごくぬす
びとろも 읽음.
穀霊(こくれい) 곡령. 곡물에 있다고 하는 정령(精靈).
穀類(こくるい) 곡류. 곡물.
穀粒(こくつぶ) 곡식 알. 낟알. ＊こくりゅうろも 읽음.
穀物(こくもつ) 곡물. 곡식. ♣~法(ほう) 곡물법. 곡물 조례.
‖~限界(げんかい) 곡물 한계. 곡물의 재배 한계.
穀粉(こくふん) 곡분. 곡식의 가루.
穀象(こくぞう) 穀象虫의 준말. ♣~虫(むし)〚蟲〛바구미.
穀菽(こくしゅく) 곡물과 두류(豆類).
穀食(こくしょく) 곡물을 상식으로 함.
穀蛾(こくが)〚蟲〛곡식좀나방. 「고.
穀屋(こくや) ① 곡물점. 미곡상. ② 곡물 창
穀雨(こくう) 곡우. 24절기의 하나.
穀紙(こくし) 닥나무를 원료로 만든 일본 종이.
穀倉(こくそう) 곡창. 곡물 창고. ＊こくぐらろも 읽음.
‖~地帯(ちたい) 곡창 지대.
穀打ち台(こくうちだい) 곡물의 이삭을 내리쳐서 탈곡하는 농기구.

其他▶
穀扇(あおり) 풍구.

16 糸	縠	명주 곡 コク·ゴク

音読▶
縠紋(こくもん) 주름진 것처럼 보이는 무늬.
其他▶
縠織り(こめおり) 올을 성기게 짠 얇은 명주.

16 髟	髷	고수머리 곡 キョク まげ

訓読▶
髷(まげ) 상투. 틀어 올린 머리.
髷物(まげもの) 옛날 상투 틀고 있던 시대의 일을 소재로 한 소설·영화·연극 등 역사물.

17 殳	觳	뿔잔 곡 コク·カク さかずき·くらべる

音読▶
觳觫(こくそく) 곡속. 죽음이 두려워 벌벌 떠는 모양.

17 殳	轂	바퀴통 곡 コク こしき

音読
轂擊(こくげき) 곡격. 거마(車馬)의 왕래로 몹시 붐빔.
訓読
轂(こしき) 바퀴통.

| 18 鳥 | 鵠 | 고니 곡
コク・コウ
くぐい・まと |

訓読
鵠(くぐい)〈雅〉『鳥』백조.

곤

| 7 口 教 | 困 | 곤할 곤
コン
こまる |

音読
困じる(こんじる) ①곤란해 하다. 난처해 하다. ②시달리다.
困却(こんきゃく) 곤각. 매우 난처함.
困苦(こんく) 곤고. 살림이 몹시 어려움.
困窘(こんきん) 곤군. 곤궁(困窮).
困窮(こんきゅう) ①곤궁. ②해결책이 없어 곤란함.
困頓(こんとん) 곤돈. 피로하여 쓰러짐.
困難(こんなん) 곤란.
困民(こんみん) 가난한 민중.
困迫(こんぱく) 곤박. 몹시 곤란을 겪음.
困憊(こんぱい) 곤비. 고달픔.
困睡(こんすい) 곤수. 지쳐서 잠. 「난.
困厄(こんやく) 곤액. 곤란과 재액. 또, 재
困阨(こんやく) ⇨ 困厄(こんやく).
困弊(こんぺい) 곤폐. 괴롭고 피로함.
困乏(こんぼう) 곤핍. 가난으로 고생함.
困惑(こんわく) 곤혹. 난처함.
訓読
❖困る(こまる) 곤란하다. ①괴로움〔어려움〕을 겪다. ②난처하다.
困り果てる(こまりはてる) 몹시 곤란을 겪다. 난감해하다.
困り抜く(こまりぬく) 곤경에 빠지다.
困り入る(こまりいる) 매우 곤란하다〔난처해지다〕. 「기.
困り者(こまりもの) 귀찮은 사람. 말썽꾸러
困り切る(こまりきる) (몹시) 난처해지다.
其他
困じ果てる(こうじはてる) ☞困り果てる(こまりはてる).

| 8 土 | 坤 | 땅 곤
コン
ひつじさる |

音読
坤徳(こんとく) 곤덕. 황후・왕후의 덕.
坤道(こんどう) 곤도. 대지(大地)의 원리. 또, 부도(婦道).
坤輿(こんよ) 곤여. 대지. 지구.
坤儀(こんぎ) 곤의. ①대지(大地). ②황후의 덕.
坤軸(こんじく) 곤축. 지축.
訓読
坤(ひつじさる)〈老〉서남(西南).

| 8 日 常 | 昆 | 형 곤・많을 곤
コン
あに |

音読
昆孫(こんそん) 곤손. 육대손.
昆弟(こんてい) 곤제. 형제.
昆虫(こんちゅう) 곤충.
昆布(こんぷ)『植』다시마. ∗こぶ로도 읽음.
∥〜刈り(かり) 배를 타고 나가 다시마를 채취함.
〜熨斗(のし) 다시마를 싸서 만든 노시.
∗こぶのし로도 읽음.
とろろ昆布(とろろこんぶ) 다시마를 초에 담가 부드럽게 한 다음, 가늘고 얇게 썬 것.
∗とろろこぶ로도 읽음.
其他
昆布茶(こぶちゃ) 다시마차.
昆布巻き(こぶまき) 청어・모래무지 따위를 다시마로 말아서 익힌 요리.

| 11 木 | 梱 | 문지방 곤
コン
しきみ・こり |

音読
梱包(こんぽう) 곤포. 짐을 꾸림. 또, 꾸린 짐.
訓読
梱(こり) ①포장한 짐(짝). ②〈口〉고리. ③포장한 화물의 개수・양을 나타내는 단위. 짝. ∗こうろ도 읽음.
梱る(こる) 짐을 꾸리다. ∗こうろ도 읽음.

| 11 衣 | 袞 | 곤룡포 곤
コン |

参考 袞의 俗字.
音読
袞竜(こんりょう) 곤룡포. 천자의 옷.
〜の袖(そで) ①곤룡포의 소매. ②천자의 위덕(威德) 아래.
〜の御衣(ぎょい) 곤룡포.
袞冕(こんべん) 곤면. 곤룡포와 면류관. 천자의 의관(衣冠).
袞衣(こんい) 곤의. 천자가 입는 예복.

12 木	棍	몽둥이 곤·곤장 곤 コン

音読
棍棒(こんぼう) 곤봉. ①(경비용) 방망이. ②(병 모양의) 체조 용구.

12 艹	菎	풀이름 곤 コン

音読
菎蒻(こんにゃく)『植』곤약. 구약나물.
♣~粉(こ) 구약분(粉).
∥~問答(もんどう) 종잡을 수 없는 말을 주고 받음. 엉뚱한 대답. 동문서답.
~本(ぼん) 옛날의, 풍속 소설책.
~玉(だま) 구약나물의 알줄기.
~芋(いも) 菎蒻의 딴이름. 또, 그 알줄기.
~版(ばん)『印』구약판. 한천판(寒天版).

14 氵	滾	흐를 곤·끓을 곤 コン たぎる

音読
滾滾と(こんこんと) ①물 따위가 계속 샘솟아 오르는 모양. ②물이 세차게 흐르는 모양.

訓読
滾つ(たぎつ)〈文〉☞滾る(たぎる).
滾らす(たぎらす) ①끓게 하다. ②마음에 강하게 끓어오르게[북받치게] 하다.
滾る(たぎる) ①끓다. ②(급류가 되어) 소용돌이 치다.

14 ネ	褌	잠방이 곤 コン ふんどし

訓読
褌 ㊀(ふんどし) ①남성의 들보. ②여성의 腰巻(こしまき). ③게의 배딱지. ＊ふどし로도 읽음.
∥~担ぎ(かつぎ) ①関取(せきとり)의 샅바나 지고 다니는 신참 씨름꾼. ②졸때기.
㊁(みつ) (씨름에서) まわし(=샅바)의 가로 부분과 세로 부분이 뒤쪽에서 교차되는 곳.

19 魚	鯤	곤이 곤 コン

音読
鯤鵬(こんほう) 곤붕. 홍대(鴻大)하고 지대(至大)한 사물의 비유.

골

10 骨 教	骨	뼈 골 コツ ほね

音読
骨角器(こっかくき) (석기 시대의) 골각기.
骨幹(こっかん) 골잔. 뼈대.
骨格(こっかく) 골격. 뼈대. ♣~筋(きん) 골격근.
骨気(こっき) 골기. ①세찬 기질. ②골격.
骨器(こっき) (석기 시대의) 골기.
骨端炎(こったんえん)『醫』골단염.
骨堂(こつどう) 납골당(納骨堂).
骨董(こっとう) 골동. ♣~屋(や) 골동품상 / ~品(ひん) 골동품.
骨力(こつりょく) 골력. 서화(書畫) 등의 필력(筆力)이 있음.
骨鱗(こつりん)『魚』골린.
骨立(こつりつ) 골립. 몸이 수척하여 뼈만 남음.
骨膜(こつまく)『生』골막. ♣~炎(えん) 골막염.
骨迷路(こつめいろ)『生』골미로.
骨盤(こつばん) 골반.
∥~位(い)『醫』골반위. 골반단위(端位).
骨法(こっぽう) ①뼈대. 골격. ②예의 범절. ③예술품 제작상의 주안점.
骨柄(こつがら) 골격. 또, 인품.
骨瓶(こつがめ) ☞骨壺(こつつぼ).
骨粉(こっぷん) (비료용의) 골분. 뼛가루.
骨仏(こつぼとけ) ①화장하고 남은 뼈. ②화장한 뒤의 목뼈.
骨相(こっそう) 골상. ♣~学(がく) 골상학.
骨箱(こつばこ) 유골함.
骨性迷路(こっせいめいろ)『生』골성 미로.
骨細胞(こつさいぼう)『生』골세포.
骨髄(こつずい) 골수. ♣~炎(えん) 골수염 / ~腫(しゅ) 골수종.
∥~移植(いしょく) 골수 이식.
骨拾い(こつひろい) ☞骨揚げ(こつあげ).
骨揚げ(こつあげ) 화장한 뼈를 주워 그릇에 담음.
骨年齢(こつねんれい)『生』골연령. 골화(骨化) 연령.
骨軟化症(こつなんかしょう)『醫』골연화증.
骨炎(こつえん) 골염. 골수염.
骨肉(こつにく) 골육. 육친. ♣~腫(しゅ)『醫』골육종.
骨子(こっし) 골자. 요점.
骨材(こつざい) 골재.
骨疽(こっそ)『醫』골저. 카리에스.
骨伝導(こつでんどう)『生』골전도.
骨折(こっせつ) 골절.
骨節 ㊀(こっせつ) 골절. 뼈마디. 골관절.

㊂(ほねぶし) ⇨ 骨っ節(ほねっぷし).
骨頂(こっちょう) 최상. 더없는 것.
骨粗鬆症(こつそしょうしょう)〖醫〗골조송증. 골다공증.
骨組織(こつそしき)〖生〗골조직.
骨腫(こっしゅ)〖醫〗골종.
骨酒(こつざけ) 구운 생선 뼈를 데운 술에 담근 것.
骨脂(こっし) 골지. 소뼈에서 채취한 지방.
骨質(こっしつ) 골질.
骨鏃(こつぞく) 골촉. 뼈로 만든 화살촉.
骨炭(こったん) 골탄.
骨湯(こつゆ) 조린 생선·구운 생선의 뼈를 끓는 물을 붓고, 소금 따위로 맛을 낸 것.
骨桶(こつおけ) 죽은이의 뼈를 담는 통.
骨板(こつばん) 판상(板狀)의 뼈.
骨牌 ㊀(こつぱい) ①(카드놀이의) 카드. 패. ②골패.
㊁(カルタ) 놀이딱지. 화투. ②트럼프.
骨片(こっぺん) 골편. 뼛조각.
骨品(こっぴん)〖史〗(신라 때의) 골품.
骨骸(こつがい) 해골.
骨壺(こつつぼ) 납뼈(納骨) 항아리.
骨化(こっか)〖生〗골화.
∥**~年齢**(ねんれい)〖生〗골화 연령.
骨灰 ㊀(こっかい) 골회. 동물의 기름을 뺀 뼈를 태워 만든 가루. ＊こつばい로도 읽음.
∥**~磁器**(じき) 골회 자기. 본 차이나(bone china).
㊁(こっぱい)〈俗〉① 잘게 부숨〔부서짐〕. ② 호되게 나무라는 일.

訓読
骨 ㊀(ほね) ①뼈. ②뼈대. 살. ③(사물의) 핵심. 중심. ④기골(氣骨). ⑤노력. 수고.
㊁(こつ) ① 화장 뒤에 남은 재〔뼈〕. ②요령. 미립.
骨っぽい(ほねっぽい) ①(생선에) 잔뼈〔가시〕가 많다. ②기골이 차다.
骨継ぎ(ほねつぎ) ⇨ 骨接ぎ(ほねつぎ).
骨絡み(ほねがらみ) ① 매독이 전신에 퍼져 뼈가 쑤시고 아픔. ② 나쁜 상태에서 쉽사리 벗어나지 못함.
骨離れ(ほねばなれ) 구운 생선의 뼈가 잘 발라지는 일.
骨立つ(ほねだつ) 수척하여 뼈가 앙상하게 드러남.
骨無し(ほねなし) ①뼈가 없음. 줏대가 없음. 또, 그런 사람. ②등뼈가 물러서 서지 못하는 신체 장애인.
骨抜き(ほねぬき) ①골자〔알맹이〕를 뺌. ②사람에게서 줏대·기개를 빼버림. ③(요리하기 위해) 뼈를 발라냄.
骨付き(ほねつき) ①골격의 모양새. ②뼈가 붙어 있음. 또, 그런 고기.
骨仕事(ほねしごと) 힘드는 일.
骨書き(ほねがき)〖美〗그림의 윤곽을 그리는 일. 또, 그 선.   「림.
骨惜しみ(ほねおしみ) 수고를 아낌. 꾀부

骨細(ほねぼそ) 뼈가 가늚. 몸매가 날씬함.
骨柴(ほねしば) 골시. 가지나 잎을 떼어버린 땔나무.
骨身(ほねみ) 골신. 뼈와 살. 몸.
骨違い(ほねちがい) 관절이 어긋남.
骨張る(ほねばる) ①뼈가 앙상하다. ②고집을 부리다.
骨折り(ほねおり) 노력. 수고.
∥**~損**(そん) 수고한 보람이 없음.
骨折る(ほねおる) 진력하다. 힘을 들이다.
骨っ節(ほねっぷし) ①뼈마디. ②기골(氣骨). 기개.
骨接ぎ(ほねつぎ) 접골. 접골의(接骨醫).
骨組み(ほねぐみ) 뼈대. 얼개. 얼거리.
骨太(ほねぶと) ①뼈가 굵은 모양. ②체격이 좋은 모양. ③힘이 센 모양.
骨貝(ほねがい)〖貝〗뼈고둥.
骨偏(ほねへん) 한자 부수의 하나: 뼈골변.
骨休み(ほねやすみ) 쉼. 휴식. 휴게.

14 木	榾	등걸 골 コツ ほた

訓読
榾(ほた) 장작개비. 지저깨비.
榾木(ほたぎ) ① ☞ 榾(ほた). ② 표고버섯을 기르기 위해 자른 나무《모밀잣밤나무·상수리나무 등》.
榾火(ほたび) 지저깨비를 때는 불. 장작불.

공

3 工 教	工	만들 공·장인 공 コウ·ク たくみ

音読
工高(こうこう) 공고.
工科(こうか) ①공과. ②(대학에서) 工學部(こうがくぶ)의 통칭.
工区(こうく) 공구.
工具(こうぐ) 공구. 공작 도구. ♣**~鋼**(こう) 공구강 / **~箱**(ばこ) 공구함.
∥**~研削盤**(けんさくばん) 공구 연삭반. 공구 연삭기.
工期(こうき) 공기. 공사 기간.
工女(こうじょ) 여공(女工).
工農兵(こうのうへい) 중국에서, 공인(工人)·농민·병사의 일컬음.
工大(こうだい) 공대. '工科大学(こうかだいがく)(=공과 대학)'의 준말.
工料(こうりょう) 공임(工賃).
工率(こうりつ)〖理〗공률. 일률.
工面(くめん) ①돈마련. ②주머니〔수입〕 형편. 살림.

工務(こうむ) 공무. 토목 공사·공장 등의 일. ♣~**店**(てん) (토목·건축의) 공무소.
工博(こうはく) 공박. 공학 박사의 준말.
工房(こうぼう) 공방.
工法(こうほう) 공법.
工兵(こうへい) 공병.
工夫 ㊀(くふう) ①궁리함. 고안함. ②〖佛〗(선종에서) 주어진 공안(公案)에 관해 깊이 생각함.
㊁(こうふ)〈卑〉공사장 인부.
工費(こうひ) 공비. 공사 비용.
工事(こうじ) 공사. ♣~**場**(ば) 공사장.
工師(こうし) 공사. 목수. 공장(工匠)의 우두머리.
工商(こうしょう) 공상.
工船(こうせん) 공선. 공모선(工母船).
工手(こうしゅ) 공역(工役)꾼.
工数(こうすう) 공수. 공정수(工程數).
工手間(くでま) 물건을 만드는 품〔수고〕. 또, 그 품삯.
工業(こうぎょう) 공업.
‖~**高等学校**(こうとうがっこう) 공업 고등학교.
~**規格**(きかく) 공업 규격.
~**団地**(だんち) 공업 단지.
~**都市**(とし) 공업 도시.
~**簿記**(ぼき) 공업 부기.
~**分析**(ぶんせき) 공업 분석.
~**所有権**(しょゆうけん) 공업 소유권. 산업 재산권.
~**暗化**(あんか)〖生〗공업 암화.
~**用水**(ようすい) 공업 용수.
~**意匠**(いしょう) 공업 의장.
~**立地**(りっち) 공업 입지.
~**的**(てき) 공업적. ♣~**農業**(のうぎょう) 공업적 농업.
~**地帯**(ちたい) 공업 지대.
~**地域**(ちいき) 공업 지역.
~**廃水**(はいすい) 공업 폐수.
~**化**(か) 공업화. ♣~**工法**(こうほう) 공업화 공법 / ~**住宅**(じゅうたく) 공업화 주택.
~**化学**(かがく) 공업 화학.
工役(こうえき) 공역. 토목 등의 공사.
工芸(こうげい) 공예. ♣~**品**(ひん) 공예품.
‖~**作物**(さくもつ) 공예 작물.
工員(こういん) 공원.
工人(こうじん) ①장인(匠人). ②공인. (중국에서) 노동자.
‖~**会**(かい) 공인회. (중국에서) 노동 조합.
工賃(こうちん) 공임. 공전.
工作(こうさく) 공작. ♣~**図**(ず) 공작도 / ~**物**(ぶつ) 공작물 / ~**員**(いん) 공작원.
‖~**機械**(きかい) 공작 기계.
工匠(こうしょう) ①장색. ②공작물의 의장(意匠).
工場(こうじょう) 공장. ＊こうばろにも 읽음.
♣~**法**(ほう) 공장법.
‖~**団地**(だんち) 공장 단지.
~**委員会**(いいんかい)〖社〗공장 위원회.
~**財団**(ざいだん) 공장 재단.

~**制手工業**(せいしゅこうぎょう) 공장제 수공업.
~**閉鎖**(へいさ) 공장 폐쇄.
工専(こうせん) 구제의 '工業専門学校(こうぎょうせんもんがっこう)(=공업 전문 학교)'의 준말.
工銭(こうせん) 공전. 공임.
工程(こうてい) 공정. ♣~**図**(ず) 공정도 / ~**表**(ひょう) 공정표.
‖~**管理**(かんり) 공정 관리.
~**分析**(ぶんせき) 공정 분석.
工学(こうがく) 공학. ♣~**部**(ぶ) 공학부.
工合(ぐあい) ①형편. 상태. ＊ぐわいろにも 읽음. ②(이러이러한) 식. 방식.
工会(こうかい) 공회. (중국의) 노동 조합.

訓読
工 ㊀(たくみ)〈雅〉①장색(匠色). 장인(匠人). ②목수.
㊁(こう) ①공사(工事). ②공정.
工む(たくむ) 꾸미다. ①고안하다. 기교를 부리다. ②꾀하다. 흉계를 꾸미다.

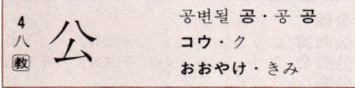

4 八 教 公 공변될 공·공공
コウ·ク
おおやけ·きみ

音読
公価(こうか) '公定価格(こうていかかく)(=공정 가격)'의 준말.
公家(くげ) ①조정(朝廷). ②무가(武家) 시대, 조정에 출사한 사람들. ＊②는 こうけろ도 읽음.
公刊(こうかん) 공간. 간행.
公開(こうかい) 공개. ♣~**状**(じょう) 공개장 / ~**株**(かぶ)〖經〗공개주.
‖~**買い付け**(かいつけ) 공개 매입.
~**放送**(ほうそう) 공개 방송.
~**書架**(しょか) 공개 서가. 도서관에서 열람자가 직접 책을 꺼낼 수 있는 서가.
~**捜査**(そうさ) 공개 수사.
~**市場**(しじょう) 공개 시장. ♣~**操作**(そうさ) 공개 시장 조작.
~**裁判**(さいばん) 공개 재판.
~**主義**(しゅぎ) 공개주의.
公卿(くぎょう) 공경. ①옛날, 조정에서 정삼품·종삼품 이상의 벼슬을 한 귀족. ②殿上(でんじょう)에 출입하도록 허락된 사람. ＊くげ·こうけいにも 읽음.
公経済(こうけいざい) 공경제. 공공 경제.
公告(こうこく) 공고. 국가가 운영하는 공고 기관.
公庫(こうこ) 공고. 국가가 운영하는 금융기관.
公共(こうきょう) 공공. ♣~**性**(せい) 공공성 / ~**心**(しん) 공공심 / ~**財**(ざい) 공공재.
‖~**建築**(けんちく) 공공 건축.
~**経済学**(けいざいがく) 공공 경제학.
~**空地**(くうち) 공공 공지. 공공 녹지.
~**企業体**(きぎょうたい) 공공 기업체.
~**緑地**(りょくち) 공공 녹지.

~**団体**(だんたい) 공공 단체.
~**放送**(ほうそう) 공공 방송.
~**法人**(ほうじん) 공공 법인.
~**の福祉**(ふくし) 공공 복지.
~**事務**(じむ) 공공 사무. 고유 사무.
~**事業**(じぎょう) 공공 사업.
~**選択学派**(せんたくがくは) 〖經〗 공공 선택 학파.
~**施設**(しせつ) 공공 시설.
~**料金**(りょうきん) 공공 요금.
~**用物**(ようぶつ) 공공용물. 공용물.
~**用財産**(ようざいさん) 공공용 재산.
~**組合**(くみあい) 공공 조합.
~**職業安定所**(しょくぎょうあんていじょ) 공공 직업 안정소.
~**投資**(とうし) 공공 투자.
公空(こうくう) 공공. 어느 나라의 관할권에도 속하지 않는 공간.
公公然(こうこうぜん) 공공연. 公然(こうぜん)의 힘줌말.
公課(こうか) 공과. 조세 등 공법(公法)에 의한 국민의 부담.
公館(こうかん) 공관.
公教育(こうきょういく) 공교육.
公教会(こうきょうかい) 공교회. 가톨릭 교회.
公国(こうこく) 공국.
公権(こうけん) 공권. ♣~**力**(りょく) 공권력.
‖~**的解釈**(てきかいしゃく) 〖法〗 공권적 해석. 유권 해석.
公金(こうきん) 공금.
‖~**横領**(おうりょう) 공금 횡령.
公器(こうき) 공기. 공중을 위해 있는 것.
公企業(こうきぎょう) 공기업.
公企体(こうきたい) '公共企業体(こうきょうきぎょうたい)(=공공 기업체)'의 준말.
公女(こうじょ) 공녀. 귀족 집안의 어린 딸.
公団(こうだん) 공단.
‖~**住宅**(じゅうたく) 공단 주택.
公達 ㊀(こうたつ) 정부나 관청에서 내보내는 통지.
㊁(きんだち) 〈古〉 ① 친왕 또는 귀족의 높임말. ② 당신. 귀하.
‖~**受領**(ずりょう) 친왕・귀족의 자제이면서 지방관이 된 사람.
公党(こうとう) 공당. 공인된 당.
公徳(こうとく) 공덕. ♣~**心**(しん) 공덕심.
公図(こうず) 지적도.
公道 ㊀(こうどう) 공도. 공로(公路).
㊁(こうとう) 견실하고 올곧음.
公稲(こうとう) 공도. 관가에 바치는 벼.
公領(こうりょう) ① 공령. 조정의 영지. ② 江戸幕府(えどばくふ)의 영지.
公路(こうろ) ① 공로. 공도(公道). ② (중국의) 간선 도로.
公労法(こうろうほう) '公共企業体等(こうきょうきぎょうたいなど)労働関係法(ろうどうかんけいほう)(=공공 기업체 등 노동 관계법)'의 준말.
公労委(こうろうい) '公共企業体等(こうきょうきぎょうたいなど)労働委員会(ろうどういいんかい)(=공공 기업체 등 노동 위원회)'의 준말.
公労協(こうろうきょう) '公共企業体等(こうきょうきぎょうたいなど)労働組合協議会(ろうどうくみあいきょうぎかい)(=공공 기업체 등 노동조합 협의회)'의 준말.
公論(こうろん) 공론.
公吏(こうり) 공리. '地方公務員(ちほうこうむいん)(=지방 공무원)'의 구칭.
公理(こうり) 공리. ♣~**系**(けい) 〖數〗 공리계 / ~**論**(ろん) 공리론.
‖~**的方法**(てきほうほう) 〖數〗 공리적 방법.
~**主義**(しゅぎ) 〖數〗 공리주의.
公立(こうりつ) 공립.
‖~**学校**(がっこう) 공립 학교.
公売(こうばい) 공매.
公命(こうめい) 공무상의 명령.
公明(こうめい) 공명.
‖~**選挙**(せんきょ) 공명 선거.
~**正大**(せいだい) 공명정대.
公募(こうぼ) 공모.
公武(こうぶ) 公家(くげ)(=조신(朝臣))와 武家(ぶけ)(=무사). 조정과 幕府(ばくふ).
‖~**合体**(がったい) 江戸(えど) 시대 말기의 조정과 막부의 일치 협력 (주장).
公務(こうむ) 공무. ♣~**員**(いん) 공무원.
‖~**執行防害罪**(しっこうぼうがいざい) 공무 집행 방해죄.
公文(こうぶん) 공문.
公文書(こうぶんしょ) 공문서.
‖~**館**(かん) 공문서를 정리・보관하고 공개하는 문화 기관.
~**偽造**(ぎぞう) 공문서 위조.
公文所(くもんじょ) 奈良(なら)・平安(へいあん) 시대, 여러 지방에 두어 공문서를 다루던 관청.
公物(こうぶつ) 공물. 공공의 물건.
公民(こうみん) 공민.
‖~**館**(かん) 공민관. 주민의 집회소.
~**教育**(きょういく) 공민 교육.
~**権**(けん) 공민권. ♣~**運動**(うんどう) 공민권 운동. 민권 운동.
公方(くぼう) ① 공사(公事). ② 조정(朝廷). ③ 幕府(ばくふ)・将軍(しょうぐん) 가(家).
公倍数(こうばいすう) 〖數〗 공배수.
公法(こうほう) 공법.
‖~**上の契約**(じょうのけいやく) 〖法〗 공법상의 계약. 행정 계약.
~**上の団体**(じょうのだんたい) 공법상의 단체. 공법인(公法人).
公法人(こうほうじん) 공법인.
公辺(こうへん) ① 조정. 정부. ② 세상에 널리 알려짐. 공적임. 정식임.
公報(こうほう) 공보.
公僕(こうぼく) 공복. 공무원.
公簿(こうぼ) 공부.

公憤(こうふん) 공분. 의분.
公分母(こうぶんぼ)〖數〗공분모.
公比(こうひ)〖數〗공비.
公妃(こうひ) 공(公)의 호칭이 붙은 사람의 아내.
公費(こうひ) 공비. 국가·공공 단체의 비용.
公賓(こうひん) 공빈. 국빈에 다음가는 대우를 받는, 정부의 빈객.
公司(こうし) 공사. (중국에서) 회사.
公社(こうしゃ) 공사. ♣ ~**債**(さい) 공사채.
公私(こうし) 공사.
公事 ㊀(こうじ) 공사. 공적인 일.
㊁(くじ)〈古〉① ☞㊀. ② 중고 시대에, 조정의 정무·의식. ③ 무가(武家) 시대에, 조세의 총칭. ④ 소송.
㊂(おおやけごと) ① ☞㊀. ② 궁중의 의식.
公使(こうし) 공사. ♣ ~**館**(かん) 공사관.
公舍(こうしゃ) 공사. 관사.
公算(こうさん) 공산. 확률. 가망성.
公相(こうしょう) 공상. 삼공(三公)과 재상.
公傷(こうしょう) 공상.
公生涯(こうしょうがい) 공생애. 공인으로 지낸 생애.
公序(こうじょ) 공서. 공공 질서.
‖~**良俗**(りょうぞく) 공서 양속.
公書(こうしょ) 공문서.
公署(こうしょ) 공서. 지방 관청.
公船(こうせん) 공선. 관공선(官公船).
公選(こうせん) 공선. 민선.
公設(こうせつ) 공설.
‖~**民營**(みんえい) 공공 시설을 법인체에 위탁 운영하는 일.
~**秘書**(ひしょ) 국회 의원의 비서관.
~**市場**(いちば) 공설 시장.
~**質屋**(しちや) 공설 전당포. 공익 전당포.
公所(こうしょ) 공소. 중국의 동업 조합. 또, 그 사무소.
公訴(こうそ)〖法〗공소. ♣ ~**權**(けん) 공소권.
‖~**棄却**(ききゃく) 공소 기각.
~**期間**(きかん) 공소 기간.
~**事實**(じじつ) 공소 사실.
~**時效**(じこう) 공소 시효.
公孫(こうそん) 공손. 왕후(王侯)·귀족의 자손.
公水(こうすい) 공수(하천·운하 등).
公述(こうじゅつ) 공술. ♣ ~**人**(にん) 공술인.
公示(こうじ) 공시.
‖~**送達**(そうたつ) 공시 송달.
~**地價**(ちか) 공시 지가.
~**催告**(さいこく) 공시 최고.
公是(こうぜ) 일반 사회에서 옳다고 인정하는 사람.
公試(こうし) 공시. 국가 고시.
公式(こうしき) 공식. ♣ ~**論**(ろん) 공식론 / ~**的**(てき) 공식적 / ~**戰**(せん) 공식전.
‖~**主義**(しゅぎ) 공식주의.
公信力(こうしんりょく) 공신력.
公信の原則(こうしんのげんそく)〖法〗공신의 원칙.
公室(こうしつ) ① 누구나 이용할 수 있는 장소. ② 온 가족이 한데 어울리는 방. ③ 시장(市場) 등에 직속되어 일을 돕는 조직.
公審判(こうしんぱん)〖基〗공심판. 최후의 심판.
公衙(こうが) 공아. 관아.
公安(こうあん) 공안.
‖~**委員**(いいん) 공안 위원. 일본 경찰의 관리·운영을 담당하는 위원.
~**委員会**(いいんかい) 공안 위원회. 일본 경찰의 운영을 관리하기 위해 국가나 자치 단체에 설치된 기관.
~**条例**(じょうれい) 공안 조례. 일본 지방 자치 단체에 의한 공안을 위한 조례.
~**調査庁**(ちょうさちょう) 공안 조사청. 法務省(ほうむしょう)의 외국(外局)으로, 공안에 위협을 주는 단체를 조사하는 관청.
~**職**(しょく) 공안직. 경찰·검찰·교정(矯正) 등 공안 업무를 담당하는 일반직 공무원.
公案(こうあん) 공안. ① 공문서. 조서. ② 선종(禪宗)에서, 오도(悟道)를 위하여 연구하게 하는 문제.
公約(こうやく) 공약.
公約数(こうやくすう)〖數〗공약수.
公言(こうげん) 공언.
公役(こうえき) 공역(병역·부역 따위).
公然(こうぜん) 공연. 공공연함.
‖~**猥褻罪**(わいせつざい)〖法〗공연 외설죄.
公演(こうえん) 공연.
公営(こうえい) 공영.
‖~**競馬**(けいば) 지방 자치 단체에서 관리·시행하는 경마.
~**企業**(きぎょう) 공영 기업. 지방 공(公) 기업.
~**賭博**(とばく) 지방 자치 단체에서 관리·시행하는 경마·경륜·복권 등.
~**住宅**(じゅうたく) 공영 주택.
公営田(くえいでん)〖史〗平安(へいあん) 시대에, 国衙(こくが)에서 장정에게 경작시켜 그 수확으로 조세에 충당하고 나머지를 공용으로 하던 공전(公田).
公用(こうよう) 공용. 공무. ♣ ~**物**(ぶつ) 공용물 / ~**語**(ご) 공용어.
‖~**文**(ぶん) 공문서에 쓰는 문장.
~**負担**(ふたん) 공용 부담.
~**収用**(しゅうよう) 공용 수용.
~**旅券**(りょけん) 공용 여권. 공용 해외 파견자의 가족에게 주는 여권.
~**人**(にん) 예전에 大名(だいみょう) 등의 집에서 공무를 보던 사람.
~**財産**(ざいさん) 공용 재산.
~**制限**(せいげん) 공용 제한.
公元(こうげん) 중국에서의 서력(西暦).
公苑(こうえん) 공원(公園).
公園(こうえん) 공원.
公有(こうゆう) 공유. ♣ ~**林**(りん) 공유림 / ~**地**(ち) 공유지.
‖~**水面**(すいめん) 공유 수면.
~**財産**(ざいさん) 공유 재산.

公儀(こうぎ) 공적임. 정부. 당국.
公議(こうぎ) 공의. ①공평한 의론. ②세상에 널리 행하여지는 의론. ③〈古〉조정(朝廷)의 평의(評議).
公益(こうえき) 공익.
∥**〜法人**(ほうじん) 공익 법인.
〜事業(じぎょう) 공익 사업.
〜施設(しせつ) 공익 시설.
〜委員(いいん) (노동 위원회의) 공익 위원.
〜質屋(しちや) 공익 전당포.
公人 ㊀(こうじん) 공인.
㊁(くにん) 조정의 하급 벼슬아치.
公印(こういん) (관공서의) 공인.
公認(こうにん) 공인.
∥**〜記録**(きろく) 공인 기록.
〜料(りょう) 선거 때 당 본부가 공천 후보에게 내어주는 선거 자금.
〜会計士(かいけいし) 공인 회계사.
公入札(こうにゅうさつ) 공개 입찰.
公子(こうし) 공자. 귀공자.
公爵(こうしゃく) 공작.
公葬(こうそう) 공장. 공공 단체의 비용으로 치르는 장례.
公邸(こうてい) 공저. 공관. 관저.
公的(こうてき) 공적(인).
∥**〜介護保険**(かいごほけん) 공적 개호 보험《고령화 사회의 개호 서비스 향상을 목적으로 한 공적 보험 개혁의 하나》.
〜扶助(ふじょ) 공적 부조《국가가 구호 대상자에게 경제적 원조를 행하는 제도》.
〜生活(せいかつ) 공적 생활.
〜年金(ねんきん) 공적 연금《국가가 사회 보장의 일환으로 행하는 연금 제도》.
〜医療(いりょう) 공적 의료. ♣**〜機関**(きかん) 공적 의료 기관 / **〜保険**(ほけん) 공적 의료 보험.
〜資金(しきん) ①공적 자금. ②『經』주식 시장에서, 후생·국민 연금, 우편 저금, 간이 보험의 세 가지를 이름.
公敵(こうてき) 공적.
公田(こうでん) 공전. ①고대 중국에서, 정전법(井田法)에 의한 중앙 정부의 공유전(公有田). ②일본 大和(やまと)·奈良(なら) 시대, 농민에게 임대하던 공유전.
公転(こうてん) 『天』공전. ♣**〜面**(めん) 공전면.
公電(こうでん) 공전. 공용 전보. 관보.
公専接続(こうせんせつぞく) 기업 등의 전용 회선에 공중 전화 회선을 접속하여 전화를 이용하는 일.
公正(こうせい) 공정.
∥**〜貿易**(ぼうえき) 『經』공정 무역. 호혜(互惠) 무역.
〜証書(しょうしょ) 공정 증서.
〜取引委員會(とりひきいいんかい) 공정 거래 위원회.
公廷(こうてい) 공정. 공판정.
公定(こうてい) 공정. ♣**〜力**(りょく) 『法』공정력.
〜価格(かかく) 『經』공정 가격.
〜歩合(ぶあい) 『經』공정 이율(금리).
〜相場(そうば) (거래소의) 공정 시세.
公租(こうそ) 공세. 세금.
∥**〜公課**(こうか) 공조 공과.
公族(こうぞく) 공족. 왕후(王侯)의 일족.
公主(こうしゅ) 공주.
公準(こうじゅん) 『論』공준.
公衆(こうしゅう) 공중.
∥**〜道徳**(どうとく) 공중 도덕.
〜便所(べんじょ) 공중 변소.
〜浴場(よくじょう) 공중 목욕탕.
〜衛生(えいせい) 공중 위생.
〜電話(でんわ) 공중 전화.
公証(こうしょう) 공증. ♣**〜人**(にん) 공증인.
公地(こうち) 공유지(公有地).
公知(こうち) 공지. 주지(周知).
公職(こうしょく) 공직.
∥**〜追放**(ついほう) 공직 추방.
公差(こうさ) 『數·機』공차.
公娼(こうしょう) 공창.
∥**〜制度**(せいど) 공창 제도.
公債(こうさい) 공채.
∥**〜依存度**(いぞんど) 공채 의존도.
〜証書(しょうしょ) 공채 증서.
公庁(こうちょう) 공청.
公聴会(こうちょうかい) 공청회.
公取(こうとり) ☞**公取委**(こうとりい).
公取委(こうとりい) '公正取引委員会(こうせいとりひきいいんかい)'(=공정 거래 위원회)'의 준말.
公称(こうしょう) 공칭.
∥**〜馬力**(ばりき) 공칭 마력.
公判(こうはん) 공판. ♣**〜廷**(てい) 공판정.
〜調書(ちょうしょ) 공판 조서.
〜準備(じゅんび) 공판 준비.
〜闘争(とうそう) 공판 투쟁. 법정 투쟁.
公平(こうへい) 공평.
∥**〜無私**(むし) 공평무사.
公評(こうひょう) 공평. ①공평한 비평. ②공중의 비평.
公布(こうふ) 공포.
公表(こうひょう) 공표.
公海(こうかい) 공해.
公害(こうがい) 공해. ♣**〜病**(びょう) 공해병 / **〜罪**(ざい) 공해죄.
∥**〜関連産業**(かんれんさんぎょう) 공해 관련 산업.
〜防止(ぼうし) 공해 방지.
〜訴訟(そしょう) 공해 소송.
〜輸出(ゆしゅつ) 공해 수출.
〜罪法(ざいほう) 공해죄법《일본에서, 공해 범죄 처벌에 관한 법률》.
公廨(くがい) 공해. 관아. *くげろど로도 읽음.
公廨田(くがいでん) 공해전. 옛날, 지방관(官)에게 지급되던 논밭. *くげでん으로도 읽음.
公行(こうこう) 공행. ①널리〔공공연히〕행

함. ② 간행(刊行).
公許(こうきょ) 공허. 관공서의 면허.
公現祭(こうげんさい)〖가톨릭〗주(主)의 공현(公現) 대축일. 「된 회.
公会(こうかい) 공회. 공적인 회의. 또, 공
公会堂(こうかいどう) 공회당. 「후.
公侯(こうこう) 공후. ① 공작과 후작. ② 제
公侯伯子男(こうこうはくしだん) 오등작(五等爵).
公休(こうきゅう) 공휴. 공휴일. ♣~日(び) 공휴일.
訓読➡
公 ㊀(おおやけ) ① 공. 조정·정부 등의 조직체. ② 공유. 공공(公共). ③ 공공연함.
㊁(こう) ① ☞㊀①. ②《接尾語로》…공. 이름 밑에 붙여 존경을 나타내는 말.
公沙汰(おおやけざた) ① 소송 사태. ② 표면화됨.
其他➡
公孫樹(いちょう)〖植〗은행나무. ＊こうそんじゅ로도 읽음.
公魚(わかさぎ)〖魚〗빙어.
㊝(まるこう) 공정(公定) 가격의 표지.

| 4
子
常 | 孔 | 구멍 공
コウ・ク
あな |

音読➡
孔隙率(こうげきりつ)〖地〗공극률.
孔孟(こうもう) 공맹. 공자와 맹자.
孔墨(こうぼく) 공묵. 공자와 묵자.
孔門(こうもん) 공문. 공자의 문하.
孔方(こうほう) 공방. ① 네모난 구멍. ② 孔方兄의 준말.
‖~兄(ひん) 공방형. 엽전의 딴이름. ＊승려의 은어로는 こうほうけい라고도 함.
孔辺細胞(こうべんさいぼう)〖植〗공변 세포. 여닫이 세포.
孔聖(こうせい) 공성. 공자의 존칭.
孔子(こうし) 공자.
‖~廟(びょう) 공자묘. 문묘.
孔雀(くじゃく)〖鳥〗공작(새). ♣~石(せき) 〖鑛〗공작석.
孔版(こうはん) 공판.
‖~印刷(いんさつ) 공판 인쇄.
孔穴(こうけつ) 공혈. 구멍.
訓読➡
孔(あな) ① 구멍. ② 짐승의 굴. ③〔낚시나 놀이터 중〕일반에게 알려지지 않은 곳.

| 5
力
教 | 功 | 공 공·보람 공
コウ・ク
いさお |

音読➡
功 ㊀(こう) ① 일. ②공(적). ③보람. 효용. 이익.
㊁(いさお)〈雅〉공(훈). ＊힘줌말로는 いさおしらご 함.
功果(こうか) 효과(効果).
功科(こうか) 성적. 공적.
功過(こうか) 공과. 공적과 과실.
功能(こうのう) 효능.
功徳 ㊀(くどく)〖佛〗공덕. 현세·내세에 행복을 가져오게 하는 선행.
㊁(こうとく) 공덕. 공을 세우고 덕을 쌓음.
功力(くりき)〖佛〗공력. 공덕의 힘.
功労(こうろう) 공로. ♣~株(かぶ)〖經〗공로주.
功利(こうり) 공리. ♣~的(てき) 공리적.
‖~主義(しゅぎ) 공리주의.
功名(こうみょう) 공명. ♣~心(しん) 공명심.
功伐(こうばつ) 공벌. 공과 묵가. 「심.
功閥(こうばつ) ☞功伐(こうばつ).
功付く(こうづく) 연공(年功)을 쌓다.
功臣(こうしん) 공신.
功業(こうぎょう) 공업. ① 가치 있는 훌륭한 사업. ②공적.
功用(こうよう) 공용. ①효능. ②용도.
功人(こうじん) 공인. 공로자.
功者(こうしゃ) ① 능숙〔교묘〕한 사람. ② 공로자.
功績(こうせき) 공적.
功程(こうてい) 일의 진척도.
功罪(こうざい) 공죄.
功験(こうけん) 효험(効驗).
功勲(こうくん) 공훈.
其他➡
功夫(カンフー) 쿵후. 중국식 권법.

| 6
八
教 | 共 | 함께 공
キョウ
とも・ども |

音読➡
共感(きょうかん) 공감.
共感覚(きょうかんかく)〖心〗공감각.
‖~的比喩(てきひゆ) 공감각적 비유. 어떤 감각을 나타내는 말로 딴 감각을 나타냄.
共管(きょうかん) '共同管理(きょうどうかんり)(=공동 관리)'의 준말.
共同(きょうどう) 공동. ♣~体(たい) 공동체.
‖~決定法(けっていほう) 공동 결정법.
~経営(けいえい) 공동 경영.
~溝(こう) 공동구. 상하수도·가스·전력·통신 따위의 관과 케이블을 공동 수용하는 지하 시설.
~購入(こうにゅう) 공동 구입.
~企業体(きぎょうたい) 공동 기업체.
~担保(たんぽ) 공동 담보.
~代理(だいり) 공동 대리.
~代表(だいひょう) 공동 대표.
~募金(ぼきん) 공동 모금.
~謀議(ぼうぎ) 공동 모의.

~墓地(ぼち) 공동 묘지.
~便所(べんじょ) 공동 변소. 공중 변소.
~保育(ほいく) 공동 보육.
~保証(ほしょう) 공동 보증.
~保険(ほけん) 공동 보험.
~不法行為(ふほうこうい) 공동 불법 행위.
~社会(しゃかい) 공동 사회.
~相続(そうぞく) 공동 상속.
~宣言(せんげん) 공동 선언.
~声明(せいめい) 공동 성명.
~訴訟参加(そしょうさんか) 공동 소송 참가.
~所有(しょゆう) 공동 소유.
~浴場(よくじょう) 공동 (목욕)탕.
~危険行為(きけんこうい) 공동 위험 행위.
~遺言(いごん) 공동 유언.
~作業所(さぎょうじょ) 공동 작업소. 복지 작업소.
~抵当(ていとう) 공동 저당.
~戦線(せんせん) 공동 전선.
~正犯(せいはん)〖法〗공동 정범.
~租界(そかい) 공동 조계.
~存在(そんざい)〖哲〗공동 존재.
~支配(しはい) 공동 지배.
~執行(しっこう) 공동 집행.
~差し押さえ(さしおさえ) 공동 압류.
~出資(しゅっし) 공동 출자.
~親権(しんけん) 공동 친권.
~被告人(ひこくにん) 공동 피고인.
~海損(かいそん)〖經〗공동 해손.
~火力(かりょく) 공동 화력.
~幻想(げんそう) 공동 환상.
共立(きょうりつ) 공립. 공동 설립.
共鳴(きょうめい) 공명. ♣~腔(こう) 공명강 / ~器(き)〖理〗공명기 / ~箱(ばこ) 공명 상자 / ~説(せつ) 공명설.
共謀(きょうぼう) 공모.
‖~共同正犯(きょうどうせいはん)〖法〗공모 공동 정범.
共伴(きょうはん) 동반.
共犯(きょうはん) 공범.
共匪(きょうひ) 공비.
共産(きょうさん) 공산. ♣~国(こく) 공산국(가) / ~圏(けん) 공산권 / ~党(とう) 공산당 / ~化(か) 공산화.
‖~主義(しゅぎ) 공산주의.
共生(きょうせい) 공생.
共棲(きょうせい) ⇨ 共生(きょうせい).
共析晶(きょうせきしょう)〖化〗공석정.
共選(きょうせん) 공선. 둘 이상의 사람이 같은 작품을 뽑음.
共属(きょうぞく) 다같이 어느 한 집단에 속해 있음.
共修(きょうしゅう) 공수. 공학.
共時言語学(きょうじげんごがく)〖言〗공시 언어학.
共時態(きょうじたい)〖言〗공시태.
共食(きょうしょく)〖社〗공식.
共軛(きょうやく) ⇨ 共役(きょうやく).

共役(きょうやく) ①〖數〗공액. 켤레. ②긴밀히 결합하여 상호간에 전화(轉化)하는 두 개념을 나타내는 말. ♣~角(かく) 켤레각 / ~点(てん) 켤레점.
共訳(きょうやく) 공역. 공동으로 번역함.
共演(きょうえん) 공연.
共栄(きょうえい) 공영.
共用(きょうよう) 공동. 공동 사용.
‖~部分(ぶぶん)〖法〗공용 부분.
~林野(りんや) 공용 임야.
共有(きょうゆう) 공유. ♣~林(りん) 공유림 / ~物(ぶつ) 공유물.
‖~結合(けつごう)〖化〗공유 결합.
~財産(ざいさん) 공유 재산.
共融点(きょうゆうてん)〖化〗공용점.
共融混合物(きょうゆうこんごうぶつ)〖化〗공융 혼합물. 공정(共晶).
共益(きょうえき) 공익.
‖~費(ひ) 공익비. 아파트 등에서 공동 시설 관리비.
~債権(さいけん)〖經〗공익 채권.
共在(きょうざい) 공재. 동시에 존재함.
共著(きょうちょ) 공저.
共電式(きょうでんしき) 공전식.
共晶(きょうしょう)〖化〗공정.
共済(きょうさい) 공제.
‖~年金(ねんきん) 공제 연금.
~組合(くみあい) 공제 조합.
共助(きょうじょ) 공조. 서로 도움.
共存(きょうそん) 공존.
‖~共栄(きょうえい) 공존 공영.
共重合(きょうじゅうごう)〖化〗혼성 중합.
共振(きょうしん)〖理〗공진.
共進会(きょうしんかい) 공진회.
共聴(きょうちょう) 공동 시청 안테나 텔레비전.
共催(きょうさい) '共同主催(きょうどうしゅさい)(=공동 주최)'의 준말.
共沈(きょうちん) 공침.
共通(きょうつう) 공통. ♣~語(ご)〖言〗공통어.
‖~感覚(かんかく)〖哲〗공통 감각.
~公理(こうり) 공통 공리.
~農業政策(のうぎょうせいさく) 공통 농업 정책. 유럽 연합의 농업 분야에 관한 공통 정책.
~因数(いんすう)〖數〗공통 인수.
共闘(きょうとう) '共同闘争(きょうどうとうそう)(=공동 투쟁)'의 준말.
共販(きょうはん) '共同販売(きょうどうはんばい)(=공동 판매)'의 준말.
共編(きょうへん) 공편. 공동 편집(물).
共筆(きょうひつ) 두 사람이 하나의 논문이나 보고 따위를 완성함.
共学(きょうがく) 공학.
共和(きょうわ) 공화. ♣~国(こく) 공화국 / ~党(とう) 공화당 / ~制(せい) 공화제.
‖~政治(せいじ) 공화 정치.

訓読

共 ㊀ (とも) ①함께. 같이. 동시. ②서로. ③그(것)들 모두(다). ④그를 포함해서. 모두 합쳐.
㊁ (ども)《接尾語로》…들.
㊂ (ごと)《接尾語로》…와 함께. …째.
㊃ (どち)《雅》《接尾語로》…들. …끼리.
共に(ともに) ①함께. ②동시에. 또.
共稼ぎ(ともかせぎ) 맞벌이.
共蓋(ともぶた) 상자와 뚜껑이 같은 재료로 되어 있는 것. 또, 그 뚜껑.
共鏡(ともかがみ) ①뒷모습을 보기 위해 앞뒤에서 거울을 비춤. 맞거울질. ②두 가지를 대조하여 봄.
共共(ともども) 다같이. 함께. 서로.「れ」.
共潰れ(ともつぶれ) ☞共倒れ(ともだお
共衿(ともえり) ⇨共襟(ともえり)
共襟(ともえり) 옷과 같은 천으로 덧ияд 깃.
共倒れ(ともだおれ) 함께 쓰러짐〔망함〕.
共働き(ともばたらき) 맞벌이.
共涙(ともなみだ) 남의 슬픔을 동정하여 같
共裏(ともうら) 겉과 같은 안감. 「이 옮.
共鳴り(ともなり) 공명(共鳴).
共白髪(ともしらが) 백년 해로(偕老).
共糸(ともいと) 다른 데에 쓴 것과 같은 실.
共色(ともいろ) 동색(同色).
共食い(ともぐい) ①같은 동물들이 서로 잡아먹음. ②서로 다투다가 다 같이 망함.
共吟味(ともぎんみ) 같은 동아리끼리 서로 조사함.
共切れ(ともぎれ) 만든 옷과 같은 천(조각).
共釣り(ともづり) 놀림 낚시(질). 산 은어를 미끼로 삼아 딴 은어를 꾀어 낚아내는 일.
共地(ともじ) 동질 동색의 옷감. 같은 천.
共紙(ともがみ) 같은 재질의 종이.
共寝(ともね) 동침. 동금(同衾).
共布(ともぎれ) ⇨共切れ(ともぎれ).

7	攻	칠 공 コウ せめる・おさめる

女常

音読

攻撃(こうげき) 공격. ♣~機(き) 공격기.
攻究(こうきゅう) 공구. 학예 등을 깊이 연구함.
攻落(こうらく) 공락. 공격하여 함락시킴.
攻略(こうりゃく) 공략.
攻防(こうぼう) 공방. ♣~戦(せん) 공방
攻法(こうほう) 공법. 「전.
攻城(こうじょう) 공성. ♣~砲(ほう) 공성
攻勢(こうせい) 공세. 「포.
攻守(こうしゅ) 공수.
‖~同盟(どうめい) 공수 동맹.
攻玉(こうぎょく) 공옥. ①옥을 갊. ②지덕(知德)을 닦음.
攻囲(こうい) 공위. 포위하여 공격함. ♣~軍(ぐん) 공위군.

攻戦(こうせん) 공전. 공격전.
攻奪(こうだつ) 공탈. 쳐서 빼앗음.

訓読

❖**攻める**(せめる) 공격하다. 진격하다.
攻め ㊀ (せめ) 공격. 공세. 「침.
㊁ (ぜめ)《接尾語로》…공세. …이 밀어닥
攻め口 ㊀ (せめくち) 공격 방법(수법).
㊁ (せめぐち) 공격하여 들어가는 곳.
攻め具(せめぐ) 적을 공격하는 용구.
攻め倦む(せめあぐむ) 공격을 해도 항복하지 않아서 애먹다.
攻め寄せる(せめよせる) (많은 공격 병력이) 적진(敵陣) 가까이로 밀고 들어가다.
攻め寄る(せめよる) 가까이까지 쳐들어 오다(가다).
攻め道具(せめどうぐ) 공격 용구(用具).
攻め落とす(せめおとす) ①함락시키다. 공략(攻落)하다. ②〈俗〉설복(說服)하다.
攻め立てる(せめたてる) (쉴새없이) 공격을 퍼붓다. 「키다.
攻め滅ぼす(せめほろぼす) 공격하여 멸망시
攻め抜く(せめぬく) ①공격하여 함락시키다. ②맹렬히 공격하다.
攻め上る(せめのぼる) ①(수도(首都) 쪽으로) 쳐올라 가다. ②높은 곳으로 쳐올라 가다.
攻め手(せめて) ①공격군. 공격측(側). ②공격 수단(방법).
攻め入る(せめいる) (적진·적국에) 쳐들어
攻め込む(せめこむ) 공격해 들어가다.
攻め取る(せめとる) 공격하여 빼앗다.
攻め太鼓(せめだいこ) (옛날 싸움에서) 공격 신호로 치던 북.
攻め合い(せめあい) 서로 상대를 공격함.
攻め合う(せめあう) 서로 상대를 공격하다.
攻め懸かる(せめかかる) ①쳐들어가다. ②공격을 시작하다.
攻め懸ける(せめかける) (많은 군사가) 일제히 쳐들어가다.

8	供	이바지할 공 キョウ・ク・グ そなえる・とも・ども

イ教

音読

供する(きょうする) ①제공하다. ②이바지하(게 하) 다.
供具 ㊀ (きょうぐ) 공구. 신불이나 귀빈에게 음식을 제공함. 또, 그 기구. 「도구.
㊁ (くぐ) ①공물(供物). ②공물을 올려놓는
供給(きょうきゅう) 공급. ♣~源(げん) 공급원.
‖~契約(けいやく) 공급 계약.
~曲線(きょくせん) 공급 곡선.
~関数(かんすう) 공급 함수.
供覧(きょうらん) 공람. 관람케 함.
供麦(きょうばく) 보리를 공출함. 또, 공출하는 보리.
供物(くもつ) (신불에의) 공양물.

‖~台(だい) 공물을 올려놓는 대(臺).
供米 ㊀(きょうまい) 쌀을 공출함. 또, 공출미.
㊁(くまい) 〖佛〗공미. 공양미.
供奉(ぐぶ) ①행차에 참가함. 또, 그 사람. ②内供奉(ないぐぶ)의 준말. 궁중에 출사한 고승(高僧). ③供奉僧(ぐぶそう)의 준말. 본존(本尊)에 봉사하는 승려.
供仏(くぶつ) 〖佛〗공불. 부처에 공양하는 일.
供水(きょうすい) 공수. (상수도에서) 부족한 물을 다른 수원(水源)·수계(水系)로부터 받음.
供述(きょうじゅつ) 공술. 진술. ♣~書(しょ) 공술서. 진술서.
‖~拒否権(きょひけん) 〖法〗공술 거부권. 묵비권.
~録取書(ろくしゅしょ) 〖法〗공술 녹취서. 공술자 이외의 자가 공술을 기록한 서면.
~証拠(しょうこ) 〖法〗공술 증거.
供僧(ぐそう) 〖佛〗본존을 모시는 승려.
供試(きょうし) 공시. 실험이나 시험에 제공함.
供食(きょうしょく) 공식. 식사를 제공함.
供養(くよう) 공양. ♣~米(まい) 공양미 / ~塔(とう) 공양탑.
供御(くご) ①天皇(てんのう)의 음식물. 수라. ②将軍(しょうぐん)의 음식물. ③〈宮中女〉밥. 식사.
供与(きょうよ) 공여.
供宴(きょうえん) 향연. 주연. 연회.
供用(きょうよう) 공용. 사용하도록 제공함.
供応(きょうおう) 향응.
供進 ㊀(きょうしん) 공진. 천자[임금]에게 음식을 바침.
㊁(ぐしん) 신·불에게 제물을 바침.
供出(きょうしゅつ) 공출.
供託(きょうたく) 〖法〗공탁. ♣~金(きん) 공탁금 / ~物(ぶつ) 공탁물 / ~法(ほう) 공탁법 / ~所(しょ) 공탁소.
供血(きょうけつ) 공혈. 급혈. 헌혈.
供花(くげ) 〖佛〗헌화. 불전에 꽃을 바침. 또, 그 꽃. *きょうかとも 읽음.
供華(くげ) ⇨ 供花(くげ).
供賄(きょうわい) 공회. 향응과 뇌물을 줌.
供犠(くぎ) 공희. 신에게 희생 공물을 바치던 의례.

訓読
供(とも) 수행원. 종자(從者).
供待ち(ともまち) 주인이 나오는 것을 기다리는 일. 또, 그 장소.
供頭(ともがしら) 예전에, 귀인의 행차의 수행자를 단속하던 사람.
供先(ともさき) 수행원·종자(從者)의 선두.
供勢(ともぜい) 수행원·종자의 수.
供侍(ともざむらい) 수행원으로서 따라가는 무사.
供人(ともびと) 종자. 수행원.
供揃え(ともぞろえ) 종자·수행원을 모두 모음.
供触れ(ともぶれ) 大名(だいみょう)·귀인 등이 지나갈 때, 수행원이 시위 소리를 냄.
供回り(ともまわり) 종자들. 수행원들.
❖供える(そなえる) ①바치다. 올리다. ②이바지하게 하다.
供え(そなえ) 공물(供物). 제물(祭物). 특히, 제물로 바치는 떡.
供え物(そなえもの) 공물. 제물(祭物).
供え餅(そなえもち) 신불(神佛)에게 바치는 둥근 떡.

8劃 穴部 ㊍	**空**(空)	クウ そら・あく・あける から・むなしい・すく

하늘 공·빌 공

音読
空に(くうに) 공연히. 헛되이.
空間(くうかん) 공간. ♣~群(ぐん) 〖理〗공간군 / ~性(せい) 공간성 / ~的(てき) 공간적.
‖~都市(とし) 공간 도시.
~芸術(げいじゅつ) 공간 예술.
~電荷(でんか) 〖理〗공간 전하.
~知覚(ちかく) 〖心〗공간 지각.
空界(くうかい) 〖佛〗공계. 육계(六界)의 하나로 허공의 세계.
空谷(くうこく) 공곡. 인기척이 없는 쓸쓸한 골짜기.
空空 ㊀(くうくう) 공공. ①아무것도 없음. ②막연하여 종잡을 데가 없음. ③〖佛〗사물에 집착이 없음. 번뇌가 없음.
‖~漠漠(ばくばく) ①아득히 넓음. ②막연하여 종잡을 수 없음.
~寂寂(じゃくじゃく) 공공적적. 집착이 없음.
㊁(からから) 텅 비어 있는 모양.
空観(くうかん) 〖佛〗공관. 모든 것은 실체가 없는 것임을 깨닫는 일.
空軍(くうぐん) 공군.
空拳(くうけん) 공권. 빈주먹.
空閨(くうけい) 공규. 공방(空房).
空隙(くうげき) 공극. 틈. ♣~率(りつ) 〖地〗공극률.
空気(くうき) 공기. ①대기(大氣). ②분위기. ♣~銃(じゅう) 공기총 / ~枕(まくら) 공기 베개.
‖~感染(かんせん) 공기 감염. 공기 전염.
~機関(きかん) 〖工〗공기 기관.
~冷却(れいきゃく) 공기 냉각.
~抜き(ぬき) 바람을 통하게 하는 일. 특히, 건물 내의 환기를 위한 장치.
~発条(ばね) 공기 용수철. 금속의 탄력성 대신에 공기를 이용한 고무 용수철.
~圧縮機(あっしゅくき) 공기 압축기. 에어 컴프레서.
~力学(りきがく) 〖理〗공기 역학.
~予熱器(よねつき) 〖機〗공기 예열기.
~入れ(いれ) 타이어 등에 공기를 넣음. 그 도구. 「어 슈터.
~伝送管(でんそうかん) 공기 전송관. 에

~制動機(せいどうき) 공기 제동기. 에어브레이크.
~調節(ちょうせつ) 공기 조절.
空談(くうだん) 공담. ① 근거 없는 이야기. ② 쓸데없는 이야기.
空洞(くうどう) 공동. ♣~化(か) 공동화.
‖~共振器(きょうしんき) 공동 공진기.
~煉瓦(れんが) 공동 벽돌.
空欄(くうらん) 공란. 빈칸.
空冷(くうれい) 공랭.
‖~式機関(しききかん) 공랭식 기관.
空力加熱(くうりきかねつ) 『理』 공력 가열.
空路(くうろ) 공로.
㊂(そらじ) ① 하늘. 천공(天空). ② 어쩐지 불안한 나그넷길.
空論(くうろん) 공론.
空陸(くうりく) ① 공중과 육상. ② 공군과 육군.
空理(くうり) 공리.
空漠(くうばく) 공막. 막막함. 막연함.
空売買(くうばいばい) ☞ 空取引(くうとりひき). *からばいばいろも 읽음.
空名 ㊀(くうめい) 공명. 헛된 명성.
㊁(そらな) ① 사실이 아닌 소문. ② 별명.
空母(くうぼ) 항모. '航空母艦(こうくうぼかん)(=항공 모함)'의 준말.
空耗(くうこう) 공모. 줄어 없어짐. 낭비함.
空文(くうぶん) 공문. 사문(死文).
空米(くうまい) 『經』 미두(米豆).
空発(くうはつ) 공발. 헛방. 오발.
空房(くうぼう) 공방. ① 빈방. ② 혼자 자는 쓸쓸한 침실. 「백약.
空白(くうはく) 공백. ♣~域(いき) 『地』 공
空腹 ㊀(くうふく) 공복. *すきばら・すきはらろも 읽음.
㊁(そらばら) ① 복통인 체함. ② 화를 낸 척 「함.
空費(くうひ) 허비. 낭비.
空士(くうし) 일본 항공 자위대의 최하 계급 《空士長 및 1등・2등・3등이 있음》.
‖~長(ちょう) 일본 항공 자위대의 사병 계급의 하나《空士의 으뜸 계급》.
空射(くうしゃ) 빈총을 발사함. 「산.
空山(くうざん) 공산. 사람이 없는 쓸쓸한
空相(くうしょう) 공상. 공군 장관.
空想(くうそう) 공상. ♣~家(か) 공상가.
‖~科学小説(かがくしょうせつ) 공상 과학 소설.
~的(てき) 공상적. ♣~社会主義(しゃかいしゅぎ) 공상적 사회주의.
~主義(しゅぎ) 공상주의.
空相場(くうそうば) ☞ 空取引(くうとりひき). *からそうばろも 읽음.
空席(くうせき) 공석. 빈자리.
空船(くうせん) 공선. 빈 배. *からぶねろも 읽음.
空説(くうせつ) 공설. 낭설. 「도 읽음.
空所(くうしょ) 빈 곳.
空疎(くうそ) 공소. 공허.
空輸(くうゆ) 공수.
空襲(くうしゅう) 공습.
‖~警報(けいほう) 공습 경보.
空室(くうしつ) 공실. (호텔・여관의) 빈방.
空夜(くうや) 공야. 쓸쓸한 밤.
空也念仏(くうやねんぶつ) 가락을 붙여 염불을 외면서 징・호리병박을 두드리며 환회의 정(情)을 나타내어 춤을 춤.
空語(くうご) 빈말. 거짓말.
空言(くうげん) 공언. 풍설. 빈말. 거짓말. *そらごとろも 읽음.
空域(くういき) 공역.
空燃比(くうねんひ) 공연비. 혼합 가스 속의 공기와 연료의 중량비.
空屋(くうおく) 빈집.
空運(くううん) 공운. 항공기에 의한 운송.
空位(くうい) 공위. ① 자리〔지위〕가 빔. 또, 비어 있는 지위. ② 유명무실한 지위.
空尉(くうい) 일본 항공 자위대(自衛隊)의 위관《1등・2등・3등의 세 계급이 있음》.
空将(くうしょう) 일본 항공 자위대의 최고 위 장관(將官).
‖~補(ほ) 일본 항공 자위대 장관의 하나.
空腸(くうちょう) 공장. 소장(小腸)의 전반부. 「양.
空寂(くうじゃく) 공적. 조용하고 쓸쓸한 모
空賊(くうぞく) 〈俗〉 (비행기의) 공중 납치.
空前(くうぜん) 공전.
‖~絶後(ぜつご) 공전절후.
空転(くうてん) 공전. 헛돎.
空戦(くうせん) 공중전.
空電(くうでん) 공전. 번개 등에 의해서 대기 중에 발생하는 전자파(電磁波).
空挺(くうてい) 공정.
‖~部隊(ぶたい) 공정 부대. 낙하산 부대.
~作戦(さくせん) 공정 작전.
空曹(くうそう) 일본 항공 자위대의 하사관 《1등・2등・3등의 세 계급이 있음》.
空調(くうちょう) 공조. '空気調節(くうきちょうせつ)(=공기 조절)'의 준말.
‖~設備(せつび) 공조 설비.
空佐(くうさ) 일본 항공 자위대의 영관(領官)《1등・2등・3등의 세 계급이 있음》.
空中(くうちゅう) 공중. ♣~権(けん) 공중권. ~線(せん) 공중선. / ~戦(せん) 공중전.
‖~給油(きゅうゆ) 공중 급유.
~楼閣(ろうかく) 공중 누각.
~分解(ぶんかい) 공중 분해.
~写真(しゃしん) 공중 사진. 항공 사진.
~査察(ささつ) 공중 사찰.
~輸送(ゆそう) 공중 수송.
~電気(でんき) 공중 전기.
~窒素固定法(ちっそこていほう) 『化』 공중 질소 고정법.
~滑走(かっそう) 공중 활주.
空即是色(くうそくぜしき) 『佛』 공즉시색.
空地(くうち) 공지. ① 빈터. *あきちろも 읽음. ② 하늘과 땅.
空振(くうしん) 공진. 폭발이나 화산 분화로 일어나는 공기 진동.

空集合(くうしゅうごう)〖數〗공집합.
空撮(くうさつ) 공중 촬영.
空取引(くうとりひき)〖經〗공거래. 차금(差金) 매매〔거래〕. *からとりひきろも 읽음.
空弾(くうだん) 공포탄.
空包(くうほう) 공포. 연습용 탄환.
空砲(くうほう) 공포. 빈총.
空爆(くうばく) 공폭. '空中爆撃(くうちゅうばくげき)'의 준말.
空閑地(くうかんち) 공한지. 공지.
空港(くうこう) 공항.
空虚(くうきょ) 공허.
空闊(くうかつ) 공활. 넓게 활짝 트임.

訓読
空 ㊀(そら) ① 하늘. 공중. ② 날씨. ③ (마음이) 들뜸.
㊁(から) 빔. 공. ① 허공. 아무것도 갖고 있지 않음. ② 거짓. 헛됨.
㊂(くう) ① 공. 하늘. 허공. ② 빔. 공허함.
㊃(うつお) 〈雅〉속이 텅 빔. 또, 그런 곳.
㊄(うろ) 빈 구멍. 공동(空洞).
空ける ㊀(あける) ① 비우다. ② 뚫다. ③ 틈·시간을 내다.
㊁(うつける) 얼이 빠지다. 멍청해 있다.
空木(うつぎ) 〖植〗병꽃나무.
空蟬(うつせみ) ① 매미 허물. ② 허탈한 상태. ③ 이승 (사람). 「통.
空穂(うつぼ) 전통(箭筒). 허리에 차는 화살
空舟(うつおふね) 통나무배. 마상이.
◆空(から) → **訓読** 空㊁.
空っぽ(からっぽ) 텅 빔. 아무것도 없음.
空見出し(からみだし) (사전에서) 공(空)표제어. 공(空)항목(주석은 본문제어에서 다루게 됨).
空景気(からげいき) 실제는 좋지 않은데 겉으로만 경기가 좋게 보이는 일.
空橋(からはし) 육교.
空嘔(からえずき) 헛구역질.
空堀(からぼり) (방어용의) 물이 없는 호(濠)〔해자〕.
空臑(からすね) 드러난 정강이. *からずね 또는 からはぎろも 읽음. 「차.
空茶(からちゃ) 과자 없이 차만 마심.
空大名(からだいみょう) 무력도 금력도 없는, 명색뿐인 大名.
空馬(からうま) 빈 말. 짐을 안 실은 말.
空売り(からうり)〖經〗공매. 공매도(空賣渡). 「매.
空買い(からがい)〖經〗공매수(空買受). 공
空梅雨(からつゆ)〖氣〗장마철인데 비가 오지 않음. 마른장마.
空焚き(からだき) 물이 없거나 적은 목욕탕에 불을 땜.
空写し(からうつし) (사진을) 헛찍음.
空辞儀(からじぎ) 겉바레로 머리 숙여 인사
空箱(からばこ) 빈 상자. 「함.
空世辞(からせじ) 겉바레 말. *そらせじ로도 읽음.

空騒ぎ(からさわぎ) 헛소동. 헛되이 떠들어댐. *そらさわぎろも 읽음.
空送り(からおくり) (녹음이나 재생을 하지 않고 테이프를) 그냥 돌리기.
空手 ㊀(からて) 공수. 빈손. 맨손. *からしゅろも 읽음. ② 당수(唐手). 일본의 권법(拳法).
㊁(そらで) (신경통 따위로) 노인들이 까닭 없이 팔에 느끼는 아픔.
空手形(からてがた) 공수표. ①〖經〗공(空)어음. (지급이 불확실한) 부실 어음. ② 공약(空約). *そらてがたろも 읽음.
空身(からみ) 맨몸. 빈 몸. 홀몸.
空押し(からおし) 무늬를 새긴 틀에 물감 등을 칠하지 않고 종이·가죽 등을 끼워 눌러 무늬만 나오게 한 것. 빈틀 찍기.
空約束(からやくそく) 헛된 약속. *そらやくそくろも 읽음.
空揚げ(からあげ)〖料〗가루를 묻히지 않고 튀기는 일. 또, 그 요리.
空念仏(からねんぶつ) 공염불. *そらねんぶつろも 읽음.
空元気(からげんき) 허세. 객기.
空威張り(からいばり) 허장성세.
空子(からこ) (알을 품어도) 부화하지 않는 계란.
空井(からい) 공정. 물이 말라 버린 우물.
空釣り(からづり) 미끼 없이 하는 낚시질.
空足(からあし) ① 헛걸음. ② 맨발.
空株(からかぶ)〖經〗공주. 공매매(空賣買)에서 실제로 주고 받지 않고 거래되는 주식. *くうかぶろも 읽음.
空汁(からじる) (건더기가 없는) 맨 된장국.
空蒸し(からむし) 조미하지 않고 그냥 찜. 또, 그런 음식.
空振り(からぶり) ①〖野〗(공을) 헛침. 타격 연습의 스윙. ② 헛일이 됨.
空車(からぐるま) ① 공차. 빈 차. *くうしゃろも 읽음. ② 헛바퀴.
空茶(からちゃ) 과자 없이 차만 냄.
空鉄砲(からでっぽう) ① 공포(空砲). ② 거짓말. 허풍.
空籤(からくじ) 꽝. 당첨 안 된 제비.
空贅(からぜい) 사치스레 보이게 함. 허세를
空唾(からつば) 군침. 「부림.
空便 ㊀(からびん) (배·비행기 등의) 손님이나 짐이 없는 편(便).
㊁(くうびん) '航空便(こうくうびん)(=항공편)'의 준말.
空風(からかぜ) ☞ 空っ風(からっかぜ)
空っ風(からっかぜ) 강바람.
空風呂(からぶろ) ① 한증(汗蒸). 증기욕. ② 빈 목욕통. 「음.
空荷(からに) (짐차 등이) 짐을 싣고 있지 않
空下手(からへた) ☞ 空っ下手(からっぺた)
空っ下手(からっぺた) 매우 서툶. 또, 그런 사람.
空咳(からせき) ① 마른기침. ② 헛기침.

空嘘(からうそ) 새빨간 거짓말. *そらうそ로도 읽음.
空穴(からけつ) ☞ 空っ穴(からっけつ).
空っ穴(からっけつ) 〈俗〉 털 빔. 무일푼. 빈 털터리.
空鋏(からばさみ) (물건을 자르지는 않고) 헛가위질로 소리만 냄.
空濠(からぼり) ⇨ 空堀(からぼり).
空回り(からまわり) ① 겉돎. 헛돎. ② (이론·행동이) 공전(空轉)함.
❖**空**(そら) → 訓読 空🔲.
空で(そらで) 암기해서. 기억에 의존해서.
空覚え(そらおぼえ) ①〈老〉 암기. 욈. ② 어렴풋한(아련한) 기억. *②는 うろおぼえ로도 읽음.
空見(そらみ) 건성으로 바라봄.
空見津(そらみつ) 〈雅〉 やまと(=일본의 옛 이름)를 수식하는 枕詞(まくらことば).
空の鏡(そらのかがみ) 하늘의 거울. 맑은 달. 특히 가을의 명월(明月).
空軽薄(そらけいはく) 마음에도 없는 겉치레 인사를 늘어놓음.
空高く(そらたかく) 하늘 높이.
空空しい(そらぞらしい) ① 짐짓 시치미 떼다. ② 빤히 속이 들여다보이다.
空恐ろしい(そらおそろしい) 어쩐지 무섭다(두렵다).
空起請(そらぎしょう) ☞ 空誓文(そらせいもん)
空読み(そらよみ) (보지 않고) 욈. 행하게 암송함.
空豆(そらまめ) 〖植〗 누에콩. 잠두콩.
空乱れ(そらみだれ) 짐짓 (마음이) 흐트러진 척함.
空礫(そらつぶて) 목표도 없이 던지는 돌멩이.
空聾(そらつんぼ) 들리면서도 들리지 않는 척함. 또, 그런 사람.
空頼み(㊀そらだのみ) 헛된 기대. ㊁(からだのみ) 헛된(부질없는) 부탁.
空涙(そらなみだ) 거짓 눈물.
空眠り(そらねむり) ☞ 空寝(そらね).
空明かり(そらあかり) 하늘로 퍼져 가는 햇빛.
空鳴き(そらなき) 헛되이 울음. 공허하게 욺.
空模様(そらもよう) 날씨. (비유적으로) 사물이 되어가는 상태. 형세. 형편.
空目(そらめ) ① 헛봄. 잘못 봄. ② 못 본 체함. ③ 칩떠봄.
空夢(そらゆめ) ① 헛꿈. 거짓 꿈. ② 공상.
空聞き(そらぎき) 흘려(건성으로) 듣는 일.
空物語(そらものがたり) 입에서 나오는 대로 하는 꾸민 이야기.
空方(そらざま) ⇨ 空様(そらざま).
空拝み(そらおがみ) 건성으로 절함.
空返事(そらへんじ) 건성으로 하는 대꾸. 무책임한 대답. *からなじ로도 읽음.
空負け(そらまけ) 일부러 진 척함.
空飛ぶ円盤(そらとぶえんばん) 하늘을 나는 원반. 미확인 비행 물체. 비행 접시. UFO.

空似(そらに) 아주 남인데도 얼굴이 닮음.
空事(そらごと) 진실이 아닌 일. 거짓.
空死に(そらじに) 짐짓 죽은 체하기.
空辞宜(そらじぎ) 겉치레로 하는 사양(겸손).
空上戸(そらじょうご) 술을 많이 마셔도 취한 것이 얼굴에 나타나지 않음. 또, 그런 사람.
空色(そらいろ) ① 하늘색. 옥색. ② 하늘 모양.
空誓文(そらせいもん) 거짓 맹세. *からせいもん으로도 읽음.
空惜しみ(そらおしみ) 짐짓 아까운(아쉬운) 체함.
空聖(そらひじり) 거짓 고승(高僧)(성인).
空笑い(そらわらい) 거짓 웃음. 헛웃음.
空嘯(そらうそ) 무심코 큰소리 침.
空嘯く(そらうそぶく) ① 하늘을 쳐다보고 코방귀 뀌다. ② 짐짓 시치미 떼다.
空縄(そらなわ) 묶어 놓은 것처럼 꾸밈. 또, 그 같은 오라(포승).
空心(そらごころ) 거짓된 마음. 마음이 들뜸.
空様(そらざま) 하늘 쪽. 위쪽.
空つ彦(そらつひこ) 황태자의 지위에 있는 아들.
空の煙(そらのけぶり) 하늘로 오르는 화장(火葬)의 연기.
空誉め(そらぼめ) ⇨ 空褒め(そらぼめ).
空隠れ(そらがくれ) ① 거짓이 아닌 체함. ② 부재(不在)를 가장함.
空音(そらね) ① 우는 소리의 시늉. ②〈俗·老〉 거짓말. ③ (아무도 켜지 않았는데) 들려오는 듯한 악기 소리.
空泣き(そらなき) 거짓 울음. 우는 시늉.
空耳(そらみみ) ① 헛들음. 환청. ② 짐짓 못 들은 체함.
空雀鯛(そらすずめだい) 〖魚〗 파랑돔.
空箸(そらばし) 식사 때, 반찬에 젓가락을 댔다가 마는 행동. 예의에 어긋남.
空情け(そらなさけ) 거짓 동정.
空錠(そらじょう) 쓸모 없는 자물쇠.
空際㊀(くうさい) 하늘에 가까운 쪽의 산. ㊁(くうさい) 하늘과 땅이 맞닿는 곳.
空炷き(そらだき) ⇨ 空薫き(そらだき).
空証文(そらしょうもん) 허위 증서(문서).
空鞘(そらざや) ① 칼을 길게 보이기 위하여 칼보다 길게 만든 칼집. ② 틈새. 여유.
空酔い(そらえい) 짐짓 취한 체함.
空値(そらね) 실제보다 비싸게 매긴 값. 거짓 가격.
空恥ずかしい(そらはずかしい) 어쩐지 부끄럽다. 생각만 하여도 부끄럽다.
空針(そらばり) 바느질을 하는데 바늘이 안까지 미치지 않아 천이 꿰매어지지 않음.
空寝(そらね) 거짓 잠. 헛잠.
空寝入り(そらねいり) 거짓으로 잠이 든 척함.
空嘆き(そらなげき) 짐짓 슬퍼하는 척함.
空呑み込み(そらのみこみ) (잘 알아보지도 않고) 지레짐작함. 지레짐작.
空騙り(そらだまり) 속마음을 감추고 겉으로만 그럴싸하게 보여줌.

空褒め(そらぼめ) 입에 발린 칭찬.
空鼾(そらいびき) 헛코〔골기〕.
空合い(そらあい) 〈老〉① 하늘 모양. 날씨. ② (되어가는) 형편. 형세.
空の海(そらのうみ) 하늘의 바다. 푸른 하늘을 바다에 비유함.
空解け(そらどけ) 〈雅〉(띠・끈 따위가) 저절로 풀어짐.
空惚ける(そらとぼける) 짐짓 모르는 체하다. 시치미 떼다.
空っ惚ける(そらっとぼける) ☞空惚ける(そらとぼける).
空火照り(そらほでり) 저녁놀.
空薫き(そらだき) ① 어디서 피우는지 모르도록 향을 피움. ② 어디선지 모르게 은은히 풍겨오는 향기.
∥〜物(もの) 눈에 띄지 않는 곳에서 향을 피워 손이 있는 곳에 풍기게 함. 또, 그 향.
空喜び(そらよろこび) 헛기쁨. 기쁜 일도 아닌 것을 기뻐함.
❖空く ㊀(あく) ① 비다. 들어 있지 않다. ② 결원이 나다. ③ 짬이 나다. ④ (사이가) 벌다. ㊁(すく) ① 틈이 나다. 짬이 나다. ② 속이 비다. 허기지다. ③ 듬성듬성해지다.
空かす(すかす) 비워 두다. 공복으로 하다.
空き(あき) ① 속이 빔. ② 빈 곳. 빈터.
空き家(あきいえ) 빈집. *あきやろ도 읽음.
空き殻(あきがら) 빈 껍질〔그릇〕.
空き間(あきま) ①〔빈〕틈. ② 빈방.
空き缶(あきかん) 빈 통〔깡통〕.
空き代(あきだい) 책장 따위의 여백.
空き瓶(あきびん) 빈 병.
空きっ腹(すきっぱら) 〈俗〉 공복. 허기진 배.
空き部屋(あきべや) 빈방.
空き巣(あきす) ① 빈집털이〔보금자리〕. ② 빈집. ③ 空き巣狙い의 준말.
∥〜狙い(ねらい) 빈집털이.
空き手(あきて) ① (지팡이를 잡지 않고) 비어 있는 손. ② 손이 비어 있는 사람.
空き室(あきしつ) 빈방.
空き店(あきだな) ① 사람이 살지 않는〔장사를 안 하는〕 가게. ② 빈집.
空き樽(あきだる) 빈 통.
空き車(あきぐるま) 빈 차.
空き荷(あきに) 적하량이 계약 수량에 못 미쳤을 때의 그 부족분. *도 읽음.
がら空き(がらあき) 텅텅 빔. *がらすきろ도.
❖空しい(むなしい) ① 허무하다. 헛되다. ② 죽고 없다.
空しき煙(むなしきけむり) 화장(火葬) 연기.
空しき名(むなしきな) 헛된 명성.

| 9 才 | 拱 | 팔짱낄 공
キョウ・コウ
こまぬく・こまねく |

音読▶
拱橋(きょうきょう) 공교. 아치교(橋).
拱構(きょうこう) 공구. 아치형의 구조물.
拱廊(きょうろう) 아케이드.
拱手(きょうしゅ) 공수. ① (팔짱을 끼고) 아무것도 하지 아니함. ② 두 손을 가슴 앞에서 맞잡음. 중국식 절의 하나. *こうしゅろ도 읽음.
∥〜傍観(ぼうかん) 공수〔수수〕방관.
拱式建築(きょうしきけんちく) 공식 건축. 출입구의 위쪽을 아치형으로 만든 건축 양식.
拱式構造(きょうしきこうぞう) 공식 구조.

訓読▶
拱く(こまぬく) 공수(拱手)하다. 팔짱을 끼다. *こまねくろ도 읽음.

| 10 イ | 侞 | 미련할 공・바쁠 공
コウ |

音読▶
侞偬(こうそう) 공총. 이것저것 일이 많아 바쁜 모양.

| 10 心 常 | 恐 (恐) | 두려워할 공
キョウ
おそれる・おそろしい・こわい |

音読▶
恐喝(きょうかつ) 공갈. ♣〜罪(ざい) 공갈죄.
恐恐 ㊀(きょうきょう) 두려워 삼가는 모양.
∥〜謹言(きんげん) 삼가 말씀 드림《편지의 맺는 말》.
㊁(こわごわ) 두려워하는〔겁내는〕 모양.
恐懼(きょうく) 공구. 몹시 두려워 삼감.
恐竜(きょうりゅう) 공룡. 중생대의 큰 동물.
恐悚(きょうしょう) 공축(恐縮).
恐水病(きょうすいびょう) 공수병. 광견병.
恐悦(きょうえつ) 삼가 기뻐함.
∥〜至極(しごく) 매우 기뻐하는 모양.
恐鳥(きょうちょう) 《鳥》 모아(moa)의 딴 이름.
恐察(きょうさつ) 배찰(拜察). 남의 사정을 이해함《인사말》.
恐妻(きょうさい) 공처. ♣〜家(か) 공처가.
恐縮(きょうしゅく) ① 공축. 죄송스럽게 여김. ② 겄다고 인정함.
恐怖(きょうふ) 공포. ♣〜心(しん) 공포심 / 〜症(しょう) 공포증.
∥〜小説(しょうせつ) 공포 소설.
〜時代(じだい) 공포 시대.
〜政治(せいじ) 공포 정치.
恐嚇(きょうかく) 위협(威脅).
恐惶 ㊀(きょうこう) 공황. ① 공구(恐懼)《편지 끝에 쓰는 인사말》. ② 황공.
∥〜敬白(けいはく) 황공 경백《공경하여 사뢴다는 뜻》. 황공 근언.
〜謹言(きんげん) 황공 근언《편지 끝에 쓰는 공손한 인사말》.

三(あなかしこ) ① 황송함. ②(뒤에 금지하는 말을 수반하여) 결코. ③ 여자가 편지 끝에 쓰는 경어.
恐慌(きょうこう) 공황. ① 두려워 당황함. ②〖經〗경제 공황.
∥**~性障害**(せいしょうがい)〖醫〗공황성 장애. 패닉(panic) 장애.

〖訓読〗
恐らく(おそらく) 아마. 어쩌면. 필시.
恐る(おそる)〈文〉두려워하다.
恐るべき(おそるべき) 무서운. ① 두려운. 가공(可恐)할. ② 대단한. 지독한.
恐る恐る(おそるおそる) 겁내면서. 흠칫흠칫. 주뼛주뼛.
❖**恐い**(こわい)〈口〉① 무섭다. 두렵다. ② 위험하다. ③ 격렬하다.
恐がらせ(こわがらせ) 위협.
恐がらせる(こわがらせる) 무서워〔두려워〕하게 하다.
恐がり(こわがり) 겁쟁이.
恐がる(こわがる) 무서워하다.
恐持て(こわもて) 두려워하는 존재이기 때문에 남에게서 우대를 받음.
❖**恐れる**(おそれる) ① 겁내다. 무서워하다. ② 걱정하다. 우려하다. ③ 경외(敬畏)하다.
恐れ(おそれ) 두려움. ① 두려워〔무서워〕하는 마음. ② 외경의 마음.
恐れ気(おそれげ) 겁내는〔두려운〕기색.
恐れ多い(おそれおおい) ①(고귀한 분에 대하여) 송구하다. 황공하다. ② 매우 고맙다.
恐れ乍ら(おそれながら) 죄송합니다만. 실례입니다만.
恐れ入る(おそれいる) ① 황송해 하다. 죄송〔송구〕스러워하다. ②(상대방의 역량 등에) 두손들다. 놀라다.
❖**恐ろしい**(おそろしい) 두렵다. 무섭다. ① 겁나다. ② 걱정〔염려〕스럽다.
恐ろしがる(おそろしがる) 무서워〔두려워〕하다. 겁내다.

〖其他〗
恐(かしこ) 이만 실례합니다《여자가 편지 끝에 쓰는 말》. ＊雅語로는 かしく라고도 함.

| 10 小 常 | 恭 | 공손할 공 **キョウ** うやうやしい・つつしむ |

〖音読〗
恭倹(きょうけん) 공검. 공손하고 조신함.
恭謙(きょうけん) 공겸. 공손하고 겸손함.
恭敬(きょうけい) 공경.
恭謹(きょうきん) 공근. 예의 바르고 조신함.
恭順(きょうじゅん) 공순. 순순히 명령에 따름.
恭悦(きょうえつ) 공열. 삼가 기뻐함.
∥**~至極**(しごく) 매우 기뻐하는 모양.
恭賀(きょうが) 공하. 근하.
∥**~新年**(しんねん) 공하 신년. 근하 신년.

〖訓読〗
恭しい(うやうやしい) 공손하다. 정중하다.

| 10 貝 常 | 貢 | 공물 공·바칠 공 **コウ·ク** みつぐ |

〖音読〗
貢(こう)〈文〉① 공물을 바치다. ② 인재를 천거하다.
貢する(こうする) ☞貢ぐ(こうぐ).
貢挙(こうきょ) 공거. 律令(りつりょう) 제도에 따른 관리 등용 방식.
貢納(こうのう) 공납. 공물을 바침.
貢馬(こうば) 조정에 바치는 말.
貢物(こうぶつ) ☞貢ぎ物(みつぎもの).
貢米(こうまい) 공미. 공물로 바치던 쌀.
貢租(こうそ) 공조. 조공(租貢).
貢調(こうちょう) 공조. 공물을 바침.
貢進(こうしん) 공진. 헌상품을 바침.
貢献(こうけん) 공헌. 이바지.

〖訓読〗
❖**貢ぐ**(みつぐ) ① 공물〔조공〕을 바치다. ② 금품을 보내다.
貢ぎ(みつぎ) ① 조공(朝貢). ② 공물(貢物). 옛날의 조세의 총칭.
貢ぎ物(みつぎもの) 공물. 조공(朝貢).

| 11 扌 常 | 控(控) | 당길 공·고할 공 **コウ** ひかえる |

〖音読〗
控訴(こうそ)〖法〗공소. 항소. ♣**~権**(けん) 항소권 / **~審**(しん) 항소심.
∥**~棄却**(ききゃく)〖法〗항소 기각.
~期間(きかん)〖法〗항소 기간.
~裁判所(さいばんしょ)〖法〗항소 법원.
控制(こうせい) 공제. 남의 자유를 제어함.
控除(こうじょ) 공제.

〖訓読〗
❖**控える**(ひかえる) ① 대기시키다. ② 삼가다. ③ 가까이 두다. ④ 옆에 두다. ⑤ 기록해 두다. 메모해 두다.
控え(ひかえ) ① 예비(로 준비)해 둠. 대기함. ② 옆에서 보조함. ③ 비망(록). 메모. 부본. 베낌본.
控え目(ひかえめ) ① 남의 눈에 나타나지 않음. 사양하듯〔조심하며〕 소극적임. ② 약간 적을 듯함.
控え室(ひかえしつ) 대기실.
控え力士(ひかえりきし) 자기 차례를 기다리는 씨름꾼.
控え屋敷(ひかえやしき) ☞控え邸(ひかえてい).
控え帳(ひかえちょう) 후일을 대비해서 메모해 두는 장부.
控え邸(ひかえてい) 현재 살고 있는 집 이외에 예비로 마련해 두는 집.

其他
控く(ひく) 빼다. 덜어내다. 공제하다.

---

13 足 跫 발자국소리 공
キョウ
あしおと

音読
跫然(きょうぜん) 발자국 소리가 들리는 모양.
跫音(きょうおん) 공음. 발자국 소리. ＊あしおととも 읽음.

---

14 木 槓 막대기 공
コウ
てこ

音読
槓杆(こうかん) 공간. 지렛대《작은 힘을 큰 힘으로 활용하는 데 씀》.
槓桿(こうかん) ⇨ 槓杆(こうかん).

---

14 竹 箜 공후 공
ク

音読
箜篌(くご) 공후. 하프 비슷한 동양 여러 나라의 옛 악기. 竪(たて)箜篌, 臥(が)箜篌, 鳳首(ほうしゅ)箜篌 등 세 종류가 있음.

---

15 革 鞏 굳을 공
キョウ
つかねる

音読
鞏固(きょうこ) 공고. 굳음.
鞏膜(きょうまく) 《生》 공막. 안구를 싸고 있는 백색의 튼튼한 막.

---

19 鳥 鵼 새이름 공
コウ
ぬえ

訓読
鵼(ぬえ) ①전설상의 괴물. 머리는 원숭이, 수족은 호랑이, 꼬리는 뱀과 비슷하다는 짐승. ②〈古〉虎鵼(とらつぐみ)의 딴이름.
鵼的(ぬえてき) 정체 불명인 모양.
∥〜人物(じんぶつ) 수상쩍은 인물.

곶

7 | 串 곶 ⇨ **串** 관(p. 132)

과

4 戈 戈 창 과
カ
ほこ

音読
戈船(かせん) 창을 실은 옛날 전투용 군선.

訓読
戈(ほこ) ①쌍날칼을 꽂은 창과 비슷한 무기. ②창 따위를 꽂아 장식한 수레. 「익부.
戈構え(ほこがまえ) 한자 부수의 하나: 주살

---

5 瓜 瓜 오이 과
カ
うり

音読
瓜田(かでん) 과전. 오이밭.
〜の履(くつ) 과전지리(瓜田之履).

訓読
瓜(うり) 《植》 참외・오이 등 박과 식물 열매의 총칭.
瓜科(うりか) 《植》 박과.
瓜の木(うりのき) 《植》 박쥐나무.
瓜蠅(うりばえ) 《蟲》 외잎벌레.
瓜実顔(うりざねがお) 오똑한 코에 희고 갸름한 얼굴. 「え).
瓜羽虫(うりはむし) 《蟲》 ☞瓜蠅(うりば
瓜揉み(うりもみ) 얇게 썰어 소금을 뿌려 주무른 오이에 양념장을 친 음식물.
瓜二つ(うりふたつ) (세로로 쪼갠 오이처럼) 아주 닮은 모양.
瓜草(うりくさ) 《植》 외풀.

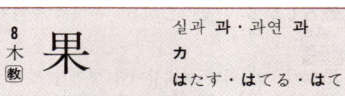

8 木 果 실과 과・과연 과
カ
はたす・はてる・はて

音読
果 ㊀(か) ①원인・인연으로 얻게 되는 결과. ②《佛》 수행 후의 깨달음. ③과실. 열매. ㊁(はか) ①모심기와 벼베기 때의 분담 구역. ②목표.
果敢(かかん) 과감.
果断(かだん) 과단.
果糖(かとう) 과당.
果梨(かりん) 《植》 모과(나무).
果報(かほう) ①《佛》 과보. 인과응보. ②복. 행운. ♣〜者(もの) 행운아.
∥〜負け(まけ) 행복이 과분하여 도리어 불편함.
〜焼け(やけ) ☞果報負け.
果蔬(かそ) 과채(果菜). 과일과 채소.
果樹(かじゅ) 과수. ♣〜園(えん) 과수원.

果実(かじつ) 과실. 열매. 과일. ♣~酒
 (しゅ) 과실주 / ~酢(す) 과실초.
果然(かぜん) 과연. 정말. 역시.
果肉(かにく) 과육. 과일의 살.
果毅(かぎ) 과의. 결단성이 있고 의지가 강함.
果汁(かじゅう) 과즙.
果菜(かさい) 과채. 가지·오이·호박 따위.
 ♣~類(るい) 과채류.
果托(かたく) 〖植〗 과실의 화탁(花托)이 변해서 된 것.
果胞子(かほうし) 〖植〗 과포자.
果皮(かひ) 과피.

[訓読]
❖果たす(はたす) ① 완수하다. 달성하다. ② 숨통을 끊다. 죽여 버리다. ③《動詞의 連用形에 붙어서》죄다 …해 버리다.
果たして(はたして) 과연. ① 생각한 바와 같이. 역시. ② 예상(추측)대로. 말 그대로.
果たし状(はたしじょう) 결투장(決鬪狀).
果たし眼(はたしまなこ) 결투를 하는 것처럼 무서운 눈초리.
果たせる哉(はたせるかな) 생각한 바와 같이. 아니나다를까.
果たし合い(はたしあい) 결투.
❖果てる(はてる) ① 끝나다. ② 목숨이 다하다. ③《動詞 連用形에 붙어서》완전히 …하다. …이 끝나다.
果て(はて) ① 끝장. 종말. ② 영락한 상태. ③ 산·바다 등의 끝간 데. 극한.
果てしない(はてしない) 끝없다. 한없다.
果ては(はては) 드디어는. 끝내는. 결국은.
果て果て(はてはて) 결국. 끝끝. 마지막.
果て太鼓(はてだいこ) 연극이나 씨름 등의 흥행이 끝났을 때 치는 북.

[其他]
果せる(おおせる) 이룩하다. 성취하다.
果つる(はつる) 〈雅〉 끝나는. 막다른.
果敢無い(はかない) 덧없다. 무상하다. 허무하다.
果敢無くなる(はかなくなる) 〈古〉 죽다.
果敢無む(はかなむ) 덧없이 여기다. 허무하게 여기다.
果無い(はかない) ⇨ 果敢無い(はかない).
果無し事(はかなしごと) 덧없는 일.
果物(くだもの) 과실. 과일.

9禾教	科	조목 과·과거 과 カ しな・とが

[音読]
科 ㊀(か) 과. ① 전문 분야나 과학에서의 소분류. ② 생물 분류학상의 한 단계.
 ㊁(とが) 허물. ① 잘못. 과오. ② 죄. 비행. ③ 결점.
 ㊂(しな) ① 품. 인품. ② 교태. ③〖植〗참피나무.
 ㊃(こなし) ① 소화(消化). ② 다루는 법. ③ 동작. ④ 배우의 연기.

科す(かす) ☞ 科する(かする).
科する(かする) 과하다.
科挙(かきょ) 과거.
科技庁(かぎちょう) '科学技術庁(かがくぎじゅつちょう)'의 준말.
科内(かない) 과내.
科斗(かと) 과두. 올챙이.
 ∥~文字(もじ) 과두 문자.
科料(かりょう) 〖法〗 과료.
科名(かめい) 과명. ①〖生〗(분류학상의) 과(科)의 학명. ②〖敎〗학과·과목 등의 이름.
科目(かもく) 과목.
科罰(かばつ) 과벌. 처벌.
科場(かじょう) 〖史〗 과장.
科第(かだい) 〖史〗 과제. 중국의 과거.
科条(かじょう) 과조. 규칙. 법령.
科学(かがく) 과학. ♣~性(せい) 과학성 / ~者(しゃ) 과학자.
 ∥~計算(けいさん) 과학 계산. 과학 기술용
 ~技術(ぎじゅつ) 과학 기술.   ┌계산.
 ~技術庁(ぎじゅつちょう) 과학 기술청.
 ~万能(ばんのう) 과학 만능.
 ~博物館(はくぶつかん) 과학 박물관.
 ~批判(ひはん) 과학 비판.
 ~小説(しょうせつ) 과학 소설.
 ~捜査(そうさ) 과학 수사.
 ~衛星(えいせい) 과학 위성.
 ~立国(りっこく) 과학 입국.
 ~的管理法(てきかんりほう) 과학적 관
 ~哲学(てつがく) 과학 철학.   └리법.
 ~革命(かくめい) 과학 혁명.
科刑(かけい) 〖法〗 과형.

[訓読]
科の木(しなのき) 〖植〗 참피나무.
科送り(とがおくり) 죄를 소멸시킴. 죗값을
科人(とがにん) 죄인.   └치름.

[其他]
科白(せりふ) ① (연극 등에서의) 대사. *かはくと도 읽음. ② (남에게) 특별한 느낌을 주는 말(말씨).
科白劇(せりふげき) 연기와 대사를 주로 한 극. 보통의 연극.   ┌솜씨.
科白回し(せりふまわし) 〖劇〗 대사의 표현

10月	胯	사타구니 과 コ・カ また

[音読]
胯間(こかん) 고간(股間). 샅. 두 다리의 사
胯下(こか) 사타구니 밑.   └이.

11⻌常	菓	실과 과 カ くだもの

[音読]
菓子(かし) 과자. ♣~皿(ざら) 과자 접시 /

~盆(ぼん) 과자 쟁반 / ~種(だね) 과자 원료.
∥~折り(おり) 선물용 과자 상자.
菓子器(かしき) 과자를 담는 그릇.
菓子料(かしりょう) 과자값. 또, 과자값이란 명목으로 남에게 보내는 금전.
菓子司(かしつかさ) 궁중(宮中) 등에 납품하는 격식 높은 제과점.
菓子型(かしがた) 과자나 빵을 구워낼 때 쓰는 금속제 틀.

| 12 土 | 堝 | 도가니 과
カ
るつぼ |

逆音▶
坩堝(かんか) 감과. 도가니. *るつぼ로도 읽음.

| 12 辶 教 | 過(過) | 지날 과・허물 과
カ
すぎる・すごす・あやまつ・あやまち・よぎる |

音読▶
過(か)《接頭語로》과… 화합물 이름에 붙여 그 성분 비율이 특히 많음을 나타냄.
過刻(かこく) ① 과각. 조금 전. 아까. ② 예정보다 시간을 넘기는 일.
過客(かかく) 과객. (지나가는) 길손. *かきゃく로도 읽음.
過去(かこ) 과거.
∥~分詞(ぶんし)『文法』 과거 분사.
~完了(かんりょう)『文法』 과거 완료.
過去世(かこぜ)『佛』 과거세. 전생. 전세.
過乾(かかん) 지나치게 건조한 일.
過激(かげき) 과격. ♣~派(は) 과격파.
∥~思想(しそう) 과격 사상.
~社会運動取締法案(しゃかいうんどうとりしまりほうあん) 과격 사회 운동 단속 법안.
過勤(かきん) '超過勤務(ちょうかきんむ)(=초과 근무)'의 준말.
過給機(かきゅうき) 과급기.
過納(かのう) 과납. ♣~金(きん) 과납금.
過冷却(かれいきゃく)『理』 과냉각.
過年度(かねんど) 과년도. 작년도.
∥~収入(しゅうにゅう) 과년도 수입.
~支出(ししゅつ) 과년도 지출.
過多(かた) 과다.
過当(かとう) 과당.
∥~競争(きょうそう) 과당 경쟁.
過大(かだい) 과대. ♣~視(し) 과대시.
過度(かど) 과도.
過渡(かと) 과도. ♣~期(き) 과도기 / ~的(てき) 과도적.
∥~適応(てきおう)『生』 과도 적응.
~政府(せいふ) 과도 정부.
~現象(げんしょう) 과도 현상.

過量(かりょう) 과량. 지나친 분량.
過慮(かりょ) 과려. 과념(過念).
過労(かろう) 과로. ♣~死(し) 과로사.
過料(かりょう)『法』 과료. 과태료.
過謬(かびゅう) 과류. 과오.
過敏(かびん) 과민. ♣~症(しょう) 과민증.
∥~性大腸(せいだいちょう)『醫』 과민성 대장 (증후군).   「성 폐렴.
~性肺臓炎(せいはいぞうえん)『醫』 과민
過密(かみつ) 과밀.
∥~都市(とし) 과밀 도시.
過半(かはん) 과반. 절반 이상.
過般(かはん) 과반. 지난번.
∥~来(らい) 지난번부터.
過半数(かはんすう) 과반수.
過訪(かほう) 과방. 지나가는 길에 방문함.
過放牧(かほうぼく)『農』 과방목.
過保護(かほご) 과(잉) 보호.
∥~児童(じどう) 과(잉) 보호 아동.
過不足(かふそく) 과부족.
過負荷(かふか)『電』 과부하.
過分(かぶん) 과분. 분수에 넘침.
過払い(かばらい) 과불.
過不及(かふきゅう) 과불급. 과부족.
過酸症(かさんしょう)『醫』 과산증.
過酸化ナトリウム(かさんかナトリウム)『化』 과산화나트륨.
過酸化物(かさんかぶつ)『化』 과산화물.
過酸化水素(かさんかすいそ)『化』 과산화수소(속명 옥시풀).
過賞(かしょう) 과상. 과찬.
過小(かしょう) 과소.
∥~資本(しほん) 과소 자본. 총자본 중 자기의 자본이 극소인 것.
~評価(ひょうか) 과소 평가.
過少(かしょう) 과소.
∥~申告加算税(しんこくかさんぜい) 과소 신고 가산제.
過疎(かそ) 과소. 지나치게 드묾.
∥~地域(ちいき) 과소 지역.
過熟児(かじゅくじ) 과숙아.
過食(かしょく) 과식. ♣~症(しょう)『醫』 과식증.
過信(かしん) 과신.
過失(かしつ) 과실. ♣~犯(はん) 과실범.
∥~相殺(そうさい)『法』 과실 상계(相計).
~傷害罪(しょうがいざい)『法』 과실 상해죄.   「의.
~責任主義(せきにんしゅぎ) 과실 책임주
~致死罪(ちしざい)『法』 과실 치사죄.
過雁(かがん) 과안. 날아가는 기러기.
過眼線(かがんせん) 새의 머리 무늬에서 부리의 기부(基部)로부터 눈을 통과하는 선.
過言 ㊀(かげん) 실언. 잘못 말함. 또, 그 말.
㊁(かごん) 과언. 지나친 말.
過熱(かねつ) 과열.
∥~器(き) 과열기. 슈퍼 히터.
~蒸気(じょうき) 과열 증기.

過栄養(かえいよう) 과영양.
過誤(かご) 과오. 잘못.
‖~納(のう) 과오납. 과납과 오납.
過硫酸(かりゅうさん)〖化〗과산화황산.
過融解(かゆうかい)〖理〗과융해. 순수 액체의 과냉각 상태.
過飲(かいん) 과음.
過燐酸石灰(かりんさんせっかい)〖化〗과인산석회.
過日(かじつ) 과일. 지난날. 일전.
過剰(かじょう) 과잉.
‖~矯正(きょうせい) 과잉 교정.
~防衛(ぼうえい) 과잉 방위.
~生産(せいさん) 과잉 생산.
~流動性(りゅうどうせい) 과잉 유동성.
~接待(せったい) 과잉 접대.
~投資(とうし) 과잉 투자.
~包装(ほうそう) 과잉 포장.
~避難(ひなん) 과잉 피난.
過積載(かせきさい) 과적재.
過電圧(かでんあつ)〖理〗과전압.
過程(かてい) 과정. ♣~的(てき) 과정적.
過早(かそう) 너무 이름.
過重(かじゅう) 과중.
過差(かさ) ① 분에 넘치는 일. ② 오차.
過焦点距離(かしょうてんきょり)〖寫〗과초점 거리.
過称(かしょう) ⇨ 過賞(かしょう).
過怠(かたい) 과태. ♣~金(きん) 과태금.
‖~約款(やっかん) 과태 약관.
~破産罪(はさんざい) 과태 파산죄.
過襃(かほう) 과찬. 지나친 칭찬.
過飽和(かほうわ)〖理〗과포화.
‖~溶液(ようえき) 과포화 용액.
~蒸気(じょうき) 과포화 증기.
過現(かげん) 과현. 과거와 현재.
過現未(かげんみ)〖佛〗과현미. 과거·현재·미래. 삼세.
過呼吸(かこきゅう)〖醫〗어떤 원인으로 인하여 필요 이상으로 호흡하는 증세.
過酷(かこく) 과혹. 지나치게 가혹함.
過換気症候群(かかんきしょうこうぐん)〖醫〗과환기 증후군.
〖訓読〗
過ごす(すごす) ①(시간을) 소비하다. ②지내다. 살아가다. ③《動詞 連用形을 받아서》…못ول 체하다. 그대로 놓아두다.
過す(すぐす)〈雅〉 ☞ 過ごす(すごす).
❖過ぎる ㊀(すぎる) ①지나(가)다. 통과하다. ②(시간·기한이) 지나다. ③지내다. ④(수준·정도를) 넘다. 지나치다.
㊁(よぎる) ①지나가다. ②지나가는 길에 들르다. ③피하다. ④가로막다.
過ぎ(すぎ) ①(시간이) 지나감. ②《接尾語 적으로》도(度)가 지나침.
過ぎし(すぎし) 지나간.
過ぎない(すぎない) 단정(斷定)을 강조하는 말. …일[할]뿐이다. …에 지나지 않다. …에 불과하다.
過ぎ去る(すぎさる) 지나가다. ①통과하다. ②(시일이) 지나가 버리다.
過ぎ越しの祭(すぎこしのまつり) ☞ 過ぎ越しの祝い(すぎこしのいわい).
過ぎ越しの祝い(すぎこしのいわい)〖宗〗유월절. 유대 민족이 이집트를 탈출한 기념 축일. 과월절.
過ぎ者(すぎもの) (결혼 등의) 과분한 상대(자).
過ぎ行く(すぎゆく) ①지나가다. ②시간이 경과하다. ③〈雅〉죽다.
❖過つ(あやまつ) ①실수하다. 실패하다. 그르치다. ②잘못하다. 과오를 저지르다.
過ち(あやまち) 실수. 잘못. 과실. 과오.

| 13
言
常 | 誇 | 자랑할 과
コ
ほこる |

〖音読〗
誇大(こだい) 과대.
‖~広告(こうこく) 과대 광고.
~妄想(もうそう) 과대 망상.
誇負(こふ) 과부. 뽐내며 자부함.
誇示(こじ) 과시.
‖~的消費(てきしょうひ)〖經〗과시적 소비. 부유함을 과시하는 호화 소비.
誇言(こげん) 과언. 과장해서 말함.
誇張(こちょう) 과장. ♣~法(ほう)〖文〗과장법.
誇称(こしょう) 과칭. 자랑해 과장함.
〖訓読〗
誇らか(ほこらか) 자랑스러운[득의만면한] 모양.
誇らしい(ほこらしい) 자랑스럽다. 뽐내고 싶다.   「(か).
誇りか(ほこりか)〈雅〉 ☞ 誇らか(ほこら
❖誇る(ほこる) 자랑하다. 뽐내다. 자랑으로 여기다. 명예로 삼다.
誇り(ほこり) 자랑. 긍지(矜持). 명예로움.
誇り貌(ほこりが) ☞ 誇り顔(ほこりがお).
誇り顔(ほこりがお) 자랑스러운 얼굴. *ほこりがロ도 읽음.

| 13
足 | 跨 | 넘을 과·걸터앉을 고
コ
またぐ・またがる |

〖音読〗
跨道橋(こどうきょう) 육교.
跨線橋(こせんきょう) 과선교. 철로 위의 구름다리.
跨坐(こざ) 고좌. 걸터앉는 형태를 취함.
跨下(こか) 과하. 사타구니 밑.
〖訓読〗
跨がる(またがる) ①양다리를 벌리고 올라타다. ②(양쪽에) 걸치다.

跨ぐ(またぐ) ① 가랑이를 벌리고 넘다. ② (양쪽에) 걸치다.
跨げる(またげる) ① 양다리를 벌리고 걸터타는 모양을 하다. ② (가랑이를 벌리고) 건너〔넘어〕갈 수 있다.

14 夕 夥

많을 과
カ
おびただしい

音読
夥多(かた) 과다. 퍽 많음.
訓読
夥しい(おびただしい) 엄청나다. ①(수량이) 매우 많다. ②(정도가) 심하다.

14 宀 寡 常

적을 과・홀어미 과
カ
すくない・やもめ

音読
寡居(かきょ) 과거. 과부 또는 홀아비로 홀로 지냄. 「의 경사말.
寡君(かくん) 과군. 남에게 대한 자기 군주
寡頭政治(かとうせいじ) 과두 정치.
寡黙(かもく) 과묵.
寡聞(かぶん) 과문. 견문이 적음.
寡兵(かへい) 과병. 적은 병력.
寡勢(かぜい) 과세. 열세.
寡少(かしょう) 과소.
寡額(かがく) 과액.
寡言(かげん) 과언. 말이 적음.
寡欲(かよく) 과욕. 욕심이 적음.
寡慾(かよく) ⇨ 寡欲(かよく).
寡人(かじん) 과인. 짐(朕).
寡作(かさく) 과작.
寡占(かせん) 〖經〗 과점.
∥~価格(かかく) 과점 가격.
寡妻(かさい) 과처. ① 남에게 대한 자기 아내의 겸칭. 우처(愚妻). 형처(荊妻). ② 남편과 사별한 아내.
訓読
寡 ㊀(やもめ) 과부. 미망인.
㊁(か) 과. 적음.
其他
寡男(やもめ) 홀아비.
寡夫(やもめ) 홀아비. *かふろども 읽음.
寡婦(やもめ) 과부. *かふろども 읽음.
逆音
多寡(たか) 다과. 다소. 많고 적음.
衆寡(しゅうか) 중과. 다수와 소수.

14 米 粿

알곡식 과・정한쌀 과
カ
しらげごめ

其他
粿米(かしよね) 물로 깨끗이 씻은 쌀.

14 虫 蜾

나나니벌 과
カ

其他
蜾蠃(すがる) 〈古〉 ①〖蟲〗 나나니벌. ②〖蟲〗 등에. ③ 사슴.
∥~少女(おとめ) 〈古〉 나나니벌같이 허리가 잘록한 소녀.

14 衣 裹

쌀 과
カ
くぐつ・つつむ

訓読
裹(くぐつ) 〈古〉 망태기.
裹む(つつむ) ① 싸다. 포장하다. ② 감추다. 숨기다. ③ 에워싸다.

15 虫 蝌

올챙이 과
カ

音読
蝌蚪(かと) 과두. 올챙이.
∥~文字(もじ) 과두 문자.

15 言 課 教

시험할 과
カ
わりあてる

音読
課(か) 과. ① 관청 등의 사무 조직상의 소구분. ② 교재의 작은 한 구분.
課す ㊀(かす) ☞課する(かする).
㊁(おおす) 〈文〉 부과하다.
課する(かする) 과하다.
課金(かきん) 요금을 부과하는 일. 또, 그 돈.
課内(かない) 과내. 과의 내부.
課目(かもく) 과목.
課税(かぜい) 과세. 세금을 부과하는 일.
∥~価格(かかく) 과세 가격.
~物件(ぶっけん) 과세 물건.
~所得(しょとく) 과세 소득.
~最低限(さいていげん) 과세 최저한.
~標準(ひょうじゅん) 과세 표준.
課業(かぎょう) 과업.
課役 ㊀(かえき) ① ☞㊁. ② 할당된 부역.
㊁(かやく) 옛날에, 정시(定時) 또는 임시로 노역에 종사시키던 조세 제도.
課外(かがい) 과외. ① 정해진 학과・과정 이외. ② 관청・회사 등의 과(課)의 외부.
∥~活動(かつどう) 과외 활동.
課員(かいん) 과원.
課率(かりつ) 과율. 과세율.
課長(かちょう) 과장.
課程(かてい) 〖教〗 과정.

課題(かだい) 과제. 제목. 임무.
課徵(かちょう) 과정.

15 足 踝

복사뼈 과
カ
くるぶし

訓読
踝(くるぶし) 복사뼈.

17 金 鍋

노구솥 과·냄비 과
カ
なべ

訓読
鍋(なべ) ① 냄비. ② 鍋料理(なべりょうり)의 준말. 냄비 요리.
鍋蓋(なべぶた) ① 냄비뚜껑. ② 한자 부수의 하나: 돼지해 밑.
鍋尻(なべじり) 냄비 밑.
鍋摑み(なべつかみ) 뜨거운 냄비 손잡이를 쥐는 데 쓰는 것.
鍋墨(なべずみ) 냄비 밑의 검댕.
鍋物(なべもの) 냄비로 끓이면서 먹는 요리의 총칭. 「소한의 도구」
鍋釜(なべかま) 냄비와 솥. 생활에 필요한 최
鍋敷き(なべしき) 냄비 받침.
鍋焼き(なべやき) 밀물고기나 닭고기 등을 미나리 등 채소와 함께 냄비에 넣고 된장·간장으로 조미해 끓인 요리. 냄비째 놓고 먹음.
‖〜饂飩(うどん) 1인분씩 질냄비에 끓인 우동. 냄비 우동.
鍋屋(なべや) 냄비를 만들거나 파는 가게. 또, 그 장수.
鍋料理(なべりょうり) 냄비 요리. 식탁에서 냄비에 야채·육류·생선·조개류를 넣고 끓이면서 먹는 요리.
鍋底(なべぞこ) ① 냄비 바닥. ② (경기 따위의) 불황 상태가 당분간 계속됨.
鍋鳴(なべしぎ) 냄비를 사용해 가지를 기름에 지진 다음, 된장으로 맛을 낸 요리.
鍋座(なべざ) 囲炉裏(いろり)가의 주부가 앉는 자리.
鍋取り(なべとり) 냄비나 솥에 받치는 깔개.
鍋鶴(なべづる) 〖鳥〗흑두루미.
鍋鉉(なべづる) 냄비에 달린 활시위 모양의 손잡이. 「ス칸 요리.
ジンギスカン鍋(ジンギスカンなべ) 칭기

17 頁 顆

낱알 과
カ
つぶ

音読
顆(か) 《接尾語로》…과. …알. …개.
顆粒(かりゅう) 과립. ♣〜球(きゅう)〖生〗과립구. ♣백혈구. 과립구.
‖〜白血球(はっけっきゅう)〖生〗과립(성)

곽

11 阝 常 郭

밭재 곽·둘레 곽
カク
くるわ

音読
郭公(かっこう) 곽공. 뻐꾸기.
郭内(かくない) 곽내. ① 성곽 안. 유곽 안. ② 일정한 구획 안.
郭大(かくだい) ① 확대. ② 넓고 큼.
郭外(かくがい) 곽외. ① 성곽의 바깥. ② 울타리 밖.

訓読
郭 一(くるわ) ① 유곽. ② 구역.
 二(かく) ① 성(城). ② 유곽.
郭勤め(くるわづとめ) 유곽에서 일함. 또, 창녀.
郭詞(くるわことば) 江戸(えど) 시대, 유곽에서 창녀들이 썼던 특수한 말.

14 广 廓

외성 곽·넓을 확
カク
くるわ

参考 현대 표기로는 '郭'으로 대용함.

音読
廓内(かくない) 곽내. ① 성곽 안. 유곽 안. ② 일정한 구획 안.
廓外(かくがい) 곽외. ① 성곽의 바깥. ② 울타리 밖.
廓大(かくだい) ① 확대. ② 넓고 큼.
廓寥(かくりょう) 넓고 쓸쓸한 모양.
廓然(かくぜん) 확연. 넓고 휑뎅그렁한 모양.
廓清(かくせい) 확청. 숙청.

訓読
廓(くるわ) ① 유곽. ② 구역.
廓詞(くるわことば) 江戸(えど) 시대, 유곽에서 창녀들이 썼던 특수한 말.

15 木 槨

덧널 곽
カク

音読
槨(かく) 곽. 관을 넣는 겉상자. 또, 고분에서 시체를 넣는 공간의 둘레 울타리.

16 雨 霍

빠를 곽
カク
にわか

音読
霍乱(かくらん) 〈老〉① 일사병. ② 곽란. 급성 장(腸)카타르.

관

6 缶 常	缶 (罐)	두레박 관·깡통 관 カン・フ ほとぎ・かま

参考 우리 音으로는 '(장군)부'이나 일본어에서는 '罐'의 代用字로 쓰임.

音読
- **缶** ㊀(かん) ① 깡통. ② 缶詰め(かんづめ)의 준말.
  ‖ ~飲料(いんりょう) 깡통 음료.
  ㊁(かま) 보일러.
  ㊂(ほとぎ) 缶. ① 옛날 물을 넣어두던 배가 불룩하고 주둥이가 작은 토기. ② 욕실에서 어린아이를 목욕시키던 항아리. *ほときろも
- **缶桃**(かんとう) 통조림용 복숭아. ┗읽음.
- **缶石**(かんせき) 《化》 관석(罐石). 관(罐)물 때. 더껑이.
- **缶子**(かんす) ① 청동 또는 놋쇠로 된 주전자. ② 《方》 찻주전자.
- **缶切り**(かんきり) 깡통따개.
- **缶蹴り**(かんけり) 깡통차기 〔놀이〕.
- **缶詰め**(かんづめ) 통조림.

訓読
- **缶焚き**(かまたき) 보일러·증기 기관차에 불을 땔 때의 일. 또, 그 사람. 화부.

7 丨	串	친할 관·뗄 천·곶 곶 カン・セン くし・つらぬく

参考 '곶 곶'은 한국 音訓.

訓読
- **串**(くし) 꼬챙이. 꼬치.
- **串カツ**(くしカツ) 잘게 썬 돼지고기와 파를 꼬치에 번갈아 꿰어 튀긴 것.
- **串団子**(くしだんご) 꼬챙이에 뗀 경단.
- **串焼き**(くしやき) 적(炙). 꼬챙이에 꿰어 굽기. 꼬치구이.
- **串柿**(くしがき) 곶감.
- **串刺し**(くしざし) ① 꼬챙이에 뗌. 또, 뗀 것. ② 꼬챙이에 꿰듯이 찔러 죽임.
- **串鮑**(くしあわび) 꼬챙이에 끼어 말린 전복.

其他
- **串縫い**(ぐしぬい) 홈질.

8 宀 教	官	벼슬 관 カン おおやけ・つかさ

音読
- **官** ㊀(かん) 관. ① 벼슬. ②《接尾語로》관리·공무원의 뜻.
  ㊁(つかさ) 〈古〉① 관청. ② 관직. 직무. ③ 관리.
- **官家**(かんか) ① 천자(天子). ② 관가. 조정. 정부. *かんけに도 읽음.
- **官界**(かんかい) 관계.
- **官階**(かんかい) 관계. 관직의 계급.
- **官庫**(かんこ) 관고. ① 국고. ② 관가의 창고.
- **官公**(かんこう) 국가와 지방 자치 단체.
- **官公労**(かんこうろう) '日本(にほん)官公庁(かんこうちょう)労働組合(ろうどうくみあい)協議会(きょうぎかい)(=일본 관공청 노동 조합 협의회)'의 준말.
- **官公吏**(かんこうり) 관공리.
- **官公署**(かんこうしょ) 관공서.
- **官公庁**(かんこうちょう) 관공청. 관공서.
- **官軍**(かんぐん) 관군.
- **官権**(かんけん) 관권.
- **官金**(かんきん) 관금. 정부의 돈. 공금.
- **官禁**(かんきん) 관금. 정부가 금지함.
- **官給**(かんきゅう) 관급.
- **官紀**(かんき) 관기. 관청의 규율.
  ‖ ~粛正(しゅくせい) 관기 숙정.
- **官記**(かんき) 관기. 관리의 임명장〔사령장〕.
- **官禁**(かんきん) 궁녀. *かんにょ로도 읽음.
- **官奴** ㊀(かんぬ) 관노. 관가의 사내종.
  ㊁(つかさやつこ) 奈良(なら) 시대, 관에서 부리던 노비.
- **官奴婢**(かんぬひ) 관노비. 관노와 관비.
- **官能**(かんのう) 관능. ♣ ~的(てき) 관능적.
  ‖ ~基(き)《化》 관능기. 작용기(作用基).
  ~主義(しゅぎ) 관능주의.
- **官途**(かんと) 관도. 벼슬길.
- **官等**(かんとう) 관등. 관직의 등급.
- **官歴**(かんれき) 관력. 관리로서의 경력.
- **官禄**(かんろく) 관록.
- **官僚**(かんりょう) 관료. ♣ ~性(せい) 관료성 / ~的(てき) 관료적 / ~化(か) 관료화.
  ‖ ~政治(せいじ) 관료 정치.
  ~主義(しゅぎ) 관료주의.
- **官吏**(かんり) 관리.
- **官林**(かんりん) 관림. 국유림.
- **官立**(かんりつ) 관립.
- **官名**(かんめい) 관명. 관직의 명칭. *古語로는 つかさなら고도 함.
- **官命**(かんめい) 관명. 관〔정부〕의 명령.
- **官没**(かんぼつ) 관몰. 관가에서 물건을 몰수함. ┏과 무관.
- **官武**(かんぶ) ① 조정과 막부(幕府). ② 문관
- **官務**(かんむ) 관무. 관청 업무.
- **官物**(かんぶつ) 관급품. *かんもつ로도 읽음.
- **官民**(かんみん) 관민. ┗도 읽음.
- **官房**(かんぼう) 관방. 관청의 부국(部局)의 하나.
  ‖ ~長官(ちょうかん) '内閣(ないかく)官房長官(=내각 관방 장관)'의 준말.
- **官辺**(かんぺん) 관변. 정부 관계. 관청 방면.
  ‖ ~筋(すじ) 관변측. 정부 관계자.
- **官兵**(かんぺい) 관병. 관군.
- **官報**(かんぽう) 관보.
- **官服**(かんぷく) 관복. 관리의 제복.

官本(かんぽん) 관본. ①관판(官版)의 도서. ②정부의 장서.
官府(かんぷ) 관부. 조정. 관청.
官婢(かんぴ) 관비. 관가의 계집종.
官費(かんぴ) 관비.
官仕(かんし) 관사. 사관. 관리가 됨.
官私(かんし) 관사. ①공과 사. ②정부와 민
官舎(かんしゃ) 관사.　　　　　└간.
官署(かんしょ) 관서. 관공서.
官選(かんせん) 관선. 정부에서 뽑음.
∥～弁護人(べんごにん) 관선 변호인. 국선 변호인.
官設(かんせつ) 관설. 관청에서 시설함.
官省(かんしょう) ①내각의 각 성(省). ②관청.
官修(かんしゅう) 관수. 정부에서 편수함.
官需(かんじゅ) 관수. 정부의 수요.
官衙(かんが) 관아. 관청.
官業(かんぎょう) 관업.
∥～収入(しゅうにゅう) 관업 수입.
官営(かんえい) 관영.
∥～事業(じぎょう) 관영 사업.
官用(かんよう) 관용.
官員(かんいん) 관원. 관리.
官位(かんい) 관위. 관등(官等). ＊古語로는 つかさくらい라고도 함.
官有(かんゆう) 관유.
∥～林(りん) '国有林(こくゆうりん)(=국유림)'의 구칭.
官医(かんい) 江戸(えど) 시대에, 幕府(ばくふ)의 의사.
官人(かんじん) 관인. 관리. ＊かんにんで로 읽으며, 古語로는 つかさびと라고도 함.
官印(かんいん) 관인.
官爵(かんしゃく) 관작. 관직과 작위. ＊古語로는 つかさこうぶり라고도 함.　　「장.
官長(かんちょう) 관공서의 수장. 관리의
官邸(かんてい) 관저. 특히 총리 대신의 관저.
官展(かんてん) 관전. 정부 주최의 (미술) 전
官銭(かんせん) 관전. 나라에서 만든 돈.
官制(かんせい) 관제.
官製(かんせい) 관제.
∥～葉書(はがき) 관제 엽서.
官尊民卑(かんそんみんぴ) 관존민비.
官主導(かんしゅどう) 관주도.
官地(かんち) 관(유)지. 국유지.
官職(かんしょく) 관직.
官次(かんじ) 관차. 관직의 (상하) 석차.
官撰(かんせん) 관찬. 정부에서 편수함. 또, 그 서적.
官庁(かんちょう) 관청.
∥～簿記(ぼき) 『法』 관청 부기.
官臭(かんしゅう) 관취. 관료 냄새.
官治(かんち) 관치. 중앙 정부가 직접 행정을
∥～組織(そしき) 관치 조직.　　　　└함.
～行政(ぎょうせい) 관치 행정.
官宅(かんたく) 관택. 관사(官舎).

官板(かんぱん) ⇨ 官版(かんぱん).
官版(かんぱん) 관판. 정부에서 출판함. 또, 그 출판물.
官幣(かんぺい) 국가에서 일정한 격식으로 신사(神社)에 바치던 공물.
∥～社(しゃ) 본디 신사의 격(格)의 하나. 궁내성에서 공물이 봉납되었던 격이 높은 신사.
官学(かんがく) 관학. 관립 학교.
官海(かんかい) 관해. 관리로서의 생활.
官許(かんきょ) 관허.
官憲(かんけん) 관헌.
官戸(かんこ) 관호. 중국의 천민의 하나.
官話(かんわ) 관화. 현대 중국의 표준말.

9 一 常 **冠**　갓 관・으뜸 관
カン
かんむり・かぶる

音読

冠する(かんする) ①(머리에) 쓰다. 씌우다. ②관을 쓰다.
冠たる(かんたる) 가장 훌륭한. 으뜸가는.
冠帯(かんたい) ①관대. 관과 띠. ②예절이 바른 풍속.
∥～の国(くに) 관대지국. 예의가 바른 나라 《오랑캐에 대한 중국의 일컬음》.
冠動脈(かんどうみゃく) 『生』 관동맥.
冠履(かんり) 관리. ①관(冠)과 신발. ②상위와 하위.
∥～転倒(てんとう) 관리 전도. 상하〔앞뒤〕 순서가 거꾸로 됨.
冠冕(かんべん) ①관면. 갓. 관. ②첫째. 제1위.
冠毛(かんもう) 『植』 관모.
冠不全(かんふぜん) 『醫』 관부전.
冠詞(かんし) 『文法』 관사.
冠状(かんじょう) 관상. 관 모양.
∥～動脈硬化症(どうみゃくこうかしょう) 관상 동맥 경화증.
～循環(じゅんかん) 『生』 관상 순환.
冠雪(かんせつ) 관설. 눈이 내려 덮임.
冠省(かんしょう) (편지에서) 관생. 제번(除煩).　　　　　　　　　　　　　「침수.
冠水(かんすい) 관수. (홍수로 인한 논밭의)
冠纓(かんえい) 관영. 관(冠)의 끈.
冠羽(かんう) 『鳥』 관모(冠毛). 도가머리. 우관(羽冠).
冠位(かんい) 옛날, 관(冠)의 빛깔로 관위(官位)를 나타냈던 제도.
∥～十二階(じゅうにかい) 『史』 603년에 聖徳太子(しょうとくたいし)가 관의 크기와 빛깔로 위계를 정했던 제도.
冠儀(かんぎ) 관례(冠禮)의 의식.
冠者(かんじゃ) ①관례를 치른 남자. ②위계(位階)가 6품(品)으로 관위(官位)가 없는 사람. ③젊은이. ＊かじゃ로도 읽음.
冠絶(かんぜつ) 관절. 으뜸. 제일.
冠注(かんちゅう) 두주(頭註).
冠婚葬祭(かんこんそうさい) 관혼상제.

冠

訓読

冠 ㊀(かんむり) ① 관. ② 한자의 윗머리 《艹・竹 따위》. *かむりろ도 읽음.
㊁(かん) ① 관. ② 가장 뛰어남. 최고.
㊂(きみ) ① 덮어쓰는 것. 뒤집어쓰는 일. ② 사진 현상 때의 화면의 바램〔흐림〕.
㊃(かがふり) 머리에 쓰는 일. 또, 쓰는 관.
㊄(こうぶり) ① 관(冠). ② 관위(官位)의 등급. ③ 서작(敍爵).
㊅(さか) 볏.

冠り物(かぶりもの) 모자・삿갓 등의 총칭.
冠付け(かむりづけ) 雜俳(ざっぱい)의 하나. *かんむりづけ로도 읽음.
冠棚(かんむりだな) 관을 얹어 두는 선반. 관대(冠臺).
冠師(かんむりし) 관을 만드는 사람.
冠座(かんむりざ) 〖天〗관좌. 북쪽왕관자리.
ワ冠(わかんむり) 한자 부수의 하나: 민갓머

其他

冠木(かぶき) ① 문・난간 등의 위에 대는 가로대. ② 〖建〗상인방(上引枋). ③ 冠木門의 준말.
‖~門(もん) 가로대를 기둥 위에 건너지른 지붕 없는 문.
冠切り(かぶきり) 둘레를 똑같은 길이로 가지런히 자른 어린아이의 단발 머리.

貫

11 貝 常 / 궬 관・꿰뚫을 관 / カン / つらぬく・ぬく

音読

貫 ㊀(かん) 관. 척관법에 의한 무게의 단위.
㊁(ぬき) ① 인방. ② 얇고 좁은 오리목.
貫禄(かんろく) 관록.
貫流(かんりゅう) 관류. 관통해서 흐름.
貫の木(かんのき) 빗장. 장군목.
貫目(かんめ) ① 무게. ② 척관법(尺貫法)에서 무게의 단위. ③ 관록.
貫首(かんじゅ) ① 우두머리. ② 〖佛〗천태종의 최고직. 또는, 각 종파의 총본산이나 큰 절의 주지. *かんずも로 읽음.
貫乳(かんにゅう) 도자기의 유약 부분에 생기는 가는 금.
貫入(かんにゅう) 관입. ① 꿰뚫고 들어감. ② 〖地〗마그마가 지각을 뚫고 들어감. ⇨ 貫乳(かんにゅう). ♣~岩(がん) 관입암.
‖~試験(しけん) 관입 시험. 지반의 강도를 조사하기 위한 시험.
貫長(かんちょう) ☞貫首(かんじゅ).
貫頂(かんちょう) ☞貫首(かんじゅ).
貫主(かんじゅ) ⇨ 貫首(かんじゅ).
貫徹(かんてつ) 관철.
貫通(かんつう) 관통.
‖~制動機(せいどうき) (열차의) 관통 제~銃創(じゅうそう) 관통 총창.　└동기.

訓読

貫く(つらぬく) ① 관통하다. 가로지르다. ② 관철하다.
貫孔(ぬきあな) 〖建〗인방을 관통하기 위한 구멍.
貫き通す(ぬきとおす) 관통하다. 꿰뚫다.
貫穴(ぬきあな) ⇨ 貫孔(ぬきあな).

棺

12 木 常 / 널 관 / カン / ひつぎ

音読

棺槨(かんかく) ⇨ 棺椁(かんかく).
棺椁(かんかく) 관곽. 관과 곽.
棺台(かんだい) 관대. 관을 얹어 놓는 평상(平床).
棺文(かんもん) 〖佛〗관문. 신도의 장례 때 관(棺)에 쓰는 문구.
棺箱(かんばこ) 관(棺).
棺桶(かんおけ) 관(棺).

訓読

棺(ひつぎ) 관(棺). *かん 또는 ひとき・ひときぎ로도 읽음.

款

12 欠 常 / 정성 관・조목 관 / カン / まごころ・きざむ

音読

款(かん) ① 진심. 정의(情誼). ② 법률・조문 따위의 항목. …관.
款談(かんだん) 관담. 환담.
款待(かんたい) 관대(함). 환대(함).
款冬(かんとう) 〖植〗관동. '蕗(ふき)'(=머위)'의 딴이름. *かんどうろ로도 읽음.
款語(かんご) 관어. 허물없이 하는 이야기.
款接(かんせつ) 관접. 환대.
款項(かんこう) 관항. 관과 항.
‖~目節(もくせつ) 관항목절. 관과 항과 목과 절. 구(舊)회계법상의 예산 과목.

菅

12 艹 / 골풀 관・솔새 관・골풀 간 / カン / すげ・すが

訓読

菅(すげ) 〖植〗사초(莎草). *すがろ도 읽음.
菅笠(すげがさ) 사초(莎草)로 만든 삿갓.
菅蓑(すがみの) 사초(莎草) 잎으로 짠 도롱이. *すげみのろ도 읽음.
菅筵(すがむしろ) 사초(莎草)로 짠 거적.
菅垣(すががき) ① 거문고로 노래 없이 타는 곡. ② 三味線(しゃみせん)을 노래 없이 탐.
菅原(すがわら) 사초(莎草)가 자라고 있는 들판. *すげはらと도 읽음.
菅薦(すがごも) 사초(莎草)로 거칠게 엮은 거적.
菅畳(すがたたみ) 사초(莎草)로 짠 畳(たた

| 13 ⼧ 常 | 寛（寬） | 너그러울 관
カン
ひろい・ゆたか・ゆるやか・くつろぐ |

音読➡

寛(かん) 너그러움.
寛大(かんだい) 관대.
寛待(かんたい) 관대. 너그럽게 대접함.
寛猛(かんもう) 관맹. 관대함과 용맹함.
寛恕(かんじょ) 관서. 용용.
寛厳(かんげん) 관엄. 관대함과 엄함.
寛永銭(かんえいせん) 寛永通宝銭(かんえいつうほうせん)의 준말. 1636년부터 明治(めいじ) 중기까지 통용되던 화폐.
寛容(かんよう) 관용.
寛宥(かんゆう) 관유. 너그러이 용서함.
寛仁(かんじん) 관인. 관대하고 자비심이 많
‖〜大度(たいど) 관인 대도.   └음.
寛典(かんてん) 관전. 관대한 은전〔처분〕.
寛政(かんせい) 관정. 너그러운 정치.
寛解(かんかい)〖醫〗관해. 정신 분열증의 증상이 없어짐.
寛刑(かんけい) 관형. 관대한 형벌.
寛闊(かんかつ) 관활. 도량이 넓고 관대함.
寛厚(かんこう) 관후. 도량이 넓고 점잖음.

訓読➡

寛か(ゆたか) 누긋하고 온화한 모양. ＊ゆびかからも 읽음.
寛ぐ(くつろぐ) ①(심신을) 편안하게 하다. 쉬다. ②허물없이 사귀다.
寛げ(ゆたげ) 누긋한 모양. 넉넉한 모양.
寛げる(くつろげる) 편안하게 하다. 느슨하게 하다.

| 14 ⼼ 教 | 慣 | 익숙할 관・버릇 관
カン
なれる・ならす・ならわし |

音読➡

慣例(かんれい) 관례.
慣性(かんせい)〖理〗관성. 타성. ♣〜系(けい)〖理〗관성계／〜力(りょく)〖理〗관성력. 관성 저항.
‖〜の法則(ほうそく)〖理〗관성의 법칙.
　〜誘導装置(ゆうどうそうち) 관성 유도 장
　〜質量(しつりょう)〖理〗관성 질량. └치.
　〜航法(こうほう) 관성 항법. ／〜装置(そうち) 관성 항법 장치.
慣手段(かんしゅだん) 상투 수단.
慣熟(かんじゅく) 관숙. 익숙하여짐.
慣習(かんしゅう) 관습. ♣〜法(ほう)〖法〗관습법／〜的(てき) 관습적.
慣用(かんよう) 관용. ♣〜句(く) 관용구／〜語(ご) 관용어／〜音(おん) 관용음.
‖〜手段(しゅだん) 관용 수단.
慣行(かんこう) 관행.

訓読➡

慣わし(ならわし) 습관. 풍습. 관례.
❖慣らす(ならす) ①환경에 익도록 하다. 순응시키다. ②(동물 따위를) 길들이다.
慣らし(ならし) 길들임. 연습.
❖慣れる(なれる) 습관되다. 익다. 길들다.
慣れ(なれ) 습관. 익숙해짐.
慣れっこ(なれっこ)〈俗〉아주 익숙해져서 태연함.

| 14 ⺮ 教 | 管 | 관 관・맡을 관
カン
くだ・つかさどる・ふえ |

音読➡

管 ㊀(かん) 관. 파이프.
　㊁(くだ) 관. 속이 빈 가느다란 막대.
管する(かんする) 단속하다. 관리하다.
管見(かんけん) 관견. ①좁은 견식. ②자기 견식의 겸사말.
管区(かんく) 관구.
‖〜警察局(けいさつきょく) 관구 경찰국. 경찰청의 지방 기관.
　〜気象台(きしょうだい) 관구 기상대. 기상청의 지방 기관.
管球(かんきゅう) ①관상(管狀)의 기름한 전구. ②진공관.
管内(かんない) 관내.
管領(かんりょう) ①관령. 도맡아 다스림. 또, 그 사람. ②〖史〗室町幕府(むろまちばくふ)의 직명《将軍(しょうぐん)을 도와 정무를 총괄하던 벼슬》. ＊②는 かんれい로도 읽음.
管理(かんり) 관리. ♣〜人(にん) 관리인／〜職(しょく) 관리직.
‖〜価格(かかく) 관리 가격.
　〜図(ず) 관리도. 품질 좋은 제품 제작을 위한 관리 수단의 하나로서 사용하는 도표나 그
　〜社会(しゃかい) 관리 사회.   └래프.
管状(かんじょう) 관상. 관(管) 같은 모양.
♣〜花(か) 관상화.
‖〜骨(こつ)〖生〗관상골. 장골(長骨).
　〜神経系(しんけいけい)〖生〗관상 신경
　〜組織(そしき)〖生〗관상 조직.   └계.
管束(かんそく)〖植〗관다발.
管楽(かんがく) 관악. 취주악.
管楽器(かんがっき) 관악기.
管外(かんがい) 관외. 관할외.
管長(かんちょう) 관장. 종정(宗正)《神道(しんとう)나 불교에서, 한 종파의 우두머
管掌(かんしょう) 관장.   └리》.
管財(かんざい) 관재. ♣〜人(にん) 관재인.
管制(かんせい) 관제. ♣〜塔(とう) (항공)
管足(かんそく)〖動〗관족.   └관제탑.
管主(かんしゅ) 천태종의 최고직. 또는, 각 종파의 총본산이나 큰 절의 주지.
管庁(かんちょう) 관할 관청.
管鍼(かんしん) 대롱 속에 넣고 사용하는 침. ＊くだばり로도 읽음.

管鮑(かんぽう) 관포. (중국, 춘추 시대의) 관중(管仲)과 포숙아(鮑叔牙).
～の交(まじ)**わり** 관포지교.
管(かん) 관하.
管轄(かんかつ) 관할. ♣**～権**(けん) 관할권.
‖**～裁判所**(さいばんしょ) 관할 재판소. 관할 법원.
管絃(かんげん) 관현. ♣**～講**(こう)〖佛〗관현강. 「관현악단.
‖**～楽**(がく)〖樂〗관현악. ♣**～団**(だん)
管絃(かんげん) ⇨ 管弦(かんげん).

【訓読】
管継手(くだつぎて) 지름이 다른 관을 연결하거나 방향을 바꿀 때 사용하는 특별한 모양의 관. *かんつぎて라고도 함.
管暖簾(くだのれん) 적당한 길이의 대나무나 유리관에 줄을 꿰어 만든 暖簾(のれん).
管水母(くだくらげ)〖動〗관해파리.
管玉(くだたま) 관옥. 원통형(形)의 가느다란 구슬.
管朱引き(くだしゅびき) 책 속의 연대·벼슬·책이름 등에 빨강색으로 네모를 치는 일.

| 14 糸 | **綰** | 얽을 관
ワン
すべる・たく・わがねる |

【訓読】
綰ねる ㊀(わがねる) 구부려 둥글게 만들다.
㊁(たがねる) 매동그리다. 뭉뚱그리다. 다발로 묶다.
綰む(わぐむ) 구부려 둥글게 만들다.
❖**綰げる**(わげる) 노송나무·삼목 따위의 얇은 널빤지를 구부려 원형을 만들다.
綰げ物(わげもの) 노송나무·삼목 등의 얇은 판자를 구부려 만든 그릇.

| 14 門 教 | **関**(關) | 문빗장 관·관계할 관
カン
せき・かかわる |

【音読】
関して(かんして) (…에) 관〔대〕하여.
関する(かんする) ① 관계하다. ②…에 관계가 있다.
関鍵(かんけん) 관건. ① 문빗장. ②(사물의) 핵심. 키(key).
関係(かんけい) 관계. ♣**～詞**(し)〖言〗관계사／**～式**(しき)〖數〗관계식／**～者**(しゃ) 관계자.
‖**～代名詞**(だいめいし)〖文法〗관계 대명사.
～妄想(もうそう)〖心〗관계 망상. 「사.
～付ける(づける) 관련 짓다. 연관시키다.
～副詞(ふくし)〖文法〗관계 부사.
～集団(しゅうだん)〖心〗관계 집단.
関空(かんくう) 関西(かんさい)国際空港(こくさいくうこう)의 준말.
関関(かんかん) 새의 한가로운 울음소리.

関東(かんとう)〖地〗① 関東地方(ちほう)의 준말. ②(고대에) 鈴鹿(すずか)(=三重(みえ)현 북부)·不破(ふわ)(=岐阜(ぎふ)현)·愛発(あらち)(=福井(ふくい)현 敦賀(つるが)근처)의 세 옛 관문으로부터 동쪽의 여러 지방의 일컬음.
‖**～管領**(かんりょう) 室町幕府(むろまちばくふ)가 関東를 다스리기 위해 鎌倉(かまくら)에 둔 벼슬.
～軍(ぐん)〖史〗관동군. 2차 세계 대전 전에 중국 동북부(만주) 지방에 주둔했던 일본 육군 부대의 총칭.
～大震災(だいしんさい) 1923년 9월 1일 関東 지방에 일어난 지진으로 인한 큰 재해.
～煮(に) (関西(かんさい) 지방에서) 'おでん(=꼬치 요리)'을 일컫는 말.
～州(しゅう)〖地〗관동주. 중국 동북부 랴오둥(遼東) 반도 남부에 있었던 일본의 조차지《현재의 다롄(大連) 시 일대》.
～地方(ちほう)〖地〗本州(ほんしゅう)의 거의 중앙부에 있는 지방.
～炊き(だき) ☞ 関東煮.
～八州(はっしゅう)〖地〗箱根(はこね) 동쪽 여덟 지방의 총칭.
～平野(へいや)〖地〗関東 평야. 関東 지방의 태반을 점하는, 일본 최대의 평야.
関頭(かんとう) 관두. 가장 중요한 지경. 갈림길. 「〔연관〕성.
関連(かんれん) 관련. ♣**～性**(せい) 관련
関聯(かんれん) ⇨ 関連(かんれん).
関目(かんもく) 중요한 점. 주안점.
関門 ㊀(かんもん) ① 관문. ②〖地〗下関(しものせき)와 門司(もじ).
‖**～海峡**(かいきょう)〖地〗関門 해협.
㊁(せきもん) 관문.
関防(かんぼう) 관방. ① 중국에서, 관문(關門)의 일컬음. ② 서화(書畫) 등의 오른편 위쪽에 찍는, 직사각형 도장.
関白(かんぱく) 관백. 중고(中古) 시대에 天皇(てんのう)를 보좌하여 정무를 총리하던 중직(重職). ② 위력이나 권력이 강한 자의 비유.
関釜(かんぷ) 부관. 釜山(부산)과 下関(しものせき). 「락선.
‖**～連絡船**(れんらくせん) 부관(釜關) 연
関西(かんさい)〖地〗京都(きょうと)·大阪(おおさか)(를 중심으로 한) 지방.
‖**～弁**(べん) 関西 지방의 말씨〔사투리〕.
関説(かんせつ) 무엇과 관련시켜 설명함.
関渉(かんしょう) 관섭. 무슨 일에 관계하고 참섭함. 간섭.
関税(かんぜい) 관세. ♣**～法**(ほう) 관세법.
‖**～警察**(けいさつ) 관세 경찰.
～同盟(どうめい) 관세 동맹. 「허표.
～譲許表(じょうきょひょう)〖經〗관세 양
～自主権(じしゅけん) 관세 자주권.
～障壁(しょうへき) 관세 장벽.
～定率法(ていりつほう) 관세 정률법.

~政策(せいさく) 관세 정책.
~割り当て制度(わりあてせいど) 관세 할당 제도. TQ제(制).
関数(かんすう)〖数〗함수. ♣~論(ろん) 함수론 / ~尺(じゃく) 함수자 / ~表(ひょう) 함수표.
‖~空間(くうかん)〖数〗함수 공간.
~関係(かんけい) 함수 관계.
~目盛り(めもり)〖数〗함수 눈금.
~方程式(ほうていしき) 함수 방정식.
関心(かんしん) 관심. ♣~事(じ) 관심사.
関与(かんよ) 관여.
関節(かんせつ)〖生〗관절. ♣~腔(こう)〖生〗관절강 / ~炎(えん)〖生〗관절염.
‖~強直(きょうちょく)〖生〗관절 강직.
~技(わざ) (유도에서) 관절을 꺾는 수.
~鼠(ねずみ)〖醫〗관절 서.
~軟骨(なんこつ)〖生〗관절 연골.
~リューマチ〖醫〗관절 류머티즘.
関知(かんち) 관지. 관여.
関八州(かんはっしゅう) 関東八州(かんとうはっしゅう)의 준말.

訓読

関 ㊀(せき) 関所(せきしょ)의 준말.
㊁(ぜき)《接尾語로》일본 씨름에서, 十両(じゅうりょう) 이상의 씨름꾼 이름 뒤에 붙이는 경칭.
関口(せきぐち) 둑의 물을 내보내는 곳.
関路(せきじ) 관문(關門)으로 통하는 길.
関山(せきやま) 관문이 있는 산.
関の山(せきのやま) 최대 한도. 고작.
関所(せきしょ) 관문(關門). 전하여, 난관.
‖~手形(てがた) 관문 통행증.
~破り(やぶり) 통행증 없이 부정한 방법으로 관문을 빠져나감. 또, 그 자.
関守(せきもり) 관문 파수지기.
関屋(せきや)〈雅〉관문지기가 거처하는 집.
関取(せきとり) (일본 씨름에서) 十両(じゅうりょう) 이상의 씨름꾼.
関破り(せきやぶり) ☞関所破り(せきしょやぶり).
関板(せきいた) ①토목 공사 등에서 굴착한 흙의 유출·붕괴를 막기 위해 두르는 널빤지. ②콘크리트 타설용 틀.
関脇(せきわけ) 씨름꾼 계급의 하나. 大関(おおぜき)의 밑, 小結(こむすび)의 위.
関戸(せきど) ⇨ 関門(せきもん).
関の戸(せきのと)〈古〉관문.

| 16 皿 | 盥 | 대야 관
カン
たらい |

訓読

盥(たらい) 대야.
‖~回し(まわし) ①〈俗〉(어떤 사물을) 서로 짜고 차례로 돌림. 목침 돌림. ②발로 큰 대야를 돌리는 곡예.

| 16 食 ㊍ | 館(館) | 객사 관
カン
たち·たて·やかた |

音読

館 ㊀(かん)《接尾語로》…관. ①(큰) 건물. ②여관. 여인숙. 「높임말.
㊁(やかた)①귀인의 저택. ②귀인에 대한
㊂(たち)〈雅〉①귀인·관리의 숙사. *たてろも 읽음. ②. ☞㊁①. ③작은 성.
館内(かんない) 관내.
館員(かんいん) 관원.
館長(かんちょう) 관장.
館蔵(かんぞう) 관장. 박물관·미술관·도서관 등에서 소장하고 있음. ♣~品(ひん) 관장품.
館主(かんしゅ) 관주. 여관이나 영화관 따위의 주인.

| 18 見 ㊍ | 観(觀) | 볼 관·생각 관
カン
しめす·みせる·みる |

音読

観(かん) ①외관. 모양. 느낌. ②《接尾語적으로》…관. 견해. 관점.
観じる(かんじる) ☞観ずる(かんずる).
観ずる(かんずる) ①체념하다. ②체득하다.
観客(かんきゃく) 관객. 구경하는 사람.
*かんかくろも 읽음.
観経(かんぎょう) 관경. 간경(看經).
観光(かんこう) 관광. ♣~地(ち) 관광지.
‖~農園(のうえん) 관광 농원.
~道路(どうろ) 관광 도로.
~都市(とし) 관광 도시.
~産業(さんぎょう) 관광 산업.
~繻子(じゅす) 명주실과 무명실을 섞어 짠 수자(새틴)《群馬(ぐんま) 현 桐生(きりゅう) 지방의 특산임》.
~資源(しげん) 관광 자원.
観菊(かんぎく) 관국. 국화 감상. ♣~会(かい) 관국회.
観劇(かんげき) 관극. 연극 구경.
観念(かんねん) ①각오. 단념. ②관념.
♣~論(ろん)〖哲〗관념론 / ~性(せい) 관념성 / ~化(か) 관념화.
‖~象徵(しょうちょう) 감각적·구체적인 것으로 어떤 관념을 나타내는 일.
~小説(しょうせつ) 관념 소설.
~念佛(ねんぶつ)〖佛〗관념 염불.
~的(てき) 관념적. 「상상적 경합.
~競合(きょうごう)〖法〗관념적 경합.
観能(かんのう) 能(のう)를 관람함.
観楽(かんらく) 보고 즐김.
観覧(かんらん) 관람.
観望(かんぼう) 관망.
観梅(かんばい) 관매. 매화꽃 구경.
観門(かんもん)〖佛〗관문. 이론적인 방면에

観法 ㊀(かんぼう) 관상법(觀想法).
　㊁(かんぼう)〖佛〗관법. 마음에 불법의 진리를 관찰하는 일.
観兵(かんぺい) 관병. 열병. ♣~式(しき) 열병식.
観仏(かんぶつ)〖佛〗관불. 열심히 부처를 생각함.
観相(かんそう) 관상. ♣~学(がく) 관상학.
観象(かんしょう) ① 기상을 관측함. ② 인상(人相)・가상(家相) 등을 봄.
観想(かんそう) 관상. 명상.
観賞(かんしょう) 관상. ♣~魚(ぎょ) 관상어 ‖~植物(しょくぶつ) 관상 식물.
観世(かんぜ) 観世流의 준말. 「하나. ‖~流(りゅう) 能楽(のうがく) 5대 유파의 ~水(みず) 소용돌이치는 물 모양의 무늬. ~縒(より)지(紙)노. 종이 노끈.
観世音(かんぜおん)〖佛〗관세음. ‖~菩薩(ぼさつ) 관세음보살.
観心(かんじん)〖佛〗관심. 실천・수행의 방법으로 자기 마음을 관찰함.
観桜(かんおう) 벚꽃을 관상함. 벚꽃 구경. ‖~会(かい) 벚꽃놀이 모임.
観閲(かんえつ) (군대 등을) 검열〔사열)함.
観葉植物(かんようしょくぶつ) 관엽 식물.
観月(かんげつ) 달맞이. 달구경. ‖~会(かい) 달맞이 잔치.
観音(かんのん)〖佛〗'観世音(かんぜおん)(=관세음)'의 준말. 관음. ♣~講(こう) 관음강 / ~経(ぎょう) 관음경 / ~堂(どう) 관음당 / ~力(りき) 관음력.
‖~開き(びらき) 좌우 여닫이식의 문. ~菩薩(ぼさつ) 관음보살. 「는 일. ~巡り(めぐり) 각지의 관음을 찾아 순례하
観入(かんにゅう) 관입. 깊이 파고 들어 사물의 본질을 봄.
観戦(かんせん) 관전. ① 전황(戰況)을 시찰함. ② 경기를 구경함.
‖~武官(ぶかん) 관전 무관. 교전국의 허가를 얻어 전황을 시찰하는 제3국의 군인.
観点(かんてん) 관점.
観照(かんしょう) 관조.
観衆(かんしゅう) 관중.
観察(かんさつ) 관찰. ♣~力(りょく) 관찰력 / ~眼(がん) 관찰안.
観天望気(かんてんぼうき) 관천 망기. 구름이나 하늘 모양 등을 살펴 경험적으로 일기 예보를 하는 일.
観取(かんしゅ) 관취. 보고 알아차림.
観測(かんそく) 관측. ♣~所(じょ) 관측소. ‖~気球(ききゅう) 관측 기구.
観楓(かんぷう) 관풍. 단풍 구경. ‖~会(かい) 단풍 구경 모임.
観艦式(かんかんしき) 관함식.
観護(かんご) 감호(監護).
‖~措置(そち)〖法〗감호 조치.
〖訓読〗
観る(みる) 보다. 구경하다.

| 19 月 | 臗 | 볼기 관
カン・コン
からだ・しり |

〖音読〗
臗骨(かんこつ) 관골. 무명골. 궁둥이뼈.

| 21 氵 | 灌 | 물댈 관
カン
そそぐ |

〖音読〗
灌漑(かんがい)〖農〗관개.
‖~農業(のうぎょう) 관개 농업.
~用水(ようすい) 관개 용수.
灌口地獄(かんくじごく)〖佛〗관구 지옥.
灌木(かんぼく) 관목. 低木(ていぼく)의 구칭. ♣~帯(たい) 관목대.
灌仏(かんぶつ)〖佛〗관불. ① 불상에 향수를 뿌림. ② 灌仏会의 준말.
‖~会(え)〖佛〗관불회.
灌水(かんすい) 관수. 물을 댐. 물을 뿌림.
~浴(よく) 물을 뿌려 몸을 씻음. 샤워.
灌腸(かんちょう)〖醫〗관장.
灌頂(かんじょう)〖佛〗관정. 진언종(眞言宗)에서, 수계(授戒) 등의 경우에 정수리에 향수를 뿌리는 의식. *かんちょうろ로도 읽음.
♣~壇(だん) 관정단.
灌注(かんちゅう) 관주. ① 부어 넣음. ② 물을 댐. 관개(灌漑).
〖訓読〗
灌ぐ(そそぐ) ① 흘러 들어가다. ② (물을) 대다. 주다. 뿌리다.

| 25 骨 | 髖 | 허리뼈 관
カン・コン |

〖音読〗
髖骨(かんこつ) 관골. 궁둥이뼈.
‖~臼(きゅう)〖生〗관골구. 비구(髀臼).

| 26 金 | 鑵 | 두레박 관
カン |

〖參考〗缶의 異體字.
〖音読〗
鑵子(かんす) ① 물 끓이는 데 쓰는 청동기 또는 놋쇠로 된 그릇. ②〔方〕차관(茶罐).

| 27 頁 | 顴 | 광대뼈 관
カン・ケン
ほおぼね |

〖音読〗
顴骨(けんこつ)〖生〗관골. 광대뼈.

29 鳥	鸛	황새 관 カン こうのとり

訓読
鸛(こうのとり)〖鳥〗황새.

괄

8 刂	刮	비빌 괄·깎을 괄 カツ けずる·こそぐ

音読
刮目(かつもく) 괄목.

訓読
刮ぐ(こそぐ) 깎아〔긁어〕내다.
刮げる(こそげる) 깎아〔긁어〕내다. 떼어내「다.

9 才 常	括	쌀 괄·묶을 괄 カツ くくる·くびれる

音読
括約筋(かつやくきん)〖生〗괄약근.
括弧(かっこ) 괄호.

訓読
括し上げる(くくしあげる) ① 꽁꽁 묶다. 단단히 묶다. ② 홀치기 염색으로 하다.
❖括る ㊀(くくる) ①(한데) 묶다. 옭아매다. ②끝맺다. 마무르다. ③『高(たか)を~』허투루〔대수롭지 않게〕보다. 깔보다.
㊁(くびる) 가운데를 잘록하게 졸라매다.
括り(くくり) ①묶음. 묶은 것. 단. 다발. ②올무. 올가미. ③일본 바지 등의 발회목을 졸라매는 끈. ④결말. 매듭.
括り付ける(くくりつける) 동여매다.
括り顎(くくりあご) 살집이 좋고 이중으로 된 턱.
括り染め(くくりぞめ) 홀치기 염색.
括り枕(くくりまくら) 베갯속을 넣고 양 마구리를 졸라 매어 만든 베개.
❖括れる ㊀(くびれる) 잘록해지다.
㊁(くくれる) 가는 노끈 등이 감겨 죄이다. 또, 노끈이 죄인 것 같은 자국이 나다.
括れ目(くくれめ) 잘록한 곳.

12 竹	筈	오늬 괄 カツ はず

訓読
筈(はず) ①…할 예정〔것임〕. …할 리. …할 터. 당연히 …할 것. ②〈雅〉'矢筈(やはず)'(=(화살의) 오늬)'·'弓筈(ゆはず)'(=활고자)'의 준말. ③ ☞筈押し(はずおし)).
筈押し(はずおし) (씨름에서) 손아귀를 상대 방 겨드랑이 밑이나 가슴에 대고 미는 수.

광

5 广 教	広(廣)	넓을 광 コウ ひろい·ひろまる·ひろめる·ひろがる·ひろげる

音読
広角(こうかく) 광각. 「주.
広告(こうこく) 광고. ♣~主(ぬし) 광고‖~代理業(だいりぎょう) 광고 대리업. ~代理店(だいりてん) 광고 대리점. ~媒体(ばいたい) 광고 매체.
広軌(こうき) (철도의) 광궤.
広大(こうだい) 광대. 굉대(宏大). ‖~無辺(むへん) 광대무변.
広帯域ISDN(こうたいいきアイエスディーエヌ) 광대역 ISDN.
広卵形(こうらんけい)〖植〗광란형. 넓은 달걀꼴. 「량.
広量(こうりょう) 광량. 도량이 큼. 넓은 도
広漠(こうばく) 광막. 「하나.
広目天(こうもくてん)〖佛〗광목천. 사천왕의
広袤(こうぼう) 광무. 넓이. 한없이 넓음.
広博(こうはく) 광박. 해박.
広背筋(こうはいきん)〖生〗광배근. 활배근(闊背筋).
広汎(こうはん) ⇨ 広範(こうはん).
広範(こうはん) 광범.
広範囲(こうはんい) 광범위.
広報(こうほう) 홍보(弘報).
広本(こうほん) 광본. 같은 이름의 서적 중에서 내용이 광범한 것.
広鼻猿類(こうびえんるい)〖動〗광비원류. 광비류.
広食性(こうしょくせい)〖動〗광식성.
広野(こうや) 광야. ＊ひろの로도 읽음.
広言(こうげん) 광언. 방언(放言).
広域(こういき) 광역. 광역권. ‖~経済(けいざい) 광역 경제. 「대.
~変成帯(へんせいたい)〖地〗광역 변성
~変成作用(へんせいさよう)〖地〗광역 변성 작용.
~生活圏(せいかつけん) 광역 생활권.
~連合(れんごう) 광역 연합. 복수의 지방 자치 단체의 연합.
~下水道(げすいどう) 광역 하수도.
~行政(ぎょうせい) 광역 행정.
広葉樹(こうようじゅ)〖植〗활엽수.
広原(こうげん) 넓은 들판.
広遠(こうえん) 광원. 평원. 넓고도 심오함.
広義(こうぎ) 광의. 「줌.
広益(こうえき) 광익. 널리 일반에게 이익을

広壮(こうそう) 굉장(宏壯).
広張(こうちょう) 세력 등을 넓혀 성하게 함.
広長舌(こうちょうぜつ) 장광설(長廣舌).
広才(こうさい) 광재. 재주가 뛰어남. 또, 그런 사람.
広節裂頭条虫(こうせつれっとうじょうちゅう) 〖動〗광절 열두 촌충. 넓은마디촌충.
広聴(こうちょう) 널리 의견을 들음.
広楕円形(こうだえんけい) 〖數〗광타원형.
広狭(こうきょう) 광협. 넓음과 좁음.
広闊(こうかつ) 광활.

〖訓読〗

広げる(ひろげる) ① (접은 것을) 펴다. 펼치다. ② (면적·범위·규모를) 키우다. 확장〔확대〕하다. 넓히다.
広まる(ひろまる) ① 넓어지다. ② 널리 퍼지다. 널리 알려지다.
❖広い(ひろい) 넓다. ① (면적·폭·공간이) 넓다. ② (범위가) 크다. 많다.
広さ(ひろさ) 넓이.
広っぱ(ひろっぱ) 〈俗〉(집 밖에 있는) 넓은 빈〔공〕터.
広み(ひろみ) 넓은 곳. 광장.
広やか(ひろやか) 널찍한 모양.
広らか(ひろらか) ☞ 広やか(ひろやか).
広間(ひろま) (회합 등을 위한) 큰 방.
広蓋(ひろぶた) ① 옷상자 뚜껑. ② 뚜껑 비슷한 큰 쟁반.
広巾(ひろはば) ⇨ 広幅(ひろはば)
広広(ひろびろ) 널찍한 모양. *こうこうろ도 읽음.
広口(ひろくち) ① (병 따위의) 아가리가 큼. 또, 그것. ② 수반(水盤).
広襟(ひろえり) 여자용 和服(わふく)의 깃폭이 보통 것의 배(倍)가 되는 것.
広島(ひろしま) 〖地〗 일본 서부의 현. 또, 그 현청 소재지.
広瀬(ひろせ) 폭이 넓은 여울.
広母音(ひろぼいん) 〖言〗저모음(低母音) 〖ア音〗. *こうぼいん으로도 읽음.
広目屋(ひろめや) ⇨ 広め屋(ひろめや)
広物(ひろもの) 폭이 넓은 물건. 대형의 것 《흔히 큰 물고기에 대해서 이름》.
広小路(ひろこうじ) 노폭이 넓은 가로.
広袖(ひろそで) (일본 옷에서) 소맷부리의 아래쪽을 꿰매지 않은 소매.
広縁(ひろえん) ① 넓은 툇마루. ② (寝殿造(しんでんづくり)에서) 몸채 주위에 있는 기다란 쪽.
広葉天南星(ひろはてんなんしょう) 〖植〗넓은잎천남성.
広場(ひろば) 광장. 넓은 장소.
‖~恐怖症(きょうふしょう) 광장 공포증.
広前(ひろまえ) 신전(神殿)·불당(佛堂)·궁전 따위의 앞마당.
広庭(ひろにわ) 넓은 마당.
広布 ㊀(ひろめ) 다시마의 옛 이름.
㊁(こうふ) 광포. 널리 알림.

広幅(ひろはば) 광폭. 너비가 보통 것보다 2배되는 옷감〖보통 75 cm 정도〗.
❖広がる(ひろがる) ① (접었던 것이) 펼쳐지다. 벌어지다. ② (면적·범위·규모 등이) 커지다. 확대〔확장〕되다.
広がり(ひろがり) ① (폭·면적·공간이나 세력의 범위 따위가) 넓어짐. 퍼짐. 확대. 또, 그 정도.
❖広める(ひろめる) ① 넓히다. ② 널리 퍼지게 하다. 보급시키다. 　　　　 「고.
広め(ひろめ) ① 좀 넓음. 또, 그 정도. ② 광
広め屋(ひろめや) 광고쟁이. 샌드위치맨.

〖其他〗

広東(カントン) 〖地〗광동. 광둥.
‖~語(ご) 〖言〗광동어. 광둥어.
~窯(よう) 광동요. 광둥요.
~料理(りょうり) 광동〔광둥〕 요리.
~政府(せいふ) 〖史〗광동〔광둥〕 정부.

6 光 빛 광·빛날 광
儿 〔教〕 コウ
     ひかる・ひかり

〖音読〗

光角(こうかく) 〖理〗광각.
光覚(こうかく) 〖動〗광각.
光景(こうけい) 광경.
光冠(こうかん) 광관. 코로나.
光球(こうきゅう) 〖天〗광구.
光起電力効果(こうきでんりょくこうか) 〖理〗광기전력 효과. *ひかりきでんりょくこうか로도 읽음.
光年(こうねん) 〖天〗광년.
光達距離(こうたつきょり) (등대 따위의) 광달 거리.
光度(こうど) 광도. ♣~計(けい) 광도계.
光頭(こうとう) 대머리.
光来(こうらい) 광림(光臨). 왕림.
光量(こうりょう) 〖理〗광량. ♣~計(けい) 광량계.
光力(こうりょく) 〖理〗광력. 광도(光度).
光輪(こうりん) 〖基〗광륜. 후광(後光).
光臨(こうりん) 광림. 왕림.
光琳蒔絵(こうりんまきえ) 칠기 속에 금속·자개를 박은 것.
光芒(こうぼう) 광망. 빛의 줄기.
光明(こうみょう) 광명.
‖~遍照(へんじょう) 〖佛〗광명 변조.
光房(こうぼう) 사진관의 옥호에 붙이는 말.
光背(こうはい) (불상의) 광배. 후광.
‖~効果(こうか) 〖心〗광배〔헤일로〕 효과.
光復節(こうふくせつ) (한국의) 광복절.
光分解(こうぶんかい) 〖理〗광분해. *ひかりぶんかい로도 읽음.
光比(こうひ) 〖天〗광비.
光線(こうせん) 〖理〗광선. ♣~束(そく) 〖理〗광선속 / ~銃(じゅう) 광선총.
‖~療法(りょうほう) 광선 요법.

光束(こうそく) 광속.
光速(こうそく) 광속. 광속도.
光速度(こうそくど) 『理』광속도.
光圧(こうあつ) 『理』광압.
光量子(こうりょうし) 『理』광양자.
光熱(こうねつ) 광열. ♣〜費(ひ) 광열비.
光炎(こうえん) 광염. 빛과 불꽃.
光栄(こうえい) 광영. 영광.
光耀(こうよう) 광요. 빛. 광채. 빛남.
光源(こうげん) 『理』광원.
光陰(こういん) 광음. 세월. ＊ひかげ로도
光子(こうし) 『理』광자. └읽음.
光跡(こうせき) 『理』광적.
光電管(こうでんかん) 『理』광전관.
光伝導(こうでんどう) 『理』광전도. ＊ひかりでんどう로도 읽음.
光電流(こうでんりゅう) 『理』광전류. ＊ひかりでんりゅう로도 읽음.
光電子(こうでんし) 『理』광전자.
光電池(こうでんち) 『理』광전지. ＊ひかりでんち로도 읽음.
光電効果(こうでんこうか) 『理』광전 효과.
光点(こうてん) 광점. └기성.
光周性(こうしゅうせい) 『生』광주성. 광주
光差(こうさ) 『天』광차.
光彩(こうさい) 광채.
∥〜陸離(りくり) 광채 육리.
光軸(こうじく) 『理』광축.
光弾性(こうだんせい) 『理』광탄성. ＊ひかりだんせい로도 읽음.
光沢(こうたく) 광택. ♣〜機(き) 광택기 / 〜紙(し) 광택지.
光波(こうは) 『理』광파.
光風(こうふう) 광풍.
∥〜霽月(さいげつ) 광풍제월.
光被(こうひ) 임금의 덕이 널리 미침.
光学(こうがく) 광학. ♣〜系(けい) 광학계.
∥〜器械(きかい) 광학 기계.
〜録音(ろくおん) 광학 녹음.
〜兵器(へいき) 광학 병기.
〜繊維(せんい) 광학 섬유. 광섬유.
〜式文字読取り装置(しきもじよみとりそうち) 광학식 문자 판독 장치.
〜異性(いせい) 『理』광학 이성.
〜顕微鏡(けんびきょう) 광학 현미경.
〜活性体(かっせいたい) 『理』광학 활성체.
光合成(こうごうせい) 『化』광합성. ＊ひかりごうせい로도 읽음.
∥〜細菌(さいきん) 광합성 세균.
光害(こうがい) 밤에 조명으로 인한 피해《생태계에 악영향을 주는 빛》.
光行差(こうこうさ) 『天』광행차.
光画(こうが) 사진의 양화(陽畫). 사진.
光華(こうか) ①빛. 빛남. ②영예.
光化学(こうかがく) 광화학. ＊ひかりかがく로도 읽음.
∥〜反応(はんのう) 광화학 반응. ＊ひかりかがくはんのう로도 읽음.
光環(こうかん) 광환. 해·달 주위의 광륜.
光暈(こううん) 〖寫〗훈영(暈影). 헐레이션 (halation).
光輝(こうき) 광휘. 빛남.

【訓読】

光 ㊀(ひかり) ①빛. ②영예. 영광.
㊁(びかり) 《接尾語로》…빛.
㊂(こう) 《接尾語로》…광. …빛.
光らかす(ひからかす) ①빛나게 하다. 내비치다. ②과시하다. 「내다.
光らす(ひからす) 빛〔광〕나게 하다. 빛〔광〕
光蘚(ひかりごけ) 『植』반짝이끼.
光磁気ディスク(ひかりじきディスク) 『理』 광자기 디스크.
光重合(ひかりじゅうごう) 『化』광중합.
光通信(ひかりつうしん) 광통신.
光飽和点(ひかりほうわてん) 『生』광포화점. ＊こうほうわてん으로도 읽음.
❖光る(ひかる) ①빛나다. ②빛을 내다〔발하다〕. ③출중하다. 뛰어나다.
光り物(ひかりもの) ①빛나는〔번쩍이는〕 물건. ②〈俗〉쇠붙이. ③〈俗〉(요리에서) 생선 초밥의 재료로 쓰는 고등어 따위. 「다.
光り輝く(ひかりかがやく) 아름답게 빛나

【其他】

光参(きんこ) 『動』광삼. 금해서.
光一(ぴかいち) 〈俗〉출중함. 또, 그 사람.

| 6 匚(入) | 匡 | 바를 광
キョウ
ただす |

【音読】

匡救(きょうきゅう) 광구. 악을 바로잡아 위난에서 구함.
匡輔(きょうほ) 광보. 광필.
匡翼(きょうよく) 광익. 바로잡고 도와줌.
匡正(きょうせい) 광정. 잘못을 바로잡아 고 「함.
匡済(きょうさい) 광제. 바르게 고쳐 구제
匡弼(きょうひつ) 광필. 그름을 바로잡고 미치지 못하는 곳을 보필함.

| 7 犭(常) | 狂 | 미칠 광
キョウ
くるう・くるおしい |

【音読】

狂(きょう) 《接尾語로》…광.
狂する(きょうする) 미치다. 열중하다.
狂歌(きょうか) 풍자와 익살을 주로 한 短歌 (たんか).
狂簡(きょうかん) 광간. 뜻은 크지만 행위가 수반되지 않아 조략함. 「람.
狂客(きょうかく) 광객. 풍류를 일삼는 사
狂犬(きょうけん) 광견. 미친개. ♣〜病 (びょう) 광견병.
狂狷(きょうけん) 광견. 상규를 벗어남.

狂句(きょうく) ① 익살맞은 俳句(はいく) 또는 俳句 형식의 재담. ② 江戸(えど) 시대 중기에, 前句付け(まえくづけ)에서 독립된 짧은 시(詩).
狂気(きょうき) 광기.
狂女(きょうじょ) 광녀. 미친 여자.
‖〜**物**(もの) 能楽(のうがく)의 네번째 상연 종목 중, 미친 여자를 주인공으로 한 것.
狂濤(きょうとう) 광도. 광란.
狂騰(きょうとう) 광등. 대단한 기세로 시세가 오름.
狂乱(きょうらん) 광란.
‖〜**物**(もの) 미친 남녀의 시늉을 하는 무용이나, 이것을 포함하는 能(のう)・歌舞伎(かぶき)「하는 물가.
〜**物価**(ぶっか) 광란 물가. 물가가 급등
狂瀾(きょうらん) 광란. 거칠고 세찬 파도.
狂恋(きょうれん) 광련. 너무 사랑해서 미친 듯이 보이는 연애. 「읽음.
狂妄(きょうもう) 광망. ＊きょうもうろ
狂名(きょうみょう) 狂歌(きょうか) 작자로서 사용하는 호. ＊きょうめいろ도 읽음.
狂文(きょうぶん) 재담과 풍자를 주로 한 글.
狂奔(きょうほん) 광분.
狂死(きょうし) 광사. 미쳐서 죽음.
狂想曲(きょうそうきょく)【樂】광상곡. 카프리치오.
狂騒(きょうそう) 광소. 미친 듯이 떠들어「댐.
狂詩(きょうし) 江戸(えど) 시대 중기 이후, 한시의 형식을 따서 익살스럽게 지은 시.
‖〜**曲**(きょく)【樂】광시곡. 랩소디.
狂信(きょうしん) 광신. ♣〜**的**(てき) 광신「적.
狂薬(きょうやく) 술의 딴이름.
狂言(きょうげん) ① 能楽(のうがく)의 막간에 상연하는 희극. ② 歌舞伎(かぶき)의 줄거리. ③ 농담.
‖〜**綺語**(きご) 광언 기어.
〜**方**(かた) ① 能狂言(のうきょうげん) 작가. ② 能狂言 배우.
〜**師**(し) ① 能狂言 배우. ② 사기꾼.
〜**役者**(やくしゃ) ① 能狂言 배우. ② 歌舞伎 배우. 「각본 작자.
〜**作者**(さくしゃ) 歌舞伎에서, 극장 전속의
〜**回し**(まわし) 歌舞伎의 진행 담당자.
狂宴(きょうえん) 광연. 야단 법석을 떠는 연회.
狂熱(きょうねつ) 광적(狂的)인 열정.
狂愚(きょうぐ) 광우. 미치고 어리석음.
狂院(きょういん) 정신 병원.
狂人(きょうじん) 광인. 미치광이.
狂者(きょうしゃ) 광자. 미치광이.
狂的(きょうてき) 광적.
狂癲(きょうてん) 미침. 미치광이.
狂躁(きょうそう) ⇨ 狂騒(きょうそう).
狂疾(きょうしつ) 광질. 정신병.
狂体(きょうたい) 시가 따위의, 보통과 다른 익살스러운 취향을 지닌 체재.
狂草(きょうそう) 초서체를 더욱 부드럽게 흘려쓴 서체.
狂酔(きょうすい) 광취.
狂態(きょうたい) 광태.「함.
狂悖(きょうはい) 광패. 몰상식한 언동을
狂暴(きょうぼう) 광포. 미친 듯이 난폭함.
狂飇(きょうひょう) 휘몰아치는 바람. 폭풍.
狂風(きょうふう) 광풍.
狂惑(きょうわく) 광혹. 마음이 미쳐서 흐트러져 있음.
狂花(きょうか) 제철이 아닌데 피는 꽃.
狂画(きょうが) 광화. 회화.
狂喜(きょうき) 광희.

狂おしい(くるおしい) 미칠 듯하다〔것 같다〕.
狂わしい(くるわしい) 미칠 듯하다〔것 같다〕.
狂わせる(くるわせる) ① 미치게 하다. ② (뒤)틀리게 하다.
❖**狂う**(くるう) ① 미치다. ② 지나치게 열중하다. ③ 고장나다.
狂い ㊀(くるい) ① 미침. 돎. ② 고장. 기계의 이상. ③ 차질. 착오.「사람〕.
㊁(ぐるい)《接尾語로》…광. …에 미침〔미친
狂い死に(くるいじに) 미쳐 죽음.
狂い咲き(くるいざき) 제철이 아닌 때에 꽃이 핌. 또, 그 꽃.

其他
狂れる(ふれる) (머리가) 돌다.
狂事(たわわざ)〈古〉희롱거리는 짓.

9 氵(水)	洸	굳셀 광 コウ ほのか

音読
洸洸(こうこう) 광광. ① 굳센 모양. ② 물이 솟아나와 희게 빛나는 모양.

10 木	框	문울굴 광 キョウ かまち

訓読
框(かまち)【建】① 마룻귀틀. ② 문광(門框). ③ 끝이 뾰족한 석수장이의 쇠망치.

11 目	眶	눈자위 광 キョウ まかぶら・まぶた・まぶち

訓読
眶(まかぶら) 눈가. 눈 언저리. ＊まぶち로도 읽음.

12 糸	絖	솜 광 コウ わた・ぬめ

音読
絖本(こうほん) 광본. 서화에 쓰이는 얇은 생 견. 또, 이것에 그린 그림.
訓読
絖(ぬめ) 바탕이 얇고 매끄러운 윤이 나는 명 주《깁바탕·조화(造花) 재료 등에 씀》.

12 竹 筐
광주리 광
キョウ
かご・かたみ

音読
筐筥(きょうきょ) 광거. 대오리로 엮어서 만 든 광주리나 상자.
筐筍(きょうし) 광사. 대오리로 만든 바구 니.
筐底(きょうてい) 광저. 광주리〔손궤〕 밑.
筐体(きょうたい) 기계·기구를 넣어 두는 상자.
訓読
筐(かたみ)〈雅〉가는 대바구니.

13 金 鉱 (鑛) 教
쇳돌 광
コウ
あらがね

音読
鉱坑(こうこう) 광갱.
鉱工業(こうこうぎょう) 광공업.
∥**~生産指数**(せいさんしすう) 광공업 생산 지수.
鉱区(こうく) 광구.
鉱毒(こうどく)〖鑛〗 광독.
鉱脈(こうみゃく) 광맥.
鉱物(こうぶつ) 광물. ♣**~学**(がく) 광물학.
∥**~繊維**(せんい) 광물성 섬유.
~質肥料(しつひりょう) 광물질 비료.
鉱夫(こうふ) 광부.
鉱山(こうざん) 광산.
∥**~機械**(きかい) 광산 기계.
~保安法(ほあんほう) 광산 보안법.
鉱産(こうさん) 광산물.
鉱床(こうしょう)〖鑛〗 광상.
鉱石(こうせき) 광석.
∥**~検波器**(けんぱき) 광석 검파기.
~受信機(じゅしんき) 광석 수신기.
鉱水(こうすい) 광수. ① 광천수. ② 광독수 (鑛毒水).
鉱液(こうえき)〖鑛〗 광액.
鉱業(こうぎょう) 광업. ♣**~権**(けん) 광업 권/**~法**(ほう) 광업법.
∥**~抵当**(ていとう) 광업 저당.
鉱員(こういん) 광원. 광산 노동자.
鉱油(こうゆ) 광유. 광물성 기름.
鉱滓(こうし)〖鑛〗 광재. 슬래그(slag).
鉱泉(こうせん) 광천.
鉱体(こうたい)〖鑛〗 광체. 광상.
鉱層(こうそう)〖鑛〗 광층.
鉱害(こうがい) 광해.
∥**~賠償**(ばいしょう) 광해 배상.
鉱化作用(こうかさよう)〖鑛〗 광상(鑛床) 형성 작용.

14 言 誑
속일 광
キョウ
たぶらかす・たらす

音読
誑惑(きょうわく) 광혹. 미쳐서 혹함.
訓読
誑かす(たぶらかす) 속이다. 어루꾀다. ＊た らかす로도 읽음. 「꾀다.
❖**誑す**(たらす)〈俗〉① 달래다. ② 속이 다.
誑し(たらし) 교묘히 속임〔유혹함〕. 「다.
誑し込む(たらしこむ)〈俗〉감쪽같이 속이

18 土 壙
광중 광·텅빌 광
コウ
あな

音読
壙穴(こうけつ) 광혈. 묘혈(墓穴).

19 日 曠
빌 광
コウ
むなしい・ひろい

音読
曠劫(こうごう)〖佛〗 광겁. 지극히 오랜 세월.
曠古(こうこ) 광고. 공전. 미증유.
曠曠(こうこう) 광광. 넓고 넓음.
曠久(こうきゅう) 헛되이 날을 보냄.
曠達(こうたつ) 광달. 활달(豁達).
曠茫(こうぼう) 광망. 너르고 너름.
曠世(こうせい) 광세. 세상에 드묾.
曠野(こうや) 광야. ＊あらのろ도 읽음.
曠然(こうぜん) 광연. 넓은 모양.
曠原(こうげん) 광원. 너른 들판.
曠日弥久(こうじつびきゅう) 광일미구.
曠職(こうしょく) 광직. 직무 태만.

20 石 礦
쇠돌 광
コウ

參考 현대 표기로는 '鉱'으로 대용함.

音読
礦石(こうせき) 광석.
礦業(こうぎょう) 광업.

괘

8 卜 卦
점패 괘
カ・ケ
うらかた

卦(け) 괘. 점패.
卦算(けさん) 문진(文鎭)의 하나. 가로로 긴 데, 쐴쪽지가 있음.

‖ **~冠**(かんむり) 한자 부수의 하나인 'なべぶた(=돼지해밑)'의 딴이름.

| 9 ⺘ | 挂 | 걸 괘・달 괘
ケイ・ケ・カイ
かける |

[音読]
挂甲(けいこう) ☞ 挂け甲(かけよろい).
挂冠(けいかん) 괘관. 벼슬에서 물러남.
挂錫(けしゃく) 《佛》 괘석. 승려가 행각 도중에 한 절에 머묾.

[訓読]
挂け甲(かけよろい) (5세기경 한국에서 도래한) 갑옷의 일종.

| 11 ⺘ 常 | 掛 | 걸 괘
カ・カイ・ケ
かける・かかる・かかり |

[訓読]
掛く(かく) 〈文〉 ☞ 掛ける(かける).
掛き金(かきがね) ☞ 掛け金(かけがね).
❖**掛かる**(かかる) ① 걸리다. ② 가설되다. ③ (비용이) 들다. ④ 착수하다. ⑤ 공격하다.
掛かって(かかって) 오로지. 오직.
掛かり(かかり) 비용. 쏨쏨이.
㊁(がかり)《接尾語的으로》어떤 일을 하는 데 그만한 수가 필요함을 나타내는 말.
掛かり付け(かかりつけ) 언제나 같은 의사에게 진찰・치료를 받는 일.
掛かり負け(かかりまけ) 든 비용에 비해 이익이 (별로) 오르지 않음.
掛かり人(かかりゅうど) 식객(食客). *かかりうどにも 읽음.
掛かり子(かかりご) ① 남이 양육해 주는 아이. ② 노후에 의지하기로 한 아이.
掛かり切り(かかりきり) 그 일에만 관계〔종사〕함.
掛かり切る(かかりきる) 그 일에만 관계하다.
掛かり湯(かかりゆ) 목욕할 때, 몸을 다 씻고 난 다음에 끼얹는 깨끗한 더운 물.
掛かり合い(かかりあい) 관계. 말려듦.
掛かり合う(かかりあう) ① 관계하다. 상관하다. ② 연루되다. 말려〔걸려〕들다.
❖**掛ける**(かける) ① 걸다. ② 걸리게〔걸려들게〕하다. ③ (베 등을) 끼치다. ④ 앉다. ⑤ (안경 등을) 쓰다. ⑥ 곱셈하다.
掛け㊀(かけ) ① 걺. 거는 것. 걸이. ② 掛け売り(かけうり)・掛け買い(かけがい)의 준말. ③ ☞ 掛け値(かけね). ④ ☞ 掛け金(かけきん).
㊁(がけ)《接尾語로》① …할(割). ② …하는 김. …하는 길. ③ 걸침. …바람. ④ (…이) 앉을 수 있음. ⑤ …곱. ⑥ …을 걸.
掛けて(かけて) 조금도. 전연.
掛けまくも(かけまくも) 〈雅〉 입 밖에 내어 말하는 것도.
掛け竿(かけざお) ① 횃대. ② 족자걸이.
掛け減り(かけべり) 처음 달았을 때보다 중량이 줌.
掛け乞い(かけごい) 외상값 수금(원).
掛け掛け(かけかかけし) 항상 마음에 두고 있음. 집착하고 있음.
掛け橋(かけはし) ① 〈雅〉 사다리. ② 〈雅〉 가교(假橋). ③ (벼랑 등의) 잔교(棧橋). ④ 〈老〉 매개.
掛け蕎麦(かけそば) 메밀 국수 장국.
掛け構い(かけかまい) 관계. 상관. 「룩.
掛け麹(かけこうじ) 청주 담그는 데 쓰는 누
掛け金㊀(かけがね) (문을 잠그는) 고리. 빗장. 쇠걸. 「상금.
㊁(かけきん) ① 부금(賦金). 월부금. ② 외
掛け衿(かけえり) ☞ 掛け襟(かけえり).
掛け襟(かけえり) (옷의) 동정. 덧깃.
掛け暖簾(かけのれん) 가게 입구 등에 친 포렴(布簾).
掛け茶屋(かけぢゃや) 길가・유원지 등에서 발 따위를 둘러친 간이 찻집.
掛け代金(かけだいきん) 외상 매출의 대금.
掛け図(かけず) 패도.   「외상값.
掛け倒れ(かけだおれ) ① 외상값 미수(未收)로 손실이 됨. ② 비용만 들고 이익이 없음. ③ 부은 부금만 손해남.
掛け渡す(かけわたす) 건너지르다. 놓다.
掛け稲(かけいね) ① 말리기 위해 장대에 걸어서 넌 벼. ② 예전에, 청죽(靑竹)에 걸어서 신전에 바친 맏물의 벼이삭.
掛け籠(かけご) ⇨ 掛け子(かけご).
掛け籠る(かけこもる) 열쇠를 잠그고 안에 들어박히다.
掛け流し(かけながし) ① 한번만 쓰고 버리는 일. 또, 그 버린 것. ② 한번에 한할 일.
掛け売り(かけうり) 외상 판매.
掛け買い(かけがい) 외상 매입.
掛け木(かけぎ) 땔나무.
掛け目(かけめ) ① 저울에 단 무게. ② 생사한 관 뽑는 데 필요한 고치의 값. ③ 편물에서, 코의 수를 증가시키는 방법의 하나.
掛け無垢(かけむく) 장례식 때 관에 걸치는 흰색의 옷.
掛け物(かけもの) ① 족자. ② 마른 과자 등의 겉에 설탕을 뿌린 것.
掛け払い(かけはらい) 연체 지불.
掛け肥(かけごえ) 액비(液肥). 작물에 주는 액체 상태의 비료.
掛け捨て(かけすて) 계약 기간 내의 보상 뿐으로 배당금이나 부금도 못 받는 보험. *かけずてら고도 함.
掛け詞(かけことば) 한 말에 둘 이상의 뜻을 갖게 하는 수사법(修辭法).
掛け算(かけざん) 곱셈.

掛け商い(かけあきない) 외상 판매.
掛緒(かけお) 족자 따위를 걸기 위해 그 윗부분에 단 끈.
掛け石(かけごく) 통나무 끝부분의 평균 지름을 제곱한 것에 0.79(π/4)를 곱하고, 다시 나무의 길이를 곱해서 구한 나무의 부피.
掛け先(かけさき) 외상을 준 상대방. 외상 거래처.
掛け声(かけごえ) ①(남을) 부르는 소리. 성원하는 소리. ②장단을 맞추거나 기운을 돋우기 위해 내는 소리. 구호.
掛け小屋(かけごや) 연극 또는 공사할 때를 위해 지은 가(假)건물.
掛け縄(かけなわ) ①말에 재갈을 물릴 때 쓰는 줄. ②논・밭의 새를 쫓기 위해 설치한 줄. ③사람을 포박할 때 쓰는 줄.
掛け矢(かけや) (단단한 나무로 만든) 큰 메.
掛け時計(かけどけい) 괘종 시계. 벽시계.
掛け屋(かけや) 蔵屋敷(くらやしき)에서 일을 보던 町人(ちょうにん).
掛け饂飩(かけうどん) 가락국수.
掛け外し(かけはずし) ①낚싯바늘이 무엇에 걸려 나오지 않을 때 그것을 푸는 데 쓰는 용구. ②주발・대접 따위 도기에서 유약을 칠하다 남긴 곳. 또, 그렇게 만들어진 도기.
掛け違う(かけちがう) 엇갈리다.
掛け子(かけご) 다른 상자의 전에 걸쳐서 그 안에 끼워 넣게 만든 상자.
掛け字(かけじ) 글씨(가 쓰인) 족자.
掛け帳(かけちょう) 외상 거래한 물품과 대금을 치부한 장부. 「간장.
掛け醬油(かけじょうゆ) 끓인 식품에 치는
掛け銭(かけせん) ①일부 또는 월부로 조금씩 적립하는 돈. 적금. ②승부에 거는 판돈.
掛け接ぎ ㊀(かけつぎ) ①짜깁기. ②바둑에서 직접 잇지 않고 한 칸 띄어 놓아 단점(斷點)을 보완하는 일.
㊁(かけはぎ) 짜깁기.
掛け釣り(かけづり) 훌치기낚시. 미끼를 끼우지 않고 낚싯바늘만으로 고기를 잡는 낚시.
掛け汁(かけじる) 요리 위에 붓는 국물.
掛け持ち(かけもち) 겸임.
掛け持つ(かけもつ) 겸해서 담당하다. 겸임하다.
掛け札(かけふだ) 눈에 띄는 곳에 걸어 두는 표찰.
掛け替え ㊀(かけかえ) 다시 걺. 바꿈.
㊁(かけがえ) 여벌. 예비품. 대신.
掛け替える(かけかえる) 다시(고쳐) 걸다. ①바꿔 걸다. ②옮겨 걸다.
掛け雛(かけびな) 雛人形(ひなにんぎょう)를 그린 족자.
掛け軸(かけじく) 족자(簇子).
掛け出し(かけだし) ①물건에 곁들여 내놓음. ②밖으로 내밀게 만듦.
掛け取り(かけとり) 외상값 수금(원).
掛け取引(かけとりひき) 외상 거래.
掛け値(かけね) 에누리. ①값을 더 부름. ②과장(誇張).

掛け筒(かけづつ) 벽이나 기둥에 걸게 된 통 모양의 화기(花器).
掛け樋(かけどい) 홈을 판 나무를 지상에 설치하여 물을 끌어오는 장치. 「기.
掛け投げ(かけなげ) (씨름에서) 안다리후리
掛け板(かけいた) ①선반처럼 걸쳐 놓는 판자. ②옛날, 歌舞伎(かぶき) 무대에서 좌우 기둥에 표제를 써서 걸어놓는 판자.
掛け布団(かけぶとん) 이불. 「ん」.
掛け蒲団(かけぶとん) ⇨ 掛け布団(かけぶと
掛け合い(かけあい) ①(어려운) 담판. ②연예에서, 두 사람이 번갈아 가며 이야기하거나 노래를 함.
‖～万歳(まんざい) 두 사람이 익살스러운 대화로 웃기는 재담.
～噺(ばなし) 두 사람 이상의 연예인이 익살스러운 대화로 엮어가는 연예.
掛け合う(かけあう) ①흥정하다. ②번갈아 가며 하다. ③서로 끼었다.
掛け合わす(かけあわす) ☞ 掛け合わせる(かけあわせる).
掛け合わせ(かけあわせ) ① ☞ 掛け合い(かけあい). ②俳句(はいく)에서, 한 구에 두 가지 뜻을 갖게 함.
掛け合わせる(かけあわせる) ①곱셈하다. ②교배시키다. 붙이다. ③담판시키다.
掛け行灯(かけあんどん) 문간이나 복도에 걸어 놓는 초롱불.
掛け向い(かけむかい) ①(두 사람이) 마주봄. ②부부 두 사람만의 생활.
掛け香(かけごう) ①향료를 이겨 주머니에 넣어 방안에 매달아 놓은 것. ②휴대용 향료 주머니. ＊かけこう라고도 함.
掛け花 ㊀(かけはな) 사계절의 화조(花鳥)를 짜맞추어 실내를 장식한 것.
㊁(かけばな) 꽃꽂이하여 담은 화기(花器)를 벽이나 기둥에 걸어 장식하는 일. 또, 그
掛け絵(かけえ) 그림이 있는 족자. 「꽃.

12 糸	絓	걸릴 괘・풀솜실 과 カ しけ

訓読▷
絓(しけ) 누에고치의 겉가죽.
絓絹(しけぎぬ) 괘견. 괘사(絓絲)로 짠 견포(絹布).
絓糸(しけいと) 괘사. 누에고치의 외피에서 뽑은 질이 낮은 견사. ＊すがいと로도 읽음.
‖～織り(おり) 괘사직.
絓織(しけおり) 괘직. 괘사로 짠 견직물.

13 罒	罫	줄 괘 ケイ

音読▷
罫(けい) 괘선.

罫線(けいせん) ①괘선. ②罫線表(けいせんひょう)의 준말. 괘선표.
罫紙(けいし) 괘지. 인찰지. ＊けがみ로도 읽음.

[其他]
罫描き(けがき) ⇨ 罫書き(けがき).
罫書き(けがき) 기계·기구의 부품을 만들 때, 그 재료에 가공상 필요한 〈선·점의〉 표를 하는 일.
罫引き(けびき) ①괘〔선〕 긋기. 또, 그은 선. ②〈목수의〉 먹자.

괴

| 8
ノ | 乖 | 어그러질 괴
カイ
そむく |

[音読]
乖背(かいはい) 괴배. 배신함. 도리(道理)에 어긋남.
乖乱(かいらん) 괴란. 어그러져 어지러움.
乖戻(かいれい) 괴려. 어그러져 거역함.
乖離(かいり) 괴리.
‖～概念(がいねん) 괴리 개념.

| 8
小
常 | 怪 | 기이할 괴
カイ·ケ
あやしい·あやしむ |

[音読]
怪 ㊀(かい) 기괴함. 괴이함.
　㊁(け) 괴이함. 괴이한 일.
　㊂(しるまし) 불길한 징조.
怪しからぬ(けしからぬ) 괘씸하다. 발칙하다.
怪傑(かいけつ) 괴걸.
怪光(かいこう) 괴광.
怪怪(かいかい) 괴괴.
怪奇(かいき) 괴기.
‖～小説(しょうせつ) 괴기 소설.
怪気炎(かいきえん) 괴기염. 위세가 등등하여 상대를 압도하는 말·말투.
怪気焔(かいきえん) ⇨ 怪気炎(かいきえん).
怪談(かいだん) 괴담. ♣～物(もの) 괴담물／～噺(ばなし) 괴기 설화(怪奇說話).
怪盗(かいとう) 괴도.
怪童(かいどう) 괴동. 몸이 크고 힘이 센 〈사내〉 아이.
怪力(かいりき) 괴력. ＊かいりょく로도 읽음.
怪力乱神(かいりょくらんしん) 괴력난신 《이성으로는 설명할 수 없는 불가사의한 존재나 현상》.
怪夢(かいむ) 괴몽. 이상한 꿈.
怪聞(かいぶん) 괴문. 괴이한 소문.
怪文書(かいぶんしょ) 괴문서.
怪物(かいぶつ) 괴물.
怪死(かいし) 괴사. 원인 모를 괴이한 죽음.
怪事(かいじ) 괴사. 괴상한 일.
怪石(かいせき) 괴석.
怪船(かいせん) 괴선.
怪獣(かいじゅう) 괴수.
怪僧(かいそう) 괴승.
怪我(けが) ①상처. 부상. ②잘못. 과실. 또, 뜻밖의 일. ♣～人(にん) 부상자.
　～の功名(こうみょう) 뜻밖의 공명. 실패했다고 생각한〔무심코 한〕 일이 뜻밖에 좋은 결과를 낳게 됨.
　‖～勝ち(がち) 실력이 아니라 우연히 이김.
　～負け(まけ) ①〔실력은 있는데〕 실수해서 짐. ②격투기에서, 부상 때문에 짐.
怪訝(けげん) 의아하게 여김. ＊かいが로도 읽음.
怪魚(かいぎょ) 괴어.
怪腕(かいわん) 아주 뛰어난 수완〔완력〕.
怪雨(かいう) 괴우. 회오리바람에 실려 공중으로 올라간 풀·벌레·흙 따위가 비와 함께 떨어지는 현상.
怪音(かいおん) 괴음.
怪異(かいい) 괴이. ＊けい로도 읽음.
怪人(かいじん) 괴인.
怪顔(けてん) 몹시 놀람.
　‖～顔(がお) 몹시 놀란 얼굴.
怪鳥(けちょう) 괴조.
怪誕(かいたん) 괴탄.
怪漢(かいかん) 괴한. 수상한 사나이.
怪火(かいか) 괴화.

[訓読]
怪し(あやし) 〈文〉 ⇨ 怪しい(あやしい).
怪しむ(あやしむ) 수상히 여기다.
❖怪しい(あやしい) ①수상하다. 괴이하다. ②의심스럽다. ③어설프다.
怪しがる(あやしがる) 괴이하게〔수상히〕 여기다.
怪しげ(あやしげ) ①수상한 모양. ②불안한 모양.

| 8
扌
常 | 拐 | 유인할 괴
カイ
かたる·かどわかす |

[音読]
拐帯(かいたい) 괴대. 위탁을 받은 금품을 가지고 달아남.
拐引(かいいん) 유괴.
拐取(かいしゅ) 《法》 유괴와 약취(略取).

[訓読]
拐す(かどわかす) 유괴하다. 속여(서) 꾀어내다.

| 12
イ | | 꼭두각시 괴
カイ |

[音読]
傀儡 ㊀(かいらい) 괴뢰. ①허수아비. 꼭두

13 土 常	塊	덩어리 괴 カイ かたまり・くれ

音読
塊茎(かいけい) 〖植〗 괴경. 덩이줄기.
塊鉱(かいこう) 괴광. 큰 덩어리로 된 광석.
塊根(かいこん) 〖植〗 괴근.
塊金(かいきん) 괴금. 사금 중에 섞여 있는 금괴.
塊状(かいじょう) 괴상. 덩어리진 모양.
‖～火山(かざん) 괴상 화산.
塊然(かいぜん) 괴연. 움직이지 않고 가만 있음.
塊村(かいそん) 〖地〗 괴촌.
塊炭(かいたん) 괴탄. 덩어리로 된 석탄.
塊土(かいど) 괴토. 흙덩이.

訓読
塊(くれ) 덩어리.
塊り(かたまり) ① 덩어리. ② 집단. 일단.
塊打ち(くれうち) 일궈 놓은 흙을 깨어 고르는 작업. 흙 고르기.
塊割り(くれわり) 〖農〗 흙덩이를 바수고 흙을 고르는 농구(農具).

13 忄	愧	부끄러워할 괴 キ はじ・はじる

音読
愧赧(きたん) 난괴(赧愧). 부끄러워 얼굴을 붉힘.
愧死(きし) 괴사. 너무 부끄러운 나머지 죽음. 또, 몹시 부끄러워함.

訓読
愧じる(はじる) ①《자신의 죄・잘못・미숙함・결점을》부끄러이 여기다. ②《'…に愧じない'의 꼴로》…에 부끄럽지 않다.

14 木	槐	회화나무 괴 カイ えんじゅ

音読
槐棘(かいきょく) 괴극. 회화나무와 가시나무.
槐樹(かいじゅ) 〖植〗 회화나무.
槐安(かいあん) 괴안. 중국 당(唐)나라 때 이공좌(李公佐)의 소설 남가기(南柯記)에서 나오는 나라 이름.
槐位(かいい) 대신(大臣)의 딴이름.

訓読
槐(えんじゅ) 〖植〗 회화나무.

14 王	瑰	진기할 괴 カイ

音読
瑰麗(かいれい) 괴려. 뛰어나게 아름다움.

14 鬼 人	魁	우두머리 괴 カイ さきがけ・かしら

音読
魁 ㊀(かい) ① 먼저 달려감. ② 남〔다른 것〕보다 앞섬.
㊁(さきがけ) ① 선두에 서서 적진으로 쳐들어감. ② 맨 먼저 일을 시작함.
魁星(かいせい) ① 북두 칠성 중 첫째 별. ② 과거(科擧)에 장원으로 급제한 사람.
魁首(かいしゅ) 괴수.
魁梧(かいご) 괴오. 몸집이 크고 훌륭함.
魁偉(かいい) 괴위. 얼굴이나 체격이 유난히 우람함.

16 土 常	壊 (壞)	무너질 괴 カイ・エ こわす・こわれる・やぶれる

音読
壊落(かいらく) 괴락.
壊乱(かいらん) 괴란. (질서・풍속 등이) 무너져 어지러움.
壊滅(かいめつ) 괴멸.
壊変(かいへん) 괴변.
壊崩(かいほう) 붕괴. 「음.
壊死(えし) 〖醫〗 괴사. 조직의 국부적인 죽
壊悪(かいあく) 도덕・질서 등이 문란해져서 좋지 않음.
壊裂(かいれつ) 괴열.
壊屋(かいおく) 괴옥. 파괴된 집.
壊疽(えそ) 〖醫〗 괴저. 인체의 일부분의 조직이 생활력을 잃어 죽은 상태로 되는 증세.
壊走(かいそう) 궤주(潰走).
壊頽(かいたい) 정돈된 것이 흩어져서 혼란해짐.
壊破(かいは) 파괴.
壊敗(かいはい) 괴패. 헐어짐. 무너짐.
壊廃(かいはい) 괴폐. 파괴되어 폐물이 됨.
壊穴病(かいけつびょう) 〖醫〗 괴혈병.

訓読
壊す(こわす) ① 파괴하다. 부수다. 파손시키다. ② 고장〔탈〕 내다. ③ (약속・계획 등을) 망치다.
❖壊れる(こわれる) ① 깨지다. 부서지다. 파손〔파괴〕되다. ② (계획・약속 등이) 틀어지다. ③ 고장나다.
壊れ物(こわれもの) ① 파손된 물건. ② 파손되기 쉬운 물건.

곽

14 扌 摑 칠 곽 / カク / つかむ・つかまる

訓読
摑ます(つかます) ⇨ 摑ませる(つかませる).
摑ませる(つかませる) ① 쥐어 주다. 뇌물을 주다. ② 나쁜 물건을 사게 하다.
❖摑まえる(つかまえる) 꽉 쥐다.
摑まえ所(つかまえどころ) ① 붙잡을 곳. 짚을 곳. ② 요점. 요령.
❖摑まる(つかまる) 꽉 잡다. 붙잡다.
摑まり立ち(つかまりだち) 어린 아이가 문장 따위를 붙잡고 겨우 일어서는 일.
❖摑む(つかむ) ① (손으로) 붙잡다. ② 손에 넣다. 수중에 거두다. ③ 파악하다.
摑み(つかみ) ① 붙잡음. ②〖建〗박공(牔栱)이 엇갈리는 부분에 덧대는 판자. ③ 호선 바둑에서, 돌을 잡아 선(先)을 가리는 일.
摑み掛かる(つかみかかる) 붙잡으러 들다. 전하여, 맹렬하게 달려들다.
摑み金(つかみがね) 대충 어림잡은 금액.
摑み洗い(つかみあらい) (편물・견직물 따위를) 비비지 않고 주무르며 빠는 방법.
摑み所(つかみどころ) ① 붙잡을 데. ② (가치를 평가할 경우의) 기준점.
摑み出す(つかみだす) ① 집어 내다. ② 잡아 내다. 붙잡아 내다. 「켜쥠.
摑み取り(つかみどり) (한 줌) 움켜잡음. 움
摑み投げ(つかみなげ) (씨름에서) 상대편 샅바를 잡고 몸 전체를 들어올렸다가 냅다 던지는 배지기.
摑み合う(つかみあう) 마주[서로] 잡다. 마주 붙잡고 싸우다. 드잡이하다.

15 月 膕 오금 곽 / カク / ひかがみ

訓読
膕(ひかがみ) 오금. *ひっかがみ・よほろ로도 읽음.

17 首 馘 벨 곽 / カク / くびきる

音読
馘す(かくす) ① 면직하다. 해고하다. ② 전장(戰場)에서 적의 목을 베다.
馘首(かくしゅ) 괵수. 목을 벰.
其他
馘(くび) 해고(解雇).

굉

7 宀 宏 클 굉 / コウ / ひろい

参考 현대 표기로는 '広'으로 대용함.
音読
宏大(こうだい) 굉대. 광대.
宏図(こうと) 굉도. 앞을 내다보는 큰 계획.
宏量(こうりょう) 도량이 큼. 넓은 도량.
宏麗(こうれい) 굉려. 크고 화려함.
宏謨(こうぼ) 굉모. 큰 계획.
宏遠(こうえん) 굉원. 광원.
宏壮(こうそう) 굉장.
宏才(こうさい) 굉재. 재주가 뛰어남. 또, 그런 사람. *こうざい로도 읽음.

8 月 肱 팔뚝 굉 / コウ / ひじ

訓読
肱(ひじ) 팔꿈치. 팔꿈치 모양으로 구부러진 것.
逆音
股肱(ここう) 고굉. 다리와 팔.

10 糸 紘 클 굉 / コウ / ひろい

逆音
八紘(はっこう) 팔굉. 팔방의 멀고 너른 범위.

21 車 轟 울릴 굉 / ゴウ / とどろく

音読
轟轟(ごうごう) 굉굉. 큰소리로 울리는 모양.
轟発(ごうはつ) 굉발. 몹시 큰소리를 내며 대포 등을 발사함.
轟然(ごうぜん) 굉연.
轟音(ごうおん) 굉음.
轟沈(ごうちん) 굉침.
訓読
轟(とどろ) (소리가) 크게 울림.
‖〜駆け(がけ) 인마(人馬)가 큰소리를 내며 달림.
轟かす(とどろかす) 울리다. 떨치다.
❖轟く(とどろく) ① (소리가) 울려 퍼지다. ② 널리 알려지다. 유명해지다.
轟き(とどろき) (소리가) 크게 울림.

교

5 工 巧 常
공교할 교
コウ
たくみ・たくむ・うまい

音読
巧技(こうぎ) 교기. 교묘한 재주.
巧妙(こうみょう) 교묘.
巧弁(こうべん) 교변. 구변이 교묘함.
巧詐(こうさ) 교사. 교묘하게 남을 속임.
巧咲(こうしょう) ⇨ 巧笑(こうしょう).
巧笑(こうしょう) 교소. 애교있는 웃음. 또, 억지웃음.
巧手(こうしゅ) 교수. 교묘한 수단[솜씨]. 또, 그 사람.
巧言(こうげん) 교언. 입으로만 그럴듯하게 꾸며 대는 말.
‖〜令色(れいしょく) 교언영색. 알랑거림.
巧者(こうしゃ) 교자. 능숙함. 교묘함. 또, 그런 사람.
巧匠(こうしょう) 교장. 솜씨 좋은 장인(匠人).
巧拙(こうせつ) 교졸.
巧知(こうち) 교지. 교묘한 재지(才智).
巧智(こうち) ☞ 巧知(こうち).
巧遅(こうち) 교지. 잘하나 속도가 느림.
巧緻(こうち) 교치. 정교하고 치밀함.
巧打(こうだ) 〖野〗 교타. 능숙한 타격을 함.

訓読
❖巧い(うまい) 솜씨가 뛰어나다[좋다]. 잘하다. 훌륭하다. 「미. 재미.
巧味(うまみ) ①솜씨가 좋다는 느낌. ②흥
❖巧む(たくむ) 꾸미다. ①고안하다. 기교를 부리다. ②꾀하다. 흉계를 꾸미다.
巧み(たくみ) ①교묘함. 솜씨가 좋음. ②기교. 정교함.

---

6 亠 交 教
사귈 교
コウ・キョウ
まじわる・まじえる・まじる・まざる・まぜる・かう・かわす・こもごも

音読
交(こう) 시대・계절 등이 바뀔 무렵.
交角(こうかく) 〖数〗 교각.
交感(こうかん) 교감.
‖〜神経(しんけい) 〖生〗 교감 신경. ♣〜節(せつ) 교감 신경절.
交代(こうたい) 교대. 교체. ♣〜式(しき) 〖数〗 교대식.
‖〜鉱床(こうしょう) 교대 광상.
 〜菌症(きんしょう) 〖醫〗 균교대증.
 〜性無呼吸(せいむこきゅう) 교대성 무호흡. 체인스토크스(Cheyne-Stokes) 호흡.
 〜作用(さよう) 〖鑛〗 교대 작용.
交霊(こうれい) 교령. 죽은 사람의 영혼이 살아 있는 사람과 서로 통함. ♣〜術(じゅつ) 교령술.
交流(こうりゅう) 교류. 「하나.
‖〜分析(ぶんせき) 교류 분석. 심리 요법의
 〜電動機(でんどうき) 교류 전동기.
 〜電化(でんか) 교류 전화.
交名(きょうみょう) 상신서 따위에 사람 이름을 죽 씀. 연명서.
交尾(こうび) 교미. 흘레. ♣〜期(き) 교미기. 「종.
交配(こうはい) 교배. ♣〜種(しゅ) 교배
交番(こうばん) ①교번. 번을 갈아듦. ②(경찰의) 파출소. 「류.
‖〜電流(でんりゅう) 〖電〗 교번 전류. 교
交付(こうふ) 교부. ♣〜金(きん) 교부금.
 〜公債(こうさい) 교부 공채.
交線(こうせん) 〖数〗 교선.
交閃灯(こうせんとう) 회전 점멸등.
交渉(こうしょう) ①교섭. ②관계. 관련.
‖〜団体(だんたい) 교섭 단체.
交声(こうせい) 〖楽〗 교성.
‖〜曲(きょく) 교성곡. 칸타타.
交綏(こうすい) 교수. 양군(兩軍)이 물러남.
交詢(こうじゅん) 교순. ①친밀을 도모함. ②상의함.
交信(こうしん) 교신.
交讓(こうじょう) 교양. 호양(互讓).
交易(こうえき) 교역. 무역.
‖〜都市(とし) 교역 도시.
 〜条件(じょうけん) 교역 조건.
交友(こうゆう) 교우. 친구.
交遊(こうゆう) 교유. 서로 사귀고 놂. 교제.
交誼(こうぎ) ⇨ 交誼(こうぎ).
交誼(こうぎ) 교의. 교분. 우호.
交雑(こうざつ) 교잡. 「법.
‖〜育種法(いくしゅほう) 〖生〗 교잡 육종
交戦(こうせん) 교전. ♣〜国(こく) 교전국 / 〜権(けん) 교전권 / 〜者(しゃ) 교전자.
‖〜団体(だんたい) 교전 단체.
 〜法規(ほうき) 교전 법규.
交点(こうてん) 교점. ♣〜月(げつ) 〖天〗 교점월. 「접기.
交接(こうせつ) 교접. ♣〜器(き) 〖動〗
交情(こうじょう) 교정. 교의(交誼).
交際(こうさい) 교제. ♣〜家(か) 교제가. 사교가 / 〜費(ひ) 교제비.
交直(こうちょく) 〖電〗 교직. 교류와 직류.
交織(こうしょく) 교직.
交叉(こうさ) ⇨ 交差(こうさ).
交差(こうさ) 교차. ♣〜価(か) 〖生〗 교차가 / 〜点(てん) 교차점.
‖〜概念(がいねん) 〖論〗 교차 개념.
交錯(こうさく) 교착.
交替(こうたい) 교체. 교대.
‖〜形(けい) 〖言〗 교체형. 음운 교체로 인하여 생긴 어형.
交通(こうつう) 교통. ♣〜難(なん) 교통

난 / ~量(량) 교통량 / ~網(もう) 교통 망 / ~禍(か) 윤화(輪禍).
‖~警察(けいさつ) 교통 경찰.
~機關(きかん) 교통 기관.
~道德(どうとく) 교통 도덕.
~都市(とし) 교통 도시.
~麻痺(まひ) 교통 마비.
~反則金(はんそくきん) (교통 법규 위반) 범칙금.
~貧困層(ひんこんそう) 교통 빈곤 계층.
~事故(じこ) 교통 사고.
~渋滞(じゅうたい) 교통 체증.
~巡査(じゅんさ) 교통 순경.
~巡視員(じゅんしいん) 주정차 단속 등을 하는 경찰 요원.
~信号(しんごう) 교통 신호.
~違反(いはん) 교통 (법규) 위반.
~遺児(いじ) 교통 사고로 부모를 잃은 고아. 교통 고아.
~切符(きっぷ) 범칙금 납부 통고서. 빨간 딱지. 스티커.
~整理(せいり) 교통 정리.
~地獄(じごく) 교통 지옥.
交合(こうごう) 교합. 성교.
交響(こうきょう) 교향. 서로 울림. ♣~曲(きょく)〚樂〛교향곡 / ~詩(し)〚樂〛교향시 / ~楽(がく)〚樂〛교향악.
‖~楽団(がくだん)〚樂〛교향악단.
交互(こうご) 교호. 번갈아.
‖~計算(けいさん)〚經〛교호 계산.
~尋問(じんもん)〚法〛교호 신문. 교차 신문.
~作用(さよう)〚相互〛작용. ♣~説(せつ)〚哲〛교호 작용설. 상제설(相制説).
交換(こうかん) 교환. ♣~尻(じり)〚經〛교환끝 / ~台(だい) 교환대 / ~力(りょく)〚理〛교환력 / ~船(せん) 교환선 / ~手(しゅ) 교환원.
‖~価値(かち) 교환 가치.
~公文(こうぶん)〚政〛교환 공문.
~関係(かんけい)〚理〛교환 관계.
~反応(はんのう)〚化〛교환 반응.
~法則(ほうそく)〚數〛교환 법칙.
~分合(ぶんごう)〚法〛교환 분합.
~輸血(ゆけつ)〚醫〛교환 수혈.
~留学(りゅうがく) 교환 유학.
~条件(じょうけん) 교환 조건.
交歓(こうかん) 교환. 다 같이 즐김.
‖~競技(きょうぎ) 교환 경기.
交驩(こうかん) ⇨ 交歓(こうかん).
交会(こうかい) ①교회. 교제. ②성교.
〔訓読〕
交える(まじえる) ①섞다. 끼게 하다. ②교차시키다. ③서로 나누다. 주고받다.
交じらい(まじらい)〈雅〉교제. 사귐.
交じらう(まじらう) ☞ 交じる(まじる).
交わす(かわす) ①주고받다. 나누다. 교환하다. ②교차하다.

交ざる(まざる) 섞이다.
❖**交じる**(まじる) ①사귀다. 교제하다. ②섞이다. 혼입하다.
交じり(まじり) ①섞임. 섞인 것. ②멀건 죽. 되직한 미음.
交じり気(まじりけ) 섞임. 섞인 것. 불순물.
交じり物(まじりもの) 섞인 물건. 섞음질할 것. 불순물.
❖**交ぜる**(まぜる) 섞다. 섞어 넣다.
交ぜ(まぜ) 말의 사료.
交ぜ物(まぜもの) ☞ 交じり物(まじりもの).
交ぜ飯(まぜめし) 비빔밥.
交ぜ羽(まぜば) 다른 새들의 깃털을 섞어 만든 화살의 깃.
交ぜ垣(まぜがき) 많은 종류의 식물을 이용한 생울타리.
交ぜ織り(まぜおり) 교직(물).
❖**交わる**(まじわる) ①교차하다. 엇걸리다. 만나다. ②사귀다. 교제하다.
交わり(まじわり) ①사귐. 교제. ②성교. ③〚數〛두 선의 공유점.
〔其他〕
交交(こもごも) 교대로. 번갈아.
交尾む(つるむ) 교미하다.
交喙(いすか)〚鳥〛잣새.

| 9
口 | 咬 | 깨물 교
コウ
かむ |

〔音読〕
咬筋(こうきん)〚生〛교근.
咬傷(こうしょう) 교상. 물린 상처.
咬爪症(こうそうしょう) 손톱을 깨무는 버릇이 있는 상태.
咬創(こうそう) 교창. 물린 상처.
咬合(こうごう) 교합. 위아래 치열(齒列)이 맞물린 상태.
〔訓読〕
❖**咬む**(かむ) ①(깨)물다. 악물다. ②씹다. ③대들어 물다.
咬み傷(かみきず) (동물 따위에) 물린 상처. 교상(咬傷).

| 9
犭 | 狡 | 간교할 교
コウ
ずるい・こすい |

〔音読〕
狡計(こうけい) 교활한 계략.
狡童(こうどう) 교동. 교활한 아이.
狡知(こうち) 교지. 간특한 꾀.
狡智(こうち) ⇨ 狡知(こうち).
狡獪(こうかい) 교쾌. 교활.
狡兎(こうと) 교토. 날쌘 토끼.
狡猾(こうかつ) 교활.
〔訓読〕
❖**狡い**目(ずるい) 교활하다. 능글맞다.

㈢(こすい) 능글맞다. 교활하다.
狡(ずる) 교활함. 또, 그 사람.
狡ける(ずるける) ①게으름 피우다. 꾀부리다. ②(묶였던 것이) 풀려서 흘러내리다.
狡賢い(ずるがしこい) 교활하다. (나쁜 일에) 약아빠지다.
狡辛い(こすからい) ☞ 狡っ辛い(こすっからい).
狡っ辛い(こすっからい) ①빈틈없고 교활하다. ②다랍다.

| 9 阝 常 | 郊 | 성밖 교·들 교
コウ |

音読
郊労(こうろう) 교로. 사신 등을 교외까지 마중나와 위로함.
郊外(こうがい) 교외.

| 10 木 教 | 校 | 학교 교
コウ·キョウ
くらべる |

音読
校(こう) ①학교. ②《接尾語로》…교. 교정(校正)을 본 횟수를 세는 말.
校する(こうする) ①바르고 그름을 생각하여 비교하다. ②교정하다.
校歌(こうか) 교가.
校勘(こうかん) 교감. (고서적 등의) 본문의 같고 틀림을 비교 연구하는 일.
校区(こうく) (関西(かんさい)에서) 학구(学区).
校具(こうぐ) 교구.
校規(こうき) 교규. 교칙(校則).
校紀(こうき) 교기. 학교 내의 기강.
校旗(こうき) 교기.
校内(こうない) 교내.
∥~暴力(ぼうりょく) 교내 폭력.
校量(こうりょう) 교량. 서로 비교해서 헤아려 봄. *こうりょう로도 읽음.
校了(こうりょう) 교료. 교정을 끝냄.
校名(こうめい) (학)교명.
校務(こうむ) 교무.
校門(こうもん) 교문.
校服(こうふく) 교복.
校僕(こうぼく) 교복. 학교의 用務員(ようむいん)의 구칭.
校本(こうほん) 교본. 여러 고서에서 본문이 다를 경우 그 차이점을 식별할 수 있게 만든 기본이 되는 책.
校舎(こうしゃ) 교사.
校生(こうせい) 〈学〉대학의 일부 운동 선수《학교에 적(籍)은 두고 있지만 공부는 하지 않으니 학생이 아니라는 익살》.
校書(きょうしょ) 교정.
校讎(こうしゅう) ⇨ 校讐(こうしゅう).
校讐(こうしゅう) 교수. 교정(校訂).

校是(こうぜ) 교시.
校閲(こうえつ) 교열. ♣~者(しゃ) 교열자.
校外(こうがい) 교외.
∥~指導(しどう) 교외 지도.
校友(こうゆう) 교우. ♣~会(かい) 교우회.
校医(こうい) 교의. 학교의.
校異(こうい) 고전(古典)의 이동(異同)을 비교 교정함.
校印(こういん) 교인. 학교의 도장.
校長(こうちょう) 교장.
校章(こうしょう) 교장. 학교 휘장.
校葬(こうそう) 교장. 학교장.
校田(こうでん) 전답의 상태를 조사함.
校正(こうせい) 교정.
∥~刷り(ずり) 교정쇄. 교정지.
校定(こうてい) 교정. 문장·자구(字句) 따위를 고찰하여 바른 것을 결정함.
校訂(こうてい) (고서의) 교정.
校庭(こうてい) 교정.
校主(こうしゅ) 교주.
校注(こうちゅう) 교주. 교정하고 주석을 베풂.
校註(こうちゅう) ⇨ 校注(こうちゅう).
校地(こうち) 교지. 학교 부지.
校債(こうさい) 교채. 학교 경비 조달을 위해 발행하는 채권.
校則(こうそく) 교칙.
校風(こうふう) 교풍.
校下(こうか) 学区(がっく)를 일본 서부 지방에서 이르는 말.
校合(きょうごう) 교합. *こうごう로도 읽음.
校訓(こうくん) 교훈.

其他
校倉(あぜくら) 각재(角材)나 삼각재(三角材)를 #형으로 짜 올려서 지은 창고.

| 11 攵 教 | 教 (敎) | 가르칠 교
キョウ
おしえる·おそわる |

音読
教(きょう) 《接尾語로》…교. 교파.
教戒(きょうかい) ①교계. 가르쳐 훈계함. ②교회(教誨). 잘 가르치듯 지난날의 잘못을 깨우치게 함.
∥~師(し) (교도소의) 교회사.
教誡(きょうかい) ⇨ 教戒(きょうかい)①.
教科(きょうか) 교과.
∥~課程(かてい) 교과 과정. 교육 과정의 구칭.
~教育(きょういく) 교과 교육.
~担任(たんにん) 교과 담임.
~書(しょ) 교과서. ♣~検定(けんてい) 교과서 검정 / ~体(たい) 교과서체. 활자체의 하나.
~外活動(がいかつどう) 과외 활동.
教官(きょうかん) ①교육직 공무원. 국·공립 학교의 교사. ②교관. 구제도의 학교에서, 교련 담당 장교.

教観(きょうかん)〖佛〗교관. 교상(教相)과 관심(観心).
教区(きょうく)〖宗〗교구.
教具(きょうぐ)교구.
教権(きょうけん)교권.
‖**~主義**(しゅぎ)〖宗〗교권주의.
教規(きょうき)교규. 종교상의 규칙. 교범.
教団(きょうだん)교단.
教壇(きょうだん)교단.
教徒(きょうと)교도. 신도.
教導(きょうどう)교도.
教頭(きょうとう)교감.
教練(きょうれん)교련. 군사 훈련.
教令(きょうれい)교령. ①가르쳐 훈계하여 명함. ②의식 따위의 규정.
教理(きょうり)교리.
‖**~問答**(もんどう)교리 문답.
教命(きょうめい)교명. 황후・황태자・황족의 명령서.
教務(きょうむ)교무.
‖**~手帳**(てちょう)교무 수첩.
~主任(しゅにん)교무 주임.
教門(きょうもん)〖佛〗교문.
教範(きょうはん)교범. 가르치는 법식.
教法(きょうほう)교법.
教本(きょうほん)교본.
教父(きょうふ)〖가톨릭〗교부.
‖**~哲学**(てつがく)교부 철학.
~学(がく)교부학. 교부의 저작이나 사상을 다루는 신학 부문.
教士(きょうし)(검도・궁도 등에서) 5단 이상인 사람에게 주는 3개 칭호 중 중위.
教唆(きょうさ)교사. ♣**~犯**(はん)교사범.
教師(きょうし)①교사. ②선교사. 포교사.
教生(きょうせい)교생. 교육 실습생.
教書(きょうしょ)①(대통령・로마 교황・제후의)교서. ②교과서.
教宣(きょうせん)조합・정당 등의 교육・선전.
教説(きょうせつ)교설. 교의. 학설.
教授(きょうじゅ)교수. ♣**~学**(がく)교수학 / **~会**(かい)교수회.
‖**~様式**(ようしき)교수 양식.
教習(きょうしゅう)교습. ♣**~所**(じょ)교습소.
教示(きょうじ)교시. *きょうし로도 읽음.
教室(きょうしつ)①교실. ②대학의 연구실. ③강습(회).
教案(きょうあん)교안.
教養(きょうよう)교양.
‖**~科目**(かもく)교양 과목.
~小説(しょうせつ)교양 소설.
教研(きょうけん)教育研究所(きょういくけんきゅうじょ)의 준말.
教員(きょういん)교원. 교사.
‖**~検定**(けんてい)교원 검정.
~免許状(めんきょじょう)교원 면허장. 교원 자격증.
~養成(ようせい)교원 양성.
教委(きょうい)교위. 教育委員会(きょういくいいんかい)의 준말.

教喩(きょうゆ) ⇨ 教諭(きょうゆ).
教諭(きょうゆ)교유. ①가르치고 타이름. ②교사.
教育(きょういく)①교육.〈俗〉교양력. ♣**~家**(か)교육가 / **~者**(しゃ)교육자 / **~長**(ちょう)교육장 / **~的**(てき)교육적 / **~学**(がく)교육학.
‖**~公務員**(こうむいん)교육 공무원.
~工学(こうがく)교육 공학.
~課定(かてい)교육 과정.
~科学(かがく)교육 과학.
~機器(きき)교육 기기.
~基本法(きほんほう)교육 기본법.
~社会学(しゃかいがく)교육 사회학.
~実習(じっしゅう)교육 실습.
~心理学(しんりがく)교육 심리학.
~研究所(けんきゅうじょ)교육 연구소.
~原理(げんり)교육 원리.
~委員会(いいんかい)교육 위원회.
~職員免許法(しょくいんめんきょほう)교육 직원 면허법.
~測定(そくてい)교육 측정.
~勅語(ちょくご)교육 칙어. 1890년, 국민 도덕・교육에 관하여 내린 칙어《1948년 폐지》.
~評価(ひょうか)교육 평가.
~学部(がくぶ)교육학부.
~漢字(かんじ)교육 한자. 일본에서 의무 교육 기간 중에 배우는 한자. 현재는 초등학교에서 배우는 1,006자.
~行政(ぎょうせい)교육 행정.
~刑論(けいろん)교육형론.
教義(きょうぎ)교의. 교리.
教場(きょうじょう)교장. 교실.
教材(きょうざい)교재.
典(きょうてん)교전. ①교범. ②경전.
教程(きょうてい)교정. 교과목을 가르치는 순서〔방식〕. 또, 교과서.
教条(きょうじょう)〖宗〗교조. 교회가 공인한 교의(의 조목).
‖**~主義**(しゅぎ)교조주의. 독단론.
教祖(きょうそ)교조. 종조.
教組(きょうそ)'教員組合(きょういんくみあい)(=교원 조합)'의 준말.
教宗(きょうしゅう)〖佛〗교종.
教主(きょうしゅ)교주. ①교조. ②〖佛〗석존(釈尊).
教旨(きょうし)교지. ①교육의 취지. ②종교의 취지.
教職(きょうしょく)교직. ♣**~員**(いん)교직원.
‖**~課程**(かてい)교직 과정.
~追放(ついほう)교직 추방.
教体(きょうたい)教科書体(きょうかしょたい)의 준말.
教則(きょうそく)교칙. 교육상의 규칙.
♣**~本**(ぽん)교칙본.
教卓(きょうたく)교탁.

教派(きょうは) 교파. 종파.
教鞭(きょうべん) 교편.
教学(きょうがく) 교학. 교육과 학문.
教護(きょうご) 교호. (어린이·불량아를) 교육·보호함.
∥**~院**(いん) 불량 행위를 했거나 할 우려가 있는 아동을 교육·보호하는 아동 복지 시설.
教化 ㊀(きょうか) 교화. 교도하여 감화시킴. ♣**~的**(てき) 교화적.
㊁(きょうけ) 『佛』 ① 교화. 설법으로 중생을 감화 인도함. ② 법회 가요의 하나.
教皇(きょうこう) 교황. ♣**~令**(りょう) 교황령 / **~庁**(ちょう) 교황청.
∥**~無謬説**(むびゅうせつ) 교황 무류설. 교화의 말은 오류가 없다는 설.
教会(きょうかい) 교회. ♣**~堂**(どう) 교회당.
∥**~暦**(れき) 교회력. 교회에서 사용하는 달력.
~旋法(せんぽう) 『樂』 교회 선법.
~音楽(おんがく) 교회 음악.
教誨(きょうかい) ⇨ **教戒**(きょうかい)②.
教訓(きょうくん) 교훈.

[訓読]
教わる(おそわる) 가르침을 받다. 배우다.
❖**教える**(おしえる) ① 가르치다. ② 훈계하다. 깨우치다.
教え(おしえ) ① 가르침. 교훈. ② 종교. 종지(宗旨).
~の庭(にわ) 〈雅〉 배울터. 학교.
教え込む(おしえこむ) 충분히 가르치다.
教え子(おしえご) 제자.

| 11
白 | 皎 | 흴 교·밝을 교
コウ·キョウ
しろい |

[音読]
皎潔(きょうけつ) 교결. 희고 깨끗함. *こうけつ로도 읽음.
皎皎(きょうきょう) 교교. 밝게 빛나는 모양. *こうこう로도 읽음.
皎然(こうぜん) 교연. 희고 밝게 빛나는 모양.

| 12
口
[人] | 喬 | 높을 교
キョウ
たかい |

[音読]
喬林(きょうりん) 교림. 교목(喬木)이 우거진 산림.
喬木(きょうぼく) 교목. 큰나무.
喬松(きょうしょう) 교송. ① 높이 솟은 소나무. ② 중국 고대의 불로불사의 선인.

| 12
穴 | 窖 | 움 교
コウ
あなぐら |

[訓読]
窖(あなぐら) 움. 움막.

| 12
糸
[常] | 絞 | 목맬 교
コウ
しぼる·しめる·しまる |

[音読]
絞盤(こうばん) 『機』 캡스턴(capstan)《윈치의 일종》
絞殺(こうさつ) 교살.
絞首(こうしゅ) 교수. ♣**~台**(だい) 교수대 / **~刑**(けい) 교수형.
絞扼(こうやく) (목 등을) 세게 조름.
絞罪(こうざい) 『法』 교죄. 교수형. 또, 그에 해당하는 범죄.

[訓読]
❖**絞る** ㊀(しぼる) ① 쥐어짜다. ② (무리하게) 짜서 나오게 하다. ③ 조르다. 압축하다.
㊁(くびる) 목졸라 죽이다.
絞り(しぼり) ① (쥐어)짬. ② 絞り染め(しぼりぞめ)의 준말. ③ 사진기의 조리개. ④『お~』손을 닦는 물수건.
絞り上げる(しぼりあげる) ① 짜내다. 바짝 짜다. ② 진땀 빼게 하다.
絞り染め(しぼりぞめ) 홀치기 염색.
絞り込む(しぼりこむ) ① 수분 등을 짜넣다. ② 많은 것 중에서 조건을 정하여 수나 범위를 좁혀 가다.
絞り滓(しぼりかす) 짜고 남은 찌꺼기.
絞り汁(しぼりじる) 짜낸 물·액체.
絞り出し(しぼりだし) 튜브.
❖**絞まる**(しまる) 단단히 졸라지다.
絞まり(しまり) 죄인〔졸린〕 정도.
❖**絞める**(しめる) ① 단단히 매다. ② 목을 매다. 목을 졸라 죽이다. ③ 짜(내)다.
絞め殺す(しめころす) (목을) 졸라 죽이다.

| 12
虫 | 蛟 | 교룡 교
コウ
みずち |

[音読]
蛟竜(こうりゅう) 교룡. ① 아직 용이 되지 않은 이무기. ② 아직 시운을 타지 못하여 뜻을 이루지 못한 영웅. *こうりょう로도 읽음.

[訓読]
蛟(みずち) 교룡(蛟龍). 이무기.

| 13
車
[常] | 較 | 견줄 교
カク·キョウ·コウ
くらべる |

[音読]
較量(きょうりょう) 교량. 서로 비교해서 헤아려 봄. *こうりょう로도 읽음.
較著(こうちょ) 교저. 현저함.
較正(こうせい) (계기류의) 교정.
較差(こうさ) 교차. 격차. *かくさ로도 읽

訓読

❖較べる(くらべる) 비교하다. 견주다.
較べ(くらべ) 비교. 겨룸. 경쟁.
較べ馬(くらべうま) 옛날의 말타기 경주. 경마.
較べ物(くらべもの) 비교하기에 족한 것.

14 イ 僑 객지에살 교 / キョウ

音読
僑居(きょうきょ) 교거. 임시 거처. 우거.
僑士(きょうし) 교인(僑人). 우거하는 사람.

14 金 鉸 가위 교 / コウ

其他
鉸具(かこ) 교구. 혁대 장식. *かくろ로도 읽음.

14 女 嬌 아리따울 교 / キョウ / なまめかしい

音読
嬌名(きょうめい) 교명. 화류계 여자의 교태로 인한 명성.
嬌声(きょうせい) 교성. 여자의 교태부리는 교소.
嬌笑(きょうしょう) 요염한 웃음.
嬌羞(きょうしゅう) 교수. 아양스럽게 부끄러워함.
嬌言(きょうげん) 교언. 여성의 요염한 말.
嬌艶(きょうえん) 교염. 아름답고 요염함.
嬌姿(きょうし) 교자. 교태.
嬌嗔(きょうしん) 미인의 요염한 노여움.
嬌態(きょうたい) 교태.

15 忄 憍 교만할 교 / キョウ

音読
憍慢(きょうまん) 교만. 오만.

15 月 膠 갓풀 교 / コウ / にかわ

音読
膠泥(こうでい) 교니. 모르타르.
膠状(こうじょう) 교상. 아교의 상태.
膠原病(こうげんびょう)『醫』교원병.
膠剤(こうざい)『藥』교제.
膠質(こうしつ) 교질. 콜로이드. *にかわしつ로도 읽음.
膠着(こうちゃく) 교착. ♣~語(ご) 교착어.
膠漆(こうしつ) 교칠. ①아교칠과 옻칠. ②극히 친밀한 사이.
膠化(こうか)『化』교화. 겔화(gel化).

訓読
膠(にかわ) 아교. 갓풀.
膠す(にかわす) 아교풀로 붙인 듯 단단히 달라붙다.

15 食 餃 경단 교 / コウ・キョウ・ギョウ

其他
餃子(ギョーザ) 중국식 만두. *ギョウザ・チャオズ라고도 함.

16 木 橋 [教] 다리 교 / キョウ / はし

音読
橋架(きょうか) 교가. 다리(의 들보).
橋脚(きょうかく) 교각. 다리 기둥.
橋台(きょうだい) 교대. 교량의 양쪽 끝을 받치는 부분.
橋頭(きょうとう) 교두. 다리 근처. ♣~堡(ほ) 교두보.
橋梁(きょうりょう) 교량.
橋畔(きょうはん) 교반. 다리 근처.
橋上(きょうじょう) 교상. 다리 위.
橋床(きょうしょう) 교상. 다리의 상판.
橋塔(きょうとう) 교탑.

訓読
橋 ㊀(はし) 다리.
㊁(きょう)《接尾語로》…교.
橋架け(はしかけ) 다리를 놓음.
橋供養(はしくよう) 다리 준공식 때의 고사(告祀).
橋渡し(はしわたし) 다리를 놓음. 전하여, 중개함. 중개인.
橋廊(はしろう) 활같이 휜 다리 모양으로 만든 복도.
橋涼み(はしすずみ) 다리 위에서 더위를 식힘.
橋番(はしばん) 江戸(えど) 시대부터 明治(めいじ) 중기까지 다리의 경비·청소 등을 맡았던 사람.
橋卜(はしうら) ⇨ 橋占(はしうら).
橋守り(はしもり) 다리를 지키고 있는 사람.
橋杙(はしぐい) 교각(橋脚).
橋殿(はしどの) 강이나 계곡·연못 등의 위에 세운 건물.
橋銭(はしせん) 다리를 건너는 통행세. 다리세.
橋占(はしうら) 다리 부근에 서서 오가는 사람의 말을 듣고 일의 길흉을 판단함.
橋柱(はしばしら) ☞ 橋杙(はしぐい).
橋板(はしいた) 다리 위에 까는 널빤지.
橋杭(はしぐい) ⇨ 橋杙(はしぐい).
橋向こう(はしむこう) 다리 건너 쪽.

橋懸かり(はしがかり) 能楽(のうがく)에서 무대 뒤에 있는, 무대와 분장실 사이를 연결하는 통로.
橋桁(はしげた) 다리 교각 위에 걸쳐 놓아 널빤지를 지탱케 하는 도리.
橋姫(はしひめ) 다리를 지킨다는 여신(女神).
橋詰め(はしづめ) 다릿가. 다릿목.
どんどん橋(どんどんばし) 밟으면 쿵쿵 소리가 나는 흥예다리.

16 艹	蕎	메밀 교 キョウ

[其他]
蕎麦(㊀(そば) ①메밀국수. ②[植]메밀. ㊁(そばむぎ)[植]㊀②의 옛 이름. *そまむぎ로도 읽음.
蕎麦殻(そばがら) 메밀겨. 베갯속 따위로 씀.
蕎麦練り(そばねり) ☞蕎麦掻き(そばが
蕎麦饅頭(そばまんじゅう) 메밀 만두.
蕎麦粉(そばこ) 메밀가루.
蕎麦掻き(そばがき) 뜨거운 물로 되게 반죽한 일종의 메밀 수제비. 국물이나 간장에 찍어 먹음.
蕎麦寿司(そばずし) 쌀밥 대신에 메밀을 써서 만든 초밥.「식점.
蕎麦屋(そばや) 메밀국수 등 면류를 파는 음
蕎麦滓(そばかす) 메밀겨.
蕎麦猪口(そばちょく) 메밀국수의 양념 간장을 담는 용기. *そばちょこ로도 읽음.
蕎麦切り(そばきり) ☞蕎麦(そば)㊀①.
蕎麦菜(そばな)[植] 모싯대.
蕎麦処(そばどころ) ①(좋은) 메밀 고장. ②메밀 음식을 파는 식당. 간판에 내거는 칭호.
蕎麦湯(そばゆ) ①메밀가루를 더운물에 푼 메밀 당수. ②(메밀국수를 삶아 낸) 국숫물.

17 矢 常	矯	바로잡을 교 キョウ ためる

[音読]
矯激(きょうげき) 교격. 언동이 지나치게 과격함.
矯味剤(きょうみざい) 쓴 약에 첨가해서 마시기 쉽게 하는 것.
矯飾(きょうしょく) 교식. 겉치레. 가식.
矯正(きょうせい) 교정. 바로잡음.
∥〜保護(ほご) 교정 보호. 범죄자의 갱생을 위하여 행해지는 처우.
〜視力(しりょく) 교정 시력.
〜院(いん)[法] 교정원. 소년원의 전신.
矯臭剤(きょうしゅうざい) 약물의 불쾌한 냄새를 제거하기 위해 첨가되는 것.
矯弊(きょうへい) 교폐. 좋지 않은 풍속을 고침. 교풍.
矯風(きょうふう) 교풍. 나쁜 풍속이나 습관을 고쳐 바로잡음.

[訓読]
❖矯める(ためる) ①바로잡다. 교정(矯正)하다. ②(한쪽 눈을 감고) 겨냥하다.
矯めつ眇めつ(ためつすがめつ) 여러모로 자세히 뜯어보는 모양. 꼼꼼히 보는 모양.
矯め直す(ためなおす) 본래의 모양대로 구부리거나 바로잡다. 교정(矯正)하다.

17 石	磽	메마를 교 コウ・キョウ やせち

[音読]
磽确(こうかく) 교각. 돌이 많고 메마른 땅. *ぎょうかく로도 읽음.

17 魚	鮫	상어 교 コウ さめ

[音読]
鮫人(こうじん) 교인. 상상의 사람으로 인어(人魚)를 가리킴.

[訓読]
鮫(さめ)[魚] 상어.
鮫肝油(さめかんゆ) 상어 간유.
鮫肌(さめはだ) 상어 가죽처럼 가슬가슬한 살갗. 거친 살갗.
∥〜焼き(やき) 유약(釉藥)을 입힌 것이 상어 가죽처럼 가슬가슬한 도자기.「인 줄.
鮫鑢(さめやすり) 상어 가죽을 나무판에 붙
鮫鶲(さめびたき)[鳥] 솔딱새.
鮫鰈(さめがれい)[魚] 줄가자미.
鮫皮(さめがわ) 상어 가죽.

18 口	嚙	깨물 교 ゴウ かじる・かむ

[訓読]
嚙ます(かます)〈俗〉①물리다. ②(씨름에서) 마구 밀어붙이다. ③기세를 꺾다.
嚙ませる(かませる) ①(입에) 재갈을 물리다. ②기세를 꺾다. 기를 지르다.
❖嚙む(かむ) ①(깨)물다. 깨물다. ②씹다. ③(톱니바퀴 따위가) 서로 맞물리다.
嚙みこなす(かみこなす) ①잘 섞어 새기다. ②잘 새겨 이해하다.
嚙み潰す(かみつぶす) ①짓씹어 부수다. ②눌러 참다.
嚙み癖(かみくせ) 물어뜯는 버릇.
嚙み付く(かみつく) ①달려들어 물다. ②대들다.
嚙み分ける(かみわける) ①음미하다. 잘 섞어 맛보다. ②(사리를) 분별해서 정확한 판단을 내리다.

噛み殺す(かみころす) ①물어〔뜯어〕 죽이다. ②(입을 다물고) 억제하다. 누르다. 죽이다.
噛み砕く(かみくだく) ①섞어〔깨물어〕 으깨다. ②알기 쉽게 설명하다.
噛み煙草(かみタバコ) 섭는 담배.
噛み切る(かみきる) 물어 끊다.
噛み締める(かみしめる) ①악물다. 꽉 깨물다. ②음미하다.
噛み合い(かみあい) ①서로 물어뜯기. ②싸움. ③(톱니바퀴의) 맞물림.
噛み合う(かみあう) ①서로 물어뜯다. 다투다. ②(이와 이가) 맞물리다. ③의견 따위가 서로 맞다.
噛み合わせ(かみあわせ) ①맞물림. ②위아래 어금니가 맞닿는 부분.
噛み合わせる(かみあわせる) ①서로 물고 뜯게〔다투게〕 하다. ②맞물리게 하다.

〔其他〕
❖噛る(かぶる) ①덥석 물다. 단숨에 마시다. ②배가 아프다.
噛り付き(かぶりつき) 극장 무대 바로 앞쪽의 봉당〔관람석〕.
噛り付く(かぶりつく) ①(특히, 음식물 따위를) 덥석 물다. ②꼭 달라붙다.

18 羽	翹	들 교·발돋움할 교 ギョウ あげる・つまたてる

〔音読〕
翹望(ぎょうぼう) 교망. 학수고대함.
翹楚(ぎょうそ) 교초. ①잡목 중에서 가장 높이 자란 가시나무. ②출중함.

19 走	趫	재빠를 교 キョウ すばやい

〔音読〕
趫捷(きょうしょう) 교첩. 몸이 가볍고 날램.

19 車	轎	가마 교 キョウ かご

〔音読〕
轎夫(きょうふ) 교부. 교군꾼.

22 馬	驕	교만할 교 キョウ おごる

〔音読〕
驕矜(きょうきょう) 교긍. 교만하고 뽐냄.
驕気(きょうき) 교기. 교만하고 뽐내는 마음.
驕慢(きょうまん) 교만. 오만.
驕兵(きょうへい) 교병. 교만하고 뽐내는 군대.
驕奢(きょうしゃ) 교사. 호사함. 사치함.
驕肆(きょうし) 교사. 교만하여 방자(放恣)하게 굶.
驕心(きょうしん) 교심. 교만한 마음.
驕児(きょうじ) 교아. ①버릇없는 아이. 떼보. ②교만한 젊은이〔사람〕.
驕傲(きょうごう) 교오. 교만.
驕佚(きょういつ) 교일. 교만하고 게으름.
驕逸(きょういつ) ⇒驕佚(きょういつ).
驕溢(きょういつ) 교일. 교만하고 방자함.
驕恣(きょうし) 교자. 교만하여 방자(放恣)하게 굶. 「일을 함.
驕僣(きょうせん) 교만하여 분수에 넘치는
驕侈(きょうし) 교치. 방자하고 사치함.

〔訓読〕
❖驕る(おごる) 거만하다. 교만하다. 우쭐거리다.
驕り(おごり) 교만. 방자함.

23 扌	攪	어지러울 교 カク・コウ みだす・ほだてる

〔音読〕
攪乱(かくらん) 교란. *こうらん으로도 읽음.
❖～月(づき) 음력 11월의 딴이름.
攪拌(かくはん) 교반. 휘저어 섞음. *こうはん으로도 읽음. ❖～機(き) 교반기.
攪土器(かくどき) 교토기.
攪破(かくは) 교란시키어 타파하는 일.

〔訓読〕
攪てる(ほだてる) ①휘젓다. 휘저어 섞다. ②먼지를 일으키다.

구

2 乙 教	九	아홉 구 キュウ・ク ここの・ここのつ

〔音読〕
九 ㊀(きゅう) 구. 아홉.
㊁(ここの) 아홉….
㊂(この) 아홉. 소리내어 셀 때 쓰는 말.
九家(きゅうか) ☞九流(きゅうりゅう).
九経(きゅうけい) 구경. 유교의 기본적인 아홉 가지 경전(經典).
九卿(きゅうけい) 구경. ①중국 주대(周代)의 아홉 관직명. ②공경(公卿). 삼공 구경.
九界(くかい)《佛》구계. 십계(十界)에서 불계(佛界)를 제외한 아홉 세계. *きゅうかい로도 읽음.
九穀(きゅうこく) 구곡. 아홉 종류의 곡물.
九谷焼(くたにやき) 일본 石川(いしかわ)현 九谷 지방에서 굽는 사기그릇《잔 무늬와 황금빛 채색이 특색).
九官(きゅうかん) 구관. 고대 중국, 순(舜)나라 때의 아홉 대신(大臣).
九官鳥(きゅうかんちょう)〖鳥〗구관조.
九九(くく) 구구(법).
九禁(きゅうきん) 구금. 대궐.
九年母(くねんぼ)〖植〗향귤나무.
九大(きゅうだい) '九州大学(きゅうしゅうだいがく)(=九州 대학)'의 준말.
九冬(きゅうとう) 구동. 겨울의 90일간.
九流(きゅうりゅう) 구류. 중국, 한(漢)나라의 아홉 학파(學派). 구가(九家).
九輪(くりん)〖佛〗구륜. 불탑의 노반(露盤) 위의 9개의 고리가 끼어 있는 장식 기둥.
九尾の狐(きゅうびのきつね) 구미호.
九拝(きゅうはい) 구배. 여러 번 배례하여 경의나 사의를 표함.
九分(くぶ) 10분의 9. 대체.
‖**〜九厘**(くりん) 거의 100 퍼센트.
〜十分(じゅうぶん) 비슷비슷. 대차 없음.
〜通り(どおり) 십중구. 거의 전부.
九死一生(きゅうしいっしょう) 구사일생.
九星(きゅうせい) 구성《음양도에서 오행과 방위에 배당하여 사람이 낳은 해에 맞추어 길흉이나 운수를 점치는 아홉 별》.
九霄(きゅうしょう) 구소. 넓은 하늘. 구천(九天).
九十 ㊀(きゅうじゅう) 구십. 아흔. ＊くじゅう로도 읽음.
㊁(ここのそじ) 구십(세). 아흔(살).
九十欄カード(きゅうじゅうらんカード) 구십(개)난 카드《유니백사(社)계의 펀치 카드》.「리.
九五(きゅうご) 구오. (점괘에서) 천자의 자
九曜(くよう) ①九曜星의 준말. ②문장(紋章)의 이름.
‖**〜星**(せい) 구요성《음양도에서, 사람의 생년(生年)에 배당하여 그 운명·길흉을 점치는 아홉 별》.
九牛の一毛(きゅうぎゅうのいちもう) 구우일모. 많은 것 가운데 극히 적은 부분. 하찮은 것.
九月(くがつ) 구월.
‖**〜の節句**(せっく) 중양절(重陽節).
九乳(きゅうにゅう) 구유. ①종(鐘)의 위쪽에 있는 9개의 돌기. ②종의 딴이름.
九仞(きゅうじん) 구인(1인은 8자).
九字(くじ) 호신의 비법으로 외는 아홉 글자로 된 주문(呪文).
〜を切(き)**る** 호신의 주문을 외다.
九紫(きゅうし) 구자. 음양도에서, 구성(九星)의 하나(화성에 해당함).
九腸(きゅうちょう) 구장. 장 전체.
九折(きゅうせつ) 구절. 비탈길 따위에서 커브가 많음.
九鼎大呂(きゅうていたいりょ) 구정 대려. 귀중한 물건이나 중한 지위·명성의 비유.
九族(きゅうぞく) 구족. 자기 중심으로 선조·자손 각 4대를 포함한 친족.
九州(きゅうしゅう)〖地〗本州(ほんしゅう)의 서남쪽에 있는 큰 섬.
‖**〜方言**(ほうげん) 九州 방언.
〜探題(たんだい)〖史〗鎌倉(かまくら)·室町幕府(むろまちばくふ) 시대에, 九州와 壱岐(いき)·対馬(つしま) 두 섬의 방위와 외국 사신의 응접을 맡은 벼슬.「스.
九柱戯(きゅうちゅうぎ) 구주희. 나인 핀
九地(きゅうち) 구지. ①매우 낮은 곳. 땅바닥. ②적에게 발견되기 어려운 곳.
九尺二間(くしゃくにけん) 가로 9자《약 2.7m》, 세로 2칸《약 3.6m》되는 게딱지만한 집. 두옥(斗屋).
九天(きゅうてん) ①구천. 하늘의 가장 높은 곳. 우주.
‖**〜九地**(きゅうち) 구천 구지《하늘 꼭대기에서 땅 밑까지의 사이로, 전(全) 우주의 뜻》.
〜直下(ちょっか) 구천 직하. 하늘에서 곧장 떨어짐.
九泉(きゅうせん) 구천. 황천. 저승.
九寸五分(くすんごぶ)〈俗〉단도. 비수.
九秋(きゅうしゅう) 구추. ①가을의 90일간. 가을. ②화제(畫題)의 이름·풍물.
九春(きゅうしゅん) 구춘. 봄의 90일간. 봄.
九品(くほん)〖佛〗①구품. 극락 정토의 아홉 등급. ＊ここِしなら로도 읽음. ②九品浄土·九品蓮台의 준말.
‖**〜仏**(ぶつ) 구품으로 나뉜 아홉의 아미타 불상(像).
〜蓮台(れんだい) 구품 연대. 극락 정토가 있다는 연대.
〜浄土(じょうど) 구품 정토. 극락 정토.
九夏(きゅうか) 구하. 여름의 90일간.
九学派(きゅうがくは) 구학파. 구류(九流).
九合(きゅうごう) 모아서 합침. 규합(糾合).
九献(くこん) ①결혼식의 헌배(獻杯)의 예. ②〈宮中女〉술.
九華帳(きゅうかちょう) 구화장. 침실에 두르는, 여러 겹의 꽃무늬를 놓은 방장(房帳).

訓読▶

九つ(ここのつ) ①아홉. 또, 아홉 살. ②자시(子時). 오시(午時). 오전·오후의 영시.
九返り(ここのかえり) 아홉 번 (반복함).
九十路(ここのそじ) ⇨ **九十**(ここのそじ).
九日(ここのか) 구일. 아흐렛날. ＊ここぬか로도 읽음.
九重(ここのえ) 구중. ①아홉 겹. ②〈雅〉구중궁궐. 궁중. 또, 수도(首都). ＊きゅうちょう로도 읽음.
九重ね(ここのかさね) 궁중.

其他▶

九十九(つくも)〖植〗'太蘭(ふとい)(=큰 고랭이)'의 딴이름.
九十九折(つづらおり) 꾸불꾸불한 산길. 구절양장(九折羊腸).
九月雨(しぐれ) (늦가을부터 초겨울에 걸쳐) 오다다 하는 비. 한차례 지나가는 비.

3 ノ 教	久	오랠 구 キュウ・ク ひさしい

音読

久留米絣(くるめがすり) 九州(きゅうしゅう) 久留米 지방에서 나는 튼튼한 무명.
久六鍬(きゅうろくぐわ) 자루가 짧고 튼튼한 괭이《단단한 땅을 파는 데 씀》. *くろくぐわ로도 읽음.
久離(きゅうり) 江戸(えど) 시대에, 농민・상인・하급 무사가 자기 자식 또는 손아래 친척들이 죄를 지었을 때 연대 책임을 면하기 위해 관청에 신고하여 의절할 일.
 ~を切(き)**る** (부모와 자식의) 인연을 끊다. 의절하다.
久米歌(くめうた) 고대 가요의 하나. 久米部(くめべ)가 久米舞(くめまい) 때 부르던 노래.
久米舞(くめまい) 옛날에, 久米部(くめべ)가 하던 가무(歌舞).
久米部(くめべ) 大和(やまと) 조정 때 久米씨 휘하의 무인(武人).
久遠(くおん) 구원. 영원.　　　「이 막힘.
久闊(きゅうかつ) 구활. 오랫동안 서로 소식

訓読

久久(ひさびさ) 〈雅〉 오래간만. 오랫동안.
久木(ひさぎ) 〖植〗 개오동나무 또는 예덕나무의 옛 이름.
久方振り(ひさかたぶり) 오래간만.
❖**久しい**(ひさしい) 오래다. 오래 되다. 오래 간만이다.
久し振り(ひさしぶり) 오래간만.

3 口 教	口	입 구 コウ・ク くち

音読

口角(こうかく) 구각. 입아귀. ♣**~炎**(えん) 구각염.
口渇(こうかつ) 구갈. 목마름.
口腔 ㊀(こうこう) 〖生〗 구강.
　㊁(こうくう) ㊀을 의학에서 일컫는 관용음.
♣**~鏡**(きょう) 구강경 / **~癌**(がん) 구강암 ‖**~外科**(げか) 구강 외과.
口蓋(こうがい) 구개. 입천장. ♣**~骨**(こつ) 구개골 / **~裂**(れつ) 〖醫〗 구개 파열 / **~音**(おん) 구개음 / **~化**(か) 〖言〗 구개화.
 ‖**~帆**(はん) 구개범. 연구개.
 ~垂(すい) 구개수. 목젖.
口訣(くけつ) 구결. 구전(口傳)의 비결. *こうけつ로도 읽음.
口径(こうけい) 구경. ♣**~比**(ひ) 〖理〗 구경비.
口供(こうきょう) ① 구두로 진술함. ② 江戸(えど) 시대의 죄인의 진술서. ♣**~書**(しょ) 진술서.
口琴(こうきん) 구금. 입에 물고 손가락으로 타는 원시적 악기.
口気(こうき) ① 말씨. 말투. ② 입김. 입내.
口器(こうき) 〖動〗 (절지 동물의) 구기.
口内(こうない) 구내. ♣**~炎**(えん) 구내염.
口端(こうたん) 입의 끝.　　　　　「염.
口達(こうたつ) 구달. 입으로 전함. *こうだつ로도 읽음.
口談(こうだん) 구담. 구두로 말함.
口答(こうとう) 구답. 구두 대답.
口頭(こうとう) 구두. ♣**~禅**(ぜん) 구두선.
 ‖**~弁論**(べんろん) 구두 변론.
 ~試問(しもん) 구두〔면접〕시험.
 ~語(ご) 구어(口語). 보통 쓰는 말.
口糧(こうりょう) 구량. 군대에서, 1인분의 식량.
口論(こうろん) 구론. 말다툼. 언쟁.
口吻(こうふん) 구문. ① 말투. 말씨. ② 입. 주둥이. 부리.
口弁(こうべん) 구변. 말솜씨.
口辺(こうへん) 구변. 입가.
口福(こうふく) 맛있는 음식을 먹고 느끼는 만족감.　　　　　　　「말과 마음.
口腹(こうふく) 구복. ① 입과 배. 식욕. ②
口分(くぶん) 구분. 사람 수에 따라 나누는 일. ♣**~田**(でん) 〖史〗 구분전.
口碑(こうひ) 구비. 전설.
口上(こうじょう) ① 말함. ② (흥행에서) 예명 따위를 발표하거나 연극 줄거리를 설명함. 또, 그 설명을 하는 사람.
 ‖**~商人**(あきんど) 江戸(えど) 시대에, 거리에서 입담으로 사람을 모아 물건을 팔던 사람.
 ~書(しょ) 구상서《외교 문서의 하나》.
 ~書(がき) 인사말이나 흥행 순서 따위를 기록한 것.
口舌 ㊀(くぜつ) ① 말. 잡담. ② 〈老〉 (남녀 간의) 말다툼.
　㊁(こうぜつ) ① 구설. 입과 혀. ② 말씨. 말투. 변설.　　　　　　「툼.
　㊂(くぜち) ① 수다. 지껄임. 변설. ② 말다
口説き(くどき) 설득함.
口説く(くどく) ① 설득이나 하소연을 끈덕지게 하다. ② 투덜거리다.
口説き落とす(くどきおとす) 설득하여 납득시키다.　　　　　　　　　　「다.
口説き立てる(くどきたてる) 계속 설득하
口誦(こうしょう) 구송. 소리 내어 욈.
口受(くじゅ) 구수. 구두로 가르침을 받음. *こうじゅ로도 읽음.
口授(くじゅ) 구수. 말로 전하여 가르침. *こうじゅ로도 읽음.
口唇(こうしん) 구순. 입술. ♣**~期**(き) 〖心〗 구순기 / **~紋**(もん) 입술 자국.
 ‖**~口蓋裂**(こうがいれつ) 구순 구개열.
口述(こうじゅつ) 구술.
 ‖**~試験**(しけん) 구술 시험.
 ~筆記(ひっき) 구술 필기.

口承(こうしょう) 구승. 구전.
‖~文学(ぶんがく) 구전 문학. 구비 문학.
口試(こうし) 口頭試問(こうとうしもん)·口述試験(こうじゅつしけん)의 준말.
口実(こうじつ) 구실. 핑계.
口悪説(くあくせつ) 『佛』 구악설. 말을 잘못하여 짓는 죄.
口約(こうやく) 구약. 언약.
口語(こうご) 구어. 현대어. ♣~文(ぶん) 구어문/~詩(し) 구어시/~訳(やく) 구어역/~体(たい) 구어체/~形(けい) 구어형.
‖~歌(か) 구어의 短歌(たんか).
~文法(ぶんぽう) 구어 문법.
~法(ほう) ☞ 口語文法.
口業(くごう) 『佛』 구업. 입으로 짓는 죄업.
口訳(こうやく) 구역. 구어역.
口演(こうえん) 구연. ① 말로 진술함. ② 말로 하는 연예를 행함.
口熱(こうねつ) 구열. 입속의 열.
口炎(こうえん) 『醫』 구염. 구내염.
口外(こうがい) (비밀 등을) 입 밖으로 냄. 말함. 「도 읽음.
口吟(くぎん) 구음. 읊조림. ＊こうぎんで로
口義(くぎ) 구전으로 전하는 비전(祕傳).
口耳(こうじ) 구이. 입과 귀.
‖~の学(がく) 구이지학. 들은풍월의 지식.
口印(こうじるし) 〈隱〉 입맞춤.
口才(こうさい) 구재. 말재주. 또, 입담이 좋은 사람. ＊こうざいとも 읽음.
口跡(こうせき) 말투. 말씨.
口伝(くでん) 구전. 구승(口承). 「음.
口銭(こうせん) 구전. ＊くちせん으로도 읽
口蹄疫(こうていえき) 『動』 구제역. 돼지·소·양 등 소목(目)에 전염하는 극히 전염성이 강한 가축병.
口調(くちょう) 어조(語調).
口座(こうぎ) 『經』 계좌.
口奏(こうそう) 구주. 구두로 상주함.
口中(こうちゅう) 구중. 입속. ♣~薬(やく) 구중약.
‖~錠(じょう) 구중정. 트로키제.
口証(こうしょう) 구증. 구두 증언.
口唱 ㊀(くそう) 구칭(口稱). 아미타불의 이름을 입으로 욈.
㊁(こうしょう) ⇨ 口誦(こうしょう).
口臭(こうしゅう) 구취. 입냄새.
口称(くしょう) 구칭. 염불을 욈.
‖~念仏(ねんぶつ) 구칭염불. 입으로 외는 염불.
口峡(こうきょう) 『生』 구협. 「na).
‖~炎(えん) 『醫』 구협염. 앙기나(angi-
口号(こうごう) 구호. 구음(口吟).
口話(こうわ) 구화. ♣~法(ほう) 구화법.

訓読
口 ㊀(くち) ① 입. ② 말. ③ (입) 맛. ④ 식구(食口). ⑤ (출) 입구. 어귀. ⑥ 도검(刀劍)을 세는 단위. 자루.
㊁(く)《接尾語로》인원수·기구(器具) 등을 세는 말. 명. 개.
口がまし(くちがまし) 잔소리가 심하다.
口コミ(くちコミ) 입에서 입으로 전하는 소문《マスコミ를 빗댄 말》.
口さがない(くちさがない) 남의 험담을 좋아하다. 「로.
口ずから(くちずから) 자기 입으로. 자기 입
口つき(くちつき) ① 입 모습. ② 말투.
口パク(くちパク) 무대 등에서, 가수가 녹음된 테이프에 맞춰 입을 움직여서 실제로 노래하는 것처럼 보이게 하는 일.
口減らし(くちべらし) (생활비를 줄이기 위해) 식구를 줄임.
口開け(くちあけ) ① (병·통조림 따위의) 마개를[뚜껑을] 처음으로 땀[엶]. ② 시작. 맨처음.
口堅い(くちがたい) 입이 무겁다.
口軽い(くちがるい) 입이 가볍다.
口尻(くちじり) 말아귀.
口固め(くちがため) ① 입막음. 함구. ② 굳은 언약.
口過ぎ(くちすぎ) 생계. 살림.
口慣らし(くちならし) ① (술을 말할 수 있게) 입에 익숙하게 함. ② (맛을) 입에 익힘. 시험 삼아 좀 먹어봄.
口慣れる(くちなれる) ① 입버릇이 되다. ② (음식이) 입에 익숙해지다.
口巧者(くちごうしゃ) 말주변이 좋음. 또, 그 사람.
口口(くちぐち) ① 제각기. 각각. ② 여러 곳의 출입구.
口金(くちがね) 꼭지쇠. 물림쇠.
口寄せ(くちよせ) 공수. 또, 공수하는 무당.
口綺麗(くちぎれい) ① 말만으로 듣기 좋은 소리를 하는 모양. ② 말씨가 곱고 점잖은 모양.
口の端(くちのは) 말 끝. 입길. 「양.
口達者(くちだっしゃ) ① 말주변이 좋음. 능변(가). ② 수다쟁이.
口答え(くちごたえ) 말대답. 말대꾸.
口当たり(くちあたり) ① 구미(口味). 입맛. ② 응대하는 태도. 말투.
口籠る(くちごもる) ① 말이 막혀 우물거리다. ② 말하기 거북하여 머뭇거리다. ＊くごもるとも 읽음. 「갈.
口輪(くちわ) ① (가축 등의) 부리망. ② 재
口凌ぎ(くちしのぎ) ① 불가심. 요기. 요깃거리. ② 호구할 정도의 생활.
口利き(くちきき) (분쟁·상담 등의) 조정. 알선. 중개. 주선.
口裏(くちうら) ① 말의 속뜻. ② 상대방에게 이야기할 내용. 「런 사람.
口利口(くちりこう) 말주변이 좋음. 또, 그
口立て(くちだて) (배우가) 무대에서 이야기하면서 즉흥적으로 줄거리를 꾸미는 일.
口幕(くちまく) 연극의 첫 막. 서막.
口拍子(くちびょうし) 입장단.
口返答(くちへんとう) 말대답. 말대꾸.

口抜き(くちぬき)(병)마개뽑이. 「롭다.
口煩い(くちうるさい) 잔소리가 많다. 까다
口癖(くちぐせ) 구벽. 입버릇. 상투어.
口封じ(くちふうじ) 입막음.
口付き(くちつき) ①(권련 따위에) 물부리가 달려 있음. 또, 그런 물건. ②마부(馬夫).
口付け(くちづけ) 입맞춤.
口付ける(くちづける) 입맞추다. 키스하다.
口不調法(くちぶちょうほう) 말주변이 없음.
口分け(くちわけ) ①분류. ②분배. 배분.
口写し(くちうつし) (어떤 사람의) 말씨(말투)와 똑같음.
口酸っぱく(くちずっぱく) 입이 닳도록.
口三味線(くちじゃみせん) 三味線(しゃみせん) 소리나 가락을 흥얼거림. 전하여, 입에 발린 말로 속임.
口上手(くちじょうず) 말주변이 좋음. 또, 그런 사람.
口塞ぎ(くちふさぎ) ①변변치 않은(약소한) 음식. ②입막음. *くちたぎにも읽음.
口書き(くちがき) ①(책의) 머리말. 서언(序言). ②江戸(えど) 시대에, 당사자의 진술을 적은 문서. ③구서. 붓을 입에 물고 쓰는 일. 「말.
口先(くちさき) ①입의 끝. 입. ②입에 발린
口少な(くちずくな) 말수가 적은 모양.
口小言(くちこごと) 투덜거림. 또, 시끄러운 잔소리.
口数(くちかず) ①말수. ②인원수. 식구(食口). *〜は こうすうろも 읽음.
口馴らし(くちならし) ⇨ 口慣らし(くちならし). 「る).
口馴れる(くちなれる) ⇨ 口慣れる(くちなれ
口縄(くちなわ) 고삐.
口悪(くちわる) 입이 걺. 또, 그런 사람.
口悪い(くちわるい) 입이 걸다. 말씨가 험하다. 「셋이.
口薬(くちぐすり) ①(화승총의) 귀약. ②입
口約束(くちやくそく) 구두 약속.
口語り(くちがたり) ①三味線(しゃみせん) 의 반주 없이 浄瑠璃(じょうるり)를 창(唱)함. ②浄瑠璃(じょうるり)의 처음 단을 이야기하는 사람. 또는 이야기함.
口言葉(くちことば) ①〈俗〉구어(口語). ②현대어. 일상어. 「い).
口穢い(くちぎたない) ⇨ 口汚い(くちぎたな
口汚い(くちぎたない) ①입이 걸다. ②먹는 데에 치사스럽게 굴다.
口汚し(くちよごし) ①맛이 없거나 양이 부족하여 입맛을 버리는 음식. ②변변치 못한 음식《음식을 권할 때 주인이 쓰는 말》.
口五月蠅い(くちうるさい) ⇨ 口煩い(くちうるさい).
口元(くちもと) ①입언저리. ②입매.
口慰み(くちなぐさみ) 군것질.
口吟み(くちずさみ) 흥얼거림. 읊조림.
口吟む(くちずさむ) 흥얼거리다. 읊조리다.

口移し(くちうつし) ①음식물을 입에 머금었다가 남의 입에 넣어줌. ②구전(口傳).
口引き(くちひき) 고삐를 잡아끎. 또, 그 사람. 「절임.
口任せ(くちまかせ) 입에서 나오는 대로 지
口入れ(くちいれ) ①말참견. ②(사람・빚돈을) 알선함. 또, 그것을 업으로 하는 사람.
口髭(くちひげ) 콧수염.
口争い(くちあらそい) 언쟁. 말다툼.
口笛(くちぶえ) 휘파람.
口寂しい(くちさびしい) ①입이 심심하다. ②더 먹고 싶다.
口前(くちまえ) 말(솜씨). 말투.
口伝え(くちづたえ) ①구전(口傳). ②구수(口授). 직접 말로 사물을 가르쳐 전함.
口伝て(くちづて) 구전(口傳).
口切り(くちきり) ①(다도에서) 새 차단지의 봉을 떼어 처음 사용하는 다회(茶會). ②(거래의) 처음. 시작. 마수걸이.
口占(くちうら) 입성수(星數). 남의 말로 길흉을 점침.
口程(くちほど) 입으로 말하는 정도.
口際(くちぎわ) 입언저리.
口早(くちばや) 빠른 말씨.
口早い(くちばやい) 입이 재다. 빠른 말씨로 말하다.
口調法(くちちょうほう) 구변이 좋음.
口走る(くちばしる) 엉겁결에 말하다.
口重(くちおも) 입이 무거움.
口重い(くちおもい) 입이 무겁다.
口止め(くちどめ) ①입막음. ②口止め料의 준말. 「돈.
∥〜料(りょう) 입씻이. 입막음으로 주는
口持ち(くちもち) 입모습. 말투.
口舐り(くちなめずり) ①입맛을 다심. 쩝쩝거림. ②(사냥감 따위를) 고대함.
口直し(くちなおし) 입가심으로 음식을 먹음. 또, 그 음식물.
口振り(くちぶり) 어조. 말투. 말씨.
口真似(くちまね) 흉내. 소리・말로써 내는 흉내.
口次(くちつぎ) 주선함.
口茶(くちぢゃ) 다 우린 차를 갈지 않고 새 차를 더 넣음. 또, 그렇게 달인 차.
口車(くちぐるま) 입발림. 감언이설.
口添え(くちぞえ) 곁에서 말을 거듦. 조언(助言). 「り)①.
口触り(くちざわり) ☞ 口当たり(くちあた
口出し(くちだし) 말참견.
口忠実(くちまめ) 잘 지껄임. 말이 많음.
口取り(くちとり) ①(소・말의) 고삐를 잡고 끎. 마부(馬夫). ②차 마실 때 곁들여 내놓는 과자.
口八丁(くちはっちょう) 말주변이 좋음. 또, 그런 사람.
∥〜手八丁(てはっちょう) 구변도 좋고 수단도 좋음.
口偏(くちへん) 한자 부수의 하나: 입구변.
口布(くちぬの) 옷 따위의 소맷부리에 대는

仇・勾・区

口幅(くちはば) ①입의 크기. ②말투.
口幅ったい(くちはばったい) 입찬 소리를 하다. 건방지다.
口下手(くちべた) 말주변이 없음.
口合い(くちあい) ①서로 주고받는 말이 잘 맞아들어감. ②중개(중개)인. ③결말.
口脇(くちわき) 입(아귀의) 가.
口紅(くちべに) 입술 연지.
口火(くちび) ①화약 등을 점화하는 데 쓰는 불씨. ②계기. 도화선.
口荒い(くちあらい) 말이 거칠다.
口荒く(くちあらく) 거친 말씨로.
口絵(くちえ) 책・잡지의 첫 머리에 넣는 그림. 권두의 그림.
口喧しい(くちやかましい) 말이(잔소리가) 많다. 시끄럽다.
口喧嘩(くちげんか) 언쟁. 입씨름. 말싸움.

[其他]
口籠(くつこ) 부리망. *くつごろも 읽음.
❖口惜しい(くやしい) 분하다. *くちおしい 로도 읽음.
口惜しがる(くやしがる) 분해하다. 「물.
口惜し涙(くやしなみだ) 분해서 흘리는 눈
口惜し紛れ(くやしまぎれ) 분한 김. 홧김.
口惜し泣き(くやしなき) 분해서 욺.

```
4   仇    원수 구
イ        キュウ
          あだ・かたき
```

[音読]
仇視(きゅうし) 구시. 원수로 여김.
仇怨(きゅうえん) 구원. 원한.
仇敵(きゅうてき) 구적. 원수. *あだかたき 로도 읽음.

[訓読]
仇(あだ) 원수. *かたき 또는 あたろも 읽음.
仇する(あだする) ①가해하다. 해를 주다. ②침공하다.
仇なす(あだなす) 적대(敵對)하거나 해를 끼치다.
仇浪(あだなみ) (공연히) 놓치는 파도《덧없는 사람 마음의 비유》.
仇名(あだな) ①(남녀 관계의) 소문. 염문. ②뜬소문. 「사랑.
仇情け(あだなさけ) ①부질없는 친절. 겉
仇討ち(あだうち) 복수. 원수 갚음. *かたきうちろも 읽음.
‖〜物(もの) 복수를 주제로 한 歌舞伎(かぶき)・浄瑠璃(じょうるり) 등 연예물.

```
4   勾    굽을 구
ク        コウ
          まがる・とらえる
```

[音読]
勾股弦(こうこげん) 〘数〙 구고현.

勾当(こうとう) ①옛날, 절이나 섭정의 집에서 사무를 처리함. 또, 그 사람. ②옛날, 맹인(盲人)의 관명. 「나.
‖〜の内侍(ないし) 궁중 여관(女官)의 하
勾欄(こうらん) 궁전 등의 건물 주위나 복도 등에 있는 끝이 굽은 난간.
勾留(こうりゅう) 〘法〙 구류. 구금. 구속.
♣〜状(じょう) 구속 영장.
‖〜理由開示(りゆうかいじ) 구금 이유 명시(절차).
勾勒(こうろく) 〘美〙 구륵. 동양화에서, 윤곽을 가느다란 두 줄로 그리고 그 가운데를 채색하는 기법.
勾配(こうばい) 구배. ①물매. 경사(도). ②비탈. 사면.
‖〜織り(おり) 굵기가 다른 씨실과 날실을 섞어서 골이 지게 짠 천. 「표.
♣〜標(ひょう) (철도 선로의) 구배표. 물매
勾引(こういん) 구인(拘引). ♣〜状(じょう)
勾張り(こうばり) 집・기둥의 버팀목.

[訓読]
勾玉(まがたま) 곡옥. 굽은 옥《고대 장신구의 하나》.

[其他]
勾かす(かどわかす) 유괴하다. 속여(서) 꾀어내다.

```
4   区 (區)   구역 구
口              ク
[教]            まち
```

[音読]
区(く) 구. ①대도시 행정 구획의 하나. ②법 집행상의 구획(선거구 등).
区間(くかん) 구간.
区検(くけん) '区検察庁(くけんさつちょう)(=구검찰청)'의 준말《간이 재판소에 대응하는 기관》.
区区 ㊀(くく) 구구. ①뿔뿔이 흩어진 모양. ②하잘것없는 모양.
㊁(まちまち) 제각각. 제각기 다름.
区内(くない) 구내.
区立(くりつ) 구립.
区名(くめい) 구명. 구의 이름.
区民(くみん) 구민. 구의 주민.
区別(くべつ) 구별.
区報(くほう) 구보. 구청에서 내는 인쇄물.
区部(くぶ) ①대도시의 구(區) 지역. ②(東京都(とうきょうと)의) 군(郡) 지역에 대하여) 구(區) 지역.
区分(くぶん) 구분.
区分け(くわけ) 구분. 구획 지어 나눔.
区域(くいき) 구역. 구 지역.
区役所(くやくしょ) 구청.
区営(くえい) 구영. 구에서 경영함.
区外(くがい) 구외. 구 지역 밖.
区員(くいん) 구청 직원.

区有(くゆう) 구유. 구의 소유.
区議(くぎ) 区議会議員(くぎかいぎいん)의 준말.
区議会(くぎかい) 구의회.
‖~議員(ぎいん) 구의회 의원.
区長(くちょう) 구청장.
区切り(くぎり) 단락.
‖~符号(ふごう) 구두점.
区切る(くぎる) 단락을 짓다. 구획 짓다.
区政(くせい) 구정. 구의 행정.
区整(くせい) 区画整理(くかくせいり)의 준말.
区処(くしょ) ①구처. 구별하여(따로따로) 처리함. ②구분된 곳.
区割り(くわり) 구획. 토지 따위를 구획함.
区会(くかい) 구의회.
区画(くかく) 구획. 경계.
‖~整理(せいり) 구획 정리.

| 5
一
常 | 丘 | 언덕 구
キュウ・ク
おか |

音読
丘岡(きゅうこう) 구강. 언덕. 구릉(丘陵).
丘隴(きゅうろう) 구롱. ①작은 언덕. ②무덤. 분묘.
丘陵(きゅうりょう) 구릉. 언덕.
‖~帯(たい) 구릉대(식물 수직 분포의 하나로, 가장 낮은 식물대).
丘腹(きゅうふく) 언덕의 중간쯤. 산허리.
丘阜(きゅうふ) 구부. 언덕. 얕은 산.
丘墳(きゅうふん) 구분. 무덤. 분묘.
丘山(きゅうざん) 구산. ①언덕과 산. ②물건이 많은 모양.
丘疹(きゅうしん) 구진. 살갗에 돋는 발진의 하나.
丘垤(きゅうてつ) 구질. 개밋둑. 의총(蟻

訓読
丘(おか) 언덕. 구릉.

| 5
勹
教 | 句 | 구절 구
ク・コウ
くぎり |

音読
句(く) 구. ①글의 구절. ②한시(漢詩)・和歌(わか)・俳句(はいく) 등에서 5음 또는 7음으로 된 음율상의 구분. ③俳句의 준말. ④성구. 관용구.
句境(くきょう) ①俳句(はいく) 짓기의 진보하는 정도. ②俳句를 지을 때의 심경.
句継ぎ(くつぎ) 謡曲(ようきょく)에서 구절이 끝나도 숨을 그치지 않고 계속 길게 뽑아 다음 구절로 이어 부르는 일.
句稿(くこう) 구고. 句의 초고.
句切(くぎり) 구구. 句마다. 매구(毎句).
句読(くとう) 구두점. ♣~点(てん) 구두점.
‖~法(ほう) 구두점 찍는 법.
句頭(くとう) 어구의 첫머리.
句歴(くれき) ①俳句(はいく)를 지은 햇수. ②俳人(はいじん)으로서의 경력.
句論(くろん) 『文法』 구론. 句(く)・문(文)에 대한 이론. 신택스(syntax).
句末(くまつ) 구말. 구의 끝 부분.
句法(くほう) 구법. 시문을 짓는 법.
句柄(くがら) 俳句(はいく)・連俳(れんぱい)의 됨됨이나 품격.
句碑(くひ) 俳句(はいく)를 새긴 비.
句心(くごころ) ①俳句(はいく)를 짓고 싶은 심정. ②俳句를 짓거나 음미하는 마음이나 그 능력.
句案(くあん) 문장이나 歌(うた)・句(く)를 지을 때 이것저것 생각하는 일. 「한 대목.
句眼(くがん) 시구(詩句) 가운데서 가장 요긴
句業(くぎょう) 俳句(はいく)를 짓거나 비평하는 등 俳句에 관계되는 활동.
句意(くい) 구의. ①글귀의 뜻. ②어떤 俳句(はいく)의 뜻.
句義(くぎ) 구의. 句(く)의 의미.
句作(くさく) 俳句(はいく)를 짓는 일.
句作り(くづくり) 連歌(れんが)・俳句(はいく)를 지음.
句帳(くちょう) 俳句(はいく)를 적어두는 (휴대용) 수첩.
句材(くざい) 俳句(はいく)의 소재.
句切る(くぎる) 단락을 짓다. 구획 짓다.
句点(くてん) 구점. 마침표.
句題(くだい) ①유명한 和歌(わか)・한시(漢詩)의 한 구를 제목으로 읊는 시가. ②俳句(はいく)의 제목.
句調(くちょう) 문장의 어조. 「잡지.
句誌(くし) (개인 발행의) 俳句(はいく) 전문
句集(くしゅう) 連句(れんく)・俳句(はいく)를 모은 책.
句風(くふう) 俳句(はいく)의 풍격.
句合わせ(くあわせ) 각자의 俳句(はいく)를 비교하여 심사자가 그 우열을 판정하는 일.
句話(くわ) 俳諧(はいかい)에 관한 여러 가지 이야기.
句会(くかい) 俳句(はいく) 짓기 모임.

| 5
日
教 | 旧(舊) | 예 구・오랠 구
キュウ・ク
ふるい・もと |

音読
旧 ㊀(きゅう) 구. ①전의 상태. ②음력. ③《接頭語로》'전날의・예전의'의 뜻을 나타냄.
㊁(ふる) ①낡은 것. 써서 닳은 것. ②나이를 먹음. 늙음. ③이전의 것.
㊂(もと) 사물의 시작. 처음. 기원.
旧家(きゅうか) 구가. ①오랜 가문. ②이전에 살던 집.
旧仮名遣い(きゅうかなづかい) 〈俗〉 仮名(かな) 쓰기에서, 平安(へいあん) 시대 초기의 표기법을 기준으로 한 것.
旧刊(きゅうかん) 구간. 오래된 간행물.

旧居(きゅうきょ) 이전에 살던 곳〔집〕.
旧故(きゅうこ) 예전부터 잘 아는 사람.
旧稿(きゅうこう) 구고. 전에 쓴 원고.
旧古生代(きゅうこせいだい) 고생대의 전반기. 곧, 캄브리아기(紀)·오르도비스기·실루리아기를 포함함.
旧穀(きゅうこく) 구곡. 지난해에 수확한 곡물.
旧慣(きゅうかん) 구관. 옛 관습.
旧館(きゅうかん) 구관.
旧観(きゅうかん) 구관. 예전의 모양.
旧交(きゅうこう) 구교. 오랜 교제.
旧教(きゅうきょう) 구교. 천주교. 가톨릭교.
旧国(きゅうこく) ① 구국. 역사가 오랜 나라. ② 고향. 조국.
旧規(きゅうき) 구규. 예전의 규칙〔규정〕.
旧劇(きゅうげき) 구극.
旧記(きゅうき) 구기. 옛 기록.
旧年(きゅうねん) 구년. 작년. 지난해. *ふるとしろも 읽음.
旧大陸(きゅうたいりく) 구대륙.
旧徳(きゅうとく) 구덕. 이전에 베푼 덕.
旧都(きゅうと) 구도. 옛 수도.
旧道(きゅうどう) 구도. 옛 길.
旧島民(きゅうとうみん) 小笠原(おがさわら) 섬 주민 가운데에서, 구미계(系)가 아닌 사람들의 일컬음.
旧冬(きゅうとう) 구동. 작년 겨울《연초에 쓰는 말》.
旧臘(きゅうろう) 구랍. 지난해의 섣달. 객랍.
旧来(きゅうらい) 구래. 종래. 옛날부터 내려옴.
旧廬(きゅうろ) 옛날에 살았던 암자. 낡은 집.
旧暦(きゅうれき) 구력. 음력.
旧領(きゅうりょう) 구령. 전의 영지〔영토〕.
旧例(きゅうれい) 구례. 과거의 예.
旧労(きゅうろう) 구로. 오래전부터 섬겨 공로가 있음. 또, 그 공로.
旧流(きゅうりゅう) 구류. ① 이전의 물흐름. ② 옛 유파. 구파.
旧里(きゅうり) 구리. 고향.
旧幕(きゅうばく) 明治(めいじ) 유신 이후의 江戸幕府(えどばくふ)의 일컬음.
旧名(きゅうめい) 구명. 옛 이름.
旧聞(きゅうぶん) 구문. 묵은 이야기.
旧物(きゅうぶつ) 구물. ① 옛 물건. 고물. ② 생각이 고루한 사람.
旧民法(きゅうみんぽう) 구민법.
旧藩(きゅうはん) 明治(めいじ) 유신 이후, 江戸(えど) 시대의 藩(はん)을 일컫던 말.
旧法(きゅうほう) 구법.
旧盆(きゅうぼん) 음력 7월 보름에 행하는 우란분회(會). 백중(百中) 맞이.
旧史(きゅうし) 구사. 예전의 역사. 또, 그것을 기록한 책.
旧事(きゅうじ) 구사. 옛 일.
旧師(きゅうし) 구사. 옛 스승.
旧相識(きゅうそうしき) 구상식. 예전부터의 지인(知人). 옛 친구.

旧石器時代(きゅうせっきじだい) 〖史〗구석기 시대.
旧説(きゅうせつ) 구설. 옛 설.
旧姓(きゅうせい) 구성. (결혼·양자 관계로 성이 바뀐 사람의) 본성.
旧世界(きゅうせかい) 구세계. 구대륙.
旧俗(きゅうぞく) 구속. 옛 풍속.
旧習(きゅうしゅう) 구습.
旧時(きゅうじ) 구시. 지나간 옛날.
旧詩(きゅうし) 구시. 옛(날) 시. 전에 만든 시.
旧式(きゅうしき) 구식. 옛 형식.
旧識(きゅうしき) 구식. 구면(舊面).
旧臣(きゅうしん) 구신. 오래된〔옛〕 신하.
旧悪(きゅうあく) 구악.
旧約(きゅうやく) 구약.
▮━聖書(せいしょ) 구약 성서.
旧訳 ㊀(きゅうやく) 구역. 이전의 번역. ㊁(くやく) 〖佛〗한문 경전 중 현장(玄奘) 등 보다 전(前)의 번역.
旧縁(きゅうえん) 구연. 옛날에 맺은 인연.
旧熱帯区(きゅうねったいく) 〖動·植〗구열대구.
旧染(きゅうせん) 구염. 예전부터 몸에 밴 습관《대개 악습의 뜻으로 씀》. *きゅうぜんのろも 읽음.
旧友(きゅうゆう) 구우. 옛 친구.
旧怨(きゅうえん) 구원. 숙원(宿怨).
旧遊(きゅうゆう) 구유. 예전에 여행한 일.
旧恩(きゅうおん) 구은. 전에 입은 은혜.
旧誼(きゅうぎ) 구의. 옛 정의(情誼).
旧人(きゅうじん) 구인. ① 예전 사람. ② 새 시대에 맞지 않는 사람. *ふるびとろも 읽음.
旧任(きゅうにん) 구임. 전임(前任).
旧字体(きゅうじたい) 구자체. ① 예전의 자체. ② 특히, 1949년 '当用漢字(とうようかんじ)(= 8 한자)' 자체표(表)가 정해지기 이전에 사용되었던 한자의 자체(「旧·当」의 「舊·當」 따위).
旧作(きゅうさく) 구작. 이전의 작품.
旧章(きゅうしょう) 구장. 예로부터의 관습〔규칙〕.
旧蔵(きゅうぞう) ① 예전부터 소장하고 있음. 또, 그것. ② 이전에 소장하고 있던 것.
旧著(きゅうちょ) 구저.
旧跡(きゅうせき) 구적. 고적.
旧蹟(きゅうせき) ⇨ 旧跡(きゅうせき).
旧伝(きゅうでん) 구전. 예로부터 전해 오는 말.
旧典(きゅうてん) 구전. ① 옛날의 제도. 옛 법전. ② 오래된 책.
旧正月(きゅうしょうがつ) 구정. 음력 설.
旧制(きゅうせい) 구제. 옛 제도.
旧製(きゅうせい) 구제. 이전에 제조함. 또, 그것.
旧制度(きゅうせいど) 구제도.
旧卒(きゅうそつ) '旧卒業者(きゅうそつぎょうしゃ)(= 구졸업자)'의 준말.
旧主(きゅうしゅ) 구주. 옛 주인. 옛 주군.
旧注(きゅうちゅう) 구주. 고전에 대해 전시

대에 달았던 주석.
旧株(きゅうかぶ) 구주《새로 발행한 주식에 대하여 이전의 주식》.
旧註(きゅうちゅう) ⇨ 旧注(きゅうちゅう).
旧中間層(きゅうちゅうかんそう) 구중간층. 자본주의 사회 성립 이전부터 존재했던 자영 농민·상인·중소기업주 따위의 일컬음.
旧址(きゅうし) 구지. 옛터.
旧知(きゅうち) 구지. 구면.
旧債(きゅうさい) 구채. 묵은 빚.
旧体制(きゅうたいせい) 구체제.
旧歯(きゅうし) 늙은이. 노인.
旧称(きゅうしょう) 구칭.
旧態(きゅうたい) 구태.
∥〜**依然**(いぜん) 구태의연.
旧宅(きゅうたく) 구택. 전에 살던 집.
旧土(きゅうど) 구토. 이전의 영지.
旧套(きゅうとう) 구투. 예전 그대로의 (낡은) 방식.
旧派(きゅうは) 구파. ①옛 유파. ②(신파 연극에 대해서) 구파 연극《歌舞伎(かぶき)의 일컬음》.
旧版(きゅうはん) (출판물의) 구판.
旧弊(きゅうへい) 구폐. 묵은 폐단.
旧風(きゅうふう) 구풍. 옛 풍속.
旧恨(きゅうこん) 오래전부터의 원한.
旧号(きゅうごう) ①(잡지 등의) 묵은 호. ②옛 칭호.
旧好(きゅうこう) 예전부터의 친분[인연] 구의(舊誼). 「음.
旧懐(きゅうかい) 구회. 지난날을 그리는 마
旧訓(きゅうくん) 구훈. ①한자·한문의 예전의 읽는 법. ②예전의 가르침.
訓読⇨
旧い(ふるい) 낡다. 오래되다. 헐다.
旧びる(ふるびる) 낡다. 헐다.

| 6
才 | 扣 | 두드릴 구·덜 구
コウ
たたく・ひかえる・ボタン |

音読⇨
扣除(こうじょ) 공제(控除).

| 6
臼 | 臼 | 절구 구
キュウ
うす |

音読⇨
臼頭(きゅうとう) 구두. 절구 모양의 머리.
臼状(きゅうじょう) 구상. 절구 모양.
臼杵(きゅうしょ) 구저. 절구와 절굿공이.
臼歯(きゅうし) 『生』구치. 어금니. *うすばロ로도 읽음.
臼砲(きゅうほう) 구포. 박격포.
訓読⇨
臼(うす) ①절구. ②맷돌.
臼挽き(うすひき) 맷돌질함. 또, 그 사람.

| 7
イ | 佝 | 꼽추 구
ク |

音読⇨
佝僂(くる) 구루. 곱사. 곱사등(이).
∥〜**病**(びょう) 구루병. 곱사병.

| 7
水
教 | 求 | 구할 구
キュウ・グ
もとめる・とめる |

音読⇨
求道(ぐどう) 구도. ①『佛』부처의 바른 도를 구함. ②진리를 구하여 수행함. *②는 きゅうどう로도 읽음.
求法(ぐほう) 『佛』구법. 구도(求道). 부처의 바른 도를 구함.
求不得苦(ぐふとくく) 『佛』구부득고. 얻으려고 구해도 얻지 못하는 고통. 「상권.
求償(きゅうしょう) 구상. ♣〜**権**(けん) 구
求心(きゅうしん) 구심. ♣〜**的**(てき) 구심적 /〜**点**(てん) 구심점.
∥〜**力**(りょく) 구심력('向心力(こうしんりょく)(=향심력)'의 구칭)'.
求愛(きゅうあい) 구애.
求縁(きゅうえん) 결혼 상대를 구함.
求人(きゅうじん) 구인. ♣〜**難**(なん) 구인난. 「산출함.
求積(きゅうせき) 『数』구적. 넓이·부피를
求知心(きゅうちしん) 구지심. 지식을 갈구하는 마음.
求職(きゅうしょく) 구직.
求刑(きゅうけい) 『法』구형.
求婚(きゅうこん) 구혼. 청혼.
訓読⇨
求まる(もとまる) (답·값이) 구해지다. 구할 수 있다.
❖**求める**(もとめる) 구하다. ①바라다. ②요구하다. ③사다. ④자초하다.
求め(もとめ) 요구. 주문.
求めて(もとめて) 자진해서. 일부러.
求め行く(もとめゆく)〈雅〉찾으러 가다. 찾아가다.
其他⇨
求肥(ぎゅうひ) 『料』찹쌀가루를 찐 다음 조청·설탕을 섞어 반죽하여 얇은 떡처럼 만든 과자.

| 7
火 | 灸 | 뜸 구
キュウ
やいと |

音読⇨
灸(きゅう) 뜸. 뜸질. *やいと로도 읽음.
灸頭針(きゅうとうしん) ⇨ 灸頭鍼(きゅうとうしん).

球団(きゅうだん) 구단. 직업 야구단.
球帯(きゅうたい) 〖數〗구대. 구(球)띠의 구 용어.
球道(きゅうどう) 〖野〗구도. ①(투수가) 던진 공의 코스. ②야구의 도〔길〕.
球灯(きゅうとう) 소형의 둥근 등롱(燈籠).
球歴(きゅうれき) 구력. 야구 등 구기에 관한 경력.
球面(きゅうめん) 구면. ♣～鏡(きょう)〖物〗구면경.
‖～幾何学(きかがく) 〖數〗구면 기하학.
～三角形(さんかっけい) 〖數〗구면 삼각형. ＊きゅうめんさんかくけいèも 읽음.
～天文学(てんもんがく) 〖天〗구면 천문학.
球史(きゅうし) 구사. 야구의 역사.
球状(きゅうじょう) 구상. 공 모양.
‖～星団(せいだん) 〖天〗구상 성단. 수만에서 수십만 개의 별이 구대칭(球對稱)으로 집단을 이룬 성단.
球速(きゅうそく) 〖野〗구속. 투수가 던지는 공의 속도.
球心(きゅうしん) 〖數〗구심. 구의 중심.
球審(きゅうしん) 〖野〗구심. 「딴이름.
球児(きゅうじ) 중·고등 학교 야구 선수의
球芽(きゅうが) 〖植〗구아. 구술눈.
球宴(きゅうえん) 구연. 백구의 향연.
球運(きゅううん) 공으로 하는 경기의 운.
球威(きゅうい) 〖野〗구위. 투구의 위력.
球音(きゅうおん) 구음. 배트나 라켓으로 볼을 치는 소리. 「등.
球人(きゅうじん) 야구인. 야구 선수·감독
球場(きゅうじょう) 구장. '野球場(やきゅうじょう)(=야구장)'의 준말.
球電(きゅうでん) 〖天〗구전. 번개의 전기로 생기는 방전 현상의 하나《지름 10-20 cm의 둥근 발광체가 적색에 빛을 내며 천천히 날아감》. 「종류.
球種(きゅうしゅ) 〖野〗구종. 던지는 공의
球体(きゅうたい) 구체. 구형(球形)의 물체.
球春(きゅうしゅん) 구춘. 야구 시즌이 시작되는 이른 봄.
球趣(きゅうしゅ) 야구(경기)의 재미.
球形(きゅうけい) 구형. 공 모양.
球花(きゅうか) 〖植〗긴 원뿔꼴의 꽃. 소나무·노송나무 따위의 꽃.
球戯(きゅうぎ) 구희. 공이나 구슬 따위로 하는 놀이.

訓読▶
球筋(たますじ) 〖野〗투구의 코스.
球簾(たますだれ) ①주렴. ②'簾(すだれ)(=발)'의 미칭.
球乗り(たまのり) 커다란 공 위에 올라서서 발로 공을 굴리는 곡예. 또, 그 사람.
球拾い(たまひろい) ①공줍기. ②공줍기만 하는 신인 등.
球足(たまあし) 야구·골프 등에서, 타구 때 날아가는 속도나 거리.
球指(たまざし) ⇨ 球尺(たまざし).
球菜(たまな) 'キャベツ(=양배추)'의 딴이
球尺(たまざし) 구면계(球面計). 「름.

| 11
虫 | 蚯 | 지렁이 **구**
キュウ |

其他▶
蚯蚓(みみず) 〖動〗지렁이. ＊きゅういんとも 읽음.
蚯蚓脹れ(みみずばれ) 피부의 긁힌 자리가 지렁이처럼 길게 부어 오름. 또, 그 자리.

| 11
金 | 釦 | 금테두리할 **구**
コウ
ボタン |

訓読▶
釦(ボタン) 단추. ♣～穴(あな) 단춧구멍.

| 11
亀
[人] | 亀 | **구** ⇨ 亀 귀(p. 195) |

| 12
金 | 鈎 | 갈고리 **구**
コウ
かぎ |

參考▶ 鉤의 異體字.

鈎股弦(こうこげん) 〖數〗구고현.

| 13
イ | 傴 | 곱사등이 **구**
ウ
かがむ |

其他▶
傴僂(せむし) 〈卑〉구루. 곱사등이. 꼽추.

| 13
厂 | 厩 | 마구간 **구**
キュウ
うまや |

參考▶ 廐·廏의 異體字.

音読▶
厩務員(きゅうむいん) 구무원. 경마장에서 말을 돌보는 사람. 馬丁(ばてい)의 새 호칭.
厩舎(きゅうしゃ) 구사. 마구간.
厩堆肥(きゅうたいひ) 구비와 퇴비.

訓読▶
厩(うまや) 마구간.
厩肥(うまやごえ) 〖農〗구비. 쇠두엄.
＊きゅうひとも 읽음.

| 13
女 | 媾 | 겹혼인할 **구**
コウ
おう·よしみ |

溝(溝) 도랑 구 / コウ / みぞ・どぶ

音読
媾合(こうごう) 구합. 성교.
媾和(こうわ) 화해함. 화목함. 강화(講和).
其他
媾曳き(あいびき) (사랑하는 남녀의) 밀회.

溝(溝) 도랑 구 / コウ / みぞ・どぶ

音読
溝渠(こうきょ) 구거. 급수·배수를 위해 판 도랑.
溝瀆(こうとく) 구독. 도랑. 수령.
溝壑(こうがく) 구학. 도랑과 골짜기.
訓読
溝 ㊀(みぞ) ① 도랑. 개천. ② 홈. ③ 틈. 간격.
　㊁(どぶ) 도랑. 시궁창. 하수구.
溝泥(どぶどろ) 시궁창에 쌓인 흙.
溝鼠(どぶねずみ) 〖動〗 시궁쥐.
溝掃除(どぶそうじ) 시궁창 청소.
溝浚い(どぶさらい) 시궁창 쳐내기(청소).
溝浚え(みぞさらえ) 도랑 쳐내기. *どぶさらえ로도 읽음.
溝川(みぞがわ) 물이 흐르고 있는 도랑. 개천.
溝板(どぶいた) 시궁창을 덮는 널빤지.
其他
溝萩(みそはぎ) 〖植〗 부처꽃. *みぞはぎ로도 읽음.

韮 부추 구 / キュウ / にら

参考 韭의 異體字.

訓読
韮(にら) 〖植〗 부추.

舅 시아버지 구·장인 구 / キュウ / しゅうと

音読
舅姑(きゅうこ) 구고. 시부모. 장인 장모.
訓読
舅(しゅうと) 시아버지. 장인.
舅御(しゅうとご) 시아버지(장인)의 높임말.
舅親(しゅうとおや) 시아버지. 장인.

裘 갖옷 구 / キュウ / かわごろも

音読
裘葛(きゅうかつ) 구갈. (겨울의) 가죽옷과 (여름의) 갈포옷. 곧, 일년을 뜻함.
裘褐(きゅうかつ) 구갈. 가죽옷과 거친 모직물. 곧, 허술한 옷.
訓読
裘(かわごろも) 가죽옷. 갖옷. *けごろもで로도 읽음.

鉤 갈고리 구 / コウ / かぎ

音読
鉤勒(こうろく) 〖美〗 구륵. 동양화에서, 윤곽을 가느다란 두 줄로 그리고 그 가운데를 채색하는 기법.
鉤状(こうじょう) 구상. 갈고리 모양. *かぎなり로도 읽음.
鉤虫(こうちゅう) 〖蟲〗 구충. 십이지장충. *かぎむし로도 읽음.
訓読
鉤(かぎ) ① 갈고랑이. ② 갈고리 형태의 것. ③ 인용어를 싸는 갈고리 모양의 괄호(「　」).
鉤竿(かぎざお) 끝에 갈고리를 단 장대.
鉤括弧(かぎかっこ) ☞鉤(かぎ)③.
鉤鼻(かぎばな) 매부리코.
鉤の手(かぎのて) 거의 직각으로 꼬부라짐. 또, 그런 모양의 것.
鉤縄(かぎなわ) 끝에 갈고랑쇠를 단 줄.
鉤十字(かぎじゅうじ) 갈고리 십자. 만자(卍字).
鉤裂き(かぎざき) (천 따위가) 못 같은 것에 걸려서 갈고리 모양으로 찢어짐. 또, 그 찢어진 곳.
鉤爪(かぎづめ) ① 척추 동물의 밑으로 굽어진 발톱. ② 무척추 동물 발끝에 있는 갈고리형의 작은 돌기(突起).
鉤針(かぎばり) 코바늘.
‖～編み(あみ) 코바늘 뜨개질. 또, 그 뜬 것.
鉤編み(かぎあみ) 코바늘 뜨개질.
鉤形(かぎがた) 갈고리꼴. 끝이 직각으로 굽은 모양.
其他
鉤素(はりす) 직접 바늘을 매달고 있는 가늘고 질긴 낚싯줄의 실. 목줄.

鳩 비둘기 구 / キュウ / はと・あつまる

音読
鳩居(きゅうきょ) 구거. ① 아내가 남편의 집을 자기집으로 삼음의 비유. ② 셋방살이.
鳩舎(きゅうしゃ) 구사. 비둘기장.
鳩首(きゅうしゅ) 구수. 여럿이 머리를 맞댐.
鳩信(きゅうしん) 구신. 전서구에 의한 통신.
鳩合(きゅうごう) 규합(糾合).
訓読
鳩(はと) 〖鳥〗 비둘기.
鳩ぽっぽ(はとぽっぽ) 〈兒〉 비둘기.
鳩豆(はとまめ) 비둘기의 모이로 주는 콩.
鳩麦(はとむぎ) 〖植〗 율무.

鳩目(はとめ) (구두·의류·서류 등의) 끈을 꿰기 위한 둥근 구멍. 새눈.
鳩時計(はとどけい) 비둘기[뻐꾸기] 시계.
鳩染め(はとぞめ) '山鳩色(やまばといろ) (=푸르스름한 누른색)'으로 염색함.
鳩羽色(はとばいろ) 거무스름한 엷은 청록색. 「색.
鳩羽鼠(はとばねずみ) 보라색을 띤 짙은 회
鳩杖(はとづえ) 구장. 두부(頭部)가 비둘기 모양으로 된 노인용의 단장. *きゅうじょう 로도 읽음.
鳩笛(はとぶえ) 비둘기 소리를 내는[비둘기 모양의] 피리.
鳩座(はとざ) 〖天〗 비둘기자리. 남천(南天)에 있는 작은 별자리.
鳩車(はとぐるま) 장난감 비둘기(양쪽에 바퀴를 달고 끈을 달아 끌고 다님).
鳩派(はとは) 비둘기파(派). 온건파.
鳩杖(はとびん) 전서구(傳書鳩)를 이용한 통신.
鳩胸(はとむね) ① 구흉. 새가슴. ② 三味線(しゃみせん)의 대와 울림통이 이어지는 곳의 튀어나온 부분. ③ 등자(鐙子) 앞쪽의 불룩한 데.

其他▷
鳩尾(みぞおち) 명치. *みずおちら고도 함.

14 口	嘔	토할 구 オウ はく

音読▷
嘔気(おうき) 구기. 구역질.
嘔吐(おうと) 구토. 토함.

訓読▷
嘔き気(はきけ) 구역질. 욕지기.
嘔き下し(はきくだし) 토사(吐瀉).

14 女	嫗	할미 구 オウ・ウ おうな

訓読▷
嫗(おうな) 노파. 할미.

14 木 㪅	構(構)	얽을 구 コウ かまえる・かまう

音読▷
構内(こうない) 구내.
∥～交換機(こうかんき) 구내 교환기.
構図(こうず) 구도. 「론.
構文(こうぶん) 구문. ♣～論(ろん) 구문
構法(こうほう) 〖建〗 건축물의 재료나 부품의 기능적 구성 방법.
構思(こうし) 구사. 구상(構想). 「력.
構想(こうそう) 구상. ♣～力(りょく) 구상
構成(こうせい) 구성. ♣～的(てき) 구성적.
∥～心理学(しんりがく) 구성 심리학.
～要素(ようそ) (범죄의) 구성 요소.
～主義(しゅぎ) 구성주의.
～酵素(こうそ) 구성 효소.
構営(こうえい) 구영. 건물의 구조. 축조.
構外(こうがい) 구외. 울 밖.
構音(こうおん) 〖言〗 구음. 조음(調音).
∥～障害(しょうがい) 〖醫〗 구음 장애.
構作(こうさく) 만들어냄.
構造(こうぞう) 구조. ♣～線(せん) 〖地〗 구조선 /～式(しき) 〖化〗 구조식 /～体(たい) 구조체.
∥～改革論(かいかくろん) 〖政〗 구조 개혁론. 「(exon).
～配列(はいれつ) 〖生〗 구조 배열. 액손
～不況(ふきょう) 구조 불황.
～設計(せっけい) 〖建〗 구조 설계.
～言語学(げんごがく) 구조 언어학.
～力学(りきがく) 구조 역학.
～汚職(おしょく) 구조적인 독직(瀆職)
～運動(うんどう) 〖地〗 구조 운동.
～遺伝子(いでんし) 구조 유전자.
～異性(いせい) 〖化〗 구조 이성.
～的失業(てきしつぎょう) 구조적 실업.
～的暴力(てきぼうりょく) 구조적 폭력.
～調整プログラム(ちょうせいプログラム) (IMF의) 구조 조정 프로그램.
～主義(しゅぎ) 구조주의.
～地震(じしん) 구조 지진.
～地質学(ちしつがく) 구조 지질학.
～平野(へいや) 구조 평야.
～化プログラミング(かプログラミング) 〖컴〗 구조화 프로그래밍.
～化学(かがく) 구조 화학. 「물.
構築(こうちく) 구축. ♣～物(ぶつ) 구축
構桁(こうげた) 〖建〗 구형. 트러스(truss). 보. *こうこうろ로도 읽음.

訓読▷
構わない(かまわない) ① …해도 상관[관계]없다. ② 걱정하지 않다.
❖構う(かまう) ① 관계[상관]하다. ② 상대가 되다. 보살피다. 「림.
構い(かまい) ① 마음 씀. 돌봄. 대접. ② 꺼
構い付ける(かまいつける) 귀찮을 정도로 일일이 마음을 쓰다.
構い手(かまいて) 상대해 주는 사람. 돌보아 주는 사람.
❖構える(かまえる) ① 꾸미다. 짓다. 차리다. ② 자세를 취하다. ③ 준비[대비]하다.
構え(かまえ) ① 구조. 꾸밈새. ② (검도·유도 등에서) 자세. ③ 준비. 태세. ④ 한자 부수의 이름: 몸.
構えて(かまえて) ① 대비하고. 준비하고. ②〖雅〗 반드시. 결코.

逆音▷
機構(きこう) 기구.
虚構(きょこう) 허구.

14 艹	蒟	구약나물 **구** コン・ク

音読

蒟蒻(こんにゃく)『植』곤약. 구약나물.
♣~粉(こ) 구약분(粉).
‖~問答(もんどう) 종잡을 수 없는 말을 주고 받음. 엉뚱한 대답. 동문서답.
~本(ぽん) (江戸(えど) 중・후기 때) 화류계에서의 놀이와 익살을 묘사한 풍속 소설책.
~玉(だま) 구약나물의 땅속줄기.
~芋(いも) 구약나물의 딴이름. 또, 그 구경(球茎).
~版(ばん) 『印』 구약판. 한천판(寒天版).

14 馬 常	駆 (驅)	몰 **구** ク かける・かる

音読

駆動(くどう) 구동. ♣~軸(じく) 『機』 구동축.
‖~装置(そうち) 구동 장치.
駆梅(くばい) 매독을 고침.
‖~薬(やく) 매독 치료제.
駆黴(くばい) ⇨ 駆梅(くばい).
駆使(くし) 구사.
駆水(くすい) 배수(排水).
駆潜艇(くせんてい) 『軍』 구잠정.
駆除(くじょ) 구제.
駆逐(くちく) 구축. ♣~艦(かん) 구축함.
駆虫(くちゅう) 구충. ♣~剤(ざい) 구충제.
駆血帯(くけつたい) 채혈(採血)할 때 정맥이 부풀어오르도록 채혈부 위쪽에 감는 고무줄.

訓読

❖駆ける(かける) (사람・말 따위가) 전속력으로 달리다. 뛰다.
駆け(かけ) ① 말을 달리게 함. ② 말을 타고 적진에 쳐들어감.
駆けごくら(かけごくら) 경주. 달리기 경주.
駆けずる(かけずる) 여기저기 뛰어다니다.
駆けっこ(かけっこ) 〈兒〉 달리기. 경주.
駆け競(かけくら) 駆け競べ(かけくらべ)의 준말.
駆けっ競(かけっくら) 〈口〉 ☞ 駆けっこ(かけっこ).
駆け競べ(かけくらべ) 달음박질 겨루기. 경주.
駆け寄る(かけよる) 달려들다.
駆け落ち(かけおち) 사랑의 도피. 남녀가 눈맞아 달아남.
‖~者(もの) 사랑의 도피자.
駆け戻る(かけもどる) 뛰어 (제자리에) 돌아가다(오다).
駆け武者(かけむしゃ) 돌진하는 용맹한 무사.
駆け抜ける(かけぬける) ① 뛰어서 앞지르다. ② 달리어 빠져 나가다.
駆け付け(かけつけ) 급히(달려) 옴.
‖~三杯(さんばい) 후래자 삼배.

駆け付ける(かけつける) 급히(부랴부랴) 달려오다(가다).
駆け比べ(かけくらべ) 달음박질. 경주.
駆け上がる(かけあがる) 뛰어 올라가다.
駆け巡る(かけめぐる) (여기저기) 뛰어 다니다.
駆け引き(かけひき) ① 매매・교섭・담판 등에서 상황에 따라 자기에게 유리하도록 진전시키는 일. ② 싸움터에서 임기응변으로 병력을 이동시키는 일.
駆け入り(かけいり) 수도자가 수행하기 위해 입산하는 일.
駆け入る(かけいる) ① 달려 들어가다. ② 말을 달리게 하며 들어가다.
駆け込み(かけこみ) ① 뛰어듦. 늦지 않으려고 허둥거리는 일. ② 駆け込み訴え의 준말.
‖~寺(でら) 옛날에, 남편과 헤어지기 위해 도망온 여자를 숨겨 준 절.
~訴え(うったえ) 江戸(えど) 시대에, 하급 관리를 거치지 않고 상급 관원에게 직접 호소하는 일. 직소.
~訴訟(そしょう) ☞ 駆け込み訴え.
駆け込む(かけこむ) ① 뛰어들다. ② 駆け込み訴え(かけこみうったえ)를 하다. ③ 駆け込み寺(かけこみでら)에 들어가다.
駆け足(かけあし) 뛰어감. 구보.
駆け出(かけで) 수도자가 수행을 끝내고 산에서 나오는 일.
駆け出し(かけだし) ① 첫발. 시작. ② 신출내기. 신참. ♣~者(もの) 신참[초심]자.
駆け出す(かけだす) ① 뛰기 시작하다. ② 뛰어나가다.
駆け通し(かけどおし) 내처 달림.
駆け下りる(かけおりる) 뛰어서 내려가다.
駆け回る(かけまわる) (이리저리) 뛰어다니다. 싸다니다.
駆けずり回る(かけずりまわる) 여기저기 뛰어다니다.
❖駆る(かる) ① 몰다. 쫓다. ② 급히 달리게 하다. ③ 강제로 시키다.
駆られる(かられる) (감정 등이) …에 사로잡히다.
駆り武者(かりむしゃ) 여러 곳에서 임시로 그러모은 병사.
駆り立て(かりたて) (내)쫓음. 휨몰. 강제로 가게 함.
駆り立てる(かりたてる) 휨몰다. (가축 따위를) 몰아내다. 강제로 가게 하다.
駆り集める(かりあつめる) 급히 그러모으다.
駆り催す(かりもよおす) 여러 사람을 그러모으다.
駆り出す(かりだす) (몰아세워) 끌어내다.

15 王	璆	옥 **구**・옥소리 **구** キュウ たま

音読

璆鏘(きゅうそう) 구장. 옥이나 금속이 부딪쳐서 아름답게 울리는 모양.

15 馬 [人]	駒	망아지 **구** ク こま

訓読
駒(こま) ①〈雅〉망아지. 말. ②(현악기의) 줄 굄목. 기러기발. ③영화 필름의 한 화면. 소설 따위의 한 구분〔장면〕.
駒競べ(こまくらべ) 옛날의 경마.
駒繋ぎ(こまつなぎ) ①말을 맴. ②『植』낭아초(狼牙草).
駒寄せ(こまよせ) ☞駒除け(こまよけ).
駒落ち(こまおち) 접장기를 둠.
∥〜将棋(しょうぎ) 접장기.
駒落とし(こまおとし) 『映』 저속도 촬영. 또, 그 필름.
駒師(こまし) 장기알을 만드는 장인(匠人).
駒入れ(こまいれ) 三味線(しゃみせん)의 기러기발이나 장기알 등을 넣는 주머니나 상자.
駒除け(こまよけ) 말 따위가 도망치거나 들어오는 것을 막기 위해 두른 울짱〔木柵〕.
駒鳥(こまどり) 『鳥』울새.
駒の爪(こまのつめ) ①☞駒下駄(こまげた). ②『植』 '坪菫(つぼすみれ)'(=콩제비꽃)'의 딴이름.
駒組み(こまぐみ) 〈장기에서〉 말을 벌여 놓음. 또, 그 진형.
駒座(こまざ) 『天』 조랑말자리.
駒下駄(こまげた) 굽을 달지 않고, 통나무를 깎아 만든 왜나막신.
駒割り(こまわり) 바둑·장기에서, 대국의조
駒形(こまがた) ①장기의 말 모양으로 만든 물건. ②말을 본떠서 만든 것.
駒絵(こまえ) 작은 삽화. 컷.

15 馬	駈	몰 **구** ク かける

参考 駆의 異體字.

訓読
❖**駈ける**(かける) (사람·말 따위가) 전속력으로 달리다〔뛰다〕.
駈けっこ(かけっこ) 〈兒〉 달리기. 경주.
駈け落ち(かけおち) 사랑의 도피. 남녀가 눈 맞추어 달아남.
駈け付ける(かけつける) 급히〔부랴부랴〕 달려오다〔가다〕.
駈け比べ(かけくらべ) 달음박질. 경주.
駈け込み(かけこみ) 뛰어듦.
駈け込む(かけこむ) 뛰어들다.
駈け足(かけあし) 뛰어감. 구보.
駈け出し(かけだし) ①첫발. 사작. ②신출내기. 신참.〔어나가다〕
駈け出す(かけだす) ①뛰기 시작하다. ②뛰
駈け回る(かけまわる) (이리저리) 뛰어다니다. 싸다니다.

16 瓦	甌	사발 **구** オウ はち・ほとぎ

音読
甌穴(おうけつ) 『地』구혈. 돌개구멍.
逆音
金甌無欠(きんおうむけつ) 금구무결. (금으로 만든 사발과 같이) 나라가 외국의 침략을 받은 적이 없음을 뜻함.

16 穴	寠	가난할 **구** ク・ロウ やつす・やつれる

参考 'やつす'·'やつれる'는 日本訓.

訓読
寠しい(やつやつしい) 몹시 (여위어) 까칠하다. 초라하다.
❖**寠す**(やつす) ①초라하게 분장하다. …로 가장〔변장〕하다. ②(초췌해질 정도로) 번민하다. 골똘〔열중〕하다.
寠し形(やつしがた) 歌舞伎(かぶき)에서, 난봉꾼이나 미남자의 역(役). 또, 그 배우.
❖**寠れる**(やつれる) 초라해지다. 여위다. 까칠〔까칠〕해지다.
寠れ(やつれ) 여윔. 여윈 모습.

16 竹	篝	배롱 **구** コウ かがり・ふせご

訓読
篝(かがり) ①화톳불. ②화톳불을 담아서 피우는 쇠바구니.
篝火(かがりび) 화톳불.

16 米	糗	건량 **구**·미숫가루 **구** キュウ ほしいい・はったい

訓読
糗(はったい) 미숫가루.
糗粉(はったいこ)〈方〉☞糗(はったい).

17 貝 [常]	購(購)	살 **구** コウ あがなう

音読
購求(こうきゅう) 구구. 구하여 삼.
購読(こうどく) 구독.
購買(こうばい) 구매.
∥〜管理(かんり) 구매 관리.
〜力(りょく) 구매력. ❖〜平価説(へいかせつ) 『經』구매력 평가설.
〜部(ぶ) (학교 등의) 구매부.

~組合(くみあい) 구매 조합.
~会(かい) 종업원·직원을 위한 일용품 매
購書(こうしょ) 구서. 책을 삼. └점.
購入(こうにゅう) 구입.
訓読>
購う(あがなう)〈雅〉①구입하다. 사들이
다. ②현상을 걸고 구하다.

17 風	颶	구풍 **구** グ

音読>
颶風(ぐふう) 구풍. ①최상급 강풍. ②열대
지방에 발생하는 폭풍우의 총칭.

18 目	瞿	놀랄 **구** ク つづらめ

音読>
瞿然(くぜん) 눈을 크게 뜨며 놀라는 모양.
其他>
瞿麦(なでしこ)『植』패랭이꽃. *くばくろ
도 읽음.

18 言	謳	노래할 **구** オウ うたう

音読>
謳歌(おうか) 구가. 칭송하여 노래함.
訓読>
謳われる(うたわれる) ①구가되다. ②명문
화 되어 있다.
❖謳う(うたう) ①구가하다. ②강조하다.
謳い文句(うたいもんく) 캐치프레이즈.
謳い上げる(うたいあげる) (특정을 강조하
여) 선전하다.

18 身	軀	몸 **구** ク からだ・むくろ

音読>
軀幹(くかん) 구간. 몸통. 동체.
軀体(くたい) ①몸. 체구. ②건물의 골조.
訓読>
軀 ㊀(むくろ) ①몸. 신체. ②시체. 특히 머
리가 없는 동체.
㊁(く) ①몸. 신체. 육체. ②불상 등을 세는
말; …子.
㊂(からだ) 몸. 몸통. 신체. 체구.

21 忄	懼	두려워할 **구** ク おそれる

訓読>
懼れる(おそれる) ①걱정하다. 우려하다.
②경외(敬畏)하다.

22 鳥	鷗	갈매기 **구** オウ かもめ

訓読>
鷗(かもめ)『鳥』갈매기. 백구.
鷗鳥(かもめどり)〈雅〉갈매기.

24 彳	衢	거리 **구**·네거리 **구** ク ちまた

訓読>
衢(ちまた) ①갈림길. 번화한 거리. ②사람
이 많이 모이는 장소.

26 門	鬮	제비 **구**·제비 **규** キュウ くじ

訓読>
鬮(くじ) 제비. 추첨.

국

7 尸	局	판 국·부분 국 **キョク** つぼね
㊍		

音読>
局 ㊀(きょく) ①국. ②국면. 당면한 일. ③
끝. 종국.
㊁(つぼね) ①궁전 안의 칸막이된 방. ②①
에 거처하는 궁녀.
局する(きょくする) 국한하다. 제한하다.
局内(きょくない) 국내. 국의 내부.
局待ち電報(きょくまちでんぽう) 전보의
발신인이 발신국에서 답전을 기다리고 있다는
것을 수신인에게 알리는 특수 취급의 전보.
局量(きょくりょう) 국량. 도량.
局留め(きょくどめ) 유치 우편.
局面(きょくめん) 국면.
局務(きょくむ) 국무. 국의 사무.
局方(きょくほう) 日本薬局方(にほんやっきょ
くほう)의 준말. 약사법에 따라서, 약의 처
방·분량 등의 표준을 정한 것.
‖~生薬(しょうやく) 日本薬局方에 수록되
어 있는 생약.
局番(きょくばん) 국번.
局報(きょくほう) 국보.
局譜(きょくふ) 기보(棋譜).   「적.
局部(きょくぶ) 국부. ♣~的(てき) 국부

‖─麻酔(ますい) 국부 마취.
─銀河群(ぎんがぐん)〖天〗국부 은하군.
～恒星系(こうせいけい)〖天〗국부 항성계.
局舎(きょくしゃ) 국사. 우체국 따위 국이라 불리는 곳의 건물.
局線(きょくせん) 국선. 전화국에 연결되는 전화(선). 외선.
局勢(きょくせい) 국세. ①시국의 정세. ②(바둑 따위의) 형세.　「함.
局小(きょくしょう) 국소. 속이 좁고 옹졸
局所(きょくしょ) 국소. 국부.
‖～麻酔(ますい) 국소〔국부〕마취.
局外(きょくがい) 국외. ①관할 밖. ②당면한 사건이나 일 등에 관계없음.
‖～批評(ひひょう) 국외 비평. 비전문가의
～者(しゃ) 국외자. 제3자.　　 「비평.
～中立(ちゅうりつ) 국외 중립.
局員(きょくいん) 국원.
局長(きょくちょう) 국장.　　　　　 「음.
局在(きょくざい) 일부 장소·지역에만 있
局地(きょくち) 국지. ♣～的(てき) 국지적 /～風(ふう)〖氣〗국지풍.
‖～気象(きしょう) 국지 기상.
～気候(きこう) 국지 기후.
～戦争(せんそう) 국지 전쟁.
局紙(きょくし) 明治(めいじ) 초에, 大蔵省(おおくらしょう) 인쇄국에서 만들어 내던 질이 좋은 종이.
局蹐(きょくせき) 국척. 국축(踢縮). 두려워 몸둘 바를 모름.
局促(きょくそく) 국촉. ①몸을 움츠리는 모양. ②도량〔소견〕이 좁은 모양.
局版(きょくばん) 차를 끓일 때 풍로 밑에 까는 도기·금속·목제의 받침대.
局限(きょくげん) 국한.　　　　　 「이.
局戯(きょくぎ) 바둑·장기·쌍륙 따위의 놀

【訓読】
局笠(つぼねかさ) 옛날, 여성이 쓰던 끝이 오므라진 모양의 삿갓.
局女郎(つぼねじょろう) 근세의 하급 창녀.
局主(つぼねあるじ) 局四에 거처하는 궁녀의 우두머리.

8
口
教
国(國)
나라 국
コク
くに

【音読】
国 ㊀(こく)《接尾語로》…국.
㊁(くに) ①나라. ②고향. ③옛날의 행정 구획.
国家(こっか) 국가. ♣～語(ご) 공용어 /～的(てき) 국가적 /～学(がく) 국가학.
‖～経済(けいざい) 국가 경제.
～警察(けいさつ) 국가 경찰.
～契約説(けいやくせつ) 국가 계약설. 사회 계약설.
～公務員(こうむいん) 국가 공무원. ♣～法(ほう) 국가 공무원법.
～公安委員会(こうあんいいんかい) (일본의) 국가 공안 위원회. 경찰의 최고 관리 기
～管理(かんり) 국가 관리.　　 「관.
～権力(けんりょく) 국가 권력.
～機関(きかん) 국가 기관.
～独占資本主義(どくせんしほんしゅぎ) 국가 독점 자본주의.
～賠償法(ばいしょうほう) 국가 배상법.
～法人説(ほうじんせつ) 국가 법인설.
～補償(ほしょう) 국가 보상.
～非常事態(ひじょうじたい) 국가 비상 사태.　　　　　　　　　　　　 「의.
～社会主義(しゃかいしゅぎ) 국가 사회주
～訴追主義(そついしゅぎ) 국가 소추주
～試験(しけん) 국가 고시.
～神道(しんとう) 天皇(てんのう)를 신으로 하여 국가적으로 제례를 지내는 神道.
～安全保障会議(あんぜんほしょうかいぎ) (미국의) 국가 안전 보장 회의.
～連合(れんごう) 국가 연합.
～有機体説(ゆうきたいせつ) 국가 유기체
～理性(りせい) 국가 이성.　　　 「설.
～財政(ざいせい) 국가 재정.
～主義(しゅぎ) 국가주의.
～責任(せきにん) 국가 책임.
～総動員(そうどういん) 국가 총동원.
～破産(はさん) 국가 파산.
～行政組織法(ぎょうせいそしきほう) (국가) 행정 조직법.
国歌(こっか) 국가.
国境(こっきょう) 국경. ＊くにざかい로도 읽음.
‖～警備隊(けいびたい) 국경 경비대.
～関税(かんぜい) 국경 관세.
～貿易(ぼうえき) 국경 무역.
国警(こっけい) '国家警察(こっかけいさつ) (=국가 경찰)'의 준말.
国慶節(こっけいせつ) 국경절. 중국의 건국 기념일《10月 1日》.
国界(こっかい) 국계. 국경.
国庫(こっこ) 국고. ♣～金(きん) 국고금.
‖～負担金(ふたんきん) 국고 부담금.
～余裕金(よゆうきん) 국고 여유금.
～剰余金(じょうよきん) 국고 잉여금.
～支出金(ししゅつきん) 국고 지출금.
～借入金(かりいれきん) 국고 차입금.
～債券(さいけん) 국고 채권.
国公立(こくこうりつ) 국공립.
国管(こっかん) '国家管理(こっかかんり)(=국가 관리)'의 준말.
国光(こっこう) ①나라의 영광. ②국광. 사과의 한 품종.
国交(こっこう) 국교. ＊こくこう로도 읽음.
‖～断絶(だんぜつ) 국교 단절.
～回復(かいふく) 국교 회복.
国教(こっきょう) 국교.

国教会(こっきょうかい)〖基〗국교회.
国舅(こっきゅう) 국구. 국왕의 장인.
国君(こっくん) 국군. 군주. 국왕.
国軍(こくぐん) 국군.
国権(こっけん) 국권.
国劇(こくげき) 국극. 그 나라 특유의 연극.
国禁(こっきん) 국금. 국법으로 금함.
国忌(こっき) 국기. 임금・황후의 제삿날.
国技(こくぎ) 국기. 그 나라 고유의 무술・스포츠・기예.
‖〜館(かん) 東京(とうきょう)에 있는 상설 옥내 씨름 흥행장. 「것.
国記(こっき) 국기. 나라의 역사를 기술한
国基(こっき) 국기. 나라의 기초.
国旗(こっき) 국기.
‖〜掲揚権(けいようけん) 국기 게양권.
国難(こくなん) 국난.
国内(こくない) 국내. ♣〜犯(はん) 국내범 /〜法(ほう) 국내법 /〜線(せん) 국내선.
‖〜関税(かんぜい) 국내 관세.
〜均衡(きんこう)〖經〗국내 균형.
〜総生産(そうせいさん)〖經〗국내 총생산. GDP.
国大協(こくだいきょう) '国立大学(こくりつだいがく)協会(きょうかい)(=국립 대학 협회)'의 준말.
国道(こくどう) 국도.
国都(こくと) 국도. 수도.
国乱(こくらん) 국란.
国力(こくりょく) 국력.
国連(こくれん) 국련. 유엔. '国際連合(こくさいれんごう)(=국제 연합)'의 준말. ♣〜軍(ぐん) 유엔군 /〜旗(き) 국련〔유엔〕기.
‖〜軍縮会議(ぐんしゅくかいぎ) 유엔 군축 회의.
〜機関(きかん) 유엔 기구.
〜難民高等弁務官(なんみんこうとうべんむかん) 유엔 난민 고등 판무관.
〜大学(だいがく) 국련 대학. 東京(とうきょう)에 본부를 둔 공동 연구 기관.
〜の日(ひ) 유엔의 날(10월 24일).
国老(こくろう) ① 大名(だいみょう)의 중신. ② 국로. 나라의 원로.
国論(こくろん) 국론.
国吏(こくり) 국가 공무원.
国利(こくり) 국리.
‖〜民福(みんぷく) 국리 민복.
国立(こくりつ) 국립.
‖〜競技場(きょうぎじょう) 국립 경기장.
〜公園(こうえん) 국립 공원.
〜劇場(げきじょう) 국립 극장.
〜大学(だいがく) 국립 대학.
〜博物館(はくぶつかん) 국립 박물관.
〜天文台(てんもんだい) 국립 천문대.
国名(こくめい) 국명.
㊁(くにな) 중고(中古) 시대에, 궁녀의 호칭에 사용한 지명.
国命(こくめい) 국명. 국가의 명령.

国母(こくぼ) 국모. ① 황후. ② 황태후. *② 는 こくもらも 읽음.
国務(こくむ) 국무.
‖〜大臣(だいじん) 국무 대신.
〜相(しょう) 국무상. 국무 대신.
〜院(いん) 국무원. 중국의 최고 행정 기관.
〜長官(ちょうかん) (미국의) 국무 장관.
国文(こくぶん) ① 국문. ② 国文学(こくぶんがく)의 준말. ♣〜科(か) 국문과.
国文法(こくぶんぽう) 국문법.
国文学(こくぶんがく) 국문학. ♣〜史(し) 국문학사.
国民(こくみん) 국민. *くにたみ로도 읽음.
♣〜軍(ぐん) 국민군 /〜兵(へい) 국민병 /〜性(せい) 국민성 /〜的(てき) 국민적 /〜車(しゃ) 국민차.
‖〜皆兵(かいへい) 국민 개병.
〜健康保険(けんこうほけん) 국민 건강 보험.
〜経済(けいざい) 국민 경제. 「형.
〜公園(こうえん) 국민 공원.
〜金融公庫(きんゆうこうこ) 국민 금융 금고.
〜文学(ぶんがく) 국민 문학.
〜発案(はつあん) 국민 발안.
〜保健体操(ほけんたいそう) 국민 보건 체조.
〜負担率(ふたんりつ) 국민 부담률. 「조.
〜所得(しょとく) 국민 소득.
〜宿舎(しゅくしゃ) 지방 자치 단체가 설치한 공적(公的)인 휴양 숙박 시설.
〜純生産(じゅんせいさん) 국민 순생산.
〜審査(しんさ) 국민 심사.
〜年金(ねんきん) 국민 연금. ♣〜基金(ききん) 국민 연금 기금.
〜温泉(おんせん) '環境庁(かんきょうちょう)(=환경청)' 지정 휴양 온천지.
〜医療費(いりょうひ) 국민 의료비.
〜資本(しほん) 국민 자본.
〜政党(せいとう) 국민 정당.
〜主権(しゅけん) 국민 주권.
〜主義(しゅぎ)〖社〗국민주의.
〜体育大会(たいいくたいかい) 국민 체육 대회.
〜総生産(そうせいさん)〖經〗국민 총생산. GNP.
〜総支出(そうししゅつ) 국민 총지출.
〜投票(とうひょう) 국민 투표.
〜学校(がっこう) 국민 학교. 초등 학교.
〜休暇村(きゅうかむら) 국민 휴가촌.
国防(こくぼう) 국방. ♣〜費(ひ) 국방비 /〜色(しょく) 국방색.
‖〜省(しょう) (미국의) 국방부. 펜타곤.
〜会議(かいぎ) 국방 회의.
国法(こくほう) 국법.
国柄 ㊀(こくへい) 국병. 국권.
㊁(くにがら) 각국 또는 지방의 특색・성격.
国歩(こくほ) 국보. 국운.
国保(こくほ) '国民健康保険(こくみんけんこうほけん)(=국민 건강 보험)'의 준말.

国宝(こくほう) 국보.
国本(こくほん) 국본. 나라의 근본.
国父(こくふ) 국부.
国府(こくふ) 律令(りつりょう) 제도에서, 지방 행정 관청(의 소재지). *こくぶ·こふ
国富(こくふ) 국부.　　　「로도 읽음.
∥~調査(ちょうさ) 국부 조사.
国分尼寺(こくぶんにじ) 国分寺(こくぶんじ)와 함께 지은 여승방. *こくぶにじ로도 읽음.
国分寺(こくぶんじ) 奈良(なら) 시대에, 평화를 기원하기 위해 각처에 세워진 관립의 절. *こくぶじ로도 읽음.
国費(こくひ) 국비.
国賓(こくひん) 국빈.
国士(こくし) 국사. ① 천하의 우국지사. ② 나라에서 당대 제일의 인물.
∥~無双(むそう) 당대 제일의 명사〔인물〕.
国史(こくし) 국사.
国司(こくし) 〖史〗 옛날, 조정에서 각 지방에 파견한 지방관.
国使(こくし) 국사. 일국의 사신.
国事(こくじ) 국사. ♣~犯(はん) 국사범.
∥~行為(こうい) 국사 행위.
国師(こくし) ① 奈良(なら) 시대의 지방 승관. ② 고승.　　　「차.
国産(こくさん) 국산. ♣~車(しゃ) 국산
国状(こくじょう) 국정(國情).
国喪(こくそう) 국상.
国璽(こくじ) 국새.
∥~尚書(しょうしょ) (영국의) 국새 상서.
国色(こくしょく) ① 나라 안에서 제일 가는 용모. ② 모란꽃의 딴이름.
国書(こくしょ) 국서. 국가의 외교 문서.
国選(こくせん) 국선.
∥~弁護人(べんごにん) 국선 변호인.
国設(こくせつ) 국가가 그 시설을 만듦.
国姓(こくせい) 국성. 그 당시의 제왕의 성.
国税(こくぜい) 국세. ♣~庁(ちょう) 국세청.
∥~不服審判所(ふふくしんぱんじょ) 국세 불복 심판소.
~徴収法(ちょうしゅうほう) 국세 징수법.
~滞納処分(たいのうしょぶん) 국세 체납 처분.
~通則法(つうそくほう) 국세 기본법.
国勢(こくせい) 국세.
∥~調査(ちょうさ) 국세 조사.
国俗(こくぞく) 국속. 나라의 풍속. 국풍.
国手(こくしゅ) 국수. ① 명의. ② 바둑의 명인.
国守(こくしゅ) 〖史〗 国司(こくし)의 장관.
国粋(こくすい) 국수.
∥~的(てき) 국수(주의)적.
~主義(しゅぎ) 국수주의.　　　「무.
国樹(こくじゅ) 국수. 그 나라의 상징적인 나
国是(こくぜ) 국시.　　　「구역.
国衙(こくが) 옛날 지방의 관아. 또, 그 행정

∥~領(りょう) 지방관 지배하의 영지.
国安(こくあん) 국가의 안녕.
国語(こくご) 국어. ♣~学(がく) 국어학.
∥~仮名遣い(かなづかい) 일본어를 仮名(かな)로 표기하는 방식.
~教育(きょういく) 국어 교육.
~問題(もんだい) 국어 문제.
~審議会(しんぎかい) 국어 심의회.
~政策(せいさく) 국어 정책.
国訳(こくやく) 국역.
国営(こくえい) 국영.
∥~公園(こうえん) 국영 공원.
~企業(きぎょう) 국영 기업.
~農場(のうじょう) 국영 농장.
国王(こくおう) 국왕.
∥~至上法(しじょうほう) 〖史〗 (영국의) 수장령(首長令).
国外(こくがい) 국외. ♣~犯(はん) 〖法〗 국외범.
国辱(こくじょく) 국욕. 국치.
国用(こくよう) 국용. 국비(國費).
国運(こくうん) 국운.
国遠(こくえん) ① 유배. ② 먼 곳으로 도망
国威(こくい) 국위.　　　「침.
国有(こくゆう) 국유. ♣~林(りん) 국유림 / ~地(ち) 국유지 / ~化(か) 국유화.
∥~林野(りんや) 국유 임야.
~財産(ざいさん) 국유 재산.
~鉄道(てつどう) 국유 철도.
国恩(こくおん) 국은.
国音(こくおん) ① 그 지방 특유의 발음. ② 일본어화한 한자음.
国儀(こくぎ) 국의. 국가의 의식.
国議(こくぎ) 국의. 국정에 관한 회의.
国益(こくえき) 국익.
国人 ㊀(こくじん) ① 국인. 국민. 백성. ② 시골에 토착한 무사. 특히, 중세 이후의 지방 영주·관아의 관리·무사 등의 호칭. *②는 こくにん으로도 읽음.　　　「국민.
㊁(くにびと) ① 그 지방의 주민. 토착민. ②
国子(こくし) 국자. 공경대부(公卿大夫)의 자제. ♣~監(かん) 국자감.
国字(こくじ) 국자. ① 그 나라의 정식 문자. ② 일본에서 만든 한자.
国章(こくしょう) 국장. 국가의 휘장.
国葬(こくそう) 국장.
国宰(こくさい) 국재. 재상(宰相).
国儲(こくちょ) 국왕·군주의 후계자.
国賊(こくぞく) 국적.　　　「법.
国籍(こくせき) 국적. ♣~法(ほう) 국적
∥~離脱(りだつ) 국적 이탈.
~裁判官(さいばんかん) 국적 재판관.
~主義(しゅぎ) 국적주의.
国典(こくてん) 국전. 나라의 법전.
国電(こくでん) '国鉄電車(こくてつでんしゃ)(=국철 전차)'의 준말.
国定(こくてい) 국정.
∥~教科書(きょうかしょ) 국정 교과서.

国政(こくせい) 국정.
∥**〜調査権**(ちょうさけん) 국정 조사권.
国情(こくじょう) 국정.
国祭(こくさい) 나라 제사. 국가가 공식으로 행하는 제사.
国際(こくさい) 국제. ♣**〜年**(ねん) 국제 년 / **〜法**(ほう) 국제법 / **〜色**(しょく) 국제 색 / **〜語**(ご) 국제어. 세계어 / **〜人**(じん) 국제인 / **〜的**(てき) 국제적 / **〜化**(か) 국제 ∥**〜価格**(かかく) 국제 가격.   └화.
〜開発援助機関(かいはつえんじょきかん) 국제 개발 원조 기관.
〜開発協会(かいはつきょうかい) 국제 개발 협회. IDA.
〜見本市(みほんいち) 국제 견본시.
〜決済銀行(けっさいぎんこう) 국제 결제 은행. BIS.
〜結婚(けっこん) 국제 결혼.
〜競技連盟(きょうぎれんめい) 국제 스포츠 연맹. ISF.
〜経済法(けいざいほう) 국제 경제법.
〜警察(けいさつ) 국제 경찰.
〜契約(けいやく) 국제 계약. 섭외 계약.
〜公務員(こうむいん) 국제 공무원.
〜公法(こうほう) 국제 공법.
〜空港(くうこう) 국제 공항.
〜貢献(こうけん) 국제 공헌.
〜関係論(かんけいろん) 국제 관계론.
〜関税協定(かんぜいきょうてい) 국제 관세 협정.
〜慣習法(かんしゅうほう) 국제 관습법.
〜慣行(かんこう) 국제 관행.
〜交流基金(こうりゅうききん) (일본의) 국제 교류 기금.
〜軍事裁判(ぐんじさいばん) 국제 군사 재
〜均衡(きんこう) 국제 균형.   └판.
〜金属労連(きんぞくろうれん) 국제 금속 노련.
〜金融(きんゆう) 국제 금융. ♣**〜公社**(こうしゃ) 국제 금융 공사. IFC.
〜機関(きかん) 국제 기관. 국제 조직.
〜エネルギー機関(きかん) 국제 에너지 기구. IEA.
〜機構(きこう) 국제 기구. 국제 조직.
〜企業(きぎょう) 국제 기업.
〜緊急援助隊(きんきゅうえんじょたい) (일본의) 국제 긴급 원조대.   └구.
〜難民機関(なんみんきかん) 국제 난민 기
〜労働機関(ろうどうきかん) 국제 노동 기구. ILO. ♣**〜憲章**(けんしょう) 국제 노동 기구 헌장.
〜労働基準(ろうどうきじゅん) 국제 노동 기준.
〜労働条約(ろうどうじょうやく) 국제 노동 조약.
〜労働憲章(ろうどうけんしょう) 국제 노동 헌장.
〜労連(ろうれん) 국제 노련. 국제 노동 조합 연합의 약칭.
〜農業開発基金(のうぎょうかいはつききん) 국제 노동 개발 기금. IFAD.
〜単位(たんい) 국제 단위. ♣**〜系**(けい) 국제 단위계. SI.
〜貸借(たいしゃく) 국제 대차.
〜度量衡委員会(どりょうこういいんかい) 국제 도량형 위원회.
〜稲研究所(いねけんきゅうじょ) 국제 미작 연구소.
〜貿易(ぼうえき) 국제 무역. ♣**〜憲章**(けんしょう) 국제 무역 헌장.
〜問題(もんだい) 국제 문제.
〜民間航空機関(みんかんこうくうきかん) 국제 민간 항공 기구. 이카오(ICAO).
〜放送(ほうそう) 국제 방송.
〜犯罪(はんざい) 국제 범죄.   「물.
〜保護動物(ほごどうぶつ) 국제 보호 동
〜保護鳥(ほごちょう) 국제 보호조.
〜婦人デー(ふじんデー) 국제 여성의 날.
〜復興開発銀行(ふっこうかいはつぎんこう) 국제 부흥 개발 은행. IBRD.
〜分業(ぶんぎょう) 국제 분업.
〜紛争(ふんそう) 국제 분쟁.
〜比価(ひか) 국제 비가.
〜私法(しほう) 국제 사법.   「공조.
〜司法共助(しほうきょうじょ) 국제 사법
〜司法裁判所(しほうさいばんしょ) 국제 사법 재판소.   「도.
〜査察制度(ささつせいど) 국제 사찰 제
〜商業会議所(しょうぎょうかいぎしょ) 국제 상업 회의소. 국제 상공 회의소.
〜商法(しょうほう) 국제 상법.
〜商品(しょうひん) 국제 상품. ♣**〜協定**(きょうてい) 국제 상품 협정 / **〜市場**(しじょう) 국제 상품 시장.
〜石油資本(せきゆしほん) 국제 석유 자본. 메이저.
〜世論(よろん) 국제 여론.
〜消費者機構(しょうひしゃきこう) 국제 소비자 기구. IOCU.   「구.
〜水路機関(すいろきかん) 국제 수로 기
〜収支(しゅうし) 국제 수지.
〜手形(てがた) 국제 어음. 외국환 어음.
〜信義(しんぎ) 국제 신의.
〜信号旗(しんごうき) 국제 신호기.
〜連盟(れんめい) 국제 연맹. ♣**〜規約**(きやく) 국제 연맹 규약.
〜ジャーナリスト連盟(れんめい) 국제 저널리스트 연맹.
〜熱帯木材機関(ねったいもくざいきかん) 국제 열대 목재 기구.
〜列車(れっしゃ) 국제 열차.
〜映画祭(えいがさい) 국제 영화제.
〜礼譲(れいじょう) 국제 예양.
〜郵便(ゆうびん) 국제 우편.
〜運河(うんが) 국제 운하.
〜原子力機関(げんしりょくきかん) 국제

원자력 기구. IAEA.
~**オリンピック委員会**(いいんかい) 국제 올림픽 위원회. IOC.
~**為替**(かわせ) 국제환. 외국환.
~**流動性**(りゅうどうせい) 국제 유동성.
~**有害化学物質登録制度**(ゆうがいかがくぶっしつとうろくせいど) 국제 유해 화학 물질 등록 제도. IRPTC.
~**音声記号**(おんせいきごう) 국제 음성 기구. 국제 음성 자모.
~**二重課税**(にじゅうかぜい) 국제 이중 과세. 「약.
~**人権規約**(じんけんきやく) 국제 인권 규
~**人道法**(じんどうほう) 국제 인도법.
~**日本文化研究センター**(にほんぶんかけんきゅうセンター) (일본의) 국제 일본 문화 연구 센터.
~**自然保護連合**(しぜんほごれんごう) 국제 자연 보호 연합. IUCN.
~**自由労連**(じゆうろうれん) 국제 자유 노
~**場裏**(じょうり) 국제 무대. 「련.
~**場裡**(じょうり) ⇨ 国際場裏(こくさいじょうり).
~**裁判所**(さいばんしょ) 국제 재판소.
~**赤十字**(せきじゅうじ) 국제 적십자(사). IRC.
~**電気通信連合**(でんきつうしんれんごう) 국제 전기 통신 연합. ITU.
~**電信電話**(でんしんでんわ) (일본의) 국제 전신 전화 (주식회사).
~**伝染病**(でんせんびょう) 국제 전염병.
~**電話**(でんわ) 국제 전화.
~**鳥類保護会議**(ちょうるいほごかいぎ) 국제 조류 보호 회의. ICBP.
~**条約**(じょうやく) 국제 조약.
~**調停**(ちょうてい) 국제 조정.
~**組織**(そしき) 국제 조직.
~**主義**(しゅぎ) 국제주의.
~**仲裁裁判所**(ちゅうさいさいばんしょ) 국제 중재 재판소.
~**地球観測年**(ちきゅうかんそくねん) 국제 지구 관측년. IGY.
~**地役**(ちえき) 국제 지역.
~**地震センター**(じしんセンター) 국제 지진 센터. ISC.
~**通貨**(つうか) 국제 통화. 기축 통화. ♣~**基金**(ききん) 국제 통화 기금. IMF. /~**体制**(たいせい) 국제 통화 체제.
~**破産**(はさん) 국제 파산.
~**捕鯨委員会**(ほげいいいんかい) 국제 포경 위원회. IWC.
~**捕鯨条約**(ほげいじょうやく) 국제 포경 조약.
~**標準図書番号**(ひょうじゅんとしょばんごう) 국제 표준 도서 번호. ISBN.
~**標準化機構**(ひょうじゅんかきこう) 국제 표준화 기구. ISO.
~**河川**(かせん) 국제 하천.

~**学生スポーツ大会**(がくせいスポーツたいかい) 국제 학생 경기 대회. 유니버시아드.
~**航空運送協会**(こうくううんそうきょうかい) 국제 항공 운송 협회. 아이아타(IATA).
~**海事機関**(かいじきかん) 국제 해사 기구.
~**海上物品運送法**(かいじょうぶっぴんうんそうほう) 국제 해상 물품 운송법.
~**海峡**(かいきょう) 국제 해협.
~**行政法**(ぎょうせいほう) 국제 행정법.
~**行政連合**(ぎょうせいれんごう) 국제 행정 연합.
~**協力事業団**(きょうりょくじぎょうだん) (일본의) 국제 협력 사업단.
~**刑事警察機構**(けいじけいさつきこう) 국제 형사 경찰 기구. 인터폴.
~**会計基準**(かいけいきじゅん) 국제 회계
~**会議**(かいぎ) 국제 회의. 「기준.
国際連合(こくさいれんごう) 국제 연합. UN.
∥~**開発計画**(かいはつけいかく) 국제 연합 개발 계획. UNDP.
~**経済社会理事会**(けいざいしゃかいりじかい) 국제 연합 경제 사회 이사회.
~**教育科学文化機関**(きょういくかがくぶんかきかん) 국제 연합 교육 과학 문화 기구. 유네스코.
~**軍**(ぐん) 국제 연합군. 유엔군.
~**軍事監視団**(ぐんじかんしだん) 국제 연합 군사 감시단.
~**軍縮委員会**(ぐんしゅくいいんかい) 국제 연합 군축 위원회.
~**軍縮特別総会**(ぐんしゅくとくべつそうかい) 국제 연합 군축 특별 총회.
~**機能委員会**(きのういいんかい) 국제 연합 기능 위원회.
~**難民高等弁務官事務所**(なんみんこうとうべんむかんじむしょ) 국제 연합 난민 고등 판무관 사무소. 유엔 난민 고등 판무관실. UNHCR.
~**分担金**(ぶんたんきん) 국제 연합 분담금.
~**事務総長**(じむそうちょう) 국제 연합 사무총장.
~**食糧農業機関**(しょくりょうのうぎょうきかん) 국제 연합 식량 농업 기구. FAO.
~**信託統治理事会**(しんたくとうちりじかい) 국제 연합 신탁 통치 이사회.
~**児童基金**(じどうききん) 국제 연합 아동 기금. 유니세프.
~**安全保障理事会**(あんぜんほしょうりじかい) 국제 연합 안전 보장 이사회.
~**人間居住センター**(にんげんきょじゅうセンター) 국제 연합 인간 거주 센터. UNCHS.
~**人間環境会議**(にんげんかんきょうかいぎ) 국제 연합 인간 환경 회의.

~人権委員会(じんけんいいんかい) 국제 연합 인권 위원회.
~カンボジア暫定機構(ざんていきこう) 국제 연합 캄보디아 잠정 기구. UNTAC.
~専門機関(せんもんきかん) 국제 연합 전문 기구.
~地域経済委員会(ちいきけいざいいいんかい) 국제 연합 지역 경제 위원회.
~総会(そうかい) 국제 연합 총회.
~特別総会(とくべつそうかい) 국제 연합 특별 총회.
~平和維持軍(へいわいじぐん) 국제 연합 평화 유지군. PKF.
~平和維持活動(へいわいじかつどう) 국제 연합 평화 유지 활동. PKO.
~海洋法条約(かいようほうじょうやく) 국제 연합 해양법 조약.
~憲章(けんしょう) 국제 연합 헌장.
~環境開発会議(かんきょうかいはつかいぎ) 국제 연합 환경 개발 회의. UNEP.
国祚(こくそ) 국조. 나라의 번영.
国鳥(こくちょう) 국조.
国主(こくしゅ) 국주. 임금.
‖~大名(だいみょう) 江戸(えど) 시대에, 한 지방을 영유하던 대영주.
国中(こくちゅう) 국중. 나라 안. 전국.
国債(こくさい) 국채.
‖~依存度(いぞんど) 국채 의존도.
~証券(しょうけん) 국채 증권.
国策(こくさく) 국책. 국가의 정책.
‖~会社(がいしゃ) 국책 회사.
国鉄(こくてつ) 국철. '国有鉄道(こくゆうてつどう)(=국유 철도)'의 준말.
国体(こくたい) ① 국체. ② '国民体育大会(こくみんたいいくたいかい)(=국민 체육 대회)'의 준말.
‖~明徴(めいちょう) 天皇(てんのう) 중심주의의 국체를 밝히는 일.
国初(こくしょ) 국초. 건국 초기.
国礎(こくそ) 국초. 나라의 기초.
国恥(こくち) 국치.
国帑(こくど) 국탕. 나라의 재화(財貨)
国土(こくど) 국토. ♣~庁(ちょう) 국토청.
‖~計画(けいかく) 국토 계획. 「획.
~利用計画(りようけいかく) 국토 이용 계
~地理院(ちりいん) 국토 지리원.
~総合開発計画(そうごうかいはつけいかく) 국토 종합 개발 계획.
国幣社(こくへいしゃ) 이전의 官幣社(かんぺいしゃ) 다음가는 사격(社格)의 신사.
国風(こくふう) 국풍.
‖~文化(ぶんか) 平安(へいあん) 중기에서 후기에 걸쳐 발달한 일본의 귀족 문화.
国学(こくがく) 국학. 江戸(えど) 중기에 일어난, 일본의 고대 문화·사상 등을 밝히려는 학문.
国漢(こっかん) 국한. 국어와 한문. ＊こくかん으로도 읽음.

国憲(こっけん) 국헌. 헌법.
国号(こくごう) 국호. 국명.
国花(こっか) 국화. 나라꽃.
国画(こくが) 일본화.
国貨(こっか) 국화. 그 나라의 화폐〔재화〕.
国華(こっか) 국화. 나라의 광휘.
国患(こっかん) 국환. 국난. 「법.
国会(こっかい) 국회. ♣~法(ほう) 국회
‖~図書館(としょかん) 국회 도서관.
~議事堂(ぎじどう) 국회 의사당.
~議員(ぎいん) 국회 의원.
国訓(こっくん) (한자의) 훈(訓). 새김.

訓読

国つ(くにつ) 〈古〉 나라의. ♣~神(がみ) 지신(地神).
‖~主(あるじ) 나라의 주인. 원수(元首).
国家老(くにがろう) 江戸(えど) 시대에, 지방 제후의 중신으로 무사를 통솔하고 영내를 관리하던 사람. 「담.
国構え(くにがまえ) 한자 부수의 하나: 에운
国国(くにぐに) 여러 나라〔영지〕. 각국.
国大名(くにだいみょう) 일국(一國) 이상의 영토를 영유한 대名.
国里(くにさと) 향리. 고향.
国隣(くにどなり) 이웃 나라〔영지〕.
国払い(くにばらい) 江戸(えど) 시대, 죄인들을 영지 밖으로 추방하던 형벌.
国の司(くにのつかさ) 《史》 옛날, 조정에서 여러 지방에 파견된 지방관.
国所(くにどころ) 태어난 고향.
国続き(くにつづき) 나라와 나라가 인접해 있음.
国の守(くにのかみ) 律令(りつりょう) 제도에서 国司(こくし)의 장관.
国巡り(くにめぐり) 여러 나라를〔지방을〕 돌아다님.
国侍(くにざむらい) 영지〔지방〕의 무사.
国譲り(くにゆずり) 天皇(てんのう)가 양위함. 「어.
国言葉(くにことば) ① 방언. ② 나라말.
国訛り(くになまり) 지방 사투리. 방언.
国元(くにもと) ① 출생지. 고향. ② 영지.
国原(くにはら) 〈雅〉 넓은 국토.
国育ち(くにそだち) 시골에서 자람. 또, 그 사람.
国一揆(くにいっき) 室町(むろまち) 시대에 지방 소(小)영주가 일으켜 추방하던 봉기.
国入り(くにいり) 중앙에서 출세한 사람이 고향을 찾는 일.
国者(くにもの) ① 지방 사람. ② 동향인.
国自慢(くにじまん) 고향 자랑.
国争い(くにあらそい) ① 정권 싸움. ② 나라간의 싸움.
国の造(くにのみやつこ) 옛적에 세습으로 지방을 다스리던 호족.
国酒(くにざけ) 그 지방에서 나는 술.
国衆(くにしゅう) ① 大名(だいみょう)의 부하로 그 영지에 토착한 무사. ② 서울에서 시골〔고향〕 사람을 일컫는 말.
国持ち(くにもち) (무가 시대에) 일국(一國) 이상을 영토로 갖는 일. 또, 그런 大名(だいみょう).
国尽くし(くにづくし) 옛 일본의 66개 지방의 이름을 외기 쉽게 만든 가사.
国振り(くにぶり) ① 나라·지방의 풍습. ② 민요.
国津(くにつ)〈古〉① 이 지상〔국토〕의. ② 그 지방의.
国替え(くにがえ) ① 平安(へいあん) 시대에, 지방관의 임지를 바꿈. ② 江戸(えど) 시대에, 제후의 영지를 바꿈.
国処(くにどころ) ⇨ 国所(くにどころ).
国表(くにおもて) (자기의) 영지. 임지.
国許(くにもと) ⇨ 国元(くにもと).
国廻り(くにめぐり) ⇨ 国巡り(くにめぐり).
国詰め(くにづめ) 江戸(えど) 시대에, 제후가 자기 영지에 있는 일.

9 イ	侷	구부릴 **국** キョク かがむ·せぐくまる

参考 跼와 同字.

音読▶
侷促(きょくそく) 국촉. ① 몸을 움츠리는 모양. ② 도량〔소견〕이 좁은 모양.

9 囗	囶	나라 **국** コク くに

参考 國의 古字.

11 艹 常	菊	국화 **국** **キク**

音読▶
菊(きく) ① 국화. ② 가문(家紋)·문장의 이름. ③ 책의 크기. ♣~判(ばん) 국판.
菊見(きくみ) 국화 구경.
菊の雫(きくのしずく) 국화에 앉은 이슬.
菊戴(きくいただき) 〖鳥〗상모솔새.
菊桐(きくきり) 국화와 오동나무의 문장(紋章). 「쥐.
菊頭蝙蝠(きくがしらこうもり) 〖動〗관박
菊皿(きくざら) 국화 무늬가 붙은 도기제의 접시.
菊目石(きくめいし) 〖動〗국명석(菊銘石). 해화석(海花石). 「기.
菊半切(きくはんせつ) 국반절. 국판의 반 크
菊半截(きくはんさい) ☞ 菊半切(きくはんせつ). ＊きくはんせつ로도 읽음.
菊細工(きくざいく) 국화의 가지를 구부려 꽃과 잎을 세공하여 여러 가지 모양으로 만듦. 또, 그 작품.
菊水(きくすい) 가문의 하나. 국화꽃이 흐르는 물 위에 반쯤 떠 있는 모양.
菊の宴(きくのえん) 음력 9월 9일, 국화꽃을 감상하는 주연.
菊瓦(きくがわら) 국화 무늬가 붙은 둥근 기 「와.
菊芋(きくいも) 〖植〗돼지감자. 뚱딴지.
菊月(きくづき) 국월(음력 9월의 딴이름).
菊人形(きくにんぎょう) 국화꽃으로 꾸민 인형. 「한 날씨.
菊日和(きくびより) 국화꽃 필 무렵의 화창
菊作り(きくづくり) 국화를 재배함.
菊の節句(きくのせっく) 중양절(重陽節).
菊座(きくざ) ① 국화 모양의 똬리쇠. ② 항문의 딴이름. 남색.
菊酒(きくざけ) ① 菊の節句(きくのせっく)에 마시는 술. ② 국화주.
菊菜(きくな) 〖植〗쑥갓. 春菊(しゅんぎく)의 딴이름.
菊秋(きくあき) 음력 10월의 딴이름.
菊枕(きくまくら) 국화 꽃잎을 넣어서 만든
菊判(きくばん) 국판. 「베개.
菊の下水(きくのしたみず) 국화의 뿌리 근처를 흐르는 물.
菊形(きくがた) 국화 모양.
菊花(きっか) ① 국화. ② 국화꽃 무늬. ＊きくかろも 읽음. 「늘소.
菊吸天牛(きくすいかみきり) 〖蟲〗국화하

11 扌	掬	움킬 **국** キク すくう·むすぶ

音読▶
掬する(きくする) ①(물 따위를) 양손으로 움켜 뜨다. ② 참작하다.

訓読▶
掬ぶ(むすぶ)〈雅〉두 손으로 물을 움켜 뜨다.
❖**掬う**(すくう) ①(물 따위를) 떠내다. 건져 올리다. ②(움켜 떠올리듯) 급히 들어올리다.
掬い(すくい) 떠냄. 떠올림.
掬い網(すくいあみ) 사내끼. 산대.
掬い上げる(すくいあげる) 떠〔퍼〕 올리다. 건져올리다.
掬い出す(すくいだす) 떠내다. 퍼내다.
掬い投げ(すくいなげ) (씨름에서) 샅바를 안 잡고 겨드랑이에 손을 넣어 들어올리듯 하면서 넘어뜨리는 수.

14 足	跼	구부릴 **국** キョク かがむ·せぐくまる

音読▶
跼蹐(きょくせき) 국척. 국축(跼縮). 두려워 몸둘 바를 모름. '跼天蹐地(きょくてんせきち)'의 준말.
跼天蹐地(きょくてんせきち) 국천 척지. 몸

시 두려워 몸둘 바를 모름. 국척(跼蹐).

訓読>
跼る(せぐくまる) 몸을 앞으로 웅크리다.
＊くぐまる로도 읽음.

17 革 ㋐	鞠	기를 국・공국 キク まり・やしなう

音読>
鞠躬如(きっきゅうじょ) 국궁여. 몸을 굽혀 황송해하는 모양.
鞠問(きくもん) 국문. 죄인을 신문함.
鞠訊(きくじん) 죄를 추궁함. 국문.
鞠育(きくいく) 국육. 양육.

訓読>
鞠(まり) 국. 공.
鞠括り(まりくくり) 공을 옭아매어 끝마무리 하는 일. 또, 그 사람.
鞠沓(まりくつ) 공차기할 때 신는 신발.
鞠突き(まりつき) 공치기 (놀이).
鞠の懸かり(まりのかかり) 공차기를 하는 마당에 심어 그 범위를 구획 짓는 나무.

17 麥	麹	누룩 국 キョク こうじ

參考> 麴과 同字.

音読>
麹子(きょくし) 국자. 누룩.

18 革	鞫	국문할 국 キク ただす

音読>
鞫問(きくもん) 국문. 죄인을 신문함.
鞫訊(きくじん) 국신. 국문(鞫問).

19 麥	麴	누룩 국 キク こうじ

音読>
麴塵(きくじん) ①노란색을 띤 연둣빛. ②麴塵의 袍의 준말.
∥～の袍(ほう) 天皇(てんのう)가 가벼운 의식에 착용하는 袍.

訓読>
麴(こうじ) 누룩. 곡자. 메주.
麴菌(こうじきん) 곡자균. 누룩곰팡이.
麴黴(こうじかび) 누룩곰팡이. 「방.
麴室(こうじむろ) 누룩이나 메주를 띄우는
麴漬け(こうじづけ) 어류・육류・야채 등을 누룩에 담아 절인 식품.
麴花(こうじばな) 찐 쌀에 누룩곰팡이가 끼어 누렇게 된 것.

군

7 口 ㋖	君	임금 군・임군 クン きみ

音読>
君家(くんか) 군주 또는 상전의 집.
君公(くんこう) 군공. 군주.
君国(くんこく) 군국.
君権(くんけん) 군권. 군주의 권력.
君徳(くんとく) 군덕. 군주의 덕.
君臨(くんりん) 군림.
君命(くんめい) 군명.
君民(くんみん) 군민. 군주와 국민.
∥～同治(どうち) 군민 동치.
君父(くんぷ) 군부. 임금과 아버지.
君付け(くんづけ) 사람 이름 밑에 '군'을 붙여
君臣(くんしん) 군신.   └부름.
君王(くんのう) 군왕.
君位(くんい) 군위. 군주의 지위.
君恩(くんおん) 군은.
君子(くんし) ①군자. ②남편. ③매화・국화・난초・대나무의 미칭. ♣～蘭(らん)〚植〛군자란.   「라(新羅).
∥～国(こく) ①군자국. 예의 바른 나라. ②신～豹変(ひょうへん) 군자 표변.
君主(くんしゅ) 군주. ♣～国(こく) 군주국 / ～制(せい) 군주제.
∥～政体(せいたい) 군주 정체.
～政治(せいじ) 군주 정치.
～主権(しゅけん) 군주 주권.
君寵(くんちょう) 군총. 군주의 총애.
君側(くんそく) 군측. 측근.
君侯(くんこう) 군후. 주군(主君).

訓読>
君 ㊀(きみ) ①군주. 국왕. ②윗사람에 대한 높임말. ③그대.   「말. 님.
㊁(ぎみ)《接尾語로》남을 존경해서 일컫는
君達(きみたち) 君(きみ)의 복수형. 당신들. 너희들.
君が代(きみがよ) ①군주가 통치하는 시대. ②일본 국가(國歌)의 이름.
君方(きみがた) 君(きみ)의 복수형. 당신들.
君様(きみさま) ①귀인의 높임말. ②남녀가 마음속의 사람을 가리키는 말.
君影草(きみかげそう)〚植〛은방울꽃.

9 車 ㋖	軍	군사 군 グン いくさ

音読>
軍(ぐん) ①군. ②작전의 단위가 되는 군대. ③전쟁. 군비.

軍する(ぐんする) 진(陣)치다.
軍歌(ぐんか) 군가.
軍監(ぐんかん) 군감. 군사를 감독하는 직.
軍犬(ぐんけん) 군견.
軍鼓(ぐんこ) 군고. 군진(軍陣)에서 쓰는 북.
軍功(ぐんこう) 군공.
軍官(ぐんかん) 군관.
軍区(ぐんく) 군(관)구.
軍国(ぐんこく) 군국.
‖**~主義**(しゅぎ) 군국주의.
軍規(ぐんき) 군규. 군대 규칙.
軍紀(ぐんきん) 군기(軍律).
軍記(ぐんき) 군기. 전쟁 이야기를 적은 책. ♣**~物**(もの) ①軍記物語의 준말. ②전쟁 이야기를 주로 한 이야기.
‖**~物語**(ものがたり) 군담 소설.
軍器(ぐんき) 군기. 병기(兵器).
軍旗(ぐんき) 군기.
軍機(ぐんき) 군기. 군사 기밀.
軍団(ぐんだん) 군단.
軍談(ぐんだん) 군담. ①전쟁 이야기. ②전쟁 이야기를 소재로 한 江戸(えど) 시대의 통속 소설.
軍隊(ぐんたい) 군대.
軍刀(ぐんとう) 군도.
軍略(ぐんりゃく) 군략.
軍糧(ぐんりょう) 군량.
軍旅(ぐんりょ) 군려. ①전시 편성 부대. ②전쟁.
軍歴(ぐんれき) 군 경력.
軍令(ぐんれい) 군령.
軍馬(ぐんば) 군마.
軍帽(ぐんぼう) 군모.
軍務(ぐんむ) 군무.
軍門(ぐんもん) 군문.
~に降(くだ)**る** 적에게 항복하다.
軍民(ぐんみん) 군민. 군부와 국민.
軍配(ぐんばい) ①軍配団扇의 준말. ②군사를 지휘함. 또, 그 사람.
‖**~団扇**(うちわ) ①옛날, 대장이 군대를 지휘하며 쓰던 무구(武具). ②씨름 심판이 사용하는 부채 모양의 도구.
軍閥(ぐんばつ) 군벌.
‖**~政治**(せいじ) 군벌 정치.
軍法(ぐんぽう) 군법.
‖**~会議**(かいぎ) 군법 회의. 군사 법정.
軍兵(ぐんぴょう) 군병.
軍服(ぐんぷく) 군복.
軍夫(ぐんぷ) 군대에서 허드렛일을 하는 인부.
軍部(ぐんぶ) 군부.
軍費(ぐんぴ) 군비.
‖**~賠償金**(ばいしょうきん) 군비 배상금.
軍備(ぐんび)
‖**~競争**(きょうそう) 군비 경쟁.
~管理(かんり) 군비 관리.
~縮小(しゅくしょう) 군비 축소.
~拡張(かくちょう) 군비 확장.
軍事(ぐんじ) 군사. ♣**~力**(りょく) 군사력 / **~費**(ひ) 군사비 / **~的**(てき) 군사적.
‖**~教練**(きょうれん) 군사 교련.

軍 **183**

~同盟(どうめい) 군사 동맹.
~封鎖(ふうさ) 군사 봉쇄.
~施設(しせつ) 군사 시설.
~郵便(ゆうびん) 군사 우편.
~裁判(さいばん) 군사 재판.
軍使(ぐんし) 군사.
軍師(ぐんし) 〈老〉 군사. 참모.
軍司令官(ぐんしれいかん) 군사령관.
軍司令部(ぐんしれいぶ) 군사령부.
軍書(ぐんしょ) ①군사・전술에 관한 책. ②☞**軍記**(ぐんき).
軍船(ぐんせん) 군선. *いくさぶね로도 읽음.
軍扇(ぐんせん) 옛날, 장군이 군진을 지휘할 때 쓰던 쥘부채.
軍勢(ぐんぜい) 군세. 군대.
軍属(ぐんぞく) 군무원.
軍手(ぐんて) 목장갑. 軍用手袋(ぐんようてぶくろ)의 준말.
軍帥(ぐんすい) 한 군의 최고 사령관.
軍需(ぐんじゅ) 군수. ♣**~品**(ひん) 군수품.
‖**~景気**(けいき) 군수 경기.
~産業(さんぎょう) 군수 산업.
軍神(ぐんしん) 군신.
軍楽(ぐんがく) 군악. ♣**~隊**(たい) 군악대.
軍役(ぐんえき) ①군역. 군복무. ②전쟁.
軍営(ぐんえい) 군영.
軍用(ぐんよう) 군용. ♣**~犬**(けん) 군용견 / **~金**(きん) 군자금 / **~機**(き) 군용기.
軍容(ぐんよう) 군용. 진용.
軍律(ぐんりつ) 군율.
軍衣(ぐんい) 군의. 군복.
軍医(ぐんい) 군의.
軍人(ぐんじん) 군인.
軍資金(ぐんしきん) 군자금.
軍装(ぐんそう) 군장.
軍籍(ぐんせき) 군적. 병적.
軍政(ぐんせい) 군정.
軍制(ぐんせい) 군제.
軍足(ぐんそく) 군용 양말.
軍卒(ぐんそつ) 군졸.
軍中(ぐんちゅう) ①군대나 군영 안. ②전쟁 동안.
軍職(ぐんしょく) 군직.
軍陣(ぐんじん) ①군진. 군영. ②군대 배치. ③전투.
軍体(ぐんたい) 能(のう)에 나오는 三体(さんたい) 중의 하나.
軍縮(ぐんしゅく) 군축. '軍備縮小(ぐんびしゅくしょう)(=군비 축소)'의 준말.
‖**~会議**(かいぎ) 군축 회의.
軍票(ぐんぴょう) 군표.
軍学(ぐんがく) 군학. 병법.
軍艦(ぐんかん) 군함.
‖**~鳥**(どり) 〖鳥〗 군함새.
軍港(ぐんこう) 군항.
軍刑法(ぐんけいほう) 군형법.
軍靴(ぐんか) 군화.
軍拡(ぐんかく) '軍備拡張(ぐんびかくちょう)(=군비 확장)'의 준말.

其他
軍鶏(シャモ)〖鳥〗 투계용의 몸집이 크고 성질이 사나운 닭.

| 10
扌 | 捃 | 주울 군
クン
ひろう |

音読
捃摭(くんせき) 군척. 문장 등의 어느 부분을 모음.

| 10
阝
教 | 郡 | 고을 군
グン
こおり |

音読
郡内(ぐんない) 군내.
郡代(ぐんだい)〖史〗① 守護(しゅご)가 임지에 부임하기 전에 대신 사무를 보던 사람. ② 江戸(えど) 시대, 幕府(ばくふ)의 직할지를 지배하던 직명.
郡民(ぐんみん) 군민.
郡部(ぐんぶ) 군부. 군에 속하는 부분.
郡市(ぐんし) 군시. 군과 시.
郡長(ぐんちょう) 군(郡)의 장. 군수.
郡下(ぐんか) 군내. 군 지역 (전체).
郡県(ぐんけん) 군현. 군과 현.
∥~制度(せいど) 군현 제도.
訓読
郡(こおり) 군. 고을. 지금의 'ぐん'에 해당하는 옛 행정 구획의 하나.

| 12
穴 | 窘 | 군색할 군
キン
たしなめる |

音読
窘窮(きんきゅう) 매우 고생하며 어려움을
窘迫(きんぱく) 군박. 몹시 군색함. └겪음.
訓読
窘める(たしなめる) 반성을 촉구하다. 나무라다. 타이르다.

| 13
羊
教 | 群 | 무리 군
グン
むれる・むれ・むら・むらがる |

音読
群 ㊀(ぐん) 떼. 무리.
 ~を抜(ぬ)く 출중하다. 빼어[뛰어]나다.
 ㊁ 무리. 떼. 숲.
群居(ぐんきょ) 군거. 떼지어 삶.
群犬(ぐんけん) 군견. 많은 개.
群党(ぐんとう) ① 많은 당파. ② 도당을 이룸. 또, 그 집단.
群島(ぐんとう) 군도.
群盗(ぐんとう) 군도. 도둑떼.
群童(ぐんどう) 많은 아이들.
群落(ぐんらく) 군락.
群狼(ぐんろう) 이리떼.
群論(ぐんろん)〖数〗 군론.
群僚(ぐんりょう) ① 많은 동료. ② 많은 관
群類(ぐんるい) 온갖 생물.   └료.
群立(ぐんりつ) 많은 것이 떼를 지어 섬.
群馬(ぐんま)〖地〗関東(かんとう) 지방의 한 현. 현청 소재지는 前橋(まえばし) 시.
群盲(ぐんもう) 군맹. 많은 장님.
 ~象(ぞう)を評(ひょう)す〔撫(な)ず〕 장님 코끼리를 말하듯 한다.
群舞(ぐんぶ) 군무.
群民(ぐんみん) 군민. 많은 사람들. 민중.
群発(ぐんはつ) 번번이 일어남.
群芳(ぐんぽう) 군방. ① 많은 아름다운 꽃. ② 뛰어난 사람들.
群峰(ぐんぽう) 군봉. 많은 산봉우리.
群山 ㊀(ぐんざん) 군산. 많은 산.
 ㊁(むらやま) 군산. 줄지어 연해 있는 산.
群像(ぐんぞう) 군상.
群生 ㊀(ぐんせい) 군생.
 ㊁(ぐんじょう)〖佛〗군생. 중생.
群書(ぐんしょ) 군서. 많은 서적.
群棲(ぐんせい) 군서. 군거(群居).
群小(ぐんしょう) 군소.
群速度(ぐんそくど)〖理〗군속도.
群臣(ぐんしん) 군신. 많은 신하.
群神(ぐんしん) 군신. 많은 신.
群羊(ぐんよう) 군양. 양떼.
群泳(ぐんえい) 군영. 떼지어 헤엄침.
群雄(ぐんゆう) 군웅.
∥~割拠(かっきょ) 군웅 할거.
群遊(ぐんゆう) 군유. ① 떼지어 놂. ② 떼지어 헤엄침.
群議(ぐんぎ) 군의. 중의(衆議).
群籍(ぐんせき) 군적. 많은 책.
群衆(ぐんしゅう) 군중.
群集(ぐんしゅう) ① 군집. 떼지어 모여듦.
∥~心理(しんり) 군집 심리.   └② 군중.
群青(ぐんじょう) 군청. 선명한 청색. ♣~色(いろ) 군청색.
群体(ぐんたい)〖生〗군체.
群聚(ぐんしゅう) 군취. 한 지역내 여러 종류의 동물이 서로 유기적 관계를 맺으며 생활하고 있는 그 전체.
群下(ぐんか) 군하. 많은 신하(臣下).
群婚(ぐんこん) 군혼. 원시 사회에서 행해졌다고 생각되는 난잡한 혼인 형태.
訓読
群立つ(むらだつ)〈雅〉떼지어 날다〔서다〕.
群雲(むらくも) 떼구름.
群雀(むらすずめ) 참새떼.
群鳥(むらどり) 떼새. 떼를 지은 새.
群竹(むらたけ) 숲을 이루고 있는 대(나무).
群千鳥(むらちどり) 떼지은 물떼새.
❖群がる(むらがる) (사람이나 동물이) 떼지어 모이다. 군집하다.

群がり(むらがり) 떼를 지음. 떼. 무리.
❖群れる(むれる) 떼를 짓다.
群れ(むれ) 떼. 무리. 동아리.
群れ立つ(むれだつ) ①떼지어 서다. ②무리지어 날아가다.
群れ飛ぶ(むれとぶ) 떼지어 날다.
群れ集う(むれつどう) 떼지어 모이다.

14 皮	皸	틀 군 クン あかぎれ・ひび

[訓読]
皸(ひび) (추위에) 살갗이 틈〔튼 곳〕. *ひびりロ도 읽음.

14 皮	皹	틀 군 クン あかぎれ・ひび

[参考] 皸의 異體字.

[訓読]
皹(ひび) (추위에) 살갗이 틈〔튼 곳〕. *ひびりロ도 읽음.

[其他]
皹る(かがる) 〈古〉(손・발 따위가) 트다.

굴

8 尸 常	屈	굽을 굴・굽힐 굴 クツ かがむ・かがめる

[音読]
屈する(くっする) ①구부리다. ②꺾이다. 굴복하다.
屈強(くっきょう) ①몹시 힘이 셈. ②억셈.
屈曲(くっきょく) 굴곡.
屈光性(くっこうせい) 〖植〗 굴광성.
屈筋(くっきん) 〖生〗 굴근.
屈伏(くっぷく) ⇨ 屈服(くっぷく).
屈服(くっぷく) 굴복.
屈性(くっせい) 〖植〗 굴성.
屈水性(くっすいせい) 〖植〗 굴수성.
屈伸(くっしん) 굴신. 굽힘과 폄. ♣~性(せい) 굴신성.
∥~為替相場制(かわせそうばせい) 〖経〗 굴신 레이트제.
屈辱(くつじょく) 굴욕.
屈葬(くっそう) 굴장.
屈折(くっせつ) 굴절. ♣~角(かく) 〖理〗 굴절각 / ~計(けい) 굴절계 / ~率(りつ) 〖理〗 굴절률 / ~語(ご) 〖言〗 굴절어.
∥~望遠鏡(ぼうえんきょう) 굴절 망원경.
~異常(いじょう) 〖医〗 굴절 이상.
屈従(くつじゅう) 굴종.

屈指(くっし) 굴지. 손꼽음.
屈地性(くっちせい) 〖植〗 굴지성.
屈触性(くっしょくせい) 〖植〗 굴촉성.
屈托(くったく) ⇨ 屈託(くったく).
屈託(くったく) 꺼림칙하게 여겨 걱정함. 지쳐서 질력냄.
∥~無い(ない) 걱정이나 염려할 일이 없다.
~顔(がお) 걱정스러운 안색.

[訓読]
屈まる(かがまる) (허리 따위가) 구부러지다. 웅크리다. *こごまる로도 읽음.
屈める(かがめる) (몸을) 굽히다. 구부리다.
*こごめる로도 읽음.
❖屈む(かがむ) ①(몸을) 구부리다. 굽히다.
②굽다. 구부러지다. *こごむ로도 읽음.
屈み鬼(かがみおに) 술래잡기의 일종《술래에게 잡히기 전에 앉으면 괜찮음》.
屈み込む(かがみこむ) (무릎을 굽혀) 쭈그리고 앉다.

[其他]
屈る(くぐまる) 몸을 구부리다.

8 石	矻	힘써일할 굴 コツ

[音読]
矻矻(こつこつ) 꾸준히 노력하는 모양. 꾸준히.

11 土 常	堀	굴 굴・팔 굴 クツ ほり

[訓読]
堀(ほり) ①땅을 파서 만든 수로(水路). ②(성 둘레에 판) 해자(垓子). 「강.
堀り江(ほりえ) 땅을 파서 물을 흐르게 한 堀割(ほりわり) 굴강. 산 채로 목만 나오게 몸통을 땅 속에 묻고 참수하던 형벌.
堀端(ほりばた) 도랑의 바로 옆. 도랑가.
堀り立てる(ほりたてる) ①기세 좋게 마구 파다. ②땅을 파서 기둥 따위를 세우다. 또, 수목 등을 파 옮기다. 「만들다.
堀り抜く(ほりぬく) 깊이 파내어 구덩이를
堀り込む(ほりこむ) 안쪽〔밑〕으로 깊이 파 들어가다. 「시.
堀釣り(ほりづり) 유료 양어장에서 하는 낚
堀川(ほりかわ) 운하. 수로.
堀り回らす(ほりめぐらす) ①둘레를 파다. ②어느 근처 일대를 가로・세로로 파헤치다.

11 扌 常	掘	팔 굴 クツ ほる

[音読]
掘削(くっさく) 굴착.

掘進(くっしん) 굴진. (지하로) 파들어 감.
掘鑿(くっさく) ⇨ 掘削(くっさく).
掘採(くっさい) 굴채. 채굴.

訓読▶
掘れる(ほれる) (땅이) 패어지다. 파지다.
掘っ建て(ほったて) ① 토대 없이 그대로 땅에 기둥을 박음. ② 掘っ建て小屋의 준말.
∥〜小屋(ごや) 허술한 집. 판잣집.
掘っ立て(ほったて) ⇨ 掘っ建て(ほったて).
❖掘る(ほる) ① 파다. 구멍을 뚫다. ② 캐다.
掘り起こす(ほりおこす) ① 파 일구다. 개간하다. ② (묻힌 것을) 파내다. ③ 개발하다. 발굴하다.
掘り当てる(ほりあてる) ① (땅 속의 것을) 파서 찾아내다. ② 숨어 있는 귀중한 것을 찾아내다.
掘り返す(ほりかえす) ① 파서 일구다. ② 다시 파다. 파내다.
掘り抜き(ほりぬき) 掘り抜き井戸의 준말.
∥〜井戸(いど) 땅을 깊이 판 우물.
掘り切り(ほりきり) 땅을 파서 낸 수로.
掘り井戸(ほりいど) 땅을 파서 만든 우물.
掘足類(ほりあしるい) 〖動〗 굴족류.
掘り池(ほりいけ) 땅을 파서 만든 연못.
掘り出し(ほりだし) ① 파냄. 발굴함. ② 掘り出し物의 준말.
∥〜物(もの) 우연히 얻은 진귀한 물건. 의외로 싸게 산 물건.
掘り出す(ほりだす) ① 파내다. ② 우연히 진귀한 것을 찾아내다. 의외로 좋은 것을 싸게 사다.
掘り下げる(ほりさげる) ① 파내려 가다. ② (사물을) 깊이 파고들다. 「길.
掘割り(ほりわり) (땅을 파서 만든) 수로. 물

其他▶
掘串(ふくし) 상고 시대에, 흙을 파는 데 쓴 나무·대나무 따위의 꼬챙이.

13 穴	窟	굴 굴 クツ いわや

訓読▶
窟(いわや) 〈雅〉 ① 암굴(岩窟). 석굴. ② 바위굴 집.

궁

3 弓 教	弓	활 궁 キュウ ゆみ・ゆ

音読▶
弓弩(きゅうど) 궁노. 활과 쇠뇌. 활.
弓道(きゅうどう) 궁도. 궁술.
弓馬(きゅうば) 궁마. ① 궁술과 마술. 무예일반. ② 전쟁.
弓状(きゅうじょう) 궁상. 활 모양.
弓術(きゅうじゅつ) 궁술.
弓箭(きゅうせん) 궁전. ① 활과 화살. ② 전하여, 무기·무술. 또는 전쟁. 「기.
弓奏楽器(きゅうそうがっき) 〖樂〗 궁주악
弓弦楽器(きゅうげんがっき) 〖樂〗 궁현악기. 활로 소리를 내는 악기. 찰현악기.
弓形(きゅうけい) ① 궁형. *ゆみがた·ゆみなりにも 읽음. ② 〖數〗 활꼴.

訓読▶
弓 ㊀(ゆみ) ① 활. ② 궁술. ③ 활 모양의 것. 특히, 악궁(樂弓).
㊁(ゆ) 활《다른 말과 함께 씀》.
㊂(きゅう) (무기·악기의) 활.
弓鋸(ゆみのこ) 활 모양의 틀에 활줄을 단 톱. 「부분.
弓筈(ゆはず) 고자. 활 양끝의 시위를 거는
弓台(ゆみだい) 활을 세워 놓는 받침대.
弓袋(ゆぶくろ) 궁대. 활집. *ゆみぶくろ로도 읽음.
弓籠手(ゆごて) 활을 쏠 때 옷소매가 거치적거림을 막기 위하여 왼쪽 팔뚝에 대는 가죽 또는 비단으로 만든 쐬우개. 팔찌.
弓立ち(ゆだち) 활을 쏘려고 자세를 취하고 서 있는 일.
弓末(ゆずえ) 활의 상단(上端). 양냥고자.
弓弭(ゆはず) ⇨ 弓筈(ゆはず).
弓柄(ゆづか) 활의 줌통.
弓使い(ゆみづかい) 〖樂〗 바이올린·비올라 따위 현악기를 연주할 때의 활을 쓰는 법.
弓師(ゆみし) 궁장이. 궁인(弓人). 활 만드는 사람.
弓束(ゆづか) ⇨ 弓柄(ゆづか).
弓矢(ゆみや) ① 궁시. 활과 화살. *きゅうし로도 읽음. ② 무기. ③ 무도(武道).
∥〜八幡(はちまん) ① 무신(武神)인 八幡大菩薩(だいぼさつ). ② 맹세할 때 하는 말. ③ 실패했거나 예상 밖으로 여길 때 하는 말.
弓屋(ゆみや) 활을 만들고 파는 사람 또는 가게.
弓音(ゆみおと) 활을 쏘는 소리. 「게.
弓引く(ゆみひく) 활을 쏘다. 활시위 소리를 내다. 전하여, 배반하다. 반항하다.
弓杖 ㊀(ゆみづえ) 활을 지팡이로 대신하는 일.
㊁(ゆんづえ) ① ☞㊀. ② 활의 길이.
弓張り(ゆみはり) ① 활 메우는 일. 또, 그 사람. ② 弓張り月·弓張り提灯의 준말.
∥〜月(づき) 활 모양의 상현달·하현달. 현월(弦月). 반달.
〜提灯(ぢょうちん) 활 모양으로 굽은 대막대기 아래위 양끝에 걸게 된 초롱.
弓場(ゆみば) 살터. 활터. *ゆばろ도 읽음.
弓庭(ゆにわ) ☞弓場(ゆみば).
弓造り(ゆみづくり) ⇨ 弓師(ゆみし).
弓取り(ゆみとり) ① 〈雅〉 활을 손에 듦. 또, 그 사람. ② 〈雅〉 활을 잘 쏘는 사람. 무사(武士).

弓偏(ゆみへん) 한자 부수(部首)의 하나: 활궁변.
弓筆(ゆみふで) ① 활과 붓. ② 무명(武名)의 기록.
弓弦(ゆみづる) 활시위. 활줄. ＊ゆづる로도 읽음.
弓懸(ゆがけ) 활 쏠 때 끼는 가죽 장갑.

【其他】
弓勢(ゆんぜい) 활을 쏘는 힘. 활시위를 당기는 힘.
弓手(ゆんで) ① 〔활 잡는〕 줌손. 왼손. ② 〈雅〉왼쪽.
弓丈(ゆんだけ) 활의 길이.

| 8 穴 | 穹 | 하늘 궁
キュウ
そら |

【音読】
穹廬(きゅうろ) 몽고인이 사는, 활 모양으로 둘러친 천막 주택. 파오.
穹隆(きゅうりゅう) 궁륭. ① 반구형(半球形) 또는 그에 가까운 모양. 둥근 천장. ② 하늘. 〔맑은〕 하늘 모양.
‖～形(けい) 궁륭형. 반구형. 아치형.
穹蒼(きゅうそう) 궁창. 넓은 하늘.

| 10 宀 教 | 宮 | 집 궁·궁궐 궁
キュウ・グウ・ク
みや |

【音読】
宮闕(きゅうけつ) 궁궐.
宮内省(くないしょう) 宮内庁(くないちょう)의 구칭.
宮内庁(くないちょう) 궁내청.
宮女(きゅうじょ) 궁녀.
宮漏(きゅうろう) 궁루. 궁중에 있는 물시계.
宮門(きゅうもん) 궁문. 궐문.
宮嬪(きゅうひん) 궁빈. 궁중의 여관(女官). 궁녀.
宮司(ぐうじ) 신사의 제사를 맡은 신관으로, 최고위.
宮城 ㊀(きゅうじょう) 궁성.
㊁(みやぎ)〖地〗東北(とうほく) 지방 동부에 있는 현 이름.
宮僧(きゅうそう) 옛날에, 신사에 딸린 절을 관리하던 중.
宮室(きゅうしつ) ① 궁실. 대궐. ② 왕실.
宮闈(きゅうい) 궁위. 궁중에서, 후비(后妃)의 거처.
宮殿(きゅうでん) 궁전. 대궐.
宮廷(きゅうてい) 궁정. 궁궐. 궁중. ♣～語(ご) 궁중어.
‖～文学(ぶんがく) 궁정〔궁중〕문학.
宮中(きゅうちゅう) ①궁중. 궁궐 안. ②'神宮(じんぐう)'(=신궁)의 경내.
‖～顧問官(こもんかん) 궁중 고문관《구헌법하의 관직》.
～三殿(さんでん) 일본 궁중의 賢所(かしこどころ)·皇霊殿(こうれいでん)·神殿(しんでん)의 총칭.
宮刑(きゅうけい) 궁형. 옛 중국의 형벌의 하나.

【訓読】
宮(みや) ①신사(神社). ②궁전. ③일본 황족의 칭호.
宮家(みやけ) ①親王(しんのう)·王(おう) 일가. ②황족으로 '宮(みや)'의 칭호가 있는 궁성.
宮居(みやい) ①신을 모심. 또, 모신 곳. ②궁성.
宮崎(みやざき) 九州(きゅうしゅう) 동남부의 한 현. 그 현청 소재지.
宮大工(みやだいく) 신사(神社)·불당 등을 전문으로 건축하는 목수.
宮籠(みやごもり) 기원(祈願) 등을 위해 신사(神社)에 들어박히는 일.
宮腹(みやばら) 〈雅〉황녀(皇女)의 소생.
宮仕え(みやづかえ) ①궁중에 출사함. 귀인을 섬김. ②벼슬살이. ③섬김. 봉사.
宮寺 ㊀(みやでら) 신불(神佛)을 함께 모신, 신사에 속하는 절.
㊁(ぐうじ) 신사에 부속된 절.
宮相撲(みやずもう) 신사(神社) 경내에서 흥행하는 씨름.
宮所(みやどころ) ①신사가 있는 곳. ②궁성이 있는 곳.
宮守(みやもり) 신사(神社)지기.
宮巡(みやめぐり) 신사(神社) 순배.
宮様(みやさま) 황족(皇族)에 대한 공대말.
宮詣(みやもうで) ☞宮参り(みやまいり).
宮人(みやびと) ①궁궐에 출사하는 사람. ②신을 섬기는 사람. 신관(神官).
宮入貝(みやいりがい)〖貝〗고둥의 한 가지.
宮雀(みやすずめ) ①신사(神社)에 살고 있는 참새. ②신사에서 일하는 신분이 낮은 신관(神官)을 경멸하여 이르는 말.
宮邸(みやてい) 宮(みや)의 칭호를 받은 황족의 저택.
宮芝居(みやしばい) 신사 경내에서 공연하던 연극.
宮参り(みやまいり) ①신사에 참배하는 일. ②아기가 태어나서 처음 토지신에 참배하는 일.
宮号(みやごう) 宮(みや)의 칭호.

| 10 身 | 躬 | 몸 궁
キュウ
み・みずから |

【音読】
躬行(きゅうこう) 궁행. 몸소 실행함.

| 15 穴 常 | 窮 | 다할 궁·궁구할 궁
キュウ
きわめる・きわまる |

【音読】
窮する(きゅうする) 궁하다.
　窮すれば通(つう)ず 궁하면 통한다.
窮境(きゅうきょう) 궁경. 궁지.

窮苦(きゅうく) 궁고. ①곤란하고 괴로움. ②빈곤.
窮困(きゅうこん) 궁곤. 곤궁.
窮屈(きゅうくつ) ①갑갑(옹색)함. 거북함. ②궁핍함. (융통성 없이) 딱딱함.
窮鬼(きゅうき) 궁귀. 가난을 가져온다는 귀신.
窮極(きゅうきょく) 궁극. 극도에 달함.
窮達(きゅうたつ) 궁달. 곤궁과 영달.
窮冬(きゅうとう) 궁동. 한 해의 촉박한 겨울. 음력 12월.
窮理(きゅうり) 궁리. 사물의 진리를 밝힘.
∥~学(がく) 明治(めいじ) 시대 초기의 물리학의 일컬음.
窮命(きゅうめい) 궁명. 운명이 궁할〔막힘〕.
窮民(きゅうみん) 궁민. 빈민.
窮迫(きゅうはく) 궁박. 몹시 쪼들림.
窮北(きゅうほく) 극북(極北)의 땅. 북쪽의 땅 끝.
窮死(きゅうし) 궁사. 생활고나 병고 끝에 죽음.
窮状(きゅうじょう) 궁상. 궁핍한 모양.
窮鼠(きゅうそ) 궁서. 궁지에 몰린 쥐.
~(却(かえ)って)猫(ねこ)を噛(か)む 궁한 쥐가 (도리어) 고양이를 문다.
窮愁(きゅうしゅう) 궁수. 괴로워하며 한탄함.
窮厄(きゅうやく) 궁액. 곤궁하여 고달픔〔괴로움〕.
窮余(きゅうよ) 궁여. 궁한 나머지.
~の一策(いっさく) 궁여일책. 궁여지책.
窮陰(きゅういん) 궁음. ①겨울의 끝. ②음력 12월의 딴이름.
窮鳥(きゅうちょう) 궁조. 쫓겨 곤경에 빠지 새.
窮措大(きゅうそだい) 궁조대. 가난한 선비〔학자〕.
窮地(きゅうち) 궁지.
窮策(きゅうさく) 궁책. 궁여지책〔함〕.
窮追(きゅうつい) 궁추. 끝까지 쫓아감〔추궁.
窮通(きゅうつう) 궁통. 빈궁과 영달.
窮乏(きゅうぼう) 궁핍.

訓読
窮み(きわみ) 극도. 극점. 끝. 한(限).
窮める(きわめる) ①극하다. ②몹시 …하다. ③〈古〉(결)정하다.
❖窮まる(きわまる) ①극히 …하다. ②…이 최상이다. ③꼼짝 못한 상태에 빠지다. ④끝나다.
窮まり(きわまり) 궁극. 종국. 끝.
窮まりない(きわまりない) 한〔짝〕이 없다.

권

8 刀 教 **券**(券) 문서 권 ケン

音読
券(けん) ①'引換券(ひきかえけん)(=교환권)'·'入場券(にゅうじょうけん)(=입장권)'·'乗車券(じょうしゃけん)(=승차권)'등의 약칭. 표. ②〔接尾語로〕…권. 표. 증서.
券契(けんけい) 토지 등에 관한 권리 증서.
券売機(けんばいき) 매표기. 승차권·입장권 등의 자동 판매기.
券面(けんめん) 권면. 액면.
∥~額(がく) 권면액. 액면 가격.
券種(けんしゅ) 권종. 상품권·은행권 등 여러 가지 카드의 종류.

9 己 教 **巻**(卷) 책권 권·말 권 カン·ケン まく·まき·まがる

音読
巻(かん) ①두루마리. ②책. 서적. ③권. 책 따위를 세는 말. *まきロ도 읽음.
巻頭(かんとう) 권두. ♣~言(げん) 권두언.
巻末(かんまつ) 권말. 책의 맨 끝.
巻尾(かんび) 권미. 책의 끝.
巻舒(けんじょ) 권서. 말았다 폈다 함.
巻繊(けんちん) 〘料〙 ①두부·우엉·표고 등을 기름에 볶아 조미한 음식. ❖巻繊汁(じる) (=けんちんを入れた 끓인 장국)'의 준말.
巻首(かんしゅ) 권수. 권두(巻頭).
巻数(かんすう) 권수.
巻雲(けんうん) 권운. 새털구름. 「책.
巻子本(かんすぼん) 두루마리 모양의 옛날
巻積雲(けんせきうん) 권적운. 비늘구름.
巻中(かんちゅう) 권중. 책 속.
巻帙(かんちつ) 권질. (책의) 권과 질. 전하여, 서적. 책.
巻軸(かんじく) ①권축. 두루마리(의 축). ②두루마리의 축 부분. 곧, 책의 끝 부분.
巻縮(けんしゅく) 권축. 화학적 방법으로 섬유를 곱슬곱슬하게 하는 일.
巻層雲(けんそううん) 권층운. 햇무리구름.

訓読
❖巻く(まく) ①감다. 말다. ②(나사 등을) 틀어 죄다. ③(소용돌이) 치다. ④둘러싸다. 포위하다.
巻き(まき) 감기. 감은 것〔정도〕.
巻き脚絆(まききゃはん) (다리에 감는) 각반. 게트르.
巻き絹(まきぎぬ) 심대에 감아놓은 피륙.
巻き経(まきぎょう) 두루마리로 말아놓은 경문.
巻き藁(まきわら) 말아 묶은 볏짚. 짚못.
巻き起こす(まきおこす) (맹렬한 기세로 어떤 상태를) 일으키다. 야기하다.
巻き起こる(まきおこる) (바람 등의 힘으로) 갑자기 일어나다. 돌연 (…붐이) 일어나다.
巻き戻す(まきもどす) 되감다.
巻き立て(まきたて) 원목이나 다듬어 놓은 통나무를 저목장에 쌓아올리는 일.
巻き網(まきあみ) 고기떼를 둘러싸서 잡는 그물. 선망(旋網). 「말린 것.
巻き毛(まきげ) 머리털 따위가 곱슬곱슬하여

巻き物(まきもの) ① (서화 등의) 두루마리. ② 심대에 만 피륙.
巻き返し(まきかえし) ① (실·피륙 등을) 되감음. ② 반격(함).
巻き返す(まきかえす) ① 되감다. ② 반격하다.
巻き髮(まきがみ) 머리를 묶어 틀어올린 다음 비녀 따위로 고정시킴. 또, 그런 머리.
巻き本(まきほん) 두루마리로 만든 책.
巻き封(まきふう) 겉 포장을 하지 않고 서장(書狀)을 말아 양끝을 안으로 접어 넣은 후, 풀로 봉하는 형식.
巻き付く(まきつく) 감겨 붙다. 휘감기다.
巻き付ける(まきつける) 친친 둘러 감다. 휘감다.
巻き上がる(まきあがる) ① 말려[감겨] 올라가다. ② 다 감기다.
巻き上げる(まきあげる) ① 말아[감아] 올리다. ② 빼앗다. 등치다. 우려 내다. ③ 다 감다.
巻き上げ機(まきあげき) 〖機〗 권양기.
巻き線(まきせん) 권선(捲線). 코일(coil).
巻き舌(まきじた) 혀끝을 마는 것처럼 하고 빠르고 힘차게 발음하는 어조.
巻き狩り(まきがり) 몰이 사냥.
巻き鬚(まきひげ) 〖植〗 권수. 덩굴손.
巻き揚げる(まきあげる) ⇨ 巻き上げる(まきあげる).
巻き揚げ機(まきあげき) ⇨ 巻き上げ機(まきあげき).
巻き鯣(まきするめ) 〖料〗 말린 오징어를 말아서 둥근 모양으로 썬 것.
巻き煙草(まきたばこ) ① 궐련. ② 엽궐련.
巻き染め(まきぞめ) 훌치기 염색의 일종. 감을 도로 묶고 염색한 후 묶은 것을 풀어, 그 부분만을 회색 함.
巻き葉(まきば) 〖植〗 파초·연 따위의, 아직 펴지지 않은 채 말려 있는 어린 잎.
巻き雲(まきぐも) 〖氣〗 권운. 새털구름.
巻き込む(まきこむ) 말려들게 하다. ① 휩쓸리게 하다. ② 연루되게 하다. 끌어넣다.
巻き足(まきあし) 선헤엄을 칠 때, 발의 동작. 무릎 아랫부분을 교대로 저으며 부력을 유지함.
巻き樽(まきだる) 새끼로 감아놓은 술통.
巻紙(まきがみ) ① 두루마리《붓글씨용의 편지》. ② (물건을) 마는 종이.
巻き鮨(まきずし) (김이나 달걀 부침 따위로) 만 초밥.
巻き簀(まきす) 요리에서 재료를 마는 데 쓰는 발.
巻き尺(まきじゃく) 권척. 줄자.
巻き添え(まきぞえ) (관계없는 일에) 말려들어 골탕먹음. 연좌됨. 언걸.
巻き替える(まきかえる) 다른 것으로 바꿔 감다.
巻き軸(まきじく) 두루마리로 된 족자.
巻き取る(まきとる) (긴 것을) 다 감아서 빼다[옮기다].
巻き取り紙(まきとりがみ) (신문·잡지 등의 인쇄용) 대형 종이 두루마리. *まきとりし로도 읽음.
巻き貝(まきがい) 〖貝〗 고둥《소라 따위》.
巻き燻べ(まきふすべ) 그슬린 가죽의 하나. 새끼로 감고 연기에 그슬리어 흑백의 무늬를 만듦.

其他⇨
巻柏(いわひば) 〖植〗 부처손. *けんぱくろ도 읽음.
巻文(まいぶみ) 두루마리에 써웋은 문서.

| 10 イ | 倦 | 게으를 권
ケン
あきる・うむ・あぐむ |

音読⇨
倦労(けんろう) 권로. 싫증이 나서 피로해짐.
倦憊(けんぱい) 권비. 고달픔.
倦厭(けんえん) 권염. 권태가 생겨 싫증이 남.
倦惰(けんだ) 권타. 싫증 나서 게으름.
倦怠(けんたい) 권태. ♣~感(かん) 권태감 / ~期(き) 권태기.

訓読⇨
倦ねる(あぐねる) ☞ 倦む(あぐむ).
倦まず弛まず(うまずたゆまず) 조금도 게을리 하지 않고, 꾸준히.
❖**倦きる**(あきる) 싫증 나다. 물리다.
倦き(あき) 물림. 싫증. 싫어짐.
~**が来**(く)**る** 싫증이 나다.
❖**倦む**(うむ) 싫증 나다. 지치다.
㊂(あぐむ)《接尾語的으로》…하다 못하다. …하다 지치다.
倦み疲れる(うみつかれる) 일에 물려 피로를 느끼다.

其他⇨
倦ず(うんず) 〈雅〉 싫증 나다. 싫어하다.

| 10 手 ハ | 拳(拳) | 주먹 권
ケン・ゲン
こぶし |

音読⇨
拳固(けんこ) 〈口〉 ① 주먹으로 때림. ② '다섯'을 나타내는 은어.
拳骨(げんこつ) 주먹.
拳拳(けんけん) 권권. 두 손으로 받드는 모양. 전하여 삼가는 모양.
‖~**服膺**(ふくよう) 권권복응. 삼가 명심하여 지킴.
拳万(げんまん) 〈兒〉 (약속을 지킨다는 표시로서의) 새끼손가락 걸기.
拳法(けんぽう) 권법.
拳玉(けんだま) 죽방울. 장난감의 일종.
拳銃(けんじゅう) 권총.
拳闘(けんとう) 권투.

訓読⇨
拳 ㊀(こぶし) 주먹.
㊁(けん) ① 주먹. ② 가위바위보 등 손·손가락 따위로 하는 놀이.

其他
拳螺(さざえ)〖貝〗 소라.

捲 [11 扌] 말 권
ケン
まく・まくる・めくる

音読
捲線(けんせん) 권선. 코일.
捲土重来(けんどちょうらい) 권토중래.
　＊けんどじゅうらいとも 읽음.

訓読
捲れる ㊀(まくれる) (저절로) 걷어 올려지다. 걷어진〔벗겨진〕 상태가 되다.
　㊁(めくれる) 젖힌 상태로 둘둘 말리다.
捲し立てる(まくしたてる) 기세 좋게 마구 지껄여대다.
捲し上げる(まくしあげる) 걷어 올리다.
❖**捲く**(まく) ① 감다. 말다. ② (나사를) 틀어 죄다. ③ 〈소용돌이〉 치다. ④ 둘러싸다. 포위하다.
捲き上げる(まきあげる) ① 말아〔감아〕 올리다. ② 빼앗다. 등치다. 우려 내다.
捲き上げ機(まきあげき) 권양기. 권양기.　「치.
捲き線(まきせん) 권선(捲線). 코일(coil).
捲き揚げ機(まきあげき) ⇨ 捲き上げ機(まきあげき).
捲き雲(まきぐも) 권운(卷雲). (새) 털구름.
❖**捲る** ㊀(まくる) ①(소매 따위를) 걷다. 걷어 올리다. ② 벗기다. 넘기다. 떼다. ③《動詞에 붙어》 마구 …하다. 계속 …해 대다.
　㊁(める) ① 넘기다. 젖히다. ② 벗기다. 뜯다. 떼다.
捲り ㊀(まくり) 걷어 올림.
　㊁(めくり) ① 넘김. 잦힘. ②'捲り札(めくりふだ)'=화투)'의 준말.
‖～暦(ごよみ) 매일 한 장씩 넘기는 달력.
捲り上げる(まくりあげる) 걷어 올리다. 감아 올리다.

眷 [11 目] 돌아볼 권・겨레붙이 권
ケン
かえりみる

音読
眷顧(けんこ) 권고. 특별히 돌보아줌.
眷恋(けんれん) 권련. 간절히 사모함.
眷属(けんぞく) ① 권속. ② 가신(家臣). ③ 〖佛〗 부처의 친족.
眷族(けんぞく) ⇨ 眷属(けんぞく).
眷愛(けんあい) 권애. 보살펴 사랑함.

圈 [12 口] (圏) 우리 권
ケン
かこい

音読
圏(けん)《接尾語로》…권. 일정 범위.
圏界面(けんかいめん)〖地〗 권계면.
圏谷(けんこく)〖地〗 권곡. 빙하의 침식으로 생긴 U자형의 분지(盆地).
圏内(けんない) 권내.
圏外(けんがい) 권외.
圏点(けんてん) 권점. 방점(傍點).

勧 [13 力] (勸) 권할 권
カン・ケン
すすめる

音読
勧戒(かんかい) 권계. ① 선을 권하고 악을 징계함. ②〖佛〗 불도에 인연이 있는 남녀에게 수계(受戒)를 권함.
勧告(かんこく) 권고. ♣～案(あん) 권고안.
勧工場(かんこうば) 明治(めいじ)・大正(たいしょう) 시대에, 한 건물 안에 여러 상점이 들어가 상품을 판매하던 곳.
勧農(かんのう) 권농.　　　　　　　「딴이름.
‖～鳥(ちょう) 'ほととぎす(=두견이)'의
勧杯(かんぱい) 권배. 술잔을 권함. ＊かんぱいとも 읽음.
勧盃(かんぱい) ⇨ 勧杯(かんぱい).
勧賞(かんしょう) 권상. 칭찬하여 장려함.
勧商場(かんしょうば) ☞勧工場(かんこうば).
勧善(かんぜん) 권선.
‖～懲悪(ちょうあく) 권선징악.
勧説(かんせつ) 권설. 설득하여〔타일러〕 권함. ＊かんぜいとも 읽음.
勧業(かんぎょう) 권업. 산업을 권장함.
‖～博覧会(はくらんかい) 권업〔산업〕 박람회.
勧誘(かんゆう) 권유.
勧銀(かんぎん) '日本(にほん)勧業銀行(かんぎょうぎんこう)(=일본 권업 은행)'의 준말.
勧奨(かんしょう) 권장.　　　　　　「말.
勧進(かんじん)〖佛〗 권진. 권화(勸化). ① 중생에게 불도를 권함. ② 절이나 불상의 수리를 위하여 모금함.
‖～相撲(ずもう) ① 권진을 위해 하는 씨름. ② 입장료를 받고 흥행하는 씨름.
～元(もと) 발기해 주선하는 사람. 특히, 권진을 위한 씨름 대회나 연극의 흥행주.
～帳(ちょう) 권화장. 모금의 취지를 적어 기부를 모으는 장부.
勧懲(かんちょう) 권징. '勧善懲悪(かんぜんちょうあく)(=권선징악)'의 준말.
‖～小説(しょうせつ) 권선징악 소설.
勧請(かんじょう)〖佛〗 권청. ① 신불의 왕림・계시를 빎. ② 신불의 분령(分靈)을 청하여 맞이함.
勧学(かんがく) 권학. 학문을 장려함.
勧降(かんこう) 권항. 항복을 권함.
勧化(かんげ)〖佛〗 권화. ① 불도를 권장함. ② 불사(佛寺)의 건립・개수를 위해 보시를 청함. ♣～所(しょ)〖佛〗 권화소.
‖～帳(ちょう) 권화장. (절의) 시주〔기부〕 장부.

蜷・權・蕨

❖**勸める**(すすめる) 권하다. 권고[권장]하다. 권유하다.
勸め(すすめ) ① 추천. 천거. ② 조언. ③ 권장. 장려. ④ 권유(勸誘).

14 虫 **蜷** 굽을 권 / ケン / にな

訓読
蜷(にな)『貝』다슬기.
其他
蜷局(とぐろ) 뱀 따위가 몸을 서림. 또, 그 서린 모양.

15 木 教 **權**(權) 권세 권 / ケン・ゴン / かり・はかり

音読
權 ㊀(けん) ① 권. 권도. 권한. 권리. ②《接尾語로》…권. 권리. 권력.
㊁(ごん)《接頭語로》 옛날에 정원 외에 임시로 둔 지위임을 나타낸 말. ② 부(副)….
權高(けんだか) 거만하게 남을 깔보는 모양.
權官 ㊀(けんかん) 권관. 권세 있는 관리(관직).
㊁(ごんかん) 임시로 임명한 벼슬.
權貴(けんき) 권귀. 권력이 있고 신분이 높음. 또, 그런 사람.
權內(けんない) 권내. 권리나 권력이 미치는 범위 안.
權能(けんのう) 권능.
權道(けんどう) 권도. 임기응변의 수단. 방편.
權略(けんりゃく) 권략. 권모. 계략.
權力(けんりょく) 권력. ♣~者(しゃ) 권력자.
‖~関係(かんけい) 권력 관계.
~分立(ぶんりつ) 권력 분립.
~意志(いし)『哲』권력 의지.
~政治(せいじ) 권력 정치.
~闘争(とうそう) 권력 투쟁.
權利(けんり) 권리. ♣~金(きん)『法』권리금 / ~株(かぶ)『經』권리주 / ~証(しょう) 권리증 / ~質(しち) 권리질.
‖~濫用(らんよう)『法』권리 남용.
~能力(のうりょく) 권리 능력.
~落ち(おち)『經』(주식의) 권리락.
~問題(もんだい)『哲』권리 문제.
~章典(しょうてん)『史』권리 장전.
~請願(せいげん)『史』권리 청원. 1628년 영국 의회가 찰스 1세에게 제출하여 그 승인을 얻은 청원서.
權幕(けんまく) (몹시 노하여) 험하고 무섭게 된 표정이나 태도.
權謀(けんぼう) 권모.
‖~術数(じゅっすう) 권모 술수.
權門(けんもん) 권문. 권문 세가.
權變(けんぺん) 권변. 돌발적인 일에 임기응변의 조치를 취함.
權柄(けんぺい) 권병. 권력(으로 남을 억누름).
‖~尽く(ずく) 권력을 가지고 위압적으로 언동을 하는 모양. 우격다짐.
權兵衛(ごんべえ)〈卑〉(옛날, 시골에는 이런 이름이 많았던 데서) 시골뜨기. 촌뜨기.
權の師(ごんのそち) 大宰權師(だざいごんのそち)의 준말. 大宰府(だざいふ)에 있어, 장관이 친왕인 경우, 그 정무를 총괄한 역.
權瑞(ごんずい)『魚』쏠종개.
權勢(けんせい) 권세. ♣~欲(よく) 권세욕.
權數(けんすう) 권수. 권모 술수.
權臣(けんしん) 권신. 권세 있는 신하.
權輿(けんよ) 권여. 발단. 시초.
權外(けんがい) 권외. 권한 외(外).
權原(けんげん)『法』권원. 어떤 행위를 정당화시키는 법률상의 원인.
權威(けんい) 권위.
‖~筋(すじ) 그 일에 관해 가장 관계가 깊은 [잘 알고 있는] 사람. 고위 소식통.
~主義(しゅぎ) 권위주의.
權益(けんえき) 권익.
權者(ごんじゃ)『佛』① 권자. 권화(權化). ② 고승(高僧).
權蔵(ごんぞう) 乳(ち)와 끈을 헝겊으로 만든 짚신.
權的(ごんてき) ☞權妻(ごんさい).
權助(ごんすけ)〈老〉하인. 머슴.
權智(ごんち)『佛』권지. 불・보살이 방편으로 중생을 제도하는 지혜.
權尽く(けんずく) 권세를 마음대로 부림.
權妻(ごんさい) 첩.
權萃(ごんずい)『植』'三葉空木(みつばうつぎ)(=고추나무)'의 딴이름.
權太(ごんた)〈京阪方〉장난꾸러기. 개구쟁이.
權八(ごんぱち) 식객. 기식자.
權限(ごんげん)『法』권한.
權現(ごんげん)『宗』불・보살이 중생을 제도하기 위해 일본의 신(神) 모습으로 나타났다는 說(설). 또, 그 신.
‖~造り(づくり) 신사 건축 양식의 하나.
權衡(けんこう) 권형. 저울의 추와 대. 균형.
權化(ごんげ)『佛』권화. 화신(化身).

궐

16 艹 **蕨** 고사리 궐 / ケツ / わらび

訓読
蕨(わらび)『植』고사리.
蕨手(わらびで) 고사리 새싹의 꼬불꼬불 말린 끝. 또, 그 모양으로 말린 것.
蕨餠(わらびもち) 고사리 녹말을 반죽해서 만든 떡.
蕨糊(わらびのり) 고사리 녹말로 쑨 풀.

18 門	闕	대궐 궐·궐할 궐 ケツ かける

音読
闕(けつ) ① 대궐문. 조정. ② 없음. 부족.
闕減(けつげん) 결핍하여 감소함.
闕略(けつりゃく) 궐략. 빠지고 없음.
闕漏(けつろう) 궐루. 결루. 누락.
闕文(けつぶん) 궐문. 문장 중에 탈락이 있는 일.
闕本(けっぽん) 궐본. 결본.
闕所(けっしょ) 영주가 없는 장원(莊園).
闕失(けっしつ) 궐실. 없어서는 안 될 필요한 사물을 빠뜨림.
闕腋の袍(けってきのほう) 일본의 옛 무관 정장의 겉옷. 겨드랑 밑을 꿰매지 않은 袍(ほう).
闕如(けつじょ) 결여(缺如).
闕員(けついん) 궐원. 결원.
闕位(けつい) 궐위.
闕字(けつじ) 궐자. 문장 중에 글자가 빠져 있음. 또, 그 글자.
闕典(けってん) 궐전. 결전(缺典). 규정이나 문장이 불충분함.
闕下(けっか) 궐하. 천자의 어전.
闕画(けっかく) 궐획. 결획(缺畫).

19 足	蹶	넘어질 궐·움직일 궤 ケツ つまずく・たおれる

音読
蹶起(けっき) 궐기.
蹶然(けつぜん) 궐연. 결연. 감연(敢然).

궤

2 几	几	안석 궤·책상 궤 キ つくえ

音読
几辺(きへん) 궤변. 책상 옆. 책상 언저리.
几上(きじょう) 궤상. 책상 위.
几席(きせき) 궤석. 안석과 자리.
几案(きあん) 궤안. 책상.
几杖(きじょう) 궤장. 안석(案席)과 책상.
几帳(きちょう) 옛날에 방안의 칸막이로 쓰던 휘장.
几帳面(きちょうめん) 착실하고 꼼꼼한 모양.
几下(きか) (편지에서) 궤하. 안하(案下).

5 几 日	凧	연 (궤) たこ

訓読
凧(たこ) 연. *연이 이카(=오징어)를 닮았다 하여 いか・いかのぼり 라고도 함.
凧揚げ(たこあげ) 연날리기.
凧合戦(たこがっせん) 연싸움.
凧絵(たこえ) 연에 그리는 그림.

6 木 軟	机	책상 궤 キ つくえ

音読
机間巡視(きかんじゅんし) 수업중에 교사가 아동의 좌석을 순회하면서 학습 상황을 관찰·지도함.
机辺(きへん) 책상 가. 책상 부근.
机上(きじょう) 궤상. 탁상.
‖～の計画(けいかく) 탁상 계획.
  ～の空論(くうろん) 탁상공론.
机案(きあん) 책상.
机右(きゆう) 책상 옆. 좌우(座右).
机下(きか) (편지에서) 궤하. 안하(案下).

訓読
机(つくえ) 책상.
‖～代の物(しろのもの) 식탁에 올려 놓는 것. 음식물.

9 車 常	軌	바퀴사이 궤 キ みち・わだち

音読
軌(き) 궤. 정해진 길. 법칙. 방법.
軌間(きかん) 궤간. 철도 레일의 안쪽 너비.
軌道(きどう) 궤도.
‖～角運動量(かくうんどうりょう) 〖理〗 궤도 각운동량.
  ～起重機(きじゅうき) 궤도 기중기.
  ～論(ろん) 〖天〗 궤도론. 천체 역학의 한 분야.
  ～要素(ようそ) 〖天〗 궤도 요소.
  ～電子(でんし) 〖理〗 궤도 전자.
軌範(きはん) 궤범. 규범. 모범.
軌跡(きせき) ①〖數〗 궤적. ② 바퀴 자국.
軌条(きじょう) 궤조. 레일. 선로.
軌轍(きてつ) 궤철. ① 차(車)가 지나간 자국. 궤적. ② 전례. 법칙. 본보기.

13 言	詭	책할 궤·속일 궤 キ いつわる

音読
詭激(きげき) 궤격. 언행이 격렬하고 지나친 모양. 임수.
詭計(きけい) 궤계. 사람을 속이는 계략. 속임수.
詭道(きどう) 궤도. 남을 속이는, 정도가 아닌 방법.
詭謀(きぼう) 궤모. 남을 함정에 빠뜨리려는 계략. 궤계(詭計).

詭弁(きべん) 궤변.
‖～学派(がくは)〖哲〗궤변학파. 소피스트.「는 일.
詭詐(きさ) 궤사. 거짓말(을 하는 일). 속이
詭策(きさく) 궤책. 적을 속이는 책략. 기계.

13 足	跪	꿇어앉을 궤 キ ひざまずく

音読
跪居(ききょ) 무릎을 꿇음.
跪拝(きはい) 궤배. 무릎을 꿇고 절함.
跪像(きぞう) 궤상. 불상 따위. 무릎을 꿇고 앉은 모습의 상.
跪坐(きざ) ⇨ 跪座(きざ).
跪座(きざ) 궤좌. 꿇어앉음.
訓読
跪く(ひざまずく) 무릎을 꿇다.

14 匚	匱	궤 궤·다할 궤 キ ひつ

音読
匱乏(きぼう) 궤핍. 물자와 식량이 부족함.

15 氵	潰	무너질 궤 カイ ついえる·つぶれる·つぶす

音読
潰決(かいけつ) 궤결. 결궤(決潰). 방죽 따위가 무너지는 일.
潰乱(かいらん) 궤란. (조직 등이) 무너져 산산이 흩어짐. 특히, 싸움에 패하여 흩어져 도망침.
潰爛(かいらん) 궤란. 썩어 문드러짐.
潰滅(かいめつ) 궤멸.
潰散(かいさん) 궤산. 싸움에 져서 군세가 흩
潰瘍(かいよう)〖醫〗궤양.「어짐.
潰裂(かいれつ) 궤열.
潰走(かいそう) 궤주.
潰敗(かいはい) 궤패. 궤멸.
訓読
潰える(ついえる) 무너지다. 궤멸하다.
潰れる(つぶれる) ①찌부러지다. 깨지다. (체면 등이) 손상되다. 망하다. ②허비되다. ③틀어지다. 망쳐지다.
❖潰す(つぶす) ①찌부러뜨리다. 으깨다. 부수다. 탕진하다. ②(체면 등을) 잃다. ③허비하다. ④몹시 놀라다.
潰し(つぶし) ①찌부러뜨림. 으깸. 또, 그렇게 된 것. ②(시간 등을) 보냄. 때움.
潰し島田(つぶししまだ) 島田(しまだ)まげ를 찌부러뜨린 것 같은 여자 머리 모양의 하나.
潰し値段(つぶしねだん) 제품으로서의 값이 아닌 원료로서의 값.
潰し餡(つぶしあん) 으깬 (팥)소.

18 木	櫃	함 궤 キ ひつ

訓読
櫃(ひつ) ①(대형의) 궤. ②밥통.

귀

10 巾 㪍	帰(歸)	돌아갈 귀·돌아올 귀 キ かえる·かえす·とつぐ

音読
帰する(きする) ①돌아가다. 귀착하다. ②귀의하다. ③돌리다. 탓으로 하다.
帰家本能(きかほんのう) ☞帰巣性(きそうせい).
帰家性(きかせい) ☞帰巣性(きそうせい).
帰去来(ききょらい) 귀거래.
帰結(きけつ) 귀결.
帰京(ききょう) 귀경. 서울로 돌아옴.
帰耕(きこう) 귀경. 고향에 돌아와 농사를 지음.「믿고 공경함.
帰敬(ききょう) 귀경. 마음으로부터 부처님을
帰館(きかん) 귀관. 관으로 돌아감〔옴〕.
帰校(きこう) 귀교.
帰国(きこく) 귀국.
‖～子女(しじょ) 귀국 자녀.
帰期(きき) 귀기. 돌아올 시기〔때〕.
帰己日(きこにち) ⇨ 帰忌日(きこにち).
帰忌日(きこにち) 음양도에서, 여행·귀가·결혼 따위를 꺼리는 날.
帰納(きのう)〖論〗귀납. ♣～法(ほう) 귀납법 /～的(てき) 귀납적.
帰農(きのう) 귀농.
帰途(きと) 귀도. 귀로.
帰島(きとう) 귀도. (자기 살았던) 섬으로 돌아감.「감〔옴〕.
帰洛(きらく) 귀경. 京都(きょうと)로 돌아
帰来(きらい) ①귀래. 돌아옴. ②돌아와서
帰路(きろ) 귀로.「부터.
帰謬法(きびゅうほう)〖論〗귀류법.
帰命(きみょう)〖佛〗귀명.
‖～頂礼(ちょうらい)〖佛〗귀명정례.
帰帆(きはん) 귀범. (항구로) 돌아가는 배.
帰伏(きふく) ⇨ 帰服(きふく).
帰服(きふく) 귀복.
帰社(きしゃ) 귀사. 사원 등이 외부에서 자기 회사로 돌아옴.
帰山(きさん) 귀산. 중이 자기 절에 돌아옴.
帰城(きじょう) 귀성. 성으로 돌아옴.
帰省(きせい) 귀성.

帰所(きしょ) 귀소. 사무소 등에 돌아옴.
帰する所(きするところ) 결국. 귀결되는 바.
帰巣性(きそうせい) 〖動〗 귀소성.
帰属(きぞく) 귀속.
∥〜理論(りろん) 〖經〗 귀속 이론.
〜利子(りし) 〖經〗 귀속 이자.
帰順(きじゅん) 귀순.
帰心(きしん) 귀심. (집・고향에) 돌아가고 싶은 마음.
〜矢(や)の如(ごと)し (집・고향으로) 돌아가고 싶은 마음 간절하다.
帰雁(きがん) 귀안. 초봄에 남쪽에서 북쪽으로 돌아가는 기러기.
帰御(きぎょ) 귀인이 돌아옴.
帰燕(きえん) 귀연. 가을이 되어 남쪽으로 돌아가는 제비.
帰営(きえい) 귀영. 병영에 돌아감.
帰臥(きが) 귀와. 돌아와(서) 쉼. 또, 고향에 돌아와서 농사 지음. 벼슬을 내놓고 고향에 돌아와서 유유자적함.
帰原性(きげんせい) 〖生〗 귀원성.
帰依(きえ) 귀의.
帰依法(きえほう) 〖佛〗 귀의법.
帰依仏(きえぶつ) 〖佛〗 귀의불.
帰依僧(きえそう) 〖佛〗 귀의승.
帰一(きいつ) 귀일.
帰日(きにち) 귀일. 일본으로 돌아옴〔감〕.
帰一倍一(きいちばいいち) 한층 더. 점점 늘어남.
帰一法(きいちほう) 〖數〗 귀일법. 귀일산.
帰任(きにん) 귀임.
帰葬(きそう) 귀장. 타향에서 죽은 사람을 고향에 데려가 장사 지냄.
帰装(きそう) 귀장. 돌아갈 채비. 돌아갈 치장을 함.
帰寂(きじゃく) 〖佛〗 귀적. 입적.
帰田(きでん) 귀전. 관직을 그만두고 전원에 돌아가 농업에 종사함. 귀경(歸耕).
帰除法(きじょほう) (주산에서) 귀제. 구귀(九歸) 제법.
帰朝(きちょう) 귀조. 귀국.
帰従(きじゅう) 귀종. 돌아와 붙좇음.
帰陣(きじん) 귀진. 자기 진영으로 돌아옴.
帰着(きちゃく) 귀착.
帰参(きさん) (오래 떠나 있다가) 돌아옴. 주인집을 떠난 무사가 돌아와 주인을 섬김. 의절당한 자식이 부모의 허락으로 집에 돌아옴.
帰天(きてん) 귀천. 가톨릭 교회에서, 신도가 죽는 일.
帰泉(きせん) 귀천. 황천에 감. 죽음.
帰村(きそん) 귀촌. 귀향. 마을로 돌아옴.
帰趨(きすう) 귀추.
帰宅(きたく) 귀택. 귀가. 「아옴.
帰投(きとう) 항공기・함정 따위가 기지로 돌
帰艦(きかん) 귀함.
帰航(きこう) 귀항. 돌아오는 항로.
帰港(きこう) 귀항.

帰向(きこう) 어떤 쪽으로 마음이 향함. 또, 그 방향.
帰郷(ききょう) 귀향. 「돌아옴.
帰県(きけん) 귀현. 자기가 사는 현(縣)으로
帰化(きか) 귀화. ♣〜人(じん) 귀화인.
∥〜動物(どうぶつ) 귀화 동물.
〜植物(しょくぶつ) 귀화 식물.
帰還(きかん) 귀환. 「병.
帰休(ききゅう) 귀휴. ♣〜兵(へい) 귀휴
訓読▷
帰さ(かえさ) ① 돌아가는 길〔도중〕. ② 돌아감. 「다.
帰す ㊀(かえす) 돌려 보내다. 돌아가게 하
㊁(きす) ① ☞帰する(きする). ②〈古〉 좇다. 귀순하다. 귀의하다.
帰らぬ旅(かえらぬたび) 저승으로 가는 나들이. 죽음.
帰らぬ路(かえらぬみち) 저승길. 「객.
帰らぬ人(かえらぬひと) 죽은 사람. 황천
❖帰る(かえる) 돌아가다. 돌아오다.
帰り(かえり) 돌아옴. 귀로. 돌아오는 길.
帰りがけ(かえりがけ) 돌아오는 길. 돌아올 때.
帰りしな(かえりしな) 돌아올 때. 돌아가는 「길.
帰りなん(かえりなん) 이제 (고향으로) 돌아가자. 「길.
帰るさ(かえるさ) 〈雅〉 돌아갈 때. 돌아가는
帰り道(かえりみち) 귀로. 돌아오는〔돌아가는〕 길.
帰り路(かえりみち) ⇨ 帰り道(かえりみち).
帰り馬(かえりうま) 짐이나 손님을 태우다 주고 돌아오는 말.
帰り船(かえりぶね) ① 손님이나 짐을 실어다 놓고 돌아오는 선박. ② 항구로 돌아오는 배.
帰り新参(かえりしんざん) (그만둔 사람이) 다시 돌아와서 일함. 또, 그 사람.
帰る雁(かえるかり) 봄에 북으로 돌아가는 기러기.
帰り際(かえりぎわ) 돌아가려는 때.
帰る朝(かえるあした) 남자가 여자에게서 하룻밤 묵고 돌아가는 그날 아침. 「비.
帰り支度(かえりじたく) 돌아갈 채비〔준
帰り車(かえりぐるま) 돌아가는 빈 차〔주로 택시〕.
帰り着く(かえりつく) 출발점에 (되)돌아오

| 10 鬼 常 | 鬼 | 귀신 귀
キ
おに |

音読▷

鬼哭(きこく) 귀곡. 귀신의 울음(소리).
∥〜啾啾(しゅうしゅう) 귀곡성이 구슬피 들리는 모양.
鬼窟(きくつ) 귀굴. ① 귀신이 살고 있는 동굴. ② 사물을 잘 모름. 「기.
鬼気(きき) 귀기. 소름이 끼칠 정도의 무서운

鬼女(きじょ) 귀녀. ①여자의 모습을 한 귀신. ②악귀 같은 여자. 마녀.
鬼道(きどう) 귀도. ①『佛』 아귀도. ②마술. 요술.
鬼録(きろく) 귀록. 염라대왕이 죽은 이의 성명을 적는 장부. 과거장.
鬼魅(きみ) 귀매. 도깨비. 요괴.
鬼面(きめん) 귀면. 도깨비의 얼굴. 도깨비 화상(탈).
鬼謀(きぼう) 귀모. 귀신 같은 꾀.
鬼門(きもん) ①귀문. 꺼리고 피해야 하는 방향, 곧 간방(艮方). 귀방(鬼方). ②〈俗〉아주 싫은 것.
‖－除け(よけ) 귀문의 방향에 제사를 지내어 재난을 피하려는 일.
鬼簿(きぼ) 귀부. 귀록(鬼録). 죽은 이의 이름을 적는 장부.
鬼手(きしゅ) 귀수. (바둑·장기에서) 대담하고 국면을 결정 짓는 수.
‖－仏心(ぶっしん) 외과 의사는 사정없이 메스를 가하지만 그것은 환자의 병을 빨리 고치려는 자비심에 기인한다는 뜻.
鬼神 ㊀(きしん) 귀신. ①거칠고 사나운 신. ＊おにがみ로도 읽음. ②죽은 이의 넋.
㊁(きじん) 귀신. ①☞㊀①. ②마귀. 도깨비.
鬼繞(きょう) 한자 부수의 하나: 귀신귀.
鬼乳(きにゅう) 〖生〗귀유. 마유.
鬼子母神(きしもじん) 〖佛〗귀자모신. 불교의 여신의 하나. ＊きしぼじん으로도 읽음.
鬼才(きさい) 귀재. 뛰어난 재능. 또, 그 재능을 가진 사람.
鬼籍(きせき) 〖佛〗귀적. 과거장. 죽은 사람의 이름, 사망 연월일 등을 적어 두는 장부.
鬼畜(きちく) 귀축. ①마귀와 짐승. ②잔인하고 인정을 모르는 사람. ③은혜를 모르는 사람.
‖－物(もの) '能(のう)'의 일종으로 도깨비 따위가 등장하는 '切(き)り能'. 「태.
鬼胎(きたい) ①공포. 두려움. ②〖醫〗귀
鬼形(きぎょう) 귀형. 귀신의 형상(모습).
訓読▶
鬼(おに) ①도깨비. 귀신. ②냉혹한 사람. ③초인간적인 사람. 한가지 일에 열중하는 사람. ④(놀이의) 술래. ⑤〖接頭語로〗㉠엄하고 무서움의 뜻. 호랑이…. ㉡같은 것 중 큰 것.
鬼ごっこ(おにごっこ) 술래잡기.
鬼遣い(おにやらい) 입춘 전날 밤 볶은 콩을 집안에 뿌려 악귀를 내쫓는 행사.
鬼縒(おにもじ) ⇨ 鬼綟(おにもじ).
鬼薊(おにあざみ) 〖植〗도깨비엉겅퀴.
鬼殻焼き(おにがらやき) 대하(大蝦)나 참새우를 껍질째 구운 것.
鬼が島(おにがしま) 옛날, 도깨비가 살고 있었다는 상상의 섬. 「속칭.
鬼鰧(おにおこぜ) 〖魚〗 쑤기미. ＊おこぜ는
鬼綟(おにもじ) 삼을 꼰 실이나 굵은 삼실을 사직(紗織)으로 한 튼튼한 직물.

鬼蓮(おにばす) 〖植〗가시연.
鬼武者(おにむしゃ) 몹시 난폭하고 센 무사.
鬼味噌(おにみそ) ①된장에 고춧가루를 섞어 뭉근한 불에 구운 것. ②겉으로는 강하게 보이나 약한 사람.
鬼百合(おにゆり) 〖植〗참나리.
鬼の矢幹(おにのやがら) 〖植〗천마(天麻).
鬼羊歯(おにしだ) 〖植〗양치식물 중 큰 것.
鬼御影(おにみかげ) ①광물의 알갱이가 큰 화강암질의 석재《건물 장식용》. ②페그마타이트(pegmatite).
鬼瓦(おにがわら) ①귀와. 용마루 끝을 이는, 귀신 모양의 혀가 달린 큰 기와. ②아내를 나쁘게 말하는 말.
鬼子(おにご) ①부모를 닮지 않은 못된 아이. ②이가 난 채 태어난 아이. ③밉게 생긴 아이.
鬼田平子(おにたびらこ) 〖植〗보리뺑이.
鬼蜘蛛(おにぐも) 〖動〗왕(말)거미.
鬼蜻蜓(おにやんま) 〖蟲〗장수잠자리.
鬼歯(おにば) ①버드러진 덧니. ②사랑니.
鬼歯朶(おにしだ) ⇨ 鬼羊歯(おにしだ).
鬼打ち豆(おにうちまめ) 입춘 전날 밤에 잡귀를 쫓기 위해 뿌리는, 볶은 콩.
鬼婆(おにばば) ①마귀할멈. ②노파 모습의 악귀. ②간악하고 잔인한 못된 할멈.
鬼皮(おにかわ) 밤 따위의 겉껍질.
鬼虎魚(おにおこぜ) ⇨ 鬼鰧(おにおこぜ).
鬼火(おにび) ①도깨비불. ＊かほ로도 읽음. ②출관(出棺)할 때 문 앞에 피워 놓는 불.

其他▶
鬼灯(ほおずき) ①〖植〗꽈리. ②(입으로 부는) 꽈리.

| 11 亀 入 | 亀 (龜) | 거북 귀·나라이름 구·틀 균 キ·キン かめ |

音読▶
亀鑑(きかん) 귀감. 거울. 본보기.
亀鏡(ききょう) 귀경. 거울. 모범. 귀감. 본보기. ＊ききょう로도 읽음.
亀頭(きとう) 〖生〗귀두.
亀毛兎角(きもうとかく) 귀모토각. (거북의 털이나 토끼의 뿔은 실재로 하지 않는 데서) 있을 수 없는 일의 비유.
亀背(きはい) 〖漢医〗귀배증(龜背症).
亀鈇(きふ) (비석의) 귀부.
亀手(きんしゅ) 살갗이 튼 손. ＊きしゅ로도 읽음.
亀裂(きれつ) 균열.

訓読▶
亀(かめ) ①〖動〗거북. ②술꾼의 속칭.
亀の甲(かめのこう) ①귀갑. 거북의 등딱지. ②육각형이 상하 좌우로 연속된 무늬.
‖－船(ぶね) 〖動〗亀甲船(きっこうぶね).
亀卜(かめうら) 〈古〉거북점(占). ＊きぼく로도 읽음.
亀の手(かめのて) 〖動〗거북다리.

亀の子(かめのこ) ① 거북의 새끼. 넓게는 거북. ② '亀の甲(こう)(=귀갑)'의 변화.
‖ ~束子(だわし) 『商標名』 종려 섬유로 만든 타원형의 (솔). 솔.
亀節(かめぶし) 작은 가다랑어를 반으로 갈라 만든 가다랑어포.
亀虫(かめむし) 『蟲』 노린재.
お亀蕎麦(おかめそば) 어묵·김·야채·표고버섯 등을 얹은 메밀국수.
お亀饂飩(おかめうどん) 어묵·김·야채·표고버섯 등을 위에 얹은 가락국수.

▶其他◀
亀甲(きっこう) ① 귀갑. 거북의 등딱지. ② 귀갑형의 준말. ♣~船(ぶね) 장갑(裝甲)선.
‖ ~文字(もじ) ① 귀갑 문자. ② 중세 독일 수도원에서 만들어 낸 로마자의 서체.
~獣骨文字(じゅうこつもじ) 갑골 문자.
~形(かた) 거북 딱지 모양의 육각형의 연속된 무늬.

12 貝 教	貴	귀할 귀 キ たっとい·とうとい· たっとぶ·とうとぶ

▶音読◀
貴 ㊀(き) 《接頭語로》 귀…. ① 귀중한. ② 상대편에 대한 존칭.
㊁(あて) 〈古〉 ① 신분이 높음. ② 고상함.
貴家(きか) 귀댁. 귀택.
貴簡(きかん) 귀간. 귀한. 상대방 편지에 대한 높임말.
貴公(きこう) 귀공.
貴公子(きこうし) 귀공자.
貴官(きかん) 귀관. 관리나 군인을 부르는 말.
貴館(きかん) 귀관. 상대방 저택의 높임말.
貴校(きこう) 귀교.
貴局(ききょく) 귀국. 상대편 국(局)의 높임말.
貴国(きこく) 귀국.
貴君(きくん) 귀군. 자네.
貴金属(ききんぞく) 귀금속. ♣~商(しょう) 귀금속상.
貴女(きじょ) 귀녀. ① 신분이 높은 여인. 귀부인. ② 상대방 여자의 높임말.
貴蛋白石(きたんぱくせき) 『鑛』 귀단백석.
貴答(きとう) 귀답. 상대방의 회답에 대한 높임말.
貴宅(きたく) 귀댁.
貴覧(きらん) 고람(高覧).
貴慮(きりょ) 귀려. 귀의(貴意). 고견.
貴老(きろう) 귀로. 노인을 공경해서 하는 말.
貴名(きめい) 귀명. 존함. 귀하의 이름.
貴方 ㊀(きほう) 당신. 귀하(주로, 남자 및 공적 기관의 문서에 쓰임).
㊁(あなた) 당신. ♣~方(がた) 당신네들.
貴邦(きほう) 귀방. 귀국.
貴辺(きへん) 귀하. 상대방을 높여서 하는 말.
貴報(きほう) 귀보.
貴腐ワイン(きふワイン) 완숙기에 일종의 불완전균이 번식하여 반건상(半乾狀)이 되어 당분이 늘어난 포도를 원료로 한 백포도주.
貴夫人(きふじん) 귀부인. 신분이 높은 부인.
貴婦人(きふじん) 귀부인.
貴賓(きひん) 귀빈.
貴使(きし) 귀사. 상대를 높여서 그 파견하는 사절을 가리키는 말.
貴書(きしょ) 귀서. 귀한(貴翰). 「는 광석.
貴石(きせき) 귀석. 연마하여 장식용으로 쓰
貴所(きしょ) ① 귀처(상대방의 주소). ② 귀하(남자나 공용에 쓰임).
貴酬(きしゅう) 귀하의 편지에 대한 답장의 뜻의 높임말.
貴僧(きそう) ① 고승. ② 귀승《상대방 승려에 대한 높임말》.
貴息(きそく) 귀식. 귀하의 영식(令息).
貴臣(きしん) 귀신. 신분이 높은 신하. 고위 고관인 신하.
貴信(きしん) 귀신. 상대방으로부터의 통신.
貴紳(きしん) 귀신. 신분이 높은 사람.
貴様(きさま) 네놈. 자네. 너.
貴院(きいん) 귀원. 병원 등 원이라고 불리는 상대방을 가리키는 말.
貴園(きえん) 귀원. 상대인 동물원이나 유치원 등의 높임말.
貴意(きい) 귀의. 고견. 「도 함.
貴人(きじん) 귀인. *雅語로는 うまひと라고
貴姉(きし) ① 상대 누이의 높임말. ② 연상의 부인의 높임말.
貴著(きちょ) 귀저. 상대방 저서의 높임말.
貴店(きてん) 귀점. 상대방 점포의 높임말.
貴弟(きてい) 귀제. 계씨.
貴族(きぞく) 귀족. ♣~院(いん) 귀족원.
‖ ~政治(せいじ) 귀족 정치.
~主義(しゅぎ) 귀족주의.
貴種(きしゅ) 귀인의 혈통.
‖ ~流離(りゅうり) 귀인의 자식이 그 혈통을 모르고 각지를 떠돌며 고생함.
貴胄(きちゅう) 귀한 집안의 사람. 귀족.
貴重(きちょう) 귀중.
貴地(きち) 귀지. 금지(錦地).
貴紙(きし) 귀지. 상대방의 신문·편지.
貴誌(きし) 귀지. 상대방 잡지.
貴職(きしょく) 귀직. 서간·문서 따위에서, 상대방의 관직·직명의 높임말.
貴着(きちゃく) 귀착. 물품이 상대에게 배달
貴札(きさつ) 귀찰. 귀함(貴函). 귀한.
貴賤(きせん) 귀천. 「높임말.
貴台(きたい) 귀태. 존체. 편지에서 상대방에 대한
貴下(きか) 귀하. *あなたよ로도 읽음.
貴学(きがく) 귀교. 귀대학.
貴翰(きかん) 귀한. ⇨ 貴簡(きかん).
貴顕(きけん) 귀현. 지체가 높고 이름남. 또, 그 사람.
貴兄(きけい) 귀형.
貴号(きごう) 귀호. 영예를 나타내는 칭호.
貴会(きかい) 귀회. 상대방의 회.

▶訓読◀
貴い(とうとい) 〈老〉 귀중하다. 고귀하다. 소중하다. *たっとい로도 읽음.

貴ぶ(とうとぶ) 공경하다. 존경〔존중〕하다.
＊たっとぶ로도 읽음.
貴む(とうとむ) ☞貴ぶ(とうとぶ).
其他 貴やか(あてやか) 점잖고 아름다운 모양.
貴任せ(あなたまかせ) ①남을 의지하며 맡겨 둠. ②일이 되어가는 대로 맡겨 둠.

규

| 6
口
常 | 叫 (叫) | 부르짖을 규
キョウ
さけぶ・おめく |

音読
叫声(きょうせい) 규성. 외치는 소리.
叫号(きょうごう) 규호. 외침. ＊きょうごう로도 읽음.
叫呼(きょうこ) 큰소리로 외침.
叫喚(きょうかん) 규환. ①큰소리로 부르짖음. ②叫喚地獄의 준말.
‖〜地獄(じごく) 〖佛〗규환지옥. 팔열(八熱) 지옥의 넷째.
訓読
叫く(おめく)〖雅〗부르짖다. 소리 지르다.
❖叫ぶ ㊀(さけぶ) 외치다. 부르짖다. 강하게 주장하다.
㊁(おらぶ) 소리높여 아우성치다.
叫び(さけび) 외침. 부르짖음. 큰소리를 냄.
叫び声(さけびごえ) 큰소리로 외치는 소리.

| 6
土
人 | 圭 | 홀 규・모날 규
ケイ
たま |

音読
圭角(けいかく) 규각. 언어・행동이 모남.
圭算(けいさん) 문진(文鎭).

| 7
糸 | 糾 | 꼴 규・얽힐 규
キュウ
あざなう・ただす |

参考 糾의 異體字. 현대 표기로는 '糾'로 대용(代用)함.
音読
糺明(きゅうめい) 규명.
糺問(きゅうもん) 규문. 죄를 따져 물음.
糺弾(きゅうだん) 규탄.
訓読
糺す(ただす) (조사해서) 밝혀 내다. 조사하다.

| 7
虫 | 虬 | 규룡 규
キュウ
みずち |

参考 虯의 舊字體.
音読
虬竜(きゅうりょう) 규룡. 상상의 동물. 교룡(蛟龍). 이무기.
訓読
虬(みずち) 교룡(蛟龍). 이무기.

| 9
大
人 | 奎 | 별 규・별이름 규
ケイ |

音読
奎星(けいせい)〖天〗규성. 규수(奎宿).
奎宿(けいしゅく)〖天〗규수. 28수(宿)의 하나. 규성(奎星).

| 9
糸
常 | 糾 (糾) | 꼴 규・얽힐 규
キュウ
あざなう・ただす |

音読
糾明(きゅうめい) 규명.
糾問(きゅうもん) 규문. 죄를 따져 물음.
糾正(きゅうせい) 규정. 잘못을 바로잡음.
糾察(きゅうさつ) 규찰.
糾弾(きゅうだん) 규탄.
‖〜大会(だいかい) 규탄 대회.
糾合(きゅうごう) 규합.
訓読
糾う(あざなう) (새끼를) 꼬다. 「다.
糾す(ただす) (조사해서) 밝혀 내다. 조사하

| 10
王 | 珪 | 홀 규・규소 규
ケイ |

音読
珪砂(けいしゃ) 규사.
珪酸(けいさん)〖化〗규산.
珪石(けいせき)〖鑛〗규석.
珪素(けいそ)〖化〗규소. ♣〜鋼(こう) 규소
‖〜樹脂(じゅし) 규소 수지. 　　　 └강.
珪岩(けいがん)〖鑛〗규암.
珪藻(けいそう)〖植〗규조. ♣〜類(るい)
규조류 / 〜土(ど) 규조토.
珪質岩(けいしつがん)〖鑛〗규암.
珪土(けいど)〖鑛〗규토.
珪肺(けいはい) 규폐. ☞珪肺病.
‖〜病(びょう)〖醫〗규폐증(症).
珪化木(けいかぼく) 규화목. 「물.
珪化物(けいかぶつ)〖化〗규화물. 규소 화합

| 10
走
人 | 赳 (赳) | 헌걸찰 규
キュウ
たけし |

訓読
赳し(たけし) 헌걸차고 굳세다.

11 石	硅	규소 규 ケイ

音読→

硅砂(けいしゃ) 규사.
硅酸(けいさん) 〖化〗 규산.
硅石(けいせき) 규석.
硅素(けいそ) 〖化〗 규소. ♣〜**鋼**(こう) 규소강.
∥〜**樹脂**(じゅし) 규소 수지.
硅藻(けいそう) 〖植〗 규조. ♣〜**土**(ど) 규조토.
硅肺(けいはい) 〖醫〗 규폐증(珪肺症).

11 ネ	袿	여자웃옷 규 ケイ うちぎ

訓読→

袿(うちぎ) ① 平安(へいあん) 시대, 귀부인의 겉옷으로 된 웃옷의 하나. ② 남자가 直衣(のうし)・唐衣(からぎぬ) 밑에 입던 평상복. ③ 천자(天子)의 머리를 올리는 일. 또, 그 일을 맡은 사람.
袿姿(うちぎすがた) 궁녀의 사복 차림.

11 見 敎	規	법 규 キ ただす・のり

音読→

規格(きかく) 규격. ♣〜**品**(ひん) 규격품 / 〜**化**(か) 규격화.
∥〜**判**(ばん) 규격판《표준 규격에 의한 종이의 치수》.
規矩(きく) 규구. 규준.
∥〜**準繩**(じゅんじょう) 규구준승. 사물의 준칙.
規模(きぼ) ① 규모. ②〈古〉올바른 예(例). 본보기.
規範(きはん) 규범. 모범. 궤범(軌範). ♣〜**学**(がく) 규범학.
∥〜**経済学**(けいざいがく) 규범 경제학.
〜**文法**(ぶんぽう) 〖言〗 규범 문법.
〜**法則**(ほうそく) 규범 법칙.　　　　「학.
〜**的倫理学**(てきりんりがく) 규범적 윤리
〜**的責任論**(てきせきにんろん) 〖法〗 규범적 책임론.
規式(きしき) 규식. 정해진 규칙과 격식.
規約(きやく) 규약.
規律(きりつ) 규율.
規箴(きしん) 규잠. 남을 훈계함. 훈계.
規正(きせい) 규정. 나쁜 점을 바로잡음.
規定(きてい) 규정.　　　　　　　　「농도.
∥〜**濃度**(のうど) 〖化〗 규정 농도. 노르말
〜**液**(えき) 〖化〗 규정액. 노르말액.
〜**演技**(えんぎ) 규정 연기.
〜**種目**(しゅもく) 규정 종목.
〜**打席数**(だせきすう) 규정 타석수.
規程(きてい) 규정.
規整(きせい) 규정. 규율을 세워 사물을 정리함.
規制(きせい) 규제.　　　　　　　　「함.
∥〜**基準**(きじゅん) 규제 기준.
〜**緩和**(かんわ) 규제 완화.
規準(きじゅん) 규준.
規則(きそく) 규칙. ♣〜**的**(てき) 규칙적.
∥〜**動詞**(どうし) 〖文法〗 규칙 동사.
〜**制定権**(せいていけん) 규칙 제정권.
規画(きかく) (무게・길이・넓이 따위를) 재어서 정함. 계획.

訓読→

規(のり) ① 규범. ② 모범. ③ 지름. ④ 물매.

其他→

規那(キナ) 키나. 기나수(幾那樹)의 껍질을 말린 것.

12 扌	揆	헤아릴 규 キ はかる

音読→

揆(き) 모사(謀事). 방법. 방식.

12 艹 (八)	葵	아욱 규 キ あおい

音読→

葵向(きこう) 규향. ① 해바라기가 해를 향함. ② 인격자 따위를 우러러 따름.

訓読→

葵(あおい) ①〖植〗아욱과에 속하는 당아욱・접시꽃・동규 등의 총칭. ② 무늬의 이름.
葵祭(あおいまつり) 京都(きょうと)에 있는 下鴨(しもがも) 신사와 上賀茂(かみがも) 신사의 축제《5월 15일》.

14 門	閨	협문 규 ケイ ねや

音読→

閨門(けいもん) 규문. ① 침실 문. 전하여, 집안. 가정. ② 가정내의 예의 범절.
閨房(けいぼう) 규방. 내실. 침실.
閨閥(けいばつ) 규벌. 처가와 그 친척의 세력을 중심으로 한 파벌.
閨秀(けいしゅう) 규수.　　　　　　　「아내.
∥〜**作家**(さっか) 규수 작가.
閨室(けいしつ) 규실. ① 침실. 안방. ② 처.
閨怨(けいえん) 규원. 독수공방의 한.
閨中(けいちゅう) 규중. 침실. 규방.
閨閤(けいこう) 규합. 침실. 안방.

訓読→

閨(ねや) 〈雅〉 침실.

槻・窺・鮭・均・菌・亀・鈞

閨事(ねやごと) 남녀의 교접. 방사(房事).
閨所(ねやど) 침소. 잠자리.

15 木 人	槻	둥근느티나무 規 キ つき

訓読
槻(つき)〚植〛둥근느티나무. ＊つきげやき로도 읽음.

16 穴	窺	엿볼 規 キ うかがう・のぞく

音読
窺見(きけん) 규견. 엿보다. 들여다보다.
窺覦(きゆ) 규유. 틈을 노림.
窺知(きち) 규지. 엿보아 앎.
窺測(きそく) 규측. 엿보아 헤아림. 추측.
訓読
窺える(うかがえる) 엿볼 수 있다.
窺く(のぞく) ① 엿보다. ② 일부가 밖에 드러나다.
❖窺う(うかがう) 엿보다. (기회를) 노리다.
窺い知る(うかがいしる) 미루어 알다. 짐작하다.

17 魚	鮭	복 規・연어 規 ケイ・カイ さけ・しゃけ

訓読
鮭(さけ)〚魚〛연어. ＊俗語로는 しゃけ라고도 함.
鮭缶(さけかん) 연어 통조림.

균

7 土 教	均	고를 均 キン ひとしい・ならす

音読
均等(きんとう) 균등.
‖～割り(わり) 균등할.
均分(きんぶん) 균분.
‖～相続(そうぞく)〚法〛균분 상속.
均勢(きんせい) 균세. 세력의 균형.
均輸法(きんゆほう) 균수법.
均時差(きんじさ) 균시차. 시차.
均一(きんいつ) 균일. 평등. ♣～制(せい) 균일제.
均田制(きんでんせい) 균전제.
均沾(きんてん) ⇨ 均霑(きんてん).
均霑(きんてん) 균점. 평등하게 이익을 얻음.
均整(きんせい) 균정. 균제. 균형. ♣～的(てき) 균정적.
均斉(きんせい) ⇨ 均整(きんせい).
均質(きんしつ) 균질. ♣～炉(ろ) 균질로 / ～性(せい) 균질성 / ～的(てき) 균질적.
均衡(きんこう) 균형.
‖～予算(よさん) 균형 예산.
～理論(りろん) 균형 이론.
～財政(ざいせい) 균형 재정. 건전 재정.
訓読
均しい(ひとしい) 같다. ① 동일하다. ② 다름없다.
❖均す(ならす) ① 고르다. 고르게 하다. ② 평균화[평준화]하다.
均し(ならし) ① 고르게 함. ② 평균.

11 艹 常	菌	버섯 菌・균 菌 キン かび・きのこ

音読
菌 ㊀(きん) 균.
㊁(きのこ)〚植〛버섯.
菌蓋(きんがい) 균개. 버섯의 갓. 균산.
菌交代症(きんこうたいしょう) ⇨ 菌交替症(きんこうたいしょう).
菌交替症(きんこうたいしょう)〚醫〛균교대증.
菌根(きんこん)〚植〛균근.
菌毒(きんどく) 균독.
菌類(きんるい) 균류.
菌糸(きんし) 균사.
菌傘(きんさん)〚植〛균산.
菌褶(きんしゅう)〚植〛균습.
菌癭(きんえい) 균영. 균류(菌類)의 기생으로 식물체의 일부가 이상 발달한 것.
菌種(きんしゅ) 균종. 균이나 균사 종류.
菌株(きんしゅ) 균주. 균이나 세균을 분리하여 순수 배양한 것.
菌症(きんしょう) 균증. 동물에 균류가 기생함으로써 생기는 병의 총칭.
菌核(きんかく) 균핵. ♣～病(びょう) 균핵병.
菌血症(きんけつしょう)〚醫〛균혈증. 병원체(病原體)가 혈중에 들어가 전신을 순환하고 있는 상태.
菌環(きんかん) 균환. 균륜(菌輪).
訓読
菌狩り(きのこがり) 버섯따기.

11 亀 人	亀 規 ⇨ 亀 귀(p. 195)

12 金	鈞	고를 鈞 キン ひとしい

音読
鈞天(きんてん) 균천. 하늘의 중앙.

귤

16 木 人	橘	귤 귤 キツ たちばな

音読
橘中(きっちゅう) 귤속.
訓読
橘(たちばな) 『植』 귤나무.

극

7 儿 常	克	이길 극 コク かつ・よく

音読
克する(こくする) 극하다. ①이기다. 누르다. ②(오행이 서로) 상극하다.
克己(こっき) 극기. ♣~心(しん) 극기심.
‖~復礼(ふくれい) 극기복례.
克明(こくめい) 극명. 세밀하게 주의를 기울이는 모양.
克服(こくふく) 극복.
克復(こくふく) 극복. (전쟁에 이겨) 평화를 다시 회복함.
訓読
克く(よく) ①잘. 능히. ②용케.
克くも(よくも) 용케도. 감히.
❖克つ(かつ) 극복하다.
克ち取る(かちとる) 쟁취하다.

9 刂	剋	이길 극 コク かつ

音読
剋する(こくする) 극하다. ①이기다. 누르다. ②(오행이 서로) 상극하다.
剋復(こくふく) 극복. (전쟁에 이겨) 평화를 다시 회복함.

10 尸	屐	나막신 극 ゲキ はきもの

音読
屐歯(げきし) 下駄(げた)의 굽.

12 戈	戟	갈래진창 극 ゲキ ほこ

音読
戟(げき) (고대 중국의) 끝이 세 갈래로 된 창.
逆音
刺戟(しげき) 자극.

12 木 教	極	지극할 극・다할 극 キョク・ゴク きわめる・きわまる・きわみ・きまる・きめる

音読
極 ㊀(きょく) 극. 끝. 종국. 결과.
㊁(ごく) 극히. 대단히.
極諫(きょっかん) 극간. 극력 간(언)함.
極距離(きょくきょり) 극거리.
極官(きょっかん) 그 위에 더 없는 가장 높은 벼슬(자리).
極冠(きょっかん) 『天』 극관. 화성의 남북 양단에 보이는 백색의 반점.
極光(きょっこう) 극광. 오로라.
極圏(きょっけん) 『地』 극권.
極極(ごくごく) 극히《極(ごく)의 힘줌말》.
極気団(きょくきだん) 『氣』 극기단.
極内(ごくない) 아주 비밀임. 극비.
極端(きょくたん) 극단.
極大(きょくだい) 극대. *ごくだいろも 읽음.
‖~化原理(かげんり) 『數』 극대화 원리.
極帯(きょくたい) 극지(極地).
極度(きょくど) 극도. 극점(極點).
極道(ごくどう) 나쁜 짓을 하거나 또는 방탕에 빠짐. 또, 그 사람.
‖~者(もの) 나쁜 놈. 허랑 방탕한 놈.
極東(きょくとう) 극동.
‖~国際軍事裁判(こくさいぐんじさいばん) 극동 국제 군사 재판.
  ~委員会(いいんかい) 극동 위원회.
  ~地方(ちほう) 극동 지방.
極楽(ごくらく) 『佛』 극락. ♣~鳥(ちょう) 『鳥』 극락조.
‖~世界(せかい) 극락 세계.
  ~往生(おうじょう) 극락 왕생.
  ~浄土(じょうど) 극락 정토.
  ~蜻蛉(とんぼ) 〈俗〉 아무일도 않고 핀둥거리는 사람이나 태평스런 사람을 빈정대는 말.
極量(きょくりょう) 극량. 극약・독약 등을 1회 (1일)에 사용할 수 있는 최대의 분량.
極力(きょくりょく) 극력.
極論(きょくろん) 극론. 극언. 힘을 다하여 논함. 또, 극단적 논의.
極流(きょくりゅう) 『地』 극류. 남북 양극 지방에서 적도 방면으로 흐르는 한류.
極目(きょくもく) 극목. 눈이 미치는 한.
極妙(きょくみょう) 극묘. 지극히 묘미(妙味)가 있음. *ごくみょうろも 읽음.
極微 ㊀(きょくび) 극미. 극히 미세함.
㊁(ごくみ) ①☞㊀. ②미묘한 도리. 그 방면의 오의(奥義).
㊂(ごくみ) 『佛』 극미. 원자처럼 미소한 단위.
極半径(きょくはんけい) 『地』 극반경.

極北(きくほく) 극북. 북극에 가까운 곳.
極秘(ごくひ) 극비.
極貧(ごくひん) 극빈.
極上(ごくじょう) 극상.
極相(きょくそう) 〖生〗 극상. 생물 천이(遷移)의 최종 단계. 안정기.
極暑(ごくしょ) 극서. 혹서.
極線(きょくせん) 〖數〗 극선.
極性(きょくせい) 〖理·化·生〗 극성.
極星(きょくせい) 〖天〗 극성.
極聖(ごくしょう) 〖佛〗 극성. 불타. 부처.
極細(ごくぼそ) 극세. (동류 중) 가장 가늚. 또, 그러한 것〔털실〕.
極小(ごくしょう) 극소. 아주 작음. *きょくしょう로도 읽음.
∥**~未熟児**(みじゅくじ) 극소 미숙아.
極少(きょくしょう) 극소. 극히 적음. ♣**~量**(りょう) 극소량.
極所(きょくしょ) 극소. 막다른 곳〔끝〕.
極髄(ごくずい) 극수. ①사물의 중심 부분. ②지극(至極)(히). 「성실함.
極信(ごくしん) ①신앙심이 매우 두터움. ②
極悪(ごくあく) 극악. 몹시 악함.
∥**~非道**(ひどう) 극악무도.
極安(ごくやす) 아주 쌈.
極夜(きょくや) 〖地〗 극야.
極洋(きょくよう) 극양. 남극·북극에 가까운 바다.
極言(きょくげん) 극언. 극단적으로 말하는.
極熱(ごくねつ) 극열. ①혹열. 혹서. *ごくあつ·ごくねち로도 읽음. ②〖佛〗極熱地獄의 준말.
∥**~地獄**(じごく) 〖佛〗 극열 지옥.
極右(きょくう) 극우. ♣**~派**(は) 극우파.
極運動(きょくうんどう) 극운동.
極月(ごくげつ) 극월. 음력 섣달.
極位(きょくい) 극위. 신하의 최고 지위. *ごい로도 읽음.
極意(ごくい) (기예·무술 등의) 가장 심오한 경지. 비법.
極移動(きょくいどう) 〖地〗 극이동.
極印(ごくいん) 지울 수 없는 증거. 낙인.
∥**~付き**(つき) 낙인이 찍혀 있음. *ごくいんづき로도 읽음.
極低温(きょくていおん) 극저온. 「전.
極伝(ごくでん) 극전. 비전(祕傳) 중의 비
極前線(きょくぜんせん) 〖地〗 극전선.
極点(きょくてん) 극점. ①절정. 극도. ②남극점·북극점. 「품.
極製(ごくせい) 극제(품). 지극히 좋은 제
極左(きょくさ) 극좌. ♣**~派**(は) 극좌파.
極座標(きょくざひょう) 극좌표.
極重(ごくじゅう) 극중. (죄 등이) 극히 무거움. 「악인.
∥**~悪人**(あくにん) 극중 악인. 가장 중죄의
極地(きょくち) 극지. 남극이나 북극 지방.
∥**~法**(ほう) 극지법. 등산에서, 우선 베이스 캠프를 설치하고, 다음에 전진 캠프를 치며 올라가는 방법.
∥**~植物**(しょくぶつ) 극지 식물.
極尽(きょくじん) 극진. 더(할 나위)없이 정성을 다함.
極彩色(ごくさいしき) 극채색.
極天(きょくてん) 극천. ①하늘이 있는 한. 영구히. ②하늘 끝까지.
極体(きょくたい) 〖動〗 극체.
極超短波(ごくちょうたんぱ) 극초단파.
極値(きょくち) 〖數〗 극치. 극값.
極致(きょくち) 극치.
極太(ごくぶと) (털실 따위가) 제일 굵음.
極板(きょくばん) 극판. 전기 분해나 축전지에서, 음극·양극에 쓰이는 금속판.
極品(ごくひん) 극품. 극상품.
極風(きょくふう) 〖地〗 극풍.
極下(ごくげ) 최하등(最下等).
極限(きょくげん) 극한.
∥**~状況**(じょうきょう) 극한 상황.
極寒(ごっかん) 극한. 또, 그러한 계절. *ごくかん으로도 읽음.
∥**~地獄**(じごく) 〖佛〗 극한 지옥.
極海(きょっかい) 〖地〗 극양(極洋).
極核(きょくかく) 〖植〗 극핵.
極刑(きょっけい) 극형. *きょくけい·ごっけい로도 읽음.

🔶**訓読**
極み(きわみ) 극도. 극점. 끝. 한〔限〕.
❖**極まる** ㊀(きわまる) ①극이 …하다. ②…이 최상이다. ③끝나다.
㊁(きまる) ①정해지다. ②승부가 나다. ③틀이 잡히다.
極まり ㊀(きわまり) 궁극. 종국. 끝.
㊁(きまり) 결정. 결말. (정해진) 규칙.
極まりない(きわまりない) 한〔짝〕이 없다.
極まり文句(きまりもんく) 상투어(常套語). 틀에 박힌 말.
極まり手(きまりて) 결정적인 수. 특히 씨름의 승부를 결정 짓는 수.
極まり切った(きまりきった) 극히 당연한. 두말할 것도 없는.
❖**極める** ㊀(きわめる) ①극하다. ②몹시 …하다. 〈古〉(곁)정하다.
㊁(きめる) ①결정하다. ②작정하다. ③(씨름에서) 꼼짝 못하게 수를 쓰다.
極め ㊀(きわめ) ①궁구(窮究). ②최종 확인. ③결정.
㊁(きめ) ①결정(한 사항). 규칙. ②약속.
極めて(きわめて) 극히. 더없이.
極め球(きめだま) 〖野〗 결정구.
極め倒し(きめたおし) (일본 씨름에서) 상대방 팔꿈치를 세게 끼고 그대로 넘어뜨림.
極め付き(きわめつき) ①서화·골동품 등에 감정 증명서가 붙어 있음. ②정평이 있음.
極め付ける(きめつける) 엄하게 책하다. 몹시 꾸짖다.
極め書き(きわめがき) (서화·도검·골동품 등의) 감정 증명서.

極め所(きめどころ) ①결정 짓기 좋은 곳〔때〕. ②요점. 급소.
極め手(きめて) 결정적인 수단(방법).
極め込む(きめこむ) ①그런 줄로 믿다. ②…된 듯이 좋아하다. ③…하기로 (결정)하다.
極め尽くす(きわめつくす) 남김없이 다하다. 철저히 조사하다.
極め出し(きめだし) (씨름에서) 상대방을 씨름판 밖으로 밀어내는 수.

其他
極る(きわる) 닳아 없어지다. 다하다.

| 12 木 | 棘 | 가시나무 극
キョク
いばら・とげ |

音読
棘路(きょくろ) 극로. ①가시나무가 무성한 길. ②고관(의 지위).
棘皮動物(きょくひどうぶつ) 〖動〗극피 동물.

訓読
棘 ㊀(とげ) 가시.
㊁(いばら) 〖植〗가시나무.
㊂(いばら) 가시가 있는 관목의 총칭.
㊃(おどろ) 덤불. 전하여, 엉클어져 있음.
棘棘しい(とげとげしい) 가시 돋히다. 심술 궂다. 험악하다.
棘魚(とげうお) 〖魚〗큰가시고기.

| 13 阝 | 隙 | 틈 극
ゲキ
すき・ひま |

音読
隙 ㊀(げき) ①틈. ②불화.
㊁(ひま) ①물건과 물건의 사이. 간격. 틈. ②사이가 나쁨. 티격남. 불화.
隙意(げきい) 격의(隔意).

訓読
隙間(すきま) 극간. (빈) 틈. 짬.
隙取る(ひまどる) 시간이 걸리다. 손이 가다.

| 15 刂 教 | 劇 | 심할 극·연극 극
ゲキ
はげしい |

音読
劇(げき) ①극. 연극. ②《接尾語로》…극.
劇界(げきかい) 극계. 연극계.
劇団(げきだん) 극단.
劇壇(げきだん) 극단.
劇談(げきだん) 극담. 연극에 관한 이야기.
劇道(げきどう) 극도. 연극인이 지켜야 할 도리.
劇毒(げきどく) 극독. 맹독.
劇烈(げきれつ) 극렬. 격렬.
劇論(げきろん) 극론. 격론.
劇務(げきむ) 극무. 격무.
劇物(げきぶつ) 독극물.
劇変(げきへん) 격변. 급변.
劇暑(げきしょ) 극서. 혹서.
劇詩(げきし) 극시.
劇甚(げきじん) 극심. 격심.
劇薬(げきやく) 극약.
劇映画(げきえいが) 극영화.
劇飲(げきいん) 극음. 폭음.
劇作(げきさく) 극작.
劇場(げきじょう) 극장.
劇的(げきてき) 극적.
劇中(げきちゅう) 극중. ♣~劇(げき) 극중극.
劇症(げきしょう) 극증. 증상이 심함.
劇職(げきしょく) 극직. 격무.
劇震(げきしん) 격진. 격렬한 지진.
劇臭(げきしゅう) 극취. 매우 자극적인 냄새.
劇通(げきつう) 연극통.
劇痛(げきつう) 극통. 심한 통증〔고통〕.
劇評(げきひょう) 극평.
劇化(げきか) ①극화. ②격화(激化). *②는 げっか로도 읽음.
劇画(げきが) 극화. ①이야기에 그림을 곁들여 엮은 책. ②그림 연극.

訓読
劇しい(はげしい) 세차다. 격심하다. 잦다.

근

| 4 斤 常 | 斤 | 근 근
キン
おの |

音読
斤(きん) 근. 약 600그램.
斤量(きんりょう) 근량. 근수. 무게.
斤目(きんめ) 근수. 근량.
斤先掘り(きんさきぼり) 광업권자가 광업권의 임대 등으로 제3자에게 광물을 채굴시킴.

訓読
斤旁(おのづくり) 한자 부수의 하나: 날근.

| 7 辶 教 | 近(近) | 가까울 근
キン・コン
ちかい |

音読
近家(きんか) 근가. 근처의 집.
近刊(きんかん) 근간.
‖~予告(よこく) 근간 예고.
近距離(きんきょり) 근거리.
‖~列車(れっしゃ) 근거리 열차.
近景(きんけい) 근경.
近古(きんこ) 근고.
近郊(きんこう) 근교.
‖~農業(のうぎょう) 근교 농업.
近国(きんごく) ①근국. 가까운 나라. ②옛날, 京都(きょうと) 근방에 있던 지방들.

近今(きんこん) 요즈음. 최근.
近畿(きんき) ① 옛날, 궁성 소재지 근처의 지방. ② 京都(きょうと)・大阪(おおさか)를 중심으로 한 2부(府) 5현의 일컬음.
近年(きんねん) 근년. 근래.
近代(きんだい) 근대. 현대에 가까운 시대. ♣~劇(げき) 근대극 / ~性(せい) 근대성 / ~詩(し) 근대시 / ~人(じん) 근대인 / ~的(てき) 근대적 / ~化(か) 근대화. ‖~家族(かぞく) 근대 가족.
~建築(けんちく) 근대 건축.
~科学(かがく) 근대 과학.
~国家(こっか) 근대 국가.
~文学(ぶんがく) 근대 문학.
~社会(しゃかい) 근대 사회.
~産業(さんぎょう) 근대 산업.
~五種競技(ごしゅきょうぎ) 근대 5종 경기.
~音楽(おんがく) 근대 음악.
~組曲(くみきょく)〖樂〗 근대 모음곡.
~主義(しゅぎ) 근대주의.
近東(きんとう) 근동. 유럽에 가까운 동방의 여러 나라.
近来(きんらい) 근래. 요즘. 최근.
近流(きんる) 옛날에, 京都(きょうと)에서 가까운 지방으로 귀양 보냄.
近隣(きんりん) 근린. 가까운 이웃. *ちかどなり로도 읽음.
~公園(こうえん) 근린 공원.
~騒音(そうおん) 근린 소음.
~住区(じゅうく) 근린 주구. 주거 지역의 구성 단위로서의 구역.
近未来(きんみらい) 근미래. 현대에 가까운 미래.
近傍(きんぼう) 근방. 근처.
近辺(きんぺん) 근변. 근방. 부근.
近写(きんしゃ) 근사. 가까운 경치를〔인물을〕찍음.
近似(きんじ) 근사. 유사.
‖~計算(けいさん)〖數〗 근사 계산.
~値(ち) 근사값. 근사치.
~貨幣(かへい) 근사 화폐.
近事(きんじ) 최근에 일어난 일.
近思(きんし) 근사. 자신에 대해 반성함.
近状(きんじょう) 근상. 근황.
近世(きんせい)〖史〗 근세.
‖~文学史(ぶんがくし) 근세 문학사.
近所(きんじょ) 근처. 근방.
‖~近辺(きんぺん) 근처인 곳.
~迷惑(めいわく) 이웃에 끼치는 폐.
~騒がせ(さわがせ) 이웃 사람들에게 폐를 끼침. 또, 그런 행위.
~合壁(がっぺき)〈老〉 벽 하나를 사이에 둔 이웃.
近習(きんじゅう) 영주・군주를 가까이서 섬기는 신하.
近侍(きんじ) 근시. 시종.
近時(きんじ) 근시. 최근.
近視(きんし) 근시. 近視眼의 준말.
‖~眼(がん) 근시안. ♣~的(てき) 근시안적.

近臣(きんしん) 근신. 영주・군주를 가까이서 모시는 신하.
近信(きんしん) 근신. 근래의 소식.
近什(きんじゅう) 최근에 지은 시가・문장.
近眼(きんがん) ① 근안. 근시안. *ちかめ로도 읽음. ② 눈앞의 일밖에 모름. 또, 그런 사람. ♣~鏡(きょう) 근시경. 근시안경.
近業(きんぎょう) 근업. 최근의 일.
近縁(きんえん) 근연. 혈연이 가까움. ♣~種(しゅ) 근연종.
近詠(きんえい) 근영. 최근에 지은 시가.
近影(きんえい) 근영. 최근에 찍은 사진.
近因(きんいん) 근인. 가까운 원인.
近日(きんじつ) 근일. 근간.
‖~開店(かいてん) 근일 개점.
~点(てん)〖天〗 근일점. ♣~距離(きょり)〖天〗 근일점 거리.
近紫外線(きんしがいせん)〖理〗 근자외선.
近作(きんさく) 근작. 최근의 작품.
近在(きんざい) 도회지 가까이 있는 시골.
近著(きんちょ) 근저. 최근의 저작물.
近赤外線(きんせきがいせん)〖理〗 근적외선.
近接(きんせつ) 근접.
‖~掩護射撃(えんごしゃげき) 근접 엄호 사격.
近情(きんじょう) 근상. 근황.
近地点(きんちてん)〖天〗 근지점.
近地津波(きんちつなみ) 일본 연안 600킬로미터 이내에서 발생한 지진으로 인한 해일.
近着(きんちゃく) 근착. 최근에 도착함. 또, 그런 것.
近浅(きんせん) 근천. 비근하고 얕음.
近体(きんたい) ① 요즘 행해지는 체재〔양식〕. ② 近体詩의 준말.
‖~詩(し) 근체시. 한시(漢詩)의 율시와 절구.
近村(きんそん) 근촌. 가까운 마을.
近親(きんしん) 근친. ① 친족. ② 친한 신하. ♣~者(しゃ) 근친자.
‖~結婚(けっこん) 근친 결혼.
~相姦(そうかん) 근친 상간.
近称(きんしょう)〖文法〗 근칭.
近海(きんかい) 근해.
‖~区域(くいき) 근해 구역.
~漁業(ぎょぎょう) 근해 어업.
~航路(こうろ) 근해 항로.
近郷(きんごう) 가까운 마을. 또, 도시에 가까운 마을.
‖~近在(きんざい) 도시 가까운 마을.
近県(きんけん) 그 현(縣) 가까이 있는 현.
近火 ㈠(きんか) 근화. 가까운 곳에서 일어난 불.
‖~見舞い(みまい) 근화 위문.
㈡(ちかび) ① 불에 가까움. ② ☞㈠.
近況(きんきょう) 근황.
‖~報告(ほうこく) 근황 보고.

訓読
近しい(ちかしい) 친하다. 친밀하다.
近やか(ちかやか) 가까운 모양.

❖近い(ちかい) 가깝다. 멀지 않다.
近く(ちかく) ① 가까운 곳. ② 머지않아.
近さ(ちかさ) 가까움. 또, 그 정도.
近間(ちかま) 〈俗〉 근처. 가까운 곳.
近頃(ちかごろ) ① 최근. 요사이. ②〈老〉 매우.
近渋(ちかぢか) ① 근일. 멀지 않아. *きんきん으로도 읽음. ② 붙을 정도로 가까이. 바싹.
近寄せる(ちかよせる) 접근시키다.
近寄る(ちかよる) 접근하다.
近寄衆(ちかよりしゅう) 영주·군주를 가까이서 섬기는 신하.
近道(ちかみち) 지름길.
∥~反応(はんのう)〖心〗 목표를 향하여 직접적·충동적으로 행동하는 일.
近劣り(ちかおとり) 가까이서 보면 멀리서 보는 것보다 못해 보임.
近路(ちかみち) ⇨ 近道(ちかみち).
近目(ちかめ) ① 가까움. 또, 그 느낌. ② 근시안. 경박한 식견.
近付き(ちかづき) 친하게 교제함. 친지.
近付く(ちかづく) 접근하다. 친해지다.
近付ける(ちかづける) ① 가까이하다. ② 비슷하게 하다.
近星(ちかぼし) 달 부근에 나오는 별.
近勝り(ちかまさり) 가까이서 보면 멀리서 보다 더 낫게 보임.
近餓え(ちかがつえ) ① 식사 후에 곧 또 먹고 싶어함. 또, 그런 사람. ② 성욕이 강함. 또, 그런 사람.
近優り(ちかまさり) ⇨ 近勝り(ちかまさり).
近場(ちかば) 가까운 곳. 근처. 근방.
近惚れ(ちかぼれ) 곧 반함. 반하기 쉬움. 또, 그런 성격.
近回り(ちかまわり) ① 지름길로 감. ② 근처.

[其他]
近江(おうみ) 옛 지방의 이름. 지금의 滋賀(しが)현.
∥~商人(しょうにん) 近江 지방 출신 상인.
近衛(このえ) ① 近衛府의 준말. ② 天皇(てんのう)·군주의 측근에서 그 경호를 맡음. 또, 그 사람. ♣~兵(へい) 근위병.
∥~府(ふ) 옛날, 궁정과 天皇의 호위를 맡은 관청.
~師団(しだん) 근위 사단.

[逆音]
付近(ふきん) 부근.
接近(せっきん) 접근.

| 7 艹 入 | 芹 | 미나리 근
キン
せり |

[訓読]
芹(せり) 〖植〗 미나리.

| 9 角 | 勆 | 힘줄 근
キン
すじ |

[音読]
勆斗雲(きんとうん) '서유기'에서, 손오공이 타는 구름.

| 10 木 教 | 根 | 뿌리 근
コン
ね·ねざす |

[音読]
根幹(こんかん) 근간.
根拠(こんきょ) 근거. ♣~地(ち) 근거지.
根茎(こんけい) 〖植〗 근경. 뿌리줄기.
根競べ(こんくらべ) ⇨ 根比べ(こんくらべ).
根冠(こんかん) 〖植〗 근골무.
根管(こんかん) 〖生〗 근관. 치(歯)근관.
∥~充塡(じゅうてん) 근관 충전.
根気(こんき) 근기.
根基(こんき) 근기. 근저.
根瘤 ㊀(こんりゅう) ⇨ 根粒(こんりゅう).
㊁(ねこぶ) (소나무 등의) 밑동이 혹처럼 불거진 부분.
根粒(こんりゅう) 근류(根瘤). 뿌리혹.
∥~菌(きん) 〖植〗 근류균. 뿌리혹박테리아.
根毛(こんもう) 근모. 뿌리털.
根本 ㊀(こんぽん) 근본. ♣~悪(あく) 〖哲〗 근본악 /~的(てき) 근본적.
∥~規範(きはん) 〖法〗 근본 규범.
~問題(もんだい) 근본 문제.
~仏教(ぶっきょう) 근본 불교.
~仕出し(しだし) 신발명·신취향의 창안자.
~原理(げんり) 근본 원리.
~精神(せいしん) 근본 정신.
~主義者(しゅぎしゃ) 〖基〗 근본주의자.
㊁(ねもと) ① 뿌리. 밑. ② 근본.
㊂(ねほん) ① 関西(かんさい) 지방에서, 歌舞伎(かぶき) 각본의 정본(正本). ② 그림이 있는 각본.
根負け(こんまけ) 근기에 짐. 끈기가 딸림.
根比べ(こんくらべ) 끈기 겨루기.
根生(こんせい) 〖植〗 근생. 잎이 뿌리 부근에서 나는 일.
根性(こんじょう) 근성.
∥~骨(ぼね) 根性의 힘줌말.
~腐り(ぐされ) 양심이 마비됨. 또, 그런 사람.
根数(こんすう) 〖数〗 근수.
根圧(こんあつ) 〖植〗 근압. 뿌리압.
根葉 ㊀(こんよう) 근(생)엽. 뿌리에서 난 잎.
㊁(ねは) 뿌리와 잎. 또 마음속 깊이 뿌리 박음.
根源(こんげん) 근원.
根音(こんおん) 〖樂〗 밑음. 근음.
根因(こんいん) 근인. 근본이 되는 원인.
根底(こんてい) 근저.
根柢(こんてい) 근저(根底).
根絶(こんぜつ) 근절.
根調(こんちょう) 기조(基調). 주조류.
根足虫類(こんそくちゅうるい) 〖生〗 근족충류.
根菜類(こんさいるい) 근채류. 뿌리채소류.

根蔕(こんたい) 근체. ①뿌리와 꼭지. ②사물의 토대.
根出葉(こんしゅつよう) 〖植〗 근출엽.
根治(こんじ) 근치. ＊老人語로는 こんち.
根限り(こんかぎり) 끈기가 계속되는 한. 힘자라는 한.
根号(こんごう) 〖数〗 근호. 루트.

訓読

根 ㊀(ね) ①뿌리. ②근본. 근원. ③마음속. ④천성. 본성.
㊁(こん) ①끈기. ②〖数〗근. ③〖化〗이온이 되는 경향이 있는 기(基).
根から(ねから) ①애초부터. 나면서부터. ②《흔히 否定을 수반해서》 도무지. 전혀.
根っから(ねっから) 〈俗〉☞根から(ねから).
根強い(ねづよい) 뿌리 깊다. 꿋꿋하다.
根継ぎ(ねつぎ) ①밑이음. 기둥 밑동의 썩은 부분을 갈아 댐. ②대(代)를 이음.
根固め(ねがため) 기초를 견고히 하기 위해 자갈을 깔거나 콘크리트 시공을 하는 것.
根刮ぎ(ねこそぎ) ①뿌리째 뽑음. ②전부. 송두리째.
根掛け(ねがけ) 여자의 트레머리에 거는 굵은 끈 모양의 장식품.
根の国(ねのくに) 〈雅〉저승. 황천(黄泉).
根掘じ(ねこじ) 나무를 뿌리째 파서 뽑음.
根掘り(ねほり) 뿌리를 캠. 또, 그 도구.
∥**～葉掘り**(はほり) 시시콜콜히 캐어묻는 모양. 미주알고주알. 꼬치꼬치.
根巻き(ねまき) ①이식하는 나무의 뿌리를 새끼 따위로 둘러싸서 보호하는 일. ②☞根包み(ねづつみ).
根芹(ねぜり) 〖植〗뿌리를 먹는 미나리.
根金際(ねこんざい) 뿌리째. 몽땅.
根扱ぎ(ねこぎ) (나무나 풀 따위를) 뿌리째 뽑음. 송두리째 뽑음.
根搦み(ねがらみ) 〖建〗기둥이나 쪼구미 따위의 밑 부분을 묶어 고정시키는 가로대.
根担保(ねたんぽ) 〖法〗근담보.
根瘤病(ねこぶびょう) 〖農〗배추 등 겨잣과 야채의 뿌리가 혹모양으로 비대해지는 병.
根っ木(ねっき) 끝이 뾰족한 막대나 쇠못 따위를 서로 번갈아 땅에 꽂아 놓고 상대편 것을 쓰러뜨리는 어린이의 놀이.
根無し(ねなし) ①뿌리가 없음. 뿌리가 내리지 않음. ②소문의 출처가 확실치 않음.
∥**～葛**(かずら) 〖植〗새삼. 토사(兎絲).
～言(ごと) 뜬소문. 근거없는 말.
～草(ぐさ) ①뿌리가 땅속에 내리지 않는 풀. ②〈雅〉〖植〗개구리밥. 부평초(浮萍草). ③근거가 없는 사물(사람).
根問い(ねどい) 자세히 캐어물음. 꼬치꼬치 캐어물음.
∥**～葉問い**(はどい) 미주알고주알 캐어물음.
根抜け(ねぬけ) ①뿌리가 빠짐. ②철석함. ③도자기에서 같은 계통의 가마 안에서 가장 먼저 구워낸 것.

根方(ねかた) ①(나무의) 밑동. ②물건의 밑부분. 또 산기슭.
根保証(ねほしょう) 〖法〗근보증. 계속적인 거래에서 생기는 복수의 채무를 계속 보증하는 일.
根付き(ねつき) 뿌리내림. 뿌리 박음.
根付く(ねづく) 뿌리내리다.
根付け(ねつけ) ①江戸(えど) 시대에 남자가 담배쌈지나 지갑의 끈 끝에 달아, 허리띠에 질러서 빠지지 않게 하는 세공품. ②(빌붙어) 늘 붙어 다니는 사람.
根腐れ病(ねぐされびょう) 〖農〗뿌리썩음병. 토양의 과습(過湿)이나 부패균의 번식으로 뿌리가 썩는 병.
根分け(ねわけ) 분근(分根). 뿌리를 갈라서 이식함.
根肥(ねごえ) 'カリ肥料(ひりょう)(=칼리비료)' '基肥(もとごえ)(=밑거름)'의 딴이름.
根挿し(ねざし) 근삽법(根挿法).
根上がり(ねあがり) 뿌리가 땅 위로 드러남.
根生い(ねおい) ①(그곳에서) 태어남. ②처음부터 근무하거나 관여하고 있음. ③천성. 태생(胎生).
根石(ねいし) 〖建〗①건물 등의 초석. ②돌을 쌓는 공사에서 지면에 놓는 주춧돌.
根雪(ねゆき) 밑에 깔려 봄의 해빙시(解氷時)까지 남는 눈.
根城(ねじろ) ①본거로 삼는 성. 아성(牙城). ②(활동의) 근(본)거지.
根笹(ねざさ) 〖植〗뿌리대.
根焼き(ねやき) (기둥의) 땅속에 묻힌 부분이 썩지 않도록 표면을 태워 탄화(炭化)시킴.
根心(ねごころ) 마음의 본바탕. 마음씨.
根深(ねぶか) 〖植〗〈雅·方〉'葱(ねぎ)(=파)'의 딴이름.
∥**～汁**(じる) 파를 건더기로 한 된장국.
～葱(ねぎ) 밑동에 흰 부분이 많은 파.
根深い(ねぶかい) 뿌리(가) 깊다.
根岸(ねぎし) ①산기슭에 잇따라 펼쳐진 토지. ②질좋은 사질(砂質)의 벽토.
根魚(ねうお) (낚시에서) 암초(暗礁) 둘레에서 노는 물고기.
根曳き(ねびき) ➡ 根引き(ねびき).
根芋(ねいも) 토란의 주아(珠芽).
根元 ㊀(ねもと) ①뿌리. 밑. ②근원. 근본.
㊁(こんげん) ①근본. ②본가. 원조.
根引き(ねびき) ①뿌리째 뽑음. ②몸값을 내고 유녀(遊女)를 빼냄.
根込め(ねごめ) 뿌리째. 뿌리가 달린 채.
根っ子(ねっこ) 〈俗〉①뿌리. ②나무의 그루터기.
根帳(ねちょう) 원장(元帳). 대장(臺帳).
根抵当(ねていとう) 〖法〗근저당. ♣**～権**(けん) 근저당권.
根積み(ねづみ) 벽돌쌓기 등에서, 밑부분을 넓게 하여 상부의 무게를 분산시키는 구조.
根切り ㊀(ねきり) ①뿌리를 자르는 일. ②根切り虫의 준말. ③근절. 뿌리째 뽑음.

‖**~薬**(ぐすり) 병의 근원을 없애는 약.
~葉切り(はぎり) 이것저것. 송두리째.
~虫(むし) 농작물·묘목의 뿌리를 잘라 먹는 해충의 총칭〈거염벌레 따위〉.
㊂(ねぎり)〖建〗건물의 기초를 세우기 위해 지면에 구멍을 뚫는 것.
根絶やし(ねだやし) 근절. 뿌리째 뽑음.
根接ぎ(ねつぎ) 뿌리접(接).
根際(ねぎわ) 초목의 뿌리 근처.
根組み(ねぐみ) 흉계. 책략. 계략.
根拵え(ねごしらえ) 이식하는 나무의 뿌리를 손질하는 일.
根株(ねかぶ) ① 그루터기. ② 말뚝.
根竹(ねだけ) 대나무 밑동의 마디가 촘촘한 부분.
根差す(ねざす) 뿌리가 내리다. 뿌리 박다.
根締め(ねじめ) ① 옮겨 심은 나무 뿌리에 흙을 덮고 다짐. ②〈꽃꽂이에서〉꽂은 화초를 보다 볼품 있게 하기 위해 덧꽂는 다른 꽃이나 풀.
根太 ㊀(ねだ) 장선. 동귀틀.
‖**~板**(いた) '床板(ゆかいた)(=청널)'의 속칭.
㊁(ねぶと)〖醫〗옹(癰). 큰 종기.
根包み(ねづつみ) 기둥의 땅에 접하는 부분이 썩지않도록 그 부분을 금속으로 싸거나 페인트칠을 하는 일.
根回し(ねまわし) ① 나무의 둘레를 파고 잔가지를 쳐내는 일. ② 전하여, 사전 교섭.
根回り(ねまわり) 나무 뿌리의 둘레(에 심어 놓은 초목).
根詰まり(ねづまり) 화분 속 식물의 뿌리가 너무 무성하여 성장에 나쁜 영향을 미치는 일.

〔逆音〕
球根(きゅうこん) 구근.
鈍根(どんこん) 재치가 없고 둔함.
蓮根(れんこん) 연근. 연뿌리.

| 11 ⺾ ㊇ | 菫 | 제비꽃 근
キン
すみれ |

〔音読〕
菫外線(きんがいせん)〖理〗자외선.
菫青石(きんせいせき)〖鑛〗근청석.
〔訓読〕
菫(すみれ) ①〖植〗제비꽃. ② 菫色의 준말.
‖**~色**(いろ) 제비꽃 빛깔. 짙은 보랏빛.

| 12 力 ㊍ | 勤 (勤) | 부지런할 근
キン・ゴン
つとめる・つとまる・いそしむ |

〔音読〕
勤倹(きんけん) 근검.
‖**~尚武**(しょうぶ) 근검 상무.
~貯蓄(ちょちく) 근검 저축.
勤苦(きんく) 근고.
勤労(きんろう) 근로. ♣**~者**(しゃ) 근로자.
‖**~感謝の日**(かんしゃのひ) 근로 감사의 날(11월 23일).
~階級(かいきゅう) 근로 계급.
~所得(しょとく) 근로 소득.
勤勉(きんべん) 근면.
勤務(きんむ) 근무. ♣**~先**(さき) 근무처.
‖**~地手当**(ちてあて) 근무지 수당.
~評定(ひょうてい) 근무 평정.
勤番(きんばん) ① 교대 근무. ② 江戸(えど) 시대에, 각 영주들의 부하가 교대로 江戸에 있는 영주 저택에서 근무하던 일.
勤仕(きんし) 근사. 임무를 수행함. ＊ごんし로도 읽음.
勤続(きんぞく) 근속.
‖**~年数**(ねんすう) 근속 연수.
勤修(ごんしゅ)〖佛〗근수. 수행.
勤農(きんのう) 근농. 농사를 담당함. 근로농.
勤王(きんのう) ⇨ 勤皇(きんのう).
勤惰(きんだ) 근타. 근태(勤怠). 또, 출근과 결근. ♣**~表**(ひょう) 근태표.
勤怠(きんたい) 근태. 근면함과 태만함.
勤評(きんぴょう) 勤務評定(きんむひょうてい)의 준말.
勤学(きんがく) 근학. 열심히 학문을 닦음.
勤行(ごんぎょう)〖佛〗근행.
勤皇(きんのう) 근왕. 왕에게 충성을 다함.
‖**~攘夷**(じょうい) 근세에, 왕권의 지사(志士)가 부르짖던 왕정 복고 및 외국인 배척주의.

〔訓読〕
勤しむ(いそしむ) 부지런히 힘쓰다.
勤まる(つとまる) 근무할 수 있다. 감당해 내다.
❖**勤める**(つとめる) ① 종사하다. 근무하다. ② 역할·임무를 다하다.
勤め(つとめ) 근무함. 또, 그 일. 근무.
勤め口(つとめぐち) 직장. 근무처.
勤め上げる(つとめあげる) 〈임기나 연한을〉무사히 끝내다〔마치다〕.
勤め先(つとめさき) 근무처. 직장.
勤め人(つとめにん) 월급쟁이.
勤め向き(つとめむき) 근무에 관한 일. 근무하는 곳.

〔逆音〕
皆勤(かいきん) 개근.
欠勤(けっきん) 결근.

| 12 竹 ㊍ | 筋 | 힘줄 근
キン
すじ |

〔音読〕
筋ジストロフィー(きんジストロフィー)〖醫〗진행성 근 디스트로피.
筋覚(きんかく) 근각. 근육 감각의 준말.
筋骨 ㊀(きんこつ) 근골. 체격.
‖**~隆隆**(りゅうりゅう) 근골이 우람함.
~型(がた) 근골형. 투사형.
㊁(すじぼね) 근골. ① 힘줄과 뼈. 근육과 골격. ② 연골(軟骨).

筋斗(きんと) ① 재주넘기. 공중제비. ② (발길을) 곧 돌이킴.
筋力(きんりょく) 근력. 체력.
筋膜(きんまく)〖生〗근막.
筋無力症(きんむりょくしょう)〖醫〗근무력증.
筋紡錘(きんぼうすい)〖生〗근방추.
筋繊維(きんせんい)〖生〗근섬유.
筋細胞(きんさいぼう)〖生〗근세포.
筋炎(きんえん)〖醫〗근염. 근육의 염증.
筋原繊維(きんげんせんい)〖生〗근원섬유.
筋萎縮症(きんいしゅくしょう)〖醫〗근위축증.
筋肉 ㊀(きんにく) 근육. ♣〜質(しつ) 근육질. ‖〜感覚(かんかく) 근육 감각.
　〜労働(ろうどう) 육체 노동.
　〜運動(うんどう) 근육 운동.
　〜注射(ちゅうしゃ) 근육 주사.
㊁(すじにく) 소나 돼지의 힘줄이 모인 부위의 고기.
筋弛緩薬(きんしかんやく)〖藥〗근이완제.
筋電計(きんでんけい) 근전계.
筋電図(きんでんず)〖醫〗근전도.
筋節(きんせつ)〖生〗근절.
筋組織(きんそしき) 근조직.
筋腫(きんしゅ)〖醫〗근종.
筋質(きんしつ)〖生〗근질.
筋鞘(きんしょう)〖生〗근초.

訓読▶
筋 ㊀(すじ) ① (이야기의) 줄거리. ② 힘줄. 근육. ③ 금. 선. ④ 핏줄. 혈통. ⑤ 筋蒲鉾의 준말.
‖〜蒲鉾(かまぼこ) 뼈·껍질까지 섞어서 만든 하치 어묵.
㊁(きん) 힘줄. 근육.
筋交い(すじかい) ① 비슷함. 비슷히 교차함. ②〖建〗지주(支柱).
筋交う(すじかう) ① 비슷히 교차하다〔엇갈리다〕. ② 비슷히 마주보다.
筋筋(すじすじ) ① 많은 줄(기). 하나하나의 줄거리. ② 조목조목.
筋金(すじがね) ① (받침으로) 넣거나 끼우거나 붙이거나 하는 철근·철사 따위. ② 확고한 신념(이 있음).
‖〜入り(いり) ① (받침으로) 속에 철근·철사 따위가 들어 있음. 또, 그것. ② 확고한 신념을 지니고 있음. 또, 그 사람.
筋気(すじき) 근육이 경련을 일으키는 병.
筋道(すじみち) 사리. 조리. 절차. 순서.
筋論(すじろん) 합리적인 이론〔견해〕. 또는, 현실을 무시하고 논리에만 의존하는 견해.
筋くれ立つ(すじくれだつ) 근육〔힘줄〕이 불거짐.
筋立て(すじだて) (이야기·극의) 줄거리를 꾸미기. 얼거리 짜기.
筋目(すじめ) ① 접은 줄(금). (치마의) 주름. ② 가문. 혈통. 내력. ③ 사리. 조리.
筋目正しい(すじめただしい) 혈통이 좋음〔바름〕.

筋書き(すじがき) ① (소설·극·사건 등의) 줄거리. 경개(梗概). ② 미리 꾸며 놓은 계획.
筋屋(すじや) (철도에서) 열차 운행표를 전문으로 짜는 사람.
筋違い ㊀(すじちがい) ① 사리〔도리〕에 어긋남. ② 엉뚱함. ③ 비스듬히 교차함. ④ (관절 따위 근육의) 접질림. 삠.
㊁(すじかい) ⇨ 筋交い(すじかい).
筋違う(すじかう) ⇨ 筋交う(すじかう).
筋揉み(すじもみ) 근육을 풀기 위해 몸을 주무름. 안마(按摩).
筋子(すじこ) 연어 알젓. ＊すずこ로도 읽음.
筋張る(すじばる) ① 힘줄이 당기다. 힘줄〔혈관〕이 불거지다. ② 말투나 태도(態度)가 딱딱해지다.
筋彫り(すじぼり) 가는 선으로 나타낸 조각.
筋播き(すじまき) 조파(條播). 줄(을 따라 씨를) 뿌림.
筋合い(すじあい) ① (사물에 대한) 조리·근거·이유·도리. ②…할 처지·성질.
筋向かい(すじむかい) 비스듬히 마주 봄. 또, 그 곳.
筋向こう(すじむこう) ☞ 筋向かい(すじむかい).

逆訓▶
家筋(いえすじ) 한 집안의 혈통.
大筋(おおすじ) 요점. 대강의 줄거리.
毛筋(けすじ) ① 머리카락. ② 사소한 일.
背筋(せすじ) 등줄기. 등골.

| 13 イ | 僅 | 겨우 근
キン
わずか |

音読▶
僅僅(きんきん) 근근. 겨우. 단지.
僅少(きんしょう) 근소.
僅有(きんゆう) 아주 조금이 있음.
僅差(きんさ) 근소한 차이.

訓読▶
僅か ㊀(わずか) ① 조금. 약간. ② 겨우. 간신히.
‖〜許り(ばかり) 아주 조금.
㊁(はつか)〈古〉① 약간. ② 잠시 동안.

| 13 足 | 跟 | 발꿈치 근·뒤따를 근
コン
くびす |

音読▶
跟随(こんずい) 근수. 추종.

| 15 木 | 槿 | 무궁화나무 근
キン
むくげ・あさがお |

音読▶
槿花(きんか) 근화. ① 무궁화. ② 나팔꽃.

逆音▶
木槿(もっきん)〖植〗무궁화나무.

17 言 常	謹 (謹)	삼갈 근 キン つつしむ

音読

謹戒(きんかい) 스스로 조심하여 훈계함.
謹啓(きんけい) 근계. '삼가 아뢰옵니다'의 뜻《편지 첫머리에 쓰는 말》.
謹告(きんこく) 근고. 삼가 아룀.
謹上(きんじょう) (편지에서) 근상.
‖〜再拝(さいはい) 근상 재배.
謹書(きんしょ) 근서. 삼가 씀. 또, 그 서화.
謹選(きんせん) 근선. 정성껏 선택함.
謹承(きんしょう) 근승. 삼가 들음.
謹慎(きんしん) 근신.
謹言(きんげん) 근언. 삼가 여쭘.
謹厳(きんげん) 근엄.
‖〜実直(じっちょく) 근엄실직. 매우 진지하고 정직함.
謹呈(きんてい) 근정. 삼가 증정함.
謹製(きんせい) 근제. 삼가 만듦.
謹直(きんちょく) 근직. 근실하고 정직함.
謹撰(きんせん) 근찬. 삼가 편찬함.
謹聴(きんちょう) ①근청. 삼가 들음. ②연설 중, 경청하라는 뜻으로 지르는 고함 소리.
謹勅(きんちょく) ⇨ 謹飭(きんちょく).
謹飭(きんちょく) 신중함. 조신함.
謹賀(きんが) 근하.
‖〜新年(しんねん) 근하신년.
謹話(きんわ) 근화. 삼가 이야기함.
謹厚(きんこう) 근후. 조심스럽고 온후함.

訓読

❖謹む(つつしむ) 황공해 하다. 경의를 표하다. 「표함.
謹み(つつしみ) 삼가 황공해 함. 삼가 경의를
謹んで(つつしんで) 삼가.

20 食	饉	흉년들 근 キン

逆音

飢饉(ききん) 기근.
饑饉(ききん) ⇨ 飢饉(ききん).
凶饉(きょうきん) 흉근.

금

4 人 教	今	이제 금·곧 금 コン・キン いま

音読

今季(こんき) 현재의 계절. 이번 시즌.
今古(きんこ) 금고. 금석(今昔). 이제와 예.
今期(こんき) 금기. 이번 시기. 이번 기간.
今年度(こんねんど) 금년도.
今旦(こんたん) 금단. 오늘 아침.
今代(きんだい) 지금의 시대. 현대.
今度(こんど) ①이번. 금번. ② 이 다음.
今冬(こんとう) 금동. 금년 겨울. 올 겨울.
今来(こんらい) ①금래. 지금까지. ②지금. 현재.
今良(こんら) 律令(りつりょう)제 아래에서, 천민에서 해방되어 양민이 된 사람. ＊こんりょうろ로 읽음.
今晩(こんばん) 오늘밤.
今明(こんみょう) 금명(간).
‖〜年(ねん) 금명년. 금년과 내년. 금년이나 내년.
〜日(にち) 금명일. 오늘이나 내일.
今文(きんぶん) 금문. 고체(古體)의 한자. 한대(漢代)의 예서(隷書)를 말함. ♣〜学(がく) 금문학.
‖〜尚書(しょうしょ) 금문상서. 금문으로 쓴 서경(書經).
今般(こんぱん) 금반. 금번. 이번.
今上(きんじょう) 금상. 현재의 임금. ＊こんじょう로도 읽음.
‖〜陛下(へいか) 금상 폐하.
今生(こんじょう) 〈老〉금생. 이승.
今夕(こんゆう) 금석. 오늘 저녁. ＊こんせき로도 읽음.
今昔(こんじゃく) 금석. 지금과 옛날. ＊こんせき로도 읽음.
今世(こんせ) 금세. 현세.
今歳(こんさい) 금세. 올해.
今時 ㊀(こんじ) 금시. 지금.
㊁(いまどき) ①요즈음. 요새 세상. ②지금 쯤. 이맘때.
今我(こんが) 지금의 나. 금오(今吾).
今案(こんあん) 현재 새로 생각해낸 것. 현재 생각하고 있는 것.
‖〜意楽(いらく) 현재 자기의 생각을 만족하게 여겨 즐거워함.
今夜(こんや) 금야. 오늘 밤.
今月(こんげつ) ①금월. 이달. ②지금 비치고 있는 달.
今人(こんじん) 금인. 현대의 사람.
今日(こんにち) ①금일. 오늘. ＊きょう로도 읽음. ②오늘날. 요즘.
‖〜性(せい) 현대에 통용되는 성질.
〜様(さま) 〈老〉태양. 해님.
〜唯今(ただいま) 今(いま)의 힘줌말. 바로 지금. 지금 곧.
〜的(てき) 현대(현재)에 관한 모양.
今日は(こんにちは) 낮에 하는 인사말. 안녕하십니까.
今節(こんせつ) ①요즈음. ②(프로 야구에서) 이번 시즌.
今週(こんしゅう) 금주.
今次(こんじ) 이번. 금번.
今体(きんたい) 금체. 현재 행하여지는 체재

〔양식(樣式)〕.
今秋(こんしゅう) 금추. 올 가을.
今春(こんしゅん) 금춘. 올 봄. 금년 봄.
今夏(こんか) 금하. 올 여름.
今回(こんかい) 금회. 이번 회.
今暁(こんぎょう) 금효. 오늘 새벽.
今後(こんご) 금후. 이후.

訓読▶
今(いま) ① 지금. ② 방금. ③ 곧.
今し(いまし) 〈雅〉 지금 바로. 방금.
今しも(いましも) 바로 지금. 방금.
今でこそ(いまでこそ) (과거는 어떻든) 지금은.
今でも(いまでも) 지금[현재]도.
今に(いまに) ① 곧. 조만간. ② 멀지 않아. ③ 아직껏. 현재까지도. 「서.
今にして(いまにして) 지금 와서. 이제 와
今にも(いまにも) 이제 곧. 막. 조금 있으면.
今めかしい(いまめかしい) ① 현대풍이다. 참신하다. ② 화려하다. 화사하다.
今めかす(いまめかす) 현대풍[현대적]으로 하다.
今や(いまや) ① 이제 곧. ② 지금이야말로. ③ 이제는 이미.
〜遅(おそ)**しと** 이제나저제나 하고.
今更(いまさら) ① 《副詞로》 이제 와서. ② 《名詞로》 새삼스러움.
今頃(いまごろ) 지금쯤. ② 이제.
今宮(いまみや) ① 태어난 지 얼마 안 되는 왕자. ② 신령을 새로이 모신 신사(神社).
今の内(いまのうち) 지금.
今渡り(いまわたり) 외국에서 새로 건너옴. 또, 그 물건.
今道心(いまどうしん) 〖佛〗 금도심. 출가한 지 얼마 안 되는 사람.
今方(いまがた)〈老〉 방금. 아까.
今し方(いましがた) 방금. 이제 막.
今尚(いまなお) 지금도 여전히.
今先(いまさっき) 조금 전.
今の世(いまのよ) ① 현재. 현대. ② 당대(當代).
今少し(いますこし) 좀더.
今の所(いまのところ) 지금으로서는. 지금의 단계에서는.
今時分(いまじぶん) 〈老〉 ① 지금쯤. 이맘때. ② 이제. 요즈음.
今様(いまよう) ① 현대. 현대풍. ② 今様歌의 준말.
‖**〜歌**(うた) 平安(へいあん) 중기에 생겨 鎌倉(かまくら) 시대에 걸쳐 유행한 7·5조(調) 4구(句)의 노래.
今猶(いまなお) ⇨ 今尚
今以て(いまもって) 아직도. 지금까지도.
今一つ(いまひとつ) ① 또 하나. 하나 더. ② 완전하기에는 무언가 부족한 상태.
今一息(いまひといき) 완전하기에는 조금 부족한 상태. 조금만 더.
今程(いまほど) ① 조금 전. 방금. ② 요즈음.
今際(いまわ) 최후. 임종. 「음.
〜の際(きわ) 임종 무렵. 마지막 고비.
今川焼き(いまがわやき) 물에 갠 밀가루에 팥소를 넣고 장원형(長圓形)으로 구운 과자.
今出来(いまでき) 요즘 만들어진 (거칠고 탐탁하지 않은) 것. 「유행.
今風(いまふう) 현대의 풍속. 또, 요즈음의
今迄(いままで) 지금까지. 여태껏.

其他▶
今年(ことし) 올해. 금년. *こんねん으로도 읽음.
‖**〜米**(ごめ) 햅쌀. *ことしまい로도 읽음.
〜生い(おい) 금년에 새로 돋아난 것.
〜酒(ざけ) 햅쌀로 빚은 술.
〜竹(だけ) 금년에 새로 돋아난 대나무.
〜中(じゅう) 금년중. 올 한해 동안.
今宵(こよい) 〈雅〉 금소. 오늘 밤[저녁].
今明日(きょうあす) 오늘 내일.
今日日(きょうび) 오늘날. 요즈음. 현재.
今日此の頃(きょうこのごろ) 요즈음. 작금(昨今).
今朝(けさ) 금조. 오늘 아침. *こんちょう로도 읽음.
今朝方(けさがた) 오늘 아침께.
今朝程(けさほど) ☞ 今朝方(けさがた).

8 金 教	金	쇠 금 キン・コン かね・かな・こがね

音読▶
金 ㊀(きん) ① 금. ② 금요일. ③ '金賞(きんしょう)(=금상)'·'金(きん)メダル(=금메달)'의 준말.
㊁(かね) ① 금속. 특히, 쇠. 또, 쇠로 만든 물건. ② 금전. 돈.
㊂(かな) 《接頭語로》 ① 쇠붙이의. 철의. ② 돈의. 금전의.
㊃(ごん) 금. 주역에서, 오행(五行)의 넷째.
金ぴか(きんぴか) 〈俗〉 금빛으로 번쩍번쩍 빛날 때, 그러한 모양.
金閣(きんかく) 금각. 황금으로 장식한 아름다운 전각(殿閣).
金看板(きんかんばん) ① 파서 새긴 글자에 금박을 올린 간판. ② 세상에 자랑스럽게 선전하는 상품〔주의·사상〕 등.
金柑(きんかん) 〖植〗 금감. 금귤.
金剛(こんごう) 금강. 金剛石·金剛砂 등의 준말. ♣**〜力**(りき) 〖佛〗 금강력 / **〜砂**(しゃ) 금강사 / **〜石**(せき) 금강석.
‖**〜童子**(どうじ) 〖佛〗 금강동자.
〜不壊(ふえ) 금강불괴.
〜手(しゅ) 〖佛〗 금강수. 금강신.
〜心(しん) 금강심. 독실한 신앙심.
〜夜叉(やしゃ) 〖佛〗 금강야차.
金剛宝菩薩坐像(こんごうほうぼさつぎぞう) 금강보 보살좌상.
金坑(きんこう) 금갱. 금광.
金欠(きんけつ) 〈俗〉 돈이 몹시 달림.

金鶏(きんけい) 금계. 천상(天上)에 산다는 상상의 닭.
金庫 ㊀(きんこ) 금고.
㊁(かねぐら) ⇨ 金蔵(かねぐら).
金高(きんだか)〈口〉금액. ＊かねだかろも 읽음.
金鼓(きんこ) 금고. 꽹과리와 북.
金穀(きんこく) 금전과 곡물. 금품.
金骨(きんこつ) 금골. 여느 사람과는 다른 고귀한 풍골(風骨).
金工(きんこう) 금공. 금속 세공・공예.
金科玉条(きんかぎょくじょう) 금과옥조.
金冠(きんかん) 금관. ①금으로 된 관(冠). ②『醫』치아에 씌우는 금으로 된 모자 같은 치(義歯).
金管(きんかん) ①金管楽器의 준말. ②금속관(管).
∥〜**楽器**(がっき) 금관 악기.
金光(きんこう) 금광. 황금빛.
金光り(きんびかり) 금빛으로 빛남. 금빛.
金鉱(きんこう) 금광.
金塊(きんかい) 금괴. (정제한) 금덩이.
金口 ㊀(きんぐち) 金口タバコ의 준말. 입에 닿는 부분을 금종이로 만 궐련.
㊁(きんこう) 금구. ①훌륭한 말. ②『佛』석가의 가르침. ＊②는 こんくろも 읽음.
∥〜**木舌**(もくぜつ) ①목탁. ②금구 목설. 사람들을 가르쳐 이끄는 사람.
金句(きんく) 금구. 금언.
金釦(きんボタン) ①금단추. ②남자 대학생. 대학생복.
金甌無欠(きんおうむけつ) 금구무결. 국가가 튼튼해서 외국의 침략을 받은 적이 없음.
金券(きんけん) 금권. ①금화와 바꿀 수 있는 지폐. ②금전 대신 통용되는 증권.
金権(きんけん) 금권. 금력.
∥〜**政治**(せいじ) 금권 정치.
金闕(きんけつ) 궁성. 궁궐.
金櫃(きんき) 금궤.
金匱要略(きんきようりゃく)『册』금궤 요략. 중국 후한(後漢) 때의 장중경(張仲景)이 지었다는 의서(醫書).
金剋木(きんこくもく) 금극목. 오행의 운행에서 금은 목을 이김.
金筋(きんすじ) 금줄.
金金(きんきん) (江戸(えど) 시대의 유행어로) 옷차림이 훌륭하고 멋짐.
金器(きんき) 금기. ①황금제의 기물. ②금속으로 만든 기물.
金諾(きんだく) 확실한 승낙.
金納(きんのう) 금납. 조세・소작료 등을 돈으로 납부함.
金泥(きんでい) 금니. 아교풀로 갠 금박 가루. ＊こんでいろも 읽음.
金仏(かなぶつ) 불상. 불로불사의 영약. 묘약.
金団(きんとん) 강낭콩과 고구마를 삶아 으깨어, 밤 따위를 넣은 단 식품.
金談(きんだん) 담금. 금전에 관한 의논.

金当(きんとう) 대금의 지불, 빚의 반제 따위를 즉시 현금으로 마침.
金堂(こんどう)『佛』금당. ①본당. 대웅전. ②금박이나 금으로 꾸민 불당.
金鐺(きんこじり) 금이나 금빛 나는 금속으로 장식한 칼집의 끝.
金唐革(きんからかわ) 금니(金泥)로 여러 가지 무늬를 놓은 유피.
金台(きんだい) ①세공물에서 지금(地金)으로 금을 사용하고 있음. 또, 그것. ②황금으로 장식한 고루(高樓).
金途(きんと) 금전의 조달.
金鍍金(きんめっき) 금도금.
金刀点(きんとうてん) 서도에서, '大'자의 오른쪽 아래로 긋는 마지막 획.
金銅(こんどう) 금동. ♣〜**仏**(ぶつ) 금동불.
金鑼(きんら)『樂』금라. 중국의 금속 타악기. 나(鑼).
金蘭(きんらん) ①금란. 두터운 우정(友情). ②『植』금란초.
〜**の契り**(ちぎり) 극히 친밀한 교제.
〜**の交わり**(まじわり) 극히 친밀한 교제.
∥〜**簿**(ば) 금란부. 아주 친한 벗의 성명・주소 등을 적은 장부.
金襴(きんらん) 금란. 금실을 씨실로 하여 무늬를 놓은 화려한 비단의 일종.
金鑞(きんろう)『工』금랍.
金力(きんりょく) 금력.
金蓮歩(きんれんぽ) 연보(蓮歩). 미인의 아름다운 걸음걸이.
金蓮花(きんれんか)『植』한련(旱蓮). 금련화.
金鈴(きんれい) 금령. 금방울. 금속제 방울.
金緑色(きんりょくしょく) 금록색. 초록색으로 반사하는 금빛.
金緑石(きんりょくせき)『鑛』금록석.
金緑玉(きんりょくぎょく)『鑛』금록옥.
金縷(きんる) 금루. 황금실. 금빛 실.
金類(きんるい) 금속.
金輪 ㊀(こんりん)『佛』금륜.
∥〜**奈落**(ならく) 지하 깊은 곳.
〜**際**(ざい) 결단코. 끝까지.
㊁(かなわ) ①쇠고리. ②(화로에 박아 놓고 주전자 따위를 얹는) 삼발이.
金利(きんり) 금리. 이자. 변리.
∥〜**構造**(こうぞう) 금리 구조.
〜**生活者**(せいかつしゃ) 금리 생활자.
〜**選好**(せんこう) 금리 선호.
〜**裁定**(さいてい) 금리 재정.
〜**政策**(せいさく) 금리 정책.
金満家(きんまんか) 금만가. 재산가. 부호.
金脈(きんみゃく) ①금맥. 금줄. ②〈俗〉돈줄. 자금을 대주는 곳〔사람〕.
金目 ㊀(きんめ) ①금 또는 금화를 달[계측할] 때의 단위의 명목. ②고양이 따위의, 안구의 빛깔이 금 같음.
㊁(かねめ) ①금전으로 환산한 가치. 값. ②값나감. 값짐.
金木犀(きんもくせい)『植』금계(金桂).

金目鯛(きんめだい)〖魚〗금눈돔.
金猫(きんねこ) 江戸(えど)에서 금화 1푼을 화대로 받은 고급 매춘부.
金無垢(きんむく)〈俗〉순금. 순금제.
金文(きんぶん) 금문. 기원전 12세기~7세기 사이에 제조된 청동기에 새겨진 문자.
金紋(きんもん) 금박(金箔) 또는 금칠(金漆)로 그린 가문.
‖~紗(しゃ) 금실로 무늬를 짜 넣은 얇은 비단. ~先箱(さきばこ) 大名(だいみょう) 행렬 선두에 세워 위풍과 격식을 나타내는 금빛 가문을 그린 여행용 함.
金文字(きんもじ) 금문자. 금빛의 문자. 금니·금박·금가루 등으로 쓴 글자.
金米糖(コンペートー) 별사탕.
金箔(きんぱく) ①금박. ②실제 이상으로 잘 보이려고 하는 겉치레. ③세속적인 가치.
‖~検電器(けんでんき)〖理〗금박 검전기. 금속박 검전기.
金髪(きんぱつ) 금발.
金方(きんかた) 자본주. 출자인.
金榜(きんぼう)〖史〗금방.
金杯(きんぱい) 금배. 금잔.
金盃(きんぱい) ⇨ 金杯(きんぱい).
金帛(きんぱく) 금백. 황금과 비단.
金白檀(きんびゃくだん) 옻칠하는 방법의 하나. 전면(全面)에 금박을 놓고, 그 위에 엷게 옻칠을 함.
金碧(きんぺき) 금벽. 금빛과 청벽색.
‖~山水(さんすい)〖美〗금벽산수.
金屛風(きんびょうぶ) 금박을 한 병풍. 금빛나는 병풍.
金覆輪(きんぷくりん) 갑옷·안장·칼집 따위의 테를 금 또는 금빛 쇠붙이로 장식한 것.
金本位(きんほんい) 금본위. ♣~制(せい) 금본위 제도.
金鳳花(きんぽうげ)〖植〗미나리아재비.
金麩羅(きんぷら)〖料〗메밀가루 또는 달걀 노른자를 푼 밀가루로 옷을 입힌 튀김.
金分(きんぶん) 금분. 광석이나 합금이 함유하고 있는 순금의 비율.
金粉(きんぷん) 금분. 금가루. *きんころも 읽음.
金肥(きんぴ) 금비. 화학 비료. *かねごえ로
金比羅(こんぴら)〖佛〗금비라. 불교의 수호신으로, 일본에서는 항해의 안정을 지키는 신으로 믿고 있음.
金毘羅(こんぴら) ⇨ 金比羅(こんぴら).
金糸(きんし) 금사. 금실. ♣~雀(じゃく)〖鳥〗카나리아.
金砂(きんしゃ) 금사. ①금분. ②금박 가루. ③금빛 모래.
金紗(きんしゃ) 금사. ①금실로 무늬를 짜 넣은 얇은 비단(옷감). ②'金紗ちりめん(=가는 생사로 짜서 잔주름이 진 직물)'·'金紗お召(め)し(=염색해서 부드럽게 만든 명주실을 써서 평직(平織) 또는 문직(紋織)으로 짠 직물)'의 통칭.

金砂子(きんすなご) 금박 가루.
金山 ㊀(きんざん) ①금산. 금광. ②쇠붙이로 만든 것처럼 튼튼한 요해처. ㊁(かなやま) 광산(鑛山).
金山寺(きんざんじ) 金山寺味噌(きんざんじみそ)의 준말. 콩과 보리를 섞어 찐 다음 가지·오이 등을 넣어, 날것으로 먹는 된장.
金賞(きんしょう) 금상.
金相学(きんそうがく) 금상학. 금속 또는 합금의 조직 등을 연구하는 학문.
金色(きんいろ) 금색. 금빛. 황금빛. *きんしょく·こんじき로도 읽음.
金色世界(こんじきせかい)〖佛〗금색 세계. 극락 세계.
金生水(きんじょうすい) 금생수. 오행설에서, 금에서 수가 생함을 이름.
金書き(きんがき) 楊弓(ようきゅう)의 기량을 나타내는 말. 200개의 화살 중 150개 이상을 적중시키는 솜씨.
金石(きんせき) 금석. ♣~文(ぶん) 금석문. /~学(がく) 금석학. ~の交(まじ)わり 금석지교. 아주 굳고 변함없는 교분.
‖~併用時代(へいようじだい) 금석 병용 시대.
金仙(きんせん)〖佛〗금선. 불타의 별칭.
金扇(きんせん) 금선. 종이 바탕에 금박을 올린 부채.
金線(きんせん) 금선. 금줄. 금빛줄.
金声(きんせい) 금성. 금속제의 악기 소리.
‖~玉振(ぎょくしん) 금성옥진. 공자의 대성(大成)을 찬양하는 말.
金星 ㊀(きんせい)〖天〗금성. ㊁(きんぼし) 일본 씨름에서, 関脇(せきわけ) 이하의 씨름꾼이 横綱(よこづな)에게 이기는 일. 비유적으로, 뜻밖의 공훈.
金性 ㊀(きんしょう) 금성. ①금의 순도. ②오행의 하나. ㊁(かねしょう) ①금속의 성질. ②☞㊀
金城(きんじょう) 금성. ①대단히 견고한 성. ②성의 중심부.
‖~鉄壁(てっぺき) 금성철벽.
~湯池(とうち) 금성탕지. 난공불락의 성.
金属(きんぞく) 금속. 쇠붙이. ♣~性(せい) 금속성 /~的(てき) 금속적.
‖~間化合物(かんかごうぶつ)〖化〗금속 간 화합물.
~結合(けつごう) 금속 결합.
~鉱物(こうぶつ) 금속 광물.
~光沢(こうたく) 금속 광택.
~器時代(きじだい) 금속기 시대.
~気圧計(きあつけい) 금속 기압계.
~石鹼(せっけん) 금속 비누.
~圧力計(あつりょくけい) 금속 압력계.
~温度計(おんどけい) 금속 온도계.
~元素(げんそ)〖理〗금속 원소.
~組織学(そしきがく) 금속 조직학.
~主義(しゅぎ) 금속주의.
~疲労(ひろう) 금속 피로.

金水引(きんみずひき) ①금박을 칠한 끈. ②『植』 장미과의 여러해살이풀. 「금지.
金輸出禁止(きんゆしゅつきんし) 금 수출
金輸出解禁(きんゆしゅつかいきん) 〖經〗 금 수출 해금. 금 수출(금지)의 해제.
金蠅(きんばえ) 금승. 금파리. 쉬파리.
金時(きんとき) ①源頼光(みなもとのよりみつ)의 춧중한 네 부하 중의 한 사람인 坂田金時(さかたのきんとき). ②金時小豆의 준말. ③金時小豆를 달게 삶은 것(을 얹은 빙수). 「종.
∥~小豆(あずき) 알이 굵고 붉은 팥의 한 품
金時計(きんどけい) 금시계.
金市場(きんしじょう) 금시장.
金翅鳥(こんじちょう) 〖佛〗 금시조.
金神(こんじん) 금신. 음양가가 위하는 방위 (方位)의 신.
金鍔(きんつば) ①금 또는 금빛의 금속으로 만든 칼의 날밑. ②金鍔焼き의 준말.
∥~焼き(やき) 밀가루 반죽에 팥소를 넣고 날밑 모양으로 넓적하게 번철에 구운 과자.
金眼(きんめ) ⇨ 金目(きんめ)㊁②.
金額(きんがく) 금액.
金約款(きんやっかん) 금약관.
金魚(きんぎょ) 금어. 금붕어. ♣~鉢(ばち) 어항 / ~草(そう) 〖植〗 금어초.
∥~売り(うり) 금붕어 행상.
~藻(も) 〖植〗 이삭물수세미. 붕어마름.
金言(きんげん) 금언. ①격언. ②『佛』 석가의 (불멸의) 설법[법어].
金縁(きんぶち) 금테. 금 또는 금빛 쇠붙이로 만든 테.
金塩(きんえん) 〖化〗 금염. 염화금산나트륨의 딴이름.
金吾(きんご) '衛門府(えもんふ)(=대궐 경호길)'의 중국식 명칭.
金烏(きんう) 금오. 태양의 별칭.
∥~玉兎(ぎょくと) 금오옥토. 해와 달.
金襖(きんぶすま) 금박을 전체에 입힌 맹장지.
金玉 ㊀(きんぎょく) 금옥. 금과 옥. 귀중한
∥~糖(とう) 무·설탕·향료를 섞어서 조린 여름용 과자. 「술.
㊁(きんたま) ①〈俗〉 불알. ②금빛의 구
金曜(きんよう) 금요. 금요일.
金容(こんよう) 〖佛〗 금용.
金牛宮(きんぎゅうきゅう) 〖天〗 금우궁.
金運(きんうん) 금운. 금전면에서의 운.
金雲母(きんうんも) 〖鑛〗 금운모. 흑운모의 하나.
金円(きんえん) ①돈. ②금본위제에 의한 円(えん)의 통화.
金員(きんいん) 금원. 액금. 금전.
金位(きんい) 금위. ①금제품에 포함된 금의 순도의 등급. ②금화에서의 합금의 순도 등급.
金為替本位制(きんがわせほんいせい) 〖經〗 금환 본위제. 금핵(金核) 본위제의 하나.
金融(きんゆう) 금융. ♣~業(ぎょう) 금융업 / ~債(さい) 금융채.
∥~公庫(こうこ) 금융 공고.
~恐慌(きょうこう) 금융 공황.
~寡頭制(かとうせい) 금융 과두제. 금융 과두 지배.
~筋(すじ) (투기에서) 거액 투자 전문가.
~機関(きかん) 금융 기관.
~緊急措置令(きんきゅうそちれい) 금융 긴급 조치령.
~三法(さんぽう) 금융 삼법.
~相場(そうば) 금융 시세.
~収支(しゅうし) 금융 수지.
~市場(しじょう) 금융 시장.
~緩和(かんわ) 금융 완화.
~引き締め(ひきしめ) 금융 긴축. 통화량을 축소시켜 자금 수요를 억제함.
~資本(しほん) 금융 자본.
~資産(しさん) 금융 자산.
~自由化(じゆうか) 금융 자유화.
~政策(せいさく) 금융 정책.
~取引(とりひき) 금융 거래.
~派生商品(はせいしょうひん) 금융 파생
~逼迫(ひっぱく) 금융 핍박. 「상품.
金銀(きんぎん) 금은.
∥~複本位制(ふくほんいせい) 〖經〗 금은 복본위제.
~比価(ひか) 금과 은과의 교환 비율.
~作り(づくり) 금이나 은으로 만들거나 장식함. 장식한 칼.
~尽く(ずく) 금전의 힘으로 일을 진행함.
金隠し(きんかくし) 변기 앞쪽에 있는 가리개.
金衣(きんい) 금실이나 금박을 사용한 금빛 의복. 사치한 의복.
∥~公子(こうし) 'ウグイス(=휘파람새)'의 딴이름.
金人(きんじん) 금인. ①금으로 주조한 사람의 상. ②불상.
金印(きんいん) 금인. 황금으로 만든 인장.
金一封(きんいっぷう) 금일봉.
金子(きんす) 화폐. 금전. 돈.
金字(きんじ) 금자. 금니(金泥)로 쓴 글자. *こんじ로도 읽음. ♣~塔(とう) 금자탑.
金紫(きんし) 금자. ①금인(金印)과 자수(紫綬). ②고관.
金作り(きんづくり) 금으로 만들거나 장식함. 또, 그것.
金盞花(きんせんか) 〖植〗 금잔화.
金簪(きんかん) 금잠. 금으로 만든 비녀.
金将(きんしょう) 일본 장기 말의 하나.
金帳(きんちょう) 황금으로 장식한 아름다운 방장.
金章(きんしょう) 금장. ①훌륭한 문장. ②황금제 인장.
金張り(きんばり) 물체의 표면에 금박을 입힘. 또, 그것.
金再禁(きんさいきん) 금 해금 후, 다시 금 수출을 금지함.

金赤(きんあか) 약간 황색을 띤 선명한 적색.
金的(きんてき) ①금빛의 작은 과녁. ②모든 사람이 갈망(동경)하면서도 이룩하기 어려운 목표.
金銭(きんせん) 금전. 돈. 화폐. ♣~的(てき) 금전적.
∥~貸付業(かしつけぎょう) 금전 대부업.
~登録器(とうろくき) 금전 등록기.
~賠償(ばいしょう) 금전 배상.
~証券(しょうけん) 금전 증권.
~尽く(ずく) 모든 것을 돈으로만 해결하려는 일.
~債権信託(さいけんしんたく) 금전 채권 신탁.
~出納簿(すいとうぼ) 금전 출납부.
金殿玉楼(きんでんぎょくろう) 금전옥루. 호화찬란한 전각.
金切り(きんきり)〈俗〉거세. 불감.
∥~馬(うま) 거세한(불간) 말.
金精(きんせい) ①순수한 금. ②가을의 기운.
金製(きんせい) 금제.
金条(きんじょう) 금조. ①금줄. ②금막대.
金拵え(きんごしらえ) 금으로 만들거나 장식함. 또, 그것.
金種(きんしゅ) 금종. 화폐의 액면 금액의 차이에 따른 종류.
金座(きんざ) 江戸幕府(えどばくふ) 직할의, 금화를 만들던 관청.
金主(きんしゅ) ①전주. ②금전의 소유자. ③江戸(えど) 시대, 大名(だいみょう)에게 돈을 빌려 주던 사람.
金準備(きんじゅんび)『經』금준비. 금화 준비.
金地(きんじ) 금지. 금니(金泥)나 금박을 입힌 천이나 종이.
金紙(きんがみ) 금종이.
金地金本位制(きんじきんほんいせい)『經』금지금 본위제.
金枝玉葉(きんしぎょくよう) 금지옥엽. 황족.
∥~の御身(おんみ) 금지옥엽의 귀한 몸.
金茶(きんちゃ) ①노랑빛이 강한 밝은 다색. ②(유곽 따위의) 손님.
金釵(きんさい) 금차. 금으로 만든 비녀.
金着せ(きんきせ)〈俗〉금도금.
金錯銘鉄剣(きんさくめいてっけん) 일본 将軍(しょうぐん) 의 陵(즉)에서 출토된 철검.
金札(きんさつ) 금찰. ①금빛이 나는 패. ②江戸(えど) 시대에서 明治(めいじ) 초년에 걸쳐 영주 또는 정부가 발행한 금화 대용의 지폐.
金創(きんそう) ⇨ 金瘡(きんそう).
金瘡(きんそう) 금창. 칼·창 따위로 입은 상처.
金彩(きんだみ) 금채. 금니(金泥) 또는 금박으로 채색함. 또, 그렇게 한 것.
金策(きんさく) 돈을 마련함.
金鉄(きんてつ) 금철. 금과 철. 쇠붙이.
金秋(きんしゅう) 금추. 가을.
金側(きんがわ) ①껍데기가 금으로 된 물건. ②'金側時計(きんがわどけい)(=금시계)'의 준말.
金歯(きんば) 금니.

金鵄(きんし)(신화에서) 神武天皇(じんむてんのう)가 동정(東征)할 때 활에 앉았다는 금빛 소리개.
∥~勲章(くんしょう) 제2차 대전 때까지 무공이 뛰어난 일본 군인에게 수여되던 훈장.
金針(きんしん)〔金鍼〕.
金鍼(きんしん) ⇨ 金針(きんしん).
金秤(きんばかり) 금·은·약 따위 귀중한 것의 미소량을 다는 저울.
金打(きんちょう) 철석 같은 약속. 약속을 지킨다는 맹세의 증거로 금속제의 물건을 맞부딪던 일.
金打ち歩(きんうちぶ) 금의 유출을 막기 위하여, 은행권을 금화와 바꿀 때 징수하는 할증금.
金胎(きんたい) 칠기의 금속제의 소지(素地).
金太郎(きんたろう) ①坂田金時(さかたのきんとき)라는 전설적 영웅의 어릴 때 이름. ②얼굴이 붉고 살이 찐 아이. ③어린아이의 배두렁이.
∥~飴(あめ) 어디를 자르든 단면이 金太郎 ②의 얼굴이 나타나게 만든 가락엿.
金波(きんぱ) 금파.
∥~銀波(ぎんぱ) 금파 은파.
金牌(きんぱい) 금패. 금메달.
金平(きんぴら) ①용감하고 강한 사람. ②남자처럼 용감한 여자. ③金平牛蒡의 준말. ④金平浄瑠璃의 준말.
∥~牛蒡(ごぼう)『料』우엉을 잘게 썰어 기름에 볶고 간장 등으로 조미한 요리.
~浄瑠璃(じょうるり) 江戸(えど) 浄瑠璃의 하나.
金平価(きんへいか) 금평가. 통화 1단위마다의 금의 분량.
金品(きんぴん) 금품.
金風(きんぷう) 금풍. 가을 바람.
金解禁(きんかいきん)『經』 ☞ 金輸出解禁(きんゆしゅつかいきん).
金核本位制(きんかくほんいせい)『經』금본위 제도하에서, 대외 지불의 결제를 외국환 대신 직접 금화(金貨)로 하는 일.
金革 ㊀(きんがわ) 바탕색을 금빛으로 한 가죽.
㊁(きんかく) 금혁. ①무기와 갑주(甲冑). ②전쟁.
金現送(きんげんそう)『經』금현송. 금본위 제도하에서, 대외 지불의 결제를 외국환 대신 직접 금화(金貨)로 하는 일.
金穴(きんけつ) 금혈. ①금갱(金坑). ②부호. ③〈俗〉돈줄. 물주.
金婚式(きんこんしき) 금혼식.
金紅石(きんこうせき)『鑛』금홍석.
金花(きんか) 금화. ①황금의 꽃. 금빛 꽃. ②『植』'アキノキリンソウ(=미역취)'의 딴 이름.
金貨(きんか) 금화.
∥~準備(じゅんび) 금화 준비.
~本位制(ほんいせい) 금화 본위제.
金華(きんか) ⇨ 金花(きんか).
金環(きんかん) 금환. 금제(金製)의 고리.

금가락지. **∼食**(しょく)〖天〗금환식.
金黒(きんぐろ) 퇴주(堆朱)의 바탕이 검은 것. *きんこく로도 읽음.
金黒羽白(きんぐろはじろ)〖鳥〗댕기흰죽지와 金(ときん)(장기에서 歩(ふ)가 =졸)가 승격되어 金将(きんしょう)의 구실을 하는 것.

訓読

金鋸(かねのこぎり) 쇠톱.
金遣い(かねづかい) 돈 씀씀이.
金串(かなぐし) (생선 따위를 굽는 데 쓰는) 쇠꼬챙이.
金盥(かなだらい) 쇠〔놋〕대야.
金具(かなぐ) (기구 따위의) 쇠장식.
金掘り(かなほり) 광산에서 금·은 따위를 캐냄. 또, 그 사람.
金気㊀(かなけ) ①철분. 또, 쇳내. ②(새 솥·냄비 따위에 뜨는) 녹. 쇳녹. 쇳물. ③〈俗〉돈. 금전. *かねけ로도 읽음.
㊁(きんき) 금기. 가을철 기운〔기분〕.
金壟(かなつんぼ) 찰귀머거리.
金袋(かねぶくろ) 돈주머니.
金貸し(かねかし) 돈놀이(꾼). 대금업(자).
金頭(かながしら)〖魚〗달강어. 달궁이.
金薙(かなぐら)〖植〗한삼덩굴.
金離れ(かねばなれ) 돈 쓰는 솜씨.
金蔓(かねづる) 돈줄. 돈을 대주는 사람.
金網(かなあみ) 철망.
金売り(かねうり) ①옛날에 사금(砂金) 따위를 매매하던 장수. 금장수. ②환전상.
金蚕(かなぶん)〖蟲〗풍이.
金物(かなもの) ①철물. ☞金具(かなぐ). **∼屋**(や) 철물상. 철물전.
金縛り(かなしばり) ①(쇠사슬·철사로 묶듯이) 단단히 묶음. ②〈俗〉돈으로 자유를 속박함.
金棒(かなぼう) ①쇠몽둥이. 철장(鐵杖). ②(기계 체조에서 쓰는) 철봉.
‖**∼引き**(ひき) 허풍 떨고 돌아다니는 사람. 소문을 퍼뜨리고 다니는 사람.
金敷(かなしき) 모루.
金付け石(かねつけいし) 시금석. 층샛돌.
金仏(かなぶつ) ①금불. 금부처. 금속제 불상. *かなぼとけ로도 읽음. ②몹시 냉정한〔차가운〕사람.
金箆(かなべら) ①쇠주걱. ②흙손.
金轡(かなぐつわ) 쇠재갈. *かねぐつわ로도 읽음.
∼をはめる 입막음으로 뇌물을 주다.
金蛇(かなへび)〖動〗장지뱀.
金渋(かなしぶ) 쇳녹물.
金床(かなとこ) ☞金敷(かなしき).
‖**∼雲**(ぐも) 여름철에 모루 모양으로 피어 오르는 소나기구름.
金箱(かねばこ) ①돈궤. 금고. ②수입원(源)이 되는 사람. 돈줄.
金商人(かねあきゅうど) ☞金売り(かねうり). *かねあきびと로도 읽음.
金屑(かなくず) 철설(鐵屑). 쇠부스러기.

金屎(かなくそ) ①쇠의 녹. 철수(鐵銹). 광재(鑛滓). ③물기가 묻어 눅눅한 철설(鐵屑). *かなぐそ로도 읽음.
金余り(かねあまり) (쓸데가 없어) 돈이 남아돎.
金蔵(かねぐら) 전주(錢主). 자본주.
金入れ(かねいれ) ①(돈)지갑. ②돈을 넣어 두는 곳〔물건〕.
金杓子(かなじゃくし) 금속제 국자. 쇠국자.
金蔵(かねぐら) ①금고. 돈이나 보물을 넣어 두는 창고. ②돈구멍. 돈줄.
金箸(かなばし) (대장간에서 쇠붙이를 집는) 큰 집게.
金儲け(かねもうけ) 돈벌이.
金切り声(かなきりごえ) (여자의) 새된 목소리. 째지는〔외마디〕소리.
金釘(かなくぎ) 쇠못.
‖**∼流**(りゅう) 서툰 글씨를〔한 유파(流派)처럼 빗대어〕조롱하는 말.
金繰り(かねぐり) 돈의 융통. 돈 마련.
金持ち(かねもち) 부자. 재산가.
金尽く(かねずく) 돈의 힘으로 일을 처리함.
金尽くめ(かねずくめ) ☞金尽く(かねずく).
金錆(かなさび) 녹. 철수(鐵銹).
金請け(かねうけ) 빚 보증인.
金吹き(かねふき) ①야금(冶金)하는 사람. ②화폐 주조(자).
金臭い(かなくさい) (물 따위가) 쇳내 나다.
金槌(かなづち) ①쇠망치. ②〈俗〉헤엄을 조금도 못 침. 또, 그런 사람.
‖**∼頭**(あたま) 돌대가리. 완고하고 융통성이 없는 머리.
金親(かねおや) 전주(錢主). 자본주.
金貝(かながい) 蒔絵(まきえ) 등에 붙이는 금·은·동·주석 등의 얇은 조각.
金偏(かねへん) ①한자 부수의 하나: 쇠금변. ②〈俗〉금속에 관계가 있는 산업〔제철업·광산업 따위〕.
‖**∼景気**(けいき) 철강·금속·광산업 등의 경기〔한국 전쟁으로 인한 특수 경기를 누리던 때의 유행어〕.
金鋏(かなばさみ) ①금속판을 자르는 가위. 양철가위. ②부집게.
金型(かながた) 금형. 금속제 거푸집. *かねがた로도 읽음.
‖**∼産業**(さんぎょう) 금형 산업.
金壺(かなつぼ) 쇠 단지〔항아리〕.
‖**∼眼**(まなこ) 옴팡눈.
金火箸(かなひばし) 부젓가락《철골에도 비유됨》.
金回り(かねまわり) ①돈의 유통. 금융. ②주머니 형편. 수입 형편. 재정 상태.
金詰まり(かねづまり) 돈의 융통이 막힘. 자금 딸림.

其他

金巾(カナキン) 카네킨. 옥양목. *カネキン으로도 읽음.
金縷梅(まんさく)〖植〗 금루매. 조롱나무.
金糸雀(カナリア)〖鳥〗 금사작. 카나리아.
金海鼠(きんこ)〖動〗 금해서. 광삼(光蔘).
金花虫(はむし)〖蟲〗 금화충. 잎벌레.

9 衤(人)	衿	옷깃 금 キン えり

音読
衿帯(きんたい) 금대. ① 깃과 띠. ② 자연의 요해.

訓読
衿(えり) ① 옷깃. 동정. 칼라. ② 목덜미.
衿元(えりもと) 옷깃 언저리. 목 언저리.

10 衣	衾	이불 금 キン ふすま

音読
衾褥(きんじょく) 금욕. 이불과 요.

訓読
衾(ふすま) 〈雅〉 이불.
‖ **~雪**(ゆき) 온통 하얗게 내려 쌓인 눈.

12 王 常	琴	거문고 금 キン・ゴン こと

音読
琴歌(きんか) 금가. 거문고〔현악기〕에 맞추어서 부르는 노래. *ことうたろも 읽음.
琴曲(きんきょく) 금곡. 거문고의 가곡.
琴の琴(きんのこと) 〈雅〉 칠현금(七絃琴).
琴棋(きんき) 금기. 칠현금과 바둑. *きんきご로도 읽음.
‖ **~書画**(しょが) 금기서화《고래의 네 가지 예능》.
琴碁(きんき) ⇨ 琴棋(きんき).
琴書(きんしょ) 금서. 칠현금과 서적. 음악과 독서.
琴線(きんせん) 금선. ① 거문고의 줄. ② 마음속 깊이 간직한 진정.
琴瑟(きんしつ) 금슬.
~相和(あいわ)**す** 금슬이 좋다.

訓読
琴 ㊀(こと) 거문고.
　　㊁(きん) 칠현금.
琴頭(ことがみ) 거문고의 두부(頭部).
琴尾(ことじり) 거문고류(類)의 끝부분.
琴糸(こいいと) 거문고의 현(絃).
琴師(ことし) ① 거문고・비파 등의 제조・수리를 업으로 하는 사람. ② 직업적인 거문고 연주가.
琴の緒(ことのお) 거문고 줄. 금현(琴弦).
琴軋(ことさき) 일본 육현금의 발목(撥木).
琴笛(ことふえ) 거문고와 피리. 관현(管絃).
琴爪(ことつめ) 가조각(假爪角). 비파 따위를 탈 때 손톱에 끼는 깍지.
琴座(ことざ) 〖天〗 거문고자리. 　　　　「발.
琴柱(ことじ) 거문고의 안족(雁足). 기러기

‖ **~棒**(ぼう) 긴 막대 끝에 U자 모양의 쇠를 꽂은 무기. 江戸(えど) 시대에 범인을 잡기 위해 사용한 도구.
琴後(ことじり) ⇨ 琴尾(ことじり).

13 示 教	禁	금할 금 キン とどめる

音読
禁(きん) 금령.
~を犯(おか)**す** 금령을 어기다.
禁じる(きんじる) ⇨ 禁ずる(きんずる).
禁ずる(きんずる) 금하다.
禁戒(きんかい) 금계.
禁固(きんこ) 〖法〗 금고(禁錮). ♣ **~刑**(けい) 금고형.
禁錮(きんこ) ⇨ 禁固(きんこ).
禁教(きんきょう) 금교. 그 나라에서 그 당시 포교를 금했던 종교.
禁句(きんく) 금구. ① 和歌(わか)나 俳諧(はいかい) 등에서 피하기로 한 말이나 구절. ② 특정한 사람의 감정을 상하지 않도록 특히 삼가야 하는 어구.
禁軍(きんぐん) 금군. 금위군.
禁闕(きんけつ) 금궐. 궁궐. 궁문.
禁忌(きんき) 금기.
禁内(きんだい) 금내. 궁중. 금중.
禁断(きんだん) 금단. 금제(禁制).
‖ **~の木**(こ)**の実**(み) 금단의 열매.
~症状(しょうじょう) 〖醫〗 금단 증상〔현상〕.
禁痰(きんたん) 금담. 가래침 뱉는 것을 금.
禁帯出(きんたいしゅつ) (비치된 도서 따위를) 가지고 나가는 것을 금함.
禁じ得ない(きんじえない) 금할 길이 없다. 금할 수가 없다.
禁猟(きんりょう) 금렵. 사냥을 금함.
禁令(きんれい) 금령. 금하는 명령.
禁裡(きんり) ⇨ 禁裏(きんり).
禁裏(きんり) 금리. 궁중. 궁궐.
‖ **~様**(さま) 옛날에 天皇(てんのう)를 일컫던 말. 　　　　　　　　　　　　　　「궐.
禁門(きんもん) 금문. 궁궐의 문. 전하여, 궁
禁物(きんもつ) 금물.
禁反言(きんはんげん) 〖法〗 금반언.
禁防(きんぼう) 금방. 훈계하여 방지함.
禁伐(きんばつ) 금벌. 벌목을 금함.
禁法(きんぽう) 금법. 금지하는 법령. 금령.
禁秘(きんぴ) 금비. ① 비밀로 하여 알리지 않음. ② 궁중 안의 비밀.
禁色(きんじき) 금색. 옛날, 위계(位階)에 따라 사용이 금지된 옷 빛깔.
‖ **~宣下**(せんげ) 금색을 사용함을 허가하는 선지를 내림.
禁書(きんしょ) 금서.
禁城(きんじょう) 금성. 궁성. 궁궐.
禁手(きんて) ☞ 禁じ手(きんじて).

禁じ手(きんじて) 씨름이나 장기에서, 써서는 안 되는 기술과 수.
禁輸(きんゆ) 금수. 수출입의 금지.
禁遏(きんあつ) 금알. 눌러서 못 하게 함. 금지하여 못하게 함.
禁圧(きんあつ) 금압.
禁掖(きんえき) 금액. 천자의 어소. 궁정.
禁野(きんや) 天皇(てんのう)의 사냥터로, 일반인의 사냥을 금하는 곳.
禁漁(きんりょう) 금어. *きんぎょ로도 읽음. ♣~区(く) 금어구/~期(き) 금어기.
禁域(きんいき) 금역. 들어가서는 안 되는 구역.
禁烟(きんえん) ⇨ 禁煙(きんえん).
禁煙(きんえん) 금연.
‖ ~区間(くかん) 금연 구간.
禁厭(きんえん) 금염. 주술(呪術).
禁泳(きんえい) 금영. 수영을 금함.
禁獄(きんごく) 금옥. 감옥에 가두어 둠.
禁欲(きんよく) 금욕.
‖ ~主義(しゅぎ) 금욕주의.
禁慾(きんよく) ⇨ 禁欲(きんよく).
禁苑(きんえん) ⇨ 禁園(きんえん).
禁園(きんえん) 금원. ① 들어가서는 안 되는 정원. ② 비원.
禁衛(きんえい) 금위. 궁성의 수호. 또, 수호하는 사람. ♣~隊(たい) 금위대.
禁転(きんてん)〖經〗금전.
‖ ~手形(てがた) 금전 어음. 발행인 또는 배서인에 의해 배서 양도가 금지된 어음.
禁転載(きんてんさい) 금전재. 신문이나 잡지·서적 등에 실린 기사(記事)의 무단(無斷) 전재를 금함.
禁絶(きんぜつ) 금절. 금하여 끊음.
禁廷(きんてい) 궁중. 궁궐.
禁庭(きんてい) 궁중의 정원. 비원.
禁制(きんせい) 금제. ♣~線(せん)〖理〗금지선/~品(ひん)〖法〗금제품〔물〕.
‖ ~原理(げんり)〖理〗파울리의 원리. 파울리의 금제율(禁制律).
禁足(きんそく) 금족. ♣~令(れい) 금족령.
禁鳥(きんちょう) 금조. 보호조.
禁呪(きんじゅ) 주술. 주문.
禁酒(きんしゅ) 금주. ♣~法(ほう) 금주법.
‖ ~禁煙(きんえん) 금주 금연.
禁中(きんちゅう) 금중. 궁중. 궁궐.
禁止(きんし) 금지. ♣~法(ほう) 금지법.
‖ ~税(ぜい) ☞ 禁止의関税.
~鳥(ちょう) 금조. 잡지 못하게 된 새.
~的関税(てきかんぜい) 금지적 관세.
禁札(きんさつ) 금지하는 사항을 쓴 푯말.
禁治産(きんちさん)〖法〗금치산. *きんじさん으로도 읽음. ♣~者(しゃ) 금치산자.
禁則(きんそく) 금칙. 금하는 규칙.
‖ ~処理(しょり)〖컴〗금칙 처리.
禁河(きんが) 금하. 일반인의 고기잡이를 금한 강.
禁火(きんか) 금화. 불을 피우는 것을 금함.

13
内
禽
날짐승 금
キン
とり

音読
禽竜(きんりゅう)〖動〗금룡. 이구아노돈《초식 공룡의 한 가지》.
禽舎(きんしゃ) 금사. 조류의 집.
禽獣(きんじゅう) 금수.
禽鳥(きんちょう) 금조. 날짐승.

16
口
噤
입다물 금
キン
つぐむ

訓読
噤む(つぐむ) 입을 다물다. 말하지 않다.

16
扌
擒
사로잡을 금
キン
とりこ

音読
擒縦(きんしょう) 금종. 사로잡음과 놓아 줌. 자유롭게 다룸. *きんじゅう로도 읽음.
‖ ~自在(じざい) 금종자재.

訓読
擒(とりこ) 포로.

16
金
錦
비단 금
キン
にしき

音読
錦鶏(きんけい)〖鳥〗금계. 꿩과의 새.
錦旗(きんき) 빨간 비단에 달·해를 그린 天皇(てんのう)의 기.
錦綺(きんき) 금기. 비단과 능직. 아름다운 옷.
錦嚢(きんのう) ① 금낭. 비단으로 만든 주머니. ② 시가의 초고를 넣는 주머니.
錦糸(きんし) 금사. 비단실.
錦紗(きんしゃ) 금실로 무늬를 짜 넣은 얇은 비단〔옷감〕.
錦上(きんじょう) 금상. 비단 위.
錦色(きんしょく) 비단과 같은 아름다운 색.
錦繍(きんしゅう) 금수. ① 비단과 수. ② 호화찬란한 사물〔시가〕. ③ 단풍의 비유.
錦心(きんしん) 비단처럼 아름다운 마음.
‖ ~繍口(しゅうこう) 뛰어난 시문의 재능.
錦窯(きんがま) 가마의 하나. 직접 불이 기물에 닿지 않도록 2중 구조로 되어 있음. *にしきがまろ도 읽음.
錦衣(きんい) 금의. 비단옷.
‖ ~玉食(ぎょくしょく) 금의옥식. 아름다운 옷과 훌륭한 음식.
~行(こう) 금의행. 부귀해져서 고향에 돌아감. 금의환향.

襟・及・扱

錦帳(きんちょう) 금장. 비단으로 짠 방장.
錦切れ(きんぎれ) ①비단 조각. ②明治(めいじ) 유신(維新) 당시의 관군.
錦地(きんち) ①(편지 따위에서) 금지. 귀지(貴地). ②아름다운 고장.
錦秋(きんしゅう) 단풍이 든 아름다운 가을.
錦袍(きんぽう) 금포. 비단으로 만든 저고리.
錦華鳥(きんかちょう) 〖鳥〗 금화조.
錦(にしき) 비단. 아름답고 훌륭한 것.
　~を飾(かざ)る 비단옷을 입다. 금의환향하다.
錦綾(にしきあや) 비단과 능직물.
錦鯉(にしきごい) 〖魚〗 비단잉어.
錦木(にしきぎ) 〖植〗 화살나무.
錦蛇(にしきへび) ①〖動〗 비단뱀. ②율모기.
錦の御旗(にしきのみはた) ①관군(官軍)의 표시인, 붉은 비단 기. ②〈俗〉 아무도 반대할 수 없는 대의명분.
錦鳥(にしきどり) 錦鶏(きんけい)의 딴이름.
錦草(にしきそう) 〖植〗 땅빈대.
錦貝(にしきがい) 〖貝〗 비단가리비.
錦絵(にしきえ) 풍속화를 색도 인쇄한 목판화.

襟

깃 금
キン
えり

[音読]
襟帯(きんたい) 금대. ①깃과 띠. ②자연의 요해(要害).
襟度(きんど) 금도. 도량. 아량.
襟懐(きんかい) 금회. 가슴 속에 품고 있는 회포.

[訓読]
襟(えり) ①옷깃. 동정. 칼라. ②목덜미.
襟刳り(えりぐり) 목둘레를 판 의복의 선. 네크라인.
襟垢(えりあか) 옷깃의 때.
襟巻き(えりまき) 목도리.
襟裏(えりうら) 〖裁〗 겹옷의 안깃.
襟髪(えりがみ) 목덜미의 머리털.
襟白粉(えりおしろい) 목덜미에서 어깨에 걸쳐 바르는 분.
襟先(えりさき) 옷깃의 하단.
襟首(えりくび) 목덜미.
襟飾り(えりかざり) 양복 깃이나 깃 언저리에 다는 장식.
襟芯(えりしん) 깃심. 깃 속에 넣는 빳빳한 천〔심〕.
襟腰(えりこし) (양재에서) 깃 중에서 목 둘레의 세운 부분.
襟元(えりもと) 옷깃 언저리. 목 언저리.
襟足(えりあし) 목덜미의 머리털이 난 언저리.
襟章(えりしょう) 금장. 양복의 옷깃에 다는 휘장(徽章).

及

미칠 급·및 급
キュウ
およぶ・および・およぼす

[音読]
及落(きゅうらく) 급락. 급제와 낙제. 합격과 불합격.
　~会議(かいぎ) 급락(을 판정하는) 회의.
及門(きゅうもん) 급문. 스승의 집 문에 옴. 제자.
及第(きゅうだい) 급제.

[訓読]
及ばず(およばず) …할 필요는 없다.
及ばない(およばない) ①못 당하다. 못 미치다. ②돌이킬 수 없다.
及ぼす(およぼす) 미치게 하다.
及ばず乍ら(およばずながら) 미흡하나마. 불충분하나마.
❖及ぶ(およぶ) ①이르다. 미치다. ②최후의 단계가 되다.
及び(および) 및.
及びもつかない(およびもつかない) 도저히 못 미치다. 어림도 없다.
及び難い(およびがたい) 따를 수 없다. 당하지 못하다.
及び腰(およびごし) 엉거주춤한 자세·태도.

[其他]
及かず(しかず) 미치지〔따르지〕 못하다. (하느니) 만 못하다.
及く(しく) 〈雅〉 미치다. 필적하다.

扱

취급할 급
キュウ・ソウ
あつかう・こく・しごく

[訓読]
❖扱う(あつかう) ①다루다. 취급하다. ②대우하다. ③중재하다.
扱い(あつかい) ①취급. ②대우. 접대.
❖扱く ㊀(しごく) ①훑다. (훑듯이) 바싹 당기다. ②〈俗〉 (운동부 등에서) 훈련을 심하게 시키다.
　㊁(こく) 훑다.
扱き(しごき) ①(앞으로) 잡아당김. 훑음. ②扱き帯의 준말. ③(운동부 등의) 몹시 심한 훈련〔기합〕.
　~帯(おび) 한 폭의 옷감을 적당히 잘라 그대로 여자의 허리띠로 하는 것.
扱き落とす(しごきおとす) 훑어〔문질러〕 떨어뜨리다. 훑어 내리다.
扱き使う(こきつかう) 혹사하다.
扱き上げ(こきあげ) 벼훑기를 마침. 또, 그때 하는 잔치.

扱き箸(こきばし) 벼훑이. 탈곡 기구의 하나. 대나무 두 개 사이로 벼이삭을 끼워서 이를 훑어내는 원시적인 것.
扱き竹(こきだけ) ☞扱き箸(こきばし).
扱き取る(こきとる) 훑어서 뽑다. 잡아 뽑다.
扱き下ろす(こきおろす) ① (결점을 들어) 깎아 내리다. 헐뜯다. ② 훑어 떨어뜨리다. 훑어 내리다.
扱き混ぜる(こきまぜる) (휘저어) 뒤섞다. 혼합하다.

[其他]
扱ぐ(こぐ) 뿌리째 뽑다. 뿌리 뽑다.

7 山	岌	산높을 급 キュウ たかい

[音読]
岌岌(きゅうきゅう) 급급. ① (산이) 높은 모양. ② 위태로운 모양.

7 氵	汲	길을 급 キュウ くむ

[音読]
汲汲(きゅうきゅう) 급급함.
汲水(きゅうすい) 급수. 물을 길어 올림.
[訓読]
❖汲む(くむ) 푸다. 퍼 올리다.
汲み干す(くみほす) 몽땅 퍼 내다. 몽땅 길어 내다.
汲み乾す(くみほす) ⇨ 汲み干す(くみほす)
汲み立て(くみたて) 지금 막 푼 것. 방금 길은 것.
汲み分ける(くみわける) ① 몇 번에 나누어 푸다. ② 퍼서 나누다. ③ 참작하다. 이해하다.
汲み上げる(くみあげる) ① 퍼 올리다. ② 다 퍼 버리다. ③ 말단·하부의 의견을 중앙·상부에서 받아들이다.
汲み入れる(くみいれる) ① 퍼 넣다. ② 참작하다.
汲み込む(くみこむ) 퍼 넣다. 길어 넣다.
汲み知る(くみしる) 상대의 마음을 헤아리다.
汲み出し(くみだし) ① 퍼 냄. ② 汲み出し 茶碗의 준말.
‖~茶碗(ぢゃわん) '番茶(ばんちゃ)(=햇길 엽차)'를 마시기 위한 큰 찻잔.
汲み出す(くみだす) 퍼 내다. 길어 내다.
汲み取り(くみとり) ① 퍼 냄. 길어 냄. ② 변소 치기. 변소 치는 사람.
‖~口(ぐち) 변소 치는 구멍.
汲み取る(くみとる) ① (물·액체를) 퍼 내다. ② 짐작하다. 이해하다.
汲み置き(くみおき) 미리 길어 놓음.

9 心 [教]	急(急)	급할 급·서두를 급 キュウ いそぐ・せく

[音読]
急(きゅう) ① 위급. 긴급. ② 불의. 돌연. ③ 빠른 모양. ④ 경사가 가파르거나 굴곡이 심한 모양. ⑤ 성급함.
急減(きゅうげん) 급감.
急降下(きゅうこうか) 급강하.
急遽(きゅうきょ) 급거. 갑작스럽게.
急激(きゅうげき) 급격.
急驚風(きゅうきょうふう) 〖漢醫〗 급경풍. 어린이의 급성 뇌막염.
急啓(きゅうけい) 급계. 편지 첫머리에 쓰며, '급히 말씀드립니다'의 뜻.
急告(きゅうこく) 급고. 급히 알림.
急勾配(きゅうこうばい) 급구배. 급경사.
急劇(きゅうげき) 급격(急激).
急急如律令(きゅうきゅうにょりつりょう) 중국 고문서(古文書)의 용어로, 시급히 율령같이 하라는 뜻《후일, 음양가 등의 주문으로 쓰임》.
急難(きゅうなん) 급난. 갑작스런 재난.
急湍(きゅうたん) 급단. 물살이 빠른 여울.
急談(きゅうだん) 급담. 급한 이야기.
急登(きゅうとう) 급등. 등산에서, 가파른 사면(斜面)을 오름. 또, 그 길.
急騰(きゅうとう) 급등.
急落(きゅうらく) 급락. 폭락.
急冷(きゅうれい) 급랭.
急雷(きゅうらい) 갑자기 울리는 천둥.
急流(きゅうりゅう) 급류.
急命(きゅうめい) 급명. 긴급 명령.
急募(きゅうぼ) 급모.
急務(きゅうむ) 급무. 급선무.
急の舞(きゅうのまい) 能(のう)에서, 가장 템포가 빠른 춤.
急迫(きゅうはく) 급박. 절박.
急変(きゅうへん) 급변. ① 돌발 사고. 급한 변고. ② 갑자기 달라짐.
急病(きゅうびょう) 급병. 급환.
急歩(きゅうほ) 급보. ① 빠른 걸음. ② 경보(競歩) 경기에서, 규칙으로 정해져 있는 보법.
急報(きゅうほう) 급보.
急死(きゅうし) 급사.
急使(きゅうし) 급사. 급한 심부름(을 하는 사람).
急事(きゅうじ) 급사. 갑자기 일어난 사건. 시급을 요하는 사항.
急駛(きゅうし) 빠르게 나아감.
急斜面(きゅうしゃめん) 급사면. 급경사면.
急霰(きゅうさん) 급산. 갑자기 쏟아지는 싸라기눈. 또, 그 소리.
急書(きゅうしょ) 급서. 급한 편지.
急逝(きゅうせい) 급서.
急先鋒(きゅうせんぽう) 급선봉.

急設(きゅうせつ) 급설. 급히 서둘러 설치함.
急性(きゅうせい) 급성.
∥～肝炎(かんえん)〖醫〗급성 간염.
～放射能症(ほうしゃのうしょう)〖醫〗 급성 방사능증.
～伝染病(でんせんびょう) 급성 전염병.
～中毒(ちゅうどく)〖醫〗급성 중독.
～灰白髄炎(かいはくずいえん)〖醫〗급성 회백수염. 소아마비.
急所(きゅうしょ) 급소.
急速(きゅうそく) 급속.
急送(きゅうそう) 급송.
急須(きゅうす) 차를 따르는, 손잡이가 달린 사기그릇.
急襲(きゅうしゅう) 급습.
急昇(きゅうしょう) 급승. 급상승.
急伸(きゅうしん) 급성장.
急信(きゅうしん) 급신. 급한 편지.
急用(きゅうよう) 급용. 급한 볼일.
急雨(きゅうう) 급우. 급히 퍼붓는 비. 소나기.
急場(きゅうば) 절박한 경우.
∥～凌ぎ(しのぎ) (급한 대로의) 임시 변통.
急転(きゅうてん) 급전. 급변.
∥～直下(ちょっか) 급전직하.
急戦(きゅうせん) 급전. 갑자기 싸움이 격렬해짐.
急電(きゅうでん) 급전. 지급 전보.
急切(きゅうせつ) 급절. 매우 절박함.
急造(きゅうぞう) 급조.
急潮(きゅうちょう) 급조. 빠른 조류.
急調(きゅうちょう) 빠른 박자[템포].
急躁(きゅうそう) 급증. 조급.
急調子(きゅうちょうし) ☞急調(きゅうちょう).
急拵え(きゅうごしらえ) 급조. 급히 만듦. 또, 그 만든 것.
急峻(きゅうしゅん) 급준. 가파르고 험준함.
急症(きゅうしょう) 급증. 급병.
急増(きゅうぞう) 급증.
急進(きゅうしん) 급진. ♣～的(てき) 급진적.
∥～主義(しゅぎ) 급진주의.
急診(きゅうしん) 급진. 급히 진료함.
急進展(きゅうしんてん) 급진전.
急追(きゅうつい) 급추. 도망 가는 사람을 급히 쫓음.
急派(きゅうは) 급파.
急坂(きゅうはん) 가파른 언덕.
急便(きゅうびん) 급편. 지급의 통신·운송.
急行(きゅうこう) 급행. ♣～券(けん) 급행권.
∥～列車(れっしゃ) 급행 열차.
急行軍(きゅうこうぐん) 급행군. 강행군.
急火 ㊀(きゅうび) 급화. ① 갑자기 타오르는 불. ② 화력이 센 불.
㊁(きゅうか) ① 갑자기 일어난 맹렬한 불. ② 근처에서 일어난 불.
急患(きゅうかん) 급환. 급병에 걸린 환자. 위급한 환자.

〖訓読〗
急かす(せかす) ☞急かせる(せかせる).
急がす(いそがす) 재촉하다. 죄어치다.
急かせる(せかせる) 재촉하다. 서두르게 하다.
急がせる(いそがせる) ☞急がす(いそがす).
❖急く(せく) ① 조급히 굴다. 서두르다. 안달하다. ② 급해지다. 심해지다.
急き来る(せきくる) (감정 등이) 복받치다.
急き立つ(せきたつ) 안달하다. 서둘다.
急き立てる(せきたてる) 재촉하다. 독촉하다. 다그치다.
急き心(せきごころ) 조급히 서두르는 마음.
急き込む(せきこむ) 조급히 굴다. 안달하다.
急き切る(せききる) 조급하여 안달하다.
❖急ぐ(いそぐ) ① (일을) 서두르다. ② (걸음을) 재촉하다.
急ぎ(いそぎ) ① 급함. 화급(火急). ② 급히. 서둘러.
急ぎ物(いそぎもの) 급한 주문·일.
急ぎ足(いそぎあし) 급한 걸음. 빠른 걸음.

〖其他〗
急度(きっと) 꼭. 반드시.

| 9 糸 ㉘ | 級(級) | 등급 급 キュウ しな |

〖音読〗
級(きゅう) 급. 단계. 정도. 등급.
級数(きゅうすう)〖數〗급수. ♣～的(てき) 급수적.
級友(きゅうゆう) 급우.
級長(きゅうちょう) 급장. 반장.

| 10 竹 | 笈 | 책상자 급 キュウ おい |

〖訓読〗
笈(おい) 수도자·행각승 등이 불구(佛具)·의류·식기·책 등을 넣어 짊어지고 다니던 궤. ＊きゅう라고도 함.
笈摺(おいずり) 순례자들이 옷 위에 덧입는 소매 없는 羽織(はおり) 비슷한 얇은 옷.

| 12 糸 ㉘ | 給 | 넉넉할 급·줄 급 キュウ たまう·たまわる |

〖音読〗
給する(きゅうする) 지급(支給)하다. 주다. 공급하다.
給金(きゅうきん) 급금. 급료(給料)(로서 내어주는 돈).
∥～相撲(ずもう) (씨름에서) 그 판에서 이기면 승급(昇給)하게 되어 있는 대진.
～直し(なおし) 씨름꾼이 그 대회에서 반 이

給気(きゅうき) 급기. 내부에 공기를 보냄.
給料(きゅうりょう) 급료.
給排水(きゅうはいすい) 급배수. 급수와 배「수.
給付(きゅうふ) 급부.
‖~訴訟(そしょう) 급부 소송.
 ~判決(はんけつ) 급부 판결.
 ~行政(ぎょうせい) 급부 행정.
給分(きゅうぶん) 급료.
給費(きゅうひ) 급비. 비용, 특히 학비를 지급함. ♣~生(せい) 급비생.
給仕(きゅうじ) ①(연회석 등에서) 식사 시중을 듦. 또, 드는 사람. ②(전에, 회사·학교 등의) 급사. 사환.
給桑(きゅうそう) 급상. 누에에 뽕잎을 줌.
給水(きゅうすい) 급수. ♣~管(かん) 급수관/~船(せん) 급수선/~車(しゃ) 급수차/~塔(とう) 급수탑.
‖~加熱器(かねつき) 급수 가열기.
 ~濾過器(ろかき) 급수 여과기.
 ~装置(そうち) 급수 장치.
 ~栓(せん) 급수전. 급수관의 끝에 장치해 출수구를 여닫는 마개.
 ~池(ち) 급수지. 저수지.
給食(きゅうしょく) 급식.
給養(きゅうよう) 급양. ①물건을 대주며 기름. ②군대에서, 인마(人馬)에 식량·의류 등을 공급함.
給与(きゅうよ) 급여. ①금품을 지급함. 또, 그 금품. ②급료.
‖~所得(しょとく) 급여 소득.
 ~住宅(じゅうたく) 급여 주택.
給原(きゅうげん) ⇨ 給源(きゅうげん).
給源(きゅうげん) 급원. 공급원.
給油(きゅうゆ) 급유.
給銀(きゅうぎん) 급료(給料).
給餌(きゅうじ) 급이. 먹이를 줌.
給電(きゅうでん) 급전. 전력을 공급함.
給助(きゅうじょ) 급조. 돈이나 물품을 주어 가난한 사람을 도움.
給主(きゅうしゅ) 급주. 중세에, 영주로부터 급전(給田)을 받고, 연공 과역(年貢課役)의 납입 책임자가 된 자.
給茶機(きゅうちゃき) 급차기. 차를 따르는 기구.
給炭(きゅうたん) 급탄.
給湯(きゅうとう) 급탕. 뜨거운 물을 공급「함.
給血(きゅうけつ) 급혈. (수혈에 필요한) 피를 공급함.
訓読➡
給う(たまう) ①주시다. 내리시다. ②〈雅〉《動詞 連用形에 붙어서》…하시다.
給え(たまえ) 《動詞 連用形에 붙어서》부드럽게 명령하는 뜻. …(하)게.
給も(たも) 𝟙 ⇨ 給もれ(たもれ). 「오.
給もれ(たもれ) 〈雅〉주십시오. …해 주십시
給わる(たまわる) ①윗사람에게서 받다. ②내려 주시다.

긍

| 6
二 | 亙 | 건널 **긍**·뻗칠 **긍**
コウ
わたる |

訓読➡
亙る(わたる) ①(어느 기간에) 걸치다. ②(어느 범위에) 미치다. 이르다.

| 6
二
⑧ | 亘 | 건널 **긍**
コウ·セン
わたる |

訓読➡
亘る(わたる) 걸치다. ①(…동안) 계속되다. ②(…까지) 미치다. 이르다.

| 8
月
常 | 肯 | 즐길 **긍**
コウ
あえて·うけがう·うべなう·がえんずる |

音読➡
肯綮(こうけい) 긍경. 사물의 급소.
肯諾(こうだく) 긍낙. 승낙.
肯定(こうてい) 긍정. ♣~概念(がいねん) 긍정 개념/~的(てき) 긍정적.
‖~命題(めいだい) 긍정 명제.
 ~判断(はんだん) 긍정 판단.
訓読➡
肯う(うけがう) 〈雅〉승낙하다. 맡다.
肯じる(がえんじる) ⇨ 肯んずる(がえんずる).
肯んずる(がえんずる) 수긍하다. 승낙하다.
其他➡
肯く(うなずく) 수긍하다. (고개를) 끄덕이다.
肯ける(うなずける) 납득이 가다. 수긍되다.
逆音➡
首肯(しゅこう) 수긍.

| 9
矛 | 矜 | 창자루 **긍**·자랑할 **긍**
キョウ·キン
ほこる |

音読➡
矜恃(きょうじ) ⇨ 矜持(きょうじ).
矜式(きょうしょく) 긍식. 도리를 좇음. 본보기로서 존중함.
矜持(きょうじ) 긍지.
矜恤(きょうじゅつ) 긍휼.
訓読➡
矜り(ほこり) 긍지. 자랑.
其他➡
矜羯羅(こんがら) 『佛』 긍갈라 동자.

14 儿	兢	조심할 긍·삼갈 긍 キョウ おそれる

音読
兢兢(きょうきょう) 긍긍.
兢業(きょうぎょう) 긍업. 두려워 얌전하게 근무함.

기

3 己 教	己	몸 기 コ·キ おのれ·うぬ·つちの と·おれ

音読
己 ㊀(き) 나. 자기.
㊁(うぬ) ①자신. 나. ②네놈. 이놈.
㊂(おれ) ①나. 〈古〉상대의 낮춤말. 너.
㊃(おの) 〈雅〉자기. 자신.　　　　「읽음.
㊄(つちのと) 기. 천간의 여섯째. *きろどと
己身(きしん) 〖佛〗기신. 자기의 몸.
己心(こしん) 〖佛〗기심. 자기의 마음.

訓読
己がじし(おのがじし) 〈雅〉제각기. 각자. 생각[마음]대로.
己れ(おのれ) ①그 자신. 자기 자신. ②너. 자네. ③너. 이놈.
己等(おれら) 나. 우리(들).
己卯(つちのとう) (60갑자의) 기묘. *きぼうろどと 읽음.
己未(つちのとひつじ) (60갑자의) 기미. *きびろど 읽음.
己巳(つちのとみ) (60갑자의) 기사. *きしろど 읽음.
己酉(つちのととり) (60갑자의) 기유. *きゆうろど 읽음.
己丑(つちのとうし) (60갑자의) 기축. *きちゅうろど 읽음.
己亥(つちのとい) (60갑자의) 기해. *きがいろど 읽음.
❖**己惚れる**(うぬぼれる) (실력 이상으로) 자부하다. 자만하다. 우쭐해 하다.
己惚れ(うぬぼれ) 자만. 자부(심).

6 人 常	企	도모할 기 キ くわだてる·たくらむ

音読
企及(ききゅう) 기급. 노력해서 따라감. 어깨를 나란히 함. 비견.
企図(きと) 기도.
企望(きぼう) 기망. 꾀하여 바람.
企謀(きぼう) 기모. 꾀함. 계획함.

企業(きぎょう) 기업. ♣~**家**(か) 기업가.
∥~**間信用**(かんしんよう) 기업간 신용.
~**結合**(けつごう) 기업 결합.
~**系列**(けいれつ) 기업 계열. 기업 집단에서의 종적인 기업 관계를 말함.
~**内教育**(ないきょういく) 기업내 교육.
~**団地**(だんち) 기업 단지.
~**担保**(たんぽ) 기업 담보.
~**買収**(ばいしゅう) 기업 매수.
~**別組合**(べつくみあい) 기업별 조합.
~**分割**(ぶんかつ) 기업 분할.
~**年金**(ねんきん) 기업 연금.
~**連合**(れんごう) 기업 연합.
~**用財産**(ようざいさん) 기업용 재산.
~**誘致**(ゆうち) 기업 유치.
~**意識**(いしき) 기업 의식. 근로자의 기업에 대한 귀속(歸屬) 의식.
~**整備**(せいび) 기업 정비.　　　　「동.
~**集中**(しゅうちゅう) 기업 집중. 기업 합
~**責任**(せきにん) 기업 책임.
~**統制**(とうせい) 기업 통제.
~**合同**(ごうどう) 기업 합동.
~**協定**(きょうてい) 기업 협정.
~**会計**(かいけい) 기업 회계.
企画(きかく) 기획. ♣~**部**(ぶ) 기획부.

訓読
企む(たくむ) 꾸미다. ①고안하다. ①기교를 부리다. ②꾀하다. 흥계를 꾸미다.
❖**企てる**(くわだてる) 기도[계획]하다.
企て(くわだて) 기획. 기도. 계획.
❖**企らむ**(たくらむ) 계획하다. 꾀하다. (못된 일을) 꾸미다.　　　　　　　　　「계.
企み(たくらみ) (특히 못된) 계획. 기도. 흉

6 イ 人	伎	재주 기 キ·ギ わざ

音読
伎倆(ぎりょう) 기량. 수완.
伎楽(ぎがく) 탈을 쓰고 음악에 맞추어 연기하는 고대 무용극. ♣~**面**(めん) 탈.
伎癢(ぎよう) 기양. 솜씨[재주]를 보여 주고 싶어 좀이 쑤심.
伎芸(ぎげい) 기예. 가무 음곡(歌舞音曲)의 재주. ♣~**天**(てん) 〖佛〗기예천.

6 月 常	肌	살가죽 기 キ はだ

音読
肌骨(きこつ) 기골. 살갗과 뼈. 살과 뼈대.
肌理(きめ) ①살결. 물건 표면의 감촉. ②나뭇결. *きりろど 읽음.
肌膚(きふ) 피부. 살갗.

訓読
肌 ㊀(はだ) ①피부. 살(갗). ②(토지·물

건 따위의) 거죽. 겉. 표면. ③기질. 성미.
㈡(はだえ)〈雅〉① ☞ ㈠. ②도신(刀身)의 표면.
肌ジュバン(はだジュバン) (일본 옷의) 직접 살에 닿는 속옷.
肌掛け布団(はだがけぶとん) ☞肌布団(はだぶとん). *はだかけぶとん으로도 읽음.
肌帯(はだおび) 살갗에 직접 매는 띠.
肌刀(はだがたな) 품속에 지니고 있는 호신용 칼.
肌薄(はだうす) 몸이 말라서 앙상한 모양. 또, 옷을 얇게 입은 모양.
肌付き(はだつき) ①살갗에 직접 댐. ②속옷. ③피부의 상태. 살결의 모양. ④성질.
肌肥(はだごえ) 〖農〗종비(種肥).
肌砂(はだすな) 주물(鑄物)의 표면을 매끄럽게 하기 위해 주형의 표면에 쓰는 고운 모래.
肌色(はだいろ) ①살색. ②기물(器物) 등의 바탕이 되는 색깔.
肌性(はだしょう) 피부〔살결〕의 성질.
肌焼き(はだやき) 열처리에 의해 표면의 탄소를 많게 하여 담금질한 강철.
肌守り(はだまもり) 몸에 지니는 부적.
肌身(はだみ) 맨 살갗.
肌衣(はだぎ) ⇨ 肌着(はだぎ). *はだぎぬ로도 읽음.
肌寂しい(はださびしい) 혼자 자니 이성의 체온이 그립다.
肌着(はだぎ) 내의. 속옷.   「느낌.
肌触り(はだざわり) ①촉감. ②남에게 주는
肌脱ぎ(はだぬぎ) 옷을 벗어 상반신을 드러냄. 또, 그 모습.
肌布団(はだぶとん) 얇고 부드러운 이불.
肌寒(はださむ) 가을이 깊어 으스스 추위를 느낌.
肌寒い(はださむい) 으스스 춥다.
肌合い(はだあい) 성품. 성질. 기질.
肌荒れ(はだあれ) 살갗이 거칠어짐.

6 气 教 気(氣) 기운 기·숨 기   キ·ケ   いき

音読
気 ㈠(き) ①기운. ②기. 기력. ③(독특한) 맛이나 향기. 김. ④마음. 생각.
㈡(け) ①기. 기운. ②기질. 조짐. 기미. 기분.
気さく(きさく) 소박하고 상냥함. 싹싹함.
気なり(きなり) ①제멋대로 함. 마음대로 함. ②소박.
気強い(きづよい) ①마음 든든하다. 안심하다. ②정에 끌리지 않다. 다기〔어기〕차다.
気概(きがい) 기개.
気乾(きかん) 기건. 대기 중에 방치된 목재의 건조가 진행되어 함수율이 평형 함수율에 달한 상태.
‖~密度(みつど) 기건 밀도. 기건 함수율에 달했을 때의 목재의 밀도.
気格(きかく) 품격. 기품.   「개념.
気遣い(きづかい) 마음을 씀. 염려함. 걱정.
気遣う(きづかう) 마음을 쓰다. 염려하다.
気遣わしい(きづかわしい) 마음이 놓이지 않다. 걱정스럽다.
気兼ね(きがね) 사양. 어렵게 여김. 스스러움.
気軽(きがる) 사물에 구애치 않고, 선뜻선뜻 처신하는 모양. 소탈함.
気硬性(きこうせい) 기경성. 공기 중에서만 굳어지는 성질.
気苦し(きぐるし) 괴롭고 슬프다.
気高い(けだかい) 품격이 높다. 고상하다.
気苦労(きぐろう) 걱정. 심로. 잔격정.
気骨 ㈠(きこつ) 기골. 기개.
㈡(きぼね) 걱정. 심로.   「하다.
~が折(お)れる 심적 부담으로 정신이 피로
気孔(きこう) 〖生〗기공. 숨구멍.
気功(きこう) 기해 단전(氣海丹田)의 공력(功力)이란 뜻으로, 단전 호흡의 딴이름.
気管(きかん) 기관.
‖~内挿管(ないそうかん) 기관내 삽관. 기관 속에 관을 삽입함.
~切開(せっかい) 기관 절개.
気管支(きかんし) 〖生〗기관지.
‖~鏡(きょう) 기관지경. 기관지 내면을 관찰하기 위한 기구.
~喘息(ぜんそく) 기관지 천식.
~肺炎(はいえん) 기관지 폐렴.   「증.
~拡張症(かくちょうしょう) 기관지 확장
気狂い(きちがい) ⇨ 気違い(きちがい).
気掛かり(きがかり) 떠름함. 마음에 걸림. 걱정. 근심. 염려.
気塊(きかい) 기괴. 같은 성질의, 공기의 작은 덩어리. 기단.
気球(ききゅう) 기구.
‖~観測(かんそく) 기구 관측.
~衛星(えいせい) 기구 위성. 풍선 위성.
気構え(きがまえ) ①마음가짐. ②시세 변동에 영향을 주는 사정을 예기(豫期) 하는 일. ③한자 부수 이름의 하나: 기운기 밑.
気圏(きけん) 〖気〗기권. 대기권.
気近し(けぢかし) 친근하다. 친숙하다.
気根(きこん) ①끈기. ②〖植〗기근. 공기뿌리.
気扱い(きあつかい) 마음을 씀. 심려. 잔걱정.
気気(きぎ) 기기. 각자의 기질.
気難しい(きむずかしい) 성미가 까다롭다.
気嚢(きのう) 기낭. ①조류의 허파와 연결된 공기 주머니. ②기구 등의 가스를 넣는 주머니.
気団(きだん) 〖気〗기단.   「니.
気短(きみじか) 조급함. 성마름.
気当たり(きあたり) 감정을 상함.
気道(きどう) 〖生〗기도. 숨통.   「림.
気道楽(きどうらく) 마음 내키는 대로 예능을 즐김. 또, 그런 성질.
気の毒(きのどく) ①딱함. 가엾음. ②미안스러움.
気働き(きばたらき) 재치.
気動車(きどうしゃ) 기동차.

気落ち(きおち) 낙심. 낙담.
気楽(きらく) 마음이 편함.
気力(きりょく) 기력.
気流(きりゅう) 기류.
気立て(きだて) 마음씨. 심지.
気忙しい(きぜわしい) (쫓기는 마음으로 해서) 어수선하고 부산하다.
気脈(きみゃく) 기맥.
　~を通(つう)ずる ①물래 연락을 꾀하고 의사를 소통하다. ②한패가 되다.
気鳴楽器(きめいがっき) 〖樂〗기명 악기.
気無し(きなし) ①마음이 내키지 않음. ②사려가 없음. 또, 그런 사람.
気無性(きぶしょう) (기분이) 울적함.
気門(きもん) (곤충의) 기문. 기공.
気味(きみ) ①《接尾語的으로》기미. 경향. ②기분. ③〈古〉풍미. 재미.
‖~悪(わる)い 어쩐지 기분이 나쁘다. 어쩐지 무서운〔싫은〕느낌이 들다.
　~合(あ)い 기분. 취향.
　~好(よ)い 기분이 좋다. 유쾌하다.
気迷い(きまよい) ①망설임. ②〖經〗시세의 오르내림을 예견할 수 없어 매매가 활발치 못한 일. 　　　　　　　　　　　「실.
気密(きみつ) 〖理〗기밀. ♣~室(しつ) 기밀
気迫(きはく) 기백. 기개.
気抜け(きぬけ) ①맥이 빠짐. ②실신(함).
気配(けはい) ①기미. 기색. 낌새. 분위기. ②〖經〗경기. 시세.　　　　　　　「②.
　㊁(きはい) ①배려. 마음을 씀. ②☞㊀
気配り(きくばり) 배려. 두루 마음을 씀.
気魄(きはく) ⇨気迫.
気変わり(きがわり) 마음이 변함. 변덕.
気病(きびょう) 울화병.
気病み(きやみ) 울화병.
気の病(きのやまい) 정신 피로 등에서 오는 병. 노이로제.
気保養(きほよう) 기분 전환.
気付(きづけ) (편지 겉봉의) …방(方). 전교.
気付き(きづき) 눈치 챔. 알아차림.
気付く(きづく) ①깨닫다. 알아차리다. ②(실신 상태에서) 정신이 돌아오다.
気付け(きつけ) ①정신〔기운〕을 차리게 함. ②気付け薬의 준말. ③〈俗〉'酒(さけ)(=술)'의 딴이름.
‖~薬(ぐすり) ①각성제. ②〈俗〉술.
気を付け(きをつけ) 차려(구령).
気負い(きおい) ①단단히 벼름. 분발. 패기. ②(지지 않으려고) 기를 씀. ③気負い肌(きおいはだ)의 준말.
気負う(きおう) ①분발하다. 단단히 마음 먹다. ②(지지 않으려고) 기를 쓰다.
気負け(きまけ) 상대의 기력에 눌려서 짐.
気負い肌(きおいはだ) 호협한 기상. 협기.
気負い立つ(きおいたつ) (지지 않으려고) 기를 쓰다. 분기하다.
気分(きぶん) 기분. ♣~的(てき) 기분적.
‖~屋(や) 기분파. 그때그때의 기분에 따라 행동하는 사람.
　~障害(しょうがい) 기분 장애.
気紛れ(きまぐれ) ①변덕. 변덕쟁이. ②일시적 생각. 　　　　　　　　　　　「다.
気不味い(きまずい) 서먹서먹하다. 거북하
気不精(きぶしょう) 울적함.
気崩れ(きくずれ) ①기세가 약화됨. ②이렇다 할 원인도 없이 증권 등의 시세가 떨어짐.
気死(きし) 분에 못 이겨 죽음. 분노하여 기절함. 　　　　　　　　　　　「음이 편안함.
気散じ(きさんじ) ①기분 전환. ②〈老〉마
気上がる(けあがる) 흥분하다. 상기하다.
気相(きそう) 〖理〗기체상(氣體相).
気っ相(きっそう) 기상. 안색. 기색.
気象(きしょう) 기상. ♣~台(だい) 기상대 / ~庁(ちょう) 기상청 / ~学(がく) 기상
‖~警報(けいほう) 기상 경보. 　　　「학.
　~光学(こうがく) 기상 광학.
　~記念日(きねんび) 기상 기념일.
　~要素(ようそ) 기상 요소.
　~衛星(えいせい) 기상 위성.
　~注意報(ちゅういほう) 기상 주의보.
　~通報(つうほう) 기상 통보.
気色 ㊀(きしょく) 기색. 안색. 기분.
㊁(けしき) ①(겉으로 나타난) 기색. 조짐. 기미. ②기분. 특히, 나쁜 기분.
‖~ばむ (얼굴에) 성난 기색을 나타내다.
　~立つ(だつ) 껌새가 나타나다. 마음속을 드러내다.
　~取る(どる) ①헤아리다. ②비위를 맞추다. 의향을 확인하다.
㊂(けわい) 〈老〉기미. 기색.
気塞ぎ(きふさぎ) 기분이 썩 좋지 않음. 마음이 우울함.
気先(きさき) 기세. 세력.
気性(きしょう) 천성. 기질.
気細い(きぼそい) 마음이 약하다. 신경질적이고 소심하다.
気勢(きせい) 기세.
気疎い(けうとい) 싫다. 불쾌하다. 염겹다.
気の所為(きのせい) 명확한 근거 없이 자기 만이 느끼는 일.
気送管(きそうかん) 기송관. 에어 슈터.
気受け(きうけ) 남이 그 사람에 대해서 갖는 느낌. 평판.
気随(きずい) 〈老〉마음대로 하는 모양.
‖~気儘(きまま) 제멋대로 하는 모양.
気嵩(きがさ) 지기 싫어하는 성질.
気乗り(きのり) 마음이 당김〔내킴〕.
‖~薄(うす) ①마음이 내키지 않음. ②〖經〗(거래소에서) 거래가 부진함.
気息(きそく) 기식. 호흡.
‖~奄奄(えんえん) 기식엄엄. 숨이 막 끊어지려는 모양.
気室(きしつ) 기실. ①물을 뿜아내는 파이프와 펌프 사이의 원통상 공간. ②〖植〗잎의 기공 아래 있는 세포의 공간.

気心(きごころ) 기질. 속마음.
気安い(きやすい) 마음 편하다. 거리낌없다.
気圧(きあつ) 기압. 대기의 압력. ♣**～計**(けい) 기압계 / **～型**(がた) 기압형.
‖**～傾度**(けいど) 〖地〗 기압 경도.
～の谷(たに) 기압골.
～配置(はいち) 기압 배치.
気圧される(けおされる) 기세에 눌리다. 압도되다. 기가 죽다.
気弱(きよわ) 심약함. 마음이 약한 성질.
気の薬(きのくすり) 마음의 약이 되는 일. 재미있는(기분 전환이 되는) 일.
気延ばし(きのばし) 위로. 기분 전환.
気劣る(けおとる) 어딘지 모르게 뒤떨어지다.
気炎(きえん) 기염. 대단한 기세.
‖**～万丈**(ばんじょう) 기염만장.
気焔(きえん) ⇨ 気炎(きえん).
気鋭(きえい) 기예. 기백이 날카로움.
気温(きおん) 기온.
気宇(きう) 기우. 기개와 도량.
気運(きうん) 기운.
気韻(きいん) 기운. (문장·서화 등의) 고상한 운치. 높은 기품.
‖**～生動**(せいどう) 기운 생동. (예술 작품의) 기품이 생생히 나타나 있다.
気鬱(きうつ) 기울. 마음이 울적함.
気遠し(けどおし) ① 인기척이 없고 적막하다. ② 멀리 떨어져 있다. ③ 소원이다.
気位(きぐらい) 자기의 품위를 간직하려는 마음가짐.
気違い(きちがい) ① 미치광이. 정신 이상(자). ♣**…狂**(きょう) / **～水**(みず)〈俗〉술 / **～雨**(あめ) 소나기.
‖**～茄子**(なすび) 〖植〗 흰독말풀.
～沙汰(ざた) 미치광이 같은 짓.
～日和(びより) 개다 비가 오다 하는 불순한 날씨.
～花(ばな) 제철이 아닌데 피는 꽃.
気慰み(きなぐさみ) (울적한) 마음을 위로함. 기분 전환.
気易い(きやすい) ⇨ 気安い(きやすい).
気移り(きうつり) 정신·주의가 딴 데로 쏠림.
気任せ(きまかせ) 마음(기분) 내키는 대로 함.
気に入り(きにいり) 마음에 듦. 또, 그런 사람.
気に入る(きにいる) 마음에 들다. 기분에 맞다.
気込み(きごみ) 분발함. 기세. 패기.
気込む(きごむ) 분발하다. 뭔가를 하려고 단단히 마음 먹다.
気丈(きじょう) 마음이 굳센(다부진) 모양.
気長(きなが) 느긋한 모양. 조급하게 굴지 않는 모양.
気張る(きばる) ① 분발하다. ② (호기 있게) 많은 돈을 내다. ③ 허세 부리다.
気障(きざ) (언행·복장이) 같잖음. 아니꼬움. 얕짢음.
気障り(きざわり) 비위에 거슬림. 아니꼬움.
気丈夫(きじょうぶ) ① 마음이 든든함. ② 다

기짐. 다부짐. 어기참.
気前(きまえ) 기질. 특히 활수한(희떠운) 기질.
気転(きてん) 기지. 재치. 임기 응변.
気絶(きぜつ) 기절.
気節(きせつ) 기절. ① 의기와 절조. 기개. ② 기후. 시절.
気早(きばや) 성급함. 조급함.
気組み(きぐみ) 마음 먹음. 마음가짐. 기세.
気儘(きしゅ) 〖醫〗 기종.
気重(きおも) ① 기분이 침울함. ② 경기가 없음. 증권 거래가 활발치 못함.
気憎し(けにくし) 어딘지 모르게 마음에 들지 않다.
気持ち(きもち) ① 마음(가짐). 기분. 감정. ② 어느 정도. 약간.
気振り(けぶり) 내색. 기색. 태도.
気儘(きまま) 제멋(뜻)대로 함. 방자.
‖**～放題**(ほうだい) 한없이 방자함.
～勝手(がって) 제멋대로 행동함〖俗〗.
気質 ㊀ (きしつ) 기질. ♣**～的**(てき) 기질 ㊁ (かたぎ) 기질. 기풍.
‖**～物**(もの) 江戸(えど) 시대 서민의 특징적 성향을 표현한 작품의 하나.
気凄い(けすさまじ) 재미있다.
気褄(きづま) 기분. 비위.
気の哲学(きのてつがく) 기의 철학. 중국, 명나라 중엽부터 청나라 중엽에 걸쳐 발전한 철학.
気清し(けきよし) 산뜻하다.
気晴らし(きばらし) 기분 전환.
気体(きたい) 기체.
‖**～物理学**(ぶつりがく) 기체 물리학.
～反応(はんのう)**の法則**(ほうそく) 기체 반응의 법칙.
～分子運動論(ぶんしうんどうろん) 기체 분자 운동론.
～燃料(ねんりょう) 기체 연료.
～温度計(おんどけい) 기체 온도계.
～元素(げんそ) 기체 원소.
～電極(でんきょく) 기체 전극.
～定数(ていすう) 기체 상수(常數).
気滞(きたい) 기체. 한방에서, 기의 흐름이 정체되어 생기는 병적 상태.
気草臥れ(きくたびれ) 정신적인 피로.
気取り(きどり) (짐짓) …체한(연(然)함). 젠체함. 자처함.
‖**～屋**(や) 젠체하는 사람.
気取る ㊀ (きどる) ① 젠체하다. ② …체하다. …을 자처하다. ③ 알아차리다. 깨닫다.
㊁ (けどる) 낌새 채다. 눈치 채다.
気恥ずかしい(きはずかしい)〈雅〉 부끄럽다. 멋적다.
気怠い(けだるい) 어쩐지 나른하다. 께느른하다.
気態(きたい) 기태. 기체(氣體)인 상태.
気筒(きとう) 기통. 실린더.
気篩(きとう) ⇨ 気筒(きとう).
気泡(きほう) 기포. 거품.
気胞(きほう) 〖生〗 기포.
気品(きひん) 기품.

気稟(きひん) 기품. 천품.
気風 ㊀(きふう) 기풍. 기질. 「음씨.
㊁(きっぷ) 〈俗〉멋있는 태도. 멋들어진 마
気疲れ(きづかれ) 심로. 정신적 피로.
気合い(きあい) ① 기합. ② 마음. 성질. 의기. 호흡.
‖〜負け(まけ) (경기를 시작하기 전에) 상대방 기세에 압도당함.
㊁(けあい) 낌새.
気海(きかい) 기해. 지구를 포함한 공기의 넓이를 바다에 비유한 말. 「り).
気懸かり(きがかり) ⇨ 気掛かり(きがか
気血(きけつ) 기혈. 사람의 생기와 혈액.
気魂(きこん) 혼. 정신. 기백.
気化(きか) 〖理〗기화. ♣〜器(き) 기화기 /
〜熱(ねつ) 기화열.
気荒い(きあらい) 성질이 사납다〔난폭하다〕.
気懐かし(けなつかし) 어딘지 모르게 마음이 끌리다.
気後れ(きおくれ) 기가 죽음. 주눅.
気候(きこう) 기후. ♣〜帯(たい) 기후대.
‖〜変動(へんどう) 기후 변동.
〜変化(へんか) 기후 변화.
〜順応(じゅんのう) 생물, 특히 인류가 다른 기후 환경에 적응함. 기후 적응.
〜療法(りょうほう) 〖醫〗기후 요법. 전지(轉地) 요법.
〜要素(ようそ) 기후 요소.
〜因子(いんし) 기후 인자. 어떤 곳의 기후를 결정하는 요인.
〜地形学(ちけいがく) 기후 지형학.
気休め(きやすめ) 한때의 위안〔안심〕.
気胸(ききょう) 〖醫〗① 기흉. ② '気胸療法(りょうほう)(=기흉 요법)'의 준말.
気詰まり(きづまり) 어색함. 거북함.

其他
❖気触れる(かぶれる) ① (옻 따위를) 타다. ② (나쁜) 영향을 받다. 물들다. 심취하다.
気触れ(かぶれ) ① (옻 따위) 독한 기운을 타는 일. 또, 그로 인한 피부병. ② (영향을 받아) 물듦.

7 女 **妓** 기생 기
ギ
うたいめ

音読
妓(ぎ) 기생. 기녀. 노는 계집.
妓家(ぎか) ① 기생이나 배우 등 예능인의 집. ② 기루(妓樓).
妓館(ぎかん) 유곽. 창기의 집.
妓女(ぎじょ) 기녀. 기생이나 창녀.
妓楼(ぎろう) 기루. 청루(青樓).
妓名(ぎめい) ① 기생·유녀 따위의 이름. ② 기생·유녀로서의 평판.
妓夫(ぎゅう) (유곽의) 유객꾼. 조방꾸니.
妓生(ぎせい) 기생. 일반적으로 'キーサン・キーセン'으로 일컬음.

妓楽(ぎがく) 기악. 기녀가 연주하는 음악.
妓院(ぎいん) 유곽. 갈봇집.
妓籍(ぎせき) 기적. 기생의 신분. 기생의 적.

7 山 **岐** 가닥나뉠 기
キ・ギ
わかれる・ちまた

音読
岐路(きろ) 기로.
岐阜(ぎふ) 〖地〗中部地方(ちゅうぶちほう) 서부 내륙(内陸)에 있는 현(縣). 또, 그 현청 소재지.

訓読
岐(ちまた) ① 길이 갈리는 곳. 번화한 거리. ② 사람이 많이 모이는 장소.
岐の神(ちまたのかみ) 행인(行人)을 보호하는 길의 신.
❖岐れる(わかれる) 갈리다. 분기하다.
岐れ道(わかれみち) ① 갈림길. ② 샛길.
岐れ目(わかれめ) 갈리는 곳〔때〕.

7 才 **技** 재주 기·재능 기
ギ
わざ

音読
技監(ぎかん) 기감. 기술을 관장하는 국가 공무원의 직명. 「기술공.
技工(ぎこう) 기공. 손으로 가공하는 기술.
技官(ぎかん) 기관. 특별한 학술·기예를 담당한 국가 공무원.
技巧(ぎこう) 기교. ♣〜的(てき) 기교적 /
〜派(は) 기교파.
技能(ぎのう) 기능. ♣〜士(し) 기능사.
‖〜労働者(ろうどうしゃ) 기능 노동자.
技倒(ぎとう) (권투에서) 테크니컬 녹아웃.
技倆(ぎりょう) ⇨ 技量(ぎりょう). 「TKO.
技量(ぎりょう) 기량. 수완.
技法(ぎほう) 기법.
技師(ぎし) 기사. 기술자. 엔지니어.
技手 ㊀(ぎしゅ) 기사(技師) 아래에 속하는 기술직 공무원. '三級技官(さんきゅうぎかん)(=3급 기관)'의 구칭.
㊁(ぎて) 〈俗〉기원(技員).
技術(ぎじゅつ) 기술. ♣〜家(か) 기술가. 기술자 / 〜士(し) 기술사 / 〜者(しゃ) 기술자 / 〜的(てき) 기술적.
‖〜開発(かいはつ) 기술 개발.
〜教育(きょういく) 기술 교육.
〜輸出(ゆしゅつ) 기술 수출.
〜屋(や) 〈俗〉① 기술계 직원. ② 기술자.
〜援助(えんじょ) 기술 원조.
〜立国(りっこく) 기술 입국. 탁월한 기술을 바탕으로 공업 발전을 촉진시켜 국가의 번영을 꾀하는 일.
〜情報(じょうほう) 기술 정보.
〜革新(かくしん) 기술 혁신.

技癢(ぎよう) 기양. 솜씨를 보여 주고 싶어 좀이 쑤심.
技芸(ぎげい) 기예. 미술·공에 방면의 재주.
訓読▶
技 ㊀(わざ) 기법. 기술. 기량. 재주. 수.
㊁(ぎ) 기술. 솜씨. 기예.
技有り(わざあり) 절반. 유도 판정의 하나로 한판의 아래.

7 氵 教	汽	김 기 キ ゆげ

音読▶
汽缶(きかん) 기관. 보일러.
汽罐(きかん) ⇨ 汽缶(きかん).
汽力(きりょく) 기력. 증기의 힘.
∥〜発電(はつでん) 기력 발전.
汽船(きせん) 기선. 「여인숙.
∥〜宿(やど) 기선의 승객·화물을 취급하는
汽水(きすい) 〖地〗기수. 강어귀의 해수.
汽圧(きあつ) 기압. 증기 압력.
汽笛(きてき) 기적.
汽艇(きてい) 기정. 증기 기관으로 움직이는 작은 배.
汽走(きそう) 보조 기관이 딸린 범선이 바람이 없을 때나 입출항시 등에 기관의 힘으로 항
汽車(きしゃ) 기차. └주함.
汽筒(きとう) 기통. 실린더.
汽筩(きとう) ⇨ 汽筒(きとう).

7 心 常	忌	미워할 기·꺼릴 기 キ いむ・いまわしい

音読▶
忌 ㊀(き) 상(喪). 복.
㊁《接尾語로》…기. 회기.
忌明(きめい) 탈상.
忌明け(きあけ) ⇨ 忌み明け(いみあけ).
忌服(きぶく) 거상(居喪). 상중.
忌辰(きしん) 기신. 기일(忌日).
忌月(きげつ) 기월. 기일이 있는 달.
忌引き(きびき) 근친이 죽어서 집에서 복상(服喪)함.
忌日(きにち) 기일. *きじつ로도 읽음.
忌中(きちゅう) 기중. 상중.
忌憚(きたん) 기탄.
忌避(きひ) 기피.
∥〜剤(ざい) 〖藥〗기피제. 해충 따위가 접근하지 못하도록 하기 위해 쓰는 약제.
〜関係(かんけい) 기피 관계. 인류학에서, 남편과 아내의 어머니, 형제와 자매 따위 사이에 성적인 화제를 언급하는 것이 금기로 되어 있는 관계.
忌諱(きい) 기휘. 꺼리어 싫어함. *ききの 관용음(慣用音).
〜に触(ふ)れる 기휘에 저촉되다《남, 특히 윗사람이 꺼리고 싫어하는 언동을 해서 불쾌감을 사다》.
訓読▶
忌わしい(いまわしい) ①꺼림칙하다. ②불길하다. 흉하다. 「수 없다.
忌忌し(いまいまし)〈文〉①분하다. ②재
忌忌しい(いまいましい) 분하다. 화가 치밀다. 「다.
❖忌む(いむ) ①꺼리다. ②미워하고 싫어하
忌み(いみ) ①꺼림. ②금기(禁忌). ③상중(喪中).
忌み明け(いみあけ) ①상복을 벗음. 탈상함. ②〈古〉해산(解產)의 부정이 가심.
忌み物(いみもの) 꺼려〔싫어하여〕사용하지 않는 물건.
忌み事(いみごと) 삼가야 할 일. 꺼리고 피해야 할 일. 「ば).
忌み詞(いみことば) ⇨ 忌み言葉(いみこと
忌み数(いみかず) 기수. 꺼리어 싫어하는 숫자. 4·9 따위《4는 死(し), 9는 苦(く)와 음이 같음》.
忌み言葉(いみことば) 《종교적 이유 또는 길흉의 징조로》 꺼려하여 쓰지 않는 말.
忌み月(いみづき) 삼가고 조심해야 하는 달. 정월·5월·9월.
忌み日(いみび) ①음양가(陰陽家)에서 재난이 있다고 꺼려하는 날. ②부정을 피하고 조심하는 날.
忌寸(いみき) 고대 일본의 8성(姓) 중 넷째 성 《주로 도래인(渡來人)에게 주어졌음》.
忌み嫌う(いみきらう) 몹시 싫어하다.
忌み火(いみび) 신을 제사지내는 데 쓰는 정갈한 불.
其他▶
忌部(いんべ) 고대 직명(職名)의 하나. 제사와 제기(祭器) 제조를 맡음. *いむべ・いんべ로도 읽음.
忌地(いやち) 〖農〗그루 타기. 또, 그 농토. *いやじ로도 읽음.

7 木	杞	소태나무 기 キ・コ くこ

音読▶
杞憂(きゆう) 기우.

8 八	其	그 기 キ その・それ

訓読▶
其(そ)〈雅〉그것.
其の(その) ①그. ②말이 술술 나오지 않을 때, 있는 말. 저…. 에….
其れ(それ) ①그것. ②그. 그 때. 그런 일. ③〈古〉사람을 가리키는 말. 그 사람. 누구가. 나. 저. 너. 당신.

其れとも(それとも) 그렇지 않으면. 아니면.
其れとも(それも) 앞의 사실을 받아, 그것을 더 자세히 설명하는 데 씀. 그것도.
其の間(そのかん) 그간. 그 동안. ＊そのあいだにろも 읽음.
其の故(そのゆえ) 그러므로. 그러니까. 「때문에.
其の筈(そのはず) 그것도 그럴 것.
其の筋(そのすじ) ① 그 방면〔계통〕. 그 길. ② 당국. 특히, 경찰.
其れ其れ 〓(それぞれ) ① 남에게 주의를 환기시키거나 할 때 쓰는 말. 저런 저런. ② 상대방 의견에 동의할 때 하는 말. 그래그래.
〓(それぞれ) (제)각기. 각각. 각자.
其の内(そのうち) ① 일간. 가까운 시일 안에. 때가 되면. ② 머지않아. ③ 그럭저럭(하는 사이에).
其の段(そのだん) 그것. 일.
其の当座(そのとうざ) 그 일이 있고 얼마 동안〔잠시〕.
其の代わり(そのかわり) 그 대신.
其の道(そのみち) 그 방면. 그 길. 사계(斯
其の都度(そのつど) 그때마다. 「界).
其れ等(それら) 그것들.
其の連れ(そのつれ) 그와 같은 일. 그런 일.
其れと無く(それとなく) 슬며시. 넌지시.
其の物(そのもの) ① (문제가 된) 바로 그것. ② 바로 그것. 그 자체.
其の方 〓(そのほう) ① 그 방향. ② 너. 그
〓(そのかた) 그분. 그 양반. 　　　└대.
其の癖(そのくせ) 그런데도. 그럼에도 불구하고.
其の辺(そのへん) ① 그 근처. 그 근방. ② 러한 것. ③ 그 정도.
其の分(そのぶん) ① 그에 상당하는 만큼. ② 그 상태・모양. 　　　　　　　　「한.
其の上 〓(そのうえ) 더구나. 게다가. ②
〓(そのかみ) 〈雅〉① (그) 당시. ② 옛날.
其れ相当(それそうとう) 그에 상당함. 그에 어울림.
其れ相応(それそうおう) 그에 알맞음. 그에 상응함. 응분.
其の昔(そのむかし) 그 옛날. 아득한 옛적.
其れ所か(それどころか) 그렇기는커녕 (오히려). 　　　　　　　　　　　　　「런 종류.
其の手(そのて) ① 그런 수단. 그 계략. ② 그
其れ宿(それやど) ☞ 其れ屋(それや).
其れ式(それしき) 그 정도. 그쯤.
其の実(そのじつ) 기실. 사실은. 실은.
其の様(そのよう) 그런 식. 그렇게. 　「말.
其れ様(それさま) 그 쪽〔댁〕. 당신의 존대
其れ屋(それや) 접객업소《유곽 따위》.
其の外(そのほか) 그 밖에.
其れ位(それくらい) 그 정도. 그만큼. 그쯤.
＊それぐらいにも 읽음.
其の為(そのため) 그 때문에. 그 덕에.
其の人(そのひと) ① 그 사람. 아무개. ② 의 중에 있는 사람. 그이.
其の儀(そのぎ) 〈老〉 그 일.

其の日(そのひ) 그 날. 그 당일.
‖**～稼ぎ**(かせぎ) ① 날품팔이. ② ☞ 其の日暮し.
～過ぎ(すぎ) 하루 벌어 하루 사는 생활.
～暮し(ぐらし) 하루 벌어 하루 사는 생활. 여망없는 하루살이.
～其の日(そのひそのひ) 하루하루. 매일.
其れ者(それしゃ) 〈俗〉 ① 그 길에 능숙한 사람. ② 〈婉曲〉 기생. 창녀.
‖**～上がり**(あがり) 기생 출신〔퇴물〕.
其れ自身(それじしん) 딴 일이 아닌 그 일 자체. 그 자체. 　　　　　　　　　　「しん).
其れ自体(それじたい) ☞ 其れ自身(それじ
其れ丈(それだけ) ① 그만큼. 그 정도. ② 그것뿐. 그것만.
其の場(そのば) ① 그 자리. ① 그 곳. 그 장면. 그 때. ② 즉석. 즉시.
‖**～逃れ**(のがれ) 일시 모면. 어물어물 넘김. 임시 변통〔방편〕.
～凌ぎ(しのぎ) 일시 모면. 임시 처변(處
～限り(かぎり) 그 때뿐. 　　　　　　 └變).
其の伝(そのでん) 〈俗〉 그런 식〔생각〕.
其の折(そのおり) 그 때. 그 기회.
其の節(そのせつ) 그 때. 그 당시. 그 무렵.
其の定(そのじょう) 그와 같은 사정〔형편〕.
其れ程(それほど) 그렇게. 그다지. 그만큼.
其の儘(そのまま) ① (그냥) 그대로. ② 즉시. ③《接尾詞的으로》꼭 닮음. 변하지 않음.
其れ体(それてい) 그 정도의 일. 그만큼.
其の他(そのた) 기타. 그 밖에. 그 밖의 것. ＊そのほかにも 읽음.
其彼(それかれ) 누구누구. 누구와 누구.
其れ限り(それきり) ① 그(것)뿐. 그것으로 끝. ② 그것을 마지막으로.
其れっ限り(それっきり) 其れ限り(それきり)의 힘줌말.
其の向き(そのむき) ① 그 방향. 그 방면. ② (그) 관계 관청〔경찰서〕.
其の許(そのもと) 너. 자네. 　　　　　　「름.
其れ許り(そればかり) 그것만. 그뿐. 그만
其の後(そのご) 그 뒤. 그 후. 이후. ＊そのあとにも 읽음.
其れ迄(それまで) ① 그때까지. ② (어찌) 할 수 없음. 그것으로 끝임.

其他▶

其奴(そいつ) 〈俗〉 그놈. 그것. ＊老人語로는 そやつ라고도 함.
其達(そたち) 당신들. 너희들.
其方 〓(そち) ① 거기. 그쪽. ②〈古〉너. 그대. ＊そっちにも 읽으며, 雅語로는 そなたら고도 함. 　　　　　　　　　　　　　　「람.
〓(そちら) ① ☞ 〓①. ② 그쪽 분〔댁・사
其方達(そちたち) 너희들. 　　　　　　「놈.
其方等(そちとら) 너희들. 네놈들. 너. 네
其方様 〓(そちさま) 〈俗〉 그대. 당신.
〓(そなたざま) 그쪽(편).
其方人等(そちとら) ⇨ 其方等(そちとら).
其方衆(そちしゅう) 너희들. ＊そなたしゅ

うろもろに 읽음.
其所此所(そちこち) ① 여기저기. ②〈古〉 대충. 이럭저럭.
其方退け(そっちのけ) ① 뒷전으로 돌림. 내동댕이침. 거들떠보지 않음. ② 못지 않음. 능가함. ＊そちのけ로도 읽음.
其乍ら(そながら) 그렇기는 하나. 그대로이기는 하지만.
其所(そこ) ⇒ 其処(そこ).
其所此所(そこここ) ⇒ 其処此処(そこここ).
其様(そさま) 其方様(そなたさま)의 준말.
其処(そこ) ① 거기. 그곳. ② 그 장면. 바로 그때. ③〈古〉 너. 손아랫사람을 부르는 2인칭 대명사.
其処いら(そこいら) 〈俗〉 거기 어디. 그 근방〔근처〕.
其処で(そこで) ①《바로 앞의 말을 받아서》 그래서. ②《말을 바꿀 때》 그런데. 한데. 그러면.
其処な(そこな) 〈老〉 거기 있는.
其処ら(そこら) ① 그 근방〔근처〕. ② 그 정도. 「디쯤.
‖ **〜辺り**(あたり) 그 근방〔근처〕. 거기 어
其処故(そこゆえ) 그래서. 그런데. 그러므로. 「거저기.
其処其処(そこそこ) ① 어디어디(에). ② 여
其処程(そこほど) 그 근처.
其処此処 ㊀(そこここ) 거기 어디. 그 근방〔근처〕.
㊁(そこかしこ) 이곳저곳. 여기저기.
其処退け(そこのけ) 《흔히 体言에 붙어서》…에 못지 않음. …도 무색할〔능가할〕 정도.
其処許(そこもと) 〈雅〉 ① 거기. 그 곳. ② 그대. 당신. 임자.

| 8 大 常 | 奇 | 기이할 **기** **キ** あやしい・めずらしい・くし |

音読
奇(き) ① 진기함. ② 기수. 홀수.
奇傑(きけつ) 기걸. 색다른 호걸.
奇景(きけい) 기경. 보기 드문 좋은 경치.
奇警(きけい) 기경. 기발(奇抜).
奇計(きけい) 기계. 기발한 꾀. 「람.
奇骨(きこつ) 기골. 특이한 성격. 또, 그런 사
奇功(きこう) 기공. 뜻밖의 뛰어난 공적.
奇観(きかん) 기관. ① 진기한 광경. ② 훌륭한 경치.
奇関数(きかんすう) 〖数〗 기함수.
奇怪 ㊀(きかい) 기괴.
‖ **〜千万**(せんばん) 기괴 천만.
㊁(きっかい) ㊀의 힘줌말.
奇巧(きこう) 진기한 기교. 정교한 세공.
奇矯(ききょう) 기교. 언행이 몹시 별남.
奇崛(きくつ) 기굴. ① 산이 험하고 변화가 있음. ② 사물이 색다르고 뛰어남.
奇奇(きき) 기기.

‖ **〜怪怪**(かいかい) 기기괴괴. 奇怪(きかい)의 힘줌말.
〜妙妙(みょうみょう) 기기묘묘. 奇妙(きみょう)의 힘줌말.
奇談(きだん) 기담. 기이한 이야기. 「기.
奇譚(きたん) 기담. 진기〔불가사의〕한 이야
奇道(きどう) 남이 생각도 못할 색다른 방법.
奇童(きどう) 기동. 슬기와 재주가 뛰어난 어린이.
奇略(きりゃく) 기략. 기계(奇計).
奇麗(きれい) ① 예쁨. ② 깨끗함. ③ (솜씨 등이) 멋짐.
‖ **〜事**(ごと) ① 겉치레만은 좋은 것. ② 더러워지지 않고 살 수 있는 깨끗한 일.
〜所(どころ) 기생. 예쁘게 치장한 여자.
〜首(くび) 여자의 예쁜 얼굴. 또, 그 여성.
〜好き(ずき) 깨끗한 상태를 좋아하는 모양. 또, 그런 사람.
奇論(きろん) 기론. 색다른 의견. 기묘한 이론.
奇利(きり) 기리. 뜻밖의 이익.
奇謀(きぼう) 기모. 보통으로는 생각해 낼 수 없는 모사(謀事).
奇妙(きみょう) 기묘. 이상.
奇問(きもん) 기문. 기발한 질문.
奇聞(きぶん) 기문. 이상한 소문.
奇抜(きばつ) 기발.
奇癖(きへき) 기벽. 이상한 버릇.
奇弁(きべん) 궤변.
‖ **〜学派**(がくは) 〖哲〗 궤변학파. 소피스트.
奇兵(きへい) 기병. 적을 기습하는 군대〔전
奇病(きびょう) 기병. 「술〕.
奇峰(きほう) 기봉. 「이.
奇士(きし) 기사. 기이한 언행을 하는 사나
奇事(きじ) 기사. ① 이상한 일. ② 진기한 일. 「相).
奇相(きそう) 기상. 기이한〔뛰어난〕 인상(人
奇想(きそう) 기상. 기발한 생각.
‖ **〜天外**(てんがい) 기상천외.
奇書(きしょ) 기서. 진서(珍書).
奇瑞(きずい) 기서. 기이하고 상서로운 징조.
奇石(きせき) 기석. 기묘하게 생긴 돌.
奇説(きせつ) 기설. 매우 색다른 설. 기묘한 설.
奇声(きせい) 기성.
奇手(きしゅ) (바둑·장기에서) 기수. 모험적인 수.
奇数(きすう) 〖数〗 기수. 홀수.
奇術(きじゅつ) 기술. 요술. ♣ **〜師**(し) 요술쟁이.
奇習(きしゅう) 기습. 기이한 풍습.
奇襲(きしゅう) 기습. 「위성.
‖ **〜防止衛星**(ぼうしえいせい) 기습 방지
奇勝(きしょう) ① 기승. 명승지. ② 기묘한 계략으로 이김. ③ 뜻하지 않은 승리.
奇岩(きがん) 기암.
奇薬(きやく) 영약. 신기하게 잘 듣는 약.
奇語(きご) 기어. 기이한 말. 기언(奇言).
奇言(きげん) 기언. 기이한 말. 기발한 말.
奇縁(きえん) 기연. 기이한 인연.

奇列(きれつ) 기열. 홀수가 되는 열.
奇芸(きげい) 기예. 진기한 재주나 연기.
奇偶(きぐう) 기우. ① 홀수와 짝수. ② 도박.
奇遇(きぐう) 기우. 기이한 인연으로 만남.
奇偉(きい) 비할 데 없이 훌륭함.
奇乳(きにゅう) 출생 2~3일 후의 신생아의 유방에서 나오는 젖.
奇異(きい) 기이.
奇人(きじん) 기인. 괴짜.
奇才(きさい) 기재. 세상에 드문 재주. 또, 그런 사람.
奇跡(きせき) 기적. ♣~的(てき) 기적적.
∥~劇(げき) 기적극. 서유럽 중세의 종교극의 한 형식.
奇蹟(きせき) ⇨ 奇跡(きせき).
奇絶(きぜつ) 기절. 아주 신기함.
∥~怪絶(かいぜつ) 기절괴절. 아주 신기하고 괴이함.
奇蹄類(きているい) 〖動〗 기제류. 말목(目).
奇中の奇(きちゅうのき) 기중의 기. 불가사의한 일 중에서도 특별히 불가사의한 일.
奇知(きち) 기지. 기발한 지혜.
奇智(きち) ⇨ 奇知(きち).
奇策(きさく) 기책. 묘한 계책.
奇天烈(きてれつ) 〈俗〉 이상야릇함.
奇捷(きしょう) ☞ 奇勝(きしょう) ③.
奇態(きたい) 기태. 괴상한 모양. 기이함.
奇特(きとく) 기특함. 갸륵함.
━(きどく) ① ☞ 㠀. ② (신불 등의) 영검한 효력. 영험.
奇行(きこう) 기행. 기발한 행동.
奇形(きけい) 기형. 불구. ♣~児(じ) 기형아.
奇型(きけい) ⇨ 奇形(きけい).
奇貨(きか) 기화.
奇禍(きか) 기화. 뜻밖의 재난.
奇話(きわ) 기화. 기담.
奇幻(きげん) 기환. 이상한〔신비한〕 일.
奇効(きこう) 기효. 신기한 효험.

訓読
奇し ━(あやし) 〈文〉 괴이하다. 신기하다.
━(くし) 〈古〉 ① 묘하다. 영묘하다. ② 진기하다. ③ 이상하다. 기이하다. 불가사의하다.
━(くすし) 〈古〉 ① 묘하다. 영묘하다.
奇しき(くしき) 〈雅〉 영묘한. 이상〔야릇〕한. 기이한. 얄궂은.
∥~縁(えん) 기이한 인연. 기연.
奇しくも(くしくも) 이상하게도. 기묘〔기이〕하게도.

其他
奇に(あやに) 〈雅〉 ① 헤아릴 수 없을 만큼. ② 턱〔까닭〕 없이.

8 示 祁
성할 기
キ

音読
祁寒(きかん) 기한. 매서운 추위. 혹한.

8 示 祈 (祈)
빌 기
キ
いのる

音読
祈年祭(きねんさい) 음력 2월 4일에 오곡의 풍작, 天皇(てんのう)의 안태 등을 빌던 행사.
＊としごいのまつり로도 읽음.
祈念(きねん) 기념. 기원.
祈祷(きとう) 기도.
∥~師(し) 기도사. 기도를 행하는 승려나 신관 등.
~書(しょ) (기독교의) 기도서. 「함.
祈望(きぼう) 기망. 빌며 원함. 강력히 소망
祈誓(きせい) 기서. 신불에게 빌어 맹세함.
祈願(きがん) 기원.
祈請(きせい) 기청. 신불에게 기원함.

訓読
❖祈る(いのる) ① 빌다. ② 진심으로 바라다.
祈り(いのり) 기도. 기원.

其他
祈ぐ(ねぐ) 〈古〉 기원(祈願)하다.
祈ぎ事(ねぎごと) 〈古〉 기원하는〔비는〕 일. 축원하는 바.

9 示 祇
땅귀신 기
ギ・シ

音読
祇園(ぎおん) 京都(きょうと) 八坂(やさか) 신사의 구칭. 또, 그 부근의 유락.
∥~囃子(ばやし) 祇園祭 때 山車(だし) 위에서, 피리·징·북 따위로 하는 연주.
~精舎(しょうじゃ) 〖佛〗 기원 정사.
~祭(まつり) 京都 八坂 신사의 제사.
~会(え) ☞ 祇園祭.

9 糸 紀
실마리 기·적을 기
キ
おさめる·しるす·のり

音読
紀(き) ① 日本書紀(にほんしょき)의 준말. ② 《接尾語로》 …기. 지질 시대 구분의 하나.
紀綱(きこう) 기강.
紀功碑(きこうひ) 기공비. 공적비. 「름.
紀の国(きのくに) 紀伊(きい) 지방의 옛 이
紀年(きねん) 기년. 기원(紀元)부터 센 햇수.
紀聞(きぶん) 기문. 들은 바를 적은 기록.
紀事本末体(きじほんまつたい) 기사 본말체. 사건에 중점을 두어 기술하는 사서(史書) 문체의 하나.
紀要(きよう) 기요. 대학·연구 기관 등에서 정기적으로 내는 연구 논문집.
紀元(きげん) 기원. ♣~前(ぜん) (서력) 기원전 / ~後(ご) 기원후.

紀律(きりつ) 기율. 규율.
紀伊(きい)〖地〗옛 지방의 이름《지금의 和歌山(わかやま) 현의 대부분과 三重(みえ) 현의 일부》.
紀人(きびと) 紀伊(きい) 지방의 사람.
紀伝(きでん) 기전. ①인물의 전기를 기록한 문서. ②紀伝体의 준말.
‖〜体(たい) 기전체. 본기(本紀)와 열전(列傳)으로 구분해서 서술하는 역사 편찬의 한 체재.
紀州(きしゅう)〖地〗紀伊(きい) 지방.
紀行(きこう) 기행. ♣〜文(ぶん) 기행문.
トリアス紀(トリアスき)〖地〗트라이아스기.

| 10
刂 | 剞 | 새길 기
キ |

音読
剞劂(きけつ) 기궐. ①새김칼. ②판목(版木)을 새김. ③인쇄.

| 10
旡
常 | 既 (旣) | 이미 기
キ
すでに・すんで |

音読
既刊(きかん) 기간.
既墾(きこん) 기간. 이미 개간되어 있음.
既決(きけつ) 기결. ♣〜囚(しゅう) 기결수.
既記(きき) 기기. (앞에) 이미 기록함. 이미 씌음.
既達(きたつ) (공문 등을) 이미 시달하였음.
既倒(きとう) 이미 쓰러져 있음.
既得(きとく) 기득. ♣〜権(けん) 기득권.
既望(きぼう) 기망. 음력으로 매달 16일 밤. 또, 그날 밤의 달.
既発(きはつ) 기발. 이미 일어난〔발생한〕일.
‖〜債(さい) 이미 발행되어 유통 시장에서 매매되고 있는 채권.
既報(きほう) 기보.
既払い(きばらい) 기불. 이미 지불이 끝남.
既成(きせい) 기성.
‖〜概念(がいねん) 기성 개념.
〜観念(かんねん) 기성 관념.
〜道徳(どうとく) 기성 도덕.
〜事実(じじつ) 기성 사실.
〜作家(さっか) 기성 작가.
既遂(きすい) 기수. ♣〜犯(はん) 기수범.
既述(きじゅつ) 기술. 이미 기술함.
既習(きしゅう) 이미 배움.
既視感(きしかん)〖心〗기시감.
既約(きやく)〖数〗기약.
既約分数(きやくぶんすう)〖数〗기약 분수.
既往(きおう) 기왕. 지나간 일. 과거.
‖〜歴(れき) 기왕력. 환자의 과거 병력 및 건강 상태에 관한 기록.
〜症(しょう) 기왕증. 전에 앓았던 병.
既裁(きさい) 기재. 결재가 끝남.
既定(きてい) 기정.
既済(きさい) 기제. 일이 이미 끝났음. 이미 다 갚았음.
既製(きせい) 미리 만들어 놓음. ♣〜品(ひん) 기성품.
既存(きそん) 기존.
既卒(きそつ) 기졸. 이미 학교를 졸업함.
既知(きち) 기지. 이미 알고 있음. 이미 알려짐.
‖〜数(すう) 기지수.
既判力(きはんりょく)〖法〗기판력.
既婚(きこん) 기혼.

訓読
既に ㊀(すでに) ①이미. 벌써. 이전에. ②거의. 자칫. ③〈古〉전혀. 모두.
㊁(すんでに) 하마터면. 까딱하면.
既の事(すんでのこと) 하마터면. 자칫하면.
既の所(すんでのところ) ☞既の事(すんでのこと).

| 10
老 | 耆 | 늙은이 기・즐길 기
キ・シ・ギ
としより・たしなむ |

音読
耆旧(ききゅう) 기구. 늙은이. 노인.
耆徳(きとく) 기덕. 덕이 높은 노인. 숙덕(宿德).
耆老(きろう) 기로. 60-70세 정도의 노인.
耆宿(きしゅく) 기숙. 학식・경험이 많은 노대가(老大家).
耆儒(きじゅ) 기유. 늙은 유자.
耆婆(きば)〖佛〗기파. 석가의 제자로 시의(侍醫). 중국의 편작(扁鵲)과 함께 명의로 알려짐.
‖〜扁鵲(へんじゃく) 기파 편작. 세상에 드문 명의.

| 10
言
教 | 記 | 적을 기
キ
しるす |

音読
記する(きする) ①기록하다. ②명심하다.
記紀(きき)〖史〗古事記(こじき)와 日本書紀(にほんしょき).
‖〜歌謡(かよう) '記紀'에 실린 고대 가요.
記念 ㊀(きねん) 기념. ♣〜物(ぶつ) 기념물 / 〜碑(ひ) 기념비 / 〜樹(じゅ) 기념 식수 / 〜日(び) 기념일 / 〜祭(さい) 기념 축제 / 〜品(ひん) 기념품.
‖〜切手(きって) 기념 우표.
㊁(かたみ) 기념물. 유품.
‖〜分け(わけ) 유품을 친척・친지에게 나누어 줌.
記録(きろく) 기록. ♣〜計(けい) 기록계 / 〜的(てき) 기록적.
‖〜更新(こうしん) 기록 경신.
〜文学(ぶんがく) 기록 문학.

～映画(えいが) 기록 영화.
～破り(やぶり) 기록을 깨는 일.
記名(きめい) 기명.
‖～押印(おういん) 기명 날인. 서명 날인.
～株券(かぶけん) 기명 주권. 주주의 이름이 기재되어 있는 주권.
～証券(しょうけん) 기명 증권.
～債券(さいけん) 기명 채권.
～投票(とうひょう) 기명 투표.
記銘力(きめいりょく) 기명력. 새로운 일을 기억하는 능력.
記文(きぶん) 기문. 기록한 문장. 기사문(記事文).
㊁(しるしぶみ) ①기록. 문서. ②서적. 특히 중국 성현(聖賢)의 서책.
記問(きもん) 기문. 고서를 많이 읽어 암기하고 있을 뿐, 그 뜻을 충분히 모르고 있음.
‖～の学(がく) 기문지학. 그저 고서를 읽고 외기만 할 뿐, 제대로 이해하지 못하는 학문.
記聞(きぶん) 기문. 들은 바를 적은 기록.
記譜法(きふほう) 『樂』 기보법.
記簿(きぼ) ①부기. ②장부.
記事(きじ) 기사. ♣～文(ぶん) 기사문.
‖～広告(こうこく) 기사 광고. 본문의 기사처럼 느끼게 하는 광고.
～審査(しんさ) 기사 심사. 신문사 내에서 자체의 기사를 심의하는 일.
記性(きせい) 기성. 기억력.
記数法(きすうほう) 『數』 기수법.
記述(きじゅつ) 기술.
‖～文法(ぶんぽう) 『言』 기술 문법.
記実(きじつ) 기실. 사실을 기록함.
記室(きしつ) 중국에서, 문필·기록을 관장하던 관리.
記憶(きおく) 기억. ♣～力(りょく) 기억력.
‖～媒体(ばいたい) 기억 매체.
～素子(そし) 기억 소자.
～容量(ようりょう) 기억 용량.
～装置(そうち) 기억 장치.
～障害(しょうがい) 기억 장애.
記入(きにゅう) 기입.
記者(きしゃ) 기자. ♣～団(だん) 기자단.
‖～会見(かいけん) 기자 회견.
記章(きしょう) 기장. ①기념으로 주는 표장. ②휘장. 배지.
記載(きさい) 기재.
‖～文学(ぶんがく) 기재 문학. 문자로 적힌 문학. 문자 문학.
記伝(きでん) 기전. 기록과 전기.
記主(きしゅ) 『佛』 기주.
記号(きごう) 기호. ♣～論(ろん) 기호론/～学(がく) 기호학.
‖～論理学(ろんりがく) 기호 논리학.
～処理(しょり) 기호 처리.
訓読
記 ㊀(しるし) 적는 일. 기록.
㊁(き) ①기록(문). ②《接尾語로》…기. ③古事記(こじき)의 준말.

記す ㊀(しるす) ①적다. 기록하다. ②(마음에) 새기다. 기억하다.
㊁(きす) ☞記する(きする).

10
豆 豈 어찌 기·화락할 개
ガイ
あに

音読
豈弟(がいてい) 개제. 용모와 기상이 화락하고 단아함.
訓読
豈(あに) 〈古〉《아래에 反語가 옴》어찌 …으랴.

10
走 起(起) 일어날 기
キ
おきる·おこる·
おこす·たつ

音読
起居(ききょ) 기거. 일상 생활.
起結(きけつ) 기결. ①시작과 끝. ②한시 등의 기구와 결구.
起稿(きこう) 기고. 원고를 쓰기 시작함.
起工(きこう) 기공. ♣～式(しき) 기공식.
起句(きく) 기구. 시나 문장의 첫 구.
起期(きき) 기기. 사물이 시작되는 시기.
起単(きたん) 『佛』 기단. 선종에서 중이 절을 떠남.
起倒(きとう) 일어남과 쓰러짐.
起動(きどう) 기동. 시동.
‖～力(りょく) 기동력.
起聯(きれん) 기련. 한시(漢詩)에서, 율시(律詩)의 제1·2구.
起立(きりつ) 기립.
起毛(きもう) 기모. 직물이나 편물의 보풀을 일으킴. ♣～機(き) 기모기.
起番(きばん) 기번. 번호를 붙이기 시작함.
起伏(きふく) 기복.
起否(きひ) 일어섬과 일어서지 않음.
起死(きし) 기사. 죽게 된 병자를 살림.
‖～回生(かいせい) 기사 회생.
起算(きさん) 기산.
起床(きしょう) 기상.
起訴(きそ) 『法』 기소.
‖～猶予(ゆうよ) 기소 유예.
～便宜主義(べんぎしゅぎ) 기소 편의주의. 「리.
起首(きしゅ) 기수. 말·문장의 시초. 첫머
起承転結(きしょうてんけつ) 기승전결.
起始(きし) 처음. 시작.
起案(きあん) 기안. 기초.
起業(きぎょう) 기업. 새로이 사업을 일으킴. ♣～家(か) 기업가/～者(しゃ) 기업자.
‖～利得(りとく) 기업 이득. 창업자 이득.
起臥(きが) 기와. 일어남과 누움. 일상 생활.
起用(きよう) 기용.
起原(きげん) ⇨ 起源(きげん).

起源(きげん) 기원.
起因(きいん) 기인.
起電(きでん) 기전. 마찰로 물체에 전기를 일으킴. ♣~力(りょく) 기전력.
起点(きてん) 기점. 출발점.
起程(きてい) 기정. ①여행을 떠남. ②사물의 발단.
起潮力(きちょうりょく) 기조력.
起坐(きざ) ⇨ 起座(きざ).
起座(きざ) 기좌. 일어나 앉음.
‖~呼吸(こきゅう) 〖醫〗기좌 호흡.
起重機(きじゅうき) 기중기. 크레인.
‖~船(せん) 기중선. 크레인을 실은 배.
起震車(きしんしゃ) 지진의 체험과 그 방제를 위해 진동 장치 따위를 탑재한 자동차.
起債(きさい) 〖經〗기채.
‖~市場(しじょう) 〖經〗기채 시장.
起請(きしょう) ①일을 계획하여 군주에게 청원함. 또, 그 청원서. ②신불에게 서약함. 또, 그 서약문.
‖~文(もん) ☞起請②.
起草(きそう) 기초. 기안.
起爆(きばく) 기폭. ♣~薬(やく) 기폭약/ ~剤(ざい) 기폭제.
‖~装置(そうち) 기폭 장치.
起筆(きひつ) 기필.
起行(きぎょう) 〖佛〗기행. 정토교에서, 염불을 외는 일.

訓読▶
起ち居(たちい) ①기거(동작). ②모습. 동정.
❖起きる(おきる) ①일어나다. ②눈을 뜨다. ③발생하다.
起きしな(おきしな) 일어나려고 할 때. 또, 일어나서 바로 곧.
起き掛け(おきがけ) 막 일어남.
起き抜け(おきぬけ) 막 일어남.
起き伏し(おきふし) ①나날의 생활. ②〈雅〉 「다.
起き上がる(おきあがる) 일어나다. 일어서
起き上がり小法師(おきあがりこぼし) 오뚝이. *おきあがりぼうしに로도 읽음.
起き臥し(おきふし) ⇨ 起き伏し(おきふし).
起き直る(おきなおる) 다시 일어서다.
❖起こす(おこす) ①일으키다. 일으켜 세우다. ②시작하다. ③깨우다.
起こし(おこし) (문장의) 서두.
❖起こる(おこる) 일어나다. 발생하다.
起こり(おこり) ①기원. ②원인. 발단.

10 食 常 飢(飢)
주릴 기
キ
うえる

音読▶
飢渇(きかつ) 기갈. *けかつ로도 읽음.
飢饉(ききん) 기근. 「뜀.
飢凍(きとう) 기동(饑凍). 배고픔과 추위에 떪.
飢民(きみん) 기민. 굶주리는 백성.
飢色(きしょく) 기색. 굶주린 얼굴빛.
飢餓(きが) 기아.
‖~世代(せだい) 기아 세대. 청소년기에 굶주린 체험이 있는 노년 세대.
~輸出(ゆしゅつ) 기아 수출.
~療法(りょうほう) 기아 요법.
飢乏(きぼう) 기핍. 음식이 모자라 굶주림.
飢寒(きかん) 기한.

訓読▶
❖飢える(うえる) 굶주리다. 갈망하다. *かつえる로도 읽음.
飢え(うえ) 굶주림. 허기.
飢え死に(うえじに) 굶어죽음. 아사. *かつえじにロも 読む.

11 土 教 基
터 기·근본 기
キ
もと·もとい·もとづく

音読▶
基 ㊀(き) ①기초. ②〖化〗기. ③《接尾語로》…기. 「음.
㊁(もと) 근본. 토대. 기초. *もといロも 読
基幹(きかん) 기간.
‖~労働力(ろうどうりょく) 기간 노동력.
~都市(とし) 기간 도시.
~産業(さんぎょう) 기간 산업.
基根(きこん) 기근. 근본.
基金(ききん) 기금.
基壇(きだん) 〖建〗기단.
基盤(きばん) 기반.
基本(きほん) 기본. ♣~金(きん) 기본금/ ~給(きゅう) 기본급/ ~法(ほう) 기본법.
‖~単位(たんい) 기본 단위.
~設計(せっけい) 기본 설계.
~手形(てがた) 〖經〗기본 어음.
~音(おん) 기본음. 바탕음.
~財産(ざいさん) 기본 재산.
~的人権(てきじんけん) 기본적 인권.
基部(きぶ) 기부. 토대.
基色(きしょく) 기색. 원색.
基石(きせき) 기석. 토대가 되는 돌.
基線(きせん) 〖地·數〗기선.
‖~測量(そくりょう) 기선 측량. 「사.
基数(きすう) 〖數〗기수. ♣~詞(し) 기수
基岩(きがん) 기암. 구축물의 기초 지반을 구성하는 암석.
基音(きおん) 기음. ①〖理〗기본음. ②〖樂〗바탕음.
基因(きいん) 기인.
基底(きてい) 기저. ①기초가 되는 밑바닥. ②〖數〗(입체의) 밑면.
基点(きてん) 기점.
基剤(きざい) 기제. 연고 따위를 제조할 때 쓰이는 부형제(賦形劑).
基調(きちょう) 기조. 바탕.
基柱(きちゅう) ①기본이 되는 기둥. ②중

요 인물.
基準(きじゅん) 기준.
‖ ~看護(かんご) 기준 간호.
~内賃金(ないちんぎん) 기준내 임금.
~薬局(やっきょく) 일정한 기준을 충족시키고 있다고 일본 약사회가 인정한 약국.
~地価(ちか) 기준 지가.
~振動(しんどう) 기준 진동. 고유 진동.
~標本(ひょうほん) 〖生〗 기준 표본.
基地(きち) 기지.
‖ ~局(きょく) 기지국. 통신의 기지가 되는 국.
基址(きし) 토대. 기초.
基質(きしつ) 기질. 기초가 되는 물질.
基体(きたい) 기체. 물질의 성질·상태·변화의 기초가 된다고 생각되는 것.
基礎(きそ) 기초.
‖ ~控除(こうじょ) 기초 공제.
~代謝(たいしゃ) 기초 대사.
~産業(さんぎょう) 기초 산업.
~食品(しょくひん) 기초 식품.
~語彙(ごい) 〖言〗 기초 어휘.
~研究(けんきゅう) 기초 연구.
~医学(いがく) 기초 의학.
~体温(たいおん) 기초 체온.
~化粧品(けしょうひん) 기초 화장품.
基軸(きじく) 기축. 사상·조직 등의 토대.
基層(きそう) 기층. 기반.
基板(きばん) 기판.
訓読
基づく(もとづく) 기초를 두다. 기인하다.
基肥(もとごえ) 기비. 밑거름. *きひろも 읽음.

| 11 土 | 埼 | 갑 기 キ さき |

其他
埼玉(さいたま) 〖地〗 関東(かんとう) 지방에 있는 현의 하나.

| 11 宀 教 | 寄 | 부칠 기·붙여살 기 キ よる·よせる |

音読
寄客(きかく) 기객. 기식하는 사람.
寄居(ききょ) 기거. 기식.
寄稿(きこう) 기고.
寄金(ききん) 寄付金(きふきん)의 새로운 말씀.
寄留(きりゅう) 기류.
寄付(きふ) 기부. ♣~金(きん) 기부금.
‖ ~行為(こうい) 기부 행위.
~講座(こうざ) 기부 강좌. 민간의 장학 기부금으로, 국립 대학에 임시로 특설하는 강좌.
寄附(きふ) ⇨ 寄付(きふ).
寄生 ㊀(きせい) 기생. ♣~虫(ちゅう) 기생충.
‖ ~植物(しょくぶつ) 기생 식물.
~火山(かざん) 〖地〗 기생 화산.
㊁(ほや) 〖植〗 '寄生木(やどりぎ)(= 기생목)'의 구칭.
寄書(きしょ) 기서. ① 편지를 써 보냄. ② 寄稿(きこう).
寄宿(きしゅく) 기숙. ♣~舎(しゃ) 기숙사.
寄食(きしょく) 기식.
寄語(きご) 기어. 전언을 부탁하는 일. 또, 그 말.
寄与(きよ) 기여.
寄寓(きぐう) 기우. 우거(寓居).
寄蔵(きぞう) 〖法〗 기장. 장물 보관. 타인이 범죄 행위로 취득한 물건인 줄을 알면서 보관함.
寄贈(きぞう) 기증. 증정.
寄港(きこう) 기항. 사찰·신사(神社)에 대한 희사·봉납.
‖ ~芝居(しばい) 사찰 건립 비용 따위를 얻을 목적으로 행해진 歌舞伎(かぶき) 흥행.
寄託(きたく) 기탁.
寄航(きこう) 기항. ① 항공기가 어느 공항에 들름. ② ⇨ 寄港(きこう).
寄港(きこう) 기항. 배가 항구에 들름.

訓読
寄越す(よこす) 보내(오)다. 넘겨 주다.
寄人(よりゅうど) ① 平安(へいあん) 시대 이후, 소송 기관 등의 직원. ② 궁내청 御歌所(おうたどころ)의 직원. *よりうどとも 읽음.
寄席(よせ) 寄席(よせせき)의 준말. 만담 등을 들려 주는 대중적 연예장.
‖ ~芸人(げいにん) 만담[재담]가.
寄って集って(よってたかって) 여러 사람이 달라 붙어.
❖寄せる(よせる) ① 밀려오다. ② 의지하다. ③ 마음을 두다.
寄せ(よせ) ① 밀려듦. ② 끌어 모음.
寄せ鍋(よせなべ) 모듬냄비. 잡탕.
寄せ框(よせがまち) 〖建〗 상점 입구에 설치해 놓은 문턱으로, 낮에는 해체함.
寄せ掛ける(よせかける) ① 기대게 하다. ② 쳐들어가다.
寄せ棟(よせむね) 〖建〗 우진각 지붕.
寄せ来る(よせくる) ① 몰려오다. ② 그러모아 운반해온다.
寄せ木(よせぎ) 나무 토막을 짜맞춰서 만든 물건.
‖ ~細工(ざいく) 쪽매붙임.
~造り(づくり) 불상(佛像)을 만드는 방법의 하나.
寄せ文(よせぶみ) 기진(寄進)이나 기탁의 뜻을 밝히고 그 증거로 작성하는 문서.
寄せ物(よせもの) 다져서 으깬 생선에 참마·달걀·밀가루를 고루 섞어 익힌 것을 우무로 굳힌 식품.
寄せ付ける(よせつける) 다가오게 하다.
寄せ算(よせざん) 덧셈.
寄せ書き(よせがき) 여럿이 한 장의 종이에 서화를 쓰는 일. 또, 그렇게 쓴 것.
寄せ席(よせせき) 寄席(よせ)의 본디말.
寄せ手(よせて) 공격해 오는 군세.

寄せ植え(よせうえ) 동종 또는 이종(異種)의 화초·수목을 모아 보기 좋게 심는 일.
寄せ屋(よせや) 폐물·고물 수집상. 고물상.
寄せ場(よせば) ①사람을 집합시키는 장소. ②☞寄席(よせ).
寄せ切れ(よせぎれ) 재단하고 남은 천 조각을 모아 놓는 일.
寄せ集め(よせあつめ) 급한대로 긁어 모은 사람들. 오합지졸.
寄せ集める(よせあつめる) 모으다. 긁어 모으다.
寄せ太鼓(よせだいこ) ①공격 신호의 북. ②관객을 모으기 위해 치는 북.
❖寄る(よる) ①접근하다. ②(생각이) 미치다. ③들르다.
寄り(より) ㊀①집합. ②寄り付き(よりつき)의 준말.
㊁《接尾語로》…근처.
寄り掛かり(よりかかり) 기대기 위한 것.
寄り掛かる(よりかかる) 기대다. ①몸을 의지하여 실리다. ②의존하다.
寄り寄り(よりより) 때때로. 끼리끼리.
寄り道(よりみち) 가는 길에 들름.
寄り倒し(よりたおし) 샅바를 맞잡고 상대를 씨름판 경계에 몰아붙여 쓰러뜨리는 수.
寄り倒す(よりたおす) 샅바를 맞잡은 채 상대를 씨름판 경계에 밀어붙여 쓰러뜨리다.
寄り道具(よりどうぐ) 사람을 손상하지 않고 체포하는 데 쓰는 도구.
寄り目(よりめ) 〈俗〉모들뜨기(눈).
寄り物(よりもの) 해변으로 밀려온 나무·해초·어패류 따위.
寄る辺(よるべ) 의지할 데[사람]. 기댈 곳.
寄り伏す(よりふす) 곁에 바싹 다가 눕다.
寄り付き(よりつき) ①곁에 다가감. ②(거래장의) 첫거래. 시초가(始初價).
∥~値段(ねだん) (거래소의) 시초가.
寄り付く(よりつく) ①다가가다. ②(거래소에서) 그날 첫 매매 거래가 성립되다.
寄り船(よりふね) 조난을 당해 해변으로 표류해온 배.
寄り身(よりみ) (씨름에서) 맞붙어 상대방을 떠밀침. 또, 그 자세.
寄り場(よりば) ①미곡 시장. ②사람이 모이는 곳.
寄り切り(よりきり) (씨름에서) 샅바를 맞잡은 채 밀어붙여 상대방의 발이 씨름판 밖으로 나가게 하는 수.
寄り切る(よりきる) 샅바를 맞잡은 채 상대를 씨름판 밖으로 떠밀어 내다.
寄り州(よりす) 『地』사주(砂洲).
寄り洲(よりす) ⇨寄り州(よりす).
寄り集まり(よりあつまり) ①한데 모임. ②오합지중.
寄り集まる(よりあつまる) 한데 모여 들다. 모이다.
寄り添う(よりそう) 바싹 (달라) 붙다. 다가
寄り縋る(よりすがる) ①바싹 붙다. ②의지하다.

寄り合い(よりあい) ①모여듦. 회합. ②씨름에서, 서로 샅바를 맞잡은 채 떠밀거나 함. *寄合로도 씀.
∥~所帯(じょたい) 집단 세대[가구].
~小作(こさく) (예전에) 남의 땅을 공동으로 빌려 경작한 일.
寄り合う(よりあう) 사람이 모여들다.
其他
寄える(よそえる) 〈口〉①비교하다. 비유하다. ②핑계 대다. 「도 읽음.
寄居虫(やどかり) 『動』소래기. *ごうなで
寄生木(やどりぎ) 『植』기생목.

| 11
山
常 | 崎 | 험할 기
キ
さき |

音読
崎嶇(きく) 기구.
訓読
崎(さき) ①〈雅〉갑(岬). 곶. *みさきで로도 읽음. ②산부리.

| 11
足
常 | 跂 | 육발 기·발돋움할 기
キ
つまだてる |

音読
跂及(ききゅう) 기급. 노력해서 따라잡음. 필적함.

| 12
幺
常 | 幾(幾) | 빌미 기·얼마 기
キ
いく·きざし·こいねがう |

音読
幾諫(きかん) 공손히 간함.
幾望(きぼう) 기망. 음력 14일의 밤. 또, 그 날 밤의 달.
幾何 ㊀(きか) 『数』幾何学의 준말. ♣~学(がく) 기하학.
∥~級数(きゅうすう) 『数』기하 급수.
~平均(へいきん) 『数』기하 평균.
㊁(いくばく) 〈雅〉얼마. 어느 정도. 「이.
㊂(いくそばく) ①얼마나. ②한없이. 많
幾何異性(きかいせい) 『化』기하 이성.
幾何画法(きかがほう) 『美』기하 화법.
訓読
幾つ(いくつ) ①몇. 몇 개. ②몇 살.
幾ら(いくら) ①얼마. 어느 정도. ②그리.
幾らか(いくらか) 조금. 다소. 「지나.
幾久しく(いくひさしく) 오래오래. 언제까
幾年(いくとせ) 〈雅〉몇 년. 몇 해. *いくねんで로도 읽음.
幾多(いくた) 수많이.
幾代(いくよ) ⇨幾世(いくよ).
幾度(いくたび) ①몇 번. *いくどで로도 읽음. ②여러 번.

幾等(いくら) ⇨ 幾ら(いくら).
幾晩(いくばん) 며칠 밤.
幾分(いくぶん) ①일부분. ②어느 정도. 얼마(쯤). 조금. 약간.
幾山河(いくやまかわ) 많은 산과 강.
幾世(いくよ) 여러 대.
幾時(いくじ) 몇 시.
幾十許(いくそばく) ⇨ 幾何(いくそばく).
幾月(いくつき) 몇 개월.
幾人(いくたり) 몇 사람. *いくにんで로도 읽음.
幾日 ㈠(いくか) 며칠.
㈡(いくにち) ①어느 정도의 날짜. 많은 날. ② ☞ㄱ.
幾程(いくほど) 얼마. 어느 정도.
幾重(いくえ) 여러 겹. 겹겹.
幾千代(いくちよ) 몇 천년. 오랜 세월.
幾遍(いくへん) 몇 차례. 여러 번.
幾ら何でも(いくらなんでも) 아무리 사정이 있어도.
幾許(いくばく) ⇨ 幾何(いくばく).
㈡(そくばく) 약간. 얼마큼.
㈢(ここら) 〈古〉 (이렇게도) 많이. 심히. 매우.

| 12
月
㊚ | 期 | 때 **기**·바랄 기
キ·ゴ
とき |

音読
期 ㈠(き) ①(마침 좋은) 때. ②《接尾語로》…기. ③약속.
㈡(ご) ①때. 기한. ②최후.
期する(きする) ①기한을 정하다. ②기대하다. *ごする로도 읽음.
期せずして(きせずして) 뜻밖에. 우연히.
期間(きかん) 기간.
期近(きぢか) (정기 거래에서) 수도(受渡) 기일이 가까움.
‖〜債(さい) 상환 시기가 다가오고 있는 채권.
期年(きねん) 기년. 1주년.
期待(きたい) 기대. ♣〜値(ち)《數》기댓값.
‖〜可能性(かのうせい)《法》기대 가능성.
〜権(けん) 기대권. 희망권.
〜外れ(はずれ) 기대했던 사항이 그대로 실현되지 않음.
期末(きまつ) 기말.
‖〜手当(てあて) 기말 수당. 상여금.
〜割り戻し(わりもどし) 기말 리베이트. 기말 결산에서 잉여금을 보험 계약자 등에게 되돌려 줌.
期望(きぼう) 기망.
期成(きせい) 기성. ♣〜会(かい) 기성회.
‖〜同盟(どうめい) 기성 동맹.
期する所(きするところ) 이루려고 기약하는 바.
期首(きしゅ) 기수. 어느 기간의 처음. 기초.
期央(きおう) 그 기의 중앙. 회계 연도의 중앙. 수축.
期外収縮(きがいしゅうしゅく)《醫》기외
期月(きげつ) 기월. ①미리 정해진 기한의 달. ②1개월.
期日(きじつ) 기일. *ごじつ로도 읽음.
期中(きちゅう) 기중. 정해진 기한 안.
‖〜償還(しょうかん) 기중 상환. 기한 전에 채권을 상환함.
期限(きげん) 기한.
‖〜付き(つき) 기한부.
〜の利益(りえき)《法》기한이 아직 도래하지 않음으로써 당사자가 받는 이익.
〜表示(ひょうじ) 가공 식품의 품질을 보증하는 기한을 나타냄.

| 12
木
㊚ | 棋 | 바둑 기
キ·ゴ·ギ |

音読
棋客(きかく) 기객.
棋界(きかい) 기계. 바둑이나 장기의 사회.
棋局(ききょく) 기국. 바둑의 국면.
棋道(きどう) 기도.
棋羅(きら) 바둑돌을 늘어놓은 듯이 죽 늘어섬.
棋力(きりょく) 기력.
棋歴(きれき) 기력.
棋理(きり) 바둑·장기의 이론.
棋譜(きふ) 기보.
棋士(きし) (바둑·장기의) 기사.
棋聖(きせい) 기성. 바둑이나 장기의 명인.
棋勢(きせい) 기세. 바둑·장기의, 승부의 형세.
棋院(きいん) 기원.
棋子(きし) 기자. 바둑돌.
棋戦(きせん) 기전.
棋峙(きじ) 군웅 등이 할거하여 상대함.
棋風(きふう) 기풍.

| 12
木 | 棊 | 바둑 기
キ·ゴ·ギ |

参考 棋의 異體字.

音読
棊子麺(きしめん) 가늘고 납작하게 바둑돌 모양으로 만든 국수.

| 12
欠 | 欹 | 기울 **기**·어 의
キ·イ
ああ·そばだてる |

訓読
欹てる(そばだてる) (귀를) 쫑긋 세우다. 기울이다.

| 12
欠
㊚ | 欺 | 속일 **기**·거짓 기
ギ·キ
あざむく |

音読
欺狂(ききょう)《佛》기광. 사람을 속임.

欺瞞(ぎまん) 기만.
欺罔(きもう) 기망. 남을 속임. ＊ぎもう・び
欺詐(ぎさ) 기사. 사기. 거짓으로 속임.
欺騙(きへん) 기편. 기만.

訓読
欺く(あざむく) ①속이다. ②착각하게 하다.

| 13
口 | 嗜 | 즐길 기
シ
たしなむ |

音読
嗜眠(しみん) 〚醫〛 기면.
‖〜性脳炎(せいのうえん) 기면성 뇌염.
嗜癖(しへき) 기벽. 즐기고 좋아함. 또, 「음.
嗜欲(しよく) 기욕. 즐겨 좋아하며 하고자 하는 마
嗜虐(しぎゃく) 기학. 잔학한 일을 즐김.
♣〜性(せい) 잔학성.
嗜好(しこう) 기호. ♣〜品(ひん) 기호품.

訓読
❖嗜む(たしなむ) ①즐기다. 소양을 쌓다. ②조심하다. 조신하다. 「행실.
嗜み(たしなみ) ①소양. 취미. ②조심성.

| 13
木
常 | 棄 | 버릴 기
キ
すてる |

音読
棄却(ききゃく) 기각.
棄教(ききょう) 믿고 있던 신앙을 버림.
棄権(きけん) 기권. 「다버림.
棄老(きろう) 기로. 노인을 산속 같은 곳에 내
棄民(きみん) 기민. 국가로부터 버림 받은 국
棄背(きはい) 버리고 배반함. 「민.
棄損(きそん) 훼손(毀損).
棄市(きし) 기시. 옛날 중국의 형벌의 하나. 죄인의 목을 베어 시체를 전시함.
棄児(きじ) 기아. 버려진 아이.
棄捐(きえん) 기연. ①버림. ②법령으로 개인의 대차 관계를 파기시켰던 일.
棄恩(きおん) 〚佛〛 기은.

訓読
❖棄てる(すてる) ①버리다. ②《接尾語적으로》…해 버리다.
棄て子(すてご) 어린(갓난)아이를 버리는 일. 기아.

| 13
田 | 畸 | 뙈기밭 기·기이할 기
キ
めずらしい |

参考 현대 표기로는 '奇'로 대용함.

音読
畸人(きじん) 기인. 괴짜.
畸形(きけい) 기형. 불구.
畸型(きけい) ⇨ 畸形(きけい).

| 13
石
常 | 碁 | 바둑 기
ゴ・キ |

音読
碁(ご) 바둑.
碁客(ごかく) 기객. 바둑 두는 사람.
碁器(ごき) 기기. 바둑돌을 담는 그릇.
碁立て(ごだて) (바둑에서) 포석.
碁盤(ごばん) 기반. 바둑판. ♣〜縞(じま) 바둑판 무늬.
‖〜格子(ごうし) ⇨ 碁盤縞.
〜目(め) 바둑판의 눈처럼 가로·세로로 구분한 것.
〜乗り(のり) (서커스에서) 말·코끼리가 네 발을 바둑판 위에 올려놓고 서는 곡예.
〜割り(わり) 바둑판 모양으로 정연히 분할.
碁師(ごし) 기사. 바둑 전문가. 「함.
碁筒(ごけ) 기기(碁器). 바둑알 통.
碁石(ごいし) 기석. 바둑돌.
‖〜蜆(しじみ) 〚蟲〛 바둑돌부전나비.
碁聖(ごせい) 기성. 바둑의 명인.
碁勢(ごせい) 기세. 바둑의 형세.
碁手(ごて) 바둑이나 쌍륙(雙六) 등에 거는 금품.
碁子(ごし) ①기자. 바둑돌. ②기기(碁器).
碁敵(ごがたき) 기적. 바둑의 맞수.
碁打ち(ごうち) ①바둑을 둠. ②바둑을 잘 두는 사람.
碁会(ごかい) 기회. 바둑을 두는 모임. ♣〜所(しょ) 기원.

| 14
方
教 | 旗 | 기 기·표 기
キ
はた |

音読
旗鼓(きこ) 기고. 군기와 북. 군대.
‖〜の間(かん) 싸움터. 「국주.
旗国主義(きこくしゅぎ) (선박 소속의) 기
旗旒(きりゅう) 기류.
‖〜信号(しんごう) 기류 신호.
旗門(きもん) (스키 회전 경기에서) 코스의 빠져 나가야 할 데에 세운 기.
旗手(きしゅ) 기수.
旗亭(きてい) 기정. 요릿집. 주막집.
旗旌(きせい) 기정. 기와 정(旌). 기치.
旗幟(きし) 기치.
旗標 □(きひょう) 목표. 기치.
□(はたじるし) ⇨ 旗印(はたじるし).
旗下(きか) ①휘하. ②☞ 旗本(はたもと).
旗艦(きかん) 〚軍〛 기함.
旗号(きごう) 기치(旗幟). 기장.
Z旗(ゼットき) 만국 신호에서 로마자 Z를 나타내는 신호기.

訓読
旗 □(はた) ①기. ②〈方〉연.

[三](き)《接尾語적으로》기. 깃발.
旗竿(はたざお) 깃대.
旗頭(はたがしら) ① 깃발의 꼭대기. ② 한 지방 제후의 우두머리. ③ 한 파의 우두머리.
旗立て(はたたてだい) 두동가리돔.
旗売り(はたうり) 거래에서 공매(空賣)하는 일.
旗本(はたもと) 江戸(えど) 시대에, 将軍(しょうぐん) 가(家)에 직속된 무사.
∥**～奴**(やっこ) 旗本 직속의 하급 무사로서 의협을 일삼던 자.
旗色(はたいろ) 형세. 전황.
旗揚げ(はたあげ) ① 군사를 일으킴. ② 새로 일을 시작함.
旗雲(はたぐも) 깃발처럼 길게 뻗친 구름.
旗印(はたじるし) 목표. 기치.
旗日(はたび) 국경일.
旗持ち(はたもち) ① 기수. ② 신분이 낮은 부하.
旗指物(はたさしもの) 갑옷 등에 꽂아 표지로 삼던 작은 깃발.
旗振り(はたふり) 신호 따위를 위해 깃발을 흔듦. 또, 그 사람.
旗差物(はたさしもの) ⇨ 旗指物(はたさしもの).
旗行列(はたぎょうれつ) 기행렬.
〔其他〕
旗魚(かじき) 〖魚〗 청새치.

---

14 竹 箕 키 기·삼태기 기
キ
み

〔音読〕
箕踞(ききょ) 기거. 두 다리를 쭉 뻗고 앉음.
箕裘(ききゅう) 기구. 아버지의 유업을 이어 받음. 가업.
〔訓読〕
箕(み) 키.

---

14 糸 綺 비단 기
キ
あや

〔音読〕
綺羅(きら) ① 기라. ②〈古〉영화를 극함.
綺羅星(きらぼし) 기라성.
綺麗(きれい) ① 예쁨. ② 깨끗함. ③ (솜씨 등이) 멋짐. 「치우.
綺想曲(きそうきょく) 〖樂〗 기상곡. 카프리
綺語(きご) 기어. ① 아름답게 표현한 말. ② 〖佛〗 십악의 하나.
綺殿(きどの) 복식품·화장 도구 따위를 만들어 팔았던 가게〔사람〕.

---

15 口 器(器) 그릇 기
キ
うつわ

箕·綺·器·畿·冀·機　**237**

〔音読〕
器械(きかい) 기계.
∥**～体操**(たいそう) 기계 체조.
器官(きかん) 기관.
器具(きぐ) 기구.
器機(きき) 기기. 기계·기구의 총칭.
器量(きりょう) ① 기량. ② 체면. ③ (여자의) 용모.
∥**～望み**(のぞみ) 예쁜 여성을 아내로 바람.
～負け(まけ) 재능이 있기 때문에 도리어 실패함.
～人(じん) 재능이 뛰어난 사람.
～自慢(じまん) 재주를 스스로 자랑함.
～好し(よし) 잘생김. 미인.
～好み(ごのみ) 예쁜 상대만 좋아함.
器皿(きべい) 기명. 음식을 담는 그릇.
器物(きぶつ) 기물.
〔三〕(うつわもの) ☞ 器(うつわ).
器楽(きがく) 〖樂〗 기악. ♣**～曲**(きょく) 기악곡.
器用(きよう) ① 솜씨가 좋음. ② 요령이 좋음.
∥**～貧乏**(びんぼう) 잔재주가 화가 되어 오히려 대성하지 못함. 또, 그런 사람.
器才(きさい) 기재. 뛰어난 기량과 재능.
器材(きざい) 기재.
器財(きざい) 기재. (값진) 도구. 기물.
器質(きしつ) 〖醫〗 기질.
〔訓読〕
器 〔一〕(うつわ) ① 그릇. ② 기구. ③ 재능. …감.
〔二〕(き) ① ☞ 〔一〕①. ②《接尾語적으로》…기. 간단한 도구.

---

15 田 畿 경기 기
キ
みやこ

〔音読〕
畿内(きない) ① 황거(皇居) 부근의 직할지. ② 京都(きょうと)에 가까운 다섯 지방. ＊きだいろ로도 읽음.

---

16 八 冀 바랄 기
キ
こいねがう

〔音読〕
冀求(ききゅう) 기구. 희구.
冀図(きと) 기도. 희망하여 계획함.
冀望(きぼう) 기망. 희망.
〔訓読〕
❖**冀う**(こいねがう) 간절히 바라다. 열망하다.
冀くは(こいねがわくは) 바라건대. 부디.

---

16 木 機(機) 베틀 기
キ
はた·からくり

〔音読〕

機 ㈠(기) ①시기. 기회. ②기계. ③비행기. ④《接尾語로》…기. 또, 비행기를 세는 말.
㈡(はた) 베틀.
機甲(きこう) 기갑.
∥～部隊(ぶたい) 기갑 부대.
機警(きけい) 기경. 기지가 있고 현명함.
機械(きかい) 기계. ♣～論(ろん) 기계론/～語(ご) 기계어/～的(てき) 기계적/～化(か) 기계화.
∥～工業(こうぎょう) 기계 공업.
～文明(ぶんめい) 기계 문명.
～翻訳(ほんやく) (컴퓨터의) 기계 번역.
～水雷(すいらい) 기계 수뢰. 기뢰.
～編み(あみ) 기계직(織).
機関 ㈠(きかん) 기관. ♣～区(く) 기관구/～士(し) 기관사/～紙(し) 기관지/～誌(し) 기관지/～車(しゃ) 기관차/～銃(じゅう) 기관총/～砲(ほう) 기관포.
∥～庫(こ) 기관고. 기관차의 차고.
～訴訟(そしょう) 〖法〗기관 소송.
～助士(じょし) '火夫(かふ)・火手(かしゅ)(=화부)'의 고친 이름.
～投資(とうし) 〖經〗기관 투자.
㈡(からくり) ①실로 조종함. ②계략. ③기계 장치.
機巧(きこう) 기교. 묘한 솜씨.
機具(きぐ) 기구. 기계나 기구류.
㈢(はたぐ) 베틀에 쓰는 도구.
機構(きこう) 기구.
機根(きこん) 〖佛〗기근.
機器(きき) 기기. 기계・기구의 총칭.
機内(きない) (항공기의) 기내. ♣～食(しょく) 기내식.
機女(きじょ) 기녀. 베를 짜는 여자. 직녀.
機能(きのう) 기능. ♣～的(てき) 기능적.
∥～繊維(せんい) 기능 섬유.
～性食品(せいしょくひん) 기능성 식품.
～障害(しょうがい) 기능 장애.
～主義(しゅぎ) 기능주의.
～集団(しゅうだん) 기능 집단.
～訓練(くんれん) 기능 훈련.
機動(きどう) 기동. ♣～力(りょく) 기동력/～性(せい) 기동성.
∥～部隊(ぶたい) 기동 부대.
～作戦(さくせん) 기동 작전.
機略(きりゃく) 기략.
∥～縦横(じゅうおう) 기략 종횡.
機雷(きらい) 기뢰. 機械水雷(きかいすいらい)의 준말. ♣～原(げん) 기뢰원.
機務(きむ) 기무. 기밀의 정무〔사무〕.
機尾(きび) (항공기의) 기미.
機微(きび) 기미. 미묘한 사정.
機敏(きびん) 기민.
機密(きみつ) 기밀. ♣～費(ひ) 기밀비.
機帆船(きはんせん) 기범선.
機変(きへん) 기변. 임기 응변.
機鋒(きほう) 기봉. 예봉.
機分(きぶん) 기분. ①태어나면서부터의 성질. ②시세. 기운.
機事(きじ) 기사. 기밀 사항.
機上(きじょう) 기상.
機先 ㈠(きせん) 기선. 일이 일어나려는 찰나.
～を制(せい)する 기선을 잡다. 선수를 쓰다.
㈡(さき) ①전조. ② ☞㈠.
機船(きせん) 기선. '発動機船(はつどうきせん)(=발동기선)'의 준말.
∥～底引網漁業(そこびきあみぎょぎょう) 기선 저인망 어업.
機首(きしゅ) 기수.
機業(きぎょう) 기업. 방직업.
機縁(きえん) ①기연. 기회와 인연. ②〖佛〗기연.
機影(きえい) 기영. 비행기의 그림자〔모습〕.
機外(きがい) 기외. (비행기의) 기체 밖.
機運(きうん) 기운. 시운. 때.
機宜(きぎ) 기의. 시기와 형편에 알맞음.
機作(きちょう) 구조. 기구.
機長(きちょう) (항공기의) 기장.
機才(きさい) 기재. 민첩한 재기.
機材(きざい) 기재.
機転(きてん) 기지(機智). 임기 응변.
機制(きせい) 기제. 기구.
機種(きしゅ) 기종.
機走(きそう) 기주. 보조 기관이 달린 범선이 바람이 없거나 출입항할 때 엔진의 힘으로 달림.
機中(きちゅう) 기중. 비행기 안. 비행기를 타고 있는 동안.
機知(きち) 기지.
機智(きち) ⇨ 機知(きち).
機織(きしょく) 기직. 베를 짬.
機体(きたい) 기체.
機銃(きじゅう) 〖軍〗기총.
∥～掃射(そうしゃ) 기총 소사.
機軸(きじく) 기축. ①차량・기관의 축. ②(지구의) 지축. ③활동의 중심.
機嫌(きげん) 기분. ②《ご～으로》기분이 좋음. ③남의 안부.
∥～気褄(きづま) 기분. 비위.
～買い(かい) ①기분파. ②아첨꾼.
～伺い(うかがい) 남의 안부 등을 물음.
～斜め(ななめ) 불쾌한 모양.
～顔(がお) 기분이 좋은 표정.
機会(きかい) 기회. ♣～犯(はん) 〖法〗우발범.
∥～均等(きんとう) 기회 균등.

▶訓読◀
機物(はたもの) ①천을 짜는 도구. ②베틀로 짠 직물. 〔써레.
機糸(はたいと) 베틀로 짜는 데 쓰는 날실〔
機屋(はたや) 베짜는 집. 또, 그 사람.
機場(はたば) ①베틀로 짜는 장소. ②베틀로 짠 피륙이 많이 나는 고장.
機織り(はたおり) 베틀로 베를 짬. 또, 그 사람. ♣～虫(むし) 〖蟲〗여치.
∥～姫(ひめ) '織女星(しょくじょせい)(=직녀성)'의 딴이름.

17 石 磯 [人]

물가 기
キ
いそ

訓読
磯(いそ) (바다·호수의) 바위너설이 있는 물가. 둔치. 해변.
磯め(いそめ) 〖動〗갯지렁이.
磯開き(いそびらき) 그 지방의 해조나 조개류의 채집을 해금하는 일.
磯巾着(いそぎんちゃく) 〖動〗말미잘.
磯蚯蚓(いそめ) ⇨ 磯め(いそめ).
磯明け(いそあけ) 바다 낚시 등의 정식 해금 (시기).
磯物(いそもの) 해안 가까이서 잡히는 어개류나 해조류.
磯辺(いそべ) 〈雅〉바위가 많은 바닷가.
磯浜(いそはま) 바위나 돌이 많은 해안.
磯松(いそまつ) ①바닷가의 소나무. ②〖植〗갯질경이.
磯魚 ㊀(いそうお) 해안가에 사는 물고기의 총칭.
㊁(いさな) 〈古〉바닷가·물가의 물고기.
磯陰(いそかげ) 바닷가 바위 그늘.
磯伝い(いそづたい) 바위너설이 있는 바닷가를 따라감.
磯際(いそぎわ) ⇨ 磯辺(いそべ).
磯釣り(いそづり) (해안에서의) 바다 낚시.
磯菜(いそな) 해변에 나는 바닷나물.
磯千鳥(いそちどり) 해변의 바위너설에 사는 물떼새.
磯臭い(いそくさい) 바닷내가 나다.
磯況(いそきょう) (해안에서의) 낚시 상황.

其他
磯城島(しきしま) 일본의 딴이름.
磯馴れ(そなれ) 가지나 줄기가 지면쪽으로 비스듬히 뻗었음.
∥~松(まつ) 해변의 소나무.

17 見 覬

넘겨다볼 기
キ
のぞむ

音読
覬覦(きゆ) 기유. 분수(分數)에 걸맞지 않은 일을 바람.

18 馬 騎 [常]

말탈 기
キ
のる

音読
騎馬(きば) 기마.
騎馬民族説(きばみんぞくせつ) 〖史〗기마민족설.
騎兵(きへい) 기병.
∥~奉行(ぶぎょう) 기병을 통할하던 옛 관직.
騎士(きし) 기사. ♣~道(どう) 기사도.
∥~修道会(しゅうどうかい) 〖史〗기사 수도회.
騎射(きしゃ) 기사. 말을 타고 달리며 활을 쏨. 또, 그 경기. *まゆみにも 읽음.
騎手(きしゅ) (경마 등의) 기수.
騎乗(きじょう) 기승. 말을 탐.
騎戦(きせん) 기전. 말을 타고 하는 싸움.
騎従(きじゅう) 기종.
騎座(きざ) 기수의 양 무릎이 말의 몸뚱이를 끼워 넣는 부분.
騎竹(きちく) 기죽. (어린이가) 죽마를 탐.
騎銃(きじゅう) 기총. 기병총.
騎行(きこう) 기행. 말을 타고 감.

18 馬 騏

검푸른말 기
キ

音読
騏驥(きき) 기기. 훌륭한 말. 준마.
騏驎(きりん) ①기린. 천리마. 준마. ②매우 뛰어난 인물. ③☞麒麟(きりん)②.

19 言 譏

나무랄 기
キ
そしる

音読
譏刺(きし) 기자. 비난함. 욕함.

訓読
❖譏る(そしる) 비방하다. 비난하다. 욕하다.
譏り(そしり) 비방. 비난.

19 鹿 麒

기린 기
キ

音読
麒麟(きりん) 기린. ①〖動〗기린. ②중국에서, 성인이 나기 전에 나타난다는 상상의 동물. ③걸출한 사람. ♣~竭(けつ) 〖植〗기린갈 / ~児(じ) 기린아 / ~座(ざ) 〖天〗기린자리 / ~草(そう) 〖植〗기린초.

20 夂 夔

짐승이름 기·도깨비 기
キ

音読
夔鳳文(きほうもん) 기봉문. 고대 중국에서, 주로 은·주 나라 때의 청동기에 쓰였던 무늬.

21 食 饑

주릴 기
キ
うえる

音読

饑渇(きかつ) 기갈.
饑饉(ききん) 기근.
饑餓(きが) 기아.
饑寒(きかん) 기한.
其他
饑い(ひもじい) 시장하다. 배고프다. *ひだるいろも 읽음.

| 21 魚 | 鰭 | 지느러미 기
キ
ひれ |

音読▶
鰭骨(きこつ)〖魚〗기골.
訓読▶
鰭(ひれ) 지느러미. *はたろも 읽음.
鰭脚類(ひれあしるい)〖魚〗기각류.
鰭酒(ひれざけ) 복어의 지느러미를 불에 구워서, 데운 술에 넣은 것.

| 22 四 | 羇 | 타관살이할 기
キ
たび |

音読▶
羇旅(きりょ) ①기려. 여행. 나그네. ②여행에 관해 읊은 和歌(わか) 등.

| 24 四 | 羈 | 굴레 기
キ
おもがい・たづな・たび |

音読▶
羈縛(きばく) 연결하여 묶음. 속박.
羈絆(きはん) 기반. 굴레. 속박.
羈束(きそく) 기속.
羈軛(きやく) 속박함.

| 27 馬 | 驥 | 천리마 기
キ |

音読▶
驥尾(きび) 기미. 준마의 꼬리.
驥足(きそく) 기족. 뛰어난 재능.

긴

| 15 糸 常 | 緊 | 급할 긴・팽팽할 긴
キン
しまる・しめる |

音読▶
緊褌(きんこん) 샅가리개를 단단히 졸라맴.
‖〜一番(いちばん) 허리띠를 졸라매고 착수함.
緊急(きんきゅう) 긴급.
‖〜動議(どうぎ) 긴급 동의.
〜命令(めいれい)〖法〗긴급 명령.
〜発進(はっしん) 긴급 발진.
〜事態(じたい) 긴급 사태.
〜自動車(じどうしゃ) 긴급 자동차.
〜調整(ちょうせい) 긴급 조정.
〜措置(そち) 긴급 조치.
〜質問(しつもん) 긴급 질문.
〜集会(しゅうかい) 긴급 집회.
〜逮捕(たいほ)〖法〗긴급 체포.
〜避難(ひなん)〖法〗긴급 피난.
緊密(きんみつ) 긴밀.
緊迫(きんぱく) 긴박.
緊縛(きんばく) 긴박. 바싹 얽어 묶음.
緊束(きんそく) 긴속. 엄격히 제한함.
緊握(きんあく) 꽉 쥠. 꼭 잡음.
緊要(きんよう) 긴요.
緊張(きんちょう) 긴장.
緊切(きんせつ) 긴절. 긴요하고 절실함.
緊締(きんてい) 짐 따위를 단단히 쥠.
緊縮(きんしゅく) 긴축.
‖〜財政(ざいせい) 긴축 재정.
〜政策(せいさく) 긴축 정책.

길

| 6 口 常 | 吉 | 길할 길
キチ・キツ
よい |

音読▶
吉(きち) 경사스러움. 좋은 일.
吉慶(きっけい) 길경. 경사스러운 일.
吉礼(きちれい) 길례. 경사스러운 의식.
吉例(きちれい) 길례. 길하다 하여 행해지는 전례. *きつれいろも 읽음.
吉夢(きちむ) 길몽. *きつむろも 읽음.
吉報(きっぽう) 길보. 희소식.
吉事(きちじ) ①길사. 경사. ②《反語적으로》장의. 장례. *きつじろも 읽음.
吉上(きちじょう) 길상. 더없이 경사스러움.
吉相(きっそう) 길상. ①좋은 인상. ②좋은 일의 조짐.
吉祥(きっしょう) 길상. 길조. 행운. *きちじょうろも 읽음.
‖〜天女(てんにょ)〖佛〗길상 천녀. 모든 생물에게 복을 준다는 여신.
吉瑞(きちずい) 길서. 길한 조짐.
吉辰(きっしん) 길신. 가신〔嘉辰〕.
吉曜(きちよう) 길요. 길일. 좋은 날.
吉日(きちにち) 길일. *きちじつろも 읽음.
吉兆(きっちょう) 길조.
吉左右(きっそう) ①길흉〔성패〕간의 통지. ②〈老〉희소식.
吉春(きっしゅん) 길춘. 경사스러운 봄.
吉凶(きっきょう) 길흉.

其他
吉方(えほう) 길방. 음양도(陰陽道)에서, 그 해의 간지에 따라 길한 방위라고 정해진 방향.
吉備団子(きびだんご) 수수경단.
吉野(よしの)『地』奈良(なら) 현 남부의 지명. 벚꽃으로 유명하며 역사 유적이 많음.
‖**~葛**(くず) 吉野 지방에서 산출되는 양질의 갈분.
~山(やま) 奈良 현 남부의 산. 벚꽃과 사적(史蹟)으로 알려짐.
~桜(ざくら) 吉野 산의 벚나무.
~朝(ちょう) 室町(むろまち) 시대 초기 吉野에 있었던 조정《1336-92》. ♣**~時代**(じだい) 吉野朝가 정통이라는 입장에서, '南北朝(なんぼくちょう)(=京都(きょうと)와 吉野에 있던 두 조정)' 시대를 부르는 이름.
~紙(がみ) 닥나무로 만든 아주 얇은 종이.
吉原(よしわら) 江戸(えど)에 있던 유곽.
‖**~言葉**(ことば) 吉原의 창녀들이 쓰던 특별한 말투.
~雀(すずめ) 吉原의 사정에 밝은 사람.
吉志舞(きしまい) 고대에 추었던, 전투를 표현한 무용.

8 イ	佶	헌걸찰 **길** キツ

音読
佶屈(きっくつ) (길 따위가) 꼬불꼬불함.

9 扌	拮	일할 **길**·버틸 **길** キツ・ケツ はたらく

音読
拮据(きっきょ) 길거. 고된 것을 참고 부지런히 일함.
拮拮(きつきつ) 길길. 열심히 일하는 모양.
拮抗(きっこう) 길항. 맞버팀.

10 木	桔	도라지 **길** キツ・ケツ

音読
桔梗(ききょう)『植』길경. 도라지. *옛날에는 きちこう라고도 했음.

끽

12 口 常	喫 (喫)	먹을 **끽**·마실 **끽** キツ くう·のむ

音読
喫する(きっする) ①마시다. 먹다. 피우다. ②(좋지 않은 일을) 당하다. 입다.
喫驚(きっきょう) 끽경. 깜짝 놀람. *びっくり로도 읽음.
喫緊(きっきん) 끽긴. 매우 긴요함.
喫茶(きっさ) 끽다. 차를 마심. *きっちゃ로도 읽음.
‖**~店**(てん) 다방. 찻집.
喫飯(きっぱん) 끽반. 밥을 먹음.
喫水(きっすい) 흘수(吃水). 배의 아랫부분이 물에 잠기는 깊이. ♣**~線**(せん) 흘수선.
喫煙(きつえん) 끽연. 흡연.

나

| 7
阝
人 | 那 (那) | 어찌 나・어조사 내
ナ
なんぞ・いかん |

音読
那落(ならく) ①〖佛〗나락. 지옥. ②밑바닥. ‖ ～の底(そこ) ①지옥의 밑바닥. ②끝없는 구렁텅이. (깊은) 수렁.
那辺(なへん) 나변. 어느 근방. 어디.
那智黒(なちぐろ) 和歌山(わかやま) 현 남쪽 那智(なち) 부근에서 나는 점판암(粘板岩).
逆音
刹那(せつな) 찰나. 순간. ♣～的(てき) 찰나적.

| 10
手 | 拿 | 잡을 나
ダ・ナ
とる |

参考 拏는 異體字.
音読
拿捕(だほ) 나포. 붙잡아 가둠.
其他
拿破崙(ナポレオン) 나파륜. 나폴레옹.

| 11
木 | 梛 | 구나나무 나
ナ
なぎ |

訓読
梛(なぎ) 〖植〗죽백나무.

| 17
亻 | 懦 | 나약할 나・나약할 유
ダ
よわい |

音読
懦夫(だふ) 나부. 겁쟁이. 겁이 많은 사내.
懦弱(だじゃく) 나약.

| 20
米 | 糯 | 찰벼 나・찹쌀 나
ダ
もち・もちごめ |

訓読
糯(もち) 찹쌀・차조 등 차진 곡식.
糯稲(もちいね) 찰벼. 찹쌀이 되는 벼.
糯黍(もちきび) 차수수.
糯粟(もちあわ) 차조.
糯米(もちごめ) 찹쌀.

낙

| 15
言
常 | 諾 | 대답할 낙・승낙할 낙
ダク
う・うべなう |

音読
諾する(だくする) 승낙하다. 떠맡다.
諾諾(だくだく) 낙낙. 순종함. 고분고분함.
諾了(だくりょう) 승낙함. 양해함.
諾否(だくひ) 낙부. 승낙함과 승낙하지 않음.
諾成契約(だくせいけいやく) 〖法〗낙성 계약. 당사자의 합의만으로 성립하는 계약.
諾約者(だくやくしゃ) 〖法〗낙약자.
諾意(だくい) 낙의. 승낙의 의사.
訓読
諾(う) 응. 그래《승낙의 뜻을 나타내는 말》. *だくろも 읽음.
諾う(うべなう) ①〈雅〉동의하다. 승낙하다. ②〈古〉복종하다.
其他
諾威(ノルウェー) 〖地〗노르웨이.

난

| 13
日
教 | 暖 (暖) | 따뜻할 난
ダン・ノン
あたたか・あたたかい・
あたたまる・あたためる |

音読
暖(だん) 난. 따뜻함.
暖国(だんこく) 난국. 기후가 온난한 나라.
暖気(だんき) 난기.
暖気団(だんきだん) 〖氣〗난기단.
暖機運転(だんきうんてん) 아이들링. 자동차 등의 엔진에 부하(負荷)를 걸지 않고 저속으로 공회전시키는 일.
暖帯(だんたい) 〖地〗난대. ♣～林(りん) 난대림.
暖冬(だんとう) 난동.

‖~異変(いへん) 난동 이변. 이상 난동.
暖炉(だんろ) 난로.
暖流(だんりゅう) 난류.
暖房(だんぼう) 난방.
‖~器具(きぐ) 난방 기구.
　~装置(そうち) 난방 장치.
暖色(だんしょく) 난색.
暖室(だんしつ) 난실. 따뜻한 방. ♣~炉(ろ) 난로.
暖域(だんいき)〖氣〗난역.
暖衣(だんい) 난의. 따뜻한 옷.
‖~飽食(ほうしょく) 난의포식.
暖潮(だんちょう) ☞暖流(だんりゅう).
暖地(だんち) 난지.
暖海(だんかい) 난해.
暖海性魚類(せいぎょるい) 난해성 어류.
暖和(だんわ) 난화. 날씨가 따뜻하고 화창함.
暖候期予報(だんこうきよほう)〖氣〗난후기 예보. (일본에서) 봄철에서 초가을에 걸친 기후 특성의 예보.

[訓読]
暖まる(あたたまる) 따뜻해지다. *あったまる로도 읽음.
❖暖かい(あたたかい) ① 따뜻하다. ② 주머니 사정이 좋다. *あったかい로도 읽음.
暖か(あたたか) ① 따뜻함. ② 주머니 사정이 좋음. *あったかい로도 읽음.
❖暖める(あたためる) 따뜻하게 하다. *あっためる로도 읽음.
暖め酒(あたためざけ) 중탕해서 데운 술. 몸을 덥게 하기 위해 마시는 술.

[其他]
暖簾(のれん) ① 상호가 든 막. 포렴. ② 상점의 전통・신용.　　　　　　　　「을 내줌.
‖~分け(わけ) 장기 근속한 점원에게 분점
　~師(し) 가짜 물건을 파는 사기꾼.

13 火 煖
따뜻할 난
ダン・ケン
あたたかい・あたためる

[音読]
煖炉(だんろ) 난로.
煖房(だんぼう) 난방.

18 隹 難(難)
어려울 난・나무랄 난
ナン
かたい・むずかしい

[音読]
難(なん) ① 어려움. ② 화. 재난. ③ 곤란. 고난. ④ 흠. 결점.
難ずる(なんずる) 힐난하다. 책망하다.
難艱(なんかん) 난간. 간난.
難件(なんけん) 난건. 다루거나 해결하기에 어려운 사건.
難境(なんきょう) 난경. 곤란한 처지〔경우〕.
難苦(なんく) 고난. 간난.

難曲(なんきょく) 난곡.
難攻不落(なんこうふらく) 난공불락.
難関(なんかん) 난관.
難句(なんく) 난구.
難球(なんきゅう) 난구. 받기도 치기도 어려운 공.
難局(なんきょく) 난국.
難度(なんど) 난도. 어려운 정도.
難道(なんどう) 통행하기 어려운 길.
難読(なんどく) 난독.
難路(なんろ) 난로. 험로(險路).
難無く(なんなく) 무난히. 쉽게.
難文(なんぶん) 난문. 어려운 문장.
難問(なんもん) 난문.
‖~難題(なんだい) 난문 난제.
難物(なんぶつ) 난물. 처치 곤란한 물건・사람.
難民(なんみん) 난민.
‖~救済(きゅうさい) 난민 구제.
難壁(なんぺき) 등반이 어려운 암벽.
難癖(なんくせ) 비난할 결점. 트집.
難病(なん(ち)びょう) 난(치)병.
難死(なんし) 난사. 재난으로 죽음.
難事(なんじ) 난사. 처리・해결이 어려운 일.
難産(なんざん) 난산.
難渋(なんじゅう) 난삽. 일이 진척되지 않아 어려움을 겪음.
難色(なんしょく) 난색.
難船(なんせん) 난선. 난파(선).
難所(なんしょ) 난소. 험한 곳.
難語(なんご) 난어. 뜻이 어려운 말.
難業(なんぎょう) 난업. 어려운 사업.
難役(なんやく) 난역. 어려운 역할〔소임〕.
難燃(なんねん) 난연. 잘 타지 않음.
‖~加工(かこう) 난연 가공.　　　　　「말.
難義(なんぎ) 난의. 뜻을 알 수 없는 말. 또, 그
難儀(なんぎ) 괴롭고 어려움. 곤란. 폐.
難易(なんい) 난이.
難字(なんじ) 난자. 어려운 한자.
難者(なんしゃ) (남을) 비난하는 사람.
難場(なんば) 어려운 고비. 난관.
難敵(なんてき) 난적.
難戦(なんせん) 난전. 고전(苦戦).
難点(なんてん) 난점.
難題(なんだい) 난제.
難中(なんちゅう) 난중.
難症(なんしょう) 난증. 낫기 어려운 병.
難陳(なんちん) 서로 다투어 의견을 말함.
難聴(なんちょう) 난청.
‖~地域(ちいき) 난청 지역.
難治(なんじ) 난치.
難破(なんぱ) 난파. ♣~船(せん) 난파선.
難風(なんぷう) 난풍. 배의 항해를 방해하는
難航(なんこう) 난항.　　　　　　　「바람.
難解(なんかい) 난해.
難行 ㊀(なんぎょう)〖佛〗난행. 고된 수행.
‖~苦行(くぎょう) 난행 고행.
㊁(なんこう) 난행. 일이 잘 진척되지 않음.
難険(なんけん) 난험. 험난.
難化(なんか) 난화. 어려워짐.

難訓(なんくん) 한자의 '訓読(くんよ)み(=훈독)'가 어려운 것.
難詰(なんきつ) 힐난.
[訓読]
難い ㊀(かたい) 어렵다. 힘들다.
　㊁(がたい)《接尾語로》① …하기 어렵다. ② …할 수 없다.
　㊂(にくい)《接尾語로》☞㊁.
難き(かたき) ① 어려움. ② 어려운 일.
難くない(かたくない) 어렵지 않다.
難しい(むずかしい) ① 어렵다. 힘들다. ② 못마땅하다.
難みす(かたみす) 곤란하게 생각하다.
難んずる(かたんずる) 어렵다고 생각하다.
[其他]
難てに(がてに) 〈雅〉《動詞 連用形을 받아서》차마 못하고.
難波(なにわ) 大阪(おおさか)와 그 부근의 옛 이름.
❖～津(づ) 大阪 부근의 항구·지역의 옛 이름.

날

| 10
土 | 埒 | 낮은담 **날**
ラチ・ラツ |

[音読]
埒(らち) ①(마장·목장의) 울타리. 목책. ② 사물의 단락.
埒内(らちない) 울타리 안. 테두리 안.
埒明け(らちあけ) 일을 척척 잘해내는 모양.
埒無い(らちない) 순서·질서가 문란하다.
埒外(らちがい) 울타리 밖. 테두리 밖.

| 10
才 | 捏 | 반죽할 **날**·꾸며맞출 **날**
ネツ・デツ
こねる |

[音読]
捏ちる(でっちる) ①(진흙 따위를) 반죽하다. 개다. ② 완성하다.
捏ち上げる(でっちあげる) 〈俗〉① 날조하다. ② 어설프나마 고생 끝에 만들어 내다.
捏造(ねつぞう) 날조. 꾸밈. 조작.
[訓読]
❖捏ねる ㊀(こねる) ① 반죽하다. 이기다. 개다. ② 억지 부리다.
　㊁(くねる) (손으로) 둥글게 빚다.
捏ね返す(こねかえす) 자꾸 이기다. 자꾸 개어 반죽하다.
捏ね鉢(こねばち) 반죽용 그릇.
捏ね上げる(こねあげる) ① 잘 반죽하여 만들다. ② 궁리하여 꾸며 내다.
捏ね取り(こねどり) (떡을 칠 때, 고루 쳐지도록) 욱여 넣음. 또, 그 일을 하는 사람.
捏ね合わせる(こねあわせる) ① 반죽하여 섞다. ② ☞捏ね上げる(こねあげる).
捏ね回す(こねまわす) ① 자꾸 이기다. ② (일을) 자꾸 주물러 터뜨리다.
[其他]
捏ね(つくね) 〖料〗 짓이긴 어육이나 닭고기에 계란·녹말을 섞어 경단처럼 둥글게 빚어 기름에 튀긴 것.
捏ね焼き(つくねやき) 〖料〗 짓이긴 어육이나 닭고기에 달걀을 섞고 빚어서 구운 요리.

| 11
才
人 | 捺 | 손으로누를 **날**
ナツ・ナ
おす |

[音読]
捺染(なっせん) 날염. 프린트.
捺印(なついん) 날인.
[訓読]
❖捺す(おす) 찍다. 누르다.
捺し染め(おしぞめ) 날염.

남

| 7
田
教 | 男 | 사내 **남**·아들 **남**
ダン・ナン
お・おとこ・おのこ |

[音読]
男系(だんけい) 남계. 아버지 쪽의 혈통.
♣～親(しん) 남계 친척.
男工(だんこう) 남공. 남자 직공.
男根(だんこん) 남근. 음경(陰茎).
∥～期(き) (정신 분석에서) 남근기(3~6세의 시기).
　～崇拝(すうはい) 남근 숭배.
男女(だんじょ) 남녀. *なんにょ로도 읽음.
∥～共学(きょうがく) 남녀 공학.
　～同権(どうけん) 남녀 동(등)권.
　～同一賃金(どういつちんぎん) 남녀 동일 임금.
男流(だんりゅう) 〈俗〉 남성. 남자.
男色(だんしょく) 남색. 남성의 동성애.
*なんしょく로도 읽음.
男生(だんせい) 남자 중고교생. 남학생.
男声(だんせい) 남성.
男性(だんせい) 남성. ♣～美(び) 남성미 / ～的(てき) 남성적.
∥～軍(ぐん) ① 경기에서, 남성 팀. ②〈俗〉(한 그룹 중의) 전체 남성.
　～語(ご) 남성어. 남성 특유의 말·표현.
男囚(だんしゅう) 남수. 남자 죄수.
男児(だんじ) 남아.
男優(だんゆう) 남우. 남자 배우.
男子(だんし) 남자.
男爵(だんしゃく) 남작.

男装(だんそう) 남장.
男尊女卑(だんそんじょひ) 남존여비.
男娼(だんしょう) 남창.　　　「도 읽음.
男妾(だんしょう) 남첩. ＊おとこめかけ
男体(なんたい) 남자의 몸〔모습〕.

訓読

男 ㊀(おとこ) ① 남자. 남성. ② 사나이다움. ③ 샛서방. ④ (남자의) 명예. 체면.
㊁(お)〈雅〉사나이. ② 남편. 정부. ③ 둘 중에서 크고 센 쪽.
㊂(のこ) ① 성인 남자. ② 남자 어린이. ③ 남자 하인.
男さび(おとこさび) 남자다운 행동.
男らしい(おとこらしい) 사내답다.
男仮名(おとこがな) 한자의 음훈(音訓)을 빌려서 일본어의 음을 적은 문자.
男結び(おとこむすび) 끈을 맺는 방법의 하나. 오른쪽 끝을 왼쪽 아래로 돌려 뺀 코에다가 왼쪽 끝을 집어넣어서 맺음.
男狂い(おとこぐるい) (여자가) 남자에 미침. 또, 그 여자. 탕녀.
男気 ㊀(おとこぎ) 협기(俠氣). 의협심.
㊁(おとこけ) 남자가 있는 기색. ＊おとこげ로도 읽음.
男っ気(おとこっけ) 남자가 있음. 남자가 있는 듯한 느낌・분위기.
男男しい(おおしい) 사나이답고 용감하다.
男帯(おとこおび) 남자용의 폭이 좁은 띠.
男道(おとこどう) 중세에, 무사가 창피를 당하면 주군일지라도 그 치욕을 씻어야 한다는
男浪(おなみ) ⇨ 男波(おなみ). 　「일.
男郎花(おとこえし)〖植〗뚝깔.
男滝(おだき) 한 쌍의 폭포 중 세차고 큰 폭포. 수폭포.
男冥加(おとこみょうが) ☞ 男冥利(おとこみょうり).　　　　　「복・기쁨.
男冥利(おとこみょうり) 남자로 태어난 행
男木(おぎ)〖植〗수나무.
男文字(おとこもじ) ① 한자(漢字). 수클. ② 남자의 필적.
男物(おとこもの) 남자용품.　　　「척.
男方(おとこがた) ① 남자 쪽. ② 남편의 친
男柄(おとこがら) ① 남자용 천 무늬. ② 남성다운 인품.
男腹(おとこばら) 아들만 낳는 여자.
男部屋(おとこべや) 하인의 방.
男山(おとこやま) 한 쌍의 산 중에서 더 크고 험한 산.
男殺し(おとこごろし) ① 남자를 죽임. ② 요염한 여자.
男扇(おとこおうぎ) 남자용 부채.
男盛り(おとこざかり) 남자의 한창 때.
男所帯(おとこじょたい) 홀아비 살림. 남자들만의 살림.
男手(おとこで) ① 남자의 힘〔손〕. ② 남자의 필적. ③〈雅〉한자(漢字).
男勝り(おとこまさり) 여자로서 남자 이상 씩씩하고 굳건함. 또, 그런 여자.

男神(おがみ) 남신.
男心(おとこごころ) ① 남자의 마음. ② 남자의 바람기.
男艾(おとこよもぎ)〖植〗제비쑥.
男役(おとこやく)〖劇〗① 연극 등에서 여배우가 남자 역을 함. 또, 그 여배우. ② 남자가 연기하는 역.
男運(おとこうん) 남자와의 인연〔운명〕.
男泣き(おとこなき) (좀처럼 울지 않을) 남자가 복받쳐 우는 울음.
男伊達(おとこだて) 사나이다움을 행동으로 보임. 또, 그런 사람. 협객(俠客).　「근.
男日照り(おとこひでり) 남자 흉년. 남자 기
男一匹(おとこいっぴき) 사내 대장부.
男の子(おとこのこ) ① 사내아이. 아들. ②〈女〉젊은 남자.
男自慢(おとこじまん) ① 남자로서의 자랑. ② 남편 자랑.
男前(おとこまえ) 멋있는〔남자답고 잘난〕사나이. 미남자.　　　　　　　　　「し」.
男節(おぶし) 등쪽 살로 만든 鰹節(かつおぶ
男の節句(おとこのせっく) 단오절(端午節).
男主(おとこあるじ) 남자 주인. 바깥주인.
男柱(おとこばしら)〖建〗① 건축물의 중심이 되는 기둥. ② 다리나 난간 따위의 양끝에 있는, 다른 것보다 놓고 큰 기둥.
男竹(おだけ) 참대・솜대・죽순대 따위, 큰 대나무의 속칭.
男衆(おとこしゅう) ① 사나이들. 남정네. ② 고용인. 하인. ＊おとこしゅろ도 읽음.
男持ち(おとこもち) 남자용 휴대품.
男振り(おとこぶり) ① 남자다운 풍채・용모. ② 남자로서의 면목.
男雛(おびな) 内裏雛(だいりびな) 중 天皇(てんのう)를 본뜬 인형.
男臭い(おとこくさい) ① 남자 냄새가 나다. ② 매우 남성답다. ③ 여자가 남자처럼 보이다.
男親(おとこおや) 부친. 아버지.
男湯(おとこゆ) 남탕.
男波(おなみ) 높낮이가 있는 파도 중에서 높은 편의 파도.
男坂(おとこざか) 신사(神社)나 절에 참배하러 들어가는 두 비탈길 중 더 가파른 쪽의 길.
男早り(おとこひでり) ⇨ 男日照り(おとこひでり).
男向き(おとこむき) 남자가 쓰기에 적합함. 또, 그물건. 남성용.
男嫌い(おとこぎらい) 여자가 남자와 접하는 것을 싫어함. 또, 그런 여자.
男好き(おとこずき) ① 남자의 기호에 맞음. 남성이 좋아함. ② (여자가) 남자를 바침.
男鰥(おとこやもめ)

| 9
十
教 | **南** | 남녘 남
ナン・ナ
みなみ |

音読

南ア(なんア)〖地〗'南アフリカ共和国(=남아프리카 공화국)'의 준말.
∥~共和国(きょうわこく) 남아프리카 공화국.
南柯(なんか) 남가. 남쪽으로 뻗은 가지.
∥~の夢(ゆめ) 남가일몽.
南高北低型(なんこうほくていがた)〖氣〗남고 북저형.
南郊(なんこう) 남교. 도시의 남쪽 교외.
南欧(なんおう)〖地〗남구. 남유럽.
南国(なんごく) 남국. ♣~的(てき) 남국적.
∥~情緒(じょうちょ) 남국 정서.
南極(なんきょく) 남극. ♣~圏(けん) 남극권 /~星(せい)〖天〗남극성. /~点(てん) 남극점. /~海(かい) 남극해.
∥~観測(かんそく) 남극 관측.
~気団(きだん)〖氣〗남극 기단.
~老人(ろうじん) 남극 노인. 남극성의 화신.
~大陸(たいりく) 남극 대륙.
~収束線(しゅうそくせん)〖氣〗남극 수속선. 남극 대륙 열에서 차가워진 해수가 비중이 무거워 주변 해수 밑으로 잠입케 됨으로써 생기는 불연속면.
南南東(なんなんとう) 남남동.
南南問題(なんなんもんだい) 남남 문제.
南南西(なんなんせい) 남남서.
南端(なんたん) 남단.
南島(なんとう) 남방의 여러 섬.
南都(なんと)〖地〗① 남쪽에 있는 도읍. ② 奈良(なら)의 딴이름.
南東(なんとう) 남동. 동남쪽.
南鐐(なんりょう) 江戸(えど) 시대의 화폐의 일종.
南蛮(なんばん)〖地〗① 남만. ② 江戸(えど) 시대에 포르투갈・에스파냐의 일컬음. ♣~船 남만선 /~鉄(てつ) 남만철 /~絵(え) 남만화.
∥~鴃舌(げきぜつ) 남만격설.
~渡り(わたり) 포르투갈・에스파냐에서 건너 옴.
~貿易(ぼうえき) 남만 무역.
~寺(じ) 室町(むろまち) 말기부터 江戸(えど) 시대에 걸쳐 일컫던 기독교 교회.
~煮(に) 야채・생선 등을 기름에 튀긴 음식.
~漬(づけ) 식초・술・소금을 섞은 물에 튀긴 생선・야채 따위를 절인 음식.
南面(なんめん) 남면.
∥~の位(くらい) 제위(帝位). 군주의 자리.
南溟(なんめい) 남명.
南無(なむ)〖佛〗나무.
∥~妙法蓮華経(みょうほうれんげきょう)〖佛〗日蓮宗(にちれんしゅう)에서, 법화경에 귀의하는 뜻을 나타내어 부르는 말.
~三宝(さんぽう) ①〖佛〗나무삼보. ② 아차. 아뿔싸.
~阿弥陀仏(あみだぶつ)〖佛〗나무아미타불.
南米(なんべい)〖地〗남미(南美).
南方(なんぽう) 남방.
∥~仏教(ぶっきょう) 남방 불교.
南部(なんぶ) 남부.
∥~鉄瓶(てつびん) 盛岡(もりおか) 지방에서 나는 쇠주전자.

南北(なんぼく) 남북.
∥~問題(もんだい) 남북 문제.
~戦争(せんそう)〖史〗(미국의) 남북 전쟁.
~朝(ちょう)〖史〗남북조. 일본에서, 14세기의 남북의 두 조정. 남조(南朝)와 북조.
~評議会(ひょうぎかい) 남북 평의회. 북아일랜드의 지방 의회와 아일랜드 공화국의 대표로 구성된 모임.
南氷洋(なんぴょうよう)〖地〗남빙양.
南沙群島(なんさぐんとう)〖地〗남사 군도. 난사 군도.
南山(なんざん) 남산. 남쪽 산.
南西(なんせい) 남서.
南船北馬(なんせんほくば) 남선북마.
南岸(なんがん) 남안.
南洋(なんよう)〖地〗남양.
∥~群島(ぐんとう)〖地〗남양 군도.
南緯(なんい) 남위.
南殿 ㊀(なんでん) 궁전의 하나. 紫宸殿(ししんでん)이라고도 함.
㊁(みなみどの) 남향으로 세운 전각.
南征(なんせい) 남정. 남방 정벌.
南朝(なんちょう)〖史〗남조.
南宗画(なんしゅうが) 남종화.
南中(なんちゅう) 남중.
南進(なんしん) 남진. 남하.
南天(なんてん) 남천. ① 남쪽 하늘. ②〖植〗남천촉.
南総(なんそう)〖地〗上総(かずさ)의 딴이름.
南下(なんか) 남하.
南学(なんがく) 江戸(えど) 시대에 土佐(とさ) 지방에서 행해진 주자학(朱子學).
南限(なんげん) (동식물 지역 분포의) 남쪽 한계.
南海(なんかい) 남해.
∥~道(どう)〖地〗예전의 행정 구획인 七道(しちどう)의 하나.
南画(なんが) 남화. 중국화의 2 대 유파의 하나.

訓読
南(みなみ) ① 남. 남쪽. ② 남풍. 마파람.
南する(みなみする) 남진하다.
南面(みなみおもて) 남면. 남으로 향한 방향.
南半球(みなみはんきゅう)〖地〗남반구.
南受け(みなみうけ) 남향.
南十字星(みなみじゅうじせい)〖天〗남십자성. 남십자자리.
南十字座(みなみじゅうじざ)〖天〗남십자자리.
南アジア語族(みなみアジアごぞく)〖言〗남아시아 어족.
南支那海(みなみシナかい)〖地〗남중국해.
南風 ㊀(みなみかぜ) 남풍. 마파람.
㊁(なんぷう) ① 남풍. ② 남방의 세력.
㊂(はえ) 마파람. 남풍.
南太平洋非核地帯条約(みなみたいへいようひかくちたいじょうやく) 남태평양 비핵지대 조약.
南回帰線(みなみかいきせん)〖地〗남회귀선.

其他
南京(ナンキン) ①〖地〗난징. ② 중국에서

도래한 물건이라는 뜻을 나타냄. ♣~豆(まめ)〖植〗낙화생 / ~米(まい) 안남미 / ~錠(じょう) 맹꽁이 자물쇠 / ~虫(むし) 빈대.
∥~袋(ぶくろ) 곡물 등을 넣는 삼실로 성기게 짠 큰 부대.
~木綿(もめん) 중국 무명.
~鼠(ねずみ)〖動〗애완 및 동물 실험용으로 기르는 생쥐.
~町(まち) 차이나타운. 중국인 촌.
南瓜(カボチャ) 호박.
~に目鼻(めはな) 호박 같은 여자.
∥~野郎(やろう) 못생긴 자식.
南燭(しゃしゃんぼ)〖植〗모새나무.

12 口	喃	재재거릴 남 ナン しゃべる・のう

音読
喃喃(なんなん) 남남. 재잘거리는 모양.
喃語(なんご) ① 남녀가 의좋게 속삭임. ② 젖먹이가 재재거리는 말. 투레질.

訓読
喃(のう)〈古〉사람을 부를 때 쓰는 말. 여보세요.

13 木 人	楠	녹나무 남 ナン くす・くすのき

訓読
楠(くすのき)〖植〗장목(樟木). 녹나무.
＊くすとも 읽음.

13 辶 日	遖	갸륵할 〔남〕 あっぱれ

訓読
遖(あっぱれ) 매우 훌륭함. 눈부심.

납

9 衤	衲	기울 납·중 납 ノウ

音読
衲衣(のうえ) ① 누더기. ② 승려가 입는 옷.

10 糸 教	納(納)	들일 납·바칠 납 ノウ・ナッ・ナ・ナン・トウ おさめる・おさまる・いれる

音読
納竿(のうかん) 낚시질을 마침.
納経(のうきょう) 추선(追善) 공양을 위해 필사한 경문을 절에 바침.
納骨(のうこつ) 납골. ♣~堂(どう) 납골당.
納棺(のうかん) 입관.
納金(のうきん) 납금. 금전을 납부함.
納期(のうき) 납기.
納豆(なっとう) 메주콩을 발효시킨 식품.
∥~菌(きん) 納豆 제조에 쓰이는 간상(桿狀) 세균의 한 가지.
納得(なっとく) 납득. 이해.
∥~尽く(づく) 서로가 납득한 결과임.
納涼(のうりょう) 납량.
納杯(のうはい) ① 술자리의 마지막 잔. ② 술잔치 끝.
納本(のうほん) 납본.
納付(のうふ) 납부.
納税(のうぜい) 납세.
∥~告知(こくち) 납세 고지.
~管理人(かんりにん) 납세 관리인.
~申告(しんこく) 납세 신고.
~の義務(ぎむ) 납세 의무.
~準備預金(じゅんびよきん) 납세 준비 예금.
納所(なっしょ) ① 도조(賭租)를 바치는 곳. ② 〖佛〗절에서 시주를 받거나 회계를 맡아 보는 곳.
∥~坊主(ぼうず) 잡무를 처리하는 하급 승려.
納受(のうじゅ) ① 수납. ② (신불이) 사람의 소원을 들어줌.
納屋(なや) 헛간.
納入(のうにゅう) 납입.
納車(のうしゃ) 자동차를 구입자에게 납품함.
納札(のうさつ) 신사·절에 참배해서 기념이나 기원의 표시로 패를 붙임.
納采(のうさい) 납채.
納幣(のうへい) ① 공물을 바침. ② 결혼 예물을 교환함.
納品(のうひん) 납품. ♣~書(しょ) 납품서.
納戸(なんど) ① 의복 따위를 간수하는 방. ② 納戸色의 준말.
∥~色(いろ) 쥐색을 띤 남빛.
~茶(ちゃ) 파랑과 초록의 중간색.
納会(のうかい) 납회.

訓読
❖納まる(おさまる) ① 걷히다. ② 끝나다. ③ 납득〔양해〕되다.
納まり(おさまり) ① 매듭〔결말〕짓는 일. 수습. ② 영수. 수납.
納まり返る(おさまりかえる) 완전히 안정되다.
❖納める(おさめる) ① 바치다. ② 거두다. ③ 넣어 두다.
納め(おさめ) 끝냄. 종료. 끝장. 마지막.
納め物(おさめもの) ① 매주(買主)에 대한 납품. ② 공물(供物). ③ 조세. 세금.
納め相場(おさめそうば) 연말 최종 시세.
納め顔(おさめがお) 시치미를 떼고 있는 얼굴.
納め浚い(おさめざらい) 그 해의 예능 최종

낭

10 女 常 娘 계집 낭·계집 랑
ジョウ
むすめ

音読
娘細胞(じょうさいぼう)〖生〗낭세포. 딸세포. *むすめさいぼう로도 읽음.
娘子(じょうし) 낭자. 처녀. 소녀. 여성.
♣~軍(ぐん) 낭자군.
娘核(じょうかく)〖生〗낭핵. 딸핵. *むすめかく로도 읽음.

訓読
娘(むすめ) ① 딸. ② (젊은) 미혼 여성.
娘気質(むすめかたぎ) 처녀들의 공통된 기질.
娘分(むすめぶん) 딸처럼 대함.
娘師(むすめし) (도둑의 은어로) 광을 부수고 재물을 훔침. 광털이.
娘婿(むすめむこ) 사위.
娘盛り(むすめざかり) 처녀의 한창 아리따운 나이.
娘宿(むすめやど) 娘組(むすめぐみ)에 속한 미혼 여성들이 밤마다 모여 밤일도 하고 이야기도 하면서 지내는 곳.
娘心(むすめごころ) 순정적인 처녀의 마음.
娘義太夫(むすめぎだゆう) 젊은 여자가 공연한 義太夫節(ぎだゆうぶし). 또, 그 여자.
娘組(むすめぐみ) 동년배 미혼 여성의 집단.

21 日 曩 접때 낭
ノウ
さき·さきに

音読
曩日(のうじつ) 낭일. 지난날.
曩祖(のうそ) 선조. 조상.

22 口 囊 주머니 낭·자루 낭
ノウ
ふくろ

音読
囊状(のうじょう) 낭상. 주머니 모양.
囊底(のうてい) 낭저. 주머니 바닥. 지갑의 밑바닥.
囊腫(のうしゅ)〖醫〗낭종.
囊中(のうちゅう) 낭중. 주머니 속.
~の錐(きり) 낭중지추. 훌륭한 인물은 숨어도 밖으로 드러남의 비유.

訓読
囊(ふくろ) 자루. 주머니. 봉지.
囊網(ふくろあみ) 자루 그물.

逆音
胆囊(たんのう)〖生〗담낭. 쓸개.
背囊(はいのう) 배낭.

내

2 丿 入 乃 이에 내·너 내
ダイ·ナイ·アイ
すなわち·なんじ·の

音読
乃公(だいこう) 내공. 나. 본인. 「칭.
乃夫(だいふ) 내부. 아버지의 자식에 대한 자
乃至(ないし) 내지. ① (수량·정도의) …서 …까지. ② 또는. 혹은.

訓読
乃ち(すなわち) 그래서. 그리고.

4 口 內 (內) 안 내·속 내
ナイ·ダイ
うち·いる

音読
內 ㊀(ない) ① 내밀히. 몰래. ② 안. 내부.
㊁(うち) ① 안. 내부. ② 사이. 동안. ③ 집. 집안.
內角(ないかく) 내각. ①〖數〗안쪽의 각. ②〖野〗홈 플레이트와 타자에 가까운 쪽. ♣~球(きゅう) 인코너를 통과하는 피처의 투구.
內殼(ないかく) 내각.
內閣(ないかく) 내각.
‖~官房長官(かんぼうちょうかん) 내각 관방 장관.
~不信任案(ふしんにんあん) 내각 불신임안.
~総理大臣(そうりだいじん) 내각 총리 대신. 수상.
~総辞職(そうじしょく) 내각 총사직.
內剛外柔(ないごうがいじゅう) 내강외유.
內客(ないきゃく) 집안(내부) 손님. 은밀한 손님.
內挙(ないきょ) 내부 천거. 「사.
內検(ないけん) 비공식으로 검사함. 예비 검
內見(ないけん) 내람(內覽). 비공개로 봄.
內決(ないけつ) 내부 결정.
內径(ないけい) 내경. ①〖數〗안지름. ② (총포 등의) 구경. ③ (기물의) 안쪽 치수.
內界(ないかい) 내계.
內顧(ないこ) 내고. 내부 사정을 돌봄.
內骨格(ないこっかく)〖生〗내골격.
內攻(ないこう)〖醫〗내공.
內供奉(ないぐぶ) 옛날에 궁중에 출사한 고승(高僧).
內科(ないか) 내과.
內果皮(ないかひ)〖植〗내과피.
內郭 ㊀(ないかく) 내곽. 안쪽 테두리.
㊁(うちぐるわ) 성곽에서, 외곽에 대해 그 안에 설치된 곽. 내곽.
內廓(ないかく) ⇨ 內郭(ないかく).
內観(ないかん)〖心〗내관. 내성(內省).

内交渉(ないこうしょう) 내교섭. 사전 교섭.
内局(ないきょく) 내국. 중앙 관청에서 대신 (大臣)・차관의 직접 감독을 받는 국.
内国(ないこく) 내국. 국내. ♣~**法**(ほう) 내국법 / ~**人**(じん) 내국인.
∥~**貿易**(ぼうえき) 내국 무역.
~**民待遇**(みんたいぐう) 내국민(내국인) 대우.
~**郵便**(ゆうびん) 국내 우편.
~**為替**(かわせ)〖經〗내국환.
~**航路**(こうろ) 국내 항로.
内君(ないくん) 남의 아내에 대한 경칭.
内規(ないき) 내규.
内勤(ないきん) 내근.
内記(ないき) 옛날, 조칙이나 위기(位記)를 기초하며, 궁중의 기록을 맡아보던 벼슬아치.
内内 ㊀(ないない) ①'마음속으로'의 뜻. ②'은밀히'의 뜻. ③'가까운 …끼리'의 뜻.
㊁(うちうち) 내밀.
内達(ないたつ) 내달.
内談(ないだん) 내담. 비공식적으로 이야기함.
内対角(ないたいかく)〖數〗내대각.
内大臣(ないだいじん) 1885년 이후 신헌법이 공포되기 전까지 天皇(てんのう)를 보좌하던 대신.
内徳(ないとく) 내덕. 안으로 쌓은 미덕.
内毒素(ないどくそ)〖醫〗내독소.
内諾(ないだく) 내락. 비공식적인 승낙.
内乱(ないらん) 내란. ♣~**罪**(ざい)〖法〗내란죄.
内覧(ないらん) 내람. 가만히 봄.
内力(ないりょく) 내력. 내부의 힘.
内陸(ないりく) 내륙. ♣~**国**(こく) 내륙국.
∥~**工業地帯**(こうぎょうちたい) 내륙 공업 지대.
~**気候**(きこう)〖氣〗내륙성 기후.
~**河川**(かせん) 내륙에 있으면서, 그 하구가 바다와 연결되어 있는 강.
内輪山(ないりんざん)〖地〗내륜산.
内裏(だいり) 天皇(てんのう)가 사는 대궐. 궁궐.
∥~**様**(さま) 内裏雛의 공손한 말.
~**雛**(びな) 天皇・황후의 모습을 본떠 만든 한 쌍의 인형.
内膜(ないまく)〖生〗내막.
内湾(ないわん)〖地〗내만.
内面 ㊀(ないめん) 내면. ♣~**的**(てき) 내면적.
∥~**描写**(びょうしゃ) 내면 묘사.
~**生活**(せいかつ) 내면 생활.
㊁(うちづら) 집안 사람을 대하는 태도.
内命(ないめい) 내명. 비밀 명령.
内命婦(ないみょうぶ) 내명부.
内務(ないむ) 내무. ♣~**省**(しょう) 내무성.
内文(ないぶん) 天皇(てんのう)의 옥새를 찍은 문서. *ないぶみ로도 읽음.
内問(ないもん) 내밀한 문초.
内聞(ないぶん) ① 비공식으로 들음. ② 높은 사람의 귀에 들어감.

内密(ないみつ) 내밀. 비밀. 은밀.
内反足(ないはんそく) 내반슬. 안짱다리.
内発(ないはつ) 내발. 내부에서 자연히 일어남. ♣~**的**(てき) 내발적.
内方 ㊀(ないほう) 내방. 안쪽. 내측. ② 남의 아내에 대한 존경어.
㊁(うちかた) ① 자기 집. ② 자기 쪽.
内胚葉(ないはいよう)〖生〗내배엽.
内翻足(ないほんそく) ⇨ 内反足(ないはんそく).
内罰的(ないばつてき) 내벌적. 자벌적.
内壁(ないへき) 내벽.
内辺(ないへん) 내변. 내면.
内変(ないへん) 내변. 내부의 변화. 국내의 변고.
内報(ないほう) 내보. 가만히 알림.
内服(ないふく) 내복. ♣~**薬**(やく) 내복약.
内福(ないふく) 내복. 내실 있게 유복함.
内付(ないふ) 어느 나라에 종속함. 복속.
内府(ないふ) ⇨ 内大臣(ないだいじん).
内部(ないぶ) 내부.
∥~**監査**(かんさ)〖經〗내부 감사.
~**牽制組織**(けんせいそしき)〖經〗내부 견제 조직.
~**告発**(こくはつ) 내부 고발《조직 내의 사람이, 그 조직의 부정을 사회에 고발함》.
~**工作**(こうさく) 내부 공작.
~**金融**(きんゆう)〖經〗내부 금융.
~**寄生**(きせい)〖生〗내부 기생.
~**記憶装置**(きおくそうち)〖컴〗내부 기억 장치. 주기억 장치.
~**摩擦**(まさつ) 내부 마찰.
~**障害者**(しょうがいしゃ) 내장 등 몸속에 장애가 있는 사람.
~**抵抗**(ていこう)〖物〗내부 저항.
~**環境**(かんきょう) 내부 환경.
内分(ないぶん) ①(사건 따위를) 표면화시키지 않음. 내밀. ②〖數〗내분.
内紛(ないふん) 내분.
内憤(ないふん) 내분. 마음속의 분.
内分泌(ないぶんぴつ)〖生〗내분비. ♣~**腺**(せん) 내분비선.
内秘(ないひ) 내비. 내부적 비밀.
内事(ないじ) 내사. 내부에 관한 일.
内査(ないさ) 내사. 뒷조사.
内挿法(ないそうほう)〖數〗내삽법. 보간법.
内相(ないしょう) 내상. 내무 대신(장관).
内傷(ないしょう) 내상.
内鰓(ないさい)〖動〗내새. 속아가미.
内生(ないせい) ① 내생. 내부에서 생김. ②〖生〗내생.
内生活(ないせいかつ) 내면(정신) 생활.
内緒(ないしょ) ⇨ 内所(ないしょ)①.
内線(ないせん) 내선.
∥~**作戦**(さくせん)〖軍〗내선 작전.
内省(ないせい) ① 내성. 반성. ②〖心〗내성. ♣~**的**(てき) 내성적.
内性器(ないせいき)〖生〗신체 내부에 있으면서 생식 기능을 맡아 하는 기관.

内所(ないしょ) ① 내막적으로 함. 은밀. ② 집안. 부엌(쪽). 살림살이.
‖**~事**(ごと) ① 은밀한 일. ② 집안일.
~話(ばなし) ① 은밀한 이야기. ② 살림살이 이야기. 　　　　　　　　　└내속.
内属(ないぞく) ① 내속. 속국이 됨. ②『哲』
内水(ないすい) 내수.
‖**~氾濫**(はんらん) 내수 범람.
内需(ないじゅ) 내수.
‖**~主導**(しゅどう) 내수 주도.
~拡大(かくだい) 내수 확대.
内示(ないじ) 내시. (공표하기 전에) 내막적으로 보여 줌. *ないしよに 읽음.
内侍(ないし) 옛날, '内侍の司(ないしのつかさ)(=옛날 후궁(後宮)의 모든 예식·사무를 맡아보던 관청)'에 봉사하던 여관(女官).
内視鏡(ないしきょう)『醫』내시경.
内翅類(ないしるい)『蟲』곤충류 가운데서 완전 변태를 하는 무리의 총칭.
内申(ないしん) 내신. ♣**~書**(しょ) 내신서. 　　　　　　　　　　　　　　└임말.
内室(ないしつ)〈老〉내실. 남의 아내의 높
内実(ないじつ) 내실. 내부의 실정. 사정. ② 사실을 말하자면. 기실(其實).
内心(ないしん) ① 마음속. 내심. ②『数』내
内案(ないあん) *초안(草案). 　　　└심.
内謁(ないえつ) 내알. 은밀한 알현.
内圧(ないあつ) 내압.
内野(ないや)『野』내야. 인필드. ♣**~手**(しゅ)『野』내야수.
‖**~安打**(あんだ)『野』내야 안타.
内約(ないやく) 내약.
内洋(ないよう)『地』내양. 내해.
内語(ないご) ① 밖으로 내지 않는 말. ② 자국어.
内言語(ないげんご) 마음속으로 외는, 구체적 발성이 따르지 않는 언어.
内縁(ないえん) 내연.
内燃(ないねん) 내연.
‖**~機関**(きかん) 내연 기관.
内熱(ないねつ) 내열.
内閲(ないえつ) 내열. 비공개로 열람하거나 검열함.
内炎(ないえん) 내염. 불꽃의 안쪽.
内奥(ないおう) (정신 따위의) 속 깊은 곳.
内外 ㊀(ないがい) 내외. ① 안팎. *うちそとに도 읽음. ②《接尾語로》… 정도. … 전후. ㊁(うちと) ☞㊀①. ② 불교와 유교. ③ 伊勢神宮(いせじんぐう)의 내궁과 외궁.
内用(ないよう) 내용. 내복(함). ♣**~薬**(やく) 내복약.
内容(ないよう) 내용.
‖**~教科**(きょうか)『教』내용 교과.
~証明(しょうめい)『法』내용 증명.
内容積(ないようせき) 냉장고 등의 내부 용
内憂(ないゆう) 내우. 　　　　　　　└적.
‖**~外患**(がいかん) 내우외환.
内苑(ないえん) 신사·궁궐의 안뜰.

内院(ないいん)『佛』내원. ① 깊숙한 곳에 있는 도량(道場). ② 미륵보살이 있어 설법한
内園(ないえん) 궁중의 뜰. 　　　└다는 곳.
内乳(ないにゅう)『植』내유. 내배유.
内遊星(ないゆうせい)『天』내행성.
内柔外剛(ないじゅうがいごう) 내유외강.
内応(ないおう) 내응. 내통. 배반.
内意(ないい) 내의. ① 속마음. 내심. ② 내막적인 의향.
内儀(ないぎ) ① 남의 아내의 높임말. ② 은밀히 하는 일.
内議(ないぎ) 내의. 은밀히 하는 의논.
内耳(ないじ)『生』내이. ♣**~炎**(えん)『醫』내이염.
‖**~神経**(しんけい)『生』내이 신경.
内因(ないいん) 내인. 내부 원인.
内装(ないそう) ① 내장. 장식. ② 짐을 꾸릴 때의 속 포장.
内障(ないしょう) 내장. ①『佛』마음속의 번뇌의 장애. ②『醫』☞内障眼(そこひ).
内蔵 ㊀(ないぞう) 내장. ① 내부에 가지고 있음. ② 내포. ㊁(うちくら) ⇨内倉(うちくら).
内臓(ないぞう)『生』내장. ♣**~筋**(きん) 내장근.
‖**~感覚**(かんかく)『生』내장 감각.
~頭蓋(とうがい)『生』내장 두개. 안면 두개골.
内在(ないざい) 내재. ♣**~律**(りつ) 내재율 /**~的**(てき) 내재적.
‖**~批評**(ひひょう)『哲』내재 비평.
~哲学(てつがく)『哲』내재 철학.
内争(ないそう) 내쟁. 내분(内紛).
内的(ないてき) 내적. 내부적. 정신적.
‖**~描写**(びょうしゃ) 심리 묘사.
~生活(せいかつ) 내적 생활. 정신 생활.
~営力(えいりょく)『地』내적 영력. 내부
~要求(ようきゅう) 내적 요구. 　└영력.
~真実(しんじつ) 내적 진실.
~必然(ひつぜん) 내적 필연. 어떤 결과를 초래할 것 같은 내부적인 성질이나 원인.
内敵(ないてき) 내적.
内積(ないせき)『数』내적.
内典(ないてん)『佛』내전.
内戦(ないせん) 내전.
内転筋(ないてんきん)『生』골격근의 하나. 신체의 중심축으로 사지 등을 굽게 하는 근육.
内切(ないせつ) ⇨内接(ないせつ).
内接(ないせつ)『数』내접. ♣**~円**(えん)『数』내접원.
内廷(ないてい) 내정. 궁정의 내부.
内定(ないてい) 내정.
内政(ないせい) 내정.
‖**~干渉**(かんしょう) 내정 간섭.
~不干渉の原則(ふかんしょうのげんそく) 내정 불간섭의 원칙.
内庭(ないてい) 내정. 안뜰. *うちにわ로도 읽음.

内偵(ないてい) 내탐(内探).
内情(ないじょう) 내정. 내부의 사정.
内済(ないさい) 내막적으로 처리함.
内製(ないせい) 내제. 자기 회사 내부에서 제작함.
内題(ないだい) 내제. 책의 속표지나 본문의 첫머리에 있는 서명.
内助(ないじょ) 내조.
内存(ないぞん) 마음속으로 생각함.
内種皮(ないしゅひ) 〖植〗내종피.
内周(ないしゅう) 내주. ①안쪽에서 잰 둘레. ②이중으로 둘러싼 선 따위의 안쪽 부분.
内奏(ないそう) 내주. 임금에게 은밀히 상주함.
内珠皮(ないしゅひ) 〖植〗내주피.
内証 ㊀(ないしょ) ⇨ 内所(ないしょ).
㊁(ないしょう) ①〖佛〗내증. ② ☞ 内所(ないしょ).
内旨(ないし) 내지. 조정으로부터의 은밀한 지시.
内地(ないち) 내지. ♣~米(まい) 내국미.
‖ ~留学(りゅうがく) 국내의 대학·연구소·기업 등에 공무원·교원이 일정 기간 연수함. ~雑居(ざっきょ) 내지 잡거.
内職(ないしょく) 내직. 부업.
内陣(ないじん) 신사나 절에서, 신체(神體)나 본존을 안치하는 가장 깊숙한 곳.
内陳(ないちん) 내진. 의견 따위를 내밀히 말함.
内診(ないしん) 내진.
内疾(ないしつ) 내장의 병.
内借(ないしゃく) 내차. ①몰래 돈을 빎. ②가불.
内債(ないさい) 내채. 내국채.
内妻(ないさい) 내연의 처.
内戚(ないせき) 내척. 아버지쪽 친척.
内鞘(ないしょう) 〖植〗내초.
内祝言(ないしゅうげん) 집안끼리만 모여 혼례를 치름. 집안끼리의 잔치.
内出血(ないしゅっけつ) 〖醫〗내출혈.
内層(ないそう) 내층. 내부의 층.
内治(ないち) 내치.
内則(ないそく) 내칙. 내규.
内親(ないしん) 내친. 아버지 쪽 친족.
内親王(ないしんのう) 적출의 황녀와 황손인 여자의 칭호. 공주.
内探(ないたん) 내탐.
内帑(ないど) 내탕. 군주 소유의 재화.
‖ ~金(きん) 내탕금. 군주(君主)의 용돈.
内通(ないつう) 내통.
内破音(ないはおん) 〖言〗내파음.
内編(ないへん) (주로 중국의 책에서) 서술의 주요 부분.
内篇(ないひょう) ⇨ 内編(ないへん).
内評(ないひょう) 내평. 내부적 비평·논의.
内閉性(ないへいせい) 〖心〗내폐성.
内包(ないほう) 내포.
内皮(ないひ) 내피. 속껍질.
内含(ないがん) ①내부에 품는 일. ②〖論〗두 명제가 결합되는 관계를 나타내는 말.
内合(ないごう) 〖天〗내합.

内航(ないこう) 내항. ♣~船(せん) 내항선.
内項(ないこう) 〖數〗내항.
内港(ないこう) 내항.
内肛動物(ないこうどうぶつ) 〖動〗내항 동물.
内海 ㊀(うちうみ) ① ☞ ㊁. ②〈古〉호수.
㊁(ないかい) 내해.
内核(ないかく) 〖地〗내핵. 지구핵 가운데서 핵심에 가까운 부분.
内行(ないこう) 내행. 사생활상의 행실.
内向(ないこう) 내향. ♣~性(せい) 내향성 / ~的(てき) 내향적 / ~型(がた) 내향형.
内許(ないきょ) 내부 허가. 비공식 허가.
内玄関(ないげんかん) 현관 외에 가족·하인들이 사용하게 만든 출입문. *口語로는 うちげんかん이라고도 함.
内呼吸(ないこきゅう) 〖生〗내호흡.
内惑星(ないわくせい) 〖天〗내행성.
内婚(ないこん) 내혼. 어떤 집단 성원끼리의 혼인.
内訌(ないこう) 내홍. 내분.
内火艇(ないかてい) 내화정. 내연 기관으로 움직이는 작은 배.
内患(ないかん) 내환.
内訓(ないくん) 내훈. 내부에 대한 훈령.

🔶訓読➡

内つ(うちつ) 〈文〉안의. 속의. 天皇(てんのう)가 사는 궁전의.
内減り(うちべり) 절구로 찧은 곡식이 처음보다 좀 줄어듦. 또, 그 양.
内開き(うちびらき) 문 따위가 안쪽으로 열리는 것.
内蓋(うちぶた) (이중 뚜껑의) 속뚜껑.
内稽古(うちげいこ) (스승이) 제자를 자기 집으로 불러 훈련시킴.
内股(うちまた) ①허벅다리. 살. ②안짱다리의 걸음걸이. ③유도·당수의 수의 하나. 살걸이. *うちももろも 읽음.
‖ ~膏薬(ごうやく) 줏대없이 이쪽저쪽에 붙음. 또, 그런 사람.
内庫(うちくら) ⇨ 内倉(うちくら).
内高(うちだか) 江戸(えど) 시대에, 大名(だいみょう)의 실제 수입.
内広がり(うちひろがり) 내부가 넓음.
内掛け(うちかけ) (씨름에서) 상대방을 안걸이로 끌어 넘어뜨리는 일.
内校(うちこう) 저자 또는 출판사에 교정쇄를 건네주기 전에 인쇄소가 행하는 교정.
内堀(うちぼり) 성 안에 있는 호(濠).
内金(うちきん) 내입금(内入金).
内気(うちき) 암띰.
内気配(うちけはい) (증권 거래소에서) 다음 입회시의 시세 예상.
内寄り合い(うちよりあい) 일가 친척이 모여 의논함.
内の奴(うちのやつ) 남에게 대하여 자기 아내를 일컫는 겸칭.
内端(うちば) ①조심스럽고 소극적인 성품. ②수량이 실제보다 적음.
内貸し(うちがし) 임금·보수 등의 일부를 선금으로 지불함.

内兜(うちかぶと) ① 투구의 안쪽. ② 속내. 특히, 약점.
内渡し(うちわたし) 내입금(内入金)을 지불함. 또, 그 돈.
内劣り(うちおとり) 겉보기보다 내용이 못한 일.
内輪 ㊀(うちわ) ① 집안. ② (실제보다) 적음(작음).
∥**~揉め**(もめ) 집안 싸움. 내분.
~割れ(われ) 가족·친족·친구끼리 싸우고 갈라짐.
~話(ばなし) 비밀 이야기.
㊁(ないりん) 내륜. 원의 안쪽.
内幕(うちまく) 내막. *ないまく로도 읽음.
内無双(うちむそう) 씨름에서, 상대방의 안쪽 허벅지를 들어 올려 넘어뜨리는 기술.
内法(うちのり) ① 용기의 안치수. ② 문 지방에서 상인방까지의 거리.
㊁(ないほう)『佛』내법.
内弁慶(うちべんけい) 집안에서만 큰소리침. 또, 그런 사람.
内普請(うちぶしん) 전물 내부를 수리·개조
内釜(うちがま) 목욕통의 솥이 목욕통의 일부로서 붙박이된 것.
内分ける(うちわける) 숨김없이 이야기하다. 털어놓고 이야기하다.
内払い(うちばらい) 대금[빚]의 일부를 미리 지불하는 일.
内沙汰(うちざた) ① 은밀한 소송. ② 집안끼리의 처리.
内税(うちぜい) 표시되어 있는 가액(價額)에 소비세가 포함되어 있는 것.
内孫(うちまご) 친손자. *ないそん으로도 읽음.
内数(うちすう) 통계에서, 전체 수 중에서 어떤 요소가 차지하고 있는 수.
内鰐(うちわに) 안짱다리의 걸음걸이.
内養生(うちようじょう) 집에서 요양함.
内訳(うちわけ) 내역 명세. ♣**~書**(しょ) 명세서.
内隠し(うちかくし) 양복의 안주머니.
内の人(うちのひと) ① 집안 사람. 식구. ② 자기 남편을 일컫는 말. 우리집 양반.
内入り(うちいり) ① 내입. 빚이나 대금 중의 일부를 갚은. ② 수입(収入).
内の者(うちのもの) ① 집안 사람. 가족. ② 집사람. 아내.
内井戸(うちいど) 집안의 우물.
内弟子(うちでし) 스승의 집에서 침식하고 일을 도우며 기예를 배우는 제자.
内枠(うちわく) ① 안쪽 테두리. ② 할당된 수량의 범위 내.
内借り(うちがり) (보수·임금 등의 일부를) 선불 받음.
内着(うちぎ) ① 평상복. ② 속옷.
内倉(うちくら) 가옥 내부의 창고.
内祝い(うちいわい) 집안끼리의 축하 행사.
内側(うちがわ) 안쪽.
内湯(うちゆ) ① 옥내 목욕탕. ② 집안에 끌어 들인 온천.
内腿(うちもも) ⇨ 内股(うちもも).
内浦(うちうら) 내포.
内風呂(うちぶろ) 전물 안에 시설한 욕탕.
内向き(うちむき) ① 안쪽으로 향해 있는 것. ② 집안의 일. 가사.
内嫌い(うちぎらい) 집에 있는 것을 싫어하고 밖으로만 나가려 함. 또, 그 사람.
内濠(うちぼり) 내호. 内堀(うちぼり).
内拡がり(うちひろがり) ⇨ 内広がり(うちひろがり).
内回り(うちまわり) ① 안쪽을 돎. ② (순환선의) 복선의 안쪽을 도는 선.
内懐(うちぶところ) ① 안쪽 품. ② 내심.

其他
内障眼(そこひ)『醫』내장(內障).

逆音
境内(けいだい) 경내. 신사나 사찰의 경계 안.
国内(こくない) 국내.
領内(りょうない) 영내.
海内(かいだい) 〈文〉 ① 해내. 국내. ② 천하.

| 4
ク
日 | 匂 | 냄새 (내)

におい・におう |

訓読
匂やか(においやか) ① 향기로움. ② 〈雅〉 광택이 있고 아름다운 모양.
匂わす(におわす) ① 향기를 풍기다. ② 아름답게 하다. ③ 암시하다.
❖**匂う**(におう) ① (좋은) 냄새가 나다. ② 〈雅〉 색이 아름답게 빛나다. ③ 운치가 있다.
匂い(におい) ① 냄새. ② 〈雅〉 광택. 화려함. ③ 정취.
匂い袋(においぶくろ) 향낭. 향주머니.
匂い油(においあぶら) 향유.
匂い紙(においがみ) 향료 등의 냄새가 배게 한 화장지.

| 8
大
人 | 奈 | 어찌 내·어찌 나
ナ·ダイ
いかん |

音読
奈落(ならく) ①『佛』나락. 지옥. ② (절망적인) 밑바닥.
∥**~の底**(そこ) ① 지옥의 밑바닥. ② 사물의 끝.
奈良(なら)『地』近畿(きんき) 지방 중앙부의 현. 또, 그 현청 소재지.
∥**~時代**(じだい) 奈良에 도읍한 시대.
~朝(ちょう) 奈良 시대의 조정(朝廷).
~漬け(づけ) 재강에 월과(越瓜)나 무를 절인 식품.
奈辺(なへん) 나변. 어느 근방. 어디.
奈翁(なおう) 나옹. 나폴레옹 1세의 별칭.

訓読
奈何(いかん) ① 여하. ② 어떻게. 어떠한지.

耐

9寸 常 耐　견딜 내・참을 내
タイ
たえる

音読
耐(たい)《接頭語로》내…. 견디는. 영향을 받지 않는.
耐久(たいきゅう) 내구. 오래 견딤. ♣~力(りょく) 내구(지구)력.
∥~競技(きょうぎ) 내구 경기. 스키 경기에서, 30~50km의 장거리를 달리는 일.
～消費財(しょうひざい) 내구 소비재.
耐力(たいりょく) 내력. ♣~壁(へき)〖建〗 내력벽.
耐酸(たいさん) 내산.
耐暑(たいしょ) 내서.
耐性(たいせい) 내성. ♣~菌(きん) 내성균.
耐水(たいすい) 내수. 물에 견딤. ♣~性(せい) 내수성 / ~紙(し) 내수지.
耐湿(たいしつ) 내습.
耐食(たいしょく) 내식. 부식(腐蝕)에 견딤.
耐蝕(たいしょく) ⇨ 耐食(たいしょく).
耐圧(たいあつ) 내압. 압력에 견딤.
耐熱(たいねつ) 내열.
∥~材料(ざいりょう) 내열 재료.
～合金(ごうきん) 내열 합금.
耐辱(たいじょく) 모욕을 참고 견딤.
耐用(たいよう) 내용.
∥~年数(ねんすう) 내용 연수.
耐刃(たいじん) 칼을 막음.
∥~防護衣(ぼうごい) 칼막이 방호 옷.
耐震(たいしん) 내진. ♣~壁(へき) 내진벽.
∥~建築(けんちく) 내진 건축.
～構造(こうぞう) 내진 구조.
～設計(せっけい) 내진 설계.
耐波性(たいはせい) 내파성. 선박의, 격랑에 견딜 수 있는 성능.
耐風(たいふう) 내풍.
耐乏(たいぼう) 내핍.
耐寒(たいかん) 내한. ♣~性(せい) 내한성.
耐航性(たいこうせい) 내항성.
耐火(たいか) 내화. ♣~壁(へき) 내화벽.
∥~性能(せいのう) 내화 성능.
～煉瓦(れんが) 내화 벽돌.
～材料(ざいりょう) 내화 재료.
～粘土(ねんど) 내화 점토.
～被覆(ひふく) 내화 피복.

訓読
❖耐える(たえる) ①견디다. 참다. 버티다. ②…할 만하다.
耐え兼ねる(たえかねる) 참을 수 없다. 견딜 수 없다.
耐え難い(たえがたい) 참기 어렵다. 견딜 수 없다.　　　　　　　　　「견디다.
耐え忍ぶ(たえしのぶ) (괴로움 등을) 참고

逆音
忍耐(にんたい) 인내.

女

3女 敎　계집 녀・딸 녀
ジョ・ニョ・ニョウ
おんな・め・なんじ・むすめ

音読
女監(じょかん) 여자 감방(監房).
女傑(じょけつ) 여걸. 여장부.
女系(じょけい) 여계. 모계(母系).
女戒(じょかい) 여계. 여색(女色)을 조심하고 삼가라는 훈계.
女誡(じょかい) 여계. 여자의 처신이나 생활 따위에 관한 계율.
女高(じょこう) 여고. 여자 고등 학교.
女工(じょこう)〈卑〉여공. 여자 직공.
女功(じょこう) 여공. 길쌈・재봉 등 여자가 하는 일.
女官 ㊀(じょかん) 여관. 궁녀.
㊁(にょかん) 여관. ①궁중에서 일하던 内侍(ないし)・命婦(みょうぶ)와 같은 신분이 높은 궁녀. ②☞(じょかん).
㊂(にょうかん) 여관《にょかん보다는 신분이 낮은 궁녀》.
女権(じょけん) 여권.
女給(じょきゅう)〈卑〉여급. 호스티스.
女難(じょなん) 여난. 여화(女禍).
女徳(じょとく) 부덕(婦徳).
女道(じょどう) 기생과 노는 일.
女童 ㊀(じょどう) 여동. 여자 어린이.
㊁(おんなわらべ) ①계집아이. ②여자와 어린아이. 아녀자. ＊おんなわらわ로도 읽음.
女郎 ㊀(じょろう) ①창녀(娼女). ②여성. ③〈古〉여걸(女傑). 여장부. ♣~屋(や) 갈봇집.
∥~狂い(ぐるい) 창녀를 데려다 노는 일에 열중하는 일. 또, 그 사람.
～買い(かい) 창녀를 불러들여 노는 일. 또, 그 사람.
～上がり(あがり) 창녀 출신.
～衆(しゅう) ①창녀들. 부인들. ②유녀들. 창녀들. ＊じょろしゅ로도 읽음.
～蜘蛛(ぐも)〖動〗무당거미.
㊁(じょろ)〈口〉유녀. 창녀.
㊂(めろう) ①계집아이. ②〈俗〉여자를 욕하는 말. 년.
女礼(じょれい) 여례. 여자가 익혀야 할 예의
女流(じょりゅう) 여류.　　　　　　　「범절.
∥~作家(さっか) 여류 작가.
女房(にょうぼう) ①처. 아내. ＊口語로는 にょうぼ라고도 함. ②궁중에 방을 따로 가진 신분 높은 궁녀. ③귀족의 시녀. ④여자. 부인. 여편네. ＊にゅうぼう로도 읽음.
∥~家主(いえぬし) 한 집안의 주부.
～文学(ぶんがく) 平安(へいあん) 시대, 궁

녀들에 의해 쓰여진 'かな'로 쓴 문학의 총칭.
~奉書(ほうしょ) 天皇(てんのう) 곁에서 봉사하는 궁녀가 천황의 명을 받고 내는 문서.
~言葉(ことば) 궁녀가 주로 의식주에 관한 여러 가지 일에 대하여 궁중에서 썼던 은어적인 말.
~役(やく) 중심 인물을 곁에서 돕는 역. 또, 그 사람.
~装束(しょうぞく) 궁중에 있는 궁녀의 복장.
~持ち(もち) 아내를 가짐. 또, 그 사람.
~車(ぐるま) 신분 높은 궁녀가 타는 牛車(ぎっしゃ).
~天下(てんか) 아내가 남편보다 권력이 큰 가정. 내주장.
女犯(にょぼん) 『佛』 여범. 중이 사음계(邪淫戒)를 범하는 일.
女菩薩(にょぼさつ) ① 자비롭고 부드러운, 보살같은 여자. ② 기녀. 기생.
女史(じょし) 여사.
女色(じょしょく) 여색. 정사(情事). *にょしょく로도 읽음.
女生(じょせい) 여학생.
女生徒(じょせいと) 여학생.
女婿(じょせい) 여서. 사위.
女声(じょせい) 여성. 여자의 목소리. 특히 성악에서 여성의 성부.
女性(じょせい) 여성. 여자. *老人語로는 によしょう라고도 함. ♣ ~美(び) 여성미 / ~語(ご) 여성어 / ~的(てき) 여성적 / ~学(がく) 여성학.
‖ ~労働(ろうどう) 여성 노동.
~差別撤廃条約(さべつてっぱいじょうやく) 여성 차별 철폐 조약.
~解放運動(かいほううんどう) 여성 해방 운동.
女囚(じょしゅう) 여수. 여자 죄수.
女僧(じょそう) 여승. 비구니.
女神(じょしん) 여신. *めがみ로도 읽음.
女児(じょじ) 여아. 계집아이.
女御(にょうご) 平安(へいあん) 시대에 중궁(中宮)에 버금가는 후궁. *にょごろ도 읽음.
‖ ~腹(ばら) 女御의 몸에서 태어나는 일. 또, 그 사람.
女王(じょおう) 여왕. *にょおう로도 읽음.
‖ ~蜂(ばち) 『蟲』 여왕벌.
~蟻(あり) 『蟲』 여왕개미.
女媧(じょか) 여왜. 중국의 전설상의 여신.
女優(じょゆう) 여우. 여배우.
女院(にょういん) 옛날에 院(いん)의 칭호를 받은 天皇(てんのう)의 생모·공주 등의 존칭. *にょいん으로도 읽음.
女陰(じょいん) 여음. 여성의 음부.
女医(じょい) 여의(사).
女義(じょぎ) 女義太夫(おんなぎだゆう)의 준말.
女人(にょにん) 〈老〉여인. 여자. *じょじん으로도 읽음.
~像(ぞう) 여인상.
‖ ~結界(けっかい) 『佛』 여인 결계. 여인 금제의 구역.
~禁制(きんぜい) 여인 금제. 절 따위에 여

자가 들어오는 것을 금하는 일.
~成仏(じょうぶつ) 『佛』 여인 성불. 여자가 불도(佛道)를 터득하여 부처가 되는 일.
女子 ㊀(じょし) 여자.
‖ ~大学(だいがく) 여자 대학.
~師範学校(しはんがっこう) 여자 사범학교.
~挺身隊(ていしんたい) 여자 정신대.
~学習院(がくしゅういん) 여자 학습원.
㊁(おなご) 〈老·方〉 ① 계집애. 소녀. *雅語로는 おみなごらいと 함. ② 여자. 여성. ③ 하녀.
‖ ~結び(むすび) ☞女結び(おんなむすび).
~衆(しゅう) ① 여자들. ② 하녀. 가정부. *おなごしゅろと 읽음.
女装(じょそう) 여장.
女丈夫(じょじょうふ) 여장부. 여걸.
女蔵人(にょくろうど) 옛날 内侍(ないし)·命婦(みょうぶ) 등 나인 밑에서 잡일에 종사하던 하급 궁녀. 무수리.
女賊(じょぞく) 여도둑.
女専(じょせん) 女子専門学校(じょしせんもんがっこう)의 준말.
女店員(じょてんいん) 여점원.
女丁(じょちょう) 막일을 하는 여자. 잡역부.
女帝(じょてい) 여제. 여황제. 여왕. *にょていろ도 읽음.
女尊男卑(じょそんだんぴ) 여존남비.
女中(じょちゅう) ①〈雅〉하녀. 가정부. ②(여관·음식점 등의) 여자 종업원.
‖ ~駕籠(かご) 여성이 타는 가마.
~奉公(ぼうこう) 가정부로 일함.
~詞(ことば) 궁녀가 궁중에서 썼던 은어적인 말.
女真(じょしん) 『史』 여진.
‖ ~文字(もじ) 여진족이 12세기에 창제한 글자. *にょしんろと 읽음.
女体(にょたい) 여체. *にょたいろと 읽음.
女学(じょがく) 여자가 익혀두어야 할 학문. 또, 여자가 공부하는 학교.
女学校(じょがっこう) 여학교.
女学生(じょがくせい) 여학생.
女護が島(にょごがしま) ① 여자만이 산다는 상상의 섬. ②『地』八丈島(はちじょうじま)의 딴이름. ③ 여자만 있는 곳.
女紅(じょこう) ⇨ 女功(じょこう).
女紅場(にょこうば) 기생이 가무(歌舞) 따위를 배우는 곳. *じょこうばろと 읽음.
女訓(じょくん) 여훈. 여자에 대한 교훈.

訓読
女 ㊀(おんな) ① 여자. 여성. *雅語로는 おみな라고도 함. ② 여자의 인물. 용모. ③ 하녀. 가정부.
㊁(じょ) 여. ① 여자. 딸. ②《接頭語로》…. 여자의 뜻. *にょろと 읽음.
㊂(むすめ) ① 딸. ② (젊은) 미혼 여성.
㊃(め) 《接頭語적으로》 한 쌍 가운데서 세력이 약한 쪽.
㊄(おなご) ⇨ 女子(おなご).
㊅(なんじ) 〈雅〉 너. 그대.

女だてらに(おんなだてらに) 여자답지도 않게. 여자인 주제에.
女らしい(おんならしい) 여자답다.
女歌舞伎(おんなかぶき) 여자가 출연하는 歌舞伎(かぶき).
女結び(おんなむすび) 끈을 매는 방식의 하나. 男結び(おとこむすび) 방식을 왼쪽부터 시작한 것.
女寡(おんなやもめ) 과부. 미망인.
女狂い(おんなぐるい) (남자가) 여자에게 미침.
女誑し(おんなたらし) 여자를 농락함. 또, 그런 사람. 난봉꾼.
女気 ㊀(おんなぎ) ☞女心(おんなごころ). ㊁(おんなけ) 여자가 있음으로써 이루어지는 분위기. 여자가 있는 기색.
女っ気(おんなっけ) ☞女気(おんなけ).
女大学(おんなだいがく) 구식의 여자 교육. 그 교훈서.
女の道(おんなのみち) 여자의 길. 여성이 지켜야 할 윤리.
女道楽(おんなどうらく) 오입질. 계집질.
女礼者(おんなれいじゃ) 여성 하객(賀客).
女冥利(おんなみょうり) 여자로 태어난 행복·기쁨.
女巫(おんなみこ) 여무. 여자 무당.
女舞(おんなまい) ①여무. 여자가 추는 춤. ②여성적인 연출로 추는 춤.
女文字(おんなもじ) ①여자 글씨. ②平仮名(ひらがな)의 일컬음.
女物(おんなもの) 여자 용품.
女髪結い(おんなかみゆい) 여자 머리를 쪽찌는 직업 여성.
女方(おんながた) ☞女形(おやま).
女癖(おんなぐせ) 여자에게 집적거리는 버릇.
女柄(おんながら) 여자에 알맞은 옷감의 무늬.
女腹(おんなばら) 여자애만 낳는 여자.
女付き(おんなつき) 여자로서의 용모.
女部屋(おんなべや) 하녀〔여종업원〕의 방.
女寺(おんなでら) 여승방. 신종찰.
女師匠(おんなししょう) (예능의) 여자 스승.
女山(おんなやま) 한 쌍의 산 중 작거나 험하지 않은 산.
女殺し(おんなごろし) ①여자를 죽임. 또, 여자 살해범. ②여자를 뇌쇄하는 미남자.
女盛り(おんなざかり) 여자로서 한창인 때.
女所帯(おんなじょたい) 여자들만의 살림.
女手(おんなで) ①여자의 힘. 여자의 일손. ②여자의 필적.
女心(おんなごころ) 여심. 여자(다운) 마음.
女言葉(おんなことば) 여성어.
女役(おんなやく) ①여자가 연기하는 역. ②여자역을 하는 남자 배우.
女運(おんなうん) 여자와의 인연〔운〕.
女遊び(おんなあそび) 오입질. 계집질.
女義太夫(おんなぎだゆう) 여자가 낭창(朗唱)하는 義太夫節(ぎだゆうぶし).

女日照り(おんなひでり) 여자 흉년. (연애·결혼 상대가 될) 여자가 귀함.
女の子 ㊀(おんなのこ) ①계집아이. ②젊은 여자. 아가씨. 처녀. ㊁(めのこ) 여자 아이.
女姿(おんなすがた) 여자의 복장·행동.
女子供(おんなこども) 아녀자. 여자나 어린 아이.
女自慢(おんなじまん) ①여자가 미모를 자랑함. ②남자가 아내나 애인을 자랑함.
女主人公(おんなしゅじんこう) (소설 등의) 여주인공. 히로인.
女衆(おんなしゅう) 여자들. 여자. 하녀.
女持ち(おんなもち) 여자용.
女振り(おんなぶり) 여자다운 (아름다운) 모습.
女っ振り(おんなっぷり) 여자다운 (아름다운) 모습.
女出入り(おんなでいり) 여자 관계의 말썽.
女親(おんなおや) 모친. 어머니. *めおや로도 읽음.
女偏(おんなへん) 한자 부수의 하나: 계집녀.
女湯(おんなゆ) 여탕. 여변.
女坂(おんなざか) 두 개의 비탈길 중에서 가파르지 않은 것.
女旱り(おんなひでり) ⇨女日照り(おんなひでり).
女向き(おんなむき) 여자가 쓰기에 적합함. 여자용.
女嫌い(おんなぎらい) 남자가 여자에 접하기를 싫어함. 또, 그 남자.
女好き(おんなずき) ①여성이 좋아하는 형. ②여색을 좋아함. 또, 그런 남자.
❖**女**(め) → 訓読 女㊁.
女男(めおとこ) 여남. 여자와 남자. 아내와 남편.
女女しい(めめしい) 연약하다. 사내답지 않다.
女浪(めなみ) ⇨女波(めなみ).
女滝(めたき) 두 폭포가 가까이 있을 때, 물살이 약하고 작은 쪽의 폭포.
女夫 ㊀(めおと) ①〈雅〉부부. ②두 개 또는 대소로 한 쌍이 되는 것. ㊁(みょうと) 〈老〉부부.
女松(めまつ) 〖植〗 적송.
女時(めどき) 운이 없을 때.
女敵(めがたき) 아내의 간부(姦夫).
女節(めぶし) 가다랑어의 배쪽 살로 만든 포.
女鯛(めだい) 〖魚〗 돗돔의 딴이름.
女竹(めだけ) 〖植〗 식대. 해장죽.
女雛(めびな) 内裏雛(だいりびな) 중에서 왕비의 모습을 본딴 인형.
女波(めなみ) 큰 물결 사이에 이는 낮고 약한 물결.

其他▶
女郎花(おみなえし) 〖植〗 여량화. 마타리. *おみなめし라고도 함.
女将(おかみ) 음식점이나 여인숙의 여주인. *じょしょうえ로도 읽음.
女衒(ぜげん) (江戸(えど) 시대의) 뚜쟁이.
女形(おやま) (歌舞伎(かぶき)에서) 여자역을 하는 남자 배우.

년

年 6획 干 教
해 년 · 나이 년
ネン
とし

音読▶

年 ㊀(ねん) ①년. 한 해. 1년. ②…돐. 연수·연령을 나타내는 말. 「월.
㊁(とし) ①해. ②나이. 연령. ③많은 세
㊂(とせ) 〈雅〉햇수를 나타내는 말. …해.
年刊(ねんかん) 연간. 1년에 한 번 간행하는 일〔간행물〕.
年間(ねんかん) 연간. ①한 해 동안. ②어떤 연대(年代) 동안.
年鑑(ねんかん) 연감.
年季(ねんき) ①고용살이의 약속 기간. ②年季奉公의 준말. ③오랫동안 노력하여 터득한 숙련도.
‖**~勤め**(づとめ) ☞年季奉公.
~売り(うり) 부동산 거래 형식의 하나《기한을 정하고 땅을 판 다음, 기한이 넘으면 판 사람한테 다시 넘기는 일》.
~明け(あけ) ☞年明け(ねんあけ).
~奉公(ほうこう) 미리 기한을 정하고 하는 고용살이.
~婿(むこ) 남자가 약속한 일정 기간 동안 처가살이한 후 본가로 돌아가는 혼인 제도.
~小作(こさく) 기한을 정하고 땅을 남에게 빌려 주고 소작료를 받는 제도. 「꾼.
~者(もの) 기한을 정해 놓고 하는 고용살이
~証文(しょうもん) 약정한 기간 동안 일하겠다는 취지를 적은 문서.
年契(ねんけい) 두 나라 이상의 역사를 연대순으로 대조·열기한 표.
年功(ねんこう) 연공. ①여러 해의 공로. ②여러 해 동안 쌓은 경험. 숙련.
‖**~序列**(じょれつ) 연공 서열.
~賃金(ちんぎん) 연공 임금.
年貢(ねんぐ) 연공. ①소작료. 도조. ②해마다 바치는 공물(貢物). ③논·밭·가옥에 부과된 세. 조세.
~の納め時(おさめどき) (체납을 청산한다는 뜻에서) 여태까지 나쁜 일을 저지른 사람이 그 벌을 받아야 하는 시기.
‖**~米**(まい) 소작료로 바치는 쌀.
年掛け(ねんがけ) 월부 등에서 매년 일정한 금액을 붓는 방식.
年較差(ねんかくさ) 연교차.
年金(ねんきん) 연금.
‖**~基金**(ききん) 연금 기금.
~保険(ほけん) 연금 보험.
~信託(しんたく) 연금 신탁.
年給(ねんきゅう) 연급. 연봉(年俸).
年忌(ねんき) 《接尾語로》연기. 죽은 뒤 해마다 돌아오는 기일(忌日). 주기(周忌).
年紀(ねんき) 연기. ①해. 연대(年代). ②나이. 연령. ③연호(年號).
年期(ねんき) 연기. 1년을 단위로 정한 기간.
年内(ねんない) 연내.
‖**~立春**(りっしゅん) 연내 입춘. 음력으로 새해를 맞기 전에 입춘이 듦.
年年 ㊀(ねんねん) 연년. 해마다.
‖**~歳歳**(さいさい) 연년세세. 매년. 돌아오는 해마다.
㊁(としどし) 해마다. 매년. 연년.
年がら年中(ねんがらねんじゅう) 1년 중 내내. 언제나.
年代(ねんだい) 연대. ①경과한 시대. ②시대. ③특정한 1년간. 해. 대. ♣**~記**(き) 연대기. **~学**(がく) 연대학.
‖**~記物**(きもの) 연대기에 기재할 만큼 중요하거나 진귀한 일.
~測定法(そくていほう) 연대 측정법.
年度(ねんど) 연도. ♣**~末**(まつ) 연도 말.
‖**~始め**(はじめ) 신년도.
~替わり(がわり) 연도가 바뀜. 또, 그 때.
年頭 ㊀(ねんとう) 연두. 「서.
‖**~教書**(きょうしょ) 연두 교서. 일반 교
㊁(としがしら) 동아리 중의 최고 연장(자).
年来 ㊀(ねんらい) 연래. 몇 해 전부터.
㊁(としごろ) 〈雅〉수년째. 오래 전부터.
年歴(ねんれき) 연력. 오랜 세월의 내력.
年齢(ねんれい) 연령. 나이. ＊としよわい로도 읽음. ♣**~層**(そう) 연령층.
‖**~階梯制**(かいていせい) 집단의 성원을 연령별로 몇 개의 계급으로 나누어 그에 맞는 공동 생활상의 역할·기능을 분담시켜, 집단의 통합을 꾀하는 사회 제도.
~給(きゅう) 연령급. 연령에 따라 산출해서 지급하는 임금.
~集団(しゅうだん) 연령 집단. 「賀).
年礼(ねんれい) 새해의 축하 인사. 연하(年
年輪(ねんりん) 연륜. ①나무의 나이테. ②해가 지날수록 성장·변화한 역사. 나이.
年利(ねんり) 연리. 연변(年邊).
年末(ねんまつ) 연말. 세말.
‖**~賞与**(しょうよ) 연말 상여(금).
~調整(ちょうせい) 연말 정산(精算).
年明き(ねんあき) ☞年明け(ねんあけ).
年明け ㊀(ねんあけ) ①고용〔약속〕 기한이 끝남. 또, 그 고용인. ②새해. 신년.
㊁(としあけ) 새해가 됨. 신년.
年暮(ねんぼ) 연모. 세모. 세밑.
年無し(ねんなし) 낚시에서, 몇 년된 고기임을 알 수 없을 정도로 큰 물고기《좁은 뜻으로는 강성돔의 큰 것을 이름》.
年尾(ねんび) 연미. 연말. 그믐께.
年配(ねんぱい) 연배. ①연갑. 나이의 정도. ＊老人語로는 としばい. ②분수를 아는 지긋한 나이. 중년. ③연상(年上).
年輩(ねんぱい) ⇨ 年配(ねんぱい).
年百年中(ねんびゃくねんじゅう) ☞年が

年番(ねんばん) 1년 교대로 하는 근무.
年別(ねんべつ) 연별.
年報(ねんぽう) 연보.
年譜(ねんぷ) 연보. 개인·단체 등의 일을 연월순으로 적은 것.
年俸(ねんぽう) 연봉.
年賦(ねんぷ) 연부.
年払い(ねんばらい) 연부[年賦].
年産(ねんさん) 연산. 한 해의 생산고〔량〕.
年算(ねんさん) 연령. 나이.
年商(ねんしょう) (상점 등의) 1년간의 총매상고.
年序(ねんじょ) 세월. 연월.
年税(ねんぜい) 연세. 매년 납부하는 세금.
年歳(ねんさい) 연세. 나이.
年少(ねんしょう) 연소. 연하.
年収(ねんしゅう) 연수.
年首(ねんしゅ) 연시(年始). 연두(年頭).
年数(ねんすう) 연수. 햇수.
‖~物(もの) 여러 해 묵은 물건.
年始(ねんし) ① 연시. 연초. 연두(年頭). ② 연하(年賀).
‖~状(じょう) ☞ 年賀状(ねんがじょう).
~回り(まわり) 세배하러 돌아다님.
年時(ねんじ) 연시. 그 일이 일어나던 해나 달 (따위). 「발한 형(型).
年式(ねんしき) 연식. 자동차 등의 그 해에 개
年央(ねんおう) 연앙. 한 해의 중간.
年額(ねんがく) 연액.
年魚(ねんぎょ) ① 난 그 해에 죽는 물고기. 곧, 은어를 이름. ② 연어《1년 안에 죽는다고 생각되 데서》.
年余(ねんよ) 연여. 1년 남짓.
年月日(ねんがっぴ) 연월일.   「[이율].
年率(ねんりつ) 연율. 1년을 단위로 한 비율
年利率(ねんりりつ) 연이율. 1년의 이율.
年一年(ねんいちねん) 해마다 더욱. 해가 갈수록.
年長(ねんちょう) 연장. 연령이 위임.
年切り(ねんきり) ① ☞ 年明け(ねんあけ) ①. ② ☞ 年季(ねんき) ①.
年祭(ねんさい) 기제(忌祭).
年租(ねんそ) 연조. 매년 납부하는 조세.
年足(ねんあし) 주식의 연간 시세 변동표.
年周視差(ねんしゅうしさ) 『天』 연주 시차.
年周運動(ねんしゅううんどう) 『天』 연주 운동.
年中 ㊀(ねんじゅう) ① 연중. ② 항상. 늘. 끊임없이. *ねんちゅう로도 읽음.
‖~行事(ぎょうじ) 연중 행사.
㊁(としなか) 1년의 중간.
年次(ねんじ) 연차. ① 매년. 1년마다. ② 해의 순서. 장유(長幼)의 순서.
‖~有給休暇(ゆうきゅうきゅうか) 연차 유급 휴가.
㊁(としなみ) ⇒ 年並み(としなみ).
年差(ねんさ) 『天』 연차.
年初(ねんしょ) 연초. 연시(年始). 연두.

年層(ねんそう) 연령층.
年歯(ねんし) 연치. 연령. 나이.
年表(ねんぴょう) 연표. 연대표.
年賀(ねんが) 연하. 신년 축하. 새해 인사.
‖~状(じょう) 연하장.
‖~葉書(はがき) 연하 엽서.   「우편.
~特別郵便(とくべつゆうびん) 연하 특별
年限(ねんげん) 연한. 햇수로 정한 기한.
年行(ねんぎょう) 매년〔해마다〕하는 수행.
年号(ねんごう) 연호. 해에 붙이는 칭호.
年回(ねんかい) ☞ 年忌(ねんき).   「회.
年会(ねんかい) 연회. 1년에 한 번 모이는 집
年休(ねんきゅう) '年次休暇(ねんじきゅうか)(=연차 휴가)'의 준말.

[訓読]
年甲斐(としがい) 나이에 걸맞은 사려 분별. 나잇값.
年強(としづよ) 햇수로 따지는 연령에서, 1년의 전반(前半)에 낳음. 또, 그 사람.
年格好(としかっこう) 보아서 짐작되는 나이. 연령의 정도.
年頃(としごろ) ① 알맞은 나이. 적령. 특히, 여자의 혼기. ② 대체로 본 나이의 정도.
年の頃(としのころ) 〈老〉 대강의 나이.
年高(としだか) ☞ 年嵩(としかさ).
年雇い(としやとい) 연한을 정하고 고용함.
年の功(としのこう) 연공. 나이 들어 경험을 쌓음. 또, 그 경험의 힘〔공덕〕.
年寄り(としより) ① 늙은이. 노인. ② 무가 시대에, 정무에 참여한 중신. ③ 은퇴한 씨름꾼으로서 씨름 협회 임원이 된 사람.
年寄る(としよる) 늙다. 고령이 되다.
年寄り染みる(としよりじみる) 늙은이같이 되다.
年男(としおとこ) ① 태어난 해가 그 해의 간지(干支)에 해당되는 남자. ② 새해맞이 청소와 장식을 하며, 설날 아침에 정수를 긷는 일 등을 하는 남자.
年の内(としのうち) ① 연내(年內). 해 안. ② 연말. 세(歲) 안.
年女(としおんな) 태어난 해가 그 해의 간지(干支)에 해당되는 여자.
年端(としは) 연령의 정도. 나이.
年の端(としのは) ① ☞ 年端(としは). ② 매년. ③ 연초.
年徳(としとく) ① 세덕(歲德)이 있는 방위. 길방. ② 年德神의 준말.
‖~神(じん) 음양도(陰陽道)에서, 정월달에 제사 지내는 신.   「뿌리는 콩.
年の豆(としのまめ) 節分(せつぶん)날 밤에
老いる(としいる) 나이를 먹다.
年籠り(としごもり) 연말·연시에 신사·절에 틀어박혀 기도를 드리는 일.
年の瀬(としのせ) 연말. 세모.
年立て(としだて) 연표(年表). 연기(年紀).
年忘れ(としわすれ) 망년회.
年毎(としごと) 매년. 해마다.
年の暮れ(としのくれ) 연말. 세모.

年木(とし ぎ) 신춘용(新春用)으로 베어 놓은 나무.
年半(としなか) ⇨ 年中(としなか).
年並み(としなみ) 매년. 예년.
年病み(としやみ) 노병(老病). 노환.
年上(としうえ) 연상. 연장.　　　　　　「年」.
年盛り(としざかり) ① 한창 때. ② 장년(壯
年送り(としおくり) 그 해에 일을 끝냄.
年嵩(としかさ) ① (남보다) 나이가 위임. 또, 그 사람. 연상(年上). ② 고령.
年縄(としなわ) 정월에 사용하는 금(禁)줄.
年の市(としのいち) (연말에 서는) 대목장.
年神(としがみ) ① 오곡을 지키는 신. 그 해의 풍작을 비는 신. ② 음양도(陰陽道)에서, 정월달에 제사 지내는 신.　　　　「신.
年の神(としのかみ) 오곡(五穀)을 다스리는
年の夜(としのよ) 설달 그믐날 밤. 제야.
年若(としわか) 젊음. 젊은이.
年若い(としわかい) 젊다.
年弱(としよわ) ① 약년(弱年). 젊음. 젊은이. ② 햇수로 세는 나이에서, 7월 이후에 출생함. 또, 그 사람.　　　　　　　　「務」.
年役(としやく) 노인이 맡아 하는 직무(職
年迎え(としむかえ) 신년(新年)을 맞이함.
年玉(としだま) 새해 선물. 신년(설) 축하의 선물.　　　　　　　　　　　「가지 준비.
年用意(としようい) 새해맞이를 위한 여러
年月(としつき) ① 연월. 해와 달. ② (긴) 세월. *ねんげつ으로도 읽음.
年越し(としこし) ① 묵은 해를 보내고 새해를 맞음. ② 섣달 그믐날 밤 또는 입춘 전날 밤 (의 행사).
∥~蕎麦(そば) 섣달 그믐날 밤에 메밀국수를 먹는 풍습. 또, 그 메밀국수.
　~詣で(もうで) 입춘 전날 밤, 길방(吉方)의 신사(神社)・사찰에 참예하는 일.
年子(としご) 연년생(年年生). 한 살 터울의 형제 자매.
年長ける(としたける) 나이를 먹다. 나이가 위이다.　　　　　　　　　　　「름.
年積み月(としつみづき) 음력 12월의 딴이
年切り(としきり) ① 나무가 해에 따라 열매를 맺지 않는 일. 흔히 사람이 때를 못 만남을 비유하는 말로 씀. ② 어떤 일을 하는데 연한(年限)을 정하는 일.
年占(としうら) 연초에 그 해의 길흉, 특히 농작물의 풍흉을 점침.
年の程(としのほど) 대강의 나이.
年の朝(としのあした) 정월 초하루. 원단.
年増(としま) 한창 때를 지난 여자. 江戸(え ど) 시대에는 20 전후, 현대는 30~40 대.
∥~女(おんな) ☞年増.
年取り(としとり) ① 나이를 먹음. ② 제야(除夜) 또는 입춘 전야에 행하는 의식.
∥~(物)(もの) 설을 맞이하는 데 필요한 물건.
　~魚(ざかな) 연어 등 섣달 대보름의 밤의 식에 내놓는 생선.
年取る(としとる) 나이를 먹다. 늙다.

年波(としなみ) 나이. 연륜.
年下(としした) 연하.
年割り(としわり) 그 해마다 할당함.
年行き(としゆき) 나이를 먹었음.
年回り(としまわり) 나이에 따른 운수.
年恰好(としかっこう) ⇨年格好(としかっこう).

15
扌　撚　　꼴 년
　　　　　ネン
　　　　　ひねる・よる

音読
撚糸(ねんし) 연사. 꼰 실. 또, 실로 꼼.
*よりいと로도 읽음.
訓読
撚れる(よれる) ① 꼬이다. 엉클어지다. ② 구기다.
❖撚る(よる) (실・끈 따위를) 꼬다.
撚り(より) 꼼. 또, 꼰 것.
撚り金(よりきん) 금박(金箔)을 실처럼 가늘게 잘라 비단실과 함께 꼰 것.
撚り合わせる(よりあわせる) (몇 가닥을) 합쳐서 꼬다. 꼬아 합치다.

15
石　碾　　매 년・연자방아 년
　　　　　テン
　　　　　ひく

訓読
❖碾く(ひく) 맷돌에 갈다. 타다. 빻다.
碾き臼(ひきうす) 맷돌.
碾き茶(ひきちゃ) 녹차(綠茶)를 갈아서 분말로 한 고급차. 가루차.
碾き割り(ひきわり) ① 맷돌로 곡식을 타는 일. ② 碾き割り麦의 준말.
∥~麦(むぎ) 탄 보리. 할맥(割麥).
　~飯(めし) 할맥을 섞어 지은 밥.

녈

10
氵　涅　　개흙 녈
　　　　　デツ・ネ・ネツ
　　　　　くろつち

音読
涅歯(でっし) 열치. 이를 검게 물들이는 일. 또, 그 이.
其他
涅槃(ねはん) 〖佛〗 열반. ♣~経(ぎょう) 열반경 / ~図(ず) 〖美〗 열반도 / ~門(もん) 〖佛〗 열반문 / ~宗(しゅう) 〖佛〗 열반종.
∥~西(にし) 열반회가 있을 무렵에 부는 서풍(西風).
　~雪(ゆき) 열반회를 전후해서 내리는 눈.
　~寂静(じゃくじょう) 〖佛〗 열반 적정.

녑

8 扌	拈	집을 녑・집을 점 ネン ひねる・つまむ

音読
拈出(ねんしゅつ) 염출. ①변통해 냄. ②생각해 냄.
拈香(ねんこう) 염향. 향을 집어 피움. 분향.
拈華微笑(ねんげみしょう)〘佛〙염화미소. 이심전심(以心傳心).

訓読
❖拈る(ひねる) ①비틀다. 틀다. 꼬다. ②(몸의 일부를) 뒤틀다. ③(두루 궁리하여) 생각을 짜내다.
拈り(ひねり) ①비틂. ②색다른 궁리・취향.

8 心 教	念	생각 녑・생각할 녑 ネン おもう

音読
念(ねん) ①주의함. ②오래 전부터의 희망. 염원. ③기분. 생각.
～を押(お)す 다짐하다. 확인하다.
念じる(ねんじる) ☞念ずる(ねんずる).
念ず(ねんず)〈文〉☞念ずる(ねんずる). ②〈古〉참다. 견디다.
念ずる(ねんずる) ①마음속에 두고 늘 생각하다. ②마음속으로 빌다. 염원하다.
念校(ねんこう)〘印〙염교. 교료(校了) 후에 만일을 위해 다시 한번 교정을 보는 일. 또, 그 교정쇄.
念念(ねんねん) 염념. ①한결같이 마음을 그 일에 집중시키는 모양. ②여러 가지의 생각. ③〘佛〙하나하나의 찰나. 그 순간순간.
念頭(ねんとう) 염두. 마음속.
念慮(ねんりょ) 염려.
念力(ねんりき) 염력. 의지(意志)의 힘. 정신을 집중하는 데서 생기는 힘.
念無う(ねんなう)〈古〉①의외로. 뜻밖에. ②쉽게. 용이하게.
念無し(ねんなし) ①유감스럽다. 아쉽다. ②용이하다. ③뜻밖이다. ④미련이 없다.
念仏(ねんぶつ)〘佛〙염불.
‖～講(こう) 염불을 행하는 講中(こうじゅう).
～堂(どう)〘佛〙염불당. 염불 수행을 위해 지은 건조물.
～三昧(ざんまい)〘佛〙염불 삼매.
～往生(おうじょう) 염불 왕생.
～踊り(おどり) 북이나 징을 치면서 염불의 가락을 붙여 춤을 춤.
～宗(しゅう)〘佛〙염불종. 염불에 의하여 왕생을 구하는 종지(宗旨).
念写(ねんしゃ) 염사. 〘心〙염력(念力)으로 사진 건판이나 필름에 감광시키거나 영상을 나타나게 하는 일.
念書(ねんしょ) 후일의 증거로 삼기 위하여 작성해 두는 문서. 다짐장. 각서.
念誦(ねんじゅ)〘佛〙염불 송경.
念友(ねんゆう) 호모 관계에 있는 상대. 또, 그 관계.
念願(ねんがん) 염원. 소원.
念の為(ねんのため) 다짐하기 위해. 더욱 확실히 다짐해 두기 위해.
念入り(ねんいり) 매우 정성들임. 공들임. 조심함.
念者 ㊀(ねんしゃ) 일할 때 몹시 조심하는 사람.
㊁(ねんじゃ) 남색(男色) 관계에서 남자역.
念珠(ねんじゅ)〘佛〙염주.
‖～引き(ひき) 염주를 만드는 사람.
念持(ねんじ)〘佛〙염지. 부처의 공덕을 마음 속 깊이 간직하는 일.
念晴らし(ねんばらし) 의혹 또는 집념을 품.

9 忄	恬	편안할 녑 テン やすらか

音読
恬(てん) 태연한 모양.
恬として(てんとして) 태연히.
恬淡(てんたん) 염담. 욕심없이 깨끗함.
恬澹(てんたん) ⇨ 恬淡(てんたん).
恬安(てんあん) 염안.
恬然(てんぜん) 염연.

11 口	唸	신음할 녑 テン うなる

訓読
❖唸る(うなる) ①웅웅〔윙윙〕소리를 내다. 또, 그런 소리가 나다. ②신음하다. (동물이) 으르렁거리다. ③(돈・힘 등이) 넘칠 정도로 있다.
唸り(うなり) ①으르렁거리는 소리. 신음 소리. 윙윙〔붕붕〕거리는 소리. ②〘理〙맥(脈)놀이.
‖～声(ごえ) ①괴로울 때, 감탄했을 때 등에 내는 말이 되지 않는 낮은 목소리. ②낮게 울리는 소리.

11 扌	捻	비틀 녑 ネン ねじる・ひねる

音読

捻転(ねんてん)〈文〉염전. 비틀려〔꼬이어〕 방향이 바뀜. 뒤틀림.
捻挫(ねんざ) 염좌.
捻出(ねんしゅつ) 염출.

[訓読]
捻くれる(ひねくれる) ① (가지 등이) 뒤틀리다. ② (성질·생각이) 비뚤어지다. 뒤둥그러지다.
捻れる(ねじれる) ① 비틀어지다. 뒤틀리다. 꼬이다. ② 빙퉁그러지다.
捻子(ねじ) ① 나사. 나삿니. ② (시계 따위의) 태엽 감는 장치.
❖捻くる(ひねくる) ① 만지작거리다. ② 이리저리 핑계〔이유〕를 붙여 둘러대다.
捻くり回す(ひねくりまわす)〈俗〉☞ 捻り回す(ひねりまわす).
❖捻る ㊀(ひねる) ① 비틀다. 틀다. 꼬다. ② (몸의 일부를) 뒤틀다. ③ (두루 궁리하여) 생각을 짜내다. 일부러 색다르게 하다.
㊁(ねじる) 비틀다. ① 뒤틀다. 쥐어짜다. 죄다. 틀다. ③ 꼬투리를 잡아 힐책〔공박〕하다. 오금박다.
捻り(ひねり) ① 비틂. ② 색다르게 고안함. ③ 씨름의 준말.
∥〜技(わざ) (씨름에서) 팔로 상대의 몸을 비틀어 넘어뜨리는 수.
捻り潰す(ひねりつぶす) 손가락 끝으로 비틀어 짜부러뜨리다.
捻り殺す(ひねりころす) ① (벌레 따위를) 비틀어 죽이다. ② 간단히〔쉽게〕 죽이다.
捻り出す(ひねりだす) ① (이리저리 머리를 써서) 생각해 내다. 궁리해 내다. ② 겨우 염출해 내다.
捻り回す(ひねりまわす) ① (손끝으로) 이리저리 만지작거리다. ② (이리저리 궁리하여) 생각·취향·기교를 짜내다.

녕

14 宀 常 寧(寧) 편안할 **녕**
ネイ いずくんぞ・むしろ・やすい

[音読]
寧謐(ねいひつ) 영밀. 세상이 태평무사한 것.
寧歳(ねいさい) 평화스러운 세월.
寧日(ねいじつ) 영일. 평온한 날.
寧静(ねいせい) ① 세상이 평온함. ② 마음이 편안하고 안정되어 있음.

[訓読]
寧ろ(むしろ) 차라리. 오히려.

17 犭 獰 모질·사나울 **녕**
ドウ
わるい

[音読]
獰猛(どうもう) 영맹. (성질이) 모질고 사나움.
獰悪(どうあく) 영악. 성질이 모질고 사나움.

네

19 示 禰 아버지사당 **녜**
ネ・デイ

[音読]
禰宜(ねぎ) 신직(神職)의 직위의 하나. 神主(かんぬし)의 차위(次位). 또, 일반적으로 신직의 총칭.

노

5 女 常 奴 종 노·놈 노
ド・ヌ
やつ・やっこ

[音読]
奴僕(どぼく) 노복. 사내종. *ぬぼく로도 읽음.
奴婢 ㊀(どひ) 노비. 사내종과 계집종.
㊁(ぬひ)『史』① 노비. ② 奈良(なら)·平安(へいあん) 시대의 천민(賤民) 계급.
奴視(どし) 노시. 노예시(奴隷視).
奴役(どえき) 노역. 노예처럼 혹사함.
奴隷(どれい) 노예. ♣〜制(せい) 노예제.
∥〜貿易(ぼうえき) 노예 무역.
〜制度(せいど) 노예 제도.
〜解放(かいほう) 노예 해방.
奴畜生(どちくしょう) 개새끼. 개자식.

녕

7 イ 佞 아첨할 **녕**
ネイ
へつらう

[音読]
佞奸(ねいかん) 영간. 간사함. 또, 그런 사람.
佞姦(ねいかん) ⇨ 佞奸(ねいかん).
佞弁(ねいべん) 영변. 아첨하며 달콤한 말을 늘어놓는 일. 또, 그런 말. 교언(巧言).
佞臣(ねいしん) 영신. 간신(奸臣).
佞悪(ねいあく) 영악. 마음이 간사하고 악함. 또, 그런 사람.
佞言(ねいげん) 영언. 아첨하는 말.
佞人(ねいじん) 영인. 간사한 사람. 아첨꾼.
佞知(ねいち) 간지(奸智).
佞智(ねいち) ⇨ 佞知(ねいち).

奴	힘쓸 노 ド つとめる

訓読
奴 ㊀(やつ) ①놈. 녀석. 자식. ②그 녀석. 그 놈.
㊁(やっこ) ①奴豆腐(やっこどうふ)의 준말. ②녀석.
㊂(やっこ)〈雅〉신(神)이나 조정(朝廷) 또는 군주를 섬기는 사람.
㊃(しゃつ)〈俗〉그 놈. 그 자식. 저 놈.
㊄(つぶね) 머슴. 종.
㊅(め)《接尾語的으로》놈. 한층 낮추어 보는 뜻을 나타냄.
奴さん(やっこさん) ①奴凧(やっこだこ) 모양으로 만든 종이 접이. ②녀석.
奴凧(やっこだこ) 江戸(えど) 시대의 무가의 하인이 팔을 벌린 모습을 본떠 만든 연.
奴豆腐(やっこどうふ) 네모로 잘게 썬 두부를 물에 담가 양념장에 찍어 먹는 요리.
奴等(やつら) 奴(やつ)의 복수. 놈들. *しゃつら라고도 함.
奴輩(やつばら) 奴(やつ)의 복수로, 놈들. 녀석들. 자식들. *しゃつばら로도 읽음.
㊁(どはい) 노배. 놈들.
奴原(やつばら) ⇨ 奴輩(やつばら).

逆音
農奴(のうど) 농노.

7 力 教	努	힘쓸 노 ド つとめる

音読
努力(どりょく) 노력. 애씀. ♣~家(か) 노력가.

訓読
❖努める(つとめる) 노력하다. 힘쓰다. 진력하다. 애쓰다.
努めて(つとめて) 가능한 한. 될 수 있는 대로. 애써.

其他
努(ゆめ)《뒤에 禁止하는 말이 따라서》꼭. 반드시. 결코.
努努(ゆめゆめ) ☞ 努(ゆめ). *ゆめ를 겹쳐서 강조한 말.

8 口	呶	떠들썩할 노 ド・ドウ かまびすしい

音読
呶呶(どど) 노노. 여러 말을 투덜거리며 길게 늘어놓음.
呶鳴る(どなる) ①고함 치다. ②호통 치다. 야단 치다.
呶鳴り付ける(どなりつける) 호통 치다. 큰 소리로 꾸짖다.
呶鳴り散らす(どなりちらす) 주위에 아랑곳하지 않고 호통〔고함〕을 치다.
呶鳴り込む(どなりこむ) 큰소리로 호통 치며 들어가다.

8 弓	弩	쇠뇌 노 ド いしゆみ・おおゆみ

音読
弩弓(どきゅう) 노궁. 큰 활.
弩級艦(どきゅうかん) 노급함. 드레드노트급 군함. 거대 군함.

訓読
弩 ㊀(いしゆみ) ①투석구(投石具). ②밧줄로 돌을 매달아 적이 오면 줄을 끊어 돌을 떨어뜨리는 장치. ③(고무줄) 새총.
㊁(おおゆみ) ①중고(中古) 시대에, 돌을 멀리 날리는 활의 일종. 석궁(石弓). ②큰 활.
㊂(ど) 노. 쇠뇌.

9 心 常	怒	성낼 노 ド・ヌ いかる・おこる

音読
怒気(どき) 노기.
怒濤(どとう) 노도.
怒罵(どば) 노매. 성을 내며 욕을 퍼부음.
怒鳴る(どなる) ①고함 치다. ②호통 치다. 야단 치다.
怒鳴り立てる(どなりたてる) 마구 호통〔야단〕 치다.
怒鳴り付ける(どなりつける) 호통 치다. 큰소리로 꾸짖다.
怒鳴り散らす(どなりちらす) 주위에 아랑곳하지 않고 호통〔고함〕을 치다. 「는」 소리.
怒鳴り声(どなりごえ) 호통 치는〔야단 치는〕 소리.
怒鳴り込む(どなりこむ) 큰소리로 호통 치며 들어가다.
怒髪(どはつ) 노발. 노여움으로 곤두서 있는 머리털.
怒声(どせい) 노성. 성난 목소리.
怒張(どちょう) ①노장. 혈관 등이 부어 오름. ②어깨 등을 으쓱 펌.
怒潮(どちょう) 노조. 거친 조수(潮水).
怒号(どごう) 노호. ①성이 나서 고함침. ②바람·파도가 내는 세찬 소리.
怒火(どか) 노화. 열화와 같은 노여움.

訓読
怒らかす(いからかす) ①성난 모양을 하다. ②모나게 하다.
怒らす(いからす) ①성나게 하다. ②상대를 위압하는 태도를 취하다.
❖怒る ㊀(おこる) ①성내다. 노하다. ②꾸짖다.
㊁(いかる) ①성내다. ②거세어지다. ③모가 나다.
怒り ㊀(いかり) 노여움. 분노.
～の日(ひ)《宗》①기독교에서, 하느님이 최후의 심판을 하는 날. ②사자(死者)를 위한 미사에서 불리는 성가의 하나.
∥～毛(げ) 짐승이 화났을 때 곤두세우는 털.
～爪(づめ) 짐승이 화가 나서 발톱을 세움.

~鼻(ばな) 콧망울이 옆으로 퍼져 있는 코.
⊟(おこり) 怒り上戸(おこりじょうご)의 준말.
怒りっぽい(おこりっぽい) 걸핏하면 화를 내는 성질이다. 「깨.
怒り肩(いかりがた) 딱 바라지고 올라간 어깨.
怒り狂う(いかりくるう) 미친 듯이 몹시 노하다[성내다].
怒りん坊(おこりんぼう) 걸핏하면 화를 잘 내는 사람. *おこりんぼろど로도 읽음.
怒り上戸(おこりじょうご) 술취하면 성을 냄. 또, 그 버릇이 있는 사람.

15 馬	駑	둔할 노 ド にぶい

音読⤵
駑鈍(どどん) 노둔. 재주가 없고 미련함.
駑馬(どば) 노마. 느린 말. 비유적으로, 재능이 둔한 사람. 「그런 사람.
駑才(どさい) 노재. 우둔한 재능(才能). 또,
駑駘(どたい) 노태. ①둔한 말. ②우둔함. 또, 그런 사람.

18 月	臑	정강다리 노 ジュ・ドウ すね

訓読⤵
臑(すね) 정강이.
臑脛(すねはぎ) 정강이.
臑囓り(すねかじり) 부모의 신세를 짐. 또, 그 사람.
臑当て(すねあて) ①『考』정강이가리개. 경갑(脛甲). ②(운동 선수의) 정강이 보호대.
臑齧り(すねかじり) ⇨ 臑囓り(すねかじり).

농

13 辰 教	農	농사 농 ノウ たがやす

音読⤵
農(のう) ①농업. 농사. ②농부. 농민.
農家(のうか) 농가.
農耕(のうこう) 농경.
‖~牧畜民(ぼくちくみん) 농경 목축민.
 ~儀礼(ぎれい) 농경 의례.
農高(のうこう) 농고. 農業高等学校(のうぎょうこうとうがっこう)의 준말.
農工(のうこう) 농공. ①농업과 공업. ②농민과 공원.
‖~銀行(ぎんこう) 농공 은행.
農科(のうか) 농과.
農具(のうぐ) 농구.
農期(のうき) 농기. 농사철.
農機(のうき) 농기.
農機具(のうきぐ) 농기구.
農奴(のうど) 농노.
農大(のうだい) 농대. 農業大学(のうぎょうだいがく)・農科(のうか)大学의 준말.
農道(のうどう) 농도. 농로.
農林(のうりん) 농림.
‖~水産省(すいさんしょう) 농림 수산성.
 ~中央金庫(ちゅうおうきんこ) 농림 중앙
 ~学校(がっこう) 농림 학교. 「금고.
農牧(のうぼく) 농목. 농업과 목축.
農務(のうむ) 농무.
農民(のうみん) 농민.
‖~文学(ぶんがく) 농민 문학.
 ~運動(うんどう) 농민 운동.
 ~一揆(いっき) 농민 폭동.
農博(のうはく) 농박. '農学博士(のうがくはくし)(=농학 박사)'의 준말.
農繁期(のうはんき) 농번기.
農法(のうほう) 농법. 농사 방법.
農兵(のうへい) 농병.
農保(のうほ) 農業保険(のうぎょうほけん)의 준말.
農本主義(のうほんしゅぎ) 농본주의.
農夫(のうふ) 농부. ♣~症(しょう) 농부증.
農父(のうふ) 농부. 농사꾼 영감.
農婦(のうふ) 농부.
農事(のうじ) 농사.
‖~試験場(しけんじょう) 농사 시험장.
農舎(のうしゃ) 농사. ①농산물을 처리하는 건물. ②농가. 「물.
農産(のうさん) 농산. ♣~物(ぶつ) 농산
農山村(のうさんそん) 농촌과 산촌.
農相(のうしょう) 농상. 농림 수산 대신.
農商(のうしょう) 농상. 농업과 상업.
農書(のうしょ) 농서. 농업에 관한 책.
農時(のうじ) 농시. 농사철.
農楽(のうがく) 농악.
農薬(のうやく) 농약.
‖~噴霧器(ふんむき) 농약 분무기.
 ~汚染(おせん) 농약 오염.
 ~取締法(とりしまりほう) 농약 단속법.
農業(のうぎょう) 농업.
‖~経済学(けいざいがく) 농업 경제학.
 ~高等学校(こうとうがっこう) 농업 고등학교. 「제 조합.
 ~共済組合(きょうさいくみあい) 농업 공
 ~恐慌(きょうこう) 농업 공황.
 ~基本法(きほんほう) 농업 기본법.
 ~気象(きしょう) 농업 기상.
 ~法人(ほうじん) 농업 법인.
 ~保険(ほけん) 농업 보험.
 ~生産法人(せいさんほうじん) 농업 생산
 ~手形(てがた) 농업 어음. 「법인.
 ~試験場(しけんじょう) 농업 시험장.
 ~用水(ようすい) 농업 용수.

儂・濃・膿

～者年金(しゃねんきん) 농업자 연금.
～災害(さいがい) 농업 재해.
～学校(がっこう) 농업 학교.
～革命(かくめい) 농업 혁명.
～協同組合(きょうどうくみあい) 농업 협동 조합.
農芸(のうげい) 농예.
∥～化学(かがく) 농예 화학.
農外(のうがい) 농외. '農業以外(のうぎょういがい)(=농업 이외)'의 준말.
農用地(のうようち) 경작지와 방목지.
農園(のうえん) 농원.
農人(のうにん) 농인. 농민. ＊のうじんで로도 읽음.
農作(のうさく) 농작. ♣～物(ぶつ) 농작물.
農作業(のうさぎょう) 농작업. 농사일.
農場(のうじょう) 농장.
農政(のうせい) 농정. ♣～学(がく) 농정학.
農住都市(のうじゅうとし) 농업과 주택지가 공존할 수 있게 구상한 도시.
農地(のうち) 농지. ♣～法(ほう) 농지법.
∥～改革(かいかく) 농지 개혁.
～転用(てんよう) 농지 전용.
農村(のうそん) 농촌.
∥～改革(かいかく) 농촌 개혁.
～社会学(しゃかいがく) 농촌 사회학.
農圃(のうほ) 농포.
農学(のうがく) 농학.
農閑期(のうかんき) 농한기.
農協(のうきょう) 농협. 農業協同組合(のうぎょうきょうどうくみあい)의 준말.
農会(のうかい) 농회. 農業会(のうぎょうかい)의 전신.
農休日(のうきゅうび) 농사일을 쉬는 날.

15 イ 儂
나 농
ノウ
わし

[訓読]
儂(わし) 나.
儂等(わしら) 우리들.

16 氵 [常] 濃
짙을 농・깊을 농
ノウ
こい・こ・こまやか

[音読]
濃(のう)《接頭語로》농…. 짙은. 진한.
濃紺(のうこん) 짙은 감색.
濃淡(のうたん) 농담.
濃度(のうど) 농도.
濃緑(のうりょく) 농록. 짙은 녹색. ＊こみどりで로도 읽음.
濃沫(のうまつ) 색을 짙게 칠함. 진한 화장.
濃霧(のうむ) 농무.
濃尾(のうび) 〖地〗濃州(のうしゅう)와 尾州(びしゅう). 지금의 岐阜(ぎふ) 현과 愛知(あいち) 현의 일부.
濃密(のうみつ) 농밀.
濃餅(のっぺい) 유부・야채 등을 끓여서 갈분을 풀어 걸죽하게 만든 음식.
濃色(のうしょく) 농색. 짙은 색.
濃艶(のうえん) 농염. 요염하고 아름다움.
濃塩酸(のうえんさん) 진한 염산.
濃硫酸(のうりゅうさん) 진한 황산.
濃州(のうしゅう) 옛 지방 이름. 지금의 岐阜(ぎふ) 현.
濃彩(のうさい) 농채. 짙은 채색.
濃縮(のうしゅく) 농축.
∥～果汁還元(かじゅうかんげん) 농축 과즙 환원.
～製剤(せいざい) 〖醫〗농축 제제.
濃化(のうか) 농화.
濃厚(のうこう) 농후.
∥～感染(かんせん) 〖醫〗농후 감염.
～飼料(しりょう) 농후 사료.

[訓読]
濃さ(こさ) 진함. 진한 정도. 농도.
濃やか(こまやか) ①자세한 모양. ②빛이 짙은 모양. ③아기자기한 모양.
濃藍(こあい) 짙은 남색.
濃鼠(こねずみ) 짙은 쥐색.
濃染め(こぞめ) 짙게 염색함. 또, 그렇게 물들인 것.
濃染紙(こせんし) 짙게 물들인 종이. ＊こぜんしで로도 읽음.
濃紫(こむらさき) 검은 빛을 띤 짙은 보라색.
濃躑躅(こつつじ) 짙은 색 꽃이 피는 철쭉.
❖濃い(こい) 짙다. 진하다.
濃い口(こいくち) 장맛이 진하거나 빛깔이 짙은 것.
∥～醤油(しょうゆ) 진한 간장.
濃い目(こいめ) 좀 짙은 듯함.
濃い茶(こいちゃ) ①진한 차. ②짙은 갈색.
濃い化粧(こいげしょう) 짙은 화장.

[其他]
濃漿 ㊀(こくしょう) 어육에 된장을 풀어 진하게 졸인 국물.
㊁(こんず) ①미음(米飲). ②미주(美酒). ③전국. 진국.
濃絵(だみえ) ①(진하게) 채색한 그림. 채색화. ②벽 등의 큰 화면에 금은 극채색을 써서 강한 인상을 주는 그림 양식.

17 月 膿
고름 농
ノウ
うみ・うむ

[音読]
膿痂疹(のうかしん) 〖醫〗농가진.
膿漏眼(のうろうがん) 〖醫〗농루안.
膿瘍(のうよう) 〖醫〗농양.
膿腫(のうしゅ) 상처가 곪아서 부어오름.
膿汁(のうじゅう) 농즙. 고름.
膿疱(のうほう) 〖醫〗 농포. ♣～疹(しん) 농포진.
膿胸(のうきょう) 〖醫〗농흉.

雫・悩・脳・尿

訓読
膿(うみ) 고름. *のうろも 읽음.
膿む(うむ) 곪다.
膿血(うみち) 〚醫〛 농혈. 피고름.

뇌

| 11 雨 日 | 雫 | 물방울 (뇌)
ダ
しずく |

訓読
雫(しずく) 물방울.

뇌

| 10 小 常 | 悩 (惱) | 괴로워할 뇌
ノウ
なやむ・なやます |

音読
悩乱(のうらん) 근심 걱정으로 심란해짐.
悩殺(のうさつ) 뇌쇄.

訓読
悩ましい(なやましい) ①괴롭다. 고통스럽다. ②감각을 자극하여 마음이 흐트러지다.
悩ます(なやます) 괴롭히다. 성가시게 굴다.
悩める(なやめる)〈文〉고민하다.
❖悩む(なやむ) 괴로워하다.
悩み(なやみ) 괴로움. 고민. 걱정.

| 11 月 教 | 脳 (腦) | 머릿골 뇌・머리 뇌
ノウ |

音読
脳(のう)〚生〛뇌.
脳梗塞(のうこうそく)〚醫〛뇌경색.
脳内(のうない) 뇌내. 뇌의 안.
‖～出血(しゅっけつ)〚醫〛뇌내 출혈.
脳代謝(のうだいしゃ) 뇌대사.
‖～改善剤(かいぜんざい) 뇌대사 개선제.
脳頭(のうとう) 머리 꼭대기. 뇌천.
脳裡(のうり) ⇨ 脳裏(のうり).
脳裏(のうり) 뇌리.
脳膜(のうまく)〚生〛뇌막. ♣～炎(えん)〚醫〛뇌막염.
脳梅毒(のうばいどく)〚醫〛뇌매독.
脳味噌(のうみそ) ①〈俗〉뇌. 뇌수. ②지능.
脳病(のうびょう) 뇌병.
脳病院(のうびょういん) 뇌병원.
脳貧血(のうひんけつ)〚醫〛뇌빈혈.
脳死(のうし)〚醫〛뇌사.
脳塞栓(のうそくせん)〚醫〛뇌색전.
脳性(のうせい)〚醫〛뇌성.
‖～麻痺(まひ)〚醫〛뇌성 마비.
～小児麻痺(しょうにまひ)〚醫〛뇌성 소아 마비.
脳髄(のうずい)〚生〛뇌수.
脳水腫(のうすいしゅ)〚醫〛뇌수종.
脳循環(のうじゅんかん)〚醫〛뇌순환.
脳神経(のうしんけい)〚生〛뇌신경. ♣～節(せつ)〚生〛뇌신경절.
‖～外科(げか) 뇌신경 외과.
脳室(のうしつ)〚生〛뇌실.
脳軟化症(のうなんかしょう)〚醫〛뇌연화증.
脳炎(のうえん)〚醫〛뇌염.
脳外科(のうげか) 뇌외과.
脳溢血(のういっけつ)〚醫〛뇌일혈.
脳漿(のうしょう) ①〚生〛뇌장. ②머리. 두뇌. 「깊은 속.
脳底(のうてい) 뇌저. ①뇌의 속. ②의식의
脳電流(のうでんりゅう)〚生〛뇌전류.
脳卒中(のうそっちゅう)〚醫〛뇌졸중.
脳腫瘍(のうしゅよう)〚醫〛뇌종양.
脳腫脹(のうしゅちょう)〚醫〛뇌종창.
脳中(のうちゅう) 머릿속. 마음속. 뇌리.
脳症(のうしょう)〚醫〛뇌증.
脳震蕩(のうしんとう) ⇨ 脳震盪(のうしんとう).
脳震盪(のうしんとう)〚醫〛뇌진탕.
脳脊髄(のうせきずい)〚生〛뇌척수. ♣～液(えき)〚生〛뇌척수액.
‖～膜(まく)〚生〛뇌척수막. ♣～炎(えん)〚醫〛뇌척수막염.
～神経(しんけい)〚生〛뇌척수 신경.
脳天(のうてん)〚生〛뇌천. 정수리.
脳天気(のうてんき)〈俗〉경박한 모양. 또, 그런 사람.
脳出血(のうしゅっけつ)〚醫〛뇌출혈.
脳充血(のうじゅうけつ)〚醫〛뇌충혈.
脳波(のうは)〚生〛뇌파.
脳下垂体(のうかすいたい)〚生〛뇌하수체.
‖～前葉ホルモン(ぜんようホルモン) 뇌하수체 전엽 호르몬.
～中葉ホルモン(ちゅうようホルモン) 뇌하수체 중엽 호르몬.
～後葉ホルモン(こうようホルモン) 뇌하수체 후엽 호르몬.
脳血栓(のうけっせん)〚醫〛뇌혈전.

뇨

| 7 尸 常 | 尿 | 오줌 뇨
ニョウ
しと・ゆばり・いばり |

音読
尿 ㊀(にょう) 소변. 오줌.
㊁(ゆばり)〈雅〉소변. 오줌. *ゆまり・いばりロ도 읽음. ♣～袋(ぶくろ) 방광(膀胱) /

~壺(つぼ) 방광.
㊂(しと)〈古〉소변. 오줌.
㊃(しし)〈兒〉쉬. 오줌.
尿結石(にょうけっせき)『醫』요도 결석.
尿管(にょうかん)『生』요관. 수뇨관. 요도.
尿器(にょうき) 요기. 요강.
尿囊(にょうのう)『生』요낭.
尿道(にょうどう) 요도. ♣~炎(えん)『醫』요도염.
‖~球腺(きゅうせん) 요도 구선. 전립선밑에 있는 한 쌍의 부생식선(副生殖腺)
尿毒症(にょうどくしょう)『醫』요독증.
尿量(にょうりょう) 요량. 하루〔한 번〕에 누는 오줌의 양.
尿路(にょうろ)『生』요로.
尿膜(にょうまく)『生』요막.
尿崩症(にょうほうしょう)『醫』요붕증.
尿酸(にょうさん)『化』요산.
尿石(にょうせき)『醫』요석.
尿細管(にょうさいかん)『生』요세뇨관.
尿素(にょうそ)『化』요소.
‖~樹脂(じゅし) 요소 수지.
~回路(かいろ) 요소 회로.
尿失禁(にょうしっきん)『醫』요실금.
尿意(にょうい) 요의. 오줌이 마려운 느낌.
尿浸潤(にょうしんじゅん)『醫』요침윤.
其他
尿瓶(しびん) 요강.
尿屎(ししばば)〈俗〉오줌과 똥. 대소변.

13 女	嫋	휘청휘청할 뇨 ジョウ たおやか・しなやか

音読
嫋嫋(じょうじょう) 요뇨. 연약한 모양. 예쁘고 가냘픈 모양. *しなしなロも로도 읽음.
訓読
嫋か(しなやか) 부드럽고 탄력이 있는 모양. 낭창낭창함. 나긋나긋함.

15 扌	撓	휘어질 뇨 ドウ・トウ いためる・しなう・たわむ・たわわ・しわる

音読
撓屈(とうくつ) 요굴. 휘어 굽음. 휘어 굽힘.
訓読
撓(たわわ)(나뭇가지・이삭이) 휠 정도임.
撓う(しなう)(탄력이 있어 부러지지 않고) 휘다. 휘어지다.
撓る ㊀(しなる)〈俗〉휘다. 휘어지다.
㊁(しわる) 휘어지다. 구부러지다.
撓撓(しわしわ) 물체가 휘어지는 모양. 휘청휘청.
撓垂れる(しなだれる) ①요염하게 아양 떨며 기대다. ②〈古〉하늘거리다.

撓垂れ掛かる(しなだれかかる) ①힘없이 기대다. ②아양 떨며 기대다.
❖撓む(たわむ) ①휘다. ②〈古〉(피곤해서) 싫어지다.
撓み(たわみ) ①휨. 휘기. ②외력에 의해 생기는 물체의 변형.
❖撓める ㊀(いためる) 가죽을 아교물에 담갔다가 두들겨서 굳히다.
㊁(たわめる) 휘어지게 하다.
撓め皮(いためがわ) 아교물에 담갔다가 두들겨서 굳힌 가죽.
撓め革(いためがわ) ⇨ 撓め皮(いためがわ).
其他
撓り(しおり) 俳句(はいく)에 풍기는 섬세한 여정(餘情).

17 女	嬲	희롱할 뇨 ジョウ なぶる

訓読
❖嬲る(なぶる)(약자를) 집적거리다. 놀리다. 괴롭히다.
嬲り物(なぶりもの) 놀림감.
嬲り殺し(なぶりごろし) 당장에 죽이지 않고 질질 끌다가 죽임.

20 金	鐃	징 뇨 ドウ・ニョウ どら

音読
鐃(にょう) 요. 옛 중국 악기의 하나.
鐃鈸(にょうはち)『佛』요발.

누

16 耒	耨	괭이 누 ジョク・ドウ くさぎる

音読
耨耕(じょくこう) 누경. 주로 괭이로 하는 경작.

눈

14 女	嫩	어릴 눈 ドン わかい

音読
嫩芽(どんが)『植』눈아. 애순.
嫩葉(どんよう) 눈엽. 새로 나온 잎.

눌

| 7
口 | 吶 | 말더듬을 **눌** · 떠들 **납**
トツ
どもる |

音読
吶吶(とつとつ) 눌눌. 말을 더듬는 모양. 더듬더듬.
吶喊(とっかん) 납함. (돌격할 때) 함성을 지르는 일. 함성을 지르며 돌격함.

| 11
言 | 訥 | 말더듬을 **눌**
トツ
どもる |

音読
訥訥(とつとつ) 눌눌. 말을 더듬는 모양.
訥弁(とつべん) 눌변.
訥言(とつげん) 눌언. 더듬거리는 말.

뉴

| 10
糸 | 紐 | 맬 **뉴** · 끈 **뉴**
チュウ
ひも |

音読
紐帯(ちゅうたい) 유대.
訓読
紐(ひも) ①끈. ②배후의 조종 인물.
紐鏡(ひもかがみ) 끈이 달린 작은 거울.
紐鶏頭(ひもげいとう) 『植』 줄맨드라미.
紐付き(ひもつき) ①끈이 달려 있음. ②(좋지 않은) 조건이 붙어 있음.
‖~融資(ゆうし) 조건부 융자.
紐虫(ひもむし) 유형 동물문(紐形動物門)에 속하는 동물의 총칭.
紐打ち(ひもうち) 실을 꼬아 합쳐서 끈목을 만듦.
紐解く(ひもとく) 책을 펴서 읽다.
紐革(ひもかわ) 가죽끈.
‖~饂飩(うどん) 가죽끈 모양으로 납작하게 만든 국수.   「물.
紐形動物(ひもがたどうぶつ) 『動』 유형 동
其他
紐育(ニューヨーク) 『地』 뉴욕.
‖~近代美術館(きんだいびじゅつかん) 뉴욕 근대 미술관.
~州立大学(しゅうりつだいがく) 뉴욕 주립 대학.
~証券取引所(しょうけんとりひきじょ) 뉴욕 증권 거래소.

| 12
金 | 鈕 | 꼭지 **뉴** · 손잡이 **뉴**
チュウ
つまみ・ボタン |

音読
鈕(ちゅう) ①손잡이. ②단추.

뉵

| 7
忄 | 忸 | 부끄러워할 **뉵**
ジク
はじる |

音読
忸怩(じくじ) 육니. 부끄럽고 창피스러움.

능

| 10
月 教 | 能 | 능할 **능** · 능히할 **능**
ノウ
あたう・よい・よく・はたらき |

音読
能(のう) ①능력. 재능. 능사. ②효능. ③☞能楽(のうがく).
能界(のうかい) 能楽師(のうがくし)의 사회.
能狂言(のうきょうげん) 能(のう)와 狂言.
能動(のうどう) 능동. ♣~的(てき) 능동적 / ~態(たい) 『文法』 능동태.
‖~免疫(めんえき) 『生』 능동 면역.
~輸送(ゆそう) 『生』 능동 수송.
能働代理(のうどうだいり) 『法』 능동 대리.
能力 ㊀(のうりょく) 능력. ♣~給(きゅう) 능력급 / ~表(ひょう) 능력표.
㊁(のうりき) 절에서 잡일하는 남자.
能率(のうりつ) 능률. ♣~給(きゅう) 능률급 / ~的(てき) 능률적 / ~化(か) 능률화.
能吏(のうり) 유능한 관리.
能面(のうめん) 能楽(のうがく)에서 쓰는 탈.
‖~打ち(うち) 能面을 만드는 사람.
能無し(のうなし) 쓸모없음. 무능함. 또, 그 사람.
能舞台(のうぶたい) 能楽(のうがく)를 상연하는 무대.   「장.
能文(のうぶん) 능문. 글을 잘 씀. 또, 그 문
能弁(のうべん) 능변.   「무.
能否(のうひ) 할 수 있음과 없음. 능력의 유
能士(のうし) 능사. 재능이 있는 사람.
能事(のうじ) 능사. 할 수 있는 일.
能相(のうそう) 『言』 능동(태).
能書(のうしょ) 능서. 달필.
~筆(ふで)を択(えら)ばず 글씨 잘 쓰는 사람은 붓을 가리지 않는다.

能書き(のうがき) 약 따위의 효능서.
能所(のうじょ)〖佛〗능동과 수동. 행위의 주체와 객체.
能楽 ㊀(のうがく) 무용과 극의 요소를 갖춘 일본의 예능.
∥**~師**(し) 能楽를 하는 사람.
㊁(のうらく) 빈둥빈둥 놀고 지냄. 또, 그런 사람. 「우.
能役者(のうやくしゃ) 能楽(のうがく) 배
能縁(のうえん)〖佛〗능연.
能装束(のうしょうぞく) 能楽(のうがく)를 할 때 입는 복장.
能才(のうさい) 능재. 일을 완수할 훌륭한 재능. 또, 그 재능이 있는 사람.
能州(のうしゅう) 옛 지방 이름. 지금의 石川(いしかわ) 현 북부.
能天気(のうてんき) 태평스럽고 안이함.
能筆(のうひつ) 능필. 능서(能書).
能化(のうか)〖佛〗능화.
能会(のうかい) 能楽(のうがく) 공연 모임.

[訓読]
能う(あたう) 할 수 있다. 가능하다. ＊終止形・連体形에서는 あとう로 읽음.
能く(よく) ①잘. 능히. ②용케.
能くする(よくする) ①잘하다. 능하게 하다. ②역량이 있다.
能くも(よくも) 용케도. 감히.
能っ引いて(よっぴいて)〈雅〉활시위를 충분히 당겨서.
能く能く(よくよく) ①정도가〔정성이〕 대단한 모양. ②몹시. ③만부득이.

[其他]
能登(のと)〖地〗옛 지방 이름. 지금의 石川(いしかわ) 현 북부 지방.
能平(のっぺい) 유부・야채 등을 끓여서 갈분을 풀어 걸쭉하게 만든 음식.

니

| 5
尸
常 | 尼 | 신중 니
ニ・ジ
あま |

[音読]
尼公(にこう) 여승이 된 귀부인의 높임말.
尼僧(にそう) ①여승. 비구니(比丘尼). 신중. ②수녀. ♣**~院**(いん) 여승방.

[訓読]
尼 ㊀(あま) ①여승. 비구니. ②수녀.
㊁(に)《接尾語로》여승의 뜻. …니.
尼っちょ(あまっちょ)〈俗〉여자를 욕하는 말. 계집년.
尼君(あまぎみ) 귀한 신분으로 여승이 된 여자의 높임말.
尼法師(あまほうし) 여승. 비구니. 「읽음.
尼寺(あまでら) 여승방. 신중절. ＊にじろ도

尼削ぎ(あまそぎ) 옛날, 여승이 어깨쯤에서 머리를 가지런히 자르던 일. 또, 아이들의 그런 머리형.
尼っ子(あまっこ)〈俗〉여자를 욕하여 하는 말. 계집년. 년.

| 8
氵
常 | 泥 | 진흙 니・수렁 니
デイ
どろ・なずむ |

[音読]
泥金(でいきん) 이금. 금박 가루를 아교에 푼
泥塗(でいと) 이도. 흙투성이가 됨. 「것.
泥路(でいろ) 이로. 진창길. 진흙길.
泥流(でいりゅう)〖地〗이류. 화산 폭발・산사태 때 산허리에서 흘러내리는 진흙의 흐름.
泥裡(でいり) 진창 속.
泥鏝(でいまん) 이만. 흙손.
泥描き(でいかき)〖美〗금니(金泥)・은니로 그리는 일.
泥砂(でいさ) 이사. 진흙과 모래.
泥状(でいじょう) 이상. 걸쭉한 모양.
泥線(でいせん)〖地〗이선.
泥塑(でいそ) 이소.
∥**~人**(じん) 이소인. 흙으로 만든 인형.
泥岩(でいがん)〖地〗이암.
泥剤(でいざい) 이제. 파스타제.
泥中(でいちゅう) 이중. 진흙 속.
泥酔(でいすい) 이취. 곤드레만드레 취함.
泥炭(でいたん) 이탄. 토탄. ♣**~地**(ち) 이탄지 / **~土**(ど) 이탄토.
泥塔(でいとう) 이탑. 이토(泥土)로 만든 솔도파(率堵婆). 「음.
泥土(でいど) 이토. 진흙. ＊どろつち로도 읽
泥板岩(でいばんがん)〖鑛〗이판암. 셰일.
泥火山(でいかざん)〖地〗이화산.
泥灰岩(でいかいがん)〖鑛〗이회암.

[訓読]
泥 ㊀(どろ) 진흙. 흙. 흙탕(물).
㊁(でい) ①흙탕물. ②금・은박을 가루로 만들어 아교에 푼 그림 물감의 일종.
㊂(ひじ) 진흙.
泥だらけ(どろだらけ) 흙투성이.
泥む(なずむ) ①(일이) 곧장 나가지 않고 미적거리다. ②집착하다. 구애되다.
泥んこ(どろんこ)〈俗〉흙투성이. 흙탕.
泥交じり(どろまじり) 사물에 흙이 섞여 있
泥亀(どろがめ)〖動〗자라의 딴이름. 「음.
泥道(どろみち) 수렁길. 진창길.
泥塗れ(どろまみれ) (진)흙투성이.
泥弄り(どろいじり) 흙장난.
泥柳(どろやなぎ)〖植〗백양(白楊).
泥目(どろめ)〖魚〗별망둑.
泥棒(どろぼう) 도둑질. 도둑(놈).
∥**~根性**(こんじょう) 도둑 근성.
~猫(ねこ) 도둑 고양이.
~上戸(じょうご) 술꾼이 좋아하지 않는 단 것까지 잘 먹는 술꾼. 또, 모주꾼.

泥仕合(どろじあい) (서로 상대방의 비밀·약점 등을 들추는) 추잡한 싸움. 이전투구.
泥沼(どろぬま) 수령. 진구렁. 비유적으로, 한 번 발을 디디면 좀체 헤어날 수 없는 곤경.
泥水(どろみず) 이수. 흙탕물. *でいすい로도 읽음.
‖~稼業(かぎょう) 화류계(花柳界) 생활.
泥縄(どろなわ) 일을 당해서야 허둥지둥 그 대책을 세움을 비웃는 말.
泥深い(どろぶかい) (강바닥·논 따위가) 감탕층이 두꺼워 폭폭 빠질 정도다.
泥人形(どろにんぎょう) 흙으로 만든 인형.
泥的(どろてき)〈俗〉도둑.
泥田(どろた) 수렁논.
泥除け(どろよけ) 흙받이.
泥足(どろあし) 흙 묻은 더러운 발.
泥舟(どろぶね) ① 진흙을 나르는 배. ② (옛날이야기에 나오는) 흙으로 만든 배.
泥臭い(どろくさい) ① 흙내가 나다. ② 촌스럽다. 상스럽다.
泥海(どろうみ) ① 흙탕물로 누레진 바다. ② 질펀한 흙탕. 진펄.
泥靴(どろぐつ) 흙 묻은 구두.
泥絵 ㊀(どろえ) 디스템퍼(distemper)로 판지에 그린 그림.
 ㊁(でいえ) 금니(金泥)·은니로 그린 그림.
泥絵の具(どろえのぐ) 디스템퍼. 호분(胡粉)을 섞어서 만든 저런 그림 물감.
こそ泥(こそどろ)〈俗〉좀도둑.
こそこそ泥棒(こそこそどろぼう) 좀도둑.
其他
泥濘(ぬかるみ) ① 진창. ② 빠져 나올 수 없는 나쁜 환경. *でいねい로도 읽음.
泥濘る(ぬかる) 땅이 질퍽거리다[질다].
泥障(あおり) 말다래《마구(馬具)의 하나》.
泥鰌(どじょう)〖魚〗미꾸라지.
‖~鍋(なべ) 미꾸라지를 통째로 냄비에 끓인 음식.　　　　　　　　　　　「림.
~掬い(すくい) 미꾸라지를 손으로 건져 올
~隠元(いんげん)〖植〗강낭콩의 일종.
~髭(ひげ) 미꾸라지처럼 듬성듬성 난 수염.
~汁(じる) 미꾸라지를 넣고 끓인 된장국.

11 土	泥	진흙 니 デイ どろ

其他
泥(ひじ) 진흙. (진)흙탕.

닉

10 匸 常	匿 (匿)	숨길 닉·숨을 닉 トク かくす·かくれる·かくまう

音読
匿名(とくめい) 익명.
‖~批評(ひひょう) 익명 비평.
~組合(くみあい) 익명 조합.
~投票(とうひょう) 익명〔무기명〕투표.
訓読
匿す(かくす) 감추다. 숨기다.
❖匿う(かくまう) 몰래 숨겨[감춰] 두다. 은닉하다.
匿い(かくまい) 남모르게 금품(金品)을 모아 둠. 또, 그 금품.
其他
匿路(くけじ) 샛길.

13 扌	搦	잡을 닉 ジャク からめる

訓読
搦み(がらみ)《接尾語적으로》…가량. …내외. …쯤. ②…에 관련된 움직임.
❖搦める(からめる) ① 포박하다. 묶다. ② 어떤 일에 연관시키다.
搦め手(からめて) ① 잡으러 오는 사람들. 포박꾼. ②(성(城)의 뒷문(을 공격하는 군대). ③ 사물의 이면.
‖~門(もん) 성의 뒷문.
搦め捕る(からめとる) 붙들어서 묶다. 포박하다.

13 氵	溺	빠질 닉 デキ おぼれる

音読
溺没(できぼつ) 익몰. 익사. 물에 빠져 죽음.
溺死(できし) 익사.
溺愛(できあい) 익애. 맹목적으로 사랑함.
溺惑(できわく) 어떤 일에 마음을 뺏기어 헤들림.
訓読
溺らす(おぼらす) (물에) 빠지게 하다.
❖溺れる(おぼれる) 빠지다. ① 물에 빠지다. ② 탐닉하다.
溺れ谷(おぼれだに)〖地〗익곡(溺谷).
溺れ死に(おぼれじに) 익사.

닐

9 日	昵	친할 닐 ジツ ちかづく·なじむ

音読
昵懇(じっこん) 절친함. 절친한 사이.
昵近(じっこん) ⇨ 昵懇(じっこん).

다

| 6 夕 教 | 多 | 많을 다
夕
おおい |

音読
多(た) ① 많음. ②《接頭語로》다…. 많은.
多とする(たとする) 무시할 수 없는 것으로 높이 사다.
多価ワクチン(たかワクチン)〖醫〗다가 백신.
多価関数(たかかんすう)〖數〗다가 함수.
多角(たかく) 다각. ♣~的(てき) 다각적 / ~形(けい) 다각형 / ~化(か) 다각화.
∥~決済(けっさい)〖經〗다각적 결제.
~経営(けいえい) 다각 경영.
~農業(のうぎょう) 다각 농업.
~貿易(ぼうえき) 다각 무역.
~測量(そくりょう)〖工〗다각 측량. 트래버스 측량.
多感(たかん) 다감. 감수성이 예민함.
多孔性物質(たこうせいぶっしつ)〖理〗다공성 물질.
多孔質(たこうしつ) 다공질.
多寡(たか) 다과. 많고 적음.
多国籍(たこくせき) 다국적. ♣~軍(ぐん) 다국적군.
∥~企業(きぎょう) 다국적 기업.
多極(たきょく) 다극. 세력이 분산되어 서로 대립하고 있는 모양. ♣~化(か) 다극화.
多岐(たき) 다기. 여러 갈래로 갈려 복잡함.
∥~亡羊(ぼうよう) 다기망양(방침이 많아서 도리어 어쩔 바를 모름).
多難(たなん) 다난. ①어려움이 많음. ②많은 어려움이나 재난.
多年(たねん) 다년. ♣~生(せい)〖植〗다년생 / ~草(そう) 다년초.
∥~植物(しょくぶつ) 다년생 식물. 여러해살이 식물.
~草本(そうほん) 다년생 초본. 여러해살이 풀.
多能(たのう) ①다능. ②여러 기능.
多多(たた) 다다. 수가 많은 모양.
多端(たたん) 다단. ①가닥이 많음. ②일이 바쁨.
多党(たとう) 다당. ♣~化(か) 다당화.
多糖類(たとうるい)〖化〗다당류.
多大(ただい) 대대.
多島海(たとうかい)〖地〗다도해.
多読(たどく) 다독. 많이 읽음.
多羅樹(たらじゅ)〖植〗다라수.
多量(たりょう) 다량. 많은 양.
多力(たりょく) 다력. 힘이 많음. 능력이 충분함.
多忙(たぼう) 다망. 매우 바쁨.
多望(たぼう) 다망. 장래성이 있고 유망함.
多売(たばい) 다매. 많이 팖.
多面(ためん) 다면. ♣~角(かく) 다면각 / ~性(せい) 다면성 / ~的(てき) 다면적 / ~体(たい)〖數〗다면체.
多毛(たもう) 다모. ♣~症(しょう)〖醫〗다모증.
∥~類(るい)〖動〗다모류. 갯지렁이강(綱).
多毛作(たもうさく)〖農〗다모작.
多目的(たもくてき) 다목적.
多聞(たぶん) ①다문. 많이 들어서 잘 앎. 박식함. ②많은 사람에게 알려짐.
∥~博識(はくしき) 다문박식.
多聞天(たもんてん)〖佛〗다문천.
多民族国家(たみんぞくこっか) 다민족 국가. 복합 민족 국가.
多発(たはつ) 다발. ①많이 발생함. ②(항공기의) 발동기가 많음.
∥~性(せい) 다발성. ♣~硬化症(こうかしょう)〖醫〗다발성 경화증.
多方(たほう) ①다방. 다방면. 여러 방면. ②많은 나라들.
多方面(たほうめん) 다방면.
多弁(たべん) 다변. 말이 많음.
多辺形(たへんけい)〖數〗다변형. 다각형.
多病(たびょう) 다병.
多宝(たほう)〖佛〗'多宝如来(たほうにょらい)(=다보여래)'의 준말. ♣~塔(とう) 다보탑.
多福(たふく) 다복.
多夫(たふ) 다부. 한 여자가 둘 이상의 남편을 가짐.
多分(たぶん) ①많음. 큼. ②대개. 아마.
多士(たし) 다사.
∥~済済(せいせい) 다사제제.
多事(たじ) 다사.
∥~多難(たなん) 다사다난.
~多端(たたん) 다사다단.
多辞(たじ) 다사. 말이 많음.
多謝(たしゃ) 다사. ①깊이 사례〔감사〕함. ②깊이 사과함.
多産(たさん) 다산.
多祥(たしょう) 다복. 상서로운 일이 많음.
多色(たしょく) 다색.
∥~刷り(ずり) 다색쇄. 인쇄 잉크를 세 가지

색 이상을 쓴 인쇄물.
多生(たせい) 다생. ①〖佛〗몇 번이고 다시 태어남. ②다수를 살림.
多選(たせん) 다선. 선거에서 그 사람을 여러 번 뽑음. 또, 뽑힘.
多勢(たぜい) 다세. 많은 사람.
　～に無勢(ぶぜい) 중과부적.
多細胞(たさいぼう)〖生〗다세포.
‖**～生物**(せいぶつ)〖生〗다세포 생물.
多少(たしょう) 다소. ①많음과 적음. ②좀. 약간. 얼마쯤.
多数(たすう) 다수. ♣**～決**(けつ) 다수결/**～派**(は) 다수파.
‖**～代表制**(だいひょうせい) 다수 대표제.
多湿(たしつ) 다습.
多食(たしょく) 다식. 대식(大食). ♣**～性**(せい) 다식성.
多識(たしき) 다식. 많이 앎. 또, 그 사람.
多神教(たしんきょう)〖宗〗다신교.
多額(たがく) 다액. 고액.
多様(たよう) 다양. ♣**～体**(たい)〖数〗다양체/**～化**(か) 다양화. 　　　「도 읽음.
多言(たげん) 다언. 말이 많음. *たごんで로
多塩基酸(たえんきさん)〖化〗다염기산.
多芸(たげい) 다예. 다능.
多欲(たよく) 다욕. 욕심이 많음. 　　　「씀.
多用(たよう) ①볼일이 많음. ②다용. 많이
多用途利用米(たようとりようまい) 다용도 이용미. 주식 이외의 가공 원료용 쌀.
多雨(たう) 다우. 비가 많음.
多元(たげん) 다원. ♣**～論**(ろん)〖哲〗다원론/**～性**(せい) 다원성/**～的**(てき) 다원적.
‖**～描写**(びょうしゃ) 다원 묘사.
　～放送(ほうそう) 다원 방송.
　～方程式(ほうていしき) 다원 방정식.
多肉(たにく)〖植〗다육. ♣**～果**(か) 다육과/**～質**(しつ) 다육질.
‖**～植物**(しょくぶつ) 다육 식물.
　～葉(よう) 다육엽. 살찐 잎.
多淫(たいん) 다음. 과도한 음사(淫事).
多飲(たいん) 다음. 많이 마심.
多義(たぎ) 다의. 여러 가지의 뜻. ♣**～語**(ご) 다의어. 　　　「로도 읽음.
多人数(たにんず) 많은 사람. *たにんずう
多子(たし) 다자녀(多子女). 아이〔자식〕들이
多作(たさく) 다작. 　　　「많음.
多才(たさい) 다재. 재능이 많음.
多情(たじょう) 다정. 정이 많음.
‖**多感**(たかん) 다정다감.
　～多恨(たこん) 다정다한.
　～仏心(ぶっしん) 다정불심. 변덕기는 있으나 박정하지는 않은 성질. 　　　「음.
多照(たしょう) 다조. 햇볕이 쬐는 시간이 많
多足類(たそくるい)〖動〗다지류〔지네·노래기·그리마류 따위 절지 동물의 총칭〕.
多種(たしゅ) 다종.
‖**～多様**(たよう) 다종다양.
多罪(たざい) 다죄. 죄가 많음.

多重(たじゅう) 다중. 여러 겹.
‖**～放送**(ほうそう) 다중 방송.
　～電話(でんわ) 다중 전화《한 통신로로 둘 이상의 통화를 전송하는 전화》.
　～処理(しょり) 하나의 컴퓨터 시스템으로 동시에 복수의 프로그램을 실행하는 것.
　～通信(つうしん) 다중 통신.
多衆(たしゅう) 다중. 많은 사람.
多汁(たじゅう) 다즙. 즙이 많음.
‖**～質飼料**(しつしりょう) 다즙질 사료.
多肢選択法(たしせんたくほう) 다지 선택
多次(たじ) 자주. 누차. 　　　「법.
多次元(たじげん)〖数〗다차원.
多彩(たさい) 다채. 여러 빛깔이 어울려 아름다움. 　　　「점.
多妻(たさい) 다처. 한 남자가 여러 아내를 가
多体問題(たたいもんだい)〖理〗다체 문제. 서로 힘을 미치고 있는 3개 이상의 물체의 운동을 계산하는 문제.
多趣(たしゅ) 다취. 아취〔취미〕가 풍부함.
多趣味(たしゅみ) 다취미. 취미가 많음.
多層(たそう) 다층. ♣**～塔**(とう) 다층〔다중〕탑.
多胎(たたい) 다태.
‖**～妊娠**(にんしん) 다태 임신.
多恨(たこん) 다한. 한이 많음.
多汗症(たかんしょう)〖醫〗다한증. 땀이 많이 나는 병.
多項式(たこうしき)〖数〗다항식.
多項定理(たこうていり)〖数〗다항 정리.
多核体(たかくたい) 다핵체. 다핵 세포.
多幸(たこう) 다복. 복이 많음.
多血(たけつ) 다혈. ♣**～症**(しょう) 다혈증/**～質**(しつ) 다혈질.

訓読➡
多かれ(おおかれ) 많이 있어라. 많이 있을 것이다. 　　　「에).
‖**～少なかれ**(すくなかれ) 많든 적든 (간
❖**多い**(おおい) 많다.
多く(おおく) ①많음. 많은 것. ②대개는. 대체로. 보통은. 흔히. ③많이.
多くとも(おおくとも) 많아도. 많아 봤자.
多目(おおめ) 좀 많은 정도·느낌.

其他➡
多し(まねし) 수가 많음. 빈번함.
多山(さわやま) 수가 많음. 沢山(たくさん)의 차자(借字). 옛날 여성들이 서간문에서 쓰던 말씨.

| 9
艹
教 | 茶 | 차 다·차나무 다
チャ·サ |

参考 俗音은 '차'.

音読➡
茶(ちゃ) ①차. ②다도(茶道). ③茶色(ちゃいろ)의 준말.
茶家(ちゃけ) ①다도를 직업적으로 가르치는 사람. ②☞茶人(ちゃじん).

茶殻(ちゃがら) 차찌꺼기.
茶の間(ちゃのま) ①가족이 식사하는 방. ②다실.
茶褐色(ちゃかっしょく) 다갈색.
茶巾(ちゃきん) (다도에서 쓰는) 삼베 행주.
‖~絞り(しぼり) (찐 고구마 따위를) 삼베 행주에 싸서 짠 자국이 나게 만든 음식.
 ~捌き(さばき) (다도에서) 행주질하는 솜씨.
茶菓(さか) 다과. *ちゃかろも 읽음.
茶菓子(ちゃがし) 다과. 차에 곁들여 내는 과자.
茶掛け(ちゃがけ) 다석(茶席)에 걸어 두는 족자.
茶較べ(ちゃくらべ) 차를 비교해 마셔 보고 그 품질의 우열을 겨룸.
茶蕎麦(ちゃそば) 메밀가루에 찻가루를 섞어서 만든 메밀국수.
茶臼(ちゃうす) 찻잎을 가는 맷돌.
茶具(ちゃぐ) 다구. 다도의 도구. 찻그릇.
茶国(ちゃこく) ☞茶屋女(ちゃやおんな).
茶汲み(ちゃくみ) 차를 끓임. 차를 손님에게 권함. 또, 그 사람.
茶気(ちゃき) ①다도의 마음가짐. ②속세를 떠난 마음. ③장난기.
茶技(ちゃぎ) 다도의 솜씨.
茶器(ちゃき) ①다도구. ②찻그릇.
茶年貢(ちゃねんぐ) 江戸(えど) 시대, 차밭에 부과하던 세.
茶茶(ちゃちゃ) ①〈俗〉헤살. 방해. ②〈方〉차.
‖~無茶(むちゃ) 사리에 닿지 않고 엉망인 모양. 터무니없는 모양.
茶断ち(ちゃだち) 신불에게 발원(發願)할 때 일정 기간 차를 마시지 않음.
茶簞笥(ちゃだんす) 찻장.
茶代(ちゃだい) ①찻값. ②팁.
茶台(ちゃだい) (손님에게 차를 권할 때) 찻종을 놓는 대.
茶袋(ちゃぶくろ) 찻주머니. 차를 넣어 두는 [걸러 내는] 주머니.
茶道 ㊀(ちゃどう) ①다도. 차를 끓이거나 마시는 예법. ②☞茶坊主(ちゃぼうず).
‖~坊主(ぼうず) ☞茶坊主(ちゃぼうず). *さどうぼうずろも 읽음.
 ㊁(さどう) ①☞㊀①. ②⇒茶頭(さどう).
‖~口(ぐち) 다실(茶室)에서, 차를 달이는 사람이 드나드는 문.
茶道具(ちゃどうぐ) 차도구.
茶頭(さどう) 安土桃山(あづちももやま) 시대에, 다도(茶道)에 관한 일을 맡아보던 사람.
茶礼(されい) 다도(茶道)에서의 예식.
茶炉(ちゃろ) 다로. 차를 끓이는 화로.
茶漉し(ちゃこし) 차를 거르는 쇠그물 조리.
茶籠(ちゃかご) 차기(茶器)를 넣어 두는 바구니.
茶寮(さりょう) 다실(茶室)이 있는 작은 집.
茶溜り(ちゃだまり) 찻종 밑바닥의 조금 우묵한 곳.
茶利(ちゃり) ①익살스러운 문구(文句) 또는 동작. ②浄瑠璃(じょうるり)에서, 익살스러운 이야기.

茶立て(ちゃたて) 차를 끓임. 또, 그 사람.
茶挽き(ちゃひき) ①엽차를 맷돌에 갊. 또, 그 사람. ②기생 등이 한가함. 또, 그 기생 등.
茶梅(さざんか) 『植』산다화.
茶の木(ちゃのき) 『植』차나무.
茶目(ちゃめ) 익살맞은 장난을 함. 또, 그런 사람.
‖~っ気(け) 장난기.
茶味(ちゃみ) 다도의 취미나 멋. 풍아한 취미.
茶博士(ちゃはかせ) 다도의 명인.
茶飯 ㊀(ちゃめし) ①찻물로 지어 소금으로 간한 밥. ②간장과 술을 타서 지은 밥.
 ㊁(さはん) 다반. 차와 밥.
茶飯事(さはんじ) (항(恒))다반사. 예사로운 일.
茶方(ちゃかた) 다도. 또, 다도에 종사하는 사람.
茶房(さぼう) 다방.
茶坊主(ちゃぼうず) ①室町(むろまち)・江戸(えど) 시대에 무가(武家)에서 다도(茶道)를 맡아보던 사람《머리를 깎았음》. ②권력자에게 빌붙어 으스대는 자를 욕하는 말.
茶坏(ちゃつき) 옛날에, 차를 마시는 데 사용했던 사기그릇.
茶焙じ(ちゃほうじ) 엽차를 볶는 도구.
茶伯(ちゃはく) 다도의 선생.
茶番(ちゃばん) ①차 시중을 드는 사람. ②茶番狂言의 준말.
‖~狂言(きょうげん) ①손짓・몸짓으로 좌중을 웃기는 익살극. ②속이 빤히 들여다보이는 짓.
 ~劇(げき) ☞茶番狂言.
茶法(ちゃほう) 다법. 다도의 예의 범절.
茶瓶(ちゃびん) ①찻주전자. ②〈方・蔑〉대머리. ③다도구(茶道具) 일습을 넣어 가지고 다니는 도구.
‖~頭(あたま) 대머리를 욕으로 일컫는 말.
茶柄杓(ちゃびしゃく) 차솥에서 차를 떠내는 국자.
茶腹(ちゃばら) 차를 많이 마신 물배. 또, 그 상태.
茶袱紗(ちゃふくさ) 다도에서 사용하는 비단 보.
茶釜(ちゃがま) 차를 끓이는 솥.
茶盆(ちゃぼん) 찻잔을 얹는 쟁반.
茶棚(ちゃだな) 차도구를 얹어 놓는 선반.
茶事(ちゃじ) 다도에 관한 여러 가지 일.
茶肆(ちゃし) ①찻잎・가루차 등을 파는 가게. ②찻집.
茶篩(ちゃぶるい) 맷돌에 간 차를 치는 체.
茶山(ちゃやま) 차산. ①차나무를 심은 산. ②산에 찻잎을 뜯으러 감.
 ~金(きん) 산에 찻잎을 뜯으러 간 삯.
茶渋(ちゃしぶ) 찻주전자나 찻잔에 붙은 앙금.
茶箱(ちゃばこ) 찻잎을 넣어 두는, 방습이 된 나무 상자.
茶色(ちゃいろ) 다색. 갈색.
茶鼠(ちゃねずみ) 다색을 띤 쥐색.
茶席(ちゃせき) 다회(茶會)를 하는 방.
茶船(ちゃぶね) ①江戸(えど) 시대의 운송용 배. ②놀잇배에 음식을 파는 작은 배.
茶筅(ちゃせん) ①가루차를 끓일 때 차를 저어 거품을 일게 하는 도구. ②茶筅髮의 준말.

‖~髪(がみ) ① 여자가 머리를 뒤로 속발하여 짧게 잘라 끝으로 매어 드리운 것. ② 남자들이 머리를 짧게 자르고 끝이 뭉툭하게 뒤에서 결발한 것.
茶禅(ちゃぜん) 다도와 선도(禪道).
茶所(ちゃどころ) 차의 명산지.
茶時(ちゃどき) ① 찻잎을 따는 계절. ② 차를 마시는 시각.   「しゃく).
茶匙(ちゃさじ) ① 찻숟가락. ② ☞茶杓(ちゃ
茶式(ちゃしき) 다도의 법식.
茶神(ちゃしん) 다신. 차의 신으로 모시는 중국의 육우(陸羽)의 경칭.
茶室(ちゃしつ) 다실. 다회(茶會)를 하는 방·전물.
茶染め(ちゃぞめ) 갈색으로 염색함.
茶屋(ちゃや) ① 재료로서의 차를 파는 가게. ② ☞茶店(ちゃみせ). ③ 요정(料亭). ④ 씨름장·극장 등에 딸려, 손님을 쉬게 하거나 안내하는 집. ⑤ (다도에서) 다실.
‖~女(おんな) 요정 등에서 식사·술 시중을 드는 여자.
~小屋(こや) 요정.
~遊び(あそび) 요정 유흥.
~酒(ざけ) 요정에서 마시는 술.
茶碗(ちゃわん) ① 찻종. ② 밥공기.
‖~酒(ざけ) 찻종으로 술을 마시는 일. 또, 그 술.
~蒸し(むし)『料』공기에 달걀을 풀고 생선묵·표고·고기·국물 등을 섞어서 공기째 찐 요리.
茶羽織(ちゃばおり) 여성들의 허리까지 오는 짧은 羽織(はおり).
茶園(ちゃえん) ① 다원. 차밭. *さえんで로도 읽음. ② 다방. 찻방.
茶油(ちゃゆ) 차유. 차 씨에서 채취한 기름.
茶飲み(ちゃのみ) ① 차를 잘 마심. 또, 그 사람. ② 찻잔.
‖~友達(ともだち) ① 허물없는 친구. ② 늘그막에 맺은 부부.
~種(ぐさ) 차 마실 때의 이야깃거리.
~仲間(なかま) ☞茶飲み友達①.
~話(ばなし) 차를 마시면서 주고받는 세상 이야기.
茶人(ちゃじん) ① 다도(茶道)를 즐기는 사람. ② 풍류인. *さじん으로도 읽음.
茶引き草(ちゃびきぐさ)『植』메꾸리.
茶入れ(ちゃいれ) 엽차 용기.
茶の子(ちゃのこ) ① 차에 곁들이는 과자. ② 彼岸会(ひがんえ)나 법회(法會) 때의 공양물. ③ 농가에서 아침 식사 전에 먹는 간단한 식사. ④ 일이 쉬움.
茶杓(ちゃしゃく) ① 가루차를 떠내는 작은 숟가락. ② 차솥에서 차를 떠내는 국자.
茶滓(ちゃかす) 차를 달인 찌꺼기.   「람.
茶摘み(ちゃつみ) 찻잎을 따는 일. 또, 그 사
‖~歌(うた) 찻잎을 따며 부르는 민요.
茶畑(ちゃばたけ) 차나무 밭.
茶筌(ちゃせん) ⇒茶筅(ちゃせん).

茶店(ちゃみせ) ① 길가는 사람에게 차나 과자를 팔고, 쉬어갈 수 있게 한 찻집. ② 만든 차를 파는 가게. *ちゃてん·きてん이라고도
茶亭(ちゃてい) 다정. 찻집. 다점.   「함.
茶庭(ちゃてい) 다실에 딸린 정원.
茶剤(ちゃざい) 차제. 몇 종류의 생약을 섞은 다음 달여서 먹는 약제.
茶座敷(ちゃざしき) 차를 끓이는 방. 다실.
茶柱(ちゃばしら) 엽차를 찻잔에 부을 때 곧추 뜨는 차의 줄기《길조라 함》.
茶酒盛り(ちゃさかもり) 술 대신 차를 마시는 연회.
茶粥(ちゃがゆ) 차를 달인 물로 끓인 죽.
茶漬け(ちゃづけ) 밥에 더운 차를 붓는 일. 또, 그 밥.
‖~飯(めし) ① ☞茶漬け. ② 손쉬움.
~屋(や) ① 茶漬け를 파는 가게. ② 간이 음식점.
茶振る舞い(ちゃぶるまい) (술은 없고) 차와 간단한 식사를 대접함.
茶請け(ちゃうけ) 차에 곁들여 내는 과자.
茶箒(ちゃぼうき) 차를 달이는 화로 등을 터는 데 쓰는 작은 비.
茶出し(ちゃだし) 차를 따르는, 손잡이가 달린 사기그릇.
茶托(ちゃたく) 찻잔을 받치는 접시.
茶湯(ちゃとう) ① 차와 더운물. ② 부처에게 공양함. 또, 그 차.
‖~日(び) 절에서 불전에 차를 공양하는 정해진 날.   「은 그릇.
~天目(てんもく) 불전에 공양하는 차를 담
茶の湯(ちゃのゆ) ☞茶道(さどう).
茶通(ちゃつう) 밀가루에 설탕·찻가루를 섞어 반죽하여, 팥소를 싸서 구운 과자.
茶筒(ちゃづつ) 차통. 차를 넣어 두는 통.
茶舗(ちゃほ) 차를 파는 가게.
茶表紙(ちゃひょうし) ① 다색의 표지. ② 酒落本(しゃれぼん)의 별명.
茶風炉(ちゃぶろ) 차 끓이는 솥을 거는 풍로.
茶合(ちゃごう) 차의 분량을 재는 그릇.
茶壺(ちゃつぼ) 차를 넣어 두는 단지〔그릇〕.
茶化す(ちゃかす)〈俗〉농으로 돌려 버리다. 얼버무리다.
茶花(ちゃばな) 다회에서 쓰는 꽃.
茶話 ㊀(さわ) 다화. 차를 마시면서 주고받는 한담. *ちゃわ로도 읽음. ♣~会(かい) 다과
회.   「(ばなし).
㊁(ちゃばなし)〈老〉☞茶飲み話(ちゃのみ
茶会(ちゃかい) 다과회. 차를 마시는 모임. *さかい로도 읽음.
茶詰め(ちゃづめ) 찻잎을 따서 단지에 밀봉함. 또, 그 작업.

其他
茶宇(チャウ) '茶宇じま(=はかま 감으로 쓰는 얇은 견직물)'의 준말.

逆音
喫茶(きっさ) 끽다. 차를 마심.
紅茶(こうちゃ) 홍차.

단

| 4 、 常 | 丹 | 붉을 단
タン
あか・に |

音読
- 丹念(たんねん) 단념. 성심. 공들임.
- 丹毒(たんどく) 〖醫〗 단독.
- 丹碧(たんぺき) 단벽. 붉은 색과 파란 색. 단청(丹青).
- 丹誠(たんせい) 단성. 진심. 성실. 정성.
- 丹唇(たんしん) 단순.
- 丹心(たんしん) 단심. 진심.
- 丹薬(たんやく) 단약. 선단(仙丹).
- 丹田(たんでん) 단전. 배꼽 아래 부분.
- 丹前(たんぜん) ① 솜을 두껍게 둔 소매 넓은 일본 옷. ② 욕방. 여섯 방위.
- 丹頂(たんちょう) 〖鳥〗 두루미. ♣~鶴(づる) ☞丹頂.
- 丹精(たんせい) 단정. 정성을 다함〔들임〕.
- 丹州(たんしゅう) 〖地〗 ① 丹波国(たんばのくに)의 딴이름. ② 丹後国(たんごのくに)의 딴이름.
- 丹次郎(たんじろう) 여자에게 인기가 있는 연약한 남자.
- 丹青(たんせい) 단청. 색채. 채색화(畫).
- 丹漆(たんしつ) 단칠. 붉은 칠.
- 丹波(たんば) 〖地〗 옛 지방의 이름. 지금의 京都(きょうと)와 兵庫(ひょうご) 현의 일부.
  ‖~栗(ぐり) 밤의 일종《알이 굵음》.
- 丹花(たんか) 단화. 붉은 꽃.
  ~の唇(くちびる) 단순(丹脣). 미인의 아름다운 입술.
- 丹後(たんご) ①〖地〗 옛 지방명. 지금의 京都(きょうと) 부의 북부. ② '丹後縮緬(ちりめん) 丹後 지방에서 나는 오글쪼글한 비단)'의 준말.

訓読
- 丹(に) 〈古〉 붉은 색.
- 丹塗り(にぬり) 붉은 칠을 함. 또, 그런 것.
- 丹色(にいろ) 단색. 적토(赤土) 같은 붉은색.
- 丹石(にいし) 〖鑛〗 마노(瑪瑙).
- 丹の穂(にのほ) 두드러지게 붉은 것.

| 5 日 入 | 旦 | 아침 단
タン・ダン
あした |

音読
- 旦つく(だんつく) 〈俗〉 旦那(だんな)를 멸시해서 부르는 말.
- 旦那(だんな) ① 주인. ㉠ 한집의 가장. ㉡ 남편. ② 나리. ㉠ 영감. 첩의 남편. ㉡ 손위 남자에 대한 경칭. ③ 상인이 남자 손님을 부르는 경칭.
  ‖~芸(げい) 상가(商家)의 주인이 심심풀이로 배운 예능.
  ~場(ば) 상인·장색(匠色) 등이 단골 손님을 일컫는 말.
  ~衆(しゅう) 나리들. 부자이며 세력가들을 일컫는 말.
  ~取り(どり) 주인을 섬김. 첩살이.
- 旦暮(たんぼ) 단모. 조석. 아침 저녁.
- 旦夕(たんせき) 단석. ① 아침 저녁. 조석. 전하여, 늘. 평소. ② 위급한 시기.
- 旦日(たんじつ) 단일. ① 새벽녘의 해. ② 이튿날 아침. 내일 (아침).

| 6 口 教 | 団 (團) | 둥글 단·모일 단
ダン・トン
まるい |

音読
- 団(だん) 《接尾語로》 …단.
- 団歌(だんか) 단가. 그 단체에서 정하여 부르는 노래.
- 団結(だんけつ) 단결. ♣~権(けん) 단결권.
- 団鉱(だんこう) 단광. 가루 모양의 것을 덩어리로 굳힌 광물.
- 団塊(だんかい) 단괴. 덩어리. 뭉치.
  ‖~の世代(せだい) 제2차 대전 직후 수년간의 베이비 붐 때 태어난 세대.
- 団交(だんこう) '団体交渉(だんたいこうしょう)(=단체 교섭)'의 준말.
- 団団(だんだん) ① 둥근 모양. ② 이슬 따위가 방울방울 맺힌 모양.
- 団欒(だんらん) 단란.
- 団粒構造(だんりゅうこうぞう) 〖地〗 단립구조.
- 団匪(だんぴ) 단비. 떼를 지은 비적(匪賊).
- 団散花序(だんさんかじょ) 〖植〗 단산 화서. 단산(團繖)꽃차례.
- 団繖花序(だんさんかじょ) ⇨ 団散花序(だんさんかじょ).
- 団円(だんえん) 단원. ① 둥긂. ② 끝. 종말.
- 団員(だんいん) 단원.
- 団子(だんご) 단자. 경단. ♣~鼻(ばな) 주먹코.
  ‖~状(じょう) ① 둥글게 뭉친 모양. ② 한 덩어리가 된 모양.
- 団長(だんちょう) 단장.
- 団地(だんち) 단지.
  ‖~族(ぞく) 주택 단지 안에 사는 사람들.
- 団集(だんしゅう) 모여듦.
- 団体(だんたい) 단체.
  ‖~競技(きょうぎ) 단체 경기.
  ~交渉(こうしょう) 단체 교섭. ♣~権(けん) 〖社〗 단체 교섭권.
  ~保険(ほけん) 단체 보험.
  ~訴訟(そしょう) 단체 소송.
  ~旅行(りょこう) 단체 여행.
  ~自治(じち) 〖政〗 단체 자치.
  ~行動権(こうどうけん) 단체 행동권.
  ~協約(きょうやく) 단체 협약.

~訓練(くんれん) 단체 훈련.
団七縞(だんしちじま) 감빛의 굵은 격자 무늬.
団平船(だんべいぶね) 일본 배의 일종. 강에서 비료나 짐을 싣는 너벅선.

其他
団居(まどい) ① 둘러앉음. 원좌(圓座). ② 즐거운 모임. 단란.
団居る(まどいる) 둥그렇게 둘러앉았다.
団亀(どんがめ) 'すっぽん(=자라)'의 딴이름.
団栗(どんぐり) 도토리. 상수리.
‖~眼(まなこ) 퉁방울눈. 왕눈. 부리부리한 눈.
団扇(うちわ) ① 부채. ②'軍配(ぐんぱい)団扇(=씨름 심판이 쓰는 부채)'의 준말.
‖~太鼓(だいこ) 日蓮宗(にちれんしゅう)의 신자가 염불을 욀 때에 치는 둥근 북.

7 イ 常	但	다만 **단**·오직 **단** タン ただし・ただ

音読
但州(たんしゅう) 〖地〗但馬国(たじまのくに)의 딴이름.

訓読
但し(ただし) 단. 다만.
但しは(ただしは) 또는. 그렇지 않으면.
但し書(ただしがき) 단서.

其他
但馬(たじま) 〖地〗옛 지방 이름. 현재의 兵庫(ひょうご) 현의 북부.

9 ツ 教	単(單)	홀 **단** タン ひとえ・ひとつ

音読
単シロップ(たんシロップ) ☞単舎利別(たんしゃりべつ)
単なる(たんなる) 단순한.
単に(たんに) 단지. 다만. 그저.
単価(たんか) 단가.
単簡(たんかん) 간단(簡單)《明治(めいじ) 시대에 쓰던 말》.
単結晶(たんけっしょう) 〖鑛〗단결정.
単結合(たんけつごう) 〖化〗단결합.
単孔類(たんこうるい) 〖動〗단공류. 일혈류(一穴類).
単科(たんか) (대학의) 단과.
‖~大学(だいがく) 단과 대학.
単球(たんきゅう) 〖生〗단핵 백혈구.
単軌(たんき) 단궤. 단선 철도.
‖~鉄道(てつどう) 단궤 철도.
単記(たんき) 단기. (투표 등에서) 한 사람 또는 한 가지만 기입함.
‖~投票(とうひょう) 단기 투표.
単機(たんき) 단기. 한 대의 비행기. 단독 비행하는 비행기.

単騎(たんき) 단기. 말을 타고 혼자만 감.
単級(たんきゅう) 단급. 전교의 학생을 한 학급으로 편성한 것.
単糖類(たんとうるい) 〖化〗단당류.
単刀直入(たんとうちょくにゅう) 단도직입.
単独(たんどく) 단독. ♣~犯(はん) 단독범.
‖~講和(こうわ) 단독 강화.
~概念(がいねん) 〖論〗단독 개념.
~機関(きかん) 단독 기관《각부 장관 등》.
~内閣(ないかく) 단독 내각.
~相続(そうぞく) 단독 상속.
~裁判所(さいばんしょ) 단독 법원.
~正犯(せいはん) 단독 정범.
~浄化槽(じょうかそう) 단독 정화조.
~海損(かいそん) 단독 해손.
~行(こう) 혼자서 감. 독행(獨行).
~行動(こうどう) 단독 행동.
~行為(こうい) 단독 행위.
単動機関(たんどうきかん) 〖機〗단동 기관.
単利(たんり) 단리. 원금에 대해서만 치는 변리. ~法(ほう) 단리법.
単離(たんり) 〖化〗단리. 「구조.
単粒構造(たんりゅうこうぞう) 〖地〗단립
単名数(たんめいすう) 〖數〗단명수.
単名手形(たんめいてがた) 〖經〗단명 어음.
単文(たんぶん) 〖文法〗단문.
単味(たんみ) 성분이 단일(單一)함.
単発(たんぱつ) 단발. ♣~機(き) 단발기/ ~銃(じゅう) 단발총.
単方(たんほう) 〖醫〗단방. 한 가지 약만으로 처방한 방문(方文).
単複(たんぷく) 단복. ① 단수와 복수. ②(테니스·탁구 등에서) 단식 경기와 복식 경기. ③ 경마 등에서, 단승과 복승.
単本位(たんほんい) 단본위. ♣~制(せい) 단본위제.
単分数(たんぶんすう) 〖數〗단분수.
単分子膜(たんぶんしまく) 단분자막. 단분자층(層).
単比(たんぴ) 〖數〗단비.
単肥(たんぴ) 성분이 단일(單一)한 비료.
単比例(たんぴれい) 〖數〗단비례.
単糸(たんし) 단사. 외올로 된 실.
単舎(たんしゃ) 단사. 単舎利別(たんしゃりべつ)의 준말.
単舎利別(たんしゃりべつ) 단사리별. 횐설탕을 중류수에 녹인 용액. 「정제.
単斜晶系(たんしゃしょうけい) 〖鑛〗단
単産(たんさん) '産業別単一労働組合(さんぎょうべつたんいつろうどうくみあい)(=산업별 단일 노동 조합)'의 준말. 「광.
単色(たんしょく) 단색. ♣~光(こう) 단색
単線(たんせん) 단선.
‖~軌道(きどう) 단선 궤도.
‖~型教育制度(がたきょういくせいど) 〖教〗단선형 교육 제도.
単声(たんせい) 〖樂〗단성.
‖~部音楽(ぶおんがく) 단성부 음악.

～合唱(がっしょう) 단성 합창.
単性(たんせい)〖生〗단성. ♣～花(か) 단성화. 홑성꽃.
‖～生殖(せいしょく)〖生〗단성 생식.
　―雑種(ざっしゅ) 단성 잡종.
単成火山(たんせいかざん)〖地〗단성 화산.
単細胞(たんさいぼう) ①〖生〗단세포. ②〈俗〉사고 방식이 단순한 사람.
‖～蛋白質(たんぱくしつ)〖化〗단순 단백질. 미생물 단백질.
　～動物(どうぶつ) 단세포 동물.
　～生物(せいぶつ) 단세포 생물.
単数(たんすう) 단수. 홀수.
単純(たんじゅん) 단순. ♣～泉(せん) 단순천. 단순 온천 /～化(か) 단순화.
‖～距離比例制(きょりひれいせい) 단순 거리 비례제《거리에 비례하여 운임을 가중하는 운임 결정법의 하나》.
　～労働(ろうどう) 단순 노동.
　～蛋白質(たんぱくしつ)〖化〗단순 단백질.
　～林(りん) 단순림. 80% 이상이 한 가지 나무로만 이루어진 숲.
　～社会(しゃかい)〖社〗단순 사회.
　～承認(しょうにん)〖法〗단순 승인.
　～再生産(さいせいさん)〖經〗단순 재생산.
　～脂質(ししつ)〖化〗단순 지질.
　～平均(へいきん)〖數〗단순 평균.
単勝(たんしょう)〖경마・경륜에서〗1등만을 맞히는 일. ♣～式(しき) 단승식.
単試合(たんしあい)〖테니스・탁구 등의〗단식 경기.
単式(たんしき) 단식.
‖～簿記(ぼき) 단식 부기.
　―試合(しあい) 단식 경기.
　―印刷(いんさつ) 단식 인쇄.
　―火山(かざん)〖地〗단식 화산.
単食性(たんしょくせい)〖動〗단식성. 한 종류의 생물만 먹는 동물의 식성.
単身(たんしん) 단신. 혼자. ♣～像(ぞう) 단신상.
‖～赴任(ふにん) 단신 부임.
単眼(たんがん) 단안. ①한쪽 눈. ②〖動・蟲〗홑눈.
単語(たんご) 단어.
単葉(たんよう) 단엽. ♣～機(き) 단엽기.
単元(たんげん) 단원.
‖～学習(がくしゅう) 단원 학습.
単願(たんがん) 수험 때 한 학교에만 원서를 내는 일. 단수 지원.
単原子分子(たんげんしぶんし)〖化〗단원자 분자.
単位(たんい) 단위《단위계》.
　―膜(まく)〖生〗단위막 /～円(えん)〖數〗단위원 /～制(せい) 단위제. 학점제.
‖～格子(こうし)〖數〗단위 격자.
　―分数(ぶんすう)〖數〗단위 분수.
　―組合(くみあい) 단위 (노동) 조합.
　～互換(ごかん)〖대학 간의〗학점 호환.
単為結実(たんいけつじつ)〖植〗단위 결실. 단위 결과(結果).
単為発生(たんいはっせい)〖生〗단위 발생. 단위 생식.
単為生殖(たんいせいしょく)〖生〗단위 생식.
単音(たんおん) 단음.
‖～文字(もじ) 단음 문자.
単音楽(たんおんがく)〖樂〗단음악.
単一 ㊀(たんいつ) 단일. ♣～国(こく) 단일국(가) /～物(ぶつ)〖法〗단일물.
‖～機械(きかい) 단일 기계.
　―本位(ほんい)〖經〗단일 본위.
　―神教(しんきょう)〖宗〗단일 신교.
　―栽培(さいばい)〖農〗단일 재배.
　―組合(くみあい) 단일 조합.
　～行動(こうどう) 단일 행동.
㊁(たんいつ) 원통형의 소형 건전지 중 가장 큰 것.
単子(たんし)〖哲〗단자. 모나드(monad).
‖～論(ろん) 단자론. 모나드론.
単字(たんじ) 단자. 글자 하나로 독립된 한자(漢字). 하나하나의 한자.
‖～字典(じてん) 단자 자전.
単子葉(たんしよう)〖植〗단자엽. 외떡잎.
♣～類(るい) 외떡잎 식물류.
‖～植物(しょくぶつ) 단자엽 식물. 외떡잎 식물.
単作(たんさく)〖農〗단작. 단일 경작.
単頂花序(たんちょうかじょ)〖植〗단정 화서. 단정꽃차례.
単組(たんくみ) 単位組合(たんいくみあい)의 준말.
単調(たんちょう) 단조.
単族国(たんぞくこく) 단족국. 단일 민족 국가.
単縦線(たんじゅうせん)〖樂〗단종선. 세로줄.
単坐(たんざ) ⇨ 単座(たんざ).
単座(たんざ) 단좌. ①단 혼자 앉는 일. ②좌석이 하나 뿐인 것.
単振動(たんしんどう)〖理〗단진동 (운동).
単振子(たんしんし)〖理〗단진자.
単振り子(たんふりこ)〖理〗단진자.
単車(たんしゃ) 모터가 달린 2륜차《오토바이・스쿠터 따위》.
単彩(たんさい) 단채. 단색으로 채색함.
単体(たんたい)〖化〗단체. 한 원소로 된 물체.
単軸結晶(たんじくけっしょう)〖理〗단축 결정.
単層(たんそう)〖地〗단층. 지층 구분의 최소 단위. ♣～林(りん) 단층림.
単親(たんしん) 부모 중 한 사람이 없음. 편친(偏親).
‖～家庭(かてい) 어머니와 아버지 중 한 사람과 아이가 딸린 가정.
単称(たんしょう) 단칭. ①간단한 명칭. ②〖論〗단칭 명제.
単打(たんだ)〖野〗단타. 싱글히트.
単弁(たんべん)〖植〗단판. 홑꽃잎.
‖～花(か) 단판화.
単板(たんぱん) 단판. 합판의 구성재(材)인 한 장의 얇은 널빤지.
単表(たんぴょう) ①단일(単一)한 표〔전표〕.

②〖컴〗프린터 용지 중 한 장씩 떨어져 있는 것. 시트.
単品(たんぴん) ① 단일 품목. 단일 상품. ② 세트로 된 물건 중의 한 개.
単項式(たんこうしき) 〖數〗단항식.
単行(たんこう) 단행. ♣〜法(ほう) 〖法〗단행법 /〜本(ぼん) 단행본.
単婚(たんこん) 단혼. 일부 일처의 결혼.
単花果(たんかか) 〖植〗단화과. 홑열매.
単花被花(たんかひか) 〖植〗단화피화. 단피화(單被花).

訓読
単 ㊀(ひとえ) 単物(ひとえもの)의 준말.
‖〜帯(おび) (안을 대지 않은) 홑띠.
〜物(もの) 홑옷.
〜羽織(ばおり) (안을 대지 않은) 홑 羽織(はおり)《여름용》.
㊁(たん) ① 単試合(たんしあい)의 준말. ② 単勝式(たんしょうしき)의 준말.
単衣 (ひとえ) ⇨ 単(ひとえ). *たんいろ 읽음.
㊂(ひとえぎぬ) 平安(へいあん) 시대에, 상류 계급이 입던 홑옷의 하나.

9 殳 段 教
조각 단·갈림 단
ダン·タン
きざはし

音読
段 ㊀(だん) ① 단. ㉠ 계단. ㉡ 문장의 단락. ㉢ (바둑·유도 등의) 기량의 등급. ② 국면. 경우. 때. 단계.
㊁(たん) ① 필. 피륙을 세는 단위. ② 단보. 논밭이나 산림의 면적 단위.
段だら(だんだら) 얼룩덜룩한 가로무늬.
‖〜染め(ぞめ) 피륙이나 실을 여러 가지 색으로 굵은 가로무늬로 물들이는 일. 또, 그런 것. ┌길.
〜坂(ざか) 완만하게 경사진(층이 진) 비탈
〜縞(じま) 가로무늬가 얼룩덜룩한 직물.
段ち(だんち) 〈俗〉段違い(だんちがい)의 준말.
段ボール(だんボール) 골판지.
段階(だんかい) 단계.
段丘(だんきゅう) 〖地〗단구.
段碁(だんご) (바둑에서) 유단자(의 솜씨).
段段(だんだん) 〈口〉① 계단. 층계. ② 차차. 차츰. 점점. 〜畑(ばたけ) 계단식 밭.
段当たり(だんあたり) 단당. 단보당.
段袋(だんぶくろ) ① 큰 자루. ② 江戸(えど) 말기에서 明治(めいじ) 시대에 병사가 입던, 통이 넓은 바지.
段落(だんらく) 단락.
段幕(だんまく) 가로로 번갈아 홍백 또는 흑백으로 천을 꿰맨 막. ┌락째.
段目(だんめ) 〖接尾語로〗…(계)단째. …단
段物(だんもの) 能(のう)·浄瑠璃(じょうるり)·무용의 문구(文句)의 일부분에 붙인 이름. 또, 長唄(ながうた)·常磐津(ときわず)

등에서 몇 단으로 나뉘어 연속되는 긴 이야기.
段別(だんべつ) ① 논을 1 단보씩으로 나눔. ② 척관법에 따른 넓이의 단위.
段歩(たんぶ) 《接尾語로》…단보(300 평).
段鼻(だんばな) 콧마루가 층이 진 코.
段収(たんしゅう) 〖農〗1 단보당의 평균 수확량.
段飾り(だんかざり) 雛人形(ひなにんぎょう) 따위를 계단처럼 된 단 위에 진열함.
段位(だんい) (바둑·유도 등의) 단위. 단수 《초단·2 단 등》.
段違い(だんちがい) ① (정도·능력의) 차이가 큼. 현저한 차이. ② 높이가 다름.
‖〜平行棒(へいこうぼう) 2 단 평행봉.
段梯子(だんばしご) 계단식 사다리. 또, 보통 사다리.
段差(だんさ) 단차. ① (바둑·장기 등에서) 단위(段位)의 차. ② 공사 등으로 도로에 생긴 높낮이의 차.
段彩(だんさい) 단채. 지도에서, 고도별로 채색 분류하는 일.
段取り(だんどり) 일을 진행시키는 순서·방도. 방침.
段通(だんつう) 《중국·인도·페르시아 등이 원산지인》 여러 가지 무늬의 두꺼운 양탄자.
段板(だんいた) 계단의 발판.
段平(だんびら) 〈俗〉(폭이 넓은) 칼. 또, 보통 칼.

逆音
格段(かくだん) 각별.
階段(かいだん) 계단.
石段(いしだん) 돌 층계.

11 斤 断(斷) 教
끊을 단
ダン
たつ·ことわる

音読
断(だん) ① 단행. ② 결단.
断じて(だんじて) ① 결(단)코. 단연코. ② 단호히. 꼭. 반드시.
断じる(だんじる) ☞ 断ずる(だんずる).
断ずる(だんずる) 판단을 내리다. 단정하다.
断トツ(だんトツ) 〈俗〉단연코 선두에 섬. '断然(だんぜん)トップ'(=단연 톱)'의 준말.
断簡(だんかん) 단간. 조각조각이 난 문서.
‖〜零墨(れいぼく) 단간영묵. 조각이 난 문서·필적 등.
断固(だんこ) 단호(斷乎)히. 단연코.
断穀(だんこく) 단곡. 기원(祈願) 등을 위해 곡류를 먹지 않음.
断交(だんこう) 단교. ① 교제를 끊음. ② 국교(國交) 단절.
断郊(だんこう) 단교. 교외나 들판을 가로지┌트리.
‖〜競走(きょうそう) 단교경기. 크로스 컨
断橋(だんきょう) 단교. 끊어진 다리.
断口(だんこう) 단구. ① 단면. ②〖鑛〗결정

광물을 깨뜨렸을 때 생기는 파쇄면(破碎面).
断金(だんきん) 단금. 쇠붙이도 끊을 정도의 굳은 사귐.
断機(だんき) 단기. 짜던 베틀의 실을 끊음.
∥**~の戒**(いまし)**め** (맹모(孟母)의) 단기지계.
断念(だんねん) 단념.
断断固(だんだんこ) '断固(だんこ)(=단호)'의 힘줌말.
断頭(だんとう) 단두. **♣~台**(だい) 단두대.
断末摩(だんまつま) ⇨ 断末魔(だんまつま).
断魔(だんまつま) 단말마.
断面(だんめん) 단면. **♣~図**(ず) 단면도.
∥**~撮影**(さつえい) (생체의) 단면 촬영.
断面積(だんめんせき) 단면적.
断滅(だんめつ) 단멸. 멸망.
断髪(だんぱつ) ① 단발. ② 단발 머리.
∥**~令**(れい) 단발령〔일본은 1871년 시행〕.
~式(しき) 단발식. 은퇴하는 씨름꾼의 틀어올린 머리를 자르는 의식.
断碑(だんぴ) 단비. 동강난 비석.
断想(だんそう) 단상. 단편적인 생각.
断叙法(だんじょほう) 〖文〗단서법.
断線(だんせん) 단선. 특히, 전선이 끊김.
断続(だんぞく) 단속. **♣~的**(てき) 단속적.
∥**~器**(き) 〖電〗(초인종 등의) 단속기.
断水(だんすい) 단수.
断首(だんしゅ) 참수(斬首).
断食(だんじき) 단식.
断悪(だんあく) 〖佛〗단악. 악업을 그침.
∥**~修善**(しゅぜん) 〖佛〗단악수선.
断岸(だんがん) 단안. 깎아지른 절벽.
断案(だんあん) 단안.
断崖(だんがい) 단애. 낭떠러지.
断言(だんげん) 단언. **♣~的**(てき) 단언적.
断然(だんぜん) 단연. ① 단호히. 결연히. ② 현격한 차이가 나는 모양.
断熱(だんねつ) 단열. **♣~材**(ざい) 단열재.
∥**~減率**(げんりつ) 〖理〗단열 감률.
~変化(へんか) 〖理〗단열 변화.
~消磁法(しょうじほう) 〖理〗단열 자기 소거법.
~膨脹(ぼうちょう) 〖理〗단열 팽창.
断獄(だんごく) ① 단죄(断罪). ② 참수.
断乳(だんにゅう) 젖먹이에게 젖을 뗌. 이유(離乳).
断章(だんしょう) 단장. ① 시·문장의 단편(断片). ② 断章取義의 준말.
∥**~取義**(しゅぎ) 〖文〗단장취의. 남의 시문을 인용함.
断腸(だんちょう) 단장. **♣~花**(か) 〖植〗추해당(秋海棠). 베고니아.
断裁(だんさい) 단재. 재단. 종이를 자름.
♣~機(き) 재단기.
断絶(だんぜつ) 단절. **♣~感**(かん) 단절감.
断截(だんせつ) 단절. 절단. **♣~面**(めん) 단절면. 절단면.
断定(だんてい) 단정.

断種(だんしゅ) 〖生〗단종.
断罪(だんざい) 단죄.
断酒(だんしゅ) 단주. 술을 끊음. 금주.
断層(だんそう) 〖地〗단층. **♣~谷**(こく) 단층곡 / **~帯**(たい) 단층대 / **~面**(めん) 단층면 / **~線**(せん) 단층선 / **~崖**(がい) 단층절벽 / **~湖**(こ) 단층호.
∥**~角礫**(かくれき) 〖地〗단층 각력.
~盆地(ぼんち) 단층 분지.
~山地(さんち) 단층 산지.
~粘土(ねんど) 단층 점토.
~地震(じしん) 단층 지진.
~撮影(さつえい) 〖醫〗단층 촬영.
~海岸(かいがん) 단층 해안.
断片(だんぺん) 단편. **♣~的**(てき) 단편적.
断行(だんこう) 단행.
断弦(だんげん) 단현. ① 거문고 등의 줄이 끊어짐. 또, 그 줄. ② 아내의 죽음.
断乎(だんこ) ⇨ 断固(だんこ).

訓読→
❖**断つ**(たつ) 끊다. ① 자르다. ② 금기(禁忌)하다. ③ (술·담배 따위를) 아주 끊다.
断ち物(たちもの) (신불에게 소원을 빌 때) 어떤 음식을 일정 기간 금지하는 일.
断ち切る(たちきる) 끊다. 잘라 버리다.
断ち割る(たちわる) 쪼개다. 뻐개다.
❖**断わる**(ことわる) ① 거절〔사절〕하다. 사퇴하다. ② 예고하다. 미리 양해를 얻다.
断わり(ことわり) ① 사절. 거절. ② 예고. ③ 사죄함. 사과함.
∥**~書き**(がき) ① 사절의 편지·말. ② 설명서. ③ 단서.
~状(じょう) 거절의 편지. 사죄의 편지.

11 虫	蛋	새알 단 タン たまご

音読→
蛋白(たんぱく) 단백. **♣~尿**(にょう) 〖醫〗단백뇨 / **~乳**(にゅう) 단백유.
∥**~石**(せき) 〖鑛〗단백석. 오팔(opal).
~人絹(じんけん) 단백 인견.
~質(しつ) 단백질. **♣~工学**(こうがく) 단백질 공학 / **~分解酵素**(ぶんかいこうそ) 단백질 분해 효소.

12 犭	猯	산돼지 단 タン まみ

訓読→
猯(まみ) 〖動〗오소리의 딴이름.

12 矢 教	短	짧을 단 タン みじかい

音読
短(たん) ① 짧음. ② 결점. 단점. ③《接頭語로》단…. 짧은.
短パン(たんパン) (운동용의) 짧은 팬츠. 반바지.
短歌(たんか)〖文〗단가. 和歌(わか)의 한 형식(5, 7, 5, 7, 7의 5구로 됨).
短距離(たんきょり) 단거리.
‖**〜競走**(きょうそう) 단거리 경주.
〜離着陸機(りちゃくりくき) 단거리 이착륙기.
〜核戦力(かくせんりょく)〖軍〗단거리 핵전력.
短剣(たんけん) ① 단검. 단도. ② (시계의) 단침(短針).
‖**〜符**(ふ) 칼표. 부호 활자의 하나(†).
短見(たんけん) 단견. 천견(淺見).
短径(たんけい)〖數〗(타원의) 단경. 짧은 지름.
短檠(たんけい) 단경. 낮은 등경(燈檠)걸이. 또, 그 등불.
短計(たんけい) 단계. 얕은 꾀.
短観(たんかん) '企業短期経済観測調査(きぎょうたんきけいざいかんそくちょうさ)'(=기업 단기 경제 관측 조사)'의 준말.
短句(たんく) 단구. 짧은 구. 특히, 連歌(れんが)·俳諧(はいかい)에서는 7, 7의 구.
短軀(たんく) 단구. 키가 작음.
短気(たんき) 성미가 급함. 급한 성미.
短期(たんき) ♣**〜債**(さい) 단기채.
‖**〜公債**(こうさい) 단기 공채.
〜国債(こくさい) 단기 국채.
〜記憶(きおく) 단기 기억.
〜貸付(かしつけ) 단기 대부(대출).
〜大学(だいがく) 단기 대학. 2년제 또는 3년제의 초급 대학. 전문 대학.
〜手形(てがた) 단기 어음.
〜予報(よほう)〖氣〗단기 예보.
〜融資(ゆうし) 단기 융자.
〜賃貸借(ちんたいしゃく) 단기 임대차.
〜資金(しきん) 단기 자금.
短期間(たんきかん) 단기간.
短大(たんだい) 短期大学(たんきだいがく)의 준말.
短刀(たんとう) 단도. 비수.
短絡(たんらく) ①〖電〗단락. 합선. ② 본질을 무시하고 사물을 간단히 관련지음.
‖**〜反応**(はんのう)〖心〗단락 반응.
〜試験(しけん)〖電〗단락 시험.
短慮(たんりょ) 단려. ① 얕은 생각. ②〈老〉성급함.
短命(たんめい) 단명.
短毛(たんもう) 단모. (동물의) 짧은 털.
短母音(たんぼいん)〖言〗단모음. *みじかぼいん으로도 읽음.
短文(たんぶん) 단문. 짧은 글.
短髪(たんぱつ) 단발. 짧은 머리.
短兵急(たんぺいきゅう) 갑작스러움. 느닷없음. 모자람.
短臂(たんぴ) 단비. ① 팔이 짧음. ② 기량이 모자람.
短小(たんしょう) 단소. 짧고 작음.

短所(たんしょ) 단처(短處). 단점. 결점.
短水路(たんすいろ) (수영에서) 단수로(25m 이상, 50m 미만의 풀장의 코스).
短詩(たんし)〖文〗단시. 짧은 형식의 시.
短時間(たんじかん) 단시간.
‖**〜労働**(ろうどう) 단시간 노동. 시간제 노동〔근무〕.
短時日(たんじじつ) 단시일.
短身(たんしん) 단신. 키가 작음.
短信(たんしん) 단신. 짧은 소식〔편지〕.
短夜(たんや) 단야. 여름의 짧은 밤. *雅語로는 みじかよ라고도 함.
短音(たんおん) 단음.
短音階(たんおんかい)〖樂〗단음계.
短音程(たんおんてい)〖樂〗단음정.
短衣(たんい) 단의. 짧은 옷.
短日(たんじつ) ① 단일. 낮의 짧은 해. 겨울철, 해가 짧음. ② 단시일.
‖**〜植物**(しょくぶつ) 단일 식물.
〜処理(しょり)〖農〗단일 처리.
短日月(たんじつげつ) 단시일.
短資(たんし) 단자. 단기 대출 자금.
‖**〜会社**(がいしゃ) 단자〔단기 금융〕 회사.
短章(たんしょう) ① 단장. 짧은 시가나 문장. ② 율시(律詩)의 딴이름.
短才(たんさい) 단재. 재능이 모자람. 또, 그런 사람〔자기 재능의 겸사말〕.
短艇(たんてい) 단정. 보트. 거룻배.
短調(たんちょう)〖樂〗단조.
短枝(たんし)〖植〗단지. 짧은 가지.
短紙(たんし) 짧은 편지. 또, 자기 편지에 대한 겸사말.
短冊(たんざく) ① 글씨를 쓰거나 물건에 매다는 데 쓰는 조붓한 종이. ② 短歌(たんか)·俳句(はいく) 등을 쓰는 조붓하고 두꺼운 종이. *たんじゃく라고도 함.
‖**〜掛け**(かけ) 감상할 短冊를 족자처럼 꾸며 床(とこ) 등에 걸 수 있게 만든 것.
〜石(いし) 短冊와 같은 모양으로 다듬은 돌《정원의 포석(鋪石)용》.
〜切り(きり) (야채 등을) 긴 직사각형으로 자르는 일.
〜形(がた) 短冊 모양의 긴 직사각형.
短尺(たんざく) ⇨ 短冊(たんざく).
短銃(たんじゅう) 단총. 권총.
短軸(たんじく)〖數〗단축. 짧은 축.
短縮(たんしゅく) 단축.
短針(たんしん) 단침. 시침(時針).
短打(たんだ)〖野〗단타.
短筒(たんづつ) 길이가 짧은 총. 권총.
短波(たんぱ) 단파.
‖**〜放送**(ほうそう) 단파 방송.
短波長(たんはちょう)〖理〗단파장.
短篇(たんぺん) ⇨ 短編(たんぺん).
‖**〜小説**(しょうせつ) 단편 소설.
短評(たんぴょう) 단평. 촌평.
短筆(たんぴつ) 단필. 졸필(拙筆).

短呼(たんこ) 긴 음의 말을 단음으로 발음하는 일《女房(にょうぼう)를 にょうぼう로 하는 따위》.
短靴(たんぐつ) 단화.

訓読
❖短い(みじかい) ①짧다. ②키가 작다. ③(성미가) 급하다.
短き(みじかさ) 짧음. 또, 그 정도.
短め(みじかめ) 약간 짤막함.

13 木 **椴** 무궁화나무 단
ダン
とど

訓読
椴(とど) 〖植〗 ☞椴松(とどまつ).
椴松(とどまつ) 〖植〗 분비나무.

14 立 常 **端** 끝 단·실마리 단
タン
はし·は·はた·はした

音読
端渓(たんけい) 단계. '端渓硯(けん)(=중국 단계에서 나는 돌로 만든 벼루)'의 준말.
端脳(たんのう) 〖生〗 단뇌.
端麗(たんれい) 단려.
端末(たんまつ) ①끝. ②端末機의 준말.
∥~機(き) 〖컴〗 단말기. 단말 장치.
 ~装置(そうち) 단말 장치.
端書(たんしょ) ①☞端書き(はしがき). ②엽서.
端緒(たんちょ) 단서. 실마리. *관용으로 たんちょ로도 읽음.
端厳(たんげん) 단엄. 단정하고 엄숙함. *たんごん으로도 읽음.
端然(たんぜん) 단연. 바르고 단정함.
端倪(たんげい) 단예. ①일의 시초와 끝. ②추측하여 앎. ③맨 끝.
端午(たんご) 단오.
∥~の節句(せっく) 단오절.
端月(たんげつ) 단월. 정월달의 딴이름.
端子 ㊀(たんし) 〖電〗 단자. 터미널.
 ㊁(どんす) 단자(緞子)《견직물의 하나》.
端的(たんてき) 단적.
端正(たんせい) 단정.
端艇(たんてい) 단정. 보트. 거룻배.
端整(たんせい) (용모 따위가) 단정.
端坐(たんざ) ⇒端座(たんざ).
端座(たんざ) 단좌. 정좌(正坐).

訓読
端 ㊀(はし) ①끝. 선단(先端). ②처음. 가장자리. ③조각. *はじ로도 읽음.
 ㊁(はした) ①우수리. 끝수. ②어중간.
 ㊂(はた) 가. 가장자리. 끝.
 ㊃(は) ①끝. 처음. ②끝. 조각. 끄트러기.
 ㊄(な) ①시작. 처음. ②끝. 단서.
 ㊅(つま) ①가장자리. 끝. ②계기. 실마리.
 ㊆(たん) ①끝. ②시작. ③실마리.
 ㊇(ばな) 《接尾語로》 …하자마자.
端から(はしから) ①차례로. 순차로. ②곧. 연이어.
端くれ(はしくれ) ①(재목 등의) 토막. ②나부랭이. 겨우 축에 끼는 사람.
端っこ(はしっこ)〈俗〉☞端(はし)㊀. *はじっころも 읽음.
端っぽ(はしっぽ) ☞端(はし)㊀.
端ない(はしたない) ①상스럽다. 천격스럽다. ②버릇없다. ③경박하다. 소견이 얕다.
端ミシン(はしミシン) 오버램 미싱. 천 끝을 약간 접어 틀로 박는 일.
端綱(はづな) 말고삐. 「있음.
端居(はしい) 집의 가장자리〔마루 끝〕에 나와
端境期(はざかいき) 단경기. 「운 곳.
端近(はしぢか) 집의 툇마루나 입구에 가까
端金(はしたがね) 푼돈. 잔돈.
 ㊁(はしがね) 도구류(道具類)의 끝이나 모서리를 보호하기 위해 씌우는 쇠붙이.
 ㊂(はたがね) 목공용 죔쇠의 하나.
端女(はしため) 하녀(下女).
端端 ㊀(はしばし) 사소한 부분. 이모저모.
 ㊁(そばそば) 구석구석. 구석마다.
端無くも(はしなくも) 뜻밖에도.
端武者(はむしゃ) 보잘것없는 무사. 졸병.
端物 ㊀(はもの) ①파치. ②단막짜리 浄瑠璃(じょうるり). ③(엽서·명함·광고 삐라 등) 한 장짜리 인쇄물.
 ㊁(はしたもの) 개수가 모자라는 물건. *はものろも 읽음.
端反り(はぞり) (그릇 따위의) 끝이 바깥으로 휨. *はたぞりにも 읽음.
端柄物(はがらもの) 4푼 판자. 죽데기·오리목 등의 총칭. 「낙질(落帙).
端本(はほん) 한 질 중에서 일부가 빠진 책.
端棒(はなぼう) ①가마를 멜 때, 앞채. 또, 그곳을 잡는 사람. 앞채잡이. ②앞장을 서서 일을 함. 또, 그런 사람.
端縫い(はしぬい) 천 끝을 약간 접어서 꿰매는 일. *はぬいにも 읽음. 「산.
端山(はやま) 마을 가까이에 있는 얕은 산. 야
端書き ㊀(はしがき) ①머리말. 서문(序文). ②(편지의) 추신(追伸). ③和歌(わか)의 앞에 쓰는 짧은 글.
 ㊁(はがき) ①메모(한 것). ②엽서(葉書).
端船(はしぶね) ①큰 배에 딸려 있는 작은 배. ②조각배.
端城(はじろ) 본성(本城) 밖에 설치한 지성(支城)의 일종.
端数(はすう) 우수리. 끝수.
端女郎(はしじょろう) 江戸(えど) 시대, 최하급의 창녀(娼女).
端役(はやく) 단역.
端者(はしたもの) 보잘것없는 자. 신분이 낮은 자. *はものにも 읽음.
端銭(はしたぜに) 푼돈. 잔돈. *はしたせん 또는 はせんにも 읽음.
端切れ(はぎれ) 조각난 천. 자투리. *はしきれにも 읽음.

端折る(はしょる) ①옷자락을 걷어 올려 허리에 접어 지르다. ＊つまおるろにも 읽음. ②줄이다. 생략하다. ＊はしおるろにも 읽음.
端舟(はしぶね) ⇨ 端船(はしぶね).
端株(はかぶ) 단주. ①(상법상) 1주 미만의 주. ②거래소 매매 거래의 단위에 미달된 주.
端尺(はじゃく) 길이가 어른 羽織(はおり) 한 벌 감 정도의 천.
端唄(はうた) 三味線(しゃみせん)에 맞추어 부르는 짧은 속요(俗謠).

【其他】
端白(つまじろ) ①가장자리[테두리]가 흼. ②동물의 발끝이 흰 것. 또, 그런 동물.

15 糸	緞	비단 단 ドン・ダン・タン

【音読】
緞子(どんす) 단자. 돋을무늬로 짠 견직물.
緞帳(どんちょう) ①(극장의) 말아서 오르내리게 하는 막. ②두껍고 무늬가 들어 있는 막. ③緞帳役者・緞帳芝居의 준말.
∥**〜役者**(やくしゃ) 緞帳芝居에 출연하는 배우. 서투른 연극 배우. 엉터리 배우.
〜芝居(しばい) 수준이 낮은 연극. 엉터리 연극.
緞通(だんつう) (중국・인도・페르시아 등이 원산지인) 여러 가지 무늬의 두꺼운 양탄자.

16 土 常	壇	제터 단・제단 단 ダン・タン

【音読】
壇(だん) 단. 한층 높은 곳.
壇尻(だんじり) 関西(かんさい)에서, 山車(だし)를 일컫는 말.
壇氷(だんぴょう) 선반 얼음. 해상에서, 2〜5m나 되는 얼음 벽.
壇上(だんじょう) 단상.
壇の浦(だんのうら) ①〖地〗下関(しものせき) 동쪽의 해상. 1185년 이곳 해전에서 平氏(へいし)가 망한 곳. ②비극적인 종말.

16 卵	殰	알곯을 단 タン すもり

【訓読】
殰(すもり) 알이 부화되지 않고 곯음.

16 豸	貒	오소리 단 タン まみ

【訓読】
貒(まみ) 〖動〗오소리의 딴이름.

17 木 人	檀	박달나무 단 ダン まゆみ

【音読】
檀家(だんか) 〖佛〗단가. 시주.
檀那(だんな) ①주인. ②남편. ③〖佛〗단나. 시주(施主). 단가(檀家).
∥**〜寺**(でら) 조상 대대 위패를 모신 절.
檀徒(だんと) 〖佛〗단도. 단가(檀家)의 사람들. 시주(施主)의 무리.
檀林(だんりん) ①江戸(えど) 시대 西山宗因(にしやまそういん)을 원조로 한 俳句(はいく)의 풍조. ②불교의 학문을 하는 곳.
檀越(だんおつ) 〖佛〗단월. 시주(施主). ＊だんおち・だんのつ로도 읽음.
檀主(だんしゅ) ☞檀越(だんおつ).
檀紙(だんし) 닥나무의 껍질로 만든 두껍고 쭈글쭈글한 일본 종이의 하나.
檀波羅蜜(だんはらみつ) 〖佛〗단바라밀.
檀板(だんぱん) 참빗살나무로 만든 널.

【訓読】
檀(まゆみ) ①활의 미칭. ②〖植〗참빗살나무. ＊だん으로도 읽음. ③참빗살나무로 만든 통나무 활.

17 金 常	鍛	두드릴 단 タン きたえる

【音読】
鍛工(たんこう) 단공. 금속을 불림. 또, 그 직공. ♣**〜場**(ば) 대장간.
鍛練(たんれん) 단련. 연마.
鍛錬(たんれん) ⇨鍛練(たんれん).
鍛圧(たんあつ) (금속의) 단압.
鍛接(たんせつ) (금속의) 단접.
鍛造(たんぞう) 단조.
鍛鉄(たんてつ) 단철. 연철(錬鐵).

【訓読】
❖**鍛える**(きたえる) 단련하다. ①(쇠 따위를) 불리다. ②(심신을) 연마하다.
鍛え上げる(きたえあげる) 충분히 단련하다.

【其他】
鍛冶(かじ) 대장 일. 대장장이. ＊たんやろも 읽음. ♣**〜屋**(や) 대장장이. 대장간.

18 竹	簞	밥그릇 단・상자 단 タン わりご

【音読】
簞笥(たんす) 옷장. 장롱.
∥**〜預金**(よきん) 장롱 밑에 둔 현금.
簞食(たんし) 단사. 대그릇에 담은 밥. 도시락.
∥**〜瓢飮**(ひょういん) 단사표음.
〜壺漿(こしょう) 단사호장.

달

8 女	妲	여자이름 달 ダツ

音読
妲己(だっき) 달기. 중국 은(殷)나라 주왕(紂王)의 비.

12 辶 教	達(達)	통할 달·달할 달 タツ·タチ·ダチ とおる

音読
達(たち)《接尾語로》…들. *だちで로도 읽음.
達し(たっし) ⇨ 達示(たっし).
達しる(たっしる) ☞ 達する(たっする).
達する(たっする) 달하다. ①도달하다. 이르다. ②(목적을) 이룩하다.
達て(たって) 굳이. 꼭. 무리하게.
達見(たっけん) 달견. 사리에 통달한 식견.
達観(たっかん) 달관.
達徳(たっとく) 달덕. 동서고금을 통하여 변함이 없는 덕.
達文(たつぶん) 달문. 잘된 문장.
達弁(たつべん) 달변. 능변.
達士(たっし) 달사. 이치에 밝아 사물에 얽매이지 않는 사람.
達成(たっせい) 달성.
達示(たっし) 시달.
達識(たっしき) 달식. 달견.
達眼(たつがん) 달안. 사물의 본질을 꿰뚫어 볼 수 있는 안력(眼力).
達意(たつい) 달의. 뜻이 통하게 하거나 됨.
達人(たつじん) 달인. └함.
達者(たっしゃ) ①능숙함. 잘함. 뛰어남. ②건강함. 튼튼함.
達筆(たっぴつ) 달필. 글씨나 문장을 잘 씀.

其他
達頼喇嘛(ダライラマ) (티베트의) 달라이라마. 「뚝이.
達磨(だるま) ①《佛》달마. 달마 대사. ②
達磨忌(だるまき)《佛》달마기. (선종에서) 달마 대사의 기일인 10월 5일에 행하는 법회.
達磨船(だるまぶね) 폭이 넓은 목조 너벅선.
達磨宗(だるましゅう)《佛》일본에서 '禅宗(ぜんしゅう)(=선종)'의 딴이름.
達引き(たてひき) 서로 고집 부려 다툼. 또, (호기를 부려) 금품을 내어 줌.

19 犭	獺	수달 달 ダツ かわうそ

音読
獺祭(だっさい) 달제. 시문(詩文)을 지을 때 많은 참고 서적을 펼쳐 놓음.

訓読
獺(かわうそ)《動》수달. *おそ·うそ·だつ로도 읽음.
∥～の祭り(まつり) ☞ 獺祭(だっさい).

22 革	韃	오랑캐이름 달 ダツ

音読
韃靼(だったん)《史》달단(본디, 몽고 지방 〔사람〕의 일컬음〕.

담

8 扌 教	担(擔)	멜 담·맡을 담 タン かつぐ·になう· かたぐ·かたげる

音読
担架(たんか) 담가. 들것.
担当(たんとう) 담당. ♣～者(しゃ) 담당자.
担保(たんぽ)《法》담보. ♣～品(ひん) 담보품. 담보물.
∥～掛け目(かけめ) ①주식의 신용 거래 등에서, 담보로 하는 유가 증권의 시가를 평가할 때의 비율. ②융자를 받을 때 담보물의 평
～貸付(かしつけ) 담보 대출. └가율.
～物件(ぶっけん) 담보 물건.
～付公債(つきこうさい) 담보부 공채.
～付社債(つきしゃさい) 담보부 사채.
～責任(せきにん) 담보 책임. 「구권.
～請求権(せいきゅうけん) 담보(제공) 청
担税(たんぜい) 담세. ♣～力(りょく) 담세 (능력) /～者(しゃ) 담세자.
担任(たんにん) 담임.
担子菌類(たんしきんるい)《植》담자균류.
担子器(たんしき)《植》담자기.
担子胞子(たんしほうし)《植》담자 포자.
担体(たんたい)《理》담체. 운반체.

訓読
❖担げる(かたげる) 어깨에 메다.
担げ(かたげ) ①짊어지는 일. ②멜대로 짐을 한 번 메는 양.
❖担ぐ(かつぐ) ①메다. 짊어지다. ②떠받들다. 추대하다. ③속이다. ④(미신에) 사로잡히다.
担ぎ(かつぎ) ①어깨나 등에 메거나 짐. ②짐 나르는 사람. ③행상(인).
担ぎ上げる(かつぎあげる) ①메고〔지고〕 일어나다. ②(치켜세워) 어떤 지위에 내세우다. 받들어 앉히다.
担ぎ屋(かつぎや) ①미신가(迷信家). ②남

을 속이고 좋아하는 사람. ③〈俗〉산지에서 식량 등을 몰래 날라다가 파는 장사꾼〔행상〕.
担ぎ込む(かつぎこむ) (특히 부상자나 짐 따위를) 메어서 들여놓다.
担ぎ出し(かつぎだし) ① 메어 냄. ②(어떤 사람을) 내세움. 추대함.
担ぎ出す(かつぎだす) ① 메어 내다. ② 받들어 모시다. 추대하다.
❖**担う**(になう) 짊어지다. 떠맡다. 담당하다.
▼**担い籠**(にないかご) 어깨에 메는 바구니.
担い商い(にないあきない) 부상(負商). 등짐장수〔장사〕. 「당자.
担い手(にないて) ① 짐을 메는 사람. ② 담
担い太鼓(にないだいこ) 둘이서 메고 다니며 치는 아악(雅樂)에 쓰는 북. 「통.
担い桶(にないおけ) 멜대로 메어 나르는 큰
〔其他〕
担(ピクル) 피컬. 동남 아시아에서 쌀・설탕 따위의 거래에 쓰는 무게의 단위《1 피컬은 약 60kg》.
担担麵(タンタンメン) 고춧가루를 푼 매콤한 국물에 만 국수《중국 사천(四川) 요리》.
担桶(たご) (물이나 거름 따위를 메어 나르는) 통. 특히, 거름통. ＊たごおけ로도 읽음.

| 9月常 | 胆 (膽) | 쓸개 담・담력 담
タン
い・きも |

〔音読〕
胆管(たんかん)〔生〕담관. 수담관(輸膽管).
胆気(たんき) 담기. 담력.
胆囊(たんのう)〔生〕담낭. 쓸개. ♣~炎(えん)〔醫〕담낭염.
胆大(たんだい) 담대. 대담.
∥~心小(しんしょう) 담대심소.
胆略(たんりゃく) 담략. 대담하고 지략이 있
胆力(たんりょく) 담력. 「음.
胆礬(たんばん)〔鑛〕담반. ＊たんぱんと도 읽음. 「담석증.
胆石(たんせき)〔醫〕담석. ♣~症(しょう)
胆液(たんえき) 담액. 담즙. 쓸개즙. ♣~質(しつ)〔心〕담액질. 담즙질.
胆勇(たんゆう) 담용. 대담하고 용기가 있
胆汁(たんじゅう)〔生〕담즙. 쓸개즙. ♣~質(しつ)〔心〕담즙질.
∥~酸(さん)〔生〕담즙산. 빌산(bile酸)
~色素(しきそ)〔生〕담즙 색소.
〔訓読〕
胆 ㊀(きも) 간. ① 간장. ② 내장. ③ 기력. 담력.
  ㊁(たん) 담. ① 쓸개. 담낭. ＊いろと도 읽음. ② 담력. 기력.
〔其他〕
胆八樹(ほるとのき)〔植〕① 올리브. ② 담팔수.
〔逆訓〕
度胆(どぎも) ① 간. 간댕이. ② 담력.

| 11口 | 啖 | 씹을 담・삼킬 담
タン
くう・くらう |

〔参考〕啗는 異體字.
〔音読〕
啖呵(たんか) ① (싸움할 때) 날카롭고 거침없이 하는 말. ② 야시장의 장사꾼이 외치는 소리. 「세우다.
~を切(き)る 날카로운 어조로 마구 몰아
∥~売り(うり) 큰소리로 싸구려를 외치며 물건을 팖. 또, 그 싸구려 장수.

| 11⻌常 | 淡 | 엷을 담
タン
あわい |

〔音読〕
淡褐色(たんかっしょく) 담갈색. 베이지색.
淡淡(たんたん) 담담. ①(맛・태도가) 산뜻함. ② 미련이 없는 모양.
淡緑(たんりょく) 담록. 연둣빛.
淡味(たんみ) 담미. 담박한 맛.
淡泊(たんぱく) (느낌・맛・태도 등의) 담박.
淡白(たんぱく) ⇨ 淡泊(たんぱく).
淡色(たんしょく) 담색. 담박한 색.
∥~野菜(やさい) 담색 야채. 엷은 색의 야채《무・배추・양배추 등》.
淡水(たんすい) 담수. 민물. 단물. ♣~魚(ぎょ) 담수어. 민물고기 / ~藻(そう) 담수조 / ~湖(こ) 담수호.
∥~真珠(しんじゅ) 담수 진주.
~海綿(かいめん)〔動〕담수 해면. 민물 해
淡雅(たんが) 담아. 아담함. 「면.
淡然(たんぜん) 담연. 사물에 구애되지 않고 담박한 모양.
淡紫色(たんししょく) 담자색.
淡州(たんしゅう) 淡路(あわじ)의 딴이름.
淡彩(たんさい) 담채. 엷게 칠함. 또, 그 빛깔. ♣~画(が) 담채화.
淡湖(たんこ) 담호. 담수호.
淡紅(たんこう) 담홍. ♣~色(しょく) 담홍색. 분홍빛.
淡画(たんが) 담화. 담채화.
淡黄(たんこう) 담황. ♣~色(しょく) 담황색. 연노랑빛.
〔訓読〕
淡い(あわい) ①(맛・빛깔이) 진하지 않다. ② 희미하다. 덧없다.
淡す(あわす) (감의 떫은맛을) 우리다.
淡める(あわめる) 물게〔엷게〕하다.
淡淡しい(あわあわしい) 엷다. 보얗다. 또, 산뜻하다.
淡路(あわじ) 옛 지방의 이름《지금의 淡路
淡雪(あわゆき) 담설. 얇게 깔린 눈. 「섬》.
淡し柿(あわしがき) 떫은맛을 우려낸 감. 침감.

淡せ柿(あわせがき) ☞淡し柿(あわしがき)
淡海(あわうみ) 담수호(淡水湖).
其他
淡竹(はちく) 〖植〗담죽. 솜대.

11 阝 郯

나라이름 **담**
タン

音読→
郯(たん) 담. 중국 고대 국가의 이름.

12 氵 湛

괼 **담**·괼 **잠**
タン
たたえる

音読→
湛水(たんすい) 담수. 물을 채움.
∥〜直播(ちょくは) 〖農〗담수 직파. 무논에 볍씨를 직접 뿌림.
訓読→
湛える(たたえる) ①가득(히) 채우다. ②(얼굴에) 띄우다. 나타내다.

13 疒 痰

가래 **담**
タン

音読→
痰(たん) 담. 가래.
痰切り(たんきり) ①가래가 생기지 않게 함. 또, 그 약. ②痰切り飴의 준말. 「씀.
∥〜豆(まめ) 〖植〗쥐눈이콩《씨는 거담제로
〜飴(あめ) 콩·깨·생강 등을 넣어 만든 엿《가래를 삭힌다고 함》.
痰唾(たんつば) 가래침.
痰吐き(たんはき) ☞痰壺(たんつぼ)
痰咳(たんせき) 담해. 가래와 기침.
痰壺(たんつぼ) 타구(唾具).

15 氵 潭

못 **담**·물가 **심**
タン
ふち

音読→
潭潭(たんたん) 담담. 물이 깊이 괸 모양.
潭思(たんし) 담사. 깊은 생각.
訓読→
潭(ふち) ①강물의 깊은 곳. 소(沼). ②헤어날 수 없는 괴로운 처지나 심경.

15 言 談 教

이야기 **담**
ダン
かたる·はなし

音読→
談(だん) ①말. 이야기. 담화. ②《接尾語로》 …담. 이야기의 뜻.

談じる(だんじる) ☞談ずる(だんずる)
談ずる(だんずる) ①이야기하다. 상의하다. ②담판하다.
談客(だんかく) 담객. 이야기 상대.
談論(だんろん) 담론.
∥〜風発(ふうはつ) 담론 풍발. 이야기나 토론이 활발히 행하여짐.
談理(だんり) ①이론을 말함. ②말의 조리.
談林(だんりん) 〖文〗松尾芭蕉(まつおばしょう) 이전에 보급된 익살스런 맛을 띤 俳句(はいく) 풍조.
∥〜派(は) 江戸(えど) 시대에, 西山宗因(にしやまそういん)을 중심으로 한 俳諧(はいかい)의 일파.
談柄(だんぺい) 이야깃거리. 화제.
談笑(だんしょう) 담소.
談余(だんよ) 담여. 말이 난 김.
談義(だんぎ) ①〖佛〗담의. 설법. ②사리를 타이름. 또, 그 설교.
∥〜参り(まいり) 설법을 듣기 위해 절·신사에 참예함.
談議(だんぎ) 담의. 서로 의논함.
談じ込む(だんじこむ) 상대와 강경하게 담판(談判)하다.
談判(だんぱん) 담판.
談合(だんごう) ①상의. 의논. ②담합. 입찰 가격을 미리 협정함. *옛날에는 だんこう라고 읽었음. ♣〜罪(ざい) 〖法〗담합죄.
∥〜相手(あいて) 의논 상대.
〜尽く(ずく) 의논해서 결정함.
〜請負(うけおい) 담합 도급.
談話(だんわ) 담화. ①이야기함. 대화를 나눔. ②어떤 사건에 대한 비공식적인 의견.
♣〜室(しつ) 담화실. 휴게실/〜体(たい) 담화체.
∥〜語(ご) 담화어. 이야기할 때의 말.

16 日 曇 常

구름낄 **담**
ドン
くもる

音読→
曇天(どんてん) 담천. 흐린 날씨.
訓読→
曇らす(くもらす) ①흐리게 하다. ②불분명하게 하다.
❖曇る(くもる) ①흐리다. 흐려지다. ②(마음이) 어두워지다.
曇り(くもり) ①흐림. ②흐릿함. 어두움. ③기분이 상쾌하지 않음. 우울함.
曇りガラス(くもりガラス) 젖빛 유리.
曇り声(くもりごえ) 불분명한 말. 울먹이는 소리. 흐린 목소리.
曇り勝ち(くもりがち) 흐릴 때가 많음. 자칫 흐려지기 쉬움.
との曇り(とのぐもり) 〈雅〉하늘이 온통 흐림. 「리다.
との曇る(とのぐもる) 〈雅〉하늘이 온통 흐

16 艹	蕁	지모 담·쐐기풀 심 ジン・タン いらくさ

音読
蕁麻(じんま)〖植〗쐐기풀. *いらくさ로도 읽음. ♣~疹(しん)〖醫〗두드러기.

19 土	壜	술병 담 ドン・タン びん

参考 罎은 異體字.

訓読
壜(びん) 병.
壜詰め(びんづめ) 병조림. 병에 담음. 또, 그 것.

19 言	譚	이야기 담·편안할 담 タン・ダン はなし

音読
譚歌(たんか) 담가. 발라드.
譚詩(たんし)〖文〗담시. 발라드.
‖~曲(きょく)〖樂〗담시곡. 발라드.

답

8 水	沓	합할 답 トウ くつ

訓読
沓(くつ) 구두. 신발.
沓冠(くつかぶり) ① 短歌(たんか)의 折句(おりく)의 하나. 각 구의 시작과 끝에 한 가지 사물의 이름을 넣어 짓는 것. ② 雜俳(ざっぱい)의 하나. *くつかむり로도 읽음.
沓石(くついし) 주춧돌.
沓手鳥(くつてどり)〖鳥〗두견의 딴이름.
沓取り(くつとり) 주인의 신을 챙기는 하인.
沓脱ぎ(くつぬぎ) ① 신발 벗는 곳. ② 沓脱ぎ石의 준말.
‖~石(いし) 섬돌. 신발돌.
沓形(くつがた) 고대의 건축물에서 신발을 세운 모양의 망새.

12 竹 教	答	대답할 답 トウ こたえる・こたえ

音読
答(とう) 답. ① 대답. ② 답례.
答歌(とうか) 담가. 받은 노래에 대한 답으로서 보내는 노래.
答礼(とうれい) 답례.
答訪(とうほう) 답방.
答拝(とうはい) 답배. 답례로 하는 절.
  *たっぱい로도 읽음.
答弁(とうべん) 답변. ♣~書(しょ) 답변서.
答辞(とうじ) 답사.
答書(とうしょ) 답서.
答酬(とうしゅう) 답수. 대답. *とうじゅう로도 읽음.
答申(とうしん) 답신. 상사의 물음에 대답함.
答信(とうしん) 답신. 회답의 편지.
答案(とうあん) 답안.
答電(とうでん) 답전.
答唱(とうしょう)〖가톨릭〗응창(應唱).

訓読
❖**答える**(こたえる) ① 대답[답변]하다. *いらえる로도 읽음. ② (해)답하다.
答え(こたえ) ① 대답. *いらえ로도 읽음. ② 해답. 답.

其他
答ふ(いらふ)〈古〉대답하다. 답하다.

15 足 常	踏	밟을 답 トウ ふむ・ふまえる

音読
踏歌(とうか) 답가. 발을 구르면서 노래하는 고대의 집단 무용.
  ~**の節会**(せちえ) 平安(へいあん) 시대에, 天皇(てんのう)가 踏歌를 관람하고 5품 이상의 벼슬아치들에게 연회를 베푼 궁중의 연중 행사.
踏査(とうさ) 답사.
踏襲(とうしゅう) 답습.
踏青(とうせい) 답청. 봄에 파릇하게 난 풀을 밟으며 들에서 놂. 들놀이.
踏破(とうは) 답파.

訓読
踏まえる(ふんまえる)〈雅〉☞踏まえる(ふまえる).
踏ん反る(ふんぞる) ☞踏ん反り返る(ふんぞりかえる).
踏ん反り返る(ふんぞりかえる) 배를 내밀고 뽐내다.
踏ん張り(ふんばり) ① 앙버팀. ②〈俗〉닳고 닳은 여자. ③〈俗〉갈보.
踏ん張る(ふんばる) ① 양다리를 벌리고 버티다. ② 뻗대어 굽히지 않다.
踏ん切り(ふんぎり) 과단. 단호한 결심.
踏ん切る(ふんぎる) 결행하다. 결심하다.
踏んだり蹴ったり(ふんだりけったり) 거듭해서 곤욕을 치르는 모양.
❖**踏まえる**(ふまえる) ① 밟아 누르다. 힘주어 밟다. ② 근거로 하다. 입각하다.
踏まえ所(ふまえどころ) ① 밟을 곳. ② 근거. ③ 믿는〖의지할〗곳.
❖**踏む**(ふむ) ① 밟다. 디디다. ② 운을 달다. 압운하다. ③ 경험하다. 실천하다. ④ 값을 매기다. ⑤ 예상하다.

踏み(ふみ) 〖經〗(거래소에서) 손해를 각오하고, 공매(空賣)한 것을 도로 사들임.
踏み堪える(ふみこたえる) 발에 힘을 주고 버티다. 끝까지 버티다.
踏み開る(ふみはだかる) 다리를 벌리고 힘껏 버티다.
踏み継ぎ(ふみつぎ) ☞踏み台(ふみだい).
踏み固める(ふみかためる) 밟아서 다지다.
踏み臼(ふみうす) 디딜방아.
踏み潰す(ふみつぶす) 밟아 부수다. 짓밟다.
踏み均す(ふみならす) (흙 따위를) 밟아 고르다.
踏み寄せ(ふみよせ) 발바닥에 생기는 물집.
踏み段(ふみだん) 층층대. 계단(階段). 사닥다리의 발판.
踏み台(ふみだい) ①발판. 발돋움. ②목적을 위해 이용하는 것.
踏み倒す(ふみたおす) ①밟아 쓰러뜨리다. ②(대금·빚을) 떼어먹다.
踏み落とし(ふみおとし) 율시(律詩)·절구(絶句)의 제 1구에 압운(押韻)하지 않는 일.
踏み拉く(ふみしだく) 밟아 망치다. 짓밟다. ②세게 밟다.
踏み躙る(ふみにじる) 밟아 뭉개다. 짓밟다. 유린하다.
踏み立てる(ふみたてる) ①땅을 세게 밟아 새 따위를 날아가게 하다. ②밟아서 발바닥을 찔리다.
踏み面(ふみづら) (계단의) 디딤판.
踏み鳴らす(ふみならす) 밟아 소리나게 하다.
踏み木(ふみぎ) 베틀 밑의 발판(발판을 밟으면 잉앗대가 올라가며 씨실을 넣을 공간이 생김).
踏み迷う(ふみまよう) 길을 잃다. 길을 잃고 헤매다.
踏み返し(ふみかえし) ①(신발을 벗어 놓기) 돌을. ②주금(鑄金)에서, 같은 모양의 기물(器物)을 되풀이하여 만드는 기법.
踏み返す(ふみかえす) ①되밟음. ②잘못 밟음. 잘못 뒤얽음.
踏み抜き(ふみぬき) 못·가시 등을 밟아서 찔림. 또, 그 상처.
踏み抜く(ふみぬく) ①세게 밟아서 구멍을 뚫다. ②밟아서 찔리다. 깔봄.
踏み付け(ふみつけ) ①짓밟음. ②사람을
踏み付ける(ふみつける) ①짓밟다. ②(사람을) 깔보다.
踏み分ける(ふみわける) 밟고 헤쳐 나가다.
踏み分け石(ふみわけいし) 뜰에 있는 정검돌의 분기점에 놓인 큼직한 돌.
踏み肥(ふみごえ) 구비(厩肥). 쇠두엄.
踏み散らす(ふみちらす) 밟아서 흩뜨리다. 거칠게 밟다.
踏み殺す(ふみころす) 밟아서 죽이다.
踏み上げ(ふみあげ) 〖經〗(거래소에서) 손해를 각오하고 공매(空賣)한 것을 도로 사들여 시세가 오름.
踏み石(ふみいし) ①댓돌. 디딤돌. ②섬돌. 징검돌.
踏み所(ふみどころ) 발 디딜 곳. *ふみどろ도 읽음.
踏み外す(ふみはずす) ①헛디디다. ②상도(常道)를 벗어난 행위를 하다. ③실각하다.
踏み越える(ふみこえる) ①밟고 넘어서다. ②(곤란 등을) 극복하다.
踏み越し(ふみこし) (씨름에서) 씨름판 밖으로 발을 내어 디딤.
踏み越す(ふみこす) 일본 씨름에서, 발이 씨름판 밖으로 나가다.
踏み違える(ふみちがえる) ①잘못 밟다. ②헛디뎌 발목을 삐다.
踏み入れる(ふみいれる) ①(어떤 곳에) 발을 들여놓다. ②밟아서 안에 밀어 넣다.
踏み込み(ふみこみ) ①발을 들여놓음. (깊이) 파고듦. ②(현관 등의) 신을 벗어 놓는 곳. ③(씨름에서) 순간, 재빨리 상대방에게 육박하는 일.
‖〜畳(だたみ) 다도의 다실에서, 주인의 출입구, 곧 水屋(みずや)에 접해 있는 다다미.
踏み込む(ふみこむ) ①발을 들여놓다. ②빠지다. ③무단으로 들어가다. ④(본질에) 깊이 파고들다.
踏み張る(ふみはる) 양다리를 벌리고 버티다.
踏み場(ふみば) 발 디딜 곳.
踏み跡(ふみあと) 발자국.
踏切(ふみきり) 건널목.
‖〜番(ばん) 건널목지기. 간수(看守).
踏み切り(ふみきり) ①도약 경기에서, 지면을 힘차게 참. 또, 도약판. ☞踏み越し(ふみこし).
‖〜板(ばん) (도약 경기에서) 도약판.
踏み切る(ふみきる) ①(도약 경기에서) 땅을 힘차게 차고 뛰어오르다. ②결단하다. 단행하다. ③(씨름에서) 씨름판 밖으로 발을 내딛다. ④밟아서 끈을 끊어뜨리다.
踏み止まる(ふみとまる) ①남아 처지다 [머무르다]. ②단념하다. 참고 견디다. ③버티다.
踏み車(ふみぐるま) 무자위.
踏み処(ふみどころ) ⇨踏み所(ふみどころ).
踏み替える(ふみかえる) ⇨踏み換える(ふみかえる).
踏み締める(ふみしめる) ①힘껏 밟다. ②밟아 다지다.
踏み出す(ふみだす) ①내디디다. 전진하다. ②출발(착수)하다. 벗다.
踏み脱ぐ(ふみぬぐ) (신발·하의 등을) 밟아
踏み破る(ふみやぶる) ①밟아(차서) 부수다. ②답파(踏破)하다.
踏み板(ふみいた) ①(도랑 등의) 배다리. 발판. 디딤널. ②(오르간의) 발판. 페달. ③(계단의) 디딤판.
踏み被り(ふみかぶり) ①함정. 올가미. ②불이익을 자초함.
踏み被る(ふみかぶる) ①도랑 따위에 빠지다. ②밟아서 (흙탕물 따위를) 뒤집어쓰다.
踏み合わせ(ふみあわせ) 출산·사망 등의 부정을 탐.
踏み行う(ふみおこなう) 실천하다.

踏み換える(ふみかえる) ① 밟는 발〔장소〕 등을 바꿈. ② 다시 평가함.
踏み荒らす(ふみあらす) 밟아 망치다. 마구 짓밟다.
踏み絵(ふみえ) 江戸(えど) 시대에, 기독교도를 색출하기 위하여 밟게 했던 그리스도나 마리아 상(像)을 새긴 널쪽. 또, 그 널쪽을 밟게 한 일.

〈逆音〉
雜踏(ざっとう) 혼잡. 붐빔.

17 足	踏	밟을 답 トウ ふむ

〈訓読〉
踏む(ふむ) 발로 여러 번 밟다.

당

6 小 教	当 (當)	마땅할 당·당할 당 トウ あたる·あてる·まさに

〈音読〉
当(とう) ① 도리에 맞음. 정당〔합당〕함. ② 《接頭語로》당…. 그…. 이….
当の(とうの) 바로 그.
当家(とうか) 당가. 이 집.
当季(とうき) 당계. 이 계절.
当卦(とうけ) 분실물·사람 찾기 등 당장 급박한 일에 관한 점(占). 「자.
当局(とうきょく) 당국. ♣ **~者**(しゃ) 당국
当国(とうごく) 당국. 이 나라.
当帰(とうき) 〘植〙 당귀.
当今 ㈠(とうこん) 당금. 이제. 요즈음. ＊とうきん으로도 읽음.
㈡(とうぎん) 당대의 天皇(てんのう). 금상(今上). ＊とうきん으로도 읽음.
当金(とうきん) 맞돈.
当期(とうき) 당기. 이 기간.
当年(とうねん) 당년. ① 금년. 올해. ② 그 해. 그 당시.
当代(とうだい) 당대. ① 현대. 지금의 세상. ② 그 시대. 그 대. 당시.
当道(とうどう) ① 당도. 이 길. 자기가 학문을 닦는 길. ② (한방에서) 내과(內科).
当落(とうらく) 당락. 당선과 낙선.
当来(とうらい) 〘佛〙 당래. 미래. 내세.
‖**~導師**(どうし) 당래 도사. 내세에 나타난다는 미륵보살. 「당량점.
当量(とうりょう) 〘化〙 당량. ♣ **~点**(てん)
当路(とうろ) 당로. 요로에 있음. 또, 그 사람. 당국. ♣ **~者**(しゃ) 당로자. 당국자.
当流(とうりゅう) 당류. ① 이 유파(流派). 자기 유파. ② 당세〔당대〕의 유파.

当面(とうめん) ① 당면(함). 현재 직면함. ② 당분간. 현재로선.
当務(とうむ) 당무. 임무·사무를 맡아봄.
当方(とうほう) 당방. 이쪽. 우리 쪽.
当番(とうばん) 당번.
‖**~弁護士制度**(べんごしせいど) 〘法〙 당번 변호사 제도.
当腹(とうふく) 현재의 아내에게서 태어남. 또, 그 출생아. ＊とうぶくろ도 읽음.
当否(とうひ) 당부. 적부. 옳고 그름.
当分(とうぶん) 당분간. 얼마 동안.
当寺(とうじ) 당사. 이 절.
当社(とうしゃ) 당사. ①이〔우리〕회사. ② 이 신사(神社).
当事(とうじ) 당사. 어떤 일에 직접 관계함.
♣ **~国**(こく) 당사국.
‖**~者**(しゃ) 당사자. ♣ **~能力**(のうりょく) 당사자 능력 / **~適格**(てきかく) 〘法〙 당사자 적격 / **~主義**(しゅぎ) 당사자주의.
当山(とうざん) ① 이 산. ② 이 절. 당사(當 「寺).
当選(とうせん) 당선.
‖**~訴訟**(そしょう) 〘法〙 당선 소송.
~証書(しょうしょ) 당선 증서.
~確実(かくじつ) 당선 확실.
当世(とうせい) 당세. ① 현대. 요즘 세상. ② 当世風의 준말.
‖**~流**(りゅう) 요즘 세상에 맞는 방식.
~模様(もよう) 현대풍의〔요즘 유행하는〕 양식.
~様(よう) 요즘 유행하는 양식. 「무늬.
~風(ふう) 당세풍. 현대 풍조. 시체(時體).
~向き(むき) 현대 취향에 맞음.
当歳(とうさい) 당세. ① 그 해에 태어남. ② 그 해. 금년.
当所(とうしょ) 당소. ① 이곳. ② 이 사무소〔사업소〕.
当市(とうし) 당시. 이 시.
当時(とうじ) 당시. 그때. 그 무렵.
当夜(とうや) 당야. ① 당일 밤. ② 이 밤. 오늘 밤.
当薬(とうやく) ①〘植〙千振り(せんぶり)의 딴이름. ② 당약. 자주쓴풀을 말린 약재《건위제의 원료》.
当業者(とうぎょうしゃ) 해당업자.
当然(とうぜん) 당연. 「비.
‖**~増経費**(ぞうけいひ) 〘經〙 당연증 경
当屋(とうや) 신사(神社)의 제례나 행사 등을 주재하는 사람(의 집).
当用(とうよう) 당용. 당장 씀. 또, 그 물건.
‖**~買い**(がい) 당장 필요한 부분만 조금씩
~日記(にっき) 당용 일기. 「삼.
~漢字(かんじ) 당용 한자. 일본에서 1946년에 제정한 1,850자의 한자《1981년에 常用(じょうよう)漢字로 대체됨》.
当院(とういん) 당원. 이 원(院). 이 병원.
当月(とうげつ) 당월. 이 달.
‖**~切り**(ぎり) 〘經〙 당월한(限).
~限(ぎり) ⇨ 当月切り. 「당위성.
当為(とうい) 〘倫〙 당위. ♣ **~性**(せい) 〘倫〙

当位即妙(とういそくみょう)〖佛〗모든 일이 그대로의 상태에서 신묘한 작용을 나타낸다는 말.
当有(とうう)〖佛〗당유. 삼유(三有)의 하나로, 내세(來世).
当銀(とうぎん) ☞当金(とうきん).
当意(とうい) 그때 그때의 기분.
∥**~即妙**(そくみょう) 그 자리〔경우〕에 딱 알맞게 재치 있는 말. 임기응변의 교묘함.
当人(とうにん) 당인. 당(사)자. 본인.
当日(とうじつ) 당일.
∥**~売り**(うり) (표·입장권 등의) 당일 판매.
当節(とうせつ) 요즈음. 근래.
当店(とうてん) 당점. 이(우리) 가게.
当町(とうちょう) 이 町(ちょう).
当朝(とうちょう) 당조. ① 이 왕조. ② 이 시대. 당대(當代).
当座(とうざ) ① 그 자리. 그 당장. ② 당분간. 임시. 잠시. ③ 当座預金의 준말. ♣**~尻**(じり) 당좌 예금 잔액 / **~帳**(ちょう)〖經〗일기장(日記帳).
∥**~勘定**(かんじょう) 당좌 계정.
~貸し(がし) 일시적인 대여.
~貸越(かしこし)〖經〗당좌 대월. 오버 드래프트.
~逃れ(のがれ) 임시 모면.
~凌ぎ(しのぎ) 임시 변통. 한때의 방편.
~買い(がい) 우선 필요한 것만을 사기.
~小切手(こぎって) 당좌 수표.
~預金(よきん) 당좌 예금.
~振込(ふりこみ)〖經〗당좌 이체(移替).
~借越(かりこし) 당좌 차월.
当主(とうしゅ) 당주. 그 집의 현재 주인.
当住(とうじゅう) ① 현재의 주지(住持). ② 현재의 거주인.
当地(とうち) 당지. 이 지방. 이 땅.
当直(とうちょく) 당직. ♣**~者**(しゃ) 당직자.
∥**~将校**(しょうこう) 당직 장교.
当職(とうしょく) 당직. 이 직무. 이 직업.
当参(とうさん) ① 모임. 또, 모임 参加者. ② 중세(中世)에, 소송을 위해 鎌倉(かまくら)·京都(きょうと)에 출두하던 일.
当千(とうせん) 당천. 한 사람이 천명을 당함.
当籤(とうせん) 당첨.
当庁(とうちょう) 당청. 이 관청.
当体(とうたい) ①〖佛〗당체. 있는 그대로의 본성(本性). ② 목전(目前)의 상태.
当初(とうしょ) 당초. 최초.
当村(とうそん) 당촌. 이 마을.
当限(とうぎり) ☞当月限(とうげつぎり).
当該(とうがい) 당해. 해당.
当行(とうこう) 당행. 이 은행.
当惑(とうわく) 당혹.
∥**~顔**(がお) 당혹한 표정.
当確(とうかく) 当選確実(とうせんかくじつ)의 준말.

[訓読]
当に(まさに)《~…べし의 꼴로》당연히〔마땅히〕(…해야 한다).

当たらざる(あたらざる)〈雅〉적당하지 않다. 당치 않다.
当たらす(あたらす) 맡게 하다.
当らない(あたらない) ① 적합하지 않다. ② …할 필요는 없다.
当たらず障らず(あたらずさわらず) 조심조심하는 모양.
❖**当たる**(あたる) ① 맞다. 적중하다. ② 당하다. ③ 상대하다. ④ 성공하다. ⑤ 쬐다. ⑥ 해당하다.
当たり(あたり) ① 촉감. ② 붙임성. ③ 성공. ④ 풍작. ⑤ (바둑에서) 단수(單手).
~を付(つ)**ける** 어림잡다. 가늠하다.
~を取(と)**る** ① 연극·장사 따위가 호평을 얻다. 히트하다. ② 어림잡다.
当たりめ(あたりめ) 말린 오징어. 'するめ'의 'する(=갈다·축내다)'를 꺼려서 대신 쓰는 말.
当たり狂言(あたりきょうげん) 매우 평판이 좋았던 狂言.
当たり年(あたりどし) 이익이나 수확이 많은 해. 풍년. 전하여, 일이 뜻대로 되는 해.
当たり物(あたりもの) ① 예상보다도 성공〔히트〕한 것. ② 식중독을 일으킨 음식.
当たり鉢(あたりばち) (양념) 절구. 철화.
当たり散らす(あたりちらす) 마구 화풀이하다.
当たり箱(あたりばこ) 연상(硯箱). 벼룻집.
当たり役(あたりやく) (배우의) 특히 평이 좋은 배역. 「技」
当たり芸(あたりげい) (연예인의) 장기(長技).
当たり屋(あたりや) 재수가 좋은 사람. 인기를 얻은 가게.
当たり外れ(あたりはずれ) 성공과 실패. 잘 됨과 잘 되지 않음. 성패.
当たり障り(あたりさわり) 나쁜 영향을 끼치는 일. 지장.
当たり前(あたりまえ) ① 당연. ② 예사. 여느.
当たり籤(あたりくじ) 당첨된 제비.
当たり胡麻(あたりごま) 볶은 깨를 기름이 나올 때까지 잘 으깬 것.
❖**当てる**(あてる) ① 맞히다. ② 옳게 판단하다. ③ 대다. 얹다. ④ (볕·햇볕을) 쬐다.
当て(あて) ① 댐. 닿게 함. ② 목표(目標). 기대. ③ 방법.
当てっこ(あてっこ) ① (수수께끼 따위를) 알아맞히는 일. ② (공 따위를) 서로 던져서 맞히는 일. 「하다.
当て嵌まる(あてはまる) 꼭 들어맞다. 적합
当て当て(あてあて) 각각 할당함.
当て逃げ(あてにげ) (자동차 따위가) 딴 자동차〔배〕를 들이받고 뺑소니침.
当て馬(あてうま) ① 씨말이 올 때까지 임시로 짝지어 주는 수말. ② 대항마.
当て木(あてき) 덧대는 나무.
当て無し(あてなし) 정처 없음. 지향 없음.
当て物(あてもの) ① 수수께끼. ② 제비 뽑기. ③ 물 따위가 새지 않게 대는 물건.

当て付けがましい(あてつけがましい) 빈정대는 듯하다.
当て付ける(あてつける) ① 빗대어 말하다. ②(다정함을) 짐짓 보여주다. ③ 할당[배당]하다. 「히기.
当て事(あてごと) ① 기대하는 일. ② 알아맞
当て所(あてど) 목표. 목적지.
当て身(あてみ) (상대의 급소를) 지름. 급소지르기.
当て言(あてこと) 빗대어 빈정대기.
当て塩(あてしお) 재료에 식염을 뿌리는 일.
当て外れ(あてはずれ) 기대에 어긋남. 예상이 빗나감.
当て込み(あてこみ) 기대.
当て込む(あてこむ) ① 기대하다. 꼭 믿다. ②(기회를 잡으려고) 기대하여다[벼르다].
当て字(あてじ) 취음자(取音字). 뜻과는 관계없이 음이나 훈을 빌려 쓴 한자.
当て擦り(あてこすり) 빈정댐. 비꼼.
当て擦る(あてこする) 빗대어 빈정대다.
当て推量(あてずいりょう) 억측.
当て舵(あてかじ) 배가 침로를 바꿀 때 선수(船首)에 작용하는 회전타력(回轉惰力)을 억제하기 위해 침로에 들어가기 직전에 돌리는 반대 방향키.
当て布(あてぬの) ① 바대. ② 짐을 질 때 어깨에 대는 헝겊.

10 儿 教 党 (黨) 무리 당 トウ なかま

音読
党(とう) 당. ① 동아리. 무리. ② 정당.
党する(とうする) 한패가 되다.
党綱(とうこう) 당의 강령(綱領).
党錮(とうこ)〖史〗당고. 중국 후한 말에 환관들이 관료들을 금고(禁錮)에 처하던 일.
党規(とうき) 당규.
党紀(とうき) 당기. 당의 기강.
党内(とうない) 당내.
党同伐異(とうどうばつい) 당동〔동당〕벌이. 같은 편은 감싸고 다른 파는 공격함.
党略(とうりゃく) 당략.
党歴(とうれき) 당력. ① 정당의 역사. ② 당원으로서의 경력.
党類(とうるい) 당류. 도당. 한패.
党利(とうり) 당리.
‖~党略(とうりゃく) 당리 당략.
党務(とうむ) 당무.
党閥(とうばつ) 당벌. 파벌.
党費(とうひ) 당비.
党勢(とうせい) 당세.
党首(とうしゅ) 당수.
党是(とうぜ) 당시. 당의 기본 방침.
党与(とうよ) 당여. 한편이 됨. 또, 동아리.
党友(とうゆう) 당우. ① 같은 당에 속하는 사람. ② 그 당을 지지·지원하는 사람.

党員(とういん) 당원.
党議(とうぎ) 당의. 당론.
党人(とうじん) 당인. 정당인. 「례.
党葬(とうそう) 당장. 당의 주최로 행하는 장
党争(とうそう) 당쟁.
党籍(とうせき) 당적.
党情(とうじょう) 당정. 당의 내부 사정.
党則(とうそく) 당칙. 당규.
党派(とうは) 당파. ♣~性(せい)/~心(しん)〖政〗당파성/당파심.
党弊(とうへい) 당폐.
党風(とうふう) 당풍. 당의 기풍.
党禍(とうか) 당화.

10 广 常 唐 (唐) 당나라 당 トウ から·もろこし

音読
唐 ㊀(とう) (중국의) 당나라.
 ㊁(から)〈雅〉① 당. 옛날에 중국을 일컫던 말. ②《名詞 위에 붙여》중국 등 외국에서 건너온 것임을 나타내는 말.
 ㊂(もろこし) ⇨ 唐土(もろこし).
唐茄子(とうなす)〖植〗'かぼちゃ(=호박)'의 딴이름.
唐豇(とうささげ)〖植〗'いんげんまめ(=강낭콩)'의 딴이름.
唐芥子(とうがらし) ⇨ 唐辛子(とうがらし).
唐犬 ㊀(とうけん) 江戸(えど) 초기에 외국에서 들어온 몸집이 큰 개.
 ㊁(からいぬ) 신사나 절 앞에 돌로 사자 비슷하게 조각하여 마주 놓은 한 쌍의 상(像).
唐鏡(とうきょう)〖史〗당경. 당나라 때 금속으로 만든 거울. 「북의 일종.
唐鼓(とうこ)〖樂〗당고. 중국 연극에 쓰이는
唐臼 ㊀(とううす) 맷돌.
 ㊁(からうす) ① 디딜방아. ② 매통.
唐机(とうづくえ) 당궤. 중국제 책상.
唐箕(とうみ) 풍구.
唐団扇(とううちわ) ① 당선(唐扇). ② 군중(軍中)에서 쓰던 지휘선(扇).
唐大葉子(とうおおばこ)〖植〗왕질경이.
唐突(とうとつ) 당돌(함). 뜻밖임. 돌연.
唐網(とうあみ) 투망. 쟁이.
唐名(とうみょう) 당명. (옛 관제의) 중국식 명칭. *とうみい·からなよりこ라고도 읽음.
唐木綿(とうもめん) 당목면. 당목(唐木).
唐変木(とうへんぼく)〈俗〉벽창호.
唐本(とうほん) 당본. 당책(唐冊). 한적(漢
唐山(とうざん) 중국. 당토(唐土). 〖籍).
唐三盆(とうさんぼん) 중국에서 수입하였던 고급 설탕.
唐三彩(とうさんさい) 당삼채. 당대(代)에 만들어진 황·녹·남색 등의 삼채의 도자기.
唐黍(とうきび)〖植〗〈方〉① 옥수수. ② 수수. *2는 もろこし로도 읽음.
唐船(とうせん) ① 당선. 중국 배. *'からふ

ね'로도 읽음. ②〚史〛鎌倉(かまくら)시대부터 중국 무역에 쓰인 일본 배.
唐詩(とうし) 당시. 당나라 때의 한시.
唐詩選(とうしせん)〚冊〛당시선.
唐辛子(とうがらし)〚植〛고추. 「악.
唐楽(とうがく) 당악. 당나라에서 전래한 음
唐薬(とうやく) 당약. 중국약.
唐尭(とうぎょう) 당요. 요(堯)의 딴이름.
唐萵苣(とうぢさ)〚植〛'ふだんそう(=근대)'의 딴이름.
唐芋(とういも)〚植〛'薩摩芋(さつまいも)(=고구마)'의 딴이름. ＊からいもとも 읽음.
唐の芋(とうのいも)〚植〛토란의 한 종류.
唐虞(とうぐ)〚史〛당우. 요(堯)와 순(舜)을 함께 부르는 이름.
唐牛旁(とうごぼう)〚植〛'せきごぼう(=자리공)'의 딴이름.
唐音 ㊀(とうおん) 한자음의 하나. 당(唐)말부터 송·원·청(淸)까지 사이에 일본에 전해졌음. ＊옛날에는 とういん.
㊁(とういん) 중국어. 「잠화.
唐擬宝珠(とうぎぼうし)〚植〛잎이 큰 개옥
唐人(とうじん) 당인. ①중국인. ＊からびとにも 읽음. ②외국인.
‖〜髷(まげ) 일본 여자의 속발(束髪)의 하
〜豆(まめ) 땅콩의 딴이름. 「나.
〜笛(ぶえ) ①날라리의 딴이름. ②나팔의 딴이름.
唐桟(とうざん) 감색 바탕에 빨강·담황색의 세로 줄무늬를 넣은 고급 면포의 하나.
唐笛(とうてき)〚樂〛당적. 당피리.
唐銭(とうせん) 당전. 당나라 돈.
唐制(とうせい) 당제. 당(시대)의 제도.
唐朝(とうちょう) 당조. 당나라 조정(朝廷). 당나라 시대.
唐櫛(とうぐし) 참빗.
唐瘡(とうがさ)〚醫〛당창. 매독(梅毒).
唐菖蒲(とうしょうぶ)〚植〛글라디올러스.
唐菜(とうな)〚植〛배추의 일종. 「도.
唐尺(とうしゃく) 당척. 당나라에서 쓰던 척
唐鍬(とうぐわ) 곡괭이. ＊とうがにも 읽음.
唐縮緬(とうちりめん) 메린스. 모슬린. 얇고 부드럽게 짠 모직물.
唐楓(とうかえで)〚植〛중국 단풍.
唐鋏(とばさみ) 벌리면 ×자 모양으로 되는 가위.
唐胡麻(とうごま)〚植〛아주까리.
唐画(とうが) 당화. ①당나라 때의 그림. ②중국풍의 그림.
唐丸(とうまる) ①〚鳥〛당(唐)닭. ②唐丸籠의 준말.
‖〜籠(かご) ①(대오리로 만든) 당닭을 기르는 둥우리. ②(닭둥우리 같은) 江戸(えど)시대의 죄인 호송용 가마.
訓読
唐めく(からめく)〈古〉①중국풍으로 보이다. 중국식이다. ②보통과 다르다. 운치 있게 보이다.

唐歌(からうた) 한시(漢詩).
唐竿(からざお) 도리깨. 연가.
唐絹(からぎぬ) 중국 비단.
唐橋(からはし) 난간이 있는 중국식 다리.
唐国(からくに) ①중국의 옛 이름. 널리 외국을 이르는 말. ②조선의 옛 이름. ＊②는 韓国로도 씀.
唐櫃(からびつ) 다리가 6개 달린 중국식 궤 「〔장롱〕.
唐葵(からあおい) '立葵(たちあおい)(=접시꽃)'의 옛 이름.
唐橘(からたちばな)〚植〛송이꽃자금우.
唐金(からかね) 청동(青銅). 「단.
唐錦(からにしき) 당금. 중국산(중국식) 비
唐綾(からあや) (중국에서 전해진) 도드라지게 짠 능직.
唐碓(からうす) 디딜방아.
唐桃(からもも) 살구의 옛 이름.
唐輪(からわ)〚雅〛☞唐子髷(からこまげ).
唐木(からき) 자단(紫檀)·백단(白檀) 등의 열대산 목재. ＊とうぼくろにも 읽음.
‖〜細工(ざいく) 唐木로 책상·차(도구) 선반 등을 세공함. 또, 그 세공물.
唐猫(からねこ) 외국(에서 들어온) 고양이.
唐撫子(からなでしこ)〚植〛패랭이꽃.
唐墨(からすみ) 중국(당나라)제의 먹. ＊とうぼくろにも 읽음.
唐門(からもん) 중국식의 문.
唐文字(からもじ) 한자.
唐物(からもの) ①중국 등 외국에서 들어온 도자기·직물 따위. ②중고품. 중고 가구 집기. ＊とうぶつ・とうもつにも 읽음.
‖〜屋(や) 양품점. 잡화상. 고물상.
唐糸(からいと) ①중국에서 들어온 실·직물류. ②메주콩을 발효시킨 식품.
唐獅子(からじし) ①옛날에 '獅子(しし)(=사자)'를 '猪(いのしし)(=멧돼지)'나 '鹿(かのしし・しし)(=사슴)'와 구별하여 이른 말. ②미술적으로 도안화한 사자.
唐傘(からかさ) 지우산.
‖〜番組(ばんぐみ) 날씨 등의 사정으로 예정된 프로그램이 중단되었을 때 대신 방송하게 되는 프로그램.
〜松(まつ) 가지가 사방으로 퍼진 (우산 모양의) 소나무.
〜連判(れんばん) 방사상으로 둥글게 삥 돌려가며 서명 또는 날인하여 굳게 맹세하는 일. 또, 그 증서. 사발통문(沙鉢通文).
〜一本(いっぽん) (추방될 때 우산 한 자루만 갖고 나간 데서) 파계승이 절에서 쫓겨남.
唐鋤(からすき) (마소가 끄는) 쟁기.
唐鋤星(からすきぼし)〚天〛삼성(參星). 삼형제별.
唐薯(からいも) ⇨ 唐芋(からいも).
唐声(からごえ) 한자의 한음(漢音).
唐松(からまつ)〚植〛낙엽송. ♣〜草(そう)〚植〛꿩의다리.
唐手(からて) 당수. 일본의 권법.
唐心(からごころ) 한서(漢書), 특히 유교에

감화(感化)되어 중국에 심취하는 마음. 중국식 사고 방식.
唐鞍(からくら) 〈중국식 안장이라는 뜻으로〉 의전용 장식 안장의 하나.
唐様(からよう) ① 중국 양식. ② 중국식 서체. 특히, 江戸(えど) 시대 중기에 유행한 명조체 서체.
㊂(はねず) 〖植〗 산생두나무의 옛 이름.
唐語(からことば) ① 중국어. ② 외국어.
唐衣 ㊀(からぎぬ) 당의. 중세의 여자 예복의 하나.
㊁(からころも) 〈雅〉 중국식의 옷.
唐心(からごころ) ⇨ 唐心(からごころ).
唐子(からこ) ① 江戸(えど) 시대, 중국식 머리 모양과 옷차림을 한 아이. 또, 그 모습. ② ⇨唐子人形.
‖**~人形**(にんぎょう) 唐子 모양의 인형.
~髷(まげ) 옛날 관례(冠禮) 전의 사내아이들이 머리 위로 두 개의 고리 모양으로 땋아 올린 머리 모습.
唐作り(からづくり) 중국제. 또, 중국식으로
唐竹(からたけ) 〖植〗 ① 참대. ② 담죽. 솜대.
‖**~割り**(わり) 세로로 똑바로 쪼갬.
唐紙 ㊀(からかみ) ① 금니(金泥)·은니(銀泥)를 사용한 무늬 있는 종이. ② 唐紙障子의 준말.
‖**~障子**(しょうじ) 특히, 당지를 바른 장「지.
㊁(とうし) 당지. 주로 대나무를 원료로 한 서화용의 중국제 종이.
唐織り(からおり) ① 당나라에서 전래된 비단. ② 能(のう) 의상의 하나.
唐織物(からおりもの) 중국에서 들여온 비단 등의 직물.
唐津(からつ) ① 唐津焼의 준말. ②〈関西方〉 도자기의 총칭. ♣**~屋**(や) 도자기상(商).
‖**~物**(もの) ① ⇨唐津焼. ②〈関西方〉 도자기의 총칭.
~焼(やき) 佐賀(さが) 현 唐津 시 및 그 부근에서 구워 내는 도자기.
唐天竺(からてんじく) 중국과 인도. 아주 먼 곳의 비유로 씀.
唐綴じ(からとじ) ① 중국식의 제책법. ②〈袋綴じ(ふくろとじ)〉(=봉철)〉의 옛말.
草唐(からくさ) 唐草模様의 준말.
‖**~模様**(もよう) 당초문. 당초 무늬.
~文(もん) ⇨唐草模様.
~四獣文銅蓋(しじゅうもんどうぶた) 당초사수문동개《武蔵(むさし)国分寺(こくぶんじ) 자리에서 출토된 동물과 식물이 그려진 동제 뚜껑. 奈良(なら) 시대의 것으로 추정》.
唐破風(からはふ) 〖建〗 곡선형으로 된 박공(牌栱)의 하나.
唐風(からふう) 당풍. 중국풍. 중국적인 양식. ＊とうふう로도 읽음.
唐皮(からかわ) ① 호피(虎皮). ② 네덜란드에서 수입한 무늬 있는 가죽.
唐紅(からくれない) 당홍. 진홍색. 짙은 다홍빛.
唐絵(からえ) 중국화(畫).

其他

唐土 ㊀(もろこし) 〈雅〉 중국. ♣**~歌**(うた) 한시(漢詩) / **~人**(びと) 중국인 / **~船**(ぶね) 중국 선박.
㊁(とうど) 당토. 당나라.

| 11 土 ㊍ | 堂 | 집 당·당당할 당
ドウ |

音読

堂(どう) 당. ① 큰 건물. ② 신불(神佛)을 모시는 곳.
堂鼓(どうこ) 〖樂〗 당고. 중국 연극에 쓰이는 북의 일종.
堂堂(どうどう) ① 당당(함). ② 버젓이. 당당히.
堂堂巡り(どうどうめぐり) ① 소원을 이루기 위해 신사나 불당의 주위를 돎. ②〈의론 등이〉 겉돌기만 하고 진전이 없음.
堂堂回り(どうどうめぐり) ⇨堂堂巡り(どうどうめぐり).
堂頭(どうちょう) 〖佛〗 선종(禪宗)에서, 절의 주지. 또, 주지나 방장(方丈)의 거실.
堂籠り(どうごもり) 절 안의 당집에 머뭄.
堂舍(どうしゃ) 당사. 당(큰 집)과 사(작은 집). 크고 작은 건물. ＊とうじゃ·どうじゃ로도 읽음.
堂上(どうじょう) 당상. ① 당(堂)의 위. ② 옛날, 승전(昇殿)이 허용되었던 4품 이상의 殿上人(てんじょうびと)·公卿(くぎょう). ＊옛날에는 とうしょう라고도 하였음.
‖**~家**(け) ⇨堂上②.
~人(びと) ⇨堂上②.
~派(は) 江戸(えど) 시대에 유행했던 和歌(わか)의 한 파.
~華族(かぞく) 본디 公家(くげ) 가문으로서 明治(めいじ) 유신 후 화족이 된 귀족.
守り(どうもり) 당오.
堂奥(どうおう) 당오. 학문이나 예술 등의 깊은 경지. ＊どうおく로도 읽음.
堂宇(どうう) 당우. 전당. 당(堂)의 처마.
堂衆(どうじゅう) 延暦寺(えんりゃくじ)에 속한 승병(僧兵)의 중추적 집단. ＊どうしゅう로도 읽음.
堂塔(どうとう) 당탑. 당과 탑.
‖**~伽藍**(がらん) 당탑 가람. 불당이나 불탑 등 절의 온갖 건물의 총칭.
堂下(どうか) 당하.
堂号(どうごう) 당호.

| 12 木 | 棠 | 팥배나무 당
トウ·ドウ
からなし |

其他

棠梨(ずみ) 〖植〗 당리. 아그배나무. 「름.
棠棣(はねず) 〖植〗 당체. 산생두나무의 옛 이

15 巾	幢	기 당·수레휘장 당 トウ・ドウ はた

音読
幢(どう)〖佛〗당. 부처·보살이 법왕(法王)임을 상징하는 기(旗).
幢主(とうしゅ) 당주. 어떤 집단의 우두머리.

15 扌	撞	칠 당·부딪힐 당 ドウ つく

音読
撞球(どうきゅう) 당구. *たまつきろとも 읽음.
撞着(どうちゃく) 당착. 모순.
其他
撞木(しゅもく) 당목. 종·경쇠 따위를 치는 T자형의 방망이. ♣~鮫(ざめ)〖魚〗귀상어.
∥~杖(づえ) 두부(頭部)가 T자(字)형으로 된 지팡이.

16 目	瞳	똑바로볼 당 ドウ みはる

音読
瞳目(どうもく) 당목. 당시(瞳視). 놀람.
瞳視(どうし) 당시. 눈을 휘둥그렇게 뜨고 봄. 당목.
瞳若(どうじゃく) 당약. 놀라서 눈이 휘둥그레짐. 또, 그 모양.

16 米 教	糖(糖)	엿 당·사탕 당 トウ

音読
糖(とう) 당. 당분.
糖尿病(とうにょうびょう) 당뇨병.
∥~性昏睡(せいこんすい)〖醫〗당뇨병성 혼수. 「질.
糖蛋白質(とうたんぱくしつ)〖化〗당단백
糖度(とうど) 당도. 당분의 비율.
糖類(とうるい)〖化〗당류.
糖蜜(とうみつ) 당밀. ♣~酒(しゅ) 당밀을 발효해 증류한 술. 당밀주.
糖分(とうぶん) 당분.
糖葉(とうよう)〖植〗당엽.
糖原病(とうげんびょう)〖醫〗당원병.
糖原質(とうげんしつ) 당원질. 글리코겐.
糖衣(とうい) (정제의) 당의. ♣~錠(じょう) 당의정.
糖脂質(とうししつ)〖化〗당지질.
糖質(とうしつ) 당질.
糖害(とうがい) 당해. 당분의 해.
糖化(とうか) 당화.

17 木	檔	책상 당·문서 당 トウ かまち

音読
檔案(とうあん)〖史〗당안. 당자(檔子). 중국 명청(明淸) 이후의 관청의 공문서.
檔子(とうし)〖史〗당자.

17 虫	螳	사마귀 당 トウ

音読
螳螂(とうろう)〖蟲〗당랑. 사마귀.
其他
螳螂擬(かまきりもどき)〖蟲〗사마귀붙이.

18 石	磴	밀 당 トウ はたと

訓読
磴と(はたと) ① 갑자기 그치거나 막히는 모양. 탁. 퍼뜩. ② 물건이 갑자기 맞아서 소리가 나는 모양. 탁.

18 衤	襠	배자 당 トウ まち

訓読
襠(まち) 옷감의 폭이 모자라는 곳에 이어대는 천조각.

19 虫	蟷	사마귀 당 トウ

音読
蟷螂(とうろう)〖蟲〗당랑. 사마귀.

19 金	鐺	종고소리 당 トウ

音読
鐺鞳(とうとう) 당탑. ① 파도·폭포·종고(鐘鼓) 등의 모든 큰소리의 형용. ② 종고의 큰 소리.

20 革	鞳	종고소리 당 トウ

音読
鞳鞳(とうとう) 종이나 북 따위의 소리.

21 金	鐺	종고소리 **당** トウ こじり・こて

訓読
鐺(こじり) 칼집의 끝(장식).
∥**~咎め**(とがめ) 무사가 서로 스쳐 지나갈 때 칼집 끝이 닿는 것을 무례하다고 책망하는 일. 전하여, 쓸데없이 싸우는 일.
~当て(あて) ☞鐺咎め.

23 扌	攩	칠 **당**·막을 **당** トウ・コウ

其他
攩(たも) 攩網(たもあみ)의 준말.
攩網(たもあみ) 사내끼. 산대. 뜰채.

대

3 大 教	大	클 대·대강 대 ダイ・タイ・タ・ダ おお・おおきい・おおい に

音読
大 ㊀(だい) ①름. 넓음. ②성함. 뛰어남. ③《接頭語로》큰. 뛰어난. 대단한. ④《接尾語로》…의 크기.
㊁(おお)《名詞에 붙어》①큰. 넓은. 많은. ②대단한. 몹시. ③대충. 대략. ④'서열상 위인 사람'을 가리키는 말.
大した(たいした) 대단한. 엄청난. 굉장한.
大して(たいして) 그다지. 별로.
大なり(だいなり) 크다.
~**小**(しょう)**なり** 크건 작건. 어떻든.
大の(だいの) ①큰. ②매우. 대단한.
大家 ㊀(たいか) 대가. ①거장(巨匠). ②큰 집. 또, 부잣집.
㊁(たいけ) 대가. 대갓집. 부잣집.
㊂(おおや) ①셋집 주인. ②안채.
大駕(たいが) 대가. 임금이 타는 수레.
大伽藍(だいがらん) 대가람. 큰 절. 또, 그 건물.
大家族(だいかぞく) 대가족.
大奸(たいかん) 大姦(たいかん).
大姦(たいかん) 대간. 아주 간악한 사람.
大喝(だいかつ) 대갈. ①큰소리로 꾸짖음. ②크게 외치는 고함 소리. ＊たいかつ로도 읽음.
大鑑(たいかん) 대감. 어떤 부문에 관해 전체를 한 책으로 볼 수 있게 모은 책.
大江(たいこう) 대강. 큰 강.
大剛(たいごう) 대강. 뛰어나게 강함. ＊だいごう라고도 함.
大綱(たいこう) ㊀(たいこう) 대강. ①대요(大要). ②골자. 윤곽.
㊁(おおづな) ①굵은 밧줄. ②☞㊀①.
大講堂(だいこうどう) 대강당. 큰 강당.
大概 ㊀(たいがい) 대개. ①대강. 대부분. 보통. ②대충. 아마. 대체로.
㊁(おおむね) 개요. 대체의 취지.
大概念(だいがいねん) 〖論〗대개념.
大客(たいかく) 대국(大國)에서 온 빈객.
大挙(たいきょ) 대거. ①여럿이 함께 행동함. ②크게. 여럿이.
大検(だいけん) '大学入学資格検定(だいがくにゅうがくしかくけんてい)'의 준말.
大経(だいきょう) 〖佛〗대경.
大慶(たいけい) 대경. 매우 경사스러움.
大経師(だいきょうじ) 표구사(表具師).
大径材(たいけいざい) 지름이 30cm 이상 되는 통나무 재목.
大系(たいけい) 대계. 대략적인 체계.
大計(たいけい) 대계.
大姑(たいこ) 남편의 누님.
大賈(たいこ) 대고. 대상인.
大曲(たいきょく) 대곡. 규모가 큰 악곡.
大工(だいく) 목수. 또, 그 일.
大公(たいこう) 대공.
大功(たいこう) 대공. 큰 공로.
大公使(だいこうし) 대공사. 대사와 공사.
大恐慌(だいきょうこう) 대공황.
大過(たいか) 대과.
大過去(だいかこ) 〖文法〗대과거. 동사 시제의 하나.
大官(たいかん) 대관. 고관.
大観(たいかん) 대관. ①널리 전체를 봄. ②광대한 경치.
大括弧(だいかっこ) 대괄호. 각괄호.
大塊(たいかい) 대괴. ①큰 덩어리. ②대지(大地). 지구. ③대자연.
大巧(たいこう) 대교. 매우 공교함.
大口魚(たいこうぎょ) 〖魚〗대구.
大臼歯(だいきゅうし) 〖生〗대구치. 뒤어금니.
大局(たいきょく) 대국. 전체적 입장에서 본 판국. ♣~**観**(かん) 대국관 / ~**的**(てき) 대국적.
大国(たいこく) 대국. 큰 나라.
∥~**主義**(しゅぎ) 대국주의.
大国民(だいこくみん) 대국민.
大君 ㊀(たいくん) 대군. 군주의 존칭.
㊁(おおきみ) ①〈雅〉天皇(てんのう)의 높임말. ②〈古〉親王(しんのう)・王(おう)의 일컬음.
㊂(おおぎみ) 군주.
大軍 ㊀(たいぐん) 대군.
㊁(おおいくさ) 큰 전쟁.
大群(たいぐん) 대군. 큰 떼.
大弓 ㊀(だいきゅう) 대궁. 정식의 활《길이 약 2.25m》.
㊁(おおゆみ) ①중고(中古) 시대에, 돌을 쏘는 활의 일종. 석궁(石弓). ②큰 활.
大宮司(だいぐうじ) 伊勢(いせ) 신궁 등 신

大巻(だいかん) 대권. 페이지수・권수가 많은 책.
大権(たいけん) 대권. (구헌법에서) 天皇(てんのう)의 통치권.
∥**~命令**(めいれい) 대권 명령《明治(めいじ)헌법하의 칙령》.
大圏(たいけん) 대권.
∥**~航路**(こうろ)〖地〗대권 항로.
大規模(だいきぼ) 대규모.
∥**~小売店舗法**(こうりてんぽほう) 대규모 소매 점포법.
~地震(じしん) 대규모 지진. ♣**~対策特別法**(たいさくとくべつほう) 대규모 지진 대책 특별법.
~集積回路(しゅうせきかいろ) 대규모 집적 회로.
大叫喚(だいきょうかん)〖佛〗대규환. 대규환지옥의 준말.
∥**~地獄**(じごく)〖佛〗대규환 지옥.
大極殿(だいごくでん) 平安(へいあん) 시대, 天皇(てんのう)가 정무를 보던 정전(正殿).
大根㊀(だいこん) ① 무. ② 연기가 서투름. 또, 그 배우.
∥**~卸し**(おろし) ⇨ 大根下ろし.
~役者(やくしゃ) 연기가 서투른 배우.
~足(あし) (여자의) 무같이 굵은 다리를 놀리는 말.
~下ろし(おろし) ① 무를 강판에 간 것. 무즙. ② 강판.
㊁(おおね) ①〈雅〉사물의 근본. 기본. ②〈古〉무. ③ 굵은 화살촉.
大金(たいきん) 대금. 큰돈. 거금. ＊おおがね로도 읽음.
大禁(たいきん) 대금. 엄격한 금제(禁制).
大気(たいき) 대기. ♣**~光**(こう) 대기광 / **~圏**(けん) 대기권 / **~圧**(あつ) 대기압 / **~差**(さ) 대기차.
∥**~境界層**(きょうかいそう) 대기 경계층.
~大循環(だいじゅんかん) 대기 대순환.
~汚染(おせん) 대기 오염. ♣**~防止法**(ぼうしほう) 대기 오염 방지법.
~電気(でんき) 대기 전기.
~浄化法(じょうかほう) 대기 정화법.
~組成(そせい) 대기 조성.
大器(たいき) 대기. 큰 그릇. 도량이 큰 사람.
∥**~晩成**(ばんせい) 대기 만성.
~小用(しょうよう) 대기 소용.
大企業(だいきぎょう) 대기업.
大気候(だいきこう)〖氣〗대기후. 대륙 등 넓은 지역의 기후.
大吉(だいきち) ① 대길. ② 大吉日의 준말. ♣**~日**(にち) 대길일.
大難(だいなん) 대난. 큰 재난.
大の男(だいのおとこ) 성인이 된 한 사람의 남자. 장부(丈夫).
大納言(だいなごん) 太政官(だいじょうかん)의 차관.
大納会(だいのうかい)〖經〗(대)납회. (증권) 거래소에서 그 해의 마지막 입회.
大内裏(だいだいり) 옛날의 平城京(へいじょうきょう)・平安京(へいあんきょう)의 대궐 구역.
大念仏(だいねんぶつ)〖佛〗대염불. 많은 사람이 모여 큰소리로 염불을 외는 일.
大農(だいのう) 대농. 호농(豪農).
∥**~経営**(けいえい) 대농 경영. 대형 기계나 헬리콥터 등을 이용해서 하는 대규모 농업.
~法(ほう) ☞ 大農経営.
大脳(だいのう)〖生〗대뇌. 큰골. ♣**~死**(し) 대뇌사.
∥**~半球**(はんきゅう)〖生〗대뇌 반구.
~辺縁系(へんえんけい)〖生〗대뇌 변연계.
~髄質(ずいしつ)〖生〗대뇌 수질.
~皮質(ひしつ)〖生〗대뇌 피질.
大多数(だいたすう) 대다수.
大団円(だいだんえん) 대단원. 끝.
大胆(だいたん) 대담.
∥**~不敵**(ふてき) 대담 무쌍.
大大と(だいだいと)〈俗〉크게. 큰 대가로.
大隊(だいたい)〖軍〗대대.
大大的(だいだいてき) 대대적. 「고승.
大徳(だいとく)〖佛〗대덕. 덕이 높은 승려.
大刀㊀(だいとう) 대도. 큰 칼.
㊁(たち)〈雅〉허리에 차는 칼.
大図(だいず) 대도. 큰 지도.
大度(たいど) 대도. 넓고 큰 도량.
大盗(たいとう) 대도. 큰 도둑. ＊だいとう로도 읽음.
大都(たいと) 대도. 큰 도시.
大道(だいどう) 대도. ① 큰길. 대로. ② 거리. 길가. ③ (사람이 지켜야 할) 근본 도덕. ＊おだいどうろ로도 읽음.
∥**~無門**(むもん)〖佛〗대도 무문. 불도를 닦는 데에는 일정한 법식이 없다는 말.
~商人(しょうにん) 거리의 (노점)상인.
~易者(えきしゃ) 거리의 점쟁이.
~芸(げい) 거리에서 하는 연예.
~芸人(げいにん) 거리의 연예인.
~店(みせ) (거리의) 노점.
大都市(だいとし) 대도시.
大都会(だいとかい) 대도회. 대도시.
大毒(だいどく) 대독. 큰 독.
大同(だいどう) 대동. 대체로 같음.
∥**~団結**(だんけつ) 대동단결.
~思想(しそう)〖史〗대동 사상.
~小異(しょうい) 대동소이.
大動脈(だいどうみゃく) 대동맥.
大東亜戦争(だいとうあせんそう) '태평양전쟁'을 일본인이 일컫는 말.
大豆(だいず) 대두. 콩.
∥**~粕**(かす) 대두박. 콩깻묵.
~油(ゆ) 대두유. 콩기름.
大乱(たいらん) 대란. 큰 난리.
大略(たいりゃく) 대략. ① 대강. ② 대충. 대체로.

大量(たいりょう) 대량.
∥**~生産**(せいさん) 대량 생산.
大力(だいりき) 대력. 힘이 굉장히 셈. 또, 그 사람.
大猟(たいりょう) 대렵. 사냥에서 새・짐승 등을 많이 잡음.
大礼(たいれい) 대례. (황실의) 중대한 의식. 특히, 즉위 의식. ♣**~服**(ふく) 대례복.
大老(たいろう) ①대로. 존경받는 노인. ②(江戸幕府(えどばくふ)에서) 将軍(しょうぐん)을 보좌했던 최고 직명.
大路(たいろ) 대로. *おおじろ로도 읽음.
大禄(たいろく) 대록. 많은 녹봉(祿俸).
大論(たいろん) 대론. ①크게 논의함. ②웅대(雄大)한 의론(議論).
大牢(たいろう) ①대뢰. 진수성찬. ②江戸(えど) 시대에 일반 죄인을 가두던 감옥.
大陸(たいりく) 대륙. ♣**~法**(ほう) 대륙법／**~的**(てき) 대륙적.
∥**~間弾道弾**(かんだんどうだん) 대륙간 탄도탄.
~気団(きだん) 〖氣〗 대륙 기단.
~文学(ぶんがく) 대륙 문학.
~封鎖令(ふうされい) 〖史〗 대륙 봉쇄령.
~棚(だな) 〖地〗 대륙붕. ♣**~条約**(じょうやく) 〖法〗 대륙붕(에 관한) 조약.
~氷河(ひょうが) 〖地〗 대륙 빙하.
~性気候(せいきこう) 〖氣〗 대륙성 기후.
~移動説(いどうせつ) 〖地〗 대륙 이동설.
~横断鉄道(おうだんてつどう) 대륙 횡단 철도.
大倫(たいりん) 대륜. 인륜 대도. 「철도.
大輪(たいりん) 대륜. 꽃송이가 큼.
大吏(たいり) 대리. 지위가 높은 관리.
大利(たいり) 대리. 큰 이익. *だいり로도 읽음.
大理石(だいりせき) 대리석. *なめいし로도 「읽음.
大麻(たいま) ①〖植〗 대마. 삼. *おおあさ로도 읽음. ②대마초. ③신사(神社), 특히 伊勢(いせ) 신궁에서 주는 부적. ♣**~糸**(し) 대마사／**~油**(ゆ) 대마유.
∥**~暦**(れき) 매년 신궁에서 나눠 주던 달력.
大曼荼羅(だいまんだら) 〖佛〗 대만다라.
大望(たいぼう) 대망. *たいぼう로도 읽음.
大網(だいもう) 〖生〗 대망.
大枚(たいまい) 〈俗〉 거금. 많은 돈.
大名 ㊀(だいみょう) ①넓은 영지를 가진 무사. ②특히, 江戸(えど) 시대에 봉록이 1만석 이상인 幕府(ばくふ) 직속의 무사.
∥**~普請**(ぶしん) 호사스럽게 돈을 많이 들인 건축이나 공사.
~旅行(りょこう) ①(大名의 산놀이 같이) 호화로운 여행. ②〈俗〉관리나 국회 의원 등의 시찰을 빙자한 관광 여행.
~芸(げい) 본인은 자랑하나 대수롭지 않은 예능.
~行列(ぎょうれつ) 江戸 시대에 공식적으로 행하던 大名의 행차 행렬. 비유적으로, 많은 사람을 거느리고 가는 일.

~縞(じま) 자잘한 세로무늬.
~華族(かぞく) 江戸 시대의 大名로서 明治(めいじ) 이후에 화족이 된 사람.
㊁(だいめい) ①대명. 큰 명예. 고명(高名). ②큰 임무.
㊂(おおな) ☞大字(おおあざ).
大命(たいめい) 대명. 칙명.
大名辞(だいめいじ) 〖論〗 대명사. 대개념(大槪念)을 언어로 나타낸 것.
大明神(だいみょうじん) 신의 이름 밑에 붙이는 칭호.
大母(だいぼ) 대모. 조모.
大謀網(だいぼうあみ) 대모망. 여러 척의 배로 치는 큰 자루 모양의 정치망.
大木(たいぼく) 대목. 큰 나무.
大夢(たいむ) 대몽. 큰 꿈. 큰 이상.
大廟(たいびょう) 대묘. 종묘.
大門 ㊀(だいもん) 대문. 큰 문. (절 등의) 정문. *おおもん으로도 읽음.
㊁(おおと) ①큰 문. ②큰 해협.
大紋(だいもん) 대문. 큰 무늬. 대형 무늬.
大文字 ㊀(だいもんじ) 대문자. 큰 글자.
㊁(おおもじ) ①(로마자의) 대문자. ②(표제 따위에 쓰는) 큰 글자.
大尾(たいび) 대미. 끝.
大半(たいはん) 대반. 태반. 과반. 대부분.
大磐石(だいばんじゃく) ⇨ 大盤石(だいばんじゃく).
大盤石(だいばんじゃく) 대반석.
大般若経(だいはんにゃきょう) 〖佛〗 대반 야경.
大発(だいはつ) '大型(おおがた) 発動機艇(はつどうきてい)(=대형 발동기정[모터보트])'의 준말.
大発会(だいはっかい) 〖經〗 (대)발회. (증권) 거래소에서 그 해 최초의 입회.
大邦(たいほう) 대방. 대국. 큰 나라.
大杯(たいはい) 대배. 큰 잔.
大盃(たいはい) ⇨ 大杯(たいはい).
大白(たいはく) 대백. 큰 술잔. 「ん」.
大藩(たいはん) 대번. 영지가 넓은 藩は
大犯(たいぼん) 대범. 큰 범죄. *だいぼん으로도 읽음.
大梵天(だいぼんてん) 〖佛〗 범천왕(梵天
大法(たいほう) 대법. 중요한 법률.
大法廷(だいほうてい) 대법정.
大法会(だいほうえ) 〖佛〗 대법회.
大弁(たいべん) 대변. 웅변.
大変(たいへん) ①대단함. 엄청남. 큰일임. ②몹시. 매우. 대단히. ③큰일. 대사건. 큰 변.
大便(だいべん) 대변. 똥. 「고.
大別(たいべつ) 대별.
大兵 ㊀(たいへい) 대병. 대군. 「람.
㊁(だいひょう) 우람스러운 몸집. 또, 그 사
大病(たいびょう) 대병. 큰병. 중병.
大瓶(たいへい) 큰 항아리.
大宝(たいほう) 대보. 더없이 귀한 보배.
大輔 ㊀(たゆう) 〖史〗 옛날, 성(省)의 차관

위의 벼슬.
□(たいふ) 大宝令(たいほうりょう)에 의한 성(省)의 차관.
大宝令(たいほうりょう) 大宝律令(たいほうりつりょう)의 '영(令)'의 부분.
大宝律令(たいほうりつりょう) 일본 고대의 기본 법전.
大菩薩(だいぼさつ) 대보살. 가장 뛰어난 보살. 또, 그 존칭.
大譜表(だいふひょう)〖樂〗대보표. 큰 보표.
大福(だいふく) ① 대복. 큰 복. ② 부자이며 복이 많음.
∥~**餅**(もち) 팥소가 든 둥근 찹쌀떡.
~**帳**(ちょう) 상가(商家)의 매매 원장.
~**長者**(ちょうじゃ) 복많은 부자.
大腹中(だいふくちゅう) 도량(度量)이 큼. 배짱이 셈〔두둑함〕.
大本 □(たいほん) 대본. 근본. 기틀.
□(おおもと) ⇨ 大元(おおもと).
大本山(だいほんざん)〖佛〗대본산. (총본산 다음가는 절로) 소속된 말사(末寺)들을 다스리는 절.
大本営(だいほんえい) 대본영. 전시에 天皇(てんのう) 밑에 두었던 최고 통수 기관.
大本願(だいほんがん)〖佛〗대본원.
大父(たいふ) 대부. 조부.
大夫 □(たいふ) ① 대부. 옛날 오위(五位)에 해당하는 관직의 통칭. ② 大名(だいみょう)의 家老(かろう)《영주의 최고위 가신》.
□(だいぶ) 律令制(りつりょうせい)에서, 職(しき) 및 坊(ぼう)라는 이름의 관청의 장(長).
大部(たいぶ) 대부. ①(책이나 문서의) 분량이 많음. ② 대부분.
大部分(だいぶぶん) 대부분. 거의.
夫人(たいふじん) 대부인. 천자(天子)를 낳은 부인.
大分 □(だいぶ) 상당히. 어지간히. 꽤. *だいぶん으로도 읽음.
□(おおいた)〖地〗九州(きゅうしゅう) 지방 동부에 있는 현.
大仏(だいぶつ) 대불. 큰 불상.
∥~**開眼**(かいげん)〖佛〗대불개안.
~**殿**(でん)〖佛〗대불전. 대불을 안치한 전당.
大不敬(たいふけい) 대불경.
大鵬(たいほう) 대붕. 붕새.
大悲(だいひ)〖佛〗대비. 부처의 큰 자비.
∥~**菩薩**(ぼさつ) 대비보살. 관세음보살의 딴이름.
大士(たいし)〖佛〗대사. 종법(宗法)에 귀의하여 믿음이 두터운 사람.
大死(たいし) 죽음을 강조한 말.
∥~**一番**(いちばん) 한 번, 죽은 셈치고 힘껏 노력함.
大寺(たいじ) 대사. 큰 절.
大社(たいしゃ) ① 유명한 신사(神社). ② 가장 격이 높은 신사. 특히, 出雲(いずも)大社의 일컬음.

∥~**造り**(づくり) 가장 오래된 형식의 신사 건축 양식.
大使(たいし) 대사. ♣~**館**(かん) 대사관.
大事(だいじ) ① 대사. 큰일. *おおごと로도 읽음. ② 소중함. 중요함.
∥~**無い**(ない) 지장〔상관〕없다. 괜찮다. 걱정없다.
大師(だいし) 대사《고승의 존칭》. ♣~**様**(さま) 대사님.
大赦(たいしゃ) 대사. 일반 사면.
大蛇(だいじゃ) 대사. 큰 뱀. 구렁이. *おろち로도 읽음.
大事件(だいじけん) 대사건.
大司教(だいしきょう)〖가톨릭〗대주교.
大山(たいざん) 대산. 태산. 큰 산.
~**鳴動**(めいどう)**して鼠**(ねずみ)**一匹**(いっぴき) 태산 명동 서일필.
大山木(たいさんぼく)〖植〗양옥란(洋玉蘭).
大喪(たいそう) 대상. 天皇(てんのう)가 복상(服喪)하는 상사.
大賞(たいしょう) 대상. 그랑프리.
大祥忌(だいしょうき) 대상.
大上段(だいじょうだん) ①(검도에서) 칼을 머리 위로 높이 쳐든 자세. ② 위압적인 태도. 고자세.
大嘗祭(だいじょうさい) 天皇(てんのう) 즉위 후 처음 지내는 新嘗祭(にいなめさい). *おおなめまつり로도 읽음.
大序(だいじょ) (歌舞伎(かぶき)에서) 맨 처음에 하는 狂言(きょうげん). 서막.
大書(たいしょ) 대서. 크게 드러나게 씀.
大暑(たいしょ) 대서. ① 혹서(酷暑). ② 24절기의 하나.
大誓文(だいせいもん) 절대로 틀림이 없을 것을 맹세할 때의 말.
大西洋(たいせいよう) 대서양.
∥~**憲章**(けんしょう) 대서양 헌장.
大石(たいせき) ① 대석. 큰 돌. *おおいし로도 읽음. ② 바둑에서, 대마(大馬).
大船(たいせん) 대선. 큰 배. *おおぶね로도 읽음.
大選挙区(だいせんきょく) 대선거구. ♣~**制**(せい) 대선거구제.
大膳職(だいぜんしょく) 옛날에 궁중의 식사·향연 등을 맡은 관아.
大雪(たいせつ) 대설. ① 큰 눈. *おおゆき로도 읽음. ② 24절기의 하나.
大成(たいせい) 대성. ① 큰 성공을 거둠. ② 집대성함.
大声(たいせい) ① 대성. 큰소리. *おおごえ로도 읽음. ② 고상한 음악.
∥~**疾呼**(しっこ) 대성질호(叱呼). 대성 일갈.
大聖(たいせい) 대성. 대성인.
大勢 □(おおぜい) 많은 사람. 여럿. *老人語로는 たいぜい라고도 함.
大小(だいしょう) 대소. ♣~**事**(じ) 대소사.
∥~**対当**(たいとう)〖論〗대소 대당. 대당

大所 ㊀(たいしょ) 전체를 넓게 바라볼 수 있는 입장. 대국적 견지. 넓은 시야.
‖~**高所**(こうしょ) 대국적 견지. 넓은 시야.
㊁(おおどころ) ①유력한 사람. 대가. ②커다란 집. 대갓집. 자산가. *①②는 おおどこ ろ도 읽음.

大笑(たいしょう) 대소.

大小名(だいしょうみょう) 大名(だいみょう)와 小名(しょうみょう).

大小便(だいしょうべん) 대소변.

大俗(だいぞく) 매우 속됨. 또, 아주 속된 인간. 대속물.

大損(だいそん) 대손(실).

大水(たいすい) 대수. ①큰 강이나 호수. ②큰물. (하천 등의) 범람. 홍수. *②는 おおみず로도 읽음.

大数(たいすう) ①대수. 큰 수. 다수. ②개수(概數). 대략의 수.
‖~**の法則**(ほうそく) 〖數〗대수 법칙《확률론의 기본 법칙의 하나》.

大樹(たいじゅ) 대수. 큰 나무.

大乗(だいじょう) 〖佛〗대승. ♣~**経**(きょう) 〖佛〗대승경. ~**的**(てき) 대승적. 대국적.
‖~**仏教**(ぶっきょう) 대승 불교.

大勝(たいしょう) 대승. 대첩.

大勝利(だいしょうり) 대승리.

大僧正(だいそうじょう) 대종사(大宗師). 승직의 최고 지위.

大試験(だいしけん) 俳句(はいく)에서, 입학 시험·졸업 시험 등, 특히 초봄에 처러지는 시험을 일컫는 말.

大柴胡湯(だいさいことう) 〖漢醫〗대시호탕.

大食(たいしょく) 대식.
‖~**細胞**(さいぼう) 〖生〗대식 세포.
~**漢**(かん) 대식한. *たいしょっかんで로도 읽음.

大息 ㊀(たいいき) 대식. 큰숨. 한숨.
㊁(おおいき) 대식. 큰숨. 한숨.

大臣 ㊀(だいじん) 대신. 장관.
㊁(おとど) 〈雅〉대신(大臣(だいじん)의 높임말).
㊂(おおみ) 상고(上古) 시대에, 臣(おみ) 중에서 최고 유력자.

大身 ㊀(たいしん) 신분이 높거나 녹봉이 많은 사람.
㊁(おおみ) 날이 길고 큼.

大神宮(だいじんぐう) 伊勢(いせ) 신궁의 일컬음.

大深度地下(だいしんどちか) 〖地〗지하 50~60m 이하의 지하 공간.

大審院(だいしんいん) 대심원《'最高(さいこう)裁判所(さいばんしょ)'(=최고 재판소)'의 구칭》. 대법원.

大我(だいが) 대아. ①〖佛〗아집을 벗어난 자유자재의 경지. ②〖哲〗우주 본체로서의 유일 절대의 정신. *たいが로도 읽음.

大悪(だいあく) 대악. 매우 나쁜 짓.

大安(たいあん) 大安日(たいあんにち)의 준말. 여행·결혼 등 만사(萬事)에 좋다는 날. *だいあん으로도 읽음.
‖~**吉日**(きちじつ) ☞大安. *たいあんきちにち로도 읽음.

大厄(たいやく) 대액. 큰 액운. *だいやく

大約(たいやく) 대약. 대략. 대강. 약.

大洋(たいよう) 대양. 대해. ♣~**島**(とう) 〖地〗대양도.
‖~**区**(く) 〖地〗대양구. 동물 지리구(地理區)의 하나.
~**州**(しゅう) 〖地〗대양주. 오세아니아.

大魚(たいぎょ) 대어. 큰 물고기. *おうお로도 읽음.

大漁(たいりょう) 대어. 풍어. *たいぎょ로도 읽음.
‖~**旗**(ばた) 만선기(滿船旗). 풍어기.
~**貧乏**(びんぼう) 풍어 가난. 어획물이 너무 많으면 그 값이 떨어져서 오히려 어민의 수입이 주는 일.
~**節**(ぶし) 어촌에서 풍어 때 부르는 민요.

大語(たいご) 대어. 큰소리.

大言(たいげん) 대언. 큰소리.
‖~**壮語**(そうご) 호언장담.

大業 ㊀(たいぎょう) 대업. ①큰 사업. ②홍업(洪業·鴻業).
㊁(おおわざ) ⇨ 大技(おおわざ).

大役(たいやく) 대역. 큰 역할.

大逆(だいぎゃく) 대역. ♣~**罪**(ざい) 대역죄.
‖~**無道**(むどう) 대역무도.
~**事件**(じけん) 대역 사건.

大域(たいいき) 그 부분을 넘는 넓은 범위. 광역.

大悦(たいえつ) 대열. 큰 기쁨.

大熱(だいねつ) 대열. 매우 높은 체온. 고열.

大営(たいえい) 대규모의 사업.

大英断(だいえいだん) 대영단. 대단한 결단.

大英帝国(だいえいていこく) 대영 제국.

大悟(たいご) 대오. 크게 깨달음.
‖~**徹底**(てってい) 대오철저. 크게 깨닫고 의혹·번뇌가 모두 없어짐.

大獄(たいごく) 대옥. 큰 옥사.

大王(だいおう) 대왕.
‖~**松**(しょう) 〖植〗소나뭇과의 상록 교목.
~**椰子**(やし) 〖植〗야자과의 상록 교목.
~**烏賊**(いか) 〖動〗오징어의 한 종류.

大往生(だいおうじょう) 대왕생. 고통없이 편안히 죽음. 또, 훌륭한 죽음.

大要(たいよう) 대요. 대강. 요지.

大欲(たいよく) 대욕.

大慾(たいよく) ⇨ 大欲(たいよく).

大勇(たいゆう) 대용. 큰 용기.

大雨 ㊀(たいう) 대우. 큰비. *おおあめ로도 읽음.
㊁(ひさめ) 폭우. 억수로 내리는 비.

大愚(たいぐ) 대우. 크게 어리석음. 또, 그 사람.

大憂(たいゆう) 대우. ①큰 근심. ②부모 또는 천자의 상(喪).

大宇宙(だいうちゅう) 〖哲〗대우주.

大運河(だいうんが) 대운하. 톈진(天津)에서 항저우(杭州)까지 중국 동부를 종관(縱貫)하는 수로.
大雄殿(だいゆうでん) 〖佛〗 대웅전.
大円(だいえん) 대원. ① 큰 원(圓). ②〘數〙구(球)의 중심을 지나는 평면과 구면이 만나서 이루는 원.
大願(たいがん) 〈老〉 대원. ① 큰 소망. ②〖佛〗 부처가 중생을 구제하려는 소원. ＊だいがんにろも 읽음.
‖～成就(じょうじゅ) 대원 성취.
大円鏡智(だいえんきょうち) 〖佛〗 대원경지. 세상 만법(萬法)을 비추는 지혜.
大円筋(だいえんきん) 대원근. 겨드랑이의
大元帥(だいげんすい) 대원수. ⌊근육.
大の月(だいのつき) 큰 달.
大尉(たいい) 〘軍〙 대위. ＊해군에서는 だいい라 했음.
大儒(たいじゅ) 대유. 대유학자.
大遊星(だいゆうせい) 〘天〙 대행성.
大流行(だいりゅうこう) 대유행.
大恩(たいおん) 대은. 큰 은혜.
‖～教主(きょうしゅ) 〖佛〗 대은 교주. 석가모니의 존칭. ⌊者).
大隠(たいいん) 대은. 세속을 떠난 은자(隠
大音(たいおん) 대음. 큰 (목)소리.
大音声(だいおんじょう) 우렁찬 목소리.
大陰唇(だいいんしん) 〘生〙 대음순.
大医(だいい) 대의. ① 명의(名醫). ②〖佛〗 부처의 딴이름.
大意(たいい) 대의. 대강의 뜻.
大義(たいぎ) 대의. ① 사람이 지켜야 할 도의. ② 대강의 뜻.
‖～名分(めいぶん) 대의명분.
大疑(たいぎ) 대의. 큰 의심. 깊은 의문.
大儀(たいぎ) ① 대의. 중대한 의식(儀式). 중대한 사건. ② 아랫사람의 수고를 위로하는 말. ③ …하기가 아주 싫음.
大弐(だいに) 옛 일본의 大宰府(だざいふ)의 상위의 차관(次官).
大人物(だいじんぶつ) 대인물.
大逸れた(だいそれた) 아주 도리에 벗어난. 당치 않은. 엉뚱한. 엄청난. ⌊래.
大日如来(だいにちにょらい) 〖佛〗 대일여
大日本(だいにっぽん) 일본(国). ＊だいにほん으로도 읽음.
‖～帝国(ていこく) 일본 제국.
大任(たいにん) 대임.
大字 ㊀(だいじ) 대자. 큰 글자.
‖～報(ほう) 대자보《중국의 대형 벽보》.
㊁(おおあざ) 일본의 말단 행정 구획의 하나《町(ちょう)・村(そん)의 아래》.
大の字(だいのじ) 큰 대자.
大姉 ㊀(だいし) 〖佛〗여자의 계명 밑에 붙이
㊁(おおあね) 맏누이. 큰누이. ⌊는 말.
大疵(たいし) 큰 흠・결점.
大慈(だいじ) 대자.
‖～大悲(だいひ) 〖佛〗 대자대비.
大自然(だいしぜん) 대자연.
大自在(だいじざい) 대자재. ♣～天(てん) 〖佛〗 대자재천.
大作(たいさく) 대작. ⌊「(名匠).
大匠(たいしょう) 솜씨가 뛰어난 장인. 명장
大将 ㊀(たいしょう) ① 대장. ② 두목. 우두머리.
‖～株(かぶ) 그 동아리 중에서 중심 인물들.
㊁(だいしょう) 近衛府(このえふ)의 장관.
大葬(たいそう) 인산(因山).
大腸(だいちょう) 대장. 큰 창자. ♣～菌(きん) 대장균 /～癌(がん) 대장암 /～炎(えん) 대장염.
大檣(たいしょう) 대장. 메인마스트.
大腸憩室(だいちょうけいしつ) 〖醫〗 대장게실. 대장 내벽(內壁)이 주머니 모양으로 불룩해진 것.
大蔵経(だいぞうきょう) 〖佛〗 대장경.
大将軍(だいしょうぐん) 대장군. 총대장.
大丈夫 ㊀(だいじょうぶ) ① 대장부. 걱정없음. 끄떡없음. 틀림없음. 꼭.
㊁(だいじょうふ) 대장부.
大才(たいさい) 대재. 큰 재능.
大災(たいさい) 대재. 큰 재앙.
大斎(だいさい) 〘가톨릭〙 금식재(禁食齋).
大宰府(だざいふ) 옛날 筑前(ちくぜん) 지방에 설치되었던 관청.
大宰帥(だざいのそつ) 大宰府(だざいふ)의 장관. ＊だざいのそちらごも 함.
大抵(たいてい) 대저. ① 대개. 대부분. 대강. ② 작작. 적당히. ③ 아마. ④ 보통. 여간(…이 아니다).
大著(たいちょ) 대저.
大賊(たいぞく) 대적. 큰 도둑.
大敵(たいてき) 대적. 큰 적수.
大全(たいぜん) 대전. 어떤 분야의 사항을 전부 수록한 책. ⌊「중대한 법전.
大典(たいてん) 대전. ① 나라의 큰 의식. ②
大戦(たいせん) 대전. 큰 싸움. 세계 대전.
大篆(たいてん) 대전. 한자 고서체의 하나.
大前提(だいぜんてい) 대전제.
大切(たいせつ) ① 중요. 소중. 귀중. ② 조심함. 아낌.
大節(たいせつ) 대절. 대의(大義). 큰 절조.
大正(たいしょう) 大正天皇(てんのう) 시대의 연호《1912〜26》.
‖～琴(ごと) 〘樂〙 두 줄의 쇠줄을 매고, 건반을 갖춘 간단한 현악기《大正 초기에 발명》.
大政(たいせい) 대정. 천하의 정치.
‖～奉還(ほうかん) 1867년 11월에 江戸幕府(えどばくふ)가 明治天皇(めいじてんのう)에게 정권을 반환한 일.
大静脈(だいじょうみゃく) 〖生〗 대정맥.
大帝(たいてい) 대제. 위대한 제왕.
大祭(たいさい) 대제. ① 대규모로 치르는 제전. ② 天皇(てんのう)가 친히 지내는 황실의 제사.
‖～日(じつ) 대제일. 대제를 지내는 날.

大詔(たいしょう) 조칙(詔勅). 조서(詔書).
大卒(だいそつ) 대졸. 대학 졸업.
大宗(たいそう) 대종. ① 사물의 대본(大本). ②그 방면의 권위자. 대가.
大佐(たいさ)〖軍〗(구 일본군의) 대좌《대령》.
大罪(たいざい) 대죄. 큰 죄.
大州(たいしゅう) 대주. 대륙.
大洲(たいしゅう) ⇨ 大州(たいしゅう).
大酒 ㊀(たいしゅ) 대주. 술을 많이 마심.
♣**~家**(か) 대주가.
㊁(おおざけ) 대주. 많은 술.
∥**~飲み**(のみ) 대주가. 호주(豪酒).
大衆 ㊀(たいしゅう) 대중. 민중. ♣**~物**(もの) 대중물 / **~性**(せい) 대중성 / **~的**(てき) 대중적 / **~化**(か) 대중화.
∥**~課税**(かぜい) 대중 과세.
~路線(ろせん) 대중 노선.
~団交(だんこう) 대중 단체 교섭.
~文学(ぶんがく) 대중 문학.
~文化(ぶんか) 대중 문화.
~社会(しゃかい) 대중 사회. 「사회.
~消費社会(しょうひしゃかい) 대중 소비
~小説(しょうせつ) 대중 소설. 통속 소설.
~食堂(しょくどう) 대중 식당.
~薬(やく) 대중약. 처방전 없이 구입할 수 있는 일반용 의약품.
~運動(うんどう) 대중 운동.
~作家(さっか) 대중 작가.
~伝達(でんたつ) 대중 전달.
~操作(そうさ) 대중 조작.
~酒場(さかば) 대중 술집. 대폿집.
~紙(し) 대중지. 일반 신문.
~誌(し) 대중지. 대중 잡지.
~闘争(とうそう) 대중 투쟁.
㊁(だいしゅ)〖佛〗 대중. 많은 중. *だいすろ도 읽음.
大地(だいち) 대지. 땅.
大旨(たいし) 대지. 대강의 취지. 대요. 대체(로). *おおむねろも 읽음.
大志(たいし) 대지. 큰 뜻. 「도 읽음.
大知(たいち) 대지. 뛰어난 지혜. *だいちろ
大智(たいち) ⇨ 大知(たいち).
大至急(だいしきゅう) 대지급.
大地震(だいじしん) 대지진. 매그니튜드 7 이상의 지진. *おおじしんで로도 읽음.
大織冠(たいしょっかん)〖史〗647년에 정해진 일본 최고 위계(位階)《후세의 정일품에 해당》. *たいしょかんで로도 읽음.
大尽(だいじん) (江戸(えど) 시대의) 큰 부자의 일컬음.
∥**~遊び**(あそび) 화류계에서의 호유(豪遊).
大震(たいしん) 대진. 큰 지진.
大震災(だいしんさい) 대진재. 대지진의 재
大差(たいさ) 대차. 큰 차.
大車輪(だいしゃりん) 대차륜. ①큰 수레바퀴. ②(기계 체조의) 대차.
大刹(たいさつ) 대찰. 큰 절. *たいせつ로도 읽음.

大冊(たいさつ) 대책. 크고 두꺼운 책.
大川(たいせん) 대천. 큰 강. 대하. *おおかわ로도 읽음.
大天使(だいてんし)〖基〗 대천사.
大千世界(だいせんせかい)〖佛〗 대천 세계. 삼천 대천 세계.
大哲(たいてつ) 위대한 철학자.
大捷(たいしょう) ⇨ 大勝(たいしょう).
大体(だいたい) ①대체(로). 대강. 대충. ②도대체. 도시. 본시.
大焦熱地獄(だいしょうねつじごく)〖佛〗 대초열 지옥(8 대 지옥의 하나).
大総統(だいそうとう) 대총통.
大の虫(だいのむし)〈俗〉 큰 것. 귀중한 것.
大酔(たいすい) 대취.
大層(たいそう) ①매우. 몹시. 대단히. ②굉장함. 어마어마함. 거창함.
大痴(たいち) 대치. 크게 어리석음.
大打撃(だいだげき) 대타격.
大通(たいつう) 화류계 사정이나 유흥 방면에 소상함. 또, 그런 사람.
大統(たいとう) 대통. 임금의 계통.
大統領(だいとうりょう) 대통령.
∥**~経済諮問委員会**(けいざいしもんいいんかい) 대통령 경제 자문 위원회.
~三大教書(さんだいきょうしょ) (미국의) 대통령 삼대 교서.
~補佐官(ほさかん) 대통령 보좌관.
大統一理論(だいとういつりろん) 대통일 이론《중력, 전자기력, 약한 상호 작용, 강한 상호 작용이라는 자연계의 기본력 중 중력 이외의 세 가지를 종합하는 이론》.
大腿(だいたい) 대퇴. 넓적다리. ♣**~骨**(こつ) 대퇴골 / **~筋**(きん) 대퇴근.
∥**~四頭筋**(しとうきん) 대퇴 사두근.
大腿骨頭壊死症(だいたいこっとうえしょう)〖醫〗 대퇴골두 괴사증.
大破(たいは) 대파.
大八(だいはち) 大八車의 준말.
∥**~車**(ぐるま) 두세 사람이 끌어야 할 만큼 큰 짐수레.
大旆(たいはい) 대패. 천자나 장군의 큰 깃발.
大敗(たいはい) 대패.
大篇(たいへん) ⇨ 大編(たいへん).
大編(たいへん) 대편. 대작.
大平原(だいへいげん) 대평원.
大弊(たいへい) 대폐. 큰 폐해.
大砲(たいほう) 대포.
大胞子(だいほうし)〖植〗 대포자.
大風 ㊀(たいふう) 대풍. 큰(사나운) 바람. *おおかぜ로도 읽음.
㊁(おおふう) ①〈老〉 거만. ②느긋하고 여유가 있음.
㊂(おおぶり) (모양・부피가) 보다 큼.
大風子(だいふうし)〖植〗 대풍수(樹).
大筆(だいひつ) 대필.
∥**~特書**(とくしょ) 대필 특서.
大河(たいが) 대하. 큰 강.

‖〜小説(しょうせつ) 대하 소설.
大賀(たいが) 대하. 아주 축하할 일.
大廈(たいか) 대하. 큰 건물.
‖〜高楼(こうろう) 대하 고루. 큰 집과 높은 누대.
大学(だいがく) 대학. ① 최고 학부. ② (옛날에) 律令(りつりょう)제(制)에서 관리 양성을 위해 중앙에 설립한 기관. ③ 사서(四書)의 하나. ♣〜生(せい) 대학생.
‖〜共同利用機関(きょうどうりようきかん) 대학 공동 이용 기관.
〜寮(りょう) 『史』 ☞大学 ②.
〜別曹(べっそう) 平安(へいあん) 시대의 사립 교육 시설.
〜病院(びょういん) 대학 병원. 「준.
〜設置基準(せっちきじゅん) 대학 설치 기
〜審議会(しんぎかい) 대학 심의회.
〜芋(いも) 고구마를 기름에 튀겨, 엿을 바르고 검은깨를 뿌린 음식.
〜院(いん) 대학원. ➡大学(だいがく) 대학원 대학. 대학원과 연구소로만 된 대학.
〜入試センター試験(にゅうしセンターしけん) 대학 입시 센터 시험. 대학이 공동으로 실시하는 시험(1990 년부터 시행).
〜入学資格検定(にゅうがくしかくけんてい) 대학 입학 자격 검정.
大学校(だいがっこう) 대학교.
大学者(だいがくしゃ) 대학자.
大旱(たいかん) 대한. 큰 가뭄. 「기.
大寒(だいかん) 대한. 24절기의 마지막 절
大韓民国(だいかんみんこく) 대한 민국.
‖〜臨時政府(りんじせいふ) 『史』 대한 민국 임시 정부.
大艦(たいかん) 『軍』 대함.
大害(たいがい) 대해. 큰 피해.
大海(だいかい) ① 대해. 큰 바다. *たいかいろも 읽음. ② 아가리가 큰 말차(抹茶) 용기.
大行(たいこう) ① 큰일. 큰 사업. ② 大行天皇의 준말.
‖〜天皇(てんのう) 대행 天皇(天皇가 죽은 후 시호가 정해지기까지의 존칭).
大幸(だいこう) 대행. 큰 행복.
大行事(だいぎょうじ) 대행사. 큰 행사.
大饗(たいきょう) ① 성대한 향연. ② 궁중에서 베풀던 대향연. ③ 즉위식에 행하는 대향연. *だいきょうろも 읽음.
大憲(たいけん) 대헌. ① 중요한 헌장. ② 헌
大憲章(だいけんしょう) 『史』 대헌장. 마그나 카르타(Magna Charta).
大賢(たいけん) 대현.
大嫌い(だいきらい) 몹시 싫음.
大兄(たいけい) 대형.
大好き(だいすき) 아주 좋아하는 모양.
大呼(たいこ) 대호. 큰소리로 부름(외침).
大豪(だいごう) 대호. ① 뛰어난 호걸. ② 대(大)부호.
大惑星(だいわくせい) 『天』 대행성.

大婚(たいこん) 대혼. 국혼(國婚).
大火(たいか) 대화. 큰불. 큰 화재.
大禍(たいか) ① 대화. 큰 재앙. ② 大禍日의 준말.
‖〜日(にち) 대화일. 음양도에서, 대(大)흉일로 건축・여행・장례 등을 꺼리는 날.
大化の改新(たいかのかいしん) 『史』 645 년에 中大兄皇子(なかのおおえのおうじ)가 中臣鎌足(なかとみのかまたり)와 함께 蘇我(そが) 일족을 멸망케 한 정변.
大和尚(だいおしょう) 『佛』 대화상. 고승. *だいかしょうろも 읽음.
大患(たいかん) 대환. ① 중병. 큰 병. ② 큰 근심.
大黄(だいおう) 『植』 대황.
大会(たいかい) 대회. 큰 회합. 「사.
大会社(だいがいしゃ) 대회사. 규모가 큰 회
大回転(だいかいてん) ① 크게 회전하는 일. ② 大回転競技의 준말.
‖〜競技(きょうぎ) 대회전 경기.
大茴香(だいういきょう) 대회향. 목련과에 속하는 나무. 또, 그 열매.
大孝(たいこう) 대효. 뛰어난 효행.
大効(たいこう) 대효. 큰 효험.
大勲(たいくん) 대훈. 큰 공훈. 「위」.
大勲位(だいくんい) 대훈위(일본 최고의 훈
大休止(だいきゅうし) 『軍』 행군 따위의 도중에 갖는 장시간의 휴식.
大凶(だいきょう) 대흉. ① 운수가 대단히 나쁨. ② 말할 수 없이 큰 죄악.
大胸筋(だいきょうきん) 『生』 대흉근.
大黒(だいこく) ① 大黒天의 준말. ② (俗) 중의 아내.
‖〜頭巾(ずきん) 둥글고 둘레가 불룩하며 운두가 낮은 두건.
〜帽子(ぼうし) 大黒頭巾 비슷한, 테 없는 모자. 「딴이름.
〜傘(がさ) '番傘(ばんがさ)(=지우산)'의
〜柱(ばしら) 집 중앙에 있는 특별히 굵은 기둥. 전하여, 한 집안・한 단체 등의 기둥이 되는 중심 인물. 「나.
〜天(てん) ①『佛』 대흑천. ② 칠복신의 하

▶**訓読**◀
大いさ(おおいさ) (분량・정도의) 크기(수학 등에 씀).
大いなる(おおいなる) ①〈雅〉 큰. 위대한. ②〈古〉 대단한. 심한. 「이.
大いに(おおいに) 대단히. 크게. 매우. 많
大っぴら(おおっぴら) 공공연한 모양.
大どか(おおどか) 느긋하고 대범한 모양.
大まか(おおまか) 손이 큼. 대범함. 대충.
大らか(おおらか) 너글너글한 모양. 대범하고 느긋한 모양.
❖**大きい**(おおきい) ① 크다. ② 많다. ③ 심하다. ④ 굵(직하)다. ⑤ 중대하다.
大きく(おおきく) 크게.
大きさ(おおきさ) 크기.
大きな(おおきな) 큰.

~お世話(せわ) 쓸데없는 참견〔간섭〕.
大きに(おおきに) ①〈文〉매우. 대단히. ②(関西(かんさい) 지방에서) '大きにありがとう(=대단히 고맙다)'의 준말.
大きやか(おおきやか) 자못 큰 듯한 모양.
❖大(おお) → 音読 大三.
大歌(おおうた) 일본 고유의 가요로, 궁중의 공식 행사에 쓰이는 것.
‖~所(どころ) 중고(中古) 시대 神楽(かぐら) 등 大歌를 관장하던 궁중의 관청.
大袈裟(おおげさ) ①과장. 허풍을 떪. ②대규모. ③어깨에서 비스듬히 내리쳐 벰.
大甘(おおあま) ①매우 너그러운 모양. ②아주 낙관적인 모양.
大降り(おおぶり) (눈·비 등이) 많이 쏟아짐. 큰비. 큰눈.
大岡裁き(おおおかさばき) 江戸(えど) 시대의 명재판관인 大岡越前守(おおおかえちぜんのかみ)의 재판(을 소재로 한 야담·浪曲(ろうきょく)).
大見得(おおみえ) 歌舞伎(かぶき)에서 배우가 과장된 연기를 함.
大犬座(おおいぬざ) 〖天〗큰개자리.
大見出し(おおみだし) 신문·잡지 따위의 큰 표제.   「음.
大股(おおまた) 가랑이를 크게 벌림. 황새걸
大高(おおたか) 大高檀紙(おおたかだんし)의 준말. 크고 가로로 주름이 진 두꺼운 고급 일본 종이.
大鼓(おおかわ) 能楽(のうがく) 따위에서, 왼쪽 무릎 위에 올려놓고 손으로 두드리는 북. *おおづつみにも 씀.
大供(おおども) 〈俗〉어른. 철이 안 든 어른.
大空(おおぞら) 대공. 넓은 하늘. *たいくうろにも 읽음.
‖~者(もの) 믿을 수 없는 자. 바람둥이.
大関(おおぜき) ①직업 씨름꾼의 등급의 하나. ②같은 무리 중 제일 뛰어난 사람.
大括(おおぐくり) 총괄(總括).
大広間(おおひろま) ①(회합을 위한) 썩 넓은 홀. ②江戸(えど) 성에서, 国持大名(くにもちだいみょう)·外様大名(とざまだいみょう) 등이 열석하던 곳.
大掛かり(おおがかり) 대규모. 크게 벌임.
大摑み(おおづかみ) ①손에 가득 쥠. ②대충 파악함.
大口(おおくち) 大口袴(おおくちばかま)의 준말. 束帯(そくたい)를 입을 때 입는 袴(はかま).
㊂(おおぐち) ①입을 크게 벌림. ②호언장담. 큰소리. ③거액(의 거래).
大宮(おおみや) ①〈雅〉대궐. 신궁(神宮)의 높임말. ②중전(中殿)·공주의 일컬음.
‖~人(びと) 〈雅〉궁중에서 일하는 벼슬아치.
大桂(おおうちぎ) 화장과 길이가 큰 桂(うち
大筋(おおすじ) 대강(의 줄거리). 요점. ⌐ぎ).
大急ぎ(おおいそぎ) 몹시 서두름〔급함〕.

大技(おおわざ) (씨름·유도 등에서) 큰 기술. 호쾌한 수.
大男(おおおとこ) 몸집이 큰 사나이. 거한.
大内(おおうち) 궁궐. 대궐.
‖~山(やま) 〈雅〉대궐. 궁궐.
~雛(びな) 天皇(てんのう)·황후를 본떠 만든 남녀 한 쌍의 인형.   「후리기.
大内刈り(おおうちがり) (유도에서) 안다리
大女(おおおんな) 몸집이 큰 여자.
大年(おおとし) 〈老〉섣달 그믐(날).
大年増(おおどしま) 중년 여인. 40대 여인.
大旦那(おおだんな) ①주인 부자(父子) 중 아버지 쪽에 대한 높임말. ②〖佛〗절의 유력한 시주(施主).
大当たり(おおあたり) 크게 적중함. 대성공(함). 히트(함).
大台(おおだい) ①(증권 시장에서) 100엔대. 100엔 선. ②(금액·수량의) 큰 한계〔단위〕. 대. 선.
‖~割れ(われ) (주식 등의) 시세가 하나 아랫자리까지 하락함.
大道具(おおどうぐ) ①〖劇〗무대 장치. ②'槍(やり)(=창)'의 별칭.
‖~方(がた) 〖建〗무대 장치 담당자.
大島紬(おおしまつむぎ) 鹿児島(かごしま)현 大島(おおしま)에서 나는, 붓으로 살짝 스친 것 같은 무늬가 많이 들어 있는 명주.
大島餡(おおしままん) 흑설탕을 넣어 만든
大棟(おおむね) 용마루.   ⌐팥소.
大童(おおわらわ) 힘껏 노력·분투하는 모
大嵐(おおあらし) 대폭풍(우).   ⌐양.
大梁(おおばり) 〖建〗대들보. 대량.
大連(おおむらじ) 옛날에, 조정(朝廷)의 고관의 하나.
大領(おおくび) 袍(ほう)·狩衣(かりぎぬ)·直衣(のうし) 따위의 목둘레를 싸듯이 만든 옷.
大鹿(おおしか) 〖動〗고라니. 큰사슴. *おおじかにも 읽음.
大瑠璃(おおるり) 〖鳥〗큰유리새.
大粒(おおつぶ) 알맹이가 큼〔큰 것〕. 큰 알.
大立て者(おおだてもの) 일행 중 가장 뛰어난 배우. 전하여, 가장 중요시되는 인물. 거물.
大立ち回り(おおたちまわり) ①(연극에서) 활극. ②대판 싸움.
大鰻(おおうなぎ) 〖魚〗무태장어.
大売り出し(おおうりだし) 대매출.
大麦(おおむぎ) 〖植〗대맥. 보리.
大名題(おおなだい) ①芝居(しばい)·狂言(きょうげん) 전체의 표제. 또, 그것을 적은 간판. ②간부 배우.
大毛蓼(おおけたで) 〖植〗털여뀌.
大目(おおめ) ①큰 눈. ②관대함. 너그러움.
大目付(おおめつけ) 江戸(えど) 幕府(ばくふ)의 직명(職名). 여러 大名(だいみょう)를 감독함.   「중함.
大目玉(おおめだま) ①왕방울눈. ②몹시 꾸
大木戸(おおきど) ①정문. 또는 대문의 木戸

(きど). ②江戸(えど) 시대에, 각 도시의 출입구에 만든 관문.
大物(おおもの) ①큰 물건. ②거물.
‖**～食い**(ぐい) (씨름・바둑 등에서) 자기보다 훨씬 실력이 나은 상대를 잘 이김. 또, 그 사람. 상수(上手)잡이.
大味(おおあじ) ①음식 맛이 덤덤하여 감칠맛이 없음. ②(거래소용어로)값의 변동이 커 투자의 묘미가 있음.
大飯(おおめし) 대식. 많이 먹음.
‖**～食らい**(ぐらい) ①밥보. ②식충이.
大盤振舞(おおばんぶるまい) 진수성찬.
大祓(おおはらい) 6월・12월 말에 궁중・신사(神社)에서 행하는 큰 액막이 의식.
大方 ㊀(おおかた) ①대부분. 태반. 대강. ②일반 세상 사람. ③대략. 대충. 대개. 거의. 대체로. 아마.
㊁(たいほう) ①일반 세상 사람. 여러분. ②학식이 높은 사람.
大伯母(おおおば) 양친의 백모. 왕고모.
大伯父(おおおじ) 양친의 백부.
大百姓(おおびゃくしょう) 대농. 부농(富農).
大番(おおばん) ①大番組(ぐみ)의 준말. 江戸(えど) 시대에, 江戸 성・京都(きょうと) 궁성・大阪(おおさか) 성을 경비하던 무사. ②大番役(やく)의 준말. 平安(へいあん)・鎌倉(かまくら)시대에, 平安京(きょう)의 황궁을 교대로 지키던 각 지방의 무사.
大鵠(おおばん) 〖鳥〗큰물닭.
大凡(おおよそ) ①대강. 대요. ②대체로. ③〈古〉보통. 세상 일반.
大柄 ㊀(おおがら) ①몸집이나 형상 등이 보통보다 큼. ②무늬와 모양이 큼.
㊁(おおへい) 건방짐.
㊂(たいへい) 대병. 큰 권력.
大峰入り(おおみねいり) 修験者(しゅげんじゃ)가 奈良(なら) 현의 大峰(おおみね) 산에 들어가서 수행(修行)함.
大敷き網(おおしきあみ) 정치망(定置網)의 하나. ＊おおじきあみ로도 읽음.
大部屋(おおべや) ①큰 방. ②(분장실에서) 하급 배우들이 함께 쓰는 큰 방. 하급 배우. ③공동 입원실.
大写し(おおうつし) 〖映〗클로즈업.
大鉈(おおなた) 큰 손도끼.
大仕掛け(おおじかけ) 짜임새가 큼. 규모가 큼. 대규모.
大商い(おおあきない) 대상. 큰 장사.
大霜(おおしも) 서리가 많이 내림. 큰 서리.
大相撲(おおずもう) ①일본 씨름 협회가 흥행하는 직업 씨름꾼의 씨름 대회. ②(씨름에서) 좀처럼 승부가 나지 않는 열띤 대전.
大昔(おおむかし) 태고. 아주 오랜 옛날.
大蜥蜴(おおとかげ) 〖動〗큰도마뱀.
大盛り(おおもり) 수북하게 담음. 또, 그 담은 것.
大猩猩(おおしょうじょう) 〖動〗고릴라.

大城戸(おおきど) ⇨ 大木戸(おおきど).
大歳(おおとし) ⇨ 大年(おおとし).
大笑い(おおわらい) ①큰 소리로 (비)웃음. ②뭇사람의 웃음거리가 됨.
大騒ぎ(おおさわぎ) 큰 소동을 피움. 대소동.
大掃除(おおそうじ) ①대청소. ②(조직체의) 대대적 내부 숙청.
大束(おおたば) ①큰 다발. ②대충. 대강. ③잘난 체함. 과대. 과장.
大手 ㊀(おおて) ①성(城)의 정면 출입구. ②적의 정면으로 쳐들어가는 군대. ③(거래소에서) 거액의 매매를 하는 사람(회사). 큰손. 큰 거래처. ④동업자 중 규모가 큰 회사.
‖**～筋**(すじ) ☞大手(おおて)③.
～門(もん) 성곽의 정문.
㊁(たいしゅ) 활개. 어깨로부터 손끝까지.
大受け(おおうけ) 크게 호평을 받음. 크게 히트함.
大水凪鳥(おおみずなぎどり) 〖鳥〗섬새.
大手合い(おおてあい) (바둑에서) 기사의 서열을 정하는 공식 대전. 승단전.
大叔母(おおおば) 양친의 숙모. 왕고모.
大叔父(おおおじ) 양친의 숙부.
大匙(おおさじ) 큰 숟가락. 요리용 계량 스푼.
大時代(おおじだい) ①시대에 뒤져 고리타분함. 구식. ②歌舞伎(かぶき)에서, 옛날 왕조 시대의 일을 다룸 것.
大矢数(おおやかず) ①江戸(えど) 시대 京都(きょうと)에서, 먼 과녁 맞히기 활을 쏜 경기. ②江戸(えど) 시대 초기에, 일정 시간 안에 빨리 그리고 많은 俳句(はいく)를 짓는 것을 겨루던 俳諧(はいかい).
大食い(おおぐい) 많이 먹음. 대식(가).
大神(おおかみ) 신(神)의 경칭.
大仰(おおぎょう) ①어마어마함. 허풍을 침. ②〈古〉대규모.
大野(おおの) 넓은 벌판. 너른 들. ＊たいや로도 읽음.
‖**～貝**(がい) 〖貝〗다랑조개.
大弱り(おおよわり) (어려운 문제에 부딪혀) 매우 난처함.
大様(おおよう) ①여유가 있고 대범한 모양. 의젓함. ②〈古〉대충. 대강.
大御代(おおみよ) 天皇(てんのう)의 치세.
大御宝(おおみたから) 天皇(てんのう)의 신민. 국민. 백성.
大御所(おおごしょ) ①대가(大家). 중진(重鎮). ②은퇴한 将軍(しょうぐん)・親王(しんのう). 또, 그 거처의 높임말.
大御心(おおみこころ) 天皇(てんのう)의 마음.
大御言(おおみこと) 天皇(てんのう)의 말씀.
大業物(おおわざもの) 썩 잘 드는 칼.
大葉子(おおばこ) 〖植〗질경이. 차전초(車前草).
大奥(おおおく) ①(江戸(えど) 성에서) 将軍(しょうぐん) 부인이 있던 곳. ②대궐 안 깊숙한 곳.
大玉(おおだま) ①큰 구슬. ②알이 굵은 과

大屋 ㊀(おおや) ⇨ 大家(おおや).
㊁(たいおく) 대옥. 큰 건물〔가옥〕.
大外刈り(おおそとがり) (유도에서) 발다리 후리기.
大隅(おおすみ) 옛 지방 이름. 지금의 鹿児島(かごしま) 현 동부.
大熊座(おおぐまざ) 〖天〗큰곰자리.
大元(おおもと) 대본(大本). 근본. 근원.
大威張り(おおいばり) 크게 뽐냄. 아주 으스대.
大葦切(おおよしきり) 〖鳥〗개개비.
大有り(おおあり) ① 많이 있음. ② 있음의 힘줌말.
大流行り(おおはやり) 대유행.
大銀杏(おおいちょう) ① 씨름꾼의 머리형. ② 큰 은행나무.
大蟻食(おおありくい) 〖動〗개미핥기.
大引(おおびき) 〖建〗명에. 장선을 받치는 가로대.
大引け(おおびけ) ① (거래소에서) 마지막 장. 막장. 또, 그 때의 시세. ② 유곽에서, 문닫는 오전 2시.
大人数(おおにんずう) 많은 사람. ＊おおにんずろ도 읽음.
大一番(おおいちばん) (씨름에서) 우승에 관계 있는 중대한 대전.
大一座(おおいちざ) 많은 인원으로 구성하는 (극단 등의) 일단. 「많음.
大入り(おおいり) (흥행장 등에서) 입장객이
‖ ~場(ば) (극장에서) 인원 제한없이 마구 입장시킴. 또, 그 입석(立席).
~袋(ぶくろ) (종업원에게 주는) 만원 축하(돈)봉투.
大入道(おおにゅうどう) 중대가리를 하고 몸집이 큰 남자. 또, 그런 모양의 도깨비.
大紫(おおむらさき) 〖蟲〗왕오색나비.
大雑把(おおざっぱ) ① 대략적임. 조잡함. ② 대충. 얼추. ③ 대범함.
大場(おおば) (바둑에서) 큰 곳.
大蔵(おおくら) 조정의 창고.
‖ ~大臣(だいじん) 대장 대신《우리 나라의 재정 경제부 장관에 해당》.
~省(しょう) 대장성. 우리 나라 재정 경제부에 해당.
大場所(おおばしょ) ① 정기 씨름 대회. ② 큰〔넓은〕 장소. 「방법.
大裁ち(おおだち) 성인용 일본옷의 마름질
大底(おおぞこ) 〖經〗주식에서 일정 기간 중 최저 바닥 시세.
大積もり(おおづもり) 대강의 어림.
大前(おおまえ) ① 신전(神前). ② 天皇(てんのう)의 앞.
大殿 ㊀(おおとの) ① 대전. 궁전의 높임말. ② 대신의 높임말. ③ 귀인의 당주(當主). 또, 그 부친의 높임말.
㊁(おおいどの) ① 대신〔정승〕 집안. ② 대신. 정승.
㊂(おとど) 〈古〉① 귀인의 저택. ② 귀인의 높임말. ③ 연장자의 높임말.

大殿籠る(おおとのごもる) 〈古〉 (귀인이) 주무시다《'寝(ねる)'의 높임말》.
大切り(おおぎり) ① 크게 토막 침. 큰 토막. ② 끝. 마지막. ③ (연극에서) 그날의 마지막 흥행. (전하여) 끝장. 최종.
大店(おおだな) 큰 가게.
大政所(おおまんどころ) 섭정(攝政)・関白(かんぱく)의 어머니의 높임말.
大正月(おおしょうがつ) 음력 정월 초하루부터 7일까지의 동안.
大助かり(おおだすかり) 크게 도움이 됨.
大組み(おおぐみ) 〖印〗대판. 교정이 끝난 가조판을 1페이지 크기로 조판함. 또, 그 판.
大鳥(おおとり) (학・황새와 같은) 큰 새.
大潮(おおしお) (한)사리.
大祖母(おおおば) 조부모의 어머니. 증조모.
大祖父(おおおおじ) 조부모의 아버지. 증조부(曾祖父).
大足(おおあし) ① 큰 발. ② 발걸음을 크게 뗌. ③ 수렁 논에 들어갈 때 신는 下駄(げた) 모양의 널조각.
大枠(おおわく) 대체적인 테두리〔짜임새〕.
大持て(おおもて) 〈俗〉대(大)인기. 대환영.
大振り(おおぶり) 크게 흔듦.
大真面目(おおまじめ) 남이 보기는 우습지만 자기 딴은 진지한 모양. 「잔치〕
大振る舞い(おおぶるまい) 성대한 향연〔술
大津絵(おおつえ) ① 元禄(げんろく) 시대에, 近江(おうみ) 지방 大津(おおつ)에서 팔던 그림. ② 大津絵에 그려진 인물에 대한 속요(俗謠).
大鞘(おおざや) 〖經〗시세 차액이 큼.
大出来(おおでき) 훌륭하게 됨. 썩 잘됨.
大鷲(おおわし) 〖鳥〗흰죽지참수리.
大恥(おおはじ) 큰 창피. 개망신.
大太鼓(おおだいこ) 큰북.
大筒(おおづつ) ① (술 등을 담는) 커다란 대통. ② (옛날의) 대포. 「리.
大通り(おおどおり) (시내의) 넓은 길. 큰 거
大波(おおなみ) 대파. 큰 파도.
大判(おおばん) ① 대판. 넓은 지면. ② 타원형의 금화・은화.
大阪(おおさか) 〖地〗近畿(きんき) 지방 중앙부의 부(府). 또, 그 부청(府廳) 소재지.
‖ ~鮨(ずし) 초밥의 한 가지.
大八洲(おおやしま) 일본의 옛 이름. ♣~国(ぐに) 일본국의 미칭.
大貝(おおがい) 한자 부수의 하나: 머리혈.
大蝙蝠(おおこうもり) 〖動〗큰박쥐.
大幣(おおぬさ) 큰 꼬치에 펜 신전(神前)의 공물.
大幅 ㊀(おおはば) 대폭. ① 큰 폭. (피륙에서) 보통 폭의 두 배의 폭. ② 수량 등의 변동이 큰 모양.
㊁(たいふく) 커다란 족자. 「허풍칠.
大風呂敷(おおぶろしき) ① 큰 보자기. ②
大汗(おおあせ) 몹시 나는 땀. 「해.
大海原(おおうなばら) 크고 넓은 바다. 대

大向こう(おおむこう) ① (극장에서) 입석. ② 관람자.
大嘘(おおうそ) 터무니없는〔새빨간〕 거짓말.
大革(おおかわ) ⇨ 大鼓(おおかわ).
大穴(おおあな) ① 큰 구멍. 큰 결손〔손해〕. ② (경마 등에서) 예상이 크게 뒤집힘.
大形 ㈠ (おおがた) 대형. 모양·무늬·규모 등이 큰 것.
∥**〜合併**(がっぺい)〖經〗대형 합병.
㈡(おおぎょう) ⇨ 大仰(おおぎょう).
大型(おおがた) 대형. 큰 형(型). ♣**〜株**(かぶ) 대형주. **〜映画**(えいが) 대형 영화《70 mm 영화》. **〜自動車**(じどうしゃ) 대형 자동차.
大戸(おおど) 대문. 정문.
大胡坐(おおあぐら) 허세를 떨며 책상다리로 앉는 일.
大荒れ(おおあれ) ① 매우 사납게 날뜀. 큰 파란. ② 심한 폭풍우.
大慌て(おおあわて) 매우 당황함.
大回り(おおまわり) 크게 돎.
大晦日(おおみそか) 섣달 그믐날. *雅語로는 おおつごもり로도 읽음.
大后(おおきさき) 황후. 황태후.
大喜利(おおぎり) ⇨ 大切り(おおぎり)③.
大詰め(おおづめ) 연극의 마지막 장면. (전하여) 끝장. 종국. 대단원.

〔其他〕
大っきい(おっきい) 큼직하다.
大角豆(ささげ)〖植〗광저기.
大鋸(おが) 큰 톱.
大鋸屑(おがくず) 톱밥.
大根葉(おねば) (무 따위 야채의) 속음.
大蚊(ががんぼ)〖蟲〗꾸정모기.
大蒜(にんにく)〖植〗마늘.
大原女(おはらめ) 京都(きょうと) 교외의 大原(おおはら) 마을에서 땔나무 따위를 머리에 이고 京都 시내로 팔러 나오는 여자들.
大人 ㈠ (おとな) ① 어른. 성인. ② (태도·생각이) 어른스러움. ③ (아이가) 온순함.
㈡ (だいにん) 대인. 어른.
㈢ (たいじん) 대인. ① 거인. ② 어른. 성인. ③ 덕이 높은 사람. ♣**〜国**(こく) 거인국.
∥**〜君子**(くんし) 대인군자.
大人しい(おとなしい) ① (아이들이) 떠들거나 장난하지 않고 조용하다. ② 온순하다. 얌전하다. ③ 화려하지 않다.
大人しやか(おとなしやか) ① 온순하고 정숙함〔점잖음〕. ②〈古〉제법 어른답다.
大人びる(おとなびる) 어른다워〔어른스러워〕지다. 어른같아지다.
大人ぶる(おとなぶる) 어른 같은 태도를 보이다. 어른 티를 내다.
大人気ない(おとなげない) 어른답지 못하다. 점잖지 않다. 유치하다.
大人染みる(おとなじみる) 어른다워지다.
大鮃(おひょう)〖魚〗북해(北海)산 큰 넙치.
大和(やまと) ①〈雅〉옛 땅이름으로 지금의 奈良(なら) 현. ② 일본의 딴이름. ③《接頭語적으로 써서》일본의 특유한 사물·제작임을 나타내는 말.
大和撫子(やまとなでしこ) ①〖植〗'ナデシコ(=패랭이꽃)'의 딴이름. ② 일본 여성의 미칭(美稱).
大和歌(やまとうた) 和歌(わか)의 딴이름.
大和仮名(やまとがな) 'かな'의 하나《대부분 한자의 일부분을 따서 만들었음》.
大和国家(やまとこっか) 고대 일본의 大和 지방에 있던 국가. 大和 시대의 국가.
大和琴(やまとごと) 일본 거문고.
大和島根(やまとしまね)〈雅〉일본의 딴이름.
大和舞(やまとまい) 아악(雅樂)의 일종. 大嘗祭(だいじょうさい)·진혼제 때에 춤.
大和民族(やまとみんぞく) 일본 민족의 딴이름.
大和塀(やまとべい) 삼목 널빤지를 세로로 늘어세워 대오리로 테를 두른 울타리.
大和時代(やまとじだい) 일본사의 시대 구분의 하나. 고대 국가 성립에서 6세기경까지로, 大和(やまと) 지방에 도읍지가 있던 시대.
大和心(やまとごころ) ☞ 大和魂(やまとだましい).
大和言葉(やまとことば) ① 일본 (고유의) 말. ② (주로 平安(へいあん) 시대의) 아어(雅語). ③〈雅〉和歌(わか).
大和芋(やまといも)〖植〗참마의 한 품종. ② 토란의 한 품종.
大和煮(やまとに) 가다랑어·쇠고기 따위를 간장·설탕·생강 등을 넣고 삶은 식품《흔히 통조림으로 만듦》.
大和魂(やまとだましい) 일본 민족의 고유한 정신.
大和絵(やまとえ) ① 일본화의 한 유파. ② 江戸(えど) 시대에 발달한 풍속화. ③ 일본의 사물 등을 그린 그림.

| 5 イ 教 | 代 | 대신할 대·시대 대
ダイ·タイ
かわる·かえる·よ·しろ |

音読
代 ㈠(だい) ① 제왕·가구주·경영자 등이 그 지위에 있는 동안. ② 그 사람의 일생. ③ 대금. 값. ④《接尾語로》…대(代). 시대.
㈡ (しろ) ① 재료·기초가 되는 것. ② 대용물. ③ (나눈) 몫. ④ 대금(代金).
㈢ (よ) 한 통치자의 치세.
代価(だいか) 대가. 값.
∥**〜弁済**(べんさい)〖法〗대가 변제.
代講(だいこう) 대강. 대신 강의함.
代決(だいけつ) 대결. 대리 결재.
代稽古(だいげいこ) 스승을 대신하여 가르침〔연습시킴〕.
代官(だいかん) ①〖史〗중세에, 주군(主君)을 대리하여 행정을 보던 사람. ②〖史〗江戸(えど) 시대에 幕府(ばくふ) 직할의 토지를 관

할하고, 그곳의 민정(民政)을 맡아보던 지방관. ③ 어떤 관직의 대리.
代金(だいきん) 대금.
∥**～引換**(ひきかえ) 대금 상환(相換).
～取立手形(とりたててがた)〖經〗대금 추심 어음.
代納(だいのう) 대납.
代代 ㊀(だいだい) 대대. 역대. 「래.
㊁(よ) ① → ㊂. ②〖佛〗과거・현재・미
代貸し(だいかし) 전주(錢主)의 대리인.
*だいがしろ도 읽음.
代読(だいどく) 대독.
代理(だいり) 대리. ♣**～権**(けん) 대리권 /
～母(はは) 대리모 / **～商**(しょう) 대리상 /
～人(にん) 대리인 / **～者**(しゃ) 대리자 / **～店**(てん) 대리점.
∥**～公使**(こうし) 대리 공사.
～交換(こうかん)〖經〗대리 교환.
～戦争(せんそう) 대리 전쟁. 「유.
～占有(せんゆう)〖法〗대리 점유. 간접 점
～投票(とうひょう)〖法〗대리 투표.
～行為(こうい) 대리 행위.
代脈(だいみゃく) ☞代診(だいしん).
代名詞(だいめいし)〖文法〗대명사.
代目(だいめ)《接尾語로》…대(代)째.
代務(だいむ) 대무. 대신해서 사무를 처리함.
代返(だいへん)〈學〉출석 부를 때, 결석자 대신 대답함.
代拝(だいはい) 대리로 참배함.
代弁(だいべん) 대변. ① 대신 변상함. ② 대신 의견을 말함. **～者**(しゃ) 대변자.
代父(だいふ)〖가톨릭〗대부.
代謝(たいしゃ) 대사.
∥**～機能**(きのう) 대사 기능.
～拮抗剤(きっこうざい) 대사 길항제《항암제 등에 이용됨》.
～異常(いじょう) 대사 이상.
～障害(しょうがい) 대사 장애.
代償(だいしょう) 대상. 보상. 대가(代價).
代書(だいしょ)〈老〉대서. 대필. ②'代書人(にん)(=대서인)'의 준말.
代署(だいしょ) 대서. 대리 서명.
代守(だいしゅ)〖野〗대신 수비를 맡음. 또, 그 선수.
代数(だいすう)〖數〗대수. '代数学(がく)(=대수학)'의 준말. ♣**～式**(しき) 대수식 / **～和**(わ) 대수합.
∥**～関数**(かんすう) 대수 함수.
～幾何学(きかがく) 대수 기하학.
～方程式(ほうていしき) 대수 방정식.
代襲相続(だいしゅうそうぞく)〖法〗대습 상속. 대위(代位) 상속.
代僧(だいそう) 대승. 대리의 중.
代案(だいあん) 대안.
代言(だいげん) 대언. 본인을 대신하여 변론
∥**～人**(にん) 변호사의 구칭. 「함.
代役(だいやく) 대역.
代燃(だいねん) '代用燃料(だいようねんりょう)(=대용 연료)'의 준말.
代演(だいえん) (사고 등으로 나올 수 없게 된) 본인 대신 출연이나 연주를 하는 일.
代詠(だいえい) 대영. 본인을 대신하여 읊음. 또, 그 시가(詩歌).
代用(だいよう) 대용. ♣**～食**(しょく) 대용식 / **～品**(ひん) 대용품.
∥**～教員**(きょういん) 구제도에서, 자격증 없이 교직에 종사한 초등 학교 교원. 「券.
～有価証券(ゆうかしょうけん) ☞代用証
～証券(しょうけん)〖經〗대용 증권.
～漢字(かんじ) 대용 한자.
代員(だいいん) 대원. 대리인.
代願(だいがん) 대원. 본인을 대신하여 기원함. 또, 그 사람.
代位(だいい) 대위. ① 다른 사람을 대신해서 그 지위에 오름. ②〖法〗타인을 대신해서 그 법률상 지위에 오르는 일.
∥**～弁済**(べんさい)〖法〗대위 변제.
～相続(そうぞく)〖法〗대위 상속.
～訴権(そけん)〖法〗대위 소권.
代議(だいぎ) 대의. ♣**～員**(いん) 대의원.
∥**～士**(し) 직접 선거로 선출되어, 국민을 대표하여 국정을 논하는 사람. 국회 의원.
～政治(せいじ) 대의 정치.
～制(せい) 대의제. 의회제.
代人(だいにん) 대리인.
代引(だいひき) '代金引換(だいきんひきかえ)(=대금 상환)'의 준말.
代印(だいいん) 대인. 대리 도장.
代日(だいにち) ① 대신하는 날. ② (일요일에 출근하여) 대신 받는 휴가. *だいじつ로도 읽음.
代任(だいにん) 대임. 본인 대신 임무를 맡음. 또, 그 사람.
代入(だいにゅう)〖數〗대입. ♣**～法**(ほう)〖數〗대입법.
代赭(たいしゃ) 대자. ① 가루로 된 적철광의 안료. ②'代赭色(いろ)(=대자색)'의 준말. ③'代赭石(せき)(=대자석)'의 준말.
代作(だいさく) 대작. 대필.
代将(だいしょう)〖軍〗준장(准將).
代走(だいそう)〖野〗대주(자). 핀치 러너.
代地(だいち) 대토(代土). 「람.
代診(だいしん) 대진. 대리 진찰. 또, 그 사
代執行(だいしっこう)〖法〗대집행.
代参(だいさん) 대참. 본인 대신 신불에 참배함. 또, 그 사람.
代参り(だいまいり) 남을 대신하여 절이나 신사(神社)에 참배하는 일.
代替(だいたい) 대체. ♣**～物**(ぶつ) 대체물 / **～財**(ざい)〖經〗대체재 / **～地**(ち) 대체지. 「(代)집행.
∥**～執行**(しっこう)〖法〗대체 집행. 대
～効果(こうか) 대체 효과.
代替え(だいがえ)〈口〉☞代替(だいたい).
代替わり(だいがわり) (왕・호주・경영주 따위의) 대가 바뀜.

代置(だいち) 대치. (어떤 것) 대신으로 둠.
代打(だいだ)〖野〗대타. 핀치 히터.
代八車(だいはちぐるま) 두세 사람이 끌어야 할 만큼 큰 짐수레.
代表(だいひょう) 대표. ♣~權(けん) 대표권 / ~者(しゃ) 대표자 / ~作(さく) 대표작 / ~的(てき) 대표적 / ~値(ち)〖數〗대표값.
‖~番号(ばんごう) (전화의) 대표 번호.
~部(ぶ) 대표부. 재외 공관의 하나.
~社員(しゃいん) 대표 사원.
~訴訟(そしょう)〖法〗대표 소송.
~理事(りじ) 대표 이사.
~取締役(とりしまりやく) 대표 이사.
代品(だいひん) 대품. 대용품.
代筆(だいひつ) 대필.
代行(だいこう) 대행.   「그 사람.
代香(だいこう) 대향. 본인 대신 분향도.
代休(だいきゅう) 대휴. 휴일에 출근한 대신으로 얻는 휴가.

🔶訓読
代馬(しろうま) 써레질에 쓰이는 말.
代物 ㊀(しろもの)〈俗〉① 상품. 물건. ② 사람. 인물. 미인. ③ 대금(代金).
‖~替え(がえ) ① 물물 교환. ② 江戸(えど)시대에, 금은 대신 구리 등을 대가(對價)로 하여 행해진 무역.
㊁(だいぶつ)〈口〉대물. 대용품.
㊂(だいもつ) ① 대금. ② 돈.
代分け(しろわけ) 어업의 수익을 代(しろ)라는 단위를 써서 분배하는 일.
代搔き(しろかき) 써레질.   「된 논.
代田(しろた) 써레질을 끝낸 모내기 준비가
❖代える(かえる) 대신하다. 대리케 하다.
代え(かえ) ① 대체. 교환. ② 대리(代理). 대신(할 것).   「사.
代え詞(かえことば) ① 변말. 암호. ② 대명
❖代わる(かわる) ① 대리〔대신〕하다. ② 대표하다. ② 바뀌다. 갈리다. 교체되다.
代わり(かわり) ① 대리. 대용. 대신. ②…하는 대신.
代わりに(かわりに) 그 대신에.
代わり代わり(かわりがわり) 차례로. 교대로.   「차례.
代わる代わる(かわるがわる) 교대로. 차례
代わり目(かわりめ) 교대할 때.
代わり番(かわりばん) 교대 순번. 교대.
代わり映え(かわりばえ) ⇨ 代わり栄え(かわりばえ).
代わり栄え(かわりばえ) 바뀐 바람에 전보다 잘 됨. 바뀐 보람.   「다.
代わり合う(かわりあう) 갈마들다. 교대하

5
口
教
台(臺) 대 대
        ダイ・タイ
        うてな

参考 우리 음으로는 '(별) 태'이나 일본어에서는 '臺'의 대용자로 쓰임.

🔶音読
台 ㊀(だい) ① (물건을 얹어놓는) 대. 또, (사람이 올라서는) 발판. ②《接尾語로》…대(臺). 차(車)나 기계를 셀 때 쓰는 말.
㊁(うてな) ①〈雅〉전망이 좋은 높은 전각. ② 물건을 올려놓는 대. ③〖植〗꽃받침.
台駕(たいが) 대가. 귀인이 타는 탈것을 높여서 이르는 말.
台閣(たいかく) 대각(臺閣). ① 높은 누각. ② 내각(內閣). *だいかく로도 읽음.
台尻(だいじり) (총의) 개머리판.
台襟(だいえり) 와이셔츠 등의 칼라를 되접어 꿰는 부분의 아래에 있는 밴드(band) 모양의 부분.
台頭(たいとう) 대두(擡頭). 머리를 치켜듦.
台湾(たいわん)〖地〗대만. 타이완. ♣~猿(ざる)〖動〗대만원숭이.
‖~坊主(ぼうず)〖醫〗'원형(圓形) 탈모증'의 속칭.
台網(だいあみ) 규모가 큰 정치망(定置網).
台木(だいぎ) 대목. ① 접본(椄本). 밑나무. ② 물건을 받쳐 놓는 나무.
台目(だいめ) 옛날에, 논 1정(町)에 대하여 그 수확의 4분의 1을 세금으로 매 일.
台無し(だいなし) 아주 망그러짐. 엉망이 됨. 못쓰게 됨. 잡침.
台盤(だいばん) (옛날, 궁중·귀인의 집에서) 음식을 차려 놓는 직사각형의 큰 상.
‖~所(どころ) 台盤을 두는 곳. 주방.
台本(だいほん) 대본. 극본.
台北(たいほく)〖地〗대북. 타이베이.
台辞(だいし) 대사(臺詞).
台状(だいじょう) 대상(臺狀). 대(臺)처럼 약간 높고 평평한 모양.
台石(だいいし) 대석. 토대에 놓는 돌.
台所(だいどころ) ① 부엌. 주방. ② (비유적으로) 살림. 가계.
台数(だいすう) 대수.
台十能(だいじゅうのう) 밑에 대(臺)가 달린 부삽(숯불 따위를 담아 나름).
台顔(たいがん) 대안. 존안. 상대방의 얼굴에 대한 높임말.
台子(だいす) 다정자(茶亭子). (다도에서) 다구(茶具)를 얹어 놓는 탁자.
台帳(だいちょう) 대장. ① 장부. 원부(原簿). ② 歌舞伎(かぶき)의 공연용 대본.
台場(だいば) 江戸(えど) 시대 말기에 해안경비를 위해 만든 포대.
台座(だいざ) 대좌. 불상을 안치하는 대.
台地(だいち) 대지. 주위보다 높은 평지.
‖~玄武岩(げんぶがん)〖地〗대지 현무암. 고원 현무암.
台紙(だいし) 대지.
台車(だいしゃ) 철도 차량 따위의 바퀴 위에 있으며 차체를 지탱하는 부분.
台替わり(だいがわり) 주가(株價) 따위가 다음 단위로 바뀜《90 원 대에서 100 원 대로 되는 따위》.

台秤(だいばかり) 대칭. 앉은뱅이저울.
台布巾(だいぶきん) 식탁 따위를 훔치는 행주. *だいぶきん이라고도 함.
台下(だいか) 대하. ① 대의 아래. ② 귀인에 대한 높임말.
台割り(だいわり) 대수 따기. 인쇄기 한 대로 1회에 인쇄되는 분의 판면수를 구분하기.
台割れ(だいわれ) 주가가 떨어져 시세 단위가 한 자리 낮아짐. 80엔 대에서 70엔 대로 되는 따위.
台形(だいけい)〖數〗 사다리꼴.
◘ 이하 音은 '태'.
台階(だいかい) 태계. 삼공(三公)의 지위.
台覧(たいらん) 태람. 귀인이 보심. 「함.
台臨(たいりん) 태림. 황후나 황족이 참석
台密(たいみつ) 천태종(天台宗)이 전하는 밀
台風(たいふう) 태풍.
∥〜の目(め) 태풍의 눈. ①〖氣〗태풍안(眼). ② 격동 속의 중심 인물〔세력〕.
〜眼(がん)〖氣〗☞台風の目①.
〜一過(いっか) 태풍 일과. 태풍이 지나간 뒤 비바람이 멎고 하늘이 갬.

〔其他〕
台詞(せりふ) ① (연극 등에서의) 대사. *だいしろも 읽음. ② (남에게) 특별한 느낌을 주는 말(말씨).
台詞劇(せりふげき) 연기와 대사를 주로 한 극. 보통 연극. 「솜씨.
台詞回し(せりふまわし)〖劇〗대사의 표현

7寸 〖敎〗 对(對) 마주볼 대·대할 대
タイ·ツイ
こたえる·むかう

〔音読〕
対㊀(たい) 대. ① 성질이 반대임. 또, 그것. ② 경기 등의 대전 편성을 나타내는 말. ③《接頭語的으로》대…. …에 대한.
㊁(つい) 쌍. 짝. (둘로 된) 한 벌. 한 쌍.
対して(たいして) (…에) 대(관)하여. …에 비하여.
対す㊀(たいす) ☞対する(たいする).
㊁(ついす) 대응하다. 한 쌍이 되다.
対する(たいする) 대하다. ① 마주하다. ② (대)응하다. ③ 대항하다. 맞서다.
対価(たいか) 대가.
対角(たいかく) 대각. ♣〜線(せん) 대각선.
対客(たいきゃく) 대객. 손님과 대면함.
対決(たいけつ) 대결.
対共(たいきょう) 대공.
対空(たいくう) 대공.
〜砲火(ほうか) 대공 포화.
対校(たいこう) 대교. 학교간의 대항.
対句(ついく)〖文〗 대구.
∥〜法(ほう) 대구법. 대구를 사용한 수사법. 「겨룸.
対局(たいきょく) 대국. 바둑이나 장기를 맞
対極(たいきょく) 대극. 반대의 극〔점〕.

対級(たいきゅう) 학급 대항.
対機(たいき)〖佛〗대기.
∥〜説法(せっぽう) 대기 설법.
対気速度(たいきそくど)〖空〗대기 속도.
対内(たいない) 대내.
∥〜問題(もんだい) 대내 문제.
対談(たいだん) 대담.
対当(たいとう) 대당. ① 서로 마주 대함. ② 걸맞음. 맞먹음. 상당.
∥〜関係(かんけい)〖論〗대당 관계.
対対(たいたい) 쌍방에 우열의 차가 없음. 대등(對等).
対等(たいとう) 대등.
対聯㊀(たいれん)〖文〗대련. 의미는 다르나 형식은 같은 2개의 구(句).
㊁(ついれん) ① 한시(漢詩)의 대구(對句). ② 쌍으로 되어 있는 족자.
対露(たいろ) 대(對)러시아.
対論(たいろん) 대론. 서로 마주보고 토론함. 또, 그 토론.
対流(たいりゅう)〖理〗대류. ♣〜圈(けん) 대류권 / 〜雲(うん)〖氣〗대류운.
対立(たいりつ) 대립.
∥〜遺伝子(いでんし)〖生〗대립 유전자. 대립 인자(因子).
〜因子(いんし) ☞対立遺伝子.
〜節(せつ)〖文法〗대립절. 대등절.
〜形質(けいしつ)〖生〗대립 형질.
対馬㊀(たいま) (장기의) 맞수. 맞기.
㊁(つしま)〖地〗대마도.
∥〜山猫(やまねこ) 대마도에 서식하는 들고양이.
〜焼(やき) 대마도에서 구워낸 도기(陶器).
〜砥(ど) 대마도에서 생산되는 숫돌.
対面(たいめん) 대면.
∥〜交通(こうつう) 대면 교통. 대면 통행.
対物(たいぶつ) 대물.
∥〜鏡(きょう)〖理〗대물경. '대물 렌즈'의 한자말. 「보.
〜担保(たんぽ) 대물 담보. 물적(物的) 담
〜信用(しんよう)〖法〗대물 신용.
対米(たいべい) 대미(對美).
対辺(たいへん)〖數〗대변. 맞변.
対比(たいひ) 대비. 비교. 대조. ♣〜的(てき) 대조적.
対象(たいしょう) 대상. ♣〜語(ご)〖文法〗대상어 / 〜化(か) 대상화. 객관화.
対生(たいせい)〖植〗대생. 마주나기.
対生成(ついせいせい)〖理〗쌍생성.
対席(たいせき) 대석. 자리를 마주함.
対世権(たいせいけん)〖法〗대세권. 절대
対消滅(ついしょうめつ)〖理〗쌍소멸.
対手(たいしゅ) 대수. ① 싸울 상대. 적수. ② 상대. 또, 상대함.
対数(たいすう)〖數〗로그. 로가리듬. ♣〜尺(じゃく) 로그자 / 〜表(ひょう) 로그표.
∥〜関数(かんすう)〖數〗로그 함수. 「이.
〜方眼紙(ほうがんし)〖數〗로그 모눈종

対審(たいしん)〖法〗대심.
対岸(たいがん) 대안. 건너편 강가.
∥**〜の火事**(かじ) 대안〔강 건너〕의 불. 나에게 무관한 일의 비유.
対案(たいあん) 대안. 상대방의 안에 대하여 내놓을 딴 안.
対顔(たいがん) 대면(對面). 얼굴을 맞댐.
対癌(たいがん) 대암. 암에 대한 예방〔치료〕대책.
対語(たいご) ① 대어. 서로 짝을 이루는 말. ② 대화. 대담(對談). *ついごろも 읽음.
対訳(たいやく) 대역.
対英(たいえい) 대영. 대영국.
対晤(たいご) 만남. 대면(對面).
対の屋(たいのや)〈古〉寝殿造り(しんでんづくり)에서, 침전인 정전(正殿)의 동서쪽에 마주 세운 별채.
対外(たいがい) 대외.
∥**〜貿易**(ぼうえき) 대외 무역.
〜主権(しゅけん) 대외 주권.
〜投資(とうし) 대외 투자.
対偶(たいぐう) 대우. ① 둘이 서로 짝을 이룬 것. ② 반대쪽의 구석.
∥**〜法**(ほう) 대우법. 두 개의 것을 대립시켜서 나타내는 수사법.
対位法(たいいほう)〖樂〗대위법.
対飲(たいいん) 대음. 대작(對酌).
対応(たいおう) 대응. ♣**〜説**(せつ)〖哲〗대응설 / **〜語**(ご) 대응어.
∥**〜原理**(げんり)〖理〗대응 원리.
対議語(たいぎご) ☞ 対義語(たいぎご).
対義語(たいぎご) 대의어. *ついぎごろも 읽음.
対人(たいじん) 대인. ♣**〜権**(けん)〖法〗대인권. 상대권.
〜恐怖症(きょうふしょう) 대인 공포증.
〜関係(かんけい) 대인 관계.
〜論証(ろんしょう)〖論〗대인 논증.
〜担保(たんぽ) 대인 담보. 인적(人的) 담보.
〜信用(しんよう) 대인 신용.
対日(たいにち) 대일.
∥**〜感情**(かんじょう) 대일 감정.
〜講和条約(こうわじょうやく)〖史〗대일 강화 조약.
対者(たいしゃ) 마주 보고 있는 상대.
対酌(たいしゃく) 대작. 「초계기.
対潜哨戒機(たいせんしょうかいき) 대잠
対丈(ついたけ)〖裁〗(일본) 옷의 기장을 (접어 넣지 않고) 그대로 입어서 꼭 맞는 치수로 재단하여 만듦.
対敵(たいてき) 대적. 적대.
対戦(たいせん) 대전.
対戦車砲(たいせんしゃほう) 대전차포.
対点(たいてん)〖數〗대점.
対頂角(たいちょうかく)〖數〗대정각. 맞꼭지각. 「적.
対照(たいしょう) 대조. ♣**〜的**(てき) 대조
∥**〜法**(ほう) 대조법《수사학의 한 가지》.

〜実験(じっけん)〖化〗대조 실험〔시험〕. 공시험(空試驗).
〜言語学(げんごがく)〖言〗대조 언어학.
対坐(たいざ) ➪ 対座(たいざ).
対座(たいざ) 대좌. 「딴이름.
対州(たいしゅう) 対馬国(つしまのくに)의
対症(たいしょう) 대증. ♣**〜的**(てき) 대증
∥**〜療法**(りょうほう) 대증 요법. 「적.
対地(たいち) 대지.
∥**〜速度**(そくど) 대지 속도.
対陣(たいじん) 대진.
対質(たいしつ) 대질.
対策(たいさく) 대책.
対処(たいしょ) 대처.
対蹠(たいしょ) 대척. 정반대. *たいせき의 관용음.
∥**〜的**(てき) 대척적. 대조적. 정반대적.
対軸(ついじく) ☞ 対幅(ついふく).
対峙(たいじ) 대치. 대립.
対置(たいち) 대치. (두 개의 사물을) 대조적인 위치에 둠.
対称(たいしょう) 대칭. ♣**〜律**(りつ)〖數〗대칭률 / **〜性**(せい)〖數〗대칭성 / **〜式**(しき)〖數〗대칭식 / **〜的**(てき) 대칭적.
∥**〜代名詞**(だいめいし)〖言〗대칭 대명사. 제2인칭 대명사.
〜図形(ずけい)〖數〗대칭 도형.
対幅(ついふく) 대폭. 한 쌍으로 된 서화의 족자. 대축(對軸).
対抗(たいこう) 대항. ♣**〜力**(りょく)〖法〗대항력.
∥**〜馬**(ば) ① (경마에서) 대항마. ② 상대하여 경합하는 인물. 「치.
〜文化(ぶんか) 대항〔적대〕 문화. 카운터 컬
〜要件(ようけん)〖法〗대항 요건.
対向(たいこう) 대향. 서로 마주 봄〔향함〕.
∥**〜犯**(はん)〖法〗대향범. 범죄 성립에서 상대방을 필요로 하는 범죄.
〜車(しゃ) 대향차. 마주 달려오는 차.
〜車線(しゃせん) 대향 차선. 대향차의 주행 차선.
対話(たいわ) 대화. ♣**〜劇**(げき) 대화극 / **〜者**(しゃ) 대화자 / **〜体**(たい) 대화체.
∥**〜編**(へん) 대화편. 대화 형식으로 쓰여진 작품.
対華(たいか) 대화. 대중(對中). 대중국.

▶ **対える**(こたえる) 응하다. 부응하다.

| 9 イ 教 | 待 | 기다릴 대・대접할 대
タイ
まつ |

▶ **待降節**(たいこうせつ)〖基〗대림절.
待球(たいきゅう)〖野〗대구. 함부로 치지 않고 좋은 공을 기다림.
待機(たいき) 대기.

待望(たいぼう) 대망.
待命(たいめい) 대명. 명령을 기다림.
∥**~休職**(きゅうしょく) 대명 휴직. 대기 휴직《공무원의 인원 정리의 한 방법》.
待遇(たいぐう) 대우. ① (손님) 대접. ② (직장에서의) 처우.
∥**~法**(ほう) 대우법. 사람을 대우하는 법.
~表現(ひょうげん) 대우 표현. 대화하는 인물의 신분·연령 등에 따라 달라지는 언어 표현《존경어·겸양어 등》.
待罪(たいざい) 대죄. 처벌을 기다림.
待避(たいひ) 대피. ♣**~所**(じょ) 대피소 / **~壕**(ごう) 대피호.
待婚期間(たいこんきかん) 대혼 기간. 재혼 금지 기간.

訓読
待たす(またす) 기다리게 하다.
待たせる(またせる) 기다리게 하다.
待てど暮らせど(まてどくらせど) 언제까지(아무리) 기다려도.
待て暫し(まてしばし) 남의 행동을 제지하거나 자기 행동을 반성할 때 하는 말. '잠깐만, 가만 있자' 등의 뜻.
❖**待つ**(まつ) ① 기다리다. ② 기대하다. 대비하다. ③ 기한을 연기하다.
待った(まった) (바둑·장기·씨름 등에서) 잠간 기다려 달라는 일. 또, 그 때에 지르는 소리. 잠깐. 중지.
待ち(まち) 기다림. 대기 (상태).
待ち兼ねる(まちかねる) ① 기다리다 못하다. 더 기다릴 수 없다. ② (학수) 고대하다.
待ち構える(まちかまえる) (준비를 다하고) 기다리다. 대기하다.
待ち駒(まちごま) 장기에서, 상대방 궁이 달아날 길을 예상하고 미리 자기 말을 배치해 둠. 또, 그 말.
待ち軍(まちいくさ) 적의 내습을 기다렸다가 치는 싸움.
待ち倦ねる(まちあぐねる) ☞ 待ち倦む(まちあぐむ).
待ち倦む(まちあぐむ) 기다림에 지치다.
待ちに待った(まちにまった) 기다리고(오랫동안) 기다렸다.
待ち望む(まちのぞむ) 희망하다. 빨리 그렇게 되기를 바라다.
待ち明かす(まちあかす) 밤새도록 기다리다. 기다리며 밤을 지새우다.
待ち暮らす(まちくらす) 기다리며 날을 보내다. 계속 기다리다.
待ち物(まちもの) 기성품. 만들어 놓은 물건.
待ち伏せ(まちぶせ) 매복(잠복)하고 기다림.
待ち伏せる(まちぶせる) (기습을 위해) 매복하고 기다리다.
待ち付く(まちつく) 기다리다가 그 사람(일)을 만나다.
待ち付ける(まちつける) 만날(때가 올) 때까지 기다리다. 기다렸다가 만나다.
待ち肥(まちごえ) 밑거름.
待ち設ける(まちもうける) ① 대비하고 기다리다. ② 예기하다. 기대하다.
待雪草(まつゆきそう) 〖植〗 스노드롭의 딴이름. 갈란투스.
待つ宵(まつよい) ① 사람(연인)을 기다리는 밤. ② 음력 8월 14일 밤.
∥**~草**(ぐさ) 〖植〗 금달맞이꽃.
待ち受ける(まちうける) 오기를 기다리다. 채비를 하고 기다리다.
待ち時間(まちじかん) 기다리는 시간.
待ち女郎(まちじょろう) 혼례 때 문 앞에서 신부를 맞아들이고, 곁에서 시중드는 여자. 수모(手母).
待ち遠(まちどお) 오래 기다리는 모양.
待ち遠い(まちどおい) ☞ 待ち遠しい(まちどおしい).
待ち遠しい(まちどおしい) (이제나 저제나 하고) 오래 기다리다. 몹시 기다려지다.
待ち人(まちびと) 기다려지는(기다리는) 사람. ＊まちうどとも 읽음.
待ち侘びしい(まちわびしい) 기다리다 지치다. 「고대하다.
待ち侘びる(まちわびる) 애타게 기다리다.
待ち焦がれる(まちこがれる) 애타게 기다리다. 손꼽아 기다리다.
待ち草臥れる(まちくたびれる) 기다리다 못해 지치다.
待ち針(まちばり) 〖裁〗 가봉 바늘.
待合(まちあい) ① 서로 약속하고 기다림. 또, 그 기다리는 곳. ② 待合室의 준말.
∥**~室**(しつ) (역·병원 등의) 대합실.
~政治(せいじ) 요정 정치.
~茶屋(ちゃや) 요릿집. 요정.
待ち合う(まちあう) 서로 기다리다.
待ち合わせる(まちあわせる) 시간·장소를 미리 정하고 거기서 만나기로 하다.
待ち幸い(まちざいわい) 기대했던 행복.
待ち惚け(まちぼうけ) 기다리는 사람이 끝내 오지 않아 헛몸켬. ＊まちぼけ라고도 함.

| 9 王 | 玳 | 대모 대
タイ |

音読
玳瑁(たいまい) 〖動〗 대모. (거북과에 속하는) 바다거북의 하나.

| 10 巾 教 | 帯 (帶) | 띠 대·찰 대
タイ
おびる·おび |

音読
帯する(たいする) 허리에 차다. 몸에 걸치다. 특히, 무구(武具)를 걸치다.
帯甲(たいこう) 대갑. 갑옷을 입은 병사.
帯剣(たいけん) 대검.

帯刀 ㊀(たいとう) 대도. 패검(佩劍).
‖~御免(ごめん) 패검 허용. 江戸(えど) 시대에 무사 이외에도 공이 있는 사람에게 특별히 패검을 허용한 일.
㊁(たちはき) 중고 시대에 칼을 차고 황태자를 호위하던 사람. *たてわきろも 읽음.
‖~舎人(とねり) ☞ 帯刀(たちはき).
帯同(たいどう) 대동. 동반.
帯分数(たいぶんすう)〖數〗대분수.
帯状(たいじょう) 대상. 띠 모양. *おびじょうろも 읽음.
‖~疱疹(ほうしん)〖醫〗대상 포진. 헤르페스.
帯小数(たいしょうすう)〖數〗대소수.
帯域(たいいき) 대역. 어떤 넓이를〔공간을〕가진 범위.
‖~幅(はば) 대역폭. 특정 신호(信號)에 포함되는 주파수의 범위.
帯磁(たいじ) 대자. 자기화(磁氣化). ♣~率(りつ)〖理〗자화율.
帯電(たいでん)〖理〗대전. (물체가) 전기를 띰. ♣~体(たい) 대전체.   「공.
‖~防止加工(ぼうしかこう) 대전 방지 가~防止剤(ぼうしざい) 대전 방지제.
帯出(たいしゅつ) 대출. (비치된 책 따위를) 가지고 나감.   「습.
帯佩(たいはい) 칼 따위를 몸에 참. 또, 그 모
帯化(たいか) 대화. 식물 기형의 일종으로, 줄기가 편평화(扁平化)하는 일.
帯勲(たいくん) 대훈. 훈위나 훈장을 가지고 있음.
帯黒色(たいこくしょく) 대흑색.

訓読

帯 ㊀(おび) ①띠. ②'帯紙(おびがみ)・帯番組(おびばんぐみ)'의 준말.
㊁(おび) …대. 대상(帶狀) 지역.
帯グラフ(おびグラフ) 띠그래프.
帯ドラマ(おびドラマ) 연속 드라마. 일일 연속극. *帯ドラから도 읽음.
帯びる(おびる) ①띠다. 기(미)가 있다. 머금다. ②(허리에) 차다.
帯鋼(おびこう) ①(상자나 통을 동여매는) 강철 띠. 쇠테. ②띠 모양으로 된 압연 강판.
帯鋸(おびのこ) 띠톱. *おびのこぎりろ도 읽음.
帯広告(おびこうこく) ①(책의) 띠지에 실린 광고. ②1주일에 5회 이상 같은 시간대에 방송되는 스폿 광고.
帯金(おびがね) ①(궤짝・통에 두르는) 쇠테. ②칼집의 고리.
帯代裸(おびしろはだか) (일본 옷을 입은 여자의) 가는 끈 띠만 매고 있는 (단정치 못한) 모습.
帯番組(おびばんぐみ) (라디오・TV에서) 매일 같은 시간에 방송하는 프로. 연속 프로.
帯封(おびふう) (신문・잡지 따위의) 봉띠.
‖~文学(ぶんがく) 신간 서적의 띠지에 써 있는 선전 문구를 비꼬아 하는 말.

帯水母(おびくらげ)〖動〗띠해파리.
帯芯(おびしん) (띠를 맨 모양이 반듯하도록) 띠 속에 넣는 빳빳한 심.
帯揚げ(おびあげ) (일본 여자 옷에서) 띠가 흘러내리지 않도록 매듭에 대어 앞으로 돌려 매는 형겊 끈.
帯桟(おびざん) 문(門) 중간의 가로살.
帯際(おびぎわ) 띠를 맨 어름.
帯止め(おびどめ) ①(일본 여자 옷에서) 양 끝을 장식으로 물리도록 된, 띠 위를 누르는 끈. ②칼집의 중간에 튀어나오게 댄 쇠《칼을 뽑았을 때 허리띠에 걸림.
帯地(おびじ) 띠를 만드는 천〔감〕.
帯紙(おびがみ) ①포장하는 데 쓰는 종이 오라기. ②(책・잡지의 겉에 두르는) 가는 종이 띠.
帯鉄(おびてつ) ☞ 帯鋼(おびこう).
帯締め(おびじめ) (여자 기모노에서) 띠가 흘러내리지 않게 띠 위에 눌러 매는 끈.
帯祝い(おびいわい) (임신 5개월째에 순산을 빌며) 복대를 하는 축하 행사.
帯側(おびがわ) (일본 옷에서) 여성용 겹띠의 겉감으로 쓰는 두꺼운 천.
帯皮(おびかわ) ①혁대. 가죽띠. ②(기계용의) 피대(皮帶).
帯下 ㊀(おびした) ①띠를 매는 허리 부분. ②띠를 매는 곳에서부터 발까지의 길이.
㊁(たいげ)〖醫〗대하.
帯解き(おびとき) 아이가 돌띠를 떼고 처음 보통의 띠를 두를 때의 축하 의식.
帯革(おびかわ) ⇨ 帯皮(おびかわ).

| 11
衣
常 | 袋 | 자루 대・전대 대
タイ
ふくろ |

音読

袋形動物(たいけいどうぶつ)〖動〗대형 동물.

訓読

袋 ㊀(ふくろ) 자루. 주머니. 봉지.
㊁(たい) 푸대. 봉투에 든 것을 세는 말.
袋角(ふくろづの) 돋기 시작한 사슴의 뿔.
袋叩き(ふくろだたき) 뭇매.
袋掛け(ふくろかけ) 사과・배 등의 과실에 종이 봉지를 씌우는 일.   「짠 띠.
袋織(ふくろおり) 전대 모양으로 속이 비게
袋網(ふくろあみ) 자루 그물.
袋物(ふくろもの) 지갑・쌈지・쇼핑백 등 주머니 모양으로 된 일용품의 총칭.
袋縫い(ふくろぬい) 천의 겉을 맞꿰맨 후, 뒤집어서 다시 꿰매는 일. 통솔.
袋棚(ふくろだな) ①床の間(とこのま)의 옆 위쪽에 만든, 찬장. ②다도(茶道)에서 쓰는 찻장의 하나.
袋床(ふくろどこ) 삼면이 벽으로 둘러싸인 床の間(とこのま).
袋小路(ふくろこうじ) 막다른 골목(길). 사

袋鯣(ふくろするめ) 말린 오징어의 하나.
袋熊(ふくろぐま) 〖動〗코알라의 별명.
袋耳(ふくろみみ) 한번 들으면 잊지 않음. 또, 그런 사람.
袋入り(ふくろいり) 봉지[봉투, 부대]에 넣음. 또, 그 넣은 것.
袋張り(ふくろばり) 종이로 봉지를 접는 일.
袋町(ふくろまち) 도로가 막혀 있어 빠져 나갈 수 없게 된 거리.
袋地(ふくろじ) 남의 땅에 둘러싸여 공도(公道)에 직접 통하지 않는 땅.
袋織り(ふくろおり) 통[자루] 모양으로 속이 비게 짜는 방법. 또, 그렇게 짠 천.
袋綴じ(ふくろとじ) 봉철(封綴). 종이를 반으로 접어, 접히지 않은 쪽을 철하는 동양식 제책법.
袋貼り(ふくろばり) ⇨ 袋張り(ふくろばり).
袋海苔(ふくろのり) 갈조류의 해조.
袋戸(ふくろど) 袋棚(ふくろだな)의 맹장지문.
袋詰め(ふくろづめ) 주머니[자루]에 채워 넣음.
ポリ袋(ポリぶくろ) 폴리에틸렌으로 만든 투명한 봉지[주머니].

12 阝 教 隊(隊) 대 대 タイ

音読
隊(たい) 대. ①정렬한 일단의 사람. ②부대. 군대. ③《接尾語로》…대. 부대.
隊旗(たいき) 대기. 대(隊)의 기.
隊内(たいない) 대내.
隊務(たいむ) 대무. 군대 내의 사무.
隊付き(たいづき) 어떤 부대에 소속[배속]되어 있음.
隊士(たいし) 그 부대에 속하는 병사·무사.
隊商(たいしょう) 대상.
隊列(たいれつ) 대열.
隊伍(たいご) 대오.
隊員(たいいん) 대원.
隊長(たいちょう) 대장.
隊形(たいけい) 대형.

12 貝 教 貸 빌릴 대 タイ かす

音読
貸付(たいふ) 대부. 대출.
貸費(たいひ) 대비. (학비 등의) 비용을 빌려 줌. ♣~生(せい) 대여 장학생.
貸与(たいよ) 대여. ♣~権(けん) 대여권.
貸借(たいしゃく) 대차. ‖~対照表(たいしょうひょう) 대차 대조표. ~銘柄(めいがら) 〖經〗대차 종목. ~取引(とりひき) 〖經〗대차 거래.

訓読
❖貸す(かす) 빌려 주다.
貸し(かし) ①꾸어 줌. 빌려 줌. 또, 빌려 준 금품. ②베푼 은혜·이익. ③'貸方(かしかた)(=대변)'의 준말.
貸しビル(かしビル) 임대 빌딩. 세(貰)빌딩.
貸家(かしや) 셋집. ‖~札(ふだ) '셋집'이라고 써붙인 패.
貸し家(かしいえ) ☞貸家(かしや)
貸し間(かしま) 〈老〉셋방.
貸し看板(かしかんばん) 면허를 가진 중개인(仲介人)이 영업권을 남에게 빌려 주는 일.
貸し金(かしきん) 대(出)금. 빌려 준 돈.
貸し金庫(かしきんこ) (은행의) 대여 금고.
貸し倒れ(かしだおれ) 대손(貸損). 외상값이나 빚돈을 떼임.
貸し売り(かしうり) 외상 판매.
貸し方(かしかた) ①빌려 주는 쪽[사람]. ②빌려 주는 방법·태도. ③(복식 부기의) 대변(貸邊).
貸し別荘(かしべっそう) 임대 별장.
貸し本(かしほん) 대본. 세책(貰册).
貸付(かしつけ) 대부(금). 대출. 빌려 줌. ♣~金(きん) 대부금. ~料(りょう) 대부료. ‖~資本(しほん) 대부 자본. ~信託(しんたく) 대부 신탁.
貸し付ける(かしつける) 대부[대출]하다. 빌려 주다.
貸し渋り(かししぶり) 은행 등의 금융 기관이 대출에 신중을 기하는 일.
貸し席(かしせき) (회합이나 식사를 위하여 요금을 받고) 빌려 주는 방.
貸し船(かしぶね) 세를 받고 빌려 주는 배.
貸し手(かして) (금품 따위를) 빌려 주는 사람. 대주(貸主).
貸し室(かししつ) 셋방.
貸し与える(かしあたえる) 빌려 주다. 꾸어 주다.
貸し元(かしもと) ①돈을 빌려 주는 사람. 전주(錢主). ②노름꾼의 두목.
貸し越し(かしこし) 〖經〗대월. 은행이 정한 한도 내에서 예금 잔액 이상의 금액을 결재하는 일. *貸越로도 씀. ♣貸越金(かしこしきん) 대월금.
‖貸越限(かしこしげん) 대월 한도액.
貸し越す(かしこす) 금전을 일정 한도 이상으로 빌려 주다[꾸어 주다].
貸し衣装(かしいしょう) 임대 의상.
貸し賃(かしちん) 세. 임대료(賃貸料).
貸し切り(かしきり) 전세(專貰). 대절.
貸し切る(かしきる) ①전세(專貰) 주다. ②전부[몽땅] 빌려 주다.
貸し店 ㊀(かしみせ) 대점. 세를 주는 가게. ㊁(かしだな) ①☞㊀. ②셋집.
貸し座敷(かしざしき) ①☞貸し席(かしせき). ②유곽.
貸し主(かしぬし) ☞貸し手(かして).
貸し地(かしち) 임대지(賃貸地). 세를 받고 빌려 주는 땅.

貸し借り(かしかり) 대차(貸借).
貸し出し(かしだし) 대출. ＊貸出로도 씀.
♣貸出口(かしだしぐち) 대출 창구 / 貸出金(かしだしきん) 대출금 / 貸出票(かしだしひょう) 대출 전표.
∥貸出過多(かしだしかた) 대출 과다. 과다 대출.
貸し出す(かしだす) 대출하다.
貸し布団(かしぶとん) 임대 침구.
貸し下げ(かしさげ) 대여(貸與)하는 일.
貸し下げる(かしさげる) 대여하다. 관청에서 민간에게 빌려 주다. 「받음.
貸し下され(かしくだされ) 빌려 준 것을 못

13 王 瑇 대모 대 / タイ

参考 玳의 異體字.

音読
瑇瑁(たいまい) 〖動〗 대모. (거북과에 속하는) 바다거북의 하나.

13 石 碓 방아 대 / タイ / うす・からうす

訓読
碓(からうす) 디딜방아.

16 黒 黛 (黛) 눈썹먹 대 / タイ / まゆずみ

音読
黛色(たいしょく) 대색. ①눈썹 (그리는) 먹빛. ②먼 산이나 수목 등의 검푸른 빛.
黛青(たいせい) ☞ 黛色(たいしょく).

訓読
黛(まゆずみ) 눈썹 그리는 먹.

17 扌 擡 들 대 / タイ / もたげる

音読
擡頭(たいとう) 대두. 머리를 치켜듦.

訓読
擡げる(もたげる) 쳐들다. 머리를 들다. 대두하다.

17 戈 戴 일 대・받들 대 / タイ / いただく

音読
戴冠(たいかん) 대관. ♣～式(しき) 대관식.
戴帽式(たいぼうしき) 대모식. 간호사 등이 자격을 인정받고 캡을 얹는 식.
戴天(たいてん) 대천.

訓読
戴けない(いただけない) ①받을 수 없다. ②마뜩찮다. 불만이다.
戴ける(いただける) ①받을[얻을] 수 있다. ②꽤 좋다. 괜찮다. …ㄹ 만하다.
❖戴く(いただく) ①(머리에) 이다. 얹다. ②받들다. 모시다. ③'もらう(=받다)'의 공손한 말씨. 「김.
戴き(いただき) 〈俗〉(승부・내기 등에서) 이戴き立ち(いただきだち) (손님이) 식사를 끝내자마자 곧 자리를 뜸.
戴き物(いただきもの) (남에게서) 받은 것. 얻은 것.

18 艹 薹 삿갓사초 대 / タイ・ダイ / とう・あぶらな

訓読
薹(とう) 〖植〗 대. 꽃대.

댁

6 宀 宅 댁 ⇨ 宅 택(p. 1536)
教

덕

14 彳 德 (德) 큰덕・덕 덕 / トク
教

音読
德(とく) ①덕. ②은혜. ③이득.
德教(とっきょう) 덕교. 도덕으로써 사람을 가르침. ＊とくきょう로도 읽음.
德器(とっき) 덕기. 덕행과 기량(器量).
德島(とくしま) 〖地〗四国(しこく) 동부의 현. 또, 그 현의 현청 소재지인 시(市).
德論(とくろん) 〖倫〗덕론.
德利 ㊀(とくり) ①(아가리가 잘쪽한) 술병. ②(물에 넣으면 부글부글 가라앉는 데서) 헤엄을 못치는 사람의 비유.
㊁(とっくり) ①=德利㊀. ②德利襟의 준말. ♣～苺(いちご) 〖植〗복분자딸기 / ～蜂(ばち) 〖蟲〗호리병벌.
∥～襟(えり) 자라목 셔츠의 목.
德望(とくぼう) 덕망. ♣～家(か) 덕망가.
德目(とくもく) 덕목.
德本(とくほん) 〖佛〗덕본. 선근(善根).
德分(とくぶん) ①몫. ②〈老〉벌이. 이익.

德性(とくせい) 덕성.
德星(とくせい) 덕성. ① 상서로운 별. 경성(景星). ② 덕이 있는 사람. ③『天』목성.
德業(とくぎょう) 덕업. ① 인덕과 공업(功業). ② 덕을 세우는 사업.
德用(とくよう) 덕용. ♣~品(ひん) 덕용품.
德育(とくいく) 덕육. 도덕 교육.
德義(とくぎ) 덕의. 도덕상의 의무. ♣~心(しん) 덕의심.
德人(とくじん) ① 덕인. 덕을 갖춘 사람. ② 부자. *とくにん으로도 읽음.
德政(とくせい) ① 덕정. 인정(仁政). ②『史』鎌倉(かまくら)·室町(むろまち)에, 幕府(ばくふ)·조정 등이 명한 채권·채무 계약의 파기. 또, 그 법령.
∥**~一揆**(いっき) 덕정 폭동. 室町 시대, 궁핍한 백성들이 徳政의 선포를 요구하며 고리 대금업자 등을 습격한 폭동.
德操(とくそう) 덕조. 절조(節操).
德川幕府(とくがわばくふ) 1603년 徳川家康(とくがわいえやす)가 江戸(えど)에 창시한 무인 정권.
德川時代(とくがわじだい) 徳川(とくがわ)씨가 江戸(えど)에 幕府(ばくふ)를 세워 통치하던 시대.
德治(とくち) 덕치.
∥**~思想**(しそう) 덕치 사상.
~主義(しゅぎ) 덕치주의.
德沢(とくたく) 덕택. 덕분.
德俵(とくだわら) (일본 씨름에서) 씨름판의 짚으로 만들어 묻은 원형 경계선에서 동서남북의 각 중앙 네 곳에 경계선 나비만큼 밖으로 낸 것.
德風(とくふう) 덕풍. 인덕(人德)에 의한 감화.
德行 ㊀(とくぎょう)『佛』덕행. 공덕(功徳)과 행법(行法).
㊁(とっこう) 덕행.
德化(とっか) 덕화.

도

2 刀
㊍
칼 도
トウ
かたな

音読➡
刀架(とうか) 칼걸이.
刀剣(とうけん) 도검.
刀工(とうこう) 도공. 도장(刀匠).
刀圭(とうけい) 도규. ① 약 숟가락. ② 의술. ♣~家(か) 도규가. 의사.
刀途(とうず)『佛』도도. 삼도(三途)의 하나.
刀瘢(とうはん) 도반. 칼자국. 「칼산.
刀山(とうさん)『佛』도산. 지옥에 있다는
刀傷(とうしょう) 도상. 칼에 의한 상처.
刀身(とうしん) 도신. 칼의 몸체.
刀心(とうしん) 도심. (칼의) 슴베.

刀刃(とうじん) 도인. 칼날.
刀子(とうす) 도자. 작은 칼. 단도. *とうし라고도 읽음.
刀匠(とうしょう) 도장. 도공.
刀銭(とうせん)『史』도전. 중국 고대의 돈.
刀俎(とうそ) 도조. 칼과 도마.
刀創(とうそう) 도창. 칼로 벤 상처.
刀槍(とうそう) 도창. 칼과 창.
刀尺(とうせき) 도척. ① 가위와 자. 옷을 재단하는 도구. ② 사람을 진퇴·임면(任免)시킴의 비유.
刀泉(とうせん) ⇨ 刀銭(とうせん).
刀尖(とうせん) 도첨. 칼 끝.
刀筆(とうひつ) 도필. 붓. 「급 관리.
∥**~の吏**(り) 도필리. ① 서기(書記). ② 하
刀下(とうか) 칼 아래. 칼날 밑.
刀貨(とうか)『史』☞刀銭(とうせん).
刀環(とうかん) 도환. ① 칼코등이. ② 고향으로 돌아감. 고향을 생각함.
刀痕(とうこん) 도흔. 칼자국.

訓読
刀(かたな) 칼. 도검류(類)의 총칭. *とうろ도 읽음.
~折(お)**れ矢尽**(やつ)**きる** 도절 시진. 칼은 부러지고 화살은 다 떨어짐《참패하여 재기 불능이 됨》.
∥**~掛け**(かけ) 칼걸이.
~鍛冶(かじ) 칼대장장이(刀工).
~狩り(がり)『史』무사 이외의 사람 곧, 농민 등으로부터 무기를 몰수한 일.
~汚し(よごし) 벨 값어치도 없는 것.
~持ち(もち) 무가에서 주인의 검을 들고 따라다닌 부하.

其他
刀背(むね) ① 칼의 등. ② 손등.
刀伊(とい)『史』도이. 일본에서 동북 여진족(女眞族)을 일컫는 말.
刀自(とじ)〈文〉여사. 중년 이상의 여성의 경칭. *とうじ로도 읽음.

5 忉
㊀
근심할 도
トウ
うれえる

音読
忉利天(とうりてん)『佛』도리천.

7 図 (圖)
口
㊍
그림 도·그릴 도
ズ·ト
はかる·はからう

音読➡
図(ず) ① 그림. 도형. 도면. *とろ도 읽음. ② (보기 흉한) 꼴. 모양.
図鑑(ずかん) 도감.
図工(ずこう) 도공. ① (학과의) '図画(ずが)·工作(こうさく)'의 준말. ② 화공. 「계획.
図南(となん) 도남. 대사업을 계획함. 또, 그

図嚢(ずのう) 지도 따위를 넣어서 허리에 차는 작은 가죽 가방.
図録(ずろく) 도록. 그림·사진을 주로 한 기록 또는 책.
図面(ずめん) 도면.
図無い(ずない) 한도가 없음. 터무니없음.
図無し(ずなし) 터무니없는 일.
図抜ける(ずぬける) 유다르다. 두드러지다. 뛰어나다.
図法(ずほう) 도법.
図法師(ずほうし) 치료법을 배우는 사람을 위해 신체 각부를 나타낸 그림.
図柄(ずがら) (직물 따위의) 도안. 무늬.
図譜(ずふ) 도보. 화보.
図上(ずじょう) 도상. 도면·지도상.
図像(すぞう) 도상.
図書(としょ) 도서. ♣~館(かん) 도서관/~券(けん) 도서 상품권/~室(しつ) 도서실.
‖~目録(もくろく) 도서 목록.
図書寮(ずしょりょう) 옛날, 中務省(なかつかさしょう)에 속하여, 도서에 관한 일을 관장하던 관청. 지금의 宮内庁(くないちょう)書陵部(しょりょうぶ)의 일부.
図説(ずせつ) 도설. 그림을 넣은 설명. 또, 그 책.
図星(ずぼし) ①과녁 중심의 흑점. ②급소. 핵심. ③적중함.
図示(ずし) 도시.
図式(ずしき) 도식. ♣~的(てき) 도식적/~化(か) 도식화.
図案(ずあん) 도안. 디자인.
図様(ずよう) 그림의 양식·모양.
図葉(ずよう) 낱장으로 된 그림.
図外れ(ずはずれ) 보통과는 다름. 보통 이상임.
図引き(ずひき) 도면을 그림. 또, 그 사람.
図入り(ずいり) 책에 그림·그래프·사진·지도 따위가 들어 있음. 또, 그런 책.
図子(ずし) 大路(おおじ)와 대로를 연결하는 소로(小路) 또는 네거리.
図籍(とせき) 도적. ①도서. 서적. ②지도와 호적. ③그림과 책. *ずせきㅗ도 읽음.
図題(ずだい) 도제. 그림의 주제.
図組み(ずぐみ) 회화(絵画)의 구도법.
図誌(ずし) 도지. 도면·그림 등을 수록한 책.
図取り(ずどり) 도형(図形)을 뜸.
図太い(ずぶとい) 대담하고 유들유들하다. 뻔뻔스럽다.
図板(ずいた) 도판. 목수가 현장에서 사용하는 널빤지로 만든 도면.
図版(ずはん) 【印】도판. 인쇄해서 책에 실린 그림.
図表(ずひょう) 도표. 그래프.
図解(ずかい) 도해.
図形(ずけい) 도형. 그림.
‖~認識(にんしき) 【컴】패턴 인식.
~表示装置(ひょうじそうち) 【컴】도형표시 장치.
図画(ずが) (주로 아이들의) 도화. 그림.
図会(ずえ) 그림을 모아 엮어 놓은 서책.
*ずかいㅗ도 읽음.
図絵(ずえ) 〈老〉도화. 그림.

訓読▶
図らざりき(はからざりき) 전연 예측 못한 〔뜻밖의〕일이었다.
図らざるに(はからざるに) 뜻밖에도. 우연히.
図らずも(はからずも) 뜻밖에도. 우연히도.
図る(はかる) ①생각하다. ②목적하다. 노리다. ③노력하다. 계획하다. 꾀하다. ④주선[도모]하다.

其他▶
図図しい(ずうずうしい) 뻔뻔스럽다.
図体(ずうたい) 〈俗〉덩치. 몸집《대개의 경우 큰 덩치를 가리킴》.

| 8 | 到 | 이를 도 |
| リ 常 | | トウ いたる |

音読▶
到達(とうたつ) 도달. 「信」주의.
~主義(しゅぎ) 【法】도달주의. 수신(受)
到頭(とうとう) 드디어. 결국. 마침내.
到来(とうらい) 도래. 때가 옴.
~物(もの) 선사받은 물건. 선사품.
到底(とうてい) 도저히. 아무리 해도.
到着(とうちゃく) 도착.
‖~値段(ねだん) 【経】도착 가격.
到彼岸(とうひがん) 【仏】도피안.

訓読▶
❖到る(いたる) ①(장소·시기·정도에) 이르다. 도달하다. ②두루 미치다.
到る処(いたるところ) 도처에. 가는 곳마다.

| 9 广 教 | 度 | 법도 도·헤아릴 탁 ド·ト·タク たび·のり·はかる·わたる |

音読▶
度 ㊀(ど) 도. ①정도. ②횟수. ③(안경 등의) 도수. ④《接尾語로》(온도·각도·안경 등의) 세기를 나타내는 말. …도.
㊁(たび) ①때. 번. 적. ②때〔적〕마다.
*口語로는 たんびㅗ도 함.
度す(どす) 〈古〉【仏】☞度(ど)する. ②관가에서 허락하여 승려나 비구니가 되게 하다.
度する(どする) ①【仏】제도〔구제〕하다. ②납득시키다.
度器(どき) 도기. (길이를 재는) 자.
度し難い(どしがたい) 타일러 이해시킬 도리가 없다. 구제할 길이 없다.
度胆(どぎも) 간. 담력이나.
~を抜(ぬ)く 깜짝 놀라게 하다.
度量(どりょう) 도량. ①아량(雅量). ②길이와 부피. 자와 말.
度量衡(どりょうこう) 도량형.
‖~器(き) 도량형기. 「음.
度忘れ(どわすれ) 깜빡 잊어버림. 까맣게 잊
度盛り(どもり) (온도계 따위의) 눈금.

度数(どすう) 도수. 횟수. ♣~制(せい) (전화) 도수제.
∥~分布(ぶんぷ) 『數』 도수 분포. ♣~表(ひょう) 도수 분포표.
度僧(どそう) 『佛』 도승. 득도한 승려.
度外(どがい) 도외. ① 범위 밖. ② 마음에 두지 않음. ♣~視(し) 도외시.
度外れ(どはずれ) 엄청남. 지나침.
度外れる(どはずれる) 정도・한도를 벗어나 [다.
度者(どしゃ) 『佛』 득도자(得度者).
度牒(どちょう) 『史』 도첩. 승려가 된 사람에게 주던 인정서.
度合い(どあい) 정도.
度胸(どきょう) 담력. 배짱.
∥~試し(だめし) 담력 떠보기.

訓読
度度(たびたび) 여러 번. 자주. 몇 번이고. *どどろも 읽음.
度毎(たびごと) 때마다. 매번.
度重なる(たびかさなる) 거듭되다.

其他
度い(たい) 《接尾語로》 ① …하고 싶다. ② …하여 주기 바란다. 해 주셨으면 싶습니다.
度し(たし) 〈文〉 ☞度い(たい).

| 9
才
常 | 挑 | 돋울 도・멜 조
チョウ
いどむ・かかげる |

音読
挑起(ちょうき) 부추김. [적.
挑発(ちょうはつ) 도발. ♣~的(てき) 도발
挑戦(ちょうせん) 도전. ♣~者(しゃ) 도전자 /~状(じょう) 도전장 /~的(てき) 도전적.

訓読
挑む(いどむ) ① 도전하다. ② (이성에게) 집적거리다.

| 9
辶
常 | 逃 (逃) | 달아날 도
トウ・チョウ
にげる・にがす
のがす・のがれる |

音読
逃亡(とうぼう) 도망.
∥~犯罪人(はんざいにん)『法』도망 범죄인. /~引渡法(ひきわたしほう) 도망 범죄인 인도법.
逃奔(とうほん) 도분. 달아남.
逃散 ㊀(ちょうさん) 江戸(えど) 시대, 농민이 영주의 착취에 대항하여 타지방으로 도망치던 일.
　㊁(とうさん) 도산. 흩어져 도망침.
逃走(とうそう) 도주. ♣~罪(ざい) 도주죄.
逃竄(とうざん) 도찬. 도망하여 숨음.
逃避(とうひ) 도피. ♣~的(てき) 도피적 ♣/~行(こう) 도피행.
∥~主義(しゅぎ) 도피주의.
逃毀(とうき) 『史』 중세에, 농민이 도망갔을 때, 영주가 그의 처자를 억류하고 재산을 몰수하던 일.

訓読
逃がす(にがす) ① 놓아 주다. ② 놓치다.
逃す(のがす) 놓치다.
❖逃げる(にげる) ① 도망치다. 달아나다. ② 회피하다.
逃げ(にげ) 도망침.
逃げ去る(にげさる) 멀리 도망쳐 가다.
逃げ口(にげぐち) ① 도망갈 구멍. ② 핑계. 발뺌.
逃げ口上(にげこうじょう) 핑계. 발뺌.
逃げ道(にげみち) ① 도망갈 길. ② 책임을 피하는 방법.
逃げ落ちる(にげおちる) 도망쳐 몰래 딴곳으로 가다.
逃げ路(にげみち) ⇨ 逃げ道(にげみち).
逃げ水(にげみず) 신기루(蜃氣樓)의 일종 《초원이나 아스팔트길에서 멀리 물이 있는 것같이 보이다가, 가까이 가보면 또 멀어져 가는 대기 현상》. [추다.
逃げ失せる(にげうせる) 도망쳐 행방을 감
逃げ言葉(にげことば) 핑계. 발뺌.
逃げ延びる(にげのびる) 잡히지 않고 (멀리) 도망치다. 도망쳐 피하다.
逃げ腰(にげごし) ① 도망치려는 태도. ② 뺌뺌하려는 태도.
逃げ隠れ(にげかくれ) 도망쳐 숨음.
逃げ込む(にげこむ) 도망쳐 안전한 곳으로 들어가다.
逃げ場(にげば) ① 도망갈 (안전한) 장소. ② 변명의 여지.
逃げ切る(にげきる) ① 잡을 수 없게 잘 달아나다. ② (경륜・경마에서) 따라잡기 전에 결승점에 들어가다.
逃げ足(にげあし) ① 도망치는 일〔발걸음〕. ② 달아나려는 자세. [잃다.
逃げ遅れる(にげおくれる) 도망칠 기회를
逃げ支度(にげじたく) 도망칠 채비.
逃げ出す(にげだす) ① 도망가다. ② 도망치기 시작하다.
逃げ惑う(にげまどう) 도망치려고 우왕좌왕하다. [니다.
逃げ回る(にげまわる) 여기저기 도망쳐 다
❖逃れる(のがれる) ① 달아나다. 도망치다. 피하다. ② 면하다. [김.
逃れ(のがれ) ① 도망침. 회피함. ② 보아 넘
逃れ言葉(のがれことば) 핑계.

| 9
辶 | 迯 | 달아날 도
トウ
にげる・にがす |

参考 逃의 異體字.

訓読
迯げる(にげる) ① 도망치다. 달아나다. ② 회피하다.

10 イ 常	倒	넘어질 도·거꾸로 도 トウ たおれる・たおす・ さかさま

音読
- 倒閣(とうかく) 도각. 내각을 쓰러뜨림.
- 倒景(とうけい) ☞倒影(とうえい).
- 倒壊(とうかい) 도괴. 무너짐.
- 倒句(とうく) (문법에서) 도구. 도치. ♣〜法(ほう) 도구법. 도치법.
- 倒潰(とうかい) ⇨ 倒壊(とうかい).
- 倒卵形(とうらんけい) 도란형. 거꿀달걀꼴.
- 倒立(とうりつ) 도립. 거꾸로 섬. 물구나무서기.
  ‖〜振り子(ふりこ)『理』도립 진자.
- 倒幕(とうばく) 幕府(ばくふ)를 타도함.
- 倒木(とうぼく) 쓰러진 나무.
- 倒伏(とうふく) 도복. (벼·보리 등 농작물이) 쓰러짐.
- 倒産(とうさん) 도산. 파산.
- 倒三角形(とうさんかくけい) 역(逆)삼각형.
- 倒叙(とうじょ) 도서. 역사적인 시간의 흐름과는 반대순으로 서술함.
- 倒語(とうご) 『言』도어. 차례가 뒤바뀐 말.
- 倒影(とうえい) 도영. 거꾸로 비친 그림자.
- 倒錯(とうさく) 도착. ①뒤집음. 뒤집힘. ② 본능이나 감정 등의 이상으로 반(反)사회·도덕적 행동을 함. ♣〜症(しょう) 도착증.「법.
- 倒置(とうち) 도치. ♣〜法(ほう) 『言』도치
- 倒行逆施(とうこうぎゃくし) 도행 역시. 도리에 어긋나게 일을 함.
- 倒懸(とうけん) 도현. 거꾸로 걸림[매닮].

訓読
- 倒(さかさま) 거꾸로 됨. 반대로 됨. 역(逆).
- 倒す(たおす) ①쓰러뜨리다. 넘어뜨리다. 타도하다. 무너뜨리다. ②죽이다. 잡다. ③(빚을 갚지 않고) 떼어먹다.
- 倒木(さかぎ) 나무의 결을 거꾸로 사용하는 일. 또, 그 재목.
- ❖倒れる(たおれる) 쓰러지다. ①넘어지다. ②도산하다. 망하다. ③(병이 나서) 몸져 눕다. ④(사고 따위로) 죽다.
- 倒れ ㊀(たおれ) ①쓰러지는 일. ②빌려 준 돈 따위를 받아내지 못함.
  ㊁(だおれ)《接尾語로》①쓰러져 죽음. ②사치로 돈을 날림. ③쓸모 없음. 실속 없음.
- 倒れ掛かる(たおれかかる) ①넘어지며 기대다. ②금방 넘어질 듯하다.
- 倒れ臥す(たおれふす) 넘어져 엎드리다[누워버리다].

其他
- 倒ける(こける) 〈方〉쓰러지다. 구르다.

10 山 教	島	섬 도 トウ しま

音読
- 島民(とうみん) 도민. 섬사람.
- 島嶼(とうしょ) 도서. 크고 작은 섬들.
- 島夷(とうい) 『史』도이. 중국에서 남방 이민족(異民族)의 일컬음.
- 島人(とうじん) 도인. 섬사람. *しまびと로도 읽음.
- 島地(とうち) 도지. 섬으로 된 땅. 섬.
- 島弧(とうこ) 대륙과 대양의 경계를 이루며 활 모양으로 배열된 열도.

訓読
- 島 ㊀(しま) ①섬. ②어느 한정된 지역. ③〈古〉정원 못 속의 석가산(石假山). 정원.
  ㊁(とう)《接尾語로》…도. …섬.   「음.
- 島国(しまぐに) 섬나라. *とうこく로도 읽
  ‖〜根性(こんじょう) 섬나라 근성.
- 島根(しまね) ①『雅』섬나라. ②『地』일본 中国(ちゅうごく) 지방 서북부의 현.
- 島曇り(しまぐもり) 섬의 상공에만 안개구름이 끼는 현상.
- 島台(しまだい) 대판(臺板) 위에 소나무·대나무·매화나무 등과 거북 인형 등을 벌여 놓은 결혼식 장식품.
- 島島(しまじま) 많은 섬.
- 島流し(しまながし) 유형(流刑). 유배.
- 島物(しまもの) ①남양(南洋)의 섬에서 도래한 물건. ②출처 불명의 것.
- 島抜け(しまぬけ) 유배된 죄인이 섬에서 도망침. 또, 그 죄인.
- 島山(しまやま) ①섬에 있는 산. 산 모양의 섬. ②〈古〉정원의 못에 만든 섬. 석가산(石假山)
- 島守り(しまもり) 섬지기.   「假山).
- 島巡り(しまめぐり) ①섬둘레를 돎. ②여러 섬을 돌면서 유람함.   「의 모습.
- 島影(しまかげ) 섬 그림자. 아련히 보이는 섬
- 島宇宙(しまうちゅう) 『天』섬우주. 「라.
- 島育ち(しまそだち) 섬에서 자람. 또, 그 사
- 島陰(しまかげ) 섬이 가려서 보이지 않는 곳.
- 島隠れ(しまがくれ) 배가 섬 그늘에 숨음[대피함].
- 島田(しまだ) 島田髷의 준말.
  ‖〜髷(まげ) 여자 머리 모양의 하나《주로 처녀가 결혼식 때 틀어올림》.
  〜崩し(くずし) '島田髷'의 변형.
- 島伝い(しまづたい) 섬에서 섬으로 옮겨 감. 섬을 따라감.
- 島脱け(しまぬけ) ⇨ 島抜け(しまぬけ).
- 島破り(しまやぶり) ☞島抜け(しまぬけ).
- 島唄(しまうた) 沖縄(おきなわ) 지방의 민요.
- 島颪(しまおろし) 섬의 산꼭대기에서 내리부는 강한 바람.
- 島回り(しまめぐり) ⇨ 島巡り(しまめぐり).

10 イ 教	徒	무리 도·헛될 도 ト あだ・いたずらに・ かち・ただ・むだ

音読

徒競走(ときょうそう) 달리기 경기.
徒党(ととう) 도당.
徒労(とろう) 도로. 헛수고.
徒論(とろん) 도론. 헛된 논쟁.
徒輩(とはい) 도배. 패거리. 동아리.
徒法(とほう) 도법. 유명무실한 법.
徒歩(とほ) 도보. *雅語로는 かち라고도 함.
∥~**競走**(きょうそう) 도보 경주.
~**旅行**(りょこう) 도보 여행.
徒費(とひ) 도비. 허비. 낭비.
徒死(とし) 도사. 개죽음. 헛된 죽음.
徒跣(とせん) 도선. 맨발.
徒渉(としょう) 도섭. 걸어서 강을 건넘.
徒消(としょう) 도소. 낭비.
徒手(としゅ) 도수. 맨손. 빈손.
∥~**空拳**(くうけん) 도수 공권.
~**体操**(たいそう) 맨손 체조.
徒食(としょく) 도식. 놀고 먹음.
徒為(とい) 도위. 헛일. 소용없는 짓.
徒爾(とじ) 도이. 헛됨. 무익함. 무의미함.
徒長(とちょう) 『農』 도장. 웃자람.
∥~**枝**(し) 도장지. 웃자란 가지. 헛가지.
徒弟(とてい) 도제. 제자. 계시.
~**制度**(せいど) 『史』 도제 제도. 계시 제도.
徒罪(とざい) 도죄. 도형(徒刑).
徒行(とこう) 도행. 보행(歩行).
徒刑(とけい) 도형. ①'懲役(ちょうえき)(=징역)'의 구칭. ② (구 일본 형법에서) 유형(流刑).

訓読

❖**徒** ㊀(あだ) ① 헛됨. ② 대수롭지 않음.
㊁(かち) ①〈雅〉도보. ②『史』 도보로 행렬을 선도하던 하급 무사.
㊂(ただ) (한 일이) 헛된. 헛….
㊃(むだ) 효력이 없음. 쓸데없음.
㊄(いたずら)〈雅〉쓸데없음. 헛됨. 무익함.
㊅(と) 도. ① 무리. 사람(들). ② 제자. ③《接尾語로》신도(信徒). 「허무한.
徒し(あだし)〈雅〉《接頭語로》변하기 쉬운.
徒浪(あだなみ) (공연히) 놀치는 파도《덧없는 사람의 마음의 비유》.
徒名(あだな) ① (남녀 관계의) 소문. 연문. ② 뜬소문.
徒夢(あだゆめ) 허망한 꿈.
徒付く(あだつく) 새롱거리다. 희롱대다.
徒疎か(あだおろか) 경시하는 모양.
徒や疎か(あだやおろそか) 경시하는 모양.
徒矢 ㊀(あだや) 빗맞은 화살.
㊁(すや) ① 목표를 벗어난 화살. ② 기대에 어긋나는 일. 「있는 꽃잎.
徒桜(あだざくら) ① 덧없는 벚꽃. ② 바람이
徒言(あだごと) 헛된소리. 거짓말.
徒情け(あだなさけ) ① 부질없는 친절. ② 풋사랑.
徒花 ㊀(あだばな) 헛꽃. 수꽃.
㊁(むだばな) 『植』 헛꽃. 수꽃.
❖**徒**(かち) → 訓読 徒㊁.
徒弓(かちゆみ) 걸어가며 활을 쏘는 일.

徒渡り(かちわたり) 걸어서 강 건너기. 도섭(徒渉). 「함.
徒立ち(かちだち)〈雅〉도보로 출진(出陣)
徒士(かち) 도보로 행렬을 선도하는 무사.
∥~**侍**(ざむらい) ⇨ 徒侍(かちざむらい).
徒跣(かちはだし) 맨발로 걸음.
徒侍(かちざむらい) 『史』 도보로 행렬을 따르거나 선도하는 무사.
徒走り(かちばしり) 도보로 뛰어감.
❖**徒**(ただ) → 訓読 徒㊂.
徒ならぬ(ただならぬ) 심상치 않은. 보통이 아닌. 「ろい).
徒広い(だだびろい) ☞ **徒っ広い**(だだっぴ
徒っ広い(だだっぴろい)〈俗〉되게 넓다. 휑뎅그렁하다.
徒物(ただもの) 보통 물건(物件).
徒言歌(ただごとうた) 和歌(わか) 형식의 하나. 비유 등을 쓰지 않고 평이하게 읊은 노래.
徒人(ただびと) 보통사람. 범인(凡人). *ただうどーもこ 읽음.
徒者 ㊀(ただもの) 평범한 사람. 범인. 보통.
㊁(いたずらもの) 쓸모 없는 사람. 무용자.
❖**徒**(むだ) → 訓読 徒㊃.
徒遣い(むだづかい) 낭비. 돈 따위를 헛되
徒骨(むだぼね) 헛수고. 도로. 「이 씀.
徒骨折り(むだぼねおり) 헛수고. 도로.
徒口(むだぐち) 쓸데없는 말.
徒金(むだがね) 쓴 만큼의 효과가 나타나지 않은 돈.
徒飯(むだめし) (일하지 않고) 놀고 먹는 밥.
∥~**食い**(ぐい) 무위도식.
徒死に(むだじに) 개죽음.
徒事(むだごと) 쓸데없는 일. 무익한 일. 헛된 일. 헛일. *いたずらごと・あだごと・とじ 등으로도 읽음.
㊁(ただごと) 보통일. 예삿일.
徒書き(むだがき) 쓸데없이 씀. 낙서.
徒食い(むだぐい) ① 간식. ② 무위도식.
徒玉(むだだま) 쏘아도 명중하지 않는 탄환. 전하여, 쏟아 부어도 도움이 되지 않는 자금.
徒足(むだあし) 헛걸음.
徒話(むだばなし) 잡담.

其他

徒然(つれづれ) ① 심심함. 지루함. 따분함. *とぜん으로도 읽음. ② 곰곰이. 유심히. 차근차근.

10
辶
常
途(途) 길 도 ト・ズ みち

音読

途 ㊀(と) 길.
㊁(みち) 도로. 길.
途端(とたん) 찰나. 막[바로] 그 순간.
途方(とほう) 수단. 방도. 할 바.
途上(とじょう) 도상. 도중. 노상(路上).
∥~**国**(こく) '発展途上国(はってんとじょ

うごく)(=발전 도상국)'의 준말.
途子(ずし) 대로(大路)와 대로를 연결시키는 소로(小路) 또는 네거리.
途切らす(とぎらす) ☞途切らせる(とぎらせる).
途切らせる(とぎらせる) 도중에서 끊다.
途切れる(とぎれる) 도중에서 끊어지다.
途絶(とぜつ) 두절(杜絶).
途絶える(とだえる) 두절되다. 끊어지다.
途中(とちゅう) 도중.
∥~**計時**(けいじ) (경기에서) 도중 계시. ~**下車**(げしゃ) 도중 하차.
途次(とじ) 가는 도중(에). 길을 가면서.
途轍(とてつ) 일의 사리. 조리.
途炭(とたん) 도탄.
途惑い(とまどい) 수단이나 방법을 몰라서 갈피를 잠지 못함. 사정을 몰라 망설임.
途惑う(とまどう) ① 당황하다. 어리둥절하다. ② 잠에 취하여 방향을 모르다.

10 木 常	桃	복숭아 도 トウ もも

音読
桃李(とうり) 도리. ① 복숭아와 자두. ② 현재(賢才). 수재.
桃林(とうりん) ① 도림. 복숭아나무 숲. ② '소'의 딴이름.
桃夭(とうよう) 도요. 시집 가기에 좋은 나이. 혼기(婚期).
桃源(とうげん) 도원. 선경(仙境). ♣~**郷**(きょう) 도원향. 이상향.
桃仁(とうにん) 〖漢醫〗 도인. 복숭아씨.
桃花(とうか) 도화. 복숭아꽃.
∥~**水**(すい) 도화수《봄철의 시냇물》. ~**源**(げん) 도화원. 도원. 선경(仙境). ~**の節**(せつ) 3월 3일의 桃の節句(もものせっく).

訓読
桃(もも) ①〖植〗 복숭아(나무). ② 桃色(ももいろ)의 준말. ③ 목화씨.
桃尻(ももじり) 말타기가 서툴러서 궁둥이가 안장에 잘 좌정되지 않음.
桃山(ももやま) 〖地〗 京都(きょうと) 시 안의 한 지명.
∥~**文化**(ぶんか) 桃山 시대에 일어난 문화. ~**時代**(じだい) 〖史〗 16 세기 후반, 豊臣秀吉(とよとみひでよし)가 집권한 시대.
桃色(ももいろ) 도색. ① 분홍빛. ② 남녀간의 색정(色情).
∥~**遊戯**(ゆうぎ) 도색 유희.
桃園(ももぞの) 도원.
桃の節句(もものせっく) 삼짇날.
桃の酒(もものさけ) 도화주(桃花酒).
桃湯(ももゆ) 단오 입하(立夏) 때, 복숭아 잎을 넣고 데운 목욕물. 또, 그 물로 하는 목욕.
桃割れ(ももわれ) 옛날, 16~17 세 정도의 소녀의 머리 모양의 하나.

其他
桃花鳥(とき) 〖鳥〗 따오기.

11 忄 常	悼	슬퍼할 도 トウ いたむ

音読
悼歌(とうか) 도가. 만가(挽歌).
悼詞(とうし) 도사. 조사(弔詞).
悼辞(とうじ) 도사. 조사(弔辭).
悼惜(とうせき) 도석. 죽은 이를 애도함.
訓読
悼む(いたむ) 애도하다.

11 扌	掉	혼들 도·떨칠 도 トウ·チョウ ふるう

音読
掉尾(ちょうび) 도미. ① 사물이나 문장의 막판에 기세를 올림. ② 마지막. 최후. *とうび는 관용음.

11 扌	掏	가릴 도·더듬을 도 トウ する

訓読
掏る(する) 소매치기하다.
其他
掏摸(すり) 소매치기.
掏摸る(する) 소매치기하다.
掏児(すり) ⇨ 掏摸(すり).

11 氵	淘	일 도 トウ よなげる・ゆる

音読
淘汰(とうた) 도태.
訓読
❖**淘げる**(よなげる) 일다. (물에 일어서) 가려 내다. 도태하다.
淘げ屋(よなげや) 강바닥이나 쓰레기터의 흙을 일어서 쇠붙이 따위 값 나가는 것을 거두는 업자.
❖**淘る**(ゆる) 일다.
淘金(ゆりがね) 도금. 사금(沙金)을 읾. 또, 그 사금.

11 阝 常	陶	질그릇 도 トウ すえ

音読
陶犬瓦鶏(とうけんがけい) 도견와계. 겉보기에는 좋으나 쓸모없는 것의 비유.

陶工(とうこう) 도공. *예전에는 すえつくり라고도 하였음.
陶棺(とうかん) 〖史〗 도관. 자기로 만든 관. 「管」.
陶管(とうかん) 도관. 유약을 바른 토관(土管).
陶器 ㊀(とうき) 도기. 도자기.
 ㊁(すえき) 고분(古墳) 시대부터 平安(へいあん)에 걸쳐 만들어진 토기(土器).
陶唐氏(とうとうし) 〖史〗 도당씨. 요(堯) 임금의 딴이름. 「장.
陶房(とうぼう) 도방. 도자기를 만드는 작업
陶砂(どうさ) 〖化〗 도사. 반수(礬水).
陶石(とうせき) 도석. 도토(陶土).
陶冶(とうや) 도야.
‖ 〜性(せい) 〖教〗 도야성. 교육 가능성.
陶硯(とうけん) 〖工〗 도연. 도자기로 만든 벼루.
陶然(とうぜん) 도연. 술이 거나하게 취함.
陶芸(とうげい) 도예. 도자기 공예.
陶瓦(とうが) 도와. 질기와.
陶窯(とうよう) 도요. 도기 굽는 가마. *すえがまろ도 읽음.
陶俑(とうよう) 도용. 도제(陶製)의 용(俑).
陶磁器(とうじき) 도자기.
陶製(とうせい) 도제. 도기로 됨.
陶酔(とうすい) 도취. ♣ 〜境(きょう) 도취경. 「(義歯).
陶歯(とうし) 〖醫〗 도치. 도제(陶製)의 의치
陶枕(とうちん) 도침. 도자기 베개.
陶土(とうど) 도토.
陶片追放(とうへんついほう) 〖史〗 도편 추방. 오스트라시즘.
陶化(とうか) 도화. 도야(陶冶).
陶画(とうが) 도화. 도자기에 그린 그림.

訓読
陶(すえ) 도기(陶器).
陶物(すえもの) 오지그릇. 도기(陶器).
‖ 〜師(し) 도기의 제작을 직업으로 하는 사람. 도공(陶人).
〜作り(づくり) 도기를 만드는 일. 또, 그
陶盤(すえざら) 오지 접시. 「사람.
陶坏(すえつき) 오지 그릇.
陶人(すえひと) 도공(陶工).

11
阝
[教] 都(都) 도읍 도·모두 도
ト·ツ
みやこ·すべて

音読
都内(とない) 도내. 東京(とうきょう) 도의
都度(つど) 그 때마다. 할 때마다. 「안.
都道(とどう) 東京(とうきょう) 도에서 관리하는 도로.
都道府県(とどうふけん) 일본의 행정구역인 도(都)·도(道)·부(府)·현(縣).
都都一(どどいつ) ⇨ 都都逸(どどいつ).
都都逸(どどいつ) 속요(俗謠)의 하나. 가사는 7·7·7·5조, 내용은 주로 남녀간의 애정에 관한 것임.
都督(ととく) 도독. 통할하고 감독함.
都立(とりつ) 도립. 東京(とうきょう) 도에서 설립함.
都民(とみん) 도민. 東京(とうきょう) 도의 주민. ♣ 〜税(ぜい) 도민세.
都府(とふ) 서울. 도회. 도시.
都鄙(とひ) 도비. 도시와 시골.
都城(とじょう) 도성. 성곽을 갖춘 도시.
都税(とぜい) 도세. 東京(とうきょう) 도에서 부과 징수하는 지방세.
都卒(とそつ) 〖佛〗 도솔(兜率). 육욕천(六欲天) 중의 제 4천으로, 미륵보살이 있는 곳.
都市(とし) 도시. ♣ 〜風(ふう) 도시풍 / 〜化(か) 도시화.
‖ 〜計画(けいかく) 도시 계획. ♣ 〜法(ほう) 도시 계획법 / 〜税(ぜい) 도시 계획세.
〜公園(こうえん) 도시 공원.
〜工学(こうがく) 도시 공학.
〜国家(こっか) 도시 국가.
〜気候(きこう) 도시 기후.
〜緑地(りょくち) 도시 녹지.
〜対抗(たいこう) 도시 대항. ♣ 〜野球(やきゅう) 도시 대항 야구.
〜同盟(どうめい) 〖史〗 도시 동맹.
〜霧(ぎり) 도시에서 발생하는 안개.
〜社会学(しゃかいがく) 도시 사회학.
〜生態学(せいたいがく) 도시 생태학.
〜施設(しせつ) 도시 시설.
〜銀行(ぎんこう) 시중 은행.
〜再開発(さいかいはつ) 도시 재개발.
都心(としん) 도심. 도시 중심부. 「양.
都雅(とが) 도아. 고상한 모양. 품위 있는 모
都営(とえい) 東京(とうきょう) 도가 경영함.
都有(とゆう) 도유. 東京(とうきょう) 도가 소유함. ♣ 〜地(ち) 도유지.
都維那(ついな) 도유나. 사원(寺院)의 사무를 맡은 사람.
邑(とゆう) 도읍. 도회지.
都議(とぎ) 東京(とうきょう) 도議会議員(ぎかいぎいん)의 준말. ♣ 〜会(かい) 도의회.
都人(とじん) 도인. 서울 사람. 도시인. *みやこびとろ도 읽음.
都人士(とじんし) 도시 사람. 도시인.
都電(とでん) 東京(とうきょう) 도에서 경영하는 전차. 「정.
都政(とせい) 도정. 東京(とうきょう) 도의 행
都制(とせい) 東京(とうきょう) 도와 같은 도시의 지방 자치 제도.
都知事(とちじ) 東京(とうきょう) 도 지사.
都塵(とじん) 도진. 도시의 혼잡함.
都庁(とちょう) 도청. 東京(とうきょう) 도의 행정 사무를 취급하는 관청.
都下(とか) ① 도하. 도읍의 안. ② 東京(とうきょう) 도내 23 개 구(區)를 제외한 시(市)·町(ちょう)·村(そん).
都合(つごう) ① 형편. 사정. 편의. ② 변통. 융통. ③ 도합. 총계. 합계.

‖~次第(しだい) 형편(사정) 여하에 따름.
都会(とかい) 도회. ♣~病(びょう) 도회병 / ~人(じん) 도회인 / ~的(てき) 도회적.
訓読
都 ㊀(みやこ) ①天皇(てんのう)의 거처가 있는 곳. ②수도. 서울.
㊁(と) 도. ①東京(とうきょう) 도의 준말.
都する(みやこする) 도읍하다. ㊁도시.
都て(すべて) 전부. 모두. 전체. 모조리.
都薊(みやこあざみ) 〖植〗 국화과의 다년초 《가을에 홍자색의 꽃이 핌》.
都瓜(みやこうり) '真桑瓜(まくわうり)(=참외)'의 별명.
都落ち(みやこおち) 낙향(落郷).
都忘れ(みやこわすれ) 과꽃의 재배 품종. 봄에 파랑·보라·흰색의 꽃이 핌. 「람.
都育ち(みやこそだち) 도시 태생. 또, 그 사
都移り(みやこうつり) 수도(首都)를 옮김. 천도(遷都).
都入り(みやこいり) 서울로 들어감. 입경(入
都鳥(みやこどり) 〖鳥〗 ①'ユリカモメ(=붉은부리갈매기)'의 딴이름. ②검은머리물떼새.

11 艹 茶
씀바귀 도·띠 도
ト·タ·ダ
にがな

音読
茶毒(とどく) 도독. ①해독을 끼침. ②고통을 줌.
茶毘(だび) 〖佛〗 다비. 화장(火葬). ♣~葬(そう) 화장.
‖~所(しょ) 다비소. 화장터.

11 皿 常 盗(盜)
도둑 도·훔칠 도
トウ
ぬすむ

音読
盗掘(とうくつ) 도굴.
盗難(とうなん) 도난.
‖~保険(ほけん) 도난 보험.
盗掠(とうりゃく) 도략. 훔치고 빼앗아감.
盗塁(とうるい) 〖野〗 도루.
盗伐(とうばつ) 도벌.
盗犯(とうはん) 도범.
盗癖(とうへき) 도벽.
盗視(とうし) 도시. 훔쳐 봄. 몰래 엿봄.
盗心(とうしん) 도심. 훔칠 생각.
盗用(とうよう) 도용.
盗作(とうさく) 도작. 표절.
盗賊(とうぞく) 도적. ♣~鷗(かもめ) 〖鳥〗 도둑갈매기.
盗電(とうでん) 도전.
盗罪(とうざい) 도죄. 훔친 죄. 도범(盗犯).
盗採(とうさい) 몰래 채취(採取) 함.
盗跖(とうせき) 〖史〗 도척. 중국, 춘추 시대의 대도(大盗).
盗蹠(とうせき) ⇨ 盗跖(とうせき).
盗泉(とうせん) 도천《고대 중국에 있던 샘의 이름》.
盗聴(とうちょう) 도청. ♣~器(き) 도청기.
‖~捜査(そうさ) 도청 수사.
盗取(とうしゅ) 도취. 훔쳐 가짐.
盗品(とうひん) 도품. 장물.
‖~故買(こばい) 장물 취득.
盗汗(とうかん) 〖醫〗 도한. 식은땀. *ねあせ로도 읽음.
訓読
盗人(ぬすびと) 도둑. 절도. *とうじん·ぬすっとろ도 읽음.
‖~萩(はぎ) 〖植〗 도둑놈의갈고리.
❖盗む(ぬすむ) ①훔치다. 속이다. ②남의 작품을 표절하다. ♣~塁(盗塁).
盗み(ぬすみ) 훔침. 도둑질.
‖~笑い(わらい) 남이 모르게 웃는 얼굴.
盗み見(ぬすみみ) 몰래 엿봄. 훔쳐 봄.
盗み読み(ぬすみよみ) ①옆에 있는 사람이 보는 것을 슬쩍 훔쳐 읽음. ②남의 편지를 몰래 읽음.
盗み聞き(ぬすみぎき) 몰래 엿들음.
盗み食い(ぬすみぐい) ①(몰래) 훔쳐 먹음. ②남이 모르게 먹음.
盗み心(ぬすみごころ) 도심(盗心). 도둑질 하려는 마음. 「살금 걸음.
盗み足(ぬすみあし) 발소리가 안 나게 살금
其他
盗文字(ぬもじ) 도둑.

12 土 堵
담 도·편안히살 도
ト
かき

音読
堵(と) 울타리. 담. *かきろ도 읽음.
堵列(とれつ) 도열.

12 尸 屠
죽일 도·백장 도
ト
ほふる

音読
屠腹(とふく) 도복. 할복(割腹).
屠殺(とさつ) 도살. 도축. ♣~場(じょう) 도살장. 도축장.
屠所(としょ) 도소. 도살장.
屠蘇(とそ) 도소. 도소주. ♣~散(さん) 도소산 / ~酒(しゅ) 도소주. 「나한 기분.
‖~機嫌(きげん) 설날에 도소주를 마신 거
屠牛(とぎゅう) 도우. 소를 잡음.
屠肉(とにく) 도육. 도살한 가축의 고기.
屠人(とじん) 도인. 백장.
屠場(とじょう) 도장. 도살장.
屠畜(とちく) 도축. ♣~場(じょう) 도축장.
訓読
屠る(ほふる) ①상대를 이기다. 물리치다. ②(적을) 몰살하다. ③(새나 짐승을) 잡다.

道(道) 길 도·말할 도　ドウ·トウ　みち·いう

音読

道 ㊀(どう) ①北海道(ほっかいどう)의 준말. ②《接尾語로》…도. ㉠길. 도로. ㉡(전문적인) 기예.
㊁(みち) 길. 도정. 방법. 방면.
∥〜の者(もの) 그 방면에 뛰어난 사람.
道ぶら(どうぶら) 大阪(おおさか)의 번화가인 道頓堀(どうとんぼり)를 산책하는 일.
道家(どうか) 도가. ①노장(老莊) 사상을 받드는 학파. ②도교를 받드는 사람. 도사(道士). *どうけ로도 읽음.
道管(どうかん) 〖植〗도관(導管). 물관(管).
道観(どうかん) 도관. 도사(道士)가 사는 사원(寺院).
道教(どうきょう) 도교(중국 고유의 종교).
道交法(どうこうほう) '道路(どうろ)交通法(こうつうほう)(=도로 교통법)'의 준말.
道具(どうぐ) 도구. ①기구의 총칭. ②방편. 이용물. ♣〜箱(ばこ) 연장궤[통] / 〜屋(や) 고물상.
∥〜立て(だて) 필요한 도구를 정리해 두는 일. 온갖[제반] 준비.
〜方(かた) 〖劇〗무대 장치 취급자.
〜的条件付け(てきじょうけんづけ) 〖心〗도구적 조건부.
道器(どうぎ) 〖佛〗도기. 불도를 닦을 만한 자질의 사람.　　　　　　　「안.
道内(どうない) 도내. 北海道(ほっかいどう)
道念(どうねん) 도념. ①도의심. ②구도심(求道心). ③승려의 아내.
道断(どうだん) 도단. 당치도 않음.
道徳(どうとく) 도덕. ♣〜家(か) 도덕가/〜観(かん) 도덕관/〜律(りつ) 도덕률. 도덕 법칙/〜法(ほう) 도덕법/〜性(せい) 도덕성/〜心(しん) 도덕심.
∥〜関税(かんぜい) 〖經〗도덕 관세.
〜教育(きょういく) 도덕 교육.
〜意識(いしき) 도덕 의식.
〜的(てき) 도덕적. ♣〜危険(きけん) 〖經〗도덕적 위험[해이]. 모럴 해저드.
〜哲学(てつがく) 도덕 철학.
道頓堀(どうとんぼり) 〖地〗大阪(おおさか) 중심지에 있는 번화가.
道楽(どうらく) 도락. ①〈老〉취미. ②난봉. 주색잡기에 빠짐.
∥〜息子(むすこ) 방탕한 자식.
〜者(もの) 난봉꾼. 탕아(蕩兒). ②게으름쟁이.
道路(どうろ) 도로. ♣〜橋(きょう) 도로교.
∥〜交通法(こうつうほう) 도로 교통법.
〜鋲(びょう) 도로 표지의 하나. 구분 등을 표시하기 위해 노면에 박은 금속제 징.
〜負担金(ふたんきん) 도로 부담금.
〜元標(げんぴょう) 도로 원표.
〜里程標(りていひょう) 도로 이정표.
〜占用権(せんようけん) 도로 점용권(전용권).
〜特定財源(とくていざいげん) 도로 특정 재원《휘발유 등에 부과하는 휘발유세 외에 석유·가스세 등이 '특정 재원'으로서 지방 자치체의 도로 정비에 충당됨》.
〜標示(ひょうじ) 노면 표지.　　　「표지.
〜標識(ひょうしき) 교통 표지. 도로 안전
道理(どうり) 도리. 이치.
∥〜至極(しごく) 지극히 당연한 모양.
道立(どうりつ) 도립. 北海道(ほっかいどう)가 세워 유지함.
道明寺(どうみょうじ) ①大阪(おおさか) 부에 있는 절. ②道明寺糒의 준말.
∥〜粉(こ) 쩌서 말린 찹쌀을 빻은 가루《일본식 과자의 재료 등으로 씀》.
〜糒(ほしい) 찹쌀을 쪄서 말린 식품.
道門(どうもん) ①도교(道教). 도가(道家). ②불문(佛門). 불도(佛道).　　「민.
道民(どうみん) 北海道(ほっかいどう)의 주
道服(どうふく) ①도복. 도사가 입는 옷. ②(여행중에 입던) 먼지를 막는 의복《羽織(はおり)의 시초》.
道士(どうし) 도사. ①도교(道教)를 닦은 사람. ②선인(仙人). 방사(方士).
道産(どうさん) 北海道(ほっかいどう) 산(産)(태생). *どさん으로 많이 쓰임.
道上(どうじょう) 도상. 길 위. 노상(路上).
道床(どうしょう) 도상. 철도 궤도에서 침목 아래에 깐 자갈·쇄석 등의 층.
道書(どうしょ) 도서. 도교(道教)의 책.
道釈(どうしゃく) 도석. 도교와 불교. ♣〜画(が) 도석화.
道俗(どうぞく) 도속. 승려와 속인.
道術(どうじゅつ) 도술. 도가(道家)의 방술.
道心(どうしん) 도심. ①도덕심. ②불교를 믿는 마음.　　　　　　　　　「람.
∥〜者(じゃ) 〖佛〗도심자. 불문에 귀의한 사
道衣(どうい) 도의. 도복(道服).
道義(どうぎ) 도의. ♣〜心(しん) 도의심. 도덕심/〜的(てき) 도의적.
道人(どうじん) 도인. ①〖佛〗불문에 들어가 득도한 사람. ②도사. 도교를 닦은 사람. *どうにん으로도 읽음.
道者(どうじゃ) ①순례자. ②도사(道士). 불도 수행자.
道場(どうじょう) 도장. ①무예를 닦는 곳. ②〖佛〗도량(道場).
∥〜破り(やぶり) 다른 도장에 가서 시합을 강요. 이기면 금품을 뜯어가는 일. 또, 그 사
〜荒らし(あらし) ☞道場破り.　　「람.
道程 ㊀(どうてい) 도정. ①노정. 길의 거리. ②과정.
㊁(みちのり) 도정. 행정(行程).　　「나.
道諦(どうたい) 〖佛〗도제. 사제(四諦)의
道祖神(どうそじん) 행신(行神). 행인을 지

道中 ㈠(どうちゅう) 〈老〉도중. 여행 도중. 여로. ♣~姿(すがた) 여행 차림 / ~着(ぎ) 여행복.
‖~駕籠(かご) 옛날에, 길에서 손님을 태워 주고 돈을 받던 가마.
~記(き) ①여행기. 여행 일기. ②여행 안내기.
~笠(がさ) 여행시 머리에 쓰는 삿갓.
~双六(すごろく) 東海道(とうかいどう) 53개소의 역참을 그린 말판으로 노는 쌍륙.
~差し(ざし) 여행중에 찼던 비교적 짧은 칼《호신용》.
㈡(みちなか) ①길 한복판. ②〈老〉길가는 도중.
道庁(どうちょう) 北海道庁(ほっかいどうちょう)의 준말. 北海道 도청.
道聴塗説(どうちょうとせつ) 도청도설. 뜬소문을 주고받음.
道統(どうとう) 도통. 유학을 전하는 계통. ♣~論(ろん) 도통론.
道破(どうは) 도파. 설파. 갈파.
道標 ㈠(どうひょう) 도표. 길잡이. 이정표.
㈡(みちしるべ) ① ☞㈠. ②『蟲』반묘(斑猫). 가뢰.
道学(どうがく) 도학. ①도덕을 가르치는 학문. ②유학(儒學). ♣~者(しゃ) 도학자 / ~的(てき) 도학적.
‖~先生(せんせい) 도학 선생. 도학자《조롱하는 말》.
道号(どうごう) 『佛』도호.
道化(どうけ) ①익살스러운 말이나 동작. 또, 익살꾼. ②道化方의 준말. ♣~者(もの) 익살꾼.
‖~方(がた) 歌舞伎(かぶき)에서, 익살꾼역.
~師(し) 익살꾼. 어릿광대. 피에로.
~芝居(しばい) 익살극. 「부리다.
道化る(どうける) 익살부리다《떨다》. 패사
道話(どうわ) ①사람의 도리를 말한 이야기. ②江戸(えど) 시대, 심학자(心學者)의 훈화.
訓読
道すがら(みちすがら) 길을 가면서. 길 가는 도중. 「는.
道ならぬ(みちならぬ) 도덕〔윤리〕에 어긋나
道歌 ㈠(みちうた) ①민요 중, 길에서 작업할 때 부르는 노래. ②가르침을 노래한 것.
㈡(どうか) 도가. 불교나 심학(心學)의 정신을 읊은 교훈적인 短歌(たんか).
道開け(みちあけ) ①도로를 개통함. ②교제를 시작함.
道教え(みちおしえ) 『蟲』반묘(斑猫). 가뢰.
道均し(みちならし) ①길 고르기. ②어떤 일을 위해 사전에 공작해 두기.
道筋(みちすじ) ①지나가는 길. 코스. ②사물의 도리. 이치.
道の記(みちのき) 여행기. 기행문.
道端(みちばた) 길의 주변. 길(가).
道道(みちみち) 길을 (걸어) 가면서.
道連れ(みちづれ) ①동행(자). 길벗. ②자기 행위에 끌어들임.
道の辺(みちのべ) 노변. 길가. 「사.
道普請(みちぶしん) 도로(의 개설·보수) 공
道分け石(みちわけいし) 도로의 분기점 등에, 도표(道標)로서 놓은 돌.
道糸(みちいと) 원줄. 낚싯대 끝에서 목줄까지의 낚싯줄. 「서.
道順(みちじゅん) (목적지로 가는) 길. 순
道の神(みちのかみ) 도신(道神). 행신(行神).
道辻(みちつじ) 십자로. 네거리.
道案内(みちあんない) 길 안내.
道外れ(みちはずれ) ①길〔코스〕에서 벗어남〔벗어난 곳〕. ②도리에 어긋남.
道芝(みちしば) 길가에 나는 잔디.
道草(みちくさ) ①길가의 풀. 노방초(路傍草). ②지정거림.
道打ち(みちうち) 말을 타고 길을 감.
道行き(みちゆき) ①길을 감. ②옛 운문체(韻文體)의 여행기.
道も狭に(みちもせに) 〈雅〉길이 좁다하고. 길 그득히.
道形(みちなり) 길이 뻗어 있는 상태.
道火(みちび) 화약의 도화선.
其他
道産子(どさんこ) 〈方〉北海道(ほっかいどう)에서 태어난 사람〔동물〕.
道守(ちもり) ①길을 지키는 사람. ②옛날, 길로 다니며 불법 행위를 경계하던 사람.
道触の神(ちぶりのかみ) 육지나 뱃길의 안전을 지키는 신. *ちふりのかみ로도 읽음.

| 12획 亻 常 | 渡 | 건널 도·나루 도
ト・ド
わたる・わたす |

音読
渡欧(とおう) 도구. 유럽에 감.
渡唐(ととう) 당나라로〔중국으로〕 도항함.
渡島(ととう) 배로 섬에 건너감.
渡道(とどう) 北海道(ほっかいどう)로 감.
渡独(とどく) 도독. 독일에 감.
渡頭(ととう) 도두. 나룻가. 나루터 근처.
渡来(とらい) 도래. 외국에서 건너옴〔들어옴〕. ♣~人(じん) 도래인.
渡米(とべい) 도미(渡美).
渡仏(とふつ) 도불. 프랑스에 감.
渡船(とせん) 도선. 나룻배. ♣~橋(きょう) 도선교 / ~料(りょう) 도선료. 나룻삯 / ~場(ば) 도선장. 나루터.
渡線橋(とせんきょう) 도선교. 과선교(跨線橋). 육교.
渡渉(としょう) 도섭. 강을 건넘.
渡世(とせい) 도세. 세상살이. 생업(生業).
‖~人(にん) 불량배. 도박꾼. 노름꾼.
渡洋(とよう) 도양. 바다를 건넘.
渡御(とぎょ) 天皇(てんのう)·神輿(みこし)
渡英(とえい) 도영. 의 행차.
渡日(とにち) 도일. 일본으로 건너감.

渡盞(とさん) 잔을 올려 놓는 대.
渡津(としん) 도진. 나루.
渡天(とてん) 도천. 천축(天竺)으로 건너감.
‖~僧(そう) 천축으로 건너간 승려.
渡河(とか) 도하. 도강.
渡航(とこう) 도항.
‖~免状(めんじょう) 해외 여행 허가증.
渡海(とかい) 도해. 도항.

訓読

渡らせられる(わたらせられる) '…である' '行(い)く' '来(く)る'의 최상의 경어.
渡殿(わたどの) 두 건물을 잇는 복도.
渡座(わたまし) 〈雅·方〉이사. 이전.
❖渡す(わたす) ① 건네(주)다. ② 건너지르다. 걸치다. ③ (넘겨) 주다.
渡し(わたし) 나룻배로 사람이나 물을 건넴. 또, 그 나룻배.
渡し船(わたしぶね) 나룻배.
渡し守(わたしもり) 나룻배 사공. 나루터지기.
渡し賃(わたしちん) ① 나룻삯. ② 사설 교량 또는 특정한 다리를 건널 때의 요금.
渡し場(わたしば) 나루터. 도선장.
渡し銭(わたしせん) ① 나룻삯. ② 사설교·특정교를 건널 때의 요금.
渡し舟(わたしぶね) ⇨ 渡し船(わたしぶね).
❖渡る(わたる) ① 건너다. 건너가다(오다). ② 지나다. ③ (다른 사람에게) 넘어가다. 인도되다. ④ (어떤 범위에) 미치다.
渡り(わたり) ① 건넘. 이동. ② 나루터. ③ 도래(渡來). 외래. ④ 떠돌아다님. 떠돌이.
渡り稼ぎ(わたりかせぎ) 떠돌아다니며 벌이함. 장돌림함.
渡り間(わたりま) 경간(徑間). 벽·아치·교량 따위의 지주(支柱)와 지주 사이의 거리.
渡り台詞(わたりぜりふ) 〈歌舞伎(かぶき)에서〉 하나의 대사를 여럿이 나눠서 차례차례로 말하는 일. 또, 그 대사.
渡りの島(わたりのしま) 바다를 건넌 곳에 있는 외딴섬.
渡り廊(わたりろう) ☞渡り廊下(わたりろうか).
渡り廊下(わたりろうか) 두 건물을 잇는 복도.
渡り物(わたりもの) ① 선조 대대로 물려 오는 물건. ② 외국에서 들여온 물건. 외래품. 수입품.
渡り並み(わたりなみ) 세상 사람과 같은 식·정도. 보통.
渡り歩く(わたりあるく) (일을 찾아서) 떠돌아다니다. 전전하면서 일·일터를 바꾸다.
渡り奉公(わたりぼうこう) 떠돌아다니며 고용살이함.
渡り腮(わたりあご) 들보 따위를 십자꼴로 짜는 방법으로, 윗재목에 홈을 파고 이에 맞추어 깎은 아래 재목을 끼우는 것.
‖~仕口(しくち) 渡り腮로 장부를 내는 방식.
渡り船(わたりぶね) ☞渡し船(わたしぶね).
渡り手(わたりで) 나루. 나룻배.
渡り守(わたりもり) 나룻배 사공.

渡り者(わたりもの) ① 일자리를 찾아 떠돌아다니는 사람. 떠돌이. ② 타처에서 이주해 와서 사는 사람.
渡り場(わたりば) ① 건너야 할 곳. ② 나루터.
渡り殿(わたりどの) ☞渡殿(わたどの).
渡り鳥(わたりどり) 철새. 후조.
渡り職人(わたりしょくにん) 떠돌이 장색《목수·미장이 따위》.
渡り初め(わたりぞめ) 다리의 개통식《에서 맨 처음 다리를 건넘》.
渡り板(わたりいた) (배와 육지를 연결하는) 발판·널빤지.
渡り合う(わたりあう) ① 서로 싸우다. ② 논쟁하다.
渡り蟹(わたりがに) 《動》 꽃게.

| 12 木 | 棹 | 노 도
トウ
さお·さおさす |

音読

棹歌(とうか) 도가. 뱃노래. ＊さおうた로도 읽음.

訓読

棹(さお) ① 장대. 작대기. ② 삿대. 상앗대. 저울대. ③ 《接尾語로》 가늘고 긴 물건을 셀 때 쓰는 말.
棹さす(さおさす) ① 상앗대질〔삿대질〕하다. 배를 젓다. ② 편승하다. 타다.
棹立ち(さおだち) (말 따위가) 뒷발로 곧추 섬.
棹物菓子(さおものがし) 양갱(羊羹). 막대 모양으로 길고 가느다랗게 만든 일본 과자의 총칭.
棹取り(さおとり) 배의 키잡이. 또, 배를 젓는 일.
棹舵(さおかじ) 배를 나아가게 하는 상앗대〔삿대〕와 키.
棹枰(さおばかり) 대저울.

| 12 艹 | 萄 | 포도 도·머루 도
ドウ |

逆音

葡萄(ぶどう) 포도.

| 13 土 常 | 塗 | 바를 도·진흙 도
ト
ぬる·まみれる·みち·まぶす |

音読

塗工紙(とこうし) 코트지. 코티드 페이퍼.
塗料(とりょう) 도료.
塗膜(とまく) 목제 칠기에서 나무 바탕을 보호하는 밑칠 위에 덧는 옷칠 부분.
塗抹(とまつ) ① 칠함. 바름. ② 칠해 지워 버림. 칠해 없앰.
塗装(とそう) 도장. 칠하기.
塗擦(とさつ) 도찰. 문질러 바름. ♣~剤(ざ

い) 도찰제.
塗板(とばん) ① 칠을 한 판자. ② 칠판.
塗布(とふ) 도포. 칠함. 바름. ♣**~剤**(ざい) 도포제.

訓読
塗す(まぶす) (가루 따위를) 온통 처바르다.
❖**塗る** ㊀(ぬる) ① 바르다. ㉠ 칠하다. ㉡ (짙은) 화장을 하다. ② (죄・책임 등을) 덮어씌우다.
㊁(まぶる) ☞ 塗す(まぶす).
塗り(ぬり) ① 칠. 칠하는 일. 칠하는 방식. ② 옻칠. ③《接尾語로》 칠한 물건. *③은 塗로도 씀.
塗りたくる(ぬりたくる) 마구 칠하다. 뒤바르다.
塗りむら(ぬりむら) 칠에 얼룩이 짐. 또, 그 얼룩.
塗り家(ぬりや) 〖建〗⇨ 塗り屋(ぬりや).
塗り骨(ぬりぼね) 옻칠을 한 부챗살.
塗り机(ぬりづくえ) 옻칠을 한 책상.
塗り潰す(ぬりつぶす) ① 빈틈없이 모두 칠하다. ② 사물을 덮어 감추다.
塗り大工(ぬりだいく) 미장이.
塗り籠め(ぬりごめ) ① 화재에 견딜 수 있도록 두껍게 흙을 발라 광처럼 만든 방. ② 塗り籠 籐의 준말.
‖**~籐**(どう) 옻칠을 한 등(籐). 또, 그 등으로 감은 활의 몸체.
~他行(たぎょう) 塗り籠에 숨어 있으면서 외출했다고 속이는 일.
塗り立て(ぬりたて) 칠한 지가 얼마 되지 않음. 갓 칠했음.
塗り立てる(ぬりたてる) ① 화장을 짙게 하다. ② 예쁘게 칠하여 장식하다. ③ 마구 칠하다.
塗り笠(ぬりがさ) 얇게 깎아낸 나뭇조각에 종이를 바르고 옻칠해서 만든 삿갓.
塗り物(ぬりもの) 칠물(漆物). 칠기.
塗り壁(ぬりかべ) 벽토・회반죽・콜타르 따위를 발라 마무리한 벽.
塗り付ける(ぬりつける) ① 처바르다. ② (죄・책임을) 덮어씌우다.
塗り盆(ぬりぼん) 옻칠한 쟁반.
塗り師(ぬりし) ⇨ 塗師(ぬし).
塗り上げ(ぬりあげ) 칠하는 일을 끝냄.
塗り上げる(ぬりあげる) 죄다 바르다. 칠하기를 끝내다.
塗り薬(ぬりぐすり)〖薬〗(피부에) 바르는 약.
塗り屋(ぬりや)〖建〗 방화를 위해 외벽을 흙이나 회반죽으로 두껍게 칠한 집.
塗り椀(ぬりわん) 옻칠한 공기.
塗り隠す(ぬりかくす) 칠하여 가리다《남부끄러운 일을 숨기거나 감추는 일에도 비유됨》.
塗り込める(ぬりこめる) 안에 넣고 둘레를 모두 칠하여 보이지 않게 하다. 빈틈없이 바르다.
塗り残し(ぬりのこし) 아직 칠하지 않은 곳이 남아 있음.
塗り箸(ぬりばし) 옻칠한 젓가락.
塗り直す(ぬりなおす) (칠한 데를) 다시 고쳐 칠하다.
塗り替え(ぬりかえ) (칠한 위에) 다시 칠함. 덧칠.
塗り替える(ぬりかえる) 새로이 다시 칠하다.
塗り桶(ぬりおけ) ① 옻칠한 통. ② 풀솜을 잡아늘이는 데 쓰는 통 모양의 도구.
塗り板(ぬりいた) ① 옻칠한 판자《흰 에나멜 등으로 글씨를 쓰며, 닦을 수 있어서 게시판으로 씀》. ② 칠판. 흑판.
塗り筆(ぬりふで) 채색용의 붓.
塗り下地(ぬりしたじ) 벽 따위의 애벌칠.
塗り下駄(ぬりげた) 옻칠한 왜나막신.
塗り絵(ぬりえ) 색칠을 하도록 윤곽만 그려놓은 그림.
❖**塗れる**(まみれる) …투성이가 되다.
塗れ(まみれ)《名詞에 붙어》…투성이.

其他
塗師(ぬし) 칠기(漆器)의 세공이나 제조를 하는 장색(匠色).
塗師風呂(ぬしぶろ) 칠기를 건조시키기 위한 밀폐된 건조실.
塗香(ずこう)〖佛〗도향. 육종 공양(六種供養)의 하나.

13 扌 **搗** 찧을 도
トウ
かつ・つく・うつ

参考 擣의 異體字.

音読
搗精(とうせい) 도정.

訓読
❖**搗く**(つく) ① 찧다. 빻다. ② (떡을) 치다.
搗き(つき) 찧기. (떡을) 치기.
搗き減り(つきべり) (쌀 따위를) 찧고 나서 분량이 줆. 또, 그 분량.
搗き交ぜる(つきまぜる) ① (곡류 따위를) 절구로 찧어 섞다. ② 이질(異質)의 물건〔물질〕을 한데 뒤섞다.
搗き臼(つきうす) 절구.
搗き米(つきごめ) 정백미(精白米).
搗き砕く(つきくだく) 빻아 부수다.
搗き屋(つきや) 정미소. 또, 정미업자.
搗き杵(つききね) 절굿공이.
搗き精げる(つきしらげる) (쌀・보리 등을) 씹다. 정미하다.
❖**搗つ**(かつ) ① 절구에 찧다. ② 방망이로 두들기다.
搗ち上げ(かちあげ) (씨름에서) 서로 맞닥뜨릴 때 팔꿈치를 굽혀 팔과 어깨로 상대의 상반신을 밀어붙이는 기술.
搗ち上げる(かちあげる) (씨름에서) 팔을 굽혀 팔꿈치로 상대의 턱 밑부분을 위로 밀어붙이다.
搗ち栗(かちぐり) 황밤.
搗ち杵(かちぎね) 절굿공이.
搗ち合う(かちあう) ① 충돌하다. 부딪치다. ② 겹치다.

其他

搢布(かじめ) 〖植〗 ① 감태. ② 대황.

| 13 氵 | 滔 | 창일할 도·넓을 도
トウ
はびこる |

音読

滔滔(とうとう) 도도. ① 물이 힘차게 흐르는 모양. ② 말을 거침없이 잘 하는 모양.

| 13 足 常 | 跳 | 뛸 도·달아날 도
チョウ
はねる・とぶ |

音読

跳開橋(ちょうかいきょう) 도개교. 개폐교.
跳梁(ちょうりょう) 도량. 함부로 날윔[설침].
跳馬(ちょうば) 〖體〗 도마. 뜀틀 넘기. 뜀틀.
跳舞(ちょうぶ) 경쾌하게 뛰어오르며 춤춤.
跳躍(ちょうやく) 도약.
‖~**競技**(きょうぎ) 도약 경기.
~**上告**(じょうこく) 〖法〗 비약 상고.
跳出(ちょうしゅつ) 뛰어나감.
跳弾(ちょうだん) 장갑판이나 벽·바위 따위에 맞고 튄 총탄.

訓読

❖**跳ねる**(はねる) ① 뛰다. 뛰어오르다. ② 튀다. 터지다. ③ 그날의 흥행이 끝나다. ④ (시세가) 급등하다.
跳ね(はね) ① (튀긴) 흙탕물. ② (그 날의 흥행물의) 종연.
跳ねかす(はねかす) 〈俗〉 튀기다. 튀게 하다.
跳ね掛かる(はねかかる) (물 따위가) 튀어 오르다.
跳ね掛ける(はねかける) ① (물 따위를) 튀기도록 뿌리다. ② 죄를 남에게 덮어씌우다.
跳ね橋(はねばし) 도개교(跳開橋).
跳ね起きる(はねおきる) 벌떡 일어나다.
跳ね馬(はねうま) 사나운 말.
跳ね返す(はねかえす) ① 되튀기다. ② 벌떡 뒤집히다. ③ (충고 따위를) 단호히 거부하다.
跳ね返り(はねかえり) ① (튀어서) 되돌아옴. ② 〈俗〉 경망스러움. 말괄량이.
跳ね返る(はねかえる) ① 튀어서 되돌아오다. ② (자기에게) 되돌아오다. 되미치다.
跳ねっ返り(はねっかえり) ① ☞ 跳ね返り(はねかえり)①. ② 말괄량이.
跳ね上がり(はねあがり) ① 도약. 뛰어오름. ② 물가 등의 폭등. ③ 〈俗〉 말괄량이. 과격한 행동(가).
跳ね上がる(はねあがる) ① 뛰어오르다. 튀어오르다. ② (값이) 폭등하다. ③ (지시에 따르지 않고) 멋대로 행동하다.
跳ね上げる(はねあげる) ① 세게 튀기다. ② (발로) 차 올리다.
跳ね時(はねどき) 그 날의 흥행이 끝나는 시각.

跳ね者(はねもの) 갑자기 묘한 말이나 행동을 하는 사람. 촐랑이.
跳ね炭(はねずみ) (불에서) 튀기 잘하는 숯.
跳ね退く(はねのく) 홱 비켜서다. 갑자기 물러서다.
跳ね火(はねび) 튀는 불. 튀어 나르는 불.
跳ね回る(はねまわる) 여기저기 뛰어 돌아다니다.
❖**跳ぶ**(とぶ) 뛰다. 도약하다. 뛰어넘다.
跳び上がる(とびあがる) 뛰어오르다. 펄떡 뛰다.
跳び箱(とびばこ) 뜀틀.
跳び移る(とびうつる) 뛰어서 다른 데로 가다.
跳び込み(とびこみ) ① 뛰어듦. ② (수상 경기의) 다이빙. ♣~**台**(だい) 다이빙대.
‖~**競技**(きょうぎ) 다이빙 경기.
~**自殺**(じさつ) (달리는 기차 등에 뛰어드는) 투신 자살.
跳び込む(とびこむ) 뛰어들(어가)다.
跳び板(とびいた) 도약판. 뜀판(板). 스프링보드.

| 14 禾 常 | 稲 (稻) | 벼 도
トウ
いね・いな |

音読

稲麻(とうま) 도마. ① 벼와 삼. ② 稲麻竹葦의 준말.
‖~**竹葦**(ちくい) 벼와 삼과 대와 갈대. 전하여, 많은 것들이 서로 엉기어 있는 일.

訓読

稲 ㊀(いね) 벼.
㊁(いな) 《接頭語로》 벼의.
稲架け(いなかけ) 볏덕. *いなかけ로도 읽음.
稲幹(いながら) 볏짚.
稲科(いなか) 〖植〗 볏과(科).
稲光(いなびかり) 번개.
稲掛け(いなかけ) 볏덕. *いなかけ로도 읽음.
稲扱き(いねこき) 벼훑이. 벼를 훑는 일. 또, 그 기계. 탈곡기(脱穀機).
稲搗き(いねつき) 벼 찧기.
稲の螟虫(いねのずいむし) ⇨ 稲の髄虫(いねのずいむし).
稲敷(いなしき) 볏짚이 깔려 있음. 또, 그 장소. 전하여, 시골.
稲蓆(いなむしろ) ① 볏짚 자리. ② 여문 벼가 명석처럼 쓰러진 모양.
稲城(いなぎ) 옛날 전쟁 때 볏단을 쌓아 보루(保壘)로 삼던 일.
稲穂(いなほ) 〈雅〉 벼 이삭.
稲の髄虫(いねのずいむし) 〖蟲〗 이화명이(二化螟蛾).
稲刈り(いねかり) 벼 베기.
‖~**唄**(うた) 벼 베기를 할 때 부르는 노래.
稲春き(いねつき) ⇨ 稲搗き(いねつき).
稲子(いなご) 〖蟲〗 메뚜기.
稲作(いなさく) 벼농사. 작황.

稲雀(いなすずめ) 벼 이삭을 쪼아 먹으러 오
稲田(いなだ) 논. ㄴ는 참새.
稲株(いなかぶ) 볏그루.
稲車(いなぐるま) 벤 벼를 나르는 수레.
稲倉(いなぐら) 벼 창고. 곳간.
稲妻(いなずま)〈雅〉번개.
‖〜形(がた) 뇌문(雷紋). 번개무늬.
稲叢(いなむら) 볏가리.
稲虫(いなむし) 벼의 해충.
稲置(いなぎ) ①고대 지방관의 하나. ②八姓(はっしょう)의 제8위.
稲荷(いなり) ①곡식을 맡은 신. 또, 그 신을 모신 신사(神社). ②'狐(きつね)(=여우)'의 딴이름. ③유부.
‖〜寿司(ずし) ⇨ 稲荷鮨(いなりずし).
〜鮨(ずし) 유부 초밥.
[其他]
稲架(はさ) 볏단걸이. 볏덕. *はせ・はぜ로도 읽음.
稲熱病(いもちびょう) 도열병. *とうねつびょう로도 읽음.

| 14
糸 | 絇 | 새끼꼴 도
トウ
なう |

[訓読]
❖絇う(なう) (새끼 따위를) 꼬다.
絇い交ぜ(ないまぜ) ①여러 가지 색실을 섞어 끈을 꿈. ②여러 가지를 섞어 하나로 만듦.
絇い交ぜる(ないまぜる) ①여러 색실을 섞어서 꼬다. ②여러 가지를 섞어 하나로 만들다.
絇い合わさる(ないあわさる) 두 개의 것이 합쳐져 하나가 되다.
絇い合わせる(ないあわせる) ①실・새끼 따위를 꼬다. ②두 개의 것을 합쳐서 새로운 것을 만들어 내다.

| 14
酉 | 酘 | 술밑 도・막걸리 도
ト・ド |

[音読]
酘醾(とび) 막걸리.

| 15
寸
[数] | 導(導) | 이끌 도
ドウ
みちびく |

[音読]
導管(どうかん) 도관. ①〖植〗물관(管). ②물・가스 등을 보내는 관.
導関数(どうかんすう)〖数〗도함수.
導尿(どうにょう)〖醫〗도뇨. 인위적으로 오줌을 나오게 하는 일.
導灯(どうとう) 도등. 좁은 수로(水路) 등에서 안전하게 운항하도록 인도하는 등불.
導師(どうし)〖佛〗도사(주로 법회나 장례를 주재하는 승려).
導線(どうせん) 도선. 전류를 통하는 선.
導水(どうすい) 도수. ♣〜管(かん) 도수관 / 〜橋(きょう) 도수교 / 〜堤(てい)〖土〗도수제.
‖〜渠(きょ) 도수거. 물을 끌기 위한 수로.
導音(どうおん)〖樂〗도음. 이끎음.
導引(どういん) 도인. 인도. 길 안내.
導因(どういん) 도인. 직접적인 원인.
導入(どうにゅう) 도입. ♣〜部(ぶ) 도입부.
導者(どうしゃ) 도자. 안내자. 인도자.
導体(どうたい)〖理〗도체.
導出(どうしゅつ) 도출.
導波管(どうはかん)〖理〗도파관.
導函数(どうかんすう) ⇨ 導関数(どうかんすう).
導火(どうか) 도화. ♣〜線(せん) 도화선.
[訓読]
❖導く(みちびく) 안내하다. 인도하다. 가르치다.
導き(みちびき) 인도. 지도. 안내.
[其他]
導べ(しるべ) 길 안내. 길잡이. 길표.

| 16
貝 | 賭 | 노름 도
ト
かける・かけ |

[音読]
賭す(とす) ☞ 賭する(とする).
賭する(とする) (목숨이나 돈 따위를) 걸다.
賭物(とぶつ) 도물. 노름에 건 재물.
賭博(とばく) 도박. ♣〜罪(ざい) 도박죄.
‖〜場開帳罪(じょうかいちょうざい) 도박 개장죄(開場罪).
賭事(とじ) ⇨ 賭け事(かけごと).
賭場(とば) 도박장. 노름판. *とじょう로도 읽음.
賭銭(とせん) 도전. 내기에 건 돈.
[訓読]
❖賭ける(かける) 걸다. ①내기를 하다. ②소중한 것을 대가로 하다.
賭け(かけ) 내기.
賭け金(かけきん) 판돈. 노름판에서 건 돈.
賭け碁(かけご) 내기 바둑.
賭け徳(かけどく) 내기〔노름〕에 거는 금품. 또, 그 내기〔노름〕.
賭け馬(かけうま) 경마말.
賭け物(かけもの) 내기에 거는 돈이나 물건.
賭け事(かけごと) 내기. 도박. 노름.
賭け将棋(かけしょうぎ) 내기 장기.
賭け的(かけまと) 금품을 내기로 걸고 활로 과녁을 쏘는 일.
賭鳥(かけどり) 일의 성패를 걸고 나는 새를 쏘는 일.
[其他]
賭弓(のりゆみ) 상품을 걸고 활을 쏨.

17 扌	擣	찧을 도·칠 도 トウ うつ・つく

音読
擣衣(とうい) 도의. 다듬이질로 옷을 다듬음.

17 氵	濤	물결 도 トウ なみ

音読
濤声(とうせい) 도성. 파도 소리.
訓読
濤(なみ) ①파도. ②『理』진동 현상.

17 足	蹈	밟을 도 トウ ふむ

参考 현대 표기로는 '踏'로 대용함.
音読
蹈履(とうり) 도리. 이행함.
蹈襲(とうしゅう) 도습. 답습.
其他
蹈鞴(たたら) 〈雅〉골풀무.

17 金	鍍	올릴 도 ト めっき

其他
鍍金(めっき) ①도금. ②〈俗〉겉만 번지르르하게 꾸밈. *ときん으로도 읽음.

18 木	櫂	노 도 トウ かい・かじ

参考 棹의 異體字.
訓読
櫂(かい) 노.

19 示	禱	빌 도 トウ いのる

音読
禱祀(とうし) 도사. 기도하고 제사를 지냄.
訓読
❖禱る(いのる) ①빌다. ②진심으로 바라다.
禱り(いのり) 기도. 기원.

19 韋	韜	감출 도 トウ つつむ

音読
韜略(とうりゃく) 도략. ①육도 삼략(六韜三略). ②병법.
韜晦(とうかい) 도회. 자기의 재능·신분·행방 등을 숨기어 감춤.

24 糸	纛	기 도·기 독 トウ はたぼこ

音読
纛(とう) 둑. 기(旗) 끝에 다는 털 장식.

독

7 儿	禿	대머리 독 トク かむろ・はげる・ちびる

音読
禿頭病(とくとうびょう) 독두병. 탈모증.
禿髪(とくはつ) 독발. 머리가 벗겨짐. 또, 그 머리.
禿筆(とくひつ) 독필. ①몽당붓. *ちびふで로도 읽음. ②자기 문장(필력)의 겸사말.
訓読
禿 ㊀(かむろ) ①머리나 산이 벗겨져 있음. ②단발머리(한 아이). ③창녀가 부리는 소녀. ㊁(はげ) 대머리. 또, 그 사람.
禿びる(ちびる) 끝이 무지러지다.
❖禿げる(はげる) ①머리가 벗어지다. ②전하여, 민둥산이 되다.
禿鸛(はげこう) 『鳥』무수리.
禿げ茶瓶(はげちゃびん) 〈俗〉대머리를 조롱하는 말.
禿頭(はげあたま) 독두. 대머리. *とくとう로도 읽음.
禿山(はげやま) 독산. 민둥산.
禿げ上がる(はげあがる) (몹시) 대머리지다.
禿鷹(はげたか) ☞禿鷲(はげわし).
禿げ義義(はげぎぎ) 『魚』'義義(ぎぎ)'(=동자개)의 딴이름.
禿鷲(はげわし) 『鳥』(대형의) 독수리.
其他
禿ぶ(つぶ) 닳다. 작아지다. 무지러지다.

8 毋 教	毒	독 독·해칠 독 ドク・タイ

音読
毒(どく) 독. 해독(害毒).
毒ガス(どくガス) 독가스.
毒す(どくす) ☞毒する(どくする).
毒する(どくする) 해치다. 나쁜 영향을 끼치다.
毒見(どくみ) ⇨毒味(どくみ).

毒鼓(どっく)〖佛〗독고. 독을 바른 북의 뜻으로, 그 소리를 듣는 사람은 모두 죽는다고 함. 부처의 가르침이 사람의 번뇌를 타파함을 비유하는 말.
毒口(どくち) 독설. 욕설.
毒劇物(どくげきぶつ) 독극물. 「법.
∥〜取締法(とりしまりほう) 독극물 단속
毒芹(どくぜり)〖植〗독미나리.
毒気 ㊀(どっき) ㊀. ①독성이 있는 기체. ② ▷㊁①. *どくけ로도 읽음.
㊁(どくけ) 독기. ①독의 성분. 독을 품은 기운. ②사람의 기분을 몹시 상하게 하는 분위기. 독, 악의. *どっけ로도 읽음.
毒忌み(どくいみ) 약을 복용할 때, 그 약과 상극이 되는 것을 먹지 않음.
毒念(どくねん) 독념. 상대를 해치려는 생각.
毒断ち(どくたち) 건강에 해롭거나 약 복용하는 데 꺼리는 음식을 먹지 않음.
毒毒しい(どくどくしい) ①몸시 독이 있는 듯이 보이다. ②독살스럽다. ③(색깔이) 지나치게 진하다〔칙칙하다〕. 「하다.
毒突く(どくづく) 마구 욕설을 퍼붓다. 악담
毒苺(どくいちご)〖植〗'蛇苺(へびいちご)(=뱀딸기)'의 딴이름.
毒物(どくぶつ) 독물. ♣〜学(がく) 독물학.
毒味(どくみ) (남에게 권하기 전에) 자기가 맛보아 독의 유무를 확인함. 또, 요리의 맛을 봄. 「잔.
毒杯(どくはい) 독배. 독주(毒酒)를 넣은 술
毒瓶(どくびん) 독병. 곤충 채집 용구의 하나로, 밑에 곤충을 죽일 수 있는 약을 넣은 병.
毒婦(どくふ) 독부. 사악한 여자.
毒死(どくし) 독사.
毒砂(どくしゃ)〖鑛〗독사. '硫砒鉄鉱(りゅうひてっこう)(=황비철광)'의 속칭.
毒蛇(どくじゃ) 독사. *どくへび로도 읽음.
毒殺(どくさつ) 독살.
毒腺(どくせん) (뱀 따위의) 독선. 독샘.
毒舌(どくぜつ) 독설. ♣〜家(か) 독설가.
毒性(どくせい) 독성. ♣〜学(がく) 독성학. 「양.
㊁(どくしょう) 심술궂음. 또, 심술궂은 모
毒消し(どくけし) 해독. 해독제. *どけけ
毒素(どくそ) 독소. 」로도 읽음.
∥〜血症(けっしょう)〖醫〗독소 혈증.
毒手(どくしゅ) 독수. 마수(魔手).
毒水(どくすい) 독수. 독이 있는 물.
毒矢(どくや) 독시. 독을 바른 화살.
毒心(どくしん) 독심. 독살스러운 마음.
毒牙(どくが) 독아. 독수(毒手).
毒蛾(どくが)〖蟲〗독나방.
毒悪(どくあく) 독악. 심히 해를 끼침.
毒液(どくえき) 독액.
毒薬(どくやく) 독약.
毒魚(どくぎょ) 독어. 독이 있는 물고기.
毒言(どくげん) 독언. 독설. 욕설.
毒茸(どくきのこ) 독버섯. *どくたけ로도
毒餌(どくえ) 독이. 」읽음.
毒刃(どくじん) 독인. 흉인(凶刃).
毒荏(どくえ)〖植〗'油桐(あぶらぎり)(=유동)'의 딴이름.
毒箭(どくぜん) 독전. 독화살.
毒蝶(どくちょう)〖蟲〗독나방.
毒剤(どくざい) 독제. 독약(毒藥).
毒除け(どくよけ) ①해독(解毒)(약). ②독을 예방하는 일〔약〕.
毒酒(どくしゅ) 독주. 독을 넣은 술.
毒中り(どくあたり) 중독.
毒重石(どくじゅうせき)〖鑛〗독중석. 독중토석(毒重土石).
毒蜘蛛(どくぐも)〖動〗독거미.
毒草(どくそう) 독초. 「음.
毒虫(どくむし) 독충. *どくちゅう로도 읽
毒針(どくしん) 독침. *どくばり로도 읽음.
毒筆(どくひつ) 독필. 비방·중상이 담긴
毒害(どくがい) 독해. 독살. 」글.
毒血(どくち) 독혈. 병독이 섞인 피.
毒血症(どっけつしょう)〖醫〗독혈증. 독소혈증.

| 9획
才
教 | 独 (獨) | 홀로 독·외로울 독
ドク
ひとり |

音読⇒

独居(どっきょ) 독거. 독신 생활. ♣〜房(ぼう) (감방의) 독방.
独見(どっけん) 자기 혼자만의 의견.
独鈷(とっこ) ①〖佛〗독고. 밀교(密敎)에서 쓰는 불구(佛具)의 일종. *どっこ로도 읽음. ②독고와 같은 무늬로 짠 호박단 비슷한 직물. ③(절에서) 鰹節(かつおぶし)의 은어(隱語). *どくこ로도 읽음.
独軍(どくぐん) ①독일군(獨逸軍). ②독자(獨自)의 군대.
独禁法(どっきんほう) '独占禁止法(どくせんきんしほう)(=독점 금지법)'의 준말.
独断(どくだん) 독단. ♣〜論(ろん)〖哲〗독단론 / 〜的(てき) 독단적.
∥〜専行(せんこう) 독단 전행. 자기 판단만으로 행함.
独壇場(どくだんじょう) 독무대.
独得(どくとく) 독득. ①그 사람만 알고 있는 모양. ②독특.
独楽 ㊀(どくらく) ①독락. 혼자서 즐김. ②'独楽(こま)(=팽이)'를 음독(音讀)한 말.
㊁(こま) 팽이. *古語로는 こまつぶり·こまつくりむ라고도 함.
独力(どくりょく) 독력. 자력(自力).
独立(どくりつ) 독립. ♣〜国(こく) 독립국 / 〜権(けん) 독립권 / 〜税(ぜい) 독립세 / 〜語(ご) 독립어.
∥〜家屋(かおく) 독립 가옥.
〜検察官(けんさつかん) 특별 검사.
〜独歩(どっぽ) 독립 독보.
〜独行(どっこう) 독립 독행.

~変数(へんすう) 〖數〗 독립 변수.
~運動(うんどう) 독립 운동.
~自尊(じそん) 독립 자존.
~採算制(さいさんせい) 독립 채산제.
独舞(どくぶ) 독무. 혼자서 추는 춤.
独文(どくぶん) 독문. ① 독일어 문장. 독일 문학. ② (대학의) 독문학과.
独房(どくぼう) (감방의) 독방.
独白(どくはく) 독백. ♣~体(たい) 〖文〗 독백체.
独法(どっぽう) 독법. 독일 법률.
独歩(どっぽ) 독보. ＊どくほろ도 읽음.
独参湯(どくじんとう) ① 독삼탕. 각성제로 쓰이는 탕약. ② 歌舞伎(かぶき)에서, 언제 상연해도 성공하는 狂言(きょうげん). 또, 꼭 성공한다고 생각되는 수단.
独善(どくぜん) 독선. ♣~的(てき) 독선적. ‖~主義(しゅぎ) 독선주의.
独修(どくしゅう) 독수. 혼자서 익힘.
独習(どくしゅう) 독습. ♣~者(しゃ) 독신자.
独身(どくしん) 독신. ‖~貴族(きぞく) 시간적・경제적으로 여유가 있고 걱정이 없는 독신자.
~生活(せいかつ) 독신 생활.
独愼(どくしん) 독신. 혼자 근신(謹愼)함.
独我論(どくがろん) 〖哲〗 독아론. 독재론 (獨在論)
独眼(どくがん) 독안. 애꾸눈. ‖~竜(りゅう) ① 애꾸눈의 영웅. ② 江戸(えど) 초기의 무장인 伊達政宗(だてまさむね)의 딴이름.
独語(どくご) 독어. ① 혼잣말. ② 독일어.
独言(どくげん) 독언. 혼잣말. 독어(獨語).
独訳(どくやく) 독역. 독일어로 번역함. 또, 그 번역한 것.
独演(どくえん) 독연. 혼자서 출연〔강연〕함. ‖~会(かい) ① 독연회. ② 혼자서만 계속 지껄이는 일.
独泳(どくえい) 독영. ① 혼자서 헤엄침. ② 경영(競泳)에서, 훨씬 앞질러 헤엄침.
独往(どくおう) 독왕. 독자적으로 나아감.
独吟(どくぎん) 독음. ① 혼자 읊음. ② 俳諧(はいかい)・連歌(れんが) 등을 혼자서 지음.
独人(どくじん) 독인. 독일 사람.
独任(どくにん) 독임. 한 사람에게 직무를 맡김.
独自(どくじ) 독자. ♣~性(せい) 독자성.
独酌(どくじゃく) 독작. 자작.
独裁(どくさい) 독재. ♣~者(しゃ) 독재자 /~的(てき) 독재적.
‖~政治(せいじ) 독재 정치.
独在論(どくざいろん) 〖哲〗 독재론.
独占(どくせん) 독점. ♣~体(たい) 독점체.
‖~価格(かかく) 독점 가격.
~金融資本(きんゆうしほん) 독점 금융 자본.
~禁止法(きんしほう) 독점 금지법.
~企業(きぎょう) 독점 기업.
~事業(じぎょう) 독점 사업.
~利潤(りじゅん) 독점 이윤.
~資本(しほん) 독점 자본. ♣~主義(しゅぎ) 독점 자본주의.
~的(てき) 독점적. ♣~競争(きょうそう) 독점적 경쟁.
独漕(どくそう) 독조. 조정(漕艇) 경기에서, 혼자서 노를 저음.
独存(どくそん) 독존. 단독으로 존재함.
独尊(どくそん) 독존. 자기만이 가장 존귀함. 또, 그런 사람.
独坐(どくざ) ⇨ 独座(どくざ).
独座(どくざ) 독좌.
独走(どくそう) 독주.
独奏(どくそう) 독주.
独唱(どくしょう) 독창.
独創(どくそう) 독창. ♣~力(りょく) 독창력 /~性(せい) 독창성 /~的(てき) 독창적.
独壇場(どくせんじょう) ☞ 独擅場(どくだんじょう).
独弾(どくだん) 피아노를 혼자서 침.
独特(どくとく) 독특.
独幅(どくふく) 쌍을 이루지 않은 한 폭만의 족자.
独学(どくがく) 독학.
独航(どっこう) 독항. 단독으로 항해함.
‖~船(せん) (모선식(母船式) 어업에서) 독항선.
独行(どっこう) 독행.
独和(どくわ) 독일(獨日). ① 독일어와 일본어. ② 独和辞典의 준말.
‖~辞典(じてん) 독일 사전.
独話(どくわ) 혼잣말(을 함).
独活(どっかつ) ① 〖植〗 독활. 멧두릅. ＊うど로도 읽음. ② 혼자 자립하여 생활함.

<!-- 訓読 -->
独り(ひとり) ① 혼자(서). 홀로. ② 독신. 홀몸. ③《뒤에 否定形이 와서》다만. 단지.
独りでに(ひとりでに) 저절로. 자연히. 제풀로.
独りぼっち(ひとりぼっち) 단 혼자. 외돌토리. 외딴몸.
独り居(ひとりい) 혼자 있음〔삶〕.
独り決め(ひとりぎめ) 독단. 혼자 정함〔단정함〕.
独り口(ひとりぐち) ① 혼자 살림(함). ② ☞ 独り言(ひとりごと).
独り台詞(ひとりぜりふ) (연주에서) 독백.
独り立ち(ひとりだち) ① 자기 혼자 일어섬. ② 독립. 자립. 홀로서기.
独り暮らし(ひとりぐらし) 독신 생활. 혼자 삶.
独り舞台(ひとりぶたい) 독무대. ① 독연(獨演). ② 독판. 독장침.
独り法師(ひとりぼっち) ⇨ 独りぼっち(ひとりぼっち).
独り歩き(ひとりあるき) ① 혼자〔홀로〕 걸음. ② (남의 도움 없이) 혼자서 걸음〔생활해 나감〕. 홀로서기.
独り相撲(ひとりずもう) ① (씨름에서) 상대를 쉽게 이김. 독(獨)씨름. ② (상대해 주는 사람도 없는데) 혼자서 설침. 독판침.
独り善がり(ひとりよがり) 독선(적).

独り笑い(ひとりわらい) ① 혼자 웃음. ② 춘화도.
独り勝ち(ひとりがち) ① (다른 사람은 다 지고) 자기 혼자만 이김. ② 혼자만 있는 일이 많음.
独り身(ひとりみ) 독신. 홀몸. 단신(單身).
独り案内(ひとりあんない) 자습〔독습〕서.
独り言(ひとりごと) 혼잣말. 독백.
独り言つ(ひとりごつ)〔雅〕혼잣말을 하다.
独り旅(ひとりたび) 혼자 여행함.
独り子(ひとりご) ☞ 独りっ子(ひとりっこ).
独り子(ひとりっこ)〈俗〉독자. 외동이.
独り者(ひとりもの)〈口〉① 독신자. 홀몸인 사람. ② 외톨이.
独り占い(ひとりうらない) 스스로 자기 일을 점침.
独り占め(ひとりじめ) 독점. 독차지.
独り住まい(ひとりずまい) 혼자 삶. 특히, 홀아비〔과부〕살림.
独り芝居(ひとりしばい) ① 1인극. 독연(獨演). ② 혼자서 판침. 독판침.
独り天下(ひとりでんか) 독판. 독장침. 독천장. 독무대.
独り寝(ひとりね) 혼자서 잠.
独り呑み込み(ひとりのみこみ) ☞ 独り合点(ひとりがてん).
独り合点(ひとりがてん) 혼자 속단. 이해한 듯이 독단함. 지레짐작. *ひとりがってんの이라고도 함.

其他
独楽鼠(こまねずみ) (중국 원산의) 흰 생쥐.
独楽回し(こままわし) ① 팽이를 돌림. ② 팽이를 돌리며 곡예를 하는 사람.
独逸(ドイツ)〔地〕도이칠란트. 독일. ♣ ~語(ご) 독일어.
‖ ~観念論(かんねんろん)〔哲〕독일 관념론.
~文字(もじ)〔言〕독일 문자.
~連邦共和国(れんぽうきょうわこく) 독일 연방 공화국. ① 구(舊)서독. ② 현 독일의 정식 명칭.
~連邦銀行(れんぽうぎんこう) 독일 연방 은행.
~帝国(ていこく) 독일 제국.

13 督 目常
감독할 독
トク
ただす・かみ

音読
督する(とくする) ① 단속하다. 감독하다. 통솔하다. ② 독촉하다.
督励(とくれい) 독려.
督戦(とくせん) 독전.
督責(とくせき) 독책. 몹시 재촉함.
督促(とくそく) 독촉. 독려하여 재촉함.
♣ ~状(じょう) 독촉장.
‖ ~手続き(てつづき)〔法〕독촉 절차.
督学(とくがく) 독학. 학사(學事)를 감독함. 또, 그 사람.

14 読(讀) 言教
읽을 독·구두 두
ドク・トク・トウ
よむ

音読
読過(どっか) ① 읽어 냄. 독파함. ② (요점 등을) 빠뜨리고 읽음.
読図(どくず) 독도. 지도나 도면을 보고 그 내용을 파악함.
読了(どくりょう) 독료. 다 읽음. 독파.
読譜(どくふ) 독보. 악보를 보고 그대로 연주할 수 있게 함.
読本(とくほん) 독본.
読史(どくし) 독사. 역사책을 읽음.
読師(どくし) ① 독사. 법회 때 경문을 읽는 역할. 또, 그 중. ② 궁중의 和歌(わか) 발표회 등에서, 和歌·短歌(たんか) 등이 쓰인 종이를 정리하여 講師(こうじ)(=가사를 읽는 이)에게 건네주는 역할. *とくし・とくじ・とうしろ도 읽음.
読書(どくしょ) 독서. ♣ ~人(じん) 독서인 / ~会(かい) 독서회.
‖ ~三到(さんとう) 독서삼도.
~三昧(ざんまい) 독서삼매.
~三余(さんよ) 독서삼여.
~始め(はじめ) 옛날, 天皇(てんのう)·황태자·귀족 자제 등이 7, 8세에 처음으로 경서(經書) 읽기의 강의를 받는 의식. *とくしょはじめ로도 읽음.
~週間(しゅうかん) 독서 주간.
読誦 ㊀(どくじゅ)〔佛〕독송. 독경.
㊁(どくしょう) 독송. 소리내어 읽음.
読唇術(どくしんじゅつ) (시각 장애인 등의) 독순술.
読心術(どくしんじゅつ) 독심술.
読影(どくえい) X선 사진으로 진단함.
読字(どくじ) 글자 특히, 한자를 읽음.
読者(どくしゃ) 독자. ♣ ~欄(らん) 독자란 / ~層(そう) 독자층.
読点(とうてん) 구두점의 하나. 쉼표. 모점.
読破(どくは) 독파.
読解(どっかい) 독해. ♣ ~力(りょく) 독해력.
読話(どくわ) 상대방의 입놀림이나 표정을 보고 말을 이해함.
読会(どっかい) (일본 구제도하의) 독회.
読後(どくご) 독후. ♣ ~感(かん) 독후감.

訓読
読ませる(よませる) 읽히다. 읽게 하다.
読める(よめる) ① 읽을 수 있다. ② 이해되다. ③ (바둑·장기에서) 상대의 수를 알다.
❖読む(よむ) ① 읽다. ② (문장·시가 따위를) 읊다. ③ 세다.
読み(よみ) ① 읽기. ② 앞을 내다봄. 선견지명. 통찰력.
~が深(ふか)い 선견지명〔통찰력〕이 있다.
読みかける(よみかける) ① 읽기 시작하다. ② 읽다 말다.

読みこなす(よみこなす) 읽고 내용을 충분히 이해하다.
読みさし(よみさし) 읽다가 중단함.
読みさす(よみさす) 읽다가 중단하다.
読みで(よみで) 읽을 만함. 읽을 만한 분량.
読み仮名(よみがな) 한자를 읽기 위해 붙인 仮名(かな).
読み過ごす(よみすごす) 읽고 있으면서도 깨닫지 못하다. 간과하다. 빠뜨리고 읽다.
読み慣れる(よみなれる) 읽는 데 익숙해지다.
読み筋(よみすじ) 바둑이나 장기에서 상대의 수를 예상하는 일.
読み難い(よみにくい) 읽기 어렵다.
読み落とす(よみおとす) 빠뜨리고 읽다.
読み流す(よみながす) ① 죽 훑어 읽다. ② 줄줄 읽어 내리다.
読み売り(よみうり) 江戸(えど) 시대에, 사회 사건 따위를 와판(瓦版)으로 인쇄해서 거리를 누비며 읽으면서 팔러 다님. 또, 그 사람. ＊読売로도 씀.
読み聞かせる(よみきかせる) 읽어서 들려주다. 읽어주다.
読み物(よみもの) ① 읽을거리. ② 만담가가 연출하는 연제. ③ 읽을 만한 문장・기사.
読み返す(よみかえす) 되풀이 읽다.
読み方(よみかた) ① 읽는 법. ② 문장 내용을 이해하기. ③ 독본. 예전의, 소학교 국어(일본어) 교과의 하나.
読み癖(よみくせ) ① 글을 읽을 때 그 사람의 특유한 읽는 법. ② 습관상 정해진 숙어・고유명사 등의 읽는 법.
読み本(よみほん) ① 江戸(えど) 시대 후반기의 소설의 하나. ② 읽고 배우는 책. 독본.
読み分ける(よみわける) 구별해서 읽다. 읽고 잘 이해하다.
読み飛ばす(よみとばす) ① 불필요한 흥미 없는 부분은 건너뛰고 읽다. ② 빨리 읽다.
読み捨つ(よみすつ) 읽은 후 내버림.
読み捨てる(よみすてる) 읽고 나서 내버리다.
読み散らす(よみちらす) 서적을 닥치는 대로 읽다. 남독(濫讀)하다.
読み上げる(よみあげる) ① 소리를 내어 읽다. ② 독파하다. 「놓기.
読み上げ算(よみあげざん) (주산에서) 듣고
読み書き(よみかき) ① (글자의) 읽고 쓰는 기능. ② 실용적인 공부〔학문〕.
読み損ずる(よみそんずる) 잘못 읽다.
読み損ねる(よみそこねる) 잘못 읽다. 그릇 읽다.
読み手(よみて) ① 읽는 이〔사람〕. ② 'かるた(=カードのひとつ)'의 글귀 읽는 사람.
読み勝ち(よみがち) (바둑・장기・스포츠경기 등에서) 상대보다 몇 수 앞을 보는 능력이 뛰어나 승리함.
読み辛い(よみづらい) 읽기 어렵다.
読み漁る(よみあさる) 이리저리 뒤지며 이책 저 책을 읽다. 「읽다.
読み誤る(よみあやまる) 잘못 읽다. 틀리게
読み違い(よみちがい) ① 틀리게〔잘못〕 읽음. ② 예측이 빗나감. 「(感應).
読み応え(よみごたえ) 읽을 만함. 독후 감응
読み切り(よみきり) ① 다 읽음. ② (잡지 따위의 읽을거리로) 1회로 완결되는 단편물.
＊読切로도 씀.
‖**読切小説**(よみきりしょうせつ) (1회로 끝맺는) 단편 소설. 「다.
読み切る(よみきる) 끝까지 다 읽다. 독파하
読み振り(よみぶり) 읽는 태도. 읽는 투.
読み札(よみふだ) 歌(うた)がるた의 읽는 쪽의 패.
読み替える(よみかえる) ①『法』법령・규정 따위 조문의 어느 어구에 그와 같은 조건의 다른 어구를 대체(代替)하여 그대로 적용하다. ② 하나의 한자를 다른 음으로 읽다.
読み初め(よみぞめ) 연초에 처음 책을 읽음.
読み取り(よみとり) 읽고서 이해함. 간파함.
＊読取로도 씀.
読み取る(よみとる) 독해(讀解)하다. 간파하다. 「다.
読み耽る(よみふける) 탐독하다. 열중하
読み通す(よみとおす) (책 등을) 통독하다.
読み破る(よみやぶる) 독파하다. 다 읽다.
読み下し(よみくだし) ① 내리읽음. ② 한문을 일본말 어순으로 고쳐 읽음. 또, 그 글.
読み下す(よみくだす) ① (처음부터 끝까지) 내리읽다. ② 한문을 일본말 어순으로 고쳐 읽다.
読み合わせ(よみあわせ) ① (원고와 교정쇄 따위를) 서로 읽어 맞춰 봄. ②『劇』극본(劇本) 읽기. 배우가 모여 각자의 대사를 읽어 서로 맞춰 보는 연습.
読み合わせる(よみあわせる) (원고와 교정쇄 따위를) 서로 읽어 가며 맞춰 보다. ＊読合せる로도 씀.
読み解く(よみとく) 해독(解讀)하다.

其他
読経(どきょう)『佛』독경. ＊どっきょう로도 읽음.

16 竹 常	篤	도타울 독・중할 독 トク あつい

音読
篤と(とくと) ㊀(とくと) 신중히. 차분히. 잘. ㊁(とっくと) ㊁의 힘줌말. 「손함.
篤敬(とっけい) 독경. 인정이 많고 행실이 공
篤農(とくのう) 독농. '篤農家(か)(=독농가)'의 준말.
篤信(とくしん) 독신. 신앙이 두터움.
篤実(とくじつ) 독실. 정이 두텁고 성실함.
篤心(とくしん) 독심. 독실한 마음.
篤志(とくし) 독지. ♣~家(か) 독지가.
‖**~解剖**(かいぼう) 고인 또는 그 유족의 의

향에 따라 제공된 시체의 해부.
篤学(とくがく) 독학. 학문에 열심임.
篤行(とっこう) 독행. 독실한 행위.
篤孝(とっこう) 독효. 정성 어린 효행.
篤厚(とっこう) 독후. 인정(人情)이 도탑고 성실함.

訓読
篤い(あつい) ① 위독하다. ② 독실하다.

18 氵	瀆	더럽힐 독·도랑 독 トク けがす・みぞ

音読
瀆冒(とくぼう) 독모. 모독(冒瀆).
瀆聖(とくせい) 독성. 신성 모독.
瀆神(とくしん) 독신. 신을 모독함.
瀆職(とくしょく) 독직. ♣~罪(ざい)〖法〗독직죄.

19 牛	犢	송아지 독 トク こうし

訓読
犢(こうし) 송아지.

其他
犢鼻褌 〔一〕(ふんどし) 남성의 음부(陰部)를 가리는 들보.
〔二〕(たふさぎ)〈古〉ふんどし·팬티류.

돈

11 忄 人	惇	도타울 돈 トン·ジュン あつい

音読
惇大(とんだい) 돈대. 두텁고 큼.
惇信(とんしん) 돈신. 두텁게 믿음.

11 月 常	豚	돼지 돈 トン ぶた

音読
豚カツ(とんカツ) 포크 커틀릿. 돼지고기 커틀릿.
豚コレラ(とんコレラ) 돼지 콜레라.
豚舎(とんしゃ) 돈사. 돼지우리.
豚児(とんじ) 돈아. (남에게) 자기의 아들을 낮추어 부르는 말.
豚汁(とんじる) 돼지고기를 잘게 썰어 넣은 된장찌개. ＊ぶたじる로도 읽음.
豚脂(とんし) 돈지. 돼지기름.
豚脂油(とんしゆ) 돈지. 라드.
豚 〔一〕(ぶた)〖動〗돼지.
〔二〕(とん) 돼지. 돼지고기.
豚しゃぶ(ぶたしゃぶ) 쇠고기 대신 돼지고기를 사용한 しゃぶしゃぶ.
豚饅(ぶたまん)〈方〉고기 만두.
豚の饅頭(ぶたのまんじゅう)〖植〗'シクラメン(=시클라멘)'의 딴이름.
豚箱(ぶたばこ) 경찰서 유치장의 속칭.
豚小屋(ぶたごや) ① 돼지우리. ② 작고 지저분한 집. 「읽음.
豚肉(ぶたにく) 돼지고기. ＊とんにく로도
豚草(ぶたくさ)〖植〗호그위드(hogweed). 국화과의 2년생 초본.

12 攵 人	敦	도타울 돈 トン あつい

音読
敦煌(とんこう)〖地〗(중국의) 둔황. 돈황.
‖~芸術(げいじゅつ) 둔황 예술. 둔황에 있는 동굴의 벽화·소상(塑像) 등 인도·그리스 문화의 영향을 받은 불교 미술.
敦厚(とんこう) 돈후. 인정이 도타움.

訓読
敦盛草(あつもりそう)〖植〗개불알꽃.

13 頁	頓	조아릴 돈·머무를 돈 トン ぬかずく·とみに

音読
頓と(とんと) ① 조금도. 전혀. ② 완전히.
頓狂(とんきょう) 느닷없이 얄망궂은〔얼빠진〕짓을 하는 모양.
‖~声(ごえ) 느닷없이 내는 괴상한 소리.
頓教(とんぎょう)〖佛〗돈교. 오래 수행(修行)하지 않고 홀연히 깨닫게 하는 교법(教法).
頓馬(とんま) (언행이) 어딘지 모자람. 얼뜸. 또, 얼뜨기. 얼간이.
‖~野郎(やろう)〈俗〉바보 자식.
頓病(とんびょう) 돈병. 별안간에 발생하는 질병. 급병.
頓服(とんぷく) 돈복. 한꺼번에 복용함. 또, 그 약. ♣~薬(やく) 돈복약. 「(急
頓死(とんし) 돈사. 어처구니없는 급사
頓首(とんしゅ) 돈수. 계수(稽首).
頓悟(とんご)〖佛〗돈오. 문득 불교의 참뜻을 깨달음. 「능.
頓才(とんさい) 돈재. 재치. 임기응변의 재
頓漸(とんぜん)〖佛〗돈점. ① 돈교(頓教)와 점교(漸教). ② 돈오(頓悟)와 점오(漸悟).
頓挫(とんざ) 돈좌. 좌절.
頓証菩提(とんしょうぼだい)〖佛〗돈증 보리. 홀연히 도를 깨달음. 불전에서 고인의 명복을 빌 때 외는 말.
頓知(とんち) ⇨ 頓智(とんち).

頓智(とんち) 돈지. 기지. 재치.
頓珍漢(とんちんかん) ① (언행이) 종잡을 수 없음. 대중없음. 엉뚱함. ② 얼뜨기.
頓着(とんじゃく) 개의(介意). 괘념(掛念). 신경을 씀. 마음에 두고 잊지 않음. ＊とんちゃく로도 읽음.
頓着無い(とんじゃくない) 마음에 두지 않다. 신경 쓰지 않다.
頓痴気(とんちき) 〈俗〉 얼간이.
頓興(とんきょう) ⇨ 頓狂(とんきょう).
訓読
頓(とみ) 갑작스러움.
頓に(とみに) 갑자기. 별안간. ＊とんに로도 읽음.
其他
頓物(ひたもの) 무턱대고. 한결같이.

16
口 **噸** 톤 돈
　　　　トン

音読
噸(トン) 톤. 돈(噸). ① 무게의 단위《기호: t》. ② 용적의 단위.
‖**～キロ** 톤킬로. 'トンキロメートル(=톤킬로미터)'의 준말.
噸税(トンぜい) 『經』 톤세. 돈세(噸税). 외국 무역선이 입항할 때, 그 배의 순(純) 톤수에 따라 부과되는 세금.
噸数(トンすう) 톤수.

16
火 **燉** 불이글이글할 돈
　　　　トン

音読
燉煌(とんこう) 『地』 돈황. 둔황. 중국 간쑤(甘肅) 성 서북부에 있는 현.

돌

8
口 **咄** 꾸짖을 돌
　　　　トツ
　　　　はなし

音読
咄(とつ) ① 놀라거나 큰소리로 부를 때 내는 말. 야. 어. ② 혀를 차거나 나무라는 소리.
咄咄(とつとつ) 〈文〉 돌돌. ① 혀를 차는 소리. ② 쯧쯧. 쳇. ③ 놀라는 소리.
‖**～怪事**(かいじ) ① 매우 기괴한 일. ② 몹시 마땅찮은 일.
咄嗟(とっさ) ① 순간. 순식간. ② 돌연.
訓読
咄家(はなしか) 만담가.
咄本(はなしぼん) 만담책. 재담책.

8
穴 **突**(突) 부딪칠 돌·갑자기
　　　　돌
　　　　トツ
　　　　つく

音読
突っ ㊀(とっ) 名詞 앞에 붙여 강조의 뜻을 나타내는 말.
㊁(つっ) 〈俗〉 動詞 위에 붙어서 감정을 강하게 나타내는 말. 막. 푹.
突として(とつとして) 느닷없이. 돌연(히).
突角(とっかく) 돌각. 돌출한 모서리.
突撃(とつげき) 돌격.
突過(とっか) 돌과. 세차게 돌진하여 지나감.
突貫(とっかん) 돌관. ① 꿰뚫음. ② 단숨에 해냄. 강행. ③ 함성을 지르며 돌격함.
‖**～作業**(さぎょう) 돌관 작업.
突厥(とっけつ) 『史』 돌궐. ＊とっくつ로도 ‖**～文字**(もじ) 돌궐 문자.　　　　읽음.
突起(とっき) ① 돌기. ② 돌발.
突端(とったん) 쑥 불거진 끝. ＊とっぱし로도 읽음.
突っ端(とっぱな) 〈俗〉 ① ☞ 突端(とったん). ② (사물의) 시초. 첫머리.
突拍子(とっぴょうし) 엉뚱함. 뜻밖임. 당치 않음. ＊とひょうし로도 읽음.
～もない 엉뚱하다. 당치 않다.
突発(とっぱつ) 돌발. ♣**～的**(てき) 돌발적.
‖**～性難聴**(せいなんちょう) 돌발성 난청.
～性発疹(せいほっしん) 돌발성 발진.
～疹(しん) 突發性發疹의 통칭.
突部(とっぷ) 주위의 것보다 쑥 나온 부분.
突飛(とっぴ) 뜻밖임. 엉뚱함. 이상야릇함.
突鼻(とつび) 주인한테 야단 맞는 일.
突先(とっさき) 〈俗〉 뾰족한 끝. 첨단.
突如(とつじょ) 돌연. 갑자기. 별안간. 돌연.
突然(とつぜん) 돌연. 갑자기. ♣**～死**(し) 돌연사.
‖**～変異**(へんい) 돌연 변이. ♣**～説**(せつ) 돌연 변이설. /**～誘起物**(ゆうきぶつ) 돌연 변이 유기 물질. /**～体**(たい) 돌연 변이체.
突兀(とっこつ) 돌올. 높이 솟아서 오똑한 모양. 빼어난 모양.
突っ外れ(とっぱずれ) 〈俗〉 맨 가(끝)쪽.
突入(とつにゅう) 돌입.　　　　「한 둑.
突堤(とってい) 돌제. 뭍에서 물 속으로 돌출
突進(とっしん) 돌진.
突出(とっしゅつ) 돌출.
突破(とっぱ) 돌파. ♣**～口**(こう) 돌파구.
突風(とっぷう) 돌풍.
突合(とつごう) 대조하여 조사함.
突盔(とっぱい) 꼭대기가 뾰족한 투구.
訓読
突ん裂く(つんざく) ① 세게 찢다. 뚫다. ② 귀청을 찢다.
❖**突く** ㊀(つく) ① 찌르다. 공격하다. ② (뿔로) 받다. ③ 무릎쓰다. ④ 내리〔덮쳐〕 누르다. ⑤ 짚다. 괴다.

㊂(つつく) ① (가볍게) 쿡쿡 찌르다. ② 쿡쿡 쪼아먹다. ③ (결점 등을) 들추어내다. ④ 꼬드기다. 부추기다.
突き(つき) ① 찌름. 찌르기. ② (검도에서) 목 찌르기. ③《名詞 앞에 붙여서》그 동작의 기세를 강조하는 말.
突きのめす(つきのめす) (뒤에서) 앞으로 떼밀어 넘어뜨리다.
突き固める(つきかためる) 세게 쳐서 굳히다.
突き掛かる(つきかかる) ☞ 突っ掛かる (つっかかる).
突き当たり(つきあたり) ① 충돌. 마주침. ② 막다른 곳. 길이 막힌 곳.
突き当たる(つきあたる) ① (맞)부딪치다. 충돌하다. ② 막다른 곳에 이르다.
突き当てる(つきあてる) ① 부딪치게 하다. ② 찾아내다. 맞혀 내다.
突き倒す(つきたおす) 부딪쳐〔들이받아, 쳐서, 밀어서〕쓰러뜨리다.
突き落とし(つきおとし) 씨름에서, 상대가 겨드랑 밑을 잡은 손을 껴안고 몸을 돌려 들어간 쪽 손으로 상대의 옆구리를 비스듬히 밀어 넘어뜨리는 재간.
突き落とす(つきおとす) ① (떼)밀어 떨어뜨리다. ② (씨름에서) 突き落とし 기술로 상대를 쓰러뜨리다.
突き戻す(つきもどす) ① 되밀치다. ② ☞ 突き返す(つきかえす).
突き立てる(つきたてる) ① (찔러서) 꽂다. 박아 세우다. ② 마구 찌르다.
突き目(つきめ) 눈을 찔려서 아픔.
突き返す(つきかえす) ① 되찌르다. 되밀다. ② 되돌리다. 퇴짜 놓다.
突き抜く(つきぬく) 관통하다. 꿰뚫다.
突き抜ける(つきぬける) 관통하다. 꿰뚫고 나가다. 빠져 나가다. 통과하다.
突き放す(つきはなす) 떼치다. ① 떼(밀)어 버리다. 뿌리치다. ② 관계를〔손을〕끊다. 돌보지 않다.
突棒(つくぼう) 江戸(えど) 시대에, 죄인을 잡던 T자형의 긴 자루가 달린 도구.
突きん棒(つきんぼう) 다랑어·청새치 등을 작살로 잡는 고기잡이법.
突き付ける(つきつける) 들이대다. (거칠게) 내밀다.
突き崩す(つきくずす) ① 밀어〔찔러〕 무너뜨리다. ② 무찌르다.
突き飛ばす(つきとばす) 나가 떨어지게 하다. 들이받다.
突き殺す(つきころす) 찔러 죽이다.
突き上げ(つきあげ) ① 밀어서 밀어 올림. ② 상급자에게 어떤 언동을 하도록 압력을 가함.
突き上げる(つきあげる) ① 밀어 올리다. ② 하급자가 간부에게 압력을 넣어 어떤 언동을 하도록 하다.
突き傷(つききず) 찔린 상처. 자상(刺傷).
突き上げ戸(つきあげど) 들창.
突き袖(つきそで) (일본 옷의) 소매 속에 손을 넣어 앞으로 내밂. 거드름 피거나 침착한 모양.
突き入れる(つきいれる) (세게) 찔러 넣다.
突き込む(つきこむ) ☞ 突っ込む(つっこむ).
突き刺さる(つきささる) 꽂히다.
突き刺す(つきさす) ① (날카로운 것으로) 푹 찌르다. ② 찌르듯이 마음에 와 닿다.
突き転ばす(つきころばす) 찔러〔쳐서, 들이받아〕 넘어뜨리다.
突き切る(つききる) ① 꿰뚫다. 돌파하다. ② 가로지르다.
突き除ける(つきのける) 밀어젖히다.
突き止める(つきとめる) (끝내) 밝혀 내다. 알아내다.
突き指(つきゆび) 손가락을 세게 부딪치어 뻠.
突き進む(つきすすむ) 힘차게 나아가다. 돌진하다.
突き出し(つきだし) ① 쑥 내밂. 쑥 내민 것〔곳〕. ② (떠)밀어냄. ③ (일본 요리에서) 전채(前菜).
∥~看板(かんばん) 돌출 간판.
突き出す(つきだす) ① (떼)밀어내다. ② 쑥 내밀다. ③ (경찰서 등에) 끌고 가다. 넘기다.
突き出る(つきでる) ① 뚫고 나오다. ② 뛰어나오다. 내밀다. 돌출하다.
突き通す(つきとおす) 내뚫다. 꿰뚫다. (비유적으로) 끝까지 …하다.
突き通る(つきとおる) 뚫고 나가다〔나오다〕.
突き破る(つきやぶる) ① 밀어뜨리다. 찢다. ② 돌파하다. 밀어 무너뜨리다.
突き合い(つきあい) 서로 찌름.
突き合わす(つきあわす) ☞ 突き合わせる(つきあわせる).
突き合わせる(つきあわせる) ① 맞대다. ② 대조하다. ③ 대질시키다.
突き詰める(つきつめる) ① 끝까지 파고들다〔밝혀 내다〕. ② 골똘히 생각하다.
ど突く(どつく)〈俗〉 세차게 찌르다. 때리다. *どづく 로도 읽음.
❖**突っ** → 音読 ► 突っ ㊂.
突っ慳貪(つっけんどん) 퉁명스러운 모양. 무뚝뚝한 모양.
突っ掛かる(つっかかる) ① 달려들다. 덤벼들다. ② 대들다. 반항하다. ③ 부딪치다.
突っ掛け(つっかけ) ① 突っ掛け草履의 준말. ② 느닷없음. ③ 직접.
∥~草履(ぞうり) (일본) 짚신을 발끝에 걸쳐 신는 일. 또, 그 짚신.
突っ掛ける(つっかける) ① (신을) 발끝에 걸쳐 신다. 아무렇게나 신다. ② 갑자기 부딪치다.
突っ突く(つっつく) ☞ 突く(つつく).
突っ立つ(つったつ) ① 우뚝 서다. ② 우두커니 서다. ③ 꽂히다. 박히다.
突っ立てる(つったてる) ① (칼 따위를) 꽂아 세우다. 찔러 박다. ② 우뚝 세우다.
突っ返す(つっかえす) ① 되밀쳐 버리다. ② 퇴짜 놓다. 받지 않고 물리치다.

突っ撥ねる(つっぱねる) ① 냅다〔거세게〕 밀다. 모질게 밀쳐버리다. ② 딱 거절하다. 퇴짜놓다. 「なす」
突っ放す(つっぱなす) ☞ 突き放す(つきはなす)
突っ伏す(つっぷす) 푹 엎드리다.
突っ込み(つっこみ) ① 파고듦. 철저하게 파헤침〔추궁함〕. ② 모개로 흥정〔매매〕함.
∥~売り(うり) 시세에 상관없이 끝까지 팔아 버리는 일.
突っ込む(つっこむ) ① 돌입하다. ② 깊이 파고들다. ③ 쳐넣다. ④ 날카롭게 추궁하다.
突っ張り(つっぱり) 떠받침. (대고) 버팀. 또, 받침목〔대〕.
突っ張る(つっぱる) ① 버티다. ㉠ 떠받치다. ㉡ 끝까지 버티다. ② 근육이 땅기다.
突っ転ばす(つっころばす) 힘껏 밀어 넘어뜨리다.
突っ切る(つっきる) 돌파하다. 곧장 뚫고 나가다.
突っ走る(つっぱしる) ①〈俗〉 힘차게〔마구〕 달리다. ② 멋대로 행동하다.
突っ支い(つっかい) 버팀목을 댐. 또, 버팀목. 지주(支柱).
∥~棒(ぼう) ① 버팀목. ② 비유적으로, 정신적인 지주. 지원자.
突っ支う(つっかう) ①(버팀목으로) 버티다. ② 곁에서 도와.

동

5
夂
教
冬(冬) トウ
ふゆ
겨울 동

音読

冬耕(とうこう) 동경. 겨울의 논·밭갈이.
冬季(とうき) 동계.
∥~練習(れんしゅう) 동계 연습.
冬瓜(とうか)〖植〗 동과. 동아. *とうがん으로도 읽음.
冬官(とうかん)〖史〗 동관. 중국 주(周)·당나라 때의 벼슬 이름.
冬宮(とうきゅう) 동궁. 러시아의 페테르부르크에 있는 궁전.
冬期(とうき) 동기.
冬眠(とうみん) 동면. 겨울잠.
∥~麻酔(ますい) 동면〔저체온〕 마취《심장 수술 등에서 이용》.
~腺(せん)〖生〗 동면선. 갈색(褐色) 지방 조직.
冬扇夏炉(とうせんかろ) 동선하로.
冬芽(とうが)〖植〗 동아. 겨울눈.
冬安居(とうあんご)〖佛〗 동안거.
冬営(とうえい) 동영. 진영(陣営)을 치고 겨울을 남. 전하여, 월동 준비.   「의 달.
冬月(とうげつ) 동월. ① 겨울철. ② 겨울밤
冬帝(とうてい) 동제. 겨울을 맡은 신(神).
冬至(とうじ) 동지. ♣~点(てん)〖天〗 동지점. / ~粥(がゆ) 동지 팥죽.   「천.
∥~線(せん)〖天〗 동지선. '남회귀선'의 별
冬天(とうてん) 동천. 겨울 하늘.   「초.
冬虫夏草(とうちゅうかそう)〖植〗 동충하

訓読

冬(ふゆ) 겨울.
冬枯れ(ふゆがれ) ① 겨울에 초목이 마름. 또, 그 쓸쓸한 경치. ② 겨울철, 특히 2월경에 상가 경기가 나빠지는 일.
冬空(ふゆぞら) 겨울 하늘.
冬構え(ふゆかまえ) 겨울맞이 채비.
冬菊(ふゆぎく)〖植〗 동국. 한국(寒菊).
冬葵(ふゆあおい)〖植〗 동규.
冬頭(ふゆがしら) 한자 부수의 하나: 뒤쳐오치부.
冬籠り(ふゆごもり) (사람이나 동물이) 겨울 동안 집이나 둥지 등에 틀어박혀 지냄.
冬籠る(ふゆごもる) 겨울 동안 집이나 둥지에 틀어박혀 지내다.
冬隣(ふゆどなり) 겨울이 다가옴을 느끼게 하는 늦가을 분위기.
冬苺(ふゆいちご)〖植〗 겨울딸기.
冬毛(ふゆげ) 동모. (새·짐승의) 겨울털.
冬木(ふゆき) ① 겨울나무. 낙엽수. ② 상록수.
*ふゆきろ도 읽음.   「들.
冬木立(ふゆこだち) 잎이 떨어진 겨울 나무
冬物(ふゆもの) 겨울 옷가지. 겨울 용품.
冬服(ふゆふく) 동복.
冬山(ふゆやま) ① 등산의 대상으로서의 겨울 산. ② 겨울철의 황량한 산.
冬野(ふゆの) 겨울 들판.
冬越し(ふゆごし) 월동.
冬囲い(ふゆがこい) 추위·서리로부터 식물을 보호하기 위한 덮개.
冬衣(ふゆごろも) 겨울옷. 동복.
冬日 ㊀(ふゆび) ① 겨울 해. 겨울 햇살. ②〖氣〗 하루의 최저 기온이 0℃ 미만인 날.
㊁(とうじつ) 동일. ① 겨울의 햇빛. ② 겨울 날. 동천(冬天).
冬子(ふゆご) 겨울에 태어난 동물의 새끼.
冬仔(ふゆご) ⇨ 冬子(ふゆご).
冬作(ふゆさく) 겨울 작물.
冬作物(ふゆさくもつ) 겨울 작물.
冬場(ふゆば) 겨울(철).
冬将軍(ふゆしょうぐん) 동장군.
冬鳥(ふゆどり) 동조. 겨울 철새.
冬凪(ふゆなぎ) 매서운 겨울 바람이 잠시 멈추고 바다가 잠잠해지는 일.
冬支度(ふゆじたく) 월동 준비.
冬疾風(ふゆはやて) 겨울에 갑자기 부는 차가운 강풍.
冬着(ふゆぎ) 겨울옷. 동복.
冬菜(ふゆな) 겨울 채소.
冬草(ふゆくさ) 겨울 (의 마른) 풀.
冬霞(ふゆがすみ) 겨울 안개.
冬向き(ふゆむき) 겨울철에 적합함.
冬型気圧配置(ふゆがたきあつはいち)

〖氣〗겨울형 기압 배치.
冬の花蕨(ふゆのはなわらび)〖植〗고사리.
冬化粧(ふゆげしょう) 눈이 내려 겨울다운 풍경을 더함.
冬休み(ふゆやすみ) 겨울 방학. 겨울 휴가.
其他▶
冬葱(わけぎ)〖植〗당파. 실파.

| 6 口 教 | 同 | 한가지 동·같을 동
ドウ
おなじ·おなじく·おなじくする |

音訓▶
同(どう) 동. ①같음. ②같은. (앞에 말한) 그.
同じる(どうじる) ☞ 同ずる(どうずる).
同ずる(どうずる) 동의하다. 찬성하다.
同価(どうか) 동가. 등가(等價).
同家(どうけ) 동가. ①같은 집(안). ②그 집.
同感(どうかん) 동감. 솜씨나 수법이 같음.
同甲(どうこう) 동갑. 같은 연령.
同居 ㊀(どうきょ) 동거. ♣〜人(にん) 동거인(자).
∥〜義務(ぎむ) 동거 의무.
㊁(どうご)〖佛〗동거. ♣〜土(ど) 동거토.
同格(どうかく) 동격.
同庚(どうこう) ⇨ 同甲(どうこう).
同慶(どうけい) 동경. (함께) 자기 일처럼 기뻐함.
同系(どうけい) 동계. 같은 계열.
∥〜交配(こうはい)〖生〗동계 교배.
同梱(どうこん) 본체(本體)와 함께 포장함.
同工(どうこう) 동공. 솜씨나 수법이 같음.
∥〜異曲(いきょく) 동공이곡. 솜씨는 같으나 그 내용·취향이 다름.
同功(どうこう) 동공. 같은 공로.
∥〜一体(いったい) 동공일체. 공적이 완전히 같음.
同校(どうこう) 동교. 그〔같은〕학교.
同国(どうこく) 동국. ①같은 나라〔고장〕. ②(앞에 말한) 그 나라.
同君(どうくん) 동군. 그 사람.
同君連合(どうくんれんごう)〖政〗동군 연합.
同権(どうけん) 동권. 동등권.
同軌(どうき) 동궤. 동철(同軌).
同根(どうこん) 동근. 뿌리나 근원이 같음.
同衾(どうきん) 동금. 동침.
同級(どうきゅう) 동급. ♣〜生(せい) 동급생.
同気(どうき) ①같은 기질. 또, 뜻이 맞는 동아리. ②동기. 형제 자매.
同期(どうき) 동기. ♣〜機(き)〖機〗동기기. /〜生(せい) 동기생.
∥〜信号(しんごう)〖電〗동기 신호.
〜の桜(さくら) 동기생《본디, 동명(同名)의 군가에서 나온 말》.
同女(どうじょ) 그 여자.
同年(どうねん) 동년. ①같은 해. 그 해. ②동갑.
同年輩(どうねんぱい) 동년배. 같은 연배.
同断(どうだん) 같음. 전과 같음.

同党(どうとう) 동당. 같은 당파.
同大(どうだい) 동대. 같은 크기.
同道(どうどう) 동도. 동행. 동반.
同等(どうとう) 동등.
同量(どうりょう) 동량. 같은 양.
同列(どうれつ) 동렬. ①같은 줄. ②지위·정도·대우가 같음. ③동반.
同齢(どうれい) 동령. 같은 나이. ♣〜林(りん) 동령림.
同僚(どうりょう) 동료.
同流(どうりゅう) 동류. ①합류. ②같은〔그〕흐름. ③같은〔그〕유파.
同類(どうるい) 동류. ①같은 종류. ②한패.
∥〜意識(いしき) 동류 의식.
〜項(こう) ①〖數〗동류항. ②전하여, 한패. 한 동아리.
同率(どうりつ) 동률.
同盟(どうめい) 동맹. ♣〜国(こく) 동맹국.
∥〜条約(じょうやく) 동맹 조약.
〜罷工(ひこう) 동맹 파업〔파공〕.
〜罷業(ひぎょう) 동맹 파업. 스트라이크.
〜休校(きゅうこう) 동맹 휴교〔휴학〕.
同名(どうめい) ①동명. 같은 이름. *どうみょうと도 함. ②동성(同姓).
∥〜異人(いじん) 동명 이인.
同母(どうぼ) 동모. 한 어머니.
同苗(どうみょう)〈老〉① ☞ 同名(どうめい). ②동족.
同文(どうぶん) 동문. ①쓰는 글자가 같음. ②동일 문장.
∥〜同軌(どうき) 동문동궤. 거동궤서동문(車同軌書同文).
〜同種(どうしゅ) 동문동종. 동종동문《일본과 중국과의 관계 등》.
同門(どうもん) 동문.
同伴(どうはん) 동반.
∥〜者(しゃ) ①동반자. ②동조자.
同房(どうぼう) 동방. ①같은 방. ②(교도소의) 같은 감방.
同輩(どうはい) 동배. 동년배. 동류.
同番(どうばん) 동번. 같은 순번·번호.
同法(どうほう) 동법. ①같은 방법〔법률〕. ②그 법률.
同病(どうびょう) 동병. 같은 병〔처지〕.
〜相憐(あいあわ)れむ 동병상련.
同腹(どうふく) 동복. 한배에서 태어남. 또, 그 형제 자매.
同封(どうふう) 동봉.
同父母(どうふぼ) 동부모. 어버이가 같음.
同朋(どうぼう) 동붕. 친구.
同士(どうし) ①같은 동아리〔종류〕. ②《接尾語的으로》…끼리.
∥〜討ち(うち) 같은 패끼리의 싸움.
㊁(どし) ㊀①의 옛말.
∥〜軍(いくさ) 동아리끼리의 싸움.
同死(どうし) 동사. 같이 죽음.
同社(どうしゃ) 동사. 그〔같은〕회사.
同事(どうじ) 동사. 같은 일.

同舍(どうしゃ) 동사. ① 같은 숙사(宿舍)에 머묾. ② (앞에 말한) 그 숙사.
同上(どうじょう) 동상. 전술(前述).
同床異夢(どうしょういむ) 동상이몽.
同色(どうしょく) 동색. 같은 색.
‖～染め(ぞめ) 같은 색의 염색. 무지(無地) 염색.
同書(どうしょ) 동서. ① 같은 책. ②그 책.
同棲(どうせい) 동서.
同席(どうせき) 동석. ① 자리를 같이함. ② 같은 석차나 지위.
同船 ㊀(どうせん) 동선. 같은 배(를 탐). ㊁(もろきぶね) 많은 재목을 짜맞추어 건조한 배.
同説(どうせつ) 동설. ① 같은 설. ② 그 설.
同声(どうせい) 동성. 같은 목소리.
同姓(どうせい) 동성.
‖～同名(どうめい) 동성 동명.
～不娶(ふしゅ) 동성 불취.
～不婚(ふこん) 동성 불혼.
同性(どうせい) 동성. 성별[성질]이 같음. ♣～愛(あい) 동성애.
同勢(どうぜい) 일행(一行).
同世代(どうせだい) 동[같은] 세대.
同所(どうしょ) 동소. ① 같은 곳. ② 그 곳. 그 사업소.
‖～性移植(せいいしょく) 〖醫〗 동소성 이식.
同素(どうそ) 동소. 같은 바탕[원소]. ♣～体(たい) 〖化〗 동소체.
同属(どうぞく) 동속. 동종.
同数(どうすう) 동수.
同宿(どうしゅく) 동숙. 같은 여관(에 듦).
同乗(どうじょう) 동승. 함께 탐.
同時(どうじ) 동시. 같은 때. ♣～犯(はん) 〖法〗 동시범.
‖～録音(ろくおん) 동시 녹음.
～死亡(しぼう)の推定(すいてい) 〖法〗 동시 사망의 추정.
～履行(りこう)の抗弁(こうべん) 〖法〗 동시 이행의 항변(권).
～通訳(つうやく) 동시 통역.
同視(どうし) 동시. 동일시.
同時代(どうじだい) 동시대. ♣～人(じん) 동시대인.
同室(どうしつ) 동실. 같은 방. 또, 같은 방에 살거나 숙박함.
同心(どうしん) 동심. ① 일심(一心). 또, 마음을 합침. ② (원 등에서) 중심이 같음. ③ 江戸(えど) 시대에 '与力(よりき)(=포리(捕吏))' 밑에 있었던 하급 관리. ♣～円(えん) 〖數〗 동심원.
‖～結び(むすび) 동심결(同心結).
同氏(どうし) 동씨. 그 분.
同案(どうあん) 동안. 동일한 안.
同楽(どうがく) 동악.
同夜(どうや) 동야. 같은 날 밤. 그날 밤.
同様(どうよう) 동양. 같은 모양. 같음.
同語(どうご) 동어. 같은 말.
‖～反覆(はんぷく) 〖論〗 동어 반복.
同業(どうぎょう) 동업. ♣～者(しゃ) 동업자.
～組合(くみあい) 동업 조합.
同役(どうやく) 동료. 같은 직무(의 사람).
同然(どうぜん) 동연. 서로 같음. 다름없음.
同友(どうゆう) 동우. 동지.
同右(どうみぎ) 동우. 우와 동.
同憂(どうゆう) 동우. 근심을 함께 함.
同韻(どういん) 〖言〗 동운. 운이 같음. 또, 그 운.
同源(どうげん) 동원. 근원[어원]이 같음.
同月(どうげつ) 동월. 같은 달.
同位(どうい) 동위. 동일한 위치[지위]. ♣～角(かく) 〖數〗 동위각 / ～体(たい) 〖化〗 동위체. 동위 원소.
‖～概念(がいねん) 〖論〗 동위 개념.
～元素(げんそ) 〖化〗 동위 원소. 아이소토프.
同遊(どうゆう) 동유. 같이 놂.
同意(どうい) 동의. ♣～語(ご) 동의어.
同義(どうぎ) 동의. 같은 뜻. ♣～語(ご) 동의어.
‖～遺伝子(いでんし) 〖生〗 동의 유전자.
同音(どうおん) 동음. 발음이 같음.
‖～語(ご) 〖言〗 동음 이의어.
～異義語(いぎご) ☞ 同音語.
同異(どうい) 동이. 이동(異同).
同人(どうじん) 동인. ① 동호인. ② 그[같은] 사람. *どうにんとも 읽음.
‖～雑誌(ざっし) 동인 잡지. 동인지.
同仁(どうじん) 동인. 평등하게 사랑함.
‖～教会(きょうかい) 〖基〗 동인 교회.
同一(どういつ) 동일. ① 같음. ② 동등. ♣～法(ほう) 〖數〗 동일법 / ～性(せい) 동일성 / ～視(し) 동일시 / ～点(てん) 동일점 / ～体(たい) 동일체 / ～化(か) 〖心〗 동일화.
‖～概念(がいねん) 〖論〗 동일 개념.
～労働同一賃金(ろうどうどういつちんぎん) 〖社〗 동일 노동 동일 임금.
～律(りつ) 〖哲〗 동일률. 동일 원리.
～轍(てつ) 동일철(사물의 똑같은 경과. 특히, 실패에 이른 경과).
～哲学(てつがく) 동일 철학. 동일설.
同日(どうじつ) 동일. ① 그 날. ② 같은 날.
同字(どうじ) 동자. 같은 글자.
同作(どうさく) ① 같은 (사람의) 작품. ② 같은 제작법.
同前(どうぜん) 동전. 먼저와 같음.
同店(どうてん) 그 가게. 같은 점포.
同点(どうてん) 동점.
同定(どうてい) 동정. 동·식물의 분류학상 소속을 결정함.
同情(どうじょう) 동정.
同祖(どうそ) 동조. 같은 조상.
同調(どうちょう) 동조. ① 보조를 맞춤. ② 〖理〗 외부로부터의 전기 진동에 공명함. ♣～性(せい) 동조성.
‖～培養(ばいよう) 〖生〗 동조 배양.
～回路(かいろ) 동조 회로.

同族(どうぞく) 동족. ①겨레붙이. ②〖化〗원소가 같은 족에 속함. ♣~団(だん) 동족단 / ~列(れつ)〖化〗동족 계열 / ~体(たい)〖化〗동족체.
∥~元素(げんそ)〖化〗동족 원소.
~会社(がいしゃ) 동족 회사.
同種(どうしゅ) 동종. 「가 같음.
∥~同文(どうぶん) 동종동문. 인종과 문자
同左(どうひだり) 동좌. 좌와 동.
同坐(どうざ)〈老〉동좌. 연좌.
同座(どうざ) ①동좌. 동석. ②같은 연극 단체(에 소속됨).
同罪(どうざい) 동죄. 같은 죄.
同舟(どうしゅう) 동주. 한 배(에 탐).
同重体(どうじゅうたい)〖理〗동중체. 동중 원소(元素).
同地(どうち) 동지. ①같은 땅. ②그 땅.
同旨(どうし) 동지. 같은 취지.
同志 ㊀(どうし) 동지. ♣~愛(あい) 동지애.
㊁(どうし) 同士(どし).
同職(どうしょく) 동직. 같은 직업[직무].
∥~組合(くみあい) 동직 조합. 동업(同業) 조합.
同質(どうしつ) 동질.
∥~異像(いぞう)〖鑛〗동질 이상. (동질) 다형(多形).
同次(どうじ)〖數〗(다항식에서) 동차. ♣~式(しき) 동차식.
同車(どうしゃ) 동차. ①같은 차. ②동승(同乘). 합승.
同着(どうちゃく) 동시착(着).
同参(どうさん)〖佛〗동참. 선종(禪宗)에서 같은 스승 밑에서 공부함. 또, 그러한 사람.
同窓(どうそう) 동창. ♣~会(かい) 동창회.
同轍(どうてつ) 동철. 동궤(同軌).
同体(どうたい) 동체. 한몸. 같은 몸.
同鞘(どうしょう)〖經〗가격 차가 없음.
同寸(どうすん) 같은 치수[크기].
同村(どうそん) 동촌. 같은 촌. 그 마을.
同軸ケーブル(どうじくケーブル)〖電〗동축 케이블.
同臭(どうしゅう) 동취. ①같은 냄새. ②☞同臭味. 「한 동아리.
∥~味(み) (취미·정도가) 같은 패[족속들].
同趣(どうしゅ) 같은 취미[취지].
同歯(どうし) 동치. 같은 연령. ♣~性(せい)〖動〗동치성.
同派(どうは) 동파. 같은 파. 그 파. 「음.
同胞 ㊀(どうほう)〖基〗*どうぼうとも 읽
∥~教会(きょうかい)〖基〗동포 교회.
㊁(はらから) ①형제 자매. ②동포.
同袍(どうほう) 동포. 친구.
同風(どうふう) 동풍. ①같은 풍속. ②같은 바람(이 붐).
同筆(どうひつ) 동필. 동일인의 필적.
同学(どうがく) 동학. 동문.
同割(どうわり) 장국이나 조미료를 같은 양석 섞는 일. 「람.
同行 ㊀(どうこう) 동행. 함께 감. 또, 그 사

㊁(どうぎょう) 동행. ①〖佛〗같은 종파의 신자. 수행자. *선종에서는, どうあんいらいどう 함. ②(문장 등의) 같은 행.
∥~衆(しゅう)〖佛〗동행중. 같은 종파의 사람들.
同郷(どうきょう) 동향.
同県(どうけん) 동현. ①같은 현. ②그 현.
同穴(どうけつ) 동혈. 죽어서 같은 묘혈에 묻힘.
同形(どうけい) 동형. 모양이 같음. 「힘.
同型(どうけい) 동형.
∥~分裂(ぶんれつ)〖生〗동형 분열.
同好(どうこう) 동호. ♣~会(かい) 동호회.
同化(どうか) 동화.
∥~作用(さよう)〖生〗동화 작용.
~澱粉(でんぷん)〖植〗동화 녹말.
~政策(せいさく)〖政〗동화 정책.
~組織(そしき)〖植〗동화 조직.
同和教育(どうわきょういく) 차별 대우를 받는 특수 부락의 해방을 위한 교육.
同花被(どうかひ)〖植〗동화피화(同花被).
同会(どうかい) 동회. 그 회.
同訓(どうくん) 동훈. (글자는 다르나) 훈이 같음.
∥~異字(いじ) 글자는 달라도 훈은 같음. 이자 동훈(異字同訓).

🔵訓読
同じ(おなじ) ①'같음·동일'의 뜻. ②같은. 동일한. ③《'なら'와 호응하여》어차피. 이왕에. *口語로는 おんなじ라고도 함.
~穴(あな)の貉(むじな)〔狐(きつね)〕한 패거리의 악당.
同じい(おなじい)〈老〉같다.
同じく(おなじく) 같이. 동(同).
同じくは(おなじくは) 같은 값이면. 같은 일이라면. 오히려.

🔵其他
同い年(おないどし)〈口〉동갑. 같은 나이.

| 8 木 教 | 東 | 동녘 동
トウ
ひがし・あずま |

🔵音読
東京(とうきょう)〖地〗도쿄《일본의 수도》. ♣~語(ご) 東京어.
東経(とうけい)〖地〗동경.
東高西低型(とうこうせいていがた)〖氣〗동고서저형(한국·일본 부근의 기압 배치형의 하나).
東関(とうかん) 동쪽에 있는 관문. 특히, 京都(きょうと) 동쪽 逢坂(おうさか)의 관문.
東郊(とうこう) 동쪽 교외.
東欧(とうおう) 동구. 동유럽.
∥~革命(かくめい)〖政〗동유럽 혁명《1980년대 말부터 동유럽에서 일어난, 민주화·자유화를 향한 일련의 개혁》.
東国(とうごく) ①동국. 동쪽 나라. ②関東(かんとう) 지방.
東宮 ㊀(とうぐう) 동궁. 황태자.

東〔み(このみや〕 동궁. 태자궁.
東南(とうなん) 동남. *ひがしみなみろも 읽음.
東南東(とうなんとう) 동남동.
東端(とうたん) 동단. 동쪽 끝.
東都(とうと) 동도. 동쪽에 있는 수도《江戸(えど) 또는 東京(とうきょう)》.
東道(とうどう) 동도. 동쪽의 길.
東独〔と〔地〕동독.
東麓(とうろく) 동록. 동쪽 산기슭.
東流(とうりゅう) 동류. 하천 등이 동쪽으로 흐름. 「(또, 그 방향.
東面(とうめん) 동면. 동쪽으로 면(面)함.
東武(とうぶ)〔地〕① 武蔵国(むさしのくに)(의 동쪽). ② 江戸(えど)의 딴이름.
東方 〔(とうほう) 동방. 동쪽. 「록.
‖**～見聞録**(けんぶんろく)〔册〕동방 견문
～**教会**(きょうかい)〔宗〕☞東方正教会.
～**貿易**(ぼうえき)〔史〕동방 무역.
～**正教会**(せいきょうかい)〔宗〕동방 정교회. 그리스 정교회.
〔(ひがしかた) ① ☞〔. ② (경기에서) 동서로 나눈 때의 동쪽 진영 (사람).
東部(とうぶ) 동부.
‖～**戦線**(せんせん) 동부 전선.
東北(とうほく) ① 동북(쪽). *ひがしきたろも 읽음. ② 〔地〕東北地方(ちほう)의 준말. 奥羽(おうう) 지방.
東北東(とうほくとう) 동북동.
東奔西走(とうほんせいそう) 동분서주.
東沙群島(とうさぐんとう)〔地〕(중국의) 동사 군도.
東山道(とうさんどう)〔地〕옛날의 七道(しちどう)의 하나. 지금의 滋賀(しが) 현에서 中部(ちゅうぶ) 지방 내륙부를 거쳐 奥羽(おうう) 지방에 이르는 지역. *옛날에는 とうせんどう라고도 하였음.
東上(とうじょう) 상경. 関西(かんさい) 및 그 서쪽 지방에서 東京(とうきょう)로 감.
東西(とうざい) ① 동서. 동(양)과 서(양). ② ☞東西東西.
‖～**南北**(なんぼく) 동서 남북.
～**対立**(たいりつ) 동서 대립.
～**東西**(とうざい) (흥행장 등에서) 관객을 향해 인사할 때 쓰는 서두의 말. (만당하신) 여러분, 조용히 해주십시오.
～**問題**(もんだい) 동서 문제.
～**屋**(や) 거리나 가게 앞에서 선전·광고를 하는 사람. 광고쟁이.
東亜(とうあ) 동아. 아시아의 동부.
東岸(とうがん) 동안. 동쪽 연안.
‖～**気候**(きこう)〔地〕동안 기후.
東洋(とうよう) 동양. ♣～**区**(く)〔地〕동양 구/～**人**(じん) 동양인/～**学**(がく) 동양학/～**画**(が) 동양화/
～**音楽**(おんがく) 동양 음악.
～**医学**(いがく) 동양 의학. 「본.
東瀛(とうえい) 동영. ① 동해(東海). ② 일

東雲(とううん) 동운. ① 동쪽 구름. ② 새벽. *雅語로는 しののめ라고도 함.
東闈(とうい)〔史〕동위. 왕세자. 황태자.
東魏(とうぎ)〔史〕동위. 중국 북조(北朝)의 왕조.
東夷 〔(とうい) 동이. 동방의 야만인〔오랑캐〕.
〔(あずまえびす) 京都(きょうと) 사람이 関東(かんとう) 지방 사람을 경멸하여 이르던 말.
東作(どうさく) 동작. 봄철의 경작(耕作).
東作西収(とうさくせいしゅう) 동작 서수. 봄에 농사 지어 가을에 수확함.
東漸(とうぜん) (서방 문물의) 동점.
東征(とうせい) 동정. 동쪽으로 정벌하러 감.
東証(とうしょう) '東京(とうきょう)証券取引所(しょうけんとりひきじょ)'(=도쿄 증권 거래소)'의 준말.
‖～**株価指数**(かぶかしすう)〔經〕東証 주가 지수.
～**平均株価**(へいきんかぶか) 東証 평균 주가.
東進(とうしん) 동진.
東天(とうてん) 동천. (새벽녘의) 동녘 하늘.
‖～**紅**(こう) ①〔鳥〕닭 품종의 하나《천연 기념물》. ② (새벽을 알리는) 닭 울음소리.
東遷(とうせん) 동천. 동쪽으로 옮김.
東塔(とうとう) 동탑. 동쪽 탑.
東土(とうど) 동토. ① 동쪽 땅. 동국(東國). ② 일본.
東風 〔(とうふう) ① 동풍. 샛바람. *ひがしかぜろも 읽음. ② 봄바람. 춘풍.
〔(こち) 〈雅〉 (봄에 부는) 동풍. *こちかぜろも 읽음.
東下(とうか) ☞東下り(あずまくだり)
東学(とうがく)〔史〕(한국의) 동학.
‖～**党の乱**(とうのらん)〔史〕동학 농민 운동. 「이름.
東漢(とうかん)〔史〕동한. 후한(後漢)의 딴
東海(とうかい) ① 동해. 동쪽 바다. ② 東海道의 준말.
‖～**道**(どう)〔地〕江戸(えど) 시대의 五街道(ごかいどう)의 하나. 江戸에서 京都(きょうと)까지, 주로 해안선을 따라 난 길.
～**道五十三次**(どうごじゅうさんつぎ) 江戸(えど) 시대에 江戸에서 京都(きょうと)에 이르는 東海道에 두었던 53개의 역참.
～**自然歩道**(しぜんほどう) 東海 자연 보도《東京(とうきょう)에서 大阪(おおさか)에 이르는 보행 전용 도로. 전장 1,343 km》.
東行(とうこう) 동행. 동쪽으로 감.
東胡(とうこ)〔史〕동호. 중국 춘추 시대에 몽고 동부 고원(高原)에 살던 수렵 목축 민족.

[訓読]

東 〔(ひがし) ① 동쪽. *古語로는 ひむかし, 雅語로는 ひんがし라고도 함. ② 동풍. ③ 京都(きょうと)에 대하여 鎌倉(かまくら)·江戸(えど) 지방을 가리키는 말. ④ (불교에서) 東本願寺(ひがしほんがんじ)(= 京都(きょうと)에 있는 진종(眞宗) 大谷(おおた

に)파의 본산).
㊁(あずま) 일본 동부 지방의 옛 이름. *文語로는 あづま라고도 함.
㊂(とう)《接頭語로》동….
東する(ひがしする) 동쪽으로 가다.
東ドイツ(ひがしドイツ) ☞ 東独(とうどく).
東歌(あずまうた) ① 万葉集(まんようしゅう) 등에 실려 있는 和歌(わか). ② 東遊び(あずまあそび)의 가곡.
東琴(あずまごと) 일본의 육현금(六絃琴).
東男(あずまおとこ) 関東(かんとう) 지방의 사나이.
～に京女(きょうおんな) 남자는 우람한 東国(とうごく) 사나이가 좋고, 여자는 얌전한 京都(きょう)女人이 좋다는 말.
東路(あずまじ) 京都(きょうと)에서 関東(かんとう)・奥羽(おうう) 지방으로 통하는 길의 옛 이름.
東半球(ひがしはんきゅう) 동반구.
東山時代(ひがしやまじだい)〖史〗足利義政(あしかがよしまさ)가 将軍(しょうぐん) 직에 있던 시대(1449~73).
東屋(あずまや) 정자.
東遊び(あずまあそび) 平安(へいあん) 시대의 가무(歌舞)의 일종.
東日本(ひがしにほん) 동일본. ① 일본의 동쪽 지역. ②(좁은 뜻으로는) 중부 지방 동부의 태평양쪽 및 関東(かんとう) 지방.
東ローマ帝国(ひがしローマていこく)〖史〗동로마 제국.
東インド諸島(ひがしインドしょとう)〖地〗동인도 제도.
東ゴート族(ひがしゴートぞく) 동고트족.
東支那海(ひがししなかい)〖地〗동중국해.
東側(ひがしがわ) ①동쪽. ②(유럽에서) 소련 및 소련에 동조하던 여러 나라.
東下り(あずまくだり) 京都(きょうと)에서 동부 지방으로 가는 일.
東下駄(あずまげた) 여성용의 왜나막신.
東向き(ひがしむき) 동향.
東インド会社(ひがしインドかいしゃ)〖史〗동인도 회사.

9
氵
常
洞
골 동・마을 동・
꿰뚫을 통
ドウ
ほら

参考 '마을 동'은 한국음.

音読
洞結節(どうけっせつ)〖生〗☞ 洞房結節(どうぼうけっせつ).
洞窟(どうくつ) 동굴.
∥～動物(どうぶつ)〖動〗동굴 동물.
～遺跡(いせき)〖史〗동굴 유적.
～住居(じゅうきょ)〖史〗동굴 주거.
洞門(どうもん) 동문. 동굴 입구(에 세운 문).
洞房(どうぼう) 동방. 침실.

∥～結節(けっせつ)〖生〗동방 결절.
◘ 이하 音은 '통'.
洞角(どうかく)〖動〗통각. 소・물소처럼 가지가 없고 속이 빈 뿔.
洞看(どうかん) 통간. 꿰뚫어 추측함.
洞開(どうかい) 통개. 열어 놓음. 개방함.
洞見(どうけん) 통견. 훤히 내다봄.
洞観(どうかん) 통관. 꿰뚫어 봄. 통찰.
洞簫(どうしょう)〖樂〗통소. 퉁소.
洞察(どうさつ) 통찰.

訓読
洞㊀(ほら)〈老〉굴. 동굴.
㊁(うつろ) ① 속이 텅 빔. 또, 그런 곳. ② 얼빠진[멍한] 모양.
㊂(うろ) 빈 구멍. 공동(空洞).
洞が峠(ほらがとうげ) 유리한 쪽으로 붙으려고 형세를 관망함. 기회주의.
洞穴(ほらあな) 동굴. *どうけつ로도 읽음.

10
冫
常
凍
얼 동
トウ
こおる・こごえる・いてる・しみる

音読
凍結(とうけつ) 동결. 얼어붙음.
∥～乾燥(かんそう) 동결[냉동] 건조.
～防止劑(ぼうしざい) 동결 방지제.
凍露(とうろ) 동로. 이슬이 얼어서 된 얼음.
凍死(とうし) 동사.　└들뜸.
凍上(とうじょう) 동상. 땅속이 얼어서 땅이
凍傷(とうしょう) 동상.　└종.
凍石(とうせき)〖鑛〗동석. 활석(滑石)의 일
凍餓(とうが) 동아. 헐벗고 굶주림.
凍雨(とうう) 동우. 겨울의 찬비.
凍雲(とううん)〖氣〗동운. 눈이 내릴 것 같은 구름.
凍原(とうげん)〖地〗동원. 툰드라.
凍瘡(とうそう)〖醫〗동창.
凍土(とうど) 동토. 언 땅.　└위.
凍寒(とうかん) 동한. 얼어붙을 것 같은 추
凍港(とうこう) 동항. 겨울에 바닷물이 어는
凍害(とうがい) 동해.　└항구.

訓読
❖**凍える**(こごえる) 얼다. (손・발 따위가) 추위로 곱아지다.　└얼다.
凍え付く(こごえつく) 얼어붙다. 또, 몹시
凍え死に(こごえじに) 동사. 얼어 죽음.
凍え死ぬ(こごえしぬ) 얼어 죽다.
❖**凍てる**(いてる) 얼다. 얼어붙다. 얼 것같이 춥게 느껴지다.　└의 하늘.
凍て空(いてぞら) 얼어붙을 듯이 추운 겨울
凍て返る(いてかえる) 봄이 되어 따뜻해지다가 갑자기 도로 추워지다.
凍て付く(いてつく) 얼어붙다.
凍て星(いてぼし) 얼어붙을 듯이 유난히 총총히 빛나는 겨울 밤하늘의 별.
凍て雲(いてぐも) (얼어붙은 듯 움직이지 않는) 겨울 구름.

凍て土(いてつち) 동토. 얼어붙은 땅.
❖凍む(しむ)〈文〉얼어붙다.
凍み(しみ) ① 어는 일. 얼음. ② 영하의 기「온.
凍みる(しみる) 얼어붙다. 얼어붙을 정도로 차다.
凍み大根(しみだいこん) 무를 얇게 썰어 얼렸다 말린 것.「두부.
凍み豆腐(しみどうふ)〈方〉얼린 두부. 언
凍み付く(しみつく) 얼어붙다.
凍み氷る(しみこおる) 꽁꽁 얼다.
❖凍る(こおる) 얼다.
凍り蒟蒻(こおりこんにゃく) 곤약을 썰어 삶은 후 얼려서 말린 식품.
凍り豆腐(こおりどうふ) 얼린 두부. 언 두
凍り付く(こおりつく) ① 얼어붙다. ② 단단히〔꽁꽁〕얼다.
其他
凍つ(いつ)〈文〉얼다. 얼어붙다. 얼 것같이 춥게 느껴지다.

10月 常 | 胴 | 큰창자 동·구간 동
ドウ

音読
胴(どう) ① 동. 몸통. 몸체. ② 물건의 중앙부. 동체. ③ 주사위 통. ④ 胴親(どうおや)의 준말.
胴殻(どうがら) ① 살을 발라낸 뒤의 뼈. ② 몸을〔신체를〕욕하는 말.
胴間(どうあい) 동간. 몸체〔몸통〕의 길이.
胴の間(どうのま) (일본 배의) 중앙 선실.
胴間声(どうまごえ) 굵고 탁한〔거친〕목소리.「ふく).
胴肩衣(どうかたぎぬ) 소매 없는 胴服(どう
胴枯れ病(どうがれびょう)《植》동고병. 줄기마름병.
胴骨(どうぼね) ① 늑골. ② 배짱. 담력.
胴巻き(どうまき) (허리에 두르는) 전대.
胴金(どうがね) 중동쇠(칼자루·창자루 등의 중간에 끼우는 고리 모양의 금속테).
胴突き(どうづき) ① 달구질. 터 다지기. ② 달구. 달굿대.
胴乱(どうらん) ① (양철로 된) 식물 채집통. ② 약·도장 등을 넣어 허리에 차는 사각형의 가죽 주머니.
胴裏(どううら) 겹옷이나 솜옷의 몸통 부분에 대는 안감.
胴忘れ(どうわすれ) 깜박〔까맣게〕잊음.
胴鳴り(どうなり) 산이나 바다가 명동(鳴動)하는 일. 또, 그 소리.
胴抜き(どうぬき) (일본 옷에서) 속옷 따위의 몸통 부분만 다른 천으로 지음. 또, 그런 속옷.
胴服(どうふく) ① 羽織(はおり)의 옛 이름. ② ☞ 胴着(どうぎ).
胴部(どうぶ) 동부. 몸통 부분.
胴上げ(どうあげ) 헹가래.

胴声(どうごえ) ☞ 胴間声(どうまごえ).
胴欲(どうよく) 탐욕(貪慾). 탐욕 무도.
胴慾(どうよく) ⇨ 胴欲(どうよく).
胴元(どうもと) 노름판의 주인.
胴囲(どうい) 동체 둘레.「うぎ).
胴衣(どうい) 동의. ① 조끼. ② ☞ 胴着(ど
胴長(どうなが) ① (타부분에 비해) 몸통이 긺. ② 가슴통·바지·신발이 한데 붙은 (낚시용) 고무옷.
胴切り(どうぎり) 몸통을 동강냄.
胴中(どうなか) ① 몸통의 중간. ② 한복판. 중앙.
胴震い(どうぶるい) (추위나 공포 등으로) 온몸이 떨림. 진저리침.
胴着(どうぎ) 동의(胴衣). 방한용 속옷.
胴斬り(どうぎり) ⇨ 胴切り(どうぎり).
胴体(どうたい) 동체. 몸통.
‖~着陸(ちゃくりく) 동체 착륙.
胴締め(どうじめ) ① 몸통을 죔. ② (유도·레슬링에서, 양다리로) 허리 조르기.
胴取り(どうとり) 노름판을 빌려 주고 판돈에서 자릿세를 떼는 사람.
胴親(どうおや) 노름판을 빌려 주고 그 판돈을 떼는 사람. 노름방 주인.
胴丸(どうまる) (통처럼 둥글게 만든) 몸통을 보호하는 간편한 갑옷의 하나.
胴回り(どうまわり) 몸통〔허리〕둘레.

10木 人 | 桐 | 오동나무 동
トウ·ドウ
きり

音読
桐木(どうぎ) ① 굵은 목재. ② 성벽 위에 비치해 두었다가 가까이 오는 적 위에 내려뜨리는 통나무.
桐塑(とうそ) 오동나무 톱밥에 녹말을 빼고 남은 마르지 않는 밀기울을 섞어 비벼서 만든 접착력이 강한 풀.
桐油(とうゆ) ①《化》동유. ② 桐油紙·桐油合羽의 준말. ♣~紙(がみ) 동유지 / ~漆(うるし) 동유칠♣
‖~合羽(がっぱ) 동유지로 만든 우비.

訓読
桐(きり)《植》오동나무.
桐麻(きりあさ)《植》어저귀의 딴이름.
桐の木炭(きりのきずみ) 오동나무를 구워서 만든 숯.
桐一葉(きりひとは) 초가을에 떨어지는 벽오동나무 한 잎.「밭.
桐畑(きりばたけ) 오동나무를 재배하고 있는
桐紙(きりがみ) 오동나무 무늬목. 오동나무를 종이처럼 얇게 떠낸 것.
桐火桶(きりびおけ) 오동나무를 파서 만든 화로.
桐壺(きりつぼ) ① 일본 궁성 안 오사(五舍)의 하나. ② '源氏物語(げんじものがたり)' 제1권의 이름.

10 疒	疼	아플 동 トウ うずく

音読→
疼痛(とうつう) 동통.
訓読→
❖疼く(うずく) 쑤시다. 좀이 쑤시다.
疼き(うずき) 동통(疼痛).

11 力 㪅	動	움직일 동·동물 동 ドウ うごく・うごかす

音読→
動(どう) 동. 움직임.
動じる(どうじる) ☞動ずる(どうずる).
動ずる(どうずる) 동하다. 동요하다.
動感(どうかん) 동감.
動径(どうけい) 〖数·理〗 동경.
動悸(どうき) 〖生〗 동계. 심장이 두근거림.
動管法(どうかんほう) '動物(どうぶつ)の保護(ほご)および管理(かんり)に関(かん)する法律(ほうりつ)'(=동물 보호 및 관리에 관한 법률)'의 준말.
動機(どうき) 동기. ♣~説(せつ) 동기설.
‖~論(ろん) (윤리학의) 동기론. 동기설.
~付け(づけ) 〖心·教〗 동기 부여.
動気候学(どうぎこうがく) 〖気〗 동기후학.
動乱(どうらん) 동란.
動力(どうりょく) 동력. 원동력. ♣~計(けい) 동력계 / ~炉(ろ) 동력로 / ~源(げん) 동력원 / ~因(いん) 〖哲〗 동력인 / ~車(しゃ) 동력차 / ~学(がく) 동력학.
‖~変成岩(へんせいがん) 〖鑛〗 동력 변성암.
~資源(しげん) 동력 자원. 동력을 발생함.
動輪(どうりん) 〖機〗 (기관차 등의) 동륜.
動脈(どうみゃく) 동맥. ♣~瘤(りゅう) 〖醫〗 동맥류 / ~血(けつ) 〖生〗 동맥혈.
‖~硬化症(こうかしょう) 동맥 경화증.
~産業(さんぎょう) 동맥 산업. (정맥 산업에 대하여) 미사용의 원료를 가공하여 제품화하는 (종래의) 산업.
動名詞(どうめいし) 〖文法〗 동명사.
動物(どうぶつ) 동물. ♣~界(かい) 동물계 / ~区(く) 동물구 / ~極(きょく) 〖生〗 동물극 / ~記(き) 동물기 / ~蠟(ろう) 〖生〗 동물납 / ~相(そう) 〖生〗 동물상 / ~園(えん) 동물원 / ~的(てき) 동물적 / ~質(しつ) 동물질 / ~学(がく) 동물학.
‖~の権利(けんり) 동물의 권리.
~報恩譚(ほうおんたん) 동물 보은담.
~福祉(ふくし) 동물 복지《동물의 행복을 추구하려고 하는 (동물 애호) 사상》.
~繊維(せんい) 동물(성) 섬유.
~性(せい) 동물성. ♣~器官(きかん) 〖生〗 동물성 기관 / ~蛋白質(たんぱくしつ) 동물성 단백질 / ~食物(しょくもつ) 동물성 식품 / ~染料(せんりょう) 동물성 염료.
~崇拝(すうはい) 동물 숭배.
~実験(じっけん) 동물 실험.
~愛護(あいご) 동물 애호.
~油脂(ゆし) 동물 유지. 동물유(油).
~磁気説(じきせつ) 〖生〗 동물 자기설.
~地区(ちりく) 동물 지리구.
~催眠(さいみん) 동물 최면.
動詞(どうし) 〖文法〗 동사.
動産(どうさん) 동산.
‖~保険(ほけん) 동산 보험.
~信託(しんたく) 동산 신탁.
~抵当(ていとう) 동산 저당.
~質(しち) 〖法〗 동산질. 동산을 목적물로 하는 질권.
動線(どうせん) 동선. 사람이 움직이는 경로를 선으로 나타낸 것.
動植物(どうしょくぶつ) 동식물.
動眼神経(どうがんしんけい) 〖生〗 동안 신경.
動圧(どうあつ) 〖物〗 동압.
動燃(どうねん) 動力炉(どうりょくろ)·核燃料(かくねんりょう)開発事業団(かいはつじぎょうだん)의 준말.
動熱(どうねち) 동열. 임종 때 열이 나고 괴로워하는 일.
動揺(どうよう) 동요. 흔들림.
動用字(どうようじ) 한자의 이체(異體) 문자.
動員(どういん) 동원.
動原体(どうげんたい) 〖生〗 동원체.
動意づく(どういづく) 〖経〗 주가(株價)가 움직일 기미를 보이다.
動議(どうぎ) 동의.
動因(どういん) 동인. 직접 원인.
動作(どうさ) 동작. ♣~法(ほう) 동작법.
‖~研究(けんきゅう) 〖心〗 동작 연구.
動的(どうてき) 동적.
‖~計画法(けいかくほう) 동적 계획법. 다이내믹 프로그래밍.
~安全(あんぜん) 〖法〗 동적 안전.
動転(どうてん) ①깜짝 놀라서 어쩔 바를 모름. ②동전. 변천.
動顚(どうてん) ⇨ 動転(どうてん).
動電気(どうでんき) 〖理〗 동전기.
動電力(どうでんりょく) 〖理〗 동전력. 기전력(起電力).
動静(どうせい) 동정.
動座(どうざ) 귀인이나 신여(神輿)가 자리를 옮김.
動止(どうし) 동지. ①움직임과 멈추는 일. ②행동거지. 거동.
動地(どうち) 동지. 세상을 깜짝 놀라게 함.
動天(どうてん) 동천. 하늘을 움직일 만큼 기세가 왕성함.
動体(どうたい) 동체. ①움직이는 물체. ②〖理〗 유동체.
動哨(どうしょう) 〖軍〗 동초.
動態(どうたい) 동태.

‖ ~統計(とうけい) 동태 통계.
動荷重(どうかじゅう)〖理〗동하중. 움직이는 물체가 구조물에 미치는 하중.
動学(どうがく) ①〖經〗동학. ②〖理〗'力学(りきがく)(=역학)'의 딴이름.
動向(どうこう) 동향.
動画(どうが) 동화. 애니메이션.
動滑車(どうかっしゃ) 동활차. 움직 도르래.

訓読➡
動かす(うごかす) 움직이다. ① (위치를) 옮기다. ② (기계 등을) 작동시키다. 돌리다.
動かせる(うごかせる) 움직일 수 있다.
動ける(うごける) 움직일 수 있다.
❖動く(うごく) ① 움직이다. ② (기계 등이) 작동하다. 돌다. ③ (마음·물체가) 흔들리다.
動き(うごき) 움직임. ① 활동. ② 동태. 동향(動向). 변화.

其他➡
動ともすれば(ややともすれば) ☞動もすれば(ややもすれば).
動もすると(ややもすると) ☞動もすれば(ややもすれば).
動もすれば(ややもすれば) 자칫하면. 까딱하면.

12 木 常	棟	마룻대 동 トウ むね·むな

音読➡
棟梁(とうりょう) 동량. ① 마룻대와 들보. ② 도편수. ③ 동량지재(棟梁之才).

訓読➡
棟 ㊀(むね) ①〖建〗용마루. ② 가옥을 세는 말. 동. 채.
㊁(むな) (다른 말 위에 붙어) 마룻대의.
㊂(とう) 집채를 세는 말. …동.
棟木(むなぎ) 마룻대로 쓰는 목재.
棟別銭(むねべつせん) 중세에 실시된, 가옥의 동수를 기준으로 한 과세.
棟上げ(むねあげ) 상량. 또, 상량식.
棟瓦(むながわら)〖建〗용마루 기와.
棟割り長屋(むねわりながや) 몇 가구로 분할한 일잣집.

12 立 敎	童	아이 동 ドウ わらべ·わらわ

音読➡
童曲(どうきょく) 동곡. 아동들의 연주를 위한 악곡.
童男(どうなん) 동남.
童女(どうじょ) 동녀. 계집아이. *옛날에는 どうにょ·わらわめ로도 읽음.
童蒙(どうもう) 동몽. 어린이.
童僕(どうぼく) 동복. 사내아이 종.
童詩(どうし) 동시. 아동시.
童心(どうしん) 동심.
童児(どうじ) ⇨ 童子(どうじ).
童顔(どうがん) 동안.
童謡(どうよう) 동요.
童幼(どうよう) 동유. 어린아이. 유아(幼兒).
童子(どうじ) 동자. 어린이.
童貞(どうてい) 동정. ♣~様(さま) 수녀님.
‖ ~生殖(せいしょく)〖生〗동정 생식.
童体(どうたい) 어린이의 모습.
童形(どうぎょう) 아직 결발(結髮)하지 않은 아이. 또, 그 모습.
童画(どうが) 동화. 아동화.
童話(どうわ) 동화. ♣~劇(げき) 동화극.
童戯(どうぎ) 아이들의 놀이.

訓読➡
童 ㊀(わらべ) 동자(童子). 어린애.
㊁(わらわ) ① ☞㊀. ② 어린이가 결발(結髮)하지 않음. 또, 그 머리.
㊂(わっぱ)〈俗·老〉장난꾸러기. 개구쟁이.
㊃(わらし)〖東北方〗어린이.
童歌(わらべうた) 어린이 노래. 예로부터 어린이들이 불러 전해온 노래.
童部(わらわべ) 동자(童子). 어린애.
た童(たわらわ)〈古〉어린이. 갓난아이.

13 イ 敎 日	働	일할 (동) ドウ はたらく

参考 略字로서 흔히 '仂'로 씀은 잘못. 仂는 본래 'ろく'라고 읽는 딴 글자임.

訓読➡
働かす(はたらかす) 일을 시키다. 활동시키다. 활용하다.
❖働く(はたらく) ① 일을 하다. 활동하다. 움직이다. ② 작용하다. ③〖文法〗활용하다.
働き(はたらき) ① 움직여서 일·구실을 함. ② 활동. 회전. 작용. 기능. 효능. ④ 일. 근무. 노동(량). ⑤〖文法〗활용.
働き掛ける(はたらきかける) (상대방이 응하도록 적극적으로) 작용하다.
働き口(はたらきぐち) 일자리.
働き方(はたらきかた) 일하는 모양[방식].
働き蜂(はたらきばち)〖蟲〗일벌.
働き盛り(はたらきざかり) 한창 (일할) 때.
働き手(はたらきて) ① 한 집안의 기둥. ② (유능한) 일꾼.
働き蟻(はたらきあり)〖蟲〗일개미.
働き者(はたらきもの) ① 부지런한 사람. ② (유능한) 일꾼.

逆音➡
労働(ろうどう) 노동.
実働(じつどう) 실제로 노동함.

13 艹	董	바로잡을 동·고물 동 トウ ただす

音読➡
董役(とうえき) 동역. 역사(役事)를 감독함.

14 僮

하인 동・아이 동
ドウ

音読
僮僕(どうぼく) 동복. 사내아이 종.

14 銅 金教

구리 동
ドウ
あかがね

音読
銅 ㈠(どう) 동. 구리. *あかろと 읽음.
㈡(あかがね)〈雅〉구리.
銅坑(どうこう)〖鑛〗동갱. 구리를 캐내는
銅剣(どうけん) 동검. └구덩이.
銅鏡(どうきょう) 동경. 구리 거울.
銅鼓(どうこ)〖樂〗동고. 꽹과리.
銅戈(どうか)〖史〗동과. 꺾창(槍).
銅鉱(どうこう)〖鑛〗동광.
銅亀(どうがめ)〖動〗'すっぽん(=자라)'의
銅器(どうき) 동기. └딴이름.
‖~時代(じだい)〖史〗동기 시대.
銅泥(どうでい) 동니. 구릿가루를 아교에 섞
   은 그림 물감. 「化」광물.
銅藍(どうらん)〖化〗동람. 구리의 황화(黃
銅輪王(どうりんおう)〖佛〗동륜왕.
銅脈(どうみゃく) ① 동맥. 구리 광맥. ② 가
   짜 돈. ③ 가짜. 조잡한 것.
銅矛(どうほこ) ⇨ 銅鉾(どうほこ).
銅鉾(どうほこ) 동모. 弥生(やよい)식 문화
   시대에 쓰인 청동의 갈고리 창.
銅盤(どうばん) 동반. 구리 대야.
銅礬(どうばん)〖藥〗동반. 점안약(點眼藥)
   으로 씀.
銅鉢(どうばち)〖佛〗동발. 근행(勤行)할 때
   울리는 동제의 방울〔바라〕.
銅鈸(どうばち) ①〖樂〗동발. 자바라〔타악
   기의 하나〕. *どうばつ으로도 읽음. ② ⇨ 銅鉢
   (どうばち).
銅山(どうざん) 동산. 구리를 캐는 광산.
銅像(どうぞう) 동상.
銅賞(どうしょう) 동상.
銅色(どうしょく) 동색. 구릿빛. *あかがね
   いろ으로도 읽음.
‖~人種(じんしゅ) 동색 인종.
銅線(どうせん) 동선. 구리 철사.
銅滓(どうさい) 동재. 동광석 정련시에 생기
銅銭(どうせん) 동전. └는 찌꺼기.
銅鉦畓畓(どうがねぶいぶい)〖蟲〗구리풍
銅製(どうせい) 동제. └뎅이.
銅族元素(どうぞくげんそ)〖理〗동족 원소.
   구리족 원소.
銅凸(どうとつ)〖印〗사진판 중의 어느 부분
   을 도게 뽑은 것.
銅青(どうせい) 동청. 동록(銅綠).
銅鏃(どうぞく) 동촉. 청동제(青銅製) 활촉.
銅臭(どうしゅう) 동취. 동전 냄새. 전하여,
   돈 자랑하거나 돈으로 벼슬한 자를 비웃는 말.
銅鐸(どうたく) 동탁. 종 모양의 청동기.
銅板(どうばん) 동판. 구리판. 「화.
銅版(どうはん)〖印〗동판. ♣ ~画(が) 동판
銅牌(どうはい) 동패. 동메달. 「금.
銅合金(どうごうきん)〖工〗동합금. 구리합
銅壺(どうこ) 구리나 쇠로 만든 상자 모양의
   물 끓이는 기구.
銅婚式(どうこんしき) 동혼식.
銅貨(どうか) 동화. 동전.
其他
銅拍子(どびょうし) ☞銅鈸(どうばち).
   *どうびょうしろも 읽음.
銅鑼(どら) 동라. 징.
銅鑼声(どらごえ) 굵고 탁한 목소리.
銅鑼焼(どらやき) 물에 갠 밀가루를 원형으
   로 구워서 두 장을 겹쳐 그 사이에 팥소를 넣
   은 일본 과자.

15 憧 忄人

그리워할 동
ドウ・ショウ
あこがれる

音読
憧憬(どうけい) 동경. *しょうけい의 관용
   음.
訓読
❖憧れる(あこがれる) 동경하다. 그리다. 그
   리워하다.
憧れ(あこがれ) 동경(憧憬).
其他
憧る(あくがる)〈雅〉① 마음이 끌려서 들뜨
   다. ② 동경하다. 애를 태우다.

16 鮗 魚日

전어 (동)
このしろ

訓読
鮗(このしろ)〖魚〗전어.

17 瞳 目人

눈동자 동
ドウ
ひとみ

音読
瞳孔(どうこう) 동공. 눈동자.
‖~反射(はんしゃ)〖生〗동공 반사.
瞳子(どうし) 동자. 눈동자.
訓読
瞳(ひとみ) ① 눈동자. 동공(瞳孔). ② 눈.

18 艟 舟

싸움배 동
ドウ

音読

艟艨(どうもう) 동몽. 군함. 병선(兵船).

18 鼓	鼕	북소리 **동** トウ

####### 音読

鼕鼕(とうとう) 동동. ①북 따위가 울리는 모양. ②파도 소리가 세차게 나는 모양.

두

4 斗 常	斗	말 **두**·별이름 **두** ト・トウ ます

####### 音読

斗 ㊀(と) 두. 말. 척관법의 용적(容積) 단위의 하나.
㊁(とます) 한자 부수의 하나: 말두.
斗栱(ときょう)〘建〙①(장지·난간 따위의 살을)네모꼴로 짬. 또, 그렇게 짠 물건. ②공포(拱包). 두공(抖拱). 「하.
斗南(となん) 두남. ①북두칠성 이남. ②천
斗量(とりょう) 두량. 되로 되는 용량.
斗米(とべい) 두미. ①한 말의 쌀. ②약간의 급료.
∥~**官遊**(かんゆう) 약간의 급료를 얻기 위해 관리가 되어 고향을 떠나 근무함.
斗柄 ㊀(とへい)〘天〙두병. 북두칠성을 국자 모양으로 보았을 때, 그 자루 부분에 해당하는 세 개의 별.
㊁(とひょう) 경솔함. 엉뚱함.
∥~**者**(もの) 엉뚱한 짓을 하는 사람.
斗搔き(とかき) 평미레. 평목.
斗枡(とます) 한 말들이 말.
斗牛(とぎゅう) 두우. 28수(宿)의 두수(斗宿)와 우수(牛宿).
斗帳(とちょう) 두장. 귀인의 침소나 불단 앞 등에 치는 휘장.
斗酒(としゅ) 두주. 말술. 많은 술.
斗筲(とそう) 두초. ①도량이 좁음. ②녹봉이 적음. ＊としょうろ도 읽음.
斗出(としゅつ) 두출. 돌출(突出).

####### 訓読

斗形(ますがた) ①되 같은 네모의 형(상자). ②〘建〙동자주(童子柱). 쪼구미. ＊とがたで도 읽음.

####### 其他

斗宿(ひきつぼし) 두수. 이십팔수(二十八宿)의 하나.

7 扌	抖	떨 **두** ト・トウ ふるう

####### 音読

抖擻(とそう) ①〘佛〙두수. 두타(頭陀). ②걸어서 오고 감.

7 木 入	杜	막을 **두**·성 **두** ト・ズ もり

####### 音読

杜鵑花(とけんか)〘植〙두견화. 진달래꽃.
杜漏(ずろう) 소루(疏漏)함.
杜松(としょう)〘植〙두송. 노간주나무. ＊ねずろとも 읽음.
∥~**実**(じつ) 두송실. 노간주나무 열매.
杜詩(とし) 두시. 중국 두보(杜甫)의 시.
杜氏(とうじ) 술을 만드는 기술자. 또, 그 두머리. ＊とじとも 읽음.
杜翁(とおう) 두옹. 톨스토이의 별칭.
杜宇(とう)〘鳥〙두우. 두견새의 딴이름.
杜絶(とぜつ) 두절.
杜絶える(とだえる) 두절되다. 끊어지다.
杜仲(とちゅう)〘植〙두충(杜冲).
杜撰(ずさん) 두찬. (저작 따위에) 틀린 곳이 많고 거칢. 날림.

####### 訓読

杜(もり) ①삼림. ②신사(神社)를 둘러싼 무성한 숲.

####### 其他

杜鵑(ほととぎす)〘鳥〙두견. 子規. ＊とけん으로도 읽음.
杜若(かきつばた)〘植〙제비붓꽃. 연자화(燕子花).

7 月	肚	배 **두**·밥통 **두** ト はら

####### 音読

肚裡(とり) ⇨ 肚裏(とり).
肚裏(とり) 뱃속. 마음속. 「속.
肚皮(とひ) 두피. ①뱃가죽. ②마음속. 뱃

7 豆 教	豆	콩 **두** トウ・ズ まめ・たかつき

####### 音読

豆果(とうか)〘植〙협과(莢果).
豆寇の木(ずくのき)〘植〙담팔수.
豆腐(とうふ) 두부. ♣~**殻**(がら) 비지 / ~**屋**(や) 두부 가게.
豆菽類(とうしゅくるい)〘植〙두숙류.
豆乳(とうにゅう) 두유. 「름.
豆州(ずしゅう)〘地〙伊豆(いず) 지방의 딴이

####### 訓読

豆 ㊀(まめ) ①〘植〙콩. ②음핵. ③《接頭語적으로》 소형의 것.
㊁(とう) 두. 제기(祭器)의 하나.

豆幹(まめがら) 콩가지. 콩대. 콩깍지.
豆科(まめか) 〖植〗 콩과.
豆絞り(まめしぼり) 콩알 모양의 무늬를 넣어서 홀치기 염색한 천.
豆男(まめおとこ) 키 작은 사내.
豆搗き(まめつき) 콩가루.
豆粒(まめつぶ) 콩알.
豆萌し(まめもやし) 콩나물.
豆名月(まめめいげつ) 음력 9월 13일 밤의 달(청대콩을 바치고 제사 지냄).
豆粕(まめかす) 두박. 콩깻묵.
豆飯(まめめし) 콩밥.
豆餅(まめもち) 팥이나 검정콩을 넣고 만든 떡.
豆本(まめほん) 아주 작은 책.
豆の粉(まめのこ) 콩가루.
豆撒き(まめまき) 입춘 전날 밤, 액막이로 콩을 뿌리는 일.
豆象虫(まめぞうむし) 〖蟲〗 콩바구미.
豆細工(まめざいく) 가는 대오리와 완두콩으로 여러 가지 모양을 만드는 놀이. 또, 그만든 것.
豆素麺(まめそうめん) '春雨(はるさめ)(=녹두가루로 가늘게 만든 국수)'의 딴이름.
豆柿(まめがき) 〖植〗 고욤나무.
豆蒔き(まめまき) 밭에 콩을 심는 일.
豆油 ㊀(まめあぶら) 두유. 콩기름.
 ㊁(ご) ⇨ 豆汁(ご).
豆銀(まめぎん) ☞ 豆板銀(まめいたぎん).
豆人形(まめにんぎょう) 작은 인형.
豆自動車(まめじどうしゃ) 소형 자동차.
豆蔵(まめぞう) ① 옛날, 길거리에서 요술·곡예·익살 등을 부리던 광대. ② 수다스러운 사람을 비웃는 말.
豆電球(まめでんきゅう) 소형 전구.
豆粥(まめがゆ) 팥이나 검은콩을 넣고 쑨 죽.
豆鉄砲(まめでっぽう) 콩을 총알로 사용하는 장난감 총.
豆炒り(まめいり) ① 콩을 볶음. 또, 볶은콩. ② 콩강정.
豆炭(まめたん) 조개탄.
豆台風(まめたいふう) 세력이 약한 폭풍.
豆板(まめいた) ① 납작하게 판자 모양으로 굳힌 콩엿. ② 豆板銀의 준말. 「은화.
∥~銀(ぎん) 江戸(えど) 시대의 콩알만한
豆偏(まめへん) 한자 부수의 하나; 콩두.
其他
豆豉(トーチー) 찐 콩을 발효시켜 소금에 절인, 중국 요리용 조미료.
豆汁 ㊀(あめ) (된장·간장을 담그기 위하여) 콩을 삶을 때 나오는 물. 「액체.
 ㊁(ご) 콩물. 콩을 물에 불려서 간 유백색의

| 8
木 | 科 | 두공 두
シュ・トウ
とがた |

訓読
枓(とがた) ① 되 같은 네모의 형[상자]. ②

〖建〗 동자주.
其他
枓栱(ときょう) 〖建〗 두공. 공포(拱包).

| 11
儿 | 兜 | 투구 두
ト・トウ
かぶと |

参考 俗音으로는 '도'.
音読
兜巾(ときん) '修驗道(しゅげんどう)(=밀교의 한 파)'의 수도자가 쓰는 조그마한 두건.
兜率(とそつ) 〖佛〗 도솔.
∥~天(てん) 〖佛〗 도솔천. 육욕천(六慾天)의 하위에서 넷째 하늘.
訓読
兜(かぶと) 투구.
∥~の緒(お) 투구끈.
兜首(かぶとくび) 투구를 쓴 (죽은) 대장[신분이 있는 무사]의 머리.
兜人形(かぶとにんぎょう) (단오절에 장식하는) 투구를 쓴 무사 인형.
兜町(かぶとちょう) ①〖地〗東京(とうきょう) 도의 한 동네 이름. 東京 증권 거래소의 소재지. ②〈俗〉東京 증권 거래소. 「이.
兜虫(かぶとむし) 〖蟲〗 투구벌레. 투구풍뎅
兜蟹(かぶとがに) 〖動〗 투구게. 절지 동물. 검미류(劍尾類)의 하나.

| 11
辶 | 逗 | 머무를 두
トウ・ズ
とどまる |

音読
逗留(とうりゅう) 두류. 머묾. 체류.

| 11
酉 | 酘 | 거듭빚을 두
トウ・ズ
そい・そえ |

訓読
酘(そえ) 청주의 양조에서 전국을 만들기 위해 효모에 지에밥·누룩·물 따위를 섞음. 또, 그런 일.

| 12
疒
常 | 痘 | 마마 두
トウ
もがさ |

音読
痘面(とうめん) 두면. 마맛자국이 있는 얼
痘苗(とうびょう) 〖醫〗 두묘. 「굴.
痘漿(とうしょう) 두장. 두창(痘瘡)의 고름.
痘瘡(とうそう) 두창. 천연두.
痘痕 ㊀(とうこん) 두흔. 마맛자국. *あばた로도 읽음.
 ㊁(いも) ① 천연두. 마마. ② 마맛자국. *いもがさ로도 읽음.

16頁 教	頭	머리 두・우두머리 두 トウ・ズ・ト あたま・かしら・か み・こうべ・ほとり

音読

頭角(とうかく) 두각.
　～を現(あらわ)**す** 두각을 나타내다.
頭甲(とうこう) ① 두개골. 정수리. ② 삿갓 안의 쓰기 좋게 한 둥근 테.
頭蓋(ずがい)〖生〗 두개. ＊とうがい로도 읽음. ♣**～骨**(こつ)〖生〗 두개골 /**～瘻**(ろう)〖醫〗 두개로.
頭巾 ㊀(ずきん) (자루 모양의) 두건.
‖**～雲**(ぐも) 적란운(積亂雲)의 상부에 접하여 나타나는 두건처럼 생긴 엷은 구름.
㊁(ときん) '修験道(しゅげんどう)(=밀교의 한 파)'의 수도자가 쓰는 조그마한 두건.
頭頸(とうけい) 두경. 두부와 목. 또는 목.
頭骨(ずこつ) 두골. 두개골. ＊とうこつ로도 읽음.
頭光(ずこう) 두광. 광배(光背)의 하나. 불상의 두부 뒤에 있는 원광. ＊とうこう로도 읽음.
頭句(とうく) 노래의 첫머리 부분의 구.
頭脳(ずのう) 두뇌.
‖**～労働**(ろうどう) 정신 노동.
　～流出(りゅうしゅつ) 두뇌 유출.
　～集団(しゅうだん) 두뇌 집단.
頭突き(ずつき) (씨름・싸움 등에서의) 박치기.
頭胴長(とうどうちょう) (포유류에서) 전체 길이에서 꼬리의 길이를 뺀 길이.
頭領(とうりょう) 두령. 두목.
頭鳴り(ずなり) 머리 속에서 뭔가 소리가 나는 것처럼 느껴지는 일.
頭目(とうもく) 두목.
頭物 ㊁(つむりもの) 빗・비녀 등 여자의 머리를 꾸며 주는 것.
頭抜ける(ずぬける) 두드러지다. 뛰어나다.
頭髪(とうはつ) 두발.
頭部(とうぶ) 두부. 머리 부분.
‖**～侵食**(しんしょく)〖地〗 두부 침식.
頭上(ずじょう) 두상. 머리 위. 위쪽.
頭状花(とうじょうか)〖植〗 두상화.
頭状花序(とうじょうかじょ)〖植〗 두상 화서. 두상꽃차례.
頭索類(とうさくるい)〖動〗 두삭류.
頭書(とうしょ) 두서. 문서의 첫머리에 쓴 것.
頭声(とうせい) 두성. 가장 높은 (목)소리.
頭首(とうしゅ) 두수. 우두머리.
頭示数(とうしすう)〖生〗 두시수.
頭身(とうしん) 두신. ① 머리와 몸. ② 머리 길이와 키의 비율을 나타내는 말.
頭語(とうご) 편지 첫머리에 쓰는 인사말.
頭熱(ずねつ) 두열.
頭屋(とうや) 신사(神社)의 제례나 행사 등을 주재하는 집(의 집).
頭韻(とういん)〖文〗 두운.
頭人(とうにん) 두인. 우두머리. 장(長).
頭字語(とうじご) 말의 앞 자(字)나 음절만으로 만든 약어.
頭子音(とうしいん) 어두(語頭)의 자음.
頭頂(とうちょう) 두정. 머리 꼭대기. ♣**～骨**(こつ) 두정골.
頭足類(とうそくるい)〖動〗 두족류.
頭注(とうちゅう) 두주. 본문 위쪽에 단 주.
頭註(とうちゅう) ⇨ 頭注(とうちゅう).
頭重(ずおも) ① 머리가 무거움. ② 남에게 좀처럼 머리를 숙이지 않는 태도. ③ 시세가 좀처럼 오르지 않는 상태.
頭の中将(とうのちゅうじょう) 近衛府(このえふ)의 中将로서 蔵人頭(くろうどのとう)에 임명된 사람의 호칭.
頭指(とうし) 두지. 집게손가락.
頭指数(とうしすう) ⇨ 頭示数(とうしすう).
頭取(とうどり) ① 우두머리. 장(長). ② 대표 이사. 총재.
頭陀(ずだ)〖佛〗 두타. ♣**～行**(ぎょう)〖佛〗 두타행.
‖**～袋**(ぶくろ) 두타하는 승려가 경문・보시(布施) 등을 넣어서 목에 거는 주머니.
頭痛(ずつう) 두통. ＊とうつう로도 읽음.
‖**～鉢巻き**(はちまき) 무척 근심・걱정하고 있는 모양.
　～持ち(もち) 가끔 두통이 일어나 괴로움을 받는 사람.
頭風(ずふう) 두풍.
頭寒足熱(ずかんそくねつ) 두한족열.
頭血腫(とうけっしゅ)〖醫〗 두혈종.
頭形(とうけい) 두형. 머리 모양.
頭花(とうか)〖植〗 두화. 두상화(頭狀花).
頭胸部(とうきょうぶ)〖生〗 두흉부.

訓読

頭 ㊀(あたま) ① 머리. 머리칼. ② 인원수. ③ …평균. ④ 우두머리. ⑤ 꼭대기.
㊁(かしら) ① 머리. 두목.
㊂(とう) …두. 필(匹). 마리.
㊃(かぶり) 머리.
　～を振(ふ)**る** 고개를 가로젓다.
㊄(ず)〈老〉머리.
　～が高(たか)**い** 거만하다.
㊅(こうべ)〈老〉머리. 목.
㊆(つむり)〈老〉머리. 목. ＊つむ・つぶり로도 읽음.
㊇(どたま) 대가리《욕하는 말》.
頭から(あたまから) 처음부터. 전혀.
頭ごなし(あたまごなし) 무조건.
頭(あたまで) 처음부터.
頭でっかち(あたまでっかち) 머리만 유난히 큼. 짱구.
頭金(あたまきん) ① 계약금. ② 담보물의 시가와 대부금의 차액.
頭立つ(かしらだつ) 남의 위에 서다. 장(長)이 되다.
頭文字(かしらもじ) 두문자. 머리글자.
頭付き ㊀(あたまつき) 머리 모양.
㊁(かしらつき) ① ☞ ㊀. ② 머리도 꼬리도 붙어 있는 온마리의 생선.

蠹・屯・鈍　347

頭分(かしらぶん) 우두머리. 두목.
頭の霜(かしらのしも) 백발. 흰머리.
頭書き(かしらがき) (본문 위의) 두주(頭註). 또, 서두의 말.
頭数 ㊀(あたまかず) 인원수.
　㊁(とうすう) 두수. 마리수.
頭虱(あたまじらみ) 머릿니.
頭勝ち(あたまがち) ① 머리가 유난히 큼. ② 거만한 모양.
頭役 ㊀(あたまやく) 인원수에 따른 부담.
　㊁(かしらやく) 우두머리. 장.
頭芋(かしらいも) 토란의 지하경. 중앙에 달린 큰 토란알.
頭越し(あたまごし) 당사자를 제치고, 일이 진행됨.
頭株(あたまかぶ) 중심 인물. 두목.
頭紙(あたまがみ) 포장한 화물의 상부에 붙이는 수취인명 꼬리표.
頭出し(あたまだし) 녹음・녹화 테이프 등에서 재생하고자 하는 부분의 첫머리를 찾는 일.
頭打ち(あたまうち) ① 〖經〗 시세가 (더 오르지 못하고) 멈춘 상태. *ずうちとも 읽음. ② 한계점.
頭割り(あたまわり) 인원수 대로 나눔.
⟦其他⟧
頭垢(ふけ) 비듬.
頭垢性(ふけしょう) 비듬이 많은 체질.

| 24
虫 | 蠹 | 좀 두
ト |

⟦音読⟧
蠹毒(とどく) 두독. (남에게) 해독을 끼침. 또, 그 해독.
蠹魚(とぎょ) 〖蟲〗 반대좀. *しみとも 읽음.
⟦其他⟧
蠹(のむし) ① 들에 사는 벌레. ② '衣魚(しみ)(=좀)'의 딴이름.

둔

| 4
屮
⟦常⟧ | 屯 | 모일 둔
トン
たむろ・たむろする |

⟦音読⟧
屯する(とんする) 둔치다. ① 많은 사람이 머무르다(모이다). *たむろする로도 읽음. ② 지키기 위해 사람을 모으다.
屯所(とんしょ) ① 둔치는 곳. ② '警察署(けいさつしょ)(=경찰서)'의 구칭.
屯営(とんえい) 주둔. 둔치는 곳. 또, 그 곳.
屯在(とんざい) 둔을 치고 있음. 모여 있음.
屯田(とんでん) 〖史〗 둔전. ♣~兵(へい) 둔전병 / ~制(せい) 둔제제.

⟦訓読⟧
屯(たむろ) 사람이 모임. 모인 곳. 진영.
⟦其他⟧
屯家(みやけ) ⇨ 屯倉(みやけ)
屯倉(みやけ) 大和(やまと) 정권이 전국에 소유했던 직할령.

| 12
金
⟦常⟧ | 鈍 | 우둔할 둔・무딜 둔
ドン
にぶい・にぶる・のろい |

⟦音読⟧
鈍 ㊀(どん) 둔함.
　㊁(なまくら) ① (칼 따위가) 잘 안 듦. 또, 그런 칼. ② 트릿함. 게으름을 핌.
　㊂(のろ) 우둔함. 또, 그런 사람.
鈍する(どんする) 둔해지다. 멍청해지다.
鈍角(どんかく) 〖數〗 둔각.
　‖~三角形(さんかくけい) 둔각 삼각형.
　*どんかくさんかっけい로도 읽음.
鈍感(どんかん) 둔감.
鈍甲(どんこ) 〖魚〗 동사리.
鈍根(どんこん) 나면서부터 둔함.
鈍器(どんき) 둔기.
鈍利(どんり) 둔리. 무딤과 날카로움.
鈍麻(どんま) 〖醫〗 감각이 둔해짐.
鈍磨(どんま) 닳아서 무디어짐.
鈍物(どんぶつ) 둔물. 멍청이. 바보.
鈍付く(どんつく) ① 〈俗〉 우둔함. 또, 그 사람. ② '鈍付く布子(ぬのこ)(=저질의 무명 솜옷)'의 준말. 　　　　　「사람.
鈍牛(どんぎゅう) 느리지만 확실하고 힘센
鈍子(どんす) 단자(緞子). 　　　　　　　「사람.
鈍才(どんさい) 둔재. 둔한 재주. 또, 그러한
鈍足(どんそく) 둔족. 뛰는 것이 느림. 또, 그런 사람.
鈍重(どんじゅう) 둔중.
鈍太郎(どんたろう) 둔한 사람.
鈍痛(どんつう) 둔통. 　　　　　　「는 남자.
鈍瞎漢(どんかつかん) 둔하고 도리를 모르
鈍行(どんこう) 〈俗〉 완행 열차.
鈍化(どんか) 둔화. 둔해짐.

⟦訓読⟧
鈍い ㊀(にぶい) 둔하다. ① 무디다. ② 굼뜨다. ③ 희미하다.
　㊁(のろい) 느리다. 둔하다.
鈍る ㊀(にぶる) 둔해지다. 무디어지다.
　㊁(なまる) 무디어지다. 아둔해지다.
鈍間(のろま) 동작이나 머리가 아둔함. 또, 그런 사람.
　‖~人形(にんぎょう) 江戸(えど) 시대의 꼭두각시의 한 가지.
鈍臭(のろくさ) 굼뜬 모양. 느릿느릿.
鈍臭い(のろくさい) 느려빠지다.
⟦其他⟧
鈍し ㊀(なまし) 강철 따위를 달구었다가 천천히 식힘.
　㊁(おぞし) 〈文〉 둔하다. 어리석다.

鈍刀(なまくらがたな) 무딘 칼. ＊どんとう로도 읽음.
鈍四つ(なまくらよつ) (씨름에서) 왼씨름이건 오른씨름이건 마음대로 할 수 있음.
鈍色(にびいろ) 엷은 먹색. 진한 쥐색. ＊にぶいろ・どんじきろ로도 읽음.
鈍者(なまくらもの) 게으름뱅이.

13 辶 遁

달아날 둔・숨을 둔
トン
のがれる

音読
遁甲(とんこう) 둔갑.
遁辞(とんじ) 둔사. 둘러대는 말.
遁世(とんせい) 둔세.
遁俗(とんぞく) 둔속. 둔세(遁世).
遁入(とんにゅう) 도망쳐서 안전한 곳에 들어감. 「『楽』 푸가.
遁走(とんそう) 둔주. 도주. ♣～曲(きょく)
遁竄(とんざん) 둔찬. 도망쳐 숨음.
遁避(とんぴ) 둔피.
其他
遁げる(にげる) ①도망치다. ②회피하다.

15 辶 遯

달아날 둔・숨을 둔
トン
のがれる

参考 遁과 同字.

音読
遯世(とんせい) 둔세(遁世).
遯竄(とんざん) 둔찬. 도망쳐 숨음.

17 月 臀

볼기 둔
デン
しり

音読
臀部(でんぶ) 〖生〗 둔부.
臀位(でんい) 〖醫〗 둔위.
臀囲(でんい) 둔위. 엉덩이의 둘레.
訓読
臀 ㊀(しり) 엉덩이. 궁둥이. 둔부.
㊁(いさらい) 〈古・女〉 궁둥이.
㊂(いしき) ①엉덩이. ②자리. 좌석.

득

11 イ 得
教

얻을 득・만족할 득
トク
える・うる

音読
得 ㊀(とく) ①득. 이득. 이익. ②유람.
㊁(う) 〈文〉 ①얻다. ②…할 수 있다. ③뛰어나다. ④이해하다.
得する(とくする) 득보다. 이익을 얻다.
得度(とくど) 〖佛〗 득도. ♣～式(しき) 〖佛〗 득도식.
得道(とくどう) 〖佛〗 득도. 오도(悟道).
得得(とくとく) 득의양양한 모양.
得恋(とくれん) 연애에 성공함.
得法(とくほう) 득법. ①〖佛〗 깨달음. 득도(得道). ②사물의 깊은 뜻을 헤아려 앎.
得分(とくぶん) ①몫. ②〈老〉 벌이. 이익.
得喪(とくそう) 득상. 득실.
得失(とくしつ) 득실.
得心(とくしん) 득심. 납득함. 이해함.
‖～尽(ずく) 서로 납득한 뒤에 행함.
得業 ㊀(とくぎょう) 득업. 학업이나 기예 등 일정한 과정을 마침.
‖～士(し) 구제 의학 전문 학교 졸업생.
㊁(とくごう) 〖佛〗 소정의 학업을 마친 승려에게 주는 칭호.
得用(とくよう) 덕용(徳用).
得意(とくい) ①득의(양양). ②가장 숙련되어 있음. ③단골 손님.
‖～気(げ) 득의에 찬 모양.
～満面(まんめん) 득의만면.
～先(さき) 단골 거래처.
～顔(がお) 자랑스러운 듯한 얼굴.
～回(まわ)り 거래처 순방.
得点(とくてん) 득점. ♣～圏(けん) 득점권.
得策(とくさく) 득책. 유리한 계책.
得脱(とくだつ) 〖佛〗 득탈. 「율.
得票(とくひょう) 득표. ♣～率(りつ) 득표
訓読
得たり(えたり) (잘) 됐다. 옳다 됐다. 뜻대로 되어 힘이 나서 하는 말.
得て(えて) ①자칫하면. ②《否定語가 딸리어》 불가능하다.
得てして(えてして) 자칫하면. 까딱하면.
得てる(えてる) 〈俗〉 능하다. 잘하다.
得ない(えない) …할 수 없다.
得たり顔(えたりがお) 득의 양양한 얼굴. 자랑스러운[회심의] 표정.
得たりや応(えたりやおう) 〈雅〉 뜻대로 되었을 때 하는 말. 좋아. 됐어.
得たり賢し(えたりかしこし) 얼씨구나. 잘됐다. 이거, 참 고맙군.
❖得る ㊀(える) ①얻다. ②이해하다. ③《動詞 連用形에 붙어서》 …(할) 수 있다.
㊁(うる) ①〈文〉 ☞㊀. ②《接尾語적으로》 …(할) 수 있다.
得難い(えがたい) 얻기 어렵다.
得物(えもの) ①자신있게 다루는 무기. ②장기(長技).
得手(えて) 장기. 특기.
‖～吉(きち) 得手를 의인화(擬人化)한 말. 장기. 특기.
～物(もの) 가장 능한 재주. 특기.
～勝手(かって) 자기 멋대로 (생각)함.
得体(えたい) 참모습. 본체. 본성.

등

| 6 火 (教) | 灯 (燈) | 등잔 등
トウ・チン・トン
ひ・ともしび・とも
す・とぼす |

音読

灯架(とうか) 등가. 등잔걸이.
灯竿(とうかん) 등간(燈竿)《항로 표지의 하나》.
灯蓋(とうがい) ①등잔을 놓는 대. ②등잔.
灯檠(とうけい) 등경. 등잔걸이.
灯光(とうこう) 등광. 등불 빛.
灯台(とうだい) ①등대. ②등잔 받침대. 등잔걸이. ♣~守(もり) 등대지기 / ~草(ぐさ) 〖植〗등대풀.
‖~船(せん) ☞灯船(とうせん).
灯籠(とうろう) 등롱.
‖~流し(ながし) 우란분재(盂蘭盆齋) 끝날에 대로 만든 등롱에 불을 켜 강에 띄우는 행사. 「불.
灯明(とうみょう) 등명. 신불에게 올리는 등
‖~台(だい) ①등명대. ②등대(燈臺).
~船(せん) ☞灯船(とうせん).
灯船(とうせん) 등선. 등대선.
灯心(とうしん) 등심(남포의) 심지. *雅語로는 とうすみ・とうしみ라고도 함.
‖~草(ぐさ) 〖植〗등심초. 골풀. *とうしんそう로도 읽음.
~蜻蛉(とんぼ) 〖蟲〗실잠자리. *とうしみとんぼ・とうすみとんぼ로도 읽음.
灯蛾(とうが) 〖蟲〗등아. 불나방.
灯影(とうえい) 등영. 등불 빛. 등불의 그림자. *ほかげ로도 읽음.
灯用(とうよう) 등용. 등화용.
灯油(とうゆ) 등유. *とぼしあぶら로도 읽음.
‖~機関(きかん) 등유 기관.
灯前(とうぜん) 등전(燈前). 등하(燈下).
灯燭(とうしょく) 등촉. 등불.
灯標(とうひょう) 등표《암초나 얕은 곳의 위치를 표시하는 등불》.
灯下(とうか) 등하. 등잔 밑.
灯火(とうか) 등화. 등불. *ともしび로도 읽음.
‖~管制(かんせい) 등화 관제.

訓読

灯 ㊀(ともしび) 등불. *とぼし・ともし로도 읽음.
㊁(とう)《接尾語로》…등.
㊂(ひ) ①불(빛). ② ☞㊀.
灯す(ともす) 불을 켜다. *とぼす로도 읽음.
灯る(ともる) 불이 켜지다. 점화되다.
灯上げ石(ひあげいし) 석등롱(石燈籠)에 불을 켜기 위해 올라가는 돌.
灯揚げ石(ひあげいし) ⇨ 灯上げ石(ひあげいし).

灯映り(ひうつり) 등불이 사물에 비침.
灯虫(ひむし) 불나방.

| 12 癶 (教) | 登 | 오를 등・올릴 등
トウ・ト
のぼる |

音読

登降(とうこう) 등강. 승강(昇降).
登京(ときょう) 상경(上京).
登高(とうこう) 등고. 높은 곳[에] 오름.
登科(とうか) ①등과. ②과거에 급제할 정도의 훌륭한 사람.
登館(とうかん) 등관. 도서관 등 '관'자가 붙은 곳에 출근함.
登校(とうこう) 등교.
‖~拒否(きょひ) 등교 거부.
登極(とうきょく) 등극. 즉위.
登記(とうき) 등기. ♣~法(ほう) 등기법 / ~簿(ぼ) 등기부 / ~所(しょ) 등기소.
‖~名義(めいぎ) 등기 명의.
~済み証(ずみしょう) 등기필증. 권리증.
登壇(とうだん) 등단.
登路(とうろ) 등산로.
登録(とうろく) 등록. ♣~質(しつ) 〖法〗등록질 / ~債(さい) 〖法〗등록 채권.
‖~国債(こくさい) 〖法〗등록 국채.
~商標(しょうひょう) 〖法〗등록 상표.
~意匠(いしょう) 〖法〗등록 의장.
登楼(とうろう) 등루. ①누각에 오름. ②기생집에서 놂.
登臨(とうりん) 등림. ①높은 곳에 올라 내려다 봄. ②등극하여 백성을 다스림.
登攀(とはん) 등반. *とうはん으로도 읽음.
登簿(とうぼ) 등부. 공식 장부에 등록함.
♣~船(せん) 〖法〗등기선.
‖~トン数(すう) 등부 톤수. 순(純)톤수.
登山 ㊀(とざん) 등산. ♣~客(きゃく) 등산객 / ~靴(ぐつ) 등산화.
‖~日和(びより) 등산하기 좋은 날씨.
~鉄道(てつどう) 등산 철도.
㊁(とうせん) 〖佛〗등산. 수행을 위해 산에 들어감.
登仙(とうせん) 등선.
登船(とうせん) 등선. 배에 오름.
登省(とうしょう) 등성. 성(省)에 출근함.
登城(とじょう) (옛날, 무사가 근무하기 위해) 성으로 감. *とうじょう로도 읽음.
登熟(とじゅく) 풍숙(豐熟). 풍성하게 여묾.
登時(とうじ) 등시. 즉각. 즉시.
登営(とえい) 등영. 막부(ばくふ)에 출사(出仕)함. *とうえい로도 읽음.
登用(とうよう) 등용.
登庸(とうよう) ⇨ 登用(とうよう).
登備(とうび) 등비.
登竜門(とうりゅうもん) 등용문.
登院(とういん) 등원.
‖~停止(ていし) 등원 정지.

登園(とうえん) 등원. (원아가) 유치원 등에
登位(とうい) 〖史〗 등위. 등극.　　　└감.
登場(とうじょう) 등장. ＊とじょうろも 읽
‖〜人物(じんぶつ) 등장 인물.　　　└음.
登載(とうさい) 등재. 게재.
登頂(とうちょう) 등정. ＊とちょうろも 읽
登第(とうだい) 등제. 시험에 합격함.
登庁(とうちょう) 등청.
登坂(とうはん) 언덕을 오름. ＊とはんで
　도 읽음.
登板(とうばん) 〖野〗 등판.　　　　└음.
登遐(とうか) 〈婉曲〉 등하. 승하. 임금의 죽
霞(とうか) ⇨ 登遐
登鉉礼(とうげんれい) 〖軍〗 등현례.
登花(とうか) 〖植〗 등화. 임성화(稔性花).

▣訓読▣
❖登る(のぼる) 높은 곳으로 올라가다.
登り(のぼり) 높은 곳으로 오름. 올라감.
登り窯(のぼりがま) 산비탈에 계단 모양으로
　만든 도자기 가마.
登り詰める(のぼりつめる) 꼭대기까지 다
　오르다.

12 竹 教	等	무리 등·등급 등 トウ ひとしい・ら・など

▣音読▣
等価(とうか) 등가.
‖〜交換(こうかん) 〖經〗 등가 교환.
　〜原理(げんり) 〖理〗 등가 원리.
等加速度運動(とうかそくどうんどう) 〖物〗
　등가속도 운동.
等角(とうかく) 〖數〗 등각.
‖〜三角形(さんかくけい) 등각 삼각형. 정
　삼각형. ＊とうかくさんかっけいろも 읽음.
　〜投影図(とうえいず) 등각 투영도.
等脚台形(とうきゃくだいけい) 〖數〗 등각
　사다리꼴. 등변사다리꼴.
等脚類(とうきゃくるい) 〖動〗 등각류.
等距離(とうきょり) 등거리.
等高曲線(とうこうきょくせん) 등고 곡선.
　등고선.
等高線(とうこうせん) 〖地〗 등고선.
‖〜地図(ちず) 등고선 지도.
等根(とうこん) 〖數〗 등근. 동근(同根).
等級(とうきゅう) 등급.
等等(とうとう) 등등.
等量(とうりょう) 등량.
等類(とうるい) 등류. 같은 종류·성질의 것.
等拍(とうはく) 등박. 박자가 한결같음.
等方性(とうほうせい) 〖理〗 등방성.
等方体(とうほうたい) 〖理〗 등방체.
等輩(とうはい) 등배. 동배(同輩).
等辺(とうへん) 등변.
‖〜多角形(たかくけい) 등변 다각형. ＊と
　うへんたかっけいろも 읽음.
　〜三角形(さんかくけい) 등변 삼각형.

＊とうへんさんかっけいろも 읽음.
等伏角線(とうふくかくせん) 〖地〗 등복각
等分(とうぶん) 등분. 같은 분량.　　　└선.
等比(とうひ) 〖數〗 등비.
‖〜級数(きゅうすう) 등비 급수.
　〜数列(すうれつ) 등비 수열.
等速(とうそく) 등속. 속도가 같음.
‖〜度運動(どうんどう) 〖理〗 등속도 운
　동. 등속 직선 운동.
等時(とうじ) 등시. 동시. ♣〜性(せい) 〖理〗
　등시성.
等翅目(とうしもく) 〖蟲〗 등시목. 흰개미목.
等時性(とうじせい) 〖理〗 등시성.
等式(とうしき) 〖數〗 등식.
等身(とうしん) 등신. ♣〜大(だい) 등신
　대 /〜仏(ぶつ) 등신불.　　└(同深線).
等深線(とうしんせん) 〖地〗 등심선. 동심선
等圧線(とうあつせん) 〖氣〗 등압선.
等語線(とうごせん) 〖言〗 등어선.
等温(とうおん) 등온. 온도가 같음. ♣〜線
　(せん) 〖氣〗 등온선 /〜層(そう) 〖氣〗 등온
　층.　　　　　　　　　　　　└동물.
‖〜動物(どうぶつ) 등온 동물. 정온(定温)
　〜変化(へんか) 〖理〗 등온 변화.
等外(とうがい) 등외.　　　　　　　└선.
等雨量線(とううりょうせん) 〖氣〗 등우량
等位(とうい) 등위. ①등급. ②같은 위치.
等磁力線(とうじりょくせん) 〖理〗 등자력선.
等張(とうちょう) 〖化〗 등장.　　　└선.
等電点(とうでんてん) 〖化〗 등전점.
等質(とうしつ) 등질. 균질.　　　　└이.
等差(とうさ) 등차. ①차별. ②〖數〗 같은 차
‖〜級数(きゅうすう) 〖數〗 등차 급수. 산
　술 급수.
　〜数列(すうれつ) 〖數〗 등차 수열.
等軸晶系(とうじくしょうけい) 〖理〗 등축
　정계. 입방 정계.
等測図(とうそくず) 〖數〗 등측도.
等値(とうち) 등치. ①값이 같음. ②〖數〗 등
　치(同値). ♣〜法(ほう) 〖數〗 등치법.
等親(とうしん) 등친. 촌(寸).
等偏角線(とうへんかくせん) 〖地〗 등편각
　선. 등방위각선(等方位角線).
等閑(とうかん) 등한. 소홀. ＊なおざりろも
　읽음. ♣〜視(し) 등한시.
等閑ない(とうかんない) 등한히 하지 않다.
　친밀하다.
等割(とうかつ) 〖生〗 등할.
等号(とうごう) 〖數〗 등호. 이퀄.
等活地獄(とうかつじごく) 〖佛〗 등활 지옥.
黄卵(とうおうらん) 〖生〗 등황란.

▣訓読▣
等 ㊀(など) 따위. 등. 등속. ＊なんど·らも
　㊁(とう) 등급.　　　　　　　　└도 읽음.
等しい(ひとしい) 같다. ①동등[동일]하다.
　똑같다. ②다름없다. 마찬가지다.
等し並(ひとしなみ) 동등함. (똑)같음. 동렬
　(同列).

16 月	縢	끈 등·봉할 등 トウ かな·むかばき·かがる

訓読
- ❖縢る(かがる) (실·끈 따위로) 사뜨다.
- 縢り(かがり) (제책(製册)에서) 접지한 책을 실로 꿰매기.

16 木	橙	등자나무 등 トウ だいだい

音読
- 橙果(とうか) 〖植〗 감과(柑果).
- 橙皮(とうひ) 등피. 등자(橙子)의 껍질을 말「린 것.
- 橙黄色(とうこうしょく) 등황색.

訓読
- 橙(だいだい) ①〖植〗 등자(나무). ② 橙色(だいだいいろ)의 준말.
- 橙色(だいだいいろ) 등색. 오렌지색. 주황색. *とうしょく로도 읽음.
- 橙酢(だいだいず) 등자의 즙액《식초 대신 씀》.

17 月 ㊖	謄(謄)	베낄 등 トウ うつす

音読
- 謄本(とうほん) 등본.
- 謄写(とうしゃ) 등사. ♣~版(ばん) 등사판.

18 艹 ㊅	藤(藤)	등나무 등 トウ ふじ

音読
- 藤本(とうほん) 〖植〗 등본. 덩굴식물.
- 藤四郎(とうしろう) 〈俗〉 초심자. 풋내기. *とうしろ라고도 함.
- 藤八拳(とうはちけん) 가위바위보의 한 가「지.
- 藤花(とうか) 〖植〗 등화. 등나무의 꽃.

訓読
- 藤(ふじ) 〖植〗 등나무.
- 藤葛(ふじかずら) ① 등나무의 덩굴. ② 덩굴풀. 만목(蔓木).
- 藤綱(ふじつな) 등나무 덩굴을 꼬아 만든 밧「줄.
- 藤袴(ふじばかま) 〖植〗 등골나물.
- 藤豆(ふじまめ) 〖植〗 까치콩.
- 藤浪(ふじなみ) 바람에 물결처럼 너울거리는 「등꽃.
- 藤蔓(ふじづる) 등나무의 덩굴.
- 藤棚(ふじだな) 등나무 덩굴을 얽어서 등꽃이 밑으로 처지도록 만든 시렁.
- 藤色(ふじいろ) 연보랏빛.
- 藤細工(ふじざいく) 등세공.
- 藤縄(ふじなわ) 등나무 덩굴의 섬유로 꼰 줄.
- 藤原京(ふじわらきょう) 〖史〗 飛鳥(あすか) 시대 말기, 飛鳥《지금의 奈良(なら) 현 橿原(かしわら) 시 부근》에 있던 도읍.
- 藤衣(ふじごろも) 〈雅〉 ① 등나무 덩굴의 섬유로 짠 허술한 옷. ② 베로 지은 상복.
- 藤布(ふじぬの) 등나무 덩굴의 섬유로 짠 천.
- 藤壺(ふじつぼ) ① 京都(きょうと)에 있었던 후궁의 처소. ②〖動〗 굴등. 굴등과에 속하는 절지 동물의 하나.
- 藤灰(ふじばい) 등나무 재.

20 月 ㊖	騰(騰)	오를 등 トウ あがる·あげる

音読
- 騰貴(とうき) 등귀.
- 騰落(とうらく) 등락.
- 騰勢(とうせい) 등세. 오름세.

其他
- 騰る(のぼる) ① 오르다. ② 상경하다.

20 金	鐙	등자 등 トウ あぶみ

音読
- 鐙骨(とうこつ) 〖生〗 등골. 등자뼈.

訓読
- 鐙(あぶみ) ① (마구의) 등자(鐙子). ② (등산할 때 쓰는) 줄사다리.

21 月	鰧	쑤기미 등 トウ おこぜ

訓読
- 鰧(おこぜ) ①〖魚〗 쑤기미. ②〈俗〉 못생긴 사람의 비유.

21 竹	籐	등 등 トウ

音読
- 籐(とう) 〖植〗 등.
- 籐笠(とうがさ) 등(籐)으로 만든 삿갓.
- 籐本(とうほん) 〖植〗 등본. 덩굴식물.
- 籐細工(とうざいく) 등세공.
- 籐椅子(とういす) 등의자.

라

12 口 喇
나팔 라·라마교 라
ラ·ラツ

音読
- 喇叭(らっぱ) 나팔. ♣~手(しゅ) 나팔수. ‖~鼓隊(こたい) 여러 가지 나팔과 작은북·큰북으로 구성된 악대.
- ~管(かん)〖生〗나팔관. ♣~炎(えん)〖醫〗나팔관염.
- ~水仙(ずいせん)〖植〗나팔수선화.
- ~飲み(のみ) (술 따위를) 병째 마심. 병나발(을) 붊.
- ~虫(むし)〖動〗나팔충. 나팔벌레.
- ~吹き(ふき) ① 나팔을 붊. 또, 그 사람. ② 허풍을 떪. 큰소리 침. 또, 그 사람.

其他
- 喇嘛(ラマ)〖宗〗라마. ♣~教(きょう) 라마교 / ~僧(そう) 라마승.

13 ネ 常 裸
벌거숭이 라
ラ
はだか

音読
- 裸女(らじょ) 벌거벗은 여자. 나부(裸婦).
- 裸婦(らふ) 나부. 벌거벗은 여자.
- 裸像(らぞう) 나상. 나체(나신)상.
- 裸身(らしん) 〓 나신. 나체. 알몸. 〓(はだかみ) ① ☞칼. ② 칼집에서 빼낸 칼.
- 裸眼(らがん) 나안. 육안. 맨눈. ‖~視力(しりょく) 나안 시력.
- 裸葉(らよう)〖植〗나엽. 고사리류(類) 등에서 자낭군(群)이 없는 잎. 영양엽(營養葉).
- 裸子植物(らししょくぶつ)〖植〗나자식물. 겉씨식물.
- 裸体(らたい) 나체. 알몸. ♣~画(が) 나체화.
- 裸出(らしゅつ) 나출. 노출.
- 裸形(らぎょう) 나형. 나신. 알몸(의 모습).
- 裸花(らか)〖植〗나화. 무피화(無被花).

訓読
- 裸(はだか) 알몸. ① 맨몸. 전하여, 덮이지 않은 것. ② 무일푼.
- 裸金(はだかきん) 종이 따위로 싸지 않은 돈. *はだかがねろも 읽음.
- 裸馬(はだかうま) 안장을 덮지 않은 말.
- 裸麦(はだかむぎ) 쌀보리.
- 裸文(はだかぶみ) 봉투에 넣지 않은 편지. 겉을 싸지 않은 편지.
- 裸山(はだかやま) 민둥산.
- 裸踊り(はだかおどり) 나체 춤.
- 裸一貫(はだかいっかん) 맨몸. 알몸. 적수공권(赤手空拳).
- 裸参り(はだかまいり) 한절(寒節)의 수행으로 벌거벗고 신불(神佛)에 참배함.
- 裸虫(はだかむし)〖蟲〗나충. ① 날개나 털이 없는 벌레의 총칭. ② 인간. ③ 가난해서 옷이 없는 사람.

其他
- 裸足(はだし) ① 맨발(로 걸음). ②《接尾語적으로》도저히 따라가지 못함.
- 裸足参り(はだしまいり) 신불(神佛)에 빌려고 맨발로 참배함.

16 疒 瘰
연주창 라
ルイ

音読
- 瘰癧(るいれき)〖醫〗나력. 경부(頸部) 림프선의 종기.

17 虫 螺
소라 라·고둥 라
ラ
にな·にし

音読
- 螺髻(らけい) 나계. ① 소라 껍데기 모양으로 만든 아이들 머리. ②〖佛〗범천(梵天).
- 螺髪(らほつ)〖佛〗나발. 소용돌이 모양의 부처의 머리. 또, 그런 머리 모양. *らはつる도 읽음.
- 螺状(らじょう) 나선상(螺旋狀).
- 螺旋(らせん) ① 나선. 나사 모양. ② 나사. ‖~階段(かいだん) 나선 계단.
- 螺線(らせん)〖數〗나선. 나사선. ‖~面(めん)〖數〗나선면. 나사면.
- 螺鈿(らでん) 나전. 자개.

訓読
- 螺(にし)〖貝〗(바다에서 나는) 고둥의 총칭. *つぶろも 읽음.

其他
- 螺子(ねじ) ① 나사. 나삿니. ② 태엽 감는 장치. *らしろも 읽음.
- 螺子山(ねじやま) 나사산. 나삿니.

螺子切り(ねじきり) 수나사와 암나사에 나사골을 내는 일. 또, 그 공구.
螺子釘(ねじくぎ) 나사못.
螺子錐(ねじぎり) 나사송곳.
螺子歯車(ねじはぐるま)〖機〗나사톱니바퀴. 피치면이 나사형으로 된 톱니바퀴.
螺子穴(ねじあな)〖機〗나사구멍.
螺子回し(ねじまわし) 나사돌리개. 드라이버.

| 19 忄 | 懶 | 게으를 라·나른할 라
ラン・ライ
おこたる・ものうい・なまける・ものぐさい |

参考 본음은 '란'.

音読
懶眠(らんみん) 나면. 게으르게 잠.
懶婦(らんぷ) 나부. 게으른 여자.
懶惰(らんだ) 나타. 나태.

訓読
懶(ものぐさ) 귀찮아함. 또, 그런 성질의 사람. 게으름쟁이.
∥~草履(ぞうり) 발바닥 반 길이의 짚신.
懶い(ものぐさい) 귀찮다. 게으르다.
懶ける(なまける) 게으름 피우다.

| 19 网 常 | 羅 | 늘어설 라·비단 라
ラ
あみ・うすぎぬ・つらなる |

音読
羅(ら) ① 얇은 견직물. *うすものろ도 읽음. ② ラテン(羅甸)・ローマ(羅馬)・ルーマニア(羅馬尼亜)의 준말.
羅綾(らりょう) 나릉. 능라.
羅利忽敗(らりこっぱい) 여기저기 흩어지는 모양. 엉망(진창)으로 되는 모양.
羅網(らもう) 나망. ① 새 잡는 그물. ②〖佛〗보주(寶珠)를 엮어 불전을 장식한 것.
羅文(らもん) ① 얇은 비단에 짜 넣은 무늬. ② 立て蔀(たてじとみ)・透い垣(すいがい) 등의 위에 가는 대나무를 마름모로 교차하게 짜서 장식으로 한 것.
羅門(らもん) ⇨ 羅文(らもん)②.
羅紋(らもん) ⇨ 羅文(らもん)①.
羅拝(らはい) 나배. 둘러싸고 배례함.
羅府(らふ)〖地〗나부. '로스앤젤레스'의 한자 취음.
羅生門(らしょうもん) 옛날에, 京都(きょうと)의 朱雀(すざく) 대로(大路) 남쪽에 있던 큰 문《뒤에 황폐해져 시체 유기 장소, 도둑의 소굴이 됨》.
羅城門(らじょうもん) ⇨ 羅生門(らしょうもん). *らじょうもん으로도 읽음.
羅袖(らしゅう) 나수. 얇은 옷 소매.
羅列(られつ) 나열.
羅衣(らい) 나의. 얇은 비단 옷.
羅甎草(らせんそう)〖植〗나전초. 고슴도치풀.
羅切(らせつ) 나절. 음욕(淫欲)을 끊기 위해 음경(陰莖)을 자름.
羅刹(らせつ)〖佛〗나찰. 악마.
∥~女(にょ)〖佛〗나찰녀. 여자 나찰.
~天(てん)〖佛〗나찰천《불교의 수호신》.
羅針盤(らしんばん) 나침반. 컴퍼스. ♣~座(ぎ)〖天〗나침반자리.
羅針儀(らしんぎ) 나침의.
羅布(らふ) ① 얇은 명주. 사(紗). ② 나포. 죽 늘어서서 포진함.
羅漢(らかん)〖佛〗나한. 아라한.
∥~松(しょう) 羅漢槙의 딴이름.
~槙(まき)〖植〗나한송.
羅睺(らご)〖民〗나후. 구요성(九曜星)의 하나. 해와 달을 가리어 일식·월식을 일으킨다고 함. 「로도 읽음.
∥~星(しょう) ☞ 羅睺(らご). *らごせい

其他
羅馬(ローマ) 로마. ① 고대 유럽의 나라 이름. ② 이탈리아의 수도.
∥~教皇(きょうこう)〖宗〗로마 교황.
羅紗(ラシャ) 나사《모직물의 하나》.
∥~綿(めん) ①〖動〗면양. ②〖江戸(えど) 말기에서 明治(めいじ) 초기에〗서양인의 첩이 된 일본 여자를 멸시하여 이르던 말.
~紙(がみ) 나사지. 나사나 지스러기 털실을 원료로 하여 만든 종이.
羅宇(ラオ) 〖담뱃대의〗설대. *ラウ로도 읽음. 「음.
羅甸(ラテン) 나전. 라틴. ♣~語(ご) 라틴어 / ~化(か) 라틴화.
∥~文字(もじ) 라틴 문자. 로마자(字).
~民族(みんぞく) 라틴 민족.
~音楽(おんがく) 라틴 음악.

| 21 疒 | 癩 | 문둥병 라
ライ |

音読
癩(らい)〈卑〉〖醫〗문둥병. 한센병. *かったい로도 읽음. 「(病原體).
癩菌(らいきん)〖生〗나균. 나병의 병원체
癩病(らいびょう)〈卑〉나병.
癩者(らいしゃ) 나병 환자.

| 21 馬 | 騾 | 노새 라
ラ |

音読
騾馬(らば)〖動〗노새.

| 23 艹 | 蘿 | 쑥 라·무 라
ラ
つた |

其他
蘿蔔(ががいも)〖植〗나마. 박주가리. *ら

まろどろ 읽음.
蘿蔔(すずしろ)〖植〗나복. '大根(だいこん)(=무)'의 옛 이름. *らふくろもど 읽음.

| 23 辶 | 邐 | 돌 라
ラ
めぐる |

音読
邐兵(らへい) 순라병. 나졸.
邐卒(らそつ) 나졸. ① 순라의 병졸. ② '巡査(じゅんさ)(=순경)'의 구칭.

락

| 9 氵 | 洛 | 물이름 락
ラク |

音読
洛(らく) ① 낙수(洛水)《중국의 강 이름》. ② 서울. 특히, 京都(きょうと).
洛南(らくなん) ① 도성의 남쪽. ② 京都(きょうと)의 남쪽 지역.
洛内(らくない) ☞ 洛中(らくちゅう).
洛東(らくとう) ① 도성(都城)의 동쪽. ② 京都(きょうと)의 동쪽 지역.
洛閩の学(らくびんのがく) 낙민지학. 정주학(程朱學).
洛北(らくほく) ① 도성(都城)의 북쪽. ② 京都(きょうと)의 북쪽 지역.
洛西(らくせい) 도성(都城)의 서쪽. 특히, 京都(きょうと)의 서쪽 지역.
洛書(らくしょ) 낙서. 옛날 중국의 우(禹) 임금이 치수(治水)할 때, 낙수(洛水)에서 나온 신구(神龜)의 등에 있었다고 하는 글씨.
洛陽(らくよう) 〖地〗① 낙양. 중국 고도(古都)의 이름. ② 京都(きょうと).
洛外(らくがい) ① 도성 밖. ② 京都(きょうと)의 교외.
洛中(らくちゅう) ① 도성의 안. 서울 장안. ② 京都(きょうと) 시내.
洛学(らくがく) 낙학《송학(宋學)의 한 파로 정호(程顥)·정이(程頤) 형제의 학파》.

| 10 火 | 烙 | 지질 락
ラク・ロク
やく |

音読
烙印(らくいん) 낙인. 불도장.

| 12 艹 〖教〗 | 落 | 떨어질 락·마을 락
ラク
おちる・おとす |

音読
落する(らくする) 건물이 완성되다. 준공하다.
落角(らっかく) 낙각. 낙하 각도.
落居(らっきょ) 낙착함. 결말이 남.
落慶(らっけい) (신사(神社)·사찰의 신축·개축 공사가) 낙성된 기쁨.
落果(らっか) 낙과. 열매가 떨어짐. 또, 떨어진 열매.
落款(らっかん) 낙관.
落句(らっく) 낙구. 한시(漢詩)의 끝 구절.
落球(らっきゅう) 〖野〗낙구. 받은 공을 떨어뜨림.
落胆(らくたん) 낙담. 몹시 상심함.
落落(らくらく) 낙락. ① 드문드문하여 쓸쓸한 모양. ② 대범한 모양. ③ 물건이 떨어지거나 넘어지는 모양.
落雷(らくらい) 낙뢰.
落涙(らくるい) 낙루.
落馬(らくば) 낙마.
落莫(らくばく) 낙막. 적막. 어쩐지 (마음이) 쓸쓸함.
落梅(らくばい) 낙매. 떨어진 매화나무 꽃이나 매실.
落命(らくめい) 낙명. 목숨을 잃음. 죽음.
落木(らくぼく) 낙목. 잎이 진 나무.
落剝(らくはく) 박락(剝落). 벗겨져 떨어짐.
落盤(らくばん) 낙반.
落磐(らくばん) ⇨ 落盤(らくばん).
落髪(らくはつ) 낙발. ① 삭발. ② 머리를 깎고 중이 됨.
落想(らくそう) 생각이 남. 착상.
落書(らくしょ) ① 패서(掛書). 옛날에 시사(時事)나 인물을 풍자한 익명의 문서《눈에 잘 띄는 곳에 붙이거나 길에 떨어뜨려 놓음》. ② ☞ 落書き(らくがき).
落書き(らくがき) 낙서.
‖**~運動**(うんどう) 낙서 운동《어린이들에게 낙서할 곳을 제공하여 자유로운 생활 속에 교육적 발전을 도모하려는 운동》.
落石(らくせき) 낙석.
落選(らくせん) 낙선.
落屑(らくせつ) 〖醫〗낙설. 표피(表皮)의 각질(角質)이 떨어지는 현상.
落雪(らくせつ) 낙설. 높은 곳의 눈이 떨어짐. 또, 그 눈. 「낙성식.
落成(らくせい) 낙성. 준공. ♣~**式**(しき)
落城(らくじょう) ① 낙성. 성이 함락됨. ② 전하여, 설득되어 승낙함.
落勢(らくせい) 〖經〗낙세. 하락세. 내림세.
落手(らくしゅ) ① 낙수. 입수(入手). (편지 등을) 받음. ② (장기·바둑에서) 횡수(橫手). 실수한 수.
落水(らくすい) 낙수. 물이 떨어짐. 「물.
落首(らくしゅ) 시사(時事)나 인물을 풍자한 익명의 광가(狂歌)·광구(狂句).
落飾(らくしょく) (귀인(貴人)이) 삭발하고 승려가 됨.
落雁(らくがん) 낙안. 줄을 지어 땅에 내려 앉으려는 기러기. 「가.
落語(らくご) (일본) 만담. ♣~**家**(か) 만담

落陽(らくよう) 낙양. 석양.
落葉(らくよう) 낙엽. ♣~樹(じゅ) 낙엽수 /~剤(ざい) 고엽제.
∥~広葉樹林(こうようじゅりん) 낙엽 활엽수림.
~木(ぼく) ☞落葉樹(らくようじゅ).
落伍(らくご) ☞落後(らくご).
落月(らくげつ) 낙월. 서쪽에 지는 달.
落胤(らくいん) 귀인의 사생아.
落日(らくじつ) 낙일. 지는 해. 낙양(落陽).
落字(らくじ) 낙자. 탈자.
落掌(らくしょう) 입수함. 편지 등을 손에 넣음.
落籍(らくせき) ① 호적에서 이름이 빠짐. ② 몸값을 치르고 기적(妓籍)에서 뺌.
落丁(らくちょう) 낙장(落張). 책의 빠진 책 유급.
落第(らくだい) 낙제. ① 불합격. 낙방.
落題(らくだい) 제의(題意)가 들어가 있지 않은. 또, 주어진 제의에 맞지 않는 시가(詩歌)
落照(らくしょう) 낙조. 석양(빛).
落潮(らくちょう) ① 낙조. 썰물. ② 쇠퇴하여 감.
落差(らくさ)『理』 낙차. 전하여, 일반적인 높낮이의 차.
落着(らくちゃく) 낙착. 결말이 남.
落札(らくさつ) 낙찰.
落体(らくたい)『理』 낙체. 중력의 작용으로 낙하하는 물체.
落堕(らくだ)『佛』① 승려가 아내를 얻음. ② 환속(還俗).
落魄(らくはく) 낙탁. 영락(零落).
落脱(らくだつ) 낙탈. 탈락. 빠짐.
落筆(らくひつ) 낙필. ① 붓을 들어 서화를 그리거나 씀. ② 낙서.
落下(らっか) 낙하.
∥~傘(さん) 낙하산. ♣~部隊(ぶたい) 낙하산 부대.
落花(らっか) 낙화. 꽃이 떨어짐. 또, 그 꽃.
∥~狼藉(ろうぜき) 낙화 낭자. 꽃〔물건〕이 어지러이 흩어져 있음《여자가 능욕당할 때의 형용》. 생유.
~生(せい) 낙화생. 땅콩. ♣~油(ゆ) 낙화생유.
~流水(りゅうすい) 낙화유수(의 정). 남녀 사이에 서로 사모하는 정이 있음의 비유.
落後(らくご) 낙오. ♣~者(しゃ) 낙오자.
落暉(らっき) 낙휘. 지는 해. 낙일(落日).

訓読
落つ(おつ)〈文〉☞落ちる(おちる).
落っこちる(おっこちる)〈俗〉떨어지다. 또, 불합격이 되다.
落っことす(おっことす)〈俗〉떨어뜨리다.
❖落ちる(おちる) ① (아래로) 떨어지다. ② (속으로) 빠지다. ③ (붙었던 것이) 빠지다. 떨어져 나가다. ④ (정도・품질 등이) 낮다. ⑤ 누락되다.
落ち(おち) ① 빠짐. 빠뜨림. 누락. 실수. ② 도망침. ③ (뻔한) 종말. 결말.
落ち角(おちつの) (사슴의) 낙각.

落ち居る(おちいる) 마음이 가라앉다. 침착하다. 안정되다.
落ち掛かる(おちかかる) ① 떨어지려 하다. 떨어지기 시작하다. ② 떨어져 내리다.
落ち口(おちぐち) ① 물이 흘러내리는 곳. ② 낙찰자(落札者). 당첨자.
落ち度(おちど) 잘못. 과실.
落ち落ち(おちおち) 안심하고. 마음 놓고.
落ち零れ(おちこぼれ) ① 떨어져서 흐트러져 있는 것. ② 남은〔남겨진〕물건. 처진 것. ③ 학력이 처져서 수업을 따라갈 수 없는 학생.
落ち栗(おちぐり) 떨어진 밤.
落ち毛(おちげ) 빠진 머리카락.
落ち目(おちめ) (사업이나 운수가) 내리막길에 접어듦. 한물 감.
落ち武者(おちむしゃ) 싸움에 지고 도망치는 무사.
落ち穂(おちぼ) (떨어진) 이삭.
∥~拾い(ひろい) 이삭줍기.
落ち様(おちざま) ① 떨어지려고 할 때. ② 떨어지는 모양.
落ち魚(おちうお)『魚』① 산란하러 강을 내려가는 물고기. ② 수온(水温)이 낮아져 깊은 강・바다로 옮겨가는 물고기.
落ち延びる(おちのびる) (무사히) 멀리 달아나다.
落ち縁(おちえん) 방바닥보다 낮은 툇마루.
落ち葉(おちば) ① 낙엽. ② 落ち葉色의 준말. ♣~色(いろ) 고동색. 황적색을 띤 갈색.
∥~焚き(たき) 낙엽을 긁어모아 태움.
~掻き(かき) 낙엽 긁어모으기.
落ち窪(おちくぼ) 가옥에서, 마루보다 한 단 낮은 곳.
落ち窪む(おちくぼむ) 움푹 패다〔들어가다〕.
落人(おちうど) 사람 눈을 피해〔싸움에 지고〕도망가는 사람. *おちゅうどとも 읽음.
落ち人(おちびと) ☞落人(おちうど).
落ち込む(おちこむ) ① (구멍・물 따위에) 빠져 들다. ② 좋지 않은 상태가 되다. ③ 움푹 패다. ④ (업적 등이) 갑자기 (뚝) 떨어지다.
落ち転び(おちころび) ① 떨어져서 구름. ② 불운(不運).
落ち鮎(おちあゆ)『魚』가을에 산란하러 강에서 바다로 내려가는 은어.
落ち潮(おちしお) 썰물.
落ち足(おちあし) ① 싸움에 지고 도망치는 발걸음. ② 물이 빠짐. 또, 그 때.
落ち重なる(おちかさなる) 떨어져 포개지다.
落ち着き(おちつき) ① 침착성. 침착한 태도. ② 기물(器物)의 안정성.
落ち着く(おちつく) ① 자리잡다. 정착하다. ② (마음・행동이) 침착하다〔해지다〕. 차분하다〔해지다〕. ③ 가라앉다. 진정되다. 안정되다. ④ (주위와) 조화되다.
落ち着き払う(おちつきはらう) 매우 침착한 모양을 보이다. 태연자약하다.
落ち着ける(おちつける) 안정시키다. 가라앉히다. 진정시키다.

落魄れる(おちぶれる) 영락(零落)하다.
落ち合い(おちあい) ① 한곳에서 만남. ② 두 강이 합류하는 곳.
落ち合う(おちあう) (약속한 곳에서) 만나다. 합류하다.
落ち行く(おちゆく) ① 도망가다. ② 낙착되다. 귀착하다.
とが落ち(とがおち) 심하게 떨어짐.
❖**落とす**(おとす) ① 떨어뜨리다. ② (나쁜 상태에) 빠뜨리다. ③ 없애다. 잃다. ④ (정도·단계·힘 등을) 낮추다. ⑤ 누락하다. 빠뜨리다. ⑥ 함락시키다.
落とし(おとし) ① 떨어뜨림. 흘림. ② 덫. ③ 落とし穴(おとしあな)의 준말.
落とし蓋(おとしぶた) ① 냄비 속에 들어가게 만든 작은 뚜껑. ② 쾌차 측면의 세로 홈을 따라 위아래로 여닫게 된 뚜껑.
落とし巾着(おとしぎんちゃく) 끈을 달아 목이나 옷깃에 걸게 된 염낭.
落とし卵(おとしたまご) 맑은장국·된장국에 달걀을 풀리지 않게 깨어 넣은 것.
落とし網(おとしあみ) 낙망(落網). 정치망 중 유도 함정 그물의 하나.
落とし文(おとしぶみ) ☞ 落書(らくしょ) ①.「物」.
落とし物(おとしもの) 분실물. 유실물(遺失物).
落とし味噌(おとしみそ) 된장을 거르지 않고 국물을 끓인 또, 그 국.
落とし薯(おとしいも) 맑은 국에 참마를 갈아 넣은 식품.
落とし所(おとしどころ) 의논하기 전에 미리 정하는 결론.
落とし焼き(おとしやき) 달군 프라이팬이나 번철에 재료를 흘려 떨어뜨려서 굽는 조리법. 또, 그 요리나 과자.
落とし水(おとしみず) 벼를 베기 전에 논에서 빼는 물.
落とし噺(おとしばなし) ⇨ 落とし話(おとしばなし).「자.
落とし胤(おとしだね) 귀인의 사생아. 서
落とし入れる(おとしいれる) ① 빠뜨리다. 어쩔 수 없는 (절박한) 상태에 빠지게 하다. ② 계략에 걸리게 하다. ③ 함락시키다.
落とし子(おとしこ) ① ☞ 落とし胤(おとしだね). ②(예상 밖의) 달갑지 않은 결과.
落とし積み(おとしづみ) 사각형의 돌을 옆의 돌에 기대듯 쌓는, 석축 쌓기. 또, 그 석축.
落とし前(おとしまえ) 〈俗〉(깡패 사회에서) 싸움의 뒷처리(로서 수수하는 금전).
落とし主(おとしぬし) 분실자. 유실자(遺失者).
落とし紙(おとしがみ) 수지. 뒤지. 화장지.
落とし差し(おとしざし) (칼을 단정하게 차지 않고) 끝이 밑으로 처지게 참.
落とし穴(おとしあな) 함정. ① 허방다리.
落とし話(おとしばなし) 落語(らくご)의 풀어쓴 말뜻.

《其他》
落葉松(からまつ)〖植〗낙엽송. *らくようしょう로도 읽음.

12 糸 常	**絡**	이을 락·연락할 락 ラク からむ·からまる

《音読》
絡繹(らくえき) 낙역. 인마의 왕래가 빈번한 모양.

《訓読》
絡がる(からがる)〈俗〉 휘어 감기다. 얽히「리다.
絡げる(からげる) ① 얽다. 매다. ② 걷어 올리다. ② 연관시키다.
絡ます(からます) ① 얽히게 하다. 휘감기게 하다. ② ☞ 絡ます(か「す」.
絡ませる(からませる) ☞ 絡ます(からます)
絡まる(からまる) 얽히다. 휘감기다.
絡める(からめる) 바르다. 묻히다. 휘감다.
絡操り(からくり) ① 실로 조정함. 또, 그 장치. ② 계략. 조작. 짝짜꿍이. ③ 기계 장치. ④ ☞ 絡操り眼鏡(めがね).
∥~**仕掛け**(じかけ) 기계(조종) 장치.
  ~**眼鏡**(めがね) 요지경(瑤池鏡).
  ~**人形**(にんぎょう) 꼭두각시. 망석중이.
  ~**芝居**(しばい) (江戸(えど) 시대의) 꼭두각시극.
  ~**絵**(え) 요지경(에 쓰는) 그림.
絡操る(からくる) ① 조정하다. 조작하다. ② 뒤에서 조정하다.
❖**絡む**(からむ) ① 휘감기다. 얽히다. 얽매이다. ② 귀찮게 생트집을 잡다〔달라붙다〕.
絡み 〖(からみ) ① 얽힘. 감김. ② 歌舞伎(かぶき)에서, 주역을 돋보이게 하기 위해, 주역과 난투극을 부리는 단역.
〗(がらみ)《接尾語적으로》① …가량. …내외. …쯤. ②…에 관련된 움직임.
絡み付く(からみつく) ① 휘감기다. ② 귀찮게 생트집을 잡다. 성가시게 매달리다.
絡み付ける(からみつける) ① 휘감기게 하다. ② 얽히게 하다.「킴」.
絡み合い(からみあい) 서로 뒤얽힘〔뒤엉
絡み合う(からみあう) 서로 얽히다〔엉키〕. 뒤얽히다.

13 木 教	**楽** (樂)	즐길 락·풍류 악·좋아할 요 ラク·ガク·ギョウ たのしい·たのしむ

《音読》
楽(らく) 〖① 편안함. 안락함. ② 쉬움. 용이함. ③ 千秋楽(せんしゅうらく)의 준말. 전하여, (사물의) 끝. 끝냄.
〗(がく) 음악.
楽に(らくに) ① 편안히. ② 쉽게.
楽居(らくい) 편안한 자세로 앉음.
楽境(らっきょう) ① 낙경. 낙토. ② 안락한

처지〔경지〕.
楽観(らっかん) 낙관. ♣**~論**(ろん) 낙관론 / **~的**(てき) 낙관적.
楽楽(らくらく) ① 편(안)한 모양. 편안히. 넉넉히. ② 쉬운 모양. (손)쉽게. 가볍게.
楽浪(らくろう)〖史〗낙랑.
‖**~文化**(ぶんか)〖史〗낙랑 문화.
楽髪(らくがみ) 편안하면 머리털이 쉬 자람.
楽悲(らくひ) 낙관과 비관.
楽書き(らくがき) 낙서(落書).
楽歳(らくさい) 낙세. 오곡이 잘 여문 해. 풍년.
楽焼き(らくやき) ① (녹로를 쓰지 않고) 손으로 빚어 저온에서 구운 도기(유약 빛깔에 따라 赤楽(あからく)·黒楽(くろらく) 따위로 부름). ② (설 구운) 토기에 손님이 그림 등을 그려 넣고, 그 자리에서 구워 내는 도기(관광지 등에서 많이 함).
楽勝(らくしょう) 낙승.
楽市(らくいち) 平安(へいあん) 시대 말기부터 특권 상인들이 독점하던 시장을 없애고 大名(だいみょう) 관리하에 두었던 시장.
楽阿弥(らくあみ) 마음 편히 삶. 또, 그 사람.
楽園(らくえん) 낙원.
楽隠居(らくいんきょ) 가사를 자식에게 맡기고 편안히 사는 사람(흔히, 그런 노인을 가리킴).
楽日(らくび) (씨름·연극 등) 흥행의 마지막 날.
楽助(らくすけ) 무사태평한 사람.
楽座(らくざ) 중세 이후, 平安(へいあん) 시대 말기부터 특권 상인이 독점하던 조합인 座(ざ)를 폐지하고 일반 상인에게도 자유로이 영업하도록 한 시장.
楽地(らくち) 낙지. 낙토.
楽天(らくてん) 낙천. ♣**~家**(か) 낙천가 / **~論**(ろん) 낙천론 / **~的**(てき) 낙천적 / **~地**(ち) 낙천지. 낙토.
‖**~主義**(しゅぎ) 낙천주의.
楽寝(らくね) 편안하게 잠. 안면(安眠).
楽土(らくど) 낙토. 낙원.
◘ 이하 音은 '악'.
楽界(がっかい) 악계. 악단(楽壇). ＊がくかい로도 읽음.
楽曲(がっきょく) 악곡.
楽劇(がくげき) 악극.
楽器(がっき) 악기.
楽団(がくだん) 악단.
楽壇(がくだん) 악단. 음악계.
楽堂(がくどう) 음악당.
楽隊(がくたい) 악대.
楽都(がくと) 악도. 음악 도시.
楽律(がくりつ)〖楽〗악률.
楽理(がくり) 악리. 음악 이론.
楽舞(がくぶ) 악무. 음악과 춤.
楽譜(がくふ) 악보.
楽士(がくし) 악사.
楽師(がくし) 악사. ① 음악 연주자. ② 아악의 악인(楽人).
楽想(がくそう) 악상.

楽生(がくしょう) 예전에, 雅楽寮(がくりょう)에 속하여 음악을 공부하던 생도.
楽書(がくしょ)〖楽〗악서. 음악 서적.
楽聖(がくせい) 악성. 뛰어난 음악가.
楽所(がくしょ) 음악을 연주하는 곳. ＊がくそ로도 읽음.
楽手(がくしゅ) 악수(2차 대전 때의 육군 군악대 하사관).
楽式(がくしき)〖楽〗악식. 악곡의 형식.
楽屋(がくや) ① 무대 뒤. 분장실. ② 내막. 이면. ③ 아악에서, 악사가 연주하는 곳.
‖**~頭取**(とうどり) 분장실의 모든 일을 관장하는 사람.
~落ち(おち) 사정을 알고 있는 일부 사람만 통함.
~裏(うら) ① 분장실의 내부. ② 내막. 내정.
~番(ばん) 분장실에서, 도구를 보살피거나 배우들의 뒷바라지를 하는 사람.
~入り(いり) 배우가 출근하여 분장실에 들어감.
~雀(すずめ) ① 연극 소식에 밝은 사람. ② 사회의 이면·내막에 밝은 사람.
~風呂(ぶろ) 극장에 있는 배우 전용 목욕장.
~話(ばなし) 뒷이야기. 내막 이야기.
楽友(がくゆう) 악우. 음악을 통하여 사귀는 친구.
楽員(がくいん) 악단의 단원.
楽音(がくおん) 악음. 고른음. 진동이 규칙적이고 듣기 좋은 소리.
楽人 ㊀(がくじん) 악인. 악사. ＊がくにん으로도 읽음.
㊁(らくじん) 마음 편히 사는 사람.
楽匠(がくしょう) 악장. 대음악가. 대지휘자.
楽長(がくちょう) 악장.
楽章(がくしょう) 악장.
楽才(がくさい) 악재. 음악적 재능.
楽箏(がくそう)〖楽〗13줄의 쟁(箏)(주로 아악에서 연주됨).
楽典(がくてん)〖楽〗악전. 악보에 사용되는 모든 규칙. 또, 그것을 기술한 책.
楽節(がくせつ) 악절.
楽調(がくちょう)〖楽〗악조. 음악의 곡조. 악률(楽律).
楽太鼓(がくだいこ) 둘레에 불길 모양의 장식이 있는 큰북(아악에 씀).
楽派(がくは) 악파.
楽欲(ぎょうよく)〖佛〗요욕. 소망함. 욕망.

<u>訓読</u>
楽しい(たのしい) 즐겁다.
楽しがる(たのしがる) 즐거워하다.
楽しませる(たのしませる) 즐겁게 하다.
楽しめる(たのしめる) 즐길 수 있다. 즐거움을 주다.
❖**楽しむ**(たのしむ) ① 즐기다. 낙으로 삼다. ② 기뻐하다. 좋아하다.
楽しみ(たのしみ) 즐거움. 낙. 취미.
‖**~鍋**(なべ) 여러 가지 재료를 넣어 끓이면서 먹는 냄비 요리.

<u>其他</u>
楽府(がふ) 악부(한시(漢詩) 형식의 하나).

楽車(だんじり) 関西(かんさい)에서, 山車(だし)를 일컫는 말.

酪 타락 락 ラク
13 酉 常

音読
酪農(らくのう) 낙농.
酪酸(らくさん)〖化〗낙산. 부티르산.
酪素(らくそ)〖化〗낙소. 카세인.
酪製品(らくせいひん) 낙제품. 낙농품.

駱 약대 락 ラク
16 馬

音読
駱駝(らくだ) ①〖動〗낙타. ② 낙타 털로 만든 털실〔모직물〕.
‖〜色(いろ) 낙타색. 엷은 다갈색.

란

乱(亂) 어지러울 란·난리 란 ラン みだれる·みだす
7 乙 教

音読
乱(らん) 난. 난리. 난동.
乱開発(らんかいはつ) 환경 등을 고려하지 않고 함부로 개발하는 일.
乱撃(らんげき) 난격. 겨냥 없이 마구 쏨.
乱階(らんかい) ① 소동이 일어날 징조. ② 순서를 뛰어넘어 위계(位階)를 높임.
乱高下(らんこうげ) 시세·물가 등이 상하로 심하게 변동함.
乱交(らんこう) 난교. 혼음(混淫).
乱国(らんごく) 난국. 나라가 어지러움.
乱菊(らんぎく) 꽃송이가 길고 고르지 못한 국화〔무늬〕.
乱軍(らんぐん) 난전. 혼전.
乱掘(らんくつ) 난굴. 함부로 파헤침.
乱気(らんき) 미침. 발광(發狂).
乱気流(らんきりゅう)〖氣〗난기류.
乱泥流(らんでいりゅう) 혼탁류(混濁流).
乱党(らんとう) 난당. 반란을 일으킨 당파 또
乱読(らんどく) 남독(濫讀). └는 무리.
乱流(らんりゅう) 난류.
乱倫(らんりん) 난륜. 패륜.
乱離(らんり) 난리. 세상이 어지러워 사람들이 흩어짐.
乱立(らんりつ) 난립.
乱麻(らんま) 난마.
乱売(らんばい) 투매. 덤핑.
乱脈(らんみゃく) 난맥. 엉망임.

乱舞(らんぶ) ① 난무. ②〖史〗옛날, 五節(ごせち) 등 때에 당상관의 벼슬아치들이 여흥으로 추던 세속적인 춤. *②는 らっぷろ도 읽음.
乱文(らんぶん) 난문. ① 난잡하게 쓴 글. ② 자기 글의 겸칭. 「는 사람들.
乱民(らんみん) 난민. 사회 질서를 어지럽히
乱反射(らんはんしゃ)〖理〗난반사.
乱発(らんぱつ) ① 남발. 마구 발행함. ② 난발. 난사. (총 따위를) 마구 쏨.
乱髪(らんぱつ) 난발. 흐트러진 머리〔털〕.
乱妨(らんぼう) 폭력을 써서 약탈함.
乱杯(らんぱい) 연회 등에서 어지러이 술잔을 주고받음.
乱伐(らんばつ) 남벌.
乱峰(らんぼう) 난봉. 여기저기 마구 솟아 있는 산들.
乱費(らんぴ) 난비. 낭비.
乱射(らんしゃ) 난사.
‖〜乱撃(らんげき) 난사 난격.
乱山(らんざん) 난산. 높낮이가 고르지 않게 솟아 있는 산들.
乱生(らんせい) (나무·풀 따위가) 어지럽게 자라고 있음.
乱序(らんじょ) 순서를 어지럽힘. 순서가 어지러워짐.
乱声(らんじょう)〖樂〗아악에서, 피리의 곡(曲). 주로 춤추는 이가 나올 때 연주됨.
乱世(らんせい) 난세. 전란(戰亂)이 끊이지 않는 세상.
乱手(らんて) 거래소에서, 터무니없는 값을 부르면서 매매를 하겠다고 손을 흔듦.
乱数(らんすう) 난수. 0에서 9까지의 숫자를 불규칙하게 배열하여 얻는 수열(數列).
‖〜表(ひょう) 난수표.
乱塾時代(らんじゅくじだい) 진학 경쟁 격화로 학원 등이 난립하는 시대.
乱視(らんし)〖醫〗난시.
乱臣(らんしん) 난신. 반역하는 신하.
‖〜賊子(ぞくし) 난신 적자. 불충불효자.
乱心(らんしん) 난심. 미침. 발광. └자.
乱鴉(らんあ) 난아. 어지러이 나는 까마귀.
乱悪(らんあく) 난폭하고 나쁨.
乱逆(らんぎゃく) 반역. 모반.
乱擾(らんじょう) 소란(騷亂). 요란.
乱用(らんよう) 남용.
乱雲(らんうん) 난운. ① 어지러이 뒤섞여 떠도는 구름. ② 乱層雲(らんそううん)의 구칭.
乱淫(らんいん) 황음(荒淫). 마구 음탕한 짓을 함.
乱杙(らんぐい) (지상이나 강바닥 등에) 마구 박은 말뚝.
‖〜歯(ば) 가지런하지 못한 치열.
乱人(らんじん) 난인. ① 반역자. ② 미친 사
乱入(らんにゅう) 난입. └람.
乱作(らんさく) 남작(濫作). 함부로 만들어
乱雑(らんざつ) 난잡. └냄.
乱賊(らんぞく) 난적.

乱戦(らんせん) 난전. 혼전.
乱切り(らんぎり) (요리에서) 난도질. 마구 썰기.
乱丁(らんちょう) 난장(亂帳). 책의 페이지 순서가 뒤바뀜. 또, 그 페이지. ♣〜**本**(ほん) 난장본.
乱政(らんせい) 난정. 어지러운 정치.
乱製(らんせい) 남제(濫製). 조제(粗製).
乱造(らんぞう) 남조(濫造).
乱調(らんちょう) 난조.
乱調子(らんちょうし) ⇨乱調(らんちょう).
乱坐(らんざ) ⇨乱座(らんざ).
乱座(らんざ) 난좌. 질서 없이 많이 사람이 앉음. 또, 그 자리.
乱酒(らんしゅ) 난주. ①과음하여 주정함. ②어지럽게 술을 마심.
乱診乱療(らんしんらんりょう) 의사가 불필요한 진찰이나 검사·치료를 하는 일.
乱帙(らんちつ) 난질. 책이 어지러이 흩어져 있음. 또, 그 책.
乱出(らんしゅつ) 함부로 나옴〔내어 놓음〕.
乱取り(らんどり) (유도에서) 자유 대련.
乱酔(らんすい) 난취. 만취.   「름.
乱層雲(らんそううん) 〘氣〙 난층운. 비구
乱痴気騒ぎ(らんちきさわぎ) ①야단법석을 떠는 일. ②(남녀간의) 치정 싸움.
乱打(らんだ) 난타. ①마구 때림. ②〘野〙 상대 투수의 공을 여러 타자가 쳐냄.
乱打ち(らんうち) ①(검도에서) 서로 맞서서 치는 연습. ②난타.
乱脱(らんだつ) ①책 일부가 헐거나 하여 글뜻을 모르게 되는 일. ②행실이 문란한 모양.
乱堆(らんたい) 난잡하게 쌓아올림.
乱闘(らんとう) 난투.
乱捕り(らんどり) ⇨乱取り(らんどり).
乱暴(らんぼう) 난폭. ①마구 …하는 모양. 거칢. ②난폭한 짓. 난동.
乱筆(らんぴつ) 난필. 난잡한 글씨.
乱杙(らんぐい) ⇨乱杭(らんぐい).
乱行(らんぎょう) 난행. 행패. ✽らんこうで로 읽음.
乱婚(らんこん) 난혼. 잡혼.
乱獲(らんかく) 남획.

〖訓読〗
乱す(みだす) 어지럽히다. 혼란시키다.
乱る(みだる) ①어지럽다. ②어지러워지다.   「다.
❖**乱れる**(みだれる) 어지러워지다. 흐트러지
乱れ(みだれ) ①흐트러짐. 혼란. ②〘能樂〙(の うがく)에서, 잦은 속도로 변화하는 춤.
乱れ髪(みだれがみ) 산발. 흐트러진 머리.
乱れ箱(みだればこ) 벗은 옷 따위를 넣는 뚜껑 없는 상자.

〖其他〗
乱離骨灰(らりこっぱい) 여기저기 흩어지는 모양. 엉망(진창)으로 되는 모양.
乱波(らっぱ) ①난폭한 사람. 무뢰한. ②戦国(せんごく) 시대의, 간첩 또는 군대의 선도자(先導者).

7 口 〖敎〗 **卵**
알 란
ラン
たまご・かい・かいご

〖音読〗
卵殻(らんかく) 난각. 알껍질. ✽たまごがら로도 읽음. ♣〜**膜**(まく) 〘生〙 난각막.
卵管(らんかん) 〘生〙 난관. 나팔관.
 ‖〜**炎**(えん) 〘醫〙 난관염. 나팔관염.
 〜**妊娠**(にんしん) 〘醫〙 난관〔나팔관〕 임신.
卵塊(らんかい) 〘生〙 난괴. 어류·곤충류 등의 알 덩어리.
卵囊(らんのう) 〘生〙 난낭. 알주머니.
卵膜(らんまく) 〘生〙 난막. 알·태아를 싸고 있는 막.
卵白(らんぱく) 난백. 흰자위.
卵粉(らんぷん) 난분. 달걀가루. 계란가루.
卵生 ㊀(らんせい) 〘生〙 난생. 알을 낳아 새끼를 깜.
 ㊁(らんしょう) 〘佛〙 난생. 사생(四生)의 하나(알에서 태어나는 새 따위를 이름).
卵細胞(らんさいぼう) 〘生〙 난세포.
卵巣(らんそう) 〘生〙 난소. ♣〜**炎**(えん) 난소염.
 ‖〜**囊腫**(のうしゅ) 〘醫〙 난소 낭종.
 〜**妊娠**(にんしん) 난소 임신.
卵用(らんよう) 난용. ♣〜**種**(しゅ) 난용종.
卵円窓(らんえんそう) 〘生〙 난원창. 전정창(前庭窓)〘중이(中耳)와 내이(內耳) 중간에 있는 기관〙.
卵円形(らんえんけい) 난원형. 타원형.
卵乳(らんにゅう) 달걀과 우유.
卵子(らんし) 〘生〙 난자. 알.
卵切り(らんぎり) (끈기를 주기 위해) 달걀 노른자위를 넣은 국수.
卵塔(らんとう) 〘佛〙 난탑〘대좌 위의 부분이 달걀꼴인 묘석〙. ♣〜**場**(ば) 묘지. 무덤.
卵胎生(らんたいせい) 〘生〙 난태생.
卵片発生(らんぺんはっせい) 〘生〙 난편 발생. 난편 생식.   「읽음.
卵胞(らんほう) 〘生〙 난포. ✽らんぽうで로도
 ‖〜**刺激ホルモン**(しげき—) 〘生〙 난포 자극〔성숙〕 호르몬.
卵割(らんかつ) 〘生〙 난할. 난(卵)분할.
卵核(らんかく) 〘生〙 난핵. 난세포의 핵.
卵黄(らんおう) 난황. 노른자위.

〖訓読〗
卵 ㊀(たまご) ①(새·어류 등의) 알. ②달걀. 계란. ③아직 제 구실을 못하는〔사람〕. 올챙이. 병아리.
 ㊁(らん) 난. ①난자(卵子). 알. ②《接尾語적으로》…란.
卵繋ぎ(たまごつなぎ) 국숫발을 끈기게 하기 위해 달걀을 넣은 메밀국수류.
卵巻き(たまごまき) 달걀말이.
卵豆腐(たまごどうふ) ①옛날에, 순두부에 달걀을 넣고 찐 것. ②달걀을 풀어 간을 한 다음 두부 모양으로 찐 것.
卵色(たまごいろ) 달걀색. 엷은 갈색. ＊らんしょく로도 읽음.
卵焼き(たまごやき) 달걀 부침.
卵煎餅(たまごせんべい) 밀가루에 달걀과 설탕을 섞어 구운 煎餅(せんべい).
卵丼(たまごどんぶり) 계란 덮밥.
卵酒(たまござけ) 계란주. 청주에 달걀 노른 자와 설탕을 섞어 데운 것.
卵綴じ(たまごとじ) 국건더기 등에 달걀을 풀어 얹어 엉기게 한 요리.
卵湯(たまごゆ) 계란탕. 달걀을 휘저어 설탕을 넣고 더운물을 부은 것.
卵形(たまごがた) 달걀꼴. 갸름하게 둥근 모양. ＊らんけい로도 읽음.

16 火	燗	술데울 란 ラン かん

[参考] 燗은 本字.

[訓読]
燗(かん) 술을 알맞게 데우는 일. 또, 그 데운 정도.
燗する(かんする) (술을) 데우다.
燗鍋(かんなべ) 술 데우는 냄비《구리로 만들며, 손잡이와 귀때 및 뚜껑이 있음》.
燗冷まし(かんざまし) (일단 데웠던) 식은 술. 「병.
燗徳利(かんどくり) 술을 데우는 데 쓰는 술
燗番(かんばん) 요릿집에서 술 데우는 사람.
燗瓶(かんびん) 술을 데우기 위한 그릇.
燗場(かんば) 요릿집 등에서, 술을 알맞게 데우는 곳.
燗酒(かんざけ) 데운 술.

17 門	闌	막을 란·한창 란 ラン たけなわ・たける・てすり

[音読]
闌干(らんかん) 난간. ①달빛·별빛이 빛나는 모양. ②눈물이 그치지 않고 흐르는 모양.

[訓読]
闌(たけなわ) ①(바야흐로) 한창. 절정. ②한창때를 막 넘어선 무렵.
闌ける(たける) 한창때가 되다. 또, 한창때를 약간 지나다.

[其他]
闌れる(すがれる) 초목의 잎과 가지 끝이 마르기 시작하다. 전하여, 사람의 한창때가 지나서 노쇠해지다.

19 女	嬾	게으를 란 ラン おこたる

[音読]
嬾婦(らんぷ) 나부. 게으른 여자.
嬾惰(らんだ) 나태.

19 艹 入	蘭(蘭)	난초 란 ラン あららぎ

[音読]
蘭 ㊀(らん) ①《植》난. 난초. ②《地》'和蘭(オランダ)(=네덜란드)'의 준말.
㊁(あららぎ) 《植》①'野蒜(のびる)(=산달래)'의 딴이름. ②'櫟(いちい)(=주목)'의 딴이름.
蘭契(らんけい) 난계. 난교(蘭交). 「사귐.
蘭交(らんこう) 난교. 뜻이 맞는 사람끼리의
蘭灯(らんとう) 난등. 아름다운 등롱(燈籠).
蘭領東インド(らんりょうとうインド) 《地》난령 동인도. 옛 네덜란드령 동인도《지금의 인도네시아 지역》.
蘭文(らんぶん) 네덜란드어로 쓴 문장.
蘭方(らんぽう) 江戸(えど) 시대에, 네덜란드에서 전래된 의술.
蘭麝(らんじゃ) 난사. 난초와 사향의 향기《향기가 높은 것의 비유》.
蘭書(らんしょ) 네덜란드 서적.
蘭省(らんしょう) ①(중국) 상서성(尚書省)의 이칭. ②황후의 궁전.
蘭語(らんご) 네덜란드어.
蘭訳(らんやく) 네덜란드어로 번역함.
蘭月(らんげつ) 난월. 음력 7월.
蘭医(らんい) 江戸(えど) 시대에, 네덜란드 의학을 공부한 의사.
蘭帳(らんちょう) 향기로운 방장(房帳). 귀인이나 미인의 침실 방장에 대하여 말함.
蘭鋳(らんちゅう) 《魚》난금붕어《몸이 둥글고 등지느러미가 없는, 금붕어의 일종》.
蘭竹(らんちく) 난죽. 동양화의 화제(畵題)로 난초와 대나무를 조화시킨 그림.
蘭芷(らんし) 난지. ①난과 어수리《둘 다 향기 나는 풀》. ②현인(賢人)이나 미인의 비유.
蘭虫(らんちゅう) ⇨ 蘭鋳(らんちゅう).
蘭湯(らんとう) 난초잎을 넣어 끓인 목욕물.
蘭学(らんがく) 네덜란드의 학문. 특히, 江戸(えど) 시대 중기 이후에, 네덜란드어를 통해 연구되었던 서양 학문.
┃〜者(しゃ) 네덜란드 학문을 공부한 사람.
蘭蕙(らんけい) 난혜. ①난과 혜《둘 다 향기가 좋은 풀의 이름》. ②현인군자의 비유.

20 氵	瀾	물결 란 ラン なみ

[音読]
瀾汗(らんかん) 난한. 물결이 굽이치는 모양.

20 木 常	欄(欄)	난간 란·난 란 ラン おばしま・てすり

音読
欄(らん) ①난간. *おばしまろも読む. ②(신문・잡지 등의) 난. ③《接尾語적으로》
欄干(らんかん) 난간.
欄間(らんま)〖建〗(문・미닫이 위의) 상인방과 천장 사이에 통풍・채광을 위하여 교창을 낸 부분.
欄内(らんない) 난내. 난의 안.
欄外(らんがい) 난외.

逆音
文芸欄(ぶんげいらん) 문예란.

| 21
火 | 爛 | 문드러질 란・빛날 란
ラン
ただれる |

音読
爛柯(らんか) 난가. ①바둑의 딴이름. ②놀이에 시간 가는 줄 모름. 「는 모양.
爛爛(らんらん) 형형(炯炯). 반짝반짝 빛나
爛漫(らんまん) 난만. ①꽃이 만발한 모양. ②밝게 빛나는 모양.
爛発(らんぱつ) 뚜렷하게 나타남.
爛熟(らんじゅく) 난숙. 무르익음.
爛然(らんぜん) 난연. 찬란히 빛나는 모양.
爛脱(らんだつ) ①책 일부가 헐거나 하여 글 뜻을 모르게 되는 일. ②행실이 문란한 모양.

訓読
❖爛れる(ただれる) 문드러지다. 짓무르다.
爛れ(ただれ) 문드러짐. 짓무름. 또, 그 상태
爛れ目(ただれめ) 짓무른 눈. 「〔부분〕.

| 22
ネ | 襴 | 내리닫이옷 란
ラン |

音読
襴(らん) 난. 袍(ほう)나 直衣(のうし) 등 옷단에 댄 천.

| 30
鳥 | 鸞 | 난새 란
ラン |

音読
鸞(らん) 난. 난조(鸞鳥).
鸞鏡(らんけい) 난경. 난조(鸞鳥)를 뒷면에 새긴 거울. *らんきょうろも読む.
鸞鳳(らんほう) 난봉. ①난조와 봉황. ②훌륭한 사람이나 군자의 비유. ③굳게 맺은 부부나 동지의 비유. *らんぼうろも読む.
鸞輿(らんよ) 난여. 천자가 타는 가마.
鸞鳥(らんちょう) 난조. 중국 전설에 나오는 상상의 새.

랄

| 9
刂 | 刺 | 어그러질 랄
ラツ
もとる |

其他
剌麻(ラマ)〖宗〗라마. 라마교의 고승.

| 14
辛 | 辣 | 매울 랄
ラツ
からい |

音読
辣韭(らっきょう)〖植〗염교. 채지(茉芝).
辣腕(らつわん) 민완. 놀라운 솜씨.

其他
辣油(ラーユ) 중국 요리에서, 맵게 한 참기름. 고추기름.

| 15
虫 | 蝲 | 전갈 랄
ラツ・ラチ |

其他
蝲蛄(ざりがに)〖動〗가재.

람

| 11
女 | 婪 | 탐할 람
ラン
むさぼる |

音読
婪尾(らんび) ①술자리에서 술잔을 돌리다가 마지막 사람은 석 잔을 거푸 마시는 일. ②마지막. 최후.

| 12
山
(人) | 嵐 | 남기 람
ラン
あらし |

音読
嵐気(らんき) 남기. 이내. 「氣).
嵐翠(らんすい) 남취. 푸르스름한 남기(嵐

訓読
嵐(あらし) 광풍. 폭풍.
‖〜の大洋(たいよう) 폭풍의 바다. 달 표면의 바다에 붙여진 지명.

| 17
見
教 | 覽 (覧) | 볼 람
ラン
みる |

音読
覽古(らんこ) 남고. 고적을 찾아 보고 그 당시를 회상함.

覽勝(らんしょう) 남승. 좋은 경치 등을 구경함.
訓読→
覽る(みる) 보다. 구경하다.

| 18 氵 常 | 濫 | 넘칠 람·함부로 람
ラン
あふれる・みだり |

音読→
濫する(らんする) 문란해지다. 어지러워지다. 복잡해지다.
濫救(らんきゅう) 생활 보호 제도에서, 보호할 필요가 없는 사람까지 보호하는 일.
濫掘(らんくつ) 난굴(亂掘). 함부로 파헤침.
濫読(らんどく) 남독.
濫立(らんりつ) 난립(亂立).
濫発(らんぱつ) 남발. 마구 발행함.
濫妨(らんぼう) 폭력으로 남의 물건을 강탈함.
濫伐(らんばつ) 남벌.
濫罰(らんばつ) 남벌. 함부로 벌함.
濫費(らんぴ) 남비. 낭비.
濫賞(らんしょう) 남상. 함부로 상을 줌.
濫觴(らんしょう) 남상. 시초. 기원.
濫惡(らんあく) 난폭하고 나쁨. 또, 그런 행위.
濫用(らんよう) 남용.
濫入(らんにゅう) 난입(亂入).
濫作(らんさく) 남작. (작품을) 함부로 많이 만들어 냄.
濫製(らんせい) 남제. 남조(濫造).
濫造(らんぞう) 남조. 남제(濫製).
濫出(らんしゅつ) 함부로 나옴[내어 놓음].
濫吹(らんすい) 남취. ①무능한 사람이 재능이 있는 체함. 또, 과분한 지위에 있음. ②질서를 어지럽힘.
濫行(らんぎょう) 난행(亂行). 행패. *らんこう로도 읽음.
濫刑(らんけい) 남형. 함부로 형벌에 처함.
濫獲(らんかく) 남획.
訓読→
濫り(みだり) 사리에 어긋남. 함부로 행동함.
濫りがわしい(みだりがわしい) 난잡하다. 음란하다.
濫りに(みだりに) 함부로. 멋대로.
濫り心地(みだりごこち) ①기분이 좋지 않음. ②병.
濫り言(みだりごと) 함부로 지껄이는 말.

| 18 艹 人 | 藍 | 쪽 람·남빛 람
ラン
あい |

音読→
藍銅鉱(らんどうこう) 〖鑛〗 남동광.
藍碧(らんぺき) 남벽. 짙은 푸른 빛.
藍本(らんぽん) ①남본. 원본. 원전(原典). ②밑그림.
藍毘尼園(らんびにおん) 남비니원. 룸비원《석가모니가 탄생한 곳》.
藍閃石(らんせんせき) 〖鑛〗 남섬석.
藍綬褒章(らんじゅほうしょう) 남수 포장《발명·사회 사업 등 공익에 기여한 사람에게 일본 정부가 주는 기장(記章)》.
藍紫色(らんししょく) 남자색. 남색을 띤 보라색.
藍晶石(らんしょうせき) 〖鑛〗 남정석.
藍藻類(らんそうるい) 〖生〗 남조류.
藍鉄鉱(らんてっこう) 〖鑛〗 남철광.
藍青色(らんせいしょく) 남청색.
訓読→
藍(あい) ①〖植〗 쪽. ②남빛.
藍色(あいいろ) 남색. 남빛. *らんしょくで도 읽음. 〖갘〗.
藍玉(あいだま) 쪽잎을 말려서 찧어 굳힌 물건.
藍隈(あいぐま) 歌舞伎(かぶき)에서, 유령·악역의 얼굴에 남빛으로 무늬를 그리는 일.

| 20 ネ | 襤 | 헌누더기 람
ラン
ぼろ |

音読→
襤衣(らんい) 남의. 남루한 옷.
訓読→
襤褸(ぼろ) 넝마. 누더기. 고물. *らんる로도 읽음.
襤褸ける(ぼろける) ①옷이나 천이 남루해지다. ②영락하다.
襤褸糞(ぼろくそ) 〖俗〗 아무짝에도 못 쓸 것. 또, 그러하다고 마구 욕하는 모양.
襤褸屋(ぼろや) ①넝마를 매매하는 사람. 또, 그 가게. ②낡고 황폐해진 가옥.
襤褸切れ(ぼろきれ) 넝마 조각.

| 21 竹 | 籃 | 바구니 람
ラン
かご |

音読→
籃輿(らんよ) 남여. 대로 엮어 만든 가마《주로 산길에서 썼음》.
籃胎(らんたい) 조개 대의 껍질을 벗겨 만든 광주리《칠기의 바탕이 됨》.
∥～漆器(しっき) 籃胎에 옻칠을 한 칠기.

| 28 糸 | 纜 | 닻줄 람
ラン
ともづな |

訓読→
纜(ともづな) 배를 매는 밧줄.

랍

8 扌	拉	끌고갈 **랍** ラ・ラツ くじく・ひしぐ・しだく

音読
拉する(らっする) 납치하다. 강제 연행하다.
拉致(らち) 납치. *らっち로도 읽음.
訓読
拉く(しだく) ① 깨뜨리다. 부수다. ② 짓밟다. 짓밟아 으깨다.
拉ぐ(ひしぐ) 찌부러뜨리다. 기운을〔기세를〕꺾다. 쳐부수다.
拉げる(ひしげる) 찌부러지다. (기운·기세 등이) 꺾이다.
其他
拉麵(ラーメン) 라면.
拉丁(ラテン) 라틴. ① 라틴어. ② 라틴 민족.

17 艹	蕗	납향 **랍** ロウ

音読
蕗(ろう) 연공을 쌓음. 또, 그 순위.
蕗長けた(ろうたけた) ① 경험을 쌓은. ② (여자가) 아름답고 기품이 있는.
蕗長ける(ろうたける) ① (여자가) 세련되어 기품이 있다. ② 경험을 쌓다.
蕗纈(ろうけつ) 납힐. 염색의 한 방법. *ろうけち로도 읽음.
其他
蕗次(らっし) ①〖佛〗법랍(法臘)의 차례. 출가 후의 햇수. ② (사물의) 순서. 차례. 질서. *ろうじ로도 읽음.

19 月	臘	납향 **랍**·섣달 **랍** ロウ

音読
臘梅(ろうばい)〖植〗납매.
臘雪(ろうせつ) 납설. 음력 12월에 내리는 눈.
臘月(ろうげつ) 납월. 음력 12월의 딴이름.
臘日(ろうじつ) 납일. 섣달 그믐날.
臘八(ろうはち)〖佛〗납팔《석가가 득도한 날. 음력 12월 8일》.
∥**~会**(え)〖佛〗납팔 날에 여는 법회.
其他
臘次(らっし) ①〖佛〗법랍(法臘)의 차례. 출가 후의 햇수. ② (사물의) 순서. 차례. 질서. *ろうじ로도 읽음.

21 虫	蠟	밀 **랍**·밀초 **랍** ロウ

音読
蠟(ろう) 납. 밀.
蠟マッチ(ろうマッチ) 양초를 먹여서 굳힌 면사 끈을 개비로 써서 만든 성냥.
蠟管(ろうかん) 납관. (초기 축음기에서) 녹음에 쓰인 납제의 관.
蠟涙(ろうるい) 납루. 초가 녹아 흘러내리는 것을 눈물에 비긴 말.
蠟梅(ろうばい)〖植〗납매.
蠟描き染め(ろうがきぞめ) ☞ 蠟纈(ろうけつ).
蠟石(ろうせき)〖鑛〗납석.
蠟細工(ろうざいく) 납세공.
蠟染め(ろうぞめ) ☞ 蠟纈(ろうけつ).
蠟紙(ろうがみ) 납지《방습용》.
蠟燭(ろうそく) 초. 양초.
蠟纈(ろうけつ) 납힐. 무늬에 밀납을 바르고 염색 후 밀납을 제거하는 염색의 한 방법. *ろうけち로도 읽음.
其他
蠟色(ろいろ) 蠟色塗り의 준말.
∥**~塗り**(ぬり) 옻칠을 하고 마른 뒤에 윤을 냄. 또, 그것.
~鞘(ざや) 검게 옻칠을 한 칼집.
~漆(うるし) 생옻을 원료로 하여 기름 따위를 안 치고 정제한 옻.
(ろういろ) 납과 같은 빛깔. 곧, 누르스름한 회색.

23 金	鑞	땜납 **랍** ロウ すず

音読
鑞(ろう) 납. 땜납.
鑞付け(ろうづけ) 납땜(한 물건).

랑

9 阝	郎 (郞)	사내 **랑**·낭군 **랑** ロウ おとこ
常		

音読
郎君(ろうくん) 낭군. *雅語로는 いらつきみ라고도 함.
郎党(ろうとう) ⇨ 郎等(ろうどう).
郎等(ろうどう) ① 중세에, 주인과 혈연 관계가 없는 무가(武家)의 가신. ② 종자.
郎従(ろうじゅう) 무가 시대에, 도보로 따라 다니던 하급 무사.
其他
郎女(いらつめ)〈雅〉젊은 여자를 친근하게 일컫는 말. 낭자.
郎子(いらつこ)〈雅〉젊은 남자를 친근하게 일컫는 말. 도령.
郎姫(いらつひめ)〈雅〉☞ 郎女(いらつめ).

10획 氵 常	浪	물결 랑·방랑할 랑 ロウ なみ

音読
浪界(ろうかい) 浪花節(なにわぶし)를 하는 사람들의 사회.
浪曲(ろうきょく) 浪花節(なにわぶし)의 한 문투의 말씨.
浪浪(ろうろう) ①유랑(流浪). ②직업을 찾아 헤맴.
浪漫(ろうまん) 낭만. ♣~派(は) 낭만파.
∥~主義(しゅぎ) 낭만주의.
浪費(ろうひ) 낭비.
浪士(ろうし) 섬길 영주를 잃은 무사.
浪死(ろうし) 낭사. 헛된 죽음. 개죽음.
浪人(ろうにん) ①낭인. 무가(武家) 시대의 떠돌이 무사. ②〈俗〉실업자. ③〈俗〉재수생.
浪宅(ろうたく) 낭인(浪人)의 주거.

訓読
浪(なみ) ①파도. 물결. ②파동. ③굴곡. 기복(起伏).
浪路(なみじ) 〈雅〉뱃길. 항로.
浪布(なみぬの) 무대 위에 까는, 파도 모양을 그린 천.

其他
浪速(なにわ) ⇨ 浪花(なにわ).
浪花(なにわ) 大阪(おおさか) 시와 그 부근의 옛 이름.
浪華(なにわ) ⇨ 浪花(なにわ).
浪花節(なにわぶし) 三味線(しゃみせん) 반주로 의리나 인정을 노래한 대중적인 창(唱).

10획 犭	狼	이리 랑 ロウ おおかみ

音読
狼戾(ろうれい) 낭려. 이리처럼 욕심이 많고 사나움.
狼燧(ろうすい) 봉화.
狼子(ろうし) 이리의 새끼.
∥~野心(やしん) 모반을 궁리함.
狼籍(ろうぜき) ①낭자. ②난폭한 짓.
∥~者(もの) 난폭한 자.
狼瘡(ろうそう) 『醫』낭창.
狼狽(ろうばい) 당황.
狼虎(ろうこ) 낭호. 이리와 범.
狼火(ろうか) 낭화. 봉화.

訓読
狼(おおかみ) ①『動』이리. ②(비유적으로) 여성에게 나쁜 짓을 하는 남자. 늑대.
狼座(おおかみざ) 『天』이리자리.

其他
狼煙(のろし) 낭연. 봉화. 신호. *ろうえん으로도 읽음.
狼狽える(うろたえる) 당황하다. 허둥대다.

10획 月 教	朗 (朗)	밝을 랑 ロウ ほがらか·あきらか

音読
朗読(ろうどく) 낭독.
∥~演説(えんぜつ) 낭독 연설.
朗朗(ろうろう) ①목소리가 크고 맑은 모양. ②빛 따위가 밝고 맑은 모양.
朗報(ろうほう) 낭보.
朗色(ろうしょく) 낭색. 명랑한 기색〔안색〕.
朗笑(ろうしょう) 낭소. 밝게 웃음.
朗誦(ろうしょう) ⇨ 朗唱(ろうしょう).
朗然(ろうぜん) 낭연. 밝고 명확한 모양.
朗詠(ろうえい) ①낭영. ②平安(へいあん) 시대 중기에 성행하던 謠物(うたいもの).
朗月(ろうげつ) 낭월. 맑고 밝은 달.
朗吟(ろうぎん) 낭음. 낭영.
朗唱(ろうしょう) 낭창. 낭송.
朗話(ろうわ) 명랑한 이야기.

訓読
朗らか(ほがらか) ①(성격이) 쾌활〔명랑〕한 모양. ②(날씨가) 쾌청함.

11획 艹	莨	풀이름 랑 ロウ たばこ

訓読
莨(たばこ) ①담배. ②『植』(담배의 원료가 되는) 가짓과의 1년초.

11획 王	琅	옥돌 랑 ロウ

音読
琅玕(ろうかん) 낭간. 벽옥(碧玉).
琅琅(ろうろう) ①낭랑. 옥이 부딪쳐 나는 소리. ②지저귀는 새소리.

12획 广 常	廊 (廊)	행랑 랑·곁채 랑 ロウ わたどの

音読
廊(ろう) 복도. 낭하. 회랑(回廊).
廊廟(ろうびょう) 낭묘. 조정(朝廷).
廊下(ろうか) 낭하. 복도.　　　　　　「리.
∥~鳶(とんび) 〈俗〉볼일도 없이 극장 따위 복도에서 서성거림. 또, 그 사람.
~伝い(づたい) 낭하를 따라 오가는 일.
~橋(ばし) 지붕을 설치한 복도 비슷한 다

래

来(來) 올 래·다가올 래
ライ
くる·きたる·きたす

音読

来(らい) ①《接頭語로》 내…. 앞으로 오는. ②《接尾語로》 …래. 지금에 이르기까지.
来駕(らいが) 내가. 왕림(枉臨). 왕가(枉駕). *らいかろ도 읽음.
来簡(らいかん) 내간. 내한. 보내 온 편지.
来降(らいごう) 신불(神佛)이 이 세상에 내려옴. *らいこう로도 읽음.
来客(らいきゃく) 내객. *らいかく로도 읽음.
来季(らいき) ①다음 계절. ②스포츠에서, 다음 개최 기간. 다음 시즌.
来攻(らいこう) 내공. 적이 쳐들어 옴.
来貢(らいこう) 내공. 외국 사신이 와서 조공을 바침.
来館(らいかん) 내관. 영화관·도서관 등에 옴.
来観(らいかん) 내관. 와서 봄.
来校(らいこう) 내교. 학교에 옴.
来寇(らいこう) 내구. 외국의 침략.
来期(らいき) 내기. 다음 시기.
来来世(らいらいせ) 내세세세(來來世世). 내세의 또 다음 내세. 미래 영겁.
来年(らいねん) 내년. 명년. ♣-度(ど) 내년도.
来談(らいだん) 내담.
来島(らいとう) 내도. 섬에 찾아옴.
来冬(らいとう) 내년 겨울.
来歴(らいれき) 내력. 유래. 경력.
来路(らいろ) 지나온 길.
来臨(らいりん) 내림. 왕림.
来命(らいめい) ☞ 来示(らいじ).
来訪(らいほう) 내방. ♣-者(しゃ) 내방자.
来報(らいほう) 내보. 소식을 알리러 옴. 또, 그 소식.
来復(らいふく) 내복. 다시 돌아옴.
来否(らいひ) 오는지의 여부.
来賓(らいひん) 내빈.
来聘(らいへい) 내빙. 외국 사신이 와서 예물을 바침.
来社(らいしゃ) 내사.
来生(らいしょう) 《佛》내생. 죽은 뒤에 다시 태어남. 또, 그 생애.
来書(らいしょ) 내서. 내신(來信).
来世 ㊀(らいせ)《佛》내세. 사후의 세계. ㊁(らいせい) 내세.
来孫(らいそん) 내손. 오대손(五代孫).
来襲(らいしゅう) 내습.
来示(らいじ) 내시(상대방 편지 내용에 대한 높임말).
来信(らいしん) 내신. 내서(來書).
来謁(らいえつ) 내알. 와서 알현함.
来演(らいえん) 내연. 와서 연주·연기함.
来迎(らいごう) 《佛》내영. 임종 때에 부처나 보살이 극락 정토로 맞이하러 옴. *らいこう로도 읽음.
来往(らいおう) 내왕. 왕래.
来院(らいいん) 내원. 병원 등 '원(院)'이라고 불리는 데로 옴.
来援(らいえん) 내원. 와서 도움〔응원함〕.
来源(らいげん) 그곳서 옴. 또, 그 근원.
来月(らいげつ) 내월. 다음 달.
来由(らいゆ) 내유. 유래. 내력. *らいゆう로도 읽음.
来遊(らいゆう) 내유. 놀러 옴.
来諭(らいゆ) ☞ 来示(らいじ).
来意(らいい) 내의. 찾아온 뜻.
来日 ㊀(らいにち) 내일. 외국인이 일본에 옴. ㊁(らいじつ) 내일. 명일(明日).
来任(らいにん) 내임. 부임.
来者(らいしゃ) 찾아온 사람. 내객.
来状(らいじょう) 내서(來書). 내신(來信).
来場(らいじょう) 내장. 그곳〔회장〕에 옴.
来電(らいでん) 내전. 입전(入電).
来店(らいてん) 내점. 가게에 옴.
来征(らいせい) 원정 옴.
来朝(らいちょう) 내조. (외국인이) 이 나라에 찾아옴.
来住(らいじゅう) 내주. 와서 삶.
来週(らいしゅう) 내주. 다음 주.
来旨(らいし) 내지. 상대방한테서 전해 온 취지.
来診(らいしん) 왕진(往診).
来集(らいしゅう) 모여듦.
来車(らいしゃ) ①차로 옴. ② ☞ 来駕(らいが).
来着(らいちゃく) 내착. 이곳에 도착함.
来札(らいさつ) 보내온 편지. 내한(來翰).
来聴(らいちょう) 내청. 들으러 옴. 와서 들음.
来秋(らいしゅう) 내추. 내년 가을.
来春(らいしゅん) ①내춘. 내년 봄. ②내년 설. *らいはる로도 읽음.
来宅(らいたく) 객이 내 집에 옴.
来夏(らいか) 내하. 내년 여름.
来学期(らいがっき) 내학기.
来学年(らいがくねん) 내학년.
来翰(らいかん) ⇨ 来簡(らいかん).
来航(らいこう) 내항.
来県(らいけん) 다른 곳에서 그 현으로 옴.
来話(らいわ) 와서 이야기함. 또, 그 이야기. 내담(來談).
来会(らいかい) 내회. 와서 모임에 참가함.

訓読

来かかる(きかかる) 막 이쪽으로 오다. 막 오려고 하다. 다다르다.
来しな(きしな) 오는 길. 오기 (직)전.
来す(きたす) 오게 하다. 초대하다. 일으키다.
来られる(こられる) 올 수 있다.
来れる(これる) ☞ 来られる(こられる).
来掛け(きがけ) 오는 도중. 오는 참〔길〕.
来ん年(こんとし) 내년. 명년.
来し方(こしかた) ①과거. ②지나온 쪽. *きしかた로도 읽음.
~行く末(ゆくすえ) 과거와 미래.
来付け(きつけ) 자주 와서 익숙해졌음. 단골.
来手(きて) 올 사람. 와 줄 사람.
来様(きよう) 옴. 오기.
来着く(きつく) 도착하다.
来通し(きどおし) 끊임없이 옴. 계속해서

来合わせる(きあわせる) (마침) 와 있어서 만나다.
と来たら(ときたら) 그것에 관해서는. …이라면. …이라 하면. 「(ときたら).
と来た日には(ときたひには) ☞と来たら
❖来る ㊀(くる) ① 오다. 이리로 오다. 다가오다. ② (어떤 원인으로) 일어나다. 생기다.
③ …하게 되다.
㊁(きたる) ① 오다. 다가오다. ② …하여 현재에 이르다. …하여 오다. ③ 오는. 이번.
来るべき(きたるべき) 다음에 오는. 요 다음
来る年(くるとし) 오는 해. 내년.   의.
来る日(くるひ) 내일.
うろが来る(うろがくる) 당황하다. 허둥대

11 イ 徠
올 래·위로할 래
ライ
きたる·くる

音読
徠服(らいふく) 내복(來服). 와서 복종함.

12 艹 萊
명아주 래·잡초 래
ライ
あかざ

其他
萊草(しば) 황무지에 자란 잡초. *しばくさ 로도 읽음.

16 金 鎞
대패 래
レイ
もじ

訓読
鎞(もじ) ☞鎞錐(もじぎり).
鎞錐(もじぎり) 나사송곳.

랭

7 冫 冷 教
찰 랭·쌀쌀할 랭
レイ   つめたい·ひえる·ひや·ひやす·ひやかす·さめる·さます

音読
冷却(れいきゃく) 냉각. ♣~水(すい) 냉각수 / ~材(ざい) 냉각재.
∥~期間(きかん) (분쟁·감정 등의) 냉각기간.   「감각.
冷覚(れいかく) 냉각. 피부가 느끼는 차가운
冷感症(れいかんしょう) 냉감증.
冷菓(れいか) 냉과. 빙과(氷菓).
冷光(れいこう) 냉광. 차갑게 느끼는 빛.
冷気(れいき) 냉기.   「방.
冷暖房(れいだんぼう) 냉난방. 냉방과 난
冷暖自知(れいだんじち) 〖佛〗 냉난자지. 참

다운 깨달음은 체험에 의해 저절로 얻는 것임.
冷淡(れいたん) 냉담.
冷帯(れいたい) 〖地〗 냉대. 아한대(亞寒帶) 《온대와 한대의 사이 부분》.
冷凍(れいとう) 냉동. ♣~庫(こ) 냉동고.
∥~乾燥(かんそう) 냉동 건조.
~麻酔(ますい) 냉동 마취.
~輸送(ゆそう) 냉동 수송.
~食品(しょくひん) 냉동 식품.
冷冷(れいれい) 냉랭. ① 맑고 시원한 모양. ② 태도가 데면데면하고, 냉담한 모양.
冷涼(れいりょう) 냉량. 약간 차갑고 서늘
冷媒(れいばい) 냉매. 냉각제.   「함.
冷罵(れいば) 냉매. 비웃고 욕함.   「류.
冷麺(れいめん) 냉면. 차게 해서 먹는 국수
冷飯(れいはん) 냉반. 찬밥.   「병.
冷房(れいぼう) 냉방. ♣~病(びょう) 냉방
冷索(れいさく) 을씨년스럽고 쓸쓸한 모양.
冷殺(れいさつ) 냉정한 태도로 남의 기분을
冷床(れいしょう) 〖農〗 냉상.   「꺾음.
冷色(れいしょく) 냉색. 한색(寒色).
冷所(れいしょ) 차가운 장소. 온도가 낮은
冷笑(れいしょう) 냉소.   「곳.
冷水(れいすい) 냉수. ♣~器(き) 냉수기 / ~浴(よく) 냉수욕.
∥~塊(かい) 〖地〗 냉수괴. 중층(中層)의 저온 해수가 상승하여 주위보다 저온의 해역이 생기는 현상.
~摩擦(まさつ) 냉수 마찰.
冷湿布(れいしっぷ) 냉습포. 냉찜질.
冷視(れいし) 냉(안)시. 차가운 눈초리로 봄.
冷食(れいしょく) 익히지 않고 먹음.
冷眼(れいがん) 냉안. 차가운 눈(초리). 멸시하는 눈. ♣~視(し) 냉안시.
冷暗(れいあん) 냉암. 온도가 차고 어두움.
♣~所(しょ) 냉암처(處).
冷厳(れいげん) 냉엄.   「질.
冷罨法(れいあんぽう) 〖醫〗 냉엄법. 냉찜
冷延(れいえん) 냉연. '冷間圧延(れいかんあつえん)(=냉간 압연)'의 준말.
冷然(れいぜん) 냉연함. 냉담한 모양.
冷熱(れいねつ) 냉열.
冷艶(れいえん) 냉처. 차고 고움.
冷染染料(れいせんせんりょう) 냉염 물감. 빙염(氷染) 물감.
冷温(れいおん) 냉온. 차고 더움. ♣~帯(たい) 〖地〗 냉온대.
冷用酒(れいようしゅ) 냉용주. 데우지 않고 차게 해서 마시는 청주.
冷雨(れいう) 냉우. 찬 비.
冷遇(れいぐう) 냉대. 푸대접.
冷肉(れいにく) 냉육. 콜드 미트.
冷蔵(れいぞう) 냉장. ♣~庫(こ) 냉장고.
冷戦(れいせん) 냉전.
冷点(れいてん) (피부·점막의) 냉점.
冷静(れいせい) 냉정.   「제공하는 것.
冷製(れいせい) (요리에서) 차게 한 상태로
冷嘲(れいちょう) 냉조. 멸시하여 조롱함.

冷酒(れいしゅ) 냉주. 찬술.
冷茶(れいちゃ) 냉차. 차가운 녹차.
冷菜(れいさい) 냉채. 중국요리에서 전채(前菜)로 나오는 찬 요리.
冷処(れいしょ) ⇨ 冷所(れいしょ).
冷泉(れいせん) 냉천.
冷徹(れいてつ) 냉철.
冷評(れいひょう) 냉평. 냉담한 비평.
冷風(れいふう) 냉풍. 찬바람.
冷夏(れいか) 냉하. 예년과 같이 덥지 않은 여름.
冷汗(れいかん) 냉한. 식은땀.
冷寒(れいかん) 냉한. 한랭.
冷害(れいがい) 냉해.
冷血(れいけつ) 냉혈. ♣~漢(かん) 냉혈한.
‖~動物(どうぶつ) 냉혈 동물.
冷酷(れいこく) 냉혹.
冷灰(れいかい) 냉회. 불기가 없어진 찬 재.
冷燻(れいくん) 냉훈법. 40도 이하에서 3~5주간 훈제하는 방법.

[訓読]
冷ます(さます) 식히다. 진정시키다.
冷める(さめる) 식다.
冷や(ひや) 찬[데우지 않은] 것.
冷やこい(ひやこい) ☞冷やっこい(ひやっこい).
冷やっこい(ひやっこい) 〈俗〉차갑다.
冷ややか(ひややか) ① 차가운 느낌이 드는 모양. ② 냉랭[쌀쌀]한 모양.
冷め遣らぬ(さめやらぬ) 아직 완전히 깨지 않은.
冷や奴(ひややっこ) 찬 날두부에 간장과 양념을 곁들인 음식.
冷や豆腐(ひやどうふ) ☞冷や奴(ひややっこ).
冷や冷や(ひやひや) ① 차가운 느낌이 드는 모양. ② 마음이 조마조마한 모양. 간담이 서늘한 모양.
冷や麦(ひやむぎ) 냉국수.
冷や飯(ひやめし) 찬밥.
‖~食い(くい) 식객.
~草履(ぞうり) 막치 짚신.
冷や素麺(ひやそうめん) 가는 국수를 삶아서 물·얼음으로 차게 하여, 양념장을 쳐서 먹는 음식.
冷や水(ひやみず) 찬물.
冷や酒(ひやざけ) 찬술. 데우지 않은 술.
冷や汗(ひやあせ) 냉한. 식은땀.
❖冷える(ひえる) 차가워지다. 차갑게 느껴지다. 식다. 냉담해지다.
冷え(ひえ) ① 참. 차가워짐. 냉기. ② 냉병.
冷え冷え(ひえびえ) 냉랭한 모양. 추위가 쌀랑쌀랑한 모양.
冷え物(ひえもの) 찬 것. 차가운 것.
冷え性(ひえしょう) 냉한 체질.
冷え込む(ひえこむ) ① 몹시 차가워지다. 갑자기 기온이 내리다. ② 추위가 몸 속까지 스며들다.
冷え切る(ひえきる) ① 아주 차가워지다. ② (애정 따위가) 완전히 식어 버리다.
❖冷たい(つめたい) ① 차다. ② 냉정[냉담]하다. 쌀쌀하다. *つべたいろも 읽음.
冷たがる(つめたがる) 차가워하다.
冷たくなる(つめたくなる) ① 열이 식다. 차지다. ② 냉담해지다.
冷たい戦争(つめたいせんそう) 냉전.
❖冷やかす(ひやかす) ①〈方〉차게 하다. 식히다. ② 희롱하다. ③ (살 생각도 없이) 물건을 보거나 값만 물어 보다.
冷やかし(ひやかし) 놀림. 또, 놀리는 사람.
❖冷やす(ひやす) ① 차게 하다. 식히다. ② (마음에) 충격을 받다. 서늘하게 하다.
冷やし(ひやし) 차게 한 것.
冷やしビール(ひやしビール) 냉맥주.

[其他]
❖冷笑う(せせらわらう) 비웃다. 코웃음치다. 냉소하다.
冷笑い(せせらわらい) 비웃음. 코웃음. 소.

략

| 11 | 掠 | 노략질할 략
リャク
かすめる·むちうつ |

[参考] 현대 표기로는 '略'으로 대용함.

[音読]
掠す(りゃくす) 약취(掠取)하다. 공략하다.
掠取(りゃくしゅ) 약취. 탈취.
掠奪(りゃくだつ) 약탈.

[訓読]
❖掠める(かすめる) ① 훔치다. 빼앗다. ② 속이다. ③ 스치다.
掠め取る(かすめとる) ① 닥치는 대로 빼앗다. ② 남의 눈을 속여 훔치다.
❖掠る(かする) ① 스치다. ② 슬쩍 가로채다.
掠り(かすり) ① 스침. ② (남의 몫의 일부를) 가로챔. ③ 긁힌 상처.
‖~取り(とり) 남의 이익을 가로채는 일. 또, 그 사람.
~筆(ふで) 서도에서, 붓을 빨리 움직이는 운필법.
❖掠れる(かすれる) ① (가볍게) 긁히다. ② (목이) 쉬다.
掠れ(かすれ) (가볍게) 긁힘.
‖~筆(ふで) ☞掠り筆(かすりふで).

[其他]
掠笞(りょうち) 약태. 죄인 등에 매질을 함.

| 11
田
教 | 略 | 간략할 략·생략할 략
リャク
おかす·はぶく·ほぼ |

[音読]
略 ㊀(りゃく) ① 줄임. 생략. ② 줄거리. 개략. ㊁(ほぼ) 거의. 대부분. 대충.
略す(りゃくす) ① 약하다. 생략하다. 줄이다. ②〈古〉약취(공략)하다.
略する(りゃくする) ☞略す(りゃくす).
略啓(りゃくけい) (편지에서) 관생(冠省)과 같은 뜻.

略記(りゃっき) 약기. 간략히 적음. *りゃくきろども 읽음.
略図(りゃくず) 약도.
略読(りゃくどく) 약독. 대충 읽음.
略暦(りゃくれき) 略本暦(りゃくほんれき)
略歴(りゃくれき) 약력. 「의 준말.
略礼服(りゃくれいふく) 약식 예복.
略礼装(りゃくれいそう) 약식 예장.
略名(りゃくめい) 약칭(略稱). 「투모.
略帽(りゃくぼう) ①약모. ②약식 모자. ③전
略文(りゃくぶん) 약문. 간추려 쓴 글.
略報(りゃくほう) 약보. 약식 보고나 보도.
略譜(りゃくふ) 약보.
略服(りゃくふく) 약복. 약식 복장.
略本(りゃくほん) 약본.
略本暦(りゃくほんれき) 약본력. 일상 생활에 유용한 것만 간추려 만든 달력.
略史(りゃくし) 약사.
略叙(りゃくじょ) 약서. 약술. 「쓴 것.
略書(りゃくしょ) ①간략하게 쏨. 또, 그렇게
略説(りゃくせつ) 약설. 간략히 설명함.
略綬(りゃくじゅ) 약수. (훈장·기장 대신 다는) 약식 기장.
略述(りゃくじゅつ) 약술.
略示(りゃくじ) 간략하게 표시함.
略式(りゃくしき) 약식.
∥~起訴(きそ)〖法〗약식 기소.
~命令(めいれい)〖法〗약식 명령.
~手続(てつづき)〖法〗약식 절차.
略押(りゃくおう) ○× 따위 간략한 화압.
略語(りゃくご) 약어. 준말.
略言(りゃくげん) 약언. 요약해서 말함.
略訛(りゃっか) 말의 생략이나 사투리.
略音(りゃくおん) ①약음. 음이 생략됨. 또, 그 음. ②〖言〗약음(約音).
略意(りゃくい) 대략의 뜻.
略儀(りゃくぎ) ☞略式(りゃくしき).
略字(りゃくじ) 약자.
略章(りゃくしょう) 약장. 약식 훈장(기장).
略装(りゃくそう) 약장. 약식 복장.
略載(りゃくさい) 요점만을 기재함.
略伝(りゃくでん) 약전. 간추린 전기.
略定(りゃくじょう) 간략한 의식.
略体(りゃくたい) ①간략한 체재. ②간략화한 글씨체. 약자.
略取(りゃくしゅ) 약취. 탈취.
∥~誘拐罪(ゆうかいざい)〖法〗약취 유괴죄.
略称(りゃくしょう) 약칭. 「혼(인).
略奪(りゃくだつ) ♣~婚(こん) 약탈
∥~農業(のうぎょう)〖農〗약탈 농업.
略表(りゃくひょう) 약표. 간단한 표.
略筆(りゃくひつ) 약필. ①요점만 적음. ②한자를 약해서 씀.
略解(りゃっかい) 약해. 간략히 해석함. *りゃくかいろども 읽음. 옛날에는 りゃくげだいと 고도 하였음.
略号(りゃくごう) 약호.
略画(りゃくが) 약화. 간단히 그린 그림.

18 才 擽

칠 락·문지를 력
ラク·リャク
くすぐる

訓読

擽ったい(くすぐったい) ①간지럽다. 근지럽다. ②겸연쩍다. 낯간지럽다.
❖擽る(くすぐる) ①간지럽게 하다. ②부추기다. ③우스운 짓거리로 남을 억지로 웃기다. *こそぐるろども 읽음.
擽り(くすぐり) ①간질임. ②연예(演藝) 따위에서 사람을 억지로 웃기려는 저속한 유머.

량

6 一教 両(兩)

두 량·둘 량
リョウ
ふたつ·もろ

音読

両㊀(りょう) ①둘로 한쌍이 되는 것. 양. ②냥. ㉠《俗》엔《일본의 화폐 단위》. ㉡옛날 화폐의 단위. ③《接頭語로》양…. 두. ④《接尾語로》…량. 차량을 세는 말.
両㊁(りょう) ①양쪽(의). ②양…. 둘.
両家(りょうけ) 양가.
両脚(りょうきゃく) 양각. 양다리.
∥~規(き) 양각규. 컴퍼스.
両開き(りょうびらき) (문짝이) 양쪽으로 열림. 쌍바라지.
両蓋(りょうぶた) 회중시계의 앞뒤 양면에 금속제 뚜껑이 있는 것.
両建て預金(りょうだてよきん) 양건 예금. 구속성 예금.
両股(りょうまた) ①끝이 두 갈래로 갈라져 있음. ②양쪽에 걸침.
両国(りょうこく) 양국. 「람.
両君(りょうくん) 양군. ①두 임금. ②두 사
両軍(りょうぐん) 양군. 양쪽 군대(팀).
両極(りょうきょく) ①양극. 남극과 북극. 음극과 양극. ②양극단(両極端).
両極端(りょうきょくたん) 양극단.
両肌(りょうはだ) 양어깨의 살갗. 웃통(상반신)의 살갗. *もろはだろども 읽음.
両断(りょうだん) 양단.
両端(りょうたん) ①양단. *りょうはしろども 읽음. ②처음과 끝. 본말(本末).
両端入れ(りょうはいれ) 이식 계산의 한 방법. 예입 또는 대출한 날이나 지급한 날에도 이식을 계상함.
両刀(りょうとう) 양도. ①무사가 찬 대소(대小) 두 자루의 칼. ②両刀遣い의 준말.
∥~遣い(づかい) ①양손에 칼을 쥐고 싸우는 검술. 또, 그 사람. ②두 가지 일을 동시에 할 수 있음. 또, 그 사람. ③술과 과자를

다같이 즐김. 또, 그런 사람.
~論法(ろんぽう)〖論〗양도 논법.
両度(りょうど) 양도. 두 번. 재차.
両道(りょうどう) 양도. ① 두 개의 길. ② 두 방면.
両頭(りょうとう) 양두.
∥~政治(せいじ)〖政〗양두 정치.
両得 ㊀(りょうとく) 양득. ① 이중(二重)의 이익. ② ☞㊁.
㊁(りょうどく) 쌍방이 이득을 봄.
両落ち(りょうおち) 이식 계산 방식의 하나. 예입 또는 대출일이나 지급일에 이식을 가산하지 않음.
両両(りょうりょう) 양쪽이 다. 이쪽저쪽 모두.
両論(りょうろん) 양론.
両流(りょうりゅう) 양류. ① 두 수류(水流). ② 두 유파(流派).
両流れ(りょうながれ) 지붕이 양쪽으로 물매짐.
両輪(りょうりん) 양륜. 좌우의 바퀴.
  *りょうわ로도 읽음.
両隣(りょうどなり) 자기 집의 좌우 양쪽의 이웃집.
両立(りょうりつ) 양립.
両面 ㊀(りょうめん) 양면. ① 앞면과 뒷면. ② 두 방면.
∥~刷り(ずり) 양면쇄.
~染め(ぞめ) 안팎 양면에 같은 무늬를 물들이는 기법.
~作戰(さくせん) 양면 작전.
㊁(ふたおもて) ①안팎. 또, 안팎이 똑같이 보임. ②안팎이 매우 다름. 마음의 표리.
両名(りょうめい) 두 사람.
両目(りょうめ) 양눈. 두 눈.
両方(りょうほう) 양방. 쌍방. 양자(両者).
両罰(りょうばつ) ① 관계자의 양쪽을 벌함. ②〖法〗양벌.
∥~規定(きてい) 양벌 규정.
両辺(りょうへん) 두 변. 양쪽 가.
両本位制(りょうほんいせい)〖經〗양본위제. 복본위제.
両夫(りょうふ) 두 사람의 남편.
両部(りょうぶ) ① 두쪽 부분. ②〖佛〗진언종(眞言宗)의 금강계(金剛界)와 태장계(胎藏界). ③ 両部神道의 준말.
∥~神道(しんとう) 중세에 발달한 신도의 일파.
両膚(りょうはだ) ⇨ 両肌(りょうはだ).
  *もろはだ로도 읽음.
両分(りょうぶん) 양분.
両鬢(りょうびん) 양쪽 살쩍.
両三(りょうさん) 두셋. ♣~度(ど) 두세 번 / ~日(にち) 이삼 일.
両色灯(りょうしょくとう) 양색등. 작은 선박이 현등(舷燈)으로 대용하는 등불.
両生(りょうせい) 양생(兩棲).
∥~動物(どうぶつ) 양서 동물.
~類(るい)〖動〗양서류. 개구리강(綱).
両棲(りょうせい) ⇨ 両生(兩棲).
両舌(りょうぜつ) ①〖佛〗양설(십악(十惡)의 하나. 거짓말을 하여 양자를 이간시켜 싸움하도록 하는 일). ② 거짓말.

両説(りょうせつ) 양설. (대립하는) 두 학설·의견.
両性(りょうせい) 양성. ♣~腺(せん)〖生〗양성선 / ~花(か) 양성화.
∥~生殖(せいしょく)〖生〗양성 생식.
~元素(げんそ)〖化〗양성 원소.
~雑種(ざっしゅ)〖生〗양성 잡종.
~電解質(でんかいしつ)〖化〗양성 전해질.
~化合物(かごうぶつ) 양성 화합물.
両成敗(りょうせいばい) 쌍방을 같이 처벌하는 일.
両所(りょうしょ) ① 두 장소. ②『御(ご)~』두 분.
両損(りょうそん) 두 가지〔사람〕모두 손해 봄.
両手(りょうて) 양수. 두 손. *もろてで로도 읽음.
∥~利き(きき) 양손을 자유로이 쓰는 사람.
両の手(りょうのて) 양손. 두 손.
両袖(りょうそで) ① 좌우 양소매. ② 무대의 양쪽 끝.
~机(づくえ) 좌우 양쪽에 서랍이 있는 책상.
両唇音(りょうしんおん)〖言〗(양)순음.
両膝(りょうひざ) 양무릎. *もろひざ로도 읽음.
両式(りょうしき) 양식. ① 양쪽 양식. ②〖數〗(상대하는) 2개의 수식.
両心(りょうしん) 양심. 두 마음.
両氏(りょうし) 양씨. 두 사람. 두 분.
両岸(りょうがん) 양안. (강의) 양쪽 기슭. *りょうぎし로도 읽음.
両眼(りょうがん) 양안. 양눈.
両様(りょうよう) 두 가지 방식. 두 가지 색〔모양〕.
両睨み(りょうにらみ) 양쪽을 보며 그 동향을 관찰 경계함.
両腕(りょううで) 양팔.
両王手(りょうおうて) 일본 장기에서, 양수 겸장.
両凹レンズ(りょうおうレンズ) 양요 렌즈. 양면이 다 오목한 렌즈.
両腰(りょうごし) (허리에 차는) 긴 칼과 작은 칼.
両曜(りょうよう) 해와 달.
両用(りょうよう) 양용.
両雄(りょうゆう) 양웅.
両院(りょういん) 양원. 상원과 하원.
両月(りょうげつ) 두 달.
両為(りょうだめ) 쌍방의 이익. 쌍방을 위한 일.
両義(りょうぎ) 양의. 두 가지 뜻. ♣~性(せい) 양의성.
両翼(りょうよく) 양익. ① 좌우의 날개 ② 진형·대형 또는 야구에서 좌익과 우익.
両人(りょうにん) 양인. 두 사람.
両刃 ㊀(りょうば) 양쪽에 날이 있음. 또, 그런 물건.
㊁(もろは) 양날(의 칼).
両日(りょうじつ) 양일. 이틀. 2 일.
両者(りょうしゃ) 양자. 두 사람.
両全(りょうぜん) 양전. 양쪽이 다 같이 완전〔온전〕함.
両前(りょうまえ) (양복 저고리의) 더블.
両切り(りょうぎり) 両切り煙草의 준말.

‖～煙草(タバコ) 양절 담배. 필터가 달리지 않은 궐련.
両朝(りょうちょう) 양조. ①이대(二代)의 天皇(てんのう). 또, 그 시대. ②양쪽〔궁〕의 조정(朝廷).
両足(りょうあし) 좌우의 다리. 양다리.
＊りょうそく로도 읽음.
両地(りょうち) 양지. 두 지방. 두 곳.
両次(りょうじ) 양차. 1차와 2차.
両天(りょうてん) 両天秤(りょうてんびん)의 준말.
両天秤(りょうてんびん) ①천평칭(天平秤). ②〈俗〉양다리를 걸침.
両凸レンズ(りょうとつレンズ) 양철 렌즈. 양면이 다 볼록한 렌즈.
両替(りょうがえ) ①환전. 돈을 바꿈. ②유가 증권을 돈으로 바꿈. ♣～屋(や) 환전상.
両側(りょうがわ) 양측. 양편.
両歯鋸(りょうばのこぎり) 양날톱.
両親(りょうしん) 양친. 부모. 어버이.
両統(りょうとう) ①두 혈통. ②양쪽의 황통(皇統).
両便(りょうべん) ①양쪽이 편리함. ②대변과 소변.
両向かい(りょうむかい) 서로 마주 봄. 마주 보는 두 채의 집.
両舷直(りょうげんちょく) 군함의 좌우 양현(両舷)의 당직 (수병).
両脇(りょうわき) ①양쪽 겨드랑이. ②양편.
両虎(りょうこ) 양호.
両花被花(りょうかひか) 〖植〗 꽃받침과 꽃부리를 갖춘 꽃.

訓読
両矢(もろや) 한 쌍의 화살.
両折り戸(もろおりど) 좌우 양쪽에 접문을 단 대문.
両差し(もろざし) (씨름에서) 상대의 겨드랑이에 양손을 넣고 맞잡음. 또, 그 수.

| 7 艮 教 | 良 | 어질 량·착할 량
リョウ
よい・まことに・やや |

音読
·良(りょう) 양. ①좋음. 양호. ②성적 평가 용어의 하나.
良家(りょうか) 양가. ＊りょうけ로도 읽음.
良計(りょうけい) 양계. 좋은 계책〔계획〕.
良買(りょうこ) 양고. 뛰어난 상인.
良工(りょうこう) 양공. 솜씨 좋은 장색〔공인(工人)〕.
良禽(りょうきん) 좋은 새. 영리한 새.
良器(りょうき) 양기. ①좋은 그릇. ②좋은 기량. 훌륭한 재능. 또, 그 소유자.
良能(りょうのう) 양능. 타고난 재능.
良刀(りょうとう) 양도. 좋은 칼.
良図(りょうと) 좋은 계책. 양계(良計).
良導体(りょうどうたい) 양도체.

良吏(りょうり) 양리. 좋은 관리.
良馬(りょうば) 양마. 준마(駿馬).
良木(りょうぼく) 양목. ①좋은 나무〔입목(立木)〕. ②질이 좋은 목재.
良民(りょうみん) 양민.
良配(りょうはい) 좋은 배우자.
良法(りょうほう) 양법. 좋은 방법.
良兵(りょうへい) 양병. 좋은 군사.
良否(りょうひ) 양부. 좋고 나쁨.
良師(りょうし) 양사. 뛰어난 스승.
良相(りょうしょう) 양상. 훌륭한 재상.
良書(りょうしょ) 양서.
良説(りょうせつ) 훌륭한 설.
良性(りょうせい) 양성.
‖～腫瘍(しゅよう) 양성 종양.
良宵(りょうしょう) 양소. 날씨 좋고 기분 좋은 밤.
良俗(りょうぞく) 양속.
良習(りょうしゅう) 양습. 좋은 습관.
良識(りょうしき) 양식. 건전한 식견.
良臣(りょうしん) 양신. 좋은〔어진〕 신하.
良辰(りょうしん) 양신. 길일(吉日).
良心(りょうしん) 양심. ♣～的(てき) 양심적.
良案(りょうあん) 양안. 좋은 생각.
良夜(りょうや) 양야. 달 밝은 밤.
良薬(りょうやく) 양약.
良縁(りょうえん) 양연. 좋은 연분〔인연〕.
良友(りょうゆう) 양우. 유익한 벗.
良医(りょうい) 양의.
良日(りょうじつ) 경사스러운 날. 길일(吉日).
良匠(りょうしょう) 양장. 솜씨가 뛰어난 목공〔장색(匠色)〕.
良将(りょうしょう) 양장. 훌륭한 장군.
良材(りょうざい) 양재. ①좋은 건축 재료. ②좋은 인재.
良著(りょうちょ) 양저. 훌륭한 저서.
良田(りょうでん) 양전. 벼가 잘 되는 논.
良政(りょうせい) 양정. 선정.
良剤(りょうざい) 양제. 좋은 약.
良種(りょうしゅ) 양종. 좋은 씨〔품종〕.
良主(りょうしゅ) 양주. 좋은 주인(군주).
良酒(りょうしゅ) 양주. 좋은 술.
良知(りょうち) 양지. 타고난 지능.
‖～良能(りょうのう) 양지양능.
良智(りょうち) ⇨ 良知(りょうち).
良質(りょうしつ) 양질. 좋은 성질〔품질〕.
良策(りょうさく) 양책. 좋은 계책.
良妻(りょうさい) 양처. 좋은 아내.
‖～賢母(けんぼ) 현모양처.
良賤(りょうせん) 양천. 양민과 천민.
良品(りょうひん) 양품. 우량품. 좋은 물품.
良風(りょうふう) 양풍. 좋은 풍속.
良弼(りょうひつ) 양필. 보좌(輔佐)를 잘하는 신하.
良筆(りょうひつ) 양필. ①좋은 붓. ②훌륭한 글씨·문장. ③훌륭한 필자.
良港(りょうこう) 양항. 좋은 항구(항만).
良好(りょうこう) 양호.
良化(りょうか) 좋아짐. 좋은 방향으로 감.

良貨(りょうか) 양화. 질이 좋은 화폐. 실질 가격과 법정 가격차가 적은 화폐.
訓読
❖良い ㊀(よい) ①좋다. ②뛰어나다. 훌륭하다. ③바람직하다. 바라다. ④아름답다. 곱다.
㊁(いい) 〈口〉☞㊀. 《動詞連用形에 붙어》…해도 좋다.
良からぬ(よからぬ) 좋지 못한. 나쁜.
良かりそう(よかりそう) 좋을 듯.
良かれ(よかれ) 잘 되라(고 바라다).
良く(よく) ①잘. 충분히. ②곧잘. ③좋게. ④매우.
良くする(よくする) 잘하다. 능하게 하다.
良くも(よくも) 용케도. 감히.
良さ(よさ) 좋은 점. 좋은 맛. 좋은 정도.
良し(よし)〈雅〉좋다.
良過ぎる(よすぎる) 보통 이상으로[아주] 좋다.
其他
良人 ㊀(おっと) 남편.
㊁(りょうじん) ①☞㊀. ②훌륭한 사람.

| 9
亠
⟨人⟩ | 亮 | 밝을 량・도울 량
リョウ
あきらか・すけ |

音読
亮然(りょうぜん) 양연. 밝은 모양.

| 10
冫 | 凉 | 서늘할 량・쓸쓸할 량
リョウ
すずしい・すずむ |

参考 涼의 異體字.
音読
凉風(りょうふう) (초가을께의) 산들바람. 서늘한 바람. *すずかぜ로도 읽음.
訓読
凉しい(すずしい) 시원하다. 서늘하다.
❖凉む(すずむ) 시원한 바람을 쐬다. 납량(納涼)하다.
凉み(すずみ) 바람을 쐼. 납량(納涼).
凉み台(すずみだい) 납량용의 평상(걸상).

| 11
冫
常 | 涼 | 서늘할 량・쓸쓸할 량
リョウ
すずしい・すずむ |

音読
涼(りょう) 서늘함. 시원함.
涼感(りょうかん) 양감. 시원한 느낌.
涼気(りょうき) 양기. 시원[서늘]한 공기.
涼味(りょうみ) 시원한 맛.
涼夜(りょうや) 양야. 시원한 밤.
涼雨(りょうう) 양우. 시원한 비.
涼陰(りょういん) 양음. 시원한 나무 그늘.
涼蔭(りょういん) ⇨ 涼陰(りょういん).
涼意(りょうい) 양의. 시원한 기운.
涼秋(りょうしゅう) ①서늘한 가을. ②음력 9월의 딴이름.
涼飇(りょうひょう) 서늘한 바람.
涼風(りょうふう) 양풍. 선들바람. *すずかぜでも 읽음.
訓読
涼しい(すずしい) ①시원하다. 서늘하다. ②맑고 깨끗하다. ③상쾌하다.
涼やか(すずやか) 시원한 모양. 상쾌한 모양.
❖涼む(すずむ) 시원한 바람을 쐬다. 납량하다.
涼み(すずみ) 바람을 쐼. 납량.
涼み客(すずみきゃく) 바람을 쐬러 나온 사람.
涼み台(すずみだい) 납량용의 평상(걸상).
涼み船(すずみぶね) 납량을 위한 배. 또, 그런 뱃놀이.

| 11
木 | 梁 | 들보 량・다리 량
リョウ
うつばり・はり・やな |

音読
梁木(りょうぼく) 양목. 체조 기계의 하나. 두 개의 높은 기둥 꼭대기에 가로대를 건너지른 것.
梁上の君子(りょうじょうのくんし) 양상군자. ①도둑. ②쥐.
梁塵(りょうじん) 대들보 위의 먼지.
訓読
梁 ㊀(はり) 들보. 대들보. *うつばり로도 읽음.
㊁(やな) 어량(魚梁). 어살.
梁間(はりま)『建』대들보의 길이.

| 12
口 | 喨 | 소리맑을 량
リョウ |

音読
喨喨(りょうりょう) 주악(奏樂)의 명랑한 소리. 낭랑.

| 12
木
⟨人⟩ | 椋 | 푸조나무 량
リョウ
むく |

訓読
椋(むく)『植』푸조나무.
椋の木(むくのき)『植』푸조나무.
椋鳥(むくどり) ①『鳥』찌르레기. ②〈俗〉촌놈. 시골뜨기.

| 12
里
教 | 量 | 양 량・헤아릴 량
リョウ
はかる・かさ |

音読
量(りょう) ①양. 분량. ②마음의 크기. 도량. ③정도. ④《接尾語로》…량.

量感(りょうかん) 양감. 불룸.
量器(りょうき) 양기. ①용적을 재는 그릇. ②쓸모 있는 재능. 기량.
量目(りょうめ) 중량. 무게.
量産(りょうさん) 양산. ♣~化(か) 양산화.
量水(りょうすい) 양수. ♣~計(けい) 양수계 /~器(き) 양수기 /~標(ひょう) 양수표.
量子(りょうし) 〖理〗양자. ♣~論(ろん) 양자론 /~数(すう) 양자수 /~化(か) 양자화. ‖~仮説(かせつ) 양자 가설.
~物理学(ぶつりがく) 〖理〗양자 물리학.
~力学(りきがく) 〖理〗양자 역학.
~化学(かがく) 양자 화학.
量的(りょうてき) 양적.
量定(りょうてい) 양정. 헤아려서 정하는 일.
量地(りょうち) 양지. 땅을 측량하는 일.
量販(りょうはん) 양판. '大量販売(たいりょうはんばい)(=대량 판매)'의 준말. ♣~店(てん) 양판점.
量刑(りょうけい) 양형. 형벌의 정도를 정함.

【訓読】
❖量る(はかる) 무게·길이·넓이 등을 재다.
量り(はかり) ①저울질(한 양). ②달아서 팖. ③끝. 한량.
量り減り(はかりべり) 여러 번 정량 이상으로 나누어 재어 총량이 모자람.
量り兼ねる(はかりかねる) 무게·길이·깊이 등을 잴 수 없다.
量り売り(はかりうり) 달아서 팖.
量り込む(はかりこむ) (저울질이나 되질을) 후하게 하다.
量り切り(はかりきり) 근수를 정확하게 달고 덤은 주지 않음.

13 衤 裲

배자 량
リョウ

【其他】
裲襠(うちかけ) 일본 여자옷의 띠를 두른 위에 걸쳐 입는 긴 옷.

13 米 粱

조 량·좋은곡식 량
リョウ
あわ

【音読】
粱肉(りょうにく) 양육. ①쌀밥과 고기 반찬. ②사치스러운 음식.

【逆音】
高粱(こうりょう) 〖植〗고량. 수수.

13 米 粮

양식 량·먹이 량
リョウ·ロウ
かて

【参考】糧의 異體字.

【音読】
粮料(ろうりょう) 식량.
粮米(ろうまい) 양미. 식량으로 하는 쌀.

14 足 踉

뛸 량·허둥지둥할 량
リョウ·ロウ

【音読】
踉蹌(ろうそう) 양창. 비틀거리는 모양.

15 言 諒 〖人〗

믿을 량·살펴알 량
リョウ
まこと

【参考】현대 표기로는 '了'로 대용함.

【音読】
諒(りょう) 진실. 진실을 의심치 않음.
諒する(りょうする) 양해하다. 이해하다.
諒恕(りょうじょ) 양서. 사정을 참작하여 용서함.
諒承(りょうしょう) 사정을 참작하여 승낙함. 납득함.
諒闇(りょうあん) 양암. 임금이 부모의 상중에 있음.
諒知(りょうち) 양지. 살피어 앎.
諒察(りょうさつ) 양찰.
諒解(りょうかい) 양해.

15 車 輛

수레 량
リョウ
くるま

【参考】현대 표기로는 '両'으로 대용함.

【音読】
輛(りょう) …량. 차량을 세는 말.

【逆音】
車輛(しゃりょう) 차량.

17 竹 簗 〖日〗

어살 (량)
やな

【訓読】
簗(やな) 어량(魚梁). 어살.

18 米 糧 〖常〗

양식 량·먹이 량
リョウ·ロウ
かて

【音読】
糧嚢(りょうのう) 식료품을 넣어 등에 지거나 허리에 차는 자루.
糧途(りょうと) 양식을 얻는 길.
糧道(りょうどう) 양도. 군량을 수송하는 길.
糧秣(りょうまつ) 양말. 군량과 말먹이.
糧米(りょうまい) 양미. 식량미.
糧食(りょうしょく) 양식. 식량.
糧仗(りょうじょう) 양장. 군량과 무기.
糧餉(りょうしょう) 양향. 군량. 양식.

糧 ㊀(かて) 양식. ①음식물. ②활동의 근원. ③(예전의) 여행용 휴대 식량.
㊁(りょう) 식량.

려

| 7 力 常 | 励 (勵) | 힘쓸 려
レイ
はげむ・はげます |

음독>
励起(れいき)〖理〗여기.
‖~状態(じょうたい)〖理・化〗여기 상태. 들뜬 상태.
励声(れいせい) 여성(厲聲). (성이 나서) 소리를 크게 지름. 또, 그 소리.
励磁(れいじ)〖理〗여자. 자기화(磁氣化).
♣~機(き)〖機〗여자기.
‖~電流(でんりゅう)〖電〗여자기 전류.
励精(れいせい) 여정. 정려(精勵).
励行(れいこう) 여행. 힘써 함.

훈독>
❖励ます(はげます) ①북돋(우)다. 격려하다. ②언성을 높이다.
励まし(はげまし) 격려. 자극.
❖励む(はげむ) 힘쓰다.
励み(はげみ) ①힘씀. 노력함. ②자극.

| 7 口 人 | 呂 | 음률 려
リョ・ロ |

음독>
呂(りょ)〖樂〗여. ①1옥타브 12음 중 음성(陰性)으로 생각되었던 6음. ②아악에서 쓰는 음계의 하나.
呂律(りょりつ)〖樂〗음률(音律).
㊁(ろれつ)〈俗〉말씨. 말하는 투.

| 7 戸 常 | 戻 (戾) | 어그러질 려・돌려줄 려
レイ もどす・もどる・もとる |

음독>
戻道(れいどう) 도리에 벗어남. 또, 그 모양.
戻入(れいにゅう) 되돌려 넣음.

훈독>
❖戻す(もどす) ①되돌리다. 반환하다. ②토하다. 게우다. ③시세 등이 이전의 수준으로 회복하다.
戻し交雑(もどしこうざつ)〖生〗역교배. 잡종 제1대와 그 어버이 중 어느 한쪽과의 교배. 되붙이기.
戻し税(もどしぜい) 납부한 관세나 소득세의 일부를 되돌려 주는 일. 또, 그 세금.

❖戻る(もどる) 되돌아가다. 되돌아오다.
戻り(もどり) ①되돌아감. 되돌아옴. 본디 상태로 복귀함. ②귀가. 귀로. ③시세 회복. ④(낚싯바늘·뜨개질바늘 끝의) 미늘.
戻り掛け(もどりがけ) 돌아오는 도중〔길〕.
戻り道(もどりみち) 돌아가는 길.
戻り馬(もどりうま) 짐이나 사람을 내려놓고 돌아가는 말. 「때 팖.
戻り売り(もどりうり) 시세가 다시 올랐을
戻り梅雨(もどりづゆ) 장마가 끝난 다음 다시 장마처럼 비가 오는 기상 상태.
戻り船(もどりぶね) 되돌아가는 배.
戻り手形(もどりてがた)〖法〗역(逆)어음.
戻り雨(もどりあめ) 태풍이 지난 다음 다시 내리는 비.
戻り足(もどりあし) ①귀로(歸路). ②시세의 회복세.
戻り車(もどりぐるま) 되돌아가는 차〔수레〕.

| 9 イ | 侶 | 벗 려・짝 려
リョ
とも |

음독>
侶伴(りょはん) 반려. 동려(同侶).

역음>
伴侶(はんりょ) 반려. 동반자. 길동무.

| 10 方 教 | 旅 (旅) | 나그네 려・여행할 려
リョ
たび |

음독>
旅客(りょかく) 여객. *りょきゃく로도 읽음. ♣~機(き) 여객기 /~船(せん) 여객선.
旅館(りょかん) 여관.
旅具(りょぐ) 여구.
旅券(りょけん) 여권. 「주머니.
旅嚢(りょのう) 여행용품을 넣어 갖고 다니는
旅団(りょだん)〖軍〗여단.
旅泊(りょはく) 여박. 여행지에서 묵음. 또,
旅費(りょひ) 여비. 「그 숙소.
旅舎(りょしゃ) 여사. 여관.
旅商(りょしょう) 여상. 각지를 돌아다니며 장사함. 또, 그 상인. 행상.
旅愁(りょしゅう) 여수.
旅信(りょしん) 여행지로부터의 소식.
旅用(りょよう)〈老〉여비. 노자.
旅寓(りょぐう) 여우. 여숙(旅宿).
旅銀(りょぎん) 노자. 노비. 여비.
旅荘(りょそう) 여장.
旅装(りょそう) 여장.
旅店(りょてん) 여관.
旅亭(りょてい) 여관.
旅情(りょじょう) 여정.
旅程(りょてい) 여정. 여행 일정.
旅中(りょちゅう) 여중. 여행하는 동안.
旅次(りょじ) ①여차. 여숙. 여행 중 머무는

곳. ②여행 도중.
旅行(りょこう) 여행.
∥~小切手(こぎって) 여행자 수표.
~信用状(しんようじょう) 여행자 신용장.
~案内所(あんないじょ) 여행 안내소.
旅懷(りょかい) 여회. 객회.
訓読→
旅(たび) 여행.
旅する(たびする) 여행하다.
旅稼ぎ(たびかせぎ) 타향에 가서 벌이를 함.
旅居(たびい) 여행 중 머무는 곳. 객지 생활.
旅の空(たびのそら) ①객지에서 바라보는 하늘. ②여행지. 객지.
旅慣れる(たびなれる) 여행에 익숙해지다.
旅窶れ(たびやつれ) 여행(길)에 지쳐 여위어 보임.
旅帰り(たびがえり) 여행에서 돌아옴.
旅路(たびじ) 〈雅〉여로. 여행길.
旅立ち(たびだち) 여행길에 오름. 「르다.
旅立つ(たびだつ) 여행을 떠나다.
旅物(たびもの) 먼 곳에서 온 야채나 생선.
旅癖(たびぐせ) 여행을 즐기고, 여행을 잘 다니는 버릇.
旅歩き(たびあるき) 도보. 도보 여행.
旅仕度(たびじたく) ⇨ 旅支度(たびじたく).
旅商い(たびあきない) 행상(인).
旅商人(たびあきんど) 객상(客商). 행상인.
*たびしょうにん으로도 읽음.
旅先(たびさき) 여행지.
旅所(㊀(たびしょ) 제사 때 본궁(本宮)에서 모셔 내온 신위(神位)를 모신 가마를 잠시 멈춰 두는 곳.
㊁(りょしょ) 여행지의 숙소.
旅送り(たびおくり) 여행자를 배웅하는 일.
旅宿 ㊀(たびやど) 여행지의 숙소. 여관.
㊁(りょしゅく) 〈文〉여숙. 여행지에서 묵음. 또, 그 숙소.
旅僧(たびそう) 행각승(行脚僧). 객승(客僧).
*りょそう로도 읽음.
旅心(たびごころ) 여심. ①여정(旅情). ②여행하고 싶은 마음. 「우.
旅役者(たびやくしゃ) 지방 순회 극단의 배
旅芸人(たびげいにん) 지방 순회 연예인.
旅烏(たびがらす) ①정처 없는 나그네. ② 〈卑〉뜨내기. 타향 사람.
旅衣(たびごろも) 〈雅〉여행할 때 입는 옷.
旅人(たびにん) 떠돌이《유랑 노름꾼·약장수 등》.
㊁(たびびと) 〈雅〉여행자. 나그네. *りょじん으로도 읽음.
旅日記(たびにっき) 여행 일기.
旅姿(たびすがた) 여행자〔나그네〕 차림.
旅装い(たびよそおい) 여장. 여행 복장.
旅装束(たびしょうぞく) 여행할 때의 몸차림. 여장(旅裝).
旅銭(たびせん) 노자(路資).
旅鳥(たびどり) 특정 지역으로 이동 중, 중도에 잠시 들러 쉬었다 가는 철새.

旅住まい(たびずまい) 여행지에서 기숙하고 있는 곳. 여행 중의 거처.
旅支度(たびじたく) ①여행 준비〔채비〕. ② 여행 차림. 여장(旅裝).
旅出(たびで) 여행에 나섬. 여행을 떠남.
旅枕(たびまくら) 객지 잠. 「음.
旅寝(たびね) 객지(에서) 잠. 여행지에서 묵
旅疲れ(たびづかれ) 여행에서 오는 피로.
旅回り(たびまわり) (연예인·상인 등)이 여행하여 돌아다님. 「행〕.
旅興行(たびこうぎょう) 지방 순회 공연〔흥
其他→
旅籠(はたご) ①여인숙. 여관. ②옛날 여행자의 일용품을 넣는 고리짝 또는 도시락.
♣~賃(ちん) 숙박료 / ~銭(せん) 숙박료.
∥~屋(や) 여인숙. 여관.

| 10 ⊢ | 茘 | 염교 려
レイ |

音読→
茘枝(れいし) ①㉠〖植〗여주. ㉡여지. 무환자과(無患子科)에 속하는 상록 교목. ②〖貝〗두드럭고둥.

| 11 口 | 唳 | 울 려
レイ
なく |

逆音→
鶴唳(かくれい) 학려. ①학이 욺. ②문장이나 말이 가엾고 처량함.

| 12 牛 | 犂 | 쟁기 려·얼룩소 리
リ·レイ
すき·からすき |

音読→
犂耕(りこう) 쟁기갈이.
犂老(ろろう) 이로. 검버섯이 난 노인.
犂鋤(りじょ) ①쟁기와 가래. ②경작.
犂牛(りぎゅう) 이우. 얼룩소.
訓読→
犂 ㊀(からすき) 〖農〗(마소가 끄는) 쟁기.
㊁(すき) 〖農〗①삽. ②☞㊀.

| 13 糸 | 絽 | 명주 려·페맬 려
ロ |

音読→
絽(ろ) 올을 성기게 짠 하복지로 쓰는 견직물의 일종. 사(紗).
絽刺し(ろざし) 일본 자수의 한 가지.
絽織り(ろおり) ☞絽(ろ).
絽縮緬(ろちりめん) 올이 성기게 짠 얇은 크레이프 천.

14 月	膂	등골뼈 려·힘 려 リョ せぼね

音読➡
膂力(りょりょく) 여력. 힘. 기운.

14 糸	綟	연둣빛 려·인끈 렬 レイ もじ・もじり

訓読➡
綟(もじ) 삼실로 거칠게 짠 천. 삼베.
綟網(もじあみ) 씨실에 날실을 얽어 짠 눈이 고운 어망용의 천.

15 厂	厲	갈 려·힘쓸 려 レイ·ライ といし・はげしい・はげむ・みがく

音読➡
厲声(れいせい) 여성(厲聲). (성이 나서) 큰 소리를 지름. 또, 그 소리.

15 心 常	慮	생각할 려·걱정할 려 リョ おもんぱかる

音読➡
慮外(りょがい) ①의외(意外). ②무례. 버릇없음. ♣~者(もの) 무례한 놈.

訓読➡
❖**慮る** ㊀(おもんぱかる) ①잘 생각하다. 숙고하다. ②배려하다.
㊁(はかる) ①생각하다. ②꾀하다. 기도(企圖)하다. 계획하다.
慮り(おもんぱかり) ①사려. 생각. ②조처. 선처. ③걱정.

15 門	閭	마을 려·이문 려 リョ むら

音読➡
閭里(りょり) 여리. 촌리(村里). 촌락.
閭門(りょもん) 여문. 이문(里門).
閭巷(りょこう) 여항. 마을. 민간.

15 黍 人	黎	검을 려·많을 려 レイ·リ くろい・おおい

音読➡
黎明(れいめい) 여명. ♣~期(き) 여명기.
黎民(れいみん) 여민. 백성.
黎庶(れいしょ) ☞黎元(れいげん).
黎首(れいしゅ) ☞黎元(れいげん).
黎元(れいげん) 여원. 여민(黎民). 서민.
黎朝(れいちょう) 여조. 베트남의 왕조.

18 氵	濾	거를 려 ロ こす

音読➡
濾過(ろか) 여과. ♣~池(ち) 여과지.
‖**~性病原体**(せいびょうげんたい) 『醫』여과성 병원체.
濾水(ろすい) 여수. 더러운 물을 걸러서 깨끗이 함.
濾紙(ろし) 여지. 여과지. 거름종이.

訓読➡
❖**濾す**(こす) 거르다. 밭다. 여과하다.
濾し器(こしき) 조리용 여과기.
濾し袋(こしぶくろ) 물건을 거르는 데 쓰이는 주머니.
濾し紙(こしがみ) 여과지. 거름종이.
濾し布(こしぬの) 액체를 거르는 데 쓰는 형겊.

18 疒	癘	염병 려·문둥병 라 レイ·ライ えやみ

音読➡
癘気(れいき) 여기. 열병 따위를 일으키는 풍토·기후.

19 广	廬	오두막집 려 ロ·ル いおり

逆音➡
草廬(そうろ) 초려. 초가집.

19 艹	藜	명아주 려 レイ あかざ

音読➡
藜羹(れいこう) 여갱. 명아주국. 전하여, 조식(粗食).
藜杖(れいじょう) 여장. 청려장(青藜杖). 명아주 줄기로 만든 지팡이.

訓読➡
藜(あかざ) 『植』명아주.
‖**~の羹**(あつもの) 변변치 못한 음식의 비유.
~の杖(つえ) 명아주 지팡이.

19 辶	遲	천천히걸을 려 レイ·ライ·チ ねる・おもむろ・おそい

訓読➡
遲り歩く(ねりあるく) ①대열을 지어서 당당하게 걷다. ②조용히 천천히 걷다.
遲り踊り(ねりおどり) 행렬을 지어 춤추며

나아감. 또, 그 춤.
逶り回る(ねりまわる) 열을 지어 천천히 돌아다니다.

19 麗 鹿 常
고울 려·나라이름 려
レイ
うるわしい·うららか

音読▶
麗句(れいく) 여구.
麗朗(れいろう) 아름답고 밝은 모양. 화창한 〔모양〕.
麗麗しい(れいれいしい) 사람 눈을 끌도록 〔여봐라 듯이〕 꾸며져 있다.
麗麗と(れいれいと) 남의 눈을 끌도록 꾸민 모양. 번지르르하게.
麗辞(れいじ) 여사. 미사(美辞).
麗色(れいしょく) ① 아름다운 얼굴. ② 화창한 경치.
麗艶(れいえん) 여염. 곱고 요염함. 또, 그 〔모양〕.
麗容(れいよう) 여용. 아름다운 모습.
麗人(れいじん) 여인. 미인.
麗日(れいじつ) 여일. 화창한 날.
麗姿(れいし) 여자. 아름다운 자태.
麗質(れいしつ) 여질. 훌륭한〔뛰어난〕 자질 〔바탕〕.
麗沢(れいたく) 여택. 학우끼리 서로 도와 학덕(学徳)을 닦음.
麗筆(れいひつ) ① 아름다운 필적. ② 훌륭한 〔문장〕.

訓読▶
麗し(うるはし)〈文〉① 아름답다. 곱다. ② 단정하다. 훌륭하다.
麗しい(うるわしい) ① 아름답다. ② (기분이) 좋다. ③ 사랑할 만하다.
麗ら(うらら)〈雅〉☞ 麗らか(うららか).
麗らか(うららか) ① 화창한 모양. ② 명랑한 모양. ③〈古〉분명한 모양. 〔게.
麗らに(うららに) ① 화창하게. ② 명랑하

20 石
礪
숫돌 려·갈 려
レイ
と·とぐ·みがく

音読▶
礪行(れいこう) 여행. 자기 행실을 닦음.

20 禾
穭
돌벼 려
リョ·ロ
ひつじ

訓読▶
穭(ひつじ) 베어낸 그루터기에서 움돋는 어린 싹.

23 金
鑢
줄 려·다스릴 려
リョ
やすり

訓読▶
鑢(やすり) ① 줄. ② 鑢板(やすりばん)의 준〔말.
鑢屑(やすりくず) 줄밥.
鑢紙(やすりがみ) 사포(砂布). 샌드페이퍼.
鑢板(やすりばん) 줄판. 등사판.

26 馬
驢
당나귀 려
ロ

音読▶
驢(ろ)〖動〗당나귀.
驢馬(ろば)〖動〗여마. 당나귀.

력

2 力 教
力
힘 력·힘쓸 력
リョク·リキ
ちから·つとめる

音読▶
力み(りきみ) ① 힘씀. 힘주는 모양. ② 분발. 패기. ③ 허세를 부림.
力む(りきむ) ① 힘주다. 힘을 모으다. ② 힘 있는 체하다. 기를 쓰다.
力価(りきか)〖化〗역가.
力感(りきかん) 힘찬 느낌. 역동감.
力耕(りょっこう) 힘을 들여 농사를 지음.
力動(りきどう) 역동. ♣~**感**(かん) 역동감.
 ‖~**説**(せつ)〖哲〗역동설. 역본설(力本説).
力量(りきりょう) 역량.
力率(りきりつ)〖電〗역률.
力み返る(りきみかえる) 있는 힘을 다 모으다. 용쓰다.
力士(りきし) ① 씨름꾼. ②〖佛〗'金剛(こんごう)力士(=금강 역사)'의 준말. 인왕.
 ‖~**立ち**(だち) 장승처럼 우뚝 버티어 섬. 또, 그 모습.
力穡(りょくしょく) 농업에 힘씀.
力線(りきせん)〖理〗역선. 〔음.
力説(りきせつ) 역설. *りょくせつ로도 읽
力役(りきえき) ① 나라에서 백성에게 부과된 세금 대신에 하는 노동. *りきやく로도 읽음. ② 육체 노동. *②는 りょくえき로도 읽
力演(りきえん) 역연. 〔음.
力泳(りきえい) 역영.
力人(りきじん) 역사(力士).
力子(りょくし) 근면·노력하는 사람.
力者(りきしゃ) ① 힘센 사람. 역사(力士). ② 씨름꾼. 〔로도 읽음.
力作(りょくさく) 열심히 일함. *りきさく
力争(りきそう) 역쟁. 힘을 다하여 다툼. *りょくそう로도 읽음.
力積(りきせき)〖理〗역적. 충격량(量).
力田(りょくでん) 역전. 힘써 농사를 지음. *りきでん으로도 읽음.
力戦(りきせん) 역전. 힘껏 싸움.

∥〜奮闘(ふんとう) 역전 분투.
力点(りきてん) 역점. ①『理』(지렛대의) 힘점(點). ②주안점. 중점.
力征(りょくせい) 역정. 무력을 써 정벌함.
力政(りきせい) ①나라에서 부과된 노역. ②무력으로 하는 정치.
力制(りょくせい) 힘으로 제압함.
力漕(りきそう) 역조. (보트 따위를) 힘껏 저음.
力走(りきそう) 역주.
力織機(りきしょっき) 역직기.
力車(りきしゃ) ①'人力車(じんりきしゃ)(=인력거)'의 준말. ②짐수레. 손수레식 2륜 작업차.
力唱(りきしょう) 역창. 힘껏 노래함.
力投(りきとう) 역투. 힘껏 던짐.
力闘(りきとう) 역투. 힘껏 싸움.
力編(りきへん) 역편. 작가의 노력이 엿보이는 소설·영화 따위.
力学(りきがく) 『理』역학. ♣〜的(てき) 역학적.
力行(りっこう) 역행. 힘써 행함. *りきこう·りょっこう로도 읽음.

訓読
力㊀(ちから) ①(일을 하는) 힘. 능력. ②받쳐 주는 힘. 도움. 노력. ③완력.
㊁(りょく)《接尾語로》…력. 힘. 능력.
㊂(りき) ①힘. 기운. ②『佛』공덕·발원(發願) 등의 효험. ③《接尾語로》(…사람) 몸의 힘(을 나타냄).
力ずく(ちからずく) ①있는 힘을 다하여 함. ②우격다짐으로 함. 힘으로 함.
力める(つとめる) 노력하다. 힘쓰다. 진력하다. 애쓰다.
力綱(ちからづな) ①산모(産母)가 출산할 때, 배에 힘을 주기 위해 붙잡는 줄. ②믿고 의지하는 것.
力強い(ちからづよい) ①마음 든든하다. ②힘차다. 「らべ」.
力競べ(ちからくらべ) ⇨ 力比べ(ちからくらべ)
力骨(ちからぼね) '襖(ふすま)(=맹장지)' 등에, 보강하기 위하여 장치하는 보다 굵은 재료.
力攻め(ちからぜめ) 계략이 아니라, 무력으로 정면에서 공격하는 일.
力拳(ちからこぶし) 잔뜩 힘이 들어간 주먹.
力碁(ちからご) 정석으로 두지 않고 자기만의 수읽기로 두는 바둑. 힘바둑.
力帯(ちからおび) 배에 힘을 넣기 위해 (잔뜩) 죄어 매는 일.
力落とし(ちからおとし) 실망하여 기운이 빠짐. 낙담함. 「그 사람」.
力劣り(ちからおとり) 실력이 열등함. 또,
力頼み(ちからだのみ) 도와 주리라 믿고 의지함.
力瘤(ちからこぶ) 알통. 「지함.
力毛(ちからげ) ①건장한 사람의 가슴·팔의 털. ②붓의 끝부분에 사용하는 중요한 털.
力木(ちからぎ) 『建』다른 부재를 보강하기 위해 필요한 나무.

力無い(ちからない) 힘없다. 기력이 없다.
力無げ(ちからなげ) 힘없는 듯한 모양. 자신이 없는 듯한 모양. 「이 풀림.
力抜け(ちからぬけ) 낙담함. 힘이 빠짐. 맥
力餅(ちからもち) ①먹으면 힘이 난다는 떡. ②출산시에, 산모의 친정에서 보내는 떡.
力付く(ちからづく) 기운이〔용기가〕 나다.
力付ける(ちからづける) 기운을 내도록 북돋아 주다. 또, 격려(위로)하다.
力負け(ちからまけ) ①힘을 지나치게 들여서 도리어 실패함. ②힘이 달려서 짐.
力比べ(ちからくらべ) 힘겨룸. 힘〔기량〕 겨루기. 「노동.
力仕事(ちからしごと) 힘을 쓰는 일. 육체
力相撲(ちからずもう) 기술보다 힘으로 하는 씨름. 「리는 돌.
力石(ちからいし) 힘을 겨루기 위해 들어보
力損(ちからぞん) 힘을 내어도 효과가 없음. 힘을 낸 보람이 없음.
力水(ちからみず) (씨름할 때) 씨름꾼이 입 안을 가시는 물.
力垂木(ちからだるき) 처마 보강을 위하여 배치하는 서까래.
力試し(ちからだめし) (체력이나 능력 등을) 시험해 봄.
力業(ちからわざ) ①힘으로 하는 기술. ②육체 노동.
力饂飩(ちからうどん) 가락국수에 떡을 넣은 음식.
力優り(ちからまさり) 힘이 월등하게 강함.
力人(ちからびと) 힘이 강한 사람. 용맹한 병
力一杯(ちからいっぱい) 힘껏. 「사.
力任せ(ちからまかせ) ①전력을 다하는 모양. ②힘을 믿고 설치는 모양.
力自慢(ちからじまん) 힘을 자랑하는 일. 또, 그런 사람.
力足(ちからあし) 힘을 준 다리. 또, 일본 씨름의 四股(しこ).
力芝(ちからしば) 『植』수크령.
力枝(ちからぐさ) 가장 크게 자란 가지.
力持ち(ちからもち) 힘이 셈. 또, 그 사람.
力紙(ちからがみ) ①씨름에서 씨름꾼이 몸을 닦는 데 쓰는 종이. ②힘이 강해지길 빌며, 절 입구의 인왕(仁王)에게 입으로 섬어 내어 던지는 종이. ③철(綴)한 데를 보강하기 위해 바르는 종이.
力添え(ちからぞえ) 조력. 원조.
力草(ちからぐさ) 『植』'雄日芝(おひしば)(=왕바랭이)'의 딴이름.
力脱け(ちからぬけ) ⇨ 力抜け(ちからぬけ).
力布(ちからぬの) 바느질한〔단추를 단〕곳이 해지지 않도록 뒤에서 대는 천.

| 6木 | 杤 | 나이테 **력**·구석 **력**
リョク
おうご |

訓読
杤(おうご) 〈雅〉 멜대.

鬲

10
鬲

솥 **력**·막을 **격**
レキ・カク
かなえ

音読
鬲 ㈠(れき) 역. 중국 고대의 그릇.
㈡(かなえ) 한자 부수의 하나: 솥력.
鬲閉(かくへい) 격폐. 격리하여 잠금. 외계와 격절(隔絶)함.

曆

14
日 **常**
曆(暦)

책력 **력**
レキ・リャク
こよみ

音読
曆家(れきか) 역법(曆法)에 정통한 사람.
曆官(れきかん) 역관. 달력에 관한 것을 맡은 관리.
曆年(れきねん) 역년. 달력상으로 정한 1년.
曆年齡(れきねんれい) 역연령. 달력으로 계산한 나이.
曆道(れきどう) 역술·역수(曆數)에 관한 학문. 또, 그 학문을 하는 사람.
曆法(れきほう) 역법. 달력 만드는 방법. 달력에 관한 법칙.
曆本(れきほん) 책력(冊曆). 「數).
曆算(れきさん) 역산. 역학(曆學)과 산수(算
曆象(れきしょう) 역상. 달력에 의하여 천체의 현상을 추산하는 일.
曆書(れきしょ) 역서. 역학에 관한 책.
曆數(れきすう) 역수. ① 자연히 돌아오는 (운)수. ② 연대. 연수.
曆術(れきじゅつ) 역술. 역법.
曆元(れきげん) 어떤 역법에 따라 역일(曆日)을 계산하기 시작하는 최초의 날.
曆日(れきじつ) 역일. 세월의 흐름. 또, 달력. 책력.
曆注(れきちゅう) 옛날 달력에서, 날짜 등 달력의 본체(本體) 아래에, 2단으로 나뉘어 기재되는 주기(注記) 사항.
曆表時(れきひょうじ)〖天〗역표시.
曆学(れきがく) 역학.

訓読
曆 ㈠(こよみ) 달력. 일력. 월력. 책력.
∥～売(う)り (세밀의) 달력 장수〔장사〕.
～貼(ば)り 헌 달력을 맹장지 등에 바름. 또, 그 바른 것.
㈡(れき) ① 달력. ②《接尾語로》…력.

歷

14
止 **敎**
歷(歴)

지낼 **력**·두루 **력**
レキ
へる

音読
歷(れき)《接尾語로》…력. …의 경력.
歷と(れっきと) ① 격식·지위 등이 남보다 뛰어나고 훌륭한 모양. 버젓하게. 당당하게.
② 출처가 분명한 모양. 분명히. 틀림없이.
歷年(れきねん) 역년. (오랜) 세월이 흐름.
歷代(れきだい) 역대.
歷乱(れきらん) 역란. 사물이 어지러운 모양. 특히, 꽃이 어지러이 핀 모양.
歷覽(れきらん) 역람. 두루 봄.
歷歷(れきれき) ① 역력. ② 『お～』 (신분이나 격이) 높은 사람(들).
歷名(れきめい) 이름을 나란히 씀. 또, 그렇게 쓴 것.
歷訪(れきほう) 역방.
歷仕(れきし) 역사. 역대의 군주를 섬김.
歷史(れきし) 역사. ♣～家(か) 역사가／～観(かん) 역사관／～的(てき) 역사적／～学(がく) 역사학.
∥～文法(ぶんぽう)〖言〗역사 문법. 어떤 언어의 변천을 기술하여 원리를 구하는 설명 문법의 하나.
～文学(ぶんがく) 역사 문학.
～物語(ものがたり) 역사 이야기《平安(へいあん) 시대 후기에 발생한, 사실과 역사 소설과의 중간적 성격의 것》.
～小説(しょうせつ) 역사 소설.
～時代(じだい) 역사 시대.
～的仮名遣(てきかなづかい) 仮名(かな) 쓰기에서, 平安(へいあん) 시대 초기의 표기법을 기준으로 한 것.
～的現在(てきげんざい) 역사적 현재. 과거의 사태를 현재형으로 나타내는 수사법의
～主義(しゅぎ) 역사주의. 「하나.
～地理学(ちりがく) 역사 지리학.
歷事(れきじ) 역사. 역대의 임금을 섬김.
歷山(れきざん) 리산(歷山). 고대 중국 순(舜) 임금이 경작하였다고 전해지는 산.
歷世(れきせい) 역세. 역대. 대대. 「함.
歷巡(れきじゅん) 역순. 순력. 차례로 순방
歷然(れきぜん) 역연. 분명함. 뚜렷함.
歷遊(れきゆう) 역유. 순유. 두루 유람함.
歷日(れきじつ) 역일. 날을 경과함. 날이 지
歷任(れきにん) 역임. 「남.
歷伝(れきでん) 역전. 대대로 전해 내려옴.
歷戦(れきせん) 역전.
歷程(れきてい) 역정. 지나온 경로.
歷朝(れきちょう) 역조. 역대의 왕조〔조정〕.

訓読
歷る(へる) 지나가다. 거치다. ① (때가) 지나다. ② 통과하다. 겪다.

瀝

19
氵
瀝

물방울 **력**·찌끼 **력**
レキ
したたる

音読
瀝瀝(れきれき) 역력. 물 또는 바람 소리의 형용.
瀝青(れきせい)〖化〗역청《아스팔트·석유·천연 가스 따위》.
∥～炭(たん)〖鑛〗역청탄. 흑탄.

| 19 木 | 櫟 | 상수리나무 력
レキ
くぬぎ |

訓読
櫟 ㊀(くぬぎ)〘植〙상수리나무.
㊁(いちい)〘植〙주목(朱木).

| 20 石 | 礫 | 자갈 력
レキ
こいし・つぶて |

音読
礫(れき) 자갈. 잔돌.
礫耕栽培(れきこうさいばい)〘農〙역경 재배.
礫塊(れきかい) 역괴. ① 자갈과 흙덩이. ② 쓸모 없는 것.
礫器(れきき)〘考〙☞礫石器(れきせっき). *れっきろ도 읽음.
礫石(れきせき) 역석. 조약돌. 자갈.
礫石器(れきせっき)〘考〙역석기. 냇돌 석기. 냇가의 자갈돌로 만든 석기.
礫岩(れきがん) 역암. 조약돌이 진흙이나 모래에 섞여 이루어진 수성암(水成岩).
礫土(れきど) 역토. 자갈이 많이 섞인 흙.

訓読
礫 ㊀(つぶて) 던지는 돌맹이.
㊁(たぶて) ① 잔돌. ② ☞㊀.

| 22 車 | 轢 | 칠 력
レキ
きしる・ひく |

音読
轢過(れきか) 자동차 따위의 바퀴에 치임.
轢断(れきだん) (열차 따위가) 사람이나 동물을 치어서 끊음.
轢死(れきし) 역사. 차에 치어 죽음.
轢殺(れきさつ) 역살. (차로) 치어 죽임.

訓読
轢る(きしる) ① 삐걱거리다. ② 갈다.
❖轢く(ひく) (차 따위가) 치다.
轢き逃げ(ひきにげ) (사람을 친 자동차 등의) 뺑소니치기.
轢き殺す(ひきころす) 역살(轢殺)하다. 치어 죽이다.

| 23 車 | 轣 | 삐걱거릴 력
レキ |

音読
轣轆(れきろく) 역록. 수레바퀴가 삐걱거리는 소리.

련

| 10 辶 教 | 連 (連) | 이을 련
レン
つらなる・つらねる・つれる・むらじ |

音読
連 ㊀(れん) ① 경마 등에서, '連勝式(れんしょうしき)(=연승식. 1·2 착을 맞히는 일)'의 준말. ② 주련(柱聯). ③《接尾語로》㊀ …동아리. ㊁ 한 묶음의 것을 세는 말.
㊁(つら)〈古〉① 동료. ② 열. 늘어선 것.
㊂(むらじ) 고대의 姓(かばね)의 하나. 天武天皇(てんむてんのう)가 정한 여덟 姓 중에서 일곱 번째. 「읽음.
連枷(れんか) 연가. 도리깨. *からざおとも
連歌(れんが) 두 사람이 和歌(わか)의 상구(上句)와 하구(下句)를 서로 번갈아 지어 나가는 형식의 노래.
連結(れんけつ) 연결. ♣~器(き) 연결기.
∥~決算(けっさん) 연결 결산.
~財務諸表(ざいむしょひょう) 연결 재무 제표. 「음.
連係(れんけい) 연계. 밀접한 관계(를 맺
連曲(れんきょく) 연곡. 독립한 여러 개의 곡이 모여 이룬 하나의 악곡(樂曲).
連管(れんかん) 두 개 이상의 尺八(しゃくはち)로 합주(合奏)함.
連関(れんかん) 연관. 관련.
連翹(れんぎょう)〘植〙개나리. 「덕.
連丘(れんきゅう) 연구. 연속되어 있는 언
連句(れんく) 連歌(れんが)・俳諧(はいかい)의 길게 연속한 구(句).
連記(れんき) 연기. 이름을 잇대어 적음.
∥~投票(とうひょう) 연기(명) 투표.
連年(れんねん) 연년. 계속해서 매년.
連弩(れんど) 연노. 일시에 많은 활을 쏠 수 있는 큰 활.
連帯(れんたい) 연대. ① 2 인 이상이 함께 책임을 짐. ② 국유 철도와 사유 철도가 연합하여 한 장의 표로 여객을 운송함.
∥~保証(ほしょう) 연대 보증.
~切符(きっぷ) 연대 차표《국유 철도와 사유 철도에 공통으로 유효함》.
~債務(さいむ) 연대 채무.
~責任(せきにん) 연대 책임.
連隊(れんたい) 연대(聯隊).
連禱(れんとう)〘가톨릭〙성모 호칭 기도.
連動(れんどう) 연동. 한 부분을 움직이면 그와 연결된 일련의 장치가 함께 움직임. ♣~器(き) 연동기. 클러치 / ~制(せい) 연동제.
∥~装置(そうち) 연동 장치. 「오름.
連騰(れんとう) 연등. 물가·주가 등이 계속
連絡(れんらく) 연락. ♣~船(せん) 연락선.
∥~乗車券(じょうしゃけん) 연락 승차권《둘 이상의 운수 회사에 통용되는 승차권》.
連量(れんりょう) 인쇄에서, 종이의 무게를 나타내는 단위.
連連(れんれん) 계속 이어지는 모양. 연면.

連累(れんるい) 연루. 연좌.
連類(れんるい) 연류. 동류. (한)동아리. 한패
連理(れんり) 연리. 한 나무의 가지가 다른 나무의 가지와 맞닿아서 결이 서로 통하는 일《부부나 남녀간의 친밀한 사이에도 비유됨》.
～の契り(ちぎり) 영원히 변하지 않겠다는 남녀간의 약속.
～の枝(えだ) 연리지. ① 한데 이어진 나뭇가지. ② 사이가 매우 좋은 부부나 남녀.
連立(れんりつ) 연립.
‖～内閣(ないかく) 연립 내각.
～方程式(ほうていしき)〖數〗연립 방정식.
連盟(れんめい) 연맹.
連綿(れんめん) 연면. 길게〔오래〕연속되어 끊이지 않음.
‖～体(たい) 연면체. 서도(書道)에서, 글자를 떼어 쓰지 않고 잇대어 쓰는 체.
連名(れんめい) 연명. 행동을 같이함.
連袂(れんべい) 연몌.
連母音(れんぼいん)〖文法〗중모음(重母音).
連木(れんぎ) (화의) 나무공이. 유봉(乳棒). 막자.
連文(れんぶん) 한어(漢語)의 조어 성분(造語成分)이 동의어로서 결합한 것.
‖～節(せつ) 둘 이상의 문절(文節)이 하나로 어울려 한 문절과 같은 작용을 하는 일.
連発(れんぱつ) 연발.
連邦(れんぽう) 연방.
‖～国家(こっか) 연방 국가.
～準備銀行(じゅんびぎんこう) 연방 준비은행.
連俳(れんぱい) ① 連歌(れんが)와 俳諧(はいかい). ② 俳諧의 連句(れんく).
連番(れんばん) 연번. 일련 번호.
連福草(れんぷくそう)〖植〗연복초.
連峰(れんぽう) 연봉. 이어져 있는 산봉우리.
連比(れんぴ)〖數〗연비.
連射(れんしゃ) 연속해서 발사함.
連辞(れんじ)〖論〗연사.
連索(れんさく) ⇨連尺(れんじゃく).
連山(れんざん) 연산. 이어져 있는 산.
連産品(れんさんぴん) 연산품. 한 생산 과정에서 생산되는 복수(複數)의 다른 생산물.
連想(れんそう) 연상.
連署(れんしょ) 연서.
連声(れんじょう) 연성. 두 음절 사이에서, 앞 음절 말미의 m·n·t가 다음 음절의 첫번째로 있는 ア·ヤ·ワ行(ぎょう)의 음과 연접하면 マ·ナ·タ行의 음으로 변하는 현상.
連星(れんせい)〖天〗쌍성(雙星).
連城(れんじょう) 연성. 죽 이어져 있는 성.
～の璧(たま) 매우 귀중한 옥《중국 진(秦)의 소왕(昭王)이 15군데의 성과 바꾸자고 한 고사에서》.
連続(れんぞく) 연속.
‖～関数(かんすう)〖數〗연속 함수.
連刷(れんさつ) 우표 따위에서, 도안이 다른 것을 나란히 놓고 인쇄함.
連鎖(れんさ) 연쇄. ♣～群(ぐん) 연쇄군 /

～店(てん) 연쇄점.
‖～球菌(きゅうきん) 연쇄상 구균.
～劇(げき) 연쇄극. 영화와 실연(實演)을 섞어 가며 상연하는 연극.
～反応(はんのう) 연쇄 반응.
連乗(れんじょう)〖數〗연승. 다른 수·식(式)을 거듭 곱함.
連勝(れんしょう) 연승. ① 잇따라 이김. ② (경마나 경륜(競輪)에서) 1등과 2등을 동시에 알아맞히는 일.
連失(れんしつ) 연실. (야구 따위에서) 연달아 일으키는 실책.
連双窓(れんそうまど) 두 개가 이어진 창.
連夜(れんや) 연야. 매일 밤.
連語(れんご) 연어. 복합어(複合語).
連言(れんげん)〖論〗논리 곱.
連用(れんよう) 연용. ① 연용. 같은 것을 계속해서 씀. ②〖文法〗용언(用言)에 이어지는 용법.
‖～修飾語(しゅうしょくご) 연용 수식어 《용언을 수식하는 문절(文節)》.
～形(けい)〖文法〗연용형《활용어 활용형의 하나. 용언을 수식하고 문장을 일시 중단하는 외에, 명사꼴로도 씀》.　　　　「비.
連雨(れんう) 연우. 연일 계속해서 내리는
連吟(れんぎん) 謡曲(ようきょく)의 한 부분을 두 사람 이상이 같이 노래 부름.
連音(れんおん) 연음. 단음(單音)의 연결로 이루어지는 음.
連音符(れんおんぷ)〖樂〗연음부. 잇단음표.
連印(れんいん) 연인. 두 사람 이상이 연명날인함. 연서(連署).
連日(れんじつ) 연일.
連子(れんじ) 창살. ♣～窓(まど) 살창.
連字(れんじ) 두 개 이상의 한자가 결합하여 이루어진 말.
連子鯛(れんこだい)〖魚〗황돔.
連作(れんさく) 연작. ① 한 땅에 같은 곡식을 해마다 심음. ② 몇 사람의 작가가 릴레이식으로 각기 일부분씩 지은 작품.
連雀(れんじゃく)〖鳥〗연작. 여새과에 속하는 새의 총칭.
連状(れんじょう) 연장. 연명(連名)한 서장.
連装(れんそう) 군함 등의 한 포탑이나 포가(砲架)에 2문 이상의 대포를 장비함. ♣～砲(ほう) 연장포.
連載(れんさい) 연재.
連戦(れんせん) 연전.
‖～連勝(れんしょう) 연전연승.
連銭葦毛(れんぜんあしげ) 말 털빛 이름의 하나. 흰색에 회색의 둥근 반점이 있는 것.
連接(れんせつ) 연접. 서로 이어짐. 서로 맞닿게 함.
連座(れんざ) 연좌. 연루. 남의 죄에 말려들어 처벌받음. ♣～制(せい) 연좌제.
連珠(れんじゅ) 연주. ① 구슬을 꿴. 줄에 꿴 구슬. ② 오목 바둑. ③ 아름다운 시문(詩文)의 형용. 또, 대구(對句).
連奏(れんそう)〖樂〗연주. 두 사람 이상이

같은 종류의 악기를 동시에 연주하는 일.
連中(れんじゅう) ① 한패. 동아리. 일당. 그 패들. ② 音曲(おんぎょく) 또는 연예 활동을 하는 일단의 사람들. 패. 단(團). *れんちゅう로도 읽음.
連枝(れんし) 연지. 귀인(貴人)의 형제.
連借(れんしゃく) 연차. 연대 차용(借用).
連尺(れんじゃく) 등에 짐을 질 때 쓰는 도구〔두 쪽의 판자에 멜빵을 단 것〕. 「(인).
∥**~商い**(あきない) 등짐 장수〔장사〕. 행상
連体(れんたい)〖文法〗① 체언(體言)을 수식하는 일. ② 연체자형의 준말.
∥**~詞**(し)〖文法〗연체사〔체언만을 수식함〕.
~修飾語(しゅうしょくご) 연체 수식어.
~助詞(じょし)〖文法〗연체 조사.
~形(けい)〖文法〗연체형〔활용어 활용형의 하나. 주로 체언을 수식함〕.
連打(れんだ) 연타.
連濁(れんだく) 연탁. 두 낱말이 결합하여 하나의 말로 될 때, 뒷말의 어두(語頭)의 청음(淸音)이 탁음(濁音)으로 변하는 일.
連弾(れんだん) 연탄. 하나의 건반 악기를 두 사람이 분담하여 하나의 곡을 연주하는 일.
連通管(れんつうかん)〖理〗연통관.
連投(れんとう)〖野〗연투. 한 투수가 2회 이상의 경기에 계속 등판하여 투구함.
連破(れんぱ) 연파. 싸워 잇따라 격파함.
連判(れんぱん) 연판. 같은 서면에 연명(連名)으로 도장을 찍음. *れんばん으로도 읽음. ♣**~状**(じょう) 연판장.
連敗(れんぱい) 연패. 잇따라 패배함.
連覇(れんぱ) 연패. 연승.
連爆(れんばく) 연폭. 잇따라 폭격함.
連合(れんごう) 연합. ♣**~国**(こく) 연합국/**~軍**(ぐん) 연합군.
∥**~大学院**(だいがくいん) 연합 대학원.
~心理学(しんりがく) 연합 심리학.
~艦隊(かんたい) 연합 함대.
連行(れんこう) 연행.
連呼(れんこ) 연호. 되풀이해서 외침.
連火(れんが) 한자 부수(部首)의 하나: 불화 받침.   「슴.
連環(れんかん) 연환. 고리를 이은 것. 쇠사
∥**~画**(が) 중국의 그림책. 간단한 설명을 곁들여 역사적인 사건과 이야기를 나타낸 것.
連衡(れんこう) 연횡. 동맹.
連休(れんきゅう) 연휴.
連携(れんけい) 연휴(聯携). 제휴.
〖訓読〗
連なる(つらなる) ① 나란히 줄지어〔늘어서〕 있다. ② 참석하다. ③ 관련되다.
❖**連**ねる(つらねる) ① 줄지어 늘어놓다. 한 줄로 죽 잇다. ② 데리고 가다.
連ね(つらね) 歌舞伎(かぶき) 대사의 하나. 주로 주역 배우가 하는 긴 대사.
連れる(つれる) ① 데리고 가다. 거느리다. ② 사물의 변화에 따라 변하다.
連れ □(つれ) ① 동행. 동반자. ② 함께 동작

함. ③ 能(のう)・狂言(きょうげん)에서, 주역・주역 상대와 더불어 조연을 하는 사람.
□(づれ)《接尾語로》동행. 동반. 딸림.
連れ**歌**(つれうた)〖樂〗제창(齊唱)으로 부르는 노래.
連れ**高**(つれだか)〔거래소에서〕다른 종목이 오름에 따라 덩달아 값이 오르는 일.
連れ**道心**(つれどうしん)〖佛〗함께 불도를 닦는 일. 또, 그런 사람.
連鷺草(つれさぎそう)〖植〗갈매기난초.
連れ**涙**(つれなみだ) 남이 울 때 덩달아 흐르는 눈물.
連れ**立**つ(つれだつ) 같이 가다. 동행하다.
連れ**舞**(つれまい) 남과 같이 추는 춤. 군무.
連れ**小便**(つれしょうべん) 남을 따라 같이 오줌 누는 일.
連れ**安**(つれやす)〔거래소에서〕다른 종목의 내림에 따라 덩달아 값이 떨어지는 일.
連れ**人**(つれびと) 동행하는 사람. 동반자.
連れ**込み**(つれこみ) 애인을 데리고 여관에 들어감.
∥**~宿**(やど) 정사(情事)를 목적으로 하는 손님 상대의 여관.
連れ**込む**(つれこむ) 데리고 들어가다. 특히, 애인을 데리고 여관에 들어가다.
連れ**子**(つれこ) 재혼 때 데리고 온 자식.
連れ**節**(つれぶし)〖樂〗제창(齊唱).
連れ**添う**(つれそう) 부부가 되다. 부부로 같이 살다.
連れ**出**す(つれだす) 데리고 나가다. 꾀어내다.   「합주함.
連れ**吹**き(つれぶき) 피리 따위를 둘 이상이
連れ**弾**き(つれびき) 거문고 따위를 함께 탐. 연주(連奏).
連れ**合**い(つれあい) ① 배우자. 부부의 한쪽이 제3자에게 상대를 일컫는 말. ② 동행자. 동반자. 일행.
連れ**合**う(つれあう) ① 행동을 같이하다. 동행(동반)하다. ② 부부가 되다.
連れ**行**く(つれゆく) 데리고 가다. 동행하다. 동반하다. 연행하다.

| 10
心
常 | **恋**(戀) | 사모할 련
レン
こう・こい・こい
しい |

〖音読〗
恋歌(れんか) 연가. 사랑을 노래한 시가. 특히, 和歌(わか). *こいか・こいうた로도 읽음.
恋慕(れんぼ) 연모.
恋愛(れんあい) 연애.
∥**~結婚**(けっこん) 연애 결혼.
~関係(かんけい) 연애 관계.
~小説(しょうせつ) 연애 소설.   「의.
~至上主義(しじょうしゅぎ) 연애 지상주
恋恋(れんれん) 연연. 사랑스럽고 그리워〔아쉽거나 미련이 남아〕 단념할 수 없는 모양.
恋情(れんじょう) 연정.

恋着(れんちゃく) 연착. 깊이 사랑하여 잊지 못함.
訓読▶
恋(こい) (남녀간의) 사랑. 연애.
恋しい(こいしい) 그립다.
恋する(こいする) 연애〔사랑〕하다.
恋仇(こいがたき) ⇨ 恋敵(こいがたき).
恋路(こいじ) 사랑의 길. 연애. 연심.
恋文(こいぶみ) 연문. 연애 편지.
恋煩い(こいわずらい) 상사병. 연애병.
恋死に(こいじに) 애타게 그리다가 죽음.
恋心(こいごころ) 연심. 연정.
恋女房(こいにょうぼう) 연애 결혼한 아내. 사랑하는 아내.
恋人(こいびと) 연인. 애인.
恋敵(こいがたき) 연적.
恋仲(こいなか) 사랑하는 사이.   「연정.
恋風(こいかぜ) (바람처럼 마음에 스며드는)
❖恋う(こう) 그리워하다. 연모하다.
恋い慕う(こいしたう) 연모하다.   「たう).
恋い忍ぶ(こいしのぶ) ☞恋い慕う(こいし
恋い初める(こいそめる) 〈文〉 연정을 품기 시작하다.
恋い焦がれる(こいこがれる) 사랑에 애태우다. 애타게 그리다.
其他▶
恋ほし(こほし) 〈文〉 그립다.

13 木 棟

멀구슬나무 련
レン
おうち

訓読▶
棟(おうち) 〈雅〉『植』 멀구슬나무.

13 火 煉

달굴 련·이길 련
レン
ねる

音読▶
煉丹(れんたん) 연단. ①이겨서 만든 약. ②옛날 중국의 선술(仙術)에서, 진사(辰砂)로써 황금을 만들었다는 연금술.
煉石(れんせき) 연와(煉瓦). 벽돌.
煉薬(れんやく) 연약. 개어서 만든 약.
煉獄(れんごく) 『가톨릭』 연옥. 저승.
煉瓦(れんが) 연와. 벽돌. ♣~塀(べい) 벽돌담 / ~色(いろ) 벽돌색.
∥~積み(づみ) 벽돌을 쌓아 벽이나 담을 축조하는 일. 또, 벽돌을 쌓은 상태.
~造り(づくり) 벽돌을 쌓아 만듦. 또, 그 구조물.
煉乳(れんにゅう) 연유.
煉炭(れんたん) 연탄.
訓読▶
❖煉る(ねる) 반죽하다. 이기다. 개다.
煉り固める(ねりかためる) 개어서 굳히다.
煉り供養(ねりくよう) 『佛』 주악을 울리며 성장(盛裝)한 어린이들을 참가시켜 천천히 행진하는 법회(法會).
煉り菓子(ねりがし) 반죽한 다음 굳혀서 만든 과자.
煉り麹(ねりこうじ) 소금과 펄펄 끓인 술을 넣어 띄운 누룩《저장용》.
煉り白粉(ねりおしろい) 개어서 만든 분.
煉り塀(ねりべい) 찰흙과 기와를 번갈아 가며 쌓고 위를 기와로 인 담.
煉り薬(ねりぐすり) 연약. 개어서 만든 약.
煉り洋羹(ねりようかん) 삶은 붉은팥에 우무·설탕을 넣고 개서 조린 양갱. 단팥묵.
煉り雲丹(ねりうに) 소금에 절인 성게의 알을 으깨어 조미료를 쳐서 갠 식품. 성게알젓.
煉り餌(ねりえ) ①이겨서 만든 미끼. 떡밥. ②곡물 가루를 반죽해서 만든 새 먹이.
煉り切り(ねりきり) 백색의 찰쌀떡을 껍질로 하고, 삶은 팥·강낭콩에 설탕을 넣은 것을 소로 한 여러 모양의 일본식 과자.
煉り製(ねりせい) 이겨서〔개어서〕 만듦.
煉り製品(ねりせいひん) 물고기를 으깨어 가공한 식품《생선묵 따위》.   「치약.
煉り歯磨き(ねりはみがき) 크림 치약. 튜브
煉り合わせ(ねりあわせ) 두 가지 이상의 것을 놓게 이기거나 이겨서 하나로 만듦. 또, 그렇게 한 것.
煉り合わせる(ねりあわせる) 고루 섞이도록 이기다. 불에 데우거나 이겨서〔개어서〕 하나로 만들다.   「헌 향.
煉り香(ねりこう) 향료 가루에 꿀을 섞어 굳
煉り革(ねりかわ) 아교를 녹인 물에 담갔다가 두드려서 굳힌 가죽.

13 艹 蓮(蓮)

연 련·연밥 련
レン
はす・はちす

音読▶
蓮根(れんこん) 『植』 연근. 연뿌리. *はすね로도 읽음.
蓮台(れんだい) 연대. 연화좌(蓮華座).
蓮歩(れんぽ) 연보. 미인의 간드러진 걸음걸이.
蓮府(れんぷ) 연부. ①대신(大臣)의 저택. ②대신.
蓮社(れんしゃ) 『史』 연사. 백련사(白蓮社).
蓮子(れんし) 연자. 연밥. 연실(蓮實).
蓮宗(れんしゅう) 『佛』 연종. '浄土宗(じょうどしゅう)(=정토종)'의 딴이름.
蓮座(れんざ) 『佛』 연좌. 연화좌(蓮花座).
蓮弁(れんべん) 연판. 연꽃의 꽃판.
蓮荷(れんか) 『植』 연하. 연꽃.
蓮華(れんげ) ①연화. 연꽃. ② ☞ 蓮華座. ③손잡이가 짧은 사기 숟가락《떨어진 연꽃잎 모양을 하고 있는 데서》. ♣~座(ざ) 연화좌 / ~草(そう) 『植』 자운영.
~往生(おうじょう) 『佛』 연화 왕생.
訓読▶
蓮 ㊀(はす) 『植』 연. 연꽃.
㊁(はちす) 『植』 ①〈雅〉 연(꽃). ②'木槿

蓮(むくげ)(=무궁화)'의 옛 이름.
蓮の台(はすのうてな) 〖佛〗 연화대(蓮花臺).
蓮飯(はすめし) ① 찹쌀을 연잎에 싸서 찐 밥. ② 연잎을 찐 다음 잘게 썰어 섞은 밥.
蓮糸(はすいと) 연사. 연줄기의 섬유로 만든 실.
蓮の糸(はすのいと) 연사(蓮絲). 〔실.
蓮の実(はすのみ) 연실. 연밥.
蓮葉(はすは) ① 연엽. 연잎. ② ☞ 蓮っ葉(はすっぱ).
∥~女(おんな) 품행이 나쁜 경박한 여자.
蓮っ葉(はすっぱ) 여자의 행동이 경박하고 상스러움. 또, 그런 여자.
蓮の葉(はすのは) 연엽. 연잎.
∥~商い(あきない) 계절품(季節品) 장사.
蓮田(はすだ) 연꽃을 심은 논.
蓮切り鼻(はすきりばな) 연밥 모양으로 구멍이 위를 향한 낮은 코.
蓮池(はすいけ) 연지. 연못. 연을 심은 못.
*れんちどろも 읽음.

| 14
氵 | 漣 | 잔물결 련
レン
さざなみ |

音読
漣漣(れんれん) 눈물이 줄줄〔하염없이〕 흐르는 모양.   「르덴트.
漣音(れんおん) 〖樂〗 연음. 잔결꾸밈음. 모
漣漪(れんい) 연의. 잔물결.
訓読
漣(さざなみ) 잔물결.

| 14
糸
㊍ | 練(練) | 익힐 련·누일 련
レン
ねる |

音読
練達(れんたつ) 연달. 숙달.   「름.
練胆(れんたん) 정신력을 단련함. 담력을 기
練度(れんど) 훈련을 쌓아 얻을 수 있는, 숙
練磨(れんま) 연마.   〔련의 정도.
練武(れんぶ) 연무. 무예를 단련함.
練兵(れんぺい) 연병. 군사를 훈련함. ♣~場(じょう) 연병장.
練士(れんし) 궁술(弓術)·검도에서 주로 5단·6단 가운데 우수한 자에게 해당 연맹에서 주는 칭호. 3계급 중 최하위.
練思(れんし) 사상을 연마함.
練成(れんせい) 연성. (심신을) 단련하여 훌륭하게 만듦.
練修(れんしゅう) 연수. 수련.
練熟(れんじゅく) 연숙. 숙련(熟練).
練習(れんしゅう) 연습. ♣~曲(きょく) 연습곡 / ~機(き) 연습기 / ~生(せい) 연습생 / ~船(せん) 연습선.
練薬(れんやく) 연약. 개어서 만든 약.
練乳(れんにゅう) 연유.
練条機(れんじょうき) 〖機〗 연조기.
練鉄(れんてつ) 연철. ① 탄소를 0.02~0.2% 함유한 연철(軟鐵). 단철. ② 잘 단련된 쇠.
練炭(れんたん) 연탄.

訓読
❖練る(ねる) ① (명주·실 따위를) 누이다. ② 반죽하다. 이기다. ③ (쇠붙이를) 불리다.
練り(ねり) ① 명주를 부드럽게 함. 누임. 또, 그 정도. ② 금속을 단련함. ③ (가열하면서) 이김. 갬. 반죽함. 또, 되직한 정도.
練り絹(ねりぎぬ) 누인 명주〔비단〕.
練り固める(ねりかためる) 개어서 굳히다.
練り供養(ねりくよう) 〖佛〗 주악을 울리며 성장(盛裝) 한 어린이들을 참가시켜 행진하는 법회(法會).   「든 과자.
練り菓子(ねりがし) 반죽한 다음 굳혀서 만
練貫(ねりぬき) 숙사(熟絲)를 씨실로 하고 생사를 날실로 해서 짠 비단.
練り麹(ねりこうじ) 소금과 펄펄 끓인 술을 넣어 띄운 누룩《저장용》.
練り金(ねりきん) 사금을 엷은 판상(板狀)으로 정련한 것.
練馬大根(ねりまだいこん) ① 〖植〗 東京(とうきょう) 練馬에서 나는 굵고 긴 무. ② 〈俗〉 여자의 굵은 다리. 무다리.
練り物(ねりもの) ① 이기거나 개어서 굳힌 물건《생선묵 따위》. ② 인공적으로 만든 산호·보석 따위 모조품.
練り白粉(ねりおしろい) 개어서 만든 분《물에 개어서 바름》.
練り塀(ねりべい) 찰흙과 기와로 번갈아 가며 쌓고 위를 기와로 인 담.
練り歩く(ねりあるく) ① 대열을 지어서 당당하게 걷다. ② 조용히 천천히 걷다.
練り糸(ねりいと) 숙사(熟絲). 누인 명주실《희고 광택이 남》.
練り上げる(ねりあげる) 이겨서〔반죽하여, 단련하여, 두고두고 다듬어〕 훌륭히 마무르다.
練り色(ねりいろ) 엷은 황색을 띤 백색. 담황
練り柿(ねりがき) 침감.   〔색.
練り薬(すりぐすり) 연약. 개어서 만든 약.
練り洋羹(ねりようかん) 삶은 붉은팥에 우무·설탕을 넣고 개서 조린 양갱. 단팥묵.
練り染め(ねりぞめ) 생사(生絲)·비단을 정련한 후 또는 동시에 물들이는 일.
練り踊り(ねりおどり) 행렬을 지어 춤추며 나가는 것. 또, 그 춤.
練り雲丹(ねりうに) 날성게알을 으깨어 소금을 쳐서 갠 식품. 성게알젓.
練り餌(ねりえ) ① 물고기가 좋아하는 것을 이겨서 만든 미끼. 떡밥. ② 곡물 가루 따위를 반죽해서 만든 새 먹이.
練り込む(ねりこむ) 이겨서 속에 넣다.
練り切り(ねりきり) 착색한 찹쌀떡을 껍질로 하고, 삶은 팥·강낭콩에 설탕을 넣은 것을 소로 한 여러 모양의 일본식 과자.
練り製(ねりせい) 이겨서〔개어서〕 만듦.
練り製品(ねりせいひん) 물고기를 으깨어 가공한 식품《생선묵 따위》.

練り衆(ねりしゅ) 축제 행사를 할 때 행렬을 지어 천천히 걸어가는 사람들.
練り直し(ねりなおし) ① 새로 갬[이김]. 또, 갠[이긴] 것. ② 재검토.
練り直す(ねりなおす) ① 새로 개다. ② 잘 하려고 다시 생각하다. 재검토하다.
練り出す(ねりだす) 행렬을 짓고 걷기 시작하다.
練り歯磨き(ねりはみがき) 크림 치약. 튜브 치약.
練り湯(ねりゆ) 懐石(かいせき) 끝무렵에 내는 음료.
練り土(ねりつち) 흙에 석회·자갈·간수를 섞어 이긴 벽토.
練り餡(ねりあん) 꿀팥. 삶은 팥을 이겨 설탕을 섞은 다음 가열해서 갠 팥소.
練り合わせ(ねりあわせ) 두 가지 이상의 것을 불에 데우거나 이겨서 하나로 만듦. 또, 그렇게 한 것.
練り合わせる(ねりあわせる) 불에 데우거나 이겨서[개어서] 하나로 만들다.
練り香(ねりこう) 향료 가루에 꿀을 섞어 굳힌 향(香).
練り革(ねりかわ) 아교를 녹인 물에 담갔다가 두드려서 굳힌 가죽.
練り回る(ねりまわる) 열을 지어 천천히 돌아다니다.
❖練れる(ねれる) ① (수양·경험이 쌓여서) 인품이 원숙해지다. ② 숙련되다. ③ 잘 개어진 상태가 되다.
練れ者(ねれもの) 노련한 사람. 세상 일에 익숙하고 능란한 사람.

[其他]
練ね墨(こねずみ) 눈썹을 그리기 위해 개어서 만든 먹.

15 忄	憐	불쌍히여길 **련** レン あわれむ

[音読]
憐愍(れんびん) ⇨ 憐憫(れんびん).
憐憫(れんびん) 연민.
憐惜(れんせき) 연석. 불쌍히 여기어 아낌.
憐愛(れんあい) 연애. 불쌍히 여겨 사랑함.
憐情(れんじょう) 불쌍히 여기는 마음.
憐察(れんさつ) 연찰. 동정하고 살핌.
憐恤(れんじゅつ) 연휼. 불쌍히 여겨 금품을 내어 도와줌.

[訓読]
憐れがる(あわれがる) 불쌍히 여기다. 가엾게 여기다.
憐れっぽい(あわれっぽい) 아주 처량하게 보이다. 가련하다. 불쌍하다.
❖憐れむ(あわれむ) 가엾게[불쌍히, 딱하게] 여기다. 동정하다.
憐れ(あわれ) ① 불쌍함. 가엾음. ② 가련한 모양. ③ 정취·비애를 느끼게 하는 모양.
憐れみ(あわれみ) 불쌍히 여김. 동정.

15 車	輦	순수레 **련**·연 련 レン てぐるま

[音読]
輦轂(れんこく) 연곡. 천자(天子)의 탈것.
～の下(もと) 연곡지하. 천자가 있는 곳. 수도. 황성(皇城).
輦台(れんだい) 옛날에, 내를 건너는 손님을 태워주던 가마《판자에 채를 두 개 달고 인부가 멤》.
輦車(れんしゃ) 연차. 손수레.
輦下(れんか) 연하. 천자(天子)의 측근.

16 金 常	鍊 (錬)	불릴 **련** レン ねる

[音読]
鍊金術(れんきんじゅつ) 연금술.
鍊磨(れんま) 연마.
鍊成(れんせい) 연성. (심신을) 단련하여 훌륭하게 만듦.
鍊鉄(れんてつ) 연철. ① 탄소를 0.02∼0.2% 함유한 연철(軟鐵). 단철(鍛鐵). ② 잘 단련한 쇠.

[訓読]
❖鍊る(ねる) ① (쇠붙이를) 불리다. ② 단련하다.
鍊り金(ねりきん) 사금을 엷은 판상(板狀)으로 정련한 것.
鍊り鉄(ねりかね) 정련한 쇠.

17 糸	縺	얽힐 **련** レン もつれる

[訓読]
❖縺れる(もつれる) ① 뒤얽히다. 엉클어지다. 복잡해지다. ② (분규·갈등을) 보이다.
縺れ(もつれ) ① 뒤얽힘. 엉클어짐. ② 분규. 갈등.
縺れ込む(もつれこむ) (이야기·경기 등이) 꼬이다. 「히다.
縺れ合う(もつれあう) 서로 뒤엉키다[뒤얽히다].

17 耳	聯	연할 **련** レン つらなる·つらねる

[参考] 현대 표기로는 '連'으로 대용함.

[音読]
聯関(れんかん) 연관. 관련.
聯句(れんく) 연구. ① 두 사람이 한두 구(句)씩 지어 전체로써 한 편(編)의 한시(漢詩)로 함. ② 한자의 율시(律詩)의 대구(對句).
聯帯(れんたい) 연대.

聯隊(れんたい)〖軍〗연대.
聯動(れんどう) 연동.
聯絡(れんらく) 연락.
聯落ち(れんおち) 화선지·당지(唐紙) 등의, 전지(全紙)의 4분의 3 크기의 것. 또, 그것으로 그린 서화.
聯立(れんりつ) 연립.
聯盟(れんめい) 연맹.
聯邦(れんぽう) 연방.
聯想(れんそう) 연상.
聯詩(れんし) ☞聯句(れんく)①.
聯奏(れんそう) 연주. 두 사람 이상이 같은 종류의 악기를 동시에 연주하는 일.
聯珠(れんじゅ) 연주. ①구슬을 꿴. 또, 줄에 꿴 구슬. ②오목(五目).
聯弾(れんだん) 연탄. 하나의 건반 악기를 두 사람이 분담하여 하나의 곡을 연주하는 일.
聯合(れんごう) 연합.

| 19 金 | 鏈 | 쇠사슬 련
レン
くさり·くさる |

訓読▶
鏈(くさり) ①(쇠)사슬. ②연계.

| 20 魚 | 鰊 | 물고기이름 련
レン
にしん |

訓読▶
鰊(にしん)〖魚〗청어. 비웃.

| 23 手 | 攣 | 걸릴 련·오그라질 련
レン
かがまる·つる·ひきつる |

音読▶
攣縮(れんしゅく) 연축. ①땅기고 켕김. ②〖生〗자극에 대하여 근육이 일으키는 수축.

訓読▶
攣れる(つれる) ①경련이 일다. 쥐가 나다. ②치켜 올라가다.
❖攣る(つる) ①(근육이) 경련을 일으키다. 쥐가 나다. ②치켜 올라가다.
攣り目(つりめ) 눈초리가 위로 치켜 올라간 눈.

| 25 肉 | 臠 | 저민고기 련
レン
みそなわす |

訓読▶
臠す(みそなわす)〈雅〉천자가 보시다. 어람(御覧)하시다.

렬

| 6 リ | 列 | 벌일 렬·줄 렬
レツ
つらなる·ならべる |

音読▶
列 ㊀(れつ) ①열. 행렬. ②신분·지위 따위 상하 관계의 단계. 반열. 축.
㊁(つら)〈古〉①동료. ②열. 늘어선 것.
列する(れっする) ①참석하다. 열석(列席)하다. ②나란히 서다. 축에 끼다. ③늘어놓다.
列強(れっきょう) 열강.
列挙(れっきょ) 열거.
列国(れっこく) 열국. 여러 나라.
列記(れっき) 열기.
列女伝(れつじょでん) 열녀전. 중국, 고대의 여성의 전기.
列代(れつだい) 열대. 대대(代代). 역대.
列島(れっとう) 열도.
列立(れつりつ) 열립. 줄지어 섬.
列拝(れっぱい) 열배. 많은 사람이 나란히 줄지어 배례(拜禮)하는 일.
列藩(れっぱん) (유력한) 몇 개의 藩(はん).
列生(れっせい) 나란히 남.
列叙(れつじょ) 열서. 나열함. 또, 나열하여 서술함.
列席(れっせき) 열석. 참석. 출석.
列星(れっせい) 열성. 하늘에 있는 뭇 별.
列聖(れっせい) 열성. 역대의 천자(天子).
列世(れっせい) 열세. 대대(代代). 역대.
列訴(れっそ) 여러 사람이 함께 고소함.
列植(れっしょく) 식물을 나란히 심음.
列氏温度(れっしおんど)〖理〗열씨 온도.
列氏寒暖計(れっしかんだんけい) 열씨 한란계. 물의 어는점을 0도, 끓는점을 80도로 한 한란계.
列伍(れつご) 대오(隊伍). 「는 순서.
列位(れつい) ①위치에 나란히 섬. ②늘어서
列伝(れつでん) 열전. ♣~体(たい) 열전체.
列座(れつざ) 열좌. 열석(列席).
列柱(れっちゅう) 열주. (서양 건축에서) 줄지어 늘어선 기둥.
列車(れっしゃ) 열차.
 ∥~運行図表(うんこうずひょう) 열차 운행 도표. 「집중 제어.
 ~集中制御(しゅうちゅうせいぎょ) 열차
列参(れっさん) 같이 가서 참집(參集)함.
列品(れっぴん) 물품이 진열되어 있음. 또, 그 물품.
列火(れっか) 한자 부수의 하나: 불화받침.
列侯(れっこう) 열후. 제후(諸侯).

訓読▶
列なる(つらなる) ①나란히 줄지어〔늘어서〕있다. ②참석하다. ③관련되다.
列ねる(つらねる) ①줄지어 늘어놓다. 한 줄로 죽 있다. ②데리고 가다.
列列椿(つらつらつばき)〈古〉줄줄이 줄지어 피어 있는 수많은 동백나무.

6 力 常	劣	용렬할 렬 レツ おとる

音読

劣角(れっかく) 〖數〗 열각.
劣機(れっき) 〖佛〗 열기. 기근(機根)이 부족함. 또, 그 사람.
劣等(れっとう) 열등. ♣~感(かん) 열등감 / ~生(せい) 열등생.
劣生(れっせい) 1인칭 대명사로, 남자가 자신을 낮추어 하는 말.
劣性(れっせい) 〖生〗 열성(멘델 법칙에 따라 유전할 형질(形質) 중 우성(優性)이 아닌 쪽). ‖~遺伝子(いでんし) 〖生〗 열성 유전자.
劣勢(れっせい) 열세.
劣悪(れつあく) 열악. 몹시 질이 낮음.
劣弱(れつじゃく) 열약. (세력·체력 등이) 남보다 못하고 약함.
劣位(れつい) 열위. 딴것보다 떨어지는〔못한〕모양〔지위·위치〕. 「열등자.
劣者(れっしゃ) 재능·신분이 뒤떨어진 사람.
劣才(れっさい) 열재. 보잘것없는 재능.
劣情(れつじょう) 열정. 추잡한 정욕(情慾). 특히, 성욕.
劣敗(れっぱい) 열패. 열등한 사람이 우월한 사람에게 패함.
劣弧(れっこ) 〖數〗 열호.
劣化(れっか) 열화. 상태나 품질이 나빠짐.
劣後(れつご) 열후. 남에게 뒤떨어짐. 또, (배당·상황 등의) 후순위(後順位). ♣~株(かぶ) 후배(後配)주 / ~債(さい) 후순위 채 ‖~ローン 후순위론. └권.

訓読

劣る(おとる) 못하다. 뒤떨어지다.

9 扌 日	捊	뜯을 (렬) むしる

参考 毟의 異體字.

訓読

捊る(むしる) ① 잡아 뽑다. ② (생선 등의 뼈에서) 살을 발라내다.

10 灬 常	烈	세찰 렬·굳셀 렬 レツ はげしい

音読

烈女(れつじょ) 열녀. 열부(烈婦).
烈烈(れつれつ) 열렬. 기세·기백·추위 따위가 매섭한 모양.
烈夫(れっぷ) 열부. 절개가 굳은 남자. 열사.
烈婦(れっぷ) 열부. 열녀.
烈士(れっし) 열사.
烈日(れつじつ) 열일. 한여름의 내리쬐는 해 같이 격렬한 기운. 「남자.
烈丈夫(れつじょうふ) 열장부. 절개가 굳은
烈震(れっしん) 열진. 진도(震度) 6의 지진.
烈風(れっぷう) 열풍. 맹렬하게 부는 바람.
烈火(れっか) 열화. 맹렬히 타오르는 불.

訓読

烈しい(はげしい) 세차다. 격심하다. 잦다.

11 扌	捩	비틀 렬 レツ・レイ ねじる・もじる・よじる・すじる

訓読

捩くれる(ねじくれる) 비틀어지다. 뒤틀리다. 또, (성질 따위가) 비뚤어지다. 뒤둥그러지다. ＊よじくれる로도 읽음.
捩れる(ねじれる) ① 비틀어지다. 뒤틀리다. 꼬이다. ＊よじれる로도 읽음. ② (심성이) 빙퉁그러지다.
捩子(ねじ) ① 나사. 나삿니. ② (시계 따위의) 태엽 감는 장치.
捩菖蒲(ねじあやめ) 〖植〗 타래붓꽃.
捩貝(ねじがい) 〖貝〗 실꾸리고동.
捩花(ねじばな) 〖植〗 타래난초.
❖**捩る** ㈠(ねじる) 비틀다. ① 뒤틀다. 쥐어 짜다. ② 틀다. 죄다. ③ 오금 박다. 꼬투리를 잡아 힐책〔공박〕하다.
㈡(よじる) 비틀다. 꼬다.
㈢(もじる) ① 비틀다. 비비 꼬다. ② 해학·풍자를 위하여 유명한 문구 등을 흉내내다.
㈣(すじる) (몸을) 비비 꼬다.
捩り ㈠(ねじり) ① 비틂. 비비 꼼. ② 栲糸(かせいと)를 꼬아 한 묶음으로 한 것.
㈡(もじり) ① ☞㈠①. ② (유명한 시구(詩句) 등의) 본디의 표현을 변화시켜 익살스럽게 또는 풍자적으로 빗대는 말짓기놀이. ③ 일본옷 위에 입는, 남자용 외투.
捩じ開ける(ねじあける) 비틀어 열다.
捩じ曲げる(ねじまげる) 비틀어 구부리다.
捩じ倒す(ねじたおす) 비틀어 넘어뜨리다.
捩じ木(ねじき) ① 비튼〔비틀린〕 나무. ② 〖植〗 철쭉과의 낙엽 관목·소교목(小喬木).
捩じ鉢巻き(ねじはちまき) 수건을 비틀어서 이마에 질끈 동여맨 머리띠.
捩り鉢巻き(ねじりはちまき) ☞ **捩じ鉢巻き**(ねじはちまき).
捩じ伏せる(ねじふせる) ① 상대의 팔을 비틀어 엎어뜨리고 위에서 누르다. ② 강제로 굴복시키다.
捩り棒(ねじりぼう) 꽈배기 밥풀과자.
捩り不動(よじりふどう) 〖佛〗 광배(光背)가 뒤틀리게 나타난 부동명왕상(不動明王像).
捩じ上げる(ねじあげる) 비틀어 올리다.
捩じ上戸(ねじじょうご) 술만 마시면 시비를 거는 버릇. 또, 그런 버릇이 있는 사람.
捩り飴(ねじりあめ) 비튼 흰 가래엿.
捩じ込む(ねじこむ) ① 비틀어 박다. 비틀어 넣다. ② 오금 박다. (남의 실언·실책을 꼬투리 잡아) 공박하다.
捩じ切る(ねじきる) 비틀어 자르다〔끊다〕.
捩り振子(ねじりふりこ)〖理〗비틀림 진자〔흔들이〕.
捩り取る(ねじとる) 비틀어 따다〔떼다〕.
捩り秤(ねじりばかり)〖理〗비틀림저울.
捩じ合う(ねじあう) ① 맞틀다. 맞죄다. ② 맞붙(어 싸우)다. 격투하다.
捩じ向く(ねじむく) ① 몸을 비틀어 그 쪽을〔으로〕향하다〔돌리다〕. ②〈文〉☞捩じ向ける(ねじむける).
捩じ向ける(ねじむける) 비틀어 (어떤 방향으로) 향하게〔돌리게〕하다.

| 12 衣 常 | 裂 | 찢을 렬 · 터질 렬
レツ
さく · さける · きれ |

音読
裂開(れっかい) 열개. 찢어져 벌어짐.
裂果(れっか)〖植〗열과. 익으면 자연히 과피(果皮)가 벌어져 종자를 살포하는 과실.
裂頭条虫(れっとうじょうちゅう)〖動〗열두촌충(寸蟲).
裂帛(れっぱく) 열백. 비단을 찢는 듯이 소리가 날카롭고 새됨.
〜の叫び(さけび) 비단을 찢는 듯한 날카로운 외침〔비명〕.
裂傷(れっしょう) 열상. 피부가 찢어진 상〔처〕.
裂線噴火(れっせんふんか)〖地〗열선 분화.
裂蹄(れってい) 겨울철 건조한 기후로, 말발굽이 터서 금이 감.
裂創(れっそう) 열창. 열상(裂傷).
裂罅(れっか) 열하. 터진 틈. 금.

訓読
裂地(きれじ) 옷감. 피륙. (옷감의) 자투리.
❖**裂く**(さく) ① 찢다. ② 쪼개다. 가르다. ③〈文〉☞裂ける(さける).
裂き膾(さきなます) 칼로 뜨지 않고 손으로 찢어 만든 정어리 회.
❖**裂ける**(さける) 찢어지다. 터지다. 갈라지다.
裂け目(さけめ) 갈라진 곳. 터진 곳〔데〕. 금.
裂け痔(さけじ) 항문의 피부와 점막 사이가 찢어져서 생기는 상처《전문 용어로는 肛門裂傷(こうもんれっしょう)라고 함》.

렴

| 13 广 常 | 廉 (廉) | 청렴할 렴 · 값쌀 렴
レン
いさぎよい · かど · やすい |

音読
廉価(れんか) 염가.
廉潔(れんけつ) 염결. 청렴 결백함.
廉売(れんばい) 염매. 염가 판매. 싸게 팖.
廉隅(れんぐう) 염우. ① 물건의 모서리. ② 단정함.
廉節(れんせつ) 염절. 결백하고 바른 절개.
廉正(れんせい) 염정. 결백하고 정직함. 또, 그 모양.
廉直(れんちょく) 염직. 결백하고 정직함.
廉恥(れんち) 염치.

訓読
廉(かど) ① 조목(條目). 조리(條理). ② 점(點). 이유.

| 17 攵 | 斂 | 거둘 렴 · 모을 렴
レン
おさめる |

音読
斂棺(れんかん) 시체를 관에 거둠.
斂葬(れんそう) 염장(殮葬). 시체를 매장함.

| 17 貝 | 賺 | 속일 렴 · 속일 잠
タン
すかす · だます |

訓読
賺す(すかす) ① 달래다. 어르다. ② 속이다.

| 19 竹 | 簾 | 발 렴
レン
すだれ · す |

音読
簾箔(れんぱく) 발.
簾政(れんせい) 염정. 수렴청정(垂簾聽政).
簾中(れんちゅう) 염중. ① 발로 칸을 막은 안쪽. ② 신분이 높은 공경(公卿) · 제후의 아내에 대한 높임말. 마님. 귀부인.

訓読
簾(すだれ) (드리우는) 발. *す로도 읽음.
簾越し(すだれごし) 발을 사이에 둠〔격함〕.
簾戸(すど) ① 대나 나무오리로 엮어 만든 (사립)문. ② 발을 끼운 장지문.
簾戸門(すどもん) 대나무를 성기게 엮어서 만들어 달아 밖을 내다볼 수 있게 한 문.

| 20 氵 | 瀲 | 뜰 렴 · 넘칠 렴
レン |

音読
瀲瀲(れんえん) 염염. 물결이 빛나는 모양.
瀲灩(れんえん) ⇨瀲瀲(れんえん).

| 21 艹 | 薟 | 거지덩굴 렴
レン
えぐい · えごい |

訓読
薟い(えぐい) 아리다. 맵싸하다.

렵

11 犭 常 猟(獵) 사냥할 렵
リョウ
かり・かる・さつ

音読
猟(りょう) 사냥. 수렵.
猟する(りょうする) ① 사냥하다. ② 손에 넣고자 쫓아가다.
猟犬(りょうけん) 엽견. 사냥개. ＊かりいぬ로도 읽음.
猟官(りょうかん) 엽관. 관직을 구하러 다님. ♣〜制(せい) 엽관제.
猟区(りょうく) 엽구. 사냥이 허가된 구역.
猟具(りょうぐ) 엽구. 사냥 도구.
猟奇(りょうき) 엽기. ♣〜的(てき) 엽기적.
猟期(りょうき) ① 어떤 새·짐승이 잘 잡히는 시기. ② 수렵이 허용된 시기.
猟猟(りょうりょう) 바람이 부는 모양.
猟夫(りょうふ) 엽부. 사냥꾼. ＊雅語로는 さつお라고도 함.
猟師(りょうし) 엽사. 사냥꾼.
猟色(りょうしょく) 엽색. 여색(女色)을 탐하는 일.
猟船(りょうせん) 엽선. 고기잡이배. 어선.
猟域(りょういき) 사냥이 허락된 구역.
猟人(りょうじん) 엽인. 사냥꾼. ＊雅語로는 さつど・さつびと라고도 함.
猟場(りょうば) 엽장. 사냥터.
猟鳥(りょうちょう) 엽조. 사냥이 허용된 조류(鳥類).
猟銃(りょうじゅう) 엽총.

訓読
猟る(かる) ① 사냥하다. ② (물고기 따위를) 잡다.
猟弓(さつゆみ) 〈雅〉엽궁. 사냥에 쓰는 활.
猟矢(さつや) 〈雅〉엽시. 사냥에 쓰는 화살.

其他
猟虎(らっこ) 『動』해달.

25 髟 鬣 갈기 렵
リョウ
たてがみ

訓読
鬣(たてがみ) 갈기.

26 魚 鱲 물고기이름 렵
リョウ
からすみ

訓読
鱲(からすみ) 숭어·방어·상어 따위의 알집을 소금에 절여 말린 것.
鱲子(からすみ) ⇒ 鱲(からすみ).

령

5 人 教 令 영 령·하여금 령
レイ・リョウ
しむ

音読
令 ㊀(れい) 영. ① 명령. 법령. ②《接頭語로》영…. 남의 가족에 대한 경칭. ③《接尾語로》…령.
㊁(りょう) 영. 奈良(なら)·平安(へいあん) 시대에, 律(りつ)와 함께 중심을 이룬 일본의 법전.
令する(れいする) 명령하다. 분부하다.
令閨(れいけい) 영규. (편지에서) 영부인.
令達(れいたつ) 영달. 명령으로서 전함. 명령의 전달.
令堂(れいどう) ① 남의 집의 경칭. ② 영당. 남의 어머니의 경칭.
令望(れいぼう) 영망. 좋은 평판[명망].
令妹(れいまい) 영매. 남의 누이동생에 대한 높임말.
令名(れいめい) 영명. 명성.
令母(れいぼ) 영모. 남의 모친의 경칭.
令聞(れいぶん) 영문. 명성. 좋은 평판.
令夫人(れいふじん) 영부인.
令嗣(れいし) 영사. 남의 맏아들의 높임말.
令色(れいしょく) 영색. 남에게 아첨하려고 좋게 짓는 얼굴빛.
令書(れいしょ) 행정 처분을 위한 명령서.
令婿(れいせい) 영서. 남의 사위의 높임말.
令孫(れいそん) 영손. 남의 손자의 높임말.
令息(れいそく) 영식. 남의 아들의 높임말.
令室(れいしつ) 영실. 영부인.
令嬢(れいじょう) 영양. 영애(令愛). 따님.
令厳(れいげん) 춘부장. 남의 아버지에 대한 존칭.
令月(れいげつ) 영월. ① 길월(吉月). ② 음력 2월
令尹(れいいん) 영윤. 중국 주대(周代)의 초(楚)나라의 관명.
令姉(れいし) 영자. 남의 누이의 높임말.
令慈(れいじ) 자당. 남의 어머니의 존칭.
令状(れいじょう) 영장.
令弟(れいてい) 영제. 남의 아우의 높임말.
令尊(れいそん) 영존. 남의 아버지의 경칭. 춘부장.
令旨(りょうじ) 영지. 황후·황태자·황족의

말씀〔명령서〕. *れいしろ로도 읽음.
令姪(れいてつ) 영질. 남의 조카의 높임말. 함씨(咸氏).
令兄(れいけい) 영형. 남의 형의 높임말.

| 7 イ 人 | 伶 | 영리할 **령**·악공 **령**
レイ
わざおぎ |

音読▶

伶倫(れいりん) 영륜. 중국 황제(黃帝) 때의 사람《음악을 관장하였다는 전설상의 인물》.
伶人(れいじん) 영인. 궁중 음악의 연주자.
♣**〜草**(そう)〘植〙진범(秦芁).

| 8 口 | 囹 | 옥 **령**·감옥 **령**
レイ・リョウ
ひとや |

音読▶

囹圄(れいご) 영어. 감옥.

| 8 忄 人 | 怜 | 영리할 **령**
レイ
さとい |

音読▶

怜俐(れいり) ⇨ 伶俐(れいり).
怜悧(れいり) 영리. 약고 민첩함.
怜質(れいしつ) 영질. 영리한 태생.

| 9 木 | 柃 | 사스레피나무 **령**
レイ・リョウ
いちさかき・ひさかき |

訓読▶

柃(ひさかき)〘植〙사스레피나무.

| 9 王 人 | 玲 | 옥소리 **령**·고울 **령**
レイ |

音読▶

玲琴(れいきん) 저음(低音)의 호궁(胡弓).
玲玲(れいれい) 영령. 옥이 부딪혀 울리는 소리.
玲瓏(れいろう) 영롱.

| 11 辶 | 逞 | 쾌할 **령**
テイ
たくましい |

訓読▶

逞しい(たくましい) 늠름하다. 헌걸차다.
逞しゅうする(たくましゅうする) ①마음껏〔제마음대로〕하다. ②위세를 떨치다.

逆音▶

不逞(ふてい) 불령. 아무 거리낌없이 함부로 행동함.

| 11 羊 | 羚 | 영양 **령**·큰뿔양 **령**
レイ
かもしか |

訓読▶

羚羊(かもしか)〘動〙영양. *れいよう로도 읽음.

| 11 耳 | 聆 | 들을 **령**·깨달을 **령**
レイ
きく |

其他▶

聆し(とし)〈古〉①민첩하다. ②예민하다. 날카롭다.

| 13 金 常 | 鈴 | 방울 **령**
レイ・リン
すず |

音読▶

鈴杵(れいしょ) 영저. 금강저(金剛杵) 모양의 방울.

訓読▶

鈴 ㊀(すず) 방울.
㊁(りん) ①☞㊀. ②종. 초인종. ③〘佛〙경을 욀 때 치는 경쇠.
鈴掛け(すずかけ) ①가사(袈裟). 수도자가 옷 위에 입는 법의(法衣). ②〘植〙鈴掛けの木의 준말.
‖**〜の木**(き)〘植〙플라타너스.
鈴蘭(すずらん)〘植〙은방울꽃.
‖**〜灯**(とう) 은방울꽃 모양의 장식용 전등.
鈴蜂(すずばち)〘蟲〙호리병벌.
鈴生り(すずなり) ①(과일 등이) 주렁주렁 달림. ②(사람이) 한곳에 잔뜩 몰려 있음.
鈴眼(すずまなこ) 왕방울만한 눈.
鈴蛙(すずがえる)〘動〙무당개구리.
鈴紫胡(すずさいこ)〘植〙산해박.
鈴虫(すずむし)〘蟲〙①방울벌레. ②〈古〉청귀뚜라미.

| 13 雨 常 | 零 | 떨어질 **령**·영 **령**
レイ
おちる・こぼれる・ゼロ |

音読▶

零 ㊀(れい) 영.
㊁(ゼロ) 제로. 영(零).
‖**〜成長**(せいちょう) 제로 성장.
〜メートル地帯(メートルちたい) 제로미터 지대.
㊂(こぼし) 다도(茶道)에서, 찻잔을 씻은 물을 담는 그릇.
零距離射撃(れいきょりしゃげき)〘軍〙영거리 사격. 포탄이 발사 직후에 터지도록 조절해서 쏘는 사격.

零度(れいど) 영도.
零落(れいらく) 영락함. 몰락함.
零露(れいろ) 영로. 방울져 떨어지는 이슬.
零墨(れいぼく) 영묵. 단편적으로 남은 옛 사람의 필적.
零本(れいほん) 영본. 결본(缺本).
零封(れいふう) (경기 등에서) 영봉. 셧아웃.
零細(れいさい) 영세. ♣〜農(のう) 영세농.
‖〜経営(けいえい) 영세 경영.
〜企業(きぎょう) 영세 기업.
零歳(れいさい) 영세. 태어난 지 1년 미만.
零時(れいじ) 영시.
零余(れいよ) 영여. 잔여(殘餘).
零雨(れいう) 영우. 가랑비.
零位法(れいいほう) 〖理〗 영위법.
零点(れいてん) 영점.
零敗(れいはい) 영패. *ゼロはい로도 읽음.
零下(れいか) 영하.

<u>訓読</u>▶
零落れる(おちぶれる) 영락(零落)하다.
❖**零す**(こぼす) ① 흘리다. 엎지르다. ② 불평하다. 푸념하다.
零し(こぼし) 엎지름.
❖**零れる**(こぼれる) 넘치다. 넘쳐 흐르다. 흘러나오다.
零れ(こぼれ) 넘쳐 흐름. 흘린 것. 쓰다 남은 것.
零れ落ちる(こぼれおちる) ① 넘쳐서 흘러 떨어지다. ② 잎이나 꽃이 져서 떨어지다.
零れ松葉(こぼれまつば) ① 져서 떨어진 솔잎. ② 흩어진 솔잎 무늬.
零れ種(こぼれだね) ① 저절로 땅에 떨어진 종자. ② 사생아.
零れ幸い(こぼれざいわい) 뜻하지 않은 행운. 요행.
零れ話(こぼればなし) 후문. 여담. 뒷얘기.

<u>其他</u>▶
零余子(むかご) 〖植〗 주아(珠芽). *ぬかご・れいよし로도 읽음.

14頁教 **領** 옷깃 령・다스릴 령
リョウ
うなじ・えり

<u>音読</u>▶
領(りょう) ① 영역. 영토. ② 옛날에 '郡司(ぐんじ)(=郡의 행정관)'의 장관・차관. ③ 《接尾語로》…령. 영토.
領する(りょうする) ① 소유하다. ② 자기 영토로 하다. ③ 받다. 영수하다. ④ 납득하다.
領空(りょうくう) 영공. ♣〜権(けん) 영공권. ‖〜侵犯(しんぱん) 영공 침범.
領国(りょうごく) (제후의) 영지(領地).
領納(りょうのう) 영수. 수령.
領内(りょうない) 영내. 영토[영지]의 안.
領導(りょうどう) 영도.
領得(りょうとく) 영득. ① 깨달음. 납득함. ② 〖法〗 자기 또는 제 3 자의 것으로 할 목적으로 남의 재산을 취득함.
領略(りょうりゃく) 의미를 깨달음. 이해함.
領民(りょうみん) 영민. 영주 지배하에 있는 백성.
領邦国家(りょうほうこっか) 영방 국가.
領分(りょうぶん) 영분. ① 영지(領地). 영유하고 있는 토지. ② 세력 범위.
領事(りょうじ) 영사. ♣〜館(かん) 영사관. ‖〜裁判(さいばん) 영사 재판.
領水(りょうすい) 영수. 영해(領海) 내의 수역(水域).
領収(りょうしゅう) 영수. ♣〜証(しょう) 영수증.
領袖(りょうしゅう) 영수. 여러 사람 중의 두머리.
領承(りょうしょう) 들어줌. 승낙함. 동의함.
領野(りょうや) 영역. 분야.
領域(りょういき) 영역.
領外(りょうがい) 영외.
領有(りょうゆう) 영유.
領邑(りょうゆう) 소유지. 영지.
領掌(りょうしょう) ① 영유(領有)하고 지배함. ② ⇨ 領承(りょうしょう).
領主(りょうしゅ) 영주. ① 장원(莊園)의 소유주. ② 江戸(えど) 시대에 성(城)을 갖지 않은 小名(しょうみょう).
領地(りょうち) 영지.
領知(りょうち) ① 토지를 소유하고 지배함. ② 맡아서 다스림.
領取(りょうしゅ) 영취. 자기 것으로 받아들임.
領置(りょうち) 〖法〗 영치(압수의 하나).
領土(りょうど) 영토.
領海(りょうかい) 영해.
領会(りょうかい) 영회. (뜻・내용 따위를) 깨달음. 이해함.

<u>其他</u>▶
領巾(ひれ) ① 옛날 귀부인이 정장할 때 어깨에 드리운 길고 얇은 천. ② 의식용의 矛(ほこ) 따위에 다는 작은 천.

15雨常 **霊**(靈) 신령 령
レイ・リョウ
たま・たましい

<u>音読</u>▶
霊 🗒(れい) 영. ① 정신. 영혼. ② 죽은 사람의 혼.
🗒(たましい) ① ☞🗒①. ② 정신. 기력.
霊感(れいかん) 영감.
霊鑑(れいかん) 영감. ① 하늘이나 신불(神佛)이 보심. ② 훌륭한 안식(眼識).
霊剣(れいけん) 영검.
霊境(れいきょう) 영경. 영지(靈地).
霊界(れいかい) 영계. 영혼의 세계.
霊光(れいこう) 영광. 영묘한[신비한] 빛.
霊怪(れいかい) 영괴. 불가사의하고 괴상함.
霊柩(れいきゅう) 영구. 「(精靈).
霊鬼(れいき) 영귀. 이상한 힘을 지닌 영혼.
霊亀(れいき) 영귀. 영묘하고 상서로운 거북.
霊菌(れいきん) 〖植〗 영균. 세균류의 하나.
霊気(れいき) 영기. 영묘한 기운.

靈能(れいのう) 영능. 초감각적인 능력.
靈堂(れいどう) 영당. 영험 있는 신불(神佛)을 모신 당.
靈台(れいだい) ① 천문(天文)・운기(雲氣) 등을 보는 대. 천문대. ② 靈台郞의 준말.
‖～郞(ろう) 천문 박사의 중국 이름.
靈德(れいとく) 영덕. 높은 덕.
靈灯(れいとう) 신불에게 올리는 등불.
靈力(れいりょく) 영력. 신비스러운 힘.
靈媒(れいばい) 영매. 신령이나 망자(亡者)의 영과 의사를 통하게 하는 매개자. ♣～術(じゅつ) 영매술.
靈名(れいめい) 세례명(洗禮名). 「무.
靈木(れいぼく) 영목. 신령이 깃들인다는 나
靈夢(れいむ) 영몽. 신이나 부처가 나타난 꿈. 신령한 꿈.
靈妙(れいみょう) 영묘.
靈猫(れいびょう) '麝香猫(じゃこうねこ)(=사향고양이)'의 딴이름.
靈廟(れいびょう) 영묘. 사당.
靈物(れいぶつ) 영물. 영묘한 물건.
靈寶(れいほう) 영보. 거룩한[신성한] 보물.
靈峰(れいほう) 영봉. 신성시하는 산.
靈符(れいふ) 부적. 호부(護符).
靈簿(れいぼ) 과거장(過去帳). 「(靈氣).
靈氛(れいふん) 이상한 기색[분위기]. 영기
靈仏(れいぶつ) 영불. 영검이 있는 부처.
靈寺(れいじ) 영검스러운 절.
靈舍(れいしゃ) 죽은 사람의 혼령을 모신 사당(祠堂). 「모심.
靈祀(れいし) 신령이나 죽은 사람의 혼령을
靈祠(れいし) 영사. 영검이 있는 사당.
靈山(れいざん) 영산. 신불을 모신 신성한
靈像(れいぞう) 영상. 신불의 상. 「산.
靈璽(れいじ) 영새. 어새(御璽).
靈犀(れいさい) 영서 일점통(一點通). 서로의 마음이 잘 통함.
靈瑞(れいずい) 영서. 영묘한 서조(瑞兆).
靈性(れいせい) 영성. 인간의 정신(性).
靈水(れいすい) 영수. 영험이 있는 물.
靈獸(れいじゅう) 영수. 상서로운 짐승. 영
靈術(れいじゅつ) 영묘한 기술. 「물.
靈示(れいじ) 신・부처의 계시.
靈神(れいじん) 영신. 영험이 있는 신.
靈室(れいしつ) 영실. 신불・위패 등을 모신
靈安室(れいあんしつ) 영안실. 「방.
靈液(れいえき) 영액. 영묘한 액체.
靈薬(れいやく) 영약. 「지역.
靈域(れいいき) 영역. 사찰 등이 있는 신성한
靈雨(れいう) 영우. 자우(慈雨).
靈雲(れいうん) 서운(瑞雲). 상서로운 구름.
靈苑(れいえん) ⇨ 靈園(れいえん).
靈園(れいえん) 묘원(墓苑). 공원 묘지.
靈位(れいい) 영위. 죽은 이의 혼. 전하여, 위패(位牌). 「력.
靈威(れいい) 영위. 신비스러운[영묘한] 위
靈肉(れいにく) 영육. 영혼과 육체.
‖～一致(いっち) 영육 일치.

靈応(れいおう) 영응. 신불의 영묘한 감응.
靈異(れいい) 영이. 불가사의하고 신성함. 영묘. ＊りょういとも読む. 「류.
靈長(れいちょう) 영장. ♣～類(るい) 영장
靈場(れいじょう) 영지(靈地). 신불의 영험이 현저한 곳.
靈的(れいてき) 영적. 영혼에 관한 모양.
‖～交感(こうかん) 영적 교감.
靈迹(れいせき) ⇨ 靈跡(れいせき).
靈跡(れいせき) 영적. 기적이 있던 흔적. 신불에 관한 신성한 사적(事蹟)이 있었던 곳.
靈蹟(れいせき) ⇨ 靈跡(れいせき).
靈前(れいぜん) 영전.
靈殿(れいでん) 영전. 영묘(靈廟). 사당.
靈鳥(れいちょう) 영조. 신비스러운[신성한]
靈芝(れいし)〔植〕영지(靈芝). 「새.
靈地(れいち) 영지. 영역(靈域).
靈知(れいち) 영지. 영묘한 지혜.
靈智(れいち) ⇨ 靈知(れいち).
靈車(れいしゃ) 영구차. 「신 절.
靈刹(れいさつ) 영찰. 영험이 많은 부처를 모
靈泉(れいせん) 영천. 신기하리만큼 약효가 있는 샘・온천. 「있는 풀.
靈草(れいそう) 영초. 신기하리만큼 약효가
靈湯(れいとう) 영천(靈泉).
靈牌(れいはい) 위패(位牌).
靈香(れいこう) 영묘한 향기. ＊れいきょうとも読む.
靈験(れいげん) 영험. 영검.
靈魂(れいこん) 영혼.
‖～不滅(ふめつ) 영혼 불멸.
～信仰(しんこう) 영혼 신앙. 「만듦.
靈化(れいか) 영화. 영적(靈的)인 것으로 됨

訓読

靈結び(たまむすび) 떠도는 영혼을 위로하여 머물게 하는 주술(呪術).
靈代(たましろ) 신이나 죽은 사람의 혼령 대신으로 모시는 것.
靈棚(たまだな) 조상의 영혼을 모신 선반.
靈送り(たまおくり)《佛》백중날 혼령을 배웅하는 불사(佛事).
靈迎え(たまむかえ) 음력 7월 13일, 영혼을 집에 맞아들임. 또, 그 의식.
靈屋(たまや) 사당. 영묘(靈廟). ＊れいおくとも読む.
靈祭り(たままつり) 백중(百中)날, 조상의 영혼을 집에 맞이하여 지내는 불사(佛事).
靈呼び(たまよび) 초혼(招魂)《의식》.

| 16 氵 (入) | 澪 | 물이름 령
レイ
みお |

訓読

澪(みお)(해안・강가 부근의) 뱃길. 수로(水路). ＊口語로는 みよ라고도 함.
澪筋(みおすじ) 뱃길. 수로.
澪引き(みおびき) 물길 안내. 도선(導船).

澪標(みおつくし)〈雅〉수로표(水路標).
＊みおじるし 또는, れいひょう로도 읽음.

17 山 人	嶺	재 령 レイ ね・みね

訓読➡
嶺(みね) ①산등성. ②물건의 봉우리처럼 높은 부분. ③칼등. ＊ね로도 읽음.
嶺颪(ねおろし) 내리부는 산바람. 재넘이.
逆読➡
分水嶺(ぶんすいれい) 분수령.
逆訓➡
高嶺(たかね) 고령. 높은 산봉우리.

17 歯 常	齢 (齡)	나이 령 レイ よわい

音読➡
齢級(れいきゅう) 수령(樹齢)에 따라 나눈
齢歯(れいし) 나이. 연령. ㄴ계급.
訓読➡
齢(よわい) 나이. 연령. 연배(年輩).
齢する(よわいする) 한패로 사귀다. 한패로서 대우하다.

21 木	櫺	격자창 령 レイ れんじ

音読➡
櫺檻(れいかん) 영함. 격자창(格子窓)으로 꾸민 난간.

례

5 木 教	礼 (禮)	예 례・절 례 レイ・ライ

音読➡
礼(れい) ①예. 예의. 경의. ②인사. 절.
礼冠(らいかん) 奈良(なら) 시대 이후, 조하(朝賀) 또는 즉위식 때 礼服(らいふく)를 입고 쓰던 관.
礼金(れいきん) 사례금.
礼記(らいき) 예기《오경(五經)의 하나》.
礼器(れいき) 예기. 제기(祭器).
礼待(れいたい) 예대. 예로써 대접함.
礼帽(れいぼう) 예모. 예장할 때 쓰는 모자.
礼物 ㊀(れいもつ) ①예물. 감사한 마음을 표시하려고 주는 물건. ②☞㊁①.
㊁(れいぶつ) ①제사 예식을 행하기 위한 물건. ②전례(典禮)와 문물(文物).

礼返し(れいがえし) 답례.
礼盤(らいばん)〖佛〗예반. 본존(本尊) 앞에
礼拝 ㊀(れいはい)〖基〗예배. ㄴ있는 단.
㊁(らいはい)〖佛〗예배. 부처를 예배함.
礼拝堂 ㊀(れいはいどう)〖基〗예배당. 채플(chapel).
㊁(らいはいどう)〖佛〗예배소. 본존(本尊)을 예배하는 곳.
礼法(れいほう) 예법. 예의 범절. ＊らいほう로도 읽음.
礼服 ㊀(れいふく) 예복.
㊁(らいふく) 예복. 옛날 조하(朝賀) 때나 즉위식 같은 큰 예식 때, 황족 및 5품 이상의 제신(諸臣) 등이 입던 정식 복장.
礼奉公(れいぼうこう) 고용인이 고용살이 기간이 끝난 후에도 잠시 더 머물러 일함.
礼部(れいぶ) 예부. 옛날 중국의 육부(六部)의 하나. 예악(禮樂) 등을 관장하던 관청.
礼肥(れいごえ) 과일의 수확(收穫) 직후에 주는 비료.
礼聘(れいへい) 예빙. 예를 갖추어 초빙함.
礼扇(れいおうぎ) 연초(年初)에 나누어 주는
礼式(れいしき) 예식. 예법. ㄴ부채.
礼心(れいごころ) 감사하는 마음.
礼楽(れいがく) 예악. 예법과 음악.
礼譲(れいじょう) 예양.
礼容(れいよう) 예용. 예의 바른 태도.
礼遇(れいぐう) 예우.
礼意(れいい) 예의. 예로써 나타내는 경의.
礼義(れいぎ) 예의. 예절과 의리.
礼儀(れいぎ) 예의.
礼者(れいしゃ) 새해 인사 다니는 사람.
礼状(れいじょう) 예장. 사례 편지.
礼帳(れいちょう) 현관 앞이나 가게 앞에 놓아 신년 축하객이 기명(記名)하는 장부.
礼装(れいそう) 예장. 정식 복장. 예복.
礼典(れいてん) 예전. ①예의에 관한 법칙(을 적은 책). ②의식. 의전.
礼奠(れいてん) 예전. 신불이나 사자(死者)의 영전에 제물을 차려 제사함. 또, 그 제물.
礼電(れいでん) 예전. 사례의 전보.
礼銭(れいせん) 사례로 제공하는 금전.
礼節(れいせつ) 예절.
礼奏(れいそう) 예주. 음악회에서, 재청에 대하여 답례로 하는 연주.   「지.
礼紙(れいし) 편지・목록 등의 겉을 싸는 백
礼賛(れいさん) 예찬. ①고맙게 여겨 기림. ②〖佛〗부처의 공덕을 찬양함.
礼讃(らいさん) ⇨ 礼賛(らいさん).
礼参(らいさん) 예참.
礼参り(れいまいり) 사례〔감사〕의 인사를
礼砲(れいほう) 예포.   ㄴ하러 감.
礼回り(れいまわり) 사례차 돌아다님.

8 イ 教	例	법식 례・본보기 례 レイ たとえる・ためし

音読

例(れい) 예. ① 선례. 전례. 관례. ② (본)보기. ③ 늘. 언제나. 여느. *①②는 ためしに로
例する(れいする) 예를 들다.　└도 읽음.
例の(れいの) 예의.
例刻(れいこく) 예각. 여느 때와 같은 그 시
例句(れいく) 실례로 든 俳句(はいく).
例規(れいき) 예규.
例年(れいねん) 예년.
例文(れいぶん) 예문.　　　　　　　└명.
例説(れいせつ) 예를 들어 설명함. 또, 그 설
例示(れいじ) 예시. 정해진 언제나의 그 시
例時(れいじ) 예시.　　　　　　　　└각.
例式(れいしき) 예식. 정해진 방식. 이제까지의 방식.　　　　　　　└로.
例様(れいざま) 〈古〉 언제나의 모양. 평소대
例語(れいご) 예어. 예로 드는 말.
例言(れいげん) 예언. 범례. 일러두기.
例外(れいがい) 예외. ♣〜法(ほう) 『法』 예외법 / 〜的(てき) 예외적.
例月(れいげつ) 예월. 월례. 매월.
例日(れいじつ) 여느 날. 정례로 되어 있는
例典(れいてん) 예전.　　　　　　　└그날.
例祭(れいさい) 예제. 시제(時祭).
例題(れいだい) 예제.
例証(れいしょう) 예증. ① 예를 들어 증명함. ② 증거로서 드는 예.
例解(れいかい) 예해. 예를 들어 풀이함.
例話(れいわ) 예화. 예를 들어 하는 이야기.
例会(れいかい) 예회. 정례회.

訓読

例色(ためしいろ) 짙은 적자색(赤紫色) [분홍색].
❖例える(たとえる) 예를 들다. 비유하다.
例え(たとえ) 예(例).
例えば(たとえば) ① 예를 들면. 예컨대. ② 〈古〉 가령. 설령. 비록.　　　　└야기.
例え話(たとえばなし) 예를 들어서 하는 이

逆音

慣例(かんれい) 관례.

| 16
隶
常 | 隷 (隸) | 종 례·붙을 례
レイ
しもべ |

音読

隷農(れいのう) 예농. 노예와 같은 상태에 있
隷書(れいしょ) 예서.　　　　└는 농민.
隷属(れいぞく) 예속. 종속.
隷従(れいじゅう) 예종. 예속하여 복종함.
隷下(れいか) 예하. 휘하.

| 20
酉 | 醴 | 단술 례·달 례
レイ
あまざけ·こざけ |

音読

醴泉(れいせん) 예천. 단물이 솟는 샘.

訓読

醴(あまざけ) 감주. 단술. *こさけ·こざけ로도 읽음.

| 24
魚 | 鱧 | 가물치 례
レイ
はも |

訓読

鱧(はも) 『魚』 갯장어. *古語로는 はむ.

로

| 6
老
教 | 老 | 늙을 로·익숙할 로
ロウ
おいる·ふける |

音読

老(ろう) ① 늙음. 노인. ② 노인 이름에 붙이는 경칭.
老幹(ろうかん) 늙은 나무의 줄기.
老健(ろうけん) 노건. 노후에도 건장함.
老犬(ろうけん) 늙은 개.
老境(ろうきょう) 노경. 노년.
老骨(ろうこつ) 노골. 노구(老軀).
老公(ろうこう) 노공. 연만한 귀인에 대한 높
老巧(ろうこう) 노교. 노련.　　　　└임말.
老軀(ろうく) 노구.　　　　　　└랜 국화.
老菊(ろうぎく) 노국. 전성기가 지나 빛이 바
老君(ろうくん) 노군. ① 노인의 경칭. ② 나이 많은 주군(主君).
老妓(ろうぎ) 노기. 늙은 기생.
老耆(ろうき) 노인.
老騏(ろうき) 노기. ① 늙은 준마. ② 노인이 된 영걸·영웅.
老驥(ろうき) ⇨ 老騏(ろうき).
老衲(ろうのう) 노납. ① 늙은 승려. ② 늙은 승려의 자칭.
老女(ろうじょ) 노녀. (곱게) 늙은 여자.
老年(ろうねん) 노년. ♣〜期(き) 노년기.
∥〜期地形(きちけい) 노년기 지형.
〜医学(いがく) 노년 의학.
〜痴呆(ちほう) 노년 치매.
老農(ろうのう) 노농.
老尼(ろうに) 늙은 여승.
老大(ろうだい) 노대. 인생의 고개를 지나 이미 쇠하여짐.
老大家(ろうたいか) 노대가.
老大国(ろうたいこく) 노대국.
老来(ろうらい) 노래. 늘그막에.
老練(ろうれん) 노련.
老齢(ろうれい) 노령.
∥〜福祉年金(ふくしねんきん) 노령 복지
〜年金(ねんきん) 노령 연금.　　└연금.
〜人口(じんこう) 노령 인구.
〜化指数(かしすう) 노령화 지수.

老涙(ろうるい) 노루. 늙은이가 흘리는 눈물.
老吏(ろうり) 노리. ① 늙은 관리. ② 노련한 관리.
老馬(ろうば) 노마. 늙은 말.
老梅(ろうばい) 오래된 매화나무.
老母(ろうぼ) 노모.
老耄(ろうもう) 노모. 늙어빠짐.
老木(ろうぼく) 노목. 고목.
老斑(ろうはん) 노인 피부의 검버섯.
老輩(ろうはい) 노배. ① 노인들. ② 노인의 자기 겸칭.
老兵(ろうへい) 노병.
老病(ろうびょう) 노병. 늙어서 생기는 병.
老僕(ろうぼく) 노복.
老夫(ろうふ) 노부.
老父(ろうふ) 노부. 늙은 아버지.
老婦(ろうふ) 노부. 노년의 여성.
老婦人(ろうふじん) 노부인.
老仏(ろうぶつ) ① 노자와 석가. ② 노자의 가르침과 석가의 가르침. 도교와 불교.
老婢(ろうひ) 노비. 늙은 여종[하녀].
老憊(ろうはい) 노비. 나이 들어 쇠약해짐.
老死(ろうし) 노사. 노쇠하여 죽음.
老師(ろうし) 노사. 나이 많은 스승[승려].
老杉(ろうさん) 늙은 삼나무.
老生(ろうせい) 노생. (편지 등에서) 노년의 남자가 자신을 낮추어서 하는 말.
老先生(ろうせんせい) 노선생.
老成(ろうせい) 노성. ① 경험을 쌓아 원숙해짐. ② 어른 티가 남.
老少(ろうしょう) 노소.
∥~不定(ふじょう)『佛』노소부정. 죽음에는 노소가 없음.
老松(ろうしょう)『植』노송. 늙은 소나무.
老衰(ろうすい) 노쇠.   「사람.
老手(ろうしゅ) 노수. 노련한 솜씨. 또, 그
老叟(ろうそう) 노수. 노옹. 늙은 남자.
老樹(ろうじゅ) 노수. 고목.
老熟(ろうじゅく) 노숙. 노련. 원숙.
老僧(ろうそう) 노승.
老視(ろうし) 노시. 노안.
老臣(ろうしん) 노신. ① 나이 많은 신하. ② 중신.
老身(ろうしん) 노신. 늙은 몸.
老実(ろうじつ) 노실. 일에 익숙하고 충실함.
老眼(ろうがん) 노안.
∥~鏡(きょう) 노안경. 돋보기.
老顔(ろうがん) 노안. 노쇠한 얼굴.
老桜(ろうおう) 오래된 벚나무.   「람새.
老鶯(ろうおう) 노앵. 봄이 지나서 우는 휘파
老爺(ろうや) 노야. 노옹. 늙은이.
老若(ろうにゃく)〈老〉노소. *ろうじゃく로도 읽음.
∥~男女(なんにょ) 남녀노소.
老弱(ろうじゃく) 노약.
老孃(ろうじょう) 노양. 노처녀.
老媼(ろうおう) 늙은 여자. 할미.
老翁(ろうおう) 노옹. 노인. 늙은 남자.
老友(ろうゆう) 노우.
老優(ろうゆう) 노우. ① 나이 많은 배우. ② 연기가 노련한 배우.
老雄(ろうゆう) 노웅. 늙은 영웅.
老幼(ろうよう) 노유.
老儒(ろうじゅ) 노유. 늙은 유생(儒生).
老人(ろうじん) 노인. ♣~病(びょう) 노인
∥~病院(びょういん) 노인 병원.   「병.
~保健施設(ほけんせつ) 노인 보건 시설.
~福祉施設(ふくししせつ) 노인 복지 시설.
~性痴呆(せいちほう) 노인성 치매.
~医療(いりょう) 노인 의료.
~の日(ひ) '敬老(けいろう)の日(ひ)(=경로일)'의 구칭.
老子(ろうし) 노자. ① 중국 주(周)나라의 지도자・철학자. ② 그의 저서(명).
老者(ろうしゃ) 노인. 늙은이.
老残(ろうざん) 늙어도 죽지 못해 살고 있음.
老匠(ろうしょう) 뛰어난 고령의 장인(匠人)・예술가.
老壮(ろうそう) 노장. 늙은이와 젊은이.
老荘(ろうそう) 노장. 노자(老子)와 장자(莊子). ♣~学(がく) 노장학.
∥~思想(しそう) 노장 사상.
老将(ろうしょう) 노장.
老措大(ろうそだい) 노조대. 늙은 서생. 또, 자신의 겸칭.
老足(ろうそく) 노족.
老中(ろうじゅう) 江戸幕府(えどばくふ)에서, 将軍(しょうぐん) 직속의 최고 집정관.
老疾(ろうしつ) 노질.
老妻(ろうさい) 노처. 늙은 아내.
老体(ろうたい) ① 노체. 노인. 또, 노인의 높임말. ② 能(のう)에서 三体(さいたい)의 하나로 노인의 풍채.
老醜(ろうしゅ) 노추.
老悴(ろうすい) 노췌. 늙어서 파리함.
老親(ろうしん) 노친. 늙은 부모.
老台(ろうだい) 노태. (편지 등에서) 노인이나 연장자를 존경하는 말.
老婆(ろうば) 노파. ♣~心(しん) 노파심.
老廃(ろうはい) 노폐. ♣~物(ぶつ) 노폐물.
老漢(ろうかん) 노한. ① 늙은 남자. ② 늙은이 자신의 낮춤말.
老兄(ろうけい) 노형.
老化(ろうか) 노화.
老獪(ろうかい) 노회. 경험이 많아 교활함.
老朽(ろうきゅう) 노후. ♣~船(せん) 노후선 /~化(か) 노후화.
老後(ろうご) 노후. 노년.

訓読

❖老いる(おいる) 늙다. 노쇠하다.
老い(おい) ① 늙음. ② 늙은이.
老いさらばえる(おいさらばえる) 늙어빠지다. 늙어 추레해지다.
老いらく(おいらく)〈雅〉늘그막. 노년.
老冠(おいかんむり) 한자 부수(部首)의 하나: 늙을로변.
老い頭(おいがしら) ☞老冠(おいかんむり).

老い耄れ(おいぼれ) 늙어빠짐. 늙은이. 늙다리《늙은이를 경멸하는 말》.
老い耄れる(おいぼれる) 늙어빠지다. 노쇠하다. 고비 늙다.
老い木(おいき) 노목. 전하여, 노쇠한 것.
老い武者(おいむしゃ) 늙은 무사.
老い松(おいまつ) 노송.
‖老松色(おいまついろ) 염색 빛깔의 하나. 짙은 녹색.
老い先(おいさき) (노인의) 여생.
老い込み(おいこみ) 노쇠.
老い込む(おいこむ) 폭삭 늙다.
老い朽ちる(おいくちる) ① 늙어 쓸모 없이 되다. ② (나무 등이) 오래되어 폭삭 썩다.
❖老ける(ふける) 늙다.
老け役(ふけやく)〖劇〗 노역(老役).
老け込む(ふけこむ) 늙어빠지다. 아주 늙어 버리다.

其他▶
老麺(ラーメン) 라면.
老成(ひね) 묵은 곡식. 묵은 것. ♣~米(ごめ) 묵은쌀.
老成ぶ(ねぶ)〈古〉 ① 나이를 먹다. 늙다. ② 나이보다 늙어보이다. ③ 나이에 비하여 점잖다[어른스럽다].
老成る ㊀(ませる) 조숙하다. 자깝스럽다. 깜찍하다. 아른스럽다.
㊁(ねびる) ① 나이를 먹다. ② ☞㊀.
老酒 ㊀(ラオチュー) 라오주(老酒). 중국 양조주(醸造酒)의 총칭.
㊁(ろうしゅ) 오래된 술.
老舗(しにせ) 노포. 대대로 이어져 오는 이름 있는 점포. *ろうほ도로 읽음.
老海鼠(ほや)〖動〗우렁쉥이. 멍게.

7
力
敎
労(勞)
ロウ
いたわる・つかれる・ねぎらう
수고로울 로・고단할 로

音読▶
労 ㊀(ろう) 노동. 수고. 노력.
㊁(いたつき) ①〈古〉수고. 공로. 노고. ②〈雅〉병(病). *いたずきでも 읽음.
労する(ろうする) ① 애쓰며 일하다. ② 피로하게 하다. 번거롭게 하다.
労とする(ろうとする) 위로하다.
労苦(ろうく) 노고. 수고.
労功(ろうこう) 노력과 공적. 공로.
労金(ろうきん) '労働金庫(ろうどうきんこ)(=노동 금고)'의 준말.
労基法(ろうきほう) '労働基準法(ろうどうきじゅんほう)(=노동 기준법)'의 준말.
労農(ろうのう) 노농.
‖~同盟(どうめい) 노농 동맹.
~政府(せいふ) 노농 정부.
労働(ろうどう) 노동. ♣~歌(か) 노동가 / ~権(けん) 노동권 / ~党(とう) 노동당 / ~力(りょく) 노동력 / ~法(ほう) 노동법.

‖~価値説(かちせつ) 노동 가치설.
~階級(かいきゅう) 노동 계급.
~契約(けいやく) 노동 계약.
~科学(かがく) 노동 과학.
~関係調整法(かんけいちょうせいほう) 노동 관계 조정법.
~貴族(きぞく) 노동 귀족.
~金庫(きんこ) 노동 금고.
~基本権(きほんけん) 노동 기본권.
~基準監督官(きじゅんかんとくかん) 노동 기준 감독관.
~基準法(きじゅんほう) 노동 기준법.
~力人口(りょくじんこう) 노동력 인구.
~密度(みつど) 노동 밀도.
~分配率(ぶんぱいりつ) 노동 분배율.
~費用(ひよう) 노동 비용.
~三権(さんけん) 노동 삼권.
~生産性(せいさんせい) 노동 생산성.
~手段(しゅだん) 노동 수단.
~時間(じかん) 노동 시간.
~市場(しじょう) 노동 시장.
~安全衛生法(あんぜんえいせいほう) 노동 안전 위생법.
~運動(うんどう) 노동 운동.
~委員会(いいんかい) 노동 위원회.
~者(しゃ) 노동자. ♣~階級(かいきゅう) 노동자 계급 / 災害補償保険(さいがいほしょうほけん) 노동자 재해 보상 보험 / ~派遣法(はけんほう) 노동자 파견법.
~装備率(そうびりつ) 노동 장비율.
~災害(さいがい) 노동 재해.
~争議調停法(そうぎちょうていほう) 노동 쟁의 조정법.
~条件(じょうけん) 노동 조건.
~組合(くみあい) 노동 조합.
~集約的産業(しゅうやくてきさんぎょう) 노동 집약적 산업.
~行政(ぎょうせい) 노동 행정.
~憲章(けんしょう) 노동 헌장.
~協約(きょうやく) 노동 협약.　　　「품.
労力(ろうりょく) 노력. ① 수고. ② 일손.
労連(ろうれん) '労働組合連盟(ろうどうくみあいれんめい)(=노동 조합 연맹)' '労働組合連合(れんごう)(=노동 조합 연합)' 따위의 준말.

労務(ろうむ) 노무. ♣~者(しゃ) 노무자.
‖~管理(かんり) 노무 관리.
~倒産(とうさん) 노무 도산. 조업 단축이나 인건비 상승으로 기업이 도산하는 일.
~出資(しゅっし) 노무 출자.
労使(ろうし) 노사.
‖~協議制(きょうぎせい) 노사 협의제.
~協調(きょうちょう) 노사 협조.
労相(ろうしょう) 노동 대신[장관].
労魚(ろうぎょ) 노어. 어로. 고기잡이.
労役(ろうえき) 노역.
労委(ろうい) '労働委員会(ろうどういいんかい)(=노동 위원회)'의 준말.

労銀(ろうぎん) 노임. 임금. 품삯.
労音(ろうおん) '勤労者音楽協議会(きんろうしゃおんがくきょうぎかい)(=근로자 음악 협의회)'의 준말.
労賃(ろうちん) 노임.
労資(ろうし) 노자. 노동자와 자본가.
労作(ろうさく) 노작.
労災(ろうさい) '労働者災害補償保険(ろうどうしゃさいがいほしょうほけん)(=노동자 재해 보상 보험)'의 준말.
労政(ろうせい) 노정. 노동에 관한 행정.
労組(ろうそ) '労働組合(ろうどうくみあい)(=노동 조합)'의 준말. *ろうくみ로도 읽음.
労調法(ろうちょうほう) '労働関係調整法(ろうどうかんけいちょうせいほう)(=노동 관계 조정법)'의 준말.
労咳(ろうがい)〖漢醫〗노해. 폐결핵.
労協(ろうきょう) '労働協約(ろうどうきょうやく)(=노동 협약)'의 준말.

訓読
労しい(いたわしい) 가엾다. 애처롭다.
❖**労う**(ねぎらう) 〈수고를〉위로(慰勞)하다. 어루만지다.
労い(ねぎらい) 노고에 사의를 표하는 일.
❖**労る**(いたわる) ①〈노약자를 동정하여〉친절하게 돌보다. ②〈노고를〉위로하다.
労り(いたわり) ①위로함. 또, 그 마음. ②〈古〉노고. 병.

8 火 常	炉 (爐)	화로 로 ロ いろり

音読
炉(ろ) 노(爐). ①방바닥에 네모로 박은 화로. ②난로. ③《接尾語적으로》…로.
炉開き(ろびらき) 다도(茶道)에서, 풍로 대신 화로를 쓰기 시작함. 또, 그 행사.
炉内(ろない) (용광로·원자로 등의) 노의 내부.
炉端(ろばた) 노변. 화롯[난롯]가.
炉頭(ろとう) 노변. 화롯가.
炉辺(ろへん) 노변. 화롯가. 난롯가. *ろばた로도 읽음.
‖~**談話**(だんわ) 노변 담화.
炉塞ぎ(ろふさぎ) 다도(茶道)에서, 화로를 걷어치움. 또, 그 행사《그 대신 풍로를 씀》.
炉心(ろしん)〖理〗노심.
炉煙(ろえん) 향로의 연기.
炉滓(ろかす)〖鑛〗광재. 슬래그(slag).
炉火(ろか) 囲炉裏(いろり)의 불.

参考 蘆의 異體字.

訓読
芦(あし)〖植〗갈대.

11 鹵	鹵	염밭 로·노략질할 로 ロ しお

音読
鹵簿(ろぼ) 노부. 임금이 거동할 때의 행렬.
鹵石(ろせき) 노석. 할로겐화물(化物)로 이루어지는 광물의 총칭.
鹵獲(ろかく) 노획.

13 虍 常	虜 (虜)	사로잡을 로 リョ とりこ

音読
虜掠(りょりゃく) 노략.
虜囚(りょしゅう) 노수. 포로(捕虜).
虜獲(りょかく) 노획. 적을 사로잡음.

訓読
虜(とりこ) 포로.

13 足 教	路	길 로 ロ じ·みち

音読
路肩(ろかた) 노견. 갓길. *ろけん으로도 읽음.
路頭(ろとう) 노두. 한길. 길거리.
路面(ろめん) 노면.
‖~**電車**(でんしゃ) 노면 전차.
路盤(ろばん) 노반.
路傍(ろぼう) 노방. 길가.
路辺(ろへん) 노변. 길가.
路費(ろひ) 노비. 노자.
路上(ろじょう) 노상.
路床(ろしょう) 노상. 노반.
路線(ろせん) 노선.
路用(ろよう) 노용. 여비. 노자.
路銀(ろぎん)〈老〉노은. 여비. 노자.
路銭(ろせん) 노전. 여비.
路程(ろてい) 노정.
路地(ろじ) 노지. ①골목길. ②대문 안이나 뜰의 통로.
路次(ろじ)〈老〉노정(路程).
路村(ろそん)〖地〗노촌.
路側帯(ろそくたい) 노측대. 보행자 통행을 위해 도로 표지로 구획을 지어놓은 부분. 노견. 갓길.
路標(ろひょう) 노표. 도표.

訓読
路 ㊀(じ)《接尾語로》① 가도(街道). 지방. ② 그 날수를 요하는 행정(行程).
㊁(みち) 길. ①도로. ②도중.
路草(みちくさ) ①길가의 풀. ②길가는 도중에 딴짓으로 시간을 보냄.
路も狭に(みちもせに)〈雅〉길이 좁다하고. 길 그득히.

15 扌 撈	잡을 로·끙게 로 ロウ とる

[参考] '끙게 로'는 韓國音.

[音読]
撈魚(ろうぎょ) 노어. 어로. 고기잡이.
撈海(ろうかい) 바닷속의 침전물이나 부유물을 채취하는 일.
‖～作業(さぎょう) 노해 작업.

15 魚 魯	미련할 로·나라 로 ロ

[音読]
魯(ろ) (옛 중국의) 노나라.
魯鈍(ろどん) 노둔. 우둔. 미련함.
魯魚の誤り(ろぎょのあやまり) 노어지오(魯魚之誤). 모양이 비슷한 글자를 착오로 잘못 쓰는 일.

16 艹 (艸) 蕗	머위 로·감초 로 ロ ふき

[訓読]
蕗(ふき)〖植〗머위.
蕗の薹(ふきのとう)〖植〗(봉오리가 달린) 머위의 새순.

16 皿 盧	목로 로·검을 로 ロ

[音読]
盧舍(ろしゃ) 작은 집. 오두막집.
盧生の夢(ろせいのゆめ) 노생지몽. 인생의 영화가 덧없음의 비유. 노생의 꿈. 한단몽(邯鄲夢).
[其他]
盧遮那(るしゃな)〖佛〗'毘盧遮那仏(びるしゃなぶつ)(=비로자나불)'의 준말.

17 疒 癆	노점 로·중독 로 ロウ

[音読]
癆痎(ろうがい)〖漢醫〗노해. 폐결핵.

19 土 壚	검은석비레 로·화로 로 ロ いろり

[音読]
壚土(ろど) 노토. 부식토(腐植土).

19 木 櫓	노 로·망루 로 ロ やぐら

[音読]
櫓 ㈠(ろ) (배를 젓는) 노. 「전망대.
㈡(やぐら) ①(성문이나 성벽의) 망루. ②
櫓脚(ろあし) ①노의 물에 잠기는 부분. ②노질하는 배가 지난 뒤에 이는 물결.
櫓櫂(ろかい) ①노. ②배에서 쓰는 도구(道具)의 총칭.
櫓拍子(ろびょうし) 노 젓는 가락.
櫓声(ろせい) 노성. 노 젓는 소리.
櫓縄(ろなわ) 노질을 돕기 위해 뱃바닥에 매어 노에 걸어두는 줄.
櫓臍(ろべそ) 놋좆. 「구의 총칭.
櫓舵(ろかじ) ①노와 키. ②배에서 쓰는 도
櫓杭(ろぐい) ☞櫓臍(ろべそ).
[訓読]
櫓門(やぐらもん) ①누문(樓門). ②渡(わた)り櫓門의 준말. 복도 모양으로 길게 만든 망루 아래에 있는 문.
櫓太鼓(やぐらだいこ) 개장(開場)·폐장을 알리려고 높다란 데에서 치는 북.
櫓下(やぐらした) ①망루의 아래. ②文楽(ぶんらく)에서 최고 지위의 太夫(たゆう).

20 木 櫨	거먕옻나무 로·주두 로 ロ はじ·はぜ

[訓読]
櫨(はじ)〖植〗거먕옻나무. 황로(黄櫨). ＊はぜ로도 읽음.
櫨弓(はじゆみ) 거먕옻나무로 만든 활.
櫨紅葉(はじもみじ) 붉게 물든 거먕옻나무의 잎. ＊はぜもみじ로도 읽음.

20 艹 蘆	갈대 로 ロ あし·よし

[音読]
蘆角(ろかく) 갈대 피리.
蘆笛(ろてき) 노적. 갈대 피리.
蘆荻(ろてき) 노적. 갈대와 물억새.
蘆花(ろか) 노화. 갈꽃.
蘆薈(ろかい)〖植〗노회. 알로에.
[訓読]
蘆(あし)〖植〗갈대. ＊よし로도 읽음.
蘆簾(よしず) 갈대발.
蘆刈り(あしかり) 갈대를 벰. 또, 그 사람.

21 舟 艪	노 로 ロ かい

艪(ろ) (배를 젓는) 노.
艪脚(ろあし) ①노의 물에 잠기는 부분. ②노질하는 배가 지난 뒤에 이는 물결.
艪拍子(ろびょうし) 노 젓는 가락.
艪繩(ろなわ) 노질을 돕기 위해 뱃바닥에 매어 노에 걸어두는 줄.
艪臍(ろべそ) 놋좆.

21 雨 常	露	이슬 로·드러날 로 ロ・ロウ つゆ・あらわ・あらわれる

音読
露骨(ろこつ) 노골.
露光(ろこう) 〖寫〗 노광.
露国(ろこく) 노국. 러시아.
露菌病(ろきんびょう) 〖植〗 노균병. *べとびょう로도 읽음.
露気(ろき) 노기. 이슬 기운.
露台(ろだい) ①노대. ②〖建〗 발코니.
露頭(ろとう) 노두. ①맨 머리. ②〖鑛〗 광상(鑛床)의 땅 표면에 드러난 부분.
露命(ろめい) 노명. 이슬 같은 목숨.
露文(ろぶん) 노문.
露盤(ろばん) 〖佛〗 노반.
露鋒(ろほう) 노봉. 「상.
露仏(ろぶつ) 노불. 한데서 비바람을 맞는 불
露宿(ろしゅく) 노숙. 「드러냄.
露悪(ろあく) 노악. 자기의 결점 등을 일부러
‖～趣味(しゅみ) 노악 취미. 일부러 자기 결점을 보여주는 악취미.
露岩(ろがん) 노암. 지상에 노출된 바위.
露語(ろご) 노어. 러시아말.
露訳(ろやく) 노역. 러시아어로 번역함.
露営(ろえい) ①야영. ②노숙.
露場(ろじょう) 〖氣〗 노장.
露積(ろせき) 노적.
露店(ろてん) 노점.
露点(ろてん) 〖理〗 노점. 이슬점.
‖～湿度計(しつどけい) 노점 습도계.
　～温度(おんど) 노점 온도.
露呈(ろてい) 노정. 드러냄.
露坐(ろざ) ⇨ 露座(ろざ).
露座(ろざ) 노좌. 한데에 앉음.
露地(ろじ) 노지. 지붕이 덮여 있지 않은 땅.
露天(ろてん) 노천. ♣～商(しょう) 노점상.
‖～掘(ぼり) 노천굴(掘).
　～風呂(ぶろ) 옥외에 있는 목욕탕.
露出(ろしゅつ) ①노출. 밖으로 드러남. ②〖寫〗 노출. ♣～計(けい) 노출계 / ～症(しょう) 노출증.
露探(ろたん) (러·일 전쟁 당시의 일본에 대한) 러시아의 탐정.
露見(ろけん) 노현. 비밀이나 나쁜 일이 드러
露顕(ろけん) ⇨ 露見(ろけん). 「남.
露和(ろわ) 러일. 러시아어와 일본어.
‖～辞典(じてん) 러일 사전.

訓読
露 ㊀(つゆ) ①이슬. ②이슬처럼 덧없는 것. ③눈물의 비유.
〜聊(いささ)かも 조금도. 전혀.
㊁(あらわ) ①드러남. 노출함. ②공공연. 「준말.
노골.
㊂(ろ) 노. 'ロシア(=러시아)'의 한자명의
露けし(つゆけし) 〈文〉이슬을 머금다. 축축하다. 눈물을 머금다.
露ばかり(つゆばかり) 조금. 약간.
露の間(つゆのま) 〈雅〉 잠깐 동안.
露の命(つゆのいのち) 하루살이 목숨. 초로 같은 인생.
露分け(つゆわけ) 이슬을 헤치고 감.
‖～衣(ごろも) 이슬 많은 풀숲을 걸어 이슬 젖은 옷.
露払い(つゆはらい) ①선도함. 또, 선도자. ②〔씨름에서〕 横綱(よこづな)의 등장에 앞서 씨름판에 오르는 씨름꾼. 「슬.
露霜(つゆしも) 얼어서 서리처럼 보이는 이
露の世(つゆのよ) 이슬처럼 덧없는 세상.
露の宿(つゆのやど) 노숙.
露時雨(つゆしぐれ) 늦가을에, 비가 내리는 것처럼 이슬이 유난히 많이 내리는 것.
露の身(のゆのみ) 이슬처럼 덧없는 몸.
露程(つゆほど) 조금도 (…않다).
露塵(つゆちり) ①이슬과 먼지. ②극히 적음. ③초개처럼 가치가 없는 것.
露草(つゆくさ) 〖植〗 닭의장풀.
露虫(つゆむし) 〖蟲〗 실베짱이.

22 舟	艫	이물 로·고물 로 ロ とも·へさき

音読
艫 ㊀(ろ) ①(배의) 이물. 선수. ②(배의) 고물. 선미.
㊁(とも) 〈雅〉 선미. 고물.

訓読
艫綱(ともづな) 배를 매는 밧줄.
艫櫓(ともやぐら) 일본배에서, 고물 쪽에 세운 망루(望樓).
艫艪(ともろ) 노(艪)가 4개 이상 있는 배에서, 고물 가까이에 있는 노.
艫押し(ともおし) 艫艪(ともろ)를 미는 역할《선장(船長)이 맡음》.
艫座(ともぎ) 〖天〗 고물자리.

24 鳥	鷺	백로 로 ロ さぎ

訓読
鷺(さぎ) 〖鳥〗 백로. 해오라기.
鷺脚(さぎあし) ①발을 높이 들고 걷는 모양. ②대말. 죽마(竹馬). ③굽높은 나막신을 신고 추는 田楽舞(でんがくまい).
鷺相撲(さぎずもう) 닭싸움. 두 사람이 각기

한 쪽 다리를 다른 쪽 다리의 무릎 위로 올려 손으로 잡은 올린 다리로써 상대를 치거나 밀어서 쓰러뜨리는 놀이.

鷺草(さぎそう) 〖植〗해오라기난초.

25 頁	**顱**	두개골 로·머리 로 ロ かしら

음독>
顱頂骨(ろちょうこつ) 〖生〗노정골. 두개골의 한 부분.

27 魚	**鱸**	농어 로 ロ すずき

음독>
鱸魚(ろぎょ) 〖魚〗노어. 'すずき(=농어)'의 딴이름.

훈독>
鱸(すずき) 〖魚〗농어.

록

11 鹿 [人]	**鹿**	사슴 록 ロク しか·しし·か

음독>
鹿角(ろっかく) 녹각. ♣**~菜**(さい) 〖植〗청각채.
鹿鳴館時代(ろくめいかんじだい) 明治(めいじ) 시대 중기, 서양화를 서두르던 시대.
鹿茸(ろくじょう) 녹용.
鹿柴(ろくさい) ⇨ 鹿砦(ろくさい).
鹿砦(ろくさい) 녹채.

훈독>
鹿 ㊀(しか) 〖動〗사슴.
㊁(しし) 〈雅〉사슴. 「슴 고기.
㊂(かのしし) 〈雅〉① 사슴의 딴이름. ② 사
㊃(か) 〈古〉사슴. *かせぎ라고도 했음.
鹿島立ち(かしまだち) 여행을 떠남. 출범.
鹿毛(かげ) 사슴빛의 구렁말 털빛. 또, 그 말.
鹿沼土(かぬまつち) 栃木(とちぎ) 현 鹿沼시 부근 일대에서 나는 속돌 흙《보수성(保水性)·통기성이 뛰어나 원예용 흙으로 이용》.
鹿児島(かごしま) 〖地〗九州(きゅうしゅう) 남쪽 끝에 있는 현. 또, 그 현청 소재지.
鹿威し(ししおどし) 논·밭의 새·짐승을 쫓는 장치.
鹿子(かこ) 〖動〗① 사슴의 새끼. ② 사슴.
鹿の子(かのこ) ① 새끼 사슴. ② '鹿の子絞り' '鹿の子斑' '鹿の子餅'의 준말.
‖ **~絞り**(しぼり) 갈색 바탕에 군데군데 하얀 무늬를 넣은 홀치기 염색.
~斑(まばら) 사슴털 같이 갈색 바탕에 흰 반점이 있는 무늬.
~餅(もち) 찰떡을 으깬 팥소로 싸고 겉에 삶은 팥을 묻힌 과자.
~編み(あみ) 대바늘로 겉뜨기와 안뜨기를 교대로 하여 뜬 무늬뜨기.
鹿笛(しかぶえ) 사냥꾼이 사슴을 유인하려고 부는 우레. *ししぶえ로도 읽음.
鹿らしい(しかつめらしい) ① 짐짓 점잔 빼다. 짐짓 위엄 부리다. ② 점잖은 체하다. 엄숙한 체하다. 의례적이다.
鹿爪顔(しかつめがお) 점잔 빼는 얼굴. 진지한〔엄숙한〕 얼굴.
鹿皮(しかがわ) 녹피.
鹿革(しかがわ) ⇨ 鹿皮(しかがわ).
鹿尾菜(ひじき) 〖植〗녹미채. 「이.
鹿杖(かせづえ) 끝이 두 갈래로 갈라진 지팡

12 禾 [人]	**禄** (祿)	복 록·녹 록 ロク さいわい

음독>
禄(ろく) ① 녹. 봉록. ② 포상. ③ 천부의 복.
禄高(ろくだか) 녹봉의 액수.
禄盗人(ろくぬすびと) 월급 도둑《조롱하며 욕하는 말》.
禄米(ろくまい) 녹미.
禄賞(ろくしょう) 봉록과 상사(賞賜).
禄位(ろくい) 녹위. 녹과 관위.

13 石	**碌**	자갈땅 록·푸른빛 록 ロク

음독>
碌(ろく) 사물의 상태가 정당함.
碌すっぽ(ろくすっぽ) 〈俗〉《否定이 따라서》제대로. 변변히.
碌たま(ろくたま) 〈俗〉《'~もない'의 꼴로》별것 아니다.
碌な(ろくな) 제대로 된. 쓸만한.
碌に(ろくに) 제대로. 충분히. 변변히.
碌碌(ろくろく) ① 변변히. 제대로. ② 별로 쓸모가 없는 모양.
碌で無し(ろくでなし) 〈俗〉 녹록한〔변변치 않은〕 사람. 「치도〕 않은.
碌でも無い(ろくでもない) 대단치도〔변변

14 氵	**漉**	거를 록 ロク こす·すく

훈독>
❖**漉す**(こす) 거르다. 받다. 여과하다.
漉し餡(こしあん) 삶은 팥을 으깨어 체 따위로 받아 만든 팥소.

❖漉く(すく) 종이·김 따위를 뜨다.
漉き(すき) 종이를 뜨는 일.
漉き返し(すきかえし) 재생지(再生紙).
漉き返す(すきかえす) 헌 종이를 녹여서 다시 떠 만들다.
漉き入れ(すきいれ) 종이를 뜰 때 글자나 무늬를 넣는 일. 또, 그 종이.
漉き込む(すきこむ) 종이에 은화(隱畫) 모양이 나타나도록 (나뭇잎 등을 넣어서) 뜨다.

14 米	糠	붉은쌀 록 ロク はぜ

訓読
糠(はぜ) 찹쌀을 볶아 튀긴 것. 「사람.
糠売り(はぜうり) 糠(はぜ)를 팔러 다니는

14 糸 教	緑 (綠)	초록빛 록 リョク·ロク みどり

音読
緑光(りょっこう) 녹섬광(綠閃光).
緑内障(りょくないしょう) 〖醫〗 녹내장.
緑膿菌(りょくのうきん) 녹농균.
緑泥(りょくでい) 녹니. 규산 광물을 함유하여 녹색을 띠는 근해 침전물. ♣~石(せき) 〖鑛〗 녹니석.
緑豆(りょくとう) 〖植〗 녹두. 「름.
緑林(りょくりん) 녹림. 도둑·마적의 딴이
緑蕪(りょくぶ) 녹무. 푸릇푸릇 무성한 풀.
緑門(りょくもん) 녹문.
緑礬(りょくばん) 〖化〗 녹반. '硫酸第一鉄(りゅうさんだいいってつ)(=황산제일철)'의 속칭.
緑髪(りょくはつ) 녹발. 검고 윤나는 여자의 「머리.
緑便(りょくべん) 녹변. (젖먹이의 소화불량으로 배설되는) 푸른 똥.
緑肥(りょくひ) 녹비. 풋거름.
‖~作物(さくもつ) 녹비 작물.
緑衫(ろくそう) 겹쳐 입는 옷의 배색.
緑閃石(りょくせんせき) 〖鑛〗 녹섬석.
緑水(りょくすい) 녹수. 푸른 빛의 강.
緑綬褒章(りょくじゅほうしょう) 덕행이나 사업으로 사회에 공헌한 사람에게 정부에서 수여하는 녹색 리본이 달린 기장.
緑樹(りょくじゅ) 녹수. 잎이 무성한 나무.
緑十字(りょくじゅうじ) 녹십자. 녹화 사업을 상징하는 녹색 십자 표시. 「동.
‖~運動(うんどう) 녹십자 운동. 식목 운
緑児(みどりご) 갓 태어난 어린애. 영아.
*みどりごにも 읽음. 「눈.
緑眼(りょくがん) 녹안. (서양 사람의) 파란
緑野(りょくや) 녹야. 풀이 무성한 들.
緑葉(りょくよう) 녹엽. 푸른잎.
緑玉(りょくぎょく) 녹옥. 에메랄드.
‖~石(せき) 녹옥석. 에메랄드.

緑雨(りょくう) 녹우. 신록(新綠) 무렵에 내
緑雲(りょくうん) 녹운. 「리는 비.
緑園(りょくえん) 녹원.
緑釉(りょくゆう) 녹유. 녹색 유약.
緑陰(りょくいん) 녹음. 나무 그늘.
緑蔭(りょくいん) ⇨ 緑陰(りょくいん).
緑餌(りょくじ) 닭 따위 가금에 주는 날풀.
緑藻(りょくそう) 〖植〗 녹조. ♣~類(るい) 녹조류.
‖~植物(しょくぶつ) 녹조 식물.
緑酒(りょくしゅ) 녹주. ①녹색 술. ②미주(美酒).
緑柱石(りょくちゅうせき) 〖鑛〗 녹주석.
緑柱玉(りょくちゅうぎょく) 녹주옥. 에메랄드. 취옥.
緑竹(りょくちく) 녹죽. 푸른 대.
緑地(りょくち) 녹지. ♣~帯(たい) 녹지대.
緑茶(りょくちゃ) 녹차.
緑青(ろくしょう) 녹청. 동록(銅綠).
緑草(りょくそう) 녹초. 푸른 풀.
緑苔(りょくたい) 녹태. 푸른 이끼.
緑土(りょくど) ①녹토. 초목이 무성한 강산. ②근해(近海) 침전물인 녹색 흙. 녹니.
緑風(りょくふう) 녹풍. 잎 사이를 스치는 초여름 바람.
緑被(りょくひ) 땅이 나무나 풀로 뒤덮임.
‖~率(りつ) 그 지역의 면적에 대해 나무나 풀로 뒤덮인 땅이 차지하는 비율.
~地(ち) 나무나 풀로 뒤덮인 땅.
緑化(りょっか) 녹화. *りょかかども 읽음.
‖~運動(うんどう) 녹화 운동.
緑黄色(りょくおうしょく) 녹황색.

訓読
緑(みどり) 녹색. 초록(빛).
‖~の国勢調査(こくせいちょうさ) 자연환경 보전 기초 조사의 속칭.
~の党(とう) 반핵(反核)·환경 보호 등을 주창하는 독일의 정당. 녹색당. 「지.
~の糸(いと) 버드나무의 가느다란 새
~の週間(しゅうかん) 매년 4월 23일부터 일주일간 계속되는 국토 녹화 운동.
~の窓口(まどぐち) 특급권·침대권·좌석 지정권 등을 발매하는 역 창구.
~の革命(かくめい) 녹색 혁명. 발전 도상국에서의 농업 기술 혁신 운동.
~の黒髪(くろかみ) 검고 윤기가 도는 머리털(여인의 머리를 칭찬하는 말).
緑色(みどりいろ) 녹색. 초록색. *りょくしょくにも 읽음.
緑石(みどりいし) 산호초를 형성하는 산호의 한 가지. 열대 해역에 분포함.
緑虫(みどりむし) 연두벌레. 유글레나.
さ緑(さみどり) 〈雅〉 새싹의 푸른 빛. 연둣빛. 연초록.

其他
緑鳩(あおばと) 〖鳥〗 일본 특유의 비둘기의 일종(몸빛이 황록색).
緑啄木鳥(あおげら) 〖鳥〗 청딱따구리.

16 金 教	録 (錄)	적을 록 ロク しるす

音読
- 録(ろく)《接尾語로》…록. 기록.
- 録する(ろくする) 기록하다. 쓰다. 「관직.
- 録事(ろくじ) 녹사. 서기. 기록·문서를 맡던
- 録音(ろくおん) 녹음. ♣~機(き) 녹음기.
  ‖~放送(ほうそう) 녹음 방송.
- 録出(ろくしゅつ) 적음. 씀.
- 録取(ろくしゅ) 녹취.
- 録画(ろくが) 녹화.

18 車	轆	수레소리 록·고패 록 ロク

音読
- 轆轤(ろくろ) 녹로. ①고패. 도르래. ②우산 자루 위 끝의 개폐 장치. ③'轆轤台'轆轤鉋' 의 준말.
  ‖~台(だい) 녹로대. 목제의 회전 원반대.
- ~細工(ざいく) 녹로 세공. 같이 대패로 나무를 깎아 기구를 만드는 일. 또, 그 기구.
- ~首(くび) 목이 매우 길고 자유자재로 신축하는 괴물. 또, 그 구경거리.
- ~鉋(がな) 녹로 대패. 같이 대패. *ろくろがんな로도 읽음.
- 轆轆(ろくろく) 녹록. 마차 따위가 소리를 내며 달리는 모양.

其他
- 轆子(ころ) ①산륜(散輪). ②주사위.

19 鹿	麓	산기슭 록 ロク ふもと

訓読
- 麓(ふもと) (산)기슭.

론

15 言 教	論	말할 론·논할 론 ロン あげつらう

音読
- 論(ろん) 논. ①사리가 분명한 설명. 생각. 이론. ②의견. 견해.
- 論ずる(ろんずる) 논하다.
- 論なく(ろんなく) 말할 것도 없이. 물론.
- 論客(ろんかく) 논객. *ろんきゃく로도 읽음.
- 論拠(ろんきょ) 논거.
- 論決(ろんけつ) 논결. 토론하여 결정함.
- 論結(ろんけつ) 논결.
- 論攷(ろんこう) ⇨ 論考(ろんこう).
- 論考(ろんこう) 논고. 논문.
- 論告(ろんこく) 『法』논고.
- 論功(ろんこう) 논공.
  ‖~行賞(こうしょう) 논공행상.
- 論過(ろんか) 논과.
- 論究(ろんきゅう) 논구.
- 論及(ろんきゅう) 논급.
- 論断(ろんだん) 논단.
- 論壇(ろんだん) 논단.
- 論談(ろんだん) 논담. 사물의 시비를 논란하
- 論難(ろんなん) 논란. 논박.   └며 말함.
- 論理(ろんり) 논리. ♣~式(しき) 논리식 /~的(てき) 논리적 /~積(せき) 논리곱 /~学(がく) 논리학.
  ‖~計算(けいさん) 논리 계산.
- ~記号(きごう) 논리 기호.
- ~代数(だいすう) 논리 대수.   「주의.
- ~実証主義(じっしょうしゅぎ) 논리 실증
- ~演算(えんさん) 『컴』 논리 연산.
- ~積回路(せきかいろ) 논리적 회로.
- ~情動療法(じょうどうりょうほう) 논리 정동 요법.
- ~解釈(かいしゃく) 논리 해석.
- ~回路(かいろ) 논리 회로.
- 論孟(ろんもう) 논맹. 논어와 맹자.
- 論文(ろんぶん) 논문.
  ‖~試験(しけん) 논문 시험.
- 論駁(ろんばく) 논박.
- 論法(ろんぽう) 논법.
- 論弁(ろんべん) 논변. 변론.
- 論鋒(ろんぽう) 논봉. 논조.   「힘.
- 論釈(ろんしゃく) 논석. 논하여 의미를 밝
- 論説(ろんせつ) 논설. ♣~文(ぶん) 논설문.
  ‖~委員(いいん) 논설 위원.
- 論述(ろんじゅつ) 논술.
- 論語(ろんご) 『冊』논어.
  ‖~集解(しっかい) 『冊』논어 집해.
- 論外(ろんがい) 논외.
- 論意(ろんい) 논의. 논지.
- 論議(ろんぎ) 논의. ①진술하여 시비를 밝힘. ②『佛』교의(教義)에 대해 문답함.
- 論者(ろんしゃ) 논자.
- 論作(ろんさく) 논문으로 쓴 작품.
- 論蔵(ろんぞう) 『佛』논장.
- 論争(ろんそう) 논쟁.
- 論著(ろんちょ) 논저.
- 論敵(ろんてき) 논적.
- 論戦(ろんせん) 논전.
- 論点(ろんてん) 논점.
  ‖~相違の虚偽(そういのきょぎ) 『論』논점 상위의 허위.
- ~先取の虚偽(せんしゅのきょぎ) 『論』논점 선취의 허위.
- 論定(ろんてい) 논정. 의논하여 단정함.
- 論題(ろんだい) 논제.
- 論調(ろんちょう) 논조.

論罪(ろんざい) 논죄.
論証(ろんしょう) 논증.
　‖~幾何(きか) 논증 기하.
論旨(ろんし) 논지.
論陣(ろんじん) 논진.
論集(ろんしゅう) 논집.　　　　　　「칭송함.
論賛(ろんさん) 논찬. 사람의 업적을 논하여
論纂(ろんさん) 논찬. 논문을 모은 책.
論策(ろんさく) 논책.
論叢(ろんそう) 논총. 논집.
論破(ろんぱ) 논파.
論判(ろんぱん) 논판. ① 논하여 시비를 가림.
論評(ろんぴょう) 논평.　　└② 논쟁.
論劾(ろんがい) 논핵. 허물을 탄핵함.
論詰(ろんきつ) 논힐. 논란.

訓読

❖ 論う(あげつらう)〈雅〉왈가왈부하다.
　論い(あげつらい)〈雅〉왈가왈부함.

롱

| 7
廾 | 弄 | 희롱할 롱·놀 롱
ロウ
もてあそぶ·いじくる·
いじる |

音読

弄する(ろうする) 농하다. ① 가지고 놀다.
② 놀리다. 조롱하다.
弄舌(ろうぜつ) 농설. 수다스럽게 지껄임.
弄言(ろうげん) 농언.
弄玩(ろうがん) 농완. 가지고 놂.
弄月(ろうげつ) 농월. 달을 바라보고 즐김.
弄璋(ろうしょう) 농장. 아들이 태어남.
弄筆(ろうひつ) 농필. 곡필.
弄火(ろうか) (아이들의) 불장난.
弄花(ろうか) ① 초화(草花)를 매만짐. ② 화
　투놀이를 함.
弄丸(ろうがん) 농환. 여러 개의 공을 공중에
　던져 올렸다가는 받는 기예.

訓読

弄くる(いじくる)〈俗〉만지작거리다.
弄る ㊀(いじる) ① 주무르다. 만지작거리
다. ② 애완(愛玩)하다. ③ (개혁에) 손대다.
㊁(まさぐる) 만지작거리다. 또, 손끝으로
더듬다.
❖ 弄ぶ(もてあそぶ) ① 가지고 놀다. 손으로
만지작거리다. ② 완상(玩賞)하다. ③ 농락
하다. ④ 농(弄)하다.
弄び(もてあそび) 상대하여 놂. 또, 그 상
대. 놀림감. 노리개.
　‖~物(もの) ① 장난감. 노리개. ② 놀림감.
　~種(ぐさ) 노리개감. 위안물. 심심풀이.
㊂(もちあそび) 장난감.

其他

弄う(いらう)〈方〉주무르다. 만지작거리다.
가지고 놀다.

| 10
扌
日 | 挵 | 희롱할 (롱)
ロウ
せせる |

訓読

❖ 挵る(せせる) ① 쑤시다. 후벼내다. ② 만지
작거리다. 가지고 놀다. ③ (물것이) 물다.
挵り箸(せせりばし) 반찬을 버릇없이 이것
저것 젓가락으로 쑤석거림.

| 13
氵
常 | 滝(瀧) | 비올 롱·여울 랑
ロウ
たき |

訓読

滝(たき) 폭포.
滝口(たきぐち) ① 폭포물이 떨어지기 시작
하는 곳. ② 옛날 蔵人所(くろうどころ)에
소속하여 궁중의 경비를 맡던 무사.
滝登り(たきのぼり) 폭포를 거슬러 오름.
滝つ瀬(たきつせ)〈雅〉급류(急流).
滝石(たきいし) 일본 정원의 폭포수 낙하지
점 주위에 배치하는 돌.
滝飲み(たきのみ) (입에 들어붓듯이) 꿀꺽꿀
꺽 마심. 쭉 들이켬.
滝殿(たきどの) 납량(納涼)을 위해 폭포 근
처에 세운 간단한 건물.
滝津瀬(たきつせ) ⇨ 滝つ瀬(たきつせ).
滝川(たきがわ) 골짜기를 흐르는 급류.
滝壺(たきつぼ) 용소(龍沼). 용추.　　「늬.
滝縞(たきじま) (옷감의) 작고 큰 세로줄 무

| 19
土 | 壟 | 밭두둑 롱·언덕 롱
ロウ
うね |

音読

壟断(ろうだん) 농단. 독점.
壟畝(ろうほ) 농묘. ① 전답. ② 시골.

| 19
阝 | 隴 | 언덕 롱·밭두둑 롱
ロウ
うね·おか |

音読

隴(ろう)〖地〗중국 간쑤(甘肅) 성 동남부의
지명.
　~を得(え)て蜀(しょく)を望(のぞ)む 득
롱망촉(得隴望蜀). 말타면 경마 잡히고 싶다.
隴畝(ろうほ) 농묘. ① 전답. ② 시골.

| 20
月 | 朧 | 흐릴 롱
ロウ
おぼろ |

音読

朧朧(ろうろう) 농롱. 흐릿한 모양.

朧(おぼろ) 몽롱한〔희미한〕모양.
朧昆布(おぼろこぶ) 삶은 다시마를 말려서 얇고 가늘게 썬 식품.
朧気(おぼろげ) 몽롱한〔아련한〕모양.
朧豆腐(おぼろどうふ) 순두부.
朧夜(おぼろよ) 으스름 달밤.
朧雲(おぼろぐも) 흐릿한 회색 구름.
朧月(おぼろづき) 으스름 달.
朧月夜(おぼろづきよ) 으스름 달밤.

| 22 竹 | 籠 | 농 롱·채롱 롱
ロウ
かご・こめる・こもる・こ |

音読

籠居(ろうきょ) 칩거. 집안에 틀어박혀 있음.
籠球(ろうきゅう) 농구.
籠櫃(ろうひつ) 감옥.
籠絡(ろうらく) 농락.
籠山(ろうざん) 승려 등이 산에 틀어박혀 수행함.
籠城(ろうじょう) 농성.
籠作(ろうさく) 영주가 미개간지를 자기 영토에 편입시킴.
籠鳥(ろうちょう) 농조.
～雲(くも)を恋(こ)う 자유로워지기를 바람. 고향을 그리워함.

訓読

籠(かご) 바구니.
籠める(こめる) ①속에 넣다. (정성 등을) 들이다. 담다. ②포함하다. ③집중하다.
籠渡し(かごわたし) 깊은 계곡 등에서 양쪽에 건너지른 밧줄에 바구니를 매달아 사람·물건을 건네는 일.
籠目(かごめ) ①바구니를 결은 눈. ②바구니 눈 같은 무늬.
‖～土器(どき) 바구니 눈 같은 무늬가 있는 토기.
籠物(こもの) 바구니에 들어 있는 것〔과일〕.
籠写し(かごうつし) 쌍구(雙鉤). 서화(書畫)의 윤곽만을 가는 선으로 베끼기.
籠船(かごぶね) 제례를 지낼 때, 외형을 배 모양으로 아름답게 장식하여 바퀴를 달아 끌고 다니는 것.
籠洗い(かごあらい) 물살로 지면이 허물어지는 것을 막기 위해 하천 둑이나 용수로 배출구 등에 설치한 돌을 넣은 대나무 광주리.
籠手(こて) ①(활 쏠 때의) 팔찌. ②갑옷 토시. ③(검도할 때 손등·팔을 싸는) 호구(護具)의 하나. 토시. 악(握).
籠屋(かごや) 바구니를 만들어 파는 사람.
籠耳(かごみみ) 들은 것을 이내 잊어버림. 또, 그런 귀. 조리귀.
籠長持(かごながもち) 대나무로 성기게 엮은 네모진 뚜껑이 없는 궤〔함〕.
籠彫り(かごぼり) 조각 기법의 하나. 내부를 보이게 하고, 입체적으로 조각하는 기법.
籠の鳥(かごのとり) 농중조. 새장 속의 새.
籠釣瓶(かごつるべ) 잘 베어지는 칼.

籠中(ろちゅう) 농중. (새)장 속.
籠枕(かごまくら) 등이나 대로 결어 만든 여름용 베개. 죽침(竹枕).
籠脱け(かごぬけ) ①몸을 솟구쳐 바구니를 빠져나가는 곡예. ② ☞ 籠脱け詐欺.
‖～詐欺(さぎ) (관계자인 양 그럴듯하게 가장하여) 앞문에서 금품을 받아쥔 다음, 뒷문으로 빠져 도망 치는 사기.
籠行灯(かごあんどん) 가는 대나무로 엮어 종이를 바른 등롱.

❖籠る(こもる) ①가득 차다. ②(감정 등이) 깃들이다. 어리다. ③틀어박히다. ④분명하지 못한 상태이다.
籠り(こもり) ①숨어서〔가리어〕나타나지 않음. ②신불에 기원하려고 신사나 절에 일정 기간 머뭄.
籠り堂(こもりどう) 신사나 절에서 기도하려고 머물러 있는 당집. 「소리.
籠り声(こもりごえ) 입 속으로 우물거리는

| 22 耳 | 聾 | 귀먹을 롱·귀머거리 롱
ロウ
つんぼ・みみしい |

音読

聾する(ろうする) 귀먹게〔먹먹하게〕하다.
聾盲(ろうもう) 농맹. 귀머거리와 소경.
聾児(ろうじ) 농아.
聾啞(ろうあ) 농아.
‖～学校(がっこう) 농아 학교.
聾者(ろうしゃ) 농자. 귀머거리.
聾学校(ろうがっこう) 농학교. 농아 학교.

訓読

聾(つんぼ)〈卑〉 귀머거리. ＊雅語로는 みみしいる라고도 함.
～の早耳(はやみみ) 불리한 일에는 못 들은 체하고 욕설 따위엔 민감하게 반응하는 일.
聾桟敷(つんぼさじき) 무대가 멀어서 대사가 잘 들리지 않는 자리.

뢰

| 6 耒 | 耒 | 쟁기 뢰
ライ
すき |

音読

耒(らい) 쟁기. 또, 그 자루.

訓読

耒偏(すきへん) 한자 부수(部首)의 하나: 쟁기뢰변.

| 7 牛 | 牢 | 우리 뢰·감옥 뢰
ロウ
ひとや・かたい |

牢(ろう) 감옥. 옥.
牢として(ろうとして) 뿌리가 꽉 박혀 움직일 수 없는 모양. 「시함.
牢改め(ろうあらため) 관리가 감옥 안을 순
牢固(ろうこ) 뇌고. 견고.
牢櫃(ろうひつ) 감옥.
牢記(ろうき) 뇌기. 명기. 명심.
牢籠(ろうろう) 뇌롱. ① 틀어박힘. ② 역경에 처함. ③ 농락함.
牢名主(ろうなぬし) 江戸(えど) 시대에, 동료 죄수를 다스리기 위해 선발된 감방장.
牢番(ろうばん) 옥지기. 간수.
牢払い(ろうばらい) 江戸(えど) 시대에, 죄수를 석방하던 일.
牢死(ろうし) 뇌사. 옥사.
牢舎(ろうしゃ) 뇌사. 감옥. 「허가증.
牢手形(ろうてがた) 江戸(えど) 시대의 출옥
牢役人(ろうやくにん) 옥지기. 교도관.
牢屋(ろうや) 감옥.
牢獄(ろうごく) 뇌옥. 감옥.
牢晴(ろうせい) 온화하게 개임.
牢脱け(ろうぬけ) 〈老〉탈옥.
牢破り(ろうやぶり) 탈옥. 또, 탈옥수.
牢檻(ろうかん) 감옥. 감방. 우리.
牢乎(ろうこ) 뇌호. 단단해서 움직이지 않는 모양.

| 13
言 | 誄 | 제문 **뢰**
ルイ
しのびごと |

音読
誄(るい) 뇌. 죽은 이의 생전의 공(功)을 칭송하고 그 죽음을 애도하는 말.
誄歌(るいか) 뇌가. 죽은 사람의 생전의 공덕을 찬양하는 노래. 「는 글.
誄文(るいぶん) 고인의 생전의 공덕을 칭송하
誄詞(るいし) 뇌사. 죽은 이의 생전의 공덕을 칭송하며 조상하는 말.

| 13
貝 | 賂 | 뇌물 **뢰**
ロ
まいない |

音読
賂遺(ろい) 뇌유. 뇌물을 줌. 또, 그 뇌물.

| 13
雨
常 | 雷 | 천둥 **뢰**·칠 **뢰**
ライ
かみなり·いかずち |

音読
雷撃(らいげき) 뇌격. 어뢰로 적함을 공격함. 「리.
~機(き) 뇌격기.
雷鼓(らいこ) ① 뇌신(雷神)의 북. ② 천둥 소
雷公(らいこう) 〈俗〉뇌공. 천둥《의인화(擬人化)한 말씨》.

雷管(らいかん) 뇌관.
雷光(らいこう) 뇌광. 번개.
雷同(らいどう) 뇌동.
雷名(らいめい) 뇌명. 세상에 떨친 명성.
雷鳴(らいめい) 뇌명. 천둥 소리.
雷文(らいもん) 뇌문. 번개 무늬.
雷獣(らいじゅう) 뇌수. 중국의 상상(想像)의 괴물.
雷神(らいじん) 뇌신. 천둥을 일으킨다는 신.
雷魚(らいぎょ) 《魚》뇌어. 가물치.
雷雨(らいう) 뇌우.
雷雲(らいうん) 뇌운. 적란운. 소나기 구름.
 *かみなりぐも로도 읽음.
雷電(らいでん) 뇌전. 천둥과 번개.
雷霆(らいてい) 뇌정. 심한 우레.
雷鳥(らいちょう) 《鳥》뇌조.
雷汞(らいこう) 뇌홍. 기폭제로 뇌관에 씀.
雷火(らいか) 뇌화. ① 낙뢰에 의한 화재. ② 번갯불.
雷丸(らいがん) 뇌환. 대나무류(類)의 뿌리에 기생하는 균《촌충약으로 씀》.

訓読
雷(かみなり) ① 천둥. 우레. ② 벼락. *らい·いかずち로도 읽음.
 ~が落(お)**ちる** 벼락이 떨어지다. 불호령이 내리다. 몹시 야단 맞다.
雷声 ㊀(かみなりごえ) 벼락 같은 목소리.
 ㊁(らいせい) 뇌성. 천둥 소리.
雷除け(かみなりよけ) ① 벼락을 피하는 주문〔부적〕. ② 피뢰침. 피뢰 기구. *らいよけ로도 읽음.
雷族(かみなりぞく) 요란한 폭음을 내며 마구 오토바이를 모는 젊은이들.
雷親父(かみなりおやじ) 벼락 (같은) 아버지. 걸핏하면 벼락 야단을 치는 아버지.

| 15
石 | 磊 | 돌쌓일 **뢰**·뜻클 **뢰**
ライ |

音読
磊落(らいらく) 뇌락. 마음이 활달해 작은 일에 구애되지 않음.

| 15
貝 | 賚 | 줄 **뢰**
ライ
たまう·たまもの |

訓読
賚(たまもの) ① 하사품. 윗사람한테서 얻은 것. ② (좋은) 보람. 덕택.

| 16
扌 | 擂 | 갈 **뢰**
ライ
する |

訓読
擂れる(すれる) ① 무지러지다. 스쳐서 닳거

나 끊어지다. ② (문질러) 갈리다.
❖擂る(する) 갈다. 빻다. 뭉개다.
擂り潰す(すりつぶす) ① 갈아서 으깨다. ② 닳아 없애다. ③ 탕진하다.
擂り木(すりぎ) ☞ 擂り粉木(すりこぎ).
擂り半(すりばん) 화재를 알리는 경종 (소리).「ばん」.
擂り半鐘(すりばんしょう) ☞ 擂り半(すり「ち」.
擂り鉢(すりばち) (양념) 절구. 확. 유발.
擂り粉木(すりこぎ) ①〈확의〉나무공이. 막자. ②〈俗〉진보하지 않고 퇴보하는 사람.
∥~頭(あたま) 막자 끝처럼 둥글게 생긴 머리.
擂り粉鉢(すりこばち) ☞ 擂り鉢(すりばち)
擂り砕く(すりくだく) 갈아서 잘게 부수다.
擂り身(すりみ) 으깬 어육.「것.
擂り芋(すりいも) 〖料〗마를 갈아서 조미한
擂り餌(すりえ) (겨・생선・풀 따위를) 짓이긴 새 모이.
擂り込む(すりこむ) 갈아서 (섞어) 넣다.
擂り下ろす(すりおろす) 곱게 갈다.
擂り胡麻(すりごま) 참깨를 볶아서 절구에 빻아 가루로 만든 것.

16 頼(賴) 常
의뢰할 **뢰**
ライ
たのむ・たのもしい・たよる

音読
頼信紙(らいしんし) 전보 용지.

訓読
頼もう(たのもう) 옛날에, 무사 등이 남의 집을 방문하여 안내를 청할 때 쓰던 말. 이리 오너라. 여봐라.
頼母子(たのもし) '頼母子講(たのもしこう)(=계(契))'의 준말.
頼うだ人(たのうだひと) 〈狂言(きょうげん)등에서〉자기가 믿고 의지하는 사람. 주인.
❖頼む(たのむ) ① 부탁하다. 당부하다. 청하다. 의뢰하다. ② 믿다. 의지하다. ③ ☞ 頼う(たのもう).
頼み(たのみ) ① 부탁. 청. ② 의지(依支). 믿「음.
~の綱(つな) 믿고 의지하는 것.
∥~甲斐(がい) 부탁한 보람.
~寺(でら) 그 집안이 대대로 귀의(歸依)하고 있는 菩提寺(ぼだいじ)「람.
~手(て) ① 부탁하는 사람. ② 부탁 받은 사
~切り(きり) 전적으로 의지함.
~樽(だる) 근세에, 납폐(納幣)로 보낸 사각 술통.
頼み少ない(たのみすくない) 믿을 수 없다. 마음이 놓이지 않다.「こむ.
頼み入る(たのみいる) ☞ 頼み込む(たのみ
頼み込む(たのみこむ) 신신 부탁(당부)하다.
❖頼もしい(たのもしい) 믿음직하다. 미덥다. 기대할 만하다.
頼もしがる(たのもしがる) 믿음직하게 여기다. 또, 그것을 언동에 나타내다.

頼もしげ(たのもしげ) ① 믿음직함. ② 장래를 기대할 수 있는 모양.
❖頼る(たよる) ① 의지하다. 의뢰하다. 믿다. ② 연고를 찾아가다.
頼り(たより) ① 의지. 의지하는 사람・물건. ② 연줄. 연고. 인연. 연분.
∥~甲斐(がい) 의지할 만한 가치.
~無い(ない) ① 의지할 곳(사람)이 없다. ② 믿음직스럽지 못하다.
~無し(なし) ① 빈민(貧民). ②〈文〉☞ 頼り無い.

17 ++ 蕾
꽃봉오리 **뢰**
ライ
つぼみ

訓読
蕾(つぼみ) ① 꽃봉오리. ② (촉망되나 아직 성숙지 못한) 젊은이. ③ 여성이 편지의 봉한 자리를 나타내는 표시.
蕾む(つぼむ) 꽃봉오리지다.

19 氵 瀨(瀨) 常
여울 **뢰**
ライ
せ

訓読
瀬(せ) ① 여울. ② 기회. 경우. ③ 입장. 처지. 체면.
瀬踏み(せぶみ) (일을 하기 전에) 우선 시험해 봄. 미리 떠봄.
瀬渡し船(せわたしぶね) 낚시꾼을 낚시터로 태워다 주는 작은 배.
瀬頭(せがしら) 완만한 흐름에서 물살이 일고 여울이 시작되는 곳.「로 모여듦.
瀬付き(せつき) 은어 등이 산란하려고 여울
瀬魚(せうお) 여울에 있는 물고기.
瀬越し(せごし) ① 강의 (얕은) 여울을 건넘. ② (작은) 너벅선.
瀬音(せおと) 여울물이 흐르는 소리.
瀬切り(せぎり) ① 강의 흐름을 차단함. ② 여울의 빠른 흐름.
瀬切る(せきる) 흐르는 물을 막다.
瀬祭り(せまつり) 바다에 술과 쌀을 던져 해신을 모시는 어부의 제사.
瀬釣り(せづり) 여울 낚시.「실음.
瀬取り(せどり) 큰 배의 짐을 작은 배로 옮겨
∥~船(ぶね) 대형 선박으로부터 짐을 옮겨 싣는 소형 짐배.
瀬〆漆(せしめうるし) 옻나무 가지에서 채집한 점도가 높은 액체.
瀬戸(せと) ① 좁은 해협. ② 瀬戸物・瀬戸際의 준말.「시작.
∥~口(ぐち) ① 좁은 해협 입구. ② 사물의
~内(うち) 瀬戸内海(せとないかい)와 그 연안의 지방.
~内海(ないかい) 〖地〗本州(ほんしゅう)・四国(しこく)・九州(きゅうしゅう)에 둘러싸

인 긴 내해(內海). 「그릇.
〜物(もの) ① ☞ 瀬戸焼. ②도자기. 사기
〜焼(やき) 愛知(あいち) 현 瀬戸 지방에서 만드는 도자기.
〜引き(びき) 철제 기구가 녹슬지 않도록 사기칠〔법랑〕을 입히는 일. 또, 그 제품.
〜際(ぎわ) (승부・성패・생사 등) 운명의 갈림길.

24 魚 日	鱩	도루묵 (뢰) はたはた

訓読
鱩(はたはた)〖魚〗도루묵.

료

2 亅 常	了	마칠 료・깨달을 료 **リョウ** おわる・さとる・しまう

音読
了(りょう) ①앎. ②끝남.
了する(りょうする) ①끝내다. ②깨닫다. ③결정하다.
了簡(りょうけん) ⇨ 了見(りょうけん).
了見(りょうけん) ① (좋지 않은) 생각. 마음. ②〈老〉용서함.
了諾(りょうだく) 승낙.
了達(りょうだつ) 이해해 깨달음. 분명히 앎. *りょうたつ으로도 읽음.
了得(りょうとく) 요득. 깨달음. 납득함.
了了(りょうりょう) 사물이 분명한 모양.
了承(りょうしょう) 사정을 짐작하여 승낙함. 납득함. 「모양.
了然(りょうぜん) 요연. 똑똑히 잘 깨달은
了悟(りょうご) 요오. 잘 깨달음. 잘 납득함.
了知(りょうち) 요지. 양지(諒知). 살펴서
了察(りょうさつ) 양찰(諒察). └앎.
了債(りょうさい) 요채. 빚을 갚음.
了解(りょうかい) 요해. 양해.
‖**〜事項**(じこう) 양해 사항.

10 斗 教	料	되질할 료・헤아릴 료 **リョウ** はかる

音読
料(りょう) ①재료. ②대금. 비용. ③《接尾語로》…료. 요금. 재료.
料る(りょうる) 〈俗〉요리하다.
料簡(りょうけん) ① (좋지 않은) 생각・마음. ②〈老〉용서함.
‖**〜違い**(ちがい) 잘못된 생각.
料金(りょうきん) 요금.
料理(りょうり) 요리. ♣**〜方**(かた) 요리 담당자 / **〜屋**(や) 음식점 / **〜人**(にん) 요리사.
料馬(りょうば) 어떤 목적에 사용하는 말.
料木(りょうぼく) 재료로 쓰이는 나무.
料率(りょうりつ) 요율. 요금의 비율.
料飲(りょういん) 요리와 음식. 요식(料食).
料亭(りょうてい) 요정. 요릿집.
料足(りょうそく) 돈의 딴이름. 「지.
料地(りょうち) 어떤 목적으로 사용하는 토
料紙(りょうし) 용지. 「양.
料峭(りょうしょう) 요초. 봄바람이 찬 모

11 耳	聊	애오라지 료 **リョウ** いささか

音読
聊頼(りょうらい) 요뢰. 안심하고 의지함.
聊爾(りょうじ) ①무례함. 실례. ②경솔함. 경솔한 짓.
訓読
聊か(いささか) 〈雅〉조금. 약간.

14 イ 常	僚	동료 료・관리 료 **リョウ** つかさ

音読
僚官(りょうかん) ①관리. ②동료 공무원.
僚巻(りょうかん) 한 질이 여러 권으로 되어 있는 두루마리가 분장(分藏)되어 있을 때, 그 서로의 일컬음.
僚機(りょうき) 요기. 같은 임무를 띤 동료 비행기. 「는 배.
僚船(りょうせん) 요선. 항행 따위를 같이 하
僚友(りょうゆう) 요우. 동료. 「선박.
僚艇(りょうてい) 요정. 같은 임무를 띤 동료
僚艦(りょうかん) 요함. 자기 편의 군함.

14 宀	寥	쓸쓸할 료 **リョウ** さびしい

音読
寥廓(りょうかく) 넓쩍하고 큰 모양. 「양.
寥落(りょうらく) 드문드문하여 호젓한 모
寥寥(りょうりょう) 요요. ①쓸쓸한 모양.
②수가 극히 적은 모양.

15 宀 常	寮	동관 료・집 료 **リョウ** つかさ

音読
寮(りょう) ①律令(りつりょう)제(制)에서, 성(省)에 속한 궁중의 관아. ②요양소. ③기
寮歌(りょうか) 기숙사 노래. └숙사.
寮母(りょうぼ) 기숙사 따위에서 기숙하는

사람들을 돌보아 주는 여자.
寮父(りょうふ) 기숙사에서 학생・사원의 뒷바라지를 하는 사람.
寮費(りょうひ) 기숙사비.
寮舎(りょうしゃ) 요사. 기숙사.
寮生(りょうせい) 기숙사생.   「동아리.
寮友(りょうゆう) 기숙사에서 함께 기숙하는
寮長(りょうちょう) 사감(舍監).

15 扌	撩	다스릴 료 リョウ いどむ

音読
撩乱(りょうらん) 꽃이 어지럽게 핀 모양.

15 氵	潦	큰비 료 ロウ にわたずみ

音読
潦水(ろうすい) 요수. 땅에 괸 물.
訓読
潦(にわたづみ)〈雅〉비가 내려 갑자기 지상에 괴어 흐르는 물. *にわたずみ로도 읽음.

15 辶 入	遼 (遼)	멀 료 リョウ はるか

音読
遼東の豕(りょうとうのいのこ) 요동시. 견식이 좁아 독선적임.
遼遠(りょうえん) 요원.

15 艹	蓼	여뀌 료・클 륙 リョウ たで

訓読
蓼(たで)〔植〕(버들)여뀌. 수료(水蓼).

16 火 入	燎	불놓을 료・화톳불 료 リョウ かがりび・やく

音読
燎原(りょうげん) 요원. 불이 난 벌판.
‖**~の火**(ひ) 요원의 불길.
燎火(りょうか) 요화. 화톳불.

17 疒 常	療	고칠 료・나을 료 リョウ いやす

音読
療する(りょうする) 치료하다.
療法(りょうほう) 요법. 치료 방법.
療病(りょうびょう) 요병. 병 치료.
療養(りょうよう) 요양. ♣**~所**(じょ) 요양소.   「벗.
療友(りょうゆう) 요우. 요양을 함께 하는
療育(りょういく) 장애 아동이 의료적 배려 아래서 자라는 일.
療治(りょうじ)〈老〉치료.

17 目 入	瞭	맑을 료・밝을 료 リョウ あきらか

音読
瞭然(りょうぜん) 요연. 똑똑하고 분명함.

18 糸	繚	얽힐 료・두를 료 リョウ まとう・めぐる

音読
繚乱(りょうらん) 꽃이 어지럽게 핀 모양.

18 酉	醪	막걸리 료 ロウ もろみ

訓読
醪(もろみ) 전국. 거르지 않은 술・간장.
醪酒(もろみざけ) 전국 술.

룡

10 竜 常	竜 (龍)	용 룡 リュウ・リョウ たつ

音読
竜(りゅう) 용. *たつ로도 읽음.
竜駕(りょうが) 용가. 임금의 수레. 용거. *りゅうが로도 읽음.
竜車(りゅうしゃ) 용거. 임금의 수레.
竜骨(りゅうこつ) 용골. ① 선골(船骨). 킬(keel). ② 신생대의 거대한 짐승의 뼈. ♣**~座**(ざ)〔天〕용골자리.
‖**~突起**(とっき)〔鳥〕용골 돌기.
~車(しゃ) 용골차. 높은 곳의 논 등에 발로 밟아 물을 자아올리는 기구.   「궁(성).
竜宮(りゅうぐう) 용궁. ♣**~城**(じょう) 용
竜旗(りゅうき) 용기. 천자의 기. *りょうき로도 읽음.
竜騎兵(りゅうきへい) 용기병.   「녀.
竜女(りゅうにょ) 용녀. 용궁에 있다는 선
竜脳(りゅうのう) 용뇌. 용뇌수에서 채취한 백색 결정으로 향료 및 약품의 원료. 또, 용뇌수. ♣**~樹**(じゅ)〔植〕용뇌수.
竜頭(りゅうず) 용두. ① 손목시계 따위의 태

엽을 감는 꼭지. ② 조종을 매다는 용머리 모양의 꼭지.
竜頭蛇尾(りゅうとうだび) 용두사미.
竜頭鷁首(りょうとうげきしゅ) 용두익수.
  *りゅうとうげきしゅにも 읽음.
竜灯(りゅうとう) 용등. ① 바닷속의 인화(燐火) 등 등불처럼 빛나는 현상. ② 신사(神社)에서 켜는 등불.
竜馬(りゅうめ) 용마. ① 준마(駿馬). *りゅうめ로도 읽음. ② (일본 장기에서) 玉将(ぎょくしょう)의 자격도 아울러 갖게 된 角(かく). *②는 りゅうま로도 읽음.
竜蟠虎踞(りょうばんこきょ) 용반호거.
竜鳳(りょうほう) 용봉. 훌륭한 인물의 상징.
竜舌蘭(りゅうぜつらん) 〖植〗 용설란.
竜の鬚(りゅうのひげ) 〖植〗 소엽맥문동.
竜神(りゅうじん) 용신. 용왕.
 ‖~囃子(ばやし) 기우제 때 용왕을 달래려고 치는 북소리.
竜眼(りゅうがん) 〖植〗 용안. ♣~肉(にく) 〖漢醫〗 용안육.
竜顔(りゅうがん) 용안. 임금의 얼굴.
  *りょうがん으로도 읽음.
竜攘虎搏(りゅうじょうこはく) 용양호박. 용호상박.
竜涎香(りゅうぜんこう) 용연향《향료》.
竜王(りゅうおう) ①용왕. ② (일본 장기에서) 玉将(ぎょくしょう)의 자격도 아울러 갖게 된 飛車(ひしゃ).
 ‖~申(もうし) 용왕께 비를 내려 주십사고 비는 일. 그때의 주문(呪文).
竜姿(りょうし) 용자. 임금의 모습.
竜潜(りょうせん) 용잠. 현인이나 후에 천자가 될 사람이 세상에 드러나지 않게 숨어 있음. *りゅうせん으로도 읽음.
竜座(りゅうざ) 〖天〗 용자리.
竜吐水(りゅうどすい) ① 구식 소화기(消火器). ② 물총.
竜血樹(りゅうけつじゅ) 〖植〗 용혈수.
竜虎(りゅうこ) 용호. *りょうこ로도 읽음.
 ~相打(あいう)つ 용호상박(相搏)하다.
訓読
竜の口(たつのくち) 이무기돌.
竜の宮(たつのみや) 용궁.
竜の都(たつのみやこ) 용궁.
竜の落とし子(たつのおとしご) 〖魚〗 해마(海馬).
竜の馬(たつのうま) 용마. 뛰어난 말. 준마.
竜田姫(たつたひめ) 〈雅〉 가을의 여신.
其他
竜胆(りんどう) 〖植〗 용담. *りゅうたん으로도 읽음.

루

泪 ⁸ 氵

눈물 루
ルイ
なみだ

参考 涙의 異體字.

訓読
泪(なみだ) 눈물.

陋 ⁹ 阝

추할 루
ロウ
いやしい・せまい

音読
陋居(ろうきょ) 누거.
陋見(ろうけん) 누견. ① 변변찮은 의견. ② 자기 의견의 겸사말.
陋習(ろうしゅう) 누습. 더러운 풍습. 습관.
陋室(ろうしつ) 누실.
陋悪(ろうあく) 천하고 나쁨.
陋劣(ろうれつ) 누열. 비열.
陋穢(ろうわい) 좁고 난잡한 일〔모양〕.
陋屋(ろうおく) 누옥.
陋猥(ろうわい) 좁고 난잡한 일〔모양〕.
陋質(ろうしつ) 누질. 미천한 태생. 비루함.
陋策(ろうさく) 얕은 꾀. 졸책. 성질.
陋態(ろうたい) 누태. 보기 흉한 모양.
陋宅(ろうたく) 누택. 누옥.
陋弊(ろうへい) 나쁜 풍속.
陋風(ろうふう) 누풍. 누습(陋習).
陋巷(ろうこう) 누항. 좁고 더러운 거리.

涙(淚) ¹⁰ 氵 常

눈물 루
ルイ
なみだ

音読
涙管(るいかん) 〖生〗 누관. 눈물관.
涙気(るいき) 〖生〗 누기. 눈물 기관. 「부」.
涙囊(るいのう) 〖生〗 누낭《누도(涙道)의 일부분》.
涙道(るいどう) 〖生〗 누도. 눈물길. 눈물이 코로 흐르는 길. 「(鼻涙管).
涙鼻管(るいびかん) 〖生〗 누비관. 비루관
涙腺(るいせん) 〖生〗 누선. 눈물샘.
涙小管(るいしょうかん) 〖生〗 누소관.
涙眼(るいがん) 누안. 눈물이 글썽한 눈.
涙液(るいえき) 누액. 눈물.
涙滴型(るいてきがた) (잠수함 등이) 눈물방울 모양임.
涙点(るいてん) 〖生〗 누점. 누도(涙道)의 입구 부분.
涙痕(るいこん) 누흔. 눈물 자국.

訓読
涙(なみだ) 눈물.
涙ぐましい(なみだぐましい) 눈물겹다.
涙ぐむ(なみだぐむ) 눈물을 머금다. 눈물짓다.
涙する(なみだする) 눈물을 흘리다. 울다.
涙ながら(なみだながら) 눈물을 흘리면서.

울면서.
涙金(なみだきん) 동정으로 주는 돈. 위자료.
涙声(なみだごえ) 울먹이는 소리.
涙勝ち(なみだがち) 대수롭지 않은 일에도 눈물을 흘림. 잘 욺.
涙顔(なみだがお) 눈물에 젖은 얼굴.
涙雨 ㊀(なみだあめ) ① 조금 오는 비. ② 슬픔이 눈물이 되어 내린다는 비.
㊁(るいう) 눈물이 비처럼 쏟아짐.
涙脆い(なみだもろい) 눈물을 잘 흘리다. 잘 감동하다.

11 女 婁 끌 루·별이름 루
ル·ロウ
つなぐ

音読
婁(ろう) ☞婁宿(たたらぼし).
其他
婁宿(たたらぼし) 〖天〗누수. 28수(宿)의 하나. 염소자리 서쪽에 있음.

11 糸 累 여러 루·폐끼칠 루
ルイ
かさなる·かさねる·しきりに·わずらわす

音読
累(るい) 누. 폐(弊).
累加(るいか) 누가.
累家(るいか) 누가. 대대로 이어온 집안.
累減(るいげん) 누감. 차차 줄어짐.
累計(るいけい) 누계.
累年(るいねん) 누년. 해마다. 여러 해.
累累(るいるい) 겹쳐〔겹겹이〕쌓이는 모양.
累代(るいだい) 누대. 여러 세대.
累帯構造(るいたいこうぞう) 〖理〗누대 구조.
累卵(るいらん) 누란.
累犯(るいはん) 〖法〗누범.
累算(るいさん) 누산. 누계를 냄. ♣~器(き) 누산기.
累世(るいせい) 누세. 여러 세대.
累歳(るいさい) 누세. 매년. 해마다.
累損(るいそん) 누손. 기업에서, 누적 손실.
累囚(るいしゅう) 누수. 죄인.
累乗(るいじょう) 누승. 거듭 제곱.
‖~根(こん) 〖數〗누승근. 거듭제곱근.
累夜(るいや) 여러 밤에 걸침. 연야(連夜).
累葉(るいよう) 누엽. 누대(累代).
累月(るいげつ) 누월. 여러 달.
累日(るいじつ) 누일. 여러 날.
累積(るいせき) 누적.
‖~度数(どすう) 〖數〗누적 도수.
~投票(とうひょう) 〖政·經〗누적 투표.
累祖(るいそ) 누조. 대대의 조상.
累朝(るいちょう) 누조. 대대의 조정.
累坐(るいざ) 연좌(連坐).
累増(るいぞう) 누증.
累進(るいしん) 누진. ♣~税(ぜい) 누진세.
‖~課税(かぜい) 누진 과세.
累次(るいじ) 누차. 「적된 오차.
累差(るいさ) 누차. 계산·측정 과정에서, 누적된 오차.
累層(るいそう) 〖地〗누층.
累退税(るいたいぜい) 〖法〗누퇴세.

12 土 塁(壘) 진 루·보루 루
ルイ
とりで

音読
塁(るい) 누. ① 성채. 보루(堡塁). *とりで로도 읽음. ② 〖野〗베이스(base).
塁間(るいかん) 〖野〗누간. 베이스와 베이스의 사이〔거리〕.
塁壁(るいへき) 누벽. 성벽. 또, 성채.
塁上(るいじょう) 〖野〗누상.
塁審(るいしん) 〖野〗누심.
塁砦(るいさい) 성채(城砦).
塁打数(るいだすう) 〖野〗누타수.

13 イ 僂 곱사등이 루
ロウ·ル
かがむ

音読
僂指(るし) 누지. 손꼽아 헤아림. *ろうし로도 읽음.

13 木 楼(樓) 다락 루
ロウ
たかどの·やぐら

音読
楼(ろう) ① 누(樓). 누각. ② 《接尾語로》…루〔요릿집 등의 옥호에 붙이는 말〕.
楼閣(ろうかく) 누각.
楼鼓(ろうこ) 누고. 성루 위에서 치는 북.
楼観(ろうかん) 누각에서 바라보는 경치. 구경.
楼台(ろうだい) 누대. 누각.
楼門(ろうもん) 누문. 누각의 문.
楼上(ろうじょう) 누상.
楼船(ろうせん) 누선. 지붕이 있는 놀잇배.
楼主(ろうしゅ) 누주. 누(樓)라는 이름이 붙은 집의 주인.

14 尸 屢 자주 루·여러 루
ル
しば·しばしば

音読
屢報(るほう) 누보. 누차 보도함.
屢説(るせつ) 누누이 말함.
屢述(るじゅつ) 누차 말함.
屢次(るじ) 누차. 여러 차례.
訓読
屢叩く(しばたたく) (계속 눈을) 깜박거리다. 깜짝거리다.

漏

14 氵 常 漏
샐 루·물시계 루
ロウ·ロ
もる·もれる·もらす

音読
漏刻(ろうこく) 누각. 물시계. 또, 그 눈금. *るこく로도 읽음.
漏鼓(ろうこ) 누고. 옛날에, 시각을 알리던 북(소리).
漏聞(ろうぶん) 누문. 새어나오는 말을 들음.
漏泄(ろうえい) 누설.
漏洩(ろうえい) 누설.
漏水(ろうすい) 누수.
漏失(ろうしつ) 누실. 새서 없어짐.
漏電(ろうでん) 누전.
漏精(ろうせい) 〖醫〗누정.
漏出(ろうしゅつ) 누출.
漏脱(ろうだつ) 누탈. 새어서 빠짐.
漏壺(ろうこ) 누호. 물시계의 물 담는 통.

訓読
漏らす(もらす) ① (액체 등을) 새게 하다. ② 누설하다. ③ (오줌을) 싸다. ④ 빠뜨리다.
❖漏る(もる) (액체 등이) 새다.
漏り(もり) (물·비가) 샘.
❖漏れる(もれる) ① (틈에서) 새다. ② 빠지다. 누락되다. ③ 누설되다.
漏れ(もれ) 샘. 빠짐. 누락.
漏れ落ちる(もれおちる) ① 물 등이 새나와 아래로 떨어지다. ② 탈락하다.
漏れ無く(もれなく) 빠짐(남김)없이. 죄다.
漏れ聞く(もれきく) ① 간접적으로 듣다. 주워듣다. ② '聞く(きく)(=듣다)'의 겸사말.
漏れ承る(もれうけたまわる) ☞漏れ聞く(もれきく)②.

其他
漏斗(じょうご) 누두. 깔대기. *ろうと로도 읽음.
漏路(くけじ) 샛길.

16 疒 瘻
부스럼 루·곱사등이 루
ロウ·ル

音読
瘻管(ろうかん) 〖醫〗누관.
瘻人(るじん) 곱사등이.

17 糸 縷
실 루·자세할 루
ル
いと

音読
縷(る) ① 실낱. 실. ② 실같이 가는 것. 미미한 것.
縷縷(るる) 누누. ① 자세히 말하는 모양. ② 가늘고 길게 계속되는 모양.
∥~綿綿(めんめん) 자세히 길게 말하는 모양.
縷説(るせつ) 누설. 자세히 설명함.
縷述(るじゅつ) 누술. 상술(詳述).
縷言(るげん) 누언. 자세히 말함.
縷陳(るちん) 누진. 자세히 진술함.

17 虫 螻
땅강아지 루
ロウ
けら

音読
螻蟻(ろうぎ) 땅강아지와 개미. 보잘것없는 것의 비유.

訓読
螻蛄 ㊀(けら) 〖蟲〗누고. 땅강아지. *ろうこ로도 읽음.
㊁(おけら) ① 〖蟲〗땅강아지. ② 〈俗〉빈털터리.
螻蛄首(けらくび) ①〖建〗잇는 부분의 잘록한 턱. ② 창날의 목. 날과 슴베(자루) 사이.

19 金 鏤
새길 루
ル·ロウ
ちりばめる

音読
鏤刻(るこく) 누각. ① 금속이나 나무에 글씨 따위를 새겨 넣음. ② 문장을 퇴고함. *ろうこく로도 읽음.
鏤骨(るこつ) 누골. 글을 짓는 데 (뼈를 깎듯이) 매우 애씀.
鏤金(るきん) 누금. 금속 그릇에 화조(花鳥)·산수 따위를 아로새기는 일.

訓読
鏤める(ちりばめる) 아로새기다. (보석 따위를) 온통 박아 넣다.

류

9 木 常 柳
버드나무 류
リュウ
やなぎ

音読
柳壇(りゅうだん) 川柳(せんりゅう) 작가들의 사회.
柳眉(りゅうび) 유미. 미인의 아름다운 눈썹.
柳髪(りゅうはつ) 여자 머리의 아름다움을 버드나무에 비유하여 일컫는 말. *やなぎがみ로도 읽음.
柳糸(りゅうし) 버드나무 가지를 실에 비겨 하는 말.
柳絮(りゅうじょ) 유서. 버들개지. 또, 버들개지가 솜처럼 흩날리는 모양.
柳眼(りゅうがん) 버드나무의 새싹.
柳暗花明(りゅうあんかめい) 유암화명.
柳営(りゅうえい) 将軍(しょうぐん)의 진영. 幕府(ばくふ)의 일컬음.
柳条(りゅうじょう) 버드나무의 가지.

訓読

柳(やなぎ)〘植〙 버드나무. *やぎろも 읽음.
柳筥(やなぎばこ) 버들고리. *やないばこ로도 읽음.
柳代(やなぎしろ) 경사 때 柳樽(やなぎだる) 대신 보내는 돈.
柳蘭(やなぎらん)〘植〙 분홍바늘꽃.
柳籠(やなぎこ) 버들가지로 엮은 바구니.
柳蓼(やなぎたで)〘植〙 여뀌.
柳色 ㊀(やなぎいろ) 흐릿한 황록색. 또, 녹색.
㊁(りゅうしょく) 유색. 푸르른 버드나무 빛.
柳鮠(やなぎばえ)〘魚〙 작고 버들잎 같다 하여 피라미를 일컫는 말.
柳腰(やなぎごし) 유요. 날씬한 미인의 허리. *りゅうようし로도 읽음.
柳刃(やなぎば) 칼끝이 뾰족하고 조붓한 식칼.
柳箸(やなぎばし) 굵은 버드나무 젓가락.
柳藻(やなぎも)〘植〙 말.
柳樽(やなぎだる) ① 술통. ② 술의 딴이름.
柳虫鰈(やなぎむしがれい)〘魚〙 갈가자미.
柳行李(やなぎごうり) 버들고리.

其他

柳宿(ぬりこぼし)〘天〙 유수. 유성(柳星).
柳葉(やないば) 버들잎 모양을 한 화살촉. *やなぎばろも 읽음.
柳葉魚(シシャモ)〘魚〙 별빙어.
柳川(やながわ)〘料〙 柳川鍋의 준말.
‖〜鍋(なべ) 뼈를 발라낸 미꾸라지와 잘게 썬 우엉을 넣고 질냄비에 끓여 달걀을 풀어 얹은 요리.

流 10획 氵 〘教〙
흐를 류
リュウ・ル
ながれる・ながす

音読

流(りゅう)《接尾語로》…류. ① 파. 유파. 계통. ② 방식. 스타일. ③ 등급.
流感(りゅうかん) 流行性(りゅうこうせい)感冒(かんぼう)의 준말. 독감.
流光(りゅうこう) 유광. ① 세월이 흐름. ② 물결에 비친 달빛.
流島(るとう) 유형(流刑). 유배(流配).
流読(りゅうどく) 단어 하나하나의 뜻에 구애되지 않고 문장을 읽음.
流動(りゅうどう) 유동. ♣〜物(ぶつ) 유동물 / 〜性(せい) 유동성 / 〜食(しょく) 유동식 / 〜的(てき) 유동적 / 〜体(たい) 유동체.
‖〜負債(ふさい) 유동 부채.
〜資金(しきん) 유동 자금.
〜資本(しほん) 유동 자본.
〜資産(しさん) 유동 자산.
流灯(りゅうとう) 등롱에 촛불을 켜서 물에 떠내려 보냄.
‖〜会(え) 신불을 위해 얇은 판자 위에 촛불을 켜서 물에 떠내려 보내는 행사.
流落(りゅうらく) 몰락. 영락함.
流覧(りゅうらん) 유람. 전체를 죽 봄.
流浪(るろう) 유랑.
流量(りゅうりょう) 유량.
流麗(りゅうれい) 유려.
流連(りゅうれん) 유련. 유흥에 빠져 집에 돌아가기를 잊음.
流例(りゅうれい) 유례.
流路(りゅうろ) 유로.
流露(りゅうろ) 유로. 그대로 (숨김없이) 나타남.
流涙症(りゅうるいしょう)〘醫〙 유루증.
流流(りゅうりゅう) 서로 다른 유파나 방식이 있음.
流離(りゅうり) 유리. 유랑. *さすらいろも 읽음.
流理構造(りゅうりこうぞう)〘鑛〙 유리 구조.
流沫(りゅうまつ) 유말. 물이 흐르며 생기는 거품.
流亡(りゅうぼう) 유망. 유랑. *るぼうろも 읽음.
流氓(りゅうぼう) 유맹. 유민(流民).
流眄(りゅうべん) 유면. 곁눈질.
流木(りゅうぼく) 유목.
流紋(りゅうもん) 유문. 흐르듯 움직이는 무늬.
流紋岩(りゅうもんがん)〘鑛〙 유문암.
流民(りゅうみん) 유민. 유랑민. *るみんろも 읽음.
流氷(りゅうひょう) 유빙.
‖〜帯(たい) (남・북극 해역의) 유빙대.
流沙(りゅうしゃ) ⇨ 流砂(りゅうしゃ).
流砂(りゅうしゃ) 유사. ① 물에 밀려 내린 〔흐르는〕 모래. ② (중국 서부의) 대사막. *りゅうさろも 읽음.
流産(りゅうざん) 유산.
流線(りゅうせん) 유선. ♣〜型(けい) 유선형. *せつろも 읽음.
流説(りゅうせつ) 유설. 유언(流言). 낭설.
流星(りゅうせい) 유성. ♣〜塵(じん) 유성진.
流勢(りゅうせい) 유세. (강 따위의) 물살.
流所(るしょ) 배소(配所). 유배된 곳.
流俗(りゅうぞく) 유속.
流速(りゅうそく) 유속. 흐르는 물의 속도.
流水(りゅうすい) 유수.
‖〜文(もん) 유수를 형상화한 무늬.
流矢(りゅうし) 유시. 빗나간 화살.
流失(りゅうしつ) 유실.
流言(りゅうげん) 유언. 뜬소문. *るげんろも
‖〜飛語(ひご) 유언비어.   읽음.
流域(りゅういき) 유역.
流涎(りゅうぜん) 유연. 군침을 흘림.
流用(りゅうよう) 유용.
流寓(りゅうぐう) 유우. 방랑하다가 타향에 서 우거함.
流音(りゅうおん)〘言〙 유음.
流儀(りゅうぎ) (어떤 사람・가문・유파가 가진) 기능・예술 등의 독특한 방식〔법식〕.
流人(るにん) 유인. 유배된 사람.
流入(りゅうにゅう) 유입.
流作場(りゅうさくば) 하천 등의 연안에 있어서 늘 물에 잠겨 있는 논밭.
流抵当(りゅうていとう)〘法〙 유저당.

流賊(りゅうぞく) 유적.
流謫(るたく) 유적. 유형(流刑)에 처함.
 * りゅうたく로도 읽음.
流伝(りゅうでん) 유전. 널리 전하여 퍼짐.
 * るでん으로도 읽음.
流転(るてん) 유전. ①『佛』윤회(輪廻). ② 끊임없이 변함.
∥**～輪廻**(りんね)『佛』유전 윤회.
流電(りゅうでん) 유전. ① 번개. ② 전류.
流祖(りゅうそ) 그 유파를 창시한 사람.
流罪(るざい) 유죄. 귀양.
流質(りゅうじち)『法』유질.
流竄(りゅうざん) 유찬. 귀양 보냄. *るざん으로도 읽음.
流暢(りゅうちょう) 유창.
流体(りゅうたい) 유체. 기체와 액체의 총칭.
∥**～圧力**(あつりょく) 유체 압력.
～力学(りきがく) 유체 역학.
流涕(りゅうてい) 유체. 체읍. 눈물을 흘리며 욺.
流出(りゅうしゅつ) 유출.
流弾(りゅうだん) 유탄.
流通 ㊀(りゅうつう) 유통. ♣**～税**(ぜい) 유통세.
∥**～広告**(こうこく) 유통 광고.
～機構(きこう) 유통 기구.
～手段(しゅだん) 유통 수단.
～市場(しじょう) 유통 시장.
～組織(そしき) 유통 조직.
～革命(かくめい)『經』유통 혁명.
～貨幣(かへい) 유통 화폐.
㊁(るずう)『佛』교의(教義)가 방해 없이 널리 행해짐.
流派(りゅうは) 유파.
流弊(りゅうへい) 유폐. 세상에 널리 퍼진 나쁜 풍습.
流布(るふ) 유포.
∥**～本**(ほん) 같은 고전(古典)에서 나온 책 중에서 세상에 널리 알려진 책.
流下(りゅうか) 유하. 흘러내림. 또, 흘려 보냄.
流汗(りゅうかん) 유한. 흐르는 땀.
流行(りゅうこう) 유행. ♣**～歌**(か) 유행가 / **～病**(びょう) 유행병 / **～児**(じ) 유행아 / **～語** 유행어.
∥**～性感冒**(せいかんぼう) 유행성 감기.
～性脳炎(せいのうえん) 유행성 뇌염.
～性脳脊髄膜炎(せいのうせきずいまくえん) 유행성 뇌척수막염.
～後れ(おくれ) 유행에 뒤짐.
流向(りゅうこう) 흘러가는 방향.
流血(りゅうけつ) 유혈.
流刑(りゅうけい) 유형. *るけい로도 읽음.
流丸(りゅうがん) 유환. 빗나간 탄환. 유탄.
流会(りゅうかい) 유회.

訓読
❖**流す**(ながす) ①흘리다. 흐르게 하다. ② 흘려 보내듯 퍼뜨리다. ③ 택시 등이 손님을 찾아 여기저기 돌아다니다. ④ 유산시키다.
流し(ながし) ① 흘림. ② 설거지대. ③ (목욕탕에서) 때를 밂. 또, 때밀이. ④ (택시 등이) 손님을 찾아 돌아다님.

流し台(ながしだい) 설거지대. 싱크대.
流し網(ながしあみ) 유망(流網).
流し目(ながしめ) 곁눈질.
流し箱(ながしばこ) 우뭇가사리의 앙금을 넣어 굳히는 상자.
流し元(ながしもと) 설거지대가 있는 곳.
流し込む(ながしこむ) 흘려서 속에 집어넣다.
流し場(ながしば) 목욕통 옆의 몸 씻는 곳.
流し釣り(ながしづり) 흘림 낚시.
流し撮り(ながしどり) 움직이는 물체를 속사(速寫)함. 스냅.
流し打ち(ながしうち)『野』밀어치기.
流し板(ながしいた) ① 설거지대에 깐 판자. ② 목욕탕 등에서, (앉아서 씻도록) 바닥에 깐 판자.
❖**流れる**(ながれる) ① 흐르다. ② 떠내려가다(오다). ③ 떠돌다. ④ 성립되지 않다.
流れ(ながれ) ① 흐름. ② 계통. 혈통. 집안. ③ 기(旗) 따위를 세는 말. 폭(幅).
流れ図(ながれず) 순서도. 컴퓨터의 프로그램을 작성할 때, 특정 기호로 일의 순서를 도식화한 것. 플로차트(flowchart).
流れ渡る(ながれわたる) 여기저기로 흘러다니다. 이곳저곳 떠돌아다니다.
流れ物(ながれもの) ① 유실물(流質物). ② 필요가 없게 된 물건.
流れ歩く(ながれあるく) 헤매다. 떠돌(아 다)다.
流れ星(ながれぼし) 유성. 별똥별.
流れ矢(ながれや) 유시(流矢). 빗나간 화살.
流れ込む(ながれこむ) 흘러들다.
流れ者(ながれもの) 떠돌이. 방랑자. 뜨내기.
流れ作業(ながれさぎょう) 전송대(傳送帶) 작업. 컨베이어 시스템.
流れ造り(ながれづくり) 지붕에 물매를 두어 전면을 뒷면보다 길게 경사지게 한 신사 건축의 한 양식.
流れ着く(ながれつく) 흘러가서 어느 곳에 닿다.
流れ出す(ながれだす) ① 흘러나가다. ② 흐르기 시작하다.
流れ弾(ながれだま) 유탄.
流れ解散(ながれかいさん) (단체 여행·시위 행진 등의 종착점에서) 도착순으로 해산하는 일.
流れ行く(ながれゆく) 흘러가다.

其他
流離う(さすらう) 방랑하다. 유랑하다.
流離人(さすらいびと) 방랑자. 유랑민.
流石(さすが) ① 그렇다고는 하나. 역시. ② 과연. ③ 그(처럼) 대단한.
流鏑馬(やぶさめ) 기사(騎射)의 하나. 말을 달리면서 우는살을 쏘아 과녁을 맞히는 무예.
流行らせる(はやらせる) 유행시키다.
❖**流行る**(はやる) ① 유행하다. ② 번창하다. ③ 퍼지다.
流行り(はやり) 유행. ♣**～歌**(うた) 유행가 / **～眼**(め) 유행성 결막염.
∥**～病**(やまい) 유행병. 전염병.
～言葉(ことば) 유행어.

~廃り(すたり) 유행의 성쇠〔기복〕.
~風邪(かぜ) 유행성 감기〔독감〕.
流行りっ児(はやりっこ) 인기가 있는〔잘 팔리는〕 기생·연예인(들).

| 10 田 教 | 留 | 머무를 류
リュウ・ル
とめる・とまる・とどまる |

音読
留年(りゅうねん)〈學〉(대학의) 유급. 낙제. ♣~生(せい) 유급생.
留別(りゅうべつ) 유별. 떠나는 사람이 남아 있는 사람에게 작별 인사함.
留保(りゅうほ) 유보.
∥~需要(じゅよう) 자산을 가진 사람이 당시 시장 가격으로 그것을 매각하지 않고 계속 보유하는 일.
留分(りゅうぶん) 〖理〗 유분.
留錫(りゅうしゃく) 행각승(行脚僧)이 어떤 절에 머무름.
留巣性(りゅうそうせい) 유소성.
留守(るす) ① 외출하고 집에 없음. 부재중. ② 집안 사람들이 부재중 집을 지킴. 또, 그 사람.
∥~居(い) ☞留守①.
~番(ばん) ☞留守②. ♣~電話(でんわ) 자동 응답기.
~寝(ね) 집을 지켜야 하는데 잠을 잠.
留心(りゅうしん) 유심. 유의.
留用(りゅうよう) 사람을 자기 나라에 머물게 해서 부림.
留意(りゅうい) 유의.
留日(りゅうにち) 외국인이 일본에 머묾.
留任(りゅうにん) 유임.
留鳥(りゅうちょう) 유조. 텃새.
留住(りゅうじゅう) 머물러 삶.
留滞(りゅうたい) 유체. 정체.
留出(りゅうしゅつ) 유출. 증류할 때 액체로 되어 나옴.
留置(りゅうち) 〖法〗 유치. ♣~権(けん) 유치권 / ~物(ぶつ) 유치물 / ~場(じょう) 유치장.
留学(りゅうがく) 유학. ♣~生(せい) 유학생.

訓読
❖留まる ㊀(とまる) ① 머무르다. ② 붙박이다. ③ (새 따위가) 앉다. ④ 눈에 띄다.
㊁(とどまる) ① (한 곳에서) 움직이지 않다. ② 머무르다. ③ 그치다.
留まり(とまり) 꼼짝 않고 있음.
❖留める ㊀(とめる) ① 만류하다. ② 고정시키다. ③ 잠그다. 채우다. ④ 꽂다. 지르다. ⑤ (마음에) 두다.
㊁(とどめる) ① 멈추다. ② 말리다. 만류하다. ③ 남기다. ④ 그치다.
留め(とめ) 움직이지 못하게 둠.
留めだて(とめだて) 제지. 말림.
留め具(とめぐ) 떨어지지 않도록 붙이는 작은 쇠붙이.
留め金(とめがね) 연결용 쇠붙이. 멈춤쇠·잠그개·물림쇠 따위.
留め男(とめおとこ) ① 연극 등에서, 싸움을 말리는 남자. ② (여관의) 손님을 끄는 남자. 유객꾼.
留め女(とめおんな) ① 연극 등에서, 싸움을 말리는 여자. ② (여관의) 손님을 끄는 여자.
留木(とめぎ) 옷이나 머리에 향기가 배어들게 함. 또, 그 향기나 향료. ＊留木로도 읽음.
留木(とめぎ) 江戸(えど) 시대에, 벌채를 금지했던 나무.
留山(とめやま) 사냥·벌채를 금하는 산.
留め書き(とめがき) ① 적바림함. ② 문서. ② 편지 끝에 첨부한 말(敬具(けいぐ)·草々(そうそう) 따위).
留め手(とめて) ☞留め役(とめやく).
留袖(とめそで) 일본 여자 옷의 하나. 축의용(祝儀用)의 예복.
留め役(とめやく) 싸움 따위를 말려 화해시키는 역. 또, 그 사람. 중재인.
留め場(とめば) 고기잡이·사냥·벌목을 금지한 곳.
留め川(とめかわ) 고기잡이를 금한 강·내.
留め置き(とめおき) ① 留置(りゅうち). ② 돌려보내지 않고 잡아 둠. ② 留置郵便의 준말.
∥留置郵便(とめおきゆうびん) 유치 우편.
留置電報(とめおきでんぽう) 유치 전보.
留め置く(とめおく) ① 돌려보내지 않고 잡아 두다. ② 적어두다. 중단〔중지〕해 두다.
留め針(とめばり) ① 임시로 질러서 움직이지 않게 하는 바늘. ② 핀.
留め湯(とめゆ) ① 전날 사용한 목욕물을 다시 사용하는 일. 또, 그 목욕물. ② 혼자 독점한 목욕탕. ③ 요금을 월액으로 정하고 수시로 입욕하는 일.
留め桶(とめおけ) 목욕탕에서 물을 퍼서 쓰는 통.
留め風呂(とめぶろ) ☞留め湯(とめゆ)②.
留め筆(とめふで) ① 편지나 문장의 끝구절. ② 스승이나 영주(領主)가 서예가·화가에게 마음대로 붓을 들지 못하게 함. 또, 그 서예가·화가.
留香(とめこう) ☞留木(とめぎ).

| 11 王 人 | 琉 | 유리 류
リュウ・ル |

音読
琉球(りゅうきゅう) 〖地〗 유구. 류큐. 沖縄(おきなわ)의 옛 이름. ♣~語(ご) 유구어.
∥~方言(ほうげん) 沖縄 방언.
~芋(いも) '薩摩芋(さつまいも)(= 고구마)'의 딴이름.
~紬(つむぎ) 沖縄산의 평직 명주.
~表(おもて) 골풀로 짠 沖縄산 돗자리.
琉金(りゅうきん) 〖魚〗 금붕어의 일종(빨갛거나 흰 반점이 섞임).

| 12 石 常 | 硫 | 유황 류
リュウ |

音読
硫気孔(りゅうきこう)〖地〗황기공. 화산의 분기공 가운데서, 특히 황화수소 따위를 많이 분출하는 구멍. 「광.
硫砒鉄鉱(りゅうひてっこう)〖鑛〗황비철
硫酸(りゅうさん)〖化〗황산. ♣~銅(どう) 황산구리 / ~塩(えん) 황산염 / ~紙(し) 황산지 / ~鉄(てつ) 황산철.
∥~亜鉛(あえん) 황산아연.
~アンモニウム 황산암모늄.
硫錫鉱(りゅうしゃくこう)〖鑛〗황석광.
硫安(りゅうあん) 유안. 硫酸(りゅうさん)アンモニウム의 준말.
硫化(りゅうか)〖化〗황화(黄化). ♣~物(ぶつ) 황화물 / ~銀(ぎん) 황화은 / ~鉄(てつ) 황화철.
∥~水素(すいそ) 황화수소.
~水銀(すいぎん) 황화수은.
~亜鉛(あえん) 황화아연.
~染料(せんりょう) 황화 염료.

其他
硫黄(いおう)〖化〗유황. 황(黄). *ゆおう 로도 읽음. ♣~泉(せん) 유황천.
∥~酸化物(さんかぶつ)〖化〗황산화물.
~細菌(さいきん) 황세균.
~軟膏(なんこう) 유황 연고.
~華(か)〖化〗황화. 승화황.

| 13 氵 | 溜 | 물방울 류·김서릴 류
リュウ
たまる・ためる |

音読
溜分(りゅうぶん)〖理〗유분.
溜飲(りゅういん)〖漢醫〗유음.
溜出(りゅうしゅつ) 유출. 증류할 때 액체로 되어 나옴.

訓読
❖溜まる(たまる) 모이다. ①괴다. ②(돈 등이) 늘다. ③쌓이다. 밀리다.
溜まり(たまり) ①괸. 괸 곳. ②대기실. 집합소. ③溜まり醤油(たまりじょうゆ)의 준말. ④된장에서 우러난 물.
溜まり水(たまりみず) 괸 물. 건수(乾水).
溜まり場(たまりば) 대기실. 집합소.
溜まり醤油(たまりじょうゆ) 콩으로 쑨 누룩에 소금물을 붓고 숙성시킨 진한 간장.
❖溜める(ためる) ①모으다. 저축하다. ②밀리게 하다.
溜め(ため) 모아 둠. 또, 그 장소. 특히, 분뇨 모으는 곳.
溜め塗り(ためぬり) 옻칠의 일종. 단주(丹朱)로 애벌칠하고 숯으로 광택을 지운 뒤에 투명한 옻칠을 해서 마무리하는 칠.
溜め涙(ためなみだ) 울고 싶은 것을 참아서 고인 눈물. 「(貯水)
溜め水(ためみず) (방화용·음료용의) 저수
溜め息(ためいき) 한숨.
溜め込む(ためこむ) 모아서 저축하다. 부지런히 모으다.
溜め池(ためいけ) 저수지. 「두는 통.
溜め桶(ためおけ) ①거름통. ②빗물을 받아

| 13 方 | 旒 | 깃발 류
リュウ
はたあし |

音読
旒(りゅう) 기(旗)를 세는 말. 폭.

| 14 木 | 榴 | 석류나무 류
リュウ
ざくろ |

音読
榴散弾(りゅうさんだん) 유산탄.
榴弾(りゅうだん) 유탄. 탄체 안에 작약(炸藥)을 다져 넣은 포탄.

| 14 王 人 | 瑠 | 유리 류
ル |

参考 琉와 同字.

音読
瑠璃(るり) 유리. ①칠보의 하나인 청보석. ②'ガラス(=유리)'의 옛 이름. ♣~鳥(ちょう)〖鳥〗유리새.
∥~紺(こん) 보랏빛을 띤 짙은 남색.
~光如来(こうにょらい)〖佛〗약사유리광여래. 약사여래.
~色(いろ) 자색을 띤 남색.

| 15 木 | 樏 | 찬합 류·나막신 류
ルイ
かんじき・かじき・わりご |

訓読
樏 ㊀(かんじき) 동철(冬鐵). 눈 속에 발이 빠지지 않게 신 밑에 덧대는 물건. *かじき 로도 읽음.
㊁(わりご) 칸막이 도시락.

| 15 疒 | 瘤 | 혹 류
リュウ
こぶ |

音読
瘤起(りゅうき) 혹처럼 불거짐.

訓読
瘤(こぶ) ①혹. 장애물. ②거치적거리는 것.

특히, 어린아이.
瘤付き(こぶつき) 귀찮은 존재. 특히, 어린 애가 딸림[딸린 사람].
瘤牛(こぶうし) 〖動〗 제부(zebu)의 딴이름.

| 17 糸 | 縲 | 포승 **류** ルイ なわ |

[音読]
縲縄(るいせつ) ⇨ 縲絏(るいせつ).
縲絏(るいせつ) 유설. 포박됨. 옥에 갇힘.

| 18 口 | 嚠 | 맑을 **류** · 빠를 **류** リュウ |

[参考] 瀏의 俗字.

[音読]
嚠喨(りゅうりょう) 유량. (관악기의) 음색이 거침없고 맑은 모양.

| 18 氵 | 瀏 | 맑을 **류** リュウ きよい |

[音読]
瀏亮(りゅうりょう) (관악기의) 음색이 거침없고 맑은 모양. 유량(嚠喨).

| 18 言 | 謬 | 그릇될 **류** ビュウ あやまる |

[音読]
謬見(びゅうけん) 유견. 그릇된 견해·의견.
謬説(びゅうせつ) 유설. 그릇된 (학)설.
  *びょうせつ로도 읽음.
謬言(びゅうげん) 틀린 말. 거짓말.
謬伝(びゅうでん) 유전. 와전(訛傳).
謬錯(びゅうさく) 유착. 틀림. 잘못.

[訓読]
❖謬る(あやまる) ① 실패하다. 틀리다. ② (남을) 그르치다.
謬り(あやまり) 잘못. 틀림. 실수.

| 18 頁 教 | 類(類) | 무리 **류**·비슷할 **류** ルイ たぐい·たぐえる |

[音読]
類(るい) 유. ① 종류. 같은 부류. ② 닮은 것. ③《接尾語로》…류.
類する(るいする) ① 닮다. 비슷하다. ② 비견하다.
類歌(るいか) 표현이나 발상이 비슷한 노래.
類概念(るいがいねん) 〖論〗유개념.
類句(るいく) ① 유구. 비슷한 구. ② 뜻과 표현이 비슷한 俳句(はいく).
類規(るいき) 유규. 같은 종류의 법규.
類同(るいどう) 비슷함. 동종(同種)임.
類例(るいれい) 유례.
類別(るいべつ) 유별.
類病(るいびょう) 증상이 비슷한 병.
類本(るいほん) 유본. 내용이 비슷한 책.
類比(るいひ) 유비. ① 비교. ② 유추.
類似(るいじ) 유사. ♣~点(てん) 유사점 / ~症(しょう) 유사증.
類書(るいしょ) 유서. ① 같은 종류의 책. ② 사항별로 분류·편집한 서적.
類焼(るいしょう) 유소. 연소(延燒).
類語(るいご) 유어.
∥~辞典(じてん) 유어 사전.
類縁(るいえん) ① 유연. 친척. ②〖生〗유연.
類葉(るいよう) ① 같은 종류의 잎. ② 같은 일족.
∥~牡丹(ぼたん) 〖植〗꿩의다리아재비. ~升麻(しょうま) 〖植〗노루삼.
類苑(るいえん) 같은 종류를 모은 책.
類音(るいおん) 유음. ♣~語(ご) 유음어.
類意語(るいいご) 유의어.
類義語(るいぎご) 유의어. 동의어.
類人猿(るいじんえん) 〖動〗유인원.
類字(るいじ) 유자. 비슷한 글자.
類題(るいだい) ① 유제. 유사한 문제. ② 和歌(わか)·俳句(はいく) 따위를 유사한 제목에 따라 분류하여 모은 것.
類族(るいぞく) ① 동족. ② 친족. 일족.
類従(るいじゅう) 종류별로 모음. 또, 모은 것.
類症(るいしょう) 유증. 유사증(症).
類誌(るいし) 같은 종류의 잡지.
類脂質(るいししつ) 〖化〗유지질.
類質(るいしつ) 유질. 유사한 성질.
∥~同像(どうぞう) 〖鑛〗유질 동상.
類纂(るいさん) 유찬. ① 같은 종류의 것을 편찬함. 또, 그 책. ② 각 종류로 나누어 편찬함.
類体論(るいたいろん) 〖數〗유체론.
類推(るいすい) 유추.
類聚(るいじゅ) 유취. 같은 종류의 것을 분류·편찬함. *るいじゅう로도 읽음.
類品(るいひん) 같은 종류의 물품.
類型(るいけい) 유형. ♣~的(てき) 유형적 / ~学(がく) 유형학 / ~化(か) 유형화.
類化(るいか) 유화. ① 생물의 동화 (작용). ② 공통점·상이점을 기준으로 동류끼리 분류하는 일.
類火(るいか) 유소(類燒).

[訓読]
類える(たぐえる) 나란히 하다. 짝지어 주다. 비기다.
❖類う(たぐう) 〈雅〉 (같은 정도의 것이) 나란히 있다[서다]. 비교하다.
類い(たぐい) ① 같은 종류의 것. 같은 무리. 유(類). ② 같은 정도의 것.
類いする(たぐいする) 상당(相當)하다. 필적(匹敵)하다.
類いない(たぐいない) 유례가[비길 데] 없다.
類いまれ(たぐいまれ) 유례가 드묾.

륙

| 4
八
敎 | 六 | 여섯 륙
ロク・リク
む・むつ・むっつ・むい |

音読▷

六(ろく) 육. 여섯. *むろも 읽음. 「롬.
六価クロム(ろっかクロム)〔化〕 육가 크
六歌仙(ろっかせん) 平安(へいあん) 시대 초의 和歌(わか)의 여섯 명인.
六角(ろっかく) 육각. ♣~形(けい) 6 각형.
六感(ろっかん) 육감. '第六感(だいろっかん)(=제육감)'의 준말.
六経(りくけい)〔冊〕 육경. 중국의 여섯 가지 경서. *りっけい로도 읽음.
六境(ろっきょう)〔佛〕 육경.
六界(ろっかい)〔佛〕 육계.
六穀(ろっこく) 육곡.
六曲一双(ろくきょくいっそう) 여섯 겹으로 접게 된 큰 병풍.
六観音(ろっかんのん)〔佛〕 육관음. *ろっかんのん으로도 읽음.
六区(ろっく)〔地〕 東京(とうきょう)의 浅草(あさくさ) 공원을 7개로 나눈 것 중의 제 6구로, 오락가 娛樂街).
六国(りっこく)〔史〕 육국. 중국 전국 시대의 6개 나라의 총칭.
六国史(りっこくし) 奈良(なら)・平安(へいあん) 시대에 편찬된 여섯 역사서.
六君子(ろくくんし) 일본 그림의 화제(畫題)의 명칭.
六根(ろっこん)〔佛〕 육근.
∥~清浄(しょうじょう)〔佛〕 육근청정.
六気(ろっき) 육기. 천지간의 여섯 가지 기운. *りっき로도 읽음.
六大(ろくだい)〔佛〕 육대.
六大州(ろくだいしゅう) 육대주. 육대륙.
六大洲(ろくだいしゅう) ⇨ 六大州(ろくだいしゅう).
六大学(ろくだいがく) 6 대학. 특히 東京(とうきょう) 6대학 야구 리그에 가맹한 대학.
六度(ろくど) ① 여섯 번. ②〔樂〕 6 도. ③〔佛〕 육도. 육바라밀(六婆羅密).
六道(ろくどう)〔佛〕 육도.
∥~四生(ししょう)〔佛〕 육도 사생.
~輪廻(りんね)〔佛〕 육도 윤회.
~銭(せん) 입관할 때 삼도내를 건너는 나룻삯으로 넣는 여섯 푼의 돈.
六韜(りくとう)〔冊〕 육도. 중국의 병법서.
∥~三略(さんりゃく)〔冊〕 육도삼략.
六六判(ろくろくばん)〔寫〕 육륙판.
六面体(ろくめんたい)〔數〕 6면체.
六味(ろくみ) 육미.
六拍子(ろくびょうし)〔樂〕 6 박자.

六方(ろっぽう) ① 육방. 여섯 방위. ② 歌舞伎(かぶき)에서 배우들이 무대에 들어설 때 손발을 내저으며 위세 있게 걷는 걸음걸이. ③ 협객(俠客).
∥~石(せき) 수정의 딴이름.
~晶系(しょうけい)〔鑛〕 육방정계.
~体(たい) 육방체. 육면체.
六放海綿(ろっぽうかいめん)〔動〕 육방해면(류). 「나.
六白(ろっぱく) 육백. 구요성(九曜星)의 하
六百六号(ろっぴゃくろくごう)〔藥〕 606 호. 살바르산(매독 치료제).
六法(ろっぽう) ①〔法〕 육법. ② ⇨ 六方(ろっぽう)②③.
∥~全書(ぜんしょ)〔法〕 육법 전서.
六府(ろくふ) 〔生〕 六衛府(ろくえふ).
六部(ろくぶ) ㉠ 육부. ㉡ 여섯 부문. ㉢ 여섯 권. ② ☞ 六十六部(ろくじゅうろくぶ).
六腑(ろっぷ)〔生〕 육부.
六分儀(ろくぶんぎ)〔理〕 육분의. *ろっぷんぎ로도 읽음. 「지 덕목.
六事(りくじ) 육사. 사람이 지켜야 할 여섯 가
六三制(ろくさんせい) 육삼제(초등학교 6년, 중학교 3년의 의무 교육 학제).
六書(りくしょ) 육서. 한자의 성립과 사용에 대한 여섯 가지 구별 명칭.
六時(ろくじ) ① 여섯 시. ②〔佛〕 육시.
六識(ろくしき)〔佛〕 육식.
六信五行(ろくしんごぎょう)〔宗〕 (이슬람교의) 육신오행.
六十(ろくじゅう) 육십. 60 세. *雅語로는 むそ라고도 함.
∥~余州(よしゅう) 옛날에 일본 전국을 일컫던 말.
~部(ろくぶ) ① 서사(書寫)한 법화경을 전국 66 개 처의 영장(靈場)에 바치기 위해서 행각하는 중. ② 걸립(乞粒)하면서 여러 지방을 도는 순례자.
六十進法(ろくじっしんほう) 60 진법.
六言(ろくごん) 육언. 육언시(詩). 「곡해.
六芸(りくげい) 육예. 고대 중국 교육의 여섯
六曜(ろくよう) 음양도나 민간력(民間曆)에서 길흉의 기준이 되는 여섯 날.
六欲(ろくよく)〔佛〕 육욕.
六月(ろくがつ) 6 월.
六衛府(ろくえふ) 平安(へいあん) 시대, 황거와 天皇(てんのう)의 수호를 맡은 6 개 관청. *りくえふ로도 읽음.
六義(りくぎ) 육의. 시경(詩經)의 6 체의 분류법.
六字の名号(ろくじのみょうごう) 「자 명호.
六斎(ろくさい) ① 한 달에 여섯 날을 정해 행사를 함. ② 六斎日의 준말. ♣~日(にち)〔佛〕 육재일. 「서는 장.
∥~市(いち) 매달 6 회에 걸쳐 정기적으로
~念仏(ねんぶつ) 춘분・추분 전후의 각 7일간 피리・징・북으로 장단을 맞추어 하는 空也念仏(くうやねんぶつ).

六情(ろくじょう) 육정.
六朝(りくちょう) 〖史〗 (중국의) 육조.
‖**~文化**(ぶんか) 〖史〗 육조 문화.
六宗(ろくしゅう) 〖佛〗 육종《奈良(なら) 시대의 6개 종파》.
六地蔵(ろくじぞう) 〖佛〗 육지장.
六塵(ろくじん) 〖佛〗 육진.
六窓(ろくそう) 〖佛〗 육창.
六尺(ろくしゃく) ① 6척. ② 六尺褌・六尺棒의 준말. ③ 귀인의 가마를 메는 사람.
‖**~褌**(ふんどし) 길이가 6척인 샅가리개. **~棒**(ぼう) (죄인을 잡거나 할 때 쓰는) 6척 길이의 막대기.
六体(りくたい) 육체. 한자의 여섯 가지 서체. *ろくたい로도 읽음.
六畜(ろくちく) 육축. 여섯 가지 가축. *りくちく로도 읽음.
六趣(ろくしゅ) 〖佛〗 육취.
六親(ろくしん) 육친. 여섯 친족. *りくしん으로도 읽음.
六波羅蜜(ろくはらみつ) 〖佛〗 육바라밀.
六波羅探題(ろくはらたんだい) 鎌倉幕府(かまくらばくふ)가 '六波羅(ろくはら)(=京都)의 지명'의 궁궐 경호를 총괄시켰던 기관.
六合(りくごう) 육합. 천지(天地)와 사방(四方). 온 우주. 천하.
六号(ろくごう) ① 여섯째. 6번. ② 六号活字의 준말.
‖**~記事**(きじ) (잡지의) 6호 기사《잡문 따위》. **~欄**(らん) 6호 활자로 조판된, 잡지의 잡보란. **~活字**(かつじ) 6호 활자.
六花(りっか) 육화. '눈'의 딴이름. *ろっかとも로도 읽음.
六輝(ろっき) ☞六曜(ろくよう).

【訓読】

六つ(むつ) ①〈雅〉여섯. 여섯 살. ② 옛날 시각의 이름. 오전・오후 6시.
六っつ(むっつ) 여섯. 여섯 살. 여섯 개. 여섯째.
六つ時(むつどき) 옛날 시각의 이름. 오전・오후 6시쯤.
六十路(むそじ)〈雅〉①예순. 육십. ② 육십 세《살》.
六日(むいか) 6일. 엿새. *ろくにち로도 읽음.
~の菖蒲(あやめ) 때가 늦어 소용에 닿지 않는 지붕.
六指(むさし) 놀이의 한 가지. 여섯발고누.

11
B
敎
陸
뭍 륙
リク・ロク
おか・くが

【音読】

陸 ㊀(りく) 육지. 뭍. *雅語로는 くが라고도 함.
㊁(おか) ① 육지. 뭍. ② 욕조 밖의 몸을 씻는 곳. ③ 벼루의 먹 가는 바다.
㊂(ろく) ① 물건의 형태 또는 표면에 찌그러짐이 없는 일. ② 수평임. 평탄함. 상태가 바름.
陸繋島(りくけいとう) 〖地〗 육계도.
陸繋砂州(りくけいさす) 〖地〗 육계 사주.
陸の孤島(りくのことう) (교통이 아주 나쁜) 육지의 고도. 벽지.
陸橋(りっきょう) 육교. 구름다리. *りくきょうろも도 읽음.
陸軍(りくぐん) 육군.
‖**~省**(しょう) (구(舊)일본의) 육군성.
陸圏(りっけん) 육권. 지구 표면의 육지 전체의 총칭. *りくけん으로도 읽음.
陸図(りくず) 지형도.
陸島(りくとう) 〖地〗 육도. 대륙도(大陸島).
陸梁(りくりょう) 육량. 마음대로 날뜀. 도량(跳梁).
陸路(りくろ) 육로. *古語로는 くがじ라고도 함.
陸離(りくり) 육리. 빛이 반짝반짝 빛나는 모양.
陸半球(りくはんきゅう) 〖地〗 육반구.
陸兵(りくへい) 육상의 군대. 육군.
陸封(りくふう) 〖魚〗 육봉. ‖**~型**(がた) 육봉형.
陸棚(りくだな) 대륙붕. *りくほうろも 읽음.
陸士(りくし) ① 육사. 陸軍士官学校(しかんがっこう)의 준말. ② 육상 자위대에서 최하위의 계급. 사병.
‖**~長**(ちょう) 陸士의 윗 계급《병장에 해당》.
陸産(りくさん) 육지에서 산출됨. 또, 그 물건. ♣**~物**(ぶつ) 육산물.
陸上(りくじょう) 육상. 육지. ♣**~機**(き) 육상기.
‖**~競技**(きょうぎ) 육상 경기. **~自衛隊**(じえいたい) 육상 자위대.
陸上げ(りくあげ) ⇨陸揚げ(りくあげ).
陸相(りくしょう) 육상. 육군 대신.
陸生(りくせい) 육서. 육지에서 삶.
‖**~動物**(どうぶつ) 육서 동물. **~植物**(しょくぶつ) 육상 식물.
陸成層(りくせいそう) 육성층.
陸続(りくぞく) 육속. 계속 끊이지 않음. 속속.
陸続き(りくつづき) 육지로 이어짐.
陸送(りくそう) 육송. 육상 수송.
陸水(りくすい) 육수. 바닷물을 제외한 육지에 있는 물의 총칭. ♣**~学**(がく) 육수학. 육수를 연구하는 과학.
陸揚げ(りくあげ) 양륙. 뱃짐을 풂.
‖**~桟橋**(さんばし) 양륙 잔교〔부두〕.
陸軟風(りくなんぷう) 육연풍.
陸影(りくえい) 바다 위 저 멀리 보이는 육지.
陸屋根(ろくやね) 평지붕. 거의 기울기가 없는 지붕. *りくやねにも도 읽음.
陸運(りくうん) 육운. 육상 운송.
陸尉(りくい) 육상 자위대의 위관(尉官).
陸自(りくじ) 陸上自衛隊(りくじょうじえいたい)의 준말.
陸将(りくしょう) 육상 자위대의 최고위 계급《陸将補의 위》.
‖**~補**(ほ) 陸将의 아래, 陸佐(りくさ)의 윗

계급《소장(少將)에 해당함》.

陸田(りくでん) 육전. ① 밭. ② 밭 따위에 지하수를 대어 논으로 만든 것.

陸前(りくぜん) 『地』 옛 지방의 이름. 지금의 宮城(みやぎ) 현의 대부분과 岩手(いわて) 현의 일부.

陸戦(りくせん) 육전. 육상 전투. ♣~隊(たい) 육전대. 해병대.

陸曹(りくそう) 육상 자위대의 하사관.

陸鳥(りくどり) 『動』 육조.

陸佐(りくさ) 육상 자위대의 영관(領官).

陸中(りくちゅう) 『地』 옛 지방 이름. 지금의 岩手(いわて) 현의 대부분과 秋田(あきた) 현의 일부.

陸地(りくち) 육지.
‖~棉(めん) 『植』 육지면. 목화의 대표적인 한 품종.　　　　「량표.
~測量標(そくりょうひょう) 『土』 육지측

陸沈(りくちん) 육침. 나라가 멸망함.

陸風(りくふう) 육풍. 밤에 육지에서 바다로 부는 바람. *りくかぜ라고도 함.

陸海(りくかい) 육해. ① 땅과 바다. ② 육군과 해군. *りっかい로도 읽음. ♣~空(くう) 육해공(군) ~軍(ぐん) 육해군.

陸行(りっこう) 육행. 육로로 감. *りくこう로도 읽음.

訓読➔

陸掘り(おかぼり) 노천굴(露天掘). 　「음.

陸稲(おかぼ) 육도. 밭벼. *りくとう로도 읽

陸苗代(おかなわしろ) 『農』 건(乾)못자리. 마른못자리. *りくなわしろ로도 읽음.

陸物(おかもの) 밭작물.

陸釣り(おかづり) 해안·강기슭에서 낚시질

陸蒸気(おかじょうき) 기차. 　　　　「함.

陸湯(おかゆ) 공동 목욕탕에서, 나올 때 몸을 헹구는 깨끗한 온수.

其他➔

陸奥 ㈠(むつ) 『地』 옛 지방 이름. 지금의 青森(あおもり) 현과 岩手(いわて) 현 북부.
㈡(みちのく) 옛 지방 이름. 지금의 青森·岩手·宮城(みやぎ)·福島(ふくしま)의 네 현을 포함함. *むつ로도 읽음.

| 15
戈 | 戮 | 죽일 **륙**·합할 **륙**
リク
あわせる・ころす |

音読➔

戮する(りくする) 죽이다.

戮力(りくりょく) 육력. 힘을 합침. 협력.

| 19
魚 | 鯥 | 괴어(怪魚)이름 **륙**
リク
むつ |

訓読➔

鯥(むつ) 『魚』 게르치.

鯥五郎(むつごろう) 『魚』 짱뚱어.

륜

| 10
イ
常 | 倫 | 인륜 **륜**·윤리 **륜**
リン
みち・たぐい |

音読➔

倫道(りんどう) 사람이 가야 할 길. 인륜.

倫理(りんり) 윤리. ♣~的(てき) 윤리적/ ~学(がく) 윤리학.

其他➔

倫敦(ロンドン) 『地』 런던의 한자 이름. ♣~塔(とう) 런던탑.
‖~学派(がくは) 런던 학파.

| 11
山 | 崙 | 산이름 **륜**
ロン |

音読➔

崙崐(ろんきん) 윤균. 산이 험한 모양.

| 11
氵 | 淪 | 빠질 **륜**
リン
しずむ |

音読➔

淪落(りんらく) 윤락.

淪滅(りんめつ) 윤멸. 침몰하여 멸함. 멸하여 없어짐.

淪没(りんぼつ) 윤몰. ① 침몰. ② 쇠미.

| 14
糸
入 | 綸 | 인끈 **륜**·다스릴 **륜**
リン
いと |

音読➔

綸言(りんげん) 윤언. 임금의 말.

綸子(りんず) 고운 생사로 무늬를 넣어 짠 윤이 나는 고급 견직물.

綸旨(りんじ) 윤지. 칙지(勅旨)를 받아 근시(近侍)가 내는 문서. *りんし로도 읽음.

| 15
車
教 | 輪 | 바퀴 **륜**·돌 **륜**
リン
わ |

音読➔

輪タク(りんタク) 자전거의 뒤나 옆에 손님이 탈 수 있는 자리를 만든 탈것.

輪姦(りんかん) 윤간.

輪講(りんこう) 윤강. 한 책을 여럿이 분담하여 차례로 강의함.

輪郭(りんかく) 윤곽.

輪廓(りんかく) ⇨ 輪郭(りんかく).

輪光(りんこう) 고리 모양의 빛.
輪台(りんだい) 철사를 구부려 만든 국화 받침대.
輪読(りんどく) 윤독. 차례로 돌려가며 읽음.
輪灯(りんとう)〖佛〗윤등. 불전에 매다는 윤상(輪狀)의 등.
輪舞(りんぶ) 윤무. ♣〜曲(きょく) 윤무곡.
輪番(りんばん) 윤번.
輪伐(りんばつ) 윤벌. 삼림의 나무를 매년 돌려 가며 베는 일.
輪宝(りんぽう)〖佛〗윤보.
輪死(りんじ) 차에 치이어 죽음. 역사.
輪状(りんじょう) 윤상. 바퀴 모양.
輪生(りんせい)〖植〗윤생. 돌려나기.
輪業(りんぎょう) 윤업. 자전거 판매업.
輪王(りんおう)〖佛〗윤왕. 전륜왕(轉輪王).
輪作(りんさく) 윤작.
輪栽(りんさい) 윤재. 돌려짓기.
輪転(りんてん) 윤전. ♣〜機(き) 윤전기.
輪藻類(りんそうるい)〖植〗윤조류. 차축조식물.
輪座(りんざ) 윤좌. 빙 둘러앉음.
輪唱(りんしょう)〖樂〗윤창.
輪軸(りんじく)〖理〗윤축.
輪虫類(りんちゅうるい)〖動〗윤충류.
輪塔(りんとう) 윤탑. 오륜(五輪)의 탑.
輪形(りんけい) 윤형. 바퀴 모양.
∥〜動物(どうぶつ)〖動〗윤형 동물.
㊁(わがた) 고리 모양. 윤형. 원형(圓形).
 ＊わなりとも 읽음.
輪禍(りんか) 윤화. 교통 사고.
輪奐(りんかん) 윤환. 사찰이나 건물 따위가 장대하고 화려함.
輪換(りんかん)〖農〗윤작(輪作). 돌려짓기.
輪廻(りんね)〖佛〗윤회.
訓読 ㊀(わ) ①고리. 원형. ②(수레)바퀴. 차륜. ③테. 테두리.
㊁(りん)《接尾語로》①꽃을 세는 말. 송이. ②차바퀴를 세는 말. …륜.
輪っか(わっか)〈俗〉고리. 고리 모양의 물건.
輪っぱ(わっぱ) ①고리. 고리 모양의 것. ②曲げ物(まげもの)로 만든 도시락 상자.
輪袈裟(わげさ)〖佛〗목에 거는 폭 6cm 정도의 좁은 가사(袈裟).
輪鍵(わかぎ) 고리로 된 자물쇠.
輪奈(わな) (실 따위의) 고.
輪島塗(わじまぬり) 石川(いしかわ) 현 북단의 도시인 輪島(わじま) 특산의 칠기.
輪留め(わどめ) (비탈길에) 세워 놓은 차가 움직이지 못하게 바퀴에 괴는 쐐기. 바퀴굄.
輪抜け(わぬけ) 몸을 날려 바퀴 속을 빠져 나가는 곡예.
輪数珠(わじゅず) 이중으로 된 염주.
輪乗り(わのり) 말을 타고 원형으로 돎.
輪飾り(わかざり) 둥글게 짚을 엮어, 상록수 잎 따위를 붙이고 몇 오라기의 짚을 드리운 장식물.

輪違い(わちがい) 둘 이상의 고리를 교차시킨 모양. 또, 그 무늬나 가문(家紋).
輪切り(わぎり) 원통형의 물건을 가로로 둥글게 자름. 또, 그 자른 물건.
輪中(わじゅう) 윤중. 저습지의 부락·농경지를 홍수로부터 보호하기 위해 제방으로 둘러싼 지역.
輪差(わさ) (실 따위의) 고. 올가미.
輪取る(わどる) 고리 모양으로 둥글게 되다.
輪投げ(わなげ) 고리던지기(놀이). 또, 그 기구.
輪護謨(わゴム) (물건 포장에 쓰이는) 고리 모양의 고무줄. 고무 밴드.
輪後光(わごこう) 고리 모양의 후광.
ビショップの輪(わ)〖氣〗비숍 고리.
其他
輪鼓(りゅうご) 가운데가 잘록한 북통 모양의 것.

률

| 9
イ
教 | 律 | 법률·가락 률
リツ·リチ
のり |

音読
律(りつ) ①법률. ②(소리의) 가락. ③율시. ④《接尾語로》…률(율). 법칙.
律する(りっする) 어떤 기준에 맞추어서 (사물을) 판단[처리]하다. 다루다.
律格(りっかく) 율격. ①규칙. 법도. ②한시의 구성법의 하나.
律動(りつどう) 율동. 리듬. ♣〜的(てき) 율동적.
∥〜体操(たいそう) 율동 체조.
律呂(りつりょ) 율려. 음률.
律令(りつりょう)〖史〗율령. 특히, 奈良(なら)·平安(へいあん) 시대의 기본 법전. ♣〜制(せい) 율령제.
∥〜格式(きゃくしき)〖史〗율령 격식. 특히, 奈良·平安 시대의 법제도의 총칭.
〜国家(こっか) 율령 국가.
律文(りつぶん) 율문. ①법률의 조문. ②운문.
律法(りっぽう) 율법. ①법률. ②〖佛〗계율.
律師(りっし)〖佛〗율사. ＊りしㄹ라고도 함.
律速段階(りっそくだんかい) 화학 반응이 여러 단계를 거쳐 진행할 때 그 중에서 변화 속도가 가장 느린 반응 단계.
律詩(りっし) 율시.
律語(りつご) 율어. 리듬을 가진 말·문장.
律義(りちぎ) 의리가 두터움. 성실하고 정직함.
∥〜者(もの) 고지식하고 의리가 두터운 사람.
律儀(りちぎ) ⇨ 律義(りちぎ).
律蔵(りつぞう)〖佛〗율장. 삼장(三藏)의 하나.

栗・率・慄・葎・隆・肋

律条(りつじょう) 조목별로 정한 규율.
律宗(りっしゅう) 〖佛〗 율종. 계율종.

| 10 木 (人) | 栗 | 밤 **률** リツ くり |

訓読
栗(くり) 〖植〗 ① 밤. 밤나무. ② 밤색. 고동색. 적갈색.
栗饅頭(くりまんじゅう) 밤소를 넣어 밤색으로 구운 빵의 일종.
栗梅(くりうめ) 붉은 기가 도는 진한 밤색.
栗名月(くりめいげつ) 음력 9월 13일 밤의 달. 「렁말.
栗毛(くりげ) 말의 밤색 털. 또, 그런 말. 구
栗飯(くりめし) 밤밥.
栗色(くりいろ) 밤색.
栗薯(くりいも) ⇨ 栗芋(くりいも).
栗石(くりいし) (밤)자갈. 모오리돌.
栗拾い(くりひろい) 밤줍기. 또, 그 사람.
栗羊羹(くりようかん) 밤양갱.
栗芋(くりいも) 밤고구마.

其他
栗鼠 ㊀(りす) 〖動〗 다람쥐.
  ㊁(くりねずみ) ① ☞㊀. ② 밤색을 띤 쥐
栗刺(いが) 가시 돋친 겉껍데기. └색.

| 11 土 (教) | 率 (率) | 율 **률**・거느릴 **솔** リツ・ソツ ひきいる・おおむね |

音読
率(りつ) 《接尾語로》 …률〔율〕. 비율.
率す(そっす) 거느리다. 인솔하다.
率励(そつれい) 스스로 앞장서서 사람들을 격려함.
率先(そっせん) 솔선.
‖～躬行(きゅうこう) 솔선 궁행. 남보다 앞서 몸소 실천함.
  ～垂範(すいはん) 솔선수범.
率然(そつぜん) ① 돌연. 갑자기. ② 경솔(당돌)한 모양.
率由(そつゆう) 전례(前例)에서 벗어나지 않도록 하는 일.
率爾(そつじ) 〈老〉 돌연함. 갑작스러움.
率直(そっちょく) 솔직.
率土(そっと) 솔토.
‖～の浜(ひん) 솔토지빈. 온 나라. 천하.

訓読
率いる(ひきいる) 거느리다. 인솔하다. 전하여, 이끌다. 통솔하다.

其他
率塔婆(そとば) 〖佛〗 솔도파(率堵婆).

逆音
能率(のうりつ) 능률.
比率(ひりつ) 비율.
効率(こうりつ) 효율.

| 13 忄 | 慄 | 두려워할 **률** リツ おののく・ふるえる |

音読
慄然(りつぜん) 율연. 겁이 나서 소름이 끼치는 모양.

| 13 艹 | 葎 | 한삼덩굴 **률** リツ むぐら |

訓読
葎(むぐら) 〖植〗 숲처럼 우거지는 덩굴풀의 총칭.

륭

| 11 阝 常 | 隆 (隆) | 높일 **륭**・성할 **륭** リュウ たかい・さかん |

音読
隆と(りゅうと) ① 복장・태도가 훌륭해 눈에 띄는 모양. ② 부유한 모양.
隆起(りゅうき) 융기.
‖～珊瑚礁(さんごしょう) 융기 산호초.
  ～準平原(じゅんへいげん) 융기 준평원.
  ～海岸(かいがん) 융기 해안.
隆鼻術(りゅうびじゅつ) 융비술.
隆隆(りゅうりゅう) ① 기세가 왕성한 모양. ② (힘살이) 울퉁불퉁 나온 모양.
隆盛(りゅうせい) 융성.
隆然(りゅうぜん) 융연. 높은 모양.
隆運(りゅううん) 융운. 흥성하는 운.
隆昌(りゅうしょう) 융창. 융성.
隆替(りゅうたい) 융체. 성쇠.
隆興(りゅうこう) 융흥. 흥륭.

륵

| 6 月 | 肋 | 갈빗대 **륵** ロク あばら |

音読
肋間(ろっかん) 〖生〗 늑간. 「통.
‖～神経痛(しんけいつう) 〖醫〗 늑간 신경
肋骨(ろっこつ) ① 〖生〗 늑골. *あばらぼね로도 읽음. ② 선체의 뼈대.
肋膜(ろくまく) 〖生〗 늑막. 흉막. ♣～炎(えん) 〖醫〗 늑막염.
肋木(ろくぼく) 늑목. 운동 기구의 하나.

肋材(ろくざい) 늑재. 선박의 늑골재.
訓読
肋 ㊀(あばら)〚生〛늑골. 갈빗대.
　㊁(ばら) 肋肉(ばらにく)의 준말.
其他
肋肉(ばらにく) 소·돼지 따위의 갈비에 붙은 고기. 안심. 삼겹살.

11 革	勒	굴레 **륵**·재갈 **륵** ロク おもがい

音読
勒する(ろくする) ①(후세에 남길 일을) 새기다. ② 단속하다. ③ 합치다.
其他
勒犬(ヌクテー)〚動〛늑대.

12 木 ⽇	椚	상수리나무 (륵) くぬぎ

訓読
椚(くぬぎ)〚植〛상수리나무.

름

15 冫	凜	찰 **름**·늠름할 **름** リン
⼈		

音読
凜(りん) 늠름한 모양.
凜と(りんと) ① 늠름한 모양. ② 추위가 심한 모양.
凜冽(りんれつ) 늠렬. 살을 엘 듯이 추운 모양.
凜慄(りんりつ) 늠률. 춥거나 무서워서 떠는 모양.
凜々(りんりん) ① 태도가 늠름한 모양. ② 추위가 혹심한 모양.
凜然(りんぜん) 늠연. ① 추위가 심한 모양. ② 늠름한 모양.
凜乎(りんこ) ☞凜然(りんぜん).
其他
凜凜しい(りりしい) 늠름하다. 씩씩하다.

16 广	廩	곳집 **름**·녹미 **름** リン くら·ふち

音読
廩米(りんまい) 늠속(廩粟). ① 창고에 저장되어 있는 쌀. ② 급여로서 주는 쌀.

릉

10 冫 ⼈	凌	능가할 **릉**·범할 **릉** リョウ しのぐ

音読
凌駕(りょうが) 능가.
凌轢(りょうれき) 능력. 깔보고 짓밟음.
凌侮(りょうぶ) 능모. 능멸.
凌辱(りょうじょく) 능욕.
凌雲(りょううん) ① 구름 위로 우뚝 솟음. ② 속세를 초월함.
凌虐(りょうぎゃく) 능학. 욕보이고 학대함.
訓読
❖凌ぐ(しのぐ) ① 능가하다. ② 괴로움을 참고 견디다. 「나감.
凌ぎ(しのぎ) 견디어 냄. 고통스런 일을 참고
其他
凌霄花(のうぜんかずら)〚植〛능소화.

11 山 ⼈	崚	험할 **릉** リョウ たかい

音読
崚嶒(りょうそう) 능증. 능층(崚層).
崚層(りょうそう) 능층. 산세(山勢)가 험준한 모양.

11 阝 常	陵	언덕 **릉**·능 **릉** リョウ みささぎ·しのぐ·おか

音読
陵(りょう) 능. 임금·왕후 등의 묘. ＊みささぎ로도 읽음.
陵駕(りょうが) 능가.
陵丘(りょうきゅう) 능구. 언덕. 구릉.
陵轢(りょうれき) 능력. 짓밟음.
陵侮(りょうぶ) 능모. 능멸.
陵墓(りょうぼ) 능묘. 능.
陵辱(りょうじょく) 능욕.
陵夷(りょうい) 능이. 세(勢)가 차차로 쇠하여짐.
陵遅(りょうち) 능지. ① 구릉이 점차 낮아짐. ② 왕성했던 사물이 점차 쇠미해짐.
陵虐(りょうぎゃく) 능학. 부끄럼을 주고 학대함.
陵戸(りょうこ) 옛날, 황실의 능지기.
其他
陵苕(のうぜんかずら)〚植〛능소화.

12 艹	菱	마름 **릉** リョウ ひし

音読
菱苦土石(りょうくどせき)〚鑛〛능고토석. 마그네사이트.

菱面体(りょうめんたい)〖数〗능면체.
菱亜鉛鉱(りょうあえんこう)〖鑛〗능아연광.
菱鉄鉱(りょうてっこう)〖鑛〗능철광.

訓読▶
菱(ひし) ①〖植〗마름. ②마름모꼴.
菱結い(ひしゆい) 사람을 묶을 때, 밧줄이 가슴 언저리에서 마름모꼴이 되게 묶는 방법.
菱結び(ひしむすび) 끈을 매는 방법의 하나 (가운데가 마름모꼴이 되게 맴).
菱根(ひしね) ①마름의 뿌리. ②산의 절벽.
菱模様(ひしもよう) 마름모꼴 무늬.
菱餅(ひしもち) 마름모꼴로 자른 떡.
菱矢来(ひしやらい) 대나무를 마름모꼴로 엮어 만든 울짱.
菱食(ひしくい)〖鳥〗큰기러기.
菱垣(ひしがき) 가는 대오리를 마름모꼴로 엮어서 만든 울타리.
菱蟹(ひしがに)〖動〗자(紫)게.
菱形(ひしがた) 능형. 마름모꼴. *りょうけい로도 읽음.
菱灰(ひしばい) 마름 열매 껍질을 태워 만든 「재.

13 木	楞	모 **릉** リョウ・ロウ

参考▶ 稜과 同字.

音読▶
楞厳経(りょうごんきょう)〖佛〗능엄경.

13 禾 入	稜	모 **릉**・서슬 **릉** リョウ かど・そば

音読▶
稜角(りょうかく) 능각. 다면체의 뾰족한 모서리.
稜稜(りょうりょう) 능릉. 어기찬 모양.
稜堡(りょうほ) 대포를 주요 방어 무기로 전제하고 설계된 성.
稜線(りょうせん) 능선. 산등성이.
稜威(りょうい) 능위. 천자(天子)의 위광.

訓読▶
稜 ㊀(そば) ①귀퉁이. 모서리. ②'袴(はかま)(=치마 바지)'의 옆구리를 튼 데.
㊁(りょう)〖数〗모서리.
稜稜しい(そばそばしい) ①모나다. 딱딱하다. ②서먹서먹하다.
稜栗(そばぐり)〖植〗'橅(ぶな)(=너도밤나무)'의 딴이름.
稜の木(そばのき) 너도밤나무의 옛 이름.

14 糸 入	綾	비단 **릉** リョウ・リン あや

音読▶
綾羅(りょうら) 능라.

∥~錦繡(きんしゅう) 능라금수.

訓読▶
綾(あや) ①무늬. ②복잡한 짜임새〔줄거리〕. ③(말이나 문장의) 멋진 표현. ④사선(斜線)으로 교차된 줄무늬. ⑤능직 무늬.
綾なす(あやなす) 아름다운 무늬를 이루는.
綾錦(あやにしき) 무늬 있는 얇은 비단과 두꺼운 비단.
綾糸(あやいと) ①색실. ②실뜨기에 쓰는 「실.
綾地(あやじ) 능직으로 짠 옷감.
綾織り(あやおり) ①능직물. ②능직물을 짜는 일. 또, 그 사람.
綾取り(あやとり) 실뜨기〔계집아이의 놀이〕.
綾取る(あやどる) ①(たすき 따위를) '×'형으로 매다. ②교묘하게 조종하다. ③(문장 따위를) 꾸미다.

리

6 口 常	吏	관리 **리** リ つかさ

音読▶
吏(り) 리. 관리. 벼슬아치.
吏道(りどう) 이도. 관리의 도리.
㊁(りと) ⇨ 吏読(りと).
吏読(りと) (한국의) 이두.
吏僚(りりょう) 관리. 벼슬아치.
吏務(りむ) 이무. 관리의 직무.
吏員(りいん) 이원. 공무원.
吏人(りじん) 관리. 벼슬아치.
吏才(りさい) 이재. 관리로서의 재능.
吏卒(りそつ) 이졸. 하급 관리.
吏吐(りと) ⇨ 吏読(りと).

7 木 入	李	오얏나무 **리** リ すもも

音読▶
李杜(りと) 이두. 이백(李白)과 두보(杜甫)의 병칭.
李下(りか)『~に冠(かんむり)を正(ただ)さず』이하 부정관(不整冠).
李花(りか) 이화. 자두꽃.

訓読▶
李(すもも)〖植〗자두(나무).

7 禾 教	利	이로울 **리**・이익 **리** リ きく

音読▶
利 ㊀(り) 이. ①유리. 이로움. ②벌이. 이㊁(このしろ) 이자(利子). 「문. ③이자.

三(と) 날카로움.
利する(りする) ①이롭다. 이익이 되다. ② 이롭게 하다. ③이용하다.
利勘(りかん) 먼저 손득을 생각함. 타산적임.
利剣(りけん) 이검. 예리한 도검.
利高(りだか) 이자・이율이 높음.
利巧(りこう) ⇨ 利口(りこう).
利口(りこう) ①영리함. 똑똑함. ② 요령이 좋음. 약음.
利口ぶる(りこうぶる) 영리한 체 처신하다.
利権(りけん) 이권.
‖ **～屋**(や) 이권을 노리는 사람. 이권 브로커.
利根(りこん) 이근. 영리한 천성〔성질〕.
利金(りきん) 이금. ①이자. ②이익금.
利己(りこ) 이기. ♣**～心**(しん) 이기심 / **～的**(てき) 이기적.
‖ **～主義**(しゅぎ) 이기주의. 에고이즘.
利器(りき) 이기.
利尿(りにょう) 이뇨. ♣**～薬**(やく) 이뇨약 / **～剤**(ざい) 이뇨제.
利達(りたつ) 이달. 입신 출세. 영달.
利胆薬(りたんやく) 이담약. 이담제.
利刀(りとう) 이도. 썩 잘 드는 칼.
利導(りどう) 이도. 유리한 쪽으로 이끎.
利鈍(りどん) 이둔. ①날카로움과 무딤. ② 영리함과 어리석음.
利得(りとく) 이득. 이익.
利落ち(りおち)〖商〗이자락(利子落).
利売(りばい) 이익을 얻고 팖.
利物(りもつ) 이익. 수익.
利民(りみん) 백성을 이롭게 함.
利発(りはつ) 영리함. 똑똑함.
利方(りかた) 이득이 되는 수법. 편리함.
利兵(りへい) 이병. 예리한 무기.
利福(りふく) 이복. 이익과 행복.
利付き(りつき) 이자부(利子附).
‖ **～手形**(てがた)〖商〗이자부 어음.
～債(さい) 이자부 채권.
利分(りぶん) 이득. ②이자.
利払い(りばらい) 이자 지급.
利上げ(りあげ) 금리〔이자〕 인상.
利生(りしょう)〖佛〗이생. 부처가 중생에게 주는 이익.
利世(りせ) 세상을 이롭게 함.
利水(りすい) 이수. 수리(水利).
‖ **～ダム** 수리 댐.
利食い(りぐい)〖商〗이식(利食).
利息(りそく) 이식. 이자.
‖ **～算**(ざん)〖數〗이식산. 이자산(算).
～制限法(せいげんほう) 이자 제한법.
～債権(さいけん)〖經〗이식 채권《이자 채권의 구용어》.
利殖(りしょく) 이식.
利安(りやす) 이자・이율이 낮음.
利欲(りよく) 이욕.
利慾(りよく) ⇨ 利欲(りよく).
利用(りよう) 이용.
‖ **～価値**(かち) 이용 가치.

利運(りうん) 이운. 호운(好運). 행운.
利潤(りじゅん) 이윤. ♣**～率**(りつ) 이윤율.
利率(りりつ) 이율.
利銀(りぎん) 이자.
利益(りえき) 이익. ♣**～率**(りつ) 이익률.
‖ **～代表**(だいひょう)〖社〗이익 대표.
～配当(はいとう)〖經〗이익 배당.
～保険(ほけん)〖經〗이익 보험.
～社会(しゃかい) 이익 사회.
～準備金(じゅんびきん)〖經〗이익 준비금.
～集団(しゅうだん) 이익 집단.
三(りやく)〖佛〗①공덕(功德). ② 부처님의 은혜.
利刃(りじん) 이인. 예인(銳刃). 잘 드는 칼.
利子(りし) 이자. ♣**～税**(ぜい) 이자세 / **～率**(りつ) 이자율.
‖ **～課税**(かぜい) 이자 과세.
～所得(しょとく) 이자 소득.
利敵(りてき) 이적.
‖ **～行為**(こうい) 이적 행위.
利銭(りせん) 이전. 이잣돈.
利点(りてん) 이점. 「도 읽음.
利札(りさつ)〖經〗이표(利票). *りふだ로
利鞘(りざや) (매매에서 얻는) 차액 이익금. 매매 차익금.
利他(りた) 이타.
‖ **～主義**(しゅぎ) 이타주의.
利沢(りたく) 이택. ①이익과 은택. ②이윤.
利便(りべん) 이편. 편리. 편의.
利弊(りへい) 이익과 폐해.
利幅(りはば) 이익의 폭. 이익률.
利下げ(りさげ) 금리 인하. 「벌이.
利合い(りあい) 이익〔벌이〕의 정도. 이득.
利害(りがい) 이해.
‖ **～関係**(かんけい) 이해 관계.
～得失(とくしつ) 이해 득실.
利回し(りまわし) 금전 등을 대부하여 이익을 얻는 일.
利回り(りまわり) 이율.
‖ **～格差**(かくさ) 채권 종목간의 이율 격차.
利休色(りきゅういろ) 검은 빛을 띤 녹색.
利休鼠(りきゅうねずみ) 녹색을 띤 쥐색.

訓読

利け者(きけもの) 재능이 뛰어난 사람. 수완가. 실력자.
利いた風(きいたふう) 아는 체함. 건방짐.
❖**利かす**(きかす) ☞利かせる(きかせる).
利かせる(きかせる) ①(특성과 효능을) 잘 살리다. ②『気(き)を～』눈치 있게〔약삭빠르게〕굴다.
利かぬ気(きかぬき) 남에게 지거나 시킴을 당하는 것을 싫어하는 성질. 외고집.
利かん気(きかんき) ☞利かぬ気(きかぬき).
利かん坊(きかんぼう) 고집이 센 개구쟁이.
❖**利く**(きく) ①잘 움직이다. 기능을 발휘하다. ②가능하다. 할 수 있다. ③통하다.
利き(きき) 작용. 기능.
利き駒(ききごま) (장기에서 차・포 같이)

중요한 역할을 하는 말.
利き目(ききめ) 효력. 효과. 효능. 보람.
利き所(ききどころ) ① 효험이 있는 곳〔경우〕. ② 급소. 요소. 중요한 곳.
利き手(ききて) ① ☞利き腕(ききうで). ② 솜씨가 뛰어난 사람. 수완가.
利き腕(ききうで) 주로 잘 쓰는 쪽의 팔. (보통) 오른팔.
利き足(ききあし) 주로 잘 쓰는 쪽의 발.
利き酒(ききざけ) 시음. 또, 그 술.
利き処(ききどころ) ⇨ 利き所(ききどころ).
其他
利し(とし)〈古〉〔칼날이〕 날카롭다.
利鎌(とがま)〈雅〉잘 드는 낫.

| 7 里 ㉙ | 里 | 마을 리
リ
さと |

音読➡
里道 ㈠(りどう) 국도·현도(縣道) 이외의 공공 도로의 구칭.
㈡(さとみち) 평지에 난 시골길.
里落(りらく) 이락. 마을. 촌락.
里俗(りぞく) 이속. 지방 풍속.
里数(りすう) 이수.
里余(りよ) 십리 남짓.
里謡(りよう) 민요. 속요(俗謠).
里程(りてい) 이정. ♣~標(ひょう) 이정표.
里標(りひょう) 이정표.
訓読➡
里 ㈠(さと) ① 마을. 촌락. ② 시골. ③ (아내·양자·고용인 등의) 본가. 친정.
㈡(り) ① ☞㈠①. ② 리. 옛날, 거리의 단위《약 3.92 km》. ⇨㈠①.
里開き(さとびらき) ☞ 里帰り(さとがえり)
里居(さとい) ① 시골에 살고 있음. ② 궁중에서 일하는 사람이 자기 집에 돌아와 있음.
里犬(さといぬ) 마을에서 키우는 개.
里曲(さとわ) ⇨ 里回(さとわ).
里帰り(さとがえり) ① 출가한 여자의 첫 근행. ② 귀성(歸省). 「아이.
里童(さとわらわ) (시골) 마을에 살고 있는
里流れ(さとながれ) 里子(さとご)가 그냥 수양 부모의 자식이 되어 버림. 또, 그 자식.
里隣(さとどなり) 서로 이웃하고 있는 집들.
里方(さとかた) (며느리·양자 등의) 본가. 친정. 또, 그 친척. 「승방.
里坊(さとぼう) 산사의 중이 마을에 세우는
里腹(さとばら) 친정에 돌아온 색시가 밥을 많이 먹는 일.
里詞(さとことば) ⇨ 里言葉(さとことば).
里山(さとやま) 촌락 가까이에 있어, 예전에는 나무나 산채(山菜) 따위를 채취하던 사람과 깊은 관계에 있는 산림.
里雪(さとゆき)〈方〉평야 지방에 오는 눈.
里馴れる(さとなれる) 야조 따위가 마을의 인가에 익숙해짐.

里の神(さとのかみ) 경작의 신.
里神楽(さとかぐら) 궁중 이외의 각지의 신사(神社)에서 행하는 민속적인 무악.
里心(さとごころ) 친정〔고향〕 생각. 향수.
里言葉(さとことば) 시골말. 사투리.
里訛り(さとなまり) 유곽에서 쓰는 특별한 말씨.
里芋(さといも)〔植〕토란.
里人(さとびと) ① 마을 사람. 그 고장 사람.
＊りじん으로도 읽음. ② 친정 사람.
里子(さとご) 수양 아들〔딸〕.
里雀(さとすずめ) ① 인가 근처에 사는 참새. ② 유곽에 자주 다니는 사람. 「장.
里長(さとおさ) 촌락〔마을〕의 우두머리. 촌
里田(さとだ) 마을에 있는 논.
里住み(さとずみ) ☞里居(さとい).
里村(さとむら) 마을. 촌.
里親(さとおや) 수양 부모.
∥~制度(せいど) 아동 복지법에서, 고아나 집안 환경이 나쁜 아이 등을 적당한 가정에 양육을 위탁하는 제도. 「변.
里偏(さとへん) 한자 부수의 하나: 마을리
里下り(さとおり) 고용된 사람이 휴가를 얻어 부모 곁으로 돌아가는 일.
里回(さとまわり) 마을 근처. ＊さとみろ로 읽음.
里回り(さとめぐり)〔動〕구렁이.

| 9 イ | 俚 | 속될 리
リ
いやしい・さとぶ |

音読➡
俚歌(りか) 이가. 속요(俗謠).
俚俗(りぞく) 이속. 시골·지방의 속된 풍습.
俚習(りしゅう) 일반의 풍습. 「어.
俚言(りげん) 방언. 사투리. ⇨ 속
俚諺(りげん) 이언. 항간에 퍼져 있는 속담.
俚謡(りよう) 민요. 속요(俗謠).
俚耳(りじ) 이이. 속이(俗耳). 속인의 귀.
訓読➡
俚び(さとび) 촌스러움. 비속함.
∥~歌(うた) 촌스러운 속요(俗謠).
~**言**(ごと) ① 시골 말씨. 사투리. 방언. ② 일상의 말씨.
~**言葉**(ことば) 촌스런 말씨. 시골 말씨.

| 9 厂 ㉙ | 厘 | 리 리
リン |

音読➡
厘(りん) 리. 화폐·길이·중량의 단위.
厘毛(りんもう) 극소. 아주 적음.
厘毫(りんごう) 근소. 추호.

| 10 口 | 哩 | 어조사 리·마일 리
リ
マイル |

俐・浬・狸・莉・梨・理

|訓読|
哩(マイル) 거리의 단위. 마일《1,609 m》.

俐 10 イ
영리할 리
リ
かしこい

|音読|
俐巧(りこう) 영리함. 똑똑함. 요령이 좋음.
俐口(りこう) ⇨ 俐巧(りこう).

浬 10 氵
해리 리
リ
カイリ・ノット

|訓読|
浬(カイリ) 해리《1 해리는 1,852 m》.

狸 10 犭
너구리 리
リ
たぬき

|訓読|
狸(たぬき) ①〖動〗너구리. ② 간사한〔능구렁이 같은〕사람.
狸蕎麦(たぬきそば) 메밀국수에 튀김 부스러기를 넣은 것. 「じ).
狸爺(たぬきじじい) ☞狸親父(たぬきおや
狸饂飩(たぬきうどん) 튀김 부스러기를 넣은 냄비 국수.
狸囃子(たぬきばやし) 너구리가 밤중에 농민의 축제를 흉내내어 제 배를 두드리면서 맞춘다는 장단.
狸藻(たぬきも) 〖植〗통발. 통발과(科)의 다년생 수초(水草).
狸汁(たぬきじる) ① 너구리 고기를 넣고 끓인 된장국. ② 곤약・팥・두부를 넣고 끓인 된장국.
狸親父(たぬきおやじ) 교활한 노인을 욕하는 말. 능구렁이 영감.
狸寝入り(たぬきねいり) 자는 체함. 꾀잠.

莉 10 艹 人
말리 리
リ

|逆音|
茉莉(まつり) 〖植〗말리.

梨 11 木 人
배나무 리
リ
なし

|音読|
梨園(りえん) 이원. ① 배나무 정원. ② 극단. 연예계. 특히, 歌舞伎(かぶき) 배우들의 사회.
梨花(りか) 이화. 배꽃. 「회.
|訓読|
梨(なし) 배〔나무〕.
梨瓜(なしうり) 〖植〗배참외.
梨捥ぎ(なしもぎ) 배를 따는 일.
梨地(なしじ) ⇨ 梨子地(なしじ).
梨割り(なしわり) (배를 쪼개듯이) 쫙 쪼갬.
|其他|
梨子地(なしじ) ① 금은 가루를 뿌리고 그 위에 투명하게 칠한 그림이나 공예품. ② 바둑판 무늬로 짠 직물.

理 11 王 教
다스릴 리・도리 리
リ
おさめる・ことわり

|音読|
理 ㊀(り) ① 법칙. 원리. ② 이유. 이치.
㊁(ことわり) ① 도리. ② 이유. ③ 당연한 일.
理す(りす) 갖추다.
理系(りけい) 이과계.
理工(りこう) 이공. 이학과 공학.
理科(りか) 이과.
理屈(りくつ) 도리. 이치. 구실. 핑계.
‖〜付ける(づける) 조리에 맞게 이론적으로 설명하다.
〜屋(や) 이치만 따지는〔내세우는〕사람.
〜張る(ばる) 이치만 캐고 들다.
〜責め(ぜめ) 이치를 따져 남을 몰아붙임.
〜臭い(くさい) 별나게 사리를 따지는 데가 있다. 「내세우다.
理屈っぽい(りくつっぽい) 쓸데없이 이론만
理窟(りくつ) ⇨ 理屈(りくつ).
理念(りねん) 이념. ♣〜的(てき) 이념적.
理路(りろ) 이로. (이야기나 의론 따위의) 줄거리. 조리.
‖〜整然(せいぜん) 이로 정연.
理論(りろん) 이론. ♣〜家(か) 이론가 / 〜的(てき) 이론적.
‖〜物理学(ぶつりがく) 이론 물리학.
〜生計費(せいけいひ) 이론 생계비.
〜理性(りせい) 〖哲〗이론 이성.
〜闘争(とうそう) 이론 투쟁.
〜化学(かがく) 이론 화학.
理民(りみん) 백성을 다스림.
理博(りはく) '理学博士(りがくはくし)(=이학 박사)'의 준말.
理髪(りはつ) 이발. ♣〜師(し) 이발사 / 〜店(てん) 이발소.
理法(りほう) 이법. 도리에 맞는 법칙.
理不尽(りふじん) 불합리함. 무리함.
理非(りひ) 이비. 옳음과 그름. 시비.
‖〜曲直(きょくちょく) 시비곡직.
理事(りじ) 이사. ♣〜国(こく) 이사국.
理想(りそう) 이상. ♣〜家(か) 이상가 / 論(ろん) 이상론 / 〜的(てき) 이상적 / 〜郷(きょう) 이상향 / 〜化(か) 이상화.
‖〜気体(きたい) 〖理〗이상〔완전〕기체.
〜流体(りゅうたい) 〖理〗이상 유체. 완전 유체.
〜主義(しゅぎ) 이상주의.

理説(りせつ) 이론이나 학설. 또, 이론적인 설(說). 「론.
理性(りせい) 이성. ♣~論(ろん)〖哲〗이성 ‖~概念(がいねん)〖哲〗이성 개념. 이념.
 ~の狡智(こうち)〔詭計(きけい)〕〖哲〗이성의 교지〔궤계〕《헤겔의 용어》.
理世(りせい) 세상을 다스림. 치세.
理数(りすう) 이수. 이과와 수학. 「과.
‖~科(か)〖이과와 수학을 통합한 교
理外(りがい) 도리를 벗어남.
 ~の理(り) 상식으로는 설명할 수 없는 불가사의한 도리.
理容(りよう) 이용. ♣~師(し) 이용사 / ~店(てん) 이발관.
理運(りうん) 도리에 맞는 일. 천리(天理)에 부합될 행운.
理由(りゆう) 이유. ① 까닭. ② 구실.
理義(りぎ) 이의. 도리와 정의.
理財(りざい) 이재. ♣~家(か) 이재가.
‖~学(がく) 이재학《경제학의 구칭》.
理知(りち) 이지. 이성과 지혜. ♣~的(てき)
理智(りち) ⇨ 理知(りち). 「이지적.
理責め(りぜめ) 사리를 따짐.
理体(りたい) 이체. 만물의 본체.
理趣(りしゅ) 사물의 도리.
理致(りち) 이치.
理学(りがく) 이학. ① 자연 과학. 특히, 물리학. ② 성리학.
‖~療法(りょうほう) 이학 요법. 물리 요법. ♣~士(し) 물리 요법사.
理合い(りあい) 도리. 이치. 까닭.
理解(りかい) 이해. ♣~力(りょく) 이해력.
‖~者(もの) 이해를 잘 하는 사람.
理化学(りかがく) 이화학. 물리학과 화학.
理会(りかい) 이회. 사리를 깨달음. 「짐.
理詰め(りづめ) 이치〔이론〕만을 내세워 따

訓読
理る(ことわる)〈雅〉① 사리를 밝히다. ② 사물의 내용을 알다.

其他
理無い(わりない) ① 어쩔 수 없다. 부득이하다. ② 이치에 맞지 않는다.

痢 설사 리
ダ 常 リ

音読
痢病(りびょう)〖醫〗적리(赤痢). 이질의 한 가지.

裡 속 리·안 리
ネ リ

[参考] 裏의 異體字.

音読
裡(り)《接尾語로》…리에. …한 가운데.

蜊 바지락개량조개 리
13 虫 リ
 あさり

其他
蜊蛄(ざりがに)〖動〗가재.

裏 속 리·안 리
13 衣 教 リ
 うら·うち

音読
裏急後重(りきゅうこうじゅう) ①〖漢醫〗이급 후중. 무지근한 배.
裏面(りめん) 이면. ♣~史(し) 이면사.
‖~工作(こうさく) 이면 공작.
裏海(りかい)〖地〗① 내해(內海). ② 카스피(Caspi) 해.

訓読
裏 ㊀(うら) ① 뒤. 뒷면. ② (옷의) 안(감). ③ 내막. ④〖野〗《…회》말(末).
㊁(り)《接尾語로》…리에. …한 가운데.
裏街道(うらかいどう) 뒷길. 샛길.
裏曲(うらがね) ⇨ 裏尺(うらがね).
裏罫(うらけい)〖印〗괘선의 뒤쪽을 사용한 굵은 선.
裏口(うらぐち) ① 뒷문. ② 뒷구멍.
‖~営業(えいぎょう) (뒷구멍으로) 몰래 하는 영업. 위장 영업.
 ~入学(にゅうがく) 뒷구멍〔부정〕 입학.
裏矩(うらがね) ⇨ 裏尺(うらがね).
裏鬼門(うらきもん) (가상(家相)에서) 남서의 방위.
裏金(うらがね) ① 구두창에 박는 징. ② (거래가 잘 되도록) 몰래 쥐어 주는 돈.
裏衿(うらえり) ⇨ 裏襟(うらえり).
裏襟(うらえり)〖裁〗겹옷의 안깃.
裏技(うらわざ) 숨은 기술. 컴퓨터 게임이나, 응용 프로그램에서 정식으로 공개되지 않은 조작 방법으로 유효한 효과를 얻는 일.
裏年(うらどし) 과일 따위가 흉년이 되는 해.
裏道(うらみち) ① 뒷〔골목〕길. ② 샛길. ③〈俗〉부정한 방법.
裏読み(うらよみ) 쓰인 글의 뜻만 아니라 그 뒤에 숨겨진 의미도 읽는 일.
裏漉し(うらごし) 가는 체. 쳇불이 고운 체. 또, 그것으로 거르는 일.
裏漏り(うらもり) 주전자로 뜨거운 찻물 따위를 부을 때 주둥이 밑쪽을 타고 물이 새어 내려오는 일.
裏毛(うらけ) 플란넬·메리야스로 만든 내의 따위의 안쪽 털. 「그런 옷.
裏模様(うらもよう) (옷의) 안감 무늬. 또,
裏目(うらめ) ① 자의 뒤쪽 면의 눈금. ② 기대하고 던진 주사위의 반대쪽. 예상이 빗나간 상태.
裏木戸(うらきど) ① 부엌 출입구로 통하는

나무 쪽문. ②흥행장의 뒤쪽 출입문.
裏無し(うらなし) 안감을 대지 않은 홑옷.
裏門(うらもん) 뒷문.
裏紋(うらもん) 약식 가문(家紋).
裏反る(うらがえる) ⇨ 裏返る(うらがえる).
裏返し(うらがえし) 뒤집음. 또, 뒤집혀 있음.
裏返す(うらがえす) 뒤집다.
裏返る(うらがえる) ①뒤집히다. ②배반하다. 적과 내통하다.
裏抜け(うらぬけ) 『印』 겉에 인쇄한 잉크의 일부가 뒷면에 스며 나옴.
裏方(うらかた) ①귀인의 아내. ②남의 아내에 대한 높임말. ③무대 뒤에서 일하는 사람.
裏背戸(うらせど) 집의 뒷문.
裏白(うらじろ) ①종이·헝겊(으로 만든 것)의 안쪽이나 바닥이 흼. ②『植』 풀고사리.
裏番組(うらばんぐみ) 어떤 인기 프로그램에 대항하여 같은 시간에 내보내는 다른 방송국의 프로.
裏腹(うらはら) 거꾸로 됨. 정반대. 모순됨.
裏付き(うらつき) 의복 따위에 안감이 대어 있음. 또, 대어 있는 것.
裏付け(うらづけ) 뒷받침. 뒷보증〔증명〕.
裏付ける(うらづける) ①안을 대다. 배접하다. ②뒷보증〔증명〕하다.
裏崩れ(うらくずれ) 전쟁터에서 전선보다 후방의 군세가 동요하여 무너짐.
裏山(うらやま) 뒷산. ②산의 응달쪽.
裏書き(うらがき) ①배서(背書). 이서. ②서화 위에 감정 결과를 씀. ③뒷증명.
裏声(うらごえ) ①가성(假聲). ②三味線(しゃみせん)의 가락보다 낮추어 노래하는 소리.
裏焼き(うらやき) 실수로 필름의 안팎을 거꾸로 인화함(의도적으로 할 때도 있음).
裏手(うらて) 뒤편. 뒤쪽. 배후.
裏身頃(うらみごろ) 일본옷의 소매·깃·섶을 제외한 부분의 안의 천. 「기」.
裏芸(うらげい) 연예인들의 숨은 재주〔장기〕.
裏店(うらだな) ⇨ 裏店(うらだな).
裏印(うらいん) (서류 등의 내용 보증을 위해) 뒤에 찍는 도장. 또는 서명.
裏日本(うらにほん) 本州(ほんしゅう) 중에서 동해에 면한 지방의 일컬음.
裏作(うらさく) 『農』 이작. 그루갈이.
裏桟(うらざん) 판자의 이음매에 뒤에서 댄 덧장.
裏張り(うらばり) 뒤를〔안을〕 바르기.
裏帳簿(うらちょうぼ) 이중 장부.
裏長屋(うらながや) 뒷골목에 지은 (집세가 싼) 공동 주택.
裏切り(うらぎり) 배반. 내통. ♣~者(もの) 배반자.
裏切る(うらぎる) ①배반하다. 적과 내통하다. ②(예상에) 어긋나다.
裏店(うらだな) 뒷골목의 초라한 (셋)집.
裏町(うらまち) 뒷골목의 (초라한) 거리.
裏庭(うらにわ) 뒤뜰.
裏釘(うらくぎ) 박은 못이 뒤까지 뚫고 나감.

裏定理(うらていり) 수학 등에서, 어떤 정리의 가설과 종결을 둘 다 부정하여 만든 정리.
裏正面(うらじょうめん) (씨름에서) 씨름판에 마주한 정면 좌석의 반대쪽.
裏住まい(うらずまい) 뒷골목의 초라한 (셋)집에 삶.
裏地 〓(うらじ) (의복의) 안감.
〓(うらち) 길과 접하지 않은 부지.
裏窓(うらまど) 집 뒷쪽에 있는 창문.
裏尺(うらがね) 곱자 뒤의 눈금. ＊うらじゃく로도 읽음.
裏貼り(うらばり) ⇨ 裏張り(うらばり).
裏取引(うらとりひき) 뒷거래.
裏側(うらがわ) 뒤쪽. 안쪽. 이면.
裏打ち(うらうち) ①옷에 안으로 천·헝겊 따위를 댐. ②배접. ③뒷 보증.
裏通り(うらどおり) 뒷길. 뒷골목.
裏投げ(うらなげ) 유도에서, 상대를 안아올려 뒤로 쓰러지면서 어깨너머로 던지는 기술.
裏判(うらはん) ☞ 裏印(うらいん).
裏編み(うらあみ) 뜨개질에서, 안뜨기.
裏布(うらぬの) ①옷 속에 댄 천. ②안감.
裏表 〓(うらおもて) ①안팎. ②표리.
〓(うらうえ) ①안팎. ②상하. 좌우. 전후. ③반대.
裏表紙(うらびょうし) (책의) 안표지.
裏戸(うらど) 집 뒷쪽의 문. 「야기.
裏話(うらばなし) 비화(祕話). 내막적인 이

| 14 瓦 日 | 瓱 | 센티그램 (리) センチグラム |

訓読
瓱(センチグラム) 센티그램(기호: cg).

| 15 尸 常 | 履 | 신 리·밟을 리 リ はく·くつ·ふむ |

音読
履歴(りれき) 이력. ♣~書(しょ) 이력서.
履修(りしゅう) 이수.
履践(りせん) 이천. 실천.
履行(りこう) 이행.
∥~不能(ふのう) 『法』 이행 불능.
~遅滞(ちたい) 『法』 이행 지체.
訓読
履(くつ) 신. 신발.
❖**履く**(はく) (신발·양말을) 신다.
履き物(はきもの) 신. 신발.
履き捨て(はきすて) 신발을 신다가 달아서 버림. 또, 한번 신고 버림.
履き捨てる(はきすてる) ①신발·양말 등을 신다가 달아서 버리다. ②신발을 아무렇게나 벗어 두다.
履き違える(はきちがえる) ①잘못하여 바꾸어 신다. ②잘못 생각하다. 잘못 인식하다.

履き替える(はきかえる) ①갈아 신다. ②잘못하여 다른 신발을 신다.
履き初め(はきぞめ) ①새 신발을 신음. ②어린아이가 처음으로 신발을 신음.
❖履む(ふむ) ①과정을 거치다. ②실제로 하다. 경험하다.
履み落とし(ふみおとし) 칠언율시·절구의 제1구에 압운(押韻)하지 않는 일.

15 牛	犛	검정소 리·검정소 모 ボウ・リ からうし

[其他]
犛牛(ヤク)『動』야크. 북인도·티베트 원산의 소의 한 종류. *りぎゅう·ぼうぎゅう로도 읽음.

15 王 [入]	璃	유리 리 リ

[逆音]
瑠璃(るり) 유리.

15 米 [日]	糎	센티미터 (리) センチメートル

[訓読]
糎(センチメートル) 센티미터《기호: cm》.

16 罒	罹	걸릴 리 リ かかる

[音読]
罹病(りびょう) 이병. 병에 걸림.
‖〜率(りつ) 이병률. 이환율.
罹災(りさい) 이재. ♣〜民(みん) 이재민/〜者(しゃ) 이재자. 「이환율.
罹患(りかん) 이환. 병에 걸림. ♣〜率(りつ)
[訓読]
罹る(かかる) (병·재난 따위에) 걸리다.

17 虫	螭	용 리·산신 리 チ みずち

[訓読]
螭(みずち) 뿔 없는 용(龍)의 일종.

18 酉	醨	묽은술 리 リ しる・もそろ

[訓読]
醨(もそろ) 묽은 술.

[其他]
醨醁(もそろ) ⇨ 醨(もそろ).

18 里	釐	다스릴 리 リ おさめる

[音読]
釐正(りせい) 이정. 책의 기록 등을 바로잡아
釐革(りかく) 이혁. 개혁.   「고침.

18 魚 [入]	鯉	잉어 리 リ こい

[音読]
鯉魚(りぎょ)『魚』이어. 잉어.
[訓読]
鯉(こい)『魚』잉어.
鯉口(こいぐち) 칼집 아가리. 「끓인 것.
鯉濃(こいこく) 잉어를 토막쳐서 된장국에
鯉筌(こいせん) 잉어잡이에 쓰이는 통발.
鯉幟(こいのぼり) (단오절에 긴 장대에 매다는, 천 또는 종이로 만든) 잉어 드림.

19 羊	羸	파리할 리·약할 리 ルイ つかれる・やせる

[音読]
羸馬(るいば) 이마. 수척하고 지친 말.
羸痩(るいそう) 이수. 여위어 수척함.
羸弱(るいじゃく) 이약. 파리하고 약함.

19 隹 [常]	離	떠날 리·흩어질 리 リ はなれる・はなす

[音読]
離歌(りか) 이별의 노래.
離角(りかく)『天』이각.
離間(りかん) 이간. ♣〜策(さく) 이간책.
離隔(りかく) 이격. 격리. ♣〜犯(はん)『法』이격범.
離京(りきょう) 이경. 서울을 떠남.
離宮(りきゅう) 이궁. 별궁.
離農(りのう) 이농.
離党(りとう) 이당. 탈당.
離島(りとう) ①외딴 섬. 낙도. ②이도. 섬을 떠남.   「구.
‖〜人口(じんこう) 섬을 떠나 이주하는 인
離塁(るいるい)『野』이루. 주자가 베이스에서
離陸(りりく) 이륙.   「떨어짐.
離離(りり) ①초목이 무성한 모양. ②이삭이 피어 늘어진 모양. ③여기저기 떨어져 있는 모양.
離民(りみん) ①피난민. ②국외 망명자.
離反(りはん) 이반. 배반.

離叛(りはん) ⇨ 離反(りはん).　「도착함.
離発着(りはっちゃく)　비행기가 출발하고
離杯(りはい)　이배. 이별의 술잔.
離背(りはい)　이배. 이반. 배반.
離盃(りはい) ⇨ 離杯(りはい).
離別(りべつ)　① 이별. ② 이혼.
離山(りざん)　이산. ① 홀로 떨어져 있는 산. ②『佛』중이 절을 떠남.
離散(りさん)　이산. 헤어짐.
‖~家族(かぞく)　이산 가족.
離床(りしょう)　기상(起床). 잠자리를 떠남.
離席(りせき)　이석. 자리를 뜸.
離船(りせん)　이선. 승무원·승객 등이 배를 떠남.
離俗(りぞく)　이속. 세상의 번거로움을 떠남.
離水(りすい)　이수. (수상 비행기 등이) 수면에서 떠오름.
‖~海岸(かいがん)『地』이수 해안. 융기
離愁(りしゅう)　이수. 이별의 슬픔.
離昇(りしょう)　이승. 비행기가 공중에 뜨기 시작함.
離心(りしん)　이심. 이반하고자 하는 마음.
離心率(りしんりつ)『數』이심률.
離岸(りがん)　배가 육지나 안벽을 떠남.
‖~堤(てい)　방안선과 거의 평행하게 먼바다에 설치한 제방.
離宴(りえん)　이연. 송별연.
離筵(りえん) ⇨ 離宴(りえん).
離縁(りえん)　이연. 부부 또는 양자의 인연을 끊음. 절연.
‖~状(じょう)　절연장. 이혼장.
離乳(りにゅう)　이유. ♣~期(き)　이유기 / ~食(しょく)　이유식.
離人症(りじんしょう)『醫』이인증.
離日(りにち)　이일. (외국인이) 일본을 떠남.
離任(りにん)　이임.
離籍(りせき)『法』이적. (구(舊) 민법에서) 호주가 가족을 호적에서 뺌.
離州(りす)　모래톱에 좌초한 배가 모래톱에서 떠오르는 일.
離洲(りす) ⇨ 離州(りす).
離職(りしょく)　이직. ♣~率(りつ)　이직률.
離着陸(りちゃくりく)　이착륙.　「뜸.
離礁(りしょう)　이초. 좌초되었던 배가 다시
離村(りそん)　이촌. 살던 마을을 떠남.
離層(りそう)『植』이층. 떨켜.
離脱(りだつ)　이탈.
離弁花(りべんか)『植』이판화. ♣~冠(かん)『植』이판화관 / ~類(るい)　이판화류.
離恨(りこん)　이한. 이별의 서러움.
離艦(りかん)　이함. 승조원이 군함을 떠남.
離合(りごう)　이합.
‖~集散(しゅうさん)　이합 집산.
離郷(りきょう)　이향. 고향을 떠남.
離型剤(りけいざい)　제품을 틀에서 빼기 쉽도록 틀의 안쪽에 바르는 약제.
離婚(りこん)　이혼.
‖~届(とどけ)　이혼 신고.　「유.
~原因(げんいん)『法』이혼 원인. 이혼 사

離魂病(りこんびょう)『醫』이혼병. 몽유병.
訓読
離す(はなす)　떼다. ① 풀다. ② 옮기다. ③ 거리를 두다. ④ 놓다.
❖**離れる**(はなれる)　멀어지다. ① 붙어 있던 것이 따로 떨어지다. ② 거리가 멀어지다. ③ 관계가 없어지다.
離れ(はなれ)　① 떨어짐. ② 離れ座敷(はなれざしき)의 준말.
離れ家(はなれや)　외딴집.
離れ技(はなれわざ) ⇨ 離れ業(はなれわざ).
離れ島(はなれじま)　외딴섬.
離れ離れ(はなればなれ)　이산(離散). 따로따로 떨어짐.
離れ小島(はなれこじま)　외딴 작은 섬.
離れ業(はなれわざ)　아슬아슬한 재주.
離れ屋(はなれや)　별채. 딴채.
離れ座敷(はなれざしき)　별채.

| 21 鬼 | 魑 | 도깨비 리
チ
すだま |

音読
魑魅(ちみ)　이매. 도깨비. *雅語로는 すだま라고도 함.　「비.
‖~魍魎(もうりょう)　이매망량. 온갖 도깨

| 23 黍 | 黐 | 끈끈이 리
チ
もち |

訓読
黐(もち)　① 끈끈이. ②『植』☞ 黐の木(もちのき).
黐竿(もちざお)　(새·곤충을 잡기 위한) 끈끈이를 칠한 장대.
黐の木(もちのき)『植』감탕나무.
黐縄(もちなわ)　새를 잡기 위해 끈끈이를 바른 밧줄.
黐躑躅(もちつつじ)『植』진달래.

| 25 竹 | 籬 | 울타리 리
リ
まがき・ませ |

音読
籬落(りらく)　바자울. 울타리.
訓読
籬(ませ)〈雅〉① 대나무·잡목 등을 조잡하게 결어서 만든 낮은 울타리. 바자울. *まがき로도 읽음. ② 극장 관람석의 사각형으로 된 칸막이.
籬垣(ませがき) ☞ 籬(ませ)①.

린

吝

7 口

인색할 **린**·아낄 **린**
リン
おしむ・やぶさか・しわい

音読
吝嗇(りんしょく) 인색. ♣~**家**(か) 구두쇠.

訓読
吝い(しわい) (関西(かんさい) 지방에서) 인색하다. 다랍다.
吝か(やぶさか) 인색함.
吝ん坊(しわんぼう) 구두쇠. 노랑이.
吝太郎(しわたろう) 인색한 사람을 욕하여 이르는 말.

其他
吝(けち) 인색함. 다라움. 또, 그런 사람.
吝嗇坊(けちんぼう) 인색한 사람. 구두쇠. 노랑이.

悋

10 忄

아낄 **린**
リン
おしむ・ねたむ・やぶさか

音読
悋気(りんき) 남녀 사이의 질투.
悋惜(りんしゃく) ① 인색. 재물을 몹시 아낌. 인색함. ② 질투. 투기.

粦

14 米

물부딪칠 **린**
リン
せせなぎ

音読
粦粦(りんりん) 물이 맑아 강바닥의 돌이 비쳐 보이는 모양.

鄰

15 阝

이웃 **린**
リン
となる・となり

参考 隣의 異體字.

訓読
鄰(となり) ① 이웃. ② 이웃집.
鄰る(となる) 이웃하다.

隣(隣)

16 阝 **常**

이웃 **린**
リン
となる・となり

音読
隣家(りんか) 인가. 이웃집.
隣交(りんこう) 인교. 이웃간 또는 이웃 나라와의 교제.
隣国(りんごく) 인국. 이웃 나라.
隣邦(りんぽう) 인방. 이웃 나라.
隣保(りんぽ) 인보. 이웃 (사람). 또, 이웃끼리 서로 돕기 위한 조직.
∥~**館**(かん) 인보관. 인근 지역 주민의 생활 향상·개선을 도모하기 위한 복지 시설.
~**事業**(じぎょう) 인보 사업.
~**組織**(そしき) 인보 조직.
隣席(りんせき) 인석. 옆자리.
隣室(りんしつ) 옆방. 이웃방.
隣佑(りんゆう) 이웃에 사는 사람.
隣人(りんじん) 인인. 이웃 사람.
∥~**愛**(あい) 이웃에 대한 사랑.
隣接(りんせつ) 인접. ♣~**権**(けん) 〖法〗인접권.
∥~**水域**(すいいき) 인접 수역.
隣地(りんち) 인(접)지. 인접한 땅.
隣郷(りんごう) 이웃 동네. *りんきょう로도 읽음.
隣好(りんこう) 인호. 이웃끼리 사이좋게 지냄.

訓読
隣(となり) ① 이웃. ② 이웃집.
隣する(となりする) 이웃하다.
隣境(となりざかい) 이웃과의 경계. *りんきょう로도 읽음.
隣近所(となりきんじょ) 이웃. 근처(의) 집.
隣同士(となりどうし) 이웃끼리. 이웃 사촌.
隣裏(となりうら) 뒤쪽에 있는 이웃집.
隣付き合い(となりづきあい) 이웃과의 교제.
隣町(となりまち) 이웃 동네.
隣組(となりぐみ) 제2차 대전 당시, 국민을 통제하기 위해서 만든 최말단 지역 조직.
隣知らず(となりしらず) ① 다른 집과 멀리 떨어져 있음. ② 牡丹餅(ぼたもち)의 딴이름.
隣村(となりむら) 인촌. 이웃 마을. *りんそん으로도 읽음.
❖**隣る**(となる) 이웃하다.
隣り合う(となりあう) (서로) 이웃하다.
隣り合わせ(となりあわせ) 서로 이웃해 있음.
隣り合わせる(となりあわせる) 서로 이웃이 되다.

燐

16 火

도깨비불 **린**·인 **린**
リン
おにび

音読
燐(りん) ① 〖化〗인. 비금속의 하나. ② ☞燐火(りんか).
燐光(りんこう) 인광. ♣~**体**(たい) 인광체.
燐鉱(りんこう) 〖鑛〗인광. 인광질.
燐蛋白質(りんたんぱくしつ) 〖化〗인단백질.
燐肥(りんぴ) 인비. '燐酸肥料(りんさんひりょう)(=인산 비료)'의 준말.
燐酸(りんさん) 〖化〗인산. ♣~**塩**(えん) 〖化〗인산염.
∥~**肥料**(ひりょう) 인산 비료.
~**石灰**(せっかい) 인산 석회.
燐安(りんあん) 인안. '燐酸(りんさん)アンモニウム(=인산암모늄)'의 준말.
燐青銅(りんせいどう) 〖化〗인청동.
燐火(りんか) 인화. 도깨비불. *おにび로도 읽음.
燐化水素(りんかすいそ) 〖化〗인화수소. 포

燐灰石(りんかいせき)〖鑛〗인회석.
燐灰ウラン石(りんかいウランせき)〖鑛〗인회우라늄석. 오투나이트.
燐灰土(りんかいど)〖鑛〗인회토.
[其他]
燐寸(マッチ) 성냥. ♣~箱(ばこ) 성냥갑.

17 石 磷
닳을 린·흐를 린
リン

[音読]
磷磷(りんりん) 물이 맑아 강바닥의 돌이 비쳐 보이는 모양.

19 車 轔
삐걱거릴 린
リン

[音読]
轔轔(りんりん) 인린. 수레가 삐걱거리며 가는 모양.

20 艹 藺
골풀 린
リン
い

[訓読]
藺(い)〈雅〉〖植〗골풀. 등심초.
藺笠(いがさ) 골풀 줄기로 짠 삿갓.
藺草(いぐさ) ☞藺(い).

23 足 躙
짓밟을 린
リン
ふみにじる

[参考] 躪과 同字.
[其他]
❖躙る(にじる) ①뭉그대다. 짓이기다. ②무릎걸음으로 조금씩 움직이다.
躙り口(にじりぐち) 다실의 작은 출입구.
躙り寄る(にじりよる) ①무릎〔앉은〕걸음으로 다가들다. ②조금씩 다가붙다.
[逆音]
踩躙(じゅうりん) 유린.

23 魚 鱗
비늘 린
リン
うろこ・いろこ

[音読]
鱗甲(りんこう) 인갑. 비늘과 껍데기. 물고기와 조개.
鱗介(りんかい) 인개. 어류와 패류. 어개.
鱗茎(りんけい)〖植〗인경. 비늘꽃줄기.
鱗毛(りんもう)〖植〗인모. 비늘 모양으로 줄기·잎 등의 겉죽을 덮어 보호하는 잔털.
鱗木(りんぼく)〖植〗인목. 고생대에 번성했던 양치 식물. *うろこぎ로도 읽음.
鱗粉(りんぷん) 인분. 나비나 나방 따위의 날개에 붙은 비늘과 같은 가루.
鱗状(りんじょう) 인상. 비늘 모양.
鱗屑(りんせつ) 인설. 인비늘.
鱗翅類(りんしるい)〖蟲〗인시류.
鱗翅目(りんしもく)〖蟲〗인시목. 나비목.
鱗芽(りんが)〖植〗인아.
鱗葉(りんよう)〖植〗인엽.
鱗族(りんぞく) 인족. 비늘 있는 동물《어류(魚類)를 이름》.
鱗片(りんぺん) 인편. 비늘 조각.
鱗形(りんけい) 인형. 비늘 모양.

[訓読]
鱗 ㊀(うろこ) ①비늘. ②비듬. *いろこ로도 읽음. 「ず로도 읽음.
㊁(うろくず)〈雅〉비늘. 물고기. *いろく
㊂(こけ)〈雅·方〉비늘.
㊃(こけら)〈俗〉비늘.
鱗石(うろこいし) 삼각형으로 다듬은 돌《포석(鋪石)용》. 「읽음.
鱗雲(うろこぐも) 비늘구름. *りんうん으로도
鱗切り(うろこぎり) 야채를 정삼각형 또는 이등변 삼각형으로 썰기. 「정용》.
鱗釘(うろこくぎ) 삼각못《문틀 또는 유리 고

24 鹿 麟 (麐)
기린 린
リン

[音読]
麟角(りんかく) 인각. 기린의 뿔. 전하여, 극히 진귀한 물건의 비유.
麟鳳(りんぽう) 인봉. 기린과 봉황. 성현(聖賢)의 비유.
麟筆(りんぴつ) 인필. ①사관(史官)의 붓. ②전하여, 사관.

27 足 躪
짓밟을 린
リン
ふみにじる

[其他]
躪る(にじる) 뭉그대다. 짓이기다.

림

8 木 林
수풀 림
リン
はやし

[音読]
林家(りんか) 임업에 종사하는 가구.
林間(りんかん) 임간.
‖~学校(がっこう) 임간 학교.
林冠(りんかん) 임관. 수관(樹冠)이 빈틈없

이 잇닿아 있는 상태.
林檎(りんご) 〖植〗 사과나무. 사과. ♣**~酸**(さん) 사과산 / **~酒**(しゅ) 사과주 / **~酢**(ず) 사과초.
林道(りんどう) 산간의 임산물을 운반하는 길.
林齢(りんれい) 숲속의 주된 수목의 수령을 평균해서 산출한 그 숲의 연령.
林立(りんりつ) 임립. 숲의 나무처럼 죽 늘어섬.
林木(りんぼく) 임목.
林務(りんむ) 임무. 삼림에 관한 업무.
林博(りんはく) '林学博士(りんがくはくし)(=임학 박사)'의 준말.
林産(りんさん) 임산. ♣**~物**(ぶつ) 임산물.
林床(りんしょう) 숲속의 지표면.
林相(りんそう) 임상. 삼림의 모양〔형태〕.
林野(りんや) 임야. ‖**~庁**(ちょう) 임야청. 산림청.
林業(りんぎょう) 임업.
林苑(りんえん) ⇨ 林園(りんえん).
林園(りんえん) 임원. 수목이 우거진 정원.
林政(りんせい) 임정. 임업에 대한 행정.
林中(りんちゅう) 숲속.
林地(りんち) 임지. 삼림이 있는〔삼림을 만들〕 땅.
林泉(りんせん) 임천. 숲과 샘 따위가 있는 정원.
林下(りんか) 숲의 언저리.
林学(りんがく) 임학.
【訓読】
林 ㊀(はやし) 숲. ① 수목이 무성한 곳. ② 사물이 많이 모여 서 있는 일.
㊁(りん) 《接尾語로》…림. 숲.

11 氵 淋
물뿌릴 **림**·임질 **림**
リン
さびしい・さむしい

【音読】
淋菌(りんきん) 〖醫〗 임균.
淋毒(りんどく) 임독. 임질의 독.
淋漓(りんり) 임리. 피·땀·물 따위가 뚝뚝 떨어지는 모양.
淋病(りんびょう) ☞ 淋疾(りんしつ).
淋糸(りんし) 〖醫〗 임사.
淋疾(りんしつ) 〖醫〗 임질.
【訓読】
淋れる(さびれる) (번창하던 곳이) 쇠퇴하다. 쓸쓸해지다.
❖**淋しい**(さびしい) ① 허전하다. ② 쓸쓸하다. 적적하다. 외롭다. ***さみしい・さむしい**로도 읽음.
淋しがり屋(さびしがりや) 보통 사람보다 더 쓸쓸해 하거나 외로워하는 사람.
【其他】
淋巴(リンパ) 〖生〗 ① 임파. 림프. ② 淋巴腺·淋巴液의 준말. ♣**~管**(かん) 림프관 / **~球**(きゅう) 림프구 / **~腺**(せん) 림프선 / **~液**(えき) 림프액.
‖**~節**(せつ) 〖生〗 림프절. ♣**~炎**(えん) 림프절염 / **~腫**(しゅ) 림프절종.

12 王 琳
옥 **림**
リン

【音読】
琳瓊(りんけい) 임경. 임구(琳球).
琳球(りんきゅう) 임구. 아름다운 보옥.
琳琅(りんろう) ⇨ 琳瑯(りんろう).
琳瑯(りんろう) 임랑. ① 아름다운 옥. ② 영재(英才)나 아름다운 시문(詩文)의 비유.
琳宇(りんう) 임우. ① 아름다운 옥으로 장식한 집. ② 절. 사찰.

13 疒 痳
임질 **림**
リン

【音読】
痳菌(りんきん) 〖醫〗 임균.
痳毒(りんどく) 임독. 임질의 독.
痳病(りんびょう) ☞ 痳疾(りんしつ).
痳疾(りんしつ) 〖醫〗 임질.

15 酉 醂
곶감 **림**·우릴 **림**
リン・ラン
さわす

【訓読】
❖**醂す**(さわす) (감의 떫은 맛을) 우리다.
醂し柿(さわしがき) 침(沈)감.

16 雨 霖
장마 **림**
リン
ながあめ

【音読】
霖雨(りんう) 임우. 장마.
【其他】
霖(ながめ) 〈古〉 장마. 오래 오는 비('ながあめ'의 축소형).

18 臣 臨
임할 **림**
リン
のぞむ

【音読】
臨検(りんけん) 임검.
臨界(りんかい) 〖理·化〗 임계. ♣**~角**(かく) 〖理〗 임계각 / **~期**(き) 〖生〗 임계기 / **~量**(りょう) 〖化〗 임계량 / **~点**(てん) 〖理·化〗 임계점.
‖**~状態**(じょうたい) 〖理〗 임계 상태. **~実験**(じっけん) 〖理〗 임계 실험. **~温度**(おんど) 임계 온도. **~現象**(げんしょう) 〖理〗 임계 현상.
臨空(りんくう) 임공. 공항 근처에 있음.
臨急(りんきゅう) 임급. '臨時急行列車(りん

じきゅうこうれっしゃ)(=임시 급행 열차)'의
臨機(りんき) 임기. 　　　　　　　└준말.
‖**~応変**(おうへん) 임기응변.
臨摸(りんも) ⇨ 臨模(りんも).
臨模(りんも) 책·실물을 보고 그대로 본떠서 그림. *りんぼろ로 읽음.
臨摹(りんも) ⇨ 臨模(りんも).
臨本(りんぽん) (서화(書畫)의) 본보기 책.
臨写(りんしゃ) 임사. 견본〔원본〕을 보고 베낌. 　　　　　　　　　　└감함.
臨死(りんし) 임사. 죽음에 직면하여 죽음을
臨床(りんしょう) 임상. ♣**~医**(い) 임상의.
‖**~講義**(こうぎ) 임상 강의.
~検査(けんさ) 임상 검사. 　　　└상태.
~死(し) 임상사. 인간의 일종의 동면(冬眠)
~心理学(しんりがく) 임상 심리학.
~尋問(じんもん) 임상 신문(訊問).
~医学(いがく) 임상 의학.
臨書(りんしょ) 임서. 원본을 보고 그대로
臨席(りんせき) 임석. 　　　　　　└씀.
臨時(りんじ) 임시. ♣**~工**(こう) 임시공 /
~法(ほう) 임시법 / **~費**(ひ) 임시비 / **~祭**(さい) 임시 제사.
‖**~雇い**(やとい) 임시 고용(인).
~国会(こっかい) 임시 국회.
~急行(きゅうこう) 임시 급행 (열차).
~記号(きごう)〖樂〗임시표.
~所得(しょとく) 임시 소득.
~列車(れっしゃ) 임시 열차.
~政府(せいふ) 임시 정부.
~会(かい) 임시회. 특히 임시 국회.
~休暇(きゅうか) 임시 휴가.
臨御(りんぎょ) 임어. 임금이 그 자리에 임
臨外(りんがい) 임시 외출. 　　　　└함.
臨月(りんげつ) 임월. 산월(産月).
臨場(りんじょう) 임장. 임석(臨席).
‖**~感**(かん) 임장감. 현장감.
臨在(りんざい) 임재. 신이 그 자리에 임함.
臨戦(りんせん) 임전.
‖**~態勢**(たいせい) 임전 태세.
臨済宗(りんざいしゅう)〖佛〗임제종.
臨終(りんじゅう) 임종.
臨地(りんち) 임지. 현지에 나아감.
臨池(りんち) 서도. 습자(習字).
臨港(りんこう) 임항. (시설·철도 따위가) 항구에 가까이 있음.
‖**~線**(せん) 임항선. 하역을 위해서 부두까지 뻗어 있는 철도 선로.
臨海(りんかい) 임해. 　　　　　　└업 지대.
‖**~工業地帯**(こうぎょうちたい) 임해 공
~実験所(じっけんじょ) 임해 실험소.
~学校(がっこう) 임해 학교.
臨幸(りんこう) 임행. 거동. 행행(行幸).
臨画(りんが) 임화. 교본(教本)을 본떠서 그림. 또, 그 그림.
臨休(りんきゅう) 임휴. '臨時休暇(りんじきゅうか)(=임시 휴가)'·'臨時休校(きゅうこう)(=임시 휴교)'·'臨時休業(きゅうぎょう)

(=임시 휴업)'의 준말.

訓読▶
臨む(のぞむ) 면하다. 임하다. 군림하다.

립

| 5 立 教 | 立 | 설 립·세울 립 リツ·リュウ たつ·たてる·リットル |

音読▶
立脚(りっきゃく) 입각. ♣**~点**(てん) 입각점. 입장 / **~地**(ち) 입각지.
立件(りっけん)〖法〗입건.　　　└영시킴.
立国(りっこく) 입국. ① 건국. ② 나라를 번
立談(りつだん) 입담. 서서 이야기함.
立党(りっとう) 창당.
立刀(りっとう) 한자 부수의 하나: 선칼도.
立冬(りっとう) 입동. 　　　　　└그 경례.
立礼(りつれい) 입례. 기립해서 경례함. 또,
立論(りつろん) 입론. 의론의 취지 등을 세움. 또, 그 의론.
立面(りつめん) 입면. ① 옆모양. ② 건축물
‖**~図**(ず) 입면도. 정면도.
立命(りつめい) 입명. 천명에 따라 마음을 편안히 함.
立毛筋(りつもうきん)〖生〗입모근.
立木(りゅうぼく)〖法〗입목. 자란 나무의 집단.
立米(りゅうべい) 입방 미터의 압축된 말씨.
立方(りっぽう)〖數〗입방. ① 세제곱. ② 立方体의 준말.
‖**~根**(こん)〖數〗입방근. 세제곱근.
~倍積問題(ばいせきもんだい)〖數〗입방 배적 문제. 　　　　　　　　└정계.
~晶系(しょうけい)〖理〗입방정계. 등축
~体(たい)〖數〗입방체. 정육면체.
立法(りっぽう) 입법. ♣**~権**(けん) 입법권 / **~論**(ろん) 입법론 / **~府**(ふ) 입법부.
‖**~機関**(きかん) 입법 기관.
立腹(りっぷく) 역정(성)을 냄. 화를 냄.
立射(りっしゃ) 입사. 서서 쏘기.
立像(りつぞう) 입상. *옛날에는 りゅうぞう.
立食(りっしょく) 입식. 서서 먹음.
立身(りっしん) 입신. 영달.
‖**~出世**(しゅっせ) 입신 출세.
立心偏(りっしんべん) 한자 부수의 하나: 심방변.
立案(りつあん) 입안.
立言(りつげん) 입언. 의견을 분명히 말함.
立願(りつがん) 입원. 발원(發願). *옛날에는 りゅうがん.
立儲(りっちょ) 황태자를 세움.
立証(りっしょう) 입증. 　　　　　　└책임.
‖**~責任**(せきにん)〖法〗입증〔거증(擧證)〕
立地(りっち) 입지.
‖**~条件**(じょうけん) 입지 조건.

立志(りっし) 입지. ♣~伝(でん) 입지전.
立体(りったい) 입체. ♣~角(かく)〖数〗입체각 / ~感(かん) 입체감 / ~美(び) 입체미 / ~的(てき) 입체적 / ~戦(せん) 입체전 / ~派(は)〖美〗입체파.
‖~鏡(きょう) 입체경. 실체경. 스테레오스코프.
~交差(こうさ) 입체 교차.
~幾何学(きかがく) 입체 기하학.
~図形(ずけい)〖数〗입체 도형.
~放送(ほうそう) 입체 방송. 스테레오 방송.
~写真(しゃしん) 입체 사진.
~映画(えいが) 입체 영화.
~音楽(おんがく) 입체 음악.
~音響(おんきょう) 입체 음향.
~駐車場(ちゅうしゃじょう) 입체 주차장.
~画法(がほう)〖数〗입체 화법.
~化学(かがく)〖化〗입체 화학.
立哨(りっしょう) 입초. 보초를 섬.
立秋(りっしゅう) 입추.
立錐(りっすい) 입추. 송곳을 세움.
~の余地(よち)もない 입추의 여지도 없다.
立春(りっしゅん) 입춘.
‖~大吉(だいきち) 입춘대길.
立太子(りったいし) 입태자. 태자 책립.
‖~礼(れい) 입태자 예식.
立派(りっぱ) 훌륭함. 더할 나위 없음. 충분함. 당당[정당]함.
立標(りっぴょう) 입표. 암초·여울 등에 세우는 경계표.
立夏(りっか) 입하.
立項(りっこう) 항목을 세움.
立憲(りっけん) 입헌. ♣~制(せい) 입헌제.
‖~君主(くんしゅ) 입헌 군주. ♣~国(こく) 입헌 군주국.
~王国(おうこく) 입헌 왕국.
~政体(せいたい) 입헌 정체.
~政治(せいじ) 입헌 정치.
立花(りっか) 꽃꽂이 형식의 하나. 꽃나무를 큰 항아리에 보기 좋게 꽂는 방식.
立画面(りつがめん)〖数〗입화면.
立后(りっこう) 입후. 왕후를 책립함.
立候補(りっこうほ) 입후보.

訓読

立(リットル) 리터(liter)의 취음자(取音字).
❖立つ(たつ) ① 서다. 일어서다. 일어나다. ② 나서다. ③ 떠나다. ④ 일다. 「말.
立古(たちげいこ)〖劇〗立ち稽古(たちげいこ)의 준말.
立ちはだかる(たちはだかる) 가로막아 서다. 앞길을 가로막다.
立っち(たっち)〈兒〉일어섬.
立ち去る(たちさる) 떠나(가) 버리다. 물러가다.
立ち居(たちい) ① 기거 (동작). ② 모습.
立ち居振る舞い(たちいふるまい) 기거(起居) 동작. 행동거지.
立ち撃ち(たちうち) 입사(立射). (총 따위의) 서서 쏘기.
立ち見(たちみ) ① 선 채로 봄. ② 立ち見席의 준말.

‖~席(せき) 입석(立席).
立ち稽古(たちげいこ)〖劇〗대본 읽기가 끝난 다음 본격적인 연습에 들어가기 전에 분장 없이 하는 연습.
立ち枯れ(たちがれ) (초목이) 선 채로 말라 죽음. 또, 그 초목.
‖~病(びょう)〖農〗입고병(立枯病). 장승병(病).
立ち枯れる(たちがれる) (초목이) 선 채로 말라 죽다.
立ち高跳び(たちたかとび) 제자리높이뛰기.
立ち高飛び(たちたかとび) ⇨ 立ち高跳び(たちたかとび).
立ち掛かる(たちかかる) ① 일어서려고 하다. ② 맞서다. 덤벼들다.
立ち交じる(たちまじる) 섞이다.
立葵(たちあおい)〖植〗접시꽃.
立ち均す(たちならす)〈古〉땅을 밟아 고르다. 「양복.
立ち襟(たちえり) 목달이. 또, 그런 모양의
立ち技(たちわざ) 유도·레슬링 등에서, 선 자세로 상대방을 넘기는 수.
立ち寄る(たちよる) ① 다가서다. ② (지나는 길에). 「높이.
立っ端(たっぱ) ①〈俗〉키. 신장. ②〖建〗
立ち台(たちだい) 단(壇).
立ち代わり(たちかわり) 교대(交代).
立ち代わる(たちかわる) 교대하다.
立ち待ち(たちまち) ① 자지 않고 일이 되기를 기다림. ② 立ち待ち月의 준말.
‖~月(づき) 음력 17일 밤의 달.
立ち待つ(たちまつ) 서서 기다리다.
立ち到る(たちいたる) ⇨ 立ち至る(たちいたる).
立ち渡る(たちわたる) 자욱이 끼다. 「음.
立ち読み(たちよみ) (책방 안에서) 서서 읽
立ち働く(たちはたらく) 부지런히 일을 잘하다.
立ち戻る(たちもどる) (다시) 되돌아오다. 되돌아가다.
立ち籠める(たちこめる) ⇨ 立ち込める(たちこめる).
立つ瀬(たつせ) 설 곳. 처지. 「대.
立ち流し(たちながし) 서서 일하게 된 싱크
立ち売り(たちうり) 역 구내나 길에 서서 물건을 팖. 또, 그 사람.
立ち明かし(たちあかし)〈古〉손에 들고 추는 횃불. 「다.
立ち明かす(たちあかす) 선 채로 밤을 새우
立ち毛(たちげ) 논밭에 자라고 있는 농작물. *たちけ로 읽음.
‖~差し押え(さしおさえ) 소작료를 체납했을 때 지주가 하는 立ち毛에 대한 압류.
立ち木(たちき) 입목. 서 있는 나무.
立ち聞き(たちぎき) 멈춰 서서 엿들음.
立ち迷う(たちまよう) (연기나 안개가) 떠돌다.
立ち返る(たちかえる) (본래의 상태로) 되

立ち方(たちかた) ① (무용의 반주자에 대하여) 춤을 추는 사람. ② 일어서는 방법·예법.
立ちん坊(たちんぼう) ① 내처 서 있음. ② 〈卑〉(사람 모으러 온 트럭을 타고 가 토목 공사 등에 종사하는) 날품팔이.
立ち番(たちばん) 서서 망을 봄. 또, 그 사람.
立ち別れる(たちわかれる) 헤어지다. 작별하고 떠나다.
立ち並ぶ(たちならぶ) ① 줄지어〔나란히〕서다. ② 어깨를 나란히 하다. 필적하다.
立ち腐れ(たちぐされ) ① (나무·기둥 따위가) 선 채로 썩음. ② (건물 따위가 보수를 안 하여) 황폐해 버림.
立ち射ち(たちうち) 입사. 서서 쏘기.
立ち上がり(たちあがり) ① 일어섬. ② 지면에 우뚝 나와 있는 것. ③ 동작의 시작. 첫 동작. 첫 시작.
立ち上がる(たちあがる) ① 일어서다. 일어나다. ② 기운을 되찾다. ③ (행동을) 시작하다. ④ 떠오르다.
立ち上る(たちのぼる) (연기 등이) 오르다. 떠오르다.
立ち塞がる(たちふさがる) 가로막고 서다. 앞을 가로막다.
立ち席(たちせき) 입석.
立ち所に(たちどころに) 당장. 즉시. 이내.
立ち消え(たちぎえ) ① (불이) 타다 말고 꺼짐. ② (일·계획 등이) 흐지부지됨.
立ち騒ぐ(たちさわぐ) ① 서서 떠들다. ② 시끄럽게 떠들다.
立ち小便(たちしょうべん) 한뎃소변《길가 등 변소 이외의 장소에서 오줌을 누는 일》.
立ち続ける(たちつづける) (그 자리에) 내내 서 있다.
立ち竦む(たちすくむ) (두려움으로) 선 채 움직이지 못하다. 그 자리에 못박히다.
立ち馴らす(たちならす) 〈古〉길들이다. 익숙하게 하다.
立ち勝る(たちまさる) (더) 낫다. 뛰어나다.
立ち食い(たちぐい) 입식. 서서 먹음.
立ち身(たちみ) ① 일어서려는 자세. 상대방에게 공격을 가하려는 자세. ② 서 있는 모습.
立ち暗み(たちぐらみ) 일어섰을 때에 느끼는 현기증. *たちくらみ로도 읽음.
立ち様(たちざま) 일어서는 순간〔찰나〕.
立ち役(たちやく) (歌舞伎(かぶき)에서) 노역(老役)과 악역을 제외한 착한 남자역. 주연 남우(男優).
立ち泳ぎ(たちおよぎ) 선혜엄. 입영(立泳).
立ち往生(たちおうじょう) ① 선 채로 죽음. ② 선 채로 가도 오도 못함.
立ち越える(たちこえる) ① 더 낫다. 뛰어나다. ② 나가다. 외출하다.
立ち飲み(たちのみ) 서서〔선 채〕 마심.
立ち入る(たちいる) ① (안에) 들어가다. ② 끼어들다. 관계하다. ③ 사사로운 일에 깊이 파고들다.

立ち込める(たちこめる) (안개·연기·구름 등이) 자욱이 끼다.
立ち入り禁止(たちいりきんし) 출입 금지. *立入禁止로도 씀.
立ち姿(たちすがた) 서 있는 모습.
立場(たちば) ① 설 곳. 발판. ② 입장. 처지. 조건. 관점.
立ち障る(たちさわる) ① 간섭하다. ② 방해가 되다.
立田姫(たつたひめ) 〈雅〉가을의 여신.
立ち淀む(たちよどむ) 주저하며 선 채로 있다. 망설이다.
立ち酒(たちざけ) 선술. 입주(立酒).
立ち衆(たちしゅう) 能(のう)·狂言(きょうげん)에서, 같은 역할의 여러 조연자가 동시에 등장하는 일. *たちしゅ라고도 함.
立ち止まる(たちどまる) 멈추어 서다.
立ち至る(たちいたる) (중대한 사태에) 이르다.
立ち遅れ(たちおくれ) ⇨ 立ち後れ(たちおくれ).
立ち遅れる(たちおくれる) ⇨ 立ち後れる(たちおくれる).
立ち直る(たちなおる) 다시 일어서다. ① 몸을 가누다. ② 회복하다.
立ち尽くす(たちつくす) 내내 서다.
立ち振る舞い ㊀(たちふるまい) 행동거지. ㊁(たちぶるまい) 먼 길을 떠날 때 베푸는 송별 잔치.
立ち添う(たちそう) 바싹 다가〔붙어〕서다.
立ち替わり(たちかわり) 교대. 교체.
∥～入り替わり(いりかわり) 연달아서 나고 듦.
立ち替わる(たちかわる) 교대하다. 교체하다.
立ち通し(たちどおし) 계속 섬. 내내 섬.
立ち退き(たちのき) 떠나감. 물러감. 퇴거.
∥～場(ば) 일시 떠나가 있는 곳.
立ち退く(たちのく) 퇴거하다. 물러나다. 떠나다.
立つ偏(たつへん) 한자 부수의 하나: 설립변.
立ち幅跳び(たちはばとび) 제자리넓이뛰기.
立ち幅飛び(たちはばとび) ⇨ 立ち幅跳び(たちはばとび).
立ち合い(たちあい) (일본 씨름에서) 두 씨름꾼이 마주 일어섬. 또, 그 순간.
立ち合う(たちあう) 승부를 맞겨루다. 격투하다.
立ち行く(たちゆく) (살림이나 장사 등을) 꾸려 나가다.
立ち向かう(たちむかう) ① 마주 대해 서다. 당면〔직면〕하다. ② 맞서다. 대항하다. ③ (목적·목적지를) 향하다.
立ち眩み(たちぐらみ) ⇨ 立ち暗み(たちぐらみ).
立ち話(たちばなし) 서서 하는 이야기.
立ち会い(たちあい) ① 입회. 입회함. ② 모여 있음. ③ 거래소에서 매매를 함.
∥～演説(えんぜつ) 합동 연설.
～人(にん) 입회인. 참관인.
立ち会う(たちあう) (증인·참고인 등으로) 입회하다.

立ち回り(たちまわり) ① 돌아다님. ②〖劇〗난투 장면. 또, 그 연기. ③ 싸움. 난투.
‖〜先(さき) 외출중인, 특히 도망중인 사람이 들르는 곳.
立ち回る(たちまわる) ① (여러 곳을) 돌아다니다. ② 약삭빠르게 굴다. ③〖劇〗난투를 벌이다. ④ (범인이 도망중에) 들르다.
立ち後れ(たちおくれ) ① 늦게 일어섬. ② 뒤(떨어)짐.
立ち後れる(たちおくれる) ① 늦게 일어서다. ② 뒤(떨어)지다. 「쉬다.
立ち休らう(たちやすらう) ① 머뭇거리다.
立ち詰め(たちづめ) 계속 섬. 내내 섬.
❖**立てる**(たてる) ① 세우다. ② (전면에) 내세우다. ③ 일으키다. ④ …하게 하다. ⑤ 끝까지 지키다. ⑥ 찌르다. 꽂다. ⑦《接頭語로》연해[마구] …대다.
立て〔(たて) ①《接頭語로》제일의 또는 중심 인물임을 나타냄. ②《接尾語로》…해서 얼마 아니됨. 막(갓) …함.
〓(だて) ①《動詞連用形을 받아서 名詞를 만듦》특별히 …함을 나타냄. ② 마노의 수나 노(櫓)의 수를 나타내는 말.
立て看(たてかん) 〈俗〉'立て看板(たてかんばん)(=입간판)'의 준말.
立て坑(たてこう) 〖鑛〗수갱(竪坑). 곧은 쌩. 곧은바닥.
立て掛ける(たてかける) 기대어 세워 놓다.
立て臼(たてうす) 땅에 붙박아 놓은 큰 절구.
立て金(たてがね) ① 체당(替當)하는 돈. ② 변제(辨濟)하는 돈.
立女形(たておやま) 한 극단의 여자역을 맡은 남자 배우 중 으뜸 배우.
立炉(たてろ) 축(軸)이 아래위로 통해 있어 광석과 연료를 같은 장소에 넣을 수 있는 노.
立て籠もる(たてこもる) 틀어박히다. 두문불출하다. 농성하다.
立て網(たてあみ) 정치망(定置網). 고기떼의 통로에 쳐 두었다가 고기를 잡는 그물.
立て文(たてぶみ) 옛날 서장(書狀) 형식의 하나. 편지를 백지로 말고 그 위에 다시 백지로 세로로 싸고 아래위를 접은 것.
立て物(たてもの) ① 토용(土俑). ② 투구 장식용 쇠붙이.
立て腹(たてはら) 화를 냄. 쉽게 성을 냄.
立て付け(たてつけ) (문이나 미닫이 등의) 여닫히는 상태.
立て付ける(たてつける) ① 문이나 미닫이 등을 잘 맞춰 달다. ② 잇따라 행하다.
立て蔀(たてじとみ) 격자창처럼 짜서 판자를 대어 가리개나 칸막이로 쓰는 물건.
立て石(たていし) ① 뜰에 세운 돌. ② 도표(道標)・분묘의 표시로 세운 돌. 「라.
立て続け(たてつづけ) 계속. 연이어. 잇따
立て膝(たてひざ) 한쪽 무릎을 세우고 앉음. 또, 그 자세. 「준말.
立て役(たてやく) 立て役者(たてやくしゃ)의
立て役者(たてやくしゃ) ① (그 극단의) 중

요한 배우. 주역. ② 중심 인물.
立て塩(たてしお) 짜기가 바닷물 정도의 소금물. *たてじおㄹㅗ 읽음.
立て烏帽子(たてえぼし) 烏帽子 꼭대기의 중앙을 접지 않은 보통의 烏帽子.
立て引き(たてひき) 서로 고집 부려 다툼. 또, (호기를 부려) 금품을 내어 줌.
立て引く(たてひく) ① 돈을 대신 치르다. ② 서로 주장〔고집〕을 굽히지 않다.
立て込む(たてこむ) 붐비다. 혼잡하다.
立て込める(たてこめる) (문 따위를) 꼭 닫다. 두 하다. 「しゃ).
立て者(たてもの) ☞ 立て役者
立て場(たてば) ① 역참. ② 넝마장수로부터 넝마를 사들이는 도가.
立て前(たてまえ) (표면상의) 방침. 원칙.
立て切る(たてきる) ① (문 따위를) 꽉 닫아 버리다. ② 칸막이하다. 구획 짓다. ③ 시종일관하다. 끝까지 밀고 나가다.
立て直す(たてなおす) 고쳐〔다시〕 세우다. 다시 일으키다. 만회하다.
立て札(たてふだ) 팻말. 패목.
立て替え(たてかえ) 입체. 체당(替當). 선대(先貸)(한 돈).
立て替える(たてかえる) 입체〔체당(替當), 선대(先貸)〕하다. 대신 치르다.
立て通す(たてとおす) (어떤 태도나 입장을) 끝까지 견지하다. 끝까지 굽히지 않다.
立て板(たていた) ① 기대어 세워 놓은 판자. ② 나뭇결이 위아래로 곧은 판자.
立坪(たてつぼ) (흙・자갈 등의) 6자 입방의 부피. *りゅうつぼㄹㅗ도 읽음.
立て行司(たてぎょうじ) 씨름 심판 중에서 가장 높은 사람.

| 11
竹 | 笠 | 삿갓 립
リュウ
かさ |

訓読

笠(かさ) ① 삿갓. ② 갓 모양의 것.
　〜に着(き)**る** 권력이나 세력을 등에 업고 뻐기다.
笠の台(かさのだい) 사람의 머리《그 위에 삿갓을 씌우는 데서 나온 말》. 「대.
笠木(かさぎ) 문・난간 등의 위에 대는 가로
笠付け(かさつけ) 雜俳(ぎっぱい)의 하나. 첫 5자를 제목으로 내놓고, 거기에 중 7자, 끝 5자를 붙이는 일. 「눈.
笠の雪(かさのゆき) 삿갓 위에 수북이 쌓인
笠松(かさまつ) 〖植〗가지가 사방으로 퍼진 (우산 모양의) 소나무.
笠雲(かさぐも) 높은 산꼭대기에 낀 삿갓 모양의 구름.
笠子(かさご) 〖魚〗쏨뱅이.
笠懸(かさがけ) 鎌倉(かまくら) 시대의 기사(騎射)의 하나. 과녁 대신 삿갓을 걸어놓고 달리는 말 위에서 쏨.

11 米 ㊖	粒	낱알 **립** **リュウ** つぶ

音読
粒界(りゅうかい)〖化〗입계.
粒度(りゅうど) 입도. 입자 크기의 정도.
粒粒辛苦(りゅうりゅうしんく) 온갖 고생을 쌓음. 아주 힘든 고생〔수고〕.
粒状(りゅうじょう) 입상. 알갱이 모양.
♣~斑(はん) 입상반.
粒食(りゅうしょく) 곡식을 가루로 만들지 않고 그냥 그대로 조리해 먹음.
粒子(りゅうし) 입자. ♣~線(せん)〖理〗입자선.
∥~仮説(かせつ)〖理〗입자 가설.
~状汚染物質(じょうおせんぶっしつ) 입자상 오염 물질.
粒剤(りゅうざい) 알갱이로 된 약제.

訓読
粒(つぶ) ①알. 낱알. ②알갱이. ③주판 알. ④〖植〗무환자나무(의 열매).
粒立つ(つぶだつ) ①알알이 솟아나다. ②(연극에서 연출·연기자가) 뛰어나다.
粒粒(つぶつぶ) ①많은 알갱이(의 하나하나). 좁쌀알 같은 것. ②알알이 솟아오르는 모양. 알알이.
粒粒書き(つぶつぶがき) 글씨를 흘려서 쓰지 않고 띄엄띄엄 쓴 것.
粒選り(つぶより) 알짜만 골라냄. 또, 골라낸 것.
粒銀(つぶぎん) 江戸(えど) 시대의 콩알만한 은화(銀貨).
粒餌(つぶえ) 낱알로 된 새 모이.
粒揃い(つぶぞろい) ①모두가 제나름대로 우수함. ②알알이 모두 고름.

16 鳥	鴗	물총새 **립**·쇠새 **립** **リュウ** そにどり・そび

訓読
鴗(そび)〖鳥〗'川蟬(かわせみ)(=물총새)'의 딴이름. *古語로는 そにどり라고 함.

마

10 馬 敎	말 마 バ・マ・メ うま・ま

音訓

馬脚(ばきゃく) 마각.
 ~を露(あら)わす 마각을 드러내다. 본색을 드러내다.
馬見所(ばけんじょ) 마술(馬術) 연습이나 경마를 관람하기 위해 설치된 건물.
馬耕(ばこう) 〖農〗 마경. 말을 부려서 하는 경작.
馬関(ばかん) 〖地〗 下関(しものせき)의 구칭.
馬盥(ばだらい) ① 말을 씻기는 데 쓰는 커다란 대야. ② 꽃꽂이용의 대형 수반(水盤). *うまだらい로도 읽음.
馬具(ばぐ) 마구.
馬具足(ばぐそく) 옛날, 싸움터에 나갈 때 말에게 입혔던 무구(武具).
馬券(ばけん) 마권.
馬頭(めず) 〖佛〗 마두. 지옥의 옥졸(獄卒).
馬頭観音(ばとうかんのん) 〖佛〗 마두 관음. 얼굴이 셋, 팔이 여덟이고 머리 위에 마두(馬頭)를 인 관음.
馬頭琴(ばとうきん) 〖樂〗 마두금. 몽고의 찰현(擦絃) 악기.
馬頭星雲(ばとうせいうん) 〖天〗 마두 성운. 말머리 성운. 오리온자리에 있는 암흑 성운.
馬糧(ばりょう) 마량. 말먹이.
馬力(ばりき) 마력. ① 동력을 나타내는 단위. ② 강한 체력, 정력. ③ 짐마차.
馬連(ばれん) ⇨ 馬棟(ばれん).
馬棟(ばれん) 목판 인쇄에서, 판목(版木)에 먹을 칠하고 종이를 덮은 후 그 위를 문지르는 도구.
馬簾(ばれん) 옛날에 대장의 진지나, 현대의 소방수가 소화(消火)시에 그 소속을 표시하기 위해 세워 두는, 장대 끝에 매단 깃발 같은 장식물. 「르는 말.
馬齢(ばれい) 마령. 자기 나이를 겸손하게 이
馬鈴薯(ばれいしょ) 〖植〗 감자. *じゃがいも로도 읽음.
 ‖~澱粉(でんぷん) 감자 녹말.
馬鹿(ばか) ① 어리석음. 바보. ② 어처구니 없음. 엉터리. ③ 쓸모 없음. ④ 馬鹿貝(ばかがい)의 준말.
馬鹿げる(ばかげる) 우습게 보이다. 어리석게 생각되다.
馬鹿たれ(ばかたれ) 〈俗〉 바보 자식. 멍텅구리《욕하는 말》.
馬鹿に(ばかに) 몹시. 매우. 대단히. 무척.
馬鹿らしい(ばからしい) ① 어리석다. ② 시시하다. 어이없다. 어처구니없다.
馬鹿高い(ばかたかい) 엄청나게 비싸다.
馬鹿念(ばかねん) 지나치게 신경을 씀.
馬鹿当たり(ばかあたり) 〈俗〉 예상 외로 썩 잘됨.
馬鹿力(ばかぢから) 굉장한 힘. 뚝심.
馬鹿馬鹿しい(ばかばかしい) ① 매우 어리석다. 우습다. 어이없다. ② 엄청나다. 「정.
馬鹿面(ばかづら) 얼빠진 얼굴. 멍청한 표
馬鹿声(ばかごえ) 바보 같은 목소리. 별나게 큰 목소리.   「음.
馬鹿笑い(ばかわらい) 공연히 큰소리로 웃
馬鹿騒ぎ(ばかさわぎ) 법석댐. 야단법석.
馬鹿食い(ばかぐい) 분수없이 먹어댐.
馬鹿野郎(ばかやろう) 〈俗〉 바보자식. 멍텅구리《욕하는 말》.
馬鹿踊り(ばかおどり) 춤사위도 없이 마구 춤을 춤. 또, 그 춤.
馬鹿芋(ばかいも) 감자의 딴이름.
馬鹿慇懃(ばかいんぎん) 지나치게 은근함. 또, 그 모양.
馬鹿者(ばかもの) 바보. 어리석은 자.
馬鹿囃子(ばかばやし) 신사(神社)의 축제에서 북·꽹과리·피리 등을 쓰는 장단.
馬鹿丁寧(ばかていねい) 지나치게 공손함.
馬鹿正直(ばかしょうじき) 지나치게 고지식함. 또, 그러한 사람.
馬鹿鳥(ばかどり) '阿呆鳥(あほうどり)'(=신천옹)'의 딴이름.   「없다.
馬鹿臭い(ばかくさい) 어리석다. 어처구니
馬鹿値(ばかね) 〈俗〉 턱없이 싼〔비싼〕 값.
馬鹿貝(ばかがい) 〖貝〗 개량조개.
馬鹿穴(ばかあな) 볼트를 집어 넣는 구멍을 볼트 지름보다 약간 크게 한 구멍.
馬鹿話(ばかばなし) 터무니없는〔시시한〕 이야기. 바보 같은 소리.
馬料 ㊀(ばりょう) ⇨ 馬糧(ばりょう).
 ㊁(めりょう) 옛날에, 말의 사육료로 관위에 따라 지급된 수당.   「보던 관청.
馬寮(めりょう) 옛날, 말의 조련 등을 맡아
馬尾 ㊀(ばび) ① 말의 꼬리. ② 말꼬리의 털.
 ㊁(す) 말총《세공물로 쓸 때의 명칭》.
馬尾毛(ばす) 말총.

馬勃(ばばつ) 말똥. 또, 값어치가 없는 것.
馬房(ばぼう) 마방. 말 한 마리씩 들어가게 칸막이한 마구간.
馬腹(ばふく) 말의 배.
馬夫(ばふ) 마부.
馬糞(ばふん) 마분. 말똥. *まぐそ로도 읽음. ♣ ～石(せき) 마분석／～紙(し) 마분지.
‖～海胆(うに)〖動〗말똥성게.
馬脾風(ばひふう)〖漢醫〗마비풍. 디프테리아.
馬事(ばじ) 마사. 말에 관한 일.
馬産(ばさん) 마산. 말을 생산함.
馬上(ばじょう) 마상. 말의 등.
馬巣織り(ばすおり) 날실에 면사(綿絲)・마사(麻絲)를 쓰고 씨실에 말총을 쓴 직물.
馬手 ㊀(ばしゅ) 말을 돌보는 사람.
㊁(めて) 말고삐를 잡는 손. 오른손. 오른쪽.
馬首(ばしゅ) 말의 목. 말머리.
馬術(ばじゅつ) 마술.
‖～競技(きょうぎ) 승마 경기.
馬食(ばしょく) 마식. 말처럼 많이 먹음.
馬喰(ばくろう) ①〈卑〉마소의 거간꾼. ②소・말의 감정을 하는 사람.
馬身(ばしん) 마신. (경마에서) 말의 머리에서 꼬리까지의 길이.
馬肉(ばにく) 마육. 말고기.
馬耳東風(ばじとうふう) 마이동풍.
馬刺し(ばさし)〖料〗말고기의 육회.
馬場(ばじょう) 마장. 승마장. 경마장. *うまば로도 읽음.
馬装(ばそう) 마장. 말의 장구(裝具).
馬場末(ばばすえ) ☞馬場先(ばばさき).
馬場本(ばばもと) 마장의, 말을 타고 나서는 곳. 「워 두는 곳.
馬場先(ばばさき) 마장 앞의, 타고 온 말을 세
馬場始め(ばばはじめ) ①신설한 마장을 처음 사용하는 일. ②새해 들어 처음으로 마장에서 말을 타는 일.
馬賊(ばぞく) 마적.
馬前(ばぜん) 말(에 타고 있는 사람)의 앞.
馬氈(ばせん) 말 안장 위에 까는 깔개《직물・모피 등으로 만듦》.
馬丁(ばてい) 마정. 마부(馬夫). 「행정.
馬政(ばせい) 마정. 말의 개량・번식에 관한
馬蹄(ばてい) 마제. 말굽.
‖～形(けい) 마제형. 편자형. 「말굽.
馬爪(ばず) 대모갑(玳瑁甲)의 대용으로 하는
馬足(ばそく) 마족. 말의 다리. 마각.
馬卒(ばそつ) 말을 돌보는 병사.
馬車(ばしゃ) 마차.
‖～馬(うま) ①마차를 끄는 말. ②〈俗〉한눈 안 팔고 일하는 사람의 비유. ③〈俗〉혹사당하는 사람.
馬体(ばたい) 마체. 말의 몸뚱이.
馬橇(ばそり) 말이 끄는 썰매.
馬歯(ばし) 마치. 자기의 나이를 낮추어 일컫는 말. 마령(馬齡).
馬鐸(ばたく) 마탁. 마구의 하나.
馬鞭(ばべん) 마편. 말채찍.

‖～草(そう)〖植〗'熊葛(くまつづら)(=마편초)'의 딴이름.
馬匹(ばひつ) 마필. 말.
馬韓(ばかん)〖史〗마한.
馬革(ばかく) (무두질한) 말가죽.

<ins>訓読</ins>▶
馬 ㊀(うま) ①〖動〗말. ②네 발 달린 발판. ③(일본 장기에서) 桂馬(けいば)・成角(なりかく)의 약칭. ④(체조에서) 안마.
㊁(ま) 마.
馬なり(うまなり) (경마에서) 말이 나아가는 대로 내버려 둠.
馬の脚(うまのあし) ⇨ 馬の足(うまのあし).
馬継ぎ(うまつぎ) 역마를 갈아탐. 또, 그 갈아타는 곳.
馬の骨(うまのほね) ①말 뼈. ②내력〔근본〕을 잘 모르는 시시한 자.
馬軍(うまいくさ) ①말을 탄 병사. 기병. ②기병전(騎兵戰).
馬沓(うまぐつ) ①편자. 제철(蹄鐵). ②말굽을 보호하기 위하여 가죽이나 짚으로 만든 신.
馬跳び(うまとび) ⇨ 馬飛び(うまとび).
馬溜り(うまだまり) 승마를 매어두기 위한 공터. 「로도 읽음.
馬面(うまづら) 말상. 긴 얼굴. *ばめん으
馬返し(うまがえし) 산이 험하여, 그 이상 말을 타고 갈 수 없는 곳.
馬方(うまかた) 마부. 마바리꾼.
馬の背(うまのせ) ①말의 등. ②양쪽이 가파른 산의 능선.
馬番連勝(うまばんれんしょう) 경마에서, 연승 복식의 하나.
馬筏(うまいかだ) 여러 마리의 말을 나란히 줄지어 놓고 강을 건너는 일.
馬柄杓(まびしゃく) 말에게 물을 주는 국자 모양의 그릇. 「버.
馬肥やし(うまごやし)〖植〗거여목. 클로
馬飛び(うまとび) 말타기 놀이.
馬船(うまぶね) ①예전에, 말 수송에 사용된 군용선. ②강에서, 말을 건네기 위한 배.
馬の巣(うまのす) 말총. 말꼬리의 털.
馬乗り(うまのり) ①승마. 또, 말 타는 사람. ②말 탄 것같이 양다리로 깔고 앉음.
馬蠅(うまばえ)〖蟲〗말파리.
馬市(うまいち) 말(시)장. 「흙먼지.
馬煙(うまけむり) 말이 질주할 때 일어나는
馬屋(うまや) 마구간. *まや로도 읽음.
馬医者(うまいしゃ) 말의 병을 고치는 의사.
馬引き(うまひき) 마부.
馬印(うまじるし) 옛날 싸움터에서, 장수 곁에 세워 그 소재를 알리던 표지.
馬子(まご) 마부(馬夫).
‖～歌(うた) ⇨ 馬子唄(まごうた).
～唄(うた) 마부가(馬子歌).
馬装束(うましょうぞく) 말에 다는 장식.
馬槽(うまぶね) ①말의 구유. ②큰 통.
馬の足(うまのあし) ①(연극에서) 말의 다

리 노릇을 하는 역. ②하급 배우.
馬の足形(うまのあしがた)〖植〗미나리아재비.
馬主(うまぬし) 마주. 말의 주인. *ばしゅ·ばぬし로도 읽음.
馬柵 ㊀(ませ) 말을 가두어 두는 목책.
㊁(ませ) 마구간 입구에 가로질러 놓는 장대. 또, 목장 울짱의 가로대.
馬草(うまぐさ) (말에게 주는) 여물. 꼴. *うまくさ로도 읽음.
馬鍬(まぐわ) 써레. *まんが로도 읽음.
馬追い(うまおい) ①마바리를 몲. 또, 마바리꾼. ②(방목한) 말을 몰아들임. 또, 그 사람. ③馬追い虫의 준말.
∥**～虫**(むし)〖蟲〗베짱이.
馬偏(うまへん) 한자 부수의 하나: 말변.
馬標(うまじるし) ⇨ 馬印(うまじるし).
馬回り(うままわり) ①장수가 탄 말의 주위. ②옛날, 말 탄 장수를 수호하던 말 탄 무사.
じゃじゃ馬(じゃじゃうま) ①난폭한 말. ②방자하고 다루기 곤란한 사람.
其他>
馬大頭(おにやんま)〖蟲〗장수잠자리.
馬刀貝(まてがい) ⇨ 馬蛤貝(まてがい).
馬陸(やすで)〖動〗노래기.
馬尾藻(ほんだわら)〖植〗모자반.
馬銭(マチン)〖植〗마전.
馬酔木(あせび)〖植〗마취목.
馬歯莧(すべりひゆ)〖植〗쇠비름.
馬銜 ㊀(はみ) ①재갈. ②사나운 말의 입에 끈을 물려 머리 위에 묶는 일. 또, 그 끈. *はめ로도 읽음.
㊁(くつばみ)〈古〉재갈.
馬蛤(まて) 馬蛤貝(まてがい)의 딴이름.
∥**～貝**(がい)〖貝〗긴맛.
馬穴(バケツ) 양동이. 물통.

11 麻 常	**麻**(麻)	삼 마·마비할 마 マ あさ

音読>
麻姑(まこ) 마고. 중국 전설상의 선녀.
麻呂(まろ)〈雅〉나. 남녀·상하의 구별없이 쓰던 자칭 대명사.
麻綿糸(まめんし) 삼과 면화를 섞어 자은 실.
麻痺(まひ) 마비.
麻垂れ(まだれ) 한자 부수의 하나: 엄호밑.
麻睡(ますい) ⇨ 麻酔(ますい).
麻薬(まやく) 마약.
∥**～犯罪**(はんざい) 마약 범죄.
～取締法(とりしまりほう) 마약 단속법.
麻衣(まい) 마의. 베옷.
麻子仁(ましにん) 마의 종자. 삼씨.
麻紙(まし) 마지. 삼 껍질로 만든 종이.
麻酔(ますい) 마취. ∥**～薬**(やく) 마취약 /
～医(い) 마취의(사) / **～剤**(ざい) 마취제.
麻布(まふ) 마포. 삼베. *あさぬの로도 읽음.
麻黄(まおう)〖植〗마황.

訓読>
麻 ㊀(あさ)〖植〗삼.
～の中(なか)**の蓬**(よもぎ) 마중지봉. 삼밭의 쑥. 쑥도 삼밭에서 자라면 곧듯이 사람도 착한 사람과 사귀면 선량하게 된다는 비유.
㊁(そ) 마. 삼. 모시.
㊂(お) ①〈雅〉⇨㊀. ②베·모시의 실.
麻冠(あさかんむり) 한자 부수의 하나: 삼마.
麻裏(あさうら) ①삼베 안감. ②삼실로 엮은 끈목을 바닥에 댄 일본 짚신.
麻糸(あさいと) 마사. 삼실. 베실. *ましと로도 읽음.
麻縄(あさなわ) 마승. 삼노.
麻の実(あさのみ) 삼씨.
麻実油(あさみゆ) 대마유.
麻の葉(あさのは) 삼잎.
麻苧(あさお) 삼실.
麻織り(あさおり) ⇨ 麻織物(あさおりもの).
麻織物(あさおりもの) 마직물. 삼베.
其他>
麻幹(おがら) 겨릅대. *あさがら로도 읽음.
麻笥(おけ) 가늘게 찢어 길게 이은 삼을 넣어 두는 용기.
麻雀(マージャン) 마작.
麻疹(はしか)〖醫〗마진. 홍역. *ましん으로도 읽음.

13 疒	**痲**	저릴 마·마비할 마 マ しびれる

音読>
痲痺(まひ) 마비.
痲薬(まやく) 마약.
痲酔(まずい) 마취.
其他>
痲疹(はしか)〖醫〗마진. 홍역. *ましん으로도 읽음.

14 王	**瑪**	마노 마 メ

音読>
瑪瑙(めのう)〖鑛〗마노(석영(石英)의 하나).

15 手 常	**摩**(摩)	갈 마 マ する·こする

音読>
摩する(まする) ①닦다. 문지르다. 비비다. ②접근하다. 접하다.
摩訶(まか) 마하. '큼·위대함·뛰어남'의 뜻을 나타냄.
∥**～不思議**(ふしぎ) 매우 이상함. 희한함.
摩尼(まに)〖佛〗마니. 보석. 보옥(寶玉).

摩尼宝殿(まにほうでん)〖佛〗마니 보전.
摩尼珠(まにじゅ)〖佛〗마니주.
摩羅(まら)〖佛〗마라. 불도 수행에 장애가 되는 것.
摩利支天(まりしてん) 마리지천. 일본에서는 무사의 수호신으로 여겨짐.
摩滅(まめつ) 마멸.
摩耗(まもう) 마모.
∥~試験(しけん) 마모 시험.
摩損(まそん) 마손. 닳음.
摩砕(まさい) 마쇄. 갈아 부숨.   「게 함.
摩拭(ましょく) 비비는 일. 비벼 빨아 깨끗하
摩擦(まさつ) 마찰. ♣~角(かく)〖理〗마찰각 / ~音(おん)〖言〗마찰음.
∥~係数(けいすう)〖理〗마찰 계수.
~損失(そんしつ)〖理〗마찰 손실.
~抵抗(ていこう)〖理〗마찰 저항.
~的失業(てきしつぎょう)〖社〗마찰적 실
~電気(でんき)〖理〗마찰 전기.   「업.
~杭(ぐい) 지반과의 마찰력으로 지탱하는 말뚝.
摩天楼(まてんろう) 마천루.

訓読→
摩れる(すれる) ①스치다. 비비어지다. 닿다. ②(사람이) 가스러지다. 닳고 닳다.
❖摩る ㊀(する) 갈다. 빨다. 뭉개다.
㊁(さする) 가볍게 문지르다. 어루만지다.
摩り寄る(すりよる) ①바짝 다가서다. ②무릎걸음으로 다가오다.
摩り磨く(すりみがく) ①(금속 따위를) 문질러 광택을 내다. ②더러워진 데를 문질러 예쁘게 하다.
摩り付ける(すりつける) 문질러〔비벼〕대다. 비벼서〔그어서〕(불을) 켜다〔붙이다〕.
摩り込む(すりこむ) 갈아서 (섞어) 넣다.
摩り切り(すりきり) 평미레질함. 평미리침.
摩り切る(すりきる) ①비벼서 끊다. ②돈을 다 써버리다.   「꿈.
摩り替え(すりかえ) 몰래 바꿔치기. 살짝 바
摩り替える(すりかえる) 몰래 바꿔치다. 살짝 바꾸다.

其他→
摩尼教(マニきょう)〖宗〗마니교.

15 石	碼	마노 마・야드 마 マ・メ ヤード

音読→
碼頭(まとう) 마도우. 부두. 나루터.
訓読→
碼(ヤード) 마(碼). 야드《1야드는 3피트. 약 91.4cm》.
∥~ポンド法(ポンドほう) 야드 파운드법.

16 石 常	磨 (磨)	갈 마・닳을 마 マ みがく・する・とぐ

音読→
磨滅(まめつ) 마멸.
磨耗(まもう) 마모.
磨損(まそん) 마손. 닳음.
磨砕(まさい) 마쇄. 갈아 부숨.   「게 함.
磨拭(ましょく) 비비는 일. 비벼 빨아 깨끗하
磨崖仏(まがいぶつ)〖佛〗마애불.
磨研紙(まけんし) 마연지. 사포. 샌드페이퍼.
磨製(ませい) 마제.
∥~石器(せっき) 마제 석기. 간석기.

訓読→
磨れる(すれる) ①무지러지다. 스쳐서 닳거나 끊어지다. ②(문질러) 갈리다.
❖磨く(みがく) ①(문질러) 닦다. ②(숫돌 등에) 갈다. ③연마하다.
磨き(みがき) 윤이 나게 닦거나 깨끗하게 함. 더욱 연마함.
磨きガラス(みがきガラス) 간유리.
磨き立てる(みがきたてる) ①자꾸 닦다. ②아름답게 몸치장을 하다.
磨き粉(みがきこ) 연마분(研磨粉).
磨き砂(みがきすな) 금속성 그릇을 닦는 데 쓰는 모래. *みがきずなとも 읽음.
磨き上げる(みがきあげる) 닦아서 마무리하다. 충분히 닦다.
❖磨ぐ(とぐ) (칼 따위를) 갈다.
磨ぎ洗い(とぎあらい) 쌀을 비비듯이 씻음.
磨ぎ水(とぎみず) ①(물건을) 갈기 위한 물. ②쌀뜨물.   「음.
磨ぎ汁(とぎしる) 쌀뜨물. *とぎじるとも 읽
❖磨る(する) 갈다. 빨다. 뭉개다.
磨り減らす(すりへらす) ①마멸시키다. 무지러뜨리다. ②소모시키다.
磨り糠(すりぬか) 왕겨.
磨り臼(すりうす) 맷돌.
磨り潰す(すりつぶす) ①갈아서 으깨다. ②닳아 없애다. ③탕진하다.
磨墨(するすみ) 먹. 먹물.   「를 낸 것.
磨り粉(すりこ) 쌀을 절구에 넣고 찧어 가루
磨り膝(すりひざ) 무릎걸음. 앉은걸음.
磨り硝子(すりガラス) 젖빛 유리.
磨り出す(すりだす) 닦아서〔갈아서〕 광을 내다〔무늬를〕.
磨り出し蒔絵(すりだしまきえ) 문질러 닦아서 윤을 낸 蒔絵.
磨り下ろす(すりおろす) 잘게 갈다.

17 虫	蟇	두꺼비 마 マ がま・ひき

参考: 蟆는 異體字.

訓読→
蟇(ひき)〖動〗☞蟇蛙(ひきがえる).
蟇肌(ひきはだ) ①蟇肌革의 준말. ②蟇肌革로 만든 도검의 칼집.   「죽.
∥~革(がわ) 두꺼비 등처럼, 주름이 있는 가
蟇目(ひきめ) 방추형의, 화살 끝에 다는 나무

蟇蛙(ひきがえる)〖動〗두꺼비.
其他▶
蟇股(かえるまた) 다리 벌린 개구리 형상의 물건.

| 18 麻 人 日 | 麿 (麿) | 그대 (마) まろ |

訓読▶
麿(まろ)〈雅〉나. 남녀・상하 구별 없이 쓰던 자칭(自稱) 대명사.

| 21 鬼 常 | 魔 (魔) | 마귀 마・마술 마 マ |

音読▶
魔(ま) 마. 악마.
魔境(まきょう) 마경. ① 악마가 사는 세계. ② 신비로운 세계.
魔界(まかい) 마계. 악마의 세계.
魔球(まきゅう) (구기에서) 마구.
魔軍(まぐん)〖佛〗마군.
魔窟(まくつ) 마굴.
魔圏(まけん) 마권. 악마의 세력 범위.
魔女(まじょ) 마녀.
∥~狩り(がり) ①〖史〗마녀 재판. ② 마녀 사냥. 다수자가 이단 분자를 감정적으로 비난・배척하는 일.
魔道(まどう) 마도. ①〖佛〗악마의 세계. ② 이단(타락)의 길.
魔羅(まら)〖佛〗마라. 불도 수행에 장애가 되는 것.
魔力(まりょく) 마력. *まりきら로도 읽음.
魔魅(まみ) 마매. 사람을 현혹시키는 요물.
魔物(まもの) 마물. 악마. 요물.
魔方陣(まほうじん)〖數〗마방진.
魔法(まほう) 마법. 요술. 마술. ♣~瓶(びん) 보온병.
∥~使い(つかい) 마법사. 마술사.
魔性(ましょう) 마성.
魔所(まどころ) ① 악마 따위가 사는 곳. ② 사건・사고가 자주 일어나는 곳.
魔手(ましゅ) 마수.
魔の手(まのて) ☞魔手(ましゅ).
魔睡(ますい) 마력에 걸린 듯한 깊은 잠.
魔術(まじゅつ) 마술. 요술. ♣~師(し) 마술사. *로도 읽음.
魔神(まじん) 마신. 마귀. 악마. *ましんこ
魔縁(まえん)〖佛〗① 마연. 악마가 불법(佛法)을 방해함. ② 악마.
魔王(まおう) 마왕. ① 악마의 왕. ②〖佛〗천마(天魔)의 왕.
魔障(ましょう)〖佛〗마장. 불도 수행을 방해하는 악마의 소행〔장애〕.
魔笛(まてき) 마적. 요술피리.
魔除け(まよけ) ① 마귀를 쫓음. ② 부적.

魔天(まてん)〖佛〗마천. 악마의 천신.
魔酔(ますい) 마력에 끌린 것처럼 어떤 일에 열중하는 일. 또, 도취시키는 일.
魔風(まふう) 마풍. *まかぜ로도 읽음.

막

| 11 艹 | 莫 | 없을 막 バク・ボ・マク ない・なかれ |

音読▶
莫大(ばくだい) 막대.
莫連(ばくれん)〈俗〉닳고 닳은 여자.
∥~女(おんな) 닳아빠진 여자.
莫妄想(まくもうぞう)〖佛〗깨달음을 얻기 위해서는 망상을 일으키지 않도록 하라는 말.
莫牟(まくも) ⇨ 莫目(まくも).
莫目(まくも)〖樂〗막목. 고구려・백제 때 쓴 악기라고 하나 전하고 있지 않음.
莫逆(ばくぎゃく) 막역. *ばくげき로도 읽음.
∥~の友(とも) 막역지우. 막역한 친구.

訓読▶
莫れ(なかれ)〈古〉동작의 금지에 쓰는 말. 마라. 말지어라.

其他▶
莫大小(メリヤス) 메리야스.
∥~編み(あみ) (대바늘뜨기에서) 메리야스 뜨기. 걸뜨기.

| 13 巾 教 | 幕 | 장막 막 マク・バク とばり |

音読▶
幕(まく) 막. ① (무대나 칸막이에 쓰는) 휘장. ② 연극의 한 단락. 「부.
幕閣(ばっかく) 幕府(ばくふ)의 최고 수뇌.
幕間(まくあい)〖劇〗막간. ♣~劇(げき) 막간극.
幕開き(まくあき) (연극에서의) 개막. 전하여, 일이 시작됨. 또, 그 때.
幕尻(まくじり) 일본 씨름에서, 상위 계급인 幕内(まくうち)의 최하위 씨름꾼.
幕串(まくぐし) 막을 치기 위해 세우는 기둥.
幕軍(ばくぐん) 幕府(ばくふ)의 군대.
幕内(まくうち) 씨름꾼 계급의 하나. 대전표의 맨 윗단에 이름이 실리는 씨름꾼.
幕の内(まくのうち) ① ☞幕内(まくうち). ② 막간. ③ 幕の内弁当의 준말.
∥~弁当(べんとう) 주먹밥에 반찬을 곁들인 도시락.
幕僚(ばくりょう)〖軍〗막료. 참모 장교.
∥~監部(かんぶ) 방위청 장관의 막료 기관.
幕吏(ばくり) 幕府(ばくふ)의 관리. 「기.
幕末(ばくまつ) 江戸幕府(えどばくふ)의 말

∥〜物(もの) 幕末 시대의 영화나 연극물.
幕命(ばくめい) 幕府(ばくふ)의 명령.
幕無し(まくなし) 끊임없음. 간단없음.
幕藩体制(ばくはんたいせい) 幕府(ばくふ)와 여러 藩(はん)에 의하여 지배되던 일본 근세의 정치 체제.
幕府(ばくふ) ① 무가 시대에 将軍(しょうぐん)이 정무를 집행하던 곳. 또, 무가(武家) 정권. ② 무가 시대의 将軍의 별칭.
幕舎(ばくしゃ) 막사. 천막을 친 야외 숙소.
幕臣(ばくしん) 幕府(ばくふ)의 신하.
幕営(ばくえい) 막영. 장막을 치고 야영을 함. 또, 그 진영.
幕屋(まくや) ① 막사. ② 화장을 둘러친 배우들의 분장실·휴게실.
引きく(まくひき) ① 연극에서 막을 여닫는 사람. ② (어떤 일을) 끝맺음.
幕張り(まくばり) 막을 침. 또, 그곳.
幕電(まくでん) 〖理〗막전.
幕電位(まくでんい) 〖理〗막전위.
幕切れ(まくぎれ) 〖劇〗한 막이 끝남. 전하여, (일의) 끝.
幕政(ばくせい) 幕府(ばくふ)의 정치.
幕湯(まくゆ) 온천 등에서 귀인(貴人)이 목욕할 때 막을 쳐서 남의 눈을 가리고 혼욕을 막는 독탕.
幕下 ㊀(まくした) 씨름꾼 계급의 하나. 대전표의 제2단에 이름이 실리는 씨름꾼.
㊁(ばっか) 막하. ① 장수가 있는 본진. ② 장수 직속의 부하. *ばくか로도 읽음.
幕合(まくあい) ⇒ 幕間(まくあい).

13 氵 常	漢	사막 **막**·넓을 막 バク ひろい

音読
漠(ばく) ① 넓은 모양. ② 막연한 모양.
漠として(ばくとして) 막연하여.
漠漠(ばくばく) 막막. ① 아득하게 넓은 모양. ② 막연한 모양.
漠然(ばくぜん) 막연.

14 宀	寞	쓸쓸할 **막** バク・マク さびしい

音読
寞寞(ばくばく) 막막. 아무 기척이 없이 괴괴하고 쓸쓸함.

14 月 常	膜	꺼풀 **막** マク

音読
膜 ㊀(まく) 막.
㊁(い) 거미가 만드는 집.
膜骨(まくこつ) 〖生〗막골.
膜構造(まくこうぞう) 막 모양의 재료를 쓴 지붕의 구조.
膜鳴楽器(まくめいがっき) 〖樂〗막명 악기.
膜迷路(まくめいろ) 〖生〗막미로.
膜壁(まくへき) 막벽. 막질로 된 칸막이.
膜状(まくじょう) 막상. 막과 같은 상태.
膜性骨(まくせいこつ) 〖生〗막성골.
膜翅目(まくしもく) 〖蟲〗막시목.
膜質(まくしつ) 막질.
膜集積回路(まくしゅうせきかいろ) 〖理〗막집적 회로.
膜片(まくへん) 막편. 막의 한 조각.
膜平衡(まくへいこう) 〖化〗막평형.

其他
膜拝(もはい) 두 손을 들고 무릎을 꿇음. 또, 그렇게 하는 절.

18 艹	藐	멀 **막**·작을 묘 バク・ビョウ はるか

音読
藐藐(ばくばく) 막막. 아득히 먼 모양.
藐焉(ばくえん) 아득히 먼 모양. 멀어서 분명하지 않은 모양.
藐忽(びょうこつ) 업신여기고 깔봄.

18 辶	邈	멀 **막**·아득할 **막** バク はるか

音読
邈邈(ばくばく) 막막. 먼 모양.
邈焉(ばくえん) 아득히 먼 모양. 멀어서 분명하지 않은 모양.

만

3 一 教	万(萬)	일만 **만**·많을 만 マン・バン よろず

音読
万 ㊀(まん) 만. ① 천의 십배. ② 수가 많음.
㊁(ばん) ① 일만. ② 만의 하나라도. 결코. ③ 아무리 해도. 어떻게도.
㊂(よろず) ① 수가 매우 많음. ② 모두. 전부. 만사.
万感(ばんかん) 만감.
万客(ばんかく) 만객. 많은 손님. *ばんきゃく로도 읽음.
万劫(まんごう) 만겁. 매우 오랜 세월.
∥〜末代(まつだい) 만겁 말대. 영구한 후세.
万頃(ばんけい) 만경. 땅이나 바다가 한없이 너른 모양.
万境(ばんきょう) 온갖 경우. 온갖 장소.

万古(ばんこ) ① 만고. 천고(千古). ② 万古燒의 준말.
∥**~不易**(ふえき) 만고 불역.
~燒(やき) 도자기의 하나.
万考(ばんこう) 만고. 여러 가지로 생각함.
万苦(ばんく) 만고. 온갖 괴로움.
万斛(ばんこく) 만곡. ① 1만 석(石). ② 대단히 많은 분량.
万骨(ばんこつ) 만골. 많은 사람들의 뼈.
万口(ばんこう) 만구. 많은 사람의 말.
万国(ばんこく) 만국. ♣**~旗**(き) 만국기.
∥**~公法**(こうほう)〖法〗만국 공법. '国際法(こくさいほう)(=국제법)'의 구칭.
~博覧会(はくらんかい) 만국 박람회.
~音標文字(おんぴょうもじ) 만국 음표 문자(발음 부호의 하나).
~著作権条約(ちょさくけんじょうやく) 만국 저작권 조약.
~地図(ちず) 만국〔세계〕지도.
~平和会議(へいわかいぎ) 만국 평화 회의.
~標準時(ひょうじゅんじ) 만국 표준시.
万巻 ㊀(ばんかん) 만권. 굉장히 많은 책.
㊁(まんがん) 많은 책. 또는 두루마리(책).
万鈞(ばんきん) 만균. 굉장한 무게. *ばんきん으로도 읽음.
万筋(まんすじ) 직물에서 색이 다른 두 가닥의 날실을 배열해서 짠 두줄 무늬.
万金(まんきん) 만금. 많은 돈.
万機(ばんき) 만기. 정치상의 많은 중요한 일.
万難(ばんなん) 만난.
万年(まんねん) 만년. ♣**~雪**(ゆき) 만년설／**~筆**(ひつ) 만년필.
∥**~蘭**(らん)〖植〗'龍舌蘭(りゅうぜつらん)(=용설란)'의 딴이름.
~杉(すぎ)〖植〗석송과의 상록 다년생 식물.
~床(どこ) 밤낮으로 편 채로 있는 이부자리.
~新造(しんぞ) 아무리 나이를 먹어도 젊고 아름다운 여성. 만년 처녀.
~茸(だけ)〖植〗영지(靈芝). 모균류에 속하는 버섯.
~青年(せいねん) 만년 청년.
~草(ぐさ)〖植〗꿩의비름과의 다년초.
~候補(こうほ) 만년 후보.
万能 ㊀(ばんのう) 만능.
∥**~試験機**(しけんき) 만능 시험기.
~研削盤(けんさくばん) 만능 연마반. 공작 기계의 하나.
㊁(まんのう) ① ☞㊀. ②〖農〗써레. ♣**~膏**(こう)〖藥〗만능 고약.
万端(ばんたん) 만단. 갖가지의 사물·수단.
万代(ばんだい) 만대. 만세. 영구(永久). *よろずよ로도 읽음.
∥**~不易**(ふえき) 만대 불역.
万度(まんど) 1만 번. 여러 번.
万灯(まんどう) 만등. 수많은 등불. ♣**~会**(え)〖佛〗만등회.
万来(ばんらい) 만래. 많은 사람이 찾아옴.

万両(まんりょう) ① 1 만량. ②〖植〗백량금.
万慮(ばんりょ) 만려. 여러 가지로 생각함.
万力(まんりき) 바이스. 공작물을 움직이지 않게 고정시키는 공구.
万緑(ばんりょく) 만록. 온통 녹색임.
万雷(ばんらい) 만뢰. 많은 우렛소리.
万籟(ばんらい) 만뢰. 여러 가지 것이 바람에 불려 내는 소리. 중뢰(衆籟).
万縷(ばんる) 여러 가지 사소한 일.
万類(ばんるい) 온갖 종류. 만물.
万里(ばんり) 만리. 매우 멂.
∥**~同風**(どうふう) 만리 동풍. 천하가 통일되어 태평함.
~の長城(ちょうじょう) 만리 장성.
万分(ばんぶん) ① 모두. 죄다. 충분히. ②《뒤에 否定語를 수반하여》결코. 절대로. ③ 훨씬. 대단히.
万万年(まんまんねん) '万年(まんねん)(= 만년)'의 힘줌말.
万万歳(ばんばんざい) 만만세. '万歳(ばんざい)(=만세)'의 힘줌말.
万万一(まんまんいち) 万一(まんいち)의 힘줌말. *ばんばんいつ로도 읽음.
万目(ばんもく) 만목. 많은 사람들의 눈. *まんもく로도 읽음.
万物(ばんぶつ) 만물. *ばんもつ로도 읽음.
∥**~の靈長**(れいちょう) 만물의 영장.
~流転(るてん) 만물 유전.
万民(ばんみん) 만민. 모든 사람〔국민〕.
万博(ばんぱく) '万国博覧会(ばんこくはくらんかい)(=만국 박람회)'의 준말.
万般(ばんぱん) 만반.
万方(ばんぽう) 만방. 여러 방향. 갖은 수단.
万邦(ばんぽう) 만방. 이나라.
万法 ㊀(ばんぽう) 만법. 모든 법률이나 규칙.
㊁(まんぼう)〖佛〗만법.
万別(ばんべつ) 만별.
万病(ばんびょう) 만병.
万宝(ばんぽう) 만보. 많은 보물. *まんぽう로도 읽음.
万歩計(まんぽけい) 만보계. 허리에 차고 걷는 발자국 수를 재는 계기.
万福(まんぷく) 만복. *ばんぷく로도 읽음.
∥**~長者**(ちょうじゃ) 큰 부자.
万夫(ばんぷ) 만부. 많은 남성〔무사〕.
∥**~不当**(ふとう) 만부 부당.
万分の一(まんぶんのいち) 만 분의 일. 매우 적음〔작음〕.
万死(ばんし) ① 몇 번이고 죽음. ② 도저히 살 길이 없음. ③ 목숨을 던짐.
∥**~一生**(いっしょう) 구사 일생.
万事(ばんじ) 만사.
~休(きゅう)す 만사 휴의(休矣).
万謝(ばんしゃ) 다사(多謝). 심사(深謝).
万状(ばんじょう) 만상. 온갖 형상.
万象(ばんしょう) 만상. 갖가지의 모양. 모든 물체.

万庶(ばんしょ) 만민(萬民).
万石通し(まんごくどおし) 풍구의 하나. 체를 비스듬히 세워 도정한 쌀을 흐르게 하여 쌀과 겨를 분리시킴.
万善(まんぜん)〖佛〗만선.
万姓(ばんせい) 만성. 모든 백성. 만민.
万世(ばんせい) 만세. 만대. 영구. ＊よろずよ로도 읽음.
‖〜**不易**(ふえき) 만세 불역.
〜**一系**(いっけい) 만세 일계《같은 계통·혈통이 영속됨》.
万歳 ㊀(ばんざい) 만세. ① 언제까지나 살아서 번영하는 일. ② 경사스러운 일. 기쁜 일. ③ 축복하여 (여럿이) 외치는 말.
㊁(まんざい) ① 영구. 만년. ② 신년에, 집집마다 돌아다니며 축하의 말을 하고 장고를 치며 춤추는 사람. 「이나 바다.
万水(ばんすい) 만수. 많은 물. 또, 많은 강.
万寿(ばんじゅ) 만수. 수명이 긺. ＊まんじゅ로도 읽음.
万乗(ばんじょう) 만승. 천자의 지위.
万尋(ばんじん) 만심. ① 만 길. ② 아주 높음. 또, 아주 깊음.
万岳(ばんがく) 만악. 많은 산.
万言(まんげん) 여러 말. 많은 말. ＊ばんげん으로도 읽음.
万余(まんよ) 만여(萬餘).
万葉(まんよう) 万葉集(まんようしゅう)의 준말. ＊口語形은 まんにょう.
‖〜**仮名**(がな) 한자의 음훈(音訓)을 빌려서 일본어의 음을 적은 문자.
〜**調**(ちょう) 万葉集의 특징적인 시가풍(風).
〜**集**(しゅう) 일본에서 가장 오래된 시가집.
万愚節(ばんぐせつ) 만우절.
万越祝い(まんごしいわい) 물고기를 많이 잡아 축하하는 일.
万有(ばんゆう) 만유.
‖〜**内在神論**(ないざいしんろん)〖哲〗만유 내재신론. 「(汎神論).
〜**神論**(しんろん)〖哲〗만유신론. 범신론
〜**引力**(いんりょく)〖理〗만유 인력.
万人(まんにん) 만인. ＊ばんにん·ばんじん이라고도 함.
‖〜**向き**(むき) 누구에게나 맞음.
万仞(ばんじん) 아주 높음. 또, 아주 깊음.
万引き(まんびき) 후무리기. 몽태치기.
万一(まんいち) 만일. 만약. ＊ばんいち로도 읽음.
万紫千紅(ばんしせんこう) 만자 천홍. 가지가지 아름다운 꽃.
万作(まんさく)〖植〗조롱나무.
万丈(ばんじょう) 만장. 매우 높음의 형용.
万障(ばんしょう) 만장. 온갖 지장.
万全(ばんぜん) 만전.
万卒(ばんそつ) 만졸. 많은 병졸.
万種(ばんしゅ) 만종. 많은 종류. 갖가지 일.
万策(ばんさく) 온갖 계책.
万天(ばんてん) ① 하늘 전체. 온 하늘. ② 천하. 세계.
万朶(ばんだ) 만타. 많은 가지.
万態(ばんたい) 만태. 만상(萬狀).
万波(ばんぱ) 만파. 한없이 이는 파도.
万八(まんぱち) 거짓. 거짓말. 「김없이.
万遍なく(まんべんなく) 구석구석까지. 남
万恨(ばんこん) 만한. 가지가지의 많은 한.
万行(まんぎょう)〖佛〗만행.
万戸(ばんこ) 만호. 썩 많은 집.
万化(ばんか) 만화. 갖가지로 변화함.
万花(ばんか) 만화. 가지가지 꽃. 많은 꽃.
万華(ばんか) ⇨ 万花(ばんか).
万華鏡(まんげきょう) 만화경. ＊ばんかきょう로도 읽음.
万花会(まんげえ)〖佛〗많은 꽃을 장식하여 불공을 드리는 법회.
訓読
万屋(よろずや) ① 만물상(萬物商). ② 무엇이든지 대충은 알고〔할 수〕있는 사람.
其他
万年青(おもと)〖植〗만년청(관상용). ＊まんねんせい로도 읽음.
万祝(まいわい) 어로에서 만선(滿船)이 되었을 때 어부와 관계자를 불러 여는 축하연.

6	卍	만자 만
十		マン・バン
		まんじ

訓読
卍(まんじ) 만자. 卍의 모양·무늬.
卍巴(まんじどもえ) 서로 뒤섞인 모양. 뒤죽박죽. ＊まんじともえ로도 읽음.

10	娩	해산할 만
女		ベン
		うむ

音読
娩出(べんしゅつ) 만출. 태아를 낳음.

10	挽	당길 만
扌		バン
		ひく

音読
挽歌(ばんか) ① 만가. ② 万葉集(まんようしゅう)의 분류법의 하나.
挽詩(ばんし) 만시(輓詩). 만장(輓章).
挽回(ばんかい) 만회.
訓読
❖**挽く**(ひく) ① 톱으로 켜다. ② 녹로를〔갈이틀을〕돌려서 물건을 만들다. ③ 끌다. 끌고 가다. 앞으로 끌고 가.
挽き家(ひきや) 비단 주머니에 넣은 채로, 찻잔 등을 보존하는 용기.
挽き角(ひきかく) 제재품(製材品) 중, 두께·너비가 7.5cm 이상인 것.

挽き臼(ひきうす) 맷돌.
挽き馬場(ひきばば)『競馬』경주가 시작되기 전에 말들이 모이는 곳. 패덕(paddock).
挽き売り(ひきうり) 커피콩을 갈아서 팖.
挽き木(ひきぎ) 맷손. 맷돌의 손잡이.
挽き物(ひきもの) 갈이대패를 써서 만든 기구(器具).
挽き屑(ひきくず) 톱밥.
挽き肉(ひきにく) 기계로 저민 고기.
挽き子(ひきこ) ① 수레·배 따위를 끄는 사람. 인력거꾼. ② 나무를 켜는 사람.
挽き切る(ひききる) 톱으로 켜서 자르다.
挽き茶(ひきちゃ) 녹차(綠茶)를 갈아서 분말로 한 고급차. 가루차.
挽き割り(ひきわり) 목재를 톱으로 켜는 일. 또, 그 켠 목재.
挽き型(ひきがた) 원통형의 대형 주물용 거푸집을 만들 때 쓰는 나무틀.

| 11日 | 曼 | 길 만
マン |

音読
曼陀羅(まんだら) 만다라. ① 색채가 선명한 그림. ②『佛』부처가 깨달은 경지.
‖~華(げ)『佛』만다라화. 흰 연꽃.
曼荼羅(まんだら) ⇨ 曼陀羅(まんだら).
曼珠沙華(まんじゅしゃげ)『植』석산(石蒜). *まんじゅげ로도 읽음.

| 12氵
教 | 満(滿) | 찰 만·풍족할 만
マン
みちる·みたす |

音読
満(まん) 만. ①(그득) 참. 충만. ②(나이를 셀 때) 온 일년을 한 살로 하기.
満ずる(まんずる) ① 기일에 이르다. ② 바라던 것이 이루어지다.
満干(まんかん) 간만(干滿). 만조(滿潮)와 간조.
満腔(まんこう) 만강.
満開(まんかい) 만개.
満更(まんざら)〈俗〉반드시는. 그다지. 아주.
満庫(まんこ) 창고가 가득 찬 일.
満貫(まんがん) ⇨ 満款(まんがん).
満款(まんがん) 만관. (마작에서) 규정의 최고점(으로 이김).
満期(まんき) 만기.
満喫(まんきつ) 만끽.
満年齢(まんねんれい) 만연령. 만나이.
満堂(まんどう) 만당. 만장(滿場).
満都(まんと) 만도. 도시 전체.
満了(まんりょう) 만료.
満塁(まんるい)『野』만루. 풀 베이스.
満満(まんまん) 만만. 차서 넘치는 모양.
満面(まんめん) 만면.
満眸(まんぼう) 만목(滿目).
満目(まんもく) 만목.
‖~蕭条(しょうじょう) 만목 소연(蕭然).
満蒙(まんもう)『地』만몽. 만주와 몽고에 걸친 지방.
満文(まんぶん) 만문. 몽고어로 쓴 문장.
満尾(まんみ) 만미. 대미(大尾).
満杯(まんぱい)〈俗〉만배. ① 술이 가득 찬 잔. ② 그릇 따위와 같이 수용할 곳에 물건이 가득 참.
満配(まんぱい) 예정대로 충분히 배급함.
満帆(まんぱん) 만범. 돛이 바람을 가득 받음.
満腹(まんぷく) 만복. 배가 부름. 음.
満山(まんざん) 만산. ① 온산. ②『佛』절 전체. 또, 절에 있는 모든 중.
満床(まんしょう) 병원의 침대가 입원 환자로 차서 빈 곳이 없는 일.
満席(まんせき) 만석. 만원(滿員).
満船(まんせん) 만선.
満水(まんすい) 만수.
満身(まんしん) 만신. 온몸. 전신.
‖~創痍(そうい) 만신창이.
満顔(まんがん) 만면(滿面). 얼굴 가득히.
満額(まんがく) 예정〔요구〕액에 달함.
満悦(まんえつ) 만열.
満盈(まんえい) 만영.
満員(まんいん) 만원.
‖~御礼(おれい) 만원 사례.
~電車(でんしゃ) 만원 전차.
満願(まんがん) 만원. 일수를 정하여 신불(神佛)에 발원한 그 기한이 참.
満月(まんげつ) 만월. 보름달.
満引(まんいん) ① 활의 시위를 충분히 잡아 당김. ② 잔을 가득 채워 마심.
満作(まんさく) 풍작.
満場(まんじょう) 만장.
‖~一致(いっち) 만장 일치.
満載(まんさい) 만재.
満点(まんてん) 만점.
満廷(まんてい) 만정.
満庭(まんてい) 만정. 뜰에 가득 참.
満潮(まんちょう) 만조. ♣~線(せん) 만조선 / ~時(じ) 만조시.
満足(まんぞく) 만족. ♣~感(かん) 만족감.
満座(まんざ) 만좌. 그 자리에 있는 사람 모두.
満州(まんしゅう)『地』만주. 중국 동북 지방의 통칭. ♣~語(ご) 만주어 / ~族(ぞく) 만주족.
‖~文字(もじ) 만주 문자.
~事変(じへん) 만주 사변.
満洲(まんしゅう) ⇨ 満州(まんしゅう).
満株(まんかぶ) 주식의 청약수가 모집수에 달함. 는 날.
満中陰(まんちゅういん) 죽은 지 49일째 되는 날.
満地(まんち) 만지. 땅에 가득함.
満車(まんしゃ) 만차. 주차(駐車)한 차로 주차장이 다 들어참. 일.
満参(まんさん) 만원(滿願) 날에 참예하는
満天(まんてん) 만천.

満天下(まんてんか) 만천하. 온 세상.
満卓(まんたく) 모든 탁자가 손님으로 채워진 일.
満遍(まんべん) ① 남김없이 고루 미치는 일. ②『佛』(선종에서) 평균·평등의 뜻.
満遍なく(まんべんなく) 구석구석까지. 남김없이.
満幅(まんぷく) 만폭. 전체의 너비. 전폭.
満票(まんぴょう) 투표수 전부의 표.
満限(まんげん) 정해진 기한이 됨. 만료.
満漢全席(まんかんぜんせき) 중국 요리에서, 2-3일 동안 먹을 수 있는 산해 진미를 모은 요리들.
満艦飾(まんかんしょく) 만함식. 군함기 등으로 돛대 등을 장식하는 군함 의례의 하나.
満会(まんかい) 무진·계 등의 기한이 끝남.

訓読

満たす(みたす) 채우다. 충족〔만족〕시키다.
❖ 満ちる(みちる) ① 차다. ② (달이) 둥글어지다. ③ 완결해지다.
満ち干(みちひ) 간만(干満).
満ち欠け(みちかけ) 달의 참과 이지러짐. 영휴(盈虧).
満ち満ちる(みちみちる) 넘칠 정도로 그득차다.
満ち汐(みちしお) ⇨ 満ち潮(みちしお).
満ち溢れる(みちあふれる) 차고 넘치다. 넘치다.
満ち引き(みちびき) ① (조수의) 간만(干満). ② (인파가) 들어찼다 빠졌다 함.
満ち潮(みちしお) 만조. 밀물.
満ち足りる(みちたりる) 충분히 만족하다. 흡족하다.

其他

満俺(マンガン) 『化』 망간《금속 원소의 하나》.
満天星(どうだんつつじ) 『植』 철쭉과(科)의 낙엽 관목.

---

12 氵 常 湾(灣) 물굽이 만 ワン

音読

湾(わん) 『地』 만.
湾曲(わんきょく) 만곡. 활 모양으로 굽음.
♣ ～部(ぶ) 만곡부.
湾口(わんこう) 만구. 만의 어귀.
湾屈(わんくつ) 만굴. 활 모양으로 굽음.
湾内(わんない) 만내. 만의 안쪽.
湾頭(わんとう) 만두. 만의 주변〔언저리〕.
湾流(わんりゅう) 『地』 만류. 대서양 난류의 하나. 멕시코 만류.
湾岸(わんがん) 만안. 만의 연안.
‖ ～道路(どうろ) 만안 도로.
　～戦争(せんそう) 걸프 전쟁.
湾外(わんがい) 만외. 만의 바깥쪽.
湾入(わんにゅう) 만입. 바다가 활처럼 뭍으로 굽어듦.

---

12 日 教 晩(晩) 늦을 만·저물 만 バン おそい·くれ

音読

晩(ばん) ① 저녁 때. ② 밤.
晩ずる(ばんずる) 밤이 되다. 해가 지다.
晩刻(ばんこく) ① 초저녁. 해질녘. ② 밤.
晩間(ばんかん) 저녁 때. 밤. 밤중.
晩景(ばんけい) 만경. ① 저녁 경치. ② 저녁.
晩菊(ばんぎく) 만국. 늦게 피는 국화.
晩期(ばんき) 만기. ① 말기. ② 만년의 시기.
晩年(ばんねん) 만년. 늘그막.
晩稲(ばんとう) 만도. 늦벼.
㊀ (おくて) ① ⇨ ㊁. ② 늦됨. ＊おしねぞろ
晩冬(ばんとう) 만동. 늦겨울. 운.
晩涼(ばんりょう) 만량. 저녁 때의 서늘한 기차다.
晩暮(ばんぼ) 만모. ① 저녁. 해질녘. ② 만년. 노후. 노경(老境).
晩飯(ばんめし) 저녁밥. 저녁 식사. 늦음.
晩発(ばんぱつ) 『醫』 증상 발현이 통상보다 늦음
晩方(ばんがた) 〈老〉 저녁 무렵. 해질 무렵.
晩産(ばんさん) 만산.
晩霜(ばんそう) 만상. 늦서리.
晩生(ばんせい) 만생. ① 『農』 식물이 늦게 성장함. ② 선배에 대한 자기 겸칭.
㊀ (おくて) ① 늦벼. ② 늦됨.
晩成(ばんせい) 만성.
晩歳(ばんさい) 만세. 만년(晩年). 노년.
晩熟(ばんじゅく) 만숙. 보통보다 늦게 성숙함. 사.
晩食(ばんしょく) 만식. 석반(夕飯). 저녁 식사.
晩靄(ばんあい) 만애. 저녁 안개.
晩鶯(ばんおう) 만앵. 늦봄부터 초여름에 이르기까지 우는 휘파람새.
晩御飯(ばんごはん) 저녁 식사.
晩酌(ばんしゃく) 만작. 저녁 반주.
晩蚕(ばんさん) 만잠. 늦게 치는 누에.
晩節(ばんせつ) 만절. ① 만년의 절조(節操). ② 만년. ③ 계절의 끝. ④ 말세. 말년.
晩霽(ばんせい) ⇨ 晩晴(ばんせい).
晩照(ばんしょう) 만조. 석조(夕照). 석양.
晩潮(ばんちょう) 만조. 저녁에 들어오는 밀물.
晩鐘(ばんしょう) 만종.
晩餐(ばんさん) 만찬. ♣ ～会(かい) 만찬회. 늘이 갬.
晩晴(ばんせい) 만청. 저녁에 비가 그치고 하
晩秋(ばんしゅう) 만추. 늦가을.
晩春(ばんしゅん) 만춘. 늦봄.
晩翠(ばんすい) 만취. 겨울이 되어도 어떤 종목의 초목은 아직도 푸르름.
晩夏(ばんか) 만하. 놀.
晩霞(ばんか) 만하. ① 저녁 안개. ② 저녁
晩学(ばんがく) 만학.
晩餉(ばんしょう) 만향. 만찬(晩餐).
晩婚(ばんこん) 만혼.

晩花(ばんか) 만화. 철 늦게 피는 꽃.

訓読

❖晩い(おそい) (시간이) 늦다.
晩め(おそめ) ① 정시에 조금 늦음. ② 속력이 조금 느림.
晩出(おそで) 늦게 출근함. 늦게 출근하는 순번.

| 12
虫
常 | 蛮(蠻) | 오랑캐 만
バン
えびす |

音読

蛮カラ(ばんカラ) (옷차림이나 언행이) 거칠고 품위가 없음. 조잡함. 또, 그런 사람('ハイカラ'에 빗대어 대응시킨 말).
蛮骨(ばんこつ) ① 야만스러운 인품(기풍). ② ☞ 蛮カラ(ばんカラ). 「외국.
蛮国(ばんこく) 만국. ① 야만적인 나라. ②
蛮力(ばんりょく) 만력. 턱없는 완력. 만용
蛮民(ばんみん) 미개한 백성. 「의 힘.
蛮舶(ばんぱく) 외국의 배. 오랑캐의 배.
蛮声(ばんせい) 거칠고 사나운 소리.
蛮性(ばんせい) 만성. 야만된 성질.
蛮習(ばんしゅう) 만습. 야만스러운 풍습.
蛮野(ばんや) 야만(野蠻).
蛮語(ばんご) 만어. 야만인[외국인]의 말.
蛮勇(ばんゆう) 만용.
蛮夷(ばんい) 만이. 오랑캐. 야만인.
蛮人(ばんじん) 만인. 야만인.
蛮族(ばんぞく) 만족. 미개 민족. 야만 민족.
蛮地(ばんち) 만지. 미개한 땅.
蛮土(ばんど) 만지(蠻地). 미개지.
蛮風(ばんぷう) 만풍. 야만적인 풍습.
蛮行(ばんこう) 만행.

訓読

蛮(えびす) ① 아이누족. ② 오랑캐. 미개인. ③ 거친 사람. 사나운 무사.

| 14
巾
常 | 幔 | 장막 만
マン
まく |

音読

幔(まん) 만. 상단(上端)에 고리를 만들어 늘어드린 막(幕).
幔幕(まんまく) 만막. 식장(式場)·회장 따위의 주위에 치는 장막.

| 14
忄
常 | 慢 | 게으를 만·느릴 만
マン
あなどる・おこたる |

音読

慢ずる(まんずる) 만심을 갖다. 자만하다. 업신여기다. 깔보다.
慢気(まんき) 교만한 마음. 만심(慢心).
慢罵(まんば) 만매. 깔보고 욕함.
慢侮(まんぶ) 만모. 업신여김. 멸시함.

慢性(まんせい) 만성. ♣~病(びょう) 만성 ‖ ~肝炎(かんえん) 『醫』만성 간염. 「병.
~伝染病(でんせんびょう) 만성 전염병.
~中毒(ちゅうどく) 만성 중독.
~疾患(しっかん) 『醫』만성 질환.
~疲労症候群(ひろうしょうこうぐん) 만성 피로 증후군.
慢心(まんしん) 만심. 자만심.
慢語(まんご) ☞ 慢言(まんげん).
慢言(まんげん) 만언. 남을 얕보는 말.

| 14
氵
常 | 漫 | 방종할 만·질펀할 만
マン
そぞろに・みだりに |

音読

漫談(まんだん) 만담.
漫読(まんどく) 만독. (깊이 생각하지 않고) 만연히 읽음.
漫録(まんろく) 만록. 만필로 된 기록.
漫漫(まんまん) 만만. 끝없이 확 트인 모양.
漫罵(まんば) 만매. 마구잡이로 욕함.
漫文(まんぶん) 만문.
漫歩(まんぽ) 만보. 목적없이 한가롭게 걸음.
漫語(まんご) ☞ 漫言(まんげん).
漫言(まんげん) 만언. 두서없는 말. 생각나는 대로 지껄이는 말.
漫然(まんぜん) 만연. 막연한 모양.
漫芸(まんげい) 익살스러운 연기(演技).
漫遊(まんゆう) 만유.
漫吟(まんぎん) 만음.
漫才(まんざい) 만담. 둘이 주고받는 익살스런 재담.
漫評(まんぴょう) 만평. 제멋대로의 비평.
漫筆(まんぴつ) 만필.
漫画(まんが) 만화. ♣~家(か) 만화가.

訓読

漫ろ ㈠(そぞろ) ① 까닭없이 마음이 움직이는 모양. 어쩐지. 만연(漫然)히. ② 마음이 가라앉지 않는 모양.
㈡(すずろ) ① ☞ ㈠. ② 그래서는 안 되는 것을 하는 모양.
漫ろに(そぞろに) 까닭없이 마음이 쏠리는 모양. 공연스레.
漫ろ歩き(そぞろあるき) 〈雅〉 만보(漫歩). 산책. 정처없이 떠돎. * そぞろありき・すずろあるき로도 읽음.
漫ろ事(そぞろごと) 〈古〉 시답지[부질없는] 일. * すずろごと로도 읽음.
漫ろ笑み(そぞろえみ) 까닭없이 웃는 일. 또, 그 웃음.
漫ろ心(そぞろごころ) 종잡을 수 없는 마음. 들뜬 마음. * すずろごころ로도 읽음.
漫ろ言(そぞろごと) 〈古〉 쓸데없는 말. 시시한 이야기. * すずろごと로도 읽음.
漫ろ雨(そぞろあめ) 조금씩 끊임없이 내리는 비.
漫ろ寒し(そぞろさむし) ① 어쩐지 춥다. ② (너무 아름다워) 오싹할 정도다.

14 車	輓	끌 만 バン ひく

音読
輓歌(ばんか) ① 만가. ② 万葉集(まんようしゅう)의 분류법의 하나.
輓近(ばんきん) 만근. 요즘. 최근.
輓馬(ばんば) 만마. 수레를 끄는 말.
輓詩(ばんし) 만시. 만장(輓章).

15 艹	蔓	덩굴 만·퍼질 만 マン つる·はびこる

音読
蔓脚類(まんきゃくるい) 〖動〗 만각류.
蔓生(まんせい) 만생. (식물의) 줄기가 덩굴이 되어 자람.
‖**~植物**(しょくぶつ) 만생 식물. 덩굴식물.
蔓延(まんえん) 만연.

訓読
蔓 ㊀(つる) ① 덩굴. 덩굴손. ② 연줄. ③ 실마리. ④ 안경의 귀에 거는 부분.
㊁(かずら) 〖植〗 덩굴풀.
蔓亀葉草(つるかめばそう) 〖植〗 덩굴꽃마리.
蔓巻(つるまき) 〖魚〗 궁제기서대.
蔓豆(つるまめ) 〖植〗 돌콩.
蔓藤袴(つるふじばかま) 〖植〗 갈퀴나물.
蔓立ち(つるだち) 〖植〗 풀줄기가 덩굴지는 성질의 것. 덩굴식물.
蔓呆け(つるぼけ) 〖植〗 고구마·오이·호박 등 덩굴성 식물에서 덩굴만이 무성하고 결실이 안되는 상태.
蔓梅擬き(つるうめもどき) 〖植〗 노박덩굴.
蔓斑(つるぶち) 〖動〗 얼룩빼기 말.
蔓穂(つるぼ) 〖植〗 무릇.
蔓植物(つるしょくぶつ) 〖植〗 덩굴식물.
蔓茘枝(つるれいし) 〖植〗 만여지. 덩굴여지.
蔓延る(はびこる) 만연하다. 널리 퍼지다. 전하여, 횡행(橫行)하다.
蔓竜胆(つるりんどう) 〖植〗 덩굴용담.
蔓人参(つるにんじん) 〖植〗 더덕.
蔓紫陽花(つるあじさい) 〖植〗 등수국. 넌출수국.
蔓薔薇(つるばら) 〖植〗 덩굴장미.
蔓正木(つるまさき) 〖植〗 줄사철나무.
蔓藻(つるも) 〖植〗 끈말. 「烏).
蔓蕺菜(つるどくだみ) 〖植〗 하수오(何首
蔓質(つるだち) ⇨ 蔓立ち(つるだち).
蔓菜(つるな) 〖植〗 번행초(蕃杏草).
蔓草(つるくさ) 〖植〗 덩굴풀의 총칭. *まんそう로도 읽음.
蔓苔桃(つるこけもも) 〖植〗 넌출월귤.
蔓割れ病(つるわれびょう) 〖農〗 오이 등 덩굴식물의 덩굴쪼김병《토양 과습으로 생김》.

其他
蔓荊(はまごう) 〖植〗 순비기나무.

16 目	瞞	속일 만 マン だます

音読
瞞過(まんか) 만과. 속여 넘김.
瞞着(まんちゃく) 만착. 속여 넘김.

其他
❖**瞞す**(まやかす) ① 혼동시키다. 혼미시키다. ② 속이다.
瞞し(まやかし) 속임수. 가짜.
‖**~物**(もの) 가짜. 위조품.

18 足	蹣	넘을 만·비틀거릴 반 ハン·マン

音読
蹣跚 ㊀(まんさん) 비틀비틀 걷는 모양. 갈지자걸음. 「肺). 탄폐.
㊁(よろけ) ① 비슬거림. ②〈俗〉 규폐(珪

其他
蹣跚う(よろぼう) 〈雅〉 비틀비틀 걷다. 비슬거리다.
蹣跚ける(よろける) 허든거리다. 비슬거리다.
蹣跚めく(よろめく) ① 허든거리다. 비슬거리다. ②〈俗〉 유혹에 넘어가다.
蹣跚縞(よろけじま) 물결 모양의 줄무늬.

19 金	鏝	흙손 만 マン こて

訓読
鏝(こて) ① 흙손. ② 인두.
鏝塗り(こてぬり) (분 등을) 짙게 바름.
鏝板(こていた) (흙손질할 때 쓰는) 흙받기.
鏝絵(こてえ) 회반죽을 바르고 그 위에 흙손으로 그린 돋을새김 모양의 그림.

20 食	饅	만두 만 マン

音読
饅頭(まんじゅう) 만두.
‖**~金物**(かなもの) 반구형의 쇠붙이《못대가리를 감추기 위해 대문 등에 쓰임》.
~肌(はだ) 살빛이 희고 고우며 탄력 있는 살.
~笠(がさ) 위가 둥글고 열은 삿갓. 「갓.
~錏(じころ) 투구의 좌우나 뒤에 늘어뜨려 목덜미를 덮는 드림의 하나.
~形(がた) ① 만두꼴. 반구형. ②〖建〗 사찰 등의 기초 부분이나 기둥문, 다보탑 상하

층 사이에 흰 회로 굳힌 만두꼴 부분.
其他▶
饅(ぬた) ① 잘게 썬 생선·조개·야채를 초된장에 무친 음식. ②①에 쓰는 초된장.

21 髟	髮	다리 만·가발 만 マン かずら·かつら

訓読▶
髮(かつら) ① 다리. ② 가발(假髮). *かずら로도 읽음.
髮物(かつらもの) 『劇』 프로의 세번째에 상연(上演)하는 能樂(のうがく). *かずらもの로도 읽음.
髮下(かつらした) 속발(束髮)의 하나. *かずらした로도 읽음.

22 弓	彎	당길 만·굽을 만 ワン ひく·まがる

参考 현대 표기로는 '湾'으로 대용함.
音読▶
彎曲(わんきょく) 만곡. 활 모양으로 굽음.
彎屈(わんくつ) 만굴. 활 모양으로 굽음.
彎入(わんにゅう) 만입. 바다가 활처럼 뭍으로 굽어듦.

22 魚	鰻	뱀장어 만 マン うなぎ

訓読▶
鰻(うなぎ) 『魚』 뱀장어.
鰻登り(うなぎのぼり) (물가·온도·지위 등이) 자꾸 올라감. 「ぼり).
鰻上り(うなぎのぼり) ⇨ 鰻登り(うなぎの
鰻搔き(うなぎかき) 물 속의 뱀장어를 잡는 도구《긴 자루 끝에 갈고랑이가 달림》.
鰻井(うなぎどんぶり) 장어 덮밥. *うなどんじロゴ 함.
鰻塚(うなぎづか) 뱀장어가 숨기 좋게 물 속에 돌무덤을 쌓고 들어오면 잡는 장치.
其他▶
鰻重(うなじゅう) 장어구이를 위 찬합에, 밥을 아래 찬합에 담은 고급 도시락.

말

5 木 敎	末	끝 말 マツ·バツ すえ

音読▶
末 ㊀(まつ) 말. ① 주로 때를 나타내는 명사에 붙어 그 끝〔종말〕을 나타냄. ② 가루. 분말.
㊁(すえ) ① 끝. 마지막. ② 먼 앞날. 장래. 미래. ③ 자손. 후예.
㊂(うれ) 풀 줄기나 잎의 끝.
末家 ㊀(まっけ) 종가에서 혈연이 먼 집안.
㊁(ばっけ) ① 분가(分家). ② ☞㊀.
末巻(まっかん) 말권. 전집의 끝 권.
末技(まつぎ) 말기. ① 지엽적인 기예. ② 미숙한 기예.
末期 ㊀(まっき) 말기. ♣~的(てき) 말기 ㊁(まつご) 일생의 최후. 임종. 「적.
‖~の水(みず) 임종하는 사람의 입에 넣어 주는 물.
~養子(ようし) 가문의 단절을 막기 위하여 당주(當主)가 갑자기 위독할 때 서둘러 맺는 양자.
末男(まつなん) 말남. 막내아들. *ばつなん으로도 읽음. 「도 읽음.
末女(まつじょ) 말녀. 막내딸. *ばつじょ로
末年(まつねん) 말년. ① 만년(晩年). 끝해. ② 말세(末世).
末段(まつだん) 문장·이야기 등의 끝 부분.
末端(まったん) 말단. ① 맨끝. ② 하부 조직.
‖~価格(かかく) 『經』 말단 가격. 소매 가
~巨大症(きょだいしょう) 『醫』 말단 거대증(비대증). 아크로메갈리.
末大(まつだい) 끝쪽이 큼.
末代(まつだい) 말대. 후세. ① 다음 세대. ② 죽은 다음의 세상. 「물건.
‖~物(もの) 아주 오래 쓸 수 있는 (튼튼한)
末等(まっとう) (경기나 추첨 등에서) 꼴찌.
末欄(まつらん) 끝의 난(欄). 마지막 남은 빈
末路(まつろ) 말로. 「칸.
末流(まつりゅう) 말류. *ばつりゅう로도
末利(まつり) 말리. 작은 이익. 「읽음.
末妹(まつまい) 막내 여동생. *ばつまい로도 읽음.
末文(まつぶん) 말문. ① 글의 끝 부분. ② 편지 끝에 쓰는 형식적인 맺음 문구.
末尾(まつび) 말미. 끝.
末輩(まっぱい) 지위·기술 등이 낮은 사람. 조무래기.
末法(まっぽう) ① 『佛』 말법. 삼시(三時)의 하나. ② 말세.
‖~思想(しそう) 『史』 말법 사상. 말법의 시대가 되면, 불법은 쇠퇴하고 세상은 어지러워진다고 하는 비관적 사회관.
末伏(まっぷく) 말복. 삼복(三伏)의 하나.
末寺(まつじ) 『佛』 말사.
末社(まっしゃ) 말사. 본사(本社)에 부속된 작은 신사(神社).
末書(まっしょ) 본책을 조술(祖述)한 책. 또, 주석서.
末席(まっせき) 말석. *老人語로는 ばっせき라고도 함.
末世(まっせ) 말세.
末孫(まっそん) 말손. *ばっそん으로도 읽음.

末葉 ㊀(まつよう) 말엽. 말기. ＊老人語로는 ばつよう라고도 함.
㊁(うらば) 초목의, 줄기나 가지 끝의 잎.
末芸(まつげい) 말예. 변변치 않은 기예. 미숙한 기예.
末裔(まつえい) 말예. 후예. 자손. ＊老人語로는 ばつえい라고도 함.
末位(まつい) 말위. ① 제일 아래의 지위. ②
末日(まつじつ) 말일. 〚數〛끝자리.
末子(まっし) 막내. 막내둥이. ＊すえこ・ばっし라고도 함.
‖〜**相続**(そうぞく)〚社〛말자 상속.
末残(まつざん) 월말이나 기말 등의 잔고.
末節(まっせつ) 말절. (본줄기에서 떨어진) 하찮은 부분. 「로도 읽음.
末弟(まってい) 말제. 막내아우. ＊ばってい
末造(ばつぞう) 말세(末世). 말기. 「음.
末座(まつざ) 말좌. 말석. ＊すえざ로도 읽
末梢(まっしょう) 말초. 맨끝. 말단.
‖〜**神経系**(しんけいけい)〚生〛말초 신경계. 〜**的**(てき) 말초적. 하찮음. 」계.
末派(まっぱ) 말류(末流). (예술・종교 등의) 말단에 속하는 유파・교파
末筆(まっぴつ) 편지의 끝에 쓰는 문구
末学(まつがく) 말학. ① 지엽적인 학문. ② 미숙한 학문. ③ 후학. ＊ばつがく로도 읽음.
末項(まっこう) 말항.
末香(まっこう) ⇨ 抹香(まっこう).

▶訓読◀
末恐ろしい(すえおそろしい) 장래가 두렵다. 「자.
末筈(すえはず) 활을 쏠 때 위쪽이 되는 활고
末広(すえひろ) 점차로 끝쪽이 퍼져감.
‖〜**切り**(ぎり) 야채를 부채꼴로 썲. 「ろ).
末広がり(すえひろがり) ☞ 末広(すえひ
末口(すえくち) 통나무 따위의 가는 쪽의 끝. 또, 잘라낸 가는 쪽의 지름.
末娘(すえむすめ) 막내딸.
末頼もしい(すえたのもしい) 장래가 기대〔촉망〕되다. 장래가 유망하다.
末末(すえずえ) ①〈老〉끝끝내. 내내. 장래. ②〈雅〉자손. 후손. ③ 서민. 하민(下民).
末弭(すえはず) ⇨ 末筈(すえはず)
末方(すえへ) ⇨ 末辺(すえへ).
末つ方(すえつかた)〈雅〉끝쪽. 말경(末頃).
末辺(すえへ) ① 맨 앞〔끝〕쪽. ② 산의 정상(頂上) 쪽.
末生り(すえなり) 과일 따위가 수확기의 끝 무렵에 열리는 일. 또, 열린 것. 끝물.
㊂(うらなり) ⇨ 末成り(すえなり). 「世」.
末の世(すえのよ) ①〈雅〉후세. ② 말세(末世)
末細り(すえぼそり) ① 끝으로 갈수록 가늘어짐. ② 점점 쇠(衰)하여 감. ＊すえほそりで로 읽음. 「끝내.
末始終(すえしじゅう)〈老〉장래까지 죽. 끝
末野(すえの) 들판 끝.
末永く(すえながく) ⇨ 末長く(すえながく).
末っ子(すえっこ) 막내. 막내둥이.

末長く(すえながく) 언제까지나. 오래도록.
末摘花(すえつむはな)〚植〛잇꽃. 「길이.
末の秋(すえのあき) 만추(晩秋). 늦가을.

▶其他◀
末枯(すがり) 왕성하던 때는 지나고 쇠퇴기에 접어듦.
末枯れる(うらがれる) 초목의 끝이 마르다.
末木(うらき)〈雅〉나무 끝. 우듬지. 말초.
末成り(うらなり) ① 철늦게 덩굴 끝에 달린 호박 따위의 열매. 끝물. ② 안색이 나쁘고 허약한 사람.
末若い(うらわかい) 젊디젊다. 애젊다.
末黒(すぐろ) 봄에 초목을 태운 뒤, 그 일대가 새까맣게 되어 있는 일. 또, 그 초목.
‖〜**野**(の) 봄에 마른풀을 태워 그 일대가 새까맣게 되어 있는 들판.

8 才 常	**抹**	지울 말・스칠 말 **マツ** する・けす

▶音読◀
抹する(まっする) ① 칠하다. 바르다. ② 가루로 빻다. 분쇄하다.
抹殺(まっさつ) 말살.
抹消(まっしょう) 말소.
‖〜**登記**(とうき) 말소 등기.
抹茶(まっちゃ) 말차. 녹차를 갈아서 분말로 만든 고급차.
抹香(まっこう) ① 말향. (불공 때 쓰는) 가루향. ② 抹香鯨의 준말.
‖〜**鯨**(くじら)〚動〛향유고래.
〜**臭い**(くさい) 불교 냄새가 풍기다. 절간 냄새가 나다.

8 氵	**沫**	거품 말・비말 말 **マツ** あわ

▶訓読◀
沫(あわ) ① 거품. ② (입아귀의) 게거품.
沫雪(あわゆき) ① 가랑눈. ② 거품을 일게 한 달걀 흰자를 우뭇가사리로 굳힌 과자.

8 艹 人	**茉**	말리 말 **マツ**

▶音読◀
茉莉(まつり)〚植〛말리.
‖〜**花**(か) ☞ 茉莉.

10 禾	**秣**	말먹이 말 **マツ** まぐさ

▶訓読◀
秣(まぐさ) (마소에 주는) 꼴. 여물. ＊うま

く さ라고도 함.
秣場(まぐさば) 목초 재배지. 또, 일정 지역의 주민이 공동 사용하는 산야.
秣切り(まぐさきり) 작두.
秣桶(まぐさおけ) 여물통.

| 14 革 | **韎** | 오랑캐이름 말
マツ・バツ |

音読

韎鞨(まっかつ) 〖史〗 말갈.

망

| 3 亠 教 | **亡**(亡) | 멸할 망・죽을 망
ボウ・モウ
ない・うしなう・にげる・ほろびる・ほろぼす |

音読

亡(ぼう) 《接頭語로》 망…. '죽은'의 뜻을 나타냄.
亡ず(ぼうず) 몸을 망치다. 멸망하다. 죽다.
亡国(ぼうこく) 망국. ① 망한 나라. ② 나라를 망침.
亡君(ぼうくん) 망군. 선군(先君).
亡霊(ぼうれい) 망령. 유령.
亡妹(ぼうまい) 망매. 죽은 누이동생.
亡滅(ぼうめつ) 망멸. 멸망.
亡命(ぼうめい) 망명. ♣ **~者**(しゃ) 망명자. ‖ **~政権**(せいけん) 망명 정권.
亡母(ぼうぼ) 망모. 돌아가신 어머니.
亡夫(ぼうふ) 망부. 죽은 남편.
亡父(ぼうふ) 망부. 돌아가신 아버지.
亡婦(ぼうふ) ① 죽은 부인. ② 죽은 아내.
亡師(ぼうし) 돌아가신 선생〔스승〕.
亡状 ㊀ (ぼうじょう) 무례한 언동. ㊁ (むじょう) 내세울 만한 선행이나 공이 없음. 망그러져 없어짐.
亡損(ぼうそん) 망손. 잃음. 망그러져 없어짐.
亡息(ぼうそく) 죽은 자식.
亡失(ぼうしつ) 망실. 잃어버림. 없어짐.
♣ **~届け**(とどけ) 망실계〔신고〕.
♣ **~室**(しつ) 망실. 죽은 아내. 망처.
亡児(ぼうじ) 망아. 죽은 〔자기〕 자식.
亡羊(ぼうよう) 망양. 도망쳐 잃어버린 양.
~の嘆(のたん) 망양지탄. ① 학문의 길은 많고 넓으나 능력이 모자람을 한탄함. ② 방법이 많아서 어찌할 바를 모름.
亡友(ぼうゆう) 망우. 죽은 벗.
亡人(ぼうじん) 망인. 죽은 사람. ① 죄를 짓고 외국으로 도망간 사람.
亡子(ぼうし) 망자. 죽은 자식.
亡姉(ぼうし) 망자. 죽은 누이.
亡者(もうじゃ) ① 〖佛〗 망자. ② 이욕(利慾)에 집착하는 사람.
亡絶(ぼうぜつ) 끊어짐. 없어짐.

亡弟(ぼうてい) 망제. 죽은 아우.
亡卒(ぼうそつ) 망졸. ① 사망. ② 사망한 병졸. ③ 도망병. 「내.
亡妻(ぼうさい) 망처. (얼마 전에) 죽은 아
亡親(ぼうしん) 망친. 돌아가신 부모.
亡八(ぼうはち) 망팔《인・의・예・지(智)・신・충・효・제(悌)의 8덕(德)을 망각했다는 뜻에서》. ① 유곽에서 놂. 또, 그 사람. ② 유곽. 또, 그 주인.
亡兄(ぼうけい) 망형. 죽은 형.
亡魂(ぼうこん) 망혼. 망령(亡靈).

訓読

亡くす(なくす) 잃다. 여의다. 사별하다.
亡くする(なくする) ☞亡くす(なくす).
亡くなす(なくなす) ☞亡くす(なくす).
亡くなる(なくなる) 〈婉曲〉 죽다. 돌아가(시)다. 작고하다.
亡びる(ほろびる) ① 멸망하다. ② 없어지다. 사라지다.
亡ぼす(ほろぼす) ① 멸망시키다. 망치다. ② 근절시키다.
❖**亡い**(ない) 죽었다. 죽고 없다.
亡き(なき) 죽고 없는. 살아 있지 않는.
亡き軀(なきがら) ⇨ 亡き骸(なきがら).
亡き数(なきかず) 죽은 사람 축.
亡き人(なきひと) 죽은 사람. 고인(故人).
亡き者(なきもの) 죽은 사람. 망자.
亡き骸(なきがら) 시체. 유해.
亡き後(なきあと) 죽은 뒤. 사후(死後).

| 6 女 常 | **妄**(妄) | 망령될 망・실없을 망
モウ・ボウ
みだりに |

音読

妄覚(もうかく) 〖心〗 망각. 착각과 환각의 총칭.
妄挙(ぼうきょ) 망거. 분별없는 행동. *ぼうきょ로도 읽음.
妄念(もうねん) 〖佛〗 망념. 망집(妄執).
妄断(もうだん) 망단. 근거 없는 판단.
妄談(もうだん) 근거 없는 무책임한 말.
妄動(もうどう) 망동.
妄想 ㊀ (もうそう) 망상. ① 〖佛〗 ☞ ㊁. ② 망념(妄念). *ぼうそう로도 읽음. ㊁ (もうぞう) 〖佛〗 망상. 옳지 못한 생각.
妄説(もうせつ) 망설. 허무맹랑한 말. *ぼうせつ로도 읽음.
妄信(もうしん) 망신. 무턱대고 믿음.
妄語(もうご) 〖佛〗 망어. ① 거짓말을 함. ② '妄語戒(もうごかい)(=망어계)'의 준말《5계의 하나》.
妄言(もうげん) 망언. 망발. *ぼうげんいら고도 함.
‖ **~多謝**(たしゃ) 망언다사. 자기의 글・편지 등의 겸사말.
妄染(もうぜん) 〖佛〗 망염.
妄用(もうよう) 망용. 망령되게 씀.
妄議(ぼうぎ) 이치에 닿지 않는 논의를 함.

또, 엉터리 논의.
妄從(もうじゅう) 맹종(盲從).
妄執(もうしゅう)〘佛〙 망집.
妄誕(もうたん) 망탄. 엉터리. 터무니없는 거짓말. *ぼうたんいら고도 함.
妄評(もうひょう) 망평. 막된 비평. 또, 자기 비평의 겸사말. *ぼうひょうろも 읽음.

訓読
妄り(みだり) 사리에 어긋남. 함부로 행동함.
妄りがわしい(みだりがわしい) 난잡하다. 음란하다.
妄りに(みだりに) 함부로. 멋대로.
妄り心地(みだりごこち) ①기분이 좋지 않음. ②병.
妄り言(みだりごと) 함부로 지껄이는 말.

```
6  忙(忙)    바쁠 망
心           ボウ
常           いそがしい・せわしい
```

音読
忙事(ぼうじ) 급한 일. 바쁜 일. 또, 바쁨.
忙殺(ぼうさつ) 망쇄. 매우 분주함. 일에 쫓김. *ぼうきいろも 읽음.
忙中(ぼうちゅう) 망중. 바쁜 가운데.
忙閑(ぼうかん) 바쁨과 한가함.

訓読
忙しい ㈠(いそがしい) ①바쁘다. 겨를이 없다. ②부산하다. 닥치어 들뜨다.
㈡(せわしい) ①바쁘다. ②조급하다. 성급하다.
忙わしい(いそがわしい) 바쁘다. 분주스럽다.
忙忙(せわせわ) 침착하지 못한 모양.
忙忙しい(せわせわしい) 바쁘다. 분망하다.

```
6  网        그물 망
网           モウ・ボウ
```

訓読
网頭(あみがしら) 한자 부수(部首)의 하나: 그물망부.

```
7  忘(忘)    잊을 망
心           ボウ
敎           わすれる
```

音読
忘ず(ぼうず) 잊다.
忘ずる(ぼうずる) 잊다.
忘却(ぼうきゃく) 망각. 잊어버림.
忘年(ぼうねん) 망년. ①그 해의 온갖 괴로움을 잊음. ②나이 차를 잊음. ♣～会(かい) 망년회.
～の友(とも) 망년지우. 나이 차를 잊고 사귀는 벗.
忘備録(ぼうびろく) 비망록.
忘失(ぼうしつ) 망실. 아주 잊어버림.
忘我(ぼうが) 망아. 어떤 일에 마음을 빼앗겨 자신을 잊음.
忘憂(ぼうゆう) 망우. 근심을 잊음. 전하여, 「술」.
忘恩(ぼうおん) 망은. 은혜를 잊음.

訓読
忘られぬ(わすられぬ) 잊지 못하다.
忘られる(わすられる) 잊혀지다.
忘る(わする) 잊다. 잊으려고 하다.
❖**忘れる**(わすれる) 잊다.
忘れっぽい(わすれっぽい) 잊기 쉽다. 잘 잊어버리다. 「각하다.
忘れ去る(わすれさる) 아주 잊어버리다. 망
忘れ難い(わすれがたい) 잊을 수 없다.
忘れ物(わすれもの) 물건을 깜박 잊고 옴. 또, 그 잊은 물건.
忘れん坊(わすれんぼう) 잘 잊는 사람. *わすれんばろも 읽음.
忘れ霜(わすれじも) 〈雅〉①〘農〙입춘부터 88일째 무렵, 즉 5월초에 내리는 서리. ②그 해의 마지막 서리.
忘れ咲き(わすれざき) 제철이 아닌 가을에 꽃이 핌. 또, 그 꽃.
忘れ水(わすれみず) 사람의 눈에 잘 띄지 않게 들이나 나무 사이를 흐르는 물.
忘れ勝ち(わすれがち) 잊기 쉬움. 잘 잊음.
忘れ音(わすれね) 제철을 지나서 우는 벌레 소리. 「것〘잎〙.
忘れ種(わすれぐさ) 근심 따위를 잊게 하는
忘れ草(わすれぐさ) ①〘植〙원추리. 훤채(萱菜). ②담배의 딴이름《피우면 시름을 잊는다 해서》.
忘れな草(わすれなぐさ) 〘植〙물망초.
忘れ形見(わすれがたみ) ①(그 사람을 잊지 않기 위한) 기념물. ②부모가 죽은 뒤 남은 아이. 유아(遺兒).
忘れ花(わすればな) 제철이 지나서 피는 꽃.

```
7  芒        까끄라기 망
艹           ボウ
             すすき・のぎ
```

音読
芒洋(ぼうよう) 망양. 넓고 넓어 끝이 없는 모양. 또, 갈피를 잡을 수 없는 모양.
芒種(ぼうしゅ) 망종. 24절기의 하나.
芒硝(ぼうしょう) 〘化〙망초. 황산나트륨.

訓読
芒 ㈠(のぎ) (벼・보리 등의) 까끄라기. *はしか・ぼうろも 읽음.
㈡(すすき) 〘植〙참억새.

```
8  罔        없을 망・그물 망
罒           モウ・ム
             あみ・くらい・ない
```

音読
罔両(もうりょう) 망량(魍魎). ①물귀신. ②산천의 정령(精靈).

10 艹	茫	아득할 망·멍할 망 ボウ ひろい・ぼんやり

音読
茫(ぼう) ①드넓은 모양. ②멍청한 모양.
茫と(ぼうと) 멍하니.
茫漠(ぼうばく) 망막. ①넓고 아득함. ②종잡을 수 없음. 막연함.
茫茫(ぼうぼう) 망망. 넓고 아득한 모양. 또, 종잡을 수 없고 명백하지 않은 모양.
茫洋(ぼうよう) 망양. 넓고 넓어 끝이 없는 모양. 또, 갈피를 잡을 수 없는 모양.
茫然(ぼうぜん) ①망연. 어리둥절함. 멍함. 어이없어 함. ②넓고도 먼 모양. ③종잡을 수 없음. 막연함.
‖〜自失(じしつ) 망연자실.

11 忄	惘	실심할 망 ボウ・モウ あきれる

音読
惘惘(もうもう) 망망. 얼이 빠지고 멍하니 있는 모양.
惘然(ぼうぜん) 망연. 어리둥절함. 어이없어 함.
訓読
惘れる(あきれる) 어이없다. 어처구니 없다. 기가 막히다. 질리다.

11 月 教	望(望)	바랄 망·보름 망 ボウ・モウ のぞむ・もち

音読
望 ㊀(ぼう) 망. ①만월. 보름달. ②희망. 바람. ③음력의 십오일[보름날].
㊁(もち)〈雅〉☞㊀①③.
望見(ぼうけん) 망견. 조망(眺望). 먼 데서[멀리서] 바라봄.
望楼(ぼうろう) 망루.
望洋(ぼうよう) 망양. ①멀리 바라봄. ②한없이 드넓어 눈둘 곳이 없음. 갈피를 잡을 수 없음. 또, 그런 모양.
望外(ぼうがい) 망외. 기대한 이상임.
望遠(ぼうえん) 망원.
‖〜鏡(きょう) 망원경. ♣〜座(ざ)〖天〗망원경 자리.
望日(ぼうじつ) 망일. 보름날.
望族(ぼうぞく) 망족. 명망이 있는 집안.
望診(ぼうしん)〖醫〗망진.
望蜀(ぼうしょく) 망촉. 만족할 줄 모르는 욕심.
〜の嘆(のたん) 망촉지탄. 욕망에는 한이 없음.
望郷(ぼうきょう) 망향.
訓読
望ましい(のぞましい) 바람직하다.
望まれる(のぞまれる) 요망되다.
望月(もちづき) 망월. 만월. 음력 8월 보름달. *ぼうげつ로도 읽음.
望潮(もちしお) 음력 15일, 만월 때의 한사리.
望粥(もちがゆ)〈古〉정월 보름날에 먹는 팥죽.
❖望む(のぞむ) ①소망하다. ②바라다보다.
望み(のぞみ) 바라는 마음. ①소망. ②가망(可望). 천망.
望むべくんば(のぞむべくんば) 바랄 수 있다면. 바라건대.
望むらくは(のぞむらくは) 바라건대. 원컨대.
望み見る(のぞみみる) 먼 곳을 보다[바라보다].
望み薄(のぞみうす) 거의 가망이 없음.

12 艹	莽	초목우거질 망 ボウ・モウ くさむら

音読
莽莽(もうもう) 망망. 풀이 우거진 모양.

14 糸 常	網(網)	그물 망 モウ あみ

音読
網羅(もうら) 망라.
網膜(もうまく)〖生〗망막. ♣〜炎(えん) 망막염.
‖〜剝離(はくり)〖醫〗망막 박리.
〜色素変生症(しきそへんせいしょう)〖醫〗망막 색소 변생증.
〜芽腫(がしゅ)〖醫〗(어린이의) 망막 교종(膠腫).
網様体(もうようたい)〖生〗망양체.
訓読
網 ㊀(あみ) ①그물. ②(철사·끈 등으로) 그물처럼 떠서 만든 것. ③범인 따위를 잡거나 무엇을 규제하기 위해 둘러친 것.
㊁(у) 거미가 만드는 집.
網シャツ(あみシャツ) 망사 셔츠.
網する(あみする) ①그물질하다. ②죄를 저지르게 하여 붙잡다.
網綱(あみづな) 끌그물에 단 밧줄.
網結き(あみすき) 그물을 뜨는 일. 또, 그 사람.
網大工(あみだいく) 그물을 만들거나 수리하는 사람.
網目(あみめ) 그물코.
‖〜版(ばん)〖印〗망판. 사진 동판.
網の目(あみのめ) 그물코.
網の物(あみのもの) 그물로 잡는 물고기.
網棚(あみだな) 그물 선반.
網状(あみじょう) 망상. 그물 모양.
‖〜星雲(せいうん)〖天〗망상 성운.
㊁(じょう) 망조.
〜脈(みゃく)〖植〗망상맥. 그물맥.
網船(あみぶね) 망선. 그물을 실은 배. 그물을 끄는 배.

網焼き(あみやき)『料』숯불 위에 석쇠를 놓고 구움. 석쇠구이(요리).
網縄(あみなわ) ☞ 網綱(あみづな).
網元(あみもと) 어선이나 그물을 갖고 많은 어부를 거느린 사람. 선주(船主).
網襦袢(あみジバン) ①(레이스 따위로) 그물같이 만든 여름용 속옷. ② 歌舞伎(かぶき)에서, 무사나 도둑의 역을 맡은 배우가 입는 옷의 하나《통소매 속옷 위에 그물을 씌운 것》. ＊あみジュバン으로도 읽음.
網子(あみこ) 후릿그물을 당기는 어부.
網杓子(あみじゃくし) (튀김 따위를 건져 내는) 그물 국자.
網場(あみば) 고기 따위를 잡기 위해 그물을 장치하는 장소.
網点(あみてん)『印』망점.
網主(あみぬし) 어선이나 그물을 갖고 많은 어부를 거느리는 사람. 선주(船主).
網取り(あみどり) 그물을 치고 새 따위를 잡음.
網針(あみばり) 그물 뜨개바늘.
網打ち(あみうち) ① 투망질. ② 씨름의 수의 하나. 상대의 팔을 잡고 뒤로 젖혀 넘어뜨리는 재간.
網版(あみはん)『印』망판. 사진 동판.
網戸(あみど) 철망 따위를 친 창문.
其他
網端(あば) 어망 상단에 띄우는 부표(浮標).
網代(あじろ) 겨울철 물고기를 잡기 위해 물에 친 어살. ♣〜傘(がさ) 삿갓.
∥〜木(ぎ)〈雅〉어살의 말뚝.
〜垣(がき) 댓개비로 엇결어 만든 울타리.

| 15
金 | 鋩 | 봉망 망
ボウ
きっさき |

音読
鋩子(ぼうし) 칼끝.

| 18
虫 | 蟒 | 이무기 망
ボウ
うわばみ |

訓読
蟒(うわばみ)『動』이무기. 큰 뱀.
蟒蛇(うわばみ) ⇨ 蟒(うわばみ).

| 18
鬼 | 魍 | 도깨비 망
モウ
すだま |

音読
魍魎(もうりょう) 망량. ① 물귀신. ② 산천의 정령(精靈).

매

| 6
毋
教 | 毎(毎) | 매양 매・마다 매
マイ
ごと・つね |

音読
毎 ㊀(まい)《接頭語로》매…. 그때마다.
㊁(ごと)《接尾語로》…마다. ① 되풀이될 때. ② 빠짐없이.
毎期(まいき) 매기. 기마다.
毎年(まいとし) 매년. 매해. 해마다. ＊まいねん으로도 읽음.
毎旦(まいたん) 매일 아침. 아침마다.
毎度(まいど) 매번. 항상. 번번이.
毎晩(まいばん) 매일 밤. 밤마다.
毎毎(まいまい)〈老〉매번. 항상.
毎分(まいぶん) 매분. 1분마다.
毎夕(まいせき) 매석. 저녁마다. ＊まいゆう로도 읽음.
毎歳(まいさい) 매년. 해마다.
毎時(まいじ) 매시. 시간마다.
毎食(まいしょく) 매끼. 식사 때마다.
毎夜(まいよ) 매일 밤. 밤마다. ＊まいやoro도 읽음.
毎葉(まいよう) (종이 따위의) 한 장마다. 한 장 한장.
毎月(まいげつ) 매월. 달마다. ＊まいつき로도 읽음.
毎日(まいにち) 매일. 날마다. ＊まいじつ로도 읽음. ♣〜熱(ねつ)『醫』매일열.
毎朝(まいあさ) 매조. 매일 아침. 아침마다. ＊まいちょう로도 읽음.
毎週(まいしゅう) 매주. 일주일마다.
毎次(まいじ) 그때마다. 매회.
毎秒(まいびょう) 매초. 1초마다.
毎春(まいしゅん) 매춘. 매년 봄. 봄마다.
毎戸(まいこ) 매호. 집집마다.
毎号(まいごう) 매호. 호마다.
毎回(まいかい) 매회. 매번.

| 7
口 | 呆 | 어리석을 매
ホウ・ボウ
あきれる |

音読
呆ける(ほうける) ① 멍해지다. ＊ぼける로도 읽음. ② 열중하다. 「이없어 함.
呆然(ぼうぜん) 망연. 어리둥절함. 멍함. 어
呆助(ほうすけ) 바보. 멍청이.
訓読
❖呆れる(あきれる) 어이없다. 어처구니없다. 기가 막히다. 질리다.
呆れ果てる(あきれはてる) 기가 막히다〔질리다〕. 어이없다. 아연 실색하다.
呆れ返る(あきれかえる) (아주) 어이없다. 기가 막히다. 질리다. 「는 표정.
呆れ顔(あきれがお) 어이없다〔기가 막힌〕
其他
呆け(ぼけ) 지각이 둔해짐. 노망.

呆気(あっけ) 놀라서 기가 막힘.
~ない 싱겁다. 어이없다.

売(賣) 팔 매　バイ・マイ　うる・うれる
7획　士부　教

[音読]

売価(ばいか) 매가. 판매 가격.
売却(ばいきゃく) 매각. ♣~品(ひん) 매각품. ‖~処分(しょぶん) 매각 처분.
売官(ばいかん) 매관.
売国(ばいこく) 매국. ~奴(ど) 매국노.
売券(ばいけん) 옛날에, 토지나 물건의 매매 때 파는 쪽에서 사는 쪽 사람에게 건네는 매매 성립의 증서.
売女 ㊀(ばいじょ) ① 매춘부. ② 화냥년.
㊁(ばいた) 〈俗〉매춘부. 갈보. 화냥년.
売得(ばいとく) 매득. 물건을 팔아 돈을 얻음. ‖~金(きん) 매득금. 매상금.
売買(ばいばい) 매매. ‖~価格(かかく) 매매 가격.
~勘定(かんじょう) (상품) 매매 계정.
~契約(けいやく) 매매 계약.
~一任勘定(いちにんかんじょう) (유가 증권의) 매매 일임 거래.
~証拠金(しょうこきん) (거래소에서) 매매 증거금. 위탁 증거금. 위탁 보증금.
売買い(ばいかい) ①〈老〉매매. ②〖經〗(거래소에서) 거래인이 혼자서 매수·매도인이 되어 명목상 주식 매매를 하는 일.
売名(ばいめい) 매명. 이름을 팖.
売文(ばいぶん) 매문. 글을 써서 그 보수로 생활함.
売卜(ばいぼく) 매복. 돈을 받고 점을 침.
売色(ばいしょく) 매춘. 매춘부.
売笑(ばいしょう) 매소. 매춘. ♣~婦(ふ) 매춘부.
売僧(まいす) 중이면서 물품 따위를 파는 타락한 중. 또, 중을 욕하는 말.
売約(ばいやく) 매약. 팔 약속.
‖~済み(ずみ) 매약필(畢).
売薬(ばいやく) 매약. 미리 조제해서 파는 약.
売淫(ばいいん) 매음.
売人(ばいにん) 〈俗〉① 판매원. 마약 밀매자. ② 창녀.
売電(ばいでん) 자가 발전 설비에서 생긴 잉여 전력을 전력 회사에 파는 일.
売節(ばいせつ) 남으로부터의 압박에 져 자신의 주의·주장을 굽힘.
売店(ばいてん) 매점. 「부.
売春(ばいしゅん) 매춘. ♣~婦(ふ) 매춘 ‖~防止法(ぼうしほう) 매춘 방지법. 윤락 행위 등 방지법.
売品(ばいひん) 매품. 파는 물건.
売血(ばいけつ) 매혈. 피를 팖.

[訓読]

売らん哉(うらんかな) 'うりつけてやろう(= 우선[어떻게든] 팔아 버리자)'의 문어적 말.
♦売る(うる) ① 팔다. ② 걸다. 「씨.
♦売り(うり) 팔기. 「도 읽음.
売り家(うりや) 방매가. 팔 집. ＊うりいえ로
売り繋ぎ(うりつなぎ) ① (주식 거래에서) 시세가 내릴 것을 예상하고 시장에 팔려고 내놓아 둠. ② 가재 도구를 팔아 살아 나감.
売り叩く ㊀(うりたたく) ① 마구 싸게 팔다. ② (주식 따위의 시세를 하락시키기 위해) 마구 팔다. 「다.
㊁(うりはたく) (싼값으로) 전부 팔아 치우
売り高(うりだか) 매상고.
売り広める(うりひろめる) 널리 팔다.
売り掛け(うりかけ) 외상으로 팔기. 또, 그 대금.
‖~掛金(うりかけきん) 외상 매출금.
売り口(うりくち) 판로. 팔 상대.
売り券(うりけん) 매도 증서.
売り急ぐ(うりいそぐ) 서둘러 팔다.
売り気(うりき) 매기.
売り代(うりしろ) 물품을 판 대금. 매상.
売り逃げ(うりにげ) 갖고 있는 물건·증권 따위를 팔아서 한몫 보고 손을 뗌.
売り渡し(うりわたし) 매도. 팔아 넘김.
♣~証(しょう) 매도 증서. 「보.
‖~担保(たんぽ) 〖法〗매도 담보. 양도 담
~抵当(ていとう) 〖法〗매도 저당.
売り渡す(うりわたす) 매도하다. 팔아 넘기다. 「그 돈.
売り溜め(うりだめ) 매상금을 모아 둠. 또,
売り立て(うりたて) 소장품을 (입찰·경매 따위로) 단번에 팔아 치움.
売り買い(うりかい) 매매. 팔고 삼.
売り文句(うりもんく) 제품이나 기획 등의 성능이나 특색을 효과적으로 표현한 말. 세일즈 토크(sales talk).
売り物(うりもの) ① 팔 물건. ② 자랑으로 내세우는 것. ③ 장기(長技).
売り方(うりかた) ① 파는 방법. ② 매주(主). 「상하다.
売り歩く(うりあるく) 걸어다니며 팔다. 행
売り付ける(うりつける) 강매하다.
売り払う(うりはらう) 전부 팔아 버리다. 매도하다.
売り崩し(うりくずし) 거래에서, 대량의 매물(賣物)을 출시(出市)하여 시세 하락을 유도하는 일.
売り崩す(うりくずす) ① 시세를 하락시킬 목적으로 매물을 마구 내놓다. ② 대량으로 팔려고 단가를 낮추어 팔다.
売り飛ばす(うりとばす) ① (미련없이) 팔아 치우다. ② 멀리 팔아 버리다.
売り渋る(うりしぶる) (시세 상승을 예상하여) 팔려고 하지 않는다.
売り上げ(うりあげ) 매상고. 매상. ＊売上로
‖売上高(うりあげだか) 매상고. 「도 씀.
売上金(うりあげきん) 매상금.
売上勘定(うりあげかんじょう) 매상 계정.

売上総利益(うりあげそうりえき) 매상 총이익.
売り惜しみ(うりおしみ) 매석.
売り惜しむ(うりおしむ) 매석(賣惜)하다.
売り先(うりさき) 판로. 팔 상대.
売り声(うりごえ) (행상인 등이) 팔려고 외치는 소리.
売り手(うりて) 매주(賣主). 파는 쪽의 중매인(仲買人).
‖~市場(しじょう) 매주 시장.
売り時(うりどき) 팔아야할 때. 팔기에 좋은 때.
売り食い(うりぐい) 수입이 없어 가재 도구를 팔아 살아감.
売り薬(うりぐすり) 매약. (의사 처방에 따른 것이 아닌) 약국에서 파는 약.
売り抑え(うりおさえ) 거래에서, 다량으로 내다 팔아 시세가 오르는 것을 억지함.
売り言葉(うりことば) 싸움을 거는〔트집잡는〕말.
~に買(か)い言葉(ことば) 오는 말에 가는 말(폭언에 폭언으로 응함).
売り連合(うりれんごう) 거래에서, 파는 쪽 사람끼리 자신들에게 유리한 시세가 되게 공동 행동을 취하는 일.
売り屋(うりや) ① 매주(賣主). ② 상점.
売り腰(うりごし) 물건을 팔려는 사람의 해보겠다는 마음가짐이나 태도.
売り込み(うりこみ) 팖.
売り込む(うりこむ) ① 팔(려고 하)다. ② (신용을 얻어) 잘 뵈다.
売り子(うりこ) ① (역 등에서) 물건을 팔러 다니는 사람. ② 여점원.
売り場(うりば) ① 파는 곳. 판매장. 매표소. ② 팔아야 할 때. 팔 시기.
売り切る(うりきる) 다 팔(아 버리)다.
売り切れ(うりきれ) 품절(品切).
売り切れる(うりきれる) 다 팔리다. 매진되다.
売り主(うりぬし) 매주. 물건을 파는 사람.
売り止め(うりどめ) 파는 일을 일시 중지함.
売り地(うりち) 팔 땅.
売り尽くす(うりつくす) 모두 팔아 버리다.
売り初め(うりぞめ) 마수걸이. 특히, 새해 마수걸이.
売り出し(うりだし) ① 팔기 시작함. ② 매출. ③ 갑자기 인기가 높아짐.
売り出す(うりだす) ① 팔기 시작하다. ② 대대적으로 매출하다. ③ 유명해지다.
売り値(うりね) 매가(賣價). 파는 값.
売り捌く(うりさばく) (신속하게) 팔아 치우다. (널리) 팔다.
売り下げる(うりさげる) 공공 기관이 공공물이었던 것을 민간에게 팔다. 불하하다.
売り回る(うりまわる) 물건을 팔기 위해 여러 곳을 돌아다니다.
❖売れる(うれる) ① 팔리다. ② 널리 알려지다.
売れ(うれ) 판로(販路). 팔림새.
売れ高(うれだか) 매상고.
売れ口(うれくち) 팔 곳. 판로. 살 사람.
売れ筋(うれすじ) 잘 팔리는 상품.

売れ線(うれせん) 팔리는 경향. 팔린다고 생각되는 상품.
売れっ子(うれっこ) 인기가 있는 사람.
売れ残り(うれのこり) ① 팔다 남은 물건. ② (俗) 늦도록 시집 못간 노처녀.
売れ残る(うれのこる) ① 팔리지 않고 남다. ② 여자가 혼기가 지나도록 독신으로 있다.
売れ足(うれあし) 팔리는 속도. 팔림새.
売れ出す(うれだす) ① 팔리기 시작하다. ② 유명해지기 시작하다.
売れ行き(うれゆき) 팔리는 상태. 팔림새.

8 女 教	妹	손아랫누이 매 マイ いもうと・いも

訓読

妹 ㊀(いもうと) ① 누이동생. ② (넓은 뜻으로는) 처제・시누이동생.
㊁(いも) 〈雅〉 ① 남자가 아내・애인 등을 친밀하게 부르는 말. ② 여자끼리 서로 친하게 부르는 말.
妹姑姨(いもしゅうとめ) 아내의 자매. 처형.
妹背(いもせ) ① 〈雅〉 부부. ② (사랑하는) 여자와 남자. ③ 오누이. 여동생과 오빠. 누나와 남동생.
‖~結(むすび) 부부의 연을 맺음.
~山(やま) 강 따위를 사이에 두고 마주 보고 있는 산을 부부나 오누이로 비유해서 쓴 말.
~鳥(どり) ① 할미새의 딴이름. ② 〈女〉 두견새의 딴이름. (람).
妹分(いもうとぶん) 누이동생뻘(이 되는 사람).
妹山(いもやま) 서로 마주 보고 있는 산을 남녀로 가정하고, 여성이나 아내에 해당되는 산.
妹婿(いもうとむこ) 매제. 매부.
妹御(いもうとご) 영매(令妹). 매씨.

8 木 教	枚	낱 매・하무 매 マイ・バイ

音読

枚 ㊀(まい) 《接尾語로》 …매. …장.
㊁(ばい) 하무.
~を含む(ふくむ) 하무를 물다(침묵을 지키고 숨을 죽이다).
㊂(ひら) 《接尾語로》 …조각.
枚挙(まいきょ) 매거. 하나하나 셈.
枚数(まいすう) 매수. 장수.
枚葉紙(まいようし) 매엽지. 낱장. A판・B판 등, 일정 규격으로 재단해 놓은 인쇄 용지.

8 王	玫	매괴 매 バイ・マイ

音読

玫瑰(まいかい) 매괴. ①〖植〗 해당화. ②

| 9日 | 昧 | 어두울 매 / マイ / くらい |

音読
昧旦(まいたん) ☞ 昧爽(まいそう).
昧死(まいし) 매사. 죽기를 무릅쓰고 상소함.
昧爽(まいそう) 매상. 이른 새벽. 여명.
昧者(まいしゃ) 매자. 사리에 어두운 사람.

| 9艹 | 苺 | 딸기 매 / ボウ・バイ / いちご |

訓読
苺(いちご)〖植〗딸기.

| 10土 常 | 埋 | 묻을 매·묻힐 매 / マイ / うめる·うまる·うもれる·うずめる·うずもれる |

音読
埋経(まいきょう) 후세에 전하기 위해 경전을 땅 속에 묻는 일.
埋骨(まいこつ) 매골. 화장한 유골을 묻음.
埋没(まいぼつ) 매몰.
‖～費用(ひよう) 매몰 비용.
～原価(げんか) 매몰 원가.
埋伏(まいふく) 매복.
埋設(まいせつ) 매설.
埋玉(まいぎょく) 매옥.
埋葬(まいそう) 매장.
埋蔵(まいぞう) 매장. ♣～量(りょう) 매장량 /～物(ぶつ) 매장물.
‖～文化財(ぶんかざい) 매장 문화재.
～地帯(ちたい) 매장 지대.

訓読
埋まる(うまる) ①(파)묻히다. ②메워지다. *うずまる로도 읽음.
埋み残す(うずみのこす) 파묻지 않고 남겨 두다.
埋み樋(うずみひ) 땅속에 묻어 물을 끄는 홈통.
埋み火(うずみび) (잿속에) 묻어둔 숯불.
❖埋める(うめる) ①묻다. 메우다. 보충하다. *うずめる로도 읽음. ②뜨거운 물에 찬물을 타서 미지근하게 하다.
埋め立て(うめたて) 매립. 매축. 메움.
‖～地(ち) 매립지. 매축지. 「축)하다.
埋め立てる(うめたてる) 메우다. 매립(매
埋め木(うめき) ①기둥 따위의 구멍에 나무를 박아 메움. 또, 그 나뭇조각. ②埋め木細工의 준말.
‖～細工(ざいく) 쪽매붙임. 나무쪽 세공.
埋め墓(うめばか) 유해를 매장한 무덤.
埋め種(うめくさ) ⇨ 埋め草(うめくさ).
埋め草(うめくさ) (잡지 등에서) 여백을 메우는 것. 짧은 기사. 「다.
埋め合わす(うめあわす) 벌충하다. 보충하
埋め合わせ(うめあわせ) 벌충. 보충.
埋め合わせる(うめあわせる) 벌충하다. 보충하다.
❖埋もれる(うもれる) (파)묻히다. *うずもれる로도 읽음.
埋もれ木(うもれぎ) ①매목. ②세상에서 버림을 당한 처지의 비유.

其他
埋かる(いかる) 묻히다.
❖埋ける(いける) 묻다. 매장.
埋け炭(いけずみ) 잿속에 묻어둔 숯불.
埋け火(いけび) 재에 묻어둔 불.

| 10木 教 | 梅(梅) | 매화나무 매 / バイ / うめ |

音読
梅毒(ばいどく) 매독.
梅林(ばいりん) 매림. 매화나무 숲.
梅霖(ばいりん) 장마.
梅雨(ばいう) 장마. 또, 그 계절. *つゆ로도 읽음. ♣～期(き) 장마철.
‖～末期豪雨(まっきごうう) 장마 말기 호우.
～前線(ぜんせん) 장마 전선.
梅肉(ばいにく) 매실을 말려 씨를 뺀 것.
梅子(ばいし) 매실(梅實).
梅天(ばいてん) 매천. 장마철의 하늘.
梅薫草(ばいけいそう)〖植〗박새.
梅花(ばいか) ①매화(꽃). ②梅花の油의 준말. 「기름.
‖～の油(あぶら) 매화꽃 향기가 나는 머릿

訓読
梅(うめ) ①매화나무. ②매화나무의 열매. 매실.
梅干し(うめぼし) ①매실장아찌. ②梅干し飴의 준말.
‖～飴(あめ) 물엿을 굳혀 매실같이 만든 엿.
～婆(ばばあ) 쭈그렁 할멈〔노파〕.
梅見(うめみ) 매화꽃 구경.
～月(づき) 음력 2월의 이칭(異稱).
梅暦(うめごよみ) 매화꽃이 핀 것을 보고 봄이 온 것을 아는 일. *ばいれき로도 읽음.
梅鉢(うめばち) 가문(家紋)의 이름. ♣～草(そう)〖植〗물매화꽃.
梅の色月(うめのいろづき) 음력 5월의 딴 이름. 「름.
梅つ五月(うめつさつき) 음력 2월의 딴 이
梅園(うめぞの) 매원. 매화나무 동산. *ばいえん으로도 읽음.
梅擬き(うめもどき)〖植〗감탕나무과에 속하는 낙엽 관목.
梅醬(うめびしお) 梅干し(うめぼし)의 살에 설탕을 섞어 갠 식품. 「속칭.
梅田熱(うめだねつ)〖醫〗유행성 출혈열의

梅酒(うめしゅ) 매실주. *うめざけ로도 읽음.　「가지.
梅が枝(うめがえ)〈雅〉매화나무의 (꽃 핀)
梅漬け(うめづけ) ① 매실절임. ② 梅酢(うめず)에 절인 생강[무].
梅酢(うめず) 매실초.
梅割り(うめわり) 매실주를 탄 소주.
梅が香(うめがか)〈雅〉매화꽃의 향기.

〔其他〕
梅桃(ゆすらうめ)『植』앵두(나무). *ゆすらうめ로도 읽음.
梅雨冷え(つゆびえ) 장마철에 기온이 갑자기 떨어지는 일.
梅雨明け(つゆあけ) 장마가 걷힘.
梅雨時(つゆどき) 장마철.
梅雨入り(つゆいり) 장마철에 듦. *雅語로는 ついり라고도 함.
梅雨入り晴れ(ついりばれ)〈雅〉장마철에 일시적으로 날이 개는 일.
梅雨晴(つゆばれ) ① 장마철에 이따금 개는 일. ② 장마가 끝나서 개는 일.
梅雨寒(つゆさむ) 장마철 추위. *つゆざむ로도 읽음.
梅雨型(つゆがた)『氣』장마철형 기압 배치.

| 12 女 常 | 媒 | 중매 매
バイ
なかだち |

〔音讀〕
媒介(ばいかい) 매개. ♣～者(しゃ) 매개자. ‖～変数(へんすう)『數』매개 변수.
媒概念(ばいがいねん)『論』매개념. 중(中)개념.　「제.
媒染(ばいせん) 매염. ♣～剤(ざい) 매염제. ‖～染料(せんりょう) 매염 염료.
媒妁(ばいしゃく) ⇨ 媒酌(ばいしゃく).
媒酌(ばいしゃく) 중매(인). ♣～人(にん) 중매인. ‖～婚(こん) 중매 결혼.
媒材(ばいざい) 매재. ① 매개가 되는 재료. ② 그림 물감을 푸는 용제(溶劑).
媒精(ばいせい)『生』매정. 수정.
媒剤(ばいざい) ⇨ 媒材(ばいざい)②.
媒質(ばいしつ)『理』매질.
媒体(ばいたい) 매체. 매개체. 정보 전달 수단. 기억 매체.
媒合(ばいごう) ① 매합. 중매. ② 뚜쟁이(질).

〔訓讀〕
媒(なかだち) 사이에 들어 중간 역할을 함. 거간. 중매. 중매. 또, 그 사람.
媒つ(なかだつ) 중매하다.

| 12 宀 | 寐 | 잘 매
ビ
ねる |

〔音讀〕
寐語(びご) 잠꼬대.

| 12 貝 教 | 買 | 살 매
バイ
かう |

〔音讀〕
買価(ばいか) 매가. 매입 가격.
買収(ばいしゅう) 매수.
‖～罪(ざい) 매수죄. 공직자 선거에서 금품으로 선거인을 매수한 죄.
買電(ばいでん) 풍력·태양 에너지 발전 등의 자가 발전 설비에서 생긴 잉여 전력을 전력 회사가 구입하는 일.
買春(ばいしゅん) 매춘. 매춘(賣春)을 남성 쪽에게 책임을 묻는 견지에서 일컫는 말.
買弁(ばいべん) 매판. ♣～的(てき) 매판적.
‖～資本(しほん) 매판 자본.
買辦(ばいべん) ⇨ 買弁(ばいべん).

〔訓讀〕
買える(かえる) 살 수 있다.
買って出る(かってでる) 자진해서 떠맡다.
❖買う(かう) ① 사다. 구입하다. ② 자초하다. 초래하다. ③ 자진해서 나서다. 떠맡다. ④ (높이) 평가하다. ⑤ (기생·창녀를) (불러서) 데리고 놀다.
買い(かい) ① 사기. 삼. ② (거래에서) 사는 편 입장에서 행동함.　「물건.
買いたて(かいたて) 산 지 얼마 안 됨. 갓 산
買いつけ(かいつけ) 늘 대놓고 삼.
買いつける(かいつける) 늘(대놓고) 사다.
買い建て(かいだて)『經』① 주식의 신용 거래나 상품의 선물 거래에서 매입 약정을 하는 일. ② 買い建て玉의 준말.
‖～玉(ぎょく) 건옥. 거래에서 매입 약정만 해두고 결제가 되지 않은 주식이나 상품.
買い継ぎ(かいつぎ) 생산자와 도매상 사이에서 거래를 중개하는 일.
‖買継問屋(かいつぎどいや) 근세, 江戸(えど)와 大坂(おおさか)의 도매상과 지방 생산자 사이의 거래를 중개한 지방 도매상.
買い繋ぎ(かいつなぎ) (주식에서) 시세가 오를 것을 예상하고 사둠.
買い叩く(かいたたく) (팔 사람의 약점을 이용하여) 값을 후려 깎아 싸게 사다.
買い控え(かいびかえ) 사는 사람이 매입을 중지하거나 매입량을 줄임.
買い掛け(かいかけ) 외상 매입. 또, 그 대금.
‖買掛金(かいかけきん) 외상 매입 대금.
買掛勘定(かいかけかんじょう) 외상 매입 계정.
買い求める(かいもとめる) 돈을 치르고 입수하다.
買い気(かいき) 매기.
買い得(かいどく) 싸게 사서 (이)득을 봄.
買い戻し(かいもどし) (일단 팔아 넘긴 것을) 되삼.
買い戻す(かいもどす) (판 것을) 되사다.
買い溜め(かいだめ) 매점(買占). 사재기.

買い溜める(かいだめる) 매점하다. 사재다.
買い立て(かいたて) 마구 사들임.
買い立てる(かいたてる) 마구 사들이다.
買い埋め(かいうめ) ① 일단 판 것을 되사들임. ② 부동산을 판 사람이 매매 계약과 동시에 맺은 특약에 의해, 대금과 계약 비용을 반환하고 해약해서 그 부동산을 자기 소유로 하는 일. ③ 신용 거래 또는 청산 거래에서 공매(空賣)하던 주식이나 상품을 다시 사들여 현물을 인도하지 않고 결제하는 일.
買い募る(かいつのる) 사고 나서 또 사들이다.
買い問屋(かいといや) 江戸(えど) 시대, 물품 거래를 중개하고, 상인로서 여인숙까지 겸한 도매상. ＊かいどいやらもも 함.
買い物(かいもの) 물건을 삼. 물건 사기. 산〔살〕물건. 쇼핑.
買い米(かいまい) 江戸(えど) 시대에, 쌀값이 떨어지는 것을 막기 위해 당국에서 江戸・大坂(おおさか) 상인들에게 매입하게 한 쌀.
買い返す(かいかえす) 되사다.
買い方(かいかた) ① 매주(買主). ② 매입 방법・태도.
買い付け(かいつけ) 매입(買入). 〔업자가 생산지에 가서〕사들임.
買い付ける(かいつける) 대량으로 사들이다.
買い上げ(かいあげ) 매상.
‖**買上米**(かいあげまい) ① ☞ 買米(かいまい). ② 정부가 민간으로부터 사들이는 쌀.
買い上げる(かいあげる) 매상하다.
買い煽る(かいあおる)《經》시세를 올리기 위해 마구 사들이다.
買い損(かいぞん) 손해 보고 삼.
買い手(かいて) 매주(買主). 사는 사람〔쪽〕. 살 사람. 작자.
‖**~筋**(すじ) (거래에서) 매주(買主).
~相場(そうば) 공급・매물(賣物)이 수요를 웃돌아 매주(買主)가 정하는 값으로 거래 가격이 결정되는 일.
~市場(しじょう) (거래에서) 매주(買主) 시장〔공급에 비하여 수요가 적어 사는 측이 유리한 시장〕.
買い受け(かいうけ) 매수.
買い受ける(かいうける) 매수하다.
‖**買受証**(かいうけしょう) 매수증.
買い時(かいどき) 사기〔매입하기〕에 적절한 시기.
買い食い(かいぐい) 군것질.
買い薬(かいぐすり) 매약(賣藥)을 사서 씀. 또, 그 약.
買い漁る(かいあさる) 여기저기서 사 모으다.
買い言葉(かいことば) (상대방의 욕설에 대하여) 응수하는 욕설.
買い連合(かいれんごう) 상거래에서 살 사람들이 자기네에게 유리한 시세가 되도록 공동 행동을 취하는 일.
買い玉(かいぎょく) ☞ 買い建て玉(かいだてぎょく)
買い越し(かいこし) ① 투자가나 증권 회사가 일정 기간내에 매입(買入)한 금액 또는 수량이 판매한 금액 또는 수량보다 많음. ② 신용 거래에서 지금까지 팔던 사람이 전부 환매(還買)하여, 다시 매주(買主)로 바뀜.
買い為替(かいかわせ) 매입환(買入換).
買い人気(かいにんき) ① 매입할 사람이 파는 사람보다 많은 일. ② 인기가 매기(買氣)로 향하는 일.
買い入れ(かいいれ) 매입. 사들임.
‖**買入償還**(かいいれしょうかん) 매입 상환.
‖**買入原価**(かいいれげんか) 매입 원가.
買い入れる(かいいれる) 매입하다. 사들이다.
買い込む(かいこむ) 사들이다.
買い時(かいどき)
買い材料(かいざいりょう) 거래에서 사는 편이 유리하다고 판단케 하는 재료.
買い揃える(かいそろえる) 여러 가지 물품을 사서 갖추어 놓다.
買い切り(かいきり) 매절. 매점.
買い切る(かいきる) 매절하다. 매점하다.
買い占め(かいしめ) 매점.
‖**~防止法**(ぼうしほう) 매점 방지법《생활 관련 물자 등의 매점・매석에 대한 긴급 조치에 관한 법률》.
買い占める(かいしめる) 매점하다.
買い整える(かいととのえる) 물자를 매입하여 용도에 대비하다.
買い調える(かいととのえる) ⇨ 買い整える(かいととのえる).
買い操作(かいそうさ)《經》공개 시장 조작의 하나로, 중앙 은행이 유가 증권을 사들여서 통화를 공급하는 일.
買い足す(かいたす) 이미 있는 것에 사서 더 보태다. 또, 부족분을 사서 채우다.
買い主(かいぬし) 매주(買主). 사는 사람.
買い支える(かいささえる) (증권 거래 등에서) 매입을 촉진해 급격한 시세 변동을 막다.
買い持ち(かいもち) ① 산 것을 팔지 않고 소지하고 있음. ② 환은행에서 매입한 환의 합계가 매각한 환의 합계를 초과한 상태.
買い替える(かいかえる) ⇨ 買い換える(かいかえる).
買い初め(かいぞめ) (정월 초이튿날에) 새해 들어 처음으로 물건을 삼.
買い出し(かいだし) ① (상품을) 시장・도매상 등에 가서 삼. ② 소비자가 식량 생산지까지 가서 직접 삼.
買い出す(かいだす) ① 사기 시작하다. ② 도매상〔직판장〕에 가서 사다.
買い取り(かいとり) 매입(買入). ① 사서 제 것으로 만듦. ② 출판사 등이 원고를 매입함. ③ 서적의 서적 들여놓기의 하나로, 한 번 사들인 것은 반품(返品)할 수 없는 일.
買い取る(かいとる) 사서 차지하다. 매입(買入)하다.
買値(かいね) 매가. 산〔사는〕값. 매입 원가.
買い置き(かいおき) 사 둠. 사서 비치함. 또, 그 물품. 싸게 사다.
買い被く(かいかずく) 실제 값〔시세〕보다 비

買い被り(かいかぶり) ① 과대 평가. ② 실제보다 비싼 값으로 삼.
買い被る(かいかぶる) ① 과대 평가하다. ② 실제보다 비싼 값으로 사다.
買い向かう(かいむかう) (고객의 판매 위탁을 받은 증권 업자나 상품 중매인이) 고객의 상대가 되어 대항적으로 매입하다.
買い換える(かいかえる) 새로 사서 지금까지의 것과 대체하다(바꾸다).
買い回り品(かいまわりひん) 소비자가 여러 상점을 돌며 가격·품질 등을 비교해 가며 구입한 상품.

13 木 楳

매화나무 매
バイ
うめ

参考 梅의 異體字.

訓読
楳茂都流(うめもとりゅう) '上方舞(かみがたまい)(=근세 이후, 京都(きょうと)·大阪(おおさか) 지방에서 실내에서 추는 춤의 총칭)'의 한 유파.

13 火 煤

그을음 매
バイ
すす

音読
煤気(ばいき) 매기.
煤煙(ばいえん) 매연.
煤塵(ばいじん) 매진.
煤炭(ばいたん) 매탄. 석탄(石炭).

訓読
煤(すす) ① 검댕. 철매. 매연. ② 그을음. ③ 煤色(すすいろ)의 준말.
煤ける(すすける) ① 그을다. ② 낡아 쩨들어 거무스름해지다.
煤ばむ(すすばむ) 매연으로 검게 그을다.
煤男(すすおとこ) 연말에 대청소할 때, 그을음이나 먼지 터는 데 사용하는 긴 대나무 끝에 짚뭉치를 단 도구.
煤病(すすびょう)〚植〛매병. 진딧물 등의 배설물로 생기는 식물병(病)의 하나.
煤付く(すすづく) ☞ 煤ける(すすける).
煤払い(すすはらい) (흔히 연말에 하는) 천장의 그을음과 마루 밑의 먼지까지 털어내는 대청소.
煤色(すすいろ) 누르께한 검정색.
煤掃き(すすはき) ☞ 煤払い(すすはらい).
煤埃(すすほこり) 그을음이 낀 먼지. 그을음과 먼지. *すすぼこり로도 읽음.
煤竹(すすたけ) ① 그을려서 검붉어진 대. ② (천장의) 그을음을 터는 대. *すすだけ로도
‖煤(いろ) 검붉은 빛. 읽음.
煤取り(すすとり) ☞ 煤払い(すすはらい).
煤湯(すすゆ) 煤払い(すすはらい)를 마친 후에 하는 목욕.

15 皿 罵

꾸짖을 매·욕할 매
バ
ののしる

音読
罵倒(ばとう) 매도. 몹시 욕질함.
罵詈(ばり) 매리. 욕하고 꾸짖음.
‖~讒謗(ざんぼう) 큰소리로 욕설을 퍼부음. 또, 그 말.
罵殺(ばさつ) 몹시 꾸짖어 욕함. 매도(罵倒).
罵声(ばせい) 시끄럽게 욕하는 소리.
罵言(ばげん) 매언. 심한 욕설.

訓読
❖罵る(ののしる) 욕을 퍼붓다. 매도하다.
罵り合う(ののしりあう) 서로 욕을 퍼붓다. *のりあう로도 읽음.

15 鬼 魅 常

도깨비 매
ミ
すだま

音読
魅する(みする) (이상한 힘으로) 사람을 혹하게 만들다.   「적.
魅力(みりょく) 매력. ♣~的(てき) 매력
魅了(みりょう) 매료.
魅入る(みいる) (귀신 따위가) 씌다. 홀리다.
魅惑(みわく) 매혹. ♣~的(てき) 매혹적.

17 辶 邁

갈 매·지날 매
マイ
ゆく·すぐれる

音読
邁往(まいおう) 용감하게 나아감.
邁進(まいしん) 매진.

22 雨 霾

흙비올 매
バイ·マイ
つちふる

音読
霾(ばい) 황사.

맥

7 麦 教 麦 (麥)

보리 맥
バク
むぎ

音読
麦角(ばっかく) 맥각. ① 깜부기. ②〚藥〛맥각으로 만든 지혈제. ♣~菌(きん)〚植〛맥각균.
麦稈(ばっかん) 맥간. 보릿짚. 밀짚. *むぎ

からロも 읽음.
∥〜真田(さなだ) 보릿짚을 표백하여 얇고 길게 짠 것.
麦浪(ばくろう) 맥랑. 보리 이삭이 바람에 물결처럼 나부끼는 모양.
麦隴(ばくろう) 맥롱. 보리밭.
麦粒腫(ばくりゅうしゅ) 〖醫〗맥립종. 다래끼.
麦門冬(ばくもんどう) ①〖植〗맥문동. ②〖漢醫〗맥문동이나 소엽맥문동의 뿌리.
麦秀(ばくしゅう) 맥수. 망국의 한탄.
〜の嘆(たん) 맥수지탄.
麦穂(ばくすい) 맥수. 보리 이삭.
麦芽(ばくが) 맥아. 엿기름.
∥〜糖(とう) 맥아당. 말토오스.
〜飴(あめ) 녹말을 엿기름의 아밀라아제로 당화(糖化)하여 만든 엿.
麦蛾(ばくが) 일망이패나방.
麦繞(ばくにょう) 한자 부수의 하나: 보리맥.
麦雨(ばくう) 맥우. 보리가 익을 즘에 오는 비.
麦秋(ばくしゅう) 맥추. 보릿가을. 초여름. *むぎあき로도 읽음.

訓読▶
麦(むぎ) 보리. 밀.
麦歌(むぎうた) 보리 타작이나 보리찧기 때에 부르는 노래.
麦藁(むぎわら) 맥고. 보릿짚. 밀짚.
∥〜菊(ぎく) 〖植〗국화과의 한해살이풀.
〜帽子(ぼうし) 맥고모자. 밀짚모자.
〜細工(ざいく) 보릿짚 세공.
〜真田(さなだ) ☞麦稈真田(ばっかんさなだ)
〜蜻蛉(とんぼ) 〖蟲〗밀잠자리의 암컷.
麦扱(むぎこき) 보리 이삭을 훑음. 또, 그 기구.
麦踏(むぎふみ) 보리밟기.
麦搗(むぎつき) 보리찧기.
麦萌(むぎもやし) 엿기름.
麦味噌(むぎみそ) 보리누룩으로 담근 매움 된장.
麦飯(むぎめし) 맥반. 보리밥. *ばくはんロ로도 읽음.
麦餅(むぎもち) 맥병. 보리떡.
麦粉(むぎこ) 맥분. 보릿가루. 특히, 밀가루.
麦薯蕷(むぎとろ) 보리밥에 마즙을 친 음식.
麦蟬(むぎぜみ) 보리를 거둬들일 무렵에 우는 매미.
麦鶉(むぎうずら) 3·4월경 보리밭에서 새끼를 키우는 메추라기.
麦蒔き(むぎまき) 보리 파종.
麦埃(むぎぼこり) 보리 타작할 때 나는 먼지.
麦刈り(むぎかり) 보리 걷이. 보리 베기.
麦慈姑(むぎぐわい) 〖植〗까치무릇의 딴이름.
麦作(むぎさく) 맥작. 보리 농사. 또, 그 수확량.
麦笛(むぎぶえ) 보리 피리.
麦田(むぎた) 쌀·보리 2모작이 가능한 논.
麦畑(むぎばたけ) 보리밭.
麦畠(むぎばたけ) ⇨ 麦畑(むぎばたけ).
麦切り(むぎきり) 보릿가루를 반죽하여 길게 늘여 국수처럼 자른 것.
麦茶(むぎちゃ) 맥차. 보리차.
麦焦がし(むぎこがし) 보리 미숫가루.
麦の秋(むぎのあき) 맥추. 보릿가을.
麦打ち(むぎうち) ①보리 타작. ②도리깨.
麦湯(むぎゆ) 보리차.

其他▶
麦酒(ビール) 맥주. *ばくしゅ로도 읽음.

| 9
阝 | 陌 | 길 **맥**
ハク
あぜみち |

音読▶
陌上(はくじょう) 노상(路上). 길가.

| 10
月
敎 | 脈(脉) | 맥 **맥**·줄기 **맥**
ミャク
すじ |

音読▶
脈(みゃく) ①맥박. ②광맥. ③혈관.
脈管(みゃっかん) 〖生〗맥관.
脈道(みゃくどう) 〖生〗맥도. 관관. 혈관.
脈動(みゃくどう) 맥동.
脈絡(みゃくらく) 맥락.
∥〜膜(まく) 〖生〗맥락막. ♣〜炎(えん) 〖醫〗맥락막염.
脈流(みゃくりゅう) 맥류.
脈脈(みゃくみゃく) 맥맥이. 줄기차고 끊임 없이.
脈拍(みゃくはく) 맥박.
脈搏(みゃくはく) ⇨脈拍(みゃくはく).
脈搏つ(みゃくうつ) ⇨脈打つ(みゃくうつ).
脈石(みゃくせき) 〖鑛〗맥석.
脈所(みゃくどころ) 맥소. ①맥박을 재는 곳. ②사물의 급소.
脈翅目(みゃくしもく) 〖蟲〗맥시류. 뿔잠자리목(目).
脈圧(みゃくあつ) 〖生〗맥압.
脈診(みゃくしん) 〖漢醫〗맥진.
脈打つ(みゃくうつ) ①맥박 치다. ②생기가 넘치다. 고동 치다.

其他▶
脈巢(すかり) 광맥 내에 생긴 공동(空洞).

| 14
犭 | 獏 | 맹수이름 **맥**
バク |

参考 貘의 異體字.

音読▶
獏(ばく) 맥. ①〖動〗맥과(科)의 동물. ②상상의 동물.

| 18
豸 | 貘 | 맹수이름 **맥**
バク |

音読▶
貘(ばく) 맥. ①〖動〗맥과(科)의 동물. ②상상의 동물.

21 馬	驀	넘을 맥 バク まっしぐら

音読
驀然(ばくぜん) 맥연. 돌진하는 모양.
驀進(ばくしん) 맥진. 돌진.

訓読
驀地(まっしぐら) (무서운 기세로) 곧장. 쏜살같이. *ましぐら・ばくちろも 읽음.

맹

8 子 [人]	孟	첫 맹·성 맹 モウ はじめ

音読
孟冬(もうとう) 맹동. 초겨울. 음력 10월.
孟浪(もうろう) 맹랑. 무책임함. 근거가 없는 모양. 허망한 모양.
孟母(もうぼ) 맹모. 맹자의 어머니.
~断機の教え(だんきのおしえ) 맹모 단기지교.   「천고.
~三遷の教え(さんせんのおしえ) 맹모 삼
孟月(もうげつ) 맹월. 사계절의 첫달. 음력 1월·4월·7월·10월.
孟子(もうし) 맹자.
孟宗(もうそう)〖植〗孟宗竹의 준말.
‖~竹(ちく)〖植〗맹종죽. 죽순대. *もうそうだけろも 읽음.
孟秋(もうしゅう) 맹추. 초가을. 음력 7월.
孟春(もうしゅん) 맹춘. 이른 봄. 음력 1월.
孟夏(もうか) 맹하. 초여름. 음력 4월.

8 目 常	盲 (盲)	장님 맹·먼눈 맹 モウ めしい・めくら

音読
盲官(もうかん) 옛날에, 맹인의 관직명.
盲管(もうかん)〖生〗맹관. 한 쪽 끝이 막힌 관(맹장 따위).
‖~症候群(しょうこうぐん) 맹관 증후군.
~銃創(じゅうそう) 맹관 총창. 탄환이 체내에 박혀 생긴 상처.
盲教育(もうきょういく) 맹인 교육.
盲亀(もうき) 맹귀. 눈이 먼 거북.
~の浮木(ふぼく) 맹귀 부목.
盲女(もうじょ) 맹녀. 눈먼 여성.
盲導犬(もうどうけん) 맹도견.
盲動(もうどう) 맹동. 망동.
盲流(もうりゅう) 중국에서, 농민이 정부의 허가없이 대거 도시로 유입하는 현상.
盲目(もうもく) 맹목. ♣~的(てき) 맹목적.
‖~飛行(ひこう) 맹목 비행. 계기 비행.
盲拜(もうはい) 무턱대고 고마워함.
盲射(もうしゃ) 맹사. 분별없이 마구 쏨.
盲信(もうしん) 맹신.
盲啞(もうあ) 맹아.
‖~学校(がっこう) 맹아 학교.
盲愛(もうあい) 맹목적으로 사랑함. 또, 그 애정.
盲人(もうじん) 맹인.
盲腸(もうちょう)〖生〗맹장. ♣~炎(えん) 맹장염.
盲点(もうてん) 맹점.
盲従(もうじゅう) 맹종.
盲進(もうしん) 맹진. 맹목적으로 나아감.
盲爆(もうばく) 맹폭. 무차별 폭격.
盲学校(もうがっこう) 맹학교.

訓読
盲 ㊀(めくら) ①장님. 시각 장애자. ②문맹. ③사리를 모름.
㊁(もう)〖醫〗양쪽 눈 모두 중증의 시각 장애를 받고 있는 상태.
㊂(めしい)〈雅〉장님.
盲撃ち(めくらうち) 목표도 없이 마구 쏨.
盲暦(めくらごよみ) 문맹자를 위해 만든 그림 달력.
盲鰻(めくらうなぎ)〖魚〗먹장어.
盲滅法(めくらめっぽう) 조금도 짐작이 안 감. 무턱대고 함.
盲法師(めくらほうし) 맹인승.
盲壁(めくらかべ) 창이 없는 벽.
盲蛇(めくらへび) ①〖動〗소경뱀. ②사정을 몰라 무모함.   「し).
捜し(めくらさがし) ⇒盲探し(めくらさが
盲僧(めくらそう) 맹인승. *もうそうろも 읽음.
盲御前(めくらごぜ) 예전에, 노래를 하거나 三味線(しゃみせん)을 타며 동냥을 다니던 맹인 여인.
盲将棋(めくらしょうぎ) 판과 장기쪽이 없이 말로 두는 장기.
盲長屋(めくらながや) 통로에 면한 벽에 창이 없는 일잣집.   「창.
盲窓(めくらまど) 벽에 시늉만 만들어 놓은
盲打ち(めくらうち) 목표도 없이 마구 휘둘러 침.   「무턱대고 찾음.
盲探し(めくらさがし) 손으로 더듬어 찾음.
盲判(めくらばん) 무턱대고 도장을 찍음. 또, 그 도장.   「짠 면포.
盲縞(めくらじま) 씨와 날을 모두 감색으로

9 虫	虻	등에 맹 ボウ あぶ

参考 蝱와 同字.

訓読
虻(あぶ)〖蟲〗등에.
虻蜂取らず(あぶはちとらず) 이것저것 욕심 부리다가 오히려 실패함.

11 犭 常	猛	사나울 맹 モウ たけし・たける

音読
- 猛(もう)《接頭語로》맹….
- 猛撃(もうげき) 맹격. 맹공격.
- 猛犬(もうけん) 맹견.
- 猛攻(もうこう) 맹공.
- 猛攻撃(もうこうげき) 맹공격.
- 猛禽(もうきん) 맹금. ♣~類(るい) 맹금류.
- 猛気(もうき) 맹기. 사나운 기질.
- 猛毒(もうどく) 맹독.
- 猛烈(もうれつ) 맹렬.
- 猛勉(もうべん) 매우 열심히 공부함.
- 猛射(もうしゃ) 맹사. 맹렬한 사격.
- 猛暑(もうしょ) 맹서. 혹서.
- 猛省(もうせい) 맹성. 깊이 반성함.
- 猛速(もうそく) 맹속. 맹속력.
- 猛獣(もうじゅう) 맹수.
- 猛襲(もうしゅう) 맹습.
- 猛悪(もうあく) 맹악. 사납고 악독함. 「게.
- 猛然(もうぜん) 맹렬한 모양. 사납게. 힘차
- 猛煙(もうえん) 맹렬히 피어 오르는 연기.
- 猛炎(もうえん) 맹염. 맹렬한 불길.
- 猛勇(もうゆう) 맹용. 용맹.
- 猛牛(もうぎゅう) 사나운 소.
- 猛雨(もうう) 맹우. 세차게 내리는 비.
- 猛威(もうい) 맹위.
- 猛将(もうしょう) 맹장.
- 猛鳥(もうちょう) 맹조. 맹금.
- 猛卒(もうそつ) 맹졸. 용맹스러운 병졸.
- 猛進(もうしん) 맹진. 맹렬한 기세로 나아
- 猛追(もうつい) 맹렬히 추격함. 「감.
- 猛打(もうだ)『野』맹타.
- 猛爆(もうばく) 맹폭.
- 猛風(もうふう) 맹풍. 사납게 부는 바람.
- 猛虎(もうこ) 맹호.
- 猛火(もうか) 맹화. 맹렬하게 타오르는 불.
- 猛活躍(もうかつやく) 맹활약.

訓読
- 猛し(たけし)〈文〉① 굳세고 사납다. ② 배짱이 좋다. ③ 세력이 왕성하다. ④ 뛰어나다.
- 猛ぶ(たけぶ)〈古〉사납게 날뛰다〔굴다〕.
- 猛猛しい(たけだけしい) ① 용맹스럽다. 사납다. ② 뻔뻔스럽다.
- 猛夫(たけお)〈古〉굳세고 용감한 사나이.
- ❖猛る(たける) 사납게 날뛰다. 설치다.
- 猛り立つ(たけりたつ) 흥분하다. 격앙〔격분〕하다.

其他
- 猛者(もさ)〈俗〉맹자. 수완가. 강자.

11 艹 人	萌	싹 맹·싹틀 맹 ホウ きざす・もえる・もやす

音読
- 萌動(ほうどう) 맹동. 초목이 싹틈. 일이 일어날 조짐이 보임.
- 萌生(ほうせい) 초목의 싹이 틈. 어떤 일이 일어날 조짐이 보임. 「시작.
- 萌芽(ほうが) 맹아. 싹이 틈. 전하여, 사물의
- 萌出(ほうしゅつ)『生』이〔치아〕가 돋아남.

訓読
- ❖萌える(もえる) 싹트다. 움트다.
- 萌え立つ(もえたつ) 한창 싹트다.
- 萌え木(もえぎ) 새싹이 돋아난 나무.
- 萌葱(もえぎ) 연둣빛. 황록색.
- 萌え出す(もえだす) 싹이 트다. 움트다.
- 萌え出づ(もえいず)〈雅〉① 싹트다. 움트다. ② 마음이 생기다.
- 萌え出る(もえでる) 싹트다. 움트다.
- 萌黄(もえぎ) 연둣빛. 황록색. ♣~色(いろ) 연둣빛.
- ❖萌す(きざす) ① 싹트다. ② 징조가 보이다. 마음이 움직이다.
- 萌し(きざし) 조짐. 징조.
- ❖萌やす(もやす) 싹틔우다.
- 萌やし(もやし) 곡물을 그늘에서 싹틔운 식품. 콩나물·숙주나물 등.
- 萌やしっ子(もやしっこ) 가냘픈 (도시의) 어린이.

其他
- 萌む(めぐむ) 싹트다. 움트다.

13 皿 教	盟	맹세할 맹 メイ・モウ ちかう

音読
- 盟(めい) 맹약. 동맹.
- 盟邦(めいほう) 맹방.
- 盟誓(めいせい) 맹세.
- 盟約(めいやく) 맹약. 굳은 약속.
- 盟友(めいゆう) 맹우. 동지.
- 盟主(めいしゅ) 맹주.
- 盟兄(めいけい) 맹형. 친구의 경칭.
- 盟休(めいきゅう) 맹휴. '同盟休校(どうめいきゅうこう)(=동맹 휴교)'의 준말.

16 亻	儚	바보스러울 맹 ボウ はかない

訓読
- 儚い(はかない) 덧없다. 무상〔허무〕하다.
- 儚くなる(はかなくなる)〈古〉죽다.
- 儚む(はかなむ) 덧없이 여기다. 허무하게 여기다.

16 瓦	甍	대마루 맹·수키와 맹 ボウ いらか

甍・冪・冪・免・面   465

訓読→
甍(いらか) 기와 지붕. 지붕을 인 기와.
~を並(なら)べる 기와집이 줄지어 있다.

멱

| 16 冖 | 冪 | 덮을 멱
ベキ
おおう |

音読→
冪(べき) 〖數〗 멱. 누승. 거듭제곱.
冪根(べきこん) 〖數〗 멱근. 거듭제곱근.

| 19 四 | 冪 | 덮을 멱
ベキ
おおう |

参考 冪의 異體字.

音読→
冪(べき) 〖數〗 멱. 거듭제곱.

면

| 8 儿 常 | 免 (免) | 면할 면
メン・ベン
まぬかれる |

音読→
免ずる(めんずる) ①면제하다. ②용서하다. ③면직되다.
免官(めんかん) 면관. 면직.
免税(めんぜい) 면세. ♣~店(てん) 면세점 / ~点(てん) 면세점.
∥~興行(こうぎょう) 면세 흥행.
免訴(めんそ) 면소.
免囚(めんしゅう) 면수. 형기를 마치고 출감
∥~保護(ほご) 면수 보호.   └한 사람.
免役(めんえき) 면역.
免疫(めんえき) 면역. ♣~性(せい) 면역성 / ~元(げん) 면역원 / ~体(たい) 면역체 / ~学(がく) 면역학.
∥~反応(はんのう) 면역 반응.
~賦活剤(ふかつざい) 면역 부활제.
~魚(ぎょ) 면역어. 전염병 예방 접종을 받은 양식어.
~療法(りょうほう) 면역 요법.
~応答遺伝子(おうとういでんし) 〖生〗 면역 응답 유전자.
~血清(けっせい) 면역 혈청.
免状(めんじょう) ①면(허)장. ②졸업 증서. ③사면장.
免田(めんでん) 영주에 대한 연공(年貢)이 면제된 전답.

免停(めんてい) 免許停止(めんきょていし)의 준말.
免除(めんじょ) 면제.
免租(めんそ) 면조. 조세를 면제함.
免罪(めんざい) 면죄. 사죄(赦罪). ♣~符(ふ) 면죄부.
免職(めんしょく) 면직. 「減)함.
免震(めんしん) 지진 때의 흔들림을 저감(低
免責(めんせき) 면책.
∥~条項(じょうこう) 면책 조항.
~証券(しょうけん) 면책 증권.
~特権(とっけん) 면책 특권.
免黜(めんちゅつ) 면출. 관직을 강등시키거나 면직케 함.
免許(めんきょ) 면허. ♣~税(ぜい) 면허세 / ~状(じょう) 자격증 / ~証(しょう) 면
∥~鑑札(かんさつ) 면허 감찰.   └허증.
~皆伝(かいでん) 스승이 깊은 경지를 제자에게 모두 전수함.
~代言(だいげん) 변호사의 구칭.
~漁業(ぎょぎょう) 면허 어업.
~営業(えいぎょう) 면허 영업.
~停止(ていし) 면허 정지.
~取り消し(とりけし) 면허 취소.

訓読→
免れる(まぬかれる) (모)면하다. 피하다.
*まぬがれる로도 읽음.

其他→
免す(ゆるす) 용서하다. 면하게 하다.

| 9 面 教 | 面 | 낯 면・면 면
メン
おも・おもて・つら |

音読→
面 ㊀(めん) ①면. ㉠탈. ㉡〖數〗평면. ②거울・거문고 등 평평한 것을 세는 말.
㊁(つら) ①얼굴. 낯짝. ②물건의 표면.
~で人(ひと)を切(き)る 거만한 태도로 남의 마음을 상하게 하다.
㊂(おもて) 〈雅〉①얼굴. 안면. ②가면. 탈. ③표면. 외면. ④〈古〉명예. 면목.
~を犯(おか)す 상대방의 마음을 개의치 않고 충고하다.
㊃(おも) ①얼굴 (모습). ②〈雅〉표면.
㊄(も) 〈雅〉면. 표면.   「하다.
面する(めんする) (당)면하다. 향하다. 인접
面角安定の法則(めんかくあんていのほうそく) 〖理〗면각 안정의 법칙.
面談(めんだん) 면담.   「봄.
面倒(めんどう) ①번잡하고 성가심. ②돌
∥~臭い(くさい) 손이 많이 가고 귀찮다. 몹시 성가시다.
面罵(めんば) 면매. 면전 매도.
面面(めんめん) 면면. ①각자. 제각기. ②각 방면.   「도 읽음.
面貌(めんぼう) 면모. 용모. *めんみょう로
面目 ㊀(めんぼく) 면목. 체면. 명예. ♣~

玉(だま)〈俗〉면목.
~を施(ほどこ)す 세상의 평판을 높이다. 면목을 세우다.
‖~一新(いっしん) 겉모양이 완전히 바뀜. 평판이 좋아짐.   「됨.
~丸潰れ(まるつぶれ) 명예가 크게 손상
㊀(めんもく) ① ☞㊁. ② 얼굴 생김새〔모양〕.   「주는 듯함.
‖~躍如(やくじょ) 그 사람의 명예를 높여
面背(めんばい) 면배. 앞뒤. 안팎.
面壁(めんぺき) 면벽. 벽을 면하여 좌선함.
‖~九年(くねん) (달마 대사의) 면벽 9년.
面(めんぶ) 면부. 얼굴 안면.
面扶持(めんぶち) 江戸(えど) 시대, 흉작 때 식구수에 따라 급여한 녹미.
面紗(めんしゃ) 베일.
面謝(めんしゃ) 면사. 만나 사례함.
面上(めんじょう) 면상. 얼굴 (위).
面相(めんそう) ①면상. 용모. ② 붓끝이 가늘고 중간 부분이 빳빳한 화필.
面色(めんしょく) 면색. 안색. 얼굴빛.
面訴(めんそ) 면소. 직접 만나서 호소함.
面授(めんじゅ)『佛』면수.
面述(めんじゅつ) 면술. 면전에서 말함.
面食い(めんくい)〈俗〉용모만 탐내는 사람.
面食らう(めんくらう) ① 당황하다. ② 연이 공중에서 빙빙 돌다.   「う).
面喰らう(めんくらう) ⇨ 面食らう(めんくら
面識(めんしき) 면식.
面心立方格子(めんしんりっぽうこうし)『理』면심 입방 격자.
面謁(めんえつ) 면알. 배알.
面語(めんご) ⇨ 面晤(めんご).
面晤(めんご) 면오. 면담. 면회.
面妖(めんよう) 면요. 기괴함. 이상야릇함.
面容(めんよう) 면용. 얼굴. 모양.
面諛(めんゆ) 면유. 면전에서 아첨함.
面子 ㊀(めんこ) ① 탈의 형태. ② 딱지.
 ㊁(メンツ) 체면. 면목.
面牆(めんしょう) 담〔울타리〕에 면해 있음.
面争(めんそう) 면쟁. 면전에서 책망함.
面積(めんせき)『數』면적. 넓이. ♣~計(けい) 면적계.
‖~速度(そくど) 면적 속도.
面前(めんぜん) 면전.
面折(めんせつ) 면절. 상대의 잘못을 직접 힐책함.   「을 간함.
‖~廷爭(ていそう) 천자의 면전에서 실정
面接(めんせつ) 면접.
面疔(めんちょう)『醫』면정.   「함.
面從(めんじゅう) 면종. 면전에서만 복종
~腹背(ふくはい) 면종 복배.
~腹誹(ふくひ) 면종 복비.
~後言(こうげん) 면종 후언.
面奏(めんそう) 면주. 천자를 배알하고 상주함.
面中(めんちゅう) 얼굴 한복판.
面陳(めんちん) 면진. 면전에서 진술함.
面責(めんせき) 면책. 마주 보며 책망함.

面晴れ(めんばれ) 혐의를 푸는 일. 면목을 세움. * 메보리로도 읽음.
面体(めんたい) 면체. 용모. 면상.
面取り(めんとり) ① 목귀질. ②『料』통째 썰기·깍둑 썰기한 무·당근 등의 모서리 부분을 미리 깎아냄.   「사람.
面打ち(めんうち) 탈〔가면〕을 만듦. 또,
面通し(めんどおし) 면질(面質). 대질.
面桶(めんつう) 1인분씩 담는 나무 밥그릇.
面皮(めんぴ) 면피. 낯가죽. 체면.
~を剝(は)ぐ 뻔뻔한 자를 응징하여 창피를 주다.
面割り(めんわり) ☞面通し(めんどおし).
面向不背(めんこうふはい) 어느 모로 보나 예쁘고 반듯하여 결점이 없음.
面頰(めんぼお) (검도·갑옷에서) 얼굴·머리의 보호구. * 메보리로도 읽음.
面形(めんがた) ①면. 탈. *おもてがたとも 읽음. ② 가면 모양의 장난감.
面会(めんかい) 면회.
‖~謝絶(しゃぜつ) 면회 사절.
面詰(めんきつ) 면힐. 맞대 놓고 힐난함.

訓読
面見せ(つらみせ) ① 일단의 배우가 모두 나와 관객에게 얼굴을 보임. ② 남의 집을 방문함.   「장식 끈.
面繋(おもがい) 말 머리에서 재갈에 걸쳐 맨
面構え(つらがまえ) 억센〔고약한〕면상. 상판.
面窶れ(おもやつれ) (심로(心勞)나 피로로) 얼굴이 야위어 보임. 수척함.   「를 얻음.
面起こし(おもておこし) 체면의 손상. 명예
面当て(つらあて) 미운 사람 앞에서 일부러 비꼬는 말이나 행동을 함.
面道具(おもてどうぐ) 얼굴의 생김새.
面輪(おもわ)〈雅〉(앞에서 본) 얼굴. 안면.
面立たし(おもだたし)〈古〉명예롭다. 영광스럽다.
面立ち(おもだち) 얼굴. 용모. 얼굴 생김새.
面忘れ(おもわすれ) (남의) 얼굴을 잊음.
面白い(おもしろい) ① 재미있다. ② 우수하다.   「미있음.
面白ずくめ(おもしろずくめ) 어디까지나 재
面白そう(おもしろそう) 재미있는〔우스운〕모양.
面白み(おもしろみ) 재미.   「양임.
面白可笑しい(おもしろおかしい) 재미있고도 우습다. 유쾌하고 즐겁다.
面白半分(おもしろはんぶん) 진반 농반. 반농조.   「본위.
面白尽く(おもしろずく) 장난 삼아 함. 흥미
面変わり(おもがわり) 변모.
面伏せ(おもてふせ) 체면〔면목〕을 잃음.
面付き(つらつき)〈俗〉상관대기. 면상.
面映い(おもはゆい) 낯간지럽다. 부끄럽다.
面影(おもかげ) ① (눈앞에 떠오르는) 모습이나 모양. ② 옛 모습.
面汚し(つらよごし) 체면 손상.
面作り(つらつくり) 얼굴 (생김새).

面杖(つらづえ) 팔꿈치를 세우고 손으로 턱을 괴는 일.
面長(おもなが) 얼굴이 갸름함.
面憎い(つらにくい) 보기도 싫다. 얼굴만 보아도 (얄)밉다.
面持ち(おももち) 표정.
面差し(おもざし) 용모. 얼굴 모양.
面出し(つらだし) (회합 등에) 얼굴을 내밂.
面恥(つらはじ) 낯이 뜨거워질 정도의 수치.
面舵(おもかじ) 뱃머리를 오른쪽으로 돌릴 때의 키잡이.
面の皮(つらのかわ) 낯가죽.
~を剝(は)ぐ 낯가죽을 벗기다. 창피를 주다.
面魂(つらだましい) 억센 성격이나 정신이 드러나 있는 면모.
面黒い(おもくろい) 〈俗〉 좀 재미있다. 오히려 어떡한 말씨.

[其他]
面の当り(まのあたり) ① 눈앞(에). 목전. ② 직접. 친히.
面皰(にきび) 여드름. *めんぽう로도 읽음.

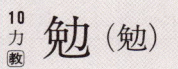

| 10 力 教 | 勉 (勉) | 힘쓸 면
ベン
つとめる |

[音読]
勉強(べんきょう) ① 공부. ②〈俗〉 할인.
∥~家(か) 공부나 사업을 열심히 하는 사람.
勉励(べんれい) 면려. 열심히 힘씀.
勉学(べんがく) 면학. 공부.
[訓読]
❖勉める(つとめる) 노력하다. 힘쓰다.
勉め(つとめ) 할일. 의무. 임무. 책무.
勉めて(つとめて) 가능한한. 될 수 있는 대로.
勉め口(つとめぐち) 직장. 근무처.
勉め先(つとめさき) 근무처. 직장.
勉め人(つとめにん) 월급쟁이.
勉め向き(つとめむき) 근무에 관한 일. 근무하는 곳.

| 10 目 常 | 眠 | 잘 면·쉴 면
ミン
ねむる·ねむい·ねむたい |

[訓読]
眠らす(ねむらす) ☞眠らせる(ねむらせる).
眠らせる(ねむらせる) ① 잠들게 하다. 재우다. ②〈俗〉 없애다. 죽이다.
❖眠い(ねむい) 졸리다.
眠気(ねむけ) 졸음. 자고 싶은 느낌.
∥~覚まし(ざまし) 졸음을 쫓는 수단.
❖眠たい(ねむたい) 졸리다. *ねぶたい로도 읽음.
眠たがる(ねむたがる) 자고 싶어하다. 졸립다고 하다.
眠たげ(ねむたげ) 졸린 모양.
❖眠る(ねむる) 자다. ① 잠자다. ② 활용되지 않다. ③ 죽다.

眠り(ねむり) ① 잠. 수면. ② 누에잠.
眠りこける(ねむりこける) 푹 잠들어 버리다. 정신없이 자다.
眠り口銭(ねむりこうせん) 매매(賣買)할 때 중개 역할을 하지 않아도 상거래 관습이나 규칙에 따라 받는 수수료.
眠り目(ねむりめ) ① 졸린 눈. ② 文樂人形(ぶんらくにんぎょう)의 머리에서 눈을 떴다 감았다 할 수 있게 장치된 것.
眠り病(ねむりびょう) 〖醫〗 '嗜眠性腦炎(しみんせいのうえん)(=기면성 뇌염)'의 속칭.
眠り薬(ねむりぐすり) 수면제. 마취제.
眠り込む(ねむりこむ) 푹 잠들다.
眠り草(ねむりぐさ) 〖植〗 함수초(含羞草).
眠り穴(ねむりあな) 양복의, 멋으로 뚫어 놓은 장식 구멍.

| 11 冂 | 冕 | 면류관 면
ベン
かんむり |

[音読]
冕冠(べんかん) 면류관.

| 12 木 | 棉 | 목화 면
メン
わた |

[音読]
棉実油(めんじつゆ) 면실유.
棉花(めんか) 면화. 목화.
[訓読]
棉(わた) ① 〖植〗 목화. ② 면. 솜. 무명.

| 14 糸 教 | 綿 | 솜 면
メン
わた |

[音読]
綿セル(めんセル) 면(綿)사지.
綿価(めんか) 면가. 솜값.
綿球(めんきゅう) 〖醫〗 면구. 탐폰.
綿亙(めんこう) 면긍. 길게 뻗치어 이어짐.
綿亘(めんこう) ⇨ 綿亙(めんこう).
綿邈(めんばく) 아득히 멂.
綿蠻(めんばん) ① 새가 지저귀는 소리를 나타내는 말. ② 휘파람새의 딴이름.
綿綿(めんめん) 면면. 끊임없이 이어져 있음.
綿密(めんみつ) 면밀.
綿紡(めんぼう) 면방. 면사 방적.
綿服(めんぷく) 면복. 무명옷.
綿棒(めんぼう) 면봉.
綿糸(めんし) 면사. 무명실.
∥~紡績(ぼうせき) 면사 방적.
綿紗(めんしゃ) 면사로 짠 얇은 사(紗).
綿撒糸(めんざんし) 〖醫〗 외과 수술 후에 상처 부위에 박는 심지.
綿絮(めんじょ) 솜. 풀솜.

綿実油(めんじつゆ) 면실유.
綿羊(めんよう)〖動〗면양.
綿製品(めんせいひん) 면제품.
綿織物(めんおりもの) 면직물.
綿慴(めんてつ) 병 따위로 쇠약해져 있음.
綿縮(めんちぢみ) 면사를 원료로 해서 짠, 잔주름이 진 옷감.
綿布(めんぷ) 면포. 무명.
綿花(めんか) 면화. 목화.
綿火薬(めんかやく)〖理〗면화약. 솜화약.
訓読▶
綿 ㊀(わた) ①〖植〗목화. ②면. 솜. 무명.
  ㊁(めん) 면. 무명.
綿菅(わたすげ)〖植〗황새풀. 「고치.
綿繭(わたまゆ) 면견. 풀솜을 만드는 치레기
綿菓子(わたがし) ☞綿飴(わたあめ).
綿噛(わたがみ) ⇨ 綿上(わたがみ).
綿弓(わたゆみ) 솜을 타는 활. 무명활.
綿毛(わたげ) 면모. 솜털. 「쓰개.
綿帽子(わたぼうし) 풀솜으로 만든 여자의
綿抜き(わたぬき) 핫옷의 솜을 빼고 겹옷으로 만듦. 또, 그 겹옷.
綿上(わたがみ) ①갑옷의 양어깨 부분을 일컫는 말. ②후두부. 뒷머리칼.
綿屑(わたくず) 솜 지스러기. 솜 찌꺼기.
綿雪(わたゆき) 함박눈.
綿の実(わたのみ) 면실. 목화씨.
綿埃(わたぼこり) ①솜먼지. ②먼지가 쌓여 솜 모양으로 된 것.
綿屋(わたや) ①솜 가게. 솜 파는 집. 또, 사람. ②솜틀집.
綿羽(わたばね)〖鳥〗면우. 날짐승의 보드라운 털.
綿雲(わたぐも) 뭉게구름.
綿油(わたあぶら) 면실유(棉實油). 「옷.
綿衣(わたぎぬ) 면의. 솜옷. *めんいろにも 읽
綿飴(わたあめ) 솜사탕.
綿入れ(わたいれ) 솜옷. 핫옷.
綿子(わたこ) ①솜옷. ②방한용·어린이용의 소매 없는 솜옷.
綿摘み(わたつみ) ①목화를 땀. 또, 그 사람. ②풀솜을 늘여 綿帽子(わたぼうし)나 솜옷의 안찝을 만드는 작업.
綿繰り(わたくり) ①목화씨를 빼는 작업. 조면. ②綿繰り車의 준말. ♣〜機(き) 조면기 / 〜車(ぐるま) 씨아.
綿種(わたただね) 목화씨. 면화씨.
綿津見(わたつみ) ①해신(海神). ②바다.
綿津海(わたつみ) ⇨ 綿津見(わたつみ).
綿車(わたぐるま) 씨아.
綿秋(わたあき) 목화씨가 여무는 가을.
綿虫(わたむし)〖蟲〗면충. 목화진딧물.
綿取り(わたとり) ☞綿摘み(わたつみ)①.
綿打ち(わたうち) ①솜을 탐〔틂〕. ②綿打ち弓의 준말.
 ‖〜弓(ゆみ) 솜을 타는 기구. 솜채. 무명활.
綿板(わたいた) 두 물건 사이에 넣는 판자·널빤지.

15 糸 **緬** 멀 면·아득할 면
メン
はるか

音読▶
緬邈(めんばく) 아득히 멂.
緬羊(めんよう)〖動〗면양.

15 麥 **麪** 밀가루 면
メン

参考 麺의 異體字.

音読▶
麪類(めんるい) 면류. 국수 종류.
麪棒(めんぼう) 밀방망이.
其他▶
麪包(パン) 빵.

18 魚 **鮸** 민어 면
ベン·メン
にべ

訓読▶
鮸(にべ)〖魚〗동갈민어.
其他▶
鮸膠(にべ) ①민어 부레로 만든 아교. *にべにかわ로도 읽음. ②붙임성.

20 麥 **麵** 밀가루 면
メン

音読▶
麵(めん) 면. ①국수. ②밀가루.
麵類(めんるい) 면류. 국수 종류.
麵棒(めんぼう) 밀방망이.
麵粉(めんぷん) 밀가루.
其他▶
麵包(メンパオ) 멘파오. 빵.
麵麭(パン) 빵. 「②빵가루.
麵麭粉(パンこ) ①빵의 원료가 되는 밀가루.
麵麭食(パンしょく) (주식으로) 빵을 먹는 일. 「모〕.
麵麭種(パンだね) 빵 만들 때 쓰는 이스트〔효

멸

13 氵 常 **滅** 멸망할 멸
メツ
ほろびる·ほろぼす

音読▶
滅(めつ)〖佛〗열반.
滅する(めっする) 멸망시키다. 멸망하다.

滅却(めっきゃく) 멸각.
滅菌(めっきん) 멸균.
滅金 ㊀(めっきん) 금과 수은의 합금으로, 도금(鍍金)의 재료로 쓰는 것. *めっきん으로도 읽음.
㊁(めっき) ①도금. ②〈俗〉겉만 번지르르하게 꾸밈.
滅期(めつご) 멸기. ①멸망・사망의 시기. 임종. ②〖佛〗석가 입멸(入滅)의 시기.
滅多(めった) 분별없음. 마구함.
‖〜突き(づき) 무턱대고 쩌르는 일.
〜無性(むしょう) 무턱대고 마구하는 모양.
〜矢鱈(やたら) 무턱대고 함부로 하는 모양.
〜切り(ぎり) 난도질. 　　　　　　　　양.
〜打ち(うち) 마구 쏨〔때림〕. 난타.
滅多に(めったに) 좀처럼〔거의〕(…않다).
滅度(めつど) 〖佛〗멸도. ①열반. ②입적(入寂).
滅裂(めつれつ) 멸렬.
滅亡(めつぼう) 멸망.
滅門日(めつもんにち) 멸문일. (음양도에서) 만사에 흉이 있다는 날.
滅法(めっぽう) ①〖佛〗멸법. 일체의 법을 없애는 일. ②〈俗〉엄청나게. 터무니없이.
‖〜界(かい) 〈俗〉턱없이. 엄청나게.
滅私(めっし) 멸사.
‖〜奉公(ほうこう) 멸사봉공.
滅相(めっそう) ①당치도 않음. 터무니없음. ②〖佛〗멸상.
滅色(めっしき) 쇠하여 퇴색함.
滅失(めっしつ) 멸실. 망하여 없어짐.
滅紫(めっし) 칙칙한 보랏빛.
滅罪(めつざい) 멸죄. 속죄.
‖〜生善(しょうぜん) 〖佛〗멸죄생선.
滅尽(めつじん) 멸진. 멸절(滅絕). ♣〜定(じょう) 〖佛〗멸진정.
滅後(めつご) 〖佛〗멸후. 석가 입멸(入滅) 후.

訓読➡
滅びる(ほろびる) ①멸망하다. ②없어지다. 사라지다.
滅ぶ(ほろぶ) ☞滅びる(ほろびる).
滅ぼす(ほろぼす) ①멸망시키다. 망치다. ②근절시키다.

其他➡
滅入る(めいる) ①기가〔풀이〕죽다. ②(쑥) 빠져 들다.
滅茶(めちゃ) 〈俗〉이치에 닿지 않는 모양. 당치 않음. 터무니없음.
滅茶苦茶(めちゃくちゃ) 〈俗〉엉망(진창). 마구하는 모양. 　　　　　　「뒤죽박죽.
滅茶滅茶(めちゃめちゃ) 〈俗〉엉망(진창).

15
艹 蔑
업신여길 멸
ベツ
さげすむ・ないがしろ

音読➡
蔑視(べっし) 멸시.
蔑如(べつじょ) 멸시. 천시.
蔑称(べっしょう) 멸칭. 경멸하여 일컬음.

訓読➡
蔑ろ(ないがしろ) ①소홀히 함. 업신여김. ②〈古〉단정하지 못하고 난잡한 모양.
❖蔑む(さげすむ) 깔보다. 업신여기다.
蔑み(さげすみ) 업신여김. 멸시.

其他➡
蔑する(なみする) 경멸하다. 무시하다. 업신여기다.

명

5
皿
教
皿
그릇 명
ベイ
さら

訓読➡
皿(さら) 접시. 　　　　　　　　「한 받침.
皿立て(さらたて) 장식용 접시를 세우기 위함.
皿鉢(さらばち) ①사발이나 운두가 낮은 그릇. ②접시 모양의 커다란 푼주.
皿鋲(さらびょう) 대가리가 평평하여 박으면 재료 표면에서 튀어나오지 않는 리벳(rivet).
皿盛り(さらもり) (밥・야채 따위를) 접시에 담음. 또, 접시에 담은 밥.
皿洗い(さらあらい) 접시 닦기. 또, 그 사람.
皿小鉢(さらこばち) 접시나 작은 사발.
皿眼(さらまなこ) 접시처럼 크고 둥글게 뜬 눈. 또, 그런 눈으로 주시하는 일.
皿秤(さらばかり) ①접시 달린 저울. ②앉은뱅이 저울. 천칭.
皿回し(さらまわし) 막대나 손가락 끝으로 접시를 돌리는 곡예(사).

6
口
教
名
이름 명
メイ・ミョウ
な・なづける

音読➡
名 ㊀(みょう) 名田(みょうでん)의 준말.
㊁(めい) ①명. ②인원수를 나타내는 助數詞. …명. ③이름.
㊂(な) ①성명. 명칭. ②평판. 명성. ③명예. ④구실. 빙자.
名家(めいか) 명가. ①명문. ②명사.
名歌(めいか) 명가. 유명한 노래.
名鑑(めいかん) ①명감. 명부. 인명록. ②물건의 이름을 모은 책.
名剣(めいけん) 명검. 보검.
名犬(めいけん) 명견.
名曲(めいきょく) 명곡.
名骨(めいこつ) 명골. 상어 따위의 연골을 쪄서 말린 식품.
名工(めいこう) 명공. 명장(名匠).
名菓(めいか) 명과. 이름난 과자.

名教(めいきょう) 명교. 훌륭한 가르침. 또, 유교의 가르침.
名橋(めいきょう) 유명한 다리.
名句(めいく) 명구.
名局(めいきょく) (바둑·장기 따위의) 명국.
名君(めいくん) 명군. 선정을 베푼 훌륭한 군주.
名妓(めいぎ) 명기.
名技(めいぎ) 명기. 훌륭한 재주.
名器(めいき) 명기.
名機(めいき) 명기. 뛰어난 성능을 가진 사진기·비행기 등.
名答(めいとう) 명답.
名刀(めいとう) 명도. 명검.
名論(めいろん) 명론.
名流(めいりゅう) 명류. 명사(名士).
名利(めいり) 명리.
名馬(めいば) 명마.
名望(めいぼう) 명망. ♣~**家**(か) 명망가.
名木(めいぼく) 명목. ① 유명한 나무. ② 훌륭한 향목.
名目 〔一〕(めいもく) 명목. ♣~**的**(てき) 명목적 / ~**値**(ち) 명목치.
‖~**国民所得**(こくみんしょとく) 명목 국민 소득.
~**賃金**(ちんぎん) 명목 임금.
~**資本**(しほん) 명목 자본.
~**貨幣**(かへい) 명목 화폐.
〔二〕(みょうもく)〈老〉①명목. ②습관에 따른 한자의 특별한 읽는 법. ③속담.
名文(めいぶん) 명문.
名門(めいもん) 명문.
名聞 〔一〕(めいぶん) 명문. 세상의 평판.
〔二〕(みょうもん)〈老〉세상의 평판.
‖~**利養**(りよう)『佛』명문 이양. 세상의 명성을 얻는 일과 재산을 늘리는 일.
名物(めいぶつ) 명물.
‖~**切れ**(ぎれ) 진귀하게 여기는 옛사람이 남긴 글의 단편.
名盤(めいばん) 명반. 유명한 음반.
名宝(めいほう) 명보. 유명한 보물.
名峰(めいほう) 명봉. 유명한 산〔봉우리〕.
名簿(めいぼ) 명부.
名分(めいぶん) 명분.
名士(めいし) 명사.
名詞(めいし)『文法』명사. ♣~**句**(く) 명사구 / ~**法**(ほう) 명사법 / ~**節**(せつ) 명사절.
名辞(めいじ)『哲』명사.
名山(めいざん) 명산.
名産(めいさん) 명산.
名状(めいじょう) 상태를 말로 표현함.
名相(めいしょう) 명상. 훌륭한 재상.
名石(めいせき) 빛깔이나 모양이 좋은 보석.
名説(めいせつ) 훌륭한 학설. 유명한 설.
名声(めいせい) 명성.
名城(めいじょう) ① 명성. ② 名古屋城(なごやじょう)의 준말.
名世(めいせい) 명세. 한 세상에 이름이 높은 사람.
名所 〔一〕(めいしょ) 명소.

‖~**旧跡**(きゅうせき) 명소 구적. 명승 고적.
~**旧蹟**(きゅうせき) ⇨ 名所旧跡.
~**図絵**(ずえ) 각 지방의 명소를 삽화를 곁들여 설명한, 江戸(えど) 후기의 지지(地誌).
~**案内**(あんない) 명소 안내.
〔二〕(などころ) ① 명소. 명승. ② 성명과 주소.
名手(めいしゅ) 명수.
名水(めいすい) ① 좋은 물. ② 유명한 강.
名数(めいすう) ① 명수. 항상 일정한 수를 붙여서 부르는 것의 이름. ②『數』명수.
名僧(めいそう) 명승. 고승.
名勝(めいしょう) 명승.
‖~**記念物**(きねんぶつ) 명승 기념물.
~**庭園**(ていえん) 국가에서 지정한 정원.
名詩(めいし) 명시.
名識(めいしき) 명승(名僧).
名臣(めいしん) 명신. 훌륭한 신하.
名神(めいしん)『地』名古屋(なごや)와 神戸(こうべ).
名実(めいじつ) 명실.
~**相**(あい)**伴**(ともな)**う** 명실상부하다.
名案(めいあん) 명안.
名薬(めいやく) 명약.
名言(めいげん) 명언. 금언.
名訳(めいやく) 명역.
名演(めいえん) 명연.
名誉(めいよ) 명예. ♣~**権**(けん) 명예권 / ~**心**(しん) 명예심 / ~**欲**(よく) 명예욕 / ~**職**(しょく) 명예직 / ~**刑**(けい) 명예형.
‖~**教授**(きょうじゅ) 명예 교수.
~**挽回**(ばんかい) 명예 만회.
~**市民**(しみん) 명예 시민.
~**領事**(りょうじ) 명예 영사.
~**革命**(かくめい)『史』명예 혁명.
~**回復**(かいふく) 명예 회복.
~**毀損**(きそん) 명예 훼손.
名玉(めいぎょく) 훌륭한 보석.
名優(めいゆう) 명우.
名苑(めいえん) ⇨ 名園(めいえん).
名媛(めいえん) 유명한 여성.
名園(めいえん) 명원. 유명한 정원.
名月(めいげつ) 명월. 음력 8월 15일 밤의 달. 또, 9월 13일 밤의 달.
名儒(めいじゅ) 명유. 이름난 유생.
名吟(めいぎん) 명음. ① 뛰어난〔유명한〕시가·俳句(はいく). ② 훌륭한 음영(吟詠).
名医(めいい) 명의.
名義(めいぎ) 명의. ♣~**人**(にん) 명의인.
‖~**貸し**(がし) 명의 대여. 타인의 재산이나 권리를 위해 명의를 빌려주는 일.
~**書換**(かきかえ) 명의 개서(改書). ♣~**代理人**(だいりにん) 명의 개서 대리인.
名人(めいじん) 명인.
‖~**肌**(はだ) 재주가 뛰어난 사람에게 흔히 있는, 완고한 성질.
~**気質**(かたぎ) 명인 기질.
~**芸**(げい) 명인의 솜씨〔재주〕.
名字(みょうじ) 성씨(姓氏). 성.
‖~**帯刀**(たいとう) 성씨를 쓰고 칼을 찰

있는 권리.
~御免(ごめん) 江戸(えど) 시대, 서민에게 공로·가문 등에 따라 성씨를 쓰는 것을 허락했던 일.
名刺(めいし) 명함. ♣~判(ばん) 명함판.
‖~代わり(がわり) 처음 만나는 사람에게 명함 대신 내놓는 선물 따위.
~受け(うけ) 방문객의 명함을 받아 넣어 두는 기물.　　　　　　　　　　「것.
~入れ(いれ) 명함을 넣어 가지고 다니는
名作(めいさく) 명작.
名匠(めいしょう) 명장.
名将(めいしょう) 명장.
名著(めいちょ) 명저.　　　　　　　　　「名).
名跡(みょうせき) 뒤를 이어야 할 가명(家
名蹟(みょうせき) ⇨ 名跡(みょうせき).
名籍(めいせき) 명적. 명부.
名田(みょうでん) 平安(へいあん) 시대 이래로 口分田(くぶんでん)의 사유화 등으로 특정 개인이 자기 이름을 붙이고 소유하게 된 논.
名詮自性(みょうせんじしょう)《佛》명전자성.
名節(めいせつ) 명절. 명예와 절조.
名店(めいてん) 유명한 점포.
‖~街(がい) 유명 점포가 즐비한 거리.
名調子(めいちょうし) 운치가 있는 독특한
名族(めいぞく) 명족. 명문.　　　　　└말투.
名主(めいしゅ) 훌륭한 군주.
㊁(みょうしゅ) 장원(莊園)이 발달했던 시기의 名田(みょうでん) 소유자.
㊂(なぬし) 江戸(えど) 시대에, 幕府(ばくふ) 직할시 町村(ちょうそん)의 장.
名酒(めいしゅ) 명주.
名車(めいしゃ) 명차.
名刹(めいさつ) 명찰.
名川(めいせん) 명천. 이름난 강〔하천〕.
名草 ㊀(めいそう) 아름다움·약효 따위로 유명한 풀.
㊁(なぐさ) 이름이 널리 알려진 풀.
名称(めいしょう) 명칭.
名湯(めいとう) 효험이 있는 유명한 온천.
名篇(めいへん) ⇨ 名編(めいへん).
名編(めいへん) 명편. 뛰어난 시문, 또는 책.
名評(めいひょう) 뛰어난 비평.
名品(めいひん) 명품.
名筆(めいひつ) 명필.
名香(めいこう)〈文〉명향. 좋은 냄새가 나는 향. 유명한 향.
名号(みょうごう)《佛》명호.
名花(めいか) 명화. ①아름다운 꽃. ②미녀.
名画(めいが) 명화.
名彙(めいい) 사물의 호칭·명칭 등을 모아 편찬한 책.

<u>訓読</u>
名うての(なうての) 유명한. 쟁쟁한.
名だたる(なだたる) 유명한. 평판이 높은.
名ばかり(なばかり) 이름뿐임. 명목뿐임.
名告り(なのり) ⇨ 名乗り(なのり).

名告る(なのる) ⇨ 名乗る(なのる).
名高い(なだかい) 유명하다.
名古屋帯(なごやおび) 북통처럼 가운데가 부풀게 되는 부분만 보통 폭으로 하고 나머지 부분은 반폭으로 만든 여자의 띠.
名広め(なびろめ) 예명·상점명을 세상에 피로함〔알림〕.　　　　　　　　　　　「錄」.
名寄せ(なよせ) 인명(人名)·지명록(地名
名代 ㊀(などい) ①유명(함). 소문남. ②명의. 명목(名目).
㊁(みょうだい) 대리. 대리인.
名頭(ながしら) 성씨나 이름의 첫 글자.
名立て(なだて) 소문이 나게 함. 헛소문을 퍼뜨림.
名立てがましい(なたてがましい) 일부러 소문을 내는 것 같다.
名無し(ななし) 이름이 없음. ♣~指(ゆび) 무명지.
‖~の権兵衛(ごんべえ) 이름을 모르는 사람을 흘하게 일컫는 말.　　　　　　「문서.
名付き(なづき) 자기 벼슬과 성명을 기록한
名付く(なづく) 이름이 붙다. 명명되다.
名付け(なづけ) 이름을 지어 줌.
‖~親(おや) 아이에게 이름을 지어 주는〔준〕사람.
名付ける(なづける) 명명하다. 이름을 짓다.
名に負う(なにおう) 유명한. 이름 그대로의.
名にし負う(なにしおう) ☞ 名に負う(なにおう).
名乗り(なのり) ①자기 이름을 댐. ②公家(くげ)·무사의 남자가 관례한 뒤 통칭 이외에 붙이던 실명.
‖~字(じ) 名乗り ②에 쓰는 한자(漢字).
名乗る(なのる) 이름이나 신분을 밝히다.
名宛(なあて) 수신인의 주소·성명. ♣~人(にん) 수신인.
名入り(ないり) 물품에 이름이 들어 있음.
名入れ(ないれ) 선물 등에 회사나 개인의 이름을 넣음.
名子(なご) (중세 이후의) 농노(農奴).
‖~親(おや) 名子의 주인.
名残(なごり) ①(지난 뒤에도 남아 있는) 영향. 자취. 자취. ②추억. 기념. ③미련. 아쉬움.
名残狂言(なごりきょうげん) 배우가 은퇴할 때 또는 그 지방을 떠날 때 최후로 하는 狂言(きょうげん).
名残の杯(なごりのさかずき) 이별의 술잔.
名残惜しい(なごりおしい) (이별이) 아쉽다.
名残惜しがる(なごりおしがる) (이별하기) 섭섭해 하다. 아쉬워하다.
名残の雪(なごりのゆき) ①봄에 들어서 오는 눈. ②봄이 되어서도 녹지 않고 남아 있는 눈.
名残の袖(なごりのそで) 이별의 슬픔으로 흐르는 눈물에 젖은 소매.　　　　　　「연.
名残の宴(なごりのえん) 이별〔석별〕의 주
名残の月(なごりのつき) 잔월(殘月). 새벽

〔지새는〕 달.
名残の折(なごりのおり) 連歌(れんが)・俳諧(はいかい)에서, 구(句)를 연서(連書)하는 '懷紙(かいし)(=일본 종이)'의 네 번 접은 마지막 장.
名残の花(なごりのはな) 지고 남은 (벚)꽃.
名前(なまえ) 이름.
‖**〜負け**(まけ) 이름에 비해 실제〔인물〕이 오히려 못해 보임.
名折れ(なおれ) 불명예. 명예 손상.
名題(なだい) ① 명제. 성명・품명을 표제에 게시함. 또, 그 표제. ② 각본 또는 浄瑠璃(じょうるり)의 제명(題名). ③ 名題看板・名題役者의 준말.「의 간판.
‖**〜看板**(かんばん) 歌舞伎(かぶき)〔연극〕
〜役者(やくしゃ) ① 간판에 그 예명이 실리는 배우. ② 그 극단(의) 배우 중 가장 우수한 배우.
〜下(した) 名題役者① 다음 지위의 배우.
名指し(なざし) 지명.
名指す(なざす) 지명하다.
名札(なふだ) 명찰. 명패. 문패.
名取り(なとり) 일본 춤 등에서 솜씨가 능숙해져 사범과 관계 있는 예명 사용을 허가 받음. 또, 그 사람.
名親(なおや) ☞ **名付け親**(なづけおや).
名板貸し(ないたがし) 명의 대여.
名披露目(なびろめ) ⇒ **名広め**(なびろめ).

命 8人教 목숨 명・명령할 명
メイ・ミョウ
いのち・みこと

音読▶

命ずる(めいずる) ① 명령하다. 임명하다. ② 이름 짓다.
命宮(めいきゅう) 명궁. 관상에서, 양미간을 일컫는 말.
命根(めいこん) 명근. 생명의 근본. 생명.
命令(めいれい) 명령. ♣**〜文**(ぶん)〖文法〗 명령문 / **〜法**(ほう)〖文法〗 명령법 / **〜形**(けい)〖文法〗 명령형.
‖**〜一下**(いっか) 명령 일하.
〜解読器(かいどくき) (컴퓨터의) 명령 해
命脈(めいみゃく) 명맥.「독기.
命名(めいめい) 명명. 이름을 붙임.
命法(めいほう)〖數〗 제등 명법(諸等命法).
命婦(みょうぶ) 율수제(律令制) 아래서, 여인의 칭호의 하나.
命世(めいせい) 명세(名世).
命数(めいすう) ① 수명. 운수. ② 어떤 수에 이름을 붙임. ♣**〜法**(ほう)〖數〗 명
命運(めいうん) 명운.「수법.
命日(めいにち) 명일.「진 과제.
命題(めいだい)〖論〗 명제. ② 명령. 주어
‖**〜論理学**(ろんりがく) 명제 논리학.
命終 ㊀(めいじゅう) 죽음. 절명.
㊁(みょうじゅう) 목숨이 다함. 죽음.
命中(めいちゅう) 명중.

訓読▶

命 ㊀(いのち) ① 생명. ② (수)명. ③ 가장 귀중한 것.
〜の露(つゆ) 이슬 같은 목숨.
〜の瀬戸際(せとぎわ) 생사의 갈림길.
〜の際(きわ) 생사의 갈림길. 임종.
〜の親(おや) 목숨을 건져준 사람.
㊁(めい) ① 목숨. 수명. ② 명령. ③ 운명.
㊂(みこと)〈雅〉① 옛날, 신이나 귀인의 이름에 붙이는 높임말. ② 자네. 너.
命綱(いのちづな) 구명삭(救命索).
命乞い(いのちごい) 살려 달라고 빎.
命冥加(いのちみょうが) 죽을 뻔했던 목숨을 신기하게 견짐. 뜻밖에 재난을 면함.
命毛(いのちげ) 붓끝의 가장 긴 털.
命拾い(いのちびろい) 목숨을 건짐. 구사일생으로 살아남.
命辛辛(いのちからがら) 목숨만은 잃지 않고. 간신히.
命知らず(いのちしらず) 죽음을 두려워하지 않고 일을 함. 또, 그런 사람.
命取り(いのちとり) ① 생명에 관계됨. ② 큰 실패의 원인.
命懸け(いのちがけ) 목숨을 걺. 결사. 필사.

明 8日教 밝을 명・밝힐 명
メイ・ミョウ・ミン
あかり・あかるい・あかるむ・
あからむ・あきらか・あける・
あく・あくる・あかす

音読▶

明 ㊀(めい) ① 명. 분명함. 밝음. ② 안식. 통찰력. ③ 시력.
㊁(みん)〖史〗 명나라.
明渠(めいきょ)〖土〗 명거.
明決(めいけつ) 명결. 판단・결단이 명확함.
明経(みょうぎょう) 명경. 유교 경전을 배워 밝히는 일.
明経道(みょうけいどう) 율령제 대학의 사도(四道)의 하나. 논어・효경을 연구하던 학과.
明鏡(めいきょう) 명경. 맑은 거울.
‖**〜止水**(しすい) 명경지수.
明骨(めいこつ) 명골. 상어 따위의 연골을 쪄서 말린 식품.
明光(めいこう) 명광. 밝은 빛.
明君(めいくん) 명군. 현명한 군주.
明記(めいき) 명기. 똑똑히 씀.
明器(めいき) 명기. 옛날, 죽은 사람의 무덤에 같이 묻은 부장품.
明年(みょうねん) 명년. ♣**〜度**(ど) 명년도.
明旦(みょうたん) 명단. 내일 아침.
明断(めいだん) 명단. 선악을 명확히 판단함.「함.
明達(めいたつ) 명달. 총명하고 사리에 통달
明答(めいとう) 명답. 명확한 대답.
明堂(めいどう) 명당. 중국, 천자의 조정.
明徳(めいとく) 명덕.

明刀銭(めいとうせん) 중국 전국 시대에 통용된 청동 화폐의 하나.
明度(めいど)〖美〗명도.
明朗(めいろう) 명랑.
明瞭(めいりょう) 명료. 뚜렷함.
明利(みょうり) 명리.
明晩(みょうばん) 내일 밤.
明滅(めいめつ) 명멸.
明明白白(めいめいはくはく) 명명백백.
明明後年(みょうみょうごねん) 내후년.
明眸(めいぼう) 명모. 맑고 아름다운 눈동자.
∥~**皓歯**(こうし) 명모호치. 미인. ~**禍**(か) 미인이기 때문에 입는 재난.
明文(めいぶん) 명문. ① 명시된 조문. ② 명백하고 조리가 선 글〔문장〕. ♣~**化**(か) 명문화.
明美(めいび) 명미.
明媚(めいび) ⇨ 明美(めいび)
明敏(めいびん) 명민.
反応(はんのう)〖生〗명반응.
明礬(みょうばん) 명반. 〔도 읽음.
明白(めいはく) 명백. 분명. *あからさまろも
明弁(めいべん) ① 명변. 분명히 말〔논〕함. ② 도리를 명백히 분별함.
明色(めいしょく) 명색. 밝은 빛.
明晰(めいせき) ① 명석. 분명하고 확실함. ②〖論〗명석.
∥~**判明**(はんめい)〖哲・論〗명석 판명.
明晳(めいせき) ⇨ 明晰(めいせき)
明星(みょうじょう)〖天〗명성. 샛별. 금성. *あかぼしロも 읽음.
明細(めいさい) 명세. ♣~**書**(しょ) 명세서.
∥~**書き**(がき) 명세서.
明順応(めいじゅんのう)〖心〗명순응.
明示(めいじ) 명시.
明視(めいし) 명시. 똑똑히 봄.
∥~**距離**(きょり) 명시 거리.
明識(めいしき) 분명한 인식.
明神(みょうじん) 신의 존칭. 특히, 영검한 신을 이름.
明眼(めいがん) ① 똑똑히 보이는 눈. ② 뛰어난 식견.
明暗(めいあん) 명암. ♣~**法**(ほう) 명암법.
∥~**順応**(じゅんのう) 명암 순응.
明闇(みょうあん) 이승과 저승. 유명(幽明).
明夜(みょうや) 명야. 내일 밤.
明言(めいげん) 명언. 분명하게 말함.
明王(みょうおう)〖佛〗명왕. 〔름달.
明月(めいげつ) 명월. ① 밝고 둥근 달. ② 보
明喩(めいゆ) 직유(법). 수사법의 하나.
明粧(めいしょう) 명장. 치장.
明才(めいさい) 명재. 뛰어난〔현명한〕재능.
明笛(みんてき) 명적. 중국의 관악기로 명악(明樂)에 쓰는 저.
明浄(みょうじょう) 명정. 밝고 맑음.
明朝 ㊀(みんちょう)① 명조. 명왕조. ② 한자 서체의 하나. ♣~**体**(たい) 명조체.
∥~**活字**(かつじ) 명조체 활자.
㊁(みょうあさ) 명조. 내일 아침. *みょうちょうロろ 읽음.
明主(めいしゅ) 명주. 명군.
明珠(めいしゅ) 명주. ① 투명하고 아름다운 구슬. ② 훌륭한 인물의 비유.
明証(めいしょう) 명증. 확증. ♣~**性**(せい) 명증성.
明知(めいち) 명지. 뛰어난 지혜.
明智(めいち) ⇨ 明知(めいち)
明徴(めいちょう) 명징. 명백히 증명함.
明澄(めいちょう) 명징. 맑고 밝음.
明察(めいさつ) 명찰. 〔명함.
明暢(めいちょう) 명창. 말・논지(論旨)가 분
明窓浄几(めいそうじょうき) ⇨ 明窓浄机(めいそうじょうき). 〔결한 서재.
明窓浄机(めいそうじょうき) 명창정궤. 정
明天子(めいてんし) 명천자. 현명한 천자.
明哲(めいてつ) 명철.
∥~**保身**(ほしん) 명철보신. 〔함.
明徹(めいてつ) 명철. 사리가 분명하고 투철
明初(めいしょ)'明治初年(めいじしょねん)(=명치 초년)'의 압축된 말섯.
明春(みょうしゅん) 명춘. 〔대의 연호.
明治(めいじ) 明治天皇(めいじてんのう) 시
∥~**維新**(いしん) 명치유신.
明快(めいかい) 명쾌.
明解(めいかい) 명해. 요령.
明確(めいかく) 명확.
明後年(みょうごねん) 명후년.
明訓(めいくん) 명훈. 훌륭한 가르침.

【訓読】

明かずの(あかずの) 열리지 않는.
明かり(あかり) ① 환한 빛. 밝은 빛. ② 결백한 증거.
明くる(あくる) 다음의. 이듬…. 익(翌). ♣~**年**(とし) 이듬해 / ~**月**(つき) 다음달 / ~**日**(ひ) 다음날. 이튿날 / ~**朝**(あさ) 이튿날 아침.
明くれば(あくれば) 날이 새면. 이튿날이면.
明らか(あきらか) ① 밝음. 환함. ② 분명함.
明らむ(あからむ) (동이 터서) 훤해지다.
明らめる(あきらめる)〈老〉① 분명히 하다. 밝히다. ② 깨닫다.
明るむ(あかるむ) 밝아지다.
明明と(あかあかと) 매우 밝은 모양.
明かり先(あかりさき) 빛이 비쳐 들어오는 곳. 불빛 쪽.
明かり障子(あかりしょうじ)〖建〗명장(明障)지.
明かり取り(あかりとり) 창. 채광용의 창.
❖**明かす**(あかす) ① (비밀 등을) 밝히다. ② (밤을) 새우다.
明かし暮らす(あかしくらす) 나날을 보내다. 세월을 보내다.
❖**明く**(あく) ① (문이나 막힌 것 등이) 열리다. ② (구멍 따위가) 뚫리다. 나다. ③ 기한이 다 되다〔차다〕.
明き(あき) ① 속이 빔. ② 빈 곳〔터〕. 틈새.

여백. ③ 빈자리. 결원. ④ 놀고〔사용치 않고〕 있음. 또, 그 물건. ⑤ 틈. 짬.
明き家(あきや) 빈집. 공가.
明き殻(あきがら) 빈 껍질〔그릇〕.
明き間(あきま) ①(빈)틈. ②빈방.
明き盲(あきめくら) ①문맹자. ②사리를 분별 못 하는 사람.
明き部屋(あきべや) 빈방.
明き地(あきち) 공지. 빈터. 공터.
がら明き(がらあき) 텅 빔.
❖**明ける**(あける) ①(날이) 밝다. ②새해가 되다. ③기한이 끝나다.
明け(あけ) ①날이 샘. 새벽녘. ②기간이 끝남. 또, 끝난 직후.
明けて(あけて) 새해가 되어.
明けやらぬ(あけやらぬ) 밤이 아직 덜 샌.
明け広げる(あけひろげる) ①활짝 열어젖히다. ②숨김없이 드러내다.
明けっ広げ(あけっぴろげ) ①활짝 열어젖힘. ②개방적임.
明けの年(あけのとし) ①이듬해. 다음해. ②새해. 새봄.
明け渡し(あけわたし) 명도. 비워 줌.
明け渡す(あけわたす) 명도하다. 비워 주다.
明け渡る(あけわたる) 날이 훤히 밝다.
明け六つ(あけむつ) 새벽 6시. 또, 그때 치는 종.
明け離れる(あけはなれる) 날이 밝다.
明けの明星(あけのみょうじょう) 샛별.
明け暮らす(あけくらす) 세월을 보내다.
明け暮れ(あけくれ) ①아침 저녁. ②자나 깨나. 늘.
明け暮れる(あけくれる) ①날이 새고 해가 지다. ②몰두하다.
明け方(あけがた) 새벽녘. 동틀녘.
明けっ放し(あけっぱなし) ①열어 놓은 채로 둠. ②개방적임.
明け放す(あけはなす) 활짝 열어 놓다.
明け放れる(あけはなれる) 날이 밝다.
明け番(あけばん) ①밤샘 근무를 마치고 나옴. 또, 그 사람. 밤샘 근무 다음의 휴무. ②(야간 2교대 근무에서) 새벽반.
明け払う(あけはらう) ①(문 따위를) 활짝 열어 젖뜨리다. ②명도하다. ③식구가 모두 외출하다.
明け烏(あけがらす) ①새벽녘에 우는 까마귀. ②'먹'의 은어.
明け易い(あけやすい) (여름밤이 짧아) 날이 새는 것이 빠른 모양.
明けの日(あけのひ) 이튿날.
明け残る(あけのこる) 지새는 달·별빛이 아직도 남아 있다.
明けの鐘(あけのかね) (절에서 치는) 새벽 종.
明け初める(あけそめる) 날이 새기 시작하다.
明け透け(あけすけ) 숨기거나 가리지 않음.
明け荷(あけに) ①씨름꾼이 샅바 따위를 넣는 기름이 함. ②여행용 고리짝.
明け行く(あけゆく) 날이 밝아오다.
❖**明るい**(あかるい) 밝다. ①환하다. ②명랑하다. ③전망이 좋다. ④공명(公明)하다. ⑤(사물에) 정통하다.
明るさ(あかるさ) 밝음. 밝기. 「세상.
明るみ(あかるみ) ①밝은 곳. ②공개된 곳.

[其他]
明か(さやか) 〈雅〉 잘 보이는〔들리는〕 모양.
明朝後日(しあさって) 글피.
明石(あかし) 明石縮(あかしちぢみ)의 준말. 오글쪼글한 여름 옷감. 「읽음.
明日(あした) 내일. ＊あす・みょうにちにも
明日明後日(あすあさって) 내일이나 모레. 근일중(近日中).
明太(めんたい) 《魚》 명태.
明後日(あさって) 모레. ＊みょうごにちにも 읽음.
∥〜の方(ほう)〈俗〉 엉뚱한 방향〔데〕.

10 一

冥

어두울 명
メイ・ミョウ
くらい

[音読]
冥加(みょうが) 명가. ①《佛》 눈에 보이지 않는 신불의 가호. ②아주 운수가 좋음. ③冥加金의 준말. ♣〜金(きん)《佛》명가금.
冥感(みょうかん) 명감. 신앙심이 신불에 통함. ＊みょうかんとも 읽음.
冥境(めいきょう) 명경. 명토. 황천길.
冥界(みょうかい) 《佛》 명계. ＊めいかいとも 읽음.
冥官(みょうかん) 《佛》 명관.
冥鬼(めいき) 명귀. 저승에 있는 귀신.
冥途(めいど) ⇨ 冥土(めいど).
冥慮(めいりょ) 신불 등의 깊은 뜻.
冥利(みょうり) 《佛》 명리. 은연중 신불(神佛)로부터 받는 은혜.
冥漠(めいばく) 명막. 어둡고 멀어서 똑똑히 보이지 않음. 「지 않음.
冥邈(めいばく) 어둡고 멀어서 똑똑히 보이지 않음.
冥冥(めいめい) 명명. ①어두운 모양. ②사정이 분명하지 않은 모양.
冥罰(みょうばつ) 명벌. 신불의 징벌.
冥福(めいふく) 명복. ＊みょうふくとも 읽음.
冥府(めいふ) 명부. ①저승. ②염마청.
冥想(めいそう) 명상.
冥色(めいしょく) 명색(瞑色). 모색.
冥捜(めいそう) 눈을 감고 마음속에서 찾음.
冥暗(めいあん) ①암흑. ②어두운 저승길에서의 혜맹.
冥闇(めいあん) ⇨ 冥暗(めいあん).
冥王星(めいおうせい) 《天》 명왕성.
冥応(みょうおう) 《佛》 명응. 부처님의 감응.
冥助(みょうじょ) 명조. 명가(冥加). 「호.
冥土(めいど) 《佛》 명토. 저승.
冥顕(みょうげん) 《佛》 명현.

冥護(めいご) 명호. 모르는 사이에 신불이 가호함. 또, 그 가호. *みょうごろも 읽음.

| 10
艹 | 茗 | 차싹 명
ミョウ・メイ |

音読
茗溪(めいけい) 東京(とうきょう) 소재의 'お茶(ちゃ)の水(みず)'의 미칭.
茗荷(みょうが) 〖植〗 양하(蘘荷).

| 11
艹 | 茜 | 패모 명·어저귀 경
ボウ |

其他
茜麻(いちび) 〖植〗 어저귀.

| 13
氵 | 溟 | 어두울 명
メイ
くらい |

音読
溟濛(めいもう) 어둑어둑하고 아련함.
溟海(めいかい) 명해. 망망 대해.

| 13
酉 | 酩 | 술취할 명
メイ
よう |

音読
酩酊(めいてい) 명정. 몹시 술에 취함.

| 14
木 | 椧 | 명사나무 명
メイ |

其他
椧櫖(かりん) 〖植〗 모과(나무).

| 14
金
常 | 銘 | 새길 명
メイ
しるす |

音読
銘(めい) 명. ①명문. ②완성품에 새긴 제작자의 이름. ③교훈의 말.
銘する(めいする) 금석 따위에 새겨 두다.
銘ずる(めいずる) 명심하다.
銘肝(めいかん) 명간. 명심.
銘菓(めいか) 명과. 「서 나타냄.
銘記(めいき) ①명기. 명심. ②명문을 새겨
銘旗(めいき) 명기. 장례식에 쓰이는, 죽은 사람의 성명 따위를 적은 기.
銘茶(めいちゃ) 특별한 명칭이 있는 고급 차.
銘刀(めいとう) 명도. 명(銘)이 새겨져 있는 훌륭한 칼.
銘銘(めいめい) 각자. 제각기. ♣〜皿(ざら) 노느매기 접시.
銘木(めいぼく) 형상·광택·나뭇결·재질이 진귀하고 비싼 목재의 총칭.
銘文(めいぶん) 명문.
銘柄(めいがら) ①상품의 상표. ②〖經〗(주식의) 종목. 품목. ③유명한 상품.
銘石(めいせき) 명이 새겨진 돌. 「단.
銘仙(めいせん) 꼬지 않은 실로 거칠게 짠 비
銘醸(めいじょう) 원료나 물을 정선하여 청주를 빚음. 또, 그 청주.
銘店(めいてん) 유명 메이커.
銘酒(めいしゅ) 명주. 특별한 이름을 붙인 좋은 술.
∥〜屋(や) ①명주를 파는 집. ②겉으로 술을 파는 집으로 위장한 갈봇집. 「걸다〕.
銘打つ(めいうつ) 물건에 이름을 붙이다〔내

| 14
鳥
教 | 鳴 | 울 명·울릴 명
メイ
なく・なる・ならす |

音読
鳴管(めいかん) 〖鳥〗 명관. 울대.
鳴禽(めいきん) 명금. 고운 목소리로 우는 새. ♣〜類(るい) 〖鳥〗 명금류.
鳴動(めいどう) 명동. 울리어 진동함.
鳴謝(めいしゃ) 깊이 사례함. 「소리.
鳴蟬(めいせん) 우는 매미. 또, 매미의 울음
鳴箭(めいせん) 우는살《적을 위협하려고 쏘는 화살》.
鳴鳥(めいちょう) 아름답게 우는 새.
鳴虫(めいちゅう) 명충. 가을에 아름다운 소리로 우는 벌레.
鳴弦(めいげん) 벽사(辟邪)를 위해 빈 활시위를 당겨 소리를 내는 일.

訓読
鳴かす(なかす) (새 따위를) 울게 하다.
鳴らす(ならす) ①소리를 내다. 울리다. ②(명성·평판을) 떨치다. ③강하게 주장하다. 투덜대다.
鳴かず飛ばず(なかずとばず) 울지도 날지도 않다. 오랫동안 활동이 없어 사람들로부터 잊혀지고 있다.
❖**鳴く**(なく) (새·벌레·짐승 등이) 소리를 내다. 울다.
鳴き交わす(なきかわす) (새·벌레·짐승 따위가) 서로〔마주〕 울어대다.
鳴き渡る(なきわたる) 새가 울며 날아가다.
鳴き竜(なきりゅう) 다중 반향(反響) 현상.
鳴き立てる(なきたてる) 새·벌레 따위가 자꾸 울어대다.
鳴き頻る(なきしきる) (새·짐승·벌레 따위가) 요란하게 울어대다. 「리.
鳴き声(なきごえ) 새·벌레 따위의 우는 소
鳴き鳥(なきどり) 우는 소리를 듣기 위해 기르는 새. 「를 멈추다.
鳴き止む(なきやむ) 새·벌레 따위가 울기

鳴き虫(なきむし) (가을에) 우는 벌레.
鳴く虫(なくむし) 귀뚜라밋과·여칫과의 우는 벌레.
❖鳴る(なる) ① 울리다. 소리가 나다. ② 널리 알려지다.
鳴り(なり) ① 울림. 또, 그 소리. ② 떠드는 소리.
鳴りはためく(なりはためく) 큰소리로 울리다. 울려 퍼지다.
鳴り渡る(なりわたる) 울려 퍼지다. 멀리까지 퍼지다[떨치다].
鳴門(なると) ⇨ 鳴戸(なると).
鳴り物(なりもの) ① 악기. ② 박자를 맞추거나 홍을 돋우기 위한 음악. 노래(音曲).
∥～入り(いり) 대대적인[떠들썩한] 선전.
　～停止(ちょうじ) 가무·음곡 금지.
鳴る矢(なるや) 우는살.
鳴る神(なるかみ) 〈雅〉 천둥.
鳴子(なるこ) 논·밭 따위에서 새를 쫓기 위한 장치.
鳴り鏑(なりかぶら) 우는살. 명적(鳴鏑).
鳴り響く(なりひびく) ① (사방에) 울리다. 울려 퍼지다. ② (명성이) 널리 떨치다.
鳴り革(なりかわ) 걸으면 소리가 나는, 가죽 구두 안에 넣는 가죽.
鳴戸(なると) 썰물·밀물 때 소용돌이치며 명동하는 좁은 해협.
∥～巻(まき) '蒲鉾(かまぼこ)(＝어묵)'의 일종.

| 15
目 | 瞑 | 눈감을 명
メイ·メン
つぶる |

音読
瞑する(めいする) 눈을 감다. (편안히) 죽다.
瞑目(めいもく) 명목. 편안히 죽음.
瞑氛(めいふん) 어두어둑한 기색. 어두운 기분.
瞑想(めいそう) 명상.
瞑色(めいしょく) 명색. 모색(暮色).
瞑捜(めいそう) 눈을 감고 마음속에서 찾음.
瞑坐(めいざ) 명좌. 눈을 감고 조용히 있음.
瞑眩(めんけん) 명현. 현기증. ＊めいげんこ로도 읽음.

訓読
瞑る(つぶる) ① 눈을 감다. ② 보고도 못 본 체하다. 눈감아 주다. ＊つむる로도 읽음.

| 16
虫 | 螟 | 마디충 명
メイ
ずいむし |

音読
螟蛾(めいが) 〖蟲〗 명아. 명나방.

訓読
螟虫(ずいむし) 〖蟲〗 명충. 마디충.

메

| 9
ネ | 袂 | 소매 메
ベイ
たもと |

音読
袂別(べいべつ) 메별. 섭섭히 작별함.

訓読
袂(たもと) ① (일본옷의) 소맷자락. 소매. ② 바로 옆. 곁. ③ 기슭.
袂糞(たもとくそ) (일본옷의) 소맷자락 밑바닥에 끼는 먼지.
袂時計(たもとどけい) 몸시계. 회중 시계.

모

| 4
毛
教 | 毛 | 털 모
モウ
け |

音読
毛幹(もうかん) 〖動〗 (포유류의) 모간.
毛挙(もうきょ) 모거. 세세한 점까지 일일이 들추어냄.
毛管(もうかん) 모관. 모세관.
∥～現象(げんしょう) 〖理〗 모세관 현상.
毛鉱(もうこう) 〖鑛〗 안티몬·납·철의 황화물. 섬유상의 결정. 황산암모늄 연광(鉛鑛).
毛根(もうこん) 〖生〗 모근.
毛囊(もうのう) 〖生〗 모낭.
毛頭(もうとう) 《다음에 否定의 말이 와서》 털끝만큼도. 조금도. 전연.
毛髮(もうはつ) 모발.
∥～湿度計(しつどけい) 모발 습도계.
毛細管(もうさいかん) 모세관.
∥～現象(げんしょう) 모세관 현상.
毛細血管(もうさいけっかん) 〖生〗 모세 혈관.
毛翅目(もうしもく) 〖蟲〗 모시류. 날도래목.
毛顎動物(もうがくどうぶつ) 모악 동물.
毛樣体(もうようたい) 〖生〗 모양체.
毛穎(もうえい) 모영. 붓.
毛茸(もうじょう) 〖植〗 모용. 식물 겉죽의 잔털.
毛衣 ㊀(もうい) ① 모의. 갖옷. ② 포유 동물의 체모(體毛).
　㊁(けごろも) (옛날에) 모피로 만든 옷. 갖옷.
毛氈(もうせん) 모전. 양탄자. ♣～苔(ごけ) 〖植〗 끈끈이주걱.
毛質(もうしつ) 모질. 털 특히, 머리털의 성질.
毛瘡(もうそう) 〖醫〗 모창. 수염의 모낭에 발생하는 염증.
毛包(もうほう) 〖生〗 ☞毛囊(もうのう).
毛布(もうふ) 모포. 담요.
毛皮獸(もうひじゅう) 모피수. 모피로 이용하기에 알맞은 짐승.
毛筆(もうひつ) 모필. ♣～画(が) 모필화.

訓読

毛 ㊀(け) ①털. 머리털. 깃털. ②식물의 솜털. ③벼이삭.
㊁(もう) ①척관법(尺貫法)의 길이·무게의 단위. 리(厘)의 10분의 1. ②금전·이자율·비율의 단위. 리(厘)의 10분의 1.
毛綱(けづな) 머리털을 꼬아 만든 밧줄.
毛見(けみ) 검견(檢見). 간평(看坪). 幕府(ばくふ)나 영주가 관원을 시켜 농작 상황을 조사하고 조세를 정하던 일.
‖~取り(とり) 작물 조세를 평애법(平刈法)으로 정하는 방법.
毛脛(けずね) 털이 많은 정강이.
毛孔(けあな) ⇨ 毛穴(けあな).
毛鉤(けばり) 제물낚시.
毛筋(けすじ) ①(낱낱의) 머리카락. ②가르마. ③아주 사소한 것의 비유.
‖~立て(たて) 빗치개.
毛臑(けずね) ⇨ 毛脛(けずね).
毛唐(けとう) 〈俗〉코쟁이《서양인의 멸칭》.
毛裏(けうら) 안에 털을 댄 옷.
毛描き(けがき) (일본화에서) 사람·짐승의 털을 가는 선으로 하나하나 그림. 또, 그 림붓.
毛黴(けかび) 털곰팡이.
毛抜き(けぬき) 족집게.
‖~合わせ(あわせ) 안팎 가장자리를 맞대어 가지런히 꿰맴.
毛並み(けなみ) ①동물의 털의 결. ②성질. 종류. 씨알. ③〈俗〉출신 성분.
毛糸(けいと) 모사. 털실.
毛上(けじょう) 지면상의 자연 산물을 지면과 구별하여 이르는 말.
毛色(けいろ) ①모색. (동물의) 털빛. ②(사물의) 모양. 성질. 종류.
毛生え薬(けはえぐすり) 모생약. 양모제.
毛繕い(けづくろい) 털 다듬기. 짐승이 혀·발톱 등으로 털을 깨끗이 하는 일.
毛焼き(けやき) 털을 뽑은 새나 닭을 불에 그슬려 잔털을 없앰. 「(起毛)
毛搔き(けかき) 천의 보풀을 일으킴. 기모
毛水囊(けすいのう) 쳇불을 말총으로 얽은 눈이 촘촘한 체.
毛繩子(けじゅす) 모수자. 날실은 면사(綿絲), 씨실은 모사(毛絲)로 짠 매끈하고 윤이 나는 직물.
毛虱(けじらみ) 〖蟲〗사면발이. 모슬(毛蝨).
毛蠅(けばえ) 털파릿과 곤충의 총칭.
毛深い(けぶかい) 털이 많다〔짙다〕.
毛野(けぬ) 上野(こうずけ)와 下野(しもつけ)의 옛 이름. *けのろに 読음.
毛染め(けぞめ) 머리 염색.
毛玉(けだま) 곱슬마디〔털실 따위의 중간에 덩어리가 진 것〕.
毛羽(けば) ①괴털. 보풀. ②지도에서, 등고선 등을 나타내는 가는 선. ③누에가 고치를 지을 때 발판으로 맨 처음 치는 실.
‖~立つ(だつ) 보풀이 일다.
毛引き(けびき) ①증서 등에 도장을 찍을 때, 뒷날 진짜가 아니라고 주장하기 위해 털을 한 가닥 끼워서 인영(印影)을 흐리게 하는 일. ②무엇을 집어서 뽑는 도구. 「(魚).
毛子(けご) 양식어에서 막 부화한 치어(稚
毛蠶(けご) 애누에. 알에서 갓 깐 누에.
毛切れ(けぎれ) 털이 무지러짐.
毛際(けぎわ) 털이 난 가장자리.
毛彫り(けぼり) 〖美〗조조. 털같이 가는 선으로 무늬나 글자를 새김. 또, 그 새긴 것.
毛足(けあし) ①직물 따위 표면의 털. ②털이 많이 난 다리.
毛織り(けおり) 모직. 모직물. ♣~物(もの) 모직물.
毛槍(けやり) 창집을 새털로 장식한 창.
毛虫(けむし) 모충. 쐐기.
‖~眉(まゆ) 굵고 짙은 송충이 같은 눈썹.
毛布団(けぶとん) ①새털 이불. ②모피 깔개. 「음.
毛皮(けがわ) 모피. 털가죽. *もうひろ도 읽
毛蟹(けがに) 〖動〗털게.
毛穴(けあな) 모공. 털구멍.
毛嫌い(けぎらい) 까닭없이 괜히 싫어함.
さら毛(さらげ) 길이가 가지런하지 않은 헝클어진 머리.

其他

毛茛(うまのあしがた) 〖植〗미나리아재비. *きんぽうげ로도 読음.
毛斯(モス) 毛斯綸(モスリン)의 준말.
毛斯綸(モスリン) 모슬린.

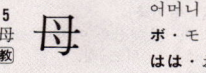

5 母 教 어머니 모
ボ・モ
はは・おも・かあ・かか

音読

母系(ぼけい) 모계.
‖~社会(しゃかい) 모계 사회.
~制度(せいど) 모계 제도.
母校(ぼこう) 모교.
母国(ぼこく) 모국. 조국. ♣~語(ご) 모국「어.
母権(ぼけん) 모권.
‖~制度(せいど) 모권 제도.
母堂(ぼどう) 모당. 자당(慈堂).
母都市(ぼとし) 모도시.
母斑(ぼはん) 모반.
母法(ぼほう) 〖法〗모법.
母船(ぼせん) 모선.
‖~式漁業(しきぎょぎょう) 모선식 어업.
母線(ぼせん) 〖數〗모선.
母性(ぼせい) 모성. ♣~愛(あい) 모성애 / ~的(てき) 모성적.
‖~保護(ほご) 모성 보호.
母数(ぼすう) 〖數〗모수. 통계학에서 모집단의 특성을 나타내는 수.
母樹(ぼじゅ) 〖農〗모수. 우량한 형질을 지닌 종자를 채취하는 수목. 어미나무.
母岩(ぼがん) 〖鑛〗모암.
母液(ぼえき) 모액.

母語(ぼご) 모어. ① 모국어. ② 같은 계통에 속하는 언어의 시조가 되는 언어.
母原病(ぼげんびょう) 모원병. 어머니의 부주의로 인한 아이들의 이상(異常). 말하기의 지연이나 무기력 등.
母乳(ぼにゅう) 모유.
母音(ぼいん) 모음. 홀소리. *ぼおん으로도
‖~交替(こうたい) 모음 전환.   「읽음.
~三角形(さんかくけい) 모음 삼각형.
~調和(ちょうわ) 모음 조화.   「자당.
母儀(ぼぎ) ① 어머니된 자의 모범. ② 모친.
母子 ㊀(ぼし) ① 모자. 어머니와 자식. ② 원금과 이자. ③ 하나로 이어진 것에서 큰 것과 작은 것.
‖~感染(かんせん) 〖醫〗 수직(垂直) 감염.
~寮(りょう) 모자원. 아동 복지법에 의하여 배우자 없는 여자와 그 아이들을 위한 복지 시설의 하나.
~手帳(てちょう) 모자 수첩. 보건소에서 임산부에게 교부하는 것으로 모자의 건강 상태나 지도 사항을 기입함.
~年金(ねんきん) 모자 연금. 부양자를 잃고 수입이 없는 모자에게 국가가 주는 연금.
㊁(ははこ) ㊀①. ② 母子草의 준말.
‖~草(ぐさ) 〖植〗 떡쑥.
母指(ぼし) 무지(拇指). 엄지손가락.
母集団(ぼしゅうだん) 〖統〗 모집단. 통계 추출의 모체가 되는 집단.
母川国(ぼせんこく) 모천국. 산란 때 바다에서 강으로 거슬러 올라오는 연어·송어 등의 산란 하천을 갖는 연안국.
母体(ぼたい) ① 해산한 어머니 몸. ② 갈려 나온 것의 근본이 되는 것.
母胎(ぼたい) 모태.
母艦(ぼかん) 모함. '航空母艦(こうくうぼかん)(= 항공 모함)·潜水(せんすい)母艦(=잠수 모함)'의 준말.   「항구.
母港(ぼこう) 모항. 배의 근거지로 삼고 있는
母兄(ぼけい) 모형. 동모형(同母兄).
母型(ぼけい) 〖印〗 모형. 자모(字母).
母后(ぼこう) 모후. 황태후.
訓読▶
母 ㊀(はは) ① 모친. ② 근원. 모태.
㊁(かか) 〈兒〉 엄마.
母さん ㊀(かあさん) 'お母(かあ)さん(= 어머니)'의 예사로운 말씨.
㊁(かかさん) '母様(かかさま)(= 어머님)'의 변한 말.
母ちゃん(かあちゃん) 〈俗·兒〉 엄마.
‖~農業(のうぎょう) 〈俗〉 주부 농업.
母家(ぼけ) ① 몸채. ② 집의 안채.
母君(ははぎみ) 남 또는 자기 어머니의 높임말. 자친. 자당.
母刀自(ははとじ) 어머니의 높임말. 어머님.
母物(ははもの) (영화나 연극 등에서) 모성애를 맨 주제로 한 것.
母方(ははかた) 외가(外家) 쪽.
母上(ははうえ) 어머니의 높임말. 어머님.

母様(かかさま) 어머님. 어머니의 높임말.
母御(ははご) 상대방 어머니의 높임말. 자당.
母御前(ははごぜん) ☞母御(ははご). *ははごぜ로도 읽음.
母屋 ㊀(おもや) ⇨ 母家(おもや).
㊁(もや) 집의 안채.   「요일.
母の日(ははのひ) 어머니날. 5월의 둘째
母者(ははじゃ) 母者人의 준말. *はわじゃ로도 남음.
‖~人(ひと) 자녀들이 어머니를 다정하게 부르는 말. 우리 어머니. *はわじゃひと로도
母親(ははおや) 모친. 어머니.   「읽음.
‖~学級(がっきゅう) 어머니들을 대상으로 열리는 사회 교육 조직.
其他▶
母衣(ほろ) 옛날 갑옷 등을 덮어 씌워서 화살을 막던 포대와 같은 천.   「장.
‖~蚊帳(がや) (포장 모양의) 아기용 모
~引き(びき) 말을 타고 母衣(ほろ)를 땅에 닿지 않도록 뒤로 길게 휘날리게 하면서 달리는 마상 마술(馬術)의 하나.

| 5 矛 常 |  | 창 모
ム·ボウ

ほこ |

音読▶
矛盾(むじゅん) 모순. ♣~律(りつ) 〖論〗 모순율.
‖~概念(がいねん) 〖論〗 모순 개념.
~冷覚(れいかく) 모순 냉각.
~撞着(どうちゃく) 모순 당착.
~対当(たいとう) 〖論〗 모순 대당.
訓読▶
矛(ほこ) ① 쌍날칼을 꽂은 창과 비슷한 무기.
矛山車(ほこだし) 창 따위를 꽂아 장식한 수   「레.
矛先(ほこさき) 창끝. 전하여, 비난·공격의 방향〔화살〕.
矛偏(ほこへん) 한자 부수의 하나: 창모변.

| 7 牛 | 牡 | 수컷 모·모란 모
ボ

おす·お·おん |

音読▶
牡丹(ぼたん) ①〖植〗 모란. ②〈俗〉 멧돼지 고기의 딴이름. ♣~雪(ゆき) 함박눈 / ~花(か) 모란꽃.
‖~色(いろ) 모란색. 모란꽃처럼 산뜻한 적자색(赤紫色).
~刷毛(ばけ) 끝이 벌어진 화장용 솔.
~桜(ざくら) 〖植〗 천엽벚나무의 딴이름.
~槍(やり) 막대기 끝에 솜이나 털을 둥글게 감아 맨 연습용의 창.
~皮(ぴ) 생약의 하나. 모란 근피(根皮)로, 진통·진정약. 특히, 부인병 약으로 쓰임.
~杏(きょう) 〖植〗 오얏나무의 일종.

牡丹餅(ぼたもち) 찹쌀과 멥쌀을 섞어 고물을 묻혀 만든 떡《お萩(はぎ)의 딴이름》.

訓読

牡 ㊀(おす) 수컷. ＊오로도 읽음.
㊁(おん) 수. 수컷.
牡鹿(おじか) 수사슴. 「읽음.
牡馬(おうま) 수말. 말의 수컷. ＊ぼばろ도
牡羊座(おひつじざ) 〖天〗양(羊)자리.
牡牛(おうし) 수소. 황소. ♣～座(ざ) 〖天〗황소자리.

其他

牡蠣(かき) 모려. 굴(조개).
牡蠣殼(かきがら) 굴껍데기.
‖～屋根(やね) 굴껍데기로 이은 지붕.
～葺き(ぶき) 굴껍데기로 지붕을 이음. 또, 그 지붕.
～灰(ばい) 굴껍데기를 태워서 빻은 재. 석회의 대용으로 씀.
牡蠣飯(かきめし) 굴밥.
牡蠣船(かきぶね) ①굴조개잡이 배. ②굴요리를 만들어 파는 배. 「らやね」
牡蠣屋根(かきやね) ☞牡蠣殼屋根(かきが
牡蠣油(かきあぶら) 생굴을 소금에 절여서 발효시킨 조미료. 오이스터 소스.
牡蠣醬油(かきじょうゆ) 굴을 삶아낸 국물에 소금을 넣고 다시 끓인 조미료.

8 イ 常	侮(侮)	업신여길 모 ブ あなどる

音読

侮慢(ぶまん) 모만. 거만한 태도로 깔봄.
侮罵(ぶば) 모매. 멸시하고 욕함.
侮蔑(ぶべつ) 모멸.
侮視(ぶし) 업신여김. 얕잡아 봄. 멸시.
侮言(ぶげん) 모언. 업신여기는 말.
侮辱(ぶじょく) 모욕. ♣～罪(ざい) 〖法〗모욕죄.
侮日(ぶにち) 일본(日本)(사람)을 업신여김.

訓読

❖**侮る**(あなどる) 멸시하다. 깔보다.
侮り(あなどり) 모욕. 멸시.

8 艹 人	茅	띠 모 ボウ かや・ち・ちがや

音読

茅廬(ぼうろ) 모려. 모옥(茅屋). ①새[띠]로 지붕을 인 집. ②자기 집의 겸칭.
茅舍(ぼうしゃ) 모사. 띠로 지붕을 인 집.
茅屋(ぼうおく) 모옥. 초가집. ＊かややろ도 읽음. 「자.
茅亭(ぼうてい) 모정. 새로 지붕을 이은 정

訓読

茅(かや) 〖植〗새. 띠. ＊ち・ちがや로도 읽음.
茅の根(ちのね) 띠의 뿌리줄기. 한방에서 이뇨・지혈제로 씀.
茅の輪(ちのわ) 띠를 엮어 둥글게 만든 고리《이를 통과하면 죄・부정을 씻는다 함》.
茅野(かやの) 띠〔새〕가 무성한 들.
茅葺き(かやぶき) 띠〔새〕로 지붕을 임. 또, 그 지붕〔집〕.
茅場(かやば) ①지붕감의 띠를 베는 곳. ②꼴을 베는 곳.
茅渟(ちぬ) 〈關西方〉〖魚〗茅渟鯛(ちぬだい)의 준말. 감성돔.
茅草(ちがや) ⇨ 茅萱(ちがや).
茅戸(かやと) 억새, 띠 등이 무성한 산비탈.
茅花(ちばな) 띠꽃. ＊つばなろ도 읽음.
茅萱(ちがや) 〖植〗띠.

其他

茅蜩(ひぐらし) 〖蟲〗쓰르라미.

8 毛 日	毟	뜯을 (모) むしる

訓読

❖**毟る**(むしる) ①잡아 뽑다. ②〈생선 등의 뼈에서〉살을 발라내다. 「앗다.
毟り取る(むしりとる) 쥐어뜯다. 억지로 빼

9 女	姥	할미 모 ボ うば

訓読

姥(うば) ①노파. ②노파를 본뜬 能面(のうめん)의 하나.
姥女樫(うばめがし) ⇨ 姥目樫(うばめがし).
姥目樫(うばめがし) 〖植〗너도밤나뭇과의 일종.
姥捨山(うばすてやま) ①〖地〗長野(ながの)의 현에 있는 산 이름. ②노인을 멀리하기 위해 데려다 두는 곳. 또, 그런 사람에게 주는 편안한 일자리.
姥桜(うばざくら) ①〖植〗피안벚나무의 하나. ②아직 아름다움을 간직하고 있는 중년 여성. ③〈俗〉한물 지난 미인.
姥貝(うばがい) 〖貝〗함박조개.

9 日 常	冒(冒)	무릅쓸 모・범할 모 ボウ おかす・おおう

音読

冒瀆(ぼうどく) 모독.
冒頭(ぼうとう) 모두.
‖～陳述(ちんじゅつ) 〖法〗모두 진술.
冒疾(ぼうしつ) 시샘하며 미워함.
冒稱(ぼうしょう) 모칭. 멋대로 남의 직함이나 이름을 도용하는 일.
冒険(ぼうけん) 모험. ♣～家(か) 모험가.
‖～小説(しょうせつ) 모험 소설.

訓読 冒す(おかす) ① 무릅쓰다. ② 더럽히다. ③ 남의 이름을 사칭하다. ④ 병균이 침범하다.

9 木 常	某	아무 모 ボウ それがし・なにがし

音読
某 ㊀(ぼう)《接頭語로》모…. '어떤'의 뜻을 나타냄.
㊁(それがし)〈古〉① 모(某). 아무개. ② 저. 본인. 이 사람.
㊂(なにがし) ① 모(某). ② 얼마간.
某国(ぼうこく) 모국. 어떤 나라.
某女(ぼうじょ) 모녀. 어떤 여자.
某某(ぼうぼう) 모모. 누구누구. 아무아무.
某所(ぼうしょ) 모소. 모처. 어떤 곳.
某氏(ぼうし) 모씨. 어떤 분.
某月(ぼうげつ) 모월. 어느 달.
某日(ぼうじつ) 모일. 어떤 날.
某地(ぼうち) 모지. 어느 땅.
某紙(ぼうし) 모지. 어떤 신문.
某誌(ぼうし) 모지. 어떤 잡지.

9 木 日	栂	나무이름 (모) つが

訓読 栂(つが) 〖植〗 솔송나무. *とがз로도 읽음.

10 木	棒	창 모 ボウ ほこ

参考 矛의 古字.

訓読 棒星(ほこぼし) 〖天〗 모성. 혜성.

10 米 日	粍	밀리미터 (모) ミリメートル

訓読 粍(ミリメートル) 밀리미터(기호: mm).

10 老	耄	늙은이 모 モウ・ボウ おいぼれる・ほれる

音読
耄碌(もうろく) 늙어빠짐. 노망. 망령듦.
‖〜頭巾(ずきん) 질냄비 모양을 한 두건.
耄耄(もうもう) 모모. 늙어빠진 모양.
訓読
❖耄れる(ほれる) 어린애나 노인처럼 되어 판단력을 잃다.
耄れ者(ほれもの) 멍청이. 바보.
其他
耄ける(ぼける) (감각・의식 등이) 흐려지다. 멍청해지다. 망령들다.

10 耒 常	耗 (耗)	덜릴 모・감할 모 モウ・コウ へる

音読 耗損(こうそん) 모손. 닳아 없어짐. 손모.

11 目 人	眸	눈동자 모 ボウ ひとみ

音読
眸子(ぼうし) 모자. 눈동자.
眸中(ぼうちゅう) 눈 속. 눈동자.
訓読
眸(ひとみ) 눈동자. 동공(瞳孔).

12 力 常	募	널리구할 모 ボ つのる

音読
募金(ぼきん) 모금.
募兵(ぼへい) 모병.
募集(ぼしゅう) 모집.
‖〜設立(せつりつ) 〖經〗 모집 설립.
募債(ぼさい) 모채. 공채(公債)나 사채(社債) 등을 모집함.
訓読
募る(つのる) ① 점점 심해지다. 격화하다. ② 모집하다. 모으다.

12 巾 常	帽 (帽)	모자 모 ボウ・モウ

音読
帽(ぼう)《接尾語로》…모. 모자.
帽子(ぼうし) 모자.
‖〜掛(か)け 모자걸이.
帽章(ぼうしょう) 모장. 모표.

14 扌	摸	본뜰 모 モ・バク まねる・さぐる

参考 현대 표기로는 '模'로 대용함.

音読
摸する(もする) 본뜨다. 모방하다.
摸倣(もほう) 모방. *ぼはう로도 읽음.
摸本(もほん) ① 원본을 그대로 모사한 책. ② 습자・그림 등의 글씨・그림본.
摸索(もさく) 모색.

摸擬(もぎ) 모의.
摸作(もさく) 모작. 모조.
摸製(もせい) 모제. 모조.
摸出(もしゅつ) 실물과 비슷하게 표현해 냄.

14 小 常
慕
사모할 모
ボ
したう

音読▶
慕情(ぼじょう) 모정. 그리워하는 마음.
訓読▶
慕う(したう) ①뒤를 쫓다. ②연모하다. 사모하다. 그리워하다. ③경모하다.
慕わしい(したわしい) 그립다.

14 日 教
暮
저물 모·늦을 모
ボ
くれる·くらす

音読▶
暮年(ぼねん) 모년. 노년. 만년.
暮山(ぼさん) 모산. 해질 무렵의 산.
暮色(ぼしょく) 모색. 날이 저물어 가는 무렵의 어스레한 빛.
∥～蒼然(そうぜん) 모색창연.
暮雪(ぼせつ) 모설. 저녁 때 내리는 눈. 또, 저녁 때의 눈 경치.
暮靄(ぼあい) 모애. 이내. 남기(嵐氣).
暮夜(ぼや) 모야. 한밤중. 야반.
暮烟(ぼえん) ⇨ 暮煙(ぼえん).
暮煙(ぼえん) 모연. 저녁 때의 연기.
暮雨(ぼう) 모우. 저녁 때 오는 비.
暮雲(ぼうん) 모운. 저녁 구름.
暮鐘(ぼしょう) 모종. 만종(晚鐘).
暮秋(ぼしゅう) 모추. ①만추(晚秋). 늦가을. ②음력 9월의 별칭.
暮春(ぼしゅん) 모춘. ①만춘(晚春). 늦봄. ②음력 3월의 별칭.
暮歯(ぼし) 노년. 만년.
訓読▶
❖暮らす(くらす) ①살다. 지내다. 살아가다. ②(시간·세월을) 보내다.
暮らし(くらし) 살림.
～を立(た)てる 생계를 세우다.
暮らし方(くらしかた) 생활해 나가는 방법.
暮らし向き(くらしむき) 살림살이.
❖暮れる(くれる) ①날이 저물다. 해가 지다. ②한 해가[계절이] 끝나다. 세월이 지나가다.
暮れ(くれ) 저물. 저물 때. ①저녁 때. 해질 녘. ②계절·한 해의 마지막.
暮れ果てる(くれはてる) 해가 완전히 지다.
暮れ掛かる(くれかかる) 저물어 가다. 저녁 때가 되다. 「쉬 지지 않다.
暮れ泥む(くれなずむ) 해가 뉘엿뉘엿하면서
暮れ渡る(くれわたる) 완전히 저물다.
暮れ落ちる(くれおちる) 날이 저물어 해가 지다.
暮れ六つ(くれむつ) (江戸(えど) 시대의) 저녁 여섯 시(를 알리는 종).
暮れ暮れ(くれぐれ) 저물녘. 해질녘.
暮未だき(くれまだき) 해질녘. 일모(日暮)까지는 조금 시간이 있는 무렵.
暮れ方 ㊀(くれかた) 저무는 모양. 저무는 속도. 「(日暮).
㊁(くれがた) 저물녘. 해질녘. 저녁 때. 일모
暮れ易い(くれやすい) 해 저무는 것이 빠르다. 금방 해가 지다.
暮れ残る(くれのこる) 해가 덜 져 어스레하다. 땅거미지다.
暮れの秋(くれのあき) 늦가을. 만추.
暮れの春(くれのはる) 늦봄. 모춘(暮春).
暮れ合い(くれあい) 해질녘.
暮れ行く(くれゆく) (해가) 저물어 가다.
暮れ懸かる(くれかかる) ⇨ 暮れ掛かる(くれかかる).

14 木 教
模
본뜰 모·거푸집 모
モ·ボ
かた·かたどる·ならう·かたぎ

音読▶
模す(もす) ☞ 模する(もする). 「다.
模する(もする) 본뜨다. 모방하다. 흉내 내
模刻(もこく) 모각. 원본대로 돌·판목에 새김. ♣～本(ほん) 모각본.
模倣(もほう) 모방. *ぼほう로도 읽음. ♣～説(せつ)〖社〗모방설.
∥～芸術(げいじゅつ) 모방 예술.
～学習(がくしゅう) 모방 학습.
模範(もはん) 모범. ♣～林(りん) 시범림 / ～生(せい) 모범생 / ～的(てき) 모범적.
∥～試合(じあい) 시범 경기.
～議会(ぎかい)〖史〗모범 의회.
模本(もほん) 모본. ①원본을 그대로 모사한 책. ②습자·그림 등의 글씨·그림본. 「설.
模写(もしゃ) 모사. ♣～説(せつ)〖哲〗모사
∥～電送(でんそう) 모사 전송. 팩시밀리.
模像(もぞう) 모상. 모형의 상(像). 모방하여 만든 상.
模索(もさく) 모색(摸索).
∥～過程(かてい)〖經〗시장에서 균형 상태에 이르기까지의 시행 착오적인 과정.
模試(もし) '擬試験(もぎしけん)'(=모의 시험)'의 준말.
模式(もしき) 모식. ♣～図(ず) 모식도 / ～化(か) 모식화.
模様(もよう) ①무늬. 도안. ②모양. 모습. 상황. 동정(動靜).
∥～眺め(ながめ) 상황 판단을 위하여 관망함. 또, 시세 동향이 분명치 않아 매매를 보류함. 「등을 바꿈.
～替え(がえ) 사물의 짜임새·생김새·배치
～編み(あみ) 편물에서, 무늬가 나타나게
～河豚(ふぐ)〖魚〗꺼풀복. └뜨는 일.
模擬(もぎ) 모의.

‖**~試験**(しけん) 모의 시험.
~実験(じっけん) 모의 실험. 시뮬레이션.
~店(てん) (파티・학교 축제 등에서) 모의점.
模作(もさく) 모작. 모조.
模製(もせい) 모제. 모조.
模造(もぞう) 모조. ♣**~品**(ひん) 모조품.
‖**~紙**(し) 모조지. 백상지.
模出(もしゅつ) 실물과 비슷하게 표현해 냄.
模型(もけい) ①모형. ②거푸집.
模糊(もこ) 모호. 불분명한 모양.
模倣(もこう) ☞**模倣**(もほう).

訓読
模(かたぎ) (날염(捺染) 등에 쓰이는) 무늬를 새긴 판목.
模る(かたどる) 본뜨다. 모방하다. 나타내다.

14 豸	貌	모양 모 ボウ・バク かたち

音読
貌言(ぼうげん) 모언. 겉치레하는 말.

14 金	鉾	창 모 ボウ ほこ

訓読
鉾(ほこ) ①쌍날칼을 꽂은 창과 비슷한 무기. ②☞**鉾山車**(ほこだし).
鉾山車(ほこだし) 창 따위를 꽂아 장식한 수레.
鉾先(ほこさき) 창끝. 전하여, 비난・공격의 방향〔화살〕.

15 手	摹	본뜰 모 モ・ボ

音読
摹する(もする) 본뜨다. 모방하다. 흉내 내다.
摹本(もほん) ①모사한 책. ②그림본. 글씨본.

16 言 常	謀	꾀할 모 ボウ・ム はかる・はかりごと・たばかる

音読
謀計(ぼうけい) 모계. 계략.
謀大逆(ぼうたいぎゃく) 〖史〗모대역. 왕릉 및 궁전의 손괴를 꾀하는 죄.
謀略(ぼうりゃく) 모략.
謀反(むほん) 모반. 반역. *ぼうはん으로도 읽음. ♣**~人**(にん) 모반인. 반역자.
‖**~気**(ぎ) 모반을 일으키려는 마음.
~勝負(しょうぶ) 모반 승부.
謀叛(むほん) ⇨ **謀反**(むほん).
謀士(ぼうし) 모사.
謀殺(ぼうさつ) 모살.
謀書(ぼうしょ) 모서. 문서 위조. 또, 위조한 문서.
謀臣(ぼうしん) 모신. 계략이 출중한 신하.
謀逆(ぼうぎゃく) 모역. 역모를 꾸밈.
謀議(ぼうぎ) 모의. 「그 인감.
謀印(ぼういん) 남의 인감을 위조하는 일. 또,
謀将(ぼうしょう) 계략에 뛰어난 장군.
謀主(ぼうしゅ) 모주. 수모자(首謀者).
謀策(ぼうさく) 모책. 모략.
謀判(ぼうはん) 위조 도장. 또, 그 사용.

訓読
謀(はかりごと) 꾀. 계략. 일을 꾀함.
❖**謀る**(はかる) 꾀하다. 계획하다. 꾸미다.
〓(たばかる) ①궁리하다. (이것저것) 생각하다. ②속이다.
謀り(たばかり) ①꾀. 궁리. ②속임(수).
♣**~事**(ごと) 계략. 「(書狀).
‖**~状**(じょう) 남을 속이기 위해 적은 서장

17 鳥	鵐	세가락메추라기 모 ボウ とき・つき

訓読
鵐(とき) ①〖鳥〗따오기. ②**鵐色**(ときいろ)의 준말.
鵐毛(つきげ) 'あし毛(げ)(=말의 털빛의 일종)' 중에서 털빛이 약간 불그스름한 말. 적
鵐色(ときいろ) 연분홍빛. 〔(赤)부루마.

목

4 木 教	木	나무 목 ボク・モク き・こ

音読
木簡(もっかん) 목간. 옛날에, 문서나 기록을 적어 놓은 얇고 긴 나뭇오리.
木強漢(ぼっきょうかん) 물취미한 사람. 고집이 센 남자.
木剣(ぼっけん) 목검. 목도(木刀).
木斛(もっこく) 〖植〗후피향나무.
木骨(もっこつ) 〖建〗목골.
‖**~煉瓦造**(れんがぞう) 목골 벽돌 구조.
木工 〓(もっこう) 목공. ①목공예. ②목수. *もくこう로도 읽음. ♣**~具**(ぐ) 목공 도구/**~所**(じょ) 목공소. 「수.
〓(こだくみ) 대목(大木). 건축일을 하는 목
木槨(もっかく) (고분의) 목곽.
木棺(もっかん) 목관. 나무로 만든 관.
木管(もっかん) 목관.
‖**~楽器**(がっき) 목관 악기.
木屐(ぼくげき) 목극. 나막신. *もくげき로도 읽음.
木筋(もっきん) 목근. 콘크리트 건축에서,

木琴(もっきん) 목금. 실로폰.
木器(もっき) 목기.
木螺子(もくねじ) 나사못.
木訥(ぼくとつ) 목눌. 순진하고 말재주가 없음(말이 적음).
木刀(ぼくとう) 목도. 목검.
木道(もくどう) 습지대에 널빤지를 건너질러 만든 길.
木蠹蛾(ぼくとうが)〖蟲〗목두아. 굴벌레나방.
木蘭 ㊀(もくらん) ① '木蓮(もくれん)(=목련)'의 딴이름. ②염색의 한 빛깔(분홍색을 띤 황회색).
‖~色(じき) 분홍색을 띤 황회색.
㊁(もくれん)〖植〗목련(木蓮).
木欒子(もくれんじ)〖植〗모감주나무의 딴이름.
木蠟(もくろう) 목랍.
木蓮(もくれん)〖植〗목련. 「도 함.
木理(もくり) 목리. 나뭇결. ＊もくめ・きめろ
木履 ㊀(ぼくり) 나막신. 목신. 왜나막신.
㊁(ぽっくり) 소녀들이 신는 옻칠을 한 왜나막신. ＊ぽっくりとも 읽음.
㊂(きぐつ) ⇨ 木靴(きぐつ).
木馬 ㊀(もくば) 목마. ①나무로 만든 어린이 놀이용 말. ②뜀틀.
㊁(きうま) 산지(山地)에서 목재 운반에 사용하는 썰매와 비슷한 도구. ＊きんまろとも 읽음.
木毛(もくもう) 과일・도자기 등을 포장할 때, 공간에 채워 넣는, 가늘고 길게 잘라낸 나무 오라기.
‖~セメント板(セメントばん)〖建〗목모시멘트판. 실 모양으로 좁고 길게 오려 낸 대팻밥과 시멘트를 섞어 성형 가압한 넓은 판《벽・천장의 표면재나 미장용》.
木杯(もくはい) 목배. 나무 술잔.
木盃(もくはい) ⇨ 木杯(もくはい).
木本(もくほん)〖植〗목본. 나무.
木部(もくぶ)〖植〗목부. 목질부.
‖~纖維(せんい) 목질 섬유.
木像(もくぞう) 목상. 나무로 만든 상.
木象嵌(もくぞうがん) ⇨ 木象眼(もくぞうがん).
木象眼(もくぞうがん) 목상감(木象嵌).
木生羊歯(もくせいしだ)〖植〗목생 양치류.
木犀(もくせい)〖植〗목서. ①박달목서. ②금계(金桂).
木石(ぼくせき) 목석.
‖~腸(ちょう) 목석 같은 마음.
~漢(かん) 목석한. 목석 같은 사나이.
木船 ㊀(もくせん) 목선. 나무로 만든 배.
㊁(きぶね) 목선. 예전에 장작・재목 따위를 운반하던 배.
木星(もくせい)〖天〗목성.
‖~型惑星(がたわくせい) 목성형 행성. 대(大)행성.
木食(もくじき) 목식. 나무 열매나 풀잎만을 먹으며 수행하는 일. 또, 그 사람.
木阿彌(もくあみ) '元の木阿弥(もとのもくあみ)(=도로아미타불)'의 준말.
木魚(もくぎょ)〖佛〗목어. 목탁.
木煉瓦(もくれんが) 목연와. 목제 블록.
＊きれんがろとも 읽음.
木瓦斯(もくガス) 목가스.
木椀(もくわん) 나무 그릇. 「일.
木曜(もくよう) 목요(일). ♣~日(び) 목요
木牛流馬(ぼくぎゅうりゅうば)〖史〗목우유마. 소・말의 형상을 본떠 만든 무기・식량 운반차《중국 제갈량이 만들었다 함》. ＊もくぎゅうりゅうばとも 읽음. 「것.
木人(もくじん) 나무로 사람의 형상을 만든
木印(もくいん) 목인. 목도장.
㊁(きじるし) 임자를 표시하기 위해 재목에 새겨둔 표.
木賃アパート(もくちんアパート) '木造賃貸アパート(もくぞうちんたいアパート)(=목조 임대 공동 주택)'의 준말.
木匠(もくしょう) 목수. 대목(大木). ＊ぼくしょう・こだくみろとも 읽음. 「도 함.
木材(もくざい) 목재. ＊俗語로는きざいらご
木精(もくせい) 목정. ①나무의 정령(精靈). ②메틸알코올.
木製(もくせい) 목제. 나무로 만듦. 또, 그 제품.
木造(もくぞう) 목조. 」제품.
木彫(もくちょう)〖美〗목조.
木主(もくしゅ) 목주. ①위패. ②신주. 목상(木像).
木質(もくしつ) 목질. 나무질.
‖~纖維(せんい) 목질 섬유. 목부 섬유.
㊁(きだち) 목질. ①나무의 성질. ②본초학(本草學)에서, 식물의 성질에 관한 분류 용어.
木柵(もくさく) 목책. 울짱.
木酢(もくさく)〖化〗목초. 목초산. ＊もくすろとも 읽음.
木醋(もくさく) ⇨ 木酢(もくさく).
木銃(もくじゅう) 목총. 총검술 연습용.
木鐸(ぼくたく) 목탁. 사회의 지도자.
木炭(もくたん) 목탄. 숯. ＊きずみろとも 읽음. ♣~紙(し) 목탄지《데생용》/ ~画(が)〖美〗목탄화.
‖~自動車(じどうしゃ) 목탄 자동차.
木樋(もくひ) 나무로 만든 홈통.
木版(もくはん) 목판. ♣~本(ぼん) 목판본/ ~画(が)〖美〗목판화.
‖~刷り(ずり) 목판 인쇄(물).
~屋(や) 판목 조각업자. 또, 그 집.
~印刷(いんさつ) 목판 인쇄.
木牌(ぼくはい) 목패. ①나무로 만든 위패. ②나무로 만든 표찰. ＊もくはいろとも 읽음.
木片(もくへん) 목편. 나뭇조각.
木標(もくひょう) 나무로 만든 안표. 특히 묘표(墓標).
木皮 ㊀(もくひ) 목피. 나무껍질.
㊁(こはだ) 나무껍질. 「그 지붕.
‖~葺き(ぶき) 지붕을 나무껍질로 임. 또,
木筆(もくひつ) 목필. 연필. ②그림 그릴 때, 생나무의 끝을 태워서 붓으로 쓰는 도구. ＊ぼくひつろとも 읽음.

木香 ㊀(もっこう)〘植〙목향.
㊁(もくこう) 나무의 향기.　　　　「축하연.
木婚式(もっこんしき) 목혼식. 결혼 5주년
木化(もっか)〘植〙목화. 목질화.
木画(もくが) 목화. 목공예품·가구 등의 표면에 무늬를 상감한 것. 표면 장식의 한 기
木化石(もっかせき)〘鑛〙목화석.　　「법.
木患子(もくげんじ)〘植〙모감주나무.
木槵子(もくげんじ) ⇨ 木患子(もくげんじ).
木活(もっかつ) 목재에 새긴 활자. 목활자.

訓読

木 ㊀(き) ① 나무. 수목. ② 재목. 목재. ③ (극장에서 치는) 딱딱이. *③은 본디 柝로 썼음.
㊁(ぼく) ① ☞㊀①②. ② 이해력이 둔한 사람. 벽창호.　　　　「하나.
㊂(もく) ① 나무. ② 나뭇결. ③ 요일 오행의
木茄子(きなす) 東北(とうほく) 지방 남부에서, 'なし(=배)'를 이르는 말.
木間(こま) 나무와 나무 사이.
木の間(このま) 수간(樹間). 나무 사이.
　♣〜**蝶**(ちょう)〘蟲〙먹나비.
　♣〜**隠**れ(がくれ) 나무 사이를 통해 보였다 안 보였다 함.
木豇豆(きささげ)〘植〙개오동나무.
木遣り(きやり) ① 큰 나무나 돌을 여럿이 가락에 맞춰 노래 부르며 끄는 일. ② 木遣り歌의 준말.
　∥〜**歌**(うた) 木遣り를 하면서 부르는 노래.
　〜**師**(し) 木遣り歌의 선창자.
木枯らし(こがらし) 초겨울〔늦가을〕의 찬바람. 가을.
木菓子(きがし) 과실.　　　　　　　　　　「람.
木口(きぐち) ① 건축용 목재의 등급〔질〕. ② 목재의 가로 자른 면. *②는 こぐち로도 읽음. ③ (장바구니 등의) 나무 손잡이.
木具(きぐ) 색칠하지 않은 나무로 만든 조잡한 기구.
　∥〜**屋**(や) 가구를 제조하는 사람. 또, 그것을 파는 가게.
木矩(きがね) ☞ 木尺(きがね).　　　　「름.
木の国(きのくに) 紀伊(きい) 지방의 옛 이
木肌(きはだ) 나무껍질. *こはだ로도 읽음.
木端(こば) ① 지저깨비. ② 노송나무 따위를 얇게 켠 널. ♣〜**板**(いた) 지붕널.
木っ端(こっぱ) ① 자귓밥. 지저깨비. ② 하찮고 시시한 것.
　∥〜**微塵**(みじん) 산산조각〔이 남〕.
　〜**喧嘩**(げんか) 하찮은 싸움.
木の端(きのはし) 나뭇조각. 지저깨비.
木淡(きざわし) ⇨ 木醂(きざわし).
木沓(きぐつ) ⇨ 木靴(きぐつ).
木の道(きのみち) 목재의 품질을 가려내어 벌목을 함. 또, 그 사람. *このみち로도 읽음.
　∥〜の工(たくみ) 목수·소목장이 등 장인(匠人). *このみちのたくみ로도 읽음.
木の頭(きのかしら)(歌舞伎(かぶき)에서) 폐막 또는 무대 전환할 때 신호로 두드리는 딱딱이의 첫소리.

木登り(きのぼり) 나무에 오름.　　　「격자.
木連れ格子(きつれごうし) 가로세로로 짠
木練柿(こねりがき) 단감.
木霊(こだま) 메아리. 산울림.　　　「햇볕.
木漏れ日(こもれび) 나뭇잎 사이로 비치는
木流し(きながし) 봄에 비가 와서 강물이 불어날 무렵, 벌채해 두었던 나무를 흘려 보냄.
木裏(きうら) 나무 안쪽. 널빤지의 면이 수심(樹心)에 가까운 쪽.　　　　　　　　「감.
木醂(きざわし) 나무에 달린 채 익은 감. 단
木立(こだち) 나무숲. 숲속의 나무.
木立ち(きだち) ☞ 木立(こだち).
木挽き(こびき) ① 재목을 톱질해서 자름. 또, 톱질꾼. ② 〘老〙 나무꾼. 초부.
　∥〜**歌**(うた) 나무꾼의 노래.
木末(こずえ) 나뭇가지 끝. 우듬지. *雅語로는 こぬれ라고도 함.
木苺(きいちご)〘植〙나무딸기.
木皿(きざら) 나무접시.
木暮れ(こぐれ) 나무 그늘의 어둠침침한 곳.
木木(きぎ) 여러 나무들. 많은 나무.
木目 ㊀(きめ) ① 나뭇결. ② 살결. 물건 표면의 감촉.
㊁(もくめ) 나뭇결. 목리(木理).
　∥〜**絞り**(しぼり) 나뭇결의 느낌을 나타낸 홀치기 염색.
木目込み(きめこみ) 배접한 두꺼운 종이에 형겊을 붙여서 만든 그림.
　∥〜**人形**(にんぎょう) 버드나무 목각에 비단 형겊을 붙인 인형.
木舞(こまい) ① 평고대. 서까래 끝에 건너대는 가늘고 긴 나무. ② 벽의 욋가지.
木鉢(きばち) 나무[木]대접.
木鋒(きほう) 목봉. 대나무 화살촉.
木膚(きはだ) ⇨ 木肌(きはだ).
木仏(きぶつ) 목불. 나무부처. *きぼとけ·もくぶつ로도 읽음.
木仏師(きぶっし) 목불사. 불상 조각을 전문으로 하는 사람.
木箱(きばこ) 나무상자. 목상자.
木鼠(きねずみ)〘動〙'栗鼠(りす)(=다람쥐)'의 딴이름.
木鋤(こすき) 나무로 만든 가래.
木屑 ㊀(きくず) 지저깨비. 톱밥. 대팻밥.
*こくず로도 읽음.
㊁(こつ) 나무 부스러기가 물에 흘러서 모인
木洩れ日(こもれび) ⇨ 木漏れ日(こもれび).
木の性(きのしょう) 나뭇결 모양.
木小屋(きごや) 재목 따위를 넣어 두는 헛간〔창고〕.
木晒し(きざらし)〘俗〙☞ 木醂(きざわし).
木守り(きまもり) 이듬해의 결실을 바라면서 나무에 한두 개 남겨 두는 감·귤 등의 과실.
木楯 ㊀(きだて) (적의 공격에서) 몸을 피하기 위하여 (임시) 방패로 삼는 수목.
㊁(こだて) 호신용의 작은 (임시) 방패.
木屎(こくそ) 옻칠에 섬유와 나무 부스러기를 섞어 갠 것《옻칠의 바탕 틈새를 메움》.

木食い虫(きくいむし) ①〖蟲〗나무좀. ②〖動〗짚신벌레 비슷한 갑각류의 하나.
木の実(きのみ) 나무 열매. ＊このみ로도 읽음.
‖〜油(あぶら) 나무 열매에서 짠 기름. 특히, 동백기름.
木深い(こぶかい) 나무가 무성하다. 울창하다.
木の芽 ㊀(きのめ) ① 나무 순. 새싹. ② 산초나무의 싹.
‖〜流し(ながし) 초봄에 나무 싹이 돋을 무렵에 오는 장마.
〜立ち(だち) 봄에, 나무 새싹이 돋을 무렵.
〜山椒(ざんしょう) 산초나무의 순.
〜田楽(でんがく) 산초나무의 순을 으깨어 섞은 된장을 두부에 발라 구운 음식.
〜漬け(づけ) 산초덩굴이나 산초나무의 순을 소금에 절인 것. ＊このめづけ로도 읽음.
〜和え(あえ) 산초나무의 순을 으깨어 섞은 된장으로 무친 야채나 오징어 요리. ＊このめあえ로도 읽음.
㊁(このめ) ① ☞㊀. ② 차(茶).
‖〜時(どき) 나무 싹이 돋을 무렵. 이른 봄. ＊きのめどき로도 읽음.
〜月(づき) 음력 2월 의 딴이름.
〜風(かぜ) 나무 싹이 돋을 무렵에 부는 바람.
木暗い(こぐらい) (나뭇잎이 우거져) 어둠침침하다.
木の暗れ(このくれ) 우거진 나무 그늘에 가려 어두움. 또, 그런 곳.
‖〜茂(しげ) ☞木の暗れ.
木の葉(このは) ①〈雅〉나뭇잎. ＊きのは로도 읽음. ② 낙엽. ③ 작은 것. ♣〜蝶(ちょう) 〖蟲〗가랑잎나비. /〜舟(ぶね) 조각배.
‖〜落とし(おとし) ① 좌우로 번갈아 옆으로 미끄러지듯이 강하하는 비행 기술. ② ☞木枯らし.
〜木菟(ずく) 〖鳥〗소쩍새.
〜武者(むしゃ) 하찮은 무사.
〜返し(がえし) 경쾌하고 재빠른 솜씨(재주).
〜髪(がみ) 늦가을부터 초겨울에 걸쳐 빠지는 머리카락.
〜石(いし) 나뭇잎 화석이 많이 들어 있는 돌.
〜侍(ざむらい) 졸때기 무사.
〜時雨(しぐれ) 나뭇잎이 한창 지는 모양을 가을비에 비유한 말.
〜猿(ざる) 작은 원숭이.
〜隠れ(がくれ) 나무 그늘에 가리어 잘 안 보임.
〜煎餅(せんべい) 나뭇잎 모양의 煎餅.
〜鰈(がれい) 〖魚〗'目板鰈(めいたがれい)(=도다리)'의 딴이름.
〜天狗(てんぐ) 위력이 없는 작은 '天狗(=신통력이 있는 괴물)'.
〜虫(むし) 〖蟲〗가랑잎벌레.
木羽(こば) ☞木端(こば).
‖〜板(いた) 노송나무 등을 얇게 켠 널. 지붕널로 씀.
木隠れ(こがくれ) 나무 그늘에 가리어 잘 안 보임.
木陰(こかげ) 나무 그늘.

木蔭(こかげ) ☞木陰(こかげ).
木耳(きくらげ) 〖植〗목이버섯.
木賃(きちん) 木賃宿에 지불하는 땔나무값 〔숙박료〕.
‖〜泊り(どまり) 木賃宿에 숙박함.
〜宿(やど) 싸구려 여인숙.
木作り(こづくり) ☞木造り(こづくり).
木場 ㊀(きば) ① 재목을 쌓아 두는 곳. ② 재목상이 많이 모인 곳.
㊁(こば) ① 벌목한 것을 모아 두는 곳. ② 산간의 농경지. 또, 화전(火田).
‖〜作(さく) ☞木場 ㊁②.
木蔵(きぞう) 고지식하고 세상 물정을 모르는 사람. 아직 순진한 사람.
木積み(こつみ) 강변에 떠내려 모이는 나무 부스러기. ＊こづみ로도 읽음.
木伝う(こづたう) 나무에서 나무로, 가지에서 가지로 옮겨가다.
木銭(きせん) 나그네가 '木賃宿(きちんやど)(=싸구려 여인숙)'에 지불하는 땔나무값〔숙박료〕.
木切れ(きぎれ) 나뭇조각. 나무토막.
木釘(きくぎ) 나무못.
木碇(きいかり) 가지가 있는 나무를 갈고리 형태로 잘라, 돌을 붙들어 맨 닻.
木造り ㊀(こづくり) 재목을 쓰기 위해 자르거나 깎는 일.
‖〜始め(はじめ) 정초에 목수가 하는 작업 개시의 의식.
㊁(きづくり) ① 나무로 만들었음. 목조. ② 정원사.
木組み(きぐみ) (목조(木造) 건축에서) 치목(治木). 나무를 마름질하는 일.
木彫り(きぼり) 목각 (기술).
木蔦(きづた) 〖植〗상춘등. 송악.
木竹(きたけ) 목죽. ① 나무와 대. ② 나무나 대처럼 감정이 없는 것.
木曽(きそ) 〖地〗옛 지명의 하나. 長野(ながの)의 현의 남서부, 木曽 강 상류 일대를 일컫는 말.
‖〜街道(かいどう) 〖地〗中山道(なかせんどう)의 일부로, 信濃(しなの)의 塩尻(しおじり)에서 美濃(みの)의 中津(なかつ) 강까지의 가도.
木地(きじ) ① 나무 바탕. 나뭇결. ② 목각 등에 쓸 건목친 나무. ③ (칠하지 않은) 나무. ④ 木地塗り의 준말.
‖〜塗り(ぬり) 나뭇결이 나타나도록 엷게 칠함. 또, 그 기구.
〜物(もの) 흰 목재 그대로의 기물(器物).
〜屋(や) 목각에 쓸 재료를 건목치는 작업(원).
木振り(きぶり) 나무의 생김새.
木尺(きがね) 목척. 표구사가 쓰는 직각 자.
木貂(きてん) 〖動〗담비.
木叢(こむら) 나무숲.
木槌(きづち) 나무 망치〔방망이〕. 나무 메.
木取り(きどり) 재목을 마름질함. 특히, 통나무로 각재를 켜 냄.

木枕(こまくら) 목침. *きまくらにも 읽음.
∥**〜返し**(がえし) 목침을 뒤집는 일. 또, 그 놀이나 곡예.
木太刀(きだち) 목검. 목도.
木牌子(こけし) 일본 東北(とうほく) 지방 특산의 머리가 둥근 목각 인형.
木偏(きへん) 한자 부수의 하나: 나무목변.
木表(きおもて) 나무의 바깥쪽. 널빤지의 면이 수심(樹心)에서 먼 쪽.
木の下(このした) 나무 아래. *このもとに도
∥**〜露**(つゆ) 나뭇가지에서 떨어지는 이슬.
  〜暗(やみ) 우거진 나무 그늘이 어두움.
  〜陰(かげ) 나무 그늘.   「장소.
  〜隠れ(がくれ) 나무 그늘에 숨음. 또, 그
  〜風(かぜ) 나무 밑을 부는 바람.
木下闇(こしたやみ) ☞ 木の下暗(このしたやみ).
木割り(きわり) ① 나무를 뻐개는 일〔사람〕.
② 〖建〗 건물 각부에 쓰는 목재 크기의 비율(을 정함).
木の香(きのか) 나무(의) 향기.
木鋏(きばさみ) 전정(剪定) 가위.
木型(きがた) 목형. 나무로 만든 골.
木形子(こけし) ☞ 木牌子(こけし).
木戸(きど) ① (지붕 없는) 일각대문. ② (씨름·연극 등) 흥행장의 출입구. ③ 木戸銭의 준말. ④〈古〉나무 울타리에 낸 문.
∥**〜口**(ぐち) ① (씨름·흥행장의) 출입구.
② 지붕 없는 일각대문 출입구.
  〜番(ばん) 흥행장 따위의 문지기.
  〜御免(ごめん) 입장료를 내지 않고 출입이 허가됨. 또, 그런 사람.
  〜銭(せん) 입장료. 관람료.
木魂(こだま) ⇒ 木霊(こだま).
木の花(このはな) ① 나무에 피는 꽃. ② 벚꽃과 매화꽃.
木靴(きぐつ) 나막신.
木灰(きばい) 목회. *もっかい로도 읽음.
其他 **木瓜** ㊀ (ぼけ) 〖植〗 명자나무. *もっか·もけ로도 읽음.
㊁ (もっこう) ① ☞ ㊀. ② 오이를 둥글게 자른 모양의 가문(家紋). *②는 もこうと로도 읽음.
木槿(むくげ) 〖植〗 목근. 무궁화. *もくげ
木乃伊(ミイラ) 미라.   「音.
木棉(もめん) ① 무명(실). 면직물. ②
∥**〜豆腐**(どうふ) 틀에 넣을 때 무명에 쌓아서 굳힌 두부.
  〜綿(わた) (목화로 만든) 솜.
  〜糸(いと) 무명실. 면사.
  〜針(ばり) 면직물을 깁는 데 쓰는 바늘.
  〜幅(はば) 면직물의 폭. 소폭(小幅).
㊁ (ゆう) 닥나무 껍질로 만든 흰 천이 나 끈. *古語로는 ゆふ라고도 함.
∥**〜四手**(しで) 금줄 따위에 무명 오라기를 매어 단 것. 또, 그 무명 오라기.
  〜垂(しで) 木棉四手.

〜花(はな) 닥나무 껍질의 섬유로 만든 조화(造花).
㊂ (きわた) ① 〖植〗 판야. 판야과의 열대산 상록 교목. ② 솜.
木偶 ㊀ (でく) 목우. ① 나무 인형. 망석중이. ② 바보. 멍청이.
∥**〜の坊**(ぼう) ① 망석중이. ② 바보. 멍청이(욕설).
㊁ (もくぐう) 목우. 나무로 만든 인형. *ぼくぐうと도 읽음.
木賊(とくさ) ① 〖植〗 속새. ② '木賊色(とくさいろ)(=거무스름한 녹색)'의 준말.
木天蓼(またたび) 개다래나무.
木椎(きづち) 작은 나무 망치.
∥**〜頭**(あたま) 장구머리.
木菟 ㊀ (みみずく) 〖鳥〗 부엉이·쇠부엉이·칡부엉이·수리부엉이의 총칭. *ずくと도 읽음.
㊁ (つく) 〖鳥〗 부엉이.   「대가리.
木菟入(ずくにゅう) 뚱뚱하고 밉살스러운 중
木通(あけび) 〖植〗 으름덩굴.

5 目 教	目	눈 목 モク・ボク め・ま

音読
目する(もくする) 보다. ① 목격하다. ② 지목하다. ③ 주목하다.
目撃(もくげき) 목격. ♣**〜者**(しゃ) 목격자.
目耕(もっこう) 독서·학문을 함.
目今(もっこん) 목금. 목하. 바로 지금.
目代 ㊀ (もくだい) 옛날의 지방관(地方官).
㊁ (めしろ) ① ☞ ㊀. ② 대리인. ③ 감독.
目途(もくと) 목도. 목적. 목표.
目睹(もくと) 목도. 목격.
目礼(もくれい) 목례.
目録(もくろく) 목록. 목차. 물목(物目).
目論み(もくろみ) ⇒ 目論見(もくろみ).
目論む(もくろむ) 계획(기도)하다. 꾀하다.
目論見(もくろみ) 계획. 의도. 목적.
目算(もくさん) ① 눈어림. 견적. 대충 잡음.
② 예정. 심산.
目笑(もくしょう) ① 목소. 눈웃음. ② 눈을 마주 보며 웃음.
目送(もくそう) 목송. 그 사람 쪽으로 시선을 보내면서 전송함.
目視(もくし) 눈으로 봄.
目語(もくご) 목어. 눈짓으로 의사를 통함.
目迎(もくげい) 목영. 오는 사람을 바라보며 마중함.
∥**目送**(もくそう) 목영 목송.
目的(もくてき) 목적. ♣**〜格**(かく) 〖文法〗 목적격 / **〜物**(ぶつ) 목적물 / **〜犯**(はん) 목적범 / **〜税**(ぜい) 목적세 / **〜語**(ご) 〖文法〗 목적어 / **〜因**(いん) 〖哲〗 목적인 / **〜的**(てき) 〖哲〗 목적적.
∥**〜論**(ろん) 〖哲〗 목적론. ♣**〜的論理学**

~意識(いしき) 목적 의식.
~刑論(けいろん)《法》목적형론.
目前 ㊀(もくぜん) 목앞. 안전.
㊁(めさき) ⇨ 目先(めさき).
目中(もくちゅう) 안중(眼中).
目次(もくじ) 목차. 차례.
目睫(もくしょう) 목첩. 목전. 눈앞.
‖**~の間(かん)** 목첩지간. 눈앞.
目測(もくそく) 목측.
目標(もくひょう) ①목표. ②표적. ③안표.
‖**~相場圏(そうばけん)**《經》(통화 안정을 위한 목표로 설정한) 외환 시세 변동폭. 타깃 존(target zone).
㊁(めじるし) ⇨ 目印(めじるし).
目下 ㊀(もっか) 목하. 현재. 지금.
㊁(めした) 아랫사람.

訓読
目 ㊀(め) ①눈(알). ②안목. ③저울·자 따위의 눈금. ④《接尾語로》순서를 나타낼 때 붙이는 말. …째.
㊁(もく) 목. ①조항. ②《生》생물 분류상의 한 단계. ③《接尾語로》(바둑에서) 집의 수를 세는 말. …목. …집.
㊂(ま)《雅》'눈'의 뜻.
目くじら(めくじら) 눈구석.
目つける(めっける)《方》찾아내다. 발견하다.
目角(めかど) 눈의 구석.
目覚え(めおぼえ) 본 기억.
目覚まし(めざまし) ①잠을 깸. 잠을 깨게 함. ②目覚 まし時計의 준말.
‖**~時計(どけい)** 자명종. 괘종 시계.
目覚ます(めざます) ①잠을 깨우다. ②깨우치다.
目覚め(めざめ) 눈뜸. ①잠에서 깨어남. ②자각. ③각성.
目覚める(めざめる) ①잠에서 깨어나다. ②싹트다, 깨닫다.
目減り(めべり) ①흘리거나 새거나 해서 분량·무게가 절로 줆. ②실질적인 가치가 줄어듦.
目蓋(まぶた) 눈꺼풀.
目見(まみ)《雅》(사물을 보는) 눈매. 눈언저리.
目見え(まみえ) 만나 뵘. 배알.
目遣い(めづかい) 눈 움직이는 모양. 보는 눈매.
目尻(めじり) 눈초리. *まじり로도 읽음.
目高(めだか)《魚》송사리.
目串(めぐし) 짐작. 표적. 목표.
目貫(めぬき) 칼이 빠지지 않도록 칼자루에 지르는 쇠못.
目慣れる(めなれる) 눈에 익다.
目掛ける(めがける) ①목표로 하다. 노리다. ②(특별히) 잘 보아 주다.
目交い(まなかい)《雅》눈과 눈 사이. 눈앞. 목전.
目交ぜ(めまぜ) ①눈짓함. ②눈을 깜빡거림.
目垢(めあか) 눈곱.

目潰し(めつぶし) 모래나 재 따위를 던져 상대의 눈을 못 뜨게 함. 또, 그 모래나 재.
目近(めぢか) 눈에서 가까운 곳.
‖**~扇(おうぎ)** 사북이 아랫머리 가장 밑에 박힌 쥘부채.
目端(めはし) 눈치. 재치. 기지.
~を利(き)かす 재빨리 적절한 판단을 내리다.
目当て(めあて) ①목적. ②(총의) 가늠쇠. ③《"お~의 꼴로》여럿 중에서 특별히 관심을 끄는 물건(사람).
目の当たり(まのあたり) ①눈앞(에). 목전. ②직접. 친히.
目も当てられない(めもあてられない) 바로 (눈뜨고) 볼 수 없다.
目塗り(めぬり) (화기·습기를 막기 위하여 널빤지나 문짝 따위의) 이음매를 칠하여 막음.
目の毒(めのどく) ①보아서 나쁜 것. ②보면 갖고 싶어지는 것.
目頭(めがしら) 눈구석.
目零し(めこぼし) ⇨ 目溢し(めこぼし).
目路(めじ) 시야.
目籠(めかご) 물건을 담는 눈이 성기게 짠 바구니.
目も綾に(めもあやに) 찬란하게.
目利き(めきき) (서화·도검 따위를) 감정함. 또, 그 사람.
目離れ(めかれ)〈古〉눈을 뗌. 시선을 돌림.
目立つ(めだつ) 눈에 띄다. 두드러지다.
目立って(めだって) 눈에 띄게. 두드러지게. 현저하게.
目立て(めたて) 톱이나 줄칼 따위의 날을 세움. 또, 그 일을 하는 사람.
目明かし(めあかし) ①江戸(えど) 시대의 하급 포리(捕吏). ②〈古〉감정함.
目明き(めあき) ①눈뜬 사람. ②글을 아는 사람.
目無し(めなし) 사물의 가치 따위를 꿰뚫어 볼 능력이 없음.
目っけ物(めっけもの) 뜻밖에 얻은 행운(횡재).
目敏い(めざとい) ①(보는) 눈이 빠르다. ②잠귀가 밝다. *めばしこい로도 읽음.
目抜き(めぬき) 눈에 잘 띄는 것(곳). 요소.
‖**~通り(どおり)** 번화가. 중심가.
目方(めかた) 무게. 중량.
‖**~売り(うり)** 구매자가 요구하는 양만 파는 일.
目配せ(めくばせ) 눈짓.
目配り(めくばり) 사방을 주의해서 둘러봄.
目白(めじろ)《鳥》동박새.
‖**~押し(おし)** 많은 사람이 밀치락달치락 늘어섬.
目癖(めくせ) ①물건을 볼 때의 버릇. ②성깔이 있는 눈.
目並ぶ(めならぶ) 비교해 보다.
目病み(めやみ) 눈병을 앓음. 또, 그 사람.
目の保養(めのほよう) 아름다운 것 등을 보고 즐김. 눈요기.
目伏し(まぶし) 눈의 표정. 눈빛.
目付(めつけ) 무가(武家) 시대에, 무사의 위법을 감찰하던 직명.
‖**~役(やく)** 감시역. 감독역.

目付き(めつき) 눈(의 표정).
目腐れ(めくされ) 〈俗〉진눈. 안질로 눈가가 짓무르는 일.
‖**~金**(がね) 약간의 돈.
目眩しい(めまぐるしい) 어지럽다. 눈이 팽팽 돌다.
目糞(めくそ) 눈곱.
目分量(めぶんりょう) 눈어림. 눈대중.
目比べ(めくらべ) ① 서로 노려봄. ② 눈싸움 놀이.
目庇(まびさし) ① 철모・모자 따위의 차양. ② 창문 위의 좁은 차양.
目鼻(めはな) ① 눈과 코. ② 사물의 대체적인 결말 또는 윤곽.
‖**~立ち**(だち) 이목구비. 얼굴의 생김새.
目上(めうえ) 지위・나이가 위임. 연장자.
目色(めいろ) 안색. 눈빛. 눈짓.
目先(めさき) ① 눈앞. ② 현재. ③ 장래. ④ 외견. 취향.
目線(めせん) 〈俗〉눈길. 시선.
目性(めしょう) 눈. 눈의 질《시력 등》.
目星(めぼし) ① 목표. 표적. ② (눈동자의) 삼. ③ 중함.
目盛り(めもり) ① (계량기의) 눈금. ② 눈대중
目盛る(めもる) (자 따위에) 눈금을 긋다〔새기다〕.
目速い(めばやい) ⇨ 目早い(めばやい).
目垂れ顔(めだれがお) 비겁한 행동을 할 때의 표정.
目水晶(めずいしょう) 사람됨・사물을 판별하는 능력이 확실함.
目馴れる(めなれる) ⇨ 目慣れる(めなれる).
目屎(めくそ) ⇨ 目糞(めくそ).
目時(めどき) 시력이 강한 젊은 시절.
目新しい(めあたらしい) 새롭다. 신기하다.
目深(まぶか) (모자 따위를) 눈이 가려질 정도로 깊이 눌러씀. *めぶかにも 읽음.
目安(めやす) ① 목표. ② 주판셈에서 승수・제수. ③ 조목별로 쓴 문서. 소장(訴状).
‖**~箱**(ばこ) 江戸(えど) 시대에, 백성의 직소(直訴)를 받던 투서함.
~書き(がき) 조목별로 쓴 것. 또, 그 대로를 업으로 하는 사람.
目顔(めがお) 눈. 눈 표정. 눈짓.
目薬(めぐすり) ①〖薬〗안약. ② 뇌물로 주는 극히 적은 금품.
目の薬(めのくすり) ① 안약. 눈약. ② 눈요기거리.
目言(めこと) 만나서 이야기함.
目縁(まぶち) 눈언저리. 눈가. *まなぶちら고도 함.
目映い(まばゆい) 〈雅〉① 눈부시다. ② 눈부시게 아름답다.
目玉(めだま) ① 눈알. ② 꾸지람을 들음.
‖**~商品**(しょうひん) (백화점 등에서의) 싼거리.
~焼き(やき) 두 개의 달걀을 깨어 팬에 놓아 지진 프라이.
目の玉(めのたま) 눈알. 안구.
目元(めもと) 눈언저리. 눈매.

目違い(めちがい) 잘못 봄. 그릇 봄.
目隠し(めかくし) ① 눈가리개. ② 까막잡기. ③ 집의 내부가 밖에서 보이지 않게 한 것.
♣~鬼(おに) 까막잡기.
‖**~葺き**(ぶき) 지붕에서 못구멍 따위를 덮어 빗물이 새지 않게 한 것.
目の銀行(めのぎんこう) 안구〔각막〕은행.
目陰(まかげ) (멀리 바라볼 때) 이마에 손을 대고 햇빛을 가리는 것.
目蔭(まかげ) ⇨ 目陰(まかげ).
目医者(めいしゃ) 안과 의사. 「이 감.
目移り(めうつり) 다른 것에 눈이 쏠림〔관심
目引き(まびき) 눈짓. 눈을 깜빡임.
目印(めじるし) 안표. 표지. 표적.
目引き袖引き(めひきそでひき) 서로 눈짓을 하거나 옷소매를 당기어 뜻을 알리는 모양.
目溢し(めこぼし) ① 눈감아 줌. ② (보지 못하고) 빠뜨림. 「것.
目溢れ(めこぼれ) 못 보고 넘긴 것. 빠뜨린
目一杯(めいっぱい) 힘껏.
目刺し(めざし) 정어리 따위의 눈을 짚이나 나무로 꿰어서 말린 식품.
‖**~籠**(かご) 잡은 조개 따위를 넣는 바구니.
目の子勘定(めのこかんじょう) ☞ 目の子算(めのこざん).
目の子算(めのこざん) 어림셈. 암산. 개산.
目張る(めばる)〖魚〗볼락. 볼개. 천정어.
目張り(めばり) ① 틈새에 종이 따위를 발라서 봉함. ② 눈을 크게 보이기 위한 화장법.
目障り(めざわり) 눈에 거슬림. 또, 그런 것.
目の敵(めのかたき) 눈엣가시.
目の積もり(めづもり) 눈대중.
目の前(めのまえ) 목전. 눈앞.
目切れ(めぎれ) 중량 부족. 「두는 못.
目釘(めくぎ) 칼자루가 빠지지 않도록 끼워
目正月(めしょうがつ) 눈요기.
目早い(めばやい) 눈치가 빠르다.
目笊(めざる) 성기게 짠 소쿠리.
目止め(めどめ) 목공품에 칠을 하기 전에 나무의 작은 구멍을 숫돌가루 따위로 메움.
目地(めじ)〖建〗줄눈. 사춤.
目指し ㈠(まなざし) ⇨ 目差し(まなざし).
㈡(めざし) ⇨ 目差し(めざし).
目指す(めざす) 지향하다.
目脂(めやに) 눈곱. 「음.
‖**~苦茶**(くちゃ)〈俗〉엉망(진창). 죽.
~目茶(めちゃ)〈俗〉당치 않음. 터무니(턱)없
目差し ㈠(まなざし) ① 눈(의 표정). 눈빛. ②〈雅〉눈길. 시선.
㈡(めざし) 눈빛. 눈길.
目差す(めざす) ⇨ 目指す(めざす).
目処(めど) 목적. 목표.
目褄(めつま) 눈 가장자리. 남의 눈. *めづまろに도 읽음. 「다.
~を忍(しの)**ぶ** 남의 눈에 띄지 않도록 하
目千両(めせんりょう) 아름다운 눈. 특히, 배우의 눈.

目貼(めばる) ⇨ 目張(めばる).
目貼り(めばり) ⇨ 目張り(めばり).
目の鞘(めのさや) 눈꺼풀.
目聡い(めざとい) ⇨ 目敏い(めざとい).
目出度い(めでたい) ①경사스럽다. ②순조롭다. ③《'お'를 붙여서》속기 쉽다.
目出し帽(めだしぼう) 눈 부분만을 내놓고 머리에서부터 푹 뒤집어쓰는 모자.
目秤(めばかり) 눈대중.
目打ち(めうち) ①여러 겹의 종이를 뚫는 송곳. ②우표 따위를 한 장씩 떼기 쉽게 점점이 뚫어 놓은 구멍.
目弾き(めはじき) ①눈을 깜박임. ②눈짓.
目怠い(めだるい) ①보기에 답답하다. ②눈이 피로한 느낌이다.
目通し(めどおし) 한 번 훑어봄.
目通り(めどおり) ①알현. 접견. ②눈 높이. ③눈 높이에서 잰 나무의 굵기.
∥~直径(ちょっけい) 눈 높이에서의 나무통의 지름.
目板(めいた) ①(판자 울타리 등의) 이은 사이에 대는 오리목. ②〖魚〗目板鰈의 준말.
♣~鰈(がれい) 〖魚〗도다리.
目八分(めはちぶん) 눈 높이보다 조금 낮추어 물건을 듦. *めはちぶんで로도 읽음.
目偏(めへん) 한자 부수의 하나: 눈목변.
目の下(めのした) ①물고기의 눈에서 꼬리 끝까지의 길이. ②눈 아래.
目合い(まぐわい) ①눈맞춤. 윙크. ②성교.
目許(めもと) ⇨ 目元(めもと).
目眩い(めまい) 현기증. 현훈. 어찔함.
目眩む(めくらむ) 현기증이 나다.
目眩めく(めくるめく) 〈雅〉눈이 돌다. 아득해지다. 어지러워지다.
目懸ける(めがける) ⇨ 目掛ける(めがける).
目好き(めずき) 보고 마음에 듦. 또, 그것.
目詰まり(めづまり) 그물 따위의 눈이 먼지·오물로 막힘.
ぞろ目(ぞろめ) ①〈俗〉두 개의 주사위를 던졌을 때 같은 수 또는 1과 6이 나오는 일. ②〈俗〉(연승식(連勝式) 경마에서) 같은 조의 말이 1·2등하기.
ひんがら目(ひんがらめ) 〈俗〉사시(斜視). 사팔뜨기.

```
 6   凩         찬바람 (목)
 几
 日          こがらし
```

訓読 凩(こがらし) 초겨울〔늦가을〕의 찬바람.

```
 7   沐         머리감을 목
 氵          モク
            あらう
```

音読 沐する(もくする) 머리를 감다. 몸을 씻다.

沐浴(もくよく) 목욕.
∥~海綿(かいめん) 〖動〗목욕해면.
沐雨(もくう) 목우. 비에 흠뻑 젖음.
沐猴(もっこう) 목후. 원숭이.

```
 7   杢         목수 (목)
 木
 日          もく
```

訓読 杢(もく) ①목공. 목수. ②여러 가지 무늬로 된 특수한 나뭇결.
杢糸(もくし) 두 가지 색 이상의 실을 꼬아 만든 연사(撚絲).
杢阿弥(もくあみ) '元(もと)の杢阿弥(=도로아미타불)'의 준말.

```
 8   牧         칠 목·기를 목
 牛          ボク·モク
 教          まき
```

音読 牧する(ぼくする) ①가축을 기르다. ②백성을 기르고 다스리다.
牧歌(ぼっか) 목가. ①목동의 노래. ②〖樂〗파스토랄. ♣~的(てき) 목가적.
牧童(ぼくどう) ①목동. ②목자(牧者).
牧馬(ぼくば) 목마.
牧民(ぼくみん) 목민. 백성을 다스림.
∥~官(かん) 목민관. 지방 장관. 「사람.
牧夫(ぼくふ) 목부. 목장에서 가축을 돌보는
牧舎(ぼくしゃ) 목사. 목장에서 기르는 짐승을 넣어 두는 우리.
牧師(ぼくし) 목사.
牧神(ぼくしん) ♣牧羊神(ぼくようしん).
牧野(ぼくや) 목야. 목축지. 목초지.
牧羊(ぼくよう) 목양. 양(羊)을 침. ♣~神(しん) 목양신.
∥~犬(けん) 목양견. 목장에서 양을 보호·유도하도록 훈련된 개.   「름.
牧養(ぼくよう) 목양. 목장에서 가축을 기
牧牛(ぼくぎゅう) 목우. 들에 놓아 기르는 소. *まきうし로도 읽음.
∥~犬(けん) 목우견. 소몰이하는 개.
牧者(ぼくしゃ) 목자. 목동.
牧地(ぼくち) 목지. 목장이 있는 땅. 목초지.
牧草(ぼくそう) 목초.
牧畜(ぼくちく) 목축.
牧会(ぼっかい) 〖基〗목회.

訓読 牧(まき) 목장.
牧人(まきびと) 목인. 목자. 목부(牧夫).
*ぼくじん으로도 읽음.
牧場(まきば) 목장. *ぼくじょう로도 읽음.
牧笛(まきぶえ) 목적. 목동이 부는 피리(소리). *ぼくてき로도 읽음.
牧畑(まきはた) 방목과 경작을 수년마다 교대로 하는 밭.

9 艹	苜	거여목 목 モク

其他
苜蓿(うまごやし)〖植〗거여목. 클로버.
＊もくしゅくとも 읽음.

13 目 人	睦	화목할 목 ボク むつ・むつむ・むつまじい

訓読
睦まじい(むつまじい) 의가 좋다. 정답다.
睦やか(むつやか) 의좋은. 화목한.
睦物語(むつものがたり) (남녀가) 다정하게 이야기를 주고받음. 또, 그 이야기.
睦言(むつごと) 다정하게 주고받는 이야기.
❖睦む(むつむ) 의좋게 지내다. 화목하게 지내다.
睦み合う(むつみあう) 서로 의좋게 지내다.

其他
睦月(むつき)〈雅〉목월. 음력 정월.

16 禾	穆	온화할 목 ボク やわらぐ

音読
穆実(ぼくじつ) 성질이 온화하고 성실한 모양.

몰

7 氵 常	没 (沒)	빠질 몰 ボツ・モツ しずむ

音読
没(ぼつ) ①'没書(ぼっしょ)(=몰서)'의 준말. ②죽음. 사망. ③《接頭語로》…, 없는.
没する(ぼっする) ①가라앉다. 사라져 안 보이다. ②사람이 죽다. 몰하다.
没価値性(ぼつかちせい)〖哲〗몰가치성.
没却(ぼっきゃく) 몰각. ＊もっきゃくとも 읽음.
没骨法(もっこつほう)〖美〗몰골법.
没官(もっかん)〖史〗몰관. 형벌로서 사람이나 재물을 관(官)이 몰수하는 일. ＊ぼっかんとも 읽음.
没交渉(ぼつこうしょう) 몰교섭. 거래 또는 교섭이 없음.
没年(ぼつねん) 몰년. ①죽은 해. ②죽은 때의 나이.
没溺(ぼつでき) 몰닉. ①물에 빠짐. ②열중함. 골몰함.
没頭(ぼっとう) 몰두.
没落(ぼつらく) 몰락. 영락.
没了(ぼつりょう) 몰료. 완전히 가라앉혀 없어지게 함. 또, 가라앉아 없어짐.
没滅(ぼつめつ) 몰멸. 멸망하여 없어짐. 다하여 없어짐. 또, 멸망시킴.
没分暁漢(ぼつぶんぎょうかん) 인정・도리를 모르는 사람. 어리석은 사람. ＊わからずやとも 읽음.
没常識(ぼつじょうしき) 몰상식.
没書(ぼっしょ) 몰서. 투고(投稿)를 채택하지 않음. 또, 그 투고.
没線描法(ぼっせんびょうほう) ☞没骨法(もっこつほう).
没世(ぼっせい) 몰세. ①죽음. ②일생. 평생. ③영세(永世). 영구(永久).
没収(ぼっしゅう)〖法〗몰수.
‖〜試合(しあい)〖野〗몰수 시합〔경기〕.
没食子(もっしょくし) 몰식자. ＊ぼっしょくしとも 읽음.
‖〜蜂(ばち)〖蟲〗몰식자벌. 어리상수리혹벌. 〜酸(さん)〖化〗몰식자산. 갈산.
没我(ぼつが) 몰아.
没薬(もつやく) 몰약.
没意味化(ぼついみか) 몰의미화.
没意義(ぼついぎ) 몰의의. 무의미.
没理想(ぼつりそう) 몰이상. ①이상이 없음. ②문학에서, 이상・주관을 표면에 나타내지 않고 객관적인 묘사에 중점을 두는 일.
没日(もつにち) 몰일. 음양가(陰陽家)에서, 모든 일에 흉하다는 날. ＊ぼつにちとも 읽음.
没入(ぼつにゅう) 몰입. ①가라앉음. 빠짐. ②몰두. ＊もつにゅうとも 읽음.
没字漢(ぼつじかん) 몰자한. 글을 전혀 모르는 사람.
没田(ぼつでん) 관(官)에 몰수되는 전지(田地).
没前(ぼつぜん) ①생전. 죽기 전. ②해지기 전.
没地(ぼっち) 몰지. 죽은 장소.
没取(ぼっしゅ)〖法〗몰취.
没趣味(ぼつしゅみ) 몰취미. 취미가 없음. ＊ぼっしゅみとも 읽음.
没風流(ぼつふうりゅう) 몰풍류. 풍류를 모름.
没後(ぼつご) 몰후. 사후. ＊もつごとも 읽음.

其他
没義道(もぎどう)〈俗〉비도(非道). 잔인.

8 歹	歿	죽을 몰 ボツ しぬ

参考 현대 표기로는 '没'로 대용함.

音読
歿(ぼつ) 몰. 사망. 죽음.
歿する(ぼっする) 몰하다. 죽다.
歿年(ぼつねん) 몰년. ①죽은 해. ②죽은 때의 나이.
歿前(ぼつぜん) 생전. 죽기 전.
歿地(ぼっち) 몰지. 죽은 곳.
歿後(ぼつご) 몰후. 사후. ＊もつごとも 읽음.

몽

13 夕 教	夢	꿈 몽 ム ゆめ

音読

夢境(むきょう) 몽경. 꿈의 세계. 꿈길.
夢譚(むたん) 꿈 이야기.
夢裡(むり) ⇨ 夢裏(むり).
夢裏(むり) 몽리. 꿈속.
夢魔(むま) 아주 무서운 꿈.
夢寐(むび) 몽매. 꿈속. 「넘.
夢死(むし) 몽사. 꿈꾸듯 일생을 헛되이 보
夢相(むそう) 꿈의 길흉을 판단함. 해몽.
夢想(むそう) ①몽상. ②꿈속에서 신불의 계
  시가 있음. ♣~家(か) 몽상가/~曲(きょ
  く)〖樂〗몽상곡.
∥~開き(びらき) 꿈에 나타난 신불의 계시
  를 일반에게 알림. 또, 그 모임.
~連歌(れんが) 꿈에서 나타난 구를 첫 구로
  하여 읊는 連歌.
夢遊病(むゆうびょう)〖醫〗몽유병.
夢精(むせい) 몽정. 몽설.
夢中(むちゅう) ①몽중. 꿈속. ②열중함.
∥~遊行症(ゆうこうしょう)〖醫〗몽유병.
夢現(むげん) 꿈인지 생시인지 확실하지 않은
  상태. *ゆめうつつ로도 읽음. 「혼. 꿈.
夢魂(むこん) 몽혼. 꿈을 꾸고 있는 사람의
夢幻(むげん) 몽환. *ゆめまぼろし로도 읽
  음. ♣~界(かい) 몽환계/~劇(げき) 몽환
  극/~的(てき) 몽환적.

訓読

夢(ゆめ) 꿈. *古語로는 いめ라고도 함.
夢にも(ゆめにも)《뒤에 否定・禁止의 말이
  붙어 副詞的으로 쓰여》꿈에도. 조금도. 결코.
夢ばかりも(ゆめばかりも) ☞夢にも(ゆ
  めにも).
夢見(ゆめみ) 꿈(을 꿈).
∥~心地(ごこち) ☞夢心地(ゆめごこち).
~月(づき) 음력 3월의 딴이름.
~鳥(どり) 나비의 딴이름.
~草(ぐさ) 벚나무의 딴이름.
夢見る(ゆめみる) 꿈꾸다. 공상하다.
夢更(ゆめさら)《뒤에 否定・禁止하는 말이
  붙어》조금도. 티끌만큼도. 꿈에도.
夢路(ゆめじ) 꿈길.
夢聊か(ゆめいささか)《뒤에 취소하는 뜻의
  말이 붙어》꿈에도. 조금도.
夢夢し(ゆめゆめし) 매우 조금임. 극히 적
  음. 「たり).
夢物語(ゆめものがたり) ☞夢語り(ゆめが
夢騒がし(ゆめさわがし) 나쁜 꿈을 꾸어 가
  슴이 두근거림. 「한) 기분.
夢心地(ゆめごこち) 꿈을 꾸는 (듯한) 황홀

夢語り(ゆめがたり) 꿈 이야기. 꿈 같은(덧
  없는) 이야기.
夢違い(ゆめちがい) 나쁜 꿈을 꾸었을 때 액
  막이를 하여 재난을 면하는 일.
∥~観音像(かんのんぞう) 동으로 만든 약
  87 cm의 입상으로 '악몽을 꾸어도 이 상에 빌
  면 좋은 꿈으로 바꾸어준다'고 전해오는 白鳳
  (はくほう) 시대(645~710)에 제작된 불상.
夢違え(ゆめちがえ) ☞夢違い(ゆめちが
  い). 「난 애인.
夢人(ゆめびと) 꿈에 나타난 사람. 꿈에서 만
夢占(ゆめうら) ☞夢合わせ(ゆめあわせ).
  *むせん으로도 읽음.
夢占い(ゆめうらない) ☞夢合わせ(ゆめあ
夢虫(ゆめむし) 나비의 딴이름. 「わせ).
夢枕(ゆめまくら) 꿈을 꾸는 베갯머리.
夢判じ(ゆめはんじ) ☞夢合わせ(ゆめあわ
  せ). 「わせ).
夢判断(ゆめはんだん) ☞夢合わせ(ゆめあ
夢合わせ(ゆめあわせ) 해몽(解夢).
夢解き(ゆめとき) 해몽(가).

14 艹	蒙	입을 몽・어리석을 몽 モウ くらい・こうむる

音読

蒙(もう) ①도리를 모름. 무지. ②'蒙古(もう
  こ)(=몽고)'의 준말.
蒙古(もうこ)〖地〗몽고. ♣~馬(うま) 몽고
  말/~斑(はん) 몽고반/~羊(ひつじ) 몽고
  양/~語(ご) 몽고어/~牛(うし) 몽고소.
∥~来(らい)〖史〗원(元)나라가 일본을 두
  차례 공격한 것을 이름.
~文字(もじ) 몽고 문자.
~襞(ひだ) 내안각 췌피(内眼角贅皮).
~相撲(ずもう) 몽고 씨름.
~人種(じんしゅ) 몽고 인종. 몽고족.
~帝国(ていこく)〖史〗몽고 제국.
~症(しょう)〖醫〗몽고증. 다운 증후군.
蒙昧(もうまい) 몽매. 어리석고 사리에 어두
蒙塵(もうじん) 몽진. 임금의 피난. 「움.

訓読

蒙る(こうむる) (피해 등을) 입다. 받다.

17 氵	濛	흐릿할 몽 モウ くらい

音読

濛気(もうき) ①자옥이 피어오르는 대기.
  김. ②마음이 편안치 않음. 「움.
濛昧(もうまい) 몽매. 안개 등이 끼어 어두
濛溟(もうめい) 몽명. 하늘이 잔뜩 흐려 어두
  운 모양.
濛濛(もうもう) 몽몽. (안개・연기・김 등으
  로) 자옥한 모양.
濛雨(もうう) 몽우. 자옥이 내리는 가랑비.

18 日	曚	어스레할 몽 モウ くらい

音読→
曚曨(もうろう) 몽롱. 햇빛이 흐릿함.
曚昧(もうまい) 몽매. ①어두움. ②어리석음.

18 月	朦	흐릴 몽 モウ おぼろ

音読→
朦気(もうき) ①자욱이 피어오르는 대기·김. ②마음이 편안치 않음.
朦朧(もうろう) 몽롱. 흐릿하고 희미한 모양. 의식이 분명하지 않음.
‖**〜状態**(じょうたい)〖醫〗몽롱 상태.
〜体(たい) 몽롱체. 그림·글에서, 명확한 뜻이나 윤곽 등을 갖지 않은 것.
〜会社(がいしゃ) 유령 회사.
朦朦(もうもう) 몽몽. (안개·연기·김 등으로) 자욱한 모양.

20 舟	艨	싸움배 몽 モウ

音読→
艨艟(もうどう) 몽동. 군함.

묘

5 卩 入	卯	토끼 묘 ボウ う

訓読→
卯(う) 묘《지지(地支)의 넷째. 방위로는 동(東), 시각으로는 오전 6시, 또는 오전 5시에서 7시 사이》. *ぼうろも 읽음.
卯建ち(うだち) 宿場(しゅくば) 따위에서, 인접하는 집 사이에 만든 방화벽(防火壁).
卯月(うづき)〈雅〉음력 4월. 사월(巳月).
卯の花(うのはな) ①〖植〗병꽃나무의 꽃. ②'雪花菜(おから)(=비지)'의 딴이름.
‖**〜曇り**(ぐもり) 음력 4월 무렵의 흐린 하늘.
〜腐し(くだし) 장마.
〜垣(がき) 병꽃나무로 만든 산울타리.
〜月(づき) 음력 4월의 딴이름.
〜夜(づくよ) 병꽃나무 꽃이 하얗게 피고 달빛이 아름다운 밤.

其他→
卯木(うつぎ)〖植〗병꽃나무.

7 女 常	妙	묘할 묘 ミョウ たえ

音読→
妙 ㊀(みょう) 묘. ①아주 훌륭함〔뛰어남〕. ②괴상함. 이상함.
㊁(たえ)〈古〉①훌륭한 모양. ②영묘함.
妙見菩薩(みょうけんぼさつ)〖佛〗묘견보살. 「勝」.
妙景(みょうけい) 아름다운 경치. 경승(景勝).
妙境(みょうきょう) 묘경. ①풍광이 아름다운 땅. ②학문·기예 등의 절묘한 경지.
妙計(みょうけい) 묘계. 묘책. 「곡.
妙曲(みょうきょく) 묘곡. 뛰어난 음악. 명
妙工(みょうこう) 묘공. 훌륭한 세공. 뛰어난 장색.
妙句(みょうく) 묘구. 교묘한 표현. 말구변.
妙技(みょうぎ) 묘기.
妙機(みょうき)〖佛〗묘기. 훌륭한 능력.
妙齢(みょうれい) 묘령.
妙理(みょうり) 묘리. 심오한 도리. 현묘(玄妙)한 이치.
妙文(みょうぶん) 묘문. 뛰어난 문장.
妙味(みょうみ) 묘미.
妙法(みょうほう) 묘법. ①아주 좋은 방법. ②〖佛〗가장 올바른 가르침. 부처님의 가르침.
妙算(みょうさん) 묘산. 묘책. 「칭.
妙所(みょうしょ) 묘소. 묘미가 있는 곳.
妙手(みょうしゅ) ①묘수. ②명수.
妙案(みょうあん) 묘안.
妙薬(みょうやく) 묘약. 「작용.
妙用(みょうよう) 매우 뛰어난 작용. 신기한
妙音(みょうおん) 묘음. 무어라 형언할 수 없을 만큼 아름다운 소리·음악.
妙作(みょうさく) 훌륭한 작품.
妙絶(みょうぜつ) 묘절. 기예(技藝) 등이 아주 뛰어남. 절묘.
妙策(みょうさく) 묘책.
妙諦(みょうたい) 묘체. 뛰어난 진리.
*みょうていろも 읽음.
妙趣(みょうしゅ) 묘취. 뛰어난 정취.
妙筆(みょうひつ) 묘필. 아주 뛰어난 글씨.

訓読→
妙なる(たえなる)〈文〉절묘한. 영묘한.
妙に(たえに)〈雅〉(절)묘하게.

8 艹 常	苗	모 묘·모종 묘 ビョウ·ミョウ なえ·なわ

音読→
苗裔(びょうえい) 묘예. 후대의 자손. 후예.
苗字(みょうじ) 성씨(姓氏). 성.
苗条(びょうじょう) 묘조. 식물의 줄기와 잎의 총칭.
苗族(びょうぞく) 묘족. 중국 구이저우(貴

州) 성을 중심으로 분포하는 종족.
苗圃(びょうほ) 묘포. 묘상. 모판.
|訓読▶|
苗(なえ) ①모종. ②특히, 볏모. ③양식용 치어(稚魚).
苗代(なわしろ) 못자리. *なえしろ로도 읽음. ♣〜水(みず) 못자리 물.
‖〜時(どき) 못자리를 준비할 철.
〜田(だ) ☞苗代(なわしろ).
苗売り(なえうり) 채소・꽃 등의 모종을 파는 행상인.
苗木(なえぎ) 묘목. 모종 나무.
苗床(なえどこ) 묘판. 못자리. 모종판.
苗船(なえぶね) 깊은 논에 모내기를 할 때 모를 실어 나르는 데 쓰는 작은 배.
苗印(なえじるし) 파종 후 못자리의 중앙에 세우는 나뭇가지나 대막대기.
苗取り(なえとり) 못자리에서 모종을 채취함.
苗取り歌(なえとりうた) 모내기 노래. 농민들이 모내기할 때 부르는 민요.

| 8
日 | 杳 | 어두울 묘
ヨウ
くらい |

|音読▶|
杳(よう) ①어둠침침함. ②아득함. ③확실히 모름.
杳として(ようとして) 묘연히.
杳茫(ようぼう) 아득히 먼 모양. 한없이 넓은 모양.
杳渺(ようびょう) 묘묘. 아득히 멀어 희미한 모양.
杳然(ようぜん) 묘연. ①아득히 먼 모양. ②뚜렷하지 않은 모양.
杳窕(ようちょう) 아득하게 먼 모양.

| 9
日
入 | 昴 | 별이름 묘
ボウ
すばる |

|音読▶|
昴宿(ぼうしゅく) 묘수. 28수(宿)의 하나.
|訓読▶|
昴(すばる)〖天〗묘. 묘성(昴星). 좀생이. 28수(宿)의 하나. *ぼう로도 읽음.

| 9
目 | 眇 | 애꾸눈 묘・작을 묘
ビョウ
かすか・すがめ・すがめる |

|音読▶|
眇 ㊀(びょう) 극히 작은 모양.
㊁(すがめ) ①〈卑〉사팔뜨기. ②〈卑〉애꾸눈. ③〈雅〉곁눈(질).
眇たる(びょうたる) 넓은 바다에 접하나 적은 듯이 존재하는 모양. 극히 작은. 하찮은.
眇目(びょうもく) 묘목. 사팔뜨기. 애꾸눈이.

眇然(びょうぜん) 묘연. 잔 모양. 작은 모양. 하찮은 모양.
|訓読▶|
眇む(すがむ) ①사팔눈이 되다. 한쪽 눈이 가늘게 뜨이다. ②〈文〉☞眇める(すがめる).
眇める(すがめる) ①(자세히 살피기 위해) 한쪽 눈을 가늘게 뜨거나 감다. ②한쪽 눈을 가늘게 뜨게〔감고〕겨냥 대다.
眇漏り(すがもり) 지붕 밑에서 빗물이 배어 나와 방으로 떨어짐.

| 10
田
常 | 畝 | 이랑 묘・두둑 묘
ホ
せ・うね |

|訓読▶|
畝 ㊀(せ) 묘. 땅 넓이의 단위. 30평.
㊁(うね) 밭이랑(과 비슷한 것).
㊂(あぜ) ①두렁. ②(상인방과 문지방의) 개탕과 개탕 사이의 턱.
畝間(うねま) 고랑.
畝織り(うねおり) 직물을 골지게 짜는 방식. 또, 그러한 직물.

| 11
扌
常 | 描 | 그릴 묘
ビョウ
えがく・かく |

|音読▶|
描法(びょうほう) 묘법. 그리는 방법〔기법〕.
描写(びょうしゃ) 묘사. ♣〜性(せい) 묘사성.
‖〜音楽(おんがく) 묘사 음악. 자연음을 악기로써 의음적(擬音的)으로 묘사한 음악.
描線(びょうせん) 사물의 형태를 그린 선.
描出(びょうしゅつ) 묘출. 그려 냄.
描破(びょうは) 묘파. 남김없이 그려 냄.
描画(びょうが) 묘화. 그림을 그림.
|訓読▶|
❖描く ㊀(えがく) 그리다. ①그림을 그리다. ②묘사하다. 표현하다.
㊁(かく) (그림을) 그리다.
描き染め(かきぞめ) 붓・귀얄 등으로 천에 직접 그림을 그리는 염색법.
描き髭(かきひげ) ①탈에 직접 그린 수염. ②먹물로 그린 수염.
描き出す(えがきだす) 그려내다.
描き版(かきはん)〖印〗붓이나 크레용을 써서 직접 손으로 그려 제판하는 평판(平版).

| 11
犭
常 | 猫 | 고양이 묘
ビョウ・ミョウ
ねこ |

|音読▶|
猫額(びょうがく) 고양이의 마빡. 고양이 마빡처럼 좁음.
‖〜大(だい) 고양이 마빡만함. 대단히 좁

猫睛石(びょうせいせき)〖鑛〗묘정적. 묘안석(猫眼石).

訓読▶

猫(ねこ) ①〖動〗고양이. ②〈俗〉三味線(しゃみせん)의 별칭. ③〈俗〉쥐약.
〜に小判(こばん) 고양이에게 금화(金貨) 《돼지에 진주》.
猫じゃらし(ねこじゃらし) ①〖植〗강아지풀의 딴이름. ②양 끝을 늘어뜨리는 식의 허리띠 매는 법.   「이 귀여워함.
猫可愛がり(ねこかわいがり)〈俗〉분별없
猫脚(ねこあし) ⇨ 猫足(ねこあし).
猫股(ねこまた) ⇨ 猫又(ねこまた).
猫跨ぎ(ねこまたぎ)〈俗〉소금에 절인 맛없는 자반《생선을 즐기는 고양이조차도 가랑이를 벌리고 뛰어 넘는다는 데서》.
猫鮫(ねこざめ)〖魚〗괭이상어.
猫頭巾(ねこずきん) 江戸(えど) 시대에, 화재 소화(消火) 때 쓰는 두건.
猫柳(ねこやなぎ)〖植〗갯버들.
猫の目(ねこのめ) ①《명암(明暗)에 따라 변하는 고양이 눈처럼》사물이 어지럽게 변함의 비유. ②눈꼬리를 치올린 화장. ♣〜草(そう) 〖植〗괭이눈.
猫目石(ねこめいし)〖鑛〗묘안석(猫眼石).
猫撫で声(ねこなでごえ) 본성을 숨긴 부드러운 목소리. 간사한 목소리.
猫背(ねこぜ) 새우등. 또, 그런 사람.
猫糞(ねこばば) 《자기가 저지른》나쁜 짓을 숨기고 시치미 뗌. 또, 주운 물건을 슬쩍 자기 것으로 함.
猫石(ねこいし)〖建〗판자울타리 등에서 나무기둥 바로 밑에 놓는 돌.
猫舌(ねこじた) 뜨거운 음식을 먹지 못하는 일. 또, 그 사람.
猫搔き(ねこがき) 짚으로 엮은 멍석.
猫の額(ねこのひたい) 고양이 이마빼기만 함. 아주 좁음.
猫要らず(ねこいらず) 쥐약.
猫又(ねこまた) 나이 먹은 고양이. 꼬리가 둘로 갈라지며 둔갑을 잘한다고 함.
猫耳(ねこみみ) 귀지가 무르고 고린내가 나는 상태. 또, 그런 귀.
猫足(ねこあし) ①고양이 다리같이 안으로 굽은 책상이나 상 따위의 다리. ②소리 나지 않게 살금살금 걷는 걸음.
猫車(ねこぐるま) 채를 뒤에서 밀어 흙이나 돌을 나르는 일륜차(一輪車).
猫萩(ねこはぎ)〖植〗괭이싸리.   「판자.
猫板(ねこいた) 네모진 화로 끝에 얹어 놓는
猫八(ねこはち) 옛날, 고양이·개·닭 울음소리를 내며 구걸하던 거지.
猫皮(ねこがわ) 고양이 가죽. 三味線(しゃみせん) 판 가죽으로 쓰임.
猫被り(ねこかぶり) 양의 탈을 씀. 본성을 숨김. 아비다리 침. 또, 그 사람.
猫下ろし(ねこおろし) 고양이가 밥〖먹이〗 따위를 남기는 일. 또, 그 남긴 음식.

| 12
水 | 渺
渺渺 | 아득할 묘
ミョウ・ビョウ
ひろい |

音読▶

渺漫(びょうまん) 묘만. 수면(水面)이 끝없이 넓은 모양.   「은 모양.
渺渺(びょうびょう) 묘묘. 수면이 끝없이 넓

| 12
氵 | 渺 | 아득할 묘
ビョウ
はるか |

音読▶

渺(びょう) 극히 작은 모양.
渺たる(びょうたる) 넓은 바다에 점하나 적은 듯이 존재하는 모양. 극히 작은. 하찮은.
渺漠(びょうばく) 묘막. 광막(廣漠).
渺漫(びょうまん) 묘만. 끝없이 넓고 아득
渺茫(びょうぼう) 묘망. 한없이 넓고 끝이 없   「는 모양.
渺渺(びょうびょう) 묘묘. 망망.
渺然(びょうぜん) 묘연. 넓고 가없는 모양.

| 13
土
教 | 墓 | 무덤 묘
ボ
はか |

音読▶

墓銘(ぼめい) 묘비명.
墓門(ぼもん) 묘문. 묘지의 입구.
墓畔(ぼはん) 무덤 근처. 무덤가.
墓碑(ぼひ) 묘비. ♣〜銘(めい) 묘비명.
墓石(ぼせき) 묘석. 묘비(墓碑). *はかいしろも 읽음.
墓室(ぼしつ) 묘실. 널방. 현실(玄室).
墓域(ぼいき) 묘역.
墓苑(ぼえん) ⇨ 墓園(ぼえん).
墓園(ぼえん) 묘지. 공동 묘지.
墓前(ぼぜん) 묘전. 무덤 앞.
墓地(ぼち) 묘지. *はかちろも 읽음.
墓誌(ぼし) ♣〜銘(めい) 묘지명.
墓参(ぼさん) 성묘(省墓).
墓表(ぼひょう) 묘표. ①무덤의 표시로서 세우는 기둥이나 돌. ②묘비(墓碑) 등에 고인의 이름·사망 연월일·업적 등을 쓴 글.
墓標(ぼひょう) *はかじるしろも 읽음. ⇨ 墓表(ぼひょう).   「ろも 읽음.
墓穴(ぼけつ) 묘혈. 무덤 구멍. *はかあな
〜を掘る(ほる) 묘혈을 파다. 스스로 파멸로 이끄는 원인을 만들다.

訓読▶

墓(はか) 묘. 뫼. 무덤. 또, 묘비.
墓掘り(はかほり) 무덤을 팜. 또, 그 사람.
墓所(はかどころ) 묘소. *ぼしょろも 읽으며, 老人語로는 はかしょ라고도 함.
墓守り(はかもり) 묘지기.

墓詣で(はかもうで) 성묘.
墓原(はかはら)〈雅〉 묘소. *はかわらとも
墓場(はかば) 묘지. 묘소.   읽음.
墓参り(はかまいり) 성묘.

15 广 廟
사당 묘·묘당 묘
ビョウ
みたまや

音読
廟 ㊀(びょう) ①묘. 사당(祠堂). ②라마교(教)의 절.
㊁(たまや) 사당. 영묘(靈廟).
廟堂(びょうどう) 묘당.
廟門(びょうもん) 묘당(廟堂)·궁전의 문.
廟社(びょうしゃ) 묘사. 종묘 사직.
廟祀(びょうし) 묘사. 신사나 사당에 신위(神位)를 모심.
廟所(びょうしょ) ①귀인의 혼백을 모신 사당. ②묘소(墓所). 산소. 무덤.
廟食(びょうしょく) 묘식. 죽어서 종묘·사당에서 제사를 받음.
廟宇(びょうう) 묘우. 귀인(貴人)의 혼백을 모신 사당.
廟議(びょうぎ) 묘의. 조정의 평의.
廟祝(びょうしゅく) 신관(神官).
廟塔(びょうとう) 『佛』 묘탑. 불상을 안치하는 사당의 탑.
廟号(びょうごう) 묘호. 한국·중국 등에서, 제왕의 영혼을 모실 때 추서하는 칭호.

17 金 錨
닻 묘
ビョウ
いかり

音読
錨泊(びょうはく) 묘박. 배가 닻을 내리고 정박함.   「는 곳.
錨床(びょうしょう) 묘상. 갑판 위의 닻을 두
錨鎖(びょうさ) 닻줄. 닻에 달린 쇠사슬.
錨地(びょうち) 묘지. 정박지(碇泊地).
訓読
錨(いかり) ①닻. ②물건을 달아 올리는 갈고랑이.
錨綱(いかりづな) 닻줄.   「葉草.
錨草(いかりそう) 『植』 삼지구엽초(三枝九

무

4 毋 毋
말 무·없을 무
ブ·ム
なかれ

訓読
毋(なかれ) 한문 훈독을 할 때, 금지·부정을 나타내는 말. …하지 마라. …해서는 안 된다.

5 戈 戊
다섯째천간 무
ボ
つちのえ

音読
戊夜(ぼや) 무야. 곧, 새벽 3시부터 5시까지.
訓読
戊(つちのえ) 무. 천간(天干)의 다섯 번째. 오행설의 토(土)에 속함. *ぼとも 읽음.
戊戌(つちのえいぬ) 무술. 60 갑자의 서른다섯째. *ぼじゅつとも 읽음.
戊申(つちのえさる) 무신. 60 갑자의 마흔다섯째. *ぼしんとも 읽음.
戊午(つちのえうま) 무오. 60 갑자의 쉰다섯째. *ぼごとも 읽음.
戊寅(つちのえとら) 무인. 60 갑자의 열다섯째. *ぼいんとも 읽음.
戊子(つちのえね) 무자. 60 갑자의 스물다섯째. *ぼしとも 읽음.
戊辰(つちのえたつ) 무진. 60 갑자의 다섯째. *ぼしんとも 읽음.

7 工 巫
무당 무
フ
かんなぎ·みこ

音読
巫覡(ふげき) 무격. 남녀 무당의 총칭. *かんなぎとも 읽음.
巫山の夢(ふざんのゆめ) 무산지몽. 남녀 정교의 아기자기함.
巫山の雲雨(ふざんのうんう) 무산의 운우. ☞巫山の夢(ふざんのゆめ).
巫俗(ふぞく) (한국의) 무속.
巫術(ふじゅつ) 무술. 샤머니즘.
巫医(ふい) 무당과 의사.
巫者(ふしゃ) 무자. 무당.
巫祝(ふしゅく) 무당.
其他
巫女(みこ) ①신이나 신사(神社)에 봉사하는 미혼 여성. ②무녀. 무당. *②는 ふじょとも 읽음. ♣~舞(まい) 무당춤.
∥~寄せ(よせ) 무당이 하는 공수.
巫山戯(ふざけ) 희롱거림. 장난침.
巫山戯る(ふざける) ①희롱거리다. ②깔보다. 놀리다.

8 扌 拇
엄지손가락 무
ボ
おやゆび

音読
拇印(ぼいん) 무인. 지장. 손도장.
拇指(ぼし) 무지. 엄지손가락.
拇趾(ぼし) 엄지발가락.
訓読
拇(おやゆび) 엄지손가락. 엄지발가락.

8획 卄 常	茂	우거질 무 モ しげる

音読
茂林(もりん) 무림. 초목이 우거진 숲.
茂生(もせい) 무성(茂盛)함. 더부룩하게 남.

訓読
茂み(しげみ) 우거짐. 우거진 곳. 수풀.
❖茂る(しげる) 초목이 무성하다.
茂り(しげり) 우거짐. 우거진 정도.
茂り合う(しげりあう) 무성하다.

8획 止 教	武	호반 무·굳셀 무 ブ・ム たけし

音読
武(ぶ) 무. ①무예. ②무력. ③무용.
武家(ぶけ) 무가. 무사(의 가문).
∥〜方(がた) 무가 쪽[편]의 사람.
　〜時代(じだい) 무가 시대. 鎌倉(かまくら) 시대부터 江戸(えど) 시대에 이르는 무인(武人) 집권 시대.
　〜政治(せいじ) 무가 정치.　　「양식.
　〜造り(づくり) 鎌倉 시대의, 무가의 저택
武鑑(ぶかん) 江戸(えど) 시대에 大名(だいみょう)·旗本(はたもと) 등의 성명·계보·봉록 등을 적은 연감식의 책.
武甲(ぶこう) 『地』옛 지명. 武蔵(むさし)와 甲斐(かい) 지역.
武庫(ぶこ) 무기고. 풍류가 없음. 예의 범
武骨(ぶこつ) 물취미. 풍류가 없음. 예의 범절을 모름.
∥〜者(もの) 무지렁이. 버릇없는 자.
武功(ぶこう) 무공.
武官(ぶかん) 무관.
武具(ぶぐ) 무구. 칼·창·투구 등의 총칭.
武技(ぶぎ) 무기. 무술. 무예.
武器(ぶき) 무기. ♣〜庫(こ) 무기고.
武断(ぶだん) 무단.
∥〜政治(せいじ) 무단 정치.
武徳(ぶとく) 무덕. 무도의 덕의(徳義).
武道(ぶどう) 무도. 무사도. 무예. 무술.
武略(ぶりゃく) 무략. 전략.
武力(ぶりょく) 무력.
∥〜戦争(せんそう) 무력 전쟁.
　〜衝突(しょうとつ) 무력 충돌.
　〜行使(こうし) 무력 행사.
　〜革命(かくめい) 무력 혁명.
武陵桃源(ぶりょうとうげん) 무릉도원.
武名(ぶめい) 무명. 무인으로서의 명예.
武門(ぶもん) 무문. 무사의 가계(家系).
武弁(ぶべん) 무변. 무관(武官).
武辺(ぶへん) 무변. 무술에 관한 무사 (武事).
∥〜者(もの) 무사(武士). 무인(武人). 또,

성주(城主)가 될 만한 장수. *ぶへんしゃ로도 읽음.
武夫(ぶふ) 무부. 무사. 무인.
武備(ぶび) 무비. 군비(軍備).
武士(ぶし) 무사. *에스러운 말씨로는 もののふ라고 했음. ♣〜道(どう) 무사도.
　〜は食(く)わねど高揚枝(たかようじ) 양반은 얼어 죽어도 짚불은 쬐지 않는다.
∥〜気質(かたぎ) 무사 기질.
　〜詞(ことば) 무사 계급에서 쓰이던 말씨.
武事(ぶじ) 무사.
武相(ぶそう) 『地』 옛날의 지방 이름. 武蔵(むさし)와 相模(さがみ) 지역.
武術(ぶじゅつ) 무술.
武臣(ぶしん) 무신.
武神(ぶしん) 무신. 군신(軍神).
武烈(ぶれつ) 무열. 무훈. 무공.
武芸(ぶげい) 무예. 무술.
∥〜十八般(じゅうはっぱん) 무예 십팔반. 십팔기.
　〜者(しゃ) 무예가. 무예를 닦는 사람.
武勇(ぶゆう) 무용.
∥〜伝(でん) ①무용전. 무용담. ②〈俗〉 완력을 휘둘러 행패를 부린 사건.
武運(ぶうん) 무운.
武威(ぶい) 무위. 무력의 위세.
武人(ぶじん) 무인. 무사.
武者(むしゃ) 무자.
∥〜修行(しゅぎょう) 무사가 무술 수행을 위해 여러 곳을 돌아다님.
　〜人形(にんぎょう) 단옷날 장식에 쓰는 무사 형상을 한 인형.　「는 일.
　〜揃え(ぞろえ) 무사들을 모아 군세를 갖추
　〜組(くみ) 옛날 군대의 편제법.
　〜振り(ぶり) 무사다운 용감한 행동.
　〜震い(ぶるい) 큰일을 함에 앞서 마음이 설레어 몸이 떨림.
　〜振り付く(ぶりつく) 맹렬하게 달라붙다.
　〜窓(まど) 굵게 창살을 댄 창.
　〜絵(え) 갑옷 입은 무사나 전투를 소재로 한 그림.
武将(ぶしょう) 무장.
武張る(ぶばる) ①용맹한 사람처럼 행동하다. ②우락부락하여 세련(洗練)된 맛이 없어 보이다.
武装(ぶそう) 무장.
∥〜蜂起(ほうき) 무장 봉기.
　〜中立(ちゅうりつ) 무장 중립.
　〜平和(へいわ) 무장 평화.
　〜解除(かいじょ) 무장 해제.
武蔵(むさし) ①『地』 옛 지방 이름(현재의 東京(とうきょう) 도·埼玉(さいたま) 현·神奈川(かながわ) 현의 일부〉. ②놀이의 한 가지. 여섯발고누.
武鯛(ぶだい) 『魚』 비늘돔.　　　「름.
武州(ぶしゅう) 武蔵国(むさしのくに)의 딴이
武太刀(ぶたち) 실전에 쓰는 칼.
武闘(ぶとう) 무력으로 싸움.

武学(ぶがく) 무학. 병학(兵學).
武俠(ぶきょう) 무협.
武火(ぶか) 무화. 활활 세게 타는 불.
武勲(ぶくん) 무훈.

11 力 教	務	힘쓸 무 ム つとめる

訓読▷

❖務める(つとめる) 소임을[임무를] 맡다. 역할을 다하다.
務め(つとめ) 할 일. 의무. 임무. 책무.

12 灬 教	無	없을 무 ム・ブ ない

音読▷

無 ㊀(ぶ)《接頭語로》…않다. …없다. …나
㊁(む) 무. 없음.   「쁘다.
~に帰(き)する 무로 돌아가다. 헛되다.
無にする(むにする) 헛되게 하다. 저버리다.
無価(むか) 무가. 값을 매길 수 없을 만큼 귀중함. ∗불교 용어로는 むげ.
無可動実銃(むかどうじつじゅう) 실탄이 발사되지 않도록 진짜 총을 가공한, 장식용 총.
無角牛(むかくぎゅう)〖動〗무각우.
無間(むけん)〖佛〗無間地獄의 준말. ∗むげん으로도 읽음.
‖~地獄(じごく)〖佛〗무간지옥.
無干渉(むかんしょう) 무간섭. 불간섭.
無感覚(むかんかく) 무감각.
無鑑査(むかんさ) 무감사.   「치 않음.
無勘定(むかんじょう) 손득의 계산을 개의
無感地震(むかんじしん) 무감 지진.
無蓋(むがい) 무개. 지붕이 없음.
‖~貨車(かしゃ) 무개 화차.
無欠(むけつ) 무결. 흠이 없음.
無欠(むけつ) 無欠(むけつ).
無欠席(むけっせき) 무결석.
無警告(むけいこく) 무경고.
無競争(むきょうそう) 무경쟁.
無茎鏃(むけいぞく) 화살촉 밑에 살대에 꽂는 돌기가 없는 촉.
無季(むき) 俳句(はいく)에서, 계절을 나타내는 말이 없음.   「지 않음.
無届け(むとどけ) 무신고(無申告). 신고하
無稽(むけい) 무계. 터무니없음.
無計画(むけいかく) 무계획.
無告(むこく)〈古〉무고. 호소할 곳이 없음. 또, 그런 사람.
無考え(むかんがえ) 사려가 없음.
無苦(むく) 괴로움이 없음. 또, 그 세계.
無辜(むこ) 무고. 죄가 없음.
無骨(ぶこつ) 물취미. 풍류가 없음. 예의 범절을 모름.
‖~者(もの) 무지렁이. 버릇없는 자.

無功(むこう) 무공. 공로가 없음.
無顆粒白血球(むかりゅうはっけっきゅう)〖生〗무과립 백혈구.   「실 책임.
無過失責任(むかしつせきにん)〖法〗무과
‖~主義(しゅぎ) 무과실 책임주의.
無官(むかん) 무관. 관직이 없음.
無冠(むかん) 무관. 지위가 없음.
‖~の帝王(ていおう) 무관의 제왕《언론인》.
無関係(むかんけい) 무관계.
無関心(むかんしん) 무관심.
無愧(むぎ) 무괴. 나쁜 짓을 하면서 부끄러워하지 않음.
無教養(むきょうよう) 무교양.
無教育(むきょういく) 무교육.
無教会主義(むきょうかいしゅぎ)〖宗〗무교회주의.
無口(むくち) 말수가 적음. 과묵.
無垢(むく) 무구. ①〖佛〗(번뇌에서 벗어나) 깨끗함. ② 순수함. ③ 무지(無地)의 염색하지 않은 옷. 특히, 흰 옷. ④ 결백하고 순진함.
無垢衣(むくえ)〖佛〗가사(袈裟)의 딴이름.
無口湖(むこうこ)〖地〗무구호.
無国籍(むこくせき) 무국적.   「상동곡」
無窮(むきゅう) 무궁. ♣~動(どう)〖樂〗.
無権代理(むけんだいり)〖法〗무권 대리.
無軌道(むきどう) 무궤도.
無規律(むきりつ) 무규율. 기율이 없음.
無菌(むきん) 무균.
‖~動物(どうぶつ) 무균 동물.
無極(むきょく) 무극. ①끝이 없음. ②〖物〗전극이 없음.
無根(むこん) 무근.
無給(むきゅう) 무급.
無期(むき) 무기. ♣~刑(けい) 무기형.
‖~年金(ねんきん) 무기 연금.
無器(ぶき) 소질이 없음.
無機(むき) 무기. ♣~物(ぶつ) 무기물 / ~酸(さん)〖化〗무기산 / ~的(てき) 무기적 / ~質(しつ) 무기질.
‖~肥料(ひりょう) 무기 비료.
~塩類(えんるい) 무기 염류.
~化学(かがく) 무기 화학.
~化合物(かごうぶつ) 무기 화합물.
無技巧(むぎこう) 무기교.
無器量(ぶきりょう) ①재능이 부족함. ②용모가 추함.
無気力(むきりょく) 무기력.
無記名(むきめい) 무기명.   「금.
‖~裏書(うらがき) 무기명 배서.
~定期預金(ていきよきん) 무기명 정기예
~株券(かぶけん) 무기명 주권.
~証券(しょうけん) 무기명 증권.
~債券(さいけん) 무기명 채권.
~投票(とうひょう) 무기명 투표.
無気味(ぶきみ) 어쩐지 기분이 나쁨. 까닭 모를 무서움.
無器用(ぶきよう) 서투름. 손재주가 없음.
無気肺(むきはい)〖醫〗무기폐.

無期限(むきげん) 무기한.
無難(ぶなん) 무난.
無念(むねん) ①무념. 아무 생각이 없음. ② 원통함.
∥～無想(むそう)『佛』무념무상.
無農薬栽培(むのうやくさいばい) 무농약 재배.
無尿(むにょう) 무뇨증.
無能(むのう) 무능. ♣～者(しゃ) 무능한 사람.
無能力(むのうりょく) 무능력. ♣～者(しゃ) 무능력자.
無断(むだん) 무단.
無担保(むたんぽ) 무담보.
∥～裏書(うらがき) 무담보 배서.
無答(むとう) 앙케트에서, 회답이 없음.
無答責(むとうせき)『法』책임을 지지 않아도 좋음.
無党(むとう) 무당. 어느 당파에도 속하지 않음. ♣～派(は) 무당파.
無糖(むとう) 무당. 당분이 없음.
無代(むだい) 무대. 무료. 공짜.
無徳(むとく) 무덕. 덕이 없음.
無刀(むとう) 칼을 차고 있지 않음.
無道(むどう) 무도. 도리에 벗어남. ＊ぶどう로도 읽음.
∥～人(じん) 무도한 자. 무법자. 난폭자.
無道心(むどうしん) 신앙심·도덕심이 없음.
無毒(むどく) 무독. 독이 없음.
無頓着(むとんちゃく) 무관심. 무심함. 대범함.
無得心(むとくしん) ①이해하지 않음. ②도리에 맞지 않음. ＊むどくしんで로도 읽음.
無得点(むとくてん) 무득점.
無灯(むとう) 무등. 등불을 켜지 않음.
無量(むりょう) 무량. 무한.
∥～劫(ごう)『佛』무량겁. 무한히 긴 시간.
～光(こう)『佛』무량광. 아미타불이 비치는 무한한 지혜의 광명.
～大数(たいすう) 무량대수. 수의 단위.
～無辺(むへん) 무량무변.
～寿仏(じゅぶつ)『佛』아미타불의 딴이름.
無慮(むりょ) 무려.
無力(むりょく) 무력.
無礼(ぶれい) 무례.
∥～講(こう) 신분·지위를 무시하고 베푸는 연회.
無禄(むろく) 무록. 봉록이 없음.
無論(むろん) 무론. 물론.
無頼(ぶらい) 무뢰. ①일정한 직업이 없고 품행이 나쁨. 또, 그런 사람. 무뢰한. ＊ごろつき로도 읽음. ②의지가지없음. ♣～漢(かん) 무뢰한.
無料(むりょう) 무료.
無聊(ぶりょう) 무료. 심심함.
無漏(むろ)『佛』무루.
無謬(むびゅう) 무류. 오류가 없음. ♣～性(せい) 무류성.
無類(むるい) 무류. 비길〔비할〕데 없음.
無理(むり) 무리. ♣～数(すう)『數』무리수／～式(しき)『數』무리식.

∥～強い(じい) 억지. 강제. 강권.
～遣り(やり) 억지로 강행하려는 모양.
～難題(なんだい) 생트집.
～無体(むたい) 억지. 강제.
～算段(さんだん) 억지로 변통함.
～心中(しんじゅう) 강제로 정사(情死)시킴. 억지 정사.
～押し(おし) 강행.
～往生(おうじょう) 억압하여 억지로 복종시킴.
無理解(むりかい) 이해가 없음. 몰이해.
無媒(むばい) ①중매인이 없음. ②외딴 곳.
無媒介(むばいかい)『哲』무매개.
無面目(むめんもく) 사물의 이치를 모름.
無免許(むめんきょ) 무면허.
無名(むめい) 무명. ♣～数(すう)『數』무명수／～氏(し) 무명씨／～指(し) 무명지.
∥～契約(けいやく) 무명 계약.
～戦士(せんし) 무명 전사.
無明(むみょう)『佛』무명.
∥～世界(せかい)『佛』무명 세계. 번뇌에 빠져 혼미한 세계.
～の闇(やみ)『佛』깨달을 수 없는 상태.
～長夜(じょうや) 무명 장야.
無銘(むめい) 무명. 서화·칼·기물 따위에 작자의 이름이 없음.
無帽(むぼう) 무모. 모자를 안 씀.
無謀(むぼう) 무모.
無矛盾性(むむじゅんせい)『論』무모순성.
無毛症(むもうしょう) 무모증.
無目的(むもくてき) 무목적.
無文(むもん) 무문(無紋). 무늬 또는 문채가 없음.
無門(むもん)『佛』무문.
無紋(むもん) 무문. 의복 따위에 가문(家紋)이 없음.
無味(むみ) 무미.
∥～乾燥(かんそう) 무미 건조.
無尾類(むびるい)『動』무미류.
無反り(むぞり) 도신(刀身)이 젖혀진 데가 없고 쭉 곧음. 또, 그런 칼.
無反動砲(むはんどうほう)『軍』무반동포.
無伴奏(むばんそう) 무반주.
無防備(むぼうび) 무방비.
∥～都市(とし) 무방비 도시.
無配(むはい) 무배. 무배당. 배당금이 없음.
無胚乳種子(むはいにゅうしゅし)『植』무배유 종자.
無法(むほう) 무법. ♣～者(もの) 무법자.
∥～地帯(ちたい) 무법 지대.
無辺(むへん) 무변. 끝이 닿는 데가 없음.
∥～光仏(こうぶつ)『佛』무변광불. 아미타불의 딴이름.
～大(だい) 끝없이 큼.
～法界(ほうかい) 무변 법계. 법계는 끝없이 광대하며 무한의 사물을 안고 있음.
～世界(せかい) ①『佛』무변 세계. ②정처없는 곳.
～際(ざい) 끝없이 넓음. 광대 무변.
無病(むびょう) 무병.
無報酬(むほうしゅう) 무보수.

無封(むふう) 무봉. 편지 따위를 봉하지 않음.
無分別(むふんべつ) 무분별.
無比(むひ) 무비. 무쌍.
無批判(むひはん) 무비판.
無死(むし)〔野〕무사. 노아웃.
無私(むし) 무사. 사심・사욕이 없음.
無事(ぶじ) ①무사. ②무탈함. 좋음.
無事故(むじこ) 무사고.
邪魔気(むじゃき) 천진 난만함.
無思慮(むしりょ) 무사려.
無私無偏(むしむへん) 무사무편. 사심・사욕이 없고 공평함.
無糸分裂(むしぶんれつ)〔生〕무사 분열.
無沙汰(ぶさた) 격조. 소식을 전하지 않음.
無産(むさん) 무산. ①무직. ②재산이 없음. ③無産階級의 준말.
∥~階級(かいきゅう) 무산 계급.
~運動(うんどう) 무산 운동.
~政党(せいとう) 무산 정당.
無算(むさん) ①계산을 할 수 없음. ②셀 수 없을 만큼 많음.
無酸素(むさんそ) 무산소. 산소가 없는 상태
∥~登山(とざん) 무산소 등정.
無酸症(むさんしょう)〔醫〕무산증.
無上(むじょう) 무상. 더이상 없음.
∥~尊(そん) 무상존. 석가의 존칭.
無状(むじょう) ①이렇다 할 선행・공적이 없음. ②결례. 무례.
無相(むそう)〔佛〕무상.
無常(むじょう) 무상. ♣~観(かん)〔佛〕무상관.
∥~講(こう) 계의 한 가지. 계원이 사망했을 때 갯돈으로 장례를 치름.
~迅速(じんそく)〔佛〕무상 신속.
~の敵(かたき) 무상이라는 적. 죽음.
無傷(むきず) 상처가[흠이] 없음. 죄・결점・실패 등이 없음.
無想(むそう) 무상. 일체의 생각을 없앰.
無償(むしょう) 무상.
∥~契約(けいやく)〔法〕무상 계약.
~交付(こうふ) 무상 교부.
~労働(ろうどう) 무상 노동.
~増資(ぞうし)〔經〕무상 증자.
~行為(こうい)〔法〕무상 행위.
無色(むしょく) 무색.
無色界(むしきかい)〔佛〕무색계.
無生(むせい) 생명[생활 기능]이 없음.
無生物(むせいぶつ) 무생물.
無線(むせん) ①무선. ②無線電話・無線電信의 준말.
∥~技術士(ぎじゅつし)〔陸上(りくじょう)無線技術士(＝무선 기술사)〕의 구칭.
~方位航法(ほういこうほう) 무선 방위항법.
~電信(でんしん) 무선 전신.
~電話(でんわ) 무선 전화.
~操縦(そうじゅう) 무선 조종.
~従事者(じゅうじしゃ) 무선 종사자.
~綴じ(とじ)〔印〕무선철.
~七宝(しっぽう) 칠보 세공의 한 제작법.
~通信(つうしん) 무선 통신.
~標識(ひょうしき) 무선 표지.
~航法(こうほう) 무선 항법.
無善無悪説(むぜんむあくせつ) 무선무악설. 양명학(陽明學) 좌파가 주창한 학설.
無声(むせい) 무성. ♣~音(おん) 무성음/~化(か) 무성화.
∥~放電(ほうでん)〔理〕무성 방전.
~の詩(し) 무성시. 운(韻)이 없는 시.
~映画(えいが)〔映〕무성 영화.
無性 ㊀(むせい)〔生〕무성.
∥~生殖(せいしょく)〔生〕무성 생식.
~世代(せだい)〔生〕무성 세대.
㊁(むしょう)〔佛〕무성.
無性に(むしょうに) 무턱대고. 까닭없이.
無税(むぜい) 무세. 세금이 없음.
無勢(むせい) 무세. 인원수가 적음. ＊ぶぜい로도 읽음.
無細工(ぶさいく) 만듦새가 서투르고 모양이 없음. 못생김.
無所得(むしょとく) 무소득.
無所属(むしょぞく) 무소속.
無所作(むしょさ) 아무것도 하지 않고 있음.
無晒し(むざらし) 바래지 않음.
無水(むすい)〔化〕무수. 무수물(無水物)의 뜻. ♣~酸(さん)〔化〕산무수물(酸無水物).
∥~鍋(なべ) 밀폐되어 증기가 대류(對流)해서 물을 넣지 않아도 조리할 수 있는 냄비.
~珪酸(けいさん)〔化〕규산 무수물. 이산화규소.
~亜硫酸(ありゅうさん)〔化〕아황산 무수물.
~亜砒酸(あひさん)〔化〕아비산 무수물.
~硫酸(りゅうさん)〔化〕황산 무수물.
~燐酸(りんさん)〔化〕인산 무수물. 삼산화황.
~炭酸(たんさん)〔化〕탄산 무수물.
無手(むて) ①맨손. ②아무 재주도 없음.
∥~勝流(かつりゅう) ①싸우지 않고 책략으로써 이김. 또, 그 수법. ②자기류.
無粋(ぶすい) 멋없음. 세련되지 않음. 풍류를 모름.
無数(むすう) 무수.
無髄神経繊維(むずいしんけいせんい)〔生〕무수 신경 섬유.
無収入(むしゅうにゅう) 무수입. 무소득.
無宿(むしゅく) 무숙. 집이 없음. ♣~者(もの) 무숙자.
∥~牢(ろう) 江戸(えど) 시대, 집 없는 죄인을 가두던 감옥.
無始(むし)〔佛〕무시.
∥~無終(むしゅう)〔佛〕무시무종.
無視(むし) 무시.
無施錠(むせじょう) 열쇠를 잠그지 않음.
無試験(むしけん) 무시험.
∥~検定(けんてい) 무시험 검정.
無識(むしき) 무식.
無神経(むしんけい) 무신경.
無神論(むしんろん) 무신론. ♣~者(しゃ) 무신론자.

無信心(むしんじん) 신앙심이 없음.
無失(むしつ)〖野〗무실. 무실점.
無実(むじつ) 무실. 사실이 없음. 억울함.
∥**～の罪**(つみ) 억울한 죄.
無心(むしん) ① 무심. ② 사심이 없음. ③ 중심이 없음.
∥**～所著**(しょじゃく)〖文〗좌흥으로 읊는 노래로, 전체로서 뜻이 없는 것.
～連歌(れんが)〖文〗鎌倉(かまくら) 시대 초기에 읊던 해학과 기지를 중히 여기던 連歌.
無双(むそう) ① 무쌍. ＊ぶそう로도 읽음. ② 의복・기구 따위의 안팎을 같은 재료로 만듦. ③ 無双窓의 준말.
∥**～仕立て**(じたて) 의복의 겉과 안을 같은 감으로 만든 것.
～窓(まど) 살창과 한칸 걸러 구멍 뚫린 미닫이를 이중으로 겹쳐서 끼운 창. 「것.
～側(がわ) 양면이 같은 식으로 만들어진
無我(むが) 무아. 무의식.
∥**～夢中**(むちゅう) 어떤 일에 열중하여 자신을 잊음. 「랑.
～愛(あい) 무아애. 사심을 떠난 순수한 사
無顎類(むがくるい)〖動〗무악류.
無悪不造(むあくふぞう) 나쁜 짓을 거리낌없이 함.
無案内(ぶあんない) 서투름. 사정을 잘 모름. 능통하지 못함.
無暗(むやみ) ⇨ 無闇(むやみ).
無闇(むやみ) ① 앞뒤를 생각하지 않고 함부로 하는 모양. ② 터무니없음. 턱없음.
∥**～矢鱈**(やたら) 無闇의 힘줌말.
無涯(むがい) 무애. 끝이 없음.
無碍(むげ)〖佛〗무애. 장애물이 없음. 매인데가 없음.
無礙(むげ)〖佛〗⇨ 無碍(むげ).
無愛敬(ぶあいきょう) 애교가 없음.
無碍光(むげこう)〖佛〗무애광.
無礙光(むげこう) ⇨ 無碍光(むげこう).
無愛嬌(ぶあいきょう) ⇨ 無愛敬(ぶあいきょう).
無愛想(ぶあいそう) 상냥치 못함. 무뚝뚝함.
無額面株(むがくめんかぶ)〖經〗무액면주.
無様(ぶざま) 보기 흉함. 꼴(모양) 사나움.
無羊膜類(むようまくるい)〖動〗무양막류.
無言 ㊀(むごん) 무언. ♣**～歌**(か)〖樂〗무언가 / **～劇**(げき) 무언극.
∥**～交易**(こうえき) 침묵 교역.
～の行(ぎょう) 무언의 계행(戒行).
㊁(しじま)〈雅〉① 무언. 침묵. ② 정적(静
無業(むぎょう) 무업. 무직. 「寂).
無役(むやく) ① 무직. 특무가 없음. ② 과역(課役)이 없음. 무세(無税).
無煙(むえん) 무연. ♣**～炭**(たん) 무연탄.
∥**～火薬**(かやく) 무연 화약.
無縁(むえん) 무연.
∥**～墓地**(ぼち) 무연고 묘지.
～仏(ぼとけ) 연고자가 없는 사자(死者).
無鉛ガソリン(むえんガソリン) 무연 가솔린〔휘발유〕.
無鉛白粉(むえんおしろい) 무연 백분.
無熱(むねつ) 무열. 환자의 열이 보통임.
無塩 ㊀(むえん) 무염. 소금기가 없음.
∥**～食療法**(しょくりょうほう) 무염 식이요법.
～醤油(しょうゆ) 무염 간장. 「(鮮魚).
㊁(ぶえん) ① ☞ ㊀. ② 선어
無影灯(むえいとう) 무영등. 병원 수술실 등에서 쓰는 조명 기구의 하나.
無芸(むげい) 재주가 없음.
無畏(むい) 무외. ① 두려움이 없음. ② 〖佛〗무소외(無所畏).
無腰(むごし) 칼을 몸에 지니지 않음.
無欲(むよく) 무욕.
無慾(むよく) ⇨ 無欲(むよく).
無用(むよう) 무용.
∥**～の用**(よう) 무용지용. 언뜻 쓸모 없는 듯이 보이지만 오히려 큰 구실을 함. 「물.
～の長物(ちょうぶつ) 무용장물. 무용지
無用心(ぶようじん) ① 조심성이 없음. 경계가 소홀함. ② 세상이 소란함. 어수선함.
無憂樹(むゆじゅ)〖佛〗무우수. ＊むゆうじゅ로도 읽음.
無宇宙論(むうちゅうろん)〖哲〗무우주론.
無憂華(むうげ)〖佛〗무우화. 무우수의 꽃. ＊むゆうげ로도 읽음.
無韻(むいん) 무운.
∥**～の詩**(し) ① 무운시. ② 그림의 딴이름.
無援(むえん) 무원. 남의 도움이 없음.
無遠慮(ぶえんりょ) 사양하지 아니함. 제멋대로 행동함.
無原則(むげんそく) 무원칙.
無月(むげつ) 날씨가 흐려 달이 보이지 않음.
無位(むい) 무위. 지위가 없음.
∥**～無官**(むかん) 무위무관.
無為(むい) 무위. ① 인위를 가하지 않음. ② 아무일도 하지 않음. ③〖佛〗자연.
∥**～徒食**(としょく) 무위도식.
無為替輸出入(むがわせゆしゅつにゅう)〖經〗무환 수출입.
無音 ㊀(ぶいん) ① 오랫동안 소식이 없음. ② 말이 없음.
㊁(むおん) 무음. 소리가 나지 않음.
無依(むえ) 무의. 의지하지 않음.
無意(むい) 무의. 의사가 없음. 고의가 아님.
無議決権株(むぎけつけんかぶ)〖經〗무의결권주.
無意気(むいき) 완고하고 억지를 부림.
無意味(むいみ) 무의미. 「의식적.
無意識(むいしき) 무의식. ♣**～的**(てき) 무
無意義(むいぎ) 무의의. 무의미.
無医地区(むいちく) 무의 지구.
無医村(むいそん) 무의촌.
無二(むに) 무이. 둘도 없음.
∥**～無三**(むさん)〖佛〗무이무삼.
無利息(むりそく) 무이식. 무이자.
無利子(むりし) 무이자. 「야く.
無益(むえき) 무익. ＊에스러운 말씨로는 む

無 501

無人 ㊀(むじん) 무인. 사람이 살지 않음.
♣~島(とう) 무인도.
㊁(むにん) 무인. ① ☞㊀. ② 일손이 없
㊂(ぶにん) ① 사람수가 적음. ② ☞㊁.　「음.
無印(むじるし) ① 표지가 없음. ②《俗·婉曲》무수입.
‖~商品(しょうひん) 싸게 판매할 수 있도록, 브랜드 이름이 없는 간소한 포장으로 판매하는 상품.
無認可(むにんか) 무인가. 인가받지 않았음.
無人声(むにんじょう) 사람 목소리가 나지 않음.
無因証券(むいんしょうけん)《經》무인 증　「권.
無因行為(むいんこうい)《法》무인 행위.
無一文(むいちもん) 무일푼.
無一物(むいちもつ) 하나도 가진 것이 없음.
*むいちぶつ로 읽음.
無賃(むちん) 무임.
‖~大臣(だいじん) 무임소 대신〔장관〕.
無疵(むきず) ⇨ 無傷(きず)
無自覚(むじかく) 무자각.
無資格(むしかく) 무자격.
無資力(むしりょく) 무자력. 자력이 없음.
無慈悲(むじひ) 무자비.
無作(むさく) ① 세련되지 못함. ② 농작물의 작황이 나쁨.
無爵(むしゃく) 무작. 작위가 없음.
無作法(ぶさほう) 예의에 벗어남. 버릇없음.
無作為(むさくい) 무작위.
‖~抽出法(ちゅうしゅつほう) 무작위 추출법.
無残(むざん) ①끔찍함. ② 무참(無慘). ③《佛》죄를 짓고도 수치를 모름.
無雑(むざつ) 잡물이 섞이지 않음.
無雑作(むぞうさ) 손쉬운 모양. 대수롭지 않은 모양.
無腸(むちょう) ① 절조가 없음. ② '無腸公子(こうし)(=게)'의 준말.
無装荷(むそうか) 무장하. 전신용 케이블에 장하를 하지 않음.
無才(むさい) 무재. 재주가 없음.
無抵当(むていとう) 무저당.
無抵抗(むていこう) 무저항.
‖~主義(しゅぎ) 무저항주의.
無敵(むてき) 무적.
無籍(むせき) 무적.
無前(むぜん) 무전. 그 이전에 없음. 공전.
無電(むでん) 무전. 無線電信(むせんでんしん)·無線電話(でんわ)의 준말.
無銭(むせん) 무전.
‖~旅行(りょこう) 무전 여행.
~飲食(いんしょく) 무전 취식.
無節操(むせっそう) 무절조.
無点(むてん) ① 득점이 없음. 영점. ② 한문에 訓点(くんてん)이 없음. 또, 그 한문.
‖~法(ぽう) 사물이 석연치 않음.
~本(ぼん) 訓点이 없는 한문 서적.

無情(むじょう) 무정.
無精(ぶしょう) 게을러서 힘쓰지 아니함. 귀찮아함. ♣~者(もの) 게으름쟁이 / ~髭(ひげ) 다박나룻.
‖~独楽(ごま) 팽이.　　　　　　　　「없음.
無定見(むていけん) 무정견. 일정한 주견이
無精卵(むせいらん)《生》무정란. 홀알.
無政府(むせいふ) 무정부.
‖~状態(じょうたい) 무정부 상태.
~主義(しゅぎ) 무정부주의. ♣~者(しゃ) 무정부주의자.
無定位(むていい) 무정위. 일정한 방위가 없음.　　　　　　　　　　　　　「술어.
無定義用語(むていぎようご)《數》무정의
無定形(むていけい) 무정형.
‖~珪素(けいそ)《化》무정형 규소.
~物質(ぶっしつ)《理》무정형 물질.
~硫黄(いおう)《化》무정형 유황.
~炭素(たんそ)《化》무정형 탄소.
無定型(むていけい) 무정형.
‖~短歌(たんか) 무정형 단가.
無題(むだい) 무제.
無制約者(むせいやくしゃ)《哲》무제약자.
無制限(むせいげん) 무제한.
‖~法貨(ほうか) 무제한 법화.
無際限(むさいげん) 끝〔한〕이 없음.
無条件(むじょうけん) 무조건.
‖~反射(はんしゃ) 무조건 반사.
~降伏(こうふく) 무조건 항복.
無調法(ぶちょうほう) ①서투름. 미흡함. ②술·담배·유흥 따위를 못함의 겸사말. ③잘못. 실수.　　　　　　　　　　　　「악.
無調音楽(むちょうおんがく)《樂》무조 음
無造作(むぞうさ) 손쉬운 모양. 대수롭지 않게 여기는 모양.　　　　　　　「않는 땅.
無租地(むそち) 무조지. 지조(地租)를 바치지
無足(むそく) 돈이 없음.
無終(むしゅう) 무종. 끝이 없음.
無宗教(むしゅうきょう) 무종교.
無罪(むざい) 무죄.
無主(むしゅ) 무주. 임자가 없음.
‖~物(ぶつ)《法》무주물. ♣~先占(せんせん)《法》무주물 선점.
無住(むじゅう) 무주. 절에 주지(住持)가 없음. 또, 그 절.
無重量(むじゅうりょう) 무중량.
無重力(むじゅうりょく) 무중력.
無症候(むしょうこう) 무증후.
無地(むじ) 무지. 한 빛깔로 무늬가 없음.
無知(むち) 무지.　　　　　　　　　　「이 없음.
‖~文盲(もんもう) 무지 문맹. 지식·학문
無智(むち) ⇨ 無知(むち)
無職(むしょく) 무직.
無尽(むじん) 무진. ① 다하여 그치지〔없어지지〕않음. ② 계(契). ♣~講(こう) 계 / ~蔵(ぞう) 무진장.
‖~灯(とう)《佛》무진등《불법이 끝없이 전파함의 비유》.

~会社(がいしゃ) 무진 회사.
無塵室(むじんしつ) 높은 청정성을 유지할 수 있는 방. 클린 룸(clean room).
無秩序(むちつじょ) 무질서.
無茶(むちゃ) ① 사리에 닿지 않음. 터무니없음. 턱없음. ② 엉망진창.
‖~苦茶(くちゃ) 無茶의 힘줌말.
無遮(むしゃ) 〖佛〗무차.
無差別(むさべつ) 무차별. *むしゃべつ로도 읽음.
‖~級(きゅう) 무차별급. 유도 체급의 하나.
~爆撃(ばくげき) 무차별 폭격.
無着(むじゃく) 〖佛〗무착. 집착이 없음.
無着陸(むちゃくりく) 무착륙.
‖~飛行(ひこう) 무착륙 비행.
無札(むさつ) 무찰.
無惨(むざん) ⇨ 無残(むざん).
無窓(むそう) (축사 따위에) 창이 없음.
無菜 ㊀(ぶさい) 반찬이 적음. 식사가 변변치 않음.
㊁(むさい) 식사에 야채가 없음. 반찬이 없음.
無彩色(むさいしょく) 무채색.
無策(むさく) 무책.
無責任(むせきにん) 무책임.
無妻(むさい) 아내가 없음. 독신.
無脊椎動物(むせきついどうぶつ) 〖動〗무척추 동물.
無鉄砲(むてっぽう) 분별 없음. 무모. 경솔.
無添加(むてんか) 무첨가.
無体(むたい) ①〖法〗무체. 무형. ② 무리. 무법. ♣~物(ぶつ) 〖法〗무체물.
‖~財産権(ざいさんけん) 〖法〗무체 재산권.
無畜(むちく) 무축. 가축이 없음.
無臭(むしゅう) 무취. 「도 읽음.
無趣味(ぶしゅみ) 무〔몰〕취미. *むしゅみ로
無恥(むち) 무치. 염치를 모름.
無駄(むだ) 쓸데없음. 효과나 효력이 없음.
無駄遣い(むだづかい) 낭비. 허비.
無駄骨(むだぼね) 헛수고. 도로.
無駄骨折り(むだぼねおり) 헛수고. 도로.
無駄口(むだぐち) 쓸데없는 말.
無駄金(むだがね) 쓴 만큼의 효과가 나타나지 않은 돈.
無駄飯(むだめし) (일하지 않고) 놀고 먹는 밥.
‖~食い(ぐい) 무위도식.
無駄死に(むだじに) 개죽음.
無駄事(むだごと) 쓸데없는 일. 무익한 일.
無駄書き(むだがき) 쓸데없이 씀. 낙서.
無駄食い(むだぐい) ① 간식. ② 무위도식.
無駄玉(むだだま) 쏘아도 표적에 맞지 않는 탄환.
無駄足(むだあし) 헛걸음.
無駄花(むだばな) 〖植〗헛꽃. 수꽃.
無駄話(むだばなし) 잡담.
無痛(むつう) 〖醫〗무통.
‖~分娩(ぶんべん) 〖醫〗무통 분만.
無投票(むとうひょう) 무투표.
無派(むは) 무파. 무소속.
無敗(むはい) 무패.

無偏(むへん) 무편. 치우침이 없음. 공평.
無標(むひょう) 음성·문법·어휘의 성질의 하나. 어떤 특징을 적극적으로 나타내지 않음.
無表情(むひょうじょう) 무표정.
無品(むほん) 친왕(親王)이면서도 품계를 갖지 못함.
無風(むふう) 무풍. ♣~帯(たい) 무풍대.
‖~地帯(ちたい) 무풍지대.
無風流(ぶふうりゅう) 물(沒)풍류. 풍류가 〔멋이〕 없음.
無筆(むひつ) 읽기·쓰기를 못함. 문맹(자).
無下(むげ) 그보다 아래는 없음. 함부로. 딱 잘라. 아주.
無瑕(むか) 흠이〔상처가〕 없음.
無何有の郷(むかうのさと) 무하유지향. 이상향. 별천지.
無学(むがく) 무학. 불학.
‖~文盲(もんもう) 무학 문맹.
無限(むげん) 무한. ♣~大(だい) 무한대 / ~小(しょう) 무한소 / ~遠(えん) 무한원.
‖~軌道(きどう) 무한 궤도. 캐터필러.
~級数(きゅうすう) 〖數〗무한 급수.
~旋律(せんりつ) 〖樂〗무한 선율.
~小数(しょうすう) 〖數〗무한 소수.
~数列(すうれつ) 〖數〗무한 수열.
~集合(しゅうごう) 〖數〗무한 집합.
~責任(せきにん) 〖法〗무한 책임.
~花序(かじょ) 〖植〗무한꽃차례.
~後退(こうたい) 〖哲〗무한 후퇴.
無汗症(むかんしょう) 무한증.
無害(むがい) 무해.
‖~通航権(つうこうけん) 〖國際法〗무해 통항권. 「공권.
~航空権(こうくうけん) 〖國際法〗무해 항
無響室(むきょうしつ) 무향실.
無血(むけつ) 무혈.
‖~虫(ちゅう) 냉혹한 인간《피가 없는 벌레라는 뜻》.
無形(むけい) 무형. 「산.
‖~固定資産(こていしさん) 무형 고정 자
~文化財(ぶんかざい) 무형 문화재.
無患子(むくろじ) 〖植〗무환자나무. *むくろじ
無効(むこう) 무효. 로도 읽음.
無休(むきゅう) 무휴.

🔲訓読🔲
無かりせば(なかりせば) 없었더라면.
無くなる(なくなる) ① 없어지다. 보이지 않게 되다. ② 다 떨어지다. 다하다.
無くもがな(なくもがな) 〈雅〉차라리 없는 게 나음. 없느니만 못함.
無し(なし) 없음.
❖無い(ない) ① 없다. ② (…하지) 않다.
無き(なき) 없는. 「훌함.
無げ(なげ) ① 없는 듯. ② 아무렇거나 함. 소
無さ(なさ) ① 없음. ②《接尾語로》…하지 않음. …없음.
無さそう(なさそう) 없을 듯함.
無き名(なきな) 누명.

無い無い尽くし(ないないづくし) 전혀 아무것도 없음.
無い物ねだり(ないものねだり) 거기에 없는 것을 조르거나 갖고 싶어함. 생떼(거리).
無い物相場(ないものそうば) 〖經〗 시장에 실제적인 주식이 없기 때문에 멋대로 오른 높은 시세.
無きにしも非ず(なきにしもあらず) 전혀 (…이) 없는 것도 아니다. 없지도 않다.
無き世(なきよ) 사후 세상.
無き手(なきて) 더없는 수단·방법.
無き者(なきもの) 죽은 사람. 망자(亡者).
❖無くす(なくす) 없애다. 잃다.
無くする(なくする) ☞ 無くす(なくす).
無くなす(なくなす) ☞ 無くす(なくす).
無くし物(なくしもの) 유실물.
[其他]
無之(これなく) ① 없는. ② 없어서.
無礼し(なめし) 〈文〉 무례하다. 버릇없다.
無礼気(なめげ) 〈古〉 (태도·모양 따위가) 무례함.
無花果(いちじく) 〖植〗 무화과나무. *いちじゅく·むかかろも 읽음.

| 12 貝 教 | 賈 | 장사할 무
ボウ
あきなう |

[音読]
貿手(ぼうて) '貿易手形(ぼうえきてがた)(=무역 어음)'의 준말.
貿易(ぼうえき) 〖經〗 무역. ♣~商(しょう) 무역상 / ~風(ふう) 〖氣〗 무역풍.
‖~尻(じり) 수출입의 결산액.
~金融(きんゆう) 〖經〗 무역 금융.
~摩擦(まさつ) 무역 마찰.
~手形(てがた) 무역 어음. 「지.
~外収支(がいしゅうし) 〖經〗 무역외 수
~外取引(がいとりひき) 〖經〗 무역외 거래.
~依存度(いそんど) 〖經〗 무역 의존도.
~自由化(じゆうか) 〖經〗 무역 자유화.
~条件(じょうけん) 〖經〗 무역 조건.

| 14 言 | 誣 | 꾸밀 무
フ·ブ
しいる |

[音読]
誣告(ふこく) 무고. ♣~罪(ざい) 무고죄.
誣妄(ふぼう) 없는 사실을 꾸며서 헐뜯음.
誣謗(ふぼう) ⇒ 誣妄(ふぼう).
誣説(ふせつ) 무설. 거짓 소문. 「말.
誣言(ふげん) 무언. 거짓 꾸며서 말함. 또, 그

[訓読]
❖誣いる(しいる) 왜곡하다. 날조하다. 모함하다.
誣い言(しいごと) 무언. ① 왜곡하는 말. ② 날조한 말. ③ 모함하는 말. ④ 아부하는 말.

| 15 口 | 嘸 | 분명하지않을 무
ブ
さぞ |

[訓読]
嘸(さぞ) ① 추측건대. 필시. 틀림없이. ② 〈古〉 그처럼.
嘸かし(さぞかし) 嘸(さぞ)의 힘줌말.
嘸や(さぞや) 嘸(さぞ)를 강조한 말.

| 15 扌 | 撫 | 어루만질 무
ブ
なでる |

[音読]
撫する(ぶする) 쓰다듬다. 어루만지다.
撫養(ぶよう) 무양. 쓰다듬어 기름. 「양.
撫然(ぶぜん) 무연. 실망 또는 아연실색하는
撫育(ぶいく) 무육. 귀엽게 기름. 「품.
撫恤(ぶじゅつ) 무휼. 불쌍히 여겨 자비를 베

[訓読]
❖撫でる(なでる) 어루만지다. 쓰다듬다.
*방언으로는 なでる 라고도 함.
撫で肩(なでがた) 민틋하게 내려온 어깨.
撫で摩る(なでさする) 쓰다듬다. 어루만지다.
撫で物(なでもの) ① 신주(神主). 위패. ② 재앙을 쫓는 데 쓰는 종이 인형.
撫で付ける(なでつける) 쓰다듬어 붙이다. 특히, 흩어진 머리를 빗질하여 곱게 매만지다.
撫で上げる(なであげる) (머리 따위를) 매만져 위로 올리다.
撫子(なでしこ) 〖植〗 패랭이꽃.
撫で斬り(なでぎり) 닥치는 대로 모조리 벰.
撫で下ろす(なでおろす) 쓰다듬어 내리다.
撫で回す(なでまわす) 손바닥으로 여기저기 어루만지다.

| 15 舛 常 | 舞(舞) | 춤출 무
ブ
まう·まい |

[音読]
舞曲(ぶきょく) 무곡. 춤곡.
舞妓 ㊀(ぶぎ) 무기. 무희.
㊁(まいこ) ⇨ 舞子(まいこ).
舞台(ぶたい) 무대. ♣~劇(げき) 무대극.
‖~監督(かんとく) 무대 감독.
~開き(びらき) 새로 생긴 무대를 공개하고, 처음으로 연기하는 일.
~稽古(げいこ) (최종적인) 무대 연습.
~度胸(どきょう) (배우·가수가) 관객 앞에서 공연하는 담력.
~裏(うら) ① 무대 뒤. ② 막후.
~面(めん) 무대의 정경(情景)·장면.
~番(ばん) 江戸(えど) 시대, 歌舞伎(かぶき) 극장에서 무대 왼쪽에 앉아서 관객의 소

란을 진정시키는 종업원.
~言葉(ことば) 독일·프랑스에서 표준어로 인정되고 있는, 무대에서 쓰는 말.
~芸術(げいじゅつ) 무대 예술.
~装置(そうち) 무대 장치.
~照明(しょうめい) 무대 조명.
~中継(ちゅうけい) 무대 중계.
~風(かぜ) 극장에서 막이 오를 때, 사람들의 훈김 등으로 기온이 오른 객석을 향하여 무대에서 부는 찬 바람.
~効果(こうか) 무대 효과.
舞踏(ぶとう) 무도. 춤. ♣~病(びょう)〖醫〗무도병 / ~会(かい) 무도회.
舞童(ぶどう) 무동. 무악을 추는 동자.
舞文曲筆(ぶぶんきょくひつ) 무문곡필. 문장을 꾸미려고 사실을 왜곡하여 씀.
舞楽(ぶがく) 무악.
舞踊(ぶよう) 무용. ♣~劇(げき) 무용극 / ~譜(ふ) 무용보.
∥~音楽(おんがく) 무용 음악. 「곡.
~組曲(くみきょく) 무용 조곡. 발레 모음

【訓読】
❖舞う(まう) ① 날다. 흩날리다. ② 춤추다.
舞(まい) 춤. 舞踊.
舞脚(まいあし) 한자 부수(部首)의 하나: 어그러질 천(舛).
舞い狂う(まいくるう) 미친 듯이 격렬하게 춤추다.
舞い納める(まいおさめる) 추던 춤을 끝내다.
舞い灯籠(まいどうろう) 주마등. 회전등.
舞い戻る(まいもどる) (원래의 곳으로) 되돌아오다.
舞い立つ(まいたつ) 춤을 추듯이 높이 오르다. 날아 올라가다.
舞舞(まいまい) ① 중세에, 부채로 장단을 맞추며 춤추는 무곡. ②〖蟲〗'水澄まし(みずすまし)(=물매암이)'의 딴이름. ♣~螺(つぶり) 달팽이 / ~虫(むし)〖蟲〗물매암이.
舞い上がる(まいあがる) 날아 올라가다. 공중에 떠오르다.
舞扇(まいおうぎ) 무선. 춤출 때 쓰는 부채.
舞手(まいて) 무용수. 춤추는 사람.
舞い遊ぶ(まいあそぶ) 춤추며 즐기다.
舞衣(まいぎぬ) 무용할 때에 걸치는 옷.
舞衣装(まいいしょう) 무용복.
舞人(まいびと) 무인. 춤을 추는 사람.
∥~装束(そうぞく) 춤을 추는 사람이 차려 입는 복장. *まいびとしょうぞく로도 읽음.
舞い込む(まいこむ) ① 날아 들(어오)다. ② 예기치 않은 것이 나타나다. 「妓.
舞子(まいこ) 연회석에서 춤을 추는 동기(童
舞姿(まいすがた) 춤을 추는 모습.
舞装束(まいしょうぞく) 춤 차림새.
舞い杵(まいぎね) 도리깨.
舞振り(まいぶり) 춤을 출 때의 몸짓.
舞車(まいぐるま) 축제 때 쓰는 장식한 수레.
舞初め(まいぞめ) 신년에 처음 춤을 추는 일.
舞い風(まいかぜ) 회오리바람. 선풍.

舞鶴(まいづる) 무학. 날고 있는 학.
舞い戸(まいど) 문지도리나 경첩 등에 의해 여닫게 된 문.
舞姫(まいひめ)〈雅〉무희.

| 16
木 | 橅 | 법 무
ボ・ム
ぶな |

【訓読】
橅(ぶな)〖植〗너도밤나무.
橅帯(ぶなたい) 너도밤나무를 대표적 수종으로 하는 삼림대.
橅の木(ぶなのき) ☞橅(ぶな).

| 16
艹 | 蕪 | 거칠 무·순무 무
ブ
あれる・かぶ・かぶら |

【音読】
蕪稿(ぶこう) 졸고(拙稿). 자기 원고의 겸칭.
蕪辞(ぶじ) 무사. 난잡한 말. 자기 말·글의 겸칭.
蕪雑(ぶざつ) 무잡. 뒤얽혀 난잡함.
蕪才(ぶさい) 쓸모 없음.
【訓読】
蕪(かぶ)〖植〗순무. 무청(蕪菁). *古語로는 かぶら라고도 함.
蕪菁(かぶら)〖植〗蕪(かぶ)의 옛 이름.

| 16
金
日 | 鍚 | 생철 (무)
ブリキ |

【其他】
鍚力(ブリキ) 생철. 양철. ♣~屋(や) 생철장이.

| 19
雨
常 | 霧 | 안개 무
ム
きり |

【音読】
霧氷(むひょう) 무빙. 빙점하에서 안개가 낄 때, 나뭇가지나 물건에 붙는 얼음.
霧散(むさん) 무산.
霧雪(むせつ) 무설.
霧消(むしょう) 흔적도 없이 사라짐.
霧笛(むてき) 무적. 안개에 대한 경고로 울리는 신호의 고동.
霧中(むちゅう) 무중. 안개 속.
霧海(むかい) 무해. 자욱이 낀 안개.
【訓読】
霧(きり) 안개. 「(霧函).
霧箱(きりばこ)〖理〗안개 상자. 윌슨 무함
霧時雨(きりしぐれ) 늦가을의 비가 오듯이 자욱이 낀 안개.
霧雨(きりさめ) 무우. 이슬비.

霧雲(きりぐも) 안개구름.
霧隠れ(きりがくれ) 안개 속으로 숨어버림. 안개에 덮여 안 보이게 됨.
霧除け庇(きりよけびさし) 비나 안개가 집 안으로 들어오지 못하게 창 위에 설치하는 차양.
霧吹き(きりふき) 분무기. 스프레이.

묵

| 14 土 常 | 墨 (墨) | 먹 묵
ボク
すみ |

音読>

墨家(ぼっか) 묵가. 중국 선진(先秦)의 학자, 묵자(墨子)의 학설. 또, 그 학파. *ぼくかろ도 읽음.
墨痕(ぼっかく) 묵객. *ぼっきゃくろ도 읽음.
墨東(ぼくとう) 隅田(すみだ) 강 동쪽 연안 지역. 곧, 지금의 東京(とうきょう) 도(都) 墨田(すみだ) 구(區) 일대의 아칭(雅稱).
墨床(ぼくしょう) 묵상. 먹을 올려 놓고 쓰는 받침.
墨書(ぼくしょ) 묵서. 먹으로 씀. 또, 그 글씨.
墨守(ぼくしゅ) 묵수. (의견이나 주장을) 굳게 지킴.
墨液(ぼくえき) 묵액.
墨字(ぼくじ) 묵자. ①먹으로 쓴 글자. ②점자(點字)에 대해, 보통 쓰이는 문자. *②는 すみじ로도 읽음.
墨跡(ぼくせき) 묵적. 먹자국. 필적(筆跡).
墨蹟(ぼくせき) ⇨ 墨跡(ぼくせき).
墨堤(ぼくてい) 隅田(すみだ) 강의 제방.
墨汁(ぼくじゅう) 묵즙. 먹물.
∥〜囊(のう) 〖動〗묵즙낭. (낙지나 오징어의) 고락.
墨池(ぼくち) ①묵지. (벼루의) 연지. ②먹물통.
墨勅(ぼくちょく) 묵칙. 임금 직필의 칙서.
墨筆(ぼくひつ) ①묵필. 먹과 붓. 또, 먹물로 쓰는 붓. *すみふで로도 읽음. ②먹과 붓으로 쓴[그린] 서화.
墨香(ぼっこう) 묵향. 먹의 향기.
墨刑(ぼっけい) 〖史〗묵형.
墨画(ぼくが) 〖美〗묵화. 수묵화.
墨痕(ぼっこん) 묵흔. 묵적.

訓読>

墨(すみ) ①먹. ②먹빛. ③먹물. ④(오징어 등의) 고락. 먹물.
〜を入(い)れる 입묵(入墨)하다.
〜を打(う)つ 먹줄을 치다.
墨継ぎ(すみつぎ) ①(글씨를 쓰다가) 붓에 다시 먹물을 먹여 씀. ②먹을 갈 때 손에 먹이 묻지 않도록 먹을 싸는 물건.
曲尺(すみがね) ⇨ 墨矩(すみがね).
墨金(すみがね) ①<老> 곱자. ②곱자를 써서 재목에 먹줄 치는 기법.
墨袋(すみぶくろ) 오징어의 고락.

墨流し(すみながし) 수면에 떨어뜨린 먹물이나 안료(顏料)를 불어서 퍼지게 한 다음 거기에 종이나 천을 대어서 무늬를 염색하는 일. 또, 그 무늬.
墨磨り(すみすり) ①'硯(すずり)(=벼루)'의 옛 이름. ②먹을 가는 일. 또, 그 사람.
♣〜瓶(がめ) 연적.
墨斑(すみふ) 식물의 잎 따위에서, 담녹색의 바탕에 짙은 녹색의 반점이 있는 것.
墨柄(すみづか) 짧게 닳은 먹을 갈 때, 손에 먹이 묻지 않도록 싸는 물건.
墨付き(すみつき) ①먹이 묻는 정도. 필적. ②권위자의 보증.
墨糸(すみいと) (목수가 쓰는) 먹줄.
墨色(すみいろ) 묵색. 먹빛. 검은 빛깔. *ぼくしょく로도 읽음.
墨書き(すみがき) 먹으로 그림. 또, 그 그림.
墨縄(すみなわ) 먹줄.   ⌐묵화.
墨染め(すみぞめ) ①먹 빛깔. ②치의(緇衣). 승려의 옷. ③잿빛 상복.
墨烏賊(すみいか) 〖動〗오징어.
墨隈(すみぐま) 회화(繪畫) 수법의 하나. 음영·농담(濃淡)을 나타낼 때 담묵(淡墨)으로 바림하는 것.
墨衣(すみごろも) 검게 물들인 옷.
墨入れ(すみいれ) 먹물을 담는 종지.
墨煮(すみに) 이탈리아·스페인 요리에서, 오징어 몸통과 그 고락(墨)을 끓이 것.
墨打ち(すみうち) 먹줄을 치는 일.
墨太(すみぶと) 붓글씨의 획이 굵은 모양.
墨挟み(すみばさみ) ⇨ 墨柄(すみづか).
墨壺(すみつぼ) ①(목수의) 먹(줄)통. ②먹을 담는 종지.   ⌐畫).
墨絵(すみえ) ①(수)묵화. ②백묘화(白描

其他>

墨西哥(メキシコ) 〖地〗멕시코.

| 15 灬 常 | 黙 (默) | 잠잠할 묵
モク
だまる・もだす |

音読>

黙する(もくする) 침묵하다.
黙契(もっけい) 묵계.
黙考(もっこう) 묵고. 숙고. *もくこう로도 읽음.
黙過(もっか) 묵과.
黙劇(もくげき) 묵극. 무언극.
黙諾(もくだく) 묵낙. 말없이 승낙함.
黙念(もくねん) 묵념.
黙禱(もくとう) 묵도.
黙礼(もくれい) 묵례.
黙黙(もくもく) 묵묵. 아무 말없는 모양. 또, 묵묵히 일에 열중하는 모습.
黙拝(もくはい) 묵배. 무언의 배례.
黙秘(もくひ) 묵비. ♣〜権(けん) 묵비권.
黙思(もくし) 묵사. 묵묵히 생각함.
黙殺(もくさつ) 묵살.
黙想(もくそう) 묵상.

黙示(もくし) 묵시. *もくじ로도 읽음.
‖〜**録**(ろく) 묵시록. 요한 계시록.
〜文学(ぶんがく) 묵시 문학.
黙視(もくし) 묵시. 잠자코 지켜봄.
黙識(もくし) 묵식. 무언중에 깊이 이해함.
*もくしきろ도 읽음.
‖**〜心通**(しんつう) 말하지 않아도 마음속으로 이해함.
黙約(もくやく) 묵약. 묵계.
黙然(もくぜん) 묵연. 잠자코 있는 모양.
*もくねん으로도 읽음.
黙認(もくにん) 묵인.
黙従(もくじゅう) 묵종. 말없이 복종함.
黙坐(もくざ) ⇨ **黙座**(もくざ).
黙座(もくざ) 묵좌. 잠자코 앉아 있음.
黙止(もくし) 말없이 그대로 둠.
黙聴(もくちょう) 잠자코 듣고 있음.
黙解(もっかい) 묵해. ①안 것으로 침. ②잠자코 이해함.
黙許(もっきょ) 묵허. 묵인.
黙会(もっかい) 묵회. 말로 하는 설명을 듣지 않고 깨닫는 일.

訓読
❖**黙す**(もだす)〈雅〉①그대로 지나치다. 묵과하다. ②침묵하다.
黙し(もだし) 묵묵히 있음. 침묵.
黙し難い(もだしがたい)〈雅〉그대로 둘 수 없다. 묵과할 수 없다.
❖**黙る**(だまる) ①침묵하다. ②(손을 쓰지 않고) 가만히 있다.
黙りこくる(だまりこくる) 잠자코 있다. 끝내 말이 없다. 「고 있다.
黙り込む(だまりこむ) 잠자코 있다. 입다물

其他
黙り(だんまり) ①〈俗〉무언. 침묵. 침묵을 지키는 사람. ②(歌舞伎(かぶき)에서) 등장 인물이 대사 없이 어둠 속에서 서로 더듬어 찾는 동작을 과장 표현하는 연출법〔장면〕.
‖**〜坊**(ぼう) 과묵한 사람.

문

| 4 ク 常 日 | 匁 | 몸메 (문) もんめ |

訓読
匁(もんめ) 돈. 돈쭝《1관의 1000분의 1. 약 3.75g》.

| 4 文 教 | 文 | 글월 문·글자 문 ブン・モン ふみ・あや・かざる |

音読
文 ㊀(ぶん) ①글. 글월. 문장(文章). ②《接尾語로》…문.
㊁(ふみ)〈雅〉①서한. 편지. ②책. ③문서. ④한시(漢詩). ⑤학문. 특히, 한학.
㊂(もん) ①글. 문장. ②《接尾語로》㉠엽전·동전의 수, 금액을 나타내는 말. 문. ㉡양말·신 따위의 크기를 나타내는 단위. 문.
㊃(あや) ①무늬. ②짜임새. ③말이나 문장의 멋진 표현.
文匣(ぶんこう) 문갑.
文格(ぶんかく) 문장의 품격.
文系(ぶんけい) 문과계.
文界(ぶんかい) 문학계. 문단.
文庫 ㊀(ぶんこ) 문고. ①서고(書庫). 전하여, 수집된 장서. ②보급용의 작고 싼 책.
♣**〜本**(ぼん) 문고본 / **〜判**(ばん) 문고판.
‖**〜結**(むすび) 여성이 帯(おび)를 두르는 방식의 하나.
㊁(ふみくら) 문고. 책을 수장하는 곳간.
文科(ぶんか) 문과. ①인문 과학·사회 과학 분야. ②대학에서 이을 전공하는 학과·학부.
文官(ぶんかん) 문관.
‖**〜優位**(ゆうい) 문관 우위.
文教(ぶんきょう) 문교.
‖**〜の府**(ふ) 문부성(文部省(もんぶしょう))의 아칭.
〜地区(ちく) 도시 계획법에 정해진 특별 용도 지구의 하나로, 학교·도서관 등의 시설이 모여 있는 지역.
文句(もんく) ①문구. ②불평. 이의(異議).
〜無し(なし) 무조건. 불평·불만이 없음.
文具(ぶんぐ) 문구.
文金(ぶんきん) 文金高島田의 준말.
‖**〜高島田**(たかしまだ) 여성의 일본식 머리 모양의 하나.
文段(ぶんだん) 문단. 문장의 단락.
文壇(ぶんだん) 문단.
文談(ぶんだん) 문담. 문학에 관한 이야기.
文台(ぶんだい) 책 따위를 얹어 두는 작고 낮은 책상.
文徳(ぶんとく) 문덕. 학문을 닦음으로써 갖추어지는 인격.
文道(ぶんどう) 문도. 문학·학예의 길.
文豆(ぶんどう) ①'緑豆(りょくどう)(=녹두)'의 딴이름. ②'豌豆(えんどう)(=완두)'의 딴이름.
文頭(ぶんとう) 문두.
文楽(ぶんらく) 人形浄瑠璃(にんぎょうじょうるり)의 통칭.
文略(ぶんりゃく) 문장·어구의 생략.
文例(ぶんれい) 문례.
文論(ぶんろん) 구문론.
文理(ぶんり) 문리. ①사물의 조리. ②문맥. ③문과와 이과.
‖**〜解釈**(かいしゃく)〖法〗문리 해석.
文林(ぶんりん) 문림. ①문단. ②시문집(詩
文末(ぶんまつ) 문말. 문장의 끝. └文集〕.
文脈(ぶんみゃく) 문맥.
文盲(もんもう) 문맹. 「용.
文面 ㊀(ぶんめん) 문면. 문장의 대강의 내

文名(ぶんめい) 문명.
文明(ぶんめい) 문명. ♣**~病**(びょう) 문명병. ‖**~開化**(かいか) 문명 개화. ~**批評**(ひひょう) 문명 비평. ~**の利器**(りき) 문명의 이기.
文木(もんぎ) 일본식 버선의 치수를 재는 자.
文武(ぶんぶ) 문무. ‖**~両道**(りょうどう) 문무 양도.
文無し(もんなし) ① 빈털터리. 무일푼. ② 월등하게 큰 왜버선.
文墨(ぶんぼく) 문묵. 시문(詩文)을 짓고 서화를 그리는 일.
文物(ぶんぶつ) 문물.
文民(ぶんみん) 문민. 민간인. ‖**~統制**(とうせい) 문민 통제.
文博(ぶんはく) 문박. 文学博士(ぶんがくはくし)의 준말.
文房具(ぶんぼうぐ) 문방구.
文範(ぶんぱん) 문법. 문장의 모범.
文法(ぶんぽう) 문법. ♣**~論**(ろん) 문법론 / **~的**(てき) 문법적.
文部(もんぶ) 文部省의 준말. ♣**~省**(しょう) 문부성. ‖**~大臣**(だいじん) 문부 대신.
文備(ぶんぴ) 학문을 배워 익힘.
文士(ぶんし) 문사. 작가.
文事(ぶんじ) 문사. 학문·예술에 관한 일.
文詞(ぶんし) 문사. 문장 말.
文辞(ぶんじ) 문사.
文相(ぶんしょう) 문상. 文部大臣(もんぶだいじん)을 일컫는 말.
文書(ぶんしょ) 문서. *もんじょ로도 읽음. ‖**~偽造罪**(ぎぞうざい) 문서 위조죄. ~**毀棄罪**(ききざい) 문서 손괴죄.
文選 ㊀(ぶんせん) 문선. 채자(採字). ㊁(もんぜん) 문선. 중국의 시문집. ‖**~読み**(よみ) 한자 숙어를 훈과 음으로 읽는 법.
文勢(ぶんせい) 문세. 문장의 기세·박력.
文素(ぶんそ) 〖文法〗문소.
文殊(もんじゅ) 〖佛〗文殊菩薩의 준말. ‖**~菩薩**(ぼさつ) 문수보살.
文繡(ぶんしゅう) 아름다운 빛금 무늬의 수.
文飾(ぶんしょく) 문식. ① 문장을 꾸밈. ② 꾸밈. 채색. 문채(文彩).
文臣(ぶんしん) 문신.
文身(ぶんしん) 문신. *いれずみ로도 읽음.
文雅(ぶんが) 문아.
文案(ぶんあん) 문안.
文弱(ぶんじゃく) 문수약.
文様(もんよう) ① 문양. 무늬(의 모양). ② 문장(紋章)의 모양.
文語(ぶんご) 문어. ♣**~文**(ぶん) 문어문 / **~体**(たい) 문어체. ‖**~文法**(ぶんぽう) 문어 문법.
文言 ㊀(ぶんげん) 문언. ① 편지 글귀. ② (중국어의) 문어.
㊁(もんごん) 문언. 문장 중의 어구. 문구.
文業(ぶんぎょう) 문업. 문학〔문필〕상의 업적.
文芸(ぶんげい) 문예. ♣**~家**(か) 문예가 / **~欄**(らん) 문예란 / **~学**(がく) 문예학. ‖**~復興**(ふっこう) 문예 부흥. ~**批評**(ひひょう) 문예 비평. ~**思潮**(しちょう) 문예 사조. ~**映画**(えいが) 문예 영화.
文繞(ぶんにょう) 한자 부수의 하나: 글월문부.
文友(ぶんゆう) 문우.
文運(ぶんうん) 문운.
文苑(ぶんえん) ⇨ 文園(ぶんえん).
文園(ぶんえん) ① 문학의 세계. 문단. ② 문집.
文意(ぶんい) 문의. 글의 뜻.
文人 ㊀(ぶんじん) 문인. ♣**~画**(が) 문인화. ‖**~墨客**(ぼっかく) 문인 묵객. ~**生け**(いけ) 꽃꽂이 양식의 하나. 기교를 부리지 않은 양식으로 문인들이 좋아함.
㊁(もんにん) 한문이나 한시를 짓는 사람.
文作(もんさく) 즉석에서 익살스러운 문구를 지음. 또, 그 문구.
文章 ㊀(ぶんしょう) 문장. ♣**~家**(か) 문장가 / **~論**(ろん) 문장론 / **~法**(ほう) 문장법 / **~語**(ご) 문장어.
㊁(もんじょう) 문장《예스러운 말씨》. ‖**~道**(どう) 律令(りつりょう) 제도에서, 大学寮(だいがくりょう)의 한 과(科). ~**博士**(はかせ) 大学寮에서, 시문과 역사를 관장하던 사람. ~**生**(しょう) 式部省(しきぶしょう) 시험 합격자. 또, 大学寮에서 文章道를 배운 사람. *もんぞうしょう로도 읽음.
文場(ぶんじょう) 문장. 문인 사회. 문단.
文才 ㊀(ぶんさい) 문재. 글재주. *ぶんざい로도 읽음.
㊁(もんざい) ① 학문, 특히 한자에 관한 재주. ② ☞ ㊀. *もんさい로도 읽음.
文籍(ぶんせき) 문적. 문장. 문서.
文典(ぶんてん) 문전.
文節(ぶんせつ) 〖文法〗문절.
文政(ぶんせい) 문정.
文題(ぶんだい) 문제. 작문·작시의 제목.
文鳥(ぶんちょう) 〖鳥〗문조.
文藻(ぶんそう) 문조. ① 문채(文彩). ② 문재(文才).
文宗(ぶんしゅう) 문종. 문학에서 어떤 한 파의 비조로 일컬어지는 사람.
文中(ぶんちゅう) 문중. 글 중.
文鎮(ぶんちん) 문진. 서진.
文質(ぶんしつ) 문질. 겉모양과 실질. ‖**~彬彬**(ひんぴん) 문질 빈빈. 겉모양과 실질이 잘 조화되어 있는 모양.
文集 ㊀(ぶんしゅう) 문집.
㊁(もんじゅう) ① ☞ ㊀. ② '白氏文集(はくしもんじゅう)(=백씨 문집)'의 준말.
文采(ぶんさい) ⇨ 文彩(ぶんさい).
文彩(ぶんさい) 문채. ① 아름다운 색무늬.

② 아름다운 문장의 표현.
文責(ぶんせき) 문책. 쓴 글에 대한 책임.
‖~**在記者**(ざいきしゃ) 문책 재기자.
文尺(もんぎ) 일본식 버선의 치수를 재는 자. *もんじゃくロドも 읽음.
文体(ぶんたい) 문체. ♣~**論**(ろん) 문체론.
文治(ぶんち) 문치.
‖~**政治**(せいじ) 문치 정치.
文致(ぶんち) 문치. 문장의 운치.
文通(ぶんつう) 편지를 주고받음.
文筆(ぶんぴつ) 문필. ♣~**家**(か) 문필가 / ~**業**(ぎょう) 문필업.
文学(ぶんがく) 문학. ♣~**界**(かい) 문학계 / ~**史**(し) 문학사 / ~**性**(せい) 문학성 / ~**者**(しゃ) 문학자 / ~**的**(てき) 문학적.
‖~**博士**(はくし) 문학 박사.
~**研究会**(けんきゅうかい) 문학 연구회.
~**至上主義**(しじょうしゅぎ) 문학 지상주의.
~**青年**(せいねん) 문학 청년.
~**革命**(かくめい) 문학 혁명.
文献(ぶんけん) 문헌. ♣~**学**(がく) 문헌학.
‖~**検索**(けんさく) 문헌 검색.
文革(ぶんかく) 文化大革命(ぶんかだいかくめい)의 준말.
文型(ぶんけい) 문형.
文豪(ぶんごう) 문호.
文化(ぶんか) 문화. ♣~**史**(し) 문화사 / ~**人**(じん) 문화인 / ~**財**(ざい) 문화재 / ~**祭**(さい) 문화제.
‖~**価値**(かち) 문화 가치.
~**功労者**(こうろうしゃ) 문화 공로자.
~**科学**(かがく) 문화 과학.
~**国家**(こっか) 문화 국가.
~**記号論**(きごうろん) 문화 기호론.
~**団体**(だんたい) 문화 단체.
~**大革命**(だいかくめい) 문화 대혁명.
~**変容**(へんよう) 문화 변용.
~**複合**(ふくごう) 문화 복합.
~**社会学**(しゃかいがく) 문화 사회학.
~**生活**(せいかつ) 문화 생활.
~**映画**(えいが) 문화 영화.
~**遺産**(いさん) 문화 유산.
~**人類学**(じんるいがく) 문화 인류학.
~**資本**(しほん) 문화 자본.
~**刺繍**(ししゅう) 문화 자수.
~**的**(てき) 문화적. ♣~**多元主義**(たげんしゅぎ) 문화적 다원주의.
~**政治**(せいじ) 문화 정치.
~**住宅**(じゅうたく) 문화 주택.
~**哲学**(てつがく) 문화 철학.
~**闘争**(とうそう) 문화 투쟁.
~**勲章**(くんしょう) 문화 훈장.
文火(ぶんか) 약한 화력.
文華(ぶんか) ① 시문(詩文)이 화려함. ② 문화·문명(文明)이 화려함.
文話(ぶんわ) 문화. 문장이나 문학에 관한 이야기. 「적.
文勲(ぶんくん) 문훈. 학문 또는 정치상의 공

訓読
文殻(ふみがら) 읽고 나서 소용없게 된 편지.
文袋(ふみぶくろ) ① 편지를 넣어 두는 주머니. ② 책을 넣어 휴대하는 주머니.
文の道(ふみのみち) 학문〔문학〕의 길.
文目(あやめ) 〈雅〉 ① 무늬. 형체. 빛깔. ② 사물의 조리와 구별.
文使い(ふみづかい) 편지를 전하는 이.
文言葉(ふみことば) 편지투 말씨.
文月(ふみづき) 〈雅〉 음력 7월.
文作り(ふみつくり) 한시를 지음.
文殿(ふみどの) 서류를 넣어 두는 건물. 서고. *ふどのロドも 읽음.
文厨子(ふみずし) 책을 얹어 두는 선반.
文挟み(ふみばさみ) 흰 나무 막대기 끝에 쇠집게를 단 도구〔平安(へいあん) 시대에, 문서를 끼워서 윗사람에게 전하는 데 썼음〕.

其他
文巻(ふまき) (책을 싸는) 서질(書帙).
文机(ふづくえ) 〈雅〉 (일본식) 책상. *ふみづくえロドも 읽음.
文旦(ボンタン) 〖植〗 잼보아. 왕귤나무.
文橙(ぶんたん) ⇨ 文旦(ボンタン).
文箱(ふばこ) ① (책을 넣어 두는) 문고(文庫). ② 문서궤. ③ (휴대용) 책궤.
文色(あいろ) 〈雅〉 ① 모양. 모습. ② 구별. 분별.
文字(もじ) ① 문자. 글자. ② 문장. 말. *もんじロドも 읽음. ③《接尾語ロ》文字言葉에 덧붙이는 말. ♣~**盤**(ばん) 문자반.
‖~**改革**(かいかく) 문자 개혁.
~**遣い**(づかい) 글자를 사용하는 법. 용자법(用字法). 「방송.
~**多重放送**(たじゅうほうそう) 문자 다중
~**読み取り装置**(よみとりそうち) 〖컴〗 문자 판독 장치.
~**面**(づら) 글씨를 쓰는 방법이나 배열에서 받는 느낌.
~**文化**(ぶんか) 문자 문화.
~**言語**(げんご) 문자 언어.
~**言葉**(ことば) 사물의 이름을 직접 말하기를 피하여 어떤 낱말의 첫머리 한 음 또는 두 음 밑에 もじ(文字)라는 말을 붙여 말하는 일.
~**認識**(にんしき) 문자 인식.
~**通り**(どおり) 문자〔글자〕 그대로.
~**表記**(ひょうき) 문자 표기. 「畫).
~**絵**(え) 문자 그림. 문자로 그린 회화(戲

| 6 リ | 刎 | 목자를 문
フン
はねる |

音読
刎頸(ふんけい) 문경. 목을 침〔벰〕.
~**の交**(まじ)**わり** 문경지교. 생사를 함께 할 정도의 친밀한 교분.
‖~**の友**(とも) 문경지우. 문경지교로 맺어진 친구.

刎死(ふんし) 문사. 스스로 목을 베 죽음.

訓読
刎ねる(はねる) 목을 치다.
刎ね荷(はねに) 배가 조난을 당했을 때 선체와 인명을 구하기 위해 짐의 일부를 바다에 버리는 일. 또, 그 짐.

7 口	吻	입술 문 フン くちびる

音読
吻合(ふんごう) 문합. ①부합. ②〖醫〗수술로 장기를 이어 붙임.

8 門 教	門	문 문 モン かど

音読
門 ㊀(もん) ①문. 대문. ②문하(門下). ③《接尾語로》대포를 세는 말. …문.
㊁(かど)〈雅〉①☞㊀①. ②집 앞. ③집 안. 일족.
門鑑(もんかん) 문감. 문의 출입증.
門客(もんかく) 문객. 식객.
門框(もんがまち)〖建〗상인방.
門構え(もんがまえ) ①대문을 세움. 또, 그 구조. ②한자 부수의 하나: 문문. *かどがまえ로도 읽음.   「(門中).
門内(もんない) 문내. ①대문 안. ②문중
門徒(もんと) 문도. ①문인(門人). 문하생. ②〖佛〗어떤 종파의 신자. 특히, 浄土真宗(じょうどしんしゅう)의 신자.
‖～宗(しゅう)〈俗〉정토진종.
門灯(もんとう) 문등. 대문에 달아 놓은 등.
門閭(もんりょ) 문려. 옛날 마을 입구에 세웠던 문.
門楼(もんろう) 문루. 성문의 누각.
門柳(もんりゅう) 대문 옆에 심은 버드나무.
門流(もんりゅう) 일문(一門)의 유파.
門留め(もんどめ) 대문을 닫아 통행을 금함. 출입 금지.   「脈).
門脈(もんみゃく)〖生〗문맥. 문정맥(門靜
門番(もんばん) 문지기. 수위.
門閥(もんばつ) 문벌. ①가문. 문중. ②지체가 좋은 집안. 명문.
‖～家(か) 문벌가. 명문가.
門扉(もんぴ) 문비. 문짝. 대문.
門生(もんせい) 문생. 문하생.
門屑(もんせつ) 문선. 문표.
門訴(もんそ) 江戸(えど) 시대에, 여러 사람이 영주·지방관 등의 집 앞에 몰려가서 호소하던 일.
門役(もんやく) 문지기. 수위.
門葉(もんよう) 일족(一族). 일문(一門).
門外(もんがい) 문외. ①문밖. ②전문(專門) 밖. ♣～漢(かん) 문외한.

‖～不出(ふしゅつ) (귀중품의) 문외 불출.
門院(もんいん) 궁성의 문(門)의 이름을 딴 칭호를 받은 女院(にょういん).
門衛(もんえい) 문지기. 수위.
門人(もんじん) 문인. 문하생.
門跡(もんぜき)〖佛〗①문적. 특정한 종의 법문(法門)을 이어받은 중. ②황족·귀족이 출가(出家)하여 살던 절. 또, 그 절의 주지.
門前(もんぜん) 문전. 문 앞.
‖～払い(ばらい) ①문전 축출. ②江戸(えど) 시대에, 관아의 문전에서 추방하던 가벼운 형벌.
～薬局(やっきょく) 병원 근처에 자리잡고, 그 병원의 처방만 취급하는 약국.
～町(まち) 중세 말기 이후, 신사·절 앞에 이루어진 시가(市街).
門弟(もんてい) 문제. 문하생. 제자.
門弟子(もんていし) ☞門弟(もんてい).
門主(もんしゅ) ①한 종파의 법통을 이을 절의 주지. ②교단·교파의 우두머리.
門柱(もんちゅう) 문주. (대문의) 문기둥. *もんばしら·かどばしら로도 읽음.
門中(もんちゅう) 沖縄(おきなわ)에서, 부계(父系) 혈통으로 구성된 친족 집단. 문중.
‖～墓(ばか) 문중 묘지.
門地(もんち) 문지. 문벌. 가문.
門札(もんさつ) 문찰.
門歯(もんし)〖生〗문치. 앞니.
門派(もんぱ)〖佛〗문파. 종문(宗門)의 유파.
門標(もんぴょう) ☞門札(もんさつ).
門下(もんか) 문하(생). ♣～生(せい) 문하
門限(もんげん) 폐문 시간.   「생.
門型起重機(もんがたきじゅうき)〖機〗문형 기중기. 갠트리 크레인(gantry crane).
門戸(もんこ) ①문호. 출입구. ②일가. 자기 류. 일파. ③집. 주거.
‖～開放(かいほう) 문호 개방. ♣～策(さく)〖政〗문호 개방 정책.

訓読
門口(かどぐち) 집의 출입구. 문간.
門涼み(かどすずみ) 문밖에 나가 바람을 쐼.
門辺(かどべ) 문 옆[가].
門並み(かどなみ) ①집집마다. ②죽 늘어선 집들. ③하나하나가 모두. 전부.   「끈.
門付け(かどづけ) ①걸립(乞粒). ②걸립
門松(かどまつ) 새해에 문 앞에 세우는 장식 소나무.
門飾り(かどかざり) 새해에 門松(かどまつ) 따위로 대문을 장식함. 또, 그 장식.
門違い(かどちがい) ①집을 잘못 찾음. ②잘못 짚음. 착각.
門田(かどた) ①집 앞의 논. ②무사의 저택 앞의 넓은 논.
門出(かどで) 집[길]을 떠남. 출발.
門火(かどび) ①식(儀式)으로 문 앞에서 피우는 불. ②우란분(盂蘭盆)에 피우는 迎火(むかえび)와 送り火(おくりび).

其他

門渡り(とわたり)〖生〗회음(會陰).
門渡る(とわたる) 해협·강 따위 좁은 물길을 (배로) 건너다.

10 糸	紊	어지러울 문 ビン・ブン みだす・みだれる

音読▶
紊乱(ぶんらん) 문란. *びんらん은 관용음.
訓読▶
紊す(みだす) 어지럽히다. 혼란시키다.

10 糸 常	紋	무늬 문 モン あや

音読▶
紋(もん) ①무늬. ②문장(紋章). 「치.
紋殻皮剝(もんがらかわはぎ)〖魚〗파랑쥐
紋甲烏賊(もんごういか)〖動〗큰 갑오징어를 시장에서 일컫는 말.
紋絽(もんろ) 돋을무늬로 짠 여름용 비단.
紋無し(もんなし) 무늬가 없음. 또, 그런 옷. 무지(無地).
紋紋(もんもん) 무늬. 문양.
紋白蝶(もんしろちょう)〖蟲〗배추흰나비.
紋柄(もんがら) 무늬의 모양.
紋服(もんぷく) ☞紋付き(もんつき).
紋付き(もんつき) 가문(家紋)을 넣은 일본 예복.
紋紗(もんしゃ) 솟을무늬로 짠 사붙이.
紋散らし(もんぢらし) 어떤 무늬를 전면에 깔아 만든 무늬.
紋所(もんどころ) 가문(家紋). 「단.
紋繻子(もんじゅす) 돋을무늬로 짠 수자(공
紋様(もんよう) ①무늬(의 모양). ②문장(紋章)의 모양.
紋御召し(もんおめし) 돋을무늬로 짠 「비단.
紋羽(もんぱ) 두꺼운 천으로, 표면에 보풀이 일게 한 면직물. 「二重.
紋羽二重(もんはぶたえ) 돋을무늬로 짠 羽
紋日(もんび) 축제일. 명절.
紋章(もんしょう) 문장. ♣~学(がく) 문장학. 「책.
紋帳(もんちょう) 문장(紋章)의 견본을 모은
紋切り型(もんきりがた) ①문형(紋形)을 도려내기 위한 틀. ②틀에 박힌 양식.
紋提灯(もんぢょうちん) 가문(家紋)이 표시된 등롱. 「백지.
紋紙(もんがみ) 여러 가지 투명 무늬를 넣은
紋織り(もんおり) 돋을무늬로 짠 피륙.
紋尽し(もんづくし) 여러 가지 무늬를 그린 것.
紋帖(もんちょう) ⇨ 紋帳(もんちょう).
紋縮緬(もんちりめん) 돋을무늬로 짠 오글쪼글한 사(紗).
紋標(もんじるし) 문장(紋章).

紋下(もんした) 人形浄瑠璃(にんぎょうじょうるり) 공연단의 대표자.
紋形(もんがた) 문형. 무늬의 형태.
紋黄蝶(もんきちょう)〖蟲〗노랑나비.

10 虫 常	蚊	모기 문 ブン か

音読▶
蚊雷(ぶんらい) 윙윙거리며 나는 모기떼의 소리를 우레에 비유한 말.
蚊虻(ぶんぼう) 문맹. 모기와 등에.
訓読▶
蚊(か) 모기.
~の涙(なみだ)ほど 모기 눈물만큼. 쥐꼬리만함.
蚊遣り(かやり) ①모깃불을 피움. 또, 그 재료. ②☞蚊遣り線香. ♣~火(び) 모깃불. ‖~線香(せんこう) ☞蚊遣り線香.
~香(こう) ☞蚊遣り線香.
蚊鉤(かばり) 제물 낚시(깃털로 모기 모양으로 만든 낚싯바늘).
蚊頭(かがしら) 제물 낚시.
蚊絣(かがすり) 모기가 떼지어 날고 있는 듯한 잔 무늬를 물들인 직물.
蚊っ食い(かっくい) 모기에 물린 자국.
蚊食い鳥(かくいどり)〖動〗'蝙蝠(こうもり)(=박쥐)'의 딴이름.
蚊屋(かや) ⇨ 蚊帳(かや).
蚊屋釣草(かやつりぐさ)〖植〗금방동사니.
蚊帳(かや) 모기장. *옛날에는 かちょう라고 했음.
蚊帳吊草(かやつりぐさ)〖植〗금방동사니.
蚊除け(かよけ) 모기를 쫓음. 또, 거기에 쓰는 것.
蚊柱(かばしら) 떼를 지어 날고 있는 모기떼.
蚊蜻蛉(かとんぼ) ①〖蟲〗꾸정모기. ②〈俗〉거위영장.
蚊取り線香(かとりせんこう) 모기향.
蚊火(かび) 모깃불.
蚊燻し(かいぶし) 모깃불.
蚊吸い鳥(かすいどり)〖鳥〗'夜鷹(よたか)(=쑥독새)'의 딴이름.

11 門 教	問	물을 문·문초할 문 モン とう・とい・とん

音読▶
問(もん)《接尾語로》 질문·문제의 뜻. 문.
問難(もんなん) 물어 밝히고 책망하다.
問答(もんどう) ①문답. ②말다툼. 논쟁. ♣~法(ほう)〖哲〗문답법.
問対(もんたい) 질문과 대답. 문답함.
問禅(もんぜん)〖佛〗문선. 「문.
問訊(もんじん) 문신. ①신문(訊問). ②방
問安(もんあん) (웃어른에 대한) 문안.

問者(もんじゃ) 질문자.
問題(もんだい) 문제. ♣~劇(げき) 문제극／~史(し) 문제사／~視(し) 문제시／~児(じ) 문제아／~外(がい) 문제 밖／~作(さく) 문제작／~化(か) 문제화.
∥~意識(いしき) 문제 의식.
問罪(もんざい) 문죄. 죄를 문책함.
問注(もんちゅう) 원고 피고의 진술을 듣거나 질문을 하여 기록하는 일.
∥~所(じょ) 鎌倉(かまくら)·室町(むろまち) 시대에 소송을 맡던 기관.
問診(もんしん) 문진.
問責(もんせき) 문책.
∥~決議案(けつぎあん) (일본 참의원의) 문책 결의안.
問詰(もんきつ) 힐문.

訓読
問わず語り(とわずがたり) 묻지도 않은 말을 함.
問屋(とんや) ①도매상. ②鎌倉(かまくら)·室町(むろまち) 시대에, 화물의 보관·수송·중개 매매를 하던 업자. ＊といや로도 읽음.
∥~場(ば) 江戸(えど) 시대에 역참(驛站)에서 인마(人馬) 등에 관한 사무를 보던 곳.
❖問う(とう) ①묻다. ②(책임 등을) 밝혀 따지다. 캐다. 문초하다. ③문제 삼다.
問い(とい) 물음. 질문. 문제.
問い掛け(といかけ) 묻는 일. 질문.
問い掛ける(といかける) ①묻다. 질문을 던지다. ②묻기 시작하다.
問い糺す(といただす) ⇨ 問い質す(といただす).
問い返す(といかえす) 되묻다. 반문하다.
問い声(といごえ) 남에게 묻는 말소리.
問い薬(といぐすり) ①치료 방법을 알기 위해 시험 삼아 먹이는 약. ②(전하여) 상대방의 마음을 떠보는 일. 또, 그 말.
問い切り(といきり) 마지막 연기(年忌)〔주기(周忌)〕.
問い弔い(いとむらい) 법사(法事)를 지내는 일. 명복을 비는 일.
問い質す(といただす) 물어 밝히다. 캐어묻다. 따지다. 추궁하다.
問い合わす(といあわす) ⇨ 問い合わせる(といあわせる).
問い合わせ(といあわせ) 조회. 문의. ♣~状(じょう) 조회장.
問い合わせる(といあわせる) 문의하다. 조회하다.
問丸(といまる) 〖史〗鎌倉(かまくら)·室町(むろまち) 시대에, 주로 항만에 살면서 화물의 보관·수송·중개 매매를 하던 업자.
問い詰める(といつめる) 힐문하다. 캐어묻다. 추궁하다.

| 14
門
教 | 聞 | 들을 문·들릴 문
ブン·モン
きく·きこえる·きこす |

音読
聞見(ぶんけん) 문견. 견문.
聞達(ぶんたつ) 문달. 유명해짐.
聞睹(ぶんと) 듣거나 보는 일. 견문.
聞知(ぶんち) 문지. 들어서 앎.
聞診(ぶんしん) 〖醫〗문진.
聞香(ぶんこう) 문향. 향을 맡음. 향을 맡아 분간함. ＊もんこう로도 읽음.

訓読
聞かす(きかす) ⇨ 聞かせる(きかせる).
聞かせる(きかせる) ①들려주다. ②일러주다. 타이르다. ③들을 만하다.
聞かん坊(きかんぼう) 고집이 센 개구쟁이.
聞か猿(きかざる) 三猿(さんえん)의 하나. 두 귀를 가리고 아무것도 듣지 않으려는 원숭이 이상(像). 「하다.
聞ける(きける) ①들을 수 있다. ②들을 만❖聞く(きく) ①듣다. ②묻다. ③(냄새를) 맡아 분간하다. (술맛 등을) 보다. 시음하다.
聞き(きき) ①들음. ②남의 평판. 세상 소문. ③(향기·술 등을) 분간함. 「데앎.
聞きかじり(ききかじり) 일부만 듣고 아는 聞きともない(ききともない) ①듣고 싶지 않다. 귀에 거슬리다. ②소문이 나쁘다.
聞きよい(ききよい) 듣기 좋다. ①들어서 기분이 좋다. ②듣기에 알맞다.
聞くならく(きくならく) 〈古〉듣건대. 들은 바에 의하면.
聞き覚え(ききおぼえ) ①귀로 듣고 익힘〔앎〕. 귀동냥. ②(한번) 들은 기억.
聞き覚える(ききおぼえる) 귀로 듣고 익히다〔알다〕.
聞き違い(ききまちがい) 잘못 들음.
聞き届ける(ききとどける) 들어 주다. 듣고 승낙하다.
聞き継ぐ(ききつぐ) ①계속해서 듣다. ②이 사람에서 저 사람으로 전해 온 이야기를 듣다. 차례로 전해 듣다.
聞き古す(ききふるす) 귀가 닳도록 듣다.
聞き苦しい(ききぐるしい) ①듣기가 괴롭다. 듣고 있을 수가 없다. 듣기 거북하다. ②알아듣기 어렵다.
聞き過ごす(ききすごす) 귀담아 듣지 않다. 듣고 흘려버리다. 남의 잘못 따위를 듣고도 흘 「익다.
聞き慣れる(ききなれる) 자주 들어서 귀에 聞き巧者(ききごうしゃ) ⇨ 聞き上手(きき じょうず). 「るす).
聞き旧す(ききふるす) ⇨ 聞き古す(ききふ
聞き咎める(ききとがめる) ①듣고 따지다. ②〈古〉듣고 유의하다.
聞き糺す(ききただす) 물어 밝히다. 규문(糾問)하다.
聞き及ぶ(ききおよぶ) ①들어서 알다. 전해 듣다. ②이전부터 듣고 있다.
聞き忌み(ききいみ) 먼 친척의 죽음을 듣고 재계함.
聞き難い(ききにくい) ①알아듣기가 힘들다. ②묻기 곤란하다〔거북하다〕. ③차마 들을 수 없다.

聞き納め(ききおさめ) 마지막으로 들음.
聞き落とし(ききおとし) 들어야 할 것을 못 들음. 빠뜨리고 들음.
聞き落とす(ききおとす) 들어야 할 것을 못 듣다. 빠뜨리고 듣다.
聞き漏らす(ききもらす) ☞聞き落とす(ききおとす).
聞き流し(ききながし) 듣고도 그냥 넘김. 한 귀로 듣고 한귀로 흘려버림.
聞き流す(ききながす) 건성으로 듣다. 한귀로 듣고 한귀로 흘려버리다.
聞き忘れる(ききわすれる) ①들어야 할 것을 잊다. ②들은 것을 잊다.
聞き物(ききもの) 들을 만한 것. 들어 두면 좋은 것.
聞き返す(ききかえす) ①되묻다. 반문하다. ②다시 한번 듣다.
聞き方(ききかた) ①듣는 법(태도). 듣기. ②듣는 편.
聞き付く(ききつく) 귀를 기울여 듣다. 열심히 듣다.
聞き付ける(ききつける) ①우연히 들어서 알다. ②늘 들어서 귀에 익다. 늘 듣고 있다.
聞き負う(ききおう) 자신의 처지(경우)처럼 생각해서 듣다.
聞き分け(ききわけ) 듣고 분별(분간)함. 알아들음.
聞き分ける(ききわける) ①(소리나 내용을) 들어서 구별(분간)하다. ②알아듣다. 납득하다. 분별하다.
聞き事(ききごと) 〈老〉 (주의해서) 들어 둘 만한 일.
聞き捨て(ききずて) 듣고도 그냥 넘김. 듣고도 문제시하지 않음.
聞き捨てる(ききすてる) 듣고도 문제시하지 않다(그대로 넘기다).
聞き上手(ききじょうず) 상대방이 말하기 쉽도록 응답해 주면서 (듣고 싶은 일을) 충분히 이야기하도록 함. 또, 그런 사람.
聞き書き(ききがき) 들은 바를 적음. 또, 그 기록.
聞き洩らす(ききもらす) ☞聞き落とす(ききおとす).
聞き齧り(ききかじり) 일부만 듣고 앎. 데 알음.
聞き齧る(ききかじる) 섣불리 일부만 듣다. 수박 겉핥기 지식만 갖다. 데알다.
聞き所(ききどころ) 특히 주의를 해서 들어야 할 대목. 들어 둘 만한 부분.
聞き損ない(ききそこない) 잘못 들음. 헛들음. 횟들음.
聞き損なう(ききそこなう) ①잘못(헛) 듣다. ②들을 기회를 놓치다. 못 듣다.
聞き損ねる(ききそこねる) ☞聞き損なう(ききそこなう).
聞き手(ききて) 듣는 사람.
聞き習う(ききならう) ①항상 듣고 있어서 귀에 익다. ②듣고 배우다.
聞き辛い(ききづらい) ①알아 듣기 어렵다. ②듣기 거북하다.
聞き様(ききよう) 듣는 방법. 듣는 태도.
聞き役(ききやく) 듣는 입장(의 사람).

聞き誤り(ききあやまり) 잘못 들음.
聞き誤る(ききあやまる) 잘못 듣다.
聞き外す(ききはずす) ①못 듣고 넘기다. 듣지 못하다. ②끝까지 듣지 않다.
聞き違い(ききちがい) 잘못 들음. 횡들음. 헛들음.
聞き違える(ききちがえる) 잘못 듣다. 횡듣다.
聞き応え(ききごたえ) 역시 듣기를 잘했다고 생각되는 일. 들을 만한 값어치.
聞き耳(ききみみ) ①들으려고 주의함. ②〈古〉소문. 평판. 남 듣기.
〜を立(た)てる 귀를 기울여(주의해서) 듣다.
聞き入る(ききいる) 열심히 듣다. 반하여 듣다. 귀여겨 듣다.
聞き入れる(かきいれる) ①들어주다. ②들어서 알다. 얻어듣다.
聞き込み(ききこみ) (범죄 수사의 단서나 정보 따위를) 얻어들음. 얻어들은 바.
聞き込む(ききこむ) (정보 따위를) 얻어듣다. 얻어서 알다.
聞き伝え(ききづたえ) 전해 들음. 또, 그 말. 전문. *ききつたえ로도 읽음.
聞き伝える(ききつたえる) ①전해 듣다. 전문하다. ②전해 내려온 것을 듣다.
聞き済み(ききずみ) 들어줌. 승낙.
聞き酒(ききざけ) 시음. 또, 그 술.
聞き做す(ききなす) 듣고 그렇게 생각하다. 그렇게 알고 듣다.
聞き知る(ききしる) 들어서 알다. 듣고서 이해하다.
聞き知り顔(ききしりがお) 들어 알고 있는 듯한 표정.
聞き直す(ききなおす) 되묻다. 다시 물어보다.
聞き質す(ききただす) ⇨聞き糺す(ききただす).
聞き澄ます(ききすます) 귀기울여 듣다.
聞き処(ききどころ) ⇨聞き所(ききどころ).
聞き穿る(ききほじる) 시시콜콜히 묻다.
聞き添う(ききそう) ①들은 데다 또 듣다. ②들음으로써 생각이 더해지다.
聞き出す(ききだす) ①캐어서 알아내다. ②듣기 시작하다.
聞き取り(ききとり) ①듣(고 이해하)기. ②조사하기 위하여 사정을 들음. 청취.
‖〜算(ざん) (수판셈 때) 듣고 놓기.
〜書(しょ) 조서(調書). *聞き取り書き(ききとりがき)라고도 함.
聞き取る(ききとる) ①알아듣다. 듣고 잘 이해하다. ②청취하다.
聞き取れる(ききとれる) 알아들을 수 있다.
聞き置く(ききおく) 들어두다.
聞き蕩れる(ききとれる) 도취되어(넋을 잃고) 듣다.
聞き怖じ(ききおじ) 듣고 두려워함(무서워함).
聞き飽きる(ききあきる) 싫증이 나도록 듣다.
聞き下手(ききべた) 남의 말을 듣는 솜씨가 서투름. 또, 그런 사람.
聞き合わせ(ききあわせ) 문의. 조회.

聞き合わせる(ききあわせる) 문의하여 확인하다. 조회하다.
聞き香(ききこう) 문향. 향을 피워 그 냄새를 맡아 음미함〔분간함〕. 「하는 향로.
聞き香炉(ききごうろ) 향내를 맡는 데 사용
聞き惚れる(ききほれる) 도취되어 듣다.
  *ききとれる로도 읽음.
❖聞こえる(きこえる) ①들리다. ②이해하다. ③이름이 나다.
聞こえ(きこえ) ①남의 평판. 소문. ②남이 듣는 것. ③들림.
聞えよがし(きこえよがし) (욕설 등을) 들어 보라는 듯이 일부러 함.
聞こゆ(きこゆ) 〈雅〉 ①들리다. ②냄새 나다. 향기 나다.
❖聞こす(きこす) 〈古〉 ①'聞く(きく)(=듣다)'의 높임말. ②'言う(いう)(=말하다)'의 높임말.
聞こし召す(きこしめす) 〈雅〉 ①'聞く(きく)(=듣다)'의 높임말. ②'飲む(のむ)(=마시다)·食う(くう)(=먹다)·治む(おさむ)(=다스리다)' 등의 높임말.

물

4 勹 **勿** 말 물·아닐 물 ブツ·モチ なかれ

[音読]
勿怪(もっけ) 뜻하지 않음. 의외.
勿論(もちろん) 물론. 말할 것도 없이.
勿体(もったい) 거드름 부리는 모양. 젠체하는 모양.
 ～を付(つ)ける 젠체하다. 재다.
 ‖～無い(ない) 황송하다. ①과분하다. ②죄스럽다. ③아깝다. ④불경스럽다.
 ～顔(がお) 짐짓 위엄을 부리는 얼굴.
 ～振る(ぶる) 젠체하다. 거드름 피우다. (짐짓) 점잔 빼다. 재다.

[訓読]
勿れ(なかれ) 〈古〉 동작의 금지에 쓰이는 말. 마라. 말지어다.

[其他]
勿忘草(わすれなぐさ) 〖植〗 물망초.

8 牛 **物** 물건 물 ブツ·モツ もの
㉙

[音読]
物価(ぶっか) 물가. ♣～高(だか) 물가고.
 ‖～指数(しすう) 물가 지수.
  ～統制(とうせい) 물가 통제.
  ～スライド制(せい) 물가 슬라이드제.
物件(ぶっけん) 물건. ♣～費(ひ) 물건비.
物界(ぶっかい) 물계. 물질계.
物故(ぶっこ) 물고. 작고. 사거(死去).
物狂(ぶっきょう) ①미친 사람 같음. ②어이없음.
物怪(もっけ) 뜻하지 않음. 의외.
 ～の幸い(さいわい) 뜻밖의 행운(幸運). 천만다행.
 ‖～顔(がお) 뜻밖이라는 듯한 얼굴.
物交(ぶっこう) '物物交換(ぶつぶつこうかん)(=물물 교환)'의 준말.
物具(ぶつぐ) 도구. 기구.
物権(ぶっけん) 〖法〗 물권. ♣～法(ほう) 물권법. 「적 청구권.
 ‖～的請求権(てきせいきゅうけん) 물권
  ～証券(しょうけん) 물권 증권.
  ～行為(こうい) 물권 행위.
物給(ぶっきゅう) 현물 급여.
物納(ぶつのう) 물납.
物量(ぶつりょう) 물량. 「물의.
物論(ぶつろん) 물론. 세상의 소문·논의.
物療(ぶつりょう) 물료. '物理療法(ぶつりりょうほう)(=물리 요법)'의 준말.
 ‖～科(か) 물료과. 물리 치료과.
物流(ぶつりゅう) 물류. 물적 유통.
物類(ぶつるい) 갖가지 물건. 만물.
物理(ぶつり) 물리. ♣～量(りょう) 물리량/～学(がく) 물리학.
 ‖～感覚(かんかく) 〖生〗 물리 감각.
  ～光学(こうがく) 물리 광학.
  ～変化(へんか) 물리 변화. 물리적 변화.
  ～療法(りょうほう) 물리 요법〔치료〕. ♣～科(か) 물리 치료과. 물료과(物療科).
  ～的(てき) 물리적. ♣～封じ込め(ふうじこめ) 〖生〗 물리적 봉쇄/～性質(せいしつ) 물리적 성질.
  ～定数(ていすう) 물리 상수.
  ～振り子(ふりこ) 물리 진자. 복(複)진자.
  ～探査(たんさ) 물리 탐사.
名("("めい) 물명.
物物交換(ぶつぶつこうかん) 물물 교환.
物保険(ぶつほけん) 물보험. 물적 보험.
物産(ぶっさん) 물산. 토산물.
物上(ぶつじょう) 〖法〗 물상. 물건〔재산〕에 관한 것.
 ‖～担保(たんぽ) 물상 담보. 물적 담보.
  ～代位(だいい) 물상 대위.
  ～保証(ほしょう) 물상 보증.
  ～請求権(せいきゅうけん) 물상 청구권. 물권적 청구권.
物相(もっそう) 1인분석의 밥을 담는 그릇.
 ‖～飯(めし) 物相에 담은 밥. 근세에, 감옥에서 주던 밥.
物象(ぶっしょう) 물상.
物色(ぶっしょく) 물색.
 ‖～買い(がい) 유망주를 물색하여 삼.
物性(ぶっせい) 〖理〗 물성. ♣～論(ろん) 물성론.
 ‖～物理学(ぶつりがく) 물성 물리학.

物税(ぶつぜい) 물세. 대물세(對物税).
物騒(ぶっそう) 세상이 뒤숭숭하고 위험한 상태.
物損(ぶっそん) (사고 등에서) 물적 손해.
物神(ぶっしん) 물신. 우상(偶像). ♣~論(ろん) 물신론.
∥~**崇拝**(すうはい) 물신 숭배. 주물(呪物) 숭배
物我(ぶつが) 물아. 나 이외의 것과 나.
∥~**一如**(いちにょ) 물아 일여.
物外(ぶつがい) ①물질을 초월한 세계. ②속세의 밖.
物浴(ぶつよく) 물욕.
物慾(ぶつよく) ⇨ 物欲(ぶつよく).
物議(ぶつぎ) 물의.
物資(ぶっし) 물자.
物的(ぶってき) 물적. 물질적.
∥~**担保**(たんぽ) 물적 담보.
~**生産性**(せいさんせい) 물적 생산성.
~**証拠**(しょうこ) 물적 증거.
~**抗弁**(こうべん) 물적 항변.
~**会社**(かいしゃ) 물적 회사.
物情(ぶつじょう) 물정.
∥~**騒然**(そうぜん) 물정 소연. 세상이 어수선함.
物証(ぶっしょう) 물증. 물적 증거.
物質(ぶっしつ) 물질. ♣~**量**(りょう) 물질량 / ~**的**(てき) 물질적 / ~**波**(は) 물질파.
∥~**交代**(こうたい) 물질 교대. 물질 대사.
~**代謝**(たいしゃ) 물질 대사. 신진 대사.
~**名詞**(めいし) 물질 명사.
~**文明**(ぶんめい) 물질 문명.
~**文化**(ぶんか) 물질 문화.
~**定数**(ていすう) 〖理〗물질 상수.
~**主義**(しゅぎ) 물질주의.
~**特許**(とっきょ) 물질 특허.
物体(ぶったい) 물체.
物品(ぶっぴん) 물품. 물건.
∥~**税**(ぜい) 물품세.
物化(ぶっか) 물화. ①만물이 변화하는 일. ②사람이 죽는 일. 물고(物故).
物活論(ぶっかつろん) 〖哲〗물활론.

訓読

物 ㊀(もの) ①물건. 물체. 물품. 물질. ②《接頭語로》어쩐지…. 어딘지…. ③《接尾語로》것. 거리. …물. …하기.
㊁(ぶつ) ①《俗》훌륭한 사람. 걸물. ②현물. ③《接尾語로》…물.
物かは(ものかは) ①문제가 되지 않는다. 아무렇지 않다. ②《雅》…것이냐. …할소냐.
物がましい(ものがましい) 허풍스럽다. 과장기가 있다.
物し(ものし) 불쾌하다. 마음에 걸리다. 꺼림칙하다.
物しげ(ものしげ) 불쾌한 모양.
物する(ものする) 〈古〉무엇인가를 하다. 행하다. 특히, 글·시를 짓다. 식사하다.
物の(ものの) 《副詞적으로》 ①(시간·거리가) 극히 짧은 모양. 불과. 겨우. ②정말. 대단히. 매우.

~**見事に**(みごとに) 매우 훌륭하게. 멋들어지게. 「힘.
物覚え(ものおぼえ) ①기억(력). ②배워 익
物干し(ものほし) 빨래를 말림. 또, 빨래를 너는 곳. ♣~**竿**(ざお) 바지랑대.
∥~**台**(だい) 지붕이나 테라스의, 빨래를 널어 놓게 된 대.
物間(ものあい) 물건 사이(의 거리).
物乞い(ものごい) ①구걸. 비럭질. ②거지. 비렁뱅이.
物見(ものみ) 구경. 관광. ♣~**台**(だい) 전망대 / ~**櫓**(やぐら) 망루(望樓).
∥~**高い**(だかい) 호기심이 많다.
~**笠**(がさ) 구경꾼이 쓰는 삿갓.
~**船**(ぶね) 불꽃놀이 등을 구경할 때 타는 遊山(ゆさん) 관람 유람. 「배.
~**車**(ぐるま) 축제 등에서, 구경꾼이 탄 牛車(ぎっしゃ).
~**窓**(まど) ①극장 등에서 무대의 상태를 보기 위한 작은 창. ②바깥 상태를 살피기 위해 낸 창〈성·집·탈것에 설치됨〉.
~**草**(ぐさ) 〖植〗소나무의 딴이름.
物堅い(ものがたい) 견실하다. 올곧다.
物驚き(ものおどろき) 무엇에 놀람.
物恐ろしい(ものおそろしい) 어쩐지 두렵다[무섭다].
物果無し(ものはかなし) 왠지 모르게 믿을 수 없다. 「다.
物慣れる(ものなれる) 익숙해지다. 숙달되
物狂い(ものぐるい) 미치광이. 광기. 발광.
物狂おしい(ものぐるおしい) ①미친 듯하다. ②미칠 것 같은 심정이다.
物の怪(もののけ) 사람에게 재앙을 가져온다는 원혼·귀신·요괴 따위.
物の具(もののぐ) 〈雅〉도구. 가구류와 일용품 도구. 특히, 갑옷.
物咎め(ものとがめ) 책망함. 타박함.
物倦じ(ものうんじ) 마음이 울적하여 내키지 않음. 귀찮음.
物の気(もののけ) ⇨ 物の怪(もののけ).
物忌み(ものいみ) 꺼려 피함. 금기. 재계(齋戒)함.
物気無し(ものげなし) 별것 아니다. 그리 대단한 것도 아니다.
物吉(ものよし) ①축하의 말. 경사. ②한센병(病).
物難し(ものむつかし) ①어딘지 모르게 음울함. 꺼림칙함. ②스산함. 섬뜩함.
物念じ(ものねんじ) 참고 견딤.
物断ち(ものだち) 치성을 드릴 경우에 일정 기간 차·소금 따위를 먹지 않는 일. *ものたちろ도 읽음.
物の道理(もののどうり) 이치. 도리.
物読み(ものよみ) 독서. 한문 서적의 음독(音讀).
物頭(ものがしら) ①우두머리. 두목. 수령. ②무가(武家) 시대에, 궁수대(弓手隊)·소총대의 우두머리. ③名主(なぬし)·庄屋(しょ

物恋しい(ものこいしい) 어쩐지 그립다.
物淋しい(ものさびしい) ⇨ 物寂しい(ものさびしい).
物忙しい(ものせわしい) 어딘지 모르게 분주하다.
物忘れ(ものわすれ) 사물을 잊음. 건망.
物売り(ものうり) 도붓장사[장수]. 행상.
物買い(ものかい) 물건을 삼. 또, 그 사람.
物の名(もののな) ①물건의 이름. ②和歌(わか)・俳句(はいく)에서, 그 시의 의미와 관계없이 물건의 이름을 넣어서 읊는 일.
物問う(ものとう) ①묻다. 질문하다. ②점치다.
物聞き(ものぎき) 적진(敵陣)에 잠입하여 적정을 탐문하는 일. 또, 그런 사람.
物物しい(ものものしい) 위엄이 있다. 어마어마하다. 장엄[삼엄]하다.
物別れ(ものわかれ) (의견 등의) 결렬.
物柄(ものがら) 사람이나 물건의 질(質).
物病み(ものやみ)〔古〕병. 질병.
物保険(ものほけん) 물보험. 물적 보험.
物の本(もののほん) 책. 관련 서적.
物縫い(ものぬい) 바느질. 재봉.
物は付け(ものはづけ) 雜俳(ざっぱい)의 하나. '…する物(もの)は(=…하는 것은)'라는 제목에 구(句)를 붙이는 형식.
物部(もののべ) ①고대에, 大和(やまと) 정권의 군사를 관장하던 유력한 씨족의 하나. ②고대에, 조정의 군사・형벌에 관여한 관리.
物分かり(ものわかり) 사물의 이해(력). 이해성.
物悲しい(ものがなしい) 어쩐지 슬프다. 구슬프다. 서글프다.
物憑き(ものつき) 홀림. 넋을 잃음. 또, 그 사람. 접신(接神)한 사람・물건.
物仕(ものし) ①능숙한 사람. 노련한 사람. ②세상 물정에 밝은 사람. 노회한 사람.
物事(ものごと) 사물. 매사.
物思い(ものおもい) 깊은 생각에 잠김. 근심.
物思う(ものおもう) ①깊은 생각에 잠기다. ②번민하다.
物思わしい(ものおもわしい) 깊은 생각[수심]에 잠긴 듯하다.
物師(ものし) ⇨ 物仕(ものし).
物の師(もののし) 예능의 스승. 특히, 음악 스승.
物床し(ものゆかし) 왠지 모르게 마음이 끌리다. 호기심이 발동하다.
物書き(ものかき) ①글을 씀. 또, 그 사람. ②글을 잘 쓰는 사람. 문필가. ③문서・기록의 서기. ④대필. 대서인. 「꺼려함.
物惜しみ(ものおしみ) 아까워 남에게 주기
物羨み(ものうらやみ) 부러워함. 시기함.
物鮮やか(ものあざやか) 매우 선명함.
物成(ものなり) ①논밭에서 나는 수확물. ②江戸(えど) 시대의 조세.
物先貝(ものあらがい)〔貝〕명주우렁이.
物貰い(ものもらい) ①거지. ②다래끼.

物笑い(ものわらい) 조소. 비웃음.
物疎し(ものうとし) 왠지 가까이하기 힘들다. 교제하기 어렵다.
物騒がしい(ものさわがしい) ①떠들썩하다. 소란스럽다. ②어수선하다. 뒤숭숭하다.
物数(ものかず) ①물품의 수. 수량의 합계. ②말 수. ③☞物の数(もののかず).
物の数(もののかず) 특별히 헤아릴 만한 가치가 있는 것. 주목할 만한 일. 「る).
物馴れる(ものなれる) ⇨ 物慣れる(ものなれ
物始め(ものはじめ) 일에 착수함. 일의 시작. 시초.
物食い(ものくい) ①무엇을 먹는 일. ②여성과 관계를 맺는 일. ＊ものぐいにろも 읽음.
物識り(ものしり) ⇨ 物知り(ものしり).
物申(ものもう) 江戸(えど) 시대에, 남의 집을 방문하여 안내를 청할 때 쓰던 말. 이리 오너라. 여봐라.
物申す(ものもうす) ①말을 하다. ②주문을 하다. 항의[불평]하다. ③말을 걸 때나 안내를 청할 때 쓰는 말.
物慎み(ものづつみ) 조심스러움. 소극적임.
物新しい(ものあたらしい) 어딘지 모르게 새롭다. 새삼스럽다. 새롭다.
物心 ㊀(ものごころ) 철. 분별심.
㊁(ぶっしん) 물심.
∥〜二元論(にげんろん)〔哲〕물심 이원론. 심신(心身) 이원론.
物深し(ものふかし) ①깊숙하다. 후미지다. ②사려 깊다. ③인연이[관계가] 깊다.
物心細し(ものこころぼそし) 왠지 모르게 허전하다. 허수하다. 「의 싹.
物の芽(もののめ) 새싹. 특히, 풀이나 야채
物案じ(ものあんじ) 걱정[근심]함. 「다.
物暗し(ものぐらし) 어둑어둑하다. 침침하
物哀れ(ものあわれ) 어딘지 (모르게) 가엾은 모양. 서글픔. 처량함.
物の哀れ(もののあわれ) ①어쩐지 슬프게 느끼는 일. ②〔文〕平安(へいあん) 시대의 문학 이념으로, 자연이나 인생의 무상함을 차분하게 마음속 깊이 느끼는 일. 「는 일.
物愛で(ものめで) 무슨 일에나 쉽게 감동하
物語(ものがたり) ①이야기(함). 또, 그 내용. ②전설. 설화. ③〔文〕平安(へいあん) 시대에서 鎌倉(かまくら) 시대에 걸친 산문의 문학 작품.
∥〜性(せい) 이야기 줄거리마다 변화가 있어 재미있음.
物語る(ものがたる) 말하다. ①이야기하다. ②(어떤 뜻을 저절로) 가리키다.
物言い(ものいい) ①말씨. 말(투). ②이의(異議)를 주장함. 또, 그 이의. 언쟁.
物言う(ものいう) ①말하다. 증명하다. ②도움・힘이 되다. 힘・효과를 발휘하다.
物影(ものかげ) 사물의 형태나 모습. 확실하지 않은 사람이나 물건의 모습. 「예.
物詣で(ものもうで) 신사・절에 참배함. 참
物要り(ものいり) ⇨ 物入り(ものいり).

物腰(ものごし) 사람을 대하는 말씨〔태도〕. 언행(言行).
物欲しい(ものほしい) 어쩐지 가지고 싶어 하다. 어쩐지 탐이 나다.
物欲しげ(ものほしげ) ☞物欲しそう(ものほしそう).
物欲しそう(ものほしそう) 가지고 싶어하는 모양. 탐이 나는 듯한 모양.
物の用(もののよう) 쓸모. 쓰일 만한 곳.
物憂い(ものうい) 어쩐지 몸이 나른하고 마음이 내키지 않다〔우적하다〕. 께느른하다. 귀찮다.
物憂げ(ものうげ) 몸이 나른하고 마음이 내키지 않음. 께느른함. 울적함.
物優しい(ものやさしい) 태도나 성질이 부드럽다〔친절하다〕.
物怨じ(ものえんじ) 질투. 시기.
物遠い(ものどおい) ①멀다. ②소홀하다. 소원하다. ③에둘러 하다. 번거롭다.
物越し(ものごし) (문·발·휘장 등의) 너머. 건너.
物柔らか(ものやわらか) (태도가) 부드러움. 점잖음.
物柔らかい(ものやわらかい) (태도가) 부드럽다. 점잖다.
物音(ものおと) (무슨) 소리.
物の音(もののね) 소리. 특히, 악기 소리. 음악.
物陰(ものかげ) 그늘. 무엇에 가려 보이지 않는 곳.
物日(ものび) 축제일. 명절.
物入り(ものいり) 비용이 많이 듦.
物入れ(ものいれ) 물건을 넣어 두는 곳.
物自体(ものじたい) 『哲』 물자체.
物争い(ものあらそい) 다툼. 분쟁.
物寂しい(ものさびしい) 어쩐지 쓸쓸하다. 호젓하다.
物寂びた(ものさびた) 고색창연한.
物寂びる(ものさびる) 고색창연하다. 황폐해 있다.
物前(ものまえ) ①전쟁의 직전. ②세모·명절 등의 직전.
物定め(ものさだめ) 물건의 우열을 판정하는 일.
物静か(ものしずか) ①고요함. 조용함. ②(언행이) 침착〔차분〕함.
物際(ものぎわ) ①중대한 때. 위기. 고빗사위. 아슬아슬한 때. ②「盆(ぼん)」(=음력 7월 보름)·연말의 바쁜 때.
物足らない(ものたらない) ☞物足りない(ものたりない).
物足りない(ものたりない) 어쩐지 불만스럽다. 어쩐지 부족하다.
物種(ものだね) ①사물의 근원이 되는 것. ②초목의 씨.
物主(ものぬし) 전진(戰陣)에서의 대장. 우두머리.
物知らず(ものしらず) ①물정을 잘 모름. 또, 그런 사람. ②무식함. 또, 그런 사람.
物知り(ものしり) 박식함. 또, 그런 사람.
∥~顔(がお) 박식한〔아는〕 체하는 얼굴.
物持ち(ものもち) ①부자. ②물건을 오래 씀〔지님〕. 지닐성.
物指し(ものさし) ①자. 잣대. ②척도(尺度). 기준. 표준.
物尽くし(ものづくし) (가요 등에서) 같은 종류의 것을 모두 열거하기.
物珍しい(ものめずらしい) 어딘지 신기하다. 자못 진기하다.
物真似(ものまね) 흉내.
物懲り(ものごり) 무슨 일에 넌더리 냄. 뎀. 싫증을 냄.
物差し(ものさし) ⇒物指し(ものさし).
物着星(ものきぼし) 손톱에 생기는 흰 반점 〔여성은 옷이 생길 징조라 하여 좋아했음〕.
物参り(ものまいり) ①신사·사찰에 참배함. 참예. ②귀인의 식사의 공대말.
物参る(ものまいる) ①식사를 드리다. ②식사를 드시다.
物凄い(ものすごい) 〈俗〉①끔찍하다. ②굉장하다. 지독하다.
物凄く(ものすごく) 〈俗〉대단히. 매우. 유별나게.
物凄まじい(ものすさまじい) ①무섭다. ②(기세가) 대단하다. 굉장하다.
物清し(ものきよし) 어딘지 모르게 산뜻함〔깨끗함〕. 어딘지 모르게 기품이 있음.
物忠実やか(ものまめやか) 진지하고 성실한 모양.
物取り(ものとり) 〈老〉훔침. 도둑.
物臭(ものぐさ) 귀찮아함. 또, 그런 성질의 사람. 게으름쟁이.
物臭い(ものぐさい) ①귀찮다. 게으르다. ②수상찮다. ③기분이 울적하다. ④고약한 냄새가 난다.
物恥じ(ものはじ) 부끄러워하는 일.
物恥ずかし(ものはずかし) 왠지 모르게 부끄러워하는 모양.
物置(ものおき) 헛간. 곳간. 광.
物打ち(ものうち) 큰 칼로 무엇을 벨 때 그 물건에 닿는 부분. 즉 칼끝에서 약 10 cm 가량 떨어진 가장 잘 드는 부분.
物佗しい(ものわびしい) 어쩐지 쓸쓸하다.
物嘆かし(ものなげかし) 왠지 모르게 통탄스러움〔한심스러움〕.
物妬み(ものねたみ) 시샘함.
物怖じ(ものおじ) 겁냄. 겁먹음.
物学び(ものまなび) 학문.
物恨めし(ものうらめし) 어딘지 모르게 원망스럽다. 유감스럽다.
物合わせ(ものあわせ) 두 패로 갈리어 사물을 비교하며 우열을 겨루는 놀이의 총칭.
物好き(ものずき) 유별난 것을 좋아함. 또, 그런 사람.
物好み(ものごのみ) ①(좋아하는 것만) 가짐. ②진기한 것이나 풍류를 좋아함.
物懐かしい(ものなつかしい) 왠지 모르게 마음이 끌리는 모양. 그리워하는 모양.
さた物(さたもの) 조정의 명령으로 금지된 일. *きだものとも 읽음.

미

未 5획 木 敎
아닐 미·여덟째지지 미
ミ·ビ
いまだ·ひつじ·まだ

音読

未(み) 미. ① 양(羊). 지지(地支)의 여덟째. *ひつじ·びロ로도 읽음. ②《接頭語로》미…. 아직 …되지 않음.
未刊(みかん) 미간.
未墾(みこん) 미간. ♣~地(ち) 미개간지.
未開(みかい) 미개. ♣~人(じん) 미개인.
‖~社会(しゃかい) 미개 사회.
~時代(じだい) 미개 시대.
未開発(みかいはつ) 미개발.
未開拓(みかいたく) 미개척.
未見(みけん) 미견. 아직 보지 못함.
未決(みけつ) 미결. ♣~監(かん) 미결감/
~囚(しゅう) 미결수. 「미경험자.
未経験(みけいけん) 미경험. ♣~者(しゃ)
未公開株(みこうかいかぶ) 〖經〗미공개주.
未納(みのう) 미납.
未踏(みとう) 미답. 아직 아무도 밟지 않음.
未到(みとう) 미도. 아직 아무도 도달하지 않음.
未得(みとく) 미득. 아직 얻지 못함.
未来(みらい) 미래. ♣~記(き) 미래기/~図(ず) 미래도/~像(ぞう) 미래상/~派(は) 미래파/~学(がく) 미래학.
‖~永劫(えいごう) 미래 영겁.
~主義(しゅぎ) 미래주의.
未練(みれん) ①미련. ②미숙.
‖~者(もの) 선뜻 미련을 끊지 못하는 사람.
未了(みりょう) 미료. 미필.
未満(みまん) 미만.
未亡人(みぼうじん) 미망인. 과부. *びぼうじん으로도 읽음.
未明(みめい) 미명. *びめい로도 읽음.
未聞(みもん) 미문. 지금까지〔아직〕들어 보지 못함.
未発(みはつ) 미발. ① 아직 일어나지 않음. ② 아직 출발하지(발견·발명되지) 않음.
未発表(みはっぴょう) 미발표.
未配(みはい) 미배. 아직 배달·배당·배급이 되지 않음. 「분화.
未分(みぶん) 미분. 아직 분화하지 않음. 미
未分化(みぶんか) 미분화. 미분.
未払い(みはらい) 미불. 미지급.
‖~勘定(かんじょう) 〖經〗미불금 계정. 미지급금 계정.
未産婦(みさんぷ) 미산부. 출산해 보지 못한
未詳(みしょう) 미상. 「여성.
未生(みしょう) 〖佛〗아직 태어나지 않음.
‖~以前(いぜん) 이승에 태어나기 전의 경지(境地).

未設(みせつ) 미설. 아직 시설·설비를 하지 않음. 「미성품.
未成(みせい) 미성. 아직 덜됨. ♣~品(ひん)
未成年(みせいねん) 미성년. ♣~者(しゃ) 미성년자.
未晒し(みさらし) 아직 마전하지 않음.
未収(みしゅう) 미수. ♣~金(きん) 미수금.
未遂(みすい) 미수. ♣~罪(ざい) 미수죄.
未熟(みじゅく) ①미숙. 덜됨. 덜 익음. ② 서투름. ♣~児(じ) 미숙아.
‖~者(もの) 미숙자. 미숙한 사람.
未習(みしゅう) 미습. 아직 배우지 않음.
未信者(みしんじゃ) 미신자. 아직 신앙을 갖고 있지 않은 사람.
未央宮(びおうきゅう) 미앙궁. 한(漢)나라의 고조 유방(劉邦)이 지은 궁전.
未央柳(びようやなぎ) 〖植〗물레나물.
未訳(みやく) 아직 번역되지 않음.
未然(みぜん) 미연.
‖~形(けい) 〖文法〗미연형《활용어의 활용
未完(みかん) 미완. 「형 제 1 단》.
未完成(みかんせい) 미완성.
‖~交響曲(こうきょうきょく)《슈베르트의》미완성 교향곡.
未臨界実験(みりんかいじっけん) 미임계 실험. 핵분열 물질의 양 등을 조절하여 급격한 반응이 일어나지 않게 하여 행하는 실험.
未定(みてい) 미정.
‖~稿(こう) 미완성 원고.
未丁年(みていねん) 미정년. 미성년.
未済(みさい) 미제. ① 아직 끝나지 않음. ②
‖~事件(じけん) 미제 사건. 「미납.
未製品(みせいひん) 미제품. 상품으로서 아직 덜된 물건.
未組織(みそしき) 미조직.
‖~労働者(ろうどうしゃ) 미조직 노동자.
未曾有(みぞう) 미증유.
未知(みち) 미지. ♣~数(すう) 미지수.
未進(みしん) 연공(年貢) 따위를 아직 바치지
未着(みちゃく) 미착. 미도착. 「않음.
未就学(みしゅうがく) 미취학. ♣~児(じ) 미취학 아동. 「의.
未必の故意(みひつのこい) 〖法〗미필적 고
未解決(みかいけつ) 미해결.
未婚(みこん) 미혼.
未確認(みかくにん) 미확인.
‖~飛行物体(ひこうぶったい) 미확인 비행 물체. 유에프오(UFO).
~情報(じょうほう) 미확인 정보.
未確定(みかくてい) 미확정.

訓読

未だ(いまだ) 아직. 지금까지. 이때까지. *まだ로도 읽음.
‖~嘗て(かつて) 일찍이. 전에.
未だし ㈠(いまだし) 시기가 아직 이르다.
㈡(まだし) 〈古〉① ☞ ㈠. ② 아직 불충분하다. 「まだし).
未だしい(いまだしい) 〈口〉 ☞未だし(い

未だしも(まだしも) (아직) 그래도. 그런대로 (괜찮으나). (…면) 또 모르되.
未だに(いまだに) 아직껏. 아직까지도. 현재까지도.
未だ未だ(まだまだ) ① 未だ(いまだ)의 힘줌말. ②아직. 아직도. ③더. 더욱.
未申(ひつじさる) 〈老〉서남(西南).
未草(ひつじぐさ) 〖植〗수련(睡蓮).

| 6 米 教 | 米 | 쌀 미・미터 미
ベイ・マイ
こめ・よね・メートル |

音読→
米トン(ベイトン) 미국 톤. 쇼트 톤.
米価(ベいか) 미가.
‖～**審議会**(しんぎかい) 미가 심의회.
米穀(べいこく) 미곡.
‖～**年度**(ねんど) 미곡 연도.
米菓(べいか) 미과. 쌀을 원료로 한 과자.
米国(べいこく) 미국.
米機(べいき) 미기. 미국 비행〔항공〕기.
米納(べいのう) 미곡으로 조세를 납부함.
米年(べいねん) 미수(米壽)의 일컬음.
米噸(ベいトン) ⇨ 米トン(ベいトン).
米廩(べいりん) 미름. 쌀곳간.
米麦(べいばく) 미맥. 쌀과 보리. 곡식.
米棉(べいめん) ⇨ 米綿(べいめん).
米綿(べいめん) 미면. 미국 수입 목화.
米飯(べいはん) 미반. 쌀밥.
米兵(べいへい) 미병. 미군 병사.
米産(べいさん) ①미산. 미곡 생산. ②미국산.
米商(べいしょう) 미(곡)상.
米書(べいしょ) 미서. 미국 서적.
米松(べいまつ) 미송(美松).
米収(べいしゅう) 쌀 수확.
米寿(べいじゅ) 미수. 88세(의 축하).
米食(べいしょく) 미식. 쌀을 주식으로 함.
米式蹴球(べいしきしゅうきゅう) 미식 축구. 아메리칸 풋볼.
米語(べいご) 미어. 미국에서 쓰는 영어.
米塩(べいえん) 미염. 쌀과 소금.
‖～**の資**(し) 미염지자. 생활비.
米作(べいさく) 미작. 쌀농사.
米材(べいざい) 미국에서 수입한 목재.
米銭(べいせん) 쌀과 돈. 쌀값.
米点(べいてん) 〖美〗미점.
米租(べいそ) 도조(賭租)로 바치는 쌀.
米州(べいしゅう) 미주.
‖～**機構**(きこう) 미주 기구.
～**相互援助条約**(そうごえんじょじょうやく) 미주 상호 원조 조약.
～**人権条約**(じんけんじょうやく) 미주 인권 조약.
米紙(べいし) 미지. 미국 신문.
米誌(べいし) 미지. 미국 잡지.
米質(べいしつ) 미질. 쌀의 품질.
米艦(べいかん) 미함. 미국 군함.
米貨(べいか) 미화.
米画(べいが) 미국 영화.

訓読→
米 ㊀(こめ) 쌀.
㊁(よね) 〈雅〉 ☞㊀. ②여든여덟 살. 미수(米壽). 또, 그 축전.
米糠(こめぬか) 미강. 쌀겨. ♣～**油**(あぶら) 겨기름. 미강유.
米嚙み(こめかみ) 어린 비구니.
米櫃(こめびつ) ①쌀궤. 뒤주. ②〈俗〉생활비를 벌어 대는 사람.
米踏み(こめふみ) 디딜방아로 쌀 찧기.
米代(こめだい) ①쌀값. ②〈俗〉생활비.
米袋(こめぶくろ) 쌀부대.
米搗き(こめつき) 쌀을 찧음. 또, 그런 일을 하는 사람. ♣～**虫**(むし) 〖蟲〗방아벌레 /～**蟹**(がに) 〖動〗방아깨비.
‖～**飛蝗**(ばった) ①〖蟲〗방아깨비. ②무턱대고 굽신거리는 사람.
米粒(こめつぶ) 쌀알(처럼 작은 것).
米磨ぎ(こめとぎ) 쌀을 씻어 더러움을 없앰. 또, 그것에 쓰이는 통. 「장.
米の飯(こめのめし) 쌀밥.
米味噌(こめみそ) 쌀로 만든 메주로 담근 된장. 「음.
米粉(こめこ) 쌀가루. *べいふん으로도 읽
米の粉(こめのこ) 쌀가루.
米相場(こめそうば) ①쌀의 시세. ②미두.
米所(こめどころ) 미곡. 쌀의 산지.
米騒動(こめそうどう) 쌀소동. 특히 1918년의 쌀값 인상에 의한 폭동.
米食い虫(こめくいむし) ①〖蟲〗'穀象虫(こくぞうむし)(=바구미)'의 딴이름. ②〈俗〉식충이. 「いむし.
米喰い虫(こめくいむし) ⇨ 米食い虫(こめく
米揚げ笊(こめあげざる) ☞ 米浙笊(こめかしざる).
米屋(こめや) 쌀장사. 싸전.
米油(こめあぶら) 겨기름. 쌀겨로 짠 기름.
米印(こめじるし) 기호 '※'의 이름.
米の字(こめのじ) 미수(米壽). 88세.
米刺し(こめさし) 색대.
米蔵(こめぐら) ①쌀 창고. ②쌀의 산지.
米浙(こめかし) ①〈古〉쌀을 씻음. ②쌀을 이는〔씻는〕통〔=남박〕.
‖～**笊**(ざる) 씻은 쌀을 담아두는 소쿠리.
米倉(こめぐら) ⇨ 米蔵(こめぐら).
米酢(よねず) 쌀을 원료로 하여 만든 식초.
米の祝い(よねのいわい) 미수(米壽)의 축연〔축하〕.
米の虫(こめのむし) 〖蟲〗'穀象虫(こくぞうむし)(=바구미)'의 딴이름.
米偏(こめへん) 한자 부수의 하나: 쌀미변.
米俵(こめだわら) 쌀 가마니〔섬〕.

其他→
米利堅(メリケン) ①아메리카(의 것). ②외국제. ③권투. ♣～**粉**(こ) 밀가루.
‖～**針**(ばり) 양재용의 재봉 바늘. 「두.
～**波止場**(はとば) 외국 선박이 발착하는 부

7 尸 常	尾	꼬리 미·끝 미 ビ お

音読

尾する(びする) 뒤를 따르다. 또, 뒤따르게 하다. 「서 공격함.
尾撃(びげき) 도망가는 상대를 추격하여 뒤에
尾骨(びこつ)〖生〗미골.
尾鉱(びこう) 미광. 선광(選鑛)에 의하여 생긴 낮은 품질의 광산물. 「두 구.
尾句(びく) 한시에서, 율시(律詩)의 마지막
尾端(びたん) 미단. 꼬리끝.
尾大(びだい) 미대. 꼬리쪽이 머리보다 큼.
尾灯(びとう)〖生〗미려골. 미저골(尾骶骨).
‖**~骨**(こつ)〖生〗미려골. 미저골(尾骶骨).
尾聯(びれん) 한시(漢詩)에서, 율시(律詩)의 제7·8구(句).
尾輪(びりん) 미륜. 비행기 기체 끝머리 부분에 달린 바퀴.
尾籠 ㊀(びろう) (이야기의 내용이 대소변 등에 관계되어) 지저분함. 더러움.
㊁(おこ)〈雅〉어리석음. 상식을 벗어남.
‖**~がましい** ① 우습다. 어리석다. ② 주제 넘다. ③ 화가 나다.
尾状花序(びじょうかじょ)〖植〗미상 화서. 미상꽃차례.
尾索類(びさくるい)〖動〗미삭류.
尾生の信(びせいのしん) 미생지신.
尾芽胚(びがはい) 척추 동물의 발생에서, 신경배(胚)에 이어 형성되는 배(胚).
尾翼(びよく) 미익. (비행기의) 꼬리 날개.
尾骶骨(びていこつ)〖生〗미저골. 미골.
尾錠(びじょう) (혁대 따위의) 고리. 버클.
‖**~金**(がね) ☞尾錠. 「름.
尾州(びしゅう) 尾張(おわり) 지방의 딴이
尾椎(びつい)〖生〗미추. 미추골.
尾筒(びとう) 조류의 꼬리깃이 붙은 부분을 덮는 짧은 깃털.
㊁(おづつ) ① 말꼬리에 씌우는 주머니. ② 짐승이나 물고기의 꼬리가 붙어 있는 부분.
尾行(びこう) 미행.

訓読

尾 ㊀(お) ① 동물의 꼬리. 또, 그와 비슷한 것, 〈雅〉산기슭이 길게 뻗은 곳.
㊁(び)《接尾語로》…마리. 생선을 세는 말.
尾っぽ(おっぽ)〈俗〉꼬리.
尾根(おね) 산등성이. 능선.
‖**~歩き**(あるき) 산등성이를 타고 등산을 「함.
尾鰭(おひれ) ① (물고기의) 꼬리와 지느러미. ② (이야기의) 군더더기. 과장.
㊁(おびれ) 꼬리지느러미.
尾頭付き(おかしらつき) 머리와 꼬리가 통째로 달려 있는 생선.
尾白鷲(おじろわし)〖鳥〗흰꼬리수리.
尾の上(おのえ)〈雅〉산꼭대기.
尾羽 ㊀(おば) 새의 꽁지와 깃.
㊁(おばね) 미우. (새의) 꽁지깃.
尾長 ㊀(おなが)〖鳥〗물까치. ♣~鮫(ざめ)〖魚〗환도상어. /~猿(ざる)〖動〗긴꼬리원숭이.
‖**~鳥**(どり) ① 긴꼬리닭. 장미계(長尾鶏) 《일본 고유의 진종(珍種) 닭》. ② 물까치.
㊁(びちょう) (동물의) 꼬리의 길이.
尾張(おわり)〖地〗옛 지방 이름. 지금의 愛知(あいち) 현 서부.
尾花(おばな)〖植〗참억새. 또, 그 꽃.

其他

尾能(きりのう) 그날 마지막으로 상연(上演)하는 能(のう).

逆訓

尻尾(しりお) 꼬리.

8 口 教	味	맛 미·맛볼 미 ミ あじ·あじわう

音読

味覚(みかく) 미각.
‖**~の秋**(あき) 식욕이 왕성해지는 가을.
‖**~神経**(しんけい)〖生〗미각 신경.
味感(みかん) 미감. 미각.
味到(みとう) 내용을 충분히 음미함.
味得(みとく) 음미하여 충분히 이해함.
味蕾(みらい)〖生〗미뢰. 미관구(味官球).
味醂(みりん) 미림. 연노랑빛의 단맛 나는 술의 한 가지. 조미료로 쓰임.
‖**~干し**(ぼし) 정어리 따위를 미림 간장으로 간해서 말린 식품.
‖**~漬け**(づけ) 야채 따위를 미림 지게미에 절임. 또, 그 식품.
味盲(みもう) 미맹. 음식 맛을 모르는 사람을 우스개로 하는 말.
味方(みかた) ① 자기편. 아군. 우군(友軍). ② 편듦. 가세함.
味醤油(みじょうゆ) 만들어 뜨우면 된장이 되고 짜면 간장이 되는 된장과 간장의 중간치.
味噌(みそ) ① 된장. ② 된장 비슷한 것. ③ 자랑거리. 특색.
味噌豆(みそまめ) ① (삶은) 메주콩. ② '大豆(だいず)(=콩)'의 딴이름.
味噌漉し(みそこし) 된장을 거르는 기구.
味噌擂り(みそすり) ① 된장을 갬. 또, 그 사람. ② 아첨함. 또, 그 사람.
‖**~坊主**(ぼうず) ① 절에서 부엌일하는 하급 중. 불목하니. ② 중을 경멸하여 이르는 말.
味噌焼き(みそやき) 생선·고기 등에 된장을 발라 구움. 또, 이렇게 구운 것.
味噌っ滓(みそっかす)〈俗〉① 된장 찌꺼기 《쓸모 없는 사람에도 비유됨》. ② 친구들에게 따돌림당한 아이.
味噌お田(みそおでん) 곤약·두부지짐 따위를 익혀 된장을 발라 먹는 것.
味噌甕え(みそあえ) ⇨ 味噌和え(みそあえ).

味噌汁(みそしる) 된장국.
味噌漬け(みそづけ) 된장에 절임〔절인 것〕.
味噌っ歯(みそっぱ) 〈俗〉 아이들의 충치로 검게 썩은 이빨.
味噌和え(みそあえ) 된장으로 무침. 또, 그 식품.
味解(みかい) 차분히 맛봄. 음미함.

〖訓読〗
味 ㊀(あじ) ①맛. ②느낌. ③재미.
 ㊁(み) ①정도·느낌 등을 나타냄. ②《接尾語로》…미. …다운 맛. 성질로서의 맛.
味加減(あじかげん) 맛. 간(의 정도).
味見(あじみ) 맛[간]을 봄.
味気ない(あじけない) 맛없다. 싱겁다. 재미없다. *あじきない로도 읽음.
味利き(あじきき) 술 등의 맛을 보고 그 맛을 판정함. 또, 그 사람.
味付け(あじつけ) 맛을 냄. 맛을 낸 것.
❖**味わう**(あじわう) ①맛보다. ②체험하다. ③음미하다.
味わい(あじわい) ①맛. ②운치. 정취.

〖其他〗
味寝(うまい) 〈雅〉 깊이〔푹〕 잠. 숙면.
味酒(うまざけ) 〈雅〉 맛좋은 술. 미주(美酒). *うまさけ로도 읽음.

8획 [⼸]	**弥**(彌)	두루 미·더욱 미 ビ·ミ わたる·いや·いよ いよ·や

〖音読〗
弥久(びきゅう) 미구. 오랜 동안에 걸침.
弥勒(みろく) 〖佛〗 미륵(보살). ♣**~仏**(ぶつ) 미륵불.
∥**~菩薩**(ぼさつ) 〖佛〗 미륵보살.
~信仰(しんこう) 〖佛〗 미륵 신앙.
~の浄土(じょうど) 〖佛〗 미륵 정토.
弥漫(びまん) 미만. (어떤 풍조 따위가) 널리 퍼짐.
弥縫(びほう) 미봉. ♣**~策**(さく) 미봉책.
弥山(みせん) 〖佛〗 '須弥山(しゅみせん)(=수미산)'의 준말.
弥陀(みだ) 〖佛〗 미타. '阿弥陀(あみだ)(=아미타)'의 준말.
弥陀仏(みだぶつ) 미타불. '阿弥陀仏(あみだぶつ)(=아미타불)'의 준말.

〖訓読〗
弥(いや) 점점. 더욱더.
弥果て(いやはて) 가장 절박한 때와 장소. 최후의 최후.
弥猛に(やたけに) 〈雅〉 더욱더 불붙어〔설레어〕.
弥猛心(やたけごころ) 더욱더 용기가 나는〔설레는, 흥분하는〕 마음.
弥が上に(いやがうえに) 더구나. 점점. 더욱더.
弥生(やよい) 〈雅〉 음력 3월. ♣**~山**(やま) 봄 동산.
∥**~文化**(ぶんか) 일본의 弥生式 토기로 특징 지을 수 있는, 기원전 2-3세기부터 기원 2-3세기까지의 금석(金石) 병용의 농경 문화.
~式(しき) 약 2천년 전 일본의 문화 양식.
弥栄(いやさか) 이전보다 더욱 번창함.
弥蔵(やぞう) 〈俗〉 옷소매 속에서 팔짱을 끼어, 부르쥔 손을 젖가슴까지 올린 모습.
弥助(やすけ) 〈俗〉 초밥의 딴이름.
弥増さる(いやまさる) 점점 더 많아지다. 더욱 정도가 높아지다.
弥増しに(いやましに) 점점 더. 더욱더.
弥増す(いやます) 점점 더 많아지다. 더욱 더해지다.
弥次(やじ) ①弥次馬의 준말. ②야유. 놀림. 또, 그 말.
∥**~馬**(うま) 까닭없이 덩달아 떠들어대는 일. 또, 그 무리.
弥次る(やじる) 야유하다. 놀리다.
弥次郎兵衛(やじろべえ) 장난감의 일종. 인형의 양팔을 활 모양으로 펴서, 각각 끝에 추를 매달아 넘어지지 않도록 균형을 유지시켜서 놂.
弥次喜多(やじきた) ①〈俗〉 뜻맞는 두 사람이 하는 한가로운 여행(旅行). ②짝이 맞는 한 쌍의 익살꾼.

〖其他〗
弥立つ(よだつ) 'いよだつ'의 준말. 소름이 끼치다.
弥猛し(よだけし) ①과장되다. 허풍떨다. 심하다. ②귀찮다. 성가시다.
弥撒(ミサ) 〖宗〗 ①미사. ②미사곡. ♣**~曲**(きょく) 미사곡.
弥怠し(よだるし) 몹시 피곤하여 맥이 없는 모양.

9획 [辶] 教	**迷**(迷)	헤맬 미 メイ まよう

〖音読〗
迷界(めいかい) 〖佛〗 미계.
迷句(めいく) 읽는 사람이 뜻을 이해하기 어려운 구.
迷宮(めいきゅう) 미궁.
∥**~入り**(いり) (범인 수사 등이) 미궁에 빠짐.
迷答(めいとう) 〈俗〉 엉뚱한 대답.
迷倒(めいとう) 길을 잃고 쓰러짐.
迷乱(めいらん) 미란. 정신이 헷갈려 흐트러짐.
迷路(めいろ) 미로. ①홀림길. ②〖生〗 내이(內耳).
迷論(めいろん) 〈俗〉 논지가 분명치 못한 의론.
迷謬(めいびゅう) 정신이 헷갈려 실수함.
迷離(めいり) 길을 잃고 떨어져 흩어짐.
迷妄(めいもう) 미망. 사리에 어둡고 생각이 그릇됨.
迷夢(めいむ) 미몽. 미망.
迷霧(めいむ) 미무. 짙은 안개. 전하여, 갈피를 잡을 수 없는 마음.
迷文(めいぶん) 〈俗〉 뜻을 알 수 없는 조잡한 문장.
迷想(めいそう) 미상.
迷信(めいしん) 미신. ♣**~家**(か) 미신가 /
~犯(はん) 〖法〗 미신범.
迷暗(めいあん) 〖佛〗 망집을 어둠에 비유한 말.
迷闇(めいあん) ⇨ 迷暗(めいあん).

迷悟(めいご) 미오. 미혹과 깨달음.
迷鳥(めいちょう) 미조. 길 잃은 새.
迷走(めいそう) 미주. 정해진 코스·진로를 지나지 않음.
‖~神経(しんけい) 미주 신경.
~台風(たいふう) 미주 태풍. 불규칙한 경로를 그리며 진행하는 태풍.
迷執(めいしゅう)〖佛〗미집. 「미채복.
迷彩(めいさい)〖軍〗미채. ♣~服(ふく)
迷惑(めいわく) 미혹. 귀찮음. 괴로움. 폐.

|訓読|
迷わす(まよわす) 미혹(현혹)시키다.
❖迷う(まよう) ①갈피를 못 잡다. ②혹(惑)하다. ③깨닫지 못하다.
迷い(まよい) ①미혹. ②〖佛〗성불(成佛)에 방해가 되는 죽은 사람의 망집(妄執). ♣~子(ご) 미아.
‖~星(ぼし)〖天〗행성. 떠돌이별.
~箸(ばし) 식사 때, 젓가락으로 어떤 반찬을 집을까 이쪽저쪽 망설임.

|其他|
迷児(まいご) ⇨ 迷子(まいご).
迷子(まいご) 미아. 길 잃은 아이.
‖~札(ふだ) 주소·이름을 써서 어린이 허리 등에 달아두는 표.

```
 9   眉   눈썹 미
 目         ビ·ミ
 人         まゆ
```

|音読|
眉間(みけん) 미간. *まゆあいろとも 읽음.
眉刀(びとう) 언월도. 왜장도(倭長刀).
眉目 ㊀ (びもく) 미목. 용모(容貌).
‖~秀麗(しゅうれい) 미목 수려.
㊁(みめ) ①겉모습. ②명예. 면목. 체면.
眉雪(びせつ) 미설. 눈같이 흰 눈썹.
眉宇(びう) 미우. 이마의 눈썹 언저리. 눈썹.
眉月(びげつ) 미월. 눈썹 모양의 초승달.
眉尖刀(びせんとう) 언월도(偃月刀). 왜장도(倭長刀).
眉睫(びしょう) 눈썹과 속눈썹. 매우 가까운 곳을 이름.

|訓読|
眉(まゆ) ①눈썹. *まみ·まみえ로도 읽음. ②눈썹 그리는 먹.
眉尻(まゆじり) 눈썹 끝(꼬리).
眉潰し(まゆつぶし) 배우 등이 눈썹을 칠하는 일. 또, 그 화장 재료.
眉根(まゆね) 눈썹. 눈썹 머리.
眉刀自女(まゆとじめ) 성인이 되어서도 눈썹을 깎아 내지 않는 여성.
眉頭(まゆがしら) 미두. 눈썹의, 얼굴 중앙에 가까운 부분.
眉毛(まゆげ) 눈썹. *まみげ로도 읽음.
眉墨(まゆずみ) 눈썹 그리는 먹.
眉払い(まゆはらい) 소녀가 눈썹을 뽑거나 밀어내는 습관. 곧, 소녀가 성인이 되는 행사.
眉書き(まゆがき) 눈썹을 그리는 일. 또, 눈썹을 그리는 붓.
眉掃き(まゆはき) 분을 바른 다음, 눈썹의 분을 쓸어내는 작은 솔.
‖~草(ぐさ)〖植〗홀아비꽃대의 딴이름.
眉引き(まゆひき) 눈썹 그리는 먹으로 눈썹을 그림.
眉唾物(まゆつばもの) 믿을 수 없는 것. 진위가 의심스러운 것.

|其他|
眉庇(まびさし) ①철모·모자 따위의 차양. ②창문 위의 좁은 차양.

```
 9   美   아름다울 미·좋을 미
 羊         ビ·ミ
 教         うつくしい·よい·
            いしい
```

|音読|
美(び) 미. ①아름다움. 훌륭함. ②아름답고 멋진 것.
美感(びかん) 미감.
美挙(びきょ) 미거. 미행.
美景(びけい) ①미경. 아름다운 경치. ②좋은 경품.
美果(びか) 미과. ①맛 좋은 열매. ②좋은 결실(결과).
美観(びかん) 미관.
‖~地区(ちく) 미관 지구.
美肌(びはだ) 고운 살결. 또, 살결을 곱게 하는 일. *びきろ로도 읽음.
美技(びぎ) 미기. 훌륭한 기술(연기).
美妓(びぎ) 미기. 아름다운 기생.
美男(びなん) 미남(자). *びだん으로도 읽음.
‖~葛(かずら) ①〖植〗'真葛(さねかずら)(=남오미자)'의 딴이름. ②狂言(きょうげん)에서, 여성을 나타내는 의상.
~帽子(ぼうし) ☞美男葛.
~子(し) 미남자. *びだんし로도 읽음.
美女(びじょ) 미녀. ♣~桜(ざくら)〖植〗버베나.
美濃(みの) ①〖地〗옛 지방 이름. 지금의 岐阜(ぎふ)현 남부. ②美濃紙의 준말. ♣~紙(がみ) 미농지.
美談(びだん) 미담.
美徳(びとく) 미덕.
美童(びどう) 미동. 미소년.
美麗(びれい) 미려. 아름답고 고움.
美鈴(みすず)〖植〗조릿대.
美禄(びろく) 미록. 좋은 급여. 후한 녹봉.
美論(びろん) ①예술상의 미(美)에 대한 논의. 평론. ②훌륭한 논의.
美林(びりん) 미림. 좋은 재목감이 많이 자라고 있는 숲.
美名(びめい) 미명. 훌륭한 명목(핑계·구실).
美貌(びぼう) 미모.
美妙(びみょう) 미묘. 뭐라고 말할 수 없을 정도로 아름다움.
美文(びぶん) 미문. 아름다운 글. ♣~調(ちょう) 미문조.

美味(びみ) 미미. 맛있음. 또, 맛좋은 음식.
美美しい(びびしい) 화려하고 아름답다.
美髪(びはつ) 미발. ①아름다운 머리털. ②이발하여 아름답게 함.
美白(びはく) 미백. 피부를 아름답고 희게
美服(びふく) 미복. 아름다운 옷.
美本(びほん) 미본. ①장정이 아름다운 책. ②(헌 책으로서) 더럽혀지지 않은 책.
美膚(びはだ) ⇨ 美肌(びはだ).
美事 ㊀(みごと) ①훌륭함. 볼 만함. ②완전함. 「일.
㊁(びじ) 미사. 아름다운 일. 칭찬할 만한
美辞(びじ) 미사.
∥~**麗句**(れいく) 미사여구.
~**学**(がく) 미사학. 수사학(修辭學)의 구칭.
美相(びそう) 아름다운 모습[모양].
美色(びしょく) 미색. 미인.
美声(びせい) 미성.
美少女(びしょうじょ) 미소녀.
美少年(びしょうねん) 미소년.
美俗(びぞく) 미속.
美髯(びしゅぜん) 미수염.
美術(びじゅつ) 미술. ♣~**館**(かん) 미술관 / ~**史**(し) 미술사 / ~**商**(しょう) 미술상 / ~**品**(ひん) 미술품.
∥~**学校**(がっこう) 미술 학교.
美僧(びそう) 미승. 용모가 아름다운 중.
美食(びしょく) 미식. ♣~**家**(か) 미식가.
美身(びしん) 몸매를 아름답게 함.
美神(びしん) 미신. 미의 신. 비너스.
美顔(びがん) 미안. ♣~**術**(じゅつ) 미안술.
美言(びげん) 미언. ①좋은 말. 찬사. ②감언(甘言).
美髯(びぜん) 미염. 훌륭한 구레나룻[수염].
美艶(びえん) 미염. 용모와 자태가 아름답고 요염함. 「미기(美妓).
美玉(びぎょく) ①아름다운 구슬. ②미인.
美容(びよう) 미용. ♣~**師**(し) 미용사 / **術**(じゅつ) 미용술.
∥~**外科**(げか) 미용 외과.
~**院**(いん) 미용원. 미장원.
~**整形**(せいけい) 미용 정형.
~**体操**(たいそう) 미용 체조.
美育(びいく) 미육. 음악·미술·국어 따위의 교과를 통하여 미(美)나 예술에 대한 흥미·이해를 증진시키기 위한 교육.
美音(びおん) 미음. 미성(美聲).
美衣(びい) 미의. 아름다운 옷. 사치스러운 옷.
美意識(びいしき) 미의식.
美人(びじん) 미인. ♣~**画**(が) 미인화[도].
∥~**薄命**(はくめい) 미인 박명.
~**草**(そう) 『植』『雛罌粟(ひなげし)(=개양귀비)'의 딴이름. 「원.
美粧(びしょう) 미장. ♣~**院**(いん) 미장원.
美装(びそう) 미장. 아름답게 꾸밈. ♣~**本**(ぼん) 미장본.
美丈夫(びじょうふ) 미장부. 미남자.
美材(びざい) 미재. ①아름다운 재목. ②훌륭한 재능. 또, 그 소유자.
美邸(びてい) 훌륭한 주택[저택].
美的(びてき) 미적.
∥~**感覚**(かんかく) 미적 감각.
~**感情**(かんじょう) 미적 감정.
~**範疇**(はんちゅう) 『哲·心』미적 범주.
~**生活**(せいかつ) 미적 생활.
~**情操**(じょうそう) 미적 정서.
~**快感**(かいかん) 미적 쾌감.
~**環境**(かんきょう) 미적 환경.
美田(びでん) 미전. 기름진 논. 옥답.
美点(びてん) 미점. 장점.
美爪術(びそうじゅつ) 미조술. 손톱 화장술.
美酒(びしゅ) 미주. 좋은 술. *うまさけ·うまざけ로도 읽음. 「주.
∥~**佳肴**(かこう) 미주 가효. 좋은 술과 안
美質(びしつ) 미질. 좋은 성품.
美醜(びしゅう) 미추.
美称(びしょう) 미칭.
美風(びふう) 미풍. 아름다운 풍습·풍속.
美学(びがく) 미학. 「구.
美港(びこう) 미항. 주위 환경이 아름다운 항
美行(びこう) 미행. 선행(善行).
美形(びけい) 〈老〉미형. 아름다운 모양. 특히, 용모의 아름다움. 미인.
美化(びか) 미화.
∥~**語**(ご) 미화어(사람에 대한 경의(敬意)와는 관계없이 어떤 사물을 고상하게 일컫는 말. '飯(めし)'를 '御飯(ごはん)', '食(く)う'를 '食(た)べる'라고 하는 따위).
美花(びか) 미화.
美肴(びこう) 미효. 맛좋은 술안주.
美姫(びき) 미희. 미인.

[訓読]
美しくも(いしくも) 〈雅〉잘도. 기특하게도.
❖**美しい** ㊀(うつくしい) 아름답다. 곱다.
㊁(うるわしい) ① ☞ ㊀. ②(기분이) 좋다. ③사랑할 만하다.
美し ㊀(うつくし) 〈雅〉①귀엽다. ②사랑스럽다. ③훌륭하다. ④깨끗하게. 결백하게. ⑤아름답다. 곱다.
㊁(いし) 〈文〉①좋다. 곱다. ②잘하다. 기특하다.
㊂(うまし) 〈雅〉좋다. 아름답다. 「다.
㊃(うるはし) 〈文〉①아름답다. ②단정하

[其他]
美味い(うまい) ①맛있다. ②어쨌든 손해가 안 되는 모양.
美味がる(うまがる) 맛있어 하다.
美味しい(おいしい) 맛좋다. 맛좋다.
美人局(つつもたせ) 아내를 딴 남자와 통정케 하고 남편이 그것을 미끼로 그 남자에게서 돈을 뜯어 내는 하나의 사기 행위.
美作(みまさか) 『地』옛 지방 이름. 지금의 岡山(おかやま) 현 북동부.

[逆音]
脚線美(きゃくせんび) 각선미.
男性美(だんせいび) 남성미.

| 10 女 | 娓 | 되풀이할 미·예쁠 미
ビ·ミ |

音読
娓娓(びび) 미미. 장황한 모양.

| 11 木 | 梶 | 나무끝 미
ビ
かじ |

訓読
梶(かじ) ①〈雅〉(배의) 노. ②(수레, 특히 인력거의) 채. ③배의 키. ④《植》 ☞梶の木(かじのき).
梶木(かじき)《魚》청새치.
梶の木(かじのき)《植》 꾸지나무.
梶木鮪(かじきまぐろ) ☞梶木(かじき).
梶棒(かじぼう) ①(수레, 인력거의) 채. ②(배의) 키의 손잡이.
梶緒(かじお) 키를 배에 매는 밧줄.
梶の葉(かじのは) 꾸지나무잎《예전에 일곱 닢의 꾸지나무잎에 단가(短歌)를 적어 칠석날 직녀성에 바쳤음》.
∥～姫(ひめ)《天》직녀성의 딴이름.
梶音(かじおと) (배의) 노젓는 소리.
梶取り(かじとり) ①조타(操舵). 키잡이. 조타수(手). ②한 단체의 지도자. 리더.
梶枕(かじまくら) 배 안에서 잠. 또, 배를 타고 하는 여행.
梶通し(かじとおし)《魚》☞梶木(かじき).

| 12 女 | 媚 | 아첨할 미
ビ
こびる |

音読
媚笑(びしょう) 미소. 아양을 떨며 곱게 웃는 웃음.
媚薬(びやく) 미약. 최음약(催淫藥).
媚諛(びゆ) 아첨함. 알랑거림.
媚情(びじょう) 떠는 표정이나 태도.
媚態(びたい) 미태. 교태. 아양 부리는 태도.

訓読
❖媚びる(こびる) ①(여자가) 아양 떨다. ②알랑거리다.
媚(こび) 교태. 아첨. 아양.
媚び諂う(こびへつらう) 아첨하다. 알랑거리다.

| 13 彳 常 | 微 (微) | 작을 미·희미할 미
ビ·ミ
かすか |

音読
微(び) ①작음. 미세함. ②희미함. ③《接頭語적으로》미세함.
微減(びげん) 조금 줆.
微係数(びけいすう)《數》미분 계수.
微苦笑(びくしょう) 가벼운〔엷은〕쓴웃음.
微功(びこう) 미공. 약간의 공적.
微官(びかん) 미관. ①지위가 낮은 관직. ②관리의 자기 겸칭.
微光(びこう) 미광. 희미한 빛.
微軀(びく) 미구. 미천한 몸.
微気象(びきしょう)《氣》미기상.
微気圧計(びきあつけい) 미기압계. 미소한 기압의 변동을 기록하는 계기.
微気候(びきこう)《氣》미기후.
微動(びどう) 미동.
微騰(びとう) 미등. 조금 오름.
微落(びらく)《經》미락.
微量(びりょう) 미량. 극히 적은 양.
∥～分析(ぶんせき)《化》미량 분석.
 ～汚染(おせん) 미량 오염. 공해 영향 연구의 한 분야.
 ～元素(げんそ)《化》미량 원소.
 ～天秤(てんびん)《化・量》미량 천칭.
微力(びりょく) 미력. 힘이 적음. 적은 힘.
微禄(びろく) ①미록. 미미한 급여〔봉록〕. 박록. ②영락함. 몰락함.
微粒(びりゅう) 미립. 몹시 작은 알갱이.
♣～子(し) 미립자.
微茫(びぼう) 미망. (경치 등이) 희미하고 아련하게 보이는 모양.
微明(びめい) 미명. 희미하게 밝음.
微妙(びみょう) 미묘.
微微(びび) 미미.
微服(びふく) 미복. 미행(微行)할 때의 복장.
微分(びぶん)《數》미분. ♣～学(がく) 미분
∥～係数(けいすう) 미분 계수.   └학.
 ～幾何学(きかがく) 미분 기하학.
 ～方程式(ほうていしき) 미분 방정식.
微粉(びふん) 미분. 미세한 가루.
微傷(びしょう) 미상. 아주 가벼운 상처.
微生物(びせいぶつ) 미생물. ♣～学(がく) 미생물학.
∥～蛋白質(たんぱくしつ)《生》단세포 단백질. 발효 단백질.
微雪(びせつ) 눈이 조금 내림. 또, 그 눈.
微細(びさい) ①미세. ②미천(함).
微小(びしょう) 미소. 매우 작음. ♣～管(かん)《生》미소관 / ～体(たい) 미소체.
∥～地震(じしん)《地》미소 지진.
微少(びしょう) 미소. 매우 적음.
微笑(びしょう) 미소.
微速(びそく) 미속(도). 느릿느릿한 속도.
微速度撮影(びそくどさつえい) 미속도 촬영.
微視的(びしてき) 미시적.
∥～分析(ぶんせき)《經》미시적〔마이크로〕
 ～世界(せかい) 미시적 세계.   └분석.
微臣(びしん) 미신. 소신(小臣).
微弱(びじゃく) 미약.   「지 않음.
微恙(びよう) 미양. 가벼운 병. 기분이 좀 좋
微言(びげん) 미언. ①희미한 말. ②미묘한〔심오한〕말.

微熱(びねつ) 미열.
微温 ㊀(びおん) 미온. 미지근함. ♣~的(てき) 미온적.
　㊁(ぬるみ) ① ☞微温湯(ぬるゆ). ② 미지근한 정도.
微雨(びう) 미우. 보슬비.
微雲(びうん) 미운. 엷은 구름.
微運(びうん) 미운. 불운함.
微吟(びぎん) 미음. 작은 소리로 읊음.
微音(びおん) 미음. 희미한 소리.
微意(びい) 미의. 하찮은 자기의 뜻《겸사말》.
微積分(びせきぶん) 〖數〗미적분. ♣~学(がく) 미적분학.
微調整(びちょうせい) 미조정.
微罪(びざい) 미죄. 경미한 죄.
∥~不起訴(ふきそ) 〖法〗미죄 불기소.
微増(びぞう) 미증. 약간 늚.
微旨(びし) 미지. 심오하고 미묘한 취지.
微志(びし) 미지. 작은 뜻. 촌지.
微塵(みじん) 미진. ① 작은 먼지, 미세한 것. ② 잘게 썲(썬 것). ♣~子(こ) 〖動〗물벼룩.
∥~粉(こ) 찹쌀 미숫가루.
~切り(ぎり) 잘게 썲. 또, 썬 것.
微震(びしん) 〖地〗미진.
微賤(びせん) 미천.
微衷(びちゅう) 미충. 자신의 진심(眞心)을 낮추어 하는 말.
微酔(びすい) 미취. 술이 약간 취함.
微波(びは) 잔물결.
微風(びふう) 미풍. 산들바람. *そよかぜ로도 읽음.
微瑕(びか) 미하. 약간의 흠. 사소한 결점.
微行(びこう) 미행. 미복 잠행.
微香(びこう) 미향. 희미한 향기.
微惑星(びわくせい) 〖天〗미행성(微行星).
微化石(びかせき) 미화석. 현미경이 아니면 관찰할 수 없을 정도의 작은 화석.
微醺(びくん) 미훈. 거나하게 취함.
[訓読] 微か(かすか) 희미함. 미약함.
[其他] 微苦い(ほろにがい) ① 씁쓰레하다. ② 마음이 좀 아프다.
微笑ましい(ほほえましい) 호감이 가다. 흐뭇하다. 「음.
微笑み(ほほえみ) 미소. *ほおえみ로도 읽
微笑む(ほほえむ) 미소짓다. 꽃망울이 좀 벌어지다. *ほおえむ로도 읽음. 「음.
微睡(まどろみ) 졺. 겉잠. *びすい로도 읽
微睡む(まどろむ) ①(잠깐) 졸다. 겉잠 들다. ② 잠이 깊이 들다.
微温湯(ぬるゆ) 미온탕. 미지근하게 데운 (목욕)물. *ぬるみ・びおんとう로도 읽음.
微酔い(ほろよい) (술이) 얼근히 취함. 거나
∥~機嫌(きげん) 거나한 기분. 「함.
[逆音] 軽微(けいび) 경미.
機微(きび) 기미.

| 13 木 | 楣 | 문미 미
ビ・ミ
まぐさ |

[音読] 楣間(びかん) 중인방(中引枋)의 사이.
[訓読] 楣(まぐさ) 문미(門楣). 문・창문 출입구 등의 위에 가로 댄 나무.

| 16 身 ⑪ | 躾 | 예절가르칠 (미)

しつけ |

[訓読] 躾(しつけ) 예의 범절(을 가르침).
∥~銀(ぎん) 어린이 교육에 필요한 돈.
躾る(しつける) (예의 범절을) 가르치다.

| 17 弓 | 彌 미 ⇨ 弥 미(p. 520) |

[참고] 弥의 舊字體.

| 17 艹 | 薇 | 고비 미・장미 미
ビ
ぜんまい |

[訓読] 薇(ぜんまい) 〖植〗고비.

| 17 米 | 糜 | 죽 미・문드러질 미
ビ
かゆ・ただれる |

[音読] 糜爛(びらん) 미란. 짓무름. 썩어 문드러짐.
糜粥(びじゅく) 미죽. ① 연한 죽. ② 음식물이 위 속에서 소화되어 죽처럼 된 것.

| 17 言 | 謎 | 수수께끼 미
メイ
なぞ |

[音読] 謎語(めいご) 미어. 뜻을 알 수 없는 말.
[訓読] 謎(なぞ) ① 수수께끼. ② 에둘러 하는 말이나 시늉. 「다.
謎めく(なぞめく) 수수께끼 같아서 잘 모르
謎掛け(なぞかけ) 수수께끼를 냄.
謎謎(なぞなぞ) 수수께끼(놀이). 「용어.
謎言葉(なぞことば) 수수께끼로 되어 있는
謎解き(なぞとき) 수수께끼 풀이.
[逆訓] 字謎(じなぞ) 글자를 재료로 하여 풀어 보는 수수께끼.

| 17 鹿 | 麋 | 순록 미
ビ
おおじか |

訓読
麋(おおじか)〖動〗고라니. 큰사슴.

| 19 非 | 靡 | 쓰러질 미
ビ
なびく |

音読
靡然(びぜん) 미연. 순순히 따르는 모양.
訓読
靡かす(なびかす) ① (나뭇가지 따위를) 옆으로 휘어지게 하다. ② 복종하도록 하다.
靡く(なびく) ① (초목 등이) 옆으로 휘어지다. 나부끼다. ② 위세나 강한 힘에 복종하다.

| 20 氵 | 瀰 | 흐를 미·아득할 미
ビ·ミ
はびこる |

音読
瀰漫(びまん) 미만. (어떤 풍조 따위가) 널리 퍼져 나감.

| 20 犭 | 獼 | 원숭이 미
ビ·ミ
おおざる |

音読
獼猴(びこう) 미후. 원숭이.

| 21 亠 | 亹 | 부지런할 미
ビ·ミ |

音読
亹亹(びび) 미미. 게을리 하지 않고 노력하는 모양.

| 23 黒 | 黴 | 곰팡이 미
バイ
かび·かびる |

音読
黴菌(ばいきん) 미균. 세균의 통속적 표현.
黴毒 ㊀(ばいどく) 매독(梅毒).
㊁(かびどく) 곰팡이 독. 미코톡신.
黴瘡(ばいそう) 미창. 매독.
訓読
黴(かび)〖植〗곰팡이.
黴る(かびる) 곰팡이 피다.
黴防止剤(かびぼうしざい) 곰팡이 방지제.
黴臭い(かびくさい) ① 곰팡내 나다. ② 케케묵다.

민

| 5 氏 教 | 民 | 백성 민
ミン
たみ |

音読
民 ㊀(みん) ① 민간(인). 백성. ②《接尾語로》…민. 사람들. 「民」.
㊁(たみ) ① 백성. 국민. 인민. ② 신민(臣
民家(みんか) 민가.
民間(みんかん) 민간.
‖~放送(ほうそう) 민간 방송.
~事業(じぎょう) 민간 사업.
~説話(せつわ) 민간 설화.
~信仰(しんこう) 민간 신앙.
~外交(がいこう) 민간 외교.
~療法(りょうほう) 민간 요법.
~伝承(でんしょう) 민간 전승.
民口(みんこう) 사람의 수. 인구.
民具(みんぐ) 민구. 일상 생활이나 그 밖의 필요에서 만들어 사용한 신변 도구.
民権(みんけん) 민권.
‖~運動(うんどう) 민권 운동.
~主義(しゅぎ) 민권주의.
民譚(みんだん) 민담. 민간 설화.
民度(みんど) 민도. 「력(財力).
民力(みんりょく) 민력. 백성의 노력 또는 재
民望(みんぼう) 민망. ① 국민의 희망. ② 인망(人望). 중망(衆望).
民泊(みんぱく) 민박.
民放(みんぽう) 민방. 民間放送(みんかんほうそう)의 준말.
民法(みんぽう)〖法〗민법. ♣~典(てん) 민법전. 민법.
民兵(みんぺい) 민병. ♣~制(せい) 민병 「제.
民福(みんぷく) 민복. 국민의 행복.
民本主義(みんぽんしゅぎ) 민본주의.
民事(みんじ) 민사. ♣~法(ほう) 민사법.
‖~介入暴力(かいにゅうぼうりょく) 민사 개입 폭력.
~事件(じけん) 민사 사건.
~訴訟(そしょう) 민사 소송.
~裁判(さいばん) 민사 재판.
~執行(しっこう) 민사 집행.
~責任(せきにん) 민사 책임.
~会社(がいしゃ) 민사 회사. 「용.
民生(みんせい) 민생. ♣~用(よう) 민생
‖~部(ぶ) 지방 자치 단체의 한 부서.
~委員(いいん) 사회 복지 증진을 임무로 하는 명예직.
民庶(みんしょ) 민서. 민중. 서민.
民選(みんせん) 민선.
‖~議員(ぎいん) 민선 의원.
~議院(ぎいん) 민선 의원.

民設(みんせつ) 민설. 사설(私設).
民声(みんせい) 민성. 여론.
民訴(みんそ) 《法》 민사訴訟(みんじそしょう)의 준말.
民俗(みんぞく) 민속. ♣~学(がく) 민속학.
‖~文化財(ぶんかざい) 민속 문화재.
 ~語彙(ごい) 민속 어휘.
 ~芸能(げいのう) 민속 예능.
民需(みんじゅ) 민수. 민간 수요.
民宿(みんしゅく) 민박(民泊).
民心(みんしん) 민심.
民約説(みんやくせつ) 민약설.
民業(みんぎょう) 민간 사업.
民営(みんえい) 민영. ♣~化(か) 민영화.
‖~鉄道(てつどう) 민영 철도, 사철(私鐵).
民芸(みんげい) 민예. ♣~品(ひん) 민예품.
民屋(みんおく) 일반 백성의 집.
民謡(みんよう) 민요.
‖~音階(おんかい) 민요 음계. 민요 등에 쓰이는 일본 5 음 음계의 하나.
民有(みんゆう) 민유. ♣~林(りん) 민유림 / ~地(ち) 민유지.
民意(みんい) 민의.
民籍(みんせき) 민적. 그 나라 국민으로서의 호적.
民政(みんせい) 민정.
‖~移管(いかん) 민정 이관[이양].
民情(みんじょう) 민정.
民定憲法(みんていけんぽう) 민정 헌법.
民族(みんぞく) 민족. ♣~性(せい) 민족성 / ~的(てき) 민족적 / ~学(がく) 민족학.
‖~国家(こっか) 민족 국가.
 ~大移動(だいいどう) 《史》 민족 대이동.
 ~服(ふく) 민족 고유 의상.
 ~料理(りょうり) 민족 고유 요리.
 ~音楽(おんがく) 민족 음악.
 ~意識(いしき) 민족 의식.
 ~自決(じけつ) 민족 자결.
 ~資本(しほん) 민족 자본.
 ~精神(せいしん) 민족 정신.
 ~主義(しゅぎ) 민족주의.
 ~解放運動(かいほううんどう) 민족 해방 운동.
民主(みんしゅ) 민주. ♣~的(てき) 민주적 / ~制(せい) 민주제 / ~化(か) 민주화.
‖~国家(こっか) 민주 국가.
 ~社会主義(しゃかいしゅぎ) 민주 사회주의.
 ~政治(せいじ) 민주 정치.
 ~主義(しゅぎ) 민주주의.
民衆(みんしゅう) 민중. ♣~劇(げき) 민중극 / ~的(てき) 민중적.
‖~芸術(げいじゅつ) 민중 예술.
民地(みんち) 민유지(民有地).
民鉄(みんてつ) 民営鉄道(みんえいてつどう)의 준말.
民話(みんわ) 민화.
民画(みんが) 민화.
<u>訓読➤</u>
民草(たみぐさ) 〈雅〉 민초. 백성. ＊たみくさ로도 읽음.

<u>其他➤</u>
民部(かきべ) 大和(やまと) 시대에, 각 지방 호족의 사유민(私有民).

| 8 氵 | 泯 | 멸할 민·다할 민
ビン·ミン
ほろびる |

<u>音読➤</u>
泯滅(びんめつ) 민멸. 멸망하여 없어짐.

| 8 日 | 旻 | 하늘 민
ビン
そら |

<u>音読➤</u>
旻天(びんてん) 민천. ① 가을 하늘. ② 하늘.

| 10 攵 常 | 敏 (敏) | 민첩할 민
ビン
さとい·とし |

<u>音読➤</u>
敏(びん) 재빠른 모양. 또, 현명한 모양.
敏感(びんかん) 민감.
敏速(びんそく) 민속. 재빠름.
敏腕(びんわん) 민완.
敏捷(びんしょう) 민첩.
敏慧(びんけい) 민혜. 민첩하고 지혜로움.
敏活(びんかつ) 민활.
<u>訓読➤</u>
敏い(さとい) ① 총명하다. ② 예민하다. 재빠르다. 날카롭다.
敏し(とし) 〈古〉 ① 민첩하다. ② 예민하다.
<u>其他➤</u>
敏捷い(はしこい) 재빠르다. 민첩하다.
敏捷っこい(はしっこい) 敏捷い(はしこい)의 힘줌말.

| 10 罒 | 罠 | 그물 민
ビン
あみ·わな |

<u>訓読➤</u>
罠(わな) 올가미. ① 덫. 올무. ② 함정. 계략.

| 12 門 | 閔 | 가엾게여길 민
ビン
あわれむ |

<u>音読➤</u>
閔然(びんぜん) 민연. 불쌍한〔가련한〕 모양.

| 12 門 | 悶 | 번민할 민
モン
もだえ·もだえる |

悶(もん) 몹시 고뇌하는 일. 번민.
悶悶(もんもん) 민민. 몸부림치며 괴로워하는 모양.
悶死(もんし) 민사. 고민하다가 죽음.
悶絶(もんぜつ) 민절. 괴로운 나머지 기절함.
悶着(もんちゃく) 말썽. 물의. 분쟁.

[訓讀]
❖悶える(もだえる) ① 번민하다. ② 괴로워서 몸을 비틀다.
悶え(もだえ) 번민.

| 13
心 | 愍 | 가엾어할 민
ビン
あわれむ・いたむ |

[音讀]
愍然(びんぜん) 민연. 가엾은 모양. 불쌍한〔가련한〕모양.

| 13
黽 | 黽 | 힘쓸 민・맹꽁이 맹
ボウ・ビン・メン
つとめる・あおがえる・かえる |

[音讀]
黽勉(びんべん) 민면. 부지런히 힘씀.

| 14
門 | 閩 | 오랑캐이름 민
ビン |

[音讀]
閩越(びんえつ) 민월. 중국 진한(秦漢) 시대에, 민장(閩江) 지역을 중심으로 푸젠(福建) 지방에서 대만 등에 분포한 월족(越族).

| 15
忄 | 憫 | 불쌍히여길 민
ビン
あわれむ |

[音讀]
憫諒(びんりょう) 가엾게 여김. 「음.
憫笑(びんしょう) 민소. 가엾게 여겨서 웃
憫然(びんぜん) 민연. 불쌍한〔가련한〕모양.
憫察(びんさつ) 불쌍히 여기어 동정함.

[逆音]
憐憫(れんびん) 연민. 불쌍하고 가련함.

| 15
糸 | 緡 | 돈꿰미 민
ビン
さし |

[訓讀]
緡(さし) 돈꿰미.

밀

| 11
山
[教] | 密 | 비밀할 밀・빽빽할 밀
ミツ
ひそか・ひそかに・ひそやか |

[音讀]
密(みつ) ① 비밀. ② 조밀함. ③ 긴밀. 친밀.
密契(みっけい) 밀계. 밀약.
密計(みっけい) 밀계. 비밀의 계략.
密告(みっこく) 밀고. ♣~者(しゃ) 밀고자. 「밀교도.
密教(みっきょう)〖佛〗밀교. ♣~徒(と)
密談(みつだん) 밀담.
密度(みつど) 밀도.
密猟(みつりょう) 밀렵.
密林(みつりん) 밀림.
密売(みつばい) 밀매.
密売買(みつばいばい) 밀매매.
密命(みつめい) 밀명.
密毛(みつもう) 밀모. 빽빽하게 난 털.
密謀(みつぼう) 밀모. 음모.
密貿易(みつぼうえき) 밀무역.
密密(みつみつ) 밀밀. 극히 비밀스러운 모양. 몰래. 은밀히.
密法(みっぽう)〖佛〗밀법.
密封(みっぷう) 밀봉.
密夫(みっぷ) 밀부. 샛서방.
密婦(みっぷ) 밀부. 정부(情婦).
密事(みつじ) 밀사. 은밀한 일.
密使(みっし) 밀사.
密殺(みっさつ) 밀(도)살.
密生(みっせい) 밀생.
密書(みっしょ) 밀서. 「발함.
密訴(みっそ) 밀소. 몰래 남의 범죄 등을 고
密送(みっそう) 밀송. 몰래 보냄.
密輸(みつゆ) 밀수.
密輸入(みつゆにゅう) 밀수입.
密輸出(みつゆしゅつ) 밀수출.
密植(みっしょく) 밀식. 빽빽하게 심음.
密室(みっしつ) 밀실.
‖~殺人(さつじん) 밀실 살인.
密約(みつやく) 밀약.
密漁(みつりょう) 밀어. 불법 고기잡이.
密語(みつご) 밀어. ① 가만가만 속삭이는 비밀의 말. ②〖佛〗부처가 진실을 속에 깔아 둔 채 설법한 말.
密雲(みつうん) 밀운. 짙은 구름.
密儀(みつぎ) (참가자를 한정해서 행하는) 비밀〔비공개〕의식.
密議(みつぎ) 밀의. 비밀의 상의.
密入国(みつにゅうこく) 밀입국.
密葬(みっそう) 밀장. ① 몰래 장사 지냄. ② (정식이 아닌) 가족・친척들만이 모여서 지내는 장례.
密蔵(みつぞう) 밀장. ① 남몰래 간직함. ②〖佛〗真言宗(しんごんしゅう)의 교의・경전.
密栓(みっせん) 밀전. 마개를 단단히 막음.
密接(みっせつ) 밀접. 「또, 그 마개.

密偵(みってい) 밀정.
密造(みつぞう) 밀조.
密宗(みっしゅう) 〖佛〗真言宗(しんごんしゅう)의 딴이름.
密奏(みっそう) 밀주. 가만히 임금께 아룀.
密旨(みっし) 밀지. 몰래 내리는 명령.
密集(みっしゅう) 밀집.
密着(みっちゃく) 밀착. ① 빈틈없이 꼭 붙음. ② 密着印画의 준말.
‖〜印画(いんが) 〖寫〗 밀착 인화.
密出国(みつしゅっこく) 밀출국.
密勅(みっちょく) 밀칙. 비밀 칙명(勅命).
密陀(みつだ) 밀타. 密陀僧의 준말.
‖〜僧(そう) 〖化〗 밀타승. 일산화납의 별 〔명.
〜の油(あぶら) 밀타유. 들깨 기름에 밀타승을 섞고 끓여서 건조성을 높인 것.
〜絵(え) 그림 물감에 밀타유를 섞어 그린 유화(油畫).
密通(みっつう) 밀통.
密閉(みっぺい) 밀폐.
密航(みっこう) 밀항. ♣〜船(せん) 밀항선 / 〜者(しゃ) 밀항자.
密行(みっこう) 밀행. 미행(微行). 잠행.
密画(みつが) (세)밀화. 면밀하게 그린 그림.
密話(みつわ) 밀화. 밀담.
密会(みっかい) 밀회.
密吸(みつすい) 〖鳥〗 홍작새.

訓読
密か ㊀(ひそか) 몰래. 가만히. 은밀히.
㊁(みそか) 〈雅〉 내밀(內密). ♣〜男(おとこ) 샛서방 / 〜夫(お) 샛서방.
‖〜盗人(ぬすびと) 좀도둑.
〜事(ごと) ① 은밀한 일. 비밀. ② 밀통.
〜心(ごころ) 남에게 숨기려는 마음.
密やか(ひそやか) ① 남몰래 하는 모양. 은밀한 모양. ② 조용한 모양.
❖密めく(ひそめく) ① 소곤거리다. ② 몰래 일을 행함. 〔임.
密めき(ひそめき) 소곤소곤 이야기함. 속삭

| 14 虫 | 蜜 | 꿀 밀
ミツ |

音読
蜜(みつ) ① 꿀. ② 당밀.
蜜豆(みつまめ) 삶은 완두콩·한천·찹쌀경단·과일 등을 그릇에 담고 꿀을 친 음식.
蜜蠟(みつろう) 밀(랍).
蜜蜂(みつばち) 〖蟲〗 밀봉. 꿀벌.
蜜砂糖(みつざとう) 밀사탕. 아직 정제하지 않은 검은 액상(液狀)의 사탕.
蜜腺(みっせん) 〖植〗 밀선. 꿀샘.
蜜語(みつご) 밀어. 달콤하게 속삭이는 말.
蜜源植物(みつげんしょくぶつ) 〖植〗 밀원식물.
蜜月(みつげつ) 밀월. 신혼기.
‖〜旅行(りょこう) 밀월 여행.
蜜煮(みつに) 콩이나 과실류 등을 설탕이나 벌꿀로 서서히 바짝 조린 것.

其他
蜜柑(みかん) 귤나무. 귤. ♣〜箱(ばこ) 귤상자 / 〜色(いろ) 등황색.

| 15 木 | 樒 | 침향 밀
ミツ
しきみ |

訓読
樒(しきみ) 〖植〗 붓순나무.

| 15 艹 | 蔤 | 연근 밀
ミツ |

其他
蔤(はい) '蓮根(れんこん)(=연근)'의 옛 이름.

박

| 6 木 常 | 朴 | 순박할 **박**·밑동 **박** ボク すなお・ほお |

音読
- **朴念仁**(ぼくねんじん) ① 벽창호. ② 말이 적고 무뚝뚝한 사람. 「음.
- **朴訥**(ぼくとつ) 박눌. 순진하고 말재주가 없
- **朴実**(ぼくじつ) 수수하고 성실함. 「직함.
- **朴直**(ぼくちょく) 박직(樸直). 순박하고 정
- **朴忠**(ぼくちゅう) 박충. 순박하고 충실함.

訓読
- **朴**(ほお)〖植〗 후박나무.
- **朴の木**(ほおのき)〖植〗☞朴(ほお). 「신.
- **朴歯**(ほおば) 후박나무로 굽을 만든 왜나막

| 8 扌 常 | 拍 | 손뼉칠 **박**·박자 **박** ハク・ヒョウ うつ |

音読
- **拍**(はく)《接尾語로》박자 치는 횟수. …박자.
- **拍動**(はくどう) 박동. (심장의) 고동.
- **拍手** ㊀(はくしゅ) 박수.
  ‖~**喝采**(かっさい) 박수 갈채.
  ㊁(かしわで) 신(神)께 배례할 때 손뼉을 쳐서 소리 내는 일.
- **拍音形式**(はくおんけいしき)〖言〗 단위 하나하나가 분명하여 등시적(等時的)으로 연속되는 리듬《일본어의 두드러진 특징》.
- **拍子**(ひょうし) ① 박자. ② 상태. ③〈…하는 바로 그〉 때〔순간〕. 찰나. ‖~**木**(ぎ) 딱딱이.
  ‖~**記号**(きごう)〖樂〗 박자 기호. 박자표.
  ~**抜け**(ぬけ) 맥빠짐. 김빠짐.
- **拍節**(はくせつ)〖樂〗 박절.
  ‖~**器**(き) 박절기. 메트로놈.
- **拍車**(はくしゃ) 박차.
- **拍板**(はくはん) 박판. 중국 타악기의 하나. *びんざさらろも 읽음.

| 8 氵 常 | 泊 | 배댈 **박**·묵을 **박** ハク とまる・とめる |

音読
- **泊**(はく)《接尾語로》…박. 숙박 일수를 세는
- **泊する**(はくする) 묵다. 숙박하다. 「말.
- **泊舟**(はくしゅう) 배를 물가에 댐.
- **泊地**(はくち) 정박지(碇泊地).

訓読
- **泊める**(とめる) ① 숙박시키다. 묵게 하다. ② 정박시키다.
- ❖**泊まる**(とまる) ① 묵다. 숙박하다. ② 숙직하다. ③ 정박하다.
- **泊まり**(とまり) ① 묵음. 숙박. ② 묵는 곳. ③ 정박지. 항구. 부두.
  ‖~**客**(きゃく) 숙박하는 손님.
  ~**明け**(あけ) 숙직을 끝냄. 또, 그 다음날.
  ~**番**(ばん) 숙직(의 차례).
  ~**船**(ぶね) 정박하고 있는 배.
- **泊まり掛け**(とまりがけ) 묵을〔숙박할〕 예정으로 떠남. 「무르다.
- **泊まり込む**(とまりこむ) (그대로) 묵다. 머

| 8 犭 | 狛 | 짐승이름 **박** ハク こま |

訓読
- **狛**(こま) 狛犬(こまいぬ)의 준말.
- **狛犬**(こまいぬ) 신사나 절 앞에 돌로 사자 비슷하게 조각하여 마주 놓은 한 쌍의 상(像).

| 8 辶 常 | 迫(迫) | 닥칠 **박**·핍박할 **박** ハク せまる・さこ・せる |

音読
- **迫撃**(はくげき) 박격. ♣~**砲**(ほう) 박격
- **迫力**(はくりょく) 박력. 「포.
- **迫真**(はくしん) 박진.
- **迫窄**(はくさく) 압박함.
- **迫害**(はくがい) 박해.

訓読
- **迫**(さこ) (작은) 골짜기.
- **迫田**(さこだ) 산골짜기 작은 계곡에 있는 논.
- ❖**迫る** ㊀(せる) ① 좁히다. ② 재촉하다.
  ㊁(せまる) ① 다가오다〔가다〕. ② 좁혀지다. ③ 막히다. ④ 부대끼다. ⑤ 강요하다.
- **迫り**(せり)〖劇〗 무대의 일부를 도려서 그 곳을 통하여 배우·무대 장치를 오르내리게 하는 기구.
- **迫り立てる**(せりたてる) 재촉〔독촉〕하다.
- **迫り上がる**(せりあがる) 밑으로부터 밀리

迫り上げ(せりあげ) ☞迫り出し(せりだし)
迫り上げる(せりあげる) 밑에서 차츰 밀어 올리다. 차츰 크게 하다.
迫り込み(せりこみ) 배우나 무대 장치를 무대에 뚫은 구멍을 통해 바닥으로 내림. 또, 그 장치.
迫り持ち(せりもち)〖建〗홍예. 아치.
迫り出し(せりだし)〖劇〗무대 구멍을 뚫고 밑에서 준비한 무대 장치나 배우를 무대 위로 밀어 올림. 또, 그 장치.
迫り出す(せりだす) ①밀어내다. ②迫り出し(せりだし)을 써서, 배우나 무대 장치를 무대 위로 밀어 올리다. ③(어느 새) 앞으로 나오다.
迫り下げ(せりさげ) ☞迫り込み(せりこみ)
迫り詰める(せりつめる) 바짝 다가가다. 사나운 기세로 대들다.

〖其他〗
迫えて(せめて) ①하다못해. 그런대로. 적어도. ②〈古〉굳이. 억지로. 「말.
迫えても(せめても) 迫えて(せめて)의 힘줌
迫間(はざま) ①틈새기. ②골짜기. ③(성벽의) 총안(銃眼).

| 10
リ | 剝 | 벗길 **박**
ハク
はぐ・はげる・むく |

〖音読〗
剝落(はくらく) 박락. 벗겨져 떨어짐.
剝離(はくり) 박리. 벗겨져 떨어짐.
剝蝕(はくしょく) 박식. 비면이나 액자 따위가 오래되어 벗겨지고 좀먹음.
剝製(はくせい) 박제.
剝脱(はくだつ) 박탈. 벗겨져 떨어짐.
剝奪(はくだつ) 박탈.
剝片(はくへん) 박편. 벗겨져 떨어진 조각.
剝皮機(はくひき)〖機〗박피기. 원목의 껍질을 벗기는 기계. 바커(barker).

〖訓読〗
剝がれる(はがれる) 벗겨지다. 벗겨져 떨어지다.
剝ける(むける) 벗겨지다. 「지다.
剝れる(むくれる) ①껍질이 벗겨지다. ②〈俗〉부루퉁해지다.
❖剝がす(はがす) 벗기다. 떼다. ＊へがす로도 읽음.
剝がし暦(はがしごよみ) 일력(日曆).
❖剝く(むく) 벗기다. ＊すく로도 읽음.
剝き身(むきみ) 조갯살. 「임.
剝き出し(むきだし) ①드러냄. ②노골적
剝き出す(むきだす) 드러내다.
❖剝ぐ(はぐ) 벗기다. 박탈하다. ＊へぐ로도 읽음.
剝ぎ取り(はぎとり) 만원이 된 기차·버스에 매달린 승객들을 뒤에서 끌어내림. 또, 그 직분의 사람.
剝ぎ取る(はぎとる) ①벗겨내다. 떼어내다. ②입고 있는 의복이나 소지품을 빼앗다.
❖剝げる(はげる) ①(칠·껍데기 등이) 벗겨지다. ②퇴색하다. ＊へげる로도 읽음.
剝げ(はげ) 칠한 것 따위가 벗겨짐. 또, 그 자국.
剝げちょろ(はげちょろ) (빛깔·칠·머리 등이) 여기저기 벗겨져 보기 흉한 일〔모양〕.
剝げ落ちる(はげおちる) 벗겨져 떨어짐.

〖其他〗
剝き取る(すきとる) 얇게 벗겨내다.
剝ずる(へずる) ①줄이다. ②가로채다.

| 11
米 | 粕 | 지게미 **박**·깻묵 **박**
ハク
かす |

〖訓読〗
粕(かす) 술지게미.
粕汁(かすじる) 술지게미를 넣은 국.
粕漬け(かすづけ) 생선·고기 또는 야채를 술지게미나 미림(味醂) 찌꺼기 따위에 절임. 또, 그 절임 것.
粕取り(かすとり) 지게미로 만든 막소주.

| 11
舟
常 | 舶 | 배 **박**
ハク
おおぶね |

〖音読〗
舶来(はくらい) 박래. 외래. ♣〜種(しゅ) 외래 품종.
∥〜品(ひん) 박래품. 외국제 물건.
舶用(はくよう) 박용. 선박용.
舶載(はくさい) 박재. 배에 실음. 배로 싣고 옴. 또, 외국에서 배로 싣고 옴.
∥〜鏡(きょう) 박재경. 옛날, 중국·한국에서 만들어 일본에 전래된 거울.

〖其他〗
舶(つむ) 대형 선박.

| 12
十
教 | 博 (博) | 넓을 **박**·노름 **박**
ハク・バク
ひろい・ひろめる |

〖音読〗
博(はく)《接尾語로》①博士(はくし)의 준말. ②博覧会(はくらんかい)의 준말.
博する(はくする) 얻다. ①(명성을) 떨치다. ②(이익을) 독차지하다.
博多(はかた)〖地〗福岡(ふくおか) 현 福岡시 동부의 지명.
∥〜帯(おび) 博多織로 만든 띠.
〜人形(にんぎょう) 博多산 인형. 섬세한 모양의 점토 설구이에 정교하게 채색된 인형.
〜織(おり) 博多에서 나는 두꺼운 견직물.
博大(はくだい) 박대. 크고 넓음.
博徒(ばくと) 박도. 노름꾼.
博覧(はくらん) 박람. ①박학 다식함. ②일

반인이 널리 보는 일. ♣~会(かい) 박람회.
∥~強記(きょうき) 박람 강기. 널리 책을 읽고 이를 잘 기억함.
博労(ばくろう) 박로. ①〈卑〉마소의 거간꾼. ②소·말의 감정을 하는 사람.
博文(はくぶん) 박문. 학문을 널리 닦아 잘 알고 있음.
博聞(はくぶん) 박문. 널리 사물을 들어 잘 알고 있음.
∥~強記(きょうき) 박문 강기. 널리 견문하고 이를 잘 기억함.
博物(はくぶつ) 박물. ♣~館(かん) 박물관/~誌(し) 박물지/~学(がく) 박물학.
博士 ㊀(はくし) 박사《학위》. ♣~号(ごう) 박사 칭호.
∥~課定(かてい) 박사 과정.
㊁(はかせ) ①〈俗〉박사. ②옛날, 律令(りつりょう) 시대의 관명.
博捜(はくそう) 박수. 많은 문헌 등을 널리 찾음.
博識(はくしき) 박식.
博雅(はくが)〈雅〉박아. 학문을 널리 알고 있음. 또, 그런 사람.
博愛(はくあい) 박애.
∥~主義(しゅぎ) 박애주의. 「칭.
博言学(はくげんがく) 박언학. 언어학의 구
博引(はくいん) 박인. 널리 예를 인용함.
∥~旁証(ぼうしょう) 박인방증.
博才(ばくさい) 도박의 재능(才能). 놀음에 이기는 재능.
博取(はくしゅ) 널리 많이 손에 넣음.
博打(ばくち) 도박. 노름. ♣~場(ば) 도박
∥~打ち(うち) 도박꾼. 노름꾼. 「장.
博学(はくがく) 박학.
∥~多才(たさい) 박학 다재.
博奕(ばくえき) ☞博打(ばくち).
博戯(はくぎ) 박희. 노름. 또, 노름을 함.
*ばくぎろも 읽음.

| 13
扌 | 搏 | 칠 박·잡을 박
ハク
うつ |

音読➔
搏撃(はくげき) 박격. ①손으로 때림. ②공격함. 쳐서 이김.
搏動(はくどう) 박동. (심장의) 고동.
搏噬(はくぜい) 박서. 움켜쥐고 씹어 먹음.
搏戦(はくせん) 박전. 맨손으로 싸움. 격투.
搏闘(はくとう) 박투. 서로 때리며 싸움.
其他➔
搏風(はふ) (일본 건축에서) 박공(搏栱). 박풍(搏風).

| 13
雨 | 雹 | 누리 박
ハク
ひょう |

訓読➔
雹(ひょう) 우박.

雹害(ひょうがい) 박해. 우박 피해.

| 14
月 | 膊 | 포 박·팔 박
ハク
ほじし·うで |

其他➔
膊(こむら)〈老〉장딴지.

| 14
竹 | 箔 | 발 박·박 박
ハク |

音読➔
箔(はく) ①박. 금속박. ②값어치. 관록.
箔付き(はくつき) ①박이 붙어 있음. 또, 그런 것. ②정평(定評)이 나 있음. 또, 그런 것.
箔糸(はくいと) 일본 종이에 금·은박 따위를 붙여 실같이 잘게 재단한 것.
箔砂(はくさ) 박의 분말.
箔押し(はくおし) 칠기나 책 표지에 금〔은〕박을 입힘.
箔屋(はくや) 금·은박 따위를 만들거나 판매하는 가게. 또, 그 사람.
箔置き(はくおき) ☞箔押し(はくおし).
箔打ち(はくうち) 금·은을 얇게 늘여 박을 만듦. 또, 그것을 업으로 하는 사람.
箔絵(はくえ) 금박·은박을 입힌 그림.

| 14
馬 | 駁 | 논박할 박
バク
ぶち·まだら |

音読➔
駁する(ばくする) 반박하다.
駁撃(ばくげき) 박격. 남의 의견을 반대 공박
駁論(ばくろん) 박론. 논박.　　　　「함.
駁説(ばくせつ) 박설. 남의 설을 논박함.
駁議(ばくぎ) 박의. 다른 사람의 이론이나 주장을 비난 공격함.
駁雑(ばくざつ) 박잡. 뒤섞여 어수선함.
*はくざつ로도 읽음.

| 15
扌
常 | 撲 | 칠 박
ボク
うつ·なぐる·はる |

音読➔
撲滅(ぼくめつ) 박멸.
撲殺(ぼくさつ) 박살.
訓読➔
撲り倒す(はりたおす) 때려눕히다.
撲り飛ばす(はりとばす)〈俗〉손바닥으로 세차게 때리다. *なぐりとばす로도 읽음.
撲り手(はりて) (씨름에서) 손바닥으로 상대의 얼굴을 치는 수.
❖**撲る**(なぐる) ①세게 때리다. 세게 치다. ②일을 겉날리다.

撲り(なぐり) ①세게 때림. 구타. ②일을 아무렇게나 함. ③때리듯 함.
撲り付ける(なぐりつける) 후려갈기다.
撲り書き(なぐりがき) 난필. 갈겨 씀. 또, 그렇게 쓴 것.
撲り込み(なぐりこみ) 작당하여 남의 집으로 몰려감. 몰려가서 행패 부림.
撲り込む(なぐりこむ) ①남의 집에 뛰어들어 때리다. ②작당하여 난입·습격하다.

薄(薄) 얇을 박·야박할 박
ハク　うすい·うすめる·うすまる·うすらぐ·うすれる·うすき·せまる
16 艹 常

【音読】
薄給(はっきゅう) 박급. 박봉.
薄徳(はくとく) 박덕. 덕이 적음.
薄力粉(はくりきこ) 박력분.
薄利(はくり) 박리. ‖〜多売(たばい) 박리 다매.
薄膜(はくまく) 박막. *うすまく로도 읽음.
薄命(はくめい) 박명. ①불운. ②단명(短命). 「스레한 무렵.
薄明(はくめい) 박명. 일출 전·일몰 뒤의 어
薄暮(はくぼ) 박모. 황혼.
薄俸(はくほう) 박봉.
薄氷(はくひょう) 박빙. 살얼음. *うすごおり로도 읽음.
薄紗(はくさ) 박사. 얇고 가벼운 깁.
薄謝(はくしゃ) 박사. 사례의 겸사말.
薄暑(はくしょ) 박서. 초여름의 약한 더위.
薄弱(はくじゃく) 박약.
薄遇(はくぐう) 박우. 박대. 냉대.
薄運(はくうん) 박운. 불운. 「말.
薄儀(はくぎ) 박의. 자기 사례(謝禮)의 겸사
薄葬(はくそう) 박장. 간소한 장례.
薄才(はくさい) 박재. 비재(菲才).
薄情(はくじょう) 박정.
薄地(はくじ)『佛』박지. 범부(凡夫)의 경계(境界)를 이름.
薄志(はくし) 박지. ①촌지. ②의지가 약함. ‖〜弱行(じゃっこう) 박지 약행.
薄片(はくへん) 박편. 얇은 조각〔토막〕.
薄皮(はくひ) 박피. *うすかわ로도 읽음.
薄荷(はっか)『植』박하. ♣〜脳(のう)『化』박하뇌/〜糖(とう) 박하당/〜油(ゆ)『藥』박하유/〜精(せい)『藥』박하정.
薄学(はくがく) 박학. 학식이 얕고 좁음.
薄幸(はっこう) 박행. 박명.
薄倖(はっこう) ⇨ 薄幸(はっこう).

【訓読】
薄まる(うすまる) 엷어지다.
薄らぐ(うすらぐ) 조금씩 엷어지다. 덜해지다. 「엷게.
薄り(うっすり) (빛깔·두께 등이) 희미하게.
❖薄い(うすい) ①얇다. ②연하다. (맛이) 담박하다. ③박하다.

薄㊀(うす) ①얇은. 엷은. 연한. ②약간. ③별로 …하지 않음.
㊁(すすき)『植』참억새.
薄っぺら(うすっぺら) 얄팍함.
薄絹(うすぎぬ) 얇은 명주.
薄口(うすくち) ①(술잔 따위) 얇게 만든 것. ②(찌개 등) 단박한 것. ③(간장 등의) 빛깔·맛이 묽은 것.
‖〜醤油(しょうゆ) 요리 소재의 맛이나 색을 살리기 위해 색을 엷게 제조한 간장.
薄気味悪い(うすきみわるい) 어쩐지 기분이 나쁘다. 섬뜩하다. 「나.
薄端(うすばた) 꽂꽂이의 금속제 화반의 하
薄曇り(うすぐもり) 약간 흐림. 또, 그 날씨.
薄塗り(うすぬり) 얇게 칠함. 또, 그렇게 칠한 것.
薄痘痕(うすあばた) 조금 얽은 얼굴〔곰보〕.
薄鈍(うすのろ) 지능이 좀 낮고 둔함. 또, 그런 사람.
薄藍(うすあい) 엷은 남색.
薄緑(うすみどり) 연두색.
薄馬鹿(うすばか) 얼간이. 「옷.
薄綿(うすわた) 솜을 얇게 넣는 일. 또, 그
薄明かり(うすあかり) 박명. ①희미한 빛. 희미하게 밝음. ②어스름.
薄毛(うすげ) 숱이 적은 머리.
薄模様(うすもよう) ①연보랏빛으로 물들인 무늬. ②(거래에서) 품귀 상태.
薄目(うすめ) 실눈.
薄霧(うすぎり) 엷게 낀 안개.
薄墨(うすずみ) 묽은 먹빛깔.
薄物(うすもの) 얇은 옷감. 또, 그 감으로 만든 옷.
薄味(うすあじ) 담박한 맛.
薄薄(うすうす) 희미하게. 어렴풋이.
薄白い(うすじろい) 약간 희다.
薄商い(うすあきない) 거래소에서, 거래가 적고 활기가 없음.
薄霜(うすじも) (아침에) 살짝 내린 서리.
薄色(うすいろ) 연보라색〔염색한 빛깔을 이르는 말〕.
薄鼠(うすねず) 엷은 쥐색.
薄雪(うすゆき) 조금 온 눈.
薄雪草(うすゆきそう)『植』왜솜다리.
薄笑い(うすわらい) 남을 비웃는 듯한 웃음.
薄焼き(うすやき) 얇게 구어낸 식품.
薄手(うすで) ①얄팍함. ②조잡함. ③경상.
薄暗い(うすぐらい) 어스레하다. 어둑어둑하다.
薄明(うすあかり) 박명(薄明). 「하다.
薄靄(うすもや) 엷게 낀 연무(煙霧).
薄陽(うすび) ⇨ 薄日(うすび).
薄様(うすよう) 위에서 아래로 점점 엷게 물들이는 염색 방법.
薄烟(うすけむり) ⇨ 薄煙(うすけむり).
薄煙(うすけむり) 엷은 연기. *うすけぶり로도 읽음.
薄縁(うすべり) 휘갑친 돗자리.
薄塩(うすじお) ①얼간. ②채소·육류에 소금을 약간 뿌려 둠.
薄汚い(うすぎたない) 어쩐지〔좀〕더럽다.

薄汚れる(うすよごれる) 좀 더러워지다.
薄羽蜉蝣(うすばかげろう) 〖蟲〗명주잠자리.
薄雲(うすぐも) 엷게 낀 구름.
薄月(うすづき) 엷은 구름에 가린 어스름 달.
薄刃(うすにく) ① 얇은 돋을새김. ② 薄肉色의 준말.
∥～色(いろ) 엷은 살〔피부〕색.
薄衣(うすぎぬ) 얇은 천의 옷.
薄刃(うすば) 칼날이 얇음. 날이 얇은 식칼.
薄日(うすび) 약한 햇살.
薄紫(うすむらさき) 연보랏빛.
薄作り(うすづくり) ⇨ 薄造り(うすづくり).
薄赤い(うすあかい) 발그스름하다.
薄切り(うすぎり) 얇게 썲.
薄切れる(うすぎれる) 닳아 얇아져서 해어지다.
薄情け(うすなさけ) 박정.
薄造り(うすづくり) 생선을 아주 얇게 저미어 회 뜨는 방법.
薄地(うすじ) 얇게 만든 금속이나 천.
薄紙(うすがみ) 얇은 종이.
薄茶(うすちゃ) 묽은 차.
薄着(うすぎ) 옷을 얇게 입음.
薄蒼(うすあおい) ⇨ 薄青い(うすあおい).
薄彩色(うすざいしき) 담채(淡彩).
薄青い(うすあおい) 파르스름하다.
薄青毛(うすあおげ) 말 털빛의 이름. 담청색.
薄恥(うすはじ) 약간의 창피.
薄濁り(うすにごり) 물이나 물건의 색이 좀 탁한〔흐린〕 것.
薄播き(うすまき) 일정 면적당의 양을 적게 하여 씨를 뿌림.
薄板(うすいた) 박판. 얇은 판자.
薄表紙(うすびょうし) 책의 얇고 부드러운 표지. 또, 그 표지의 책.
薄霞(うすがすみ) 엷은 안개.
薄紅 ㊀(うすくれない) 담홍색.
㊁(うすべに) ① 분홍. ② 엷게 바른 연지.
薄紅梅(うすこうばい) 엷은 색의 홍매. 또, 그 같은 색.
薄紅葉(うすもみじ) 단풍이 막 물들기 시작한 나뭇잎.
薄花色(うすはないろ) 아주 엷은 남색.
薄花染め(うすはなぞめ) 아주 엷은 남색으로 물들인 물건.
薄化粧(うすげしょう) 엷은 화장.
薄黒い(うすぐろい) 약간 검다.
❖薄める(うすめる) (물을 타서 빛깔·맛을) 엷게 하다. 「가 얇음.
薄め(うすめ) ① (빛깔 따위가) 엷음. ② 두께
❖薄ら ㊀(うすら) 《接頭語로》 ① 엷은. 얇은. ② 희미한.
㊁(うっすら) ① (현상·동작이) 어렴풋이. 희미하게. 아주 엷게. ② ☞ 薄り(うっすり).
薄ら氷(うすらひ) 〈雅〉 박빙.
薄ら笑い(うすらわらい) ☞ 薄笑い(うすわらい).
薄ら陽(うすらひ) ⇨ 薄ら日(うすらひ).
薄ら日(うすらひ) 희미하게 보이는 태양.

薄ら寒い(うすらさむい) 으스스 춥다.
❖薄れる(うすれる) 엷어〔묽어〕지다. 약해지다. 점차로 줄다.
薄れ日(うすれび) 약한 햇살.

| 16
木 | 樸 | 순박할 박·나무빽빽할 복
ボク
あらき |

音読
樸実(ぼくじつ) 박실. 허식이 없고 질박함.
樸直(ぼくちょく) 박직. 순박하고 정직함.
其他
樸(こはだ) 나무껍질.

| 16
王 | 璞 | 옥덩이 박·소박할 박
ハク
あらたま |

音読
璞玉(はくぎょく) 박옥. 쪼거나 갈지 아니한 옥덩어리.
訓読
璞(あらたま) 파낸 채 가공하지 않은 옥돌.

| 16
糸
常 | 縛(縛) | 묶을 박
バク
しばる・いましめ |

音読
縛(ばく) 묶다. 묶이다.
縛する(ばくする) 묶다. 포박하다.
縛帯(ばくたい) 상처 따위를 동여매는 조붓한 헝겊.
縛着(ばくちゃく) 로프나 밧줄로 맴.
❖縛める(いましめる) 구속하다. 포박하다.
縛め(いましめ) 포박(捕縛). 포승.
❖縛る(しばる) ① 묶다. ② 속박(束縛)하다. ③ 체포하다.
縛り(しばり) 묶음. 또, 그 정도.
縛り付ける(しばりつける) ① 붙들어 매다. ② 행동의 자유를 뺏다.
縛り上げる(しばりあげる) 꽁꽁 묶다.
縛り首(しばりくび) ① 옛날, 죄인의 두 손을 뒤로 묶고 목을 벤 형벌. ② 교수형.

반

| 4
又
教 | 反 | 반대할 반·뒤집을 번
ハン・ホン・タン
そる・そらす・かえす・
かえる・そむく |

音読
反 ㊀(たん) ① 피륙을 세는 단위. 필(疋). ② 단보(段步). 논밭과 산림의 면적 단위.

㆔(はん) ① 반대. ② 모반. ③《接頭語로》…에 어긋나는. …에 반대되는.
反する(はんする) ① 반하다. ② 어긋나다. ③ 거스르다.
反ソ(はんソ) 반소. 구 소련에 반대함.
反歌(はんか) 長歌(ちょうか) 뒤에 더하는 短歌(たんか). 長歌의 대의를 요약하고, 또 그것을 보충하는 노래.
反間(はんかん) 반간. ① 간첩. 스파이. ② 적의 간첩을 역이용함. 「책.
  ~**苦肉の策**(くにくのさく) 반간 고육지
反感(はんかん) 반감.
反強磁性(はんきょうじせい) 〖理〗 반강자성.
反撃(はんげき) 반격.
反曲(はんきょく) 반곡. 뒤로 구부러짐. 반대로 휨.
反骨(はんこつ) 반골.
反共(はんきょう) 반공.
反攻(はんこう) 반공. 반격.
反観(はんかん) 주관에 사로잡히지 않고 객관적으로 관찰하는 사고법(思考法).
反軍(はんぐん) 반군. ① 군부・군국주의・전쟁에 반대함. ② 반란군.
反巻(はんけん) 〖植〗 반권.
反旗(はんき) 반기(叛旗).
反当(たんとう) ☞ 反当たり(たんあたり).
反当たり(たんあたり) 단당. 단보당.
反対(はんたい) 반대. ♣ ~**色**(しょく) 반대색 / ~**語**(ご) 〖言〗 반대어.
 ‖ ~**概念**(がいねん) 〖論〗 반대 개념.
  ~**給付**(きゅうふ) 〖法〗 반대 급부.
  ~**対当**(たいとう) 〖論〗 반대 대당.
  ~**売買**(ばいばい) 〖經〗 반대 매매.
  ~**尋問**(じんもん) 〖法〗 반대 신문.
  ~**解釈**(かいしゃく) 〖法〗 반대 해석.
反対称律(はんたいしょうりつ) 〖數〗 반대칭률.
反徒(はんと) 반도(叛徒). 반역도.
反動(はんどう) 반동. ♣ ~**的**(てき) 반동
 ‖ ~**水車**(すいしゃ) 반동 수차. [적.
  ~**主義**(しゅぎ) 반동주의.
  ~**形成**(けいせい) 〖心〗 반동 형성.
反騰(はんとう) 반등. 내리던 시세가 반대로 오름.
反落(はんらく) 반락. 오른 시세가 반대로 떨어짐. 「반란죄.
反乱(はんらん) 반란(叛亂). ♣ ~**罪**(ざい)
反例(はんれい) 반례. 어떤 주장・학설에 대하여 그것이 성립될 수 없음을 증명할 수 있는 실례. 반증으로서 제시할 수 있는 실례.
反論(はんろん) 반론. 논박.
反流(はんりゅう) 반류. 물 따위가 반대 방향으로 흐름.
反立(はんりつ) 〖哲〗 반립.
反面(はんめん) 반면.
 ‖ ~**教師**(きょうし) 반면 교사. 부정적인 것을 보임으로써 긍정적인 것을 한층 더 분명케 하는 데 도움이 되는 사물(사람).
反命(はんめい) 반명. 복명.

反毛(はんもう) 반모. 재생모(再生毛).
反目(はんもく) 반목.
反問(はんもん) 반문.
反物(たんもの) 피륙. 옷감.
反物質(はんぶっしつ) 〖理〗 반물질.
反米(はんべい) 반미. 미국에 반대함.
反駁(はんばく) 반박.
反発(はんぱつ) 반발. ♣ ~**力**(りょく) 반발력 / ~**的**(てき) 반발적.
反撥(はんぱつ) ⇨ 反発(はんぱつ).
反別(たんべつ) 단별. ① 논을 1 단보씩으로 나눔. ② 정(町)・단(段)・묘(畝)・보(步)로 나타낸 논밭의 넓이.
 ‖ ~**割り**(わり) 논밭의 단별을 기준으로 할당하는 조세나 노역.
反歩(たんぶ)《接尾語로》…단보(段步).
反復(はんぷく) 반복. ♣ ~**説**(せつ) 〖生〗 반복설. 「표.
 ‖ ~**記号**(きごう) 〖樂〗 반복 기호. 도돌이
  ~**法**(ほう) 〖文〗 반복법. 같거나 유사한 어구를 되풀이하는 수사법.
反覆(はんぷく) 반복. ① 본디로 돌림. 또, 돌아감. ② 뒤집음. 또, 뒤집힘. ③ 배반. ④ ⇨ 反復(はんぷく).
反比(はんぴ) 〖數〗 반비.
反比例(はんぴれい) 반비례. 역비례.
反射(はんしゃ) 반사. ♣ ~**角**(かく) 〖理〗 반사각 / ~**鏡**(きょう) 〖理〗 반사경 / ~**弓**(きゅう) 〖生〗 반사궁 / ~**能**(のう) 〖理〗 반사능 / ~**炉**(ろ) 〖理〗 반사로 / ~**律**(りつ) 〖數〗 반사율 / ~**率**(りつ) 〖理〗 반사율 / ~**的**(てき) 반사적.
 ‖ ~**光線**(こうせん) 〖理〗 반사 광선.
  ~**望遠鏡**(ぼうえんきょう) 〖理〗 반사 망원경.
  ~**防止膜**(ぼうしまく) 반사 방지막. 코팅.
  ~**の法則**(のほうそく) 〖理〗 반사 법칙.
  ~**色**(しょく) 반사색. 표면색.
  ~**運動**(うんどう) 〖生〗 반사 운동.
  ~**中枢**(ちゅうすう) 〖生〗 반사 중추.
  ~**測角器**(そっかくき) 〖理〗 반사 측각기.
反社会(はんしゃかい) 반사회.
反噬(はんぜい) 반서. 가축이 주인을 해침. 배은망덕(背恩忘德).
反省(はんせい) 반성.
反税(はんぜい) 반세. 높은 세금에 반대함.
反訴(はんそ) 〖法〗 반소.
反俗(はんぞく) 반속. ♣ ~**的**(てき) 반속적. 「량.
反収(たんしゅう) 〖農〗 1 단보당 평균 수확
反数(はんすう) 반수. 역수.
反臣(はんしん) 반신(叛臣). 역신.
反心(はんしん) 반심. 배반하려는 마음.
反陽子(はんようし) 〖理〗 반양성자(反陽性子).
反語(はんご) 반어. ♣ ~**法**(ほう) 반어법.
反言(はんげん) 되풀이하여 말함. 말대꾸함. 또, 그 말.

反逆(はんぎゃく) 반역. ♣~児(じ) 반역아 / ~者(しゃ) 반역자.
反訳(はんやく) 반역. 번역〔속기〕된 것을 다시 본래의 말로 돌이킴.
反英(はんえい) 반영. 영국에 반대함.
反映(はんえい) 반영.
反影(はんえい) 반영.
反原発(はんげんぱつ) 원자력 발전 건설에 대한 반대.
反胃(ほんい) 〖漢醫〗 번위(反胃). 구역질을 하며 먹었던 음식을 토하는 병증.
反音(はんおん) 반음. (한자(漢字)에서) 반절(反切)의 음.
反応(はんのう) 반응.
反意語(はんいご) 반의어. 반대어.   「론.
反義語(はんぎご) ☞反意語(はんいご).
反粒子(はんりゅうし) 〖理〗 반입자.
反日(はんにち) 반일.
反磁性(はんじせい) 〖理〗 반자성. ♣~体(たい) 〖理〗 반자성체.   「연주의.
反自然主義(はんしぜんしゅぎ) 〖文〗 반자
反作用(はんさよう) 반작용.
反将(はんしょう) 반장. 반란군의 대장.
反掌(はんしょう) 반장. 손바닥을 뒤집음.
反賊(はんぞく) 반적(叛賊).
反転(はんてん) 반전. ① 구름. 굴림. ② 뒤집힘. 뒤집어엎음.
反戦(はんせん) 반전. ♣~論(ろん) 반전
反切(はんせつ) 〖言〗 반절. 중국에서 한자음(漢字音)을 나타낼 때 다른 한자 둘을 합쳐서 하는 방법.
反正(はんせい) 반정. 바르게 고침. 또, 바른 상태로 돌이킴.
反情(はんじょう) 반정. 반대하는 심정.
反定立(はんていりつ) 〖哲〗 반정립.
反帝(はんてい) 반제. 제국주의에 반대하는 일.   「저녁놀.
反照(はんしょう) 반조. ① 반사(反射). ②
∥~代名詞(だいめいし) 〖言〗 재귀 대명사
反措定(はんそてい) 〖哲〗 반조정.   「사.
反宗教改革(はんしゅうきょうかいかく) 〖宗〗 반종교 개혁.
反坐(はんざ) 〖史〗 반좌.   「자.
反中性子(はんちゅうせいし) 〖理〗 반중성
反証(はんしょう) 반증.   「성.
∥~可能性(かのうせい) 〖哲〗 반증 가능
反彩層(はんさいそう) 〖天〗 반채층.
反体制(はんたいせい) 반체제. ♣~的(てき) 반체제적.
反芻(はんすう) 반추. ① 되새김. ② 전하여, 되새겨 음미함.
∥~動物(どうぶつ) 〖動〗 반추 동물.
~胃(い) 〖動〗 반추위. 반추 동물의 위.
~症(しょう) 한 번 삼킨 음식이 다시 구강 안에 역류하는 병증.
反側(はんそく) 반측. ① 자다가 돌아누움. ② 배반함.
反致(はんち) 〖法〗 반치. 반정(反定).

反則(はんそく) 반칙. 범칙.
反哺(はんぽ) 반포. 안갚음.
反汗(はんかん) 반한. 앞서 내린 명령을 취소하거나 고침.
反抗(はんこう) 반항. ♣~期(き) 반항기 / ~的(てき) 반항적.
反航(はんこう) 반항. 선박이 서로 반대의 침로(針路)에서 항행함.
反核(はんかく) 반핵.
反響(はんきょう) 반향.
反革命(はんかくめい) 반혁명.
反魂(はんごん) 반혼. 죽은 사람의 넋을 이 세상에 다시 불러냄.
∥~丹(たん) 반혼단. 가정 또는 휴대용으로 쓰이는 환약.
~草(そう) 〖植〗 반혼초(返魂草). 개미취.
~香(こう) 반혼향. 피우면 죽은 사람의 넋을 불러내 그 모습을 연기 속에 드러낸다는 향.

訓読

反く(そむく) ① 등지다. ② 어기다. ③ 배반하다. 모반하다.
反って(かえって) 도리어. 오히려. 반대로.
反らす(そらす) ① 뒤로 휘게 하다. ② 뒤로 젖히다.   「바썸.
反様(かえさま) 앞뒤・안팎이 반대로 됨. 뒤
❖反す(かえす) ① 뒤집다. 젖히다. ② 반복하다.
反し(かえし) ① 반환. ② 답례. ③ 거스름돈.
❖反る ㊀(そる) ① 휘다. ② 몸 따위가 뒤로 젖혀지다.
㊁(かえる) 뒤집히다. 거꾸로 되다.
反り(そり) ① 휘어짐. 휘어진 모양. ② 칼의 휜 정도. ③ 성질.
反り橋(そりはし) 홍예다리.
反り檀弓(そりまゆみ) 참빗살나무로 만든 휨의 정도가 높은 강궁(強弓).   「칼.
反り刀(そりがたな) 도신(刀身)이 젖혀진
反っくり返る(そっくりかえる) 〈俗〉 몸을 뒤로 젖히다. 으스대는 모양.
反り返る(そりかえる) ① (평평한 것이) 휘다. ② (뽐내느라고) 몸을 뒤로 젖히다.
反り身(そりみ) 몸을 뒤로 젖힘(흔히, 으스댈 때의 자세).
反嘴鷸(そりはししぎ) 〖鳥〗 뒷부리도요.
反っ歯(そっぱ) 뻐드렁니. 번니.   「칼.
反り太刀(そりだち) 도신(刀身)이 젖혀진

其他

反古(ほご) 못 쓰는 종이. 휴지. 소용없는 물건〔일〕. *ほうぐ로도 읽음.
反吐(へど) 토한 것. 게움. 구역질.

逆音

謀反(むほん) 모반.
造反(ぞうはん) 조반. 조직에 대한 반항.

| 5十教 | **半**(半) | 반 반・조각 반
ハン
なかば |

音読▶

半(はん) ① 반. 절반. ② 기수. 홀수.
半ちく(はんちく)〈俗〉중동무이. 도중에서 흐지부지 그만둠.
半ドン(はんドン) ① 오전만 근무하는 날. ② 반공일. 토요일.
半ぺら(はんぺら)〈俗〉① (종이 따위의) 절반의 크기. 반장. ② 2백자 원고지.
半可(はんか) ① 半可通의 준말. ② 미숙함. 중동무이. 어중간함.
‖〜通(つう) 잘 알지 못하면서 아는 체함. 데암. 또, 그런 사람.
半価(はんか) 반가. 반값.
半跏(はんか) 半跏趺坐의 준말.
‖〜趺坐(ふざ)〖佛〗반가부좌. 책상다리하고 앉는 법의 한 가지.
〜思惟像(しいぞう)〖佛〗반가 사유상.
半可臭い(はんかくさい) 어리석다.
半角(はんかく)〖印〗반각.
半間(はんま)〈俗〉① 온전치 못함. ② 어리석음. 얼간이.   「감기.
半減(はんげん) 반감. ♣〜期(き)〖理〗반
半開(はんかい) 반개. ① 반쯤 열리는〔피는〕일. ② 개화(開化)가 덜 됨. 「반쯤 핌.
半開き(はんびらき) ① 반쯤 열려 있음. ②
半巾(はんはば) ⇨ 半幅(はんはば).
半乾き(はんかわき) 충분히 마르지 않음.
半乾性油(はんかんせいゆ)〖化〗반건성유.
半乾燥地帯(はんかんそうちたい) 반건조 지대. 건조 지역 중에서 건조의 정도가 약하고 습윤 지역으로의 이행대(移行帯).
半肩(はんかた) 한쪽 어깨.
半径(はんけい) 반경. 반지름.
半季(はんき) 반계. ① 한 계절의 반. ② 반년. 반기.
‖〜奉公(ぼうこう) 江戸(えど) 시대, 반년 계약으로 고용살이하는 일. 또, 그 사람.
半股引(はんももひき) 무릎 위까지밖에 내려오지 않는 짧은 股引(ももひき).
半空(はんくう) 반공. 중천.
半過去(はんかこ)〖言〗반과거.
半官(はんかん) 반관.
‖〜半民(はんみん) 반관반민.
半狂乱(はんきょうらん) 평정을 잃고 마음이 흐트러짐. 반미치광이.   「어짐.
半壊(はんかい) 반괴. 반쯤 부서지거나 허물
半句(はんく) 반구. ① 한 구절의 반. ② 적은 말.
半球(はんきゅう) 반구.
半弓(はんきゅう) 반궁. 앉아 쏠 수 있는 작은 활.
半券(はんけん) 반권. 물건을 맡기거나 요금을 받았을 때 증표로 반을 찢어 주는 표.
半櫃(はんびつ) 반궤. 장궤(長櫃)의 반쯤되는 게.   「(管).
半規管(はんきかん)〖生〗반규관. 반고리관
半斤(はんきん) 반근.
半金(はんきん) 반금. (치를 금액의) 반액.
半衿(はんえり) ⇨ 半襟(はんえり).

半襟(はんえり) 여성의 옷 위에 대는 장식용 깃.   「의 기간.
半期(はんき) 반기. ① 한 기간의 반. ② 반년
半旗(はんき) 반기. 조기(弔旗).
半寄生植物(はんきせいしょくぶつ)〖植〗반기생 식물.
半気違い(はんきちがい) 반미치광이.
半納(はんのう) 반납. 반만 납부함.
半両(はんりょう) 반냥. ① 한 냥의 절반. ② 중국 진(秦)나라 때의 동전.
半年(はんとし) 반년. *はんねん으로도 읽
半農(はんのう) 반농.   「음.
‖〜半漁(はんぎょ) 반농 반어.
半端(はんぱ) ① 전부가 갖춰지지 않음. 또, 그 물건. 단수(端数). ② 어중간한 것. ③ 명청이. ♣〜者(もの) 명청이.
‖〜物(もの) 개수가 모자라는 물건.
半島(はんとう) 반도.
半途(はんと) 도중. 중도.   「중도.
半道(はんどう) 반도. 도정(道程)의 반.
㊀(はんみち) ① 오리(五里). ② ☞㊁.
半搗き(はんつき) (쌀을) 반쯤 찧음.
‖〜米(まい) 반도(정)미. 5 분도(分搗)쌀.
半導体(はんどうたい)〖理〗반도체.
‖〜素子(そし)〖理〗반도체 소자.
半独立(はんどくりつ) 반독립. 일부분은 남의 힘에 의존하면서 독립하고 있는 상태.
半裸(はんら) 반라. 반나체.
半量(はんりょう) 반량. 전체 분량의 반.
半練り(はんねり) 말랑하게 반죽함. 또, 그런 것.
半裂(はんざき) ⇨ 半割(はんざき).
半輪(はんりん) 반륜. 반원형.
半里(はんり) 반리. ① 1 리(=우리 나라의 10 리)의 반. ② 도정(道程)의 반.
半盲(はんもう) 반맹. 반소경. ♣〜症(しょう)〖醫〗반맹증.
半面(はんめん) 반면.
半母音(はんぼいん)〖言〗반모음.
半文(はんもん) ① 반문. 아주 적은 돈. 피천. ② (신발 크기의) 반문. 일문의 반.
半拍(はんぱく)〖樂〗반박. 반박자.
半泊(はんぱく) 반박. 저녁부터 밤중까지 또는 밤중부터 아침까지 숙박함.
半半(はんはん) 반반.
半返し(はんがえし) 보내온 금품의 반액에 해당하는 물건을 답례로서 보냄.
半紡(はんぼう) 반방. ① 씨실에 방적 견사를 사용한 견직물. ② 씨실에 수방 면사(手紡綿絲)를 쓴 면직물.
半白(はんぱく) 반백.
半病人(はんびょうにん) 몸이 성치 못한 사람. 반병신.
半歩(はんぶ) 면적(面積)의 단위. 1 反(たん)의 2 분의 1.
㊁(はんぽ) 반보. 반 걸음. 반 발짝.
半腹(はんぷく) 반복. (산의) 중턱. 중복.
半分(はんぶん) 반분. 반.

半臂(はんぴ) 옛날, 조복(朝服)을 입을 때 겉옷 바로 밑에 입던 짧은 옷.
半死(はんし) 반사. ① 반죽음. ② 남은 목숨이 얼마 안 됨.
‖**~半生**(はんしょう) 반생반사.
半殺し(はんごろし) 반죽음.
半商(はんしょう) 반상. 생계의 반을 상업에 의존함.   「물.
半索動物(はんさくどうぶつ) 〖動〗반삭 동
半生 ㊀(はんしょう) 반생. 거의 죽은 상태.
 ㊁(はんせい) ① 반생. 한 생애의 절반. ②☞㊀
 ㊂(はんなま) ① 설익음. 반숙. ② 어중간함. 어설픔.
半醒(はんせい) 반성. 반쯤 깨어 있음.
‖**~半睡**(すい) 반수.
半歳(はんさい) 반세. 반년.
半世紀(はんせいき) 반세기.   「(夜).
半宵(はんしょう) 반소. 한밤중.
半焼(はんしょう) 반소. 화재로 반쯤 탐.
半焼け(はんやけ) ① 반쯤 구워짐. 설구워짐. ② ☞**半焼**(はんしょう).
半俗(はんぞく) 반속. 중이면서 속인의 차림, 또 행동을 하고 있음.
半寿(はんじゅ) 81세의 축하.
半袖(はんそで) 반소매.
半睡(はんすい) 반수. 꾸벅꾸벅 조는 일.
‖**~半醒**(はんせい) 반수반성.
半数(はんすう) 반수. ♣**~性**(せい)〖生〗반수성.
‖**~一体**(たい)〖生〗반수체. 반수의 염색체수를 가진 세포 또는 개체.
半獣(はんじゅう) 반수. 상반신 또는 하반신만이 인간이고 다른 반신은 짐승 모습을 하고 있는 것.
‖**~神**(しん) 반수신. 목신(牧神)의 딴이름.
半熟(はんじゅく) 반숙.
半旬(はんじゅん) 반순. 순일(旬日)의 반. 곧, 5일.
半僧半俗(はんそうはんぞく) 반승반속.
半時 ㊀(はんとき) ① 반시. 옛날 12시로 나눈 한시의 반. 즉, 지금의 한시간. ② 짧은 시
 ㊁(はんじ) ① ☞㊀ ② 30분.   「간.
半翅目(はんしもく)〖蟲〗반시목.
半植民地(はんしょくみんち) 반식민지.
半身 ㊀(はんみ) ① (씨름·검도 따위에서) 상대방에 대하여 자세를 비스듬히 취하는 자세. ② 생선을 반으로 갈랐을 때의 그 한 쪽.
 ㊁(はんしん) 반신.
‖**~不随**(ふずい) 반신불수.
半信半疑(はんしんはんぎ) 반신반의.
半深成岩(はんしんせいがん)〖鑛〗반심성
半双(はんそう) 반쌍. 한 쌍의 반.   「암.
半眼(はんがん) 눈을 반쯤 뜸. 조금 뜬 눈.
半額(はんがく) 반액.   「밤.
半夜(はんや) 반야. ① 야반. 야밤중. ② 반
半漁(はんぎょ) 반어. 반어업.
半昇(はんがい) 의류 등을 넣는 고리짝.

半役(はんやく) 맡은 역할〔임무〕의 반. 과역(課役)의 반.
半影(はんえい)〖理〗반영.
半永久(はんえいきゅう) 반영구. ♣**~的**(てき) 반영구적.
半玉(はんぎょく) 동기(童妓)('玉代(ぎょくだい)(=화대)'가 절반의 뜻).
半円(はんえん) 반원. ②50 전(錢).
半月 ㊀(はんげつ) 반월. ① 반달. 반원형의 달. ② 한 달의 반. ＊②는 はんつきにも 읽음. ♣**~弁**(べん)〖生〗반월판(瓣).「조직.
‖**~板**(ばん) 무릎 관절강(腔)에 있는 연골
 ㊁(はにわり)〖生〗반음양. 남녀추니.
半音(はんおん) ①〖樂〗반음. ②〖印〗촉음(そくおん)의 'っ', 요음(ようおん)의 'ゃ' 'ょ' 등의 작은 글자.
半音階(はんおんかい)〖樂〗반음계.   「니.
半陰陽(はんいんよう)〖生〗반음양. 남녀추
半泣き(はんなき) 울음이 터질 듯함.
半意識(はんいしき)〖心〗반의식.
半人前(はんにんまえ) 반사람 몫. 또, 그 정도의 능력뿐인 사람.   「람.
半人足(はんにんそく) 반 몫밖에 못하는 사
半日 ㊀(はんじつ) 반일. 반날. 한나절.
＊はんにちにも 읽음.
 ㊁(はんび) 기수(奇數)의 달.
半煮え(はんにえ) 반쯤 익음. 덜 익음.
半自棄(はんやけ) 반 자포자기가 됨.
半作(はんさく) 반작. 수확고가 평년의 반밖에 안 됨.
半長(はんなが) '半長靴(=반장화)'의 준말.
半張り(はんばり) 구두의 밑창을 앞쪽의 반만 대는 일. 또, 그 창.
半斎(はんさい)〖佛〗반재.
半截(はんさい) ⇨ **半切**(はんさい).
半田(はんだ) 땜납.
‖**~付け**(づけ) 납땜.
半銭 ㊀(はんせん) 반전. ①1전의 반. 5리(厘). ② 몇 푼의 돈. 푼돈.
 ㊁(きなか)〈老〉한 푼의 반. 반 푼(어치).
半纏(はんてん) 羽織(はおり) 비슷한 일본 겉옷의 하나.
半切(はんせつ) 반절. ① 반으로 자름. ② 당지(唐紙)나 화선지 등을 세로로 반을 자른 것. 또, 그것에 쓴 서화.
半切り ㊀(はんぎり) 생선·초밥 등을 담는 운두 낮은 통.
 ㊁(はんきり) 전지(全紙)를 반절함. 또, 그 자른 종이.
‖**~紙**(がみ) 편지지로 쓰는 '杉原紙(すぎはらがみ)(=닥나무를 원료로 한 얇고 부드러운 종이)'의 두루마리.
半切れ(はんきれ) ① 반조각. ② ☞**半切り紙**(はんきりがみ).
半折(はんせつ) 반절. ① 종이를 반으로 접음. ② ⇨ **半切**(はんせつ)②.
半截(はんさい) 반절. (천·종이 따위를) 반으로 자름〔자른 것〕.

半済(はんさい) 반제. 반만 갚음.
半製品(はんせいひん) 반제품.
半鐘(はんしょう) (화재 따위를 알리기 위한) 작은 적종(吊鐘).
‖**〜泥棒**(どろぼう)〈俗〉키다리.
半座(はんざ) 반좌. ① 좌석의 반. ② 주지(住持)의 대리. ③ 이야기의 도중.
半周(はんしゅう) 반주. 주위의 반. 또, 반 바퀴 돎.
半主権国(はんしゅけんこく)『政』반주권국
半知(はんち) 지식이 어중간함.
‖**〜半解**(はんかい) 지식이나 이해가 어중간하여 도움이 안 됨.
半紙(はんし) 반지. 주로 붓글씨를 연습하는 일본 종이.
半直線(はんちょくせん)『數』반직선.
半天(はんてん) 반천. ① 하늘의 반. 중천. ③ ⇨ 半纏(はんてん).
半畳(はんじょう) ① 다다미의 반 장. ② 옛날, 극장에서 관람자가 깔던 작은 방석. ③ 비난·야유의 말.
半酔(はんすい) 반취.
半値(はんね) 반값.
半濁音(はんだくおん) 반탁음. パ・ピ・プ・ペ・ポ의 5개.
半濁点(はんだくてん) 반탁음을 나타내는 점. パ・ピ 따위의 °표.
半通夜(はんつや) 밤샘을 하지 않고 시간을 한정해 놓고 하는 철야(徹夜).
半透膜(はんとうまく)『理』반투막.
半透明(はんとうめい) 반투명. ♣**〜体**(たい) 반투명체.
半波整流(はんぱせいりゅう)『電』반파 정류.
半片(はんぺん) ① 반 조각〔토막〕. ② ☞ 半平(はんぺい).
半平(はんぺい) 다진 생선 살에 마 등을 갈아 넣고 반달형으로 쪄서 굳힌 식품. *はんぺん으로도 읽음.
半幅(はんはば) 반폭. 보통 폭의 반.
半風子(はんぷうし)『蟲』이의 딴이름('이'를 한자로는 '虱'로 쓰는 데서).
半夏(はんげ) ①『植』반하. ②『佛』하안거(夏安居)의 45일째 날. ③ 半夏生의 준말.
‖**〜生**(しょう) 반하생. 반하가 나올 무렵. 하지(夏至)로부터 11일째.
半割(はんざき)『動』산초어. '山椒魚(さんしょううお)(=도롱뇽)'의 딴이름.
半割り(はんわり) 세로로 반가르기〔쪼개기〕.
半合成繊維(はんごうせいせんい)『工』반합성 섬유.
半解(はんかい) 반해. 사물의 반만 이해함.
半舷(はんげん) 반현. 군함의 승무원을 좌우 양쪽으로 나눈 그 한쪽의 일컬음.
‖**〜上陸**(じょうりく) 반현 상륙.
半靴(はんぐつ) 반장화.
半回し(はんまわし) 회전 무대를 90 도 돌림.
半休(はんきゅう) 반휴. 하루의 오전이나 오후를 쉼.

訓読
半ば(なかば) ①〈雅〉절반. 복판. 중도. ② 한창일 때. ③ 반(쯤). 거의. 거지반.
半ら(なから)〈雅〉절반. (절)반쯤. 「이.
‖**〜半尺**(はんじゃく)〈老〉어중간. 중동무
其他
半蔀(はじとみ) 빈지문의 하나.

7 イ 常
伴(伴)
짝 반·모실 반
ハン・バン
ともなう・とも

音読
伴侶(はんりょ) 반려. 동반자. 배우자.
伴流(はんりゅう) 반류. 전진하는 배의 선체 표면, 특히 선미(船尾)에 생기는 진행 방향에의 물 흐름.
伴類(ばんるい) ① 한 패거리. 동아리. 동류. ② 종자(從者).
伴星(ばんせい)『天』반성. 동반성.
伴性遺伝(ばんせいいでん)『生·醫』반성 유전.
伴細胞(ばんさいぼう)『植』반세포.
伴随(はんずい) 반수. 짝이 되어 따름. 수반.
伴僧(ばんそう)『佛』반승.
伴食(ばんしょく) 반식. ① 배식(陪食). ② 어떤 직에 있을 뿐 실권이 없음.
伴走(ばんそう) 반주. (주자 곁에서) 같이 뜀
伴奏(ばんそう) 반주. 「라 달림.

訓読
伴(とも) ① 친구. 벗. 동료. ② 동행. 길벗.
伴う(ともなう) ① 함께 가다. 데리고 가다. ② 어울리다. ③ 따르다.
伴船(ともぶね) ① 본선을 따라가는 배. ② 같은 배에 함께 탐.
伴の造(とものみやつこ) 일본 상대(上代)에, 황실 소유의 '部(べ)(=생산 노동에 종사하던 집단)'를 관장하며 조정을 섬기던 집단.
其他
伴天連(バテレン) ① 신부(神父). ② 그리스도교. ③ 기독교도.

7 辶 教
返(返)
돌아올 반·갚을 반
ヘン
かえす・かえる

音読
返(へん) ① (전보에서) '返事(へんじ)(=회답)'의 준말. ② ···번. 횟수를 세는 말.
返歌(へんか) 반가. 딴 사람이 보내 온 和歌(わか)에 답하여 읊는 和歌.
返却(へんきゃく) 반각. 되돌려 줌. 반환.
返簡(へんかん) 답장. 답신. 「던짐.
返球(へんきゅう) 야구 등에서, 받은 볼을 되
返金(へんきん) 반금. 돈을 돌려줌.
返納(へんのう) 반납.
返答(へんとう) 대답.
返戻(へんれい) 반려.

∥ **〜金**(きん) 반려금. 되돌려받는 돈.
返礼(へんれい) 반례. 답례.
返杯(へんぱい) 반배. 술잔을 돌려줌.
返盃(へんぱい) ⇨ 返杯(へんぱい).
返璧(へんぺき) 반벽. 빌려 온 것을 돌려준다는 높임말.
返報(へんぽう) ① 보답함. ② 보복.
返本(へんぽん) 책의 반품.
返付(へんぷ) 반납. 환부. 환급.
返事(へんじ) 대답. 답장. 응답.
返詞(へんし) 답사. 대답의 말.
返辞(へんじ) ⇨ 返事(へんじ).
返上(へんじょう) 반려. 반환. 반납.
返償(へんしょう) 반상. 돌려서 갚음.
返書(へんしょ) 〈老〉 답장. 답신.
返送(へんそう) 반송. 되돌려 보냄.
返信(へんしん) 반신. 회신. 답신.
返状(へんじょう) 답장. 답신.
返電(へんでん) 반전. 답전.
返済(へんさい) 반제. 빌린 것을 갚음.
返照(へんしょう) 반조. ① 빛이 되비침. 저녁 해. ②《佛》자기의 본원을 밝혀 냄.
返進(へんしん) 갚음. 반납.
返札(へんさつ) 답서. 답장.
返牒(へんちょう) 회답 편지. 회신.
返抄(へんしょう) ① 중세에, 납세 등에 대한 영수증. ② 보증서.
返品(へんぴん) 반품.
返翰(へんかん) 반한. 답장 편지.
返還(へんかん) 반환.

▣訓読▣
返って(かえって) 도리어. 오히려. 반대로.
返様(かえさま) 앞뒤·안팎이 뒤바뀜.
❖**返す**(かえす) ① (되)돌리다. 돌려주다. 갚다. 대갚음하다. ② 되돌아오다〔가다〕.
返し(かえし) ① 반환. 돌려줌. ② 답례. ③〈雅〉☞返し歌(かえしうた). ④ 거스름돈.
返し歌(かえしうた) 〈雅〉답가(答歌)《보내온 和歌(わか)에 답하여 지은 和歌》.
返し勾配(かえしこうばい) 《建》기울기가 45도 이상인 경우, 45도를 뺀 나머지 기울기.
返し技(かえしわざ) (유도 등에서) 상대가 걸어온 수를 되받아 역이용하는 기술.
返し留め(かえしどめ) (꿰맨 것이 안 풀리게) 몇 바늘 더 꿰매고 훑치는 일.
返し物(かえしもの) ① 남에게서 빌려 와서 돌려주어야 할 물건. ② 반례품.
返す返す(かえすがえす) ① 거듭(거듭). 되풀이하여. ② 아무리 생각해도.
返し縫い(かえしぬい) 박음질.
返し針(かえしばり) ☞ 返し縫い(かえしぬい). ☞ 返し留め(かえしどめ)
ごった返す(ごったがえす) 북적거리다. 붐비다.
❖**返る**(かえる) ① (본디 상태로) (되)돌아가다〔돌아오다〕. ② 완전히〔아주〕 …되다.
返り(かえり) ① (본디 상태로) 되돌아감. ② 대답. ③ ☞返り点(かえりてん).

返る年(かえるとし) 다음해. 이듬해.
返り読み(かえりよみ) 한문을 훈독할 때, 어순에 따라 읽는 법《목적어·보어를 먼저, 술어를 나중에 읽음》.
返る返る(かえるがえる) ☞ 返す返す(かえすがえす). 「그 병.
返り病み(かえりやみ) 병의 재발〔도짐〕. 또,
返り咲き(かえりざき) ① 제철 아닌 때에 꽃이 핌. ② 복귀. 컴백.
返り咲く(かえりざく) ① 제철 아닌 꽃이 피다. ② 복귀하다.
返り新参(かえりしんざん) (그만둔 사람이) 다시 돌아와서 일함. 또, 그 사람.
返り点(かえりてん) 일본에서 한문을 훈독할 때, 한자 왼쪽에 붙여 아래에서 위로 올려 읽는 차례를 매기는 기호《レ, 一·二, 上·下, 甲·乙, 天·地 등》.
返り初日(かえりしょにち) (연극 등에서 흥행을 중단했다가) 재상연하는 첫날.
返り忠(かえりちゅう) 반충. 섬기던 주군을 배반하고 (적의) 새 주군에게 충성을 다함.
返り討ち(かえりうち) 원수를 갚으려다가 되레 (죽음을) 당함. 안 고지는 일.
返り血(かえりち) (칼로 상대를 베었을 때) 자신에게 튀어 오는 피.
返り花(かえりばな) 철 지난 뒤에 피는 꽃. 제철 아닌 꽃.
とんぼ返り(とんぼがえり) ① 공중제비. ② 어느 곳에 갔다가 곧 되돌아옴.

9 又	叛	배반할 반 ハン·ホン そむく

⚑参考⚑ 현대 표기로는 '反'으로 대용함.

▣音読▣
叛(はん) 반역하는 일.
叛する(はんする) 배반하다. 거스르다.
叛骨(はんこつ) 반골. 억센 기질. 기골.
叛軍(はんぐん) 반군. 반란군.
叛旗(はんき) 반기.
叛徒(はんと) 반도. 반역도.   「죄.
叛乱(はんらん) 반란. ♣ 〜罪(ざい) 반란
叛服(はんぷく) 반복. 반역과 복종.
叛臣(はんしん) 반신. 역신(逆臣).
叛心(はんしん) 반심. 배반하려는 마음.
叛逆(はんぎゃく) 반역.
叛意(はんい) 반의. 배반하려는 마음.
叛将(はんしょう) 반장. 반란군의 대장.
叛賊(はんぞく) 반적.

▣訓読▣
叛く(そむく) ① 등지다. 어기다. ② 거역하다. ③ 배반하다. 모반하다.

10 王 教	班	나눌 반 ハン わける·わかつ

音読
班(はん) ① 반. 조(組). ② 수·순서를 나타냄. 「일.
班給(はんきゅう) 반급. 나누어 급여하는
班別(はんべつ) 반별. 반을 단위로 나눔.
班員(はんいん) 반원.
班長(はんちょう) 반장.
班田収授法(はんでんしゅうじゅのほう) 반전 수수법. 大化(たいか)의 改新(かいしん) 때에 정해져 平安(へいあん)조(朝) 초기까지 실시된 토지 분여(分與) 제도.

10 田 常	畔(畔)	두둑 반·물가 반 ハン あぜ・くろ・そむく・ほとり

訓読
畔 ㊀(あぜ) ① 두렁. ② (상인방과 문지방 의) 개탕과 개탕 사이의 턱.
㊁(くろ) ㊁(논·밭의) 두둑. 또, 평지의 둔덕.
㊂(ほとり) 근처. 부근.
畔道(あぜみち) 논두렁 길. 「하게 함.
畔塗り(くろぬり) 논둑을 흙으로 발라 단단

10 舟 常	般	옮길 반·일반 반 ハン めぐる

音読
般楽(はんらく) 반락. 놀면서 즐김.
般若(はんにゃ) 〖佛〗 반야. ♣~経(きょう) 〖佛〗 반야경.
∥~面(めん) 반야면. 반야의 상(相)을 한 탈. 또, 그렇게 생긴 얼굴.
~心経(しんぎょう) 〖佛〗 반야 심경.
~湯(とう) 〖佛〗 반야탕《술의 변말》.
般化(はんか) 〖心〗 범화(汎化).

11 糸	絆	줄 반·맬 반 ハン・バン きずな・ほだし

音読
絆創膏(ばんそうこう) 반창고.
訓読
絆 ㊀(きずな) 끊기 어려운 정리나 인연. 기반(羈絆).
㊁(ほだし) ① 자유를 속박하는 것. 굴레. ② 말다리를 얽어 매는 줄.
絆される(ほだされる) (인정·애정에) 얽매이다. 끌리다. 묶이다.
絆す(ほだす) ① 붙어 다니다. ② 붙들어 매다. 얽매다. 속박하다.

12 文	斑	얼룩 반 ハン まだら・むら

音読
斑銅鉱(はんどうこう) 〖鑛〗 반동광.
斑糲岩(はんれいがん) 〖鑛〗 반려암.
斑猫(はんみょう) 〖蟲〗 반묘. 가뢰.
斑文(はんもん) ⇨ 斑紋(はんもん).
斑紋(はんもん) 반문. 얼룩무늬.
斑斑(はんぱん) 반반. 얼룩무늬가 섞여 있는
斑白(はんぱく) 반백. 「모양.
斑状(はんじょう) 반상. 얼룩진 모양.
斑犀(はんさい) 반서. 얼룩무늬가 있는 무소
斑岩(はんがん) 〖鑛〗 반암. 「의 뿔.
斑点(はんてん) 반점. 얼룩점.
斑晶(はんしょう) 〖鑛〗 반정.
斑条(はんじょう) 얼룩진 줄. 줄무늬.
斑竹(はんちく) 〖植〗 반죽. ＊まだらだけ로도 읽음.
斑痕(はんこん) 반흔. 얼룩이 진 상처 자국.

訓読
斑 ㊀(まだら) 얼룩. 반점. ＊ふちろ로 읽음.
㊁(むら) ① 얼룩. ② 고르지 못함.
㊂(はだれ) ① 눈이 펄펄 내리는 모양. ＊はだらろ로 읽음. ② 斑雪(はだれゆき)의 준말.
㊃(ぶち) 얼룩짐. 얼룩이. 또, 그런 동물.
斑か(まだらか) 얼룩진 모양.
斑犬(まだらいぬ) 털빛이 얼룩진 개.
斑気(むらぎ) 변덕스러움. 또, 그 마음.
斑濃(むらご) 같은 빛깔에 여기저기 농담이 지게 한 염색.
斑馬(まだらうま) 얼룩말.
斑雪 ㊀(まだらゆき) (얼룩지게) 군데군데 녹아 남은 눈.
㊁(はだれゆき) 드문드문 내리는 눈. ＊はだらゆき로도 읽음.
斑消え(むらぎえ) 드문드문 사라짐.
斑焼け(むらやけ) 피부가 얼룩지게 햇볕에 탐.

其他
斑鳩(いかる) 〖鳥〗 밀화부리. 고지새. ＊いかるが로도 읽음.
斑霜(はだれしも) 드문드문 내린 서리.
斑葉(いさは) ① 엽록소의 결핍 등으로 백(白)·황(黃)의 반점이나 줄무늬가 생긴 잎. ② 머리카락이 희끗희끗하게 됨을 이름.
斑入り(ふいり) 색이 얼룩얼룩 섞여 있음.

12 食 敎	飯(飯)	밥 반·먹을 반 ハン めし・いい

音読
飯する(はんする) 식사하다.
飯台(はんだい) 여럿이 함께 식사할 수 있는 밥상. 식탁.
飯料(はんりょう) 밥값. 식비.
飯米(はんまい) 반미. 밥쌀.
飯場(はんば) (공사장이나 광산 등에 있는) 노무자 합숙소.
飯店(はんてん) 반점. 중국 요리점. 중국에

서는 호텔·여관의 뜻.
飯盒 〓(はんごう) 반합.
　〓(めんこ) 군대에서, 밥을 담는 식기.
飯後(はんご) 식후. 식사 후.
[訓読]
飯 〓(めし) 밥. 식사. *はん으로도 읽음.
　～の種(たね) 생계의 수단.
　〓(いい)〈雅〉밥.
　〓(まま)〈兒〉밥. 맘마. *まんまも로도 읽음.
飯櫃(めしびつ) 밥통.
飯代(めしだい) 밥값.
飯粒(めしつぶ) 밥알.
飯鉢(めしばち) ☞飯櫃(めしびつ).
飯釜(めしがま) 밥솥.
飯盛り(めしもり) 江戸(えど)시대에, 역참에 있는 여인숙에서 손님 시중도 들고 매춘도 하던 여자.
飯貰い(めしもらい) 거지.
飯時(めしどき) 끼니때.
飯屋(めしや) 음식점.
飯杓子(めしじゃくし) 밥주걱.
飯前(めしまえ) 식전.
飯茶碗(めしぢゃわん) 밥공기.
飯蛸(いいだこ)〖動〗꼴뚜기.
飯炊き(めしたき) 취사. 또, (남의 집에서) 밥짓는 일을 하는 사람. *ままたき로도 읽음.
　‖～女(おんな) 밥 짓는 사람으로 고용된 여
　～釜(がま) 밥솥. 　　　　　　　　　　자.
[其他]
飯焚き(ままたき) ☞飯炊き(めしたき).
飯事(ままごと) 소꿉질.

| 13
扌
常 | 搬 | 옮길 반
ハン
はこぶ |

[音読]
搬送(はんそう) 반송. ♣～波(は)〖理〗반송파.
搬運(はんうん) 운반. 물건을 나름.
搬入(はんにゅう) 반입.
搬出(はんしゅつ) 반출.

| 13
頁
常 | 頒 | 나눌 반·반쯤셀 반
ハン
わかつ・わける |

[音読]
頒価(はんか) 반가. 물건을 나누어 주는 값.
頒暦(はんれき) 반력. 달력을 나누어 줌. 또, 그 달력.
頒布(はんぷ) 반포. 널리 나누어 폄〖줌〗.
頒行(はんこう) 반행. 널리 일반에 배포함.

| 14
木 | 槃 | 쟁반 반
バン・ハン
たらい |

[音読]
槃散(ばんさん) 절름거리는 모양.

| 15
疒 | 瘢 | 흉 반·자국 반
ハン
きずあと |

[音読]
瘢瘡(はんそう) 반창. 상처의 흔적.
瘢痕(はんこん) 반흔. 흉터.

| 15
皿
常 | 盤 | 소반 반·큰돌 반
バン
おおざら |

[音読]
盤(ばん) ①접시. ②바둑판. 장기판. ③음반. 레코드판.
盤踞(ばんきょ) 반거. 뿌리를 내리고 근거지를 확보하여 세력을 떨침.
盤景(ばんけい) 수반(水盤)에 흙·모래를 담고 초목을 심어 자연의 경치를 나타낸 것.
盤曲(ばんきょく) 반곡. 돌아가며 구부러짐.
盤屈(ばんくつ) 반곡. 반굴(盤曲).
盤根(ばんこん) 반근. ①서려서 얽힌 뿌리. ②해결이 어려운 일.
　‖～錯節(さくせつ) 반근 착절.
盤台(ばんだい) 생선 장수가 쓰는 운두가 얕은 타원형·원형의 나무로 만든 통.
盤面(ばんめん) 반면.
盤上(ばんじょう) (바둑·장기 등의) 반상.
盤石(ばんじゃく) 반석. ①큰 바위. ②대단히 견고함.
盤圧(ばんあつ) 반압. 갱도의 천장·벽 등에 가해지는 암반의 압력.
盤外(ばんがい) 반외.
盤遊(ばんゆう) 반유. 여기저기 돌아다니며 놂. 즐기며 놂.
盤切り(ばんぎり) 생선 따위를 담는 운두가 낮은 나무로 된 통.
盤質(ばんしつ) 음반의 품질.
盤錯(ばんさく) 반착. 盤根錯節(ばんこんさくせつ)의 준말.
盤桓(ばんかん) 반환. 머뭇거리며 그 곳을 떠나지 않음. 배회함.

| 15
石 | 磐 | 너럭바위 반·넓을 반
バン
いわ |

[音読]
磐石(ばんじゃく) 반석. ①큰 바위. ②대단히 견고함.
磐州(ばんしゅう)〖地〗磐城(いわき) 지방의 딴이름.
[訓読]
磐(いわ) 바위.
磐床(いわとこ) 돌의 표면이 마룻바닥처럼

평평한 곳. *いわどころ도 읽음.
磐城(いわき)〖地〗옛 지방 이름. 지금의 福島(ふくしま)현 동부와 宮城(みやぎ)현 남부.

15 魚 鰰

방어 반
ハン
はまち

訓読
鰰(はまち) 방어의 새끼.

18 虫 蟠

서릴 반
ハン・バン
わだかまる

音読
蟠踞(ばんきょ) 반거. 뿌리를 내리고 근거지를 확보하여 세력을 펼침.
蟠屈(ばんくつ) 반굴(盤屈).
蟠竜(ばんりょう) 반룡. 지상에 서려 있어 아직 승천하지 않은 용.

訓読
❖**蟠る**(わだかまる) ① 서리다. ② 복잡하게 뒤얽히다. ③ 불평·악감정 따위가 마음에 맺히다.
蟠り(わだかまり) ① 거치적거림. 걸림. 막힘. ② (마음 속의) 응어리.

19 手 攀

더위잡고오를 반
ハン
よじる

音読
攀竜(はんりょう) 반룡. 세력이 있는 사람의 도움으로 출세함.
‖~**附鳳**(ふほう) 반룡 부봉.
攀緣(はんえん) 반연. 기어 올라감. ♣~**茎**(けい)〖植〗반연경.
攀援(はんえん) 반원. 반연(攀緣).

訓読
❖**攀じる**(よじる) 오르려고 달라붙다. 더위잡고 기어 오르다.
攀じ登る(よじのぼる) 기어 오르다.

20 石 礬

광물이름 반
バン

訓読
礬土(ばんど)〖化〗반토. 산화알루미늄.
其他
礬砂(どうさ) ⇨ 礬水(どうさ).
礬水(どうさ)〖化〗반수. 도사(陶砂).
‖~**紙**(がみ) 반수지《반수를 입힌 종이》.

발

7 才 常 抜(拔)

뺄 발·빼어날 발
バツ
ぬく・ぬける・ぬかす・ぬかる

音読
抜剣(ばっけん) 발검. 칼을 뺌.
抜苦与楽(ばっくよらく)〖佛〗발고여락.
抜群(ばつぐん) 발군.
抜根(ばっこん) 발근. 나무 뿌리를 뽑음.
抜刀(ばっとう) 발도. 칼을 뺌.
抜錨(ばつびょう) 발묘. 배가 닻을 감아 올리고 출항함.   「적.
抜本(ばっぽん) 발본. ♣~**的**(てき) 발본 ‖~**塞源**(そくげん) 발본색원.
抜糸(ばっし) (수술하고) 실을 뽑음.
抜山蓋世(ばつざんがいせい) 발산 개세. 산을 뽑을 만한 힘과 세상을 뒤덮을 의기.
抜選(ばっせん) 선발(選抜).
抜粋(ばっすい) 발췌(抜萃).   「제.
抜染(ばっせん) 발염. ♣~**剤**(ざい) 발염
抜出(ばっしゅつ) 발출. 뛰어남. 발군.
抜萃(ばっすい) ⇨ 抜粋(ばっすい).
抜歯(ばっし) 발치. 이를 뽑음.
抜擢(ばってき) 발탁.

訓読
抜かす(ぬかす) 빠뜨리다. 빼다. (사이를) 거르다.
抜からぬ顔(ぬからぬかお) ① 빈틈없는 얼굴. ② 시치미 떼는 얼굴.
❖**抜かる**(ぬかる) (방심하다가) 실수하다. (소중한 일에) 실패하다.
抜かり(ぬかり) 빠뜨림. 허술함. 실수.
❖**抜く**(ぬく) ① 빼내다. ② (속에 들어 있는 것을) 뽑아 내다. ③ 선발하다. 골라 뽑다. ④ 함락시키다. 앞지르다.
抜き(ぬき) ① 뺌. 제외함. ② 여느 때는 국물에 넣던 것을 특히 안 넣음. 또, 그런 식품. ③ '栓抜き(せんぬき)(=마개뽑이)'의 준말. ④《接尾語로》…없이. 거름.
抜きんでる(ぬきんでる) ① 우뚝하다. ② 빼어나다. 특출하다.
抜去る(ぬきさる) 앞지르다.
抜き衿(ぬきえり) ☞ 抜き衣紋(ぬきえもん).
抜き襟(ぬきえり) ☞ 抜き衣紋(ぬきえもん).
抜き難い(ぬきがたい) ① 아무래도 없앨 수 없다. ② (성 따위를) 함락시키기 어렵다.
抜き読み(ぬきよみ) (어떤 부분만을) 뽑아내서 읽음.
抜き連ねる(ぬきつらねる) (여러 사람이) 한꺼번에 칼을 빼다.
抜き連れる(ぬきつれる) ☞ 抜き連ねる(ぬきつらねる).
抜き紋(ぬきもん) 희게 드러나게 한 무늬.
抜き放す(ぬきはなす) ☞ 抜き放つ(ぬきはなつ).
抜き放つ(ぬきはなつ) 단숨에 칼을 뽑다. 힘차게 빼어 들다.

抜き本(ぬきほん) 전체 중에서 필요한 부분만을 뽑아 쓴 책.
抜き写し(ぬきうつし) 뽑아 베낌. 초사(抄寫).
抜き糸(ぬきいと) (옷을 뜯고 뽑은) 실.
抜き師(ぬきし) 掏摸(すり)의 딴이름.
抜き書き(ぬきがき) ① 발초(拔抄). ② (연극에서) 한 사람의 배우가 담당하는 부분만을 적은 약식 대본.
抜き刷り(ぬきずり) 책의 일부만을 가외로 더 인쇄함. 또, 그렇게 한 것.
抜き手(ぬきて) 일본 고래(古來)의 수영법의 하나. 물을 헤친 손을 번갈아 물 위로 빼내 빨리 헤엄치는 법.
抜き身(ぬきみ) ① 칼집에서 빼낸 칼. ② 들어내놓은 남근.
抜き染め(ぬきぞめ) ☞抜染(ばっせん).
抜き衣紋(ぬきえもん) 일본 옷의 앞깃을 올려 뒤로 젖혀서 목덜미가 보이게 입는 방식.
抜き足(ぬきあし) ① 살금살금 걸음. ② (높이 뛰기·허들에서) 지면을 딛고 나가는 쪽의 다리.
∥〜**差し足**(さしあし) 살금살금.
抜き差し(ぬきさし) ① 빼고 꽂음. ② 몸을 움직이는 일. 몸을 움직거림.
抜き出す(ぬきだす) ① 뽑아 내다. 골라 내다. ② 뽑기 시작하다. ③ 밖으로 삐죽이 나오다.
抜き出る(ぬきでる) 빼어나다. 특출하다.
抜き取り(ぬきとり) ① 짐 속의 것을 빼어 내 훔침. ② ☞抜き取り検査.
∥〜**検査**(けんさ) 임의 추출법(抽出法).
抜き取る(ぬきとる) ① 빼어 내다. 뽑아 내다. ② (화물·우편물의 알맹이를) 빼어 내다〔훔쳐 내다〕. 훔치다.
抜き打ち(ぬきうち) ① 칼을 뺌과 동시에 내려침. 전하여, 예고없이 실시함. 「해산.
∥〜**解散**(かいさん) 의회·단체 등의 벼락
抜き荷(ぬきに) ① 수송중인 남의 화물에서 알맹이를 빼내서 훔. 또, 그 물건. ② ☞抜け荷(ぬけに).
抜き合わせる(ぬきあわせる) 서로 칼을 빼어들고 맞서다.
抜き花(ぬきばな) 손님의 상대를 하고 있던 창녀가 도중에 잠시 자리를 떠서 다른 손님을 받는 일.
さび抜き(さびぬき) 초밥에 '山葵(わさび)(=고추냉이)'를 넣지 않는 것.
ひん抜く(ひんぬく) 〈俗〉세게 잡아 뽑다.
ら抜き言葉(らぬきことば) 본디, 見(み)られる(=볼 수 있다), 寝(ね)られる(=잘 수 있다), 食(た)べられる(=먹을 수 있다) 따위처럼 '〜られる'의 꼴로 쓰이던 말이, 2차 대전 후 '見れる, 寝れる, 食べれる'처럼 'ら'를 빼고 쓰는 말.
❖**抜ける**(ぬける) ① 빠지다. 없어지다. ② 뽑아지다. ③ 누락하다. ④ (저쪽으로) 통하다. ⑤ 떨어지다. 함락되다.
抜け(ぬけ) ①〖商〗(시세가) 그 가격을 넘음. ② 빠짐. 누락. ③ 지혜가 모자람. 또, 그런 사람.
抜け殻(ぬけがら) 빈 껍질. ① (뱀·매미 등의) 허물. 벗은 껍질. ② 얼빠진 사람이나 힘과 의욕을 잃은 사람.
抜け口(ぬけぐち) ① 빠져 나갈 수 있는 장소. 출구. ② ☞抜け句(ぬけく).
抜け句(ぬけく) 핑계. 발뺌.
抜け駆け(ぬけがけ) 남 모르게 앞질러 행함.
〜**の功名**(こうみょう) 남보다 앞질러 세운 공로. 「다.
抜け代わる(ぬけかわる) 털갈이〔이갈이〕하
抜け道(ぬけみち) ① 샛길. ② 도망칠 길. 전하여, 책임을 벗어날 수단.
抜け落ち(ぬけおち) 누락(漏落). 빠짐.
抜け裏(ぬけうら) 막다르지 않은 뒷골목.
抜け売り(ぬけうり) 금제품을 몰래 팖. 암매(暗賣). 「(暗買).
抜け買い(ぬけがい) 금제품을 몰래 삼. 암매
抜け毛(ぬけげ) 빠진 머리털. 빠진 털.
抜け目(ぬけめ) 빈틈. 허술한 점.
抜け物(ぬけもの) ①〖法〗밀수품. 장물. ② 빼어난 것. 특출한 것.
抜け抜け(ぬけぬけ) 낯두꺼운 모양. 얼빠진 모양.
抜け髪(ぬけがみ) 빠져 떨어진 머리카락.
抜け上がる(ぬけあがる) ①〈俗〉이마가 벗어지다. ② 비쳐 보이다. ③ 뛰어나오다.
抜け商い(ぬけあきない) 암거래. 밀무역.
抜け船(ぬけぶね) 공무(公務)에 쓸 배를 허가없이 다른 일에 쓰는 일. 또, 그런 배.
抜け字(ぬけじ) 탈자(脫字).
抜け作(ぬけさく) 〈俗〉얼빠진 녀석. 바보.
抜け井戸(ぬけいど) 밑바닥에 비상 탈출구가 있는 우물.
抜け参り(ぬけまいり) 부모나 주인의 승낙 없이 살짝 집에서 빠져 나와 伊勢(いせ) 신궁에 참배하던 일《江戸(えど) 시대의 풍습. 돌아와서도 꾸중을 듣지 않았음》.
抜け替わる(ぬけかわる) 털갈이〔이갈이〕하
抜け出す(ぬけだす) ① (몰래) 빠져 나가다. 살짝 도망치다. ② 빠지기 시작하다. ③ 앞질러 나가다.
抜け出る(ぬけでる) ① 빠져〔떨어져〕 나오다. ② 우뚝 솟아나다. 뛰어나다.
抜け荷(ぬけに) (江戸(えど) 시대의) 밀무역. 밀수품.
抜け穴(ぬけあな) ① 빠져 나갈 수 있는 구멍. ② 몰래 도망쳐 나갈 구멍. ③ 빠져 나갈 수단.

9 力	勃	우쩍일어날 발 ボツ おこる・にわかに

音読
勃起(ぼっき) 발기.
勃発(ぼっぱつ) 발발. 갑자기 일어남〔터짐〕.

勃勃(ぼつぼつ) 발발. 왕성하게 일어나는 모양.
勃如(ぼつじょ) 발여. 불끈 안색을 바꾸는 모양.
勃然(ぼつぜん) 발연. ① 갑자기 일어나는 모양. ② 왈칵 성을 내는 모양.
勃興(ぼっこう) 발흥. 갑자기 일어남.

| 9 火 教 | 発(發) | 쏠 발·일어날 발 ハツ・ホツ あばく・ひらく・たつ・おこす |

着読

発(はつ)《接尾語로》…발. ① 떠남의 뜻. ② 발신(發信)의 뜻. ③ 탄환의 발사 수효를 세는 말.
発する(はっする) 발하다. ①(새로) 생기다. 일어나다. ②(밖을 향하여) 내다.
発駕(ほつが) ① 가마를 타고 떠남. ② 귀인(貴人)의 출발. *はつがろも 읽음.
発覚(はっかく) 발각.
発刊(はっかん) 발간. ① 출판. ② 창간(創刊).
発見(はっけん) 발견.
∥〜時代(じだい)『史』발견 시대.
〜的原理(てきげんり)『哲』발견적 원리.
〜学習(がくしゅう)『教』발견 학습.
発遣(はっけん) 발견. 어떤 임무를 주어 사람을 내어 보냄. 파견.
発光(はっこう) 발광. ♣〜紙(し) 발광지 /〜体(たい) 발광체.
∥〜塗料(とりょう) 발광 도료.
〜動物(どうぶつ) 발광 동물.
〜植物(しょくぶつ) 발광 식물.
発狂(はっきょう) 발광.
発句 ㊀(はっく) ① 율시(律詩)의 제 1·2구(句). 기구(起句). ☞ ㊁.
㊁(ほっく) ① 和歌(わか)의 첫 구. ② 連歌(れんが)・連句(れんく)에서 처음 5·7·5의 구. ③ ①의 구가 단독으로 성립된 것. 곧, 俳句(はいく).
発掘(はっくつ) 발굴.
発券(はっけん) 발권. 은행권 등을 발행함.
∥〜銀行(ぎんこう) 발권 은행.
発根(はっこん) 발근. 뿌리가 나옴.
発禁(はっきん) 발금. 출판물의 발매·배포를 법으로 금하는 일.
発給(はっきゅう) 발급.
発起(ほっき) ① 발기. ②『佛』발심(發心).
♣〜人(にん) 발기인.
発端(ほったん) 발단. 일의 시초. *はったんで도 읽음.
発達(はったつ) 발달.
∥〜加速現象(かそくげんしょう)『生』발달 가속 현상.
〜心理学(しんりがく) 발달 심리학.
発途(ほっと) 발도. 출발. *はっとで도 읽음.
発動(はつどう) 발동.
∥〜機(き) 발동기. ♣〜船(せん) 발동기선.
発頭 ㊀(ほっとう) ① 일을 꾸며 냄. ② 発頭人의 준말.
∥〜人(にん) 주모자. 장본인.
㊁(はつがしら) 한자 부수의 하나: 필발 밑.
発輦(はつれん) 발련. 天皇(てんのう)의 수레가 출발함.
発令(はつれい) 발령.
発露(はつろ) 발로. 표면에 드러남.
発論(はつろん) 발론. 의논을 꺼냄.
発馬(はつば) 발마. (경마에서) 말이 달리기 시작함.
発売(はつばい) 발매.
∥〜禁止(きんし) 발매 금지.
発明(はつめい) ① 발명. ② 영리한 모양.
発毛(はつもう) 발모. ♣〜剤(ざい) 발모제.
発墨(はつぼく) 발묵. 벼루에 간 먹물의 진함 정도.
発問(はつもん) 발문. 질문을 던짐.
発病(はつびょう) 발병.
発憤(はっぷん) 발분.
発奮(はっぷん) ⇨ 発憤(はっぷん).
発射(はっしゃ) 발사.
∥〜管(かん) 발사관. 어뢰를 발사하는 장치.
発散(はっさん) 발산. ① 배출시켜 스트레스를 해소함. ②『理』물체가 표면에서 복사선(輻射線)을 방출함.
発祥(はっしょう) 발상. ♣〜地(ち) 발상지.
発喪(はつも) 발상(發喪). *はっそうで도 읽음.
発想(はっそう) 발상. ♣〜法(ほう) 발상법.
∥〜記号(きごう)『樂』발상 기호.
発色(はっしょく) 발색. ① (염색 등의) 제 색이 남. ② (처리에 의해서) 색깔이 나타남.
♣〜団(だん)『化』발색단.
∥〜反応(はんのう)『化』발색 반응.
〜現像(げんぞう) (사진에서) 발색 현상.
発生(はっせい) 발생. ♣〜学(がく)『生』발생학.
∥〜期状態(きじょうたい)『化』발생기 상태.
〜生物学(せいぶつがく) 발생 생물학.
〜予察(よさつ) 발생 예찰. 병충해의 발생을 과거의 데이터나 실제 관찰 등을 바탕으로 예측하여 그 정보를 조기에 제공하는 일.
〜的定義(てきていぎ)『論』발생적 정의.
〜主義(しゅぎ)『經』발생주의.
発船(はっせん) 발선. 배가 항구를 떠남.
発声(はっせい) 발성. ♣〜法(ほう) 발성법.
∥〜器官(きかん) 발성 기관.
〜映画(えいが) 발성 영화.
発送(はっそう) 발송.
発受(はつじゅ) 전신·우편 등을 주고 받고 하는 일.
発信(はっしん) 발신.
発心(ほっしん) 발심. ①뜻이 생김. ②『佛』부처에 대한 믿음이 생김. 출가하여 중이 됨.
発芽(はつが) 발아. 싹이 틈.
∥〜試験(しけん)『農』발아 시험.
発蛾(はつが) 발아. 누에가 나방이 되어 고치를 뚫고 나옴.
発案(はつあん) 발안. ①생각해 냄. ②의안을 제출함.

‖～権(けん) (의회에서의) 발안권.
発癌物質(はつがんぶっしつ) 발암 물질.
発揚(はつよう) 발양. 떨쳐 일으킴.
発御(はつぎょ) 天皇(てんのう)・황후의 출발.
発語(ほつご) ①발언. ②〖言〗말・글의 어두. 또, 접두어. *②는 はつごろも 읽음.
発言(はつげん) 발언. *はつごん으로도 읽음. ♣～権(けん) 발언권 / ～力(りょく) 언력.
発駅(はつえき) 발역. 시발역.
発煙(はつえん) 발연. 연기를 냄. ♣～筒(とう) 발연통.
‖～弾(だん) 〖軍〗발연탄. 연막탄.
発熱(はつねつ) 발열. ♣～量(りょう) 〖理〗발열량.
‖～物質(ぶっしつ) 〖化〗발열 물질.
～反応(はんのう) 〖化〗발열 반응.
発源(はつげん) 발원. ♣～地(ち) 발원지.
発願(ほつがん) 발원.
発越(はつえつ) ①발산(發散). ②재빠름.
発育(はついく) 발육.
‖～不全(ふぜん) 발육 부전.
発音(はつおん) 발음.
‖～器官(きかん) 발음 기관.
～記号(きごう) 발음 기호.
～変化(へんか) 발음 변화.
～部位(ぶい) 발음 부위.
～符号(ふごう) 발음 부호.
発意(ほつい) 발의. ①생각이 남. 생각해 냄. *はついに도 읽음. ②〖佛〗발심(發心). *②는 ほっちにも 읽음.
発議(はつぎ) 발의. ①의견을 내어 놓음. *ほつぎにも 읽음. ②합의체에서 의원이 의안(議案)을 제출하는 일.
発引(はついん) 발인(發靷).
作作(ほっさ) 발작. ♣～的(てき) 발작적.
発才(はっさい) ①(여자가) 재치・잔재주가 있음. 또, 그같은 여자. ②(여자가) 되바라짐. 또, 그런 여자.
発赤(はっせき) 〖醫〗발적. 피부가 붉게 되는 일. *ほっせきに도 읽음.
発展(はってん) ①발전. ②맹렬히 활약함. ♣～性(せい) 발전성.
‖～途上国(とじょうこく) 발전 도상국.
～的(てき) 발전적. ♣～解消(かいしょう) 발전적 해소.
発電(はつでん) 발전. ♣～機(き) 발전기 / ～所(しょ) 발전소.   「정기.
発情(はつじょう) 발정. ♣～期(き) 〖生〗발
‖～周期(しゅうき) 〖生〗발정 주기.
発程(はってい) 발정. 길을 떠남. *ほっていにも 읽음.
発足(ほっそく) 발족. ①단체 등의 활동이 시작됨. ②출발. *はっそくに도 읽음.
発走(はっそう) 발주. ①(경주에서) 출발. ②(경마에서) 그 회(回)의 경기가 행하여짐.
発注(はっちゅう) 발주. 주문함.   「남.
発症(はっしょう) 발증. 병의 증상이 나타
発止と(はっしと) ①단단한 물건이 세게 부딪히는 소리・모양. ②화살을 쏘는, 또 화살이 꽂히는 소리・모양.
発地(はっち) 출발지.
発振(はっしん) 〖理〗발진. 진동을 일으킴. ♣～器(き) 〖理〗발진기.   「음.
発疹(はっしん) 발진. *ほっしん으로도 읽
発進(はっしん) 발진. 출발함.
発震機構(はっしんきこう) 〖地〗발진 기구.
発震時(はっしんじ) 〖地〗발진시.
発車(はっしゃ) 발차.
発着(はっちゃく) 발착.
発出(はっしゅつ) 일어남. 일으킴.
発兌(はつだ) 발태. 발행(發行).
発破(はっぱ) 발파.
発布(はっぷ) 발포. 공포(公布).
発泡(はっぽう) 발포. 거품을 내는 일. ♣～剤(ざい) 발포제 / ～酒(しゅ) 발포주.
発砲(はっぽう) 발포.
発疱(はっぽう) 발포. 물집이 생김.
発表(はっぴょう) 발표.
発汗(はっかん) 발한. 땀이 남. ♣～剤(ざい) 발한제.
発艦(はっかん) 〖軍〗발함. 항공기가 항공 모함에서 뜨는 일.
発航(はっこう) 발항. 출항.
発港(はっこう) 발항. 출항.
発行(はっこう) 발행. ♣～所(しょ) 발행소 / ～者(しゃ) 발행자.
‖～価格(かかく) 〖經〗발행 가격.
～市場(しじょう) 〖經〗발행 시장.
発向(はっこう) 발향.
発現(はつげん) 발현. 실지로 나타남.
発火(はっか) 발화. ♣～薬(やく) 발화약 / ～点(てん) 발화점.
‖～温度(おんど) 발화 온도.
～合金(ごうきん) 발화 합금.
発話(はつわ) ①이야기함. ②〖言〗발화.
発会(はっかい) 발회. ①처음으로 회가 발족함. ②(거래에서) 그 달 최초의 입회일.
発効(はっこう) 발효.
発酵(はっこう) 발효. ♣～菌(きん) 〖生〗발효균 / ～乳(にゅう) 발효유.
‖～蛋白(たんぱく) 발효 단백.
発揮(はっき) 발휘.

訓読
発す(おこす) 벌이다. 시작하다. ②발생(야기)시키다.
発つ(たつ) 출발하다.
❖発く(あばく) ①(비밀 등을) 폭로하다. ②파헤치다.
発き立てる(あばきたてる) 마구 폭로하다.

其他
発条(ばね) 용수철. 스프링. 전하여, 탄력(彈力). ♣ぜんまい・はつじょう로도 읽음.
‖～仕掛け(じかけ) 용수철 장치. *ぜんまいじかけ로도 읽음.
～秤(ばかり) 용수철 저울. *ぜんまいばかり로도 읽음.

| 12 氵 | 渤 | 바다이름 발
ボツ |

音読
渤海(ぼっかい) 〖史〗 발해.

| 12 艹 | 茇 | 풀이름 발
バツ・ハツ |

其他
茇葜(さるとりいばら) 〖植〗 청미래덩굴.

| 12 足 | 跋 | 밟을 발・갈 발
バツ
ふむ |

音読
跋(ばつ) 발문(跋文).
跋難陀(ばつなんだ) 〖佛〗 발난타. 팔대용왕(八大龍王)의 하나.
跋文(ばつぶん) 발문. 책의 뒤에 쓰는 글.
跋渉(ばっしょう) 발섭. 산을 넘고 물을 건넘. 전하여, 사방을 두루 돌아다님.
跋語(ばつご) 책의 발문(跋文).
跋扈(ばっこ) 발호. 제어할 수 없게 날뜀.

| 13 金 | 鉢 | 바리때 발
ハチ・ハツ |

音読
鉢(はち) ① 주발. 사발. 바리때. ② 화분. ③ 〈俗〉 두개골. 머리의 가로둘레.
鉢叩き(はちたたき) 표주박과 징을 두들기고 염불을 외면서, 기쁨의 정(情)을 나타며여 추는 춤. 또, 그 중.
鉢巻き(はちまき) 머리를 수건 등으로 동여 매는 일. 또, 그 천. 머리띠.
鉢の木(はちのき) 화분에 심은 나무.
鉢物(はちもの) ① 분재(盆栽). ② 사발에 담아 내는 안주.
鉢坊主(はちぼうず) 탁발승.
鉢植え(はちうえ) 화분에 심음. 또, 그 초목.
鉢の実(はちのみ) (확의) 나무열매.
鉢額(はちびたい) 대머리가 되어 넓게 튀어 나온 이마.
鉢の子(はちのこ) 탁발승의 쇠바리때.
鉢割れ(はちわれ) 개나 고양이의 이마 한 가운데에서 코끝까지 흰 털이 양쪽으로 반반씩 나 있는 모양. 기르기를 꺼림.
鉢合わせ(はちあわせ) ① 머리를 맞부딪침. 박치기. ② 우연히 마주침(만남).

逆音
擂り鉢(すりばち) (양념) 절구.
植木鉢(うえきばち) 화분.

| 13 金 | 鈸 | 동발 발
バチ・ハツ |

音読
鈸(ばつ) 〖樂〗 발. 동발(銅鈸).

| 14 髟 常 | 髮 (髮) | 머리 발
ハツ
かみ |

音読
髮膚(はっぷ) 발부. 머리털과 피부. 전하여, 몸 (전체).

訓読
髮(かみ) ① 머리(털). *はつ로도 읽음. ② 머리를 한[땋은, 올린, 쪽찐] 모양.
髮綱(かみづな) 타락줄.
髮結(かみい) 髮結い(かみゆい)의 준말.
髮結い(かみゆい) 머리를 매만짐. 또, 그런 일을 업으로 하는 사람(가게).
∥〜床(どこ) (江戸(えど) 시대의) 이발소.
〜の亭主(ていしゅ) 아내의 벌이로 놀고 먹는 남편《흔히 줄여서 髮亭(かみてい)라고도 함》.「발밑.
髮冠(かみかんむり) 한자 부수의 하나: 터럭
髮筋(かみすじ) ① 빗질한 자국. ② 머리칼. 머리카락.「り).
髮頭 ㊀(かみがしら) ☞髮冠(かみかんむ ㊁(かみかしら) ① 두부. 머리. ② 머리털.
髮の毛(かみのけ) 머리털. 머리카락.
〜を逆立てる(さかだてる) 머리털을 곤두 세우다《몹시 노함의 비유》.
∥〜座(ざ) 〖天〗 머리털자리.
髮癖(かみくせ) 머리털의 결(성질).
髮上げ ㊀(かみあげ) 머리를 빗어 올림. ㊁(くしあげ) 귀인의 머리를 매만짐. 또, 그런 일을 하는 사람. 「준말.
髮床(かみどこ) 髮結い床(かみゆいどこ)의
髮洗い(かみあらい) 세발. 머리 감기.
∥〜粉(こ) 세발용 분말 세제《예스러운 말》.
髮梳き(かみすき) 빗으로 머리를 빗음. 또, 그것을 업으로 하는 사람.
髮飾り(かみかざり) ① 머리 치장. ② 머리 꾸미개《빗 따위》.
髮油(かみあぶら) 머릿기름.
髮切り(かみきり) ① 머리를 자름. 또, 그도구. ② 창기(娼妓)가 진심을 보이기 위해 머리를 잘라 남자에게 줌. ③ 髮切り虫의 준말.
∥〜虫(むし) 〖蟲〗 천우(天牛). 하늘소.
髮際(かみぎわ) 머리털이 난 가장자리. *くしぎわ・こうぎわ・はっさいろ로 읽음.
髮形(かみかたち) 머리 형[모양]. *かみがたろ도 읽음.
髮型(かみがた) ☞髮形(かみかたち).

其他
髮剃り(こうぞり) ① 면도(面刀). ② 삭발.

撥

| 15 扌 | 撥 | 다스릴 **발**·통길 **발** バチ・ハツ はねる |

音読
撥(ばち) ①〖樂〗발목(撥木). ②채《북채·징채 따위》.
撥乱(はつらん) 발란. 어지러운 세상을 평정「함.
‖~反正(はんせい) 발란 반정. 어지러운 세상을 평정하여 원래의 바른 상태로 되돌림.
撥無(はつむ) 뿌리치고 믿지 않음. 부정(否定).
撥撫(はつむ) ⇨ 撥無(はつむ).
撥胼胝(ばちだこ) 三味線(しゃみせん)·비파(琵琶)를 타는 사람의 발목(撥木)이 닿는 부분에 생긴 못.
撥鬢(ばちびん) 江戸(えど) 시대에 유행했던 남자의 머리형.
撥水(はっすい) 발수. (천·종이 등이) 물이 겉돌게 하는 일.
‖~加工(かこう) 발수 가공.
撥音 ㊀(はつおん) 'ん'의 음. 「소리.
㊁(ばちおと) 발목(撥木)으로 악기를 타는
撥音便(はつおんびん) 음편(音便)의 하나. 발음상의 편의를 위해, 어중·어말의 어떤 음이 撥音으로 변하는 현상.
撥草(ばちくさ) 〖植〗 '薺(なずな)(=냉이)'의 딴이름. 「놀림새.
撥捌き(ばちさばき) (악기의) 채〔발목(撥木)〕
撥合わせ(ばちあわせ) 雅楽(ががく)에서 비파(琵琶)의 연주에 앞서 그 가락에 맞추기 위해 타는 일종의 전주곡.
撥弦楽器(はつげんがっき) 〖樂〗 발현 악기.

訓読
❖撥ねる(はねる) ①(글씨를 쓸 때) 붓끝을 위로 치키다. ②(불량품 등을) 골라내다. ③들이받아 나가 떨어지게 하다.
撥ね(はね) ①(일부) 떼어 냄. 뗑땅. ②붓끝을 위로 채는 운필(運筆). 또, 그 필법에 의한 글씨의 부분.
撥ね掛かる(はねかかる) (물 따위가) 튀어
撥ね掛ける(はねかける) ①(물 따위를) 튀기도록 뿌리다. ②죄를 남에게 덮어씌우다.
撥ね橋(はねばし) 도개교(跳開橋).
撥ね物(はねもの) 홈집이 있어 제값으로는 팔리지 않는 물건·불량품.
撥ね返す(はねかえす) ①되튀기다. ②벌떡 뒤집다. ③(충고 따위를) 단호히 거부하다.
撥ね付ける(はねつける) (단호히) 거절하다. 「게 하다.
撥ね飛ばす(はねとばす) 부딪쳐 나가떨어지
撥ね上げる(はねあげる) ①세차 튀기다. ②(발로) 차 올리다. 「자.
撥ね者(はねもの) 동료들에게 따돌림받는
撥ね箸(はねばし) 식사 때, 싫어하는 음식을 젓가락으로 물려 놓음.
撥ね銭(はねせん) ①구전(口錢). ②남의 이익의 일부를 뗀 돈.
撥ね除ける(はねのける) ①(강한 힘으로) 밀어 제치다. ②치워 없애다. 제거하다. 물리치다.
撥ね釣瓶(はねつるべ) 두레박틀. 방아두레박.
撥ね荷(はねに) 투하(投荷).
撥る(はぐる) 젖히다. 넘기다. 개다.
撥条(ばね) 태엽. 용수철. *ぜんまいろとも 읽음.
撥条秤(ばねばかり) 용수철 저울. *ぜんまいばかりとも 읽음.

| 15 氵 | 潑 | 뿌릴 **발**·활발할 **발** ハツ はねる |

音読
潑剌(はつらつ) 발랄.
潑溂(はつらつ) ⇨ 潑剌(はつらつ).
潑墨(はつぼく) 발묵. 산수화 기법의 하나.

| 19 酉 | 醱 | 빚을 **발** ハツ かもす |

音読
醱酵(はっこう) 발효.

방

| 2 匚 | 匚 | 상자 **방**·모진그릇 **방** ホウ はこ |

訓読
匚構え(はこがまえ) 한자 부수의 하나: 터진 입구나 위터진 입구.

| 4 方 | 方 | 모**방**·방위**방**·방법**방** ホウ かた・あたる・まさに |
| | | 教 |

音読
方 ㊀(ほう) ①방면. 방향. ②편. 쪽. ③네모(꼴). 평방.
㊁(かた) ①쪽. 편. ②방법. ③즈음. ④경의를 가지고 사람을 가리키는 말. 분.
㊂(がた) 《接尾語로》①…님들. …분들. ②…쯤. …쪽. ③무렵. 녘. ④…가량.
㊃(ざま) 《주로 動詞의 連用形에 붙어》…하는 방식〔모양〕.
方角(ほうがく) ①방위(方位). ②방향. ③방법. 방법.
‖~見(み) 자석(磁石)의 딴이름.
~違い(ちがい) (목적과) 틀리는 방향. 전하여, 짐작〔대중〕이 틀림.

~火消し(びけし) 江戸(えど) 시대에 江戸 성내・외각과 요소의 소화・방화(防火) 활동을 분담하던 譜代大名(ふだいだいみょう) 8대가에 소속된 소방대.

方鏡(ほうきょう) 방경. 옛날에 쓰던 네모꼴의 거울. 중국 당대(唐代)에 유행했음.

方計(ほうけい) 방법과 계략. 방략(方略).

方骨(ほうこつ) 【生】 방골.

方今(ほうこん) 방금. 현금(現今).

方図(ほうづ)〈俗・老〉 끝. 한도.

方途(ほうと) 방도. 방법.

方略(ほうりゃく) 방략. 계략. 방책.

方量(ほうりょう) 한도. 끝. 「리).

方類(ほうるい) 같은 종류. 같은 부류(무

方里(ほうり) 척관법(尺貫法)에서, 면적의 단위. 10리(里) 평방.

方面(ほうめん) 방면. ① 그 근방. ② 분야.
∥**~軍**(ぐん) 【軍】 구(舊)일본 육군에서, '軍(ぐん)'보다 위의 부대 조직.
~隊(たい) 일본 육상 자위대의 전략적 부대 편제의 단위.
~委員(いいん) 지금의 '民生(みんせい)委員(=민생 위원)'의 구칭.

方方 ㊀(ほうぼう) 여기저기. 여러 곳.
㊁(かたがた) 여러분(들).

方法(ほうほう) 방법. ♣**~論**(ろん) 【哲】 방법론.
∥**~的**(てき) 방법적 회의. ♣**~懐疑**(かいぎ) 【哲】

方墳(ほうふん) 방분. 고분 형식의 하나. 모양이 네모지고 위가 평평한 무덤.

方士(ほうし) 방사. 도사(道士).

方書き(ほうがき) ① 방법을 기술한 책. ② 의사의 처방전.

方所(ほうしょ) ⇨ 方処(ほうしょ).

方術(ほうじゅつ) 방술. ① 방법. ② 기술. ③ 신선이 부리는 요술. 마술.

方式(ほうしき) 방식.

方案(ほうあん) 방안.

方眼紙(ほうがんし) 방안지. 모눈종이.

方薬(ほうやく) 방약. ① 약제를 조합함. 또, 그 약. ② 도리를 모르는 어리석은 사람.

方言(ほうげん) 방언. 사투리.
∥**~境界線**(きょうかいせん) 방언 경계선.
~区画論(くかくろん) 방언 구획론.
~地図(ちず) 방언 지도.

方輿(ほうよ) 방여. 대지. 지구.

方鉛鉱(ほうえんこう) 【鑛】 방연광.

方外(ほうがい) 방외. ① 나라밖. 외국. ② 세속을 초월한 세계. ③ 사람의 도리에서 벗어
∥**~の友**(とも) 참된 벗. 「남.

方員(ほういん) 방원. 네모와 원. ② 병법에서 팔진(八陣)의 하나.

方位(ほうい) 방위. ① 방향. ② 오행 천간(五行天干)의 하여 판단하는 방향의 좋고 나쁨.
♣**~角**(かく) 【天】 방위각.
∥**~図法**(ずほう) 방위 도법. 「발음.

方音(ほうおん) 방음. 그 지방의 방언에 따른

方丈(ほうじょう) 방장. ① 1장(丈)《10자》 사방(의 방). ② 【佛】 절 안에 있는 주지(住持)의 방. 전하여, 주지.

方正(ほうせい) 방정.

方程式(ほうていしき) ① 【數】 방정식. ② '化学方程式(かがくほうていしき)(=화학 방정식)'의 준말. 「또, 그 약.

方剤(ほうざい) 방제. 약을 조제(調劑)함.

方柱(ほうちゅう) 방주. 네모난 기둥.

方陣(ほうじん) 방진. ① 방형(方形)으로 친 진형. ② 【數】 마방진(魔方陣).

方策(ほうさく) 방책.

方処(ほうしょ) 방향과 장소. 공간.

方尖柱(ほうせんちゅう) 방첨탑(方尖塔). 오벨리스크.

方寸(ほうすん) 방촌. ① 사방 한 치. 매우 좁은 곳. ② 마음(속).

方錘(ほうすい) 방추. ① 네모진 송곳. ② 方錘形의 준말. ♣**~形**(けい) 방추형.

方則(ほうそく) 방칙. 규칙. 법칙.

方針(ほうしん) 방침. ① 방형(方形)으로 친

方塔(ほうとう) 방탑. 네모진 탑.

方便 ㊀(ほうべん) 방편. 수단.
㊁(たつき) ① 수단. 방편. 특히, 생계. ② 의지할 데. *たずきとも 읽음.

方解石(ほうかいせき) 【鑛】 방해석.

方向(ほうこう) 방향. ♣**~角**(かく) 방향각 / **~舵**(だ) 방향타.
∥**~係数**(けいすう) 【數】 방향 계수.
~余弦(よげん) 【數】 방향 여현. 방향 코사인의 구칭.
~音痴(おんち) 방향에 대해 감각이 둔하고 길눈이 어두운 일. 또, 그 같은 사람.
~転換(てんかん) 방향 전환.
~指示器(しじき) 방향 지시기.
~探知器(たんちき) 방향 탐지기.

方響(ほうきょう) 【樂】 방향. 고대 타악기(打樂器)의 하나.

方向付ける(ほうこうづける) ① 어느 방향으로 갈 것인가를 결정하다. ② 조직체의 나아갈 진로를 정하다.

方形(ほうけい) 【數】 방형. 네모꼴. 사각형.
∥**~周溝墓**(しゅうこうぼ) 일본에서 弥生(やよい) 시대부터 고분(古墳) 시대에 걸쳐 쓰던 묘.

方形造り(ほうぎょうづくり) 지붕 형식의 하나. 네모뿔 모양의 지붕.

[訓読]

方に(まさに) 지금 바로. 마침.

方忌み(かたいみ) (음양도에서) 방위가 막혀 있음을 꺼림.

方分かち(かたわかち) 두 패로 가르는 일. 또, 그렇게 하여 승부를 겨루는 일.

方塞がり(かたふたがり)〈古〉 (음양도에서) 행선지의 방위에 손이 끼어서 가지 못함. *かたふさがり로도 읽음.

方塞ぎ(かたふたぎ) ☞ 方塞がり(かたふたがり).

方横(かたさま) ① 그 쪽 방향. ② 상대방을 경애하여 부르는 말.
方屋(かたや) 빗물이 한쪽으로만 흐르게 된 「지붕.
方違え(かたたがえ) (여행 등을 할 때) 목적지의 방위가 나쁘면 일단 방위가 좋은 곳에서 묵었다가 다음날 출발하는 일.
方人(かたうど) ① 歌合わせ(うたあわせ)의 한쪽편 사람. ② 편드는 사람.
方偏(かたへん) 한자 부수의 하나: 모방변.

〖其他〗
方舟(はこぶね) ① 방주. 네모난 배. ②《聖》노아의 방주.

| 7
土
常 | 坊 | 동네 **방·방 방**
ボウ・ボッ
まち・へや |

〖音読〗
坊 ㊀(ぼう) ① 동궁방(東宮坊). ② 중이 거처하는 집. ③ 승려. ④ 사내아이. ⑤《接尾語로》㉠애칭 또는 조롱해서 쓰는 말. ㉡사내아이 이름에 붙여 친밀감을 나타내는 말. ㊁(ぼん) 남자 어린이에 대한 애칭. 아가. 도령. ② 승님.
坊さん(ぼうさん) 중을 친숙하게 부르는 말.
坊っちゃん(ぼっちゃん) ① 도련님. 아드님. ② 철부지.
‖**~刈り**(がり) 남자 머리형의 하나. 앞머리를 가지런히 자르고, 옆머리와 뒷머리 부분은 쳐 올리는 형.
~育ち(そだち) 고생을 모르고 자란 남자.
坊や(ぼうや) ① 사내아이를 귀엽게 부르는 말. 아가. ②《俗》철없는 젊은 사나이. 철부지.
坊間(ぼうかん) 시내. 시중(市中). 지.
坊内(ぼうない) 승방안.
坊本(ぼうほん) 민간에서 간행한 책.
坊主(ぼうず) ① (절의 주지인) 중. ② 중처럼 민 머리. 또, 그러한 사람. ③ 사내아이의 애칭. ④ '茶坊主(ちゃぼうず)(=무가(武家)에서 다도를 맡아 보던 사람)'의 준말. ♣**~頭**(あたま) 중머리 / **~山**(やま) 민둥산.
‖**~読み**(よみ) 중이 염불하듯 뜻도 모르고 그저 읽기만 함.
~刈り(がり) 중 모양으로 머리를 짧게 깎음. 또, 그런 머리.
~持ち(もち) 두 사람 이상이 동행하여 갈 때, 중을 만나면 한 사람이 가지고 있던 짐을 다른 사람에게 가지게 하는 놀이.
~枕(まくら) 베갯속을 넣고 양마구리를 졸라 매어 만든 베개.
~還り(かえり) 환속(還俗).

〖其他〗
坊ち(ぼんち)〈関西方〉미성년의 남자. 양갓집 젊은 주인.
坊坊(ぼんぼん)〈関西方〉양갓집 젊은 아들. 도련님.
坊様(ぼんさま) ① 스님. 승려에 대한 경칭. ② 도령. 도련님.

| 7
女
常 | 妨 | 방해할 **방·거리낄 방**
ボウ
さまたげる |

〖音読〗
妨碍(ぼうがい) ⇨ 妨害(ぼうがい).
妨害(ぼうがい) 방해.
‖**~排除請求権**(はいじょせいきゅうけん) 방해 배제 청구권. 방해 제거 청구권.
~予防請求権(よぼうせいきゅうけん) 방해 예방 청구권.

〖訓読〗
❖**妨げる**(さまたげる) 방해하다. 저해하다.
妨げ(さまたげ) 방해. 장애. 지장.

| 7
尢
 | 尨 | 삽살개 **방·클 방**
ボウ
むくいぬ |

〖訓読〗
尨(むく) 긴 털이 텁수룩하게 나 있음.
尨犬(むくいぬ) 삽살개.
尨毛(むくげ) ① (짐승의) 탐스럽고 길게 늘어진 털. ② 부드러운 솜털.

| 7
彳
 | 彷 | 배회할 **방·비슷할 방**
ホウ
さまよう |

〖音読〗
彷彿(ほうふつ) ① 방불. 거의 비슷함. ② 생생히 떠오름. 눈에 선함. ③ 보일듯 말듯 어렴풋한 모양.
彷徨(ほうこう) 방황. 헤맴.
彷徊(ほうかい) 배회.

〖訓読〗
彷徨う(さまよう) 헤매다. 방황하다. 유랑하다. 떠돌다.

〖其他〗
彷徨く(うろつく) 헤매다. 방황하다.

| 7
艹
常 | 芳 | 꽃다울 **방·향내 방**
ホウ
かんばしい |

〖音読〗
芳気(ほうき) 방기. 방향(芳香).
芳紀(ほうき) 방기. 방년(芳年).
芳年(ほうねん) 방년. 꽃다운 나이.
芳烈(ほうれつ) 방렬. ① 썩 좋은 향기가 풍김. ② 의열(義烈). 의로운 마음이 열렬함.
芳名(ほうめい) 방명. ① 남의 이름에 대한 높임말. ② 좋은 평판. ♣**~録**(ろく) 방명록.
芳墨(ほうぼく) 방묵. ① 냄새가 좋은 먹. ② 남의 필적이나 서간의 높임말.
芳味(ほうみ) 방미. 향기로운 맛.
芳菲(ほうひ) 방비. 꽃이나 풀의 향긋한 냄

새. 또, 풀이나 꽃이 무성하고 만발함.
芳書(ほうしょ) 방서. 혜한(惠翰).
芳純(ほうじゅん) 방순. (술이) 향기가 높고 맛이 좋음. 훈감함.
芳醇(ほうじゅん) ⇨ 芳純(ほうじゅん).
芳信(ほうしん) 방신. ① 꽃 소식. 화신(花信). ② 방한(芳翰). 혜한(惠翰).
芳心(ほうしん) ☞ 芳情(ほうじょう).
芳顔(ほうがん) 방안. ① 아름다운 얼굴. ② 상대를 높여 그 얼굴을 이르는 말. 용안.
芳縁(ほうえん) 좋은 인연. 또, 좋은 기회.
芳容(ほうよう) 방용. 상대방의 용모의 높임말.
芳韻(ほういん) 다른 사람의 시(詩)의 높임말.
芳恩(ほうおん) 상대방의 은혜의 높임말.
芳意(ほうい) 방의. 상대의 호의(好意)의 높임말.
芳情(ほうじょう) 방정. 방지(芳志)《상대방의 친절이나 따뜻한 마음씨의 높임말》.
芳志(ほうし) 방지.
芳辰(ほうしん) 길일. 길신(吉辰).
芳札(ほうさつ) 방찰. 상대방의 편지에 대한 존대말.
芳草(ほうそう) 방초.
芳春(ほうしゅん) 방춘. ① 꽃이 한창 핀 봄. ② 청춘.
芳躅(ほうたく) 선한 행적(行蹟). 옛 사람의 행적이나 사적(事蹟)에 대한 공대말. *ほうちょく로도 읽음.
芳翰(ほうかん) 방한. 귀함(貴函).
芳繊(ほうせん) 방향. 향기로운 냄새. ♣〜油(ゆ) 방향유 / 〜剤(ざい) 방향제.
∥〜族化合物(ぞくかごうぶつ)《化》방향족 화합물.
〜体(たい)《化》방향체《벤젤을 주재료로 하는, 방향성을 갖는 유기 화합물》.

訓読

芳しい ㊀(かんばしい) ① 향기롭다. ② 명예스럽다. ③ 재미있다. 좋다.
㊁(かぐわしい) ① ☞㊀. ② 아름답다.

其他

芳ばしい(こうばしい) 향기롭다. (냄새가) 구수하다.

| 7
阝
常 | **邦**(邦) | 나라 **방**
ホウ
くに |

音読

邦家(ほうか) 방가. 나라. 국가.
邦国(ほうこく) 방국. 나라. 국가.
邦畿(ほうき) 방기. 왕성. 서울. 왕성에 가까운 지역.
邦舞(ほうぶ) 일본 무용.
邦文(ほうぶん) 일본 국문.
邦俗(ほうぞく) 방속. 내 나라의 풍속·습관.
邦楽(ほうがく) 방악. 나라 고유의 음악.
邦語(ほうご) 방어. 국어. 나라말.
邦訳(ほうやく) 방역. 국역(國譯).
邦銀(ほうぎん) 외국에 있는 일본 은행.
邦人(ほうじん) 방인. 자기 나라 사람.
邦字(ほうじ) 자기 나라 문자.
邦土(ほうど) 방토. 국토.
邦画(ほうが) 방화. ① 자기 나라의 그림. ② 국산 영화.
邦貨(ほうか) 방화. 자기 나라의 화폐.

| 7
阝
教 | **防** | 막을 **방**·둑 **방**
ボウ
ふせぐ |

音読

防共(ぼうきょう) 방공.
防空(ぼうくう) 방공. ♣〜壕(ごう) 방공호.
∥〜識別圏(しきべつけん) 방공 식별권.
防具(ぼうぐ) 방구. 호구(護具). (검도에서) 얼굴·몸 등에 대는 방어용 도구.
防毒(ぼうどく) 방독. ♣〜面(めん) 방독면.
防塁(ぼうるい) 방위. 보루(堡壘).
防犯(ぼうはん) 방범.
防壁(ぼうへき) 방벽.
防腐(ぼうふ) 방부. ♣〜剤(ざい) 방부제.
防備(ぼうび) 방비.
防砂(ぼうさ) 방사. 사방. ♣〜林(りん) 방사림 / 〜堤(てい) 방사제.
防霜(ぼうそう) 서리의 해를 막음.
防塞(ぼうさい) ⇨ 防寒(ぼうさい).
防寨(ぼうさい) 방색. 바리케이드.
防暑(ぼうしょ) 방서. 여름 더위를 막아냄.
防石(ぼうせき) 투석(投石)이나 낙석(落石)을 방지함.
防雪(ぼうせつ) 방설. 눈·눈사태를 막음. ♣〜林(りん) 방설림.
防水(ぼうすい) 방수. ♣〜剤(ざい) 방수제 / 〜布(ふ) 방수포.
防守(ぼうしゅ) 방수. 막아 지킴. 방어.
防錆(ぼうしゅう) 방수. 금속이 녹스는 것을 방지함.
∥〜塗料(とりょう) 방수 도료. 금속 표면에 칠하여 녹스는 것을 방지하는 도료.
防湿(ぼうしつ) 방습. ♣〜剤(ざい) 방습제. 「방식제.
防食(ぼうしょく) 방식(防蝕). ♣〜剤(ざい)
防蝕(ぼうしょく) ⇨ 防食(ぼうしょく).
防遏(ぼうあつ) 방알. 막아냄.
防御(ぼうぎょ) 방어. ♣〜網(もう) 방어망 / 〜率(りつ)《野》 방어율.
防禦(ぼうぎょ) ⇨ 防御(ぼうぎょ).
防疫(ぼうえき)《醫》방역.
防熱(ぼうねつ) 방열. 밖으로부터의 열의 침입을 막음. ♣〜服(ふく) 방열복.
防炎(ぼうえん) 방염. 불길을 잡는 일.
防衛(ぼうえい) 방위. ♣〜庁(ちょう) 방위청.
∥〜機構(きこう)《心》방위 기제.
〜費(ひ) 국가 예산 중 방위 목적에 지출되는 경비.
〜施設庁(しせつちょう) 방위 시설청.

~二法(にほう) 일본 방위청 설치법과 자위대법의 총칭.
~駐在官(ちゅうざいかん) 〖法〗 각국의 대사관 부 무관과 같은 구실을 하는 일본 자위대 소속의 무관.
~体力(たいりょく) 방위 체력.
~出動(しゅつどう) 방위 출동《일본 자위대 행동의 하나. 외국의 침략 또는 그 위험성이 있을 때의 행동》.
防音(ぼうおん) 방음. ① 소음을 방지〔흡수〕함. ② 소음이 나지 않게 함. ♣~**材**(ざい) 방음재 ‖ ~**装置**(そうち) 방음 장치.
防潜(ぼうせん) 방잠. 적 잠수함의 침입·공격을 막음. ♣~**網**(もう) 방잠망.
防長(ぼうちょう) 〖地〗 周防(すおう)와 長門(ながと). 지금의 山口(やまぐち) 현.
防材(ぼうざい) 방재. 적 함정의 항만 침입을 막기 위하여 쇠사슬 따위로 연결하여 만(灣) 입구에 치는 콘크리트·석재 따위.
防災(ぼうさい) 방재. 재해를 방지함. ‖ ~**拠点**(きょてん) 방재 거점. 대지진 때, 불이나 물로부터 사람들을 지키기 위하여 만들어진 피난 장소 겸용의 대규모 건조물·시설 및 광장.
防戦(ぼうせん) 방전. 방어전. ‖ ~**買い**(がい) 거래에서, 대량 매도로 시세를 하락시키는 것을 막거나 매점에 대항하기 위해 매입하는 일.
防除(ぼうじょ) 방제. 재해를 막고 제거함.
防潮林(ぼうちょうりん) 방조림.
防潮堤(ぼうちょうてい) 방조제. 방파제.
防止(ぼうし) 방지. └둑.
防振(ぼうしん) 방진. 진동의 전달을 막음.
防塵(ぼうじん) 방진. 먼지가 들어가지 않도록 막음. ♣~**服**(ふく) 방진복.
防鏽(ぼうせい) 방수(防銹). *ぼうさびろ ‖ ~**処理**(しょり) 방수 처리. └도 읽음.
防諜(ぼうちょう) 방첩.
防皺加工(ぼうしわかこう) 방추 가공.
防縮(ぼうしゅく) 방축. ‖ ~**加工**(かこう) 방축 가공.
防虫(ぼうちゅう) 방충. ♣~**剤**(ざい) 방충제.
防臭(ぼうしゅう) 방취. ♣~**剤**(ざい) 방취제.
防弾(ぼうだん) 방탄. ‖ ~**チョッキ** 방탄 조끼.
防波堤(ぼうはてい) 방파제.
防風(ぼうふう) ① 방풍. 바람을 막음. ② 〖植〗 방풍나물. ③〖植〗 갯방풍. ♣~**林**(りん) 방풍림.
防寒(ぼうかん) 방한. ♣~**具**(ぐ) 방한구 / ~**帽**(ぼう) 방한모 / ~**服**(ふく) 방한복.
防舷材(ぼうげんざい) 〖海〗 방현재.
防護(ぼうご) 방호. 막아서 지킴. ♣~**団**(だん) 방호단 / ~**服**(ふく) 방호복.
防火(ぼうか) 방화. ♣~**林**(りん) 방화림 / ~**壁**(へき) 방화벽 / ~**布**(ふ) 방화포. ‖ ~**界壁**(かいへき) 공동 주택 같은 곳에서 각호(各戸)를 구획지을 때 내화(耐火) 또는 방화 구조로 한 것.
~**管理者**(かんりしゃ) 방화 관리자.
~**構造**(こうぞう) 방화 구조.
~**区画**(くかく) 방화 구획.
~**塗料**(とりょう) 방화 도료.
~**材料**(ざいりょう) 방화 재료.

訓読
防ぐ(ふせぐ) ① 막다. 방어하다. ② 가로막다. 저지하다.

其他
防人(さきもり) 〈古〉 옛날에, 関東(かんとう) 지방에서 파견되어 筑紫(つくし)·壱岐(いき)·対馬(つしま) 등의 요지를 수비하던 병사《3년마다 교대됨》.

| 8
戸
常 | 房(房) | 방 **방**·별이름 **방**
ボウ
ふさ·へや |

音読
房 ㊀(ぼう) 방.
㊁(ふさ) ① (실로 만든) 술. 삭모(槊毛). ② 송이.
㊂(はなぶさ) ① 꽃송이. ② 꽃받침.
房内(ぼうない) 방내. 방안.
房舎(ぼうしゃ) 방사. 방과 집. 또, 가옥.
房事(ぼうじ) 방사. 성교.
房水(ぼうすい) 〖生〗 방수.
房室(ぼうしつ) 방실. ① 방. 침실. ②〖生〗심장의 심방과 심실. ③〖植〗식물의 씨방의 내강(內腔).
房中(ぼうちゅう) 방중. ① 방안. ② 침실 안.
房総(ぼうそう) 〖地〗 安房(あわ) 및 利根(とね) 강 이남의 上総(かずさ) 및 下総(しもうさ). 지금의 千葉(ちば) 현.
房戸(ぼうこ) 律令(りつりょう) 제도 아래서 한 향(郷)의 단위의 하나《흔히 단혼(單婚) 가족으로 이루어지며 평균 8명》.

訓読
房飾り(ふさかざり) 술 장식.

其他
房星(そいぼし) 〖天〗 방수(房宿). 28 수(宿)의 하나.

| 8
攵
教 | 放 | 놓을 **방**·방자할 **방**
ホウ
はなす·はなつ·はなれる·ほしいまま·ほうる |

音読
放歌(ほうか) 방가. 큰소리로 노래를 부름.
放課(ほうか) 방과. 「냄.
放過(ほうか) 아무것도 하지 않고 그대로 보
放管(ほうかん) '放送管弦楽団(ほうそうかんげんがくだん)(=방송 관현악단)'의 준말.
放曠(ほうこう) 방광. 마음이 너그러워 어떤 일에 구애되지 아니함.
放校(ほうこう) 방교. 퇴학시킴. 정학시킴.

放棄(ほうき) 방기. 포기.
∥~試合(じあい)〖野〗포기 시합. 몰수 경「기.
放埒(ほうらつ) 방날. 멋대로 놀아남. 주색에 빠짐.
放念(ほうねん) 방념. 방심. 안심.
放尿(ほうにょう) 방뇨. 함부로 소변을 봄.
放胆(ほうたん) 방담. 매우 대담함.
放談(ほうだん) 방담.
放楽(ほうらく) 〈俗〉위안(慰安). 즐거움.
放浪(ほうろう) 방랑. ♣~記(き) 방랑기/~者(しゃ) 방랑자.
放列(ほうれつ) ①〖軍〗 발렬. 사격할 수 있도록, 대포를 가로로 늘어 세운 대형(隊形). ② 죽 늘어선 대열(隊列).
放論(ほうろん) 방론. 거리낌 없는 의론.
放流(ほうりゅう) 방류. ① (물고기를 기르기 위하여) 어린 물고기를 강에 놓아 줌. ② (막았던) 물을 터놓음. 「逸).
放漫(ほうまん) 방만. 방종(放縱). 방일(放
放免(ほうめん) ① 방면. 석방. ② 예전에 경범자를 방면하여 検非違史(けびいし)가 정보원으로 쓰던 자. *②는 ほうべんでも 읽
放牧(ほうぼく) 방목. 「음.
放物線(ほうぶつせん) 포물선. 「쫓아냄.
放伐(ほうばつ) 방벌. 실덕(失徳)한 군주를
放屁(ほうひ) 방비. 방귀(를 뀜).
放射(ほうしゃ) 방사. 복사(輻射). ♣~菌(きん)〖生〗방선균/~圧(あつ)〖理〗복사압/~熱(ねつ)복사열.
∥~冷却(れいきゃく)〖気〗방사 냉각.
~霧(ぎり)〖気〗방사무. 복사(輻射) 안개.
~相称(そうしょう)〖生〗방사 상칭. 방사대칭. 「髄).
~組織(そしき)〖植〗방사 조직. 사출수(射出
~平衡(へいこう) 방사 평형. 복사 평형.
~化分析(かぶんせき)〖化〗방사화 분석.
~化学(かがく)〖化〗방사 화학.
放赦(ほうしゃ) 방사. 방면. 석방.
放肆(ほうし) ⇨放恣(ほうし).
放射能(ほうしゃのう)〖理〗방사능.
∥~汚染(おせん)〖理〗방사능 오염.
放射線(ほうしゃせん)〖理〗방사선. ♣~量(りょう)〖理〗방사선량.
∥~検出器(けんしゅつき) 방사선 검출기.
~物理学(ぶつりがく) 방사선 물리학.
~療法(りょうほう)〖医〗방사선 요법.
~障害(しょうがい)〖医〗방사선 장애.
~重合(じゅうごう)〖理〗방사선 중합.
放射性(ほうしゃせい)〖理〗방사성.
∥~降下物(こうかぶつ) 방사성 강하물.
~同位元素(どういげんそ)〖理〗방사성 동위 원소.
~物質(ぶっしつ) 방사성 물질.
~元素(げんそ)〖理・化〗방사성 원소.
~炭素(たんそ)〖化〗방사성 탄소. ♣~年代測定法(ねんだいそくていほう) 방사성 탄소 연대 측정법.
~廃棄物(はいきぶつ) 방사성 폐기물.

放散(ほうさん) 방산. 발산. 특히, 한 곳에 생긴 아픔이 여러 곳으로 퍼지는 듯이 느낌.
∥~虫(ちゅう)〖動〗방산충. 방산충류(類)에 속하는 원생(原生) 동물의 총칭.
放生(ほうじょう)〖仏〗방생. 사람에게 잡힌 동물을 놓아 줌.
∥~会(え) 방생회. 음력 8월 15일에 행하는 방생 의식.
放線菌(ほうせんきん)〖生〗방선균.
放送(ほうそう) 방송. ♣~局(きょく) 방송국/~劇(げき) 방송극/~網(もう) 방송망.
∥~教育開発センター(きょういくかいはつセンター) 방송 교육 개발 센터.
~記者(きしゃ) 방송 기자.
~大学(だいがく) 방송 대학.
~事業者(じぎょうしゃ) 방송 사업자.
~受信料(じゅしんりょう) 방송 수신료.
~衛星(えいせい) 방송 위성.
放水(ほうすい) ① 방수. 물을 끌어 흐르게 함. ② (소화(消火)를 위해서) 호스로 물을 세차게 뿌림. ♣~路(ろ) 방수로.
放神(ほうしん) ⇨放心(ほうしん)②.
放心(ほうしん) 방심. ① 다른 일에 정신이 팔려 명함. 또, 아무것도 생각하지 않음. ② 마음에 두지 않음. 안심. 방념(放念).
放養(ほうよう) 방양. 방사(放飼).
放語(ほうご) ☞放言(ほうげん).
放言(ほうげん) 방언. 멋대로(무책임하게) 지껄임. 또, 그 말.
放与(ほうよ) 빌려 줌.
放熱(ほうねつ) 방열. ♣~器(き) 방열기.
放映(ほうえい) 방영. ♣~権(けん) 방영권.
放吟(ほうぎん) (마음 놓고) 큰소리로 읊음〔노래함〕. 고음(高吟).
放佚(ほういつ) ⇨放逸(ほういつ).
放逸(ほういつ) 방일. 멋대로 함. 방종.
放任(ほうにん) 방임.
∥~主義(しゅぎ) 방임주의.
放恣(ほうし) 방자.
放資(ほうし) 투자(投資).
放電(ほうでん) 방전. ♣~管(かん) 방전관/~灯(とう) 방전등.
∥~加工(かこう) 방전 가공.
~電流(でんりゅう) 방전 전류.
放題(ほうだい) ① 상례를 벗어남. 터무니없음. ② 언행이 천박함. 예의 없음. ③《動詞의 連用形이나 助動詞 'たい'에 붙어서》마음껏〔마음대로〕행하는 뜻을 나타내는 말.
放鳥(ほうちょう) 방조. 放生会(ほうじょうえ)나 장례식 때에 잡아 두었던 새를 놓아 줌. 또, 그 새.
放縦(ほうしょう) 방종. *ほうじゅう는 관용
放唱(ほうしょう) '放送(ほうそう)合唱団(がっしょうだん)(=방송 합창단)'의 준말.
放擲(ほうてき) 방척. 던져 버림. 내버려둠.
放逐(ほうちく) 방축. 내쫓음. 추방.
放出(ほうしゅつ) ① 방출. ② 세차게 내뿜
放置(ほうち) 방치. 「음.

放蕩(ほうとう) 방탕. ♣～児(じ) 방탕아.
‖～者(もの) 방탕한 자.
放下(ほうか) ① 포기. 방치. 단념. 던져 버림. ② '田楽(でんがく)(=농악)'으로부터 발달한 무악(舞樂)에서 전화(轉化)된 곡예. ③放下僧의 준말.
‖～僧(ぞう) 두건(頭巾) 위에 갓모자를 쓴 모습으로 곡예를 하고 다니던 중.
㊂(ほうげ) 버림. 버림. ①〖佛〗방하. (몸과 마음이) 아무것에도 집착하지 않고 속세를 해탈하는 일. ②내던지고〔버리고〕마는 일.
放学(ほうがく) ① ☞放校(ほうこう). ② ☞放課(ほうか).
放火(ほうか) 방화. ♣～罪(ざい) 방화죄.
放還(ほうかん) 방환. 풀어 돌려보냄. 용서하여 돌려보냄. 방면. 석방.

[訓読]
放り(はなり) 소녀의 매지 않고 양쪽으로 갈라 늘어뜨린 머리. 또, 그런 머리의 소녀.
❖放す(はなす) ①(손에 들고 있던 것을) 놓다. ②놓아 주다. 풀어놓다.
㊁(ほかす)〈関西方〉버리다. 방치하다.
放し ㊀(はなし) ①(내)버려둠. ②놓음.
‖～亀(がめ) 방생(放生)하는 거북. 〔뗌.
～馬(うま) 방목(放牧)하는 말.
㊁(ばなし)《接尾語로》①그대로 둔다는 뜻. ②그 상태가 계속된다는 뜻.
放し飼い(はなしがい) ①놓아 먹임. 방목(放牧). ②아이들을 방임함.
❖放つ(はなつ) ①(빛·소리·냄새 등을) 내다. 발(發)하다. ②(화살이나 탄환을) 쏘다. ③(동물 등을) 놓아 주다. 풀어놓다.
放ち(はなち) 풀어줌. 또, 풀어놓인 것.
放ち飼い(はなちがい) ☞放し飼い(はなしがい).
❖放る ㊀(ほうる) ①멀리 내던지다. ②집어치우다. 단념하다.
㊁(ほる) 내버려두다. 방치하다.
㊂(ひる) 몸 밖으로 내보내다. (방귀를) 〔다.
㊃(まる) 대소변을 보다. 배설하다.
放りっぱなし(ほうりっぱなし) 내팽개쳐 둠. 팽개쳐 돌아보지 않음.
放り上げる(ほうりあげる) 위로 던지다.
放り出す ㊀(ほうりだす) ①밖으로 내팽개치다. ②내쫓다. 추방[배척]하다. ③중도에서 단념하다. ④(담보로) 소유물을 일단 전부 내놓다.
㊁(ひりだす) (대소변·방귀 따위를) 체외로 배출하다. 싸다. 뀌다.
放り投げる(ほうりなげる) 放(ほう)る의 힘줌말.
❖放れる ㊀(はなれる) ①(쥐고 있던 것이) 놓이다. 풀리다. ②(화살 등이) 발사되다.
㊁(たれる) 대소변을 보다. 방귀를 뀌다.
放れ馬(はなれうま) 고삐 풀린 말.

[其他]
放く(こく)〈俗〉①배출하다. (방귀를) 뀌다. ②내뱉다. 지껄이다.

放っとく(ほっとく)〈俗〉내버려두다.
放っ散らかす(ほっちらかす)〈俗〉방치하다. (마구) 어지르다.
放下す(ほかす) ⇨ 放す(ほかす).

| 8月㊇ | 肪 | 비계 **방**
ボウ・ホウ
あぶら |

[逆音]
脂肪(しぼう) 지방.

| 9厂 | 厖 | 클 **방**·두꺼울 **방**
ボウ
おおきい |

[音読]
厖大(ぼうだい) 방대.

| 10イ㊇ | 倣 | 본받을 **방**·배울 **방**
ホウ
ならう |

[音読]
倣書(ほうしょ) 어느 작품이나 작가의 서풍(書風)을 본떠 새로운 시문(詩文)을 쓰는 일. 또, 그 작품.

[訓読]
倣う(ならう) 모방하다. 따르다.

| 10方 | 旁 | 곁 **방**·널리 **방**
ボウ
かたがた·かたわら·つくり |

[音読]
旁 ㊀(ぼう) ①한자 자형(字形)의 오른쪽 부분. 방. *つくり라고도 함. ②곁.
㊁(かたがた) ①겸하여. 아울러. ②《接尾語로》…하는 김에. 겸.
旁午(ぼうご) 종횡(縱橫)으로 마구 뒤섞임. 왕래가 몹시 번잡함.
旁引(ぼういん) 여러 곳에서 많은 예를 인용하여 고증하는 일.
旁注(ぼうちゅう) 방주.
旁註(ぼうちゅう) ⇨ 旁注(ぼうちゅう).

| 10糸㊇ | 紡 | 자을 **방**·실뽑을 **방**
ボウ
つむぐ |

[音読]
紡機(ぼうき) 방적 기계.
紡毛(ぼうもう) 방모. ①짐승의 털을 방적함. ②紡毛糸의 준말.
‖～糸(し) 방모사.
～織物(おりもの) 방모 직물.
紡糸(ぼうし) 방사. 실을 자음. 또, 그 실.
紡績(ぼうせき) 방적. ①실을 자음. ②紡績

紡・訪・傍

糸의 준말. ♣~糸(いと) 방적사.
‖~絹糸(けんし) 방적 견사.
~工業(こうぎょう) 방적 공업.
~綿糸(めんし) 방적 면사.
紡織(ぼうしょく) 방직.
紡車(ぼうしゃ) 방차. 물레.
紡錘(ぼうすい) 방추. 물레의 가락. *つむ 라고도 함. ‖~糸(し)〖生〗방추사 / ~体(たい)〖生〗방추체 / ~虫(ちゅう)〖動〗방추충 / ~形(けい) 방추형.
‖~車(しゃ) 방추차. 가락바퀴.
がら紡(がらぼう) がら紡績(ぼうせき)의 준말. 허드렛솜 따위로 짠 굵은 올의 천.

訓読➤
❖紡ぐ(つむぐ) (목화·고치로) 실을 뽑다. (실을) 잣다.
紡ぎ歌(つむぎうた) 물레 노래《실을 자으면서 부르는 노래》.

10 舟	舫	방주 **방**·배 **방** ホウ ふね・もやう

音読➤
舫船(ほうせん) 방선. 둘을 매어서 나란히 가게 된 배.

訓読➤
❖舫う(もやう) 배를 서로〔육지에〕붙들어 매다. 「줄.
舫い(もやい) 배를 서로 붙들어 맴. 또, 그 밧
舫い綱(もやいづな) 배를 매는 밧줄.
舫い船(もやいぶね) 서로〔육지에〕붙들어 놓은 배.

11 言 教	訪	찾을 **방**·물을 **방** ホウ おとずれる・たずねる・とう

音読➤
訪客(ほうきゃく) 방문객. 내객(來客). *ほうかく로도 읽음.
訪欧(ほうおう) 방구. 유럽을 방문함.
訪独(ほうどく) 방독. 독일을 방문함.
訪露(ほうろ) 러시아를 방문함.
訪問(ほうもん) 방문.
‖~看護(かんご) 방문 간호. 간호사가 환자의 자택을 방문해 하는 간호 활동.
~着(ぎ) 나들이옷《일본 여자들의 약식 예
~販売(はんばい) 방문 판매. 「복》.
訪米(ほうべい) 방미. 미국을 방문함.
訪仏(ほうふつ) 방불. 프랑스를 방문함.
訪英(ほうえい) 방영. 영국을 방문함.
訪印(ほういん) 방인. 인도를 방문함.
訪日(ほうにち) 방일. 일본을 방문함.
訪中(ほうちゅう) 방중. 중국을 방문함.

訓読➤
訪ねる(たずねる) 찾다. 방문하다.
❖訪れる(おとずれる)〈雅〉① 방문하다. 찾다. ② 편지하다. 편지로 소식을 묻다. ③ 철이 찾아오다. 「지.
訪れ(おとずれ)〈雅〉① 방문. ② 소식. 편

其他➤
訪い(とぶらい)〈雅〉① 방문. ② 문안.
訪う ㊀(おとなう)〈雅〉 방문하다. 심방하다. ②〈古〉소리를 내다. 울리다.
㊁(とう) 찾다. 방문하다.

12 イ 常	傍	곁 **방** ボウ・ホウ かたわら・そば・わき

音読➤
傍見 ㊀(ぼうけん) 방관(傍觀).
㊁(わきみ) 한눈팔기.
傍系(ぼうけい) 방계.
‖~卑族(ひぞく) 방계 비족.
~姻族(いんぞく) 방계 인족.
~尊族(ぞんぞく) 방계 존족.
~親族(しんぞく) 방계 친족.
~血族(けつぞく) 방계 혈족.
~会社(がいしゃ) 방계 회사.
傍観(ぼうかん) 방관.
傍近(ぼうきん) 근방. 근처.
傍記(ぼうき) 옆에 기입함. 또, 그 글.
傍流(ぼうりゅう) 방류. ① 지류(支流). ② 주류파에서 떨어져 나간 유파.
傍輩(ほうばい) 방배. ① 붕배(朋輩). 친구. ② 같은 집에서 고용살이하는 사람. ③ 같은 주인·스승을 섬기는 동아리.
傍白(ぼうはく)〖劇〗방백.
傍線(ぼうせん) 방선. 밑줄.
傍受(ぼうじゅ) 방수. 무전(無電)을 제 3 자가 수신함.
傍視(ぼうし) ① 방관(傍觀). ② 곁눈질.
傍若無人(ぼうじゃくぶじん) 방약무인.
傍人(ぼうじん) 방인. 옆의 사람.
傍点(ぼうてん) 방점.
傍題(ぼうだい) 방제. 부제(副題).
傍注(ぼうちゅう) 방주.
傍証(ぼうしょう) 방증.
傍聴(ぼうちょう) 방청. ♣~席(せき) 방청석 / ~者(しゃ) 방청자.
傍親(ぼうしん) 방계(傍系)의 친족.
傍訓(ぼうくん) 한자 옆에 다는 토.

訓読➤
傍 ㊀(そば) ① 곁. 옆. ②《動詞에 붙여》…하자마자. 금방.
㊁(はた) 옆(사람). 곁의 사람.
㊂(おか) 곁. 옆. 「편.
傍ら(かたわら) ① 곁. 옆. 가. ②…하는 한
‖~苦し(ぐるし) 가엾다. 괴롭다.
~目(め) 옆에서 보이는 모습.
~方(ざま) 옆쪽.
~臥し(ぶし) 옆으로 누워서 자는 일.
~寂し(さびし) 옆에 있어야 할 사람이 없어 외롭다.

~痛し(いたし) 옆에서 보기에 가엾다.
傍居(そばい) 곁에 가까이 있음.
傍付(そばづけ) (서간문에서) 상대방 이름 밑에 붙여 써서 경의를 표하는 말《机下(きか)・侍史(じし) 따위》.
傍役(わきやく) (연극・영화에서) 조연.
傍杖(そばづえ) 후림불.

[其他]
傍目 ㊀(はため) 당사자 이외의 사람이 옆에서 본 느낌. 다른 사람의 눈.
㊁(おかめ) (남이 하는 일을) 옆에서 봄.
‖~八目(はちもく) 본인보다 제3자가 사물의 시비곡직을 더 잘 앎.
傍迷惑(はためいわく) 옆 사람〔인근〕에게 끼치는 폐.   「히 질투함.
傍焼き(おかやき) 남의 사이가 좋음을 공연
傍耳(かたみみ) 우연히 들음.
傍片(かたへら) 한 쌍 중의 한쪽.
傍惚れ(おかぼれ)〈俗〉남의 애인을 짝사랑함. 혼자 열을 올림.

12 巾	幇	도울 **방**・곁들 **방** ホウ たすける

[参考] 帮・幚은 異體字.

[音読]
幇間(ほうかん) 연회석에 나가 자리를 흥겹게 하는 것을 업으로 하는 남자.
幇助(ほうじょ) 방조.
‖~犯(はん)『法』방조범. 종범.
[其他]
幇(パン) 중국에서, 성외(省外)・해외 등 타향에 있으면서 동향・동업・동족 등으로 이룬 상호 부조 조직.

13 氵	滂	죽죽퍼부을 **방** ボウ・ホウ

[音読]
滂湃(ぼうはい) 방배. ①흐르는 물의 기세가 세찬 모양. ②큰 물결이 솟구치는 모양.
滂沱(ぼうだ) 방타. ①비가 세차게 내림. ②눈물이 끊임없이 흘러내림.

14 月	膀	오줌통 **방** ボウ

[音読]
膀胱(ぼうこう)『生』방광. 오줌통. ♣~鏡(きょう) 방광경 / ~癌(がん) 방광암 / ~炎(えん) 방광염.
‖~結石(けっせき)『醫』방광 결석.
~尿管逆流現象(にょうかんぎゃくりゅうげんしょう) 방광 요관 역류 현상.
~腫瘍(しゅよう)『醫』방광 종양.

14 木	榜	패 **방**・매질할 **방** ボウ かかげる・たてふだ

[音読]
榜札(ぼうさつ) 팻말. 푯말. 눈에 잘 띄는 곳에 걸어 두는 표찰.

14 片	牓	패 **방**・방목 **방** ボウ・ホウ ふだ

[音読]
牓示(ほうじ) 푯말을 박아서 경계(境界)를 표시함. 또, 그 푯말.
牓札(ぼうさつ) 표찰. 간판.

14 髟	髣	비슷할 **방** ホウ にる

[音読]
髣髴(ほうふつ) 방불(彷彿).

15 石	磅	돌떨어지는소리 **방** ホウ ポンド

[訓読]
磅(ポンド) 방. 영국의 화폐 단위. 파운드《기호: £》.

15 魚	魴	방어 **방** ホウ おしきうお

[音読]
魴鮄(ほうぼう)『魚』성대.

16 金 [日]	錺	장식 (방) かざり

[訓読]
錺職(かざりしょく) 금속 장식품의 세공인. 은장이.

17 言	謗	헐뜯을 **방** ホウ・ボウ そしる

[音読]
謗(ほう)『佛』부처・불법・중을 비방하는 일.
謗ず(ほうず) 비방하다. *ぼうず로도 읽음.
謗三宝(ほうさんぼう)『佛』십계(十戒)의 하나. 부처・불법・중을 비방(誹謗)하는 일.
謗言(ぼうげん) 방언. 남을 비방하는 말.

謗議(ぼうぎ) 방의. 나쁘게 비평하는 일.
謗毀(ぼうき) 비방(誹謗).

訓読
❖謗る(そしる) 비방하다. 비난하다. 욕하다.
謗り(そしり) 비방. 비난.

배

| 7
土 | 坏 | 날기와 배·계산 배
ハイ
つき |

音読
坏土(はいど) 배토. 질그릇의 원료가 되는 흙. 질흙.

訓読
坏 ㊀(つき) 〈古〉음식을 담는 그릇.
㊁(さかずき) ① 술잔. ② 술잔을 나누어 약속을 굳힘.

| 8
扌
教 | 拝 (拜) | 절 배·절할 배
ハイ
おがむ |

音読
拝(はい) ① 머리를 숙여 경례를 함. ② 편지에서, 자신의 이름 밑에 써서 상대방에게 경의를 나타내는 말. 배.
拝す(はいす) ☞拝する(はいする).
拝する(はいする) ① 절하다. ② 배하다. 받다·보다의 겸사말. ③ 관직에 임명되다.
拝見(はいけん) 배견. 삼가 봄.
拝啓(はいけい) 배계. 근계(謹啓). 편지 첫머리에 쓰는 말.　　　　　　「임명함.
拝官(はいかん) 관(官)에 임명됨. 또, 관에
拝観(はいかん) 배관. 신사·사찰 안에 있는 보물 등을 봄. 삼가 봄.
拝具(はいぐ) 배구. 배상(拜上). 여불비례(餘不備禮). 편지 끝에 씀.
拝跪(はいき) 배궤. 무릎 꿇고 배례함.
拝金(はいきん) 배금.
‖~主義(しゅぎ) 배금주의.
拝納(はいのう) 배남. 받음·드림의 겸사말.
拝謁(はいたつ) 배달. 문을 밀어 엶. 전하여, 억지로 밀고 들어감.　　　　　　「受).
拝戴(はいたい) 배대. 삼가 받음. 배수(拜
拝読(はいどく) 배독. 남의 글을 삼가 읽음.
拝覧(はいらん) 배람. 삼가 봄.
拝領(はいりょう) 배령. 배수(拜受).
拝礼(はいれい) *はいらいにも 읽음.
拝命(はいめい) 배명. ① 삼가 임무를 받음. ② 관직에 임명됨.
拝聞(はいぶん) 배문. 삼가 들음.
拝物教(はいぶつきょう) 배물교. 주물(呪物) 숭배로 안위(安危)·가호 등을 얻고자 하는 종교.
拝眉(はいび) 배미. 삼가 만나 뵘. 배안(拜
拝白(はいはく) 배백. 삼가 아룀.　　　「顔).
拝伏(はいふく) 배복. 엎드려 절함.
拝復(はいふく) 배복. 삼가 답장을 드림. 답장 첫머리에 쓰는 말.
拝社(はいしゃ) 신사에 참배함.
拝辞(はいじ) 배사. 사퇴·고별의 겸사말.
拝謝(はいしゃ) 배사. 감사·사과의 겸사말.
拝送(はいそう) 배송. 배웅·송부(送付)의 겸사말.
拝誦(はいしょう) 배송. ① 삼가 읽음. 읽음의 겸사말. ② 읊조림의 겸사말.
拝受(はいじゅ) 배수. 받음의 겸사말.
拝承(はいしょう) 배승. 삼가 받거나 들음의 겸사말.
拝顔(はいがん) 배안. 삼가 만나 뵘.
拝謁(はいえつ) 배알.
拝外(はいがい) 배외. 외국 숭배.
拝任(はいにん) 삼가 임명을 받음.
拝殿(はいでん) (신사에서) 배례하기 위하여 본전 앞에 지은 건물.　　　　「계(謹啓).
拝呈(はいてい) 배정. ① 근정(謹呈). ② 근
拝贈(はいぞう) 배증. 삼가 보냄.
拝芝(はいし) 배지. 배안(拜顔).　　「감.
拝進(はいしん) 배진. 고귀한 사람 앞에 나
拝診(はいしん) 배진. 진찰의 겸사말.
拝塵(はいじん) 권세에 아첨함.
拝借(はいしゃく) 배차. 빌려 씀의 겸사말.
♣~金(きん) 빌린 돈.
拝察(はいさつ) 배찰. 추찰의 겸사말.
拝唱(はいしょう) 읊조리거나 읽음의 겸사
拝聴(はいちょう) 배청. 삼가 들음.　　「말.
拝趨(はいすう) 배추. 배진. (편지에서) 찾아가 뵙다의 뜻.
拝披(はいひ) 배피. 편지를 뜯어 봄의 겸사
拝賀(はいが) 배하. 삼가 치하함.　　「말.
拝火教(はいかきょう) 《宗》배화교.

訓読
❖拝む(おがむ) ① 공손히〔손 모아〕절하다. (합장) 배례하다. ② 간절히 바라다. 빌다. ③ 뵙다. 보다.
拝み(おがみ) 공손히 절함.　　　　「うち).
拝み撃つ(おがみうち) ⇨ 拝み打ち(おがみ
拝み倒す(おがみたおす) 사정사정해서 억지로 승낙케 하다.
拝み取り(おがみどり) 《野》합장하듯이 두 손으로 타구(打球)를 잡는 일.
拝み打ち(おがみうち) 칼을 양손으로 쥐고, 머리 위로 높이 쳐들었다가 내리침.

| 8
木
常 | 杯 | 잔 배
ハイ
さかずき |

音読
杯 ㊀(はい) 배. ① 잔. 술잔. ② 《接尾語로》㉠ 상배(賞盃). ㉡ 공기나 잔 등에 든 것을 세

는 말. …잔. …공기. *一杯(いっぱい), 三杯(さんばい)와 같이 ぱい・ばい로도 읽음.
㊂(さかずき) ① 술잔. ② 술잔을 나누어 단단히 약속함.
杯盤(はいばん) 배반. 술잔과 쟁반.
∥~狼藉(ろうぜき) 배반 낭자.
杯洗(はいせん) 연회석에서 술을 권하기 전에 잔을 씻는 그릇.
杯一(ぱいいち) 한잔. 전하여, 술을 마심.
杯酌(はいしゃく) 술잔을 주고받으며 술을 마심.
杯盞(はいさん) 술잔.
杯中(はいちゅう) 배중. 술잔 안.

[訓読]
杯流し(さかずきながし) 술잔을 흐르는 물에 띄워 흥겹게 노는 놀이.
杯事(さかずきごと) ① 술잔을 나누어 단단히 약속함. ② 술잔치. 주연(酒宴).
杯洗い(さかずきあらい) ☞杯洗(はいせん).

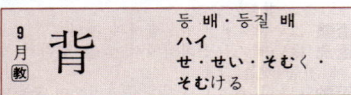

9月
㊍ 背 등 배·등질 배
ハイ
せ・せい・そむく・そむける

[音読]
背甲 ㊀(はいこう) (거북류의) 배갑.
㊁(せごう) 등. 잔등.
背景(はいけい) 배경.
背光(はいこう) ① 배광. 후광. ② 명예. 권위.
背光性(はいこうせい) 『植』 배광성. 배일성 (背日性).
背教(はいきょう) 배교. ♣~徒(と) 배교도.
背囊(はいのう) 배낭.
背徳(はいとく) 배덕.
背戻(はいれい) 배려. 배반.
背礼(はいれい) 예의에 어긋남.
背理(はいり) 배리. 도리에 어긋남.
∥~法(ほう) 『論・数』 배리법. 귀류법(歸謬法).
背離(はいり) 배리. 괴리(乖離).
背臨(はいりん) (서예에서) 글씨본을 보지 않고 씀.
背盟(はいめい) 배맹. 맹세를 저버림.
背面(はいめん) 배면. 뒤쪽.
∥~跳び(とび) (높이뛰기에서) 배면 도약.
背反(はいはん) 배반. ① (도리를) 어김. ② 양립할 수 없음.
背叛(はいはん) 배반. 거역.
背部(はいぶ) 배부. 등 부분.
背斜(はいしゃ) 『地』 배사. ♣~谷(こく) 배사곡.
∥~構造(こうぞう) 『地』 배사 구조.
背水の陣(はいすいのじん) 배수진.
背信(はいしん) 배신.
∥~行為(こうい) 배신 행위.
背圧(はいあつ) 『機』 배압. 내연 기관 등의 배기 압력.
背約(はいやく) 배약. 위약.
背泳(はいえい) 배영.
背日性(はいじつせい) ☞背光性(はいこう

背任(はいにん) 배임. ♣~罪(ざい) 『法』 배임죄.
背走(はいそう) (야구에서 뜬 공을 잡기 위해) 뒷걸음으로 달림.
背地性(はいちせい) 『生』 배지성.
背進(はいしん) 배진. 뒤로 나아감. 후퇴.
背馳(はいち) 배치.
背痛(はいつう) 배통. 등의 통증.
背汗(はいかん) 배한. 등에서 나는 식은땀.
背向(はいこう) 배향. 향배.
背後(はいご) 배후.
∥~関係(かんけい) 배후 관계.

背 ㊀(せ) ① 등. *せな로도 읽으며, 古語로는 そびららごも 함. ② 뒤. ③ 산등성이. ④ 신장. 키. ⑤〈雅〉여자가 남자(남편・애인・형제 등)를 정답게 부르는 말.
㊁(せい) 높이. 키.
背く(そむく) ① 등지다. 등을 돌리다. ② 어기다. 거역(반역)하다. ③ 배반하다.
背ける(そむける) (등을) 돌리다. 외면하다.
背開き(せびらき) 물고기를 등줄기에서 두 쪽으로 베어 가름. 또, 그렇게 한 물고기.
背格好(せいかっこう) 키와 몸집. *せかっこう로도 읽음.
背競べ(せいくらべ) ⇨背比べ(せいくらべ).
背継ぎ(せつぎ) 발판.
背高(せいたか) 키가 큼. 키 큰 사람.
背骨(せぼね) 척추. 등뼈.
背広(せびろ) 신사복.
背の君(せのきみ)〈雅〉남편.
背筋 ㊀(せすじ) ① 등줄기. 등골. ② (의복의) 등솔기.
㊁(はいきん) 배근. 등・목・허리의 근육.
背旗(せばた) 옛날, 싸움터에서 무사들이 등에 꽂았던 작은 깃발.
背鰭(せびれ) 등지느러미.
背文字(せもじ) 배문자. 책 표지의 등에 박은 글자.
背紋(せもん) 일본옷의 등 윗부분에 있는 가문(家紋).
背美鯨(せみくじら) 『動』 참고래.
背抜き(せぬき) (여름 양복 상의 따위의) 등에 안찝을 대지 않고 지음. 또, 그 상의.
背番号(せばんごう) (운동 선수의) 등번호. 백넘버.
背縫い(せぬい) 옷의 등솔기를 꿰맴. 또, 그 등솔기.
背負う ㊀(せおう) 짊어지다. ① 등에 메다. 업다. ② 부담하다.
㊁(しょう) ① 짊어지다. 등에 메다. ② 귀찮은 일을 떠맡다. ③ 우쭐하다.
背負い投げ(せおいなげ) ① (유도에서) 업어치기. ② 막판에 가서 배신하거나 당하는 일. *しょいなげ로도 읽음.
~を食(く)う 막판에 배반당하다.
背比べ(せいくらべ) 키 대보기. *せくらべ로도 읽음.
背凭れ(せもたれ) 의자의 등받이.

背山(せやま) 마주하는 두 개의 산을 남녀로 비유하는 경우, 남성을 산에 해당하는 산.
背順(せいじゅん) 키순.
背伸び(せのび) 발돋움.
背泳ぎ(せおよぎ) 배영. 송장헤엄.
背子(せこ)〈雅〉여자가 남편·오빠·동생 등 남자를 정답게 부르는 말.
背丈(せたけ) ① 신장. 키. ② 옷기장.
背腸(せわた) ① 새우 등쪽에 있는 검은 내장. ② 연어의 등뼈 밑에 있는 신장. 또, 이것으로 만든 것갈.
背低(せびく) 키가 작음. 또, 키작은 사람.
背切り(せぎり) ① 생선을 둥글게 베는〔저미는〕일. 또, 그렇게 벤〔저민〕것. ② ☞背開き(せびらき).
背節(せぶし) 등살로 만든 가다랑어포.
背丁(せちょう) 제본에서, 접장을 취합하기 편리하도록 접장에 박은 책이름과 순서를 나타내는 숫자.
背中(せなか) ①등. ②뒷면. 뒤.
 ∥〜合わせ(あわせ) ①서로 등지고 있음. ②표리(表裏) 관계에 있음. ③사이가 나쁨.
背振るい(せぶるい) 짐승이 등을 떪.
背板(せいた) ①죽데기널판. ②(의자 따위) 등널.
背幅(せはば) 뉘넓이.   ㄴ의〕등널.
背表紙(せびょうし) 책 표지의 등에 해당하는 부분.
背標(せひょう) 제본에서, 접장의 등부분에 인쇄한 표지(標識).   「皮).
背皮(せがわ) 양장 책의 등에 붙이는 유피(鞣
背割り(せわり) ①생선의 등을 가르는 일. 또, 그렇게 벤 생선. ②羽織(はおり)나 양복 등솔기의 아랫부분을 터놓는 일.
背革(せがわ) ⇨ 背皮(せがわ).
背戸(せど) 집의 뒷문.
 ∥〜口(ぐち) 뒷쪽 출입구. 뒷문.
背黒(せぐろ) ①등이 검음. ②〖魚〗 '鰄(うぐい)(=황어)'의 유어(幼魚). ♣〜鷗(かもめ)〖鳥〗재갈매기.
 ∥〜鰯(いわし)〖魚〗'片口鰯(かたくちいわし)(=멸치)'의 딴이름.
〜鶺鴒(せきれい)〖鳥〗검은등할미새.

其他
背負ってる(しょってる)〈俗〉잘난 체하다. 우쭐거리다.
背負って立つ(しょってたつ) 사회나 조직 속에서 주어진 일을 책임 있게 맡아 하다.

| 9月 | 胚 | 아이밸 배·시초 배
ハイ
はらむ |

音読
胚(はい) 배. ①〖植〗배아(胚芽). ②〖動〗배
胚囊(はいのう)〖植〗배낭.   ㄴ자(胚子).
胚膜(はいまく)〖動〗배막.
胚盤(はいばん)〖生〗배반.
胚芽(はいが) 배아. 씨눈.

 ∥〜米(まい) 배아미. 현미.
 〜油(ゆ) 배아로 만든 식용유.
胚葉(はいよう)〖動〗배엽.
胚乳(はいにゅう)〖植〗배유. 배젖.
胚移植(はいいしょく) 배이식. 배(胚)를 다른 개체, 혹은 딴 종자의 배유(胚乳)에 이식하는 일.
胚子(はいし)〖生〗배자. 배(胚).
胚珠(はいしゅ)〖生〗배주.
胚軸(はいじく)〖植〗배축.
胚胎(はいたい) 배태. 아이〔새끼〕를 뱀.

| 9皿 | 盃 | 잔 배
ハイ
さかずき |

参考 杯의 異體字.

音読
盃 ㊀(はい) ①잔. 술잔. ②상배(賞盃).
 ㊁(さかずき) 술잔.
盃盤(はいばん) 배반. 술잔과 쟁반.
盃洗(はいせん) 연회석에서 술을 권하기 전에 잔을 씻는 그릇.   ㄴ심.
盃酌(はいしゃく) 술잔을 주고받으며 술을 마
盃中(はいちゅう) 배중. 술잔 안.
盃饌(はいせん) 술과 안주. 주효(酒肴).

| 10イ 教 | 俳 | 광대 배
ハイ
わざおぎ |

音読
俳家(はいか) 俳句(はいく)를 잘 짓는 사람.
俳句(はいく)〖文〗일본 고유의 5·7·5의 3구 17음으로 된 단형시(短型詩).   「회.
俳席(はいせき) 俳句(はいく) 작가들의 사
俳談(はいだん) ①俳諧(はいかい)에 관한 이야기. ②익살스런 이야기.
俳論(はいろん) 俳句(はいく)·俳諧(はいかい)에 관한 이론이나 비평.
俳名(はいみょう) 俳句(はいく) 작가의 필명.
 *はいみょう로도 읽음.   「는 문장.
俳文(はいぶん) 俳諧(はいかい)의 풍미가 있
俳門(はいもん) ☞俳壇(はいだん).
俳味(はいみ) 俳諧(はいかい) 특유의 정취.
俳書(はいしょ) 俳句(はいく)·俳諧(はいかい)에 관한 책.   「자리.
俳席(はいせき) 俳諧(はいかい)를 개최하는
俳聖(はいせい) 俳句(はいく)의 명인.
俳言(はいごん) 俳諧(はいかい)에 쓰이는 말.
俳友(はいゆう) 俳句(はいく)로 사귄 친구.
俳優(はいゆう) ㊀배우.
 ㊁(わざおぎ) 상대(上代)에 익살스러운 동작으로 춤추고 노래하여 신·귀인을 위로하고 즐겁게 하던 일. 또, 그런 일을 하는 사람.
俳人(はいじん) 俳諧(はいかい)를 짓는 사람. 俳諧(はいかい)를 좋아하는 사람.
俳誌(はいし) 俳句(はいく) 잡지.
俳風(はいふう) 俳句(はいく)의 작품.

俳諧(はいかい) ① 発句(ほっく) 곧, 俳句(はいく)・連句(れんく)의 총칭. ② 俳諧歌의 준말. ③ 俳諧의 連歌의 준말.
‖~歌(か) ① 익살스러운 和歌(わか)의 한 형식. *はいかいうた라고도 함. ② 풍자와 익살을 주로 한 短歌(たんか).
~味(み) 俳諧의 멋[취미].
~師(し) 俳諧를 짓는 사람.
~の連歌(れんが) 室町(むろまち) 말기 이후의 익살을 중심으로 한 連歌. *俳諧連歌라고도 함.
俳号(はいごう) 俳句(はいく) 작가의 아호.
俳画(はいが) 俳諧(はいかい)의 멋을 풍기는 그림. 「에 관한 이야기.
俳話(はいわ) 俳句(はいく)・俳諧(はいかい)

10 イ 教	倍	곱 배・더할 배 バイ・ハイ そむく・ます

音読
倍(ばい) 배. 2배. 갑절.
倍する(ばいする) 배가 되(게 하)다. 크게 붇다[붙게 하다].
倍加(ばいか) 배가.
倍角(ばいかく) (워드 프로세서 등에서) 전각(全角) 두 배 크기. 「기강(綱).
倍脚類(ばいきゃくるい)〖動〗 배각류. 노래
倍旧(ばいきゅう) 배구. 배전. 「돈.
倍金(ばいきん) 배금. 갑절의 돈. 곱으로 는
倍大(ばいだい) 배대. 곱절의 크기.
倍量(ばいりょう) 배량. 곱절이 되는 분량.
倍戻し(ばいもどし) 배의 금액을 돌려줌.
倍返し(ばいがえし) (계약 위반 등으로) 금액을 배로 돌려줌.
倍蓰(ばいし) 배사. 몇 갑절 늘어남.
倍数(ばいすう) 배수. ♣~性(せい)〖生〗배수성 / ~体(たい) 배수체.
‖~比例の法則(ひれいのほうそく)〖化〗배수 비례의 법칙.
倍額(ばいがく) 배액.
倍率(ばいりつ) 배율.
倍音(ばいおん)〖理〗배음.
倍増(ばいぞう) 배증.
倍増し(ばいまし) 배증. 배로 늘림.
倍震動(ばいしんどう)〖理〗배진동.
倍尺(ばいしゃく) 확대자.
倍値(ばいね) 곱절의 가격.

10 西 教	配	짝 배・귀양보낼 배 ハイ くばる

音読
配す(はいす) ☞配する(はいする).
配する(はいする) ① 배합하다. 짝짓다. ② 분배하다. 배치하다. ③ 유배하다.
配管(はいかん) 배관.
配光(はいこう) 배광.
配球(はいきゅう)〖野〗배구. 투수의 타자에 대한 투구 조절.
配筋(はいきん)〖建〗배근. 철근을 배치함.
配給(はいきゅう) 배급.
配達(はいたつ) 배달.
‖~証明(しょうめい) 배달 증명 (우편).
配当(はいとう) 배당. ♣~金(きん) 배당금 / ~率(りつ) 배당률.
‖~落ち(おち) (주식에서) 배당락.
~付き(つき) (주식에서) 배당부.
~性向(せいこう) 배당 성향.
~漢字(かんじ) '学年別(がくねんべつ)漢字配当表(かんじはいとうひょう)(=학년별 한자 배당표)'의 준말.
配糖体(はいとうたい)〖化〗배당체.
配慮(はいりょ) 배려.
配流(はいる) 유배. 귀양.
配本(はいほん) 배본.
配付(はいふ) 배부.
配賦(はいぶ) 배부. 분배. 할당함.
配分(はいぶん) 배분.
配備(はいび) 배비. 준비하여 대비함.
配祀(はいし) 주신(主神)과 더불어 다른 신을
配色(はいしょく) 배색. 「함께 모심.
配船(はいせん) 배선. 어느 항로에 어떤 배를 취항시킬 것인가를 정함.
配線(はいせん) 배선. ♣~図(ず) 배선도.
配膳(はいぜん) 상을 차려 손님 앞에 돌림.
♣~室(しつ) 찬방(饌房).
配所(はいしょ) 배소. 유배지.
配属(はいぞく) 배속.
配送(はいそう) 배송. 「관.
配水(はいすい) 배수. ♣~管(かん) 배수
配乗(はいじょう) 배승. 승무원이 탈 차량을 적절히 배정함.
配信(はいしん) 통신사가 보도 자료를 신문사・방송사 등에 배부하는 일.
配役(はいやく) 배역.
配列(はいれつ) 배열.
配偶(はいぐう) 배우. ♣~子(し)〖生〗배우자 / ~体(たい)〖生〗배우체.
‖~者(しゃ) 배우자. ♣~控除(こうじょ) 배우자 공제《소득 공제의 하나》/ ~特別控除(とくべつこうじょ) 배우자 특별 공제.
配位(はいい)〖化〗(원자・분자・이온의) 배위. ♣~数(すう)〖化〗배위수.
‖~結合(けつごう) 배위 결합.
~子(し)〖化〗배위자. 리간드(ligand).
~化合物(かごうぶつ)〖化〗배위 화합물.
配意(はいい) 배의. 배려.
配謫(はいたく) 배적. 귀양 보냄.
配転(はいてん) '配置転換(はいちてんかん)(=배치 전환)'의 준말.
配電(はいでん) 배전. ♣~盤(ばん) 배전반 / ~箱(ばこ) 배전함(函).
配点(はいてん) (시험에서) 배점.
配剤(はいざい) 배제.

配陣(はいじん) 배진. 진을 배치함.
配車(はいしゃ) 배차.
配置(はいち) 배치.
∥~薬(やく) 대금을 차후 수금하러 온다고 약속하고 행상인이 두고 가는 가정 상비약.
~転換(てんかん) (직원의) 배치 전환.
~換え(がえ) ① 배치 변경. ② ☞配置転換.
配炭(はいたん) 배탄. 석탄 배급.
配湯(はいとう) 온천수를 수요처에 공급함.
配布(はいふ) 배포. └탕.
配下(はいか) 배하. ① 부하. ② 지배하에 있음.
配合(はいごう) 배합.
∥~禁忌(きんき) (약품 조제의) 배합 금기.
~肥料(ひりょう) 배합 비료.
~飼料(しりょう) 배합 사료.
配向(はいこう) 〖理〗 배향.
訓読➔
❖配る(くばる) ① 분배하다. ② 골고루 미치게 하다. ③ 배치하다.
配り(くばり) 배치하는 일.
∥~物(もの) (이웃에게) 나누어 주는 선물.
~餅(もち) 경조사(慶弔事) 등에 이웃에 돌리는 떡.

| 11
土
常 | 培 | 북돋을 배·가꿀 배
バイ・ハイ
つちかう |

音読➔
培養(ばいよう) 배양. ♣~基(き) 배양기 / ~液(えき) 배양액 / ~土(ど) 배양토.
培地(ばいち) 배지. 배양지.
培土(ばいど) ① 배토. ② 배양토.
訓読➔
培う(つちかう) ① (초목을) 북주다. 가꾸다. ② (힘·성질 등을) 기르다. 배양하다.

| 11
イ | 徘 | 노닐 배
ハイ
さまよう |

音読➔
徘徊(はいかい) 배회.

| 11
扌
常 | 排 | 물리칠 배·늘어설 배
ハイ・バイ
おしのける |

音読➔
排す(はいす) ☞排する(はいする).
排する(はいする) ① 배제하다. ② 밀어서 열다. ③ 배열하다. 줄짓다.
排撃(はいげき) 배격.
排球(はいきゅう) 배구.
排菌(はいきん) 배균. 세균을 몸 밖으로 내보냄.
排気(はいき) 배기. 공기·가스를 밖으로 내보냄. ♣~管(かん) 배기관 / ~量(りょう) 배기량 / ~鐘(しょう) 배기종.

∥~ガス浄化装置(じょうかそうち) 배기 가스 정화 장치.
~弁(べん) 배기판. 배기 밸브.
排棄(はいき) 배기. 밀어내어 버림.
排膿(はいのう) 배농. 곪은 곳을 째어 고름을 빼냄.
排尿(はいにょう) 배뇨. └짜냄.
排卵(はいらん) 배란.
∥~誘発(ゆうはつ) 배란 유발.
~促進剤(そくしんざい) 배란 촉진제.
排悶(はいもん) 배민. 걱정을 없앰.
排反事象(はいはんじしょう) 〖数〗 배반 사상. 배반 사건.
排便(はいべん) 배변.
排仏毀釈(はいぶつきしゃく) 불교를 배척하고 절·불상을 부숨.
排泄(はいせつ) 배설. ♣~器(き) 배설기 / ~物(ぶつ) 배설물.
排雪(はいせつ) 배설. 제설.
排水(はいすい) 배수. ♣~坑(こう) 〖鐵〗 배수갱 / ~孔(こう) 배수공 / ~溝(こう) 배수구 / ~権(けん) 배수권 / ~器(き) 배수기 / ~量(りょう) 배수량 / ~路(ろ) 배수로.
∥~基準(きじゅん) 배수 기준.
~トン数(トンすう) 〖海〗 배수 톤수.
排液(はいえき) 배액. 고름 등의 체액을 몸 밖으로 배출함.
排煙(はいえん) 배연.
∥~設備(せつび) 배연 설비.
排列(はいれつ) 배열.
排外(はいがい) 배외. 외국·외세 배척.
∥~主義(しゅぎ) 배외주의. └태.
排律(はいりつ) 배율. 한시(漢詩)의 한 형
排印(はいいん) 조판하여 인쇄함. ♣~本(ぼん) 활자본(本).
排日(はいにち) 배일.
∥~運動(うんどう) 배일 운동.
排除(はいじょ) 배제.
排擠(はいせい) 배제. 남을 배척하거나 어려운 지경에 빠뜨림.
排中(はいちゅう) 배중. 중간을 배제함.
∥~律(りつ) 〖論〗 배중률. 배중 원리.
排斥(はいせき) 배척.
排出(はいしゅつ) 배출. 배설.
∥~器(き) 〖生〗 배설기. ♣~系(けい) 배설 기계(系). 비뇨기계(系). └준.
~基準(きじゅん) (유해 물질의) 배출 기
~物(ぶつ) ① 배설물. ② 배출물.
排置(はいち) 배치. 배열.
排他(はいた) 배타.
∥~的(てき) 배타적. ♣~経済水域(けいざいすいいき) 배타적 경제 수역 / ~論理和(ろんりわ) 〖컴〗 배타적 논리곱.
~主義(しゅぎ) 배타주의.
排貨(はいか) 배화. 화물·상품을 배척하여 거래하지 않음.
其他➔
排骨(パイグー) 소·돼지·양의 갈비.
排翅(パイチー) 상어 지느러미를 말린 것. 중

국 요리의 재료.

| 11 阝 [常] | 陪 | 도울 배·배신 배
バイ·ベイ
したがう |

音読
陪す(ばいす) 수행함. 뒤따라감.
陪観(ばいかん) 배관. 모시고 구경함.
陪賓(ばいひん) 배빈.
陪席(ばいせき) 배석. ①귀인과 동석함. ②陪席裁判官의 준말. 「석 판사.
‖~裁判官(さいばんかん) 배석 재판관.
陪膳(ばいぜん) 귀인의 식탁에서 시중을 듦. 또, 그 사람.
陪星(ばいせい) 위성(衛星). 「따름.
陪随(ばいずい) 배수. 높은 사람을 모시고
陪乗(ばいじょう) 배승. 귀인을 모시고 수레에 탐.
陪侍(ばいじ) 배시. 귀인을 모심. 「함.
陪食(ばいしょく) 배식. 귀인을 모시고 식사
陪臣(ばいしん) 배신. ①신하의 또 신하. ②江戸(えど) 시대에, 将軍(しょうぐん)에 대해 大名(だいみょう)의 신하.
陪審(ばいしん) 배심. ♣~員(いん) 배심
‖~制度(せいど) 배심 제도. 「원.
陪従(ばいじゅう) 배종. *べいじゅうろ도 읽음.
陪餐(ばいさん) 〖基〗프로테스탄트 교회의 성찬식에서, 예수의 몸과 피를 상징하는 빵과 포도주를 받는 일. 「음.
陪聴(ばいちょう) 배청. 윗사람과 함께 들
陪塚(ばいちょう) 배총. 딸린무덤. 고분에 따르는 작은 무덤. *ばいづか로도 읽음.

| 12 火 | 焙 | 쬘 배
ホウ·ハイ·バイ
あぶる |

音読
焙じ(ほうじ) 불에 쬐는 일. 또, 볶는 일.
焙じる(ほうじる) (불에 쬐어) 말리다. 볶다.
焙ずる(ほうずる) ☞焙じる(ほうじる).
焙烙(ほうろく) 질냄비.
‖~頭巾(ずきん) 질냄비 모양을 한 두건《중이나 노인이 씀》.
~蒸し(むし) 생선·송이 등을 질냄비에 쪄 구이함. 또, 그 요리.
焙焼(ばいしょう) 배소. ♣~炉(ろ) 배소
焙煎(ばいせん) 배전. 찻잎이나 커피 원두를 볶는 일.
焙じ茶(ほうじちゃ) 볶아서 달인 (엽)차.

訓読
❖焙る(あぶる) 불에 굽다. 불에 말리다.
焙り物(あぶりもの) 불에 쬐어서 구운 것. 특히 구이함. 생선.
焙り出し(あぶりだし) 약품을 발라 불에 쬐면 그림이나 글자가 나타나는 종이.

其他
焙炉(ほいろ) 배로. 김·녹차잎 등을 말리는 데 쓰는 건조로(乾燥爐).

| 15 貝 [常] | 賠 | 물어줄 배
バイ
つぐなう |

音読
賠償(ばいしょう) 배상. ♣~金(きん) 배상금.
‖~神経症(しんけいしょう) 〖醫〗배상(외상(外傷))신경증.
~責任(せきにん) 배상 책임. ♣~保険(ほけん) 배상 책임 보험.

| 15 車 [常] | 輩 | 무리 배·견줄 배
ハイ
ともがら·やから |

音読
輩出(はいしゅつ) 배출.
輩下(はいか) ①부하. ②지배를 받는 일.

訓読
輩 ㊀(やから) 도배(徒輩). 패거리. *ともがら로도 읽음.
㊁(はい) ①한패. 동아리. ②《接尾語로》…배(輩). 특정한 사람들의 패.
㊂(ばら) 《接尾語로》…들. 무리. 동아리.

| 19 韋 | 韛 | 풀무 배
ハイ
ふいご |

訓読
韛(ふいご) 풀무.

백

| 5 白 [教] | 白 | 흰 백·아뢸 백
ハク·ビャク
しろ·しら·しろい·
もうす |

音読
白ロシア(はくロシア) 〖地〗백러시아. 현재의 국명(國名)은 벨로루시.
白鍵(はっけん) 백건. 풍금이나 피아노의 흰건반.
白系(はっけい) 백계.
‖~露人(ろじん) 백계 러시아인.
白骨(はっこつ) 백골.
白光(はっこう) 백광. ①흰빛. ②〖天〗코로나. 「흰 공.
白球(はっきゅう) 백구. (야구·골프 등의)
白駒(はっく) ①백구. 백마. ②광음. 세월.
白鴎 ㊀(はくおう) 〖鳥〗백구. 갈매기.
㊁(しろかもめ) 〖鳥〗물떼샛과의 대형 흰 갈

매기. 북극권에서 번식하는 겨울 철새.

白圈(はっけん) 가운데를 하얗게 남긴 둥근 표지.

白金 ㊀(はっきん) 〖鑛〗백금. ♣~**黑**(こく) 백금흑.
‖~**族元素**(ぞくげんそ)〖化〗백금족 원소. ~**海綿**(かいめん)〖化〗백금 해면.
㊁(しろがね)〈雅〉① 은(銀). ② 은빛. ③ 은화(銀貨).
‖~**師**(し) 은세공을 하는 사람.
~**造**り(づくり) 은으로 꾸미거나 만듦.

白内障(はくないしょう) 〖醫〗백내장. *しろそこひ로도 읽음.

白泥(はくでい) 백니. 백점토(白粘土)를 이용하여 유약을 바르지 않고 구운 담황색, 혹은 엷은 쥐색의 다기(茶器).

白檀(びゃくだん) 〖植〗백단향.
㊁(しらまゆみ) ⇨ 白真弓(しらまゆみ).

白糖(はくとう) 백당. 흰 설탕.

白帶(はくたい) 백대. ① 흰 띠〔줄・붕대〕. ② 白帶下(こしけ)의 준말.
㊁(しろおび) ☞㊀. ② 유도・합기도 등에서, 아직 단위에 오르지 못한 사람이 매는 흰 띠. 또, 그 사람.

白図(はくず) 백지도(白地圖).

白桃(はくとう) 〖植〗백도. 수밀도(水蜜桃)의 하나.

白陶(はくとう) 백도. 중국 은대(殷代) 후기의 백색 경질(硬質) 토기.

白道 ㊀(はくどう) 〖天〗백도. 달이 천구상(天球上)에 그리는 궤도.
㊁(びゃくどう) 〖佛〗백도. 서방 정토(西方淨土)에 이르는 길의 비유.

白陶土(はくとうど) 카올린. 고령토(高嶺土).

白讀(はくどく) 글 뜻을 도외시하고 음독하기.

白銅(はくどう) 백동. 백통.
‖~**貨**(か) 백동화. 백통돈.

白頭(はくとう) 백두. 하얗게 센 머리.
‖~**翁**(おう) 백두옹. ① 머리가 흰 노인. ② 〖鳥〗'椋鳥(むくどり)(=찌르레기)'의 딴이름.

白灯油(はくとうゆ) 백등유.

白癩 ㊀(びゃくらい) 백라. 피부가 하얗게 되는 나병.
㊁(しらはたけ) 〖醫〗☞白癜(しろなまず). *しらはだけ로도 읽음.

白蘭(はくらん) 〖植〗백란. *びゃくらん으로도 읽음.

白蠟(はくろう) 백랍. 흰 밀랍(蜜蠟). ♣~**病**(びょう) 〖醫〗백랍병.

白狼(はくろう) 〖植〗흰 늑대.

白蓮 ㊀(はくれん) 〖植〗백련. 흰 연꽃.
㊁(びゃくれん) ①〖植〗白木蓮(はくもくれん)의 딴이름. ③ 깨끗한 마음이나 몸의 비유. ♣~**教**(きょう) 〖佛〗백련교. /~**社**(しゃ) 〖佛〗백련사.

白蘞(びゃくれん) 〖植〗백렴. 가위톱.

白露(はくろ) 백로. ① 흰 이슬. *しらつゆ로도 읽음. ② 24절기의 하나. ③ 〖地〗백(白)러시아.

白綠(びゃくろく) 백록. 흰빛을 띤 녹색.

白龍(はくりゅう) 백룡. 흰빛의 용. 천제(天帝)의 사자라 함. *はくりゅう로도 읽음.
‖~**魚服**(ぎょふく) 백룡어복. 귀인이 미행(微行)을 하다가 미천한 자에게 봉변을 당함을 비유함.

白痢(はくり) 〖醫〗백리. *びゃくり로도 읽음.

白燐(はくりん) 〖化〗백린. 흰인. 황린(黃燐).

白馬 ㊀(はくば) 백마. 흰 말. *雅語로あおうま라고도 함.
㊁(しろうま) ① ☞㊀. 〈俗〉탁주. 막걸리.

白麻(はくま) 〖醫〗백마. 어저귀.

白魔(はくま) 백마. 재해를 입히는 폭설(暴雪)을 악마에 비유한 말.

白梅(はくばい) 백매. 흰 매화. *しらうめ로도 읽음.

白面 ㊀(はくめん) 백면. ① 나이가 젊고 미숙함. ② 흰 얼굴.
~**の書生**(しょせい) 백면서생. 글만 읽고 세상일에 경험이 없는 사람.
㊁(しらふ) 술 취하지 않았을 때의 얼굴・태도.

白木蓮(はくもくれん) 〖植〗백목련.

白描(はくびょう) 〖美〗백묘. ♣~**畫**(が) 백묘화.

白墨(はくぼく) 백묵. 분필.
㊁(しろずみ) 호본(胡粉)을 구워서 만든 흰색 그림 물감. *しらずみ로도 읽음.

白文(はくぶん) 백문. ① 구두점이나 토가 하나도 그냥 내리쓴 한문. ② 주석을 달지 않은 본문만인 한문.

白米(はくまい) 백미. 정백미. *しろごめ로도 읽음. ♣~**病**(びょう) 〖醫〗백미병.

白眉(はくび) 백미. 여럿 중에서 가장 뛰어난 사람〔것〕.

白斑(はくはん) 백반. ① 흰 반점〔얼룩〕. *しらふ・しろぶち・しろまだら로도 읽음. ② 〖醫〗백남. 백반증(症). ③〖天〗태양면의 특히 빛이 센 부분.
‖~**病**(びょう) 〖農〗백반병. 식물에 생기는 병의 하나.

白飯(はくはん) 백반.

白兵(はくへい) 백병. ① 칼. ② 적을 찌르고 베는 칼・창 따위. ♣~**戰**(せん) 백병전.

白鳳(はくほう) 백봉. 털이 흰 봉.
‖~**時代**(じだい) 일본 미술사에서의 시대구분의 하나(서기 645~709년).

白鬢(はくびん) 백빈. 허옇게 센 살쩍.

白砂(はくしゃ) 백사. 흰 모래. *はくさ・しらすな로도 읽음.
‖~**青松**(せいしょう) 백사 청송. 아름다운 해변의 경치.
㊁(しらす) 〖地〗화산재와 속돌의 퇴적층(堆積層).
‖~**地帶**(ちたい) 화산재와 속돌이 널리 분포되어 있는 지대.

白蛇(はくじゃ) 〖動〗백사. 흰뱀. *しろへび로도 읽음.

白山(はくさん) 〖地〗石川(いしかわ)・岐阜

(ぎふ) 두 현 경계에 있는 화산맥의 주봉《영산(靈山)으로 알려짐》.

‖〜一華(いちげ)〖植〗바람꽃.

白散(びゃくさん) 도소(屠蘇)의 하나. 산초나무・도라지 따위를 잘게 썰어 넣음.

白状(はくじょう) 자백.

白色(はくしょく) 백색. ♣〜光(こう) 백색광 / 〜体(たい)〖植〗백색체.

‖〜矮星(わいせい)〖天〗백색 왜성. 〜人種(じんしゅ) 백색 인종.

白書(はくしょ) (정부의) 백서.

白晳(はくせき) 백석. 살갗이 흼.

白扇(はくせん) 백선. 바탕이 희고 무늬가 없는 부채.

白銑(はくせん) 백선. 선철(銑鐵)의 하나.

白線(はくせん) 백선. 흰 선.

‖〜法(ほう) (청사진의) 백선법.

白癬(はくせん)〖醫〗백선. 기계충. *しらくも・しらくぼろも 읽음. ♣〜菌(きん) 백선균.

白雪(はくせつ) 백설. *雅語로는 しらゆき.

‖〜糕(こう) 멥쌀과 찹쌀 가루로 흰 설탕・연밥 가루 등을 섞어 틀에 넣어 말린 과자.

白寿(はくじゅ) 백수. 99세(의 잔치).

白詩(はくし)〖文〗백시. 당나라 백거이(白居易)의 시.

白氏文集(はくしもんじゅう) 백씨 문집. 중국 당나라 백거이(白居易)의 문집.

白亜(はくあ) 백악(白堊). ♣〜系(けい) 백악계 / 〜館(かん) 백악관 / 〜紀(き)〖地〗백악기.

白堊(はくあ) ⇨ 白亜(はくあ).

白眼 ㊀(はくがん) 백안. *しろまなこ로도 읽음. ♣〜視(し) 백안시.

㊁(きめ) 털이 하얀 소나 말. 또, 양쪽 눈가의 털이 하얀 우마.

㊂(しろめ) 백목(白目). 눈의 흰자위.

白雁(はくがん) 백안. 흰 기러기.

白皚皚(はくがいがい) 백애애. 눈이 온통 하얗게 내린 모양.

白夜(はくや) (극(極)지방의) 백야. *びゃくや로도 읽음.

白楊 ㊀(はくよう)〖植〗백양. *どろやなぎ로도 읽음.

㊁(はこやなぎ)〖植〗사시나무.

白羊宮(はくようきゅう)〖天〗백양궁.

白魚 ㊀(はくぎょ) ①흰 고기. ②〖蟲〗백어. 반대좀.

㊁(しらうお) ①〖魚〗뱅어. ②여성의 희고 긴 손가락을 비유한 말.

白業(びゃくごう)〖佛〗백업. 선업(善業).

白煙(はくえん) 백연. 흰 연기.

白鉛鉱(はくえんこう)〖鑛〗백연광.

白熱(はくねつ) 백열. ♣〜灯(とう) 백열등 / 〜的(てき) 백열적 / 〜戦(せん) 백열전.

‖〜電球(でんきゅう) 백열 전구.

白髯(はくぜん) 백수(白鬚). 흰 수염.

白屋(はくおく) 백옥. 새 이엉으로 인 집. 초라한 집.

白玉楼(はくぎょくろう) 백옥루. 문인(文人)이 죽어서 간다는 누각.

白雨(はくう) 백우. 맑은 하늘에서 내리는 비. 소나기.

白雲(はくうん) 백운. 흰구름. *しらくも・しろくも로도 읽음. ♣〜木(ぼく)〖植〗쪽동백 / 〜石(せき) 백운석.

‖〜岩(がん)〖鑛〗백운암. 돌로마이트.

白月 ㊀(はくげつ) 백월. 명월.

㊁(びゃくげつ) 고대 인도의 음력에서 초하루부터 보름까지의 기간.

白銀 ㊀(はくぎん) ①은. ②(쌓인) 눈. ③江戸(えど) 시대의 은화의 하나.

㊁(しろがね)〈雅〉①은(銀). ②은빛. ③은화(銀貨).

白衣 ㊀(はくい) 백의. 흰옷. *はくえ・びゃくえ로도 읽음.

‖〜の天使(てんし) 백의의 천사. 간호사의 미칭. *びゃくえのてんし로도 읽음.

㊁(しろきぬ) 백의. ①흰옷. ②(검정 장삼을 입는 승려에 대해) 일반인. 속인.

白人(はくじん) ①백인. 백인종. ②江戸(えど) 시대의 사창(私娼).

白印(くいん) 문자 부분을 파낸 도장.

白人種(はくじんしゅ) 백인종.

白日(はくじつ) 백일. ♣〜夢(む) 백일몽.

白一色(はくいっしょく) 온통 새하얌.

白字(はくじ) ①흰 안료로 쓴 글자. ②오목하게 음각한 글자.

白磁(はくじ) 백자.

白杖(はくじょう) 백장. 시각 장애인이 걸을 때 사용하는 하얀 지팡이.

白張(はくちょう) ⇨ 白丁(はくちょう).

白材(はくざい) (나무의) 백재. 변재(邊材).

白戦(はくせん) ①시인들의 시문을 글재주를 겨루는 싸움. ②맨손으로 싸우는 싸움.

白点(はくてん) 백점. 흰 점.

白丁(はくちょう) ①흰 狩衣(かりぎぬ)를 입고 양산(陽傘)・신발을 들거나 마부 구실을 하는 잡역부. ②신사(神社) 의식 등에서 물건을 나르는 인부.

白帝(はくてい)〖民〗백제. 가을을 맡은 서쪽의 신(神).

白鳥(はくちょう) 백조. ①흰색의 새. ②〖鳥〗고니. *しらとり로도 읽음. ♣〜座(ざ)〖天〗백조자리.

‖〜処女説話(しょじょせつわ) 백조가 아가씨 모습으로 나타나 남자의 아내가 되지만, 다시 새가 되어 날아간다는 설화.

白昼(はくちゅう) 백주. 대낮. ♣〜夢(む) 백일몽(白日夢).

白地 ㊀(はくち) 백지. ①흰 천. ②아무것도 없는 땅. ③(창년 등에 대해) 여염집 여자.

㊁(しらじ) ①〖도기(陶器)・기와의〗아직 굽지 않은 것. ②염색하지 않은 천. ③백지.

‖〜小切手(こぎって) 백지(白地) 수표.
〜手形(てがた) 백지 어음.

~式裏書(しきうらがき) 백지식 배서.
~引受(ひきうけ)〔法〕백지 인수.
~振出(ふりだし)〔經〕백지 발행.
~刑法(けいほう)〔法〕백지 형법.
㊂(しろじ)(천이나 종이 따위의) 흰 바탕. 바탕이 흰 것.
∥~地域(ちいき) 토지 이용 규제 등 규제가 전혀 없는 지역.

白芷(びゃくし)〔漢醫〕백지. 鎧草(よろいぐさ)(=구릿대)'의 한자 이름.
白紙 ㊀(はくし) 백지. ① 흰 종이. ② 아무것도 안 쓰여 있는 종이. 공지(空紙) ③ 아무것도 보지 않고 어떤 일이 있기 전의 상태.
∥~委任(いにん) 백지 위임. ♣~状(じょう) 백지 위임장.
㊁(しらかみ) ☞㊀①②.
∥~手形(てがた)〔經〕백지 어음.
白地図(はくちず) 백지도. 윤곽만을 그린 지도. *しろちずろも 읽음.
白質(はくしつ)〔生〕백질.
白菜(はくさい) 배추.
白鶺鴒(はくせきれい)〔鳥〕백할미새.
白鉄鉱(はくてっこう)〔鑛〕백철광.
白秋(はくしゅう) 가을의 딴이름.
白朮(びゃくじゅつ)〔漢醫〕백출.
白痴 ㊀(はくち) 백치. 바보.
∥~美(び)(여성의) 백치미.
㊁(たわけ) ① 희롱. 까불. ② 白痴者(たわけもの)의 준말. 바보. 천치.
白雉(はくち) 백치. 흰 꿩.
白濁(はくだく) 백탁. 보얗게 흐림.
白炭(はくたん) 백탄.
㊁(しろずみ) ① 백탄. ② 석회나 호분(胡粉)을 바른 지탄(枝炭)(차를 달일 때 씀). *しろずみろも 읽음.
白湯(はくとう) 백탕. ① 백비탕. *さゆ・しらゆろも 읽음. ② (보통의) 목욕용 물.
白土 ㊀(はくど) 백토. ① 흰 흙. ② 도토(陶土).
㊁(しらに) 백토. 안료(顏料)로 쓰는 흰색의
白布(はくふ) 백포. 흰 천.
白票(はくひょう) 백표. ① 백지 투표. ② 국회에서 찬성 투표에 쓰이는 백색의 표시(흰 나무패・흰 공・흰 종이 등이 쓰임).
白皮症(はくひしょう)〔醫〕백피증.
白鵬(はっかん)〔鳥〕백한(白鵬). 꿩과에 속하는 새.
白海(はっかい)〔地〕백해. 러시아 연방의 북서부에 있는 만(灣).
白血球(はっけっきゅう)〔生〕백혈구.
∥~減少症(げんしょうしょう)〔醫〕백혈구 감소증.
白血病(はっけつびょう)〔醫〕백혈병.
白虎(びゃっこ) 백호.
白狐(はっこ) 백호. 흰털의 여우. *しろぎつねろも 읽음.
白毫(びゃくごう)〔佛〕백호. 부처의 미간에 있어, 빛을 낸다는 털(불상에서는 이마에 구슬을 박아서 이것을 나타냄).
白豪主義(はくごうしゅぎ) 백호주의.
白虹(はっこう) 백홍. 흰 무지개.
白化(はくか) ① 하얗게 됨. ②〔生〕백화 현상. *はっかろも 읽음.
白話(はくわ) 백화. 현대 중국어의 구어(口語).
白禍(はっか) 백화. 유색 인종에 대한 백인종의 압박[위협]. *はくかろも 읽음.

訓読→

白 ㊀(しろ) ① 백. 흰색. ② 색이 흰[하얀] 것. ③ (바둑에서) 백. 흰 돌(을 전 쪽). ④〈俗〉범죄 혐의가 없음(없어짐). 무죄. 결백.
㊁(しら) ① 꾸밈이 없음. ② 술 취하지 않았을 때의 얼굴・태도. ③《接頭語로》㉠ 흰. ㉡ 본바탕의. 가공하지 않은. 민짜의.
㊂(しらみ) ☞㊀①②.
㊃(せりふ) ①〔劇〕대사. ② 틀에 박힌 말. ③ 언사. 말투.
白け(しらけ) 어떤 일에도 무관심・무감동한 일.
白ける(しらける) ① 바래서 회어[허예]지다. 퇴색하다. ② 흥・분위기가 깨지다.
白げる(しらげる) ① 쓿다. 정미하다. ② 널빤지를 깎아 희게 하다. ③ (세공품을) 닦아서 끝손질하다.
白っぽい(しろっぽい) 전체적으로 흰빛을 띠다.
白ばむ(しろばむ) 흰빛을 띠다. 희어지다.
白む(しらむ) ① 희어지다. ② 새벽이 되어 밝아지다. ③ 흥이[분위기가] 깨어지다. ③〈雅〉쇠하다. (세가) 꺾이다. *①③은 しろむろも 읽음.
らか(しららか) 눈에 띄게 흰 모양.
❖白い(しろい) 희다.
㊁(はくい)〈俗〉아름답다. 바람직스럽다.
白ナンバ(しろナンバ)〈俗〉자가용차.
白バイ(しろバイ) (경찰의) 백색 오토바이(교통 단속・경계용).
白襷(しろだすき) 흰 어깨띠.
白犬(しろいぬ) 백견. 흰 개.
白鯨(しろくじら)〔動〕백경. 흰 고래.
白栲(しろたえ) ① 흰빛. ②〔雅〕흰 천.
白瓜(しろうり)〔植〕월과(越瓜).
白口(しろくち)〔魚〕'石首魚(いしもち)(=조기)'의 딴이름.
白麹(しろこうじ) 백국. 쌀로 만든 흰 누룩.
白襟(しろえり) ① 옷의 하얀 깃. ② 白襟紋 付き의 준말. ③ 기생의 공식 복장.
∥~紋付き(もんつき) 여성의 일본 옷 예장(禮裝)으로, 흰 깃의 속옷에 가문(家紋)이 박힌 겉옷을 입음.
白搗き(しろづき) 쌀 따위를 희게 찧은 것.
白豆(しろまめ)〔植〕흰콩.
白鑞(しろみ) ① 백동. ② 백랍. 땜납. *しろめ・はくろうろも 읽음.
白練(しろねり) ① 희게 누인 비단. ② 흰색의 단팥묵.
白鹿毛(しろかげ) 말의 털빛의 하나. 몸 전체는 연한 다색(茶色)이고, 발은 흰빛을 띰. *しらかげろも 읽음.

白蔓(しろづる) 등나무 껍질을 벗긴 것《꽃꽂이의 재료로 쓰임》.
白毛(しろげ) 털빛이 흰 말.
白目(しろめ) 백안(白眼). ① 백목. 눈의 흰자. ② 흰자위가 많은 눈망울. ③ 경멸하는 눈초리.
∥**〜勝ち**(がち) 눈의 흰 부분이 많은 모양.
白木綿 ㊀(しろもめん) (마전한) 흰 무명실. 염색하지 않은 흰 무명. 「베〔바〕.
㊁(しらゆう) 닥나무 껍질의 섬유로 만든 흰
∥**〜波**(なみ) 白木綿처럼 희게 보이는 파도.
白妙(しろたえ) ①흰빛. ②〈雅〉흰 천.
*しらたえ로 읽음.
白猫(しろねこ) 흰 고양이.
白無垢(しろむく) ①위아래가 다 흰 복장. ②염색하지 않은 하얀 피륙.
∥**〜鉄火**(てっか) 얌전해 보이면서, 사실은 못된 짓을 하는 자.
白い物(しろいもの) ①눈. ②흰머리. 백발. ③ ☞白粉(おしろい).
白味(しろみ) ①흼. ②(달걀의) 흰자위. 난백(卵白). 「된장.
白味噌(しろみそ) 흰콩과 쌀누룩으로 담근
白蜜(しろみつ) ①벌꿀. 꿀. 봉청. 백청(白淸). ②백설탕을 진하게 끓인 물.
白抜き(しろぬき) 백발. 염색・인쇄에서, 글자나 무늬를 흰색으로 처리하는 일. 또, 그 글자나 도형.
白房(しろぶさ) 씨름판 서쪽 구석에 늘어뜨린 흰 술. 「은 떡.
白餅(しろもち) 찹쌀떡. ② 소가 들지 않
白服(しろふく) 여름에 입는 흰 양복.
白絣(しろがすり) 흰 바탕에 붓으로 살짝 긁은 듯한 흑〔감〕색의 무늬가 들어 있는 천.
白筬(しろの) 대나무를 매끄럽게 깎기만 하고 태우거나 칠하지 않은 살대.
白飛白(しろがすり) ⇨ 白絣(しろがすり).
白糸 ㊀(しろいと) 백사. 흰 실.
∥**〜刺繡**(ししゅう) 흰 실로 놓은 자수.
㊁(しらいと) ① ☞ . ② 생사(生絲).
白砂糖(しろざとう) 백사탕. 백설탕.
白珊瑚(しろさんご) 〖動〗백산호.
上上がり(しろあがり) 염색에서, 무늬를 흰색으로 빼어 내는 일.
白色申告(しろいろしんこく) 백색 신고. 소득세・법인세 신고의 속칭.
白生地(しろきじ) 아직 염색하지 않은 흰 천.
白鼠(しろねずみ) ①흰쥐. ②새앙쥐. ③충실한 고용인. ④엷은 쥐색.
白石(しろいし) 백석. (바둑의) 흰 돌. *はくせき로도 읽음.
白星(しろぼし) ①흰 동그라미표(지). ② (경기 따위에서)승자〔승리〕의 표시. ③성공.
白小雲(しろさぐも) 하얀 구름.
白水(しろみず) 뜨물. 쌀뜨물. 미감(米泔).
白手(しろで) 흰 유약을 칠한 자기.
白首 ㊀(しろくび) 매춘부. 창녀. *しらくび로도 읽음.
㊁(はくしゅ) 백수. 백발의 머리.
白柿(しろがき) 백시. 곶감. 건시(乾柿).
白身(しろみ) ①(달걀의) 흰자위. ②고기・생선살의 흰 부분. ③재목의 흰 부분.
白鞍(しろくら) ①안장의 앞가지・뒷가지에 물을 댄 것. ②백골 안장. 「는 말.
白額(しろびたい) 머리에 하얀 작은 점이 있
白鉛(しろなまり) 〖化〗주석의 옛 이름.
煉瓦(しろれんが) 백연와. 흰 벽돌. 내화(耐火)・내수(耐水) 벽돌.
白映え(しろばえ) 장마철에 잠시 햇빛이 보이며 개일 것처럼 보이는 일.
白烏(しろがらす) 〖鳥〗흰 까마귀.
白雲母(しろうんも) 〖鑛〗백운모. *はくうんも로도 읽음.
白熊(しろくま) 〖動〗백곰. 흰곰. 북극곰
㊁(はぐま) 야크 꼬리의 흰털. 「곰.
白鞣(しろなめし) 염색을 하지 않은 무두질한 가죽.
白栗毛(しろくりげ) 말의 털빛의 하나로, 연누렁색을 띤 밤색. *しらくりげ로도 읽음.
白蟻(しろあり) 〖蟲〗흰개미. *しらあり・はくぎ로도 읽음.
白飴(しろあめ) 흰엿. 「服).
白装束(しろしょうぞく) 흰 옷차림. 소복(素
白長須鯨(しろながすくじら) 〖動〗장수경(長鬚鯨). 큰고래.
白醬油(しろしょうゆ) 밀을 주원료로 만든 엷은 빛의 간장.
白田(しろた) ①눈이 덮여 있는 겨울 논. ② 밭. *②는 はくでん으로도 읽음.
∥**〜売買**(ばいばい) 아직 눈이 있을 때에 그 해의 산미(産米)에 대해 매매 계약을 맺는 일.
白癜(しろなまず) 〖漢醫〗백남. 백전풍(白癜風). 백반증(白斑症).
白切符(しろきっぷ) 예전에, 철도의 1등 승차권의 일컬음.
白足袋(しろたび) 일본식의 흰 버선.
白酒 ㊀(しろさけ) 삼짇날에 쓰는 단술.
㊁(しろき) 大嘗祭(だいじょうさい) 등에 쓰이는 흰 술.
㊂(はくしゅ) 백주. 탁주.
㊃(パイチュウ) 중국 증류주의 총칭. 배갈・마오타이주 등.
白紙子(しろかみこ) 감물을 들이지 않은 하얀 종이옷《중이나 풍류가가 입음》.
白躑躅(しろつつじ) 〖植〗흰 꽃을 피우는 진달래.
白葱(しろねぎ) 〖植〗밑동이 희고도 긴 파.
白漆喰(しろしっくい) 안료를 섞지 않은 하얀 회반죽.
白湯文字(しろゆもじ) 풋내기 창녀.
白泡(しろあわ) 백포. ①입에서 나오는 흰 게거품. ②흰 물거품. *②는 しらあわ로도 읽음.
白葡萄酒(しろぶどうしゅ) 백포도주.
白表紙(しろひょうし) 백표지. 검인정을 받기 위해 제출하는 교과서의 원본.

白下(しろした) (백설탕의 원료로 쓰이는) 조제(粗製) 설탕.
白餡(しろあん) (흰 강낭콩이나 흰 광저기 따위로 만든) 흰 소.
白革(しろかわ) 하얗게 무두질한 가죽. *しらかわにも 읽음.
白胡麻(しろごま) 백호마. 흰 참깨.
白胡椒(しろこしょう) 후추를 물에 담가 껍질을 벗긴 뒤 말린 것.
白紅(しろくれない) 흰빛과 붉은 빛을 반색 섞어 가며 꼰 지노.
白靴(しろぐつ) 흰 구두.
白黒 ㊀(しろくろ) 흑백. 시(是)와 비(非).
‖~映画(えいが) 흑백 영화.
㊁(しろくら) 흑백. 잘잘못. 표리(表裏).
詰草(しろつめくさ)〖植〗클로버. 토끼풀.
❖白(しら) → 訓読 ❖白.
白干し(しらぼし) 어류・조류・야채 등을 소금에 절이지 않고 말리는 일. 또, 그 말린 것.
白乾し(しらぼし) ⇨ 白干し(しらぼし).
白樫(しらかし)〖植〗가시나무.
白絹(しらぎぬ) (무늬 없는) 흰색의 비단. *しろぎぬ에도 읽음.
白絞り(しらしぼり) 상질의 참기름.
白絞め油(しらしめゆ) ①정제한 평지〔유채〕기름. ②정제한 콩기름・면실유.
白菊(しらぎく) 백국. 꽃이 흰 국화. *しろぎく에도 읽음.
白几帳面(しらきちょうめん)〈俗〉몹시 꼼꼼〔깔끔〕한 모양.
白根(しらね) (땅 속에 묻힌) 흰 밑동. 흰 뿌리. *しろね에도 읽음.
白肌(しらはだ) ①흰 살결. ②〖漢醫〗백납. 백전풍(白癜風). 「도 읽음.
白旗(しらはた) 백기. *しろはた・はっき에도
白南風(しらはえ) ①장마가 걷힐 무렵에 부는 마파람. ②8월경에 부는 남서풍. *しろはえ에도 읽음. 「되다.
白み渡る(しらみわたる) 주위가 희부옇게
白塗り(しらぬり) 은으로 도금하는 일.
㊁(しろぬり) 희게 칠하는 일. 희게 칠한 것.
白浪(しらなみ) ⇨ 白波(しらなみ).
‖~物(もの) 歌舞伎(かぶき)에서 도둑을 주인공으로 한 작품. 「음.
白鷺(しらさぎ)〖鳥〗백로. *はくろ에도 읽
白滝(しらたき) ①하얀 천을 드리운 것같이 보이는 폭포. ②鋤燒き(すきやき) 따위에 쓰이는 실 모양의 아주 가는 곤약(蒟蒻).
白綾(しらあや) 흰 능직물.
白木(しらき) ①껍질을 벗기거나 깎기만 하고 칠하지 않은 나무. ②〖植〗사람주나무.
㊁(しろき) ①껍질을 벗긴 건축용 재목. ②삼목(杉木)・노송나무 등과 같이 재질이 흰 목재의 총칭.
白拍子(しらびょうし) ①平安(へいあん) 말기에 시작된 가무. 또, 그 가무를 추는 유녀(遊女)《후에는 매춘부의 딴이름으로도 쓰였음》. ②아악・범패(梵唄)의 박자의 하나.
白髪 ㊀(しらが) ①백발. 흰 머리. *しろかみ에도 읽음. ②혼례의 선물로 쓰는 삼베.
‖~昆布(こぶ) 머리카락 모양으로 가늘게 썬 허연 다시마. *しらがこんぶ에도 읽음.
~頭(あたま) 백발로 하얗게 된 머리.
~染め(ぞめ) 백발 염색(약).
~髭(ひげ) 하얗게 된 수염.
㊁(はくはつ) ⇨ ㊀①.
‖~三千丈(さんぜんじょう) 백발 삼천장《근심・걱정 때문에 백발이 늘어가는 모양을 과장한 말》.
白白 ㊀(しらじら) ① ⇨ ㊁①. ②허연 느낌인 모양. ③흥이 깨지는 모양. ④시치미를 떼는 모양. ⑤고요하고 어렴풋한 모양.
㊁(しらしら) ①날이 차차 밝아 오는 모양. ②희게 빛나는〔보이는〕모양. 희붐히.
‖~明け(あけ) 새벽녘. 동틀 무렵.
㊁(しろじろ) 매우 흰 모양. 「모양.
㊃(はくはく) 흐린 데가 없고 분명한
白白しい(しらじらしい) ①속이 빤히 들여다보이다. ②시치미를 떼다. 빤한 것을 모른 체하다. ③흥이 깨지다. 입맛 떨어지다.
白百合(しらゆり)〖植〗흰 백합.
白帆(しらほ) 백범. 흰 돛.
白壁(しらかべ) ①백벽. 흰 벽. *はくへき에도 읽음. ②〈女〉두부의 딴이름.
‖~造り(づくり) 건물 바깥쪽을 흰 벽으로 만듦. 또, 그 건물.
白柄(しらつか) 흰 실 또는 상어 가죽으로 감은 칼자루. *しろつか에도 읽음.
白浜(しらはま) 백사장. 하얀 모래톱.
白橡(しらつるばみ) 밝은 도토리색.
白声(しらごえ) 새된 소리. 날카로운 외마디 소리.
白焼き(しらやき) 생선을 소금이나 간장을 치지 않고 구움. 또, 그렇게 구운 생선.
白穂(しらほ) 영글지 않고 하얗게 말라 버린 벼이삭.
白鬚(しらひげ) 백수. 흰 수염.
白矧(しらはぎ) 대나무에 흰 깃털을 달아 화살을 만듦. 또, 그 화살. 「않는 기생.
白芸者(しらげいしゃ) 손님에게 색을 팔지
白玉(しらたま) ①백옥. 흰 빛깔의 옥. ②〈雅〉진주. ③찹쌀가루로 만든 경단. ④白玉椿의 준말. 「것.
‖~粉(こ) 찹쌀가루를 물에 헹구어 희게 한
~椿(つばき) 흰 꽃이 피는 동백.
白羽(しらは) 흰 깃이 달린 화살. 흰 화살깃.
白刃(しらは) 백인. 칼집에서 뺀 칼. *はくじん에도 읽음.
白子 ㊀(しらこ) ①백자. (물고기의) 이리. ②〖醫〗선천성 백피증(白皮症). *②는 しろこ에도 읽음.
㊁(しらす) (멸치・청어・은어 따위의) 길이 2~3cm인 치어(稚魚).
‖~干し(ぼし) 뱅어포. 마른 멸치.
~乾し(ぼし) ⇨ 白子干し.

白煮(しらに) ① 흰쌀 생선의 뼈 따위를 소금만으로 익힘. 또, 그것. ② (간장을 쓰지 않고) 설탕과 소금만으로 삶음. 또, 그것.
白髭(しらひげ) 흰 (것)수염.
白子鳩(しらこばと)〖鳥〗산비둘기.
白張り(しらはり) ① 白張り提灯의 준말. ② 노복(奴僕)이 입던 풀을 빳빳하게 먹인 흰 옷.
∥~提灯(ちょうちん) (기름도 안 먹이고 글씨도 쓰지 않은) 백지만을 바른 장례식용(用)의 초롱.
白蟹え(しらあえ) ⇨ 白和え(しらあえ).
白州(しらす) 江戸(えど) 시대에, 재판을 하던 곳. 법정. 현관·뜰·무대 앞 등에 흰 모래나 자갈을 깐 곳.
白洲(しらす) ⇨ 白州(しらす).
白粥(しらかゆ) 흰죽.
白蒸し(しらむし) (팥을 넣지 않은) 찰밥.
白真弓(しらまゆみ) ① 칠하지 않은 참빗나무로 만든 활. ② 전체를 검게 칠하고 흰 등(籐)을 감은 활(말을 타고 달리면서 활을 쏘는 무예에 쓰임).
白茶 ㊀(しらちゃ) 엷은 갈색. 담갈색.
㊁(しろちゃ) 차를 쪄서 다시 볶은 고급차.
白茶ける(しらちゃける) 퇴색하여 회읍스름하다.
白搾り(しらしぼり) ⇨ 白絞り(しらしぼり).
白川夜船(しらかわよふね) ⇨ 白河夜船(しらかわよふね). 「매실木.
白酢(しらず) 차조기 잎을 넣지 않은, 무색의
白鞘(しらさや) 白木(しらき)로 만든 칼집.
白虫(しらむし)'虱(しらみ)(=이)'의 딴이름.
白埴(しらはに) 점토질의 하얀 흙.
白歯(しらは) ① 백치. 호치(晧歯). 흰 이. ② 미혼의 여자. 처녀(옛날, 일본에서는 여자가 결혼하면 이를 검게 물들였음).
白太(しらた) ① 백변(白邊). 통나무의 겉부분. 변재(邊材). ② 재(材)가 흰 삼목(杉木).
白波(しらなみ) 백파. ① 흰 물결. 〈雅〉도둑. ② <노도로도 읽음.
白河夜船(しらかわよふね) ① 모르면서 아는 체함. ② 깊이 잠들어 아무것도 모름. *しらかわよぶねろとも 읽음.
白鶴(しらつる)〖鳥〗백학. 두루미.
白血(しらち)〖醫〗白帯下(こしけ)의 딴이름.
白和え(しらあえ) 흰 참깨와 으깬 두부에 양념을 치고 야채 따위와 버무린 음식.
白樺(しらかば)〖植〗백화. 자작나무. *しらかんばろとも 읽음.
∥~油(ゆ) 자작나무의 기름.
白灰(しらはい) 흰 잿물.
其他
白乾児(パイカル) 배갈. 중국 술.
白膠木(ぬるで)〖植〗붉나무.
白劇(せりふげき) 연기와 대사를 주로 한 극. 보통의 연극.
白帯下(こしけ) 백대하. 냉. 대하(帯下).
*はくたいげろとも 읽음.
白粉 ㊀(おしろい) 분. ♣~下(した) 기초

화장품 / ~花(ばな)〖植〗분꽃.
∥~焼け(やけ) 분독(粉毒)으로 피부가 갈색으로 되는 일.
~中毒(ちゅうどく) 분독.
~臭い(くさい) ① 분 냄새가 나다. ② 물〔술〕장사 티가 나다. 요염하다.
㊁(はくふん) 백분. ① 흰 가루. ② ☞㊀.
白耳義(ベルギー)〖地〗벨기에.
白板(パイパン) (마작에서) 아무것도 새겨져 있지 않은 백패〔백 패〕.
白回し(せりふまわし)〖劇〗대사(臺詞)의 표현 솜씨.

| 6 白 教 | 百 | 일백 백·많을 백
ヒャク·ハク
もも |

音読

百 ㊀(ひゃく) ① 백. ② 다수. 많은 것.
㊁(もも)〈雅〉① 백. ② 수가 많음.
百家(ひゃっか) 백가. 그 시대의 많은 학자·논객.
∥~争鳴(そうめい) 백가쟁명. 학자나 논객이 각자의 입장에서 자유로이 의견을 발표하고 논쟁하는 일. 「날.
百箇日(ひゃっかにち)〖佛〗백일재(百日齋)
百計(ひゃっけい) 백계. 여러 가지 계책.
百考(ひゃっこう) 이리저리 생각함.
百穀(ひゃっこく) 백곡. 온갖 곡식.
百工(ひゃっこう) 백공. 온갖 장색(匠色). 또, 여러 공업(工業).
百科(ひゃっか) 백과.
∥~事典(じてん) 백과 사전.
~全書(ぜんしょ) 백과 전서. 백과 사전.
百官(ひゃっかん) 백관. *ひゃくかん·ももつかさろと 읽음.
百貫(ひゃっかん) 백관. 한 관의 백배(百倍).
百鬼夜行(ひゃっきやこう) 백귀야행.
*ひゃきやぎょうろと 읽음. 「제.
百年(ひゃくねん) 백년. ♣~祭(さい) 백년
∥~目(め) ① 백년째의 해. ② 좀처럼 만나기 어려운 호기(好機). ③ 피할 수 없음. 끝
百代(ひゃくだい) 백대. 「장.
㊁(ももよ) 수많은 세월. 오랜 세월.
百度 ㊀(ひゃくど) 백 번. 백 회.
∥~参り(まいり) 소원을 빌기 위해 신사·절의 일정한 경내의 일정 거리를 백 번 왕복하면서 그 때마다 예배하는 일. 「번.
㊁(ももたび) ① ☞㊀. ② 횟수가 많음. 여러
百練(ひゃくれん) 백련. 거듭 단련함.
百錬(ひゃくれん) ⇨ 百練(ひゃくれん).
百雷(ひゃくらい) 백뢰. ① 많은 벼락. ② 요란한 소리의 비유.
百僚(ひゃくりょう) 백료. 백관(百官).
百万(ひゃくまん) 백만. 수가 매우 많음.
∥~陀羅(だら)〈俗〉같은 말을 몇 번이고 되풀이해서 말하는 일.
~都市(とし) 기간(基幹) 도시.

~言(げん) 백만언. 아주 많은 말.
~長者(ちょうじゃ) 백만장자. 대부호.
~塔(とう) 孝謙天皇(こうけんてんのう) 연대에, 奈良(なら)의 10개의 큰 절에 봉납된 100만 개의 작은 나무탑.
~遍(べん) ① 백만 번. ②〖佛〗염불을 백만 번 욈.
百面相(ひゃくめんそう) 여러 가지 얼굴 모양을 해 보임. 또, 그 얼굴.
百目蠟燭(ひゃくめろうそく) 무게가 백 돈쭝(=375g)이나 되는 큰 초.
百聞(ひゃくぶん) 백문.
百物(ひゃくぶつ) 백물. 온갖 물건.
百物語(ひゃくものがたり) 밤에 몇 사람이 모여서 갖가지 괴담을 하는 놀이. 또, 그 괴담.
百味(ひゃくみ) 백미. 온갖 (진기한) 음식(의 맛).
∥~簞笥(だんす) 한약방의 서랍이 많이 있는 약장.
百般(ひゃっぱん) 백반. 여러 방면. 제반(諸般).
百発百中(ひゃっぱつひゃくちゅう) 백발백중.
百方(ひゃっぽう) 백방. 여러 방면. 온갖 방법.
百病(ひゃくびょう) 백병. 여러 가지 병.
百歩(ひゃくぶ) 백보.
百福莊嚴(ひゃくふくしょうごん) 〖佛〗백복 장엄. 백 가지 복업인(福業因)으로 인하여 얻은 부처의 장엄한 상(相).
百分比(ひゃくぶんひ)〈俗〉백분비. 백분율.
百分率(ひゃくぶんりつ) 백분율. 백분비.
百司(ひゃくし) 백사. 백관(百官).
百事(ひゃくじ) 백사. 만사.
百師(ひゃくし) 박자(拍子).
百色眼鏡(ひゃくいろめがね) 만화경(萬華鏡).
百選(ひゃくせん) 백선.
百成り(ひゃくなり) 한 나무에 열매가 많이 맺음.
百姓(ひゃくしょう) 농민. 촌사람. 또, 농가. ♣~屋(や)〈卑〉농가(農家).
∥~代(だい) 江戸(えど) 시대, 村方(むらかた) 三役(さんやく)의 하나. 농민의 장(長).
~読み(よみ) 한자(漢字)를 부수 따위로 짐작하여 아무렇게나 읽는 일.
~一揆(いっき) 江戸(えど) 시대, 지배자에 대한 농민의 반항 운동. 일반 폭동.
㊁(ひゃくせい) 백성. 일반 국민.
百世 ㊀(ひゃくせい) 백세. 백대.
㊁(ももよ) 수많은 세월. 오랜 세월.
百獸(ひゃくじゅう) 백수.
百尋(ひゃくひろ) 백 길(발). 한 길(발)의 백 배.
百十九番(ひゃくじゅうきゅうばん) 일일구(번). 비상시, 소방차나 구급차를 부르는 전화 번호.
百十番(ひゃくとおばん) 일일공(번). 범죄·사고 등 긴급시에 경찰을 부르는 전화 번호.
百眼(ひゃくまなこ) 눈과 얼굴 표정을 여러 모양으로 바꿈.
百夜参り(ひゃくやまいり) 백일 동안 매일 밤, 남몰래 절에서 참배하고 기원함.

百薬(ひゃくやく) 백약.
百様(ひゃくよう) 백양. 백태(百態).
百葉箱(ひゃくようばこ) 〖理〗백엽상. 기상 관측을 위하여 옥외에 설치한 상자.
百芸(ひゃくげい) 많은 기예.
百王(ひゃくおう) 백왕. ① 많은 임금. ② 백대(百代)의 임금.
百六韻(ひゃくろくいん) 〖言〗백육운.
百人力(ひゃくにんりき) 일당백(一當百)의 힘. 아주 마음이 든든함.
百人一首(ひゃくにんいっしゅ) 백 명의 가인(歌人)의 和歌(わか) 한 수석을 뽑아 모은 것. *ひゃくにんしゅほ라고도 함.
百一(ひゃくいち) ① 백 중의 하나. ② 거짓말쟁이. 허풍선이.
百一つ(ひゃくひとつ) 백에 하나. 거의 가망이 없음.
百日 ㊀(ひゃくにち) 백일. ① 백날. ② 많은 일수가 지남. ♣~咳(ぜき) 〖醫〗백일해 / ~草(そう)〖植〗백일초.
∥~鬘(かずら) 歌舞伎(かぶき)에서 도둑·수인(囚人) 등으로 분장할 때 쓰는 앞머리가 긴 가발.
㊁(ももか) ① 백일. 또, 수많은 날짜. ② (어린 아기의) 백일(잔치).
百子全書(ひゃくしぜんしょ) 백자 전서《책이름》.
百戦(ひゃくせん) 백전.
∥~百勝(ひゃくしょう) 백전백승.
~錬磨(れんま) 백전 연마.
百折不撓(ひゃくせつふとう) 백절불요.
百点満点(ひゃくてんまんてん) 백점 만점.
百足 ㊀(ひゃくそく) ① 백 개의 발. 많은 발. ② 지네의 딴이름.
㊁(むかで)〖動〗지네.
百座(ひゃくざ) 백 개의 자리.
百中(ひゃくちゅう) 백중. 발사할 때마다 명중함. 모두 명중함.
百尺竿頭(ひゃくしゃくかんとう) 백척간두. *ひゃくせきかんとう로도 읽음.
百千 ㊀(ひゃくせん) 백천. 수많음.
∥~万(まん) 백천만. 매우 수가 많음.
㊁(ももち)〈雅〉수가 많음.
∥~鳥(とり) ①〖俳句(はいく)〗에서, 봄에 지저귀는 많은 작은 새들. ②〖鳥〗'千鳥(ちどり)(=물떼새)'의 딴이름. ③〖鳥〗'鴬(うぐいす)(=휘파람새)'의 딴이름.
百川(ひゃくせん) 백 개의 강. 많은 강.
百草 ㊀(ひゃくそう) 백초. 온갖 풀.
㊁(ももくさ) ① 갖가지 풀. ② 소나무의 딴이름.
百出(ひゃくしゅつ) 백출.
百態(ひゃくたい) 백태. 여러 가지 모양.
百八(ひゃくはち) 백팔.
∥~煩悩(ぼんのう) 〖佛〗백팔 번뇌.
百八十度(ひゃくはちじゅうど) 백팔십도. 정반대.
百弊(ひゃくへい) 백폐. 온갖 폐단.
百害(ひゃくがい) 백해.
百骸(ひゃくがい) 백해. 몸을 구성하는 모든 뼈.

百行(ひゃっこう) 백행. ＊ひゃくこうろも 읽음.　　　　　　　　　「(横穴墓).
百穴(ひゃっけつ) 한 곳에 많이 있는 횡혈묘
百花(ひゃっか) 백화. 가지가지의 꽃.
∥～繚乱(りょうらん) 백화요란. 여러 가지 꽃이 어우러져 핌.
～斉放(せいほう) 백화제방. 낡은 것을 정리하고 새롭게 하여, 각기의 미점(美點)을 발휘함.
百貨(ひゃっか) 백화. ♣～店(てん) 백화점.
百和香(ひゃくわこう) 여러 가지 향료를 합쳐 개어 만든 향.
百会(ひゃくえ)〖生〗백회혈(穴). 정수리.

【訓読】
百磯城(ももしき) ⇨ 百敷(ももしき).
百木(ももき) 수많은 나무.
百敷(ももしき)〈雅〉궁중.
百石(ももさか) ⇨ 百積(ももさか).　　「월.
百歳(ももとせ)〈雅〉백년. 백세. 많은 세
百手(ももて) ①갖가지[여러 가지] 수단·방법. ②궁중에서 화살 200개를 백 번에 쏘
百夜(ももよ) 수많은 밤.　　　　└는 일.
百羽搔き(ももはがき) 도요새가 수없이 부리로 자기 깃을 쪼는 일. 횟수가 잦은 일의 비유.
百積(ももさか) 백 섬. 또, 용적이 큼《さかは 용적의 단위》.
百囀り(ももさえずり) 새, 특히 휘파람새가 연달아 지저귐.
百種(ももくさ) 백종. 여러 가지. 갖가지.
百重(ももえ) 여러 겹으로 겹침. 또, 수없이 겹쳐 있는 상태.
百枝(ももえ) 수많은 무성한 가지.
百八十神(ももやそがみ) 수많은 신(神).
【其他】
百舌(もず)〖鳥〗때까치. 백설조(鳥).
∥～勘定(かんじょう) 자기는 돈을 별로 내지 않으면서 남에게만 내게 하는 일.
百日紅(さるすべり)〖植〗백일홍. ＊ひゃくじつこうろも 읽음.
百済(くだら)〖史〗백제. ＊はくさい・ひゃくさいろも 읽음.
∥～琴(こと) 공후(箜篌). 비파.
～楽(がく) 백제에서 전래된 아악.
百合(ゆり)〖植〗백합. 나리.
百合鷗(ゆりかもめ)〖鳥〗붉은부리갈매기.

| 7 イ 常 | 伯 | 맏 백·큰아버지 백
ハク
おさ·おじ |

【音読】
伯(はく) ①《接尾語적으로》…백. 백작(伯爵). ②장관. ③형제 중 만이.
伯楽(はくらく) ①말의 좋고 나쁨을 감별하는 사람. ②소질 있는 젊은이를 찾아서 키우는 데 솜씨 있는 사람.
伯労(はくろう)〖鳥〗백로. 때까치.

伯備(はくび) 伯耆(ほうき)·備前(びぜん)· 備中(びっちゅう)·備後(びんご)의 네 고장의 총칭.　　　　　「부와 숙부.
伯叔(はくしゅく) 백숙. ①형과 아우. ②백
伯爵(はくしゃく) 백작.
伯州(はくしゅう)〖地〗伯耆国(ほうきのくに)의 딴이름.
伯仲(はくちゅう) ①장남과 차남. ②백중. (세력이) 팽팽함.
伯兄(はっけい) 백형. 맏형.

【訓読】
伯母(おば) 아주머니. 큰어머니. 큰고모. 큰외숙모. 큰이모. ＊はくぼろも 읽음.
伯母さん(おばさん) 伯母(おば)의 높임말.
伯母婿(おばむこ) 큰고모부. 큰이모부.
伯父(おじ) 삼촌. 백부. 큰외숙부. 큰고모부. 큰이모부. ＊はくふろも 읽음.
伯父さん(おじさん) 伯父(おじ)의 높임말.
伯父貴(おじき) 아저씨. 伯父(おじ)의 높임말. 또, 친근하게 부르는 말.

【其他】
伯耆(ほうき)〖地〗옛 지방 이름《지금의 鳥取(とっとり) 현의 서부》.
伯剌西爾(ブラジル)〖地〗브라질.

| 8 巾 | 帛 | 비단 백·폐백 백
ハク
きぬ |

【音読】
帛書(はくしょ) 백서. 비단에 쓴 글. 또, 그 비단.

【其他】
帛紗(ふくさ) 복사(袱紗). 작은 비단보.

| 9 木 | 柏 | 나무이름 백·잣나무 백
ハク
かしわ |

【音読】
柏酒(はくしゅ) 백주. 백엽주. 측백나무 잎을 넣고 빚은 술.

【訓読】
柏 ㊀(かしわ)〖植〗떡갈나무.
　㊁(このてがしわ)〖植〗측백나무.
柏餠(かしわもち) ①떡갈나무 잎에 싼 팥소를 넣은 찰떡. ②〈俗〉이불을 반으로 접어 그 안에 들어가 자는 일.
柏手(かしわで) 신(神)께 배례할 때 양손뼉을 쳐서 소리 내는 일.

| 15 鬼 | 魄 | 넋 백
ハク
たましい |

【音読】
魄(はく) 혼. 혼백.
魄霊(はくれい) 혼령. 유령. 망령.

번

| 10 衤 | 袢 | 속옷 번
ハン
はだぎ |

音読
袢纏(はんてん) 羽織(はおり) 비슷한 일본옷의 겉옷의 하나.

| 12 田 教 | 番 | 번 번·횟수 번
バン
つがい・つがう |

音読
番 ㊀(ばん) ① 차례. 순번. ② 망을 봄.
㊁(つがい) ① 한 쌍. 특히, 암수 한 쌍. 부부. ② 番目(つがいめ)의 준말.
番犬(ばんけん) 번견. 파수 보는 개.
番狂わせ(ばんくるわせ) ① (예상외의 사건으로) 순번이 틀어짐. ②(경기(競技) 따위가) 예상외의 결과가 됨.
番記者(ばんきしゃ) 재빨리 정보를 얻기 위하여 특정인을 늘 따라다니는 기자.
番代(ばんだい) ① 순번에 따라 교대함. ② 대신하여 번을 섬. 또, 그 사람. 「함.
番代わり(ばんかわり) 근무·당번 등을 교대
番台(ばんだい) 목욕탕의 카운터. 또, 거기에 앉아 있는 사람.
番頭 ㊀(ばんとう) ① 상가(商家)의 고용인 우두머리. 상점의 지배인. ②(주인을 대신해서) 실권을 쥐고 있는 사람. ③ (목욕탕의) 때밀이, 또는 카운터 보는 사람.
㊁(ばんがしら) 무가(武家)에서, 숙직·경비 따위 잡무를 처리하는 사람 중의 우두머리.
番目 ㊀(ばんめ)《接尾語로》…번째. 순서를 나타내는 말.
㊁(つがいめ) 관절. 마디.
番番(ばんばん) 사물이 순서를 따라 행하여짐. 순차(順次).
番兵(ばんぺい) 초병. 파수병.
番付(ばんづけ) ① 씨름에서, 씨름꾼의 순위를 기록한 표. 또, 그것을 모방하여 인명 따위를 표로 기록한 것. ② 연예의 프로그램이나 배우의 역할·줄거리 등을 쓴 것.
番士(ばんし) 당번병. 위병.
番傘(ばんがさ) 지우산(紙雨傘).   「배.
番船(ばんせん) 하구·항구 등을 감시하는
番線(ばんせん) 번선. ① 철사(鐵絲)의 굵기를 나타내는 말. ② 역(驛)의 번호를 붙인 플랫폼 쪽의 선로.
番所(ばんどころ) 번소. 파수꾼의 대기소.
番小屋(ばんごや) 파수막. 초소(哨所).
番手(ばんて) ① 성을 지키는 무사. ② 옛날, 싸움터에서 부대의 대오(隊伍)를 부르던 말.
③ 순번(順番)을 나타내는 말. ④ 번수. 실의 굵기를 나타내는 단위.
番数(ばんかず) 프로그램의 수.   「중.
番僧(ばんそう) 번승. 교대로 불당을 지키는
番役(ばんやく) 순번이 돌아오는 근무.
番屋(ばんや) ① 파수막. ② 청어·연어잡이 어부가 묵는 오두막.
番外(ばんがい) ① 일정한 프로그램 외. ② 정식 위원이나 의원(議員)이 아님. 준(準).
番謡(ばんうたい) 한 곡의 謠曲(ようきょく)를 처음부터 끝까지 하나도 빼지 않고 부르는 일.   「수꾼.
番人(ばんにん) 지키는〔망을 보는〕 사람. 파
番匠(ばんじょう) ① 옛날에 교대로 京都(きょうと)에 올라와 왕궁에서 일하던 목수. ② 목수. 대목(大木). ＊ばんしょう로도 읽음.
番長(ばんちょう)〈俗〉(교내) 비행 소년·소녀 집단의 우두머리.
番組(ばんぐみ) (경기·연예·방송 등의) 프
番卒(ばんそつ) 보초병.   「로(그램).
番地(ばんち) ① 번지. ② 주소.
番茶(ばんちゃ) 질이 낮은 엽차.
番太(ばんた) 番太郎(ばんたろう)의 준말.
番太郎(ばんたろう) 江戸(えど) 시대에, 江戸 시중에 설치한 파수막의 파수꾼.
番号(ばんごう) 번호.   「머신.
∥〜印字器(いんじき) 번호 인자기. 넘버링

訓読
番える(つがえる) ① 둘을 서로 맞추다. ② 화살을 시위에 메기다. ③ 굳게 언약하다.
❖番う(つがう) ① 짝이 되다. ② 교미하다.
番鳥(つがいどり) 암수가 언제나 함께 있는 새《사이 좋은 부부·남녀에 비유됨》.

其他
番木鼈(まちん)〖植〗마전(馬錢).

| 13 火 常 | 煩 | 번거로울 번
ハン・ボン
わずらう・わずら
わす・うるさい |

音読
煩(はん) 번거로움.
煩苛(はんか) 번가. 번잡하고 가혹한 일. 또, 그런 모양.   「시 끌림.
煩悩(ぼんのう) ①〖佛〗번뇌. ② 마음이 몹
∥〜即菩提(そくぼだい)〖佛〗번뇌와 보리는 한몸《번뇌 속에서 깨달음이 열리는 말》.
煩多(はんた) 번다. 번거롭게 많음.
煩慮(はんりょ) 번려. 고민〔걱정〕함. 또, 번거롭고 귀찮은 생각.
煩労(はんろう) 번로. 걱정하고 수고함.
煩論(はんろん) 번론. 번거로운 언론.
煩累(はんるい) 번루. 번거롭고 귀찮음.
煩忙(はんぼう) 번망. 다망(多忙).
煩務(はんむ) 번무. 번거로운 일〔사무〕.
煩悶(はんもん) 번민.
煩瑣(はんさ) 번쇄. 너무 잘고 번거로움.

幡・樊・燔・蕃・繁

∥~哲学(てつがく) 스콜라 철학.
煩熱(はんねつ) 번열. ① 숨막히게 더움. ② 세상의 번거로움에 시달림.
煩懊(はんおう) 번오. 몹시 고민하고 괴로워함.
煩擾(はんじょう) 번요. 번거롭고 요란스러움.
煩辱(はんじょく) 귀찮고 번거로움.
煩縟(はんじょく) ⇨ 煩辱(はんじょく).
煩冗(はんじょう) 번용. 번무(煩務).
煩雑(はんざつ) 번잡. 번거롭고 복잡함.

訓読

煩わしい(わずらわしい) 번거롭다. 귀찮다. 성가시다.
煩わす(わずらわす) ① (정신적으로) 괴롭히다. 걱정을 끼치다. ② 수고를 끼치다.
煩わせる(わずらわせる) ☞ 煩わす(わずらわす).
煩さ型(うるさがた) 잔소리꾼.
❖**煩う**(わずらう) 고민하다. 걱정하다.
煩い ㊀(わずらい) 번거로움. 고민. 걱정. 근심.
㊁(うるさい) 시끄럽다. 번거롭다. 귀찮다.
煩い付く(わずらいつく) 병들다.

---

15 巾 幡 표기 **번**·나부낄 **번**
ハン
はた·のぼり

音読

幡旗(はんき) 번기. 표지가 있는 기.
幡信(はんしん) 기로 알리는 지시.

---

15 木 樊 새장 **번**·울타리 **번**
ハン
まがき

音読

樊籠(はんろう) 번롱. ① 새장. ② 속박되어 자유가 없음. ③《佛》번뇌에 묶임.

---

16 火 燔 사를 **번**
ハン
あぶる·ひもろぎ·やく

音読

燔祭(はんさい)《宗》 번제.

訓読

燔る(あぶる) 불에 굽다. 불에 말리다.

---

16 艹 蕃 우거질 **번**·오랑캐 **번**
バン·ハン
えびす·しげる

音読

蕃茄(ばんか) '卜マ卜(=토마토)'의 딴이름.
蕃境(ばんきょう) 번경. 야만인이 사는 땅. 미개한 땅.
蕃国(ばんこく) 번국. ① 오랑캐 나라. ② 외국.
蕃民(ばんみん) 번민. 미개한 백성.
蕃舶(ばんぱく) 외국의 배. 야만인의 배.
蕃別(ばんべつ) 옛 씨족(氏族) 유별(類別)의 하나로 중국·한국에서 건너온 가문.
蕃社(ばんしゃ) 만족〔미개인〕이 사는 부락.
蕃書(ばんしょ) 江戸(えど) 시대에 서양 서적의 일컬음.
∥~**調所**(しらべしょ) 江戸(えど) 말기에, 幕府(ばくふ)가 세운 양학(洋學) 학교로 양서(洋書) 및 외교 문서를 번역하던 기관.
蕃俗(ばんぞく) 번속. 야만인의 풍속. 미개의 습속.
蕃習(ばんしゅう) 만습. 야만스러운 풍습.
蕃殖(ばんしょく) 번식. 「너온 신.
蕃神(ばんしん) 인도·중국·한국 등에서 건
蕃衍(はんえん) 번연. 번성(蕃盛). 번식.
蕃育(はんいく) 번육. 길러 키움.
蕃夷(ばんい) 만이(蠻夷). 오랑캐. 야만인.
蕃人(ばんじん) ① 번인. 만인. 야만인. 토인. 오랑캐. ② 외국인. ③ 대만의 원주민인 고사족(高砂族).
蕃薯(ばんしょ) '薩摩芋(さつまいも)(=고구마)'의 딴이름.
蕃地(ばんち) 번지. 만지(蠻地). 미개한 땅.
蕃椒(ばんしょう)《植》'唐辛子(とうがらし)(=고추)'의 딴이름.
蕃土(ばんど) 번토. 미개지.

---

16 糸 繁(繁) 성할 **번**·잦을 **번**
ハン
しげる·しげし

音読

繁簡(はんかん) 번간. 번잡함과 간략함.
繁劇(はんげき) 번극. 매우 번거롭고 바쁨. 번망(繁忙). 「이 많음.
繁多(はんた) 번다. 볼일이 많아 바쁨. 또, 일
繁忙(はんぼう) 번망. 다망(多忙).
繁茂(はんも) 번무. 초목이 무성함.
繁務(はんむ) 번무. 바쁜 근무.
繁蕪(はんぶ) 번무. ① 잡초 등이 무성함. ② 문장이 장황함.
繁文縟礼(はんぶんじょくれい) 번문욕례. 규칙이나 예법이 까다롭고 번거로움.
繁密(はんみつ) 번밀. 자질구레하고 번잡함.
繁分数(はんぶんすう)《數》번분수. 복(複)분수. 「백발의 비유.
繁霜(はんそう) 번상. ① 많이 내린 서리. ②
繁生(はんせい) 무성함. 우거짐.
繁盛(はんじょう) 번성. 번창. *はんせいㄹ도 읽음. 「기.
繁殖(はんしょく) 번식. ♣~**期**(き) 번식
繁衍(はんえん) 번연(蕃衍). 번식(蕃盛). 번 「식.
繁栄(はんえい) 번영.
繁縟(はんじょく) 번욕. '繁文縟礼(はんぶんじょくれい)(=번문욕례)'의 준말.
繁冗(はんじょう) 번용(煩用). 번무(煩務).
繁用(はんよう) 번용. 볼일이 바쁨.
繁雑(はんざつ) 번잡. 일이 많고 번거로움.

繁昌(はんじょう) 번창. 번성.
繁体字(はんたいじ) 번체자. 중국에서 간체자(簡體字)를 만들기 전의 필획이 복잡한 한자(漢字).
繁閑(はんかん) 번한. 바쁨과 한가함.
繁華(はんか) 번화. ♣~街(がい) 번화가.

[訓読]
繁い(しげい) 끊임없다. 빈번하다. 잦다.
繁く(しげく) 자주. 빈번히.
繁し(しげし) 〈文〉①무성하다. ②많다. ③(너무 많아서) 번거롭다.
繁み(しげみ) 우거짐. 우거진 곳. 수풀.
繁文(しげもん) 촘촘하게 배치된 무늬.
繁繁(しげしげ) ①뻔질나게. 빈번히. ②자상히. 찬찬히. *②는 しけじけ로도 읽음.
❖繁る(しげる) 초목이 무성하다.
繁り(しげり) 자주. 우거진 정도.
繁り合う(しげりあう) 무성하다.

[其他]
繁吹く(しぶく) ①물보라 치다. ②비바람 치다.
繁桟(こみざん) 띳장을 많이 넣음. 또, 그런 것.

| 18
艹
常 | 藩 | 울타리 번·지킬 번
ハン
まがき |

[音読]
藩(はん) 江戸(えど) 시대, 大名(だいみょう)의 영지나 그 정치 형태.
藩校(はんこう) 제후(諸侯)들의 자제들을 교육하던 학교.
藩領(はんりょう) 藩(はん)의 영지.
藩老(はんろう) 그 藩(はん)의 '家老(かろう)(=중신)'.
藩論(はんろん) 그 藩(はん)의 여론이나 의견.
藩吏(はんり) 江戸(えど) 시대의 藩(はん)의 관리.
藩籬(はんり) ①번리(樊籬). 울타리. ②☞藩塀(はんぺい).
藩閥(はんばつ) 明治(めいじ) 유신에 공이 있었던 藩(はん)의 출신자가 만든 파벌.
‖~政府(せいふ) 藩閥 정치를 행한 정부. 즉, 明治 유신 후부터 정당 내각 출현까지의 정부를 일컬음.
~政治(せいじ) 藩閥 정부에 의해서 행해지던 정치.
藩塀(はんぺい) 번병. ①울타리. 담장. ②왕실의 수호(守護)가 되는 것. 제후(諸侯). ③직할 영지.
藩府(はんぷ) 藩(はん)의 관청.
藩士(はんし) 제후(諸侯)에 속하는 무사.
藩王(はんおう) (영국의 통치를 받기 전부터) 인도의 각지에 있던 소왕국(小王國)의 왕.
藩儒(はんじゅ) 제후에게 소속된 유학자.
藩邸(はんてい) 藩의 저택. 관저.
藩政(はんせい) 영주가 자기 영내에 펴는 정치.
藩祖(はんそ) '藩主(はんしゅ)(=藩(はん)의 영주)'의 조상.

藩主(はんしゅ) 영주(領主). 제후(諸侯).
藩中(はんちゅう) ①藩(はん)의 안〔내부〕. ②같은 藩의 무사(武士).
藩札(はんさつ) 江戸(えど) 시대에, 각 藩(はん)에서 발행, 그 영지(領地) 안에서만 쓰던 지폐.
藩学(はんがく) 江戸(えど) 시대에 제후들이 각 영지(領地)의 자제들을 교육하기 위하여 창설한 학교.
藩黌(はんこう) ⇨ 藩校(はんこう).
藩侯(はんこう) 영주(領主).

| 18
糸 | 繙 | 풀 번·휘날릴 번
ハン・ホン
ひもとく |

[音読]
繙読(はんどく) 책을 펴 놓음. 책을 펴 놓고 읽음.
繙書(はんしょ) 책을 펴서 읽음. 독서.
繙閲(はんえつ) 번열. 책을 보면서 조사함.

[訓読]
繙く(ひもとく) 책을 펴서 읽다.

| 18
羽
常 | 翻(飜) | 나부낄 번·번역할 번
ホン・ハン
ひるがえる・ひるがえす |

[音読]
翻刻(ほんこく) 번각. 책을 내용 그대로 인쇄하여 출판함. 「농락함.
翻弄(ほんろう) 번롱. (마음대로) 가지고 놂.
翻本(ほんぽん) 번본. 번각본(翻刻本).
翻身(ほんしん) 번신. 몸을 날쌔게 돌림.
翻案(ほんあん) 번안.
翻訳(ほんやく) 번역. ♣~権(けん) 번역권. 「체).
‖~口調(くちょう) 번역 티가 나는 표현〔문~借用語(しゃくようご) 번역 차용어.
翻然(ほんぜん) 번연. ①나부끼는 모양. ②갑자기 마음을 고치는 모양.
翻意(ほんい) 번의.
翻印(ほんいん) (ひるがえる) ☞翻刻(ほんこく).
翻字(ほんじ) 번자. 다른 문자로 바꿔 씀.
翻転(ほんてん) 번전. 몸을 뒤집음. 재주넘기. 공중제비.

[訓読]
翻す ㊀(ひるがえす) ①뒤집다. 번드치다. ②(깃발 따위를) 나부끼게〔휘날리게〕하다. ㊁(かえす) 뒤집다. 거꾸로 하다. 젖히다.
❖翻る(ひるがえる) ①뒤집히다. 갑자기 바뀌다. ②번드쳐 뛰어오르다. ③나부끼다. ④태도·의견 등이 반대가 되다.
翻って(ひるがえって) 반대 또는 다른 입장으로. 반대로. 돌이켜.

[其他]
翻(こぼし) 다도(茶道)에서, 찻잔을 씻은 물을 담는 그릇.

翻筋斗(もんどり) 공중제비.
∥～打つ(うつ) 공중제비하다.
翻車魚(まんぼう)《魚》개복치.

| 21
艹 | 蘩 | 산흰쑥 번
ハン
しろよもぎ |

其他➤
蘩蔞(はこべ)《植》별꽃.

| 21
飛 | 飜 | 날 번·나부낄 번
ホン
ひるがえる・ひるがえす |

參考 翻의 異體字.

訓読➤
飜す(ひるがえす) ①뒤집다. 번드치다. ②(깃발 따위를) 나부끼게〔휘날리게〕하다.

| 23
鳥 | 鷭 | 쇠물닭 번
ハン・バン |

音読➤
鷭(ばん)《鳥》쇠물닭.

벌

| 6
イ
常 | 伐 | 칠 벌·벨 벌
バツ・ハツ
うつ・きる・ほこる |

音読➤
伐期(ばっき) 벌기. 수목을 벌채·수확하는 시기.
∥～齡(れい) 벌기 때의 수령(樹齡).
伐倒(ばっとう) 벌도. 나무를 뱀. 벌목.
伐木(ばつぼく) 벌목.
伐採(ばっさい) 벌채.
伐出(ばっしゅつ) 숲의 나무를 벌채하여 가지를 치고 운반하기 위해 길가로 모으는 작업.

訓読➤
伐つ(うつ) ①베어 죽이다. ②토벌하다.
伐り倒す(きりたおす) 베어 넘어뜨리다.

| 12
竹 | 筏 | 떼 벌
バツ・ハツ
いかだ |

訓読➤
筏(いかだ) 떼. 뗏목.
筏流し(いかだながし) 뗏목으로 강을 내려감. 또, 그 일을 하는 사람.
筏師(いかだし) 뗏목을 부리는 사람.
筏乗り(いかだのり) 뗏목을 부리는 사람.

筏燒き(いかだやき) 작은 물고기를 꼬챙이에 꿰어서 구운 것.

| 14
罒
常 | 罰 | 벌줄 벌·벌 벌
バツ・バチ |

音読➤
罰 ㊀(ばち) 지벌. 천벌.
㊁(ばつ) 벌.
罰する(ばっする) 벌하다. 벌주다. 처벌하다. 「벌금형.
罰金(ばっきん)《法》벌금. ♣～刑(けい)
罰当たり(ばちあたり) 천벌을 받음. 또, 천벌을 받아 마땅한 사람.
罰杯(ばっぱい) 벌배. 벌주(罰酒).
罰盃(ばっぱい) ⇨ 罰杯(ばっぱい).
罰俸(ばっぽう) 벌봉. 징계 처분으로서의 감봉(減俸).
罰点(ばってん) ①틀림·불가 등을 나타내는 가위표(×). ②반칙으로 인한 감점. 벌점.
罰酒(ばっしゅ) 벌주.
罰則(ばっそく) 벌칙.

| 14
門
常 | 閥 | 공로 벌·지체 벌
バツ
いえがら |

音読➤
閥(ばつ) 벌. ①집안. 가문. ②출신·이해 관계를 같이하는 배타적 집단.
閥族(ばつぞく) 벌족. ①문벌이 좋은 집안. ②파벌을 형성하는 무리.

범

| 3
几
常 | 凡 (凢) | 무릇 범·모두 범
ボン・ハン
およそ・すべて |

音読➤
凡(ぼん) 보통임. 평범.
凡境(ぼんきょう) 범경. ①보통 장소《영지(靈地)에 대한 말》. ②《佛》미망의 세계. 범부(凡夫)의 경지〔신분〕.
凡界(ぼんかい) 속계(俗界).
凡骨(ぼんこつ) 범골. 평범한 재능이나 소질(의 사람).
凡近(ぼんきん) 평범하고 비근(卑近)함. 또, 그런 상태.
凡器(ぼんき)《佛》범부. 범인(凡人).
凡慮(ぼんりょ) 범려. 범인의 생각. 평범한
凡例(ぼんれい) 범례.   「생각.
凡百(ぼんぴゃく) 범백. 여러 가지. 갖가지.
 ＊ぼんびゃく로도 읽음.
凡凡(ぼんぼん) 아주 평범한 모양.

凡夫(ぼんぷ) 범부. ①보통 평범한 사람. ②『佛』중생(衆生). *ぼんぷろ도 읽음.
凡常(ぼんじょう) 범상. 평범함.
凡庶(ぼんしょ) 범서. 평범한 사람. 범인.
凡書(ぼんしょ) 범서. ①보통의 흔한 책. ②평범한 필적. 「人」
凡聖(ぼんしょう) 『佛』범성. 범인과 성인(聖
凡小(ぼんしょう) 범소. 평범하고 소견이 좁음. 또, 그런 사람. 「람.
凡俗(ぼんぞく) 범속. 통속적임. 또, 그 사
凡手(ぼんしゅ) 보통 솜씨(의 사람).
凡守(ぼんしゅ) 『野』범수. 평범한 수비.
凡失(ぼんしつ) 『野』범실. 대수롭지 않은 경우에 하는 실책.
凡眼(ぼんがん) 범안. 평범한 안식.
凡庸(ぼんよう) 범용. 범범. 평범. 「람.
凡愚(ぼんぐ) 범우. 세상에 흔히 있는 일〔사
凡人(ぼんじん) ①범인. 보통 사람. *ぼんにん으로도 읽음. ②하찮은 사람. ♣～業(わざ) 보통 솜씨.
凡作(ぼんさく) 범작. 평범하고 시시한 작품. 「람.
凡才(ぼんさい) 범재. 평범한 재능(의 사
凡戦(ぼんせん) 범전. 평범한 경기.
凡情(ぼんじょう) 범정. 범인(凡人)의 감정.
凡調(ぼんちょう) 평범한[시시한] 가락〔장
凡主(ぼんしゅ) 평범한 주인〔군주〕. └단.
凡知(ぼんち) 보통의 지혜. 보통의 재능.
凡智(ぼんち) ⇨ 凡知(ぼんち)
凡策(ぼんさく) 범책. 평범한 계략.
凡打(ぼんだ) 『野』범타.
凡退(ぼんたい) 『野』범퇴. 타자가 유효타를 치지 못하고 아웃됨.
凡下(ぼんげ) 범하. 평범한 일〔사람〕.
訓読
凡そ(およそ) ①대강. 대충. 대개. ②무릇. 일반적으로.
凡て(すべて) 전부. 모두. 전체. 모조리.

| 5 氵 | 氾 | 넘칠 범·넓을 범
ハン
あふれる |

音読
氾濫(はんらん) 범람.

| 5 犭 教 | 犯 | 범할 범·범인 범
ハン・ボン
おかす |

音読
犯(はん) ①범죄. ②《接尾語로》…범. 범죄 횟수를 나타내는 말. 「기는 일.
犯戒(ぼんかい) 『佛』범계. 부처의 계율을 어
犯科(はんか) 죄과(罪科)를 범함. 범죄.
犯意(はんい) 범의.
犯人(はんにん) 범인. ①범죄자. ②〈俗〉못된 장난을 한 사람.
∥～蔵匿罪(ぞうとくざい)『法』범인 은닉
犯跡(はんせき) 범적. 범죄의 자취. └죄.
犯情(はんじょう) 범정. 범죄의 정황(情況).
犯罪(はんざい) 범죄.
∥～社会学(しゃかいがく) 범죄 사회학.
～少年(しょうねん) 범죄 소년.
～心理学(しんりがく) 범죄 심리학.
～被害者(ひがいしゃ) 범죄 피해자.
～学(がく) 범죄학. 범죄의 원인·성질·종류 등을 연구하는 학문.
犯則(はんそく) 범칙. 반칙.
犯行(はんこう) 범행.
訓読
❖犯す(おかす) ①범하다. 어기다. ②(여자를) 능욕하다. ③거역하다. 감히 하다.
犯し難い(おかしがたい) 범하기 어렵다. 엄숙하여 가까이하기 어렵다.

| 6 巾 常 | 帆 (帆) | 돛 범·돛달 범
ハン
ほ |

音読
帆翔(はんしょう) 새가 기류 따위를 타고 날개를 편 채로 낢.
帆檣(はんしょう) 범장. 돛대. 마스트.
帆走(はんそう) 범주. 돛배.
帆布(はんぷ) 범포. 돛이나 텐트 등을 만드는 두꺼운 천. *ほぬの로도 읽음.
訓読
帆(ほ) 돛.
帆綱(ほづな) 용총줄. 돛대줄.
帆掛け船(ほかけぶね) 범선. 돛배.
帆待ち(ほまち) 〈俗〉①부수입. ②(주부 등이) 남편 모르게 은밀히 모은 돈.
帆立貝(ほたてがい) 『貝』가리비. 해선(海扇). 「읽음.
帆船(ほぶね) 범선. 돛배. *はんせん으로도
帆筵(ほむしろ) 옛날 돛배에 천 대신 쓰던 거적. 「습).
帆影(ほかげ) 범영. 멀리 보이는 돛배(의 모
帆前船(ほまえせん) 서양식 대형 범선.
帆柱(ほばしら) 범주. 돛대.
帆風(ほかぜ) ①순풍(順風). ②시의(時宜)를 얻은 세력.
帆桁(ほげた) (돛대의) 활대.

| 6 氵 | 汎 | 뜰 범·넓을 범
ハン
ひろい |

音読
汎(はん) 《接頭語로》범…. ①널리 퍼지는. ②모든. 전(全).
汎関数(はんかんすう) 『数』범함수.
汎論(はんろん) 범론. 통론(通論).
汎論理主義(はんろんりしゅぎ) 『哲』범논리주의.

汎理論(はんりろん)〖哲〗범리론.
汎米(はんべい) 범미(汎美).
‖～主義(しゅぎ) 범미주의.
　～会議(かいぎ) 범미 회의.
汎発(はんぱつ)〖醫〗범발. 증상이 온몸에 나타남.
汎汎(はんぱん) ①물에 떠서 떠도는 모양. ②데면데면한 모양.
汎説(はんせつ) 범설. 개괄(槪括)하여 설명함. 또, 그 설명.
汎神論(はんしんろん)〖哲〗범신론.
汎心論(はんしんろん)〖哲〗범심론.
汎愛(はんあい) 범애.
‖～主義(しゅぎ) 범애〔박애〕주의.
汎用(はんよう) 범용. 널리 사용함.
‖～樹脂(じゅし) 범용 수지. 일반 포장 재료·잡화·가정 용품 등 폭넓은 용도로 쓰이는 합성 수지의 총칭.
汎適応症候群(はんてきおうしょうこうぐん)〖醫〗범적응 증후군.
汎存種(はんぞんしゅ)〖生〗범존종.
汎称(はんしょう) 범칭. 넓은 범위로 쓰는 명칭. 총칭.
汎化(はんか)〖心〗범화.

| 7　氵 | 泛 | 뜰 **범**·물소리 **핍** ハン うかぶ・うかべる |

音読
泛泛(はんぱん) 범범. ①물에 떠서 떠도는 모양. ②데면데면한 모양.
泛称(はんしょう) 범칭. 넓은 범위로 쓰는 명칭. 총칭.

| 11　木 | 梵 | 범어 **범** ボン |

音読
梵宮(ぼんぐう)〖佛〗범궁. ①범천(梵天)의 궁전. ②절. 사원.
梵文(ぼんぶん) 범문. ①범어로 기록된 경문(經文). ②인도의 고대 문학.
梵我一如(ぼんがいちにょ)〖佛〗범아 일여.
梵語(ぼんご)〖言〗범어. 산스크리트.
梵音(ぼんおん) ①부처의 목소리. ②독경(讀經)하는 소리. ③범어(梵語)의 음.
梵字(ぼんじ) 범자. 범어를 표기하는 데 쓰는 글자.
梵鐘(ぼんしょう) 범종. 종루에 매다는 종.
梵讚(ぼんさん)〖佛〗범찬. 범어(梵語)로 부르는 찬불가.
梵刹(ぼんせつ)〖佛〗범찰. 절. 사찰. *ぼんさつ로도 읽음.
梵妻(ぼんさい) 범처. 중의 아내.
梵天(ぼんてん) ①〖佛〗범천. 속세를 초월한 깨끗한 하늘. 또, 그 하늘의 임자인 신(神).
②(바다) 주낙의 찌. *옛날에는 ぼんでん.
梵唄(ぼんばい)〖佛〗범패. 여래(如來)의 공덕을 찬미하는 노래.
梵学(ぼんがく) 범학. ①불교에 관한 학문. ②범어(梵語)의 학문.
梵行(ぼんぎょう)〖佛〗범행. 불도의 수행. 특히, 성욕을 끊는 일.

其他
梵論(ぼろ) ①탁발승. 동냥 중. ②보화종(普化宗)의 중.
梵論子(ぼろんじ) ☞梵論(ぼろ).

| 15　竹　常 | 範 | 법 **범**·본보기 **범** ハン のり |

音読
範 ㊀(はん) 본. 모범.
　㊁(のり) ①규범. ②모범. 본.
範読(はんどく) (선생이 학생이) 모범으로 책을 읽어 들려줌.
範例(はんれい) 범례. 본보기가 되는 예.
範士(はんし) 검도·궁도(弓道) 등에서 8단 이상의 사람에게 주어지는 무도 계급 중 최고의 칭호.
範式(はんしき) 범식. 규범.
範囲(はんい) 범위.
範疇(はんちゅう) 범주.
範唱(はんしょう) 범창. 노래를 가르칠 때, 교사가 시범으로 노래를 부름.

법

| 8　氵　教 | 法 | 법 **법**·본받을 **법** ホウ·ハッ·ホッ のり·のっとる |

音読
法 ㊀(ほう) ①법. 법률. 규칙. ②방법. 수단. ③예의. 예법.
　㊁(のり)〖佛〗불법.
法家(ほうか) 법가. ①법률가. ②(중국 춘추 시대에) 엄한 법률로 다스릴 것을 주장한 학파.
法系(ほうけい)〖法〗법계.
法界 ㊀(ほうかい) 법계. ①〖佛〗☞法界(ほっかい). ②생판 모르는 사람. ③法界悋気(ほうかいりんき)의 준말.
‖～無辺(むへん)〖佛〗법계가 끝없이 넓음.
　～無縁(むえん)〖佛〗전(全) 우주에서 불법과 연을 맺지 못한 자. 또, 그런 자를 구제하는 일.
　～屋(や) 法界節를 부르며 다니는 걸립(乞粒)꾼.
　～悋気(りんき) 자기와는 상관없는 일에 질투함. 남의 정사(情事)를 시기함.
　～節(ぶし) 明治(めいじ) 20년대에 유행한 속요(俗謠).
　㊁(ほっかい)〖佛〗법계. ①전우주(全宇

宙). ②의식의 대상이 되는 세계. ③우주의 실상(實相). 「법학부.
法科(ほうか) 법과. ①법률에 관한 학과. ②
法官(ほうかん) 법관. 재판관.
法橋(ほっきょう) ①〖佛〗법교. 불법(佛法)을 사람을 건네주는 다리에 비유한 말. ②무가(武家) 시대에 의사·화가 등에게 준 칭호.
法具(ほうぐ) 〖佛〗법구. 불사(佛事)에 사용하는 용구.
法眷(はっけん) 〖佛〗법권. 같은 법문(法門)에서 수행하는 동료.
法権(ほうけん) 법권. 국제법상 한 나라가 외국인에 대해 갖는 민사·형사상의 재판권.
法規(ほうき) 법규.
∥**～命令**(めいれい) 법규 명령.
～裁量(さいりょう) 법규 재량. 「制.
法禁(ほうきん) 법금. 법으로 금함. 금제(禁
法器(ほうき) 〖佛〗법기. ①불도의 수행을 견딜 만한〔소질을 가진〕사람. ②불구(佛具).
法難(ほうなん) 〖佛〗법난. 포교를 하다가 받는 박해(迫害).
法談(ほうだん) 〖佛〗법담. 불법을 설교함. 설법(說法).
法堂(ほっとう) 〖佛〗법당. 선사(禪寺)에서 주지(住持)가 설법을 행하는 건물.
法度(はっと) (무가(武家) 시대의) 법령. 특히, 금령(禁令). *ほっとろも 읽음.
法灯(ほうとう) 〖佛〗법등. ①석가의 가르침. 불법(佛法). ②불전(佛前)의 등화. ③법문(法門).
法楽(ほうらく) 〖佛〗법락. ①신불(神佛) 앞에서 독경·주악(奏樂) 따위로 신불을 즐겁게 하고 자기도 무아의 경지에서 즐김. ②적선하는 즐거움.
法力(ほうりき) 〖佛〗법력. 불법(佛法)의 위력·공력(功力). 또, 불도를 닦음으로써 얻은 신기한 힘.
法令(ほうれい) 법령.
∥**～審査権**(しんさけん) 〖法〗법령 심사권.
～全書(ぜんしょ) 법령 전서.
法例(ほうれい) 법례.
法輪(ほうりん) 법륜. '法(ぶっぽう)(＝불법)'의 미칭.
法律(ほうりつ) 법률. ♣**～家**(か) 법률가 / **～審**(しん) 법률심 / **～案**(あん) 법률안 / **～学**(がく) 법률학 / **～婚**(こん) 법률혼.
∥**～関係**(かんけい) 〖法〗법률 관계.
～問題(もんだい) 〖法〗법률 문제.
～扶助(ふじょ) 〖法〗법률 구조.
～要件(ようけん) 〖法〗법률 요건.
～行為(こうい) 〖法〗법률 행위.
法吏(ほうり) 법리. 사법 관리. 재판관.
法理(ほうり) 법리. ♣**～論**(ろん) 법리론 /
～学(がく) 법리학.
法網(ほうもう) 법망.
法脈(ほうみゃく) 〖佛〗법맥. 전법(傳法)의 계맥(系脈).
法滅(ほうめつ) 〖佛〗법멸.

法名(ほうみょう) 법명. ①승명(僧名). ②계명(戒名).
法務(ほうむ) 법무. ①법률에 관한 사무. ②〖佛〗불법(佛法)에 관한 일체의 사무. ♣**～官**(かん) 법무관.
∥**～局**(きょく) 법무국《法務省의 지방 기관》.
～大臣(だいじん) 법무 대신《법무부 장관에 해당》.
～省(しょう) 법무성《법무부에 해당》.
法文 〇(ほうぶん) 법문. ♣**～科**(か) 법문과. 「문.
〇(ほうもん) 〖佛〗법문. 불법을 설명한 경
法門(ほうもん) 법문. 불법(佛法)의 가르침. 불문(佛門).
法博(ほうはく) '法学博士(ほうがくはくし)(＝법학 박사)'의 준말.
法服(ほうふく) 법복. ①법관 등의 제복. ②〖佛〗법의(法衣).
法事(ほうじ) 〖佛〗재(齋).
法師(ほうし) 〖佛〗법사. 승려(僧侶).
♣**～蟬**(ぜみ) 〖蟲〗애매미.
∥**～名**(な) 중이 되는 사람에게 지어 주는 이름. 법명(法名). 「는 일.
～還り(がえり) 승려가 다시 환속(還俗)하
〇(ぼうし) 〖接尾語로〗그런 상태에 있는 사람·사물을 가리킴.
法嗣(ほうし) 〖佛〗법사. 법통을 이어받는 후계자. 「하려는 학파.
法社会学(ほうしゃかいがく) 법사회학. 법을 사회와 역사의 운동 법칙 속에 두고 이해
法相 〇(ほうしょう) 법상. 법무 대신.
〇(ほっそう) 〖佛〗법상. ①제법(諸法)의 모양. ②法相宗의 준말.
∥**～宗**(しゅう) 〖佛〗법상종. 유식론(唯識論)에 입각한 불교의 한 파.
法線(ほうせん) 〖數〗법선. 「본체.
法性(ほっしょう) 〖佛〗우주 만유(萬有)의
法城(ほうじょう) 법성. ①불법(佛法). ②한 종파의 단체. 종단(宗團).
法術(ほうじゅつ) 법술. ①수단. 방법. ②법률 운용의 기술. ③법률로 국가를 다스리는 기술.
法施(ほうせ) 법시. ①남에게 불법(佛法)을 가르침. ②부처에게 경문을 욺.
法式(ほうしき) 법식.
法身(ほっしん) 〖佛〗법신. 부처의 삼신(三身)의 하나.
法衙(ほうが) 법아. 사법 관청. 법원.
法案(ほうあん) 법안.
法眼(ほうげん) ①〖佛〗法印(ほういん)(＝최고의 승계(僧階)) 다음의 승계. ②무가(武家) 시대의 의사·화가·유학자 등에게 내려 준 칭호.
法語(ほうご) 〖佛〗법어. 불교의 교의를 알기 쉽게 풀이한 문장〔말〕.
法諺(ほうげん) 법언. 법의 원칙을 알기 쉽게 나타낸 격언(格言).

法域(ほういき)〖法〗법역. ①법령의 효력이 미치는 지역적 범위. ②법의 적용 범위.
法筵(ほうえん) 법연. 불도를 설하는 자리.
法悦(ほうえつ)〖佛〗법열. 전하여, 황홀한 기분.
法王(ほうおう) 법왕. ①(가톨릭교의) 교황(教皇). ②〖佛〗여래(如來)의 딴이름.
法外(ほうがい) ①도리에 벗어남. ②터무니없음. 도가 지나침.
法要(ほうよう) ☞法事(ほうじ).
法源(ほうげん) 법원. 법의 연원(淵源).
法衣(ほうえ)〖佛〗법의. *바르게는 ほうえ.
法意(ほうい) 법의 취지.
法医学(ほういがく) 법의학. 범죄 의학.
法益(ほうえき)〖法〗법익.
法人(ほうじん) 법인. ♣~税(ぜい) 법인세.
∥~筋(すじ) 투기에서, 거액 투자의 전문가. 기관 투자가(보험 회사·은행 따위).
~**企業**(きぎょう) 법인 기업.
~**所得**(しょとく) 법인 소득.
~**実在説**(じつざいせつ)〖法〗법인 실재설.
~**擬制説**(ぎせいせつ)〖法〗법인 의제설.
~**株主**(かぶぬし) 법인 주주.
法印(ほういん)〖佛〗①불법이 참되고 불변부동함을 나타내는 표지. ②'法印大和尚位(だいおしょうい)(=승려의 최고위)'의 준말.
法人格(ほうじんかく)〖法〗법인격.
法蔵(ほうぞう) 법장. ①부처의 가르침. ②불경. ③아미타여래의 수행 시절의 이름. 법장보살.
法的(ほうてき) 법적.
法敵(ほうてき)〖佛〗법적. ①불법(佛法)의 적. 불적(佛敵). ②그 종파를 반대하는 상대(의 종파).
法典(ほうてん) ①법전. ②법률.
法廷(ほうてい) 법정.
∥~**警察**(けいさつ)〖法〗법정 경찰.
~**侮辱**(ぶじょく) 법정 모욕.
~**秩序維持法**(ちつじょいじほう)〖法〗법정 질서 유지법.
~**闘争**(とうそう) 법정 투쟁.
法定(ほうてい) 법정. ♣~犯(はん) 법정범 /~刑(けい) 법정 형.
∥~**果実**(かじつ)〖法〗법정 과실.
~**期間**(きかん) 법정 기간.
~**耐用年数**(たいようねんすう)〖法〗법정 내용 연수.
~**代理人**(だいりにん)〖法〗법정 대리인.
~**得票数**(とくひょうすう) 법정 득표수.
~**相続主義**(そうぞくしゅぎ)〖法〗법정 상속주의.
~**選挙費用**(せんきょひよう)〖法〗법정 선거 비용.
~**利息**(りそく)〖法〗법정 이자.
~**利率**(りりつ)〖法〗법정 이율.
~**積立金**(つみたてきん) 법정 적립금.
~**伝染病**(でんせんびょう)〖法〗법정 전염병.
~**準備金**(じゅんびきん)〖法〗법정 준비금.
~**証拠主義**(しょうこしゅぎ)〖法〗법정 증거주의.
~**清算**(せいさん)〖法〗법정 청산.
~**許容量**(きょようりょう) 법정 허용량.
~**血族**(けつぞく)〖法〗법정 혈족.
~**貨幣**(かへい) 법정 화폐.
法政(ほうせい) 법정.
法弟(ほうてい) 불법(佛法)을 배우는 제자.
法制(ほうせい) 법제. 법률과 (법률상의) 제도. ♣~史(し) 법제사.
∥~**局**(きょく) 법제국〖정확하게는 '内閣(ないかく)(=내각)法制局'〗.
~**審議会**(しんぎかい) 법제 심의회.
法条(ほうじょう) ①법규. 규칙. ②법률의 조문. 법령의 조항.
法曹(ほうそう) 법조. ♣~界(かい) 법조계.
法主(ほうしゅ)〖佛〗법주. ①한 종파의 우두머리(특히 真宗(しんしゅう)에서). ②법회(法會)의 주인역. *ほっしゅ・ほっすロも 읽음.
法秩序(ほうちつじょ) 법질서.
法哲学(ほうてつがく) 법철학.
法帖(ほうじょう) 법첩. 옛사람의 필적을 탁본으로 떠서 절본(折本)한 책.
法体(ほったい)〖佛〗법체. ①승려의 모습. ②세계의 모든 사물의 실체. *ほうたいロも 읽음.
法治(ほうち) 법치.
∥~**国家**(こっか) 법치 국가.
~**主義**(しゅぎ) 법치주의.
法則(ほうそく) 법칙.
~**科学**(かがく) 법칙 과학.
法親王(ほうしんのう) 황자(皇子)로서 출가(出家) 후에 친왕으로 봉함을 받은 사람. *ほっしんのうロも 읽음.
法統(ほうとう)〖佛〗법통. 불교〖불문〗의 전통.
法幣(ほうへい) 법폐. '法定貨幣(ほうていかへい)(=법정 화폐)'의 준말.
法被(はっぴ) ①직공 등이 입는 印半纏(しるしばんてん). ②옛날, 무가(武家)의 머슴에 입히던 半纏(はんてん).
法学(ほうがく) 법학. 법에 관한 학문의 총칭.
∥~**博士**(はくし) 법학 박사.
法解釈学(ほうかいしゃくがく)〖法〗법해석학. 해석 법학.
法号(ほうごう)〖佛〗법호. 수계(受戒) 때나 사후에 주어지는 법명(法名).
法貨(ほうか)〖經〗법화. '法定貨幣(ほうていかへい)(=법정 화폐)'의 준말.
法華(ほっけ)〖佛〗법화. 法華経(ほけきょう)·法華宗의 준말.
∥~**三昧**(ざんまい)〖佛〗법화 삼매.
~**宗**(しゅう)〖佛〗법화종〖일반적으로 日蓮宗(にちれんしゅう)를 가리킴〗.
~**八講**(はっこう) 법화 팔강회. 法華経 여덟 권을 나흘 동안 읽고 공양 드리는 법회.
法華経(ほけきょう)〖佛〗법화경. 妙法蓮華経(みょうほうれんげきょう)의 준말.
法話(ほうわ)〖佛〗법화. 설법. 법어(法語).

法皇(ほうおう)〖佛〗법황. 불문에 들어간 상황(上皇).
法会(ほうえ)〖佛〗법회. ①설법을 위하여 사람을 모음. 또, 그 모임. ②죽은 사람의 추선 공양(追善供養)을 함. 법사(法事).

訓読▶

法る(のっとる) 기준·규범으로 삼다. 본받다. 준거하다.
法高(のりだか) 경사진 부분의 높이를 경사면의 길이로 잰 것. 「소.
法の場(のりのにわ) 설교·법회를 하는 장
法の海(のりのうみ) 부처님의 자비심이 광대함을 바다에 비유한 말.

其他▶

法螺(ほら) ①法螺貝의 준말. ②허풍을 떪. 과장해서 말함. 또, 그런 이야기. *②는 ほうらにも 읽음.
法螺吹き(ほらふき) ①허풍선이. 떠버리. ②소라를 부는 사람.
法螺貝(ほらがい) ①〖貝〗소라고둥. ②소라고둥의 껍질로 만든 악기.

| 12
王 | 琺 | 법랑 **법**
ホウ |

音読▶

琺瑯(ほうろう) 법랑. ♣〜**質**(しつ) 법랑질. 「금속 용기.
‖〜**引き**(びき) 법랑질 유약을 입힘. 또, 그

벽

| 13
辛 | 辟 | 임금 **벽**·물리칠 **벽**
ヘキ・ヒ
きみ・つみ |

音読▶

辟易(へきえき) ①벽역. 두려워서〔질려서〕물러남. 물러나 피함. ②〈俗〉난처해 함.

其他▶

辟支仏(びゃくしぶつ)〖佛〗벽지불. 연각(縁覚). 부처님의 교화에 의하지 않고 홀로 깨달아 자유의 경지에 도달한 성자(聖者).

| 14
石
(入) | 碧 | 푸를 **벽**·푸른옥 **벽**
ヘキ
あお・あおい・みどり |

音読▶

碧空(へきくう) 벽공. 창공. 「못.
碧潭(へきたん) 벽담. 푸른 빛이 감도는 연
碧落(へきらく) 푸른 하늘. 먼 곳. 「色.
碧緑(へきりょく) 벽록. 푸른 기가 있는 녹
碧色(へきしょく) 벽색. 짙은 푸른 색.
碧水(へきすい) 벽수. 짙푸른 맑은 물.
碧眼(へきがん) 벽안. 푸른 눈. 서양 사람.
碧梧(へきご)〖植〗'梧桐(あおぎり)(=벽오동)'의 딴이름.
碧玉(へきぎょく)〖鑛〗벽옥.
碧雲(へきうん) 벽운.
碧瑠璃(へきるり) ①푸른 유리. ②파랗게 맑은 물(빛깔).
碧海(へきかい) 벽해. 푸른 바다.

| 15
イ | 僻 | 궁벽할 **벽**·치우칠 **벽**
ヘキ
ひがむ |

音読▶

僻する(へきする) 한쪽으로 치우치다.
僻見(へきけん) 벽견. 편견. *びゃっけんこうとも 읽음.
僻境(へききょう) 벽경. 외진 곳. 벽지.
僻論(へきろん) 벽론. 치우친 의론.
僻説(へきせつ) 벽설. 편벽된 주장〔설〕.
僻遠(へきえん) 벽원. 정치·문화 등의 중심에서 멀리 떨어져 있음.
僻在(へきざい) 벽재. ①한쪽에 치우쳐 존재함. ②으슥한 두메에 살고 있음.
僻地(へきち) 벽지.
僻村(へきそん) 벽촌.
僻陬(へきすう) 벽추. 벽촌.

訓読▶

僻(ひが)《接頭語로》①비뚤어진. 그릇된. ②도리에 어긋난. 잘못된.
僻目(ひがめ) ①사팔눈. ②잘못〔그릇〕봄.
僻聞き(ひがぎき)〈古〉잘못 들음.
僻事(ひがごと) 이치〔도리〕에 맞지 않는 일. 사실과 다른 일. 잘못 생각한 일.
僻心(ひがごころ) ①비뚤어진 마음. ②그릇된 생각. 오해. 「말.
僻眼(ひがら) 'ひがらめ(=사팔뜨기)'의 준
僻耳(ひがみみ) 잘못 들음. 헛들음.
僻者(ひがもの) 마음이 비뚤어진 사람.
❖**僻む**(ひがむ) 비뚤어지다. 비뚤어지게 생각하다(보다). 곡해하다. 옥생각하다.
僻み(ひがみ) 비뚤어짐. 비뚤어진 마음. (사물을) 비뚤어지게 봄.
僻みっぽい(ひがみっぽい) (성격·마음이) 몹시 비뚤어지다. 「성.
僻み根性(ひがみこんじょう) 비뚤어진 근

| 15
刀 | 劈 | 쪼갤 **벽**
ヘキ
さく・つんざく |

音読▶

劈開(へきかい)〖鑛〗벽개. ♣〜**面**(めん) 벽개면.
劈頭(へきとう) 벽두. 글〔일〕의 첫머리.

訓読▶

劈く(つんざく) ①세게 찢다. 뚫다. ②귀청을 찢다.

16 土 常	壁	바람벽 **벽** ヘキ かべ

音読▶
壁間(へきかん) (기둥 사이의) 벽면. 벽.
壁面(へきめん) 벽면.
壁上(へきじょう) 벽상.
壁書(へきしょ) ①벽서. ②일본 전국 시대의 제후의 가법(家法).
壁画(へきが) 벽화.
訓読▶
壁(かべ) ①벽. ②장애물. ③깎아지른 듯한 암벽. 「다.
 ～に突(つ)き当(あ)たる 장벽에 부딪치
壁掛け(かべかけ) 벽걸이.
壁代(かべしろ) ①중고 시대 궁전에서 벽 대신 칸막이로 친 장막. ②『建』외(椳).
壁塗り(かべぬり) 벽토치기. 또, 그 미장이.
壁隣(かべどなり) (공동 주택에서) 벽을 사이에 둔 이웃.
壁書き(かべがき) 벽서.
壁訴訟(かべそしょう) ①혼자서 불평을 함. 또, 뒷공론. ②빗대어서 빈정거림.
壁新聞(かべしんぶん) 벽신문.
壁越し(かべごし) 벽 너머.
壁一重(かべひとえ) 벽 한 겹.
壁紙(かべがみ) 벽지. 도배지.
壁土(かべつち) 벽토.
壁板(かべいた) 벽 판자. 벽널(빤지).
壁下地(かべしたじ) 『建』외(椳).
其他▶
壁蝨(だに) ①『動』진드기. ②(깡패 따위) 진드기같이 기생하여 남들이 싫어하는 사람.
壁虎(やもり) 『動』수궁. 도마뱀붙이.

18 玉	璧	옥 **벽** ヘキ たま

音読▶
璧帛(へきはく) 벽백. 옥과 비단.

18 疒 常	癖	버릇 **벽** ヘキ くせ

訓読▶
癖 ㊀(くせ) ①버릇. 습관. ②독특한 성질. ③원래대로 되돌리기 어렵게 된 물건의 상태. ㊁(へき) 버릇. 경향.
癖馬(くせうま) 말을 잘 듣지 않는 말.
癖毛(くせげ) 한쪽으로 자는 버릇이 있는 (머리)털.
癖地(くせち) 소유하거나 개간하거나 하면 재앙이 있다고 소문이 나 있는 땅.
癖直し(くせなおし) (잘못 길들여진 머리카락을) 김에 쐬어 바로잡음.

19 衣	襞	주름 **벽**·접을 **벽** ヘキ ひだ

訓読▶
襞(ひだ) ①(의복 따위의) 주름. ②주름처럼 보이는 것. 습곡(褶曲).

20 足	躄	앉은뱅이 **벽** ヘキ あしなえ・いざる

訓読▶
躄(いざり) 〈卑〉앉은뱅이(질).
❖躄る(いざる) ①무릎걸음 치다. ②(놓여 있던 자리에서) 밀려나다.
躄り寄る(いざりよる) 무릎걸음으로 다가가다[오다].

21 雨	霹	벼락 **벽** ヘキ かみなり

音読▶
霹靂(へきれき) 벽력.
其他▶
霹靂神(はたたがみ) 〈雅〉심한 천둥 소리.

24 鳥	鸊	논병아리 **벽** ヘキ

其他▶
鸊鷉(かいつぶり) 『鳥』논병아리. *かいつむり로도 읽음.

변

5 廾 教	弁	(辨·瓣) 분별할 **변**·꽃잎 판 (辯·辮) 말잘할 **변**·땋을 변 ベン わきまえる

音読▶
弁ずる(べんずる) ①말하다. ②구별하다. ③끝나다.
弁慶(べんけい) ①강자. ②부채나 주방 기구를 꽂아두는 물건. ③측근자. ♣～草(そう) 『植』꿩의비름 / ～蟹(がに) 『動』모말게.
∥～読み(よみ) 글을 알아듣을 수 없게 잘못 읽음. 「직한 무늬.
～縞(じま) 같은 빛깔의 농담으로 나타낸 큼
弁巧(べんこう) 변설이 좋음.
弁口(べんこう) 구변. 구변이 좋음.
弁難(べんなん) 변난. 논란.

弁達(べんたつ) 말해서 전함.
弁当(べんとう) 도시락.
弁論(べんろん) 변론.
弁理(べんり) 변리. ♣~士(し) 변리사.
‖~公使(こうし) 변리 공사.
弁じ立てる(べんじたてる) 연해 지절이다.
弁明(べんめい) 변명.
弁駁(べんばく) 변박. 반박. 항변.
弁髪(べんぱつ) 변발. 중국 청대(淸代)에 남자의 머리를 길게 땋아 늘인 것.
弁別 ㊀(べんべつ) 변별. 분별. 구별. 식별.
♣~閾(いき)〖心〗변별역.
㊁(わいだめ) 분별. 구분.
弁士(べんし) 변사.
弁事(べんじ) 사무를 봄. 또, 그 사람.
弁償(べんしょう) 변상.
弁舌(べんぜつ) 변설. 구변.
弁説(べんぜつ) 변설. 시비를 가려 설명함.
弁疏(べんそ) 변소. 변명.
弁識(べんしき) 식별(함).
弁才(べんさい) 변재. 말재주. 구변.
弁才天(べんざいてん)〖佛〗변재천.
弁財天(べんざいてん) ⇨ 弁才天(べんざいてん).
弁済(べんさい) 변제.
弁証(べんしょう) 변증. 판별하여 증명함.
‖~法(ほう)〖哲〗변증법. ♣~神学(しんがく) 변증법 신학/~的唯物論(てきゆいぶつろん) 변증법적 유물론.
弁知(べんち) 도리를 분별함.
弁天(べんてん) ①〖佛〗弁才天(べんざいてん)의 준말. 변재천. ②미인.
弁解(べんかい) 변해. 변명.
弁護(べんご) 변호. ♣~士(し) 변호사/~人(にん) 변호인.
弁膜(べんまく)〖生〗판막.
弁務官(べんむかん) 판무관.
〖訓読〗
❖弁える(わきまえる) 변별하다. 분별하다.
弁え(わきまえ) 분별. 판별. 소양.
〖其他〗
弁柄(ベンガラ) ①〖化〗철단(鐵丹). ②弁柄縞의 준말.
‖~塗り(ぬり) 철단을 칠함. 또, 칠한 것.
~紬(つむぎ) 弁柄縞가 있는 명주.
~縞(じま) 날실이 견사(絹絲)이고, 씨실이 무명인 줄무늬의 직물.

| 5
⻌
〖教〗 | 辺(邊) | 가 변·변방 변
ヘン
あたり・べ・ほとり |

〖音読〗
辺 ㊀(へん) ①〖數〗변. ②근처. 부근. ③정도. *②는 ほとり로도 읽음.
㊁(へ)〈雅〉 ①가. 옆. 곁. ②해변.
辺疆(へんきょう) 변강. 변경.
辺境(へんきょう) 변경.
辺界(へんかい) 변계. 국경. 변경.
辺国(へんこく) 변국. 변경.
辺塁(へんるい) 변루. 변경에 있는 요새.
辺民(へんみん) 변민.
辺防(へんぼう) 변방. 국경의 방비.
辺鄙(へんぴ) 변비. 벽촌.
辺塞(へんさい) 변새. 변경에 있는 요새.
辺垂(へんすい) 변수. 변방. 변경.
辺陲(へんすい) ⇨ 辺垂(へんすい).
辺要(へんよう) 국경의 요해처(要解處).
辺隅(へんぐう) 변우. 변경. 벽지.
辺邑(へんゆう) 변읍.
辺夷(へんい) 변경의 오랑캐〔야만족〕.
辺材(へんざい) 변재. 목재의 표피 부근의 흰 부분.
辺際(へんさい) 변제. (토지나 사물의) 끝.
辺地 ㊀(へんち) 변지. 벽지.
㊁(へんじ) 변지. ①변경. ②〖佛〗극락정토의 변계의 땅. 「경.
辺陬(へんすう) 변추. 외딴 시골. 나라의 변
辺側(へんそく) 근처. 부근. 가.
辺土(へんど) 변토. 벽촌.
辺幅(へんぷく) 외관. 외견.
〖訓読〗
辺り ㊀(あたり) ①부근. 주변. ②쯤. 경(頃). ③따위.
㊁(わたり)〈雅〉근처. 부근.

| 7
扌 | 抃 | 손뼉칠 변
ベン
うつ |

〖音読〗
抃舞(べんぶ) 변무. 손뼉 치며 덩실덩실 춤추면서 기뻐함. 「춤.
抃躍(べんやく) 변약. 기뻐서 덩실덩실 춤을

| 7
采 | 采 | 나눌 변·분별할 변
ハン
のごめ |

〖訓読〗
采偏(のごめへん) 한자 부수의 하나: 분별할 변.

| 9
イ
〖教〗 | 便 | 변 ⇨ 便 편(p. 1568) |

| 9
夊
〖教〗 | 変(變) | 변할 변·고칠 변
ヘン
かわる・かえる |

〖音読〗
変(へん) 변. ①변화. ②난. 난리. ③〖樂〗플랫. ④이상함.
変ずる(へんずる) 변화하다. 바뀌다. 변경하다. 바꾸다.

変に(へんに) 기묘하게. 이상하게.
変改(へんかい) 변개. 변경.
変格(へんかく) 변격. 변칙.
‖~活用(かつよう)〖文法〗변격 활용.
変更(へんこう) 변경.
変光星(へんこうせい)〖天〗변광성.
変局(へんきょく) 변국. 비상시.
変宮(へんきゅう)〖樂〗(동양 음악의) 변궁.
変記号(へんきごう)〖樂〗변기호. 내림표.
変動(へんどう) 변동. ♣~帯(たい)〖地〗변동대.
‖~金利(きんり)〖經〗변동 금리.
~労働時間制(ろうどうじかんせい) 변동 노동 시간제.
~費用(ひよう)〖經〗변동 비용.
~相場制(そうばせい)〖經〗변동 환율제.
~地形(ちけい)〖地〗변동 지형.
変乱(へんらん) 변란.
変量(へんりょう)〖數〗변량.
変流機(へんりゅうき) 변류기.
変名(へんめい) 변명.
変貌(へんぼう) 변모.
変物(へんぶつ) 변물. 괴짜.
変味(へんみ) 변미. 맛이 변함.
変報(へんぽう) 변보. 변을 알리는 통지.
変分法(へんぶんほう)〖數〗변분법.
変分原理(へんぶんげんり) 물리학 법칙을 변분법 형태로 나타낸 것.
変死(へんし) 변사.
変事(へんじ) 변사. 이변. 보통이 아닌 사건.
変状(へんじょう) 변상. 보통과 다른 상태.
変相(へんそう) ① 형상을 바꾸는 일. ② 극락과 지옥의 여러 가지 모양을 그린 그림.
変色(へんしょく) 변색.
変生(へんじょう) ⇨ 変成(へんじょう).
変旋光(へんせんこう)〖理〗변선광. 변광회전(變光回轉).
変説(へんせつ) 변설《자신의 언설을 바꿈》.
変成 ㊀(へんせい) 변성. ♣~器(き) 변성기 / ~帯(たい) 변성대 / ~岩(がん) 〖鑛〗
‖~作用(さよう) 변성 작용. 」성암.
㊁(へんじょう)〖佛〗변성. 변생(變生).
‖~男子(なんし)〖佛〗변성 남자. 부처의 힘으로 여자가 남자로 바뀌어 태어나는 일.
変声(へんせい) 변성. ♣~期(き) 변성기.
変性(へんせい) 변성. 성질이 변함. 또, 그 성질. ♣~剤(ざい)〖化〗변성제.
~梅毒(ばいどく)〖醫〗변성 매독.
~意識状態(いしきじょうたい)〖心〗변성 의식 상태.
変速(へんそく) 변속. 속력을 바꿈. ♣~器(き) 변속기.
‖~装置(そうち) 변속 장치.
変数(へんすう)〖數〗변수.
変視症(へんししょう) 변시증.
変身(へんしん) 변신.
変心(へんしん) 변심.
変圧(へんあつ) 변압. ♣~器(き) 변압기.

変 581

変約(へんやく) 변약. 위약(違約).
変様(へんよう) 변양. 형태나 모양이 바뀜.
変易(へんえき) 변역. 변경.
変域(へんいき)〖數〗변역.
変温動物(へんおんどうぶつ) 변온 동물.
変容(へんよう) 변용.
変位(へんい)〖理〗변위.
‖~電流(でんりゅう) 변위 전류.
変音(へんおん)〖樂〗변음. 플랫이 붙은 반음이 낮은 음.
変異(へんい) 변이. 이변. 변동.
‖~原性(げんせい)〖生〗변이 원성. 세균의 유전자(遺傳子)에 변화를 일으켜 유전적 성질을 바꾸는 성질.
変移(へんい) 변이. 변화하여 옮김〔옮아감〕.
変人(へんじん) 변인. 괴짜. 좀 색다른 사람.
変装(へんそう) 변장.
変災(へんさい) 변재. 재난.
変転(へんてん) 변전.
変電所(へんでんしょ) 변전소. 「자.
変節(へんせつ) 변절. ♣~漢(かん) 변절
変梃(へんてこ) 〈俗〉이상〔기묘〕한 모양.
変造(へんぞう) 변조. 위조. ♣~札(さつ) 위조 지폐.
変調(へんちょう) 변조. ① 상태가 바뀜. ② 몸 따위가 정상이 아님. ③ 음성이나 신호를 전파에 실어 보낼 때 전파의 상태를 바꾸는 일.
変調子(へんちょうし) 색다른 상태. 변조.
変種(へんしゅ) 변종.
変奏曲(へんそうきょく)〖樂〗변주곡.
変症(へんしょう) 변증. 병의 상태가 달라짐. 「질.
変質(へんしつ) 변질. ♣~者(しゃ) 변질
変遷(へんせん) 변천.
変哲(へんてつ) 색다름. 또, 그런 상태.
変体(へんたい) 변체.
‖~仮名(がな) 현행 平仮名(ひらがな) 이외의 다른 초서체의 仮名.
~漢文(かんぶん) 변체 한문.
変替え(へんがえ) ⇨ 変換え(へんがえ).
変徴(へんち)〖樂〗(동양 음악의) 변치.
変則(へんそく) 변칙.
変針(へんしん) 변침. 침로를 바꿈.
変態(へんたい) 변태.
‖~性欲(せいよく) 변태 성욕.
~心理(しんり) 변태 심리.
変通(へんつう) 변통.
変風(へんぷう) 변풍. 시가(詩歌)・예능에서, 정통이 아닌 작품의 양식.
変項(へんこう)〖論〗변항.
変革(へんかく) 변혁.
変現(へんげん) 모습을 바꾸어 나타남.
変形(へんけい) 변형. ♣~菌(きん) 변형균. 점균(粘菌) / ~体(たい) 변형체.
‖~労働時間制(ろうどうじかんせい) 변형 노동 시간제.
~性関節症(せいかんせつしょう)〖醫〗변형성 관절증.

変化 ㊀(へんか) 변화. 변하여 다르게 됨.
♣~球(きゅう)〖野〗변화구.
‖~記号(きごう)〖樂〗변화 기호. 임시표.
~組織(そしき) 변화 조직.
㊁(へんげ) 괴물. 화신. 영혼이나 동물이 모습을 바꾸어 나타남.
変化る(へんげる) 모습을 바꾸다.
変幻(へんげん) 변환. 종잡을 수 없이 빠른
‖~自在(じざい) 변환 자재.　　　└변화.
変換(へんかん) 변환. 전환.
変え(へんがえ)〈老〉변개(變改). 변경.

[訓読]
変える(かえる) 바꾸다. ①변하다. (모습 등을) 변화시키다. ②고치다. 변경하다. (장소 등을) 옮기다.
❖変わる(かわる) 변하다. 바뀌다.
変わり(かわり) ①다름. 변함. ②이상. 별고. ③차이.
変わり果てる(かわりはてる) (좋지 않게) 변해 버리다.
変わり鯉(かわりごい) (몸빛이나 비늘 모양이 색다른) 잉어의 사육 변종.　　「차이.
変わり目(かわりめ) ①바뀔 때. ②다른 점.
変わり飯(かわりめし) 별식(別食).
変わり身(かわりみ) 전신(轉身). 전향.
変わり御飯(かわりごはん) ☞変わり飯(かわりめし).
変わり者(かわりもの) 괴짜. 기인(奇人).
変わり種(かわりだね) ①별종. ②괴짜. 기인(奇人).
変わり雛(かわりびな) 당시의 풍속 등을 감안해서 만든 변형 히나人形(にんぎょう).

| 12 月 | 胼 | 못박일 변
ヘン
たこ |

[訓読]
胼胝(たこ) (손에 생기는) 못. *へんちろとも 읽음.
胼胝擦れ(たこずれ) 피부에 못이 박히는 일. 또, 그 못.

| 15 米 | 粫 | 쓸 변·전쌀 변
ヘン |

[其他]
粫糠(ひめ) 솥에 푹 퍼지게 지은 밥.

| 18 馬 | 駢 | 나란히할 변
ヘン・ベン
ならぶ・ならべる |

[音読]
駢儷体(べんれいたい) 변려체. 변려문.
駢立(べんりつ) 나란히 서 있음. *へんりつ로도 읽음.

별

| 7 刂 [教] | 別 | 다를 별·헤어질 별
ベツ
わかれる・わける・わかつ |

[音読]
別 ㊀(べつ) ①구별. ②〈雅〉이별. ③유별. ④별도. 따로. ⑤특별. ⑥제외. ⑦다름.
㊁(わけ) 상고(上古) 시대의 姓(かばね)의 하나. 지방 호족이 됨.
別に(べつに) ①별로. 특별히. ②따로.
別して(べっして) 특히. 특별히.
別家(べっけ) ①분가. ②점원이 독립함. 또, 그 점포. ③딴 집.
別間(べつま) 별실. 다른 방.
別懇(べっこん) 각별히 친함.
別個(べっこ) 별개.
別箇(べっこ) ⇨ 別個(べっこ).
別居(べっきょ) 별거.
別件(べっけん) 별건. 다른 용무〔사건〕.
‖~逮捕(たいほ) 별건 체포.
別掲(べっけい) 별게. 따로 게시함.
別格(べっかく) 별격. 특별.
‖~本山(ほんざん)〖佛〗대본산에 준하여 특별 취급을 받는 절.　　　　「과.
別科(べっか) 별과. 본과 외에 따로 설치한
別館(べっかん) 별관.　　　　　〔계좌〕.
別口(べっくち) ①다른 종류. ②다른 거래
別宮(べつぐう) 본궁과 같은 제신(諸神)을 딴 장소에 모신 신사.
別巻(べっかん) 별권.
別記(べっき) 별기.
別納(べつのう) 별납.
別段(べつだん) 별단. ①보통과 다름. 각별. ②별반. 별로.
別当(べっとう) ①(平安(へいあん) 시대 이후 江戸(えど) 시대까지) 특별 기관의 장관. ②황족의 직원의 수석. ③마부.
別途(べっと) 별도.
別棟(べつむね) 별동. 딴 채.
別動隊(べつどうたい) 별동대.
別働隊(べつどうたい) ⇨ 別動隊(べつどうたい).　　　　　「②딴 길.
別路(べつろ) 별로. ①이별하고 떠나는 길.
別涙(べつるい) 별루. 이별의 눈물.
別流(べつりゅう) 다른 방법. 다른 유파.
別離(べつり) 별리. 이별.
別面(べつめん) 별면. 다른 페이지.
別名 ㊀(べつめい) 별명. 특히, 생물학에서 학명 이외에 습관적으로 쓰이고 있는 동식물
㊁(べつみょう)〈老〉별명.　　　└명.
別命(べつめい) 별명. 다른 명령.
別問題(べつもんだい) 별문제.
別物(べつもの) ①다른 것. ②예외.

別杯(べっぱい) 별배. 작별의 술잔.
別法(べっぽう) 별법. 다른 방법.
別別(べつべつ) 따로따로. 각각.
別報(べっぽう) 별보. 다른 보도.
別腹(べっぷく) 별복. 어머니가 다름. 이복.
＊べつはらで 읽음.
別本(べっぽん) 별본.
別封(べっぷう) 별봉. ① 따로따로 봉함. ② 별첨한 봉서.
別嬪(べっぴん) 〈俗〉 미인.
別事(べつじ) 별사. 특별한 일. 별일.
別使(べっし) 별사. ① 다른 사자. ② 특별한 송별사.
別辞(べつじ) 송별사.
別状(べつじょう) 다른 상태. 보통과 다른 모양. 「책」.
別書(べっしょ) 별서. 따로 적음. 딴 편지
別墅(べっしょ) 별장. 「실.
別席(べっせき) ① 별석. 다른 좌석. ② 별
別姓(べっせい) 별성. ① 다른 성. ② 부부가 각각 다른 성을 씀〔일본에서는 결혼하면 여성은 남편의 성을 쓰게 됨〕.
別世界(べっせかい) 별세계. 다른 세상.
別所(べっしょ) 다른 장소. 다른 집.
別送(べっそう) 별송. 따로 보냄.
別刷り(べつずり) 〖印〗 별쇄.
別室(べっしつ) 별실.
別様(べつよう) 다른 모양. 다른 양식.
別語(べつご) 별어. 다른 말.
別言(べつげん) 달리 말함. 환언.
別業(べつぎょう) 별업. ① 별장. ② 다른 직업・사업.
別宴(べつえん) 송별연.
別葉(べつよう) 다른 종이.
別院(べついん) 〖佛〗 별원.
別音(べつおん) 그 한자(漢字)에 기대되는 음과는 다른 음.
別儀(べつぎ) 〈老〉 다른 일.
別人(べつじん) 별인. 딴사람.
～の観(かん) 아주 딴사람처럼 보임.
別荘(べっそう) 별장.
別邸(べってい) 별저.
別伝(べつでん) ① 특별 전수. ② 따로 전함.
別電(べつでん) 별전. 따로 친 전보.
別殿(べつでん) 별전. 따로 지은 궁전〔신사〕.
別丁(べっちょう) 〖印〗 별장.
別製(べっせい) 별제. 특제.
別条(べつじょう) 보통과 다른 사항. 별다른 일. 별일. 「건.
別誂え(べつあつらえ) 특별 주문. 또, 그 물
別枠(べつわく) 다른 결정・범위. 특별한 기
別種(べっしゅ) 별종. 다른 종류. 「준.
別紙(べっし) 별지. 다른 종이.
別珍(べっちん) 면직(綿織) 비로드의 일종.
別冊(べっさつ) 별책.
別天地(べってんち) 별천지.
別添(べってん) 별첨.
別置(べっち) 별치. 딴 곳에 놓아 둠.
別称(べっしょう) 별칭. 다른 칭호.
別宅(べったく) 별택. 별가. 딴 살림집.

別派(べっぱ) 별파. 다른 유파〔당파〕.
別便(べつびん) 별편. 다른 인편〔차편〕.
別表(べっぴょう) 별표.
別品(べっぴん) ① 별품. 특별히 좋은 물품. ② 〈俗〉 ⇨ 別嬪(べっぴん).
別学(べつがく) 남녀가 각각 다른 학교에서 교육을 받음.
別項(べっこう) 별항.
別号(べつごう) 별호. 다른 칭호.
別後(べつご) 헤어진 뒤.

訓読▶
別けて(わけて) 특히. 그 중에서도.
別る(わかる) 〈文〉 ☞ 別れる(わかれる).
❖別ける(わける) ① 나누다. ② 구분하다. ③ 분배하다.
別け隔て(わけへだて) 구별함. 차별 대우.
❖別つ(わかつ) ① 나누다. ② 구분하다.
別ち(わかち) 〈老〉 구분. 구별. 차별.
別ち書き(わかちがき) ① 띄어쓰기. ② 할주(割註)를 다는 일. 또, 그 주.
別ち持つ(わかちもつ) ☞ 別ち合う(わかちあう).
別ち合う(わかちあう) 서로 나누어 가지다.
❖別れる(わかれる) ① 갈라서다. ② 작별하다. ③ 사별(死別)하다.
別れ(わかれ) ① 헤어짐. 이별. ② 고별. 결별(訣別).
別れ道(わかれみち) ① 갈림길. ② 이별하는 「길.
別れ路(わかれみち) ⇨ 別れ道(わかれみち).
別れ目(わかれめ) 헤어지는 곳〔때〕.
別れ別れ(わかれわかれ) 따로따로〔뿔뿔이〕 헤어짐.
別れ霜(わかれじも) ①〖農〗 5월 초께 내리는 서리. ② 그 해의 마지막 서리.
別れ際(わかれぎわ) 헤어지려 할 그 때.
別れ話(わかればなし) 부부・연인이 헤어지고자 하는 이야기. 이혼에 대한 이야기.

其他▶
別きて(わきて) 〈雅〉 그 가운데서도. 특히.

| 17
目 | 瞥 | 언뜻볼 별
ベツ
みる |

音読▶
瞥見(べっけん) 별견. 언뜻 봄.

| 25
黽 | 鼈 | 자라 별
ベツ
すっぽん |

音読▶
鼈甲(べっこう) 별갑. 대모갑(玳瑁甲). 자라의 등딱지.
∥～色(いろ) 대모갑의 빛깔과 같은 색깔. 반투명의 황색〔황갈색〕.
～飴(あめ) 황설탕을 불에 녹여 틀에 부어서 굳힌 사탕.

【訓読】
鼈(すっぽん) ①《動》자라. ②花道(はなみち)의 七三(しちさん)의 문(배우를 내보내는 문). ③뱃바닥에 괸 물을 퍼내는 펌프.
【其他】
鼈亀(とちがめ) 자라의 딴이름.

병

丙(丙) 남녘 병·셋째천간
병
ヘイ
ひのえ
5
一
常

【音読】
丙(へい) 병. ①천간(天干)의 셋째. *ひのえ로도 읽음. ②차례의 셋째.
丙夜(へいや) 병야. 삼경.

【訓読】
丙戌(ひのえいぬ) (60갑자의) 병술. *へいじゅつ로도 읽음.
丙申(ひのえさる) (60갑자의) 병신. *へいしん으로도 읽음. 「ごえ로 읽음.
丙午(ひのえうま) (60갑자의) 병오. *へいいん으로도 읽음. 「로도 읽음.
丙寅(ひのえとら) (60갑자의) 병인. *へいいん으로도 읽음.
丙子(ひのえね) (60갑자의) 병자. *へいし로.
丙辰(ひのえたつ) (60갑자의) 병진. *へいしん으로도 읽음.

兵 군사 병·무기 병
ヘイ・ヒョウ
つわもの
7
八
教

【音読】
兵 ㊀(へい) ①병. 졸병. ②군대. 군인. ③전쟁. 군사(軍事). 「시하다.
~を挙(あ)げる 거병하다. 군사 행동을 개
~は神速(しんそく)を貴(たっと)ぶ 병귀신속. 전쟁은 무엇보다도 신속해야 한다.
㊁(つわもの) ①무사. 군인. 용사. ②노련한 사람. ♣~庫(ぐら) 무기고.
兵家(へいか) 병가. ♣~軍인. ②병법가.
兵甲(へいこう) 병갑. ①병기. ②병사.
兵車(へいしゃ) 병거. 전쟁에 쓰이는 차(수
兵庫 ㊀(へいこ) 병고. 병기고. 「레).
㊁(ひょうご)《地》近畿(きんき)지방 서북부의 현.
兵戈(へいか) 병과. ①무기. ②전쟁.
兵科(へいか) 병과. 병사.
兵具(へいぐ) 병구. 무기. *ひょうぐ로도 읽
兵権(へいけん) 병권. 「음.
兵戟(へいげき) 병극. 싸움. 전쟁.
兵気(へいき) 병사의 사기.
兵棋(へいぎ) 병기. 도상(圖上) 연습.
兵器(へいき) 병기. 무기. ♣~廠(しょう) 병기창.
兵機(へいき) 병기. 전쟁의 기회.
兵難(へいなん) 병난.
兵農(へいのう) 병농. 병사와 농민.
‖~分離(ぶんり) 병농 분리. 무사와 농민의 신분을 분리함.
兵団(へいだん) 병단. 군단. 「기.
兵端(へいたん) 병단. 전단(戰端). 전쟁의 동
兵隊(へいたい) ①병사. 병졸. ②군대.
♣~蟻(あり)《蟲》병정개미.
‖~勘定(かんじょう) 각추렴. 더치 페이.
兵道(へいどう) 병도. 「로도 읽음.
兵乱(へいらん) 병란. 전란. *ひょうらんっ
兵略(へいりゃく) 병략. 군략.
兵糧(ひょうろう) 병량. 군량(軍糧). ♣~米(まい) 군량미.
‖~攻(ぜ)め 적의 식량 보급로를 차단하여 그 전투력을 약화시키는 공격법.
兵力(へいりょく) 병력.
兵馬(へいば) 병마.
~の権(けん) 병마지권. 통수권.
‖~俑(よう) 병마용. 순장하는 병마 대신 쓰는 토기 병마《진시황 무덤의 것이 유명》.
兵務(へいむ) 병무.
兵法(へいほう) ①병법. ②무술. *ひょうほう로도 읽음. ♣~者(しゃ) 병법가.
兵補(へいほ) 제2차 대전 중 일본군에 의해 보조 병력으로 동원된 인도네시아인.
兵鋒(へいほう) ①칼붙이의 예리한 끝. ②군대의 기세.
兵部(へいぶ) 병부. 옛 중국의, 병사를 관장했던 중앙 관청.
兵備(へいび) 병비. 군비.
兵士(へいし) 병사.
兵舎(へいしゃ) 병사.
兵事(へいじ) 병사. 전쟁·군대에 관한 일.
兵書(へいしょ) 병서.
兵船(へいせん) 병선. 군선.
兵燹(へいせん) 병선. 전화(戰火).
兵勢(へいせい) 병세. 군세.
兵術(へいじゅつ) 병술. 전술.
兵食(へいしょく) 병식. 군량.
兵語(へいご) 군사 용어. 군용어.
兵役(へいえき) 병역.
‖~忌避(きひ) 병역 기피.
~免除(めんじょ) 병역 면제.
~義務(ぎむ) 병역 의무.
~制度(せいど) 병역 제도.
兵営(へいえい) 병영.
兵員(へいいん) 병원. 병사(의 수).
‖~会(かい)《史》병원회. 고대 로마의 민회(民會)의 하나.
兵威(へいい) 병위. 군대의 위력.
兵衛(ひょうえ) 옛날 兵衛府에 속하여, 궁문을 지키고 임금 행차의 경비, 시중의 순검 등을 맡았던 무관.
‖~府(ふ) 六衛府(りくえふ)의 하나로 兵衛가 대기하던 관청.
~の尉(じょう) 兵衛府의 셋째 가는 지위의

兵六玉(ひょうろくだま) 〈俗〉 얼간이. 멍텅
兵蟻(へいぎ) 〖蟲〗 병정개미.
兵刃(へいじん) 병인. 칼.
兵仗(へいじょう) 병장. 무기. *ひょうじょうろ로도 읽음. 「나.
兵長(へいちょう) 〖軍〗 옛 사병 계급의 하
兵籍(へいせき) 병적. ♣～簿(ぼ) 병적부.
兵丁(へいてい) 병정. 병역에 복무하는 장
兵制(へいせい) 병제. 군제(軍制). 「정.
兵曹(へいそう) 〖軍〗 옛 사병 계급의 하나.
∥～長(ちょう) 〖軍〗 소위의 아래. 구(舊)해군의 준사관(准士官). 兵曹의 위.
兵卒(へいそつ) 병졸.
兵種(へいしゅ) 병종.
兵站(へいたん) 병참.
∥～線(せん) 〖軍〗 병참선. 보급선.
兵学(へいがく) 병학. 「던 학교.
兵学校(へいがっこう) 해군 사관을 양성하
兵革(へいかく) ①무기. ②전쟁.
兵火(へいか) 병화. 전화.
兵禍(へいか) 병화. 전화.

其他
兵児(へこ) 〈鹿児島方〉 15세에서 25세 사이의 청소년.
∥～帯(おび) 어린이 또는 남자가 매는 한 폭으로 된 띠.

並(竝) ヘイ / なみ・ならべる・ならぶ・ならびに・なべて
나란히설 **병**・나란할 **병**
8一 敎

음독
並列(へいれつ) 병렬.
∥～処理(しょり) 〖컴〗 병렬 처리.
並立(へいりつ) 병립. 양립. ♣～語(ご) 병립어.
∥～助詞(じょし) 〖文法〗 병립 조사.
並走(へいそう) 나란히 함께 달림.
並進(へいしん) 병진. 나란히 나아감.
並置(へいち) 병치. 병설.
並称(へいしょう) 병칭.
並行(へいこう) 병행.
∥～記事(きじ) 한 가지 일이 같은 문서 안에서 여러 군데 나옴. 또, 그 내용.
～輸入(ゆにゅう) 한 가지 상품을 복수의 업자가 수입하는 일.

훈독
並べて(なべて) 〈雅〉 모두. 통틀어. 일반적으로. 대개.
並(なみ) ①보통. 중간. ②평균. 평범. ③늘어섬. 줄지음.
並み居る(なみいる) 한자리에 같이 나란히 〔앉아〕 있음.
並巾(なみはば) ⇨ 並幅(なみはば).
並大抵(なみたいてい) 보통 정도. 흔함. 이만저만.
並等(なみとう) 보통의 등급.
並木(なみき) 가로수.
並み物(なみもの) 〈婉曲〉 흔한 보통의 물건.
並並(なみなみ) 보통 정도.
並外れる(なみはずれる) 보통 이상이다. 유별나다. 뛰어나다.
並為替(なみかわせ) 송금환.
並肉(なみにく) 〈婉曲〉 하치 고기.
並一通り(なみひととおり) 보통. 엔간함.
並製(なみせい) 보통제.
並足(なみあし) ①보통 속도의 발걸음. ②마술(馬術)에서 속도가 가장 느린 걸음.
並判(なみばん) (의류・종이 제품 등의) 보통 크기.
並幅(なみはば) (피륙의) 보통 폭.
❖並ぶ(ならぶ) ①늘어서다. ②견주다. ③(두 개의 뛰어난 것이) 동시에 존재하다.
並び(ならび) ①늘어선 모양. 늘어선 것. 줄. ②유례. 비교.
並びに(ならびに) 및. 또.
並び家(ならびや) ⇨ 並び屋(ならびや)
並び大名(ならびだいみょう) 그 자리에 있을 뿐 아무 소용이 없는 사람.
並び立つ(ならびたつ) ①줄지어 서다. ②대등한 관계로 세력을 떨치다. 「없다.
並び無い(ならびない) 비할 바가 없다. 다시
並び屋(ならびや) 줄지어 늘어선 가옥.
並び称する(ならびしょうする) 병칭하다. 아울러 일컫다. 「병행하다.
並び行う(ならびおこなう) 둘 이상의 일을
❖並べる(ならべる) ①늘어놓다. 나란히 하다. ②열거하다.
並べ立てる(ならべたてる) (하나하나) 늘어놓다.

併(併) イ / ヘイ / あわせる・しかし
아우를 **병**・나란히할 **병**
8 常

음독
併結(へいけつ) 병결. 차종이 다른 차량을 한 열차에 연결함.
併科(へいか) 〖法〗 병과.
併課(へいか) 병과. 납세 등의 의무를 두 가지 이상 부과함.
併給(へいきゅう) 동시에 공급함.
併記(へいき) 병기.
併読(へいどく) 병독.
併録(へいろく) 병록.
併売(へいばい) 몇 종류의 물품을 함께 팖.
併発(へいはつ) 병발. 동시에 발생함.
併殺(へいさつ) 〖野〗 병살.
併設(へいせつ) 병설.
併映(へいえい) 병영. 어떤 공연물과 별도로 영화를 상영함. 「름.
併営(へいえい) 병영. 본업 외의 업무도 다
併用(へいよう) 병용.
∥～住宅(じゅうたく) 복합 주택. 「냄.
併願(へいがん) 둘 이상의 학교에 원서를
併有(へいゆう) 병유. 아울러 가짐.

併任(へいにん) 현직에 있는 사람을 또 다른 직에 임용함.
併載(へいさい) 기사 따위에 곁들여 관련이 있는 것을 게재함.
併存(へいそん) 병존.
併進(へいしん) 병진. 나란히 나아감.
併催(へいさい) 어떤 행사에 곁들여 다른 행사를 함. └행사를 함.
併出(へいしゅつ) 병출.
併置(へいち) 병치. 병설.
併称(へいしょう) 병칭.
併託(へいたく) 다른 것과 함께 위탁함.
併呑(へいどん) 병탄.
併合(へいごう) 병합. ♣~罪(ざい)《法》경합범.
併行(へいこう) 병행.

[訓読]
併し(しかし) 그러나. 그렇지만.
併し乍ら(しかしながら) ①그렇지만. 그러나. ②《古》오로지. 모두.
❖併せる(あわせる) 어우르다. 합치다.
併せて(あわせて) 겸해서. 아울러.
併せ持つ(あわせもつ) (좋은 성질・속성 등을) 겸비하다.

| 8
干 | 并 | 아우를 **병**・합할 **병**
ヘイ
あわせる・ならぶ・ならべる |

[参考] 并은 異體字.

[音読]
幷呑(へいどん) 병탄. 아울러 삼킴.
幷合(へいごう) 병합(併合). 합병.

| 9
木
[常] | 柄 (柄) | 자루 **병**・권세 **병**
ヘイ
がら・え・つか |

[音読]
柄臣(へいしん) 병신. 권신(權臣).
[訓読]
柄 ㊀(え) 자루. 손잡이.
㊁(がら) ①무늬. ②몸집. 체격. ③분수. 격. ④품위. ⑤《接尾語로》성질・상태 등을 나타냄. └②붓대.
㊂(つか) ①(칼이나 활의) 손잡이. 칼자루.
柄鏡(えかがみ) 자루가 달린 거울.
柄袋(つかぶくろ) (여행을 하거나 눈・비 올 때) 칼자루에 씌우는 주머니.
柄頭(つかがしら) 칼자루의 끝. 또, 거기에 붙이는 철물 장식.
柄糸(つかいと) 칼자루에 감는 끈.
柄長(えなが)《鳥》제주오목눈이.
柄樽(えだる) 곧추세운 두 개의 큰 손잡이가 달린 붉은 칠을 한 통. 축하 때에 술을 선사하는 술통.
柄振り(えぶり) 고무래. 「鼓」
柄太鼓(えだいこ) 자루가 달린 북. 소고(小鼓).
柄編み(がらあみ) (편물에서) 여러 가지 무늬를 넣고 짠 것.
柄行き(がらゆき) 무늬. 모양. 또, 그런 것에서 받는 느낌.

[其他]
柄杓(ひしゃく) 국자.

| 9
火 | 炳 | 밝을 **병**
ヘイ
あきらか |

[音読]
炳誡(へいかい) 훈계.
炳乎(へいこ) ①빛나는 모양. 밝은 모양. ②명백(明白). 분명.

| 10
疒
[教] | 病 (病) | 병 **병**・근심 **병**
ビョウ・ヘイ
やむ・やまい・やめる |

[音読]
病家(びょうか) 병가. 환자가 있는 집.
病間(びょうかん) ①병간. 병에 걸려 있는 동안. 병중. ②병이 좀 나아졌을 동안.
病犬 ㊀(びょうけん) 병견. 병든 개.
㊁(やまいぬ) ①병든 개. 나쁜 버릇이 있는 개. ②미친 개. 「함.
病欠(びょうけつ) 병결. 병으로 결근[결석]
病苦(びょうく) 병고.
病軀(びょうく) 병구. 병든 몸.
病鬼(びょうき) 병귀. 병마(病魔).
病菌(びょうきん) 병균.
病根(びょうこん) 병근. 못된 습관의 근원.
病気(びょうき) 병. 앓음. 질병. ②나쁜 버릇. 악습.
‖~見舞い(みまい) 문병.
病期(びょうき) 병기. 각 질병에 대하여 그 증상에 따라 각 시기로 분류한 것.
病難(びょうなん) 병난. 병으로 인한 재난.
病悩(びょうのう) 병뇌. 병에 걸려 괴로워함.
病毒(びょうどく) 병독. └함.
病棟(びょうとう) 병동.
病歴(びょうれき) 병력.
病理(びょうり) 병리. ♣~学(がく) 병리학.
‖~組織検査(そしきけんさ) 병리 조직 검사
~解剖(かいぼう) 병리 해부. └사.
病羸(びょうるい) 병들어 파리함.
病魔(びょうま) 병마.
病名(びょうめい) 병명.
病母(びょうぼ) 병모. 병상에 (오래) 누워 있는 어머니.
病没(びょうぼつ) 병몰. 병사.
病歿(びょうぼつ) ⇨病没(びょうぼつ).
病斑(びょうはん) 병반. 농작물 따위에 해충의 침해로 생기는 반점. 「릇.
病癖(びょうへき) 병벽. (병적인) 나쁜 버
病変(びょうへん)《醫》병변. 병으로 인하여 일어나는 육체적〔생리적〕인 변화.
病兵(びょうへい) 병병. 병든 병사.
病夫(びょうふ) 병부. 병든 남편.

病父(びょうふ) 병부. 병을 앓는 아버지.
病死(びょうし) 병사.
病舎(びょうしゃ) 병사. 병동.
病床(びょうしょう) 병상.
∥~吟(ぎん) 병상음. 병상에서 읊는 시가 ~日誌(にっし) 병상 일지. 「(詩歌).
病状(びょうじょう) 병상. 병세.
病牀(びょうしょう) ⇨ 病床(びょうしょう).
病勢(びょうせい) 병세.
病所(びょうしょ) 병소. 병처(病處). 환부.
病巣(びょうそう) 병소. 병의 중심부. 병원 (病原)이 있는 곳. 「각별.
病識(びょうしき) 병식. 병 또는 병적임을 자
病身(びょうしん) 병신. 병든 몸. 약하여 걸 핏하면 병이 남. 병약함. 또, 그런 몸.
病室(びょうしつ) 병실.
病児(びょうじ) 병아. 병을 앓고 있는 아이.
病痾(びょうあ) 병아. 오래 앓는 병. 숙환.
病弱(びょうじゃく) 병약.
病余(びょうよ) 병여. 병후(病後).
病臥(びょうが) 병와. 와병. 자리보전.
病蓐(びょうじょく) ⇨ 病褥(びょうじょく).
病褥(びょうじょく) 병욕.
病友(びょうゆう) 병우. ① 앓고 있는 친구. ② 같은 병을 앓고 있는 사람.
病原(びょうげん) 〖醫〗병원. ♣~菌(きん) 병원균. ~体(たい) 병원체.   「선.
病院(びょういん) 병원. ♣~船(せん) 병원
病源(びょうげん) ⇨ 病原(びょうげん).
病人(びょうにん) 병인. 환자.
病因(びょういん) 병인.
∥~療法(りょうほう) 병인 요법.
病者(びょうしゃ) 병자. 환자.
病的(びょうてき) 병적.
病跡学(びょうせきがく) 〖醫〗병적학. 병리 학적 전기(傳記).
病前(びょうぜん) 병이 나기 전.
病竈(びょうそう) ⇨ 病巣(びょうそう).
病中(びょうちゅう) 병중.
病症(びょうしょう) 병증. 병의 증세.
病誌(びょうし) ☞ 病跡学(びょうせきが
病質(びょうしつ) 병질. 병의 성질.   「く).
病窓(びょうそう) 병실의 창문. 또, 병실.
病妻(びょうさい) 병처. 병든 아내.
病体(びょうたい) 병체. 병든 몸.
病虫害(びょうちゅうがい) 병충해.
病態(びょうたい) 병태. 병의 용태.
病弊(びょうへい) 병폐. 폐단.
病害(びょうがい) 병해.
病患(びょうかん) 병환. (중한) 병.
病況(びょうきょう) 병의 상황.
病後(びょうご) 병후.
訓読
病 ㊀(やまい) ①병. ② 나쁜 버릇. 고질. ㊁(へい) 《接尾語로》…병.
病める(やめる) ① 아프다. ② 병으로 괴로워 하다. ③ 병든. 앓고 있는.
病垂(やまいだれ) 한자 부수의 하나: 병질 안《病·痛 등의 疒의 이름》.
❖病む(やむ) ① 병들다. 앓다. ② (몹시) 걱정 하다. 괴로워하다.
病み(やみ) 앓음. 병.
病み耄ける(やみほうける) (오랜) 병으로 쇠약해져서 폐인처럼 되다[기력이 없어지다]. *やみほおける로도 읽음.
病み目(やみめ) ⇨ 病み眼(やみめ).
病み返し(やみかえし) 병이 다시 도짐.
病み付き(やみつき) ①(나쁜) 버릇이 들어 서 고칠 수 없게 됨. 고질이 됨. ② 병이 듦.
病み付く(やみつく) ①(나쁜) 버릇이 들어 고칠 수 없게 되다. ② 병이 들다.
病み死に(やみじに) 병사.
病み上がり(やみあがり) 병이 나아 얼마 되 지 않은 상태. 또, 그 사람.
病み眼(やみめ) 앓는 눈. 또, 눈병.
病み歯(やみば) 이 앓이. 또, 병든 이.
病み惚ける(やみほうける) ⇨ 病み耄ける (やみほうける).
其他
病葉(わくらば) 병든 잎. (여름에) 붉게 혹은 누렇게 뜬 잎.

11 尸	屛	병풍 **병**·물리칠 **병** ビョウ・ヘイ おおう・しりぞける

音読
屛(へい) 담. 널판장.
屛居(へいきょ) 병거. 은거.   「둠.
屛禁(へいきん) 병금. 일정한 장소에 가둬
屛立(へいりつ) 병립. 병풍처럼 늘어서 있
屛幔(へいまん) 막. 장막.   「음.
屛息(へいそく) 병식. (겁이 나서) 숨을 죽이 고 꼼짝하지 않음.
屛障(へいしょう) 병장. 칸을 막음. 칸막이.
屛牆(へいしょう) ① 담과 울타리. ② 칸막
屛風(びょうぶ) 병풍.   「이.
∥~倒し(だおし) 병풍이 쓰러지듯이 발랑 자빠짐.
~岩(いわ) 병풍바위. 병풍처럼 깎아지른 듯 한 바위.

11 瓦 常	瓶(瓶)	병 **병**·단지 **병** ビン・ヘイ かめ

音読
瓶子(へいじ) 아가리가 작고 목이 긴 술병.
瓶詰め(びんづめ) 병조림. 병에 담음.

訓読
瓶 ㊀(かめ) ① 독. 항아리. ② 꽃병. ③ 술 ㊁(びん) 병.   「병.

其他
瓶水(びょうすい) 독에 가득한 물의 뜻. 독을 스승에 비유하며, 물을 불법(佛法)의 오의(奧 義)에 비유함. *へいすい로도 읽음.

塀

12 土 常 塀(塀) 담 (병) ヘイ

音読
塀(へい) 담. 널판장.
塀息(へいそく) 병식. (겁이 나서) 숨을 죽이고 꼼짝 안함. 두려워서 움츠림.

12 辶 迸 솟아나올 병·흩어질 병 ホウ·ヘイ ほとばしる

音読
迸発(ほうはつ) 분출(噴出).
迸出(へいしゅつ) 병출. 분출.
訓読
迸る(ほとばしる) 세차게 흩날리다. 내뿜다.
＊たばしる・とばしるへ로도 읽음.
其他
迸り(とばっちり) 〈俗〉 (뜻밖에 뒤집어쓴) 연결. 후림불. ＊とばしりへ로도 읽음.

14 革 日 鞆 활팔찌 (병) とも

訓読
鞆(とも) 팔찌《활을 쏠 때 왼팔에 대는 가죽으로 된 물건》.
鞆絵(ともえ) ① 밖으로 소용돌이치는 모양〔무늬〕. ② 물건이 원형을 그리며 도는 모양.

15 金 日 鋲 징 (병) ビョウ

音読
鋲(びょう) 대갈못. 압정.
鋲継ぎ手(びょうつぎて) 금속판끼리 리벳을 사용하여 잇는 접합법.
鋲釘(びょうくぎ) 대갈못. 징. 압정.

15 食 餅 떡 병 ヘイ もち

参考 餠의 異體字.
音読
餅金(へいきん) 둥그스름한 금괴.
訓読
餅(もち) 떡. 찰떡.
餅菓子(もちがし) 떡·찹쌀·갈분·메밀 등을 원료로 하여 만든 과자.
餅肌(もちはだ) 매끈하고 흰 살결.
餅踏み(もちふみ) 첫돌에 그 아이에게 떡을 밟게 하던 풍습.
餅搗き(もちつき) 떡을 침. 또, 그 사람.
‖~相場(そうば) 〖經〗 (거래에서) 연말의 기복(起伏)이 심한 시세.
餅網(もちあみ) ① 떡을 굽는 석쇠. ② 떡을 매달아 두는 망.
餅米(もちごめ) 찹쌀.
餅腹(もちばら) 떡을 많이 먹어 속이 거북스러운 배. 또, 그런 상태.
餅負い(もちおい) 첫돌 축하 행사《그 아기에게 떡을 등에 지게 하거나 밟게 함》.
餅膚(もちはだ) ⇨ 餅肌(もちはだ).
餅雪(もちゆき) 함박눈.
餅筵(もちむしろ) 떡을 놓고 말리는 멍석.
餅屋(もちや) 떡집. 떡장수.
餅粥(もちがゆ) 떡을 넣은 팥죽.
餅草(もちぐさ) 쑥(의 새싹).
餅糊(もちのり) 찹쌀 가루로 쑨 풀.
餅花(もちばな) 작은 구슬만하게 새알심을 만들어 쪄서 버드나무 가지 등에 매단 것《설의 장식》.

보

7 用 入 甫 클 보·비로소 보 ホ はじめ·はじめて

訓読
甫めて(はじめて) 처음(으로). 비로소. 첫번째로. 최초로.

8 宀 教 宝(寶) 보배 보·옥새 보 ホウ たから

音読
宝鑑(ほうかん) 보감. 실용적인 지식을 쓴 책.
宝剣(ほうけん) 보검.
宝庫(ほうこ) 보고. 전하여, 좋은 산물(產物)이 많이 나는 지방.
宝冠(ほうかん) 보관.
‖~章(しょう) 보관장. 공로자 본인에게 수여하는 훈장.
宝器(ほうき) 보기. 보물.
宝刀(ほうとう) 보도.
宝灯(ほうとう) 보등. 부처·신령 앞에 켜놓는 등.
宝物殿(ほうもつでん) 절이나 신사에서, 보물을 넣어 두는 건물.
宝算(ほうさん) 보산. 天皇(てんのう)의 연령.
宝璽(ほうじ) 보새. 옥새(玉璽).
宝石(ほうせき) 보석. ♣~商(しょう) 보석상 / ~箱(ばこ) 보석 상자.
宝飾品(ほうしょくひん) 재산 가치가 높은 장식품의 총칭《보석·귀금속 따위》.
宝輿(ほうよ) 보여. 천자가 타는 수레.
宝玉(ほうぎょく) 보옥. 보석.

宝蔵(ほうぞう) 보장. ①보물을 넣어 두는 곳집. ②경전 등을 보관해 두는 곳집. ③부처의 가르침.
宝典(ほうてん) 보전.
宝前(ほうぜん) 신불(神佛)의 앞.
宝殿(ほうでん) 보전. ①보물을 간직해 두는 건물. ②신불을 모신 곳.
宝祚(ほうそ) 보조. 보위(寶位). 天皇(てのう)의 자리.
宝座(ほうざ)『佛』보좌. 부처나 보살이 앉는 자리.
宝珠(ほうじゅ) ①보옥(寶玉). ②宝珠の玉의 준말. *ほうしゅ로도 읽음.
~の玉(たま) 윗부분이 뾰족하고 불꽃 모양인 구슬. 여의주.
宝什(ほうじゅう) 보물과 집기.
宝鐸(ほうたく)『佛』불당의 네 추녀 끝에 단 풍경(風磬). *ほうちゃくって로도 읽음.
宝塔(ほうとう) 보탑. '多宝塔(たほうとう)(=다보탑)'의 준말.

訓読
宝(たから) ①보물. 보배. ②가장 소중한 것〔인물〕.
∥~探し(さがし) 보물찾기.
宝物(たからもの) 보물. *ほうもつ로도 읽음.
宝の山(たからのやま) 보물이 많은 산. 많은 이익을 얻을 수 있는 것의 비유.
宝船(たからぶね) ①보물을 싣고 일곱 복신(福神)이 타고 있는 돛단배의 그림. ②보물선. 「늘어놓은 것.
宝尽くし(たからづくし) 여러 가지 보물을
宝籤(たからくじ) 복권.
宝貝(たからがい)『貝』자패(紫貝).

8
止
教
歩(步)
걸음 보·걸을 보
ホ·ブ·フ
あるく·あゆむ

音読
歩 ㊀(ほ) ①걸음. 보조. ②보병(歩兵). ③《接尾語로》…보. 걸음의 횟수를 세는 단위.
㊁(ふ) 일본 장기의 말의 하나. 졸(卒)에 해당함. 「의 단위.
㊂(ぶ) ①구전. 이율. ②보(步). ③토지 면적
歩脚(ほきゃく)『動』(절지동물의) 보각.
歩巾(ほはば) ⇨ 歩幅(ほはば).
歩度(ほど) 보도. 걸음걸이의 속도·보폭의 정도.
歩道(ほどう) 보도. 인도(人道).
∥~橋(きょう) 보도교. 육교.
歩廊(ほろう) ①두 줄의 기둥 사이에 포장한 통로. ②플랫폼의 옛 이름. ③(현관·부엌 등의) 시멘트 바닥.
歩戻し(ぶもどし) 판매 대금의 일부 환불(금). 리베이트.
歩留まり(ぶどまり) ①가공했을 때의 원료에 대한 제품의 비율. ②생선·야채·가루 음식의 그 원형물에 대한 먹을 수 있는 부분의 비율.
歩武(ほぶ) 보무. 걸음걸이.

∥~堂堂(どうどう) 보무당당.
歩兵(ほへい) ①보병. ②〈古〉병졸. 졸병.
歩歩(ほほ) 보보. 한걸음 한걸음.
歩射(ぶしゃ) 보사. 걸으면서 활을 쏨. *かちゆみ로도 읽음.
歩速(ほそく) 보행 속도.
歩数(ほすう) 보수. 걸음수. ♣~計(けい) 보수계.
歩揺(ほよう) 보요. 떠는잠. 떨잠.
歩引き(ぶびき) 할인.
歩一歩(ほいっぽ) 보일보. 일보 일보. 한걸음 한걸음. 조금씩.
歩障(ほしょう) ①장대를 세우고 장막을 둘러친 울. ②여성이 외출할 때 얼굴을 가리기 위해 쓰던 천. ③장례 행렬에서, 관(棺)을 덮은 천.
歩積み預金(ぶづみよきん) 은행이 어음을 할인할 때 강제적으로 시키는 예금.
歩程(ほてい) 도보로 가는 거리.
歩調(ほちょう) 보조.
歩卒(ほそつ) 보졸. 보병.
歩哨(ほしょう) 보초. ♣~兵(へい) 보초병 / ~線(せん) 보초선.
歩測(ほそく) 보측. 보폭으로 거리를 잼.
歩幅(ほはば) 보폭.
歩荷(ぼっか) 무거운 짐을 지고 산막(山幕)이나, 산 너머까지 운반해 주는 것을 업으로 삼는 사람.
歩合(ぶあい) 보합. ①비율. ②수수료. 보수. ♣~算(ざん)『數』보합산.
∥~制度(せいど)『經』보합 제도.
歩行(ほこう) 보행. ♣~器(き) 보행기 / ~者(しゃ) 보행자. 「행자 전용 도로.
∥~者天国(しゃてんごく) 보행자 천국. 보

訓読
歩ける(あるける) 걸을 수 있다.
❖歩く(あるく) ①걷다. ②돌아다니다. *古語로는 ありく라고도 함.
歩き(あるき) 걸음. 도보.
歩き序で(あるきついで) 가는 길. 나선 길.
歩き続ける(あるきつづける) 계속 걸어가다.
歩き回る(あるきまわる) 여기저기 돌아다니다.
❖歩む(あゆむ) ①『雅』걷다. ②(한 발짝씩) 전진하다.
歩み(あゆみ) ①걸음. 보조. ②(사물의) 흐름. 경과. ③『經』시세의 변동. 주가의 추이.
歩み寄り(あゆみより) (의논이나 교섭에서) 서로 양보하여 접근함.
歩み寄る(あゆみよる) 서로 다가서다. 서로 양보하여 주장을 접근시키다.
歩み板(あゆみいた) ①디딤널. ②극장 관객석의 간지른 나무를 폭을 넓게 하여 통행할 수 있게 만든 것. 「より).
歩み合い(あゆみあい) ☞ 歩み寄り(あゆみ

其他
歩行虫 ㊀(おさむし)『蟲』딱정벌레.
㊁(ごみむし)『蟲』먼지벌레.

保 　보전할 보·지킬 보
9イ㊍　ホ·ホウ
　　　たもつ·もつ·やすんずる

音読

保する(ほする) 보증하다.
保健(ほけん) 보건. ♣~婦(ふ) (여자) 보건원 / ~所(じょ) 보건소 / ~食(しょく) 건강식 / ~室(しつ) 보건실 / ~薬(やく) 보약.
‖~体育(たいいく) 보건 체육.
保管(ほかん) 보관. ♣~料(りょう) 보관료.
保菌者(ほきんしゃ) 보균자.
保冷(ほれい) 보랭. 저온 상태를 유지하는 일.
‖~車(しゃ) 보랭차. 냉각 장치 없이 짐칸을 단열 구조로 하여 저온을 유지한 채 냉동 식품을 운송하는 차.
保呂羽(ほろば) 새의 양 날개 밑의 깃.
保留(ほりゅう) 보류. 유보.
保母(ほぼ) 보모(保姆).
保姆(ほぼ) ⇨ 保母(ほぼ).
保父(ほふ) 보부. 유치원·탁아소 등의 자격이 있는 남성 보육자.
保釈(ほしゃく) 〖法〗 보석. ♣~金(きん) 보석금.
保線(ほせん) 보선. ♣~区(く) 보선구.
保税(ほぜい) 〖法〗 보세.
‖~加工貿易(かこうぼうえき) 보세 가공 무역.
~工場(こうじょう) 보세 공장.
~制度(せいど) 보세 제도.
~地域(ちいき) 보세 지역.
~倉庫(そうこ) 보세 창고.
保水(ほすい) 물을 저장해 둠.
保守(ほしゅ) 보수. ♣~党(とう) 보수당 / ~的(てき) 보수적 / ~派(は) 보수파.
‖~主義(しゅぎ) 보수주의.
保湿(ほしつ) 보습. 습도를 일정한 기준으로 유지함.
保身(ほしん) 보신. 처신. 체세.
保安(ほあん) 보안. ♣~官(かん) 보안관 / ~隊(たい) 보안대 / ~林(りん) 보안림 / ~帽(ぼう) 안전모.
‖~基準(きじゅん) 보안 기준.
~要員(よういん) 보안 요원.
~処分(しょぶん) 보안 처분.
保夜(ほや) 〖動〗 우렁쉥이. 멍게.
保養(ほよう) 보양. 건강을 위하여 심신을 쉼.
‖~所(しょ) 보양소. 휴양소.
保温(ほおん) 보온.
保有(ほゆう) 보유. ♣~米(まい) 보유미.
保育(ほいく) 보육. ♣~器(き) 보육기.
‖~所(しょ) 보육 시설.
~園(えん) 보육소의 통칭.
保磁力(ほじりょく) 〖理〗 보자력.
保障(ほしょう) 보장.
‖~占領(せんりょう) 〖軍〗 보장 점령.
保全(ほぜん) 보전.
‖~処分(しょぶん) 〖法〗 보전 처분.

保存(ほぞん) 보존. ♣~則(そく) 〖理〗 보존칙 / ~血(けつ) 보존 혈액.
‖~登記(とうき) 〖法〗 보존 등기.
~料(りょう) 식품 첨가물의 하나.
~水域(すいいき) 보존 수역.
~食料(しょくりょう) 보존 식품.
~漬け(づけ) 장기 보존을 목적으로 한 야채 절임《보통, 염분을 많이 함유함》.
~行為(こうい) 〖法〗 보존 행위.
保佐人(ほさにん) 〖法〗 보좌인. 한정 치산자의 행위에 동의권만이 있고 대리권이 없는 보호자.
保証(ほしょう) 보증. ♣~金(きん) 보증금 / ~書(しょ) 보증서 / ~人(にん) 보증인 / ~株(かぶ) 〖經〗 보증주.
‖~発行(はっこう) 〖經〗 보증 발행.
~保険(ほけん) 보증 보험.
~付き(つき) 보증부. 보증되어 있음.
~小切手(こぎって) 〖經〗 보증 수표.
~準備(じゅんび) 〖法〗 보증 준비.
~債務(さいむ) 보증 채무.
~責任(せきにん) 보증 책임.
保持(ほじ) 보지. 계속 유지함.
保険(ほけん) 보험. ♣~金(きん) 보험금 / ~料(りょう) 보험료 / ~医(い) 보험의 / ~者(しゃ) 보험자.
‖~価額(かがく) 보험 가액.
~契約(けいやく) 보험 계약.
~代理店(だいりてん) 보험 대리점.
~事故(じこ) 보험 사고.
~外交員(がいこういん) 보험 외무원. 보험 설계사.
~証券(しょうけん) 보험 증권.
~標章(ひょうしょう) 차체(車體) 검사에 합격했다는 표시《차의 앞유리에 붙임》.
~会社(がいしゃ) 보험 회사.
保革(ほかく) 보혁. 보수(파)와 혁신(파).
保護(ほご) 보호. ♣~国(こく) 보호국 / ~帽(ぼう) 안전모 / ~色(しょく) 보호색 / ~者(しゃ) 보호자 / ~鳥(ちょう) 보호조.
‖~関税(かんぜい) 보호 관세.
~観察(かんさつ) 〖法〗 보호 관찰.
~貿易(ぼうえき) 보호 무역.
~司(し) 일본의 법무 대신이나 지방 갱생 보호 위원회 위원장의 위촉을 받아, 범죄자의 갱생이나 범죄 예방을 담당하는 자.
~水域(すいいき) 보호 수역.
~施設(しせつ) 보호 시설.
~預かり(あずかり) 〖經〗 보호 예치.
~主義(しゅぎ) 〖經〗 보호주의.
~処分(しょぶん) 〖法〗 보호 처분.

訓読

保ち(もち) ① 오래감. 오래 지탱함. ② (바둑·장기 등에서) 비김. 무승부.
保つ(たもつ) ① 유지하다. 보전하다. ② 유지되다.
保ち合い(もちあい) 〖經〗 보합. ＊たもちあい로도 읽음.

12 土	堡	작은성 보·보루 보 ホ・ホウ とりで

音読
堡塁(ほうるい) 보루. *ほるい로도 읽음.
堡塞(ほうさい) 성채. 보루. 요새.
堡礁(ほしょう) 보초. 해안선에 따라 평행하게 발달한 산호초.

12 土 教	報	갚을 보·알릴 보 ホウ むくいる・しらせる

音読
報(ほう) ①응보. 보답. ②소식. ③《接尾語로》…보. 통지. 기별.
報じる(ほうじる) ☞報ずる(ほうずる).
報ずる(ほうずる) ①보답하다. 보복하다. ②알리다. 보도하다.
報告(ほうこく) 보고. ♣~文(ぶん) 보고문. ‖~文学(ぶんがく) 보고 문학.
報国(ほうこく) 보국.
報答(ほうとう) ①대답함. ②보답. 또, 앙갚음함.
報徳(ほうとく) 보덕. 은덕을 갚음.
報道(ほうどう) 보도. ♣~官(かん) 보도관/~人(じん) 보도인/~陣(じん) 보도진 ‖~機関(きかん) 보도 기관. ~写真(しゃしん) 보도 사진. ~協定(きょうてい) 보도 협정.
報礼(ほうれい) 예(禮)로써 은혜를 갚음. 또, 그를 위한 금품.
報労(ほうろう) 보로. 노고에 보답함. ♣~金(きん) 보로금.
報命 ㊀(ほうみょう) 《佛》 전생의 인과로 결정된 현세의 수명. ㊁(ほうめい) ①복명(復命). ②☞㊀.
報復(ほうふく) 보복. 앙갚음.
報本反始(ほうほんはんし) 보본반시. 조상의 은혜에 보답함.
報謝(ほうしゃ) 보사. ①은혜에 보답함. ②승려나 순례자에게 시주를 함.
報賞(ほうしょう) 공로를 칭찬함. 또, 그 표정으로 주는 상품이나 상금.
報償(ほうしょう) 보상. ♣~金(きん) 보상금/~費(ひ) 보상비.
報賽(ほうさい) 보새. 소원 성취의 답례로 신불에 참배함.
報酬(ほうしゅう) 보수. 원수를 갚음. 복수.
報讐(ほうしゅう) 보수. 원수를 갚음. 복수.
報時(ほうじ) 보시. 시간을 알림.
報恩(ほうおん) 보은.
報奨(ほうしょう) 보장. 보답하고 장려함. ♣~金(きん) 보장금. ‖~措置(そち) 보장 조처.
報知(ほうち) 보지. 통지. 경보. 알림.

訓読
報う(むくう) 갚다. 보답하다.
報せ(しらせ) ①알림. 통지. ②전조(前兆). 조짐. ┌복하다.
❖報いる(むくいる) ①보답하다. 갚다. ②보복하다(むくいる) 응보. 보답. 보수.

其他
報える(こたえる) 보답[부응]하다.

12 日 常	普	넓을 보 フ あまねく

音読
普及(ふきゅう) 보급. ‖~版(ばん) 보급판. 대중판. ┌상복.
普段(ふだん) 평소. 평상시. ♣~着(ぎ) 평
普門品(ふもんぼん) 《佛》 보문품. 관음경.
普選(ふせん) '普通選挙(ふつうせんきょ)'(=보통 선거)'의 준말.
普墺戦争(ふおうせんそう) 《史》 보오 전쟁. 프로이센·오스트리아 전쟁.
普茶(ふちゃ) 사람들에게 차를 대접함. *ふさロど로 읽음. ‖~料理(りょうり) 중국식의 소찬(素饌) 요리.
普天(ふてん) 보천. 천하. ┌군주. 왕. ‖~率土(そっと) 보천솔토. ①온 천하. ②
普請(ふしん) 건축·토목 공사. ‖~方(かた) 목수·미장공 등 건축 관계 종사자. ~場(ば) 공사[건축] 현장.
普通(ふつう) 보통. ♣~法(ほう) 보통법/~税(ぜい) 보통세/~葉(よう) 보통엽/~人(じん) 보통 사람/~株(かぶ) 보통주. ‖~決議(けつぎ) (주주 총회의) 보통 결의. ~公理(こうり) 《数》 보통 공리. ┌정. ~課程(かてい) 고등학교 등에서 일반 과 ~教育(きょういく) 보통 교육. ~名詞(めいし) 《文法》 보통 명사. ~文(ぶん) 明治(めいじ) 시대에 널리 쓰인 문어체의 문장. ~法人(ほうじん) 보통 법인. 일반 법인. ~社債(しゃさい) 보통 사채. ~選挙(せんきょ) 보통 선거. ┌환. ~送金為替(そうきんがわせ) 보통 송금 ~薬(やく) 독극물 이외의 의약품. ~語(ご) ①일상 통용어. ②(明治(めいじ) 시대의) 표준어. ~預金(よきん) 보통 예금. ~郵便(ゆうびん) 보통 우편. ~銀行(ぎんこう) 보통 은행. ~自動車(じどうしゃ) 일반 자동차. ~取引約款(とりひきやっかん) 《經》 보통 거래 약관. ~河川(かせん) 보통 하천. 1·2급으로 정되지 않은 공공의 하천과 호소(湖沼). ~話(わ) 보통어. 베이징(北京)어를 표준으로 하는 중국의 공통어.

普遍(ふへん) 보편. ♣～性(せい)〖哲〗보편성/～的(てき) 보편적/～種(しゅ)〖生〗보편종/～学(がく)〖哲〗보편학/～化(か) 보편화.
‖～概念(がいねん)〖論〗보편 개념.
～論争(ろんそう)〖哲〗보편 논쟁.
～文法(ぶんぽう) 보편 문법.
～定数(ていすう)〖理〗보편 상수.
～主義(しゅぎ)〖哲〗보편주의.
～妥当性(だとうせい) 보편 타당성.
普賢(ふげん)〖佛〗보현. ①석가의 자비. ② ☞普賢菩薩.
‖～菩薩(ぼさつ)〖佛〗보현보살.
普化僧(ふけそう)〖佛〗보화승. 보화종의 승려.
普化宗(ふけしゅう)〖佛〗보화종. 선종의 한 파.

[訓読]
普く(あまねく) 널리. 보편적으로. 골고루.
普し(あまねし)〈雅〉골고루[널리] 미치다.

| 12 艹 | 菩 | 보살 보·보리 보 ボ |

[音読]
菩薩(ぼさつ)〖佛〗보살. ♣～戒(かい) 보살계/～道(どう)〖佛〗보살도/～乗(じょう)〖佛〗보살승.
菩提(ぼだい)〖佛〗보리. 번뇌를 끊고 심오한 진리를 깨닫는 일. 성불(成佛)하여 극락 왕생하는 일. ♣～樹(じゅ) 보리수.
‖～講(こう)〖佛〗보리강. 보리를 구하기 위하여 법화경(法華經)을 강설(講說)하는 법회(法會).
～達磨(だるま) 달마. 중국 선종(禪宗)의 시조.
～道場(どうじょう) 보리 도량. 불도를 수행하는 장소.
～寺(じ) 선조 대대의 위패를 모신 절.
～薩埵(さった) 보리살타. 보살(菩薩).
～所(しょ) ☞菩提寺.
～心(しん) 보리심. 불도에 들어가는 마음.

| 12 ネ 教 | 補 | 기울 보·도울 보 ホ おぎなう |

[音読]
補(ほ)《接尾語로》…보. 견습. 후보.
補する(ほする) 보직하다. 직책을 맡기다.
補角(ほかく)〖数〗보각.
補間法(ほかんほう)〖数〗보간법.
補強(ほきょう) 보강.
‖～証拠(しょうこ)〖法〗보강 증거.
補講(ほこう) 보강.
補格(ほかく) 보격.
補欠(ほけつ) 보결. 보궐.
‖～選挙(せんきょ) 보결 선거. 보궐 선거.
～選手(せんしゅ) 보결 선수. 후보 선수.
～入学(にゅうがく) 보결 입학.
補考(ほこう) 보고. 본론을 보충하는 고찰.
補闕(ほけつ) ⇨ 補欠(ほけつ).
補給(ほきゅう) 보급. ♣～路(ろ) 보급로/～線(せん) 보급선.
‖～基地(きち)〖軍〗보급 기지.
補記(ほき) 보충하여 씀. 보충 기록.
補導(ほどう) 보도.
補力(ほりき)〖印〗보력. 흐리게 나온 음화(陰畫)에 은(銀)입자를 부착시켜 농도를 높여 빛쬐기를 가능하게 하는 일.
補流(ほりゅう) 보류. 바닷물이 딴 곳으로 흘러나간 후, 그 빈 곳을 메우듯이 흘러 들어오는 다른 해수의 흐름.
補法(ほほう)〖漢醫〗보법. 허약해진 장기(臟器)나 경락(經絡)에 자극을 주어 정상으로 회복시키는 요법.
補肥(ほひ)〖農〗보비. 추비(追肥).
補殺(ほさつ)〖野〗보살. 야수가 잡은 공을 베이스에 던져 러너를 아웃시킴.
補償(ほしょう) 보상. ♣～金(きん) 보상금/～点(てん)〖植〗보상점.
‖～原理(げんり)〖經〗보상 원리.
補色(ほしょく) 보색.
補選(ほせん) 보선. 보결 선거.
補説(ほせつ) 보충 설명.
補修(ほしゅう) 보수.
補数(ほすう)〖数〗보수.
‖～器(き) 연산 장치 중, 보수를 만드는 회로.
補習(ほしゅう) 보습. ♣～科(か) 보습과/～生(せい) 보습생.
‖～教育(きょういく) 보습 교육.
補薬(ほやく)〖漢醫〗보약.
補語(ほご)〖文法〗보어.
補閲(ほえつ) 부족한 점을 조사하여 보충함.
補完(ほかん) 보완. ♣～財(ざい)〖經〗보완재.
補外法(ほがいほう)〖数〗보외법. 외삽법(外挿法).
補遺(ほい) 보유. (문장에서) 빠진 것을 보충하는 일.
補益(ほえき) 보익.
補翼(ほよく) 보익. 도움. 보좌.
補逸(ほいつ) 집어 넣는 것을 잊거나 잃어버린 것을 보충함.
補任(ほにん) 보임.
補作(ほさく) 미비한 데를 보충함.
補装具(ほそうぐ) 보장구.
補塡(ほてん) 보전. 보충. 전보.
補正(ほせい) 보정. 보충하고 바로 고침.
‖～予算(よさん) 보정 예산. 추가 경정 예산.
補訂(ほてい) 보정. (저작물을) 증보하고 개정함.
補整(ほせい) 보정. 보충하여 정돈함.
‖～振子(しんし)〖理〗보정 진자.
補題(ほだい)〖数·哲〗보제. 보조 정리(補助定理). 주된 명제(命題)를 증명하기 위하여, 미리 증명되는 명제.
補助(ほじょ) 보조. ♣～金(きん) 보조금/～席(せき) 보조석/～翼(よく) 보조익/～

的(てき) 보조적.
‖〜機関(きかん) 보조 기관.
〜記憶装置(きおくそうち)〖컴〗보조 기억 「장치.
〜単位(たんい)〖理〗보조 단위.
〜動詞(どうし)〖文法〗보조 동사.
〜符号(ふごう) 보조 부호. 문장을 쓸 때 읽기 쉽게 하기 위하여 쓰는 기호. 「비료.
〜肥料(ひりょう) 보조 비료. 자극(刺戟)
〜線(せん)〖數〗보조선. 문제 해결을 위하여 편의상 덧긋는 선.
〜用言(ようげん)〖文法〗보조 용언.
〜椅子(いす) 보조 의자.
〜帳簿(ちょうぼ) 보조 장부.
〜定理(ていり)〖數・理〗보조 정리.
〜参加(さんか)〖法〗보조 참가.
〜形容詞(けいようし)〖文法〗보조 형용
〜貨幣(かへい) 보조 화폐. 「사.
補足(ほそく) 보족. 보충하여 채움.
‖〜遺伝子(いでんし)〖生〗보족 유전자.
補佐(ほさ) 보좌. ♣〜官(かん) 보좌관/〜人(にん) 보좌인.
補注(ほちゅう) 보주. 보충으로 단 주석.
補註(ほちゅう) ⇨ 補注(ほちゅう).
補職(ほしょく) 보직.
補集合(ほしゅうごう)〖數〗보집합. 여(餘) 「집합.
補綴(ほてい) ①보철. ㉠(문장 따위를) 보필(補筆)함. ㉡(의복 따위를) 수선함. ②옛 자구(字句)를 맞추어 시문(詩文)을 지음. ＊ほてつロ도 읽음.
補聴器(ほちょうき) 보청기.
補体(ほたい)〖生〗보체.
補充(ほじゅう) 보충.
補則(ほそく) 보칙. 보충한 규칙.
補弼(ほひつ) 보필.
補筆(ほひつ) 보필.
補血(ほけつ) 보혈. ♣〜剤(ざい) 보혈제.
補回(ほかい)〖野〗보회. 9회로 승부가 나지 않았을 때 경기를 연장하는 일. 또, 그 회(回). ♣〜戦(せん) 연장전.
補酵素(ほこうそ)〖生〗보효소. 조(助)효소.

訓読
❖補う(おぎなう) 보충하다.
補い(おぎない) 보충함. 보충한 것. 벌충.

其他
補す(ふす) 보하다. 임명하다.
補陀洛(ふだらく)〖佛〗보타락. 인도 남단 해안에 있는 관음(觀音)이 산다는 8 각형의 산.

| 14
車
人 | 輔 | 도울 보·광대뼈 보
ホ
たすける |

参考 현대 표기로는 '補'로 대용함.

音読
輔導(ほどう) 보도.
輔相(ほしょう) 보상. ①도와줌. ②보상.
輔翼(ほよく) 보익. 도움.
輔佐(ほさ) 보좌.

輔弼(ほひつ) 보필.
其他
輔面框(つらがまち) ①〖生〗위・아래 턱뼈. 얼굴뼈. ②얼굴 모양. 표정.

| 15
鳥 | 鴇 | 능에 보
ホウ
とき |

訓読
鴇(とき) ①〖鳥〗따오기. ②鴇色(ときいろ)의 준말.
鴇色(ときいろ) 연분홍빛.
鴇草(ときそう)〖植〗큰방울새난.

| 17
魚 | 鯑 | 물고기이름 보
コ
せいご |

訓読
鯑(せいご)〖魚〗농어 새끼.

| 19
言
常 | 譜 (譜) | 적을 보·악보 보
フ |

音読
譜(ふ) ①악보. ②도감(圖鑑).
譜系(ふけい) 계보.
譜曲(ふきょく) 보곡. 악보.
譜代(ふだい) ①대대로 그 가계(家系)가 이어져 옴. 또, 그 계보. ②대대로 같은 주군(主君)의 집안을 섬기는 일. 또, 그 신하의 가계. ③ ☞ 譜代大名.
‖〜大名(だいみょう) 德川家康(とくがわいえやす)가 천하를 잡기 이전부터 대대로 德川 집안을 섬겨온 大名. 「해옴.
〜相伝(そうでん) 대대로 그 집에 이어져 전
〜下人(げにん) 江戸(えど) 시대에, 농가에서 소유하며 매매・상속하는 고용인.
譜図(ふず) 계보도(系譜圖).
譜面(ふめん) 보면. 큰 종이에 적은 악보.
♣〜台(だい) 보면대.
譜第(ふだい) ⇨ 譜代(ふだい).
譜牒(ふちょう) 보첩. 사실을 계통적으로 적은 기록. 또, 계도(系圖).
譜表(ふひょう)〖樂〗보표.

복

| 2
卜 | 卜 | 점 복
ボク
うらなう |

音読
卜する(ぼくする) 점치다. 점쳐서 택하다.

卜居(ぼっきょ) 복거. 살 만한 곳을 가려서 정함.
卜骨(ぼっこつ) 복골. 거북이 등딱지를 태워 그 균열을 보고 길흉을 점치는 일.
卜隣(ぼくりん) 살 곳을 정하기 위하여 이웃의 선악을 점침.
卜仕(ぼくし) 복사. ①점을 쳐서 벼슬함. ②처음으로 벼슬함.
卜辞(ぼくじ) 〖史〗 복사. 갑골문자의 문장. 은허복사(殷虛卜辞).
卜相(ぼくそう) 복상. 점(占)과 관상.
卜筮(ぼくぜい) 복서. 점. 점서(占筮).
卜人(ぼくじん) 복인. 점쟁이.
卜者(ぼくしゃ) 복자. 복술가. 점쟁이.
卜占(ぼくせん) 복점. 점복(占卜). 점.
卜定(ぼくてい) 점쳐서 길흉을 정함. *ぼくじょうで로도 읽음.
卜地(ぼくち) 좋은 땅을 고름.

訓読

卜(うらない) 점. 점을 침. *ぼくで로도 읽음.
卜う(うらなう) 점치다.
卜部(うらべ) 고대의 점쟁이. 또, 점치는 일을 하던 관직.

| 4
攴 | 攴 | 칠 복
ボク |

音読

攴(ぼくにょう) 한자 부수(部首)의 하나: 등글월문방.
攴繞(ぼくにょう) ⇨ 攴(ぼくにょう).

| 6
イ
常 | 伏 | 엎드릴 복·숨을 복
フク
ふせる・ふす |

音読

伏する(ふくする) ①엎드리다. ②복종하다. ③엎드리게 하다. ④복종〔항복〕시키다.
伏角(ふっかく) 복각. ①〖理〗 경각(傾角). ②〖数〗 내려본각. 부각(俯角).
伏竜(ふくりゅう) 복룡. ①물속에 숨어 있다는 용. ②세상에 알려지지 않은 위대한 인물. *ふくりょうで로도 읽음.
伏流(ふくりゅう) 〖地〗 복류. 지상의 물줄기가 어느 장소에 와서 한때 지하에 스며 흐름. 또, 그 물줄기.
伏魔殿(ふくまでん) 복마전.
伏拝(ふくはい) 복배.
伏兵(ふくへい) 복병.
伏射(ふくしゃ) 복사. 엎드려 쏨.
伏線(ふくせん) 복선.
伏勢(ふくぜい) 복병(伏兵).
伏侍(ふくじ) 복시. 받들어 모심.
伏臥(ふくが) 엎드려 누움.
伏日(ふくじつ) 복일. 복날.
伏蔵(ふくぞう) 복장. 엎드려 숨음.
伏在(ふくざい) 복재. 잠재.
伏奏(ふくそう) 복주. 제왕 앞에 엎드려 아룀.

訓読

伏さる(ふさる) ①엎드리다. ②드러눕다.
❖伏す(ふす) ①엎드리다. ②(병으로) 드러눕다. ③(엎드려) 숨다.
伏して(ふして) 부디. 간절하게.
伏し待ちの月(ふしまちのつき) 음력 19일 밤의 달.
伏し木(ふしき) 쓰러져 있는 나무.
伏し目(ふしめ) 눈을 내리뜸. 「하다.
伏し拝む(ふしおがむ) 엎드려 절하다. 복배
伏し浮き(ふしうき) 수영에서, 몸을 엎드려 수면에 뜨는 방법.
伏し沈む(ふししずむ) ①생각〔비탄〕에 잠기다. ②부복하다. 「다.
うつ伏す(うつぶす) 엎드리다. 머리를 숙이
❖伏せる(ふせる) ①엎드리다. ②아래로 숙이다. ③엎어 놓다. ④숨기다.
伏せ(ふせ) ①엎드림. ②복병(伏兵). ③화살의 길이의 단위로, 손가락 하나의 폭. *③은 ぶせ로도 읽음.
伏せ屈り(ふせかまり) 풀숲에 숨어서 적의 동정을 살피는 자.
伏せ図(ふせず) 평면도.
伏せ籠(ふせご) ①배롱(焙籠). 옷을 걸어 말리는 기구. ②닭의 어리.
伏せ縫い(ふせぬい) 공그르기.
伏せ射ち(ふせうち) 엎드려 쏨.
伏せ石(ふせいし) 정원 등에 얹은 형태로 놓은 돌.
伏せ勢(ふせぜい) 복병.
伏せ庵(ふせいお) 작고 초라한 주거(住居).
伏せ屋(ふせや) 〈雅〉 작고 낮은 오두막집.
伏せ字(ふせじ) 〖印〗 복자. 숨김표.
伏せ鉦(ふせがね) 법당에서, 나무 원반 위에 엎어놓고 두드리는 작은 징.
伏せ糊(ふせのり) 염색할 무늬 부분에 바탕 빛깔이 묻지 않도록 풀로 방염(防染) 처리하는 일.
うつ伏せ(うつぶせ) 엎드림. 엎어 놓음.
うつ伏せる(うつぶせる) ①엎드리다. ②엎어 놓다.

| 8
月
教 | 服 (服) | 옷 복·좇을 복
フク
きもの・したがう |

音読

服 ㊀(ふく) ①옷. 양복. ②《接尾語로》㉠첩약·가루약 봉지를 세는 말. ㉡담배·차·약 따위를 먹는 횟수.
㊁(ぷく) 상을 당함. 또, 그 기간.
服す(ふくす) ①상복을 입다. ②약 따위를 먹다. *ぶくす로도 읽음.
服する(ふくする) ①복종하다. ②마시다. ③복종시키다.
服加減(ふくかげん) 다도(茶道)에서, 차의 온도·농담(濃淡)의 정도.

服忌(ぶっき) 복기. 기복(忌服).
服毒(ふくどく) 음독.
∥~自殺(じさつ) 음독 자살.
服量(ふくりょう) 복용량.
服労(ふくろう) 노역에 종사함.
服務(ふくむ) 복무.
∥~規程(きてい) 복무 규정.
~時間(じかん) 복무 시간.
服仕(ふくじ) ⇨ 服事(ふくじ).
服事(ふくじ) 복사. 좇아서 섬김.
服紗(ふくさ) 복사. ① 선물을 보낼 때 쓰는 보. ② 다도(茶道)에서 다구(茶具)를 닦거나 받치거나 할 때 쓰는 보. 「씨.
∥~捌き(さばき) 다도에서 服紗 다루는 솜
服喪(ふくも) 복상. 상을 입음.
服色(ふくしょく) 관리의 의복・거마의 색
服属(ふくぞく) 복속. 「깔.
服侍(ふくじ) 복시. 받들어 모심. 「품.
服飾(ふくしょく) 복식. ♣~品(ひん) 복식
服薬(ふくやく) 복약. 약을 먹음.
服役(ふくえき) 복역. ① 병역에 복무함. ② 징역을 삶.
∥~義務(ぎむ) 병역의 의무.
服玩(ふくがん) 옷・일용품 등의 신변 도구.
服用(ふくよう) 복용. ① 약을 먹음. ② 옷을 입음.
服膺(ふくよう) 복응. 마음속에 간직함.
服装(ふくそう) 복장.
服制(ふくせい) 복제. (직종・계급 등에 따른) 의복 제도.
服従(ふくじゅう) 복종.
服罪(ふくざい) 복죄. 복역.
服地(ふくじ) 복지. 옷감. 양복감.
服聴(ふくちょう) 명령에 따름.
服行(ふっこう) 복행. 실행함.

其他

服部 ㊀(はとり) 베를 짜는 일. 또, 그것을 업으로 하던 사람.
㊁(はとり) 大化改新(たいかかいしん) 이전, 베짜는 일을 업으로 하던 집안.
服織(はとり) ⇨ 服部(はとり)㊀.

| 11
勹 | 匐 | 길 복
フク
はう・はらばう |

音読

匐枝(ふくし) 『植』 복지. 기는 줄기. 지상 또는 땅속에서 수평으로 뻗는 가지.

訓読

匐う(はう) 기다. 기어가다.

| 11
ネ | 袱 | 보 복・보자기 복
フク |

音読

袱紗(ふくさ) 복사. 선물을 보낼 때 쓰는 보.

| 12
彳
教 | 復 | 회복할 복・되풀이할
복・다시 부
フク
かえる・また |

音読

復する(ふくする) ① 본디 상태로 되돌아가다. ② 회복하다. ③ 반복하다.
復刻(ふっこく) 복각. 번각(飜刻). ♣~本(ぼん) 복각본.
復刊(ふっかん) 복간.
復啓(ふっけい) 복계. 회신 편지의 첫머리에 쓰는 말. 배복.
復古(ふっこ) 복고. ♣~的(てき) 복고적 / ~調(ちょう) 복고조.
∥~主義(しゅぎ) 복고주의.
~学(がく) 江戸(えど) 시대에 일어난 유학(儒學)의 일파《직접 경서(經書)의 본문에 대해서 연구하려 했음》.
復交(ふっこう) (국교 등의) 복교.
復校(ふっこう) 복교. 복학.
復仇(ふっきゅう) 복구. 원수를 갚음.
復旧(ふっきゅう) 복구.
復権(ふっけん) 복권.
復帰(ふっき) 복귀.
復答(ふくとう) 대답함.
復党(ふくとう) 복당.
復読(ふくどく) 복독. 되풀이하여 읽음.
復路(ふくろ) 귀로(歸路).
復命(ふくめい) 복명. ♣~書(しょ) 복명서.
復文(ふくぶん) ① 번역하거나 다른 문체로 쓴 글을 본디의 글로 되돌리는 일. ② 회답의 글・편지. 「당이 붙음.
復配(ふくはい) 『經』 배당이 없던 주식에 배
復魄(ふくはく) 초혼(招魂).
復辟(ふくへき) 복벽. 물러났던 왕이 다시 왕위에 오름.
復氷(ふくひょう) 『理』 복빙. 「옴.
復社(ふくしゃ) 퇴직・휴직자가 회사로 돌아
復席(ふくせき) 본디 자리로 되돌아감.
復姓(ふくせい) 복성. 본디 성(姓)으로 되돌아감.
復誦(ふくしょう) ⇨ 復唱(ふくしょう).
復水(ふくすい) 『化』 복수.
∥~器(き) 『機』 복수기. 콘덴서.
復讐(ふくしゅう) 복수. ♣~戦(せん) 복수
復習(ふくしゅう) 복습. 「전.
復申(ふくしん) 복신. ① 대답(함). ② 복명(復命).
復氏(ふくし) 복성(復姓). *ふくうじ로도 읽음. 「다시 함.
復業(ふくぎょう) 복업. 그만 두었던 영업을
復縁(ふくえん) 복연. 인연을 끊었다가 다시 원래의 관계로 돌아감.
復円(ふくえん) 『天』 복원.
復元(ふくげん) 복원. ♣~図(ず) 복원도 / ~力(りょく) 복원력.
∥~工事(こうじ) 복원 공사.

復原(ふくげん) ⇨ 復元(ふくげん).
復員(ふくいん) 복원.
‖~軍人(ぐんじん) 복원[제대] 군인.
復任(ふくにん) 다시 본디 관직에 임명됨.
復籍(ふくせき) 복적. 원래의 학적이나 호적으로 되돌아감.
復調(ふくちょう) ①(특히, 건강이) 정상 상태로 돌아감. ②『理』검파(檢波).
復職(ふくしょく) 복직.
復唱(ふくしょう) 복창.
復学(ふくがく) 복학.
復航(ふっこう) 복항. 돌아오는 항해·비행.
復活(ふっかつ) 부활. ♣~祭(さい)『基』부활절.
復興(ふっこう) 부흥.

<u>訓読</u>
復(また) 또. (또)다시. 재차.
復聞き(またぎき) 간접적으로 들음.
復写し(またうつし) 복사. 적은 것을 다시 적음. 또, 그것.
復請け(またうけ) ①하도급. ②보증인의 보증인이 됨.
復寝(またね) 눈을 떴다 다시 자는 일.
復候(またぞろ)〈老〉또다시. 거듭. 재차.

<u>其他</u>
復習う(さらう) 되풀이하여 익히다. 복습하다.
復習える(さらえる) ☞復習う(さらう).

13月教 **腹** 배 복·마음 복
フク
はら

<u>音読</u>
腹腔(ふくこう)『生』복강.
‖~動脈(どうみゃく) 복강 동맥.
腹稿(ふっこう) 복고. 글을 쓰기 전에 마음속으로 생각해 둠. 또, 그 내용.
腹筋(ふっきん)『生』복근. 배의 힘살. *はらすじ로도 읽음.
‖~運動(うんどう) 복근 운동.
腹膜(ふくまく) ①『生』복막. ②腹膜炎의 준말. ♣~炎(えん)『醫』복막염.
‖~透析(とうせき)『醫』복막 투석.
腹満(ふくまん) 복부(腹部)가 비정상적으로 불룩 나옴.
腹面(ふくめん) 복면. 복부가 되는 면.
腹鳴(ふくめい)『醫』복명.
腹背(ふくはい) 복배. 배와 등. 앞과 뒤.
腹壁(ふくへき) 복벽. 복강(腹腔)의 내벽.
‖~切開手術(せっかいしゅじゅつ) 복벽 절개 수술.
腹部(ふくぶ) 복부.
腹上死(ふくじょうし) 복상사.
腹水(ふくすい)『醫』복수.
腹式呼吸(ふくしきこきゅう) 복식 호흡.
腹心(ふくしん) ①복심. 마음속 깊은 곳. ②심복.
腹案(ふくあん) 복안.
腹圧(ふくあつ) 복압. 복강내의 압력.
腹囲(ふくい) 복부 둘레 치수.
腹蔵(ふくぞう) 마음속에 숨기고 비밀로 함.
腹足類(ふくそくるい)『動』복족류.
腹中(ふくちゅう) 복중. 뱃속. 마음속.
腹診(ふくしん) 일본 한방에서, 환자의 배를 만지며 하는 진찰법.
腹痛(ふくつう) 복통. *はらいた로도 읽음.
腹話術(ふくわじゅつ) 복화술.

<u>訓読</u>
腹(はら) ①배. ②뱃속. 속마음. ③도량. 담력. ④각오. 배짱. ⑤(물건의) 가운데의 불룩한 부분. 중배.
腹ごなし(はらごなし) (운동 따위로) 음식의 소화를 도움.
腹ペこ(はらぺこ)〈俗〉배가 몹시 고픔.
腹開き(はらびらき) 생선의 배를 가르는 일.
腹鼓(はらつづみ) 잔뜩 먹은 배를 북에 빗대어 한 말.
腹工合(はらぐあい) ⇨ 腹具合(はらぐあい).
腹掛け(はらがけ) (어린아이의) 배두렁이.
腹構え(はらがまえ) (예측되는 사태에 대한) 마음의 준비. 각오.
腹具合(はらぐあい) 위장의 상태. 뱃속.
腹巻き(はらまき) 배두렁이.
腹鰭(はらびれ)『魚』배지느러미.
腹当て(はらあて) ①배에 두르는 병용용 갑옷. ②배두렁이.
腹帯(はらおび) ①배가리개. ②(임신부의) 복대. *ふくたい로도 읽음. ③(말의) 뱃대끈. *③은 はるびで도 읽음.
腹籠り(はらごもり) ①태내(胎內)에 있음. 잉태함. 또, 태아. ②아버지가 죽었을 때, 아이가 어머니 태내에 있음. 유복(遺腹).
腹立たしい(はらだたしい) 화가 나다. 괘씸하다.
腹立ち(はらだち) 화냄. 성냄.
‖~紛れ(まぎれ) 화가 나는 김에 분별도 없이 행동함. 또, 그 모양.
腹立つ(はらだつ) 노하다. 화가[성이] 나다. 화[성]내다.
腹立てる(はらだてる) 화[성]내다. 노하다.
腹白(はらじろ) 배가 휨. 또, 그런 동물.
腹変わり(はらがわり) ① ☞腹違い(はらちがい). ②본래의 결심이 변함.
腹散散(はらさんざん) 마음껏. 실컷.
腹塞ぎ(はらふさぎ) 공복을 일시적으로 견디어 내기 위해 조금 먹는 일. 또, 그 음식.
腹時計(はらどけい) 배꼽시계.
腹悪し(はらあし)〈文〉①심보가 나쁘다. ②화를 잘 내다.
腹芸(はらげい) ①(배우가 대사가 아닌) 표정·태도만으로 그 역을 살리는 일. ②(말로써가 아니라) 배짱과 박력으로 자신의 의지를 관철시킴.「い).
腹汚い(はらぎたない) ⇨ 腹汚い(はらぎたな
腹汚い(はらぎたない) 마음씨가 더럽다. 심보가 나쁘다.
腹違い(はらちがい) 배가 다름. 이복(異腹).
腹癒せ(はらいせ) 화풀이.

腹応え(はらごたえ) 음식을 먹어 배부르다는 느낌.
腹一杯(はらいっぱい) ① 배가 부름. ② (생각의) 전부. ③ 마음껏. 실컷.
腹子(はらご) ① 태아. ② 물고기, 특히 연어 따위의 몸 속에 있는 알덩어리. *はらこ로도 읽음.
腹這い(はらばい) ① 배를 깔고 엎드려서 기어감. ② 배를 깔고 누움.
腹這う(はらばう) ① 배를 깔고 엎드려 기(어가)다. ② 엎드려 눕다.
腹積もり(はらづもり) 의도. 복안. 속셈.
腹切り(はらきり) 할복.
腹組み(はらぐみ) 뱃속의 생각. 복안(腹案).
腹の足し(はらのたし) 약간의 음식. 요기(거리).
腹拵え(はらごしらえ) (일에 착수하기 전에) 배를 채워 둠.
腹の中(はらのうち) 뱃속. 마음속. *はらのなか로도 읽음.
腹持ち(はらもち) 소화 시간이 길어서 배가 든든함.
腹の虫(はらのむし) 내장의 기생충. 특히, 「회충.
腹太(はらぶと) ① 담력·도량이 큼. 또, 그 모양. ②〖魚〗'鯔(ぼら)(=숭어)'의 딴이름.
腹八分(はらはちぶ) 약간 양이 덜 차게 먹음.
腹皮(はらかわ) 생선의 배가죽.
腹の皮(はらのかわ) 뱃가죽.
腹下し(はらくだし) ① 설사. ② 설사약. 하제(下劑).
腹下り(はらくだり) 설사.
腹合わせ(はらあわせ) ① ☞ 腹合わせ帯. ② 마주 대함.
‖~帯(おび) 안팎이 다른 천으로 된 여자 허리띠.
腹黒い(はらぐろい) 속이 검다. 엉큼하다. 음험하다.

13 木 教 福(福) フク さいわい 복 복·상서로울 복

音読
福(ふく) 복. 행복.
福岡(ふくおか)〖地〗九州(きゅうしゅう) 북부에 있는 현. 또, 그 현청 소재지.
福藁(ふくわら) 설에 마당에 까는 짚.
福多み(ふくだみ) 떡조개의 살과 창자로 만든 것.
福袋(ふくぶくろ) 정초 등에, 여러 가지 물건을 넣고 봉하여 싸게 파는 주머니.
福徳(ふくとく) ① 행복과 재산. ② 선행의 과보로서 받는 복리(福利). 「을 맞음.
~の三年目(さんねんめ) 오래간만에 행운
福島(ふくしま)〖地〗東北(とうほく) 지방에 있는 현. 또, 그 현청 소재지.
福豆(ふくまめ) (악귀를 물리친다고 하여) 입춘 전날에 뿌리는 볶은 콩.
福禄(ふくろく) 복록. 행복과 봉록(封祿).

‖~寿(じゅ)〖民〗복록수. 칠복신(七福神)의 하나.
福利(ふくり) 복리.
‖~施設(しせつ) 복리 시설.
~増進(ぞうしん) 복리 증진.
~厚生(こうせい) 복리 후생.
福白髪(ふくしらが) 새치.
福福(ふくぶく) ① 복이 많은 모양. ② 재산이 늘고 번영하는 모양.
福福しい(ふくぶくしい) 복스럽다.
福分(ふくぶん) 복분. 운수가 좋게 태어난 분복(分福).
福分け(ふくわけ) 받은 선물을 남에게 나누어 줌. 또, 그 물건.
福相(ふくそう) 복상. 복스러운 상.
福祥(ふくしょう) 복상. 행복과 길상.
福笑い(ふくわらい) 설날 놀이의 하나.
福寿(ふくじゅ) 복수. 수복. ♣~草(そう)〖植〗복수초.
福神(ふくじん) 복신.
‖~漬け(づけ)〖料〗잘게 썬 무·가지·작두콩 등을 소금물에 절여 물기를 뺀 다음 미림(味醂) 간장에 조린 식품.
福の神(ふくのかみ) 복신. 행복과 재산을 가져다 주는 신.
福祐(ふくゆう) ① 행운. 행복. ② 유복.
福運(ふくうん) 복운. 행운.
福音(ふくいん) 복음. ♣~書(しょ)〖基〗복음서.
‖~教会(きょうかい)〖基〗복음 교회.
~主義(しゅぎ)〖基〗복음주의.
福耳(ふくみみ) 복귀. 귓불이 큰 귀.
福人(ふくじん) 복인. 복 많은 사람.
福引き(ふくびき) 제비뽑기. 추첨으로 경품을 나누어 줌. 또, 그 추첨. 「복자.
福者(ふくしゃ) ① 행복한 사람. ②〖가톨릭〗
福井(ふくい)〖地〗일본 중부(ちゅうぶ) 지방 서부에 있는 현. 또, 그 현청 소재지.
福助(ふくすけ) 복을 가져 온다는 인형의 하나.
福祚(ふくそ) 복조. 행복.
福地(ふくち) 복지.
福祉(ふくし) 복지.
‖~工場(こうじょう) 복지 공장. 심신 장애인이 일을 할 수 있는 공장.
~国家(こっか) 복지 국가.
~事務所(じむしょ) 복지 사무소. 영세민·가출 소년·장애인 등의 보호·지도를 하는
~施設(しせつ) 복지 시설. 「관청.
~作業所(さぎょうじょ) 복지 작업소. 장애인을 위한 소규모 작업장.
~電話(でんわ) 복지 전화. 단독 노인 가구나 신체 장애인 가구에 지방 공공 단체가 설치해 주는 전화.
~指標(しひょう) 복지 지표.
福紙(ふくがみ) 백지나 책의 귀퉁이가 접힌 채 재단되어 생긴 여분의 부분.
福茶(ふくちゃ) 검정콩·다시마·산초나뭇잎 등을 달인 차.
福沢(ふくたく) 복택. 행복과 은혜.

14 イ 常	僕	사내종 복 · 저 복 ボク しもべ

音読
僕 ㊀(ぼく) ①머슴. 하인. ②남자의 자칭. 나.
㊁(しもべ)〈雅〉①하인. 종. ②신분이 낮은 사람.
㊂(やつがれ)〈雅〉자기의 낮춤말.
僕僮(ぼくどう) 사환 아이.
僕等(ぼくら) 우리들.
僕夫(ぼくふ) 복부. 종. 머슴.
僕婢(ぼくひ) 복비. 비복(婢僕). 사내종과 계집종.
僕從(ぼくじゅう) 복종. 머슴. 종. 종복.
僕妾(ぼくしょう) 복첩. 머슴(종)과 측실.

14 ネ 教	複	겹칠 복 フク かさなる

音読
複(ふく) (테니스·탁구에서) 복식.
複刻(ふくこく) 복각(復刻).
複果(ふくか) 〖植〗복과. 복화과(複花果).
  *ふっかとも 읽음.
複屈折(ふくくっせつ) 〖理〗복굴절.
複軌(ふっき) 복궤.
  ‖〜鉄道(てつどう) 복궤 철도.
複代理(ふくだいり) 〖法〗복대리.
複対立遺伝子(ふくたいりついでんし) 〖生〗복대립 유전자.
複道(ふくどう) 위 아래로 왕래할 수 있도록 이중으로 만든 복도〔낭하〕.
複写紙(ふくしゃし) 트레이싱 페이퍼.
複動機関(ふくどうきかん) 복동 기관.
複利(ふくり) 복리. ♣〜法(ほう) 복리법 / 〜表(ひょう) 〖数·經〗복리표.
複名数(ふくめいすう) 〖数〗복명수. 제등수 (諸等数).
複名手形(ふくめいてがた) 〖經〗복명 어음.
複文(ふくぶん) 〖文法〗복문.
複方(ふくほう) 복방. 두 가지 이상의 약품을 배합한 약제.
複複複線(ふくふくふくせん) 복복복 복선.
複複線(ふくふくせん) 복복선.
  ‖〜軌道(きどう) 복복선 궤도.
複本(ふくほん) 복본. ①원본의 사본. ②도서관에서, 같은 책이 여러 권 있을 때 그 두 권째부터의 책.
複本位(ふくほんい) 〖經〗복본위. 복본위제.
複付点(ふくふてん) 〖樂〗복부점.
複分数(ふくぶんすう) 〖数〗복분수. 번분수(繁分数).
複分解(ふくぶんかい) 〖化〗복분해. 겹분해.
複比(ふくひ) 〖數〗복비.
複比例(ふくひれい) 〖數〗복비례.
複写(ふくしゃ) 복사. ♣〜機(き) 복사기 / 〜紙(し) 복사지.

‖〜時代(じだい) 복사 시대. 복제 시대.
複散形花序(ふくさんけいかじょ) 〖植〗복산형 화서. 겹산형꽃차례.
複相(ふくそう) 〖生〗복상.
複色光(ふくしょくこう) 〖理〗복색광.
複線(ふくせん) 복선.
  ‖〜工事(こうじ) 복선 공사.
  〜軌道(きどう) 복선 궤도.
  〜鉄道(てつどう) 복선 철도. 복선 궤도.
複成(ふくせい) 복성. 중복되어 생김.
複声(ふくせい) 〖樂〗복성.
複税(ふくぜい) 〖經〗복세.
複素関数(ふくそかんすう) 〖数〗복소 함수.
複素数(ふくそすう) 〖数〗복소수.
複素平面(ふくそへいめん) 〖数〗복소 평면.
複素環式化合物(ふくそかんしきかごうぶつ) 〖化〗복소 환식 화합물. 복소 고리화합물.
複数(ふくすう) 복수.
複勝式(ふくしょうしき) 복승식.
複視(ふくし) 복시. 물체가 두 개로 보이는 상태.
複試合(ふくしあい) (테니스·탁구 등에서) 복식 경기.
複式(ふくしき) 복식.
  ‖〜簿記(ぼき) 복식 부기.
  〜学級(がっきゅう) 복식 학급.
  〜火山(かざん) 복식 화산.
複十字(ふくじゅうじ) 복십자. 결핵 예방의 표지.
複眼(ふくがん) 〖蟲〗복안. 겹눈.
複塩(ふくえん) 〖化〗복염.
複葉(ふくよう) 복엽. ①〖植〗겹잎. ②비행기의 주익(主翼)이 겹으로 된 것.
複玉(ふくぎょく) 두 개 이상으로 조립된 렌즈.
複音(ふくおん) 〖樂〗복음. ①서로 다른 발음체가 함께 내는 소리. ②하모니카에서 소리 나는 구멍이 2열로 된 것.
複子房(ふくしぼう) 〖植〗복자방. 겹씨방.
複雑(ふくざつ) 복잡. ♣〜性(せい) 복잡성.
  ‖〜怪奇(かいき) 복잡 괴기.
複占(ふくせん) 〖經〗복점.
複製(ふくせい) 복제. ♣〜物(ぶつ) 복제물 / 〜画(が) 복제화.
複族国(ふくぞくこく) 복족국. 다민족 국가.
複縦線(ふくじゅうせん) 〖樂〗복종선. 겹세로줄.
複座(ふくざ) 복좌. 좌석이 둘 달려 있음.
  ‖〜戦闘機(せんとうき) 복좌 전투기.
複振子(ふくふりこ) 〖理〗복진자.
複総状花序(ふくそうじょうかじょ) 〖植〗복총상 화서. 겹총상꽃차례.
複層ガラス(ふくそうガラス) 복층 유리.
複層林(ふくそうりん) 복층림. 수령(樹齢)과 높이가 다른 나무로 구성된 임야.
複合(ふくごう) 복합. ♣〜語(ご) 복합어 / 〜体(たい) 복합체.
  ‖〜開発(かいはつ) 복합 개발.
  〜競技(きょうぎ) (스키의) 복합 경기.
  〜国家(こっか) 복합 국가.
  〜企業(きぎょう) 복합 기업.

~蛋白質(たんぱくしつ)〖化〗복합 단백
~名詞(めいし)〖文法〗복합 명사. 질.
~社会(しゃかい) 복합 사회.
~商品(しょうひん) 복합 상품.
~脂質(ししつ)〖化〗복합 지질.
~火山(かざん) 복합 화산.
複婚(ふくこん) 복혼.

14 竹	箙	전동(箭筒) 복 フク えびら

訓読▶
箙(えびら) 전동(箭筒). 등에 지는 화살통.

15 虫	蝮	살무사 복 フク まむし

訓読▶
蝮 ㊀(まむし)〖動〗살무사. 「장제.
‖~酒(ざけ) 복주(蝮酒). 살무사주(酒)《강
㊁(くちばみ)〖動〗まむし의 옛 이름.

16 車	輻	바퀴살 복 フク や

参考 俗音은 '폭'.
音読▶
輻射(ふくしゃ)〖理〗복사. ♣~線(せん)
복사선 / ~熱(ねつ) 복사열.
輻湊(ふくそう) ⇨ 輻輳(ふくそう).
輻輳(ふくそう) 폭주. 한곳에 많이 모여듦.
訓読▶
輻(や) 바퀴살.

17 金	鍑	솥 복 フク かま・さがり

訓読▶
鍑(さがり) 입이 큰 솥.

17 魚 日	鯎	양태 (복)・가리맛 (복) こち

訓読▶
鯎(こち)〖魚〗양태.

18 西 常	覆 (覆)	엎어질 복・덮을 부 フク おおう・くつがえす・ くつがえる

音読▶
覆刻(ふっこく) 복각. 번각(飜刻). ♣~本
(ほん) 복각본.

覆蓋(ふくがい) 복개. 「그 수레.
覆車(ふくしゃ) 복거. 수레가 뒤집힘. 또,
~の戒(いましめ) 복거지계. 앞사람의 실패
를 거울 삼아 뒷사람이 경계함.
覆考(ふっこう) 복고. 다시 조사함.
覆校(ふっこう) ⇨ 覆考(ふっこう).
覆輪(ふくりん) 복륜. 칼의 날밑·안장 등의
가장자리를 금·은으로 장식한 것.
覆面(ふくめん) ①복면. ②익명(匿名).
‖~頭巾(ずきん) 복면 두건.
~作家(さっか) 익명 작가.
~座談会(ざだんかい) 익명 좌담회.
覆滅(ふくめつ) 복멸. 뒤엎어 멸함. 또, 공격
을 받아 망함.
覆没(ふくぼつ) 복몰. ①배가 뒤집혀 가라앉
음. ②패멸(敗滅).
覆誦(ふくしょう) 몇번이고 암송함.
覆水(ふくすい) 복수. 엎지른 물. 「심리.
覆審(ふくしん)〖法〗복심. 상소한 사건의
覆蔵(ふくぞう) 마음속에 숨기고 비밀로 함.
覆製(ふくせい) (서지학에서) 사본·간행본
을 원본대로 만듦. 또, 그 책. ♣~本(ほん)
복제본.
覆轍(ふくてつ) 복철. 선인이 실패한 자취.
覆土(ふくど)〖農〗복토. 「전철.
覆敗(ふくはい) 뒤집혀 패함.
訓読▶
覆す(くつがえす) 뒤집다. 뒤엎어 엎다.
＊ふくすろも 읽음.
覆る(くつがえる) 뒤집히다.
❖覆う(おおう) ①덮다. 가리다. ②숨기다.
覆い(おおい) 씌우개. 씌우개. 덮개.
覆い匿す(おおいかくす) ⇨ 覆い隠す(おお
いかくす). 「서 숨기다.
覆い隠す(おおいかくす) 덮어 가리다. 덮어
覆い被さる(おおいかぶさる) ①(위에서)
덮이다. ②들씌워지다.
覆い被せる(おおいかぶせる) 덮어 씌우다.
其他▶
覆下園(おいしたえん) (햇볕을 차단하기 위
해) 차나무를 덮개로 가린 밭.

18 香	馥	향기 복 フク かおり

音読▶
馥郁(ふくいく) 복욱. 그윽한 향기가 풍김.

19 足	蹼	물갈퀴 복 ボク みずかき

音読▶
蹼足(ぼくそく) 복족. 조류의 발에 달린 각질
막(角質膜)의 물갈퀴.
訓読▶
蹼(みずかき) 물갈퀴.

20 魚	鰒	전복 복 フク あわび・ふぐ

訓読

鰒(あわび)〖貝〗전복.

본

5 木 教	本	밑 본·뿌리 본·책 본 ホン もと

音読

本 ㊀(ほん) ①책. ②대본. ③〖野〗'本塁(ほんるい)(=본루)'의 준말. ④《接頭語로》 본…. 정식의.
㊁(もと) ①시초. 근본. ②나무의 뿌리. ③《接尾語적으로》…그루. [서지.
本セル(ほんセル) 고운 소모사(梳毛絲)로 짠
本に(ほんに) 정말로. 참으로.
本の(ほんの) ①그저 명색뿐인. ②정말의.
本ネル(ほんネル) 플란넬. 방모사로 짠 털이 보풀보풀한 모직물. [의 원조.
本家(ほんけ) ①본가. 종가(宗家). ②유파
‖**~本元**(ほんもと) 本家를 강조하는 말. **~争い**(あらそい) 원조(정통) 싸움.
本歌 ㊀(ほんか) ①모방·번안한 작품의 근거가 되는 和歌(わか). ②狂歌(きょうか) 등에 대하여, 和歌.
‖**~取り**(どり) 和歌 등에서, 선인의 작품 따위를 본떠서 짓는 일.
㊁(もとうた) ①가사를 바꾼 노래의 본디 노래. ② ☞ ㊀.
本覚(ほんがく)〖佛〗본각.
本降り(ほんぶり) 비가 본격적으로 내림.
本坑(ほんこう) 본갱. 광산의 주요한 갱도.
本拠(ほんきょ) 본거. 근거(地).
本件(ほんけん) 본건. 이건.
本建築(ほんけんちく) ①(목조나 모르타르 건축에 대하여) 철근 콘크리트 건축의 일컬음. ②본격적인 건축. [적.
本格(ほんかく) 본격. ♣**~的**(てき) 본격
‖**~小説**(しょうせつ) 본격 소설.
本絹(ほんけん) 본견. 순견.
本見出し(ほんみだし) 중심이 되는 표제.
本決まり(ほんぎまり) 정식으로 결정됨.
本経(ほんきょう)〖佛〗소의(所依) 본경. 그 종파에서 포교의 근거로 삼는 불경.
本稿(ほんこう) 본고.
本曲(ほんきょく) ①三味線(しゃみせん) 등의 유파에서, 기본이 되는 곡. ②이 곡.
本工(ほんこう) 본사에 상근 노동자로서 정식 고용된 사람. [科).
本科(ほんか) ①본과. ②이 과(科). 당과(當

本官(ほんかん) 본관.
本管(ほんかん) 본관. 지하에 매설되어 있는 큰 줄기의 수도·가스관.
本館(ほんかん) 본관.
本卦(ほんけ) ①사주(四柱). ②사주로 치는
本卦還り(ほんけがえり) 환갑. [점.
本校(ほんこう) 본교.
本鬮(ほんくじ) ⇨ 本籤(ほんくじ).
本局(ほんきょく) 본국. ①중심이 되는 국. ②(바둑 등의) 이 대국. [법.
本国(ほんごく) 본국. ♣**~法**(ほう) 본국
本軍(ほんぐん) 본군.
本宮 ㊀(ほんぐう) 그 제신(祭神)을 대부터 모신 신사. 「殿)
㊁(もとみや) ①신사의 본사. ②본전(本
本権(ほんけん)〖法〗본권.
本極まり(ほんぎまり) ⇨ 本決まり(ほんぎまり). 「식.
本筋(ほんすじ) ①본줄거리. ②정당한 방
本金(ほんきん) 본금. ①원금. ②순금.
本給(ほんきゅう) 본급. 본봉.
本気(ほんき) 본마음. 진심.
本紀(ほんぎ) 본기. 제왕의 사적을 기록한 기전체(紀傳體).
本機(ほんき) ①중심이 되는 기계. ②이 기계. ③이 비행기.
本年(ほんねん) 본년. 금년. 올해.
本能(ほんのう) 본능. ♣**~的**(てき) 본능
‖**~主義**(しゅぎ) 본능주의. [적.
本曇り(ほんぐもり) 날씨가 아주 흐림.
本当(ほんとう) 진실. 정말. 진짜. *ほんと로도 읽음.
本党(ほんとう) 본당. ①중앙당. ②이 당.
本堂(ほんどう)〖佛〗본당. 법당.
本代(ほんだい) 책값.
本隊(ほんたい) 본대.
本宅(ほんたく) 본댁. 본집.
本島(ほんとう) 본도.
本道(ほんどう) 본도. ①본가로(本街路). ②(한방의에서) 내과(内科). ③정도(正道).
本塗り(ほんぬり) 칠 따위를 생략하지 않고 정식으로 칠함. 또, 그 칠하는 방법.
本読み(ほんよみ) ①독서(가). ②상연 전에 출연자에게 극본을 읽어줌. ③예비 상담.
本欄(ほんらん) 본란.
本来(ほんらい) ①본래. ②당연(히 그래야 함). 도리. ♣**~空**(くう)〖佛〗본래공.
‖**~の面目**(めんもく)〖佛〗본래 면목. 중생이 원래부터 갖고 있는 순수한 심성.
本暦(ほんれき) 기본이 되는 달력.
本領(ほんりょう) 본령.
‖**~安堵**(あんど) 중세에, 본래의 영지에 대한 영유권을 幕府(ばくふ)가 인정하던 일.
本鈴(ほんれい) 정식(正式) 시작을 알리는
本論(ほんろん) 본론. [종소리.
本蓼(ほんたで) 여뀌의 일종으로, 잎을 식용으로 하는 것의 일컬음.
本塁(ほんるい) 본루. ①본거지가 되는 성

채. 근거지. ②〖野〗홈베이스.
∥~打(だ)〖野〗본루타. 홈런.
本流(ほんりゅう) 본류. 주류.
本利(ほんり) 원금과 이자. 원리(元利).
本立て(ほんたて) 책꽂이.
本麻(ほんあさ) 순수한 천연의 삼실이나 마 직물.
本末 ㊀(ほんまつ) 본말.
∥~転倒(てんとう) 본말 전도.
㊁(もとすえ) ①본말. ②〖文〗短歌(たんか)의 윗구(句)와 아랫구.
本望(ほんもう) 본망. 숙원(을 이루어 만족함).
本名(ほんみょう) 본명. 실명.
本命 ㊀(ほんみょう) ☞㊁①.
∥~星(しょう) 본명성. *ほんみょうせいろ도 읽음.
㊁(ほんめい) ①본명. 태어난 해의 육십갑자. ②(경마·경륜에서) 우승 후보 선수[말].
本務(ほんむ) 본무. ①본래의 직무〔본분〕.
本舞台(ほんぶたい) ①歌舞伎(かぶき) 극장의 정면 무대. ②정식 장소.
本文 ㊀(ほんぶん) 본문.
㊁(ほんもん) ①☞㊀. ②원문. ③전거가 되는 고서의 글.
∥~批評(ひひょう) 본문 비평. 여러 이본(異本)을 비교 연구하여 올바른 본문을 복원(復元)하려는 일.
本門(ほんもん) 본문. ①정문. ②〖佛〗법화경 후반의 십사품(十四品)의 일컬음.
本物(ほんもの) ①진짜. 실물. ②(기예 등이) 본격적임. 또, 전문가.
本邦(ほんぽう) 본방. ①이 나라. ②'日本列島(にっぽんれっとう)(=日本 열도)'를 간략하게 부르는 말.
本百姓(ほんびゃくしょう) 江戸(えど) 시대에, 조세를 바치던 자작농이나 지주.
本番(ほんばん) ①연습이 아닌 정식 연기·방송. ②담당 부서.
本帆(ほんぽ) 돛배에서 배 중앙에 있는 가장 큰 돛.
本法(ほんぽう) 본법. ①본체가 되는 법률. ②이 법률. ③정식의 방법.
本譜(ほんぷ) 본보.
本普請(ほんぶしん) 좋은 재료로 공을 들인 건축. 본격적인 토목 건축 공사.
本復(ほんぷく) 완쾌. 쾌유.
本腹(ほんばら) 본처의 몸에서 태어나는 일. 또, 그 자녀.
本俸(ほんぽう) 본봉.
本夫(ほんぷ) 본부. 본남편.
本部(ほんぶ) 본부.
本分(ほんぶん) 본분.
本棚(ほんだな) 서가(書架).
本寺(ほんじ) ☞本山(ほんざん).
本社(ほんしゃ) 본사.
本四架橋(ほんしかきょう) '本州四国(ほんしゅうしこく)連絡架橋(れんらくかきょう)(=本州와 四国 연락 가교)'의 준말.
本山(ほんざん) ①〖佛〗본산. ②사물을 통할하는 중심.
本床(ほんどこ) 격식대로 만든 床の間(とこのま).
本箱(ほんばこ) 책장.
本色(ほんしょく) 본색. *もといろ로도 읽음.
本生(ほんじょう) 〖佛〗본생. 석가모니의 전생(前生). ♣~譚(たん) 〖佛〗본생경(本生經).
本書(ほんしょ) 본서.
本署(ほんしょ) 본서. ①주된 서. ②이 서.
本誓(ほんせい) ☞本願(ほんがん).
本夕(ほんせき) 오늘 밤. 오늘 저녁.
本船(ほんせん) 본선. 이 배.
∥~渡し(わたし) 〖經〗본선 인도.
㊁(もとぶね) 본선. 모선(母船).
本線(ほんせん) 본선. ①간선인 철도 노선. ②중심이 되는 차선. ③이 선.
本選(ほんせん) 본선.
本膳(ほんぜん) (일본 요리에서) 손님 앞에 놓는 주가 되는 상.
∥~料理(りょうり) 本膳·二の膳(にのぜん)·三の膳(さんのぜん)을 갖춘 정식 일본 요리.
本説(ほんせつ) 본설.
本姓(ほんせい) 본성. 본래의 성.
本性(ほんしょう) 본성. ①본래 타고난 성질. ②본정신. 제정신. *ほんせい로도 읽음.
本星(ほんぼし) 진범으로 지목되고 있는 용의자.
本省(ほんしょう) 본성. ①중앙의 최고 관청. ②이 성(省).
∥~詰め(づめ) 중앙 관청에 근무함.
本城(ほんじょう) 본성.
本所 ㊀(ほんしょ) 본소.
㊁(ほんじょ) 장원(莊園)의 명의상의 소유자.
本訴(ほんそ) 〖法〗본소.
本属(ほんぞく) ①본래 소속됨. ②본적(本籍).
本刷り(ほんずり) 〖印〗정식 인쇄. 또, 그 인쇄물.
本手(ほんて) ①묘수. ②전문가. ③(三味線(しゃみせん) 등에서) 기본적인 수법.
本数(ほんすう) ①개수. ②본디의 수.
本試験(ほんしけん) 본시험.
本式(ほんしき) 본식. 정식.
本身(ほんみ) (대칼 등이 아닌) 진짜 쇠칼.
本心(ほんしん) 본심.
本案(ほんあん) 본안.
∥~判決(はんけつ) 〖法〗본안 판결.
本両替(ほんりょうがえ) 江戸(えど) 시대에, 주로 금은을 다루던 큰 환전상(換錢商).
本業(ほんぎょう) 본업.
本然(ほんぜん) 본연. *ほんねん으로도 읽음.
本縁(ほんえん) 〖佛〗기원(起源). 유래. *ほんねん으로도 읽음.
本営(ほんえい) 본영. 총사령관이 있는 군영.
本影(ほんえい) 〖理·天〗본영. 본그림자.
本予算(ほんよさん) 본예산.
本屋 ㊀(ほんや) ①책방 (주인). 서점 (주인). ②출판사. ③☞㊁.
㊁(ほんおく) 안채.
本瓦葺き(ほんかわらぶき) 〖建〗기와 지붕. 수키와와 암키와로 인 지붕.

本腰(ほんごし) 진지한 마음가짐.
本窯(ほんがま) 도자기에서 마침구이에 쓰는
本元(ほんもと) 근원. 본바탕. ㄴ가마.
本員(ほんいん) 의원(議員)・위원의 자칭.
本院(ほんいん) ① (여럿 가운데) 첫째 上皇(じょうおう). ② 본원. ㉠ 주가 되는 원(院). ㉡ 이 원(院).
本源(ほんげん) 본원. 근원. 근본.
∥**~的生産要素**(てきせいさんようそ)〔經〕 본원적 생산 요소.
~的蓄積(てきちくせき)〔經〕 본원적 축적. 원시적 축적.
本願(ほんがん) 본원. ① 본래의 소원. ②〔佛〕 중생 구제를 위한 부처의 서원.
本月(ほんげつ) 본월. 이 달.
本位(ほんい) 본위.
∥**~記号**(きごう)〔樂〕 제자리표.
~貨幣(かへい) 본위 화폐.
本有 ㊀(ほんぬ)〔佛〕 본유. 선천적으로 가지고 있는 것.
㊁(ほんゆう) ① 본디부터 지니고 있음. ② ☞ ㊀. ㄴ모.
本乳母(ほんうば) 수유(授乳)만을 하는 유
本銀(ほんぎん) ① 순은. 즉 자본금. 원금.
本音(ほんね) 본심에서 우러나온 말.
本意(ほんい) 본의. *雅語로는 ほい라고도
本義(ほんぎ) 본의. 본래의 의의. ㄴ함.
本意無し(ほいなし)〈雅〉 뜻대로 안 되어 유감스럽다.
本人(ほんにん) ① 본인. 당사자(當事者). ② 장본인.
本因坊(ほんいんぼう) 바둑 우승자에게 주는 칭호의 하나.
本日(ほんじつ) 본일. 금일. 오늘.
本子(ほんこ) 친자. 친자식.
本字(ほんじ) ① 한자(漢字). ② 정식 한자. ③ 기본이 된 한자.
本状(ほんじょう) 이 편지〔서신〕.
本葬(ほんそう) (정식) 장의(葬儀).
本場(ほんば) ① 본장소. ② 본고장. 본바닥. ③ (거래소에서) 전장(前場).
本場所(ほんばしょ) ① 씨름꾼의 순위 등을 정하기 위해 벌이는 흥행. ② 정식 장소.
本裁ち(ほんだち) 보통 폭의 감 한필로써 어른 옷을 재단하는 일.
本邸(ほんてい) 본댁. 본집.
本迹(ほんじゃく)〔佛〕 본적.
本籍(ほんせき) 본적. ♣**~地**(ち) 본적지.
本田(ほんでん) ① 못자리에서 자란 모를 옮겨 심는 논. ②江戸(えど) 시대에, 조세의 대상이 되던 논.
本伝(ほんでん) 본전. 전기의 기본이 되는 부
本展(ほんてん) ① 일반에게 공개하는 전시회・전람회. ② 이 전람회〔전시회〕.
本殿(ほんでん) 본전. (신사에서) 신령을 모시는 주된 신전.
本銭(ほんせん) 본전. 밑천. 자본금.
本節(ほんぶし) ① 큰 가다랑어의 등살로 만

든 고급 鰹節(かつおぶし). ② 본가락.
本店(ほんてん) 본점.
本丁(ほんちょう)〔印〕 정식으로 인쇄에 부치는 교정쇄.
本祭り(ほんまつり) 정식 제전(祭典).
本題(ほんだい) 본제.
本組み(ほんぐみ)〔印〕 교정이 끝난 가조판을 정식 규격 크기로 조판함. 또, 그 조판.
本造り(ほんづくり) 원료・재료 등을 정선하고 공을 들여 만듦. 또, 그렇게 만든 물건.
本朝(ほんちょう) 본조. ① 우리나라(의 조정). ② 정통 조정. ③ 오늘 아침.
本調子(ほんちょうし) ① 정상적이 됨. ② 三味線(しゃみせん)의 기본 가락.
本尊(ほんぞん) ①〔佛〕 본존. ② 중심적 인물. ③ (농조로) 당사자. 본인.
本主(ほんしゅ) 본주. ㄴ섬.
本州(ほんしゅう)〔地〕 일본 열도의 가장 큰
本証(ほんしょう)〔法〕 본증. ㄴ금.
本証拠金(ほんしょうこきん)〔經〕 본증거
本旨(ほんし) 본지. 본래의 취지.
本志(ほんし) 본지. 본의. 본회(本懷).
本地 ㊀(ほんち) ① 이 지방. ② 원래의 땅.
㊁(ほんじ)〔佛〕 본지.
∥**~垂迹**(すいじゃく)〔佛〕 본지 수적.
~垂迹説(すいじゃくせつ)〔佛〕 본지 수적설. 일본에서, 일본 신과 부처는 한 몸이라고 주장하는 설.
本知(ほんち) 본래의 봉토(封土)〔봉록〕.
本紙(ほんし) 본지.
本誌(ほんし) 본지.
本直し(ほんなおし) 미림에 소주를 섞은 술.
本職(ほんしょく) 본직. ① 본직무. 본업. ② 관리의 자칭. 본관(本官).
∥**~跣**(はだし) 전문가 못지 않은 기술・솜씨가 있는. 또, 그런 사람.
本真(ほんま)〈関西方〉 정말. 진짜.
本陣(ほんじん) ① 본진. ② 역참에서, 大名(だいみょう) 등이 숙박하던 공인된 여관.
本震(ほんしん) 본진. 여진이나 전진(前震)을 수반하는 대지진.
本質(ほんしつ) 본질. ♣**~的**(てき) 본질
本妻(ほんさい) 본처. ㄴ적.
本綴じ(ほんとじ) 책・서류 등을 제대로 철함. 또, 그렇게 한 것. ㄴ추첨.
本籤(ほんくじ) 계(契)에서 낙찰자를 정하는
本庁(ほんちょう) 본청.
本体(ほんたい) 본체. ① 실체. ②〔哲〕 존재의 근본적 실체. ③ (기계 등의) 중심이 되는 부분. ♣**~論**(ろん)〔哲〕 본체론.
本初(ほんしょ) 본초. 근본.
∥**~子午線**(しごせん)〔天〕 본초 자오선.
本草(ほんぞう) 본초. ① 초목. 식물. ② 한방에서 약재로 쓰이는 식물・동물 등. ♣**~学**(がく) 본초학.
本春(ほんしゅん) 이 봄.
本治法(ほんちほう)〔漢醫〕 질병의 근원으로 되어 있는 경락의 변동을 적절한 경로로 치

료하는 침술의 한 방법.
本則(ほんそく) 본칙.
本態(ほんたい) 본태. 실태.
本土(ほんど) 본토.
本土佐(ほんとさ) 土佐(とさ)에서 나는 양질의 鰹節(かつおぶし).
本通夜(ほんつや) 초상 때, 발인 전날 밤에 하는 밤샘.
本篇(ほんぺん) ⇨ 本編(ほんぺん).
本編(ほんぺん) 본편. 「식하는 밭.
本圃(ほんぽ) 본포. 모판에서 자란 모종을 이
本舗(ほんぽ) ①본점(本店). ②특정 상품의 제조・판매원(元).
本鋪(ほんぽ) ⇨ 本舗(ほんぽ).
本表(ほんぴょう) 본표. 이 표.
本俵(ほんびょう)〖史〗공물이나 공출미의 용량을 정할 때 표준이 되는 가마니.
本学(ほんがく) 이 대학. 본 대학.
本割り(ほんわり) 大相撲(おおずもう)에서, 발표된 대전표에 따라 행해지는 대전.
本行(ほんこう) ①본점에 해당하는 은행. ②이 은행.
本郷(ほんごう) ①본향. 고향. ②어떤 지역의 중심이 되는 곳.
本刑(ほんけい)〖法〗본형.
本号(ほんごう) 본호. 이 호.
本丸(ほんまる) 성(城)의 중심이 되는 건물.
本会(ほんかい) 본회.
本懐(ほんかい) 본회. 숙원.
本会議(ほんかいぎ) 본회의.

訓読
本より(もとより) ①본래. 본디. ②물론.
本木(もとき) ①나무 밑동. ②전남편・전처 등 전에 관계되던 사람. ③진 잎이나 꽃의 본래의 나무.
本方 ㊀(もとかた) ①도매상. 제조원(元). ②자본주. 물주.
㊁(ほんぽう)〖漢醫〗본방. 의서(醫書)에 적혀 있는 그대로의 처방.
㊂(もとへ) ⇨ 本辺(もとへ).
本辺(もとへ) ①물건의 뿌리쪽. 아래쪽. ②산기슭 쪽.
本本 ㊀(もともと) ①(본래와) 같음. 본전치기. ②본디부터. 원래.
㊁(ほんぽん) ①진실. ②정식.
本肥(もとごえ)〖農〗기비(基肥). 밑거름.
本の上(ほんのうえ) 철처. 조강지처.
本生り(もとなり) 덩굴이나 줄기의 밑동쪽 가까운 곳에 열매가 열림. 또, 그 열매.
本成り(もとなり) ⇨ 本生り(もとなり).
本葉(もとは) 초목의 줄기・뿌리 가까운 곳에 있는 잎.
本詰め(もとづめ) (병조림 등을) 제조원(元)에서 담음. 또, 그런 것.

봉

奉 8 大 常

받들 봉
ホウ・ブ
たてまつる

音読
奉ずる(ほうずる) ①바치다. ②분부를 좇다. ③신봉하다. 「품.
奉加(ほうが) 신사나 절에 기부함. 또, 그 금
‖~**金**(きん) ①시줏돈. ②기부금.
~**帳**(ちょう) 시주한 품목이나 시주자의 명단을 적은 장부. 「침.
奉告(ほうこく) 봉고. 신 등에게 고하여 바
奉公(ほうこう) ①봉공. 몸을 바쳐 봉사함. ②고용살이함.
‖~**人**(にん) 고용인. 더부살이하는 점원.
奉納(ほうのう) 봉납. 「하는 씨름.
‖~**相撲**(ずもう) 신불에 대한 제례 때 개최
~**試合**(じあい) 신불을 위로하기 위해 행하는 무술 시합.
奉答(ほうとう) 봉답. 삼가 답함.
奉対(ほうたい) 삼가 답신함.
奉戴(ほうたい) 봉대. 황족을 어떤 회(會)의 명에 총재 따위에 모심.
奉悼(ほうとう) 봉도. 죽음을 애도함.
奉読(ほうどく) 봉독. 삼가 읽음.
奉命(ほうめい) 봉명. 명령을 받듦.
奉拝(ほうはい) 삼가 배례함.
奉仕(ほうし) 봉사. ♣~**隊**(たい) 봉사대 / ~**品**(ひん) 봉사품.
奉伺(ほうし) 문안의 말을 여쭘. 「김.
奉事(ほうじ) 봉사. 손윗사람・높은 분을 섬
奉祀(ほうし) 봉사. (사당에) 모심.
奉捨(ほうしゃ) 중・순례자에게 금품을 줌.
奉上(ほうじょう) 손윗사람에게 무엇을 올림. 또, 서신의 이름 밑에 덧붙이는 말.
奉書(ほうしょ) 주군(主君)의 뜻을 받들어 명령을 전달하던 문서. 특히, 将軍(しょうぐん)의 명령서.
‖~**焼き**(やき) 재료를 奉書紙로 싸서 오븐에 구운 요리.
~**紙**(がみ) 닥나무로 만든 고급 종이.
奉送(ほうそう) 봉송. 귀인을 전송함.
奉頌(ほうしょう) 송덕(頌徳).
奉承(ほうしょう) 봉승. 삼가 받듦.
奉侍(ほうじ) 봉시. 곁에서 시중듦.
奉安(ほうあん) 봉안. 안치하여 모심.
奉養(ほうよう) 봉양. 「음.
奉迎(ほうげい) 봉영. (기꺼이) 귀인을 맞
奉斎(ほうさい) 봉재. 몸을 깨끗이 하고 신에게 제사지냄.
奉奠(ほうてん) (신불에) 삼가 바침.
奉呈(ほうてい) 봉정. 天皇(てんのう)에게 제출함.
奉持(ほうじ) (높이) 받들어 듦.
奉職(ほうしょく) 봉직. 「함.
奉賛(ほうさん) 봉찬. 신사 등의 사업에 찬조
奉唱(ほうしょう) 봉창.

奉遷(ほうせん) 신체(神體) 등을 다른 곳으로 옮김.
奉祝(ほうしゅく) 봉축.
奉勅(ほうちょく) 봉칙. 칙명을 받듦.
奉幣(ほうへい) 신전에 幣(ぬさ)를 드림.
‖~使(し) 칙령에 의해서 산릉(山陵)·신궁·신사에 幣를 봉헌하는 사자.
奉賀(ほうが) 축하를 드림.
奉行(ぶぎょう) 무가(武家) 시대에, 행정 사무를 담당한 각 부처의 장관.
‖~所(しょ) 奉行의 관청.
奉獻(ほうけん) 봉헌. 삼가 바침.
奉還(ほうかん) 봉환.

訓読
❖奉る ㊀(たてまつる) ①바치다. ②(어느 지위에) 앉히다.
㊁(まつる)〈雅〉①모시다. 드리다. ②…해 올리다.
奉り物(たてまつりもの) 공물. 진상품.

9 寸 常	封	봉할 봉·제후봉할 봉 フウ·ホウ とじる·さかい·ポンド

音読
封(ふう) ①봉함. 봉한 것. ②봉한 곳에 쓰는 〆 등의 표지.
封じ(ふうじ) 봉(을)함.
封じる(ふうじる) 봉(鎖)하다. 막다.
封ずる(ほうずる) (영주로) 봉하다.
封建(ほうけん) 봉건. ♣~的(てき) 봉건적.
‖~思想(しそう) 봉건 사상.
～社会(しゃかい) 봉건 사회.
～時代(じだい) 봉건 시대.
～制度(せいど) 봉건 제도.
～主義(しゅぎ) 봉건주의.
封国(ほうこく)〘史〙제후(諸侯)에 영지를 나누어 줌. 또, 제후의 영지.
封じ袋(ふうじぶくろ) 봉투.
封蠟(ふうろう) 봉랍.
封じ目(ふうじめ) 봉한 자리.
封事(ふうじ) 봉사. 밀봉하여 직접 군주에게 바치는 의견서.
封殺(ふうさつ) ①〘野〙봉살. 포스아웃. ②봉쇄.
封書(ふうしょ) 봉서.
封鎖(ふうさ) ①봉쇄. ②〘經〙동결.
‖~預金(よきん)〘經〙봉쇄 예금.
～体系(たいけい)〘經〙봉쇄 체계.
封じ手(ふうじて) ①(바둑에서) 봉수. ②(유도 따위에서) 써서는 안 되는 수.
封豕長蛇(ほうじちょうだ) 봉시장사. 욕심꾸러기의 비유.
封印(ふういん) 봉인. ♣~木(ぼく)〘植〙봉인목.
封入(ふうにゅう) 봉입.
封じ込め(ふうじこめ) 봉함. 봉쇄.
‖~政策(せいさく) 봉쇄 정책.
封じ込める(ふうじこめる) ①안에 넣고 봉(鎖)하다. ②신불에 빌어 악마의 힘을 막다.

封爵(ほうしゃく) 봉작.
封状(ほうじょう) 봉장. 봉서.
封切り(ふうきり) 개봉(開封). *ふうぎり로도 읽음. ♣~館(かん) 개봉관.
封地(ほうち) 봉지. 봉토(封土). 영지.
封冊(ほうさく)〘史〙봉책. 왕후(王侯)에 봉한다는 사실을 적은 천자의 조서(詔書).
封締め(ふうじめ) 봉투 봉한 곳에 쓰는 〆표
封土(ほうど) 봉토. 영지.
封筒(ふうとう) 봉투.
封皮(ふうひ) 봉피. 봉을 하고 덮는 것.
封緘(ふうかん) 봉함.
‖~葉書(はがき) 봉함 엽서.
封侯(ほうこう) 제후(諸侯)에 봉함.

其他
封度(ポンド) 파운드법의 무게의 단위.

10 イ 常	俸	녹 봉·급료 봉 ホウ ふち

音読
俸給(ほうきゅう) 봉급. 급료.
俸禄(ほうろく) 봉록. 무사가 大名(だいみょう)로부터 받던 녹봉.
俸米(ほうまい) 봉미. 봉록으로 받는 미곡.

10 山 常	峰	봉우리 봉 ホウ みね

訓読
峰(みね) ①봉우리. *雅語로는 ね라고도 함. ②물건의 봉우리처럼 높은 부분. ③칼등.
峰入り(みねいり) 불도 수행자가 수도하기 위해 奈良(なら) 현의 大峰(おおみね) 산에 들어감.
峰打ち(みねうち) 칼등으로 치기.

10 山	峯	봉우리 봉 ホウ みね

参考 峰의 異體字.

訓読
峯(みね) 봉우리.

11 扌	捧	받들 봉 ホウ ささげる

音読
捧読(ほうどく) 봉독. 손에 받쳐 들고 읽음.
捧呈(ほうてい) 봉정. 손으로 받들어 올림.
捧持(ほうじ) 봉지. (높이) 받들어 둚.

訓読
❖捧げる(ささげる) ①바치다. ②드리다. 올리다.
捧げ物(ささげもの) ①헌상품. ②공물. 신

불에 바치는 물건.
捧げ持つ(ささげもつ) 받들어 들다.
捧げ銃(ささげつつ)〖軍〗받들어총.

11 火 烽 — 봉화 봉 / ホウ / のろし

音読
烽 ㊀(ほう)〖史〗봉수대. 봉홧불.
㊁(とぶひ) 봉화. 「(連山).
烽欄(ほうらん) 봉만. 산봉우리. 또, 연산
烽燧(ほうすい)〖史〗봉수. 봉화.
烽煙(ほうえん) 봉연. 봉화.
訓読
烽火 ㊀(のろし) ① ☞㊁. ② 낮에 쏘아올
㊁(ほうか) 봉화. 　　　 └리는 꽃불.

11 辶 逢 — 만날 봉 / ホウ / あう

音読
逢着(ほうちゃく) 봉착.
訓読
❖**逢う**(あう) 우연히 만나다. 「회.
逢い引き(あいびき) (사랑하는 남녀의) 밀
其他
逢うさ来るさ(おうさくるさ) ①왕래. ②
이합(離合). ③한쪽이 좋으면 다른 한쪽이 나
쁨. 　　　　　　　　　　　　　　「의) 밀회.
逢瀬(おうせ) 둘이서 만날 기회. (특히, 남녀
逢魔が時(おうまがとき)〈雅〉땅거미(질
때). 박모.

12 木 棒 — 몽둥이 봉 / ボウ 教

音読
棒(ぼう) ①몽둥이. 막대기. ②멜대. ③〖樂〗
지휘봉. ④봉술. ⑤《接尾語로》…봉.
棒グラフ(ぼうグラフ) 막대그래프.
棒鋼(ぼうこう) 봉강. 막대 모양의 강재.
棒遣い(ぼうつかい) 막대를 무기로 쓰는 무
술. 또, 그 사람. 　　　　　　　　　　「뛰기.
棒高跳び(ぼうたかとび) 봉고도. 장대높이
棒高飛び(ぼうたかとび) ⇨ 棒高跳び(ぼう
たかとび).
棒球(ぼうだま)〖野〗타자가 치기 좋은 스피
드 없는 직구.
棒根(ぼうね)〖植〗밑으로 곧게 뻗어 내린 초
棒端(ぼうばな) ⇨ 棒鼻(ぼうばな). 「목의 뿌리.
棒倒し(ぼうたおし) (학교 운동회 등에서)
장대 눕히기.
棒読み(ぼうよみ) ①한문을 음독으로 내리
읽음. ②억양을 무시하고 단조롭게 읽음.
棒頭(ぼうがしら) 가마꾼의 우두머리.

棒立ち(ぼうだち) 너무 놀라 그 자리에 못박
힌 듯 우뚝 섬.
棒鼻(ぼうばな) ①막대기의 끝. ②옛날, 역
참의 변두리. 　　　　　　　　　　「수직 상승.
棒上げ(ぼうあげ)〖商〗시세가 계속 오름.
棒状(ぼうじょう) 봉상. 막대기 모양.
棒商い(ぼうあきない) 멜대 양끝에 바구니
를 달아 물건을 넣고 팔러 다니던 장사(꾼).
棒先(ぼうさき) ①막대기 끝. ②가마채의
끝(을 메는 사람). ③〈俗〉구전. 　　「줄.
棒線(ぼうせん) ①곧바로 그은 줄. ②굵은
棒鱈(ぼうだら) 대구포의 한 가지. 　　「포.
棒細胞(ぼうさいぼう)〖生〗봉세포. 간상 세
棒消し(ぼうけし) 선을 그어 기재한 것을 지
棒焼き(ぼうやき)〖寫〗밀착 인화. └움.
棒術(ぼうじゅつ) 봉술.
棒暗記(ぼうあんき) 기계적 암기.
棒渦巻き銀河(ぼううずまきぎんが)〖天〗
막대 나선 은하.
棒乳切り木(ぼうちぎりき) 괴나리봇짐을
꿰어 메거나, 휘두르는 데 적당한 막대. 싸움
등에 쓰는 몽둥이.
棒杙(ぼうぐい) ⇨ 棒杭(ぼうぐい).
棒引き(ぼうびき) 말소함.
‖**〜仮名遣い**(かなづかい) 자음(子音)의
장음을 나타내는데「ー」를 쓰던 표기법.
棒磁石(ぼうじしゃく) 봉자석. 막대 자석.
棒切れ(ぼうぎれ) 나무토막.
棒組み(ぼうぐみ) ①(가마의) 맞채잡이. ②
〈俗〉한패. 동아리. ③〖印〗이어찍기.
棒足(ぼうあし) 주가(株價)의 동향을 막대
그래프로 나타낸 경우의 막대의 하나.
棒針(ぼうばり) 대바늘.
‖**〜編み**(あみ) 대바늘 뜨개질.
棒炭(ぼうたん) 원주형의 숯가루탄.
棒編み(ぼうあみ) 대바늘뜨기.
棒下げ(ぼうさげ) 시세가 계속 내려감.
棒杭(ぼうぐい) (나무) 말뚝.
棒縞(ぼうじま) 세로로 된 굵은 줄무늬.
ケバ棒(ケバぼう) 과격과 학생 등이 데모할
때 휘두르는 각목・쇠파이프 등.
ぶっきら棒(ぶっきらぼう)〈俗〉무뚝뚝함.
其他
棒棒鶏(バンバンジー) 중국의 닭고기 요리
의 하나.
棒手振り(ぼてふり) ①야채・생선 등을 멜
대에 메고 팔러 다님. 또, 그 사람. ②어(魚)
시장과 요릿집과의 중개 상인.

13 虫 蜂 — 벌 봉 / ホウ / はち

音読
蜂起(ほうき) 봉기. 　　　　　　「로도 읽음.
蜂巣(ほうそう)〖蟲〗봉소. 벌집. ＊はちす
蜂窩(ほうか) 봉와. 벌집.
蜂腰(ほうよう) 봉요. 벌처럼 잘록한 허리.

鳳・蓬・鋒・縫

訓読
蜂(はち)〖蟲〗벌.
蜂の頭(はちのあたま)〈俗〉쓸모 없는 것.
蜂蠟(はちろう) 밀랍(蜜蠟).
蜂蜜(はちみつ) 봉밀. 벌꿀. 꿀.
蜂師(はちし) 양봉업을 하는 사람.
蜂の巣(はちのす) 벌집.
蜂熊(はちくま)〖鳥〗벌매.
蜂の子(はちのこ) 말벌 따위의 유충.
蜂雀(はちすずめ) 蜂鳥(はちどり)의 딴이름.
蜂鳥(はちどり)〖鳥〗벌새.

```
14  鳳       봉새 봉
鳥          ホウ
[入]         おおとり
```

音読
鳳 ㊀(ほう) 상상 속의 새. 봉황.
㊁(おおとり) (학・황새와 같은) 큰 새.
鳳駕(ほうが) 봉가. 임금이 타는 수레.
鳳闕(ほうけつ) 봉궐. ① 왕궁의 문. ② 대궐.
鳳輦(ほうれん) 봉련. 임금이 타는 가마.
鳳仙花(ほうせんか)〖植〗봉선화. 봉숭아.
鳳声(ほうせい) 봉성. 남의 전언(傳言)・음신(音信)에 대한 높임말.
鳳児(ほうじ) 봉아. 봉황의 새끼. 장래 훌륭한 인물이 될 아이.
鳳眼(ほうがん) 봉안.
鳳雛(ほうすう) 봉추. 장래 뛰어난 인물이 될 아이.
鳳凰(ほうおう) 봉황.
‖～座(ざ)〖天〗봉황새자리.

```
15  蓬       쑥 봉
艹          ホウ
           よもぎ・ほおける
```

音読
蓬客(ほうかく) 나그네.
蓬頭(ほうとう) 봉두. 헝클어진 머리.
‖～垢面(こうめん) 봉두 구면. 흐트러진 머리와 때가 낀 얼굴.
蓬乱(ほうらん) 마구 헝클어짐.
蓬莱(ほうらい) 봉래. ① 蓬萊山의 준말. ② 대만(臺灣)의 딴이름. ♣～米(まい) 대만미.
‖～台(だい) 봉래산의 모양을 본떠 만들어 학・거북 따위 길한 것으로 장식한 대.
～豆(まめ) 볶은 콩에 홍백색의 설탕을 씌운 과자.
～山(さん) 봉래산. 중국 전설에서 신선이 산다는 영산.
～飾り(かざり) 설에 제기(祭器)에 쌀을 담고 전복 말린 것・곶감・귤 등으로 장식한 것.
蓬門(ほうもん) 봉문. 가난한 사람의 집.
蓬髮(ほうはつ) 봉발. 흐트러진 머리.
蓬蓬(ほうほう) 봉봉. ① 바람이 세게 부는 모양. ② 초목이 무성한 모양.

蓬艾(ほうがい) 봉애. 쑥.
蓬屋(ほうおく) 초라한 집. 또, 자기 집의 겸사말.
蓬窓(ほうそう) 초라한 집.
蓬戸(ほうこ) 봉호. 초라한 집.

訓読
蓬(よもぎ)〖植〗쑥.
蓬ける(ほおける) 보풀다.
蓬餅(よもぎもち) 쑥떡.
蓬が島(よもぎがしま) 봉래산(蓬萊山).
蓬が杣(よもぎがそま) ① 쑥이 무성한 곳. ② 자기 집의 겸사말.
蓬生(よもぎう)〈雅〉쑥밭.
蓬が宿(よもぎがやど) 황폐한 집.

```
15  鋒       끝 봉・병기 봉
金          ホウ
           ほこさき・ほこ
```

音読
鋒鋩(ほうぼう) 칼끝. 서슬. 날카로운 기세.
鋒鏑(ほうてき) 봉적. 무기. 병기.

訓読
鋒 ㊀(ほこ) 쌍날칼을 꽂은 창(槍)과 비슷한 무기.
㊁(ほこさき) ⇨ 鋒先(ほこさき).
㊂(きっさき) 칼끝.
鋒先(ほこさき) 창끝. 비난・공격의 방향〔살〕.

```
16  縫(縫)    꿰맬 봉・기울 봉
糸          ホウ
[常]         ぬう
```

音読
縫腋の袍(ほうえきのほう) 양 겨드랑 밑을 꿰맨 도포.
縫製(ほうせい) 봉제. ♣～業(ぎょう) 봉제업 / ～品(ひん) 봉제품.
縫合(ほうごう) 봉합.

訓読
❖縫う(ぬう) ① 바느질하다. 꿰매다. 수를 놓다. ② 누비(고 나아가)다.
縫い(ぬい) ① 꿰맴. ② 자수. ③ 솔기.
縫い代(ぬいしろ) 시접.
縫い模様(ぬいもよう) 수놓은 무늬.
縫い目(ぬいめ) ① 솔기. ② 바느질 자리. 땀. 〔紋〕.
縫い紋(ぬいもん) 수를 놓아 나타낸 가문(家
縫い物(ぬいもの) ① 재봉. 바느질감. ② 자수.
縫い箔(ぬいはく) 금실・은실을 사용한 자수.
縫い返す(ぬいかえす) ① 곱쳐서 한번 더 꿰매다. ② 고쳐 꿰매다.
縫い方(ぬいかた) ① 꿰매는 방법. ② 재봉 담당.
縫い付ける(ぬいつける) 꿰매 붙이다.
縫い付け紋(ぬいつけもん) 다른 헝겊에 무늬를 놓고 그것을 본 옷감에 꿰매 붙인 무늬.
縫い糸(ぬいいと) 재봉실.

縫い師(ぬいし) 재봉사.
縫い上がり(ぬいあがり) 바느질이 완성됨. 또, 그것.
縫い上げ(ぬいあげ) (어린이의 성장에 대비해서) 옷의 어깨・허리를 접어 넣고 꿰맴.
縫い上げる(ぬいあげる) (성장에 대비해서 어린이 옷을) 접어 넣고 꿰매다.
縫い揚げ(ぬいあげ) ⇨ 縫い上げ(ぬいあげ).
縫い揚げる(ぬいあげる) ⇨ 縫い上げる(ぬいあげる).
縫い様(ぬいさま) 꿰맨 상태・모양. *ぬいざまろ도 읽음.
縫い入れる(ぬいいれる) ①수를 놓다. ②속에 물건을 넣고 꿰매다.
縫い込み(ぬいこみ) 천을 합쳐서 그 끝이 옷 솔기 안으로 감춰지도록 꿰맴.「다.
縫い込む(ぬいこむ) 물건을 안에 넣고 꿰매
縫い子(ぬいこ) 침모(針母).「이음못.
縫い釘(ぬいくぎ) 판재를 이을 때 쓰는 쇠못.
縫い直し(ぬいなおし) (꿰맨 것을 뜯어서) 새로 꿰맴. 또, 그렇게 한 것.
縫い直す(ぬいなおす) 꿰맨 것을 뜯어서 다시 꿰매다.
縫い初め(ぬいぞめ) 새해에 들어 처음으로 바느질 일을 함.
縫い出す(ぬいだす) 시접을 내서 작아진 옷을 늘리다.
縫い取り(ぬいとり) 자수. 수놓은 무늬.
縫い取る(ぬいとる) 수놓다.
縫い針 ㈠(ぬいはり) 바느질. 재봉.
㈡(ぬいばり) 바느질 바늘. 재봉 바늘.
縫い包(ぬいぐるみ) ① (속에 든 것을) 싸듯이 꿰매는 일. 또, 꿰맨 물건. ②동물로 분장할 때 입는 동물 형상의 의상.
縫い合せる(ぬいあわせる) (천이나 가죽 등을) 꿰매 맞추다〔잇다〕.

逆訓
仮縫い(かりぬい) 가봉(假縫).
返し縫い(かえしぬい) 박음질.

부

| 4 一 教 | 不 부 | ⇨ 不 불(p. 629) |

| 4 イ | 仆 | 넘어질 부・엎어질 부
フ・ボク
たおれる |

音読
仆臥(ふが) 부와. 넘어져 엎드리다.
仆死(ふし) 부사. 쓰러져 죽음.
訓読
仆れる(たおれる) (사고 따위로) 갑자기 죽다. 죽음을 당하다.

不・仆・夫・父 **607**

| 4 大 教 | 夫 | 사내 부・남편 부
フ・フウ・ブ
おっと・それ |

音読
夫君(ふくん) 부군.
夫権(ふけん) 부권. (구민법에서) 남편이 아내에 대해 가진 권리.
夫婦 ㈠(ふうふ) 부부. ♣~仲(なか) 부부 사이.
‖~気取り(きどり) 부부가 아닌 사람들이 부부인 듯이 행동함.
~連れ(づれ) 부부 동반.
~別れ(わかれ) 부부가 헤어짐. 이혼.
~別姓(べっせい) 부부 별성.「제.
~財産制(ざいさんせい)〖法〗부부 재산
~窓(まど) 두 개 나란히 붙은 창문.
~喧嘩(げんか) 부부 싸움.
㈡(みょうと)〈老〉부부.
‖~星(ぼし) 견우성과 직녀성.「찻종.
~茶碗(ぢゃわん) 같은 모양 무늬의 한 벌
㈢(めおと)①〈雅〉부부. ②두 개 또는 대소로 한 쌍이 되는 것.
夫役(ぶやく) 부역(賦役). *ふやくろ도 읽음.
夫王(ふおう) 부왕. 남편인 왕.
夫人(ふじん) 부인.
夫子 ㈠(ふうし)〈文〉부자. ①어진 사람・연장자・스승 등을 존경해서 이르는 말. ②특히, 공자의 존칭.
㈡(せこ)〈雅〉여자가 남편・오빠・동생 등 남자를 정답게 부르는 말.
夫銭(ふせん) 부역 대신 납부하는 금전.
夫唱婦随(ふしょうふずい) 부창부수.
夫妻(ふさい) 부처. 부부.

訓読
夫 ㈠(おっと) 남편.
㈡(ふ)《接尾語로》…부.
㈢(そ)〈雅〉그것.「말.
㈣(つま) 옛날 부부가 서로 상대를 부르던
夫の(その) ①그. ②말이 술술 나오지 않을 때, 잇는 말. 저…. 에….
夫れ(それ) ① (한문 훈독 투의 문장에서) 허두에 쓰는 말. 대저. ②어조(語調)를 고르는 데 쓰는 말.
夫れ夫れ(それぞれ) (제) 각기. 각각. 각자.

其他
夫恋い(つまごい) 벌거숭이 부부[암수]가 서로 상대를 그리워함.
夫定め(つまさだめ) (결혼할) 남편을 정하는
夫重ね(つまがさね) 서방질.「일.

| 4 教 | 父 | 아비 부
フ・ホ
ちち・とう・とと |

音読
父系(ふけい) 부계. ♣~制(せい) 부계제.

‖〜家族(かぞく) 부계 가족.
父君 ㊀(ふくん) 부군. 춘부장.
㊁(ちちぎみ) 아버지의 높임말. *老人語로는 ててぎみ라고도 함.
父権(ふけん) 부권. ①남성의 가장권. ②부친으로서의 친권.
父老(ふろう) 부로. ①마을 어른인 노인. ②노인의 존칭. 노옹(老翁).
父母(ふぼ) 부모.
㊀(ちちはは)〈文〉부모. 아버지와 어머니. *ててはは로도 읽음.
父事(ふじ) 아버지처럼 모심.
父性(ふせい) 부성. ♣〜愛(あい) 부성애.
父王(ふおう) 부왕.
父音(ふいん)〖言〗부음. 자음.
父子(ふし) 부자.
‖〜家庭(かてい) 부자 가정.
〜相伝(そうでん) 부자상전.
父祖(ふそ) 부조. 조상.
父兄(ふけい) 부형. ♣〜会(かい) (학)부형
訓読
㊀(ちち) ①아버지. ②(기독교에서) 하느님. ③개조. 선구자. 큰일을 한 사람.
㊁〈老〉아버지.
㊂(とと)〈兒〉아빠.
㊃(ちゃん)〈俗〉(하층 사회에서) 아빠.
父さん(とうさん) 아버지. 아빠.
父ちゃん(とうちゃん)〈俗・兒〉아빠.
*とっちゃん이라고도 읽음.
‖〜坊や(ぼうや) 어린 티가 나는 어른.
父大臣(ちちおとど) 대신인 아버지.
父無し子(ちちなしご) ①아비 없는 자식.
*俗語로는 ててなしごみ라고 함. ②아버지가 확실하지 않은 아이.
父方(ちちかた) 아버지 쪽의 혈통. 부계.
父上(ちちうえ) 아버지의 높임말. 아버님.
父様(とうさま) 아버지. 부친. *ととさま・とっさま로도 읽음.
父御(ちちご) 남의 아버지에 대한 높임말. 엄친. 춘부장. *ててごろ도 읽음.
父の日(ちちのひ) 아버지의 날(6월 셋째 일요일).
父子草(ちちこぐさ)〖植〗풀솜나물.
父主(ちちぬし) 아버지의 높임말. 아버님.
父親(ちちおや) 부친. *ててらやろ도 읽음.

5 イ 教	付	줄 부・붙일 부 フ つける・つく

音読
付する(ふする) ①붙다. 좇다. ②덧붙이다.
③맡기다. ④주다.
付加(ふか) 부가. ♣〜金(きん) 부가금 /〜税(ぜい) 부가세 /〜刑(けい)〖法〗부가형.
‖〜給付(きゅうふ) 부가 급부.
〜原価(げんか)〖經〗부가 원가.
〜重合(じゅうごう)〖化〗부가 중합. 첨가

付加価値(ふかかち) 부가 가치.
‖〜生産性(せいさんせい) 부가 가치 생산성.
〜通信網(つうしんもう) 부가 가치 통신망. 밴(VAN).
付款(ふかん)〖法〗부관.
付近(ふきん) 부근. 근처.
付記(ふき) 부기.
付帯(ふたい) 부대. ♣〜性(せい) 부대성 /〜税(ぜい) 부대세 /〜的(てき) 부대적.
‖〜決議(けつぎ) 부대 결의.
〜工事(こうじ) 부대 공사.
〜控訴(こうそ)〖法〗부대 공소. 부대 항소.
〜上告(じょうこく)〖法〗부대 상고.
付図(ふず) 부도.
付録(ふろく) 부록.
付憑(ふひょう) 귀신이 접함.
付設(ふせつ) 부설.
付説(ふせつ) 설명을 덧붙임. 또, 그 설명.
付属(ふぞく) ①부속. ②付属学校의 준말.
♣〜語(ご)〖文法〗부속어 /〜肢(し)〖動〗부속지 /〜品(ひん) 부속품 /〜海(かい) 부속해.
‖〜学校(がっこう) (대학의) 부속 학교.
付随(ふずい) 부수.
‖〜音楽(おんがく) 부수 음악.
付審判(ふしんぱん) 심판에 붙임.
‖〜手続(てつづき)〖法〗준기소 절차.
付諺(ふごん) ➡付言(ふげん).
付言(ふげん) 부언. 덧붙여 말함. 또, 그 말.
付与(ふよ) 부여. (내려) 줌.
付庸(ふよう) 부용. 속국.
付議(ふぎ) 부의.
付子 ㊀(ふし)〖植〗오배자(五倍子).
‖〜鉄漿(かね) 치아를 염색하기 위해, 오배자 가루를 타서 만든 흑색 염료.
㊁(ぶし) 부자(附子). 바곳의 구근(球根). *ぶすろ도 읽음.
付載(ふさい) 부록으로서 실음.
付籍(ふせき) 부적(附籍). 남의 호적에 얹혀 있는 호적.
付箋(ふせん) 부전. 찌지.
付点音符(ふてんおんぷ)〖樂〗점음표.
付従契約(ふじゅうけいやく)〖經〗부종 계약. 부합 계약.
付注(ふちゅう) 부주. 주를 닮. 또, 그 주.
付着(ふちゃく) 부착. ♣〜根(こん)〖植〗부착근 /〜力(りょく) 부착력.
〜語(ご)〖言〗부착어. 교착어.
付臭剤(ふしゅうざい) 냄새가 없는 것에 냄새가 배도록 첨가하는 것.
付置(ふち) 부치. 부설.
付則(ふそく) 부칙.
付託(ふたく) ①부탁. 위임. 위탁. ②의회에서, 의안을 위원회 등에 회부 심의함.
付表(ふひょう) 부표.
付票(ふひょう) 부표. 꼬리표.
付合(ふごう) 부합.
‖〜契約(けいやく)〖經〗부합 계약.

付和(ふわ) 부화. 확신이 없이 남의 주장에 따르는 일.
∥～雷同(らいどう) 부화뇌동.
～随行(ずいこう) 부화 수행.
付会(ふかい) 부회. 억지로 끌어다 댐.

訓読

付かず離れず(つかずはなれず) 어중간함. 붙지도 않고 떨어져 있지도 않음.
付かぬ事(つかぬこと) 전연 관계없는 일. 엉뚱한 일.
❖**付く**(つく) ① 붙다. 달라붙다. 묻다. ② 불이 붙다. 켜지다. ③ 생기다. (버릇 등이) 들다. ④ (뒤)따르다. ⑤ 기록[기입]되다.
付き ㊀(つき) ① 붙음. 부착성. ② 불붙음. 인화성. ③ 붙임성.
㊁(づき) …에 소속함[되어 보좌하는 사람].
付き端(つきは) 조금은 관련이 있는 일.
付き物(つきもの) 따라[붙어]다니는 것.
付き人(つきびと) (연예인 등을) 따라다니며 시중드는 사람.
付き纏う(つきまとう) 항상 따라다니다. 늘 붙어다니다. 떨어지지 않다.
付き切り(つききり) 항상 옆에 붙어 있음.
付きっ切り(つきっきり) 늘 곁에 있어 떠나지 않음.
付き従う(つきしたがう) ① 뒤따라가다. 수행하다. ② 추종하다. 복종하다.
付き添い(つきそい) 곁에 따름. 곁에서 시중〔수발〕듦. 또, 그 사람.
∥～婦(ふ) 병원에서 환자의 시중 드는 여성.
～人(にん) 곁따르는 사람. (곁에서) 시중〔수발〕드는 사람.
付き添う(つきそう) 곁에서 시중〔수발〕들다. 곁에 따르다.
付き合い(つきあい) 교제함. 교제상의 의리.
付き合う(つきあう) ① 교제하다. 사귀다. ② (의리나 교제상) 행동을 같이하다.
❖**付ける**(つける) ① 붙이다. 달다. ② 기입하다. 적다. ③ 매듭을 짓다. 내다.
付け ㊀(つけ) ① 붙임. (장부에) 달아둠. ② 기입한 것. 계산[청구]서.
㊁(づけ)《接尾語로》① 붙임. 또, 붙인 것. ② 일부(日附). '날짜'의 뜻.
付けたり(つけたり) 덧붙인 것. 부록.
付け加える(つけくわえる) 보태다. 덧붙이다. 첨가하다.
付け加わる(つけくわわる) 보태지다. 첨가되다. 덧붙여지다.
付家老(つけがろう) 江戸(えど) 시대, 幕府(ばくふ)가 親藩(しんぱん)에 대하여, 또는 大名(だいみょう)의 본가(本家)가 분가(分家)에 대하여 감독을 목적으로 딸려 보낸 家老(かろう).
付け景気(つけげいき) 겉보기만 경기가 좋은 것처럼 꾸밈.
付け届け(つけとどけ) ① 물건을 선사함. 또, 그 선사품. ② 뇌물.
付け髷(つけまげ) 덧상투.

付句(つけく) 連歌(れんが)・俳諧(はいかい)의 구(句) 붙임에서 전구(前句)에 다는 구.
付け根(つけね) 물건이 붙어 있는 부분.
付け紐(つけひも) (아이들 옷의) 허리에 달아 놓은 띠. 돌띠.
付け台(つけだい) (초밥집에서) 초밥을 만들어 손님에게 내어 놓는 대(臺).
付け帯(つけおび) 옛날, 무사 집안의 여인들이 여름 예복에 매던 띠.
付け落ち(つけおち) 기입 누락.
付け落とし(つけおとし) ☞ 付け落ち(つけおち).
付け立て帳(つけたてちょう) ☞ 付け帳(つけちょう).
付け馬(つけうま) 미불 또는 모자라는 유흥비를 받아내기 위해서 손님 집까지 따라가는 사람.
付け木(つけぎ) 불쏘시개.
付け目(つけめ) 착안점. 노리는 곳. 목표.
付け文(つけぶみ) 연애 편지를 몰래 보냄. 또, 그 편지.
付け髪(つけがみ) 다리. 가발.
付け方(つけかた) ① 다는〔붙이는〕방법. ② 기장(記帳)하는 법. 「속 켜둠.
付けっ放し(つけっぱなし) 전기 따위를 계
付け上がる(つけあがる) (상대방이 관대하여) 버릇없이 굴다. 기어오르다.
付け所(つけところ) 특히 주의(해야) 할 점〔곳〕. 착안할 점.
付け焼き(つけやき)《料》간장을 발라서 구움. 또, 그 식품.
付け焼き刃(つけやきば) 없는 실력을 임시로 꾸미거나 갑작스레 만들어 내는 일. 또, 그 태도. 「약. 외용약.
付け薬(つけぐすり) 피부에 바르거나 붙이는
付け揚げ(つけあげ) ① 야채・고기 등을 기름에 튀긴 것. ② 어육을 갈아서 당근・우엉 등을 섞어 기름에 튀긴 음식.
付け元気(つけげんき) 허세. 헛기세.
付人(つけびと) ① 곁에서 시중 드는 사람. ② 보호자. ③ ☞ 付家老(つけがろう).
付け入る(つけいる) 기회를 잘 타다. 틈타다.
付け込む(つけこむ) ① 기회를 타다. 허점을 이용하다. ② (장부에 분개(分介)하지 않고) 치부하다.
付け込み帳(つけこみちょう) 일기장. 분개(分介)하지 않고 날짜 순으로 기입하는 장부.
付け髭(つけひげ) 붙인 수염. 가짜 수염. 또, 가짜 수염을 닮[붙임].
付け状(つけじょう) ① 첨부한 편지. ② 귀인에게 편지를 보낼 때 송구스러운 마음에서 그 측근자 앞으로 쓴 편지.
付け帳(つけちょう) 연극에서 공연에 필요한 온갖 도구를 기입한 장책.
付け醤油(つけじょうゆ) 간장을 찍어 먹기 위해 종지에 내놓는 간장.
付け狙う(つけねらう) 늘 뒤쫓아다니며 노리다. 기회를 노리다.

付け足し(つけたし) ☞付けたり(つけたり).
付け足す(つけたす) ①첨가하다. 덧붙이다. ②(그릇에) 밥을 좀더 담다.
付け紙(つけがみ) (문서 등의 필요하거나 의심나는 곳에 붙이는) 부전(지). 쩌지.
付け知恵(つけぢえ) 남에게서 배운 꾀. 빌려얻은 지혜.
付け差し(つけざし) 입에 대었던 잔이나 담뱃대를 상대방에게 줌.
付け札(つけふだ) ①(상품 따위에 붙인) 가격표. ②<老> 부전(附箋). 「쩜.
付け睫毛(つけまつげ) (만들어) 붙인 속는
付け替える(つけかえる) 다른 것으로 갈아 붙이다.
付け出し(つけだし) (외상 대금의) 청구서. 계산서.
付け出す(つけだす) ①(외상 값의) 청구서를 써 내다. ②(장부 따위에) 기입하기 시작하다.
付け値(つけね) (손님이) 부르는 값.
付け下げ(つけさげ) 付け下げ模様(もよう)의 준말. 일본 옷에서 어깨나 팔·옷단 따위의 무늬가 앞길·뒷길에서 모두 같은 방향으로 된 것. 또, 그옷.
付合(つけあい) 連歌(れんが)·俳諧(はいかい)에서 여러 사람이 구를 차례로 이어 맞추는 것.
付け合わせ(つけあわせ) 주가 되는 요리에 곁들이는 야채·해초 따위.
付け合わせる(つけあわせる) ①떨어지지 않게 붙이다. ②곁들이다. 배합하다.
付け火(つけび) 불을 지름. 방화(放火).
付け黒子(つけぼくろ) (얼굴 따위에) 먹으로 그린 점. 애교점.
付け回す(つけまわす) 악착스럽게 따라다니다
付け回る(つけまわる) 집요하게 붙어(따라)다니다.
さん付け(さんづけ) 사람 이름 밑에 'さん'을 붙여 부름. 경의나 친애의 기분을 나타냄. 또, 아랫사람에 대해서는 정중한 말씨가 됨.

| 7
口
教 | 否 | 아닐 부·막힐 비
ヒ
いな·いや |

音読➡
否 ㊀(ひ) 부. ①찬성치 않음. ②부정(否定)함. ③바르지 않음. 그렇지 않음.
㊁(いな) 아니. 아뇨. ＊いえ라고도 읽음.
㊂(いや) 싫어. 아니.
否決(ひけつ) 부결.
否運(ひうん) 비운(非運). 불운.
否認(ひにん) 부인. ♣~権(けん) 『法』 부인권.
否定(ひてい) 부정. ♣♣~文(ぶん) 부정문.
～の否定(ひてい) 『論』 부정의 부정.
∥～命題(めいだい) 『論』 부정 명제.
～的(てき) 부정적. ♣～概念(がいねん) 『論』 부정적 개념.
～判断(はんだん) 『論』 부정 판단.

訓読➡
否さ(いやさ) 아냐. 아니(오). 천만에《いや의 힘줌말》.
否でも(いやでも) 어떻게 하든. 억지로.
～応でも(おうでも) 싫든 좋든 (간에). 어떻든.
否や(いなや) ①가부. 이의(異議). ②㉠곧. …하자마자. ㉡…인지 아닌지.
否否(いやいや) 아니아니. 아니오 결코.
否応(いやおう) 가부(간의 대답).
～無しに(なしに) ①좋아하든 말든. 다짜고짜로. ②마지못해서. 「하튼.
否が応でも(いやがおうでも) 가부간에
否も応もない(いやもおうもない) 무슨 일이 있어도. 꼭. 반드시.
❖否む(いなむ) ①거절하다. ②부정하다.
否めない(いなめない) ①부정(否定)할 수 없다. ②거절할 수 없다.

| 7
扌
常 | 扶 | 도울 부
フ
たすける |

音読➡
扶壁(ふへき) 『建』 부벽. 버팀벽. 버트레스(buttress).
扶桑(ふそう) 부상(국). 일본의 딴이름.
扶植(ふしょく) 부식. 심음. 뿌리 박음.
扶掖(ふえき) 부액(扶腋). 부조(扶助).
扶養(ふよう) 부양. 「칭.
∥～家族(かぞく) 부양 가족. 扶養親族의 통
～控除(こうじょ) 부양 공제.
～料(りょう) 부양료. 부양비.
～手当(てあて) 부양 수당.
～義務(ぎむ) 부양 의무.
～親族(しんぞく) 부양 가족.
扶育(ふいく) 부육. 도와서 양육함. ♣♣~料(りょう) 양육비.
扶翼(ふよく) 부익. 보호하고 도움.
扶助(ふじょ) 부조. ♣♣～金(きん) 부조금.
∥～料(りょう) 퇴직 연금을 받는 공무원이 사망했을 때, 자격 있는 유족에게 주는 돈.
扶持(ふち) ①(곁에서) 도움. ＊ふじろ도 읽음. ②扶持米의 준말.
∥～高(だか) 무사에게 주는 녹미(祿米)의 양이나 봉록의 액수.
～米(まい) 무사에게 급여로 주는 쌀. 녹미.

| 7
扌 | 抔 | 움큼 부·줌 부
ホウ
すくう·など |

訓読➡
抔 ㊀(など) 따위. 등. 등속.
㊁(なんど) …따위.

7画 艹 人	芙	연꽃 부 フ はす

音読
芙蓉(ふよう) 부용. ①『植』 목부용. ②연(連)의 딴이름.
∥~峰(ほう) 富士(ふじ) 산의 미칭.

8画 广 敎	府	마을 부·관청 부 フ くら·みやこ

音読
府(ふ) 부. ①일본의 행정 구분으로 지방 자치 단체의 하나. 또, 그 행정상의 조직. ②어떤 활동의 중심지.
府警(ふけい) 부경. '府警察(ふけいさつ)(=부경찰)'의 준말.
府君(ふくん) 부군. ①중국 한대(漢代), 부(府)의 태수(太守). ②망부(亡父)나 조상의 높임말.
府内(ふない) 부내. 부의 구역 안. 또, 옛날 江戸(えど)의 구역 내.
府道(ふどう) 부도. 부가 관리하는 도로.
府立(ふりつ) 부립. 부에서 설립함.
府民(ふみん) 부민. 大阪(おおさか)·京都(きょうと) 부의 주민.
府税(ふぜい) 부세. 부에서 부과하는 세금.
府営(ふえい) 부영. 지방 자치체인 부(府)의 경영.
府議(ふぎ) 府議会(ふぎかい)議員(ぎいん)의 준말.
府議会(ふぎかい) 부의회.
∥~議員(ぎいん) 부의회 의원.
府政(ふせい) 부정. 지방 자치 단체로서의 부의 행정.
府中(ふちゅう) ①옛날, 지방에 둔 관청(의 소재지). ②조정에서, 정치를 행하던 공식적인 장소.
府知事(ふちじ) 大阪(おおさか)·京都(きょうと) 부의 지사.
府庁(ふちょう) 부청. 부의 행정 사무를 맡은 관청.
府下(ふか) 부내(府内).
府県(ふけん) 부현. 부(府)와 현(縣).
府会(ふかい) 府議会(ふぎかい)의 구칭.

8画 阝 常	附	붙을 부 フ·ブ つく·つける

音読
附する(ふする) ①붙이다. ②맡기다. 회부하다. ③주다. 교부하다.
附加(ふか) 부가. ♣~税(ぜい) 부가세 / ~刑(けい) 『法』 부가형.
∥~価値(かち) 부가 가치.
附款(ふかん) 『法』 부관.
附近(ふきん) 부근. 근처.
附記(ふき) 부기.
附帯(ふたい) 부대.
附図(ふず) 부도.
附録(ふろく) 부록.
附鳳(ふほう) 세력 있는 자에게 빌붙음.
附憑(ふひょう) 귀신이 접함.
附設(ふせつ) 부설.
附説(ふせつ) 설명을 덧붙임. 또, 그 설명.
附属(ふぞく) 부속.
附随(ふずい) 부수.
附語(ふご) ☞附言(ふげん).
附言(ふげん) 부언. 덧붙여 말함. 또, 그 말.
附与(ふよ) 부여. (내려) 줌.
附庸(ふよう) 부용. 속국.
附議(ふぎ) 부의.
附子(ぶし) 부자. 바곳의 구근.
附載(ふさい) 부록으로서 실음.
附箋(ふせん) 부전. 쪽지.
附注(ふちゅう) 부주. 주를 닮. 또, 그 주.
附註(ふちゅう) 부주 ⇨ 附注(ふちゅう).
附着(ふちゃく) 부착.
附置(ふち) 부치. 부설.
附則(ふそく) 부칙.
附託(ふたく) 부탁. ①위임. 위탁. ②의회에서, 의안을 위원회 등에 회부 심의함.
附表(ふひょう) 부표.
附票(ふひょう) 부표. 꼬리표.
附合(ふごう) 부합.
附和(ふわ) 부화.
∥~随行(ずいこう) 부화 수행.
附会(ふかい) 부회. 억지로 끌어다 댐.

訓読
❖附く(つく) ①붙다. ㉠달라붙다. ㉡묻다. ②불이 붙다. 켜지다. ③생기다. (버릇 따위가) 들다. ④(뒤)따르다. ⑤기록되다. 기입되다.
附き ㊀(つき) ①붙음. 부착성. ②불붙음. 인화성. ③붙임성. ④《接尾語로》붙어 있음. 부속됨.
㊁(づき) …에 소속함[되어 보좌하는 사람].
❖附ける(つける) ①붙이다. (바싹) 대다. 달다. ②기입하다. 적다. ③매듭을 짓다. 끝을 내다.
附け ㊀(つけ) ①붙임. (장부에) 달아둠. ②기입한 것. 계산[청구]서.
㊁(づけ) 《接尾語로》①붙임. 또, 붙인 것. ②일부(日附). '날짜'의 뜻.
附け加える(つけくわえる) 보태다. 덧붙이다. 첨가하다.
附け加わる(つけくわわる) 보태지다. 덧붙여지다. 첨가되다.

8画 斤	斧	도끼 부 フ おの

斧·俘·枹·訃·赴·負

音読
斧斤(ふきん) 부근. 큰 도끼와 작은 도끼.
斧石(ふせき)〖鑛〗부석. ＊おのいしろとも 읽음.
斧鉞(ふえつ) 부월.
斧正(ふせい) 문장을 첨삭(添削)함.
斧鑿(ふさく) 부착. 도끼와 끌(로 세공함).
　시문 등에 기교를 다함.
〜の跡(あと) 부착의 흔적《시문(詩文) 등에
　기교를 부린 흔적》.

訓読
斧 ㊀(おの) 도끼.
　㊁(よき)〈古〉손도끼.
斧折(おのおれ)〖植〗박달나무.
斧足類(おのあしるい)〖貝〗부족류. 부족
　강. ＊ふそくるいとも 읽음.

| 8
阜 | 阜 | 언덕 **부**·성할 **부**
フ
おか·ゆたか |

其他
阜偏(こざとへん) 한자 부수(部首)의 하나:
　좌부방.

| 9
イ | 俘 | 사로잡을 **부**·포로 **부**
フ
とりこ |

音読
俘虜(ふりょ) 부로. 포로(捕虜).
俘囚(ふしゅう) 부수. 포로.

| 9
木 | 枹 | 북채 **부**·졸참나무 **포**
フ·ホウ
ばち·なら |

訓読
枹(ばち) (북·징 따위의) 채.
其他
枹(こなら)〖植〗졸참나무.

| 9
言 | 訃 | 부고 **부**·부고낼 **부**
フ
つげる |

音読
訃(ふ) 부고. 부음.
訃告(ふこく) 부고.
訃報(ふほう) 부보. 부고.
訃音(ふいん) 부음. 부보.

| 9
走
常 | 赴 | 다다를 **부**
フ
おもむく |

音読
赴援(ふえん) 원조하러 감.
赴任(ふにん) 부임.

訓読
赴く(おもむく) ①향하여 가다. ②(어떠한
　경향·상태로) 향하다.

| 9
貝
教 | 負 | 질 **부**·빚질 **부**
フ·ブ
まける·まかす·おう |

音読
負(ふ)〖數·電〗부. 음(陰). 음수·음전기를
　나타내는 말.
負帰還(ふきかん)〖電〗네거티브 피드백.
負極(ふきょく)〖理〗①전기의 음극(陰極).
　②자석의 남극.
負論理(ふろんり)〖컴〗음(陰)논리.
負担(ふたん) 부담. ♣〜金(きん) 부담금.
負物(ふもつ) 빚.
負傷(ふしょう) 부상. ♣〜者(しゃ) 부상자.
負税(ふぜい) 부세. ①미납된 세금. ②담세
　(擔稅).
負の所得税(ふのしょとくぜい) 최저 생활
　수준 이하의 저소득 가정이나 개인에게 일정
　액을 정부가 지급하는 현금 급부액.
負数(ふすう)〖數〗부수. 음수(陰數).
負薪(ふしん) 땔나무를 지고 나름.
負心(ふしん) 배은망덕.
負電気(ふでんき) 부전기. 음전기(陰電氣).
負債(ふさい) 부채. 빚.
‖**〜勘定**(かんじょう) 부채 계정.
負託(ふたく) 책임 지워 맡김.
負荷(ふか) 부하. ①(책임 등을) 짊어지는
　일. ②역학적·전기적 에너지를 받아 소비하
　는 일. ♣**〜率**(りつ) 부하율.
‖**〜電動機**(でんどうき) 부하 전동기.
負号(ふごう)〖數〗음호. 마이너스 부호.

訓読
負える(おえる) 감당할 수 있다.
負かす(まかす) (상대를) 지우다. 이기다.
負かる(まかる) 값을 싸게 할 수 있다. 깎을
　수 있다.
負す(おおす)〈文〉지우다. ①㉠짊어 지우
　다. ㉡(책임 등을) 씌우다. ②핑계 대다.
負ぶう(おぶう)〈口〉(아기를) 업다.
負ぶさる(おぶさる) ①업히다. ②의지하
　였히다. ③남에게 치르게 하다.
負んぶ(おんぶ)〈兒〉어부바. 업음.
負ぶい紐(おぶいひも) 어린애를 업을 때 매
　는 좁은 띠.
❖**負う**(おう) ①지다. ㉠짊어지다. ㉡업다.
　②입다. ㉠힘입다. ㉡해를 입다. ③(이름 등
　에) 맞먹다. 어울리다.
負い(おい) ①차용분(分). ②빚. 빌린 돈.
負い目(おいめ) ①(갚아야 할) 빚. 부채. ②
　(이행해야 할) 부담.
❖**負ける**(まける) ①지다. ②옻타다. (피부
　가)…에 상하다. ③양보하다. ④값을 깎아
　주다. ⑤덤(경품)으로 주다.
負け(まけ) ①짐. 패배. ②『お〜』값을 깎아

줌. 에누리. 또, 경품.
負け犬(まけいぬ) 싸움에 지고 슬금슬금 내빼는 개.
負け軍(まけいくさ) ⇨ 負け戦(まけいくさ).
負けん気(まけんき) 지지 않으려는 마음. 오기. 경쟁심.
負けず劣らず(まけずおとらず) 서로 우열이 비슷한 모양. 막상막하(로).
負け博打(まけばくち) 노름에서 짐.
負け方(まけがた) ①진 쪽. ②질 것 같아짐.
負け癖(まけぐせ) 승부나 경기에서 지는 것에 익숙해지는 일.
負け腹(まけばら) 지고 나서 화를 냄.
負け相撲(まけずもう) 진 씨름.
負け色(まけいろ) 패색. 질 낌새.
負け惜しみ(まけおしみ) (패배나 실패를 인정치 않고) 억지를 부림. 또, 그런 말.
負け星(まけぼし) (씨름에서) 졌다는 표시로 찍는 검은 점.
負け勝ち(まけかち) 승부. 승패.
負けじ心(まけじごころ) ☞負けじ魂(まけじだましい). 「다 많음.
負け越し(まけこし) 진 횟수가 이긴 횟수보
負け越す(まけこす) 진 횟수가 이긴 횟수보다 많아지다.
負け戦(まけいくさ) 싸움에 짐. 진 싸움. 패전. 「り).
負け振り(まけぶり) ☞負けっ振り(まけっぷ
負けっ振り(まけっぷり) 지는 과정. 또, 진 다음의 태도. 「하는 일.
負け態(まけわざ) 진 쪽에서 이긴 쪽을 대접
負け投手(まけとうしゅ) 〖野〗패전 투수.
負け嫌い(まけぎらい) 지기 싫어함. 오기(傲氣).
負けず嫌い(まけずぎらい) ☞負け嫌い(まけぎらい).
負けじ魂(まけじだましい) 지지 않으려는 정신. 투지. 오기(傲氣).
ぼろ負け(ぼろまけ) 참패. 완패.

	숙일 **부**
10 イ	**俯** フ うつむく・ふせる・ うつぶす

音読
俯角(ふかく) 〖數〗부각. 내려본각.
俯瞰(ふかん) 부감.
∥〜**図**(ず) 부감도. 조감도.
〜**撮影**(さつえい) 부감 촬영.
俯伏(ふふく) 부복. 고개를 숙이고 엎드림.
俯視(ふし) 부시. 감조.
俯仰(ふぎょう) 부앙.

訓読
俯ける(うつむける) 머리를〔고개를〕숙이게 하다.
俯す(うつぶす) 엎드리다. 머리를 숙이다.
❖**俯く**(うつむく) ①머리를 숙이다. 고개를 숙이다. ②아래쪽으로 기울다.

俯き(うつむき) 머리를 숙임.
俯き加減(うつむきかげん) 약간 머리를 숙인 모양.
❖**俯せる**(うつぶせる) ①엎드리다. ②엎어놓
俯せ(うつぶせ) 엎드림. 엎어놓음. 「다.

	쪼갤 **부**·가를 **부**
10 リ 常	**剖** ボウ・ホウ さく・さける

音読
剖検(ぼうけん) 부검. 해부하여 검사함.
剖析(ぼうせき) 부석. 쪼개서 분석함.

	뜰 **부**
10 氵 常	**浮** (浮) フ うく・うかれる・ うかぶ・うかべる

音読
浮竿(ふかん) ⇨ 浮桿(ふかん).
浮桿(ふかん) 물 속에 넣어 유속을 재는 기구.
浮誇(ふこ) 부과. 화려하고 과장됨.
浮嚢(ふのう) 부낭.
浮図(ふと) ⇨ 浮屠(ふと).
浮屠(ふと) 〖佛〗부도.
浮動(ふどう) 부동. ♣〜**票**(ひょう) 부동표.
∥〜**購買力**(こうばいりょく) 부동 구매력.
〜**小数点表示**(しょうすうてんひょうじ)〖컴〗부동 소수점 표시. 「동 주주.
〜**株**(かぶ)〖經〗부동주. ♣〜**主**(ぬし) 부
浮浪(ふろう) 부랑. ♣〜**児**(じ) 부랑아.
浮力(ふりょく)〖理〗부력.
浮流(ふりゅう) 부류. 떠서 흐름.
∥〜**機雷**(きらい) 부류 기뢰.
浮利(ふり) 부당하게 얻은 이득.
浮木(ふぼく) 부목. 물에 뜬 나무.
浮薄(ふはく) 부박. 경박.
浮泛(ふはん) 들뜸.
浮浮(ふふ) 떠도는 모양. 두둥실. 둥실둥실.
浮氷(ふひょう) 부빙. 석얼음.
浮上(ふじょう) 부상.
浮生(ふせい) 부생. 덧없는 인생.
浮石(ふせき) 부석. 속돌.
浮選(ふせん) '浮遊選鉱法(ふゆうせんこうほう)(=부유 선광법)'의 준말.
浮線綾(ふせんりょう) ①무늬를 도드라지게 짠 능직물. ②l에 많이 이용된 원형 무늬.
浮説(ふせつ) 부설. 부언(浮言).
浮城(ふじょう) 군함.
浮世(ふせい) 부세. 뜬세상.
浮水植物(ふすいしょくぶつ) 부수 식물.
浮心(ふしん)〖理〗부심. 부력 중심.
浮揚(ふよう) 부양.
浮言(ふげん) 부언. 근거 없이 떠도는 소문.
浮煙(ふえん) 부연. 연기를 띄움.
浮栄(ふえい) 부영. 덧없는 이 세상의 영화(榮華). 허영.
浮葉(ふよう)〖植〗부엽. 뜬 잎.

浮誉(ふよ) 허울 좋은 명예.
浮鷖(ふえい) 부예. 물 위에 뜬 갈매기.
浮雲(ふうん) 부운. 뜬구름.
浮月(ふげつ) 부월. 물 위에 뜬 달.
浮遊(ふゆう) ⇨ 浮遊(ふゆう).
浮遊(ふゆう) 부유. ♣~塵(じん) 부유진. 부유 매진(媒塵).
‖~機雷(きらい) 부유 기뢰.
~生物(せいぶつ) 부유 생물. 플랑크톤.
~選鉱法(せんこうほう) 부유 선광법.
~粒子状物質(りゅうしじょうぶっしつ) 부유 입자상 물질. 부유 매진(媒塵).
浮淫(ふいん) 부음. 물에 떠서 고기를 잡고 즐기는 일. 「읽음.
浮子(ふし) 낚시찌. 부표(浮標). *あばろど
浮瘡(ふそう) 부조. 경솔.
浮腫(ふしゅ)〖醫〗부종. *むくみ라고도 읽
浮舟(ふしゅう) 부주. ①배를 띄움. 떠 있는 배. ②수상 비행기의 플로트(float).
浮体(ふたい)〖理〗부체.
‖~工法(こうほう) 부체 공법.
浮礁(ふしょう) 부초. 물 속에 목재 등을 넣어 물고기의 서식처로 만든 곳.
浮沈(ふちん) 부침. 동망.
浮秤(ふひょう) ⇨浮き秤(うきばかり).
浮萍(ふへい) 부평(초).
浮評(ふひょう) 부평. 뜬소문.
浮漂(ふひょう) 부표. 물위에 떠서 표류함.
浮華(ふか) 부화. 겉만 화려하고 실속이 없
‖~軽佻(けいちょう) 부화 경조. 「음.
訓読
浮かされる(うかされる) ①마음이 들뜨다. ②(고열 따위로) 의식이 흐려지다.
浮かせる(うかせる) ①뜨게 하다. 띄우다. ②여분을 남기다.
浮かつく(うかつく) ⇨浮かれる(うかれる).
浮かばれる(うかばれる) ①(죽은 사람의 혼이) 성불(成佛)하다. 고이 잠들 수 있다. ②체면이 서다.
浮かべる(うかべる) ①뜨게 하다. 띄우다. ②(마음속에) 떠올리다. ③(표면에) 나타내다.
浮かる(うかる)〈文〉①(마음이) 들뜨다. ②명랑해지다. 「굴.
浮かぬ顔(うかぬかお) 침울한[시무룩한] 얼
❖浮かす(うかす) ①뜨게 하다. 띄우다. ②침울한 기분을 밝게 하다. ③시간·경비 등을 남게 하다.
浮かし(うかし) ①띄움. ②국의 건더기. ③낚시찌.
❖浮かぶ(うかぶ) ①뜨다. ②떠오르다. ㉠(표면에) 나타나다. ㉡생각나다.
浮かぶ瀬(うかぶせ) ①(역경에서 벗어나) 출세할 기회. ②셈평 피는 기회. 편안할 때.
浮かび上がる(うかびあがる) 부상하다. ①(수면 위로) 떠오르다. ②불우한 처지에서 출세하다.

浮かび出る(うかびでる) ⇨浮かび上がる(うかびあがる). 「이 나다.
❖浮かれる(うかれる) (마음이) 들뜨다. 신
浮かれ(うかれ) (마음이) 들뜸. 신이 남.
浮かれ男(うかれお) 놀러다니는 사내. 방탕 「창녀.
浮かれ女(うかれめ)〈雅〉노는계집. 논다니.
浮かれ烏(うかれがらす) 달밤에 들떠서 우는 까마귀《들떠서 야밤에 나다니는 난봉꾼의 비유》. 「탕아.
浮かれ者(うかれもの) 놀러다니는 사람. 방
浮かれ調子(うかれちょうし) 마음이 들뜬 상태. 들뜬 기분.
浮かれ出す(うかれだす) 신이 나기 시작하다. 들뜨기 시작하다.
浮かれ出づ(うかれいづ)〈文〉①정처없이 집을 나오다. ②⇨浮かれ出る(うかれでる).
浮かれ出る(うかれでる) 마음이 들떠서 밖으로 나오다.
❖浮く(うく) ①뜨다. ②(마음이) 들뜨다. (기초가) 흔들리다. ③여분이 생기다.
浮いた(ういた) 남녀 관계에 관한. 정사(情事) 따위의.
浮き(うき) ①(물에) 뜸. ②낚시찌. 부표. ③(수영에 쓰는) 부낭. 튜브.
浮きドック(うきドック) 부선거(浮船渠). 부양식 독(dock).
浮き橋(うきはし) 부교. 주교(舟橋). 배다리. 「기구.
浮き具(うきぐ) 헤엄칠 때 몸의 부력을 돕는
浮き構造(うきこうぞう)〖建〗약한 지반 위의 건조물을 지탱해 주기 위한 기초 구조물.
浮き根(うきね) 부근. 진흙 속에 난 수초(水草)의 뿌리.
浮き囊(うきぶくろ) ⇨浮き袋(うきぶくろ).
浮き袋(うきぶくろ) ①부낭. 튜브. ②(물고기의) 부레.
浮き貸し(うきがし) (은행원 등이) 고객이 맡긴 돈을 기장하지 않고 부정 대출하는 일.
浮き島(うきしま) ①늪·호수 위의 풀이 우거져 섬처럼 보이는 것. ②신기루로 인해 해상에 떠 있는 것처럼 보이는 섬.
浮き灯台(うきとうだい) 등선(燈船). 등대선. 「브.
浮き輪(うきわ) 바퀴 모양의 부대(浮袋). 튜
浮き立つ(うきたつ) ①(마음이) 들뜨다. ②하늘로 천천히 떠오르다.
浮き名(うきな) 남녀 관계에 관한 소문. 염문. 뜬소문.
浮き木(うきぎ) 부목(浮木). 강이나 바다에 떠 있는 나무.
浮き苗(うきなえ) 심은 지 얼마 안 되어 뿌리가 내리지 못하고 물위에 떠 있는 모.
浮き実(うきみ) ⇨浮き実(うきみ).
浮き防波堤(うきぼうはてい) 밀려오는 파도를 막기 위하여 항구 바깥쪽에 방주·뗏목·목재 따위를 길게 연결, 계류한 것.

浮浮き(うきうき) (신이 나서) 마음이 들뜬 모양.
浮き粉(うきこ) 쌀가루. 또, 밀가루의 녹말을 정제한 것. 과자・풀・의약품 따위에 씀.
浮き上がる(うきあがる) 부상하다. ① (공중 또는 수면에) 떠오르다. ②불우한 처지에서 벗어나다.
浮き石(うきいし) ①속돌. 부석(浮石). ② (바둑에서) 뜬돌.
浮き城(うきしろ) (물에 떠 있는 성이란 뜻으로) 군함.
浮き世(うきよ) ①덧없는 세상. 괴롭고 쓰라린 세상. ②이 세상. 속세.
∥~離れ(ばなれ) 세속에 초연함. 상식을 벗어남.
~床(どこ) (江戸(えど) 시대의) 이발소.
~小路(こうじ) 세상.
~草子(ぞうし) (江戸 시대의) 풍속 소설《화류계를 중심으로 한 세태・인정 등을 묘사하였음》.
~風呂(ぶろ) 〈俗〉공동탕(湯). 대중 목욕탕.
~絵(え) (江戸 시대에 성행한) 풍속화《주로 화류계 여성이나 연극 등을 소재로 함》.
浮き勢(うきぜい) 본대(本隊)에서 떨어져 대기하다가 전황에 따라 전투에 참가하는 병력. 유격대.
浮き巣(うきす) ①물위에 뜨게 만든 (물새의) 둥지. ②주소가 일정치 않음의 비유.
浮き身(うきみ) (수영에서) 온몸의 힘을 빼고 번듯이 누워서 물위에 뜨기.
浮き実(うきみ) (서양 요리에서) 수프에 조금 띄우는 건더기.
浮き魚(うきうお) 『魚』 표층어(表層魚). 해수면 가까이서 떼지어 사는 물고기의 총칭.
浮き延縄(うきはえなわ) 찌를 달아 물밑으로 드리운 주낙.
浮き腰(うきごし) ①여차하면 도망치려고 엉거주춤함. ②방침이 서지 않아 갈피를 잡지 못함.
浮き雲(うきぐも) ①부운. 뜬구름. ②불안정한 것의 비유.
浮き桟橋(うきさんばし) 방주・뗏목 등을 띄워서 만든 잔교.
浮き田(うきた) 진흙이 깊은 논.
浮き彫り(うきぼり) ①부조. 돋을새김. 또, 그 작품. ②(비유적으로) 부각시킴.
浮き足(うきあし) 발끝만 땅에 닿음. 또, 그런 발걸음.
∥~立つ(だつ) 침착을 잃다. 들떠 있다. 도망치려 하다.
浮き舟(うきふね) 〈雅〉부주(浮舟). 물위에 떠 있는 조각배.
浮き島(うきしま) ☞ 浮き島(うきしま)②.
浮き株(うきかぶ) 『經』부동주.
浮き織り(うきおり) 씨실의 일부로 돋을무늬를 짬. 또, 그 직물.
浮き草(うきくさ) ①수면에 떠 있는 풀의 총칭. ②『植』개구리밥. 부평초.
∥~稼業(かぎょう) 부평초 같은 떠돌이 직업《떠돌이 광대・도붓장수 따위》.

浮き出し(うきだし) 종이나 천 따위에 글씨나 무늬를 도드라지게 한 것.
浮き出す(うきだす) ① (표면에) 떠오르다. ②(무늬 따위가) 도드라지다. ③뜨기 시작하다.
浮き出る(うきでる) ☞ 浮き出す(うきだす)
浮き沈み(うきしずみ) 부침. 떴다 가라앉았다 함. 흥망성쇠.
浮き寝(うきね) ①(물새 등이) 물에 뜬 채 잠. ②배 안에서 잠. ③밤마다 일정한 숙소 없이 잠.
浮き秤(うきばかり) 부칭. 액체 비중계.
浮き荷(うきに) (파선 등으로) 물위에 떠다니는 화물.
浮き河竹(うきかわたけ) (강가의 대나무처럼) 물에 떴다 가라앉았다 하는 부평초 같은 유녀의 신세.
浮き絵(うきえ) 원근법을 응용하여 그린 풍속화의 일종《요지경 속의 그림 따위》.

其他
浮つく(うわつく) (기분이) 들뜨다.
浮垢(きら) 물 따위에 기름 따위가 떠서 빛나는 것. ♣ ぎら로도 읽음.
浮気(うわき) ①바람기. ②변덕. ♣ ~者(もの) 바람둥이.
~の蒲焼(かばやき) ①바람기. 변덕. ②바람둥이.
∥~烏(がらす) ☞ 浮かれ烏(うかれがらす).
浮腫む(むくむ) (몸이) 부어 오르다.
浮塵子(うんか) 『蟲』멸굿과(科)와 강충이과 곤충의 총칭.

10 金	釜	가마솥 부 フ かま

音読
釜中(ふちゅう) 부중. 솥 안.
訓読
釜(かま) 솥. 가마.
釜がえり(かまがえり) (다된 밥을 솥에 그대로 두어) 퍼진 밥이 뜸이 가시고 도로 굳어지는 일.
釜飯(かまめし) 솥밥.
釜敷き(かましき) 솥・냄비 따위를 놓을 때의 밑받침.
釜師(かまし) 차솥을 만드는 사람.
釜揚げ(かまあげ) 釜揚げ饂飩의 준말.
∥~饂飩(うどん) 삶은 국수를 그 국물과 함께 그릇에 담아 장국을 쳐서 먹는 음식.
釜茹で(かまゆで) ①데침. 솥에 넣고 삶음. ②『史』죄인을 삶아 죽이는 극형.
釜煎り(かまいり) ☞ 釜茹で(かまゆで)②.
釜日(かまび) 다도(茶道)에서 스승이 제자를 모아 실습하는 날.
釜場(かまば) (도자기 굽는) 가마터.
釜煎り(かまいり) ☞ 釜茹で(かまゆで)②.
釜置き(かまおき) ☞ 釜敷き(かましき).

11 リ 教	副	버금 **부**・도울 **부** フク そう・そえる

音読→
副(ふく) ①부본. ②《接頭語로》부….
副甲状腺(ふくこうじょうせん)〖生〗부갑상선.
副検事(ふくけんじ) 검찰관 관명의 하나.
副睾丸(ふくこうがん)〖生〗부고환.
副官(ふっかん)〖軍〗부관. ＊ふくかん으로도 읽음.
副交感神経(ふくこうかんしんけい)〖生〗부교감 신경.
副教材(ふくきょうざい) 부교재.
副都心(ふくとしん) 부도심.
副読本(ふくどくほん) 부독본.
副流煙(ふくりゅうえん) 불을 붙인 담배에서 피어 오르는 연기.
副木(ふくぼく) 부목.
副文(ふくぶん) 부문. 조약・계약 등에서 정문(正文)에 첨부한 것.
副搬送波(ふくはんそうは)〖理〗부반송파.
副反応(ふくはんのう)〖化〗부반응. 화학 반응이 일어날 때 더불어 일어나는 별도의 반응.
副本(ふくほん) 부본. └응.
副鼻腔(ふくびこう)〖生〗부비강.
副使(ふくし) 부사.
副詞(ふくし)〖文法〗부사.
副産物(ふくさんぶつ) 부산물.
副賞(ふくしょう) 부상.
副書(ふくしょ) 부서. 부본(副本).
副署(ふくしょ) 부서. 「의 성분.
副成分(ふくせいぶん) 부성분. 주성분 이외
副手(ふくしゅ) ①조수. ②대학에서 조수 아래의 직원.
副収入(ふくしゅうにゅう) 부수입.
副食(ふくしょく) 부식. ♣~**費**(ひ) 부식비.
副腎(ふくじん)〖生〗부신. └비.
‖~**皮質**(ひしつ)〖生〗부신 피질. ♣~**刺激**(しげき)**ホルモン** 부신 피질 자극 호르몬.
副神経(ふくしんけい)〖生〗부신경.
副審(ふくしん) 부심.
副芽(ふくが)〖植〗부아.
副萼(ふくがく)〖植〗부악.
副業(ふくぎょう) 부업.
副用語(ふくようご)〖文法〗문장의 골자인 체언・용언에 의존하여 거기에 여러 가지 의미를 첨가하는 용어.
副委員長(ふくいいんちょう) 부위원장.
副議長(ふくぎちょう) 부의장.
副因(ふくいん) 부인. 부차적 원인.
副作用(ふくさよう) 부작용.
副長(ふくちょう) 부장. 장(長)을 보좌하는 버금 지위.
副将(ふくしょう) 부장.
副章(ふくしょう) 부장. 훈장의 정장(正章)에 덧붙여 주는 기장. 「품.
副葬(ふくそう) 부장. ♣~**品**(ひん) 부장
副低気圧(ふくていきあつ)〖氣〗부저기압.
副題(ふくだい) 부제.
副製品(ふくせいひん) 부제품. 부산물.
副助詞(ふくじょし)〖文法〗조사의 하나.
副調整室(ふくちょうせいしつ) (방송국의) 부조정실.
副知事(ふくちじ) 부지사.
副職(ふくしょく) 부직.
副次的(ふくじてき) 부차적.
副菜(ふくさい) 주된 부식물과 함께 제공하는 '酢の物(すのもの)(=식초를 친 요리)' 따위.
副尺(ふくしゃく) 부척. 아들자. └위.
副総理(ふくそうり) 부총리.
副総裁(ふくそうさい) 부총재.
副砲(ふくほう) 부포. 군함의 주포 이외의 구경(口徑)이 작은 포.
副港(ふくこう) 부항. 주항의 보조적 항구.

訓読→
副う(そう) ①(어떤 것에) 더하다. 첨가하다. ②(기대・목적에) 따르다[부합되다].
❖**副える**(そえる) ①첨부하다. 붙이다. 딸리다. ②곁들이다. ③더하다. ④거들다. 돕다.
副え(そえ) ①곁들임. 첨부. ②곁에 따르게 함. ③보좌. 부축.
副え馬(そえうま) 부마(副馬). (마차 따위에서) 주가 되는 말 곁에 덧붙인 말.
副え木(そえぎ) 부목. 받침대. 덧방나무.

11 土	埠	부두 **부**・선창 **부** フ・ホ はとば

音読→
埠頭(ふとう) 부두.

11 女 教	婦(婦)	지어미 **부**・아내 **부** フ おんな

音読→
婦(ふ)《接尾語로》…부.
婦警(ふけい) 여경(女警).
婦女(ふじょ) 부녀. 여자. ♣~**子**(し) 부녀
‖~**暴行**(ぼうこう) 부녀 폭행. └자.
婦徳(ふとく) 부덕.
婦道(ふどう) 부도. 여자가 지켜야 할 도리.
婦選(ふせん) '婦人選挙権(ふじんせんきょけん)(=여성 선거권)'의 준말.
婦翁(ふおう) 부옹. 장인. 악부(岳父).
婦人(ふじん) 부인. 여성. ♣~**科**(か) 부인과 / ~**病**(びょう) 부인병 / ~**語**(ご) 여성어 / ~**会**(かい) 부인회.
‖~**警官**(けいかん) 여성 경관. 여경.
~**警察官**(けいさつかん) 여성 경찰관.
~**労働**(ろうどう) 여성 노동.
~**問題**(もんだい) 여성 문제.

~運動(うんどう) 여성 운동.
~の日(ひ) ①여성의 날《4월 10일》. ②국제 여성의 날.
~自衛官(じえいかん) 여성 자위대원.
~参政権(さんせいけん) 여성 참정권.
~解放(かいほう) 여성 해방.
婦長(ふちょう) 수(首)간호사.

11 阝 敎	部	거느릴 **부**・마을 **부** ブ・ホウ へ・べ

音読
部 ㊀(ぶ) 부. ①구분함. 그 한 구분. ②어떤 종류. ③집단의 조직 구분. 「단.
㊁(べ)【史】생산 노동에 종사하던 하층 집
部曲(ぶきょく) 大和(やまと)・奈良(なら) 시대, 호족(豪族)에게 속했던 사유민.
部局(ぶきょく) 부국. 관청이나 기업의 국・부・과 등의 총칭.
部内(ぶない) 부내. 그 조직・기구의 내부.
部隊(ぶたい) 부대.
部落(ぶらく) ①부락. 촌락. ②江戸(えど) 시대에 형성된, 신분적・사회적으로 차별 대우를 받아온 사람들의 집단적 주거 지역.
部類(ぶるい) 부류.
部理代理(ぶりだいり)【法】부리 대리.
部立て(ぶだて) 분류. 부류・부문으로 나눔.
部面(ぶめん) 부면. 국면.
部門(ぶもん) 부문.
部民(ぶみん) 大和(やまと) 시대, 각 지방 호족의 사유민. *べみんの로도 읽음.
部別(ぶべつ) 부별. 부류로 나눔.
部分(ぶぶん) 부분. ♣~林(りん)【法】부분림 / ~食(しょく)【天】부분식 / ~音(おん)【樂】부분음 / ~品(ひん) 부분품 / ~割(かつ)【生】부분할.
‖~冠詞(かんし)【文法】(프랑스어 등의) 부분 관사.
~均衡(きんこう)【經】부분 균형. ♣~論(ろん) 부분 균형론.
~否定(ひてい)【文法】부분 부정.
~的(てき) 부분적. ♣~核実験禁止条約(かくじっけんきんしじょうやく) 부분적 핵실험 금지 조약.
~切除(せつじょ)【醫】부분 절제.
~集合(しゅうごう)【数】부분 집합.
部分け(ぶわけ) 부류별로 나눔.
部署(ぶしょ) 부서. 「소속시킴.
部属(ぶぞく) 부속. 부국(部局)으로 나누어
部首(ぶしゅ)(한자의) 부수.
‖~索引(さくいん) 부수 색인.
部数(ぶすう) (책・신문의) 부수. 「방.
部室(ぶしつ) 부실. 클럽 활동에 사용되는
部外(ぶがい) 부외. ♣~者(しゃ) 부외자.
部員(ぶいん) 부원.
部位(ぶい) 부위. 전체에 대한 부분의 위치.
部長(ぶちょう) 부장.

部将(ぶしょう) 부장. 한 부대의 장.
部材(ぶざい) 부재.
部族(ぶぞく) 부족.
部品(ぶひん) 부품. 부분품.
部下(ぶか) 부하.
部活(ぶかつ) 야구부 따위 학생의 동아리 활
部会(ぶかい) 부회. 「동.
部厚(ぶあつ) 두꺼운 모양.
部厚い(ぶあつい) 두껍다.
訓読
部屋(へや) ①방. ②헛간. 광. ③은퇴한 씨름꾼의 대기소. ♣~着(ぎ) 실내복.
‖~代(だい) 방값. 방세.
~住み(ずみ) 맏아들이 아직 가독 상속을 받지 못했을 때의 신분.
~割り(わり) 방을 배당하는 일.

11 木	桴	마룻대 **부**・떼 **부** フ いかだ・ばち

訓読
桴(ばち)(북・징 따위의) 채.

11 竹 常	符	부신 **부**・들어맞을 **부** フ わりふ

音読
符(ふ) ①부적. ②옛날에, 상급 관청에서 하급 관청에 내린 공문서.
符頭(ふとう)【樂】부두. (음표의) 머리.
符尾(ふび)【樂】부미. (음표의) 꼬리.
符帳(ふちょう) ⇨ 符丁(ふちょう).
符節(ふせつ) 부절. 부신(符信)
符丁(ふちょう) ①(상점에서) 상품 값을 나타내는 은어나 기호. ②암호.
符呪(ふじゅ) 주술.
符牒(ふちょう) ⇨ 符丁(ふちょう).
符合(ふごう) 부합.
符号(ふごう) 부호. ♣~化(か) 부호화.

11 疋	趺	책상다리할 **부** フ あし

音読
趺坐 ㊀(ふざ)【佛】부좌. 결가(結跏)부좌.
㊁(あぐら) 책상다리로 앉음.
其他
趺坐鼻(あぐらばな) 넓적코. 납작코.

12 イ	傅	스승 **부**・도울 **부** フ もり・いつく・かしずく

音読
傅育(ふいく) 부육. 애지중지하게 기름.

訓読

傅役(もりやく) 지키거나 뒤를 보살핌. 또, 그 사람.
❖**傅く** ㊀(かしずく)① 시중 들다. 받들어 섬기다. ②〈古〉돌보아 주다.
㊁(いつく)〈古〉삼가 소중히 하다.
傅き(かしずき)① 시중듦. 또, 그 사람. ② 애보는 사람. 안저지.

其他

傅(めのと)〈雅〉귀인의 자식을 양육하는 소임(을 맡은 사람). 「천자식.
∥**~子**(ご) 귀인의 자녀를 양육하는 사람의

| 12
宀
教 | 富 | 넉넉할 부·부자 부
フ・フウ
とむ・とみ |

音読

富家(ふうか) 부잣집. ＊ふかろも 읽음.
富強(ふきょう) ① 부강. ②富国強兵(ふこくきょうへい)의 준말.
富鉱(ふこう)〚鑛〛부광.
∥**~地帯**(ちたい) 부광 지대.
富国(ふこく) 부국. ♣**~策**(さく) 부국책.
∥**~強兵**(きょうへい) 부국 강병.
富貴(ふうき) 부귀. ＊ふっきろも 읽음.
富貴豆(ふうきまめ)〚料〛설탕을 넣어 무르게 푹 조린 누에콩. ＊ふっきまめ・ふうきまめ로도 읽음. 「름.
富貴草 ㊀(ふうきぐさ)〚植〛모란의 딴이름.
㊁(ふっきそう)〚植〛수호초. 회양목과의 상록 다년초.
富農(ふのう) 부농.
富麗(ふれい) 넉넉하고 아름다움.
富力(ふりょく) 부력. 재력.
富民(ふみん) 부민. ① 국민을 부유하게 함. ② 부유한 국민.
富肥(ふうひ) 풍족함. 부유.
富士(ふじ)〚地〛富士山(ふじさん)의 준말.
富士講(ふじこう) 富士(ふじ) 산 숭배자들이 모여서 조직한 계.
富士見(ふじみ) 富士(ふじ) 산을 관망하는 일. 또, 거기에 알맞는 장소.
富士絹(ふじぎぬ) 지스러기 고치실로 '羽二重(はぶたえ)(=얇고 부드러운 순백색 비단)' 비슷하게 짠 평직(平織).
富士山(ふじさん)〚地〛静岡(しずおか)와 山梨(やまなし) 두 현의 경계에 있는 일본 제일의 산. 「ん).
富士の山(ふじのやま) ☞富士山(ふじさ
富士松(ふじまつ)〚植〛낙엽송의 딴이름.
富士信仰(ふじしんこう) 富士(ふじ) 산을 신체(神體)로 모시는 신앙.
富士額(ふじびたい) (여성의) 머리털이 난 가장자리가 富士 산 봉우리 모양으로 생긴 이마.
富商(ふしょう) 부상. 호상(豪商).
富贍(ふせん) 부섬. 충분히 있어 넉넉함.
富実(ふじつ) 넉넉하고 실질적인 모양.
富岳(ふがく) 富士(ふじ) 산의 딴이름.
富嶽(ふがく) ⇨富岳(ふがく).
富栄養湖(ふえいようこ) 부영양호.
富栄養化(ふえいようか) 부영양화.
富翁(ふおう) 부옹. 돈 많은 늙은이.
富饒(ふじょう) 부요. ＊ふによう로도 읽음.
富源(ふげん) 부원. 재화가 생기는 근원.
富有(ふゆう) 부유. 재산을 많이 갖고 있음.
∥**~柿**(がき) 단감의 한 품종.
富裕(ふゆう) 부유. ♣**~税**(ぜい) 부유세.
富者(ふしゃ) 부자.
富豪(ふごう) 부호.
∥**~階級**(かいきゅう) 부호 계급.

訓読

富(とみ) 부(富). 재산. 재화.
富ます(とます) 부(富)〔풍족〕하게 하다.
富む(とむ) ① 부(富)하다. 재산이 많다. ② 풍부하다.
富突き(とみつき) ☞富籤(とみくじ).
富本節(とみもとぶし) 浄瑠璃(じょうるり)의 한 파.
富魚(とみよ)〚魚〛가시고기. 「소.
富場(とみば) 富籤(とみくじ)를 발행하는 장
富札(とみふだ) 복권. 추첨권.
富籤(とみくじ) 江戸(えど) 시대에 유행했던 복권의 일종.

| 12
彳
教 | 復 부 ⇨ 復 복(p. 595) |

| 12
月 | 腑 | 장부 부
フ
はらわた |

音読

腑(ふ) ① 내장. ② 마음.
~に落(お)**ちない** 이해할 수 없다.
腑甲斐無い(ふがいない) 기개(氣槪)가 없다. 칠칠치 못하다.
腑抜け(ふぬけ) 무기력한 사람. 겁쟁이. 얼간이. 쓸개 빠진 사람.
腑分け(ふわけ) 해부(解剖)를 일컫는 말.

| 12
木
日 | 椨 | 후박나무 (부)
たぶ・たぶのき |

訓読

椨(たぶのき)〚植〛후박나무.

| 12
足 | 跗 | 발등 부
フ
くびす |

音読

跗骨(ふこつ)〚生〛부골. 발목뼈.
跗節(ふせつ)〚蟲〛부절. 발목마디.

艀

13 舟 艀 — 거룻배 부 / フ / はしけ

音読
艀船(ふせん) 부선. 거룻배.

訓読
艀(はしけ) 거룻배.
艀ける(はしける) ①거룻배에 실어 화물이나 여객을 나르다. ②조금씩 딴곳에 옮기다.
艀舟(はしけぶね) ☞艀(はしけ).

蜉

13 虫 蜉 — 하루살이 부·왕개미 부 / フ

其他
蜉蝣(かげろう) ①〖蟲〗하루살이. ②덧없는 인생의 비유. *①②는 ふゆうろも 읽음. ③잠자리의 옛 이름.

鳬

13 鳥 鳬 — 물오리 부 / フ / かも・けり

訓読
鳬(けり) ①사물의 끝. 결말. 끝장. 바탕. ②〖鳥〗민댕기물떼새.

孵

14 子 孵 — 알깔 부 / フ / かえる・かえす

音読
孵卵(ふらん) 부란. 부화.
∥～器(き) 부란기. 부화기.
孵育(ふいく) 부화시켜서 기름.
孵化(ふか) 부화.
∥～放流(ほうりゅう) 부화 방류.

訓読
孵す(かえす) (알을) 까다. 부화하다.
孵る(かえる) (알이) 부화하다.

榑

14 木 榑 — 부상 부 / フ / くれ

訓読
榑(くれ) ①껍질이 붙은 채로의 재목. ②지붕을 이기 위하여 재목을 얇게 켜서 만든 판자.
榑縁(くれえん) 판자를 문지방에 평행되게 나란히 깐 툇마루.

腐

14 肉 腐 常 — 썩을 부 / フ / くさる・くされる・くさらす

音読
腐骨(ふこつ)〖生〗부골.
腐泥(ふでい) 부니.
腐乱(ふらん) 부란. 썩어 문드러짐.
∥～病(びょう)〖植〗부란병. 물컹병.
腐爛(ふらん) ⇨腐乱(ふらん).
腐生(ふせい)〖生〗부생. 사물 기생(死物寄生). ♣～菌(きん) 부생균.
∥～植物(しょくぶつ) 부생 식물.
腐熟(ふじゅく) 퇴비나 똥거름 따위가 푹 썩음.
腐食(ふしょく) 부식.
∥～銅版(どうばん) 동판 표면에 그림이나 글자를 그리고 약품으로 부식시켜 만든 인쇄용 요판.
腐植(ふしょく)〖農〗부식. 낙엽 등의 유기물이 흙속에서 썩어서 된 흑갈색의 물질.
♣～土(ど) 부식토.
∥～栄養湖(えいようこ) 부식 영양호.
腐蝕(ふしょく) ⇨腐食(ふしょく).
腐心(ふしん) 부심. 고심.
腐葉土(ふようど)〖農〗부엽토.
腐乳(ふにゅう) 두부를 발효시켜 치즈 모양으로 만든 중국의 식품.
腐儒(ふじゅ) 부유. 아무 쓸모없는 유학자.
腐肉(ふにく) 부육. 썩은 고기.
腐草(ふそう) 부초. 썩은 풀.
腐臭(ふしゅう) 썩는 냄새.
腐敗(ふはい) 부패. ♣～菌(きん) 부패균.
腐化米(ふけまい) 변질된 쌀. 변질미.
腐朽(ふきゅう) 썩어 문드러짐. 노후(老朽).
♣～船(せん) 노후선.

訓読
腐らす(くさらす) ①썩이다. 썩게 하다. ②불쾌감을 품게 하다.
❖腐る(くさる) ①썩다. 삭다. 타락하다. ②〈俗〉기운을 잃다. 풀이 죽다. 낙심하다.
腐り(くさり) 썩음. 상하거나 썩은 정도.
❖腐れる(くされる) 상하다. 부패하다.
腐れ(くされ) ①썩은 것. 또, 그 정도. ②비웃거when 몹시 욕하는 말. 썩은…. 더러운….
腐れ金(くされがね) 푼돈. 또, 부정한 돈.
腐れ縁(くされえん) (끊을래야 끊을 수 없는) 더러운〔못된〕인연〔관계〕.
腐れ合う(くされあう) 남녀가 불륜의 관계를 맺다.

其他
腐す(くたす) ①썩게 하다. 썩히다. ②비난하다. 헐뜯다. *くさす로도 읽음.

敷

15 攴 敷(敷) 常 — 펼 부·베풀 부 / フ / しく

音読
敷告(ふこく) 부고. 널리 일반에게 알림.
敷設(ふせつ) 부설. ♣～艦(かん) (기뢰) 부설함.
敷延(ふえん) 부연.
敷衍(ふえん) ⇨敷延(ふえん).

膚

訓読
敷(じき) 《接尾語로》방에 몇 장의 다다미를 깔 수 있는가를 수로 나타낼 때 쓰는 말.
❖敷く(しく) ① 깔다. 펴다. 덮어 누르다. 부설하다. ② 배치하다. ③ 널리 시행하다.
敷き(しき) ① (그릇 밑의) 깔개. ② 敷金(しききん)・敷地(しきち)・敷き布団(しきぶとん)의 준말. ③ 배의 밑바닥 널.
敷居(しきい) 문턱. 문지방.
∥~越し(ごし) 문지방 너머(에서 무엇을 함).
~値(ち) 방사선의 피폭량 중에서, 장애가 일어날 염려가 없는 수치.
敷き藁(しきわら) (마구간 따위에) 까는 짚. 깃.
敷金(しききん) 보증금. *しきがね로도 읽음.
敷女(しきめ) 정부.
敷台(しきだい) 현관 앞의 한 단 낮은 마루.
敷島(しきしま) 〈雅〉 ① 大和国(やまとのくに)의 딴이름. ② 일본의 딴이름.
敷煉瓦(しきれんが) 보도 블록.
敷物(しきもの) 깔개.
敷き写し(しきうつし) 투명한 종이 밑에 대고 복사함.
敷き砂(しきすな) 마당 따위에 모래를 까는 일. 또, 그 모래.
敷石(しきいし) 포석(鋪石). 길에 까는 돌.
敷瓦(しきがわら) 지면에 까는 납작한 기와.
敷銀(しきがね) ☞敷金(しきがね).
敷粗朶工法(しきそだこうほう) 둑・제방 위를 쌓을 때 나뭇가지를 중간에 넣고 쌓아 제방을 튼튼하게 하는 토목 기법.
敷地(しきち) 대지(垈地).
敷き紙(しきがみ) ① 밑에 까는 종이. ② 종이로 만든 깔개.
敷き寝(しきね) (돗자리 등을 밑에) 깔고 잠.
∥~の船(のふね) 칠복신(七福神)이나 보물을 실은 배의 그림. 루청.
敷板(しきいた) 바닥에 까는 판자. 청널. 마루청.
敷布(しきふ) 요위에 까는 흰 천.
敷き布団(しきぶとん) (잘 때 까는) 요.
敷き皮(しきがわ) 모피의 깔개. 구두 안창.
敷き革(しきがわ) ⇨ 敷き皮(しきがわ).
敷き詰め(しきつめ) (방 전체에 까는) 깔개.
敷き詰める(しきつめる) 전면에 깔다.

| 15
月
常 | 膚 | 살갗 **부**
フ
はだ |

音読
膚理(ふり) 부리. 살결.
膚受(ふじゅ) 부수. ① 절박함. 절실함. ② 충분히 이해하지 못함.
膚浅(ふせん) 부천. 천박.

訓読
膚(はだ) ① 피부. 살(갗). ② (토지・물건 따위의) 거죽. 겉. 표면. ③ 기질. 성미. *はだえ로도 읽음.

膚付き(はだつき) ① 살갗에 직접 댐. ② 속옷. 3 피부의 상태. 살결의 모양.
膚守り(はだまもり) 몸에 지니는 부적.
膚襦袢(はだじゅばん) (일본 옷의) 직접 살에 닿는 속옷.
膚着(はだぎ) 내의(内衣). 속옷.
膚触り(はだざわり) ① 촉감. ② 남에게 주는 느낌.
膚脱ぎ(はだぬぎ) 옷을 벗어 상반신을 드러냄. 또, 그 모습.

| 15
艹 | 蔀 | 덮개 **부**・덮일 **부**
ホウ
しとみ |

訓読
蔀(しとみ) (창살 문 뒤에 널을 댄) 덧문. 빈지.

| 15
貝
常 | 賦 | 구실 **부**・줄 **부**
フ
みつぐ・わかつ |

音読
賦(ふ) 부. 한문 문체의 하나.
賦する(ふする) ① 할당(부과)하다. ② (시가를) 짓다.
賦課(ふか) 부과.
∥~課税方式(かぜいほうしき) 부과 과세 방식.
賦金(ふきん) 부금.
賦払い(ぶばらい) 할부.
賦性(ふせい) 부성. 천성.
賦税(ふぜい) 부세. 세금을 부과함.
賦与(ふよ) 부여. (분배해) 줌.
賦役(ふえき) 부역. 토지에 대한 수익세(収益税)와 노역.
賦詠(ふえい) 시가를 지음. 또, 그 시가.
賦質(ふしつ) 부질. 천성(天性).
賦稟(ふひん) 부품. 타고남. 소질.
賦形薬(ふけいやく) 부형약. 약을 먹기 쉽도록 하기 위한 활력제.
賦活(ふかつ) 부활. 활력을 줌. ♣~剤(ざい)

| 15
馬 | 駙 | 곁말 **부**
フ
そえうま |

音読
駙馬(ふば) ① 부마(副馬). ② 부마. 임금이나 귀인의 사위.

| 15
麥 | 麩 | 밀기울 **부**
フ
ふすま |

参考 麩는 俗字.

音読
麩(ふ) ① 밀기울. *ふすま로도 읽음. ② 밀 개떡.
麩素(ふそ) 《化》 글루텐(gluten).

16 魚	鮒	붕어 **부** フ ふな

訓読
- 鮒(ふな)〖魚〗붕어.
- 鮒鮨(ふなずし) 붕어 식해.
- 鮒膾(ふななます) 붕어를 초된장에 무친 회.

19 竹 常	簿 (簿)	장부 **부** ボ

音読
- 簿価(ぼか)〖商〗'帳簿価額(ちょうぼかがく)(=장부 가액)'의 준말.
- 簿記(ぼき) 부기.
- 簿外(ぼがい)〖商〗회계 장부에 기재되어 있지 않음.
  - ∥~資産(しさん) 부외 자산.
  - ~負債(ふさい) 부외 부채.

북

5 匕 教	北	북녘 **북**·달아날 **배** ホク きた・そむく

音読
- 北絹(ほっけん) 누런 고치에서 자아낸 실로 짠 엷은 견포(絹布).
- 北高南低型(ほっこうなんていがた)〖氣〗북고 남저형. 만주 또는 시베리아 동부 지방에 고기압이 위치하고 남해안에 전선이 동서로 형성되거나 저기압이 남해상을 통과하는 기압계 형태.
- 北光(ほっこう)〖天〗극광(極光).
- 北郊(ほっこう) 북교. 도시의 북쪽 교외.
- 北欧(ほくおう)〖地〗북구. 북유럽.
  - ∥~神話(しんわ) 북유럽 신화.
  - ~学派(がくは)〖經〗북유럽 학파.
- 北国(ほっこく) ①북국. 북쪽 나라[지방, 땅]. *きたぐに로도 읽음. ② ☞北陸道(ほくりくどう).
  - ∥~街道(かいどう) 中山道(なかせんどう)의 信濃追分(しなのおいわけ)에서 北陸道(ほくりくどう)의 直江津(なおえつ)에 이르는 길.
- 北極(ほっきょく) 북극. ♣~圏(けん)〖地〗북극권/~星(せい) 북극성/~熊(ぐま) 북극곰/~点(てん) 북극점/~海(かい) 북극해.
- 北寄貝(ほっきがい)〖貝〗함박조개.
- 北端(ほくたん) 북단. 북쪽 끝.
- 北堂(ほくどう) 북당. ①옛 중국에서 안주인의 거처. ②모친. ③자당(慈堂).
- 北都(ほくと) 奈良(なら) 북쪽에 있었던 옛 서울 京都(きょうと)의 딴이름.
- 北東(ほくとう) 북동.
- 北斗(ほくと)〖天〗북두. 北斗七星의 준말.
  - ∥~七星(しちせい)〖天〗북두칠성.
- 北嶺(ほくれい) ①比叡山(ひえいざん)의 딴이름. ②比叡山에 있는 延暦寺(えんりゃくじ)의 딴이름.
- 北麓(ほくろく) 북록. 산의 북쪽 기슭. 북쪽 산허리.
- 北流(ほくりゅう) 북류. 강이나 해류 따위가 북쪽으로 흐름.
- 北陸(ほくりく)〖地〗北海道・北陸地方의 준말. *옛날에는 ほくろく라고 했음.
  - ∥~道(どう)〖地〗若狭(わかさ)・越前(えちぜん)・加賀(かが)・能登(のと)・越中(えっちゅう)・越後(えちご)・佐渡(さど)의 일곱 지방《지금의 福井(ふくい)・富山(とやま)・石川(いしかわ)・新潟(にいがた)의 4 현》. *옛날에는 ほくろくどう라고 했음.
  - ~地方(ちほう) 지금의 福井・石川・富山・新潟 등 각 현의 총칭.
- 北邙(ほくぼう) 북망. 북망산. 묘지.
- 北面 ㊀(ほくめん) ①북면. ㉠북향(北向). ㉡신하(臣下)의 좌위(座位). 또는, 신하로서 섬김. ②北面의 武士의 준말.
  - ∥~の武士(ぶし) 상황(上皇)・法皇(ほうおう)의 궁궐을 경호하는 무사(武士).
  ㊁(きたおもて) ①북면. 북으로 향한 쪽. ②북쪽에 면한 방. ③☞北面の武士.
- 北冥(ほくめい) ⇨ 北溟(ほくめい).
- 北溟(ほくめい) 북명. 북방의 큰 바다.
- 北門(ほくもん) 북문. 북쪽으로 낸 문. 북쪽 길로 통하는 문.
  - ∥~の嘆(たん) 북문지탄.
- 北米(ほくべい) 북미. 북아메리카.
  - ∥~自由貿易協定(じゆうぼうえきききょうてい) 북미 자유 무역 협정.
- 北方(ほっぽう) 북방. 북쪽.
  - ∥~領土(りょうど) 북방 영토. 일본과 러시아 간에 영토 교섭의 대상이 되어 있는 네 섬《歯舞(はぼまい)・色丹(しこたん)・国後(くなしり)・択捉(えとろふ)》.
- 北辺(ほくへん) 북변. 북쪽 변두리. 북방의 변토.
- 北部(ほくぶ) 북부.
- 北北東(ほくほくとう) 북북동.
- 北北西(ほくほくせい) 북북서.
- 北氷洋(ほっぴょうよう)〖地〗북빙양《북극해의 구칭》. *ほくひょうよう로도 읽음.
- 北上(ほくじょう) 북상.
- 北西(ほくせい) 북서. ♣~風(ふう) 북서풍.
  - ∥~季節風(きせつふう) 북서 계절풍.
- 北首(ほくしゅ) 머리를 북쪽으로 두고 잠.
- 北叟笑む(ほくそえむ) 득의(得意)의 미소를 짓다.
- 北辰(ほくしん) 북신. 북극성.
- 北阿(ほくア) 북아. '北(きた)アフリカ(=북아프리카)'의 준말.
- 北岸(ほくがん) 북안. 북쪽 해안《강안(江岸)》.
- 北洋(ほくよう) 북양. 북쪽 바다.
  - ∥~軍閥(ぐんばつ)〖史〗북양 군벌. 청말

(清末), 위안 스카이(袁世凱)가 편성한 베이양 육군에서 기원(起源). 베이양 군벌.
〜漁業(ぎょぎょう) 북양 어업.
〜艦隊(かんたい) 북양 함대. 청말의 신식 해군, 이홍장(李鴻章)에 의해 만들어져 위세를 자랑했으나 청일 전쟁에서 참패.
北奥(ほくおう) 〖地〗 奥羽(おうう) 지방의 북부《青森(あおもり)・秋田(あきた)・岩手(いわて)의 세 현》.
北越(ほくえつ) 〖地〗 옛 지방의 이름. '越後(えちご)(=지금의 新潟(にいがた) 현)'와 '越中(えっちゅう)(=지금의 富山(とやま)' 현)'. 특히, 越後.
北緯(ほくい) 〖地〗 북위.
北狄(ほくてき) 북적. 북쪽 오랑캐.
北転船(ほくてんせん) 북전선《북양 어장이 제한되어 동태평양으로 옮기어 온 어선》.
北朝(ほくちょう) 북조. ①중국에서는, 북방의 북위(北魏) 이후, 수(隋)의 통일(589년)까지의 150년간. ② 일본 남북조(南北朝) 시대에 足利氏(あしかがうじ)가 京都(きょうと)에 세운 조정.
北宗画(ほくしゅうが) ☞北画(ほくが). *북そう로도 읽음.
北支(ほくし) 〖地〗 북지. 화북(華北).
北進(ほくしん) 북진.
北天(ほくてん) 북쪽의 하늘. 북국의 하늘.
北限(ほくげん) 〖生〗 《생물 분포 등의》 북쪽 한계.
北海(ほっかい) 북해.
北海道(ほっかいどう) 〖地〗 本州(ほんしゅう) 북부에 있는 큰 섬.
北画(ほくが) 북화. 동양화의 한 유파(流派).

訓読
北(きた) 북. ①북쪽. ②북풍.
北する(きたする) 북(쪽)으로 가다.
北気(きたげ) 북풍.
北の対(きたのたい) 옛날, 寝殿造り(しんでんづくり)라는 귀족 주택 양식에서 몸채의 북쪽에 있는 건물.
北大西洋海流(きたたいせいようかいりゅう) 북대서양 해류.
北半球(きたはんきゅう) 북반구.
北の方(きたのかた) 〈雅〉 신분이 높은 사람의 정실 아내에 대한 높임말.
北浜(きたはま) 〖地〗 大阪(おおさか)의 동네 이름《금융 시장으로 알려짐》.
北山(きたやま) 북쪽 산. ②〈俗〉 배가 고파 옴. ③〈俗〉 음식물이 상함. ④〈俗〉 상대방이 정답게 접근해 옴.
‖**〜時雨**(しぐれ) 京都(きょうと)에서 북쪽으로부터 내리는 오락가락하는 비. 「향.
北受け(きたうけ) 북쪽을 향하고 있음. 북
北十字星(きたじゅうじせい) 북십자성.
北樣(きたざま) 북쪽(방면). 북방.
北陰(きたかげ) 북쪽의 그늘진 곳〔부분〕.
北赤道海流(きたせきどうかいりゅう) 북적도 해류. 적도 북쪽을 동서로 흐르는 해류.
北の政所(きたのまんどころ) 摂政(せっしょう)・関白(かんぱく)의 아내에 대한 높임말.
北祭(きたまつり) 京都(きょうと)에 있는 賀茂(かも) 신사(神社)의 제사《5월 15일》.
北朝鮮(きたちょうせん) 〖地〗 북조선. 일본에서 북한을 일컫는 말.
北窓(きたまど) 북창.
北枕(きたまくら) 머리를 북쪽으로 두고 잠.
北太平洋高気圧(きたたいへいようこうきあつ) 북태평양 고기압. 「う로도 읽음.
北風(きたかぜ) 북풍. 북새(바람). *ほくふ
北颪(きたおろし) ⇨北下ろし(きたおろし).
北下ろし(きたおろし) 북쪽 산에서 내리부는 찬바람.
北蝦夷(きたえぞ) 〖地〗 사할린의 옛 이름.
北向き(きたむき) 북향.
北回帰線(きたかいきせん) 〖地〗 북회귀선.

其他
北京(ペキン) 〖地〗 북경. 베이징.

분

| 4 刀 教 | 分 | 나눌 분·신분 분
ブン・フン・ブ
わける・わかれる・わかる・わかつ |

音読
分 ㊀(ぶん) ①분. 분수. ②본분. 직분. ③모양. 상태. ④부분. 몫.
㊁(ふん) 분. ①시간의 단위 ②각도의 단위. ③척관법에서 무게의 단위.
㊂(ぶ) ①무엇을 몇 등분한 것의 하나. 푼. 분. ②두께의 정도. ③우열의 비율〔형세〕.
分ず(ぶんず) 둘로 갈리다.
分家(ぶんけ) 분가.
分刻み(ふんきざみ) 1분씩 시간을 셈.
分見(ぶんけん) 가로 따위의 거리・고저 등을 측량함. 또, 그 결과를 표시한 도면.
分遣(ぶんけん) 분견. 「계.
分界(ぶんかい) 분계. ♣〜**線**(せん) 분계
分骨(ぶんこつ) 분골. 유골을 두 곳 이상 나누어 납골함. 또, 그 뼈.
分科(ぶんか) 분과.
‖**〜会**(かい) 분과(위원)회.
分課(ぶんか) 분과. ①일을 분담하기 위해 여러 과로 나눔. ②나누어 부과함.
分館(ぶんかん) 분관.
分光(ぶんこう) 분광. ♣〜**計**(けい) 〖理〗 분광계 /〜**器**(き) 분광기 /〜**学**(がく) 〖理〗 분광학.
‖**〜光度計**(こうどけい) 〖理〗 분광 광도계
〜**分析**(ぶんせき) 〖理〗 분광 분석.
〜**視差法**(しさほう) 〖理〗 분광 시차법.
〜**連星**(れんせい) 〖天〗 분광 쌍성.
〜**化学**(かがく) 분광 화학.
分校(ぶんこう) 분교.
分教場(ぶんきょうじょう) 분교장.

分局(ぶんきょく) 분국.
分権(ぶんけん) 분권.
分極(ぶんきょく) 분극. ♣~**化**(か) 분극화.
‖~**電荷**(でんか) 분극 전하.
分根(ぶんこん) 분근. 뿌리를 갈라 이식함.
分級(ぶんきゅう)〖地〗분급.
分給(ぶんきゅう) 분급.
分岐(ぶんき) 분기. ♣~**点**(てん) 분기점.
分祠(ぶんし) 제신(祭神)의 영을 갈라 다른 신사에 모심. 또, 그 영.
分団(ぶんだん) 분단.
分段(ぶんだん) ①구분. 단락. ②〖佛〗분단신(分段身)의 준말. 범부(凡夫)의 몸.
分断(ぶんだん) 분단.
‖~**国家**(こっか) 분단 국가.
分担(ぶんたん) 분담.
分隊(ぶんたい) 분대.
分度器(ぶんどき) 분도기. 각도기.
分銅(ぶんどう) 분동. 추.
分量(ぶんりょう) 분량.
分力(ぶんりょく)〖理〗분력.
分領(ぶんりょう) 나누어 영유함. 또, 그 영지.
分霊(ぶんれい) 제신(祭神)의 영을 갈라 다른 신사에 모심. 또, 그 영.
分路(ぶんろ)〖理〗분로. 션트(shunt).
分流(ぶんりゅう) 분류.
‖~**器**(き)〖理〗분류기. 션트(shunt).
分留(ぶんりゅう)〖化〗분류. 분별 증류. ♣~**塔**(とう)〖化〗분류탑.
分溜(ぶんりゅう) ⇨ 分留(ぶんりゅう).
分類(ぶんるい) 분류. ♣~**表**(ひょう) 분류표 / ~**学**(がく) 분류학.
‖~**目録**(もくろく) (도서의) 분류 목록.
分利(ぶんり)〖醫〗분리. 열이 갑자기 내림.
分厘(ぶんりん) 분리. 극히 적음.
分離(ぶんり) 분리. ♣~**器**(き) 분리기.
‖~**帯**(たい) (차도의) 분리대.
~**島**(とう)〖地〗분리도. 대륙도.
~**派**(は)〖美〗분리파. 시세션(secession).
分立(ぶんりつ) 분립.
分娩(ぶんべん) 분만.
‖~**損傷**(そんしょう)〖醫〗분만 손상.
分売(ぶんばい) 분매. 갈라 팖.
分脈(ぶんみゃく) 분맥. 주맥에서 갈라진 산맥·광맥 등.
分明(ぶんめい) 분명.
分袂(ぶんべい) 분몌. 결별.
分母(ぶんぼ)〖數〗분모.
分蜜糖(ぶんみつとう) 분밀당. 당밀 성분을 분리해서 만든 설탕.
分配(ぶんぱい) 분배.
‖~**国民所得**(こくみんしょとく) 분배 국민 소득.
~**法則**(ほうそく)〖數〗분배 법칙.
分弁(ぶんべん) 분별(分別).
分別 ㊀(ふんべつ) 분별. 시비 곡직을 판단하는 일. 또, 그 능력.
‖~**盛り**(さかり) 사리를 분별할 수 있는 연령(의 사람).
~**所**(どころ) ①깊이 궁리할 대목. ②화장실.
~**顔**(がお) 자못 (사려) 분별이 있는 듯한 표정.
~**臭い**(くさい) 사려 분별이 있는 것 같다.
㊁(ぶんべつ) 분별. 종류에 따라 나눔.
‖~**結晶**(けっしょう) 분별 결정.
~**書き方**(かきかた) 띄어쓰기.
~**収集**(しゅうしゅう) 분리 수거.
~**蒸留**(じょうりゅう)〖化〗분별 증류.
~**沈殿**(ちんでん)〖化〗분별 침전.
㊂(わいだめ) 구별. 구분.
分服(ぶんぷく) 분복. 약을 나누어 먹음.
分封(ぶんぽう) ①분봉. 봉토(封土)를 나누어 줌. ②분봉(分蜂).
分不相応(ぶんふそうおう) 능력·주제에 어울리지 않음.
分泌(ぶんぴつ)〖生〗분비. ＊ぶんぴろ도 읽음. ♣~**物**(ぶつ) 분비물 / ~**腺**(せん) 분비선 / ~**液**(えき) 분비액.
分社(ぶんしゃ) 분사. ①본사에서 신령을 나누어 모신 신사. ②한 회사에서 사업을 나누어 별도 회사를 설립함. 또, 그 회사.
分詞(ぶんし)〖文法〗분사.
分散(ぶんさん) 분산. ♣~**系**(けい)〖化〗분산계 / ~**剤**(ざい)〖化〗분산제.
‖~**処理システム**(しょりシステム) 분산 처리 시스템.
~**投資**(とうし) 분산 투자.
~**和音**(わおん)〖樂〗분산 화음. 펼침 화음. 아르페지오.
分相応(ぶんそうおう) 능력이나 분수에 알맞음.
分生子(ぶんせいし)〖生〗분생자.
分署(ぶんしょ) 분서.
分析(ぶんせき) 분석.
‖~**心理学**(しんりがく) 분석 심리학.
~**的**(てき) 분석적. ♣~**定義**(てぎ)〖論〗분석적 정의.
~**哲学**(てつがく) 분석 철학.
~**判断**(はんだん)〖哲〗분석 판단.
~**化学**(かがく) 분석 화학.
分所(ぶんしょ) 분소.
分疏(ぶんそ) ①조목별로 진술함. ②변명.
分速(ふんそく) 분속.
分属(ぶんぞく) 분속. 여럿으로 갈라 소속을 달리함.
分損(ぶんそん) 손해 보험에서, 보험에 계약된 재산의 일부 손해.
分送(ぶんそう) 분송. 나누어 보냄.
分水(ぶんすい) 분수. 수로(水路)를 만들어 하천에서 물을 가름. 또, 갈라져 흐름. ♣~**界**(かい)〖地〗분수계 / ~**嶺**(れい)〖地〗분수령 / ~**路**(ろ) 분수로.
‖~**工**(こう) 수로(水路)의 유수(流水)를 필요한 곳에서 분류(分流)시키는 시설.
分数(ぶんすう)〖數〗분수. ♣~**式**(しき)〖數〗분수식.
分収造林(ぶんしゅうぞうりん) 조림자(造林者)와 토지 소유자가 다를 때, 양자가 조림에 의한 수익을 나누기로 하는 일.

分宿(ぶんしゅく) 분숙. 일행이 갈라져서 투숙하는 일.
分乗(ぶんじょう) 분승.
分時(ふんじ) 일분의 시간. 짧은 시간.
分身(ぶんしん) 분신.
分室(ぶんしつ) 분실.
分圧(ぶんあつ) 【理】 분압. 부분 압력.
分液漏斗(ぶんえきろうと) 【化】 분액 깔때기.
分野(ぶんや) 분야.
分譲(ぶんじょう) 분양. ♣~**地**(ち) 분양지. ∥~**住宅**(じゅうたく) 분양 주택.
分蘖(ぶんけつ) 【植】 분얼. 벼·보리 등의 가지가 밑동에서 갈라지는 일.
分業(ぶんぎょう) 분업.
分与(ぶんよ) 분여. 나누어 줌.
分煙(ぶんえん) 분연. 공공 장소나 사무실에서 끽연자와 금연자의 좌석을 가르거나 끽연 시간을 정하거나 하는 일.
分列(ぶんれつ) 분열. ♣~**式**(しき) 분열식.
分裂(ぶんれつ) 분열. ♣~**病**(びょう) 정신 분열병.
∥~**気質**(きしつ) 【心】 분열(성) 기질.
~**植物**(しょくぶつ) 【植】 분열 식물.
~**装置**(そうち) 【生】 분열 장치.
~**組織**(そしき) 【生】 분열 조직.
分営(ぶんえい) 분영. 본영(本營)에서 갈라진 군영(軍營).
分外(ぶんがい) 분외. 과분.
分院(ぶんいん) 분원.
分有(ぶんゆう) 분유.
分陰(ぶんいん) 짧은 시간. 촌음.
分益小作(ぶんえきこさく) 소작 제도의 한 형태.
分引き(ぶびき) 할인.
分任(ぶんにん) 분임. 분담.
分子(ぶんし) 분자. ♣~**量**(りょう) 【化】 분자량 / ~**線**(せん) 【化】 분자선 / ~**説**(せつ) 【化】 분자설 / ~**式**(しき) 【化】 분자식 / ~**雲**(うん) 【天】 분자운.
∥~**間力**(かんりょく) 【理】 분자간 힘.
~**降下**(こうか) 【化】 분자 강하. 몰(mol) 응고점 강하.
~**軌道**(きどう) 【理·化】 분자 궤도.
~**命題**(めいだい) 【論】 기호 논리학 용어.
~**模型**(もけい) 분자 모형.
~**配向**(はいこう) 【理·化】 분자 배향.
~**病**(びょう) 【醫】 분자병. 유전병(遺傳病).
~**上昇**(じょうしょう) 【化】 분자 상승. 몰 상승.
~**生物学**(せいぶつがく) 【生】 분자 생물학.
~**時計**(どけい) 분자 시계.
~**熱**(ねつ) 【理】 분자열. 몰비열(mol比熱).
~**容**(よう) 【理】 분자용. 분자 부피.
~**運動**(うんどう) 【理】 분자 운동.
~**遺伝学**(いでんがく) 【生】 분자 유전학.
~**進化**(しんか) 【生】 분자 진화.
~**化合物**(かこうぶつ) 【化】 분자 화합물.
分字(ぶんじ) 파자(破字).
分場(ぶんじょう) 분장. 본부에서 갈라진 작업장·시험장.
分掌(ぶんしょう) 분장.
分蔵(ぶんぞう) 분장. 여러 곳에 갈라 소장함.
分載(ぶんさい) 분재. 나누어 실음.
分籍(ぶんせき) 분적. 호적을 갈라 새 호적을 만듦.
分電盤(ぶんでんばん) 분전반.
分切れ(ぶきれ) 치수 따위가 표시된 수치보다 모자람.
分節(ぶんせつ) 분절. ① 전체를 여럿으로 나눔. ② 【心】 게슈탈트 심리학 용어. 전체적 관련에서만 문제가 될 수 있는 전체 속의 구성 부분.
分店(ぶんてん) 분점.
分点(ぶんてん) 【天】 분점.
分際(ぶんざい) 분수. 신분.
分地(ぶんち) 분지. 땅을 가름. 또, 그 땅.
分枝(ぶんし) 분지. 줄기에서 나온 가지가 갈라짐.
分持ち(ぶもち) 일·비용을 분담함.
分冊(ぶんさつ) 분책.
分秒(ふんびょう) 분초. 매우 짧은 시간.
~**を争**(あらそ)**う** 분초를 다투다. 긴급을 요하다.
分村(ぶんそん) 분촌. 갈려 나가 새로 만든 마을.
分出(ぶんしゅつ) 분출. 갈라져 나옴.
分置(ぶんち) 분치. 나누어 배치함.
分針(ふんしん) 분침.
分派(ぶんぱ) 분파.
∥~**活動**(かつどう) 분파 활동.
分包(ぶんぽう) 분포. 약을 한 봉지씩 나누어 쌈.
分布(ぶんぷ) 분포.
分捕り(ぶんどり) 빼앗음. 노획.
分捕る(ぶんどる) 빼앗다. 노획하다.
分筆(ぶんぴつ) 분필. 한 필지의 땅을 여럿으로 분할함.
分限 ㊀(ぶんげん) ① 분한. 분수. ② 재력. 재산. 부자. ③ (공무원의 신분에 관한) 법률상의 지위·자격.
∥~**裁判**(さいばん) 법관의 면직·징계에 관한 재판.
㊁(ぶげん) ① 분한. 신분. 분수. ② 재력.
∥~**者**(しゃ) 재력가. 부자.
分割(ぶんかつ) 분할.
~**払**(ばら)**い** 분할불. 할부.
~**相続**(そうぞく) 분할 상속.
~**統治**(とうち) 분할 통치.
分轄(ぶんかつ) 분할. 분할과 병합.
分合(ぶんごう) 분합. 분할과 병합.
分解(ぶんかい) 분해. ♣~**能**(のう) 【理】 분해능 / ~**者**(しゃ) 【生】 분해자.
∥~**蒸留**(じょうりゅう) 분해 증류.
分県(ぶんけん) 일본 전국을 도(都)·도(道)·부(府)·현(縣)으로 나눈 것.
∥~**地図**(ちず) 도·도·부·현으로 나눈 지도.
分毫(ぶんごう) 썩 적은 수나 양.
分化(ぶんか) 분화.
分会(ぶんかい) 분회.
分画(ぶんかく) 분획.
分劃(ぶんかく) ⇨ 分画(ぶんかく).

分曉(ぶんぎょう) ① 날이 밝아 오려고 함. ② 분명히 깨달음.
分厚(ぶあつ) 두꺼운 모양.
分厚い(ぶあつい) 두껍다.

訓読
分かず(わかず) 가리지 않고. 구별없이.
分かぬ(わかぬ) 〈雅〉 분간할 수 없는. 알 수 없는.
分からず屋(わからずや) 도리를 분별하지 못하는 사람. 고집불통인 사람. 벽창호.
❖分かつ(わかつ) ① 나누다. 구분하다. ② 분배하다. ③ 사이를 가르다.
分かち(わかち) 〈老〉 구분. 구별. 차별.
分かち難い(わかちがたい) 나누기가 어렵다. 끊으려 해도 끊을 수 없다.
分かち書き(わかちがき) ① 띄어쓰기. ② 할주(割註)를 다는 일. 또, 그 할주.
分かち持つ(わかちもつ) ☞分かち合う(わかちあう)「다.
分かち合う(わかちあう) 서로 나누어 가지
❖分かる(わかる) ① 알다. 이해하다. ② 판명되다. ③〈文〉 ☞分かれる(わかれる).
分かり(わかり) 이해. 납득. 깨달음.
分かり難い(わかりにくい) 이해하기 곤란하다.
分かり良い(わかりよい) 이해하기 쉽다.
分かり易い(わかりやすい) 알기 쉽다. 평이(平易)하다.
分かり切った(わかりきった) 충분히 알고 있는. 당연한. 빤한. 「하다.
分かり切る(わかりきる) 충분히 알다. 분명
❖分かれる(わかれる) ① 갈라지다. 나누이다. ② 구별되다.
分かれ(わかれ) ① 갈려져 나온 것. 분파(分派). ② 길이 갈라짐. 또, 그 지점.
分かれ道(わかれみち) ① 갈림길. 샛길.
分かれ路(わかれじ) 〈雅〉 ☞分かれ道(わかれみち).
分かれ目(わかれめ) ① 갈리는 곳〔때〕. 갈림길. 경계(선). ② 분기점(分岐點).
❖分ける(わける) ① 나누다. 구분하다. 분배하다. ② 말리다. 중재하다.
分け(わけ) ① 가름. 나눔. ② 분배. 나눈 몫. 배당량. ③ 비김. 무승부.
分け隔て(わけへだて) 구별함. 차별을 둠. 차별 대우.
分け口(わけぐち) ☞分け前(わけまえ).
分け売り(わけうり) 나누어 팖.
分け皿(わけざら) 음식을 각자의 몫으로 노느기 위한 접시.
分け目(わけめ) ① 갈라지는 경계. ②(승부・성패의) 판가름. 갈림길. 분기점.
分け与える(わけあたえる) 나누어 주다.
分け入る(わけいる) 헤치고 들어가다.
分け前(わけまえ) (자기가 받을) 할당. 배당. 몫.
分け持つ(わけもつ) ① 나누어 갖다. ② 분담하다.

分葱(わけぎ) 『植』 당파. 실파.
分け取り(わけどり) 각자 나누어 가짐.
分け合う(わけあう) 나누어 가지다. 분담(分擔)하다.

| 7土 | 坌 | 모일 분
フン・ホン・ボン
ちり |

音読
坌涌(ふんよう) ⇨ 坌湧(ふんよう).
坌湧(ふんよう) 힘차게 솟아남.

| 7扌 | 扮 | 꾸밀 분
フン
よそおう |

音読
扮する(ふんする) 분하다. 분장하다.
扮飾(ふんしょく) 분식.
∥~決算(けっさん)『經』분식 결산.
扮装(ふんそう) 분장.

| 8大
常 | 奔(奔) | 달아날 분・패주할 분
ホン
はしる |

音読
奔湍(ほんたん) 여울. 급류(急流).
奔騰(ほんとう) 분등. ①(물살 등이) 세차게 솟구침. ②(물가・시세가) 폭등함.
奔雷(ほんらい) ① 요란하게 울리는 천둥 소리. ② 급류의 요란한 물소리.
奔流(ほんりゅう) 분류. 격류.
奔馬(ほんば) 분마. ① 거칠게 날뛰는 말. ② 기세가 세찬 것의 비유.
奔命(ほんめい) 분명. 바쁘게 뛰어다님〔일함〕.
奔放(ほんぽう) 분방.
奔奔(ほんぽん) 남녀 관계가 문란한 모양.
奔逸(ほんいつ) 분일. ① 뛰어 도망 가는 일. 또, 아주 빠르게 달리는 일. ② 제멋대로 행동하는 일.
奔走(ほんそう) 분주하게 뛰어다님. 또, 여러 가지로 애씀.
∥~子(ご) 더없이 사랑하는 자식. *ほんごろとも 읽음.「듦.
奔注(ほんちゅう) 분주. 물이 세차게 흘러
奔踶(ほんてい) 분치. 힘차게 달림.
奔竄(ほんざん) 분찬. 급히 달아나 숨음.
奔出(ほんしゅつ) 분출(噴出). 힘차게 솟아 나옴.「님.
奔馳(ほんち) 분치. 분주히 여기저기 뛰어다
奔波(ほんぱ) ① 세차게 밀려오는 파도. 또, 세차게 흐르는 물줄기. ② 여러 사람이 밀치락달치락 하면서 싸우는 일.

訓読
奔る(はしる) ① 달아나다. 도망치다. ② (길・산맥 따위가) 뻗다. 통하다.

8 心	忿	분할 분·성낼 분 フン いかる

音読
忿怒(ふんぬ) 분노. 분해 성냄. *ふんどろも
忿懣(ふんまん) 분만.   └읽음.
忿兵(ふんぺい) 분병. 격분한 군사.
忿恚(ふんい) 분에. 노.
忿然(ふんぜん) 분연.   「망.
忿怨(ふんえん) 분원. 분하여 일어나는 원
忿恨(ふんこん) 분한. 매우 분한 원한.

8 木	枌	흰느릅나무 분 フン そぎ

音読
枌楡(ふんゆ) 〖植〗 분유. 느릅나무.
訓読
枌ぎ板(そぎいた) 얇게 켠 작은 판자. 지붕을 이는 널로 쓰임.

8 艹	芬	향내날 분 フン かおる

音読
芬(ふん) 향내가 나는 모양.
芬芳(ふんぽう) 분방. 향내.
芬芬(ふんぷん) 분분. 향기로운 모양.

9 皿 常	盆	동이 분 ボン

音読
盆(ぼん) ①쟁반. ②우란분재《음력 7월 보름날 조상의 영혼에 제사지내는 불교 행사》.
盆景(ぼんけい) 분경. ①쟁반이나 꽃분에 산수의 풍경을 만들어 담은 장식물. ☞盆石(ぼんせき). ③소규모의 풍경(風景).
盆供養(ぼんくよう) 우란분재(盂蘭盆齋) 때 하는 공양(供養).
盆灯籠(ぼんどうろう) 〖佛〗 우란분재(盂蘭盆齋) 때, 공양을 위하여 켜는 등롱.
盆礼(ぼんれい) 우란분재(盂蘭盆齋) 때에 선물을 주고받는 일.
盆明け(ぼんあけ) 우란분재가 끝난 뒤.
盆暮れ(ぼんくれ) 우란분재와 연말.
盆棚(ぼんだな) 우란분재(盂蘭盆齋) 때, 위패·제물을 얹는 선반.
盆山(ぼんざん) ①정원 등에 만든 인공의 산. ②쟁반 같은 것에 자연석·모래 등으로 산을 만들어 그 풍취를 즐기는 일.
盆石(ぼんせき) 쟁반 같은 것에 돌로 자연 풍경을 모방해 놓은 장식물. 또, 그런 돌.

盆送り(ぼんおくり) 우란분재를 끝낸 뒤 혼백을 되돌려 보내고, 제물(祭物)을 강·바다에 흘려보내는 행사.
盆市(ぼんいち) 우란분재(盂蘭盆齋)에 쓰는 물건을 파는 시장.
盆暗(ぼんくら) 머리가 둔하고 멍청함. 또, 그런 사람. 얼간이. 멍청이.
盆の窪(ぼんのくぼ) 목덜미의 움푹한 곳.
盆踊り(ぼんおどり) 음력 7월 15일 밤에 남녀들이 모여서 추는 윤무(輪舞).
盆雨(ぼんう) 장대비. 억수같은 비.
盆の月(ぼんのつき) 우란분재 날인 음력 7월 15일 밤의 만월.   「초·나무.
盆栽(ぼんさい) 분재. 화분에 심은 관상용 화
盆提灯(ぼんぢょうちん) 우란분재(盂蘭盆齋) 때에 고인을 위한 공양 때 다는 등.
盆舟(ぼんぶね) 우란분재 때 제물이나 등롱을 실어서 강이나 바다에 띄워 보내는 데 쓰는 짚으로 만든 배.
盆地(ぼんち) 〖地〗 분지.
盆池(ぼんち) 정원 등에 만든 작은 연못.
盆初め(ぼんはじめ) 7월 7일. 우란분재 행사의 첫날.
盆花(ぼんばな) 우란분재 때 제물(祭物)선반을 장식하는 꽃.
盆画(ぼんが) 흑칠(黑漆)을 칠한 쟁반 따위에 채색한 모래나 작은 자갈들을 붙여[박아] 만든 풍경화.
盆絵(ぼんえ) ☞盆画(ぼんが).
盆休み(ぼんやすみ) 우란분재 휴가.

10 田	畚	삼태기 분 ホン ふご・もっこ

訓読
畚 ㊀(もっこ) 삼태기.
㊁(ふご) 대·짚 등으로 엮어서 만든 그릇.
畚褌(もっこふんどし) 형겊의 앞뒤로 끈을 꿰어 옆에서 매게 된 샅가리개.

10 米 教	粉	가루 분·분 분 フン こ・こな・デシメートル

音読
粉骨砕身(ふんこつさいしん) 분골쇄신.
粉黛(ふんたい) ①분과 눈썹먹. 화장. ②미인.
粉瘤(ふんりゅう) 〖醫〗 분류.   └②미인.
粉末(ふんまつ) 분말.
粉面(ふんめん) 분면. 분을 하얗게 바른 얼
粉墨(ふんぼく) 분묵.   └굴.
粉本(ふんぽん) ①분본. 동양화에서 밑그림. ②훗날 연구를 위해 모사한 그림.
粉状(ふんじょう) 분상. 가루 모양.
粉砕(ふんさい) 분쇄.
粉蒔(ふんまき) 蒔絵(まきえ)에서, 칠이 마르기 전에 금·은박을 뿌리고 말리는 일.

粉食(ふんしょく) 분식. 가루로 만든 음식.
粉飾(ふんしょく) 분식. 겉치레.
∥～決算(けっさん) 분식 결산.
～預金(よきん) 분식 예금.
粉乳(ふんにゅう) 분유.
粉雑(ふんざつ) 분잡. 뒤엉켜 어수선함.
粉剤(ふんざい) 분제. 가루 약제.
粉靂(ふんせい) 분쇄함.
粉塵(ふんじん) 분진.
∥～爆発(ばくはつ) 분진 폭발.
粉体(ふんたい) 분체. 고체가 미세한 알갱이의 집합으로 되어 있는 상태.
粉炭 ㊀(ふんたん) 분탄.
㊁(こなずみ) 목탄 가루. 가루숯. ＊こずみ로도 읽음.
粉筒(こなづつ) 蒔絵(まきえ)의 금·은가루를 뿌리는 데 사용하는 가느다란 통.

訓読

粉(こな) 가루. 분말. ＊こ로도 읽음.
粉ミルク(こなミルク) 분유(粉乳).
粉糠(こぬか)〈関西方〉쌀겨. 고운 겨.
粉挽き(こなひき) 곡식을 가루로 빻음. 제분. 또, 그것을 업으로 하는 사람.
粉米(こごめ) 싸라기.
粉微塵(こなみじん) 산산이 부서짐〔깨짐, 박살남〕. ＊こみじん으로도 읽음.
粉白粉(こなおしろい) 가루분.
粉粉(こなごな) 산산이 부서진 모양. 산산조각.
粉糞(こくそ) 옻칠에 섬유와 나무의 부스러기를 섞어 갠 것《옻칠 바탕의 틈새를 메움》.
粉砂糖(こなざとう) 가루사탕. 가루설탕.
粉石鹸(こなせっけん) 가루 비누.
粉雪(こなゆき) 분설. 가루눈. ＊こゆき로도 읽음.
粉薬(こなぐすり) 분말약. 가루약. ＊こぐすり로도 읽음.
粉屋(こなや) ① (밀가루 등) 가루를 파는 가게. 또, 그 사람. ② 방앗간(을 하는 사람).
粉茶(こなちゃ) 가루차. 분말차. ＊こちゃ로도 읽음.
粉灰(こはい) ① 산산이 부서짐. ② 호되게 나무람.

| 10
糸
常 | 紛 | 어지러울 분·번잡할 분
フン
まぎれる·まぎらす·
まぎらわす·まぎらわしい·
まがう·まぐれる·みだれる |

音読

紛(ふん) 혼란한 모양.
紛更(ふんこう) 분경. 무턱대고 개변함.
紛糾(ふんきゅう) 분규.
紛乱(ふんらん) 분란.
紛紛(ふんぷん) 분분. 뒤섞여 어지러운 모양.
紛失(ふんしつ) 분실.
紛然(ふんぜん) 분연. 뒤엉켜 어지러운 모양.
紛擾(ふんじょう) 분요. 분쟁.
紛紜(ふんうん) 분운. 어지러운 모양.
紛議(ふんぎ) 분의. 분분한 의론.
紛争(ふんそう) 분쟁.
紛塵(ふんじん) 분진. 번거로운 속세간(俗世間)의 여러 일.
紛錯(ふんさく) 분착. 뒤섞여 혼란함.

訓読

紛える(まがえる) ① 착각하게 하다. 틀리다. ② 비슷하게 하다. 　　　　　「す).
紛らかす(まぎらかす) ☞紛らす(まぎら
紛らす(まぎらす) ① 얼버무리다. 감추다. ② (기분을 딴 데로 돌려) 달래다. 　「す).
紛らせる(まぎらせる) ☞紛らす(まぎら
紛らわしい(まぎらわしい) 비슷해서 혼동하기 쉽다. 헷갈리기 쉽다.
紛らわす(まぎらわす) 紛らす(まぎらす)의 힘줌말.
❖紛う(まがう) ① (모양이 비슷비슷하여) 착각〔혼동〕하다. 잘못 보다. ②〈雅〉뒤섞여 혼잡하다. ＊雅語로는 まごう라고도 함.
～方(かた)ない 틀림없다.
紛い(まがい) ①〈老〉모조(품). ②〈雅〉뒤섞여 구별하기 어려움. 　　　　　「가짜.
紛い物(まがいもの)〈老〉모조품. 유사품.
❖紛れる ㊀(まぎれる) ① (뒤섞여) 헷갈리다. (비슷해서) 분간 못 하다. 혼동되다. ② (다른 것에 몰두하여) 잠시 시름을 잊다.
㊁(まぐれる) 길을 잃다. 방황하다.
紛れ ㊀(まぎれ) ① 헷갈림.《接尾語로》…한 나머지. …한 김. …을 틈탐.
㊁(まぐれ) ① 헷갈림. 혼동됨. ② 우연. 요행(僥倖).
紛れ当たり(まぐれあたり) 우연히 (들어) 맞음. 요행수.
紛れ物(まぎれもの) 헷갈리는 물건. 또, 사람을 속이는 것. 가짜.
紛れ所(まぎれどころ) 선뜻 분간하기 힘든 곳〔부분〕.
紛れ込む(まぎれこむ) (혼잡을 틈타) 잠입하다. (잘못) 섞여 들다. 　　「운.
紛れ幸い(まぐれざいわい) 요행. 우연한 행

| 12
火 | 焚 | 불사를 분·탈 분
フン
たく |

音読

焚殺(ふんさつ) 분살. 태워 죽임.
焚書(ふんしょ) 분서.
∥～坑儒(こうじゅ) 분서 갱유.
焚焼(ふんしょう) 분소. 불태움.
焚刑(ふんけい) 분형. 화형.

訓読

❖焚く(たく) ① 불을 때다〔피우다〕. ② (향을) 피우다. 　　　　　　　　　「또는 숯.
焚き殻(たきがら) 태우고 난 뒤에 남는 재
焚き口(たきぐち) 아궁이.
焚き落とし(たきおとし) 장작이 다 탄 뒤에 남은 불. 깜부기불.
焚き物(たきもの) 땔감. 장작. 연료.

焚き付け(たきつけ) 불쏘시개.
焚き付ける(たきつける) ①불을 붙이다〔지피다〕. ②부추기다. 꼬드기다.
焚き染める(たきしめる) (향을 살라) 옷에 향기가 배어들게 하다.
焚き出し(たきだし) (화재 따위 비상시에 사람들에게) 밥을 지어 도름.
焚き火(たきび) ①모닥불. 화톳불. ②횃불.

| 12 牛 常 | 犇 | 달아날 분·소놀랄 분
ホン
ひしめく |

訓読

犇と(ひしと) ①꽉. 꼭. 딱. ②강렬하게. 절실히. 뼈저리게.
犇犇(ひしひし) ①자꾸자꾸 다가오는 모양. 바싹바싹. ②강하게 느끼는 모양. 오싹오싹. 절실히.
❖**犇めく**(ひしめく) (많은 사람이 모여) 밀치락달치락 웅성대다. 북적거리다.
犇めき(ひしめき) (많은 사람이 모여) 밀치락달치락 시끌법석함.

| 12 雨 常 | 雰 | 안개 분
フン
きり |

音読

雰囲気(ふんいき) 분위기.

| 15 口 常 | 噴 (噴) | 뿜을 분
フン
ふく |

音読

噴気(ふんき) 분기. 가스·증기를 분출함. 또, 그 가스·증기. ♣~孔(こう) 분기공.
噴騰(ふんとう) 분등. (기체·액체가) 뿜어 나옴.
噴流(ふんりゅう) 분류. 내뿜듯 세차게 흐름.
噴霧器(ふんむき) 분무기.
噴門(ふんもん)〖生〗분문.
噴飯(ふんぱん) 분반. 웃음을 참을 수 없음. ‖~物(もの) 실소(失笑)를 금할 수 없는 일.
噴砂(ふんさ) 분사. 특히 지진 때 모래가 지하수와 함께 분출하는 현상.
噴射(ふんしゃ) 분사. ‖~機関(きかん) 분사 기관.
~推進(すいしん) 분사 추진.
噴石(ふんせき)〖地〗분석.
噴水(ふんすい) 분수.
噴煙(ふんえん) 분연. 내뿜는 연기.
噴油(ふんゆ) 분유. ①유정에서 석유가 분출함. ②내연 기관 등에서, 노즐이 연소실에 연료를 뿜어냄. ♣~井(せい) 분유정.
噴泉(ふんせん) 분천. 솟아 나는 샘.
噴出(ふんしゅつ) 분출. ♣~岩(がん)〖地〗

분출암. 화산암.
噴火(ふんか) 분화. ♣~口(こう) 분화구 / ~山(ざん) 분화산.

訓読

❖**噴く**(ふく) ①뿜어 나오다. ②내뿜다.
噴き上がる(ふきあがる) 기체나 액체가 공중으로 뿜다.
噴き上げ(ふきあげ)〈雅〉분수(噴水).
噴き上げる(ふきあげる) (물 등을) 위쪽으로 뿜어 올리다.
噴き井戸(ふきいど) 물을 뿜어 내는 우물.
噴き出す(ふきだす) ①(물·온천·석유 등이) 내뿜다. ②웃음을 터뜨리다. ③불·용암 등을 내뿜다.
噴き出る(ふきでる) 뿜어 나오다.

| 15 土 常 | 墳 (墳) | 봉분 분·무덤 분
フン
はか |

音読

墳丘(ふんきゅう) 봉분.
墳墓(ふんぼ) 분묘.
~の地(ち) ①선조의 묘가 있는 땅. 고향. ②자기 일생을 마치기로 작정한 땅.
墳塋(ふんえい) 분영. 무덤.

| 15 心 常 | 憤 (憤) | 결낼 분
フン
いきどおる |

音読

憤慨(ふんがい) 분개.
憤激(ふんげき) 분격.
憤怒(ふんぬ) 분노. *ふんどろも 읽음.
憤懣(ふんまん) 분만.
憤悶(ふんもん) 분해서 몸부림침.
憤兵(ふんぺい) 분병. 격분한 군사.
憤死(ふんし) 분사.
憤然(ふんぜん) 분연.
憤勇(ふんゆう) 크게 노하여 분발함.
憤怨(ふんえん) 분원. 화를 내며 원망함.
憤嫉(ふんしつ) 분개하여 질투함.
憤恨(ふんこん) 분한.

訓読

❖**憤る** ㊀(いきどおる) 성내다. 분노하다. ㊁(むずかる) (어린아이가) 보채다. 짱얼거리다.
憤り(いきどおり) 분노. 분개.

| 16 大 教 | 奮 | 떨칠 분·힘쓸 분
フン
ふるう |

音読

奮激(ふんげき) 분격. 마음을 떨쳐 일으킴.
奮撃(ふんげき) 분격.
奮起(ふんき) 분기. 분발.

‖〜一番(いちばん) 마음을 굳게 다지고 분
奮励(ふんれい) 분려.   └발함.
奮発(ふんぱつ) 분발.
奮迅(ふんじん) 분신. 분기.
奮躍(ふんやく) 용약함.
奮然(ふんぜん) 분연.
奮戦(ふんせん) 분전.
奮進(ふんしん) 분진.
奮闘(ふんとう) 분투.
奮興(ふんこう) 분기(奮起).

訓読
奮って(ふるって) ① 자진해서. 적극적으로. ② 기운을 내서.
❖奮う(ふるう) 분기하다. 힘이 솟다.
奮い起こす(ふるいおこす) 북돋우다. 분발하게 하다.   「たつ」
奮い起つ(ふるいたつ) ⇨ 奮い立つ(ふるい
奮い立つ(ふるいたつ) 분기하다. 분발하다.

| 17
米 | 糞 | 똥 분
フン
くそ |

音読
糞尿(ふんにょう) 분뇨.
糞瘻(ふんろう) 〖醫〗 분루.
糞便(ふんべん) 분변. 똥.
糞石(ふんせき) 〖醫〗 분석. 장석(腸石).
糞意(ふんい) 뒤보고 싶다는 느낌.
糞土(ふんど) 분토. 썩은 흙.
糞化石(ふんかせき) 〖鑛〗 분화석.
糞詰まり(ふんづまり) 〈俗〉 변비.

訓読
糞 ㊀(くそ) ① 똥. 대변. 전하여, 분비물이나 찌꺼기. ②〈俗〉 제기랄. 빌어먹을.
㊁(ぐそ) 분. 똥.
糞袋(くそぶくろ) ① 똥자루. 위·장의 딴이름. ② 인체. 인간.
糞度胸(くそどきょう) 똥배짱. 강심장.
糞落ち着き(くそおちつき) 〈불안해질 정도로〉 몹시 침착함.
糞力(くそぢから) 〈俗〉 몹시 센 힘. 뚝심.
糞溜め(くそだめ) 똥구덩이.
糞味噌(くそみそ) ① 좋은 것과 하찮은 것의 구별이 안 됨. 마구잡이임. ② 엉망으로 취급하는 모양.
糞船(くそぶね) 분뇨 운반선.
糞垂れ(くそたれ) ① 대변을 봄. 똥을 쌈. ②〈욕하는 말로〉 빌어먹을 놈.
糞蠅(くそばえ) 〈俗〉 금파리. 쉬파리.
糞食え(くそくらえ) 〈俗〉 뒈져라, 될 대로 돼라. 빌어먹을.
糞腸(くそわた) ☞糞袋(くそぶくろ).
糞真面目(くそまじめ) 융통성이 없이 고지식함. 더럽게 고지식함.
糞虫(くそむし) ①〖蟲〗 풍뎅이. ② 똥속의 벌레.
糞桶(くそおけ) 똥통.   └구더기.
糞壺(くそつぼ) 똥독. 똥통.

糞·鱝·不   629

| 24
魚 | 鱝 | 가오리 분
フン
えい |

訓読
鱝(えい) 〖魚〗 가오리.

불

| 4
一
教 | 不 | 아니 불·아닌가 부
フ·ブ
いなや·しからず·ず |

音読
不 ㊀(ふ) 《接頭語로》 부…. 불….
㊁(ぶ) 《接頭語로》 ㊀의 관용음.
不断(ふだん) ① 부단. ② 항상. 평소. ♣〜着(ぎ) 평상복 / 〜草(そう) 〖植〗 근대.
‖〜医者(いしゃ) 단골 의사. 주치의.
〜香(こう) 밤낮으로 향을 피움. 또, 그 향.
不達(ふたつ) 송부한 물건이 도착하지 않음.
不達者(ふたっしゃ) 능숙〔건강〕하지 못함.
*ぶたっしゃ로도 읽음.
不当(ふとう) 부당.   「행위.
‖〜労働行為(ろうどうこうい) 부당 노동
〜廉売(れんばい) 부당 염매. 덤핑. ♣〜関税(かんぜい) 부당 염매 관세. 덤핑 관세.
〜利得(りとく) 부당 이득.
〜人(じん) 무도한 자. 무법자·난폭자 등.
〜周延の誤謬(しゅうえんのごびゅう) 〖論〗 부당 주연의 오류〔허위〕.
〜処分(しょぶん) 부당 처분.   「시.
〜表示(ひょうじ) (상품 내용의) 부당 표
不当たり(ふあたり) (흥행물 따위의) 인기가 없음.
不代替物(ふだいたいぶつ) 〖法〗 부대체물.
不徳(ふとく) 부덕.
不徳義(ふとくぎ) 부덕의. 부도덕.
不図(ふと) ① 뜻밖에. 우연히. 문득. ② 갑자기. 잠시. ③〈古〉 간단히.
不図した(ふとした) 우연한. 사소한.
不図して(ふとして) 우연히. 문득.
不渡り(ふわたり) 부도.
‖〜手形(てがた) 부도 어음.
不道(ふどう) 부도. 도리에 어긋남. 무도.
不道徳(ふどうとく) 부도덕.
不倒翁(ふとうおう) 부도옹. 오뚝이.
不道外(ふどうけ) (때와 장소를 가리지 않는 언동. 못된 장난. *ふどうげ로도 읽음.
不導体(ふどうたい) 부도체.
不都合(ふつごう) ① 형편이 좋지 못함. ② 무례함. 괘씸함.
不道化(ふどうけ) ⇨ 不道外(ふどうけ).
不突合(ふとつごう) 불일치.   「시.
不同(ふどう) 부동. ♣〜視(し) 〖醫〗 부동

不凍(ふとう) 부동. ♣**~液**(えき) 부동액 / **~港**(こう) 부동항 / **~湖**(こ) 부동호.
不動(ふどう) ① 부동. ② 不動明王의 준말. ♣**~智**(ち)〖佛〗부동지.
‖**~明王**(みょうおう)〖佛〗부동 명왕.
~性萎縮(せいいしゅく)〖生〗(근(筋)섬유의) 부동성 위축.
~縄(なわ) 쌀섬을 세로로 묶는 굵은 새끼줄.
~尊(そん) ☞不動明王.
~態(たい) (금속의) 부동태.
不働費(ふどうひ)〖經〗부동비(不動費). 아이들 코스트(idle cost).
不動産(ふどうさん) 부동산.
‖**~鑑定士**(かんていし) 부동산 감정사.
~金融(きんゆう) 부동산 금융.
~登記(とうき) 부동산 등기.
~保険(ほけん) 부동산 보험.
~所得(しょとく) 부동산 소득.
~信託(しんたく) 부동산 신탁.
~取得税(しゅとくぜい) 부동산 취득세.
不同意(ふどうい) 부동의. 불찬성.
不得手(ふえて) ① 잘하지 못함. ② 즐기지 않음.
不得心(ふとくしん) ① 이해가 되지 않음. ② 도리를 모름.
不得要領(ふとくようりょう) 요령 부득.
不得意(ふとくい) 능숙하지 못함. 서투름.
不得策(ふとくさく) 좋은 계책이 못됨.
不等(ふとう) 부등. ♣**~式**(しき)〖數〗부등식 / **~葉**(よう)〖植〗부등엽 / **~号**(ごう)〖數〗부등호.
‖**~価交換**(かこうかん)〖經〗부등가 교환.
~筋類(きんるい)〖貝〗부동근류.
不登校(ふとうこう) 등교 거부.
不登花(ふとうか)〖植〗부동화.
不洒落(ぶしゃれ) 섣부른 익살〔농담〕.
不洒落る(ぶしゃれる) 섣부른 익살〔농담〕을 늘어놓다.
不実(ふじつ) ① 부실. 성실하지 못함. ② 무실(無實). 사실이 아님.
不自然(ふしぜん) 부자연.
不自由(ふじゆう) 부자유. ① 속박되어 있음. ② 기능이 불완전함. ③ 빈곤(불편)함.
不作(ふさく) ① 흉작. 작물이 잘 안됨. ② (작품 따위의) 실패작.
不作法(ぶさほう) 예의에 벗어남. 버릇없음.
不作為(ふさくい)〖法〗부작위. ♣**~犯**(はん)〖法〗부작위범.
‖**~債務**(さいむ)〖法〗부작위 채무.
不才(ふさい) 부재. 비재(非才). 재주가 없음〔없는 사람〕.
不在(ふざい) 부재.
‖**~者投票**(しゃとうひょう) 부재자 투표.
~証明(しょうめい) 부재 증명. 알리바이.
~地主(じぬし) 부재 지주.
不材(ふざい) 쓸모가 없음.
不裁可(ふさいか) 재가하지 않음. 재가되지 않음.
不適(ふてき) 부적. 부적당.

不敵(ふてき) 대담하고 겁이 없음. 또, 도리에 어긋나고 난폭함.
‖**~者**(もの) 대담하고 겁없는 자. 무법자.
不適格(ふてきかく) 부적격.
不適当(ふてきとう) 부적당.
不適法(ふてきほう) 적법하지 않음.
不適応(ふてきおう) 부적응. ♣**~児**(じ)〖心〗부적응아.
不適任(ふてきにん) 부적임.
不全(ふぜん)〖醫〗부전. 불완전.
不揃い(ふぞろい) 가지런하지 않음. 갖추어지지 않음.
不戦(ふせん) 부전. 싸우지 않음. ♣**~勝**(しょう) 부전승 / **~敗**(ぱい) 부전패.
‖**~条約**(じょうやく) 부전 조약.
不正(ふせい) 부정. ♣**~法**(ほう) 부정법.
‖**~競争**(きょうそう)〖法〗부정 경쟁. ♣**~防止法**(ぼうしほう) 부정 경쟁 방지법.
~咬合(こうごう)〖醫〗부정 교합.
~腐敗(ふはい) 부정 부패.
~蓄財(ちくざい) 부정 축재.
~行為(こうい) 부정 행위.
不定 ㊀(ふてい) 부정. 일정하지 않음. ♣**~法**(ほう)〖文法〗부정법 / **~詞**(し)〖文法〗부정사 / **~称**(しょう)〖言〗부정칭 / **~風**(ふう) 부정풍 / **~形**(けい) 부정형.
‖**~冠詞**(かんし)〖文法〗부정 관사.
~根(こん)〖植〗부정근. 막뿌리.
~方程式(ほうていしき)〖數〗부정 방정식.
~愁訴(しゅうそ)〖醫〗부정 수소.
~時法(じほう) 부정시법.
~芽(が)〖植〗부정아. 엇눈.
~積分(せきぶん)〖數〗부정 적분.
㊁(ふじょう) 부정. 정해져 있지 않음.
不貞(ふてい) 부정.
不浄(ふじょう) 부정. 깨끗하지 못함. 깨끗하지 못한 것. 「일컫던 말.
‖**~役人**(やくにん) 근세에, 포리(捕吏)를
不情(ふじょう) 인정이 없음. 몰인정.
不精(ぶしょう) 게을러서 힘쓰지 아니함. 귀찮아 함. ♣**~者**(もの) 게으름쟁이 / **~髭**(ひげ) 다박나룻.
不整(ふせい) 부정. 고르지 않음. ♣**~脈**(みゃく)〖生〗부정맥.
不貞る(ふてる) ☞不貞腐る(ふてくさる).
不正規(ふせいき) 비정규(非正規). ♣**~軍**(ぐん) 비정규군.
不定期(ふていき) 부정기. ♣**~刑**(けい)〖法〗부정기형.
‖**~路線**(ろせん) 부정기 노선.
不貞腐る(ふてくさる) 지루퉁하다. 불쾌하게 여겨 토라지다.
不貞腐れる(ふてくされる) ☞不貞腐る(ふてくさる).
不整正花(ふせいせいか) ⇨ 不整斉花(ふせいせいか).
不整斉花(ふせいせいか)〖植〗부정제화.
不正直(ふしょうじき) 부정직.

不貞寢(ふてね) 토라져서〔심통이 나서〕누워 버림. 삐쳐서 자 버림.
不整合(ふせいごう)〖論〗부정합.
不定型詩(ふていけいし) 부정형시.
不正確(ふせいかく) 부정확.
不弟(ふてい) ⇨ 不悌(ふてい).
不斉(ふせい) 부제. 가지런하지 못함.
∥**~炭素原子**(たんそげんし)〖化〗부제 탄소 원자. 부정(不整) 탄소.
~合成(ごうせい)〖化〗부제 합성. 비대칭 합성.
不悌(ふてい) 부제. 웃어른에게 고분고분하지 않음.
不調(ふちょう) ① 상태가 나쁨〔고르지 않음〕. ② 잘 이루어지지 않음.
不条理(ふじょうり) 부조리.
不調法(ぶちょうほう) ① 서투름. 미흡함. ② 술·담배·유흥 등을 못함의 겸사말. ③ 잘못. 실수. 「균형.
不釣り合い(ふつりあい) 어울리지 않음. 불
不調和(ふちょうわ) 부조화.
不足(ふそく) ① 부족. ② 불만. 불평.
不住(ふじゅう) ① 거주하지 않음. ② 한 곳에 머물지 않음.
不周延(ふしゅうえん)〖論〗부주연.
不注意(ふちゅうい) 부주의.
不仲(ふなか) 사이가 나쁨.
不即不離(ふそくふり) 부즉불리.
不知(ふち) 부지. 알지 못함. 지혜가 없음.
∥**~不案内**(ふあんない) ☞ 不知案内.
~案内(あんない) 상황〔사정〕을 모름.
不直(ふちょく) 옳지 않음. 정직하지 못함.
不織布(ふしょくふ) 부직포.
不尽(ふじん) 편지 끝에 쓰는 말. 불비(不
不振(ふしん) 부진. 「備).
不真面目(ふまじめ) 참되지 못함. 불성실.
不真正連帶債務(ふしんせいれんたいさいむ)〖法〗불완전 연대 채무.
◑ 이하 音은 '불'.
不可(ふか) 불가. ① 안 됨. ② 옳지 않음. ③ (성적이) 최하급. 불합격.
不可減(ふかげん) 몸이 불편한 모양.
不可見(ふかけん) 볼 수 없음.
不可欠(ふかけつ) 불가결.
∥**~脂肪酸**(しぼうさん) 필수 지방산.
~アミノ酸(さん)〖化〗필수 아미노산.
不可能(ふかのう) 불가능.
不稼働(ふかどう) 불가동.
∥**~資産**(しさん) 불가동 자산.
不可得(ふかとく)〖佛〗불가득.
不可分(ふかぶん) 불가분. ♣**~物**(ぶつ) 불가분물.
不可思議(ふかしぎ) 불가사의.
不可算名詞(ふかさんめいし) 불가산 명사.
不可説(ふかせつ) 불가설. 말로는 설명할 수
不可視(ふかし) 불가시. 「없음.
∥**~光線**(こうせん)〖理〗불가시 광선.
不可逆(ふかぎゃく) 불가역. 비가역(非可逆). 돌이킬 수 없음.

∥**~反応**(はんのう)〖理〗비가역 반응.
~変化(へんか)〖理〗비가역 변화.
不可入性(ふかにゅうせい)〖理〗불가입성.
不可知(ふかち) 불가지. 알 수 없음. ♣**~論**(ろん)〖哲〗불가지론.
不可触民(ふかしょくみん) 불가촉민.
不可測(ふかそく) 불가측.
不可侵(ふかしん) 불가침.
∥**~条約**(じょうやく) 불가침 조약.
不可避(ふかひ) 불가피.
不可抗力(ふかこうりょく) 불가항력.
不可解(ふかかい) 불가해.
不覚(ふかく) 불각. ① 불찰. ② 무의식.
~を取(と)**る** 방심하여 생각않은 실수를 하다〔낭패를 보다〕.
不覚悟(ふかくご) 각오가 되어 있지 않음.
不間(ぶま)〈俗〉눈치가 없음. 얼빠짐.
不干涉(ふかんしょう) 불간섭.
∥**~主義**(しゅぎ) 불간섭주의.
不堪(ふかん) 예능에서 그 재주가 미숙함.
不感症(ふかんしょう)〖醫〗불감증.
不甲斐ない(ふがいない) 기개(氣槪)가 없다. 칠칠치 못하다.
不介入(ふかいにゅう) 불개입.
不開港(ふかいこう)〖經〗불개항.
不健康(ふけんこう) 건강하지 못함. 건강에 해로움.
不乾性油(ふかんせいゆ)〖化〗불건성유.
不健全(ふけんぜん) 불건전. 「쁨.
不格好(ぶかっこう) 꼴이 흉함. 모양이 나
不見識(ふけんしき) 충분한 견식이 없음.
不潔(ふけつ) 불결.
不結果(ふけっか) 나쁜 결과.
不決断(ふけつだん) 결단이 부족함.
不敬(ふけい) 불경. ♣**~罪**(ざい) 불경죄.
不景気(ふけいき) ① 불경기. ② 가진 돈이 적음. 활기가 없음. 「주.
不耕作地主(ふこうさくじぬし) 불경작 지
不経済(ふけいざい)〖經〗불경제. 비경제(적임). ② 낭비. 무익.
不届き(ふとどき) 패륜. 괘씸함.
∥**~至極**(しごく) 몹시 괘씸함.
不稽(ふけい) 언행이 허황됨. 「람.
不辜(ふこ) 불고. 무고. 죄가 없음. 또, 그 사
不告不理の原則(ふこくふりのげんそく)〖法〗불고 불리의 원칙.
不空羂索観音(ふくうけんさくかんのん)〖佛〗불공견삭관음. ＊ふくうけんしゃくかんのん으로도 읽음.
不公正(ふこうせい) 불공정.
∥**~取引**(とりひき)〖經〗불공정 거래.
不公平(ふこうへい) 불공평.
不慣れ(ふなれ) 익숙하지 않음. 서투름.
不壊(ふえ) 깨지지 않음. 견고함.
不具 ㊀(ふぐ) ① 불구. 신체 장애(자). ② 불비. 「정상.
㊁(かたわ) ①〈卑〉☞ ㊀①. ② 불균형. 비
不俱戴天(ふぐたいてん) 불구대천.

不具廃疾(ふぐはいしつ) 불구 폐질. 심신에 큰 장애가 있음.
不具合(ふぐあい) 상태가 좋지 않음.
不屈(ふくつ) 불굴.
不軌(ふき) 불궤. ① 규칙[법]을 어김. ② 반역. 모반.
不帰(ふき) 불귀. 돌아오지 않음. 죽음.
　~の客(きゃく)**となる** 불귀의 객이 되다.
不規律(ふきりつ) 기율에 어긋남. └죽다.
不規則(ふきそく) 불규칙.
∥**~動詞**(どうし) 〖文法〗 불규칙 동사.
　~変光星(へんこうせい) 〖天〗 불규칙 변
　~銀河(ぎんが) 〖天〗 불규칙 은하. └광성.
不均衡(ふきんこう) 불균형.
不均化(ふきんか) 한 종류의 물질이 반응하여 다른 두 종류의 물질로 변화하는 일.
不筋(ふすじ) 도리에 어긋남. 조리(條理)에 맞지 않음. └불성실함.
不謹慎(ふきんしん) 근신하는 태도가 아님.
不急(ふきゅう) 불급.
∥**~不要**(ふよう) 불급불요. 불요불급.
不忌(ふき) ⇨ **不諱**(ふき). └음.
不起(ふき) 불기. 다시 일어나지 못하고 죽
不嗜(ふたしなみ) 소양·교양이 없음. 조심성이 없음. *ぶたしなみ로도 읽음.
不器(ふき) 소질이 없음.
不羈(ふき) 불기. 속박되지 않음.
∥**~奔放**(ほんぽう) 불기 분방. 마음 내키는 대로 함.
不器量(ぶきりょう) ① 재능이 부족함. ② 용모가 추함. *ぶきりょう로도 읽음.
気味(きみ) 어쩐지 기분이 나쁨. 까닭 모를 무서움.
不器用(ぶきよう) 서투름. 손재주가 없음.
不起訴(ふきそ) 〖法〗 불기소.
∥**~処分**(しょぶん) 불기소 처분.
不機嫌(ふきげん) 불쾌함. 기분이 좋지 않음.
不吉(ふきつ) 불길.
不埒(ふらち) 발칙함. 괘씸함.
不納(ふのう) 불납. 납부하지 않음.
不納付犯(ふのうふはん) 불납부범. 탈세범의 하나.
不念(ぶねん) 부주의. 생각이 모자람.
不佞(ふねい) 불녕. ① 재주가 없음. ② 남자가 자기에 대한 겸칭.
不能(ふのう) 불능. 불가능. 무능. ♣**~犯**(はん) 〖法〗 불능범.
∥**~条件**(じょうけん) 〖法〗 불능 조건.
不落(ふらく) 불락. └지 않음.
不乱(ふらん) 불란. 흩뜨려지지 않음. 흩뜨리
不良(ふりょう) 불량.
∥**~導体**(どうたい) 〖理〗 불량도체. 부도체.
　~債権(さいけん) 불량 채권.
不慮(ふりょ) 뜻밖. 불의(不意).
不廉(ふれん) 값이 싸지 않음.
不猟(ふりょう) 사냥이 안 됨.
不逞(ふてい) 불령. 불평 불만을 품고 마음대로 행동함.

不例(ふれい) ① 귀인의 병환. 불예(不豫). ② 전례가 없음.
不老(ふろう) 불로. 늙지 않음.
∥**~不死**(ふし) 불로 불사.
　~長寿(ちょうじゅ) 불로 장수.
不労(ふろう) 불로. 일하지 않음.
∥**~所得**(しょとく) 불로 소득. 「けん).
不料簡(ふりょうけん) ⇨ **不了見**(ふりょう
不了見(ふりょうけん) 잘못된 생각.
不類(ふるい) ① 좋지 않음. ② 따로 비슷한 것이 없음.
不倫(ふりん) 불륜.
不利(ふり) 불리. 불이익. 「수 없음.
不離(ふり) 불리. 떨어지지 않음. 떼어 놓을
不立文字(ふりゅうもんじ) 〖佛〗 불립 문자. 불도는 글자나 말로 전하는 것이 아니라 마음으로 전한다는 뜻. *ふりつもんじ로도 읽음.
不磨(ふま) 불마. 불후(不朽).
不満(ふまん) 불만.
不満足(ふまんぞく) 불만족. 불만.
不売(ふばい) 불매. 팔지 않음.
不昧(ふまい) 불매. ① 사리에 밝음. ② 사욕(邪慾)에 현혹되지 않음.
不買(ふばい) 불매.
∥**~同盟**(どうめい) 불매 동맹. 보이콧.
　~運動(うんどう) 불매 운동.
不眠(ふみん) 불면. ♣**~症**(しょう) 불면증.
∥**~不休**(ふきゅう) 불면불휴.
不勉強(ふべんきょう) 공부에 힘쓰지 않음.
不面目(ふめんぼく) 면목없음. 불명예. *ふめんもく로도 읽음.
不滅(ふめつ) 불멸.
不明(ふめい) ① 불명. 불명료. ② 식견이 없음. 어리석음.
不明朗(ふめいろう) 명랑하지 않음. 무엇인가 감추거나 속이는 것이 있음.
不明瞭(ふめいりょう) 불명료.
不名数(ふめいすう) 〖数〗 불명수. 무명수(無名數).
不名誉(ふめいよ) 불명예.
不毛(ふもう) ① 불모. ② 성과가 없음.
不文 ㊀(ふぶん) 불문. ① 글을 잘 하지 못함. ② 불성문(不成文). ♣**~法**(ほう) 불문법. /**~律**(りつ) 불문율.
∥**~慣習**(かんしゅう) 불문 관습.
　~憲法(けんぽう) 불문 헌법.
㊁(ふもん) 읽고 쓰기를 못함.
不問(ふもん) 불문. 묻지 않음.
不文字(ふもじ) 읽고 쓰기를 못함. *ふもんじ로도 읽음.
不物好き(ふものずき) 남이 싫어하는 별난 것을 좋아함.
不味(ふみ) 맛이 없음.
不躾(ぶしつけ) 무례. 버릇없음.
不美人(ふびじん) 미인이 아님.
不敏(ふびん) 불민. ① 재치·재능이 모자람. 또, 자기의 겸칭. ② 민첩하지 못함.
不憫(ふびん) 불민.

不憫(ふびん) 불민.
不憫がる(ふびんがる) 가엾게 여기다.
不返(ふへん) 되돌리지 않음. 되돌아가지 못하게 함.
不返事(ぶへんじ) 퉁명스러운 대답. 억지로 하는 대답.
不抜(ふばつ) 불발. 의지가 굳어 흔들리지 않음.
不発(ふはつ) 불발.
不犯(ふぼん)【佛】불법. 승려가 계율, 특히 사음(邪淫)을 범하지 않음.
不法(ふほう) 불법.
‖**~監禁**(かんきん) 불법 감금. ♣**~罪**(ざい) 불법 감금죄.
~原因給付(げんいんきゅうふ) 불법 원인 급부.
~就労(しゅうろう) 불법 취로.
~侵入(しんにゅう) 불법 침입.
~行為(こうい) 불법 행위.
不弁(ふべん) ① 가난함. ② 눌변(訥辯).
♣**~者**(しゃ) 가난뱅이.
不変(ふへん) 불변. ♣**~性**(せい) 불변성.
‖**~費用**(ひよう) 불변 비용. 고정 비용.
~資本(しほん) 불변 자본.
不辨(ふべん) ⇨ **不弁**(ふべん)①.
不辯(ふべん) ⇨ **不弁**(ふべん)②.
不服(ふふく) 불복.
‖**~申し立て**(もうしたて)【法】불복 신청.
不服従(ふふくじゅう) 불복종.
不本意(ふほんい) 본의가 아님.
不分明(ふぶんみょう) 불분명. *ふぶんめいろも 읽음.
不払い(ふはらい) 지불하지 않음. 미불(未拂).
不備(ふび) 불비. 「피닉스.
不死(ふし) 불사. ♣**~鳥**(ちょう) 불사조.
不死身(ふじみ) 불사신.
不思議(ふしぎ) 불가사의. 이상함.
‖**~千万**(せんばん) 매우 이상함.
不仕合わせ(ふしあわせ) ⇨ **不幸せ**(ふしあわせ).
不似合い(ふにあい) 어울리지 않음. 맞지 않음.
不祥(ふしょう) 불상. 불길(不吉). ♣**~事**(じ) 불상사.
不詳(ふしょう) 불상. 미상(未詳).
不相応(ふそうおう) 불상응. 어울리지 않음. 걸맞지 않음.
不生(ふしょう)【佛】불생. 상주(常住).
‖**~不滅**(ふめつ)【佛】불생불멸.
不生産(ふせいさん) 불섭생.
不惜身命(ふしゃくしんみょう)【佛】불석신명. 몸과 마음을 아끼지 않고 불도를 닦음.
不宣(ふせん) 불선. 편지 끝에 쓰는 말.
不善(ふぜん) 불선. 좋지 못함. 착하지 못함.
不善感(ふぜんかん)【醫】불선감. 우두의 결과가 음성으로 나타남.
不鮮明(ふせんめい) 불선명.
不摂生(ふせっせい) 비섭생.
不成功(ふせいこう) 불성공. 실패.
不成立(ふせいりつ) 불성립.
不成文(ふせいぶん) 불성문. 글자로 나타내지 않음.
不誠実(ふせいじつ) 불성실.

不成績(ふせいせき) 성적이 좋지 않음.
不成就日(ふじょうじゅにち) 음양도에서, 만사가 이루어지지 않는다고 피하는 날.
不細工(ぶさいく) 만듦새가 서투르고 모양이 없음. 못생김. *ぶざいくろも 읽음.
不世出(ふせいしゅつ) 불세출.
不溯及(ふそきゅう) ⇨ **不遡及**(ふそきゅう).
不遡及(ふそきゅう) 불소급.
不掃除(ふそうじ) 청소가 골고루 되어 있지 않음. 「보.
不所存(ふしょぞん) 좋지 않은 생각. 못된 심
‖**~者**(もの) 생각이〔심보가〕 고약한 자.
不消化(ふしょうか) 소화 불량.
不束(ふつつか) 졸렬함. 미거함. 못생김. 불민함. 버릇없음.
‖**~者**(もの) 못난 자. 미흡한 자.
不遜(ふそん) 불손.
不受(ふじゅ) 받아들이지 않음.
不粋(ぶいき) 세련되지 못함. 멋이 없음. *ぶすいろも 읽음.
不随(ふずい) 불수. 몸이 제대로 움직이지 않음.
不輸(ふゆ)【史】옛날, 장원(莊園)의 조세 납부를 면제받던 일.
‖**~不入**(ふにゅう) 장원제에서, 조세 납입이나 정부 관리의 출입을 막았던 특권.
不銹鋼(ふしゅうこう) 불수강. 스테인레스 스틸.
不首尾(ふしゅび) ① 실패. ② 평이 좋지 않음.
不随意(ふずいい) 불수의. 뜻대로 안됨.
♣**~筋**(きん)【生】불수의근.
‖**~運動**(うんどう) 불수의 운동.
不輸租(ふゆそ) 조세를 납부하지 않음.
‖**~田**(でん) 옛날에, 조세 납입이 면제된 논밭.
不手回し(ふてまわし) ① 준비가 잘 안 되어 있음. ② 살림이 궁색함. 「わし.
不手回り(ふてまわり) ☞ **不手回し**(ふてまわし).
不熟(ふじゅく) ① 불숙. 익지 않음. 미숙. ② 화합하지 않음. 불화.
不純(ふじゅん) 불순. ♣**~物**(ぶつ) 불순물.
‖**~分子**(ぶんし) 불순 분자.
不順(ふじゅん) 불순.
不馴れ(ふなれ) 익숙하지 않음. 서투름.
不承(ふしょう) ① 마지못해 승낙함. ② 승낙〔동의〕하지 않음.
‖**~不承**(ぶしょう) 마지못해.
不勝手(ふかって) ① 불편함. ② 곤궁함.
不承知(ふしょうち) 승낙하지 않음. 불찬성.
不時(ふじ) 불시. 임시.
‖**~着**(ちゃく) 불시착. '不時着陸(ちゃくりく)(=불시 착륙)'의 준말.
不始末(ふしまつ) ① 뒤처리를 잘못함. ② 괘씸한 짓.
不食(ふしょく) ① 음식을 먹지 아니함. *ふじきろも 읽음. ② 불모(不毛).
不識(ふしき) 불식. 알지 못함.
不信(ふしん) 불신. ♣**~感**(かん) 불신감.
不信心(ふしんじん) 신앙심이 없음. *ぶし

不信用(ふしんよう) 불신용. 신용이 없음.
不信任(ふしんにん) 불신임. ♣~案(あん) 불신임안.
∥~決議(けつぎ) 불신임 결의.
不身持ち(ふみもち) 품행〔행실〕이 나쁨.
不悉(ふしつ) 불비(不備). 불구(不具)〔편지 끝에 쓰는 말〕.
不審(ふしん) 불심. ① 자세히 알지 못함. ② 의심스러움.
∥~尋問(じんもん) 불심 심문〔검문〕.
~紙(がみ) 책 따위의 의심나는 곳에 붙이는 쪽지. 「읽음.
~火(び) 원인 불명의 화재. *ふしんかろ도
不心得(ふこころえ) 분별이 없음. 심보가 좋지 못함.
∥~者(もの) 심보가 나쁜 자. 무분별한 자.
不心中(ぶしんじゅう) 불성실하고 의리를 지키지 않음.
不十分(ふじゅうぶん) 불충분.
不安(ふあん) 불안. ♣~感(かん) 불안감.
∥~神経症(しんけいしょう) 〖醫〗 불안 신경증.
不案内(ふあんない) 서투름. 사정을 잘 모름. 능통하지 못함. 「음.
不安心(ふあんしん) 불안심. 안심이 되지 않
不安定(ふあんてい) 불안정.
∥~均衡(きんこう) 〖經〗 불안정 균형.
不夜城(ふやじょう) 불야성.
不様(ぶざま) 보기 흉함. 꼴〔모양〕 사나움.
不養生(ふようじょう) 불섭생(不攝生).
不漁(ふりょう) 흉어(凶漁).
不語(ふご) 불어. 말하지 않음.
不言(ふげん) 불언. 말하지 않음.
∥~不語(ふご) 불언불어. 입 다물고 말하지 않음.
~実行(じっこう) 불언 실행.
不如意(ふにょい) ① 불여의. 생각대로 되지 않음. ② 살림이 어려움. 돈에 궁색함.
不易(ふえき) 불역. 불변.
不縁(ふえん) 연분이 없음. ① 절연. ② 인연이 멂.
不燃(ふねん) 불연. ♣~物(ぶつ) 불연물 / ~性(せい) 불연성 / ~化(か) 불연화.
∥~構造(こうぞう) 〖建〗 불연 구조.
~材料(ざいりょう) 〖建〗 불연 재료.
不連続(ふれんぞく) 불연속. ♣~線(せん) 〖氣〗 불연속선 / ~面(めん) 〖氣〗 불연속면.
不熱心(ふねっしん) 열성이 없음.
不予(ふよ) 불예. ① 제왕의 병환. ② 불유쾌.
不穏(ふおん) 불온.
∥~分子(ぶんし) 불온 분자.
~思想(しそう) 불온 사상.
不穏当(ふおんとう) 불온당.
不完(ふかん) 불완전. 「넌 것〕.
∥~本(ぼん) 불완본. 낙질(전질(全帙)이 아
不完全(ふかんぜん) 불완전.
∥~競争(きょうそう) 〖經〗 불완전 경쟁.
~雇用均衡(こようきんこう) 〖經〗 불완전 고용 균형.
~菌類(きんるい) 〖植〗 불완전 균류.
~気体(きたい) 〖理〗 불완전 기체.
~変態(へんたい) 〖蟲〗 불완전 변태.
~燃焼(ねんしょう) 불완전 연소.
~履行(りこう) 〖法〗 불완전 이행.
不要(ふよう) 불요. 불필요. 쓰이지 않음.
不撓(ふとう) 불요. 꺾이지 않음.
∥~不屈(ふくつ) 불요불굴.
不用(ふよう) 불용. ① 쓰지 않음. ② 불필요.
不溶(ふよう) ♣~性(せい) 불용성.
不用心(ぶようじん) ① 조심성이 없음. 경계가 소홀함. ② 세상이 소란함. 어수선함.
不用意(ふようい) 준비성〔조심성〕이 없음.
不虞(ふぐ) 불우. 뜻밖임. 예상밖임.
不遇(ふぐう) 불우.
不運(ふうん) 불운.
不為(ふため) 득이 되지 않음. 이롭지 않음.
不衛生(ふえいせい) 비위생(적).
不愉快(ふゆかい) 불유쾌. 불쾌.
不育(ふいく) 습관성 유산 등 때문에 임신은 하되 태아를 기를 수 없는 상태.
不融通物(ふゆうずうぶつ) 〖法〗 불융통물.
不乙(ふいつ) ⇨ 不一(ふいつ).
不飲酒戒(ふおんじゅかい) 〖佛〗 불음주계.
不意(ふい) 불의. 뜻밖. 돌연.
∥~打ち(うち) 불의의 습격. 기습.
~討ち(うち) ⇨ 不意打ち(ふいうち).
不義(ふぎ) 불의. 「갚지 않음.
不義理(ふぎり) 의리에 벗어남. 특히, 빚을
不二(ふじ) 불이. 유일함. ②〔편지 끝에 쓰는 말〕여불비(餘不備).
不利益(ふりえき) 불이익.
不履行(ふりこう) 불이행.
不仁(ふじん) 불인. 어질지 못함.
不印(ふじるし) 〈俗·婉曲〉 ① 상태가 좋지 아니함. ② 못생긴 여자. 추녀. 「음〕.
不人気(ふにんき) 인기가 없음〔오르지 아
不人望(ふじんぼう) 인망이 없음. 「음.
不人柄(ふひとがら) 인품(人品)이 좋지 않
不人情(ふにんじょう) 인정이 없음. 인정에 어긋남. 몰인정.
不一(ふいつ) ① 편지 말미에 쓰는 말. 여불비(餘不備). ② 불일. 한결같지 않음. *ふいち로도 읽음.
不日(ふじつ) 불일내. 일간.
不一致(ふいっち) 불일치.
不妊(ふにん) 불임. ♣~症(しょう) 불임증.
∥~防除(ぼうじょ) (해충의) 불임 방제.
~手術(しゅじゅつ) 불임 수술.
不姙(ふにん) ⇨ 不妊(ふにん).
不稔性(ふねんせい) 〖植〗 불임성.
不稔花(ふねんか) 〖植〗 불임화. 부등화(不登花).
不入(ふにゅう) 출입을 못함〔아니함〕.
不入り(ふいり) (흥행 등에서) 입장자가 적음.
不次(ふじ) 순서에 따르지 않음.

不着(ふちゃく) 불착. 도착하지 않음.
不賛成(ふさんせい) 불찬성.
不参(ふさん) 불참.
不参加(ふさんか) 불참가.
不採算(ふさいさん) 채산이 맞지 않음.
不採択(ふさいたく) 불채택. 채택이 안 됨.
不徹底(ふてってい) 불철저.
不請(ふしょう) 원하지 않음. 마지못해 함.
不体裁(ふていさい) 꼴사나움. 볼품없음.
　*ぶていさいにも 읽음. 「포 특권.
不逮捕特権(ふたいほとっけん)〖法〗불체
不肖(ふしょう) ①어버이·스승을 닮지 않고 못남. ②자기의 겸칭.
不祝儀(ふしゅうぎ) 상서롭지 못한 일. 특히, 장례식.
不出(ふしゅつ) 불출. 밖에 내어 놓지〔나가지〕않음. 「품이 없음.
不出来(ふでき) 됨됨이가 나쁨. 서둘러서 볼
不出際(ふでぎわ) 일처리 솜씨가 서투름.
不忠(ふちゅう) 불충. 　　　　　「ぶん).
不充分(ふじゅうぶん) ⇨ 不十分(ふじゅう
不取正覚(ふしゅしょうがく)〖佛〗불취정각. 성불(成佛)하지 않음.
不測(ふそく) 불측. 예측할 수 없음. 뜻밖임.
不治(ふじ) 불치. 병이 낫지 않음. *ふちろ도 읽음.
不親切(ふしんせつ) 불친절.
不沈(ふちん) 불침. 가라앉지 않음.
不侵略(ふしんりゃく) 불침략.
‖**～条約**(じょうやく) 불침략 조약. 가라앉침
不寝番(ふしんばん) 불침번. 　　「조약.
不快(ふかい) 불쾌. ♣**～感**(かん) 불쾌감.
‖**～指数**(しすう) 불쾌 지수.
不通(ふつう) ①불통. ②절교.
不統一(ふとういつ) 통일이 안 됨.
不退転(ふたいてん) ①〖佛〗불퇴전. ②굽히지 아니함.
不透明(ふとうめい) 불투명. ♣**～体**(たい) 불투명체.
不透水層(ふとうすいそう)〖地〗불투수층.
不特定(ふとくてい) 불특정. ♣**～物**(ぶつ) 불특정물.
‖**～多数**(たすう) 불특정 다수.
不敗(ふはい) 불패.
不便 ㊀(ふべん) 불편.
　㊁(ふびん) ⇨ 不憫(ふびん).
不便がる(ふびんがる) ⇨ 不憫がる(ふびんがる).
不偏(ふへん) 불편.
‖**～不党**(ふとう) 불편부당.
不便利(ふべんり) 불편.
不平(ふへい) 불평. ♣**～家**(か) 불평가.
‖**～分子**(ぶんし) 불평 분자.
不評(ふひょう) 평판이 나쁨. 악평.
不平等(ふびょうどう) 불평등.
‖**～条約**(じょうやく) 불평등 조약.
‖**～評判**(ふひょうばん) 평판이 나쁨.
不飽和(ふほうわ) 불포화.
‖**～結合**(けつごう)〖化〗불포화 결합.

不　635

～脂肪酸(しぼうさん) 불포화 지방산.
～化合物(かごうぶつ) 불포화 화합물.
不品行(ふひんこう) 품행이 나쁨.
不必要(ふひつよう) 불필요.
不学(ふがく) 불학. 무학(無學).
不合格(ふごうかく) 불합격.
不合理(ふごうり) 불합리.
不解散罪(ふかいさんざい)〖法〗불해산죄.
不幸(ふこう) ①불행. ②초상. 가족·친척의 죽음.
不幸せ(ふしあわせ) 불행. 불운.
不行き届き(ふゆきとどき) 주의가 미치지 못함. 손이 미치지 못함.
不行状(ふぎょうじょう) 품행〔몸가짐〕이 단정치 못함.
不行為(ふこうい)〖法〗불행위. 어떤 행위를 하지 않음.
不行儀(ふぎょうぎ) 예의가 바르지 못함.
不行跡(ふぎょうせき) 품행이 단정치 못함.
不向き(ふむき) 맞지 않음. 적합하지 않음.
不許(ふきょ) 불허.
‖**～複製**(ふくせい) 불허 복제.
不許可(ふきょか) 불허가.
不顕性感染(ふけんせいかんせん)〖醫〗불현성 감염.
不協和音(ふきょうわおん)〖樂〗불협화음. 안어울림음(音).
不形(ぶなり) 볼썽사나움.
不好き(ぶすき) 좋아하지 않음.
不惑(ふわく) 불혹. 40세를 이르는 말.
不和(ふわ) 불화.
不和合性(ふわごうせい)〖生〗불화합성. 수정 과정에서 웅성 배우자의 발육 등이 저해되어 완전한 배(胚)가 이루어지지 않는 일.
不確か(ふたしか) 불확실함. 애매함.
不拡大(ふかくだい) 불확대.
不確実(ふかくじつ) 불확실.
不確定(ふかくてい) 불확정.
‖**～期限**(きげん)〖法〗불확정 기한. 「리.
～性原理(せいげんり)〖理〗불확정성 원
～性の音楽(せいのおんがく)〖樂〗불확정성의 음악. 작곡자가 작곡을 하거나 구성하지 않고 연주자가 임의로 음을 배합하는 음악.
～要素(ようそ) 불확정 요소.
不換紙幣(ふかんしへい)〖經〗불환 지폐.
不活発(ふかっぱつ) 불활발.
不活潑(ふかっぱつ) ⇨ 不活発(ふかっぱつ).
不活性ガス(ふかっせいガス)〖化〗불활성 기체.
不況(ふきょう) 불황.
不会(ふかい) 불화(不和).
不孝(ふこう) 불효. ♣**～者**(もの) 불효자.
不朽(ふきゅう) 불후.
不諱(ふき) 불휘.
不休(ふきゅう) 불휴. 쉬지 않고 활동함.
不恰好(ぶかっこう) 꼴이 흉함. 모양이 나쁨. 볼품이 없음.
不興(ふきょう) ①흥이 깨짐. ②(윗사람의) 기분을 상하게 함.

其他

不可ない(いけない) ① 좋지 않다. 나쁘다. ② 안 된다. ③ 안됐다. ④ 못쓰게 되다. ⑤ 술을 못하다.

不可ぬ(いかぬ) 좋지 않다. 안 되다.

不見転(みずてん)〈俗〉(기생이) 돈에 따라 상대를 가리지 않고 정(情)을 통함. 또, 그런 여자.

不味い(まずい) ① 맛이 없다. ② 서투르다. ③ 난처하다. 좋지 않다. ④ 못생기다.

不生女(うまずめ) 석녀. 돌계집.

不如帰(ほととぎす)〖鳥〗불여귀. 자규. 두견이. ＊ふじょきろにも 읽음.

不知不識(しらずしらず) 부지불식간에. 저도 모르는 사이에. 어느새. ＊ふちふしきろにも 읽음.

不知火(しらぬい) 九州(きゅうしゅう)의 有明(ありあけ)・八代(やつしろ) 두 바다에서 밤에 무수한 빛이 명멸하는 현상. ＊しらぬひ라고도 함.

‖～型(がた) 씨름에서, 横綱(よこづな)가 씨름판에 들어서는 형식의 하나. 공격형의 상징으로 침.

不知火海(しらぬいかい)〖地〗八代(やつしろ)해의 딴이름.

| 4 イ 教 | **仏**(佛) | 부처 불
ブツ・フツ
ほとけ |

音読

仏家(ぶっけ) 불가. 절. 중. 불교도. ＊ぶっかにも 읽음.

仏閣(ぶっかく) 불각. 사원.

仏間(ぶつま) 불상이나 위패를 모신 방.

仏龕(ぶつがん) 불감.

仏経(ぶっきょう) 불경.

‖～供養(くよう)〖佛〗불경 공양.

仏戒(ぶっかい)〖佛〗불계.

仏界(ぶっかい) 불계. 정토.

仏骨(ぶっこつ) 불골. 불사리(佛舍利).

仏工(ぶっこう) 불공. 불상・불구를 만드는 장색. 불사(佛師). ＊ぶくろにも 읽음.

仏供(ぶっく)〖佛〗불전에 올리는 공양물. ＊ふっく・ぶつぐ・ぶくろにも 읽음.

仏果(ぶっか)〖佛〗불과. 성불의 경지.

仏教(ぶっきょう) 불교. ♣～史(し) 불교사／～学(がく) 불교학.

‖～建築(けんちく) 불교 건축.
～美術(びじゅつ) 불교 미술.
～説話(せつわ) 불교 설화.
～音楽(おんがく) 불교 음악.
～絵画(かいが) 불교 회화.

仏具(ぶつぐ) 불구. 불사에 쓰이는 기구. ＊ぶぐろにも 읽음.

仏国〖一〗(ふっこく) 불국. 프랑스.
〖二〗(ぶっこく) ① 불토. 극락 정토. ② 불교국가. ♣～土(ど) 불토(佛土).

仏軍(ふつぐん) 프랑스군.

仏器(ぶっき) 불기. ① 공양물을 담는 그릇. ② 불구(佛具).

仏壇(ぶつだん) 불단.

‖～返し(がえし) (씨름에서) 상대방이 지른 한 손을 겨드랑이에 낀 채 상대의 몸을 당겼다가, 다른 손으로 세게 밀치어 자빠뜨리는 재주.

仏堂(ぶつどう) 불당.

仏徒(ぶっと) 불도. 불교도.

仏道(ぶつどう) 불도. 부처의 가르침.

仏噸(ふつトン) 프랑스톤. 1,000 kg을 1톤으로 하는 중량 단위.

仏力(ぶつりき) 불력. 부처의 힘.

仏領(ふつりょう) 불령. 프랑스의 영토.

仏滅(ぶつめつ) 불멸. ①〖佛〗부처의 입멸(入滅). ② '仏滅日(ぶつめつにち)(＝불멸일)'의 준말.

仏名(ぶつみょう) 불명. 불호(佛號).

‖～経(きょう)〖冊〗제불(諸佛)의 명호(名號)를 모은 경전.
～会(え)〖佛〗불명회. 음력 12월 9일부터 3일간 궁중・절에서 여는 법회. 「불문학.

仏文(ふつぶん) 불문. ① 프랑스어 문장. ②

仏門(ぶつもん) 불문. 불도(佛道).

仏文学(ふつぶんがく) 불문학. 프랑스 문학.

仏罰(ぶつばつ) 불벌. 부처에게 받은 벌. ＊ぶつばちろにも 읽음.

仏法〖一〗(ぶっぽう) 불법. 도도. 불교.
〖二〗(ぶっぽう) 불법. 프랑스 법학.

仏法僧(ぶっぽうそう) ①〖佛〗불법승. 삼보(三寶). ②〖鳥〗파랑새. 부엉이.

仏菩薩(ぶつぼさつ) 불보살. 부처와 보살.

仏寺(ぶつじ) 불사. 절. 사찰.

仏事(ぶつじ) 불사. 법사(法事).

仏舎(ぶっしゃ) 불사. 불당.

仏師(ぶっし) 불사. 불상을 만드는 장색. ＊ぶしろにも 읽음.

仏舎利(ぶっしゃり) 불사리. 불골(佛骨). ♣～会(え) 불사리회.

仏相(ぶっそう) 불상. 부처의 얼굴 모습.

仏像(ぶつぞう) 불상.

仏桑花(ぶっそうげ)〖植〗불상화.

仏生(ぶっしょう) 불생. 석가 탄신(일).

‖～日(にち) 불생일. 불탄일.
～会(え) 불생회. 관불회(灌佛會).

仏書〖一〗(ふっしょ) 불서. 프랑스어로 된 책.
〖二〗(ぶっしょ) 불서. 불교 관계 서적. 불전.

仏説(ぶっせつ)〖佛〗불설.

仏性〖一〗(ぶっしょう) 불성. ① 부처의 본성. ② 부처가 될 수 있는 가능성. 불심(佛心).
〖二〗(ほとけしょう) 불성. 정직하고 자비로운 성질.

仏所(ぶっしょ) 불소. ① 부처가 있는 곳. 극락. ② 불상을 모신 곳.

仏手柑(ぶしゅかん)〖植〗불수감(나무).

仏守棚(ぶっしゅだな) 床の間(とこのま) 등의 옆에 설치하는 선반.

仏式(ぶっしき) 불식. 불교식.

仏身(ぶっしん) 불신.
仏神(ぶっしん) 불신. 부처와 신. *ぶつじん으로도 읽음.
仏心(ぶっしん) 불심. 부처의 자비심. 자비로운 마음. *ほとけごころ로도 읽음.
仏眼(ぶつげん)〖佛〗불안. ① 부처의 눈. 자비로운 눈. ② 오안(五眼)의 하나. ♣~法(ほう) 불안법 / ~尊(そん) 불안존.
‖~仏母(ぶつも) 불안 불모. 불안존.
仏語(ぶつご) 불어. 프랑스어. 「어.
㊁(ぶつご) 불어. ① 부처의 말. ② 불교 용
仏訳(ふつやく) 불역. 프랑스어로 번역함. 또, 그 번역한 것.
仏縁(ぶつえん)〖佛〗불연. 부처와의 인연.
仏涅槃(ぶつねはん)〖佛〗불열반. 석가의 입적(入寂).
仏炎苞(ぶつえんほう)〖植〗불염포.
仏宇(ぶつう) 불우. 불당.
仏願(ぶつがん)〖佛〗일체 중생을 구하고자 하는 부처의 서원.
仏恩(ぶつおん)〖佛〗불은. 부처의 은혜. *ぶっとん으로도 읽음.
仏儀(ぶつぎ) 불의. 불교 의식.
仏人(ふつじん) 불인. 프랑스 사람.
仏印(ふついん)〖地〗프랑스領(りょう)インドシナ의 준말. 프랑스령 인도 차이나.
仏子(ぶっし) 불자.
仏者(ぶっしゃ) 불자. 승려.
仏葬(ぶっそう) 불장. 불교식 장례.
仏跡(ぶっせき)〖佛〗불적. *ぶっしゃく로도 읽음. 「치는 적.
仏敵(ぶってき) 불적. 불법(佛法)・불교를 해
仏典(ぶってん) 불전. 경전. 불서(佛書).
仏前(ぶつぜん) 불전.
仏殿(ぶつでん) 불전. 불당.
仏頂(ぶっちょう) ① 부처의 정수리. ② 무뚝뚝한 모양.
‖~顔(がお) 무뚝뚝한 얼굴.
~面(づら) 무뚝뚝[시무룩]한 얼굴.
仏弟子(ぶつでし) 불제자. 불교도.
仏祖(ぶっそ) 불조. ① 석가모니. ② 석가와 종파(宗派)의 조사(祖師).
仏足石(ぶっそくせき)〖佛〗불족석.
仏種(ぶっしゅ)〖佛〗불종.
仏座(ぶつざ) 불좌. 부처를 모신 자리.
仏地(ぶつじ) ① 부처의 위(位). ② 보살이 부처가 되기 직전의 단계로 부처의 덕을 겸비한 상태. ③ 부처의 땅. 등.
仏知(ぶっち) 불지. 부처의 지혜.
仏智(ぶっち) ⇨ 仏知(ぶっち).
仏刹(ぶっさつ) 불찰. 사찰. 불토. *ぶっせつ로도 읽음.
仏参(ぶっさん) 불참. 절에 가서 부처・위패에 절함. 예불.
仏天(ぶってん)〖佛〗불천. ① 부처의 존칭. ② 부처와 천신(天神).
仏体(ぶったい) 불체. 불신. 불상.
仏陀(ぶつだ) 불타. 부처.

仏塔(ぶっとう) 불탑.
仏土(ぶつど) 불토. 정토. 「문.
仏学 ㊀(ふつがく) 불학. 프랑스에 관한 학
㊁(ぶつがく) 불학. 불교학.
仏和(ふつわ) ① 불어와 일본어. ② '仏和辞典(ふつわじてん)(=불일 사전)'의 준말.
仏画(ぶつが) 불화. 부처・불교에 관한 그림.
仏会(ぶつえ) ① 부처가 설법하는 모임. ② 불・보살이 만나는 곳. 정토. ③ 법회.
仏絵師(ぶつえし) 불화(佛畫)를 그리는 사람.

訓読|
仏 ㊀(ほとけ) ① 부처. 불상. ② 고인(故人). ③ 자비로운〔정직하고 착한〕 사람.
㊁(ふつ) 프랑스의 준말.
㊂(ぶつ) 불. ① 불타. 특히 석가모니. ② 불교의 준말. 「심(佛心).
仏気(ほとけぎ) (부처의) 자비로운 마음. 불
仏倒し(ほとけだおし) 불상(佛像)이 넘어지듯 머리・허리・다리가 일직선으로 넘어짐.
仏弄り(ほとけいじり) 무턱대고 불공만 드리는 일.
仏顔(ほとけがお) ① 부처같이 자비로운 얼굴. ② 죽은이의 얼굴.
仏の座(ほとけのざ) ① 수미단(須彌壇). ②〖植〗광대나물.
仏参り(ほとけまいり) ☞ 仏参(ぶっさん).
仏花(ほとけばな) 부처나 죽은 사람에게 바치는 꽃.

其他|
仏蘭西(フランス)〖地〗프랑스.
仏掌薯(つくねいも)〖植〗불장서. 각시마. *つくいも라고도 함.

```
5    弗    아닐 불・달러 불
弓          フツ
            ず・ドル
```

音読|
弗酸(ふっさん)〖化〗불산. 플루오르화(化)수소산.
弗素(ふっそ)〖化〗불소. 플루오르. 「지.
‖~樹脂(じゅし) 불소 수지. 플루오르 수
弗化(ふっか)〖化〗불화. 플루오르화.
‖~水素(すいそ)〖化〗불화 수소. 플루오르화 수소.

訓読|
弗(ドル) 달러. ♣~箱(ばこ) 달러 박스.

```
5    払(拂)  떨칠 불・치를 불
扌           フツ・ヒツ・ホツ
常           はらう
```

音読|
払拭(ふっしょく) 불식. 일소(一掃). *ふっしき라고도 함.
払底(ふってい) 바닥이 남. 동이 남. 품절.
払暁(ふつぎょう) 새벽녘. 여명.

訓読

❖**払う**(はらう) ① 제거하다. ②(먼지 따위를) 털다. 떨어버리다. ③치르다. ④처분하다. ⑤(마음을) 기울이다.
払い(はらい) ①지급. ②(불필요한 것을) 팔아 치움.
払い渡す(はらいわたす) ①치르다. ②필요 없는 것을 팔아 넘기다.
払い戻す(はらいもどす) (정산한 나머지를) (되)돌려 주다. 환불하다.
払い物(はらいもの) 소용없게 되어 팔아버릴 물건.
払い上げる(はらいあげる) 아래에서 위로 떨어 버리듯 훑다.
払い箱(はらいばこ) 《を를 붙여》면직. 해고.
払い込み(はらいこみ) 납입. 납부.
∥~**資本**(しほん)『經』납입 자본.
払い込む(はらいこむ) 납입하다. 돈을 붓다.
払い除ける(はらいのける) 물리치다. 뿌리치다.
払い清める(はらいきよめる) 더러움을 치워 없애 깨끗이 하다. 깨끗이 청소하다.
払い超(はらいちょう) 지급 초과. 일정 기간 내의 정부 자금 지출이 수입을 웃도는 일.
払い出す(はらいだす) ①쫓아내다. 쫓아내다. ②(예금 따위를) 찾다. ③돈을 치르다.
払い下げ(はらいさげ) 불하(拂下).
払い下げる(はらいさげる) 불하하다.

其他

払子(ほっす) 불자. 승려들이 가지는 불구(佛具)의 하나.

---

8 イ **佛** 담담할 **불**·발끈할 **비**
フツ
いかる

音読

怫然(ふつぜん) 불연. 갑자기 성을 내는 모양.

---

10 示 **祓** 떨 **불**
フツ
はらう・はらえ

訓読

祓え(はらえ) ☞ 祓い(はらい).
❖**祓う**(はらう) 불제(祓除)하다. 신에게 빌어서 죄나 부정·재난을 없애다.
祓い(はらい) ①불제(祓除). ②속죄하기 위하여 내는 물건.
祓い箱(はらいばこ) 불제(祓除)할 때 玉串(たまぐし)를 넣는 상자.
祓い浄める(はらいきよめる) ⇨ 祓い清める(はらいきよめる).
祓い清める(はらいきよめる) 불제(祓除)해서 죄·부정(不淨) 따위를 씻어 없애다.

其他

祓除(ばつじょ) 불제. 발제. 신에게 빌어 상서롭지 못한 것을 물리쳐 버림. 또, 그 의식.
*ふつじょ로도 읽음.

---

11 木 日 **梻** 향나무 (불)
しきみ

音読

梻(しきみ) 『植』붓순나무.

붕

8 月 人 **朋** (朋) 벗 붕·떼 붕
ホウ
とも

音読

朋党(ほうとう) 붕당.
朋輩(ほうばい) 붕배. 동료. 친구.
朋友(ほうゆう) 붕우. 친구. 벗.

訓読

朋(とも) ①친구. 벗. 동료. ②동행. 길벗.

---

11 山 常 **崩** (崩) 무너질 **붕**
ホウ
くずれる・くずす

音読

崩じる(ほうじる) ☞ 崩ずる(ほうずる).
崩ずる(ほうずる) 붕어[승하]하다.
崩壊(ほうかい) ①붕괴. ②『化』방사성 원소가 방사능을 내고 다른 원소로 변하는 일.
崩潰(ほうかい) 붕궤.
崩落(ほうらく) 붕락. ①허물어져 떨어짐. ②『經』시세가 폭락함.
崩漏(ほうろう) 『漢醫』붕루증. ①자궁의 내부가 짓물러 출혈하는 병증. ②묽은 설사.
崩御(ほうぎょ) 붕어. 임금·황후·황태후가 세상을 떠남. 승하(昇遐).

訓読

❖**崩す**(くずす) ①무너뜨리다. ②정돈된 것을 흩뜨리다. ③(글자를) 흘려 쓰다. ④큰돈을 잔돈으로 바꾸다.
崩し(くずし) ①무너뜨림. 허무는 방법. ②崩し書き(くずしがき)의 준말.
崩し書き(くずしがき) ①흘림. 초서나 행서로 씀. 또, 그 글씨. ②약자(略字).
崩し字(くずしじ) 흘려 쓴 글자. 초서(草書) 한자.
❖**崩れる**(くずれる) ①무너지다. 붕괴하다. ②(대오·자세 따위가) 흐트러지다. (좋은 날씨 따위가) 나빠지다.
崩れ(くずれ) ①무너짐. 붕괴. ②모임 등이 끝나고 흩어진 사람들. ③퇴물.
崩れ掛かる(くずれかかる) ①무너져 내리다. ②무너지기 시작하다.
崩れ落ちる(くずれおちる) 무너져 내리다. 붕괴하다.

崩れ足(くずれあし) ①군세(軍勢)의 배치나 편제가 무너지려고 하는 일. ②『經』시세가 갑자기 하락하기 시작하는 일.

|其他|
崩え込む(くえこむ) 우묵하게 들어가다. 빠지다.

12 木 常	棚(棚)	시렁 붕 ホウ たな

|訓読|
棚(たな) ①선반. ②(덩굴성 식물을 얹어놓는) 시렁. ③바닷속의 물고기가 서식하는 층.
棚経(たなぎょう) 우란분재(盂蘭盆齋) 때에 중이 精靈棚(しょうりょうだな) 앞에서 경을 욈. 또, 그 경.
棚尻(たなしり) (여성의) 위로 쑥 내민〔돌출한〕엉덩이.
棚橋(たなはし) 임시로 놓은 난간 없는 널다리.
棚機(たなばた) 베틀. 직기(織機).
棚牡丹(たなぼた) 〈俗〉선반에서 떡이 굴러 떨어짐. 굴러온 호박. 뜻밖의 행운이 옴.
棚氷(たなごおり) 빙상(氷床)의 가장자리가 해상으로 내뻗어 떠 있는 빙원(氷原).
棚卸し(たなおろし) ①재고 정리. 재고 조사. ②남의 결점을 일일이 들어 헐뜯음.
棚上げ(たなあげ) ①수급 조절을 위해 일시 상품을 비축하여 출고하지 않음. ②문제의 해결·처리를 일시 미룸.
棚商い(たなあきない) (행상에 대해) 가게를 가지고 장사하는 일.
棚雲(たなぐも) 옆으로 길게 뻗치는 구름.
棚引く(たなびく) (구름이나 안개 따위가) 가로로 길게 뻗치다.
棚田(たなだ) (경사지에 이룬) 계단식 논.
棚浚え(たなざらえ) 정리하기 위하여 상점의 상품을 모두 내어놓고 싸게 방매함.

12 糸	絣	명주 붕·이을 붕 ホウ かすり

|参考| 絣의 異體字.

|訓読|
絣(かすり) 붓으로 살짝 스친 것 같은 무늬(가 있는 천).

13 石	硼	붕사 붕 ホウ

|音読|
硼砂(ほうしゃ) 『化』붕사.
硼酸(ほうさん) 『化』붕산. ♣~綿(めん)〖藥〗붕산면.
∥~軟膏(なんこう) 〖藥〗붕산 연고.
硼素(ほうそ) 『化』붕소.

17 糸	繃	묶을 붕 ホウ たばねる

|音読|
繃帯(ほうたい) 붕대.

19 鳥 人	鵬(鵬)	봉새 붕 ホウ おおとり

|音読|
鵬図(ほうと) 붕도. 위대한 계획. 대사업.
鵬翼(ほうよく) 붕익. ①붕새의 날개. ②비행기.
鵬程(ほうてい) 붕정. 머나먼 길.
|訓読|
鵬 ㈠(おおとり) (학·황새와 같은) 큰 새. ㈡(ほう) 봉새. 상상의 큰 새.

비

2 匕	匕	비수 비·숟가락 비 ヒ さじ

|音読|
匕箸(ひちょ) 수저. 숟가락과 젓가락.
|其他|
匕首(あいくち) 비수. *ひしゅ로도 읽음.

4 比 教	比	견줄 비·나란할 비 ヒ くらべる·ならぶ

|音読|
比 ㈠(ひ) 비. ①비교될 수 없는 것. 동류(의 것). 유(類). ②『數』비례 관계. 또, 그 식. ㈡(たぐい) 같은 부류〔무리〕. 유(類). 유례. ㈢(ころ) ①때. 경. 무렵. 시기. 계제. ②만큼. 정도.
比する(ひする) 비하다. 비교하다.
比価(ひか) 비가. 비교 가격.
比肩(ひけん) 비견. 견줌.
比考(ひこう) 참작함. 비교하여 생각함.
比高(ひこう) 비고. 근접한 두 지점 사이의 고도차.
比古神(ひこがみ) 남자 신.
比較(ひかく) 비교. ♣~級(きゅう) 비교급 / ~的(てき) 비교적.
∥~広告(こうこく) 비교 광고.
~教育学(きょういくがく) 〖教〗비교 교육학.
~多数(たすう) 비교 다수.
~文法(ぶんぽう) 〖言〗비교 문법.
~文学(ぶんがく) 〖文〗비교 문학.
~法学(ほうがく) 〖法〗비교 법학.

~病理学(びょうりがく) 비교 병리학.
~生理学(せいりがく) 〖生〗 비교 생리학.
~生産費説(せいさんひせつ) 〖經〗 비교 생산비설.
~神話学(しんわがく) 비교 신화학.
~心理学(しんりがく) 〖心〗 비교 심리학.
~言語学(げんごがく) 〖言〗 비교 언어학.
~研究(けんきゅう) 비교 연구.
~優位(ゆうい) 비교 우위. 상대적으로 우월한 위치에 있는 일.
~音楽学(おんがくがく) 〖樂〗 비교 음악학.
~宗教学(しゅうきょうがく) 비교 종교학.
~測長器(そくちょうき) 비교 측정기. 콤퍼레이터(comparator).
~解剖学(かいぼうがく) 비교 해부학.
~行動学(こうどうがく) 비교 행동학.
比国(ひこく) 〖地〗 필리핀 공화국.
比年(ひねん) 비년. 매년. 연년(年年).
比島(ひとう) 〖地〗 비도. 필리핀.
比量(ひりょう) 비량. ①비교(比較). ②〖佛〗 인명(因明)의 용어로, 기지(既知)의 사실로 미지의 사실을 추량하여 앎.
比来(ひらい) 비래. 요사이. 근래.
比例(ひれい) 비례. ♣~式(しき) 비례식.
‖~代表制(だいひょうせい) 비례 대표제.
~配分(はいぶん) 〖數〗 비례 배분.
~準備制度(じゅんびせいど) 비례 준비제도.
~中項(ちゅうこう) 〖數〗 비례 중항.
比論(ひろん) 비론. 서로 비교해서 논함.
比類(ひるい) 비류. 서로 비교할 만한 물건.
比倫(ひりん) 비륜. 비류(比類).
比隣(ひりん) 비린. 처마를 잇댄 이웃. 근린.
比売神(ひめがみ) 여신(女神).
比目(ひもく) 눈을 나란히 함.
比目魚 ㊀(ひらめ) 〖魚〗 비목어. 넙치.
㊁(ひもくぎょ) ①눈이 하나밖에 없어 두 마리가 나란히 움직인다는 상상의 물고기《부부 사이가 좋음의 비유》. ②넙치의 딴이름.
比比(ひひ) 비비. ①이거나 저거나. 그 어느 것이나. ②죽 늘어선 모양. ③자주. 종종.
比色(ひしょく) 〖化〗 비색. 색의 농도 따위를 비교함. ♣~計(けい) 비색계.
‖~分析(ぶんせき) 〖化〗 비색 분석.
比湿(ひしつ) 〖氣〗 비습.
比熱(ひねつ) 〖理〗 비열.
比叡山(ひえいざん) 〖地〗 京都(きょうと)시 동북방 滋賀(しが) 현과 경계에 있는 산.
比容(ひよう) 〖理〗 비부피. 단위 질량의 물체가 갖는 부피.
比喩(ひゆ) 비유. ♣~的(てき) 비유적.
比率(ひりつ) 비율.
比擬(ひぎ) 비의. 다른 것과 비교함.
比翼(ひよく) ①비익. 두 마리의 새가 날개를 나란히 함. ②부부의 비유.
‖~連理(れんり) 비익연리.
~の鳥(とり) 비익조《전설상의 새로 남녀의 깊은 애정에 비유됨》.
~塚(づか) 정사한 남녀를 같이 묻은 무덤.
比敵(ひてき) 어울림. 필적함.
比電荷(ひでんか) 〖理〗 비전하. 비전기량.
比定(ひてい) 비정. 다른 유사한 것과 비교하여 어떤 성질·연대 등을 추정함.
比周(ひしゅう) 비주. 사심(私心) 있는 교제와, 참된 교우(交友).
比重(ひじゅう) 비중. ①〖理〗 비중. ② 중요도.
♣~計(けい) 비중계 / ~瓶(びん) 〖理〗 비중병 / ~秤(ばかり) 비중 천칭(天秤).
‖~選鉱(せんこう) 〖鑛〗 비중 선광.
比体積(ひたいせき) ☞比容(ひよう).
比体重(ひたいじゅう) 비체중. 체중과 신장의 비율.
比濁計(ひだくけい) 〖化〗 비탁계.
比況(ひきょう) 비황. ①다른 것과 비교함. ②〖文法〗 ごとし·ようだ 따위의 용법처럼 다른 것과 비교하는 뜻을 나타내는 말씨.
比胸囲(ひきょうい) 비흉위.
比興(ひきょう) 비흥. ①재미있음. 우스움. ② 수상쩍음.

〖訓読〗
比ぶべくもない(くらぶべくもない) 비할 바 아니다.
❖比べる(くらべる) ①비교하다. 대조하다. ②경쟁하다. 겨루다.
比べ(くらべ) 비교. 겨룸. 경쟁.
比べ馬(くらべうま) 옛날의 말타기 경주. 경마.
比べ物(くらべもの) 비교하기에 족한 것.

〖其他〗
比う(たぐう) 〈雅〉 (같은 정도의 것이) 나란히 가다〔서다〕. 비교되다.
比える ㊀(たぐえる) ①비교하다. 비기다. ② 나란히 하다. 짝지어 주다.
㊁(たぞえる) 〈口〉 ①비교하다. 비유하다. ② 핑계 대다.
比丘(びく) 〖佛〗 비구.
比丘尼(びくに) 〖佛〗 비구니.
比律賓(フィリピン) 〖地〗 필리핀.

| 5
一 | 丕 | 클 비·으뜸 비
ヒ
おおきい |

〖音読〗
丕基(ひき) 비기. 큰 사업의 기초. 국가 통치의 근본.
丕績(ひせき) 비적. 큰 공적.
丕顕(ひけん) 비현. 뚜렷함. 현저.

| 6
女
常 | 妃 | 왕비 비
ヒ
きさき |

〖音読〗
妃嬪(ひひん) 비빈.
妃殿下(ひでんか) 비전하. 황족의 처의 존칭.

妃・屁・庇・批・泌・沸

妃 ㊀(きさき) ① 비. 황후. 중전. *ひろど 읽음. ②〈古〉天皇(てんのう)의 침전에서 수종을 들던 궁녀.
㊁(きさい) ㊀의 음편(音便).
其他
妃の宮(きさいのみや) 황후.

妣 [7 女]
죽은어미 비
ヒ
なきはは

音読
妣(ひ) 비. 돌아가신 어머니.

屁 [7 尸]
방귀 비
ヒ
へ

訓読
屁(へ) ① 방귀. ② 하찮은 것.
~とも思(おも)わない 경시하여 문제로 삼지도 않는다.
屁理屈(へりくつ) 억지 이론.
屁鋒(へっぽこ)〈俗〉돌팔이. 풋내기.
屁っ放り腰(へっぴりごし)〈俗〉구부정하고 엉거주춤한 자세.
屁放り虫(へひりむし) ☞ 屁っ放り虫(へっぴりむし).
屁っ放り虫(へっぴりむし)〖蟲〗방귀벌레 따위와 같이 잡으면 악취를 내는 벌레의 총칭.
屁糞葛(へくそかずら)〖植〗계뇨등.
屁の河童(へのかっぱ)〈俗〉① 아무것도 아님. ② 간단히 할 수 있는 일.

庇 [7 广]
덮을 비
ヒ
かばう・ひさし

音読
庇面(ひめん) 이상적인 결정형(結晶形)의 중심을 지나는 평면에 대하여 경영(鏡映)의 관계에 있는 한 쌍의 면.
庇保(ひほ) 비호(庇護)함.
庇蔭(ひいん) 비음. ① 차양의 그늘. ② 옹호하여 도움.
庇廕(ひいん) ⇨ 庇蔭(ひいん).
庇恵(ひけい) 덕택. 은혜.
庇護(ひご) 비호. ♣~権(けん)〖法〗비호「권.
訓読
庇(ひさし) ①〖建〗행랑방. ② (처마에 내어 댄) 차양. ③ (모자 따위의) 차양.
庇髪(ひさしがみ) 속발(束髪)의 한 가지. 앞머리를 (차양처럼) 쑥 내밀게 빗은 머리.
❖庇う(かばう) 감싸다. 비호하다.
庇い立て(かばいたて) 감쌈.
庇い手(かばいて) ① 씨름에서, 상대방과 함께 넘어질 때 (밑에 깔린) 상대를 보호하기 위해 먼저 씨름판에 손을 짚는 일《이때는 진 것으로 치지 않음》. ② 감싸[두둔해] 주는 사람.

批 [7 扌 敎]
비평할 비
ヒ
ただす

音読
批難(ひなん) 비난(非難).
批議(ひぎ) 남을 헐뜯음. 비방. 비난.
批点(ひてん) 비점. 시가・문장 등의 비평이나 정정. 또, 그 평점.
批正(ひせい) 비정. 비판하여 정정함.
批准(ひじゅん)〖法〗비준. ♣~書(しょ) 비준서.
批判(ひはん) 비판.
‖~理論(りろん) 비판 이론.
~的(てき) 비판적. ♣~観念論(かんねんろん)〖哲〗비판적 관념론 / ~合理主義(ごうりしゅぎ) 비판적 합리주의.
~主義(しゅぎ)〖哲〗비판주의.
~哲学(てつがく) 비판 철학.
批評(ひひょう) 비평. ♣~家(か) 비평가 / ~性(せい) 비평성 / ~眼(がん) 비평안 / ~的(てき) 비평적.
‖~文学(ぶんがく) 비평 문학.

泌 [8 氵 常]
샘물졸졸흐를 비
ヒツ・ヒ
しみる

音読
泌尿器(ひにょうき) 비뇨기. *ひつにょうきろど 읽음.
泌乳(ひつにゅう) 비유. 분만 후, 젖분비 자극 호르몬에 의해 젖이 분비됨. 또, 그 젖.
‖~刺激ホルモン(しげきホルモン)〖生〗비유 자극 호르몬. 젖분비 자극 호르몬.

沸 [8 氵 常]
끓을 비・용솟음칠 불
フツ
わく・わかす・たぎる

音読
沸騰(ふっとう) 비등. ♣~散(さん)〖藥〗비등산.
‖~水型原子炉(すいがたげんしろ)〖理〗비등수형 원자로.
~点(てん) 비등점. 끓는점.
沸沸(ふつふつ) ① 끓어오르는 모양. 펄펄. 부글부글. ② 땀이 배어 나오는 모양. 송송.
沸石(ふっせき)〖鑛〗비석. 제올라이트.
沸点(ふってん)〖理〗비점. 끓는점.
‖~上昇(じょうしょう) 비점 상승. 끓는점
沸湯(ふっとう) 비탕. 끓는 물. 「오름.
訓読
沸る(たぎる) ① 끓다. ② (급류가 되어) 소용돌이치다.
❖沸かす(わかす) ① 데우다. 끓이다. ② 흥분

시키다. 「시키다.
沸かせる(わかせる) 끓게 하다. 열광〔흥분〕
沸かし湯(わかしゆ) 끓인 물. (특히 천연 온천에 대하여) 보통 목욕물.
❖**沸く**(わく) ① 끓다. ② (흥분으로) 들끓다. 열광하다.
沸き(わき) 끓음. 끓는 속도〔정도〕.
沸き起こる(わきおこる) ① (밑바닥서부터) 끓어 오르다. 북받치다. (환성 등이) 터져 나오다. ② (구름 따위가) 피어 오르다.
沸き立つ(わきたつ) ① 끓(어오르)다. ② 열광하다. (흥분으로) 들끓다.
沸き返る(わきかえる) ① 들끓다. 세차게 비등하다. ② 화가 치밀다. ③ 몹시 열광하다.
沸き上がる(わきあがる) ① 끓어오르다. 비등하다. ② (열광하여) 들끓다. 터져 나오다.
沸き湯(わきゆ) 끓인 물. 끓는 물.
〔其他〕
沸(にえ) 日本刀(にほんとう)의 칼날에 은모래를 뿌린 것같이 빛나 보이는 잔무늬.

| 8
犭 | 狒 | 비비 비
ヒ |

〔音読〕
狒狒(ひひ) ①〔動〕비비. ② (중년 이상의) 호색가.

| 8
月 教 | 肥 | 살찔 비·걸 비·거름 비
ヒ
こえる·こえ·こやす·こやし |

〔音読〕
肥大(ひだい) 비대. ♣~**化**(か) 비대화.
‖~**成長**(せいちょう) 비대 성장.
肥料(ひりょう) 비료.
‖~**年度**(ねんど) 비료 연도. 매년 8월부터 이듬해 7월까지의 1년간.
肥立ち(ひだち) 나날이 성장함. 또, 건강이 회복됨. 「회복되다.
肥立つ(ひだつ) 나날이 성장하거나, (병이)
肥馬(ひば) 비마. 살찐 말.
肥満(ひまん) 비만. ♣~**児**(じ) 비만아 /~**症**(しょう) 비만증 /~**体**(たい) 비만체 /~**型**(がた) 비만형.
‖~**防止**(ぼうし) 비만 방지.
~**細胞**(さいぼう) 비만 세포.
肥胖(ひはん) 비반. 살이 쪄서 뚱뚱함. ♣~**症**(しょう) 비반증.
肥培(ひばい) 비배. 식물에 거름을 주고 가
‖~**管理**(かんり) 비배 관리. 「꿈.
肥瘦(ひそう) 비수. 살찜과 야윔.
肥沃(ひよく) 비옥.
肥饒(ひじょう) 비요. 땅이 비옥함.
肥育(ひいく) 비육. 가축에 먹이를 많이 주어 단기간에 살찌게 함. 「많은 지역.
‖~**地域**(ちいき) 비육 지역. 축산 농가가
肥壮(ひそう) 비장. 살이 찌고 원기가 좋음.
肥前(ひぜん)〔地〕옛 지명. 지금의 佐賀(さが) 현과 長崎(ながさき) 현의 일부.
肥州(ひしゅう) 肥前(ひぜん) 지방과 肥後(ひご) 지방의 총칭.
肥瘠(ひせき) 비척. (몸의) 살점과 야윔.
肥筑(ひちく) 肥前(ひぜん)·肥後(ひご)·筑前(ちくぜん)·筑後(ちくご)의 4지방의 총칭.
肥効(ひこう)〔農〕비료의 효과.
肥厚(ひこう)〔医〕비후.
‖~**性鼻炎**(せいびえん)〔医〕비후성 비염.
肥後(ひご)〔地〕옛 지명. 지금의 熊本(くまもと) 현.
肥後の守(ひごのかみ) 쇠칼집에 집어 넣게 된 주머니칼의 하나.
〔訓読〕
肥らか(こえらか) 뚱뚱하게 살찐 모양.
肥る(ふとる) ① 살찌다. ② (재산 등이) 불어나다. 늘어나다.
❖**肥える**(こえる) ① 살이 찌다. ② (땅이) 비옥해지다. ③ 사치스러워지다. 높아지다.
肥(こえ) ① 비료. 거름. ② 분뇨.
肥汲み(こえくみ) 거름을 퍼냄.
肥担桶(こえたご) ☞肥桶(こえおけ).
肥代(こえだい) ① 거름을 사는 돈. ② (전의) 분뇨 수거료. 「지.
肥柄杓(こえびしゃく) (자루 달린) 똥바가
肥溜め(こえだめ) 분뇨 모아두는 곳.
肥取り(こえとり) 분뇨 수거. 또, 그 인부.
‖~**車**(ぐるま) 수거한 분뇨를 나르는 차. 분뇨차.
肥え太る(こえふとる) 통통하게 살찌다.
肥土(こえつち) 옥토(沃土). ＊ひどろ로 읽음. 「음.
肥桶(こえおけ) 거름통. ＊こえたごロ도 읽
肥壺(こえつぼ) (변소의) 분뇨통. 똥통.
❖**肥やす**(こやす) ① 살찌게 하다. ② 땅을 기름지게 하다. ③ 감상력을 기르다.
肥やし(こやし) 거름. 비료.

| 8
木 | 枇 | 비파나무 비
ヒ |

〔音読〕
枇杷(びわ)〔植〕비파(나무).

| 8
非 教 | 非 | 아닐 비·나무랄 비
ヒ
あらず·そしる |

〔音読〕
非(ひ) ① 비. (도리·도덕적으로) 좋지 않음. ② 잘못. 결점. ③《接頭語로》비…. 부정을 나타냄.
非家(ひか) 그 방면의 전문 집안이 아님.
非拠(ひきょ) 비거. ① 재능이 없는데 높은 지위에 있음. ② 도리에 맞지 않음.

非擧(ひきょ) 좋지 않은 행위.
非決定論(ひけっていろん) 비결정론. 자유 의지론.
非経口栄養(ひけいこうえいよう) 비경구 영양.
非経腸栄養(ひけいちょうえいよう) 장관 벽을 통하지 않는 영양 공급법.
非公開(ひこうかい) 비공개.
非公式(ひこうしき) 비공식.
非公認(ひこうにん) 비공인.
非課税(ひかぜい) 비과세.
∥~所得(しょとく) 비과세 소득.
~貯蓄(ちょちく) 비과세 저축.
非関税障壁(ひかんぜいしょうへき) 비관세 장벽.
非交戦者(ひこうせんしゃ) 비교전자.
非国民(ひこくみん) 비국민.
非金属(ひきんぞく)〖化〗비금속.
∥~元素(げんそ) 비금속 원소.
非器(ひき) 그 일을 감당할 만한 능력이 없음. 그만한 그릇이 못됨.
非ユークリッド幾何学(ひユークリッドきかがく)〖数〗비유클리드 기하학.
非難(ひなん) 비난.
非労働力人口(ひろうどうりょくじんこう) 비노동력 인구.
非論理的(ひろんりてき) 비논리적.
非能率(ひのうりつ) 비능률(적).
非単調論理(ひたんちょうろんり)〖論〗비단조 논리. 비고전(非古典) 논리의 하나.
非徳(ひとく) 비덕. 박덕함. 자기의 덕을 겸손하게 이르는 말.
非道(ひどう) 비도. 무도(無道).
非同期症候群(ひどうきしょうこうぐん)〖醫〗비동기 증후군. 체내 시계에 의한 신체 리듬과 환경 리듬이 어긋나서 생기는, 불면·두통·위장 장애 따위.
非同盟(ひどうめい) 비동맹.
∥~主義(しゅぎ) 비동맹주의.
非力(ひりき) 힘이 약함. 또, 세력·능력이 모자람. *ひりょく로도 읽음.
非礼(ひれい) 비례. 실례(失禮).
非類(ひるい) ①인간 이외의 동물이나 식물. ②종류가 다름. 또, 그것.
非理(ひり) 비리. 도리에 어긋남.
非望(ひぼう) 분에 넘치는 희망.
非買同盟(ひばいどうめい) 불매 동맹. 보이 콧.
非売品(ひばいひん) 비매품.
非免責債権(ひめんせきさいけん)〖法〗비면책 채권.
非滅(ひめつ)〖佛〗석가세존의 입멸(入滅)
非命(ひめい) 비명. 재난·사고 따위로 인한 죽음.
非武装地帯(ひぶそうちたい) 비무장 지대.
非薄(ひはく) 물건이 적음. 재능이 부족함.
非番(ひばん) 비번. 난번.
非凡(ひぼん) 비범.
非法(ひほう) 비법. 법에 어긋남. 불법.
非分(ひぶん) 비분. ①제 분수가 아님. 과분

(함). ②도리에 어긋남.
非思量(ひしりょう)〖佛〗비사량. 사량에 집착하지 않음, 사념을 없애는 일.
非社会性(ひしゃかいせい) 비사회성.
非常(ひじょう) 비상. ①보통이 아님. 대단함. ②평소와 다름. 심상치 않음. ③뜻밖의 긴급 사태. ♣~口(ぐち) 비상구/~線(せん) 비상선/~時(じ) 비상시/~食(しょく) 비상식(량).
∥~警戒(けいかい) 비상 경계.
~警報(けいほう) 비상 경보.
~階段(かいだん) 비상 계단.
~大権(たいけん) 비상 대권.
~事態(じたい) 비상 사태. ♣~宣言(せんげん) 비상 사태 선언.
~上告(じょうこく)〖法〗비상 상고.
~召集(しょうしゅう) 비상 소집.
~手段(しゅだん) 비상 수단.
~持ち出し(もちだし) 비상 반출(품).
~コック 비상 콕(버스·전철 등에 설치된, 비상구를 열 수 있게 한 장치).
~ベル 비상벨.
非常に(ひじょうに) 대단히. 매우.
非想(ひそう)〖佛〗비상천의 준말.
∥~天(てん)〖佛〗☞非想非非想天.
~非非想天(ひひそうてん)〖佛〗비상 비비상천. 무색계의 넷째 하늘.
非常勤(ひじょうきん) 비상근.
非常識(ひじょうしき) 비상식(적임). 몰상식.
非常任理事国(ひじょうにんりじこく) (유엔) 비상임 이사국.
非上場株(ひじょうじょうかぶ)〖經〗비상 장주.
非色(ひじき) 금색(禁色)의 착용이 허락되지 않음. 또, 그 사람.
非生産的(ひせいさんてき) 비생산적.
非線形(ひせんけい)〖理〗비선형.
∥~波動(はどう)〖理〗비선형 파동.
非勢(ひせい) 비세. 형세가 불리함.
非細工(ひざいく) 세공(細工)이 서툶. 또, 그 사람.
非訟事件(ひしょうじけん)〖法〗비송 사건.
非時(ひじ)〖佛〗식사 시간이 아닌 시각. 또, 그때 먹는 식사.
非神話化(ひしんわか) 비신화화. 옛 문서의 신화적 사고를 없애고, 실존론적 해석을 함.
非我(ひが)〖哲〗비아.
非楽音(ひがくおん)〖樂〗비악음.
非圧縮性流体(ひあっしゅくせいりゅうたい)〖理〗비압축성 유체.
非愛(ひあい) ①무뚝뚝함. 버릇없음. ②위험함. 또, 위험하여 조마조마함.
非御家人(ひごけにん) 御家人(ごけにん)이 아닌 영주·무사.
非言(ひごん) ①비난함. 또, 그 말. ②도리에 맞지 않는 말.
非業 ㊀(ひごう)〖佛〗비업. 비명(非命).
~の最期(さいご) 비명의 최후〔죽음〕.

㊂(ひぎょう) 非業博士(ひぎょうはかせ)의 준말. 平安(へいあん) 시대, 国学(こくがく) 의 박사의 하나.
非役(ひやく) 소임〔직책〕을 그만둠. 직위에
∥**~法人**(ほうじん) 비영리 법인.
~組織(そしき) 비영리 조직.
非運(ひうん) 비운. 불운.
非違(ひい) 비위. 비법(非法). 위법.
非衛生(ひえいせい) 비위생.
非有(ひう) ①〖佛〗비유. 유(有)가 아님. ② 〖哲〗비유. 비(非)존재.
∥**~非空**(ひくう) 〖佛〗비유비공.
非義(ひぎ) 비의. 의리・도리에 어긋남.
非議(ひぎ) 〈文〉비의. 남을 헐뜯음. 비방.
非人(ひにん) ①〖佛〗비인. 야차(夜叉)・악귀 등. ②〖史〗江戸(えど) 시대에 사형장에서 잡역에 종사하던 사람.
非人間的(ひにんげんてき) 비인간적.
非人情(ひにんじょう) 비인정. 몰인정.
非日常性(ひにちじょうせい) 비일상성. 평소의 생활과 많이 동떨어짐.
非刺(ひし) 남을 나쁘게 말함. 비방함.
非自発的失業(ひじはつてきしつぎょう) 비자발적 실업.
非才(ひさい) 비재. 재능이 없음.　　「생아.
非嫡出子(ひちゃくしゅつし) 비적출자. 사
非戦論(ひせんろん) 비전론. 반전론.
非戦闘員(ひせんとういん) 비전투원.
非電解質(ひでんかいしつ) 〖化〗비전해질.
非典型契約(ひてんけいけいやく) 〖法〗비전형 계약. 무명(無名) 계약.
非点収差(ひてんしゅうさ) 〖理〗비점 수차.
非情(ひじょう) 비정. 무정함.
非政府間国際機構(ひせいふかんこくさいきこう) 〖政〗비정부간 국제 기구.
非晶質(ひしょうしつ) 〖鉱〗비정질. 비결정성.　　　　　　　　　　　　　　「체.
非晶体(ひしょうたい) 〖鉱〗비정체. 비결정
非定型精神病(ひていけいせいしんびょう) 〖醫〗비정형 정신병. 이형(異型) 정신병.
非条理(ひじょうり) 부조리함. 도리에 맞지 않음.
非存在(ひそんざい) 비존재. 존재의 부정.
非職(ひしょく) ①현직에 있지 않음. 또, 그 사람. ②(공무원이) 보직이 없음.
非参議(ひさんぎ) 삼품(三品) 이상이면서, 참의가 되지 못한 사람.
非訟弁済(ひしょうべんさい) 〖法〗비채 변제.
非斥(ひせき) 비난하여 배척함.
非鉄金属(ひてつきんぞく) 〖法〗비철 금속.
非特異的(ひとくいてき) 비특이적. 효소・항체가 어떤 특이성을 나타내지 않는 모양.
非破壊検査(ひはかいけんさ) 비파괴 검사. 비파괴 시험.
非暴力(ひぼうりょく) 비폭력.
非学(ひがく) ①비학. 무학(無學) ②불도 (佛道)를 수학하지 않음.
非学者(ひがくしゃ) ①학문이 없는 사람. ② 비학자. 불도를 수행하지 않은 사람.
非合理(ひごうり) 비합리. ♣**~的**(てき) 비합리적.
∥**~主義**(しゅぎ) 〖哲〗비합리주의.
非合法(ひごうほう) 비합법.
∥**~運動**(うんどう) 비합법 운동.
非核(ひかく) 비핵. 핵무기를 갖지 않음.
∥**~三原則**(さんげんそく) 비핵 삼원칙《핵무기를 만들지 않는다, 갖지 않는다, 들여오지 않는다는 일본의 3가지 원칙》.
~地帯(ちたい) 비핵 지대. 비핵무장 지대.
非行(ひこう) 비행.
~少女(しょうじょ) 비행 소녀.
~少年(しょうねん) 비행 소년.　　　　「일.
非現業(ひげんぎょう) 비현업. 현업이 아닌
非形(ひぎょう) 모습・모양이 보통이 아닌 것. 이형(異形).
非婚(ひこん) 결혼을 안함.

訓読▷

非ず(あらず) 그렇지 않다. 아니다.

| 9十常 | **卑**(卑) | 낮을 비・천할 비 ヒ いやしい・いやしむ・いやしめる・ひくい |

音読▷

卑怯(ひきょう) 비겁. ♣**~者**(もの) 비겁자.
卑見(ひけん) 비견. 누견(陋見).
卑官(ひかん) ①미관(微官). 계급이 낮은 관직. ②자신의 겸칭.
卑屈(ひくつ) 비굴.
卑近(ひきん) 비근.
卑金属(ひきんぞく) 〖化〗비금속.
卑陋(ひろう) 비루. 야비함. 천함.　　「말.
卑罵語(ひばご) 비매어. 남을 낮추어서 하는
卑弥呼(ひみこ) 위지 동이전(魏志東夷傳)에 나오는 耶馬台国(やまたいこく)의 여왕.
卑夫(ひふ) 신분이 낮은 남자. 천한 남자.
卑婦(ひふ) 신분이 낮은 여자. 천한 여자.
卑小(ひしょう) 비소. 하찮거나 대수롭지 아니한 모양.
卑俗(ひぞく) 비속. 상스러움.
卑属(ひぞく) 비속.　　　　　　　「는 친족.
∥**~親**(しん) 〖法〗비속친. 비속 관계에 있
卑湿(ひしつ) 비습. 땅이 낮고 습기가 많음.
卑語(ひご) 비어. 천한 말.
卑劣(ひれつ) 비열.　　　　　　　　　「천함.
卑汚(ひお) ①멸시하고 더럽힘. ②성격 등이
卑猥(ひわい) 비외. 야비하고 외설스러움.
卑賤(ひせん) 비천.
卑称(ひしょう) 비칭. 낮춤말.　　　　　「(卑).
卑下(ひげ) 비하. 스스로를 낮춤. 겸비(謙
∥**~自慢**(じまん) 말투는 비하하고 있으나 실은 스스로를 뽐내고 있는 일.
卑懐(ひかい) 비회(鄙懷).

訓読▷

卑しい(いやしい) ①천하다. ②지나치게 욕

卑しむ(いやしむ) ☞ 卑しめる(いやしめる)
卑しめる(いやしめる) 경멸하다. 깔보다.
卑しん坊(いやしんぼう) 걸귀. 음식을 탐내는 사람.

9 田	毘	도울 비 ヒ・ビ たすける

音読
毘羯羅(びから) 열두 신장(神將)의 하나. 무장(武裝)하고 분노의 모습을 함.
毘藍婆(びらんば) 〚佛〛비람파. 이 세상 초기・말기에 불어, 모든 것을 파괴한다는 폭풍.
毘盧遮那仏(びるしゃなぶつ) 〚佛〛비로자나불.
毘沙門天(びしゃもんてん) 〚佛〛비사문천. 사천왕의 하나.
毘首羯磨(びしゅかつま) 〚佛〛비수갈마. 제석천의 신하로 여러 가지 도구・공예품을 만드는 신.

9 石	砒	비소 비 ヒ

音読
砒酸(ひさん) 〚化〛비산.
‖~鉛(なまり) 〚化〛비산납. *ひさんえん으로도 읽음.
砒霜石(ひそうせき) ☞ 砒石(ひせき).
砒石(ひせき) 〚鑛〛비석.
砒素(ひそ) 〚化〛비소. *자연 과학에서는 ヒ素라고 씀.
砒素剤(ひそざい) 비소제. 비소가 섞인 약제.
砒化水素(ひかすいそ) 〚化〛수소화비소.

9 禾	秕	쭉정이 비 ヒ しいな

音読
秕政(ひせい) 비정. 악정(惡政).
訓読
秕(しいな) ①벼쭉정이. ②시들어 쭈그러진 과실.

9 飛 教	飛	날 비 ヒ とぶ・とばす

音読
飛脚(ひきゃく) ①파발꾼. ②江戸(えど) 시대에, 편지・돈・화물의 송달을 업으로 하던 사람. ♣~印(じるし) 우표.
‖~船(ぶね) 江戸(えど) 시대, 주요한 항만・포구 등에 있으면서 공용・사용을 가리지 않고 임시 운송 업무를 맡아 하던 쾌속의 편선(便船).
~屋(や) 飛脚를 업으로 하는 점포〔사람〕.
飛距離(ひきょり) 비거리. ①(야구・골프 등에서) 공이 날아간 거리. ②(스키의 점프 경기에서) 점프대에서 착지(着地)까지의 거리.
‖~点(てん) (스키의 점프 경기에서) 비거리의 점수.
飛檄(ひげき) 비격. 격문을 급히 돌림. 또, 그 격문.
飛球(ひきゅう) 〚野〛비구. 플라이.
飛禽(ひきん) 비금. 날짐승. 날아다니는 새.
飛湍(ひたん) 비단. 급류.
飛動(ひどう) 비동. 나는 듯 움직임.
飛来(ひらい) 비래. 날아옴.
飛廉(ひれん) 비렴. 중국에서 상상의 새.
飛竜(ひりゅう) 비룡. 하늘을 난다고 하는 용. *ひりょう로도 읽음.
飛竜頭(ひりょうず) 〈関西方〉두부 속에 잘 다진 야채・다시마 따위를 넣어 기름에 튀긴 유부의 한 가지.
飛輪(ひりん) 비륜. 태양의 딴이름.
飛馬(ひば) 비마. 나는 듯이 빨리 닫는 말.
飛膜(ひまく) 〚生〛비막.
飛沫(ひまつ) 비말.
‖~伝染(でんせん) 비말 전염.
飛鳴(ひめい) 날면서 욺.
飛蚊症(ひぶんしょう) 〚醫〛비문증.
飛白 □(ひはく) ①비백. 비백서(書). ②비백 무늬. 붓으로 살짝 스친 듯한 직물의 무늬. □(かすり) 붓으로 살짝 스친 것 같은 무늬(가 있는 천).
飛報(ひほう) 비보. 급보.
飛砂(ひさ) 비사. 해안이나 사막에서 모래가 바람에 의해 이동하는 현상.
飛梭(ひさ) 역직기(力織機)의 북.
飛散(ひさん) 비산. 날아 흩어짐.
飛翔(ひしょう) 비상. 공중을 낢.
飛仙(ひせん) 비선. 하늘을 날아다니는 신선.
飛雪(ひせつ) 비설. 바람에 흩날리며 내리는 눈.
飛信(ひしん) 급신. 화급한 편지.
飛雁(ひがん) 비안. 하늘을 날아가는 기러기.
飛躍(ひやく) 비약. ♣~的(てき) 비약적.
飛揚(ひよう) 비양. 날아오름.
飛語(ひご) 비어. 뜬소문.
飛言(ひげん) 비언. 근거 없는 말.
飛燕(ひえん) 비연. 나는 제비.
飛雨(ひう) 비우. 심한 바람과 함께 오는 비.
飛雲(ひうん) 비운. 바람에 불리어 날아가는 구름.
飛越(ひえつ) 비월. 뛰어넘음. 특히 육상・승마 경기 등에서, 장애물을 뛰어넘음.
飛耳長目(ひじちょうもく) 비이 장목. 먼뎃일을 잘 보고 듣는 눈과 귀. 전하여, (사물의) 관찰에 예민함. 또, 그 사람.
飛将軍(ひしょうぐん) 비장군. 행동이 민첩한 장군.
飛跡(ひせき) 〚理〛비적.
飛電(ひでん) 비전. ①번개. ②지급 전보.
飛箭(ひせん) 비전. 날아오는 화살.

飛銭(ひせん) 비전. 중국의 당(唐)·송(宋) 시대의 송전(送錢) 어음 제도.
飛鳥(ひちょう) 비조. 나는 새.
飛州(ひしゅう) 飛驒(ひだ)의 딴이름.
飛車(ひしゃ) 일본 장기 말의 하나. 우리 장기의 차(車)와 비슷함.
飛札(ひさつ) 비찰. 급보. 급한 편지.
飛天(ひてん)『佛』비천. 천인(天人)·천녀(天女).
飛泉(ひせん) 비천. 폭포.
飛簷(ひえん) ⇨ 飛檐(ひえん).
飛檐(ひえん) 비첨. 높은 처마.
飛弾(ひだん) 비탄. 날아오는 탄알.
飛驒(ひだ)『地』옛 지방 이름. 지금의 岐阜(ぎふ) 현의 북부.
飛瀑(ひばく) 비폭. 높은 곳에서 떨어지는 폭포.
飛下落葉(ひかくようよう) 꽃이 지고, 가을에 단풍이 들어 떨어짐.
飛行 ㊀(ひこう) 비행. ♣~士(し) 비행사 / ~船(せん) 비행선 / ~場(じょう) 비행장 / ~艇(てい) 비행정 / ~便(びん) 항공편.
∥~甲板(かんぱん) 비행 갑판.
~機(き) 비행기. ♣~雲(ぐも) 비행(기)운. 비행기 구름.
㊁(ぎょう)『佛』비행. 하늘을 낢.
~夜叉(やしゃ) 공중을 나는 야차.
飛香舎(ひぎょうしゃ) 옛날, 궁중의 五舎(ごしゃ)의 하나.
飛型(ひけい) 비형. 스키 점프 경기에서, 공중에서의 폼(form)을 이름.
∥~点(てん) 스키 점프 경기에서, 공중 폼의 점수. 이것과 비거리 점수를 합쳐 겨룸.
飛花(ひか) 비화. 바람에 흩날리는 꽃잎.
<訓読>
飛ばす(とばす) ① 날리다. 날게 하다. ② (중간을) 빼놓다. 건너뛰다 ③ (말·차 따위를) 달리다.
❖飛ぶ(とぶ) ① (하늘을) 날다. ② 날아가다(오다). ③ (나는 듯이) 달려가다. ④ 건너뛰다. ⑤ 튀다.
飛び(とび) ① 낢. ② ☞ 飛んで(とんで)①.
飛びっこ(とびっこ) 〈兒〉 뛰기내기.
飛んで(とんで) ① 숫자를 부를 때 사이에 0이 있음을 나타내는 말. 공. 空②날아. 뛰어.
飛び降り(とびおり) ① 주행 중인 차에서 뛰어내림. ② 높은 데서 뛰어내림.
∥~自殺(じさつ) 투신 자살.
飛び降りる(とびおりる) 뛰어내리다.
飛び介(とびすけ) ① 경솔한 사람. ② 게으름뱅이.
飛び去る(とびさる) 날아서 그 곳을 떠나다.
飛び競(とびくら) 도약 경기.
飛び掛かる(とびかかる) 대들다. 덤벼들다.
飛び交う(とびかう) 난비(亂飛)하다. 어지러이 날다.
飛び級(とびきゅう) 월반(越班).
飛び起きる(とびおきる) (자리에서) 벌떡 일어나다.
飛び台(とびだい) ☞ 飛び込み台(とびこみだい).

飛び渡る(とびわたる) ① 뛰어 건너다. 건너뛰다. ② (어떤 지점까지) 줄곧 날아가다.
飛び跳ねる(とびはねる) ① 날듯이〔발로 차면서〕뛰어오르다. ② 기뻐하며 날뛰다.
飛び道具(とびどうぐ) 멀리서 적을 공격하는 무기《총포·활 따위》.
飛び螻蛄(とびけら)『蟲』날도래.
飛び離れる(とびはなれる) ① 펄쩍 뛰어서 떨어지다. ② 큰 차이가 나다. 현격하다.
飛び立つ(とびたつ) ① 날아가다. ② 뛰어오르다. 작약(雀躍)하다.
飛び馬(とびうま) 말타기 놀이.
飛び紋(とびもん) 띄엄띄엄 나타낸 무늬.
飛び返る(とびかえる) ① 뛰어 제자리에 돌아오다. ② 튀어서 되돌아오다.
飛び抜ける(とびぬける) 크게 차이 지다. 뛰어나다.
飛び柄(とびがら) 천에 점점이 있는 무늬.
飛び歩く(とびあるく) 뛰어다니다.
飛び付く(とびつく) 달려들다. 덤벼들다.
飛び飛び(とびとび) ① 계속 날면서. ② 점점이. 띄엄띄엄. ③ 건너뛰어.
飛び散る(とびちる) 사방에 흩날리다. 비산하다. 튀다. 튀어나다.
飛び上がり(とびあがり) ① 뛰어오름. 높이 날아오름. ② 벼락 출세를 함. 또, 그 사람.
∥~者(もの) 엉뚱한 언행을 하는 사람.
飛び上がる(とびあがる) ① (높이) 날아오르다. ② 단계(순서)를 뛰어넘다.
飛び翔る(とびかける) 공중을 날아가다.
飛び箱(とびばこ) 뜀틀.
飛び石(とびいし) (정원의) 징검돌.
∥~連休(れんきゅう) 징검다리 연휴.
~伝い(づたい) 징검돌 위를 차례로 밟고 가는 일.「어오름.
飛び乗り(とびのり) 주행중인 차 따위에 뛰
飛び乗る(とびのる) (움직이는 탈것에) 뛰어 올라타다.
飛び双六(とびすごろく) 주사위 놀이의 하나. 주사위를 굴려 나온 시위대로 나아가, 그 말밭에 적힌 행선지로 건너감.
飛び魚(とびうお)『魚』비어. 날치.
∥~座(ざ)『天』날치자리.
飛びの魚(とびのうお)『魚』비어. 날치.
飛び越える(とびこえる) 뛰어넘다.
飛び越す(とびこす) ① 뛰어넘다. ② (차례를) 건너뛰다.
飛び違う(とびちがう) ① 뒤섞여 날다. 난비(亂飛)하다. ② 크게 차이가 나다.
飛び移る(とびうつる) 날아서 다른 데로 옮아가다.
飛び入り(とびいり) (가욋사람이 불쑥) 뛰어들어 참가함. 또, 그 사람.
飛び込み(とびこみ) ① 뛰어듦. ② (수상 경기의) 다이빙. ~台(だい) 다이빙대(臺).
∥~競技(きょうぎ) 다이빙 경기.
~自殺(じさつ) (달리는 기차·전차 등에 뛰어드는) 투신 자살.

匪・痱・秘

飛び込む(とびこむ) 뛰어들(어가)다.
飛び入学(とびにゅうがく) 월반 입학. 정규 학년을 뛰어넘어 상급 학교로 입학함.
飛び将棋(とびしょうぎ) 장기 놀이의 하나. 각각 9개의 말을 갖고, 적의 말을 만나면 뛰어넘어 먼저 적진에 말을 늘어놓는 편이 이김.
飛び切り(とびきり) ① 펄쩍 뛰어오르면서 (적을) 벰. ② 특출하게. 월등히.
飛び助(とびすけ) ⇨ 飛び介(とびすけ)
飛ぶ鳥(とぶとり) 나는 새.
飛び足(とびあし) 나는 듯이 빠른 걸음걸이.
飛び走る(とびはしる) 나는 듯이 빨리 달리다.
飛び地(とびち) 본토 또는 어떤 행정 구획의 주지역으로부터 떨어져 있는 지역.
飛び斬り(とびきり) ⇨ 飛び切り(とびきり) ①. 「스타트.
飛び出し(とびだし) ① 뛰어나옴. ② 출발.
飛び出す(とびだす) ① 뛰어나가다. 뛰어나오다. ② 뛰어나오다. 비어지다. ③ 별안간 나「す).
飛び出る(とびでる) ☞ 飛び出す(とびだ
飛七節(とびななふし) 〖蟲〗 분홍날개대벌레. 「러서다.
飛び退く(とびのく) 홱 비켜서다. 갑자기 물
飛び退る(とびしさる) 뛰어서 뒤로 물러나다. * とびすさる로도 읽음. 「ド.
飛び板(とびいた) 도약판. 뜀판. 스프링보 ∥~飛び込み(とびこみ) 다이빙 경기.
飛び下り(とびおり) ⇨ 飛び降り(とびおり). 「びおりる).
飛び下りる(とびおりる) ⇨ 飛び降りる(と
飛び火(とびひ) 비화. ① 불똥이 튐. 또, 그 불똥. ② 후림불. 사건이 (엉뚱한 데로) 번짐.
飛ぶ火(とぶひ) 봉화(烽火).
飛び蝗虫(とびばった) ☞ 飛蝗(ひこう)
飛び回る(とびまわる) ① 날아다니다. ② 뛰어다니다. ③ 바쁘게 싸다니다.

其他▶
飛礫(つぶて) 던진 돌멩이.
飛沫(しぶき) 비말. 물보라.
飛鳥時代(あすかじだい) ① 일본 推古(すいこ) 천황에서 天武(てんむ) 천황까지의 시대(593~689). ② (미술사에서) 일본 미술의 초창기 시대(552~645).
飛汁(とばしる) 사방으로 튀는 액체.
飛蝗 ㊀(ばった) 〖蟲〗 메뚜기.
㊁(ひこう) 메뚜기가 큰 집단을 이루어 이동함. 또, 그 메뚜기.

10 匚
匪
도둑 비·악할 비
ヒ
あらず

音読▶
匪躬(ひきゅう) 비궁. 자신의 몸을 돌보지 않
匪団(ひだん) 비적의 집단. 「음.
匪徒(ひと) 비도. 비적의 무리.
匪賊(ひぞく) 비적.

10 疒
痱
땀띠 비
ヒ

其他▶
痱子(ほろし) 〖醫〗 가벼운 습진. 두드러기.
*ほろせ로도 읽음.

10 禾 教
秘 (祕)
숨길 비·비밀 비
ヒ
ひめる

音読▶
秘(ひ) 비. ① 비밀. ② 《接尾語적으로》 …비.
秘する(ひする) 〈文〉 숨기다. 비밀로 하다. 감추다.
秘閣(ひかく) ① 비각. 책을 보관하는 궁중의 서고. ② 붓글씨를 쓸 때, 팔꿈치를 올려놓는 대(臺). 「오의(奧義).
秘鍵(ひけん) 학문・종교・예술 등의 비밀의
秘訣(ひけつ) 비결.
秘結(ひけつ) 〖醫〗 비결. 변비.
秘経(ひきょう) 〖佛〗 비경. 밀교의 경전.
秘境(ひきょう) 비경.
秘計(ひけい) 비계. 「曲).
秘曲(ひきょく) 비곡. 비전(秘傳)의 악곡(樂
秘教(ひきょう) 비교. 비밀의 의식을 존중하는 종교・종파. 불교에서는, 밀교(密教).
秘卷(ひかん) 비밀 서적이나 문서.
秘錦(ひごん) 금실로 짠 주홍색 비단.
秘笈(ひきゅう) 비급. 소중하게 보존된 책.
秘技(ひぎ) 비기. 비밀 기술(재주).
秘記(ひき) 비기. 비밀의 기록.
秘匿(ひとく) 비닉. 몰래 감춤.
秘図(ひず) 공개되지 않은 그림・도면.
秘録(ひろく) 비록.
秘文(ひもん) 비문. 비밀한 주문(呪文).
秘密(ひみつ) 비밀.
∥~結社(けっしゃ) 비밀 결사.
 ~警察(けいさつ) 비밀 경찰.
 ~選挙(せんきょ) 비밀 선거.
 ~外交(がいこう) 비밀 외교.
 ~裁判(さいばん) 비밀 재판.
 ~出版(しゅっぱん) 비밀 출판.
 ~投票(とうひょう) 비밀 투표.
秘方(ひほう) (한방 등에서) 비방.
秘法(ひほう) 비법.
秘宝(ひほう) 비보. 비밀히 간직한 보배.
秘本(ひほん) 비본. 「산.
秘峰(ひほう) 아무에게도 알려지지 않은 높은
秘府(ひふ) 비부. 중요한 물건을 넣어 두는 곳집. 또, 궁중의 서고(書庫).
秘符(ひふ) 호부(護符). 부적.
秘部(ひぶ) ① 비밀 장소. ② 감춰야 할 곳.
秘仏(ひぶつ) 비불. 비장해 두고 일반에게 공개하지 않는 불상.
秘史(ひし) 비사.

秘事(ひじ) 비사. 비밀한 일.
秘色(ひそく) 비색. 중국 월주요(越州窯)에서 나던 청자. *ひしょくロも 읽음.
秘蹟(ひさく) 심오한 진리.
秘書(ひしょ) ① 비서. ② 비장(祕藏)해 둔 서적. ♣~官(かん) 비서관.
秘説(ひせつ) 비설.
秘所(ひしょ) 비밀 장소.
秘術(ひじゅつ) 비술.
秘薬(ひやく) 비약. 특효약.
秘鑰(ひやく) 비밀의 열쇠. 또, 비밀을 푸는 「열쇠.
秘語(ひご) 비어. 비밀의 말.
秘奥(ひおう) 비오. 쉽사리 들여다볼 수 없는 사물의 심오한 곳.
秘蘊(ひうん) 비온. 오의(奥義). 학문·예술 등의 가장 중요한 곳.
秘要(ひよう) 비요. 비법. 비결.
秘し隠し(ひしかくし) 비밀로 하여 감춤〔숨김〕. 「〔숨기다〕.
秘し隠す(ひしかくす) 비밀로 하여 감추다
秘義(ひぎ) (학문·기예 등의) 오의(奥義).
秘儀(ひぎ) 비의. 비밀히 행하는 의식.
秘蔵(ひぞう) 비장본. ♣~本(ぼん) 비장본.
秘蔵っ子(ひぞっこ) 〈俗〉 귀염이. 애지중지하는 자식〔제자·부하 등〕. *ひぞうっこロも 읽음.
秘跡(ひせき) 『가톨릭』 성사(聖事). 새크러 「먼트.
秘蹟(ひせき) ⇨ 秘跡.
秘伝(ひでん) 비전. 「의 딴이름.
秘宗(ひしゅう) 『佛』 비종. 진언종(眞言宗)
秘中(ひちゅう) 비중. 비밀 속.
～の秘(ひ) 비중지비. 비밀 중의 비밀. 극
秘策(ひさく) 비책. 「비.
秘帖(ひちょう) 비밀 수첩.
秘勅(ひちょく) 비밀히 발표된 조칙(詔勅). 밀칙(密勅).
秘湯(ひとう) 사람들에게 별로 알려지지 않은 온천. *ひゆロも 읽음.
秘画(ひが) 춘화(春畫). 남녀의 방사(房事)를 그린 그림. 「은 이야기.
秘話(ひわ) 비화. (세상에 알려지지 않은) 숨
秘戯(ひぎ) 비희. 남녀의 방사(房事).
【訓読】
秘めやか(ひめやか) 살짝 숨은 모양. 알리지 않는 모양.
❖秘める(ひめる) ① (남이 알지 못하게) 숨기다. ② 마음에 간직하다.
秘め事(ひめごと) 비사(祕事). 남에게 숨기는 일들.
【其他】
秘露(ペル) 『地』 페루.

| 10
米 | 粃 | 쭉정이 비
ヒ
しいな |

參考 秕의 異體字.
【音読】

粃糠(ひこう) 비강. 쭉정이와 겨.
粃糠疹(ひこうしん) 『醫』 비강진. 비듬 같은 것이 피부에 생기는 피부병.
粃繆(ひびゅう) 비류. 잘못. 오류(誤謬).
粃政(ひせい) 비정(秕政). 악정.
【訓読】
粃(しいな) ① 벼쭉정이. ② 시들어 쭈그러진 과실.

| 10
糸 | 紕 | 잘못 비·가선 비
ヒ |

【音読】
紕繆(ひびゅう) 비류. 잘못. 오류(誤謬).

| 10
虫 | 蚍 | 왕개미 비
ヒ |

【音読】
蚍蜉(ひふ) 『蟲』 비부. 왕개미.

| 11
土 | 埤 | 더할 비·성위의담 비
ヒ·ヘイ
かき·ひめがき |

【音読】
埤堄(へいげい) 성벽 위의 낮은 울타리.
埤益(ひえき) 비익(裨益). 도움을 줌.

| 11
女 | 婢 | 계집종 비
ヒ
はしため |

【音読】
婢(ひ) 비. 계집종. 하녀.
婢僕(ひぼく) 비복. 계집종과 사내종.
婢妾(ひしょう) 비첩. 종과 첩.

| 11
豸 | 豼 | 맹수이름 비
ヒ |

參考 貔의 異體字.
【音読】
豼貅(ひきゅう) 비휴(貔貅). 중국 고대 전설에 나오는 맹수의 이름.

| 12
イ
教 | 備 | 갖출 비·준비할 비
ビ
そなえる·そなわる·
つぶさに |

【音読】
備考(びこう) 비고.
備具(びぐ) 비구. 구비. 필요한 것이 갖추어져 있음. 「비.
備急(びきゅう) 비급. 긴급한 일에 대한 준

備忘(びぼう) 비망. ♣～錄(ろく) 비망록.
備前(びぜん) 『地』 옛 지방 이름. 지금의 岡山(おかやま) 현의 일부.
∥～物(もの) 備前의 도장(刀匠)이 만든 칼《품질이 뛰어남》.
～燒(やき) 備前産(産) 도자기의 총칭.
～作(づく)り ☞ 備前物.
～包丁(ぼうちょう) 備前産 식칼.
備戰(びせん) 전쟁에 대비함.
備州(びしゅう) 備前(びぜん)・備中(びっちゅう)・備後(びんご) 지방의 총칭.
備蓄(びちく) 비축.
備砲(びほう) (군함 등에) 비치된 대포.
備品(びひん) 비품.
備荒(びこう) 비황. 흉년에 대비함.
∥～作物(さくもつ) 비황 작물. 구황(救荒) 작물.

[訓読]
備に(つぶさに) ① 자세히. 구체적으로. ② 빠짐없이. 고루. 모두.
備わる(そなわる) ① 구비되다. ② (인격・교양 따위가) 갖춰지다.
❖備える(そなえる) ① 준비[대비]하다. ② (설비・비품 따위를) 갖추어 놓다. ③ (인격・교양 등을 몸에) 지니다.
備え(そなえ) ① 준비. 대비. ② 방비. 경계.
備え付け(そなえつけ) 비치하여 고정시킨 것.
備え付ける(そなえつける) 설치[비치]하다.

[其他]
備中(びっちゅう) 『地』 옛 지방 이름. 지금의 岡山(おかやま) 현 서부.
備後(びんご) 『地』 옛 지방 이름. 현재 廣島(ひろしま) 현의 동부.
∥～表(おもて) 備後에서 만들어지는 가장 상질(上質)의 다다미 거죽.

12 心 [敎]	悲	슬플 비・슬퍼할 비 ヒ かなしい・かなしむ

[音読]
悲歌(ひか) ① 비가. 슬픈 노래. ② 비장(悲壮)한 노래를 부름.
悲感(ひかん) 비감. 슬픈 감정.
悲境(ひきょう) 비경. 불행한 처지.
悲曲(ひきょく) 비곡. 슬픈 곡[음악].
悲観(ひかん) 비관. ♣～論(ろん) 비관론/～的(てき) 비관적.
悲劇(ひげき) 비극. ♣～的(てき) 비극적.
悲悼(ひとう) 비도. (죽음을) 몹시 슬퍼함.
悲凉(ひりょう) 비량. 어쩐지 서글프고 외로움.
悲恋(ひれん) 비련.
悲涙(ひるい) 비루. 슬퍼서 흘리는 눈물.
悲命(ひめい) 비명. 비운(悲運).
悲鳴(ひめい) 비명.
悲母(ひぼ) 비모. 자모(慈母). *ひもろ도 읽음.
悲門(ひもん) 『佛』 불보살이 갖추어야 할 능력 중, 중생을 불쌍히 여기고, 구제하려는 이타(利他)의 측면.
悲報(ひほう) 비보.
悲憤(ひふん) 비분.
∥～慷慨(こうがい) 비분강개.
悲史(ひし) 비사. 애사(哀史).
悲酸(ひさん) ⇨ 悲惨(ひさん).
悲傷(ひしょう) 비상. 슬퍼 가슴 아파함.
悲愁(ひしゅう) 비수. 슬픔과 근심.
悲心(ひしん) 비심. 슬픈 마음.
悲哀(ひあい) 비애.
悲運(ひうん) 비운.
悲願(ひがん) 비원. ①『佛』 부처나 보살(菩薩)의 대자비(大慈悲)에서 나온 중생 제도(衆生濟度)의 서원(誓願). ② 비장한 소원.
悲泣(ひきゅう) 비읍. 슬퍼서 욺.
悲壮(ひそう) 비장. ♣～美(び) 비장미.
悲田(ひでん) 『佛』 비전. 병・가난으로 고생하는 사람들.
∥～院(いん) 『史』 奈良(なら) 시대에 환자・빈민・고아 등을 수용하던 시설.
悲絶(ひぜつ) 몹시 슬퍼함.
悲調(ひちょう) 비조. 슬픈 가락.
悲惨(ひさん) 비참.
悲愴(ひそう) 비창. 비통.
∥～交響曲(こうきょうきょく) 『樂』 비창 교향곡.
悲秋(ひしゅう) 비추. 구슬픈 가을.
悲嘆(ひたん) 비탄.
悲歎(ひたん) ⇨ 悲嘆(ひたん).
悲痛(ひつう) 비통.
悲風(ひふう) 비풍. ① 쓸쓸하고 슬프게 부는 바람. ② 가을 바람.
悲話(ひわ) 비화. 슬픈 이야기.
悲況(ひきょう) 슬픈 모양. 비관할 상황.
悲喜(ひき) 비희. 슬픔과 기쁨. 희비. ♣～劇(げき) 희비극.
∥～交交(こもごも) 슬픔과 기쁨을 함께 맛봄.

[訓読]
❖悲しい(かなしい) 슬프다. 구슬프다.
悲し(かなし) 〈雅〉 ☞ 悲しい(かなしい).
悲しがる(かなしがる) 슬퍼하다.
❖悲しむ(かなしむ) 슬퍼하다. 마음 아파하다.
悲しみ(かなしみ) 슬픔. 비애.

12 戸 [常]	扉(扉)	문짝 비・사립문 비 ヒ とびら

[訓読]
扉(とびら) ① 문짝. ② (책의) 안겉장. 속표지(表紙).
扉絵(とびらえ) (책의) 속표지 그림.

12 文 [人]	斐	문채날 비 ヒ あや

斐紙(ひし) 안피지(雁皮紙).

| 12月 | 腓 | 장딴지 비
ヒ
こむら |

音読
腓骨(ひこつ) 〖生〗 비골. 종아리뼈.
腓腹筋(ひふくきん) 〖生〗 비복근. 하퇴부 뒤쪽의 큰 근육.
∥~痙攣(けいれん) 〖醫〗 비복근 경련.
腓腸筋(ひちょうきん) 〖生〗 비장근. 장딴지의 근육.

訓読
腓(こむら) 장딴지. *こぶら로도 읽음.
腓返り(こむらがえり) 수영할 때 장딴지에 나는 쥐.

| 12月 | 脾 | 지라 비
ヒ |

音読
脾(ひ) ☞脾臟(ひぞう).
脾腹(ひばら) 옆구리.
脾肉(ひにく) 비육. 허벅지살.
~の嘆(たん) 비육지탄. 공을 세울 기회가 없음을 한탄함.
脾臟(ひぞう) 〖生〗 비장. 지라.
脾腫(ひしゅ) 〖醫〗 비종. 비장이 부음.
脾脫疽(ひだっそ) 〖醫〗 비탈저. 탄저병(炭疽病).

| 12王 | 琵 | 비파 비
ビ |

音読
琵音(びおん) 〖樂〗 비음. 아르페지오.
琵琶(びわ) 〖樂〗 비파.
∥~歌(うた) 비파에 맞추어 부르는 노래.
~法師(ほうし) 平家物語(へいけものがたり)에 가락을 붙여 이야기하며 비파를 타던 장님 중. 「희곡.
琵琶記(びわき) 비파기. 중국 원대(元代)의
琵琶打ち(びわうち) ①비파를 연주하는 사람. ②비파를 만드는 사람.
琵琶行(びわこう) 〖文〗 비파행. 중국, 당나라 때의 시인 백거이(白居易)의 칠언 고시.

| 12艹 | 菲 | 엷을 비·둔할 비
ヒ
うすい |

音読
菲才(ひさい) 비재. 재능이 없음.
菲薄(ひはく) 재능이 모자람.

| 12疒 | 痞 | 뱃속결릴 비
ヒ
つかえ |

訓読
痞える(つかえる) 가슴이 메다.
痞え(つかえ) 가슴이 답답함〔멤〕.

| 12貝㪟 | 費 | 쓸 비
ヒ
ついやす・ついえる |

音読
費(ひ)《接尾語로》…비. 비용.
費金(ひきん) 필요한 돈. 비용.
費途(ひと) 돈의 용도.
費目(ひもく) 비목. 비용의 명목.
費府(ひふ) 〖地〗 비부. 필라델피아.
費散(ひさん) 비산. 소비.
費消(ひしょう) 비소. 탕진. 소비.
費用(ひよう) 비용.

訓読
費やす(ついやす) ①쓰다. 써 없애다. ②낭비하다. 허비하다.
❖費える(ついえる) ①줄다. 적어지다. ②허비되다.
費え(ついえ) 〈老〉 ①비용. ②낭비.

| 13疒 | 痺 | 저릴 비·마비할 비
ヒ
しびれる |

訓読
❖痺れる(しびれる) ①저리다. 마비되다. ②〈俗〉(강한 매력에) 황홀해지다. 넋을 잃다. 도취되다.
痺れ(しびれ) 저림. 마비. 기다림에 지침.
~をきらす ①오래 앉아 발이 저림. ②기다림에 지치다.
痺れ鰻(しびれうなぎ) 전기 뱀장어.
痺れ鱏(しびれえい) ⇨ 痺れ鱝(しびれえい).
痺れ鱝(しびれえい) 〖魚〗 시끈가오리.
痺れ薬(しびれぐすり) 〈俗〉 마취약.

| 13目 | 睥 | 흘겨볼 비
ヘイ
にらむ |

音読
睥睨(へいげい) 비예. 흘겨봄.

| 13衤 | 裨 | 도울 비·더할 비
ヒ
おぎなう |

音読
裨補(ひほ) 비보. 부족한 곳을 도와서 보충

(補充)함. 「로움.
裨益(ひえき) 비익. 도움을 줌. 이바지함. 이

13 貝	賁	꾸밀 비·꾸밀 분 ヒ・ホン・フン かざる

音読
賁臨(ひりん) 비림《남이 찾아옴의 높임말》. 왕림(枉臨). 손님이 찾아오심.

14 阝	鄙	더러울 비·두메 비·천할 비 ヒ いやしい・ひな

音読
鄙見(ひけん) 비견. 누견(陋見).
鄙陋(ひろう) 비루. 야비함. 천함. 「속됨.
鄙俚(ひり) 비리. 언어·풍속 등이 촌스럽고
鄙吝(ひりん) 비린. 다랍게 인색함.
鄙夫(ひふ) 비부. 신분이 낮은 남자.
鄙婦(ひふ) 비부. 신분이 낮은 여자.
鄙俗(ひぞく) 비속. ①촌스러움. ②상스럽고 천함. 「모양.
鄙野(ひや) 비야. 천하고 촌스러움. 또, 그
鄙語(ひご) 비어. 천한 말.
鄙言(ひげん) 비언. 거칠고 천한 말.
鄙諺(ひげん) 비언. 통속적인 속담. 천한 속
鄙劣(ひれつ) 비열. 「담.
鄙猥(ひわい) 비외. 야비하고 외설스러움.
鄙懷(ひかい) 비회. 천박한 생각. 자기 생각의 겸칭.

訓読
鄙(ひな) 시골. 촌.
鄙しい(いやしい) ①천하다. ②지나치게 욕심 부리다. 께째하다. ③초라하다.
鄙びる(ひなびる) 시골티가 나다. 촌스러운 데가 있다.
鄙歌(ひなうた) 시골풍의 노래. 지방 민요.
鄙人(ひなびと) 시골 사람.

14 木	榧	비자나무 비 ヒ かや

訓読
榧(かや) 【植】비자나무.

14 石 常	碑(碑)	비석 비 ヒ いしぶみ

音読
碑(ひ) 비. ①비석. *雅語로는 いしぶみ라고도 함. ②《接尾語로》…비.
碑碣(ひけつ) 비갈. 석비(石碑).
碑面(ひめん) 비면. 비의 표면.
碑銘(ひめい) 비명. 비에 새긴 글.
碑文(ひぶん) 비문.
碑石(ひせき) 비석.

14 糸 人	緋	붉을 비·비단 비 ヒ あか

音読
緋 ㊀(ひ) 짙고 밝은 홍색. 주홍(朱紅).
㊁(あけ) ①《雅》주홍색. 붉은 빛. ②말의 털빛깔의 하나. 붉은 털.
緋錦(ひごん) 緋金錦(ひごんき)의 준말.
緋金錦(ひごんき) 금실로 짠 주홍색 비단.
緋桃(ひもも) 붉은 꽃이 피는 복숭아. *ひとうろも 읽음.
緋鹿子(ひがのこ) 진홍색의 바둑 무늬 홀치기 염색. 또, 그 천. 「고급 견직물.
緋綸子(ひりんず) 고운 생사로 짠 주홍색의
緋鯉(ひごい) 【魚】비단잉어.
緋鮒(ひぶな) 돌연 변이한 붕어《온몸이 붉은 「음).
緋色(ひいろ) ①심홍색(深紅色). 불꽃 같은 주홍색. ②도자기에 칠하는 다갈색.
緋縅(ひおどし) 갑옷 미늘을 꿰매는 방식의 하나로 붉은 빛 가죽끈으로 꿴 것.
緋衣(ひい) 비의. 주홍색의 옷.
緋の衣(ひのころも) ①승정(僧正) 자리에 있는 사람이 입던 주홍색 옷. ②승려가 새우를 이르는 은어.
緋衣草(ひごろもそう) 【植】깨꽃.
緋縮緬(ひぢりめん) 바탕이 오글쪼글한 붉은 비단.

14 羽	翡	물총새 비·비취옥 비 ヒ かわせみ

音読
翡翠(ひすい) 비취. ①【鳥】물총새. *かわせみ・しょうびん으로도 읽음. ②【鑛】비취옥(玉).

14 虫	蜚	바퀴 비·날 비 ヒ とぶ

音読
蜚廉(ひれん) 비렴. 중국에서의 상상의 새.
蜚語(ひご) 비어. 뜬소문.
其他
蜚蠊(ごきぶり) 【蟲】바퀴. *ごきかぶり로도 읽음.

14 鼻 教	鼻(鼻)	코 비·시초 비 ビ はな

音読
鼻腔(びこう) 【生】비강. *의학 용어로는 관

용적으로 びくう라고도 함.
鼻鏡 (びきょう) 〖醫〗 비경.
鼻骨 (びこつ) 〖生〗 비골. 코뼈.
鼻孔 (びこう) 비공. 콧구멍.
鼻口 (びこう) 비구. ① 코와 입. ② 콧구멍의 입구.
鼻根 (びこん) 〖佛〗 비근. 오근(五根)의 하나.
鼻涙管 (びるいかん) 〖生〗 비누관.
鼻端 (びたん) 비단. 코끝.
鼻梁 ㊀ (びりょう) 비량. 콧마루.
　　　 ㊁ (はなみね) 비량. 콧마루(흔히 마소에 대해 말함).
鼻瘤腫 (びりゅうしゅ) 주부코.
鼻母音 (びぼいん) 〖言〗 비모음.
鼻紋 (びもん) 비문. 소의 코 언저리에 있는 무늬.
鼻炎 (びえん) 〖醫〗 비염. 코카타르. 비강 점막(鼻腔粘膜)의 염증.
鼻翼 (びよく) 비익. 콧방울.
鼻音 (びおん) 〖言〗 비음. 입을 다물고, 숨을 코를 통하여서 내는 유성(有聲) 자음.
鼻祖 (びそ) 비조. 시조.
鼻中隔 (びちゅうかく) 〖生〗 비중격. 비강(鼻腔) 중앙에 있는 격막.
鼻出血 (びしゅっけつ) 비출혈.
鼻濁音 (びだくおん) 〖言〗 비탁음.
鼻閉塞 (びへいそく) 〖醫〗 비폐색.
鼻下 (びか) 비하. 코밑.
鼻下長 (びかちょう) 여색(女色)에 무름. 또, 그런 남자.

訓読

鼻 (はな) ① 코. ② 콧물.
～が高 (たか) **い** 콧대가 높다.
～を折 (お) **る** 콧대를 꺾다.
鼻っぱし (はなっぱし) 콧대. 고집.
鼻歌 (はなうた) 콧노래.
‖**～交じり** (まじり) ① 콧노래를 부르며 일하는 모양. ② 진지함이 덜한 모양.
鼻角 (はなづの) 서각(犀角). 코뿔소의 뿔.
鼻綱 (はなづな) 소의 고삐.
鼻欠け (はなかけ) (매독 따위로) 코가 떨어져 없음. 또, 그런 사람.
鼻剃り (はなぐり) 쇠코뚜레.
鼻高 ㊀ (はなだか) ① 코가 높음. 또, 그 모양. ② 득의의 참. 또, 그 모양. ＊はなたかも도 읽음.
　　　 ㊁ (びこう) 鼻高履의 준말.
‖**～履** (り) 앞 끝이 들린 가죽 신.
鼻高高 (はなたかだか) 매우 뻐기는 모양. 콧대가 높은 모양.
鼻曲がり (はなまがり) ① 코가 비뚤어짐. ② 〈俗〉 성질이 비뚤어진 사람.
鼻溝 (はなみぞ) 인중.
鼻筋 (はなすじ) 콧날.
鼻突き (はなつき) ⇨ 鼻衝き (はなつき).
鼻頭 (はなづら) 코끝.
鼻嵐 (はなあらし) (마소의) 거센 콧김.
鼻聾 (はなつんぼ) 코머거리.
鼻輪 (はなわ) ① 쇠코뚜레. ② (아프리카 등지의 원주민이) 장식으로 코에 다는 뼈나 금속 고리.
鼻面 (はなづら) 코끝. 콧등.
鼻っ面 (はなっつら) ☞ 鼻面 (はなづら).
鼻毛 (はなげ) 코털.
鼻木 (はなぎ) 쇠코뚜레.
鼻白む (はなじろむ) 머쓱해지다.
鼻腐 (はなくた) 못된 병으로 코가 문드러지고 목소리가 쉼. 또, 그 사람.
鼻糞 (はなくそ) ⇨ 鼻屎 (はなくそ).
鼻殺げ (はなそげ) ☞ 鼻欠け (はなかけ).
鼻上げ (はなあげ) 물속의 산소 부족으로 고기들이 수면에 나와 입을 뻐끔거리는 일.
鼻緒 (はなお) (下駄 (げた) 나 草履 (ぞうり) 의 발가락을 꿰는) 코끈.
‖**～擦れ** (ずれ) 鼻緒에 발이 까짐 [부르틈].
鼻先 (はなさき) ① 코앞. 눈앞. ② 코끝.
‖**～分別** (ふんべつ) (한치 앞밖에 모르는) 얕은 소견.
～思案 (しあん) 눈앞의 일에만 사로잡힌 생각.
鼻の先 (はなのさき) ① 코끝. ② 바로 앞.
‖**～智恵** (ぢえ) 눈앞의 일밖에 생각하지 않는 얕은 꾀.
鼻声 (はなごえ) ① 비성. 콧소리. ② 코멘 소리.
鼻水 (はなみず) 콧물.
鼻縄 (はななわ) 소의 고삐.
鼻屎 (はなくそ) 코딱지.
鼻拭き (はなふき) 콧물 닦는 데 쓰는 작은 손수건.
鼻息 (はないき) ① 코로 쉬는 숨. ② (남의) 기분. 의향. ＊びそく로도 읽음.
鼻眼鏡 (はなめがね) ① 코안경. ② 안경이 헐거워서 코끝에 걸려 있는 상태.
鼻薬 (はなぐすり) ① 코약. ② 약간의 뇌물.
鼻様 (はなさま) 남자가 스스로를 약간 뽐내서 하는 말.
鼻茸 (はなたけ) 〖漢醫〗 비용. 콧속에 굳은살이 자라는 것. ＊びじょう・びじろ도 읽음.
鼻元 (はなもと) ① 코언저리. ② 가까운데.
‖**～思案** (じあん) 얕은 생각.　　└지척.
鼻っ張り (はなっぱり) ① 콧대. 고집. ② 노름에서, 남보다 먼저 판돈을 태움.
鼻笛 (はなふえ) ① 코로 부는 피리. 악기의 하나. ② 비공. 콧구멍.
鼻摘み (はなつまみ) (남에게) 미움을 받음. 또, 그런 사람.
鼻柱 (はなばしら) ① 콧마루. 코뼈. ② 콧대. ③ 인중 위의 살. ＊びちゅう로도 읽음.
鼻っ柱 (はなっぱしら) 콧등. 콧날. 콧대.
鼻汁 (はなしる) 콧물. ＊はなじる로도 읽음.
鼻持ち (はなもち) 고약한 냄새를 참는 일.
～がならない (말이나 행동이) 참을 수 없을 정도로 아니꼽고 천해서 역겁다.
鼻脂 (はなあぶら) 코 언저리의 개기름.
鼻紙 (はながみ) 코푸는 종이. 휴지.
鼻差 (はなさ) 근소한 차이.
鼻の差 (はなのさ) (경마에서) 말의 선후(先後) 차가 아주 적음. 전하여, 사물의 차가 아주 적음.

鼻衝き(はなつき) 우연히 맞닥뜨림.
鼻取り(はなとり) 논·밭을 갈 때, 소나 말의 고삐를 잡고 이끄는 사람.
鼻唄(はなうた) ⇨ 鼻歌(はなうた).
鼻偏(はなへん) 한자 부수의 하나: 코비변.
鼻風邪(はなかぜ) 코감기.
鼻の下(はなのした) ①인중. ②〈俗〉입.
鼻汗(はなあせ) 콧등에 땀이 남.
鼻血(はなぢ) 코피.
鼻環(はなかん) 쇠코뚜레.
鼻詰まり(はなづまり) 코가 멤. ＊はなつまりロ도 읽음.

15 言 誹
헐뜯을 비
ヒ
そしる

音読➤
誹謗(ひぼう) 비방.
誹議(ひぎ) 남을 헐뜯음. 비방. 비난.
誹刺(ひし) 남을 나쁘게 말함. 비방함.
誹毀(ひき) 비훼. ①헐뜯음. 욕함. ②〖法〗남의 추행 등을 들춰내어 명예를 손상시킴.
訓読➤
❖誹る(そしる) 비방하다. 비난하다. 욕하다.
誹り(そしり) 비방. 비난.

16 竹 篦
빗치개 비·참빗 비
ヘイ
の·へら

訓読➤
篦 ㊀(へら) 주걱《뼈인두 따위》.
㊁(の) ①대의 일종. 화살로 쓰는 대. ②화살대.
㊂(の)는 대.
篦台(へらだい) 〖裁〗마름질할 때 천을 얹어 「놓는 대.
篦付け(へらつけ) 〖裁〗뼈인두로 꿰맬 자리 등을 표하는 일.
篦鮒(へらぶな) 〖魚〗주걱붕어.
篦深(のぶか) 화살이 깊이 꽂힘.
其他
篦棒(べらぼう) 〈俗〉엄청남. 터무니없음.
‖～奴(め) 〈俗〉남을 욕할 때 쓰는 말. 바보. 병신.

16 米 糒
건량 비
ヒ
ほしいい

訓読➤
糒(ほしいい) 찐 쌀을 말린 비상 식량. 말린 밥. ＊ほしいロ도 읽음.

16 雨 霏
올 비·안개 비
ヒ

音読➤

霏霏(ひひ) 비비. 눈·가는 비 등이 쉬지 않고 내리는 모양.

17 口 嚊
헐떡거릴 비·아내 비
ヒ
かか·かかあ

参考 '아내 비'는 일본訓.
訓読➤
嚊(かかあ) 〈俗〉아내. 마누라.
‖～大明神(だいみょうじん) 수줍어하는 아내를 조롱하여 일컫는 말.
～左衛門(ざえもん) 남자를 능가하는 강심장의 아내. 「下」
～天下(でんか) 내주장. 엄처 시하《嚴妻侍

17 女 嬶 日
여편네 (비)
かか·かかあ

訓読➤
嬶(かかあ) 〈俗〉아내. 마누라. 여편네.

17 月 臂
팔 비·팔뚝 비
ヒ
ひじ

音読➤
臂力(ひりょく) 비력. 팔의 힘.
訓読➤
臂(ひじ) ①팔꿈치. ②팔꿈치 모양으로 구부러진 것.
臂章(ひじしょう) 제복의 팔에 붙이는 휘장《부대 표지 따위》.

17 豸 貔
맹수이름 비
ヒ

音読➤
貔貅(ひきゅう) 비휴. 중국 고대 전설에 나오는 맹수의 이름.

18 骨 髀
넓적다리 비
ヒ
もも

音読➤
髀臼(ひきゅう) 〖生〗비구. 치골(恥骨)의 바깥쪽으로 오목하게 들어간 부분.
‖～関節(かんせつ) 비구 관절. 고관절《股
髀肉(ひにく) 비육. 허벅지살. 「關節》.
～の嘆(たん) 비육지탄.

19 四 羆
말곰 비
ヒ
ひぐま

羆(ひぐま)〖動〗큰곰.

| 19 革 | 鞴 | 풀무 비
ビ・フク
ふいご |

訓読
鞴(ふいご) 풀무.

| 19 魚 | 鰊 | 곤이 비・청어 비
ヒ
にしん |

訓読
鰊(にしん)〖魚〗청어. 비웃.

| 19 鳥 | 鵯 | 직박구리 비
ヒ
ひよどり・ひよ |

訓読
鵯(ひよどり)〖鳥〗직박구리.

| 20 言 | 譬 | 비유할 비
ヒ
たとえ・たとえる |

音読
譬喩(ひゆ) 비유.
❖譬える(たとえる) 예를 들다. 비유하다.
譬え(たとえ) 비유. 또, 비유하는 것.
譬えば(たとえば) ①예를 들면. 예컨대. ②〈古〉가령. 설령. 비록.
譬え歌(たとえうた) 六義(りくぎ)의 하나. 비유를 빌려 소감을 말하는 노래.
譬え話(たとえばなし) 비유 이야기. 비유담. 우화.

| 21 貝 | 贔 | 힘쓸 비
ヒ |

其他
贔負(ひいき) ⇨ 贔屓(ひいき).
贔屓(ひいき) ①편[역성]을 들어줌. 특별히 돌봐 줌. ②특별히 돌봐 주는 사람. 편[역성]을 들어주는 사람. 후원자.
∥〜目(め) 호의적인 눈.
〜〜(びいき) 각자 자기가 좋아하는 편을 드는 일.　　　　　　　　　　「(偏愛).
〜偏頗(へんぱ) 한쪽만 편듦. 편파. 편애.

| 22 車 | 轡 | 고삐 비
ヒ
くつわ・たづな |

轡(くつわ) ①재갈. ②轡形(くつわがた)의 준말.
　〜を並(なら)べる 말머리를 한 줄로 세우다. 같은 목적을 가진 사람이 전부 모이다.
轡虫(くつわむし)〖蟲〗철써기.
轡形(くつわがた) 동그라미 속에 십자(十字)가 있는 모양.

빈

| 6 牛 | 牝 | 암컷 빈
ヒン
めす |

音読
牝鶏(ひんけい) 빈계. 암탉.　　　　　「음.
牝馬(ひんば) 빈마. 암말. *めうまろとも 읽
牝牡(ひんぼ) 빈모. 암컷과 수컷.
牝牛(ひんぎゅう) 빈우. 암소.
訓読
牝(めす) 암컷. *めろとも 읽음.
牝狐(めぎつね) 암여우. 교활한 여자.

| 8 王 | 玢 | 옥무늬 빈
ヒン・フン
あや |

音読
玢岩(ひんがん)〖鑛〗분암. 화성암의 하나.
*ふんがん으로도 읽음.

| 10 氵 常 | 浜(濱) | 물가 빈
ヒン
はま |

音読
浜堤(ひんてい) 해안선(海岸線)을 따라 높이 쌓인 모래.
訓読
浜(はま) ①해변의 모래밭. ②(바둑에서) 딴 돌. ③〈俗〉항구.
浜茄子(はまなす)〖植〗해당화.
浜降り(はまおり) 축제 등에 참가하기 전에 바닷가에서 목욕재계함.
浜開き(はまびらき) 해안을 관광객에게 개방함.
浜菅(はますげ)〖植〗향부자.
浜芹(はまぜり)〖植〗갯사상자.
浜納豆(はまなっとう) 콩을 삶아 밀가루를 묻혀 발효시킨 부식품.
浜路(はまじ) 해변길.
浜菱(はまびし)〖植〗남가새.
浜梨(はまなし)〖植〗'浜茄子(はまなす)(=해당화)'의 딴이름.　　　　　　　「う).
浜万年青(はまおもと) ☞ 浜木綿(はまゆ
浜名納豆(はまななっとう) ☞ 浜納豆(は

浜名湖(はまなこ)〖地〗静岡(しずおか) 현의 서남부에 있는 호수.
浜木綿(はまゆう)〖植〗문주란.
浜防風(はまぼうふう)〖植〗갯방풍.
浜辺(はまべ) 바닷가.
浜弁慶草(はまべんけいそう)〖植〗갯지치.
浜払子(はまぼっす)〖植〗갯까치수염.
浜焼き(はまやき)(물고기를) 바닷가에서 바로 구워 먹는 요리.
浜手(はまて) 해변 쪽.
浜匙(はまさじ)〖植〗갯길경이.
浜萵苣(はまぢしゃ)〖植〗'蔓菜(つるな)(=번행초)'의 딴이름.
浜豌豆(はまえんどう)〖植〗갯완두.
浜人参(はまにんじん)〖植〗'浜芹(はまぜり)(=갯사상자)'의 딴이름.
浜子(はまこ) 염전에서 일하는 남녀.
浜簪(はまかんざし)〖植〗아르메리아. 갯질경잇과에 속하는 초본.
浜荻(はまおぎ)〈方〉〖植〗갈대.
浜苆(はますさ) 낡은 어망 등의 마승(麻縄)을 풀어서 썰어 넣어 만든 여물.
浜棗(はまなつめ)〖植〗갯대추나무.
浜鯛(はまだい)〖魚〗꼬리돔.
浜昼顔(はまひるがお)〖植〗갯메꽃.
浜の真砂(はまのまさご) ① 해변의 모래. ② 무수함.
浜茶(はまちゃ) 차풀의 줄기·잎을 그늘에서 말렸다가 썰어 차의 대용으로 함.
浜千鳥(はまちどり) 해변의 물떼새.
浜寸莎(はますげ) ⇨ 浜茑(はますげ).
浜椿(はまつばき)〖植〗'蔓荊(はまごう)(=순비기나무)'의 딴이름.
浜側(はまがわ) 해변가 쪽.
浜値(はまね) 부둣가에서 거래되는 수산물의 값.
浜唄(はまうた) 어부가 바닷가에서 일을 하면서 부르는 노래.
浜風(はまかぜ) 갯바람.
浜鷸(はましぎ)〖鳥〗민물도요.

11 彡 (人) 彬
빛날 빈·밝을 반
ヒン
あきらか

音読→
彬彬(ひんぴん) 빈빈. 빛나는[밝은] 모양.

11 貝 (教) 貧
가난할 빈
ヒン・ビン
まずしい

音読→
貧(ひん)〈雅〉빈. ① 가난함. ② 적음. 부족
貧する(ひんする) 가난[빈궁]해지다. 「함.
貧家(ひんか) 빈가. 가난한 집.
貧苦(ひんく) 빈고. 빈궁.
貧困(ひんこん) 빈곤.
貧攻(ひんこう) 빈공. (야구 등에서)공격이 부진함.
貧鉱(ひんこう)〖鑛〗빈광.
貧窮(ひんきゅう) 빈궁. 빈곤.
貧女(ひんじょ) 가난한 여자.
貧農(ひんのう) 빈농. 「일컫는 말.
貧道(ひんどう) 빈도. 승려가 자기를 낮추어
貧楽(ひんらく) 빈락. 가난하기 때문에 오히려 홀가분함.
貧毛類(ひんもうるい)〖動〗빈모류.
貧民(ひんみん) 빈민. ♣~街(がい) 빈민가 / ~窟(くつ) 빈민굴.
貧病(ひんびょう) 빈병. 가난과 병.
貧福(ひんぷく) 가난함과 유복함.
貧富(ひんぷ) 빈부.
貧相(ひんそう) 빈상. 궁상스러운 상[모양].
貧書生(ひんしょせい) 가난한 서생.
貧小(ひんしょう) 빈약하고 작은 모양.
貧素(ひんそ) 빈소. 몹시 가난한 모양.
貧僧(ひんそう) 빈승. (수행중의)가난한 승
貧弱(ひんじゃく) 빈약. 「려.
貧栄養湖(ひんえいようこ) 빈영양호.
貧者(ひんじゃ) 빈자.
貧賎(ひんせん) 빈천.
貧村(ひんそん) 빈촌.
貧歯類(ひんしるい)〖動〗빈치류.
貧打(ひんだ)〖野〗빈타.
貧宅(ひんたく) 빈가. 가난한 집.
貧土(ひんど) 불모지. 척박한 땅.
貧乏(びんぼう) 빈핍. 가난함.
‖~徳利(どくり) 아가리가 잘쑥한 큰 술병.
~性(しょう) 궁상 떠는 성질.
~神(がみ) 가난을 가져온다는 신.
~揺すり(ゆすり) 좌정하지 못하고 무릎 따위를 쉬지않이 까부는 일.
~揺るぎ(ゆるぎ) ① 약간 혼들림. ② 경제 상태가 좀 나빠짐.
~籤(くじ) 손해 보는 역할[제비]. 불운.
貧寒(ひんかん) 빈한.
貧血(ひんけつ) 빈혈. ♣~性(せい) 빈혈성(체질) / ~症(しょう) 빈혈증.
どか貧(どかひん) 갑자기 가난해짐.

訓読→
貧しい(まずしい) ①가난하다. ②(내용 등이) 빈약하다.

其他→
貧し(まどし) 가난함. 부족함.

15 貝 (常) 賓 (賓)
손 빈
ヒン
まろうど

音読→
賓(ひん) 빈. 귀한 손님. *雅語로는 まろうど·まれびと, 古語로는 まらうど라고도 함. 「도 읽음.
賓客(ひんかく) 빈객. 손님. *ひんきゃくろ
賓格(ひんかく)〖文法〗빈격. 목적격.

賓礼(ひんれい) 빈례. 예의를 갖추어 손님을 대접함.
賓辞(ひんじ) 빈사. ①『論』빈개념. ②『文法』객어(客語).
賓位(ひんい) 빈객이 앉을 자리.

【其他】
賓頭盧(びんずる) 『佛』빈두로.

| 17
才 | 擯 | 물리칠 **빈**
ヒン
しりぞける |

【音読】
擯斥(ひんせき) 빈척.
擯出(ひんしゅつ) 거부함. 추방함.

| 17
頁
常 | 頻 (頻) | 자주 **빈**
ヒン・ビン
しきりに |

【音読】
頻伽(びんが) 『佛』빈가. '迦陵頻伽(かりょうびんが)(=가릉빈가)'의 준말.
頻年(ひんねん) 빈년.
頻尿(ひんにょう) 빈뇨.
頻度(ひんど) 빈도.
頻脈(ひんみゃく) 삭맥(數脈). 맥박수가 보통보다 많은 상태.
頻発(ひんぱつ) 빈발.
頻繁(ひんぱん) 빈번.
頻頻(ひんぴん) 빈빈. 아주 잦음. ＊しくしく로도 읽음.
頻数(ひんすう) 빈삭. 매우 잦음.
頻用(ひんよう) 빈번히 쓰임.
頻鳥(びんちょう) 『佛』가릉빈가(迦陵頻伽). 불경에 나타나는 상상의 새.
頻出(ひんしゅつ) 빈출. 빈번히 나타남.
頻婆果(びんばか) 빈파의 열매. 사과(沙果).
頻婆娑羅(びんばしゃら) 『佛』빈파사라.
頻呼吸(ひんこきゅう) 심부전·폐렴·어린이 발열 때에, 호흡수가 증가하고 호흡이 얕은 상태.
頻回(ひんかい) 횟수가 많음.

【訓読】
❖頻る(しきる) ①〈古〉거듭되다. 자꾸 일어나다. ②《動詞의 連用形에 붙어》끊임없이 … 하다.
頻りに(しきりに) ①자꾸만. 자주. ②끊임없이. 계속해서. ③몹시. 매우.

【其他】
頻並み(しきなみ) 꼬리를 물고 (계속해서) 이어지는 모양.

| 18
木 | 檳 | 빈랑나무 **빈**
ビン |

【音読】
檳榔樹(びんろうじゅ) 『植』빈랑나무.

【其他】
檳榔(びろう) 『植』야자과의 상록 교목(재목은 세공물에, 잎은 삿갓·부채용으로 씀).
∥〜毛(げ) '牛車(ぎっしゃ)(=옛날의 귀인용 수레)'의 일종.

| 18
歹 | 殯 | 초빈할 **빈**
ヒン
かりもがり・もがり |

【音読】
殯宮(ひんきゅう) 빈궁. 왕족들의 관을 발인할 때까지 안치해 두는 곳.
殯斂(ひんれん) 시체를 입관한 채 안치함. 또, 그 의식.

【訓読】
殯(もがり) 옛날, 귀인의 관을 매장 전에 임시로 안치하던 곳. ＊あらきろも로 읽음.

| 19
口 | 嚬 | 찡그릴 **빈**
ヒン
ひそめる |

【訓読】
嚬む(ひそむ) 〈古〉①찡그리다. ②울상이 되다.
嚬める(ひそめる) 찌푸리다. 찡그리다.

| 19
氵 | 瀕 | 물가 **빈**·임박할 **빈**
ヒン
みぎわ |

【音読】
瀕する(ひんする) 절박한 형편에 처하다.
瀕死(ひんし) 빈사.

| 20
糸 | 繽 | 성할 **빈**
ヒン |

【音読】
繽紛(ひんぷん) 빈분. 많은 것이 어지러이 뒤섞이는 모양.

| 24
頁 | 顰 | 찡그릴 **빈**
ヒン
ひそめる・しかめる |

【音読】
顰笑(ひんしょう) 빈소. 기쁨과 슬픔.
顰蹙(ひんしゅく) 빈축.

【訓読】
顰(しかみ) ①(얼굴을) 찡그림. ②(能楽(のうがく)에서 쓰는) 도깨비 탈의 일종.
❖顰む ㊀(ひそむ) 〈古〉①찡그리다. ②울상이 되다.
㊁(しかむ) ①이마나 얼굴에 주름이 잡힘. ②옷이나 종이에 주름이 잡힘.

顰み(ひそみ) 눈살을 찌푸림.
～に倣(なら)う 덮어놓고 남을 흉내내다.
❖顰める 曰(しかめる) (마음이 언짢거나 고통 때문에) 얼굴을 찡그림.
曰(ひそめる) 찌푸리다. 찡그리다.
顰め面(しかめつら) 찌푸린 얼굴.

24 髟	鬢	살쩍 빈 ビン

音読

鬢(びん) 빈모. 살쩍. 「은 손거울.
鬢鏡(びんかがみ) 살쩍을 보는, 자루 달린 작
鬢毛(びんもう) 빈모. 살쩍.
鬢髪(びんばつ) 빈발. 살쩍.
鬢付け油(びんつけあぶら) 채유와 목랍(木蠟)으로 만든 머릿기름의 한 가지.
鬢搔き(びんかき) 면빗. 면소(面梳).
鬢長(びんなが) 〖魚〗 날개다랑어.

빙

5 水 教	氷	얼음 빙·얼 빙 ヒョウ こおり・ひ・こおる

音読

氷結(ひょうけつ) 빙결. 동결.
氷菓(ひょうか) 빙과. 얼음과자.
氷冠(ひょうかん) 빙관.
氷塊(ひょうかい) 빙괴.
氷球(ひょうきゅう) 빙구. 아이스 하키.
氷技(ひょうぎ) 빙기. 스케이트 경기.
氷期(ひょうき) 〖地〗 빙기.
氷嚢(ひょうのう) 빙낭. 얼음주머니. ＊こおりぶくろ로도 읽음.
氷島(ひょうとう) ①북극해에서 볼 수 있는 탁상(卓狀)의 빙산. ②〖地〗 아이슬란드.
氷輪(ひょうりん) 빙륜. 차갑게 빛나는 달.
氷面(ひょうめん) 빙면. 얼음의 표면. ＊ひもロ로도 읽음.
氷霧(ひょうむ) 빙무. 수증기가 얼어서 된 결정체. ＊こおりぎり로도 읽음.
氷壁(ひょうへき) 빙벽.
氷山(ひょうざん) 빙산.
～の一角(のいっかく) 빙산의 일각.
氷上(ひょうじょう) 빙상.
‖～競技(きょうぎ) 빙상 경기.
氷床(ひょうしょう) 대륙의 넓은 면적을 덮는 매우 두꺼운 얼음의 집합체.
氷像(ひょうぞう) 얼음으로 사람·사물의 모양을 만든 것.
氷霜(ひょうそう) 빙상. 얼음과 서리.
氷釈(ひょうしゃく) 빙석. 빙해(氷解). (의혹·의문 등이) 얼음 녹듯이 스러짐.

氷雪(ひょうせつ) 빙설. 얼음과 눈.
‖～気候(きこう) 〖氣〗 빙설 기후.
氷笋(ひょうじゅん) ①터널에 겨울이면 내부의 노면에서 위로 뻗는 얼음. ②빙주(氷柱). 고드름.
氷食(ひょうしょく) 〖地〗 빙식(氷蝕). ♣～谷(こく) 〖地〗 빙식곡.
氷蝕(ひょうしょく) ⇨ 氷食(ひょうしょく).
氷室(ひょうしつ) ①빙실. 빙고. ＊ひむろ로도 읽음. ②냉장고의 제빙실이나 냉동실.
氷野(ひょうや) 빙야. 빙원.
氷染染料(ひょうせんせんりょう) 〖化〗 빙염 물감. 냉염(冷染) 물감.
氷温(ひょうおん) 섭씨 0도에서 식품류가 얼기 시작하기 직전까지의 온도대(帯).
氷原(ひょうげん) 빙원.
氷人(ひょうじん) 빙인. 중매쟁이.
氷刃(ひょうじん) 얼음처럼 빛나는 예리한
氷箸(ひょうちょ) 고드름. 「칼.
氷点(ひょうてん) 〖理〗 빙점. 어는점.
‖～下(か) 빙점하. 영하.
氷晶(ひょうしょう) 〖氣〗 빙정. ♣～雲(うん) 〖氣〗 빙정운.
氷柱 曰(ひょうちゅう) ①고드름. ②여름에 실내용으로 세운 얼음 기둥.
曰(つらら) ①☞曰①. ②〈古〉얼음.
‖～石(いし) 빙주석. 종유석(鍾乳石). 돌고
氷酒(ひょうしゅ) 빙주. 「드름.
氷洲石(ひょうしゅうせき) 〖鑛〗 빙주석.
氷質(ひょうしつ) 빙질. 얼음의 질.
氷酢酸(ひょうさくさん) 〖化〗 빙초산.
氷層(ひょうそう) 빙층. 얼음의 층〔켜〕.
氷炭(ひょうたん) 빙탄. 얼음과 숯.
～相(あい)いれず 빙탄 불상용.
氷堆石(ひょうたいせき) 빙퇴석.
氷片(ひょうへん) 빙편. 얼음 조각.
氷河(ひょうが) 빙하. ～期(き) 빙하기.
‖～時代(じだい) 빙하 시대.
氷海(ひょうかい) 빙해. 얼어붙은 바다.
氷解(ひょうかい) 빙해. 얼음 녹듯이 의혹이 풀림. 「토.
氷縞粘土(ひょうこうねんど) 〖地〗 빙호 점
氷花(ひょうか) 빙화.
氷厚(ひょうこう) 얼음의 두께.

訓読

氷 曰(こおり) 얼음.
曰(ひ) ①☞曰. ②우박.
氷る(こおる) 얼다.
氷菓子(こおりがし) 얼음과자. 빙과.
氷蕎麦(こおりそば) 메밀국수를 얼려서 말린 식품.
氷蒟蒻(こおりこんにゃく) 곤약을 썰어 삶은 후 얼려서 말린 식품.
氷袋(こおりぶくろ) 얼음주머니. 빙낭(氷嚢).
氷頭(ひず) 연어·고래 따위의 대가리의 연골(軟骨).
‖～鱠(なます) 연어 대가리의 연골을 얇게 저민 회.

氷豆腐(こおりどうふ) 얼린 두부. 언 두부.
氷梅(こおりうめ) 빙렬(氷裂) 모양에 매화를 흩뜨린 무늬.
氷面鏡(ひもかがみ) 얼음 표면을 거울에 비유한 말.
氷蜜(こおりみつ) 얼음사탕을 잘게 부수어 달걀 흰자위를 섞어 조린 식품.
氷白玉(こおりしらたま) 찹쌀경단을 넣은 팥빙수.
氷餅(こおりもち) 얼려서 말린 떡.
氷砂糖(こおりざとう) 얼음사탕.
氷の朔日(こおりのついたち) 음력 6월 1일.
氷小豆(こおりあずき) 팥빙수.
氷水 ㊀(こおりみず) 빙수. 얼음냉수. *こおりすいろも 읽음.
㊁(ひみず) 빙수. 얼음을 녹인 물.
氷鴨(こおりがも) 〖鳥〗 바다쩡.
氷魚 ㊀(ひお) 〖魚〗 은어의 유어(幼魚).
㊁(こまい) 〖魚〗 빨간대구.
氷熱量計(こおりねつりょうけい) 얼음 열량계.
氷屋(こおりや) ①얼음 가게. 또, 그 장수. ②빙수 가게. 또, 그 장수.
氷雨(ひさめ) ①〈雅〉우박. ②진눈깨비.
氷雲(こおりぐも) 빙정운(氷晶雲).
氷の刃(こおりのやいば) 얼음처럼 날카롭게 간 칼.
氷汁粉(こおりじるこ) 얼음 단팥죽.
氷漬け(こおりづけ) ①얼음에 채우기. ②(활동·경기(景氣) 등이) 위축된 상태.
氷の地獄(こおりのじごく) 〖佛〗 팔한(八寒)지옥.
氷倉(ひぐら) 옛날, 얼음을 넣어 두던 창고. 빙고(氷庫).
氷枕(こおりまくら) 빙침. 얼음 베개. *ひょうちん으로도 읽음.
氷割れ(ひわれ) 무늬의 하나. 얼음에 금이 간 것처럼 불규칙한 선을 종횡으로 그은 것.
氷詰め(こおりづめ) 얼음을 채움. 얼음에 채운 것.
其他▶
氷下魚(こまい) ⇨ 氷魚(こまい).

| 8 几 | 凭 | 기댈 빙·의지할 빙
ヒョウ
よる·もたれる |

訓読▶
凭つく(もたつく) 〈俗〉 ①(얽혀서) 진척되지 않다. ②남녀가 어울려 농탕치다.
凭せ掛ける(もたせかける) 기대다. 기대어 세우다.
❖凭り掛かる(よりかかる) 기대다. 의존하다.
凭り掛かり(よりかかり) 기대기 위한 것.
❖凭れる(もたれる) ①기대다. ②〈俗〉체하다. (속이) 거북하다.
凭れ掛かる(もたれかかる) 기대다. 의지하다.
凭れ込む(もたれこむ) 상대에게 완전히 기대다.
凭れ合う(もたれあう) 서로 기대다. 의지하다.

| 12 馬 | 馮 | 업신여길 빙
ヒョウ
たのむ·よる |

音読▶
馮河(ひょうか) 빙하. 걸어서 황하(黃河)를 건넘. 전하여, 무모한 용기의 비유. *ひょうがろも 읽음.

| 13 耳 | 聘 | 부를 빙
ヘイ
とう |

音読▶
聘する(へいする) 초빙하다.
聘問(へいもん) 빙문. 예물을 가지고 방문함.
聘物(へいもつ) 빙물. 선물.

| 16 心 | 憑 | 기댈 빙·증거 빙
ヒョウ
よる·たのむ·つく |

音読▶
憑拠(ひょうきょ) 빙거. 근거.
憑靈(ひょうれい) 혼령이 지핌.
憑依(ひょうい) 빙의. 영혼이 옮겨 붙음.
∥~妄想(もうそう) 빙의 망상.
訓読▶
憑かれる(つかれる) 들리다. 씌다. 홀리다.
❖憑く(つく) (심령·마귀 따위가) 들리다. 씌다. 홀리다.
憑き物(つきもの) 사람에게 들린 악령(惡靈)이나 마귀(魔鬼).
其他▶
憑人(よりまし) (주술에서) 신령을 잠시 들게 하기 위한 아이나 허수아비.

사

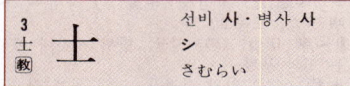

音読
- **士**(し) ①무사. ②선비.
- **士官**(しかん) ①사관. 장교. ②고급 선원.
  ‖**〜学校**(がっこう) (육군) 사관 학교.
  〜候補生(こうほせい) 사관 후보생.
- **士君子**(しくんし) 사군자. 학문에 통달하고 덕이 높은 사람.
- **士気**(しき) 사기.
- **士女**(しじょ) 사녀. 남녀. 신사와 숙녀.
- **士農工商**(しのうこうしょう) 〖史〗 무사·농민·장인(匠人)·상인(江戸(えど) 시대에 사람들을 직업에 따라 나눈 네 가지 신분).
- **士大夫**(したいふ) 사대부.
- **士道**(しどう) 武士道(ぶしどう)의 준말.
- **士力**(しりょく) 사력. 병사의 힘. 사기.
- **士民**(しみん) 사민. 士族(しぞく)와 평민. 무사(武士)와 서민.
- **士分**(しぶん) 무사 신분.　　　　　「백성.
- **士庶**(ししょ) 사서. ①무사와 서민. ②일반
- **士人**(しじん) ①무사(武士). ②사인. 교육〔지위〕 있는 사람. 인사(人士). 선비.
- **士爵**(しじゃく) 영국에서, 개인적인 공적을 세웠거나 국가적인 공적이 있는 사람으로서 Sir의 칭호를 받은 사람.
- **士長**(しちょう) 消防(しょうぼう)士長·陸(りく)士長·海(かい)士長·空(くう)士長의 준말.
- **士節**(しせつ) 사절. 무사로서의 절개.
- **士族**(しぞく) 사족. 무사의 가문.
- **士卒**(しそつ) 사졸. 사병.
- **士風**(しふう) 사풍. 무사의 기풍.
- **士魂**(しこん) 무사의 정신.
  ‖**〜商才**(しょうさい) 무사의 정신과 장사의 재능(을 겸비함).

3 巳 人	巳	여섯째지지 **사** シ み

訓読
- **巳**(み) 사. 뱀. 지지(地支)의 여섯째.

- **巳の刻**(みのとき) ⇨ **巳の時**(みのとき).
- **巳の時**(みのとき) ①사시. 오전 10시부터 정오까지의 시각. ②사물이 새로움. 사물이 왕성한 때.

5 ノ	乍	잠깐 **사**·언뜻 **사** サ たちまち·ながら

訓読
- **乍**(ながら) ①두 동작이 동시에 행해짐을 나타냄. …면서. …며. ②상응하지 않는 사항이 공존함을 나타냄. …면서. …하지만. ③그대로. 모두 다. 온통 그대로.

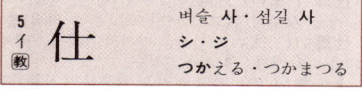

音読
- **仕過ごす**(しすごす) (정도 이상으로) 지나치게 하다.
- **仕官**(しかん) 사관. ①관직에 오름. ②江戸(えど) 시대 이전에, 야인이던 무사가 영주(領主)를 섬기게 되는 일.
- **仕掛かる**(しかかる) ①하기 시작하다. ②일을 중도까지 하다.
- **仕掛け**(しかけ) ①시작함. 시작하여 끝나지 않은 상태. ②(특수한) 장치. 규모. 속임수. ③仕掛け花火(しかけはなび)의 준말. ④낚싯대·낚싯줄 따위 낚시 용구의 총칭.
- **仕掛ける**(しかける) ①상대에게 수작을 걸다. ②장치를 준비하거나 설치하다. ③씨름에서 기술을 걸다.
- **仕掛け物**(しかけもの) 특수한 장치가 되어 있는 것.
- **仕掛け人**(しかけにん) ①살인 청부업자. ②배후 조종자.
- **仕掛け者**(しかけもの) 음모를 꾸며 야바위 치는 사람. 또, 성적으로 남성을 유혹하여 돈 따위를 뜯는 사람.
- **仕掛け品**(しかけひん) 제작 중인 물건.
- **仕掛け花火**(しかけはなび) 여러 가지 모양이 나타나게 장치한 꽃불.
- **仕口**(しぐち) ①수법. ②〖建〗 목재와 목재를 잇기 위한 장부를 낸 곳.
- **仕納め**(しおさめ) 일·행동의 마지막. 마지막으로 한번 함. 끝장.
- **仕度**(したく) 채비. 준비
- **仕途**(しと) 사도. 벼슬길.

仕落とす(しおとす) ① 할 일을 빠드리다. ② 소홀히 하다.
仕来たり(しきたり) 관습. 관례.
仕留める(しとめる) (활·총포 등으로) 숨통을 끊다.
仕立つ(したつ) 옷을 짓다.
仕立て(したて) ① 만드는 일. 특히, 재봉. 바느질. ② 준비하여 보냄. ③ 교육. 훈련. 양성. ④ 배 따위를 전세 냄.
∥**仕立券**(したてけん) 맞춤권(券). 양복이나 와이셔츠 따위를 맞출 때 맞춤값을 대신하는 증서.
仕立物(したてもの) ① 재봉. 바느질. ② 갓~**上がり**(あがり) ① 맞춤옷의 됨됨이. 이제야 맞춤. ② 주인.
仕立屋(したてや) 양복점. 바느질 집. 또, 그 ~**下ろし**(おろし) 새 맞춤옷(을 입음).
仕立てる(したてる) ① 만들다. 짓다. 특히, 옷을 짓다. ② 준비하다. 마련하다. ③ 가르쳐 내다. 양성하다. ④ 꾸미다.
仕立て上げる(したてあげる) ① 만들다. 짓다. ② 기르다. 육성하다.
仕舞(しまい) 能楽(のうがく)에서, 반주·의상을 갖추지 않고 노래만으로 추는 약식 춤.
仕舞い(しまい) ① 끝. 마지막. 파함. 끝맺음. ② 매진. ③ 처음. 정돈.
∥~**物**(もの) 점포 정리로 처분하는 상품. 팔다 남은 물품.
~**際**(ぎわ) 어떤 일이 끝날 무렵.
~**湯**(ゆ) 다른 사람이 목욕을 다 하고 난 뒤의 마지막 목욕.
~**風呂**(ぶろ) ☞ 仕舞い湯.
仕舞う(しまう) ① 파하다. 끝나다. 끝내다. ② 치우다. 챙기다. ③ 간수하다. 안에 넣다.
仕舞うた(しもうた) 주로 関西(かんさい) 지방의 말로서 '시맏다(＝아차, 아뿔싸)'의 뜻.
仕舞た屋(しもたや) ① 여염집. ② 전에 장사를 하다가 그만둔 집.
仕舞うた屋(しもうたや) ☞ 仕舞た屋(しもたや).
仕舞い込む(しまいこむ) 깊이 간직하다.
仕物(しもの) ① 일. ② 쓸모 있는 것.
仕返し(しかえし) ① 복수. 보복. ② 고쳐함. 다시 함.
仕返す(しかえす) ① 복수하다. ② 다시 하다.
仕方(しかた) ① 하는 방법. 방식. ② 처사. 짓. ③ 몸짓. 손짓.
∥~**咄**(ばなし) 몸짓 손짓을 많이 넣은 만담.
~**無い**(ない) 할 수 없다. 하는 수 없다.
仕放題(しほうだい) 하고 싶은 일을 마음대로 함.
仕法(しほう) ① 방식. 방법. ②『商』(증권의) 거래 방법. ♣~**書**(がき) 시방서.
仕服(しふく) (다도(茶道)에서) 찻잔·찻사릇 등을 넣는 주머니.
仕覆(しふく) ⇨ 仕服(しふく).
仕付け(しつけ) ① 예의 범절(을 가르침). ② (재봉에서) 시침질. 또, 그 실. ③ 모내기. 모

심기. 재배. ④ 만들어 붙임.
∥~**糸**(いと) 시침용의 실.
仕付ける(しつける) ① (예의 범절을) 가르치다. ② 손에 익다. 길들다. ③ (논에) 모를 내다. ④ 시침질하다.
仕分け(しわけ) 구분. 분류.
仕払い(しはらい) 관청으로부터 민간에 대한 금전 지급.
仕払う(しはらう) 지불(지급)하다.
仕事(しごと) 일. ① (하는, 해야 할) 일. 직업. 업무. ②『理』힘이 작용해서 움직이게 함. ♣~**箱**(ばこ) 도구 상자／~**先**(さき) 일터／~**場**(ば) 작업장／~**着**(ぎ) 작업복／~**唄**(うた) 노동요.
∥~**率**(りつ)『理』일률. 단위 시간에 행하는 일의 분량.
~**柄**(がら) 일의 성격상. 직업(관계)상.
仕上がり(しあがり) 마무리. 성과. 됨됨이.
仕上がる(しあがる) ① 마무리되다. 완성되다. ② (경기 등에) 준비 태세가 갖추어지다.
仕上げ(しあげ) 마무리. ① 마무름. 완성시킴. ② 끝손질. 뒷마감. ♣~**鉋**(かんな) 마무리 대패.
∥~**工**(こう) 마무리공. 완성공.
~**砥**(と) (마무리용의) 고운 숫돌.
仕上げる(しあげる) ① 마무르다. ② 성공(성취)하다.
仕損じ(しそんじ) 그르침. 실수. 실패.
仕損じる(しそんじる) ☞ 仕損ずる(しそんずる).
仕損ずる(しそんずる) (방법을) 그르치다. 실수하다.
仕送り(しおくり) 생활비나 학비(의 일부)를 보내줌.
仕送る(しおくる) 생활비·학비를 보조하기 위해 금품을 보내다.
仕手 ㊀(シテ) (能楽(のうがく)나 狂言(きょうげん)에서) 주인공역(이 되는 배우).
∥~**柱**(ばしら) 能楽(のうがく)에서, 무대의 왼쪽 안 구석에 있는 기둥.
㊁(して) ① 할 사람. ②『商』많은 주식을 투기 매매하는 사람. 큰손.
∥~**戦**(せん) 주식 거래에서, 특정 종목의 주식을 둘러싸고 매매 쌍방이 겨루는 일.
~**株**(かぶ)『商』대량 투기 매매의 대상이 되는 주식.
仕勝ち(しがち) ① 하면 하는 만큼 이기게 됨. ② 자칫하면 …함.
仕様(しよう) ① (무엇을) 하는 방법. 하는 수. (할) 도리. 수단. ② ☞ 仕様書.
~**が無い**(ない) 할 수 없다. 어쩔 도리가 없다. 처치 곤란하다.
∥~**模様**(もよう) 방법. 수단(음이 비슷한 模様을 붙여 쓴 것으로, 仕様의 힘줌말).
~**書**(がき) 시방서. * しようしょ로도 읽음.
仕業 ㊀(しぎょう) 현장에서 기계 조작이나 운전을 함.
㊁(しわざ) 소행. 짓.
仕訳(しわけ) (부기의) 분개(分介). ♣~**帳**

(ちょう) (부기의) 분개장.
∥〜日記帳(にっきちょう) 부기에서, 일기장과 분개장을 겸하고 있는 장부.
仕儀(しぎ)〈老〉(좋지 않은) 결과. 형세. 형편. 사정.
仕入れ(しいれ) 매입. 구입. ♣〜先(さき) 구입[매입]처.
∥〜書(がき) 매입 명세서. 송장(送狀).
仕入れる(しいれる) ① 사들이다. 매입하다. ② (지식을) 얻다. ③〈古〉가르치다.
仕込み(しこみ) ① 가르침《좁은 뜻으로는 연극에서 첫날 개막까지의 준비 작업·준비금을 가리킴》. ② (음식점 등에서 재료를) 들여놓음. ③ 만담에서 본제에 들어가기 전에 청중에게 예비 지식으로서 하는 머리말. ④ 술·간장 등을 빚어 넣음.
∥〜杖(づえ) 속에 칼 따위를 장치한 지팡이.
〜桶(おけ) ① (술·간장 등의) 양조용 통. ② 김치 따위를 담그는 통.
仕込む(しこむ) ① 가르치다. 훈련하다. 길들이다. ② 속에 넣다[장치하다]. ③ (상품 등을) 사들이다. 구입하다. ④ (술·간장 등을) 양조하기 위해 통에 담그다.
仕切り(しきり) ① 칸막이. 구분. ② 결말을 지음. 결산. ③ 일본 씨름에서, 맞붙기 위한 태세. ♣〜金(きん) 청산금(淸算金) /〜壁(かべ) 칸막이벽.
∥〜網(あみ) 물고기가 외양으로 나가지 못하게 막는 그물.「산서.
〜書(しょ) ① 상품 내용 설명서. ② 매상 계
〜屋(や) 모아온 폐품을 분류하여 판매하는 업(자). 고물상.
〜帳(ちょう) 거래 결산 장부.
〜場(ば) 회수한 폐품을 정리·거래하는 곳.
〜値段(ねだん) ① 매매가 성립되는 가격. ② 전매(轉賣) 가격 또는 되산 가격.
仕切る(しきる) ① 칸막이 치다. ② 결산하다. ③ (씨름꾼이 씨름판에서) 맞붙을 태세를 취하다.
仕丁(じちょう) 옛날에, 관청의 잡역부.
*しちょうろも 읽음.
仕組み(しくみ) ① 짜임새. 구조. 기구. ② 계획. 고안. 장치. ③ (소설·희곡의) 구성.
仕組む(しくむ) ① 궁리해서 짜다. ② (좋지 않은 일을) 계획하다.
仕種(しぐさ) ⇨ 仕草(しぐさ).
仕振り(しぶり) 일을 하는 모양. 하는 짓.
仕進(ししん) 사진. 벼슬아치가 됨.
仕着せ(しきせ) ① 철따라 주인이 고용인에게 옷을 해 입히는 일. 또, 그 의복. ② 일방적으로 내린 것. 정해진 틀에 박힌[뻔한] 일.
∥〜代(だい) 주인이 고용인에게 仕着せ 대신 주던 돈.
仕替え(しかえ) 다시 함. 고쳐 함.
仕替える(しかえる) 다시 하다.
仕草(しぐさ) ① 행위. 처사. 짓. ② 몸짓. 배우의 동작·연기·표정.
仕出かす(しでかす) 해 버리다. 저지르다.

仕出し(しだし) ① (고안해서) 만들어 냄. 새로운 궁리[고안]. ② (주문에 의하여) 요리를 만들어 배달함. ③ (연극·영화에서) 단역.
∥〜弁当(べんとう) 주문 도시락.
〜屋(や) 주문을 받아 요리를 만들어 배달하는 가게[사람].
仕出す(しだす) ① 만들어 내다. 특히, (주문에 의해) 요리를 만들어 배달하다. ② 하기 시작하다. 큰일을 하다. 저지르다. ④ 벌어서 재산을 불리다.
仕置き(しおき) ① (江戸(えど) 시대에) 본보기로 사람을 처벌함. 특히, 사형. ② 징계. ♣〜場(ば) (사) 형장.「［사람].
仕置く(しおく) 해 놓다. 처치하다. 처분하
仕打ち(しうち) ① (남에 대한) 처사. ② 무대에서 배우의 동작·표현·연기.
仕学(しがく) 실무(實務) 능력과 학구(學究) 능력.
仕合(しあい) ① 맞동작을 함. ② 시합. 경기.
仕合わせ(しあわせ) ① 운수. 운. ② 운이 좋음. 행운. 행복. ♣〜者(もの) 행운아.
仕合わせと(しあわせと) 다행히.
仕向け(しむけ) ① (상품 따위의) 발송. ②〈老〉대접. 대우.
∥〜地(ち) 발송할 곳. 발송지.
仕向ける(しむける) ① (특정한 태도로) 대하다. ② (행동을 하도록) 작용하다. ③ 발송하다.

訓読

❖仕える(つかえる) 시중 들다. 봉사하다. 섬기다.「무함.
仕え(つかえ) ① 섬김. 봉사함. ② 종사함. 근
仕えまつる(つかえまつる) 仕える(つかえる)의 높임말. 섬기다.
❖仕る(つかまつる)〈雅〉①'する(=하다)·行(こう)(=행하다)'의 겸사말. ②'仕(つか)える(=섬기다)'의 겸사말.
仕り候(つかまつりそうろう)〈文〉하옵[이옵]나이다. 하였사옵니다.

| 5 一 教 | 写(寫) | 베낄 사·그릴 사
シャ
うつす·うつる |

音読

写角(しゃかく) 사각. 카메라 앵글.
写経(しゃきょう) 사경. 경문을 베낌. 또, 베낀 경문.
写図器(しゃずき) 사도기. 팬터그래프.
写歴(しゃれき) 사진 촬영의 경력.
写瓶(しゃびょう)〖佛〗사병(寫瓶).
写譜(しゃふ) 사보. 악보를 베낌.
写本(しゃほん) 사본.
写仏(しゃぶつ) 불상 등을 모사하여 그림.
写像(しゃぞう)〖數·理〗사상.
写生(しゃせい) 사생. ♣〜文(ぶん) 사생문 /〜的(てき) 사생적 /〜画(が) 사생화.
写声語(しゃせいご) 사성어. 擬声語(ぎせい

ご)의 딴이름.
写植(しゃしょく)〖印〗 사식. 写真植字(しゃしんしょくじ)의 준말. *업계에서는 관용음으로 しゃちょく라고도 함.
写実(しゃじつ) 사실. ♣~**的**(てき) 사실적.
∥~**小説**(しょうせつ)〖文〗 사실 소설.
~**主義**(しゅぎ) 사실주의. 리얼리즘.
写友(しゃゆう) 사우. 사진 취미를 통해서 사귄 친구.
写字(しゃじ) 사자. 글자를 베끼는 일.
♣~**生**(せい) 사자생.
写場(しゃじょう) 사장. 사진관.
写真(しゃしん) 사진. ♣~**家**(か) 사진가 / ~**館**(かん) 사진관 / ~**機**(き) 사진기 / ~**班**(はん) 사진반 / ~**帳**(ちょう) 사진첩 / ~**版**(ばん) 사진판.
∥~**等級**(とうきゅう)〖天〗 사진 등급.
~**写り**(うつり) (사진의) 적힘새.
~**植字**(しょくじ)〖印〗 사진 식자. ♣~**機**(き) 사진 식자기. 사식기.
~**染め**(ぞめ) 사진염(染).
~**凹版**(おうはん)〖印〗 사진 요판. 그라비어.
~**乳剤**(にゅうざい)〖化〗 사진 유제.
~**電送**(でんそう) 사진 전송.
~**製版**(せいはん) 사진 제판.
~**天頂筒**(てんちょうとう)〖天〗 사진 천정통.
~**凸版**(とっぱん)〖印〗 사진 철판. 사진 볼록판.
~**測量**(そくりょう) 사진 측량.
~**判定**(はんてい) 사진 판정.
~**平版**(へいはん)〖印〗 사진 평판.
写出(しゃしゅつ) 사출. (글씨나 그림을) 그대로 베끼어 냄.

【訓読】
❖**写す**(うつす) ① (문서・그림 등을) 베끼다. ② 사진을 찍다.
写し(うつし) ① (사진을) 찍음. ② (그림・문서 등을) 베낌. 또, 그것. ③ 사본. 부본.
写し物(うつしもの) ① (문서 등을) 딴 종이에 베낌. 또, 베낀 것. ② 모조품.
写し撮る(うつしとる) 사진으로 찍다.
写し取る(うつしとる) ① 부본(副本)으로서 베껴 쓰다. ② 모방하여 쓰거나 만들다. 모사(模寫)하다.
写し絵(うつしえ) ① 베낀 그림. ② 사진. 초상화. ③ 붓으로 그린 그림.
❖**写る**(うつる) ① (속이) 비쳐 보이다. ② 찍히다.
写り(うつり) 사진의 적힘새.

| 5 口 教 | 史 | 역사 사・문인 사 シ ふびと・ふみ |

【音読】
史 ㊀(し) 사. 역사.
㊁(し) ① 서기. 옛날의 기록관. ② 상대(上代)의 '姓(かばね)(=씨족의 칭호)'의 하나.
史家(しか) 사가. 역사가.
史官(しかん) 사관. 역사 편찬 담당 관리. 중국 상대(上代)의 문서・기록 담당 관리.
史観(しかん) 사관. 역사관.
史劇(しげき) 사극.
史記(しき) 사기. 중국 최초의 정사(正史).
史談(しだん) 사담. 역사상의 이야기.
史都(しと) 사도. 고적・유적이 많은 도시.
史略(しりゃく) 사략. 간략히 기술한 역사. 또, 그 책.
史録(しろく) 사록. 역사에 관한 기록.
史論(しろん) 사론. 역사에 대한 평론.
史料(しりょう) 사료. 역사 연구의 자료.
∥~**批判**(ひはん) 사료 비판.
~**編纂所**(へんさんじょ) 사료 편찬소.
史林(しりん) 사림. 많은 역사책.
史脈(しみゃく) 사맥. 역사의 맥락.
史上(しじょう) (역)사상.
史書(しょ) 사서. 역사책.
史乗(しじょう) 사승. 사실의 기록.
史詩(しし) 사시. 역사상의 사건을 주제로 한 시.
史実(しじつ) 사실.
史心(ししん) 사심. 역사의 허실을 살펴보려고 하는 마음의 태세. 안목.
史眼(しがん) 사안. 역사적 현실을 갈파하는 안목.
史要(しよう) 사요. 역사의 개요. 또, 그 책.
史的(してき) 사적.
∥~**唯物論**(ゆいぶつろん) 사적 유물론.
~**現在**(げんざい)〖文法〗 (역)사적 현재.
史跡(しせき) 사적.
∥~**記念物**(きねんぶつ) (법으로 지정된) 사적 기념물.
史蹟(しせき) ⇨ 史跡(しせき).
史籍(しせき) 사적. 사서.
史伝(しでん) 사전. ① 역사와 전기. ② 역사상의 기록을 기초로 해서 만든 전기.
∥~**物**(もの) 역사물. 사전(史傳)에 의거한 문학 작품.
史前学(しぜんがく) 사전학. 선사학(先史學).
史潮(しちょう) 사조. 역사의 흐름.
史筆(しひつ) 사필. 역사 기록의 필법. 또, 기술하는 태도.
史学(しがく) 사학.
史話(しわ) 사화. 역사 이야기.
史興(しきょう) 사흥. 역사에 관한 흥미.

| 5 口 教 | 司 | 맡을 사 シ・ス つかさ・つかさどる |

【音読】
司教(しきょう)〖가톨릭〗 주교.
司令(しれい) 사령. ♣~**官**(かん) 사령관 / ~**部**(ぶ) 사령부 / ~**塔**(とう) 사령탑.
∥~**長官**(ちょうかん) 사령관. 벼슬.
司馬(しば) 사마. 옛 중국의 군사를 담당한 벼슬.
司牧(しぼく) 사목. ① 옛 중국에서, 백성을 통치하는 일. 또, 그 사람. ②〖가톨릭〗 사제가 신도를 인도하는 일.
司法(しほう) 사법. ♣~**官**(かん) 사법관 /

~權(けん) 사법권.
‖~警察(けいさつ) 사법 경찰.
~共助(きょうじょ) 사법 공조.
~官庁(かんちょう) 사법 관청.
~機関(きかん) 사법 기관.
~書士(しょし) 법무사.
~修習生(しゅうしゅうせい) 사법 연수생.
~裁判(さいばん) 사법 재판.
~処分(しょぶん)『法』사법 처분.
~解剖(かいぼう) 사법 해부.
司書(ししょ) 사서.
‖~教諭(きょうゆ) 사서 담당 교사.
司式(ししき) 의식(儀式)의 진행을 맡아봄.
司掌(ししょう) ①취급. 관장. ②중고(中古) 시대에 관청의 잡역을 관장하던 벼슬.
司政(しせい) 사정. 지방의 정치·행정을 관리함. ♣~官(かん) 사정관.
司祭(しさい) 사제. 신부(神父).
司厨(しちゅう) 함선에서의 취사 부서.
‖~士(し) 조리사의 자격이 있는 요리사.
~長(ちょう) (함선에서의) 주방장.
司直(しちょく) 사직.
司婚者(しこんしゃ) (결혼식의) 주례(자).
司会(しかい) 사회. ♣~者(しゃ) 사회자.

訓読

司(つかさ) ①관청. ②관리. ③임무.
司どる(つかさどる) 맡다. ①(직무로서) 취급하다. ②관리(관장)하다.
司召(つかさめし) 중고 시대, 京都(きょうと)의 관리를 새로 임명하던 연중 행사.

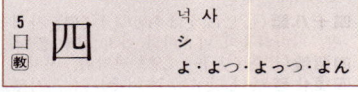
5
口
教
四
넉 사
シ
よ・よつ・よっつ・よん
第八十順

音読

四 ㊀(し) 사. 넷.
㊁(よ) 넷. 사(四).
㊂(よん)《물건을 셀 때에만 씀》.
㊃(よん) 넷. 넷. 네 개.
四角(しかく) ①사각. 사각형. ②모가 남. 딱딱하고 재미가 없음. ♣~柱(ちゅう) 사각 기둥. / ~錐(すい) 사각뿔.
~豆(まめ) 콩과의 덩굴성 1년초.
~四面(しめん) ①네모 반듯함. ②딱딱하고 고지식함.
~張る(ばる) ①네모지다. ②(표정 등이) 딱딱해지다. 굳어지다.
~八方(はっぽう) 모든 방면. 사방팔방.
~形(けい) 사각형. ＊しかっけいろとも 읽음.
~号碼(ごうま) (한자의) 사각 호마.
四更(しこう) 사경. 오경(五更)의 하나《대개 새벽 2시 전후》.
四境(しきょう) 사경. 사방의 경계.
四季(しき) 사계. 사철.
‖~報(ほう) 계보(季報). 계간지.
~払い(ばらい) (외상값 등을) 계절 말에 치르는 일.

~咲き(ざき) 사철 핌. 사철 피는 꽃.
~施(せ) 철따라 주인이 고용인에게 옷을 해 입히는 일. 또, 그 의복.
~絵(え) 4계절의 풍물을 병풍 따위에 그린 일련의 그림.
四界(しかい) 사계.
四股(しこ) 씨름의 준비 운동.
四苦(しく)『佛』사고. 네 가지 고통.
‖~八苦(はっく) 사고팔고. ①『佛』사고와 팔고. ②심한 고통. 온갖 고통.
四顧(しこ) 사고. 사방을 둘러봄.
四公六民(しこうろくみん) 사공육민. 봉건 시대에 농민의 수확 중 4 할을 도조(賭租)로 거두어들이던 일.
四光(しこう) 화투에서. 사광.
四球(しきゅう) 사구. ①(라디오의) 네 개의 진공관. ②『野』포볼.
四国(しこく) ①네 나라. ②阿波(あわ)·讃岐(さぬき)·伊予(いよ)·土佐(とさ)의 네 지방《지금의 徳島(とくしま)·香川(かがわ)·愛媛(えひめ)·高知(こうち)의 네 현》. ♣~稗(びえ)『植』향모(香茅).
‖~巡礼(じゅんれい) 四国八十八か所를 순례하는 일(사람).
~八十八か所(はちじゅうはっかしょ) 四国에 있는 88 개소의 弘法(こうほう) 대사(大師) 유적지.
四君子(しくんし) 사군자.
四極(しきょく) 사극. ①사방의 끝. ②사방의 극히 먼 나라.   「사(難事).
四難(しなん)『佛』사난. 인간의 네 가지 난.
四端(したん) 사단. 맹자(孟子)의 말로, 측은(惻隱)·수오(羞惡)·사양(辭讓)·시비(是非)의 네 가지 마음.
四達(したつ) ①사달. 길이 사방으로 통함. 사통. ②널리 퍼짐.
四大(しだい) 사대. ①『佛』(만물 생성의 근본이 되는) 지(地)·수(水)·화(火)·풍(風). ②사람의 몸.   「서.
四大奇書(しだいきしょ) (중국의) 사대 기
四斗樽(しとだる) 너 말들이 술통.
四等親(しとうしん) ☞四親等(ししんとう).
四緑(しろく) 사록. 음양도(陰陽道)에서 구성(九星)의 하나.
四六(しろく) 사륙. ①4 와 6. 4 푼과 6 푼. ②四六判의 준말. ③四六文의 준말. ♣~判(ばん)『印』사륙판.
‖~文(ぶん) 사륙문. 사륙변려문(四六駢儷).
~時中(じちゅう) 온종일. 늘. 언제나.
四隣(しりん) 사린.
四万六千日(しまんろくせんにち) 7 월 10 일의 관음보살 공양일.   「을 바라봄.
四望(しぼう) ①사망. 사방의 전망. ②사방
四面(しめん) ①사면. ②(건물·토지의) 길이와 폭이 같음. 사방. ♣~体(たい) 사면체.
‖~楚歌(そか) 사면초가.
四民(しみん) 사민. 모든 계급의 사람. 국민.
‖~平等(びょうどう) 사민 평등.

四拍子(しびょし)〖樂〗① 4 박자. ② 能楽(のうがく)에서 반주에 쓰이는 笛(ふえ)・太鼓(たいこ)・大鼓(おおつづみ)・小鼓(こつづみ)의 네 악기. *よんびょうしろ도 읽음.
四半(しはん) ① 4 분의 1. ② 정사각형의 돌을(현관 따위에) 비스듬히 까는 방식. ③ 네모 반듯이 자른 형겊. ♣~期(き) 사분기.
∥~世紀(せいき) 사반세기.
四方(しほう) 사방.
∥~流れ(ながれ) 사방이 모두 물매진 지붕.
~拝(はい) 정월 초하루 일본 궁중에서 거행하는 의식.
~八方(はっぽう) 사방팔방. *よもやも도 읽음.
㊁(よも) 〈雅〉동서남북의 사방. 전후좌우.
∥~の海(うみ) 사방의 바다. 사해.
㊂(しかく) 네모.
∥~錐(ぎり) ☞四つ目錐(よつめぎり).
四房(しぶさ) 씨름판 위의 가설 지붕 네 귀에 매단 4 색 술(춘・하・추・동을 나타냄).
四方位(しほうい) 사방위. 동서남북.
四配(しはい) 사배. 공자묘(孔子廟)에 모신, 안자(顔子)・자사(子思)・증자(曾子)・맹자(孟子)의 네 분.
四百四病(しひゃくしびょう) 〖佛〗 사백사병. 사람이 걸리는 온갖 병.
四百余州(しひゃくよしゅう) 사백여주. 중국 전토를 가리키는 말.
四壁(しへき) 사벽. ① 사면의 벽. ② 근처.
四辺(しへん) 사변. ① 주위. 근처. 근방. ② 사방. 사방의 변두리. ③ 〖数〗 네 개의 변.
♣~形(けい) 사변형.
四本柱(しほんばしら) 본디 씨름판의 네 모퉁이에 세운 네 기둥. 또, 거기에 앉은 네 사람의 검사역.
四部(しぶ) 사부. ① 네 개의 부분.
∥~衆(しゅ) 〖佛〗 ☞四衆(ししゅ).
~合唱(がっしょう) 사부 합창.
四分㊀(しぶ) 사분. 너 푼. ♣~板(いた) 너 푼 널.
~六(ろく) 4 대 6 의 비율.
~音符(おんぷ) 〖樂〗 4 분 음표. *しぶんおんぷ도 읽음.
㊁(しぶん) 사분.
∥~五裂(ごれつ) 사분오열.
四死球(ししきゅう) 〖野〗 사사구.
四捨五入(ししゃごにゅう) 사사오입. 반올림.
四散(しさん) 사산. 사방으로 흩어짐.
四酸化三鉛(しさんかさんなまり) 〖化〗 사산화삼연. 광명단. 연단. 사삼산화연. 「화철.
四酸化三鉄(しさんかさんてつ) 〖化〗 사산
四象(ししょう) 사상. 음양의 네 가지 상징으로 よ 소양・태양・소음・태음.
四生(ししょう) 〖佛〗 사생. 태생(胎生)・난생(卵生)・습생(濕生)・화생(化生).
四書(ししょ) 사서. 유교의 경전《대학(大學)・중용(中庸)・논어(論語)・맹자(孟子)》.
四声(しせい) 사성. 한자 성조(聲調)의 네 가지 구별.

四姓(しせい) 사성. 인도의 네 계급 제도. *ししょうろ도 읽음.
四聖(しせい) 사성. 네 사람의 성인.
四手(しで) ① 인줄・玉串(たまぐし) 등에 드리우는 흰 무명(종이) 오리. ② 창자루에 달아 표시로 삼는 불자(拂子) 비슷한 흰 야크 꼬리.
四旬節(しじゅんせつ) 〖宗〗 사순절. 「닐.
四時㊀(しじ) 사시. ① 사계(四季). ② 〖佛〗 하루의 朝(旦)・주(晝)・모(暮)・야
∥~刻刻(こっこく) 시시각각. ㊁(や).
㊁(しいじ) 〈文〉 ① 사철. ② 늘. 항상.
四神(しじん) 사신. 사방의 신(동은 청룡, 서는 백호, 남은 주작, 북은 현무).
四十(しじゅう) 사십. 마흔. *よんじゅう, 또 雅語로는 よそ라고도 함.
四十肩(しじゅうかた) 사십견. 4・50 대에 나타나는 어깨 관절의 운동 제한이나 아픔 등이 오는 질환.
四十九日(しじゅうくにち) 〖佛〗 사십구일. 또, 사십구일재.
四十暗がり(しじゅうくらがり) 마흔 살쯤 되어 시력이 떨어지는 일.
四十腕(しじゅううで) 마흔 살쯤 되어 팔이 만성적으로 아픈 일.
四十雀(しじゅうから) 〖鳥〗 박새.
四十振袖(しじゅうふりそで) (늙은 여자가) 나이에 걸맞지 않게 화장과 복장을 화려하게 하는 일.
四十八手(しじゅうはって) ① (일본 씨름에서) 마흔여덟 가지 수법. ② 사람을 조종하는 온갖 수단(비법).
四十八願(しじゅうはちがん) 〖佛〗 사십팔원. 아미타불의 마흔여덟 가지 서원(誓願).
四悪趣(しあくしゅ) 〖佛〗 사악취. 사악도.
四塩化珪素(しえんかけいそ) 〖化〗 사염화규소. 「탄소.
四塩化炭素(しえんかたんそ) 〖化〗 사염화
四の五の(しのごの) (귀찮은 일을) 이러쿵저러쿵. 이러니저러니.
四友(しゆう) 사우. ① 붓・먹・종이・벼루. ② (화제(畫題)로서) 솔・매화・난・대나무.
四韻(しいん) 사운(율시를 이름).
四月(しがつ) 사월.
∥~馬鹿(ばか) 에이프릴 풀.
四囲(しい) 사위. 주위.
四威儀(しいぎ) 〖佛〗 사위의. 사의(四儀).
四恩(しおん) 〖佛〗 사은. 천지(삼보)・국왕・부모・중생의 은혜.
四節(しせつ) 사계절.
四諦(したい) 〖佛〗 사체. 미(迷)와 오(悟)의 관계를 넷으로 나누어서 설명한 것.
四足(しそく) 사족.
∥~動物(どうぶつ) 네 발 동물의 총칭.
四周(ししゅう) 사주. ① 네 바퀴를 돎. ② 사위(四圍).
四重(しじゅう) 사중. ♣~奏(そう) 사중주/~唱(しょう) 사중창. 「음.
四衆(ししゅ) 〖佛〗 사중. *ししゅうろ도 읽

四肢(しし) 사지. 두 팔과 두 다리.
四肢骨(ししこつ)〖生〗사지골.
四診(ししん) 사진. 시진·청진·문진·촉진의 네 진료법.
四天王(してんのう) 사천왕. 여러 부하나 제자 중에서 특출한 네 사람.
四体(したい) 사체.　　　　　　　「총칭.
四則(しそく)〖數〗사칙. 가·감·승·제의
四親等(ししんとう)〖法〗사친등. 사촌.
四通八達(しつうはったつ) 사통팔달.
四弁(しべん) 사판. 꽃잎이 넷 있음.
四瓣(しべん) ⇨ 四弁(しべん).
四海(しかい) 사해.
∥～兄弟(けいてい) 사해 형제〔동포〕.
四行(しこう) 사행. ① 사람이 행해야 할 네 가지 도리. 효(孝)·제(悌)·충(忠)·신(信). ② 여자의 사덕. 부언(婦言)·부덕(婦德)·부공(婦功)·부용(婦容).　　　　　　　「관.
四行程機関(しこうていきかん) 사행정 기
四弦(しげん) ① 네 개의 줄. ② 비파. ③ 四弦琴의 준말.
∥～琴(きん) 三味線(しゃみせん) 비슷한 줄이 네 개인 악기.

訓読
四つ ㊀(よつ) ① 넷. 네 살. 넷째. ② (씨름에서) 쌍방이 서로 맞붙음. ③ 옛 시각의 명칭.
～に組(く)む ① 씨름에서, 서로가 두 손으로 단단히 잡고 맞붙다. ② 쌍방이 전력을 다해 맞싸우다.
㊁(よっつ) 넷. 네 살. 넷째.
∥～の自由(じゆう) 네 개의 자유. 사대(四大) 자유《four freedoms의 역어》.
四H(よんエッチ) 4 에이치. 연필심의 경도 중 비교적 단단한 것.
四つ脚(よつあし) ⇨ 四つ足(よつあし).
四つ角(よつかど) ① 네 귀. 네 모퉁이. ② 네거리. 십자로.
四つ過ぎ(よつすぎ) 과히 낡지 않은 것. 오래되지 않은 것. 새로운 것.
四段活用(よだんかつよう)〖文法〗動詞活用(どうしかつよう) 종류의 하나.
四大工業地帯(よんだいこうぎょうちたい)〖地〗사대 공업 지대. 京浜(けいひん)(＝東京(とうきょう)와 横浜(よこはま) 일대·中京(ちゅうきょう)(＝名古屋(なごや) 일대)·阪神(はんしん)(＝大阪(おおさか)와 神戸(こうべ) 일대·北九州(きたきゅうしゅう)(＝九州 북부)의 각 공업 지대.
四大漁場(よんだいぎょじょう)〖地〗사대 어장《북서 유럽·북태평양 동부 연안·북태평양 서부 연안·북아메리카 북동 연안에 있는 각 어장》.
四輪駆動車(よんりんくどうしゃ) 사륜 구동차. 앞뒤 바퀴에 동력을 전달하여 주행하는 자동차.
四輪車(よんりんしゃ) 사륜차. 대형 트럭을 제외한 보통 자동차. ＊しりんしゃ로도 읽음.
四つ目(よつめ) ① 눈이 네 개 있는 꼴. 특히, 사각형을 4 개 짝지어 만든 무늬. ② 네눈깔잡이《안경 낀 사람을 놀리는 말》.
∥～垣(がき) 대를 성기게 엮어 칸살이 네모난 울타리.
～錐(ぎり) 끝이 네모진 송곳. 네모꼴 송곳.
四目十目(よめとおめ) 혼인 관계에서, 남녀의 나이 차가 4 년차〔3 년 차이〕나 10 년〔9 년 차이〕에 해당하면 언짢다고 하는 미신.
四反百姓(よんたんびゃくしょう) (4 단, 곧 약 40 아르의 논밭밖에 없는 농민이라는 뜻으로) 가난한 농가를 이름.
四方山(よもやま) ① 여러 가지. 잡다(雜多)함. ② 세간(世間). ③〈古〉사방의 산.
∥～話(ばなし) 여러 가지 잡다한 이야기. 세상 이야기.
四倍(よんばい) 4 배.
四倍体(よんばいたい)〖生〗사배체.
四番(よばん)〖野〗타순의 네번째. 또, 그 타자. 팀 제일의 강타자. ＊よんばん으로도 읽음.
四番目物(よばんめもの) 能(のう)에서, 하루에 연주하는 5 곡목 중 네 번째 곡목.
四つ相撲(よつずもう) 서로 양팔을 뻗어 상대방의 샅바를 쥔 자세의 씨름.
四つ手(よつで) ① 손모양의 것이 넷 있음. ② 씨름에서, 서로 두 손으로 샅바를 맞잡음. ③ 四つ手網의 준말. ④ 四つ手駕籠의 준말.
∥～駕籠(かご) 네 귀의 기둥을 대로 만든 가마.
～網(あみ) 고기 잡는 그물의 하나. 뜰망.
四つ時(よつどき) 옛 시각의 명칭. 지금의 오전〔오후〕10 시쯤.
四つ身(よつみ) ① 일본옷 재봉에서, 키의 4 배 되는 보통 폭의 천으로 옷을 마르는 법. ② 씨름에서, 양팔로 상대의 샅바를 맞잡은 자세.
四辻(よつつじ) 네거리. 십자로. ＊よつじ로도 읽음.
四つ葉(よつば)〖植〗한 잎자루에 잎이 네 개 달려 있는 것. 네잎클로버 따위.
四隅(よすみ) 네 구석. 네 모퉁이.
四人(よにん) 4 인. 네 명. 네 사람. ＊よたり·よったり라고도 함.
四日(よっか) 4 일. 나흘. 초나흗날.
四字熟語(よじじゅくご) 사자 숙어. 한자 넉 자로 구성된 숙어.
四つん這い(よつんばい) 납죽 엎드림. 네 손발로 김. 포복.
四つ切り(よつぎり)〖寫〗4 절판《약 25.5 cm×30.5 cm》.　　　　　　　　　　「것.
四つ組(よつぐみ) 넷으로 한 벌이 되어 있는
四つ足(よつあし) ① 네 발〔가진 것〕. 네발짐승. ②〈卑〉남을 욕하는 말. 개새끼. ③ 四つ足門의 준말.
∥～門(もん) 둥근 기둥 앞뒤로 네모 기둥 넷을 세운 문.
四種(よんしゅ) 4 종. 제 4 종 우편물의 준말.
四つ竹(よつだけ) 죽박(竹拍)《댓조각 두 개씩 양손에 쥐고, 손바닥을 움직여 소리나게

四つ又(よつまた) ① 나뭇가지 따위 네 가랑이진 것. ② 네거리.
四次元(よじげん) 4 차원.
四畳半(よじょうはん) ① 일본 가옥에서, 다다미 넉 장 반을 깔 수 있는 2.25 평 크기의 네모진 방. ② 요릿집 따위의 아담하게 꾸민 방.
‖〜趣味(しゅみ) 요릿집 따위의 작은 방에서 芸者(げいしゃ) 등을 상대로 술을 마시는 것을 즐기는 취미. 「취향.
〜向き(むき) 유흥·정사(情事)에 알맞은
四片(よひら) 『植』① 네잎꽃. 사판화. ② 수국의 별칭.
四つ割り(よつわり) 4 등분.
四つの海(よつのうみ) 사해(四海). 사방(四方)의 바다. 세계.
四回(よんかい) 4회. 네 번.

其他

四十路(よそじ) ① 40세. 40년. ② 40.
四十四(よよし) 44구(句)로 계속되는 連歌(れんが)・俳諧(はいかい)의 형식.
四十日(よそか) 40 일간. 40 일.
四阿(あずまや) 정자.
四幅(よの) ① (피륙에서) 보통 폭을 넷 잇댄 큰 폭. 네 폭. ② 四幅布団의 준말.
‖〜布団(ぶとん) 네 폭(천으로 만든) 이불.
〜蒲団(ぶとん) ⇨ 四幅布団.

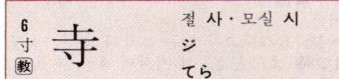

6획 寸 教 寺 절 사·모실 시 シ てら

音読

寺格(じかく) 사격. 절의 격식이나 계급.
寺内(じない) 사내. 절의 경내.
寺歴(じれき) 절의 역사.
寺領(じりょう) 사령. 사찰의 영지〔소유지〕.
寺廟(じびょう) 사묘.
寺務(じむ) 사무. 절의 사무. 또, 그것을 취급하는 곳〔승려〕. ♣〜所(しょ) 사무소.
寺門(じもん) ① 사문. 절의 문. ② 천태종(天台宗)의 한 파인 寺門派(じもんは)의 준말.
寺物(じもつ) 절에서 가지고 있는 집기·도구.
寺宝(じほう) 사보. 절의 보물. 「류.
寺社(じしゃ) 절과 신사(神社).
‖〜奉行(ぶぎょう) 무가(武家) 시대에 절과 신사에 관한 인사·잡무·소송에 관한 일을 관장하던 직(職).
寺僧(じそう) 사승. 절의 중.
寺域(じいき) 사역. 절의 경내.
寺運(じうん) 사운. 그 절의 운세.
寺院(じいん) 사원. 사찰.
‖〜建築(けんちく) 사원 건축. 「職」
寺主(じしゅ) 절의 서무·잡무를 맡아보는 직
寺中(じちゅう) ① 절의 경내(境內).
② 큰 사찰 경내에 있는 말사.
寺塔(じとう) 사탑. 절의 탑.
寺号(じごう) 사호. 절의 이름.

訓読

寺 ㈠(てら) ① 절. ② 寺銭(てらせん)・寺子屋(てらこや)의 준말.
㈡(じ) 《接尾語로》…사. 절.
寺構え(てらがまえ) 『建』 사원 건축의 구조. 또, 사원풍의 구조물.
寺男(てらおとこ) 절에서 잡일을 하는 남자. 불목하니.
寺納豆(てらなっとう) 콩·누룩을 소금물로 버무려 발효시킨 것.
寺籠り(てらごもり) 절에 있으면서 공양을 드리는 일.
寺方(てらかた) 절과 관계가 있는 일. 또, 그런 사람들. *てらがたろも 읽음.
寺法師(てらほうし) 옛날, 三井寺(みいでら)의 중을 일컫던 말.
寺小姓(てらこしょう) 절의 주지 곁에서 심부름하던 소년.
寺小屋(てらこや) ⇨ 寺子屋(てらこや).
送り(てらおくり) 죽은 사람의 위패와 유물을 절에 안치하는 일.
寺巡り(てらめぐり) 여러 곳의 절을 돌며 공양을 드리는 일.
寺侍(てらざむらい) (江戸(えど) 시대에 격이 높은 절에서) 사무(寺務)에 종사한 무사.
寺若衆(てらわかしゅう) ☞寺小姓(てらこしょう).
寺詣で(てらもうで) 절에 참배함.
寺屋(てらや) ☞寺子屋(てらこや).
寺入り(てらいり) ① 서당에 들어감. ② 죄인을 절에 맡김.
寺子(てらこ) 서당(書堂)에 들어간 아이.
寺子屋(てらこや) (江戸(えど) 시대에 보급된) 서당.
寺銭(てらせん) (도박 따위에서) 자릿세로 판돈에서 내는 돈.
寺町(てらまち) 절이 많은 구획.
寺地(てらち) 절의 부지. 절의 땅.
寺参り(てらまいり) 절에 참배함.
寺啄(てらつつき) 『鳥』 '啄木鳥(きつつき) (=딱따구리)'의 옛이름.

6획 歹 教 死 죽을 사·다할 사 シ しぬ

音読

死(し) ① 사. 죽음. ② 사형. 사죄.
〜を賭(と)す 목숨을 걸고 하다.
死する(しする) 죽다.
死せる(しせる) 죽은. 죽었던.
死角(しかく) 사각.
死諫(しかん) 사간. 죽음으로써 간함.
死去(しきょ) 사거. 사망.
死苦(しく) 사고. 죽음의 고통.
死の空気(しのくうき) 죽음의 공기. 공사장(工事場)의 구멍이나 묵은 우물 속에 괴어, 마시면 질식사하는 공기. 산결(酸缺) 공기.

死球(しきゅう)〖野〗 야구. 데드 볼.
死菌(しきん) 사균. (왁친의) 세균을 죽인 것.
死期(しき) 사기. 죽을 때. 임종. ＊しごとも 읽음.
死都(しと) 사도. 죽음의 도시.　　「물질.
死毒(しどく) 사독. 시체에서 발생하는 유독
死力(しりょく) 사력. 죽을〔필사의〕힘.
死霊(しりょう) 사령. 죽은 사람의 원령(怨靈)〔혼〕. ＊しれい로도 읽음.
死馬(しば) 사마. 죽은 말.
死魔(しま) 사마. ①죽음의 신. ②〖佛〗(불도를 닦는 데 방해가 되는) 죽음.
死亡(しぼう) 사망. ♣～率(りつ) 사망률 / ～者(しゃ) 사망자.
‖～保険(ほけん) 사망 보험.
～診断書(しんだんしょ) 사망 진단서.
死脈(しみゃく) 사맥. ①죽음이 가까운 때의 약한 맥박. ② 광물이 없는 광맥.
死面(しめん) 데스 마스크(death mask).
死滅(しめつ) 사멸.　　　　　　　「명.
死命(しめい) 사명. 죽음과 생명. 죽어야 할 운
～を制(せい)する (상대방의) 생사를 좌우하는 급소를 자기 손에 쥐다.
死没(しぼつ) 사몰. 사망.
死歿(しぼつ) ⇨ 死没(しぼつ).
死文(しぶん) 사문. 실제로 아무 효력 없는 법령이나 문장.
死物(しぶつ) 사물. ①죽은 물건. ②사장하는 것. 쓸모 없는 것.
‖～寄生(きせい) 사물 기생.
死斑(しはん) 사반. 시반(屍斑).
死法(しほう) 사법. 효력을 잃은 법.
死別(しべつ) 사별.
死病(しびょう) 사병. 죽을 병.
死士(しし) 사사. 죽음을 결심한 군사.
死産(しさん) 사산.
死相(しそう) 사상. 죽을 상.
死傷(ししょう) ①사상. ②사상자.
死の商人(しのしょうにん) 죽음의 상인. 무기 제조업자.
死色(ししょく) 사색.
死生(しせい) 사생. 생사. ＊ししょう로도 읽
死線(しせん) 사선.　　　　　　　　「음.
死所(ししょ) 사소. ①죽을 보람이 있는 장소. ②죽은 곳〔장소〕.
死水(しすい) 사수. ①흐르지 않는 물. 괸물. ②유체 중의 물체 뒤에 생기는 유속이 거의 없는 부분.
死囚(ししゅう) 사수. 사형수.
死守(ししゅ) 사수.
死屍(しし) 사시. 시체.
死失(しっし) 죽음.
死児(しじ) 사아. 죽은 아이.
死語(しご) 사어.
死肉(しにく) 죽은 동물의 고기. 송장 고기.
死人(しにん) 사인. 죽은 사람. 사자(死者).
＊方言으로 しびと라고도 함.
～に口(くち)無(な)し 죽은 사람은 말할

수 없다. 죽은 사람에게 죄를 덮어 씌우거나 죽은 사람의 증언을 얻을 수 없음을 일컫는 말.
死因(しいん) 사인.
‖～贈与(ぞうよ) 〖法〗 사인 증여.
死者(ししゃ) 사자. 죽은 사람.
死蔵(しぞう) 사장.
死戦(しせん) ☞ 死闘(しとう).　　　　「킴.
死節(しせつ) 사절. 목숨을 걸고 절개를 지
死絶(しぜつ) 사절. 숨이 끊어져 죽음.
死点(してん) 사점. ①(크랭크 장치에서) 아무리 힘을 가해도 크랭크가 움직이지 않는 점. ②(의론 등에서) 막다른 곳. ③위험한 지점.
死罪(しざい) 사죄. ①사형. ②죽어서 마땅한 죄.　　　　　　　　　　　　　「상태.
死中(しちゅう) 사중. 거의 살 가망이 없는
～に活(かつ)を求(もと)める 절망 상태에서 이를 돌파할 방법을 찾다.
死地(しち) 사지.
死差損益(しさそんえき) (생명 보험에서) 사차 손익. 사차익과 사차손을 함께 쓰는 말.
死処(ししょ) ⇨ 死所(ししょ).
死体(したい) 사체. 시체.
‖～検案書(けんあんしょ) 시체 검안서.
～遺棄罪(いきざい) 시체 유기죄.
死出(しで) ①死出の山(しでのやま)의 준말. ②死出の旅(しでのたび)의 준말.
‖～三途(さんず) 죽음(의 길).
死出の山(しでのやま) (죽은 후에 넘어가야 할) 저승에 있다는 험한 산.
死出の旅(しでのたび) 저승길. 죽음.
死出の田長(しでのたおさ) 〈古〉〖鳥〗 두견의 딴이름.　　　　　　　　　　　　「새.
死臭(ししゅう) 시취(屍臭). 송장이 썩는 냄
死胎(したい) 사태. 태내에서 죽은 아이.
死闘(しとう) 사투.
死票(しひょう) (선거에서의) 사표.
死荷重(しかじゅう) 〖理〗 사하중.
死海(しかい) 〖地〗 사해.
死骸(しがい) 사해. 송장.
死刑(しけい) 사형. ♣～囚(しゅう) 사형수.
死花(しか) 장례식에 쓰는 조화(造花).
死火山(しかざん) 사화산.
死活(しかつ) 사활.
‖～問題(もんだい) 사활 문제. 생사 문제.
死灰(しかい) 사회. 불기 없는 재. 생기・활기를 잃은 것.
死の灰(しのはい) 죽음의 재. 원자 폭탄 등이 폭발할 때에 나오는 방사능 재.
死後(しご) 사후. 죽은 뒤.
‖～強直(きょうちょく) 사후 강직〔경직〕.
～行為(こうい) 〖法〗 사후 행위.

〖訓読〗
死なす(しなす) 죽게 하다.
死なず甲斐(しなずがい) 죽지 않은 것만도 다행이라 할 정도의 참혹한 모양.
❖死ぬ(しぬ) 죽다. ①숨이 끊어지다. ②활동이 멈추다. 자다. ③활기가 없다. ④활용되지 않다. 놀다. ⑤〖野〗아웃되다. ⑥(바둑에

서) 포위되어 잡히다.
死に(しに) ①죽음. ②쓸데〔쓸모〕없음.
死に果てる(しにはてる) 전멸되다.
死に掛かる(しにかかる) 죽어 가다.
死に掛ける(しにかける) 다 죽어 가다. 죽게 되다.
死に口(しにくち) 공수. 죽은 사람의 넋이 무당에게 옮겨와 말함. 또, 그 말.
死に金(しにがね) ①보람 없이 쓴〔쓰는〕돈. 활용하지 않는 돈. ②자기가 죽었을 때 장례 비용 따위에 쓰도록 준비한 돈. 「촉하다.
死に急ぐ(しにいそぐ) (자기의) 죽음을 재
死に肌(しにはだ) 죽은 사람의 피부.
死に馬(しにうま) ①죽은 말. ②죽은거나 마찬가지인 쓸모 없는 말.
死に目(しにめ) 임종.
死に物狂い(しにものぐるい) 결사적인 몸부림. 필사적으로 바둥거림.
死に方(しにかた) ①죽는 법. ②죽을 때의 상태나 태도.
死に変わる(しにかわる) 환생(幻生)하다. 환생(還生)하다.
死に別れ(しにわかれ) 사별.
死に別れる(しにわかれる) 사별하다.
死に病(しにやまい) 죽을 병. 사병(死病).
死に膚(しにはだ) ⇨ 死に肌(しにはだ).
死に石(しにいし) 바둑에서, 사석. 죽어 돌.
死に所(しにどころ) ⇨ 死に所(しにどころ). 죽어야 할 데.
死に損ない(しにぞこない) ①죽으려다 죽지 못함. 또, 그 사람. ②늙은이를 욕하는 말.
死に損なう(しにそこなう) ①죽으려다가 죽지 못하다. ②죽으려 할 때에 죽지 않고 살아 남다. ③죽을 뻔하다. 「지막 물.
死に水(しにみず) (임종 때의) 입축임물. 마
死に時(しにどき) 죽을 때. 죽어야 할 때.
死に身(しにみ) ①죽어야 할 몸. ②전하여, 결사(決死)의 각오를 가짐. ③죽은 것처럼 활기가 없음.
死に神(しにがみ) 사신. 죽음의 신.
死に顔(しにがお) 죽은 사람의 얼굴.
死に様 ㈠(しにざま) 죽은 모양.
㈡(しによう) ①죽을 때의 상태〔모양〕. ②죽는 법.
死に欲(しによく) 죽을 때가 가까워졌는데도 욕심이 많아지는 일.
死に人(しにびと) 죽은 사람.
死に一倍(しにいちばい) 부모가 죽으면 두 배로 해서 갚겠다는 차금(借金)(의 약속).
死に場(しにば) ☞死に所(しにどころ).
死に場所(しにばしょ) ☞死に所(しにどころ).
死に装束(しにしょうぞく) (할복 따위로) 죽음을 각오한 사람이 입는 흰 복장. 또, 수의(壽衣).
死に切れる(しにきれる) 이승에 미련없이 죽을 수 있다.
死に絶える(しにたえる) 멸족(滅族)하다. 멸종하다. 절멸(絶滅)하다.
死に際(しにぎわ) 임종.
死に足(しにあし) (씨름에서) 뒤꿈치로만 버티고 있는 상태.
死に遅れる(しにおくれる) ⇨ 死に後れる(しにおくれる).
死に支度(しにじたく) 죽음을 맞이할 준비.
死に処(しにどころ) ⇨ 死に所(しにどころ).
死に体(しにたい) (씨름에서) 몸의 자세가 무너져서 씨름을 계속할 수 없게 된 상태.
死に出立ち(しにでたち) ☞死に装束(しにしょうぞく).
死に恥(しにはじ) 치욕적인 죽음. 죽은 후에도 남는 치욕.
死に票(しにひょう) ☞死票(しひょう).
死に学問(しにがくもん) 죽은 학문. 쓸모 없는 학문.
死に花(しにばな) ①그루터기에 핀 꽃. ②죽음으로써 얻은 영예.
死に化粧(しにげしょう) 죽은 사람의 얼굴에 베푸는 화장.
死に後れる(しにおくれる) ①어떤 사람을 먼저 여의다. 자기만 살아 남다. ②(죽어야 할 때 죽지 않고) 살아 남다.
死に黒子(しにほくろ) 노인에게 생기는 검은 점. 검버섯.

6 糸 教	糸 (絲)	실 사 シ いと

音読
糸価(しか) 생사(生絲) 가격. 「총칭.
糸管(しかん) 사관. 현악기와 관악기. 음악의
糸球体(しきゅうたい) 『生』 사구체.
糸絡(しらく) 실패.
糸状(しじょう) 사상. 실처럼 가늘고 긴 모양. ♣~菌(きん) 사상균/~体(たい) 『植・生』 사상체/~虫(ちゅう) 『動』 사상충.
糸雨(しう) 사우. 실비. 이슬비.
糸竹(しちく) 사죽. ①관현(管絃) 악기. ②음악. *いとたけろも 읽음.
糸毫(しごう) 사호. 극히 적음〔적은 수량〕.

訓読
糸 ㈠(いと) ①실. ②실 모양의 것. ③거문고 따위의 줄.
　~を垂(た)れる 낚시질하다.
　~を引(ひ)く ①계속되어 끊이지 않다. ②뒤에서 조종하다. 「1).
㈡(し) ①실. ②수의 단위. 사(1의 1만분의
糸ふけ(いとふけ) (낚시에서) 수면에 보이는 낚싯줄이 흔들리는 일.
糸競べ(いとくらべ) ⇨ 糸比べ(いとくらべ).
糸鋸(いとのこ) 실톱.
糸尻(いとじり) (찻잔 따위의) 밑바닥.
糸口(いとぐち) 실마리. 단서.
糸蒟蒻(いとこんにゃく) 실국수처럼 썬 곤약. *いとごんにゃくろも 읽음.
糸蚯蚓(いとみみず) 『動』 실지렁이.

糸巻き(いとまき) ① 실패. 실감개. ② 현악기의 줄을 죄는 장치. 줄감개.
糸筋(いとすじ) ① 실날. ② 현악기의 줄.
糸錦(いとにしき) 금실·은실·색실로 짠 비단.
糸道(いとみち) ① 三味線(しゃみせん)을 늘 타서 왼손 식지 손톱 끝에 생긴 홈. ② 三味線 따위를 타는 법.
糸柳(いとやなぎ)〚植〛수양버들.
糸脈(いとみゃく) 사맥.
糸毛の車(いとげのくるま) 색실로 차체를 꾸민, 소가 끄는 수레.
糸目(いとめ) ① 가는 실. ② (연의) 벌이줄. ③ 버들의 싹트.
糸物(いともの) ① 직물(織物). ② 현악기.
糸眉(いとまゆ) 실눈썹.
糸薄(いとすき)〚植〛참억새의 변종.
糸比べ(いとくらべ) 거문고 따위를 타서 재주를 겨루기.
糸鬢(いとびん) 江戸(えど) 시대 중기에 유행한 남자의 속발.
‖~奴(やっこ) 糸鬢 머리를 한, 무가(武家)의 하인.   「목.
糸杉(いとすぎ)〚植〛노송나뭇과의 상록 교
糸屑(いとくず) 실보무라지.   「숯불.
糸水(いとみず) 실같이 가늘게 떨어지는 낙
糸心(いとしん) ① 무명실을 심지로 삼은 초. ② 램프의 가느다란 실같은 심지.
糸芯(いとしん) ⇨ 糸心(いとしん).
糸桜(いとざくら)〚植〛수양벚나무.
糸縅(いとおどし) 합사(合絲)로 이어붙인 갑옷미늘.
糸遊(いとゆう)〈雅〉아지랑이.
糸引き(いとひき) ① 실을 자음. 또, 그 여자. ② 얼레.
糸印(いとじるし) 의류 등의 솔기를 쉽게 알아보기 위해 실로 꿰매어 표시한 것.
糸入り(いといり) 무명실에 명주실을 섞어서 짠 직물.
糸作り(いとづくり) 오징어 따위의 살을 실같이 썰어 만든 회나 초회.
糸底(いとぞこ) (찻잔 따위의) 밑바닥.
糸切り(いときり) ① (찻잔 따위의) 밑바닥. ② 실을 끊음. ♣~歯(ば) 송곳니.
糸柾(いとまさ) 糸柾目(いとまさめ)의 준말.
糸柾目(いとまさめ) 잔결. 실처럼 가늘고 조밀한 나뭇결.
糸操り ㊀(いとあやつり) 실을 당겨서 조종하게 된 인형.
‖~人形芝居(にんぎょうしばい) 실로 조종하는 인형극.
㊁(いとくり) ① 실을 자음. 또, 그 여자. ② 얼레. ♣~車(ぐるま) 물레.
糸枠(いとわく) ⇨ 糸繰り.
糸芝(いとしば)〚植〛금잔디.
糸織り(いとおり) 꼰 명주실로 짠 질긴 천. ♣~姫(ひめ) 직녀.

糸車(いとぐるま) 물레.
糸縒り(いとより) 실을 꼼. 꼰 실. ♣~車(ぐるま) 물레.
糸蜻蛉(いととんぼ)〚蟲〛실잠자리.
糸取り(いととり) ① 실을 자음. 또, 그 여자. ② 얼레. ♣ 실드기.
糸捌き(いとさばき) ① 실을 다루는 솜씨. ② 거문고 등의 악기 다루는 솜씨.
糸偏(いとへん) ① 한자 부수의 하나: 실사변. ②〈雅〉섬유. 섬유 공업 (제품).
糸姫(いとひめ)〈俗〉직녀. 제사(製絲) 공장의 여공(女工).
[其他]
糸瓜(へちま) ①〚植〛수세미외. ② 하찮은 것의 비유.
~の皮(かわ) 아무 쓸모도 없는 것의 비유.
‖~襟(えり) 둥근 인상을 주는 길쭉한 양복의 깃.
~野郎(やろう) 아무 쓸모도 없는 녀석.

| 7 イ 常 | 伺 | 엿볼 사·찾을 사
シ
うかがう |

[音読]
伺候(しこう) 사후. ① 웃어른께 문안 드림. ② 웃어른을 가까이 모시고 있음.
[訓読]
❖伺う(うかがう) ① '듣다·묻다'의 겸사말. 여쭙다. 품의하다. ② '찾다·방문하다'의 겸사말. 찾아뵙다.
伺い(うかがい) ① 신불(神佛)의 탁선(託宣)을 바람. ② 품의. 찾아뵘.
‖~書(しょ) (관공서 등에서) 지시를 구하기 위해 상사나 상급 기관에 내는 문서.

| 7 イ 教 | 似 | 같을 사·닮을 사
ジ
にる |

[音読]
似我蜂(じがばち)〚蟲〛나나니벌.
[訓読]
似(に)《接尾語로》'닮음'의 뜻을 나타냄.
似せる(にせる) ① 비슷하게 하다. 모조하다. ② 위조하다.
似つかわしい(につかわしい) (딱) 알맞다. 잘 어울리다. 적합하다.
似る(にる) 닮다. 비슷하다.
似寄り(により) 아주 비슷함. 매우 닮음.
似たり寄ったり(にたりよったり) 아주 비슷하여 잘 구별하기 힘듦. 어슷비슷함.
似気無い(にげない) 어울리지 않다. 걸맞지 않다.   「닮지 않음.
似ても似つかぬ(にてもにつかぬ) 조금도
似顔(にがお) 닮은 얼굴. 사람 얼굴을 비슷하게 그린 것. ♣~絵(え) 초상화.
似義須(にぎす) ⇨ 似鱚(にぎす).

似而非なる(にてひなる) 사이비(似而非). 언뜻 보아 비슷하나 다른.
似た者(にたもの) (성격 등이) 서로 닮은(비슷한) 사람.
∥**〜同志**(どうし) 서로 닮은 사람끼리.
〜夫婦(ふうふ) 부부는 서로 성질·취미 위가 닮게 된다는 말. 또, 성질·취미가 비슷한 부부.
似姿(にすがた) 실물을 빼쏜 자태. 또, 실물을 본떠서 그린 그림.
似通う(にかよう) 서로 많이 닮다. 서로 비슷하다.
似合い(にあい) 잘(걸) 맞음. 어울림. 조화(調和)됨.
似合う(にあう) 잘(걸) 맞다. 어울리다. 조화되다.
似合わしい(にあわしい) 잘 어울리다. 알맞다.
似せ絵(にせえ) 鎌倉(かまくら) 시대의 사실적인 大和絵(やまとえ)로 그린 초상화.
似鱚(にぎす)『魚』 샛멸.

[其他]
似非(えせ) ① 《接頭語로》사이비. ② 천하다·하찮다의 뜻.
∥**〜侍**(ざむらい) 무사답지 않은 무사.
〜者(もの) ① 비천한 자. 상놈. ② 믿지 못할 놈. 겉만 뻔드레한 사람.
似而非(えせ) ⇨ 似非(えせ).

| 7 氵 入 | 沙 | 모래 사·일 사
サ·シャ
すな |

[音読]
沙鶏(さけい)『鳥』사막꿩.
沙頭(さとう) 모래사장. 모래 위.
沙羅(さら)『植』 ☞沙羅樹(さらじゅ).
* しゃらろ로도 읽음.
沙羅樹(さらじゅ)『植』사라수《인도 원산의 상록 교목》. * しゃらじゅ로도 읽음.
沙羅双樹(さらそうじゅ) 사라쌍수. * しゃらそうじゅ로도 읽음.
沙漠(さばく) 사막.
沙門(しゃもん)『佛』사문. 출가하여 수행하는 사람. * さもん으로도 읽음.
沙弥(しゃみ)『佛』사미. 사미승. 어린 중.
〜の十戒(じっかい)『佛』사미 십계. 십계.
∥**〜喝食**(かっしき)『佛』사미갈식.
〜尼(に) 사미니. 여자 사미승.
沙石(させき) 사석. 모래와 돌.
沙翁(しゃおう) 사옹. 'シェークスピア(=셰익스피어)'의 한문투의 말씨.
沙磧(しゃせき) 모래(자갈)밭. 모래 벌판.
沙中(さちゅう) 사중. 모래 속.
沙塵(さじん) 사진. 모래 먼지. 티끌.
沙汰(さた) ① 소식. 통지. 기별. ② 평판. 소문. ③ (평판의 대상이 될 만한) 행위. ④ 지시. 분부.
沙汰無し(さたなし) ① 지시가 없음. ② 소

식이 없음. ③ 비밀로 함. 문제로 삼지 않음.
沙汰止み(さたやみ) ① 계획이 중지됨. ② 소문이 흐지부지됨.

[訓読]
沙(すな) 모래. * 雅語로는 いさご라고도 함.
沙舟(すなぶね) 강의 모래 채취(운반)선.

[其他]
沙魚(はぜ)『魚』문절망둑.
沙子(いさご) 모래.
沙蚕(ごかい)『動』갯지렁이.

| 7 木 教 | 社 (社) | 땅귀신 사·단체 사
シャ
やしろ |

[音読]
社 ㊀(しゃ) ① 사. 신사(神社)·회사·신문사의 준말. ② 단체. 결사(結社).
㊁(やしろ) 신을 모신 건물. 신사(神社).
社家(しゃけ) 신관(神官)의 직업을 세습으로 하는 집안.
社歌(しゃか) 사가.
社格(しゃかく) 사격. ① 신사(神社)의 격. ② 회사의 격.
社告(しゃこく) 사고.
社共(しゃきょう) 社会党(しゃかいとう)·共産党(きょうさんとう)의 준말.
社交(しゃこう) 사교. **〜家**(か) 사교가 / **〜界**(かい) 사교계 / **〜性**(せい) 사교성 / **〜的**(てき) 사교적.
∥**〜辞令**(じれい) 사교상의 인사말. 빈말.
社教活動(しゃきょうかつどう) '社会(しゃかい)教育活動(きょういくかつどう)(=사회교육 활동)'의 준말.
社旗(しゃき) 사기. 회사의 기.
社内(しゃない) 사내.
∥**〜報**(ほう) 사내보. 사보(社報).
〜預金(よきん) 사내 예금. 기업이 사원의 돈을 높은 이자로 맡는 일.
〜留保(りゅうほ) 사내(내부) 유보.
社団(しゃだん) 사단. 공동의 목적으로 설립된 단체.
∥**〜法人**(ほうじん) 사단 법인.
社頭(しゃとう) 신사(神社) 부근(앞).
社歴(しゃれき) 사력. ① 입사 이후의 연수(경력). ② 회사의 역사.
社領(しゃりょう) 신사(神社)의 영지.
社名(しゃめい) 사명. 회사·신사(神社) 등의 이름.
社命(しゃめい) 사명. 회사의 명령.
社務(しゃむ) ① 신사(神社)의 사무. ② 사무. 회사의 사무.
∥**〜所**(しょ) 신사의 사무를 다루는 곳.
社保(しゃほ) '社会保険(しゃかいほけん)(=사회 보험)'의 준말.
社報(しゃほう) 사보.
社費(しゃひ) 사비. ① 회사의 비용. ② 신사(神社)의 비용.

社賓(しゃひん) 사빈. 회사의 귀한 손님.
社史(しゃし) 사사. 창립 이래의 회사의 역사(를 쓴 책).
社司(しゃし) 신관(神官).
社寺(しゃじ) 신사(神社)와 절.
社鼠(しゃそ) 사서. 임금의 측근에 있는 간신의 비유. 「노선.
社線(しゃせん) 사선. 민영 철도・버스 등의
社説(しゃせつ) 사설. 「중.
社僧(しゃそう) 옛날에, 신사에 딸린 절의
社是(しゃぜ) 사시.
社業(しゃぎょう) 사업. 회사의 사업.
社屋(しゃおく) 사옥.
社外(しゃがい) 사외.
∥～取締役(とりしまりやく) 사외 이사.
社用(しゃよう) 사용.
∥～族(ぞく) 사용족. 회사 일을 빙자하여 사비(社費)로 유흥하는 사람.
社友(しゃゆう) 사우.
社運(しゃうん) 사운.
社員(しゃいん) 사원. ①회사원. ②사단(社團)(법인)의 구성원. ♣～権(けん) 사원권.
∥～総会(そうかい) 『法』사원 총회.
社医(しゃい) 사의. 회사의 의사.
社人(しゃにん) 신관(神官).
社印(しゃいん) 사인. ①회사의 공식 도장. ②신사(神社)의 도장.
社日(しゃにち) 사일. 춘분・추분에 가장 가까운 무일(戊日). *しゃじつ로도 읽음.
社長(しゃちょう) 사장.
社章(しゃしょう) 사장. 회사나 결사의 기장(記章).
社葬(しゃそう) 사장.
社田(しゃでん) 신사(神社)에 딸린 논밭.
社前(しゃぜん) ①신사의 앞. ②회사 앞.
社殿(しゃでん) 사전. 신사(神社)의 신체(神體)를 모신 건물.
社祭(しゃさい) 토지(土地)의 신에게 지내는 「제사.
社主(しゃしゅ) 사주.
社中(しゃちゅう) ①사중. 사내(社內). ②일본 전통 음악 사회의 동문(同門). ③같은 결사 등의 동료. 「소유지.
社地(しゃち) ①신사(神社)의 영지. ②회사
社稷(しゃしょく) 사직. 국가.
～壇(だん) 사직단.
～の臣(しん) 사직지신. 나라의 중신.
社参(しゃさん) 신사에 참배함.
社債(しゃさい) (회)사채.
社則(しゃそく) 사칙. 회사의 규칙.
社宅(しゃたく) 사택.
社風(しゃふう) 사풍. 회사의 기풍. 「호칭.
社号(しゃごう) 사호. 신사(神社)나 회사의
社会(しゃかい) 사회. ♣～科(か) 사회과／
～劇(げき) 사회극／～面(めん) 사회면／～法(ほう) 사회법／～部(ぶ) 사회부／～性(せい) 사회성／～悪(あく) 사회악／～人(ひと) 사회인／～的(てき) 사회적／～学(がく) 사회학／～化(か) 사회화.
∥～開発(かいはつ) 사회 개발.
～契約説(けいやくせつ) 사회 계약설.
～工学(こうがく) 사회 공학.
～鍋(なべ) (구세군의) 자선냄비.
～科学(かがく) 사회 과학.
～教育(きょういく) 사회 교육.
～問題(もんだい) 사회 문제. 「의.
～民主主義(みんしゅしゅぎ) 사회 민주주
～保障(ほしょう) 사회 보장. ♣～制度(せいど) 사회 보장 제도.
～保険(ほけん) 사회 보험.
～復帰(ふっき) 사회 복귀.
～福祉(ふくし) 사회 복지. ♣～施設(しせつ) 사회 복지 시설.
～奉仕(ほうし) 사회 봉사.
～思想(しそう) 사회 사상.
～事業(じぎょう) 사회 사업.
～生活(せいかつ) 사회 생활.
～小説(しょうせつ) 사회 소설.
～運動(うんどう) 사회 운동.
～倫理(りんり) 사회 윤리.
～意識(いしき) 사회 의식.
～資本(しほん) 사회 자본.
～正義(せいぎ) 사회 정의.
～政策(せいさく) 사회 정책. 「의.
～帝国主義(ていこくしゅぎ) 사회 제국주
～主義(しゅぎ) 사회주의. ♣～小説(しょうせつ) 사회주의의 소설.
～通念(つうねん) 사회 통념.
～現象(げんしょう) 사회 현상.
ゼロサム～ 제로섬 사회.
社訓(しゃくん) 사훈.

| 1 禾 教 | 私 | 사사로이할 사
シ
わたくし・わたし・
わし・ひそか |

音読

私家(しか) ①사가. 사갓집. ②자기 집.
∥～集(しゅう) 개인의 시가집(詩歌集).
～版(ばん) 사가판. 사판(私版).
私感(しかん) 사감.
私講師(しこうし) (독일 등의 제도에서) 사강사(민간 연구 기관이나 관청 따위의 유능한 사람을 대학의 강사로 채용함).
私見(しけん) 사견.
私経済(しけいざい) 사경제.
私考(しこう) 사고. 자기 혼자 생각함.
私曲(しきょく) 사곡. 공정치 못함.
私交(しこう) 사교. 사사로운 교제.
私権(しけん) 『法』사권. 사법(私法)상의 권
私金 ㊀(しきん) 사금. 개인 돈. 「리.
㊁(わたくしがね) 사금. 개인 돈. 남몰래 모아두는 돈.
私記(しき) 사기. 개인적인 기록.
私企業(しきぎょう) 사기업.
私奴婢(しぬひ) 사노비. 사인이 소유한 노
私党(しとう) 사당. 도당. 「비.
私大(しだい) 사대. 私立大学(しりつだいが

く)의 준말.
∥~連(れん) 日本(にっぽん)私立大学連盟(れんめい)의 준말.

私德(しとく) 사덕. 개인에 관계되는 도덕.
私道(しどう) 사도. ① 공명치 못한 방법. ② (사유지에 만든) 사설 도로.
∥~負担(ふたん) 사도 부담.
私掠船(しりゃくせん) 사략선. 국왕의 특허로 적의 배를 공격 나포할 수 있는 권리를 인정받은 일종의 해적선. 「園」
私領(しりょう) 사령. ① 사유지. ② 장원(莊
私論(しろん) 사론. 사사로운 주장.
私利(しり) 사리. 개인적인 이익.
私立(しりつ) 사립. *俗語로는 わたくしりつ라고도 함.
∥~大学(だいがく) 사립 대학.
 ~探偵(たんてい) 사립 탐정.
 ~学校(がっこう) 사립 학교.
私盟(しめい) 드러나지 않은 맹약.
私募(しぼ)『經』사모.
私募債(しぼさい) 사모채. 특정 소수의 응모를 받아 발행되는 채권.
私務(しむ) 사무. 개인 일.
私門(しもん) 사문. 개인의 집. 신하의 집. 자기의 일가(一家).
私文書(しぶんしょ) 사문서.
∥~偽造罪(ぎぞうざい)『法』사문서 위조죄. 「음.
私物(しぶつ) 사물. *わたくしもの로도 읽
私民(しみん) 사민. 옛적에, 귀족에 속하여 사사로운 일에만 종사하던 사람.
私法(しほう) 사법.
私法人(しほうじん) 사법인.
私兵(しへい) 사병.
私報(しほう) 사보. ① 비밀을 알림. ② 개인의 통신. 개인적인 알림.
私服(しふく) 사복.
∥~刑事(けいじ) 사복 형사.
 ~を肥(こ)やす 사복을 채우다.
私腹
私憤(しふん) 사분. 개인적 일에 대한 노여움
私費(しひ) 사비. 〔분노.
私史(しし) 사사. 민간에서 지은 역사서. 야사(野史)
私事 ㊀(しじ) 사사. 사삿일. 개인적인 비밀.
∥~権(けん) 사사권. 프라이버시의 권리.
 ~性(せい) ① 사사에 속하는 성질. ② 개인의 내심의 요구.
 ㊁(わたくしごと) ① ☞㊀. ② 은밀한 일.
私産(しさん) 사유 재산. 사재.
私傷(ししょう) 사상. 공무(公務) 아닌 때 입
私生児(せいじ) 사생아. 〔은 상처.
私生涯(ししょうがい) 개인의 생애.
私生子(しせいし) 사생자.
私生活(しせいかつ) 사생활.
私書(ししょ) 사서. ♣~箱(ばこ) 사서함 / ~函(かん) 사서함.
私署(ししょ) 개인으로서의 서명.

私選(しせん) 사선. 개인이 선택함.
∥~弁護人(べんごにん) 사선 변호인.
私設(しせつ) 사설.
私説(しせつ) 사설.
私消(ししょう) 공공의 금품을 사용으로 씀.
私訴(しそ) 사소. 사인이 제기한 소송.
私小説(ししょうせつ) 사소설. *わたくししょうせつ로도 읽음.
私水(しすい) 사수. 특정 장소에 머물러 다른 곳으로 유출하지 않은 지하수・자가용 우물물 따위.
私傷(ししゅう) 개인적 원한. 사원.
私淑(ししゅく) 사숙. 어떤 사람을 본보기로 해서 배움. 「관.
私塾(しじゅく) 사숙. 사설(私設) 교육 기
私信(しん) 사신. 개인적인 편지.
私室(しつ) 사실.
私心 ㊀(ししん) 사심. ① 이기심. ② 사의(私意). 자기만의 생각.
 ㊁(わたくしごころ) 개인적인 감정.
私案(しあん) 사안.
私謁(しえつ) 사알. 사사로이 귀인을 뵘.
私愛(しあい) ① 편애. ② 은밀한 사랑.
私約(しやく) 사약. 사사로인 약속.
私語 ㊀(しご) 사어. 속삭임.
 ㊁(ささめき) 소곤거림.
 ㊂(ささめごと) 〈雅〉소곤거리는 말.
私年号(しねんごう) 조정에서 정한 연호가 아닌 민간에서 사용한 연호.
私営(しえい) 사영. 개인의 경영.
私欲(しよく) 사욕.
私慾(しよく) ⇨ 私欲(しよく).
私用(しよう) 사용. ① 사사로운 일. ② 사로이 씀.
私傭(しよう) 사용. 사사로이 고용함〔당함〕.
私怨(しえん) 사원. 개인적인 원한.
私有(しゆう) 사유. ♣~林(りん) 사유림.
∥~財産(ざいさん) 사유 재산. ♣~制(せい) 사유 재산제(도).
私恩(しおん) 사은. 사사로운 은혜.
私意(しい) 사의. 사견(私見). 사심(私心).
私議(しぎ) ① 뒤에서 헐뜯음. ② 개인의 견해. 사견(私見).
私益(しえき) 사익.
私人(しじん) 사인.
私印(しいん) 사인. 개인 도장.
私子(しし) 사자. 사생아.
私蔵(しぞう) 사장. 개인 소장(물).
私財(しざい) 사재.
私邸(してい) 사저. 개인 저택.
私的(してき)
∥~言語(げんご)『哲』사적 언어.
 ~制裁(せいさい) 사적 제재. 린치.
私田(しでん) 사전. ① 개인 소유의 논. ② 일본 중세(中世)의 토지 제도에서, 공전(公田)이 아닌 논. *㊁는 わたくしだ로도 읽음.
私情(しじょう) 사정. ① 개인적 감정. ② 이
私製(しせい) 사제. 〔기적인 생각.

私注(しちゅう) 자기 주석의 겸칭.
私鋳(しちゅう) 사주. 민간에서 몰래 화폐를 주조함. ♣~**銭**(せん) 사주전.
私地(しち) 사유지.
私撰(しせん) 사찬. 개인이 편수함. ♣~**集**(しゅう) 사찬집.
私娼(ししょう) 사창. ♣~**窟**(くつ) 사창굴.
私鉄(してつ) 사철. 민영 철도.
‖~**総連**(そうれん) '日本(にっぽん)私鉄労働組合(ろうどうくみあい)総連合会(そうれんごうかい)(=일본 민영철도 노동조합 총연합회)'의 준말.
私宅(したく) 사택. 개인 집. 자택.
私通(しつう) 사통. 간통.
私闘(しとう) 사투. 사사로운 싸움.
私版(しはん) 개인의 자비 출판.
私学(しがく) 사학.
私恨(しこん) 사한. 사원.
私行(しこう) 사행. 사사로운 행위.
私刑(しけい) 사형. 린치.
私話(しわ) 사어(私語). ①사삿일에 대한 이야기. ②속삭이는 말.

🟥**訓読**⇨
私 ㊀(わたくし) ①저. 나. *わたし라고도 함. ②사(私). 개인적인 것.
㊁(あたくし) 〈女〉나. 저. わたくし의 부드러운 말. *あたし라고도 함.
㊂(あっし) 나. 저. 장색(匠色)들의 말투.
㊃(わし) 私(わたし)의 준말.
㊄(わちき) 〈古〉(江戸(えど) 시대에) 창녀 등이 자신을 칭하던 말.
㊅(あたい) 〈俗〉나. 저. *わたい라고도 함.
㊆(わい) ①〈関西方〉나. ②〈九州方〉너.
私か(ひそか) 몰래. 가만히. 은밀히.
私する(わたくしする) (공적인 것을) 사물화(私物化)하다. 사리를 꾀하다.
私共(わたくしども) 저희들《겸사말》.
私等(わしら) 우리들.
私連れ(わたくしづれ) 나같은 보잘것없는 사람《자기를 겸손하게 이르는 말》.
私仕事(わたくししごと) 고용인이 주인 몰래 하는 (자기) 일.
私雨(わたくしあめ) 좁은 범위 안에만 내리는 비.

8 ⌋ 敎	**事**	일 사·섬길 사 ジ·ズ こと·つかえる

🟥**音読**⇨
事件(じけん) 사건.
‖~**記者**(きしゃ) 사건 기자.
事故 ㊀(じこ) 사고
㊁(ことゆえ) …이므로. …하므로.
事端(じたん) 사단. 사건의 발단〔실마리〕.
事大(じだい) 사대.
‖~**主義**(しゅぎ) 사대주의.
事歴(じれき) 사물의 내력.
事例(じれい) 사례.
‖~**研究法**(けんきゅうほう) 사례 연구법.
事理(じり) 사리. ①사물의 도리. ②〖佛〗상대적인 여러 가지 현상과 유일 절대의 진리.
事務(じむ) 사무. ♣~**官**(かん) 사무관 / ~**局**(きょく) 사무국 / ~**所**(しょ) 사무소 / ~**室**(しつ) 사무실 / ~**員**(いん) 사무원.
‖~**計算**(けいさん) 사무 계산.
~**当局**(とうきょく) 사무 당국.
~**屋**(や) 사무가. 사무 계통에 종사하는 사람의 속칭.
~**折衝**(せっしょう) 사무 절충.
~**次官**(じかん) 사무 차관.
~**取扱**(とりあつかい) 서리(署理).
事犯(じはん) 〖法〗 사범.
事変(じへん) 사변.
事事 ㊀(じじ) 사사.
‖~**物物**(ぶつぶつ) 사사물물. 모든 일. 또, 그 하나하나.
㊁(ことごと) 모든 일. 이 일 저 일.
事相(じそう) 사상. 일의 모양〔상태〕.
事象(じしょう) 사상. 사실과 현상.
事序(じじょ) 일의 순서.
事実(じじつ) 사실. ①실제로 일어난 일. ②정말로. 참말로. ♣~**婚**(こん) 사실혼.
‖~**検索**(けんさく) 〖컴〗 사실 검색.
~**無根**(むこん) 사실 무근.
~**問題**(もんだい) 사실 문제.
~**行為**(こうい) 사실 행위.
事案(じあん) 사안.
事業(じぎょう) 사업. ♣~**家**(か) 사업가 / ~**税**(ぜい) 사업세.
‖~**部制**(ぶせい) 사업부제.
~**所得**(しょとく) 사업 소득.
~**年度**(ねんど) 사업 연도.
~**者**(しゃ) 사업자. ♣~**団体**(だんたい) 사업자 단체.
事由(じゆう) 사유.
事宜(じぎ) 사의. 일의 형편. 사정.
事跡(じせき) 사적. 업적. 사건의 자취.
事績(じせき) 사적. 업적. 공적(功績).
事蹟(じせき) ⇨ **事跡**(じせき).
事典(じてん) 사전. *ことてん으로도 읽음.
事前(じぜん) 사전.
‖~**運動**(うんどう) (선거 따위의) 사전 운동.
~**協議**(きょうぎ) 사전 협의.
事情(じじょう) 사정.
‖~**聴取**(ちょうしゅ) 사정 청취.
事態(じたい) 사태.
事項(じこう) 사항. 항목(項目).
事後(じご) 사후. ♣~**審**(しん) 〖法〗 사후 심.
‖~**強盗**(ごうとう) 〖法〗 사후 강도.
~**設立**(せつりつ) 〖法〗 사후 설립.
~**承諾**(しょうだく) 사후 승낙.
~**従犯**(じゅうはん) 〖法〗 사후 종범.
事彙(じい) 사휘. 여러 가지 사물에 관한 어휘를 모아 그 의미 등을 설명한 책.

🟥**訓読**⇨
事(こと) ①일. 것. ②…(한) 적. …(할) 수.

事える(つかえる) 시중 들다. 봉사하다. 섬기다.
事だ(ことだ) 야단난다. 큰일이다.
事と(ことと) ① 특히. ② 분명히.
事とする(こととする) 일(로) 삼다. …에 전념하다.
事改めて(ことあらためて) 새삼스러이.
事欠き(ことかき) ① 필요한 것이 부족함. ② 임시 변통.
事欠く(ことかく) 부족하다. 없어서 어려움을 느끼다.
事欠け(ことかけ) ☞事欠き(ことかき).
事忌み(こといみ) 불길한 일을 꺼리는 일.
事の起こり(ことのおこり) 일의 발단.
事寄せる(ことよせる) ① 핑계〔구실〕 삼다. 빙자하다. ② 맡기다. 명하다.
事納め(ことおさめ) ① (그 해의) 일을 마침. ② 농사가 끝난 것을 축하함.
事代(ことしろ) 신탁(神託)을 전함. 또, 그 사람.
事毎に(ことごとに) 사사건건. 매사에. 하나 하나. 일마다.
事面倒(ことめんどう) 유달리 성가심.
事無く(ことなく) 무사하게. 별일없이.
事も無げ(こともなげ) 아무렇지도 않은 듯이 태연〔천연〕스러운 모양.
事勿れ主義(ことなかれしゅぎ) 무사 (안일)주의. 소극주의.
事変わる(ことかわる) 모습이 달라지다.
事柄(ことがら) 사항. 일(의 형편). 사정.
事事しい(ことごとしい) 허풍스럽다. 과장되다. 어마어마하다. 「〔김〕.
事の序で(ことのついで) 무언가 하는 계제.
事書き(ことがき) ① 하나하나 나누어 쓴 것. ②'…のこと(=…할 것)'이라고 쓰는 형식.
事成る(ことなる) 일이 (다) 되다. 성사되다. 완성되다.
事醒まし(ことざまし) 흥이 깨짐. 파흥.
事細か(ことこまか) 자세함. 상세함.「다.
事細かい(ことこまかい) 상세하다. 자세하다.
事細やか(ことこまやか) ☞事細か(ことこまか).
事少な(ことずくな) 볼일이 적은 모양.
事馴る(ことなる) 일에 익숙하다.
事始め(ことはじめ) ① 일에 착수함. ② 일의 시작. 사물의 시초.
事新しい(ことあたらしい) ① 새롭다. ② 새삼스럽다. 「상태.
事様(ことさま) ① 일의 모양. 상태. ② 심리
事訳(ことわけ) 사유. 이유. 일의 명세.
事栄え(ことはえ) 각별히 훌륭하고 화려함.
事の由(ことのよし) 사정. 이유.
事有り気(ことありげ) 무슨 까닭이 있는 듯한 모양.「은 표정.
事有り顔(ことありがお) 까닭이 있는 듯 싶음.
事に依ると(ことによると) 어쩌면. 경우에 따라서는.
事切れ(ことぎれ) ① 죽음. ② 일이 결말남.
事切れる(こときれる) ① 숨이 끊어지다. ②〈雅〉낙착하다. 끝나다. 결정되다.

事程左様に(ことほどさように)(방금 말한 것같이) 그렇게. 그 정도로. 그렇게까지.
事足りる(ことたりる) 족하다. 충분하다.
事知り(ことしり) 박식함. 또, 그런 사람.
事執り(ことどり) 일을 집행함. 또, 그 사람.
事触れ(ことぶれ) 소식을 전함. 또, 그 사람.
事の便り(ことのたより) ① ☞事の序で(ことのついで). ② 일을 당하여 의지가 되는 것.
事幸く(ことさきく) 편안히. 행복하게. 무사히.
事好み(ことごのみ) 멋진 것을 좋아함.

| 8
二 | **些** | 적을 사
サ
いささか |

🔊**音読**
些末(さまつ) 사말. 사소한 일.
些事(さじ) 사사. 사소한 일. 쓸데없는 일. 자질구레한 일.
些些(ささ) 사사. 사소〔근소〕한 모양.
些細(ささい) 사세. 사소. 시시함. 하찮음.
些少(さしょう) 사소. 조금. 약간.

🔊**訓読**
些か(いささか)〈雅〉조금. 약간.

🔊**其他**
些し(すこし) 조금. 약간. 좀.

| 8
イ
教 | **使** | 하여금 사·부릴 사
シ
つかう·しむ |

🔊**音読**
使徒(しと) 사도. ① 그리스도의 12 제자. ② 전하여, 몸을 바쳐 일하는 사람.
‖~**信条**(しんじょう)『가톨릭』사도신경 (信經).
~**行伝**(ぎょうでん)『聖』사도 행전.
使途(しと) 돈의 용도.
‖~**不明金**(ふめいきん) 용도 불명한 돈.
使令(しれい) 사령. 사람을 지시해서 부림.
使命(しめい) 사명. ♣~**感**(かん) 사명감.
使送(しそう) 심부름꾼에게 들려 보냄.
使僧(しそう) 사승. 사자(使者)로서 보내는 중.
使臣(ししん) 사신.
使役(しえき) 사역.
使用(しよう) 사용. ♣~**料**(りょう) 사용료 / ~**人**(にん) 사용인. 고용인.
‖~**価値**(かち) 사용 가치.
~**貸借**(たいしゃく)『法』사용 대차.
~**者**(しゃ) 사용자. ♣~**責任**(せきにん) 사용자 책임.
~**窃盗**(せっとう)『法』사용 절도.
~**証明**(しょうめい) (퇴직자에 대한) 재직 증명서.
使人(しじん) 사인. 사자.
使者(ししゃ) 사자. 사신.
使節(しせつ) 사절.

祀 · 舍 · 邪　675

使丁(してい) 사정. 심부름꾼. 사환.
使嗾(しそう) 사주. 부추김.

訓読
使える(つかえる) ① 쓸 만하다. 쓸 수 있다. ② (검술 등의 기량이) 훌륭하다.
使わしめ(つかわしめ) 신물(神佛)의 사자(使者)라고 하는 동물.
❖使う(つかう) ① 쓰다. ㉠(재료·도구·수단 으로) 사용하다. ㉡ 소비하다. ㉢ 부리다. ② 써서 …하다. 「자(使者).
使い(つかい) ① 씀. 사용. ② 심부름(꾼). 사
使いこなす(つかいこなす) 보람 있게 쓰다. 잘 다루다. 자유자재로 쓰다.
使いで(つかいで) ① 쓸 만함. 쓸 만한 값어치가 있음. ② 오래감. 느루 씀.
使い古す(つかいふるす) 오랫동안 써서 낡아지게 하다.
使い果たす(つかいはたす) 다 써버리다.
使い慣らす(つかいならす) 늘 써서 손에 익게 하다. 「다.
使い慣れる(つかいなれる) 늘 써서 손에 익
使い道(つかいみち) ① 용도. ② 사용법. 쓰는 법.
使い料(つかいりょう) ① (자기가) 쓰기 위한 것. 쓸 것. ② 사용료.
使い物(つかいもの) ① 소용되는 물건(사람). 소용. ②〔앞에 'お'가 붙어서〕선물.
使い方(つかいかた) 사용 방법. 쓰는 법.
使い番(つかいばん)《史》 江戸幕府(えどばくふ)의 관직명. 若年寄(わかどしより)에 속하여, 각지를 순찰하는 감찰관의 역할을 하였음. 「〔사람〕.
使い歩き(つかいあるき) 심부름 다니는 일
使い付ける(つかいつける) 써서 손익다〔익숙해지다〕.
使い分け(つかいわけ) (일의 성질 등에 따라) 잘 분간하여〔가려〕 씀.
使い分ける(つかいわける) ①(때와 장소에 따라) 구별하여 쓰다. ② (상대방 또는 목적에 따라) 달리 적당히 쓰다.
使い先(つかいさき) 심부름 간 곳.
使い手(つかいて) ① (연장 등을) 사용하는 사람. ② 솜씨가 능숙한 사람. ③ 돈을 헤프게 쓰는 사람.
使い水(つかいみず) 허드렛물.
使い馴らす(つかいならす) ⇨ 使い慣らす(つかいならす).
使い馴れる(つかいなれる) ⇨ 使い慣れる(つかいなれる).
使い捨て(つかいすて) 한번〔잠시〕 쓰고 그대로 버리는 일.
使い勝手(つかいがって) 쓰기에 편리함. 사용했을 때의 좋고 나쁨의 느낌.
使い賃(つかいちん) 심부름 값.
使い込む(つかいこむ) 손익게 쓰다. 손때나게 오래 쓰다.
使い走り(つかいばしり) 여기저기 뛰어다니며 심부름 하는 일. 또, 그런 사람.

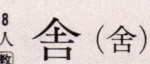

8
示　**祀**　제사지낼 사
　　　　シ
　　　　まつる

音読
祀典(してん) ① 제사 의식〔전례〕. ② 제사에 관한 전적.

訓読
祀る(まつる) ① 제사지내다. ② 혼령을〔신으로〕 모시다.

8
人
敎　**舍**(舎)　집 사·놓을 사·둘 석
　　　　シャ·セキ
　　　　おく·やど

音読
舍(しゃ) 사. ①'寄宿舍(きしゅくしゃ)(=기숙사)'의 준말. ② 옛날 중국 군제(軍制)에서, 군대가 하루 30 리 행군하고 머무름.
舍監(しゃかん) 사감.
舍利(しゃり) ① 사리. 불타·성자의 유골. ② 화장하고 남은 뼈. ③〔俗〕흰 쌀알〔쌀밥〕. *さりな로 읽음. ♣~法(ほう)《佛》사리법 / ~塔(とう) 사리탑 / ~会(え) 사리회
‖~講(こう) ☞ 舎利会.
~骨(こつ) 들판에 버려진 해골.
~袋(ぶくろ)《佛》사리를 넣는 주머니. 사리함(舍利函).
舍利別(しゃりべつ) 사리별. 시럽(syrup).
舍費(しゃひ) 사비. 기숙사비.
舍飼い(しゃがい) 가축을 축사에서 기름.
舍営(しゃえい) 사영. 군대가 영외(營外)에서, (야영하지 않고) 가옥 안에서 묵음.
舍人 ㊀(しゃじん) ① 하인. ② ☞㊁.
㊁(とねり) 奈良(なら)·平安(へいあん) 시대, 天皇(てんのう)·황족·귀족 곁에서 잡일이나 우마(牛馬) 따위를 돌보던 소임. 또, 그 사람.
舍弟(しゃてい)〈老〉사제.
舍宅(しゃたく) 사택. 집. 가택.
舍兄(しゃけい)〈老〉사형.

8
阝
常　**邪**(邪)　간사할 사·사기 사
　　　　ジャ·ヤ
　　　　よこしま

音読
邪 ㊀(じゃ) 사. 부정(不正)함.
㊁(よこしま) 부정함. 사곡(邪曲)됨.
邪慳(じゃけん) ⇨ 邪険(じゃけん).
邪見(じゃけん) 사견. ①《佛》십악(十惡)의 하나. ② 부정한 견해.
邪径(じゃけい) 사경. 곧지 아니한 길. 부정한 마음 또는 행위.
邪計(じゃけい) 사계. 간악한 계책.
邪曲(じゃきょく) 사곡. 성행이 비뚤어짐.
邪教(じゃきょう) 사교. 부정한 종교.
邪鬼(じゃき) 사귀. ① 재앙을 주는 신. ② 귀

신. 요괴.
邪気(じゃき) 사기. ① 악의(惡意). ② 사람 몸에 병을 일으킨다는 미신적인 나쁜 기운.
邪念(じゃねん) 사념. 잡념. 망상.
邪佞(じゃねい) 사녕. 간사하고 아첨을 함. 또, 그런 사람.
邪道(じゃどう) 사도. ① 올바르지 못한 길〔방법〕. ② 사교(邪敎). ③ 본래의 용도에서 벗어난 사용법.
邪魔(じゃれん) 사련.
邪路(じゃろ) 사로. 그릇된 길·세계.
邪論(じゃろん) 사론. 사람을 미혹하는 논설〔의론〕.
邪魔(じゃま) 사마. 방해. 거추장스러움.
♣~**物**(もの) 장애물 / ~**者**(もの) 방해자.
‖~**立て**(だて) 일부러 방해함. 가로막음.
邪魔っ気(じゃまっけ) 〈俗〉 거치적거림. 방해로 느낌.
邪馬台国(やまたいこく) 3세기경, 여왕이 지배하던 일본의 나라 이름.
邪魔臭い(じゃまくさい) 거추장스럽다. 방해가 되다.
邪慢(じゃまん) 【佛】 사만. 덕이 없으면서 있는 양 뽐냄.
邪謀(じゃぼう) 사모. 사악한 모책(謀策).
邪法(じゃほう) 사법. ① 부정하고 해로운 교법(敎法). 사도(邪道). ② 마법. 마술.
邪僻(じゃへき) 사벽. 마음이 비뚤어지고 편벽됨.
邪飛(じゃひ) 【野】 파울 플라이.   「설.
邪説(じゃせつ) 사설. 해독을 주는 나쁜 언
邪神(じゃしん) 사신. 재앙을 내리는 신.
邪心(じゃしん) 사심. 사악한 마음.
邪悪(じゃあく) 사악.
邪欲(じゃよく) 사욕. 부정한 욕망.
邪淫(じゃいん) 사음. 부정하고 음탕함. 불륜의 정사(情事).
邪意(じゃい) 사의. 부정한 마음.
邪義(じゃぎ) 사의. 부정한 교의(敎義). 이단.
邪正(じゃせい) 사정. 사악한 일과 올바른 일. 악과 선. *じゃせいろ도 읽음.
邪宗(じゃしゅう) 사종. ① 사교. ② (특히, 江戸(えど) 시대에) 기독교를 일컫던 말.
‖~**門**(もん) ☞ 邪宗 ②.
邪知(じゃち) 사지. 간사한 지혜.
邪智(じゃち) ⇨ 邪知(じゃち).
邪推(じゃすい) 사추. 그릇된 추측〔의심〕.
邪推深い(じゃすいぶかい) (그릇된) 의심이 많다.
邪険(じゃけん) (남을 대하는 태도가) 매정하고 무자비함.

| 9
イ | 俟 | 기다릴 **사**
シ
まつ |

訓読➡
俟つ(まつ) ① 기대하다. ② 대비하다.

| 9
卩
常 | 卸 | 짐부릴 **사**
シャ
おろす・おろし |

訓読➡
❖**卸す**(おろす) ① 도매하다. ② 강판에 갈다.
卸し(おろし) ① 도매. ② 강판에 갊.
卸し蕎麦(おろしそば) 국물에 무즙을 넣어 먹는 메밀국수.
卸し金(おろしがね) 강판.
卸売(おろしうり) 도매.
‖~**価格**(かかく) 도매 가격.
~**物価指数**(ぶっかしすう) 도매 물가 지수.
~**市場**(しじょう) 도매 시장.
~**業**(ぎょう) 도매업. ♣~**者**(しゃ) 도매업자.
卸問屋(おろしどんや) 도매상.
卸商(おろししょう) 도매상.
卸相場(おろしそうば) 도매 시세.
卸電力(おろしでんりょく) 일반 사업 회사가 발전한 전기를 전력 회사가 사들이는 전력.
‖~**購入制度**(こうにゅうせいど) 일반 기업에서 생산한 전력을 전기 회사가 사들이는 제
卸値(おろしね) 도매 가격.   「도.
卸値段(おろしねだん) ☞ 卸値(おろしね).

| 9
心
教 | 思 | 생각할 **사**·생각 **사**
シ
おもう |

音読➡
思考(しこう) 사고. ① 생각. 생각함. ② 【心】 주위 사태에 대응하여 과제를 해결해 나가는 과정. ♣~**力**(りょく) 사고력.
‖~**実験**(じっけん) 【理】 사고 실험.
~**障害**(しょうがい) 【心】 사고 장애.
思念(しねん) 사념. 생각함.
思量(しりょう) 사료(思料). 생각하고 헤아
思慮(しりょ) 사려.   「림.
‖~**分別**(ぶんべつ) 사려 분별.
思料(しりょう) ⇨ 思量(しりょう).
思慕(しぼ) 사모.
思想(しそう) 사상. ♣~**家**(か) 사상가 / ~**劇**(げき) 사상극 / ~**犯**(はん) 사상범 / ~**性**(せい) 사상성 / ~**的**(てき) 사상적.
‖~**改造**(かいぞう) 사상 개조.
~**善導**(ぜんどう) 사상 선도.
~**の自由**(のじゆう) 사상의 자유.
~**闘争**(とうそう) 사상 투쟁.
思索(しさく) 사색.
思案(しあん) ① 생각. 궁리. ② 근심. 걱정.
‖~**顔**(がお) 근심〔걱정〕스러운 얼굴. 생각에 잠긴 얼굴.
~**投げ首**(なげくび) 궁리하다 못해 고개를 갸웃함. 좋은 생각이 없어 곤궁에 처함.
思惟 ㊀(しい) 사유. 사고.
㊁(しゆい) 【佛】 사유. 대상을 분별함.
思議(しぎ) 사의. 생각하여 헤아림.

思潮(しちょう) 사조.
思春期(ししゅんき) 사춘기.
思郷(しきょう) 사향. 망향.

訓読

思えらく(おもえらく)〈雅〉생각건대. 생각하기는.
思える(おもえる) 생각되다. (자연히) 그렇게 느끼다.
思わしい(おもわしい) 바람직하다.
思わず(おもわず) 엉겁결에. 무의식중에.
思わず知らず(おもわずしらず) ☞思わず(おもわず).
思わせ振り(おもわせぶり) 변죽 울림. 의미 있는 듯 이상하게 하는 말이나 태도.
思惑 ㈠(おもわく) ①예상. 예측. ②(세상의) 평판. 인기.
‖~売り(うり) 시세가 내릴 것을 예측하여 주식을 매도함.
~買い(がい) 시세가 오를 것을 예상하고 증권 등을 사는 일. 「투기꾼.
~師(し) 시세의 등락을 예측하고 사는 사람.
~違い(ちがい) 예측이 빗나감.
㈡(しわく) 사혹.
❖思う(おもう) 생각하다. ①판단하다. ②마음으로 느끼다. ③예상하다. 상상하다. ④바라다. 희망하다. ⑤사모하다.
思い(おもい) ①생각. 마음. ②집념. ③기분. 느낌. ④짐작.
思いきや(おもいきや) (…라) 생각했더니 (실은…).
思うに(おもうに) 생각건대.
思い見る(おもいみる) 여러 가지로 생각해 보다. 깊이 생각하다.
思い遣り(おもいやり) 동정심.
思い遣る(おもいやる) ①(남을 위해 뭔가를) 해주다. 배려하다. ②멀리 있는 사람을 생각하다. ③장래가 염려되다.
思い結ぼる(おもいむすぼる)〈古〉마음이 답답하여 울적하다.
思い過ごし(おもいすごし) 지나친 생각. 쓸데없는 걱정.
思い過ごす(おもいすごす) 지나치게 생각하다. 쓸데없는 걱정을 하다. 「않게.
思い掛けず(おもいがけず) 의외로. 생각해 본 일도 없다. 뜻밖이다.
思い掛け無い(おもいがけない) 의외이다. 생각해 본 일도 없다. 뜻밖이다.
思い倦ねる(おもいあぐねる) 생각다 못하다. 결론을 못 내리고 괴로워하다.
思い及ぶ(おもいおよぶ) 생각이 (거기에) 미치다.
思い起こす(おもいおこす) 상기하다. 생각해 내다. 「미치다.
思い寄る(おもいよる) 짐작이 가다. 생각이 미치다.
思い悩む(おもいなやむ) 이것저것 생각하고 괴로워하다.
思い当たる(おもいあたる) 마음이 짚이다. 짐작이 가다.
思い乱れる(おもいみだれる) 그리움 (여러 가지 생각)에 마음이 어지러워지다.
思い量る(おもいはかる) 여러모로 생각하다. 이것저것 추측해(헤아려) 보다.
思い立つ(おもいたつ) (문득 …을 하려는) 마음을 일으키다. 결심이 서다.
思い描く(おもいえがく) 마음에 그리다. 상상하다.
思い迷う(おもいまよう) 갈피를 못 잡다. 마음이 결정되지 않다.
思い返す(おもいかえす) ①회상하다. ②다시 생각하다. 생각을 바꾸다.
思い煩う(おもいわずらう) 고민하다. (이것저것 생각하여) 괴로워하다. 염려하다.
思い付き(おもいつき) 문득 생각이 남. 착상. 「다.
思い付く(おもいつく) 문득 생각이 떠오르
思い浮かぶ(おもいうかぶ) 마음속에 떠오르다. 생각하다.
思い浮かべる(おもいうかべる) 마음속에 그리다. 회상하다.
思い死に(おもいじに) 애타게 그리워하다 죽음.
思い思い(おもいおもい) 제각각. 각자의 생각(대로).
思い上がり(おもいあがり) 실제의 자기보다 크게 여김. 우쭐해 함.
思い上がる(おもいあがる) 우쭐해서 지나치게 자부하다. 잘난 체하다.
思い設ける(おもいもうける) 미리 생각에 넣어〔생각에 넣어〕 두다. 예상하다.
思い続ける(おもいつづける) (한 가지 일을) 계속 생각하다.
思い巡らす(おもいめぐらす) 思い回す(おもいまわす)의 약간 격식차린 말씨.
思う様(おもうさま) 마음껏. 실컷. 충분히.
思い余る(おもいあまる) 생각다 못하다.
思いの外(おもいのほか) 의외로. 뜻밖에. 예상과 달리.
思い違い(おもいちがい) 틀린 생각. 잘못 생각. 착각. 「해하다.
思い違える(おもいちがえる) 착각하다. 오
思い人(おもいびと) 연인. 애인.
思い入れ(おもいいれ) ①깊이 생각함. ②〘劇〙말없이 생각이나 감정을 나타내는 몸짓.
思い込む(おもいこむ) ①굳이 마음 먹다. 굳게 결심하다. ②꼭 (그렇다고) 믿다.
思い者(おもいもの) 연인. 애인.
思い残す(おもいのこす) 미련을 남기다.
思いの丈(おもいのたけ) (어떤 사람을) 생각하는〔사랑하는〕 마음의 전부.
思い切った(おもいきった) 대담한.
思い切って(おもいきって) ①결심하고. 과감히. ②마음껏.
思い切り(おもいきり) ①체념. 단념. ②마음껏. 실컷. 충분히.
思い切る(おもいきる) 단념하다.
思い定める(おもいさだめる) 곰곰 생각해서 확실히 정하다.
思う存分(おもうぞんぶん) 마음대로. 만족

思い做し(おもいなし) ① 추단. 추측해서 판단함. ② 그러려니 하고 보니. 마음 탓인지.
思い做す(おもいなす) 짐작하여 그와 같이 생각하다.
思い止まる(おもいとどまる) 단념하다. 생각했다가 그만두다. *おもとまる로도 읽음.
思い至る(おもいいたる) (이리저리 생각 끝에) 생각이 미치다.
思い知らせる(おもいしらせる) 상대방에게 뼈저리게 느끼게 하다. 「끼다.
思い知る(おもいしる) 깨닫다. 뼈저리게 느
思い直す(おもいなおす) 고쳐[다시] 생각하다.
思いの儘(おもいのまま) 마음껏. 「다.
思う儘(おもうまま) 생각대로.
思い差し(おもいざし) 그 사람에게 생각이 있어, 술잔을 권함.
思い初める(おもいそめる) 생각[연모]하기 시작하다.
思い草(おもいぐさ) 근심거리.
思い焦がれる(おもいこがれる) 몹시 그리워하다.
思い出(おもいで) 추억. 추상.
‖〜話(ばなし) 추억담(을 얘기함). 「다.
思い出す(おもいだす) 생각해 내다. 회상하
思い出し笑い(おもいだしわらい) 지난 일을 회고하여 혼자 웃음.
思い通り(おもいどおり) 생각했던 대로. 뜻[생각]대로.
思い合う(おもいあう) 서로 사모하다.
思い合わせる(おもいあわせる) 비교해서 생각하다.
思い懸けない(おもいがけない) 의외이다. 생각해 본 일도 없다. 뜻밖이다.
思う壺(おもうつぼ) 예기[생각]한 바.
思い惑う(おもいまどう) ☞思い迷う(おもいまよう).
思い回す(おもいまわす) ① 여러모로[이것저것] 생각하다. ② 상기하다. 회상하다.
思い廻らす(おもいめぐらす) ☞思い回す(おもいまわす).
思い詰める(おもいつめる) 외곬으로만 깊이[골똘히] 생각하다.

其他
思しい(おぼしい) 그렇게 보이다. 생각되다.
❖思す(おぼす) 〈古〉생각하시다.
思し召し(おぼしめし) ① 마음. 생각해 주시는 마음. ②〈俗〉이성에 대한 관심.
思し召す(おぼしめす) 〈雅〉생각하시다《思う(おもう)의 높임말》.

| 9 木 教 | 査 | 사실할 사・떼 사
サ
しらべる |

音読
査公(さこう) 순경의 속칭.
査読(さどく) 수준에 달해 있는지 여부를 심사하기 위해 읽어 봄.
査免国(さめんこく) 사면국.
査問(さもん) 사문.
査収(さしゅう) 사수. 잘 조사하여 받음.
査閲(さえつ) 사열.
査定(さてい) 사정.
査証(さしょう) 사증. 비자.
査察(ささつ) 사찰.
‖〜使(し) 재외 공관의 기능・활동 상황을 조사하기 위해 외무성에서 파견하는 관리.
査哨(さしょう) 보초선의 통행인을 감시하기 위해 특히 지정된 도로상에 세운 보초.

| 9 石 教 | 砂 | 모래 사・약이름 사
サ・シャ
すな・いさご |

音読
砂鶏(さけい) 〖鳥〗 사막꿩.
砂鉱(さこう) 〖地〗 사광. 강바닥・바닷가 등에 모래알 모양으로 쌓인 광상(鑛床). ♣〜床(しょう) 〖鑛〗 사상광.
砂丘(さきゅう) 사구. 모래 언덕. *しゃきゅう로도 읽음.
砂金(さきん) 사금. *しゃきん으로도 읽음.
♣〜石(せき) 〖鑛〗 사금석.
砂嚢(さのう) 사낭. ① 모래주머니. ②〖鳥〗날짐승의 모래주머니. *すなぶくろ・すなぎも로도 읽음.
砂糖(さとう) 설탕. ♣〜黍(きび) 사탕수수.
‖〜大根(だいこん) 〖植〗 사탕무.
〜椰子(やし) 〖植〗 사탕야자.
〜漬(づけ) (과일 등을) 설탕에 잼.
〜蜀黍(もろこし) 〖植〗 사탕옥수수.
砂頭(さとう) 모래사장. 모래 위.
砂礫(されき) 사력. 모래와 자갈. *しゃれき로도 읽음.
砂籠(じゃかご) 꽃꽂이용의 용기.
砂漏(さろう) 사루. 모래시계.
砂漠(さばく) 사막.
砂紋(さもん) ① 파도나 바닷물의 흐름에 의해 바다 밑 모래나 흙 표면에 생기는 기복. ② 풍문(風紋).「사발.
砂鉢(さはち) 접시 모양의 커다란 푼주. 접시
砂防(さぼう) 사방. *しゃぼう로도 읽음.
♣〜林(りん) 사방림.
‖〜工事(こうじ) 사방 공사.
〜造林(ぞうりん) 사방 조림.
砂上(さじょう) 사상. 모래 위.
〜の楼閣(ろうかく) 사상누각.
砂状(さじょう) 사상. 모래 모양.
砂石(させき) 사석. 모래와 돌. *しゃせきで로도 읽음.
砂錫(さすず) 〖鑛〗 사석.
砂岩(さがん) 사암. 모래알이 물속에 가라앉아 굳어진 바위. *しゃがん으로도 읽음.
砂浴(さよく) 사욕.
砂張(さはり) 동・주석・납의 합금. 또, 그것으로 만든 불구(佛具)나 기물.

砂礫(しゃせき) 모래밭. 자갈밭.
砂切り(しゃぎり) (歌舞伎(かぶき)에서) 막이 끝날 때마다 신호로 북·징·피리 따위를 울리는 일.
砂汀(さてい) 사정. 바닷가의 모래톱. *しゃていろ도 읽음.
砂州(さす) 사주. 해안이나 호안(湖岸)에 생기는 긴 모래톱.
砂洲(さす) ⇨ 砂州(さす).
砂中(さちゅう) 사중. 모래 속.
砂塵(さじん) 사진. 모래 먼지. 티끌. *しゃじん·すなぼこり로도 읽음.
砂鉄(さてつ)〘鑛〙사철. *しゃてつ로도 읽음.
砂嘴(さし)〘地〙사취. 사주(砂洲).
砂土(さど) 사토. *しゃど로도 읽음.

訓読
砂(すな) 모래. *雅語로는 いさご라고도 함.
砂ゴム(すなゴム) 잉크 글자나 타이프 글자 따위를 지우는 꺼칠꺼칠한 고무지우개.
砂袋(すなぶくろ) (방화·수방용(水防用)) 모래주머니.
砂嵐(すなあらし) 사풍. 사막 같은 데서 모래와 함께 휘몰아치는 강풍 현상. 모래 폭풍.
砂濾し(すなごし) ①통 등에 모래를 채우고 물을 모래층을 거치게 하여 정화시킴. 또, 그 물. ②술을 모래층을 거치게 하여 탁한 것을 맑게 함. 또, 그 술.   「든 그릇.
砂皿(すなざら) 사유(砂浴)에 쓰이는 쇠로 만
砂壁(すなかべ) (녹색·흑색·황토색 따위의) 고운 색의 모래로 된 벽.
砂払い(すなばらい) 蒟蒻(こんにゃく)의 딴이름. *すなはらい로도 읽음.
砂浜(すなはま) (해변의) 모래사장. 모래톱.
砂砂漠(すなさばく) 모래 사막. 모래로 이루어진 사막.
砂山(すなやま) 모래산. 사구(砂丘).
砂色(すないろ) 모래빛. 모래처럼 회색을 띤 황색.   「림을 그림.
砂書き(すながき) 모래로 글자를 쓰거나 그
砂手習(すなでならい) 옛날, 모래에 손가락이나 막대기로 글씨 쓰는 법을 배움.
砂時計(すなどけい) 모래시계.
砂埃(すなぼこり) 사진. 모래 먼지.
砂煙(すなけむり) 모래가 날려 연기처럼 보이는 것.
砂浴び(すなあび) 사욕. 닭 같은 날짐승이 모래를 파헤치어, 몸에 끼얹는 일.
砂原(すなはら) 모래벌판.
砂遊び(すなあそび) 모래 장난.
砂引草(すなびきそう)〘植〙모래지치.
砂日傘(すなひがさ) 비치 파라솔.
砂子(すなご) ①〈雅〉모래. ②蒔絵(まきえ)·色紙(しきし)·장지 등에 뿌리는 금·은가루.
砂潛(すなもぐり)〘魚〙모래무지.
砂場(すなば) 사장. ①모래밭(의 장난터). ②모래땅. 모래벌판. ③모래 채취장.
砂栽培(すなさいばい) 멸균한 모래를 수용액(水溶液)으로 축축히 적시어 식물을 재배하는 방법. 사경(砂耕).
砂舟(すなぶね) 강의 모래 채취(운반)선.
砂止め(すなどめ) 모래가 무너지는 것을 막음. 또, 그 장치.
砂地(すなち) 사지. 모래땅. *すなじ로도 읽음
砂擦り(すなずり) 배래기. 물고기의 배 밑 살찐 부분.
砂吹き(すなふき) 모래뿜기. 샌드블라스트(sandblast). 유리나 금속과 같은 딱딱한 표면에 금강사를 세게 뿌리고 장식 무늬를 가공하는 일.
砂湯(すなゆ) ⇨ 砂風呂(すなぶろ).
砂八目(すなやつめ)〘魚〙다목장어.
砂風呂(すなぶろ) (온천의 증기 따위로 뜨겁게 한) 모래찜질 욕탕.
砂被り(すなかぶり) 씨름판 바로 곁의 관람석.
砂杭(すなぐい) 모래 말뚝. 샌드 파일(sand pile).
砂蟹(すながに)〘動〙달랑게.
砂型(すながた) 모래로 만든 주형〔거푸집〕.
砂滑(すなめり)〘動〙상괭이. 쇠돌채지.
砂絵(すなえ) 땅 위에 모래를 조금씩 흘리면서 그린 그림.

其他
砂利(じゃり) ①자갈. ②조무래기. 꼬마. *ざり로도 읽음.   「곳.
∥〜場(ば) 자갈 채취장. 또, 그 쌓아 두는
砂蚕(ごかい)〘動〙갯지렁이.

10
口
常
          부추길 사
          サ
          そそのかす

訓読
唆す(そそのかす) 꼬드기다. 부추기다. 교사(教唆)하다.

10
女
          춤출 사·세상 사
          サ·シャ

音読
娑婆(しゃば) 사바. ①〘佛〙사바 세계. ②속세. ③군대·감옥 속에서 보는 외부의 자유스러운 세계. *さば로도 읽음.   「마음.
∥〜気(け) 속세의 명예·이익에 집착하는
 〜塞ぎ(ふさぎ) 속세에 도생(徒生)할 뿐, 아무 소용도 없고 거추장스럽기만 함. 또, 그런 사람.
〜世界(せかい) 사바 세계.   「줄말.
娑婆っ気(しゃばっけ) 娑婆気(しゃばけ)의 힘

10
寸
教
          쏠 사·맞힐 석
          シャ·セキ
          いる·さす·うつ

音読
射(しゃ) 사. 궁술(弓術).

射角(しゃかく) 〖軍〗 사각. 탄환의 사선(射線)과 수평선이 이루는 각.

射干 ㊀(しゃが) 〖植〗 붓꽃과의 상록 다년초. ㊁(やかん) ① 狐(きつね)의 딴이름. ② 檜扇(ひおうぎ)의 딴이름.

射距離(しゃきょり) 사거리.

射擊(しゃげき) 사격.

射界(しゃかい) 사계. ① 사격 가능한 범위. ② 빛이 도달하는 범위.

射光(しゃこう) 사광. 빛을 냄.

射騎(しゃき) 사기. 궁술과 마술.

射猟(しゃりょう) 사렵. 활사냥.

射利(しゃり) 사리. (수단을 가리지 않고) 이익을 노림.

射法(しゃほう) 사법. 사술(射術).

射殺(しゃさつ) 사살.

射手 ㊀(しゃしゅ) 사수. ① 궁수(弓手). ② ㊁(いて) ☞㊀①.

‖〜**座**(ざ) 〖天〗 궁수자리.

射術(しゃじゅつ) 사술. 궁술(弓術).

射御(しゃぎょ) 사어. 활쏘기와 말타기.

射影(しゃえい) 사영. ① 투영(投影). ② 〖數〗 점·직선·평면으로 이루어진 도형의 모든 점·직선과 그 도형 외의 한 점을 연결하는 직선·평면의 전체로 이루어지는 도형.

‖〜**幾何学**(きかがく) 사영 기하학.

射芸(しゃげい) 사예. 궁술.

射場(しゃじょう) 사장. ① 활터. ② 사격장.

射的(しゃてき) ① 과녁을 목표로 활·총을 쏨. ② 공기총으로 표적을 겨냥해서 쏘는 놀이.

射程(しゃてい) 사정.

射精(しゃせい) 사정.

射創(しゃそう) 사창. 총창(銃創).

射出(しゃしゅつ) 사출. 내쏨. 발사.

‖〜**機**(き) 사출기. 캐터펄트.

‖〜**髄**(ずい) 〖植〗 사속수. 방사(放射) 조직.

射爆(しゃばく) 사격과 폭격.

‖〜**場**(じょう) 사격·폭격 연습장.

射幸(しゃこう) 사행. 요행을 노림. ♣〜**心**(しん) 사행심.

射倖(しゃこう) ⇨ 射幸(しゃこう).

‖〜**契約**(けいやく) 〖法〗 사행 계약.

❖**射す**(さす) (광선·그림자가) 비치다.

射し入る(さしいる) (광선이) 비쳐서 들어오다. 들이비치다.

射し込む(さしこむ) 햇빛이 (쏟아져) 들어오다.

❖**射る**(いる) ① (활을) 쏘다. ② (쏘아서) 맞히다. ③ 쏘아보다. ④ (차지하려고) 노리다. ⑤ (강렬히) 비추다.

射かける(いかける) 적에게 활을 쏘다.

射貫く(いぬく) 쏜 화살이 겨냥한 물건을 관통하다.

射当てる(いあてる) ① (활·총 따위로) 쏘아 맞히다. ② 노린 것을 제것으로 삼다.

射倒す(いたおす) (활·총 따위로) 쏘아 쓰러뜨리다.

射落とす(いおとす) ① 쏘아 떨어뜨리다. ② 원하는 것을 차지하다.

射返す(いかえす) ① 활을 쏘아 적을 물리침. ② 적이 쏜 화살을 집어 되쏨. ③ 적을 향해 응사함.

射付ける(いつける) 태워 없앨 듯이 강한 빛을 사물에 비치다.

射竦める(いすくめる) ① 활을 쏘아서 적을 꼼짝 못하게 하다. ② 날카롭게 주시하여 상대를 위압하다.

射込む(いこむ) ① 화살이나 총탄을 쏘아 넣다. ② 날카로운 광선이나 시선(視線)·말 따위를 쏘아붙여 사물에 맞히다.

射止める(いとめる) ① 쏘아서 잡다. ② (노린 것을) 맞혀서 자기 것으로 하다.

射取る(いとる) ① 활을 쏘아서 잡다. ② 맞혀서 제것으로 하다.

射通す(いとおす) 화살로 목표물을 관통시키다.

射向け(いむけ) 갑옷의 왼쪽.

其他

射翳(まぶし) 몸을 숨겨 사슴이나 산돼지가 오기를 기다리는 곳. 전하여, 잠복하는 일.

10 巾 敎	**師**	스승 사·군사 사 シ いくさ

音読

師(し) ① 스승. ② 군대.

師家 ㊀(しか) ① 사가. 스승의 집. ② 선생. 스승.
㊁(しけ) 스승으로서의 학덕이 있는 선승(禪僧).

師管(しかん) 〖植〗 사관(篩管). 체관.

師君(しくん) 사군. 스승의 경어.

師の君(しのきみ) 師(し)의 높임말.

師団(しだん) 사단. ♣〜**長**(ちょう) 사단장.

師道(しどう) 사도. 스승의 길.

師命(しめい) 사명. 스승의 명령.

師の坊(しのぼう) 스승인 중.

師範(しはん) 사범. ① 사표(師表). ② 선생. 스승. ③ 師範学校의 준말. ♣〜**代**(だい) 사범 대리.

‖〜**学校**(がっこう) 사범 학교《구제의 교육 대학》.

師保(しほ) 사보. 스승이 되어 가르치는 일. 또, 그 사람.

師父(しふ) 사부.

師部(しぶ) 〖植〗 체관부. 인피부.

‖〜**繊維**(せんい) 〖植〗 체관부 섬유.

師傅(しふ) 사부.

師事(しじ) 사사.

師説(しせつ) 사설. 스승의 (학)설.

師授(しじゅ) 사수. 스승으로부터 가르침을 받음.

師承(ししょう) 사승. 스승으로부터 이어받음.

師僧(しそう) 사승. 스승인 승려.

師友(しゆう) 사우. ① 스승으로 존경하는 친구. ② 스승과 친구.

師恩(しおん) 사은.

師資(しし) 사자. ① 스승(으로 삼고 의지

함). ② 사제지간.
∥~相承(そうしょう) 사자 상승. 스승으로부터 제자에게 학예를 이어 전함.
師匠(ししょう)〈老〉① 사장. (학문·기술·연예(演藝)를 가르치는) 선생. 스승. ② 연예인의 높임말.
師長(しちょう) 사장. ① 스승과 윗사람. ② (중국의) 사단장(師團長).
師伝(しでん) 사전. 비전(祕傳) 따위를 스승으로부터 전수받음.
師弟(してい) 사제.
師走(しわす)〈雅〉 섣달. 음력 12월《양력에도 쓰임》. *しはすろも 읽음.
∥~坊主(ぼうず) 모양이 초라한 사람.
~油(あぶら) 음력 12월에 기름을 엎지르면 불이 나기 쉽다면서 엎지른 자에게 물을 끼얹는 풍습.
~狐(ぎつね) 음력 12월에 우는 여우.
師表(しひょう) 사표.
師風(しふう) 사사하는 사람의 학풍이나 예풍(藝風).
師号(しごう) 天皇(てんのう)가 고승(高僧)에게 내리는 칭호《대사(大師)·선사(禪師)·국사(國師) 따위》.

10 示 祠 （祠）
제사지낼 **사**·사당 **사**
シ
ほこら・まつる

音読
祠官(しかん) 신관(神官). 제관(祭官).
祠堂(しどう) 사당.
∥~金(きん) 사당전. 절의 사당에 모신 조상의 공양료로 바치는 돈.
祠号(しごう) 신사(神社)의 칭호.

訓読
祠(ほこら) 사당(祠堂).
祠る(まつる) ① 제사 지내다. ② 혼령을 모시다. 신으로 받들다.

逆音
奉祠(ほうし) 봉사. 제사를 모심.

10 糸 紗 〈入〉
깁 **사**
サ・シャ
うすぎぬ

音読
紗(しゃ) 사. 얇고 성기게 짠 견직물의 일종.
紗綾(さや) 능사. 만자(卍字) 따위의 솟을무늬를 넣어서 짠 비단.
紗衣(しゃぎぬ) 사(紗)로 지은 옷.

11 彳 徙
옮길 **사**
シ
うつる・うつす

音読
徙移(しい) 이사.

11 扌 捨 （捨）
버릴 **사**·베풀 **사**
シャ
すてる

音読
捨家(しゃけ)《佛》 사가. 출가(出家).
捨命(しゃみょう)《佛》 사명. 득도하기 위해 목숨을 버림.
捨象(しゃしょう)《心》 사상. 현상의 특성·공통성 이외의 요소를 버림.
捨身(しゃしん)《佛》 사신. 부처를 공양하거나 불법을 구하기 위해 자기 몸을 버림.
~の行(ぎょう)《佛》 사신행. 신명을 바쳐서 하는 불도 수행.
∥~供養(くよう)《佛》 사신공양.
~成道(じょうどう)《佛》 사신성도. 신명(身命)을 버리고 성불 득도(成佛得道)함.
~往生(おうじょう)《佛》 사신왕생.

訓読
❖捨てる(すてる) ① 버리다. ②《接尾語적으로》…해 버리다. 완전히 …하다.
捨て仮名(すてがな) ① 한문을 훈독할 때, 옆에 다는 仮名(かな). ② 促音(そくおん)·拗音(ようおん) 따위를 나타내는 っ·ゃ·ゅ·ょ 따위의 작은 글자.
捨て去る(すてさる) (미련없이) 버리다.
捨て犬(すていぬ) 버려진 개.
捨て金(すてがね) ① 보람 없이 쓴 돈. ② 버린 셈치고 빌려 주는 돈. ③ (창녀·기생 따위를) 낙적시키기 위한 몸값. *すてきんこ로도 읽음. 「된 부채.
捨て団扇(すてうちわ) 가을이 되어 쓸모없게
捨て台詞(すてぜりふ) ① 즉석 대사《각본에 없는 대사》. ② 떠날 때 내뱉는 협박·모멸 따위의 막된 말.
捨て頭巾(すてずきん) 봄이 되어 쓰지 않게 된 방한용 두건.
捨て売り(すてうり) 투매(投賣). 밑지는 값으로 막 팖. 「모.
捨て苗(すてなえ) 모내기가 끝난 뒤에 남은
捨て文(すてぶみ) ① 江戸(えど) 시대에 밀고나 호소의 취지를 무기명으로 써 관청에 투입된 소장(訴狀). ② 형식적인 인사뿐인 편지. ③ 낙서(落書).
捨て物(すてもの) 버린 물건. 버리고 돌아보지 않는 물건. 쓸모 없는 물건.
捨て鉢(すてばち) 자포자기.
捨て坊主(すてぼうず) 생활이 곤궁해져 세상을 버리고 중이 된 사람. 또, 중을 욕하는 말. 「버려진 술잔.
捨て杯(すてさかずき) 흐트러진 술자리에
捨て扶持(すてぶち) 버리는 셈치고《쓸모 없는 사람에게》 주는 급료·임금 따위.
捨て詞(すてことば) ☞捨て台詞(すてぜりふ)②.
捨て石(すていし) ① 일본식 정원에서 군데군데 놓은 돌. ② (토목 공사에서 기초를 만들

기 위해) 물 속에 던져 넣는 돌. ③(바둑에서) 사석. 버림돌.
捨て扇(すておうぎ) 가을이 되어 쓸모없이 된 쥘부채. 추선.
捨て城(すてじろ) 수비하는 병사가 없는 성.
捨て所(すてどころ) 버리는 곳. 버릴 곳.
捨て小舟(すておぶね) ①버려둔 쪽배. ②의지할 곳 없는 신세.
捨て身(すてみ) ①몸을 내던지듯 전력을 기울여 일에 맞섬. ②몸을 내던져 버림. 자포자기함.
捨て印(すていん) (증서(證書) 따위의) 난외(欄外)에 만일을 위해 적어 두는 도장.
捨て子(すてご) 어린(갓난)아이를 버리는 일. 또, 그 아이. 기아(棄兒).
捨て鐘(すてがね) 시종(時鐘)을 칠 때 주의를 끌기 위해 미리 세 번 치는 종(소리).
捨て値(すてね) (손익을 도외시하고) 막 파는 값. 투매 가격. 통값.
捨て置く(すておく) 내버려 두다. 방치함.
捨て濠(すてぼり) 공성군(攻城軍)을 방해하기 위하여 성 외곽에 파놓은 해자(垓字).
ポイ捨て(ポイすて) 물건을 휙 내던짐《특히 담배 꽁초를》.

11 攵 常	赦	놓아줄 사·사 사 シャ ゆるす

音読
赦(しゃ) 사. ①죄에 대한 용서. ②『法』특전에 의해 죄를 용서함《특사 따위》.
赦免(しゃめん) 사면. 죄를 용서함. ♣〜状(じょう) 사면장.
赦書(しゃしょ) 사서. 사면의 서장(書狀).
赦宥(しゃゆう) 사유. 죄를 용서해 줌.
赦状(しゃじょう) 사장. 사면장.
訓読
❖**赦す**(ゆるす) 용서하다. 면하게 하다.
赦し(ゆるし) ①허가. 용서. ②예도(藝道)에서 스승이 제자에게 비방을 전수하는 일. ♣〜文(ぶみ) 사면장.
其他
赦れる(ゆれる) 사면되다.

11 斗 常	斜	비낄 사 シャ ななめ·はす

音読
斜角(しゃかく)『數』사각. 빗각.
斜角筋(しゃかくきん)『生』사각근. 목의 속 깊이 있는 근육.
斜坑(しゃこう) 사갱. 앗쌩. 비스듬히 판 갱.
斜傾(しゃけい) 사경. 비스듬히 기욺.
斜頸(しゃけい) 사경. 목이 한쪽으로 비스듬히 구부러짐. 또, 그 목.
斜光(しゃこう) 사광. 비스듬히 비치는 빛.
斜断層(しゃだんそう)『地』사단층. 사주(斜走) 단층.
斜度(しゃど) (사면(斜面)의) 경사도.
斜面(しゃめん) 사면. 경사면.
斜文(しゃもん) 사선 무늬. 빗금 무늬.
斜方晶系(しゃほうしょうけい)『鑛』사방정계.
斜方形(しゃほうけい)『數』사방형. 마름모꼴.
斜方輝石(しゃほうきせき)『鑛』사방 휘석.
斜辺(しゃへん) 사변. 빗변.
斜線(しゃせん) 사선. 빗금. ‖〜制限(せいげん) 사선 제한. 건축 기준법에 따라 건축물 높이를 제한하는 규정의 하나.
斜視(しゃし) ①사시. 사팔뜨기. ②곁눈질.
斜眼(しゃがん) 사안. ①곁눈. ②사시. 사팔뜨기.
斜陽(しゃよう) ①사양. 석양. ②몰락. 쇠퇴. ♣〜化(か) 사양화.
‖〜族(ぞく) 사양족. 시세(時勢)에 뒤져 몰락한 상류 계급.
斜影(しゃえい) 사영. 비낀(비스듬한) 그림자.
斜月(しゃげつ) 사월. 지는 달.
斜位(しゃい)『生』사위. 태아가 모체 안에서 비스듬히 놓인 위치.
斜日(しゃじつ) 사일. 저녁 해.
斜張橋(しゃちょうきょう)『土』사장교.
斜長石(しゃちょうせき)『鑛』사장석.
斜照(しゃしょう) 사조. 지는 해.
斜体(しゃたい) 사체. (사진 식자 등에서) 한쪽으로 비스듬히 기운 자체.
斜塔(しゃとう) 사탑.
斜巷(しゃこう) 사항. 유곽. 화류항(巷).
斜行(しゃこう) 사행. 비스듬하게 전진함.
斜滑降(しゃかっこう) (스키의) 사활강.
斜暉(しゃき) 사휘. 비스듬히 비치는 석양의 햇빛.
訓読
斜(はす) 비스듬함. 경사.
斜め ㊀(ななめ) ①기울어짐. 경사짐. ②바르지 않음.
‖〜読み(よみ) 전체를 대강 읽음.
㊁(なのめ)〈古〉①경사(傾斜). 비스듬함. ②보통. 평범.
斜掛け(はすかけ)〈方〉비스듬함. ＊はすがけろも 읽음.
斜交い(はすかい)〈老〉비스듬함. 기욺. 비낌.
斜子(なこ) 금속 표면 전체에 작은 좁쌀알 같은 무늬를 새긴 세공.
斜切り(はすぎり) 비스듬히 벤.
斜切れ(はすぎれ) 바이어스. 비스듬히 엇벤.
斜歯歯車(はすばぐるま) 나선형 톱니바퀴. 헬리컬 기어(helical gear).
斜向かい(はすむかい) 비스듬히 앞쪽.

11 木	梭	북 사 サ ひ

訓読
梭(ひ) (베틀의) 북.
其他
梭魚(かます)〖魚〗꼬치고기.

| 11 艹 | 莎 | 사초 사
サ |

其他
莎草(しゃそう)〖植〗사초. ①'はますげ(= 향부자(香附子))'의 한명(漢名). ②'かやつりぐさ(=금방동사니)'의 한명.

| 11 竹 | 笥 | 상자 사
シ・ス
はこ・け |

訓読
笥(け)〈古〉용기(容器).

| 11 虫 常 | 蛇 | 뱀 사·구불구불할 이
ジャ・ダ
へび・くちなわ |

音読
蛇蝎(だかつ) 사갈. 뱀과 전갈. *じゃかつ로도 읽음. ♣~視(し) 사갈시.
蛇蠍(だかつ) ⇨ 蛇蝎(だかつ).
蛇結茨(じゃけついばら)〖植〗실거리나무.
蛇骨(じゃこつ) ①사골. 뱀의 뼈. ②〖鑛〗규화(珪華)의 별칭.
蛇管(じゃかん) 사관. ①흡열·방열의 면적을 크게 할 목적으로 만든 나선형의 관. ②호스. *だかん으로도 읽음.
蛇咬症(だこうしょう)〖醫〗사교증.
蛇口(じゃぐち) ①수도꼭지. 수도고동. ②돌담 같은 데에 낸 배수구.
蛇毒(じゃどく) 사독. 뱀의 독.
蛇籠(じゃかご) 원통형으로 엮은 광주리에 돌을 채워 놓은 것(호안(護岸)·수류 제어 등에 씀). *じゃころ로도 읽음.
蛇の目(じゃのめ) ①굵은 고리 모양. ②蛇の目傘의 준말. ♣~蝶(ちょう)〖蟲〗굴뚝나비.
∥~の砂(すな) (일본 씨름에서) 씨름판 밖에 깔아 놓은 모래.
~傘(がさ) 무지의 바탕에 백색의 굵은 고리 무늬가 있는 우산.
蛇紋(じゃもん) 사문. 뱀 껍질 모양과 비슷한 무늬. ♣~石(せき)〖鑛〗사문석 / ~岩(がん)〖鑛〗사문암.
蛇腹(じゃばら) ①아코디언·사진기 등의 주름 상자. ②수도꼭지에 끼우는 신축성 있는 호스.
蛇身(じゃしん) 사신. 뱀 같은 몸.
蛇心(じゃしん) 사심. 뱀같이 집념이 강한 마음. *だしん으로도 읽음.
蛇の髭(じゃのひげ)〖植〗소엽맥문동.
蛇足(だそく) 사족. 군더더기.
蛇之助(じゃのすけ) (뱀이 먹이를 통째로 삼키는 데서) 대주가(大酒家).
蛇体(じゃたい) 사체. 뱀의 형상. 뱀의 몸.
蛇皮(じゃひ) ①사피. 뱀 가죽. ②蛇皮線의 준말. *じゃひろ로도 읽음.
∥~線(せん)〖樂〗사피선. 뱀 가죽을 몸체에 댄 삼현(三絃)의 현악기.
蛇行(だこう) 사행. 꾸불꾸불 나아감. *じゃこう로도 읽음.
∥~河川(かせん)〖地〗사행천. 꾸불꾸불한 하천.

訓読
蛇(へび) 뱀. *じゃ・くちなわ로도 읽음.
蛇遣い(へびつかい) ①뱀을 부리는 사람. ②뱀을 부려서 구경시키기.
蛇苺(へびいちご)〖植〗뱀딸기.
蛇神(へびがみ) 뱀의 영력을 두려워하여, 이를 신으로 받드는 것.
蛇の衣(へびのきぬ) 뱀의 허물.
蛇座(へびざ)〖天〗뱀자리.
蛇責め(へびぜめ) 많은 뱀이 있는 통 속에 사람을 집어 넣고 가하는 고문.
蛇蜻蛉(へびとんぼ)〖蟲〗뱀잠자리.
蛇貝(へびがい)〖貝〗뱀고동.

其他
蛇男母(かなへび)〖動〗장지뱀.

| 12 大 | 奢 | 사치 사
シャ
おごり・おごる |

音読
奢靡(しゃび) 사미. 사치.
奢侈(しゃし) 사치. ♣~税(ぜい) 사치세 / ~品(ひん) 사치품.

訓読
❖奢る(おごる) ①사치하다. ②한턱 내다.
奢り(おごり) ①사치. ②한턱 냄.

| 12 氵 | 渣 | 찌끼 사
サ
かす・おり |

音読
渣滓(さし) 찌끼. 앙금. 침전물.

| 12 斤 | 斯 | 이 사·어조사 사
シ
か・かかる・かく・こう・この・これ |

音読
斯界(しかい) 사계. 그 사회〔분야〕.
斯道(しどう) 사도. ①그 방면〔분야〕. ②공맹(孔孟)이 말한 인의(仁義)의 도(道).
斯文(しぶん) 이 학문. 이 길. (특히) 성인(聖人)의 길.
斯業(しぎょう) 사업. 이 (방면의) 사업.
斯学(しがく) 사학. 이 방면의 학문.

斯・覗・詐・詞・嗄

訓読

斯う(こう) ①이렇게. 이와 같이. ②알맞은 말이 생각나지 않을 때 쓰는 말. 저어.
斯うした(こうした) 이러한. 이와 같은.
斯うして(こうして) 이렇게.
斯うって(こうって) 판단이 안 되어 망설일 때 내는 소리. 자(이거). 그럼. 가만 있자.
斯うと(こうと) ☞斯うっと(こうっと).
斯かる(かかる) 〈雅〉이러한. 이런.
斯かれど(かかれど) 이렇다고는 하지만.
斯かれば(かかれば) 이러하기 때문에. 이러한 까닭에.
斯く(かく) 〈雅〉이와 같이. 이렇게. 「여.
斯くして(かくして) 이렇게 하여. 이리하
斯くて(かくて) 이리하여. 이래서. 그래서.
斯くや(かくや) 이런 것일까. 이러할까. 이
斯く斯(かくかく) 이렇게 이렇게.
斯く斯く(かくかく) 이렇게 이렇게. 이러러. 여차여차.
斯様(かよう) 〈老〉이러함. 이와 같음.
斯くの如く(かくのごとく) 이와 같이.
斯の人(このひと) 뛰어난 사람. 「럼.
斯程(かほど) 〈雅〉이만큼. 이렇게. 이처
斯かる程に(かかるほどに) 이렇게 하는 동안에. 그와 같은 상태 중〔속〕.
斯許り(かばかり) 〈雅〉이렇게까지. 이토록.
斯く迄(かくまで) 이렇게까지. 이토록.

12 見	覗	엿볼 사 シ うかがう・のぞく

訓読

覗かせる(のぞかせる) 들여다보이게〔엿보이게〕하다. 슬쩍 비치다.
覗ける(のぞける) 일부만을 드러내다.
❖**覗く**(のぞく) ①엿보다. ②일부가 밖에 드러「나다.
覗き(のぞき) 엿봄. 들여다봄.
覗き見(のぞきみ) 엿봄. 엿보기.
覗き機関(のぞきからくり) 요지경.
覗き眼鏡(のぞきめがね) 요지경.
覗き込む(のぞきこむ) 들여다보다.
覗き窓(のぞきまど) 밖의 동태를 살피기 위해 낸 작은 창.
覗き趣味(のぞきしゅみ) 남의 사생활을 엿보고 즐기는 취미.

12 言 常	詐	속일 사 サ いつわる

音読

詐欺(さぎ) 사기. ♣~師(し) 사기꾼/~罪(ざい) 사기죄.
‖~**破産**(はさん) 〚法〛사기 파산.
詐略(さりゃく) 사략. 남을 속이는 계략.
詐謀(さぼう) 사모. 속이기 위한 계략.
詐病(さびょう) 사병. 꾀병.
詐術(さじゅつ) 사술. 속임수.
詐言(さげん) 사언. 사람을 속이기 위해 하는 말. 거짓말.
詐取(さしゅ) 사취.
詐称(さしょう) 사칭.
詐害(さがい) 사해.
‖~**行為**(こうい) 〚法〛사해 행위.

訓読

❖**詐る**(いつわる) ①거짓말하다. ②속이다.
詐り(いつわり) ①거짓(말). ②인위를 가한 것. 허구(虛構).
‖~**言**(ごと) 거짓말. 허언.

12 言 教	詞	말 사·고할 사 シ ことば

音読

詞 ㊀(し) ①말. ②사. 전사(塡詞).
㊁(ことば) 노래에 대한 산문 부분. 가곡에 대한 대화 부분.
‖~**寄せ**(よせ) 和歌(わか)・俳諧(はいかい) 제작에 관한 용어를 모은 책.
~**付け**(づけ) 連歌(れんが)・俳諧(はいかい)에서 여러 사람의 구(句)를 차례로 이어 맞추는 일.
~**書き**(がき) ①和歌(わか)의 머리말. ②絵巻物(えまきもの)의 설명문. ③그림책에서, 대화(對話)의 글.
詞客(しかく) 사객. 문인.
詞曲(しきょく) 사곡. 가요.
詞林(しりん) 사림. ①시인・문인들의 사회. 문단. ②시문을 모아서 엮은 책. ③사전.
詞筵(しえん) 사연. 문인의 모임.
詞章(ししょう) 사장. 시가(詩歌)나 문장 따위의 총칭. 문구(文句).
詞藻(しそう) 사조. ①시나 문장(속의 아름다운 어구). ②시상(詩想)과 어휘가 풍부함.
詞宗(しそう) 사종. 시문(詩文)의 대가.
詞抄(ししょう) 사초. 시를 뽑아서 편집한 책. 시의 선집.
詞兄(しけい) 사형. 문사(文士)들끼리 서로 부르는 높임말.
詞花(しか) ⇨ 詞華(しか).
詞華(しか) 사화. 표현을 아름답게 수식한 말이나 문장.

13 口	嗄	목쉴 사 サ からす・かれる・しゃがれる・しわがれる

音読

嗄声(させい) 사성. 목쉰 소리.

訓読

嗄らす(からす) (목이) 쉬게 하다.
❖**嗄れる**(かれる) (목이) 쉬다. ＊しわがれる・しゃがれる로도 읽음.
嗄れ(かれ) (목이) 쉼.

嗄ればむ(かればむ) 목이 쉬다.
嗄れ嗄れ(かれがれ) (목이 쉬어) 목소리가 나오지 않게 되는 모양.
嗄れ声(かれごえ) 쉰 목소리. ＊しわがれごえ・しゃがれごえ로도 읽음.

13 口 常	嗣	이을 사・익힐 사 シ つぐ

音読

嗣(し) 후사(後嗣).
嗣君(しくん) 사군. 사자(嗣子)의 경칭.
嗣続(しぞく) 사속. 대(代)를 이음.
嗣子(しし) 사자. 대(代)를 이을 아들.

訓読

嗣ぐ(つぐ) 잇다. 계승[상속]하다.

13 犭	獅	사자 사 シ しし

音読

獅嚙火鉢(しかみひばち) 다리나 몸통 부분에 사자의 얼굴을 새긴 둥근 무쇠 화로.
獅子(しし) ①〖動〗사자. ② 獅子舞의 준말.
♣**~宮**(きゅう) 〖天〗사자궁 / **~王**(おう) 사자왕 / **~吼**(く) 사자후.
‖**~口**(ぐち) 〖建〗용마루 장식의 일종. 용마루 양 끝에 둥근 기와로 장식한 것.
~唐(とう) 〖植〗사자당고추(獅子唐辛子(ししとうがらし)의 준말. 푸른 고추.
~頭(がしら) ① 사자탈. ② 〖植〗 금붕어의 한 품종. ③ 〖植〗 고란초과의 양치식물.
~舞(まい) ① 사자춤. 풍년을 기원하고 악마를 몰아내는 의식의 춤. ② 能(のう)에서, 사자가 춤추는 것을 본떠서 추는 춤.
~奮迅(ふんじん) 사자분신. 맹렬한 기세로 분투[돌격]함.
~鼻(ばな) 〈俗〉사자코. 들창코.
~座(ざ) 사자좌. ①〖佛〗부처의 자리. 전하여, 고승의 자리. ②〖天〗사자자리.

13 聿	肆	방자할 사・가게 사 シ ほしいまま・みせ

音読

肆廛(してん) ⇨ 肆店(してん).
肆店(してん) 가게. 상점.

13 衣 人	裟	가사 사 サ

逆音

袈裟(けさ) ①〖佛〗가사. ② 袈裟掛け의 준말.

‖**~掛け**(がけ) ① 가사를 걸침. ② 옷 따위를 한쪽 어깨에서 다른 쪽 겨드랑 밑으로 비스듬히 걸침.

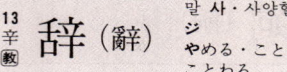

13 辛 敎	辞(辭)	말 사・사양할 사 ジ やめる・ことば・ことわる

音読

辞 ㊀(じ) ① 사. 말. 글. ② 한문 문체의 하나. ③ 〖文法〗부속어.
㊁(ことば) 언어로 표현한 것.
辞さない(じさない) 불사(不辞)하다.
辞す(じす) ☞ 辞する(じする).
辞する(じする) ① 물러나다. 떠나다. ② 사퇴하다. 사임하다.
辞せず(じせず) 두려워하지 않다.
辞去(じきょ) 사거. 작별하고 떠남.
辞令(じれい) 사령. ① 관직의 임면(任免). 임면장. 사령장. ② 응대(應待)하는 말.
辞林(じりん) 사림. 사전(辞典).
辞別(じべつ) 작별을 고하고 헤어짐. 고별.
辞柄(じへい) 핑계. 구실. 변명.
辞謝(じしゃ) 사사. 사절.
辞色(じしょく) 사색. 말씨와 안색.
辞書(じしょ) 사서. 사전.
‖**~体**(たい) 사서체. 책의 항목 배열이 사전 형식으로 되어 있는 것.
辞世(じせい) 사세. ① 임종 때에 지어 남기는 시가(詩歌). ② 이 세상을 하직함. 죽음.
辞譲(じじょう) 사양. 겸양.
辞宜(じぎ) ⇨ 辞儀(じぎ).
辞意(じい) 사의.
辞義(じぎ) 말뜻.
辞儀(じぎ) ① 절함. 인사. ②〈古〉사퇴. 사양.
辞任(じにん) 사임.
辞典(じてん) 사전.
辞職(じしょく) 사직.
辞退(じたい) 사퇴.
辞表(じひょう) 사표.
辞彙(じい) 사휘. 사전. 사서.

訓読

辞める(やめる) 그만두다. 사직하다.
❖**辞わる**(ことわる) ① 사절[거절]하다. ② 예고하다. 미리 양해를 얻다.
辞わり(ことわり) ① 예고. 미리 얻는 양해. 또, 그 말. ② 사절. 거절.

其他

辞む(いなむ) ① 거절하다. 사절하다. ② 부정(否定)하다.

13 金	鉈	창 사 シャ・タ なた

訓読

鉈(なた) 일종의 손도끼.
鉈豆(なたまめ) 〖植〗작두콩.

鉈目(なため) 길잡이로서 산중의 나무줄기에 새긴 손도끼 자국.

13 食 教	飼 (飼)	기를 사・칠 사 シ かう

音読→
飼料(しりょう) 사료.
‖〜作物(さくもつ) 사료 작물.
飼養(しよう) 사양. 사육.
飼育(しいく) 사육.
訓読→
❖飼う(かう) (동물을) 기르다. 치다. 사육하다.
飼い犬(かいいぬ) 기르는 개.
飼い慣らす(かいならす) ①(사육하여) 길들이다. ②은혜를 베풀거나 하여 마음대로 부릴 수 있게 하다.
飼い鳩(かいばと) 집비둘기.
飼い料(かいりょう) ①사료. ②사육비.
飼い猫(かいねこ) 집괭이.
飼い放し(かいばなし) 방목.
飼い付け(かいつけ) 낚시에서 미끼를 미리 던져 물고기가 모이게 하는 일.
‖〜漁業(ぎょぎょう) 미끼를 미리 던져 물고기를 유인한 후에 잡는 어로(漁撈) 작업.
飼い殺し(かいころし) ①쓸모없이 된 가축이지만 죽을 때까지 기름. ②쓸모없는 사람이라도 평생 고용함. ③본인의 재능을 충분히 발휘할 기회를 주지 않고 고용해 둠.
飼い葉(かいば) 꼴. 여물.
‖〜桶(おけ) 구유. 여물통.
飼い屋(かいや) 누에를 치기 위한 건물. 잠실(蠶室).
飼い鳥(かいどり) 집에서 기르는 새. 사육조(鳥).
飼い主(かいぬし) 집주(飼主). (가축・가금을) 기르는 사람.
飼い草(かいぐさ) 꼴.
飼い兎(かいうさぎ) 『動』집토끼.
飼い桶(かいおけ) ☞飼い葉桶(かいばおけ).

14 木	槎	엇찍을 사・떼 사 サ いかだ

音読→
槎牙(さが) ⇒ 槎枒(さが).
槎枒(さが) 사아. 나뭇가지가 깎은 것처럼 모지게 얽힌 모양.

14 艹	蓑	도롱이 사・꽃술늘어질 쇠 サ みの

訓読→
蓑(みの) 도롱이.
蓑亀(みのがめ) ①등딱지에 이끼・말이 붙어 도롱이를 입은 것 같은 남생이. ②『動』푸른거북의 딴이름.
蓑笠(みのかさ) 도롱이와 삿갓.
蓑笠子(みのかさご) 『魚』쏠배감펭.
蓑毛(みのげ) ①도롱이에 늘어진 억새・사초 주저리. ②해오라기 목의 (도롱이 모양의 한) 깃털.
蓑鴨(みのがも) 『鳥』'葦鴨(よしがも)'(=청머리오리)'의 딴이름.
蓑虫(みのむし) 『蟲』도롱이벌레.

14 貝	賖	외상거래할 사・멀 사 シャ おぎのる

音読→
賖遥(しゃよう) 사요. 멂. 요원함.

15 貝 常	賜	줄 사 シ たまわる・たまう・たまもの

音読→
賜暇(しか) 사가. 예전에 관공리가 휴가를 얻음. 또, 그 휴가.
賜金(しきん) 사금. 하사금.
賜杯(しはい) 사배. 하사(下賜)된 우승배.
賜盃(しはい) ⇨ 賜杯(しはい).
賜与(しよ) 사여. 하사.
賜餐(しさん) 사찬. 天皇(てんのう)가 신하를 초대해서 음식을 대접함. 또, 그 연회.
訓読→
賜(たまもの) ⇨ 賜物(たまもの).
賜う(たまう) ①주시다. 내리시다. ②《雅》《連用形에 붙어서》…하시다.
賜物(たまもの) ①하사품(下賜品). 윗사람에게서 받은 것. ②(좋은) 보람. 덕택. 덕분.
❖賜わる(たまわる) ①윗사람에게서 받다. ②내려 주시다. 「사하신 물건.
賜わり物(たまわりもの) 내려 주신 물건.
其他→
賜も(たも) ☞賜もれ(たもれ). 「오.
賜もれ(たもれ) 《雅》주십시오. …해 주십시오.

15 馬	駛	달릴 사・빠를 사 シ はやい・はしる

訓読→
駛い(はやい) 세차다. 거칠다.
駛る(はしる) 달리다. 빨리 움직이다.

15 馬	駟	사마 사 シ

音読→
駟(し) 사두 마차. 또, 그 말.
駟馬(しば) 사마. 사두 마차.

鯊

| 15 魚 | 鯊 | 문절망둥어 사
サ
いさざ |

訓読
鯊(いさざ)〖魚〗꾹저구의 유어(幼魚).

魳

| 15 魚 | 魳 | 방어 사·노어 사
シ
かます |

訓読
魳(かます)〖魚〗꼬치고기.

篩

| 16 竹 | 篩 | 체 사·칠 사
シ
ふるい |

音読
篩骨(しこつ)〖生〗사골. 두개골의 일부.
篩管(しかん)〖植〗사관. 체관. 「部」.
篩部(しぶ)〖植〗사부. 체관부. 인피부(靱皮)
‖~纖維(せんい)〖植〗체관부 섬유.
訓読
篩(ふるい) 체.
　~に掛(か)ける 체로 치다. 선별하다.
❖篩う(ふるう) ①체로 치다. ②선별하다.
篩い落とす(ふるいおとす) 체로 쳐서 제거하다. 선별하여 제거하다. 「정하다.
篩い分ける(ふるいわける) (체로 쳐서) 선

筵

| 17 竹 | 筵 | 체 사
シ
とおし·ふるう·ふるい |

参考 篩와 同字.

訓読
筵(とおし) 어레미. 겨 따위를 치는 체.

謝

| 17 言 教 | 謝 | 사례할 사·사양할 사
シャ
あやまる |

音読
謝す(しゃす) ☞謝する(しゃする).
謝する(しゃする) ①사의(謝意)를 표하다. ②사죄하다. ③사절하다.
謝金(しゃきん) 사금. 사례금.
謝礼(しゃれい) 사례.
謝物(しゃもつ) 사물. 사례로 보내는 물건. 예물. 「말.
謝辞(しゃじ) 사사. ①사례의 말. ②사죄의
謝肉祭(しゃにくさい) 사육제. 카니발.
‖~劇(げき)〖演〗사육제극. 중세기 말, 사육제 때 하던 가장·가면극.
謝恩(しゃおん) 사은. ♣~会(かい) 사은회.
謝意(しゃい) 사의. 감사의 뜻. 사과의 뜻.
謝儀(しゃぎ) 사의. 사례. 사례의 선물.
謝状(しゃじょう) 사장. ①감사의 편지. ②사과의 편지.
謝絶(しゃぜつ) 사절.
謝罪(しゃざい) 사죄.
訓読
❖謝る(あやまる) ①사죄하다. 잘못을 빌다. ②손들다. 사절하다.
謝り(あやまり) 사과. 사죄.
其他
❖謝わる(ことわる) ①사절〔거절〕하다. ②미리 양해를 얻다.
謝わり(ことわり) ①사절. 거절. ②미리 얻는 양해. 또, 그 말.

瀉

| 18 氵 | 瀉 | 쏟을 사·설사할 사
シャ
そそぐ |

音読
瀉する(しゃする) 설사하다. 토사하다.
瀉痢(しゃり) 사리. 설사.
‖~塩(えん) 사리염. 황산마그네슘.
瀉痢塩(しゃりえん) ⇨ 瀉痢塩(しゃりえん).
瀉瓶(しゃびょう)〖佛〗사병. 스승이 제자에게 불교의 오의(奥義)를 빠짐없이 전수함.
瀉薬(しゃやく) ☞瀉剤(しゃざい).
瀉剤(しゃざい) 사제. 설사시키는 약.
瀉出(しゃしゅつ) 사출. 흘러나옴. 내뿜음.
瀉下(しゃか) 사하. ①물 따위를 힘껏 쏟아냄. ②설사.
瀉血(しゃけつ) 사혈. (치료 목적으로) 환자의 피를 일정량 뽑아 냄.

鯊

| 18 魚 | 鯊 | 문절망둑 사
サ
はぜ |

訓読
鯊(はぜ)〖魚〗문절망둑.
だぼ鯊(だぼはぜ)〖魚〗검정망둑.

鰤

| 21 魚 | 鰤 | 방어 사·노어 사
シ
ぶり |

訓読
鰤(ぶり)〖魚〗방어.

麝

| 21 鹿 | 麝 | 사향노루 사
ジャ |

音読
麝香(じゃこう) 사향. ♣~嚢(のう) 사향낭 / ~鹿(じか)〖動〗사향노루 / ~猫(ねこ)〖動〗사향고양이 / ~鼠(ねずみ)〖動〗사향뒤쥐 / ~腺(せん) 사향선 / ~牛(うし)〖動〗사향

삭

9 リ 常	削 (削)	깎을 삭·빼앗을 삭 サク けずる·そぐ·そげる

音読
削減(さくげん) 삭감. 깎아서 줄임.
削去(さっきょ) 삭거. 깎아 버림.
削磨(さくま) 삭마. 깎고 닦음.
削剝(さくはく) 삭박. 깎아 벗김.
削岩(さくがん) 착암. 바위에 구멍을 뚫음.
♣~機(き) 착암기.
削弱(さくじゃく) 세력 따위를 약화시킴.
削正(さくせい) 삭정.
削除(さくじょ) 삭제.

訓読
❖**削ぐ**(そぐ) ① 뾰족하게 자르다. ② 치다. ③ 깎아[베어]내다. ④ 꺾다.
削ぎ落とす(そぎおとす) 불필요한 부분을 깎아 떼어 내다.
削ぎ身(そぎみ) 식칼을 뉘우듯이 하여 저민 고기나 생선.
削ぎ切り(そぎぎり) 요리에서, 재료에 식칼을 비스듬히 대어 깎듯이 자르는 일.
削ぎ竹(そぎだけ) 끝을 뾰족하게 깎은 대.
削ぎ葺き(そぎぶき) 얇게 켠 작은 판자로 지붕을 이음. 또, 그 지붕.
削ぎ取る(そぎとる) 칼로 깎아내다.
❖**削げる**(そげる) 깎이다. 닳다.
削げ落ちる(そげおちる) 깎아낸 것처럼 그 부분이 없어지다.
削げ者(そげもの) 괴짜.
❖**削る** ㊀(けずる) ① 깎아내다. ② 삭감하다. ③ 삭제하다. 「어 내다.
㊁(はつる) ① ☞㊀①. ② 이익의 일부를 떼
削り掛け(けずりかけ) 나뭇가지 따위를 얇게 깎아 끝을 술처럼 드리운 제구(祭具).
削り節(けずりぶし) 얇게 깎은 가다랑어 포.
削り取る(けずりとる) 삭제하다.

10 月 人	朔	초하루 삭·북녘 삭 サク ついたち

音読
朔 ㊀(さく) 삭. ① 초하루. ② 북. 북쪽.
㊁(ついたち) (음력) 초하루.
朔旦(さくたん) 초하룻날 아침.
‖~冬至(とうじ) 음력 11월 1일이 동지에 해당되는 날.
朔望(さくぼう) 삭망. ♣~月(げつ) 〖天〗삭망월.
朔方(さくほう) 삭방. 북방. └망월.
朔北(さくほく) 삭북. 북. 북방.
朔月(さくげつ) 〖天〗삭월.
朔日 ㊀(さくじつ) 삭일. (음력) 초하루.
㊁(ついたち) ① ☞朔㊁. ② 상순. 초순.
朔風(さくふう) 삭풍. 북풍.

10 糸 常	索	노 삭·찾을 색 サク なわ·もとめる

音読
索 ㊀(さく) ① 밧줄. ②〖佛〗불상이 손에 쥐고 있는 노끈.
㊁(なわ) 새끼. 포승. 줄. 「쓸이 있음.
索居(さっきょ) 삭거. 무리와 떨어져 홀로 쓸
‖~独棲(どくせい) 삭거 독서.
索具(さくぐ) 삭구. 배에서 쓰는 밧줄 종류.
索道(さくどう) 삭도. 공중 케이블(『架空索道(かくうさくどう)』의 준말).
索莫(さくばく) ⇨ 索漠(さくばく).
索漠(さくばく) 삭막. 황폐하여 쓸쓸하고 적적한 모양.
索寞(さくばく) ⇨ 索漠(さくばく).
索餅(さくべい) 밀가루와 쌀가루를 함께 반죽하여 노끈처럼 가늘게 꼬아 기름에 튀긴 과자. 「모양.
索索(さくさく) 바람이 나뭇가지를 울리는
索然(さくぜん) 삭연. ① 재미[흥미]가 없는 모양. ② 흩어져 없어지는 모양.
索梯(さくてい) 줄사다리.
索条(さくじょう) 삭조. 강삭(鋼索).
‖~鉄道(てつどう) 강삭 철도.

◘ 이하 音은 '색'.
索書(さくしょ) 책을 찾음.
索隠(さくいん) ⇨ 索引(さくいん).
索餌(さくじ) 색이. 먹이를 찾음.
索引(さくいん) 색인.
索敵(さくてき) 색적. 적의 소재를 찾음.
索出(さくしゅつ) 색출.

其他
索麺(そうめん) 실국수.

14 艹	萠	삭조 **삭**·삭과 **삭** サク そくず

音読
萠(さく)〖植〗삭.

14 木	槊	창 **삭** サク ほこ

音読
槊杖(さくじょう) (총열 안을 닦을 때 쓰는) 꽂을대.

19 火	爍	빛날 삭·녹일 삭 シャク ひかる・とかす

音読
爍爍(しゃくしゃく) 삭삭. 작작(灼灼). 빛나는[번쩍이는] 모양.

산

3 山 教	山	메 산 サン・セン やま

音読
山家 ㊀(さんか) 산가. 산속의 집.
㊁(やまが) ☞㊀. ♣~者(もの) 산골내기.
‖~育ち(そだち) 산간에서 자람. 또, 그 사람.
山脚(さんきゃく) 산각. 산기슭.
山間(さんかん) 산간. 산속. 산골. ＊やまあいいろも 읽음.
‖~僻地(へきち) 산간 벽지.
山居(さんきょ) 산거. 산속에서 삶.
‖~人(じん) ① 산속에서 사는 사람. ② 산속에서 고행(苦行)하는 사람. ＊さんきょにんで도 읽음.
山径(さんけい) 산경. 산길.
山系(さんけい) 산계.
山鶏(さんけい)〖鳥〗꿩.
山骨(さんこつ) (산의 토사가 무너져) 노출된 암석.
山郭(さんかく) 산곽. 산에 있는 마을.
山館(さんかん) 산관. 산 속의 건물.
山光水色(さんこうすいしょく) 산광 수색.
山塊(さんかい)〖地〗산괴.
山窟(さんくつ) 산굴.
山帰来(さんきらい)〖植〗산귀래.
山祇(さんぎ) 산기. 산신(山神). 「내.
山内(さんない) ① 산내. 산간. ② 절의 경
山茶(さんちゃ) 산다. ① 동백나무. ② 산에서 나는 차.
山丹(さんたん)〖植〗산단. 하늘나리.
山道(さんどう) 산도. 산길. ＊やまみち・やまじで도 읽음.
山童(さんどう) 산동. 산촌의 어린이.
山東菜(さんとうな) (산동) 배추.
山斗(さんと) 산두. 태산북두.
山頭(さんとう) 산두. ① 산꼭대기. ② 화장터. 묘지.
山梁(さんりょう) 산량.
山靈(さんれい) 산령. 산신.
山嶺(さんれい) 산령. 산봉우리.
山麓(さんろく) 산록. 산기슭. ♣~帯(たい)〖地〗산록대.
山籟(さんらい) 산뢰. 산바람이 나뭇가지를 스치는 소리.
山楼(さんろう) 산루. 「능.
山陵(さんりょう) 산릉. ① 산과 언덕. ②

山稜(さんりょう) 산릉. 산등성이.
山林(さんりん) 산림. 「음.
山脈(さんみゃく) 산맥. ＊やまなみで도 읽
山門(さんもん) 산문. ① 산의 어귀. ②〖佛〗
山房(さんぼう) 산방. 「절(의 정문)
山腹(さんぷく) 산복. 산허리.
山査子(さんざし)〖植〗산사나무.
山上 ㊀(さんじょう) 산상. 산 위.
~の垂訓(すいくん)〖聖〗산상수훈.
山相(さんそう) 산상. 산의 생김새·특징.
山塞(さんさい) 산새. 산중의 요새. 산채.
山色(さんしょく) 산색. 산의 경치.
山城 ㊀(さんじょう) 산성. ＊やまじろで도 읽음.
㊁(やましろ)〖地〗京都(きょうと) 부(府) 남부 지방의 옛 이름.
山勢(さんせい) 산세.
山水 ㊀(さんすい) ① 산수. 경치. ② 山水画
‖~画(が) 산수화. 「의 준말.
㊁(やまみず) ① 골짜기를 흐르는 냇물. ② ☞㊀.
山水屏風(せんずいびょうぶ) 밀교에서, 관정(灌頂) 의식 때 쓰이는, 산수를 그린 병풍.
山茱萸(さんしゅゆ)〖植〗산수유나무.
山僧(さんそう) ① 산승. ② 延暦寺(えんりゃくじ)의 중.
山市(さんし) 산간 마을.
山神(さんしん) 산신. 산신령. ＊やまがみ・やまつみで도 읽음. 「병.
山岳(さんがく) 산악. ♣~病(びょう) 고산
‖~党(とう)〖史〗산악당. 프랑스 혁명 시대의 급진파. 「형태.
~仏教(ぶっきょう) 산악 불교. 불교의 한
~信仰(しんこう) 산악 신앙.
~地帯(ちたい) 산악 지대.
山鶯(さんおう) 산에 사는 휘파람새.
山野(さんや) 산야.
山薬(さんやく)〖漢醫〗산약.
山陽(さんよう) ① 산양. 산의 남쪽. ② 山陽道의 준말.
‖~道(どう)〖地〗옛날의 七道(しちどう)
~地方(ちほう) 中国(ちゅうごく) 지방 중 瀬戸内海(せとないかい)에 면한 지방.
山駅(さんえき) 산중에 있는 역.
山塩(さんえん) 산염. 암염. ＊やまじおで도 읽음.
山窩(さんか)〈卑〉산사람. 산속 등에서 죽세공·수렵을 업으로 떠돌며 살던 사람들.
山腰(さんよう) 산요. 산허리.
山容(さんよう) 산용.
山雨(さんう) 산우. 산에 오는 비.
山月(さんげつ) 산에서 보는 달.
山戎(さんじゅう)〖史〗산융.
山陰 ㊀(さんいん) ① 산음. 산의 응달. ② 山陰道의 준말. 「의 하나.
‖~道(どう)〖地〗옛날의 七道(しちどう)
~地方(ちほう) 中国(ちゅうごく) 지방 중 동해에 면한 지방.
㊁(やまかげ) 산 그늘.

山人 ㊀(さんじん) 산인. 세상사를 떠나 은둔하고 있는 사람.
㊁(やまびと) ① 산촌 사람. ② 산에서 일하는 사람. ③ 신선.
山紫水明(さんしすいめい) 산자수명.
山荘(さんそう) 산장.
山葬(さんそう) 산에 매장함.
山斎(さんさい) 산재. 산장(山荘).
山賊(さんぞく) 산적.
山積(さんせき) 산적.
山顛(さんてん) ⇨ 山巓(さんてん).
山巓(さんてん) 산전. 산정(山頂).
山頂(さんちょう) 산정. 산꼭대기.
山中(さんちゅう) 산중. 산속. *やまなか로도 읽음.
山地(さんち) 산지. ♣ ~帯(たい)〖地〗산지대.
∥~氷河(ひょうが)〖地〗산악 빙하.
山池(さんち) 산지. 산에 있는 연못.
山菜(さんさい) 산채. 산나물.
山砦(さんさい) ⇨ 山塞(さんさい).
山妻(さんさい) 우처(愚妻). 자기 아내의 겸칭.
山川 ㊀(さんせん) 산천. *やまかわ로도 읽음.
∥~万里(ばんり) 산천 만리.
─草木(そうもく) 산천초목.
㊁(やまがわ)〈雅〉산속을 흐르는 시내.
山椒(さんしょう)〖植〗산초나무. *口語로는 さんしょ라고도 함. ♣ ~魚(うお)〖動〗도롱뇽.
山村(さんそん) 산촌.
∥~水郭(すいかく) 산촌 수곽.
山觜(さんし) 산기슭.
山漆草(さんしちそう)〖植〗산칠초.
山沢(さんたく) 산택. *やまさわ로도 읽음.
山砲(さんぽう)〖軍〗산포.
山下 ㊀(さんか) 산하. 산 아래.
㊁(やまもと) 산기슭.
山河(さんか) 산하. 산천. *さんが로도 읽음.
∥~襟帯(きんたい) 산하 금대.
山嶽(さんがく) 산악. 산골짜기.
山海(さんかい) 산해.
─の珍味(ちんみ) 산해진미.
山行(さんこう) 산행. 산에 놀러 감.
山峡(さんきょう) 산협. 산골짜기. *やまかい로도 읽음.
山号(さんごう) 산호. 절 이름 위에 붙이는 칭호.
山火(さんか) 산화. 산불.
∥~防止(ぼうし) 산화 방지.

訓読
山(やま) ① 산. ② 산더미. ③ 광산. ④ 요행을 바라는 모험. ⑤ 고비.
山なす(やまなす) ① 산더미 같은. ② 산적한.
山の家(やまのいえ) 산중의 숙박 시설.
山稼ぎ(やまかせぎ) 산에서 벌목・사냥 따위에 종사하여 생계를 꾸려 나감.
山駕籠(やまかご) (길에서 쓰던) 대나무로 만든 간단한 가마.
山勘(やまかん) 어림 대중으로 요행수를 바람. 대충 짐작.
山開き(やまびらき) 높은 산에서, 산막 등이 영업을 시작하여 일반인이 등산할 수 있게 됨.
山裾(やますそ) 산기슭.
山犬(やまいぬ) ①〖動〗승냥이. ② 야생의 개.
山繭(やままゆ)〖蟲〗멧누에. 천잠(天蠶).
山鯨(やまくじら) 멧돼지 고기의 딴이름.
山袴(やまばかま) 일할 때 입는 袴(はかま)의 하나.
山高帽子(やまたかぼうし) 중산(中山) 모.
山谷(やまたに) 산곡. 산골짜기. *さんこく로도 읽음.
∥~風(かぜ) 산곡풍. *さんこくふうろも 읽음.
山冠(やまかんむり) 한자 부수의 하나: 메산.
山掛け(やまかけ) ① 높이 쌓음. ② 다랑어회 등에 마즙을 친 요리.
∥~豆腐(どうふ) 두부에 마즙을 친 요리.
山口(やまぐち) ① 산 어귀. 등산로 입구. ②〖地〗本州(ほんしゅう) 서쪽 끝에 있는 현. 또, 그 현청 소재지.
山鳩(やまばと)〖鳥〗① 산비둘기. ② 호도애.
山国(やまぐに) 산이 많은 지방.
山芹(やまぜり)〖植〗멧미나리.
山金(やまきん) 산금. 광맥에서 산출한 금.
山肌(やまはだ) 산의 표면.
山気 ㊀(やまけ) 투기・모험을 즐겨 하는 기질. *やまけ로도 읽음.
㊁(さんき) ① 산기. 산속 특유의 찬 공기. ② 고산병(高山病).
山っ気(やまっけ) 모험이나 투기를 좋아하는 마음.
山男(やまおとこ) ① 깊은 산에 살고 있다는 괴물. ② 산속에서 사는〔일하는〕사나이. ③ 노련한 등산가.
山女 ㊀(やまおんな) ☞ 山姥(やまうば).
㊁(やまめ)〖魚〗산천어.
山の端(やまのは)〈雅〉능선. 산마루.
山刀(やまがたな) 나무꾼이 쓰는 큰 칼. *さんとう로도 읽음.
山桃(やまもも)〖植〗양매. 소귀나무.
山道(やまみち) 산길.
山踏み(やまぶみ) 산길을 걸음. 또, 그 사람.
山独活(やまうど)〖植〗야생의 땅두릅.
山登り(やまのぼり) 등산.
山嵐(やまあらし) ① 산바람. ② 유도에서, 메치기 기술의 하나.
山藍(やまあい)〖植〗산쪽풀.
山旅(やまたび) 산중 여행.
山棟蛇(やまかがし)〖動〗율모기.
山路(やまみち) ⇨ 山道(やまみち). *さんろ도로 읽음.
山籠もり(やまごもり) 산사(山寺)에 틀어박혀 수행을 함. 은둔 생활을 함.
山留め(やまどめ) 광산 따위에서 흙이 무너지는 것을 방지함. 또, 그 시설.
山里(やまざと) 산골 마을.
山梨(やまなし)〖地〗中部(ちゅうぶ) 지방 동남부의 현.
山立ち(やまだち)〈古〉① 산적. ② 사냥꾼.
山売り(やまうり) ① 산림이나 광산을 팖. ② 속임수로 물건을 파는 사람.

山鳴(やまならし)〖植〗사시나무.
山鳴り(やまなり) 산울림.
山姥(やまうば) 깊은 산에 살고 있다는 마귀할멈. *やまんば로도 읽음.
山鉾(やまほこ) 대(臺) 위에 산 모양을 만들고 창이나 칼을 꽂은 화려한 수레.
山帽子(やまぼうし)〖植〗산딸나무.
山猫(やまねこ)〖動〗살쾡이. ♣~座(ざ)〖天〗살쾡이자리.
山尾(やまお) 산봉우리.
山の尾(やまのお) ①산기슭. ②산등성이.
山薄荷(やまはっか)〖植〗산박하.
山背(やませ) 山背風(やませかぜ)의 준말. 재넘이. 산을 넘어 내리부는 건조한 바람.
山百合(やまゆり)〖植〗산나리.
山番(やまばん) 산지기.
山法師(やまほうし) 比叡山(ひえいざん) 延暦寺(えんりゃくじ)의 승병(僧兵).
山襞(やまひだ) 산주름.
山辺(やまべ) 산 근처.
山の辺(やまのへ) 산 언저리〔근처〕.
山並み(やまなみ) 산줄기. 산맥.
山歩き(やまあるき) 등산.　　　「의 수도자.
山伏(やまぶし)〖宗〗修験道(しゅげんどう)
山蜂(やまばち) '熊蜂(くまばち)(=어리호박벌)'의 딴이름.
山膚(やまはだ) ⇨ 山肌(やまはだ).
山分け(やまわけ) ①(돈이나 물건을 모두에게) 눈대중으로 똑같이 나눔. ②산길을 헤치고 나아감.
山崩れ(やまくずれ) (산)사태.
山寺(やまでら) 산사.
山の司(やまのつかさ) ①산봉우리. ②산을 관리하는 관리.
山詞(やまことば) ⇨ 山言葉(やまことば).
山事(やまごと) ①광산에 관계되는 일. ②투기적인 일.
山師(やまし) ①광맥을 찾거나 입목의 매매를 업으로 하는 사람. ②투기꾼. ③사기꾼.
山仕事(やましごと) ①산에서 하는 일. ②큰 이득을 노리고 하는 일.　　「간절함.
山山(やまやま) ①많은 산. ②(그 기분이)
山雪(やまゆき)〖方〗北陸(ほくりく) 지방에서) 산악 지대에 내리는 큰 눈.
山盛り(やまもり) 고봉으로 담음.　　「태움.
山焼き(やまやき) (초봄에) 산의 마른 풀을
山焼け(やまやけ) ①산불. ②산에서, 햇볕에 피부가 검게 타는 일.
山小屋(やまごや) 산속의 오두막집. 산막.
山松(やままつ) 산에 자란 소나무. 야생의 소나무.
山送り(やまおくり) 시체를 장지(葬地)로 보
山手(やまて) ①산에 가까운 쪽. 산 쪽. ② ☞山の手(やまのて)①.
∥~線(せん) ☞山の手線(やまのてせん).
山の手(やまのて) ①지대가 높은 곳. 또, 그곳에 있는 주택 지구. ② ☞山手(やまて)①.
∥~線(せん) 東京의 국철(國鐵) 전차 순환

선의 이름.
~言葉(ことば) 東京(とうきょう) 말 중에서, 江戸(えど) 시대의 지식층이 쓰던 말씨를 계승한 말.
山守り(やまもり) 산지기.
山狩り(やまがり) ①산에서 사냥함. ②(범인을 잡기 위해) 산을 뒤짐.
山巡り(やまめぐり) 산간에 있는 신사(神社)·절 들을 순례함.
山勝(やまがち) 평지가 적고 산이 많음.
山始め(やまはじめ) 새해 들어 처음으로 산에 들어가 일을 시작하는 의식. 　 「견새.
山時鳥(やまほととぎす)〈雅〉산에 사는 두
山の神(やまのかみ) ①산신. ②〈俗〉아내.
山岸(やまぎし) 낭떠러지.　　　　「마누라.
山桜(やまざくら)〖植〗산벚나무.
山彦(やまびこ) 메아리.
山言葉(やまことば) 사냥꾼 등이 산에서만 쓰는 특유의 말.
山輿(やまごし) ⇨ 山駕籠(やまかご).
山沿い(やまぞい) 산기슭에 연해 있음.
山影(やまかげ) 호수 등에 비치는 산 그림자. *さんえい로도 읽음.
山奥(やまおく) 산속. 깊은 산속.
山芋(やまいも) ☞山の芋(やまのいも).
山の芋(やまのいも)〖植〗참마.
山牛蒡(やまごぼう)〖植〗자리공.
山元(やまもと) ①산 임자. 광산 경영자. ②광산의 소재지.
山猿(やまざる) ①산에 사는 원숭이. ②비유적으로, 두메 산골의 무지한 촌사람.
山越え(やまごえ) ①산을 넘음. ②江戸(えど) 시대에, 샛길로 몰래 관문이 있는 산을 넘음.　　　　　　　　　　　　「(저쪽).
山越し(やまごし) ①산을 넘음. ②산너머
山育ち(やまそだち) 산속에서 자람. 또, 그 사람.
山栗(やまぐり) 산에 자생하는 밤.
山子(やまこ) 벌목꾼·숯장이 등 산에서 일하는 사람.
山雀(やまがら)〖鳥〗산작. 곤줄박이.
山場(やまば) 고비. 절정.
山積み(やまづみ) 산적.
山田(やまだ) 산에 있는 논.
山伝い(やまづたい) 산을 타고 감.
山畑(やまばた) 산에 있는 밭. 산전.
山畠(やまばた) ⇨ 山畑(やまばた).
山程(やまほど) 산더미처럼.
山祭り(やままつり) 산제. 산신제.
山際(やまぎわ) ①산 근처. 산기슭. ②〈雅〉산의 능선.
山岨(やまそわ)〈雅〉산벼랑.　　　「종의 꿩.
山鳥(やまどり) ①산새. ②〖鳥〗일본 특산
山足(やまあし) (스키에서) 사면(斜面)에 대하여 옆으로 섰을 때의 윗쪽 다리.
山主(やまぬし) 산주. 산의 임자.
山住み(やまずみ) 산촌에 삶.
山止め(やまどめ) 입산 금지.
山津浪(やまつなみ) ⇨ 山津波(やまつなみ).

山津波(やまつなみ) 〈산〉사태.
山躑躅(やまつつじ) 〖植〗 산철쭉.
山賤(やまがつ) 〈雅〉산속에 사는 천민(賤民)(의 집).
山草 ㊀(やまぐさ) ① 산에 나는 풀. ② '裏白(うらじろ)(=풀고사리)'의 딴이름.
㊁(さんそう) 산초. 산에 나는 풀.
山椿(やまつばき) 〖植〗 야생 동백꽃.
山出し(やまだし) ① 산에서 나옴. ② 도회지로 갓나온 시골뜨기. 「화(金貨).
山吹(やまぶき) ①〖植〗 황매화나무. ② 금∥~色(いろ) (주황에 가까운) 황금색.
山側(やまがわ) 산 쪽.
山兎(やまうさぎ) 산토끼.
山坂(やまさか) ① 산과 고개. ② 산고개.
　*②는 やまざかとも 읽음.
山偏(やまへん) 한자 부수의 하나: 메산변.
山苞(やまづと) 산촌의 토산물.
山葡萄(やまぶどう) 〖植〗 왕머루.　　「음.
山風(やまかぜ) 산바람. *さんぷうとも 읽
山嵐(やまおろし) 내리부는 산바람. 재넘이.
山海嘯(やまつなみ) ⇨ 山津波(やまつなみ).
山行き(やまゆき) 산행.
山幸(やまさち) 사냥해서 잡은 새·짐승 따위. 또, 산에서 채취한 나물이나 열매.
山の幸(やまのさち) ☞ 山幸(やまさち).
山向こう(やまむこう) 산너머 저쪽.
山形 ㊀(やまがた) ① 산과 같이 생긴 모양(의 것). ② 활터의 과녁 뒤에 친 장막. ③〖地〗 일본 東北(とうほく) 지방 서부의 현. 또, 그 현청 소재지.　　　　　　　　　　「形).
㊁(やまなり) 둥글게 완만한 곡선. 호형(弧
山型(やまがた) ⇨ 山形(やまがた)①②.
山火口(やまぼくち) 〖植〗 수리취.
山火事(やまかじ) 산불.
山荒(やまあらし) 〖動〗 호저.
山懷(やまふところ) 산간의 움푹 들어간 곳.
山姫(やまひめ) ① 산을 지키고 지배하는 여신. ②〖植〗 으름덩굴.

其他

山葵(わさび) 〖植〗 산규. 고추냉이.
∥~醬油(じょうゆ) 간장에, 강판으로 간 고추냉이를 푼 양념.
~漬け(づけ) 고추냉이의 잎·뿌리를 잘게 썰어 술지게미에 절인 식품.
~下ろし(おろし) 강판으로 간 고추냉이.
山茶花(さざんか) 〖植〗 산다화. *さんざか로도 읽음.
山毛欅(ぶな) 〖植〗 너도밤나무.
山桜桃(ゆすらうめ) 〖植〗 앵두(나무). *ゆすらうめとも 읽음.　　　　　「염소자리.
山羊(やぎ) 〖動〗 염소. ♣~座(ざ)〖天〗
∥~鬚(ひげ) 염소 수염(을 기른 사람).
~髭(ひげ) ⇨ 山羊鬚(やぎひげ).
山車(だし) ① 축제때 끌고 다니는 장식수레. *さんしゃとも 읽음.　　「컬는 말.
㊁(だんじり) 関西(かんさい)에서, ㊀을 일
山梔子(くちなし) 〖植〗 치자나무.

---

7 刂 **刪**
깎을 산·제할 산
サン
けずる

音読

刪補(さんぽ) 산보. 글의 불필요한 자구를 깎아내고 필요한 자구를 보충함.
刪潤(さんじゅん) 산윤. 문장이나 어구를 간추려 수식함.
刪正(さんせい) 산정. 글·자구(字句) 따위를 깎고 다듬음. 정정(訂正).
刪定(さんてい) 산정. 글을 다듬음.　「림.
刪除(さんじょ) 산제. 불필요한 글을 깎아버

---

7 木 **杣** 〈日〉
나무꾼 〈산〉
そま

訓読

杣(そま) ① 재목을 쓰기 위해 나무를 심은 산. 멧갓. ② 杣木(そまぎ)·杣人(そまびと)의 준말.
杣道(そまみち) 나무꾼이 다니는 길. 좁고 험한 산길.　　　　　　　　　　　　　「재목.
杣木(そまぎ) 멧갓의 나무. 멧갓에서 베어 낸
杣方(そまかた) 산림의 숲이 우거진 곳.
杣山(そまやま) ☞ 杣(そま).
杣小屋(そまごや) 나무꾼의 오두막집.
杣人(そまびと) 나무꾼. 초부(樵夫).
杣入り(そまいり) 나무를 베기 위해 멧갓에 들어감.
杣作り(そまつくり) 멧갓에서 나무를 기름.
杣川(そまがわ) 멧갓에서 베어 낸 나무를 운반하는 강(江).
杣出し(そまだし) 멧갓에서 나무를 벌채함.
杣取り(そまどり) 멧갓에서 목재를 베어 냄. 또, 그 목재를 다듬어 각재(角材)로 만듦.
杣判(そまはん) 산야에서 벌채한 나무에 새긴 자가(自家)의 표시.
杣板(そまいた) 멧갓의 나무로 켜낸 널빤지.
杣下し(そまくだし) 멧갓에서 베어 낸 나무로 뗏목을 만들어 강에로 흘려보내는 일.
杣形(そまかた) 산림의 숲이 우거진 곳.

---

8 疒 **疝**
산증 산
セン

音読

疝気(せんき) 〖漢醫〗 산기. 산증.
∥~筋(すじ) ① 산기가 생기는 근육. ② 정통이 아닌 계통. 방계(傍系). ③〈俗〉잘못 생
~持ち(もち) 산증 환자.　　　　　「각함.
疝病(せんびょう) 산병.
疝癪(せんしゃく) 산적. 가슴이나 배가 쑤시고 아픈 병.
疝痛(せんつう) 〖醫〗 산통.

9 王	珊	산호 산 サン

音読
珊珊(さんさん) ①늘어뜨린 구슬들이 부딪혀 울리는 소리. ②빛이 나 아름다운 모양.
珊瑚(さんご) 산호. ♣~島(とう)〖地〗산호도 / ~樹(じゅ) 산호수 / ~珠(じゅ) 산호주 / ~礁(しょう) 산호초 / ~虫(ちゅう)〖動〗산호충 / ~海(かい)〖地〗산호해.
‖~藻(も)〖植〗홍조류에 속하는 바닷말.

9 舟	舢	삼판(三板) 산 サン

其他
舢板(サンパン) 삼판선(三板船). 거룻배.

9 門	閂	문빗장 산 サン かんぬき

訓読
閂(かんぬき) 빗장. 장군목.
‖~差し(ざし) 칼을 수평으로 참.

10 言	訕	헐뜯을 산 セン・サン そしる

音読
訕謗(せんぼう) 산방. 비방.

11 生 教	産(產)	낳을 산·날 산 サン うむ·うまれる·うぶ

音読
産する(さんする) ①산출하다. 낳다. ②산출되다. 나다.
産家(さんか) 산가. 최근에 해산한 집.
産繭(さんけん) 산견. 누에고치의 생산. 생산된 누에고치.
産科(さんか) 산과. ♣~医(い) 산과 의사.
産具(さんぐ) 산구. 해산에 필요한 기구.
産軍複合体(さんぐんふくごうたい) 산군 복합체. 산군 공동체.
産金(さんきん) 산금. 금을 산출함.
産気(さんけ) 산기. 해산할 기미.
産道(さんどう)〖醫〗산도.
産銅(さんどう) 산동. 구리 생산.
産卵(さんらん) 산란. ♣~管(かん)〖蟲〗산란관 / ~期(き) 산란기.
‖~回遊(かいゆう)〖魚〗산란 회유.
産量(さんりょう) 산량. 생산량.
産瘤(さんりゅう)〖醫〗산류.
産物(さんぶつ) 산물.
産米(さんまい) 산미. 쌀의 생산.
産別(さんべつ) 산별. ①'産業別(さんぎょうべつ)(=산업별)'의 준말. ②産業別会議의 준말.
‖~会議(かいぎ) 全日本(ぜんにっぽん)産業別(さんぎょうべつ)労働組合会議(ろうどうくみあいかいぎ)의 준말.
産婦(さんぷ) (임)산부.
産婦人科(さんふじんか) 산부인과.
産所(さんじょ) 산실. 해산방.
産室(さんしつ) 산실.
産児(さんじ) 산아.
‖~制限(せいげん) 산아 제한.
産額(さんがく) 산액. 산출량. 산출액.
産業(さんぎょう) 산업.
‖~考古学(こうこがく) 산업 고고학.
~公害(こうがい) 산업 공해.
~教育(きょういく)〖教〗산업 교육.
~構造(こうぞう) 산업 구조.
~機械(きかい) 산업〔생산〕기계.
~道路(どうろ) 산업 도로.
~別労働組合(べつろうどうくみあい) 산업별 노동 조합.
~別組合(べつくみあい) 산업별 조합.
~社会(しゃかい) 산업 사회.
~心理学(しんりがく)〖心〗산업 심리학.
~連関分析(れんかんぶんせき)〖經〗산업 연관 분석.
~連関表(れんかんひょう) 산업 연관표.
~予備軍(よびぐん) 산업 예비군.
~医(い) 산업의. 산업 현장에서 근로자들의 건강을 담당하는 의사.
~資本(しほん) 산업 자본.
~政策(せいさく) 산업 정책.
~組織(そしき) 산업 조직.
~組合(くみあい) 산업 조합.
~廃棄物(はいきぶつ) 산업 폐기물.
~合理化(ごうりか)〖經〗산업 합리화.
~革命(かくめい) 산업 혁명.
産褥(さんじょく) 산욕. 해산할 때 산부가 눕는 자리. ♣~期(き) 산욕기 / ~熱(ねつ)〖醫〗산욕열.
産院(さんいん) 산원. 산과 의원.
産油国(さんゆこく) 산유국.
産育(さんいく) 산육. 낳아 기름.
産医(さんい) 산의. 산과 의사.
産資(さんし) 자산. 재산.
産子検定(さんしけんてい) ①돼지의 번식 능력을 평가하는 검정. ②육우(肉牛)의 유전적 특성을 조사하는 검정.
産前(さんぜん) 산전. 출산 전.
‖~休業(きゅうぎょう) 산전 휴무.
産殿(さんでん) 산전. 산실(産室)로 이용하는 궁전 건물.
産制(さんせい) '産児制限(さんじせいげん)(=산아 제한)'의 준말.

産組(さんくみ) '産業組合(さんぎょうくみあい)'의 준말.
産調(さんちょう) '産児調節(さんじちょうせつ)(=산아 조절)'의 준말.
産地(さんち) 산지.
‖〜直結(ちょっけつ) 산지 직결.
〜直売(ちょくばい) 산지 직매.
〜直送(ちょくそう) 산지 직송.
産直(さんちょく) '産地直結(さんちちょっけつ)'의 준말.
産出(さんしゅつ) 산출.
産炭(さんたん) 산탄. 석탄을 산출함.
産痛(さんつう) 산통. 진통.
産投外債(さんとうがいさい) '산업 투자를 위하여 특별 회계에서 모집하는 외채.
産投会計(さんとうかいけい) '産業投資(さんぎょうとうし)特別会計(とくべつかいけい)(=산업 투자 특별 회계)'의 준말.
産婆(さんば) 산파. 조산사(助産師). ♣〜役(やく) 산파역.
産廃(さんぱい) '産業廃棄物(さんぎょうはいきぶつ)(=산업 폐기물)'의 준말.
産品(さんぴん) (생)산품.
産学(さんがく) 산학. 산업계와 대학.
‖〜連携(れんけい) 산학 제휴.
〜協同(きょうどう) 산학 협동.
産後(さんご) 산후.
産休(さんきゅう) 산휴. '出産休暇(しゅっさんきゅうか)(=출산 휴가)'의 준말.

訓読➡
産 ㊀(うぶ) 《名詞 위에 붙어》 갓 낳은 때(그대로)의. 배내의.
 ㊁(さん) ①낳음. 출산. ②출신지. 산지(産地). ③재산.
産まれる(うまれる) ①태어나다. ②없던 것이 새로 생기다.
産まず女(うまずめ) 석녀. 돌계집.
産女(うぶめ) 임부. 산부. 임산부.
産毛(うぶげ) ①배냇머리. ②(얼굴 따위의) 솜털.
産声(うぶごえ) 갓난아이의 첫 울음소리. 고고(呱呱)의 소리.
産養い(うぶやしない) 예전에, 귀족 집안에서 출산 후, 친척을 불러 행하던 축하연.
産屋(うぶや) ①산실. ②예전에, 해산을 위해 따로 지은 집. ＊さんやろも 읽음.
産衣(うぶぎ) ⇨ 産着(うぶぎ) ＊さんい로 읽음.
産着(うぶぎ) 배내옷. 〔도 읽음.
産祝い(うぶいわい) 출산을 축하함.
産湯(うぶゆ) 갓난아이를 목욕시킴. 또, 그 더운물.
産土(うぶすな) ①출생지. 고향. ②'産土神(うぶすながみ)'의 준말. 「하는 신.
‖〜神(がみ) 그 사람이 태어난 고장을 수호〜参り(まいり) 어린애가 태어나서 처음으로 그 고장 수호신을 참배하는 일.
❖産む(うむ) ①(아이・새끼・알)을 낳다. ②만들어 내다.
産み(うみ) 낳음. 낳기.

産みの苦しみ(うみのくるしみ) ①산고(産苦). ②새로 일을 꾸며낼 때의 고생.
産み落とす(うみおとす) (아이・새끼・알 따위를) 낳다.
産み流し(うみながし) 유산(流産).
産みの母(うみのはは) 생모.
産み付ける(うみつける) ①(어떤 모양이나 성질로) 낳다. ②(알을) 슬다.
産み成す(うみなす) 낳다. 산출하다.
産み月(うみづき) 산월. 해산달. 「혜.
産みの恩(うみのおん) 낳아주신 부모의 은
産みの子(うみのこ) ①친자식. ②〈古〉자손.
産み出す(うみだす) ①낳다. ②산출〔창출〕
産みの親(うみのおや) 친부모. 〔하다.

其他➡
産す(むす) 〈雅〉생기다. 나다.
産霊(むすび) 〈古〉만물을 낳는 영묘한 신령.
〜の神(かみ) 만물을 낳는 신.

| 11
門
日 | 閟 | 비색할 (산)
つかえる |

訓読➡
❖閟える(つかえる) ①막히다. 메다. ②밭이다. ③밀리다. 정체되다. ④사용중이다. ⑤더듬거리다.
閟え(つかえ) 막힘. 지장.

| 12
人
常 | 傘 | 우산 산
サン
かさ |

音読➡
傘伐(さんばつ) 산벌.
傘寿(さんじゅ) 80세(의 축하 잔치).
傘下(さんか) 산하.
‖〜団体(だんたい) 산하 단체.

訓読➡
傘 ㊀(かさ) 우산. 양산.
 ㊁(からかさ) 지(紙)우산.
傘立て(かさたて) 현관이나 건물 입구에 놓고 우산을 꽂아두는 곳.
傘松(かさまつ) 가지가 사방으로 퍼진 (우산 모양의) 소나무.
傘張り(かさはり) 지우산을 만드는 일. 또, 그 만드는 사람.
傘地(かさじ) 우산을 만드는 데 쓰는 헝겊.
傘持ち(かさもち) 귀인의 외출・행렬에서 자루가 긴 우산을 받쳐 들고 따라가는 사람.
傘歯車(かさはぐるま) 우산 모양의 톱니바퀴. 베벨 기어.

| 12
攵
敎 | 散 | 헤어질 산・가루약 산
サン
ちる・ちらす・ちらかす・ちらかる・ばらける |

音読➡

散じる(さんじる) ☞散ずる.
散ずる(さんずる) ① 흩다. 흩뜨리다. 없애다. ② 흩어지다. 없어지다.
散開(さんかい) 산개. 흩어져 벌림. 밀집한 부대가 전투시 간격을 두고 흩어짐.
散居(さんきょ) 산거. 촌락에서 집이 띄엄띄엄 서 있는 상태.   「임.
散見(さんけん) 산견. 여기저기 조금씩 보
散骨(さんこつ) 유골을 바다나 강과 산에 뿌리는 장례.   「진 광선.
散光(さんこう) 〖理〗 산란광. 사방으로 흩어
∥**~星座**(せいざ) 산란광 성좌.
散大(さんだい) 〖醫〗 산대〔죽음이 임박해 눈동자가 열림〕.
散瞳(さんどう) 〖生〗 산동.
∥**~薬**(やく) 〖藥〗 산동약.
散落(さんらく) 산락. 여러 곳에 흩어져 떨
散乱(さんらん) 산란.   「짐.
散録(さんろく) 산록. 마음에 떠오르는 대로 적음. 또, 그 적은 것.
散満(さんまん) ① 산만(散漫). ② 가득 찬
散漫(さんまん) 산만.   「모양.
散木(さんぼく) 재목으로서 쓸모가 없는 나무. 또, 쓸모 없는 사람의 비유.
散文(さんぶん) 산문. ♣**~詩**(し) 산문시 / **~的**(てき) 산문적.
散米(さんまい) 제사 때 신전에 뿌리는 쌀.
散発(さんぱつ) 산발.
散髪(さんぱつ) ① 산발. 흐트러진 머리. ② 이발. ♣**~屋**(や) 이발소.
散兵(さんぺい) 산병. 적당한 간격으로 병사를 늘어 놓는 일. ♣**~線**(せん) 〖軍〗 산병선 / **~壕**(ごう) 〖軍〗 산병호.
散歩(さんぽ) 산보. 산책.
散粉(さんぷん) 살분(撒粉). 살충제 따위를 뿌림.
∥**~機**(き) 분말 약제 따위를 뿌리는 기계.
散士(さんし) ⇨ 散史(さんし).
散史(さんし) 산사〔문필가가 아호 등에 곁들이는 말〕.
散散 〓(さんざん) ① 몹시 심한 모양. ② 아주 나쁜 모양.
〓(さんざ) 〈俗〉 마음껏. 실컷. 몹시.
〓(ばらばら) ① 산산이. 뿔뿔이. ② (비·싸락눈 등이) 후두둑(후두둑).
散所(さんじょ) 〔일본〕 중세의 천민.
散水(さんすい) 살수(撒水). 물을 뿌림.
♣**~車**(しゃ) 살수차.   「림.
散失(さんしつ) 산실. 흩어져 없어짐〔잃어버
散心(さんしん) 〖佛〗 산심. 종교적인 정신 통일 상태에 있지 않고 이리저리 변화하는 일상의 마음.
散楽 〓(さんがく) ① 산악. 고대 중국에서 발상한, 무악·마술·곡예·익살 등 대중 연예물의 총칭.
〓(さるがく) 중국에서 도래한 대중 연예일을 平安(へいあん) 시대부터 발전시켜 온 일본 대중 연예물의 하나.

散薬(さんやく) 산약. 가루약.
散鬱(さんうつ) 산울. 우울한 기분을 풂.
散位(さんい) 산위. 옛날 제도에서 지위만 있고 관직이 없는 사람.
散人(さんじん) 산인. ① 세상사를 잊고 자유롭게 살아가는 한가한 사람. ② 무능한 사람.
散日(さんにち) 〖佛〗 법회의 마지막 날.
散佚(さんいつ) ⇨ 散逸(さんいつ).
散逸(さんいつ) 산일. 흩어져 없어짐.
散在(さんざい) 산재.   「계.
∥**~神経系**(しんけいけい) 〖生〗 산재 신경
散財(さんざい) 산재. 돈을 낭비함.
∥**~袋**(ぶくろ) (연회석 등에서) 놀음차를 싸서 주는 봉투〔봉지〕.
散斎(さんさい) 산재.
散積船(さんせきせん) 살물선(撒物船).
散切り(ざんぎり) ① 상투를 틀지 않고 가지런히 잘라서 산발한 머리 모양. ② 江戸(えど) 시대에 죄수를 다루던 천인(賤人).
∥**~頭**(あたま) 개화 머리. 상투를 틀지 않고 산발한 머리.
~物(もの) 歌舞伎(かぶき)에서, 산꺿 머리가 유행했던 明治(めいじ) 초기의 사회상을 다룬 작품.
散点(さんてん) 점재(點在).
散剤(さんざい) 〖藥〗 산제. 가루약.
散茶(さんちゃ) ① 가루차. ② 갓 달인 차.
散策(さんさく) 산책.
散超(さんちょう) 〖經〗 散布超過(さんぷちょうか)의 준말. 받은 금액보다, 지불한 금액이 많음.   「을.
散村(さんそん) 산촌. 인가가 흩어져 있는 마
散置(さんち) 산치. 여기저기 분산시켜 놓음.
散弾 〓(さんだん) 산탄. ♣**~銃**(じゅう) 산탄총.   「탄.
〓(ばらだま) ① ⇨ 〓. ② 한 방썩 쏘는 총
散布(さんぷ) 산포. 살포(撒布). ② 여기저기 흩어져 있음.
散票(さんぴょう) 산표.   「〔꽃차례〕.
形形花序(さんけいかじょ) 〖植〗 산형 화서
散華(さんげ) ① 〖佛〗 법회에서 줄을 지어 걸어가며 독경하면서 연꽃을 본뜬 종이를 뿌림. ② 꽃잎처럼 짐〔전사함〕.
散会(さんかい) 산회.

訓読
散(ばら) ① (한 벌로 되어 있는 것의) 낱개. ② 散銭(ばらせん)의 준말. 잔돈. 푼돈.
散ける(ばらける) 한군데에 모여 있던 것이 뿔뿔이 흩어지다.
散らかす(ちらかす) 흩뜨리다. 어지르다.
散らかる(ちらかる) 흩어지다. 어지러지다.
散らばる(ちらばる) 흩어지다.
散売り(ばらうり) 푼거리로 팖.
散斑(ばらふ) 대모(玳瑁)의 등딱지에 드문드문 있는 검은 반점.
散蒔く(ばらまく) ① 여기저기 흩뿌리다. ② 금품을 활수하게 쓰다.
散積み(ばらづみ) (짐 따위를) 묶지 않고 그대로 쌓는〔싣는〕 일.

散銭 ㊀(ばらせん) 잔돈. 푼돈.
㊁(さんせん) 새전. 시줏돈. 연보금.
散炭(ばらずみ) (섬에 넣지 않고) 조금씩 덜어 파는 숯. 푼거리 숯.
散播く(ばらまく) ⇨ 散蒔く(ばらまく)
❖散らす(ちらす) ①흩뜨리다. 어지르다. 흩어지게 하다. ②퍼뜨리다. ③(부스럼 등을) 사그라뜨리다.
散らし(ちらし) ①어지럼. 흩뜨려 놓음. ②광고로 뿌리는 종이. 삐라. ③散らし鮨(ちらしずし)의 준말.
散らし髪(ちらしがみ) 산발한 여성의 머리.
散らし書き(ちらしがき) 色紙(しきし)·短冊(たんざく)·편지 등에 和歌(わか)나 글귀를 띄엄띄엄 흩뜨려 쓰는 일. 또, 그 쓴 것.
散らし寿司(ちらしずし) ⇨ 散らし鮨(ちらしずし)
散らし薬(ちらしぐすり) 부은 데나 통증을 삭히는 데 쓰는 외용약(外用藥).
散らし五目(ちらしごもく) ☞ 散らし鮨(ちらしずし)
散らし鮨(ちらしずし) 식초와 소금으로 간을 맞춘 밥에 생선·고기·달걀 부침·야채를 얹어 놓은 음식.
❖散る(ちる) ①떨어지다. (꽃잎이) 지다. ②(산산이) 흩어지다. ③(마음이) 산란해지다. ④(소문 등이) 퍼지다.
散りかかる(ちりかかる) 우수수 떨어져 덮이다. 「하다.
散りかける(ちりかける) (꽃이) 지기 시작
散り交う(ちりかう) 여기저기 어지러이 떨어지다.
散り急ぐ(ちりいそぐ) 꽃이 (아쉽게도) 서
散り敷く(ちりしく) 꽃이 떨어져 온 지면에 깔리다.
散り紛う(ちりまがう) 어지러이 흩어지다.
散り散り(ちりぢり) 여기저기 흩어진 모양. 뿔뿔이.
散り蓮華(ちりれんげ) 손잡이가 짧은 사기 숟가락《떨어진 연꽃잎 모양을 하고 있는 데서》. 「고 남다.
散り残る(ちりのこる) 꽃이 채 떨어지지 않

14 艹	蒜	달래 산·마늘 산 サン ひる

【訓読】
蒜(ひる) 【植】①'野蒜(のびる)(=산달래)'의 딴이름. ②'大蒜(にんにく)(=마늘)'의 딴이름.

14 竹 教	算	셈할 산·산가지 산 サン かず·かぞえる

【音読】
算(さん) ①계산《특히, 수판으로 하는》. ②산가지《점칠 때도 씀》.
算する(さんする) ①세다. 수를 헤아리다. ②어떤 수나 양에 달하다. 어떤 수치를 얻다.
算勘(さんかん) ①수를〔수량을〕헤아림. 산. ②산가지로 점을 치며 생각함.
‖~者(じゃ) 계산을 잘하는 사람. 「산.
算計(さんけい) 수량을 세거나 무게를 닮.
算段(さんだん) 변통함. 마련할 궁리를 함.
算当(さんとう) 계산함. 또, 계산하여 대강 어림을 잡음.
算道(さんどう) 계산 방법. 산술. 「法).
算暦(さんれき) 산력. 산법(算法)과 역법(曆
算木(さんぎ) 산목. (점칠 때 또는 셈할 때 쓰는) 산가지.
算法(さんぽう) 산법. 셈법.
算数(さんすう) 산수. ①초등 수학《학과의 이름》. ②수량의 계산. 셈.
算術(さんじゅつ) 산술《'算数(さんすう)(=산수)'의 구칭》.
‖~級数(きゅうすう) 『數』산술 급수.
~平均(へいきん) 『數』산술 평균《'相加平均(そうかへいきん)'의 구칭》.
算式(さんしき) 산식. 계산식.
算用(さんよう) 산용. 돈 계산. 셈. *さんにょうろも 읽음. 「산적이다.
‖~高い(だかい) 속셈〔계산〕이 빠르다. 타
~無し(なし) 견적도 내지 않고 수지 결산하지 않음. 되어가는 대로 맡겨 둠. 또, 그런 사람.
~数字(すうじ) 『數』산용 숫자.
算入(さんにゅう) 산입. 계산에 넣음.
算者(さんじゃ) 계산을 잘하는 사람.
算定(さんてい) 산정.
算籌(さんちゅう) 산목(算木). 산가지.
算出(さんしゅつ) 산출.
算置き(さんおき) 산가지를 써서 점을 침. 또, 그 사람. 점술가.
算筆(さんぴつ) 계산과 읽고 쓰기.
算賀(さんが) 장수(長壽)의 축하.
算学(さんがく) 산학.

【訓読】
算える(かぞえる) ①(수를) 세다. 셈하다. 계산하다. ②열거하다.

【其他】
算盤(そろばん) ①주판. 수판. 산판. ②(주판)셈. ③손익 계산. 수지. 이해 타산.
‖~勘定(かんじょう) 주판으로 이득을 계산하는 일. 손익에 대한 계산. 「다.
~高い(だかい) 셈속이 빠르다. 타산적이
~絞り(しぼり) 주판알을 늘어놓은 듯한 무늬의 홀치기 염색.
~木(ぎ) 『建』일본 건물의 기초 공사에서, 박아 놓은 말뚝 위에 건너지른 가로목.
~桟手(さで) 목재 운반 장치의 하나.
~占い(うらない) 주판알의 변화로 길흉을 점침.
~珠(だま) ①주판알. ②손익 계산. 「태도.
~尽く(ずく) 무엇이든 타산적으로 대하는

酸・潸・繖・霰 697

| 14 酉 教 | 酸 | 실 산·산소 산
サン
すい・す・すっぱい |

音読
酸 ㊀(산)〖化〗산.
㊁(す) 초. 식초.   「움.
酸脚(산캬쿠) 나른하여 발걸음이 무거
酸欠(산케쓰) '酸素欠乏(산소케쓰보우)
(＝산소 결핍)'의 준말.
‖～空気(쿠우키) 지층의 틈새, 공사용 구멍
 등에서 새는, 산소가 부족한 공기.
酸苦(산쿠) 신산(辛酸). ①신맛과 쓴맛.
 ②견디기 어려운 괴로움.
酸基(산키)〖化〗산기.
酸度(산도) 산도.
酸類(산루이) 산류.
酸味(산미) 산미. 신맛. ＊すみ로도 읽음.
酸鼻(산비) 산비. ①아주 무참함. ②코로
 거칠게 숨쉼. 또, 그 같이 흐느낌.
酸性(산세이)〖化〗산성. ♣～度(ど)〖化〗
 산성도 /～霧(む) 산성 안개 /～岩(간) 산
 성암 /～塩(엔)〖化〗산성염 /～雨(우) 산
 성비 /～紙(시) 산성지 /～泉(센) 산성천.
‖～反応(한노우)〖化〗산성 반응.
～白土(하쿠도)〖化〗산성 백토.
～肥料(히료우) 산성 비료.
～酸化物(산카부쓰)〖化〗산성 산화물.
～植物(쇼쿠부쓰)〖植〗산성 식물.
～食品(쇼쿠힝)〖化〗산성 식품.
～染料(센료우)〖化〗산성 염료.
～土壌(도죠우)〖農〗산성 토양. 산성이
 많고 토질이 나쁜 땅.
酸素(산소) 산소.
‖～欠乏症(케쓰보우쇼우) 산소 결핍증.
～溶接(요우세쓰) 산소 용접.
～切断(세쓰당) 산소 절단.
～呼吸(코큐우) 산소 호흡.
～吸入(큐우뉴우) 산소 흡입.
酸水素炎(산스이소엔)〖化〗산수소 불
酸液(산에키) 산성(酸性)의 액체.   「꽃.
酸塩基滴定(산엔키테키테이)〖化〗산
 염기 적정. 중화 적정.
酸塩基指示薬(산엔키시지야쿠)〖化〗
 산염기 지시약. 중화 지시약.
酸塩化物(산엔카부쓰)〖化〗산염화물.
酸乳(산뉴우) 산유. 젖산 음료.
酸楚(산소) 슬프고 괴로움.
酸敗(산파이) 산패. 음식이 시어짐.
酸血症(산케쓰쇼우)〖醫〗산혈증. 산독
酸酷(산코쿠) 참혹(慘酷). 잔혹.   「증.
酸化(산카) 산화. ♣～銅(도우) 산화구
 리 /～物(부쓰) 산화물 /～錫(스즈) 산화주
 석(朱錫) /～数(스우)〖化〗산화수 /～剤(자
 이) 산화제 /～鉄(테쓰) 산화철.
‖～防止剤(보우시자이)〖化〗산화 방지제.

～砒素(히소)〖化〗산화 비소.
～水銀(스이깅)〖化〗산화 수은.
～亜鉛(아엔) 산화아연.
～炎(엔)〖化〗산화염. 산성적 불꽃.
～染料(센료우)〖化〗산화 염료.
～銀電池(긴덴치) 산화은 전지.
～作用(사요우) 산화 작용.   「화.
～的燐酸化(테킹린산카) 산화적 인산
～窒素(칫소)〖化〗산화질소.   「백제.
～漂白剤(효우하쿠자이)〖化〗산화 표
～還元酵素(칸겐코우소)〖生〗산화 환
 원 효소.

訓読
酸茎(스구키) 순무를 시름하게 절인 京都
 (쿄우토) 특산의 김치.   「일종의
‖～菜(나) 京都 부근에서 재배되는 순무의
酸塊(스구리)〖植〗범의귓과의 구즈베리와
 비슷한 낙엽 관목(灌木).
❖酸い(스이) 시다. 신맛이 있다.
酸模(스이바) ⇨酸葉(스이바).
酸葉(스이바)〖植〗수영.
❖酸っぱい(습파이) 시다. 시큼하다.
酸っぱ味(습파미) 신맛. 신 정도.

其他
酸漿(호오즈키) ①〖植〗꽈리. ②(입으로 부
 는) 꽈리.
‖～提灯(죠우칭) (꽈리같이) 붉은 색
 의 작은 등《아이들의 장난감》.

| 15 氵 | 潸 | 눈물흐를 산
サン |

音読
潸潸(산산) 산산. ①눈물을 줄줄 흘리는
 모양. ②비가 주룩주룩 내리는 모양.
潸然(산젱) 산연. 눈물을 줄줄 흘리는
 모양.

| 18 糸 | 繖 | 우산 산
サン
かさ |

音読
繖房花序(산보우카죠)〖植〗산방〔방상〕
 화서. 산방 꽃차례.   「「꽃차례」.
繖形花序(산케이카죠)〖植〗산형 화서.

| 20 雨 | 霰 | 싸라기눈 산
サン
あられ |

音読
霰粒腫(산류우슈)〖醫〗산립종. 눈꺼
 풀에 멍울이 생기는 염증.
霰石(산세키)〖鑛〗산석. 아라고나이트.
霰弾 ㊀(산당) 산탄(散彈).
 ㊁(바라다마) ① ☞㊀. ② 한방씩 쏘는 총탄.

訓読

霰(あられ) ① 싸라기눈. ②〖料〗주사위 모양으로 썲. 또, 그것.

살

| 10
殳
教 | 殺(殺) | 죽일 **살**·덜 쇄·매우 쇄
サツ・サイ・セツ
ころす・そぐ・あやめる |

音読

殺鬼(せっき) 사람을 죽이며 사물을 망치는 무서운 존재.
殺菌(さっきん) 살균. ♣〜灯(とう) 살균 등. / 〜剤(ざい) 살균제.
殺気(さっき) 살기.
∥〜立(だつ) 살기를 띠다. 독기 어리다.
殺掠(さつりゃく) ⇨ 殺略(さつりゃく)
殺略(さつりゃく) 살략. 남을 죽이고 재물을 빼앗음.
殺戮(さつりく) 살륙.
殺伐(さつばつ) 살벌.
殺傷(さっしょう) 살상.
殺生(せっしょう) ① 살생. ② 잔인함.
∥〜戒(かい)〖佛〗살생계.
〜禁断(きんだん) 살생 금단. 짐승 따위의 수렵·포획을 금지함.
殺生物剤(さっせいぶつざい) 살충제·제초제·살균제 등의 총칭.
殺鼠(さっそ) 살서.
∥〜剤(ざい) 살서제. 구서제. 쥐를 잡는 데 쓰는 약제.
殺意(さつい) 살의.
殺人(さつじん) 살인. ♣〜剣(けん) 살인검 / 〜鬼(き) 살인귀 / 〜犯(はん) 살인범 / 〜的(てき) 살인적 / 〜罪(ざい) 살인죄.
殺俎(さっそ) 살저. (약으로) 구더기를 죽임.
殺陣(さつじん) (영화·연극 등에서) 칼 싸움의 난투 장면. *たて로도 읽음.
殺虫(さっちゅう) 살충. ♣〜灯(とう) 살충 등. / 〜剤(ざい) 살충제.
殺風景(さっぷうけい) 살풍경.
殺害(さつがい) 살해.
殺到(さっとう) 쇄도. 밀려듦.

訓読

殺がれる(そがれる) ① 깎이다. ② (기세 따위가) 꺾이다. 약해지다.
殺げる(そげる) ① 깎이다. 깎여지다. ② 홀쭉해지다.
殺める(あやめる) 〈文〉위해(危害)를 가하다. 특히, 죽이다.
殺本(ぞっきぼん)〈俗〉덤핑책. 싸구려 책.
殺屋(ぞっきや) 팔다 남은 묵은 잡지나 단행본을 싸게 파는 도매상.
❖殺ぐ(そぐ) ① 뾰족하게 자르다. 엇베다. ② (머리카락의) 끝을 잘라내다. 치다. ③ 깎아〔베어〕내다. ④ 꺾다. 죽이다.
殺ぎ屋(そぎや) 팔다 남은 물건이나 반품·불량품 따위를 싸게 사들여 특가품으로 노점상 등에게 도거리로 넘기는 도매상.
殺ぎ竹(そぎだけ) 끝을 뾰족하게 깎은 대.
殺ぎ取る(そぎとる) 칼로 얇게 깎아내다.
殺ぎ板(そぎいた) 얇게 켠 작은 판자(지붕 이는 널로 쓰임).
❖殺す(ころす) ① 죽이다. ② (감정 등을) 억누르다. ③ 없애다. 제거하다.
殺し(ころし) 살인.
殺し塗り(ころしぬり) 일본 회화(繪畫)에서 윤곽선도 남기지 않고 전부 칠하는 기법.
殺し文句(ころしもんく) ① 협박조의 말. 상대를 뇌쇄(惱殺)하는 문구.
殺し屋(ころしや)〈俗〉살인 청부업자.
殺し場(ころしば) 歌舞伎(かぶき)에서, 살인 장면.

其他

殺陣師(たてし) 배우에게 살인·난투 장면의 동작을 가르치는 사람.

| 15
扌 | 撒 | 흩을 **살**·뿌릴 **살**
サン・サツ
まく |

音読

撒する(さっする) 내던지다.
撒兵(さっぺい) 江戸幕府(えどばくふ)가 창설한 프랑스식 교련을 받은 병정. *さんぺい는 관용음.
撒水(さっすい) 살수. *さんすい는 관용음.
撒播(さっぱ)〖農〗파종. *さんぱ는 관용음.
撒布(さっぷ) 살포. *さんぷ는 관용음. ♣〜剤(ざい) 살포제.

訓読

❖撒く(まく) ① 뿌리다. 살포하다. ② (미행자 등을 교묘히) 따돌리다.
撒き散らす(まきちらす) ① 흩뿌리다. ② 여기저기 퍼뜨리다.
撒き水(まきみず) 땅에 물을 뿌리는 일. 또, 그 물. 살수.
撒き餌(まきえ) 모이나 먹이를 뿌리는 일. 또, 그 먹이.

| 18
艹 | 薩 | 보살 **살**
サツ |

音読

薩摩(さつま)〖地〗옛 지방 이름. 지금의 鹿児島(かごしま)현 서반부. ♣〜芋(いも) 고구마.
∥〜絣(がすり) 琉球(りゅうきゅう) 지방에서 나는 무명 직물의 하나.
〜琵琶(びわ) 薩摩 지방에서 발달한 비파(로 연주하는 웅장한 가곡).
〜上布(じょうふ) 琉球·薩摩 지방에서 나는 고급 삼베.
〜焼(やき) 薩摩 지방에서 나는 도자기의 총칭.

～の守(かみ) 〈俗〉 무임 승차(자).
～揚げ(あげ) 어육을 갈아서 당근·우엉 등을 섞어 기름에 튀긴 음식.
～隼人(はやと) 薩摩 출신 무사의 미칭.
～汁(じる) 닭고기·돼지고기 따위에 무·우엉·토란 등을 넣고 끓인 진한 된장국.
～下駄(げた) 바닥이 넓은 남자용 삼나무 왜나막신.
薩閥(さつばつ) 薩摩(さつま) 지방 출신으로 이루어진 정치 집단.
薩隅(さつぐう) 옛날 薩摩(さつま)·大隅(おすみ)의 두 지방. 지금의 鹿児島(かごしま)현에 해당함.
薩長(さっちょう) 〖地〗 薩摩(さつま)와 「長門(ながと)(=지금의 山口(やまぐち) 현의 서북부)」.
薩州(さっしゅう) 薩摩(さつま) 지방의 딴이름.
薩埵(さった) 〖佛〗 살타. ① 생명 있는 것. 중생. ② '菩提(ぼだい)薩埵(=보리살타)'의 준말. 보살.

逆音
菩薩(ぼさつ) 〖佛〗 보살.

삼

| 3 一 教 | 三 | 석 삼·거듭 삼
サン
み·みつ·みっつ |

音読
三 ㊀(さん) 셋. 세 번째.
㊁(み) 셋. 세. 석.
㊂(みい) 수를 차례대로 셀 때 쓰는 말. 셋.
三C(さんシー) 3 C. 현대 젊은이들이 추구하는 cash(=돈)·car(=자동차)·camera(=카메라).
三家(さんか) 徳川(とくがわ)将軍(しょうぐん)의 일가.
三角(さんかく) 삼각. ♣**～江**(こう) 〖地〗 삼각강 /**～巾**(きん) 삼각건 /**～筋**(きん) 삼각근 /**～法**(ほう) 〖數〗 삼각법 /**～比**(ひ) 삼각비 /**～点**(てん) 삼각점 /**～州**(しゅう) 삼각주 /**～柱**(ちゅう) 〖數〗 삼각기둥 /**～錐**(すい) 〖數〗 삼각뿔 /**～波**(なみ) 삼각파.
‖**～関係**(かんけい) 삼각 관계.
～関数(かんすう) 〖數〗 삼각 함수.
～貿易(ぼうえき) 삼각 무역.
～方程式(ほうていしき) 〖數〗 삼각 방정식.
～翼機(よくき) 삼각익기.
～定規(じょうぎ) 삼각자.
～測量(そくりょう) 삼각 측량.
三脚(さんきゃく) 삼각. ① 삼각 받침대. ② 삼脚架의 준말. ③ 三脚椅子의 준말. ♣**～架**(か) 삼각가.
‖**～椅子**(いす) 세 발 접의자.
三覚(さんかく) 〖佛〗 삼각.

三角形(さんかっけい) 삼각형. ＊さんかくけい로도 읽음.
三綱(さんこう) 삼강. (유교 도덕에서 말하는) 군신·부자·부부의 도리.
‖**～五常**(ごじょう) 삼강오상. 강상(綱常).
三蓋(さんがい) 3 층으로 쌓아올림.
三箇の都(さんがのつ) 江戸(えど) 시대, 京都(きょうと)·大坂(おおさか)·江戸의 총칭.
三箇日(さんがにち) 정초의 3 일간.
三車(さんしゃ) 〖佛〗 삼거.
三傑(さんけつ) 삼걸. 세 사람의 뛰어난 인물.
三更(さんこう) 삼경. 한밤중.
三経(さんきょう) 삼경. 세 종류의 경서〈易經)·시경·춘추 또는 시경·서경·역경 등 여러 설이 있음).
三景(さんけい) 삼경. 세 곳의 경승지.
三鏡(さんきょう) 〖文〗 역사 소설에서 大鏡(おおかがみ)·水鏡(みずかがみ)·増鏡(ますかがみ)의 총칭.
三戒(さんかい) 삼계.
三界(さんがい) ①〖佛〗 삼계. ②《接尾語적으로》 멀리 떨어진 곳. 「심.
‖**～唯一心**(ゆいいっしん) 〖佛〗 삼계 유일
～一心(いっしん) 〖佛〗 삼계 일심.
三計(さんけい) 삼계. 1 년, 10 년, 종신의 세 가지 계획. 곧, 곡식을 심고, 나무를 심고, 인재를 등용하는 일. 「도 읽음.
三階(さんかい) (건물의) 3 층. ＊さんがいかい로
三考(さんこう) 삼고. 몇 번이고 생각함.
三股(さんまた) 끝이 Y자형으로 갈라진 막대.
三苦(さんく) 〖佛〗 삼고.
三鈷(さんこ) 〖佛〗 삼고저 (三鈷杵).
♣**～鈴**(れい) 〖佛〗 삼고령.
三の鼓(さんのつづみ) 세요고 (細腰鼓)의 하나.
三顧(さんこ) 삼고.
～の礼(れい) **をとる** 삼고의 예를 갖추다.
‖**～草廬**(そうろ) 삼고초려.
三曲(さんきょく) (일본 음악에서) 세 종류의 악기로 연주하는 합주.
三公(さんこう) 삼공.
三公社(さんこうしゃ) 삼공사〈일본 국유 철도·전신 전화·전매의 세 공사).
‖**～四現業**(よんげんぎょう) 三公社五現業에서 알코올 전매가 빠진 것.
～五現業(ごげんぎょう) 삼공사 오현업〈국유 철도·전신 전화·전매의 3 공사와 우정·임야·인쇄·조폐·알코올 전매의 다섯 국
三過(さんか) 〖佛〗 삼과. 「영 기업).
三関(さんかん) (일본에서) 옛날에, 도읍지를 지키던 세 관문.
三観(さんかん) 〖佛〗 삼관.
三冠馬(さんかんば) (경마에서) 삼관마.
三冠王(さんかんおう) 삼관왕. ① 세 종류의 칭호나 영예를 동시에 획득한 사람. ②〖野〗 한 시즌에 수위 타자·홈런왕·타점왕을 혼자서 차지한 선수.
三光(さんこう) 삼광. 해·달·별을 이름.
♣**～鳥**(ちょう) 〖鳥〗 삼광조.

三校(さんこう)〖印〗삼교. 세 번째 교정.
三教(さんきょう) 삼교. 세 가지 종교. ①유교・불교・도교. ②신도(神道)・유교・불교. ③불교・신도・기독교.
三垢(さんく)〖佛〗삼구.
三国(さんごく) 삼국. ①옛날에, 일본・중국・인도의 총칭. 곧, 전세계. ②세 나라.
♣~一(いち) 세계 제일.   「역.
∥~間貿易(かんぼうえき)〖經〗삼국간 무
~無双(ぶそう) 세상에 견줄 만한 짝이 없음. *さんごくむそう로도 읽음.
~時代(じだい)〖史〗삼국 시대. ①중국의 위(魏)・오(吳)・촉(蜀)이 서로 싸우던 시대. ②우리 나라의 신라・고구려・백제 세 나라가 정립되어 있던 시대.
~人(じん) 제삼국인. 특히, 일본에 있는 한국인 및 중국인.
~伝来(でんらい) 인도에서 중국을 거쳐 일본에 전래되던 일.
三国史記(さんごくしき)〖册〗삼국사기. 고려의 김부식(金富軾) 등이 편찬한 역사책.
三国遺事(さんごくいじ)〖册〗삼국유사. 고려의 명승 일연(一然)이 지은 책.
三国志(さんごくし)〖册〗삼국지. 중국 삼국 시대의 역사를 기록한 책.
∥~演義(えんぎ)〖册〗삼국지연의. 중국의 삼국 시대를 배경으로 한 역사 소설. 나관중(羅貫中)이 지음.   「군(全軍).
三軍(さんぐん) 삼군. 육해공군의 총칭. 전
三権(さんけん) 삼권.
∥~分立(ぶんりつ) 삼권 분립.
三帰(さんき)〖佛〗삼귀. 불(佛)・법(法)・승(僧)의 삼보(三寶)에 귀의함.
~依(さんきえ)〖佛〗삼귀의.
三極(さんきょく) 삼극. ①천・지・인. 삼재. ②〖理〗양극・음극・그리드의 총칭.
∥~真空管(しんくうかん) 삼극 진공관.
三男(さんなん) 삼남. 셋째 아들.
三女(さんじょ) 삼녀. 셋째 딸.
三年(さんねん) 삼년. 세 해. *雅語로는 みとせ라고도 함. ♣~忌(き) 삼주기 /~喪(の
も) 삼년상.   「비유해서 말함.
∥~三月(みつき) 삼년 석 달. 오랜 세월
三ちゃん農業(さんちゃんのうぎょう)〈俗〉젊은이는 외지로 나가고 'かあちゃん(=엄마)' 'じいちゃん(=할아버지)' 'ばあちゃん(=할머니)'이 주가 되어서 경영하는 농업.
三多(さんた) 삼다. 글 짓는 공부를 하는 데의 세 가지 방법. 곧, 많이 읽고, 많이 짓고, 많이 생각하는 일.
三段(さんだん) 삼단. ①삼계단. ②(유도 등의) 단위.
∥~構え(がまえ) 고장・실패에 대비한 삼단계의 대비.
~論法(ろんぽう)〖論〗삼단 논법.
~跳び(とび) 세단뛰기.
三端(さんたん) 삼단. 군자가 피하여야 할 세 가지. 곧 붓끝・칼끝・혀끝을 일컫는 말.

三達徳(さんたっとく) 삼달덕.
三達尊(さんたっそん) 삼달존.
三大(さんだい)〖佛〗삼대. 체대(體大)・상대(相大)・용대(用大)의 총칭.
三代(さんだい) ①삼대. ②삼대째 상속인. ③明治(めいじ)・大正(たいしょう)・昭和(しょうわ)의 삼대. ♣~目(め) 삼대째.
三大発明(さんだいつめい) 삼대 발명. 화약・나침반・활판 인쇄술의 발명・실용화.
三大洋(さんだいよう) 삼대양. 태평양・대서양・인도양의 총칭.
三大栄養素(さんだいえいようそ)〖生〗삼대 영양소.
三徳(さんとく) 삼덕. ①지(智)・용(勇)・인(仁)의 세 가지 미덕. ②〖佛〗법신(法身)・반야(般若)・해탈의 세 가지, 또는 지덕(智德)・단덕(斷德)・은덕(恩德)의 세 가지 덕.
三到(さんとう) 삼도. 독서 삼도(讀書三到).
三度(さんど) 세 번. *みたび로도 읽음.
♣~目(め) 세 번째.   「이름.
∥~豆(まめ) 'インゲンマメ(=강낭콩)'의 딴
~笠(がさ) 얼굴이 안 보일 정도로 깊이 쓰게 만든 삿갓.
~飛脚(びきゃく) (江戸(えど) 시대에) 한 달에 세 번씩 江戸・京都(きょうと)・大阪(おおさか) 사이를 왕래하던 파발꾼.
三途(さんず)〖佛〗삼도. 삼악도(三惡道).
∥~の川(かわ)〖佛〗삼도내.
三都(さんと) 삼도. 東京(とうきょう)・京都(きょうと)・大阪(おおさか)의 세 도시.
三道(さんどう) 삼도. ①삼행(三行). ②〖佛〗번뇌도(煩惱道)와 업도(業道)와 고도
三島船(さんとうせん) 삼도선.   「(苦道).
三毒(さんどく)〖佛〗삼독. 탐(貪)・진(瞋)・
三読会(さんどっかい) 삼독회.   「치(癡).
三冬(さんとう) 삼동. ①겨울의 석 달. ②세 겨울. 3년.
三頭政治(さんとうせいじ) 삼두 정치.
三等(さんとう) 삼등. ♣~賞(しょう) 삼등상 /~親(しん) 삼등친.
∥~重役(じゅうやく) 삼등 중역. 이름뿐이 실권이 없는 중역.
三楽(さんらく) 삼락. 군자〔인생〕삼락.
三(さんごう) 삼요. 세 가지 좋아하는 일.
三略(さんりゃく) ①육도 삼략. ②계획 등의 기초 자료가 되는 책.
三連(さんれん) 삼연. 내리 셋(세 번). ♣~音符(おんぷ)〖樂〗셋잇단음표.
∥~星(せい) 삼련성. 바둑에서 돌 셋을 가로 또는 세로로 화점에 나란히 놓는 포석.
三礼(さんらい) 삼례. 예기(禮記)・주례(周禮)・의례(儀禮)의 세 가지 책.
三礼(さんれい) 삼례. 세 번 절함.
三論宗(さんろんしゅう)〖佛〗삼론종.
三籟(さんらい) 삼뢰. 천뢰(天籟)・지뢰(地籟)・인뢰(人籟)의 총칭.
三療(さんりょう) 안마[마사지・지압]・침・뜸의 세 가지 직업을 이르는 말.

三塁(さんるい) 삼루. ♣~手(しゅ) 삼루수 / ~打(だ) 삼루타.
三流(さんりゅう) 삼류.
三陸(さんりく)〖地〗陸前(りくぜん)・陸中(りくちゅう)・陸奥(むつ) 지방(지금의 宮城(みやぎ) 현・岩手(いわて) 현・青森(あおもり) 현의 해안 지방).
三六判(さんろくばん)〖印〗삼륙판. 너비 세 치, 길이 여섯 치 되는 책 크기의 이름. *さぶろくばん으로도 읽음.
三輪(さんりん) 삼륜. ①세 개의 바퀴. ②三輪車의 준말. ③〖佛〗금륜(金輪)・수륜(水輪)・풍륜(風輪). ④〖佛〗몸・입・의지의 세 가지 업(業). ♣~車(しゃ) 삼륜차.
三稜(さんりょう) 삼릉. ①세 모서리. ②〖漢醫〗매자기의 뿌리. ♣~石(せき) 삼릉석 / ~鍼(しん)〖漢醫〗삼릉침.
∥~鏡(きょう)〖理〗삼릉경. 프리즘.
三里(さんり)〖漢醫〗①삼십리. ②〖漢醫〗삼리혈(三里穴)(종지뼈 밑 바깥쪽의 오목한 곳).
三隣亡(さんりんぼう) 구성(九星) 미신의 하나(이 날 건축을 하면 불이 나서 세 이웃을 망친다 하여 꺼림).
三摩耶(さんまや)〖佛〗삼마야.
三枚(さんまい) 생선의 머리를 자르고 배를 갈라 발리는 일. ♣~肉(にく) 삼겹살.
∥~目(め)〖劇〗익살스러운 역. 또, 그 배우.
三昧(さんまい) 삼매. ♣~境(きょう) 삼매경 / ~堂(どう)〖佛〗삼매당.
∥~場(ば) ①중이 사자(死者)의 명복을 빌기 위한, 묘지에서 가까운 법당. ②묘지.
三昧耶(さんまや) ⇨ 三摩耶(さんまや).
三藐三菩提(さんみゃくさんぼだい)〖佛〗삼먁 삼보리.
三面(さんめん) 삼면. ①세 가지 얼굴. ②세 방면. ③신문의 사회면. ♣~鏡(きょう) 삼면경.
∥~契約(けいやく)〖法〗삼면 계약.
~記事(きじ) 삼면 기사. 사회면 기사.
~等価の原則(とうかのげんそく)〖經〗삼면 등가의 원칙.
~訴訟(そしょう) 삼면 소송.
~六臂(ろっぴ) 삼면 육비.
三明(さんみょう)〖佛〗삼명.
三毛作(さんもうさく) 삼모작.
三無主義(さんむしゅぎ) 삼무주의.
三文(さんもん) 삼문. 헐값.
∥~文士(ぶんし) 삼문 문사. 시시한 문사.
~小説(しょうせつ) 삼문 소설. 예술적 가치가 없는 소설.
三門(さんもん) 삼문. ①가운데 큰 문과 양옆에 작은 문이 있는 대문. ②절의 정문.
三民主義(さんみんしゅぎ) 삼민주의.
三密(さんみつ)〖佛〗삼밀. 몸・입・뜻의 세 가지 작용.
∥~加持(かじ)〖佛〗삼밀 가지.
~相応(そうおう)〖佛〗삼밀 상응.
~瑜伽(ゆが)〖佛〗삼밀 유가.

~行法(ぎょうぼう)〖佛〗삼밀 행법.
~護摩(ごま)〖佛〗삼밀 호마.
三博士(さんはかせ) 동방 박사. 신약 성서 마태 복음 제2장에 등장하는 세 점성술가.
三拍子(さんびょうし) ①삼박자. ②큰북・작은북・피리의 세 가지 악기로 맞추는 박자.
三半規管(さんはんきかん)〖生〗삼반규관. 반고리관.
三方(さんぼう) ①삼방. 세 방면. ②신불・귀인에게 음식을 받쳐 내놓는 굽 달린 쟁반.
∥~金(きん) 책의 위・아래・옆 책장 부위에 금박을 칠한 호화판.
~桐(ぎり) (옷장 따위가) 앞과 양옆이 오동나무로 되어 있는 일.
三拝(さんぱい) 삼배. 세 번 절함. 「절함.
∥~九拝(きゅうはい) 삼배 구배. 여러 번
三杯(さんばい) 삼배. 석 잔.
∥~酢(ず)〖料〗설탕이나 미림(味醂)・간장・초를 섞은 양념장. 또, 그것을 친 음식.
三盃(さんばい) ⇨ 三杯(さんばい).
∥~機嫌(きげん) 거나한 기분.
三倍体(さんばいたい)〖生〗삼배체.
三白(さんぱく) ①정월에 내리는 눈. ②말의 네 다리 중에서 세 다리의 아랫부분이 흰 것. ③三白眼의 준말.
∥~眼(がん) 눈동자가 위로 치우쳐 좌우 및 아래쪽의 세 부분의 흰자가 드러나 보이는 눈(흉상(凶相)으로 여김).
三百(さんびゃく) ①삼백. ②三百代言의 준말. ③三百文의 준말.
∥~代言(だいげん) ①엉터리 변호사를 욕하는 말. ②궤변을 농함. 또, 그 사람.
~文(もん) 하치. 싸구려.
三番(さんばん) 셋. 세 번(째).
∥~勝負(しょうぶ) 삼판 승부.
三法印(さんぼういん)〖佛〗삼법인.
三碧(さんぺき) 삼벽. 구성(九星)의 하나.
三別抄(さんべつしょう)〖史〗삼별초.
三宝(さんぼう) 삼보. ①〖佛〗법(法)・승(僧)의 일컬음. ②〖佛〗부처. ③도가(道家)에서, 귀・눈・입을 이르는 말.
∥~荒神(こうじん)〖佛〗①삼보를 수호하는 신. ②수도승이 숭앙하는 신.
三報(さんぽう)〖佛〗삼보.
三菩提(さんぼだい)〖佛〗삼보리.
三伏(さんぷく) 삼복.
三複線(さんふくせん) 삼복선.
三奉行(さんぶぎょう) 江戸幕府(えどばくふ)의 町(まち)・寺社(じしゃ)・勘定(かんじょう)의 세 奉行.
三部(さんぶ) 삼부. ♣~経(きょう)〖佛〗삼부경 / ~曲(きょく) 삼부곡 / ~作(さく) 삼부작.
∥~合唱(がっしょう)〖樂〗삼부 합창.
~形式(けいしき)〖樂〗삼부 형식. 세도막 형식.
三分(さんぶん) 삼분. 셋으로 나눔. ♣~法(ほう)〖論〗삼분법.

‖**~鼎足**(ていそく) 삼분 정족. 삼분 정립.
三盆(さんぼん) 고급 백설탕.
‖**~白**(じろ) ☞三盆(さんぼん).
三不去(さんふきょ) 삼불거.
三仏菩提(さんぶつぼだい)〖佛〗삼불 보리.
三仏身(さんぶっしん)〖佛〗삼불신. 삼신.
三仏土(さんぶつど)〖佛〗삼불토. (三身).
三不惑(さんふわく) 삼불혹.
三不孝(さんふこう) 삼불효.
三史(さんし)〖책〗삼사. 중국의 세 가지 역사책. 사기(史記)·한서(漢書)·후한서(後漢書)를 이름.
三事(さんじ) 삼사. ① 세 가지 일. ② 춘·하·추 삼시(三時)의 농사. ③ 군(君)·부(父)·사(師)를 섬기는 일. 「사.
三社(さんしゃ) ① 세 신사(神社). ② 세 회
三舎(さんしゃ) 삼사. 옛 중국에서 군대의 3일간 행군 거리. 「각함.
三思(さんし) 삼사. 몇 번이고 되풀이하여 생
三師(さんし)〖史〗삼사. 중국에서, 태사(太師)·태부(太傅)·태보(太保)의 병칭.
三沙弥(さんしゃみ)〖佛〗삼사미.
三斜晶系(さんしゃしょうけい)〖鑛〗삼사정계.
三社祭(さんじゃまつり) 5월의 제 3 일요일을 마지막 날로 하고 沿 날 동안 행해지는 浅草(あさくさ) 신사(神社)의 まつり.
三山(さんざん) 삼산. 세 명산.
三酸図(さんさんず) 삼산도. 화제(画題)의 한 가지.
三三(さんさん) 삼삼. ① (오목에서) 한 개의 돌을 놓아, 세 개 연속된 돌 두 줄을 이룸. ② (바둑에서) 제 3 선과 제 3 선의 교점.
‖**~九度**(くど) 결혼식 때 행하는, 신랑 신부의 헌배(獻杯).
~五五(ごご) 삼삼오오.
三三昧(さんざんまい)〖佛〗삼삼매.
三上(さんじょう) 삼상. 시문(詩文)을 생각하기에 알맞은 세 곳. 곧, 마상(馬上)과 침상(枕上)과 측상(厠上). 「교류.
三相交流(さんそうこうりゅう)〖電〗삼상
三色(さんしょく) 삼색. ① 세 가지 색. ② 세 가지의 원색(적·황·청). *さんしょくとも 읽음. ♣**~菫**(すみれ)〖植〗팬지 / **~版**(ばん)〖印〗삼색(도)판.
‖**~旗**(き) ① 삼색기. ② 프랑스 국기.
三生(さんしょう)〖佛〗삼생. 전생(前生)과 현생(現生)과 후생(後生).
三生児(さんせいじ) 삼생아. 세 쌍둥이.
三線(さんしん)〖樂〗沖縄(おきなわ)의 발현 악기《三味線(しゃみせん)의 바탕이 된 악기임》.
三の膳(さんのぜん) (정식 일본 요리에서) 국·생선 등을 내놓는 셋째 상.
三性(さんしょう) 삼성. 사람의 세 가지 성품. 선(善)과 악(悪)과 무기(無記).
三省 □(さんせい) 삼성. 몇 번이고 반성함.
□(さんしょう)〖史〗삼성. 중국 당(唐)나라 때의 관제로 중서성(中書省)·문하성(門下省)·상서성(尚書省)을 일컬음.
三聖(さんせい) ① 삼성《석가·공자·그리스도》. ② 그 길에서 가장 뛰어난 세 사람.
三世 □(さんぜ) 삼세. ①〖佛〗전세·현세·내세. ② 부·자·손의 삼대.
‖**~十方**(じっぽう)〖佛〗삼세 시방. 무한한 시간과 공간. 전세계.
~因果(いんが)〖佛〗삼세 인과.
~諸仏(しょぶつ)〖佛〗삼세 제불.
□(さんせい) 삼세. 3 대째.
三損友(さんそんゆう) 삼손우. 사귀면 손해가 될 세 부류의 벗.
三竦み(さんすくみ) 삼자가 서로 견제하여 셋이 다 꼼짝 못함.
三寿(さんじゅ) 삼수. 세 가지의 장수.
三垂線の定理(さんすいせんのていり)〖數〗삼수선의 정리.
三首日(さんしゅにち) 그 달의 상순·중순·하순의 첫날, 곧 1 일·11 일·21 일.
三旬(さんじゅん) 삼순. ① 상순·중순·하순의 총칭. ② 30 일간.
三乗(さんじょう)〖數〗3 승. 세제곱. ♣**~根**(こん)〖數〗세제곱근.
三尸(さんし) 삼시. 도교(道教)에서, 사람의 체내에 있다는 세 마리의 벌레.
三始(さんし) 삼시. 삼원(三元).
三施(さんせ)〖佛〗삼시. 세 가지의 보시.
三時(さんじ) 삼시. ① 오후의 간식. ②〖農〗중요한 세 시기. ③〖佛〗아침·낮·밤.
三S時代(さんエスじだい) 3 S 시대.
三食(さんしょく) 삼식. 세 끼의 식사.
三識(さんしき)〖佛〗삼식.
三辰(さんしん) 삼신. 해와 달과 별. 특히, 북두칠성의 셋을 일컫는 말.
三身(さんしん) 삼신. 세 가지 불신(佛身). *さんしんうろ도 읽음.
三神山(さんしんざん) 삼신산. 중국 전설에 나오는 봉래산(蓬萊山)·방장산(方丈山)·영주산(瀛州山)의 세 산.
三心(さんしん)〖佛〗삼심.
三審制度(さんしんせいど)〖法〗삼심 제도.
三十(さんじゅう) 삼십. *雅語로는 みそ.
三十講(さんじっこう)〖佛〗삼십강.
三十年戦争(さんじゅうねんせんそう)〖史〗삼십년 전쟁. 1618~48 년의 30 년 동안 독일을 중심으로 유럽 각국이 참전한 종교 전쟁.
三十棒(さんじゅうぼう)〖佛〗삼십봉.
三十三所(さんじゅうさんしょ)〖佛〗관세음보살을 안치한 33 개처의 영지(靈地).
三十三身(さんじゅうさんじん) 삼십삼신. 「삼천.
三十三天(さんじゅうさんてん)〖佛〗삼십
三十六歌仙(さんじゅうろっかせん) 고금(古今)을 통해 뛰어난 36 명의 가인(歌人).
三十六計(さんじゅうろっけい) 삼십육계. 옛 병법에 있는 36 종류의 계략.
~逃(に)**ぐるに如**(し)**かず** (어려운 때에

는) 삼십육계 줄행랑이 제일.
三十六禽(さんじゅうろっきん) 삼십육금.
三十六俵(さんじゅうろっぴょう) (일본) 씨름판.　　　　　　　　　　　　　「상.
三十二相(さんじゅうにそう)〖佛〗삼십이
三十一文字(さんじゅういちもんじ) 和歌(わか)의 딴이름. *さんじゅういちもじ・みそひともじ로도 읽음.
三十八度線(さんじゅうはちどせん) 삼십팔도선. 한반도의 허리를 횡단하고 있는 북위 38도선을 이름.
三悪(さんあく) 삼악. 세 가지 나쁜 일. 세 사람의 악인. *さんなく로도 읽음.
三悪道(さんあくどう)〖佛〗삼악도. *さんなくどう・さんまくどう로도 읽음.
三夜(さんや) ①초승달. ②결혼 후 사흘째의 밤. ③생후 사흘째의 축하.
三譲(さんじょう) 삼양. 세 번 사양함〖옛날 중국에서 재상 등에 임명되었을 때 형식적으로 사양하던 일〗.
三業 ㊀(さんぎょう) ①요정・待合(まちあい)・권번의 3종류의 영업. ②'三業地(ち)'의 준말.
‖~**地**(ち) 위 세 가지 영업이 허가된 지역.
㊁(さんごう)〖佛〗삼업.
三余(さんよ) 독서에 알맞은 세 가지 여가. 곧 겨울・밤・비올 때.
三役(さんやく) ①(씨름에서) 大関(おおぜき)・関脇(せきわけ)・小結(こむすび)의 총칭. ②(정당・단체 등에서) 중요한 지위에 있는 세 임원. ③能楽(のうがく)에서 わき・はやし・狂言(きょうげん)을 맡은 사람.
三易(さんえき) 삼역.
三縁(さんえん)〖佛〗삼연.
三熱(さんねつ)〖佛〗삼열. 축생도(畜生道)에서 용(龍)・뱀이 받는 세 가지의 고뇌.
三塩基酸(さんえんきさん)〖化〗삼염기산.
三葉虫(さんようちゅう)〖動〗삼엽충.
三D映画(さんディーえいが) 입체 영화.
三五(さんご) ①三五夜의 준말. ②여기저기 흩어짐. 삼삼오오.
‖~**夜**(や) 삼오야. 음력 15일의 밤. 십오야.
三王(さんおう)〖史〗삼왕. 중국 고대 하(夏)의 우왕(禹王), 은(殷)의 탕왕(湯王), 주(周)의 문왕(文王) 또는 무왕(武王)을 이름. *さんのう로도 읽음.
三王礼拝(さんおうれいはい)〖聖〗기독교에서, 예수 성탄(聖誕) 때 동방의 세 박사가 별에 인도되어 아기 예수를 찾아 예배한 일.
三畏(さんい) 삼외. 군자가 두려워해야 할 세 가지.
三友(さんゆう) 삼우. ①삼익우(三益友)와 삼손우(三損友). ②소나무・대・매화. ③시와 술과 거문고.
三羽烏(さんばがらす) ①부하・제자 중에서 뛰어난 세 사람. ②특출한 세 사람.
三元(さんげん) 삼원.
三猿(さんえん) 손으로 각각 눈・귀・입을 가리고 있는 원숭이 상(像).
‖~**主義**(しゅぎ) 보지 않고 듣지 않고 말하지 않는 주의.
三遠(さんえん)〖美〗삼원.
三原色(さんげんしょく) 삼원색.
三月 ㊀(さんがつ) 3월.
‖~**節句**(せっく) 삼짇날. 3월 3일의 명절.
㊁(みつき) 석 달.
三位(さんみ) 삼위. ①(품등의) 삼품. ②〖基〗성부(聖父)・성자・성령의 총칭. *さんい로도 읽음.
‖~**一体**(いったい) 삼위 일체.
三有(さんぬ)〖佛〗삼유. *さんうろも 읽음.
三の酉(さんのとり) 11월의 셋째 유일(酉日). 또, 그날 서는 장.
三遊間(さんゆうかん)〖野〗삼루수와 유격수 수비 범위의 중간.　　　　　　　「음.
三衣(さんえ)〖佛〗삼의. *さんねえ로도 읽
‖~**一鉢**(いっぱつ)〖佛〗삼의 일발.
三儀(さんぎ) 삼의. 천(天)・지(地)・인(人). 삼재(三才).　　　　　　　　「者三友〕.
三益友(さんえききゆう) 삼익우. 익자삼우〔益
三人(さんにん) 삼인. 세 사람. *みたりで도 읽음.
~**寄**(よ)**れば文殊**(もんじゅ)**の知恵**(ちえ) 평범한 사람도 세 사람이 모이면 좋은 지혜가 나온다.
‖~**三様**(さんよう) 삼인 삼색. 각인 각색.
三人称(さんにんしょう)〖文法〗삼인칭.
三一(さんピン) ①〈俗〉さんピン侍의 준말. ②두 개의 주사위가 3과 1로 나오는 일.
‖~**侍**(ざむらい) 졸때기 무사.
三が日(さんがにち) ⇨ 三箇日(さんがにち).
三一致(さんいっち)〖劇〗삼일치〔서양 고전극의 법칙으로, 때・장소・줄거리의 일치〕.
三子(さんし) 삼자. ①세 사람. 또, 세 아이. ②도가(道家)에서, 노자(老子)・장자(莊子)・열자(列子)의 세 사람.
三者(さんしゃ) 삼자.
‖~**凡退**(ぼんたい)〖野〗삼자 범퇴.
~**三様**(さんよう) 각인 각색.
~**会談**(かいだん) 삼자 회담.
三章(さんしょう) ①삼장. 세 개의 장(章)이나 개조(個條). ②간명한 규칙.
三障(さんしょう)〖佛〗삼장.
三蔵(さんぞう)〖佛〗삼장. ①불교 성전(聖典)을 분류할 때의 성전의 총칭. ②삼장에 통달한 고승.
‖~**法師**(ほうし) 삼장 법사.
三才(さんさい) ①삼재. 하늘과 땅과 사람. 우주간의 만물. ②세 살.
三災(さんさい) 삼재.
三斉月(さんさいがつ)〖佛〗삼재월.
三跡(さんせき) 平安(へいあん) 시대의 삼대 서예가.
三蹟(さんせき) ⇨ 三跡(さんせき).
三伝(さんでん)〖册〗삼전. 춘추(春秋)를 해의(解義)・부연(敷衍)한 삼서(三書). 곧, 좌

전(左傳)·공양전(公羊傳)·곡량전(穀梁傳).

三戰神(さんせんじん) 〖佛〗 삼전신. 마리지천(摩利支天)·대흑천(大黑天)·비사문천(毘沙門天)의 세 전신.

三の切り(さんのきり) 5 단으로 된 義太夫節(ぎたゆうぶし)에서 3 단째의 마지막 장면.

三絶(さんぜつ) 삼절.

三点(さんてん) 삼점. 세 점.

三訂(さんてい) 삼정. ① 세 번 개정함. ② 개정해서 세 번째 출판함.

三際(さんさい) 〖佛〗 삼제. 「읽음.

三諦(さんてい) 〖佛〗 삼체. *さんたいろも

三帝同盟(さんていどうめい) 〖史〗 삼제 동맹. 1873년에 독일·오스트리아·러시아 황제간에 맺어진 동맹.

三題噺(さんだいばなし) ⇨ 三題話(さんだいばなし)

三題話(さんだいばなし) 만담의 하나. 손님이 내는 세 가지 제목으로 즉석에서 만담을 만들어 연출하는 것. 「고용인.

三助(さんすけ) 때밀이. 공중 목욕탕의 남자

三朝(さんちょう) 삼조. ① 3 대의 조정. ② 삼시(三始). 연·일·시의 처음이란 뜻으로, 정월 초하루.

三族(さんぞく) 삼족.

三足の烏(さんそくのからす) 삼족오. 중국 신화에 나오는 해 속에 산다는 세 발 가진 까마귀. 또, 태양.

三足土器(さんそくどき) 〖考〗 삼족 토기. 발이 셋 달린 토기.

三尊(さんぞん) 〖佛〗 삼존. ① 아미타불(阿彌陀佛)·관세음(觀世音)보살·세지(勢至)보살. ② 석가모니·문수(文殊)보살·보현(普賢)보살. ③ 약사(藥師)여래·일광(日光)보살·월광(月光)보살. ④ 불·법·승.

三從(さんじゅう) 삼종. 옛날, 여자가 따라야 할 세 가지 길.

三種(さんしゅ) ① 3종류. ② '第三種(だいさんしゅ)郵便物(ゆうびんぶつ)(=제 3 종 우편물)'의 준말. *さんじゅろも 읽음.

‖**~の神器**(じんぎ) ① 일본 왕위 계승의 표지로서 대대로 계승된 세 가지 보물. ②〖俗〗 세 가지 귀중한 물건.

三從弟(さんじゅうてい) 삼종제. 육촌 아우.

三從兄(さんじゅうけい) 삼종형. 육촌형.

三從兄弟(さんじゅうけいてい) 삼종 형제. 재종 형제. 육촌 형제.

三州(さんしゅう) 三河国(みかわのくに)의 딴

三周忌(さんしゅうき) 삼주기.

三重 ⊟(さんじゅう) 삼중. ♣**~苦**(く) 삼중고 / **~奏**(そう)〖樂〗 삼중주 / **~唱**(しょう)〖樂〗 삼중창.

‖**~結合**(けつごう)〖化〗 삼중 결합.

~殼(さつ)〖野〗 삼중살. 트리플 플레이.

~水素(すいそ)〖化〗 삼중 수소.

~韻(いん) 각운(脚韻)의 하나. 끝에서부터 셋까지의 음절이 공통임.

⊟(みえ) ① ☞ ⊟. ②〖地〗 近畿(きんき) 지방 동부의 현.

三智(さんち)〖佛〗 삼지.

三枝の礼(さんしのれい) 삼지례(三枝禮).

三振(さんしん)〖野〗 삼진.

三進(さんしん) ①〖野〗 3 루까지 나아감. ② 세 번 나아감. 「거리.

三叉(さんさ) 삼차. 세 갈래. ♣**~路**(ろ) 삼 ‖**~神経**(しんけい) 삼차 신경. ♣**~痛**(つう) 삼차 신경통.

三次(さんじ) 삼차.

‖**~方程式**(ほうていしき)〖數〗 삼차 방정식.

~産業(さんぎょう) 삼차 산업. 「식.

~製品(せいひん) 삼차 제품.

三次元(さんじげん) 삼차원.

‖**~映画**(えいが) 삼차원 영화. 입체 영화.

三唱(さんしょう) 삼창.

三彩(さんさい)〖美〗 삼채. 3색의 잿물을 올려 구운 도자기.

三尺(さんじゃく) ① 삼척. 석 자. ② 길이 석 자쯤 되는 간단한 띠.

~の童子(どうじ) 삼척동자.

~の秋水(しゅうすい) 삼척 추수. 석 자쯤 되는 날이 시퍼렇게 선 칼.

三千(さんぜん) 삼천. 천의 3 배. 또, 매우 큰 수량을 이름.

三天(さんてん)〖佛〗 삼천. 마리지천(摩利支天)·대흑천(大黑天)·변재천(辯才天)의 총칭. *さんでん으로도 읽음.

三遷(さんせん) 삼천.

~の教(おし)**え** 삼천지교.

三千大千世界(さんぜんだいせんかい)〖佛〗 삼천 대천 세계. 넓은 세상.

三千世界(さんぜんせかい) ①〖佛〗 삼천 세계《三千大千世界(さんぜんだいせんかい)의 준말》. ② 넓은 세계. 세상.

三哲(さんてつ) 삼철. ① 세 사람의 철학자. ② 세 사람의 훌륭한 사람.

三尖弁(さんせんべん)〖生〗 삼첨판. 심장 판막의 하나.

三畳紀(さんじょうき)〖地〗 삼첩기. 트라이아스기(紀). 중생대(中生代)의 초기.

三体(さんたい) 삼체. ① 세 개의 형체. ② 물질의 세 가지 상태. ③ 글씨에서, 해서·행서·초서.

三体唐詩(さんたいとうし)〖冊〗 삼체 당시. 삼체시. 「(とうし).

三体詩(さんたいし) ☞ 三体唐詩(さんたい

三焦(さんしょう)〖漢醫〗 삼초. 음식물의 흡수·소화·배설을 맡는 육부(六腑)의 하나.

三寸(さんずん) 삼 치《짧음의 비유》. ♣**~釘**(くぎ) 세 치 못.

~の舌(した) 세 치의 혀.

‖**~人参**(にんじん)〖植〗 보통 홍당무보다 짧고 굵은 홍당무.

三銃士(さんじゅうし)〖冊〗 삼총사. 프랑스의 소설가 뒤마가 쓴 장편 역사 소설.

三秋(さんしゅう) 삼추. ① 가을의 석 달 동안. ② 3년.

~の思(おも)**い** 몹시 사모하여 애타게 기다리는 마음.

三春(さんしゅん) 삼춘. ① 봄의 석 달. ② 3년. *[정제].

三聚浄戒(さんじゅじょうかい) 〖佛〗 삼취.

三親(さんしん) 삼친. 가장 친한 세 가지의 관계. 곧, 부자(父子)・부부・형제.

三親等(さんしんとう) 삼촌간(三寸間).

三七日 ㊀(さんしちにち) 삼칠일. ① 21 일 동안. ② 세이레.
㊁(みなぬか) 사람이 죽은 뒤 21일째 되는 날. 삼칠재(齋). *みなのかお도 읽음.

三七草(さんしちそう) 〖植〗 삼칠초.

三針(さんしん) 삼침(시계의 초침이 장침・단침과 함께 중심에 붙어 있음).

三嘆(さんたん) 삼탄. 여러 번 감탄함.

三歎(さんたん) ⇨ 三嘆(さんたん).

三太(さんた) ① 머슴아이. ② 개에게 앞발을 들고 뒷발로 서게 함.

三台(さんたい) 〖天〗 삼태. ♣ **~星**(せい) 〖天〗 삼태성. 「상태.

三態(さんたい) 물질의 고체・액체・기체의

三太郎(さんたろう) 〈俗〉 멍청이. 바보.

三太夫(さんだゆう) 귀족・부호의 집사.

三通(さんつう) 〖冊〗 삼통. 옛 중국의 통전(通典)・통지(通志)・문헌 통고(文獻通考)의

三統暦(さんとうれき) 삼통력. 「노 책.

三つ(さんやつ) 신문 광고면 크기의 하나. 지면 하단의 3단을 가로로 8등분한 것으로, 흔히 책 광고가 실림.

三八式歩兵銃(さんぱちしきほへいじゅう) 삼팔식 보병총. 구(舊)일본 육군의 보병총.

三遍(さんべん) 3회. 세 번.

三平方の定理(さんへいほうのていり) 〖數〗 삼평방의 정리. 피타고라스의 정리.

三平汁(さんぺいじる) 〖料〗 자반 연어 대가리와 숭숭 썬 야채를 넣고 소금(된장)으로 간을 한 장국.

三圃式農業(さんぼしきのうぎょう) 〖農〗 삼포식 농업.

三幅対(さんぷくつい) ① 세 폭 한 벌의 족자. ② 세 개가 한 조로 된 것. *さんぷくついにも 읽음.

三品(さんぴん) 세 개 또는 세 가지 물건・요

三筆(さんぴつ) 平安(へいあん) 시대 초기의 3 대 명필(嵯峨天皇(さがてんのう)・橘逸勢(たちばなのはやなり)・空海(くうかい)).

三下(さんした) 三下奴의 준말.
~に見(み)**る** 아주 얕보다.
∥**~奴**(やっこ) 노름꾼 사회에서 신분이 가장 낮은 자.

三下り(さんさがり) 三味線(しゃみせん)의 가락의 하나. 「동안.

三夏(さんか) 삼하. 음력에서, 여름의 석 달

三学(さんがく) 〖佛〗 삼학.

三澣(さんかん) 삼한. 삼순(三旬).

三韓(さんかん) 〖史〗 삼한(마한・변한・진한. 또, 신라・백제・고구려).

三寒四温(さんかんしおん) 삼한사온.

三合(さんごう) ① 음양도(陰陽道)에서 말하는 액년의 하나. ② 금성・목성・화성이 겹치는 일. 흉조.

三解脱門(さんげだつもん) 〖佛〗 삼해탈문.

三行(さんこう) 삼행. 삼도(三道).

三行広告(さんぎょうこうこく) 삼행 광고.

三献(さんこん) 옛날에는 (公家(くげ)의 정식 향응에서) 술상을 내어 술을 석 잔 마시게 한 후 상을 물리고, 이것을 세 번 되풀이한 일. *さごん으로도 읽음.

三弦(さんげん) ① 三味線(しゃみせん)의 딴 이름. ② 아악에서 쓰는 세 가지 현악기.

三絃(さんげん) ⇨ 三弦(さんげん).

三賢(さんげん) 〖佛〗 삼현.

三兄(さんけい) 셋째 형.

三慧(さんえ) 〖佛〗 삼혜. *さんねろも 읽음.

三号雑誌(さんごうざっし) 삼호 잡지. 3 호 정도로 폐간되는, 오래 못 가는 잡지.

三惑(さんわく) 〖佛〗 삼혹.

三和(さんわ) 〖佛〗 삼화. 근(根)과 경(境)과 식(識)의 세 가지의 화합.

三貨(さんか) 금화・은화・전화(금・은으로 만든 것 외의 것)의 세 종류의 화폐.

三化螟蛾(さんかめいが) 〖蟲〗 삼화명나방.

三化螟虫(さんかめいちゅう) 〖蟲〗 삼화명나방의 애벌레.

三和音(さんわおん) 〖樂〗 3 화음. *さんかおん으로도 읽음.

三の丸(さんのまる) 성(城)의 중심으로부터 세 번째 성곽.

三皇(さんこう) 삼황. 옛 중국의 전설상의 세 천자(天子).
∥**~五帝**(ごてい) 삼황 오제.

三皇后(さんこうごう) ☞ 三后(さんこう).

三会(さんえ) 〖佛〗 삼회. *さんねろも 읽음.

三回忌(さんかいき) 삼회기. 3 주기(周忌).

三孝(さんこう) 삼효. 세 가지의 효행(孝行).

三后(さんこう) 삼후(태황태후・황태후・황

こそこそ三里(こそこそさんり) 비밀이야기가 새어 멀리까지 퍼짐.

【訓読】

三つ(みつ) 〈雅〉 ① 셋. ② 세 살. *みっつ로도 읽음.

三つ角(みつかど) ① 삼각. ② 삼거리.

三つ股(みつまた) ⇨ 三つ叉(みつまた).

三つ口(みつくち) 언청이.

三具足(みつぐそく) 〖佛〗 삼구족.

三筋(みすじ) 가는 것의 세 가닥. 「음.
∥**~の糸**(いと) 三味線(しゃみせん)의 일컬

三つ襟(みつえり) 옷깃이 셋으로 보이게 옷 세 벌을 껴입는 것.

三つ道具(みつどうぐ) 세 가지 도구. ① 江戸(えど) 시대의 죄인 체포 용구로서 突棒(つくぼう)・刺股(さすまた)・袖搦(そでがらみ). ② 창칼・가위・송곳. ③ 수갑(手匣)・족쇄(足鎖)・항쇄(項鎖).

三つ瀬川(みつせがわ)〖佛〗삼도내.
三毛(みけ) 백색·흑색·갈색이 섞인 털. 또, 그런 털빛의 고양이.
‖～猫(ねこ) 삼색의 얼룩 고양이.
三つ目(みつめ) ①세눈(박이). ②결혼·출생 후 사흘째가 됨. 또, 그 축하.
‖～錐(ぎり) 끝이 삼각형으로 된 끝.
三つ紋(みつもん) 일본 옷에서 등과 양쪽 소매 뒤로 가문(家紋)을 넣은 것.
三つの宝(みつのたから) ①〖佛〗불(佛)·법(法)·승(僧)의 삼보. ② ☞三種(さんしゅ)の神器(じんぎ).
三つ星(みつぼし) ①〖天〗오리온자리 중앙에 있는 세 개의 별. ②가문(家紋)의 하나. 세 개의 동그라미를 ⁂자 꼴로 늘어 놓은 것.
三歳(みとせ)〖雅〗3년.
三つ身(みつみ) 3·4세 어린이용 일본 옷 재단법. 반 필의 천으로 앞길·뒷길·섶을 재단함.
三つ辻(みつつじ) 삼거리.
三つ児(みつご) ⇨ 三つ子(みつご).
三椏(みつまた)〖植〗삼지닥나무.
三簾(みすず)〖植〗조릿대.
三つ葉(みつば) ①세 닢. ②〖植〗파드득나물.
三つ栗(みつぐり) 세톨박이(밤).
三日(みっか) ①초사흘. ②사흘.
‖～麻疹(ばしか) 풍진(風疹)의 속칭.
～坊主(ぼうず) 싫증나서 오래 계속 못함. 또, 그런 사람.
～天下(てんか) 3일 천하.
三日月(みかづき) (음력) 초사흗날의 달. 초승달.
‖～眉(まゆ) 아미(蛾眉). 초승달 모양의 눈썹.
～形(がた) 초승달 모양. *みかづきなりで도 읽음.
～湖(こ) 꾸불꾸불 흐르는 강의 일부가 끊어져서 된 초승달 모양의 호수.
三つ子(みつご) ①세 쌍둥이. ②세 살된 어린이.
三つ揃い(みつぞろい) 상·하의에 조끼를 갖추어 한 벌이 되는 양복. 스리피스.
三つ折り(みつおり) ①셋으로 접음. ②일본 종이의 일종.
三つ組み(みつぐみ) 세 개가 한 벌이 됨.
三つ重ね(みつがさね) 세 개 겹쳐진 벌. 삼층《장롱·찬합 따위》.
三つ指(みつゆび) 엄지·인지·장지의 세 손가락을 짚고 공손히 절함. 또, 그 절.
三つ叉(みつまた) ①강이나 길이 세 갈래로 갈라지는 일. 또, 그 부분. ②끝이 Y자로 갈라진 막대. ③배선·배관에서, 한 가닥에서 두 가닥으로 갈라지는 부분에 쓰는 기구.
三つ巴(みつどもえ) ①바깥쪽으로 도는 소용돌이 모양이 셋 있는 무늬. ②세력이 비슷한 셋이 뒤엉켜 싸움.
三つ編み(みつあみ) 세 가닥으로 땋기. 특히, 여자의 머리 땋는 방법의 하나.
三布(みの) ⇨ 三幅(みの).
三幅(みの) ①보통 폭의 천 셋을 합한 나비. ②三幅布団의 준말.

‖～布団(ぶとん) 세 폭 이불.
三河(みかわ)〖地〗옛 지방 이름. 지금의 愛知(あいち) 현의 동쪽 반. 　　　　　「는 万歳.
‖～万歳(まんざい) 三河를 본고장으로 하
三下り半(みくだりはん) 아내에게 주는 이혼장. 수세.
三行半(みくだりはん) ⇨ 三下り半(みくだりはん).

其他▷
三郎(さぶろう) 셋째 아들. 삼남(三男).
三稜草(みくり)〖植〗매자기.
三味(しゃみ) 三味線(しゃみせん)의 준말. *さみ로도 읽음.
三味線(しゃみせん) 일본 고유의 음악에 사용하는 세 개의 줄이 있는 현악기. *さみせん으로도 읽음.
‖～歌(うた) 三味線에 맞춰 부르는 노래.
～草(ぐさ)〖植〗냉이의 딴이름.
三十路(みそじ) ①삼십. ②서른 살.
三十日(みそか) 그믐날.
三五八漬け(さごはちづけ) 소금 3, 누룩 5, 찹쌀 8의 비율로 담근 김치〖절임〗.
三枝(さきくさ) 가지가 셋으로 갈라져 있는 초목. *さいぐさ로도 읽음.
三板(サンパン) 삼판선(三板船).
三鞭酒(シャンパン) 샴페인.
三和土(たたき) (현관·부엌 등의) 시멘트 바닥. 회삼물(灰三物) 바닥.

3 ⼺	⼺	터럭 **삼** · 긴머리 **삼** サン

音読▷
⼺旁(さんづくり) 한자 부수(部首)의 하나: 삐친석삼.

7 木 常	杉	삼목 **삼** サン **すぎ**

訓読▷
杉(すぎ)〖植〗삼목(杉木).
杉綾(すぎあや) 杉綾織り(すぎあやおり)의 준말. 삼목 잎 모양의 줄무늬를 짜 넣은 양복지(洋服地).
杉林(すぎばやし) 삼목 숲.
杉木立(すぎこだち) 삼목나무 숲.
杉並木(すぎなみき) 삼목나무 가로수.
杉生(すぎう) 삼목이 울창한 곳.
杉船(すぎぶね) 삼목재로 만든 배.
杉蘚(すぎごけ)〖植〗솔이끼.
杉焼き(すぎやき) 삼목의 작은 상자에 어류(魚介類)를 담아 불에 올렸다가 그 상자 째 손님에게 내놓는 것《삼목 향내가 뱀》.
杉垣(すぎがき) 삼목(杉木)을 빙 둘러 심은 울타리.
杉原(すぎはら) ①삼목 숲. ②杉原紙의 준말. *すぎわら로도 읽음.

‖**～紙**(がみ) 닥나무를 원료로 한 얇고 부드러운 (일본) 종이. ＊すぎわらがみ로도 읽음.
杉立ち(すぎだち) ①양손을 밑으로 늘어뜨리고 꼿꼿이 섬. ②손과 머리를 땅에 대고 물구나무를 섬.
杉障子(すぎしょうじ) 삼목 판자로 만든 미닫이 문.
杉材(すぎざい) 삼목재.
杉材棒(すぎざいぼう) 삼목 막대기 끝에 뾰족한 가시를 부착한 무기.
杉箸(すぎばし) 삼목으로 만든 젓가락.
杉折り(すぎおり) 삼목의 얇은 판자로 만든 작은 도시락 상자.
杉重(すぎじゅう) 삼목의 얇은 판자로 만든 찬합.
杉菜(すぎな)〖植〗쇠뜨기. 필두채(筆頭菜).
杉叢(すぎむら) 삼목 숲.
杉苔(すぎごけ) ⇨ 杉蘚(すぎごけ).
杉板(すぎいた) 삼목 판자.
杉皮(すぎかわ) 삼목 껍질. 지붕을 이는 데 등에 씀.
杉形(すぎなり) 삼목처럼 위는 뾰족하고 아래는 퍼진 모양. 피라미드형.
杉戸(すぎど) 삼목 널빤지로 만든 문.

8 艹	芟	벨 **삼** サン・セン かる

音読
芟除(さんじょ) 삼제. 베어버림.

12 木 教	森	나무빽빽할 **삼** シン もり

音読
森羅万象(しんらばんしょう) 삼라만상. ＊しんらばんぞう・しんらまんぞう로도 읽음.
森林(しんりん) 삼림. ♣～帯(たい) 삼림대 / ～浴(よく) 삼림욕.
‖**～更新**(こうしん) 삼림 갱신.
～**公園**(こうえん) 삼림 공원.
～**気候**(きこう) 삼림 기후.
～**窃盗**(せっとう) 삼림의 산물을 절취하는 범죄.
～**組合**(くみあい) 삼림 조합.
～**鉄道**(てつどう) 삼림 철도.
～**限界**(げんかい) 삼림 한계.
森立(しんりつ) 삼립. 빽빽이 들어섬.
森森(しんしん) 삼삼. 나무가 울창하게 서 있는 모양.
森厳(しんげん) 삼엄. 매우 엄숙한 모양.
森然(しんぜん) 삼연. 숲이 우거진 모양. 숲.
森閑(しんかん) 삼한. 아무 소리도 없이 매우 고요한 모양.

訓読
森(もり) ①수풀. 삼림. ②신사(神社)를 둘러싼 무성한 숲.
森路(もりじ) 숲길.
森番(もりばん) 산림 감독. 산지기.
森神(もりがみ) 숲속에서 신수(神樹)・서낭 나무로서 특히 신성시되고 있는 나무. 둘레에 금줄을 쳐 놓음. 「늘진 곳.
森陰(もりかげ) 숲속의 수목이 무성하여 그 닿이 문.
森青蛙(もりあおがえる)〖動〗산청개구리.

14 氵	滲	밸 **삼**・샐 **삼** シン しみる・にじむ

音読
滲漏(しんろう) 삼루. (액체가) 스며나옴.
滲入(しんにゅう) 삼입. 스며듦.
滲出(しんしゅつ) 삼출. 스며나옴. ♣～液(えき) 삼출액.
‖**～性炎症**(せいえんしょう) 삼출성 염증.
～**性中耳炎**(せいちゅうじえん)〖醫〗삼출성 중이염.
～**性体質**(せいたいしつ) 삼출성 체질.
滲炭(しんたん) 삼탄. ♣～鉱(こう) 삼탄광.
滲透(しんとう) 삼투. 스며들어 뱀.

訓読
滲みる(しみる) ①스며들다. 배다. ②물들다. 젖다.
❖**滲む**(にじむ) ①번지다. 스미다. ②드러나다. 엿보이다. 「다.
滲み出る(にじみでる) 스며나오다. 삼출하

15 毛	毿	털길 **삼**・축늘어질 **삼** サン

音読
毿毿(さんさん) ①털 따위가 길게 자란 모양. ②가늘고 긴 물건이 늘어진 모양.

15 艹	蔘	인삼 **삼** シン

其他
蔘精(じんせい) 삼정.

15 米	糝	된국 **삼** ジン こながき

音読
糝粏(じんだ) 겨에 누룩과 소금을 넣은 것《채소를 절이는 데 씀》.

16 禾	穇	피 **삼**・쭉정이이삭 **삼** サン・セン

其他
穇子(ひえ)〖植〗피.

糁

| 17 米 | 糁 | 국 삼·차질 삼
サン・シン
こながき |

音読▷
糁粉(しんこ) ① 쌀가루. ② 糁粉餅(しんこもち)의 준말《쌀가루를 찐 다음 이를 쳐서 만든 떡》.
‖〜細工(ぎいく) 糁粉餅으로 꽃·새·인물 따위의 형상을 만드는 일. 또, 그 세공물.
糁薯(しんじょ) 생선이나 고기 따위를 다져, 거기에 강판에 간 참마를 섞어서 찐 음식.

삽

| 10 扌 常 | 挿(插) | 꽂을 삽·끼울 삽
ソウ
さす·はさむ·す
げる·さしはさむ |

音読▷
挿架(そうか) ① 벽면 등에 설치한 대나무 따위로 만든 서가(書架). ② 책이나 잡지를 서가에 놓음.
挿句(そうく) 삽구. 삽입구.
挿図(そうず) 삽도. 삽화(挿画).
挿秧(そうおう) 삽앙. 논에 모를 꽂음.
挿入(そうにゅう) 삽입. ♣〜句(く) 삽입구.〔신던 신.
挿鞋(そうかい) 삽혜(靸鞋). 왕이나 고승이
挿花(そうか) 삽화. 꽃꽂이.
挿画(そうが) 삽화.
挿話(そうわ) 삽화. 에피소드.

訓読▷
❖**挿げる**(すげる) ① 끼워 넣다〔박다〕. 끼우다. ② (구멍에) 꿰다.
挿げ替える(すげかえる) ① 바꾸어〔갈아〕달다. 갈아 끼우다. ② 직무를 바꾸다. 다른 사람으로 갈다.
❖**挿す**(さす) ① 꽂다. 끼우다. ② 꺾꽂이하다. ③ 꽃꽂이하다.
挿し木(さしき) 삽목. 꺾꽂이.
挿し物(さしもの) 머리꽂이. 빗·비녀 따위.
挿し穂(さしほ) 꺾꽂이하기 위해 초목에서 잘라내 접붙이도록 만든 순. 꺾꽂이순.
挿し薬(さしぐすり) 좌약(座藥). 〔는 빗.
挿し櫛(さしぐし) 여성이 머리 장식으로 꽂
挿し花(さしばな) 꽃꽂이.
挿絵(さしえ) 삽화.
❖**挿む**(はさむ) ① 끼(우)다. 사이에 두다. ② 마음에 품다. ③ 말참견하다.
挿み詞(はさみことば) 삽입어. 삽입구.

其他▷
挿頭(かざし) 관(冠)이나 머리에 꽂는 꽃 또는 조화(造花).
　〜**の綿**(わた) 踏歌(とうか)의 무용수가 관에 붙이는 솜으로 만든 조화.
　〜**の箱**(はこ) 머리에 꽂는 꽃을 넣어 두는 상자.〔잎.
　〜**の花**(はな) 머리나 관에 꽂는 꽃이나 풀
挿頭す(かざす) ① (갓이나 머리에 꽃·나뭇가지·조화 따위를) 꽂다. ② (물건 위에) 장식을 붙이다〔달다〕.

渋

| 11 氵 常 | 渋(澁) | 떫을 삽·껄끄러울 삽
ジュウ
しぶ·しぶい·しぶる |

音読▷
渋苦(じゅうく) 삽고. ① 떫고 씀. ② 매끄럽게〔잘〕통하지 아니함.
渋面(じゅうめん) 찡그린 얼굴. 우거지상.
　*しぶつらで도 읽음.
渋滞(じゅうたい) 삽체. 정체. 밀림.

訓読▷
渋(しぶ) ① 떫은맛. ② 물질에서 흘러나오는 액체성의 검붉은 앙금.〔없다.
渋く(しぶく) 방해를 받아 정체하다. 진전이
❖**渋い**(しぶい) ① 떫다. ② (표정이) 떠름하다. ③ 수수하다. 구성지다. ④ (움직임이) 매끄럽지 못하다. ⑤ 인색하다. 다랍다.
渋ちん(しぶちん) 〈俗〉(関西(かんさい) 지방에서) 노랑이. 구두쇠.
渋団扇(しぶうちわ) 감물을 칠한 부채.
渋塗り(しぶぬり) 감물을 들임. 감물 들인 것.〔굴.
渋っ面(しぶっつら) 우거지상. 지르퉁한 얼
渋味(しぶみ) ① 삽미. 떫은맛. ② 은근한 맛. 차분하고 고아함.〔또, 그 감.
渋抜き(しぶぬき) 감의 떫은맛을 제거함.
渋渋(しぶしぶ) 떨떠름하게. 마지못해서.
渋色(しぶいろ) 감물과 같은 색깔.
渋柿(しぶがき) 삽시. 떫은 감. 날감.
渋染め(しぶぞめ) 감물을 들임.
渋紙(しぶがみ) 배접하여 감물을 먹인 종이.
渋茶(しぶちゃ) 떫은〔진한〕 차.
渋皮(しぶかわ) 나무나 과실 따위의 속껍질.
渋好み(しぶごのみ) 은근한 멋을 좋아하는 성미〔취향〕.
❖**渋る**(しぶる) ① 난삽(難澁)하다. 원활하게 진행되지 않다. ② 渋り腹(しぶりばら)를 일으키다. ③ 망설이다. 꺼리다. 떠름해 하다.
渋り腹(しぶりばら) 무지근한 배.

颯

| 14 風 入 | 颯 | 바람소리 삽
サツ |

音読▷
颯と(さっと) ① 비·바람이 갑자기 (불어)오는 모양. 획. 쐬. ② 동작 등이 재빠른 모양. 날렵하게. 횡하니. 획.
颯颯(さっさつ) 삽삽. 바람이 부는 소리. 또, 그 모양.

颯爽(さっそう) 삽상. (모습·태도·행동 등이) 시원스럽고 씩씩한 모양. 선드러짐.
颯声(さっせい) 바람이 삽삽하게 부는 소리.

상

| 3 一 教 | 上 | 위 상·오를 상
ジョウ·ショウ
うえ·うわ·かみ·あげる·あがる·のぼる·のぼせる·のぼす·たてまつる·ほとり |

音読
上 ㊀(じょう) 상. ① 위. 상급. ②《接頭語로》훌륭한. 좋은. ③《接尾語로》…상. …에 관한. …의면에서.
  ㊁(うえ) ① 위. ② 금중(禁中). ③ 주상. 天皇(てんのう)·将軍(しょうぐん)·영주(領主) 등을 일컫는 말.
  ㊂(かみ) ① 위(쪽). 상류. ② 서울, 즉 京都(きょうと)의 일컬음. ③ 옛날.
  ㊃(うわ)《接頭語로》상…. ① 위치가 위·겉임을 나타냄. ② 가치·정도가 높음을 나타냄.
  ㊄(かり) (일본 음악에서) 가락을 높이는 일.
上びる(じょうびる) 고급품 같다. 고급인 것 같다.
上刻(じょうこく) 江戸(えど) 시대에, 일각(一刻)(두 시간)을 3 분(分)한 최초의 부분.
上甲板(じょうかんぱん) 상갑판.
上客(じょうきゃく) 상객. ① 상좌에 모실 손님. ② 귀중한 고객. ＊じょうかくне도 읽음.
上件(じょうけん) 상건. 앞에서 말한 사항.
上掲(じょうけい) 상게. 위에 듦. 위에 내걺.
上格(じょうかく) 상격. 높은 격식.
上繭(じょうけん) 상견. 기계 제사(製糸)의 원료가 되는 질이 좋은 누에고치.
上京 ㊀(じょうきょう) 상경.
  ㊁(かみぎょう)『地』京都(きょうと) 시 북부의 한 구(區).
上卿(しょうけい) (중국 주대(周代)의) 벼 높은 공경(公卿). ＊じょうけい로도 읽음.
上界(じょうかい) 상계. 천상의 세계.
上計(じょうけい) 상계. 상책.
上啓(じょうけい) 상계. 말씀을 올림.
上古(じょうこ) 상고. ♣～史(し) 상고사.
上告(じょうこく) 상고. ①상신(上申). ②『法』상소의 하나. ♣～審(しん)『法』상고심 /～状(じょう)『法』상고장.
‖～却下(きゃっか)『法』상고 각하.
  ～棄却(ききゃく)『法』상고 기각.
  ～期間(きかん)『法』상고 기간.
  ～申立書(もうしたてしょ)『法』(형사 소송의) 상고장.
  ～理由(りゆう)『法』상고 이유.
  ～裁判所(さいばんしょ)『法』상고 법원.
上空(じょうくう) 상공. 하늘.
上官(じょうかん) 상관.

上矩(じょうく)『天』상구.
上求菩提(じょうぐぼだい)『佛』상구보리. 보리의 지혜를 구하여 닦음.
上宮(じょうぐう) 한 신사(神社) 중에서 가장 위쪽 또는 안쪽에 있는 신사. ＊かみのみや로도 읽음.
上根(じょうこん)『佛』상근. 뛰어난 성질. 전하여, 끈기가 있음.
上金(じょうきん) 상금. 순도가 높은 금.
上級(じょうきゅう) 상급. ♣～生(せい) 상급생 /～審(しん)『法』상급심.
‖～官庁(かんちょう) 상급 관청.
  ～裁判所(さいばんしょ) 상급 법원.
上気(じょうき) 상기. (흥분 따위로) 달아오름.
上記(じょうき) 상기.
上機(じょうき)『佛』상기. 상근(上根).
上気道(じょうきどう) 상기도. 숨쉬는 통로에서, 기관지·후두·인두·비강의 일컬음.
上機嫌(じょうきげん) 매우 좋은 기분.
上吉(じょうきち) 길상(吉上). 대길. 더없이 길함.
上納(じょうのう) 상납. ① 정부 기관에 납품함. ② 소작료. 도조. ③ 상부 단체 등에 돈을 바침.
上農(じょうのう) 상농. 부농(富農).
上段(じょうだん) 상단. ① 윗단. ② (유도·검도·바둑 등에서) 상위의 단. ③ (검도에서) 칼을 머리 위로 높이 들어 겨눔.
上端(じょうたん) 상단. 위 끝.
上達(じょうたつ) ① 기능이 향상됨. ② 상달. 상부에 전함.
上代(じょうだい) 상대. 아주 옛날.
‖～歌謡(かよう) 상대〔상고〕 가요.
  ～文学(ぶんがく) 상대〔상고〕 문학.
  ～特殊仮名遣い(とくしゅかなづかい) 상대 특수 かな 표기법.
上図(じょうず) 윗그림. 「상량식.
上棟(じょうとう) 상량(上樑). ♣～式(しき)
上童子(じょうどうじ) 절에서 심부름하는 소년 가운데서 최상급인 소년.
上得意(じょうとくい) 물건을 많이〔비싸게〕 사 주는 단골 손님.
上等(じょうとう) 상등. 고급. 훌륭함. ♣～兵(へい)『軍』상등병.
上騰(じょうとう) 상등. 「감.
上洛(じょうらく) 京都(きょうと)로 올라
上燗(じょうかん) 술을 알맞게 데움. 또, 그 적당한 온도의 술.
上欄(じょうらん) 상란. 위의 난.
上覧(じょうらん) 상람. 天皇(てんのう)·将軍(しょうぐん)이 봄.
‖～相撲(ずもう) 江戸(えど) 성내에서 将軍 임석하에 행한 씨름.
上臈(じょうろう) ① 연공을 쌓은 지위가 높은 승려. ②'上臈女房(にょうぼう)'(=2, 3 품 되는 신분 높은 여관(女官)'의 준말. ③ 지체 높은 여인.
上来(じょうらい) 지금껏 말한 것.
上略(じょうりゃく) 상략. 전략.

上例(じょうれい) 상례. 위에 든 예.
上路橋(じょうろきょう)〖土〗상로교.
上流(じょうりゅう) 상류.
∥~階級(かいきゅう) 상류 계급.
~社会(しゃかい) 상류 사회.
上陸(じょうりく) 상륙.
∥~用舟艇(ようしゅうてい) 상륙용 주정.
上林(じょうりん) ① ☞上林苑. ② 과일. 과실. ③ 술안주.
∥~苑(えん)〖史〗상림원. 중국, 장안(長安) 서쪽에 있던 어원(御園)《시황제(始皇帝)가 창설했음》.
上馬(じょうば) 상마. 좋은 말.
上命(じょうめい) 상명. 임금의 명령.
上木(じょうぼく) 상목. 상재(上梓).
上文(じょうぶん) 상문. 위에 적은 글.
上聞(じょうぶん) 상문. ① 군주의 귀에 들어감. ② 군주에게 말씀드림.
上物 ㊀(じょうもの) 상등품. 상품(上品). 고급품. *じょうもつ로도 읽음.
㊁(うわもの) 지상의 건물.
上米 ㊀(じょうまい) 상미. 상등미.
㊁(うわまい) 잡세(雜稅)·수수료·구전 등.
上膊(じょうはく)〖生〗상박. ♣~骨(こつ)
上半(じょうはん) 상반.   「상박골.
上反角(じょうはんかく) 상반각.
上半身(じょうはんしん) 상반신. *かみはんしん으로도 읽음.
上輩(じょうはい) 신분이 높은 사람. 「탕.
上白(じょうはく) ① 상등미. ② 고급 백설
上白糖(じょうはくとう) 질이 좋은 백설탕.
上番(じょうばん) 근무. 당직.
上腹部(じょうふくぶ)〖生〗상복부. 배꼽에서 그 윗부분.
上部(じょうぶ) 상부.
∥~構造(こうぞう) 상부 구조.
上北面(じょうほくめん) 상황(上皇)의 궁전 경비 무사로서 궁전에 오를 수 있는 4, 5 품의 무사.
上分(じょうぶん) ① 위의 부분. ② 신불 등에 헌상하는 금품.
∥~米(まい) 중세, 상납된 연공미(年貢米).
上分別(じょうふんべつ) 훌륭한 생각. 상책.
上賓(じょうひん) 상빈. 상객(上客).
上士(じょうし) ①〖史〗江戸(えど) 시대의 상급 무사. ② 신분이 높고 훌륭한 남자.
上巳(じょうし) 상사. 일본의 다섯 節句(せっく)의 하나. 곧, 삼월 삼짇날.
上司(じょうし) (직장의) 상사.
上使(じょうし)〖史〗江戸(えど) 시대에 幕府(ばくふ)에서 여러 大名(だいみょう)들에게 파견했던 사자.
上仕子(じょうしこ) 끝마무리할 때 쓰는 대
上上(じょうじょう) 상상. 가장 좋음. 더할 나위 없이 좋음.   「상(급).
∥~吉(きち) ① 대길(大吉). ② (기예의) 최
上の上(じょうのじょう) 상지상. 최상.
上生 ㊀(じょうしょう)〖佛〗상생.

㊁(じょうなま) 생과자의 상등품《'上生菓子(じょうなまがし)'의 준말》.
上書(じょうしょ) 상서. 상신(上申).
上席 ㊀(じょうせき) 상석. 윗자리.
㊁(かみせき) (흥행장 등에서) 그 달 상순의 흥행.
上仙(じょうせん) 상선. ① 하늘에 올라 선인이 됨. ② 귀인의 죽음.
上船(じょうせん) 상선. 배를 탐.
上僊(じょうせん) ⇨ 上仙(じょうせん).
上声(じょうしょう) 상성《중국 사성(四聲)의 하나》. *じょうせい로도 읽음. 「람.
上姓(じょうしょう) 고귀한 가문. 또, 그 사
上世(じょうせい) 상세. 상고. 먼 옛날.
上疏(じょうそ) 상소. 상서(上書).
上訴(じょうそ)〖法〗상소.
∥~期間(きかん)〖法〗상소 기간.
上手 ㊀(じょうず) ① 하는 일이 능숙함. 솜씨가 좋음. 또, 그 사람. ②《흔히 'お~'의 꼴로》치렛말. 발림말.
∥~者(もの) 입만 살아 있는 사람. 간살꾼.
∥~手(て) ☞上手物.
∥~物(もの) 많은 수공이 든 값비싼 공예품.
㊁(うわて) ① 위쪽. 특히, 높은 곳이나 바람이 불어오는 쪽. 강의 상류. ② 남보다 더 뛰어남. ③ (씨름에서) 상대방이 팔 위로 샅바를 잡는 일.
∥~捻り(ひねり) (씨름에서) 상대방의 샅바를 잡고 앞으로 당기듯이 몸을 비틀어 넘어뜨리는 재주.
~投げ(なげ) ①〖野〗투수가 공을 어깨 위에서 아래로 내려 던지는 투구법. 오버스로. ② (씨름에서) 상대방의 팔 위로 샅바를 잡고 끌어당기면서 내던지는 기술.
~回し(まわし) 범선에서, 뱃머리를 바람 부는 쪽으로 돌리는 일.
㊃(かみて) ① 위쪽. ② 무대를 향하여 오른쪽. ③ (강의) 상류.   「도.
上水(じょうすい) 상수. ♣~道(どう) 상수
上首(じょうしゅ) 좌중에서 가장 높은 지위에 있는 사람.
上寿(じょうじゅ) 상수《100 세 또는 120 세의 일컬음》.   「됨.
上首尾(じょうしゅび) (일이) 잘됨. 잘 진척
上宿 ㊀(じょうやど) 고급 여관.
㊁(じょうしゅく) 옛날, 궁중에서 숙직하던
上旬(じょうじゅん) 상순.   「일.
上脣(じょうしん)〖生〗상순. 윗입술. *うわくちびる로도 읽음.
上述(じょうじゅつ) 상술. 위(앞)에 말함.
上術(じょうじゅつ) 상책(上策).
上昇(じょうしょう) 상승. ♣~線(せん) 상승선.
∥~気流(きりゅう)〖氣〗상승 기류.
上乗(じょうじょう) 상승. 가장 뛰어남.
上申(じょうしん) 상신.
上伸(じょうしん) 시세가 올라가는 일.
上新粉(じょうしんこ) 정백미를 빻은 가루.

上顎(じょうがく) 상악. 위턱. *うわあごろ도 읽음.
∥**〜骨**(こつ)〖生〗상악골. 위턱뼈.
〜音(おん) 상악음. 경구개음.
上謁(じょうえつ) 상알. 알현.
上演(じょうえん) 상연.
上縁(じょうえん) 위쪽의 가장자리.
上映(じょうえい) 상영.
上午(じょうご) 상오.
上玉(じょうだま) ① (보석・물건의) 상등품. ② 〈俗〉미인(美人).
上浣(じょうかん) 상완. 상순(上旬).
上腕(じょうわん)〖生〗상완. 어깨에서 팔꿈치까지의 부분. ♣**〜骨**(こつ)〖生〗상완골.
∥**〜二頭筋**(にとうきん)〖生〗상완 이두근.
上元(じょうげん) 상원. 음력 정월 보름날.
上院(じょういん) 상원.
上円下方墳(じょうえんかほうふん)〖考〗상원 하방분. 바탕은 네모지고 윗부분은 둥근 모양의 고분.
上越(じょうえつ)〖地〗'上州(じょうしゅう)・越後(えちご)'의 준말(현재의 群馬(ぐんま) 현과 新潟(にいがた) 현의 경계선 지방).
上位(じょうい) 상위.
∥**〜概念**(がいねん)〖生〗상위 개념.
〜子房(しぼう)〖植〗상위 자방. 상위 씨방.
上諭(じょうゆ) 상유. 임금이 신하에게 내린 문서.
上肉(じょうにく) (정육점에서 썰어 파는) 상질(上質)의 살코기.
上銀(じょうぎん) 순도가 높은 은.
上音(じょうおん) 상음. 기본음보다 진동수가 높은 음.
上医(じょうい) 상의. 명의(名醫).
上意(じょうい) 상의. 윗사람의 뜻・명령.
∥**〜討ち**(うち) 주군의 명을 받아 죄인을 죽임.
〜下達(かたつ) 상의 하달.
上議(じょうぎ) 상의. 의제(議題)에 올림.
上人(しょうにん) ① 지덕(智德)을 갖춘 고승(高僧). ② 승려에 대한 경칭. ③ 승려 계급의 하나.
㊁(じょうにん) 상인. 신분이 높은 사람.
上日 ㊀(じょうじつ) 상일. 초하루.
㊁(じょうにち) ① 옛날에, 관리의 당번 날. ② 출근함.
上作(じょうさく) 상작. 훌륭하게 만듦. 훌륭한 솜씨.
上長(じょうちょう) 상장. 연장자. 손윗사람.
上将(じょうしょう) 상장. 상위의 장군.
上場(じょうじょう) ①〖經〗상장. ②〖劇〗상연(上演). ♣**〜株**(かぶ)〖經〗상장주.
∥**〜企業**(きぎょう) 상장 기업.
〜会社(がいしゃ) 상장 회사.
上将軍(じょうしょうぐん) 상장군. 전군(全軍)의 총수.
上梓(じょうし) 상재. 책을 출판함.
上裁(じょうさい) 상재. 임금〔윗사람〕의 재가.
上底(じょうてい) 사다리꼴의 윗변.
上田(じょうでん) 상답(上畓).
上丁(じょうてい) 상정. 12월 첫째 정일(丁日)에 공자(孔子)를 제사지내는 일.
上程(じょうてい) 상정.
上帝(じょうてい) 상제. 천제(天帝). 조물주. *しょうていろも 읽음.
上製(じょうせい) 상제. 고급 제품.
上足(じょうそく) ① 제자 중에서 특히 뛰어난 자. ② 좋은 말.
上族(じょうぞく) 상족(누에를 발이나 섶에 올림).
上種(じょうず) 신분이 높은 사람. 귀인.
上座(じょうざ)〈老〉상좌. 상석. *かみざ로도 읽음. ♣**〜部**(ぶ)〖佛〗상좌부.
∥**〜石**(せき) 상좌석. 석가산 정상에 놓는 평평한 돌.
上州(じょうしゅう)〖地〗☞ 上野(こうずけ).
上奏(じょうそう) 상주. 조정이나 임금에게 의견이나 사정을 아룀.
上酒(じょうしゅ) 상주. 고급주.
上地(じょうち) ① 좋은 땅. ② 토지를 정부에 반납함. 또, 그 토지.
上知(じょうち) 상지. 지혜가 뛰어남. 또, 그 사람.
上肢(じょうし)〖生〗상지. ♣**〜骨**(こつ)〖生〗상지골 / **〜筋**(きん)〖生〗상지근.
上智(じょうち) ⇨ 上知(じょうち).
上職(じょうしょく) 상직. 상위직. 또, 그 사람.
上進(じょうしん) ① (물가 등이) 계속 오름. ② (지위・정도가) 오름. 향상함.
上質(じょうしつ) 상질. 질이 좋음. ♣**〜紙**(し) 상질지.
上策(じょうさく) 상책.
上天(じょうてん) 상천. ① 하늘. ② 상제(上帝). ③〖基〗승천. 천당에 감.
上天気(じょうてんき) 맑게 갠 날씨.
上体(じょうたい) 상반신.
上出来(じょうでき) 성과가 훌륭함. 품질이 좋은 특제품.
上層(じょうそう) 상층. ♣**〜部**(ぶ) 상층부 / **〜雲**(うん)〖氣〗상층운 / **〜風**(ふう)〖氣〗상층풍.
∥**〜階級**(かいきゅう) 상층〔상류〕계급.
〜気流(きりゅう) 상층 기류.
上通(じょうつう) 상통. 상달(上達).
上腿(じょうたい)〖生〗상퇴. 허벅다리.
上阪(じょうはん) 지방에서 大阪(おおさか)로 가는 일.
上篇(じょうへん) ⇨ 上編(じょうへん).
上編(じょうへん) 상편.
上布(じょうふ) 마포(麻布)의 고급품.
上表 ㊀(じょうひょう) ① 상표. 군주에게 문서를 올림. 또, 그 문서. ② 위의 표.
㊁(うわひょう) 서류의 제목・내용 등을 기록한 겉표지.
上品 ㊀(じょうひん) 고상함. 품위가 있음.
㊁(じょうぼん) ①〖佛〗상품. ② 岐阜(ぎふ) 현 上品에서 나는 명주.
∥**〜上生**(じょうじょう)〖佛〗9품 중에서

최상품. 상의 상품.
~蓮台(れんだい)〖佛〗상품 연대.
上皮 ㊀(じょうひ)〖生〗상피. 겉가죽.
‖~細胞成長因子(さいぼうせいちょういんし)〖生〗상피 세포 성장 인자.
~小体(しょうたい)〖生〗상피 소체. 부갑상선(副甲狀腺).
~組織(そしき)〖生〗상피 조직.
㊁(うわかわ) ①상피. 겉껍질. ②물건의 겉을 싼 얇은 껍질.
上下 ㊀(じょうげ) 상하. ①위와 아래. ②오름과 내림. 〔함〕.
‖~動(どう) 상하동. 상하로 흔들림〔진동
㊁(うえした) ①상하. ②거꾸로. 반대.
㊂(かみしも) ①江戸(えど) 시대의 무사의 예복 차림. ②㉠위와 아래. 특히, 상의와 하의. ㉡저고리와 바지. ㉢허리의 아래쪽.
㊃(しょうか) ①(신분의) 상하. ②위정자와 국민. ③오르내림. ④주고받음.
㊄(じょうげ) 상원과 하원.
㊅(かるめる) (일본 음악에서) 음성의 높은 가락과 낮은 가락.
上限(じょうげん) 상한.
上澣(じょうかん) 上浣(じょうかん).
上合(じょうごう)〖天〗상합. 외합(外合).
上行結腸(じょうこうけっちょう)〖生〗상행 결장.
上向(じょうこう) ①상향. 높은 데를 향함. ②노동자가 급료 등 조건이 좋은 직장으로 자꾸 옮김. 「양.
上弦(じょうげん) 상현. 상현달. 또, 그 모
上戸 ㊀(じょうこ)〖史〗律令(りつりょう) 제도에서, 집안에 6-8명의 장정이 있는 집.
㊁(じょうご) ①주호(酒豪). ②《接尾語적으로》술에 취했을 때의 버릇을 나타내는 말.
上好(じょうこう) 상등(上等)임. 훌륭한 모양.
上花漆(じょうはなうるし) 초벌로 칠하는 옻칠의 상등품.
上皇(じょうこう) 상황. 양위(讓位)한 天皇(てんのう)의 존칭.
🔲訓読➡
上す(のぼす) ☞ 上せる(のぼせる).
上せる(のぼせる) 올리다. ①오르게 하다. ②제출하다. ③(글을) 써서 실리다.
上家(うわや) ⇨ 上屋(うわや).
上景気(うわげいき) 겉으로만 호경기로 보이는 일.
上の空(うわのそら) 건성. 마음이 들뜸.
上の袴(うえのはかま) ①속대용(束帶用)의 袴. ②소녀의 복장에서, 겉에 입는 袴.
上框(うわがまち)〖建〗(문의) 상인방.
上掛かり(かみがかり) 能楽(のうがく)에서 観世(かんぜ)·宝生(ほうしょう) 두 파의 일컬음.
上掛け(うわがけ) ①옷의 위에 걸쳐 입는 옷. ②(이불 따위의) 겉겊데기. ③짐을 싸는 겉종이. ④애벌로 염색한 후 다른 물감으로 다시 염색하는 일. 「3구.
上の句(かみのく) 和歌(わか)의 첫 5·7·5의
上臼(うわうす) 맷돌의 위짝.
上溝桜(うわみずざくら) ⇨ 上不見桜(うわみずざくら).
上襟(うわえり) 덧깃.
上期(かみき) '上半期(かみはんき)(=상반기)'의 준말.
上つ代(かみつよ) ⇨ 上つ世(かみつよ).
上塗り(うわぬり) 나뭇잎 등. 마무리칠. ②못된 짓 따위를 다시 거듭함.
上童(うえわらわ) 귀족의 자제로, 예절을 배우기 위해 승전(昇殿) 허가를 받은 남자 어린이. *しょうどうとも 읽음.
上落ち(うわおち) 물감으로 진하게 염색한 것이 빨라서 색이 좀 바래는 일.
上領(うわえり) ⇨ 上襟(うわえり).
上露(うわつゆ) 나뭇잎 등, 표면에 맺힌 이슬. 곧, 사라져 버리는 것의 비유.
上履き(うわばき) 실내화.
上面 ㊀(うわつら) 표면. 겉.
㊁(じょうめん) 상면. 윗면. 「말.
上っ面(うわっつら) 上面(うわつら)의 힘줌
上皿天秤(うわざらてんびん)〖化〗윗접시 저울. 접시 저울.
上目(うわめ) ①눈을 치뜸. ②포장된 채 무게를 닮. ③(수량의) 초과(超過).
‖~使い(づかい) 눈을 치떠봄.
上無し(うわなし) ①그것보다 나은 것이 없음. ②끝〔한〕이 없음.
上米取り(うわまいとり) 수수료·구전 따위의 일부를 뗌. 또, 그 사람.
上盤(うわばん) 상반. 단층(斷層)·암맥(岩脈)·광상(鑛床)의 위쪽 암반.
上半期(かみはんき) 상반기.
上方 ㊀(かみがた) 京都(きょうと) 부근. 関西(かんさい) 지방.
‖~歌舞伎(かぶき) ☞ 上方狂言.
~狂言(きょうげん) 京都·大阪(おおさか) 지방에서 만들어진 かぶき 狂言《내용이 아기자기하고 여성적임》.
~落語(らくご) 京都·大阪에서 창작된 落語. 江戸(えど) 초기부터 내려오고 있음.
~語(ご) 上方 지방을 중심으로 사용되는)
~者(もの) 上方 (출신인) 사람. 「말.
~才六(ざいろく) ☞ 上方贅六.
~贅六(ぜいろく) 성미가 급한 江戸 사람이 태평스러운 京都·大阪 지방 사람을 경멸해서 이르는 말.
㊁(じょうほう) 상방. 위쪽.
‖~置換(ちかん) 상방 치환.
㊂(かみほう) ①위쪽. ②상류 사회. *うえざまとも 읽음.
上つ方(うえつかた) 〈雅〉신분이 높은 사람들. *うえつがたとも 읽음.
上背(うわぜい) (몸의) 키. 신장.
上辺 ㊀(うわべ) 곁. 표면. 외관.
㊁(かみべ) 위쪽. 상류(上流) 쪽.
上覆い(うわおおい) ①물건을 덮는 천이나

上敷き(うわしき) 위에 까는 물건. 특히, 다다미에 씌우는 돗자리. *うわじきろとも 읽음.
上不見桜(うわみずざくら)〖植〗벚꽃의 일종.
上氷(うわごおり) 살얼음.
上書き(うわがき) 표서(表書). 우편물·화물의 수취인 주소·성명(을 씀).
上つ世(かみつよ) 태고. 상고(上古).
上乗せ(うわのせ) (금액·수량 따위를) 덧붙여 올림. 추가로 덧붙임.
‖**～基準**(きじゅん) 국가가 정한 오염물 배출 또는 배수(排水) 기준에 지방 자치 단체가 추가로 정한 엄격한 기준. 가중 기준.
上乗り(うわのり) (짐 따위의) 위에 올라타고 감. 또, 그 사람.
上身(うわみ) (요리에서) 옆으로 뉘운 생선의 위쪽 부분.
上薬(うわぐすり) 유약. 잿물.
上様(うえさま) ①고귀한 사람의 존칭. 특히 天皇(てんのう)·将軍(しょうぐん)의 일컬음. ②영수증 등에 상인이 상대방의 이름 대신 쓰는 말. *②는 じょうさまとも 읽음.
上御一人(かみごいちにん) 天皇(てんのう)의 높임말.
上女中(かみじょちゅう) (가사를 돕는) 시녀. 시비(侍婢).
上役(うわやく) 상사. 상관.
上染め(うわぞめ) ☞ 上掛け(うわがけ)④.
上葉(うわば) (풀·나무 따위의) 위쪽 잎.
上屋(うわや) ①(정거장·부두 등에 만든) 지붕과 기둥만 있는 간단한 가건물. ②세관 구내 창고.
上屋敷(かみやしき) 江戸(えど) 시대에 상급 무사, 특히 大名(だいみょう) 등이 평상시에 살던 집.
上越す(うえこす) ①웃돌다. ②(솜씨가) 남보다 뛰어나다.
上衣(うわぎ) ①겉옷. ②윗옷. 상의. *じょうい로도 읽음.
上二段活用(かみにだんかつよう) 〖文法〗文語에서, 動詞의 語尾가 五十音図(ごじゅうおんず)의 'い''う'의 2단으로 활용되는 일.
上辷り(うわすべり) ☞ 上滑り(うわすべり).
上一段活用(かみいちだんかつよう)〖文法〗動詞의 語尾가 五十音図(ごじゅうおんず)의 'い'단으로만 활용되는 일.
上刺し(うわざし) 천을 굵은 실로 바둑판 무늬로 누비는 일. 또, 그렇게 누빈 것.
上髭(うわひげ) 콧수염.
上張り(うわばり) (도배에서) 마무리로 덧바름. 또, 그 종이나 천.
上っ張り(うわっぱり) (옷이 더러워지지 않도록 입는) 덧옷(위생복 따위). 「이는 일.
上遣い(うわづかい)〖經〗시세가 오름세를 보
上積み(うわづみ) ①위쪽에 짐을 쌓음. 또, 그 짐. ②가외로 더욱 더 얹음.
上前(うわまえ) ①겉옷. ②남에게 줄 돈의 일부분.
‖**～取り**(とり) ☞ 上米取り(うわまいとり).

上調子(うわぢょうし) ①三味線(しゃみせん)의 높고 새된 가락. *うわちょうしろとも 읽음. ②☞ 上調子(うわっちょうし).
上っ調子(うわっちょうし) 침착하지 못하고 경솔함.
上汁(うわしる) ①☞ 上澄み(うわずみ). ②남의 이익의 일부분.
上枝(うわえだ) 상지. 위쪽의 나뭇가지. *雅語로는 ほつえ라고도 함. 「종이.
上紙(うわがみ) (책·상자 따위의) 걸을 싼
上澄み(うわずみ) 액체 침전물의 윗부분에 생기는 맑은 물. 웃물. 「리.
上着(うわぎ) ①겉옷. ②상의. 윗도리. 저고
上擦る(うわずる) (흥분이나 긴장으로) 부자연스럽게 소리가 높아지다.
上千鳥(うわちどり)〖鳥〗'百合鴎(ゆりかもめ)(=붉은부리갈매기)'의 딴이름.
上貼り(うわばり) ☞ 上張り(うわばり).
上請け(うわうけ) 공사 능력이 없이 토박이 중소업자가 자치 단체의 공공 공사를 도급받은 다음, 공사를 대기업에 도급을 주는 일.
上鞘(うわざや)〖經〗어떤 상품이나 유가 증권의 시세가 다른 것보다도 비쌈.
上草履(うわぞうり) 실내에서 신는 草履.
上側(うわがわ) 위쪽. 표면. *うわかわろと도 읽음.
上っ側(うわっかわ) 上側의 힘줌말.
上値(うわね) (시세보다) 고가(高價)임. 비싼 금.
上歯(うわば) 상치. 윗니. └싼 금.
上置き(うわおき) ①위에 놓음. ②떡·밥을 담고 그 위에 얹어 놓는 부식물.
上土(うわつち) 경토(耕土)나 지층(地層)의 표면에 있는 흙. 표토(表土). ♣**～権**(けん)〖法〗상토권.
上包み(うわづつみ) 겉포장(지).
上表紙(うわびょうし) (서적의) 겉표지.
上被い(うわおおい) ☞ 上覆い(うわおおい).
上荷(うわに) ①차나 배에 실은 짐. ②위쪽에 쌓은 짐. ♣**～船**(ぶね) 거룻배.
上向き(うわむき) ①상향. 위를 향함. ②시세·물가의 오름세. *うえむきろと도 읽음.
上向く(うわむく) ①위를 향하다. ②(일이) 궤도에 오르다. ③〖經〗시세가 오르기 시작하다.
上向ける(うわむける) ①위를 향하게 하다. ②상태를 좋아지게 하다.
上火(うわび)〖料〗위에서 쬐는 불.
上靴(うわぐつ) 실내화.
上滑り(うわすべり) ①표면이 미끄러움. ②피상적임. 경박함.
上回る(うわまわる) 상회하다. 웃돌다.
上絵(うわえ) ①희게 염색을 한 바탕에 그린 무늬나 그림. ②유약을 발라 구운 도자기 표면에 다시 그림을 그려 구워 낸 무늬.
‖**～釉**(ぐすり) ☞ 上絵の具(うわえのぐ).
上絵の具(うわえのぐ) 유약을 발라 구운 도자기 표면에 그림을 그리는 데 쓰이는 물감.
お上(おかみ) ①天皇(てんのう). 조정. ②

정부. 관청. ③주군. 주인. 또, 그 아내.
❖**上がる**(あがる) ①오르다. ㉠(위로) 올라가다. ㉡상륙하다. ㉢승진〔승급〕하다. ㉣(수익·성과 등이) 나다. ㉤(값이) 비싸지다. ②일어나다. ③(일 등이) 끝나다. ④(비 따위가) 그치다.
上がったり(あがったり) (장사나 사업 등이) 말이 아님. 형편이 없음.
上がり(あがり) ①(위치·정도·가치 등이) 오름. 상승. ②수익. 수확. ③끝남. 종료. 다 됨. 완성. ④《接尾語적으로》…출신.
上がり高(あがりだか) 수확량. 매상(고).
上がり框(あがりかまち) 현관 등에서 안으로 올라가는 목의 문틀굴.
上がり口(あがりぐち) 층층대 또는 높은 곳으로 올라가는 입구.
上がり段(あがりだん) (올라가는) 충계.
上がり端(あがりはな) ①봉당에서 방 따위로 들어서는 곳. 입구. ②오르기 시작할 때.
上がり目(あがりめ) ①눈초리가 치올라간 눈. ②(물가 등이) 오르려는 때. 오름세.
上がり物(あがりもの) ①(신불에 바치는) 공물(供物). ②(남의) 음식물의 높임말. 잠수 실 것. 드실 것.
上がり込む(あがりこむ) (남의 집에) 마구 들어가다〔가서 들어왔다〕.
上がり湯(あがりゆ) 목욕을 끝내고 나올 때 몸에 끼얹는 깨끗한 온수.
上がり下がり(あがりさがり) ①오름과 내림. 오르내림. ②고저. 높낮이.
上がり花(あがりばな) 갓 끓인 차.
❖**上げる**(あげる) ①(위로) 올리다. ②쳐들다. ③(소리 따위를) 지르다. ④(수익·성과 따위를) 거두다. ⑤치켜세우다. ⑥끝내다.
上げ(あげ) 올림.
上げず(あげず) 간격을 두지 않고.
上げ蓋(あげぶた) ☞上げ板(あげいた).
上げ高(あげたか) 매상고.
上げ物(あげもの) 선물. 진상품.
上げ床(あげどこ) 주위 지면보다 높이 만든 못자리.
上げ石(あげいし) (바둑에서) 따낸 돌.
上げ膳(あげぜん) 식사 후 상을 물림.
‖**〜据え膳**(すえぜん) 남의 보살핌을 받아 자신은 아무것도 하지 않고 편히 지냄.
上げ所(あげどころ) 편지 등의 받는 사람 이름을 쓰는 곳. 또, 받는 사람 이름.
上げ底(あげぞこ) 선물 상자 등의 높게 한 바닥《내용물을 줄이기 위한 것임》.
上げ銭(あげせん) ①구전(口錢). ②거스름돈. ③매상금.
上げ潮(あげしお) 밀물.
上げ足(あげあし) 〖商〗 (시세의) 오름세.
上げ舵(あげかじ) 항공기·잠수함 등을 상승시키기 위한 키 잡는 법.
上げ板(あげいた) ①(부엌 따위의) 지하실의 들어서 떼어 놓게 된 뚜껑 널판. ②(연극의) 무대와 花道(はなみち)를 잇는 판자.

上げ下げ(あげさげ) ①올림과 내림. 오르내림. ②칭찬하기도 하고 헐뜯기도 함. ③밀물과 썰물.
上げ下し(あげくだし) 토사(吐瀉).
上げ下ろし(あげおろし) ①올렸다 내렸다 함. (짐을) 싣고 부림. ②치켜세웠다 깎아내렸다 함. 쏠까스름. 「리다〕.
たくし上げる(たくしあげる) 걷어붙이다〔올
❖**上る**(のぼる) ①오르다. ②상경하다.
上り(のぼり) ①오름. 올라감. ②상행.
上り口(のぼりぐち) ①산길의 초입. ②계단의 어귀.
上り列車(のぼりれっしゃ) 상행 열차.
上り鮎(のぼりあゆ) 봄에 상류로 올라가는 새끼 은어.
上り調子(のぼりちょうし) 형세가 올라감.
上り坂(のぼりざか) ①오르막. ②좋은 방향으로 향하고 있음.
上り下り(のぼりくだり) 오르고 내림. 오르내림. *のぼりおり로도 읽음. 「오르다.
上り詰める(のぼりつめる) 꼭대기까지 다
さ上り(さのぼり) 모내기가 끝난 뒤, 논의 신(神)을 보내는 의례.

其他➡

上達部(かんだちめ) 太政大臣(だじょうだいじん)·左大臣(さだいじん)·右(う)大臣·大納言(だいなごん)·참의(參議) 및 3품 이상 당상관의 총칭.
上手い(うまい) 솜씨가 뛰어나다〔좋다〕. 잘하다. 훌륭하다.　　　　「흥미. 재미.
上手味(うまみ) ①솜씨가 좋다는 느낌. ②
上野(こうずけ) 〖地〗 옛 지방 이름. 지금의 群馬(ぐんま) 현.
上総(かずさ) 〖地〗 옛 지방 이름. 지금의 千葉(ちば) 현 중앙부.
‖**〜木綿**(もめん) 上総 지방에서 나는 솜.
〜鞦(しりがい) 여러 가지 색실로 만든 껑거리끈.
上海(シャンハイ) 〖地〗 상해. 상하이. ♣〜語(ご) 상하이어.
‖**〜事変**(じへん) 〖史〗 상하이 사변.
〜料理(りょうり) 상하이 요리〔해산물을 이용한 요리가 많음〕.

7 广 常	床	평상 **상**·마루 **상** ショウ とこ·ゆか

参考 牀의 異體字.

音読➡

床几(しょうぎ) 걸상. 승창. 접의자.
床机(しょうぎ) ⇨床几(しょうぎ).
床頭(しょうとう) 머리맡.
床尾(しょうび) 총의 개머리판.
床子(しょうじ) 네모진 판자 네 귀퉁이에 발을 부착한 의자.
床榻(しょうとう) 상탑(牀榻).

訓読➡

床 ㈠(とこ) ①잠자리. 침상. ②모판. 못자리. ③床の間(とこのま)의 준말.
㈡(ゆか) ①마루. ②浄瑠璃(じょうるり)를 창(唱)하는 무대.
㈢(しょう)《接尾語로》…상. 병원에서 병상수를 세는 말. 베드.
床しい(ゆかしい) ①아취(雅趣)가 있어 그윽하다. ②어쩐지 그립다. ③〈古〉호기심이 생기다. (어쩐지) 알고〔보고, 듣고〕 싶다.
床の間(とこのま) 일본식 방의 상좌(上座)에 바닥을 한층 높게 만든 곳.
床框(とこがまち) 床の間(とこのま)의 앞끝쪽에 가로질러 치장한 가로대.
床離れ(とこばなれ) ①잠이 깨어 잠자리에서 나옴. ②부부간에 애정이 식는 일. 또, 그 결과 별거하는 일.
床面積(ゆかめんせき) 건물의 바닥 부분의 면적.
床杯(とこさかずき) 첫날밤에 신랑 신부가 신방에서 합환주(合歓酒)를 주고받는 의식.
床盃(とこさかずき) ⇨ 床杯(とこさかずき).
床伏(しょう) 〖貝〗 오분자기.
床本(ゆかほん) 浄瑠璃(じょうるり)의 대본.
床敷(とこしき) ①자리에 까는 것. 깔개. ②뱃바닥에 까는 짐.
床払い(とこばらい) ⇨ 床上げ(とこあげ).
床棚(とこだな) ⇨ 床脇棚(とこわきだな).
床山(とこやま) 배우나 씨름꾼의 머리를 틀어 주는 사람.
床上(ゆかうえ) 마루 위.
床上げ(とこあげ) 오랜 병이나 산후가 완쾌되어 이부자리를 걷어치움. 또, 그 축하.
床飾り(とこかざり) 床の間(とこのま)를 꾸미는 장식물.
床つ身(とこつみ) 병상에 있는 몸.
床縁(とこぶち) 床の間(とこがまち).
床屋(とこや) 이발소. 이발사.
床運動(ゆかうんどう) (체조에서) 마루 운동.
床入り(とこいり) ①잠자리에 듦. ②신혼 부부의 첫 동침.
床場(とこば) 이발소.
床張り(ゆかばり) 마루 깔기. 또, 깐 곳.
床店(とこみせ) ①(상품만 팔 뿐 사람이 살지 않는) 간단한 구조의 가게. ②이동식 작은 가게.
床柱(とこばしら) 床の間(とこのま)의 한 쪽편의 장식 기둥.
床擦れ(とこずれ) 욕창(褥瘡).
床畳(とこだたみ) 床の間(とこのま)에 까는 畳(たたみ). 또, 방바닥에 까는 畳.
床虫(とこむし) 〖蟲〗 빈대의 딴이름.
床土(とこつち) 〖農〗 상토. 모판흙.
床板 ㈠(とこいた) 床の間(とこのま)에 깐 널빤지.
㈡(ゆかいた) 마루청. 청널. *しょうばん으로도 읽음.
床下(ゆかした) 마루 밑. 마루 아래.
床脇(とこわき) 床の間(とこのま)의 한옆.
∥〜棚(だな) 床の間 한옆에 붙은 선반.

| 7 大 教 | 状(狀) | 형상 상・문서 장 ジョウ かたち |

音読▷

状(じょう) ①모양. ②편지. ③《接尾語로》 ㉠…상. …모양. ㉡…장. 서류.
状する(じょうする) 말이나 글자로 나타내다.
状袋(じょうぶくろ) 〈老〉 봉투.
状貌(じょうぼう) 상모. 용모. 얼굴 생김새.
状文(じょうぶみ) 편지.
状師(じょうし) 남의 소송(訴訟)을 대리로 하는 것을 업으로 하는 사람. 변호사.
状箱(じょうばこ) 편지함.
状勢(じょうせい) 상세. 정세. 형세.
状差し(じょうさし) (벽・기둥 따위에 거는) 편지 꽂이.
状態(じょうたい) 상태. ♣〜図(ず) 상태도 / 〜量(りょう) 〖理〗 상태량 / 〜式(しき) 상태식.
∥〜方程式(ほうていしき) 상태 방정식. 〜変化(へんか) 상태 변화. 〜副(ふく) 〖文法〗 상태 부사.
状挟み(じょうばさみ) 편지나 서류 집게.
状況(じょうきょう) 상황. 정황.
∥〜感覚(かんかく) 상황 감각. 살고 있는 그 시대의 역사적인 상황에 대한 감각.
〜主義(しゅぎ) 기회주의.
〜証拠(しょうこ) 상황 증거.
〜判断(はんだん) 상황 판단.

| 8 小 常 | 尚(尙) | 오히려 상・숭상할 상 ショウ くわえる・たっとぶ・なお |

音読▷

尚古(しょうこ) 상고. 옛 문물과 제도를 숭상함.
∥〜主義(しゅぎ) 상고주의.
尚武(しょうぶ) 상무.
尚書(しょうしょ) 상서. ①'書経(しょきょう)(=서경)'의 딴이름. ②〖史〗 중국의 옛 관명(官名)의 하나.
尚侍(しょうじ) 〖史〗 ①内侍司(ないしのつかさ)의 장관. ②明治(めいじ)에서 昭和(しょうわ) 초년에 걸쳐, 궁중의 최상급의 여관(女官).
尚友(しょうゆう) 상우.
尚蔵(しょうぞう) 소중히 보관함.
尚早(しょうそう) 상조.
尚歯(しょうし) 상치. 늙은이를 존경하는 일. ♣〜会(かい) 상치회. 경로회.

訓読▷

尚(なお) ①더욱. 더(한층). ②여전히. 아직. ③그렇기는 하나. …인데도. ④더욱. 또한. 더구나.
尚ぶ(たっとぶ) 공경하다. 존경하다.
尚も(なおも) 계속해서. 더욱더.

尚更(なおさら) 그 위에. 더욱(더). 더 한층.
尚尚(なおなお) ①더욱더. 더(한층). ②역시. 아직도. ③첨가해서. ㄴ(追伸)
尚尚書き(なおなおがき) 《서간문의》 추신.
尚書き(なおがき) 주문(主文)에 계속해서 쓰는 내용 보충문.
尚又(なおまた) 그리고 또.
尚以て(なおもって) 더욱더.
尚且つ(なおかつ) ①그 위에 또. 게다가. ②그래도 아직. 역시.

| 8 爿 | 牀 | 평상 상
ショウ
ねだい |

[音読]
牀几(しょうぎ) 걸상. 승창. 접의자.
牀榻(しょうとう) 상탑.
牀下(しょうか) ①마루 밑. ②침상(寢牀) 밑. 또, 침상.
[其他]
牀(ゆか) ①마루. ②淨瑠璃(じょうるり)를 창(唱)하는 무대.

| 9 山 常日 | 峠 | 고개 (상)

とうげ |

[訓読]
峠(とうげ) ①산마루. 고개. ②전하여, 절정기. 고비.
~を越(こ)す 고비를 넘다(넘기다).
峠芝(とうげしば) 《植》 뱀톱.

| 9 广 | 庠 | 학교 상
ショウ
まなびや |

[音読]
庠校(しょうこう) 상교. 중국 주대(周代)의 학교.
庠序(しょうじょ) 상서. 학교.

| 9 木 教 | 相 | 서로 상·도울 상
ソウ·ショウ
あい·たすける·みる |

[音読]
相 ㊀(そう) 상. ①형상. 모습. 양상. ②생김새. 특히, 인상(人相).
㊁(しょう) 《接尾語로》 …상. 대신(大臣).
㊂(あい) ①한께. 동아리. ② ☞相子(あいこ). ③《接頭語로》 함께. 서로. 더불어.
㊃(さが) ①《타고난》 천성. 성질. ②《古》 관습. 습성. 습관.
相する(そうする) 상을 보다. 점치다.
相加平均(そうかへいきん) 《數》 상가 평균.
相姦(そうかん) 상간.
相見 ㊀(そうみ) 관상(觀相). 또, 관상.
㊁(しょうけん) 상견. 서로 봄. 「말.
相公(しょうこう) 상공. 재상(宰相)의 높임
相関(そうかん) 상관. ♣~図(ず) 상관도/~表(ひょう) 상관표.
∥~概念(がいねん) 상관 개념.
~係数(けいすう) 상관 계수.
~関係(かんけい) 상관 관계.
相観(そうかん) 《植》 상관. 식물 생태학에서 일정한 식물로 형성되는 외관(外觀).
相国(しょうこく) 상국. 옛날의 재상이나 대신의 호칭.
相克(そうこく) 상극. ①대립·모순된 것이 서로 상대를 이기려고 다툼. ②오행설(五行說)에서, 금은 목을, 목은 토를, 토는 수를, 수는 화를, 화는 금을 이긴다는 말.
相剋(そうこく) ⇨ 相克(そうこく).
相談(そうだん) 상담. 상의. 의논. ♣~所(じょ) 상담소.
∥~役(やく) 상담역. ①의논 상대가 되는 사람. ②회사 따위에서 중요 사항의 상의에 관여하는 소임. 고문.
~尽く(ずく) 의논껏. 의논해서 결정함.
相当(そうとう) ①상당. 상응. 해당. 어울림. ②상당히. 상당음.
∥~官(かん) 그 계급이 어느 본관(本官)에 상당한 벼슬.
~数(すう) 상당수. ①기준량에 상당하는 수. ②어지간히 많은 수.
相対 ㊀(そうたい) 상대.
∥~価格(かかく) 상대 가격.
~概念(がいねん) 상대 개념.
~権(けん) 상대권. 특정인에게만 주장할 수 있는 권리.
~度数(どすう) 《數》 상대 도수.
~論(ろん) ①상대성 이론. ②상대주의적인 논리.
~性原理(せいげんり) 상대성 원리.
~性理論(せいりろん) 상대성 이론.
~所得仮説(しょとくかせつ) 상대 소득一설.
~速度(そくど) 상대 속도.
~湿度(しつど) 상대 습도.
~年代(ねんだい) 상대 연대.
~誤差(ごさ) 상대 오차.
~運動(うんどう) 상대 운동.
~音感(おんかん) 상대 음감.
~的過剰人口(てきかじょうじんこう) 상대적 과잉 인구.
~的剰余価値(てきじょうよかち) 상대적 잉여 가치.
~主義(しゅぎ) 《哲》 상대주의.
~評価(ひょうか) 상대 평가.
㊁(あいたい) ①마주 대함. 상대. ②《일을》 당사자끼리만 함.
∥~売買(ばいばい) 매매 당사자끼리 값을 정하는 방식.
~死に(じに) 정사(情死).
~尽く(ずく) 당사자끼리 의논하여 결정함.
相同(そうどう) 《生》 상동. 생물의 기관이

모양은 다르나 발생 및 체계적으로는 같음《새의 날개와 짐승의 앞발 따위》.
∥~器官(きかん) 〖生〗 상동 기관.
~染色体(せんしょくたい) 〖生〗 상동 염색체.
相等(そうとう) 상등. 서로 같음.
相論(そうろん) 상론. 서로 의논함.
相輪(そうりん) 〖佛〗 상륜. 탑 꼭대기에 있는 금속제의 장식.
相律(そうりつ) 〖化〗 상률. 열역학적(熱力學的) 법칙의 하나.
相利共生(そうりきょうせい) 상리 공생. 생물이 공생에 의해 서로 이익을 얻고 있는 경우를 이름.
相隣関係(そうりんかんけい) 〖法〗 상린 관계.
相隣者(そうりんしゃ) 〖法〗 상린자.
相馬(そうば) 상마. 말의 생김새를 보고 그 말의 좋고 나쁨을 감정함. *そうまろ로 읽음.
相馬焼(そうまやき) 福島(ふくしま) 현 相馬 지방에서 구워 내는 도자기.
相貌(そうぼう) ① 상모. 얼굴 모습〔생김새〕. 용모. ② (정상적이 아닌) 모습. 양상.
∥~的知覚(てきちかく) 상모적 지각.
相門(しょうもん) 재상·대신의 가문.
相聞(そうもん) 万葉集(まんようしゅう)의 부(部) 가름의 하나. 창화(唱和)·증답(贈答)의 노래를 모은 것.
相反(そうはん) 상반. 서로 반대됨.
相伴(しょうばん) ① 주빈의 상대역으로 대접받음. 또, 그 사람. ② 데리고 다님 또, 따라다니는 사람.
相法(そうほう) 상법. 관상법. 상술(相術).
相補(そうほ) 상보. 서로 보충함. ♣~性(せい) 상보성.
∥~分布(ぶんぷ) 상보 분포.
相似(そうじ) 상사. ① 서로 닮음. ② 〖數〗 닮음. ③ 〖生〗 발생 기원은 다르나 형상과 성질이 유사한 현상. ♣~形(けい) 닮은꼴.
∥~器官(きかん) 〖生〗 상사 기관.
相思(そうし) 상사.
∥~相愛(そうあい) 상사 상애.
~樹(じゅ) 〖植〗 상사수. 대만아카시아.
相生(そうしょう) 상생(오행설에서, 목(木)에서 화, 화에서 토, 토에서 금, 금에서 수, 수에서 목이 남》. *そうじょう로도 읽음.
相続(そうぞく) 상속. ♣~権(けん) 상속권 / ~法(ほう) 상속법 / ~税(ぜい) 상속세 / ~人(にん) 상속인.
∥~放棄(ほうき) 상속 포기.
~財産(ざいさん) 상속 재산.
~債権者(さいけんしゃ) 상속 채권자.
相殺 ㊀(そうさい) 상쇄. 에끼기. 상계(相計). ♣~権(けん) 상쇄권.
∥~契約(けいやく) 상쇄 계약.
~関税(かんぜい) 상쇄 관세.
㊁(そうさつ) ① 서로 죽임. ② ☞㊀.
相術(そうじゅつ) 상술. 상(相)을 보는 기술.
相承(そうしょう) 상승. 제자가 스승에게서 법이나 학문을 전하여 받음.

相乗(そうじょう) 〖數〗 상승.
∥~作用(さよう) 상승 작용.
~積(せき) 〖數〗 상승적. 2개 이상의 수를 곱한 수치.
~平均(へいきん) 〖數〗 상승 평균.
~効果(こうか) 상승 효과.
相識(そうしき) 상식. 안면이 있음. 또, 그 사람. 지인(知人).
相愛(そうあい) 상애. 서로 사랑함.
相違(そうい) 상위. 다름. 틀림. ♣~点(てん) 상위점.
相位弓(そういきゅう) 말을 달리며 우는 살로 과녁을 맞히는 기사(騎射)의 최고 면허.
相恩(そうおん) 몽은(蒙恩). 대대로 은혜를 입음.
相応(そうおう) 상응. 걸맞음.
相人(そうにん) 관상가.
相者(そうしゃ) 상자. 관상가.
相場(そうば) ① 시세. 시가. ② 〈俗〉 값어치. ③ 〈俗〉 일반적 통념. ④ 미두. 현물 없이 투기적으로 하는 거래.
∥~師(し) 주식과 같은 투기적인 거래를 업으로 하는 사람. 투기업자.
~書き(がき) 거래 시세의 일람표.
~操縦(そうじゅう) 시세 조종.
~会所(かいしょ) 江戸(えど) 시대에, 江戸와 大阪(おおさか)에 설치한 금·은 거래소.
相伝(そうでん) 상전. 대대로 이어 전함.
∥~領(りょう) 대대로 소유하고 있는 영지.
~譜代(ふだい) 대대로 그 주가(主家)에 봉사함. 또, 신하.
相転移(そうてんい) 〖理〗 상전이. 물질이 조건에 따라 한 상(相)에서 딴 상으로 이행하는 현상.
相制(そうせい) 상제. 서로 견제함. ♣~説(せつ) 〖哲〗 상제설.
相州(そうしゅう) 〖地〗 相模国(さがみのくに)의 딴이름.
∥~物(もの) 相州의 도공(刀工) 正宗(まさむね)의 일파가 만든 검.
相即(そうそく) 〖佛〗 상즉. 하나로 융합되어 구별할 수 없음.
∥~不離(ふり) 상즉 불리. 매여 있어 떨어질 수가 없음.
相知(そうち) 상지. 서로 앎. 또, 서로 아는 사이.
相称(そうしょう) 상칭.
相通(そうつう) 江戸(えど) 시대의 어학 용어로, 어원적으로 관련이 있는 두 말 사이에 음운(音韻)의 대응이 인정되는 것.
相学(そうがく) 상학. 관상학·수상학 등.
相形(そうぎょう) 상형. 얼굴 모양.
相互(そうご) 상호.
∥~関係(かんけい) 상호 관계.
~保険(ほけん) 〖經〗 상호 보험.
~扶助(ふじょ) 상호 부조.
~不可侵(ふかしん) 상호 불가침.
~批判(ひはん) 상호 비판.
~乗り入れ(のりいれ) ① 경영 주체가 다른 교통 기관이 서로 상대방 노선에 들어와 운행함. ② 다른 업자와 제휴하여 서로의 설

비·조직을 이용함.
~誘導(ゆうどう) 〖理〗 상호 유도.
~銀行(ぎんこう) 상호 은행《상호 신용 업무를 주로 하는 은행》.
~作用(さよう) 상호 작용.
~転化(てんか) 〖理〗 상호 전화. 소립자끼리 반응하여 소멸·생성하는 현상.
~組合(くみあい) 〖社〗 상호 조합.
~主観性(しゅかんせい) 상호 주관성. 자아(自我)·타아(他我)를 전제로 하여 성립하는 공통화된 주관성.
~主義(しゅぎ) 〖法〗 상호주의.
~会社(がいしゃ) 〖經〗 상호 (보험) 회사.
相好(そうごう) 얼굴 표정.
~を崩(くず)す (표정을 풀고) 싱글벙글하며 좋아하다.

[訓読]
相嫁(あいよめ) 동서. 형제의 아내끼리의 호칭 관계.
相客(あいきゃく) 동숙〔동석〕한 낯선 손님.
相擊ち(あいうち) ⇨ 相打ち(あいうち).
相見る(あいみる) 회견하다. 서로 보다.
相肩(あいかた) 둘이서 물건을 멜 때의 상대방. 「みたがい).
相見互い(あいみたがい) ⇨ 相身互い(あい
相継ぐ(あいつぐ) (뒤를) 잇다. 이어받다.
相共に(あいともに) 함께. 더불어. 다같이.
相舅(あいやけ) 사돈.
相構えて(あいかまえて) 정신 차려서. 반드시. 명심하고.
相碁(あいご) 맞바둑. 호선(互先).
相年(あいどし) 서로 나이가 같음. 동갑.
相対する(あいたいする) 서로〔마주〕 대하다. 맞서다.
相等しい(あいひとしい) 서로 같다.
相落ち小切手(あいおちこぎって) 타행(他行) 발행 수표의 입금을 담보로 발행되는 수표. 「장녀.
相老い(あいおい) 부부가 해로함.
相憐れむ(あいあわれむ) 서로 동정하다〔가 없이 하다〕.
相隣る(あいとなる) 이웃하다. 인접하다.
相摩する(あいまする) ① 서로 닿아 마찰하다. ② 서로 스칠 정도로 접근하다. 「총칭.
相物(あいもの) 자반. 소금에 절인 생선 등의
相搏つ(あいうつ) ⇨ 相打つ(あいうつ).
相反する(あいはんする) 상반하다. 대립하다. 일치하지 않다.
相半ばする(あいなかばする) 상반하다. 서로 반반이다.
相伴う(あいともなう) 상반하다. 동반하다. 서로 따르다.
相方(あいかた) ① 상대자. ② 손님의 상대
相変わらず(あいかわらず) 변함없이. 여전히. 「없는.
相も変わらぬ(あいもかわらぬ) 여전치. 변함
相棒(あいぼう) (일·행동을 같이 하는) 상대. 짝. 동료.
相部屋(あいべや) ① 여관·하숙 등에서 한

방에 묵거나 한방을 씀. ② (씨름꾼이) 같은 도장 소속임.
相四つ(あいよつ) (일본 씨름에서) 샅바를 잡을 때 상대방의 겨드랑이 밑으로 손을 질러 넣는 특기가 양쪽 모두 같음.
相似る(あいにる) 서로 닮다. 비슷하다.
相俟って(あいまって) 서로 어울려서. (…와) 더불어. 함께.
相生い(あいおい) 같은 뿌리에서 돋아 나옴.
相婿(あいむこ) 동서(同壻).
相席(あいせき) 합석.
相先(あいせん) 상선. 맞바둑. 호선(互先).
相渉る(あいわたる) 관계되다.
相成る(あいなる) 되다.
相性(あいしょう) ① 궁합이 맞음. ② 상성. 성격이 잘 맞음.
相星(あいぼし) 씨름 등에서, 승패의 성적이 같은 상태.
相手(あいて) ① 상대. ② 적수.
‖~方(かた) 상대방. 상대편.
~役(やく) 〖劇〗 (주역의) 상대역.
~次第(しだい) 상대 나름.
~取(と)る 상대하여 다투다. 상대로 하다. 「에 묵음.
相宿(あいやど) 동숙(同宿). 같은 여관〔방〕
相乗り(あいのり) 승합. 합승. 동승.
相食む(あいはむ) 서로 물다. 서로 싸우다.
相識する(あいしする) ⇨ 相知る(あいしる).
相身互い(あいみたがい) 같은 처지를 서로 동정하고 도움. 동병상련.
相役(あいやく) 동관. 동료.
相擁する(あいようする) 서로 포옹하다.
相容れない(あいいれない) 서로 용납치 않다. 양립하지 않다.
相異なる(あいことなる) 상이하다.
相引き(あいびき) 쌍방이 군세를 뒤로 물림.
相子(あいこ) 비김. 무승부.
相作り(あいづくり) 붉은 살 생선회와 흰 살 생선회를 가지런히 담은 요리.
相酌(あいじゃく) 다른 사람의 시중을 받지 않고 권커니 작커니 하며 술을 마심. 대작.
相前後する(あいぜんごする) 잇달아 일어나다. 거의 동시에 …하다.
相接する(あいせっする) 서로〔마주〕 접하다. 상접하다.
相済まない(あいすまない) ① 그대로는 안된다〔할 수 없다〕. ② 미안하다. 「(同門).
相弟子(あいでし) 같은 스승의 제자. 동문
相弔う(あいとむらう) 서로 위로하다.
相照らす(あいてらす) 서로 비추다. 서로 효과를 주다.
相知る(あいしる) 서로 알(게 되)다.
相持ち(あいもち) ① 같이 듦. 맞듦. 같이 부담함. ② 번갈아 듦. ③ 비김.
相次いで(あいついで) 연달아. 잇따라.
相次ぐ(あいつぐ) 연달다. 잇따르다.
相親家(あいやけ) ⇨ 相舅(あいやけ).
相打ち(あいうち) ① (무술에서) 쌍방이 동

시에 상대방을 침. ② 무승부. ③ 두 사람이 합세하여 한 사람을 침.
相打つ(あいうつ) 맞싸우다.
相討ち(あいうち) ⇨ 相打ち(あいうち).
相通ずる(あいつうずる) 상통〔공통〕하다.
相退き(あいびき) ⇨ 相引き(あいびき).
相槌(あいづち) (대장간의) 맞매질.
　~を打(う)**つ** 맞장구를 치다.
相投ずる(あいとうずる) 서로 일치하다.
相判(あいばん) 용지와 사진 인화지 치수의 하나.
相合い傘(あいあいがさ) 한 우산을 남녀가 같이 받는 일.
相懸かり(あいがかり) ① 쌍방이 동시에 공격함. ② (맞장기에서) 같은 진형(陣形)으로 두는 일.
相挟み(あいばさみ) 두 사람이 한 물건을 젓가락으로 같이 집는 일.
相互に(あいたがいに) 서로. 함께. ＊そうごにろも 읽음.
相和す(あいわす) 서로 화합하다. 서로 조화를 이루다.
相会う(あいあう) 만나다.
相悔やみ(あいくやみ) 상중(喪中)에는 다른 상가(喪家)에 조문 등을 가지 않는 일.
相携える(あいたずさえる) 관계자가 협력〔제휴〕하다. 서로 힘을 합하다.

其他
相模(さがみ) 〖地〗 옛 지방의 이름. 지금의 神奈川(かながわ) 현 일대.
相撲(すもう) ① 씨름. ② 相撲取り의 준말.
　♣**~場**(ば) 씨름 경기장.
　‖**~甚句**(じんく) 花相撲(はなずもう) 등을 할 때, 씨름꾼이 씨름판에서 부르는 노래.
　~取り(とり) 씨름꾼.
　~割り(わり) 씨름 대전표.
相応す(ふさう) 어울리다. 상응하다.
相応しい(ふさわしい) 어울리다.

| 10 イ | 倘 | 어정거릴 **상**·혹시 **당**
ショウ・トウ
もし |

音読
倘佯(しょうよう) 상양. 거닐며 돌아다님.

| 10 木 常 | 桑 | 뽕나무 **상**
ソウ
くわ |

音読
桑年(そうねん) 상년. 마흔 여덟 살.
桑門(そうもん) 상문. 승려.
桑白皮(そうはくひ) 〖漢醫〗 상백피. 뽕나무 뿌리의 속껍질. 상근 백피(桑根白皮).
桑園(そうえん) 상원. 뽕나무 밭.
桑楡(そうゆ) 상유. ① 뽕나무와 느릅나무. ② 일모(日暮). 황혼. ③ 만년. 노년.
桑字年(そうじねん) ☞ 桑年(そうねん).
桑梓(そうし) ① 부모를 그리워함. ② 고향.
桑田(そうでん) 상전. 뽕나무 밭.
　‖**~滄海**(そうかい) 상전창해.
桑港(そうこう) 〖地〗 상항. 샌프란시스코.
桑海(そうかい) 상해. 상전벽해(桑田碧海).
　~の変(へん) 세상이 덧없이 빨리 변하고 있음을 이름.
桑弧(そうこ) 상호. 뽕나무로 만든 활.
　‖**~蓬矢**(ほうし) 상호 봉시. 뽕나무로 만든 활과 쑥대로 만든 화살. 전하여, 남자가 뜻을 세우는 일.

訓読
桑(くわ) 〖植〗 뽕나무.
桑弓(くわゆみ) 뽕나무로 만든 활.
桑原(くわばら) ① 벼락을 피하기 위해 외는 주문(呪文). ② 뽕나무 밭.
桑子(くわご) 〖蟲〗 누에의 원종(原種)이라고 하는 새누에나방. ＊くわころむ 읽음.
桑蚕(くわご) ⇨ 桑子(くわご).
桑摘み(くわつみ) 뽕따기. 뽕따는 사람.
桑畑(くわばたけ) 뽕나무 밭.
桑畠(くわばたけ) ⇨ 桑畑(くわばたけ).

| 10 木 日 | 桛 | 물레가락 (상)
かせ |

訓読
桛(かせ) ① (물레질한 실을 감는 I 자 모양의) 실패. ② 桛糸(かせいと)의 준말.
桛糸(かせいと) '桛(= I 자형의 실패)'에 감은 뒤에 벗겨낸 실. 테실.
桛車(かせぐるま) 얼레.

| 10 ネ 常 | 祥 (祥) | 상서로울 **상**·조짐 **상**
ショウ
きざし・さいわい |

音読
祥慶(しょうけい) 상경.
祥気(しょうき) 상기. 서기(瑞氣).
祥忌(しょうき) 기일. 기신(忌辰).
祥瑞(しょうずい) 상서. 길조(吉兆).
祥雲(しょううん) 상운. 상서로운 구름.
祥月(しょうつき) 상월. 일주기(一周忌) 이후의, 고인이 죽은 달.
　‖**~命日**(めいにち) 기일(忌日).

其他
祥(さが) 징조. 조짐. 전조(前兆).
祥無い(さがない) 성질이 나쁘다. 심술궂다.

| 11 亠 教 | 商 | 장사 **상**·헤아릴 **상**
ショウ
あきなう・はかる |

音読
商(しょう) ① 상업. 상인. ② 〖數〗 상. 몫.

③《接尾語로》…상. 장수・장수의 뜻.
商家(しょうか) 상가. 장사하는 집안.
商界(しょうかい) 상계. 상업계.
商計(しょうけい) 상계.
商估(しょうこ) ⇨ 商賈(しょうこ).
商高(しょうこう) 상고. '商業(しょうぎょう) 高等学校(こうとうがっこう)(=상업 고등 학교)'의 준말.
商賈(しょうこ) 상고. ① 상인. ② 장사.
商工(しょうこう) 상공. 상공업. ♣~省(しょう) 상공성 /~業(ぎょう) 상공업.
‖~組合(くみあい) 상공 조합.
~組合中央金庫(くみあいちゅうおうきんこ) 상공 조합 중앙 금고.
~会議所(かいぎしょ) 상공 회의소.
商科(しょうか) 상과.
‖~大学(だいがく) 상과 대학.
商館(しょうかん) 상관. (외국 상인이) 상업을 하는 건물.
商慣習(しょうかんしゅう) 상관습. ♣~法(ほう) 상관습법.
商圏(しょうけん) 상권.
商権(しょうけん) 상권.
商機(しょうき) 상기. ① 상거래상의 (좋은) 기회. ② 상법상의 기밀.
商談(しょうだん) 상담. 장사[거래] 얘기.
商大(しょうだい) 상대. 상과 대학.
商都(しょうと) 상도. 상업 도시.
商道(しょうどう) 상도.
商道徳(しょうどうとく) 상도덕.
商略(しょうりゃく) 상략.
商量(しょうりょう) 상량. 헤아림.
商陸(しょうりく) 상륙. 자리공의 뿌리.
商利(しょうり) 상리. 상거래상의 이익.
商売(しょうばい) ① 장사. 상업. ②〈俗〉직업. 생업. 전문.
‖~筋(すじ) 장사와 관계되는 방면. 또, 거래처.
~気(ぎ) 장삿속. 직업 의식.
~気質(かたぎ) 상인 기질.
~女(おんな) 기생. 창녀.
~道具(どうぐ) 장사하는 데 필요한 도구.
~柄(がら) ① 장사의 종류. ② 직업적 습성.
~上(あ)がり 기생 출신.
~屋(や) ① 장사를 하는 집. 상가(商家). ② 물장수. 술장수.
~人(にん) ① 장사꾼. ② 그 일의 전문가. ③ 기생. 접대부.
~敵(がたき) 상업상의 경쟁자.
~向(む)き ① 장사에 관한 일. ② 장사에 알맞음.
商務(しょうむ) 상무. ♣~官(かん) 상무관.
商博士(しょうはくし) '商学博士(しょうがくはくし)(=상학 박사)'의 준말.
商法(しょうほう) 상법.
‖~改正(かいせい) 상법 개정.
商社(しょうしゃ) 상사. 상사 회사.
商事(しょうじ) 상사.
‖~会社(がいしゃ) 상사 회사.

商状(しょうじょう) 상거래의 상태[정황].
商船(しょうせん) 상선.
‖~大学(だいがく) 상선 대학.
商勢(しょうせい) 상세.
商習慣(しょうしゅうかん) 상습관. 상관습.
商業(しょうぎょう) 상업.
‖~金融(きんゆう) 상업 금융.
~道徳(どうとく) 상업 도덕.
~都市(とし) 상업 도시.
~登記(とうき) 상업 등기.
~美術(びじゅつ) 상업 미술.
~放送(ほうそう) 상업 방송.
~写真(しゃしん) 상업 사진.
~手形(てがた) 상업 어음. 「紙」
~新聞(しんぶん) 상업 신문. 일반지(一般
~信用(しんよう) 상업 신용.
~演劇(えんげき) 상업 연극.
~銀行(ぎんこう) 상업 은행.
~資本(しほん) 상업 자본.
~帳簿(ちょうぼ) 상업 장부.
~主義(しゅぎ) 상업주의.
~証券(しょうけん) 상업 증권.
~地域(ちいき) 상업 지역.
~学(がく) 상업학. 상학.
~学校(がっこう) 상업 학교.
~革命(かくめい) 상업 혁명.
~会議所(かいぎしょ) 상업 회의소.
商用(しょうよう) 상용. ♣~文(ぶん) 상용문 /~語(ご) 상용 용어.
‖~周波(しゅうは)『電』상용 주파(수).
商運(しょううん) 상운. 장사운.
商議(しょうぎ) 상의. 협의. 평의.
‖~員(いん) 단체의 자문 기관의 구성원. 평의원.
商人(しょうにん) 상인. 장사꾼. *あきんど・あきうど・あきゅうど로도 읽음.
‖~根性(こんじょう) 상인 근성.
商才(しょうさい) 상재. 장사 솜씨.
商戦(しょうせん) 상전. 상업상의 경쟁.
商店(しょうてん) 상점.
商情(しょうじょう) 상업상의 형편.
商秋(しょうしゅう) 상추. 가을의 딴이름.
商取引(しょうとりひき) 상거래.
商舗(しょうほ) 상포. 상점.
商標(しょうひょう) 상표. ♣~権(けん) 상표권 /~法(ほう) 상표법.
‖~登録(とうろく) 상표 등록.
商品(しょうひん) 상품. ♣~券(けん) 상품권.
‖~経済(けいざい) 상품 경제.
~相場(そうば) 상품 시세.
~手形(てがた) 상품 어음.
~作物(さくもつ) 상품 작물.
~切手(きって) ☞商品券.
~取引所(とりひきじょ) 상품 거래소. 섬유・고무・곡물 등의 선물 거래소.
~化(か) 상품화. ♣~権(けん) 상품화권. 만화 등 캐릭터의 광고 이용권.

~貨幣(かへい) 상품 화폐.
~回転率(かいてんりつ) 상품 회전율.
商風(しょうふう) 상풍. 추풍(秋風). 가을바람.
商学(しょうがく) 상학.
商港(しょうこう) 상항.
商行為(しょうこうい) 상행위.
商号(しょうごう) 상호. ♣**~權**(けん) 상호권.
商魂(しょうこん) 상혼.
商況(しょうきょう) 상황. 장사의 경기.
商会(しょうかい) 상회.

訓読
❖**商う**(あきなう) 장사하다. 매매하다.
商い(あきない) 장사. 상업. ②매상고.
商い口(あきないぐち) ①단골 (거래처). ②(장사하는) 말재주.
商い冥加(あきないみょうが) 열심히 장사를 함으로써 신불의 가호를 도움을 받는 일.
商い冥利(あきないみょうり) ☞商い冥加(あきないみょうが).
商い物(あきないもの) 팔 물건. 상품.
商い拍子(あきないびょうし) 장사가 순조롭게 잘 되어감.
商い船(あきないぶね) 상품을 실어 나르는 배. 상품을 싣고 각지로 다니며 장사하는 배.
商い屋(あきないや) 상점.
商い敵(あきないがたき) 상업상의 경쟁 상대(자).
商い初め(あきないはじめ) ①장사를 시작함. ②1년 또는 하루의 첫 장사.

其他
商物(あきもの) 상품.
商人気質(あきんどかたぎ) 상인 기질.
  * しょうにんかたぎ로도 읽음.
商人船(あきんどぶね) ☞商い船(あきないぶね).
商人宿(あきんどやど) 주로 행상인들을 재우는 싸구려 여인숙.

| 11
巾
敎 | **常** | 떳떳할 **상**·항상 **상**
ジョウ
つね・とこ |

音読
常客(じょうきゃく) 상객. 단골 손님. 고객.
  * じょうかく로도 읽음.
常居 ㊀(じょうい) 상거. 거실.
  ㊁(じょうきょ) 늘 있음. 또, 살고 있는 곳.
常雇い(じょうやとい) 장기간 고용됨.
常関(じょうかん) 〖史〗상관. 중국 청대(清代)에서 민국 초기까지, 내국 무역상의 세관.
常光線(じょうこうせん) 〖理〗상광선.
常軌(じょうき) 상궤. 상도(常道).
  ~を逸(いっ)**する** 상궤를 벗어나다.
常規(じょうき) 상규. 통상의 규칙.
常勤(じょうきん) 상근. 상시 근무.
常談(じょうだん) 일상(日常)의 이야기. 평범한 이야기.
常道(じょうどう) ①상도. 원칙에 따른 방법. ②상투 수단. 예삿일.
常動曲(じょうどうきょく) 〖樂〗상동곡.

常同症(じょうどうしょう) 〖心〗상동증.
常得意(じょうとくい) 단골 손님.
常灯(じょうとう) 상등. ①신전(神前)·불전(佛前)에 항시 켜 두는 등불. ②길거리에 밤새 켜 두는 가로등.
常灯明(じょうとうみょう) ☞常灯(じょうとう).
常連(じょうれん) ①단골 손님. ②늘 함께 어울리는 패거리.
常例(じょうれい) 상례.
常緑(じょうりょく) 상록. ♣**~樹**(じゅ) 상록수.
  ‖**~広葉樹**(こうようじゅ) 상록 광엽수.
常理(じょうり) 상리. 당연한 도리.
常命(じょうみょう) 〖佛〗상명. 인간의 보통 수명(壽命).
常務(じょうむ) 상무. ①일상 업무. ②'常務取締役(とりしまりやく)(=상무 이사)'의 준말.
常民(じょうみん) 상민. 평민.
常凡(じょうぼん) 범상.
常法(じょうほう) 상법. ①정해져 변하지 않는 법. ②늘 쓰는 방법.
常歩(じょうほ) 〖軍〗상보. 말의 속도로, 가장 느린 것.
常服(じょうふく) 상복. 평상복.
常不断(じょうふだん) 언제나. 항상.
常備(じょうび) 상비. ♣**~軍**(ぐん) 상비군·**~薬**(やく) 상비약·**~役**(えき) 상비역.
常事(じょうじ) 상사. 정해져 있는 일.
常山の蛇勢(じょうざんのだせい) 군진(軍陣)의 각 부서가 언제라도 적의 공격·내습에 대처할 수 있는 진법.
常状(じょうじょう) 평소의 상태.
常先(じょうせん) 정선(定先). 바둑에서, 언제나 선(先)으로 둠.
常設(じょうせつ) 상설. ♣**~館**(かん) 상설관.
  ‖**~国際司法裁判所**(こくさいしほうさいばんしょ) 상설 국제 사법 재판소.
常数(じょうすう) 〖數〗상수. 정수(定数).
常宿(じょうやど) 단골 여관.
常習(じょうしゅう) 상습. ♣**~犯**(はん) 상습범·**~的**(てき) 상습적.
常襲(じょうしゅう) 늘 습격함. 늘 습격당하는 일.
常勝(じょうしょう) 상승. 늘 이김. ♣**~軍**(ぐん) 상승군.
常侍(じょうじ) 상시. 항상 가까이에서 봉사하는 일.
常時(じょうじ) 상시. 언제나. 항상. ♣**~活動**(かつどう).
  * つねどき로도 읽음.
  ‖**~地震活動**(じしんかつどう) 상시 지진활동.
常式(じょうしき) 상식. 평상시의 방식.
  * つねしき로도 읽음.
常食(じょうしょく) ①상식. ②일정한 식사.
常識(じょうしき) 상식. ♣**~論**(ろん) 상식론·**~的**(てき) 상식적. 평범함.
  ‖**~家**(か) 상식가. 상식을 갖춘 사람.
  ~哲学(てつがく) 상식 철학.
常圧(じょうあつ) 〖理〗상압.
常額(じょうがく) 상액. 일정한 액수〔금액〕.
常夜(じょうや) ①밤새도록 변하지 않음. 밤새 계속됨. ②늘 밤같이 어두움. *②는 とこや로도 읽음.

‖~鍋(なべ) 돼지고기·시금치 등을 양념 국물에 데쳐 초간장에 찍어 먹는 냄비 요리.
~灯(とう) 상야등. 밤새도록 켜 놓는 등.
常語(じょうご) 평소에 쓰는 말.
常染色体(じょうせんしょくたい) 〖生〗상염색체.
常温(じょうおん) 상온.
‖~核融合(かくゆうごう) 상온 핵융합.
常用(じょうよう) 상용.
‖~対数(たいすう) 〖数〗상용 로그.
~手段(しゅだん) 상투(常套) 수단.
~漢字(かんじ) 상용 한자.
常備(じょうよう) 상용. 계속 고용함.
常雇い(じょうやとい) ⇨ 常雇い(じょうやとい).
常飲(じょういん) (술·약 등을) 마시지 않고는 못 배김.
常衣(じょうい) 상의. 평상복.
常人(じょうじん) 일반인. 보통 사람. *つねひとろも 읽음.
常日(じょうじつ) 상일. 보통 날. 평일.
常任(じょうにん) 상임.
‖~委員会(いいんかい) 상임 위원회.
~理事国(りじこく) 상임 이사국.
常磁性(じょうじせい) 〖理〗상자성. ♣~体(たい) 상자성체.
常在(じょうざい) 상재. 상주. 늘 있음.
常斎(じょうとき) 〖佛〗때를 정해서 승려에게 식사를 공양하는 일. 또, 그 식사.
常寂光土(じょうじゃっこうど) 〖佛〗상적광토. 항상 변하지 않는 광명 세계라는 뜻.
常典(じょうてん) 상전. 상규(常規).
常情(じょうじょう) 상정. 사람이면 누구나 갖는 감정·인정.
常精進(じょうしょうじん) 〖佛〗기간을 정하고 정진하는 것이 아니라 죽을 때까지 평소에 불도 수행을 하는 일.
常座(じょうざ) 能(のう) 무대에서, 주인공이 연기의 동작을 시작하거나 끝내는 자리.
常主(じょうしゅ) 상주. 정해진 주인.
常州(じょうしゅう) 〖地〗⇨ 常陸(ひたち).
常住(じょうじゅう) ① 상주. ② 늘. 언제나. ③〖佛〗생멸(生滅)의 변화가 없고 늘 존재함.
‖~不断(ふだん) 상주부단. 항상. 늘.
~不滅(ふめつ) 상주불멸.
~人口(じんこう) 상주 인구.
~坐臥(ざが) 상주좌와. 자나깨나 늘.
常駐(じょうちゅう) 상주. 항상 주재함.
常直(じょうちょく) 상직. 매일 숙직함.
常職(じょうしょく) 상직.
常体 ㊀(じょうたい) 〖文法〗문미(文尾)를 'だ'나 'である'로 끝내는 문체.
㊁(つねてい) ① 평상시의 모습. ② 평범.
常置(じょうち) 상치. 늘 설치해 둠.
常打ち(じょううち) 같은 곳에서 늘 같은 것을 흥행함.
常態(じょうたい) 상태. 정상적인 상태.
常套(じょうとう) 상투. 예사로 늘 하는 투.
♣~語(ご) 상투어.

‖~手段(しゅだん) 상투 수단.
常平倉(じょうへいそう) 〖史〗상평창.
常項(じょうこう) 〖論〗정항(定項). 변항에 대하여 그 의론을 통해 단 한 가지 방식으로만 존재한다고 말할 수 있는 대상.
常行(じょうぎょう) 상행. 평소의 행동.
*じょうこうろも 읽음.
‖~三昧(ざんまい) 〖佛〗상행 삼매. ① 7일 또는 90일 기한으로 항상 아미타불을 생각하는 일. ② 항상 일념으로 염불하는 일.
常香(じょうこう) 〖佛〗상향. 끊임없이 불전에 피우는 향. ♣~盤(ばん) 상향반.
常況(じょうきょう) 평상시의 형편 [상태].
常会(じょうかい) 상회. ① 정례 회의. ② (국회의) 정기적인 집회.
常詰め(じょうづめ) 주야로 정해진 장소에 있음. 또, 그 사람.

〖訓読〗
常 ㊀(つね) ① 항상. 늘. ② 늘〔흔히〕있음. 상사(常事). ③ 평소(의 습관).
㊁(とこ)《接頭語로》'늘 변하지 않음·영원'의 뜻. 상….
㊂(じょう)《接頭語로》'항상·늘·언제나'의 뜻.
㊃(じょう) 영원. 영구 불변.
常ならぬ(つねならぬ) ① 무상하다. 덧없다. ② 보통과〔평소와〕다르다.
常に(つねに) 늘. 항상. 언제나.
常無き(つねなき) 무상(無常).
常並み(つねなみ) 보통. 일반.
常常(つねづね) ① 평상시. 평소. *じょうじょうろも 읽음. ② 항상. 언제나. 늘.
常日頃(つねひごろ) 평소.
❖常(とこ)→ 〖訓読〗 常 ㊁.
常しえ(とこしえ) 영원. 영구(히).
常しくに(とこしくに) 영원히.
常しなえ(とこしなえ) ☞常しえ(とこしえ).
常つ国(とこつくに) 황천. 저승.
常世(とこよ) ① 영원 불변(함). ② 常世の国의 준말.
‖~の国(くに) ① 머나먼 곳에 있다고 생각했던 불로불사(不老不死)의 나라. ② 황천. 저승.
常闇(とこやみ) ① 영원한 어둠. ② 세상이 어지러움.
常葉(とこは) 상록수(常緑樹)의 잎.
常永久(とことわ) ⇨ 常(とことわ).
常節(とこぶし) 〖貝〗오분자기. 떡조개.
常春(とこはる) 상춘.
常夏(とこなつ) ① 상하. 늘 여름임. ②〖植〗야생 패랭이꽃의 딴이름. ③〖植〗패랭이꽃의 재배 품종.
‖~月(づき) 음력 6월의 딴이름.
常滑(とこなめ) ① 물 속이나 웅달의 이끼가 늘 반드러움. ② 강바닥이나 산길의 바위에 낀 이끼가 늘 반드러움.
常懐し(とこなつかし) 늘 마음이 끌리다.

〖其他〗
常磐 ㊀(ときわ) 〖雅〗① 영구 불변. ② 잎이

상록임. ♣～木(ぎ)〖植〗상반목. 상록수.
～堅磐に(かきわに) 영원 불변토록.
㊂(じょうばん)〖地〗常陸(ひたち)와 磐城(いわき). 지금의 茨城(いばらき) 현과 福島(ふくしま) 현 동부 지방.
常磐津(ときわず) 浄瑠璃(じょうるり)의 일파.
常陸(ひたち)〖地〗옛 지방 이름. 지금의 茨城(いばらき) 현의 대부분.

11 イ	徜	노닐 **상** ショウ さまよう

音読➡
徜徉(しょうよう) 상양. 거닐며 돌아다님.

11 爻 人	爽	시원할 **상**·밝을 **상** ソウ さわやか

音読➡
爽気(そうき) 상기. ① 상쾌한 기분. ② 산뜻한 대기(大氣).
爽涼(そうりょう) 상량. 상쾌하고 시원함.
爽籟(そうらい) 상뢰. 맑은 가을 바람.
爽昧(そうまい) 상매. 새벽녘. 날샐녘.
爽然(そうぜん) 상연. ① 심신이 상쾌한 모양. ② 낙담하는 모양.
爽秋(そうしゅう) 상추. 상쾌한 가을.
爽快(そうかい) 상쾌.

訓読➡
爽やか(さわやか) 시원한 모양. 상쾌한 모양. 산뜻한 모양.
爽やぐ(さわやぐ) 상쾌하게 되다.
爽爽(さわさわ) ① 상쾌하게 바람이 부는 모양. 산들산들. ② 시원스러운 모양. 시원시원.
其他➡
爽し(さやけし)〈雅〉맑고 또렷하다.

11 ネ 日	裃	무사예복 (상) かみしも

訓読➡
裃(かみしも) 江戸(えど) 시대의 무사(武士)의 예복 차림.

12 口 常	喪	초상 **상**·잃을 **상** ソウ も·うしなう

音読➡
喪家(そうか) ① 상가. 초상집. ② 집을 잃음.
～の犬(いぬ) 초상집 개. 풀이 죽고 초라한 사람의 비유.
喪具(そうぐ) 상구. 장구. 장례 도구.
‖**～屋**(や) 장구상. 장의사.
喪期(そうき) 상기. 거상(居喪)을 입는 동안.
喪礼(そうれい) 상례.
喪亡(そうぼう) 상망. 잃어버림. 상실.
喪神(そうしん) ⇨ 喪心(そうしん).
喪失(そうしつ) 상실.
喪心(そうしん) 상심. 기절. 「사.
喪儀(そうぎ) 장의. 장례. ♣～屋(や) 장의
喪祭(そうさい) 상제. 초상과 제사.

訓読➡
喪 ㊀(も) 상. 거상. 복.
㊁(そう) ① ☞㊀. ② 잃음.
喪あけ(もあけ) 탈상.
喪服(もふく) 상복. 상제옷. 또, 문상객의 예복. *そうふくで도 읽음.
喪屋(もや) 빈소(殯所).
喪衣(もぎぬ) ☞喪服(もふく).
喪章(もしょう) 상장.
喪主(もしゅ) 상주. *そうしゅで도 읽음.
喪中(もちゅう) 상중.

12 广	廂	곁채 **상** ショウ ひさし

訓読➡
廂(ひさし) ①〖建〗寝殿造り(しんでんづくり)에서 몸채 주위의 조붓한 방. ② 차양.
廂髪(ひさしがみ) 앞머리가 내밀게 빗은 머리 모양.
其他➡
廂間(ひあわい) (맞닿은 옆집과의) 추녀 사이의 좁은 공간.

12 氵	湘	물이름 **상** ショウ

音読➡
湘南(しょうなん)〖地〗① 중국의 동정호(洞庭湖)로 흘러 들어가는 상수(湘水)의 남쪽. ② (중국 상남 지방과 기후가 비슷하다고 해서) 神奈川(かながわ) 현의 해안 지대.

12 羽 人	翔(翔)	날 **상** ショウ かける·とぶ

音読➡
翔破(しょうは) 새·비행기 등이 먼 거리를 거뜬히 비행함.

訓読➡
翔んでる女(とんでるおんな) 기성 도덕이나 사회 통념에 구애되지 않고 제가 처한 사회에서 자유롭게 삶을 유지하고 있는 여성.
❖**翔る**(かける) (하늘 높이) 날다. 비상하다.
翔り(かけり) ① (하늘을) 낢. ②能(のう)·狂言(きょうげん)에서, 싸움·광란 장면의 연주곡.
翔け鳥(かけどり) 날고 있는 새.

12 象 (家/敎)

코끼리 상·꼴 상
ショウ・ゾウ
かたち・かたどる

音読
象(ぞう)〖動〗 코끼리.
象嵌(ぞうがん) ⇨ 象眼(ぞうがん).
象教(ぞうきょう) 〖佛〗 상교. 불교의 딴이름. *しょうきょうろもら 읽음.
象棋(しょうぎ) 상기. 장기.
象鼻虫(ぞうびむし) 〖蟲〗 상비충. 바구미.
象胥(しょうしょ) 통역. 통변.
象牙(ぞうげ) 상아. ♣~色(いろ) 상아색 / ~質(しつ) 상아질.
∥~椰子(やし) 상아야자.
~彫(ぼり) 상아를 재료로 한 조각.
~の塔(とう) 상아탑. 「부아르.
~海岸(かいがん) 〖地〗 상아 해안. 코트디
象眼(ぞうがん) 상감(象嵌). ① 금속·도자기 등의 표면에 무늬를 새기고 그 속에 금·은 등을 채우는 기술. 또, 그런 작품. ② 〖印〗연판(鉛版) 수정.
象外(しょうがい) 상외. 현실 세계를 초월한 곳. *しょうげろもら 읽음.
象徵(しょうちょう) 상징. 표상(表象). ♣
劇(げき) 상징극 / ~性(せい) 상징성 / ~詩(し) 상징시 / ~派(は) 상징파.
∥~的(てき) 상징적. ♣~相互行爲論(そうごこういろん) 〖社〗 상징적 상호 행위론.
~主義(しゅぎ) 상징주의.
象虫(ぞうむし) 〖蟲〗 바구미.
象皮病(ぞうひびょう) 〖醫〗 상피병.
象限(しょうげん) 〖數〗 상한. 사분면. ♣~儀(ぎ) 상한의. 「리.
象海豹(ぞうあざらし) 〖動〗 해상. 바다코끼
象形(しょうけい) 상형.
∥~文字(もじ) 상형 문자.
象戱(しょうぎ) 상희. 장기.

訓読
象る(かたどる) (모양을) 본뜨다. 모방하다. 나타내다. 상징하다.

13 傷 (イ/敎)

상할 상·해칠 상
ショウ
きず·いたむ·いためる·そこなう

音読
傷悼(しょうとう) 상도. (사람의 죽음을) 몹시 슬퍼함.
傷兵(しょうへい) (부)상병.
傷病(しょうびょう) 상병. ♣~兵(へい) 부
∥~手当(てあて) 상병 수당. 「상병.
~年金(ねんきん) 상병 연금.
傷神(しょうしん) ⇨ 傷心(しょうしん).
傷心(しょうしん) 상심. 마음을 상함.
傷痍(しょうい) 상이. 상처.
∥~軍人(ぐんじん) 상이 군인.

傷人(しょうじん) 상인. 남에게 상처를 입
傷者(しょうしゃ) 상자. 부상자. 「힘.
傷創(しょうそう) 상창. 상처.
傷愴(しょうそう) 상창. 비창(悲愴). 「움.
傷悴(しょうすい) 상췌. 걱정·슬픔으로 여
傷寒(しょうかん) 〖漢醫〗 상한. 심한 급성 열병〔지금의 티푸스류).
傷害(しょうがい) 상해. ♣~罪(ざい) 상해
∥~保険(ほけん) 상해 보험. 「죄.
~致死罪(ちしざい) 상해 치사죄.

訓読
傷(きず) ① 상처. ② (알리기 싫은) 비밀. ③ 흠. 결점. 티.
~なき玉(たま) 완전무결한 것. 「하다.
~を求(もと)める 억지로 남의 흠을 들추려
傷ましい(いたましい) 가엾다. 참혹하다. 애처롭다.
傷める(いためる) ① 아프게 하다. 다치다. ② 흠내다. (손)상하다. 파손하다.
傷口(きずぐち) ① 상처 자리. ② 과거의 허물·실패. 흠. 「더칩.
傷咎め(きずとがめ) 덧남. 병을 잘못 다루어
傷物(きずもの) 흠이 있는 것. 파치.
傷付く(きずつく) ① 몸을 다치다. 상처를 입다. ② 깨지다. ③ (마음이) 상하다. (명예가)손상되다.
傷付ける(きずつける) ① 상처를 입히다. 부상을 입히다. ② 손상하다. 흠내다. 파손시키다. 훼손하다.
傷傷しい(いたいたしい) 애처롭다. 딱하다.
傷手(いたで) ① 깊은 상처. 중상. ② 심한 타격(손해).
傷薬(きずぐすり) 상처에 바르는 약.
傷跡(きずあと) ⇨ 傷痕(きずあと).
傷痕(きずあと) 상흔. 상처 자국. *しょうこん으로도 읽음. 「파손되다.
❖**傷む**(いたむ) ① 아프다. 괴롭다. ② 상하다.
傷み(いたみ) ① 아픔. 통증. ② 쓰라림. (과일 등이) 상함. ③ (기물의) 파손. 손상.
傷み分け(いたみわけ) (씨름 등에서) 한쪽 부상으로 경기를 중단하는 일.
傷み入る(いたみいる) 황송해 하다.

13 想 (心/敎)

생각할 상
ソウ・ソ
おもう

音読
想(そう) 상. ① 생각. 구상. ② 〖佛〗 대상을 마음으로 생각해 내는 정신력. ③ 망상.
想見(そうけん) 상견. 상상〔생각〕해 봄.
想起(そうき) 상기.
想念(そうねん) 상념. 생각.
想到(そうとう) 상도. 생각이 미침.
想望(そうぼう) 상망. ① 사모하여 우러러 봄. ② 기대. 바람.
想像(そうぞう) 상상. ♣~力(りょく) 상상
∥~妊娠(にんしん) 상상 임신. 「력.

想蘊(そううん)〖佛〗상온. 어떤 일을 마음 속에 생각하여 의식하는 여러 가지 정상(情想).
想定(そうてい) 상정.
想察(そうさつ) 상찰.

訓読
❖想う(おもう) 생각하다. 상상하다.
想い到る(おもいいたる) (이리저리 생각 끝에) 생각이 미치다.
想い出(おもいで) 추억. 추상. ♣~話(ばなし) 추억담.

13 言常 詳
자세할 **상**
ショウ
くわしい・つまびらか

音読
詳記(しょうき) 상기.
詳覧(しょうらん) 상람. 자세히 봄.
詳録(しょうろく) 상록. 자세한 기록.
詳論(しょうろん) 상론.
詳明(しょうめい) 상명. 상세하고 분명함.
詳密(しょうみつ) 상밀.
詳報(しょうほう) 상보.
詳説(しょうせつ) 상설. 상술(詳述).
詳細(しょうさい) 상세. ①자세함. ②자세한 내용.
詳叙(しょうじょ) 상술. 상세히 서술함.
詳述(しょうじゅつ) 상술.
詳慎(しょうしん) 주의 깊고 신중한 모양.
詳悉(しょうしつ) 상실. 극히 상세함.
‖~法(ほう) 상실법. 면밀하고 상세하게 서술하는 수사법.
詳審(しょうしん) 상심. 자세함.
詳言(しょうげん) 상언. 자세히 말함.
詳伝(しょうでん) 상전. 상세한 전기(傳記).
詳注(しょうちゅう) 상주. 상세(詳細)한 주해(註解).
詳註(しょうちゅう) ⇨ 詳注(しょうちゅう).
詳知(しょうち) 자세히 알고 있음.
詳察(しょうさつ) 상찰. 자세히 살핌.
詳解(しょうかい) 상해. 상세한 풀이.

訓読
詳しい(くわしい) 상세하다. 소상하다. 자세히 알고 있다. 정통하다.
詳らか(つまびらか) 자세함. 소상(昭詳)함.

14 イ教 像
형상 **상**・본뜰 **상**
ゾウ
かたどる

音読
像(ぞう) 상. ①부처나 사람을 묘사한 조각 또는 그림. ②〖理〗빛의 반사・굴절에 의해 비치는 물체의 형상.
像教(ぞうきょう) 상교. 불교의 딴이름.
像法(ぞうぼう)〖佛〗상법. 상법시(時)《석가가 사망한 뒤에 3시기로 나눈 것 중의 하나》.
像型(ぞうけい) 제작하는 상(像)의 모형.

逆音
銅像(どうぞう) 동상.
仏像(ぶつぞう) 불상.
偶像(ぐうぞう) 우상.
肖像(しょうぞう) 초상.

14 口 嘗
맛볼 **상**・일찍 **상**
ショウ・ジョウ
かつて・なめる

音読
嘗試(しょうし) 상시. 시험하여 봄.

訓読
嘗て(かつて) ①일찍이. 예전부터. ②전혀. 전연.
❖嘗める(なめる) ①핥다. ②(불길이 혀로 핥듯이) 불태우다. ③맛보다. 체험하다.
嘗め物(なめもの) 상응 味噌(なめみそ)・장아찌・젓갈 따위 짠 반찬.
嘗め味噌(なめみそ) 그냥 반찬으로 먹을 수 있도록 조리한 된장.

14 衣 裳
아랫도리옷 **상**
ショウ
も

音読
裳衣(しょうい) 의상. 의복.

訓読
裳(も) ①옛날에, 귀족이 정장 때 袴(はかま) 위에 입던 옷. ②아랫도리에 입는 치마・바지 따위의 총칭.
裳裾(もすそ) 옷자락. 치맛자락.
裳階(もこし)〖建〗불당・탑 등에서, 본래의 지붕 밑에 덧댄 차양 모양의 지붕. 부연.
＊しょうかいとも 읽도 능다.
裳抜け(もぬけ) (뱀・매미 등이) 허물을 벗음. 탈피함.
‖~の殼(から) ①뱀 등의 허물. 탈피한 껍질. ②사람이 탈출한 뒤 또는 빠져나간 뒤의 잠자리・집. ③혼이 (떠)나간 시체.
~の空(から) ⇨ 裳抜けの殼.
裳層(もこし) ⇨ 裳階(もこし).

15 竹教 箱
상자 **상**
ショウ・ソウ
はこ

訓読
箱(はこ) ①상자. 궤짝. 함(函). ②《接尾語로》상자 수효를 세는 말. …상자.
箱宮(はこみや) 神棚(かみだな)에 장식하는 신사(神社) 건물을 본뜬 모형.
箱根(はこね)〖地〗神奈川(かながわ) 현 남서부에 있는 箱根 화산(火山) 지대.
箱落とし(はこおとし) 작은 짐승이 상자 안에 들어가 먹이를 당기면 위에 있는 무거운 돌이 떨어지도록 장치한 사냥 도구.

箱柳(はこやなぎ)〖植〗사시나무.
箱馬車(はこばしゃ) 붙박이 지붕이 있는 상자 모양의 마차.
箱物(はこもの) 장롱·책상 등 상자 모양의 가구의 총칭.
箱師(はこし)〈俗〉(버스·전철 등) 차내(車內) 전문의 소매치기.
箱書き(はこがき) 서화나 공예품 등을 넣은 상자에 진품(眞品)임을 보증하여 작자·감정가가 서명 날인함. 또, 그 서명한 것.
箱船(はこぶね) ①네모난 배. 방주. ②〖聖〗노아의 방주.
箱膳(はこぜん) (더부살이·점원 등이) 식기를 넣어 두는 상자. 「상자.
箱細工(はこざいく) 상자 세공. 또, 그 만든
箱式石棺(はこしきせっかん) 장방형의 넓적한 돌판으로 사방을 둘러싼 석관. 고분 시대에 많았음.
箱眼鏡(はこめがね) 상자 바닥에 유리나 렌즈를 끼워, 수중(水中)을 투시하게 만든 안경.
箱屋(はこや) ①상자를 만들거나 팔거나 하는 가게. 또, 그 사람. ②기생의 三味線(しゃみせん)을 날라 주는 남자.
箱入り(はこいり) ①상자 속에 들어 있음. 또, 그 물건. ②소중히 보존되어 있음. 또, 그 ‖~娘(むすめ) 규중(閨中) 처녀. ┗물건.
箱自動車(はこじどうしゃ) 차체가 4각 상자 모양의 자동차.
箱庭(はこにわ) 상자 안에 만든 모형 정원.
箱錠(はこじょう) (양식 도어의) 상자 모양의 자물쇠.
箱提灯(はこぢょうちん) 위아래를 눌러서 접을 수 있게 된 등롱(燈籠).
箱梯子(はこばしご) 층계마다 밑에 장식장·서랍 따위가 있는 계단.
箱釣り(はこづり) 축제일 등에 노점 따위에서, 얕은 수조(水槽) 속에 있는 잉어·붕어·금붕어 등을 낚도록 하는 놀이.
箱車(はこぐるま) ①지붕이 달린 牛車(ぎっしゃ). ②짐을 싣는 상자 모양의 것이 달린 짐수레.
箱尺(はこじゃく) 수준 조척(水準照尺).
箱枕(はこまくら) 나무 상자 위에 括り枕(くくりまくら)를 얹은 베개.
箱樋(はこどい) 네모난 상자 모양의 홈통(물받이). *はひろど로 읽음.
箱河豚(はこふぐ)〖魚〗거북복.
箱海老(はこえび)〖動〗왕새우. 펄닭새우.
箱火鉢(はこひばち) 겉이 나무로 된 상자 모양의 화로.
箱肴(はこざかな) 축의의 증답(贈答)을 할 때 쓰는 상자에 든 생선.
箱詰め(はこづめ) ①상자에 채움. 또, 그 채운 것. ②꽉 채움.
とら箱(トラばこ)〈俗〉곤드레만드레가 된 취객을 보호하는 시설.
ドル箱(ドルばこ) 달러 박스. 돈을 벌어 주는 물건이나 사람.

---

15 貝 教 賞 상줄 상·칭찬할 상
ショウ
ほめる・めでる

音読➡
賞(しょう) ①상. 상품. ②《接尾語적으로》
賞する(しょうする) 칭찬하다. ┗로》…상.
賞鑑(しょうかん) 상감. 감상(鑑賞).
賞金(しょうきん) 상금.
賞禄(しょうろく) 상록. 상으로 주던 녹봉.
賞募(しょうぼ) 상모. 현상으로 모집함.
賞味(しょうみ) 상미. 맛을 보며 먹음.
‖~期間(きかん) 가공 식품이 상품으로서 정상 품질을 보존하는 기간.
賞美(しょうび) 상미. ①감상함. ②맛있게
賞杯(しょうはい) 상배. ┗먹음.
賞盃(しょうはい) ⇨ 賞杯(しょうはい).
賞罰(しょうばつ) 상벌.
賞辞(しょうじ) ☞賞詞(しょうし).
賞詞(しょうし) 상사. 찬사.
賞賜(しょうし) 상사. 상으로 금품을 줌.
賞揚(しょうよう) 칭양(稱揚). 칭찬.
賞与(しょうよ) 상여. ♣~金(きん) 상여금.
賞誉(しょうよ) 상예. 칭찬.
賞玩(しょうがん) 상완. (좋은 물건을) 음미하며 즐김.
賞翫(しょうがん) ⇨ 賞玩(しょうがん).
賞用(しょうよう) 상용.
賞状(しょうじょう) 상장.
賞典(しょうてん) 상전. ①상으로 주는 물건. ②상여에 관한 규정.
賞賛(しょうさん) 상찬. 칭찬.
賞嘆(しょうたん) 상탄. 크게 칭찬함.
賞歎(しょうたん) ⇨ 賞嘆(しょうたん).
賞牌(しょうはい) 상패. 메달.
賞表(しょうひょう) 선행·공로 등을 칭찬하는 일. 또, 그 상장.
賞品(しょうひん) 상품. 「훈공.
賞勲(しょうくん) 상훈. ♣~局(きょく) 상
賞恤(しょうじゅつ) 상휼. 공적을 찬양하여 금품을 주는 일. ♣~金(きん) 상휼금.

訓読➡
賞づ(めづ)〈文〉사랑하다. 아끼다.
賞でる(めでる) 칭찬하다. 탄복하다.
賞める(ほめる) ①칭찬하다. 찬양하다. ②〈古〉축하하다.

---

16 木 橡 상수리 상
ショウ
つるばみ・とち

訓読➡
橡 ㊀(つるばみ)〈雅〉①상수리나무 및 그 열매인 도토리의 옛 이름. ②도토리 삶은 물로 염색한 빛깔.
㊁(とち) ☞橡の木(とちのき).
橡の木(とちのき)〖植〗칠엽수(七葉樹).

償・霜・觴・孀

17 償 イ 常
갚을 상·보상 상
ショウ
つぐなう

音読
償却(しょうきゃく)〖經〗상각. 빚 따위를 깨끗이 갚음. 변제. 상환.
償金(しょうきん) 상금. 배상금.
償還(しょうかん) 상환.
‖〜期間(きかん) 상환 기간.
〜基金(ききん) 상환 기금. 감채(減債) 기금.
〜株式(かぶしき) 상환 주식.
〜差益(さえき)〖經〗상환 차익.
〜請求(せいきゅう)〖法〗상환 청구.

❖償う(つぐなう) 갚다. ①보상하다. 변상하다. ②(금품·노력의 제공 등으로) 속죄하다.
償い(つぐない) 보상. 보답. 속죄. ♣〜金(きん) 보상금.

17 霜 雨 常
서리 상·해 상
ソウ
しも

音読
霜降(そうこう) 상강.
霜剣(そうけん) 간담을 서늘하게 하는 예리 「한 검.
霜気(そうき) 상기. 서리의 심한 냉기.
霜露(そうろ) 상로. 서리와 이슬. 「병.
‖〜の病(やまい) 상로지병. 추위로 인한
霜林(そうりん) 상림. 서리가 덮인 수풀.
霜髪(そうはつ) 상발. 백발.
霜蓬(そうほう) 상봉. 서리를 맞아 시들어버린 쑥. 「살쩍.
霜鬢(そうびん) 상빈. 서리가 내린 듯이 흰
霜雪(そうせつ) 상설. 서리와 눈.
霜鬚(そうしゅ) 상수. 흰 턱수염.
霜野(そうや) 상야. 서리 내린 들판.
霜髯(そうぜん) 상염. 흰 구레나룻.「든 잎.
霜葉(そうよう) 상엽. 서리를 맞아 단풍이
霜天(そうてん) 상천. 서리가 내리는 겨울의 써늘한 하늘. 「단풍잎.
霜楓(そうふう) 상풍. 서리가 내려 붉게 물든
霜害(そうがい) 상해. 서리 해.

訓読
霜(しも) ①서리. ②흰머리.
〜を置(お)く 백발이 되다.
霜げる(しもげる) 야채 따위가 서리·추위 등 때문에 썩다.
霜降り(しもふり) ①서리가 내림. ②직물 따위의 무늬가 희끗희끗함. ③(쇠고기의) 차돌박이. ④霜降り作り의 준말.
‖〜月(づき) 음력 동짓달의 딴이름.
〜作(づく)り(つくり) 살짝 데친 대친 생선회·닭고기 따위. 「이름.
霜見草(しもみぐさ)〖植〗한국(寒菊)의 딴
霜枯れ(しもがれ) (초목이) 서리를 맞아 시듦. 또, 그 시기〔경치〕.
‖〜時(どき) 초목이 서리를 맞아 시들어버리는 겨울철.
霜枯れる(しもがれる) (초목이) 서리를 맞아 시들다.
霜曇り(しもぐもり) 서리가 내리기 전에 날이 흐림. 「가 내린 길.
霜道(しもみち) 서리가 많이 내리는 곳. 서리
霜覆い(しもおおい) 초목이 상해를 입지 않도록 짚으로 덮거나 감음. 또, 그 물건.
霜の蓬(しものよもぎ) 서리 맞고 시든 쑥. 백발을 비유한 말.
霜崩れ(しもくずれ) 서릿발이 녹음.
霜先(しもさき) 서리가 내리기 시작할 무렵. 10월경을 일컬음.
霜消し(しもけし) 술을 마시는 일.
霜焼け(しもやけ) ①가벼운 동상(凍傷). ②초목이 서리를 맞아 시듦.
霜夜(しもよ) 서리 내리는 추운 밤. ＊そうやロも 읽음. 「월.
霜月 ㊀(しもつき)〖雅〗동짓달. 음력 11 ㊁(そうげつ) 상월. ①서리 내리는 밤의 달. ②㊀上. 「い」.
霜囲い(しもがこい) ☞霜覆い(しもおお
霜融け(しもどけ) ⇨霜解け(しもどけ).
霜日和(しもびより) 서리가 내린 다음의 좋은 날씨.
霜除け(しもよけ) 초목이 서리에 맞지 않도록 짚으로 덮거나 감음. 또, 그때 쓰는 물건.
霜腫れ(しもばれ) 가벼운 동상.
霜柱(しもばしら) 서릿발.
霜取り(しもとり) 전기 냉장고의 서리 제거.
霜風(しもかぜ) 서릿바람.
霜割れ(しもわれ) 급격한 추위로 나무 줄기가 터지는 일. 또, 그 갈라진 틈.
霜解け(しもどけ) 서릿발이 녹아 땅이 물러짐. 「땅.
霜穴(しもあな) 서리가 내리기 쉬운 우묵한
霜の花(しものはな) 상화. 내린 서리를 꽃에 비유한 말.
霜燻べ(しもくすべ) 상해(霜害)를 막기 위해 겨나 솔잎 따위를 태워 연기를 피워서 서리가 내리는 것을 막는 일.

18 觴 角
잔 상·잔낼 상
ショウ
さかずき

音読
觴詠(しょうえい) 상영. 술을 마시며 시(詩)를 읊음.

逆音
濫觴(らんしょう) 남상. 시초. 기원(起源).

20 孀 女
과부 상·홀어미 상
ソウ
やもめ

孀婦(そうふ) 상부. 청상 과부. 미망인.
孀妻(そうさい) 과부. 미망인.
[訓読→]
孀(やもめ) 과부. 미망인.

| 26 魚 | 鱶 | 상어 **상**·건어 **상** ショウ ふか・ひもの |

[参考] 鯊과 同字.
[訓読→]
鱶(ふか) 〔魚〕상어.
鱶鰭(ふかひれ) ☞鱶の鰭(ふかのひれ).
鱶の鰭(ふかのひれ) 상어 지느러미.

새

| 13 土 | 塞 | 변방 **새**·막을 **색** サイ・ソク とりで・ふさぐ・せく・ ふさがる |

[音読→]
塞内(さいない) 중국 만리장성의 안쪽.
塞上(さいじょう) 요새(要塞) 부근.
塞翁が馬(さいおうがうま) 새옹지마.
塞壅(そくよう) 막음. 막힘.
塞外(さいがい) 새외. 요새〔국경〕밖.
塞源(そくげん) 새원.
塞栓(そくせん) 〔醫〕색전. 혈전(血栓) 등으로 혈관이 막히는 일.
‖~症(しょう) 〔醫〕색전증. 색전으로 인해 혈류(血流) 장애를 일으키는 질병.
塞閉(そくへい) 폐색(閉塞).
[訓読→]
❖塞がる(ふさがる) ① 막히다. 메다. ② 닫히다. ③ (음양도에서) 손이 있다.
塞がり(ふさがり) ① 막힘. (꽉) 참. ② 손이 있는 방향. 음양도에서, 불길하다는 방향.
❖塞く(せく) ① (물줄기 따위를) 막다. ② (사람의 사이를) 떼어놓다.
塞き敢えず(せきあえず) 누를 수 없는〔없이〕. 막을 수 없는〔없이〕.
塞き上げる(せきあげる) 보를 막아 물이 붇게 하다〔물을 역류시키다〕.
塞き止める(せきとめる) ① 강 등의 흐름을 차단함. ② 어떤 일의 힘이나 진행을 억지함.
❖塞ぐ(ふさぐ) ① 막다. ② 메우다. ③ 우울해지다. 답답해지다.
塞ぎ(ふさぎ) 마음이 울적함. 우울함.
‖~の虫(むし) 기분이 울적함(을 벌레에 비유한 말).
塞ぎ込む(ふさぎこむ) 몹시 우울해지다.
[其他→]
塞の神(さえのかみ) 행인을 보호하는 길의 신. *さいのかみ로도 읽음.

| 17 貝 | 賽 | 굿 **새**·주사위 **새** サイ |

[音読→]
賽(さい) 주사위.
賽する(さいする) 신불에게 소원을 빌어 성취되었을 때 참배함.
賽六(さいろく) ① 견습생·상노의 은어. ② 사람을 얕보아 일컫는 말. 「는 면.
賽目(さいめ) 주사위의 수가 점으로 새겨 있는 면.
賽の目(さいのめ) ① 주사위의 눈. ② 주사위 모양(의 작은 6면체).
賽物(さいもつ) 신불(神佛)을 참배할 때, 특히 소원이 이루어져 감사의 뜻으로 바치는 공물(供物).
賽人(さいじん) 신사(神社)나 불당에 참배하는 사람.
賽子(さいころ) 주사위.
賽銭(さいせん) 새전. 신불에 참배하여 올리는 돈(《불전(佛錢)·연보 등》).
‖~箱(ばこ) (신사나 절 앞의) 새전함.
賽の河原(さいのかわら) ①〔佛〕죽은 아이가 저승에서 부모의 공양을 위하여 돌을 쌓아 탑을 만든다는 삼도(三途)내의 모래강변. ②(끝없는) 헛된 노력.

| 19 玉 常 | 璽 | 옥새 **새** ジ しるし |

[音読→]
璽書(じしょ) 새서. 천자(天子)의 옥새가 찍힌 문서.

| 20 魚 | 鰓 | 아가미 **새** サイ・シ あぎと・えら |

[音読→]
鰓裂(さいれつ) 〔魚〕새열. 아감구멍.
[訓読→]
鰓(えら) ① 아가미. ② 〈俗〉하관(下顎).
鰓蓋(えらぶた) 〔魚〕아감딱지. 아가미 덮개. *さいがい로도 읽음.
鰓骨(えらぼね) 〔魚〕아감뼈. 아가미뼈. *さいこつ로도 읽음.
鰓孔(えらあな) 〔動〕새공. 아감구멍. 새열(鰓裂). *さいこう로도 읽음.

색

| 6 色 教 | 色 | 빛 **색**·색 **색** ショク・シキ いろ |

音読

色価(しきか)〖美〗색가.
色覚(しきかく) 색각. 색을 식별하는 감각.
‖~異常(いじょう) 색각 이상.
色感(しきかん) 색감.
色界(しきかい)〖佛〗색계.
色度(しきど)〖理〗색도.
色道(しきどう) 색도. 색(色)〔외도〕에 관한 일.
色灯二位式(しきとうにいしき) 적색과 청색의 두 색으로 정지와 진행을 지시하는 신호 등의 형태.
色魔(しきま) 색마. 호색한.
色盲(しきもう) 색맹.
色素(しきそ) 색소. ♣~体(たい)〖植〗색소체/~胞(ほう)〖生〗색소포. 「단백질.
‖~蛋白質(たんぱくしつ)〖生・化〗색소 ~沈着(ちんちゃく)〖生〗색소 침착.
色身(しきしん)〖佛〗색신. 육체.
色神(しきしん) 색신. 색각.
‖~検査(けんさ)〖醫〗색신 검사.
色心(しきしん)〖佛〗색심. 물질과 정신.
色弱(しきじゃく) 색약.
色欲(しきよく) 색욕.
色慾(しきよく) ⇨ 色欲(しきよく).
色原体(しきげんたい)〖化〗색원체.
色情(しきじょう) 색정. 욕정. ♣~狂(きょう) 색정광.
~倒錯(とうさく) 색정 도착.
色調(しきちょう) 색조.
色即是空(しきそくぜくう)〖佛〗색즉시공.
色彩(しきさい) 색채.
‖~感覚(かんかく) 색채 감각.
~管理(かんり) 색채 관리.
~映画(えいが) 색채 영화.
~調節(ちょうせつ) 색채 조절.
色聴(しきちょう)〖心〗색청. 어떤 음을 들을 때 반드시 일정한 색채 감각이 수반하는 현상.
色沢(しきたく) 색택. 색채와 광택.

訓読

色 ㊀(いろ) ①색. 빛. ②안색. ③가락. 울림. ④화장. 분. ⑤애인. 정부(情婦・情夫).
㊁(しょく) 《接尾語로》…색. ②상태・모양.
色ガラス(いろガラス) 색유리.
色っぽい(いろっぽい) 요염하다. 성적 매력이 있다.
色めく(いろめく) ①제철이 되어 아름다운 빛을 띠다. ②긴장한 빛이 나타나다. 활기를 띠다. ③동요의 빛이 나타나다. 술렁거리다.
色んな(いろんな) 〈口〉여러 가지. 가지각색의. 각〔갖〕가지.
色見本(いろみほん) 천・용지・도료 등의 여러 가지 색을 모아 정리하여 만든 견본.
色狂い ㊀(いろきちがい) ⇨ 色気違い(いろきちがい).
㊁(いろぐるい) 색에 미침. 또, 그런 행동을 함.
色校正(いろこうせい)〖印〗색교정. 다색 인쇄에서 인쇄물을 만들 때 색조 등을 원고와 대조하여 조정하는 교정 작업.

色気(いろけ) ①색깔의 배합. 색조. ②멋. 풍치(風致). 재미. ③성적 매력. ④성(性)을 앎. ⑤사물에 대해 관심・욕심을 가짐.
色気違い(いろきちがい) 색광(色狂). ①색정광(色情狂). ②지나친 호색. 또, 그러한 사람. 「(情夫).
色男(いろおとこ) ①미남자. ②〈俗〉정부
色女(いろおんな) ①색정적인 여자. ②〈俗〉정부(情婦). ③미인. 미녀. 「심하다.
色濃い(いろこい) 기색이 짙다. 어떤 경향이
色豆(いろまめ) ①색깔이 있는 콩. ②물을 들인 콩자반. ③〖經〗콩・팥 이외의 강낭콩・완두 등을 이르는 말.
色落ち(いろおち) 세탁할 때 색깔이 빠짐.
色恋(いろこい) 색정이나 연애.
‖~沙汰(ざた) 남녀 관계. 또, 그 소문.
色里(いろざと) 유곽(遊廓). 「국물.
色利(いろり) 가다랑어포와 콩 따위를 삶은
色めき立つ(いろめきたつ) 긴장한 빛이 나타나다.
色模様(いろもよう) ①색무늬. ②歌舞伎(かぶき)에서, 정사(情事) 장면.
色目(いろめ) ①(의복 등의) 색조. ②윙크. 추파. 곁눈. ③모양. 상태. 「다.
~を使(つか)う 추파를 던지다. 곁눈을 주
色文(いろぶみ) 연애 편지.
色物(いろもの) ①(흰색과 검정색 이외의) 색이 든 옷감. 색옷. ②(흥행에서) 곡예・요술・춤・노래 따위의 일컬음.
‖~席(せき) 곡예・요술・춤 등을 보여 주는 대중적 연예장.
色斑(いろむら) 색깔이 진 얼룩.
色抜き(いろぬき) ①탈색. ②연회 따위에서 여자가 끼지 않음.
色白(いろじろ) 살갗이 흼.
色変わり(いろがわり) ①변색. 퇴색. ②(옷감 등이) 무늬・형태가 같고 색만 다름. ③색다름. ④☞色直し(いろなおし).
色柄(いろがら) (옷감의) 빛깔과 무늬.
色付く(いろづく) ①물이 들다. 색을 띠게 되다. ②여자〔처녀〕티가 나다. 여성이 눈을 뜨다. ③〈文〉☞色付ける(いろづける).
色付け(いろづけ) ①채색. 착색. ②약품 처리로 금속의 빛을 아름답게 하는 일. ③특별 서비스〔할인・덤 등〕.
色付ける(いろづける) 착색하다. 채색하다.
色分け(いろわけ) ①채색을 달리하여 구분함. ②분류.
色粉(いろふん) 칠기 표면에 무늬나 그림 따위를 그리는 데 쓰는 각종 가루 안료(顔料).
色分解(いろぶんかい) 색분해.
色糸(いろいと) ①색실. ②三味線(しゃみせん)의 줄.
色事(いろごと) ①정사(情事). ②연극에서, 남녀 정사에 관한 연기.
‖~師(し) ①연극에서, 남녀 정사의 연기를 잘하는 배우. ②바람둥이. 탕아.
色使い(いろづかい) 색의 사용법. 배색.

色仕掛け(いろじかけ) (목적을 위해) 여색이나 색정을 이용함. 미인계.
色相 ㊀(いろあい) ⇨ 色合い(いろあい).
㊁(しきそう) ①색상. 색조. ②〖佛〗육안으로 볼 수 있는 형상.
色上戸(いろじょうご) 술을 마시면 금방 얼굴이 빨개지는 일. 또, 그런 사람.
色色(いろいろ) 여러 가지 종류. 가지각색.
色盛り(いろざかり) (여자의) 한창때(의 나이). 가장 성숙한 때.
色消し(いろけし) ①모처럼의 재미・흥미・정취를 없앰. ②〖理〗색지움. 색수차(色收差)를 없앰.
色焼け(いろやけ) ①색이 바램. 퇴색. ②살갗이 볕에 탐. ③화장독(化粧毒)이 오름.
色刷り(いろずり) 〖印〗색채 인쇄.
色収差(いろしゅうさ) 〖理〗색수차.
色悪(いろあく) 歌舞伎(かぶき)에서, 용모가 아름다운 악역.
色眼鏡(いろめがね) 색안경.
色薬(いろぐすり) 도자기에서, 산화철・산화크롬 등을 섞은 유약〔겟물〕.
色揚がり(いろあがり) 염색이 아름답게 됨.
色鉛筆(いろえんぴつ) 색연필.
色染め(いろぞめ) 염색(한 것).
色艶(いろつや) ①(얼굴빛・살갗의) 윤기. ②재미. 정감(情感).
色玉(いろだま) 석류(石榴)의 딴이름.
色温度(いろおんど) 〖理〗색온도.
色違い(いろちがい) 크기・형은 같으나 색만 다름. 또, 그러한 것.
色立体(いろりったい) 〖美〗색입체.
色釉(いろぐすり) ⇨ 色薬(いろぐすり).
色敵(いろがたき) 연적(戀敵).
色町(いろまち) 유곽(遊廓).
色鳥(いろどり) 가을에 건너오는 갖가지 작은 새. 특히, 날개 색깔이 아름다운 새.
色酒(いろざけ) 유곽에서 마시는 술.
色止め(いろどめ) (약품을 넣어) 염색한 물이 빠지지〔날지〕않게 함.
色紙 ㊀(いろがみ) 색종이. 색지.
㊁(しきし) ①和歌(わか)・俳句(はいく)를 쓰기 위한 두껍고 네모난 종이. ②낡은 의복의 안에 대는 천.
‖~形(がた) ①'短冊形(たんざくがた)'에 대하여, 정사각형에 가까운 네모꼴. ②병풍 따위에 '色紙(しきし)①'모양의 종이를 발라 시가(詩歌)를 써 놓은 것.
色直し(いろなおし) ①무색 옷으로 갈아입음. (결혼식 후에) 신부가 다른 옷으로 갈아입음. ②다시 염색함.
‖~の杯(さかずき) 결혼식 후, 신랑・신부가 잠자리에 들기 전에 나누는 술잔.
色草(いろくさ) 가을의 들판이나 정원을 물들이는 갖가지 풀. 가을의 풀.
色取り(いろどり) ①채색. ②색의 배합(配合). ③구색(具色).
‖~月(づき) 음력 9월의 딴이름.

色漆(いろうるし) 안료(顔料)를 섞어 조합(調合)한 옻칠.
色褪せる(いろあせる) 빛이 바래다. 퇴색하다.
色布(いろぬの) 여러 가지 색으로 염색한 천.
色合い(いろあい) ①색조. ②성격・경향 따위의 짜임새〔정도〕.
色香(いろか) ①빛깔과 향기. ②여자의 아리따운 모습.
色好い(いろよい) 이쪽이 희망하는〔바라는〕대로의. 바람직한. 호의적인.
色好み(いろごのみ) 호색. 호색한(漢). 색골 《넓은 뜻으로는 여자에게도 씀》.
色糊(いろのり) 염색에서, 염료를 섞은 풀. 날염(捺染)에 씀.
色話(いろばなし) 남녀의 정사(情事)에 관한 외설한 이야기. 섹스 이야기.
色回り(いろまわり) 빛깔. 색채.
色絵(いろえ) ①색칠한 그림. ②도자기・금속기의 표면에 채색함. 또, 그 기법.
‖~磁器(じき) 채색한 자기.
色黒(いろぐろ) 피부색이 검음. 또, 그런 모양.
ココア色(ココアいろ) 코코아색. 어두운 황적색(黄赤色).

〖其他〗
色丹(しこたん) 〖地〗일본이 북방 4도(島)라고 하는 네 섬 중의 하나.

| 13
口 | 嗇 | 인색할 색・탐낼 색
ショク
おしむ・やぶさか |

〖其他〗
嗇い(しわい) (関西(かんさい) 지방에서) 인색하다. 다랍다.

| 13
矛 | 穡 | 작살 색・찌를 색
サク・シャク
やす・さす |

〖訓読〗
穡(やす) 작살.

생

| 5
生
教 | 生 | 날 생・살 생
セイ・ショウ いきる・いかす・いける・うまれる・うむ・おう・はえる・はやす・き・なま・うぶ・なる・なす |

〖音読〗
生 ㊀(せい) ①삶. 인생. ②생명. 목숨. ③생활. 생업. ④생물. ⑤소생(小生).
㊁(しょう) ①날것. 생것. 있는 그대로의 것. 직접 하는 일. ②불충분・불완전의 뜻을 나타냄.
㊂(き) 《接頭語로》생…. ①순수함. ②잠겻

四(しょう)〈老〉생. 삶. 목숨.
生じる(しょうじる) ☞ 生ずる(しょうずる)
生ずる(しょうずる) ① (초목이) 돋아 나오다. ② (사물이) 발생하다. ③ 생기게 하다.
生家(せいか) 생가. *しょうかろも 읽음.
生姜 曰(しょうが) ⇨ 生薑(しょうが).
　　　曰(しょうきょう) ⇨ 生薑(しょうきょう).
生薑 曰(しょうが) 생강. 새앙. 생. ♣~湯(ゆ) 생강차.
‖~糖(とう) 생강즙에 백설탕을 섞어 굳힌 과자.
~味噌(みそ) 생강의 즙이나 생강채를 된장에 섞은 것.
~酒(ざけ) 강판에 간 생강을 넣어 데운 술.
~酢(ず) 생강즙을 섞은 식초.
曰(しょうきょう) (한방에서) 생강의 뿌리를 말린 약제.
生客(せいかく) 처음 보는 손.
生検(せいけん) 생검. 생체 조직의 일부를 잘라 검사하여 병리 조직학적으로 진단함.
生繭(せいけん) 생견. 생고치. *なままゆにも 읽음.
生硬(せいこう) 생경. (글 따위가) 미숙함.
生計(せいけい) 생계. 「비 지수.
‖~費(ひ) 생계비. ♣~指数(しすう) 생계
生苦(しょうく) 〖佛〗 생고.
生果(せいか) 생과. 생과일.
生光(せいこう) 〖天〗 생광. 개기식이 지나고 해나 달의 일부가 다시 보이기 시작함.
生国(しょうごく) 태어난 나라 [고장]. 고향.
生菌(せいきん) 〖醫〗 생균.
生禽(せいきん) 생금(せいきん).
生擒(せいきん) 생금. 생포.
生気(せいき) 생기. *しょうげろも 읽음.
♣~論(ろん) 〖哲〗 생기론. 생기설.
生起(せいき) 생기. 일어남.
生年(せいねん) 생년. ① 태어난 해. ② 나이. *②는 しょうねん으로도 읽음.
生年月日(せいねんがっぴ) 생년월일.
生徒(せいと) 생도. 학생. ♣~会(かい) 학
‖~手帳(てちょう) 학생 수첩. 「생회.
~指導(しどう) 학생 지도.
生動(せいどう) 생동.
生得(せいとく) 생득. 타고남. 천성. *しょうとくろも 읽음. ♣~説(せつ) 생득설 / ~的(てき) 생득적.
‖~観念(かんねん) 생득 관념. *しょうとくかんねん으로도 읽음.
生卵器(せいらんき) 〖生〗 생란기.
生来(せいらい) 생래. ① 선천적으로. 날 때부터. ② 본디부터. *しょうらいろも 읽음.
生霊(せいれい) 생령. ① 백성. ② 살아 있는 사람의 원령(怨靈). *しょうりょうろも 읽음. ③ 생명.
生路(せいろ) 생로. 생존의 길. 생활 방법.
生老病死(しょうろうびょうし) 〖佛〗 생로병사. 인생이 반드시 겪어야 하는 네 가지 고통.

生類(しょうるい) 생류. 생물. *せいるいにも 읽음.
‖**~憐**(あわ)**れみの令**(れい) 〖史〗 (1687년, 德川(とくがわ) 5대 将軍(しょうぐん) 綱吉(つなよし)가 발포한) 동물 애호령.
生理(せいり) 생리. ① 생물의 몸의 작용. ② 월경. ♣~帯(たい) 생리대 / ~日(び) 생리일 / ~的(てき) 생리적 / ~学(がく) 생리학.
‖**~落果**(らっか) 생리적 낙과. 냉해 때문에 과실이 일제히 떨어지는 현상. 「염수.
~食塩水(しょくえんすい) 〖醫〗 생리 식
~休暇(きゅうか) 생리 휴가.
生面(せいめん) ① 새로운 경지·방법. ② 생면. 초면(初面). 「도 읽음.
生滅(しょうめつ) 생멸. 생사. *せいめつろも
生命(せいめい) 생명. 목숨. ♣~感(かん) 생명감 / ~権(けん) 생명권 / ~力(りょく) 생명력 / ~線(せん) 생명선 / ~表(ひょう) 생명표 / ~刑(けい) 생명형.
‖**~科学**(かがく) 생명 과학.
~保険(ほけん) 생명 보험.
~倫理(りんり) 생명 윤리.
生母(せいぼ) 생모.
生毛体(せいもうたい) 〖生〗 생모체.
生没(せいぼつ) 생몰. 태어남과 죽음. ♣~年(ねん) 생몰년.
生無き(しょうなき) 생명 없는. 목숨 없는.
生物(せいぶつ) 생물. ♣~界(かい) 생물계 / ~圏(けん) 〖地〗 생물권 / ~相(そう) 생물상 / ~岩(がん) 〖地〗 생물암.
‖**~検定**(けんてい) 생물 검정.
~季節(きせつ) 생물 계절.
~工学(こうがく) 생물 공학.
~農薬(のうやく) 생물 농약.
~濃縮(のうしゅく) 생물 농축. 환경 중의 특정 물질이 생체 내에 축적되어 농도를 증가하는 현상.
~毒素兵器禁止条約(どくそへいききんしじょうやく) 생물 독소 무기 금지 조약.
~物理学(ぶつりがく) 생물 물리학.
~発光(はっこう) 생물 발광.
~発生原則(はっせいげんそく) 생물 발생
~兵器(へいき) 생물 무기. 「원칙.
~時計(とけい) 〖生〗 생물 시계. 체내(體内) 시계. 「물적 방제.
~的(てき) 생물적. ♣~防除(ぼうじょ) 생
~電気(でんき) 생물 전기.
~地理学(ちりがく) 생물 지리학.
~指標(しひょう) 생물 지표.
~処理(しょり) 생물 처리. 미생물을 이용한 수질 오염 물질의 처리.
~統計学(とうけいがく) 생물 통계학.
~学(がく) 생물학. ♣~主義(しゅぎ) 생물학주의.
~学的(がくてき) 생물학적. ♣~応答調節物質(おうとうちょうせつぶっしつ) 생물학적 응답 조절 물질 / ~製剤(せいざい) 생물학적 제제.

~化学(かがく) 생물 화학. ♣~兵器(へいき) 생물 화학 무기. /~的酸素要求量(てきさんそようきゅうりょう)〖生〗생물 화학적 산소 요구량.
㊂ (なまもの) 생것. 날것. 특히, 생선류.
生民(せいみん) 생민. 인민. 민초.
生魄(せいはく) 생백. ① 음력 16일의 달. 기망(既望). ② 넋. 생령.
生蕃(せいばん) ① 정복자 등의 교화에 따르지 않는 원주민. ② 일본 통치 시대에, 대만의 고산족 중 원시 생활을 하던 원주민.
生別(せいべつ) 생(이)별.
生別離(せいべつり) 생이별.
生兵(せいへい) 전투에 참가하지 않아 상처가 없는 병사.
生保(せいほ) 생보. '生命保険(せいめいほけん)(=생명 보험)'의 준말.
生分解性プラスチック(せいぶんかいせいプラスチック) 생분해성 플라스틱.
生仏(しょうぶつ) 중생과 부처.
‖**~不二**(ふに)〖佛〗생불불이.
~一如(いちにょ)〖佛〗생불일여.
生写し(しょううつし) 꼭 닮음. 빼쏨.
生死(せいし) 생사. 삶과 죽음. *老人語로는 しょうし라고도 함.
㊂ (しょうじ)〖佛〗① ☞㊀. ② 윤회.
‖**~の苦海**(くかい)〖佛〗생사의 고해.
~無常(むじょう)〖佛〗생사가 무상함.
~不二(ふに)〖佛〗생사불이. 삶과 죽음이 본래 하나임.
~流転(るてん)〖佛〗생사 유전.
~輪廻(りんね)〖佛〗생사 윤회.
生産 ㊀ (せいさん) 생산. ♣~高(だか) 생산고 /~力(りょく) 생산력 /~費(ひ) 생산비 /~額(がく) 생산액 /~財(ざい) 생산재.
‖**~価格**(かかく) 생산 가격.
~過剰(かじょう) 생산 과잉.
~関係(かんけい) 생산 관계.
~管理(かんり) 생산 관리.
~関数(かんすう) 생산 함수.
~国民所得(こくみんしょとく) 생산 국민 소득.
~緑地(りょくち) 생산 녹지.
~目標(もくひょう) 생산 목표.
~飼料(しりょう) 생산 사료.
~性(せい) 생산성. ♣~向上運動(こうじょううんどう) 생산성 향상 운동.
~手段(しゅだん) 생산 수단.
~様式(ようしき) 생산 양식.
~年齢(ねんれい) 생산 연령.
~要素(ようそ) 생산 요소.
~者価格(しゃかかく) 생산자 가격.
~者米価(しゃべいか) 생산자 쌀값.
~資本(しほん) 생산 자본.
~的(てき) 생산적. ♣~思考(しこう) 생산적 사고.
~制限(せいげん) 생산 제한.
~組合(くみあい) 생산 조합.
㊁ (しょうさん) 생산. 아이를 낳는 일. 또,

태어나는 일. 출산.
生殺(せいさつ) 생살.
‖**~与奪**(よだつ) 생살 여탈.
生色(せいしょく) 생기(生氣).
生生 ㊀ (せいせい) ① 출생함. 출생하여 자람. ② 생생. 사물이 끊임없이 왕성하게 활동하는 모양. ③ 생생. 싱싱한 모양.
‖**~発展**(はってん) 생생 발전. 끊임없이 힘차게 발전함.
~流転(るてん) 생생 유전. 만물은 생성하여 끊임없이 변화함. *しょうじょうるてん으로도 읽음. 「생육함.
~化育(かいく) 생생 화육. 자연이 만물을
㊁ (しょうじょう) 생사를 되풀이함.
‖**~世世**(せぜ) 생생세세. ① 생사를 되풀이하며 지내는 많은 세상. ② 현세나 후세나. 언제까지나.
生石灰(せいせっかい)〖化〗생석회.
生鮮(せいせん) 생선·야채 등이 싱싱함. 신선함.
‖**~食料品**(しょくりょうひん) 신선 식품.
生成(せいせい) 생성. ♣~物(ぶつ) 생성물 /~熱(ねつ)〖理〗생성열.
‖**~文法**(ぶんぽう)〖言〗생성 문법.
生所(しょうしょ) ①〖佛〗죽어서 다시 태어날 곳. ② 출생지. 태어난 곳.
生疎(せいそ) 생소.
生損保(せいそんぽ) 생명 보험과 손해 보험 「의 총칭.
生受(せいじゅ) 타고남.
生熟(せいじゅく) 생숙. 미숙함과 성숙함.
生時(せいじ) 생시. ① 태어난 때. ② 살아 있는 동안.
生食(せいしょく) 생식.
生息(せいそく) ① 생식. 살아 생활함. 생존함. ② 서식(棲息). ♣~域(いき) 서식 지역.
生植(せいしょく) 초목이 자라고 있음.
生殖(せいしょく) 생식.
‖**~器**(き) 생식기. 성기(性器). *口語로는 せいしょっき라고도 함. ♣~崇拝(すうはい) 생식기 숭배.
~器官(きかん)〖生〗생식 기관.
~技術(ぎじゅつ)〖醫〗생식 기술.
~腺(せん)〖生〗생식선. ♣~刺激ホルモン(しげきホルモン) 생식선 자극 호르몬.
~細胞(さいぼう)〖生〗생식 세포.
~輸管(ゆかん)〖生〗생식 수관.
~羽(う)〖鳥〗수컷 새에 번식기에만 나타나는 아름다운 깃털.
生辰(せいしん) 생신.
生新(せいしん) 생신. 싱싱하고 새로움.
生児(せいじ)(갓) 태어난 아이.
生涯(しょうがい) 생애. 일생. 평생.
‖**~雇用**(こよう) 종신 고용.
~教育(きょういく) 평생 교육.
生養(せいよう) 생양. 양육.
生臙脂(しょうえんじ) 호연지(胡臙脂). 근세에 중국에서 전래된 선홍색 염료.
生元素(せいげんそ)〖生〗생원소.
生月(せいげつ) 생월. 난 달.

生有(しょうう)〖佛〗생유.
生育(せいいく) 생육.
生意(せいい) ①오래 살기를 바라는 마음. ②「생기.
生益(しょうえき) 출생에 의해 인구가 늚.
生日(しょうじつ) 생일.
生者(しょうじゃ)〖佛〗생자. 살아 있는 사람. *せいしゃ・せいじゃ로도 읽음.
‖~必滅(ひつめつ)〖佛〗생자필멸.
生残(せいざん) 살아 남음. 생존.
生長(せいちょう) 생장. ♣~点(てん)〖植〗생장점. 「읽음.
生前(せいぜん) 생전. *しょうぜん으로도
生存(せいぞん) 생존. ♣~権(けん) 생존권 /~者(しゃ) 생존자.
‖~競争(きょうそう) 생존 경쟁.
生即無生(しょうそくむしょう)〖佛〗생즉무생.
生着率(せいちゃくりつ) 이식한 장기・조직이 시술 후에 제대로 그 기능을 발휘하고 있는
生彩(せいさい) 생채. 생기. 「정도.
生体(せいたい) 생체. ♣~膜(まく)〖生〗생체막.
‖~肝(かん) 생체간. ♣~移植(いしょく) 생체간 이식.
~高分子(こうぶんし) 생체 고분자.
~工学(こうがく) 생체 공학.
~濃縮(のうしゅく) 생체 농축.
~反応(はんのう) 생체 반응.
~色素(しきそ) 생체 색소.
~染色(せんしょく) 생체 염색.
~電気(でんき) 생체 전기.
生草(せいそう) 생초.
生誕(せいたん) 생탄. 출생. 탄생. 「학.
生態(せいたい) 생태. ♣~学(がく) 생태
‖~系(けい) 생태계. ♣~農業(のうぎょう) 생태계 농업.
~史観(しかん) 생태 사관.
~的地位(てきちい) 생태적 지위.
生必(せいひつ) 생필. '生活必需品(せいかつひつじゅひん)=생활 필수품)'의 준말.
生合成(せいごうせい)〖生〗생합성.
生害(しょうがい) 자살함. 자해.
生協(せいきょう) '生活協同組合(せいかつきょうどうくみあい)(=생활 협동 조합)'의 준말.
生花(せいか) ①생화. *なまばな로도 읽음. ②꽃꽂이.
生化学(せいかがく) 생화학.
‖~検査(けんさ) 생화학 검사.
生拡(せいかく) '生産拡充(せいさんかくじゅう)(=생산 확충)'의 준말.
生還(せいかん) 생환.
生活(せいかつ) 생활. ♣~苦(く) 생활고 / ~権(けん) 생활권 / ~給(きゅう) 생활급 / ~難(なん) 생활난 / ~力(りょく) 생활력 / ~費(ひ) 생활비 / ~史(し)〖生〗생활사 / ~体(たい)〖生〗생활체 / ~型(がた)〖生〗생활형 / ~化(か) 생활화.

‖~感情(かんじょう) 생활 감정.
~空間(くうかん) 생활 공간.
~共同体(きょうどうたい) 생활 공동체.
~教育(きょういく) 생활 교육.
~機能(きのう) 생활 기능.
~反応(はんのう) 생활 반응.
~排水(はいすい) 생활 배수.
~保護(ほご) 생활 보호.
~扶助(ふじょ) 생활 부조.
~設計(せっけい) 생활 설계.
~水準(すいじゅん) 생활 수준.
~時間(じかん) 생활 시간.
~様式(ようしき) 생활 양식.
~年齢(ねんれい) 생활 연령.
~の質(しつ) 생활의 질.
~綴り方(つづりかた) 현실 생활에서 생각한 것이나 느낌을 그대로 표현한 작문.
~態度(たいど) 생활 태도.
~派(は) 생활파. 현실 생활을 중시하고 일상 생활의 체험을 중심으로 창작 활동을 하는 예술상의 한 파.
~必需品(ひつじゅひん) 생활 필수품.
~学習(がくしゅう) 생활 학습.
~環(かん)〖生〗생활환. 생활사(史). 라이프 사이클.
~環境(かんきょう) 생활 환경.
生後(せいご) 생후.
生休(せいきゅう) '生理休暇(せいりきゅうか)(=생리 휴가)'의 준말.

訓読 ▶
生かす(いかす) 살리다. ①살려두다. ②활용하다. ③소생시키다.
生かる(いかる) 꽃꽂이의 꽃이 물에 꽂히다.
生く(いく)〈文〉살다.
生す ㊀(なす) (자식을) 낳다.
㊁(むす)〈雅〉생기다. 나다.
生やす(はやす) (수염・털・초목 등을) 자라게 하다. 기르다.
生い立ち(おいたち) ①성장(함). 자라남. ②성장 과정. 자란 내력.
生い立つ(おいたつ) 성장하다. 자라다.
生い茂る(おいしげる) (초목이) 무성하다. 우거지다. 「래.
生い先(おいさき) (성장해 가는) 앞날. 장생い育つ(おいそだつ) 성장하다. 자라나다.
生きぬ仲(なさぬなか) 친부모 친자식이 아닌 사이.
❖生(き) ▶**音読** 生 ㊂.
生絹(きぎぬ) 생견. 생사로 짠 명주. 생명주. *すずし・せいけん으로도 읽음.
生蕎麦(きそば) 순 메밀국수.
生一本(きいっぽん) 다 짠 다음 직기에서 떼어낸 그 대로의 직물.
生娘(きむすめ) 숫처녀. 동정녀.
生蝋(きろう) 거먕옻나무 따위의 과실에서 채취한 납.
生漉き(きずき) 닥나무・삼지닥나무・안피나무만으로 종이를 뜸. 또, 그 종이. 생목지.

*きすきろくも 읽음.
生麻(きあさ) 생마. 삶지 아니한 삼.
生綿(きわた) 솜.
生蜜(きみつ) 생밀. 생청.
生飯(きめし) 이밥. 입쌀밥.
生糸(きいと) 명사.
∥~年度(ねんど) 생사 연도《매년 6월부터 이듬해 5월까지의 1년간》.
生成り(きなり) ① 있는 그대로 꾸밈이 없음. ② 아직 마전하지 않음. ③ ☞生成り色.
∥~色(いろ) 염색하거나 바래지 않은 실·천의 빛깔.
三(なまなり) 미완성임.
生世話(きぜわ) 生世話物(きぜわもの)의 준말. 《歌舞伎(かぶき)에서》 그 각본을 쓴 당시의 세태나 인정·풍속을 제재(題材)로 한 사실적인 연극.
生っ粹(きっすい) 《출신·성분 따위가》 순수.
生息子(きむすこ) 숫총각. 동정남.
生薬(きぐすり) ① 생약. *しょうやくろくも 읽음. ② 한방약.
∥~屋(や) 전재 약국. 전하여, 일반 약국.
生一本(きいっぽん) ① 순수함. 또, 그런 것. ② 《성질이》 올곧음. 강직함.
生醬油(きじょうゆ) ① 달이지 않은 간장. 날간장. ② 순장유. 전국.
生地 三(きじ) ① 본바탕. ② 옷감. 천. ③ 《도자기의》 소태(素胎).
三(せいち) 생지. 태어난 땅〔곳〕. *しょうちろくも 읽음.
∥~主義(しゅぎ) 《法》 출생지주의.
生紙(きがみ) 생지. 풀기(가) 많이 든 종이.
生直ぐ(きすぐ) 《老》 고지식한 모양. 숫됨.
生真面目(きまじめ) 고지식함. 올곧음. 지나치게 착실함. 또, 그런 사람.
生酢(きず) 순수한 초.
生漆(きうるし) 생(옷)칠. 정제(精製)하지 않은 옷칠.
生平 三(きびら) 생모시. 생베.
三(せいへい) 평소. 일상.
生布(きぬの) 생포. 생베.
生下戸(きげこ) 술을 전혀 마시지 못하는 사람.
❖**生**(なま) → 音読 生三.
生クリーム(なまクリーム) 생크림.
生ゴム(なまゴム) 생고무.
生ビール(なまビール) 생맥주.
生フィルム(なまフィルム) 생필름. 아직 쓰지 않은 필름.
生ワクチン(なまワクチン) 《醫》 생백신.
生覚え(なまおぼえ) 확실치 않은〔어렴풋한〕 기억.
生干し(なまぼし) 꾸덕꾸덕하게 말리기. 설말림. 또, 그렇게 말린 것.
生芥(なまごみ) ⇨ 生塵(なまごみ).
生乾き(なまかわき) 덜 마름.
生乾し(なまぼし) ⇨ 生干し(なまぼし).
生菓子(なまがし) 생과자.
生掛け(なまがけ) 애벌구이하지 않은 바탕에 유약을 바름.
生嚙み(なまがみ) ① 충분히 씹지 않음. ② 충분히 이해하지 못함.
生鮭(なまざけ) 소금에 절이지 않은 연어.
*なまじゃけらくも 함.
生暖かい(なまあたたかい) 뜨뜻미지근하다.
生卵(なまたまご) 날달걀. 생계란.
生栗(なまぐり) 생률. 날밤. 생밤.
生梅(なまうめ) 나무에서 갓 딴 매실.
生麦酒(なまビール) 생맥주.
生牡蠣(なまがき) 생굴.
生木(なまき) 생나무. ① 살아 있는 나무. ② 갓 벤 나무. 생목.
生聞き(なまぎき) ① 설들음. 무책임하게 들음. ② 제대로 듣지도 않고 아는 체함.
生物知り(なまものしり) 아는 체하고 떠벌림. 또, 그런 사람.
生米 三(なまごめ) 생쌀. 날쌀.
三(きごめ) 아직 정백하지 않은 쌀. 현미.
生半(なまなか) ① 어설픔. 엉거주춤함. ② 억지로. 차라리. 도리어.
生半可(なまはんか) 어중간함. 어설픔.
生返事(なまへんじ) 건성으로 대답함. 선대답.
生半尺(なまはんじゃく)〈俗〉 ☞ 生半可(なまはんか).
生放送(なまほうそう) 생방송.
生白い(なまじろい) 좀 희다. 창백하다.
生っ白い(なまっちろい)〈口〉 ☞ 生白い(なまじろい).
生番組(なまばんぐみ) 생방송 프로(그램).
生壁(なまかべ) 날벽. 마르지 않은 벽.
∥~色(いろ) 남빛을 띤 쥐색.
生兵法(なまびょうほう) 섣부른 검술. 전하여, 섣부른 기술. 어설픈 지식.
生麸(なまふ) 녹말을 빼고 남은, 아직 마르지 않은 밀가루. *しょうふろくも 읽음. ♣~糊(のり) 밀가루 풀.
生殺し(なまごろし) ① 반 죽임. ② 《상대방이 이러지도 저러지도 못하게》 결말을 짓지 않고 내버려 둠.
生傷(なまきず) 입은 지 얼마 안 된 상처.
生生しい(なまなましい) 생생하다. 새롭다.
生夕暮れ(なまゆうぐれ) 바야흐로 황혼이 될 무렵.
生齧り(なまかじり) 수박 겉핥기. 《지식·기능이》 어설픔.
生焼け(なまやけ) 설구워짐. 또, 설구워진 것. 「하다.
生小賢し(なまこざかし) 깜찍하다. 약은 체
生水(なまみず) 생수. 냉수. 끓이지 않은 물.
生首(なまくび) 방금 자른 (사람의) 목.
生熟れ(なまなれ) 미숙함. 또, 그런 사람.
生侍(なまざむらい) 풋내기 무사.
生身 三(なまみ) ① 살아 있는 (인간의) 몸뚱이. ② 날고기. 생고기.
三(しょうじん) 《佛》 생신. 정신(正身).
生新しい(なまあたらしい) 《시간이 얼마 안

生若い(なまわかい) 아직 젊고 미숙하다.
生揚げ(なまあげ) ① 설튀김. 설튀긴 것. ② 두부를 두껍게 썰어서 살짝 튀긴 것.
生魚 ㊀(なまざかな) ① 날생선. ② 갓 잡은 물고기. 「물고기.
㊁(なまうお) ① ☞㊀①. ② 활어(活魚). 산
㊂(せいぎょ) ① ☞㊁①. ② 선어(鮮魚).
生茹で(なまゆで) 데삶음. 설데침.
生演奏(なまえんそう) 생연주.
生温い(なまぬるい) ① 미적지근하다. ② 흐리멍텅하다. 미온적이다.
生牛乳(なまぎゅうにゅう) 생우유. 갓 짠 우유.
生原稿(なまげんこう) 육필(肉筆) 원고.
生乳(なまちち) 생우유. 끓이지 아니한〔갓짠〕우유. *せいにゅう로도 읽음.
生肉(なまにく) 생육. 생〔날〕고기. *せいにく로도 읽음.
生意気(なまいき) 건방짐. 주제넘음.
生易しい(なまやさしい) 손쉽다. 간단하다.
生餌(なまえ) 살아 있는 미끼.
生子(なまこ) 〖動〗해삼.
生煮え(なまにえ) ① 덜 삶음. 설익음. 또, 그 것. ② (대답·성질·태도가) 분명치 않음.
生長い(なまながい) 별나게 긴. 묘하게 긴.
生煎り(なまいり) 설볶음.
生節(なまぶし) ☞生り節(なまりぶし)
生り節(なまりぶし) 찐 가다랑어의 살을 설 말린 식품.
生爪(なまづめ) 생손톱.
生酒 ㊀(なまざけ) 맑은술.
㊁(きざけ) 진국 술. 전내기.
生中継(なまちゅうけい) 생중계.
生憎し(なまにくし) 얄밉다.
生知り(なましり) 제대로 알지 못함. 데알. 또, 그런 사람. 「음.
生漬け(なまづけ) 겉절이. 잘 절여지지 않
生塵(なまごみ) 부엌 쓰레기.
生臭さ(なまぐさ) 비린내가 남. 또, 비린내 나는 것. 「것.
‖**〜物**(もの) 생선·고기 따위 비린내 나는
〜坊主(ぼうず) (비린내 나는 음식을 먹는 따위) 파계를 예사로 하는 못된 중.
〜料理(りょうり) 생선이나 육류 요리.
生臭い(なまぐさい) ① 비린내가 나다. ② 중이 파계하여 타락하다. ③ 건방지다.
生酔い(なまよい) 얼근함. 약간 취함. 또, 그렇게 취한 사람.
生唾(なまつば) 군침.
生呑み込み(なまのみこみ) 충분히 이해하지 못함. 적당히 알아들은 척함.
生貝(なまがい) 생조개.
生皮(なまかわ) ① 생가죽. 가공하지 않은 가죽. 살갗. 피부. 껍질.
生学問(なまがくもん) 어설픈〔미숙한〕 학
生汗(なまあせ) 진땀. └문.
生餡(なまあん) 팥을 삶아서 껍질만 벗기고,

아직 설탕을 안 넣은 것.
生海苔(なまのり) 따서 아직 말리지 않은 김.
生賢し(なまさかし) 약다.
生血 ㊀(なまち) 생혈. 생피.
㊁(のり) 아직 마르지 않고 끈적이는 피.
生型法(なまがたほう) 거푸집이 마르기 전에 주조하는 방법.
生護謨(なまゴム) 생고무.
生懐し(なまなつかし) 어딘지 마음이 끌리다.
生欠伸(なまあくび) 선하품.
❖**生える**(はえる) 나다. 자라다.
生え抜き(はえぬき) ① 본토박이. ② 창업 이래 줄곧 근무하고 있음. 또, 그 사람.
生え変わる(はえかわる) 빠진 자리에 다시 생겨나다.
生え際(はえぎわ) 머리털이 난 언저리.
生え出る(はえでる) 싹트다. 발아하다.
❖**生きる**(いきる) 살다. 생존하다.
生き(いき) ① 삶. ② 신선함. 활기. ③ (교정볼 때) 지운 것을 도로 살림. ④ (바둑에서) 집을 내어 삶.
生き肝(いきぎも) 생간.
生き甲斐(いきがい) 사는〔산〕 보람.
生き口(いきぐち) 무당이 공수로 산 사람의 혼을 불러 그 뜻을 말하게 함. 또, 그 말. *いきくちとも 함.
生き金(いきがね) 보람 있게 쓴 돈. 산돈.
生き胆(いきぎも) ⇨ 生き肝(いきぎも).
生き胴(いきどう) ① 칼이 잘 드나 시험하기 위한 산 사람의 몸통. 또, 시험 삼아 베는 일. ② 江戸(えど) 시대의 사형의 하나. 수형자를 뉘어 목과 몸통을 동시에 베는 일.
生き霊(いきりょう) 상대에게 재앙을 내린다는 살아 있는 사람의 혼.
生き馬(いきうま) 살아 있는 말.
生き埋め(いきうめ) 생매장.
生き物(いきもの) ① 생물. 살아 있는 것. ② 생명체같이 작용하는 것. 「다.
生き返る(いきかえる) 되살아나다. 소생하
生き抜く(いきぬく) (어려움을 참고 견디며) 끝내 살아가다. 「도.
生き方(いきかた) ① 생활 방식. ② 삶의 태
生き変わり死に変わり(いきかわりしにかわり) 죽었다 다시 살아남. 다시 태어남.
生き別れ(いきわかれ) 생이별.
生き腐れ(いきぐされ) (생선 따위가) 싱싱해 보이나 실은 상했음.
生き不動(いきふどう) 〖佛〗 살아 있는 듯한 부동 명왕의 상(像).
生き仏(いきぼとけ) ① 생불. 산부처. ② 〈俗〉 산 사람.
生き死に(いきしに) 생사. 사느냐 죽느냐.
生き写し(いきうつし) ① 꼭 닮음. ② 살아 있는 것을 그대로 그림.
生き生き(いきいき) 싱싱한〔싱그러운〕 모양. 생기가 넘치는 모양.
生き生きしい(いきいきしい) 생생하다. 싱싱하다. 생기가 돌다.

生き辛い(いきづらい) 생활이 어렵다. 살기 괴롭다.　　　　　　　「어육(魚肉).
生き身(いきみ) ①살아 있는 몸. ②싱싱한
生き神(いきがみ) 생불. 이승에 현신한 신.
生き様(いきざま) 살아 나가는 태도.
生き魚(いきざかな) 활어.
生き御霊(いきみたま) 우란분재(盂蘭盆齋) 때 생존한 부모나 연장자를 대접하는 행사.
生き延びる(いきのびる) ①오래 살다. 장수하다. ②목숨을 부지하다. 살아 남다.
生き永らえる(いきながらえる) 오래 살다.
生き牛(いきうし) 살아 있는 소.
生き餌(いきえ) 산 미끼. 산 먹이.
生き人形(いきにんぎょう) ①산 사람처럼 만든 등신대의 인형. ②인형처럼 피부색이 흰 예쁜 여자.
生き字引(いきじびき) ①산 사전. 만물 박사. ②알고는 있으나 응용을 못하는 사람.
生き作り(いきづくり) ☞生け作り(いけづくり).
生き残り(いきのこり) 살아 남음. 또, 그 사람.
生き残る(いきのこる) 살아 남다.
生き長らえる(いきながらえる) 생존하다. 살아 남다. 오래 살다.
生き証文(いきじょうもん) 산 증인.
生き地獄(いきじごく) 생지옥.
生き体(いきたい) (씨름에서) 거의 지게 된 상태에서도 다시 반격할 가능성을 지닌 자세.
生き恥(いきはじ) 살아 있는 동안 받는 수치.
生き血(いきち) 생혈. 생피.
❖生ける(いける) ①〈老〉살리다. ②꽃꽂이 하다. ③(흙에) 심다.
生け擒(いけどり) ⇨生け捕り(いけどり).
生け籬(いけがき) 산울타리.
生け物(いけもの) ①꽃꽂이. ②실제로 쓸모가 있는 물건. 도움이 되는 물건.
生け魚(いけうお) 활어.
生け垣(いけがき) 산울타리.
生け作り(いけづくり) ①붕어·도미 따위로 회를 쳐서 다시 본 모양새로 꾸민 요리. ②신선한 생선 요리.
生け贄(いけにえ) 희생. 희생물.
生け簀(いけす) 물고기를 가두어 두는 곳. 활어조(活魚槽).
生け捕り(いけどり) ①생포. ②포로.
生け捕る(いけどる) ①생포하다. ②포로로 잡다.
生け火(いけび) 재에 묻어 둔 불.
生け花(いけばな) 꽃꽂이. 또, 그 꽃.
❖生まれる(うまれる) ①태어나다. ②없던 것이 새로 생기다.
生まれ(うまれ) ①출생. ②가문. 출신. 출생지.
‖~故郷(こきょう) 출생지. (태어난) 고향.
~年(どし) 태어난 해. 생년.
~性(しょう) 타고난 성질.
~素性(すじょう) 태어난 집안의 가계.
~月(づき) 태어난 달.
~在所(ざいしょ) 태어난 고장〔고향〕.

~値(ね) 새로 상장된 주식이나 증자한 주식의 권리락(落)된 주식에 처음 매겨진 값.
生まれ立て(うまれたて) 갓 태어남.
生まれ落ちる(うまれおちる) 태어나다.
生まれ変わる(うまれかわる) ①(다른 모습으로) 다시 태어나다. ②(성격 따위가) 싹 달라지다. 일변하다.
生まれ付き(うまれつき) ①선천적인 것(용모·능력 따위). 천성. ②선천적으로.
生まれ付く(うまれつく) (용모·성질 등을) 타고나다. 갖추고 태어나다.
生まれ乍ら(うまれながら) 태어날 때부터 이미[벌써].
生まれ損ない(うまれぞこない) (타고난) 신체·성질·능력이 남만 못함. 또, 그 사람.
生まれ育つ(うまれそだつ) 그 고장에서 태어나 자람.
生まれ合わす(うまれあわす) (마침) 그 무렵에 태어나다.
生まれ合わせる(うまれあわせる) ☞生まれ合わす(うまれあわす).
❖生む(うむ) ①(아이·새끼·알을) 낳다. ②만들어 내다.
生み(うみ) 낳음. 낳기.
生みの苦しみ(うみのくるしみ) ①산고(産苦). ②새로 일을 꾸며낼 때의 고생.
生み落とす(うみおとす) (아이·새끼·알 따위를) 낳다.
生みの母(うみのはは) 생모.
生み付ける(うみつける) ①(어떤 모양이나 성질로) 낳다. ②(알을) 슬다.
生み成す(うみなす) 낳다. 산출하다.
生みの子(うみのこ) ①친자식. ②〈古〉자손.　　　　　　　　　　　　「하다.
生み出す(うみだす) ①낳다. ②산출〔야출〕
生みの親(うみのおや) 친부모.
❖生る(なる) 열리다. 맺히다.
生らす(ならす) (열매를) 맺게 하다. 열리도록 하다.
生り(なり) (과실 따위가) 엶. 결실.
生り年(なりどし) 과일이 잘 되는 해.
生り木(なりき) 과실 나무. 과수.
生り物(なりもの) ①논밭의 수확. 소출. ②과수. 과일.
生業 ㊀(なりわい) ①생업. 가업. 직업.
 ＊せいぎょう로도 읽음. ②〈古〉농작. 농업.
 ㊁(すぎわい) 〈老〉생업. 생계.
生り下がる(なりさがる) 가지가 휠 정도로 열매가 열리다.

[其他]
生憎(あいにく) 공교롭게(도). (때)마침.

| 9 牛 常 | 牲 | 희생 생 セイ いけにえ |

[訓読]
牲 ㊀(いけにえ) 희생. 희생물.

㊂(にえ)〈雅〉신(神)이나 조정에 바치는 그 지방의 토산물. 진상물.

逆音▶

犠牲(ぎせい) 희생.

| 9
目
教 | 省 생 ⇨ 省 성 (p. 774) |

| 11
竹
入 | 笙 | 생황 생
ショウ |

音読▶

笙(しょう) 생황(笙簧)《관악기의 하나》.
笙歌(しょうか) 생가. 생황(笙簧)에 맞추어 노래함. 또, 그 노래.
笙の笛(しょうのふえ) ①『樂』생황(笙簧). ②장난감 피리. *そうのふえ로도 읽음.

| 12
生 | 甥 | 생질 생·사위 생
セイ
おい |

訓読▶

甥(おい) 조카. 생질.
甥御(おいご) 남의 조카의 공대말.
甥っ子(おいっこ)〈俗〉조카. 생질.

서

| 6
西
教 | 西 | 서녘 서
セイ・サイ
にし |

音読▶

西京(さいきょう) ①서경. 서쪽 수도. ②東京(とうきょう)에 대하여, 京都(きょうと).
西経(せいけい)『地』서경.
西高東低型(せいこうとうていがた)『氣』서고동저형《기압 배치형》.
西郊(せいこう) 서교. ①서쪽 교외. ②가을 들판. *さいこう로도 읽음.
西教(せいきょう) 서양의 종교. 곧, 그리스도교.
西欧(せいおう) 서구. ♣~的(てき) 서구적. ‖~主義(しゅぎ)『史』서구주의《러시아의 후진성을 타파하려는 사상》.
西国(さいごく) ①서쪽 나라[지방]. 특히, 九州(きゅうしゅう) 지방. ②西国三十三所(さんじゅうさんしょ)의 준말. 京都(きょうと)를 중심으로 한 関西(かんさい) 지방 33 개소의 관음(観音) 순례. ③西国巡礼(じゅんれい)의 준말. 西国三十三所를 순례함. 또, 그 순례자. *さいごく로도 읽음.
西紀(せいき) 서기. 「음.
西南(せいなん) 서남. *にしみなみ로도 읽

西南西(せいなんせい) 서남서.
西端(せいたん) 서단. 서쪽 끝.
西独(せいどく) 서독.
西来(せいらい) 서래. 서쪽에서 옴. *さいらい로도 읽음.
西暦(せいれき) 서력. 서기.
西面(さいめん) 서면.
西没(せいぼつ) 해·달이 서쪽으로 짐.
西方 ㊀(せいほう) 서방. 서쪽.
 ‖~教会(きょうかい) 서방 교회. 로마 가톨릭 교회. 「준말.
 ㊁(さいほう) 서방. ①서쪽. ②西方浄土의
 ‖~極楽(ごくらく)『佛』서방 극락.
 ~浄土(じょうど)『佛』서방 정토. 아미타불이 산다고 하는 극락 정토.
 ㊂(にしかた) ①서쪽. 서편. ②《시합하는 쌍방을 동서로 나누었을 때》서쪽편.
西部(せいぶ) 서부. ♣~劇(げき) 서부극.
 ‖~音楽(おんがく) 서부 음악.
 ~戦線(せんせん) 서부 전선.
西北(せいほく) 서북. *にしきたろ도 읽음.
西北西(せいほくせい) 서북서.
西陲(せいすい) 서수. 나라의 서쪽 변두리.
西詩(せいし) 서양의 시.
西岸(せいがん) 서안. 서쪽 기슭.
 ‖~気候(きこう)『氣』서안 기후.
 ~海洋性気候(かいようせいきこう)『氣』서안 해양성 기후.
西洋(せいよう) 서양. ♣~館(かん) 서양관 /~式(しき) 서양식 /~人(じん) 서양인 /~紙(し) 서양 종이 /~風(ふう) 서양풍 /~画(が) 서양화.
 ‖~紀元(きげん) 서기. 서력.
 ~封筒(ふうとう) 양봉투.
 ~料理(りょうり) 양식 요리.
 ~音楽(おんがく) 서양 음악.
 ~医学(いがく) 서양 의학.
 ~将棋(しょうぎ) 서양 장기. 체스.
 ~造り(づくり) (서)양식 건물.
 ~哲学(てつがく) 서양 철학.
西諺(せいげん) 서언. 서양 속담.
西域(せいいき) 서역. *さいいき로도 읽음.
西遊(せいゆう) 서유. 서쪽 땅, 특히 서양을 여행함. *せいゆう로도 읽음.
西遊記(さいゆうき)『冊』서유기. 중국 4 대 기서의 하나.
西戎(せいじゅう) 서융. 중국인이 서쪽에 사는 이방인을 가리키던 호칭.
西夷(せいい) ①서이. 서융(西戎). ②江戸(えど) 시대 말기에, 서양 사람을 얕잡아 일컫던 말.
西人(せいじん) 서양인. 특히, 스페인 사람.
西漸(せいぜん) 서점.
 ‖~運動(うんどう)『史』서점 운동.
西征(せいせい) 서정. 서쪽으로 감. 서쪽 정
西進(せいしん) 서진. └벌에 나섬.
西刹(さいせつ)『佛』서찰. 서방 극락.
西天 ㊀(せいてん) 서천. 서쪽 하늘.

㊂(さいてん) 서천. ①서쪽 하늘. ②『佛』 서천축(西天竺). 인도.
西遷(せいせん) 서천.
西天竺(さいてんじく) 서천축. ①천축. 인도. ②오천축(五天竺)의 하나. 천축 중의 서부. 서인도.
西哲(せいてつ) 서철. ①서양의 철학자. ②西洋哲学(せいようてつがく)의 준말.
西塔(せいとう) 서탑. 동서 두 개의 탑 중서쪽에 있는 탑.
西土 ㊀(せいど) 서토. 서쪽 나라. 인도. 서양.
㊁(さいど) 서방 정토(西方淨土). 극락.
西風(せいふう) ①서풍. ＊にしかぜ로도 읽음. ②가을 바람.
西下(さいか) 수도〔東京(とうきょう)〕에서 서쪽〔関西(かんさい)〕방면으로 감.
西学(せいがく) 서학. 서양 학문.
西海(さいかい) ①서해. 서쪽 바다. ②西海道의 준말.
‖**～道**(どう)『地』옛날 8도의 하나〔九州(きゅうしゅう)・壱岐(いき)・対馬(つしま) 등을 포함한 지역〕.
西行(せいこう) 서행. 서쪽으로 감.

[訓読]
西(にし) ①서쪽. ②서풍. ③『佛』서방 정토 (西方淨土). ④자본주의 국가.
～も東(ひがし)**も分**(わ)**からない** ①그 고장의 지리에 어둡다. ②사물을 이해하는 능력이 없다.
西する(にしする) 서진(西進)하다.
西の内(にしのうち) 西의 내뢰의 준말.
‖**～紙**(がみ) 茨城(いばらき)현 西野内(にしのうち)에서 나는 질긴 일본 종이.
西の対(にしのたい)『建』일본의 옛 건축 양식인 寝殿造(しんでんづくり)에서 침전 서쪽에 있는 한생의 가옥.
西独逸(にしドイツ) 서독. 독일 연방 공화국.
西明かり(にしあかり) 잔조(殘照). 일몰 후, 잠시 서쪽 하늘이 환한 일.
西半球(にしはんきゅう) 서반구.
西本願寺(にしほんがんじ) 京都(きょうと) 시에 있는 浄土真宗(じょうどしんしゅう) 本願寺(ほんがんじ)파의 본산. 本願寺의 통칭.
西陽(にしび) ⇨ 西日(にしび).
西印度諸島(にしインドしょとう)『地』 서인도 제도.
西日(にしび) 석양. 저녁 해.
西日本(にしにほん)『地』서일본. 일본 열도의 서쪽 반.
西ローマ帝国(にしローマていこく) 서로마 제국.
西陣(にしじん) 西陣織의 준말.
‖**～織**(おり) 京都(きょうと)의 西陣에서 나는 비단의 총칭.
西側(にしがわ) 서방측. 서유럽 여러 나라.
‖**～陣営**(じんえい) 서방 진영.
西向き(にしむき) 서향.

[其他]
西瓜(すいか)『植』수박.

‖**～糖**(とう) 수박즙을 조린 것.
～割り(わり) 눈을 가리고 앞에 놓인 수박을 막대기 등으로 쳐서 빠개는 놀이.
西班牙(スペイン)『地』서반아. 스페인.
‖**～風邪**(かぜ)『醫』스페인 감기. 제 1 차 세계 대전 후 유행하였음.
西比利亜(シベリア)『地』시베리아.
‖**～気団**(きだん)『氣』시베리아 기단.
～高気圧(こうきあつ)『氣』시베리아 고기압.
～鉄道(てつどう) 시베리아 철도. 압.
西表山猫(いりおもてやまねこ)『動』沖縄(おきなわ) 남쪽에 있는 西表(いりおもて)섬 특산의 원시적인 고양이.

차례 서・실마리 서
ジョ
ついで

[音読]
序(じょ) 서. ①서문. 머리말. ②(연극에서) 서막. ③순서. ④실마리.
序する(じょする) ①서문을 쓰다. ②순서를 정하다.
序歌(じょか) 서가.
序開き(じょびらき) 시작. 서막.
序曲(じょきょく)『樂』서곡.
序の口(じょのくち) ①시초. 시작. ②(일본 씨름에서) 최하위의 씨름꾼.
序段(じょだん) 장(章)에서 이름을 붙이지 않은 옛날식의 수필 따위에서 첫 단락.
序代(じょだい) ⇨ 序題(じょだい).
序論(じょろん) 서론.
序幕(じょまく) 서막. ①연극 등의 첫 막. ②사물의 시작. 첫 단계.
序の舞(じょのまい) ①能楽(のうがく)의 춤의 하나. ②歌舞伎(かぶき) 등의 반주에서.
序文(じょぶん) 서문. 종.
序盤(じょばん) ①(바둑・장기에서) 초반. ②초기의 상황. ♣**～戦**(せん) 초반전.
序詞(じょし) 서사. ①서문. 머리말. ②작품의 뜻을 암시하는 서시(序詩)・서막・서장(序章).
㊁(じょことば) 和歌(わか) 따위에서 어떤 어구를 이끌어내기 위하여 앞에 두는 두 구절 이상의 수식 어구.
序説(じょせつ) 서설. 서론. 수.
序数(じょすう)『數』서수. 순서를 나타내는.
序数詞(じょすうし)『文法』서수사.
序詩(じょし) 서시. 머리말을 대신해서 쓴.
序言(じょげん) 서언. 머리말. 시.
序列(じょれつ) 서열.
序二段(じょにだん) (씨름에서) 맨 아래에서 두 번째 계급. 또, 그 계급의 씨름꾼.
序章(じょしょう) (논문・소설 등의) 서장. 처음 장(章). 서문.
序題(じょだい) (和歌(わか)・한시 따위의)
序奏(じょそう) 서주. 전주. 서곡.
序次(じょじ) 서차. 차례. 순서.
序破急(じょはきゅう) ①일본의 고전 예능

에 있어서 구성을 가리키는 말. ②사물의 처음과 중간과 끝.
序品(じょぼん) 〖佛〗 ①서품. 경전(經典)의 머리말 부분. ②법화경(法華經)에서 28품 중의 제1품.
訓読
序で(ついで) ①(그 일에 이용하기) 좋은 기회. 계제. ②순서. 차례.
序でに(ついでに) (…하는) 김에. (…하는) 기회〔계제〕에.
序でる(ついでる) 〈雅〉순서에 따라 놓다〔늘어놓다〕.

| 7
扌 | 抒 | 떠낼 서·쏟을 서
ジョ
のべる |

音読
抒情(じょじょう) 서정. ♣〜**文**(ぶん) 서정문 / 〜**味**(み) 서정미 / 〜**性**(せい) 서정성 / 〜**詩**(し) 서정시 / 〜**的**(てき) 서정적 / 〜**体**(たい) 서정체.

| 9
又
常 | 叙(敍) | 차례 서·쓸 서
ジョ
のべる |

音読
叙する(じょする) ①서술하다. ②서위(叙位)하다. (작위·훈위 따위를) 수여하다.
叙景(じょけい) 서경(敍景). 자연의 경치를 시나 글로 나타냄. ♣〜**文**(ぶん) 서경문.
叙階(じょかい) 〖가톨릭〗 서계. 서품.
叙官(じょかん) 서관. 임관(任官). 관에 임명하는 일.
叙級(じょきゅう) 서급. 관리에게 어떤 급(級)을 수여함. 또, 그 등급.
叙法(じょほう) 서법. 서술법. 표현(방)법.
叙事(じょじ) 서사. ♣〜**文**(ぶん) 서사문 / 〜**詩**(し) 서사시 / 〜**体**(たい) 서사체.
∥〜**的演劇**(てきえんげき) 〖劇〗서사적 연극.
叙賜(じょし) 서사. 위계(位階)·훈등(勳等)에 붙여 훈장과 연금을 내려 줌.
叙上(じょじょう) 서상. 상술. 상기(上記).
叙説(じょせつ) 서설. 서술(敍述).
叙述(じょじゅつ) 서술.
叙位(じょい) 서위. 위계(位階)를 수여함.
∥〜**内**(にゅうない) 外位(げい)에서 内位(ないい)로 승진함.
叙任(じょにん) 서임. 「쟁.
∥〜**権闘争**(けんとうそう) 〖史〗서임권 투
叙爵(じょしゃく) 서작. ①작위를 수여받음. ②옛날, 처음으로 종오품하(從五品下)에 서위(敍位)됨.
叙情(じょじょう) 서정. ♣〜**文**(ぶん) 서정문 / 〜**味**(み) 서정미 / 〜**性**(せい) 서정성 / 〜**的**(てき) 서정적 / 〜**体**(たい) 서정체.

叙唱(じょしょう) 〖樂〗서창.
叙品(じょほん) 서품. 서계(敍階).
叙勲(じょくん) 서훈. 훈장 수여.

| 9
月 | 胥 | 서로 서·다 서
ショ |

音読
胥吏(しょり) 〖史〗서리.

| 10
彳
常 | 徐 | 천천히할 서
ジョ
おもむろ |

音読
徐脈(じょみゃく) 〖生〗서맥. 맥박수가 1분간 60회 이하로 감소한 상태.
徐放薬(じょほうやく) 〖藥〗약효를 오래 지속시키도록 내용 성분을 서서히 방출케 하는 약제.
徐歩(じょほ) 서보. 천천히 걷는 걸음.
徐徐に(じょじょに) 서서히. 천천히. 점차.
徐行(じょこう) 서행.
訓読
徐ろに(おもむろに) 서서히. 천천히.
其他
徐徐(そろそろ) ①조용히 서서히 걷거나 진행시키는 모양. 슬슬. ②시간이 다 되어가는 모양. 이제 슬슬. 이제 곧.

| 10
辶
常 | 逝(逝) | 갈 서·죽을 서
セイ
ゆく |

音読
逝去(せいきょ) 서거.
訓読
逝く(ゆく) 가다. ①(세월이) 지나다. ②흘러가다. ③(사람이) 죽다. *いく로도 읽음.

| 10
心
人 | 恕 | 용서할 서·어질 서
ジョ
ゆるす・おもいやり |

音読
恕(じょ) 동정(심).
恕す(じょす) 〈文〉용서하다.
恕する(じょする) ☞恕す(じょす). 「음.
恕免(じょめん) 서면. 용서하여 죄를 묻지 않
恕限度(じょげんど) 서한도. 허용량.

| 10
日
教 | 書 | 글 서·쓸 서
ショ
かく・ふみ |

音読
書 ㊀(しょ) ①글자를 씀. 서도(書道). ②필

적. 글씨. ③책. 서류. ④편지. ⑤《接尾語로》…서. 책.
㊁(ふみ)〈雅〉①서한. 편지. ②책. ③문서. ④한시(漢詩). ⑤학문. 특히, 한학.
書する(しょする) 쓰다.
書架(しょか) 서가. 책꽂이.
書家(しょか) 서가. 서도가. 서예가.
書閣(しょかく) 서각. 서가. 서재.
書簡(しょかん) 서간. 서한. 편지. ♣~文(ぶん) 서간문 / ~箋(せん) 편지지.
書見(しょけん)〈老〉독서. ♣~台(だい) 독서대.
書経(しょきょう) 서경. 오경(五經)의 하나.
書痙(しょけい)『醫』서경. 글씨를 쓰려고 하면 경련이나 동통(疼痛)이 일어나는 일종의 신경증.
書契(しょけい) 서계. 부서(符書). 기록. 글자.
書庫(しょこ) 서고.
書賈(しょこ) 서고. 서적상.
書狂(しょきょう) 서광. 서적 수집광.
書篋(しょきょう) 서적을 넣는 상자.
書巻(しょかん) 서권. 서적. 책.
書几(しょき) 서궤. 책상.
書机(しょづくえ) 글 읽는 책상.
書笈(しょきゅう) 서급. 책·불구(佛具) 등을 넣어 지고 다니도록 만든 상자.
書紀(しょき) ①서기. 역사를 기록한 책. ②日本書紀(にほんしょき)의 준말.
書記(しょき) 서기. ♣~官(かん) 서기관 / ~局(きょく) 서기국 / ~長(ちょう) 서기장.
∥~生(せい) 대사관·공사관·영사관 등에서 서무를 다루는 관리.
書壇(しょだん) 서예계.
書堂(しょどう) 서당. 서재. 책을 읽는 방.
書刀(しょとう) 서도. 종이를 자르는 작은 칼.
書道(しょどう) 서도. 서예.
書牘(しょとく) 서독. 편지. ♣~文(ぶん) 서독문 / ~体(たい) 서독체.
書蠹(しょと) 책벌레. ①『蟲』좀. ②독서만 할 뿐 그 지식을 활용할 줄 모르는 사람.
書例(しょれい) 서식. 서식(書式).
書論(しょろん) 서론. 책에 써 있는 의론.
書類(しょるい) 서류.
∥~送検(そうけん) 서류 송검.
書陵部(しょりょうぶ) 宮内庁(くないちょう)의 한 부국(部局)으로, 본디의 図書寮(ずしょりょう)와 諸陵寮(しょりょうりょう)를 합.
書吏(しょり) 서리.
書林(しょりん) 서림. 책방. 출판사·서점(書店) (따위의 이름에 붙이는 말).
書面(しょめん) ①서면. 문서. ②편지.
∥~審理(しんり)『法』서면 심리.
書名(しょめい) 서명.
∥~目録(もくろく) 서명 목록.
書目(しょもく) 서목. ①도서 목록. ②책 이름.
∥~解題(かいだい) 서목 해제.
書物(しょもつ) 서책. 책. 도서.
書房(しょぼう) ①책방. ②서재.

書法(しょほう) ①서법. 글씨 쓰는 법〔순서〕. ②서도(書道).
書癖(しょへき) 서벽. ①독서를 즐기는 버릇. ②무턱대고 책을 모으려는 버릇. ③글자의 특징.
書棚(しょだな) 서가(書架). 책장. ＊ふみだなろも 읽음. 「예의 역사.
書史(しょし) ①서책. ②서책의 역사. ③서생(筆生). ♣~論(ろん) 탁상공론. 「방.
書写(しょしゃ) 서사. 글씨를 베낌.
書生(しょせい) ①〈老〉학생. ②서생. ③필생(筆生). ♣~論(ろん) 탁상공론. 「방.
∥~部屋(べや) 서생이 거처하는 방. 문간
~芝居(しばい) 明治(めいじ) 20년대에 지식 계급의 청년이 시작한 아마추어 연극.
書聖(しょせい) 서성. 서예의 명인.
書損(しょそん) 잘못 씀.
書手(しょしゅ) 옛날, 관아에서 글자를 베껴 쓰던 사람.
書式(しょしき) 서식.
書信(しょしん) 서신. 편지. 「안.
書案(しょあん) ①책상. ②문서의 초
書影(しょえい) 영사(影寫). 글씨 따위를 밑에 받쳐 놓고 그 위에 덧그린 것.
書芸(しょげい) 서예. 서도. 「점. 책방.
書屋(しょおく) ①서옥. 서재(書齋). 서
書外(しょがい) 서외. 서적·서면에 쓰여지지 않은 사항 등. 「방.
書院(しょいん) 서원. ①서재. ②절의 글
∥~毛抜き(けぬき) 書院造り의 객실에서 담배함에 넣어 두는 족집게.
~造り(づくり)『建』室町(むろまち) 시대에 창시하여 桃山(ももやま) 시대에 발달한 주택 건축 양식.
~窓(まど) 書院造り에서, 채광 창문.
書淫(しょいん) 서음. 지나치게 독서에 열중함. 독서광.
書意(しょい) 서의. 쓰여 있는 글의 뜻.
書字(しょじ) 글씨를 씀. 또, 그 글씨.
書状(しょじょう) 서장. 편지.
∥~侍者(じしゃ)『佛』서장 시자.
書斎(しょさい) 서재.
∥~派(は) 서재파. 이론파.
書跡(しょせき) 서적.
書蹟(しょせき) 책과 필적의 총칭.
書籍(しょせき) 서적. 책. 도서. ＊老人語로는 しょじゃく라고도 함.
書伝(しょでん) 서전. ①예로부터 전해 온 서책. ②서경(書經)의 주석서.
書展(しょてん) 서예전. 서예 전람회.
書店(しょてん) 서점. 책방. 또, 출판사.
書厨(しょちゅう) ①책장. ②읽기는 하나 그 뜻을 몰라 활용하지 못하는 사람.
書中(しょちゅう) 서중. 편지·문서·서적 속에 쓰여진 글 가운데.
書証(しょしょう) 서증. 재판에서 서면의 내용을 증거로 삼는 일.
書志(しょし) ⇨ 書誌(しょし).
書誌(しょし) ①서지. 서적. 도서. ②귀중한

고문헌의 재료. ♣~学(がく) 서지학.
書帙(しょちつ) 서질. 옛날, 책을 넣어 두기 위한 헝겊으로 만든 덮개. 서적.
書札(しょさつ) 서찰. 편지.
‖~礼(れい) 서한문(書翰文) 형식에 관한 예식(禮式).
書窓(しょそう) 서창. 서재의 창. 또, 서재.
書債(しょさい) 앞으로 써야 할 글[글씨].
書冊(しょさつ) 서책. 책.
書体(しょたい) 서체.
書軸(しょじく) 서축. 글씨를 쓴 족자.
書痴(しょち) 서치. ①독서만 하여 세상 일에는 어두운 사람. ②서적 수집광. 「는 일.
書通(しょつう) 서통. 서면으로 의사를 통하
書套(しょとう) 서투. 책덮개. 서질(書帙).
書評(しょひょう) 서평.
書肺(しょはい)『生』서폐. 폐낭(肺囊).
書舗(しょほ) 서포. 서점.
書鋪(しょほ) ⇨ 書舗(しょほ).
書幅(しょふく) 서폭. 붓글씨의 족자.
書票(しょひょう) 서표. 장서표.
書風(しょふう) 서풍.
書翰(しょかん) ⇨ 書簡(しょかん).
書凾(しょかん) 서함. 책을 넣는 상자.
書画(しょが) 서화. 글씨와 그림.

訓読

書かでも(かかでも)『~の事(こと)』(굳이) 쓰지 않아도 좋은 일.
書の道(ふみのみち) 학문[문학]의 길.
書始め(ふみはじめ) 귀족의 자제가 7-8세가 되어 처음 책읽기를 배우는 일. 또, 그 의식.
❖**書く**(かく) ①컴퓨터의 기억 장치에 데이터를 기억시키다.
書きすさぶ(かきすさぶ) 심심풀이로 쓰다.
書きつけ(かきつけ) 써서 길이 둠.
書きつけ(かきつけ) 늘 써서 익숙하다.
書き加える(かきくわえる) (이미 써 있는 것에) 가필(加筆)하다.
書き改める(かきあらためる) 고쳐 쓰다. 개서(改書)하다.
書き慣れる(かきなれる) 늘 써서 익숙해지
書き殴る(かきなぐる) 휘갈겨 쓰다.
書き捲る(かきまくる) 정력적으로 글을 계속 쓰다.
書き潰し(かきつぶし) 잘못 쓰는 일. 또, 잘
書き記す(かきしるす) 적다. 쓰다.
書き起こし(かきおこし) ①글의 첫머리. 쓰기 시작함. ②(회화(繪畫)에서) 선을 분명히 함.
書き起こす(かきおこす) 쓰기 시작하다.
書き落とし(かきおとし) 빠뜨리고 씀. 또, 빠뜨리고 쓴 것.
書き落とす(かきおとす) 빠뜨리고 쓰다.
書き連ねる(かきつらねる) 죽 써 늘어놓다. 길게 쓰다.
書き漏らす(かきもらす) 빠뜨리고 쓰다.
書き流す(かきながす) 붓 가는 대로 쓰다. 쉽사리 써 나가다.

書留(かきとめ) ①써 둠. 또, 그 문서. ②書留郵便의 준말.
‖~**小包**(こづつみ) 등기 소포.
~**郵便**(ゆうびん) 등기 우편. 「두다.
書き留める(かきとめる) (잊지 않도록) 써
書き溜める(かきためる) 써서 모아 두다.
書き立て(かきたて) ①이제 막 써 놓음. 또, 그 써 놓은 것. ②순서대로 조목조목 적은 문서.
書き立てる(かきたてる) ①조목조목 쓰다. ②떠들썩하게 써내다.
書き忘れる(かきわすれる) 쓰는 것을 잊다. 잊고 쓰지 않다.
書き模様(かきもよう) 손으로 그린 무늬.
書き紋(かきもん) ①의복에 붓으로 그린 가문(家紋). ②의복에 붓으로 그린 무늬.
書き文字(かきもじ) (인쇄된 글자에 대하여) 손으로 쓴 글자.
書き物(かきもの) ①쓴 것. 문서. ②글씨나 문장을 씀. 「촉.
書き味(かきあじ) 글씨를 쓸 때의 펜 따위의
書き抜き(かきぬき) ①베낌. 발췌. ②(연극에서) 각 배우의 대사만을 뽑아 적은 것.
書き抜く(かきぬく) ①일부를 뽑아 쓰다. 발췌하다. ②끝까지 쓰다.
書き癖(かきぐせ) ①글씨를 쓸 때의 버릇. ②쓰는 사람의 버릇에 따른 만년필 따위의 쓰는 감촉.
書き方(かきかた) ①쓰는 법. 서식. ②글씨 쓰는 기술. ③습자(習字).
書き並べる(かきならべる) ①써서 늘어놓다. ②(남에게) 떨어지지 않을 만큼 쓰다.
書き本(かきほん) ①사본(寫本). ②가락이나 곡의 기호를 붙인 浄瑠璃(じょうるり)의 대본.
書き付け(かきつけ) 문서. 증서. 적바림. 계산서. 「두다.
書き付ける(かきつける) 써 두다. 기록해
書き分け(かきわけ) 구별해서 쓰는 일.
書き分ける(かきわける) 나누어 쓰다. 구별해 쓰다.
書き崩す(かきくずす) ①자획을 생략해서 쓰다. 초서체(草書體)로 쓰다. ②잘못 써서 쓸모 없게 하다.
書き写す(かきうつす) 베끼다. 옮겨 쓰다.
書き捨て(かきすて) 써서 버리는 일. 또, 그 버린 것.
書き捨てる(かきすてる) ①써 놓기만 하고 내버려두다. ②아무렇게나 쓰다.
書き散らす(かきちらす) ①휘갈겨 쓰다. ②여기저기 써 두다.
書き上げ(かきあげ) 관청이나 손윗사람에게 써서 보내는 일. 또, 그 문서.
書き上げる(かきあげる) ①다 쓰다. ②조목조목 들어서 쓰다.
書き成す(かきなす) 그대로 쓰다. 짐짓 그렇
書き損じ(かきそんじ) 틀리게[잘못] 씀. 또, 그렇게 쓴 것.

書き損じる(かきそんじる) 잘못 쓰다.
書き損ない(かきそこない) 잘못 씀. 또, 그 글자.
書き損なう(かきそこなう) 잘못 쓰다.
書き損ねる(かきそこねる) 잘못 쓰다.
書き送る(かきおくる) 써서 보내다.
書き手(かきて) ①필자(筆者). ②문장가. 명필(名筆).
書き順(かきじゅん) 필순(筆順).
書き馴れる(かきなれる) ⇨ 書き慣れる(かきなれる).
書き始め(かきはじめ) ①쓰기 시작함. 서두. 모두(冒頭).
書き様(かきざま) 글씨체. 서풍(書風).
書き言葉(かきことば) 글말. 문장어.
書き役(かきやく) 서기(書記). ②기(記).
書き誤り(かきあやまり) 잘못 씀. 오기(誤).
書き熨斗(かきのし) ①선물에 장식으로 붙이는 熨斗(のし) 대신 약식으로 のし라고 흘려 쓴 것. ②'わらび(=고사리)'의 딴이름.
書き認める(かきしたためる) 글자를 정확하게〔바르게〕쓰다.
書き入れ(かきいれ) ①기입. ②書き入れ時의 준말. ③매상·이익·흥미 따위에 대한 기 ‖~時(どき) 대목 때.   ‖대.
書き入れる(かきいれる) 기입하다.
書き込み(かきこみ) 써 넣음. 또, 그 글자.
書き込む(かきこむ) 써 넣다. 기입하다.
書き残す(かきのこす) ①(쓸 것을) 다 쓰지 않고 남겨 두다. ②써서 남기다〔전하다〕. ③(쓸 것을) 다 쓰지 않고 빠뜨리다.
書き伝える(かきつたえる) 글로 써서 후세에 전하다.
書き著わす(かきあらわす) 저작하다. 책을 세상에 내다.
書き足し(かきたし) 보충해서 더 씀.
書き足す(かきたす) 보충해서 더 쓰다.
書き做す(かきなす) ⇨ 書き成す(かきなす).
書き止し(かきさし) 쓰다가 맒. 쓰다가 만.
書き止す(かきさす) 쓰다〔가〕말다. ‖것.
書き誌す(かきしるす) 적다. 쓰다.
書き直し(かきなおし) 다시〔고쳐〕씀.
書き直す(かきなおす) 고쳐〔다시〕쓰다. 개서(改書)하다.
書き尽くす(かきつくす) 충분히 써서 나타내다. 죄다 써 버리다.
書き振り(かきぶり) ①글(씨) 쓰는 품. ②필적. 문체.
書き添える(かきそえる) (원본에 글을) 더 써 넣다. 첨기(添記)하다.
書き替え(かきかえ) 고쳐 씀. 개서(改書).
‖書替手形(かきかえてがた) 연기(延期)어음.   ‖다.
書き替える(かきかえる) 고쳐 쓰다. 개서하다.
書き初め(かきぞめ) ①첫 (처음) 씀. ②신춘 휘호(揮毫).
書き出し(かきだし) 글의 첫머리. 서두.
書き出す(かきだす) ①쓰기 시작하다. ②

(필요한 것을) 뽑아 쓰다. ③써서 내다.
書き取り(かきとり) ①베껴 씀. 또, 그 글. ②받아쓰기.
書き取る(かきとる) 받아쓰다. 베껴 쓰다.
書き置き(かきおき) ①(용건 등을) 써서 남김. 또, 그 메모. ②유서.
書き置く(かきおく) 써서 남겨 놓다.
書き判(かきはん) 화압(花押). 수결(手決).
書き表わす(かきあらわす) 글로 써서 나타내다.
書き下し(かきくだし) (위에서 아래로) 내리씀. 내리쓴 것.
書き下す(かきくだす) ①(위에서 아래로) 내리쓰다. ②붓 가는 대로 쓰다. ③순 한문을 仮名(かな)가 섞인 문장으로 고쳐 쓰다.
書き下ろし(かきおろし) 새로 씀. 새로 쓴 작품. ♣~文(ぶん) 새로 쓴 문장.
書き下ろす(かきおろす) (소설·각본 따위를) 새로 쓰다.
書き下し文 ㊀(かきくだしぶみ) 鎌倉(かまくら) 시대의 将軍(しょうぐん)이 내린 명령 문서.
㊁(かきくだしぶん) 한문에 仮名(かな)를 섞어 고쳐 쓴 문장.
書き割り(かきわり) 〖劇〗 무대 배경의 한 가지《방이나 집·산하 따위를 그린 그림》.
書合手形(かきあいてがた) 융통 어음의 하나. 자금 조달이 어려운 사람끼리 거래와는 상관없이 서로 발행하는 어음.
書き換え(かきかえ) ⇨ 書き替え(かきかえ).
書き換える(かきかえる) ⇨ 書き替える(かきかえる).
書き繪(かきえ) 붓으로 직접 그린 육필 회화.
ト書き(トがき) 〖劇〗 각본에서, 배우의 동작이나 조명·음악 등을 지시한 부분.

| 10
木 | 栖 | 깃들일 서
セイ
すむ |

参考 棲의 異體字.

音読
栖栖(せいせい) 몹시 분망한 모양.
栖息(せいそく) 서식(棲息).

其他
栖(すみか) 거처. 살고 있는 곳.

| 11
广
常 | 庶 | 여러 서·가까울 서
ショ
こいねがう·もろもろ |

音読
庶家(しょけ) 서가. 서자의 집.
庶境(しょきょう) 서경. 멋진 경지.
庶系(しょけい) 서계. 서자 계통.
庶幾(しょき) 서기. 간절히 바람.
庶流(しょりゅう) ①서류. 서자의 핏줄. ②(2남·3남 따위) 분가한 작은집.

庶務(しょむ) 서무.
庶物(しょぶつ) 서물. 여러 가지 물건.
‖~崇拝(すうはい) 주물 숭배(呪物崇拝).
庶民(しょみん) 서민. ♣~的(てき) 서민적.
‖~階級(かいきゅう) 서민 계급.
 ~金融(きんゆう) 서민 금융.
 ~文学(ぶんがく) 서민 문학.
 ~銀行(ぎんこう) 〈俗〉 전당포.
庶人(しょじん) 서인. 서민.
庶子(しょし) 서자.
‖~準正(じゅんせい) 서자 준정. 서자가 그 부모의 결혼으로 적출자(嫡出子)가 됨.
庶嫡(しょちゃく) 서적. 서자와 적자.
 *しょてきとも 읽음.
庶政(しょせい) 서정. 여러 가지 정사(政事).
庶出(しょしゅつ) 서출. 서자(庶子).
庶兄(しょけい) 서형. 서모가 낳은 형.

[訓読]
庶(もろもろ) 여러 가지. 모든 것.
庶う(こいねがう) ⇨ 庶幾う(こいねがう).
庶くは(こいねがわくは) ⇨ 庶幾くは(こいねがわくは).
庶幾う(こいねがう) 간절히 바라다. 열망하「다.
庶幾くは(こいねがわくは) 바라건대. 부디.

12 士	壻	사위 서 セイ むこ

[参考] 婿의 異體字.

[訓読]
壻(むこ) ① 사위. ② 신랑.

12 女 常	婿	사위 서 セイ むこ

[訓読]
婿 ㊀(むこ) ① 사위. ② 신랑.
 ㊁(もこ) ① 동료. 상대. ② 사위.「람.
婿がね(むこがね) 신랑감으로 작정해 둔 사
婿養子(むこようし) 서양자. 데릴사위.
‖~縁組(えんぐみ) 데릴사위 결연.
婿引き出物(むこひきでもの) 혼례 때 장인이 신랑에게 보내는 선물.
婿入り(むこいり) 데릴사위(가 됨).
婿取り(むことり) 데릴사위를 맞이함.
‖~娘(むすめ) 데릴사위가 들어와야 할 집안의 처녀.

12 氵	湑	거를 서·우거질 서· 맑을 서 ショ したむ

[訓読]
湑み(したみ) ① (액체 따위가) 똑똑 흘러 떨어짐. ② したみ酒(ざけ)의 준말. 되 따위에서 넘쳐 똑똑 떨어져 괸 술.

12 日 教	暑 (暑)	더울 서 ショ あつい

[音読]
暑(しょ) 더위. 더운 계절.
暑気 ㊀(しょき) 서기. 여름 더위.
‖~当たり(あたり) 더위 먹음.
 ~払い(ばらい) 피서. 소하(消夏).
 ㊁(あつけ) ① 더위. ② 더위(를) 먹어 병이 되는 것.
暑湿(しょしつ) 서습. 덥고 습기가 많음.
暑熱(しょねつ) 서열. (여름의) 더위.
暑月(しょげつ) 서월. ① 음력 6월의 딴이름. ② 여름철.
暑中(しょちゅう) 서중. 삼복(三伏) 때.
‖~見舞い(みまい) 복중(伏中) 문안.
 ~伺い(うかがい) ☞ 暑中見舞い.
 ~休暇(きゅうか) 여름 휴가.
暑中り(しょあたり) 더위 먹음.
暑天(しょてん) 서천. 더운 여름 하늘.
暑夏(しょか) 서하. 더위가 심한 여름.
暑寒(しょかん) 서한. 한서. 더위와 추위.

[訓読]
❖暑い(あつい) 덥다.
暑さ(あつさ) ① 더위. ② 여름철.
暑苦しい(あつくるしい) 숨막힐 듯이 덥다.
暑さ凌ぎ(あつさしのぎ) 더위를 견뎌내기.
暑さ中り(あつさあたり) 더위를 먹음.
❖暑がる(あつがる) 더위를 타다. 더위하다.
暑がり(あつがり) 더위를 몹시 탐. 또, 그런 사람.

12 木	棲	깃들일 서 セイ すむ

[音読]
棲棲(せいせい) 몹시 분망한 모양.
棲息(せいそく) 서식.

[訓読]
棲家(すみか) 사는 집.

12 牛	犀	무소 서 サイ

[音読]
犀(さい) 〖動〗 무소. 코뿔소.
犀角(さいかく) 서각. 코뿔소의 뿔.
犀利(さいり) 서리. 두뇌가 명석하고 말이 정곡을 찌름〔날카로움〕.

12 糸	絮	솜 서·버들개지 서 ジョ わた

音読

絮雪(じょせつ) 버들 꽃《솜이나 눈처럼 날아 흩어진다는 뜻에서》.
絮説(じょせつ) 서설. 장황하게 설명함.

訓読

絮(わた) 솜 섬유처럼 가늘고 가벼운 꽃 또는 씨의 일부《버들개지 같은 것》.

12 舌	舒	펼 서・느릴 서 ジョ のびる・のべる・ゆるやか

音読

舒巻(じょかん) 서권. 펴고 마는 일. 전하여, 때에 따라 처신하는 일.
舒緩(じょかん) 서완. 동작 따위가 누긋한 모양. 「지는 일.
舒暢(じょちょう) 서창. 마음을 누긋하게 가

12 黍	黍	기장 서 ショ きび

訓読

黍(きび) 〖植〗 ① 기장. 수수. ②〈方〉옥수 「수.
黍幹(きびがら) ⇨ 黍稈(きびがら).
黍稈(きびがら) 수수나 옥수수 줄기의 껍질을 벗긴 알심.
黍団子(きびだんご) 수수 경단.
黍酒(きびざけ) 서주. 수수로 만든 술.

13 王 Ⓐ	瑞	상서 서・홀 서 ズイ みず・めでたい

音読

瑞(ずい) ① 서조. 길조. ② '瑞典(スウェーデン=스웨덴)'・'瑞西(スイス)(=스위스)'의 준말. 「ン.
瑞光(ずいこう) 서광.
瑞気(ずいき) 서기. 상서로운 기운.
瑞夢(ずいむ) 서몽. 「것.
瑞物(ずいぶつ) 서물. 상서로운 증표가 되는
瑞相(ずいそう) 서상. 상서로운 징조.
瑞祥(ずいしょう) 서상. 서조(瑞兆). 길조.
瑞象(ずいしょう) ⇨ 瑞祥(ずいしょう).
瑞雪(ずいせつ) 서설.
瑞星(ずいせい) 서성. 상서로운 별.
瑞雨(ずいう) 서우. 자우(慈雨).
瑞雲(ずいうん) 서운. 상서로운 구름.
瑞応(ずいおう) 서응. 길조(吉兆).
瑞兆(ずいちょう) 서조. 길조.
瑞鳥(ずいちょう) 서조. 상서로운 새《학・봉황 따위》.
瑞草(ずいそう) 서초. 상서로운 풀.
瑞香(ずいこう) 〖植〗 서향.
瑞験(ずいけん) 상서로운 조짐. ＊ずいげん으로도 읽음.
瑞花(ずいか) 서화.

訓読

瑞木(みずき) 싱싱한 어린 나무. 「다.
瑞瑞しい(みずみずしい) 윤이 나고 싱싱하
瑞穂(みずほ)〈雅〉싱싱한 벼이삭.
‖〜の国(くに) 일본의 미칭.
瑞垣(みずがき)〈雅〉신사(神社)의 울타리.
瑞枝(みずえ)〈雅〉싱싱한 어린 가지.
瑞歯(みずは)〈古〉서치. 경사스러운 이. 노인이 되어 다시 나는 이. 「〔ぐむ.
瑞歯さす(みずはさす) ☞瑞歯含む(みずは
瑞歯含む(みずはぐむ) 《노인이 서치가 날만큼 오래 산다는 뜻에서》 대단히 나이가 많다.

其他

瑞西(スイス)〖地〗스위스.
瑞典(スウェーデン)〖地〗스웨덴.

13 四 教	署(署)	마을 서・나눌 서 ショ しるす

音読

署(しょ) 서. ① 관청. ② 警察署(けいさつしょ) 등의 준말. ③ 서명함.
署する(しょする) 서명하다.
署内(しょない) 서내. 경찰서 따위 署(しょ)로 불리는 곳의 안.
署名(しょめい) 서명.
‖〜記事(きじ) (신문의) 서명 기사.
〜捺印(なついん) 서명 날인.
〜運動(うんどう) 서명 운동.
署外(しょがい) 서외. 경찰서 같이 署(しょ)라고 불리는 곳의 바깥이나 그 이외.
署員(しょいん) 서원.
署長(しょちょう) (세무서・경찰서의) 서장.

13 竹	筮	점 서・점대 서 ゼイ うらなう・めどき

音読

筮卜(ぜいぼく) 서복. 점대로 점치는 일.
筮竹(ぜいちく) 점대.

13 耒	耡	호미 서・구실 서 ジョ すく・うなう

訓読

耡う(うなう) 땅을 일구어 갈다.

13 鼠	鼠	쥐 서 ソ ねずみ

音読

鼠径(そけい)〖生〗서혜(鼠蹊)《아랫배 양쪽의 오목한 곳》. 샅. ♣〜管(かん)〖生〗서혜관 / 〜部(ぶ)〖生〗서혜부.

∥～リンパ肉芽腫症(リンパにくがしゅしょう)〖醫〗서혜 림프 육아종증.
鼠咬症(そこうしょう)〖醫〗서교증. 쥐에 물린 뒤 약 20일 후에 생기는 전염병.
鼠口(そこう) 서구. 쥐의 입.
鼠盜(そとう) 서도. 좀도둑.
鼠毒症(そどくしょう)〖醫〗서독증.
鼠尾(そび) '筆(ふで)(=붓)'의 딴이름.
鼠輩(そはい) 서배. 하찮은 무리.
鼠賊(そぞく) 서적. 좀도둑.   「도둑.
鼠竊(そせつ) 서절. 서절 구두(鼠竊狗偸). 좀
鼠害(そがい) 서해. 쥐로 인한 피해.
鼠蹊(そけい) ⇨ 鼠径(そけい).

鼠 ㊀(ねずみ) ①〖動〗쥐. ② 鼠色(ねずみいろ)의 준말.
㊁(ねず) ㊀의 준말.
鼠講(ねずみこう) 피라미드계(契).
鼠落とし(ねずみおとし) 쥐덫.
鼠麴(ねずみもち)〖植〗광나무.
鼠鳴き(ねずみなき) 쥐 울음 소리. 입을 오므려 쥐소리같이 쩍쩍거리는 소리(예전에, 창녀가 길거리에서 손님을 부를 때 낸 소리). *ねずみなとも 읽음.
鼠木戸(ねずみきど) 쪽문.
鼠壁(ねずみかべ) 회색[서색]으로 칠한 벽.
鼠算(ねずみざん) ① 和算(わさん)에서 대수(大數)의 계산법. ② 쥐가 번식하듯 기하급수적으로 불어남의 비유.
鼠色(ねずみいろ) 쥐색. 횟빛.
鼠生い(ねずみおい) 갓 태어난 쥐새끼처럼 작고 약함.
鼠銑(ねずみせん) 3.3%의 흑연을 함유하는 선철(銑鐵).
鼠小僧(ねずみこぞう) 江戸(えど) 시대 말기의 도둑.
鼠衣(ねずみごろも) 쥐색의 변변치 않은 법의(法衣).
鼠入らず(ねずみいらず) 쥐가 드나들지 못하게 만든 찬장.   「청.
鼠蚤(ねずみのみ) 쥐에 기생하는 벼룩의 총
鼠紙(ねずみがみ) 재생한 회색의 종이.
鼠取り(ねずみとり) ① 쥐잡기. ② 쥐덫·쥐약 등의 쥐잡이에 쓰이는 도구. ③〖動〗'青大将(あおだいしょう)(=구렁이)'의 딴이름.
鼠穴(ねずみあな) 쥐가 뚫은 구멍.
鼠花火(ねずみはなび) 작은 동그라미를 그리며 터지는 불꽃놀이.

14 糸 常	緒 (緖)	실마리 서·일 서 ショ・チョ お・いとぐち

音読
緒 ㊀(しょ) 실마리. 단서. *ちょ 또는 いとぐちろも 읽음.
～に就(つ)く 일에 착수하다.
㊁(お) ① 가는 끈. 실. ② 신발의 끈. 들메끈. ③ (악기 따위의) 줄.
緒論(しょろん) 서론. *관용적으로는 ちょろん으로도 읽음.
緒言(しょげん) 서언. 전하여, 서론. 서문. 머緒戦(しょせん) 서전.   「리말.

訓読
緒締め(おしめ) 주머니 아가리를 졸라매는 끈에 꿰는 구슬[돌·뿔 따위로 만듦].

14 耳	壻	사위 서 セイ むこ

参考 婿는 本字.

訓読
壻(むこ) ① 사위. ② 신랑.

14 言 常	誓	맹세할 서 セイ ちかう

音読
誓盟(せいめい) 서맹. 맹세. 서약.
誓文(せいもん) 서문. 서약문. 서약서. *せいぶん으로도 읽음.
∥～払い(ばらい) 関西(かんさい) 지방에서 음력 10월 20일에 행하던 포목상 등의 염가 대매출.
誓詞(せいし) 서사. 맹세하는 말.
誓書(せいしょ) 서서. 서약서. 서원서.
誓約(せいやく) 서약.
誓願(せいがん) 서원.
誓状(せいじょう) 서장. 서약서. 신불에 약한 문서.
誓紙(せいし) 서사. 서사(誓詞)를 쓴 종이. 서원서.

訓読
誓って(ちかって) 맹세코. ① 반드시. 꼭. ② 절대로. 결코.
誓言(ちかごと) 서언. 맹세의 말. *せいごん으로도 읽음.
∥～文(ぶみ) 맹세의 말을 쓴 글.
❖誓う(ちかう) 맹세하다. 서약하다.
誓い(ちかい) 맹세(의 말). 약속.
∥～立て(だて) 맹세를 하는 일.
～文(ぶみ) 맹세의 말을 적은 문서.
～言(ごと) 맹세의 말.

其他
誓湯(くかだち)〈古〉 옛날, 정사(正邪)를 가리기 위하여 신에게 맹세시킨 다음 끓는 물에 손을 담그게 한 일.

15 米	糈	양식 서·젯메쌀 서 ショ かて・しとぎ

訓読
糈(しとぎ)〈古〉 신전(神前)에 바치는, 쌀가루를 반죽하여 달걀 모양으로 빚은 떡.

15 金	鋤	호미 서·김맬 서 ジョ すき・すく

音読
鋤骨(じょこつ)〖生〗서골.
鋤簾(じょれん) 긴 손잡이가 달린 삼태기의 「일종.
訓読
鋤(すき) 가래.
鋤鍋(すきなべ) (운두가 얕은) 전골 냄비. 「거짓골.
鋤床(すきどこ) 논의 경토(耕土) 아래층 토양《논의 물 보존을 좋게 하는 토층》.
鋤焼(すきやき)〖料〗전골.
鋤鍬(すきくわ) 가래와 괭이. 농구. 또, 그것을 사용하는 농삿일.
❖鋤く(すく) 가래로 땅을 일구다.
鋤き起こす(すきおこす) 가래로 흙을 파 일구다.
鋤き返す(すきかえす) 가래로 흙을 파 뒤집「다.
鋤き出し彫り(すきだしぼり) 금속 조각에서 바탕 부분을 깎아 그림 모양을 도드라지게 새기는 법.

15 魚	舒	연어 서 ジョ かます

訓読
舒(かます)〖魚〗꼬치고기.

16 口	噬	물 서·미칠 서 ゼイ かむ

音読
噬臍(ぜいせい) 서제. 후회함.

16 山	嶼	섬 서 ショ しま

逆音
島嶼(とうしょ) 도서.

17 日 入	曙 (曙)	새벽 서·밝을 서 ショ あけぼの

音読
曙光(しょこう) 서광.
曙雲(しょうん) 서운. 새벽녘의 구름.
曙天(しょてん) 서천. 새벽 하늘. 새벽녘.
訓読
曙(あけぼの)〈雅〉새벽. 먼동. 여명.
‖~色(いろ) 노랑빛을 띤 연분홍색.
~漬け(づけ) 식용 물감이나 식초를 써서 재료의 표면을 연분홍색으로 물들인 절임.
~草(そう)〖植〗용담과에 속하는 여러해살이풀. 산지의 물가에 자라며 여름부터 가을까지 흰 꽃을 핌.

18 艹	薯	마 서·고구마 서 ショ・ジョ いも・やまのいも

訓読
薯(いも) 감자·고구마·토란 등의 총칭.
薯蕷 ㊀(やまのいも)〖植〗서여. 참마. *やまいも・しょよ로도 읽음.
㊁(とろろ) ① 薯蕷芋의 준말. ② 薯蕷汁의 준「말.
‖~芋(いも)〖植〗마. 참마.
~汁(じる) 참마 따위를 갈아서 멀건 장국 따위로 묽게 한 요리.

20 歯	齟	맞지않을 서 ソ かむ

音読
齟齬(そご) 서어. 뜻이 맞지 않음. (일이) 어긋남.

25 魚	鱮	연어 서 ショ たなご

訓読
鱮(たなご)〖魚〗① 납자루. ② 망성어.

25 魚 日	鱰	만새기 (서) しいら

参考 鱪의 異體字.

訓読
鱰(しいら)〖魚〗만새기.

석

3 夕 教	夕	저녁 석·밤 석 セキ ゆう

音読
夕景 ㊀(せっけい) 석경.
㊁(ゆうけい)〈老〉해질녘. 저녁때. 황혼.
夕陽(せきよう) 석양. *ゆうひ로도 읽음.
夕電(せきでん) 저녁녘의 번개. 덧없는 것의「비유.
夕照(せきしょう) 석조.
夕暉(せっき) 석휘. 석양(빛)
訓読
夕(ゆう)〈雅〉저녁.
夕さり(ゆうさり)〈雅〉저녁때가 됨. 또, 그

때. 저녁 무렵. 황혼.「이」되면.
夕されば(ゆうされば)〈雅〉저녁때가〔황혼
夕ずつ(ゆうずつ)〈雅〉〈天〉초저녁의 금성(金星). 장경성(長庚星). 개밥바라기.
夕べ(ゆうべ) ①〈雅〉저녁때. ②(…의) 밤. 저녁때부터 시작하는, 특정한 모임을 갖는 밤.
夕刻(ゆうこく)〈老〉저녁때. 저녁 무렵.
夕刊(ゆうかん) 석간.
夕間暮れ(ゆうまぐれ) 황혼. 저녁 어스름.
夕景色(ゆうげしき) 저녁 경치.
夕空(ゆうぞら) 저녁 하늘.
夕菅(ゆうすげ)〖植〗애기원추리.
夕轟(ゆうとどろき) 저녁때 소란스러운 소리가 들림. 또, 그 소리.「하는 일.
夕念仏(ゆうねんぶつ)〖佛〗염불을 저녁때
夕曇り(ゆうぐもり) 하늘이 흐림. 또, 저녁 때의 흐린 하늘.
夕嵐(ゆうあらし) 저녁때 부는 강풍.
夕冷え(ゆうびえ) 저녁때 좀 추워짐. 또, 그 추위.
夕涼み(ゆうすずみ) 저녁(의) 납량(納涼).
夕露(ゆうつゆ) 저녁 이슬.
夕立(ゆうだち) (여름 오후의) 소나기.
夕明かり(ゆうあかり) 저녁 놀.
夕暮れ(ゆうぐれ) 황혼. 해질녘.
‖**~方**(がた) 해질 무렵. 저녁때.「れ」
夕目暗(ゆうまぐれ) ⇨ 夕間暮れ(ゆうまぐ
夕霧(ゆうぎり) 석무. 저녁 안개. *せきむ로도 읽음.
夕飯(ゆうはん) 석반. 저녁밥. *ゆうめし로도 읽음.
夕方(ゆうがた) 저녁때. 해질녘.
夕つ方(ゆうつかた) 저녁때.
夕山(ゆうやま) 해질녘에 보이는 산.
‖**~嵐**(おろし) 재넘이. 저녁때 산에서 불어오는 바람.
夕霜(ゆうしも) 저녁에 내리는 서리.
夕蝉(ゆうぜみ)〈雅〉저녁때 우는 매미.
夕焼け(ゆうやけ) 저녁 안개.
‖**~雲**(ぐも) 저녁놀에 붉게 물든 구름.
夕狩り(ゆうがり) 저녁때 하는 사냥. *ゆうかり로도 읽음.
夕湿り(ゆうじめり) 저녁때, 기온이 내려가 공기가 습해지는 일.「비.
夕時雨(ゆうしぐれ) 저녁때에 맞추어 내리는
夕食(ゆうしょく) 석식. 저녁밥. 저녁 식사. *ゆげ로도 읽음.
夕顔(ゆうがお)〖植〗①박. ②멧과(科)의 1년생 만초.
夕闇(ゆうやみ) 땅거미. 박모(薄暮).
夕靄(ゆうもや) 저녁 안개.
夕桜(ゆうざくら) 저녁때 보는 벚꽃 구경.
夕漁り(ゆうあさり) 새 따위가 저녁때 먹이를 찾아다니는 일.
夕御飯(ゆうごはん) 저녁밥.
夕烟(ゆうけむり) ⇨ 夕煙(ゆうけむり).
夕煙(ゆうけむり) 석연. 저녁밥 짓는 연기.
夕映え(ゆうばえ) 석양빛을 받아 반짝이고

빛남. 또, 저녁놀.
夕影(ゆうかげ) ①〈雅〉석양. 저녁 햇빛. ②석양에 빛나는 사물의 모습.
夕雲(ゆうぐも) 저녁때 끼는 구름.
夕月(ゆうづき) 초저녁 달.
‖**~夜**(よ) ①달이 떠 있는 저녁. ②저녁달.
夕陰(ゆうかげ) 저녁때 그늘이 지는 곳.
夕凝り(ゆうこり) 서리와 눈이 저녁때 얼어붙는 일.
夕日(ゆうひ) 석양(빛). *せきじつ로도 읽음.
‖**~影**(かげ) 저녁 햇빛. 낙조.
~隠れ(がくれ) ①저녁 햇빛이 들지 않음. 또, 그러한 곳. ②저녁 해가 짐. 또, 그 때.
夕占(ゆうけ) 저녁때, 행인에게 길흉의 점을 쳐줌. 또, 그 점. *ゆうらロ도 읽음.
夕潮(ゆうしお) 석조. 석수(汐水).
夕座(ゆうざ)〖佛〗석좌.
夕凪(ゆうなぎ) 저녁뜸.
夕菜(ゆうな) 저녁 식사의 반찬.
夕千鳥(ゆうちどり)〖鳥〗저녁때의 물떼새.
夕晴れ(ゆうばれ) 저녁때 하늘이 갬.
夕波(ゆうなみ) ①저녁 파도. ②夕波千鳥의 준말.「물떼새.
‖**~千鳥**(ちどり)〈雅〉저녁 파도 위를 나는
夕風(ゆうかぜ) 저녁 바람.
夕河岸(ゆうがし) ①저녁때 바닷가에서 열리는 어시장. ②저녁에 도착하는 어류.
夕霞(ゆうがすみ) 저녁때 끼는 안개.
夕餉(ゆうげ)〈雅〉저녁 식사. 저녁밥.
夕惑い(ゆうまどい) 초저녁부터 졸림. 또, 그 사람.
夕紅(ゆうくれない) 저녁때 서쪽 하늘이 붉게 물드는 일.
夕虹(ゆうにじ) 저녁때 서는 무지개.
夕紅葉(ゆうもみじ) 저녁 햇빛을 받고 빛나는 단풍.
夕化粧(ゆうげしょう) ①저녁 화장(化粧). ②〖植〗'白粉花(おしろいばな)(=분꽃)'의 딴이름.

| 5
石
(敎) | 石 | 돌 석·섬 석
セキ・シャク・コク
いし・いわ |

▶**音読**◀
石刻(せっこく) 석각.
石碣(せっけつ) 석갈. 석비.
石龕(せきがん) 석감. 돌탑. 석탑.
石鹼(せっけん) 비누.
石剣(せっけん)〖考〗석검. 돌칼.
石決明(せっけつめい) ①〖植〗석결명. ②〖漢醫〗석결명. 전복의 껍데기.
石径(せっけい) 석경. 돌이 많은 좁은 길.
石経(せっきょう) 석경. 돌에 새긴 경문(經文). *せっけい로도 읽음.
石逕(せっけい) ⇨ 石径(せっけい).
石階(せっかい) 석계. 돌층계. 섬돌.
石高(こくだか) ①미곡의 수확량. ②특히

江戸(えど) 시대에, 쌀로 준 무사(武士)의 녹봉(祿俸)의 수량.
石膏(せっこう) 석고. ♣~型(がた) 석고형.
‖~細工(さいく) 석고 세공.
石斛(せっこく) 〖植〗 석곡. 석골풀.
石工(せっこう) 석공. 석수(石手). *いしくろども 읽음.
石槨(せっかく) 석곽. ①관을 넣는 석조 상자. ②돌을 쌓아 가운데에 시체를 넣은 방.
石棺(せっかん) 석관.
石塊(せっかい) 석괴. 돌덩이. *いしくれ・いしころども 읽음.
石窟(せっくつ) 석굴. 바위굴.
石級(せっきゅう) 돌계단. 석계.
石基(せっき) 〖鑛〗 석기.
石器(せっき) 석기.
‖~時代(じだい) 석기 시대.
石南花(しゃくなげ) 〖植〗 석남.
‖~科(か) 석남과. 진달랫과의 구칭.
石楠花(しゃくなげ) ⇨ 石南花(しゃくなげ).
石幢(せきどう) 석당.
石代(こくだい) 江戸(えど) 시대, 논밭의 조세로서 쌀 대신 화폐로 바치던 일. 또, 그 돈.
石台(せきだい) 춘이 낮은 상자나 화분에 초목을 심고 돌을 배치해 산수를 모방한 것.
石代納(こくだいのう) ☞ 石代(こくだい).
石磴(せきとう) 돌층계. 또, 돌이 많은 비탈길.
石蠟(せきろう) 석랍. 파라핀.
石梁(せきりょう) 돌다리.
石礫(せきれき) 석력. 작은 돌멩이.
石壘(せきるい) 석루. 돌로 쌓아 올린 보루.
石樓(せきろう) 석루. 돌로 만든 누각.
石理(せきり) 석리. 암석의 조직[외관].
石淋(せきりん) 〖漢醫〗 석림. 임질의 일종.
石馬(せきば) 석마. 석조(石造)의 말.
石綿(せきめん) 석면. 돌솜. *いしわたども 읽음. ♣~糸(し) 석면사.
‖~肺症(はいしょう) 〖醫〗 석면폐증.
石墨(せきぼく) 석묵. 흑연(黑鉛).
石文 ㊀(せきぶん) 석문.
㊁(いしぶみ) 〈雅〉 비(碑). 석비(石碑).
石門(せきもん) 석문. 돌문.
石蜜(せきみつ) 석밀. 석청(石淸).
石盤(せきばん) ①석반. 석판. ②슬레이트.
石本(せきほん) 탑본. 탁본.
石斧(せきふ) 석부. 돌도끼.
石碑(せきひ) ①비석. ②묘석(墓石).
石像(せきぞう) 석상.
石細胞(せきさいぼう) 〖植〗 석세포.
石獣(せきじゅう) 석수. 소・말・사자 등 짐승의 모습을 한 커다란 석상.
石筍(せきじゅん) 〖鑛〗 석순.
石心(せきしん) ①돌처럼 경고한 마음. ②돌처럼 차가운 마음.
石岩(せきがん) 석암. 암석. 바위.
石塩(せきえん) 〖鑛〗 석염. 암염.
石英(せきえい) 〖鑛〗 석영. ♣~砂(しゃ) 규사(硅砂).

‖~安山岩(あんざんがん) 〖鑛〗 석영 안산암.
石油(せきゆ) 석유.
‖~焜炉(こんろ) 석유 풍로.
~機関(きかん) 석유 기관.
~蛋白(たんぱく) 석유 단백. 발효 단백.
~輸出国機構(ゆしゅつこくきこう) 석유 수출국 기구. OPEC.
~危機(きき) 오일 쇼크.
~乳剤(にゅうざい) 석유 유제.
~化学(かがく) 석유 화학. ♣~工業(こうぎょう) 석유 화학 공업.
石絨(せきじゅう) 〖鑛〗 석용. 석면(石綿).
石人(せきじん) 석인.
‖~石獣(せきじゅう) 석인 석수.
石刃(せきじん) 석인. 석기의 하나.
石印(せきいん) 석인. ①돌에 새긴 도장. ②〖印〗석인쇄.
石匠(せきしょう) 석장. 석수.
石腸(せきちょう) 석장. 철석 같은 마음.
石材(せきざい) 석재.
石鼎(せきてい) 석정. 돌솥.
石堤(せきてい) 석제. 돌로 쌓은 제방.
石製(せきせい) 석제. ♣~品(ひん) 석제품.
石造(せきぞう) 석조.
石鍾乳(せきしょうにゅう) 석종유. 종유석.
石州(せきしゅう) ☞ 石見(いわみ).
石柱(せきちゅう) 석주. 돌기둥.
石竹(せきちく) 〖植〗 석죽. 패랭이꽃.
‖~色(いろ) 엷은 분홍색.
石持 ㊀(こくもち) ①가문(家紋)을 넣을 부분을 염색하지 않고 희게 남겨둔 옷. ②둥근 흑색 또는 백색의 가문.
㊁(いしもち) ⇨ 石首魚(いしもち).
石室(せきちつ) 石灰室素(せっかいちっそ)의 준말.
石質(せきしつ) 석질.
‖~隕石(いんせき) 〖鑛〗 석질 운석.
石菖(せきしょう) 〖植〗 석창포.
石菖蒲(せきしょうぶ) 〖植〗 석창포.
石鏃(せきぞく) 석촉. 돌살촉. *いしせじりども 읽음.
石錐(せきすい) 〖考〗 석추. 돌송곳. 타제 석기의 하나.
石錘(せきすい) 어망 등에 달아서 추처럼 사용한 것으로 추정되는 석기의 하나.
石炭(せきたん) 〖鑛〗 석탄. ♣~系(けい) 석탄계 / ~紀(き) 석탄기.
‖~殻(がら) 석탄이 탄 찌꺼기.
~酸(さん) 석탄산. 페놀. ♣~樹脂(じゅし) 석탄산 수지. 베이클라이트.
~液化(えきか) 석탄 액화.
~化学(かがく) 석탄 화학.
石塔(せきとう) 석탑. ②묘석.
石苔(せきたい) 석태. 돌에 난 이끼.
石駄(せきだ) 눈이 올 때 신는 신발.
石槌(せきつい) 석퇴. 돌망치.
石板(せきばん) ⇨ 石盤(せきばん).
石版(せきばん) 〖印〗 ①석판. ②석판인쇄의 준말. ♣~石(せき) 석판석 / ~画(が) 석판화.

‖～印刷(いんさつ) 석판 인쇄.
石片(せきへん) 석편. 돌조각.
石肺(せきはい) 석폐《진폐증의 하나로 직업병》.   「는 돌.
石標(せきひょう) 글자를 새겨 안표로 세우
石筆(せきひつ) 석필. ♣～**石**(せき) 석필석.
石核(せっかく)〖考〗석핵. 몸돌.
石化 ㊀(せきか) 石油化学(せきゆかがく)의 준말.
㊁(せっか) 석화. 퇴적물이 땅 속에서 굳어 퇴적암이 됨.
石火(せっか) 석화. ① 돌이 부딪쳐서 나는 불. ② 재빠른 동작.
石花(せっか)〖貝〗석화. 굴.
石黄(せきおう)〖鑛〗석황. 석웅황.
石灰(せっかい) 석회. ＊いしばいとも 읽음.
♣～**洞**(どう) 종유동 /～**石**(せき) 석회석 /～**水**(すい) 석회수 /～**岩**(がん) 석회암 /～**乳**(にゅう) 석회유 /～**穽**(せい) 석회정.
‖～**肥料**(ひりょう) 석회 비료.
～**窒素**(ちっそ) 석회 질소.
～**沈着**(ちんちゃく)〖醫〗석회 침착.

訓読
石 ㊀(いし) ① 돌. ② 보석. ③ (가위바위보의) 바위.
㊁(さか) 고대의 용적 단위《그 크기는 불명》.
㊂(こく) ① 석. 섬. 10 말. ② 무가(武家) 시대의 봉록의 단위.
㊃(せき)《接尾語ロ》…석. ① 돌. ② 시계의 보석이나 라디오 등의 트랜지스터를 세는 말.
㊄(いわ) 바위.
石見(いわみ)〖地〗옛 지방의 이름. 지금의 島根(しまね) 현의 서부.
石叩き(いしたたき)〖鳥〗할미새.
石敲き(いしたたき) ⇨ 石叩き(いしたたき).
石高道(いしだかみち) 돌이 많아 울퉁불퉁
石橋(いしばし) 석교. 돌다리.   「한 길.
石臼(いしうす) 돌절구.
石亀(いしがめ)〖動〗남생이.
石弓(いしゆみ) 석궁.
石拳(いしけん) 가위바위보.
石肌(いしはだ) 돌의 표면.
石段(いしだん) 돌층계.
石大工(いしだいく) ① 석공(石工)의 우두머리. ② 석공.
石突き(いしづき) ① (창(槍)·지팡이 등의) 물미. ② 버섯류의 밑뿌리.
石頭(いしあたま) 석두. 돌대가리.
石灯籠(いしどうろう) 석등롱. 장명등.
石木(いわき)〈雅〉① 바위와 나무. 비정한 것. ② 아탄(亞炭).
石目(いしめ) ① 돌결. ② 조금(彫金) 등에서 쇠붙이의 표면에 쪼아낸 좁쌀 같은 잔 점.
石割り(いしばり) (바둑의) 포석.
石壁 ㊀(せきへき) ① ☞㊁. ② 암석 절벽.
㊁(いしかべ) 돌벽. 돌을 쌓아 만든 벽.
石塀(いしべい) 돌담.
石伏(いしぶし)〖魚〗둑중개.

石敷(いしじき) ☞石畳(いしだたみ).
石部金吉(いしべきんきち) 목석《같은 사나이》. 제 털 뽑아 제 구멍에 박을 사람.
石粉(いしこ) 석분. 장석(長石) 가루.
石仏(いしぼとけ) 석불. ① 돌부처. ＊せきぶつとも 읽음. ② 말없고 무감동적인 사람.
石山(いしやま) 석산. 돌산.
石珊瑚(いしさんご)〖動〗석산호.
石床(いわとこ) 돌의 표면이 마룻바닥처럼 평평한 곳. ＊いわどことも 읽음.
石焼き(いしやき) ① 사기 그릇. ② 생선 등을 달군 돌에 얹어 굽는 요리법.
‖～**豆腐**(どうふ) 냄비에 기름을 부어 두부를 지지고 양념 간장 등을 찍어 먹는 것.
～**芋**(いも) 달군 돌에 구운 고구마.
石小刀(いしこがたな) 돌칼. 타제(打製) 석기의 하나.   「판 인쇄.
石刷り(いしずり) ① 탁본(拓本). ②〖印〗석
石首魚(いしもち)〖魚〗조기.
石神(いしがみ) 기석(奇石)·석검 등을 신체(神體)로 모신 민간 신앙의 신. ＊しゃくじんとも 읽음.
石室 ㊀(いしむろ) ① 석실. ② 등산가를 위해 바위에 의지해 짓거나 지붕에 돌을 얹은 작은 산막. ③ 돌무덤.
㊁(せきしつ) 석실.
‖～**墳**(ふん)〖考〗석실분. 돌방(房)무덤.
石崖(いしがけ) 석벽의 낭떠러지.
石屋(いしや) 석수장이. 채석(업).
石瓦(いしがわら) 지붕을 덮는 데 쓰는 석판(石板). 슬레이트.   「돌담딸기.
石垣(いしがき) 돌담. ♣～**苺**(いちご)〖植〗
石音(いしおと) 바둑 두는 소리.
石衣(いしごろも) 팥소에 물엿을 넣고 개어 굳힌 다음, 꿀을 바르고 설탕으로 거죽을 싼 과자.
石茸(いわたけ)〖植〗석이(石茸).
石子 ㊀(いしなご) 돌을 바닥에 깔고 집어 던져 올리고 받는 여자아이들의 놀이. 공기.
㊁(いしこ) 잔돌. 자갈.
石作り(いしづくり) ⇨ 石造り(いしづくり).
石蔵(いしぐら) 돌로 지은 창고.
石底(いしぞこ) 바위나 돌로 이루어진 내나 개울 바닥.
石積み(いしづみ) 일정 수의 잔돌 쌓기를 하여 빨리 쌓은 자가 이기는, 아이들 놀이의 한 가지. ＊いしつみロも 읽음.
石切り(いしきり) ① 채석(採石). ② 석수(石手) 일. ♣～**場**(ば) 채석장.
石摺り(いしずり) ⇨ 石刷り(いしずり).
石鰈(いしがれい)〖魚〗돌가자미.
石庭(いしにわ) 바위 등 돌로만 꾸민 정원. ＊せきていロも 읽음.
石造り(いしづくり) 석조. 돌로 만든 것.
石彫り(いしぼり) 석조.   「또, 그 돌.
石組み(いしぐみ) (정원에) 돌을 배치함.
石鯛(いしだい)〖魚〗돌돔.
石走る(いわばしる) 물결이 바위에 부딪쳐

물보라를 올리며 흘러감.
石地(いしじ) 돌이 많은 땅. 「의 옷칠.
∥~塗り(ぬり) 얼쑹덜쑹 잔점이 많은 잿빛
石地蔵(いしじぞう) 지장보살 석상(石像).
石倉(いしぐら) 돌로 지은 창고.
石川(いしかわ)〖地〗 일본 中部(ちゅうぶ) 지방에 있는 한 현.
石畳(いしだたみ) ① 남작한 돌을 깐 길. ② 〈雅〉돌층계. ③ 바둑(판) 무늬.
石清水(いわしみず) 석간수. 석천(石泉).
石鍬(いしぐわ)〖考〗돌괭이.
石蹴り(いしけり) 오랫말놀이.
石築地(いしついじ) 돌로 쌓은 담. 돌담.
石枕(いわまくら) 바위를 베개 삼아 노숙함. 또, 그 베개.
石弾き(いしはじき) ① 돌쇠뇌. ② 돌을 튕겨 맞히는 놀이.
石投(いしなぎ)〖魚〗돗돔.
石投げ(いしなげ) 투석. 돌팔매.
石坂(いしざか) ① 돌이 많은 비탈길〔고개〕. ② 돌층계. 남작한 돌을 깐 비탈길.
石偏(いしへん) 한자 부수의 하나: 돌석변.
石合戦(いしがっせん) 석전. 돌쌈.
石蟹(いしがに)〖動〗민꽃게.
石火矢(いしびや) 옛날의 대포《화약의 힘으로 돌멩이·쇳조각을 쏨》.
石後家(いしごけ) 수절(守節)하는 과부.

其他
石女(うまずめ) 석녀. 돌계집. ＊せきじょろ
石蕗(つわぶき)〖植〗털머위. 「도 읽음.
石竜子(とかげ)〖動〗도마뱀.
石榴(ざくろ)〖植〗석류. 석류나무. ＊せきりゅうro도 읽음. ♣~石(いし) 석류석.
∥~口(ぐち) 江戸(えど) 시대의 공중 목욕탕 안 욕조 출입구.
~鼻(はな) 주부코. 주독(酒毒)이 오른 코.
石斑魚(うぐい)〖魚〗황어.
石蓴(あおさ)〖植〗파래. 석순.

| 6
氵
人 | 汐 | 석수 석
セキ
しお・うしお |

訓読
汐(しお) 조수. 밀물. 썰물. 바닷물.
汐干(しおひ) 간조(干潮). 바닷물이 섬.
汐汲み(しおくみ) 제염(製塩)하기 위해 바닷물을 길음. 또, 그 사람.
汐先(しおさき) ① 밀물의 물마루. ② 사물이 시작될 때.
汐時(しおどき) 물때. 간조와 만조 때.

| 8
日
教 | 昔 | 옛 석·접때 석
セキ・シャク
むかし |

音読
昔年(せきねん) 석년. 옛날.
昔歳(せきさい) 석세. 옛날. 왕년.
昔時(せきじ) 석시. 옛날. 왕년.
昔人 ㊀(せきじん) 석인. 옛사람.
㊁(むかしびと) ① ☞㊀. ② 옛날 친했던 사람.
昔日(せきじつ) 석일. 옛날.
昔者 ㊀(せきしゃ) 석자. ① 옛날. 과거. 왕년. ② 어제.
㊁(むかしもの) 노인.

訓読
昔(むかし) 옛날. 예전.
昔ながら(むかしながら) 옛날 그대로 (변함이 없는 모양).
昔気質(むかしかたぎ) 옛(날) 기질.
昔物語(むかしものがたり) 옛 이야기·전설.
昔方(むかしかた) 과거.
昔昔(むかしむかし) 옛날 옛적.
昔馴染み(むかしなじみ) 옛 친구. 「음.
昔心(むかしごころ) 예스럽고 고지식한 마
昔様(むかしよう) 예스러움.
昔語り(むかしがたり) 옛날 이야기를 함.
昔風(むかしふう) 예스러움. 옛날 모습.
昔話(むかしばなし) 옛날 이야기.

| 8
木
常 | 析 | 쪼갤 석
セキ
さく・わける |

音読
析出(せきしゅつ)〖化〗석출. 추출.

| 9
火
日 | 炻 | 석기 (석)
セキ |

音読
炻器(せっき) 석기. 도자기의 하나. 초벌구이를 하지 않고 단번에 만들며, 흡수성(吸収性)이 거의 없고 투명하지 못함《토관(土管)·화로 등에 쓰임》.

| 10
广
教 | 席 | 자리 석·베풀 석
セキ
むしろ |

音読
席(せき) ① 자리. 좌석. ② 회장. ③ 흥행장. 또, 그 연예.
席巻(せっけん) 석권.
席捲(せっけん) ⇨ 席巻(せっけん).
席代(せきだい) 자릿값.
席貸し(せきがし) 대석. (삯을 받고) 좌석을 빌려 줌. 또, 그 영업.
席料(せきりょう) ① 자릿세. ② 입장료.
席末(せきまつ) 석말. 말석.
席上(せきじょう) 석상.
席書き(せきがき) 모임의 자리에서 서화를 그려〔써〕보임. 또, 그 서화.
席順(せきじゅん) 석순. 석차.

席入り(せきいり) (다도(茶道)에서) 차 마시는 자리에 참석할 때의 예법.
席亭(せきてい) ①'席(せき)の亭主(ていしゅ)(=흥행장 주인)'의 준말. ②흥행장.
席題(せきだい) (俳句(はいく)나 歌(うた)의 모임 등에서) 즉석에서 내는 제목.
席次(せきじ) 석차.
席札(せきふだ) (연회석 등에서) 앉을 자리를 알려 주기 위해 놓아 두는 명찰.
席替え(せきがえ) (교실 안의) 자리를 바꿈.
席駄(せきだ) 눈이 올 때 신는 신발.
席割り(せきわり) 좌석 배치.
席画(せきが) 석화.

11 小 常 惜
아낄 **석**
セキ・シャク
おしい・おしむ

音読
惜命(しゃくみょう) 목숨을 소중히 함.
惜別(せきべつ) 석별.
惜愛(せきあい) 아끼고 소중히 여김.
惜陰(せきいん) 석음. ①세월이 헛되이 지나감을 아까워 함. ②짧은 시간도 아낌.
惜春(せきしゅん) 석춘. 봄[청춘]이 감을 아쉬워함.
惜敗(せきはい) 석패.

訓読
❖惜しい(おしい) ①아깝다. 섭섭하다. ②분하다.
惜しがる(おしがる) 아쉬워하다. 아까워하다.
惜しくも(おしくも) 아깝게도.
惜し気(おしげ) 아까워하는 기색.
❖惜しむ(おしむ) ①아끼다. ②아쉬워하다. 애석히 여기다.
惜しむらくは(おしむらくは) 아깝게도. 애석하게도. 유감스럽게도.
惜しみ無い(おしみない) 아낌없는. 마음으로
惜しみ無く(おしみなく) 아낌없이.

11 氵 淅
일 **석**・비바람소리 **석**
セキ
よなげる・かす・かしよね

音読
淅淅(せきせき) 석석. 바람 소리가 나는 모양.
淅瀝(せきれき) 석력. ①비나 눈이 내리는 소리. ②바람이 나무를 울리는 소리.

訓読
❖淅す(かす) ①물에 담그다. ②쌀을 물로 씻다.
淅米(かしよね) 석미. 물로 씻은 쌀.

11 釆 常 釈 (釋)
풀 **석**・석가 **석**
シャク・セキ
とく・ゆるす

音読
釈(しゃく) ①해석. 주석. ②승려의 이름 또는 계명(戒名) 위에 붙이는 말.
釈する(しゃくする) 해석하다.
釈家 ㊀(しゃっか) ①사찰. 절. ②중.
㊁(しゃっけ) 석가. ①불교. 불문. ②경론을 해석하는 학승(學僧).
釈講(しゃっこう) 강석(講釋).
釈教(しゃっきょう) 석교. 석가의 가르침.
釈台(しゃくだい) 講談(こうだん)을 하는 야담가가 앞에 놓는 대(臺).
釈論(しゃくろん) 〖佛〗석론.
釈名(しゃくみょう) 석명. 경론을 해석할 때, 먼저 그 제목의 의의를 풀이하여 밝힘.
釈明(しゃくめい) 석명. 해명. ♣~権(けん) 〖法〗석명권. 「문장.
釈文(しゃくもん) 석문. 불교 경론을 해석한
釈門(しゃくもん) 석문. 불문(에 들어간 사람). 불가(佛家).
釈放(しゃくほう) 석방.
釈梵(しゃくぼん) 〖佛〗석범.
釈師(しゃくし) '講釈師(こうしゃくし)(=야담가)'의 준말. 「(しゃくし).
釈氏(しゃくし) 석씨. ①석가. ② ☞釈子
釈眼儒心(しゃくがんじゅしん) 석안 유심.
釈然(しゃくぜん) 석연.
釈義(しゃくぎ) 석의. 뜻을 해석함.
釈子(しゃくし) 석자. 석가의 제자. 승려.
釈場(しゃくじょう) '講釈場(こうしゃくじょう)(=야담 공연장)'의 준말.
釈典(しゃくてん) 〖佛〗석전. 불경.
釈奠(せきてん) 석전. 석전제(祭).
釈尊(しゃくそん) 석존. 석가모니의 높임말.
釈解(しゃっかい) 문장・자구의 뜻을 풀어서 밝힘. 해석.

其他
釈迦(しゃか) 석가. 釈迦牟尼의 준말.
‖~牟尼(むに) 석가모니.
~三尊(さんぞん) 〖佛〗석가 삼존.
~如来(にょらい) 〖佛〗석가여래.
~一代(いちだい) 오랜 세월. 또, 물건이 단단해서 오래감.
~八相(はっそう) 〖佛〗석가 팔상.

12 日 晳
밝을 **석**
セキ
あきらか

逆音
明晳(めいせき) 명석.

12 月 腊
포 **석**
セキ・サク
ほじし・きたい

音読
腊葉(せきよう) 석엽. 식물의 잎을 눌러서 만든 표본. *さくよう은 관용음.

訓読
腊(きたい) 석. 고기를 말린 것. 포(脯).

14 艹	蓆	클 석·자리 석 セキ むしろ

訓読
蓆(むしろ) ① 대자리. 거적. 멍석. ②〈雅〉좌석.

14 石 ⋀	碩	클 석 セキ おおきい

音読
碩徳(せきとく) 석덕. 덕이 높은 사람. 특히, 고승(高僧).
碩儒(せきじゅ) 석유. 거유(巨儒).
碩才(せきさい) 석재. 학문적 재능이 있음. 또, 그 사람.
碩学(せきがく) 석학.

14 虫	蜥	도마뱀 석 セキ

其他
蜥蜴(とかげ)〖動〗도마뱀.
┃~色(いろ) 날실은 유록(柳綠)빛, 씨실은 붉은 빛으로 된 직물의 빛깔.

15 氵 常	潟	개펄 석 セキ かた

音読
潟湖(せきこ)〖地〗석호.
訓読
潟(かた) ① 바다의 일부분이 사구(砂丘) 따위로 막혀 생긴 호수. 석호. ② 개펄. 갯가.

16 金	錫	주석 석·석장 석 セキ·シ·シャク すず

音読
錫杖(しゃくじょう) ① 석장. 수행자가 짚고 다니는 지팡이. ② 祭文読み(さいもんよみ)가 흔들며 장단을 맞추는 도구.
訓読
錫 ㈠(すず) 주석(朱錫).
㈡(しゃく) 錫杖(しゃくじょう)의 준말.
錫箔(すずはく) 석박. 납지.
錫師(すずし) 놋쇠로 술병·다호(茶壺) 따위를 만드는 장색(匠色).
錫石(すずいし)〖鑛〗석석. 주석석.
錫釉(すずうわぐすり) 석유. 주석 유약.
錫婚式(すずこんしき) 석혼식. 결혼 10주년을 축하하는 식.

其他
錫蘭(セイロン)〖地〗실론. 스리랑카.

선

5 イ 常	仙	신선 선·센트 선 セン

音読
仙 ㈠(せん) 선. 선인.
㈡(セント) 센트. 미국의 화폐 단위.
仙家(せんか) 선가. 선인의 거처.
仙駕(せんが) 선가. 신선이나 제왕의 탈것.
仙客(せんかく) 선객. 선인(仙人). 전하여, 학(鶴).
仙境(せんきょう) 선경. 선계(仙界).
仙界(せんかい) ☞ 仙境(せんきょう).
仙骨(せんこつ) ① 선골. 범속하지 않은 골상(骨相)〖풍채〗. ②〖生〗천골(薦骨). 광둥뼈. 엉덩이 뼈.
仙窟(せんくつ) 선굴. 신선이 사는 굴〖집〗. 또, 속세를 떠난 주거.
仙宮(せんきゅう) 선궁. 신선이 사는 궁전.
仙禽(せんきん) 선금. ① 선경에 사는 새. ② '鶴(つる)(=두루미)'의 딴이름.
仙女(せんじょ) 선녀. *せんにょ로도 읽음.
仙丹(せんたん) 선단. 불로불사(不老不死)한다는 영약.
仙道(せんどう) 선도. 신선의 도. 신선술.
仙洞(せんとう) 선동. ① 상황(上皇)의 거처. ② 상황의 존칭.
仙童(せんどう) 선동. 신선을 섬기는 아이.
仙味(せんみ) 선미. 초속적인 고상한 취미.
仙法(せんぽう) 선법. 선술. 「법.
仙術(せんじゅつ) 선술. 신선이 행하는 술
仙楽(せんがく) 선악. 신선이 울리는 음악.
仙薬(せんやく) 선약. 영약(靈藥).
仙遊(せんゆう) 선유. 선경에서 노닒.
仙人(せんにん) 선인. ① 신선. ② 욕심이 전혀 없는 사람. ♣~草(そう)〖植〗참으아리.
仙者(せんしゃ) 선자. 선인.
仙椎(せんつい)〖生〗선추. 「채.
仙風(せんぷう) 선풍. 신선 같은 기질·풍
仙郷(せんきょう) ⇨ 仙境(せんきょう).
仙花紙(せんかし) 선화지.

其他
仙人掌(サボテン)〖植〗사보텐. 선인장.
*シャボテン으로도 읽음.

6 儿 敎	先	먼저 선·옛 선 セン さき·まず

音読
先 ㈠(せん) 선. ① 앞. 이전. 예전. ② (바둑

에서) 선번(先番). 선수. ③《接頭語로》이전의. 먼저의.
㊁(さき) ①앞. ②끝. ③상대방. 저쪽.
㊂(さっき) 〈俗〉아까. 조금 전.
先刻(せんこく) ①아까. 조금 전. ②이미. 벌써.
先覚(せんかく) 선각.
先客(せんきゃく) 선객.
先見(せんけん) 선견. 앞을 내다봄.
‖~の**明**(めい) 선견지명.
先蹤(せんしょう) 선종. ♣~**隊**(たい) 선발대.
先決(せんけつ) 선결.
‖~**問題**(もんだい) 선결 문제.
~**変数**(へんすう) 선결 변수.
先古(せんこ) 선고. 옛날. 과거.
先考(せんこう) 선고. 망부(亡父).
先公(せんこう) 선공. 선대의 군주. 선군.
先攻(せんこう) (야구 따위에서) 선공.
先口(せんくち) (신청·청약 따위의) 먼저 순번. 선약.
先駆(せんく) ①선구(자). ②전구(前駆). ♣~**者**(しゃ) 선구자.
‖~**植物**(しょくぶつ) 선구 식물.
先口動物(せんこうどうぶつ) 〖動〗선구 동물.
先君(せんくん) 선군. ①선왕. ②선고(先考). 망부(亡父).
先君子(せんくんし) 선군자. 선고(先考).
先規(せんき) 선규. 선례.
先納(せんのう) 선납.
先年(せんねん) 선년. 지난해. 연전(年前).
先端(せんたん) ①선단. 앞쪽의 끝. ②첨단. 유행 등의 선두. ♣~**的**(てき) 첨단적.
‖~**技術**(ぎじゅつ) 첨단 기술.
~**産業**(さんぎょう) 첨단 산업.
~**医療**(いりょう) 첨단 의료.
先達(せんだつ) ①선배. ②선도자. 안내인.
先達て ㊀(せんだって) 앞서. 얼마 전에.
㊁(せんだって) ⇨**先立って**(さきだって).
先代(せんだい) 선대. ①당주(当主)의 전 대(代). ②전의 시대.
先隊(せんたい) 선발대.
先徳(せんとく) 선덕. ①선인(先人)의 덕. ②덕이 높은 선인.
先度(せんど) 전번. 지난번. 요전.
先途(せんど) ①운명의 갈림길(이 되는 중요한 때). ②전도.
先導(せんどう) 선도. ♣~**車**(しゃ) 선도차.
先頭(せんとう) 선두.
‖~**打者**(だしゃ) 선두 타자.
先登(せんとう) 선등. 제일 먼저 적의 성에 쳐들어감.
先例(せんれい) 선례. 전례.
先晩(せんばん) (요)전날 밤.
先務(せんむ) (급)선무.
先般(せんぱん) 전번. 지난 번. 요전.
‖~**来**(らい) 전번부터.
先発(せんぱつ) 선발. ①먼저 출발함. ②〖野〗(선수가) 경기 개시 때부터 나옴. ♣~**隊**(たい) 선발대.
‖~**投手**(とうしゅ) 선발 투수.
先発明主義(せんはつめいしゅぎ) 〖法〗선발명주의.
先方 ㊀(せんぽう) ①상대편(방). ②저쪽. 앞쪽.
㊁(さきかた) (거래·교섭 등의) 상대(방).
先輩(せんぱい) 선배.
先番(せんばん) 선번. 먼저 하는 순번.
先兵(せんぺい) 첨병.
‖~**小隊**(しょうたい) 첨병 소대.
先鋒(せんぽう) 선봉.
先夫(せんぷ) 선부. 전남편.
先父(せんぷ) 선부. 선친.
先負(せんぷ) 先負日(にち)의 준말. 음양도(陰陽道)에서, 송사 등에 나쁘다 하여 피하는 날.
先婦(せんぷ) 전처.
先妣(せんぴ) 선비. 돌아가신 어머니.
先非(せんぴ) 선비. 전비.
先史(せんし) 선사. 유사(有史) 이전. ♣~**学**(がく) 선사학.
‖~**時代**(じだい) 선사 시대. 「賢」
先師(せんし) 선사. 돌아간 스승. 선현(先
先相先(せんあいせん) (바둑에서) 선상선.
先生(せんせい) 선생. 선인(先人)이 남긴 사업.
先先月(せんせんげつ) 선선월. 지지난달.
先先日(せんせんじつ) 엊그저께.
先聖(せんせい) 선성. 옛날의 성인. 특히, 공자(孔子). 「顔回)
‖~**先師**(せんし) 선성 선사. 공자와 안회
先世(せんせい) 선조. 망부.
先繰り(せんぐり) 일을 순서대로 함.
先手(せんしゅ) ①선수. 먼저 수를 씀. ②〖軍〗선봉. 선진. 전위. *さきてらも 읽음.
先守(せんしゅ) 〖野〗선수(비). 「함.
先述(せんじゅつ) 전술(前述). 앞에서 기술
先勝(せんしょう) ①선승. ②先勝日(にち)의 준말. 음양도에서, 급한 일·송사 등에 길(吉)하다는 날.
先カンブリア時代(せんカンブリアじだい) 〖地〗선(先)캄브리아대(代).
先夜(せんや) 선야. 요전날 밤.
先約(せんやく) 선약.
先言(せんげん) 선인이 남긴 말. 「유업.
先業(せんぎょう) 선업. 선인이 남긴 사업.
先役(せんやく) ①전에 맡은 직무. ②이전부터 그 직(職)에 있는 사람.
先塋(せんえい) 선영.
先鋭(せんえい) 첨예. ♣~**化**(か) 첨예화.
‖~**分子**(ぶんし) 급진 분자.
先王(せんのう) 선왕. 선대의 왕. *せんおう로도 읽음.
先憂後楽(せんゆうこうらく) 선우후락.
先願主義(せんがんしゅぎ) 〖法〗선원주의.
先月(せんげつ) 전월. 지난달.
‖~**分**(ぶん) 전월분. 지난달 치.
先議(せんぎ) 선의. 먼저 심의함. ♣~**権**(けん) 〖法〗선의권.

先人(せんじん) 선인.
先日(せんじつ) 선일. 요전(날).
‖~来(らい) 일전부터, 요 며칠째.
先任(せんにん) 선임. ♣~権(けん) 선임권 / ~者(しゃ) 선임자.
‖~将校(しょうこう) 선임 장교.
先入(せんにゅう) 선입. ♣~見(けん) 선입견 / ~観(かん) 선입관. 고정 관념.
先跡(せんせき) 적적. 선인의 발자취.
先前(せんぜん) 전전(前前). 이전. 오래 전.
先占(せんせん) 선점.
‖~取得(しゅとく) 선점 취득.
先帝(せんてい) 선제. 선대의 천자(天子).
先制(せんせい) 선제.
‖~攻撃(こうげき) 선제 공격.
~点(てん) 선제점. 선취점.
先兆(せんちょう) 전조(前兆).
先祖(せんぞ) 선조. 조상.
‖~代代(だいだい) 선조 대대.
~返り(がえり) 『生』 격세 유전.
先朝(せんちょう) 선조. 전조(前朝).
先蹤(せんしょう) 선례. 전례.
先主(せんしゅ) 선주. ① 선대의 군주. ② 전에 섬기던 군주. 「持」
先住(せんじゅう) ① 선주. ② 전주지(前住
‖~民族(みんぞく) 선주 민족.
先週(せんしゅう) 선주. 전주. 지난 주.
先知(せんち) 선지. 남보다 먼저 도리를 깨닫고 앎. 또 그 사람. 「봉.
先陣(せんじん) 선진. ① 전진(前陣). ② 선
‖~争い(あらそい) 선봉[선두] 다툼.
先進(せんしん) 선진. 선배. ♣~的(てき) 선진적.
‖~国(こく) 선진국. ♣~首脳会議(しゅのうかいぎ) 선진국 수뇌 회의.
先着(せんちゃく) 선착. ♣~順(じゅん) 선
先唱(せんしょう) 선창. 「착순.
先妻(せんさい) 선처. 전처.
先天(せんてん) 선천. ♣~説(せつ) 선천설.
‖~梅毒(ばいどく) 선천성 매독.
先天性(せんてんせい) 선천성.
‖~代謝異常(たいしゃいじょう) 선천성 대사 이상.
~免疫(めんえき) 선천성 면역. 자연 면역.
~心臓病(しんぞうびょう) 『醫』 선천성 심장병.
先天的(せんてんてき) 선천적.
‖~総合判断(そうごうはんだん) 『哲』 선천적 종합 판단.
先哲(せんてつ) 선철. 선현.
先体(せんたい) 『生』 동물 정자의 머리 끝에 있는 기관. 「창.
先蹴(せんしゅう) 선축. (축구에서) 먼저
先出(せんしゅつ) 선출. 앞에 나옴. 전출.
先取(せんしゅ) 선취.
‖~特権(とっけん) 『法』 선취 특권.
先便(せんびん) (어느 시점을 기준하여) 얼마 전에 낸 편지.

先鞭(せんべん) 선편. 앞지름. 선수.
先表(せんぴょう) 선조(前兆).
先学(せんがく) 선학. 학문상의 선배.
先行(せんこう) 선행. ♣~国(こく) 선진국 / ~車(しゃ) 선행차.
‖~馬(ば) (경마에서) 선행마.
~文献(ぶんけん) 선행 문헌.
~法規(ほうき) 선행 법규.
先験的(せんけんてき) 『哲』 선험적.
‖~観念論(かんねんろん) 선험적 관념론.
~意識(いしき) 선험적 의식.
先賢(せんけん) 선현. 선철.
先皇(せんのう) 선황. 선대의 天皇(てんのう)(황제).
先回(せんかい) 전번 회. 전회.
先后(せんこう) 선후. ① 선대의 군주. ② 선제의 황후. 「로도 읽음.
先後(せんご) 선후. 앞뒤. 전후. *せんこう

[訓読]

先ず 曰(まず) 우선. ① (맨)먼저. 첫째로. ② 하여간. 대체로. 아마도. 거의.
曰(せんず) 앞서 하다. 앞서다.
先ずは(まずは) (편지 등에서) 다른 일은 제쳐 두고, 우선(은). 일단.
先つ(さきつ) 이전의. 과거의.
先っちょ(さきっちょ) 〈俗〉 끝 (쪽).
先っぽ(さきっぽ) 끝 (쪽).
先に(さきに) 전에. 이전에. 먼저. 앞서.
*さきにも 읽음.
先んずる(さきんずる) ① 남보다 먼저 가다. 앞질러 가다. 선수를 쓰다. ② 뛰어나다.
先肩(さきかた) ☞ 先棒(さきぼう).
先頃(さきごろ) 요전. 앞서. 일전. *せんごろ로도 읽음.
先つ頃(さきつころ) 요전. 일전. *さいつころ로도 읽음.
先高(さきだか) 『商』 시세가 올라갈 기미.
先攻め(さきぜめ) 선공.
先供(さきども) 행렬의 맨 앞에 가는 종자.
先駆け(さきがけ) 선구. 선구자.
先駆ける(さきがける) 앞장 서다. 앞서다.
先駈け(さきがけ) ⇨ 先駆け(さきがけ).
先駈ける(さきがける) ⇨ 先駆ける(さきがける).
先金(さきがね) 선금. 착수금.
先つ年(さきつとし) 선년. 전년. 지난해.
*さいつとしろ도 읽음. 「급함.
先貸し(さきがし) 선대. 기일 전에 돈을 지
先渡し(さきわたし) ① 선불. ② 선도. (상품 따위를) 대금 완불 전에 줌. ③ 선도. 상품을 계약 후 일정 기간이 지난 다음에 줌.
先読み(さきよみ) 앞을 읽음. 예측.
先隣(さきどなり) 하나 걸러 옆집.
先立つ(さきだつ) ① 앞서다. ② 선두에 서다. ③ 먼저 죽다. ④ 무엇보다도 필요하다.
先立って(さきだって) ① 요전. 일전. ② 미리. 앞서.
先立てる(さきだてる) 앞세우다. ① 앞장 서게 하다. ② 먼저 여의다.

先馬(さきうま) 말을 타고 귀인 등의 행렬의 선두에 서서 나감.
先売り(さきうり) 선매. 예매. 미리 팖.
先買い(さきがい) 선매. 예매. 미리 사둠.
♣~権(けん) 선매권.
先物(さきもの) 〖經〗 ① 선물. ② 선한(先限). 거래에서 현품 수수 기일이 가장 긴 장기 청산 거래. 또, 그 상품.
∥~買い(がい) 선물 매수(買受). 장래의 이익을 예상하고 매수하는 일.
~市場(しじょう) 〖經〗 선물 시장.
~取引(とりひき) 〖經〗 선물 거래.
先腹(さきばら) ① 전처 소생. *せんぷく・せんばらろも 읽음. ② 주군(主君)보다 먼저 할복(割腹)함.
先棒(さきぼう) ① 남의 앞잡이가 됨. ② (가마의) 앞채잡이.
先付け(さきづけ) 앞날의 날짜로 기입함.
先負け(さきまけ) ☞先負(せんぶ)
先払い(さきばらい) ① (운임·우편료 따위의) 수취인(受取人) 부담. ② 선불. ③ 긴급시의 교통 통제.
先備え(さきぞなえ) 선진(先陣). 선봉.
先山(さきやま) 탄광 막장에서 석탄을 캐는 숙련 갱부.
先箱(さきばこ) 영주(領主)의 행차 때, 선두에서 메고 가는, 정복(正服)을 넣은 옷궤.
先先 ㊀(さきざき) ① 앞날. ② 가는 곳마다. ③ 오래 전.
㊁(せんせん) 《接頭語로》 전전…. *せんぜんこ로도 읽음.
先ず先ず(まずまず) ① 우선 (무엇보다도). ② 그저 그만한. 그런대로.
先の世(さきのよ) ① 전의 시대. ② 〖佛〗 전세(前世). ③ 〖佛〗 저승. 후세(後世).
先細(さきぼそ) 끝이 가늚. 또, 그런 물건.
先細り(さきぼそり) ① 끝으로 갈수록 가늘어짐. ② 점점 쇠하여 감.
先送り(さきおくり) 그 시점에서 판단이나 처리를 하지 않고 뒤로 미룸.
先乗り(さきのり) ① 행렬의 앞장을 서서 가는 말 탄 사람. ② (유랑 극단·여행 따위에서) 준비하기 위해 먼저 감. 또, 그 사람.
先勝ち(さきがち) ① 선승. 먼저 이김. ② ☞先勝(せんしょう)②. *이는 せんかちで도 읽음.
先食い(さきぐい) 〈俗〉 (예산 따위를) 써야 할 시기 이전에 써버림.
先安(さきやす) 〖商〗 값이 장래에는 싸질 조짐.
先様 ㊀(さきさま) 그 쪽. 그 댁. 그 분.
㊁(せんさま) 선객. 먼저 손님.
先輿(さきごし) 가마의 앞채를 멤. 또, 그 사람.
先染め(さきぞめ) 피륙을 짜기 전, 실을 미리 염색함.
先ず以て(まずもって) 우선 (무엇보다). 어쨌든.
先つ日(さきつひ) 일전. 요전.
先の日(さきのひ) 요전. 일전. 접때.
先込め(さきごめ) 전장(前裝). 탄환을 총구로부터 잼. 또, 그런 구식 총.
先潜り(さきくぐり) ① 앞질러서 몰래 무슨 일을 함. ② 지레짐작.
先程(さきほど) 아까. 조금 전.
∥~来(らい) 조금 전부터. 아까부터.
先つ祖(さきつおや) 선조. 조상.
先走り(さきばしり) ① 앞질러 감. 또, 그 사람. ② 나서서 주제넘게 굶.
先走る(さきばしる) ① 다른 사람보다 앞질러 하다. ② 주제넘게 나서다.
先地(さきじ) 양복을 맞출 때 손님이 옷감을 가져오는 일.
先借り(さきがり) 전차(前借). 가불. 먼저 빌림.
先触れ(さきぶれ) 미리 알림. 예고.
先撮り(さきどり) 화면을 촬영하기 전에 음악이나 대사를 먼저 녹음함. 프리레코.
先追い(さきおい) 벽제(辟除).
先取り(さきどり) 선취.
∥~特権(とっけん) 선취 특권.
先打ち(さきうち) 말을 타고 무리의 선두에 먼저 나름. 또, 그.
先太(さきぶと) 끝이 굵음. 또, 그런 것.
先太り(さきぶとり) ① 끝으로 갈수록 굵어짐. 또, 그런 물건. ② 시간이 갈수록 재산 따위가 점점 늘어남.
先太刀(さきだち) 사람을 벨 때, 맨 먼저 칼로 내리침.
先荷(さきに) 주인보다 앞서 종자가 짐을 목적지로 나름. 또, 그 짐.
先限(さきぎり) 〖經〗 거래에서 현품 수수 기일이 가장 긴 장기 청산 거래. 또, 그 상품. ② ☞先物(さきもの)①.
先行き(さきいき) ① 장래. ② 〖經〗 증권 시세의 앞으로의 진행 상태. 앞 시세. ③ 선발(先發). *さきゆきろ도 읽음.
先火(さきび) 발인(發靷) 때 피우는 불.
先回り(さきまわり) 앞질러서 가 있음. 앞질러서 함.

9획 六 教

宣

베풀 선·널리펼 선
セン
のたまう·のべる·のる

音読▶

宣する(せんする) 선언하다.
宣告(せんこく) 선고.
∥~猶予(ゆうよ) 선고 유예.
宣教(せんきょう) 선교. ♣~師(し) 선교사.
宣命(せんみょう) 옛날, 한문체로 쓴 조칙(詔勅)에 대해서, 宣命体로 쓴 조칙.
∥~体(たい) 宣命 등에 쓴 일본식 이두체(吏讀體).
宣明(せんめい) 선명. 선언하여 밝힘.
宣撫(せんぶ) 선무.
∥~工作(こうさく) 선무 공작.
宣誓(せんせい) 선서.
宣説(せんせつ) 말하여 설명함.
宣揚(せんよう) 선양.
宣言(せんげん) 선언. ♣~文(ぶん) 선언문.

扇・旋・船

宣材(せんざい) '宣伝材料(せんでんざいりょう)'(=선전 재료)의 준말.
宣伝(せんでん) 선전. ♣~屋(や) 허풍쟁이 / ~的(てき) 선전적 / ~戦(せん) 선전전.
宣戦(せんせん) 선전.
‖~布告(ふこく) 선전 포고.
宣旨(せんじ) 선지. 天皇(てんのう)의 말을 하부에 전함. 그 문서.
宣託(せんたく) 신탁. 탁선.
宣布(せんぷ) 선포.
宣下(せんげ) 선하. 선지(宣旨)를 내림.

[訓読]
♣**宣う**(のたまう) 〈雅〉말씀하시다.
♣**宣わく**(のたまわく) 〈雅〉말씀하시기를.
♣**宣る**(のる) 〈古〉선언하다. 말하다. 고지(告知)하다.
宣り言(のりごと) (天皇(てんのう)의) 말씀.

---

10 戸 常
扇 (扇)
부채 선
セン
おうぎ・あおぐ

[音読]
扇架(せんか) 부채걸이.
扇起(せんき) 선동하여 행동을 일으키게 함.
扇動(せんどう) 선동.
 ‖~的(てき) 선동적. ♣~政治家(せいじか) 선동적 정치가.
扇面(せんめん) 선면. 부채(의 바탕 종이).
 ‖~写経(しゃきょう) 선면 법화경(經). 부채 모양의 종이 앞뒤에 필사(筆写)한 장식경(装飾経).
扇状(せんじょう) 선상. 부채를 편 형상. ♣~地(ち)〖地〗선상지.
扇眼(せんがん) 부채의 사북.
扇子(せんす) 선자. 접부채. 쥘부채.
扇情(せんじょう) 선정. ♣~的(てき) 선정적.
扇風機(せんぷうき) 선풍기.
扇形(せんけい) 선형. 부채꼴. *おうぎがた로도 읽음.

[訓読]
扇(おうぎ) 쥘부채.
扇骨(おうぎぼね) 선골. 부챗살.
扇車(おうぎぐるま) 상량식 때, 마룻대 위에 얹어 놓는 부채를 이용한 장식물.
♣**扇ぐ**(あおぐ) 부채질하다. 부치다.
扇ぎ立てる(あおぎたてる) ① 마구 부치다. ② 선동하다. 부추기다.

---

11 方 常
旋
돌 선・돌아올 선
セン
めぐらす・めぐる

[音読]
旋開橋(せんかいきょう) 선개교.
旋光性(せんこうせい)〖理〗선광성. 광학 활성(光學活性).
旋盤(せんばん) 선반. ♣~工(こう) 선반공.

旋法(せんぽう)〖樂〗선법.
旋律(せんりつ)〖樂〗선율. 가락. 멜로디.
 ‖~的(てき) 선율적. ♣~短音階(たんおんかい)〖樂〗선율적 단음계. 가락 단음계.
旋転(せんてん) 선전. 빙빙 돎.
旋回(せんかい) 선회.

[其他]
旋頭歌(せどうか) 일본의 和歌(わか) 형식의 하나.   「는 그물.
旋網(まきあみ) 선망. 고기떼를 둘러싸서 잡
旋毛 ㊀(つむじ) 선모. (머리의) 가마. *せんもう・つむじげ로도 읽음.   「사람.
 ‖~曲り(まがり) 심술궂은 성질. 또, 그런
 ㊁(つじ) ① ☞㊀. ② 샷갓 따위의 꼭지.
旋覆花(おぐるま)〖植〗목향.
旋風(つむじかぜ) 선풍. 회오리바람. *せんぷう・つむじ・つじかぜ로도 읽음.
旋花(ひるがお)〖植〗선화. 메. 메꽃.

---

11 舟 教
船
배 선
セン
ふね・ふな

[音読]
船架(せんか) 선가.
船脚 ㊀(せんきゃく) 배의 속도.
 ㊁(ふなあし) ① ☞㊀. ② 흘수(吃水).
船客(せんきゃく) 선객. 배를 탄 손님. *せんかく로도 읽음.
船渠(せんきょ) 선거. 배의 건조・수리・하역을 하기 위한 설비. 독(dock).
船工(せんこう) 선공. 선장(船匠).
船橋(せんきょう) 선교. ① 항해 중 선장이 지휘하는 곳. ② 배다리・부교(浮橋). *②는 ふなばしに로도 읽음.
船具(せんぐ) 선구. (항해에 필요한) 배의 용구. *ふなぐ로도 읽음.
船軍 ㊀(せんぐん) 선군. 수군(水軍).
 ㊁(ふないくさ) ① 해전(海戰). ② 수군.
船級(せんきゅう) 선급. 배가 항해에 견딜 수 있는 정도에 따라 매긴 등급.
 ‖~協会(きょうかい) 선급 협회.
船難(せんなん) 선난. 항해중의 사고・재난.
船内(せんない) 선내.
船団(せんだん) 선단.
 ‖~護衛(ごえい) 선단 호위.
船台(せんだい) (조선소의) 선대(船臺).
船隊(せんたい) 선대. 선단.
船頭 ㊀(せんどう) 뱃사공.
 ㊁(せんとう) 선두. 이물. 선수.
 ㊂(ふながしら) ① 선장. ② ☞㊀.
船灯(せんとう) 선등. 배에 켜는 등불.
船齢(せんれい) 선령.
船艫(せんろ) 선로. 고물. 선미.
船楼(せんろう) 선루. 배의 망루.
船名(せんめい) 선명. 배이름. ♣~録(ろく) 선명록.   「등.
船尾(せんび) 선미. 고물. ♣~灯(とう) 선미

船舶(せんぱく) 선박. ♣~法(ほう) 선박법.
‖~検査(けんさ) 선박 검사.
~工学(こうがく) 선박 공학.
~管理人(かんりにん) 선박 관리인.
~登記(とうき)『法』 선박 등기.
~登録(とうろく)『法』 선박 등록.
~保険(ほけん) 선박 보험.
~事務長(じむちょう) 선박 사무장.
~信号(しんごう) 선박 신호.
~安全法(あんぜんほう) 선박 안전법.
~抑留(よくりゅう)『法』 선박 억류.
~原簿(げんぼ)『法』 선박 원부.
~職員(しょくいん) 선박 직원.
~会社(がいしゃ) 선박 회사.
船腹(せんぷく) 선복. ①배의 동체 부분. ②배의 내부. ③적재량. ≠ふなばら로
船夫(せんぷ) 선부. 뱃사공. └도 읽음.
船上(せんじょう) 선상.
船首(せんしゅ) 선수. 뱃머리. ≠みよしろも
船室(せんしつ) 선실. └읽음.
船影 ㊀(せんえい) 배의 모습.
㊁(ふなかげ) 멀리 보이는 뱃그림자.
船外(せんがい) 선외.
船員(せんいん) 선원. ♣~法(ほう) 선원법.
‖~保険(ほけん)『法』 선원 보험.
~手帳(てちょう) 선원 수첩.
船医(せんい) 선의.
船匠(せんしょう) 선장. 조선공. 선공.
船長 ㊀(せんちょう) 선장. ①선원의 우두머리. ②배의 길이. ♣~室(しつ) 선장실.
㊁(ふなおさ) 〈雅〉 ⇒㊀①. ②뱃사공.
船将(せんしょう) 함장이나 선장.
船装(せんそう) 의장(艤装). 항해할 수 있도록 배의 준비를 함.
船檣(せんしょう) 선장. 돛대.
船底(せんてい) 선저. 배의 밑바닥.
㊁(ふなぞこ) ① ☞㊀. ②뱃바닥처럼 굽은 것.
‖~天井(てんじょう) 가운데가 높아 아치형으로 된 천장. 「침.
~枕(まくら) 바닥이 활 모양으로 굽은 목
船籍(せんせき) 선적. ♣~港(こう) 선적항.
‖~原簿(げんぼ) 선적 원부.
船艇(せんてい) 선정. 크고 작은 배의 총칭.
船主(せんしゅ) 선주. ≠ふなぬし로도 읽음.
船中(せんちゅう) 선중. 배의 안.
船車(せんしゃ) 배와 차(수레).
船倉(せんそう) 선창. 화물창. ≠ふなぐらろ도 읽음.
船廠(せんしょう) 선창. 조선소.
船艙(せんそう) ⇨船倉(せんそう).
船体(せんたい) 선체.
船側(せんそく) 선측.
船便(せんびん) 선편. ≠ふなだより·ふなびんこ로도 읽음.
船幅(せんぷく) 선폭. 배의 폭(의 제일 넓은
船艦(せんかん) 선함. 선박과 군함. 함선.
船舷(せんげん) 선현. 뱃전.

船型(せんけい) 선형. 배의 모양〔모형〕.
船号(せんごう) 선호. 배 이름.
訓読⇨
船 ㊀(ふね) ①배. ②상자 모양의 그릇.
㊁《接頭語ろ》배의.
㊂(せん)《接尾語ろ》…선. 배. 선박.
船歌(ふなうた) 뱃노래.
船間(ふなま) ①배의 입항이 끊긴 동안. ②전하여, 물건이 모자람.
船淦(ふなあか) 배 밑바닥에 고인 물.
船開き(ふなびらき) 출범(出帆).
船肩(ふなかた) 선체의 폭. 보통 선체 중앙부 부근의 최대폭을 가리킴.
船競べ(ふなくらべ) 경조(競漕).
船繋り(ふながかり) 항구에 정박함. 또, 그 장소.
船公事(ふなくじ) 옛날 영주가 영내의 항만을 이용하는 선박을 대상으로 부과한 세.
船端(ふなばた) 뱃전. 「을 기다림.
船待ち(ふなまち) 배가 들어오는〔나가는〕
船大工(ふなだいく) 배를 만드는 목수. 선장 (船匠). 선공(船工).
船大将(ふなだいしょう) 수군(水軍) 대장.
船渡し(ふなわたし) ①나룻배로 나름. 또, 나루터. ②수출항 본선 인도. FOB.
船旅(ふなたび) 배로 하는 여행. 「신.
船靈(ふなだま) 배 안에 수호신으로 모시는
船路(ふなじ) ①항로. 바닷길. ≠せんろ·ふなみち로도 읽음. ②선박 여행.
船瀬(ふなせ) 배가 풍파를 피해 정박하는 곳.
船溜まり(ふなだまり) 배가 풍랑을 피하여 정박하는 곳.
船木(ふなぎ) 배 만드는 재목.
船問屋(ふなどんや) 江戸(えど) 시대에, 해상 운송 대리 업자. ≠ふなどいやろ도 읽음.
船泊まり(ふなどまり) 배가 정박하는 곳.
船方(ふなかた) 뱃사공. 뱃사람.
船筏(ふないかだ) 여러 척의 작은 배를 나란히 매어 놓아 배다리로 쓰는 것.
船病(ふなやまい) 뱃멀미. 「널빤지.
船棚(ふなだな) 덕판. 뱃전 양쪽으로 건너 댄
船師(ふなし) ①도사공. 선장. ②해운업자.
船卸し(ふなおろし) ①진수(進水)(식). ②양륙. 뱃짐을 뭍에 내림.
船床(ふなどこ) 선내에 까는 대발·널발.
船成り金(ふななりきん) 조선업·해운업으로 돈을 번 벼락 부자.
船小屋(ふなごや) 배·선구를 넣어 두는 창고. 선고(船庫).
船損(ふなぞん) 해난 처리법의 하나.
船守(ふなもり) 〈雅〉 배를 지키는 사람.
船手(ふなて) ①항로. ②선대(船隊). 수군. ③도사공(都沙工).
船宿(ふなやど) ①선박 운송 업소. ②놀잇배나 낚싯배의 주선을 업으로 하는 집.
船宿り(ふなやどり) 배가 정박하고 있음. 배 안에 묵음.
船乗り(ふなのり) ①선원. 뱃사람. ②승선.

船時計(ふなどけい) 船磁石(ふなじしゃく)의 딴이름.
船飾り(ふなかざり) 배를 장식함. 또, 그 장식. 「좀조개.
船食虫(ふなくいむし)〖貝〗배좀벌레조개.
船役(ふなやく) 배에 부과한 세.
船縁(ふなべり) 선연. 뱃전.
船往来(ふなおうらい) ☞船切手(ふなぎって).
船元(ふなもと) 선주(船主).
船囲い(ふながこい) 배를 계류하거나 육상에 끌어올려 뜸으로 덮어 두는 일.
船遊び(ふなあそび) 뱃놀이. 선유.
船幽霊(ふなゆうれい) 물귀신.
船人(ふなびと) ① 승선자. ② 선인. 뱃사람
船印(ふなじるし) 옛날, 선박의 소속·승선자 등을 나타내려고 돛이나 깃발에 단 표지. 또, 그 돛이나 기.
船日(ふなび) ① 배가 도착하는 날. ② 출항하기에 좋은 날.
船賃(ふなちん) 선임. 뱃삯.
船入り(ふないり) 배가 드나들도록 파 놓은
船子(ふなこ) 뱃사공. 「물길.
船磁石(ふなじしゃく) 배의 항해용 자석.
船場(ふなば) 선착장.
船装い(ふなよそい) 의장(艤装). 출범 준비.
船蔵(ふなぐら) ① 선창. 배의 곳간. ② 선고(船庫). 배를 넣어 두는 창고.
船跡(ふなあと) 배가 지나간 자국. 항적.
船積み(ふなづみ) 배에 짐을 실음. 선적.
船切手(ふなぎって) 江戸(えど) 시대, 전국을 왕래하는 민간선이 영주로부터 받은 통행증(通行証).
船梯子(ふなばしご) 선제(船梯). 트랩.
船釣り(ふなづり) 배낚시. *ふねづり로도
船繰り(ふなぐり) 배선(配船). 「읽음.
船足(ふなあし) ① 배의 속도. ② 흘수(吃
船中り(ふなあたり) 뱃멀미. 「水).
船持ち(ふなもち) 선주.
船着き(ふなつき) 선착장. 선창. ♣～場(ば) 선착장.
船窓(ふなまど) 선창. *せんそう로도 읽음.
船祝い(ふないわい) 설날 주인이 지내는 고
船出(ふなで) 출범. 출항. 「사.
船虫(ふなむし)〖動〗선충. 갯강구.
船酔い(ふなよい) 뱃멀미. *ふなえい로도
船湯(ふなゆ) 배 밑바닥에 고인 물. 「읽음.
船板(ふないた) 선체를 구성하는 널빤지.
‖～塀(べい) 낡은 배의 널조각으로 만든 판
船唄(ふなうた) ⇨ 船歌(ふなうた). 「장.
船標(ふなじるし) ⇨ 船印(ふなじるし).
船下り(ふなくだり) 배를 타고 강을 내려감.
船荷(ふなに) 선하. 뱃짐.
‖～証券(しょうけん) 선하 증권.
船形(ふながた) 선형. 배의 형상. 또, 그런 형상의 것.
船惑い(ふなまどい) 배가 항로를 잃음.
船火事(ふなかじ) 선박 화재. 「사.
船会社(ふながいしゃ) 선박 회사. 해운 회

12口 教 善 착할 선·좋을 선 ゼン よい·よく·いい

音読➡
善(ぜん) 선. 올바르고 착함.
善感(ぜんかん) 선감. ① 우두(따위)가 잘 됨. ② 자극을 받기 쉽고 감동하기 쉬움.
善果(ぜんか)〖佛〗선과.
善根(ぜんこん)〖佛〗선근. 공덕(功徳).
善男(ぜんなん)〖佛〗선남.
‖～善女(ぜんにょ) 선남선녀.
善男子(ぜんなんし) 선남(자).
善女(ぜんにょ)〖佛〗선녀.
善徳(ぜんとく)〖佛〗선덕.
善道(ぜんどう) 선도. 올바른 길.
善導(ぜんどう) 선도.
‖～委員(いいん) 선도 위원.
善良(ぜんりょう) 선량.
善吏(ぜんり) 선리. 선량한 관리.
善隣(ぜんりん) 선린.
‖～外交(がいこう) 선린 외교.
～友好(ゆうこう) 선린 우호.
善美(ぜんび) 선미.
善本(ぜんぽん) ① 선본. 내용이 훌륭한 책. ②〖佛〗제선(諸善)의 근원. 「일.
善否(ぜんぴ) 선부. 좋은 일과 좋지 않은
善事(ぜんじ) 선사. ① 좋은 일. ② 경사스러운 일. 「(吉祥).
善祥(ぜんしょう) 선상. 서상(瑞祥). 길상
善書(ぜんしょ) ① 선서. 좋은 책. ② 글씨를 잘 씀. 또, 그 사람.
善所(ぜんしょ)〖佛〗선소. 극락.
善神(ぜんしん) 선신. 복을 주는 신.
善心(ぜんしん) 선심. ① 선량한 마음. ②〖佛〗보살의 마음.
善悪(ぜんあく) 선악.
善言(ぜんげん) 선언. 가르침이 되는 좋은
‖～嘉行(かこう) 선언 가행. 「말.
善業(ぜんごう)〖佛〗선업.
善縁(ぜんえん) 선연. 좋은 인연.
善玉(ぜんだま) (옛 소설 등에 나오는) 선인
善用(ぜんよう) 선용. 「(善人).
善友(ぜんゆう) ① 선우. 좋은 벗. ②〖佛〗선지식(善知識).
善柔(ぜんじゅう) 선유. ① 겉으로만 유화함. 또, 그 사람. ② 착하기만 하고 줏대가 없
善意(ぜんい) 선의. 「음.
‖～銀行(ぎんこう) 선의 은행(불우한 사람을 돕는 사회 복지 기관의 하나).
～占有(せんゆう)〖法〗선의 점유.
～の第三者(だいさんしゃ)〖法〗선의의 제
～取得(しゅとく)〖法〗선의 취득. 「삼자.
善人(ぜんにん) 선인. 착한 사람.
善因(ぜんいん)〖佛〗선인.
‖～善果(ぜんか)〖佛〗선인선과.
善者(ぜんしゃ) 선자. 선인.

尠・腺・禅・羨   759

音読
善作(ぜんさ) 선행. 바른 행실.
善哉(ぜんざい) ①(関西(かんさい) 지방 등에서) 단팥죽. ②좋을진저. 좋구나.
善戦(ぜんせん) 선전.
善政(ぜんせい) 선정.
善知識(ぜんちしき) 〖佛〗 선지식. 고승(高僧).
善処(ぜんしょ) ①선처. ②〖佛〗 극락.
善行(ぜんこう) 선행. ♣~章(しょう) 선행 기장. 「후책.
善後(ぜんご) 선후. 뒷수습. ♣~策(さく) 선

訓読
❖善い(よい) ①좋다. ②…하기 좋다〔쉽다〕. *口語로는 いい라고도 함.
善かりそう(よかりそう) 좋을 듯.
善かれ(よかれ) 잘 되라(고 바라다).
善き(よき) 바람직한 결과가 됨. 좋은.
善く(よく) ①잘. 충분히. ②곧잘. ③좋게. ④매우. 「다.
善くする(よくする) …을 잘하다. …에 능하
善くも(よくも) 용케도, 감히.
善げ(よげ) 좋아하는 모양.
善さ(よさ) 좋은 점. 좋은 맛. 좋은 정도.
善し(よし) 〈雅〉 좋다.
善く善く(よくよく) ①정도가〔정성이〕 대단한 모양. ②몹시. ③만부득이.
善かれ悪しかれ(よかれあしかれ) 좋든 나쁘든. 어쨌되었든.
善し悪し(よしあし) 좋고 나쁨. 선악.
善様(よさま) 좋은 상태. 좋은 방법. 훌륭한
善い哉(よいかな) 참 잘했다. 「풍채.
❖善がる(よがる) ①좋아하다. 만족해 하다. ②(여자가 성교시에) 쾌감을 목소리나 표정에 나타내다.
善がり声(よがりごえ) 성적 쾌감으로 자기도 모르게 나오는 소리.

其他
善知鳥(うとう) 〖鳥〗 흰수염바다오리. *うとうどり로도 읽음.

| 13 小 | 尠 | 적을 선 セン すくない |

音読
尠少(せんしょう) 선소. 대단히 적음.
訓読
尠い(すくない) ①적다. ②어리다. 나이가 적다. 「우. 몹시.
尠からず(すくなからず) 적잖이. 많이. 매
尠くとも(すくなくとも) 적어도.
尠くない(すくなくない) 적지 않다. 많다.
尠くも(すくなくも) 적어도.

| 13 月 日 | 腺 | 샘 (선) セン |

参考 日本国字이지만, 한국・중국에서도 씀.

音読
腺(せん) 선. 생물체 내의 분비선. 샘.
腺ペスト(せんペスト) 〖醫〗 선페스트.
腺毛(せんもう) 〖植〗 선모.
腺病(せんびょう) 〖醫〗 선병. ♣~質(しつ) 〖醫〗 선병질.
腺癌(せんがん) 〖醫〗 선암.
腺腫(せんしゅ) 〖醫〗 선종.

| 13 ネ 常 | 禅(禪) | 선위할 선・선 선 ゼン ゆずる |

音読
禅(ぜん) 〖佛〗 선. 좌선.
禅家(ぜんけ) 〖佛〗 선가. ①선종(禪宗). ②선사(禪寺). ③선승.
禅客(ぜんかく) 〖佛〗 선객.
禅尼(ぜんに) 〖佛〗 선니. 불문에 들어간 여자.
禅堂(ぜんどう) 〖佛〗 선당.
禅林(ぜんりん) 〖佛〗 선림.
禅門(ぜんもん) 〖佛〗 선문.
禅問答(ぜんもんどう) ①〖佛〗 선문답. ②제삼자가 알아들을 수 없는 문답 등을 가리킴.
禅味(ぜんみ) 선미. 선(禪) 특유의 멋.
禅坊主(ぜんぼうず) 선종의 중. 선승.
禅法(ぜんぽう) 〖佛〗 선법.
禅寺(ぜんでら) 〖佛〗 선사. 선찰(禪刹).
禅師(ぜんじ) 〖佛〗 선사.
禅僧(ぜんそう) 선승. 선종(禪宗)의 중.
禅室(ぜんしつ) 〖佛〗 선실.
禅譲(ぜんじょう) 선양. 제왕이 그 왕위를 세습하지 않고 덕 있는 사람에게 양위함.
‖~放伐(ほうばつ) 선양 방벌. 역성 혁명.
禅語(ぜんご) 선어. 선종(禪宗)에서 쓰이는 독특한 말.
禅位(ぜんい) 선위. 양위. 「宗).
禅律(ぜんりつ) 〖佛〗 선율. 선종과 율종(律
禅杖(ぜんじょう) 선장.
禅定(ぜんじょう) ①〖佛〗 선정. ②불문에 들어가 불도를 닦는 일.
禅宗(ぜんしゅう) 선종. 불교의 일파.
禅刹(ぜんさつ) 선찰. 선종의 절.
禅榻(ぜんとう) 선탑. 좌선 때 쓰는 걸상.
禅学(ぜんがく) 〖佛〗 선학.
禅話(ぜんわ) 〖佛〗 선화.

| 13 羊 | 羨 | 부러워할 선・묘도 연 セン・エン うらやましい・うらやむ・ともしい |

音読
羨道(えんどう) 연도. 고분(古墳) 입구에서 현실(玄室)에 이르기까지의 길. *せんどうろ도 읽음.
羨望(せんぼう) 선망.
羨慕(せんぼ) 선모. 부러워하고 좇음.
羨門(せんもん) 〖考〗 연문. 널문.

跣 [13 足]
맨발 선
セン
はだし

音読
跣足(せんそく) 선족. 맨발.
跣行(せんこう) 선행. 맨발로 걸음.
訓読
跣(はだし) ①맨발(로 걸음). ②《接尾語적으로》도저히 따라가지 못함.
跣参り(はだしまいり) 신불(神佛)에 빌려고 맨발로 참배함.

煽 [14 火]
부채질할 선
セン
あおぐ・あおる・おだてる

音読
煽起(せんき) 선동하여 행동을 일으키게 함.
煽動(せんどう) 선동.
煽石(せんせき)『鑛』선석. 쑤석거림.
煽情(せんじょう) 선정.
煽惑(せんわく) 선혹. 선동하여 현혹함.
訓読
煽つ(あおつ) ①부치다. 부채질하다. ②펄럭이다.
❖煽ぐ(あおぐ) 부채질하다. 부치다.
煽ぎ立てる(あおぎたてる) ①마구 부치다. ②선동하여 부추기다.
❖煽てる(おだてる) ①치켜세우다. ②부추기다. 충동〔선동〕하다.
煽て(おだて) ①치살림. 치켜세움. ②부추김. 쑤석거림.
❖煽る(あおる) ①부채질하다. 선동하다. ②펄럭이게 하다. ③덜커덕거리게 하다.
煽り(あおり) ①부채 따위로 부침. ②여세에 의한 강한 충격. ③선동.
煽り立てる(あおりたてる) 마구 부추기다〔선동하다〕.
煽り止め(あおりどめ) 열린 문이 바람에 혼들리지 않도록 벽이나 기둥에 고정시키는 쇠장식.

銑 [14 金 常]
끌 선·무쇠 선
セン
ずく

音読
銑鋼(せんこう) 선강. 선철과 강철.
銑鉄 ㊀(せんてつ) 선철.
㊁(ずくてつ) ㊀의 속칭.

訓読
銑(ずく) ☞銑鉄(ずくてつ).

嬋 [15 女]
아름다울 선
セン
あでやか

音読
嬋娟(せんけん) 선연. 자태가 곱고 아름다움. *せんえん으로도 읽음.

選(選) [15 辶 教]
가릴 선·선택 선
セン
えらぶ・よる・える

音読
選(せん) 가려냄. 선발.
選する(せんする) 많은 것 중에서 고르다.
選歌(せんか) 선가.
選挙(せんきょ) 선거. ♣~区(く) 선거구/ ~権(けん) 선거권 / ~屋(や) 선거꾼.
∥~干渉(かんしょう) 선거 간섭.
~公報(こうほう) 선거 공보.
~管理委員会(かんりいいんかい) 선거 관리 위원회.
~運動(うんどう) 선거 운동.
~違反(いはん) 선거 위반. 「인 명부.
~人(にん) 선거인. ~名簿(めいぼ) 선거
選考(せんこう) 선고. 전형. 「곡집.
選曲(せんきょく) 선곡. ♣~集(しゅう) 선
選果(せんか) 선과. 과일을 고름.
選科(せんか) 선과.
選管委(せんかんい) 선관위. '選挙管理(せんきょかんり)委員会(いいんかい)(=선거 관리 위원회)'의 준말.
選鉱(せんこう) 선광. ♣~夫(ふ) 선광부.
∥~作業(さぎょう) 선광 작업.
選句(せんく) 좋은 俳句(はいく)를 골라냄. 또, 그 골라낸 俳句. 「선구안.
選球(せんきゅう)『野』선구. ♣~眼(がん)
選局(せんきょく) 선국. (수신기를 조절하여) 방송 채널을 고름.
選良(せんりょう) 선량. ①뛰어난 사람을 선출함. 또, 그 사람. ②'代議士(だいぎし)(=국회 의원)'의 딴이름.
∥~意識(いしき) 특권 의식.
選録(せんろく) 선록. 가려서 기록함.
選木(せんぼく) 원하는 목재 등을 고름.
選民(せんみん) 선민.
∥~思想(しそう) 선민 사상.
選抜(せんばつ) 선발.
∥~試験(しけん) 선발 시험. 「름.
選伐(せんばつ) 선벌. 수목 따위를 골라 자
選別(せんべつ) 선별.
選分(せんぶん) 선분. 골라서 구분함.
選士(せんし) 가려 뽑은 병사〔인사〕.
選叙(せんじょ) 선서. 뽑아서 서임함.
選書(せんしょ) 선서. 어떤 목적(目的)에 맞

選手(せんしゅ) 선수. ♣~村(むら) 선수촌. ‖~權(けん) 선수권. ♣~大会(たいかい) 선수권 대회.
~宣誓(せんせい) 선수 선서.
~入場(にゅうじょう) 선수 입장.
選言(せんげん)〖論〗선언. ♣~律(りつ)〖論〗선언율. ~肢(し)〖論〗선언지.
‖~命題(めいだい)〖論〗선언 명제.
~的(てき) 선언적. ♣~概念(がいねん)〖論〗선언적 개념 / ~三段論法(さんだんろんぽう)〖論〗선언적 삼단 논법 / ~判斷(はんだん) 선언적 판단.
選外(せんがい) 선외.
選用(せんよう) 선용. 골라 씀.
選一(せんいつ) 선일. 택일(擇一).
選任(せんにん) 선임.
選入(せんにゅう) 선입. 뽑아 넣음.
選者(せんじゃ) 선자. 「권장함.
選奬(せんしょう) 선장. 좋은 것을 선택해서
選定(せんてい) 선정.
‖~後見人(こうけんにん)〖法〗선정 후견
選集(せんしゅう) 선집.   「인.
選出(せんしゅつ) 선출.
‖~方針(ほうしん) 선출 방침.
選炭(せんたん) 선탄. ♣~婦(ぷ) 선탄부.
‖~作業(さぎょう) 선탄 작업.
選擇(せんたく) 선택. ♣~權(けん) 선택권 / ~法(ほう) 선택법.
‖~科目(かもく) 선택 과목.
~關稅(かんぜい) 선택 관세.
~毒性(どくせい) 선택 독성.
~反射(はんしゃ) 선택 반사.
~的消費(てきしょうひ) 선택적 소비.
~肢(し) 선택지. 선다형(選多型) 문제에 마련된 여러 개의 답.
~債權(さいけん) 선택 채권.   「원.
選擇本願(せんじゃくほんがん)〖佛〗선택 본
選評(せんぴょう) 선평. 선후평.
選好(せんこう) 선호.

訓読

選む(えらむ)〈古〉☞選ぶ(えらぶ).
❖選ぶ(えらぶ) ①고르다. 뽑다. ②편찬하   「출하다.
選び出す(えらびだす) 골라〔가려〕내다. 선
❖選る ㊀(える) 고르다. 뽑다. 선택하다.   「다.
㊁(よる) 가리다.
㊂(すぐる) ①골라 뽑다. 선발하다. ②훌
選りすぐる(えりすぐる) (여럿 중에서) 골라내다. ♣よりすぐるろも 읽음.
選り抜き(えりぬき) 뽑아 냄. 가려냄. 추려냄. ♣よりぬきろも 읽음.
選り抜く(えりぬく) 골라 뽑다. 가려내다. ＊よりぬくろも 읽음.
選り分ける(えりわける) 골라내다. 가려 내다. 추려 내다. ♣よりわけるろも 읽음.
選り屑(よりくず) 고르고 남은 지스러기. 찌꺼기. ＊えりくずろも 읽음.

選り出す(よりだす) ①골라내다. ②고르기 시작하다. ＊えりだすろも 읽음.
選り取り(よりどり) 마음대로 고름. 골라잡기. ＊えりどりろも 읽음.
‖~見取り(みどり) 마음대로 골라잡음《よりどり의 힘줌말》.
選り嫌い(えりぎらい) ☞選り好み(えりごのみ).
選り好み(えりごのみ) 좋아하는 것만을 골라 취함. 가리기. ＊よりごのみろも 읽음.

15 糸 教
線
줄 선·선 선
セン
すじ

音読

線(せん) 선. ①줄. ②(교통 기관의) 노선. ③대략적인 방향.   「것.
線区(せんく) 철도 선로를 구간에 따라 나눈
線金(せんきん) 철사(鐵絲).
線内(せんない) 선내.
線對稱(せんたいしょう)〖數〗선대칭.
線圖(せんず) 선도. 선으로 나타낸 도면.
線量(せんりょう)〖理〗선량. 방사선의 분
♣~計(けい) 선량계.
線路(せんろ) 선로. 궤도(軌道).
‖~工事(こうじ) 선로 공사.
線輪(せんりん) 선륜. 코일.
線描(せんびょう)〖美〗선묘. ♣~画(が) 선
線描き(せんがき) 선묘.   「묘화.
線密度(せんみつど)〖理〗선밀도.
線番(せんばん) 선번. 철사·전선의 굵기를 표시하는 번호.
線分(せんぶん)〖數〗선분.
線上(せんじょう) 선상.
線狀(せんじょう) 선상.
‖~高分子(こうぶんし)〖化〗선상 고분자.
~都市(とし) 선상 도시.
線縁(せんえん) (야구·축구 등에서) 선심.
線外(せんがい) 선외.   「구분함.
線引き(せんびき) ①선을 그음. ②확실히
‖~小切手(こぎって)〖商〗횡선 수표.
線材(せんざい) 선재. 철사의 소재가 되는 강재(鋼材).
線條(せんじょう) 선조. 선. 줄.
線蟲(せんちゅう) 선충. 동식물에 기생하는 선형(線形) 동물.
線膨脹(せんぼうちょう)〖理〗선팽창.
線膨張(せんぼうちょう) ⇨ 線膨脹(せんぼうちょう).
線香(せんこう) ①선향. ②모기향.
♣~代(だい) ①향전(香奠) ②화대(花代). 해웃값.   「작은 꽃불.
~花火(はなび) 지노 끝에 화약을 비벼 넣은
線形(せんけい) ①선상(線狀). 선(線)의 모양. ②〖數〗선형.
‖~加速器(かそくき)〖數〗선형 가속기.
~結合(けつごう)〖數〗선형 결합.

~**計画法**(けいかくほう)〖經〗선형 계획법. 리니어 프로그래밍(linear programming).
~**空間**(くうかん)〖數〗선형 공간.
~**代数学**(だいすうがく)〖數〗선형 대수학.
~**動物**(どうぶつ) 선형 동물.
~**写像**(しゃぞう) 선형 사상.
線型(せんけい) ⇨ 線形(せんけい).
線号(せんごう) 선호. 철사의 두께를 나타내는 표준 번호.
線画(せんが) 선화. 선으로만 그린 그림.

16 月	膳	찬 선·먹을 선 ゼン かしわ

音読▶
膳(ぜん) ① 밥상. ②《接尾語로》밥을 담은 공기나 젓가락을 세는 말.
膳立て(ぜんだて) ① 식사 준비. ②《보통 'お'를 붙여》사전에 만반의 준비를 갖춤.
膳夫(ぜんぷ) 요리사.
膳部(ぜんぶ) ① 요리(상). 음식. ② 요리사.
膳棚(ぜんだな) 식기 등을 넣어 두는 장.
膳所(ぜんしょ) 주방.
膳椀(ぜんわん) 식기류의 총칭.
膳組み(ぜんぐみ) 상차례.
膳拵え(ぜんごしらえ) 상차림.
訓読▶
膳殿(かしわどの) 신궁(神宮)·조정에서 식사를 준비하는 곳.

17 魚 常	鮮	고울 선·새 선 セン あざやか·すくない

音読▶
鮮度(せんど) (신)선도. 야채·어육 등의 신선한 정도.
鮮麗(せんれい) 선려. 빛깔이 선명하고 아름다움. 또, 그 모양.
鮮明(せんめい) 선명.
鮮少(せんしょう) 선소. 대단히 적음.
鮮新世(せんしんせい)〖地〗선신세.
鮮魚(せんぎょ) 선어. (물이 좋은) 생선.
♣~**商**(しょう) 생선 장수.
鮮烈(せんれつ) 선명하고 강렬한 모양.
鮮鋭(せんえい) (렌즈·녹음기의) 감도(感度)가 선명하고 예리한 모양.
鮮肉(せんにく) 선육. 신선한 고기.
鮮血(せんけつ) 선혈. 「색.
鮮紅(せんこう) 선홍. ♣~**色**(しょく) 선홍
訓読▶
鮮やか(あざやか) ① 선명함. ② 솜씨가 훌륭한 모양. ③ 언동이 활달한 모양.
鮮鮮し(あざあざし) 뚜렷하다. 선명하다.
逆音▶
生鮮(せいせん) 고기·야채 등이 신선함.
新鮮(しんせん) 신선.

18 糸 常	繕	기울 선·다스릴 선 ゼン つくろう

音読▶
繕写(ぜんしゃ) 잘못 따위를 고쳐 다시 적음.
訓読▶
繕う(つくろう) ① 고치다. 수선(수리)하다. ② 겉을 꾸미다. ③ (그럴싸하게) 얼버무리다.

18 虫	蟬	매미 선·이을 선 セン·ゼン せみ

音読▶
蟬蛻(せんぜい) 선예. 매미 껍질. 초연히 세속을 벗어남. 해탈.
蟬噪蛙鳴(せんそうあめい) 선조와명. 여럿이 공연히 시끄럽게 떠듦의 비유.
蟬脱(せんだつ) 선탈. ① 낡은 인습이나 속박에서 벗어남. ② 속세를 초월함.
訓読▶
蟬(せみ)〖動〗매미.
蟬籠(せみかご) 매미 모양을 한 꽃바구니.
蟬の抜け殻(せみのぬけがら) ① 매미 허물. ② 빈껍데기.
蟬時雨(せみしぐれ) 사방에서 요란하게 울어대는 매미 소리.
蟬の羽(せみのは) ① 매미 날개. ② 비쳐 보이는 얇은 의복의 형용.
‖~**月**(づき) 음력 6월의 딴이름.
蟬衣(せみごろも) ① 매미 날개. ② 매미 날개처럼 얇은 옷.
蟬笛(せみぶえ) 매미 울음소리를 내는 장난감 피리. 「하나.
蟬海老(せみえび) 바다에서 나는 새우의

20 馬	騙	불깔 선 セン

音読▶
騸馬(せんば) 선마. 거세한 말.

21 艹	蘚	이끼 선 セン こけ

音読▶
蘚蓋(せんがい)〖植〗선개.
蘚類(せんるい)〖植〗선류.
蘚帽(せんぼう)〖植〗선모.
蘚苔(せんたい)〖植〗선태. 이끼. ♣~**類**(るい) 선태류.
‖~**植物**(しょくぶつ) 선태 식물.
訓読▶
蘚(こけ) 이끼.

22 癬	옴 선 セン たむし

逆音
疥癬(かいせん) 개선. 옴.
白癬(はくせん)〖醫〗백선. 기계충.

23 魚 鱓	두렁허리 선·자라 타 ゼン うつぼ·ごまめ

訓読
鱓 ㊀(うつぼ)〖魚〗곰치.
㊁(ごまめ) 멸치 새끼를 말린 것.
‖~膾(なます) 생선 대신 멸치 새끼 말린 것을 넣어 만든 야채 무침.

설

6 舌 教	혀 설·말 설 ゼツ した

音読
舌耕(ぜっこう) 설경. 강연 등으로 생계를 삼
舌骨(ぜっこつ) 설골.　└는 일.
舌口(ぜっこう) 설구. 혀와 입.
舌根(ぜっこん) 설근. ①혀뿌리. ②〖佛〗(육근(六根)의 하나로서의) 혀.
舌筋(ぜっきん) 설근. 혀를 구성하는 근육.
舌端(ぜったん) 설단. 혀끝. 전하여, 말(투). 변설. ♣~音(おん) 설단음. 혀짤소리.
舌頭(ぜっとう) ①설두. 혀끝. ②말. 변설(辯舌).
舌鋒(ぜっぽう) 설봉. 날카로운 말.
舌状花(ぜつじょうか)〖植〗설상화. 혀꽃.
舌状花冠(ぜつじょうかかん)〖植〗설상 화관. 혀꽃부리.
舌癌(ぜつがん)〖醫〗설암.
舌圧子(ぜつあっし)〖醫〗설압자. 압설자.
舌炎(ぜつえん)〖醫〗설염.
舌乳頭(ぜつにゅうとう)〖生〗설유두.
舌音(ぜつおん) 설음(タ行(ぎょう)·ダ行·ナ行·ラ行의 음).
舌人(ぜつじん) 통역(通譯)을 하는 사람. 통변(通辯).　　　　　　　└경.
舌咽神経(ぜついんしんけい)〖生〗설인 신
舌疽(ぜっそ) 설저. 혀에 생기는 부스럼.
舌戦(ぜっせん) 설전. 언쟁. 논전.
舌尖(ぜっせん) 설첨. 혀끝. 전하여, 말(투).
舌苔(ぜったい)〖醫〗설태.
舌下腺(ぜっかせん)〖生〗설하선. 혀밑샘.
舌下神経(ぜっかしんけい)〖生〗설하 신경.
舌禍(ぜっか) 설화. 구설수.

訓読
舌(した) ①혀. ②(관악기의) 혀. 리드.
~を巻(ま)く 혀를 내두르다.
舌たるい(したたるい) 응석을 부리며 혀짤배기 소리를 하다. 응석 부리듯이 말을 하다.
舌鼓(したつづみ) 입맛을 다심. *したづつみ로도 읽음.
~を打(う)つ (음식 맛이 너무 좋아서) 입맛을 다시다.
舌の根(したのね) 혀뿌리.
舌代(しただい) 말 대신에 쓴 인사. '아룁니다'의 뜻으로 음식점 등에서 게시하는 인사나 가격표 앞에 쓰는 말. *ぜつだいろ도 읽음.
舌振り(したもじり) 발음하기 어려운 말을 계속해서 말하게 하는 말장난.
舌縺れ(したもつれ) 혀가 잘 돌지 않아 말이 분명치 못함.
舌三寸(したさんずん) ☞ 舌先三寸(したさきさんずん).　　　　　　　　└ずり).
舌嘗り(したなめずり) ⇨ 舌舐り(したなめ
舌先(したさき) ①혀끝. ②입술. 주둥이. 말. 구변. 변설.　　　　└란한 변설.
‖~三寸(さんずん) 주둥이만 나불대는 능
舌の先(したのさき) ①혀끝. ②입발림 말. 구변. 변설.
舌速(したばや) 말씨가 빠른 모양.
舌桼(したとき)〖醫〗백태(白苔).
舌長(したなが) 주제넘게 (함부로) 지껄임. 큰소리 침.
舌切り雀(したきりすずめ) ①동화의 하나 '풀을 핥아먹다가 혀를 잘리운 참새의 이야기'. ②생각한 것을 입 밖에 내지 못하는 사람. ③주인집에서 쫓겨난 사람.
舌足らず(したたらず) ①표현·설명이 충분치 못함. ②혀가 짧음. (발음이 똑똑하지 못해서) 말을 알아듣기 어려움.
舌舐り(したなめずり) ①입맛을 다심. 쩝쩝거림. ②(사냥감 등을) 고대함. 몹시 기다림.
舌振り(したぶり) 말씨.　　　　　　　└촉.
舌触り(したざわり) 음식물이 혀에 닿는 감
舌打ち(したうち) ①혀를 참. ②입맛 다심.
舌偏(したへん) 한자 부수의 하나: 혀설변.
舌鮃(したびらめ) ☞ 舌平目(したびらめ).
舌平目(したびらめ)〖魚〗혀가자미.
舌革(したがわ) 구두에서, 발등에 와 닿는 혀 모양의 가죽 조각.

逆訓
巻き舌(まきじた) 혀끝을 마는 듯이 힘차게 발음하는 어조.　　　　　└그런 사람.
猫舌(ねこじた) 뜨거운 음식을 못 먹음. 또,

8 氵 泄	샐 설·흩어질 예 セツ·エイ もれる·もらす

逆音
漏泄(ろうせつ) 누설. *ろうえいろ도 읽음.
排泄(はいせつ) 배설.

洩

| 9 氵 | 洩 | 샐 **설**
セツ・エイ
もれる・もらす |

참고 泄의 異體字.

훈독
洩らす(もらす) ① 새게 하다. ②(오줌을) 싸다. ③ 놓치다.
洩る(もる) (액체 등이) 새다.
❖洩れる(もれる) ①(물 따위가) 새다. ② 빠지다. ③(비밀 따위가) 누설되다.
洩れ(もれ) 샘. 빠짐. 누락. 탈락.

屑

| 10 尸 | 屑 | 가루 **설**
セツ
いさぎよい・くず |

음독
屑屑(せつせつ) ① 잗단 모양. ② 바삐 움직이는 모양. ③ 비 따위가 조금 오는 모양.

훈독
屑(くず) 쓰레기. 지스러기. 부스러기. 찌꺼기.
屑繭(くずまゆ) 설견. 치레기고치.
屑籠(くずかご) 휴지통.
屑物(くずもの) ① 허섭스레기. 폐물. 폐품. ② 흠이 가서 상품으로는 부적당한 물품. 파치. 「음.
屑米(くずごめ) 싸라기. *くずまいろ도 읽
屑糸(くずいと) 실보무라지.
屑拾い(くずひろい) ① 쓰레기・넝마를 줍는 일. ② 넝마주이.
屑屋(くずや) 〈卑〉 넝마장수. 넝마주이.
屑入れ(くずいれ) 휴지통. 쓰레기통.
屑紙(くずかみ) 휴지.
屑鉄(くずてつ) 설철. ① 철제품 제작시 나오는 쇠부스러기. ② 고철. 파쇠.

絏

| 11 糸 | 絏 | 고삐 **설**・맬 **설**
セツ
きずな |

훈독
絏(きずな) 끊기 어려운 정리나 인연. 기반(羈絆).

設

| 11 言 敎 | 設 | 베풀 **설**・설령 **설**
セツ
もうける・しつらえる |

음독
設計(せっけい) 설계. ♣~図(ず) 설계도.
∥~管理(かんり) 설계 관리.
~施工(せこう) 설계 시공.
設立(せつりつ) 설립. 설치.
∥~登記(とうき) 〖法〗 설립 등기.
~行爲(こうい) 〖法〗 설립 행위.
設問(せつもん) 설문.
設備(せつび) 설비. 시설.
∥~資金(しきん) 설비 자금.
~投資(とうし) 설비 투자.
設施(せっし) 설시. 시설.
設営(せつえい) 설영. 어떤 일을 하기 위해 미리 시설・건물을 만듦.
設定(せってい) 설정.
設題(せつだい) 설제. 설문(設問).
設置(せっち) 설치.
設標船(せっぴょうせん) 부표 등의 항로 표지를 설치하고 보수・감시하는 배.

훈독
設い(しつらい) ① 장치. 장식. 꾸밈새. ②〈古〉天皇(てんのう)・귀인의 거실.
設う(しつらう) ☞ 設える(しつらえる).
設える(しつらえる) (건물・방에) 설비(장치)하다. 마련하다.
❖設ける(もうける) ① 마련하다. 베풀다. ② 만들다. 설치(제정)하다. ③ 기다리다.
設け(もうけ) ① 준비. ② 설립. ③ 접대를 위한 식사 준비. ④ 식사.

雪

| 11 雨 敎 | 雪 (雪) | 눈 **설**・씻을 **설**
セツ
ゆき・すすぐ |

음독
雪客(せっかく) 설객. '鷺(さぎ)(=백로)'의 딴이름.
雪景(せっけい) 설경.
雪渓(せっけい) 설계. 눈이 연중 녹지 않는 높은 산골짜기.
雪塊(せっかい) 설괴. 눈덩이.
雪泥(せつでい) 설니. 눈이 녹은 진창.
雪駄(せった) ⇨ 雪駄(せった).
雪嶺(せつれい) 설령. 눈이 쌓인 산봉우리.
雪盲(せつもう) 〖醫〗 설맹. 설안염(雪眼炎).
*ゆきめくらbf도 읽음. 「인.
雪眉(せつび) 설미. ① 눈처럼 흰 눈썹. ② 노
雪白 ㊀(せっぱく) ① 설백. 순백. ② 정신・행위의 결백.
㊁(ゆきじろ) ① ☞ ㊀①. ② 설탕의 일종.
雪膚(せっぷ) 설부. 눈처럼 흰 살갗. 설기(雪肌). *ゆきはだ로도 읽음.
雪氷(せっぴょう) 설빙. 빙설. 눈과 얼음.
雪山(せつざん) 설산. ①눈이 녹지 않는 높은 산. ② 히말라야 산(맥)의 딴이름. *①ゆきやま, ②는 せっせん으로도 읽음.
雪上(せつじょう) 설상. 눈(이 쌓인) 위.
♣~車(しゃ) 설상차.
~霜(しも)を加(くわ)う 설상가상.
雪像(せつぞう) 설상. 눈을 뭉쳐 만든 상.
雪線(せっせん) 〖地〗 설선.
雪辱(せつじょく) 설욕. ♣~戦(せん) 설욕
雪原(せつげん) 설원. 「전.
雪寃(せつえん) 설원. 원죄(寃罪)를 씻음.
雪月花(せつげっか) 설월화. 눈과 달과 꽃.

雪隱(せついん)〈老〉설은. 변소. 뒷간.
‖~大工(だいく)〈俗〉서투른 목수.
~詰め(づめ) ①(일본 장기에서) 궁을 외통수로 몰아넣음. ②(상대를) 막다른 골목으로 몰아넣음.
雪意(せつい) 설의. 눈이 올 듯한 날씨.
雪中(せっちゅう) 설중. 눈 속. *ゆきなかでも 읽음.
雪駄(せった) 눈이 올 때 신는 신발.
雪片(せっぺん) 설편. 눈송이.
雪害(せつがい) 설해.
雪行(せつこう) 설행. 눈 속을 감.
雪花(せっか) 설화. 눈송이. *ゆきばなでも 읽음.
‖~石膏(せっこう) 설화 석고.
雪禍(せっか) 설화. 눈으로 입은 화.

[訓読]
雪(ゆき) 눈. 또, 흰 것의 비유.
雪竿(ゆきざお) 적설량을 측량하기 위해 세워 놓은 눈금이 있는 장대.
雪間(ゆきま) ①눈이 내리다가 잠시 그친 사이. 눈이 뜸한 사이. ②쌓인 눈이 군데군데 녹은 곳. 「(씨).
雪降り(ゆきふり) 눈이 오는 날. 눈 내리는 날
雪降ろし(ゆきおろし) 지붕 위 따위에 쌓인 눈을 쓸어 내림.
雪見(ゆきみ) 눈 구경. 눈 경치를 보고 즐김. 또, 그것을 목적으로 하는 연회.
‖~灯籠(どうろう) 정원 따위에 놓는 석등롱(石燈籠).
~月(づき) 음력 11월. 동짓달.
~酒(ざけ) 설경(雪景)을 즐기며 술을 마심. 또, 그 술.
雪見舞い(ゆきみまい) 대설이 내렸을 때 친지의 안부를 묻는 일.
雪景色(ゆきげしき) 눈 경치. 설경(雪景).
雪叩き(ゆきたたき) 눈을 털. 눈을 떪.
雪袴(ゆきばかま) (눈이 많이 오는 지방에서 입는) 통바지.
雪空(ゆきぞら) 눈이 내릴 듯한 하늘〔날씨〕.
雪交じり(ゆきまじり) (비나 바람에) 눈이 섞여 오는 일.
雪構え(ゆきかまえ) ☞雪囲い(ゆきがこい).
雪国(ゆきぐに) 눈이 많이 오는 지방.
雪肌(ゆきはだ) ①쌓인 눈의 표면. ②설기. 설부(雪膚). 백설같이 흰 여자의 살갗. *②는 せっきでも 읽음.
雪気(ゆきげ) 설기. 곧 눈이 내릴 듯한 날씨.
雪起こし(ゆきおこし) 눈이 내리기 전에 치는 천둥.
雪男(ゆきおとこ) 설인(雪人).
雪女(ゆきおんな) 눈의 정령(精靈)이 둔갑해서 나타난다는 흰 옷을 입은 여자.
雪女郎(ゆきじょろう) ☞雪女(ゆきおんな).
雪達磨(ゆきだるま) 눈사람.
雪曇り(ゆきぐもり) 눈구름으로 흐림.
雪沓(ゆきぐつ) ⇨雪靴(ゆきぐつ).
雪踏み(ゆきふみ) 밟아서 눈길을 냄.

雪代(ゆきしろ) 쌓인 눈이 녹아 강이나 바다로 흘러가거나 내를 이루는 일.
雪待ち月(ゆきまちづき) 음력 11월의 딴이름.
雪道(ゆきみち) 눈길.
雪洞 ㊀(ゆきあな) 설동. 눈이 쌓인 곳에 파놓은 구덩이. *せつどうでも 읽음.
㊁(ぼんぼり) 위쪽을 터놓은 육각등. 받침과 자루가 있어 놓을 수도 있고 들고 다닐 수도 있음.
雪嵐(ゆきあらし) 눈보라.
雪娘(ゆきむすめ) ☞雪女(ゆきおんな).
雪礫(ゆきつぶて) 뭉친 눈덩이.
雪路(ゆきじ) 설로. 눈이 쌓인 길. *ゆきみちでも 읽음.
雪籠(ゆきかご)〖劇〗흰 종이를 잘게 썰어 담은 바구니(눈이 오는 효과를 내는 소품).
雪柳(ゆきやなぎ)〖植〗가는잎조팝나무.
雪輪(ゆきわ) 눈의 결정(結晶)을 도안화한 무늬로, 가문(家紋)의 하나.
雪明かり(ゆきあかり) 쌓인 눈의 반사로 밝게 보임.
雪暮れ(ゆきぐれ) ①곧 눈이 올 것 같이 주위가 컴컴해짐. ②눈이 오며 날이 저묾.
雪模様(ゆきもよう) 눈이 올 듯한 모양.
雪帽子(ゆきぼうし) 함박눈.
雪目(ゆきめ) ☞雪盲(せつもう).
雪腹(ゆきばら) 눈이 오기 전 또는 올 때 배〔허리〕가 냉해져서 아픈 일.
雪仏(ゆきぼとけ) 눈을 뭉쳐서 만든 불상.
雪庇(ゆきびさし) 설비. 지붕 끝〔산등성이의 한쪽〕에 눈이 쌓여 챙처럼 튀어나온 곳.
雪蓑(ゆきみの) 눈도롱이.
雪戦(ゆきあられ) 싸라기눈.
雪雪崩(ゆきなだれ) 눈사태. 또, 그 눈.
雪の声(ゆきのこえ) 나무에 쌓인 눈이 떨어지는 소리.
雪消(ゆきげ)〈雅〉눈이 녹음. 눈석임.
雪消え(ゆきぎえ) ☞雪消(ゆきげ).
雪掻き(ゆきかき) 눈을 침. 또, 그 도구.
‖~車(しゃ) 제설차. *ゆきかきぐるまでも 읽음.
雪焼け(ゆきやけ) ①눈에 반사된 햇빛에 탐. ②〈方〉동상(凍傷). 「나무.
雪松(ゆきまつ) 설날에 문에 세우는 장식 소
雪晒し(ゆきさらし) 눈이 자외선을 반사하는 것을 이용하여, 맑은 날에 눈에다 마직물이나 죽세공품을 놓고 표백시키는 일.
雪水(ゆきみず) 설수. 눈이 녹은 물.
雪垂り(ゆきしずり) 나뭇가지 따위에서 (쌓였던) 눈이 떨어짐. 또, 그 눈. 「깨비.
雪時雨(ゆきしぐれ) (추운 날 내리는) 진눈
雪眼(ゆきめ) ☞雪盲(せつもう).
雪夜(ゆきよ) 설야. 눈이 오는 밤. 또는 눈이 쌓인 밤.
雪煙(ゆきけむり) 눈이 바람에 연기 모양으로 휘날림. 또, 그 눈. 눈보라.
雪玉(ゆきだま) 뭉친 눈덩이. 「구름.
雪雲(ゆきぐも) 설운. 눈구름. 눈을 머금은
雪月(ゆきづき) 음력 12월의 딴이름.

雪囲い(ゆきがこい) ① 얼지 않도록 초목(草木) 따위를 짚이나 가마니로 싸는 일. ② 눈이 많이 오는 지방에서 집 주위를 짚이나 가마니로 에워싸는 일.
雪遊び(ゆきあそび) 눈 장난.
雪融け(ゆきどけ) ⇨ 雪解け(ゆきどけ).
雪日和(ゆきびより) 눈이 올 듯한 날씨.
雪雑じり(ゆきまじり) ⇨ 雪交じり(ゆきまじり).
雪転がし(ゆきころがし) 눈덩이를 굴려 크게 만드는 놀이.
雪折れ(ゆきおれ) 쌓인 눈의 무게로 나뭇가지나 줄기가 부러짐. 또, 그 가지나 줄기.
∥**～竹**(だけ) 눈 때문에 부러진 대.
雪占(ゆきうら) 산야에 녹다 남은 눈의 모양으로 그해 농작물의 풍흉을 점치는 일.
雪除け(ゆきよけ) ① 제설(除雪). ② 식물이나 철로를 눈의 피해로부터 지키기 위한 설비.
雪吊り(ゆきづり) ⇨ 雪釣り(ゆきづり).
雪釣り ㊀(ゆきつり) 실 끝에 숯 따위를 매달아 쌓인 눈 위에 드리워 눈이 많이 붙게 하는 놀이. *ゆきづり로도 읽음.
㊁(ゆきづり) 눈 무게로 정원의 나무가 부러지는 것을 막기 위하여 나뭇가지를 끈으로 달아매어 둠. 「도 읽음.
雪汁(ゆきしる) 눈이 녹은 물. *ゆきじる로
雪持ち(ゆきもち) ① (초목이) 눈을 뒤집어 씀. ② 지붕 위에 쌓인 눈이 한꺼번에 떨어지는 것을 방지하기 위한 장치. 「태.
雪質(ゆきしつ) 설질. 쌓인 눈의 성질과 상
雪菜(ゆきな) 눈이 많은 東北(とうほく) 지방에서 겨울철에 재배하는 채소류.
雪尺(ゆきじゃく) ☞ 雪竿(ゆきざお).
雪晴れ(ゆきばれ) 눈 온 뒤에 갬.
雪催い(ゆきもよい) 눈이 올 듯이 흐린 모양. 눈을 재촉하는 흐린 날씨.
雪吹雪(ゆきふぶき) 세차게 눈보라 침. 또, 그 눈보라.
雪打ち(ゆきうち) 눈싸움.
雪濁り(ゆきにごり) 눈이 녹아 강이나 바다의 물이 탁해지는 일.
雪兎(ゆきうさぎ) 눈을 뭉쳐 만든 토끼.
雪投げ(ゆきなげ) ☞ 雪合戦(ゆきがっせん).
雪布(ゆきぬの) 무대나 花道(はなみち)에 백설이 쌓인 것처럼 보이게 까는 흰 천.
雪風(ゆきかぜ) 설풍. 눈보라.
雪下ろし(ゆきおろし) ① ⇨ 雪降ろし(ゆきおろし). ② 눈을 몰아치는 재넘이.
雪の下(ゆきのした)〖植〗범의귀.
雪割草(ゆきわりそう)〖植〗① 노루귀. ② 설앵초.
雪合戦(ゆきがっせん) 눈싸움.
雪解(ゆきげ) ⇨ 雪消(ゆきげ).
雪解け(ゆきどけ) ① 눈이 녹음. 눈석임. 또, 그 시기. 해빙(解氷). ② 긴장 완화.
∥**～道**(みち) 눈이 녹아서 질척한 길.
～水(みず) 눈이 녹아서 된 물. 「덩이.
雪穴(ゆきあな) 설혈. 눈이 쌓인 곳에 판 구

雪靴(ゆきぐつ) 눈 속을 걸을 때 신는 짚신.
雪化粧(ゆきげしょう) (화장을 한 것처럼) 눈이 아름답게 덮임. 「がし).
雪丸げ(ゆきまろげ) ☞ 雪転がし(ゆきころ
雪鱠(ゆきなます) 생선회에 무즙을 친 요리.
どか雪(どかゆき) 한꺼번에 많이 내려 쌓이는 눈.

其他
雪ぐ(そそぐ) ① (오명을) 씻다. 설욕하다. ② 물로 헹구다. 씻다. 가시다.
雪崩(なだれ) 눈사태.
雪崩る(なだれる) ① 기울어지다. 비스듬해지다. ② (눈이나 토사가) 갑자기 무너져 내리다. ③ 한꺼번에 밀어닥치다.
雪崩込む(なだれこむ) 많은 사람이 일시에 우르르 밀려들다(밀어닥치다).
雪花菜(おから) 비지. *きらず・せっかさいろ도 읽음.

12	渫	칠 설·흩을 설 セツ さらう

訓読
渫う(さらう) (우물·도랑 따위를) 치다. 준설하다.

逆音
浚渫(しゅんせつ) 준설.

---

13 木	楔	쐐기 설·문설주 설 セツ・ケツ くさび

音読
楔状(けつじょう) 설상. 설형.
∥**～文字**(もじ) 설상 문자. 설형 문자.
楔形文字(せっけいもじ) 설형 문자. 쐐기 문자. *けっけいもじ・せっけいもんじ・くさびがたもじ로도 읽음.

訓読
楔(くさび) ① 쐐기. ② 비녀장.
～を刺(さ)**す** 쐐기를 박다. 뒤탈이 없도록 미리 단단히 다짐을 두다.
～を打(う)**ち込**(こ)**む** 적진에 쳐들어가서 적을 둘로 갈라놓다. 또는, 상대 세력 안에 자기 세력을 심다.
楔形(くさびがた) 설형. 쐐기꼴. *けっけいろ도 읽음.

---

14 言 教	説 (說)	말씀 설·달랠 세 セツ・ゼイ・エツ とく・よろこぶ

音読
説(せつ) 설. 주장. 의견. 「의 준말.
説経(せっきょう) ①〖佛〗설경. ② 説経節
∥**～節**(ぶし) 일본의 중세기에 일어난 語り物(かたりもの)의 일종.

~祭文(ざいもん) 대처승(帶妻僧) 등이 불법(佛法)의 귀중함을 쉬운 글로 풀어 가락을 붙여 읊은 것. *せっきょうさいもんうろも 읽음.
説教(せっきょう) ①설교. ②(교훈적인) 잔소리.
説得(せっとく) 설득. ♣~力(りょく) 설득력.
説明(せつめい) 설명. ♣~文(ぶん) 설명문／~的(てき) 설명적.
∥~文法(ぶんぽう)〖言〗설명 문법.
~変数(へんすう)〖数〗독립 변수.
~語(ご)〖言〗설명어. 서술어.
説文(せつもん) 설문. 한자의 성립과 그 본뜻을 설명함.
説法(せっぽう) ①〖佛〗설법. ②타이름. 훈계함.
説弁(せつべん) 말로 설명함.
説伏(せっぷく) 설복.
説服(せっぷく) ⇨ 説伏(せっぷく).
説述(せつじゅつ) 설술. 설명하며 말함.
説示(せつじ) 설시. 설명하여 보여 줌.
説諭(せつゆ) 설유. 타이름.
説義(せつぎ) 의미 따위를 설명함. 또, 그 설명.
説破(せっぱ) 설파. 논파(論破).
説話(せつわ) 설화. 이야기. ♣~集(しゅう) 설화집.
∥~文学(ぶんがく) 설화 문학.

〖訓読〗
❖**説く**(とく) 설명하다. 설득하다. 설하다.
説き勧める(ときすすめる) 설득하여 권하다. 「서 말하다.
説き及ぶ(ときおよぶ) 언급하다. …에 대해
説き起こす(ときおこす) 처음부터 설명하기 시작하다.
説き難い(ときがたい) 설명하기 어렵다.
説き落とす(ときおとす) 설득(說得)하다.
説き明かす(ときあかす) 설명하다.
説き明らめる(ときあきらめる) 설명하다.
説き聞かせる(ときかせる) 설명해 주다. 타이르다.
説き方(ときかた) 설명법.
説き伏せる(ときふせる) 설복(說服)하다.
説き付ける(ときつける) 설복(說服)하다.
説き分ける(ときわける) 잘 타이르다. 구별하여 설명하다. 「로 타이르다.
説き諭す(ときさとす) 설유(說諭)하다. 말

〖逆音〗
遊説(ゆうぜい) 유세.

| 17 衣 | 褻 | 더러울 설·속옷 설
セツ
け・なれる |

〖音読〗
褻涜(せっとく) 설독. 더럽힘. 더러워짐.
褻言(せつげん) 설언. 외설스러운 말.
〖訓読〗
褻(け)〈老〉평소. 일상. 사사로운 일.
褻着(けぎ) 평상복.

| 21 歯 | 齧 | 씹을 설
ケツ・ゲツ
かむ・かじる・かぶる |

〖音読〗
齧歯類(げっしるい)〖動〗설치류. 쥐목(目).
〖訓読〗
❖**齧る** ㊀(かじる) ①갉(아먹)다. 베어먹다. ②그저 조금 알다.
㊁(かぶる) ①덥석 물다. 한 모금에 마시다. ②배가 아프다.
齧り付き(かぶりつき) 극장의 무대 바로 앞쪽의 봉당(관람석).
齧り付く ㊀(かじりつく) ①물고 늘어지다. ②매달리다. 열중하다.
㊁(かぶりつく) ①(특히, 음식을) 덥석 물다. ②꼭 달라붙다.

| 22 魚 日 | 鱈 | 대구 (설)
たら |

〖訓読〗
鱈(たら)〖魚〗대구.
鱈肝油(たらかんゆ) 대구 간유.
鱈腹(たらふく)〈俗〉배불리. 실컷.
鱈子(たらこ) 대구 알. 명란.
鱈の子(たらのこ) ☞ 鱈子(たらこ).
鱈場(たらば) 대구 어장(漁場).
∥~蟹(がに)〖動〗무당게(소라게의 일종).

섬

| 10 門 | 閃 | 번득일 섬·엿볼 섬
セン
ひらめく |

〖音読〗
閃光(せんこう) 섬광. ♣~灯(とう) 섬광등.
∥~信号(しんごう) 섬광 신호.
~電球(でんきゅう) 섬광 전구. 플래시.
閃緑岩(せんりょくがん)〖鑛〗섬록암.
閃爍(せんしゃく) 섬삭. 번쩍하고 빛남.
閃閃(せんせん) 섬섬. 번쩍이는 모양.
閃亜鉛鉱(せんあえんこう)〖鑛〗섬아연광.
閃揺(せんよう) 섬요. 플리커(flicker).
閃耀(せんよう) 섬요. 번쩍거리며 빛남.
閃長岩(せんちょうがん)〖鑛〗섬장암.
閃電(せんでん) 섬전. 전광.
〖訓読〗
閃かす(ひらめかす) 번득이다. ①번쩍이게 하다. ②뛰어난 재능을 잠깐 보이다.
❖**閃く**(ひらめく) 번득이다. ①날카롭게 번쩍이다. ②(생각·착상 등이) 문득 떠오르다.
閃き(ひらめき) 번득임. 번쩍임.

14 金	銛	날카로울 섬 セン もり

訓読

銛(もり) 작살.

16 辶	暹	나아갈 섬·나라이름 섬 セン

其他

暹羅(シャムロ) 섬라. 'シャム(=시암: 타이의 옛 이름)'의 딴이름.

17 糸 常	繊 (纖)	가늘 섬·자세할 섬 セン ほそい·すじ

音読

繊(せん) 채침. 또, 채친 것.
繊芥(せんかい) 섬개. 작은 먼지. 극히 적은 것.
繊巧(せんこう) 섬교. 섬세하고 교치(巧緻)함.
繊度(せんど) 섬도. 섬유나 실의 굵기.
繊毛(せんもう) 섬모. ①가는 털. ②세포의 표면에 나온 가는 털 모양의 돌기. ♣~虫(ちゅう) 『動』섬모충.
‖~運動(うんどう) 섬모 운동.
繊美(せんび) 섬세하고 아름다움.
繊密(せんみつ) 섬밀. 섬세하고도 자상함.
繊繊(せんせん) 섬섬. 연약(軟弱)하고 가냘픈 모양.
繊細(せんさい) 섬세. ①결이 곱고 우미한 모양. ②감정이 곱고 예민한 모양.
繊手(せんしゅ) 섬수. 가냘픈 여자의 손.
繊弱 ㊀(せんじゃく) 섬약. 가냘프고 약함. *ひわずろも 읽음.
㊁(あえか) 〈雅〉가냘픈[연약한] 모양.
繊翳(せんえい) 섬예. 약간 흐림.
繊月(せんげつ) 섬월. 초승달같이 가늘게 보이는 달.
繊維(せんい) 섬유. ♣~素(そ) 섬유소 / ~板(ばん) 섬유판.
‖~強化プラスチック(きょうかプラスチック) 섬유 강화 플라스틱.
~工業(こうぎょう) 섬유 공업.
~産業(さんぎょう) 섬유 산업.
~状蛋白質(じょうたんぱくしつ) 섬유상 단백질.
~細胞(さいぼう) 『生』 섬유 세포.
~作物(さくもつ) 섬유 작물.
~製品(せいひん) 섬유 제품.
~組織(そしき) 섬유 조직.
繊肉(せんにく) 소·돼지의 등심살.
繊六本(せんろっぽん) 무채. 또, 무채를 써는 일.

繊切り(せんぎり) 채침. 또, 그 채친 것.
繊条(せんじょう) 섬조. ①금속의 가는 줄. ②가는 실. ③필라멘트(filament).
繊毫(せんごう) 섬호. ①매우 가는 털. ②아주 사소한 일의 비유.

其他

繊い(かよわい) 연약하다. 가냘프다.
繊弱やか(ひわやか) 가냘픈 모양. 나긋나긋하고 고상한 모양.

19 虫	蟾	두꺼비 섬·달 섬 セン ひきがえる

音読

蟾蜍(せんじょ) 섬여. ①『動』두꺼비. *ひきがえるとも 읽음. ②달의 딴이름.

20 言	譫	헛소리 섬 セン うわごと

音読

譫妄(せんもう) 『醫』섬망.
譫語(せんご) 섬어. 열에 들떠 헛소리를 함.

訓読

譫言(うわごと) 섬언. ①헛소리. ②실없는 말. 잠꼬대. *せんげん으로도 읽음.

20 貝	贍	넉넉할 섬 セン たす·たりる

音読

贍給(せんきゅう) 섬급. 베풀어 줌.

21 歹	殲	멸할 섬 セン ほろぼす·つくす

音読

殲滅(せんめつ) 섬멸. 무찌름.

섭

11 氵 常	渉 (涉)	건널 섭·거칠 섭 ショウ わたる

音読

渉禽類(しょうきんるい) 『鳥』 섭금류.
渉猟(しょうりょう) 섭렵.
渉水鳥(しょうすいちょう) 『鳥』섭수조.
渉外(しょうがい) 섭외. ♣~部(ぶ) 섭외부.
‖~契約(けいやく) 섭외 계약.
~私法(しほう) 『法』섭외 사법. '국제 사

摂・燮・囁・懾・顳・成

| 13 才 常 | 摂 (攝) | 끌어잡을 섭·겸할 섭
セツ・ショウ
かねる・かわる・とる |

音読
摂する(せっする) ① 대행하다. ② 겸무(兼務)하다. 겸하다. ③ 거두다. 섭취하다.
摂家(せっけ) 섭정(攝政)·関白(かんぱく)로 임명될 수 있는 집안.
摂関(せっかん) 섭정(攝政)과 関白(かんぱく)「치.
‖~**政治**(せいじ) 섭정과 関白가 하는 정
摂動(せつどう) 섭동.
摂籙(しょうろく) 옛날, '摂政(せっしょう)(=섭정)'의 딴이름.
摂理(せつり) 섭리. ① 신(神)의 뜻. ② 대신하여 처리하고 다스림.
摂社(せっしゃ) 본사(本社)의 제신(祭神)과 인연이 깊은 신을 모신 신사(神社).
摂生(せっせい) 섭생.
摂受(しょうじゅ) 섭수. ① 마음을 관대히 하여 남을 용납하는 일. ②〖佛〗부처가 자비심으로 중생을 받아들여 구하는 일.
摂食(せっしょく) 섭식. 음식을 섭취함.
‖~**障害**(しょうがい) 섭식 장애.
摂氏(せっし) 〖理〗섭씨. *せし로도 읽음.
‖~**温度計**(おんどけい) 섭씨 온도계.
摂養(せつよう) 섭양. 건강에 유의하여 몸을 튼튼히 함. 양생.
摂任(せつにん) 장관에게 변고가 생겼을 때 다른 장관이 임시로 그 임무를 대행함.
摂政(せっしょう) 섭정.「딴이름.
摂州(せっしゅう) 摂津国(せっつのくに)의
摂津(せっつ) 옛 지방 이름. 지금의 大阪(おおさか) 부(府) 북서와 兵庫(ひょうご) 현의 남동부 지방.
摂取(せっしゅ) 섭취.
‖~**不捨**(ふしゃ) 〖佛〗섭취불사. 부처가 중생을 제도하여 지옥에 빠지지 않게 함.
摂河泉(せっかせん) 예전의 摂津(せっつ)·河内(かわち)·和泉(いずみ)의 세 지방.
摂行(せっこう) 섭행. ① 직무를 대행(代行)함. ② 일을 겸임해서 함.
摂護腺(せつごせん) 〖生〗섭호선. '前立腺(ぜんりつせん)(=전립선)'의 구칭.
訓読
摂る(とる) 먹다.

| 17 火 | 燮 | 화할 섭
ショウ
やわらげる |

音読
燮理(しょうり) 섭리. 고르게 잘 다스림.

| 21 口 | 囁 | 소곤거릴 섭
ショウ
ささやく |

訓読
❖**囁く**(ささやく) 속삭이다. 소곤거리다.
囁き(ささやき) 속삭임. 소곤거림.

| 21 忄 | 懾 | 두려워할 섭
ショウ
おそれる |

音読
懾伏(しょうふく) 두려워 엎드림.

| 27 頁 | 顳 | 관자놀이 섭
ショウ |

其他
顳顬(こめかみ) 섭유. 관자놀이. *しょうじゅろ도 읽음.

성

| 6 戈 敎 | 成 (成) | 이룰 성·될 성
セイ・ジョウ
なる・なす |

音読
成す(じょうず) ① 완성하다. 이룩하다. ② 해내다.
成犬(せいけん) 성견.
成鶏(せいけい) 성계. 충분히 자란 닭.
成稿(せいこう) 원고를 완성함. 또, 완성된 원고.
成功 ㊀(せいこう) 성공. ♣~**裏**(り) 성공리.
‖~**報酬**(ほうしゅう) 성공 보수.
㊁(じょうごう) 조정의 임시 경비에 사재(私財)를 기부한 사람에게 준 벼슬.
成果(せいか) 성과.
成句(せいく) 성구.
成規(せいき) 성규. 성문으로 된 규칙.
成女式(せいじょしき) 여성의 성년식.
成年(せいねん) 성년. ♣~**式**(しき) 성년식 /~**者**(しゃ) 성년자.
成帯土壌(せいたいどじょう) 〖地〗기후·식생의 영향을 받아 생성되며, 대개 동서로 길게 분포하는 토양.
成徳(せいとく) 성덕. 완성된 덕.
成道(じょうどう) 〖佛〗성도. 도를 깨달음.
成等正覚(じょうとうしょうがく) 〖佛〗성등 정각. 미혹을 떠나 깨달음을 얻어 정각을 이룸.
成立(せいりつ) 성립.
成苗(せいびょう) 성묘.
成文(せいぶん) 성문. ♣~**法**(ほう) 성문

법 / ~**律**(りつ) 성문율 / ~**化**(か) 성문화.
成否(せいひ) 성부. 성공 여부.
成分(せいぶん) 성분.
‖~**輸血**(ゆけつ) 성분 수혈.
~**栄養**(えいよう) 성분 영양. 아미노산·당질·지질(脂質)과 각종 비타민 및 무기물을 배합하여 완전 영양을 목적으로 만든 약제.
成仏(じょうぶつ) 성불.
‖~**得脱**(とくだつ) 〖佛〗 성불득탈.
成事(せいじ) 성사.
成算(せいさん) 성산.
成書(せいしょ) 책이 되어 있는 것.
成獣(せいじゅう) 성수. 생식이 가능할 만큼 자란 짐승.
成熟(せいじゅく) 성숙. ♣~**卵**(らん) 성숙란 / ~**児**(じ) 성숙아.
‖~**分裂**(ぶんれつ) 〖生〗 성숙 분열.
~**社会**(しゃかい) 성숙 사회.
成実宗(じょうじつしゅう) 〖佛〗 성실종. 소승 불교의 하나.
成心 ㊀(せいしん) ① 딴마음. ② 선입관.
㊁(しょうじん) 어떤 입장에 사로잡혀 있는 자의 생각.
成案(せいあん) 성안.
成約(せいやく) 〖法〗 성약. 계약이 성립됨.
成魚(せいぎょ) 성어.
成語(せいご) 성어.
成業(じょうごう) ① 성업. 학업이나 사업 등을 이룩하는 일. *せいぎょう로도 읽음. ② 옛 일본의 律令制(りつりょうせい) 때 大学寮(だいがくりょう)의 학생이 마지막 시험에 합격하던 일.
成員(せいいん) 성원.
成育(せいいく) 성육. 자람.
成人(せいじん) 성인. ♣~**病**(びょう) 성인병 / ~**式**(しき) 성인식.
‖~**T細胞白血病**(ティーさいぼうはっけつびょう) 성인 티세포 백혈병.
~**映画**(えいが) 성인 영화.
~**の日**(のひ) 성인의 날《국경일의 하나로, 1월 15일》.
~**学校**(がっこう) 성인 학교《성인 교육 강좌》.
成因(せいいん) 성인.
成長(せいちょう) 성장. ♣~**線**(せん) 〖生〗 성장선 / ~**点**(てん) 성장점 / ~**株**(かぶ) 성장주.
‖~**曲線**(きょくせん) 성장 곡선.
~**産業**(さんぎょう) 성장 산업.
~**理論**(りろん) 〖經〗 성장 이론.
成跡(せいせき) 성적. 과거의 실적. 결과.
成績(せいせき) 성적.
成全(せいぜん) 성전. 완성함.
成典(せいてん) 성전. ① 성문 법전. ② 정해진 법식·의식.
成丁(せいてい) 성정. 성년에 이른 남자.
成造(せいぞう) 만듦. 조성.
成鳥(せいちょう) 성조.
成存(せいぞん) 어떤 값어치를 지니고 존재함.
成体(せいたい) 성체.

成畜(せいちく) 성축. 충분히 성장한 가축.
成虫(せいちゅう) 성충.
成就(じょうじゅ) 성취.
成層(せいそう) 성층. ♣~**圏**(けん) 성층권 / ~**岩**(がん) 성층암.
‖~**火山**(かざん) 성층 화산.
成歯(せいし) 젖니가 빠지고 생기는 치아. 영구치.
成敗 ㊀(せいはい) ① 성공과 실패.
㊁(せいばい) ① 징벌함. 처벌함. ② 참수함. ③ 정치를 베풂. ♣~**場**(ば) 처형장.
成学(せいがく) 학문을 닦음.
成形(せいけい) 성형.
‖~**手術**(しゅじゅつ) 〖醫〗 성형 수술.
~**パップ剤**(ざい) 파프제를 부직포(不織布)에 발라 쓰기 좋게 한 것《찜질에 사용함》.
~**型**(がた) 성형형. 도자기 본.
成型(せいけい) 성형.
成婚(せいこん) 성혼.

〖訓読〗

成さしめる(なさしめる) 이루게 하다.
成れの果て(なれのはて) 영락한 몰골. 구슬픈 말로(末路).
❖**成す**(なす) 이루다. ① 이룩하다. 달성하다. ② 어떤 형태를 만들다.
成し遂げる(なしとげる) 끝까지 해내다. 완수하다.
❖**成る**(なる) ① 〈행위의 결과〉 되다. 이루어지다. ② 〈조직이〉 …로 되다. …로 구성되다. ③ 바라는 대로 되다. 성취되다.
成り(なり) 이름. 성취함.
成る可く(なるべく) 될 수 있는 한. 가능한 한. 되도록.
成り果せる(なりおおせる) 완전히 …로 되어 버리다.
成り果てる(なりはてる) 전락(轉落)하다. 비참한 신세가 되어 버리다.
成り掛かる(なりかかる) 되려고 하다. 되기 시작하다.
成る口(なるくち) 술을 마실 수 있는 사람.
成駒(なりこま) ☞ **成金**(なりきん) ①.
成金(なりきん) ① 일본 장기에서, 적진에 들어가서 金将(きんしょう)의 자격을 얻은 말. ② 벼락 부자. 〈신〉하다.
成り代わる(なりかわる) 〈老〉 대리하다. 대신하다.
成り立ち(なりたち) ① 〈조직이나 제도 등이〉 이루어지기까지의 사정과 경과. ② 〈물건이나 조직 등의〉 내부 구조. 구성 요소.
成り立つ(なりたつ) ① 이루어지다. 성립하다. ② 구성되다.
成り変わる(なりかわる) 〈老〉 변하다. 변화하다.
成り上がり(なりあがり) 출세함. 또, 그 사람. 벼락 부자(가 된 사람).
成り上がる(なりあがる) 갑자기 출세하다 〔부자가 되다〕.
成り増さる(なりまさる) 정도가 점점 더해지다〔심해지다〕.
成り込む(なりこむ) 〈장기에서〉 말이 적진으로 들어가서 '金(きん)'의 자격을 얻다.
成る丈(なるたけ) 되도록. 될 수 있는 대로.

成田(なりた)〘地〙千葉(ちば) 현 북부의 시. 이곳 동부에 신(新)東京(とうきょう) 국제 공항이 있음.
‖**〜離婚**(りこん) 나리타 이혼. 결혼식을 올리고 신혼 여행을 갔다가 成田 공항에 내리자 이혼한다는 현세의 속성 이혼을 꼬집은 말.
成り切る(なりきる) ☞ 成り果せる(なりおせる).
成る程(なるほど) 정말. 과연.
成り済ます(なりすます) 짐짓 …을 자처하다. …인 양 행세하다. …연하다. 「람.
成り下がり(なりさがり) 영락함. 또, 그 사
成り下がる(なりさがる) ① 영락하다. ② 가지가 휠 정도로 열매가 열리다.
成り行き(なりゆき) 되어가는 형편〔과정〕. 그 결과.
‖**〜売買**(ばいばい) 성 행 주문에 따라 매매하는 일.
〜注文(ちゅうもん)〘經〙증권 거래에서, 의뢰자가 종목과 수량만 지정하고 값은 시세에 따라 매매하도록 주문하는 일.
〜値段(ねだん)〘商〙시장의 동향에 따라 정해진 값. 「되다.
成り行く(なりゆく) 점차로 되어가다. 진척

---

7 士 教 声(聲)
소리 성·풍류 성
セイ・ショウ
こえ・こわ

音読
声価(せいか) 성가. 세상의 평판.
声曲(せいきょく) 성곡. 곡조. 노래. 특히 일본 전통 음악으로, 三味線(しゃみせん) 반주의 노래 따위를 이름.
声区(せいく) 사람의 성역(聲域)을 저·중·고(高) 세 가지로 구분한 것.
声囊(せいのう)〘生〙성낭. 소리주머니.
声帯(せいたい) 성대.
‖**〜摸写**(もしゃ) ⇨ 声帯模写.
〜模写(もしゃ) 성대 모사.
声量(せいりょう) 성량.
声涙(せいるい) 성루. 목소리와 눈물.
声律(せいりつ) 성률. ① 음조. 음률. ② 한자 사성의 규율.
声望(せいぼう) 성망.
声名(せいめい) 성명. 좋은 평판. 「서.
声明 ㊀(せいめい) 성명. ♣ **〜書**(しょ) 성명 ㊁(しょうみょう) ①〘古代 인도의 음운·문법·주석의 학문. ②범패.
声貌(せいぼう) 성모. 음성과 용모.
声門(せいもん) 성문. 좌우의 성대(聲帶) 사이에 있는 숨구멍.
声紋(せいもん) 성문.
声聞 ㊀(せいぶん) 성문. 평판. 명성.
㊁(しょうもん)〘佛〙성문.
声部(せいぶ)〘樂〙성부.
‖**〜記号**(きごう)〘樂〙성부 기호.
声色 ㊀(せいしょく) 성색. ①목소리와 안색. ②음악의 즐거움과 여색(女色).
㊁(こわいろ) 음색. 성대 모사.
声息(せいそく) 성식. ①목소리와 숨. ②소식(消息).
声楽(せいがく)〘樂〙성악. ♣ **〜家**(か) 성악가 / **〜曲**(きょく) 성악곡.
声言(せいげん) 말을 퍼뜨림.
声域(せいいき) 성역.
声誉(せいよ) 성예. 명망.
声欲(しょうよく)〘佛〙소리에 대한 욕망.
声容(せいよう) 성용. 음성과 용모.
声優(せいゆう) 성우.
声韻(せいいん) 성운. 음운.
声援(せいえん) 성원.
声威(せいい) 성위. 명성과 위광(威光).
声喩(せいゆ) 목소리나 울음소리 따위를 그대로 소리냄. 의성어.
声音(せいおん) 성음. ＊こわね로도 읽음.
声点(しょうてん) 성점. 한자의 사성(四聲)을 표시하기 위한 부호.
声調(せいちょう) 성조. ①목소리의 가락. ②악센트.
声塵(しょうじん)〘佛〙(마음을 더럽히는 먼지라는 뜻으로) 귀에 들어오는 음성.
声質(せいしつ) 어떤 사람에게 특유한 소리의 질.

訓読
声(こえ) ①(목)소리. ②한자의 음(音).
声遣い(こわづかい) 말투. 어조(語調).
声高(こわだか) 목소리가 큼. 목청이 높음.
声掛かり(こえがかり) 윗사람·세력 있는 사람의 (특별) 분부·주선·소개·추천.
声変わり(こえがわり) 변성. 또, 그 시기.
声柄(こえがら) 음색. 목청.
声付き(こわつき) 목소리. 음성. ＊こえつき로도 읽음.
声先(こわさき) ①목소리〔이야기〕의 일부분. ②노래하기 시작한 최초의 목소리.
声声(こえごえ) 여러 사람의 소리.
声差し(こえざし) 목청. 어조.
声風(こえぶり) 소리의 가락.
きいきい声(きいきいごえ) ①새된 소리. 목 쨰지는 소리. ②삐걱거리는 소리.
どす声(どすごえ) ①낮고 위협적인 목소리. ②탁한 소리.
や声(やごえ) 무엇을 할 때 지르는 '얏' 소리.

---

8 女 常 姓
성 성·백성 성
セイ・ショウ
かばね

音読
姓 ㊀(せい) 성. 성씨.
〜を冒(おか)**す** 남의 성을 사칭하다. 남의 가문을 잇다.
㊁(かばね) 大和(やまと)·奈良(なら) 시대에 씨족의 존비(尊卑)를 나타내기 위한 계급적 칭호.

姓階制度(せいかいせいど) 성계 제도.
姓名(せいめい) 성명.
∥〜判斷(はんだん) 성명의 자획(字畫) 등에 따라 운명의 길흉 등을 점치는 일.
姓氏(せいし) ① 성씨. ② 姓(かばね)와 氏(うじ). *しょうじ로도 읽음.

性	성품 성·성별 성
8小 敎	セイ・ショウ さが

音読
性 ㊀(せい) ① 성질. 성격. 본성. ② 남녀·자웅의 구별. 섹스. ③『言』인도 유럽어에서 관사·명사 등에 있는 남·여·중성의 구별.
㊁(しょう) ① ☞㊀①. ② 체질. 품질.
㊂(さが) ① ☞㊀①. ②〈古〉관습. 습성.
性フェロモン(せいフェロモン)『生』성페로몬.
性ホルモン(せいホルモン)『生』성호르몬.
性感(せいかん) 성감. ♣〜帶(たい) 성감대.
性感染症(せいかんせんしょう) 성감염증. 성병에 감염증.
性格(せいかく) 성격. ♣〜劇(げき) 성격극.
∥〜檢査(けんさ) 성격 검사.
〜描寫(びょうしゃ) 성격 묘사.
〜俳優(はいゆう) 성격 배우.
〜異常(いじょう) 성격 이상.
〜破綻者(はたんしゃ) 성격 파탄자.
性決定(せいけってい)『生』성결정. 자웅 이체의 동식물에서 개체의 성이 암수 어느 것으로 결정되는 일.
性戒(しょうかい)『佛』성계.
性骨(しょうこつ) 타고난 소질. 천성(天性). *せいこつ로도 읽음.
性交(せいこう) 성교.
性教育(せいきょういく) 성교육.
性具(せいぐ) 성기구.
性根 ㊀(しょうね) 근본적인 마음가짐. 근성.
㊁(しょうこん) 근기(根氣). 끈기.
性急(せいきゅう) 성급.
性技(せいぎ) 성애에 관한 기교.
性器(せいき)『生』성기. 생식기. ♣〜期(き)『生』기기.
∥〜崇拜(すうはい) 성기 숭배.
性能(せいのう) 성능.
性道徳(せいどうとく) 성도덕.
性倒錯(せいとうさく) 성도착.
性同一性障害(せいどういつせいしょうがい) 성동일성 장애《자기의 성에 위화감을 갖고 성전환을 갈망하는 정신적 장애》.
性来(せいらい) 성래. 본래의 성질. *しょうらい로도 읽음.
性霊(せいれい) 성령. 정신.
性理学(せいりがく)『哲』성리학.
性命(せいめい) 성명. ① 인성과 천명. ② 생명.
性毛(せいもう) 음모. 치모.
性夢(せいむ) 성적인 꿈.

性犯罪(せいはんざい) 성범죄.
性癖(せいへき) 성벽. 버릇.
性別(せいべつ) 성별.
∥〜役割分業(やくわりぶんぎょう) 성별 역할 분업.
性病(せいびょう) 성병.
性分(しょうぶん)〈老〉천성. 성품.
性分化(せいぶんか)『生』성분화.
性比(せいひ) 성비.
性状(せいじょう) 성상. ① 사람의 성질과 행상(行狀). ② 사물의 성질과 상태.
性相(しょうそう)『佛』성상.
性相学(せいそうがく) 성상학.
性生活(せいせいかつ) 성생활.
性善(せいぜん) 성선. ♣〜説(せつ) 성선
㊁(しょうぜん)『佛』중생의 본성으로서 선천적으로 갖고 있는 선.
性腺(せいせん)『生』성선.
∥〜刺激ホルモン(しげきホルモン)『生』성선 자극 호르몬.
性説(せいせつ) 성설《성선설·성악설·성선악 혼합설 등이 있음》.
性細胞(せいさいぼう)『生』성세포. 생식 세포.
性巣(せいそ)『生』성소. 생식소. 생식선.
性悪(せいあく) 성악. ♣〜説(せつ)『倫』 성악설.
㊁(しょうあく)『佛』중생의 본성으로서 선천적으로 갖고 있는 악.
㊂(しょうわる)〈老〉근성이 나쁨. 또, 그런 사람.
性愛(せいあい) 성애.
性役割(せいやくわり) 성역할. 성역할 분업.
性染色体(せいせんしょくたい)『生』성염색체.
性欲(せいよく) 성욕.
性慾(せいよく) ⇨ 性欲(せいよく).
性的(せいてき) 성적.
∥〜倒錯(とうさく) 성적 도착.
〜衝動(しょうどう) 성적 충동.
〜虐待(ぎゃくたい) 성적 학대.
性典(せいてん) 성전.
性転換(せいてんかん) 성전환.
性情(せいじょう) 성정.
性周期(せいしゅうき) 성주기.
性支配(せいしはい) 성지배.
性質(せいしつ) 성질.
性徴(せいちょう)『生』성징.
性懲り(しょうこり) 뉘우침. 깨달음. 질림.
性差(せいさ) 성차.
性差別(せいさべつ) 성차별.
性体験(せいたいけん) 성체험.
性暴力(せいぼうりょく) 성폭력.
性合い(しょうあい) ① 기질. 성질. ② 성질이 잘 맞음.
性行(せいこう) 성행. 성질과 행실.
性行動(せいこうどう) 성행동.
性行為(せいこうい) 성행위.
∥〜感染症(かんせんしょう) 성행위 감염증.
性向(せいこう) 성향.
性形質(せいけいしつ) 성별 형질. 성징.

城 (城)

9 土 敎
재 성·성 성
ジョウ・セイ
しろ・き

音読

城閣(じょうかく) 성각. 성루.
城郭(じょうかく) 성곽.
‖~都市(とし) 성곽 도시.
城廓(じょうかく) ⇨ 城郭(じょうかく).
城堭(じょうかく) ⇨ 城郭(じょうかく).
城館(じょうかん) 성관. 귀족·호족이 살았던 대저택. 「궁성.
城闕(じょうけつ) 성궐. ①성문. ②대궐.
城南(じょうなん) 성남. 도시의 남부 (지구).
城内(じょうない) 성내. 성 안.
城端(じょうはな)〖地〗일본 富山(とやま)현의 礪波(となみ) 평야에 있는 도시.
城代(じょうだい) ①옛날, 성주(城主)를 대신해서 성을 지키던 사람. ②江戸幕府(えどばくふ) 때의 벼슬 이름.
‖~家老(がろう) 江戸(えど) 시대에, 성주인 大名(だいみょう)의 부재 중에 모든 정사를 도맡아 본 중신.
城東(じょうとう) 성동. 도시의 동부 (지구).
城頭(じょうとう) 성두. 성(城)의 부근.
城塁(じょうるい) 성루. 성채.
城楼(じょうろう) 성루.
城門(じょうもん) 성문.
城番(じょうばん) 성의 경비를 맡은 사람.
城壁(じょうへき) 성벽.
城兵(じょうへい) 성을 지키는 병사.
城堡(じょうほう) 성보. 작은 산성.
城府(じょうふ) 성부. 도시(의 외곽).
城北(じょうほく) 성북. 성의 북쪽.
城塞(じょうさい) 성새. 성채.
城西(じょうさい) 성서. 도성(都城)의 서쪽 (지구). *じょうせいとも 읽음. 「람.
城守(じょうしゅ) 성수. 성을 지킴. 또, 그 사
城市(じょうし) 성시. 성이 있는 시나 읍.
城外(じょうがい) 성외. 성 밖.
城邑(じょうゆう) 성읍. 「수.
城将(じょうしょう) 성장. 성을 지키는 장
城跡(じょうせき) 성적. 성터. *しろあとと도 읽음.
城蹟(じょうせき) 성적. 성터.
城主(じょうしゅ) 성주.
城州(じょうしゅう)〖地〗京都(きょうと)부(府) 남부 지방의 옛 이름.
城中(じょうちゅう) 성중. 성 안.
城地(じょうち) 성지. 성과 영지.
城址(じょうし) 성지. 성터.
城趾(じょうし) ⇨ 城址(じょうし).
城砦(じょうさい) ⇨ 城塞(じょうさい).
城柵(じょうさく) 성책. 성채. 요새.
城下(じょうか) 성하. 성 아래(주위).
‖~の盟(ちかい) 성하지맹. *じょうかのめいと도 읽음.
~町(まち) 성시(城市). 제후의 거성(居城)

을 중심으로 해서 발달된 시가.
城壕(じょうごう) ⇨ 城濠(じょうごう).
*しろぼりとも 읽음.
城濠(じょうごう) 성호. 성 둘레의 해자.

訓読

城(しろ) ①성. *じょうとも 읽음. ②남이 들어가는 것을 허용치 않는 자기만의 영역.
城攻め(しろぜめ) 공성(攻城). 성을 공격함.
城構え(しろがまえ) ①성의 구조. ②성곽을 축조하는 일. 「산·구릉.
城山(しろやま) 성이 있는, 또는 있었던 야
城殿(きどの) ①궁중에 있었던 세공소. ②京都(きょうと)에서 화장 도구·부채 따위를 만들어 팔던 가게.
城持(しろもち) 성을 소유하고 있는 무장이나 大名(だいみょう). 「및 구조.
城取り(しろどり) 성을 쌓는 일. 또, 그 설계
城割り(しろわり) 성곽을 허무는 일.

星

9 日 敎
별 성·세월 성
セイ・ショウ
ほし

音読

星間(せいかん) 성간. 별과 별 사이.
‖~物質(ぶっしつ)〖天〗성간 물질.
~雲(うん)〖天〗성간운. 우주운(雲).
~塵(じん) 성간 물질 가운데서 가스를 제외한 얼음·철·규산염 등 고체 성분의 미립자.
~吸収(きゅうしゅう)〖天〗성간 흡수. 천체의 빛이 성간 물질 때문에 흡수 또는 산란되어 천체가 어둡게 보이는 일.
星団(せいだん)〖天〗성단.
星図(せいず)〖天〗성도.
星斗(せいと) 성두. 별.
星芒(せいぼう) 성망. 별빛.
星旗(せいぼう) 별처럼 빛나는 깃발.
星目(せいもく) (바둑판에) 표시되어 있는 9개의 흑점(黑點).
㊀(ほしめ)〖醫〗삼눈. 또, 그 증상.
星霜(せいそう) 성상.
星状体(せいじょうたい)〖生〗성상체.
星宿(せいしゅく)〖天〗성수.
星食(せいしょく)〖天〗성식. 달이 별을 가려 보이지 않게 하는 현상.
星辰(せいしん) 성신.
‖~崇拝(すうはい) 성신 숭배.
星夜(せいや) 성야. 별빛이 맑은 밤.
星雲(せいうん) 성운. ♣~説(せつ) 성운설.
星位(せいい) 성위. ①항성의 위치. ②귀인의 벼슬자리.
星章(せいしょう) 성장. 별 모양의 휘장.
星条旗(せいじょうき) 성조기.
星座(せいざ)〖天〗성좌. 별자리. ♣~図(ず)〖天〗별자리그림.
‖~早見(はやみ) 어떤 지점에서 아무때나 별자리를 쉽게 찾아볼 수 있도록 개발한 장치.
星彩(せいさい) 성채. 별빛.

星表(せいひょう)〖天〗성표. 항성표.
星河(せいが)〖天〗성하. 은하(銀河).
星学(せいがく) 성학. 天文学(てんもんがく)의 구칭.
星漢(せいかん) 성한. 은하수.
星港(せいこう)〖地〗성항. 싱가포르.
星行(せいこう) ① 아침 일찍 별이 있는 동안에 집을 나섬. ② 천체의 운행.
星形図法(せいけいずほう)〖地〗성형 도법.

訓読▷
星 ㊀(ほし) ① 별. ② 세월. ③ 운수. ④ 별표. 승부의 표지. 과녁의 복판. ⑤ 표적. 용의자 또는 범인.　　　　　　　　「수.
㊁(せい)〖天〗성. 28수의 하나. 남방의 성
星見草(ほしみぐさ) 국화(菊花)의 딴이름.
星の契り(ほしのちぎり) 견우·직녀 두 별이 1년에 한 번 만나는 인연(약속).
星空(ほしぞら) 별이 총총한 하늘.
星鮫(ほしざめ)〖魚〗별상어.　　　　「물.
星口動物(ほしくちどうぶつ)〖動〗성구 동
星鹿毛(ほしかげ) 구렁말 털빛에 흰 얼룩이 있는 털빛.
星明かり(ほしあかり) 별빛.
星石(ほしいし) 성석. 운석(隕石).
星屑(ほしくず) 밤하늘에 깨알처럼 빛나는 무수한 별들.
星眼(ほしめ)〖醫〗삼눈. 또, 그 증상.
星影(ほしかげ)〖雅〗별빛.
星烏(ほしがらす)〖鳥〗잣까마귀.
星月夜(ほしづきよ)〖雅〗별빛이 달빛처럼 밝은 밤. *ほしよづよ로도 읽음.
星占い(ほしうらない) 별점. 점성술.
星鰈(ほしがれい)〖魚〗노랑가자미.
星祭り(ほしまつり) ① 칠석제(七夕祭). ② 〈雅〉 (음양도에서 액막이로) 칠요성(七曜星) 가운데서 그 해에 해당하는 별을 제사지냄.
星取り(ほしとり) (씨름 따위에서) 경기의 승패를 흑백의 동그라미로 표시하는 일.
‖**~表**(ひょう) 씨름의 승부 결과를 ○·● 등의 기호로 표시한 일람표. 경기 성적표.
星草(ほしくさ)〖植〗곡정초.
星合い(ほしあい)〈雅〉칠석(七夕)날의 견우와 직녀의 상봉.
星回り(ほしまわり) 운명. 신수(身數).

┌──────────────┬──────────────────┐
│ 9   │ 살필 **성**·덜 **생** │
│ 目   │ **セイ**·**ショウ**   │
│ 教 省   │ かえりみる·はぶく   │
└──────────────┴──────────────────┘

音読▷
省(しょう) 성. ① 정부의 행정 관청《우리 나라의 부(部)에 해당》. ②〖史〗律令(りつりょう) 제(制) 밑의 중앙 관청. ③ 중국의 최상급 행정 구획.
省する(せいする) ① 반성하다. ② 부모의 안부를 여쭙다.　　　　　　「성의 내부.
省内(しょうない) 성내. 중앙 행정 기관 각
省都(しょうと) (중국의) 성청(省廳) 소재지.
省慮(せいりょ) 반성하고 생각함.
省令(しょうれい) 성령. 각 성(省)의 대신이 행정 사무에 관해서 내리는 명령.
省務(しょうむ) 각 성의 사무.
省思(せいし) 성사. 반성.
省線(しょうせん) 国鉄線(こくてつせん)·'国電(こくでん)(=국유 철도 전차)'의 구칭.
省営(しょうえい) 성영. (내각의) 성(省)에
省悟(せいご) 성오.　　　　　　「서 경영함.
省員(しょういん) 성원. 내각 각 성의 직원.
省議(しょうぎ) 내각 각 성(省)의 회의. 또, 그 의결.　　　　　　　　　　「廳」의 이익.
省益(しょうえき) (국익이 아닌) 각 성청(省
省印(しょういん) 성인. 내각 각 성의 도장.
省電(しょうでん) 国電(こくでん)의 옛이름.
省察(せいさつ) 성찰. *しょうさつ로도 읽음.　　　　　　　　　　　　　　　　「관.
省庁(しょうちょう) 성·청으로 불리는 기
省親(せいしん) 부모의 안부를 여쭘.

㊁ 이하 훔은 '생'.
省エネ(しょうエネ) 省エネルギー의 준말. 석유·전력 등의 에너지 소비를 절약함.
省減(せいげん) 생감. 덜어 줄임. 절감.
省略(しょうりゃく) 생략. *せいりゃく로도 읽음.
省力(しょうりょく) 생력. 힘을 덞. ♣~化(か) 생력화.
‖**~農業**(のうぎょう) 생력 농업.
省文(せいぶん) 생문. 한자의 획을 일부 생략해서 쓰는 일. 또, 그 글자.
省約(しょうやく) 줄여 간단히 함.
省除(しょうじょ) 생략해서 제거함.
省筆 ㊀(しょうひつ) ① 문장 중의 어구를 생략함. ② 자획을 생략함.
㊁(せいひつ) ☞省文(せいぶん).
省字(しょうじ) 한자의 자체(字體)를 간이(簡易)하게 함. 또, 그 한자.
省資源(しょうしげん) 생산의 근원이 되는 자원을 절약하는 일. 또, 그 글자.
省画(しょうかく) 생획. 한자 자획을 줄여 씀.

訓読▷
省く(はぶく) 생략하다. 없애다.
省みる(かえりみる) 돌이켜보다. 반성하다.

┌──────────────┬──────────────────┐
│ 10   │ 밝을 **성**   │
│ 日   │ **セイ**   │
│ 入   晟 (晟) │ あきらか   │
└──────────────┴──────────────────┘

┌──────────────┬──────────────────┐
│ 11   │ 성할 **성**·담을 **성** │
│ 皿   盛 (盛) │ **セイ**·**ジョウ**·**ショウ** │
│ 教   │ もる·さかる·さかん │
└──────────────┴──────────────────┘

音読▷
盛強(せいきょう) 성강. 강성(強盛).
盛挙(せいきょ) 성거. 장거(壯擧).
盛観(せいかん) 성관. 장관.
盛期(せいき) 성기. 한창때.

盛年(せいねん) 성년. 한창때 나이.
盛大(せいだい) 성대.
盛代(せいだい) 성대.
盛徳(せいとく) 성덕. 크고 훌륭한 덕.
盛冬(せいとう) 성동. 한겨울.
盛名(せいめい) 성명. 성화(聲華).
盛服(せいふく) 성복. 성장한 복장.
盛事(せいじ) 성사. 성대한 사업·행사.
盛暑(せいしょ) 성하(盛夏).
盛世(せいせい) 성세.
盛衰(せいすい) 성쇠.
盛時(せいじ) 성시. ①젊고 혈기 왕성한 시절. ②세력이〔운세가〕왕성한 때.
盛漁期(せいぎょき) 성어기.
盛業(せいぎょう) 성업.
盛宴(せいえん) 성연. 성대한 연회.
盛栄(せいえい) 성영. 번영. 융성.
盛運(せいうん) 성운. 흥성하는 운.
盛儀(せいぎ) 성의. 성대한 의식.
盛者(じょうしゃ)『佛』성자.
∥~必衰(ひっすい) 성자필쇠.
盛壮(せいそう) 성장. 젊고 원기 왕성함.
盛粧(せいそう) 성장. 화려한 화장.
盛装(せいそう) 성장.
盛典(せいてん) 성전. 성대한 의식〔잔치〕.
盛昌(せいしょう) 성창. 기세가 왕성함.
盛秋(せいしゅう) ①성추. 한가을. ②음력 8월의 딴이름.
盛夏(せいか) 성하.
盛行(せいこう) 성행.
盛況(せいきょう) 성황.
盛会(せいかい) 성회. 성대한 모임.

訓読
盛ん(さかん) ①성함. ㉠기세가 좋음. 또, 맹렬함. ㉡번성〔번창〕함. ②한창임. (기력 등이) 왕성함. ③열심임.   「릇.
盛っ相(もっそう) 1인분씩의 밥을 담는 그
盛っ切り(もっきり) ☞盛り切り(もりきり).
∥~酒(ざけ) 잔 가득 차게 따라서 파는 술.
❖盛る ㊀(もる) ①(그릇에) 수북이 담다. ②높이 쌓아올리다. ③(독)약을 타서 먹이다. ④눈금을 매기다〔새기다〕.
㊁(さかる) ①동물이 발정해서 교미하다. 홀레붙다. ②번창하다. ③《接尾語적으로》한창 세차게 하다.
盛り ㊀(もり) ①(그릇에) 담음. 담은 정도. ②盛り蕎麦(もりそば)의 준말.
㊁(さかり) ①한창(때). ②(짐승의) 발정 (發情). 암내(냄).
∥~時(どき) ①사물이 가장 한창인 시기. ②동물의 발정기. 교미기.
~場(ば) 늘 사람이 붐비는 곳. 번화가.
盛り菓子(もりがし) (신불에 바치는) 수북이 괸 과자.
盛り蕎麦(もりそば) 대발을 깐 작은 나무 그릇에 담은 메밀국수.   「지게 하다.
盛り潰す(もりつぶす) 술을 먹여 곯아떨어

盛り籠(もりかご) 과일 등을 담는 바구니.
盛り物(もりもの) ①상에 차리는 음식물. ②신불에 바치는 제물.
盛り返す(もりかえす) (세력을) 회복시키다. 만회하다.
盛り鉢(もりばち) 과일 등을 담아 두는 유리 또는 도자기로 만든 운두가 높은 그릇.
盛り付ける(もりつける) ①요리를 그릇에 보기 좋게 담다. ②분배〔할당〕하다.
盛り砂(もりずな) 귀인의 마중이나 의식 때 현관 양쪽에 쌓아올리는 모래.
盛り殺す(もりころす) ①독살하다. ②약을 잘못 써서 죽게 하다.
盛り上がる(もりあがる) ①부풀어오르다. 솟아오르다. ②(소리·흥취 등이) 높아지다.
盛り上げ(もりあげ) 盛り上げ彩色의 준말.
∥~彩色(ざいしき) 화면의 일부, 특히 꽃잎이나 옷 등에 그림 물감을 두껍게 발라 입체감이 나게 특수한 효과를 노린 회화 기법.
盛り上げる(もりあげる) ①쌓아 올리다. 북돋우다. ②고조시키다. 돋우다.
盛り塩(もりじお) 음식점 등에서 출입구에 그날의 운수를 빌며 주먹만하게 소금을 소복이 쌓는 일. 또, 그 소금.
盛り込む(もりこむ) ①그릇에 음식 따위를 고봉으로 담다. ②정리된 계획·생각 속에 다른 것을 추가하다.
盛り切り(もりきり) ①(밥 따위) 그릇에 담은 것뿐이고 추가가 없음. 또, 그 담은 것. ②그릇에 가득 담음.
盛り沢山(もりだくさん) 수북이 담겨 있음. 분량이 많음.
盛り土(もりつち) (부지 조성 등에서) 성토. *もりどろも 읽음.
盛り合わせ(もりあわせ)『料』한 접시에 여러 음식을 차려 놓음. 또, 그 차린 요리.
盛り花(もりばな) ①수반(水盤)·꽃바구니 등에 꽃을 많이 꽂아 꾸밈. 또, 그 꽃. ②☞盛り塩(もりじお).

| 12
才 | 猩 | 성성이 **성**
ショウ・セイ |

音読
猩猩(しょうじょう) 성성. ①『動』오랑우탄. ②술을 좋아한다는 중국의 전설상의 짐승. 성성이. ♣~蠅(ばえ)『蟲』초파리.
∥~緋(ひ) 검은 빛을 띤 진홍색.
猩紅(しょうこう) 성홍. 좀 검고 짙은 다홍색. 선홍색. ♣~熱(ねつ) 성홍열.

| 13
月 | 腥 | 비릴 **성**·날고기 **성**
セイ
なまぐさい |

音読
腥気(せいき) 비릿한 냄새.

腥風(せいふう) 피비린내 나는 바람. 살벌한 기운.
腥血(せいけつ) 성혈. 비린내 나는 피. 생피.

訓読
腥(なまぐさ) ① 비린내가 남. ② 건방짐.
腥い(なまぐさい) ① (피나 생선 따위의) 비린내가 나다. ② 건방지다.

13 竹	筬	바디 성 セイ おさ

訓読
筬(おさ) ① (베틀의) 바디. ② 고래 수염.
筬虫(おさむし) 〖蟲〗 딱정벌레.

13 耳 教	聖(聖)	성인 성·천자 성 セイ・ショウ ひじり・きよい・ セント

音読
聖 ㊀(せい) 성. ① 성인. ② 그 방면에서 가장 뛰어난 사람.
㊁(ひじり) ① 천자·天皇(てんのう)의 높임말. ② 성인(聖人). ③ 고승. ④ 학문·기술 등에 탁월한 사람.
㊂(セント) 세인트. 성인. 성도.
聖なる(せいなる) 거룩한.
聖歌(せいか) 성가.
聖駕(せいが) 성가. 천자의 탈것. 거가.
聖家族(せいかぞく) 〖가톨릭〗 성가족.
聖経(せいきょう) 성경. 성서. 성전(聖典).
  * せいけい로도 읽음.
聖公会(せいこうかい) 성공회.
聖観音(しょうかんのん) 〖佛〗 성관음. '聖観世音(しょうかんぜおん)(=성관세음)'의 준말.
聖教 ㊀(せいきょう) 성교. ① 성인의 가르침. 특히, 유교. ② 신성한 가르침. 특히, 그리스도교.
㊁(しょうぎょう) 〖佛〗 성교. 불교의 가르침. 불전. 경문(經文).
聖句(せいく) 성구.
聖君(せいくん) 성군.
聖櫃(せいひつ) 〖宗〗 성궤.
聖女(せいじょ) 성녀.
聖断(せいだん) 성단. 천황의 재단〔결정〕.
聖壇(せいだん) 성단. 신성한 제단.
聖譚曲(せいたんきょく) 〖樂〗 성담곡. 오라토리오.
聖堂(せいどう) 성당.
聖代(せいだい) 성대. 성천자(聖天子)가 다스리는 시대.「의 덕.
聖徳(せいとく) 성덕. ① 천자의 덕. ② 최고
聖徳太子(しょうとくたいし) 일본의 用明天皇(ようめいてんのう)의 둘째 왕자. 일화 1만엔짜리 지폐의 통속적인 호칭.
聖徒(せいと) ① 성도. 그리스도교 신자. ② 성인.

～の交(まじ)わり 〖가톨릭〗 성인의 통공(通功).
聖道(しょうどう) 〖佛〗 ① 성도. 성자가 되는 길. ② 천태종과 진언종. ③ 절에서 특별한 제례나 기념일 등의 행사 때 곱게 단장하고 행렬에 서는 아이.
聖都(せいと) 성도.
聖列(せいれつ) 〖宗〗 성인의 반열.
聖霊 ㊀(せいれい) 〖基〗 성령.
‖～降臨祭(こうりんさい) 〖가톨릭〗 성령강림 대축일.「의 영혼.
㊁(しょうりょう) 〖佛〗 정령(精靈). 죽은 이
聖母(せいぼ) 〖宗〗 성모 (마리아).
‖～被昇天(ひしょうてん) 〖가톨릭〗 성모승천.「수의 존칭.
聖母子(せいぼし) 성모자. 마리아와 어린 예
聖目(せいもく) 바둑판에 표시된 9개의 흑점
聖廟(せいびょう) 성묘. 문묘.「(黑點).
聖務日課(せいむにっか) 〖가톨릭〗 성무 일
聖杯(せいはい) 성배.「도 (日禱).
‖～伝説(でんせつ) 〖基〗 성배 전설.
聖変化(せいへんか) 〖가톨릭〗 성변화.
聖別(せいべつ) 성화(聖化). 축성.
聖史劇(せいしげき) 성사극. 중세 말기 유럽에서 유행한 종교극.
聖上(せいじょう) 성상.
聖像(せいぞう) 성상.
聖書(せいしょ) 성서.
聖世(せいせい) 성세. 성대(聖代).
聖所(せいじょ) 성소.
聖俗(せいぞく) 성속. ① 성인과 속인. ② 종교적인 것과 세속적인 것.
聖水(せいすい) 〖가톨릭〗 성수.
聖寿(せいじゅ) 성수. 천자의 나이.
聖樹(せいじゅ) 크리스마스 트리의 딴이름.
聖僧(しょうそう) 덕이 높은 승려. 고승.
聖楽(せいがく) 〖樂〗 성악. 성가.
聖顔(せいがん) 성안. 용안.
聖夜(せいや) 성야. 크리스마스 이브.
聖言(せいげん) 성언. 성인〔천자〕의 말씀.
聖業(せいぎょう) ① 성업. 천자(天子)의 사업. ② 신성한 직업.
聖域(せいいき) 성역.
聖王(せいおう) 성왕.
聖油(せいゆ) 〖가톨릭〗 성유.
聖恩(せいおん) 성은.
聖意(せいい) 성의. ① 천자의 뜻. ② 성인의
聖人 ㊀(せいじん) 성인.「뜻.
‖～君子(くんし) 성인 군자.
㊁(しょうにん) 〖佛〗 성인. ① 지혜와 자비심이 많은 사람. ② 덕망이 높은 중.
聖日(せいじつ) 〖基〗 주일. 일요일.
聖者(せいじゃ) 성자. 성인. *しょうじゃ로도 읽음.
聖跡(せいせき) 성적. ① 신성한 유적. 종교상의 유적. ② 천자에 관계가 있는 사적.
聖蹟(せいせき) ⇨ 聖跡(せいせき).
聖典(せいてん) 〖宗〗 성전.

聖殿(せいでん) 성전.
聖戦(せいせん) 성전.
聖帝(せいてい) 성제. 성군.
聖祭(せいさい) 〖가톨릭〗성제. 미사.
聖主(せいしゅ) 성주. 성군(聖君). *しょうしゅろに 읽음.
聖週間(せいしゅうかん) 〖가톨릭〗성주간. 성지 주일에서 부활 대축일까지의 한 주간.
聖衆(しょうじゅ) 〖佛〗성중. ①성자들. ②극락 정토의 모든 보살.
‖~来迎(らいごう) 성중 내영《부처나 보살이 극락 정토로 맞아들임》.
聖地(せいち) 성지.
‖~巡礼(じゅんれい) 성지 순례.
聖旨(せいし) 성지.
聖職(せいしょく) 성직. ♣~者(しゃ) 성직자.「찬식.
聖餐(せいさん) 성찬. ♣~式(しき) 〖基〗
聖天(しょうでん) 〖佛〗성천. 환희천.
聖遷(せいせん) 히즈라. 헤지라.
聖天子(せいてんし) 성천자.
聖哲(せいてつ) 성철. 성인 군자.
聖体(せいたい) 성체. ①〖가톨릭〗예수의 몸으로 축성된 면병. 성체 성사. ②천황의 신체.「체.
‖~拝領(はいりょう) 〖가톨릭〗영(領)성
聖誕(せいたん) 성탄. ♣~祭(さい) 성탄절. 크리스마스. 「났던 밤.
聖骸布(せいがいふ) 성해포. 예수의 시체를
聖行(しょうぎょう) 〖佛〗성행.
聖賢(せいけん) 성현.
聖化(せいか) 성화.
聖火(せいか) 성화.
聖画(せいが) 성화.
聖画像(せいがぞう) 성화상. 성화(聖畵).
聖訓(せいくん) 성훈. ①성인의 가르침. ②천자의 훈시.

訓読

聖しこの夜(きよしこのよる) 〖樂〗거룩한 밤. 크리스마스 캐럴.

13 言 教 誠(誠) 정성 성·참 성 セイ まこと

音読

誠恐(せいきょう) 두려워 삼감.
誠信(せいしん) 성신. 신실(信實). 성실.
誠実(せいじつ) 성실.
誠心(せいしん) 성심.
‖~誠意(せいい) 성심 성의.
誠意(せいい) 성의.
誠情(せいじょう) 성정. 성의.
誠直(せいちょく) 성직. 성실하고 정직함.
誠忠(せいちゅう) 성충. 충성.

訓読

誠(まこと) ①진실. 사실. ②진심. 정성. 성의. *せいろに 읽음.

誠しやか(まことしやか) 참말〔진짜〕같음. 그럴듯함.
誠に(まことに) 참으로. 정말로.

16 酉 醒 깰 성·깨달을 성 セイ さめる

音読

醒覚(せいかく) 성각. 각성.
醒悟(せいご) 성오. 미망에서 깨어 깨달음.

訓読

醒ます(さます) (잠을) 깨다. 깨우다. 깨우치
醒める(さめる) 깨다. 눈이 뜨이다.「다.
醒め際(さめぎわ) 깨려고 할 즈음.

18 魚 日 鯎 황어 (성) うぐい

訓読

鯎(うぐい) 〖魚〗황어.

세

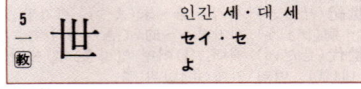

音読

世間(せけん) 세간. 세상. ①사회. 세상. ②활동·교제의 범위. ③〖佛〗속세. ♣~的(てき) 세속적.「많다.
~が広(ひろ)い ①발이 넓다. ②아는 게
~を張(は)る 허세를 부리다.
‖~見ず(みず) ☞ 世間知らず.
~慣れ(なれ) 세상사에 정통함.
~口(ぐち) 세간의 평판. 구설.
~気(ぎ) 세상에 대한 체면을 생각하는 마음.「〔超脱〕.
~離れ(ばなれ) 세속을 벗어남. 탈속. 초탈
~並み(なみ) 보통. 평범. 세상 사람과 같은 정도.「람.
~師(し) 〈俗〉처세술이 좋고 약게 구는 사
~騒がせ(さわがせ) 세상을 떠들썩하게하는. 또, 그 사람.
~僧(そう) 계율을 지키지 않는 중.
~知(ち) 세지(世智). 처세하는 지혜.
~知らず(しらず) 세상 물정에 어두움. 또, 그런 사람.「음.
~擦れ(ずれ) 세상 사는 고생으로 닳고 닳
~体(てい) 세상〔남들〕에 대한 체면.
~話(ばなし) 세상 이야기. 잡담.
世系(せいけい) 세계. ①혈통. ②계보.
世界(せかい) 세계. ♣~観(かん) 세계관/
~史(し) 세계사/~像(ぞう) 세계상/~性

(せい) 세계성 / ~時(じ) 세계시 / ~語(ご) 세계어 / ~的(てき) 세계적.
‖~経済(けいざい) 세계 경제.
~共産党会議(きょうさんとうかいぎ) 세계 공산당 회의.
~恐慌(きょうこう)〖經〗 세계 공황.
~教会協議会(きょうかいきょうぎかい) 세계 교회 협의회.
~国家(こっか) 세계 국가.
~記録(きろく) 세계 기록.
~気象機関(きしょうきかん) 세계 기상기구.
~企業(きぎょう) 세계 기업.
~大戦(たいせん) 세계 대전.
~貿易機関(ぼうえききかん) 세계 무역 기구.
~文学(ぶんがく) 세계 문학.
~保健機関(ほけんきかん) 세계 보건 기구.
~食糧計画(しょくりょうけいかく) 세계 식량 계획.
~連邦(れんぽう) 세계 연방.
~銀行(ぎんこう) 세계 은행.
~人権宣言(じんけんせんげん) 세계 인권 선언.
~政府(せいふ) 세계 정부.
~主義(しゅぎ) 세계주의.
世故(せこ) 세고. 세상 물정. 세간의 풍속.
~に長(た)ける 세상 물정에 밝다.
世教(せいきょう) 세교. 세상의 가르침.
世局(せいきょく) 세국. 시국(時局).
世紀(せいき) 세기. ♣~末(まつ) 세기말 / ~病(びょう) 세기병 / ~的(てき) 세기적.
世代(せだい) 세대. ① 어떤 연령층. ② 여러 대(代). 여러 연대(年代)의 층.
‖~交代(こうたい) ☞ 世代交番.
~交番(こうばん)〖動·植〗 세대 교번.
世帯(せたい) 세대. 가구(家口). *しょたい로도 읽음.
‖~主(ぬし) 세대주. 가구주.
世道(せどう) 세도. 사람이 지켜야 할 도리. *せいどうろも 읽음.
‖~人心(じんしん) 세도 인심.
世路(せろ) 인생 행로. *せいろ로도 읽음.
世論(せろん) 세론. 여론. *せいろん으로도 읽음.
‖~調査(ちょうさ) 여론 조사.
世務(せいむ) 세무. 세상사.
世味(せいみ) 세상의 취향. 세정.
世変(せいへん) 세변. ①세상의 변천. ②세상의 변고.
世事(せじ) 세사. 세상 물정. *せいじ로도 읽음.
世嗣(せいし) 세사. 후사(後嗣).
世辞(せじ) (상냥하게 들맞추는) 인사(말). 간살.
‖~笑(わら)い 아첨하는 웃음. 애교로 웃는 웃음.
~者(もの) 아첨꾼. 간살쟁이. 따리꾼.
世上(せじょう) 세상.
世相(せそう) 세상. 세태.
世説(せせつ) 세설. 세상의 소문.
世世 ㊀(せぜ) 세세. 대대로 여러 세상. *せいせい로도 읽음.
‖~生生(しょうじょう)〖佛〗세세생생. 과거에서 미래에 걸쳐 몇 번이고 환생함.
㊁(よよ) ① ☞ ㊀. ②〖佛〗 과거·현재·미래(未来).
世俗(せぞく) ①세속. ②세속 사람. 속인(俗人). ♣~化(か) 세속화.
‖~主義(しゅぎ) 세속주의.
世数(せすう) 세수. 촌수 관계를 나타낼 때 부모·자식 사이를 일세라고 세는 계통상의 수.
世襲(せしゅう) 세습.
‖~財産(ざいさん) 세습 재산.
世臣(せしん) 세신.
世諺(せいげん) 세언. 세상에서 두루 일컬어지는 속담.
世業(せいぎょう) 세업. 세습 가업.
世外(せがい) 세외. 속세를 떠난 곳. *せいがい로도 읽음.
世運(せいうん) 세운. 세상 움직임.
世銀(せぎん) 세은. 世界復興(せかいふっこう)開発銀行(かいはつぎんこう)의 준말.
世人 ㊀(せじん) 세인. 세상 사람들.
㊁(よひと)〈古〉세상 사람.
世子(せいし) 세자. 옛날, 중국의 제후와 일본 大名(だいみょう)의 적자.
世才(せさい) 세재. 세상 물정에 관한 지식. 처세를 위한 지혜〔재능〕.
世嫡(せいちゃく) 세적. 대를 이음.
世伝(せでん) 세전. 대대로 전함.
世情(せじょう) 세정. 세상 물정〔인정〕.
世祖(せいそ) 세조. 중국에서, 태조·고조·태종 등에 이어 왕조의 기초를 닦은 천자의 경칭.
世族(せいぞく) 세족. 대대로 핏줄을 이어온 한 겨레붙이.
世尊(せそん) 세존. 석가(釋迦)의 존칭.
世知(せち) 세지. ①세상을 살아가는 지혜. 처세. ②〖佛〗속세의 지혜.
世智(せち) ⇨ 世知(せち).
世知辛(せちがら)い (인정이 메말라서) 살아가기가 힘들다.
世知賢(せちがしこ)い 타산적으로 빈틈이 없다. 세상살이에 능하다.
世職(せいしょく) 세직. 세습의 직업·벼슬.
世塵(せじん) 세진. 더럽고 복잡한 세상사. *せいじん으로도 읽음.
世態(せたい) 세태. ♣~画(が) 풍속화.
世評(せひょう) 세평.
世話(せわ) ①보살펴 줌. 도와 줌. ②주선함. ③귀찮은 일. ④서민적인 것.
‖~狂言(きょうげん) (歌舞伎(かぶき)에서) 서민 생활을 소재로 한 희곡.
~物(もの) (浄瑠璃(じょうるり)·歌舞伎에서) 서민을 주인공으로 하여, 당시의 세태를 묘사한 것.
~焼(や)き ① ☞ 世話役. ② ☞ 世話好き.
~女房(にょうぼう) 살림이 몸에 밴 가정적인 살뜰한 아내.
~役(やく) ①보살펴 주는 사람. ② (단체 등의) 운영을 맡아보는 사람.
~人(にん) ☞ 世話役.

~字(じ) 널리 통용되고 있는 취음자.
~場(ば) ①(歌舞伎에서) 서민의 일상 생활을 연출하는 장면. ②한탄과 슬픔에 젖어 있는 장면. 「런 사람.
~好き(ずき) 남의 일을 잘 돌봐 줌. 또, 그

訓読
世(よ) ①세상. 사회. ②나라. 천하. ③일생. 생애. *せいろも 읽음.
世づく(よづく) ①세상 물정을 알기 시작하다. ②성에 눈뜨다. ③평범하다.
世に(よに) ①특히. 각별히. 대단히. ②〈古〉(이것만은) 결코.
世にも(よにも) ①《否定의 표현이 따라서》결코. ②유달리. 참으로. 정말.
世の覚え(よのおぼえ) 세상의 평판. 명망.
世継ぎ(よつぎ) 대를 이음. 또, 그 상속인. 후사(後嗣).
世の固め(よのかため) 천하를 다스림. 또,
世過ぎ(よすぎ) 세상살이. 생활.
世柄(よがら) 세태(世態). 세상(世相).
世慣れる(よなれる) ①세상 물정에 익숙하여지다. ②정사(情事)에 통하다.
世近し(よぢかし) 인생의 종말이 가깝다.
世渡り(よわたり) 처세. 세상살이. 「습.
世の例(よのためし) 세상의 관례. 재래의 관
世籠もり(よごもり) 아직 세상을 모름. 젊어서 장래가 유망함.
世離れる(よばなれる) 세상을〔속세를〕 벗어나다. 탈속하여 어둡다.
世の末(よのすえ) ①먼 후대(後代). 말세. ②(젊음・아름다움・권력 등의) 한창때가 지난 후.
世に無し者(よになしもの) 영락하여 그 존재를 인정받지 못하는 사람.
世の聞え(よのきこえ) 세상의 평판.
世迷い言(よまいごと) ⇨ 世まい言(よまいごと).
世変わり(よがわり) 세상이 바뀜. 시대의 변
世並み(よなみ) ①시세를 좇음. ②세상이 되어가는 상태. 시세(時勢).
世柄(よがら) 세태(世態). 세상(世相).
世付かわし(よつかわし) 남녀의 정(情)에 대해 알고 있는 듯하다.
世嗣ぎ(よつぎ) ⇨ 世継ぎ(よつぎ).
世捨て人(よすてびと) 속세를 떠난 사람. 중이나 은자(隱者).
世の常(よのつね) ①세상의 예상사(例常事). 세상에 보통 있는 일. ②세습(世習).
世の性(よのさが) 세상의 관습. 세습(世習).
世盛り(よざかり) ①전성(全盛). 전성기. ②한창 젊음.
世世界(よせかい) 이 세상. 속세.
世馴れる(よなれる) ⇨ 世慣れる(よなれる).
世の習い(よのならい) 세상의 통례. 예상사(例常事).
世心(よごころ) ①세상을 이해하는 마음. ②이성간의 정. 춘정.
世語り(よがたり) 세평. 세상의 화제.
世まい言(よまいごと) 남이 알아듣지도 못하는 말을 늘어놓음. 횡설수설.
世一(よいち) 당대 제일. 천하 제일.
世の中(よのなか) 세상. ①인간 세계. 사회. ②속세. ③〈古〉남녀의 사이〔관계〕.
世直し(よなおし) 세상을 바로잡음. 불경기를 호전시킴.
世取り(よとり) 상속인. 후계자.

9획 氵 教	洗	씻을 세 セン あらう

音読
洗骨(せんこつ) 세골. 유골을 꺼내 씻은 다음 개장하는 일.
洗気瓶(せんきびん) 세기병. 기체 중의 불순물을 제거하기 위한 기구.
洗脳(せんのう) 세뇌.
‖~工作(こうさく) 세뇌 공작.
洗練(せんれん) 세련.
洗錬(せんれん) ⇨ 洗練(せんれん).
洗礼(せんれい) 세례. ♣~名(めい) 세례명.
洗面(せんめん) 세면. 세수. ♣~器(き) 세면기 / ~台(だい) 세면대.
‖~道具(どうぐ) 세면 도구.
~所(じょ) 세면소. 화장실.
洗米(せんまい) 세미. 깨끗이 씻은 쌀.
洗髪(せんぱつ) 세발. ♣~料(りょう) 세발료.
洗瓶(せんびん) 『化』세병. 세기병.
洗眼(せんがん) 세안. 눈을 씻음.
洗顔(せんがん) 세안. 세수.
洗薬(せんやく) 세약. 환부를 씻는 약.
洗浄(せんじょう) 세정. 세척. 깨끗이 씻음.
♣~器(き) 세척기.
洗剤(せんざい) 세제.
洗除(せんじょ) 세제. 씻어 제거함.
洗足(せんそく) 세족. 또, 그에 쓰는 물.
洗車(せんしゃ) 세차.
洗滌(せんじょう) ⇨ 洗浄(せんじょう).
洗濯(せんたく) 세탁. ♣~機(き) 세탁기 / ~物(もの) 세탁물 / ~板(いた) 빨래판.
‖~石鹸(せっけん) 세탁 비누. 빨랫비누.
洗湯(せんとう) 〈俗〉공중 목욕탕.

訓読
❖洗う(あらう) ①씻다. 빨다. 닦다. ②(물결이) 밀려왔다 밀려가다 하다. ③자세히 들추어 조사하다. 밝혀 내다.
洗い(あらい) ①씻음. 빪. 세탁. ②생선의 저민 살을 찬물이나 얼음으로 씻어 오그라들게 한 회.
洗い落とす(あらいおとす) ①씻어내다. 표면을 물로 씻다. ②숨겨진 것을 밝혀 내다.
洗い流す(あらいながす) ①빨다. ②마음속의 꿍한 감정 따위를 지워 버리다.
洗い立て(あらいたて) ①갓 빤. ②이제 막 빪.
洗い立てる(あらいたてる) ①잘 씻어내다. 빨아내다. ②(남의 신상이나 흠을) 샅샅이 들추어내다.

洗い物(あらいもの) ① 빨랫감. 설거지감. ② 씻음. 빨래함.
洗い飯(あらいめし) 물에 만 밥.
洗い髮(あらいがみ) 감은 채로 빗지 않고, 풀어져 내린 (여자의) 머리.
洗い方(あらいかた) ① 세탁[세척]법. ② 조사(調查). 「루비누.
洗い粉(あらいこ) 세발(洗髮)·목욕용의 가
洗い上げる(あらいあげる) ① 씻어내다. ② 충분히 씻다[빨다]. ③ 철저히 조사해 내다.
洗い晒し(あらいざらし) 여러 번 빨아 색이 바램. 또, 그렇게 된 것.
洗い堰(あらいぜき) 〖土〗 세언.
洗い芋(あらいいも) 껍질을 벗겨 깨끗이 씻은 토란.
洗い熊(あらいぐま) 〖動〗 미국너구리《먹이를 씻어 먹는 버릇이 있음》.
洗い張り(あらいはり) 옷을 뜯어 빨아 재양(載陽)치는 일.
洗い場(あらいば) (음식점·요릿집의) 설거지칸. 식기를 씻는 곳.
洗い朱(あらいしゅ) 주황색. 「두.
洗い浚い(あらいざらい) 깡그리. 전부. 모
洗い直す(あらいなおす) 원점까지 거슬러 올라가 진위 등을 재조사하다. 「입는 옷.
洗い替え(あらいがえ) 옷을 세탁하고 갈아
洗い出し(あらいだし) ① 회삼물(灰三物)로 만든 벽이나 봉당이 마르기 전에 물로 씻어내어 표면에 잔돌이 드러나게 한 것. ② 숨겨진 사실을 밝혀 냄.
洗い出す(あらいだす) 철저히 밝혀 내다.
洗い濯ぎ(あらいすすぎ) 세탁. 헹굼.
洗い桶(あらいおけ) 식기·야채를 씻기 위한 통. 목욕탕에서 물을 퍼 쓰는 통.

| 11 竹 人 日 | 笹 | 조릿대 (세) ささ |

▶訓読◀

笹(ささ) 〖植〗 조릿대. 작은 대나무류(類)의 총칭.
笹団子(ささだんご) 찹쌀·멥쌀가루를 반죽하여 팥소를 싸고 그것을 조릿대 잎으로 말아서 찐 것.
笹の露(ささのつゆ) ① 조릿대 잎에 맺힌 이슬. ② 술의 딴이름. 「담.
笹竜胆(ささりんどう) 〖植〗 잎이 넓은 용
笹鳴き(ささなき) 겨울철에 휘파람새 새끼가 입맛 다시듯 쩍쩍 소리 내며 욺.
笹餅(ささもち) ① 조릿대 잎처럼 만들어 색깔을 넣은 떡. ② 조릿대 잎으로 싼 떡.
笹山(ささやま) 조릿대가 무성한 산.
笹色(ささいろ) 조릿대 빛. 검푸른 빛.
笹生(ささう) 조릿대 따위의 작은 대나무가 나 있는 곳. 「부.
笹の雪(ささのゆき) 김체로 걸러서 만든 두
笹搔き(ささがき) 우엉 등을 조릿대 잎 모양으로 얇게 엇비슷이 저밈. 또, 그렇게 저민 것.
笹小舟(ささおぶね) 가볍고 작은 배.
笹薮(ささやぶ) 조릿대나무 숲.
笹身(ささみ) 닭의 가슴살.
笹の実(ささのみ) 조릿대 열매.
笹縁(ささべり) (의복의) 가선을 두름. 또, 가선을 두른 것.
笹の葉(ささのは) 조릿대 잎.
▌~書き(がき) 조릿대 잎처럼 굵고 짧게 씀. 또, 그 글씨. 「것.
~鰈(がれい) 작은 가자미를 포개어 말린
~遍羅(べら) 〖魚〗 황놀래기.
笹屋(ささや) 조릿대 잎으로 인 작은 집.
笹の屋(ささのや) 조릿대 잎으로 지붕을 인 집.
笹茸(ささたけ) 소나무 숲에서 자라는 버섯의 총칭.
笹原(ささはら) 조릿대 밭. *ささわらろ도
笹飴(ささあめ) 조릿대 잎으로 싼 엿.
笹子(ささご) 〈雅〉 (겨울철에 입맛 다시듯) 우는 휘파람새. *ささこ로도 읽음.
笹笛(ささぶえ) 조릿대 잎을 입술에 대고 피리처럼 붊. 또, 그 조릿대 잎.
笹折り(ささおり) ① 조릿대 잎으로 음식을 싼 것. ② 얇게 켠 나무판자로 만든 도시락.
笹粽(ささちまき) 조릿대 잎으로 말아서 찐 떡. 「난га 배.
笹舟(ささぶね) 조릿대 잎을 접어서 만든 장
笹竹(ささたけ) 조릿대. 작은 대나무류의 총칭. 「또, 그 지붕.
笹葺き(ささぶき) 조릿대 잎으로 지붕을 임.
笹漬け(ささづけ) 머리를 잘라내고 배를 쪼개 발린 생선을 식초·소금으로 절여 조릿대 잎과 함께 담근 것.
笹蒲鉾(ささかまぼこ) 조릿대 잎 모양으로 만든 어묵.
笹紅(ささべに) ☞ 笹色(ささいろ).
笹簀(ささひみ) 해변의 개펄에 조릿대를 세워서 만든 울타리. 만조 때 들어온 고기가 간조 때 빠져 나가지 못하면 그것을 잡아냄.

| 11 糸 藪 | 細 | 가늘 세·세밀할 세 サイ ほそい·ほそる·こまか·こまかい·ささやか·ほそめる·さざれ |

▶音読◀

細 ㊀ (さい) 자세함. 자질구레한 일.
㊁ (ささ) 〈雅〉 잔. 작은. 약간.
㊂ (ほそ) 《接頭語로》 가는….
細見(さいけん) ① 세견. 자세히 봄[보여 줌]. 상세한 지도[도면]. ② 江戸(えど) 시대 吉原(よしわら)의 안내도.
細故(さいこ) 세고. 소사(小事).
細工(さいく) ① 세공(품). ② 〈俗〉 농간. 잔꾀. ♣~物(もの) 세공물. ♣~人(にん) 세공
細管(さいかん) 세관. 가는 관. 「인.
細巧(さいこう) 정밀하며 솜씨가 뛰어남.
細溝(さいこう) 좁은 도랑.

細区分(さいくぶん) 구분되어 있는 것을 더 잘게 구분함.
細君(さいくん) ① 남의 아내. ② 자기 아내.
細菌(さいきん) 세균. ♣**~尿**(にょう)『醫』세균뇨. **/~学**(がく) 세균학.
∥**~毒素**(どくそ) 세균 독소.
~兵器(へいき) 세균 무기.
~濾過器(ろかき)『醫』세균 여과기.
細隙(さいげき) 세극. 가느다란 틈새.
細瑾(さいきん) 세근. 사소한 흠〔과실〕.
細謹(さいきん) 작은 조심성〔예절〕.
細尿管(さいにょうかん)『生』세뇨관.
細断(さいだん) 세단. 종이 등을 가늘게 자름.
細大(さいだい) 세대. 잔 것과 큰 것.
~漏(も)**らさず** 빠짐없이. 모조리. 전부.
細動(さいどう) 심근(心筋)이 정상적으로 수축·확장을 행하지 않고 각 부분이 제각기 활동하는 상태.
細動脈(さいどうみゃく) 대동맥에서 갈라져 나온 직경 0.5 mm 이하의 가는 동맥.
細論(さいろん) 세론. 상론.
細柳(さいりゅう) 세류. 잎이 아직 충분히 자라지 않아 가지가 가늘게 보이는 버들.
細鱗(さいりん) 세린. (물고기의) 잔 비늘.
細粒(さいりゅう) 세립. 미립. 흙·가루 등의 작은 알갱이.
細馬(さいま) 세마. 좋은 말. 훌륭한 말.
細末(さいまつ) 세말. ① 썩 곱게 빻은 가루. ② 사소한 일. ③ 물건의 크기가 작음.
細網内皮系(さいもうないひけい)『生』세망 내피계.
細微(さいび) 세미. ① 미세(微細). ② 미천(微賤).
細民(さいみん) 세민. 영세민. 빈민.
∥**~街**(がい) 세민가. 빈민가.
~窟(くつ) 세민굴. 빈민굴.
細密(さいみつ) 세밀. 정밀.
∥**~画**(が)『美』세밀화. 미세화. 미니아튀르.
細別(さいべつ) 세별.
細報(さいほう) 세보. 상보(詳報).
細部(さいぶ) 세부.
細分(さいぶん) 세분.
細氷(さいひょう) 세빙.
細事(さいじ) 세사. 사소한 일. 사소한 사항.
細叙(さいじょ) 자세히 서술함.
細書(さいしょ) ① 세서. 잔 글씨(로 씀). ② 자세히 씀. 또, 그 글.
細石器(さいせっき) 세석기. 잔석기.
細説(さいせつ) ① 세설. 상설(詳說). ② 하찮은 설.
細小(さいしょう) 세소. 미소함. 잘고 작음.
細辛(さいしん)『漢醫』세신. 족두리풀이나 민족두리풀 뿌리.
細心(さいしん) 세심.
細裂(さいれつ) 세열.
細雨(さいう) 세우. 가랑비. 이슬비.
細作(さいさく) 세작. (예전의) 간첩. 첩자.
細嚼(さいしゃく) ① 잘게 씹음. ② 뜻·내용을 잘 생각하고 충분히 이해함.

細節(さいせつ) 자질구레한 규칙.
細精管(さいせいかん) 척추 동물의 정소(精巢) 안에 있는 소관(小管).
細注(さいちゅう) 세주. ① 잔 글씨로 단 주석. ② 자세한 주석.
細註(さいちゅう) ⇨ 細注(さいちゅう).
細塵(さいじん) 세진. 치밀.
細緻(さいち) 세치. 치밀.
細則(さいそく) 세칙.
細土(さいど) 세토. 잘고 고운 흙.
細片(さいへん) 세편. 자디잔 조각.
細評(さいひょう) 세평. 자세한 비평.
細布(さいふ) 세포. ① 가늘고 곱게 짠 면직물. ② 세마포(細麻布). ＊ほそぬのとも 읽음.
細胞(さいぼう) 세포. ＊さいほうとも 읽음.
♣**~膜**(まく) 세포막 /**~璧**(へき) 세포벽 /**~脱**(せつ) 세포설 /**~液**(えき) 세포액 /**~質**(しつ) 세포질 /**~板**(ばん) 세포판 /**~核**(かく) 세포핵.
∥**~工学**(こうがく) 세포 공학.
~内消化(ないしょうか)『生』세포내 소화.
~培養(ばいよう)『生』세포 배양.
~分裂(ぶんれつ)『生』세포 분열.
~小器官(しょうきかん)『生』세포 소기관.
~運動(うんどう)『生』세포 운동.
~遺伝学(いでんがく)『生』세포 유전학.
~融合(ゆうごう)『生』세포 융합.
~組織(そしき) 세포 조직.
~呼吸(こきゅう)『生』세포 호흡.
細筆(さいひつ) 세필. 초필. ① 가는 붓. ② 잘게 씀.
細瑕(さいか) 세하. 극히 작은 흠.
細行(さいこう) 세행. 사소한 행위.

訓読 **細か**(こまか) ① 잔 모양. ② 자세한 모양. ③ 자상한 모양.
細かい(こまかい) ① 잘다. ② 촘촘하다. ③ 빈틈없다.
細かしい(こまかしい) 몹시 잘다〔자세하다〕.
細け(こまけ) 잘게 나눈 것.
細やか ㊀(ほそやか) 가느스름한 모양. 가느다란 모양. 가냘픈 모양.
㊁(こまやか) ① 자세한 모양. ② 빛이 짙은 모양. ③ 아기자기한 모양.
㊂(ささやか) ① 작음. 자그마함. 아담〔조촐〕함. ② 사소함. 보잘것 없음. 변변치 못함.
細結び(こまむすび) 옭매는 일.
細切り(こまぎり) 잘게 썲〔저밈〕. 또, 그것.
細切れ(こまぎれ) 저민 조각. 짧게〔작게〕 구분한 것.
細杷い(こまざらい) 낙엽을 긁어 모으거나 흙을 고르는 갈퀴 모양의 도구.
細攫い(こまざらい) ⇨ 細杷い(こまざらい).
❖**細い** ㊀(ほそい) ① 가늘다. ② (폭·마음이) 좁다. ③ (양 따위가) 적다.
㊁(こまい) 〈方〉자세하다. 작다. 인색하다.
細み(ほそみ) 芭蕉(ばしょう)의 俳句(はいく)의 근본 정신. 구(句)가 유현(幽玄)·미묘한 경지에 달한 상태.

細口(ほそくち) ①용기의 주둥이가 좁고 작은 것. ②소형의 물건. ＊ほそぐちろも 읽음.
細巻き(ほそまき) (담배·김밥 따위를) 가늘게 맒. 또, 그렇게 만 것. 「은박.
細金(ほそがね) 세공용으로 가늘게 썬 금박.
細帯(ほそおび) 폭이 좁은 띠.
細棹(ほそざお) 棹(さお)가 가는 三味線(しゃみせん).
細道(ほそみち) 좁은 길.
細面(ほそおもて) 갸름한 얼굴.
細目 ㊀(ほそめ) ①가늘게 뜬 눈. 실눈. ②(편물의) 가늘게 짠 코.
‖~**螺子**(ねじ) 보통 나사보다 피치(pitch)가 작은 나사. 항공기·자동차 따위에 쓰임. ㊁(さいもく) 세목.
細眉(ほそまゆ) 세미. 아미(蛾眉). 초승달처럼 가늘고 긴 눈썹. 미인의 눈썹.
細書き(ほそがき) 가늘게 쓴 글자. 또, 그것을 쓰는 붓이나 펜.
細細 ㊀(ほそぼそ) ①아주 가느다란 모양. 또, 풍족함·씩씩함·적극성·활기 등이 없는 모양. ②어쩌어쩌. 이럭저럭. ③겨우 겨우. ㊁(こまごま) ①자질구레한 모양. ②자세한 모양. ③공손한 모양. ㊂(さいさい) 세세. 매우 가는 모양.
細首(ほそくび) 가는 목.
細身(ほそみ) (칼 따위의) 폭이 좁게 만든 것.
‖~**造り**(づくり) 칼폭을 좁게 만들어, 칼자루나 칼집을 그 칼에 맞게 가늘게 만든 것. 또, 그런 칼.
細腕(ほそうで) 가는 팔. 비유적으로, (경제적으로) 약한 힘.
細腰(ほそごし) 세요. ①가는 허리. ②여자의 허리. ＊さいようろも 읽음. 「천」.
細元手(ほそもとで) 얼마 안 되는 자본금〔밑
細引き(ほそびき) 가는 삼노끈. 「음.
細字(ほそじ) 세자. 잔글씨. ＊さいじろも 읽
細作り(ほそづくり) ①가늘게 만듦. 또, 그렇게 만든 것. ②(몸이) 날씬함. 또, 그 몸.
細長い(ほそながい) 길고 가느다랗다. 훌쭉하다. 「(胎盤).
細腸(ほそわた) 〖生〗 ①작은창자. ②태반
❖**細める**(ほそめる) 가늘게 하다.
細め(ほそめ) 가늚. 좁은 사이〔틈〕.
❖**細る**(ほそる) 가늘어지다. 여위다.
細り(ほそり) ①가늘어짐. ②細り節의 준말.
‖~**節**(ぶし) 江戸(えど) 시대에, 関東(かんとう) 일대에서 유행한 가요.
❖**細れ**(さざれ) ①《接頭語的으로》작은. 잔. ②細れ石의 준말.
細れ石(さざれいし) 작은 돌. 잔돌. 조약돌.
細れ水(さざれみず) 졸졸 소리를 내며 흐르는 물.
細れ波(さざれなみ) 잔물결.
細しい(くわしい) 상세하다. 소상하다. 자세히 알고 있다. 환하다. 정통하다.
細ら(ささら) 아름다운 잔무늬.
細螺(きさご) 〖貝〗 비단고둥. ＊きしゃごろ도 읽음.
細流(せせらぎ) 얕은 여울. 또, 그 여울에 줄졸 흐르는 물(소리). ＊さいりゅうろ도 읽음.
細鳴り(さなり) 작은 소리.
細雪(ささめゆき) 세설. 가루눈. 또, 드문드문 내리는 눈.
細水(ささみず) 적은 양의 물.
細魚(さより) 〖魚〗 공미리. 침어. 침구어.
細釜(ささべ) 작은 단지. 「가지.
細枝(しもと) 〈雅〉길게 뻗은 새로 나온 나뭇
細濁り(ささにごり) 물이 조금 탁함〔흐림〕.
細波(さざなみ) 잔물결.
細ら波(ささらなみ) 잔물결.
細蟹(ささがに) 〈雅〉거미. 또, 거미줄.

12 禾 教	税 (税)	구실 세·세납 세 ゼイ みつぎ

[音読]

税 ㊀(ぜい) 세. 세금. 조세.
㊁(ちから) 상대(上代)에, 백성으로부터 상납되는 공물·세금 따위의 총칭.
‖~**倉**(ぐら) 상대에, 벼 따위 공물을 수납하는 창고.
税関(ぜいかん) 세관. 「두던 창고.
‖~**空港**(くうこう) 세관 공항.
~**渡し**(わたし) 세관 구내 인도.
~**上屋**(うわや) 세관 장치장.
税金(ぜいきん) 세금.
税期(ぜいき) 세기. 납세·징세의 시기.
税吏(ぜいり) 세리. 세무 관리.
税理士(ぜいりし) 세무사.
税目(ぜいもく) 세목. 세금의 종목.
税務(ぜいむ) 세무. ♣~**署**(しょ) 세무서.
‖~**事務所**(じむしょ) 지방세 부과·징수를 위한 출장소.
~**会計**(かいけい) 세무 회계.
税法(ぜいほう) 세법.
税収(ぜいしゅう) 세수.
税額(ぜいがく) 세액.
‖~**控除**(こうじょ) 세액 공제.
税源(ぜいげん) 세원.
税率(ぜいりつ) 세율.
税銀(ぜいぎん) 세금.
税引き(ぜいびき) 세금 공제. 세후 금액.
税印(ぜいいん) 세인.
税込み(ぜいこみ) 세금 포함.
税政(ぜいせい) 세정. 세무에 관한 행정.
税制(ぜいせい) 세제.
‖~**改革**(かいかく) 세제 개혁.

12 貝	貰	세낼 세 セイ もらう

[訓読]

❖**貰う**(もらう) ①받다. 얻다. ②집으로 맞

아들이다. ③인수하다. 맡다.
貰い(もらい) 얻음. 얻은 것.
貰い娘(もらいむすめ) 양녀.
貰い年(もらいどし) (액년을 피하기 위해서) 보탠 나이. 「건.
貰い物(もらいもの) 얻은 물건. 보내온 물
貰いっ放し(もらいっぱなし) 물건을 얻고도 답례를 하지 않은 채로 있음.
貰い事故(もらいじこ) 〈俗〉 상대방에게 과실이 있는 교통 사고. 「사위.
貰い婿(もらいむこ) 사위를 맞아들임. 데릴
貰い笑い(もらいわらい) 덩달아 웃음.
貰い水(もらいみず) 얻어온 물.
貰い手(もらいて) 얻어가는 사람.
貰い受ける(もらいうける) 얻어서 자기 것으로 삼다.
貰い食い(もらいぐい) 얻어먹음.
貰い息子(もらいむすこ) 양자.
貰い乳(もらいぢち) 동냥젖. *もらいぢ로도 읽음. 「움.
貰い泣き(もらいなき) 같이 따라 움. 덩달아
貰い子(もらいご) 얻어다 기른 자식. 양자.
貰い湯(もらいゆ) 남의 집 목욕탕에서 목욕하는 일. 「수함.
貰い下げ(もらいさげ) 경찰에서 신병을 인
貰い下げる(もらいさげる) ①민간인이 관청에서 관유물(官有物)을 수령하다. ②경찰에 구속된 자의 신병을 인수하다.
貰い火(もらいび) 연소(延燒).

| 13
力
敎 | 勢 | 기세 세·권세 세
セイ·セ·ゼイ
いきおい·きおい·
はずむ |

音読

勢(せい) 세. 세력. 군세. 병력.
勢家(せいか) 세가. 세도가.
勢権(せいけん) 권세.
勢多迦(せいたか) 《佛》 세다가.
勢徳(せいとく) 세덕. ①권세 있는 사람으로부터 받은 은혜. ②권세와 재산.
勢力(せいりょく) 세력. ♣~家(か) 세력가 / ~圈(けん) 세력권.
‖~均衡(きんこう) 세력 균형.
~伯仲(はくちゅう) 세력 백중.
~範囲(はんい) 세력 범위.
勢利(せいり) 세리. 권세와 이욕.
勢望(せいぼう) 성망. 세력과 인망(人望).
勢門(せいもん) 세문. 세력 있는 가문. 권문.
勢威(せいい) 세위. 권세와 위력.
勢子(せこ) (사냥에서) 몰이꾼.
勢子船(せこぶね) 고래를 쫓아 작살을 던지거나 그물에 몰아넣는 포경선의 하나.
勢揃い(せいぞろい) 많은 사람이 한곳에 모임.
勢揃え(せいぞろえ) ☞ 勢揃い(せいぞろい). 「이름.
勢州(せいしゅう) 伊勢国(いせのくに)의 딴
勢至菩薩(せいしぼさつ) 《佛》 세지보살.

訓読

勢い(いきおい) ①기세. ②세력. ③기운. ④추세. ⑤당연한 결과로. 자연히.
勢い立つ(いきおいたつ) 의기가 오르다.
勢い付く(いきおいづく) 활기를 띠다.
勢い込む(いきおいこむ) 분발하다. 단단히 벼르다.
勢み車(はずみぐるま) 《機》 세차. 플라이휠. 관성(慣性) 바퀴.

| 13
止
常 | 歲(歳) | 해 세·나이 세
サイ·セイ
とし |

音読

歲 ㊀(さい) 세. 연령·연수를 세는 데 씀.
㊁(とし) ①해. ②나이. 연령. ③많은 세월. 시대. 「…해.
㊂(とせ) 《接尾語로》 햇수를 나타내는 말.
歲計(さいけい) 세계. 1년(1회계 연도)의 수입과 지출의 총계.
歲旦(さいたん) 세단. 설날. 신년.
‖~帳(ちょう) 俳諧(はいかい)의 스승이 설날에 바친 글을 모아 엮은 것.
歲晩(さいばん) 세만. 세모. 연말.
歲末(さいまつ) 세말. 연말. 세모. 세밑.
歲暮(とせ) 세모. *せいぼ로도 읽음.
歲費(さいひ) 세비. (특히 국회 의원의) 세비.
歲事(さいじ) 세사. 연중 행사.
歲星(さいせい) 《天》 세성. 목성의 딴이름.
歲歲(さいさい) 세세. 해년(年年). 매년.
歲首(さいしゅ) 세수. 연초.
歲時(さいじ) 세시. 해와 계절.
歲時記(さいじき) ①세시기. ②俳諧(はいかい) 歲時記의 준말. 俳句(はいく)의 季題(きだい)를 분류해 해설하고 예구(例句)를 실은 책.
歲余(さいよ) 일년여. 일년 이상.
歲月 ㊀(さいげつ) 세월.
㊁(としつき) ①연월. 해와 달. ②긴 세월.
歲入(さいにゅう) 세입.
‖~欠陷(けっかん) 세입 결함.
~関税(かんぜい) 《經》 세입 관세. 재정 관
歲終(さいしゅう) 세종. 세밑.
歲次(さいじ) 세차. 해를 간지(干支)에 좇아 정한 차례.
歲差(さいさ) 《天》 세차.
‖~運動(うんどう) 《理》 세차 운동.
歲出(さいしゅつ) 세출.
歲出入(さいしゅつにゅう) 세출입.
歲寒(さいかん) 세한. 엄동 설한.
‖~三友(さんゆう) 세한 삼우. 동양화의 화제(畫題)의 하나. 송죽매(松竹梅).
~二雅(にが) 화제의 하나. 대나무와 매화나무를 그린 것.
~二友(にゆう) 화제의 하나. 매화나무와 국화를 그린 것.

訓読

歲男(としおとこ) ①그 해의 간지(干支)와

맞는 남자. ②일가를 대표하여 정월의 설날 행사를 맡아보는 남자.
歳徳(としとく) ①세덕(歲德)이 있는 방위. 길방(吉方). ②歳徳神의 준말.
‖~**棚**(だな) 歳徳神을 모시는 감실(龕室).
~**神**(じん) 음양가(陰陽家)가 연초에 길방을 향하여 제사지내는 신.
歳の尾(としのお) 세밀. 세말(歲末).
歳の市(としのいち) (연말에 서는) 대목장.

| 13
虫 | 蛻 | 허물 세
ゼイ
ぬけがら・もぬけ |

訓読
❖**蛻ける**(もぬける) 뱀·매미 등이 허물을 벗다. 탈피하다.
蛻け(もぬけ) (뱀·매미 등이) 허물을 벗음. 탈피(脫皮)함.

| 14
巾 | 幦 | 자투리 세
セイ・セツ
かかう |

訓読
幦(かかう) 넝마. 너덜너덜 떨어진 천조각.

소

| 3
小
教 | 小 | 작을 소·적을 소
ショウ
ちいさい・こ・お・さ
ささ |

音読
小 ㊀(しょう) 소. ①작음. 잚. ②작은 달. ③《接頭語로》소…. 작음·적음의 뜻.
㊁(お) 《接頭語로》 ①작은. 잔. 조그마한. ②조금. 약간. 「간.
㊂(こ) 《接頭語로》 ①작은. ②근소한. 약
㊃(さ) 《名詞에 붙여》 작은 것을 미화함.
㊄(ささ) 《接頭語로》〈雅〉 작은. 작음. 약간.
小なり(しょうなり) ①작음. ②〖數〗 부등호 호칭의 하나. '작다'(< >). ③〈古〉 작다.
小舸(しょうか) 속력이 빠른 작은 배.
小暇(しょうか) 소가. 얼마 안 되는 겨를 〔틈〕. 「상.
小感(しょうかん) 촌감(寸感). 잠간 느낀 감
小康(しょうこう) 소강.
小概念(しょうがいねん) 〖哲〗 소개념.
小憩(しょうけい) 소게. 잠깐 쉼.
小見(しょうけん) ①작은 생각. ②자기 생각을 낮추어 말하는 겸사말.
小径(しょうけい) 소경. 작은 길. 좁은 길.
小経(しょうけい) 소경. 권수가 적은 경서(經書).
小逕(しょうけい) ⇨ 小径(しょうけい).

小景(しょうけい) 소경. ①〖美〗 작은 풍경화. ②조그만 경치. 「냄).
小計(しょうけい) 소계. 일부분의 합계(를
小考(しょうこう) 소고. 조금 생각함. 체계가 확립되지 않은 고찰.
小稿(しょうこう) 소고. 자기 원고에 대한 겸칭.
小曲(しょうきょく) 소곡. 짧은 악곡·시.
小功(しょうこう) 소공. 작은 공적.
小公子(しょうこうし) 소공자.
小過(しょうか) 소과. 작은 허물.
小官(しょうかん) 소관. ①신분이 낮은 관리. ②관리의 자신의 겸칭.
小括弧(しょうかっこ) 소괄호. 작은 괄호.
小軀(しょうく) 작은 몸집.
小臼歯(しょうきゅうし) 〖生〗 소구치.
小国(しょうこく) 소국.
小圏(しょうけん) 소권.
小規模(しょうきぼ) 소규모.
‖~**企業**(きぎょう) 소규모 기업.
小隙(しょうげき) 소극. 작은 틈새. 사소한 불화(不和).
小劇場(しょうげきじょう) 소극장.
小禽(しょうきん) 소금. 소조. 〔새.
小気(しょうき) 소심함. 소담(小膽). 「새.
小妓(しょうぎ) 동기(童妓).
小器(しょうき) 소기. ①작은 그릇. ②소인
小企業(しょうきぎょう) 소기업. 「물.
小気候(しょうきこう) 〖氣〗 소기후.
小吉(しょうきち) 조그마한 행운.
小難(しょうなん) 소난. 작은 재난.
小女 ㊀(しょうじょ) 소녀. ①나이 어린 여자. 동녀(童女). ②여자의 겸칭. ③자기 딸의 겸칭.
㊁(こおんな) ①몸집이 작은 여자. ②나이가 차지 않은 하녀. ③소녀(少女).
小農(しょうのう) 소농.
小脳(しょうのう) 〖生〗 소뇌.
小胆(しょうたん) 소담. 도량이 좁음.
小党(しょうとう) 소당. 당원이 적은 정당.
小隊(しょうたい) 〖軍〗 소대.
小盗(しょうとう) 소도. 작은 도둑. 좀도둑.
小頭症(しょうとうしょう) 〖醫〗 소두증.
小量(しょうりょう) 소량.
小論(しょうろん) 소론. 규모가 작은 논문·논설.
小牢(しょうろう) 〖史〗 소뢰.
小流(しょうりゅう) 소류. 시내. 실개천.
小輪(しょうりん) 꽃둘레가 보통보다 작음.
小吏(しょうり) 소리. 낮은 벼슬아치.
小利(しょうり) 소리.
小満(しょうまん) 소만(24절기의 하나).
小妹(しょうまい) 소매. 어린 여동생.
小名 ㊀(しょうみょう) ①鎌倉(かまくら)·室町(むろまち) 시대에, 영지가 大名(だいみょう)보다 적었던 무가(武家). ②江戸(えど) 시대, 만석(萬石) 이하의 제후.
㊁(こな) ☞ 小字(こあざ).
小文(しょうぶん) ①단문(短文). ②자기 문장의 겸칭.

小間(しょうもん) 시험 문제 따위에서 큰 문제 속에 포함된 작은 문제.
小民(しょうみん) 서민. 평민.
小発作(しょうほっさ) 〖醫〗 소발작.
小邦(しょうほう) 소방. 작은 나라.
小房(しょうぼう) 소방. 작은 방.
小輩(しょうはい) 신분이 낮은 자.
小藩(しょうはん) 규모가 작은 藩(はん).
小法廷(しょうほうてい) 〖法〗 소법정.
小変(しょうへん) 소변. 작은 변화.
小便(しょうべん) 소변.
∥**～臭い**(くさい) ① 지린내 나다. ② 젖비린내 나다. 유치하다.
～担桶(たご) 소변을 넣어서 메는 통.
～壺(つぼ) 땅에 묻고 소변을 담는 독.
小別(しょうべつ) 소별. 작게 나눔.
小補(しょうほ) 소보. 적은 도움. 적은 보충.
小本 〓(しょうほん) 작은 책. 소책자.
〓(こほん) ① ☞〓. ② 반지(半紙)를 넷으로 접은 정도의 크기로 한 草双紙(くさぞうし)나 洒落本(しゃれぼん)의 딴이름. *こほん으로도 읽음.
小部(しょうぶ) 책 등에서 면수가 적은 것.
小婦(しょうふ) 소부. ① 젊은 부녀. ② 소실. 첩.
小部分(しょうぶぶん) 소부분.
小分(しょうぶん) 소분. 작게 나눔. 또, 작은 부분.
小忿(しょうふん) 소분. 작은 화.
小紛(しょうふん) 소분. 작은 분란.
小憤(しょうふん) 소분. 작은 분노.
小史(しょうし) 소사. 약사(略史).
小社(しょうしゃ) ① 작은 신사(神社). ② 작은 회사.
小事(しょうじ) 소사. 사소한 일.
小師(しょうし) 자기의 스승을 낮추어 일컫는 말.
小祠(しょうし) 작은 사당.
小産(しょうさん) 〖漢醫〗 소산. 낙태. 반산(半産).
小祥(しょうしょう) 소상.
小生(しょうせい) 소생. 자기의 낮춤말.
小序(しょうじょ) 소서. (자기 저서에 대한) 간단한 서문.
小暑(しょうしょ) 소서(24 절기의 하나).
小善(しょうぜん) 소선. 작은 선행.
小鮮(しょうせん) 작은 생선.
小選挙区制(しょうせんきょくせい) 소선거구제.
小説(しょうせつ) 소설. ♣**～家**(か) 소설가.
∥**～的**(てき) 소설적. 허구적.
小成(しょうせい) 소성. 작은 성공.
小星(しょうせい) ① 소성. 작은 별. ② 첩.
小水(しょうすい) 소수. ① 적은 물. ② 오줌. 소변.
小数(しょうすう) 〖數〗 소수. ♣**～点**(てん) 〖數〗 소수점.
∥**～精鋭**(せいえい) 소수 정예.
小獣(しょうじゅう) 작은 짐승.
小循環(しょうじゅんかん) 〖生〗 소순환.
小乗(しょうじょう) 〖佛〗 소승.
∥**～戒**(かい) 소승계. 소승 교도의 계율.
～仏教(ぶっきょう) 소승 불교.

～的(てき) 소승적. 소국(小局)적.
市市民(しょうしみん) 소시민.
小柴胡湯(しょうさいことう) 〖漢醫〗 소시호탕.
小食 〓(しょうしょく) 소식. 적게 먹음.
*しょうじきろも 읽음.
〓(こじょく) ① ☞〓. ② 간식.
小臣(しょうしん) 소신. ① 신분이 낮은 신하. ② 신하의 자기 겸칭.
小身(しょうしん) 신분・지위가 낮음. 또, 그런 사람.
小心(しょうしん) 소심. ♣**～者**(もの) 소심한 자.
∥**～文**(ぶん) 한문에서, 어구・수사까지 다듬은 훌륭한 글.
～翼翼(よくよく) 소심 근신(謹慎). 전하여 담력이 작고 겁이 많음.
小児(しょうに) 소아. (어린)아이. *しょうじは 잘못. ♣**～科**(か) 소아과 / **～斑**(はん) 소아반 / **～癌**(がん) 소아암.
∥**～結核**(けっかく) 〖醫〗 소아 결핵.
～麻痺(まひ) 〖醫〗 소아 마비.
～病(びょう) 소아병. 어린이병. ♣**～的**(てき) 소아병적.
～肥満症(ひまんしょう) 〖醫〗 소아 비만증.
～成人病(せいじんびょう) 〖醫〗 소아 성인병.
～喘息(ぜんそく) 〖醫〗 소아 천식.
～虐待(ぎゃくたい) 소아 학대.
小我(しょうが) 소아. 자아(自我). 나.
小亜細亜(しょうアジア) 〖地〗 소아시아.
小悪(しょうあく) 소악. 조금 나쁜 일.
小安(しょうあん) 소안. 조금 안심함.
小庵(しょうあん) 소암. 작은 암자.
小額(しょうがく) 소액.
∥**～紙幣**(しへい) 소액 지폐.
小弱(しょうじゃく) ① 작고 힘이 약한 일. 약소. ② 젊은이.
小悲(しょうひ) 소양. 대단치 않은 병.
小語(しょうご) 소어. 짧은 말.
小駅(しょうえき) 소역. 작은 역(참).
小宴(しょうえん) 소연. 작은 잔치. 작은 연회.
小葉(しょうよう) 소엽. 어린 잎.
小欲(しょうよく) 소욕. 욕심이 적음.
小慾(しょうよく) ⇨ 小欲(しょうよく).
小勇(しょうゆう) 소용. 쓸데없는 용기.
小宇宙(しょううちゅう) 소우주.
小円(しょうえん) 소원. 작은 원.
小園(しょうえん) 소원. 작은 정원.
小の月(しょうのつき) 작은 달.
小遊星(しょうゆうせい) 〖天〗 소행성.
小恩(しょうおん) 소은. 적은 은혜.
小音(しょうおん) 소음. 작은 소리.
小飲(しょういん) 소음. 간단한 주연(술자리).
小陰唇(しょういんしん) 〖生〗 소음순.
小義(しょうぎ) 소의. 사소한 의리.
小儀(しょうぎ) 조정의 소규모 행사・의식.
小異(しょうい) 소이. 약간의 차이.
小翼羽(しょうよくう) 〖鳥〗 새 날개의 짧은 깃털로, 제1 지골(指骨)에 나 있는 털.

小引(しょういん) 소인. 짧은 머리말〔서문〕.
小人物(しょうじんぶつ) 소인물. 작은 사람. 「의 겸사말.
小子(しょうし) 소자. ①어린아이. ②자기
小字 ㊀(しょうじ) 소자. (다른 글자보다) 작은 글자.
㊁(こあざ) (행정 구획의 하나로) 大字(おおあざ)를 더 세분한 소구역. 「일.
小疵(しょうし) 약간의 흠. 작은 결점과 과
小酌(しょうしゃく) 소작. ①몇 사람만의 작은 연회. ②술을 조금 마심.
小腸(しょうちょう) 소장. 작은 창자.
‖**～移植**(いしょく)〖醫〗소장 이식.
小丈夫(しょうじょうふ) 키가 작은 사나이. 몸집이 작은 남자. 「齋〕.
小斎(しょうさい) 〖가톨릭〗금육제〔禁肉
小著(しょうちょ) 소저. ①페이지 수가 적은 저작. ②내용이 빈약한 저작. ③자기 저서의 겸사말.
小賊(しょうぞく) 소적. 좀도둑. 「의 적.
小敵(しょうてき) ①소적. 약한 적. ②소수
小伝(しょうでん) 소전. 간단한 전기〔傳記〕.
小戦(しょうせん) 소전. 규모가 작은 싸움.
小篆(しょうてん) 소전〔大篆(だいてん)보다 간략한 한자 서체의 하나〕.
小前提(しょうぜんてい)〖論〗소전제.
小節 ㊀(しょうせつ) 소절. ①작은 마디. ②〖樂〗마디. ♣**～線**(せん)〖樂〗마딧줄.
㊁(こぶし) ①나무 마디의 작은 혹. ②작은 'かつお節(ぶし)(＝가다랑어포)'. ③(가요곡·민요 등의) 미묘하고 장식적인 가락.
小店員(しょうてんいん) 어린 점원.
小亭(しょうてい) 소정. 작은 정자.
小弟(しょうてい) ①나이 어린 동생. ②자기 동생의 겸칭. ③(남자끼리의 편지 따위에서) 자기의 겸칭.
小照(しょうしょう) ①작은 초상화나 사진. ②자기 사진의 겸칭.
小罪(しょうざい) 소죄. 작은 죄. 「각.
小主観(しょうしゅかん) 개인적인 편협한 생
小竹(しょうちく) '尺八(しゃくはち)(＝통소)'의 옛 이름.
小知(しょうち) 소지. ①보잘것없는 재주. ②얕은 지혜.
小智(しょうち) ⇨ 小知(しょうち).
小誌(しょうし) 소지. ①조그마한 잡지. ②자기가 관여하는 잡지의 겸칭.
小地震(しょうじしん) 소지진.
小職 ㊀(しょうしょく) 소직. 소관(小官).
㊁(こじょく) ①유곽에서 잡일을 하는 소녀. ②아이를 욕하는 말. ③하찮은 모양.
小集(しょうしゅう) 소집. 작은 인원의 모임.
小差(しょうさ) 소차. 약간의〔작은〕차이.
小册(しょうさつ) 소책. 작고 얇은 책.
小策(しょうさく) 소책. 잔꾀주를 부린 하찮은 책략. 잔꾀.
小册子(しょうさっし) 소책자. 「계.
小千世界(しょうせんせかい)〖佛〗소천세

小天地(しょうてんち) 소천지. 좁은 사회. 작은 세계. 인간 세계.
小銃(しょうじゅう) 소총.
小の虫(しょうのむし) ①작은 벌레. ②소중하지 않은 것. ③힘없는 것.
小宅(しょうたく) 소택. ①작은 집. ②자기집을 낮추어 일컫는 말. 누옥.
小派(しょうは) 소수파.
小破(しょうは) 소파. 조금 파손됨.
小破産(しょうはさん)〖法〗소파산.
小片(しょうへん) 소편. 작은 조각.
小篇(しょうへん) ⇨ 小編(しょうへん).
小編(しょうへん) 소편. 단편.
小胞子(しょうほうし)〖植〗소포자.
小胞体(しょうほうたい)〖生〗소포체.
小品(しょうひん) 소품.
‖**～文**(ぶん) 단문. 스케치체의 문장.
小瑕(しょうか) 작은 흠〔결점〕.
小学(しょうがく) 초등 학교. 小学校(しょうがっこう)의 준말. ♣**～生**(せい) 초등 학교 학생.
‖**～唱歌**(しょうか) 구제(舊制) 초등 학교에서 가르치던 창가. 「교.
小学校(しょうがっこう) 소학교. 초등 학
小寒(しょうかん) 소한(24절기의 하나).
小閑(しょうかん) 소한. 짧은 틈.
小巷(しょうこう) 소항. 좁고 더러운 거리.
小害(しょうがい) 작은 손해〔재해〕.
小弦(しょうげん)〖樂〗현악기의 가는 줄. 또, 가는 줄로 만든 현악기.
小絃(しょうげん) ⇨ 小弦(しょうげん).
小恵(しょうけい) 작은 은혜〔혜택〕.
小慧(しょうけい) 소혜. 작은 지혜.
小戸(しょうこ) 소호. 작은 집. 가난한 집.
小惑星(しょうわくせい)〖天〗소행성.
小花(しょうか) 소화. ①작은 꽃. ②많은 작은 꽃들이 밀접하여 하나의 두상화를 이룬 경우의 하나하나의 꽃.
小火器(しょうかき)〖軍〗소화기.
小会(しょうかい) 소(집)회. 작은 모임.
小会派(しょうかいは) 소회파. (의회 등에서) 소수파.
小休止(しょうきゅうし) 소휴식. 잠깐 쉼.

〖訓読〗
小家 ㊀(こいえ) 자그마한 집.
㊁(しょうか) 소가. 규모가 작은 집. 또, 자기 집의 겸칭.
小歌(こうた) ①옛날 민간에서 불렀던 속요(俗謠)를 상류 사회에서 부른 노래. ②室町(むろまち) 시대 이후 민간에서 부른 유행 가요의 총칭.
小茄子(こなすび)〖植〗①좀가지풀. ②'犬酸漿(いぬほおずき)(＝까마종이)'의 딴이름.
小角(こかく) ①가로·세로가 9cm 정도인 네모난 쟁반. ②단면의 한 변이 12.3cm 쯤 되는 각재(角材). ＊こがく로도 읽음.
小刻み(こきざみ) ①잘게 썲. 잘게 저밈. ②질름거리는 모양.

小竿(こざお) ① 햇대. ② 새를 잡기 위한, 끈 끈이를 묻힌 장대.
小間(こま) ① 짬. 겨를. ② 다도(茶道)에서 다다미 4 장 반 이하의 다실. ③ 뱃머리에 가까운 곳.
小間結び(こまむすび) 옭매는 일.
小間物(こまもの) 방물. (여자의) 화장 도구 등 자질구레한 물건.
∥**~屋**(や) 小間物을 파는 가게.
~店(みせ) ☞ 小間物屋.
小間使(こまづかい) 신변의 잔시중을 드는 시녀. 몸종.
小間切り(こまぎり) 잘게 썲〔저밈〕. 또, 그것.
小間切れ(こまぎれ) 저민 조각. 짧게〔작게〕 구분한 것.
小間紙(こまがみ) 장식용으로 가공한 종이.
小間絵(こまえ) 신문·잡지 등에서 빈 곳을 채운 작은 삽화. 컷.
小甘い(こあまい) (거래소에서) 시세가 다소 약세로 기울다.
小降り(こぶり) (비·눈이) 조금씩 내림.
小糠(こぬか) 〈関西方〉 쌀겨. 고운 겨. ♣**~雨**(あめ) 가랑비.
小芥子(こけし) 일본 東北(とうほく) 지방 특산의 머리가 둥근 목각 인형.
小巾(こぎん) 반소매 또는 소매 없는, 허리까지 가리는 작업복.〔둑판 무늬.
小格子(こごうし) ① 작은 격자. ② ~とは 바 **小犬**(こいぬ) 작은 개. 강아지. ♣**~座**(ざ)〖天〗작은개자리.
小遣い(こづかい) 용돈.
∥**~帳**(ちょう) 일상 잡비의 출납장.
~取り(とり) 용돈 정도의 형편없는 벌이.
小繭蜂(こまゆばち)〖蟲〗고치벌.
小見世(こみせ) ⇨ 小店(こみせ).
小見出し(こみだし) ① (신문·잡지 등의) 작은 표제. ② (한 문장 안의) 소제목.
小結(こむすび) (일본 씨름에서) 씨름꾼 계급의 하나. 三役(さんやく)에 듦.
小競り合い(こぜりあい) 옥신각신. 승강이.
小姑(こじゅうとめ) 남편 또는 아내의 자매《시누이·처형·처제》. *こじゅうとろも 읽음.
小股(こまた) ① 보폭이 좁음. ② 가랑이.
~が切(き)**れ上**(あ)**がる** 여성의 몸매가 미끈하고 날씬함의 형용.
∥**~走り**(ばしり) 종종걸음.
小高い(こだかい) 좀 높다. 약간 높다.
小鼓(こつづみ) 소고. 작은북. *しょうこ로도 읽음.
小高檀紙(こたかだんし) 작게 만든 일본 종이《두껍고 쭈글쭈글함》.
小谷渡(こたにわたり)〖植〗골고사리.
小骨(こぼね) 잔뼈. 잔가시.
小鍋(こなべ) 작은 냄비.
∥**~立**(だて) 작은 냄비로 간단한 음식을 만듦. 또, 그것을 먹는 일.
小冠者(こかんじゃ) ① 어린 나이에 관례(冠禮)를 치른 사람. 초립동. ②〈俗〉어른이 소년을 '이 철부지야'하는 정도로 일컫는 말.

小口(こぐち) ① (상거래에서) 소액. 소량. ② 횡단면. 자른 자리.
∥**~扱い**(あつかい) 소화물 취급《한 차 분이 안 되는, 소량 화물》.
~書き(がき) 물건 특히, 책의 측면·상하에 이름·권수 등을 기록하는 일.
~積み(づみ)〖建〗마구리쌓기에서, 벽돌·돌 따위의 절단면이 보이게 쌓는 일.
小舅(こじゅうと) 소구. 시숙 또는 처남. *しょうきゅうろも 읽음.〔메뚜기.
小鉤(こはぜ) (서질(書帙)·각반 등을 죄는)
小具足(こぐそく) 갑옷의 각종 부속품의 총칭. 또, 그것을 입은 복장.
小菊(こぎく) ①〖植〗송이가 작은 국화. ② 일본 특유의 작은 종이. 여성의 휴대용 휴지.
小君(こぎみ) ① 平安(へいあん) 시대에, 연소자에 대한 애칭. ② 江戸(えど) 시대에, 단골 유녀(遊女).
小弓(こゆみ) ① 작은 활. ② 놀이용 활.
小鬼田平子(こおにたびらこ)〖植〗'仏の座(ほとけのざ)(=광대나물)'의 딴이름.
小袿(こうちぎ) 平安(へいあん) 시대에, 상류 계급 여성의 약식 예복.
小金(こがね) 약간의 목돈. 소규모의 재산.
小褄(こえり) 被風(ひふ)·道行(みちゆき) 등에 다는 조붓한 깃.
小錦草(こにしきそう)〖植〗애기땅빈대.
小急ぎ(こいそぎ) 조금 서두름. 좀 급함.
小技(こわざ) (씨름 등의) 잔재주.
小旗(こばた) ① 작은 기. ② 갑옷에 꽂는 작은 기.〔중치.
小鰭(こはだ)〖魚〗'鰶(このしろ)(=전어)'의
小綺麗(こぎれい) 깔끔함. 말쑥함. 조촐함.
小気味(こきみ) 기분. 마음. *こきびろも 읽음.〔다.
∥**~悪い**(わるい) 어쩐지 불쾌하다. 섬뜩하
~好い(よい) 속이 시원하다. 고소하다. 후련하다.
小器用(こぎよう) 조금 (손)재주가 있음. 또, 약삭빠름. *こきようろも 읽음.
小機転(こぎてん) 약간의 재치. 잔재주.
小難しい(こむずかしい) ① 까다롭다. ② 기분이 좋지 않다.
小男(こおとこ) ① 몸집이 작은 남자. ②〈古〉소년. 젊은이.
小納戸(こなんど) 江戸(えど) 幕府(ばくふ)의 직명《이발·취사 등을 담당》.
小女郎(こじょろう) 소녀. 여자 아이.
小短い(こみじかい) ① 다소 짧다. ② 간략하다. 짧다.
小旦那(こだんな) 주인의 아드님. 도련님.
小当たり(こあたり) 좀 떠봄. 좀 건드려 봄.
小刀 ㊀(こがたな) 소도. ① 작은 칼. 주머니칼. 창칼. ② 小柄(こづか).
∥**~細工**(ざいく) ① 창칼 세공. ② 잔꾀를 부림. 잔재주. 미봉책.
㊁(しょうとう) ① ☞ ㊀①. ② 허리에 차는 호신용의 작은 칼.

小島(こじま) 소도. 작은 섬. *しょうとうろ도 읽음.
小道 ㊀(こみち) 소도. 좁은 길. 샛길.
㊁(しょうどう) 소도. ①작은 도의(道義). ②☞
小道具(こどうぐ) ①(무대용의) 소품(小品). ②소도구. 자질구레한 도구. ♣~方(がた) 소품 담당자.
小盗人(こぬすびと) 좀도둑.
小突く(こづく) ①쿡 찌르다. ②짓궂게 괴롭히다.
小突き出す(こづきだす) 들볶아 내쫓다.
小突き回す(こづきまわす) 들볶다. 괴롭히다. 휘두르다.
小胴(こどう) ☞小鼓(こつづみ).
小童 ㊀(こわっぱ) 조무래기. 애송이《얕잡아 부르는 말》.
㊁(こわらわ) 작은 아이.
㊂(しょうどう) 소동. 어린이. 사동(使童).
小頭(こがしら) 소두목. 소부대의 두목.
小灯し(ともし) 작은 등불.
小娘(こむすめ) ①소녀. ②계집아이.
小戻り(こもどり) 본디 방향으로[상태로] 조금 되돌아옴[되돌아감].
小力(こぢから) 다소의[무시 못할] 힘.
小簾(こす) (드리우는) 발.
小領(こくび) 옷의 깃.
小鷺(こさぎ) 백로.
小料理(こりょうり) (술집에서 내는) 간단한 요리. ♣~屋(や) 일품 요릿집.
小瑠璃(こるり) 〖鳥〗쇠유리새.
六六月(ろくがつ) 소춘(小春). 음력 10월의 딴이름.
小梨(こなし) 〖植〗'桷(ずみ)(=아그배나무)'의 딴이름.
小利口(こりこう) 약삭빠름. 눈치 빠름.
小理屈(こりくつ) 아주 그럴싸한 이치.
小理窟(こりくつ) ⇨小理屈(こりくつ).
小林檎(こりんご) 〖植〗'桷(ずみ)(=아그배나무)'의 딴이름.
小粒(こつぶ) ①소립. ②몸집이 작음. ③생각·역량이 작음.
小笠原流(おがさわらりゅう) ①예의 범절의 한 유파. 전하여, 딱딱한 예절 규범을 말함. ②병법의 한 유파.
小馬(こうま) ①작은 말. ②망아지.
‖~座(ざ) 〖天〗조랑말자리. 「람.
馬馬鹿(こばか) 조금 어리석음. 또, 그런 사
‖~回し(まわし) 사람을 깔보며 다룸.
小莫迦(こばか) ⇨小馬鹿(こばか).
小忙しい(こぜわしい) 어쩐지 바쁘다. 일없이 분주하다.
小望月(こもちづき) 음력 14일에 뜨는 달.
小売り(こうり) 소매. 산매(散賣). ♣~商(しょう) 소매상/~値(ね) 소매값.
小梅(こうめ) 매화나무의 변종.
小買い(こがい) 조금씩 사들임.
小買い物(こがいもの) 자질구레한 일상 용품을 사는 일.
小麦(こむぎ) 소맥. 밀. ♣~粉(こ) 밀가루.

‖~色(いろ) 밝고 엷은 다갈색.
~年度(ねんど) 소맥 연도.
小面 ㊀(こづら) ①낯짝. 상통. ②돌·벽돌 등의 절단면. 「うめん」.
㊁(こおもて) 젊은 여성을 나타내는 能面
小面憎い(こづらにくい) 꼴도 보기 싫다. 얄밉다.
小皿(こざら) 작은 접시.
小鳴き(さえなき) 겨울철에 휘파람새가 입맛 다시듯 쩍쩍 욺.
小母(おば) 아주머니.
小母さん(おばさん) 아주머니. 부인네를 높이며 정답게 부르는 말.
小牡鹿(さおしか) 〖雅〗수사슴.
小目 ㊀(こめ) 작은 그물코.
㊁(こもく) (바둑에서) 소목.
小猫(こねこ) 작은[새끼] 고양이.
小舞(こまい) ①狂言(きょうげん) 중의 연석에서 추는 짧은 춤. ②평고대. 서까래 끝에 넌더리는 가늘고 긴 나무. ③벽의 욋가지.
小蕪(こかぶ) 〖植〗뿌리·잎이 작은 순무의 일종. 「작은 문.
小門(こもん) 소문. ①작은 문. ②대문 옆의
小紋(こもん) 자잘한 무늬. 「글자.
小文字(こもじ) ①로마자의 소문자. ②작은
小物(こもの) ①자질구레한 도구. ②하찮은 인물. 소인배.
‖~師(し) ①노점상에서, 손님을 가장한 바람잡이. ②잔챙이 낚기를 좋아하는 낚시꾼.
小米(こごめ) 싸라기. ♣~草(ぐさ) 〖植〗좀쌀풀.
‖~空木(うつぎ) 〖植〗국수나무.
~柳(やなぎ) 〖植〗'雪柳(ゆきやなぎ)(=가는잎조팝나무)'의 딴이름.
~桜(ざくら) 〖植〗'雪柳'의 딴이름.
~花(ばな) 〖植〗'雪柳'의 딴이름. ②'蜆花(しじみばな)(=조팝나무)'의 딴이름.
小味(こあじ) 감칠맛.
小美濃(こみの) 휴지로 쓰는 일본 종이.
小蜜柑草(こみかんそう) 〖植〗여우구슬.
小半(こなから) ①반 되의 반. 2홉반. ②금. 소량(少量).
‖~酒(ざけ) 2홉 반의 술. 소량의 술.
小返り(こがえり) 〖建〗마룻대나 문·난간에 대는 가로대 등, 각재 위에 단 물매진 부분.
小半斤(こはんぎん) 한 근의 4분의 1.
小半年(こはんとし) ①1년의 약 반년 동안. ②1년의 4분의 1의 세월. *こはんねんで로도 읽음.
小半時(こはんとき) (옛날 시간에서) 一時(いっとき)의 4분의 1《지금의 30분》.
小半時間(こはんじかん) 거의 반시간.
小半日(こはんにち) 한나절. 약 반일.
小半紙(こばんし) 작은 반지(半紙).
小鉢(こばち) 작은 주발(사발).
小坊主(こぼうず) ①나이 어린 중. ②소년.
小百姓(こびゃくしょう) 가난한 농부.
小百合(さゆり) 〖雅〗백합.
小番(こばん) 중세, 조정·사찰·신사(神社)

의 교대 근무 제도.
小煩い(こうるさい)《俗》귀찮다.
小壁(こかべ) 상인방(上引枋)과 천장 사이에 있는 벽.
小兵(こひょう) ① 몸이 작음. 또, 그런 사람. ②《古》활시위를 당기는 힘이 약함. 또, 그런 사람.
小柄 ㊀(こがら) ① 몸집이 작음. ② 모양·무늬가 작음.
㊁(こづか) 脇差(わきざし)의 칼집 바깥쪽에 꽂는 작은 칼.
小普請(こぶしん) 소규모의 수리·개축.
小腹(こばら) 배. 배에 관한 가벼운 작용 등을 나타내는 말.
～が立(た)つ 《준》화가 나다.
小服綿(こぶくめん) 승려·여승이 입던 솜을 둔 흰 평복.
小夫(こづま) 창녀의 단골 손님. 「씨.
小父(おじ) 부모와 같은 연배의 남자. 아저
小父さん(おじさん) 아저씨. 부모와 같은 연배의 남자를 높이며 정답게 부르는 말.
小付け(こづけ) ① 덧붙이 짐. 무거운 부담에 부담을 더함. 또, 그 부담. ② 메뉴 외에 추가되는 요리.
小窗(こじとみ) 옛날 건물에서, 차양(遮陽)이 달려 있는 작은 창문. 「조개풀.
小鮒(こぶな) 작은 붕어. ♣～草(ぐさ)《植》
小分かれ(こわかれ) 뿌리·감자 등이 여럿으로 갈라지는 일.
小分け(こわけ) 소구분. 세분.
小仏(こぼとけ) ① 소불. 작은 불상. ② 가고메와 비슷한 어린이 놀이.
小肥り(こぶとり) ⇨小太り(こぶとり).
小鼻(こばな) 콧방울.
～を動(うご)かす 콧방울을 벌름거리다《우쭐하는 모양》.
小緋縅(こひおどし)〖蟲〗쐐기풀나비.
小鬢(こびん) 옆머리. 살쩍.
小浜縮緬(こはまちりめん) 보통 縮緬(ちりめん)과 金紗(きんしゃ) 縮緬의 중간 정도 되는 縮緬.
小使(こづかい) (학교·관청 등의) 용인. 사환. ＊用務員(ようむいん)의 구칭.
小舎人(こどねり) ① 궁중에서 잡일에 종사하던 자. ②近衛府(このえふ)의 차관인 中将(ちゅうじょう)·少将(しょうしょう) 등이 부리던 소년.
獅子子座(こじししざ)〖天〗작은사자자리.
小山(こやま) 작은 산. 낮은 산.
小杉(こすぎ) 작은 삼나무. 「사.
小商い(こあきない) 적은 밑천으로 하는 장
小箱(こばこ) 자질구레한 것을 넣는 작은 상자.
小商人(こあきんど) 소상인.
小生意気(こなまいき) 시건방짐. 시큰둥함.
小書き(こがき) ① 글 사이에 주(註) 등을 작은 글씨로 써넣음. 또, 그 글씨. ②(能楽(のうがく)에서 곡명(曲名) 좌측에 작은 글씨로 써넣는) 특수한 연출(에 관한 지정).

‖～能(のう) 小書き②를 위하여 특수 연출로 상연하는 能.
小鼠(こねずみ) 작은〔새끼〕 쥐.
小石(こいし) 작은 돌. 자갈. 「읽음.
小船(こぶね) 소선. 작은 배. ＊おぶね로도
小舌たるい(こじたたるい) (말투가) 어리광스러워 징그럽다.
小雪 ㊀(こゆき) 소설. 적게 오는 눈.
㊁(しょうせつ) 소설《24절기의 하나》.
小声(こごえ) 작은 소리. 낮은 (말)소리.
小姓(こしょう) (옛날에 귀인의) 시동.
小城(こじろ) 작은 성.
小笹 ㊀(おざさ) 조릿대. 세죽(細竹).
‖～原(はら) 조릿대가 많이 난 들판.
㊁(こざき) 키가 작은 조릿대.
小勢(こぜい) 소세. 무세. 적은 인원수.
＊しょうせい로도 읽음.
小細工(こざいく) ① 자질구레한 세공. ② 잔꾀. 잔재주.
小束(こたば) 작은 다발.
小松(こまつ) 작은〔어린〕 소나무.
‖～引き(ひき) 옛날, 정월의 첫 자일(子日)에 들에 나가 어린 소나무를 뽑아서 놀던 행
～菜(な)〖植〗평지의 변종. 「사.
小手(こて) ① 하박(下膊). 팔뚝. ② 손재주. 잔재주. ③ (검도에서) 손목 부분을 침.
‖～返し(がえし) (유도에서) 상대방 손을 잡고, 비틀어 넘어뜨리는 기술.
～先(さき) 손끝. 전하여, 손재주.
～試し(だめし) ☞小手調べ.
～定め(さだめ) ☞小手調べ.
～調べ(しらべ) 사전 연습.
～投げ(なげ) (씨름에서) 상대방의 팔을 위에서 휘어잡고 몸을 들어 던지는 기술.
～回し(まわし) 재빨리 준비함. 재치 빠름.
小首(こくび) 목.
～を傾(かし)げる〔傾(かたむ)ける〕(의심스러운듯이) 고개를 갸우뚱하다.
小粋(こいき) ⇨小意気(こいき).
小袖(こそで) 통소매의 평상복.
‖～包み(ぐるみ) 평상복으로 비단옷을 입고 있음. 사치스러운 생활.
小鬚(こひげ) ①畳(たたみ)의 겉 재료인 골풀의 한 품종. ② 성기게 난 수염.
小綬鶏(こじゅけい)〖鳥〗꿩과의 새《중국 원산, 일본 각지에 야생함》.
小手毬(こでまり)〖植〗일본갈기조팝나무.
小手招き(こてまねき) 손끝을 흔들어 불러들임.
小水葱(こなぎ)〖植〗물달개비.
小楯(こだて) 호신용의 임시 방패.
小倅(こせがれ)《俗》젊은이를 얕잡아 하는 말. 애송이.
小忰(こせがれ)《俗》⇨小倅(こせがれ).
小膝(こひざ) 무릎《무릎에 관계되는 가벼운 동작을 나타내는 말》.
～を打(う)つ (가볍게) 무릎을 치다.
小僧(こぞう) ① 나이 어린 중. ②《卑》어린 남자 점원. ③ 어린 사내를 얕잡아 하는 말.

小僧っ子(こぞっこ)〈卑〉풋내기. 애송이.
小矢(こや) ① 짧은 화살. ② 놀이용의 작은 화살.
小侍(こざむらい) 신분이 천한 무사. 아직 젊은 무사. *こさぶらい로도 읽음.
小柴(こしば) 자질구레한 잡목. 섶나무.
小匙(こさじ) 작은 숟가락. 또, 요리용 스푼으로 5cc들이인 것.
小柴垣(こしばがき) 섶울타리.
小食(こぐい) 소식. 조금만 먹음. 또, 조금씩 먹음.
小安い(こやすい) (거래소에서) 시세가 조금 낮다.
小暗い(こぐらい) 어두컴컴하다. 어스레하다. *雅語로는 おぐらい라고도 함.
小暗がり(こぐらがり) 좀 어두움. 또, 그런 곳.
小鴨(こがも) 『鳥』 상오리. 쇠오리.
小桜(こざくら) 『植』 산벚나무의 일종. ② 작은 벚꽃 무늬.
小夜 ㈠ (さよ)〈雅〉밤.
  ㈡ (こよる) ☞ 小夜着(こよぎ).
小夜曲(さよきょく) 소야곡. 세레나데. *전에는 しょうやきょく로도 읽었음.
小夜嵐(さよあらし) 밤에 부는 폭풍.
小夜鳴き鳥(さよなきどり) 『鳥』 밤꾀꼬리. 나이팅게일.
小夜時雨(さよしぐれ) 밤에 오다말다 하는 가을비.
小夜中(さよなか) 한밤중.
小夜着(こよぎ) 작은 이불. 소형 덮개.
小夜千鳥(さよちどり) 밤에 우는 물떼새.
小躍り(こおどり) 작약(雀躍). 좋아서 날뛰며 기뻐함.
小羊(こひつじ) 어린 양. 양·염소 새끼의 총칭.
小揚げ(こあげ) ① 뱃짐을 부림. 또, 그 인부. ② 유곽으로 손님을 메고 가는 가마꾼.
小楊枝(こようじ) 이쑤시개.
小羊歯(こしだ) 『植』 발풀고사리.
小魚(こざかな) 작은 물고기. 잡어.
小言(こごと) ① 잔소리. 꾸중. ② 불평. 투덜댐.
小業(こわざ) ⇨ 小技(こわざ).
小役人(こやくにん) 신분이 낮은 관리.
小汚い(こぎたない) 꾀죄하다. 구중중하다.
小屋 ㈠ (こや) ① 오두막집. ② 임시로 세운 작은 건물. ③ 가설 극장으로 쓰이는 건물. ④ '藩邸(はんてい)(=제후의 저택)'이나 성(城) 안에 있었던 하인의 집.
  ‖ ~掛け(がけ) 가건물을 지음. 또, 그 건물. ~者(もの) 막나니. 거지.
  ~組み(ぐみ) 집의 지붕의 무게를 지탱하기 위한 뼈대·구조.
  ㈡ (しょうおく) 소옥. ① 조그마한 집. ② 자기 집의 겸칭. 누옥.
小腕(こうで) ① 팔뚝. ② 작은 팔. 가냘픈 팔. *こがいな로도 읽음.
小揺るぎ(こゆるぎ) 조금 흔들림.
小腰(こごし) 허리. 특히 腰(腰部).
小謡い(こうたい) (여흥 따위에서 부르는) 謡曲(ようきょく) 가운데 중요한 부분만을 뽑아낸 대목.

小用(こよう)〈老〉① 작은 볼일. ② 소변(보러 감). *しょうようろも 읽음.
小牛(こうし) 송아지.
小芋(こいも) 작은 토란.
小雨(こさめ) 소우. 가랑비. 조금 오다 마는 비. *しょううろも 읽음.
小羽板(こばいた) 노송나무 등을 얇게 컨 것《지붕널로 씀》.
小熊(こぐま) 작은 곰. 새끼곰. ♣~座(ざ)『天』 작은곰자리.
小猿(こざる) ① 작은 원숭이. 또, 새끼 원숭이. ② 小猿鉤의 준말.
  ‖ ~鉤(かぎ) 自在鉤(じざいかぎ)를 오르내리게 조절하는 가로장. 년 폐지.
小為替(こがわせ) 소액 우편환《일본은 1951
小楢(こなら) 『植』 졸참나무.
小栗(こぐり) 산밤나무.
小陰(こかげ) 작은 그늘.
小蔭(こかげ) ⇨ 小陰(こかげ).
小鷹(こたか) ① 새매 따위 비교적 작은 매 종류. ② 小鷹狩리의 준말.
  ‖ ~狩り(がり) 小鷹로 하는 가을 사냥.
小意気(こいき) 멋짐. 맵시있음.
小意地(こいじ) 『~の悪(わる)い』 심술궂은.
小耳(こみみ) 귀. 또, 언뜻 듣는 일.
小人 ㈠ (こびと) ① 소인. 전설·동화에서 상상의 인물. ② 난쟁이. ③ 옛날, 무가(武家)에서 잡일을 하던 사람.
  ‖ ~症(しょう) 『醫』 주유증(侏儒症). *しょうじんしょうろも 읽음.
  ㈡ (しょうじん) 소인. ① 도량이 좁은 사람. 소인물. ② 어린이. ☞ 大人㈡. ③ 신분이 낮은 사람. ♣~国(こく) 소인국.
  ㈢ (しょうにん) 소인. 소아. 어린이.
小人数(こにんず)〈口〉적은 인원수. *こにんずうろも 읽음. └ 은 서랍.
小引き出し(こひきだし) 가구 등에 딸린 작
小一(こいち) 극장에서, 무대 정면 땅바닥 관람석의 맨 앞줄.
小者(こもの) ① 젊은이. ② 하인. 종. ③ 무가(武家)에서 잡일을 하던 사람.
小紫(こむらさき) 『蟲』 오색나비.
小髭(こひげ) ⇨ 小鬚(こひげ).
小自作(こじさく) 소자작. 소작을 주로 하고 자작(自作)도 겸함.
小作(こさく) ① 소작(인). ② 小作料의 준말. ♣~権(けん) 소작권 / ~農(のう) 소작농 / ~料(りょう) 소작료 / ~人(にん) 소작인 / ~地(ち) 소작지.
  ‖ ~米(まい) 소작미. 소작인이 소작료로 지주에게 바치는 쌀.
小作り(こづくり) 작게 만들어진 것. 몸집이
小雀 ㈠ (こすずめ) 작은 참새. 새끼 참새.
  ㈡ (こがら) 『鳥』 북방쇠박새. 쇠박새.
小長い(こながい) (지겨도록) 길다. 장황하다.
小才(こさい) 소재. 잔재주. *こざい·しょうさいろも 읽음.

小裁ち(こだち) 3-4세 어린이 옷의 재단법. 또, 그 옷.

小才覚(こさいかく) 약아빠짐. *こざいかくろども 읽음.

小才子(こさいし) 잔재주를 부리는 사람. *こさいしろども 읽음.

小癪(こしゃく) 건방지고 아니꼬운 모양임.

小田(おだ)〈雅〉논. 작은 논.

小前(こまえ) ①소규모의 영업. 가난한 살림살이. ②소작인. ③빈민.

小銭(こぜに) ①잔돈. 적은 돈. ②용돈.

小田原(おだわら) 小田原提灯・小田原評定의 준말.

∥**～提灯**(ぢょうちん) 주름이 잡혀 있어 접을 수 있는 초롱.
～評定(ひょうじょう) 끝기만 하고 결론을 짓지 못하는 의논.

小切り(こぎり) 조그맣게 자름〔자른 것〕.

小切る(こぎる) ①잘게 자르다. 잘게 구분하다. ②〈俗〉값을 깎다.

小切れ(こぎれ) 헝겊 조각. 「표장〔책〕.

小切手(こぎって) 수표. ♣**～帳**(ちょう) 수

小店 ㊀(こみせ) 소점. 작은 가게.
㊁(しょうてん) 폐점. 자기 가게의 겸칭.

小鮎(こあゆ) ①새끼 은어. ②호수에서 사는 은어.

小町(こまち) ①미녀. 소문난 아름다운 처녀. ②能面(のうめん)의 하나로, 노파의 가면. ♣**～針**(ばり) 못바늘.

∥**～娘**(むすめ) ☞小町①.
～糸(いと) 주란사 실 두 줄을 꼰 실.

小庭(こにわ) 작은 뜰. 좁은 뜰. 「(꼐).

小正月(こしょうがつ) 음력 정월 대보름

小爪(こづめ) ①손톱 조각. ②속손톱. 반달.

小早い(こばやい) 조금 빠르다. 서두르는 기미가 있.

小組み(こぐみ) ①작게〔잘게〕 짬. ②신문에서 기사별로 짠 조판.

小鳥(ことり) 작은 새.

∥**～網**(あみ) 새그물. 작은 새를 잡는 그물.

小棗(こなつめ) ①가루차를 담는, 대추 열매 모양의 작은 그릇. ②〖植〗'核太棗(さねぶとなつめ)(=멧대추나무)'의 딴이름.

小潮(こしお) 소조. 조금.

小調子(こぢょうし)〖樂〗아악의 전주곡.

小足(こあし) ①작은 발. ②좁은 보폭.

小座敷(こざしき) ①작은 (사랑)방. ②본채에 잇대어 내물려 지은 방. 내물린 방. 의지간. 달개. ③(다도(茶道)에서) 畳(たたみ) 넉 장 반 크기의 방보다 좁은 다실(茶室).

小舟(こぶね) 소주. 소선(小船). 작은 배.
*雅語로는 おぶね라고도 함.

小走り(こばしり) 잔달음질. 종종걸음.

小昼(こひる) ①정오 무렵의 시각. ②간식.

小柱(こばしら) 개량 조개의 조개 관자.

小憎い(こにくい) 밉살스럽다. 얄밉다.

小憎らしい(こにくらしい) 얄밉다. 건방져 아니꼽다.

小蒸気(こじょうき) 小蒸気船(こじょうきせん)의 준말.

小蒸気船(こじょうきせん) 소형 기선.

小止み(こやみ) (비・눈이) 잠시 멈춤. *おやみ라고도 함.

小枝(こえだ) 소지. 작은 가지. *雅語로는 さえだ로도 읽음.

小指(こゆび) ①새끼손가락. 새끼발가락. ②〈俗〉(새끼손가락을 세우며) 아내・첩 등을 나타내는 말. 「다〕 좀 작음.

小振り(こぶり) ①작게 흔듦. ②(다른 것보

小車(おぐるま) ①작은 수레. *こぐるまろ도 읽음. ②〖植〗금불초.

小倉 ㊀(おぐら) 小倉餡・小倉汁粉의 준말.
∥**～汁粉**(じるこ) 小倉餡으로 만든 단팥죽.
～餡(あん) 꿀을 섞은 팥소.
㊁(こくら) 小倉織의 준말.
∥**～織**(おり) 두꺼운 무명 직물《허리띠・학생복 감 등으로 씀》.
～縞(じま) ☞小倉織.

小窓(こまど) 작은 창문.

小倉百人一首(おぐらひゃくにんいっしゅ) 옛날 백명의 가인(歌人)의 和歌(わか)를 한 수씩 골라 모은 것. 「소.

小菜(こな) 막 싹이 튼 채소. 또, 속아낸 채

小菜葱(こなぎ) ⇨小水葱(こなぎ).

小褄(こづま) 옷자락.

∥**～芙**(からげ) 옷자락을 허리띠 사이에 낌.

小川(おがわ) 작은 시내.

小天狗(こてんぐ) ①작은 '天狗(てんぐ)(=심산에 산다는 괴물)'. ②몸집이 작고 무예가 뛰어난 젊은이.

小千鳥(こちどり)〖鳥〗작은물떼새.

小体(こてい) (주거・생활 등이) 조촐하고 아담한 모양.

小草(こぐさ) 작은 풀. 싹이 갓 돋아난 풀.

小焦れったい(こじれったい) 안타깝다. 감

小皺(こじわ) 잔주름. 」질나다.

小春(こはる) 소춘. 음력 10월의 딴이름.
*しょうしゅん으로도 읽음.
∥**～月**(づき) 음력 10월의 딴이름.
～日(び) 음력 10월의 화창한 날〔햇살〕.
～日和(びより) 음력 10월의 따뜻한 날씨.

小出し(こだし) 조금씩 내놓음.

小忠実(こまめ) 아주 바지런한 모양.

小衝き出す(こづきだす) ⇨小突き出す(こづきだす).

小衝き海老(こづきえび) 잔 새우를 삶아서 말려 가볍게 쳐서 껍질을 벗긴 것.

小衝き回す(こづきまわす) ⇨小突き回す(こづきまわす).

小臭木(こくさぎ)〖植〗상산(常山).

小取り回し(ことりまわし) 꾀바름. 눈치〔약삭〕빠름.

小恥ずかしい(こはずかしい) 좀 부끄럽다. 조금 멋적다.

小っ恥ずかしい(こっぱずかしい)〈俗〉
☞小恥ずかしい(こはずかしい).

小歯朶(こしだ) ⇨ 小羊歯(こしだ).
小枕(こまくら) 목침 위에 얹는 얇은 베개.
小針(こばり) ①짧은 바늘. ②(바느질에서) 잘게 뜬 땀.
小濁り(ささにごり) 물이 조금 탁함[흐림].
小啄木鳥(こげら)〖鳥〗쇠딱따구리.
小炭(こずみ) 작게 자른 숯.
小太り(こぶとり) 조금 살이 찜.
小太鼓(こだいこ)〖樂〗소고. 작은북.
小太刀(こだち) 작은 칼. 또, 그런 칼을 쓰는 검술.
小土(こつち) 음양도(陰陽道)에서, 토목 공사를 꺼리는 기간.
小土器(こかわらけ) 작은 토기.
小筒 〓(こづつ) ①작은 통. ②소총의 옛 이름.
〓(ささえ) 술을 넣는 대통.
小槌 〓(こづち) 작은 망치.
〓(こつち) ⇨ 小土(こつち).
小波(さざなみ) 소파. 잔물결. *しょうは·こなみ로도 읽음.
小判(こばん) ①江戸(えど) 시대의 타원형 금화. ②종이 등 판(判)이 작은 것. ③小判形의 준말. ♣~**鮫**(ざめ)〖魚〗빨판상어 / ~**形** 타원형.
‖~**戴**(いただき) ☞ 小判鮫. 「섞은 것.
~**粉**(ふん) 금분(金粉)에 2~3할의 은분을
~**漬け**(づけ) 은어 따위를 겨에 담근 식품.
小坂(こさか) 약간 가파른 비탈.
小貝(こがい) ①작은 조개. ②한자 부수의 하나: 조개패변.
小唄(こうた) ①江戸(えど) 시대 초기에 유행한 가요. ②江戸 시대 말기에 유행한 俗曲(ぞっきょく)의 총칭.
小布(こぎれ) 헝겊 조각.
小包(こづつみ) 소포. ①작은 꾸러미. ②小包郵便物의 준말. 「엽서.
‖~**葉書**(はがき) 소포 우편물에 첨부되는
~**郵便物**(ゆうびんぶつ) 소포 우편물.
小幅 〓(こはば) ①(옷감의) 폭의 규격을 나타내는 말. ②소폭. 차이나 범위가 작음.
〓(しょうふく) 작은 족자.
小筆(こふで) (가는 자를 쓰는) 세필(細筆).
小荷物(こにもつ) 소화물('鉄道(てつどう) 小荷物'='철도 소화물')의 준말.
小賀玉木(おがたまのき)〖植〗초령목(招靈木). 귀신나무.
小荷駄(こにだ) 말에 실어 운반하는 짐·양식. 마바리.
‖~**馬**(うま) 태마(駄馬). 짐말.
小寒い(こさむい) 으스스 춥다.
小割り(こわり) ①작게 쪼갬. 또, 그렇게 된 것. ②작은 도끼.
小賢しい(こざかしい) ①깜찍하다. 얄로 까다. ②교활하고 빈틈없다.
小脇(こわき) 겨드랑이.
小形(こがた) 소형. 모양이 작음.
小型(こがた) 소형. 형(型)이 작음. 또, 그 것. ♣~**株**(かぶ)〖經〗소형주.

‖~**船舶操縦士**(せんぱくそうじゅうし) 소형 선박 선사.
小狐(こぎつね) 작은 여우. 여우 새끼. ♣~**座**(ぎ)〖天〗여우자리.
小話(こばなし) ①소화. 짤막한 이야기. *しょうわ로도 읽음. ②우스운 이야기. ③만담에 앞선 짧은 서두의 이야기.
小確り(こじっかり) (거래소에서) 매매가 활기를 띠어서 시세가 점차 상승세에 있는 상태.
小回り(こまわり) ①조금 돌아가는 길. ②작게 돎.
小晦日(こつごもり) 섣달 그믐날의 전날.
小喧しい(こやかましい) 잔소리가 심하다.
小休み(こやすみ) 잠깐 쉼.
❖**小さい**(ちいさい) ①작다. 「름.②적다. ③어리다. *俗語로는 ちいさらいこ도 함.
小さ(ちいさ) ①유아. ②작은 모양.
‖~**刀**(がたな) 허리 등에 차는 작은 칼.
~**童**(わらわ) ①어린애. ②平安(へいあん) 시대, 궁중에서 잔심부름을 하던 어린애.
小さげ(ちいさげ) (자못) 작은 또는 작은 듯한 모양.
小さな(ちいさな) 작은.
小さめ(ちいさめ) 조금 작음. 「함.
小さやか(ちいさやか) 작은 모양. 자그마

<その他>
小豆(あずき)〖植〗팥. *しょうずろも 읽음.
‖~**色**(いろ) 팥과 같은 검붉은 빛깔.
小路(こうじ) ①소로. (시내의) 좁은 골목길. *しょうじ·しょうろ로도 읽음. ②(고유 명사로서는) 네거리. 큰길.
‖~**隠れ**(がくれ) ①잠시 딴 곳에 은둔함. ②숨바꼭질.
小舌(ひこ) 목젖. 「의 딴이름.
小女子(こうなご)〖魚〗'いかなご(=까나리)'
小連翹(おとぎりそう)〖植〗고추나물.
小火(ぼや)〈俗〉작은 불[화재]. *しょうか로도 읽음.

| 4
小
教 | 少 | 적을 소·젊을 소
ショウ
すくない·すこし·わかい·しばらく |

<音読>
少(しょう) 소…. 적음의 뜻.
少憩(しょうけい) 소게. 잠깐 쉼.
少頃(しょうけい) 소경. 잠시 동안.
少国民(しょうこくみん) 소국민. 다음 세대를 짊어질 소년·소녀.
少納言(しょうなごん) 옛날 벼슬 이름의 하나. 太政官(だいじょうかん)의 제 3등관.
少女 〓(しょうじょ) 소녀.
‖~**団**(だん) 소녀단. 걸스카우트.
~**趣味**(しゅみ) 소녀 취미.
〓(おとめ) ①소녀. ②처녀. ♣~**座**(ぎ)〖天〗처녀자리. 「동.
‖~**きび**〈雅〉 소녀답게 상냥하고 귀여운 행
~**子**(ご) 소녀. *雅語적인 말.

少年(しょうねん) 소년. ♣**~期**(き) 소년기 / **~団**(だん) 소년단 / **~法**(ほう) 소년법 / **~院**(いん) 소년원.
∥**~鑑別所**(かんべつしょ) 소년 감별소. 범죄 소년을 심판 전에 수용하는 기관.
~犯罪(はんざい)〖法〗소년 범죄.
~非行(ひこう) 소년 비행.
~審判所(しんぱんじょ)〖法〗소년 심판소.
~刑務所(けいむしょ)〖法〗소년 형무소〔교도소〕. 소년원.
少糖類(しょうとうるい)〖化〗소당류.
少童(しょうどう) 소동. 어린이. 사동(使童).
少量(しょうりょう) 소량.
少領(しょうりょう) 소령. 적은 영지.
少老(しょうろう) 若年寄(わかどしより)의 딴 이름.
少禄(しょうろく) 소록. 적은 봉록(俸禄).
少林寺(しょうりんじ)〖地〗소림사. 중국, 허난(河南) 성 덩펑(登封) 현에 있음.
∥**~拳法**(けんぽう) 소림사 권법.
少妹(しょうまい) 소매. 어린 여동생.
少婦(しょうふ) 소부. ①젊은 부녀. ②소실. 첩.
少産(しょうさん) 소산. 아이를 적게 낳는 일.
∥**~傾向**(けいこう) 소산 경향. 태어나는 아이가 적어지는 경향.
~少死(しょうし) 소산 소사. (나라의 인구 등이) 출생자 수와 사망자 수가 적음.
少少(しょうしょう) 소금. 약간.
少数(しょうすう) 소수. ♣**~党**(とう) 소수당 / **~派**(は) 소수파.
∥**~代表制**(だいひょうせい) 소수 대표제.
~民族(みんぞく) 소수 민족.
~意見(いけん) 소수 의견.
~精鋭(せいえい) 소수 정예.
~株主権(かぶぬしけん) 소수 주주권.
少時(しょうじ) ①소시. 어렸을 때. ②잠깐 동안.
少食(しょうしょく) 소식. 적게 먹음.
少安(しょうあん) 소안. ①조금 안심함. ②소성(小成)에 만족하고 큰 뜻이 없음.
少額(しょうがく) 소액. 적은 금액.
少欲(しょうよく) 소욕.
少雨(しょうう) 소우. 우량(雨量)이 적음.
少尉(しょうい)〖軍〗소위.
少恩(しょうおん) 소은. 적은 은혜.
少式(しょうに) 옛 일본 관명의 하나《太宰府(だざいふ)의 차관(次官)》.
少異(しょうい) 소이. 조금 다름.
少人数(しょうにんずう) 소인수.
少子(しょうし) 낳은 자식이 적음.
∥**~高齢化**(こうれいか) 어린이는 적고 고령자는 많아지는 사회로 됨.
~化(か) 어린이 감소화.
少者(しょうしゃ) 소자. 젊은 사람.
少壮(しょうそう) 소장. 젊고 혈기 왕성함.
♣**~派**(は) 소장파.
少将(しょうしょう) ①〖軍〗소장. ②옛날에, 近衛府(このえふ)의 차관.
少弟(しょうてい) 소제.
少佐(しょうさ)〖軍〗소좌. 구(旧)일본군 계급의 하나《소령에 해당》.
少閑(しょうかん) 소한. 짧은 틈.

〖訓読〗
少し(すこし) 조금. 약간. 좀.
少しく(すこしく) 조금. 좀. 약간.
少しも(すこしも) 조금도. 전혀 (…않다).
❖**少ない**(すくない) ①적다. ②어리다. 나이가 적다. 「매우.
少なからず(すくなからず) 적잖다. 많이.
少なくない(すくなくない) 적지 않다. 많다.
少なくとも(すくなくとも) 적어도.
少なくも(すくなくも) 적어도.
少な目(すくなめ) 좀 적은 듯 싶은 수량.

〖其他〗
少輔(しょう) 大宝令(たいほうりょう)에 따라 설치된 太政官(だいじょうかん)이 통할하는 8개 성(省)의 '次官(すけ)(=차관)'의 하위직. *しょうゆう・すないすけ로도 읽음.

| 5
口
常 | 召 | 부를 소
ショウ
めす |

〖音読〗
召見(しょうけん) 소견.
召命(しょうめい) 소명.
召募(しょうぼ) 소모. 불러모음.
召書(しょうしょ) 사람을 불러내는 문서.
召電(しょうでん) 사람을 불러들이는 전보.
召集(しょうしゅう) 소집. ♣**~令**(れい) 소집령.
∥**~令状**(れいじょう) 소집 영장.
召天(しょうてん)〖基〗소천.
召致(しょうち) 소치. 불러서 오게 함.
召呼(しょうこ) 초대하여 부름. 불러옴.
召喚(しょうかん)〖法〗소환. ♣**~状**(じょう) 소환장.
召還(しょうかん) 소환.

〖訓読〗
召される(めされる) ①《動詞의 連用形에 붙어》…하시다. ②'먹다' '입다' '하다' 따위의 높임말.
❖**召す**(めす) ①'불러들이다' '가져오게 하다'의 높임말. ②'먹다' '입다' 따위의 높임말.
召し(めし) ①불러들임. ②초대. 말.
召し具す(めしぐす)〈雅〉동반하다. 거느리다. 인솔하다.
召し寄せる(めしよせる) ①불러들이다. 모셔오다. ②가져오게 하다.
召し連れる(めしつれる) 불러내어 데려가다. 「건.
召し料(めしりょう) 고귀한 사람이 쓰는 물
召文(めしぶみ) ①소환장. ②출두 요구서.
召し放す(めしはなす) 관직·영지 따위를 박탈하다.
召使(めしつかい) 머슴. 하인. 하녀.

召し使う(めしつかう) 곁에 두고 부리다. 고용하다.
召し上がる(めしあがる) '食べる(たべる)(=먹다)' '飲む(のむ)(=마시다)'의 높임말.
召し上げる(めしあげる) ① 몰수하다. ② 불러내다〔들이다〕.
召し上がり物(めしあがりもの) '飲食物(いんしょくぶつ)(=음식물)'의 높임말.
召し仰せ(めしおおせ) 불러들여 명함.
召人(めしゅうど) ① 舞楽(ぶがく)를 하기 위해 불리어 나간 사람. ② 몸종. 하녀. ＊めしうど로도 읽음.
召し状(めしじょう)〖法〗소환장. 호출장.
召し集う(めしつどう) 소집하다.
召し替え(めしかえ) '着替え(きかえ)(=옷을 갈아입음)'의 높임말.
召し出す(めしだす) 불러내다. 부르다. 불러서 녹〔직〕을 주다.
召し取る(めしとる) 거둬들이다. 빼앗다.
召し抱える(めしかかえる) ① 불러〔들여〕 부하로 쓰다. ② 고용하다.
召し捕る(めしとる) 체포〔포박〕하다.

8획 氵 常	沼	늪 소 ショウ ぬま

【音読】
沼気(しょうき)〖化〗소기. 메탄 가스.
沼沢(しょうたく) 소택. 늪과 못.
‖〜**植物**(しょくぶつ)〖植〗소택 식물.
沼湖(しょうこ) 소호. 호소(湖沼).
【訓読】
沼(ぬま) 늪. ＊ぬえ로도 읽음.
沼尻(ぬまじり) 늪 귀퉁이의 좁은 부분.
沼縁(ぬまべり) 늪과 육지의 경계〔언저리〕.
沼田(ぬまだ) 수렁논.
沼鰈(ぬまがれい)〖魚〗강도다리.
沼地(ぬまち) 늪 지대. 수렁 땅. 질척한 땅. ＊しょうち로도 읽음.
沼海老(ぬまえび)〖動〗민물이나 기수(汽水)에 사는 작은 새우류.
沼海綿(ぬまかいめん) 민물해면.
【其他】
沼田鰻(ぬたうなぎ)〖魚〗먹장어.

8획 戸 教	所 (所)	곳 소·처소 소 ショ ところ·ばかり· る·らる

【音読】
所感(しょかん) 소감. 감상. 마음에 느낀 일.
所拠(しょきょ) 근거로 하는 일. 근거.
所見(しょけん) 소견.
所課(しょか) 소과. 부과(賦課)하는 일.
所管(しょかん) 소관. ♣〜庁(ちょう) 소관청.
所記(しょき) 기록되어 있는 일.
所期(しょき) 소기. 기대하고 있는 바.
所内(しょない) 소내. 사무소 따위 所(しょ)로 불리는 곳의 안.
所念(しょねん) 소념. 마음 먹은 일.
所当(しょとう) ① 중세 때, 관아나 영주에게 납부할 물품 또는 잡역. ② 상당하는 일.
所帯(しょたい) 세대. 가구(家口). 가정(의 생계). 집안 살림. ♣〜主(ぬし) 세대주.
‖〜**窶れ**(やつれ) 살림에 찌듦.
〜**道具**(どうぐ) 살림 도구. 세간.
〜**崩し**(くずし) 가족이 뿔뿔이 흩어짐.
〜**崩れ**(くずれ) 새색시가 살림에 쪼들려 예쁜 맛이 없어짐.
〜**染みる**(じみる) 살림꾼 티가 배다. (언동에서) 살림의 힘겨운 모습이 엿보이다.
〜**持ち**(もち) ① 가정을 가진 사람. ② 살림을 꾸려 나가는 일.
所動(しょどう) 수동(受動).
所得 ㊀(しょとく) 소득. ♣〜税(ぜい) 소득세.
‖〜**控除**(こうじょ) 소득 공제.
〜**保障**(ほしょう) 소득 보장. 소득 유지.
〜**分配**(ぶんぱい) 소득 분배.
〜**政策**(せいさく) 소득 정책.
〜**効果**(こうか) 소득 효과.
㊁(しょとく) 득을 봄. 이득을 얻음.
所領(しょりょう) 소령. 영유(領有)하고 있는 땅. 영지(領地).
所労(しょろう)〈老〉피로. 심로. 병.
所論(しょろん) 소론. 주장하는 의견. 지론.
所望(しょもう)〈老〉소망. 소원.
所務(しょむ) 관청·연구소 따위의 사무.
所変(しょへん) 신불이 모습을 바꾸어 이 세상에 나타나는 일.
所報(しょほう) 연구소 등에서 발행하는 간행물.
所司(しょし) '鎌倉幕府(かまくらばくふ)의 侍所(さむらいどころ)(=중요 정치 기관)'의 차관.
‖〜**代**(だい) ① 室町(むろまち) 시대에 所司의 대리로서 사무를 취급하던 사람. ② 江戸(えど) 시대에 京都(きょうと)의 경비와 정무를 맡아보던 사람.
所思(しょし) 소사. 생각하는 바. 생각.
所産(しょさん) 소산.
所相(しょそう)〖文法〗수동(受動).
所生(しょせい) ① 낳은 부모. ② 소생. 친자식. ③ 출생지.
所説(しょせつ) 소설. 말(하는 바). 설(명하는 바).
所所方方(しょしょほうぼう) 방방곡곡. 기저기.
所属(しょぞく) 소속.
所損(しょそん) 손해를 입는 일.
所収(しょしゅう) 그 책에 수록되어 있음.
所信(しょしん) 소신. 믿는 바. 생각하는 바.
所業(しょぎょう) ⇨ 所行(しょぎょう).
所与(しょよ) 소여. 주어진 것. 부여된 바.
所役(しょやく) 역할. 직무. 책임.
所演(しょえん) 예능〔기예〕 따위를 연기함.
所外(しょがい) 소외. 사무소·연구소 등의 바깥이나 그 이외.
所要(しょよう) 소요.

所用(しょよう) ①소용. 사용. ②용건. 볼일.
所員(しょいん) 소원.
所願(しょがん) 소원.
‖～成就(じょうじゅ) 소원 성취.
所為(しょい) ①소위. 행위. 소행. ＊そいとも 읽음. ②원인. 때문. 까닭. 이유. 탓. ＊せいとも 읽음.
所由(しょゆう) 말미암은 것〔곳〕. 원인. 유.
所有(しょゆう) 소유. ♣～格(かく) 소유격 /～権(けん) 소유권 /～物(ぶつ) 소유물 /～者(しゃ) 소유자.
所依(しょえ) 소의. 의지할 곳.
所作(しょさ) 행위. 소행. 춤. 몸가짐.
‖～舞台(ぶたい) 무용극 등에서 발의 구름을 좋게 하기 위하여 바닥에 노송나무를 깐 무대.
～事(ごと) 연극 속에 짜여진 특수한 표정을 나타내는 춤.
所長(しょちょう) ①(사무소・출장소의) 소장. ②장점(長點).
所掌(しょしょう) 소장. 법령에 따라 특정 기관의 권한으로 관장하는 일.
所蔵(しょぞう) 소장.
所在(しょざい) ①소재. 있는 곳. ②소행.
‖～地(ち) 소재지. ♣～法(ほう)『法』소재지법.
所載(しょさい) 소재. 인쇄물에 기사가 실려 있음.
所在無い(しょざいない) 할 일이 없어 지루하다〔따분하다〕.
所伝(しょでん) 소전. ①전해 오는 말〔글〕. 전설. ②전래.
所詮(しょせん) 결국은. 아무래도.
所定(しょてい) 소정.
‖～内賃金(ないちんぎん) 소정내 임금《기본급과 여러 수당》.
～外賃金(がいちんぎん) 소정외 임금《시간외 임금・휴일 임금 등》.
所存(しょぞん)〈老〉생각. 의견.
所従(しょじゅう) 平安(へいあん)・室町(むろまち) 시대에, 농사와 잡일에 종사하던 예속인.
所証(しょしょう)『佛』소증. 수행으로 얻은 깨달음.
所志(しょし) 소지. 마음속으로 지향하는 점.
所知(しょち) ①다스리는 곳. 영지. ②인식되는 것.
所持(しょじ) 소지. ♣～品(ひん) 소지품.
‖～人払い(にんばらい)『經』소지인 출급(出給).
所職(しょしき) 재산으로 간주되어 상속・양도・매매의 대상이 되는 직종.
所天(しょてん) 소천. 받들어 공경하는 사람.
所体(しょてい) 옷차림. 외모. 겉모양.
所出(しょしゅつ) ①출생. 태생. ②출처.
所学(しょがく) 소학. 학문하는 일. 또, 학문.
所轄(しょかつ) 소할. 관할.
所行(しょぎょう)〈老〉(나쁜) 소행.
所化(しょけ) ①『佛』승려의 제자. ②도깨비.
所懐(しょかい) 소회. 감상. 소감.

訓読
所 ㊀(ところ) ①곳. 장소. 데. ②고장. 지방. ③주소. ④…네 집. ⑤정도.
㊁(どころ)《接尾語로》①…해야 할 만한 곳. ②(생산의) 중심지.
㊂(しょ) 소. ①'事務所(じむしょ)・研究所(けんきゅうじょ)' 등의 준말. ②《接尾語로》장소・처소의 뜻.
㊃(とこ)〈口〉①곳. 점. ②쯤. 정도.
㊄(と)《接尾語로》곳・장소의 뜻. ＊どろとも 읽음.
所得顔(ところえがお) 그 자리・지위 등에 만족하여 득의양양한 모양〔얼굴〕.
所無し(ところなし) 틈이(빈 자리가) 없다.
所の物(ところのもの) 그 고장 산물.
所斑(ところまだら) 군데군데 얼룩(어룽)짐.
所番地(ところばんち) (집・건물의) 소재지와 번지. 주소.
所柄(ところがら) 장소의 성질〔형편〕(상).
所払い(ところばらい) 江戶(えど) 시대에, 서민을 그 주거지에서 추방하던 형벌.
所書き(ところがき) 주소를 적은 것. 또, 그 주소.
所所(ところどころ) 여기저기. 군데군데. ＊しょしょとも 읽음.
所言葉(ところことば) 그 고장의 말. 방언.
所育ち(ところそだち) 그 고장에서 태어나서 자람. 또, 그런 사람.
所自慢(ところじまん) 자기 고향이나 살고 있는 고장을 자랑함.
所酒(ところざけ) 그 고장에서 빚은 술.
所嫌わず(ところきらわず) 장소를 가리지 않고.
所狭い(ところせまい) 장소가 비좁다. 여지가 없다.

其他
所縁(ゆかり) 관계. 연고. ＊しょえん으로도 읽음.
所謂(いわゆる) 소위. 이른바.
所以(ゆえん) ①소이. 까닭. 연유. 근거. ②방법. 방도.

| 9 口 常 | 咲 (唉) | 웃을 소
ショウ
さく・わらう |

参考 さく 日本訓임.

訓読
咲かせる(さかせる) 꽃이 피게 하다. 꽃피우다.
❖咲く(さく) (꽃이) 피다.
咲き殻(さきがら) 한번 피었다가 시든 꽃.
咲き誇る(さきほこる) 화려하게 피다. 한창 피다.
咲き匂う(さきにおう) 아름답게 피다.
咲き乱れる(さきみだれる) 꽃이 난만하게 피다. 꽃이 어우러져 피다.
咲き分け(さきわけ) 한 그루에서 빛깔이나 모양이 다른 꽃이 핌. 또, 그 초목.
咲き溢れる(さきこぼれる) 가지가 휘도록 (꽃이 많이) 피다. 어우러져 피다. 만발하다.

咲き残る(さきのこる) ① (다른 꽃이 떨어진 뒤까지) 아직 피어 있다. ② (다른 꽃보다) 늦게 피다. ③ (다른 꽃이 피어도) 아직 피지 않고 있다.
咲き揃う(さきそろう) 꽃이 일제히 피다.
咲き遅れる(さきおくれる) 꽃이 피는 것이 늦다. 「다.
咲き初める(さきそめる) 〈雅〉 피기 시작하
咲き出す(さきだす) 꽃이 피기 시작하다.
咲き懸かる(さきかかる) ① 꽃이 피기 시작하다. ② 꽃이 피어 다른 물건 위에 덮치다.

[其他]
咲嘩(さっか) 도둑·사기꾼의 딴이름.

| 9日 教 | 昭 | 밝을 소·밝힐 소
ショウ
あきらか |

[音読]
昭代(しょうだい) 소대. 태평 성대.
昭昭(しょうしょう) 소소. 소연(昭然). 밝은 모양.
昭示(しょうじ) 소시. 명백히 나타남.
昭然(しょうぜん) 소연. 밝고 뚜렷함.
昭和(しょうわ) 소화. 1926년 12월 25일부터 1989년 1월 7일까지의 일본 연호.
∥〜基地(きち) 일본이 남극 대륙에 건설한 남극 관측 기지.
〜元禄(げんろく) 2차 대전 후 한때 태평무드에 젖은 일본의 세태를 근세 초기의 元禄시대에 비유한 말.
〜維新(いしん) 昭和 초기, 우익과 군벌이 내건 사회 개조론 표어.

| 10六 常 | 宵(宵) | 밤 소·초저녁 소
ショウ
よい |

[音読]
宵衣旰食(しょういかんしょく) 소의한식. 천자가 정치에 힘씀.

[訓読]
宵(よい) ① 초저녁. 저녁. ② 밤.
宵居(よいい) 밤늦게까지 자지 않고 있는 일.
宵の口(よいのくち) 땅거미가 질 저녁 때. 초저녁.
宵宮(よいみや) 축제일(祝祭日)의 전야제.
*よみやろも 읽음.
宵の年(よいのとし) ① 섣달 그믐날 밤. ② (정월 초하룻날에서 보아) 지난해. 또, 지난해의 세밑.
宵待草(よいまちぐさ) 〖植〗 금달맞이꽃.
宵涼み(よいすずみ) 여름밤, 바깥이나 마루에 앉아 더위를 식히는 일.
宵立ち(よいだち) 밤이 깊어지기 전에 여행길에 오름.
宵鳴き(よいなき) 초저녁에 암탉이 우는 일 《불길한 징조라 함》.
宵の明星(よいのみょうじょう) 〖天〗 태백성. 개밥바라기《해가 진 후 서쪽 하늘에 보이는 금성(金星)》.
宵宵(よいよい) 초저녁마다. 매일 밤.
宵闇(よいやみ) ① 음력 15일이 지날 무렵, 달이 뜨기 전의 어스름. ② 초저녁의 어스름. 또, 그 무렵. 땅거미.
宵月(よいづき) 초저녁 달.
宵越し(よいごし) 하룻밤을 넘김〔지새움〕.
宵月夜(よいづきよ) 초저녁에만 달이 있는 밤.
宵っ張り(よいっぱり) 밤늦도록 안 자고 깨어나 있음. 또, 그런 사람.
宵祭り(よいまつり) ☞宵宮(よいみや).
宵天神(よいてんじん) 1월 24일에 베풀어지는 天満宮(てんまんぐう)의 제전.
宵の秋(よいのあき) 가을의 초저녁. 가을밤.
宵の春(よいのはる) 봄날의 초저녁.
宵寝(よいね) ① 초저녁잠. 초저녁부터 잠. ② 초저녁에만 잠.
宵寒(よいさむ) 늦가을 밤 추위. 또, 그 계절. 야한(夜寒). 「일.
宵惑い(よいまどい) 초저녁부터 잠이 퍼붓는

| 10氵 教 | 消(消) | 사라질 소·다할 소
ショウ
きえる·けす |

[音読]
消する(しょうする) ① 지우다. 없애다. ② 소화하다.
消却(しょうきゃく) 소각. ① 지워 없앰. 써버림. 소비함.
消渇(しょうかち) 〖醫〗 소갈. ① 소갈증. ② 여성의 임질. *しょうかつ로도 읽음.
消去(しょうきょ) 소거. 지워버림. 사라짐. ♣〜法(ほう) 소거법.
消遣(しょうけん) 소견. 소창(消暢).
消過(しょうか) 시간을 써 없앰〔낭비함〕.
消光(しょうこう) 소일. 세월을 보냄. 살아감. 「극성.
消極(しょうきょく) 소극. ♣〜性(せい) 소∥〜財産(ざいさん) 〖法〗 소극 재산.
〜的(てき) 소극적. ♣〜概念(がいねん) 〖論〗 소극적 개념.
消毒(しょうどく) 소독. ♣〜薬(やく) 소독약.
消灯(しょうとう) 소등. 「약.
消磨(しょうま) 소마. ① 닳아 줆. ② 문질러 지워 버림〔지워짐〕.
消亡(しょうぼう) 소망. 소멸. 꺼져 없어짐.
消滅(しょうめつ) 소멸.
∥〜時効(じこう) 〖法〗 소멸 시효.
消耗(しょうもう) 소모. 써서 없앰. *しょうこう의 관용음. ♣〜戦(せん) 소모전/〜品(ひん) 소모품.
消防(しょうぼう) ① 소방. ② 소방관. 소방대. ♣〜官(かん) 소방관/〜署(しょ) 소방서/〜車(しゃ) 소방차.

∥~団(だん) (市町村(しちょうそん)의) 소방단.
~本部(ほんぶ) (市町村의) 소방 본부.
~士(し) 소방사. 소방 공무원의 최하위.
~長(ちょう) 소방 본부장.
~庁(ちょう) (都市町村(としちょうそん)의) 소방청.
消費(しょうひ) 소비. ♣~物(ぶつ) 소비물 / ~税(ぜい) 소비세 / ~財(ざい) 소비재.
∥~関数(かんすう) 소비 함수. 소비액과 소득 수준의 관계를 함수로 나타낸 것.
~寄託(きたく) 《法》 소비 기탁. 소비 임치(任置).
~貸借(たいしゃく) 《法》 소비 대차.
~都市(とし) 소비 도시.
~文化(ぶんか) 소비 문화.
~生活協同組合(せいかつきょうどうくみあい) 소비 생활 협동 조합.
~性向(せいこう) 소비 성향.
~者(しゃ) 소비자. ♣~価格(かかく) 소비자 가격 / ~物価指数(ぶっかしすう) 소비자 물가 지수 / ~信用(しんよう) 소비자 신용 / ~運動(うんどう) 소비자 운동 / ~態度指数(たいどしすう) 소비자 태도 지수. 소비자의 의식 변화를 나타내는 지수.
~組合(くみあい) 소비 조합.
~革命(かくめい) 소비 혁명.
消散(しょうさん) 소산. 사라져 없어짐. 지워 흩뜨림.
消暑(しょうしょ) 소서. 더위를 잊게 함.
消石灰(しょうせっかい) 《化》 소석회. 수산화칼슘.
消雪(しょうせつ) 고온의 지하수를 퍼 올려 한길 따위에 흐르게 하여 쌓인 눈을 녹임.
消受(しょうじゅ) 받아들이는 일.
消息(しょうそく) 소식. ♣~筋(すじ) 소식통 / ~文(ぶん) 서한문. 편지.
∥~往来(おうらい) 鎌倉(かまくら) 시대부터 明治(めいじ) 시대에 이르기까지 교과서로 쓰이던 모범 서한문집.
~子(し) 《醫》 소식자. 의료 기구의 하나.
消失(しょうしつ) 소실. 소멸.
消然(しょうぜん) 초연(悄然).
消熱(しょうねつ) 소열. 해열.
消炎(しょうえん) 소염. ♣~剤(ざい) 소염제.
消音(しょうおん) 소음. ♣~器(き) 소음기.
∥~装置(そうち) 소음 장치.
消日(しょうじつ) 소일. 날[세월]을 보냄.
消磁(しょうじ) 《理》 소자.
消長(しょうちょう) 소장. 성쇠. 「는 주문.
消災呪(しょうさいじゅ) 재액(災厄)을 없애
消除(しょうじょ) 사라져 없어짐. (장부 따위에서) 삭제함.
消尽(しょうじん) 소진.
消臭(しょうしゅう) 소취. 악취를 없애는 일. ♣~剤(ざい) 소취제.
∥~繊維(せんい) 소취 섬유.
消沈(しょうちん) 소침. 사라져 없어짐.

消退(しょうたい) 지워 없앰. 「없애는 일.
消波(しょうは) 파도의 힘·기세를 약화시켜
消夏(しょうか) 소하. 더위를 이겨냄.
消閑(しょうかん) 소한. 심심파적. 심심풀이.
消魂(しょうこん) 소혼. ①놀람과 슬픔으로 낙담함. ②감동하여 넋을 잃음.
消化(しょうか) 소화. ♣~管(かん) 소화관 / ~器(き) 소화기(관) / ~腺(せん) 《醫》 소화샘 / ~液(えき) 소화액 / ~薬(やく) 소화제《약》.
∥~不良(ふりょう) 소화 불량.
~性潰瘍(せいかいよう) 《醫》 소화성 궤양.
~酵素(こうそ) 《生》 소화 효소. 「양.
消火(しょうか) 소화. ♣~器(き) 소화기 / ~栓(せん) 소화전.
消和(しょうわ) 《化》 소화.

<u>訓読</u>
❖消える(きえる) ①(불이) 꺼지다. ②사라지다. 없어지다. ③지워지다. ④가시다.
消えがた(きえがた) (불·빛·기운 등이) 꺼지려고[스러지려고] 하는 때.
消え去る(きえさる) 사라져 없어지다. 모습을[자취를] 감추다.
消え果てる(きえはてる) 아주 꺼지다. 완전히 사라지다. 「상태.
消え方(きえかた) 사라지는[꺼지는] 모양·
消え消え(きえぎえ) (형태·모습 등이) 거의 사라지는 모양.
消え失せる(きえうせる) ①사라져 없어지다. (사람이) 자취를 감추다. ②〈古〉목숨이 끊어지다.
消え入る(きえいる) ①스러지다. (점점) 사라지다. 꺼져 들어가다. ②숨이 끊어지다. 죽다. 기절하다.
消え残る(きえのこる) ①사라지지[꺼지지] 않고 남다. ②살아 남다.
❖消す(けす) ①끄다. ②지우다. ③없애다. 제거하다.
消し(けし) 지움. 지운 것.
消し去る(けしさる) 지워 없애다.
消し口(けしくち) 불을 끄기 위해 위치를 잡는 장소. *けしぐちでも 읽음.
消し飛ぶ(けしとぶ) (순식간에) 날아가 없어지다. 날아가 버리다.
消印(けしいん) 소인.
消し込み(けしこみ) 낚시에서, 수면의 찌가 물 속으로 끌려가 보이지 않게 되는 일.
消し止める(けしとめる) 불길을 잡다. 전하여, 다른 데로 번지는 것을 막다.
消し硝子(けしガラス) 젖빛 유리.
消し炭(けしずみ) 뜬숯.
消し壺(けしつぼ) 숯불이나 장작불을 끄는 단지《뜬숯을 만드는 데에도 쓰임》.

| 10 竹 教 | 笑 | 웃을 소·웃음 소
ショウ
わらう·えむ |

音読

笑具(しょうぐ) 웃음거리.
笑劇(しょうげき) 소극. 희극.
笑気(しょうき)【化】소기. '일산화질소'의 속칭.
笑納(しょうのう) 소납.「기.
笑談(しょうだん) ① 담소. ② 우스운 이야
笑覧(しょうらん) 소람. 변변치 못한 것이나마 보아 달라고 공손히 청할 때 쓰는 말.
笑山(しょうざん) '맛은 없지만 잡수십시오'라는 뜻으로 식품 선사 때 하는 인사말.
笑殺(しょうさつ) 소살. 우습게 여기고 전혀 문제 삼지 않음.
笑声(しょうせい) 소성. 웃음소리.
笑語(しょうご) 소어. ① 웃으며 말함. ② 우스운 이야기. 웃으며 하는 말.「속.
笑中(しょうちゅう) 소중. 웃고 있는 마음
笑止(しょうし) ① 가소로움. ② 〈古〉 곤란함. 딱함. 가엾음.
‖ **~顔**(がお) 가소롭게 여기는 표정.
~千万(せんばん) 가소롭기 짝이 없음. 딱하기 이를 데 없음.
笑謔(しょうぎゃく) 소학.
笑話(しょうわ) 소화. 우스운 이야기.

訓読

笑える(わらえる) ① 자연히 웃어지다. ② 웃어 넘기다.
笑かす(わらかす) 웃기다.
笑さす(わらさす) 웃기다.
笑わせる(わらわせる) 웃기다.
笑顔(えがお) 웃는 얼굴. 웃음을 띤 얼굴.
笑窪(えくぼ) 보조개.「리.
笑われ者(わらわれもの) (뭇사람의) 웃음거
笑われ種(わらわれぐさ) 웃음거리.
笑壺(えつぼ) 웃음이 함빡 넘치는 모양.
❖**笑う**(わらう) ① 웃다. ② 비웃다. 빈정거리다. 우습게 여기다.
笑い(わらい) ① 웃음. ② (비)웃음. 조소.
笑いこける(わらいこける) 자지러지게 웃다. 포복절도하다. 요절하다.
笑いさざめく(わらいさざめく) 모두 유쾌한 듯이 큰소리로 웃다.「지 않다.
笑いのめす(わらいのめす) 웃고 문제로 삼
笑い物(わらいもの) 웃음거리.
笑い崩れる(わらいくずれる) 몸을 가누지 못할 만큼 웃다.
笑い飛ばす(わらいとばす) 웃고 상대하지 않다. 웃어 넘기다.
笑い事(わらいごと) 웃을 일. 웃고 넘길 만한 작은 일.
笑い上戸(わらいじょうご) ① 술 취하면 계속 웃는 버릇(이 있는 사람). ② 잘 웃는 버릇이 있는 사람.
笑い声(わらいごえ) 웃음소리.
笑い顔(わらいがお) 웃는 얼굴.
笑い茸(わらいたけ) 【植】 독버섯의 일종《빛이 주황색이며, 먹으면 취한 것같이 되어 미친 듯 웃음》. * わらいだけ라고도 함.
笑い者(わらいもの) 웃음가마리.
笑い種(わらいぐさ) 웃음거리.
笑い話(わらいばなし) ① 우스운 이야기. 우스개. ② 웃으면서 하는 재미있는 이야기.
笑い絵(わらいえ) ① 익살스러운 그림. ② 춘화도.
❖**笑む**(えむ) ① 미소 짓다. ② 꽃이 피다. ③ 열매가 익어 벌어지다.
笑み(えみ) ① 웃음. 미소. ② 꽃이 핌. ③ 부풀어 벌어짐.
笑み溢れる(えみこぼれる) 만면에 미소를
笑み割れる(えみわれる) (열매 따위가) 익어서 저절로 벌어지다.

---

10 糸 敎 素 흴 소・바탕 소
ソ・ス
しろ・もと

音読

素 ㊀(そ) ①【数】소. ② 흰빛의 명주.
㊁(もと) ① 만물의 바탕. 원료. 밑. ② 누룩.
㊂(す)《接頭語로》①《名詞에 붙여서》㋀ 있는 그대로의 뜻. 맨…. ㋁ 보잘것없다는 뜻. 《②《形容詞 등에 붙여서》상태가 보통의 정도를 넘고 있음을 나타냄.
素っ(すっ)《接頭語로》오로지 …(의) 상태일 뿐임을 강조하여 나타냄.
素干し(すぼし) 그늘에서 말림.
素甘(すあま) 멥쌀에 흰 설탕을 섞어 쪄서 만든 과자.
素車(そしゃ) 소거. 장식을 하지 않은 수레. 장사(葬事) 때 쓰임.
素建て(すだて) 골조(骨組)만 세우고 내・외장은 시공되지 않은 가옥.
素乾し(すぼし) ⇨ 素干し(すぼし).
素見(すけん) 물건을 말만 하고 사지 않음. 눈요기만 함. * そ␣んこ로도 읽음.
素絹(そけん) ① 소견. 생명주. 무늬 없는 비단. ② 素絹の衣(ころも)의 준말. 생명주로 지은 약식 승복(僧服).
素袷(すあわせ) 겹옷을 속옷 없이 입음.
素股(すまた) (아무것도 입지 않아) 맨살이 드러난 살.
素口(すぐち) 아무것도 먹지 않음. 공복.
素掘り(すぼり) 안전 시설 등을 설치하지 않고 땅을 마구 파내려 감.
素肌(すはだ) ① 맨몸. 알몸. ② (화장하지 않은) 맨살갗. ② 속옷을 입지 않은 상태. ③ (일부분이) 노출된 살갗.
‖ **~武者**(むしゃ) 갑옷・투구 따위를 착용하지 않고 전쟁터에 나가는 무사.
素っ気(そっけ) 본디의 것을 어느 정도 느끼게 하는 요소. 기미(氣味).
素っ気無い(そっけない) 무정하다. 냉담하다. 쌀쌀맞다.
素っ気も無い(そっけもない) 무미건조하다. 재미도 멋도 없다.
素読(そどく) ⇨ 素読み(すよみ) ①.
素読み(すよみ) ① 의미 따위는 생각하지 않

고 그저 소리내어 읽는 일. ＊そよみろも 읽음. ②원고와 대조하는 일 없이 죽죽 읽으면서 교정하는 일.
素っ頓狂(すっとんきょう)〈俗〉매우 엉뚱하고 경솔한 모양. 갑자기 얼빠진 언동을 하는 모양. 또, 그 사람.
素裸(すはだか) 알몸. 맨몸.
素っ裸(すっぱだか) ①알몸뚱이. 맨몸. ②빈털터리. 무일푼.
素浪人(すろうにん) 의지가지 없는 浪人.
素戻り(すもどり) 성과 없이 그냥 돌아감.
素粒子(そりゅうし)〖理〗소립자. ♣~論(ろん)〖理〗소립자론.
‖~物理学(ぶつりがく) 소립자 물리학.
~の相互作用(そうごさよう) 소립자의 상호 작용. 소립자 사이에 작용하는 기본적인 힘.
素望(そぼう) 소망. 본디부터의 희망. 「힘.
素描(そびょう) 소묘. 데생.
素描き(すがき) 소묘. 데생(dessin).
素文(そぶん) 한문에서, 주석(注釋)에 대하여 본문을 이름.
素朴(そぼく) 소박.
素泊まり(すどまり) (식사는 안 하고) 잠만 자는 숙박.
素服(そふく) 소복. 「공복.
素腹(すはら) ①아기를 배지 않은 여자. ②
素樸(そぼく) ⇨素朴(そぼく).
素本(すほん) ①訓点(くんてん)이나 주석이 없는 한문 서적. ＊そほん으로도 읽음. ②써 넣은 것이 없는 책.
素封家(そほうか) 벼슬은 없으나 재산이 많은 사람. 재산가. 큰 부자.
素膚(すはだ) ⇨素肌(すはだ).
素っ飛ばす(すっとばす)〈俗〉마구 몰다〔달리게 하다〕.
素っ飛ぶ(すっとぶ)〈俗〉힘차게 날다〔뛰어가다〕. 곧장 달려가다. 「紗).
素紗(すしゃ) 소사. 염색하지 않은 흰 사
素三彩(そさんさい)〖工〗소삼채. 중국 청(淸)나라 때 많이 만들어진 도자기 색채의
素船(すぶね) 빈 배. 공선(空船). 「가지.
素跣(すはだし) 맨발.
素雪(そせつ) 소설. 백설.
素姓(すじょう) ⇨素性(すじょう).
素性(すじょう) ①혈통. 집안. 태생. 성장 과정. ②유래. 내력. 신원. 경력. ③타고난 성질. 천성. 본질. ＊③은 そせい로도 읽음.
素焼き(すやき) 설구이. 또, 그 질그릇.
素手(すで) 맨손. 맨주먹. 빈손.
素首(そくび) 모가지. 'くび(=목)'의 힘주어 일컫는 말.
‖~落とし(おとし) (씨름에서) 상대편 목에 한 손을 걸고 앞으로 당겨 넘어뜨리는 수.
素っ首(すっくび) 素首(そくび)의 힘줌말.
素數(そすう)〖數〗소수.
素矢(すや) ①목표를 벗어난 화살. ②기대에 어긋나는 일.
~を食(く)う 기대가 어긋나 헛수고하다.

素食(そしょく) 소식. ①소밥. 일상적인 식사. ②도식(徒食). ③채식. 「마음.
素心(そしん) 소심. 평소의 마음. 가식 없는
素娥(そが) 소아. ①달에 살고 있다는 전설상의 선녀. ②'月(つき)(=달)'의 별칭.
素案(そあん) 검토를 위한 소재로서 만들어진 안. 처음의 안.
素顔 ㊀(すがお) ①맨얼굴. 평시의 얼굴. 화장하지 않은 얼굴. ②있는 그대로의 상태〔모습〕. ③주기(酒氣)가 없는 얼굴.
㊁(そがん) 소안. ①흰 얼굴. ② ☞㊀①.
素揚げ(すあげ) 겉에 아무것도 입히지 않고 재료만을 튀기는 일. 또, 그 튀긴 것.
素養(そよう) 소양.
素語り(すがたり) 三味線(しゃみせん)의 반주 없이 浄瑠璃(じょうるり)를 창(唱)함.
素業(そぎょう) 소업. 평소의 일.
素襖(すおう) 마포(麻布)에 가문(家紋)을 넣은 의복.
素饂飩(すうどん) (関西(かんさい) 지방에서) 건더기 없이 맨국에 만 가락국수.
素王(そおう) 소왕. 왕은 아니지만 왕의 덕을 갖춘 사람.
素謠(すうたい) (能(のう)에서) 반주(伴奏)나 춤 없이 읊는 노래.
素踊り(すおどり) 의상을 갖추거나 가발을 쓰지 않고 춤을 춤. 또, 그 춤.
素願(そがん) 소원. 본래의 소원.
素元波(そげんは)〖理〗소원파. 2차 파동.
素月(そげつ) ①소월. 백월(白月). ②음력 8월의 딴이름.
素衣(そい) 소의. 흰옷.
素意(そい) 소의. 평소의 뜻.
素引き(すびき) 빈 활을 튀기기.
素因(そいん) 소인. ①원인. ②그 병에 걸리기 쉬운 소질.
素因数(そいんすう)〖數〗소인수.
素一歩(すいちぶ) 겨우 한 푼의 돈. 전하여, 가난뱅이.
素一分(すいちぶ) ⇨素一歩(すいちぶ).
素子(そし)〖電〗소자.
素潜り(すもぐり) 잠수 기구를 사용하지 않고 물 속으로 들어감.
素材(そざい) 소재.
‖~産業(さんぎょう) 소재 산업. 「멋짐.
素敵(すてき) 썩 뛰어남. 매우 근사함. 아주
‖~滅法(めっぽう) 'すてき'의 힘줌말.
素っ転ぶ(すっころぶ) 기세 좋게 구르다.
素点(そてん) 성적 평가의 기초가 되는 점수 (우・양・가의 단계로 나누지 않고, 답안을 채점한 결과의 점수).
素町人(すちょうにん) 신분이 낮은 시정아치. 시정배. 「다.
素早い(すばやい) 재빠르다. 날래다. 민첩하
素彫り(すぼり) ①대충대충 조각함. ②조각한 채 나뭇결이 드러나 보임.
素足(すあし) 맨발. 「읽음.
素地 ㊀(そじ) 소지. 바탕. 기초. ＊そちろも

㊂(きじ) ①본바탕. ②옷감. 천. ③(도자기의) 소태(素胎).
㊂(しらじ) ①도기·기와 등을 성형만 해놓고 아직 굽지 않은 것. ②유약을 칠하지 않고 구워낸 토기.
素志(そし) 소지. 평소의 뜻. 「하는.
素知らぬ(そしらぬ) 시치미를 뗌. 모르는 체
素紙子(すがみこ) 감물을 들이지 않은 백지.
素直(すなお) ①(비뚤어지지 않고) 고분고분함. 순직함. 순진함. 솔직함. 순수함. ②(특별한) 버릇이 없는 모양.
素振り(そぶり) 거동. 기색.
㊁(すぶり) 실제로 치듯이 목검·라켓·배트 등을 휘두르는 일(운동).
素質(そしつ) 소질.
素餐(そさん) 소찬. 공(功)도 실력도 없이 녹(祿)을 타 먹음.
素槍(すやり) ①날이 곧고 덧가지 없는 창. ②창집에서 뽑은 창.
素天辺(すてっぺん) ①최초. 맨 처음. ②머리 위. 꼭대기.
素晴らしい(すばらしい) 훌륭하다. 근사하다. 굉장하다. 멋지다.
素秋(そしゅう) 소추. 가을의 별칭.
素通し(すどおし) ①가린 것이 없어 앞이 훤히 보임. ②도수 없는 안경. ③전구(電球)의 유리가 투명한 것.
素通り(すどおり) (들르지 않고) 그냥 지「침.
素破(すわ)〈雅〉갑작스러운 일에 놀라서 내는 소리. 이크. 어.
素破こそ(すわこそ) 'すわ'의 힘줌말.
素っ破抜き(すっぱぬき) 폭로함.
素っ破抜く(すっぱぬく)〈俗〉①폭로하다. 들추어내다. ②꼭witter 찌르다.
素袍(すおう) ⇨ 素襖(すおう).
素寒貧(すかんぴん)〈俗〉(자기 몸뚱이뿐일 정도로) 몹시 가난함. 또, 그 사람. 찰가난.
素行(そこう) 소행. 평소의 행실(품행).
素馨(そけい)『植』소형. 말리(茉莉). 물푸레나뭇과의 상록수.
素話(すばなし) ①(다과·술 따위의) 음식 없이 그냥 이야기만 함. ②鳴り物(なりもの) 없는 만담(漫談). 「따 떼다.
素っ恍ける(すっとぼける)〈俗〉시치미를
素懐(そかい) 소회. 평소의 소원.
【訓読】
素より(もとより) ①본래. 본디. ②물론.
素魚(しろうお)『魚』사백어(死白魚).
素人(しろうと) ①경험이 없는 사람. 초보자. ②(직업적이 아닌) 취미 삼아 하는 사람. 아마추어. ③여염집 여자. * しらびと·しろうとろ도 읽음.
∥〜**筋**(すじ) 거래 시장에서 정보 등에 어두운 일반 투자가들.
　〜**離れ**(ばなれ) 초심자답지 않게 익숙함.
　〜**目**(め) 초심자의 관점이나 평가.
　〜**分かり**(わかり) 전문가가 아닌 사람도 잘 알고 있음.

〜**芸**(げい) 아마추어(의) 기예.
〜**屋**(や) ①여염집. ②☞ 素人下宿.
〜**芝居**(しばい) 아마추어 연극.
〜**臭い**(くさい) 풋내기 같다. 미숙하다.
〜**下宿**(げしゅく) (직업적이 아닌) 여염집하숙. 「가축.
素畜(もちく) 비육(肥育)의 대상이 되는
【其他】
素見し(ひやかし) 놀림. 또, 놀리는 사람.
素見す(ひやかす) ①놀리다. ②(살 생각도 없이) 물건을 보거나 값을 물어보다.
素面㊀(しらふ) 술 취하지 않았을 때(의 얼굴·태도).
㊁(すめん) ①(검도에서) 호면을 쓰지 않음. ②☞㊀. ③화장하지 않은 본래 얼굴.
素麵(そうめん) 실국수.
素水(さみず) 혼합물이 섞이지 않은 물.

```
 11    巢(巢)   새집 소
 ツ            ソウ
 教            す
```

【音読】
巢居(そうきょ) 소거. ①새의 보금자리처럼 나무 위에 집을 지어 삶. ②주거.
巢窟(そうくつ) 소굴.
【訓読】
巢(す) ①새·짐승·곤충 등의 집. ②〈俗〉사람이 사는 보금자리. ③(악한들의) 소굴.
巢口(すぐち) (화승총의) 총구.
巢籠もる(すごもる) (새·벌레 따위가) 둥지 속에 틀어박히다. 칩거(蟄居)하다.
巢離れ(すばなれ) 보금자리를 떠남.
巢立ち(すだち) ①(새끼가 자라서) 보금자리를 떠남. ②부모 슬하를 떠나 독립함.
巢立つ(すだつ) ①(새끼가 자라서) 보금자리를 떠나다. ②(부모 슬하를 떠나) 사회로 나가다. 자립하다. ③졸업하다. 「다.
巢立てる(すだてる) 보금자리를 떠나게 하
巢沙蚕(すごかい)『動』집갯지렁이.
巢箱(すばこ) (사람이 만든 새·꿀벌의) 둥우리 상자.
巢搔く(すがく) 거미가 줄을 치다.
巢守(すもり) ①부화하지 않고 남아 있는 알. ②뒤에 남아 번을 서는 일.
巢食う(すくう) ①깃들이다. 둥지를 틀고 살다. ②소굴을 이루고 있다.
巢燕(すつばめ) 초봄에 남쪽에서 건너와 처마 끝이나 대들보에 둥지를 치는 제비. 또, 둥지를 들락날락하는 제비.
巢隠れ(すがくれ) 새 따위가 둥지에 숨음.
巢鷹(すだか) 둥지에 있는 어린 매. 또, 이것을 잡아다 키우는 일.
巢引き(すびき) 집에서 기르는 새가 보금자리를 짓고 새끼를 기름.
巢入り(すいり) 동물이 제집으로 들어가는 일. 특히, 닭 따위가 알을 까기 위해 들어가는 일.

巣材(すざい) 새가 둥지를 칠 때 쓰는 재료.
巣鳥(すどり) 둥지에 있는 새. 둥지를 들락날락하는 새.
巣取り(すどり) ① 새 둥지에서 새끼를 잡아내는 일. ② 도박 현장을 덮쳐서 체포하는 일.
巣下ろし(すおろし) 매 따위의 새끼를 둥지에서 꺼내 기름. 또, 매 따위가 둥지에서 나옴.

11 才 常	掃(掃)	쓸 소 ソウ はく・はらう

音読
掃滅(そうめつ) 소멸.
掃射(そうしゃ) 소사.
掃愁帚(そうしゅうそう) (마음속의 슬픔을 비로 쓸어버린다는 뜻으로) 술의 별명.
掃攘(そうじょう) 소양. 휩쓸어 없앰.
掃除(そうじ) 소제. 청소.
掃蕩(そうとう) 소탕. 「省墓」
掃苔(そうたい) ① 이끼를 제거함. ② 성묘
掃討(そうとう) 소탕.
掃海(そうかい) 〖軍〗 소해. ♣~艇(てい) 소
‖~作業(さぎょう) 소해 작업. └해정.

訓読
❖**掃く**(はく) ① 쓸다. 청소하다. ② 가볍게 칠하다. 「으다.
掃き寄せる(はきよせる) 쓸어서 한곳에 모
掃き落とす(はきおとす) (땅이나 마루 밑에) 쓸어 떨어뜨리다.
掃き溜め(はきだめ) 쓰레기장(場).
掃き立て(はきたて) ① 청소한 지 얼마 안 됨. ② 알에서 갓 깬 애누에를 잠박에서 쓸어 옮김.
掃き付け壁(はきつけかべ) 모르타르를 발라 표면을 까칠까칠하게 가공한 벽.
掃き捨てる(はきすてる) 쓸어서 버리다.
掃き掃除(はきそうじ) 쓰레질.
掃き手(はきて) (씨름에서) 경기 중에 씨름판 바닥에 손이 닿는 일. 패배가 됨.
掃き清める(はききよめる) (비로) 쓸어서 깨끗이 함.
掃き初め(はきぞめ) 정월 초이튿날 그 해 처음으로 쓰레질하는 일.
掃き出し(はきだし) ① (비로) 쓸어냄. ② 掃き出し窓의 준말.
‖~窓(まど) 실내의 쓰레기를 쓸어 내기 위하여 바닥과 같은 높이로 만든 창.
掃き出す(はきだす) 쓸어 내다.

其他
掃墨(はいずみ) 참기름・평지 기름 등의 유연(油煙)을 쓸어 모은 것《먹・칠의 재료》.
掃部(かもん) 掃部寮(かもんりょう)의 준말. 옛날, 궁내성(宮內省)에 속하여 청소 등을 다루던 관서.

逆音
一掃(いっそう) 일소. 모조리 쓸어버림.

11 木	梳	빗 소 ソ すく・くしけずる

音読
梳綿(そめん) 소면. 면방직(綿紡織)에서, 짧은 섬유를 제거하고 가지런히 하는 작업.
♣~機(き) 소면기.
梳毛 ㊀(そもう) 소모. 양털 따위를 빗질해서 오그라든 것을 펴고 가지런히 하는 작업. 또, 그렇게 편 털. ♣~糸(し) 소모사.
‖~織物(おりもの) 소모 직물. 「子).
㊁(すきげ) (머리에 덧넣는) 다리. 월자(月

訓読
梳る(くしけずる) 머리를 빗다. 빗질하다.
＊けずる로도 읽음.
❖**梳く**(すく) (머리를) 빗다. ＊とく로도 읽음.
梳き(すき) ① 머리를 빗질함. ② 梳き櫛(すきぐし)의 준말. ③ 梳き油(すきあぶら)의 준말.
梳き髪(すきがみ) 빗질한 머리.
梳き手(すきて) ☞梳き子(すきこ).
梳き油(すきあぶら) 머리를 빗을 때 쓰는 기름. 머릿기름의 일종.
梳き引き(すきびき) 물고기의 비늘을 벗기는 법. 식칼을 뉘어 비늘과 껍질 사이에 넣어 꼬리 쪽에서 머리 쪽으로 훑어 벗김.
梳き子(すきこ) 髪結(かみゆい)의 조수. 결발(結髪)하기 전에 손님의 머리를 빗어 놓는
梳き櫛 ㊀(すきぐし) 참빗. └사람.
㊁(ときぐし) 얼레빗.
梳き取る(すきとる) 참빗으로 빗어 머리카락에 묻은 때를 제거하다.

11 辶	逍	거닐 소 ショウ さまよう

音読
逍遙(しょうよう) 소요.
‖~学派(がくは) 소요 학파.

11 糸 常	紹	이을 소 ショウ・ジョウ つぐ

音読
紹介(しょうかい) 소개. ♣~状(じょう) 소개장.
紹述(しょうじゅつ) 소술. 이어받아 논술함.

12 火 敎	焼(燒)	불사를 소 ショウ やく・やける

音読
焼却(しょうきゃく) 소각. ♣~炉(ろ) 소각로 / ~場(ば) 소각장.

∥～施設(しせつ) 소각 시설.
～装置(そうち) 소각 장치.
焼結(しょうけつ) 『化』 소결.
∥～合金(ごうきん) 『化』 소결 합금.
焼塊(しょうかい) 『化』 소괴. 클링커.
焼鈍(しょうどん) ☞焼き鈍し(やきなまし).
焼亡(しょうぼう) 소망. 소실(焼失). *しょうもうろ로도 읽음.
焼滅(しょうめつ) 소멸. 태워 없애는 일. 또, 타서 없어지는 일.
焼死(しょうし) 소사. 타 죽음.
焼殺(しょうさつ) 소살. 불에 태워 죽임.
焼石膏(しょうせっこう) 『化』 소석고.
焼成(しょうせい) 소성. 도토(陶土)를 높은 온도로 구워 도자기를 만듦.
∥～燐肥(りんぴ) 『化』 소성 인비.
焼損(しょうそん) 소손. 타서 못쓰게 됨.
焼身(しょうしん) 소신. 분신(焚身).
∥～自殺(じさつ) 분신 자살.
焼失(しょうしつ) 소실.
焼夷(しょうい) 소이. 태워 버림. ♣～弾(だん) 『軍』 소이탄.
焼灼(しょうしゃく) 『醫』 소작. 조직의 병적인 부분을 태워서 파괴하는 외과적 치료법.
焼酎(しょうちゅう) 소주.
焼酒(しょうしゅ) 소주.
焼尽(しょうじん) 소진. 죄다 탐.
焼土(しょうど) 소토. 토양 소독법의 하나.
焼香(しょうこう) 소향. 분향.
焼燬(しょうき) 소훼. 불에 탐〔태워 버림〕.
焼痕(しょうこん) 소흔. 탄 자취.
訓読
焼かす(やかす) 『世話(せわ)を～』 여러모로 애쓰게 하다〔폐를 끼치다〕.
❖**焼く** □(やく) ① 태우다. ② 굽다. ③ 햇볕에 몸을 그을리다. ④ (사진을) 인화하다. ⑤ 질투하다.
□(たく) ① 불을 때다〔피우다〕. ② (향을) 피우다.
焼く(やき) ① 구움. 구운 것〔정도〕. ② (날붙이의) 불림. 담금질.
焼きたて(やきたて) 갓〔막〕 구움. 또, 갓 구운 것.
焼き鎌(やきがま) 벼려서 날을 세운 낫.
焼き過ぎ(やきすぎ) 지나치게 구움.
∥～煉瓦(れんが) 보통 벽돌보다 고온으로 구운 벽돌.
焼き菓子(やきがし) 구운 과자의 총칭.
焼き串(やきぐし) 구이 꼬치.
焼き蕎麦(やきそば) 삶은 국수에 야채·고기를 넣어 기름에 볶은 요리.
焼き金(やきがね) ① 단근질. 낙인. ② 녹여서 불순물을 제거한 순금. *やきぎんで로도 읽음. ③ 외용의 강철제 작은 바늘.
焼き団子(やきだんご) 구운 경단.
焼き豚 □(やきぶた) 돼지고기를 구운 요리. □(やきとん) 돼지고기 꼬치 구이.
焼き桐(やきぎり) 표면을 그슬리어 나뭇결을 돋보이게 한 오동나무 재목.
焼き豆腐(やきどうふ) ① 불에 쬐어서 구운 두부. ② 江戸(えど) 시대에, 무사를 비웃어 일컫던 말.
焼き鈍し(やきなまし) (금속·유리 따위의 변형을 바로잡기 위해) 가열했다가 서서히 식히는 처리법. 설담금.
焼き戻し(やきもどし) 담금질한 금속을, 강도를 높이기 위해 다시 열처리함.
焼き戻す(やきもどす) 담금질한 금속을 다시 불리다.
焼き鏝(やきごて) 인두.
焼き網(やきあみ) 석쇠.
焼き明礬(やきみょうばん) 소(焼)명반. 백반.
焼き物(やきもの) ① 도자기·토기 등의 총칭. ② 구이 요리. ♣～師(し) 도공 /～薬(すり) 유약(釉藥).
焼き米(やきごめ) 올벼를 볶아 절구로 찧어 왕겨를 벗긴 햅쌀.
焼き飯(やきめし) 볶음밥.
焼き餅(やきもち) ① 구운 떡. ② 질투. 샘. 시기.
∥～焼き(やき) 질투가 심한 사람.
焼き付く(やきつく) ① 태운〔구운〕 흔적이 남다. ② 강한 인상을 받다. ③ 눌어붙다.
焼き付け(やきつけ) ① 『寫』 인화. ② 도자기에 유약으로 무늬를 그린 다음 굽는 일.
焼き付ける(やきつける) ① 낙인을 찍다. ② 강한 인상을 주다. ③ (도자기를) 구워 무늬를 넣다. ④ 『寫』 인화하다.
焼き麩(やきふ) 불에 쬐어서 부풀린 밀떡.
焼き払う(やきはらう) ① 깡그리 태워 버리다. ② 불을 질러 내쫓다.
焼き捨てる(やきすてる) 태워서 버리다.
焼き殺す(やきころす) 태워 죽이다.
焼き杉(やきすぎ) 삼목 판자 표면을 그슬린 다음 닦아서 나뭇결을 돋보이게 한 재목.
焼き上がる(やきあがる) 잘 구워지다. 완전히 구워지다. 들다.
焼き上げる(やきあげる) 잘 굽다. 구워 만들다.
焼き石(やきいし) 달군 돌. 온석(溫石).
焼き魚(やきざかな) 생선구이.
焼き塩(やきしお) 볶은 소금.
焼き玉(やきだま) 焼き玉機関의 준말.
∥～機関(きかん) 세미디젤 기관. 핫 밸브 기관.
焼き饂飩(やきうどん) 고기나 야채와 함께 볶은 가락국수.
焼き芋(やきいも) 군고구마.
焼き肉(やきにく) 불고기.
焼き栗(やきぐり) 군밤.
焼き刃(やきば) ① 담금질한 날붙이. ② 칼날에 나타나는 물결 모양의 무늬.
焼き印(やきいん) 소인. 낙인(烙印).
焼き林檎(やきりんご) 사과 속을 도려 낸 다음 여기에 버터·설탕·향료 등을 채워 넣고 군 과자.
焼き入れ(やきいれ) 담금질.
焼き場(やきば) ① 태우는 곳. 소각장. ② 화장터.
焼き畑(やきばた) 화전(火田). *やきはたで로도 읽음.
焼き畠(やきばた) ⇨ 焼き畑(やきばた).

焼き切り(やききり) 달구어 끊음.
焼き切る(やききる) ① 달구어서 끊다. ② 죄다 태우다.
焼き接ぎ(やきつぎ) 이빠진 도자기를 잿물로 때워서 구워 붙임.
焼き鳥(やきとり) 꼬치 구이.
焼き枠(やきわく)〖寫〗인화 틀.
焼き増し(やきまし)〖寫〗복사. 추가 인화(한 사진).
焼き直し(やきなおし) ① 다시 구움. ② 작품을 조금 손질해서 신작인 양 가장함. 또, 그러한 작품. 재탕.
焼き直す(やきなおす) ① 다시 굽다. ② 원형에 약간 손질을 하여 고쳐 만들다.
焼き尽くす(やきつくす) 다 태우다. 남김없이 태우다.
焼き軸(やきじく) 붓대 군데군데를 그슬리어 검게 한 것.
焼き打ち(やきうち) ⇨ 焼き討ち(やきうち).
焼き太刀(やきだち) 벼려서 날을 세운 칼.
焼き討ち(やきうち) 화공(火攻).
焼き判(やきはん) ☞焼き印(やきいん).
焼き板(やきいた) 구운 자국을 낸 널생선목.
焼き筆(やきふで) (버드나무 따위를 구워 만든) 밑그림용 목탄.
焼き蛤(やきはまぐり) ① 대합구이(요리). ② 대합살에 간장을 발라 구운 요리.
焼き海苔(やきのり) 구운 김. 맛김.
焼き灰(やきばい) 탄 뒤에 남은 재.
焼き絵(やきえ) 낙화(烙畫).
❖焼ける(やける) ① 타다. ② 구워지다. ③ 뜨거워지다. ④ 빨개지다. ⑤ 속이 쓰리다. ⑥ 새나다.
焼け(やけ) ① 놀. ② 탐. 그을음. 「とり).
焼け誇り(やけぼこり) ☞焼け太り(やけぶ
焼け落ちる(やけおちる) (건물이) 불에 타서 내려앉다.
焼け目(やけめ) 탄 자국. 탄 자리.
焼け木杭(やけぼっくい)〈俗〉불에 탄 말뚝. 타다 남은 그루터기.
焼け棒杭(やけぼっくい) ⇨ 焼け木杭(やけぼっくい).
焼け付く(やけつく) 타다. 타서 눌어붙다.
焼け死に(やけじに) 타 죽음. 소사.
焼け死ぬ(やけしぬ) 불에 타 죽다. 소사(燒死)하다.
焼け山(やけやま) ① 초목이 타버린 산. ②〈俗〉휴화산(休火山).
焼け色(やけいろ) 불에 그을려 탄 빛깔.
焼け石(やけいし) 햇볕・불에 달구어진 돌.
~に水(みず) 언 발에 오줌 누기.
焼け失せる(やけうせる) 불에 타서 없어지다. 소실되다.
焼け野(やけの) 불탄 들판.
‖~が原(はら) ① 타버린 벌판. ② (불에 타서) 벌판처럼 된 곳.
焼け野原(やけのはら) ① ☞ 焼け野(やけの). ② ☞ 焼け野が原(やけのがはら).

焼け残る(やけのこる) 불에 타지 않고 남다. 화재를 면하다.
焼け跡(やけあと) 불탄 자리.
焼け畑(やけばたけ) ☞焼き畑(やきばた). *やけばたろも 읽음.
焼け脹れ(やけぶくれ) 덴 자리의 물집.
焼け焦がし(やけこがし) ☞焼き焦げ(やきこげ).
焼け焦げ(やけこげ) 타서 눌음. 탐. 또, 그「눌은 자리.
焼け焦げる(やけこげる) (불에) 타서 눋다.
焼け出され(やけだされ) 불에 타서 집을 잃음. 또, 그 사람.「을 잃음.
焼け出される(やけだされる) 불에 타서 집
焼け太り(やけぶとり) 화재를 당한 뒤 전보다 오히려 생활이 더 좋아짐[사업이 더 커짐].
焼け土(やけつち) 탄 흙. 초토(焦土).
焼け穴(やけあな) (옷・천 따위에 불이 떨어져서) 뚫린 구멍.「젓가락.
焼け火箸(やけひばし) 달아서 뜨거워진 부
焼け灰(やけばい) 탄 재.

[其他]
焼べる(くべる) (장작 따위를) 지피다.
焼売(シューマイ) (중국 요리의) 찐 만두의 일종. *シャオマイ라고도 함.

| 12
生 | 甦 | 소생할 소
ソ
よみがえる |

[音読]
甦す(そす) 소생함. 되살아남.
甦生(そせい) 소생(蘇生).

[訓読]
甦る(よみがえる) 되살아나다. 소생하다.

| 12
正
常 | 疎 | 트일 소・멀 소
ソ
うとい・うとむ・おろか・おろそか |

[音読]
疎(そ) ① 성김. ② 소홀함. ③ 소원(疎遠).
疎剛(そごう) 소강. 물건의 표면이 거칠고 강「(剛)함.
疎開(そかい) 소개.
疎隔(そかく) 소격. 소원(疎遠).
疎略(そりゃく) 소략. 소홀.
疎簾(それん) 소렴. 성기게 엮은 발.
疎鹵(そろ) 변변치 않아 쓸모가 없음. 또, 그런 모양이 있음.
疎漏(そろう) 소루. 소홀해서 빠진 것이나 실수가 있음.
疎籬(そり) 소리. 엉성한 울타리.「숲.
疎林(そりん) 소림. 나무가 빽빽하지 않은
疎慢(そまん) 소만. 거칠고 소홀한 모양.
疎明(そめい) 소명.
疎密(そみつ) 소밀. ♣~波(は) 소밀파.
疎放(そほう) 조방(粗放). 거칠고 맺은 데가 없는[면밀하지 않은] 모양.
疎伐(そばつ) 소벌. 간벌(間伐).
疎水(そすい) 소수. 발전・급수・운송 등에

위해 만든 수로(水路). ♣～基(き)〖化〗소수기 /～性(せい) 소수성.
疎食(そし) 소식. 소사. 변변치 않은 음식.
疎植(そしょく) 소식. 성기게 심음.
疎髯(そぜん) 소염. 성기게 난 나룻.
疎影(そえい) 소영. 드문드문 비치는 그림자.
疎屋(そおく) 변변치 못한 집. 황량해진 집.
疎外(そがい) 소외. ♣～感(かん) 소외감.
‖～体(たい) 개인의 자유를 제약하는 조직・당 따위 단체.
疎雨(そう) 소우. 성기게 오는 비.
疎遠(そえん) 소원.
疎音(そいん) 소음. 격조(隔阻).
疎意(そい) 소의. 격의(隔意).
疎斥(そせき) 소척. 버성기게 하여 물리침.
疎通(そつう) 소통.   └소외(疎外)
疎豪(そごう) 소호. 거칠고 사나움.
疎画(そが) 소화. 대강 그린 그림.
疎闊(そかつ) 소활. ①서먹서먹함. 친하지 않음. ②굼뜸.

訓読
疎か 〓 (おろか) ①소홀함. 되는대로 함. ②《…は～の 꼴로》…은 말할 것 없고, …은 물론, …쯤은 그런대로.
〓 (おろそか) ☞〓①. ②실수. 부주의. ③〈文〉변변찮음.
疎む(うとむ) 싫어하다. (꺼려) 멀리하다.
疎ましい(うとましい) (매우) 싫다. 지겹다.
疎んじる(うとんじる) ☞疎む(うとむ).
疎んずる(うとんずる) ☞疎む(うとむ).
❖疎い(うとい) ①서먹하다. 소원하다. ②잘 모르다. (사정에) 어둡다.
疎疎しい(うとうとしい) 친하지 않다. 서먹서먹하다. 냉담하다.

其他
疎ら(まばら) ①(사이가) 뜸. 성김. 드문드문함. ②소매 거래를 전문으로 하는 사람들.
‖～垂木(たるき) 서까래의 배치를 불규칙하게〔성기게〕하는 일.
疎抜き(うろぬき) 솎음. 솎아낸 것. ＊おろぬき로도 읽음.
疎抜く(うろぬく) 솎다. 솎아내다. ＊おろぬく로도 읽음.

12 正	疏	트일 **소**・틀 소 ソ うとい・とおす

音読
疏(そ) 소. ①조목별로 진술한 상주문(上奏文). ②경전(經典) 등의 주석서.
疏開(そかい) 소개.
疏明(そめい) 소명.
疏水(そすい) 소수. 발전・급수・운송 등을 위해 만든 수로(水路). ♣～性(せい) 소수성.
疏食(そし) 소식. 소사. 변변치 않은 음식.
疏状(そじょう) 소장. 변명의 문서.
疏注(そちゅう) 소주. 주석(注釋).
疏註(そちゅう) ⇨ 疏注(そちゅう).
疏通(そつう) 소통.

12 疒	痟	소갈증 **소**・두통 **소** ショウ

音読
痟渇(しょうかち)〖醫〗소갈(消渴). ①목이 마르고 오줌이 안 나오는 병. ②여성의 임질.

12 言 常	訴	하소연할 **소**・송사할 소 ソ うったえる

音読
訴件(そけん)〖法〗소건. 소송 사건.
訴求(そきゅう) 소구. (광고나 판매에서) 상품을 선전하고 상대방에게 사고 싶은 마음이 일도록 하는 일.
訴権(そけん) 소권. 소송을 제기할 권리. 판결 청구권.
訴訟(そしょう) 소송. ♣～法(ほう) 소송법.
‖～記録(きろく) 소송 기록.
～能力(のうりょく) 소송 능력.
～当事者(とうじしゃ) 소송 당사자.
～代理人(だいりにん) 소송 대리인.
～費用(ひよう) 소송 비용.
～事件(じけん) 소송 사건.
～手続(てつづき) 소송 절차.
～要件(ようけん) 소송 요건.
～委任(いにん) 소송 위임.
～指揮(しき) 소송 지휘.
～参加(さんか) 소송 참가.
～判決(はんけつ) 소송 판결.
～行為(こうい) 소송 행위.
訴額(そがく)〖法〗소액.
訴願(そがん)〖法〗소원.
訴人(そにん) ①〈老〉고소인(告訴人). ②옛날에, 소송의 원고(原告).
訴因(そいん) 소인.
訴状(そじょう)〖法〗소장.   「함.
訴陳(そちん) 소진. 소송의 뜻을 진술
訴追(そつい)〖法〗소추. ①기소(起訴). ②탄핵(彈劾) 발의를 하여 재판관의 파면을 요구하는 일.
‖～免除(めんじょ) 소추 면제.
～委員会(いいんかい) 소추 위원회.

訓読
訴う(うったう) 訴たえる(うったえる)의 새로운 문어형(文語形).
❖訴える(うったえる) 송소하다. 고소하다.
訴え(うったえ) 호소. 소송.

13 口	嗉	모이주머니 **소** ソ

嗉囊(そのう)〖鳥〗소낭. 모이주머니.

13 土 常	塑	토우 소 ソ でく

音読→
塑像(そぞう) 소상. 찰흙·석고 따위로 만든 상.
塑性(そせい) 소성.
塑造(そぞう) 소조. 찰흙으로 조각의 원형을 만듦.

13 扌	搔	긁을 소 ソウ かく

音読→
搔器(そうき)〖考〗소기. 긁개.
搔頭(そうとう) 소두. ①머리를 긁음. ②비음.
搔痒(そうよう) 소양. 가려움. 가려워서 긁음.
搔爬(そうは)〖醫〗소파.

訓読→
搔かせる(かかせる) 긁게 하다. (창피 등을) 당하게 하다.
搔っ払い(かっぱらい) 날치기(꾼).
搔っ払う(かっぱらう) ①날치기하다. ②옆으로 휘둘러치다.
搔っ込む(かっこむ) ☞搔き込む(かきこむ).
搔っ切る(かっきる) 搔き切る(かききる)의 힘줌말.
搔っ攫う(かっさらう) 홱 낚아채다.
❖搔い(かい)《接頭語로》'搔き(かき)'의 음편형(音便形). '긁다·당기다'의 뜻.
搔い遣る(かいやる) 손으로 물리치다[밀치다]. 밀어 젖히다.
搔い掘り(かいぼり) 도랑이나 못 따위의 물을 퍼내고 그 속에 있는 물고기를 잡는 일.
搔い巻き(かいまき) 솜을 둔 잠옷.
搔い均し(かいならし) 평미레.
搔い剹る(かいくる) 도려내어 구멍을 내다.
搔い灯し(かいともし) 밤에, 대전(大殿) 네 귀퉁이에 켜 놓은 등롱의 불빛.
搔い練り(かいねり) 누인 명주(비단).
搔い撫で(かいなで) 겉만 알고 깊이는 모름. 수박 겉핥기식의 학문.
搔敷(かいしき) 그릇에 음식을 담기 전에 나뭇잎을 까는 일(종이를 까는 수도 있음).
搔い筒(かいげ) (목욕탕 등에서) 물을 뜨는 작은 통.
搔い繕い(かいつくろい) 시중을 드는 시녀.
搔い繕う(かいつくろう) (복장·머리를) 매만져 고치다[단정히 하다].
搔い手折り(かいたおり) 굽어짐. 특히, 도로의 모서리.
搔い膝(かいひざ) 한쪽 무릎을 세우고 두 팔로 그 무릎을 안듯이 하고 앉는 모습.

搔い暗み時(かいくらみどき) 해질 무렵. 황혼. 「에 끼다.
搔い込む(かいこむ) ①퍼넣다. ②겨드랑이
搔い潛る(かいくぐる) 재빨리 빠져 나가다.
搔い摘まむ(かいつまむ) (요점만) 간추리다. 요약하다.
搔い繰り(かいぐり) 어린이 놀이의 하나.
搔い繰る(かいぐる) (고삐 등을) 양손으로 번갈아 당기다. ✻かいくるに 읽음.
搔い調ぶ(かいしらぶ) 현악기를 연주하다.
搔い添う(かいそう) ①바싹 달라붙다. ②달라붙게 하다.
搔い出す(かいだす) 퍼내다.
搔い取り(かいどり) ①옷의 아랫단을 걷어 올려 잡음. ②일본 여자옷의 띠를 두른 위에 걸쳐 입는 긴 옷《옛날, 무사 부인의 예복. 지금은 결혼식 등에 입음》.
搔い偏む(かいこずむ) (말 따위가) 발이 걸려서 비틀거리다.
搔い詰め(かいづめ) 물체와 물체 사이가 벌어지도록 사이에 끼우는 물건.
❖搔く(かく) ①긁다. ②(칼로) 깎다. ③파헤치다. ④(현악기를) 타다.
搔き(かき)《接頭語로》①손으로 함을 나타내는 말. ②계속해 함을 나타내는 말. ③단번에 함[됨]을 나타내는 말.
搔き壞す(かきこわす) 손톱으로 살갗을 할퀴어 상처를 내다. 「(かきまぜる).
搔き交ぜる(かきまぜる) ⇨搔き混ぜる
搔き口說く(かきくどく) 口說く(くどく)의 힘줌말. 끈덕지게 설득하다.
搔き均す(かきならす) (모래나 재를) 평평히 고르다.
搔き起こす(かきおこす) 쑤석거려서 일으키다. 뒤섞어서 일으키다. 「다.
搔き寄せる(かきよせる) 긁어모으다[끌어당
搔き曇る(かきくもる) 曇る(くもる)의 힘줌말. 갑자기 흐려지다.
搔き落とし(かきおとし) 도자기에서 덜 마른 소지(素地)에 화장토(化粧土)를 칠하고, 이것을 긁어내서 무늬를 새기는 일.
搔き落とす(かきおとす) (부착물을) 긁어 떨어뜨리다.
搔き乱す(かきみだす) 교란시키다. 「다.
搔き乱れる(かきみだれる) 문란[혼란]해지
搔き籠る(かきこもる) 틀어 박히다. 죽치다.
搔き立てる(かきたてる) ①(기분을) 북돋우다. ②마구 저어 거품이 일게 하다. ③심지를 돋우다.
搔き鳴らす(かきならす) (현악기를 손가락으로) 타다. 켜다.
搔き毟る(かきむしる) 막 긁어서 쥐어뜯다. 긁어대다.
搔き暮れる(かきくれる) ①『涙(なみだ)に~』눈물로 세월을 보내다. ②아주 캄캄해지다[어두워지다].
搔き撫でる(かきなでる) ①(현악기를) 타다[뜯다]. ②어루만지다.

搔き餠(かきもち) ① 鏡餠(かがみもち)를 잘게 뜯은 것. ② 얇게 썰어 말린 찰떡.
搔き付く(かきつく) ① 달라붙다. 달려들다. ② (의지하려고) 매달리다.
搔き分ける(かきわける) 좌우로 밀어 헤치다.
搔き払う(かきはらう) ① 쫓아 버리다. 제거하다. ② 깨끗이 청소하다.
搔き捨て(かきすて) 창피를 당해도 아무렇지 않다는 말.
搔き散らす(かきちらす) '散らす(ちらす)(=어지르다)'의 힘줌말.
搔き傷(かきず) 손톱 자국. 긁힌 자국.
搔き繕う(かきつくろう) ☞ 搔い繕う(かいつくろう).
搔き消える(かききえる) (흔적도 없이) 사라지다. 지워지다.
搔き消す(かきけす) 消す(けす)의 힘줌말. (써 있던 것을) 싹 지우다.
搔き暗す(かきくらす) 〈古〉 ① 하늘을 어둡게 만들다. ② 슬픔으로 얼굴을 어둡게 하다.
搔き暗れる(かきくれる) ⇨ 搔き暮れる(かきくれる).
搔き揚げ(かきあげ) ① (등불의 심지를) 돋움. ② 튀김의 하나.
搔き揚げる(かきあげる) (흐트러진 머리카락을) 그러올리다.
搔き玉(かきたま) 달걀을 풀어 넣은 맑은 장국.
搔き入れる(かきいれる) 긁어 (모아) 넣다.
搔き込む(かきこむ) ① 그러모으다. ② 급히 먹다.
搔き切る(かききる) 칼날을 안쪽으로 하고 당기듯이 베다.
搔き集める(かきあつめる) (단번에) 그러모으다.
搔き出す(かきだす) ① (손 따위로) 긁어내다. 퍼내다. ② 긁기 시작하다.
‖搔き取り(かきとり) 옻나무에서 수액을 채취함.
搔き探る(かきさぐる) 손으로 더듬으며 찾다.
搔き退ける(かきのける) 좌우로 밀어내다. 밀어젖히다.
搔き捌く(かきさばく) ① 베어 째다. ② 휘저어 흩트리다.
搔き抱く(かきいだく) 힘껏 끌어안다.
搔き下ろす(かきおろす) 긁어내리다.
搔き合わす(かきあわす) ☞ 搔き合わせる(かきあわせる).
搔き合わせ(かきあわせ) ① 여밈. 여민 곳. ② 현악기·비파 등의 조율을 위해 뜯음. 또, 그 선율.
搔き合わせる(かきあわせる) ① 여미다. ② 거문고 등의 현을 조절하여 가락을 맞추다.
搔き混ぜ(かきまぜ) ① 뒤섞는 일. 또, 그 섞은 것. ② 혼히 있는 것.
搔き混ぜる(かきまぜる) ① (휘저어) 뒤섞다. ② 뒤얽히게 하다.
搔き攫う(かきさらう) 옆쪽에서 잽싸게 빼다.
搔き回す(かきまわす) ① 휘젓다. 어지르다. ② 〈俗〉 (자기 생각대로) 휘두르다.

13 溯

거슬러올라갈 **소**
ソ
さかのぼる

参考 溯의 異體字.

音読
溯江(そこう) 소강. 강, 특히 양쯔 강을 거슬러 올라감.
溯求(そきゅう) 소구. 거슬러 올라가서 추구·청구함.
溯及(そきゅう) 소급. *관용음은 さっきゅう.
溯上(そじょう) 소상. 거슬러 올라감.
溯源(そげん) ⇨ 溯源(そげん).
溯河(そか) ⇨ 溯河(そか).
溯航(そこう) 소항. 배로 강을 거슬러 올라감.
溯行(そこう) ⇨ 溯行(そこう).

訓読
溯る(さかのぼる) ⇨ 遡る(さかのぼる).

14 遡

거슬러올라갈 **소**
ソ
さかのぼる

音読
遡江(そこう) 소강. 강, 특히 양쯔 강을 거슬러 올라감.
遡求(そきゅう) 소구. 거슬러 올라가서 추구·청구함.
遡及(そきゅう) 소급. *관용음은 さっきゅう. ♣~效(こう)《法》소급효.
遡上(そじょう) 소상. 거슬러 올라감.
遡源(そげん) 소원. 근원을 거슬러 올라감. *관용음은 さくげん.
遡河(そか) 소하. 바다에서 강으로, 또 강 하류에서 상류로 거슬러 올라감.
‖~性(せい) 소하성. 산란을 위해 강을 거슬러 올라가는 성질.
~魚(ぎょ) 소하어. 산란을 위해 바다에서 강으로 거슬러 올라가는 물고기.
遡航(そこう) 소항. 배로 강을 거슬러 올라감.
遡行(そこう) 소행. (배를 타거나 걸어서) 거슬러 올라감.
遡洄(そかい) 소회. 흐르는 물 위로 거슬러 올라감.

訓読
遡る(さかのぼる) 거슬러 올라가다. ① (물의) 흐름과 반대로 올라가다. ② (시간적으로) 소급하다. ③ 과거사를[근원을] 더듬다.

15 銷

사라지게할 **소**·녹을 **소**
ショウ
けす·とかす

参考 현대 표기로는 '消'로 대용함.

音読
銷する(しょうする) ① 지우다. 없애다. ② 날을 보내다. 지내다.
銷却(しょうきゃく) 소각. ① 지워 없앰. ② 써버림. 소비함.

銷金(しょうきん) 소금. ①금속을 녹임. 또, 그 금속. ②돈을 낭비함.
銷沈(しょうちん) 소침. 사라져 없어짐.
銷夏(しょうか) 소하. 여름 더위를 이겨냄.

15 雨	霄	하늘 소·구름기 소 ショウ みぞれ

音読

霄壤(しょうじょう) 소양. 하늘과 땅.
～の差(さ) 소양지차. 천양(天壤)지차.

16 口	嘯	읊조릴 소 ショウ うそぶく・うそ

音読

嘯集(しょうしゅう) 많은 사람들을 불러모으는 일.
嘯風弄月(しょうふうろうげつ) 소풍농월. 불어오는 바람 속에서 시가를 읊으며 달 구경을 함.

訓読

嘯(うそ)〈古〉①숨을 세게 내쉼. ②휘파람을 붊.
嘯く(うそぶく) ①모르는 체하다. ②큰소리치다. ③〈雅〉휘파람 붙다. ④큰 짐승이 으르렁대다. ⑤〈雅〉시가를 읊조리다.
嘯笛(うそぶえ) 휘파람.

16 艹	蔬	나물 소·푸성귀 소 ソ な

音読

蔬菜(そさい) 소채. 채소. 야채. 푸성귀.
♣**～類**(るい) 소채류.

16 舟	艘	배 소 ソウ ふね

音読

艘(そう)《接尾語로》…척(隻).

17 艹	蕭	쑥 소·쓸쓸할 소 ショウ よもぎ

音読

蕭寥(しょうりょう) 고요하고 쓸쓸한 모양.
蕭索(しょうさく) 소삭. 쓸쓸한 모양.
蕭殺(しょうさつ) 소삼(蕭森). 소슬. (늦가을의 경치 따위가) 매우 쓸쓸한 모양.
蕭疎(しょうそ) 한적하고 쓸쓸한 모양.
蕭蕭(しょうしょう) 소소. 으스스하고 쓸쓸함.
蕭然(しょうぜん) 소연. 쓸쓸한 모양.

蕭条(しょうじょう) 소조. 단조롭고 쓸쓸함.

17 竹	篠	조릿대 소 ショウ しの・ささ・すず

訓読

篠 ㊀(しの)〖植〗①조릿대. ②篠笛(しのぶえ)의 준말.
㊁(すず) 篠竹(すずたけ)의 딴이름.
篠突く(しのつく) 篠竹(しのだけ)처럼 가느다란 것이 집중하여 날아오다. 많은 비가 쏟아져 내리는 모양을 이름.
篠簾(しのすだれ) 조릿대(이대)로 짠 발.
篠薄(しのすすき) ①조릿대(이대)가 무리지어 남. ②아직 이삭이 나지 않은 참억새.
篠垣(しのがき) 가는 대로 엮어 만든 울타리.
篠原(しのはら) 가는 대(조릿대)가 많이 난 벌판.
篠の子(すずのこ) 조릿대의 순.
篠笛(しのぶえ) 가는 대로 만든 피리.
篠竹 ㊀(しのだけ) ☞ 篠(しの)의 ㊀①.
㊁(すずたけ)〖植〗조릿대의 일종. 고리짝·세공물의 재료로 씀.
篠懸け(すずかけ) ①가사(袈裟). 수도자가 옷 위에 입는 법의(法衣). ②篠懸けの木의 준말.
‖**～の木**(き)〖植〗플라타너스.

18 馬 常	騒 (騷)	떠들 소 ソウ さわぐ・さわがしい・ぞめく

音読

騒(そう) 소. 한시(漢詩)의 한 체(體).
騒がましい(そうがましい) 시끌시끌하다. 시끄럽다.
騒客(そうかく) 소객. *そうきゃく로도 읽음.
騒動(そうどう) 소동.
‖**～打ち**(うち) 室町(むろまち) 시대에서 江戸(えど) 초기에 걸쳐, 남편이 다른 여자와 재혼하면 전처와 그 친척들이 후처의 집에 통고하고 살림을 때려부수던 풍습.
騒乱(そうらん) 소란. 소동. ♣**～罪**(ざい) 소란죄.
騒騒しい(そうぞうしい) 시끄럽다. 떠들썩하다.
騒然(そうぜん) 소연. 시끄러운 모양.
騒擾(そうじょう) 소요. 소동. ♣**～罪**(ざい) 소요죄.
騒音(そうおん) 소음. ♣**～計**(けい) 소음계.
‖**～規制法**(きせいほう) 소음 규제법.
～防止法(ぼうしほう) 소음 방지법.
騒人(そうじん) 소인. 문인(文人). 풍류객.
‖**～墨客**(ぼっかく) 소인 묵객. 시문(詩文)과 서화(書畵) 등을 일삼는 사람.

訓読

騒がしい(さわがしい) 시끄럽다. 소란스럽다. 떠들썩하다.
騒がす(さわがす) ☞ 騒がせる(さわがせる).
騒がせる(さわがせる) 시끄럽게 하다. 떠들

썩하게 만들다.
騷立つ(さわだつ) ① 떠들썩해지다. ② 흥분하다. 동요하다.
❖**騷く**(ぞめく)〈雅〉들떠들다. 들떠들며 돌아다니다.
騷き(ぞめき)〈雅〉① 들떠들. ② 유객 등이
❖**騷ぐ**(さわぐ) ① (시끄럽게) 떠들다. ② (마음이) 설레다. 허둥대다.
騷ぎ(さわぎ) 소동. 혼잡.
騷ぎ立つ(さわぎたつ) 떠들기 시작하다.
騷ぎ立てる(さわぎたてる) 법석을 떨다. 소란 피우다.

其他
騷し(そうがし) ☞ 騷がしい(さわがしい).
騷つく(ざわつく) 떠들썩하다. 웅성거리다.
騷めく(ざわめく) 웅성거리다. 술렁거리다.
騷騷 ㊀(ざわざわ) ① 떠들썩한 모양. 술렁술렁. 와글와글. ② 물건이 가볍게 스쳐 나는 소리. 와삭와삭.
㊁(さいさい) 사물이 움직여 소리가 나는 모양. *さえさえ로도 읽음.

19 竹	簫	퉁소 소 ショウ ふえ

音読
簫(しょう) 소《동양의 관악기》.
簫鼓(しょうこ)『樂』 소고. 소와 북.
簫颯(しょうさつ) 소삽. 가을 바람의 차고 쓸쓸함. 「가 쓸쓸함.
簫簫(しょうしょう) 소소. 바람이나 빗소리
簫瑟(しょうしつ) 소슬.
簫の笛(しょうのふえ) ☞ 簫(しょう).

20 氵	瀟	물이름 소·맑을 소 ショウ

音読
瀟瀟(しょうしょう) 소소함. 비바람이 심한 모양.
瀟洒(しょうしゃ) 소쇄. 산뜻함. 맵시 있음.
瀟灑(しょうしゃ) ⇨ 瀟洒(しょうしゃ).

20 艹	蘇	깨날 소 ソ·ス よみがえる

音読
蘇 ㊀(そ) 소나 양의 젖을 되직하게 끓인
㊁(ソ) 'ソ連(れん)(=소련)'의 준말. 「것.
蘇す(そす) 소생함. 되살아남.
蘇聯(それん)『地』 소련《러시아의 구칭》.
蘇摩那華(そまなけ) 소마나화. 인도의 꽃이름. 황백색이고 향기가 있음.
蘇迷盧(そめいろ)『佛』 수미산(須彌山).
蘇民将来(そみんしょうらい) ① 역병(疫病)을 막는 신(神)《부적에 이 말을 씀》. ② 버드나무로 만든 6모 기둥 모양의 복(福)을 비는 부적.
蘇蜜(そみつ) 유제품(乳製品)과 꿀.
蘇方(すおう) ⇨ 蘇芳(すおう).
蘇芳(すおう) 소방. ①『植』 다목. ② 다목나무를 깎아 달여 만든 검붉은 물감.
蘇枋(すおう) ⇨ 蘇芳(すおう).
蘇生(そせい) 소생. 「소(紫蘇).
蘇葉(そよう)『漢醫』 소엽. 차조기의 잎. 자
蘇油(そゆ) 소유. ① 우우로 만든 기름. ② 소마나화(蘇摩那華)의 꽃에서 빼낸 향유.
蘇音器(そおんき) '蓄音器(ちくおんき)(=축음기)'의 옛이름.
蘇音機(そおんき) ⇨ 蘇音器(そおんき).
蘇鉄(そてつ)『植』 소철. 상록 교목의 하나.
蘇合香(そごうこう)『植』 소합향. 또, 거기서 만들어낸 향료.

訓読
蘇る(よみがえる) 되살아나다. 소생하다.

其他
蘇格蘭(スコットランド)『地』 소격란. 스코틀랜드《영국 본토의 북부》.

22 魚	鰺	비릴 소 ソウ あじ

訓読
鰺(あじ)『魚』 전갱이.

속

7 木 教	束	묶을 속·단속할 속 ソク たば·つか

音読
束帯(そくたい) 속대《平安(へいあん) 시대 이후, 임금 및 문무 백관이 정무를 볼 때나 의식이 있을 때 입던 정장》.
束縛(そくばく) 속박.
 ∥~**状態**(じょうたい) 속박 상태.
 ~**運動**(うんどう)『理』 속박 운동.
 ~**電子**(でんし)『理』 속박 전자.
束髪(そくはつ) 속발. 《특히, 明治(めいじ) 시대 이후 유행한》 트레머리.
束手(そくしゅ) 속수. 방관.
束脩(そくしゅう) 속수. 속수지례(束脩之禮). 문하생이 될 때 스승에게 바치는 예물.

訓読
束 ㊀(たば) 다발. 뭉치. 단. 묶음.
㊁(つか) ① 약간. 조금. ②『建』 束柱(つかばしら)의 준말. ③『印』 쪽. 제책했을 때의 책의 부피.
㊂(そく) ① 벼 열 단. ② 반지(半紙) 200장.

③ 100을 단위로 일컫는 수사(數詞). ④《接尾語로》 묶음. …단. …다발.
束の間(つかのま) 잠깐 동안. 순간.
束見本(つかみほん) 〖印〗 가제본(假製本). 부피 견본.
束柱(つかばしら) 동자 기둥. 들보 위에 세우는 짧은 기둥. 쪼구미.
❖**束ねる** ㊀(たばねる) ① 묶다. 뭉치로 하다. ② 통솔하다. 통할하다.
㊁(つかねる) ① 다발로 묶(어 두)다. ② (팔짱을) 끼다.
束ね(たばね) ① 묶음. ② 단속함. 통할함. 또, 그 소임.
∥〜**髮**(がみ) 속발. 뒤에서 묶은 머리.
〜**熨寸**(のし) 熨寸을 다발 진 것. 또, 그것을 도안화한 가문(家紋).
〜**柱**(ばしら) 여러 개의 작은 원기둥을 다발 진 것 같은 굵은 원기둥《중세 고딕 건축용》.

其他━
束子(たわし) 수세미. 솔솔.

| 9 イ 常 | 俗 | 풍속 **속**·속될 **속** ソク・ショク ならわし |

音読━
俗(ぞく) ① 풍습. 습속. ② 속인. ③ 속세. 세속. ④ 속됨. 천함. ⑤ 혼함. 일반적임.
俗っぽい(ぞくっぽい) 속되다. 통속적이다. 상스럽다.
俗に(ぞくに) 속되게. 흔히. 보통 세상에서.
俗家(ぞっか) 속가. *ぞっけ로도 읽음.
俗歌(ぞっか) 속가. 속요. 「도 읽음.
俗間(ぞっかん) 속간. 속세. *ぞくかん으로
俗講(ぞっこう) 〖佛〗 속강. 중국 당(唐)나라 때, 중이 속인(俗人)을 대상으로 했던 불교 경전의 강의. 「속된 사람.
俗客(ぞっかく) 속객. 풍류를 모르는 사람.
俗見(ぞっけん) 속견. 「도 읽음.
俗境(ぞっきょう) 속경. *ぞくきょう로도
俗戒(ぞっかい) 〖佛〗 속계. 「읽음.
俗界(ぞっかい) 속계. 속세. *ぞくかい로도
俗曲(ぞっきょく) 속곡. 三味線(しゃみせん)에 맞추어 부르는 端歌(はうた)・都都逸(どどいつ) 따위. 「런 성질.
俗骨(ぞっこつ) 범인. 범속(凡俗)함. 또, 그
俗句(ぞっく) 속구. 비속한 구(句).
俗気(ぞっけ) 속기. 속된 마음·기분. 속취(俗臭). *ぞっき・ぞっき・ぞっけ로도 읽음.
俗念(ぞくねん) 속념.
俗談(ぞくだん) ① 속된 이야기. 잡담. ② 풍류가 없는 이야기.
∥〜**平話**(へいわ) 비근한 속어와 일상 생활에서 보통 쓰는 말.
俗慮(ぞくりょ) 속려. 속념(俗念). 속정.
俗論(ぞくろん) 속론. 「버림.
俗了(ぞくりょう) 아주 속되게 됨. 속되게 해
俗陋(ぞくろう) 속루. 비속(鄙俗)하고 누열(陋劣)함. 속되고 천함.
俗累(ぞくるい) 속루. 세속의 번거로운 일.
俗流(ぞくりゅう) 속류. 속인(속물)들.
俗吏(ぞくり) 속리. 속된〔속물〕 관리.
俗離れ(ぞくばなれ) (생각이나 행동이) 세속과 떨어져 있음. 탈속(脫俗).
俗名 ㊀(ぞくみょう) 속명. ① 중이 되기 전의 이름. ② (죽은 사람의) 살아 있을 때의 이름. ③ 속칭.
㊁(ぞくめい) 속명. ① ☞ ㊀. ② (하찮은) 속된 명성. ③ (동·식물의) 통속적인 이름.
俗務(ぞくむ) 속무. 세속의 번잡스러운 일.
俗文(ぞくぶん) 속문. 통속체의 글.
俗物(ぞくぶつ) 속물. '俗人(ぞくじん)(=속인)'을 한층 경멸해서 일컫는 말.
俗輩(ぞくはい) 속배. 속된 무리들.
俗本(ぞくほん) 속본. 속서(俗書). 통속적인
俗士(ぞくし) 속사. 평범한 사람. 「책.
俗事(ぞくじ) 속사. 속되고 번거로운 세상
俗務(ぞくむ) 속무. 「일.
俗説(ぞくせつ) 속설.
俗姓(ぞくせい) 〖佛〗 속성. 중이 되기 전의 성. *ぞくしょうど로 읽음.
俗聖(ぞくひじり) 출가(出家)하지 않고 속인으로 있으면서 계율을 지키고 불도 수행에 힘쓰는 사람. 「읽음.
俗世(ぞくせ) 속세. 이 세상. *ぞくせい로도
俗世間(ぞくせけん) 속세간. 속세.
俗世界(ぞくせかい) 속세계. 속세의 사회.
俗手(ぞくしゅ) 속수. (장기·바둑에서) 속되고 평범한 수.
俗受け(ぞくうけ) (전문가가 아닌) 일반 대중의 마음에 듦. 속된 인기를 얻음.
俗習(ぞくしゅう) 속습. 세속적인 풍습.
俗僧(ぞくそう) 속승. 속된 중.
俗信(ぞくしん) 속신. 민간에서 행해지는 미신적 신앙.
俗心(ぞくしん) 속심. 속된 마음.
俗悪(ぞくあく) 속악.
俗楽(ぞくがく) 속악. ① 민중의 음악. ② 저속한 음악·음곡.
俗眼(ぞくがん) 속안. 속인의〔속된〕 눈. 세속의 눈. 「어.
俗語(ぞくご) 속어. ① 구어. ② 비속어. 은
俗言(ぞくげん) 속언. ① 속어. ② 세상의 소문〔평판〕.
俗諺(ぞくげん) 속언. 속담. 이언(俚諺).
俗緣(ぞくえん) 속연. 속인으로서의 연고 관계. 중의 친척. 연고자.
俗謠(ぞくよう) 속요. ① 통속적인 노래《가요곡·유행가 따위》. ② 小唄(こうた)나 민요 따위의 속곡.
俗欲(ぞくよく) 속욕. 세속적인 욕망.
俗用(ぞくよう) 속용. 속사(俗事).
俗儒(ぞくじゅ) 속유. ① 속된 유생. ② 평범한 학자.
俗耳(ぞくじ) 속이. 세상 사람들의 귀.
俗人(ぞくじん) 속인. ① 출가하지 않은 보통

사람. ②풍류를 모르는 사람. ③생각·취미가 속되고 천한 사람. 속물.
俗字(ぞくじ) 속자.
俗才(ぞくさい) 속재. 세재(世才).
俗伝(ぞくでん) 속전. 세상에 널리 전해오는 이야기.
俗情(ぞくじょう) 속정. ①세상일. 세상 물정. ②속되고 천한 마음.
俗諦(ぞくたい)〖佛〗속체. 세상의 실제에 맞추어 알기 쉽게 설명한 진리.
俗調(ぞくちょう) 속조. 속된 가락.
俗衆(ぞくしゅう) 속중. 중에 대하여 일반 사람을 이르는 말. *ぞくしゅ로도 읽음.
俗知(ぞくち) 속지. 속사(俗事)에 관한 지혜. 속인의 지혜.
俗智(ぞくち) ⇨ 俗知(ぞくち).
俗塵(ぞくじん) 속진. 세속의 번거로움.
俗体(ぞくたい) 속체. ①(중이 아닌) 속인의 모습. ②풍류의 멋이 없는 모양. (시가 등의) 통속적인 양식.
俗臭(ぞくしゅう) 속취. 세속적인 냄새.
俗趣(ぞくしゅ) 속취. 속된 취미.
俗称(ぞくしょう) 속칭. ①통칭. ②중이 되기 전의 이름.
俗評(ぞくひょう) 속평. 세상의 일반인들이 내리고 있는 평가. 세평.
俗筆(ぞくひつ) 속필. 품위 없는 글씨.
俗学(ぞくがく) 속학. 통속적이며, 천박하고 가치가 없는 학문.
俗漢(ぞっかん) 속한. 성품이 속된 사람.
俗解(ぞっかい) 속해. 통속적인 해석. *ぞくかい로도 읽음.
俗形(ぞくぎょう) 출가(出家)하지 않은 보통 사람의 모습. 속세에 있는 사람의 모습.
俗化(ぞっか) 속화. *ぞくか로도 읽음.
俗画(ぞくが) 속화. 속된 그림.
俗話(ぞくわ) 속화. ①세속 이야기. ②일상어. 속어.

速(速) 빠를 속
ソク
はやい・はやめる・すみやか

音読→
速乾(そっかん) 속건. 빨리 마름.
速決(そっけつ) 속결.
速攻(そっこう) 속공.
速球(そっきゅう)〖野〗속구.
速急(そっきゅう) 급속(急速).
速記(そっき) 속기. ①속기로 씀. ②速記術의 준말. ♣~録(ろく) 속기록.
∥~符号(ふごう) 속기 부호.
~術(じゅつ) 속기술.
速断(そくだん) 속단.
速達(そくたつ) 속달. 速達郵便의 준말.
∥~郵便(ゆうびん) 속달 우편.
速答(そくとう) 속답.
速度(そくど) 속도. ♣~計(けい) 속도계.

∥~記号(きごう) 속도 기호. 악곡의 연주 속도를 지시하는 기호.
~標語(ひょうご) 속도 표어. 「술.
速読(そくどく) 속독. ♣~術(じゅつ) 속독
速力(そくりょく) 속력.
速了(そくりょう) 지레짐작.
速歩(そくほ) 속보. 빠른 걸음.
速報(そくほう) 속보. ♣~板(ばん) 속보판.
∥~主義(しゅぎ) 속보주의. 뉴스를 빨리 알리는 것을 제일로 삼는 생각.
速写(そくしゃ) 속사.
速射(そくしゃ) 속사. ♣~砲(ほう) 속사포.
速算(そくさん) 속산.
速成(そくせい) 속성.
速修(そくしゅう) 속수. 어학·기술 따위를 속성으로 배움.
速習(そくしゅう) 기술 따위를 빨리 습득함.
速醸(そくじょう) 짧은 시간에 술·간장 따위를 빚음.
速染剤(そくせんざい)〖化〗촉염제(促染劑).
速戦即決(そくせんそっけつ) 속전즉결. 즉전즉결. 속전속결.
速筆(そくひつ) 속필.
速効(そっこう) 속효.
∥~性肥料(せいひりょう) 속효성 비료.

訓読
速まる(はやまる) (속도나 주기가) 빨라지다.
速やか(すみやか) 빠름. 신속.
❖**速い**(はやい) ①(동작·속도가) 빠르다. ②세차다. 거칠다. 「스피드.
速さ(はやさ) ①빠름. 또, 그 정도. ②속력.
速見(はやみ) 조견. 한눈에 곧 알 수 있게 된 표나 도표 따위. 「일.
速目(はやめ) 재빨리 (사물의 모양을) 보는
速雨(はやさめ) 갑자기 내리는 폭우.
速耳(はやみみ) (소문 따위를) 빨리 들어 아는 일. 또, 그 사람.
速足(はやあし) 속보. 빠른 걸음.
速舟(はやぶね) (속력이 빠른 배. ②군선(軍船)의 하나. *はやふね로도 읽음.
❖**速める**(はやめる) 움직임·속도를 빨리 하다. 빠르게 하다.
速め(はやめ) 속도가 좀 빠름.

属(屬) 무리 속·이을 속
ソク・ショク
つく・やから

音読→
属(ぞく) 속. ①뒤따름. 부속. ②부하. ③같은 부류. 동류. ④생물 분류상의 한 단계.
属す(ぞくす) ☞ 属する(ぞくする).
属する ㊀(ぞくする) ①(어떤 범위 안에) 속하다. 딸리다. ②맡기다. 부탁(기대)하다. ㊁(しょくする) ④위촉하다.
属格(ぞっかく)〖文法〗속격.
属官(ぞっかん) 속관. 속리(屬吏)(특히, 일본 구헌법 하의 판임관(判任官)을 일컬음).

属具(ぞくぐ) 속구. 어느 물건에 딸린 기구.
属国(ぞっこく) 속국. 식민지.
属島(ぞくとう) 속도. 딸린 섬.
属領(ぞくりょう) 속령.
属隷(ぞくれい) 속례. 남에게 지배당하고 있음. 또, 그 사람. 예속.
属僚(ぞくりょう) 속료. 하급 관리.
属吏(ぞくり) 속리. 하급 관리〔공무원〕.
属望(しょくぼう) 속망. 촉망.
属名(ぞくめい) 〖生〗속명. 동식물의 속(屬)을 나타내는 명칭.
属目(しょくもく) ①속목. 관심을 가지고 봄. ②눈에 띔.
属邦(ぞくほう) 속방. 속국(屬國).
属性(ぞくせい) 속성.
‖**~概念**(がいねん) 속성 개념.
~主義(しゅぎ) 속성주의.
属音(ぞくおん) 〖樂〗속음. 딸림음.
属人(ぞくじん) 〖法〗속인. 사람을 본위로 생각함.
‖**~給**(きゅう) 속인급. 직무 내용과는 관계 없이 연령·성(性)·학력·근속 연수에 따라 주는 급여.
~法(ほう) 〖法〗속인법. 사람이 국적 또는 주소를 가지고 있는 나라의 법률.
~主義(しゅぎ) 〖法〗(재판권의) 속인주의.
属籍(ぞくせき) 속적. 그 사람이 속하고 있는 호적이나 국적.
属従(ぞくじゅう) 속종. 어떤 물건에 붙어서 좇음.
属地(ぞくち) 속지. ①딸린 땅. ②〖法〗그 땅을 본위로 생각함.
‖**~法**(ほう) 〖法〗속지법. 사람을 특정하지 않고 속해 있는 장소를 기준으로 하여 적용하는 법. ♣**~主義**(しゅぎ) 속지법주의.
~主義(しゅぎ) 〖法〗속지주의.
属和音(ぞくわおん) 〖樂〗속화음. 딸림화음.

12 米	粟	좁쌀 **속** ゾク あわ

音読
粟粒(ぞくりゅう) 속립. 좁쌀알. *あわつぶ 라고도 함.
‖**~結核**(けっかく) 〖醫〗속립 결핵.
粟散(ぞくさん) 〖佛〗속산. 조의 알맹이가 흩어지는 것처럼 자질구레하게 흩어짐.
‖**~辺土**(へんど) 속산 변토. 먼 곳에 흩어져 있는 작은 나라.
~王(おう) 속산왕. 작은 나라의 왕.
訓読
粟 ㊀(あわ) ①〖植〗조. 좁쌀. ②소름.
㊁(ぞく) 벼. 녹(祿). 또, 좁쌀(알).
粟粔(あわおこし) 좁쌀 밥풀 과자.
粟立つ(あわだつ) 소름이 끼치다.
粟飯(あわめし) 속반. 조밥.
粟餅(あわもち) 좁쌀떡.

13 糸 教	続 (續)	이을 **속** ソク·ショク つづく·つづける

音読
続(ぞく) ①계속(함). ②속편(續編).
続刊(ぞっかん) 속간. *ぞくかん으로도 읽음.
続開(ぞっかい) 속개.
続稿(ぞっこう) 속고.
続騰(ぞくとう) 속등. 시세가 계속 오름.
続落(ぞくらく) 속락. 시세가 계속 내림.
続落ち(ぞくおち) ☞続落(ぞくらく).
続発(ぞくはつ) 속발. 연발(連發).
‖**~症**(しょう) 〖醫〗어떤 질병이 계기가 되어 발생하는 다른 증상이나 질병.
続柄(ぞくがら) ☞続き柄(つづきがら).
続報(ぞくほう) 속보.
続生(ぞくせい) 속출. 잇따라서 생겨남〔일어남〕.
続成作用(ぞくせいさよう) 〖地〗속성작용.
続続(ぞくぞく) 잇따라.
続伸(ぞくしん) 시세가 전날에 비해 계속 오름.
続審(ぞくしん) 〖法〗속심.
続演(ぞくえん) 속연.
続映(ぞくえい) 속영. 연속 상영.
続用(ぞくよう) 속용. 계속 사용함.
続載(ぞくさい) 속재. 연재(連載).
続紙(ぞくし) 두루마리처럼 한데 이은 종이.
続貂(ぞくちょう) 속초. 우수한 사람의 뒤를 열등한 사람이 계승함.
続出(ぞくしゅつ) 속출.
続投(ぞくとう) 〖野〗속투. 투수 교체없이 계속 투구함.
続篇(ぞくへん) ⇨続編(ぞくへん).
続編(ぞくへん) 속편.
続航(ぞっこう) 속항.
続行(ぞっこう) 속행. 재혼.
続弦(ぞくげん) 속현. 두 번째 아내를 맞는 일.
訓読
❖**続く**(つづく) ①계속하다. ②잇따르다. ③(뒤)따르다. ④버금가다. 다음가다.
続き(つづき) ①이음. 연결. 계속. ②《接尾語적으로》잇따름. 연속.
続き物(つづきもの) (소설·영화·드라마 등의) 연속물. 연재물.
続き柄(つづきがら) 친족 관계. 혈족 관계.
続き合い(つづきあい) ☞続き柄(つづきがら).
❖**続ける**(つづける) 계속하다. (し...ら).
続け書き(つづけがき) 글자 사이를 떼지 않고 잇따라 씀. 또, 그렇게 쓴 것.
続け様(つづけざま) 계속해서〔잇따라〕일어나는 모양. 연달아 일어남. 또, 그 모양.
続け字(つづけじ) 또박또박 떼어 쓰지 않고 연달아 붙여 쓴 글씨〔초서 따위〕.
其他
続飯(そくい) (밥알을 으깨어서 만든) 밥풀. *そくいい·そっくい로도 읽음.
‖**~飯**(めし) 으깨어 밥풀을 만들려는 밥.
続松(ついまつ) 횃불.

15 艹	萩	푸성귀 **속** ソク あおもの・あおな

音読
萩萩(そくそく) 속속. ① 바람 소리가 억세고 빠른 모양. ② 눈물이 흐르는 모양.

22 貝	贖	속바칠 **속** ショク あがなう

音読
贖金(しょっきん) 속금. 속전(贖錢). 「금.
贖罪(しょくざい) 속죄. ♣〜金(きん) 속죄
訓読
贖う(あがなう) 속죄(贖罪)하다. 죄(罪)갚음하다.

손

10 子 教	孫	손자 **손** ソン まご

音読
孫呉(そんご) 손오. 병법가인 손자(孫子)와 오자(吳子).
孫王(そんのう) 천자의 손자. 황손(皇孫).
孫外れ(そんはずれ) 혈통이 다른 사람처럼 친형제와 닮지 않음.
訓読
孫 ㊀(まご) 손. ① 손자. ＊うまごらごとも 함. ② 대(代)를 한번 건너뛴 관계.
㊁(そん) ① 자손. 후예. ② 혈통.
孫娘(まごむすめ) 손녀.
孫庇(まごびさし) 덧댄 차양.
孫廂(まごびさし) ⇨ 孫庇(まごびさし).
孫の手(まごのて) (끝이 손처럼 된) 등긁이. 효자손.
孫息子(まごむすこ) 손자. 「자.
孫養子(まごようし) 조부모의 양자가 된 손
孫引き(まごびき) 다른 책에 인용된 것을 그대로 또 인용함. 재인용.
孫子 ㊀(まごこ) ① 손자와 아들. ② 자손.
㊁(そんし) 손자. '손자 병법'의 저자.
孫作(まごさく) 소작인의 논밭을 다시 빌려서 하는 소작.
孫嫡子(まごぢゃくし) 적출(嫡出)의 손자.
孫弟子(まごでし) 제자의 제자.
孫株(まごかぶ) 주식 회사가 신주를 발행한 후, 증자하기 위해 다시 발행하는 주.
孫請け(まごうけ) 하청받은 일을 다시 다른 사람이 하청받는 일. 또, 그 하청자.
孫太郎虫(まごたろうむし) 〖蟲〗 ① 뱀잠자리의 애벌레. ② 물방개의 애벌레.
孫会社(まごがいしゃ) 〖經〗손자 회사. 어떤 회사의 자회사의 자회사.

12 己 入	巽 (巽)	패이름 **손** ソン たつみ

音読
巽 ㊀(そん) 손. 주역(周易)에서, 팔패(八卦)의 하나.
㊁(たつみ) 〈老〉동남방(東南方).
巽位(そんい) 손위. 손방(巽方). 동남방향.

13 扌 教	損	덜 **손**·상할 **손** ソン そこなう・そこねる・へらす・へる

音読
損(そん) 손. 손해.
損じ(そんじ) ① 실수해서 못 쓰게 됨. ② 상처 받음. 또, 그 상처. ③ 못 쓰게 된 것.
損じる(そんじる) ① 손상[파손]하다. 상하게 하다. ②《動詞의 連用形에 붙어서》실패하다. 잘못하다.
損する(そんする) 손해 보다.
損ずる(そんずる) ☞ 損じる(そんじる).
損減(そんげん) 손감. 감손.
損壊(そんかい) 손괴. 파괴.
損金(そんきん) 손금. 손해 본 돈.
損気(そんき) 손해 보는 성질.
損年(そんねん) 손년. 재해로 농작물에 손해가 난 해. 「실.
損得(そんとく) 손득. 손익과 이득. 손익. 득
‖〜尽く(ずく) 손익을 충분히 계산한 후에 행동하는 일.
損料(そんりょう) 손료. 임차료.
‖〜貸し(がし) 손료를 받고 빌려 줌.
〜物(もの) 요금을 지불하고 빌린 의복이나 기물(器物) 등의 물건.
〜屋(や) 요금을 받고 의복이나 기물 등을 빌려주는 상점. 또, 그 상인.
損亡(そんもう) 손실. 손해. 결손. ＊そんぼ우로도 읽음.
損耗(そんもう) 손모. ＊そんこう로도 읽음.
損保(そんぽ) 〖經〗'損害保險(そんがいほけん)(=손해 보험)'의 준말.
損傷(そんしょう) 손상.
損所(そんしょ) 파손된 곳. 부서진 곳.
損失(そんしつ) 손실.
‖〜補償(ほしょう) 손실 보상.
〜補塡(ほてん) 손실 보전[보충].
損友(そんゆう) 손우. 해가 되는 벗.
損銀(そんぎん) ☞ 損金(そんきん).
損益(そんえき) 손익.
‖〜勘定(かんじょう) 손익 계정.
〜計算書(けいさんしょ) 손익 계산서.
〜分岐点(ぶんきてん) 손익 분기점.

損者(そんしゃ) 손자. 교제하여 자신의 손해가 되는 사람.
∥～三友(さんゆう) 손자삼우(아첨하는 자, 성실치 않은 자, 입에 발린 말을 잘하는 자).
損切り(そんぎり) 주식 등의 거래에서, 손해를 각오하고 팔아 치우는 일. 손절매(賣).
損紙(そんし) 〖印〗 손지. 파지(破紙).
損害(そんがい) ① 손해. ② 파손.
∥～担保契約(たんぽけいやく) 손해 담보 ～賠償(ばいしょう) 손해 배상.   └계약.
～保険(ほけん) 손해 보험.

訓読
損なう(そこなう) ① 손상하다. 파손하다. 깨뜨리다. ② (건강·기분 등을) 상하게 하다. ③《動詞의 連用形에 붙어서》…하지 못하다.
損なわれる(そこなわれる) 손상되다. 깨지다. 쇠약해지다. 나빠지다.
損ねる(そこねる) ☞損なう(そこなう).

| 14
辶 | 遜 | 겸손할 **손**
ソン
へりくだる・ゆずる |

音読
遜恭(そんきょう) 손공. 겸손하고 공순함.
遜辞(そんじ) 손사. 겸손한 말.
遜色(そんしょく) 손색.
遜譲(そんじょう) 손양. 겸손하여 사양함.
遜愿(そんげん) 겸손하고 신중함.
遜位(そんい) 손위. 임금이 양위함.
訓読
遜る(へりくだる) 겸양하다.

솔

| 11
辶
教 | 率 솔 ⇨ 率 률 (p. 420) |

| 17
虫 | 蟀 | 귀뚜라미 **솔**
シュツ |

其他
蟀谷(こめかみ) 관자놀이.
逆音
蟋蟀(しっしゅつ) 〖蟲〗 실솔. 귀뚜라미.

송

| 7
宀 | 宋 | 송나라 **송**
ソウ |

音読
宋(そう) 〖史〗 (옛 중국의) 송나라.
宋文(そうぶん) 송(宋)나라 때의 문장.
宋史(そうし) 송사. 송나라의 역사를 기록한 정사(正史).
宋書(そうしょ) 송서. 육조(六朝) 시대 송(宋)나라의 정사.
宋襄の仁(そうじょうのじん) 송양지인. 쓸데없는 동정.
宋元画(そうげんが) 송원화. 중국 송(宋)·원(元) 시대의 그림.
宋儒(そうじゅ) 송유. 중국 송대의 유학자.
宋音(そうおん) 송나라 이후의 중국어 발음이 일본에 전해진 한자음.
宋磁(そうじ) 송자. 송대(宋代)에 만들어진 도자기.
宋銭(そうせん) 송전. 중국 송(宋)나라 때만 든 돈.
宋朝(そうちょう) 송조. 송나라 조정. 송나라 시대.
∥～体(たい) 송조체(세로로 갸름한 해서체로서 송나라 시대에 생김).
～活字(かつじ) 송조 활자.
宋版(そうはん) 송판. ① 송(宋)나라 때 인쇄한 책. ② 송조체 활자로 인쇄한 책.
宋学(そうがく) 송학. 중국 송대의 유학(儒學).

| 8
木
教 | 松 | 소나무 **송**
ショウ
まつ |

音読
松炬(しょうきょ) 송거. 횃불.
松果腺(しょうかせん) 〖生〗 송과선. 골윗샘.
松果体(しょうかたい) 〖生〗 송과체.
松菊(しょうきく) 소나무와 국화.
松筠(しょういん) 솔과 대(나무). 늘 푸른 데서 절조가 변치 않는 비유로 일컬음.
松根油(しょうこんゆ) 송근유. 소나무 뿌리에서 뽑은 기름.
松濤(しょうとう) 송도. 송풍. 송뢰(松籟).
松蘿(しょうら) ①〖植〗 송라. 소나무겨우살이. ② 남녀의 굳은 약속으로도 비유됨.
松露(しょうろ) 송로. ①〖植〗 4, 5월경 해변의 솔밭에 나는 버섯. ② 솔잎에 맺혀 있는 이슬.
松籟(しょうらい) ① 송뢰. 솔바람. ② 차 끓이는 물이 끓는 소리.
松門(しょうもん) 소나무가 자연스럽게 문의 형태를 하고 있음.
松柏(しょうはく) 송백.
松魚(しょうぎょ) 〖魚〗 가다랑어. ＊かつお로도 읽음.
松煙(しょうえん) 송연. ① 소나무를 태워 만든 그을음(안료나 먹의 원료로 씀). ② 횃불 연기.   └솔바람 소리.
松韻(しょういん) 송운. (소나무를 스치는)
松子(しょうし) 송자. 솔방울.

松竹梅(しょうちくばい) 송죽매. 솔·대·매화나무.
松翠(しょうすい) 송취. 솔잎의 푸른빛.
松風(しょうふう) 송풍.
松下村塾(しょうかそんじゅく) 江戸(えど) 말기, 長州(ちょうしゅう)萩(はぎ)에 있던 吉田松陰(よしだしょういん)의 사숙(私塾).《討幕(とうばく)파 지사를 많이 배출하였음》.
松火(しょうか) 햇불.

[訓読]
松(まつ) 송. ①소나무. ②〈雅〉햇불. ③門松(かどまつ)의 준말.
松枯葉(まつかれは)〔蟲〕송충나방.
松科(まつか)〔植〕소나뭇과. 겉씨식물의 한 과(科).
松過ぎ(まつすぎ) 설의 松飾り(まつかざり)를 치운 지 얼마 안 되는 무렵.
松毬(まつかさ) 솔방울. ＊まつぼっくり·ちちりろ도 읽음.
松が根(まつがね) 소나무 뿌리.
松納め(まつおさめ) (설 행사의 마지막 날) 門松(かどまつ)를 치움. 또, 그 행사.
松の内(まつのうち) 설에 門松(かどまつ)를 세워 두는 동안.
松の齢(まつのよわい) 소나무가 살 수 있는 연수. 전하여, 장수를 이르는 말.
松の緑(まつのみどり) 소나무의 새순.
松林(まつばやし) 송림. 솔숲. 솔밭. ＊しょうりん으로도 읽음.
松笠(まつかさ) ⇨ 松毬(まつかさ).
松毛虫(まつけむし)〔蟲〕송충이.
松山(まつやま) 소나무 (가 무성한) 산.
松蟬(まつぜみ) 이른매미. 산매미.
松の雪(まつのゆき) 소나무에 수북이 쌓여 있는 눈.
松手入れ(まつていれ) 정원에 있는 소나무의 묵은 잎을 털어내는 등 수형(樹形)을 매만지는 일. 「소나무.
松飾り(まつかざり) 설날, 대문에 장식하는
松食い虫(まつくいむし) 소나무에 기생하는 해충의 총칭.
松葉(まつば) 송엽. 솔잎. ♣～菊(ぎく)〔植〕솔잎채송화／～色(いろ) 솔잎빛.
∥～独活(うど)〔植〕아스파라거스의 딴이름.
～牡丹(ぼたん)〔植〕채송화. 」름.
～簪(かんざし) 솔잎처럼 두 갈래로 갈라진
～杖(づえ) 협장(脇杖). 목발. 」비녀.
～蟹(がに)〔動〕'ずわいがに(＝바다참게)'의 딴이름.
松の葉(まつのは) ①솔잎. ②촌지(寸志) 《선물 포장 따위에 쓰는 말》.
松迎え(まつむかえ) 門松(かどまつ) 등 설에 장식할 소나무를 연말에 베어 오는 일.
松羽目(まつばめ) ①能(のう) 무대의 鏡板(かがみいた). ②歌舞伎(かぶき)에서 정면에 소나무, 좌우에는 대나무를 그려 놓은 배경. 「판.
松原(まつばら) 소나무가 빽빽이 들어선 벌

松陰(まつかげ) 소나무 그늘.
松蔭(まつかげ) ⇨ 松陰(まつかげ).
松陰囊(まつふぐり) 솔방울. ＊まつぼっくり·まつぼっくりで도 읽음.
松茸(まつたけ)〔植〕송이(버섯).
松藻(まつも)〔植〕솔말. 붕어마름.
松が枝(まつがえ)〈雅〉소나무 가지.
松脂(まつやに) 송지. 송진(松津). ＊しょうし로도 읽음. ♣～油(あぶら)〔化〕송지유.
∥～石鹼(せっけん) 정제한 송진을 수산화나트륨 또는 탄산나트륨 수용액과 함께 끓여 만든 비누.
松虫(まつむし)〔蟲〕①청귀뚜라미. ②방울벌레의 옛 이름. ♣～草(そう)〔植〕솔체
松炭(まつずみ) 소나무로 만든 숯. 」꽃.
松風(まつかぜ) ①송풍. 솔바람. ②차 끓는 소리.
∥～月(つき) 음력 6월의 딴이름.
松皮(まつかわ) 송피. ①소나무의 속껍질. ②〔魚〕가자미목의 바닷물고기. ③송피포창의 준말.
∥～疱瘡(ぼうそう)〔醫〕송피 포창. 부스럼딱지가 소나무껍질 모양을 한 악성 포창.
松下ろし(まつおろし) ☞松納め(まつおさ)
松の花(まつのはな) 송화. 」め).

[其他]
松明(たいまつ) 햇불. ＊しょうめい로도 읽음. 「禮）
∥～祭り(まつり) 큰 햇불을 밝히는 제례(祭

9
辶
教
送(送) 보낼 송·전송 송
ソウ
おくる

[音読]
送検(そうけん) 송청(送廳).
送稿(そうこう) 송고. 원고를 편집계〔인쇄소〕에 보냄.
送球(そうきゅう) 송구. ①〔野〕공을 잡아 자기편 선수에게 던짐. ②(축구·농구에서) 패스. ③핸드볼.
送金(そうきん) 송금.
∥～小切手(こぎって) 송금 수표.
～為替(かわせ) 송금환.
送気(そうき) 송기. ♣～管(かん) 송기관／～筒(とう) 송기통.
送達(そうたつ) 송달.
送礼(そうれい) 송례.
送料(そうりょう) 송료.
送配(そうはい) 송배. 보내서 분배함.
送別(そうべつ) 송별.
送本(そうほん) 책을 보냄. 또, 그 책.
送付(そうふ) 송부.
送辞(そうじ) 송사. 송별의 말.
送像(そうぞう) 송상. 텔레비전 화면을 전파로 수상기에 보냄.
送水(そうすい) 송수. ♣～管(かん) 송수관.
送受(そうじゅ) 송수. 「기.
送受話器(そうじゅわき) (전화의) 송수화

送信(そうしん) 송신. ♣~機(き) 송신기 / ~所(じょ) 송신소.
送迎(そうげい) 송영. 보내고 맞이함.
送油(そうゆ) 송유. ♣~管(かん) 송유관.
送葬(そうそう) 장송. 송장을 장지로 보냄.
∥~行進曲(こうしんきょく) 장송 행진곡.
送籍(そうせき) 송적《결혼이나 양자 결연 등으로 호적을 상대방 호적으로 옮김》.
送電(そうでん) 송전. ♣~線(せん) 송전선.
送呈(そうてい) 송정. 물건을 보내 드림.
送致(そうち) 송치.
送炭(そうたん) 송탄. 석탄을 보냄.
送風(そうふう) 송풍. ♣~機(き) 송풍기.
送行(そうこう) 보냄. ♣~会(かい) 환송회.
∥~の辞(じ) 송별사.
送話(そうわ) 송화. ♣~器(き) 송화기.
送還(そうかん) 송환.

[訓読]
❖送る(おくる) ①보내다. ②(물건을) 부치다. ③파견하다. ④배웅하다. 떠나 보내다. ⑤지내다.
送りバント(おくりバント) 【野】 보내기 번트.
送り仮名(おくりがな) 한자말을 분명히 읽기 위해 한자 밑에 받치는 仮名(かな).
送り届ける(おくりとどける) ①보내어 닿게 하다. ②(목적지까지) 데려다 주다.
送り倒す(おくりたおす) (씨름에서) 상대를 뒤에서 떠밀어 넘어뜨리다.
送り狼(おくりおおかみ) ①(산중에서 길가는 사람을 해치려고) 따라가는 이리. ②친절한 체 데려다 주면서 여자를 덮치는 남자.
送り梅雨(おくりづゆ) 장마가 끝날 무렵 내리는 비.
送り返す(おくりかえす) 되돌려 보내다. 반송하다.
送り付ける(おくりつける) 보내버리다.
送り膳(おくりぜん) 연회 등의 불참자에게 보내는 요릿상.
送り手(おくりて) ①보내는 사람. ②(정보 등의) 제공자.
送り迎え(おくりむかえ) 송영.
送り込み(おくりこみ) ①보냄. 송출. ②能(のう)에서, 퇴장하는 출연자를 무대 뒤로 보냄.
送り込む(おくりこむ) 데려다 주다. 보내 주다.
送り字(おくりじ) 첨자(疊字).
送り状(おくりじょう) 송장.
送り装置(おくりそうち) 【機】 (공작 기계 등에서) 공작물의 이동 장치.
送り足(おくりあし) ①(씨름에서) 상대를 들어 씨름판 밖으로 밀어낼 때, 내딛은 발《패배가 되지 않음》. ②(검도에서) 앞발에 뒷발이 따라가면서 나아가는 보행법.
送り主(おくりぬし) 발송인.
送り出し(おくりだし) ①송출. ②(씨름에서) 상대의 등을 밀어 씨름판 밖으로 밀어내는 기술.
送り出す(おくりだす) ①배웅하다. ②내보내다. ③(씨름에서) 상대를 씨름판 밖으로 밀어내다.
送り火(おくりび) 【佛】 ①우란분(盂蘭盆) 마지막 날 저승에 돌아가는 선조의 혼백을 보내기 위해 피우는 불. ②죽은 사람을 집에서 내보낼 때 문에서 피우는 불.

| 10 忄 | 悚 | 두려워할 **송** ショウ おそれる |

[音読]
悚然(しょうぜん) 송연. 두려워서 몸을 옹송그리는 모양.

| 11 言 常 | 訟 | 송사할 **송** ショウ うったえる |

[音読]
訟訴(しょうそ) 소송(訴訟).
訟案(しょうあん) 송안. 소송의 취지를 적은 문서.
訟獄(しょうごく) 소송. 재판.
訟廷(しょうてい) 송정. 재판정. 법정.

| 12 立 | 竦 | 두려워할 **송** ショウ おそれる・すくむ |

[音読]
竦動(しょうどう) 송동. 황송하여 떨림.
竦然(しょうぜん) 송연. 두려워서 몸을 옹송그리는 모양.

[訓読]
竦まる(すくまる) ☞竦む(すくむ).
竦める(すくめる) ①움츠리다. ②꽉 누르다.
❖竦む(すくむ) ①(긴장으로) 움츠러져 움직이지 않다. 위축되다. 자지러지다. ②〈文〉 ☞竦める(すくめる). 「트러지다.
竦み上がる(すくみあがる) 자지러지다. 움

| 13 頁 入 | 頌 | 기릴 **송** ジュ・ショウ ほめる |

[音読]
頌(じゅ) 【佛】 송. 부처의 공덕(功徳)을 찬송하는 글.
頌する(しょうする) ①(공적을 문장으로 엮어서) 칭송하다. ②찬양하다.
頌歌(しょうか) 송가. 찬양하는 노래.
頌徳(しょうとく) 송덕. 덕을 칭송함.
∥~表(ひょう) 송덕표. 공덕을 칭송하여 군주에게 바치는 문서.
頌文(じゅもん) 【佛】 게(偈). 게송(偈頌)하는 글.
頌辞(しょうじ) ☞頌詞(しょうし).
頌詞(しょうし) 송사. 공덕 따위를 칭송하는 문장.
頌寿(しょうじゅ) 장수를 축하하는 일.

頌述(しょうじゅつ) 말로 칭찬하는 일.
頌詩(しょうし) 송시.　　　　　　「함.
頌栄(しょうえい)〖基〗송영. 하느님을 찬양
頌春(しょうしゅん) 송춘. (새봄을 칭송한다
는 뜻에서) 새해의 인사말.

| 14
言 | 誦 | 욀 송·읽을 송
ショウ・ジュ・ズ
となえる・そらんずる |

음독
誦する ㊀(しょうする) 송독(誦讀)하다.
㊁(じゅする) 읊다. 흥얼거리다.　　「다.
㊂(ずする) (불경·시가(詩歌) 등을) 읊조리
誦経(ずきょう)〖佛〗송경. 경문을 욈. 독
경. ＊じゅきょう로도 읽음.
∥～料(りょう) 독경해 준 답례로 중에게 시
주하는 물품.
誦読(しょうどく) 송독.
誦文(ずもん) 송문. 주문(呪文)을 욈. ＊じゅ
もん으로도 읽음.
誦習(しょうしゅう) 송습. 되풀이 읽음.
誦詠(しょうえい) 송영. 시가를 읊조림.
誦呪(しょうじゅ) ①송주. 주문(呪文)을 욈.
②〖佛〗다라니(陀羅尼)를 욈.

| 18
金
日 | 鎹 | 꺾쇠 (송)
かすがい |

훈독
鎹(かすがい) ①걸쇠. ②꺾쇠. 거멀장.
∥～思案(じあん) 두 가지 일을 모두 성취시
키고자 하는 생각.

| 18
髟 | 鬆 | 헝클어질 송·거칠 송
ショウ・ソウ
す |

훈독
鬆(す) ①무·우엉·삶은 두부 등에 생기는
바람 구멍. ②주물(鑄物) 등의 공동(空洞).

쇄

| 8
刂
教 | 刷 | 인쇄할 쇄·닦을 쇄
サツ
する・はく |

음독
刷(さつ)《接尾語로》…쇄. 책 따위에서, 같은
판으로 몇 번째 인쇄했는지를 나타내는 말.
刷毛機(さつもうき)〖機〗쇄모기.
刷新(さっしん) 쇄신.
刷子(さっし) 솔. 브러시. ＊はけ로도 읽음.
刷紙(さっし) 쇄지. 인쇄에 쓰이는 종이.
刷版(さっぱん)〖印〗인쇄판. 주로 평판 인
쇄에서, 실제로 인쇄에 사용하는 판. 원판과
구별해서 씀.
훈독
刷れる(すれる) 인쇄가 다 되다.
❖刷る(する) 박다. 찍다. ①(활판 따위로) 인
쇄하다. ②옷감에 무늬를 찍어 내다.
刷り(すり)〖印〗인쇄. 쇄.
刷り物(すりもの) 인쇄물.
刷り本(すりほん) ①판본(版本). ②아직 제
본되지 않은 책.
刷り上がる(すりあがる) 인쇄가 끝나다.
刷り上げる(すりあげる) 인쇄를 마치다.
刷り込み(すりこみ) 갓난 짐승 새끼가 최초
로 접한 동물을 어미로 보고 따르거나, 최초
의 외부 자극을 받으면 내내 그 자극에 대해
특별한 행동을 나타내는 현상. 임프린팅(im-
printing). 첫인상 각인(刻印).
刷り込む(すりこむ) 다른 것을 인쇄하(여
넣)다. 박(아 넣)다.
刷り出し(すりだし) 인쇄하기 시작함. 또,
그 처음 인쇄한 것.
∥～蒔絵(まきえ) (갈고) 닦아서 바탕에 그
린 무늬를 드러나게 한 蒔絵.
ゲラ刷り(ゲラずり)〖印〗교정쇄.
기타
刷毛(はけ) 솔. 귀얄. 브러시.
刷毛目(はけめ) 귀얄로 바른〔칠한〕 자국.
刷毛序で(はけついで) 어떤 일을 하는 김에
다른 일도 함.
刷毛書き(はけがき) 글자나 그림을 귀얄
〔솔〕로 그림. 또, 그 그린 것.
刷毛先(はけさき) 귀얄〔솔〕의 끝 부분.

| 9
氵 | 洒 | 뿌릴 쇄
サイ・シャ
そそぐ |

음독
洒落 ㊀(しゃれ) ①신소리. 익살. ②『お～』
멋부림. 성장(盛裝).　　　　　　「한 모양.
㊁(しゃらく) 쇄락. 마음·행동이 담백 솔직
洒落た(しゃれた) 재치가 있는. 멋이 있는.
洒落のめす(しゃれのめす) 줄곧 익살을 부
리다.
洒落る(しゃれる) ①재치가 있다. 멋지다.
②시건방지다. ③익살 부리다. ④멋을 내다.
洒落っ気(しゃれっけ) ①멋을 부리려는 마
음. ②재미있는 익살로 남을 감탄케 하거나 웃
기려는 마음.
洒落本(しゃれぼん) (江戸(えど) 중·후기
때) 화류계 사정과 연애 방법 등을 사실적으
로 묘사한 풍속 소설책.
洒落込む(しゃれこむ) ①한껏 멋부리다. ②
(평시에는 하지 않던 일을) 큰 마음 먹고 하
다. 호기를 부리다.
洒落者(しゃれもの) ①멋쟁이. ②깔끔하고
재치있는 사람.

砕・晒・瑣・鎖

洒落臭い(しゃらくさい)〈俗〉아는 체하다. 시건방지다.
洒掃(さいそう) 쇄소(灑掃). 물을 뿌리고 깨끗이 쓸어냄.
洒洒落落(しゃしゃらくらく) 洒落(しゃらく)의 힘줌말.
洒然(しゃぜん) 시원한〔말쑥한〕 모양.
洒脱(しゃだつ) 쇄탈. 소탈(함).

9 石 常	砕 (碎)	부술 쇄·부서질 쇄 サイ くだく・くだける

音読
砕鉱(さいこう)〖鑛〗쇄광.
砕金(さいきん) 쇄금.
砕木(さいぼく) 쇄목. ♣ ~機(き) 쇄목기.
‖~石(せき) 쇄목기의 날을 세우는 숫돌.
砕米(さいまい) 싸라기.
砕氷(さいひょう) 쇄빙. ♣~船(せん) 쇄빙선.
砕石(さいせき) 쇄석.   ┗선.
砕屑(さいせつ) 쇄설. ♣~岩(がん)〖地〗쇄설암.
砕身(さいしん) 쇄신.
砕心(さいしん) 이것저것 마음을 써 고생하
砕土(さいど) 쇄토.   ┗는 일.
砕破(さいは) 쇄파. 파쇄.
砕片(さいへん) 쇄편. 파편(破片).

訓読
砕く(くだく) ① 부수다. ② 쳐부수다. ③ 마음을 쓰다. ④ 알기 쉽게 풀어서 이야기하다.
❖**砕ける**(くだける) ① 부서지다. 깨지다. ② 꺾이다. 좌절하다. ③ 스스럼없는 태도가 되
砕け米(くだけまい) 싸라기.
砕け波(くだけなみ) 해안의 암초에 부딪쳐 흩어진 파도.

10 日	晒	쬘 쇄 サイ さらす

参考 曬와 同字.

訓読
❖**晒す**(さらす) ① 비바람을 맞히다. 또, 햇볕에 쐬이다. ② 바래다. 표백하다. ③ (치부를) 드러내게 하다.
晒し(さらし) 바램. 바래서 희게 한 물건. 마전. 또, 표백한 무명.
‖~布(ぬの) 표백한 천.
晒し鯨(さらしくじら) 기름기를 뺀 희고 연한 고래 고기.
晒し木綿(さらしもめん) 희게 바랜 무명.
晒し粉(さらしこ) 표백분.
晒し首(さらしくび) 江戸(えど) 시대에, 참수당한 죄인의 머리를 옥문에 내걸어 사람들에게 보이던 일. 또, 그 머리.
晒し飴(さらしあめ) 흰엿.   「당한 사람.
晒し者(さらしもの) 뭇사람 앞에서 창피를
晒し餡(さらしあん) 말린 꿀 팥가루.

14 王	瑣	잘 쇄·가늘 쇄 サ ちいさい

音読
瑣談(さだん) 쇄담. 자질구레한 이야기.
瑣末(さまつ) 사소한 일.
瑣事(さじ) 쇄사. 사소한 일. 쓸데없는 일. 자질구레한 일.
瑣細(ささい) 사소. 시시함. 하찮음.
瑣瑣(ささ) 쇄쇄. 자질구레한 모양. 장황하고 번거로운 모양.
瑣言(さげん) 쇄언. 잔소리.

18 金 常	鎖 (鎖)	쇠사슬 쇄·자물쇠 쇄 サ くさり・とざす

音読
鎖す(さす) ① (자물쇠·빗장 따위를) 걸다. 지르다. ② (통 따위에) 마개를 하다.
鎖龕(さがん)〖佛〗장례식 때, 유해를 입관하고 뚜껑을 덮는 일.
鎖骨(さこつ)〖生〗쇄골. 흉골(胸骨)과 어깨를 잇는 뼈.
鎖交(さこう) 두 개의 다른 폐곡선(閉曲線)이 사슬처럼 서로 상대쪽을 빠져나가고 있음.
鎖国(さこく) 쇄국.
‖~政策(せいさく) 쇄국 정책.
~主義(しゅぎ) 쇄국주의.
鎖し籠める(さしこめる) 문 따위를 굳게 잠그고 안에 가두다.
鎖し籠る(さしこもる) 두문불출하다.
鎖状(さじょう) 쇄상.
‖~高分子(こうぶんし)〖化〗쇄상 고분자.
鎖生(させい) 세포가 한 줄로 늘어서고 각 세포간이 잘록해져 사슬 모양을 이룬 상태.
鎖線(させん) '—·—·—'처럼 점과 선이 번갈아 이어지는 선.
鎖式化合物(さしきかごうぶつ)〖化〗쇄식 화합물. 사슬 모양 화합물.
鎖鑰(さやく) 쇄약. ① 자물쇠와 열쇠. ② 중요한 장소.
鎖陰(さいん)〖醫〗쇄음. 성기 폐쇄증.
鎖錠(さじょう) 자물쇠를 걸다.
鎖閉(さへい) 쇄폐. 폐쇄.
鎖肛(さこう)〖醫〗쇄항. 항문 폐쇄. 「함.
鎖港(さこう) 쇄항. 외국 선박의 출입을 금

訓読
鎖(くさり) ① (쇠)사슬. ② (물건과 물건을) 잇는 것. 연계.
鎖ざす(とざす) ① (문을) 닫다. 잠그다. ② 길·통행을 막다. ③ 가두다.
鎖鎌(くさりがま) 낫에 긴 사슬을 달고 그 끝에 쇠뭉치를 단 무기.
鎖帷子(くさりかたびら) 갑옷 속에 받쳐 입는, 작은 미늘로 엮어 만든 옷.

쇠

| 10 衣 常 | 衰(衰) | 쇠할 쇠
スイ
おとろえる |

音読
衰窮(すいきゅう) 쇠궁하여 곤궁함.
衰年(すいねん) 쇠년. 노년.
衰零(すいれい) 쇠퇴하여 영락(零落)함.
衰老(すいろう) 쇠로. 노쇠. 늙어 쇠약해짐.
衰亡(すいぼう) 쇠망.
衰邁(すいまい) 나이 들어 심신이 쇠약해짐.
衰滅(すいめつ) 쇠멸. 쇠퇴하여 멸망함.
衰耗(すいこう) 쇠모. 쇠퇴하여 없어짐.
 *すいもうろも 읽음.
衰耄(すいもう) 나이 들어 쇠약해짐. *すいぼうろも 읽음.
衰微(すいび) 쇠미. 쇠퇴하여 약해짐.
衰憊(すいはい) 쇠비. 약해지고 피곤함.
衰鬢(すいびん) 숱이 적어진 머리.
衰死(すいし) 쇠사. 쇠약하여 죽음.
衰色(すいしょく) 쇠색. 쇠한 모양.
衰世(すいせい) 쇠세. ① 쇠퇴한 세상. ② 말세. 「쇠퇴.
衰勢(すいせい) 쇠세. 쇠퇴한 세력. 세력의
衰顔(すいがん) 쇠안. 생기가 없는 얼굴. 여
衰弱(すいじゃく) 쇠약. 「윈 얼굴.
衰容(すいよう) 쇠용. 쇠약한 모습. 몹시 야윈 모습[얼굴].
衰運(すいうん) 쇠운. 쇠하여 가는 운명.
衰残(すいざん) 쇠잔.
衰退(すいたい) 쇠퇴.
衰頽(すいたい) 쇠퇴.
衰廃(すいはい) 쇠폐. 쇠하여 폐멸(廢滅)함.
衰弊(すいへい) 쇠폐. 쇠하여 피폐함.
衰朽(すいきゅう) 쇠후. 낡아 썩음.

訓読
❖衰える(おとろえる) (기세가) 쇠(약)해지다. 쇠퇴하다.
衰え(おとろえ) 쇠약.

수

| 4 又 教 | 収(收) | 거둘 수·잡을 수
シュウ
おさめる·おさまる |

音読
収監(しゅうかん)〖法〗수감.
‖〜状(じょう) 수감장《수감을 명하는 검찰관의 영장》.
収去(しゅうきょ) 수거. 거두어 감.
収骨(しゅうこつ) 수골. ① 화장 뒤에 유골을 거둠. ② 싸움터에 흩어진 전사자의 유골을 매장하기 위하여 수습함. 「몰수함.
収公(しゅうこう) 영지 등을 관부(官府)
収納(しゅうのう) 수납. ①(금품 등을) 받아들임. ②(장·벽장 등에) 물건을 챙겨 넣음.
‖〜家具(かぐ) 수납 가구《옷장·찬장 따위》.
収得(しゅうとく) 수득. 취하여 자기 것으로 함. ♣〜税(ぜい) 수득세.
収攬(しゅうらん) 수람. 거두어서 자기 손 안에 쥐는 일.
収量(しゅうりょう) 수량. 수확량.
収斂(しゅうれん) 수렴. ① 수축함. 수축시킴. ② 하나로 집약된(집약됨). ③ 징세. 세를 거둠. ♣〜剤(ざい) 수렴제.
収領(しゅうりょう) 수령. 영수(領収).
収録(しゅうろく) 수록.
収買(しゅうばい) 수매. 「묶음.
収縛(しゅうばく) 수박. (죄인 등을) 붙잡아
収税(しゅうぜい) 수세. 세금을 거둠.
‖〜吏(り) 수세리. 징세원.
収束(しゅうそく) 수속. ① 결말이 남. 결말을 지음. 수습함. ②〖数〗수렴(収斂). ③〖理〗수렴. 광선속(光線束)이 한 점에 모임.
収受(しゅうじゅ) ① 수수. 받아들임. ②「김.
収拾(しゅうしゅう) 수습. 주워 거두어서 챙
収用(しゅうよう)〖法〗수용.
収容(しゅうよう) 수용. ♣〜所(じょ) 수
収率(しゅうりつ)〖化〗수율. 「용소.
収益(しゅうえき) 수익. ♣〜税(ぜい) 수익
‖〜資産(しさん) 수익 자산.
〜財産(ざいさん) 수익 재산. 재정 재산.
〜還元法(かんげんほう) 수익 환원법. 부동산 감정 평가법의 하나.
収入(しゅうにゅう) 수입.
‖〜関税(かんぜい) 수입 관세. 재정 관세.
〜役(やく) 市町村(しちょうそん)의 회계 담당 책임자.
〜印紙(いんし) 수입 인지. 「함.
収蔵(しゅうぞう) 수장. 거두어 깊이 간직
収載(しゅうさい) 수재. ① 수록. ② 물건을 차에 실음.
収支(しゅうし) 수지.
‖〜決算(けっさん) 수지 결산.
〜簿記(ぼき)〖經〗수지 부기. 복식 부기의 한 형태.
収集(しゅうしゅう) 수집. ♣〜狂(きょう) 수집광 / 〜癖(へき) 수집벽.
収差(しゅうさ)〖理〗수차.
収着(しゅうちゃく)〖化〗수착.
収縮(しゅうしゅく) 수축.
‖〜胞(ほう)〖動〗수축포. 주로 담수산의 원생 동물에서 볼 수 있는 세포 기관.
収奪(しゅうだつ) 수탈. 「제.
収穫(しゅうかく) 수확. ♣〜祭(さい) 수확
‖〜逓減(ていげん)〖經〗수확 체감. ♣〜の法則(ほうそく) 수확 체감의 법칙.

収賄(しゅうわい) 수회. 수뢰. 뇌물을 받음.
♣~罪(ざい) 수회죄.

訓読

収める(おさめる) ①거두다. 손에 넣다. 성과를 올리다. ②받아들이다. ③정리하다.
❖収まる(おさまる) ①수습되다. 해결되다. ②원상태로 돌아가다. ③진정〔안정〕되다.
収まり(おさまり) ①수습. ②영수. 수납.
収まり返る(おさまりかえる) 완전히 안정되다.

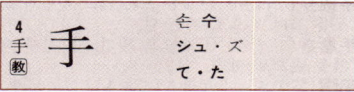

4 手 教
손 수
シュ・ズ
て・た

音読

手簡(しゅかん) 수한(手翰). 편지.
手巾(しゅきん) 수건. 손수건.
手稿(しゅこう) 수고. 손으로 쓴 원고.
手骨(しゅこつ) 수골. 손목에서 손가락 끝까지의 뼈.
手工(しゅこう) 수공. ①손으로 하는 공작・공예. ②초등 학교에서 工作(こうさく)의 구 칭으로 쓰던 말.
手工業(しゅこうぎょう) 수공업.
手工芸(しゅこうげい) 수공예.
手交(しゅこう) 수교.
手具(しゅぐ) 수구. 체조, 특히 신체조 경기에서 쓰는 소도구.
‖~体操(たいそう) 리듬 체조.
手拳(しゅけん) 주먹.
手根骨(しゅこんこつ) 『生』 수근골. 완골(腕骨). 손목뼈.
手技 ㊀(しゅぎ) ①수기. 손재주. 손기술. 「②수예.
㊁(てわざ) (유도에서) 손기술.
手記(しゅき) 수기.
手段(しゅだん) 수단.
手談(しゅだん) 수담. 바둑의 딴이름.
手動(しゅどう) 수동. ♣~式(しき) 수동식.
手炉(しゅろ) ☞手焙り(てあぶり).
手録(しゅろく) 수록. 손수 기록함. 또, 그 기록. 수기(手記).
手榴弾(しゅりゅうだん) 수류탄. ＊てりゅうだんロとも 읽음.
手裡(しゅり) ⇨ 手裏(しゅり). 「ㄴ검.
手裏(しゅり) 손안. 수중. ♣~剣(けん) 수
手紋(しゅもん) 수문. 손금.
手紡(しゅぼう) 수방. 길쌈.
手背(しゅはい) 수배. 손등.
手法(しゅほう) 수법. 기교.
手兵(しゅへい) 수병. 수하의 병사.
手写(しゅしゃ) 수사. (손으로) 베낌.
手相術(しゅそうじゅつ) 수상술.
手書(しゅしょ) ①친서. 자필 편지. ②손으로 베낌. 손수 씀. 또, 그것.
手署(しゅしょ) 수서. 손수 서명함.
手術(しゅじゅつ) 수술.
手押(しゅおう) 무인(拇印). 손도장.
手芸(しゅげい) 수예. 수공예.
手腕(しゅわん) 수완. ♣~家(か) 수완가.
手淫(しゅいん) 수음. 자위(自慰).
手杖(しゅじょう) 지팡이. 특히, 행각승이 가지고 다니는 지팡이.
手掌(しゅしょう) 수장. 손바닥.
‖~多汗症(たかんしょう) 『医』 수장 다한증. 손바닥에 땀이 많이 나는 증세.
手跡(しゅせき) 수적. 필적.
手蹟(しゅせき) ⇨ 手跡(しゅせき).
手中(しゅちゅう) 수중.
手指(しゅし) 수지. 손가락.
手抄(しゅしょう) 수초. 손수 추리어 씀. 또, 그것. 「쓴 칙서.
手勅(しゅちょく) 수조(手詔). 제왕이 손수
手拓(しゅたく) 수탁. 자신이 탁본을 뜸. 또, 그 탁본.
手沢(しゅたく) 수택. ①오래 가지고 있는 동안에 물건에 묻은 손때. ②手沢本의 준말.
‖~本(ぽん) 수택본. 고인이 애독〔애장〕한 책.
手套(しゅとう) 장갑.
手把(しゅは) 갈고리 모양의 농구《흙을 부수거나 덮는 데 씀》.
手翰(しゅかん) ⇨ 手簡(しゅかん).
手話(しゅわ) 수화. ♣~法(ほう) 수화법.
‖~通訳士(つうやくし) 수화 통역사.

訓読

手 ㊀(て) ①손. 손바닥. 손버릇. ②일손. 일꾼. 노동력. ③방법. 수단. 수법. 솜씨. 수완.
~が空(あ)く 일이 일단 끝나 손이 비다.
~に乗(の)る 남의 꾀에 넘어가다.
㊁(しゅ) 《接尾語로》…수. 일・역할을 하는 사람.
手ずから(てずから) 손수. 몸소. 친히.
手づつ(てづつ) 용렬한 모양. 손재주가 없는 모양. 「모양.
手ぶら(てぶら) 빈손. 맨손.
手枷(てかせ) 쇠고랑. 수갑.
手加減(てかげん) ①손어림. 손대중. ②상대의 정도나 그 때의 상황에 따라 적절히 조절함.
手間(てま) ①수고. 시간. ②手間賃의 준말. ③手間仕事의 준말.
‖~暇(ひま) 품과 시간.
~代(だい) 품삯. 노임. 삯.
~損(ぞん) 품만 들고 효과가 없음. 헛수고.
~潰し(つぶし) ☞手間損.
~仕事(しごと) ①삯일. ②품이 드는 일.
~賃(ちん) ☞手間代.
~取り(とり) 품팔이(꾼).
~取る(どる) (…하는 데) 시간이 걸리다. 품이 들다.
~替え(がえ) 품앗이하는 일.
手鑑(てかがみ) 대표적인 옛사람의 필적을 모아 꾸민 모양. 수첩(摺帖).
手っ甲(てっこう) 천이나 가죽으로 만들어 손등과 팔목을 보호하게 된 일종의 토시.
手の甲(てのこう) 손등.
手強い(てごわい) 버겁다. 만만치 않다.

*てづよい로도 읽음.

手綱(たづな) (말)고삐.
∥**～捌き**(さばき) 말을[고삐를] 다루는 솜씨.
手開き(てびらき) 정어리와 같이 가시가 많은 생선을 다루는 법. 머리와 내장을 제거한 후 엄지손가락을 넣어서 배를 가름.
手見せ(てみせ) 솜씨·기량(技倆)을 남에게 보여주는 일.
手堅い(てがたい) ① 견실하다. ② 주식 거래에서 떨어질 기미가 없다.
手遣い(てづかい) ① 손을 쓰는 법. ② 수하(手下)의 사람을 파견하는 일. 또, 군세를 배치하는 일.
∥**～人形**(にんぎょう) 손으로 조작하는 인형.
手結(てつがい) 경기자의 편을 가르는 일. 또, 그 대진표.
手頃(てごろ) ① (손으로 다루기에) 알맞은 무게나 크기임. ② 자기 능력이나 상황에 알맞는 일. 또, 그런 모양.
手軽(てがる) 손쉬운 모양.
手軽い(てがるい) ① 손쉽다. 간단하다. 별것 아니다. ② 재빠르다.
手頸(てくび) ⇨ 手首(てくび).
手鏡(てかがみ) 손거울.
手械(てかせ) 쇠고랑. 수갑.
手継ぎ(てつぎ) 대대로 계승하는 일. 또, 그 계승권.
手鼓 ㊀(てつづみ) 채를 쓰지 않고 손으로 직접 치는 북. 「형의 북.
㊁(しゅこ) 〖樂〗 수고. 짧은 자루가 달린 소
手古舞(てこまい) 江戸(えど) 시대의 제례에서 남장한 여성이 山車(だし)·神輿(みこし)의 앞장을 서며 추던 춤. 또, 그 사람.
手古摺る(てこずる) 주체 못 하다. 둥개다.
手空き(てあき) ⇨ 手明き(てあき).
手控え(てびかえ) ① 적어둠. 메모. ② 예비. ③ 삼감. 보류함.
手控かえる(てびかえる) ① 적어 두다. ② 예비로 남겨 두다. ③ 삼가다. 유보하다.
手鍋(てなべ) 손잡이가 달린 냄비. 「기술.
手管(てくだ) 남을 구슬리거나 속이는 방법·
手慣らし(てならし) 손에 익힘. 연습.
手慣れ(てなれ) 손닿됨. 손에 익게 됨.
手慣れる(てなれる) 손에 익다. 익숙해지다. 숙달하다.
手盥(てだらい) 대야. 「광범위하다.
手広い(てびろい) (장소·규모가) 넓다. 또,
手掛かり(てがかり) ① 손으로 붙잡을 곳. ② 단서. 실마리.
手掛け(てがけ) ① 가구 등의 손을 잡는 곳. ② (의자 따위의) 팔걸이. ③ 첩(妾).
手掛ける(てがける) 손수(직접) 다루다.
手傀儡(てくぐつ) 손으로 다루는 인형.
手摑み(てづかみ) 손으로 잡음.
手口(てぐち) ① 수법. ② (거래소에서) 매매 내역. 매매 쌍방.
手臼(てうす) 손절구.
手垢(てあか) ① 손에 묻은 때. ② 손때.

手鉤(てかぎ) ① (생선·쌀가마 따위를 찍어 올리는) 갈고랑. ② 소방용 갈고리.
手駒(てごま) ① 일본 장기에서, 자기가 잡은 상대의 말. ② 수하. 부하.
手具脛引く(てぐすねひく) 만단의 준비를 하고 대기함.
手具足(てぐそく) 신변의 소도구.
手鞠(てまり) 손으로 치면서 노는 공. 또, 그 공놀이. ♣**～花**(ばな) 〖植〗 불두화.
∥**～歌**(うた) 손으로 공을 치며 부르는 노래.
手掘り(てぼり) 기계를 쓰지 않고 간단한 도구를 쓰며 손으로 파는 일.
手巻き(てまき) ① 손으로 말기. ② 시계 태엽을 손으로 감음.
手隙(てすき) ⇨ 手透き(てすき). 「함.
手近(てぢか) ① 가까이 있음. ② 비근(卑近)
手近い(てぢかい) 아주 가깝다. 비근하다.
手筋(てすじ) ① 손금. ② 손재주. 소질. ③ (바둑·장기에서) 수(手). 수단. 방법. ④ 스승으로부터 전수받는 예풍.
手の筋(てのすじ) ① 손금. ② 손의 힘줄. ③ 남의 운수를 점치는 일.
手金 ㊀ 착수금.
㊁(てきん) ⇨ 手鉄(てがね).
手旗(てばた) 수기. ① 신호용으로 쓰는 작은 기. ② 손기(旗). *②는 しゅき로도 읽음.
∥**～信号**(しんごう) 수기 신호.
手機(てばた) 천을 짜는 베틀.
手奇麗(てぎれい) ⇨ 手綺麗(てぎれい).
手綺麗(てぎれい) 솜씨 좋게 깨끗이 마무리하는 모양.
手器用(てぎよう) 손재주가 있음.
手捏ね(てづくね) ① 손으로 빚어 만든 도기. ② 수제(手製).
手の内(てのうち) ① 손바닥. ② 솜씨. ③ 지배권. ④ 속셈. 「업.
手内職(てないしょく) 손으로 하는 내직(부
手捻り(てびねり) 도기를 빚을 때 녹로나 틀을 쓰지 않고 손으로 만드는 일. 또, 그렇게 만든 기물.
手轆轤(てろくろ) 수동 녹로.
手短(てみじか) 간략함. 간단함.
手箪笥(てだんす) 손이 미치는 곳에 놓고 소지품을 간수하는 소형의 장.
手達者(てだっしゃ) 서예·기예에 숙달한 모양. 또, 그 사람.
手答え(てごたえ) ⇨ 手応え(てごたえ).
手当(てあて) ① 예비. 대비. ② 치료. 처치. ③ 급료. 보수. 수당. ④ 팁.
手当たり(てあたり) ① 손에 닿음. 감촉. ② 대인 접촉의 태도·인상. ③ 단서. 실마리.
∥**～放題**(ほうだい) ☞ 手当たり次第.
～次第(しだい) 닥치는 대로.
手代(てだい) ① 큰 상점의 종업원 가운데 중간 신분의 종업원. ② 상법에서 판매·구매 등 특정 사항의 대리권을 인정받는 사람.
手待ち(てまち) ① 할 일이 없어 손을 놓고 일이 생기기를 기다림. ② 장기에서 상대가 어떻

~時間(じかん) 노동 시간이면서도 소정의 노동에 종사하지 않고 대기하고 있는 시간.
手袋(てぶくろ) ① 장갑. ② 깍지.
手刀(てがたな) (태권도 따위에서) 수도. 춉(chop). *しゅとう로도 읽음.
~を切(き)**る** 씨름에서, 승자가 현상금을 받을 때 허공을 자르는 시늉을 하다.
手棹(てざお) 배에서 상대와의 간격을 취할 때 쓰는, 상앗대보다 짧은 장대.
手渡し(てわたし) ① 손수 전함. 수교(手交). ② 손에서 손으로 전함.
手渡す(てわたす) (직접) 건네다. 수교(手交)하다.
手道具(てどうぐ) 손도구. 자질구레한 연장. 「살림 기구.
手都合(てつごう) (일의) 형편.
手突き(てつき) 활을 쓰지 않고 화살을 손으로 직접 던져서 찌르는 일.
手灯台(てとうだい) 들고 다닐 수 있는 등.
手落ち(ておち) 실수. 과실.
手絡(てがら) 여성의, 일본식 속발에 매는 리본.
手量り(てばかり) 손대중. 손어림.
手練 ㊀(てれん) 농간. 사람을 속이는 수단.
∥**~手管**(てくだ) 手練을 강조한 말.
㊁(てだれ) 〈雅〉무술・예능・솜씨 등이 뛰어남. 또, 그 사람.
㊂(しゅれん) 수련. 익숙한 솜씨.
手漉き(てすき) (기계를 사용하지 않고) 손으로 종이를 뜸. 또, 그 종이.
手弄り(てまさぐり) ① 손끝으로 더듬어 찾음. ② 손끝으로 만지작거림. 「다.
手弄る(てまさぐる) 손끝으로 만지작거리
手籠(てかご) 손에 들 바구니.
手籠め(てごめ) ⇨ 手込め(てごめ).
手療治(てりょうじ) 자가 치료《자신이 직접 치료함》.
手溜まり(てだまり) 칼・활・창 따위의 손을 대는 곳. 또, 거기에 손을 댔을 때의 상태.
手利き(てきき) 솜씨가 뛰어남. 또, 그런 사람.
手の裏(てのうら) 손바닥.
手離れ(てばなれ) ① 젖먹이가 어머니 곁을 떨어질 만큼 성장함. ② 제품이 완성됨.
手立て(てだて) ① 방법. 수단. 대책. ② 책략. 「리.
手蔓(てづる) ① 연줄. 연고. ② 단서. 실마
手網(てあみ) 손에 들고 물고기를 잡는 그물.
手明き(てあき) 일거리가 떨어져 한가함. 손이 비어 있음.
手木(てぎ) 짧은 막대.
手目(てめ) 노름에서 속임수를 쓰는 일.
手描き(てがき) (인쇄하지 않고) 손으로 그림・무늬를 그림.
手無し(てなし) ① 손・팔이 없음. 또, 그런 사람. ② 소매 없는 옷. 「않고.
手も無く(てもなく) 〈俗〉조금도 손을 쓰지
手文庫(てぶんこ) 문갑(文匣). 손궤.
手の物(てのもの) 수중에 든 물건. 장기(長技). 특기.

手味噌(てみそ) ① 스스로 만들어낸 원인. ② 속임수. 사기. ③ 자화자찬.
手拍き(てばたき) 손뼉을 치는 일.
手薄(てうす) ① 일손[인력]이 적음. ② 금품 등 가진 것이 적음. 「자.
手拍子(てびょうし) 손장단. 손으로 치는 박
∥**~足拍子**(あしびょうし) 손장단 발장단.
手抜かり(てぬかり) 실수. 잘못. 빠뜨림.
手抜き(てぬき) (필요한) 절차를 생략함. 수고를 덜.
手抜け(てぬけ) 실수. 과실.
手放し(てばなし) ① 손을 뗌. ② 노골적임. ③ 무조건.
手放す(てばなす) ① 손을 놓다[놓치다]. ② 떼어놓다. ③ 내버려두다.
手配(てはい) 수배. 준비.
∥**~師**(し) 자유 노무자의 취업 알선업자.
手配り(てくばり) ① 인원의 배치, 역할의 분담 등을 정해 일에 대비함. ② 필요한 연락・절차 등을 정함.
手焙り(てあぶり) 손을 쬐는 작은 화로.
手番(てつがい) ⇨ 手結(てつがい).
手癖(てくせ) 손버릇.
手弁当(てべんとう) 도시락을 가지고 일하러 나감. 남을 위해 보수없이 일함.
手並み(てなみ) 솜씨.
手柄(てがら) ① 공훈. 공적. ② 솜씨. ③ 장점. 장기. ♣**~話**(ばなし) 공훈담.
∥**~顔**(がお) 공을 뽐내는 듯한 표정.
手卜(てうら) ⇨ 手占(てうら).
手覆い(ておおい) 검도에서 호완(護腕) 중 손등을 가리는 부분. 「선례.
手本(てほん) ① 글씨[그림]본. ② 본보기.
手棒(てぼう) ① 손에 든 막대. 지팡이. ② 손이나 손가락이 없는 사람. 또, 손이 부자유스런 사람.
手縫い(てぬい) 손으로 꿰맴. 손바느질. 또, 그렇게 한 것. 「그런 사람.
手不調(てぶっちょう) 손재주가 없음. 또,
手不足(てぶそく) 일손이 모자람.
手付かず(てつかず) 아직 손을 안 댐. 한 번도 쓰지 않음.
手付き(てつき) 손놀림. 손짓.
手付け(てつけ) 계약(보증)금. 착수금. ♣**~金**(きん) 착수금. 「이 몰수됨.
∥**~流れ**(ながれ) 계약 불이행으로 착수금
~倍戻し(ばいもどし) 위약(違約)했을 때는, 착수금을 받은 쪽이 그 두 배(倍)를 문다는 계약. 「함.
手負い(ておい) 총에 맞거나 칼에 베어 부상
∥**~猪**(じし) ① 상처 입은 멧돼지. ② 상처 입고 몰려서 필사의 반격을 가함의 비유. 「병사.
手分け(てわけ) 분담(分擔).
手備え(てぞなえ) 대장의 진영을 경호하는
手鼻(てばな) 손으로 코를 푸는 일. ② 콧부리. ③ 나오는 순간. 하려는 찰나.
手鞴(てふいご) 손풀무.
手事(てごと) ① 筝曲(そうきょく)・地唄(じ

うた)에서 긴 간주 부분. ②계략. 기교.
手使い(てづかい) ⇨ 手遣い(てづかい).
手師(てし) 글씨 잘 쓰는 사람. 능필가.
手飼い(てがい) (자택에서) 손수 기름.
~**の者**(もの) 오랫동안 가까이서 부리는 심복 부하.
手仕舞い(てじまい) 청산·신용 거래에서 공매도(空賣買)하던 것을 되사거나 전매로 결제하는 일.
手仕事(てしごと) ①손끝으로 하는 세밀한 일. ②(삯바느질 따위) 여성의 내직.
手渋い(てしぶい) 매우 호되다. (상대하기가) 벅차다.
手相(てそう) 수상. 특히 사람의 운세를 나타내고 있다고 생각되는 특징. ♣~**見**(み) 손금쟁이.
手傷(てきず) 부상. 특히, 싸움에서 입은 상처.
手箱(てばこ) 손궤. 작은 상자.
手相撲(てずもう) 팔씨름.
手生け(ていけ) 손수 꽃꽂이함.
~**の花**(はな) 〈雅〉기생 등을 기적(妓籍)에서 빼어 처첩으로 삼는 일.
手序で(てついで) (다른 일)하는 김.
手書き(てかき) ①글씨를 잘 쓰는 사람. 능필. ②글쓰는 직책의 사람.
㊁(てがき) 인쇄가 아닌, 스스로 쓰는 일. 또, 그 쓴 것.
手先(てさき) ①손끝. ②수하(手下). ③부대의 선봉.
手洗い(てあらい) ①손을 씻음. 손을 씻는 물〔그릇〕. ②화장실.
∥~**鉢**(ばち) 손 씻을 물을 담아 두는 그릇.
~**場**(ば) ①손이나 얼굴을 씻는 곳. ②화장실. 변소.
手船(てぶね) ①자기 소유의 배. ②자기가 손수 저으면서 낚시질하는 일.
手性(てしょう) ①손끝을 써서 하는 일의 능숙함과 서투름. 또, 그 정도. 손재주. ②글씨 쓰는 재주.
手盛り(てざかり) 장년으로, 기량이 가장 뛰어난 연대.
㊁(てもり) ①손수 음식을 그릇에 담음. ②제 마음대로 사리사욕을 꾀함.
∥~**八杯**(はちはい) ①몸소 음식을 담아 먹으면 많이 먹는다는 뜻. ②제멋대로 행동함.
手勢(てぜい) 수하의 군사. 직접 지휘하는 군사.
手細工(てざいく) 수세공.
手焼き(てやき) 남의 손으로 굽는 일. 또, 몸소 굽는 일.
手速(てばや) ⇨ 手早(てばや).
手速い(てばやい) ⇨ 手早い(てばやい).
手続き(てつづき) 수속. 절차.
∥**手續法**(てつづきほう) 〖法〗절차법. 형식법.
手刷り(てずり) ①인쇄기를 손으로 조작하여 인쇄함. 그 인쇄물. ②목판(木版) 따위 하나하나를 손으로 찍어냄. 또, 그 찍은 것.
手鎖(てぐさり) 쇠고랑. 수갑.
㊁(てじょう) ⇨ 手錠(てじょう).

手水 ㊀(てみず) ①세숫물. ②떡을 칠 때 떡에 물을 축이는 일. 또, 그 물.
㊁(ちょうず) ① ☞㊀①. ②변소. 용변.
∥~**盥**(だらい) 손이나 얼굴 씻을 물을 담은 대야.
~**鉢**(ばち) 손 씻을 물을 떠놓는 푼주.
~**手拭い**(てぬぐい) 손이나 얼굴을 닦는 수건.
~**場**(ば) ①변소 옆의 손 씻는 데. ②변소.
手に手に(てにてに) 손에 손에. 제각기.
手首(てくび) 손목.
手数(てすう) ①일을 하는 데 필요한 동작이나 세공 등의 수. 또, 그것이 많아서 귀찮은 일. ②수고, 폐. ✱てかず로도 읽음.
∥~**料**(りょう) 수수료. 구전.
手数珠(てじゅず) 손목에 차는 짧은 염주.
手順(てじゅん) 수순.
手馴らし(てならし) ⇨ 手慣らし(てならし).
手馴れ(てなれ) ⇨ 手慣れ(てなれ). ✱古語로는 たなれ라고도 함.
手馴れる(てなれる) ⇨ 手慣れる(てなれる).
手習い(てならい) ①〈老〉습자(習字). ②연습. 수업(修業). 학문.
∥~**所**(どころ) 습자를 가르치는 곳.
~**草紙**(ぞうし) 습자에 쓰는 공책.
手縄(てなわ) ①막의 끈 꿰는 고리에 드리운 끈. ②고삐줄. ③포승.
手勝手(てがって) 실제로 써보았을 때의 편의(便宜) 여부.
手始め(てはじめ) ①일의 첫 시작. 시초. ②초보. 입문.
手拭い(てぬぐい) 수건. ♣~**地**(じ) 타월지
手拭き(てふき) (손)수건. 손을 닦음.
手植え(てうえ) 손으로 심음. 귀인이 손수 심음.
手信号(てしんごう) 수신호.
手実(てまめ) ①부지런함. ②손재주가 있음.
手心(てごころ) 손어림. 손대중.
手暗がり(てくらがり) 자기 손으로 그늘이 져 손아래가 잘 보이지 않음.
手押し(ておし) 손으로 밀어〔눌러〕움직임.
∥~**ポンプ** 손으로 누르는 펌프.
手弱女(たおやめ) 〈雅〉숙부드러운 여자. 우아하고 아름다운 여인.
手厳しい(てきびしい) 매우 엄하다〔호되다〕.
手業(てわざ) 손(으로) 하는 일.
手余す(てあます) 자기 힘에 겹다〔부치다〕.
手輿(たごし) 남여(籃輿). ✱しゅよ로도 읽음.
手延び(てのび) 시기를 놓치는 일.
手延べ(てのべ) ①국수 가락을 손으로 뺀 것. ② ☞ 手延び(てのび).
手染め(てぞめ) 손수 물들임. 또, 그것.
手塩(てしお) ①옛날, 각 개인이 마음대로 쓰게 식탁에 갖추어 놓은 소금. ②몸소 돌보아 줌.
手穢い(てむさい) 〈老〉더럽다. 볼꼴 사납다.
手玉(てだま) ①(조그만 주머니에 팥 따위를 넣어서 만든) 공기(놀이). ②손목에 차는 장식 구슬.

手窪(てくぼ) 손바닥의 움푹 팬 부분.
手の窪(てのくぼ) ① 손바닥을 굽혔을 때 생기는 우묵한 곳. ② 주먹밥.
手緩い(てぬるい) ① 지나치게 관대하다. 미온적이다.
手料理(てりょうり) 집에서 만든 요리.
手踊り(ておどり) ① 앉은 채 손짓만으로 추는 간단한 춤. ② 연예장 등에서 가볍게 추는 춤. ③ 여럿이서 같은 손짓으로 추는 춤.
手羽(てば) 닭의 가슴에서 날개까지의 고기. ‖**~肉**(にく) ☞手羽.
手元(てもと) ① 손이 미치는 범위. ② 손잡이. ③ (목수 등의) 조수. ‖**~金**(きん) 소지한 돈.
~流動性(りゅうどうせい) 기업 등이 보유한 현금・예금 따위를 합계한 것.
手遠し(てどおし) 손에서 멀다. 손이 닿지 않다.
手萎(てなえ) 〖醫〗 손이 자유롭게 움직이지 않음. 또, 그 질병.
手違い(てちがい) 어긋남. 순서가 틀려서 예정・계획에 차질이 생김.
手慰み(てなぐさみ) ① 심심풀이로 하는 일. ② 노름.
手柔らかに(てやわらかに) (다루기를) 부드럽게.
手遊び ㊀ (てあそび) ① 손으로 가지고 놈〔노는 것〕. 장난감. ② 노름.
㊁ (てすさび) 심심풀이로 하는 일. 소일(消日)거리.
手六十(てろくじゅう) 학문은 60세까지 향상할 가능성이 있다는 말.
手応え(てごたえ) (때리거나 찌를 때) 손으로 느끼는 감촉. 반응.
手医者(ていしゃ) 고용한 의사.
手人(てびと) ① 특별 기술을 가진 사람. ② 솜씨가 뛰어난 사람.
手印(ていん) 수인. 손바닥 도장.
手引き(てびき) ① (손을 잡고) 인도함. ② 입문함. 또, 그런 책. ③ 주선. ♣**~書**(しょ) 입문서.
手一杯(ていっぱい) ① 그 이상의 일을 할 여유가 없는 모양. ② 자기 마음대로 하는 모양.
手一合(ていちごう) 두 손으로 떠낸 분량. 약 1홉의 쌀.
手任せ(てまかせ) 손이 움직이는 대로 맡겨 둠.
手入らず(ていらず) ① 수고나 힘이 들지 않음. ② 한번도 쓰지 않음. 숫처녀. ③ 한번도 손보지 않음.
手入れ(ていれ) ① 고침. 손질. ② 범인 검거나 수사를 위해 경관 등이 현장을 덮침. (경찰의) 단속.
手込め(てごめ) ① 강간. ② 억압.
手子(てこ) 돕는 사람. 석공(石工)・토공(土工) 따위의 허드렛일을 하는 사람. *てごろ도 읽음.
手刺し(てさし) ⇨ 手指し(てさし).
手の者(てのもの) 심복. 부하.
手疵(てきず) ⇨ 手傷(てきず).

手子摺る(てこずる) 주체 못 하다. 애먹다.
手作(てさく) 수제(手製).
手作り(てづくり) ① 손수 만듦. 또, 그 만든 것. ② 손으로 짠 피륙. *②는 たづくり로도 읽음.
手酌(てじゃく) 자작(自酌).
手作業(てさぎょう) 수작업.
手長(てなが) ① 손이 긺. ② 도벽이 있음. 또, 그런 사람. ♣**~猿**(ざる) 〖動〗 긴팔원숭이.
手帳(てちょう) 수첩.
手張り(てばり) ① 스스로 부침. ② 힘에 벅참.
手の掌(てのひら) 손바닥.
~を返(かえ)**す** 손바닥을 뒤집다《태도를 표변하다》.
手杵(てぎね) 절굿공이.
手積もり(てづもり) 저울이나 되를 쓰지 않고 손으로 무게와 부피를 대충 재는 일.
手伝い(てつだい) 도와줌. 심부름(함). 또, 그 사람.
手伝う(てつだう) ① (남의 일을) 거들다. 도와서 일하다. ② 한몫 곁들여 영향을 주다.
手前 ㊀ (てまえ) ① 자기 앞. ② 체면. ③ 솜씨. ④ 저. ⑤ 너. ♣**~勘**(かん) 독선 / **~共**(ども) 저희들.
‖**~極め**(きわめ) 제멋대로 혼자 결정함.
~味噌(みそ) 자화자찬하는 일.
~普請(ぶしん) 전문가에게 의뢰하지 않고 스스로 집을 고치거나 짓는 일.
~勝手(がって) 제멋대로 (행동)함. 자신의 편의만을 꾀함.
~療治(りょうじ) 의사에게 보이지 않고 스스로 치료하는 일.
~者(もの) 부자. 자산가.
~定規(じょうぎ) 자기에게 편리하도록 작정한 구실.
㊁ (てめえ) 〈俗〉㊀의 ④⑤의 막된 말씨.
手銭(てせん) 자신의 돈.
手縋い(てまとい) 손발에 휘감겨 몸의 자유를 방해하는 일. 거치적거림.
手切れ(てぎれ) ① 절연. ☞手切れ金. ③ 결렬. ♣**~話**(ばなし) 절연〔이혼〕담.
‖**~金**(きん) 위자료.
手折る(たおる) (꽃이나 가지 따위를) 손으로 꺾다. 비유적으로, 정부나 첩으로 삼다.
手節(てぶし) ① 솜씨. ② 손. 팔.
手占(てうら) 손을 보고 점을 침.
手粘(てねば) 손의 움직임이 굼뜬 모양. 일이 늦는 일.
手粘い(てねばい) 동작이 느리다.
手摺り(てすり) 난간.
手錠(てじょう) 수갑.
手提げ(てさげ) 손에 들고 다니게 만든 자루・가방・바구니 따위. ♣**~鞄**(かばん) 손가방.
‖**~金庫**(きんこ) 손궤 금고.
手際(てぎわ) ① 일을 처리하는 방법〔솜씨〕. ② 기량이 뛰어남.
手製(てせい) 수제. 손수 만듦.
手提灯(てぢょうちん) 손에 드는 제등.

手早(てばや) 재빠른 모양. 잽싼 모양.
手早い(てばやい) 재빠르다. 잽싸다.
手助け(てだすけ) 조력. 거듦.
手造り(てづくり) ⇨ 手作り(てづくり).
手彫り(てぼり) ①손으로 조각함. 또, 그 조각품. ②자기가 조각함. 또, 그 조각품.
手釣り(てづり) 낚싯대 없이 낚싯줄을 손에 잡고 하는 낚시질.
手繰り(てぐり) ①(실을) 손으로 자음. 당김. ②손에서 손으로 건네줌. ③변통함. ④手繰り網・手繰り船의 준말.
∥**～網**(あみ) 끌그물.
～糸(いと) 손으로 켠 실.
～船(ぶね) 끌그물을 사용하여 연안에서 어업을 하는 작은 어선.
手繰る(たぐる) ①(양손으로 번갈아) 끌어당기다. ②더듬어 찾다.
手繰り込む(たぐりこむ) (줄이나 로프 등을) 끌어당기다. 잡아당기다.
手釣瓶(てつるべ) 손으로 긷는 두레박.
手足 ㊀(てあし) 수족. 손발.
∥**～纏い**(まとい) ⇨手纏い(てまとい).
㊁(しゅそく) ①⇨㊀. ②손발처럼 믿을 수 있는 부하.
手足れ(てだれ)〈雅〉무술・예능・솜씨 등이 뛰어남. 또, 그 사람.
手足口病(てあしくちびょう) 수족구병. 어린이의 손・발・입에 발진이 생기며 열이 나는 병.
手紬(てつむぎ) 손으로 짠 명주.
手の中(てのなか) 손바닥. 손아귀.
手重い(ておもい) ①정중하다. ②용이하지 않다. 중대하다. ③끄덕하다.
手証(てしょう) (범행 등의) 확증.
手支へ(てづかえ) 지장. 장해.
手持ち(てもち) ①현재 수중에 가지고 있음. 또, 그 물건. ②무료함을 달래기 위한 것.
♣**～品**(ひん) 현품.
∥**～無沙汰**(ぶさた) 무료함.
手指し(てさし) 들일을 하거나 산에서 일할 때 손을 보호하기 위해 끼는 것.
手紙(てがみ) 편지. ♣**～文**(ぶん) 서간문.
手遅れ(ておくれ) 때를 놓침. 때늦음.
手直し(てなおし) 불완전한 곳을 고침.
手直り(てなおり) (바둑・장기에서) 하수가 이겨 대국(對局) 조건을 고침.
手織り(ており) 수직. ①(동력을 사용하지 않은) 베틀 등으로 짬. ②자기 집에서 짬.
∥**～縞**(じま) 자기 집에서 짠 변변치 않은 무명.
～機(ばた) 수직기. 베틀.
手職(てしょく) 손으로 하는 일.
手振り(てぶり) ①손짓. ②〈古〉종자(從者). ③〈古〉빈손. 맨손. ④『經』시장 대리인.
∥**～水**(みず) 젖은 손을 흔들어 물방울을 떨구는 일.
～編み笠(あみがさ) 삿갓 이외에는 손에 든 것이 없는 일.
手振れ(てぶれ) 카메라로 촬영할 때, 흔들려서 영상이 흐려지는 일.

手真似(てまね) 손짓. 손으로 흉내를 냄.
手桎(てかせ) 쇠고랑. 수갑.
手次ぎ(てつぎ) ⇨手継ぎ(てつぎ).
手車(てぐるま) ①손수레. ②자가용의 인력거. ③손가마.
手差し(てさし) 손으로 절러넣는 일. 특히 쇄기에서 종이를 한 장씩 밀어넣는 일.
手札 ㊀(てふだ) ①명함. 명찰. ②手札型(がた)의 준말. ③(카드 놀이 따위에서) 손에 들고 있는 패.
∥**～判**(ばん) ☞手札型.
～型(がた) (사진에서) 명함판의 배판.
㊁(しゅさつ) ①수찰. 손수 쓴 메모・편지. ②명함.
手擦れ(てずれ) 손이 많이 닿아서 쓸림〔무지러짐〕. 또, 그것.
手創(てきず) ⇨手傷(てきず). 「창.
手槍(てやり) 자루가 표준보다 가늘고 짧은
手妻(てづま)〈老〉요술.
∥**～使い**(つかい) 요술쟁이.
手鉄(てがね) 쇠고랑. 수갑.
手帖(てちょう) ⇨手帳(てちょう).
手捷い(てばしこい) 재빠르다. 잽싸다.
手替わり(てがわり) ①앞 사람과 바꾸어 일함. 교대. ②대리(인). ③취향이 다름.
手締め(てじめ) 일의 해결이나 성공을 축하하여 관계자들이 박자(拍子)를 맞추어 박수를 치는 일.
手初め(てはじめ) ⇨手始め(てはじめ).
手招き(てまねき) 손짓으로 부름.
手草(たぐさ) 가무(歌舞) 따위를 할 때 손에 드는 것.
手触り(てざわり) 손에 닿는 감촉.
手燭(てしょく) 들고 다닐 수 있게 손잡이가 달린 촛대. *しゅしょく로도 읽음.
手箒(てぼうき) (한 손으로 쓰는) 자루가 짧은 비.
手出し(てだし) ①손을 댐. 손찌검함. ②직접 일에 관여함. ③개입. 참견.
手取り(てとり) ①손을 붙듦. ②(씨름에서) 수가 뛰어남. 또, 그 사람.
∥**～者**(もの) ①수가 뛰어난 씨름꾼. ②사람을 잘 다루는 창녀 따위.
～足取り(あしとり) ①손과 발을 잡음. ②친절히 가르쳐 주고 이끌어 줌.
㊁(てどり) ①(세금 등을 공제하고) 실제로 받는 금액. ②실을 손으로 자음. ♣**～金**(きん) 실수령액.
手っ取り早い(てっとりばやい) ①민첩하다. ②손쉽다.
手枕(てまくら) 팔베개. *雅語로는 たまくら라고도 함.
手打ち(てうち) ①거래・화해가 성립된 표시로 박자를 맞추어 치는 박수. 또 거래・화해의 성립. ②수타. 국수 따위를 손으로 쳐서 만듦. ③자신의 손으로 때려잡음〔죽임〕.
手探り(てさぐり) ①손으로 더듬음. ②불확실한 상황에서 추진함. 암중모색.

手討ち(てうち) 무사(武士)가 신하나 서민을 손수 베어 죽임.
手土産(てみやげ) (방문할 때) 인사차 들고 가는 간단한 선물.
手痛い(ていたい) ①피해의 정도가 몹시 크다. ②정도가 심한 모양.
手桶(ておけ) 손잡이가 있고, 손으로 들고 나를 수 있는 통.
手投げ(てなげ) ①손으로 던지는 일. ②〖野〗투수가 몸을 움직이지 않고 손으로만 공을 던지는 일. ♣~**弾**(だん) 수류탄.
手透き(てすき) 손이 빔. 틈. 짬. 여가.
手判(てはん) 수인(手印).
手版(てはん) 자기 회사 출판물.
手捌き(てさばき) 손놀림.
手八丁(てはっちょう) 솜씨가 능숙하여 일을 잘 해냄. 또, 그런 사람.
‖**~口八丁**(くちはっちょう) 일도 잘하고 말도 잘함.
手偏(てへん) 한자 부수의 하나: 손수변.
手編み(てあみ) 손으로 뜸. 또, 그렇게 뜬 것. 「으로 잡음.
手捕り(てどり) (장비를 쓰지 않고) (맨)손
手鞄(てかばん) 손가방. 「하는 일.
手褒め(てぼめ) 자기 가족을 스스로 칭찬
手品(てじな) ①요술. ②솜씨. ③손놀림. ♣~**師**(し) 요술쟁이.
‖**~遣い**(つかい) ☞手品師.
手風(てぶり)〈雅〉습관. 풍속. 풍습.
手風琴(てふうきん) 손풍금. 아코디언.
手下(てした) 수하. 부하. *てかもろに 읽음.
手荷物(てにもつ) 수하물.
手合い(てあい) ①(알맞은) 상대. ②한패. 한 무리. ③(승부를 내기 위한) 맞섬. (바둑·장기 등의) 대국.
‖**~割り**(わり) 바둑 등에서, 대국자의 기량차를 보완하기 위한 일종의 핸디캡.
手合わせ(てあわせ) ①상대가 되어 겨룸. ②피리·쟁(箏) 등 서로 다른 악기끼리 합주함. ③약 따위를 스스로 조제함.
手解き(てほどき) (학문·기술의) 초보(를 가르침). 첫걸음.
手向かい(てむかい) 반항. 대항.
手向かう(てむかう) 맞서다. 대항하다. 반항하다.
手向け(たむけ) ①공물(供物)을 바치는 일). ②전별(餞別).
‖**~歌**(うた) 신불(神佛)에게 바치는 노래.
~山(やま) 도조신을 모신 산. 「는 물.
~水(みず) 신불이나 사자(死者)에게 바치
~の神(かみ) 도조신(道祖神). 길 가는 사람의 수호신.
~草(ぐさ) 신불에 대한 공물(供物).
~花(ばな) 신불에 바치는 꽃. 헌화(獻花).
手向ける(たむける) ①신불에게 공물(供物)을 바치다. ②전별(餞別)하다.
手許(てもと) ⇨ 手元(てもと).
手懸け(てかけ) ⇨ 手掛け(てかけ).
手懸ける(てがける) ⇨ 手掛ける(てかける).
手懸かり(てがかり) ⇨ 手掛かり(てがかり).
手狭(てぜま) 비좁은 모양.
手狭い(てぜまい) 비좁다. 규모가 작다.
手挟む(たばさむ) ①손으로 집어 들다. ②겨드랑이에 끼다.
手形(てがた) ①수압(手押). 손도장. ②어음. ③도장을 찍은 증서. ♣~**法**(ほう)〖法〗어음법.
‖**~勘定**(かんじょう)〖經〗어음 계정.
~交換(こうかん)〖經〗어음 교환.
~貸付(かしつけ)〖經〗어음 대출.
~保証(ほしょう)〖經〗어음 보증.
~払い(ばらい)〖經〗어음 지급.
~訴訟(そしょう)〖法〗어음 소송.
~所持人(しょじにん)〖經〗어음 소지인.
~受取人(うけとりにん)〖經〗어음 수취인.
~裏書人(うらがきにん)〖經〗어음 배서인.
~引受(ひきうけ)〖經〗어음 인수.
~仲買人(なかがいにん)〖經〗어음 중매인.
~支払人(しはらいにん)〖經〗어음 지급인.
~振出人(ふりだしにん)〖經〗어음 발행인.
~債権(さいけん)〖經〗어음 채권.
~割引(わりびき)〖經〗어음 할인.
~抗弁(こうべん)〖經〗어음 항변.
~行為(こうい)〖經〗어음 행위.
~ジャンプ〖經〗어음 결제 기일 연기.
手惑い(てまどい) 허둥대다가 어디서부터 손을 대야 할지 모르는 일. 「다.
手酷い(てひどい) 격심하다. 호되다. 매섭
手丸(てまる) 手丸提灯의 준말.
‖**~提灯**(ぢょうちん) 들고 다닐 수 있는 둥근 모양의 제등.
手活け(ていけ) ⇨ 手生け(ていけ). 「칢.
手荒(てあら) ①취급이 거칢. ②처신이 거
手荒い(てあらい) 취급·처신이 거칠다.
手回し(てまわし) ①손으로 돌림. 수동식. ②준비. 수배. ③수중에 있는 돈의 변통.
‖**~計算器**(けいさんき) 수동(手動) 계산기.
手回り(てまわり) 수중. 신변(가까이에 두는 소지품).
‖**~道具**(どうぐ) (손 가까이 두고) 일상적으로 사용하는 도구.
~品(ひん) (손 가까이 두고 일상적으로 쓰는) 소품(小品). 휴대품.
手回る(てまわる) ①손에 들어오다. ②돈을 변통하다.
手賄い(てまかない) 스스로 자기 식사를 만드는 일. 자취.
手懐ける(てなずける) ①붙따르게 하다. 잘 길들이다. ②포섭하다.
手厚い(てあつい) 극진하다. 융숭하다.
手後れ(ておくれ) ⇨ 手遅れ(ておくれ).
手詰まり(てづまり) ①돈의 변통이 뜻대로 안 되어 막힘. ②수단·방법이 다하여 꼼짝못하게 됨.

手詰まる(てづまる) ① (바둑・장기 등에서) 수가 막히다. ② 돈줄이 막히다.
手詰め(てづめ) 다그침. 사정없이 몰아댐.
～の談判(だんぱん) 사정없이 몰아붙이는 담판.

其他
手股(たなまた) 〈古〉손샅. 손가락 사이.
手肱(たなひじ) 〈古〉팔꿈치.
手末(たなすえ) 〈古〉손끝.
手斧(ちょうな) 목재를 건목칠 때 쓰는 큰 자귀. ＊ておのろ도 읽음.
∥**～始め**(はじめ) 목수가 집을 짓기 시작하는 첫날.
手手に(てんでに) 제각기. 각자.
手数入り(でずいり) 씨름에서, 横綱(よこづな)의 출장(出場).

4 殳	몽둥이 **수**
	シュ
	ほこ

音読
殳書(しゅしょ) 수서. 옛날 병기(兵器) 위에 쓰던 고전 팔체(古篆八體)의 하나.

其他
殳(るまた) 한자 부수(部首)의 하나: 갖은등글월문.

4 水 教	물 **수**
	スイ
	みず

音読
水閣(すいかく) 수각. 물가나 물 위에 지은 정각(亭閣).
水干(すいかん) ① 풀을 먹이지 않고 물에 담갔다가 널빤지에 붙여 말린 비단. ② 狩衣(かりぎぬ)의 일종.
水閘(すいこう) 수갑. 수문(水門).
水撃作用(すいげきさよう) 〖理〗수격 작용.
水耕(すいこう) 〖農〗수경. 물재배.
∥**～法**(ほう) 수경법. 물재배.
～栽培(さいばい) 수경 재배.
水硬性(すいこうせい) (시멘트・석회의) 수경성.
水系(すいけい) 수계.
∥**～伝染**(でんせん) 수계 전염.
水界(すいかい) 수계. ① ☞水圏(すいけん). ② 물과 육지의 경계.
水孔(すいこう) 〖植〗수공. 물구멍.
水攻法(すいこうほう) (원유 채취에서) 수공법.
水瓜(すいか) 〖植〗수박.
水郭(すいかく) 수곽. 강가나 바닷가에 있는 촌락. 수향(水郷).
水管(すいかん) 수관. ♣**～系**(けい) 〖動〗수관계.
水マンガン鉱(すいマンガンこう) 〖鑛〗수망간광. 망가나이트(manganite).
水塊(すいかい) 〖海〗수괴. 수온・염분 따위가 거의 같은 성질이며, 주위의 해수와 구분할 수 있는 해수의 한 더미.

水球(すいきゅう) 수구.
水国(すいこく) 수국. 호소(湖沼)나 하천 등이 많은 나라・토지.
水軍(すいぐん) 수군. 수상에서 전투를 하는 군대.
水圏(すいけん) 수권. 수계(水界).
水鬼(すいき) ① 물을 주관하는 귀신. ② 항해 중에 나타나는 괴물〔유령〕.
水根(すいこん) 〖植〗수근. 물뿌리.
水禽(すいきん) 수금. 물새.
水琴窟(すいきんくつ) 일본 정원 기법의 하나. 동굴 속에 물방울이 떨어지는 반향음을 정원 내에서 즐길 수 있게 만듦.
水難(すいなん) 수난. 수해.
水嚢(すいのう) 수낭. ① 범포(帆布)로 만든 휴대용 물통. ② 식품을 건져 물을 빼는 어레미. 여수라(濾水羅).
水冷(すいれい) 수냉. (실린더 등을) 물로 식힘.
∥**～式機関**(しききかん) 수냉식 기관.
水団(すいとん) 수제비.
水大(すいだい) 〖佛〗수대. 사대(四大)의 하나.
水都(すいと) 수도. 호수나 강 등이 있는 경치 좋은 도시.
水道(すいどう) 수도. ① 상수도. ② 상수도와 하수도. ③ 해협. ④ 뱃길. ♣**～橋**(きょう) 수도교.
∥**～方式**(ほうしき) 초등 산수〔수학〕 교육 지도 방식의 하나.
水稲(すいとう) 수도. 무논에 심는 벼.
水痘(すいとう) 〖醫〗수두. 작은마마.
水頭(すいとう) ① 물가. 물 가장자리. ② 〖理〗수두. 1kg의 물이 가지는 전(全)에너지를 물의 높이로 나타낸 것.
水頭症(すいとうしょう) 〖醫〗뇌수종〔腦水腫〕.
水遁(すいとん) '忍術(にんじゅつ)(=둔갑술)'에서, 물을 이용하여 몸을 숨기는 술법.
水灯(すいとう) 물에 띄워 보내는 등롱(燈籠). 또, 그 놀이.
水量(すいりょう) 수량. ♣**～計**(けい) 수량계.
水力(すいりょく) 수력.
∥**～機械**(きかい) 〖機〗수력 기계. 물로부터 에너지를 얻고, 또 물에 에너지를 주는 기계의 총칭.
～機関(きかん) 수력 기관. 물의 에너지를 기계적 에너지로 바꾸는 기계의 총칭.
～発電(はつでん) 수력 발전.
～電気(でんき) 수력 전기.
～採炭(さいたん) 수력 채탄. 수력으로 석탄을 채굴하는 방식의 하나.
水力学(すいりきがく) 수력학.
水練(すいれん) ① 수영. 수영술. 수영 연습. ② 헤엄을 잘 침. 또, 그 사람.
水簾(すいれん) 수렴. 폭포의 미칭.
水路(すいろ) 수로. ① 송수로(送水路). 물길. 물의 통로. ② 항로. 해로(海路). 뱃길. ♣**～橋**(きょう) 수로교.
∥**～式発電**(しきはつでん) 수로식 발전.
水鹿(すいろく) 〖動〗수록. 물사슴.
水論(すいろん) 논물 싸움. ＊みずろん으로

水雷(すいらい)〖軍〗수뢰. ♣~艇(てい) 수뢰정. 「閣.
水楼(すいろう) 수루. 물가에 세운 누각(樓
水流(すいりゅう) 수류. 물의 흐름.
‖~地(ち) ①물이 흐르는 곳. 하상(河床).
②배나 뗏목이 지날 수 없을 만큼 매우 얕은
水陸(すいりく) 수륙. 　　　　　　└물밑.
‖~両用(りょうよう) 수륙 양용.
水輪(すいりん)〖佛〗수륜. 삼륜(三輪)·사륜(四輪)의 하나.
水利(すいり) 수리. ①수상 운송의 편리. ②물의 이용. ♣~権(けん) 수리권.
‖~妨害罪(ぼうがいざい) 수리 방해죄.
~組合(くみあい) 수리 조합.
水理(すいり) ①물이 흐르는 줄기. 수맥. ②뱃길. 수로(水路). ♣~学(がく) 수리학.
水馬 ㊀(すいば) 말을 타고 물을 건너가는 기
㊁(あめんぼ)〖蟲〗소금쟁이.　　　　└술.
水魔(すいま) 수마. 수해.
水沫(すいまつ) 수말. 포말(泡沫).
水媒花(すいばいか)〖植〗수매화.
水脈 ㊀(すいみゃく) 수맥. ①땅속의 물줄기. ②뱃길.
㊁(みお) (해안·강가 가까이의) 수로(水路).
水面(すいめん) 수면. 물 표면. ＊雅語로 み
のも·みなも라고도 한다.
‖~計(けい) 수면계. 보일러 따위의 내부의
수면 높이를 밖에서 재는 계기.
~下(か) ①물 속. 수중. ②전하여, 숨어서
보이지 않는 곳.
水明(すいめい) 수명. 맑은 물이 햇빛을 받아
뚜렷하게 빛나 보이는 일.
水木 ㊀(すいぼく) 수목. 물과 나무. 물과 장
㊁(みずき)〖植〗층층나무.　　　　　　└작.
水没(すいぼつ) 수몰.
水霧(すいむ) 안개. 냇가에 낀 안개.
水墨(すいぼく) 수묵. ♣~画(が)〖美〗수묵화.
‖~山水(さんすい)〖美〗수묵 산수.
水門(すいもん) 수문. 물문.
‖~式運河(しきうんが) 수문식 운하.
㊁(みと) ①바닷물이 드나드는 어귀. ②
☞和.
㊂(みなと) ①항구. ②〈雅〉물목. 강어귀.
水紋(すいもん) 수문. ①수면에 생기는 물결
무늬. ②흐르는 물이나 소용돌이 따위의 무
水文学(すいもんがく)〖地〗수문학.　└늬.
水密(すいみつ) 수밀. 그릇·수조 등이 수압에 견디어 물이 새지 않게 된 상태.
‖~隔壁(かくへき) (선박의) 수밀 격벽.
~区画(くかく) (선박의) 수밀 구획.
水蜜(すいみつ) '水蜜桃(すいみつとう)(=수밀도)'의 준말.
水畔(すいはん) 수반. 물가.
水飯(すいはん) 수반. ①쪄서 말린 밥을 냉수에 만 음식. ②물에 만 밥.
水盤(すいばん) (꽃꽂이용) 수반.

水半球(すいはんきゅう)〖地〗수반구.
水礬土(すいばんど)〖化〗수반토.
水防(すいぼう) 수방.
‖~団(だん) 수방단. 수해 방재 단체.
水伯(すいはく) 수백. 수신(水神).
水兵(すいへい) 수병.
‖~帽(ぼう) (차양이 없는) 수병모.
~服(ふく) 수병복. 세일러복.
水夫(すいふ) 수부. 뱃사람. 하급 선원. ＊か
こ로도 읽음.
水府(すいふ) ①수부. 물의 신이 산다는 해저의 궁전. ②〖地〗茨城(いばらき) 현의 현청 소재지 水戸(みと)의 한문투의 이름.
水分(すいぶん) 수분.
水盆(すいぼん) 수분. 물을 담고 그 속에 화초·괴석 같은 것을 두는 그릇.
水浜(すいひん) 수빈. 물가.
水氷(すいひょう) 수빙. 물이 얼어서 된 얼음.
水死(すいし) 익사(溺死).　　　　　└음.
水師(すいし) 수사. 수군. 해군.
水瀉(すいしゃ) 물 설사를 하는 일.
水産(すいさん) 수산. ♣~物(ぶつ) 수산물/
~庁(ちょう) 수산청/~学(がく) 수산학.
‖~試験場(しけんじょう) 수산 시험장.
~業(ぎょう) 수산업. ♣~協同組合(きょうどうくみあい) 수산업 협동 조합.
~資源(しげん) 수산 자원.　　　　　　「기.
水酸基(すいさんき)〖化〗수산기. 히드록시
水酸化(すいさんか)〖化〗수산화. ♣~銅
(どう) 수산화구리/~物(ぶつ) 수산화물/
~鉄(てつ) 수산화철.
水上 ㊀(すいじょう) 수상. 물위. 물가.
‖~競技(きょうぎ) 수상 경기.
~警察(けいさつ) 수상 경찰.
~交通(こうつう) 수상 교통. 「모함.
~機(き) 수상기. ♣~母艦(ぼかん) 수상기
~飛行機(ひこうき) 수상 비행기.
~生活者(せいかつしゃ) 수상 생활자.
~置換(ちかん)〖化〗수상 치환.
~スキー 수상 스키.
㊁(みなかみ) ①상류. ②기원. 시작. 근원.
水想観(すいそうかん)〖佛〗수상관.
水生(すいせい) 수생. 수서(水棲).　　「충.
‖~昆虫(こんちゅう) 수생 곤충. 수서 곤
~動物(どうぶつ) 수생 동물. 수중 동물.
~植物(しょくぶつ) 수생 식물. 수중 식물.
水書(すいしょ) 헤엄 치면서 글씨나 그림을
그려 보이는 일.
水棲(すいせい) ⇨ 水生(すいせい).
水石(すいせき) 수석. ①돌과 물. 자연. ②수석(壽石). ③연못과 정원석.
水仙(すいせん)〖植〗수선(화).　　　　「線.
水線(すいせん) 수선. 선박의 흘수선(吃水
水成(すいせい) 수성. ♣~論(ろん) 수성론/~岩(がん)〖鑛〗수성암.　　　　　　　　「상.
‖~鉱床(こうしょう) 수성 광상. 퇴적 광
水声(すいせい) 수성. 물 흐르는 소리.
水性 ㊀(すいせい) 수성. 수용성(水溶性).

‖**〜塗料**(とりょう) 수성 도료.
〜インク 수성 잉크.
㊂(みずしょう) 수성. ①물의 성질. ②오행(五行)에서 물의 성질을 가짐. 또, 그 사람.
水星(すいせい)〖天〗 수성.
水洗(すいせん) 세세.
‖**〜便所**(べんじょ) 수세식 변소.
水勢(すいせい) 수세. 물살.
水素(すいそ)〖化〗 수소.
‖**〜結合**(けつごう) 수소 결합.
〜細菌(さいきん) 수소 세균. 「합금.
〜貯蔵合金(ちょぞうごうきん) 수소 저장
〜電極(でんきょく) 수소 전극.
〜添加(てんか) 수소 첨가.
〜爆弾(ばくだん) 수소 폭탄.
〜イオン〖化〗 수소 이온. ♣**〜濃度**(のうど)〖化〗 수소 이온 농도 /**〜指数**(しすう)〖化〗 수소 이온(농도) 지수.
水損(すいそん) 수해로 입은 손해.
水手(すいしゅ) 뱃사람.
水菽(すいしゅく) ①찬도 없는 변변치 않은 식사. ②가난함.
水試(すいし) '水産試験場(すいさんしけんじょう)(=수산 시험장)'의 준말.
水食(すいしょく) 수식(水蝕). 물에 의한 침식. ♣**〜谷**(こく) 수식곡.
水蝕(すいしょく) ♡水食(すいしょく).
水神(すいじん) 수신. 물의 신.
水腎症(すいじんしょう)〖醫〗 수신증.
水深(すいしん) 수심.
水癌(すいがん)〖醫〗 수암. 괴저성(壞疽性) 구내염(口內炎)의 중증.
水圧(すいあつ) 수압. ♣**〜機**(き) 수압기.
‖**〜溜め**(だめ) (수압 기계의) 축압기. 어큐뮬레이터.
〜試験(しけん) 수압 시험.
水涯(すいがい) 수애. 물가.
水厄(すいやく) 수액. 수난. 물에 의한 재난.
水横便(すいようべん) (심한 설사 같은 때의) 물찌똥.
水様液(すいようえき) 수양액. ①물 같은 상태의 (무색·투명한) 액체. ②〖生〗 안구(眼球) 속에 있는 무색·투명한 액체.
水魚(すいぎょ) 수어. 물과 물고기.
〜の交(まじ)**わり** 수어지교.
水域(すいいき) 수역.
水駅(すいえき) 선착장. 강가의 역참(驛站).
水鉛(すいえん) 수연. 몰리브덴의 구칭.
水葉(すいよう) 수엽. 생이가래·개연꽃 등 수생 식물의 잎 가운데 물속에 잠겨 있는 잎.
水泳(すいえい) 수영.
‖**〜競技**(きょうぎ) 수영 경기.
水温(すいおん) 수온. ♣**〜計**(けい) 수온계.
水曜(すいよう) ☞水曜日.
‖**〜日**(び) 수요일.
水浴(すいよく) 수욕. 물에 미역을 감음.
水溶(すいよう) 수용. 물에 녹음. ♣**〜性**(せい) 수용성.

‖**〜液**(えき) 수용액. (어떤 물질을) 물에 녹인 액체.
水牛(すいぎゅう)〖動〗 수우. 물소.
水運(すいうん) 수운.
水雲(すいうん) 수운. ①물과 구름. 대자연. ②구름과 물처럼 떠돎.
㊂(もずく)〖植〗 큰실말(해초의 하나).
水源(すいげん) 수원. ♣**〜池**(ち) 수원지 /**〜地**(ち) 수원지.
‖**〜涵養林**(かんようりん) 수원 함양림.
水原銭鯽(すいげんぜにたなご)〖魚〗 납줄갱이.
水月(すいげつ) 수월. ①물과 달. ②물에 비친 달.
水位(すいい) 수위. ♣**〜計**(けい) 수위계.
水乳(すいにゅう) 물과 젖. 또, 서로가 화합(和合)하고 있음의 비유.
水銀(すいぎん)〖化〗 수은. ♣**〜灯**(とう) 수은등 /**〜剤**(ざい) 수은제 /**〜柱**(ちゅう) 수은주.
‖**〜気圧計**(きあつけい) 수은 기압계.
〜石英灯(せきえいとう) 수은등.
〜軟膏(なんこう) 수은 연고.
〜温度計(おんどけい) 수은 온도계.
〜電池(でんち) 수은 전지.
〜整流器(せいりゅうき)〖電〗 수은 정류기.
〜中毒(ちゅうどく) 수은 중독.
水葬(すいそう) 수장. ♣**〜礼**(れい) 수장.
水災(すいさい) 수재. 「滴.
水滴(すいてき) 수적. ①물방울. ②연적(硯
水田 ㊁(すいでん) 수전. 무논. *みずたろ
㊂(こなた) 잘 개간된 무논. └도 읽음.
水栓(すいせん) 수도꼭지.
水戦(すいせん) 수전. 해전(海戦). 「정자.
水亭(すいてい) 수정. 물 위나 물가에 지은
水晶(すいしょう)〖鑛〗 수정. ♣**〜宮**(きゅう) 수정궁 /**〜体**(たい) 수정체.
‖**〜発振器**(はっしんき) 수정 발진기.
〜時計(どけい) 수정 시계.
〜振動子(しんどうし) 수정 진동자.
〜婚式(こんしき) 수정혼식.
水程(すいてい) 수정. 물길.
水制(すいせい) 흐름을 바꾸거나 물살을 약하게 하기 위하여 물속에 설치하는 공작물.
水剤(すいざい)〖藥〗 수제. 물에 녹이거나 혼합한 약제.
水槽(すいそう) 수조. 물탱크. 「藻).
水藻(すいそう) 수조. 수초와 해조(海
㊂(みずも) 수조. 물속에 나는 조류(藻類). 특히, 붕어마름.
水族(すいぞく) 수족. 수중 동물. ♣**〜館**(かん) 수족관.
水腫(すいしゅ) 수종. 부종.
水準(すいじゅん) 수준. ♣**〜器**(き) 수준기 /**〜面**(めん) 수준면 /**〜点**(てん) 수준점.
‖**〜基面**(きめん) 수준 기면. 기준면.
〜原点(げんてん) 수준 원점.
〜測量(そくりょう) 수준 측량.
〜表尺(ひょうしゃく) 수준 조척(照尺).

水中(すいちゅう) 수중.
∥~**考古学**(こうこがく) 수중 고고학.
~**機能訓練**(きのうくんれん) 수중 기능 훈련. 수치 요법(水治療法).
~**植物**(しょくぶつ) 수중 식물.
~**眼鏡**(めがね) 수중 안경. 물안경.
~**翼船**(よくせん) 수중 익선.
~**聴音機**(ちょうおんき) 수중 청음기.
~**肺**(はい) 수중폐. 애쿼렁. 「화(造花).
~**花**(か) 물에 넣으면 퍼져서 화초가 되는 조
水蒸気(すいじょうき) 수증기. 김. ♣~**圧**(あつ) 수증기압.
∥~**蒸留**(じょうりゅう) 수증기 증류.
~**爆発**(ばくはつ)〖地〗수증기 폭발.
水蛭(すいてつ)〖動〗수질. 거머리.
水質(すいしつ) 수질.
∥~**汚濁**(おだく) 수질 오탁. 수질 오염.
水車(すいしゃ) 수차. ①물레방아. *みずぐるまろも 읽음. ②무자위.
∥~**小屋**(ごや) 물방앗간.
水艙(すいそう) 수창(水倉). 배 안에 물을 저장해 두는 곳. 「수채화.
水彩(すいさい) 수채화의 준말. ♣~**画**(が)
∥~**絵の具**(えのぐ) 수채화 물감.
水天(すいてん) ①수천. 물과 하늘. ②인도 신화의 천공신(天空神). 율법신.
∥~**宮**(ぐう) 항해의 안전과 순산(順産)의 신을 모신 신사(神社).
~**彷彿**(ほうふつ) 수천방불. 먼 바다와 하늘이 이어져 분별할 수 없음.
~**一碧**(いっぺき) 수천 일벽. 바다와 하늘이 온통 푸름.
水泉(すいせん) 샘.
水村(すいそん) 수촌. 물가의 동네.
水治療法(すいじりょうほう)〖醫〗수치 요법. *すいちりょうほうろも 읽음.
水沢(すいたく) 수택. 못. 늪.
∥~**植物**(しょくぶつ) 수택 식물. 추수(抽水) 식물.
水土(すいど) 수토. ①물과 흙. 강과 땅. ②자연. 풍토.
水筒(すいとう) 수통. 빨병.
水樋(すいとう) 물을 흐르게 하는 관(管).
水套(すいとう)〖機〗수투.
水波(すいは) 수파. 물과 물결. 「살.
水破(すいは) 독수리의 검은 깃으로 만든 화
水平(すいへい) 수평. ♣~**角**(かく) 수평각 / ~**面**(めん) 수평면 / ~**線**(せん) 수평선.
∥~**感染**(かんせん) (일반적인) 수평 감염.
~**距離**(きょり) 수평 거리.
~**曲線**(きょくせん) 수평 곡선. 등고선.
~**器**(き) 수평기. 수준기.
~**貿易**(ぼうえき) 수평 무역.
~**尾翼**(びよく) 수평 꼬리날개.
~**分布**(ぶんぽ) 수평 분포.
~**式運河**(しきうんが) 수평식 운하.
~**安定板**(あんていばん) (비행기의) 수평 안정판.

~**運動**(うんどう) 수평 운동. 천민에 대한 사회적 차별 철폐 운동.
~**磁力**(じりょく) 수평 자기력.
~**的分業**(てきぶんぎょう) 수평적 분업.
~**的統合**(てきとうごう)〖經〗수평적 통합.
~**解像度**(かいぞうど) (TV 등의) 수평 해
水肺(すいはい)〖生〗수폐. 호흡수(呼吸樹).
水泡(すいほう) ①수포. 물거품. *雅語로는 みなわ라고도 함. ②덧없음. 헛됨. ♣~**音**(おん)〖醫〗수포음.
水疱(すいほう)〖醫〗'水疱疹(すいほうしん)(=수포진·물집)'의 준말.
水爆(すいばく) 수폭. '水素爆弾(すいそばくだん)(=수소 폭탄)'의 준말.
水豹(すいひょう)〖動〗수표. 바다표범.
水筆(すいひつ) 수필. 무심필(無心筆)〖만년필 따위〗. 「한 재해.
水旱(すいかん) 수한. 장마와 가뭄. 그로 인
水害(すいがい) 수해.
水行〖一〗(すいぎょう) 기원(祈願)이나 심신의 단련을 위해 찬물을 뒤집어쓰고 몸을 깨끗이 함. 「등으로 감.
〖二〗(すいこう) ①물의 흐름. ②물 위를 배
水郷(すいきょう) 수향. 물가의 동리·마을. 물가의 경승지. *すいごうろも 읽음.
水血症(すいけつしょう)〖醫〗수혈증.
水刑(すいけい) 수형. 물고문.
水虎(すいこ) 河童(かっぱ)의 딴이름.
水滸伝(すいこでん)〖冊〗수호전. 수호지.
水化(すいか) ☞**水和**(すいわ).
水火(すいか) 수화. ①물과 불. ②수재와 화재. 「음.
水和(すいわ) 수화. 물을 섞음. 물이 섞여 있
∥~**物**(ぶつ)〖理〗수화물. 분자(分子) 또는 이온에 물분자(分子)가 결합한 것.
~**剤**(ざい) 수화제. 물 섞은 약.
水禍(すいか) 수화. ①수해. ②익사.

〖訓讀〗

水〖一〗(みず) ①물. ②큰물. 홍수. ③**水入り**(みずいり)의 준말.
〖二〗(すい) 수. ①오행(五行)의 다섯째. ②**水曜日**(すいようび)의 준말. ③〈俗〉꿀·설탕 등만 탄 얼음물. ④《接尾語로》⑤강 ⑤물. 「의 이름.
〖三〗(もい) 음료수. 음료.
水っぽい(みずっぽい) 수분이 많다. 묽다. 싱겁다.
水加減(みずかげん) (끓이는 요리 따위에서) 물을 넣는 정도. 물대중(을 맞춤).
水稼業(みずかぎょう) 물장사. 접객업.
水計り(みずばかり) 수준기(水準器). 수평기. 「문비.
水見舞い(みずみまい) 수해를 당한 사람을 위
水茎(みずくき) ①〈雅〉붓(글씨). 필적. 편지. *みずぐきろも 읽음.
~**の跡**(あと) 붓으로 쓴 필적. 또, 그 편지.
水鏡(みずかがみ) 수경. 수면에 모습이 비침. 또, 그 수면. *すいきょうろも 읽음.

水攻め(みずぜめ) 수공. 급수로를 끊거나 강물로 침수시켜 적의 성(城)을 공격하는 방법.
水菓子(みずがし) 과일. ♣~屋(や) 과일 가게.
水掛け論(みずかけろん) 쌍방이 서로 (자기에게 유리한) 이론만 내세우고 결말이 나지 않는 의론.
水口(みずぐち) 수구. ①물꼬. 물을 끌어들이거나 흘려 내보내는 아가리. *雅語로는 みなくち라고도 함. ②(우물과 통하는) 부엌 출입구.
‖~祭り(まつり)못자리를 만들고 볍씨를 뿌리는 날에 풍년을 기원하여 논의 물꼬에 올리는 제사. 이 때 물꼬에 水口花를 세움.
~花(ばな) 못자리의 물꼬에 세우는, 소나무・진달래・동백 등의 나뭇가지.
水垢(みずあか) 물때.
水垢離(みずごり) 목욕재계(齋戒).
水筋(みずすじ) 땅속으로 흐르는 물줄기. 수맥(水脈).
水金(みずきん) ①물처럼 아낌없이 쓰는 금전. ②〖美〗수금. 도자기에 금빛을 내는 물감. *②는 すいきんっうも 읽음.
水汲み(みずくみ) 물긷기. 또, 그 사람.
‖~人夫(にんぷ) 물긷는 인부.
水気(みずけ) 물기. 수분.
㊁(すいき)①☞㊀. ②수증기. ③〈老〉수
水飢饉(みずききん) 가뭄. ┃종(水腫).
水膿(みずうみ) 맑스그레한 고름. 진물.
水嬲り(みずなぶり) 물장난. 물놀이.
水当たり(みずあたり) 먹은 물에 체하여 배탈이 남.
水袋(みずぶくろ) ①(천이나 가죽으로 만든) 물 부대. ②(물고기의) 부레.
水牢(みずろう) 죄인을 물에 잠긴 감방에 두는 형벌. 또, 그 감방.
水柳 ㊀(みずやなぎ) 〖植〗'猫柳(ねこやなぎ)(=갯버들)'의 딴이름.
㊁(かわやなぎ) 〖植〗냇버들.
水溜まり(みずたまり) 웅덩이.
水溜め(みずため) 물을 모아 두는 곳. 또는, 용기(容器).
水売り(みずうり) 물장사. 물장수.
水明かり(みずあかり) 물에 비친 빛으로, 좀 밝게 보임.
水無し川(みずなしがわ) 비올 때 이외에는 물이 흐르지 않는 하천.
水物(みずもの) ①마실 것. ②운에 좌우되기 쉬워 예상할 수 없는 일.
水髪(みずがみ) (기름을 바르지 않고) 물로 매만진 머리.
水杯(みずさかずき) 재회를 기약하기 어려울 때 따위에 술 대신 물로 작별의 잔을 나눔.
水盃(みずさかずき) ⇨水杯(みずさかずき).
水白粉(みずおしろい) 수백분; 물분.
水翻し(みずこぼし) 찻잔 가신 물을 받는 그릇. 「읽음.
水辺(みずべ) 수변. 물가. *すいへんっうも

水瓶 ㊀(みずがめ) 물동이. 물독. ♣~座(ざ) 〖天〗물병자리.
㊁(すいびょう) 물을 담는 목이 가는 병. *すいびんっうも 읽음.
水餅(みずもち) 저장하기 위해 떡을 물에 담금. 또, 그 떡.
水腹(みずばら) 물배. 물로 배를 채움.
水肥(みずごえ) 수비. 물거름. 액체 비료. *すいひろも 읽음.
水飛沫(みずしぶき) 물보라.
水仕(みずし) 진일. 부엌일. 또, 그런 일을 하는 사람. 부엌데기.
‖~男(おとこ) 주로 부엌일을 하는 남자 「인. ~女(め) 주로 부엌일을 하는 하녀. *みずしおんなっうも 함. 「살이.
~奉公(ぼうこう) 주로 부엌일을 하는 고용
水飼い(みずかい) (마소 따위에) 물을 먹임.
‖~場(ば) (마소 따위에) 물을 먹이는 곳.
水霜(みずじも) 얼어서 서리처럼 보이는 이슬. 노상(露霜). *みずしもろも 읽음.
水商売(みずしょうばい) 물장사. 접객업.
水色(みずいろ) 엷은 남빛. 옥색. 물빛.
水石鹸(みずせっけん) 물비누. 「경치.
水先(みずさき) ①물이 흘러가는 방향. ②물길. ③水先案内의 준말.
‖~案内(あんない) 물길 안내(원). 도선(導船). 도선사(士).
水船(みずぶね) ①침수로 침몰 상태에 있는 배. ②식수를 운반하는 배. ③수조(水槽).
水蘚(みずごけ) 〖植〗물이끼.
水盛り(みずもり) 수준기(水準器).
水洗い(みずあらい) (비누 따위를 쓰지 않고) 물로 씻음〔器〕.
水掻き(みずかき) 물갈퀴.
水の手(みずのて) ①성(城) 등에서, 음료수를 끌어들이는 수로. 또, 그 물. ②소화용의 수로.
水水母(みずくらげ) 〖動〗무럼해파리.
水馴れ竿(みなれざお) ⇨水馴れ棹(みなれざお).
水馴れ棹(みなれざお) (손에 익은) 상앗대.
水嵩(みずかさ) (강물 따위의) 수량. *みかさろも 읽음.
水時計(みずどけい) 물시계.
水拭き(みずぶき) 물걸레로 훔치는〔닦아 내는〕.
水心 ㊀(みずごころ) ①수영의 소양(素養). 수영할 때의 주의 사항. ②'魚心(うおごころ)あれば水心(=이쪽의 마음은 상대의 마음 여하에 달려 있음)'의 준말.
㊁(すいしん) 수심. 수면의 중심.
水眼鏡(みずめがね) 물〔수중〕안경. 「음.
水薬(みずぐすり) 물약. *すいやくろも 읽
水揚げ(みずあげ) ①(배의 짐을) 양륙(揚陸)함. ②잡은 고기를 배・뭍에 올림. 또, 그 어획량. ③매상고.

水羊羹(みずようかん) 보통 것보다 질척한 양갱병.
水煙 ㊀(みずけむり) ①물보라. ②수면에 피어 오르는 자욱한 안개.
㊁(すいえん) 수연. ①☞㊀. ②『佛』불탑 구륜(九輪) 위에 있는 불꽃 모양의 장식.
水泳ぎ(みずおよぎ) 헤엄. 수영.
水芸(みずげい) 물을 가지고 하는 곡예나 기술(奇術). 「의 준말.
水玉 ㊀(みずたま) ①물방울. ②水玉模樣
∥~模樣(もよう) 물방울 무늬.
㊁(すいぎょく) 수옥. '水晶(すいしょう)(=수정)'의 별칭.
水屋(みずや) ①(신사나 절의) 참배인이 손을 씻는 곳. ②음료수(빙수)를 파는 가게〔사람〕. ③찻광.
水甕(みずがめ) ⇨ 水瓶(みずがめ).
水浴び(みずあび) ①물을 끼얹음. 미역 감음. ②〈老〉수영.
水垣(みずがき) 〈雅〉신사(神社)의 울타리.
水油(みずあぶら) ①물기름. 액체로 된 머릿기름. ②등유(燈油).
水遊び(みずあそび) 물장난. 물놀이.
水楢(みずなら) 『植』물참나무.
水濡れ(みずぬれ) 물에 젖음.
水飲み(みずのみ) ①물을 마심. 또, 그 그릇. ②물 마시는 장소. 「빈농.
∥~百姓(びゃくしょう)〈卑〉가난한 농민.
水洟(みずばな) 콧물. 「힘줄말.
水っ洟(みずっぱな)〈口〉水洟(みずばな)의
水飴(みずあめ) 물엿. 조청. 「안끼리.
水入らず(みずいらず) (남이 끼지 않은) 집
水入り(みずいり) ①(씨름에서) 두 선수가 마주 붙은 채 승부가 나지 않고 지쳐 있을 때, 씨름판에서 내려가 잠깐 쉬게 함. ②물이 들어 있음.
水入れ(みずいれ) 연적(硯滴).
水引(みずひき) ①가는 지노 여러 개를 합쳐 풀을 먹여 굳히고, 중앙에서 색을 갈라 염색한 끈. ②☞水引幕. ③『植』이삭여뀌.
∥~幕(まく) 불전(佛前)·무대 등의 위에 가로로 가늘게 둘러치는 막.
水子(みずご) ①태어난 지 얼마 안 되는 아기. ②태아. 특히, 유산·낙태시킨 태아. *みずこ로도 읽음.
水煮(みずに) (주로, 통조림에서) 고기나 야채 따위를 싱겁게 이힘.
水資源(みずしげん) 수자원.
水張り(みずばり) ①[빤] 천을 말리는데, 풀을 먹이지 않고, 물을 묻혀 판자에 붙임. ②수채화를 그리기 전에 물감이 잘 먹도록 종이를 물에 적셔 화판 위에 붙임.
水栽培(みずさいばい) 물재배. 물가꾸기.
水底(みずそこ) 수저. 강·바다 따위의 물 밑. *すいてい로도 읽으며, 雅語로는 みなそこ라고도 함.
水切り(みずきり) ①물기를 뺌〔빼는 그릇〕. ②물수제비를 뜨는 놀이. ③물살 가르기.
水切れ(みずぎれ) 물이 끊어짐. 물이 (말라) 없어짐.
水占(みずうら) 물을 사용하여 점을 치는 일.
水際(みずぎわ) 물가. *雅語로는 みなぎわ라고도 함.
∥~立つ(だつ) 한층 두드러지게 눈에 띄다.
~作戰(さくせん) 물가 작전. 적을 물가까지 끌어들여 섬멸시킴.
水鳥(みずとり) 수조. 물새.
㊁(すいちょう) ①☞㊀. ②술의 딴이름.
水足(みずあし) 강물이 갑자기 불었다 빠졌다 하는 속도.
水腫れ(みずばれ) 『醫』수종(水腫).
㊁(みずぶくれ) ①수종(이 생김). 물집. ②물을 많이 마셔 배가 부품.
水柱(みずばしら) 수주. 물기둥. *すいちゅう로도 읽음. 「자.
水注ぎ(みずつぎ) 물 따르는 기구. 물주전
水準り(みずばかり) ⇨水計り(みずばかり).
水中り(みずあたり) ⇨水当たり(みずあたり). 「레빗.
水櫛(みずくし) 물에 적시어 머리를 빗는 얼
水増し(みずまし) ①물을 타서 양을 늘림. ②실질을 속여 실제 이상으로 보이게 함. ③강물이 불음.
水指し(みずさし) ⇨ 水差し(みずさし).
水漬く(みずつく) 물에 잠기다. *雅語로는 みづく라고도 함.
水止舞(みずどめのまい) 비가 그치도록 기원하는 전통 행사인 사자춤.
水凪鳥(みずなぎどり) 『鳥』섬새.
水澄まし(みずすまし) 『蟲』①물매암이. ②〈俗〉소금쟁이.
水差し(みずさし) 물병. 물주전자.
水茶屋(みずちゃや) 江戸(えど) 시대에, 엽차 따위를 대접하며 나그네를 쉬게 하던 길가의 가게. *みずちゃや로도 읽음.
水着(みずぎ) 수영복.
水脹れ(みずぶくれ) ⇨水膨れ(みずぶくれ).
水菜(みずな) 『植』①순무의 한 품종(일본 특산으로 김칫거리·국거리로 쓰임). ②쇄기
水責め(みずぜめ) 물고문(拷問). 「풀.
水浅葱(みずあさぎ) 연한 푸른 색.
水鉄砲(みずでっぽう) 물총.
水替え(みずかえ) ①우물을 침. ②물통 따위의 물을 새로 갈아넣는 일. 「도 읽음.
水草(みずくさ) 수초. 물풀. *みくさ로
㊁(すいそう) 수초. ①☞㊀. ②물과 풀.
水虫(みずむし) ①『蟲』물벌레. ②『動』등각목(等脚目)에 속하는 절지 동물의 하나. ③무좀.
水炊き(みずたき) 토막낸 영계를 야채와 함께 出し(だし)로 끓인 요리.
水臭い(みずくさい) ①수분이 많다. 싱겁다. ②서먹서먹하게 굴다.
水取玉(みずとるたま) 수정(水晶).
水浸し(みずびたし) 침수(浸水). 물에 잠김.
水枕(みずまくら) 물베개. 물〔얼음〕을 넣은

고무 베개.
水秤(みずばかり) 비중(比重)을 측정하는 데 쓰는 천칭(天秤). 비중계.
水呑み(みずのみ) ⇨ 水飲み(みずのみ).
水太り(みずぶとり) 살이 무르고 뚱뚱함.
水苔(みずごけ)〖植〗물이끼.
水桶(みずおけ) 수통. 물통. 「넨생 식물.
水芭蕉(みずばしょう)〖植〗천남성과의 다
水捌け(みずはけ) 배수(排水). 물이 흐르는〔빠지는〕정도.
水貝(みずがい) 생전복을 얇게 썰어 묽은 소금물에 담가 조미한 요리.
水膨れ(みずぶくれ) ①수종(水腫)〔이 생김〕. 물집. ②물을 많이 마셔 배가 부품.
水の泡(みずのあわ) 수포. ①물거품. ②덧없음의 비유. ③노력이 헛되이 됨의 비유.
水疱瘡(みずぼうそう)〖醫〗수두(水痘). 작은마마. 「목욕.
水風呂 ㊀(みずぶろ) 데우지 않은 물로 하는 ㊁(すいふろ)(보통의) 목욕탕.
水涸れ(みずがれ) (우물・논・강 따위의) 물이 말라 버림.
水割り(みずわり) ①물을 타서 묽게 함. ②양을 늘리기 위해 내용・질을 떨어뜨림. ③위스키의 도수를 낮추기 위해 물을 탐. 또, 그 음료.
水向け(みずむけ) ①이야기를 유도해 냄. ②불전(佛前)에 물을 올림.
水絵(みずえ) 수채화(水彩畫).
水絵の具(みずえのぐ) 수채화 물감.

〔其他〕
水竿(みさお)〈雅〉상앗대. 삿대. *みぎお로도 읽음. 「로도 읽음.
水鶏(くいな)〖鳥〗흰눈썹뜸부기. *すいけい
水菰(みこも)〈雅〉〖植〗물속에 나는 줄.
水棹(みさお) ⇨ 水竿(みさお).
水蠟(いぼた) 水蠟の樹・水蠟樹蠟・水蠟樹蠟虫의 준말. 「무.
‖〜**の樹**(き)〖植〗수랍목(水蠟木). 쥐똥나
〜**樹蠟**(ろう) 수랍(水蠟). 백랍(白蠟).
〜**樹蠟虫**(ろうむし)〖蟲〗백랍벌레.
〜**の虫**(むし)〖蟲〗쥐똥나무벌레.
水脈引き(みおびき) 물길 안내. 도선(導船).
水脈引く(みおびく) 물길 안내를 하다. 항로를 따라 배를 앞으로 진행하게 하다.
水黽(あめんぼ)〖蟲〗소금쟁이.
水綿(あおみどろ)〖植〗수면. 해캄.
水母(くらげ)〖動〗해파리. *すいぼろ로 읽
水無月(みなづき)〈雅〉음력 6월. 「음.
水渋(みしぶ)〈雅〉물속에 녹아 있는 불순물. 물때.
水屑(みくず)〈雅〉물속의 오물〔쓰레기〕.
水松(みる)〖植〗청각채.
㊁(いちい)〖植〗주목(朱木).
水俣病(みなまたびょう)〖醫〗미나마타병.
水蚤(みじんこ)〖動〗물벼룩.
水葱(なぎ)〈古〉〖植〗물옥잠.
水取(もいとり)〖史〗옛날, 궁중의 음료수를 관장하던 벼슬아치.
水戸(みと) ①수문(水門). ②바닷물이 드나드는 어귀.

5	囚	가둘 수・갇힐 수
□		シュウ
常		とらえる・とらわれる

〔音読〕
囚(しゅう) 수. ①잡힘. 포로. ②수인.
囚徒(しゅうと) 수도. 수인. 죄수.
囚虜(しゅうりょ) 수로. 포로. 「묶음.
囚縛(しゅうばく) 수박. (죄인 등을) 붙잡아
囚俘(しゅうふ) 수부. 생포된 포로.
囚役(しゅうえき) 수역. 죄수에게 부과시키 「는 노역.
囚獄(しゅうごく) 수옥. 감옥.
囚衣(しゅうい) 수의. 죄수복.
囚人(しゅうじん) 수인. 죄수. *雅語로는 めしゅうど라고도 함.
‖〜**街道**(かいどう) 수인 가도. 오스트레일리아에 처음으로 간 유형수들이 1826년부터 34년에 걸쳐 개척한 총연장 240 km의 도로.
〜**自治制**(じちせい) 수인 자치제. 수형자(受刑者) 자치제.

〔訓読〕
❖**囚われる**(とらわれる) (붙)잡히다. 붙들리
囚われ(とらわれ) 잡힘. 포로가 됨. 「다.
‖〜**人**(びと) 수인(囚人). 포로.

6	守	지킬 수・막을 수
宀		シュ・ス
教		まもる・もり・かみ

〔音読〕
守(しゅ) 수비. 지킴.
守旧(しゅきゅう) 수구. 보수.
守礼(しゅれい) 예의 범절을 바르게 지킴.
守文(しゅぶん) 수문. 무력으로 창업한 사람의 계승자가 문(文)으로서 나라를 잘 다스림.
守兵(しゅへい) 수병. 수비병.
守秘(しゅひ) 비밀을 지킴.
‖〜**義務**(ぎむ)〖法〗묵비 의무. (공무원・의사 등에 과해진) 업무상 알게 된 비밀을 지켜야 하는 의무.
守備(しゅび) 수비. ♣〜**隊**(たい) 수비대 / 〜**陣**(じん) 수비진.
守成(しゅせい) 수성. 창업을 이어받아 그 사업을 더욱 공고히 지킴.
守勢(しゅせい) 수세.
守歳(しゅさい)〖民〗수세. 음력 섣달 그믐날 밤 계속자 자지 않고 설날 아침을 맞이하는 일.
守衛(しゅえい) 수위.
守戦(しゅせん) 수전. 수세인 싸움〔전쟁〕.
守銭奴(しゅせんど) 수전노. 구두쇠.
守節(しゅせつ) 수절.
守卒(しゅそつ) 수졸. 수비하는 병졸.
守株(しゅしゅ) 수주. 주주(株守).
守則(しゅそく) 수칙.

守護(しゅご) ①수호. ②鎌倉(かまくら)·室町(むろまち) 시대의 직명《각 지방의 경비·치안을 담당함》.
∥**〜大名**(だいみょう) 지방의 守護로서 봉건 영주가 된 사람.
〜石(いし) 일본식 정원에서, 나무나 돌 등의 배치상 중심이 되는 돌.
〜聖人(せいじん)〖가톨릭〗수호 성인.
〜神(じん) 수호신. *しゅごしんで로도 읽음.

訓読
❖**守る** ㊀(まもる) 지키다. ①수호(보호)하다. ②소중히 하다. 어기지 않다. 「다.
㊁(もる)〈方〉돌보다. 지키다. 아이를 보
守り ㊀(まもり) ①지킴. 방비. 단속. 수비. ②수호신. ③守り札(まもりふだ)의 준말.
㊁(もり) 지키는 사람(일). 아기 보는 사람.
守り袋(まもりぶくろ) 부적 주머니.
守り刀(まもりがたな) 호신용 칼.
守り立てる(もりたてる) ①육성시키다. 돌보아 제구실을 하게 하다. ②부흥시키다.
守り抜く(まもりぬく) 끝까지 지켜 내다.
守り本尊(まもりほんぞん) 수호신으로 믿는〔모시는〕부처님.
守部(もりべ) 상고(上古) 시대에, 산·능묘·관문 등의 파수꾼.
守り神(まもりがみ) 수호신. 「람.
守役(もりやく) 지키거나 보살핌. 또, 그 사
守り屋(もりや) 벌목꾼이 묵는 산막.
守り育てる(もりそだてる) 어린이를 사랑으로 키우다.
守りっ子(もりっこ)〈俗〉아이 보는 소녀.
守り札(まもりふだ) 부적(符籍).
守り脇差(まもりわきざし) 호신용 칼.

其他
守瓜(うりばえ)〖蟲〗외잎벌레.
守宮(やもり)〖動〗수궁. 도마뱀붙이.

| 7
寸
常 | **寿**(壽) | 목숨 **수**·나이 **수**
ジュ·ス
ことぶき·ことほぐ·ひさしい |

音読
寿 ㊀(じゅ) 수. ①장수. ②나이.
㊁(ことぶき) ①축수. 축복. ②장수. 또, 수명. ③경사.
∥**〜草**(ぐさ)'福寿草(ふくじゅそう)(=복수초)'의 딴이름.
㊂(ことほぎ)〈文〉말로 축하〔축복〕함. *古語로는 ほがい라고도 했음.
寿考(じゅこう) 수고. 장수. 오래 삶.
寿齢(じゅれい) 수령. ①긴 수명. ②목숨. (노인의) 나이.
寿老人(じゅろうじん) 일곱 복신(福神)의 하나《긴머리에 사슴을 데리고 다니는 노인》.
寿陵(じゅりょう) ☞寿蔵(じゅぞう).
寿命(じゅみょう) 수명.
寿福(じゅふく) 수복.

寿司(すし) ①초밥. 김밥. ②식해. 어초.
∥**〜屋**(や) 초밥집. 초밥 파는 사람.
寿詞 ㊀(じゅし) ①수사. 장수를 축하하는 글이나 시가(詩歌). ②천황의 치세가 길이 번영하도록 축원하는 祝詞(のりと)의 하나.
㊁(よごと) ① ☞㊀②. ②축하의 말. 기도의 말.
寿像(じゅぞう) 생전에 만들어 두는 초상.
寿星(じゅせい)〖天〗수성. 남극성. 노인성.
寿域(じゅいき) 수역. ①장수(長寿)의 고장. ②잘 다스려진 세상. ③수실(寿室).
寿宴(じゅえん) 수연. 장수 축하 잔치.
寿天(じゅよう) 수요. 장수와 요절.
寿衣(じゅい) 수의.
寿蔵(じゅぞう) 수장. 수실(寿室).
寿冢(じゅちょう) ☞寿蔵(じゅぞう).
寿春(じゅしゅん) 수춘. 신춘을 축하함《연하장에 쓰는 말》. 「婆).
寿塔(じゅとう) 생존 중에 지어 두는 탑파(塔
寿賀(じゅが) 하수(賀寿). 장수를 축하함.
寿限無(じゅげむ) 장수하라고 긴 이름을 붙였다고 하는 만담 속 아이의 이름. 긴 이름.

訓読
寿く(ことぶく) ☞寿ぐ(ことほぐ).
寿ぐ(ことほぐ)〈文〉말로 축하하다. 축하의 말을 하다.

| 7
禾
常 | **秀** | 빼어날 **수**
シュウ
ひいでる |

音読
秀(しゅう) 수. 빼어남. 최상의 평점.
秀歌(しゅうか) 뛰어난 和歌(わか).
秀句(しゅうく) 수구. 훌륭한 俳句(はいく)〔시구(詩句)〕.
秀麗(しゅうれい) 수려.
秀眉(しゅうび) 수미. 아름다운 눈썹〔얼굴〕.
秀美(しゅうび) 훌륭하고 아름다움.
秀抜(しゅうばつ) 수발. 가장 뛰어남. 「리.
秀峰(しゅうほう) 수봉. 썩 아름다운 산봉우
秀英(しゅうえい) 수영. 빼어나고 훌륭함.
秀穎(しゅうえい) ⇨秀英(しゅうえい).
秀優(しゅうゆう) 한결 뛰어남. 우수.
秀吟(しゅうぎん) 수음. 훌륭한 시가(詩歌).
秀逸(しゅういつ) 수일. 다른 것보다 빼어나게 뛰어남. 또, 그러한 것.
秀作(しゅうさく) 수작. 걸작.
秀才(しゅうさい) 수재.
秀絶(しゅうぜつ) 수절. 뛰어나고 훌륭함.
秀出(しゅうしゅつ) 수출. 빼어남. 뛰어남.

訓読
秀でる(ひいでる) ①빼어나다. 뛰어나다. ②뛰어나게 두드러져 보이다. 수려하다.

其他
秀れる(すぐれる) 뛰어나다. 우수하다. 훌륭하다.
秀手(ほつて) 뛰어난 기술. 능숙함.

| 8 又 敎 | 受(受) | 받을 수
ジュ
うける・うかる |

音読

受(じゅ)〖佛〗수. 오온(五蘊)의 하나.
受講(じゅこう) 수강.
受検(じゅけん) 수검. 검사를 받음.
受戒(じゅかい)〖佛〗수계.
受苦(じゅく) 고난을 받음.
受灌(じゅかん)〖佛〗수관. 관정(灌頂)을 받음. 「받음.
受光(じゅこう)〖寫〗노출계 따위가 광선을
受光伐(じゅこうばつ)〖農〗수광벌. 삼림을 가꾸는 한 방법.
受給(じゅきゅう) 수급. 지급・배급 등을 받음.
受寄(じゅき) 수기. 기탁을 떠맡음. 「건.
‖~**物**(ぶつ) 수기자(受寄者)가 보관하는 물
~**者**(しゃ) 수기자. 기탁을 맡은 사람.
受難(じゅなん) 수난. ♣~**曲**(きょく) 수난곡 / ~**劇**(げき) 수난극.
‖~**節**(せつ) ☞受難週.
~**週**(しゅう)〖가톨릭〗성주간. 〖基〗수난절.
受納(じゅのう) 수납.
受動(じゅどう) 수동. ♣~**性**(せい) 수동성 / ~**的**(てき) 수동적 / ~**態**(たい)〖文法〗수동태.
‖~**喫煙**(きつえん) 간접 흡연.
~**免疫**(めんえき) 수동 면역.
~**素子**(そし)〖電〗수동 소자《저항기・콘덴서・코일 등》.
受働代理(じゅどうだいり)〖法〗수동(受動) 대리. 소극 대리.
受諾(じゅだく) 수락.
受領(じゅりょう) ①수령. 영수. ②(옛날의) 수령 방백(守令方伯)(에 임명됨). ♣~**者**(しゃ) 수령자 / ~**証**(しょう) 수령증.
‖~**遅滞**(ちたい)〖法〗수령(채권자) 지체.
受療(じゅりょう) 수료. 진료를 받음.
受理(じゅり) 수리.
受命(じゅめい) 수명. ①명령을 받음. ②천명을 받아 천자(天子)가 됨.
‖~**裁判官**(さいばんかん)〖法〗수명 법관.
受杯(じゅはい) 수배. 민간 공로자로서 정부로부터 컵을 받음.
受盃(じゅはい) ⇨受杯(じゅはい).
受配(じゅはい) 수배. 배급・배달・배당 등을 받음.
受法(じゅほう)〖佛〗수법. 제자가 스승으로부터 불법(佛法)을 이어받음.
受粉(じゅふん)〖植〗수분. 꽃가루받이.
受傷(じゅしょう) 수상. 상처를 입음.
受像(じゅぞう) 수상. ♣~**機**(き) 수상기.
受賞(じゅしょう) 수상. 상을 받음.
受禅(じゅぜん) 수선. 선제(先帝)의 양위로 즉위함.
受洗(じゅせん)〖基〗수세. 세례를 받음.

受訴(じゅそ)〖法〗수소. 소송을 수리(受理)함. 「원.
‖~**裁判所**(さいばんしょ)〖法〗수소 법
受信(じゅしん) 수신. ♣~**機**(き) 수신기 / ~**料**(りょう) 수신료 / ~**人**(にん) 수신인.
受按(じゅあん)〖基〗(목사 등이 되기 위하여) 안수례(按手禮)를 받는 일.
受業(じゅぎょう) 수업. 학예(學藝)의 가르침을 받음. 「수업생.
‖~**生**(せい) 그 선생의 가르침을 받은 제자.
受用(じゅよう) 수용. 받아 씀.
受容(じゅよう) 수용. ♣~**器**(き)〖生〗수용기 / ~**的**(てき) 수용적 / ~**体**(たい)〖生〗수용체.
受遺(じゅい) 수유. 유증(遺贈)을 받음.
‖~**者**(しゃ) 수유자. 유증을 받는 자.
受肉(じゅにく)〖基〗수육. 성육신(成肉身).
受益(じゅえき) 수익.
‖~**者**(しゃ) 수익자. ♣~**負担**(ふたん) 수익자 부담.
~**証券**(しょうけん) 수익 증권.
受忍(じゅにん) 수인. 마음에 들지 않더라도 참고 견딤.
‖~**限度**(げんど) (공해의) 수인 한도.
受任(じゅにん) 수임. 「음.
受章(じゅしょう) 수장. 훈장이나 포장을 받
受電(じゅでん) 수전. 전보・전력을 받음.
受精(じゅせい) 수정. ♣~**囊**(のう)〖動〗수정낭 / ~**卵**(らん) 수정란 / ~**膜**(まく) 수정막.
受注(じゅちゅう) 수주. 주문을 받음.
‖~**総額**(そうがく) 수주 총액.
~**統計**(とうけい) 수주 통계.
受贈(じゅぞう) 수증. 기증받음.
受持(じゅじ)〖佛〗수지.
受診(じゅしん) 수진. 진료를 받음.
受嘱(じゅしょく) 위촉을 받음.
受託(じゅたく) 수탁. ♣~**者**(しゃ) 수탁자.
‖~**売買**(ばいばい) 수탁 매매.
~**収賄罪**(しゅうわいざい) 수탁 수회죄.
~**裁判所**(さいばんしょ)〖法〗수탁 법원.
~**販売**(はんばい) 수탁 판매.
受胎(じゅたい) 수태.
‖~**告知**(こくち) ①〖基〗수태 고지. ②〖가톨릭〗성모 영보(聖母領報).
~**調節**(ちょうせつ)〖醫〗수태 조절.
受験(じゅけん) 수험.
受血(じゅけつ) 수혈(輸血)을 받음.
受刑(じゅけい) 수형. ♣~**者**(しゃ) 수형자.
受話(じゅわ) 수화. ♣~**器**(き) 수화기.
受勲(じゅくん) 수훈.

訓読

受かる(うかる)〈口〉(시험에) 합격되다.
❖**受**ける(うける) ①받다. ②이어받다. ③받아들이다. ④(연극 등에서) 호평을 받다. 인기를 모으다.
受け(うけ) ①받는 것(일). ②평판. 인기. ③받치는 물건. 받이.

受け継ぐ(うけつぐ) 계승하다. 이어받다.
受け口(うけぐち) ① (우편물 등의) 접수구. ② 아랫입술이 윗입술보다 나온 입 모양. *②는 うけくち로도 읽음.
受け答え(うけこたえ) 응답. 응수.
受け渡し(うけわたし) 수도. 수수(受授). (금품을) 주고받음.
受け流す(うけながす) ① (상대방의 칼·질문 등을 적당히) 받아넘기다. ② 받은 술잔을 마시지 않고 얼버무려 잔을 비우다.
受け売り(うけうり) 남의 말을 자기 생각인 것처럼 (그대로) 받아 옮김.
受け皿(うけざら) 받칠 접시.
受け木(うけぎ) 받침나무.
受け方(うけかた) ① 받는 법·태도. ② 수비 쪽의 입장·사람.
受付(うけつけ) ① 접수. ② 접수처[인, 계].
受け付ける(うけつける) 받아들이다. ① 접수하다. ② (동작·작용 등을) 잘 받다.
受け払い(うけはらい) 수불(受拂). 수납과 지불.
受け箱(うけばこ) (대문의) 우편물·우유 등을 받는 상자. 수취함.
受け損じる(うけそんじる) ☞受け損ずる(うけそんずる). 실패하다.
受け損ずる(うけそんずる) 받으려고 하다가 놓치다.
受け手(うけて) ① 받는 이. 수취인. ② (방송·통신 등의) 청취자. 시청자.
受け身(うけみ) ① 소극적인 입장. 수세. 수동. ②『文法』 수동태(受動態). ③ (유도에서) 낙법(落法).
受け腰(うけごし) ① 물건을 받으려고 할 때의 (허리의) 자세. ② 수동적인 자세·태도.
受け容れる(うけいれる) ☞受け入れる(うけいれる).
受け引く(うけひく) 〈雅〉승낙하다.
受け入れ(うけいれ) 받아들임.
‖~**態勢**(たいせい) 받아들일 태세.
受け入れる(うけいれる) 받아들이다. 남의 말을 승낙하다.
受け止める(うけとめる) 받아내다. (공격을) 막아내다.
受け持ち(うけもち) 담당(함). 담임. 담당자.
受け持つ(うけもつ) 맡다. 담당(담임)하다.
受取(うけとり) ① 받음. ② 영수증.
‖~**手形**(てがた)『經』받을어음.
~**人**(にん) 받는 사람. 수취인.
~**証書**(しょうしょ)『法』수취 증서.
受け取る(うけとる) ① 수취하다. 받다. ② 해석하다. (그대로) 이해하다. 받아들이다.
受け取れない(うけとれない) 받아들일 수 없다. 납득할 수 없다.
受け太刀(うけだち) ① (검술에서) 상대의 공격을 막는 칼(솜씨). ② (논쟁 등에서) 수세에 몰림.
受け合い(うけあい) 보증. 전하여, 절대 틀림이 없음.
受け合う(うけあう) 책임지고 맡다. 보증하다.

835 垂

| 8 土 教 | 垂 | 드리울 **수**·거의 **수** **スイ** たれる·たらす·なんなんとする |

音読➡
垂教(すいきょう) 수교. 가르침.
垂憐(すいれん) 수련. 가련하게 생각하여 돌봄.
垂簾(すいれん) 수렴. 발을 드리움. 발.
垂露(すいろ) 수로. (서예에서) 세로 내리긋는 획의 끝을 뻐치지 아니하고 붓을 눌러서 그치는 필법의 하나.
垂柳(すいりゅう)『植』수류. 수양버들.
垂髪 ㊀(すいほつ) 수발. 불상에서, 어깨까지 늘어뜨린 머리. 그 머리.
㊁(すいはつ) 수발. 머리를 늘어뜨림. 또, 그 머리.
㊂(すべらかし) 앞머리를 좌우로 부풀리어 정수리에서 묶고 끝은 뒤로 늘어뜨리는 여자 머리 모양의 하나.
垂範(すいはん) 수범.
垂死(すいし) 수사. 빈사(瀕死).
垂線(すいせん)『數』수선. 수직선.
垂示(すいじ) 수시. 가르쳐 보임. *すいじ로 읽음.
垂心(すいしん)『數』수심. …도 읽음.
垂楊(すいよう)『植』수양. 수양버들.
垂涎(すいぜん) 수연. *すいせん·すいえん으로도 읽음.
垂衣(すいい) 수의. 천하를 다스림. 또, 천자.
垂迹(すいじゃく)『佛』수적. 부처·보살이 중생을 구하기 위하여 신의 모습으로 나타나는 일.
垂跡(すいじゃく) ⇨ 垂迹(すいじゃく).
垂釣(すいちょう) 수조. 낚싯줄을 물속에 드리워 낚시질함.
垂足(すいそく)『數』수족. 수선의 밑점.
‖~**三角形**(さんかくけい) 수족 삼각형.
垂直(すいちょく) 수직. ♣~**圏**(けん)『天』수직권 / ~**面**(めん) 수직면 / ~**線**(せん) 수직선.
‖~**感染**(かんせん)『醫』수직 감염.
~**跳び**(とび) (체력 검사 등의) 곧추뛰기.
~**貿易**(ぼうえき) 수직 무역.
~**尾翼**(びよく) 수직 꼬리날개.
~**分布**(ぶんぷ)『生』수직 분포.
~**思考**(しこう) 수직 사고.
~**安定板**(あんていばん) (비행기 꼬리날개의) 수직 안정판.
~**二等分線**(にとうぶんせん)『數』수직 이등분선. 기.
~**離着陸機**(りちゃくりくき) 수직 이착륙기.
~**磁化記録**(じかきろく)『컴』수직 자기화 기록.
~**的分業**(てきぶんぎょう) 수직적 분업.
~**的統合**(てきとうごう) 수직적 통합.
垂下(すいか) 수하. 늘어뜨림.
‖~**養殖**(ようしょく) (조개류·조류(藻類)의) 수하(식) 양식.

垂訓(すいくん) 수훈. 아랫사람에게 전하는 교훈.

訓読
垂らす(たらす) ①늘어뜨리다. 드리우다. ②흘리다. 듣게 하다.
垂んとする(なんなんとする) (막) 되려고 하다. 거의 …에 가깝다.
❖垂れる ㊀(たれる) ①늘어지다. 드리워지다. ②(물방울이) 듣다. 떨어지다. ③늘어뜨리다. ④대소변을 보다.
㊁(しだれる) (가지 따위가) 축 늘어지다.
垂れ ㊀(たれ) ①늘어짐. 늘어뜨림. 드리운 것. ②(장어구이·전골 등에 쓰는) 양념 국물.
㊁(しだれ) (버들가지 따위가) 축 늘어짐.
垂れ駕籠(たれかご) 좌우 출입구에 발이나 장막을 늘어뜨린 작은 가마. 「천. 장막.
垂れ網(たれぎぬ) 늘어뜨려 칸막이로 하는
垂れ込む(たれこむ) ⇨垂れ込める(たれこめる).
垂れ籠める(たれこめる) ⇨垂れ込める(たれこめる).
垂れ流し(たれながし) ①대소변을 무의식 중에 쌈. 아무데나 깔겨 놓음. ②폐수 등을 바다나 하천에 방류함.
垂れ流す(たれながす) ①대소변을 무의식 중에 싸다. ②처리를 하지 않은 폐수 등을 강이나 바다에 방류하다.
垂れ幕(たれまく) 현수막.   「눈.
垂れ目(たれめ) 눈꼬리가 처져 있음. 또, 그
垂れ髪(たれがみ) (소녀 따위의 아직 올리지 않고) 늘어뜨린 머리.
垂れ壁(たれかべ) 〖建〗 천장에서 드리운 것 같은 벽. 상인방(上引枋) 위의 작은 벽 따위.
垂れん棒(たれんぼう) ①고드름. ②엿가래.
垂れ耳(たれみみ) 귓불이 늘어진 큰 귀.
垂れ込み(たれこみ) 〈俗〉 밀고.
垂れ込む(たれこむ) ①〈文〉 (발이나 장막을) 드리우고 방안에 틀어박히다. ②〈俗〉 밀고하다.
垂れ込める(たれこめる) ①낮게 드리우다. 낮게 깔리다. ②집에 틀어박혀 있다.
垂れ布(たれぬの) 벽 대신 드리운 천. 칸막이 용 휘장.   「처지다.
垂れ下がる(たれさがる) 아래로 늘어지다.

其他
垂れ柳(しだれやなぎ) 〖植〗 수양버들.
垂木(たるき) 〖建〗 서까래.
∥~鼻(ばな) 서까래 끝 (의 장식).
~竹(だけ) 대나무 서까래. 또, 그 대나무.
~割り(わり) 서까래의 배치법.
垂氷(たるひ) 〈古〉 고드름.
垂り穂(たりほ) (벼 따위가 익어서) 고개 숙인 「이삭.
垂れ桜(しだれざくら) 〖植〗 사앵(絲櫻).
垂乳根(たらちね) 〈雅〉 ①모친. ②부모. 양친. ③부친.
垂乳男(たらちお) 〈雅〉 아버지. 부친.
垂乳女(たらちめ) 〈雅〉 어머니. 모친.

| 9
巾
常 | 帥 | 장수 수·거느릴 솔
スイ·ソチ·ソツ
ひきいる |

音読
帥(そち) 〖史〗 太宰府(だざいふ)의 장관.
帥先(すいせん) 수선. 솔선(率先).

| 9
犭
常 | 狩 | 사냥할 수
シュ·シュウ
かる·かり |

音読
狩猟(しゅりょう) 수렵. 사냥. ♣~期(き) 수렵기.
∥~免許(めんきょ) 수렵 면허.   「한 것.
~文(もん) 말 타고 사냥하는 그림을 무늬로
~鳥獣(ちょうじゅう) 수렵 조수.
~豹(ひょう) 치타의 딴이름.
狩漁(しゅぎょ) 수어. 사냥과 고기잡이.
∥~時代(じだい) 수어 시대. 어렵 시대.

訓読
❖狩る(かる) ①사냥하다. ②(물고기 등을) 잡다.
狩り(かり) ①사냥. ②물고기나 조개를 잡
狩り袴(かりばかま) 옛날, 狩衣(かりぎぬ) 아래 입던 바지.
狩り立てる(かりたてる) (사냥에서) 몰아대다. 몰이하다.
狩り声(かりごえ) 사냥할 때, 몰이꾼들이 내지르는 고함 소리. *かりこえ로도 읽음.
狩衣(かりぎぬ) 平安(へいあん) 시대, 귀인들의 평상복.
狩人(かりゅうど) 사냥꾼.
狩り人(かりびと) 사냥꾼.
狩り込み(かりこみ) (짐승·범인을) 일제히 찾아내어 잡음. 일제 검거.
狩り込む(かりこむ) 범인·폭력배 등을 일제히 검거하다.
狩り子(かりこ) (사냥의) 몰이꾼.
狩り場(かりば) 사냥터.
狩座(かりくら) 〈雅〉 사냥터.
狩倉(かりくら) ⇨狩座(かりくら).
狩り出す(かりだす) (사냥에서 짐승을) 몰아내다. 몰이하다.

| 9
首
教 | 首 | 머리 수·우두머리 수
シュ
くび·おびと·こうべ·
はじめ·かしら |

音読
首功(しゅこう) 수공. ①적장의 머리를 벤 공훈. ②수훈(首勳).
首魁(しゅかい) 수괴. 괴수.
首巻(しゅかん) 수권. 첫째 권. 제1권.
首級(しゅきゅう) 수급. 싸움터에서 벤 적의 목. *しるし로도 읽음.

首肯(しゅこう) 수긍.
首記(しゅき) 수기. 제목으로 씀. 표제.
首脳(しゅのう) 수뇌. ♣~部(ぶ) 수뇌부.
∥~会議(かいぎ) 수뇌 회의.
首都(しゅと) 수도. ♣~圏(けん) 수도권.
∥~高速道路(こうそくどうろ) 수도 고속도로. 東京(とうきょう) 도와 그 주변 지역의 유료 자동차 도로《약 247 km》.
首領(しゅりょう) 수령. 우두머리.
首謀(しゅぼう) 수모. 주모자. 장본인. ♣~者(しゃ) 주모자.
首尾(しゅび) 수미. ①사물의 처음과 끝. 시종. ②일의 경과나 결과. 전말.
∥~一貫(いっかん) 시종일관.
首班(しゅはん) 수반. 제1의 석차・지위. 특히, 내각의 총리 대신.
首服(しゅふく) ①죄를 자백함. ②『法』 수복. 자복(自服).
首峰(しゅほう) 주봉(主峰).
首府(しゅふ) 수부. 수도(首都).
首部(しゅぶ) 수부. 처음 부분.
首相(しゅしょう) 수상.
首鼠両端(しゅそりょうたん) 수서양단. 결단성이 없이 쭈뼛거리고 주저함.
首席(しゅせき) 수석.
首星(しゅせい) 『天』 수성. 별자리 중에서 가장 밝은 별. 알파성(α星).
首悪(しゅあく) 수악. 악당의 우두머리. 원흉.
首位(しゅい) 수위. 수석.
∥~打者(だしゃ) 『野』 수위 타자.
首邑(しゅゆう) 수읍. 그 지방의 중심 마을.
首長(しゅちょう) 수장. ♣~法(ほう) 『史』 수장령(令) /~制(せい) 수장제.
首将(しゅしょう) 수장. 전군(全軍)의 총대장.
首題(しゅだい) ①수제. 최초의 제목. ②경문 첫머리의 글귀.
首祖(しゅそ) ①일의 시초. ②맨 처음 선조.
首足(しゅそく) 수족. 머리와 발.
首座 ㊀(しゅざ) 수좌. ①상좌. 상석. ②상석에 앉을 자격이 있는 사람.
㊁(しゅそ) 『佛』 수좌. 상좌승.
首罪(しゅざい) 수죄. 범한 여러 범죄 가운데 제일 무거운 죄.
首唱(しゅしょう) 수창. 먼저 주창함.
首夏(しゅか) 수하. ①초여름. ②음력 4월의 딴이름.
オーマン首長国(オーマンしゅちょうこく) 『地』 오만 수장국(왕국).

訓読
首 ㊀(くび) ①목. 머리. *老人語로는 こうべ라고도 함. ②사람의 목처럼 물건의 잘록한 부분. ③해고. 면직.　　　｢싹 못하다.
~が回(まわ)らない 빚에 쪼들려 꼼짝달싹
㊁(しゅ) …수. 시가(詩歌)를 세는 말.
㊂(しるし) 수급(首級). 벤 적(敵)의 목.
首枷(くびかせ) 목에 씌우는 칼. 자유를 속박하는 것.
首巻き(くびまき) 목도리.

首根っこ(くびねっこ) 〈俗〉목. 목덜미.
首筋(くびすじ) 목덜미.
首輪(くびわ) ①목걸이. ②개목걸이.
首狩り(くびがり) 다른 부족을 습격해서 사람의 목을 베어 종교적 의식을 행하는 풍습.
首飾り(くびかざり) 목걸이.
首実検(くびじっけん) ①직접 만나 본인 여부를 확인함. ②옛날, 싸움터에서 벤 수급(首級)의 진위를 확인하던 일.
首玉(くびたま) ①(고대의) 구슬 목걸이. ②개・고양이 등의 목에 거는 고리. ③〈俗〉목. 모가지.
首っ玉(くびったま) 〈俗〉목. 모가지.
首縊り(くびくくり) 목을 매어 자살함. 또, 그 사람.
首引き(くびひき) ①끈으로 고리를 만들어 마주앉은 두 사람의 목에 걸고, 서로 잡아당겨 끌려오는 쪽이 지는 놀이. ②서로 경쟁함.
首っ引き(くびっぴき) 〈口〉늘 옆에 놓고 참고하는 일.
首丈(くびたけ) ①발밑에서 목까지의 높이. ②〈口〉홀딱 반함.
首っ丈(くびったけ) 〈口〉홀딱 반함.
首切り(くびきり) ①참수함. 또, 그런 사람. ②〈俗〉면직. 해고. ♣~台(だい) 단두대.
首切る(くびきる) ①처형하다. ②〈俗〉해고하다.
首吊り(くびつり) ①목매달아 죽는 일. ②〈俗〉기성복(既成服).
首の座(くびのざ) 참수할 때 앉히는 자리.
首斬り(くびきり) ⇨ 首切り(くびきり).
首斬る(くびきる) ⇨ 首切る(くびきる).
首塚(くびづか) 전사자나 참수한 자의 머리를 매장한 무덤.
首桶(くびおけ) 참수한 머리를 넣는 통.
首投げ(くびなげ) (씨름・레슬링에서) 상대방의 목을 한 팔로 감고 넘기는 수.
首環(くびわ) ⇨ 首輪(くびわ).
首回り(くびまわり) 목둘레(의 치수).

其他
首肯く(うなずく) 수긍하다. (고개를) 끄덕이다.
首途(かどで) 집〔길〕을 떠남. 출발. *しゅとロ도 읽음.
首陀(シュダ) ☞ 首陀羅(シュダラ).
首陀羅(シュダラ) 수다라. 수드라(Sudra). 인도 사성(四姓) 중 최하위 계급.

10 イ 教	修	닦을 수・다스릴 수 シュウ・シュ・ス・ズ おさめる・おさまる

首読
修する ㊀(しゅうする) ①(몸을) 바르게 하다. ②닦다. 수련하다. ③정돈하다. 수리하다.
㊁(しゅする) ①(불도・학문을) 닦다. 행하다. ②불사(佛事)를 행하다.
修改(しゅうかい) 수개. 수리하여 고침.

修景(しゅうけい) ① 경관(景觀). 경치. ② 修景保存의 준말.
∥**~保存**(ほぞん) 경관 보존. 도시 계획이나 공원 건설 등에서, 자연 경관을 훼손하지 않기 위한 보호 조치.
修交(しゅうこう) 수교. 친하게 교제함.
修女(しゅうじょ) 수녀.
修道(しゅうどう) 수도. ♣♣**~女**(じょ) 수녀 / **~僧**(そう) 수도승 / **~院**(いん) 수도원 / **~会**(かい) 수도회.
∥**~士**(し) 《가톨릭》 수도사. 수사(修士).
修得(しゅうとく) 수득. 배워서 몸에 익힘.
修羅(しゅら) ① '阿修羅(あしゅら)=아수라'의 준말. ② 큰 목재나 큰 돌을 운반하는 수레.
∥**~道**(どう) '阿修羅道(あしゅらどう)(=아수라도)'의 준말.
~物(もの) 能楽(のうがく)에서 전사한 주역(主役)이 망령이 되어 나와 전투 장면을 말하는 줄거리의 것.
~場(じょう) 수라장.
☐(ば) ① (연극・야담 따위에서) 격렬한 싸움 장면. ② ☞☐.
修煉(しゅうれん) ⇨ 修練(しゅうれん).
修練(しゅうれん) 수련.
修鍊(しゅうれん) ⇨ 修練(しゅうれん).
修論(しゅうろん) 《敎》 '修士論文(しゅうしろんぶん)(=석사 논문)'의 준말.
修了(しゅうりょう) 수료.
修理 ☐(しゅうり) 수리. 수선.
☐(しゅり) ① ☞☐. ② 修理職의 준말.
∥**~職**(しき) 平安(へいあん) 시대에 대궐의 수리・조영(造営)을 담당한 관청.
修明(しゅうめい) 분명히 함[밝힘].
修文(しゅうぶん) ① 학문이나 예술을 배우고 닦음. ② 예의・법도를 갖춤.
修法(しゅほう) 《佛》 수법. 밀교의 가지(加持) 기도법. *すほう・ずほう로도 읽음.
修補(しゅうほ) 수보. 보수.
修復(しゅうふく) 수복. ① 파손된 곳을 고쳐 만듦. ② (관계) 회복.
修祓(しゅうふつ) (神道(しんとう)에서) 목욕 재계하는 일. *しゅうばつ로도 읽음.
修士(しゅうし) ① 석사. ② 《가톨릭》 수사.
∥**~課程**(かてい) 석사 과정. 마스터 코스.
修史(しゅうし) 수사. 역사의 편집.
修辞(しゅうじ) 수사. ♣**~法**(ほう) 수사법 / **~学**(がく) 수사학.
修善(しゅぜん) 《佛》 수선. 선행을 쌓음.
修禅(しゅぜん) 修禅定의 준말.
∥**~定**(じょう) 《佛》 수선정. 선정(禪定)을 수행함.
修繕(しゅうぜん) 수선. 수리.
∥**~義務**(ぎむ) 수선 의무. 임대차 계약에서, 임대인이 목적물의 사용・수익에 필요한 수선을 할 의무.
修成(しゅうせい) 수성. 수정해서 성취시킴. 고쳐 완성함.

修習(しゅうしゅう) 수습. 연수.
修飾(しゅうしょく) 수식.
∥**~語**(ご) 수식어《문장 성분의 하나》.
~助詞(じょし) 《文法》 구(句)에 붙어 그 문절 전체를 부사적으로 만들고, 뒤에 오는 술어를 수식하는 조사.
修身(しゅうしん) 수신. ① 행실을 바르게 함. ② 구제(舊制) 초・중등 학교에서 배우던 도덕 교육 교과의 명칭.
~斉家(せいか) **治国**(ちこく) **平天下**(へいてんか) 수신제가 치국 평천하.
修養(しゅうよう) 수양.
修業(しゅうぎょう) 수업.
修営(しゅうえい) 수영. 수선하고 건축함.
修二会(しゅにえ) 《佛》 修二月会(しゅにがつえ)의 준말. 奈良(なら) 東大寺(とうだいじ)에서 음력 2월 1일부터 14일 사이에 벌이는 법회.
修因感果(しゅいんかんか) 《佛》 수인감과. 수인득과(得果).
修正(しゅうせい) 수정.
∥**~動議**(どうぎ) 수정 동의.
~予算(よさん) 수정 예산.
~資本主義(しほんしゅぎ) 수정 자본주의.
~積立方式(つみたてほうしき) 수정 적립 방식. 적립 방식을 기본으로 하는 연금 방식의 하나.
~主義(しゅぎ) 《政》 수정주의.
~平均株価(へいきんかぶか) 《經》 수정 평균 주가.
修定(しゅうてい) 수정. 문장 등의 자구를 고쳐 바르게 함. 수정・교정(校定)함.
修訂(しゅうてい) 수정. 정정(訂正).
修整(しゅうせい) 수정. (필름의 흠 따위를) 손질해서 바로잡음.
修造(しゅうぞう) 중수. (절 따위를) 수리하여 고침. *しゅぞう로도 읽음. 「찬.
修撰(しゅうせん) 수찬. 서책을 편술함. 편
修築(しゅうちく) 수축.
修学(しゅうがく) 수학.
∥**~旅行**(りょこう) 수학 여행.
修行(しゅぎょう) 수행. ① 《佛》 불도를 닦음. ② 학문・기예를 연마함. ♣♣**~者**(しゃ) 수행자. 「道.
修験(しゅげん) ① ☞修験者. ② ☞修験
∥**~道**(どう) 奈良(なら) 시대의 수도자 役小角(えんのおづの)를 시조로 하는 밀교(密教)의 한 파.
~者(じゃ) 修験道를 수행하는 사람.
~宗(しゅう) ☞修験道.
修好(しゅうこう) 수호. 친하게 교제함. 특히 나라끼리 친하게 교류함.
∥**~条約**(じょうやく) 수호 조약.
修惑(しゅうわく) 《佛》 수혹. 사혹(思惑).

[訓讀]
修める(おさめる) 닦다. 수양하다.
❖**修まる**(おさまる) (품행이) 바르게 되다.
修まり(おさまり) 바르게 됨.

搜・殊・茱・祟・袖

10 扌 常 捜 (搜)
찾을 수
ソウ
さがす

音読
- 捜査(そうさ) 수사. ♣~陣(じん) 수사진. ‖~機關(きかん) 수사 기관. ~本部(ほんぶ) 수사 본부.
- 捜射(そうしゃ)〖軍〗수사. 적이 잠복하고 있나 없나를 알아보기 위하여 총이나 활을 쏘아 보는 일.
- 捜索(そうさく) 수색. ♣~隊(たい) 수색대. ‖~願い(ねがい) 수색원. 가출인・실종자의 수색을 경찰에 의뢰함.

訓読
- ❖捜す(さがす) 찾다.
- 捜し(さがし) 찾음.
- 捜し倦ねる(さがしあぐねる) 찾아내지 못해 난감해 하다.
- 捜し当てる(さがしあてる) 찾아내다.
- 捜し物(さがしもの) 물건을 찾음. 또, 그 물건.
- 捜し出す(さがしだす) 찾아내다.
- 捜し絵(さがしえ) 숨은 그림 찾기.
- ❖捜る(さぐる) ① 탐색하다. ②(더듬어) 찾다.
- 捜り(さぐり) ① 탐색함. ② 속[의중]을 떠봄. ③〖醫〗소식자(消息子).

10 歹 常 殊
다를 수
シュ
こと

音読
- 殊功(しゅこう) 수공. 뛰어난 공훈.
- 殊死(しゅし) 수사. 죽기를 각오하고 싸움.
- 殊俗(しゅぞく) 수속. 특이한 풍속이나 습관. 또, 그 나라.
- 殊勝(しゅしょう) ① 기특함. ②〖佛〗수승. 가장 뛰어남.
  ‖~顔(がお) 자랑스러운 얼굴.
- 殊域(しゅいき) 수역. 다른 세계〔나라〕. 이역(異域).
- 殊遇(しゅぐう) 수우. 특별한 대우.
- 殊恩(しゅおん) 수은. 특별한 은혜.
- 殊絶(しゅぜつ) 수절. 뛰어나게 훌륭함.
- 殊寵(しゅちょう) 수총. 특별한 총애. 「상.
- 殊勳(しゅくん) 수훈. ♣~賞(しょう) 수훈

訓読
- 殊に(ことに) ① 각별히. 특히. ② 그 위에. 게다가.
- 殊更(ことさら) ① 일부러. 고의로. 짐짓. ② 특별히. 새삼스러이. 특히.
- 殊栄え(ことはえ) 각별히 훌륭하고 화려함.
- 殊の外(ことのほか) ① 의외로. 뜻밖에. ② 특별히. 대단히. 매우.

逆音
- 特殊(とくしゅ) 특수.

10 艹 茱
수유나무 수
シュ

其他
- 茱萸(ぐみ)〖植〗수유나무.

10 示 祟
빌미 수
スイ
たたる

訓読
- ❖祟る(たたる) 앙얼입다. 탈이 되다. 빌미가 되다.
- 祟り(たたり) 지벌. 빌미. (뒤)탈.
- 祟り目(たたりめ) 앙얼을 입을 때. 재난을 당할 때.

10 ネ 袖
소매 수
シュウ
そで・そでにする

音読
- 袖手(しゅうしゅ) 수수. ① 팔짱을 낌. ② 전하여, 애써(서) 일하기를 싫어함.
  ‖~傍観(ぼうかん) 수수방관.
- 袖珍(しゅうちん) 수진. 소매나 포켓에 들어갈 정도로 작음.
  ‖~本(ぼん) 수진본. 포켓판.

訓読
- 袖(そで) ① 소매. ② 대문 양쪽의 울타리. ③ 책상 양쪽의 서랍. 「판.
- 袖看板(そでかんばん) 건물에서 돌출한 간
- 袖鑑(そでかがみ) 소맷자락에 들어갈 만한 작은 안내 책자.
- 袖乞い(そでごい) 거지. 구걸함. 동냥(함).
- 袖見出し(そでみだし) (신문 따위의) 부표제(副標題). 부제.
- 袖刳り(そでぐり) 진동 둘레.
- 袖口(そでぐち) 소맷부리.
- 袖捲り(そでまくり) 소매를 걷어 올림.
- 袖几帳(そでぎちょう) 소매를 들어 얼굴을 가리는 일. 「물.
- 袖の雫(そでのしずく) 소매에 떨어지는 눈
- 袖搦み(そでがらみ) 江戸(えど) 시대의 죄인 포구(捕具)의 하나. 「한 두건.
- 袖頭巾(そでずきん) (일본 옷의) 소매 모양을
- 袖の露(そでのつゆ) 소매에 뿌린 눈물.
- 袖裏(そでうら) 소매 안감.
- 袖幕(そでまく) 무대 좌우 양끝에 드리운 막.
- 袖無し(そでなし) 소매 없는 옷. ① 특히, 소매 없는 羽織(はおり). ② 양복에서 소매가 없는 것.
- 袖壁(そでかべ) 구조적・방화적(防火的) 이유로 건물 바깥으로 돌출한 벽.
- 袖の別れ(そでのわかれ) 몌별(袂別).
- 袖塀(そでべい) 문이나 건물 곁에 설치된 낮

은 담.　　　　　　　　　　「가리는 일.
袖屛風(そでびょうぶ) 소매를 들어 얼굴을
袖覆輪(そでふくりん) 소맷부리에 딴 천을
　대어 소매가 해어지는 것도 막고 장식도 겸함.
袖奉加(そでほうが) 남의 옷소매에 매달려
　돈을 구걸함. 또, 그 돈.　　　　　　「분.
袖付け(そでつけ) 진동. 소매가 길에 붙는 부
袖の氷(そでのこおり) 소매를 적신 눈물이
　얼어버린 것.　　　　　　　　　「こおり).
袖の氷柱(そでのつらら) ☞袖の氷(そでの
袖山(そでやま) 소맷부리 위쪽에서부터 어깨
　에 이르는 선(線). 소매마루.
袖書き(そでがき) ① 옛 공문서에서 주무자
　가 행(行)을 낮추어 첨가하여 쓴 글. ② 편지
　첫머리 여백에 쓴 추신(追伸).
袖時計(そでどけい) 소매나 품속에 넣는 소
　형 시계. 회중시계.
袖時雨(そでしぐれ) 옷소매를 눈물로 적심을
　時雨(しぐれ)에 비유하여 쓴 말.
袖の時雨(そでのしぐれ) 時雨(しぐれ)처럼
　소매를 적시는 눈물.
袖の淵(そでのふち) 소매에 눈물이 고인 것
　을 못에 비유해서 한 말.
袖の雨(そでのあめ) 소매에 떨어지는 눈물을
　비에 비유한 말.
袖の羽風(そでのはかぜ) 걸을 때, 소매에서
　일어나는 바람을 새가 날갯짓할 때 일어나는
　바람에 비유한 말.　　　　　　　「든 울타리.
袖垣(そでがき) 대문 같은 곳에 붙여 낮게 만
袖袘(そでぶき) (일본 옷에서) 소맷부리의
　안감을 겉의 천보다 약간 더 내어 단처럼 한
　부분.
袖移し(そでうつし) 자기 옷소매에서 상대의
　옷소매로 남몰래 건네주는 일.　　　　「름.
袖の子(そでのこ) '稲(いね)(=벼)'의 딴이
袖丈(そでたけ) 소매 길이.
袖章(そでしょう) 수장. 소매 기장(記章).
袖の滴(そでのしずく) 소매에 떨어지는 눈
　물.
袖の紙(そでのかみ) 여성이 소맷자락 등에
　넣어 둔 화장지.
袖振り草(そでふりぐさ)『植』'薄(すすき)
　(=참억새)'의 딴이름.
袖畳み(そでだたみ) 옷을 개는 방법의 하나.
　솔기를 안으로 가게 접은 다음, 양소매를 포
　개어 접음.　　　　　　　　　　「삼아 쌈.
袖枕(そでまくら) 입고 있는 옷소매를 베개
袖土産(そでみやげ) 소맷자락에 들어갈 만큼
　간소한 선물.
袖判(そではん) 고문서(古文書)에서, 우단
　(右端)에 인가의 표시를 한 화압(花押).
袖貝(そでがい)『貝』비단호두조개.
袖包み(そでぐるみ) ☞袖袘(そでぶき).
袖標(そでじるし) 전쟁터에서 아군과 적군을
　식별하기 좋게 갑옷의 소매에 단 표시.
袖幅(そではば) 소매통. 소매 너비.
袖被り(そでかぶり) 여인이 죽어 장사 지낼
　때, 옷의 왼쪽 소매로 얼굴을 덮는 일.

袖下(そでした) 배래기. 소매의 밑부분.
袖の下(そでのした) 소매로 감추듯이 하여
　건네는 것. 뇌물 또는 촌지.
袖の海(そでのうみ) 소매가 눈물로 몹시 젖
　는 것을 바다에 비유한 말.　　　　「한 향기.
袖の香(そでのか) 향을 피워서 소매에 배게
袖型(そでがた) 옷소매 배래기의 본.

| 10
米
常 | 粋(粹) | 순수할 수·정할 수
スイ
いき |

音読▶
粋狂(すいきょう) 색다른 것을 좋아함. 또,
　그런 사람.
粋美(すいび) 수미. 순수하고 아름다움.
粋方(すいほう) ① 세상사나 화류계 일 등에
　정통한 한량. *すいかた로도 읽음. ② 사물에
　정통한 사람. 그 방면의 전문가.　　「린 책.
粋書(すいしょ) 유학 등 화류계의 세계를 그
粋然(すいぜん) 수연. 사람의 얼굴이나 마음
　이 참되고 꾸밈이 없는 모양. 순수한 모양.
粋人(すいじん) ① 풍류를 즐기는 사람. 풍류
　인. ② 세상사나 남녀간의 일을 잘 알고 있는
　사람.　　　　　　　　　　　　「인(通人).
粋者(すいしゃ) 화류계 사정에 밝은 사람. 통
訓読▶
粋 ㊀(いき) 때를 벗음. 세련됨. 멋들어짐.
　㊁(すい) ① 가장 뛰어난 것. ② 세상 물정이
　나 인정에 밝아 이해가 빠름.
粋がる(いきがる) 잰 체하다.
粋筋(いきすじ) ① 화류계. ② (남녀의) 정사
　(情事)에 관계하는 일.
粋事(いきごと) (남녀간의) 정사.

| 11
イ
人 | 脩 | 닦을수·길수·포수
シュウ
おさめる・ながい・
ほじし |

音読▶
脩竹(しゅうちく) 수죽. ① 길게 자란 대나
　무. ② 대숲.

| 11
口 | 售 | 팔아넘길 수
シュウ
うる |

音読▶
售謗(しゅうぼう) 남의 비방(욕)을 퍼뜨림.

| 11
扌
教 | 授(授) | 줄 수
ジュ
さずける・さずかる |

音読▶
授戒(じゅかい) 수계. 신자들 중에 계율을
　줌.　　　　　　　　　　　　　　「수권법.
授権(じゅけん)『法』수권. ♣~法(ほう)

羞·遂·随

‖~資本(しほん)〖經〗수권 자본.
~行為(こうい)〖法〗수권 행위.
授記(じゅき)〖佛〗수기. 부처가 제자에 대하여 성불(成佛)의 예언을 하는 일.
授刀(じゅとう) 칼을 수여함.
授粉(じゅふん) 수분. 암술에 수술의 화분을 붙여 줌.
授産(じゅさん) 수산. 실업자나 생활이 어려운 사람 등에게 일을 주어 생활을 도움.
‖~所(じょ) 수산시설의 통칭.
~施設(しせつ) 심신 장애자·생활 빈곤자에게 취업과 기능 습득의 기회 및 편의를 주는 시설.
授賞(じゅしょう) 수상. 상을 수여함.
授受(じゅじゅ) 수수. 주고받음.
授信(じゅしん)〖經〗여신(與信).
授業(じゅぎょう) 수업. ♣~料(りょう) 수업료.
授与(じゅよ) 수여.
授乳(じゅにゅう) 수유. ♣~期(き) 수유기.
授任(じゅにん) 수임. 임무나 위임을 줌.
授爵(じゅしゃく) 수작. 작위를 수여함.
授章(じゅしょう) 수장. 훈장 등을 줌.
授精(じゅせい) 수정. 수정시킴.
授職(じゅしょく) 授職灌頂의 준말.
‖~灌頂(かんじょう)〖佛〗수직 관정. 수도자가 일정한 지위에 오를 때의 의식.

[訓読]
❖授かる(さずかる) (내려) 주심을 받다.
授かり物(さずかりもの) 신불(神佛)이 내려주신 것.
❖授ける(さずける) ①하사(下賜)하다. ②전수(傳授)하다.
授け物(さずけもの) 신불(神佛)이 내려 주신 것.

11 羊 羞
부끄러워할 수
シュウ
はじる・はずかしめる

[音読]
羞愧(しゅうき) 수괴. 부끄럽고 창피스러움.
羞明(しゅうめい)〖醫〗수명. 강한 빛에 대해 과민하여 눈이 시고 이를 싫어하는 상태.
羞渋(しゅうじゅう) 수삽. 부끄러워 머뭇머뭇함.
羞悪(しゅうお) 수오. 악을 부끄러워함.
羞辱(しゅうじょく) 수욕. 부끄럽고 욕되는 일. 치욕.
羞天花(しゅうてんか) 해바라기의 딴이름.
羞恥(しゅうち) 수치. ♣~心(しん) 수치심.
羞花閉月(しゅうかへいげつ) 수화폐월. 용모가 극히 아름다운 여성의 비유.

[訓読]
羞(はじ) 부끄러움. 수치. 치욕.
羞じる(はじる) ①부끄러이 여기다. 부끄러워하다. ②《'…に羞じない'의 꼴로》…에 부끄럽지 않다. 「하다.
❖羞じらう(はじらう) 부끄러워하다. 수줍어
羞じらい(はじらい) 수줍음. 부끄러움.

[其他]
羞し(やさし)〈古〉부끄럽다. 기특하다.

12 辶 遂(遂)
이룰 수·드디어 수
スイ
とげる・ついに

[音読]
遂行(すいこう) 수행.

[訓読]
遂げる(とげる) ①이루다. 얻다. 성취〔달성〕하다. 끝내다. ②마치다.
遂に(ついに) ①드디어. 마침내. ②최후까지. 끝끝내.

[其他]
遂せる(おおせる) 이룩하다. 성취하다.

12 阝 随(隨)
따를 수
ズイ
したがう

[音読]
随感(ずいかん) 수감. 그때마다의 느낌.
随気(ずいき) 마음대로 함.
随談(ずいだん) 수필(隨筆)식으로 편안한 마음으로 하는 이야기.
随徳寺(ずいとくじ)〈俗〉뒷일은 생각지 않고 종적을 감춤. 「음.
随伴(ずいはん) 수반. *ずいばん으로도 읽
‖~植物(しょくぶつ)〖植〗수반 식물.
随煩悩(ずいぼんのう)〖佛〗수번뇌. 탐욕 등의 근본 번뇌에 수반하여 일어나는 번뇌.
随兵(ずいひょう) ①수행하는 병사. ②중세에 将軍(しょうぐん)이 외출할 때 경호하던 기마 무사. *ずいびょう・ずいへい로도 읽음.
随分(ずいぶん) ①대단히. 몹시. 아주. 퍽. ②〈俗〉너무하다. 심함. 지나침. 「록.
随想(ずいそう) 수상. ♣~録(ろく) 수상
随性(ずいしょう) 태어나면서 정해져 있는
随所(ずいしょ) 도처. 여기저기. 「운명.
随順(ずいじゅん) 수순. 순종.
随時(ずいじ) 수시. 아무 때(고).
随身(ずいしん) ①수신. 주인을 따름. ②옛날, 귀인이 외출할 때 호위하던 무관. *ずいしん으로도 읽음.
‖~門(もん) 矢大神(やだいじん)·左大神(さだいじん)을 좌우로 배치한 신사의 정문.
随縁(ずいえん)〖佛〗수연. 부처와 인연을 맺는 일. 부처를 따르는 일.
‖~真如(しんにょ)〖佛〗수연 진여.
随員(ずいいん) 수원. 수행원.
随意(ずいい) 수의. 마음대로. ♣~筋(きん)〖生〗수의근.
‖~契約(けいやく) 수의 계약.
~運動(うんどう)〖生〗수의 운동.
~的消費(てきしょうひ) 수의적 소비. 선택적 소비.
随一(ずいいち) 제일. 첫째.

随從(ずいじゅう) ①수종. 따라다니며 시중 듦. 또, 그 사람. ②남의 말에 좇음.
随処(ずいしょ) ⇨ 随所(ずいしょ).
随逐(ずいちく) 수축. 뒤를 좇아 따라감.
随筆(ずいひつ) 수필.
随行(ずいこう) 수행. ♣~員(いん) 수행원.
随喜(ずいき) 마음속으로 고맙게 생각함.

【訓読】
随う(したがう) 따르다. 수행하다.
随える(したがえる) ①따르게 하다. 좇게 하다. 복종시키다. ②데리고 가다. 거느리다.
随って(したがって) 따라서. 그러므로. 그 결과.

【其他】
随に(まにまに) 하는대로 맡기는 모양. 되는 대로.
随神(かんながら)〈雅〉오직 신(의 뜻) 그대로임. 유신(惟神). ＊かみながらとも 읽음.
∥~の道(みち) (오직 신의 뜻 그대로의) 일본 고래의 신도(神道).
随意に(まにまに) ⇨ 随に(まにまに).

12 阝	隋	수나라 수 ズイ・タ

【音読】
隋(ずい)〖史〗수. 옛날 중국의 나라 이름.
隋書(ずいしょ)〖册〗수서. 수나라 시대의 역사서.

12 酉	酥	연유 수 ソ

【音読】
酥(そ) 소나 양의 젖을 끓여 되직하게 한 것.
酥蜜(そみつ) 우유를 정제(精製)한 것과 꿀.
酥油(そゆ) (蘇油) ①우유로 만든 기름. ②소마나(蘇摩那)의 화즙에서 빼낸 향유.

【其他】
酥餅(スーピン) 양과자의 파이 비슷한 중국 과자.

12 頁 入	須	모름지기 수・기다릴 수 シュ・ス すべからく・まつ・もちいる

【音読】
須磨琴(すまごと) 일현금.
須弥(しゅみ)〖佛〗수미. 須弥山(しゅみせん)의 준말.
須弥壇(しゅみだん)〖佛〗수미단. ＊すみだんとも 읽음.
須弥山(しゅみせん)〖佛〗수미산. ＊すみせんとも 읽음.
∥~汁(じる) 푸성귀와 두부를 잘게 썰어 넣은 된장국.

須要(しゅよう) 수요. 꼭 소용이 됨. ＊すようとも 읽음.
須臾(しゅゆ) 수유. 잠시 동안.
須恵器(すえき) 일본 고분 시대 중기에서 平安(へいあん) 시대에 걸쳐 만들어진 토기.

【訓読】
須らく(すべからく)〈文〉마땅히. 당연히. 모름지기.

13 女	嫂	형수 수 ソウ あによめ

【訓読】
嫂(あによめ) 형수.

13 氵	溲	오줌 수 シュウ・シュ そそぐ・ゆばり

【音読】
溲瓶(しゅびん) 요강. ＊しびんとも 읽음.

13 心 常	愁	근심 수・근심할 수 シュウ うれえる・うれい

【音読】
愁苦(しゅうく) 수고. 수심으로 괴로워함.
愁涙(しゅうるい) 수루. 근심 걱정으로 눈물을 흘림. 또, 그 눈물.
愁眠(しゅうみん) 수면. 걱정하면서 잠.
愁眉(しゅうび) 수미. 근심스러운 기색.
 ~を開(ひら)く 수미를 펴다. 상태가 호전되어 안심하다.
愁死(しゅうし) 수사. 비탄에 잠기다 죽음.
愁思(しゅうし) 수사. 수심에 잠긴 생각.
愁殺(しゅうさつ) 수살. 매우 슬퍼함.
 ＊しゅうさいとも 읽음.
愁傷(しゅうしょう) 수상. 슬퍼함. 비탄함.
愁色(しゅうしょく) 수색. 수심의 빛.
愁雲(しゅううん) 수운. 수심에 찬 기색.
愁吟(しゅうぎん) 수음. 시름에 겨워 푸념함.
愁腸(しゅうちょう) 수장. 근심하고 슬퍼하는 마음.
愁絶(しゅうぜつ) 수절. 대단히 근심함.
愁嘆(しゅうたん) 수탄. 근심하고 탄식함.
∥~場(ば) (연극에서) 한탄하고 눈물을 흘리며 슬퍼하는 장면.
愁歎(しゅうたん) ⇨ 愁嘆(しゅうたん).

【訓読】
❖愁う ㊀(うれう)〈文〉㊁의 새로운 문어(文語)형.

数　843

□(うりょう)〈文〉☞愁える(うれえる).
愁い(うれい) ①근심. 걱정. ②기중(忌中).
③〈古〉한탄하여 호소함.
愁い事(うれいごと) 슬픈 일. 근심스러운 일.
愁い顔(うれいがお) 슬픈 얼굴. 쓸쓸한 표정.
❖愁える(うれえる) 슬픔에 잠기다. 비탄하다.
愁え(うれえ) ☞愁い(うれい).

13
文
敎
数(數)　셈할 수·셈 수
スウ·ス
かず·かぞえる·
しばしば

音読
数 □(すう) ①수. 수효. ②『数』수. 정수·분수·소수·무리수·허수 등의 총칭.
□(かず) ☞□①. ②여러 가지. 수가 많음. ③특별히 내세울 만한 가치 있는 것.
□(しばしば) 자주. 여러 번. 누차. 종종.
数刻(すうこく) 수각. 몇 시간.
数個(すうこ) 수개. 몇 개. 서넛. 너덧.
数箇(すうこ) ⇨ 数個(すうこ).
数奇(すうき) 수기. 기구(崎嶇). 불우(不遇). ＊さっきらごとも 함.
数奇(すき) 풍류스러움. 특히, 다도(茶道)나 和歌(わか)를 즐김.
数奇心(すきごころ) ⇨ 数寄心(すきごころ).
数寄心(すきごころ) 풍류(風流)를 아는〔즐기는〕마음.
数奇屋(すきや) ⇨ 数寄屋(すきや).
数寄屋(すきや) ①다도(茶道)를 위해서 지은 건물. 다실(茶室). ②다실풍의 건물. ③장지에 바르는 미농지의 딴이름.
‖~**坊主**(ぼうず) 江戸幕府(えどばくふ)의 다회(茶會)·다기(茶器) 등을 관장한 하급 벼슬아치.
~**造り**(づくり) 다실풍으로 지은 (산뜻하고 맵시 있는) 건물.
数奇者(すきしゃ) ⇨ 数寄者(すきしゃ).
数寄者(すきしゃ) 다도를 좋아하는 사람.
数年(すうねん) 수년. 여러 해. 몇 해.
数多 □(すうた) 수다. 수가 많음.
□(あまた)〈雅〉무수히. 허다하게.
数段(すうだん) 수단. ①너더댓단을 막연하게 이르는 말. 몇단. 월등히.
数度(すうど) 수회. 너더댓 차례. 수차.
数等(すうとう) ①여러 단계. ②상당히. 또, 월등히. 훨씬.
数量(すうりょう) 수량. 분량. ♣~**的**(てき) 수량적.
‖~**景気**(けいき) 수량 경기. 물가는 오르지 않으나, 생산이나 거래가 증가하여 기업의 수익이 늘고 경기가 좋아지는 일.
数理(すうり) 수리. ①수학의 이론. ②계산. 계수적인 방면.
‖~**経済学**(けいざいがく)『經』수리 경제학. 수학적 방법을 사용한 경제 이론.
~**計画法**(けいかくほう)『数』수리 계획법. 수학적 계획법.

~**論理学**(ろんりがく) 수리 논리학.
~**物理学**(ぶつりがく) 수리 물리학.
~**社会学**(しゃかいがく) 수리 사회학.
~**言語学**(げんごがく) 수리 언어학.
~**哲学**(てつがく) 수리 철학.
~**統計学**(とうけいがく)『数』수리 통계학.
数目(すうもく) ①물품의 종류. ②수(数)의 명목(名目). ③(바둑에서) 돌 서너 개.
数輩(すはい) 수 명(의 사람).
数犯(すうはん) 수범. 여러 번의 범죄.
数詞(すうし)『文法』수사.
数式(すうしき) 수식.
数列(すうれつ) 수열. ①『数』수의 계열. ②몇 줄. 두셋 또는 대여섯 줄.
数人(すうにん) 수인. 몇 사람. 수명.
数日(すうじつ) 수일. 4·5일 정도의 일수.
数字(すうじ) ①숫자. ②몇 (글)자.
数直線(すうちょくせん)『数』수직선.
数次(すうじ) 수차. 몇 차례. 몇 번.
‖~**旅券**(りょけん) 몇 번이고 출입국할 수 있는 5년 또는 10년간 유효한 여권.
数値(すうち)『数』수치. 값.
‖~**予報**(よほう) (컴퓨터에 의한) 수치 예보.
~**制御**(せいぎょ)『컴』수치 제어.
~**解析**(かいせき) 수치 해석. 과학 분야에 나타나는 수학적 문제를 수치의 연산(演算)으로 푸는 방법.
数表(すうひょう) 수표. 사물의 양이나 성질 등을 나타낸 수치를 목적에 따라 이용하기 위해 일람표로 한 것.
数学(すうがく) 수학. ♣~**者**(しゃ) 수학자.
‖~**基礎論**(きそろん) 수학 기초론. 집합론의 모순을 해결하기 위한 수학의 한 분과.
~**的**(てき) 수학적. ♣~**帰納法**(きのうほう)『数』수학적 귀납법 /~**論理学**(ろんりがく)『論』수학적 논리학.
数行 □(すうぎょう) 수행. 너더댓 줄.
□(すうこう) 대여섯 줄기. 몇 줄기.
数回(すうかい) 수회. 2·3회부터 5·6회 정도의 횟수.

訓読
数ならぬ(かずならぬ) 내세울 만한 가치가 없는. 하찮은.
数まえる(かずまえる) 여느 사람처럼 취급하다〔다루다〕.
数具足(かずぐそく) 싸구려 양산품(量産品)이 갖추어져 있음.
数無し(かずなし) ①사물의 수효에 들지도 않음. 덧없음. ②한없이 많음.
数物(かずもの) 소액으로 많이 살 수 있는 물건. 값싼 하등품.
数数 □(かずかず) ①수가 많음. 다수. ②갖가지. 여러 가지.
□(しばしば) 자주. 여러 번. 누차.
数の外(かずのほか) ①수효에 들지 않음. 또, 그 것. ②정원(定員) 밖의 것. 원외(員外).
数の子(かずのこ) 말린 청어알.
数取り(かずとり) 수를 세는 사람〔물건〕.

❖**数える**(かぞえる) ① 세다. 셈하다. ② 열거 하다. 「どし」의 준말.
数え(かぞえ) ① 셈. 세기. ② 数え年(かぞえ
数え歌(かぞえうた) 숫자 풀이 노래.
数え年(かぞえどし) 달력 나이. 난 해를 한 살로 쳐서 세는 나이.
数え立てる(かぞえたてる) 하나하나 세다. 열거하다. 「열거하다.
数え上げる(かぞえあげる) 하나하나 세다.
数え日(かぞえび) 얼마 남지 않은 연말의 분주한 나날들. 「끝내다.
数え切る(かぞえきる) 셈을 마치다. 계산을
数え程(かぞえるほど) 셀 수 있을 정도. 아주 조금.

其他
数珠(じゅず) 염주. *ずず로도 읽음.
‖**〜繋ぎ**(つなぎ) 물건〔사람〕을 염주알처럼 줄줄이 엮음〔묶음〕.
〜掛鳩(かけばと) 〖鳥〗 집비둘기의 하나. *ずずかけばとろも 읽음.
〜玉(だま) ① 염주알. ②〖植〗 염주. *ずずだまろも 읽음.
〜子(ご) ☞ 数珠玉. *ずずごろも 읽음.

13 目 常	睡	졸 수・잘 수 スイ ねむる

音読
睡蓮(すいれん) 〖植〗 수련. 연꽃 비슷하며 꽃은 밤에 오므라지고 낮에 다시 핌.
睡魔(すいま) 수마. (못 견디게 오는) 졸음.
睡眠(すいみん) 수면. ♣**〜病**(びょう)〖醫〗 수면병 / **〜薬**(やく) 수면제.
‖**〜口座**(こうざ) 수면 계좌. 휴면 계좌.
〜物質(ぶっしつ) 〖生〗 수면 물질.
〜発作病(ほっさびょう) 〖醫〗 수면 발작 병.
〜法人(ほうじん) 수면 법인.
〜時無呼吸症候群(じむきゅうしょうこうぐん) 〖醫〗 수면시 무호흡 증후군.
〜療法(りょうほう) 〖醫〗 수면 요법.
〜運動(うんどう) 〖植〗 수면 운동.
〜学習(がくしゅう) 수면 학습.
睡夢(すいむ) 잠들고 있을 때 꾸는 꿈.
睡余(すいよ) 잠이 깬 뒤.
睡臥(すいが) 수와. 드러누워 잠.

訓読
❖**睡る**(ねむる) 자다. ① 잠자다. 활용되지 않다. ② 죽다.
睡り(ねむり) ① 잠. 수면. ② 누에가 탈피하기 전에 잠시 뽕을 먹지 않는 일. 누에잠.

其他
睡たい(ねぶたい) 졸리다. 자고 싶다.

13 糸	綏	편안할 수 スイ やすらか・やすんじる

音読
綏撫(すいぶ) 수무. 편안히 하고 위무함.

13 酉 常	酬	갚을 수・잔돌릴 수 シュウ むくいる

音読
酬酢(しゅうさく) 수작(酬酌). ① 주인과 손님이 서로 술잔을 주고받음. ② 응대함.

訓読
❖**酬いる**(むくいる) ① 보답하다. 갚다. ② 보복하다.
酬い(むくい) 응보. 보답. 보수.

14 口	嗾	부추길 수・부추길 주 ソウ そそのかす・けしかける

訓読
嗾ける(けしかける) 부추기다. ① (개 따위를) 부추겨서 덤벼들게 하다. ② (남을) 선동하다. 꼬드기다.

14 口	嗽	양치질할 수 ソウ・ソク くちすすぐ・うがい

音読
嗽口(そうこう) 입안을 가심.
嗽咳(そうがい) 수해. 기침. 해수.

訓読
嗽(うがい) 양치질.
嗽ぐ(くちすすぐ) 양치질하다. 입가심하다.

14 氵 人	漱	양치질할 수 ソウ すすぐ・くちすすぐ

訓読
漱ぐ(すすぐ) 가시다. 양치질하다. *くちすすぐろも 읽음.

14 艹	蒐	모을 수 シュウ あつめる

音読
蒐書(しゅうしょ) 연구 자료로서 참고 문헌을 모음. 또, 그 책.
蒐集(しゅうしゅう) 수집.
蒐荷(しゅうか) (농산물 따위의) 짐이 모임. 짐을 모음. 또, 그 짐.

14 艹	蓚	수산 수 シュウ

蓚酸(しゅうさん)〖化〗수산. 옥살산.

竪 (14 立) 세울 **수** · 세로 **수** / ジュ / たて

音読
竪立(じゅりつ) 수립. 똑바로 섬. 또, 단단히 고정시킴.

訓読
竪(たて) 세로. ① (물체의) 상하의 방향. ② 앞뒤의 방향. 「닥.
竪坑(たてこう)〖鑛〗수갱. 곧은쌤. 곧은바
竪琴(たてごと)〖樂〗수금. 하프.
竪襟(たてえり) ① 被布(ひふ) 따위의 앞족길에 꿰매 붙인 섶과 같은 천. ②(학생복 따위의) 스탠드 칼라.
竪炉(たてろ)〖工〗수로. 축(軸)이 아래위로 통해 있어 광석과 연료를 같은 곳에 넣을 수 있는 노. 「나.
竪文(たてぶみ) 옛날 서장(書狀) 형식의 하
竪桟(たてざん) (문의) 세로 살. 장살.
竪穴(たてあな) 수혈(竪穴).
竪縞(たてじま) 세로 줄무늬.
竪横(たてよこ) ① 세로와 가로. ② 날실과 씨실.

綬 (14 糸) 끈 **수** / ジュ / ひも

音読
綬(じゅ) 수. 관직을 나타내는 표시·훈장·포장 따위를 다는 데 쓰는 끈.
綬鶏(じゅけい)〖鳥〗수계. 꿩과의 새.

需 (14 雨 常) 구할 **수** / ジュ / もとめる

音読
需供(じゅきょう) 수요와 공급. 수급(需給).
需求(じゅきゅう) 수구. 필요하여 찾아 구하
需給(じゅきゅう) 수급. 「는 일.
‖~相場(そうば)〖經〗수급 시세.
需要(じゅよう)
‖~曲線(きょくせん)〖經〗수요 곡선.
~供給の法則(きょうきゅうのほうそく) 수요 공급의 법칙.
~関数(かんすう)〖經〗수요 함수.
需用(じゅよう) (전기·가스 따위의) 수용.
♣~家(か) 수용가.
‖~費(ひ) 수용비. 광열비나 늘 쓰는 소모품 따위의 비용.
需品(じゅひん) 수용품. 필요품.

訓読
需め(もとめ) ① 요구. 요청. ② 구입.

痩 (15 疒) 파리할 **수** / ソウ / やせる・こける

音読
痩骨(そうこつ) 몸이 여윔. 여윈 몸.
痩果(そうか)〖植〗수과.
痩軀(そうく) 수구. 여윈〔수척한〕 몸.
痩羸(そうるい) 수리. 여위고 지침.
痩身(そうしん) 수신. 여윈 몸.
痩地(そうち) 메마른 땅.

訓読
痩ける(こける) 살이 빠지다. 여위다.
❖痩せる(やせる) ① 여위다. ② (땅이) 메마르게 되다. 토박해지다. 「른 사람.
痩せ(やせ) ① 마름. 여윔. 또, 그 정도. ② 마
痩せぎす(やせぎす) 여위어서 뼈가 앙상함. 또, 그런 사람.
痩せこける(やせこける) 말라빠지다. 홀쭉해지다. 앙상하다.
痩せさらばえる(やせさらばえる) 여위어서 피골이 상접하다. 「ぽち).
痩せっぽ(やせっぽ) ☞ 痩せっぽち(やせ
痩せっぽち(やせっぽち)〈俗〉몹시 여윔. 또, 그런 사람. 「없어지다.
痩せ枯れる(やせがれる) 바싹 마르고 힘이
痩せ馬(やせうま) 마르고 힘 없는 말.
痩せ法師(やせほうし) ① 마른 중. 또, 중을 매도하여 이르는 말. ② 마른 사람.
痩せ山(やせやま) 마른 산.
痩せ細る(やせほそる) ① 여위어서 몸이 홀쭉해지다. ② 점점 생활이 쪼들어가다.
痩せ世帯(やせじょたい) ⇨ 痩せ所帯(やせじょたい). 「살이.
痩せ所帯(やせじょたい) 가난한 살림. 애옥
痩せ衰える(やせおとろえる) 바짝 마르다. 수척해지다.
痩せ我慢(やせがまん) 억지로 배김〔버팀〕. 앙버팀. 오기.
痩せ腕(やせうで) ① 여윈 팔. ② (경제적으로) 약한 힘. 「음.
痩せ肉(やせじし) 말라서 살이 없음. 말랐
痩せ地(やせち) 메마른 땅. 척박한 땅.
痩せ土(やせつち) 메마른 흙〔땅〕.
痩せ形(やせがた) 여윈 몸매.

穂(穗) (15 禾 常) 이삭 **수** / スイ / ほ

音読
穂状(すいじょう) 수상. 「차례.
‖~花序(かじょ)〖植〗수상 화서. 수상꽃

訓読
穂(ほ) ① 이삭. ② 이삭 모양의 것.
穂立ち(ほだち) 벼 이삭이 팸. 또, 그 이삭.
穂芒(ほすすき) ⇨ 穂薄(ほすすき).

穗麦(ほむぎ) 이삭이 팬 보리.
穗綿(ほわた) 솜 대용(代用)으로 쓰는 띠나 갈대의 이삭.
穗薄(ほすすき) 이삭이 난 억새풀.
穗並み(ほなみ) (벼·보리 등의) 이삭이 가지런함. 또, 그런 이삭.
穗肥(ほごえ) 〖農〗 벼 이삭이 팰 무렵 질소분을 주체로 한 비료를 줌.
穗先(ほさき) ①이삭 끝. ②칼·창·송곳·붓 따위의 끝. 「분.
穗水(ほみず) 벼 이삭이 팰 무렵에 필요한 수
穗首(ほくび) ①벼 따위의 이삭 부분. ②창날의 목.
穗垂れ(ほたれ) 나뭇가지를 얇게 깎아 떡꽃 모양으로 늘어뜨린 장식물〔음력 정월 대보름께에 신불에 바침〕.
穗刈り(ほがり) 벼 또는 다른 농작물을 수확할 때 이삭 부분만을 베어내는 방법.
穗屋(ほや) 억새로 지붕을 인 집. 또, 억새 지붕.
穗孕み(ほばらみ) (벼·보리 등이) 패기 전에 이삭을 싸고 있는 부분의 줄기가 불룩해지는 일.
穗田(ほだ) 벼가 다 팬 논.
穗波(ほなみ) 이삭이 바람에 일렁거리는 모양을 파도에 비유하여 이르는 말.

15 言 誰 누구 **수** スイ これ・た・たれ・だれ

音読
誰何(すいか) (보초병의) 수하.
訓読
誰(だれ) 누구. *雅語로는 たれ・た라고도
誰か(だれか) 누군가. 「함.
∥~さん 아무개 씨(氏).
誰が(たが) 〈雅〉뉘. ①누가. ②누구의.
誰しも(だれしも) 누구든지. 누구라도. 누구나〔だれもの 힘줌말〕.
誰そ(たそ) 〈雅〉①누구냐. ②누군가.
誰某(だれそれ) 아무개. *雅語로는 たれがし라고도 함.
誰誰(だれだれ) ①누구누구. ②아무개.
誰人(だれびと) 어떤 사람.
誰一人(だれひとり) 누구 하나〔한 사람〕.
誰哉行灯(たそやあんどん) 吉原(よしわら) 유곽의 창녀집 문전(門前)에 달던 외등.
誰知らぬ(だれしらぬ) 아무도 모르는.
誰彼(だれかれ) 이 사람 저 사람.
誰も彼も(だれもかも) 모든 사람이 다. 모두가 다. 누구나 다. *だれもかれも로도 읽음.

15 金 銹 녹 **수**·녹슬 **수** シュウ さび

銹菌(しゅうきん) 〖植〗 수균. 녹균. *さびきん으로도 읽음.
銹鯖(しゅうせい) 녹.
訓読
銹(さび) ①녹. ②나쁜 결과〔응보〕.
銹病(さびびょう) 〖農〗 수병. 녹병.

16 阝 隧 굴 **수**·길 **수** スイ・ズイ みち

音読
隧道(すいどう) 수도. 굴. 터널. *ずいどう로도 읽음.
隧路(すいろ) 수로. 터널.

16 木 樹 나무 **수**·심을 **수** ジュ うえる・き・たてる

音読
樹 ㊀(じゅ) 《接尾語적으로》…수. 나무.
㊁(き) 나무.
樹間(じゅかん) 수간. 나무와 나무 사이. *こま도로 읽음.
樹幹(じゅかん) 수간. 나무줄기.
樹高(じゅこう) 수고. 나무의 높이.
樹果(じゅか) 수과. 나무의 열매.
樹冠(じゅかん) 〖植〗 수관. 나무의 줄기 위에 있어 많은 가지가 달려 있는 부분.
樹帯(じゅたい) 수대. 관목이 무성한 지대.
樹頭(じゅとう) 수두. 나무 꼭대기.
樹霊(じゅれい) 늙은 나무에 깃들인 정령(精
樹齢(じゅれい) 수령. 「靈〕.
樹林(じゅりん) 수림. ♣~帯(たい) 수림대.
樹立(じゅりつ) 수립.
樹木(じゅもく) 수목. ♣~園(えん) 수목원.
∥~崇拝(すうはい) 〖宗〗 수목 숭배.
~医(い) 수목 의사. 명목(名木)이나 고목의 보호·치료 등에 종사하는 기술자.
~限界(げんかい) 〖地〗 수목 한계선.
樹病(じゅびょう) 수병. 수목의 병의 총칭.
樹氷(じゅひょう) 수빙. 상고대. 무송(霧淞).
樹上(じゅじょう) 수상. 나무 위.
樹相(じゅそう) 수상. 수목의 형상.
樹霜(じゅそう) 수상. 상고대. 「기.
樹状突起(じゅしょうとっき) 〖生〗 수상 돌
樹勢(じゅせい) 수세. 나무가 자라는 세기.
樹心(じゅしん) 수심. 나뭇고갱이.
樹液(じゅえき) 수액.
樹葉(じゅよう) 수엽. 나뭇잎.
樹影(じゅえい) 수영. 나무 그림자.
樹芸(じゅげい) 수예. 곡식·나무 등을 심어 가꿈.
樹陰(じゅいん) 수음. 나무 그늘.
樹蔭(じゅいん) ⇨ 樹陰(じゅいん).
樹医(じゅい) 나무 의사. 트리 닥터(doctor).
樹枝(じゅし) 수지. 나뭇가지.

樹脂(じゅし) 수지. ♣~油(ゆ) 수지유.
∥~加工(かこう) 수지 가공.
~道(どう)〖植〗수지도. 수지구(溝).
~石鹸(せっけん) 수지 비누.
樹杪(じゅしょう) ⇨ 樹梢(じゅしょう).
樹梢(じゅしょう) 나뭇가지의 끝. 우듬지.
樹皮(じゅひ) 수피. 나무껍질.   ㄴ가지 끝.
∥~布(ふ) 수피포. 수피를 물에 불렸다가 두들겨 펴서 만든 베.
樹下(じゅか) 수하. 나무 밑. *じゅげろど
∥~美人(びじん) 수하 미인. 나무 밑에 여성을 배치한 풍속도의 통칭.
~石上(せきじょう) 수하 석상. 나무 밑이나 돌 위(에서 잠). 중이 되어 각처를 행각수행함. *じゅげせきじょうろも 읽음.
樹下坐(じゅげざ)〖佛〗수하좌. 두타행(頭陀行)의 하나. 큰 나무 밑에 앉아 수행하는 일.
樹海(じゅかい) 수해. 숲의 바다.   「새.
樹形(じゅけい) 수형. 수목의 전체적인 모양
〖其他〗
樹懶(なまけもの)〖動〗나무늘보.

獣 (獸)
16 犬 常
짐승 수
ジュウ
けもの・けだもの

〖音読〗
獣姦(じゅうかん) 수간. 짐승을 상대로 하는 성행위.   「帶.
獣帯(じゅうたい)〖天〗수대. 황도대(黄道
獣類(じゅうるい) 수류. 짐승.
獣毛(じゅうもう) 수모. 짐승의 털.
獣博(じゅうはく) '獣医学(じゅういがく)博士(はくし)(=수의학 박사)'의 준말.
獣性(じゅうせい) 수성. ①동물의 성질. ②(인간의 성질 중) 이성을 잃은 본능적인 성질.
獣身(じゅうしん) 수신. 짐승의 몸.
獣心(じゅうしん) 수심. 짐승 같은 마음.
獣疫(じゅうえき) 수역. 가축의 전염병.
獣欲(じゅうよく) 수욕. 동물적 욕망. 특히, 성욕.
獣慾(じゅうよく) ⇨ 獣欲(じゅうよく).
獣肉(じゅうにく) 수육. 짐승의 고기.
獣医(じゅうい) 수의.
獣医師(じゅういし) 수의사.
獣的(じゅうてき) 짐승 같은 모양.
獣脂(じゅうし) 수지. 짐승의 기름.
獣畜(じゅうちく) 수축. 야수와 가축. 짐승.
獣炭(じゅうたん) 수탄. 짐승의 뼈·피·털 등을 건류하여 만든 탄(약용·탈색용).
獣皮(じゅうひ) 수피. 짐승 가죽.
獣害(じゅうがい) (쥐·멧돼지·곰 따위) 짐승에 의한 농작물·수목 등의 피해.
獣行(じゅうこう) 수행. 짐승 같은 짓. 또, 성행위.
獣形(じゅうぎょう) 수형. 짐승 모양.

〖訓読〗
獣 ㊀(けもの) 짐승. *けだもの・じゅうろ
도 읽음.   「사슴.
㊁(しし)〈雅〉짐승. 야수. 특히, 멧돼지나
獣道(けものみち) 숲속에 난 짐승의 통로.
獣偏(けものへん) 한자 부수(部首)의 하나: 개사슴록변.

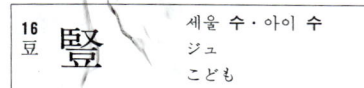

豎
16 豆
세울 수·아이 수
ジュ
こども

〖音読〗
豎吏(じゅり) 수리. 하급 관리. 소리(小吏).
豎立(じゅりつ) 수립. 똑바로 섬. 또, 단단히 고정시킴.
豎子(じゅし) 수자. 풋내기.

輸 (輸)
16 車 教
보낼 수
ユ・シュ
はこぶ・おくる

〖音読〗
輸する(ゆする) ①보내다. 수송하다. ②못하다. 빠지다. 뒤지다.
輸尿管(ゆにょうかん)〖生〗수뇨관. 요관.
輸胆管(ゆたんかん)〖生〗수담관.
輸卵管(ゆらんかん)〖生〗수란관.
輸液(ゆえき)〖醫〗수액.   「의 관용음.
輸贏(ゆえい) 수영. 승패. 승부. *しゅえい
輸率(ゆりつ)〖理〗수율.
輸銀(ゆぎん) '日本(にほん)輸出入(ゆしゅつにゅう)銀行(ぎんこう)(=일본 수출입 은행)'의 준말.
輸入(ゆにゅう) 수입. ♣~商(しょう) 수입상 / ~税(ぜい) 수입세 / ~品(ひん) 수입품.
∥~感染症(かんせんしょう) 수입 감염증. 여행자나 수입 식품에 해외에서 들어오는 감염증(콜레라·말라리아 등).
~課徴金(かちょうきん) 수입 과징금.
~禁制品(きんせいひん)〖法〗수입 금제
~担保(たんぽ)〖經〗수입 담보.   ㄴ품.
~性向(せいこう) 수입 성향.
~手形(てがた)〖經〗수입 어음.
~申告書(しんこくしょ) 수입 신고서.
~依存度(いそんど)〖經〗수입 의존도.
~組合(くみあい)〖經〗수입 조합.
~超過(ちょうか)〖經〗수입 초과.
~割当制(わりあてせい)〖經〗수입 할당제.   「管.
輸精管(ゆせいかん)〖生〗수정관. 정관(精
輸卒(ゆそつ) 수송의 임무를 맡은 병졸.
輸出(ゆしゅつ) 수출. ♣~商(しょう) 수출상 / ~税(ぜい) 수출세 / ~入(にゅう) 수출입 / ~品(ひん) 수출품.
∥~検査(けんさ)〖法〗수출 검사.
~工業(こうぎょう) 수출 공업.
~保険(ほけん) 수출 보험.
~送り状(おくりじょう)〖經〗수출 송장.
~手形(てがた)〖經〗수출 어음.

~申告書(しんこくしょ) 수출 신고서.
~依存度(いそんど)〖經〗수출 의존도.
~自主規制(じしゅきせい) 수출 자주 규제.
~奨励金(しょうれいきん)〖經〗수출 장려금.
~組合(くみあい)〖經〗수출 조합.
~超過(ちょうか)〖經〗수출 초과.
輸血(ゆけつ) 수혈.

| 17 火 | 燧 | 부싯돌 **수**·봉화 **수** スイ ひうち·のろし |

音読
燧烽(すいほう) 수봉. 봉홧불.
燧石(すいせき) 수석. 부싯돌.
燧火(すいか) 수화. ①부싯돌을 쳐서 내는 불. ②봉화.
訓読
燧 ㊀(ひうち) 부싯돌로 불을 붙이는 일. 또, 그 도구.
㊁(ひきり) 노송나무 따위의 나무판자에 부싯막대를 비벼서 불을 일으키던 일.
㊂(すい) 부시·부싯깃·부싯돌 등의 불 붙이는 도구.

| 17 隹 | 雖 | 비록 **수** スイ いえども |

訓読
雖も(いえども) …라 하더라도.

| 19 艹 | 藪 | 늪 **수**·수풀 **수** ソウ やぶ |

音読
藪沢(そうたく) 수택. 숲과 늪. 초목이 우거진 큰 늪.
訓読
藪(やぶ) ①덤불. 대(나무)숲. ②藪医者(やぶいしゃ)의 준말.
藪柑子(やぶこうじ)〖植〗자금우(紫金牛).
藪枯らし(やぶがらし)〖植〗거지덩굴.
藪蕎麦(やぶそば) 연한 연둣빛의 메밀국수.
藪蚊(やぶか)〖蟲〗각다귀.
藪蛇(やぶへび) 괜한 짓을 해서 혼이 남. 긁어 부스럼.
藪蝨(やぶじらみ)〖植〗뱀도랏.
藪鶯(やぶうぐいす) 덤불·숲에 사는 휘파람새.
藪薬師(やぶくすし) 돌팔이 의사.
藪睨み(やぶにらみ)〈卑〉①사시(斜視). 사팔뜨기. ②얼토당토 않은 생각(의견).
藪原(やぶはら) 덤불로 뒤덮인 들.
藪陰(やぶかげ) 덤불의 그늘져서 보이지 않는 부분.
藪医(やぶい) 藪医者(やぶいしゃ)의 준말.
藪医者(やぶいしゃ) 돌팔이 의사.
藪医竹庵(やぶいちくあん) ⇨ 藪井竹庵(やぶいちくあん).
藪入り(やぶいり) 고용살이하는 사람이 설과 お盆(ぼん)에 말미를 얻음. 또, 그 쉬는 날.
藪井竹庵(やぶいちくあん)〈俗〉돌팔이 의사를 사람 이름처럼 부르는 말.
藪漕ぎ(やぶこぎ) (등산로가 아닌 길을) 덤불을 손으로 헤쳐 가며 나아가는 일.
藪畳(やぶだたみ) ①대숲이 우거진 곳. ②연극 무대 장치의 하나(대숲처럼 보이게 함).
藪椿(やぶつばき)〖植〗야생 동백꽃.

| 19 糸 | 繡 | 수 **수**·비단 **수** シュウ ぬいとり |

音読
繡衾(しゅうきん) 수금. 수를 놓은 호화로운 침구.
繡文(しゅうぶん) 수문. 자수 무늬.
繡仏(しゅうぶつ) 수불. 수놓은 부처.
繡衣(しゅうい) 수의. 수(를) 놓은 옷.
繡帳(しゅうちょう) 수장. (방의 칸막이로 썼던) 수놓은 휘장.
繡腸(しゅうちょう) 수장. (수놓은 창자라는 뜻에서) 시문(詩文)의 재능이 풍부함.
繡花(しゅうか) 수화. ①꽃무늬 자수. ②도자기의 몸에 수놓은, 꽃과 같이 도드라지게 한 무늬.

| 19 骨 常 | 髄 (髓) | 골 **수** ズイ |

音読
髄(ずい) ①〖生〗수질(髓質). ②〖生〗골수.
髄脳(ずいのう) ①수뇌. ②뇌. ③사물의 가장 중요한 데.
髄膜(ずいまく)〖生〗수막. 뇌척수막. ♣~炎(えん)〖醫〗(수막 구균성) 수막염.
髄液(ずいえき)〖生〗수액.
髄質(ずいしつ)〖生〗(장기(臟器)의) 수질.
髄鞘(ずいしょう)〖生〗수초.
逆読
骨髄(こつずい)〖生〗골수.

| 20 糸 | 繻 | 명주 **수** シュ うすぎぬ |

音読
繻子(しゅす) 수자. 공단. 새틴.
‖~織り(おり) 수자직.
其他
繻珍(シチン) 금실·은실과 여러 가지 색실로 무늬를 솟아나게 짠 수자직(繻子織). *シッチン·シュチン으로도 읽음.

22 髟	鬚	수염 수 シュ ひげ

音読→
鬚根(しゅこん)〖植〗수근. 수염뿌리.
鬚髯(しゅぜん) 수염. 턱수염과 구레나룻.
鬚髭(しゅし) 수자. 턱수염과 콧수염.

訓読→
鬚(ひげ) 수염. 윗수염.
鬚鯨(ひげくじら)〖動〗수염고래.
鬚籠(ひげこ) 대나무 오리로 엮은 끝부분이 수염처럼 생긴 바구니. *ひげかごとも 읽음.
鬚勝ち(ひげがち) 수염이 많은 모양.

23 言	讎	원수 수 シュウ あだ

参考 讐는 異體字.

音読→
讎怨(しゅうえん) 수원. 원한.
讎敵(しゅうてき) 수적. 원수.

숙

6 几	夙	일찍 숙 シュク・シク つとに

音読→
夙起(しゅくき) 숙기. 아침에 일찍 일어남.
夙昔(しゅくせき) 숙석. 옛날[이전]부터.
夙成(しゅくせい) 숙성. 젊을 때부터 일가견(一家見)을 가짐.
夙夜(しゅくや) 숙야.
夙志(しゅくし) 숙지. 숙망(宿望). 오래전부터 지니고 있는 뜻.
夙慧(しゅくけい) 숙혜. 어려서부터 지혜가 있음.

訓読→
夙に(つとに) 일찍이. ①〈雅〉아침 일찍. ② 일찍[벌써]부터. ③〈雅〉어렸을 때부터.

其他→
夙(まだき)〈雅〉일찍[부터]. 벌써.
夙く(はやく) ①급히. 빨리. ② 이미. 벌써. ③ 아침 일찍.

8 又 常	叔	아재비 숙 シュク おじ

音読→
叔妹(しゅくまい) 숙매. 시누이.
叔伯(しゅくはく) 숙백. 형제.
叔姪(しゅくてつ) 숙질.

其他→
叔母(おば) 숙모. 고모. 이모. *しゅくぼとも 읽음.
叔母さん(おばさん) 叔母(おば)의 높임말.
叔母婿(おばむこ) 고모부.
叔父(おじ)(외)숙부. *しゅくふとも 읽음.
叔父さん(おじさん) 叔父(おじ)의 높임말.
叔父貴(おじき) 아저씨. 叔父(おじ)의 높임말. 또, 친근하게 부르는 말.

11 イ	俶	갑자기 숙 シュク たちまち

音読→
俶然(しゅくぜん) 갑작스러운 모양. 돌연(한 모양). 「기.
俶忽(しゅっこつ) 숙홀. 곧. 별안간. 갑자

11 子	孰	어느 숙·누구 숙 ジュク いずれ・いずれか・たれ

訓読→
孰れ(いずれ) ①어느 (것). ②어디. ③어쨌든. ④ 일간. 얼마 안 있어. 「모두.
孰れも(いずれも) 어느 것이나. 아무거나.
孰れ様(いずれさま) 어느 분. 누구.
孰れも様(いずれもさま)〈老〉여러분.

11 宀 敎	宿	묵을 숙·묵힐 숙 シュク・スク やど・やどる・やどす

音読→
宿㈠(しゅくす) ☞宿する(しゅくする).
㈡(やどす) ①품다. ②임신하다. ③묵게 하다. 유숙시키다.
宿する(しゅくする) 머물다. 유숙하다.
宿駕籠(しゅくかご) 옛날, 역참을 왕래하던 허술한 가마.
宿継ぎ(しゅくつぎ) 옛날, 짐을 역에서 역으로 송달하던 일.
宿館(しゅくかん) 숙관. 여관.
宿根(しゅくこん) 숙근. ①〖佛〗전세에 이미 정해진 기근(機根). ②〈古〉태생. ③ 宿根草의 준말. *しゅっこん으로도 읽음.
‖〜草(そう)〖植〗숙근초. *しゅっこんそうとも 읽음. 「야(建夜).
宿忌(しゅくき)〖佛〗기일(忌日)의 전날. 체
宿年(しゅくねん) 숙년. 다년.
宿禰(すくね)〈雅〉天武天皇(てんむてんのう) 시대에 정한 팔성(八姓)의 셋째.
宿德(しゅくとく) 숙덕. ①덕이 높은 노인. ②〖佛〗전세에 쌓은 복덕.
宿老(しゅくろう) ①숙로. 덕이 높고 경험이 많은 노인. ② 무가(武家) 시대의 家老(かろう) 따위 고관.

宿料(しゅくりょう)〈老〉숙박료.
宿望(しゅくぼう) 숙망. ①숙원. ②오래전부터의 인망.
宿明け(しゅくあけ) 숙직이 끝남.
宿命(しゅくめい) 숙명. ♣~観(かん) 숙명관 /~論(ろん)『哲』숙명론 /~的(てき) 숙명적.
宿墨(しゅくぼく) 숙묵. 벼루에 갈아 둔 후 하룻밤을 지낸 먹물.
宿泊(しゅくはく) 숙박. 「숙소.
宿坊(しゅくぼう) 숙방. 참배자가 묵는 절의
宿房(しゅくぼう) ⇨宿坊(しゅくぼう)
宿便(しゅくべん) 숙변.
宿病(しゅくびょう) 숙병. 숙환.
宿報(しゅくほう)『佛』숙보.
宿福(しゅくふく)『佛』숙복. 전세의 복덕(福徳). 숙덕(宿德).
宿舎(しゅくしゃ) 숙사. 숙소. 「터.
宿昔(しゅくせき) 숙석. 예로부터. 이전부
宿善(しゅくぜん)『佛』숙선. 전세의 선행.
宿雪(しゅくせつ) 숙설. 전년에 내려서 녹지 않은 눈. 잔설. 「견.
宿説(しゅくせつ) 오래전부터 갖고 있는 의
宿世(すくせ)『佛』숙세. ①전세(前世).
*しゅくせいろも 읽음. ②전세로부터의 인연.
宿所(しゅくしょ) 숙소.
宿送り(しゅくおくり) 옛날, 역참(驛站)에서 역참으로 짐을 송달하던 일.
宿痾(しゅくあ) 숙아. 숙환. 오래된 병.
宿悪(しゅくあく) 숙악. 이전에 저지른 악행.
宿案(しゅくあん) 숙안. 오래전부터 생각해 두었던 안(案).
宿業(しゅくごう)『佛』숙업.
宿駅(しゅくえき) 역참(驛站).
宿役人(しゅくやくにん) 江戸(えど) 시대에, 宿場(しゅくば)를 감독하던 관리.
宿縁(しゅくえん) 숙연. 전세의 인연.
宿営(しゅくえい) 숙영.
宿外れ(しゅくはずれ) 역참의 변두리.
宿曜(すくよう) 이십팔수(二十八宿)·구요성(九曜星) 등에 의하여 사람의 운명이나 일의 길흉을 점치는 일. *しゅくようろも 읽음.
宿雨(しゅくう) 숙우. ①장마. ②전날 밤부터 내리는 비.
宿運(しゅくうん) 숙운. 숙명.
宿怨(しゅくえん) 숙원.
宿願(しゅくがん) 숙원. 「또, 그 사람.
宿衛(しゅくえい) 숙위. 숙직하면서 지킴.
宿儒(しゅくじゅ) 숙유. 학식이 많은 선비.
宿意(しゅくい) ①숙의. 숙지(宿志). ②숙한(宿恨). 숙원(宿怨).
宿因(しゅくいん)『佛』숙인. 숙연(宿縁).
宿将(しゅくしょう) 숙장. 노장(老将).
宿場(しゅくば) 옛날, 주요 가도(街道)의 요소에 만든 역참(驛站).
‖~女郎(じょろう) 옛날, 역참에서 손님 시중을 들고 매춘도 하던 여자. 「街).
~町(まち) 역참을 중심으로 발달한 시가(市

宿敵(しゅくてき) 숙적.
宿酲(しゅくてい) 숙정. 숙취(宿酔).
宿題(しゅくだい) 숙제. 「는 새.
宿鳥(しゅくちょう) 숙조. 둥지에서 자고 있
宿存(しゅくぞん)『植』숙존. ♣~萼(がく)『植』숙존악.
宿罪(しゅくざい)『佛』숙죄.
宿志(しゅくし) 숙지. 숙망.
宿紙(しゅくし) (거무스름한) 재생지. *すくしろも 읽음.
宿直 ㊀(しゅくちょく) 숙직. ♣~室(しつ) 숙직실. 「의 숙직.
㊁(とのい) 번(番). 옛날, 궁중(宮中)·관청
‖~物(もの) 궁중에서 숙직할 때 사용하는 침구·의복 따위.
~姿(すがた) 옛날, 궁중에서 숙직할 때 옷을 입은 모습. 「차림.
~装束(そうぞく) 궁중에서 숙직할 때의
~奏し(もうし)〈古〉宿直(とのい)하는 자가 밤중의 점호 때 성명을 대던 일.
宿陣(しゅくじん) 숙진. 숙영(宿営).
宿疾(しゅくしつ) 숙질. 숙환.
宿執(しゅくしゅう) 숙집. ①『佛』전세로부터의 집념. ②예로부터의 친구.
‖~開発(かいほつ)『佛』숙집 개발. 전세의 선근(善根)이 현세에서 결실하는 일.
宿次ぎ(しゅくつぎ) ⇨宿継ぎ(しゅくつぎ).
宿債(しゅくさい) 숙채. ①묵은 빚. ②『佛』전세(前世)로부터의 부채.
宿草(しゅくそう)『植』숙초. 숙근초.
宿酔(しゅくすい) 숙취.
宿弊(しゅくへい) 숙폐.
宿学(しゅくがく) 숙학. 전부터 명성이 높고 덕망이 있는 학자.
宿恨(しゅくこん) 숙한. 숙원(宿怨).
宿患(しゅくかん) 숙환. ①이전부터의 근심. ②오래 묵은 병환.

訓読

宿 ㊀(やど) ①사는 집. ②숙소. 여관.
㊁(やどり) ①역관. 묵음. ②역참.
宿六(やどろく)〈俗〉자기의 남편을 친애하는 마음으로 허물없이 또는 낮추어 부르는 말. 영감. 임자.
宿無し(やどなし) 일정한 주소가 없음. 또, 그런 사람. 부랑인(浮浪人).
宿小屋(やどこや) 오두막 같은 작은 집.
宿屋(やどや) 여인숙. 여관.
宿元(やどもと) ①거주(居住)하는 곳. 묵고 있는 곳. ②고용인의 신원을 보증하는 곳.
宿引き(やどひき) 손님을 여관에 끄는 일. 또, 그 사람. 유객(誘客)꾼.
宿賃(やどちん)〈老〉숙박료.
宿入り ㊀(やどいり) 고용인이 설날 등에 휴가를 얻어 본가로 돌아감.
㊁(しゅくいり) (大名(だいみょう) 행렬 등) 숙소나 여관에 드는 일.
宿帳(やどちょう) 숙박부.
宿銭(やどせん) 숙박료.

淑・肅・菽・塾・熟

宿主 ㊀(やどぬし) 여관 주인.
　㊁(しゅくしゅ)〖生〗숙주.
宿借り(やどかり) ①〖셋집을〔셋방을〕얻음. 또, 셋집〔셋방〕살이. ②〖動〗소라게.
宿替え(やどがえ)〈老〉이사. 전거(轉居).
宿下がり(やどさがり) 고용살이하는 사람이 휴가를 얻어서 자기 집에 또는 보증인의 집에 돌아감.
宿割り(やどわり) 많은 사람을 재우기 위하여 숙소나 방을 할당함. 또, 할당하는 사람. *しゅくわりとも 읽음.
宿許(やどもと) ⇨ 宿元(やどもと).
こそこそ宿(こそこそやど) 남녀가 몰래 만나는 여관.
❖宿る(やどる) ①묵다. 숙박하다. ②그 장소에 일시적으로 있다.
宿り(やどり) ①머묾. 머무는 곳. 사는 집. ②〈雅〉성좌.
宿り木(やどりぎ)〖植〗다른 나무에 기생하는 나무. 기생목.
宿り蜂(やどりばち)〖動〗기생(寄生)벌.

11 氵 常　淑　착할 숙・맑을 숙
　　シュク
　　しとやか・よい

【音読】
淑気(しゅくき) 숙기. 새봄의 화창한 기운.
淑女(しゅくじょ) 숙녀.
淑徳(しゅくとく) 숙덕. 여성의 미덕.
淑人(しゅくじん) 숙인. ①덕이 있고 어진 사람. ②아름다운 여성.
淑行(しゅっこう) 숙행. 선행.

【訓読】
淑やか(しとやか) 정숙함. 단아(端雅)함.

【其他】
淑景舎(しげいしゃ) 황거(皇居) 오사(五舎)의 하나.

11 聿 常　肅(肅)　삼갈 숙・엄숙할 숙
　　シュク
　　つつしむ

【音読】
肅として(しゅくとして) 숙연히.
肅敬(しゅくけい) 숙경. 삼가 존경함.
肅啓(しゅくけい) 숙계〈편지 서두의 인사말〉. 근계. *しゅっけいとも 읽음.
肅軍(しゅくぐん) 숙군.
肅党(しゅくとう) 숙당.
肅白(しゅくはく) ⇨ 肅啓(しゅくけい).
肅殺(しゅくさつ) 숙살. (쌀쌀한) 가을 기운이 초목을 말라 죽게 함.
肅肅(しゅくしゅく) 숙숙. ①고요한 모양. ②엄숙하고 긴장된 모양. ③삼가는 모양.
肅慎(しゅくしん)〖史〗숙신. 중국 고대의 동북방의 민족 이름〔여진・말갈의 전신〕.
肅然(しゅくぜん) 숙연.

肅正(しゅくせい) 숙정.
肅呈(しゅくてい) 숙정. 근계(謹啓).
肅静(しゅくせい) 숙정. 정숙.
肅清(しゅくせい) 숙청. 「숙정함.
肅学(しゅくがく) 학교 특히 대학의 내부를

12 艹　菽　콩 숙
　　シュク
　　まめ

【音読】
菽麦(しゅくばく) 숙맥. 콩과 보리.
　〜を弁(べん)ぜず 숙맥 불변.
菽水(しゅくすい) 숙수. 콩과 물. 곧, 변변치 못한 음식을 이르는 말.

14 土 常　塾　글방 숙
　　ジュク

【音読】
塾(じゅく) ①자제를 모아 가르치는 사설 학교. 사숙. 학관. 학원. ②수학 중인 학생이 기숙하는 데. 기숙사.
塾頭(じゅくとう) ①사숙(私塾)의 장(長). ②숙생의 우두머리.
塾僕(じゅくぼく) 사숙(私塾)에서 일하는 하인.
塾舎(じゅくしゃ) 숙사. 기숙사.
塾生(じゅくせい) 숙생. 塾(じゅく)에서 배우는 학생.
塾員(じゅくいん) 塾(じゅく)에 있는 사람. 또, 거기서 일하는 사람.
塾長(じゅくちょう) 숙장. 사숙(私塾)의 장.

15 灬 教　熟　익을 숙・익힐 숙
　　ジュク　うむ・うれる・つくづく・つらつら・こなれる・なれる

【音読】
熟す ㊀(じゅくす) ①(과일 따위가) 잘 익다. 무르익다. ②숙련되다.
　㊁(こなす) ①잘게 부수다. ②소화시키다. ③마음대로 다루다.
熟する(じゅくする) ☞熟す(じゅくす).
熟計(じゅっけい) 숙계. 깊이 생각하여 계획을 세움. 또, 그 계획.
熟考(じゅっこう) 숙고.
熟根(じゅっこん) 태생. (타고난) 천성. *じゅくこんで로도 읽음.
熟年(じゅくねん) 원숙한 연령.
熟達(じゅくたつ) 숙달.
熟談(じゅくだん) 숙담.
熟度(じゅくど) 숙도. 과일 등의 익은 정도.
熟読(じゅくどく) 숙독.
▮〜玩味(がんみ) 숙독 완미.
熟爛(じゅくらん) 숙란. 난숙.
熟覧(じゅくらん) 숙람. 자세히 살펴봄.
熟慮(じゅくりょ) 숙려. 숙고.

‖~断行(だんこう) 숙려 단행.
熟練(じゅくれん) 숙련. ♣~工(こう) 숙련공.
熟眠(じゅくみん) 숙면.
熟苗(じゅくびょう) 이식하기에 적당한 상태로 자란 묘.
熟否(じゅくひ) 숙부. 익음과 익지 아니함. 성숙함과 미숙함.
熟思(じゅくし) 숙사. 숙고(熟考).
熟成(じゅくせい) 숙성. 충분히 이루어짐.
熟所(じゅくしょ) 오래 살아 정든 곳.
熟手(じゅくしゅ) 숙련가. 숙련된 사람.
熟睡(じゅくすい) 숙수. 숙면.
熟柿(じゅくし) 숙시. 잘 익은 감. 연시.
  *うみがきろも 읽음.
‖~主義(しゅぎ) 숙시주의.
 ~臭い(くさい) 썩은 감 냄새가 풍기다《술 취한 사람이 풍기는 냄새의 비유》.
熟視(じゅくし) 숙시. 눈여겨 봄.   「식.
熟食(じゅくしょく) 숙식. 불에 잘 익힌 음
熟識(じゅくしき) 숙식. ① 잘〔익히〕 앎. 숙지. ② 숙친한 사람.
熟案(じゅくあん) 숙안. 숙고.
熟語(じゅくご) 숙어.
熟議(じゅくぎ) 숙의.   「결합하여 된 말.
熟字(じゅくじ) 숙자. 두 자 이상의 한자가
‖~訓(くん) 한자로 쓰인 말을 한 자씩 읽지 않고 전체를 하나의 훈으로 읽는 일.
熟蚕(じゅくさん) 숙잠. 다 자라서 고치를 지으려고 하는 누에.
熟田(じゅくでん) 숙전. 잘 경작된 논. *こなたろも 읽음.
熟畑(じゅくばた) 잘 경작되어 있는 밭.
熟地(じゅくち) 숙지. ① 여러 번 다녀 지리에 환한 땅. ② 비옥한 땅.
熟知(じゅくち) 숙지.
熟察(じゅくさつ) 숙찰. 잘 살펴 판단함.
熟通(じゅくつう) 숙통. 숙지(熟知).
熟和(じゅくわ) 잘 소화함.

訓読▷
熟 ㊀(つらつら) 곰곰이. 유심히.
  ㊁(つくづく) ① ☞㊀. ② 눈여겨. 뚫어지게. 지그시. ③ 정말. 절실히.
熟し(こなし) ① 소화(消化). ② 다루는 법. ③ 동작. ④ 배우의 연기.
熟む(うむ) (과일이) 익다. 「물다.
❖熟れる ㊀(うれる) (과일 따위가) 익다. 여
  ㊁(こなれる) ① 부서져 가루가 되다. ② 소화(消化)되다. ③ 익숙해지다.
  ㊂(なれる) 만든 시간이 경과하여 상태가 변하다. 숙성하다.
熟れ(こなれ) 소화(消化).
熟れ頃(うれごろ) 알맞게 여문 시기.
熟れ鮨(なれずし) 생선젓. 식해. 어초.

其他▷
熟寝(うまい)〈雅〉깊이〔푹〕잠. 숙면.

순

열흘 순·열번 순
ジュン・シュン

旬

音読▷
旬 ㊀(じゅん) 순. ①(한 달을 삼분한) 열흘 동안. ② 10년을 한 단위로 한 이름.
  ㊁(しゅん) ① 어패(魚貝)·야채·과일 등이 가장 맛드는 철. ② 전하여, 적기(適期).
旬刊(じゅんかん) 순간.
旬間(じゅんかん) 순간. 십일 간.
旬年(じゅんねん) 순년. 10개년.
旬報(じゅんぽう) 순보. ① 열흘마다 내는 보고. ② 순간(旬刊) 잡지·신문.
旬朔(じゅんさく) 순삭. ① 초열흘과 초하루. ② 열흘 동안.
旬余(じゅんよ) 순여. 10여일. 열흘 남짓.
旬外れ(しゅんはずれ) 제철이 아님.
旬月(じゅんげつ) 순월. ① 열흘이나 한 달 정도의 단시일. ② 열 달.
旬日(じゅんじつ) 순일. 10일 간.

돌 순
巡(巡) ジュン
めぐる・まわり

音読▷
巡検(じゅんけん) 순검.
巡見(じゅんけん) 순견. 돌아다니며 봄.
巡警(じゅんけい) 순경. 돌아다니며 경계함. 순찰.   「또, 그 사람.
巡邏(じゅんら) 순라. 순찰하여 돌아다님.
巡覧(じゅんらん) 순람. 곳곳을 보고 다님.
巡歴(じゅんれき) 순력. 편력.
巡礼(じゅんれい) 순례(자).
‖~歌(うた) 순례가. 순례할 때 가면서 부르는 애조 띤 노래.
 ~宿(やど) 순례자용 숙소.
巡撫(じゅんぶ) 순무. 각지를 순회하면서 백성들을 위무함.
巡杯(じゅんぱい) 순배.
巡拝(じゅんぱい) 순례(巡禮).
巡査(じゅんさ) ① 순사. 순경. ② 경찰관.
‖~部長(ぶちょう) 경사.
 ~長(ちょう) 순경 중에서 선발된 자에게 주는 칭호.
 ~駐在所(ちゅうざいしょ) 경찰관 주재소《그냥 駐在所라고도 함》.
 ~派出所(はしゅつじょ) 경찰관 파출소.
巡錫(じゅんしゃく)『佛』 순석. 고승이 교화하기 위해 방방 곡곡을 순행함.
巡狩(じゅんしゅ) ⇨ 巡狩(じゅんしゅ).
巡守(じゅんしゅ) 순수. 천자(天子)가 여러 지방을 시찰함.
巡視(じゅんし) 순시. ♣~船(せん) 순시선.
巡洋戦艦(じゅんようせんかん) 순양 전함.
巡洋艦(じゅんようかん) 순양함.

巡業(じゅんぎょう) 순업. 각지를 흥행하며 돌아다님.
巡演(じゅんえん) 순연. 순회 공연.
巡閲(じゅんえつ) 순열. 돌아다니며 검열함.
巡遊(じゅんゆう) 순유. 여행하며 돌아다님.
巡察(じゅんさつ) 순찰. ♣~隊(たい) 순찰대. 「선.
巡航(じゅんこう) 순항. ♣~船(せん) 순항
‖~速度(そくど) 순항 속도.
巡行(じゅんこう) 순행. 이곳저곳 여러 곳을 돌아다님.
巡幸(じゅんこう) 순행. 천자의 순행(巡行).
巡回(じゅんかい) 순회.
‖~図書館(としょかん) 순회 도서관.

訓読
巡らす(めぐらす) ①돌리다. ②두르다. ③이리저리 두루 생각하다. 「싸다.
❖巡る(めぐる) ①돌다. 돌아다니다. ②둘러
巡り(めぐり) ①돎. 순회. ②둘레. 주변.
巡り合い(めぐりあい) ⇨ 巡り会い(めぐりあい). 「う).
巡り合う(めぐりあう) ⇨ 巡り会う(めぐりあ
巡り合わせ(めぐりあわせ) (자연히 그렇게 될) 운명.
巡り会い(めぐりあい) 우연히 만남. 해후.
巡り会う(めぐりあう) 우연히 만나다.
お巡り(おまわり) 〈俗〉 순경.
‖~さん 〈俗〉 순경의 애칭.

| 9 氵 人 | 洵 | 진실로 순
ジュン
まことに |

音読
洵涕(じゅんてい) 순체. 소리없이 눈물을 흘리며 욺.

| 9 目 常 | 盾 | 방패 순
ジュン
たて |

訓読
盾(たて) 방패.
盾突く(たてつく) 반항하다. 대들다.
逆音
矛盾(むじゅん) 모순. ①창과 방패. ②(언행이) 앞뒤가 서로 어긋나 맞지 않음.

| 10 口 常 | 唇 | 입술 순
シン
くちびる |

音読
唇脚類(しんきゃくるい) 〖動〗순각류. 지네강(綱).
唇内音(しんないおん) 〖言〗순내음.
唇頭(しんとう) 순두. 입술 끝. 입가.
唇状(しんじょう) 순상. 입술 모양.
唇腺(しんせん) 〖生〗순선.
唇音(しんおん) 〖言〗순음. 입술소리.
♣~化(か) 순음화.
唇歯(しんし) 순치. 입술과 이. ♣~音(おん) 순치음.
‖~輔車(ほしゃ) 순치 보거. 이해 관계가 밀접해서 서로 돕지 않으면 안 될 관계〔사이〕.
唇弁(しんべん) 순판. 입술 모양의 꽃잎.
唇形科(しんけいか) 〖植〗순형과《쌍자엽식물의 한 과》. 꿀풀과.
唇形花冠(しんけいかかん) 〖植〗순형 화관. 입술꽃부리.

訓読
唇(くちびる) 입술.
~亡(ほろ)びて歯(は)寒(さむ)し 순망치한. 서로 돕던 한쪽이 망하면 다른 한쪽도 고립되어 위험하게 됨의 비유.

| 10 歹 常 | 殉 | 따라죽을 순
ジュン
したがう |

音読
殉じる(じゅんじる) ☞ 殉ずる(じゅんずる).
殉ずる(じゅんずる) ①순(殉)하다. 순사(殉死)〔순직〕하다. ②거취를 같이하다.
殉教(じゅんきょう) 순교. ♣~者(しゃ) 순교자.
殉国(じゅんこく) 순국.
殉難(じゅんなん) 순난. 난(難)을 당하여 공공을 위해 죽음.
殉道(じゅんどう) 순도. 종교·도의를 위해 목숨을 바침.
殉死(じゅんし) 순사. 「는 사랑.
殉情(じゅんじょう) 순정. 모든 것을 바치려
殉職(じゅんしょく) 순직.

| 10 竹 | 笋 | 대순 순
ジュン |

参考 筍과 同字.
其他
笋(たけのこ) 죽순(竹筍).

| 10 糸 教 | 純 | 순수할 순
ジュン |

音読
純(じゅん) ①순수. 순진. ②《接頭語로》순…. 순수한.
純減(じゅんげん) 순감. 순감소.
純絹(じゅんけん) 순견. 본견. 비단.
純潔(じゅんけつ) 순결.
‖~教育(きょういく) 순결 교육.
純系(じゅんけい) 순계. 순수한 계통. ♣~説(せつ) 〖生〗순계설.

純計(じゅんけい) 순계.
‖〜予算(よさん)〖經〗순계 예산.
純金(じゅんきん) 순금.
純度(じゅんど) 순도.　　　　　　　「質」임.
純良(じゅんりょう) 순량. 순수하고 양질(良
純量(じゅんりょう) 순량. 정량(正量).
純利(じゅんり) 순리. 순이익.　　　　　「리.
純理(じゅんり) 순리. 순수한 이론이나 학
純林(じゅんりん) 순림. 단순림.
純綿(じゅんめん) 순면. 순무명.
純毛(じゅんもう) 순모.
純文学(じゅんぶんがく) 순(수)문학.
純物質(じゅんぶっしつ)〖化〗순물질.
純美(じゅんび) 순미. 완전하게 아름다움.
純米酒(じゅんまいしゅ) 순 쌀로만 빚은 청주(淸酒).
純朴(じゅんぼく) 순박.
純白(じゅんぱく) 순백.
純分(じゅんぶん) 순분. 지금(地金)에 들어 있는 순금의 분량.
純色(じゅんしょく) 순색.
純水(じゅんすい)〖理〗순수. 불순물이 아주 적은 물.
純粋(じゅんすい) 순수. ♣〜性(せい) 순수성 /〜詩(し) 순수시.
‖〜概念(がいねん)〖哲〗순수 개념.
〜経験(けいけん)〖哲〗순수 경험.
〜理性(りせい)〖哲〗순수 이성. ♣〜批判(ひはん) 순수 이성 비판.
〜小説(しょうせつ)〖文〗순수 소설.
純トン数(じゅんトンすう) 순톤수. 등부(登簿) 톤수.
純収入(じゅんしゅうにゅう) 순수입.
純熟(じゅんじゅく) 순숙. ①친숙해짐. ②시기가 무르익음.
純実(じゅんじつ) 순실. 순박하고 진실함.
純愛(じゅんあい) 순애.
純然(じゅんぜん) 순연. 순전(純全). 섞임이 조금도 없음.
純儒(じゅんじゅ) 순유. 순수한 학자.
純銀(じゅんぎん) 순은.
純音(じゅんおん)〖理〗순음. 단순음.
純益(じゅんえき) 순익. ♣〜率(りつ) 순익률.
純一(じゅんいつ) 순일.
‖〜無雑(むざつ) 꾸밈이 없고 순수함.
純資産(じゅんしさん) 순자산.
純正(じゅんせい) 순정. ♣〜調(ちょう)〖樂〗순정조.
‖〜部品(ぶひん) 순정 부품.
〜食品(しょくひん) 순정 식품.
〜化学(かがく) 순정 화학.
純情(じゅんじょう) 순정.
‖〜可憐(かれん) 순정 가련.
純精(じゅんせい) 순정. 조금도 섞인 것이 없이 순수함.
純増(じゅんぞう) 순증. 순증가.
純直(じゅんちょく) 순직.
純真(じゅんしん) 순진.
‖〜無垢(むく) 순진 무구.　　　　　「義」.
純忠(じゅんちゅう) 순충. 순수한 충의(忠
純血(じゅんけつ) ①순혈. 순수한 혈통. ②순수한 혈액.
純乎(じゅんこ) 순호. 순수한 모양.
純化(じゅんか) 순화.
純黒(じゅんこく) 순흑(색).

| 11
氵
(水) | 淳 | 순박할 순
ジュン
あつい |

音読➔
淳良(じゅんりょう) 순량. 꾸밈이 없고 선량
淳朴(じゅんぼく) 순박.　　　　　　　「함.
淳風美俗(じゅんぷうびぞく) 순풍 미속. 인정이 두텁고 아름다운 풍속·습관.
淳化(じゅんか) 순화(醇化).
淳厚(じゅんこう) 순후. 인정이 두터움.

| 11
月 | 脣 | 입술 순
シン
くちびる |

参考 唇의 異體字.
音読➔
脣頭(しんとう) 순두. 입술 끝. 입가.
訓読➔
脣(くちびる) 입술.

| 11
目 | 眴 | 눈깜짝할 순
ケン・ジュン・シュン
めくばせする |

訓読➔
眴(めくばせ) 눈짓.

| 12
彳
常 | 循 | 좇을 순·돌아다닐 순
ジュン
したがう・めぐる |

音読➔
循良(じゅんりょう) 순량(順良). 성질이 유순하고 착함.
循吏(じゅんり) 순리. 도리를 좇아 직무에 충실한 관리.
循循(じゅんじゅん) 순순. ①질서가 있는 모양. ②사물에 구애되지 않는 모양.
循行(じゅんこう) ①순행. 여러 곳으로 돌아다님. ②명령에 복종하여 행함.
循環(じゅんかん) 순환. ♣〜系(けい) 순환계 /〜器(き) 순환기 /〜的(てき) 순환적.
‖〜過程(かてい) 순환 과정. 주기.
〜論法(ろんぽう) 순환 논법.
〜小数(しょうすう)〖數〗순환 소수.
〜定義(ていぎ)〖論〗순환 정의.
〜形式(けいしき)〖樂〗순환 형식. 다악장(多樂章) 형식.

12 竹	筍	대순 순 ジュン たけのこ

訓読
筍(たけのこ) 죽순(竹筍).

12 頁 敎	順	좇을 순 ジュン したがう

音読
順(じゅん) ①순서. 차례. ②온순〔온당〕함. 당연함. ③《接尾語로》…순. 순서를 나타냄.
順に(じゅんに) 순서대로. 차례로.
順境(じゅんきょう) 순경. 순조로운 환경.
順慶流(じゅんけいりゅう) 두 마음을 품음. 양다리 걸치기 (작전).
順光(じゅんこう) 〖寫〗 순광. 사진기의 뒤에서 비치는 광선.
順光線(じゅんこうせん) ☞順光(じゅんこう).
順気(じゅんき) 순기. ①순조로운 기후〔계절〕. ②순조로운 기분.
順当(じゅんとう) 순당. 그렇게 되는 것이 당연함.
順道(じゅんどう) 순도. ①순로(順路). ②순당한 도리.
順良(じゅんりょう) 순량. 성질이 유순하고 착함.
順路(じゅんろ) 순로. 순탄한 길.
順流(じゅんりゅう) 순류. ①물이 순로(順路)를 따라 흐름. ②세상의 추이에 따름.
順杯(じゅんぱい) 순배. 술자리에서 술잔을 차례로 돌림. 또, 그 술잔.
順番(じゅんばん) 순번. 차례.
順法(じゅんぽう) 준법(遵法).
順服(じゅんぷく) 순복. 순순히 잘 복종함.
順奉(じゅんぽう) 준봉. 따르고 지킴.
順不同(じゅんふどう) 순서 부동. 무순(無順).
順序(じゅんじょ) 순서. ♣～数(すう) 순서수. 서수(序數).
‖～立つ(だつ) 일정한 순서로 되어 있다.
～立てる(だてる) 순서를 정하다.
～不同(ふどう) 순서 부동. 무순(無順).
～数詞(すうし) 〖言〗 순서 수사. 서수사(序數詞).
順世派(じゅんせいは) 〖宗〗 (옛 인도의) 순세파.
順送り(じゅんおくり) 차례차례로 보냄.
順手(じゅんて) (철봉 등에서) 바로잡기. 손바닥을 밑으로 해서 철봉을 잡는 방법.
‖～車輪(しゃりん) 철봉 운동의 하나. 철봉을 바로 잡고 도는 대차(大車).
順守(じゅんしゅ) 준수.
順順(じゅんじゅん) 차례차례. 차차로 조금씩.
順養子(じゅんようし) 아우가 형의 양자가 되어 뒤를 이음. 또, 그 양자.
順逆(じゅんぎゃく) 순역. ①순종과 거역. 특히, 도리에 맞는 일과 어긋나는 일. ②순경

(順境)과 역경.
順延(じゅんえん) 순연.
順縁(じゅんえん) 〖佛〗 순연. ①늙은 이부터 차례로 죽는 일. ②선행(善行)이 불도에 들어가는 인연이 되는 일.
‖～婚(こん) 순연혼. 남편이 죽은 처의 자매와 재혼하는 혼인 형태.
順列(じゅんれつ) 순열. ①순서. 순번. ②〖數〗 몇 개의 것을 일정 순서로 배열함.
‖～組合わせ(くみあわせ) 〖數〗 순열과 조합.
順位(じゅんい) 순위. ♣～制(せい) 〖動〗 순위제.
順応(じゅんのう) 순응. ♣～性(せい) 순응성.
順義(じゅんぎ) 순의. 바른 도리에 따르는 일.
順適(じゅんてき) 순적. ①거스르지 아니하고 좋음. ②환경 등에 맞도록 바꿈.
順接(じゅんせつ) 〖文法〗 순접. 두 개의 글 또는 구가 순리적으로 접속됨.
‖～条件(じょうけん) 순접 조건.
順正(じゅんせい) 순정. 도리를 좇아 올바름.
順潮(じゅんちょう) 순조. ①(배가) 조수의 흐름을 따라 나아감. ②순조(順調).
順調(じゅんちょう) 순조.
順繰り(じゅんぐり) 차례차례로 함. 차례로 순서를 좇음〔따름〕.
順従(じゅんじゅう) 순종.
順走(じゅんそう) 순주. 돛배가 순풍을 받아 바차차 달리는 일.
順次(じゅんじ) 순차. 순차적으로. 차례차례.
順鞘(じゅんざや) 〖經〗 ①청산 거래에서 당한(當限)·중한(中限)·선한(先限)의 순으로 시세가 높음. ②시중 은행의 할인율이 중앙 은행의 공정 할인율을 상회함.
順便(じゅんべん) 순편. 거침새가 없음.
順風(じゅんぷう) 순풍.
‖～満帆(まんぱん) 순풍 만범.
順行(じゅんこう) 순행.
‖～運動(うんどう) 〖天〗 순행 운동.
順向抑制(じゅんこうよくせい) 〖心〗 순향 억제.
順現業(じゅんげんごう) 〖佛〗 순현업.
順化(じゅんか) 순화. 생물이 기후나 풍토 등에 바차 적응되어 감.
順孝(じゅんこう) 순효. 자식이 부모를, 손자가 조부모를 잘 섬김.

訓読
順う(したがう) 따르다. 좇다.

13 木	楯	방패 순 ジュン たて

音読
楯鱗(じゅんりん) 〖魚〗 순린. 방패 비늘.

訓読
楯(たて) 방패.
楯突く(たてつく) 반항하다. 대들다.
楯状火山(たてじょうかざん) 순상 화산.

舜 (舜)
13 舛 / 人

순임금 순
シュン

音読
舜(しゅん) (중국 전설상의) 순 (임금).

詢
13 言 / 人

물을 순
ジュン
はかる・まこと

音読
詢謀(じゅんぼう) 순모. 상의함. 또, 죄를 물어봄.
詢察(じゅんさつ) 순찰. 물어 살핌.

馴
13 馬

길들 순·익숙할 순
ジュン
ならす・なれる

音読
馴育(じゅんいく) 순육. 길들여서 기름.
馴致(じゅんち) 순치. (동물 등을) 길들임.
馴化(じゅんか) 순화. 생물이 기후나 풍토 등에 차차 적응되어 감.

訓読
❖馴らす(ならす) (동물 따위를) 길들이다.
馴らし(ならし) 길들임. 연습.
❖馴れる(なれる) ① 친숙해지다. ② 따르다. ③ 버릇없이 친하게 굴다. 기어오르다.
馴れ(なれ) 습관. 익숙해짐.
馴れ馴れしい(なれなれしい) 친압(親狎)하다. 허물없다. 버릇없다.
馴れ初め(なれそめ) 연애 관계가 시작된 계기. 친해진 시초.
馴れ初める(なれそめる) (남녀가) 친해지기 시작하다.
馴れ合い(なれあい) 서로 친함. 남녀가 밀통함. 공모(共謀)함.
∥~夫婦(ふうふ) 정식으로 식을 올리지 않고 사는 부부.
~相場(そうば) 매매 쌍방이 공모해서 조작하는 시세. 「되다.
馴れ合う(なれあう) 서로 친해지다. 한패가

其他
馴鹿(トナカイ)〖動〗토나카이. 순록.
＊じゅんろく로도 읽음. 「사람.
馴染み(なじみ) 친숙함. 친한 사이. 잘 아는
馴染む(なじむ) 친숙해지다. 익숙해지다. 정들다.
馴染み深い(なじみぶかい) 아주 친숙하다〔정들다〕.

蓴
15 艹

순채 순
ジュン
ぬなわ

蓴菜(じゅんさい)〖植〗순채. 순나물.

訓読
蓴(ぬなわ)〖植〗蓴菜(じゅんさい)의 옛이름.

諄
15 言 / 人

지성스러울 순
ジュン
ねんごろ

音読
諄諄 ㊀(じゅんじゅん) 순순. 잘 알아듣게 타이름. ㊁(くどくど) 장황하게. 번거롭게.

其他
❖諄い(くどい) ① 끈덕지다. 장황하다. ② (맛이) 느끼하다. (색이) 칙칙하다. 「다.
諄諄しい(くどくどしい) 장황하다. 번거롭

醇
15 酉 / 人

진할 순
ジュン
あつい

音読
醇(じゅん) ① 술이 불순물이 없고 진국임. ② 순수함. ③ 인정이 두터움. 순박함.
醇良(じゅんりょう) 순량. 순수하고 양질임.
醇醨(じゅんり) 순리. ① 진한 술과 묽은 술. ② 인정이나 풍속의 순박함과 경박함.
醇味(じゅんみ) 순미. 지닌 그대로의 순수하고 진한 맛. 「모양.
醇美(じゅんび) 순미. 진하고 깊은 맛이 있는
醇朴(じゅんぼく) 순박.
醇雅(じゅんが) 순아. 꾸밈이 없고 품위가 있음. 소박하고 고상함.
醇儒(じゅんじゅ) 순유. 참다운 유교의 선비.
醇正(じゅんせい) 순정. 순수하고 바름.
醇酒(じゅんしゅ) 순주. 방순(芳醇)한 술.
醇風美俗(じゅんぷうびぞく) 순풍 미속. 인정이 두텁고 아름다운 풍속·습관.
醇乎(じゅんこ) 순호(純乎). 순수한 모양.
醇化(じゅんか) 순화. ①정성 어린 교육으로 감화함. ②〖美〗미학에서, 재료를 정리하여 쓸모없는 부분을 제거함.
醇厚(じゅんこう) 순후. 인정이 두터움.

瞬 (瞬)
18 目 / 常

눈깜짝거릴 순
シュン
またたく・まばたく・しばたたく・まじろぐ

音読
瞬刻(しゅんこく) 순각. 순간. 순시.
瞬間(しゅんかん) 순간.
∥~露出器(ろしゅつき) 순간 노출기.
~湯沸かし器(ゆわかしき) 순간 온수기.
~風速(ふうそく)〖氣〗순간 풍속.
瞬断(しゅんだん) 낙뢰 등에 의해 극히 잠시 동안 정전되는 일《컴퓨터의 데이터 등에 피해를 주는 수가 있음》.
瞬膜(しゅんまく)〖生〗순막.

瞬目(しゅんぼく) 순식간. 삽시간. *しゅんもく로도 읽음. 「발력.
瞬発(しゅんぱつ) 순발. ♣~力(りょく) 순 ‖~信管(しんかん)〖軍〗순발 신관. 작은 충격에도 곧 터지는 신관.
瞬時(しゅんじ) 순시. 순간.
瞬息(しゅんそく) 순식간. 순간.

訓読
❖瞬く ㊀(またたく)① 눈을 깜박이다. ② 반짝이다. *まばたく 라고도 함.
‖~間に(まに) 순식간에. 눈깜짝할 사이에.
㊁(しばたく)(계속 눈을) 깜박거리다. *しばたく로도 읽음.
瞬き(またたき)(눈을) 깜박임. 깜작거림. *まばたき로도 읽음.
❖瞬ぐ(まじろぐ) 눈을 깜빡이다.
瞬ぎ(まじろぎ) 눈을 깜빡임.

其他
瞬(たまゆら)〈雅〉① 어렴풋이. ② 순간. 잠깐 동안.

| 19 鳥 | 鶉 | 메추라기 순
ジュン
うずら |

音読
鶉居(じゅんきょ) 순거. (집 없이 떠다니는 메추라기처럼) 사람의 주거가 정해져 있지 않음의 비유.
鶉衣(じゅんい) 순의. (군데군데) 기운 옷. 낡은 옷. *うずらごろも로도 읽음.

訓読
鶉(うずら)〖鳥〗메추라기.
鶉豆(うずらまめ)〖植〗(알록달록한) 강낭콩의 일종.
鶉籠(うずらかご) 메추라기를 키우는 조롱.
鶉木(うずらもく) 메추라기 깃털무늬 비슷한 나뭇결. 「무늬.
鶉斑(うずらふ) 갈색에 검은 점이 박힌 얼룩
鶉色(うずらいろ) 갈색에 흑백 얼룩이 있는 빛깔.
鶉茸(うずらたけ) 송이버섯의 상등품 이름.
鶉笛(うずらぶえ) 메추라기를 유인하여 잡기 위해 부는 메추라기를 닮은 울음소리를 내는 피리.

술

| 6 戈 | 戌 | 열한째지지 술
ジュツ
いぬ |

訓読
戌(いぬ) 술. 개. 지지(地支)의 열 한째.
戌亥(いぬい)〈老〉술해방(方). 서북. 건방(乾方).

| 8 辶 ㊂ | 述 (述) | 말할 술
ジュツ
のべる |

音読
述(じゅつ) 말함. 진술.
述告(じゅっこく) 구두로 얘기함. 진술.
述部(じゅつぶ)〖文法〗술부.
述語(じゅつご) 술어.
‖~論理(ろんり) 술어 논리.
述作(じゅっさく) 술작. 저술(물).
述懐(じゅっかい) 술회.

訓読
述べる(のべる) 말하다. 기술하다.

| 11 彳 ㊂ | 術 (術) | 길 술·술수 술
ジュツ
すべ |

音読
術 ㊀(じゅつ) ① 기술. 재주. ② 수단. ③ 계략. 꾀.
㊁(すべ)〈雅〉방법. 수단. 도리.
㊂(わざ) 기법. 기술. 기량. 재주. 수.
術計(じゅっけい) 술계. 술책.
術無い(じゅつない)〈方〉별 도리가〔수〕가 없다. 곤란하다. 괴롭다. *じつない로도 읽음.
術士(じゅつし) 술사. 술책을 잘 꾸미는 사람. 책사.
術数(じゅっすう) 술수. 책략.
術語(じゅつご) 술어. 학술어.
術者(じゅっしゃ) 수술(요법)을 베푸는 사람. 시술자(施術者).
術前(じゅつぜん) 수술 전.
術中(じゅっちゅう) 술중. 술책의 올가미 속.
術策(じゅっさく) 술책.
術後(じゅつご) 술후. 수술 후.

訓読
術よく(すべよく) 솜씨 있게.
術無し(すべなし) 써야 할 수단이 없다. 할 수 없다.

숭

| 11 山 常 | 崇 | 높을 숭·높일 숭
スウ
あがめる・たかい・
たっとぶ |

音読
崇敬(すうけい) 숭경. *そうきょう・そうぎょう로도 읽음.
崇高(すうこう) 숭고. ♣~美(び) 숭고미.
崇拝(すうはい) 숭배.
崇奉(すうほう) 숭봉. 숭배하여 받듦.
崇仏(すうぶつ) 숭불. 부처를 숭배함.

崇信(すうしん) 숭신. 숭앙하여 믿음. 존중하여 믿음.
崇重(すうちょう) 숭중. 받들어 존중함.
＊そうちょうろも 읽음.

[訓読]
崇める(あがめる) 우러러 받들다. 숭상하다.

| 12 艹 | 菘 | 숭채 **숭**
スウ
すずな |

[訓読]
菘(すずな)『植』'蕪(かぶ)(=순무)'의 딴이름.

| 13 山 ⼈ | 嵩 | 높을 **숭**
スウ
かさ・かさむ |

[訓読]
嵩(かさ) 부피. 분량.
嵩む(かさむ) 부피가 커지다. 많아지다.
嵩高(かさだか) ①부피가 나감(큼). ②얕보고 거만하게 굶.
嵩上げ(かさあげ) ①둑 따위를 더 높이 쌓아 올림. ②비유적으로, 인상.
嵩押し(かさおし) 사람을 얕보고 뽐내는 일.
嵩張る(かさばる) 부피가 커지다(늘다).

[其他]
嵩じる(こうじる) ☞ 嵩ずる(こうずる).
嵩ずる(こうずる) ①더해지다. 정도가 심해지다. ②버릇이 나빠지다. 거만해지다.

쉬

| 6 イ | 伜 | 아들 **쉬**
サイ・ソツ
せがれ |

[参考] 倅의 異體字.

[訓読]
伜(せがれ) '息子(むすこ)(=아들)'의 구어적(口語的)인 표현.

| 10 イ | 倅 | 아들 **쉬**
サイ・ソツ
せがれ |

[訓読]
倅(せがれ) '息子(むすこ)(=아들)'의 구어적(口語的)인 표현.

| 12 火 | 焠 | 담금 **쉬**
サイ
にらぐ |

[訓読]
焠ぐ(にらぐ) (칼 따위를) 담금질하다.
[其他]
焠す(なます) 단쇠를 물에 넣어 불리다.

슬

| 8 虫 | 虱 | 이 **슬**
シツ
しらみ |

[参考] 蝨의 異體字.

[訓読]
虱(しらみ)『蟲』이.
虱潰し(しらみつぶし) 이 잡듯이 샅샅이 잡거나 뒤짐. 일을 하나도 남김없이(빈틈없이) 처리함.

| 13 王 | 瑟 | 큰거문고 **슬**
シツ
おおごと |

[音読]
瑟(しつ) 슬. 고대 중국의 현악기.

| 15 月 | 膝 | 무릎 **슬**
シツ
ひざ |

[音読]
膝蓋腱(しつがいけん)『生』슬개건.
膝蓋骨(しつがいこつ)『生』슬개골. 종지뼈.
膝関節(しつかんせつ)『生』슬관절. 무릎마디.
膝射(しっしゃ) (사격에서) 무릎쏴.
膝窩(しっか) 슬와. 슬꾁와. 오금.
膝退(しったい) 슬퇴. 무릎을 꿇은 채 뒤로 물러남. 「걸음을 침.
膝行(しっこう) 슬행. 신·귀인 앞에서 무릎

[訓読]
膝(ひざ) 무릎.
膝撃ち(ひざうち) 무릎쏴.
膝骨(ひざぼね) 슬개골. 종지뼈.
膝掛け(ひざかけ) 무릎 덮개. 「는 것.
膝当て(ひざあて) 무릎을 보호하기 위해 대
膝頭(ひざがしら) 무릎. 무릎의 관절 부분.
膝皿(ひざさら) 종지뼈. 슬개골. ＊ひざざらすかとゝ함.
膝拍子(ひざびょうし) 무릎장단.
膝坊主(ひざぼうず) 무릎.
膝小僧(ひざこぞう) 무릎.
膝送り(ひざおくり) 무릎(앉은) 걸음으로서로 죄어 앉음.
膝元(ひざもと) ①슬하. 측근. ②무릎 곁.
膝栗毛(ひざくりげ) 정강말. 도보로 여행함.
膝前(ひざまえ) ①무릎의 앞쪽. ②극장이나 탈것에 앉았을 때, 무릎 앞에 생기는 공간.

膝節(ひざぶし) 무릎 관절. 또는 무릎.
膝組み(ひざぐみ) 책상다리.
膝繰り(ひざぐり) ☞ 膝送り(ひざおくり).
膝株(ひざかぶ) ☞ 膝頭(ひざがしら).
膝直し(ひざなおし) 며느리의 첫 근친. 신부가 결혼 후 처음으로 친정에 가는 일.
膝蹴り(ひざげり) (격투기에서) 무릎으로 상대방을 참.
膝枕(ひざまくら) 무릎베개.
膝下(ひざもと) ⇨ 膝元(ひざもと). *しっかろも 읽음.
膝許(ひざもと) ⇨ 膝元(ひざもと).
膝詰め(ひざづめ) 바싹 무릎을 맞댐. 꼼짝못하게 밀어붙임.
∥~談判(だんぱん) 무릎을 맞대고 하는 직접 담판.

15 虫	蝨	이 슬 シツ しらみ

訓読▶
蝨(しらみ) 『蟲』이.

습

9 扌 ㉔	拾	주을 습·열 십 シュウ・ジュウ ひろう・とお

音読▶
拾(じゅう) 십. ①열. ②전부. 전체.
拾芥(しゅうかい) 습개. ①티끌을 줍는 일. ②(명예·부귀 등을) 쉽게 얻는 것의 비유.
拾得(しゅうとく) 습득. ♣~物(ぶつ) 습득물.
拾遺(しゅうい) 습유. 빠진 것을 뒤에 보충「함.
拾集(しゅうしゅう) 습집. 주워 모음.

訓読▶
❖拾う(ひろう) ①(떨어진 것을) 줍다. ②골라내다. ③(뜻밖의 것을) 얻다. 손에 넣다.
拾い(ひろい) 주움. 줍기.
拾い読み(ひろいよみ) ①문장을 여기저기 골라서 읽음. ②한 자 한 자 더듬어 읽음.
拾い物(ひろいもの) ①줍는 일. 또, 주운 물건. ②뜻밖의 수확. 횡재.
拾い歩き(ひろいあるき) ①도보로 슬슬 걸어감. 길을 걸음. ②(진창 따위를 피하여) 걷기 쉬운 데만을 골라서 걸음.
拾い屋(ひろいや) 〈俗〉 넝마주이.
拾い足(ひろいあし) 다니기 좋은 곳만을 골라 길을 걸음.
拾い主(ひろいぬし) 분실물을 주운 사람. 습득자(拾得者).
もく拾い(もくひろい) 담배꽁초 줍기. 또, 그 사람.

11 羽 ㉔	習 (習)	익힐 습·버릇 습 シュウ・ジュウ ならう・ならわし・ ならわす

音読▶
習慣(しゅうかん) 습관. 관습. ♣~性(せい) 습관성.
∥~法(ほう) 『法』 관습법.
習気(しゅうき) (몸에 밴) 버릇. 습관.
習得(しゅうとく) 습득. 배워 터득함.
∥~観念(かんねん) 『哲』 습득 관념.
習練(しゅうれん) 습련. 연습.
習礼(しゅうらい) 습례. 중대한 의식이 있을 때, 그 예식을 미리 연습함.
習癖(しゅうへき) 습벽. 버릇.
習性(しゅうせい) 습성.
習俗(しゅうぞく) 습속. 습관이나 풍속.
習熟(しゅうじゅく) 습숙. ①익숙. ②익숙해져 습관이 됨.
習習(しゅうしゅう) 습습. 바람이 산들산들 부는 모양.
習業(しゅうぎょう) 습업. 학문·기예 등을 배워 익힘.
習字(しゅうじ) 습자.
習作(しゅうさく) 습작.
習弊(しゅうへい) 폐습. 구폐.
習風(しゅうふう) 습풍. 습관이나 풍속.
習学(しゅうがく) 습학. 배우고 익힘.
習合(しゅうごう) 습합. 서로 다른 교리(教理) 등을 절충·조화시키는 일.
∥~神道(しんとう) 神道·유교·불교의 3교를 습합한, 神道의 한 파.

訓読▶
習す(ならす) 배우게 하다.
❖習う(ならう) 연습하다. 익히다. 배우다.
習い(ならい) 습관. 관습.
習い事(ならいごと) 배우는〔익히는〕 일.
❖習わす(ならわす) ①배우게 하다. 가르치다. ②항상 …하다. 흔히 …하는 버릇이 있다.
習わし(ならわし) 습관. 풍습. 관례.

12 氵 ㉛	湿 (濕)	축축할 습·습기 습 シツ・シュウ しめる・しめす・うるおう

音読▶
湿(しつ) 『醫』 개선(疥癬). 옴.
湿球温度計(しっきゅうおんどけい) 『理』 습구 온도계. 「음.
湿気(しっけ) 습기. *しっき・しけ로도 읽
湿気る(しっける) 〈俗〉 습기 차다. 눅눅해지다. *しける로도 읽음.
湿度(しつど) 습도. ♣~計(けい) 습도계.
湿爛(しつらん) 습란. 피부가 서로 접촉하는 부분이 땀과 마찰로 벌겋게 짓무른 상태.
湿生 ⊟(しっせい) 습생. 식물이 축축한 곳에서 자람.

∥～植物(しょくぶつ) 습생 식물.
㊁(しっしょう)〖佛〗습생. 사생(四生)의 하나.
湿船渠(しつせんきょ) 습선거. 계선 독.
湿舌(しつぜつ)〖氣〗습설. 일기도상에, 습기가 많은 기단이 혀 모양으로 확장된 부분.
湿雪(しっせつ) 습기가 많은 눈. 진눈.
湿性(しっせい) 습성. ♣～咳(せき)〖醫〗습성 해소. ∥～肋膜炎(ろくまくえん)〖醫〗습성 늑막염.
湿数(しっすう) 기온과 이슬점 온도의 차. 노점 온도차.
湿式(しっしき) 습식. 액체를 사용하는 방식. ∥～工法(こうほう) 습식 공법.
～製錬(せいれん) 습식 제련.
湿深い(しつぶかい) ① 습기가 많다. 축축하다. ② 남보다 여색을 탐하다.
湿原(しつげん) 습원. 다습한 초원.
湿潤(しつじゅん) 습윤.
∥～指数(しすう) 습윤 지수.
湿田(しつでん) 습전. 배수(排水)가 잘 되지 않아 항상 물기가 많은 논.
湿電池(しつでんち)〖理〗습전지.
湿地 ㊀(しっち) 습지.
∥～草原(そうげん) 습지 초원.
㊁(しめじ)〖植〗송이과(科)에 속하는 버섯의 하나.
湿疹(しっしん)〖醫〗습진.
湿瘡(しっそう) 습창. 습종.
湿土(しつど) 습토. 습기가 많은 땅.
湿板(しつばん) 습판. 감광판의 하나.
湿布(しっぷ) 습포. 찜질(하는 천).
[訓読]
湿っぽい(しめっぽい) ① 좀 축축하다. 눅눅하다. ② 음울하다.
湿らす(しめらす) 축축하게 하다.
湿わす(うるおわす) ① 습기를 띠게 하다. ② 혜택(이익)을 얻게 하다.
❖湿う(うるおう) ① 습기를 띠다. ② 혜택[이익]을 얻다.
湿い(うるおい) ①(알맞은) 습기. ② 정취. 정서. ③ 혜택.
❖湿す ㊀(しめす) 적시다. 축이다.
㊁(うるおす) ① 축축하게 하다. 적시다. ② 혜택[이익]을 주다.
湿し(しめし) ① 축축하게 함. ② 기저귀.
❖湿る ㊀(しめる) ① 축축[눅눅]해지다. 습기차다. ② 우울해지다.
㊁(しとる)〈方〉습하다. 젖다. 축축하다.
湿り(しめり) ① 축축함. 습기. *しとりとも 읽음. ② 진화(鎭火)됨.
湿り気(しめりけ) 습기. 수분.
湿り半(しめりばん) 진화(鎭火)되었음을 알리는 종.
湿り声(しめりごえ) 울먹이는 소리. 침울한 소리.
[其他]
湿気っぽい(しけっぽい) 습기를 띠고 있다.
湿婆(シベ) 시바(Siva). 시바신(神).

| 14
忄 | 慴 | 두려워할 **습**
ショウ
おそれる |

[音読]
慴伏(しょうふく) 습복. 두려워 엎드림.
慴然(しょうぜん) 무서워 떠는 모양.

| 16
ネ | 褶 | 주름 **습**
シュウ
ひだ |

[音読]
褶曲(しゅうきょく)〖地〗습곡. ♣～谷(だに)〖地〗습곡곡.
∥～山脈(さんみゃく) 습곡 산맥.
褶襞(しゅうへき) 습벽. (산맥이나 옷 따위의) 주름.

| 22
衣
[常] | 襲 | 엄습할 **습**·물려받을 **습**
シュウ
おそう·かさねる·つぐ |

[音読]
襲撃(しゅうげき) 습격.
襲来(しゅうらい) 습래. 내습.
襲名(しゅうめい) 습명. 선대로부터 예명 등을 계승함.
襲歩(しゅうほ) 습보. 말의 최대 속도의 구보. 갤럽.
襲封(しゅうほう) 습봉. 제후가 영지를 이어 받음.
襲受(しゅうじゅ) 습수. 뒤를 이어받음.
襲業(しゅうぎょう) 습업. 가업 등을 이어받음.
襲用(しゅうよう) 습용. 답습.
襲爵(しゅうしゃく) 습작.
襲職(しゅうしょく) 습직. 직무를 이어받음.
襲弊(しゅうへい) 폐습. 구폐.
[訓読]
襲われる(おそわれる) ① 습격당하다. 덮치다. ② 느닷없는 방문을 받다.
❖襲う(おそう) ① 습격하다. 덮치다. ②(남의 집을) 느닷없이 방문하다. ③ 물려받다.
襲い掛かる(おそいかかる) (와락) 덤벼들다. 덮치다.

승

| 4
升
[常] | 升 | 되 **승**·오를 **승**
ショウ
ます·のぼる |

[音読]
升麻(しょうま)〖植〗승마. 생약의 하나로 해열제·해독제로 씀.
升平(しょうへい) 승평. 나라가 태평함.

僧階(そうかい) 승계. 승려의 계급.
僧官(そうかん) 승관. 승직.
僧祇(そうぎ)〖佛〗승기.
僧尼(そうに) 승니. 남자 승려와 여승.
∥〜令(りょう) 불교 교단의 승니를 통제하는 법령.
僧団(そうだん) 승단. 교단(教團).
僧堂(そうどう) 승당.
僧徒(そうと) 승도. 승려들.
僧都(そうず) 승관(僧官)의 하나. 僧正(そうじょう)의 아래, 律師(りっし)의 위.
僧侶(そうりょ) 승려.
僧律(そうりつ)〖佛〗승률. 불교의 계율.
僧林(そうりん)〖佛〗승림. 승려들이 모여 수행하는 큰 절. 대찰(大刹).
僧帽(そうぼう) 승모. 중이 쓰는 모자. ♣〜筋(きん) 승모근/〜弁(べん)〖生〗승모판.
僧門(そうもん) 승문. 불문(佛門).
僧物(そうもつ) 승물. 승기물(僧祇物). 승가(僧伽)에 딸린 재물. 「는 집.
僧坊(そうぼう) 승방. 절에서 승려가 거처하
僧房(そうぼう) ⇨ 僧坊(そうぼう).
僧法師(そうほうし) 승려. 스님.
僧兵(そうへい) 승병.
僧服(そうふく) 승복.
僧寺(そうじ) 신중절에 대하여 남승(男僧)만 있는 절.
僧舎(そうしゃ) 승사. 절.
僧俗(そうぞく) 승속. 승려와 속인.
僧庵(そうあん) 승암. 암자.
僧院(そういん) 승원. 사원. 절.
僧位(そうい) 승위. 조정에서 내리는 승려의 품계(品階).
僧衣(そうい) 승의. 승려의 옷. 법복. ＊そうえ로도 읽음.
僧残(そうざん)〖佛〗승잔. 승니(僧尼)가 지켜야 할 구족계(具足戒)의 하나.
僧斎(そうさい) 승재. 승려를 집으로 불러서 드리는 공양.
僧籍(そうせき) 승적.
僧正(そうじょう)〖佛〗승정. 승관(僧官)의 최상급으로 僧都(そうず)의 위.
僧衆(そうしゅう) 승중. 여러 승려.
僧職(そうしょく) 승직. 승려의 직무.
僧体(そうたい) 승체. 승려의 모습〔행색〕.
僧形(そうぎょう) 삭발한 승려의 모습.
僧号(そうごう) 승호. 승려가 되어 속명(俗名) 외에 붙이는 이름. 법명(法名).

15 糸 常	縄 (繩)	노 승·줄 승 ジョウ なわ

音読
縄矩(じょうく) 승구. 먹줄과 곱자. 규칙.
縄規(じょうき) 승규. ①먹줄과 컴퍼스. ②규칙. 표준.
縄律(じょうりつ) 승률. 규칙.

縄墨(じょうぼく) 승묵. ①먹줄. ②규칙.
縄文(じょうもん)〖考〗승문. 승석문(繩蓆文). 삿무늬.
∥〜農耕(のうこう) 승문 농경.
〜文化(ぶんか) 승문 문화.
〜時代(じだい) 승문 시대.
〜土器(どき) 승문 토기.
縄索(じょうさく) 승삭. 새끼와 동아줄.
縄尺(じょうしゃく) 승척. 표준. 규칙.

訓読
縄(なわ) 새끼. 포승. 줄.
縄襷(なわたすき) 새끼로 襷를 대용한 것.
縄尻(なわじり) (사람을 묶은) 포승의 끝.
縄暖簾(なわのれん) ①새끼를 드리워서 만든 포렴(布簾). ②선술집.
縄帯(なわおび) 새끼로 띠를 대용한 것.
縄跳び(なわとび) ⇨ 縄飛び(なわとび).
縄簾(なわすだれ) 새끼줄발.
縄目(なわめ) ①새끼줄의 매듭. ②(죄인으로) 포박당함.
縄文字(なわもじ) 결승 문자.
縄抜け(なわぬけ) 포박된 사람이 포승을 풀고 도망 감. 또, 그 사람.
縄付き(なわつき) 포승에 묶임. 또, 그 사람.
縄飛び(なわとび) 줄넘기. 「죄인.
縄手(なわて) ①논길. 논두렁길. ②길게 뻗은 곧은길.
縄延び(なわのび) ①늘인 새끼줄의 길이. ②장부상의 논·밭 면적보다 실제 면적이 넓음.
縄筵(なわむしろ) 멍석.
縄入れ(なわいれ) 측량줄로 논밭을 측량함.
縄張り(なわばり) ①새끼줄을 쳐서 경계를 정함. ②폭력단 등의 세력 범위.
梯子(なわばしご) 줄사다리.
縄取り(なわとり) 포박 죄인이 도망 가지 못하도록 포승 끝을 쥠. 또, 그 사람. 「치.
縄編み(なわあみ) 뜨개질에서, 케이블 스티
縄打ち(なわうち) ①측량줄을 둘러치고 경계를 정함. ②측량줄로 논밭을 측량하는 일.
縄脱け(なわぬけ) ⇨ 縄抜け(なわぬけ).

19 虫	蠅	파리 승 ヨウ はえ

音読
蠅頭(ようとう) 승두. 극히 작은 것. 특히, 잔 글씨. 조그마한 이익.

訓読
蠅(はえ) ①〖蟲〗파리. ＊はいろ도 읽음. ②남들이 싫어하는 사람. 「로도 읽음.
蠅叩き(はえたたき) 파리채. ＊はいたたき
蠅の子(はえのこ) 구더기.
蠅帳(はえちょう) ①망사를 친 작은 찬장(통풍·방충용). ②(방충용) 식탁 씌우개. ＊はいちょう로도 읽음.
蠅除け(はえよけ) 파리를 피하거나 쫓거나 함. 또, 그것에 쓰는 도구.

蠅座(はえざ)〖天〗파리자리.
蠅地獄(はえじごく)〖植〗끈끈이귀개.
蠅取り(はえとり) 파리를 잡음. 또, 그 도구. *はいとり라고도 함.
‖~紙(がみ) (파리 잡는) 끈끈이. *はいとりがみ로도 읽음.
蠅取草(はえとりぐさ)〖植〗끈끈이귀개. *はえとりそう로도 읽음.
蠅打ち(はえうち) ☞蠅叩き(はえたたき).

시

| 3 尸 | 주검 시
シ
かたしろ・しかばね |

音読

尸禄(しろく) 시록. 직책을 수행치 못할 위인이 높은 녹만 받는 일.
尸位(しい) 시위. 재덕(才徳) 없이 지위에만 앉아 있음.
‖~素餐(そさん) 시위소찬. 하는 일 없이 녹만 축냄.

訓読

尸(しかばね) ①시체. 송장. *雅語로는 かばねねらご도 함. ②尸冠(しかばねかんむり)의 준말.
尸冠(しかばねかんむり) 한자 부수의 하나: 주검시밑. 〔데〕.
尸所(しかばねどころ) 무덤. 또, 죽을 곳

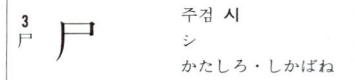

| 5 巾
敎 | 저자 시
シ
いち |

音読

市 ㊀(し) ①시. ②번화한 거리.
㊁(いち) ①저자. 시장. ②시가. 거리.
市価(しか) 시가. 「가전.
市街(しがい) 시가. 거리. ♣~戦(せん) 시
‖~電車(でんしゃ) 시가 전차.
~化区域(かくいき) 시가화 구역. 도시 계획법에서, 이미 시가지가 형성된 지역과, 앞으로 시가지로 만들 것을 계획한 구역.
~化調整区域(かちょうせいくいき) 시가화 조정 구역. 시가화 억제 구역.
市警(しけい) 시경. 시의 경찰.
市賈(しこ) 시장 상인. 장사치.
市区(しく) 시구. ①시의 구획. ②시(市)와 구(區).
市国(しこく) 시국.
市内(しない) 시내.
市大(しだい) '市立大学(しりつだいがく)(=시립 대학)'의 준말.
市道(しどう) 시도. 시에서 만든 길.
市頭(しとう) 시중. 시내.
市立(しりつ) 시립. *私立(しりつ)와의 혼동을 피하기 위해 いちりつ라고도 함.
市民(しみん) 시민. ♣~権(けん) 시민권.
‖~階級(かいきゅう) 시민 계급.
~大会(たいかい) 시민 대회.
~社会(しゃかい) 시민 사회.
~運動(うんどう) 시민 운동.
~革命(かくめい) 시민 혁명.
市報(しほう) 시보. 시정 홍보물.
市部(しぶ) 시부. 시에 속한 구역.
市費(しひ) 시비.
市上(しじょう) 시중. 시정(市井).
市署(ししょ) 시(市)의 경찰서.
市税(しぜい) 시세.
市勢(しせい) 시세.
市域(しいき) 시역. 시의 구역.
市役所(しやくしょ) 시청.
市営(しえい) 시영.
市外(しがい) 시외.
‖~通話(つうわ) 시외 통화. 시외 전화.
市有(しゆう) 시유. ♣~地(ち) 시유지.
市乳(しにゅう) 시판(市販) 우유.
市銀(しぎん) 시은. 市中銀行(しちゅうぎんこう)의 준말.
市邑(しゆう) 시읍. 작은 도시.
市議(しぎ) '市議会議員(しぎかいぎいん)(=시의회 의원)'의 준말.
市議会(しぎかい) 시의회.
市人(しじん) 시인. ①도시인. ②상인.
市長(しちょう) 시장.
市章(ししょう) 그 도시의 표장〔휘장〕.
市場(しじょう) 시장. *いちば로도 읽음.
‖~価格(かかく) 시장 가격.
~開放(かいほう) 시장 개방.
~労働(ろうどう) 시장 노동.
~占有率(せんゆうりつ) 시장 점유율.
~調査(ちょうさ) 〖經〗시장 조사.
市葬(しそう) 시장. 시장 명의로 치르는 장례.
市電(しでん) '市営電車(しえいでんしゃ)(=시영 전차)'의 준말.
市井(しせい) 시정. 거리. 항간.
市政(しせい) 시정. 시의 정치.
市町村(しちょうそん) 일본의 지방 자치(自治) 단체의 이름《우리 나라의 시・읍(邑)・면(面)과 비슷함》.
‖~税(ぜい) 市町村에서 거두는 조세.
~議会(ぎかい) 市町村 의회.
~長(ちょう) 市町村의 수장.
~条例(じょうれい) 市町村 조례.
市制(しせい) 시제. 시로서의 자치 제도.
市中 ㊀(しちゅう) 시중. 시의 안.
‖~金利(きんり) 시중 금리.
~銀行(ぎんこう) 시중 은행.
㊁(しなか) 시중. 도시 한가운데.
市塵(しじん) ①거리에 이는 먼지. ②도시의 번화함.
市債(しさい) 시채. 시가 발행하는 채권.
市庁(しちょう) 시청.
市販(しはん) 시판.

市況(しきょう) 시황. 시장 경기〔시세〕.
‖**~産業**(さんぎょう) 시황 산업.
市会(しかい) 시회. '市議会(しぎかい)(=시의회)'의 준말《구칭》.

[訓読]
市女(いちめ) 예전에, 시장에서 장사하는 여자를 일컫던 말.
‖**~笠**(がさ) 한가운데를 상투처럼 내밀게 하고 옻칠을 한 平安(へいあん) 시대 상류 사회의 여자용 사초 삿갓.
市松(いちまつ) ① ☞市松模様. ② ☞市松人形. ③ (아이 이름으로 흔히 쓰이었으므로) 어린아이의 통칭.
‖**~模様**(もよう) 네모진 흑백 무늬를 번갈아 늘어놓은 바둑판 무늬. 체크 무늬.
~人形(にんぎょう) 뱃속에 피리를 장치한 흙으로 구워서 만든 장난감 인형.
市日(いちび) 장날.
市子(いちこ) 무당. 무녀(巫女).
市場町(いちばまち) 장거리. 시장을 중심으로 발달한 도시.

5 示 [教]	示	보일 시 ジ・シ しめす

[音読]
示教(しきょう) 시교. 교시(教示).
示達(じたつ) 시달.
示談(じだん) 시담. 사화(私和). 화해를 붙이는 말. 특히, (싸움을 법률에 호소하지 않고) 당사자간에 해결하는 일. 「의꾼.
‖**~屋**(や) (자동차 사고 따위의) 사화꾼. 합
示度(しど) 『理』 시도. 계기(計器)의 눈금의 도.
示範(しはん) 시범.
示唆(しさ) ①시사. ②교사(教唆). *じさ로도 읽음. ♣**~的**(てき) 시사적.
示相化石(しそうかせき) 『地』 시상 화석.
示性式(しせいしき) 『化』 시성식.
示温塗料(しおんとりょう) 시온 도료.
示威(じい) 시위. *しい로도 읽음.
‖**~運動**(うんどう) 시위 운동.
~行進(こうしん) 시위 행진.
示寂(じじゃく) 『佛』 시적.
示唆(しそう) 사주. 부추김.
示準化石(しじゅんかせき) 시준 화석. 표준
示指(じし) 집게손가락. 「화석.
示差圧力計(しさあつりょくけい) 『理』 시차 압력계.
示現(じげん) 시현. ①신불이 불가사의한 영검을 나타냄. ②『佛』 부처나 보살이 중생을 제도하기 위해 여러 가지 모습으로 육신을 나타냄. ③어떤 현상이 나타남.
示顕(じげん) 시현.

[訓読]
❖**示す**(しめす) ①가리키다. ②보이다. 나타내다.
示し(しめし) ①교시(教示). 계시. ②모범. 본보기.
示す偏(しめすへん) 한자 부수의 하나: 보일시 「변.
示し合わす(しめしあわす) ☞示し合わせる(しめしあわせる).
示し合わせる(しめしあわせる) ①서로 미리 짜다. ②눈짓으로 서로 알리다.

5 矢 [教]	矢	살 시 シ や

[音読]
矢石(しせき) 시석. 화살과 석궁의 돌. 전쟁.
矢刃(しじん) 시인. 화살과 칼. 무기.

[訓読]
矢(や) ①화살. ②재목이나 돌을 쪼개는 데 쓰는 쐐기.
矢幹(やがら) ⇨ 矢柄(やがら).
矢頃(やごろ) 활을 쏘기에 알맞은 거리.
矢継ぎ早(やつぎばや) (쉬지 않고) 연달아
矢尻(やじり) 화살촉. 「함.
矢筈(やはず) ①(화살의) 오늬. ②오늬 모양의 무늬. ③족자 따위를 거는 갈고랑 막대.
矢櫃(やびつ) 화살을 넣어 두는 뚜껑이 있는 상자〔궤〕.
矢叫び(やさけび) ① ☞矢声(やごえ). ② 싸움 초기에, 양군이 화살을 쏘기 시작할 때 지르는 함성. *やたけび로도 읽음.
矢の根(やのね) 화살촉.
‖**~石**(いし) ①흑요석(黒曜石). ②석기 시대에 화살촉으로 쓴 돌.
矢筋(やすじ) 쏜 화살이 날아가는 코스.
矢衾(やぶすま) 활 쏘는 사람이 빈틈없이 늘어서 있음. 또, 온통 쉴새없이 화살이 날아오는 모양.
矢大臣(やだいじん) ①신사(神社)의 정문 우측에 세워 놓은 무관의 상(像). ②대폿집에서 빈 술통에 걸터앉아 술을 마시는 일. 또, 그 사람.
矢大神(やだいじん) ⇨ 矢大臣(やだいじん).
矢来(やらい) 대나무 따위를 성기게 얽어서 임시로 두른 울짱.
矢立て(やたて) ①전동(箭筒). ②옛날의 휴대용 필기 용구.
矢面(やおもて) 화살이 날아오는 정면.
矢文(やぶみ) 문서〔편지〕를 화살에 묶어서 쏘아 보냄. 또, 그렇게 한 것.
矢並み(やなみ) 전동(箭筒)에 가지런히 꽂혀 있는 화살.
矢柄(やがら) 화살대. ②화살깃 무늬.
矢絣(やがすり) 화살깃 모양의 비백(飛白)무늬. 또, 그런 직물.
矢比(やごろ) ⇨ 矢頃(やごろ).
矢飛白(やがすり) ⇨ 矢絣(やがすり).
矢傷(やきず) 화살 맞은 상처.
矢先(やさき) ①화살촉. ②(적의) 화살이 날아오는 방향. ③막 …하려는 참. 마침 그때.
矢鱈(やたら) 〈俗〉 함부로〔마구, 멋대로〕 하

는 모양.　　　　　　　「담근 김치.
∥~漬け(づけ) 여러 가지 야채를 잘게 썰어
矢声(やごえ) 화살을 맞혔을 때 쏜 사람이 외치는 소리.
矢束 ㊀(やつか) 화살의 길이.
　　　㊁(やたば) 화살 다발.
矢数(やかず) ① 화살의 (맞힌) 수. ② 활쏘기(시합)에서 사수가 많은 화살을 쏘는 일.
∥~俳諧(はいかい) 江戸(えど) 시대 초기에, 일정 시간 안에 빨리 그리고 많은 俳句(はいく)를 짓는 것을 겨루던 俳諧.
矢矧(やはぎ) 화살을 만드는 일〔사람〕.
矢羽(やばね) 살깃.
矢羽根(やばね) ⇨ 矢羽(やばね).
矢玉(やだま) 화살과 탄알.
矢音(やおと) 화살 날아가는 소리.
矢印(やじるし) ① 화살표. ② 화살에 표시한 가문(家紋)이나 이름.
矢疵(やきず) ⇨ 矢傷(やきず).
矢作(やはぎ) ⇨ 矢矧(やはぎ).
矢場(やば) ① 활터. ② 예전에 신사(神社) 경내나 유원지 등에 설치한 유료 활놀이터〔몰래 매춘도 하였음〕.
　　　㊁(やにわ) ⇨ 矢庭(やにわ).
矢張り(やはり) 역시. 예상과 같이.
矢っ張り(やっぱり) 〈俗·口〉 ☞ 矢張り(やはり).　　　　　　　　　　　　　「곳.
矢庭(やにわ) 활을 쏘는 곳. 또, 화살이 맞은
矢庭に(やにわに) 당장. 돌연. 갑자기.
矢種(やだね) 가진 화살의 전부.
矢車(やぐるま) ① 축(軸)의 둘레에 화살 모양의 살을 방사상(放射狀)으로 박은 것. ② 화살을 꽂아 두는 대.
∥~菊(ぎく) 【植】 수레국화.　　　　「부채.
~草(そう) 【植】 ① ☞ 矢車菊. ② 도깨비
矢倉(やぐら) ① (성문이나 성벽의) 망루. ② 　　　　　　　　　　　　　　　「전망대.
矢弾(やだま) ⇨ 矢玉(やだま).
矢筒(やづつ) 화살통. 전동(箭筒).
矢板(やいた) 널말뚝. 흙이 무너지는 것을 막기 위해 말뚝처럼 박아서 둘러막은 널빤지.
矢偏(やへん) 한자 부수의 하나: 살시변.
矢坪(やつぼ) ⇨ 矢壺(やつぼ).
矢表(やおもて) ⇨ 矢面(やおもて).
矢風(やかぜ) 화살이 날아갈 때에 일으키는 바람.
矢合わせ(やあわせ) 옛날에 전투에 앞서 서로 우는살을 쏘아 대어 기세를 올리고 개전 신호로 삼은 일.
矢狭間(やざま) 성(城) 가퀴〔성벽에 만든 활
矢壺(やつぼ) 화살을 쏠 때 겨누는 데.　　「쏘는 구멍〕.

7 豕	豕	돼지 **시** シ い·いのこ

訓読➜
豕(いのこ) 돼지.
豕偏(いのこへん) 한자 부수의 하나: 돼지시변. ＊ぶたへん으로도 읽음.

8 イ 常	侍	모실 **시** ジ さむらい·さぶらう· はべる

音読➜
侍する(じする) (신분이 높은 사람의) 가까이에서 모시다.
侍講(じこう) 시강. 군주나 동궁(東宮)에게 강의하는 일. 또, 그 사람.
侍女(じじょ) 시녀. ＊옛날에는 まかたち라고도 하였음.
侍読(じどく) 시독. 옛날, 天皇(てんのう)에게 학문을 가르치던 학자.
侍童(じどう) 시동.
侍郎(じろう) 〖史〗 시랑.
侍立(じりつ) 시립. 귀인, 특히 天皇(てんのう)를 곁에 모시고 섬.
侍僕(じぼく) 시중 드는 남자 종.
侍婢(じひ) 시비. 시녀. ＊옛날에는 まかたち라고도 하였음.
侍史(じし) 시사. 좌하(座下). 옥안하(玉案下). 편지 겉봉 상대방 이름 곁(밑)에 씀.
侍食(じしょく) 시식. 귀인의 옆에 배석하여 식사함.　　　　　　　　　　　　　「하.
侍臣(じしん) 시신. 군주를 가까이 모시는 신
侍児(じじ) 시아. 시동(侍童).
侍乗(じじょう) 시승. 곁에서 시중듦.
侍宴(じえん) 시연. 연회에 배석함.
侍衛(じえい) 시위. 귀인을 호위함. 또, 그 사　　　　　　　　　　　　　　　　　「람.
侍医(じい) 시의.
侍者(じしゃ) 시자. 시종자(侍従者).
侍曹(じそう) 시사(侍史). 곁에서 시중하는 사람의 뜻으로, 편지에서 수신인을 공경하여 그 이름 곁에 쓰는 말.
侍従(じじゅう) 시종. 근시(近侍).
侍坐(じざ) ⇨ 侍座(じざ).
侍座(じざ) 시좌. 귀인을 모시고 앉음.

訓読➜
侍(さむらい) 일본 무사.
侍らせる(はべらせる) 모시고 있게 하다. 옆에 있게 하다.
侍気質(さむらいかたぎ) 무사 기질. 격식을 차리는 딱딱한 성품.
侍大将(さむらいだいしょう) 무가 시대에 대장군 밑에서 일군(一軍)을 지휘하던 대장.
侍冥加(さむらいみょうが) 무사인 것을 행복하게 여김.
侍冥利(さむらいみょうり) ① ☞ 侍冥加(さむらいみょうが). ② 무사의 맹세.
侍所(さむらいどころ) 옛날 귀인의 신변을 호위하던 상급 무사의 직소(職所).
❖侍る(はべる) ☞ 侍り(はべり).　　　　「하다.
侍り(はべり) 〈雅〉 모시고 있다. 사후(伺候)

逆順➜
近侍(きんじ) 주군(主君)을 가까이서 모심. 또, 그 사람. 측근.

8 女 教	始	처음 시·비롯할 시 シ はじめる・はじまる

音読
始球(しきゅう) (야구 경기 등의) 시구. ♣~式(しき) 시구식.
始期(しき) 시기.
始動(しどう) 시동.
始末(しまつ) ①(나쁜 결과로서의) 사정. 형편. 꼴. ②시말. (일의) 전말. 자초지종. ③일의 매듭. 뒤처리. 정리. ④절약. 검약.
∥~書(しょ) 시말서. 전말서.
~屋(や) 〈古〉 화류계 사람을 상대로 하는 일종의 전당포.
始発(しはつ) 시발. ♣~駅(えき) 시발역.
始生代(しせいだい) 『地』시생대.
始業(しぎょう) 시업. ♣~式(しき) 시업식.
始原(しげん) 시원. 처음. 「先Cambria代」
∥~代(だい) 『地』 시원대. 선캄브리아대
~生殖細胞(せいしょくさいぼう) 『生』시원 생식 세포.
始点(してん) 시점. 시발점.
始祖(しそ) 시조. 원조.
∥~鳥(ちょう) 시조조. 시조새. 조상새.
始終(しじゅう) ①자초지종. 처음부터 끝까지. 모두. ②처음과 끝. ③드디어. 결국.
始筆(しひつ) 시필. 신년 휘호.

訓読
始まらない(はじまらない) …해도 (이제 와서) 소용없다.
❖始まる(はじまる) 시작되다. 개시되다.
始まり(はじまり) 시작. 시초. 기원(起源). 발단(發端).
❖始める(はじめる) ①시작(개시)하다. ②《接尾語적으로》…하기 시작하다.
始め(はじめ) ①(일의) 시작. 기원(起源). 첫머리. ②『…を~'의 꼴로』…을 비롯하여. ③《接尾語적으로》…을 하기 시작함.
始めて(はじめて) 처음(으로). 비로소.
始めまして(はじめまして) 처음 뵙겠습니다《초대면의 인사》.

逆音
開始(かいし) 개시.
元始(げんし) 원시. 사물의 시초. 시작.
原始(げんし) 원시.
創始(そうし) 창시.

9 尸	屎	똥 시 シ くそ

音読
屎尿(しにょう) 시뇨. 똥오줌. 배설물.
其他
屎(ばば) 〈兒〉 ①대변. ②더러운 것. 지지.
屎っちい(ばばっちい) 〈兒〉 더럽다.

9 尸	屍	주검 시 シ しかばね

音読
屍姦(しかん) 시간. 시체를 강음하는 일.
屍柩(しきゅう) 시구. 시체를 넣을 관.
屍毒(しどく) 시독. 시체에서 발생하는 유독 물질. 「屍脂」.
屍蠟(しろう) 시랍. 납화(蠟化)한 시체. 시지.
屍斑(しはん) 시반.
屍産(しさん) 시산. 사후 분만.
屍山血河(しざんけつが) 시산혈하. 시체가 산처럼 쌓이고 피가 시내를 이룸.
屍室(ししつ) 시실. 시체실.
屍肉(しにく) 죽은 동물의 고기. 송장 고기.
屍体(したい) 시체. 사체.
屍骸(しがい) 시해. 시체.

訓読
屍(しかばね) 시체. 송장. *雅語로는 かばね라고도 함.

9 亻	恃	믿을 시 ジ たのむ

訓読
恃む(たのむ) 믿다. 의지하다.

9 方 常	施	베풀 시 シ·セ ほどこす・しく

音読
施工(しこう) 시공. *せこう로도 읽음.
施料(せりょう) 보시하는 금품.
施療(せりょう) 시료. 무료 치료.
施無畏(せむい) 『佛』시무외. 중생의 두려움·근심을 없애 주는 일.
施文(せもん) 토기 따위에 장식 문양을 베풂. 또, 그 문양. *しもんこ로도 읽음.
施物(せもつ) 시물. 빈민이나 승려에게 베풀어 주는 물건.
施米(せまい) 시미. (빈민이나 승려에게) 쌀을 나눠 줌. 또, 그 쌀.
施肥(せひ) 시비.
施線(しせん) 선을 가설함.
施設(しせつ) 시설. 설비.
∥~園芸(えんげい) 시설 원예.
施術(しじゅつ) 시술. *せじゅつ로도 읽음.
施餓鬼(せがき) 『佛』 시아귀. 아귀도(餓鬼道)에 빠지거나 연고자가 없는 사자(死者)의 영을 위한 공양. 「주는 약.
施薬(せやく) 시약. 가난한 사람에게 베풀어
施業(しぎょう) 시업. 업무를 행함.
施与(せよ) ①시여. ②시주함. *しよ로도 읽음.

施用(しよう) 시용. 베풀어서 사용함.
施政(しせい) 시정. ♣~権(けん) 시정권.
‖~方針(ほうしん) 시정 방침.
施錠(せじょう) 자물쇠를 채움.
施主(せしゅ) ①『佛』시주. ②시공주(施工主).
施策(しさく) 시책.
施行 ㊀(しこう) 시행. 실시. *せこうども 읽음. ♣~令(れい) 시행령.
‖~規則(きそく) 시행 규칙.
㊁(せぎょう)『佛』보시.
施恵(しけい) 시혜.

訓読

❖施す(ほどこす) ①베풀다. ㉠행하다. 가하다. ㉡(계획을) 세우다. ②설비를 하다. ③주다. ④(토를) 달다. 덧붙이다.
施し(ほどこし) 은혜를 베풂.
施し物(ほどこしもの) 보시(布施). 시혜물.

이 시·옳을 시
ゼ
ここ·この·これ·ただしい

9
日
常

音読

是 ㊀(ぜ) 시. 도리에 맞음. 옳음.
 ~が非(ひ)でも 무슨 일이 있더라도.
㊁(これ) ①이것. 이제. 지금. ②이 사람. 이분. ③이 일.
㊂(ここ) 여기.
㊃(こ) 〈雅〉이것. 이.
是非(ぜひ) ①시비. 옳고 그름. ②사물의 시비를 가림. ③아무쪼록. 제발. 꼭.
 ~に及(およ)ばず 어쩔 수 없이. 부득이.
是非ない(ぜひない) ①어쩔 수 없다. ②좋은 것도 나쁜 것도 없다. ③말할 것도 없다.
是非に(ぜひに) ①무슨 일이 있어도. 꼭. 반드시. ②억지로. 무리하게.
是非曲直(ぜひきょくちょく) 시비곡직. 옳고 그름. 잘잘못.
是非共(ぜひとも) 무슨 일이 있어도. 반드시. 꼭.
是是非非(ぜぜひひ) 시시비비.
‖~主義(しゅぎ) 시시비비주의.
是認(ぜにん) 시인.
是正(ぜせい) 시정.

訓読

是く(かく) 〈雅〉이와 같이. 이렇게.
是に(ここに) 여기에.
是は(こは) 〈雅〉'이것은 어찌 된 일인가'의 뜻을 나타내는 말.
是等(これら) 이(것)들.
是沙汰(これざた) 세상의 자자한 소문.
是是(これこれ) 이러이러(함). 여차여차(함).
是式(これしき) 〈俗〉이까짓. 이쯤.
是位(これくらい) 이만큼. 이쯤. *これぐらいとも 읽음.
是を以て(ここをもって) 〈老〉이러한 까닭에로. 이 때문에. 이로써. 「로).
是丈(これだけ) ①이것뿐. ②이 정도

是切り(これきり) 이것뿐. 이것이 다(전부).
是っ切り(これっきり) 是切り(これきり)의 힘줌말.
是や此の(これやこの) 〈雅〉이것이 바로 「그.
是体(これてい) 이런 모양·모습·체재.
是彼(これかれ) 이것과 저것.
是許り(こればかり) 아주 조금.

9
木

柿
감나무 시
シ
かき

訓読

柿(かき)『植』감(나무).
柿渋(かきしぶ) 날감의 떫은 즙. 감물.
柿色(かきいろ) ①감빛. ②황적색.
柿薬(かきぐすり) 도자기 등의 유약(釉薬)의 일종. 「일.
柿若葉(かきわかば) 감나무의 싱싱한 어린
柿衣(かきそ) 감물을 물들인 천. 또, 그 천으로 지은 옷.
柿の衣(かきのころも) 감물로 물들인 옷(산에서 수도하는 중이 입음).
柿漫し(かきひたし) 곶감을 잘게 썰어 술에 담근 것.
柿合わせ塗り(かきあわせぬり) 감물로 초벌칠을 한 다음 검정색·붉은색 따위를 칠하고 다시 옻칠을 하는 기법.
柿紅葉(かきもみじ) 감나무 잎이 단풍이 드는 일. 또, 그 잎.

10
日
教

時
때 시
ジ
とき

音読

時価(じか) 시가.
‖~発行(はっこう)『経』시가 발행.
時角(じかく)『天』시각.
時刻(じこく) 시각. 때. 시간.
‖~到来(とうらい) 시각 도래. 좋은 시기가 닥쳐옴.
 ~表(ひょう) (열차·항공기 등의) 시각표.
時間(じかん) 시간. 시각. ♣~給(きゅう) 시간급 / ~帯(たい) 시간대 / ~的(てき) 시간적.
‖~講師(こうし) 시간 강사.
 ~潰し(つぶし) 심심풀이. 시간 보내기.
 ~払い(ばらい) 일의 능률과는 상관없이 노동 시간을 단위로 임금을 지급하는 일.
 ~芸術(げいじゅつ) 시간 예술.
 ~外手当(がいてあて) 시간외 수당.
 ~知覚(ちかく)『心』시간 지각.
 ~表(ひょう) 시간표. 예정표.
 ~割り(わり) ①수업 시간표. ②(공사) 예정표. 시간 할당표.
時艱(じかん) 시간. 시국의 난(難)문제.
時季(じき) 계절. 철.
‖~外れ(はずれ) 절기에서 벗어남.

時系列(じけいれつ) 시계열. 어떤 현상의 시간적 변화를 관찰하여 얻은 값의 계열.
時空(じくう) 시공. 시간과 공간.
時果(じか) 시과. 그 계절의 과일.
時局(じきょく) 시국.
時圈(じけん) 〖天〗시권.
時給(じきゅう) 시급. 시간급.
時期(じき) 시기.
‖**〜尚早**(しょうそう) 시기상조.
時機(じき) 시기. 기회.
時短(じたん) '労働時間(ろうどうじかん)短縮(たんしゅく)《=노동 시간 단축》'의 준말.
時代(じだい) ① 시대. ② 오래되어 낡은 모양·느낌. ③ ☞時代物 ②. ♣**〜史**(し) 시대사/**〜相**(そう) 시대상/**〜的**(てき) 시대적.
‖**〜感覚**(かんかく) 시대 감각.
〜考証(こうしょう) 시대 고증.
〜劇(げき) 시대극. 사극. 무가(武家) 시대를 다룬 영화·연극.
〜物(もの) ① 오래된 낡은 물건. ② 역사물. ㉠ 옛날의 역사적인 사건에서 취재하여 각색한 소설이나 浄瑠璃(じょうるり)·歌舞伎(かぶき) 따위. ㉡ ☞時代劇.
〜思潮(しちょう) 시대 사조.
〜色(しょく) 시대색. 그 시대의 특색·풍조·경향.
〜小説(しょうせつ) 시대 소설.
〜精神(せいしん) 시대 정신.
〜遅れ(おくれ) 시대에 뒤떨어짐.
〜錯誤(さくご) 시대 착오.
〜後れ(おくれ) ⇨時代遅れ.
時代めく(じだいめく) 고풍(古風)스러운 느낌이 들다.
時代掛かる(じだいがかる) ☞時代めく(じだいめく).
時令(じれい) 시령. ① 절기. ② 1년 중에 있을 정치상의 행사. 연중 행사.
時論(じろん) 시론. ① 시사에 대한 의론(議論). ② 한 시대의 여론.
時流(じりゅう) 시류. 그 시대의 풍조(경향.
時務(じむ) 시무. ① 시대의 급무(急務). ② 그때그때의 급무.
時文(じぶん) 시문. ① 중국의 현대문. ② 중국의 과거(科擧) 때 쓰던 문체. ③ 그 시대의 글. 당시의 글.
時輩(じはい) 시배. 그 당시 사람들.
時法(じほう) 시법. 하루를 나누어 시간을 정하는 법. 또, 시간을 세는 법. 시각법.
時変(じへん) 시변. ① 시세의 변화. 그때의 변사. ② 시대 변천.
時報(じほう) 시보.
時服(じふく) 시복. 철에 맞는 옷.
時分(じぶん) ① 때. 쯤. 무렵. 당시. ② 적당한 때. 시기(時機).
‖**〜柄**(がら) '시기로 보아·때가 때이니 만큼'의 뜻. (현재의) 상황(으로 보아).
〜時(どき) 〈老〉식사 때. 끼니 때.
時分割システム(じぶんかつシステム) 시분할 시스템. 타임셰어링(timesharing)시스템.
時事(じじ) 시사.
時相(じそう) 시상. 시제(時制).
時勢(じせい) 시세. 시대의 추세.
時俗(じぞく) 시속. 그 시대의 인정이나 풍속.
時速(じそく) 시속.
時夜(じや) 시야. 밤에 닭이 시각을 알림.
時様(じよう) 그 시대의 유행.
時言(じげん) 시국에 관련된 말(의견).
時余(じよ) 시여. 한 시간 남짓.
時疫(じえき) 시역. 유행병.
時運(じうん) 시운.
時宜(じぎ) 시의. 적기. 호기.
時儀(じぎ) ① 시후(時候)의 인사. ② 절함. 인사.
時人(じじん) 시인. 당시의 사람들.
時日(じじつ) 시일.
時節(じせつ) 시절. ① 계절. 시후. ② 시기. 때.
時点(じてん) 시점.
時定数(じていすう) 〖電〗시상수.
時制(じせい) 〖文法〗시제. 시상(時相).
時際法(じさいほう) 〖法〗시제법.
時辰(じしん) 시진. 시각. 때.
時差(じさ) 시차.
‖**〜出勤**(しゅっきん) 시차 출근.
〜通学(つうがく) 시차 통학.
〜惚け(ぼけ) 시차병.
時針(じしん) 시침. 단침.
時評(じひょう) 시평.
時弊(じへい) 시폐. 그 시대의 악습·폐해.
時風(じふう) 시풍. 그 시대의 풍조.
時下(じか) 시하. 요즈음(편지 서두의 말).
時限(じげん) ① 시한. ② (수업 등의) 시간의 단위. 교시(校時).
‖**〜立法**(りっぽう) 시한 입법. 한시법.
〜装置(そうち) 시한 장치.
〜爆弾(ばくだん) 시한 폭탄.
時好(じこう) 시호. 그 시대의 사람들의 기호나 좋아하는 경향. 그때의 유행.
時花(じか) 그 계절의 꽃.
時効(じこう) 〖法〗시효.
‖**〜期間**(きかん) 〖法〗시효 기간.
時候(じこう) 시후. 사철의 기후. 더위와 추위.

[訓読]
時 ㊀(とき) ① 시간. 시각. ② 시대. ③ 시기. 시절. ④ 좋은 기회. 중요한 때. ⑤《다른 말 뒤에서》…경우(에는). 시간당.
㊁(じ) 〖接尾語ㄹ〗…시. ① 때. ② 시각.
時しも(ときしも) 〈雅〉(마침) 그때. 때마침. 로는.
時として(ときとして) 경우에 따라서는. 때로는.
時となく(ときとなく) 때없이. 항상.
時ならぬ(ときならぬ) 때아닌. 뜻밖의.
時に(ときに) 때〔경우〕에 따라서.
時には(ときには) 때로는. 가끔은.
時の(ときの) 그때의. 그 당시의.
時めかす(ときめかす) 때를 만나 들날리게 하다. 총애하다.
時めく(ときめく) 때를 만나 들날리다.

時んば(ときんば) 〈古〉 때에는.
時の刻み(とき の きざみ) 누각(漏刻).
時の間(とき の ま) 잠깐. 잠시.
時告げ鳥(ときつげどり) 닭의 딴이름.
時の記念日(とき の きねんび) 시간의 기념일. 6월 10일. 시간을 존중하기 위해 1902년 제정.
時貸し(ときがし) 일시적으로 빌려줌. 또, 「그 돈.
時明かり(ときあかり) ① 새벽에 동쪽이 희미하게 밝음. ② 비올 때 가끔 밝아짐.
時無し(ときなし) ① 때없음. 사철. ② 時無し大根의 준말.
‖**~大根**(だいこん) 〖植〗 사철무.
時の物(とき の もの) 그 시절의 물건.
時半(ときなか) 반시. 옛날 한 시의 절반. 지금의 한 시간. 「정함.
時付け(ときづけ) ① 시각을 적음. ② 시각을
時世 ㊀(ときよ) 시세. ① 시대. ② 그 시대의 풍조.
㊁**~時節**(じせつ) 그때그때의 시대의 추세. ㊁(じせい) ☞㊀①. ②(변천하는) 세상(世上).
時時 ㊀(ときどき) 가끔. 때때로. 그때그때.
㊁(じじ) 시시. 시시로. 때때로.
‖**~刻刻**(こっこく) 시시각각. 각일각.
 *じじこくこく로도 읽음.
時の氏神(とき の うじがみ) ① 때맞게 나타난 중재인. ② 바로 그때의 고마운 사람.
時偶(ときたま) 때때로. 가끔. 이따금.
時の運(とき の うん) 그때그때의 운. 시운.
時の人(とき の ひと) ① 그 시대[무렵]의 사람. ② 시세를 타고 번성하는 사람. ③ 그때의 화제 인물.
時折(ときおり) 때때로. 이따금. 가끔.
時の鳥(とき の とり) 〖鳥〗 '時鳥(ほととぎす) (= 두견이)'의 딴이름.
時鐘(ときがね) 시각을 알리기 위해 치는 종. 또, 그 소리. *じしょう로도 읽음.
時の鐘(とき の かね) 때를 알리는 종소리.
時中(ときなか) ☞ **時半**(ときなか).
時知らず(ときしらず) 계절을 가리지 않음. 또, 그런 물건.
時知り顔(ときしりがお) 시절(時節)에 맞는다는 것을 자랑하는 듯한 표정.
時津風(ときつかぜ) 〈雅〉 ① 밀물 때 부는 바람. ② 때마침 부는 바람.
時借り(ときがり) 일시적으로 돈을 빌려 씀. 또, 그 돈. 일시 차입(금).
時太鼓(ときだいこ) 시각을 알리기 위해 쳐서 울리는 북. 「いこ).
時の太鼓(とき の たいこ) ☞ **時太鼓**(ときだ
時献上(ときけんじょう) 江戸(えど) 시대에, 계절에 따라 大名(だいみょう)들이 자기 고장의 특산품을 헌상하던 일. 또, 그 물건.
時の花(とき の はな) ① 철 따라 피는 꽃. ② 때를 만나 한창인 것.

〘其他〙
時計(とけい) 시계. ♣**~台**(だい) 시계탑 / **~皿**(ざら) 〖化〗 시계 접시 / **~座**(ざ) 〖天〗 시계자리 / **~草**(そう) 〖植〗 시계꽃.
‖**~仕掛け**(じかけ) 시계 장치.
~数字(すうじ) 로마 숫자.
~信管(しんかん) 〖軍〗 시한(時限) 신관.
~回り(まわり) 시계 방향(으로) 돌기.
時雨(しぐれ) ① (늦가을부터 초겨울에 걸쳐 오는) 한차례 지나가는 비. ② 時雨煮의 준말.
‖**~心地**(ごこち) 눈물이 나올 것 같은 기분.
~煮(に) 조갯살을, 생강을 얇게 썰어 넣고 설탕·간장으로 조린 식품.
時雨れる(しぐれる) ① 늦가을의 비가 내리다. ② 눈물을 흘리다.
時鳥(ほととぎす) 〖鳥〗 두견이. 자규.
時化(しけ) ① 센 비바람 때문에 바다가 거칠어짐. 또한, 폭풍우로 인한 흉어(凶漁). 상거래 등의 불경기.
時化る(しける) ① (세찬 비바람으로) 바다가 거칠어지다. ②〈俗〉불경기로 우울하다. 돈 융통이 잘 안 되다.

| 10
木 | 柴 | 섶 시
サイ
しば・ふし |

〘音読〙
柴門(さいもん) 사립문. 「거처.
柴扉(さいひ) ① 시비. 사립문. ② 보잘것없는
柴薪(さいしん) 시신. 땔나무.
柴戸(さいこ) 시호. 사립문. 모옥(茅屋).
柴胡(さいこ) 〖植〗 시호《뿌리는 한약재(漢藥材)로 씀》. ♣**~湯**(とう) 시호탕.

〘訓読〙
柴(しば) 섶나무. (땔감으로 알맞은) 잡목.
柴犬(しばいぬ) 몸집이 작은 일본의 한 토종
柴唐戸(しばからど) 정원의 출입구 등에 다는 작은 쌍바라지문.
柴の門(しば の と) ⇨ **柴の戸**(しば の と).
柴山(しばやま) 잡나무가 많이 있는 산.
柴船(しばぶね) 잡목이나 섶나무를 실은 배.
柴の庵(しば の いおり) ① 섶나무로 이은 허술한 집. ② 자기 집의 겸사말.
柴刈り(しばかり) 섶나무를 벰. 또, 그 사람. (땔)나무꾼.
柴垣(しばがき) 섶나무(로 엮은) 울타리.
 *しばがき로도 읽음.
柴栗(しばぐり) 〖植〗 산밤나무.
柴笛(しばふえ) 나뭇잎 피리. 또, 그 나뭇잎.
柴葺き(しばぶき) 잡목이나 섶나무로 지붕을 임. 또, 그 지붕.
柴漬け(ふしづけ) 겨울에, 섶나뭇가지 따위를 묶어 강이나 호숫가에 가라앉혀 두고 추위를 피해 여기 모여드는 고기를 잡음.
柴車(しばぐるま) 섶나무를 실은 수레.
柴の戸(しば の と) 시호. ① 사립문. ② 누추한 오두막집.
柴火(しばひ) 섶나무를 모아서 피우는 불.

式能(しきのう) 의식으로서 행해지는 能楽(のうがく).
式台(しきだい) 현관 앞의 한 단 낮은 마루.
式量(しきりょう) 【化】식량.
式礼(しきれい) 머리를 숙여 절함.
式例(しきれい) 식례. 관례. 습관.
式目(しきもく) ① 무가(武家) 시대에 법규・제도를 조목별로 쓴 것. ② 連歌(れんか)・俳諧(はいかい) 따위의 규칙을 적은 것.
式微(しきび) 식미. 매우 쇠함. *しょくびにも 읽음.
式法(しきほう) 의식과 예법.
式服(しきふく) 의식 때 입는 옷.
式部(しきぶ) ① 式部省의 준말. ② 궁녀의 호칭. ③ 明治 초기에, 의식을 담당하던 고등관.
∥~卿(きょう) 式部省의 장관.
~省(しょう) 【史】律令(りつりょう) 제도하에서, 국가의 의식이나 인사를 맡았던 관청.
式事(しきじ) 식사. 의식의 행사.
式辞(しきじ) 식사. 의식 때의 인사말.
式三番(しきさんば) ① 能楽(のうがく)의 翁(おきな). ② 翁・千歳(せんざい)・三番叟(さんばそう) 세 사람이 추는 정식 춤.
式神(しきがみ) 陰陽道(陰陽道)에서, 음양가가 이르는 대로 조화를 부린다는 신령. *しきじん으로도 읽음.
式楽(しきがく) 공적인 의식에 연주되는 雅楽(ががく) 또는 能楽(のうがく).
式日(しきじつ) ① 의식이 있는 날. ② 축제일.
式場(しきじょう) 식장.
式典(しきてん) 의전. 의식.
式次(しきじ) 식순(式順).
式次第(しきしだい) 식의 순서. 식순(式順).

9 才 拭
닦을 식
ショク・シキ
ぬぐう・ふく

音読
拭払(しょくふつ) 식불. 닦아[훔쳐]냄.
拭浄(しょくじょう) 식정. 씻어 깨끗이 함.
訓読
❖拭う(ぬぐう) 닦다. 훔치다.
拭い去る(ぬぐいさる) ① 닦아 더러움을 없애다. ② 오명・의혹 따위를 깨끗이 없애다.
拭い取る(ぬぐいとる) 닦아 없애다.
❖拭く(ふく) 닦다. 훔치다.
拭き消す(ふきけす) 닦아 지우다.
拭き掃除(ふきそうじ) 걸레질.
拭き込む(ふきこむ) 윤이 나도록 닦다.
拭き取る(ふきとる) 닦아내다. 씻어내다.

9 食 食(食)
먹을 식
ショク・ジキ
くう・くらう・たべる・くわす・はむ

音読
食 ㊀(しょく) ① 식사. ② 음식. 먹는 양.
㊁(じき) 음식. 먹을거리. *古語로는 しら고도 함.
食する(しょくする) ① 먹다. ② 【天】 식분(触分)하다. 이지러지다. ③ 생활을 유지해 나감.
食刻(しょっこく) 【印】식각. 부각(腐刻).
食間(しょっかん) 식간. 식사와 식사 사이. *しょくかん으로도 읽음.
食客(しょっかく) 식객. *しょっきゃくとも 읽음.
食頃(しょっけい) 식경. 한 끼의 밥을 먹을 만한 짧은 시간.
食鶏(しょっけい) 식용용의 닭.
食靠れ(しょくもたれ) 식체(食滞). 속이 트림함.
食管(しょっかん) '食糧管理(しょくりょうかんり)(=식량 관리)'의 준말. ♣~法(ほう) 식량 관리법.
∥~赤字(あかじ) '食糧管理特別会計(とくべつかいけい)の赤字(あかじ)(=식량 관리 특별 회계의 적자)'의 준말.
食券(しょっけん) 식권.
食菌細胞(しょっきんさいぼう) 【生】식균세포.
食菌作用(しょっきんさよう) 【生】식균 작용. 식작용.
食禁(しょっきん) 식금. 특정 음식의 섭취를 금지함. 또, 그 음식.
食気(しょくけ) (왕성한) 식욕. *しょっき로도 읽음.
食器(しょっき) 식기.
食堂 ㊀(しょくどう) 식당. ♣~車(しゃ)
㊁(じきどう) 【佛】절의 식당. 식당차.
食当たり(しょくあたり) 식중독. 식상(食傷).
食台(しょくだい) 식탁.
食道(しょくどう) 식도. ♣~鏡(きょう) 식도경. / ~癌(がん) 식도암.
∥~静脈瘤(じょうみゃくりゅう) 【醫】식도정맥류.
~狭窄(きょうさく) 【醫】식도 협착.
食道楽(しょくどうらく) 식도락.
食糧(しょくりょう) 식량. ♣~庁(ちょう) 식량청.
∥~管理法(かんりほう) 식량 관리법.
~管理制度(かんりせいど) 식량 관리 제도.
~安全保障(あんぜんほしょう) 식량 안전 보장.
~年度(ねんど) 식량 연도.
食連星(しょくれんせい) 【天】식쌍성(食雙星).
食鍼(しょくしん) 식록. 녹봉(祿俸).
食料(しょくりょう) ① 식료. 음식값. ② 식대(食代). ♣~品(ひん) 식료품.
食療法(しょくりょうほう) 식이 요법.
食物(しょくもつ) 식물. 식품. 음식물. *はみもの로도 읽음.
∥~繊維(せんい) 식물 섬유.
~連鎖(れんさ) 【生】식물 연쇄. 먹이 사슬.
食味(しょくみ) 식미. 음식 맛.
食変光星(しょくへんこうせい) 【天】식변광성.
食封(しょくほう) 식봉. 봉건 시대 영주의 영지.
食俸(しょくほう) 녹봉.

食分(しょくぶん)〖天〗식분(蝕分).
食費(しょくひ) 식비.
食事(しょくじ) 식사.
食思(しょくし)〖醫〗식욕. 먹을 생각.
食傷(しょくしょう) 식상. ①식체. 체함. ②싫증이 남. 물림.
食像(しょくぞう)〖鑛〗식상(蝕像).
食生活(しょくせいかつ) 식생활.
食膳(しょくぜん) ①밥상. ②요리.
食性(しょくせい) 식성. 먹는 습성.
食細胞(しょくさいぼう)〖生〗식(균)세포.
∥〜活動(かつどう)〖生〗식세포 활동.
食時(しょくじ) 식사 시간.
食甚(しょくじん)〖天〗식심. 일식이나 월식에서 식분(蝕分)이 가장 심할 때.
食饐(しょくえ)〈老〉식이 요법.
食養生(しょくようじょう) 건강 유지를 위해 영양을 섭취함.
食言(しょくげん) 식언. 일구이언.
食悦(しょくえつ) 식열. 맛있는 것이나 먹고 싶은 것을 실컷 먹는 일. 또, 그 기쁨.
食塩(しょくえん) 식염. ♣〜泉(せん) 식염천.
∥〜注射(ちゅうしゃ) 식염 주사.
食欲(しょくよく) 식욕.
〜の秋(あき) 식욕의 가을.
∥〜異状(いじょう) 식욕 이상.
食慾(しょくよく) ⇨ 食欲(しょくよく).
食用(しょくよう) 식용. ♣〜菊(ぎく) 식용 국화(꽃잎) /〜菌(きん) 식용 버섯 /〜蛙(がえる) 식용 개구리 /〜油(ゆ) 식용유.
∥〜色素(しきそ) 식용 색소.
食油(しょくゆ) 식유. 식용유.
食肉(しょくにく) 식육. 식용육. ♣〜類(るい) 식육목(目) /〜獣(じゅう) 육식 동물.
∥〜植物(しょくぶつ) 식육 식물(食蟲) 식물.
食邑(しょくゆう) 식읍. 봉건 시대의 영주.
食餌(しょくじ)〖醫〗식이. 조리한 음식.
∥〜問題(もんだい) 식이 문제.
〜実験(じっけん) 식이 실험.
〜療法(りょうほう) 식이 요법.
食人(しょくじん) 식인. 인육을 먹음. ♣〜種(しゅ) 식인종.
食作用(しょくさよう)〖生〗식작용.
食材宅配業(しょくざいたくはいぎょう) 가정을 상대로 3,4 인분의 부식 재료를 포장하여 배달하는 서비스업.
食前(しょくぜん) 식전. 식사하기 전.
∥〜酒(しゅ) 반주. 식사 전에 마시는 술.
食鳥(しょくちょう) (닭 따위의)식용 조류.
食中り(しょくあたり) 식중독.
食中毒(しょくちゅうどく) 식중독.
食指(しょくし) 식지. 인지(人指). 집게손가락.
食尽(しょくじん) ⇨ 食甚.「락.
食饌(しょくせん)〈文〉식찬. 식탁 위에 차려 놓은 음식. 또, 그 식탁.
食青(しょくせい) 청색의 식용 색소.
食滞(しょくたい)〖醫〗식체. 체함.

食草(しょくそう) 특정 곤충이 먹이로 삼는 풀.
食酢(しょくず) 식초.
食虫類(しょくちゅうるい)〖動〗식충류.
食虫植物(しょくちゅうしょくぶつ) 식충식물.
食卓(しょくたく) 식탁. ♣〜塩(えん) 식탁염.
食通(しょくつう) 식통. 요리의 맛에 정통함. 또, 그런 사람.
食偏(しょくへん) 한자 부수(部首)의 하나 「밥식변.
食胞(しょくほう)〖生〗식포. 원생 동물에서, 소화를 위해 일시적으로 생기는 것.
食品(しょくひん) 식품. 식료품.
∥〜衛生監視員(えいせいかんしいん) 식품 위생 감시원.
〜衛生法(えいせいほう) 식품 위생법.
〜中毒(ちゅうどく) 식품 중독.
〜添加物(てんかぶつ) 식품 첨가물.
〜標準成分表(ひょうじゅんせいぶんひょう) 식품 표준 성분표.
食害(しょくがい) 식해. 충해(蟲害).
食紅(しょくべに) 홍색의 식용 물감.
食貨(しょっか) 식화. 음식물과 재물.
食後(しょくご) 식후.
食休み(しょくやすみ) 식후의 휴식.

訓読

食える(くえる) ①먹을 수 있다. ②생활해 나갈 수 있다.
食えない(くえない) ①먹을 수 없다. ②방심할 수 없다. 허투루 볼 수 없다. ③생활해 나갈 수 없다.
食らわす(くらわす) ①먹이다. ②때리다.
食らわせる(くらわせる) ☞食らわす(くらわす).
食われる(くわれる) ①먹히다. ②눌리다. 압도당하다.
食って掛かる(くってかかる) 덤벼들다. 반항하다.
食わず嫌い(くわずぎらい) ①먹어 보지도 않고 까닭 없이 싫어함. 또, 그런 사람. ②사물의 진실을 잘 이해하지도 않고 무턱대고 싫어함. 또, 그런 사람.
❖食う(くう) ①먹다. (먹고) 살아가다. 생활하다. ②잡아먹다. 잠식하다. ③쏘다.
食い(くい) ①음식을 먹음. ②(낚시에서) 물고기가 미끼를 물음. 낚시에 걸림.
食い欠く(くいかく) 물어서 뜯다.
食い兼ねる(くいかねる) ①먹기 어렵다. 먹을 수가 없다. ②생활이〔살기가〕어렵다.
食い頃(くいごろ) 한창 먹기 좋을 때. 제철.
食い繋ぐ(くいつなぐ) (조금씩) 절약하여 먹어 오다. 목숨만 이어(연명해) 오다.
食い過ぎ(くいすぎ) 과식.
食い過ぎる(くいすぎる) 과식하다.
食い掛かる(くいかかる) ①(물려고) 덤벼들다. ②거세게 대들다.
食い掛け(くいかけ) 먹다 맒. 또, 그 음식.
食い掛ける(くいかける) ①먹기 시작하다. ②먹다 말다. 「る).
食い噛る(くいかじる) ⇨ 食い齧る(くいかじ

食い捲る(くいまくる) 닥치는 대로 먹다.
食い潰す(くいつぶす) 무위도식하여 재산을 탕진하다. 놀고 먹어 재산을 까불리다.
食い気(くいけ) 먹고 싶은 마음. 식욕.
食い寄り(くいより) 상사(喪事) 따위에, 먹기 위해 모이는 일.
食い代(くいしろ) 식비(食費). 식대.
食い逃げ(くいにげ) 먹은 음식값을 내지 않고 달아남. 또, 그 사람.
食い倒す(くいたおす) ① 음식값을 떼어먹다. ② (물려받은 재산 따위로) 놀고 먹다. 무위도식하다. (재산을) 탕진하다.
食い倒れ(くいだおれ) ① (사치스러운 음식으로) 재산을 까먹어 없앰. ② 무위도식함. 놀고 먹음. 또, 그러한 사람.
食い道楽(くいどうらく) 식도락.
食い裂く(くいさく) 물어 찢다.
食い料(くいりょう) 〈老〉① 식비. ② 식품. 먹을거리. 음식물.
食い溜め(くいだめ) 한꺼번에 많이 먹어둠.
食い吝坊(くいしんぼう) ⇨ 食いしん坊(く いしんぼう).
食い物(くいもの) ① 음식. 먹을거리. 식량. ② 이용물. 제물. 희생물.
食い縛る(くいしばる) ① (이를) 악물다. ② 참고 견디다.
食い方(くいかた) ① 먹는 법. ② 생계.
食いしん坊(くいしんぼう) 〈俗〉먹보. 걸귀 (乞鬼). 게걸[걸신]들린 사람.
食い放題(くいほうだい) 먹고 싶은 대로 먹음. 실컷 먹음.
食い別れ(くいわかれ) 출관(出棺) 전후에 죽은 사람과 이별하기 위해 하는 식사.
食い付き(くいつき) ① 달려들어 물음. 전하여, 달라붙음. ② (물고기 따위가) 묾. 전하여, 발바투 덤빔.
食い付く(くいつく) 물다. ① (개 따위가) 달려들어 물다. 전하여, 달라붙다. ② (물고기가) 미끼를 물다. 전하여, (발바투) 덤비다.
食い扶持(くいぶち) 식비. 생활비.
食い分(くいぶん) ☞ 食い扶持(くいぶち).
食い散らす(くいちらす) ① 이것저것 혜적거리며 먹다. 전하여, 이것저것 조금씩 손을 대어 보다. ② 지저분하게 (흘리며) 먹다.
食い殺す(くいころす) 물어 죽이다.
食い上げ(くいあげ) 생활 수단을 잃음. (실직 또는 폐업으로) 생활이 곤란함.
食い齧る(くいかじる) ① 이것저것 먹어 보기만 하다. ② 조금 알다. 데알다.
食い養生(くいようじょう) 식이 요법.
食い延ばし(くいのばし) 느루 먹기.
食い延ばす(くいのばす) (식량을) 느루 먹다. 조금씩 아껴서 먹다.
食い違い(くいちがい) 어긋나는 일[점]. 엇갈리는 일[점].
食い違う(くいちがう) 어긋나다. 엇갈리다. 틀어지다. (말이) 들릴다.
食い意地(くいいじ) 게걸. 식탐(食貪). 걸신

食い逸れ(くいはぐれ) 먹을 기회를 놓침. 전하여, 생활 방도를 잃음.
食い逸れる(くいはぐれる) ① 먹을 기회를 놓치다. ② (실직해서) 생활할 길을 잃다.
食いっ逸れ(くいっぱぐれ) 食い逸れ(く いはぐれ)의 힘줌말.
食い入る(くいいる) ① 먹어 들어가다. ②파고들다.
食い込み(くいこみ) ① 파고듦. ② 결손.
食い込む(くいこむ) ① 먹어 들어가다. (사람·벌레 등이) 파먹다. ② 결손이 나다. 살닿다. ③ 파고들다. 침투(잠식)하다. 죄어들다.
食い残し(くいのこし) 먹다 남김. 또, 그 먹다 남긴 음식.
食い残す(くいのこす) 먹다 남기다.
食い摘み(くいつみ) ⇨ 食い積み(くいつみ).
食い積み(くいつみ) 세배꾼에게 대접하는 주안(酒案).
食い切る(くいきる) ① (이로) 깨물어 끊다 [자르다]. ② 다 먹어 치우다.
食い足りない(くいたりない) ① 먹은 것이 양에 차지 않다. ② 만족하지 못하다.
食い止し(くいさし) 먹다 맒. 또, 그 음식.
食い止す(くいさす) ① 먹다 중도에 그만두다. ② 일을 시작하고 중도에 그만두다.
食い止める(くいとめる) 저지하다. 막다.
食い尽くす(くいつくす) 다 먹어 치우다.
食い千切る(くいちぎる) 물어서 뜯어내다. (입으로) 물어 찢다.
食い初め(くいぞめ) 초반례(初飯禮)《생후 120 일째 되는 날에 아기에게 처음으로 밥을 먹이는 가족끼리의 축하》.
食い出(くいで) 충분히 먹었다고 여겨지는 분량.
食い置き(くいおき) 뱃속을 채워둠. (한꺼번에) 많이 먹어둠.
食い破る(くいやぶる) 물어 찢다.
食い飽きる(くいあきる) ① 포식하다. 실컷 먹다. ② (음식 따위에) 물리다.
食い下がる(くいさがる) 물고 늘어지다. 끈덕지게 다투다.
食い合う(くいあう) ① ㉠ 서로 (잡아)먹다. 서로 물다. ㉡ 함께 다투어 먹다. ② 맞물리다. 맞다. ③〔經〕(거래소에서) 매매하는 쌍방의 값이 맞아떨어지다.
食い合わせ(くいあわせ) ① 두 가지 이상의 음식을 동시에 먹음으로써 중독을 일으킴. ② 접합(接合). 턱끼움《특히 재목 따위》.
食い合わせる(くいあわせる) ① 동시에 두 가지 이상의 음식을 먹고 중독을 일으키다. ② 접합(接合)하다. 턱끼움하다.
食い荒らす(くいあらす) ① 들쑤시어 먹다. ② 남의 세력권을 침범하다. 잠식하다.
食い詰める(くいつめる) 밥줄이 끊어지다.
食い詰め者(くいつめもの) 밥줄이 끊어진 사람.
どか食い(どかぐい) 한번에 많이 먹음.
❖**食べる**(たべる) ① 먹다. ② 생활하다.
食べ頃(たべごろ) 먹기에 적당함. 또, 그 때. 제철.

食べ過ぎ(たべすぎ) 과식.
食べ掛け(たべかけ) 먹다 닮. 또, 그 음식.
食べ立ち(たべだち) (식사를) 먹고 곧떠남.
食べ物(たべもの) 음식물. 먹을 것. ♣~屋(や) 음식점.
食べ付ける(たべつける) 늘 먹어 습관이 되다. 먹어 버릇하다.
食べ盛り(たべざかり) 한창 먹을 나이. 또, 그 또래의 아이.
食べ汚し(たべよごし) 지저분하게 먹어 더러움. 또, 그렇게 된 것.
食べ汚す(たべよごす) 깨끗이 먹지 않아 주위를 지저분하게 하다.
食べ残す(たべのこす) 먹다 남기다.
食べ滓(たべかす) 먹다 남은 찌꺼기.
食べず嫌い(たべずぎらい) ☞食わず嫌い(くわずぎらい).
❖**食む**(はむ) ① (소나 말 등이) 먹이를 먹다. ② (급료 등을) 받다.
食み出す(はみだす) 불거지다. 비어져 나오다. 초과하다.
食み出る(はみでる) ☞食み出す(はみだす).
❖**食らう**(くらう) 〈俗〉① 먹다. 마시다. ② 받다. 당하다.   「(つく).
食らい付く(くらいつく) ☞食い付く(くい
食らい込む(くらいこむ) 〈俗〉① (잡혀서) 구속되다. ② (귀찮은 일)할 수 없이 떠맡게 되다.
❖**食わす**(くわす) ① 먹이다. 부양하다. ② 속이다. ③〈古〉(입에) 물게 하다.
食わせる(くわせる) ☞食わす(くわす).
食わせ物(くわせもの) ① 겉만 번드레한 것. 빛 좋은 개살구. ② 보통내기가 아닌 사람.

| 10
心
教 | 息 | 숨 식·쉴 식
ソク
いき·いこう·やすむ |

音読
息男(そくなん) 자식(子息).
息女(そくじょ) 귀한 집 딸. 영양(令孃). 남의 딸에 대한 경칭.
息利(そくり) 이자(利子). 이식.
息災(そくさい) 식재. ①『佛』(부처의 힘으로) 재앙을 막음. ② 건강함. 무사함.
‖—**延命**(えんめい) 식재 연명. 재앙을 없애고 목숨을 늘림.
~**日**(にち) 모든 일에 길(吉)하다는 날.

訓読
息 ㊀(いき) ① 호흡. 숨소리. ② 목숨.
 ㊁(そく) ① 자식. 아들. ② 이자(利子).
息む(いきむ) (숨을 들이켜) 배에 힘을 주다.
息綱(いきづな) 해녀가 잠수할 때 허리에 매다는 줄(신부 그 줄로 신호를 보냄).
息遣い(いきづかい) 숨쉬는 모양. 숨결.
息継ぎ(いきつぎ) ① (노래하는 도중의) 한숨 돌림. ② (일하는 도중의) 일시적인 휴식.
息苦しい(いきぐるしい) 숨 쉬기가 힘들다. 숨이 막히다. 답답하다.
息巻く(いきまく) ① 기세가 대단하다. ② 노하여 씩씩거리다.
息の根(いきのね) 숨통. 목숨.
息筋(いきすじ) 힘을 주었을 때 얼굴에 나타나는 힘줄.   「다.
息急き切る(いきせききる) 숨을 헐떡거리
息忙しい(いきぜわしい) 숨을 가쁘게 쉬다.
息抜き(いきぬき) ① (긴장을 풀고) 숨을 돌림. ② 환기창(換氣窓).
息の緒(いきのお) 〈雅〉① 목숨. 혼(魂). ② 호흡. 숨.
息杖(いきづえ) (도중에 휴식할 때) 가마채 따위를 버티는 작대기.
息張る(いきばる) ① 숨을 들이마셔 배에 힘을 주다. ② 분발하다.
息切れ(いきぎれ) ① 숨이 참. 헐떡임. ② (도중에) 기력이 다해 계속하지 못함.
息差し(いきざし) ① 숨결. ② 상태. 정세. 분위기.
息出し(いきだし) ① 공기가 빠지게 한 구멍. ② 술통 따위의 술을 따르는 주둥이에서 액체가 잘 나오도록 통 위에 뚫어놓은 공기 구멍.
息衝き(いきづき) ① 호흡. 숨. ② 한숨. 한숨 돌림.
息衝く(いきづく) ① 숨을 헐떡거리다. ② 한숨을 쉬다. 탄식하다.
息の下(いきのした) 끊어질 듯한 숨결 속.
息休め(いきやすめ) 숨을 돌려 잠깐 쉼.
❖**息う**(いこう) 휴식하다.
息い(いこい) 휴식.

其他
息子(むすこ) 아들. 자식.
息吹(いぶき) ①〈雅〉숨. 숨결. 호흡. ② 생기. 활기.   「자.
どら息子(どらむすこ) 방탕한 자식. 건달 자

| 12
口
日 | 喰 | 먹을 (식)
サン
くう·くらう |

訓読
喰らわす(くらわす) ① 먹이다. ② 때리다.
喰らわせる(くらわせる) ☞喰らわす(くらわす).
喰らう(くらう) 먹이다. 때리다.
喰わせる(くわせる) ☞喰わす(くわす).
❖**喰う**(くう) ① 먹다. 생활하다. 살아가다. ② 잡아먹다. 포식(捕食)하다. ③ (상대를) 꺾어 이기다.
喰わず嫌い(くわずぎらい) 먹어 보지도 않고 까닭 없이 싫어함. 또, 그런 사람.
❖**喰らう**(くらう) 〈俗〉① 먹다. 마시다. ② 받다. 당하다.
喰らい付く(くらいつく) (개 따위가) 달려들어 물다. 전하여, 달라붙다.
喰らい込む(くらいこむ) 〈俗〉① 수감되다. 구속되다. ② (귀찮은 일을) 떠맡게 되다.

身籠もる(みごもる) 임신하다.
身売り(みうり) ①(여자가) 몸을 팖. ②돈을 받고 시설·조직을 양도함.
身の毛(みのけ) 몸의 털.
~がよだつ 너무 무서워 머리 끝이 쭈뼛해지다. 소름이 끼치다.
身悶え(みもだえ) 몸부림.
身方(みかた) 자기 편. 아군.
身柄(みがら) ①신병. 몸. ②신분. 분수.
∥~釈放(しゃくほう) 신병 석방.
~送検(そうけん) 신병 송청(送廳).
~引き渡し(ひきわたし) 신병 인도.
身分(みぶん) 신분. ♣~権(けん) 신분권 / ~犯(はん)〖法〗신분범 / ~法(ほう)〖法〗신분법.
∥~相続(そうぞく)〖法〗신분 상속.
~証明書(しょうめいしょ) 신분 증명서.
~行為(こうい)〖法〗신분 행위.
身不知(みしらず) ⇨ 身知らず(みしらず).
身贔屓(みびいき) 자기와 관계가 있는 사람을 특히 총애함〔돌보아 줌〕.
身仕度(みじたく) ⇨ 身支度(みじたく).
身仕舞(みじまい) 몸차림. (특히, 여성의) 몸치장.
身の上(みのうえ) ①신상. 처지. ②일생의 운명. ♣~話(ばなし) 신상 이야기.
身状(みじょう) ⇨ 身性(みじょう).
身繕い(みづくろい) 몸치장. 몸 차림.
身性(みじょう)〈俗〉①타고난 천성. 성질. ②신분. 신상(身上).
身受け(みうけ) ⇨ 身請け(みうけ).
身熟し(みごなし) 몸놀림. 동작.
身勝手(みがって)〈老〉제멋대로임. 방자함.
身拭(みのごい) ①몸의 물기를 닦아 내는 것. 수건. ②목욕 후 또는 여름철에 입는 무명 홑옷.
身元(みもと) 신원.
∥~保証(ほしょう) 신원 보증. ♣~人(にん) 신원 보증인.
~引き受け(ひきうけ) 어떤 사람의 신원에 대해 책임을 지는 일.
身為(みだめ) 몸을 위함. 그 사람을 위함.
身二つ(みふたつ) 임신부가 아이를 낳음.
身一つ(みひとつ) (자기) 몸 하나. 자기 한 사람.
身一人(みひとり) ☞身一つ(みひとつ).
身自ら(みずから) 스스로. 몸소. 손수.
身丈(みたけ) ①옷길이. ②〈老〉키. 신장.
身の丈(みのたけ) 키. 신장.
身銭(みぜに) 자담금(自擔金). 자기 돈.
身の程(みのほど) 분수.
~知(し)らず 제 분수를 모르고 행동하는 일. 또, 그런 사람.
身拵え(みごしらえ) 몸〔옷〕차림.
身重(みおも) 임신하고 있음.
身知らず(みしらず) ①분수를 모름. ②몸을 돌보지 않음.
身持ち(みもち) ①몸가짐. 품행. ②임신.

∥~女(おんな) 임신녀. 임부.
身支度(みじたく) 치장. 몸차림.
身振り(みぶり) ①몸짓. ②몸맵시. 몸매.
∥~言語(げんご) 몸짓으로 하는 말. 보디랭귀지.
身震い(みぶるい) (추위·공포·감동 등으로) 몸을 떪. 몸서리.
身の振り方(みのふりかた) 처신.「품.
身晴れ(みばれ) 자기에게 덮어씌워진 혐의을
身請け(みうけ) (창기 등의 빚을 갚아 주고) 기적에서 몸을 빼냄. 낙적(落籍).
身祝い(みいわい) 그 사람의 일신상의 축하
身投げ(みなげ) 투신 자살.「행사.
身罷る(みまかる)〈雅〉죽다.
身八つ口(みやつくち) 여성용의 일본 옷 겨드랑이에서 옆 솔기 부분에 튼 아귀.
身偏(みへん) 한자 부수의 하나: 몸신.
身褒め(みぼめ) 자기가 자기를 칭찬하는 일. 자만(自慢).
身幅(みはば) ①옷의 품. ②체면.
身の皮(みのかわ) 몸에 걸친 옷.
身形(みなり) ①옷차림. 복장. ②몸매.
身の回り(みのまわり) 일상 생활에 필요한 여러 가지 일·물건.

〖其他〗
身柱(ちりけ) ①뜸자리의 이름. 천주(天柱). ②어린아이의 감기(疳氣). ♣~元(もと) 목덜미.

| 7 辛 常 | 辛 | 매울 신·천간이름 신 シン からい·かのと·かろうじて·つらい |

〖音読〗
辛苦(しんく) 신고. 쓰라린 고생.
辛勤(しんきん) 신근. 고된 일을 맡아 근무.
辛気(しんき) 마음이 꺼림칙함〔내키지 않음〕.
∥~臭い(くさい) 마음대로 되지 않아 짜증이 나다. 애가 타다.
辛辣(しんらつ) 신랄.
辛労(しんろう) 신로. 신고(辛苦).
辛酸(しんさん) 신산. 괴로움과 쓰라림.
辛勝(しんしょう) 신승.
辛楚(しんそ) 신초. 고초(苦楚). 괴로움.
辛抱(しんぼう) (어려움을) 참음. 참고 견딤.
∥~強い(づよい) 참을성이 많다.
~人(にん) 참을성이 강한 사람. 참을성 있게 일하는 사람.
〖訓読〗
辛(かのと) 신. 천간(天干)의 여덟째.
辛うじて(かろうじて) 겨우. 간신히.
辛くも(からくも) 겨우. 간신히. 근근이.
辛卯(かのとう) (60 갑자의) 신묘. *しんぼう로도 읽음.
辛未(かのとひつじ) (60 갑자의) 신미. *しんびろ도 읽음.「로도 읽음.
辛巳(かのとみ) (60 갑자의) 신사. *しんし

辛酉(かのととり) (60 갑자의) 신유. *しんゆうろ도 읽음.
辛丑(かのとうし) (60 갑자의) 신축. *しんちゅうろ도 읽음.
辛亥(かのとい) (60 갑자의) 신해. *しんがいろ도 읽음.
❖辛い ㊀(からい) ① 맵다. 열얼하다. ② 가혹하다. 박하다. ③ (맛이) 짜다.
㊁(つらい) ① 고통스럽다. 괴롭다. ② 모질다. 냉혹하다.
辛み ㊀(からみ) ⇨ 辛味(からみ).
㊁(つらみ) 고통. 쓰라림.
辛口(からくち) ① 매운맛을 좋아함. 또, 그러한 사람. ② (술 따위의) 맛이 쌉쌀함.
辛党(からとう) 애주가. 주당. 술꾼.
辛目(からめ) ① 매움함. 짭짤함. ② 엄격한 맛이 있음. ③ 근량 등이 박한〔적은〕듯함.
辛味 ㊀(からみ) ① 매움. 짬. 매운〔짠〕맛이 나는 것. ② 고추냉이·생강 등의 총칭.
㊁(しんみ) 신미. 매운 맛.
辛味噌(からみそ) 짠 된장. 「살아서.
辛辛(からがら)『命(いのち)~』목숨만 겨우
辛子(からし) ① 겨자. ②〚植〛갓. 개채(芥菜).
辛煮(からに) 약간 짜게 간하여 익힘. 또, 그음식.
辛漬け(からづけ) 김치를 짜게 절임. 또, 그김치. 「금치.
辛菜(からな) ① 맛이 매운 야채. ②〚植〛시
其他➡
辛夷(こぶし)〚植〛신이. 목련의 꽃봉오리. 한방에서 진통·진정제로 씀. *しんいろ도 읽음.

8 口	呻	꿍꿍거릴 **신** シン うめく

音読➡
呻吟(しんぎん) 신음.
訓読➡
❖呻く(うめく) 신음하다.
呻き(うめき) 신음 (소리).

9 イ 教	信	믿음 **신** シン まこと

音読➡
信(しん) ① 성실. 진실. ② 신뢰·신용. ③ 신앙(심). ④ …신. 통신.
~を問(と)われる 신뢰성을 추궁〔의심〕받
~を置(お)く 신뢰〔신용〕하다. 「다.
信じる(しんじる) ☞信ずる(しんずる).
信ずる(しんずる) 믿다. ① 신용하다. 신뢰하다. ② 신앙하다.
信拠(しんきょ) 믿고 의지할 곳.
信敬(しんけい) 믿고 존경하는 일.
信管(しんかん)〚軍〛(폭탄 등의) 신관.
信教(しんきょう) 신교.
~の自由(じゆう) 신교의 자유.
信金(しんきん)'信用金庫(しんようきんこ)(=신용 금고)'의 준말.
信女(しんにょ) ①불교식으로 장사 지낸 여자의 계명(戒名)에 덧붙이는 칭호. ② 속인으로 있으면서 수계(受戒)한 여자.
信念(しんねん) 신념.
信徒(しんと)〈老〉신도. 신자.
信楽(しんぎょう)〚佛〛교리를 믿고, 기꺼이 그에 따름.
信力 ㊀(しんりき)〚佛〛신력. 신앙의 힘.
㊁(しんりょく) 자신을 믿는 힘.
信連(しんれん)'信用組合連合会(しんようくみあいれんごうかい)(=신용 조합 연합회)'의 준말.
信頼(しんらい) 신뢰. ♣~度(ど) 신뢰도.
‖~係数(けいすう) 신뢰 계수. 신뢰도.
~醸成措置(じょうせいそち)〚軍〛신뢰 조성(助成) 조치《비핵·비무장 지대 설치
~利益(りえき) 신뢰 이익. 「등).
信望(しんぼう) 신망.
信服(しんぷく) 신복. 믿고 복종함.
信奉(しんぽう) 신봉. 「성.
信憑(しんぴょう) 신빙. ♣~性(せい) 신빙
信士 ㊀(しんし) 신사. 신의가 두터운 사람.
㊁(しんじ)〚佛〛신사. 불교식으로 장사 지낸 남자의 계명(戒名)에 붙이는 칭호. ② 재속(在俗)한 채 수계(受戒)한 남자.
信賞必罰(しんしょうひつばつ) 신상필벌.
信書(しんしょ) 신서. 편지. 「음.
信実(しんじつ) 신실. 진실하고 거짓이 없
信心(しんじん) 신심. (신불을) 믿음. 신앙
‖~家(か) 신도. 신자. 「심.
~決定(けつじょう)〚佛〛신심 결정.
信仰(しんこう) 신앙.
‖~告白(こくはく) 신앙 고백.
信愛(しんあい) 신애. ① 믿고 사랑함. ② 신앙과 사랑. 「속.
信約(しんやく) 신약. 믿음으로써 하는 약
信用(しんよう) ① 신용. ② 신용 거래. ♣~状(じょう) 신용장.
‖~供与(きょうよ) 신용 공여.
~恐慌(きょうこう) 신용 공황.
~金庫(きんこ) 신용 금고.
~機関(きかん) 신용 기관.
~貸し(がし) 신용 대부.
~銘柄(めいがら) (주식의) 신용 거래 종
~保証(ほしょう) 신용 보증. 「목.
~保険(ほけん) 신용 보험.
~手形(てがた) 신용 어음《융통 어음 등》.
~残(ざん)'信用取引残高(しんようとりひきざんだか)(=신용 거래 잔고)'의 준말.
~調査(ちょうさ) 신용 조사.
~組合(くみあい) 신용 조합.
~証券(しょうけん) 신용 증권.
~創造(そうぞう) 신용 창조.
~出資(しゅっし) 신용 출자.

~取引(とりひき) 신용 거래. ♣~残高(ざんだか) 신용 거래 잔고.
~販売(はんばい) 신용 판매. ①외상 판매. ②월부 판매.
~協同組合(きょうどうくみあい) 신용 협동 조합.
~貨幣(かへい) 신용 화폐.
~毀損罪(きそんざい) 신용 훼손죄.
信越(しんえつ) 〖地〗 옛날의 信濃(しなの)·越後(えちご) 지방. 지금의 長野(ながの)·新潟(にいがた) 지방.
信義(しんぎ) 신의.
信印(しんいん) 신인. 거짓이 없음을 증거로 나타내는 표지.
信認(しんにん) 신인. 믿고 인정함.
信任(しんにん) 신임. ♣~状(じょう) 신임장. ‖~投票(とうひょう) 신임 투표.
信者(しんじゃ) 신자. 신도(信徒).
信条(しんじょう) 신조. 신념.
信組(しんくみ) '信用組合(しんようくみあい)(=신용 조합)'의 준말.
信証(しんしょう) 신증. 믿을 만한 증거.
信託(しんたく) 신탁.
‖~契約(けいやく) 신탁 계약.
~事業(じぎょう) 신탁 사업.
~銀行(ぎんこう) 신탁 은행.
~財産(ざいさん) 신탁 재산.
~統治(とうち) 신탁 통치.
~会社(がいしゃ) 신탁 회사.
信販(しんぱん) '信用販売(しんようはんばい)(=신용 판매)'의 준말.
信風(しんぷう) 신풍. 계절풍.
信解(しんげ) 신해. ①〖佛〗 교리를 우선 믿고 나중에 이해하는 일. ②신앙과 이해.
信玄袋(しんげんぶくろ) (아가리를 끈으로 죄게 만든) 휴대용 주머니자루.
信号(しんごう) 신호. ♣~旗(き) 신호기/~機(き) 신호기/~灯(とう) 신호등.

其他
信濃(しなの) 〖地〗 옛 지방 이름. 현재의 長野(ながの) 현.
‖~路(じ) 信濃 지방(으로 통하는 길).
信田巻き(しのだまき) ⇨ 信太巻き(しのだまき).
信田寿司(しのだずし) ⇨ 信太鮨(しのだずし).
信田鮨(しのだずし) ⇨ 信太鮨(しのだずし).
信太巻き(しのだまき) 유부 속에 여러 가지 재료를 담아 싸서 달달하게 삶은 식품.
信太寿司(しのだずし) ⇨ 信太鮨(しのだずし).
信太鮨(しのだずし) 関西(かんさい)에서 유부 초밥.

| 9 矢 | 矧 | 하물며 **신** シン はぐ |

訓読
矧ぐ(はぐ) 대나무에 깃털을 달아 화살을 만들다.

| 9 木 教 | 神(神) | 귀신 **신**·영묘할 **신** シン・ジン かみ・かん・こう |

音読
神歌(しんか) 신가. 신의 덕을 칭송하는 和歌(わか). 신에 관한 노래.
神感(しんかん) 신감. 신의 감응.
神龕(しんがん) 신체(神體)를 안치해 두는 곳. 사당. 신전.
神剣(しんけん) 신검. 신에게서 받은, 또는 신에게 바치는 신묘한 칼.
神格(しんかく) 신격. ♣~化(か) 신격화.
神経(しんけい) 신경. ♣~系(けい) 신경계/~科(か) 신경과/~管(かん) 신경관/~病(びょう) 신경병/~炎(えん) 신경염/~戦(せん) 신경전/~節(せつ) 신경절/症(しょう) 노이로제/~質(しつ) 신경질/~鞘(しょう) 신경초/~叢(そう) 신경총/~痛(つう) 신경통/~板(ばん) 신경판.
‖~家(か) 신경질적인 사람. 신경이 과민한 사람.
~系統(けいとう) 신경 계통.
~過敏(かびん) 신경 과민.
~突起(とっき) 신경 돌기.
~麻痺(まひ) 신경 마비.
~繊維(せんい) 신경 섬유.
~細胞(さいぼう) 신경 세포.
~衰弱(すいじゃく) 신경 쇠약.
~的(てき) 신경질적인 모양.
~組織(そしき) 신경 조직.
~中枢(ちゅうすう) 신경 중추.
神鏡(しんきょう) ①신령으로 모시는 거울. ②세 가지 신기(神器)의 하나인 八咫鏡(やたのかがみ).
神階(しんかい) (궁중에서 정해 모시는) 신들의 위계(位階).
神工(しんこう) 신공. 신의 솜씨라고 할 만큼 신묘하게 만든 물건.
神供(じんく) 신전에 바치는 공양물.
神官(しんかん) 신관. 신직(神職).
神光(しんこう) 신광. 신불의 몸에서 나오는 신묘한 빛.
神橋(しんきょう) 신사(神社) 경내에 있는 다리.
神具(しんぐ) 신에게 제사지내는 데 쓰이는 도구류.
神国(しんこく) 신국. 신이 기초를 닦고 신이 수호한다는 나라.
神君(しんくん) 신군. 공적이 큰 군주에 대한 존칭.
神宮(じんぐう) 신궁.
‖~祈年祭(きねんさい) 伊勢神宮(いせじんぐう)에서 2월 17일에 지내는 축제 행사.
~寺(じ) 明治(めいじ) 유신 이전 신사에 부속되었던 절.
神権(しんけん) 신권.
‖~政治(せいじ) 〖政〗 신권 정치.
神鬼(しんき) 신귀. 신과 귀신.
神気(しんき) 신기. ①만물의 근본인 기운.

② 정신. ③ 뛰어난 홍취.
‖~発動(はつどう) 신기 발동.
神技(しんぎ) 신기. 신의 조화. 신묘한 기술.
神奇(しんき) 신기. 신묘하고 기이함.
神祇(しんぎ) 신기. 하늘의 신과 땅의 신. 천신지기(天神地祇).
‖~官(かん) 律令制(りつりょうせい)에서, 각 지방의 신사와 제사를 관장하던 기관.
神器 ㊀(じんぎ) 신기. 특히, 일본 황위(皇位)의 상징인 세 가지 신기. 「제구(祭具).
㊁(しんき) 신기. 제사 올릴 때 쓰는 기구.
神機(しんき) 신기. 신묘한 계략.
神女(しんにょ) 여신. 천녀(天女).
神農(しんのう) 신농. 중국 전설상의 제왕.
神壇(しんだん) 신단. 신령을 모시는 단.
神代(じんだい) 일본 역사상 神武天皇(じんむてんのう) 이전의 시대. *かみよ로도 읽음. 　　　　　　　「和歌(わか).
‖~歌(か) 神代에 기록되었다고 전해 오는
~文字(もじ) 神代 문자. 한자 전래 이전부터 일본에 있었다는 일종의 음절 문자《후세의 위작(僞作)이라고 함》.
~杉(すぎ) 오랜 세월 물이나 땅 속에 묻혀 있던 삼목재(杉木材).
~神楽(かぐら) 里神楽(さとかぐら)의 일종으로, 神代의 일들을 연극함.
神徳(しんとく) 신덕. 신의 은덕.
神都(しんと) 伊勢(いせ) 신궁이 있는 三重(みえ) 현 伊勢 시의 딴이름. 　　　　「앙.
神道 ㊀(しんとう) 일본 민족의 전통적인 신
‖~教派(きょうは) 19 세기 이후에 일어난 종교적 색채가 강한 神道.
~十三派(じゅうさんぱ) 신도 13 파. 종교적 조직을 가지고, 종교 단체로서 공인된 神道의 13 개 교파.
㊁(しんどう) 신도. 신의 도리. 영묘한 도리. ② 신(神).
神童(しんどう) 신동. 천재아.
神灯(しんとう) 신등. 신에 바치는 등불.
神来(しんらい) 영감(靈感). 인스피레이션.
神慮(しんりょ) 신려. 신(천자)의 뜻(마음).
神力(じんりき) 신력. 신의 위력. *しんりき로도 읽음.
神領(しんりょう) 신사(神社)에 딸린 땅.
神霊(しんれい) ① 신령. 신(의 혼). ② 영묘한 덕. 　　　　　　　　　　　　「사슴.
神鹿(しんろく) 신사(神社) 경내에서 기르는
神籟(しんらい) 영묘한 소리와 울림.
神馬(しんめ) 신사(神社)에 바친 말. *じんめ・しんばろ도 읽음. 　　　　「의 명칭.
神名(しんめい) ① 신의 이름. ② 신사(神社)
神命(しんめい) 신명. 신의 명령. *しんみょう로도 읽음.
神明(しんめい) 신명. 신.
‖~社(しゃ) 鎌倉(かまくら) 시대 이후, 伊勢(いせ) 신궁의 분령(分靈)을 모신 신사.
~裁判(さいばん) 초자연적 의지로써 판정하는 재판.

~造り(づくり) 신사(神社) 건축 양식의 하나. 지붕은 박공(膊栱)식이고, 중앙에 계단이 있으며 기둥은 땅을 파서 세운 양식.
神名帳(しんみょうちょう) 옛날에, 여러 지방의 신사(神社) 이름을 기록한 책.
神謀(しんぼう) 신모. 신통스러운 계략.
神木(しんぼく) ① 신사(神社) 경내에 있으며 그 신사와 연고가 깊은 나무. ② 신사 경내에서 자라는 나무.
神妙(しんみょう) ① 온순하고 얌전함. ② 기특함. 신통함. ③ 신묘. 불가사의. *古語로는 しんびょう라고도 함.
神廟(しんびょう) ① 사당(祠堂). 신령을 모시는 곳. ② 伊勢(いせ) 신궁의 딴이름.
神武(じんむ) 일본의 개국(開國). 오랜 옛날.
‖~景気(けいき) 일본에서 1955 년경의 호경기.
~以来(このかた) 일본 개국 이래로. 개벽.
神文(しんもん) 신문. 서문(誓文).
‖~鉄火(てっか) 신에 맹세하는 말을 하고 불에 달군 쇠를 잡고서 결백을 증명하던 일.
神門(しんもん) 신사(神社)의 문.
神物(しんもつ) 신물. ① 신사에서 쓰는 제도구. 또, 신에게 바친 물품. ② 영묘한 물건.
神米(しんまい) 신에게 바치는 쌀. *じんまつ로도 읽음.
神拝(しんぱい) 신을 배례함. 신사에 참배함.
神罰(しんばつ) 신벌. 천벌. 　　　　　　「함.
神変(しんぺん) 신변. 사람으로서는 헤아릴 수 없는 불가사의한 변화.
‖~不思議(ふしぎ) 신변 불가사의.
神別(しんべつ) 일본의 옛날 씨족 분류법의 하나로, 신의 자손이라는 가문《藤原(ふじわら) 씨・弓削(ゆげ) 씨 등》.
神宝(しんぽう) ① 신성한 보물. ② 신사(神社)의 보물.
神父(しんぷ) 『가톨릭』 신부.
神符(しんぷ) (신사 등에서 발행하는) 부적.
神仏(しんぶつ) 신불. ① 신과 부처. *かみほとけ로도 읽음. ② 神道(しんとう)와 불교.
‖~同体説(どうたいせつ) 신불 동체설. 신과 부처는 일체라는 설.
~習合(しゅうごう) 일본 고유의 신과 불교가 결합된 신앙.
~混淆(こんこう) ☞神仏習合.
神秘(しんぴ) 신비. ♣~劇(げき) 신비극 / ~性(せい) 신비성 / ~的(てき) 신비적.
‖~主義(しゅぎ) 신비주의. ♣~文学(ぶんがく) 신비주의의 문학.
神社(じんじゃ) 신사.
‖~神道(しんとう) 신사를 중심으로 제례 등을 행하는 신앙 조직.
神事 ㊀(しんじ) (일본의) 신을 제사 지내는 일. *かんじ라고 하였음.
‖~能(のう) 신사에서 제례 때 하는 能.
~物(もの) 신사 제례 행사로 연주하는 能의 일종.
~相撲(ずもう) 신사 제례 행사로 하는 씨름.

神 889

🈔(かみごと) ① ☞㊀. ② ☞神業(かみわざ).
🈪(かみわざ) ⇨ 神業(かみわざ).
神祠(しんし) 신사. 사당.
神山(しんざん) 신산. ①신을 모시고 있는 산. ②신이나 신선이 사는 산.
神算(しんさん) 신산. 매우 뛰어난 계략.
∥〜鬼謀(きぼう) 신산 귀모. 뛰어난 계략과 귀신 같은 꾀.
神像(しんぞう) 신상. 신의 모습을 조각・회화 등으로 나타낸 것.
神璽(しんじ) ①일본 天皇(てんのう)의 상징의 하나인 八尺瓊勾玉(やさかにのまがたま). ②신새. 천자의 도장. 옥새.
神色(しんしょく) 신색. 안색.
∥〜自若(じじゃく) 신색자약. 태연자약한 모양.
神瑞(しんずい) 신서. 영묘하고 상서로운 조짐.
神仙(しんせん) 신선. ♣〜境(きょう) 신선경.
∥〜思想(しそう) 신선 사상.
神性(しんせい) 신성. 신의 성격〔속성〕.
神聖(しんせい) 신성.
∥〜家族(かぞく) 신성 가족. 성(聖) 가족.
〜同盟(どうめい) 〖史〗 신성 동맹.
〜ローマ帝国(ていこく) 신성 로마 제국.
神所(しんしょ) 신사(神社)가 있는 곳. 신을 모시는 곳.
神速(しんそく) 신속. 귀신같이 빠름.
神孫(しんそん) 신의 후손.
神水(しんすい) ①신에게 바치는 물. ②마시면 영험이 있다는 물. *옛날에는 じんずい라고 했음.
神授(しんじゅ) 신수. 신이 내려줌.
神樹(しんじゅ) ①신수. 신령이 머무른다는 나무. ②신사(神社) 경내의 나무.
神獣(しんじゅう) 신수.
神髄(しんずい) 신수. 진수. 사물의 참뜻.
神術(しんじゅつ) 신술. 신기한 술법.
神式(しんしき) 神道(しんとう) 방식의 의식.
神約(しんやく) 신약. 신에게 서약한 약속.
神薬(しんやく) 신약. 불가사의한 효험이 있는 약.
神語(しんご) 신어. ①신탁(神託) ②신성한 말.
神易(しんえき) 신의 뜻이 나타나는 점.
神域(しんいき) 신사(神社)의 경내〔지역〕.
神裔(しんえい) 신예. 신의 후예.
神佑(しんゆう) 신우. 천우(天祐).
神祐(しんゆう) ⇨ 神佑(しんゆう).
神韻(しんいん) 신운. 예술 작품 등의 신비하고 뛰어난 운치.
∥〜縹渺(びょうびょう) 예술 작품이 매우 뛰어난 모양.
神苑(しんえん) 신사(神社)의 경내.
神垣(しんえん) 신사(神社)의 울타리.
🈪(かみがき) ① ☞㊀. ② 신사(神社).
神位(しんい) 신위. ①신들의 위계(位階). ②제사 때 영혼을 봉안하는 곳.
神威(しんい) 신위. 신의 위력.

神癒(しんゆ) 신유. 신의 힘으로 병이 낫는 일〔신앙 요법의 하나〕.
神儒仏(しんじゅぶつ) 神道(しんとう)・유교(儒教)・불교(佛教).
神恩(しんおん) 신은. 신의 은혜〔은총〕.
神意(しんい) 신의. 신의 뜻. 하늘의 뜻.
神以て(しんもって) (신에) 맹세코.
神異(しんい) 신이. 사람의 행위가 아닌 신기하고 이상한 일.
神人 ㊀(しんじん) 신인. ①신과 사람. ②신처럼 숭고한 사람. ③〖基〗그리스도를 이르는 말.
㊁(じにん) 중세에, 속인(俗人)인 채 신사(神社)에서 잡역을 하던 사람들. *じんにん으로도 읽음.「〜는 장례식.
神葬(しんそう) 神道(しんとう) 방식으로 behe
神漿(しんしょう) 신장. ①신에게 바치는 음료. ②신에게서 받은 영험한 음료.
神田(しんでん) 신사(神社)에 소속된 논.
神伝(しんでん) 신에게서 전수한 일. 신수(神授).
神典(しんてん) ①신의 사적(事跡)을 적은 책. ②神道(しんとう)의 성전(聖典)
神前(しんぜん) 신전. 신의 앞.
∥〜結婚(けっこん) 신전 결혼. 神道(しんとう) 방식으로 올리는 결혼식.「〜殿.
神殿(しんでん) 신전. 신사(神社)의 본전(本
神占(しんせん) みくじ 따위로 길흉을 점침.
神政(しんせい) 신정. 신권 정치.
神祭(しんさい) 神道(しんとう) 법식에 따라 행하는 제사.
神助(しんじょ) 신조. 신의 도움.
神祖(しんそ) 天照大神(あまてらすおおみかみ)의 경칭.
神座(しんざ) 신위(神位)가 있는 곳.
神州(しんしゅう) 신주. ①신국(神國)《일본이나 중국에서 자기 나라를 자랑하여 일컫는 말》. ②신선(神仙) 세계. 「하는 주방.
神厨(しんちゅう) 신에게 바칠 음식을 조리
神籌(しんちゅう) 신묘한 계책. 신책(神策).
神地(しんち) 신을 모시고 있는 땅. 신사(神社)의 소재지.
神知(しんち) 신지. 신비로운 지혜. ♣〜学(がく) 신지학.
神智(しんち) ⇨ 神知(しんち).
神職(しんしょく) 신직. 신관(神官).
神饌(しんせん) 신찬. 신에게 바치는 음식물.「적의 하나.
神札(しんさつ) 신사(神社)에서 발행하는 부
神彩(しんさい) 신채. 뛰어난 풍채.
神策(しんさく) 신책. 사람의 지혜로는 미치지 못하는 영묘한 술책.
神泉(しんせん) 영묘한 샘.
神体(しんたい) 신체. 신령이 머문다고 생각되는 예배의 대상물.
神出鬼没(しんしゅつきぼつ) 신출귀몰.
神託(しんたく) 신탁. 신의 계시.
神通(じんずう) 〖佛〗 신통.

‖**～力**(りき) 신통력. ＊じんつうりきろも 읽음. 「위」.
神品(しんぴん) 신품. 몹시 뛰어난 작품〔품
神学(しんがく) 신학. ♣**～士**(し) 신학사／**～者**(しゃ) 신학자.
神学校(しんがっこう) 신학교.
神幸(しんこう) ①신(神)이 납시는 일. 신의 임행(臨幸). ②신사의 천궁·제례 때, 신체(神體)를 요여 따위에 모시어 옮기는 일.
神号(しんごう) ①신의 칭호. ②신에 대한 호칭.
神魂(しんこん) 심혼(心魂). (은)정신.
神婚説話(しんこんせつわ) 신혼 설화《신과 사람과의 결혼을 주제로 한 설화》.
神化(しんか) 신화. ①불가사의한 변화. ②신의 덕화(德化). ③신이 됨.
神火(しんか) 신화. ①신성한 불. 성화. ②불가사의한 불.
神話(しんわ) 신화. ♣**～劇**(げき) 신화극／**～的**(てき) 신화적／**～学**(がく) 신화학.
神効(しんこう) 신효. 신기한 효험.

訓読▷
神 ㊀(かみ) 신. ①〔宗〕하느님. ②神道(しんとう)의 신. ③초인간적인 존재.
～ならぬ身(み) 능력에 한계가 있는 인간. 범인(凡人)의 몸.
㊁(しん) ①신. 하느님. ②정신. 마음.
神さびる(かみさびる) ①신성하고 장엄해지다. ②세월이 지나 고풍을 띠다. ＊かんさびるろも 읽음.
神降ろし(かみおろし) ①강신(降神). ②(무당에게) 신이 내려 넋두리하는 일.
神掛けて(かみかけて) (신에) 맹세코. 반드시. 「람.
神頼み(かみだのみ) 신에게 빌어 가호를 바
神無月(かんなづき) 〈雅〉음력 10월. ＊かみなづきろも 읽음. 「籠室).
神棚(かみだな) 집안에 신을 모셔 놓은 감실
神憑り(かみがかり) ⇨ 神懸かり(かみがかり).
神嘗祭(かんなめさい) 10월 17일에 행하는 궁중 행사. ＊かんにえのまつり・しんじょうさいろも 읽음.
神送り(かみおくり) ①민간 신앙의 하나. 음력 10월 1일 出雲大社(いずもたいしゃ) 신사로 떠나는 신을 배웅하는 행사. ②액귀(厄鬼)를 내쫓는 일(주문).
神神しい(こうごうしい) 숭엄하다. 거룩하다.
神神楽(かみかぐら) ☞ 神楽(かぐら).
神信心(かみしんじん) ①영검한 신을 믿음. ②신앙.
神様(かみさま) ①신(神)의 높임말. ②귀신. 아주 뛰어난 사람.
神語り(かみがたり) 신탁(神託). 탁선(託宣). 「技).
神業(かみわざ) ①신의 조화. ②신기(神技).
神迎え(かみむかえ) (신을 맞이하는) 민간 신앙의 하나.

神詣で(かみもうで) 신사(神社) 참배.
神隠し(かみがくし) (어린이 등이) 갑자기 행방 불명이 되는 일.
神隠れ(かみがくれ) ①신의 모습이 안 보임. ②귀신처럼 숨음. ③귀인이 죽음.
神主 ㊀(かんぬし) 신사의 신관(神官). 또, 그 우두머리.
㊁(しんしゅ) ①신주. 위패. ②☞㊀.
神鎮まる(かみしずまる) (신사(神社)의 제신(祭神)이) 진좌(鎮座)하고 계시다.
神参り(かみまいり) 신사(神社) 참배.
神風(かみかぜ) ①신의 위력으로 일어나는 바람. ＊じんぷうろも 읽음. ②〈俗〉무턱대고〔무모하게〕행동하는 모양.
神懸かり(かみがかり) ①접신(接神). 신지핌. 신지핀 사람. ②부조리한 것을 광신하는 일. 또, 그 사람. 「시.
神懸けて(かみかけて) (신에) 맹세코. 반드

其他▷
神奈川(かながわ) 〔地〕関東(かんとう) 지방 서남부의 현. 현청 소재지는 横浜(よこはま).
神馬藻(ほんだわら) 〔植〕모자반.
神籬(ひもろぎ) 고대 일본에서, 신령이 머무른다는 산이나 나무 둘레에 상록수를 심거나 울타리를 친 곳. 후에 널리 신사를 일컬음.
神楽(かぐら) 신에게 제사지낼 때 연주하는 일본 고래(古來)의 무악(舞樂)《궁중에서 하는 御神楽(みかぐら)와 민간에서 하는 里神楽(さとかぐら)가 있음》.
‖**～歌**(うた) 神楽를 연주할 때 부르는 노래.
～男(お) 神楽를 연주하는 사나이.
～師(し) 里神楽를 춤추는 사람.
～女(め) 神楽를 연주하는 여자.
～太鼓(たいこ) 神楽를 연주할 때 쓰는 북.
神輿(みこし) 영여(靈輿). 제례 때 신위(神位)를 모시고 메는 가마. ＊しんよろも 읽음.
神子 ㊀(みこ) 신이나 신사(神社)에 봉사하는 미혼 여성.
㊁(よりまし) 신령을 지피게 하기 위한 아이나 허수아비. 「도 읽음.
神酒(みき) 제주(祭酒). ＊しんしゅ・みわろ

| 10
女
常 | 娠 | 애밸 **신**
シン
はらむ |

逆音▷
妊娠(にんしん) 임신.

| 10
宀 | 宸 | 집 **신**·대궐 **신**
シン
のき |

音読▷
宸襟(しんきん) 신금. 천자의 마음.
宸念(しんねん) 신념. 임금의 마음·생각.
宸断(しんだん) 신단. 임금의 재결.

宸輿(しんよ) 신여. 천자가 타는 수레.
宸憂(しんゆう) 신우. 임금의 근심.
宸意(しんい) 신의. 임금의 뜻.
宸旨(しんし) 신지. 임금의 뜻.
宸衷(しんちゅう) 신충. 천자의 마음.
宸筆(しんぴつ) 신필. 천자의 필적.
宸翰(しんかん) 신한. 천자가 쓴 문서.

10 言	訊	물을 신 ジン たずねる・とう

音読
訊問(じんもん) 신문.
訓読
訊ねる(たずねる) ① (소재・발자취를) 찾다. 더듬다. ②묻다.

11 日 人	晨	새벽 신 シン あした

音読
晨鶏(しんけい) 신계. 새벽을 알리는 닭.
晨起(しんき) 신기. 아침 일찍 일어남.
晨旦(しんたん) 신단. 아침.
晨明(しんめい) 신명. 새벽녘.
晨夕(しんせき) 신석. 아침저녁.
晨星(しんせい) 신성. 샛별.
晨夜(しんや) 신야. 새벽과 밤.
晨粧(しんそう) 신장. 아침에 하는 화장.
晨朝(じんじょう) 신조. 육시(六時)의 하나. 묘시(卯時). *しんちょう・じんちょうろも 읽음.
晨風(しんぷう) 신풍. 아침에 부는 바람.

11 糸 常	紳	큰띠 신・벼슬아치 신 シン

音読
紳(しん) 고귀한 사람이 예장용(用)으로 매는 폭넓은 띠.
紳士(しんし) 신사. ♣~道(どう) 신사도 / ~録(ろく) 신사록 / ~的(てき) 신사적.
‖~協約(きょうやく) 신사 협약.
~協定(きょうてい) 신사 협정.
紳商(しんしょう) 신상. 신사의 품위를 갖춘 일류 상인.
逆音
貴紳(きしん) 귀신. 신분이 높은 신사.

12 ネ	裑	길 신 シン みごろ

訓読
裑(みごろ) (옷의) 길.

13 忄 常	慎 (愼)	삼갈 신 シン つつしむ・つつましい

音読
慎独(しんどく) 신독. 남이 보지 않을 때도 행동을 삼감.
慎莫(しんまく) 끝매듭을 정확하게 짓는 일.
慎重(しんちょう) 신중(함).
訓読
慎ましい(つつましい) 조심스럽다. 조신하다. 얌전하다.
慎ましやか(つつましやか) 음전. 얌전.
❖慎む ㊀(つつしむ) 삼가다. 조심하다.
㊁(つつむ) 〈古〉① 꺼리다. ② (장애를 피하기 위해) 나가지 않고 조심하다.
慎み(つつしみ) 삼감. 조심함. 신중함.
慎み深い(つつしみぶかい) 조심성이 많다. 신중하다.

13 斤 教	新	새 신 シン あたらしい・あら・あらた・にい

音読
新 ㊀(しん) ① 새로움. 새것. ② 신력(新曆). 태양력. ③『經』'新株(しんかぶ)(=신주)'의 준말. ④ 신…. 새로움.
㊁(あら) 《接頭語로》 신…. 새(로움).
㊂(にい) 《接頭語로》 새….
㊃(さら) 〈俗〉 새로움. 새것.
新家 ㊀(しんけ) ①분가. 별가(別家). ②慶長(けいちょう) 이후에 새로 세워진 公家(くげ) 집안.
㊁(しんや) 〈老〉 신가. ① 새로 지은 집. ②「분가한 집.
新仮名遣い(しんかなづかい) 현대어 발음에 따라서 정한 말을 仮名로 표기할 때의 준칙.
新刻(しんこく) 신각. 새로 판본을 새기는 일. 또, 그것으로 인쇄된 서책. 「(적).
新刊(しんかん) 신간. ♣~書(しょ) 신간서
新墾 ㊀(しんこん) 신간. 새로 개간함.
㊁(にいばり) ⇨ 新治(にいばり).
㊂(あらき) 〈古〉 새로 개간함. 또, 그 땅.
新幹線(しんかんせん) 신간선《주요 간선(幹線)의 수송력 증가와 고속화를 목적으로 신설된 철도》.
新感覚派(しんかんかくは) 신감각파. 일본 현대 문학의 한 유파.
新講(しんこう) 신강. 새롭게 강론함.
新開(しんかい) 신개. (인공을 가해서) 새로 개척함.
‖~地(ち) 신개지. ① 새로 개간한 토지. ② 교외 등의 새로 시가가 된 곳.
㊁(あらき) 〈老〉 새로 개간함. 또, 그 땅.
新居(しんきょ) 새 집. 새 주택. 새로 지은 〔이사한〕 주택.
新建ち(しんだち) 새로 지은 집.

新建材(しんけんざい) 신건재. 모르타르·프린트 합판·텍스 등의 새로운 건축 자료.
新繭(しんまゆ) 신견. 햇고치.
新京(しんきょう) 신경. 새 도읍지.
新経済政策(しんけいざいせいさく)〖經〗신경제 정책.
新傾向(しんけいこう) 신경향.
‖〜俳句(はいく) 明治(めいじ) 시대 말기에 일어난 새로운 경향의 俳句(はいく).
新戒(しんかい)〖佛〗신계.
新古(しんこ) 신고. 새로움과 낡음. 새로운 것과 오래된 것.
新考(しんこう) 새로운 생각. 새로운 연구.
新稿(しんこう) 신고. 새 원고. 새로 쓴 것.
新藁(しんわら) 그 해에 수확하고 난 볏짚.
新古生代(しんせいだい)〖地〗신고생대.
新古典主義(しんこてんしゅぎ)〖藝〗신고전주의.
新古典学派(しんこてんがくは)〖經〗신고전학파.
新高値(しんたかね) (증권 거래에서) 그때까지 매겨진 최고가. 신고가.
新曲(しんきょく) 신곡.
新穀(しんこく) 신곡. 햅쌀.
新館(しんかん) 신관.
新鉱(しんこう) 신광. 새 광산.
新巧(しんこう) 새로운 고안.
新教(しんきょう) 신교. 기독교의 일파.
新蕎麦(しんそば) 그해 가을에 수확한 메밀로 만든 국수.
新教育(しんきょういく) 신교육.
新旧(しんきゅう) 신구.
新菊(しんぎく) 새로 싹이 나온 국화.
新局面(しんきょくめん) 신국면.
新国際経済秩序(しんこくさいけいざいちつじょ) 신국제 경제질서.
新軍(しんぐん)〖史〗신군.
新宮(しんぐう) 어느 신사(神社)에서 신령을 나눠 모신 새 신사.
新券(しんけん) 신권. 새로 발행한 지폐.
新規(しんき) 신규.
新劇(しんげき) 신극.
‖〜運動(うんどう) 신극 운동.
新奇(しんき) 신기. 새롭고 기묘함.
新技巧派(しんぎこうは) 일본 근대 문학의 한 파. 자연주의와 달리 새로운 현실의 해석과 표현의 기교를 나타냈음.
新記録(しんきろく) 신기록.
新紀元(しんきげん) 신기원.
新期造山帯(しんきぞうさんたい)〖地〗신기 조산대.
新機軸(しんきじく) 신기축. 지금까지와는 아주 다른 새로운 계획·고안. 「의.
新浪漫主義(しんろうまんしゅぎ) 신낭만주의.
新内(しんない) 浄瑠璃(じょうるり)의 일종인 新内節(しんないぶし)의 준말.
新年(しんねん) 신년. 새해. ♣〜状(じょう) 연하장.
‖〜宴会(えんかい) 신년 연회.

新多角的貿易交渉(しんたかくてきぼうえきこうしょう) 신다각적 무역 교섭.
新段階(しんだんかい) 신단계.
新党(しんとう) 신당.
新大陸(しんたいりく) 신대륙.
新刀(しんとう) 신도. 새로 만든 칼.
新島(しんとう) 신도. 새로 생긴 섬.
新渡(しんと) 새로 외국에서 도래함. 또, 그 물건.
新都(しんと) 신도. 새 수도.
新道(しんみち) ① 새로 낸 길. 신작로. *しんどうろも 읽음. ② 그 지역에서 번화가.
新豆腐(しんどうふ) 새로 수확한 콩으로 만든 두부.
新郎(しんろう) 신랑. 「든 말.
新来(しんらい) 신래. 새로 옴. 또, 그 사람.
新涼(しんりょう) 신량. 초가을의 서늘한 기운.
新暦(しんれき) 신력. 양력.
新令(しんれい) 신령. 새 법령.
新例(しんれい) 신례. 새로운 예.
新路(しんみち) ⇨ 新道(しんみち).
新路線(しんろせん) 신노선.
新緑(しんりょく) 신록.
新論(しんろん) 신론. 새 이론.
新柳(しんりゅう) 새싹이 돋은 봄버들.
新馬(しんば) 경마(競馬)에서, 경주에 처음 나오는 말.
新面目(しんめんぼく) 신면목. 지금껏 없었던 새로운 모습. *しんめんもくろも 읽음.
新茗(しんめい) 새로 돋은 차의 싹.
新舞踊(しんぶよう) 신무용.
新聞(しんぶん) 신문. ♣〜社(しゃ) 신문사／〜学(がく) 신문학.
‖〜広告(こうこく) 신문 광고.
〜記事(きじ) 신문 기사.
〜記者(きしゃ) 신문 기자.
〜辞令(じれい) 신문 사령.
〜小説(しょうせつ) 신문 소설.
〜屋(や) ① 신문을 판매·배달하는 보급소. 또, 그 종업원. ② 신문쟁이. 신문 기자에 대한 비우호적인 호칭.
〜種(だね) 신문 기삿거리.
〜紙(し) 신문지. ① 신문. ② 포장용 등의 신문 종이. *②는 しんぶんがみろも 읽음.
新米(しんまい) ① 신미. 햅쌀. ② ☞ 新前(しんまえ).
新味(しんみ) 신미. 새맛. 새로운 느낌.
新盤(しんばん) 신반. 새(로 발매된) 음반.
新発意(しんぼち)〖佛〗신발의. ① 출가해서 얼마 안 되는 사람(중). ② 진종(眞宗)에서, 주지의 후계자가 된 중. *①은 しんぼっち, ②는 しぼちろも 읽음.
新法(しんぽう) 신법. ① 새 법령. ② 새 방법.
新兵(しんぺい) 신병. 「법.
新柄(しんがら) 새로 고안된 무늬.
新甫(しんぽ) (증권 거래에서) 새로 월초의 입회에 나온 선물(先物). 「지. 신간 잡
新報(しんぽう) 신보. ① 새 소식. ② 신간 잡지.
新補(しんぽ) 새로 보직을 줌.
新譜(しんぷ) 신보. 새 악보(의 레코드).

新保守主義(しんほしゅしゅぎ) 신보수주의.
新本(しんぽん) 신본. ① 신간 서적. ② 새 책.
新付(しんぷ) 새로 추종함(부하가 됨).
新附(しんぷ) ⇨ 新付(しんぷ).
新婦(しんぷ) 신부.
新北区(しんほっく) 〖動〗 신북구.
新粉(しんこ) ① 쌀가루. ② 쌀가루를 찐 다음 이를 쳐서 만든 떡.
新仏(しんぼとけ) ① 불교식으로 장사지낸 지 얼마 안 된 사자(死者). ② 우란분에 처음으로 공양을 받게 된 망자(亡者). *①은 에 いばとけ, ②는 あらぼとけ로도 읽음.
新批評(しんひひょう) 신비평.
新史(しんし) 신사. 새로운〔새로 쓴〕 역사.
新事実(しんじじつ) 새로운 사실.
新社会資本(しんしゃかいしほん) 〖經〗 신사회 자본(고속 도로망·복지 시설 따위).
新山(しんやま) 새로 개척된 산림이나 광산.
新産別(しんさんべつ) '全国(ぜんこく)産業別(さんぎょうべつ)労働組合(ろうどうくみあい)連合会(れんごうかい)(＝전국 산업별 노동 조합 연합회)'의 준말.
新産業国家(しんさんぎょうこっか) 신산업국가.
新産業都市(しんさんぎょうとし) (일본의) 신산업 도시(1962년 제정).
新渋(しんしぶ) 그해 새로 열린 감에서 채취한 감물.
新生(しんせい) 신생. ♣～代(だい)〖地〗신생대. ‖～児(じ) 신생아. 초생아. ♣～黄疸(おうだん)〖醫〗 신생아 황달.
新生気論(しんせいきろん) 〖生·哲〗 신생론.
新生面(しんせいめん) 신생면. 새로운 분야나 영역.
新生命(しんせいめい) 신생명.
新序(しんじょ) 일본 씨름에서, 순위 명단에 들지 못한 씨름꾼의 계급.
新書(しんしょ) 신서. 신간 서적.
‖～判(ばん) 신서판. 책 판형의 하나.
新釈(しんしゃく) 신석. 새로운 해석.
新石器時代(しんせっきじだい) 신석기 시대.
新船(しんせん) 신선. 새로 만든 배.
新線(しんせん) 신선. 새로 부설한 선로.
新選(しんせん) 신선. 새로 선출함.
新鮮(しんせん) 신선.
新設(しんせつ) 신설.
‖～合併(がっぺい) 〖經〗 신설 합병.
新雪(しんせつ) 신설. ① 새로 내린 눈. ② 새해의 첫눈. 충 눈사태.
‖～表層雪崩(ひょうそうなだれ) 신설 표층 눈사태.
新説(しんせつ) 신설. 새로운 의견·학설.
新声(しんせい) ① 새로운 의견(표현·목소리). ② 새로운 가곡. 신곡.
新星(しんせい) 신성. 새로운 스타.
新歳(しんさい) 신세. 신년. 새 해.
新世界(しんせかい) 신세계.
新世代(しんせだい) 신세대.
新世帯(しんじょたい) ⇨ 新所帯(しんじょたい).

新所帯(しんじょたい) 신접 살림. 신혼 가정. *あらじょたい로도 읽음.
新素材(しんそざい) 신소재.
新松子(しんちぢり) 그해 새로 생긴 솔방울.
新収(しんしゅう) (도서관 따위 공공 단체에서) 새로 사들여옴.
新修(しんしゅう) 신수. ① 새로 수선함. ② 새로 편수함.
新樹(しんじゅ) 신수. 새 잎이 나온 나무.
新詩(しんし) 신시.
新時代(しんじだい) 신시대. 새 시대.
新式(しんしき) 신식.
新植民地主義(しんしょくみんちしゅぎ) 신식민지주의.
新新刀(しんしんとう) 明治(めいじ) 이전 일정 기간에 만들어진 日本刀(にほんとう).
新心理主義(しんしんりしゅぎ) 신심리주의.
新芽(しんめ) 신아. 새싹.
新楽(しんがく) 〖樂〗 신악. ① 새로운 음악. ② 중국, 당대의 음악. 또, 그것을 전한 아악곡.
新案(しんあん) 신안. 새로운 고안. 약안.
‖～特許(とっきょ) '実用(じつよう)新案特許(＝실용 신안 특허)'의 준말.
新顔(しんがお) 신참(新参). 신인.
新安値(しんやすね) (주식 거래에서) 신저가.
新秋(しんおう) 벼의 모.
新鶯(しんおう) 초봄의 휘파람새.
新約(しんやく) 신약. ① 새로운 약속. ② 신약 성서의 준말.
‖～聖書(せいしょ) 〖基〗 신약 성서.
新薬(しんやく) 신약.
新陽(しんよう) 신양. 신춘.
新語(しんご) 신어. 새말.
新訳(しんやく) 신역. 새로운 번역.
新熱帯区(しんねったいく) 〖地〗 신열대구.
新鋭(しんえい) 신예. ♣～機(き) 신예기.
‖～部隊(ぶたい) 신예 부대.
新屋敷(しんやしき) 새로 지은 저택. 새로 닦은 택지.
新用語(しんようご) 신용어.
新芋(しんいも) 여름 끝 무렵에 나오기 시작하는 만물 고구마.
新院(しんいん) 이미 상황(上皇)이 있는데, 다시 새로 상황이 된 사람.
新月(しんげつ) 신월. ① 음력 초하루의 달. ② 태양과 달·지구가 일직선상에 놓여 지구에서는 달이 전혀 안 보이는 상태.
新義(しんぎ) 신의. 새로운 뜻. ♣～派(は) 신의파.
新理想主義(しんりそうしゅぎ) 신이상주의.
新理知派(しんりちは) 신이지파.
新人(しんじん) 신인. 신참.
新人類(しんじんるい) 신인류. 종래와 다른 가치관이나 감성을 가진 젊은 세대를, 새로 발견한 신인종처럼 일컫는 말.
新印象主義(しんいんしょうしゅぎ) 〖美〗 신인상주의.
新任(しんにん) 신임.
新入(しんにゅう) 신입. ♣～生(せい) 신입생.

新入り(しんいり) 신입. 새로 들어옴. 또, 그 사람. 신참(新參).
新字(しんじ) 신자. ① 새로 만든 글자. ② 신출 문자.
新自由主義(しんじゆうしゆぎ) 신자유주의.
新字体(しんじたい) 신자체.
新作(しんさく) 신작.
新粧(しんそう) 신장. 새로운 화장〔치장〕.
新装(しんそう) 신장. (설비나 외관 등을) 새로 단장함.
新裁(しんさい) 양복을 새로 짓는 일.
新邸(しんてい) 신저. 새로 지은 저택.
新著(しんちょ) 신저.
新藷(しんいも) ⇨ **新芋**(しんいも).
新田(しんでん) 새로 일군 논.
新畑(しんばた) 새로 개간한 밭.
新前(しんまえ) 신참. 풋내기.
新全総(しんぜんそう) '新全国(しんぜんこく)総合(そうごう)開発計画(かいはつけいかく)(=신전국 종합 개발 계획)'의 준말.
新店(しんみせ) 새 점포. 새로 낸 가게.
新定(しんてい) 신정. 새로 정함. 「令」
新政(しんせい) 신정. 새 정치 또는 정령(政令).
新訂(しんてい) 신정. 새로 정정함.
新制(しんせい) 신제. 새 제도.
新帝(しんてい) 신제. 새로 즉위한 천자〔황제〕.
新製(しんせい) 신제.
新第三期(しんだいさんき) 『地』 신제삼기.
新弟子(しんでし) 신제자. 새 제자.
新造 ㊀(しんぞう) ① 신조. 새로 만듦. ② ⇨ ㊂. ♣**~語**(ご) 신조어.
㊁(しんぞ) 젊은 아내. 전하여, 아내.
新調(しんちょう) 신조. 새로 맞춤.
新組み(しんぐみ) 『印』 새로 문선(文選)·식자(植字)해서 판을 짬. 또, 그 판.
新造形主義(しんぞうけいしゆぎ) 『美』 신형주의.
新卒(しんそつ) (그 해의) 새 졸업자.
新種(しんしゅ) 신종.
新宗教(しんしゅうきょう) 신종교.
新左翼(しんさよく) 신좌익.
新主(しんしゅ) 신주. 새 주인 또는 주군.
新注(しんちゅう) 신주. 새로운 주석.
新株(しんかぶ) 『經』 신주.
∥**~落ち**(おち) 『經』 신주락.
~引受權(ひきうけけん) 『經』 신주 인수권.
♣**~付社債**(つきしゃさい) 『經』 신주 인수권부(付) 사채.
新酒(しんしゅ) 신주. 햅쌀로 빚은 술.
新註(しんちゅう) ⇨ **新注**(しんちゅう).
新鋳(しんちゅう) 신주. 새로 주조함.
新竹(しんだけ) 새로 돋은 대나무. *しんちく로도 읽음.
新中間層(しんちゅうかんそう) 신중간층. 신중간 계급. 「상주의.
新重商主義(しんじゅうしょうしゆぎ) 신중
新即物主義(しんそくぶつしゆぎ) (문학에서) 신즉물주의.
新地 ㊀(しんち) 신지. 신개(척)지.

㊁(さらち) 생땅. 생지(生地). 곧 집을 지을 수 있는 빈터.
新知(しんち) ① 새로 알게 됨. ② 새로 취득한 영지. 「김치.
新漬け(しんづけ) 새로 김치를 담금. 또, 그
新誌(しんし) 신지. ① 새로 나온 잡지. ② 새로운 지지(地誌) 또는 풍속을 기록한 책.
新知識(しんちしき) 신지식.
新進(しんしん) 신진.
∥**~気鋭**(きえい) 신진 기예.
新陳代謝(しんちんたいしゃ) 신진 대사.
新車(しんしゃ) 신차. 새 차. 「만든 차.
新茶(しんちゃ) 신차. 그 해의 새싹을 따서
新着(しんちゃく) 신착. 새로 도착함.
新撰(しんせん) 신찬. 새로 책을 찬수함. 또, 그 책.
新札(しんさつ) ① 새로 발행한 지폐. ② 구김살 따위가 없는 새 지폐.
新参(しんざん) 신참. 신인(新人). ♣**~者**(もの) 신참자.
新天地(しんてんち) 신천지.
新晴(しんせい) 비오고 난 후의 맑은 하늘.
新清酒(しんせいしゅ) 신청주《'合成酒(ごうせいしゅ)(=합성주)'의 고친 이름》.
新体(しんたい) 신체. 새로운 체재·형식.
∥**~詩**(し) 신체시. 근대시.
新体制(しんたいせい) 신체제.
∥**~運動**(うんどう) 신체제 운동.
新体操(しんたいそう) 신체조.
新秋(しんしゅう) 신추.
新築(しんちく) 신축.
新春(しんしゅん) 신춘. 신년(新年).
新出(しんしゅつ) 신출. 주로 교과서에서, 어구나 문자 따위가 처음 나옴.
新吹き(しんぶき) 주화를 새로 주조하는 일.
新値(しんね) (주식 거래에서) 신고가(高價)와 신저가의 총칭《보통, 신고가를 가리킴》.
新宅(しんたく) ① 신택. 새 집. ② 분가(分家). 별가(別家).
∥**~開き**(びらき) (새 집의) 집들이.
新派(しんぱ) 신파. ① 새로 일으킨 유파. ② 新派劇의 준말.
∥**~劇**(げき) 신파극. 구극, 곧 歌舞伎(かぶき)에 대하여 당대의 세태를 묘사한 연극.
~悲劇(ひげき) 신파 비극. 신파극으로 하는 비극.
新版(しんぱん) 신판. ① 내용·체재를 새롭게 한 책. ② 신간(新刊).
新篇(しんぺん) ⇨ **新編**(しんぺん).
新編(しんぺん) 신편.
∥**~追加**(ついか) 신편 추가.
新品(しんぴん) 신품.
新風(しんぷう) 신풍. 신사조 「피질.
新皮質(しんひしつ) 『生』 (대뇌 피질의) 신
新学期(しんがっき) 신학기.
新合繊(しんごうせん) 신합섬. 신폴리에스터.
新海苔(しんのり) 『植』 햇김. 그 해 겨울에 채취한 김.

新香(しんこ) (새로 담근) 김치. *しんこう로도 읽음.
新憲法(しんけんぽう)〖法〗제2차 대전 후에 제정된 일본 헌법.
新現実主義(しんげんじつしゅぎ)〖文〗신현실주의.
新現実派(しんげんじつは) 신현실주의를 강조한 근대 문학의 한 파.
新形(しんがた) ⇨ 新型(しんがた).
新型(しんがた) 신형.
新護憲(しんごけん) '憲法擁護(けんぽうようご)新国民連合(しんこくみんれんごう)(=헌법 옹호 신국민 연합)'의 준말.
新婚(しんこん) 신혼.
‖~旅行(りょこう) 신혼 여행.
新貨(しんか) 새로 발행된 화폐.
新華族(しんかぞく) 明治(めいじ) 시대에, 특별한 훈공에 의해 새로 화족이 된 사람.
新貨幣数量説(しんかへいすうりょうせつ)〖經〗신화폐 수량설.
新患(しんかん) 신환. 새 환자.
新皇(しんのう) 새로 황위에 오른 사람.
新訓(しんくん) 한문체 또는 한자로만 쓰여진 고전(古典)의 새로운 훈독법.
新興(しんこう) 신흥.
‖~階級(かいきゅう) 신흥 계급.
~工業経済地域(こうぎょうけいざいちいき) 신흥 공업 경제 지역. 니스(NIES).
~市場国(しじょうこく) 신흥 시장국. 발전 도상국이나 지역 가운데 1980년대 후반부터 90년대에 걸쳐 고도 경제 성장을 이룬 곳을 이르는 말.
~芸術派(げいじゅつは) 일본 근대 문학의 한 파.
~財閥(ざいばつ) 신흥 재벌.
~宗教(しゅうきょう) 신흥 종교.
新禧(しんき) 신희. 신년의 복(을 빎).

訓読

❖新(あら) → 音読 新三.
新た(あらた) 새로움. 또, 새로 시작함. 생생
新たに(あらたに) 새로이.
新口(あらくち) 새로 빚은 술을 처음으로 통에서 퍼 마심.
新巻き(あらまき) 얼간 연어.
新木(あらき) 새 재목.
新盆(あらぼん) 그 사람이 죽은 후 처음 맞는 우란분(盂蘭盆). *にいぼん으로도 읽음.
新床(あらどこ) ① 새로 다다미(畳)를 깐 마루 바닥. ② 아직 채굴하지 않은 광상(鑛床).
新手(あらて) ① 새잡이. 신병(新兵). 신참. ② 새 수단〔수법〕. *②는 しんて로도 읽음.
新身(あらみ) 새로 벼린 칼.
‖~試し(だめし) 새로 벼린 칼을 시험하는 일.
新御霊(あらみたま) ① ☞ 新仏(しんぼとけ). ② 그 해에 초상이 난 집을 찾아가 공양물을 올리는 일.
新玉(あらたま) 파낸 채 가공하지 않은 옥돌.
新湯(あらゆ) 새로 데워 놓고 아직 아무도 들어가지 않은 목욕물. *しんゆ・さらゆ로도 읽음.

新血(あらち) ① 출산 때의 출혈. ② 칼붙이 등에 의한 출혈.
❖新(にい) → 音読 新三.
新し(にいし) 새로운.
新肌(にいはだ) 남녀가 처음으로 접촉하는 살갗.
新島守(にいしまもり) 새로 부임한 섬지기.
新麦(にいむぎ) 그 해 처음 수확한 보리.
新墓(にいはか) 새로 쓴 묘(墓).
新嘗祭(にいなめさい) 11월 23일에 天皇(てんのう)가 햇곡식을 천지의 신에게 바치는 궁중 제사. *しんじょうさい로도 읽음.
新潟(にいがた)〖地〗本州(ほんしゅう) 중부 지방 동북부의 동해에 면한 현. 또, 그 현청 소재지.
新手枕(にいたまくら) 남녀가 처음 동침할 때 서로 팔베개를 베어주는 일.
新室(にいむろ) 새로 지은 집.
新屋(にいや) ① 새로 지은 집. ② 새로 분가한 신접살림.
新妻(にいづま) 새댁. 갓 결혼한 아내. *しんさい로도 읽음.
新草(にいぐさ) 봄. 새로 돋아난 풀. 새싹.
新治(にいばり) 새로 밭을 개간함. 또는 도로 따위를 새로 내는 일. *にいはり로도 읽음.
新枕(にいまくら) 결혼 초야의 동침.
❖新しい(あたらしい) ① 새롭다. 새로 하다. ② 싱싱하다. ③ 현대적이다.
新しがる(あたらしがる) 새 경향·유행을 좇
新しがり屋(あたらしがりや) 새로운 유행 등을 즐겨 좇는 사람.

其他

新羅(しらぎ)〖史〗신라. *しんら로도 읽음.

| 13月 | 腎 | 콩팥 신
ジン |

音読

腎(じん) 신. 신장.
腎結石(じんけっせき)〖醫〗신결석.
腎硬化症(じんこうかしょう)〖醫〗신경화증.
腎管(じんかん)〖動〗신관.
腎単位(じんたんい)〖生〗신단위. 척추동물의 신장 기능의 단위.
腎不全(じんふぜん)〖醫〗신부전.
腎小体(じんしょうたい)〖生〗신소체.
腎水(じんすい)〖生〗정액.
腎薬(じんやく)〖漢醫〗신약. 정력을 증진시키는 약.
腎炎(じんえん)〖醫〗신(장)염.
腎盂(じんう)〖生〗신우. ♣~炎(えん)〖醫〗신우염.
腎張り(じんばり) 정력이 왕성하고 색을 좋
腎臓(じんぞう)〖生〗신장. 콩팥. ♣~病(びょう) 신장병 / ~炎(えん)〖醫〗신장염.
‖~結石(けっせき)〖醫〗신장 결석.
腎の臓(じんのぞう)〖生〗신장.
腎虫(じんちゅう)〖動〗신충.

腎虛(じんきょ)〖漢醫〗신허. 과도한 방사(房事)로 인한 남자의 신체 쇠약.

| 13 虫 | 蜃 | 대합조개 **신**
シン |

音読
蜃気楼(しんきろう) 신기루.

| 14 木 日 | 榊 | 신나무 (신)
さかき |

訓読
榊(さかき)〖植〗비쭈기나무.

| 16 口 日 | 噺 | 이야기 (신)
はなし |

訓読
噺(はなし) 이야기. 남에게 들려주는 옛날이야기나 신화 따위.
噺家(はなしか) 만담가.

| 16 艹 常 | 薪 | 땔나무 **신**
シン
たきぎ・まき |

音読
薪水(しんすい) 신수. ①땔나무와 물. ②부엌일. 취사.
薪柴(しんさい) 장작과 섶나무.
薪材(しんざい) 장작으로 쓰는 재료.
薪炭(しんたん) 신탄. 장작과 숯. 땔감.
訓読
薪(たきぎ) 땔나무. 장작. *まき로도 읽음.
薪能(たきぎのう) 奈良(なら)의 興福寺(こうふくじ) 남대문에서, 매년 음력 2월에 7일간 장작불을 피우면서 하는 能楽(のうがく).
薪伐り(たききこり) ⇨ 薪樵り(たききこり).
薪雑把(まきざっぽう) 장작. 장작개비.
*まきざっぱ로도 읽음.
薪樵り(たききこり) 나무를 벰. 나무꾼.
薪割り(まきわり) 장작 패기. 또, 도끼.

| 18 火 | 燼 | 탄나머지 **신**
ジン
もえさし |

音読
燼滅(じんめつ) 신멸. ①타 없어짐. ②망해서 사라짐.
燼余(じんよ) 신여. 탄 나머지.
燼灰(じんかい) 신회. 타다 남은 것과 재.
逆音
焚燼(ふんじん) 분신. 타고 남은 끄트머리.

| 21 貝 | 贐 | 전별할 **신**
ジン
はなむけ |

訓読
贐(はなむけ) 길 떠나는 사람에게 선사하는 금품이나 시가(詩歌) 따위. 전별(餞別).

| 21 魚 日 | 鰰 | 은어 (신)
はたはた |

訓読
鰰(はたはた)〖魚〗도루묵.

실

| 5 大 教 | 失 | 잃을 **실**·잘못할 **실**
シツ・イツ
うしなう・うせる |

音読
失(しつ) ①실. 잃음. ②결점. 과실.
失する(しっする) ①잃다. 놓치다. ②잊다. ③지나치게 …하다. …에 너무 치우치다.
失却(しっきゃく) 잃음. 잊어버림.
失脚(しっきゃく) 실각.
失感情(しつかんじょう)〖醫〗감정 표출이 더디고, 언어에 의한 감정 표현도 할 수 없는 상태. 실감정증.
失格(しっかく) 실격.
失敬(しっけい) ①실경. 실례. 무례함. ②(친한 사이끼리) 헤어질 때의 인사말. ③〈俗〉아무도 모르게 슬쩍함.
∥〜千万(せんばん) 몹시 무례한 모양.
失計(しっけい) 실계. 계책·처치를 잘못함.
失権(しっけん) 실권.   └실책.
∥〜約款(やっかん)〖法〗실권 약관.
失禁(しっきん) (대소변의) 실금.
失念(しつねん) 실념. ①〈老〉깜박 잊음. ②〖佛〗정념(正念)을 잃음.
失当(しっとう)〈文〉실당. 부당(不當)함.
失対(しったい) '失業対策(しつぎょうたいさく)(=실업 대책)'의 준말.
失徳(しっとく) 실덕.
失読(しつどく)〖醫〗실독증.
失落感(しつらくかん) 소중한 것이 없어지거나 빠졌을 때 느끼는 슬픈 감정.
失礼(しつれい) 실례. ①무례. ②작별·가벼운 사과·부탁 따위의 인사말.
失路(しつろ) 실로. ①길을 잃음. ②실의의 상태에 있음.
失亡(しつぼう) 망실. 상실.
失望(しつぼう) 실망.   「명씨.
失名(しつめい) 실명. 무명. ♣〜氏(し) 무

失命(しつめい) 실명. 생명을 잃음.
失明(しつめい) 실명. 눈이 멂.
失費(しっぴ) 비용.
失象徴(しっしょうちょう)〖醫〗실상징.
失書症(しっしょしょう)〖醫〗실서증.
失声症(しっせいしょう)〖醫〗실성증.
失笑(しっしょう) 실소.
失速(しっそく) (비행기의) 실속.
失神(しっしん) 실신.
失心(しっしん) ⇨ 失神(しっしん).
失語(しつご) 실어. ♣〜症(しょう) 실어증.
失言(しつげん) 실언.
失業(しつぎょう) 실업. ♣〜率(りつ) 실업률 /〜者(しゃ) 실업자.
∥〜保険(ほけん) 실업 보험.
〜人口(じんこう) 실업 인구.
失恋(しつれん) 실연.
失誤(しつご) 잘못을 저지름. 과실.
失意(しつい) 실의. 실망.
失認(しつにん)〖醫〗실인. 실인증.
失跡(しっせき) 실적. 실종.
失点(しってん) 실점.
失政(しっせい) 실정. 악정.
失調(しっちょう) 실조. 조화를 잃음.
失足(しっそく) 실족. ① 발을 잘못 디딤. 실각. ② 타락함. 행동을 잘못함.
失踪(しっそう) 실종.
∥〜宣告(せんこく)〖法〗실종 선고.
失地(しっち) ① 실지. 잃어버린 땅. ② 잃어버린 지위·권력.
失職(しっしょく) 실직.
失着(しっちゃく) 실착. (장기·바둑에서) 결정적으로 패배의 원인이 되는 서툰 수.
失錯(しっさく) ⇨ 失策(しっさく).
失策(しっさく) 실책.
失聴(しっちょう) 실청. 청력을 잃음.
失体(しったい) ⇨ 失態(しったい).
失墜(しっつい) ① 실추. ② 낭비.
失態(しったい) 실태. 추태.
失投(しっとう)〖野〗실투. 잘못 던짐.
失透(しっとう)〖化〗실투. 투명한 유리 등의 내부에 결정이 생겨 반투명 또는 불투명해지는 일.
失敗(しっぱい) 실패.
失陥(しっかん) 실함. 함락되어 잃음.
失行(しっこう) 실행. 과실. ♣〜症(しょう)〖醫〗실행증.
失血(しっけつ)〖醫〗실혈. 출혈하여 온몸의 피가 없어짐.
失火(しっか) 실화.
失効(しっこう) 실효.

訓読
失う(うしなう) 잃다. ① 잃어버리다. 상실하다. ② 사별하다. 여의다. ③ 놓치다.
❖**失せる**(うせる) ① 없어지다. 사라지다. ② 〈老〉죽다. ③〈俗〉가다. 떠나다.
失せ物(うせもの) 분실물.
失せ人(うせびと) 도망쳐 행방을 감춘 사람.

実 897

8
六
教
実(實) 열매 **실**·실제 **실**
ジツ
み·みのる·まこと·
げに·さね·まめ

音読
実 ㊀(じつ) 실. ① 알맹이. 실질. ② 진실. 참. ③ 실적. 실제 성과. ④ 성실. 성실.
㊁(まこと) ① 진실. 사실. ② 진심. 정성.
㊂(み) ① 열매. 과실. ② 씨. ③ 알맹이.
㊃(さね) (과실·열매 등의) 핵. 씨. 종자.
実に ㊀(じつに) 실로. 참으로. 매우.
㊁(まことに) 참으로. 정말로. 대단히.
㊂(げに)·〈雅〉① 실로. 참으로. ② 현실로.
実の(じつの) 참말의. 진짜의. 친.
〜**所**(ところ) 실은. 실은 즉.
実は(じつは) 실은. 사실은.
実価(じっか) 실가. 실제의 값.
実家(じっか) 실가. 생가(生家). 친정.
実感(じっかん) 실감. ♣〜的(てき) 실감적.
実検(じっけん) 실검. 실제로 검사함.
実見(じっけん) 실견. 실제로 봄.
実景(じっけい) 실경. 실제 경치.
実科(じっか) 실과.
実権(じっけん) 실권.
実根(じっこん)〖數〗실근.
実技(じつぎ) 실기.
実紀(じっき) ⇨ 実記(じっき).
実記(じっき) 실기. 실록.
実機(じっき) 실기. 기계·기관·비행기 등의 실물.
実年(じつねん) ① 실연령. 실제 연령. ② 50〜60세대를 표현한 말.
実念論(じつねんろん)〖哲〗실념론.
実大(じつだい) '実物大(じつぶつだい)(=실물대)'의 준말.
実動(じつどう) 실동. 실제로 움직임.
実働(じつどう) 실제로 노동함.
∥〜時間(じかん) 실제 노동 시간.
実力(じつりょく) 실력. ♣〜犯(はん) 실력범 /〜者(しゃ) 실력자.
∥〜行使(こうし) 실력 행사.
実歴(じつれき) 실력. 실제 경험[경력].
実例(じつれい) 실례.
実録(じつろく) 실록.
実〜物(もの) 실물을《실록 소설 따위》.
実利(じつり) 실리. ♣〜的(てき) 실리적.
∥〜主義(しゅぎ) 실리주의.
実理(じつり) 실리. 체험을 통해서 얻은 도리
実馬力(じつばりき) 실마력. 「나 이론.
実妹(じつまい) 실매. 친누이동생.
実名(じつめい) 실명. *じつみょう로도 읽음.
∥〜小説(しょうせつ) 실명 소설.
実母(じつぼ) 실모. 생모. 친어머니.
実夢(じつむ) 실몽. 사실과 일치하는 꿈.
実務(じつむ) 실무. ♣〜家(か) 실무가.
実聞(じつぶん) 실문. 자기 귀로 직접 들음. 또, 직접 들은 것. 「대.
実物 ㊀(じつぶつ) 실물. ♣〜大(だい) 실물

‖**~教育**(きょういく) 실물 교육.
~給与(きゅうよ) 실물 급여. 현물 급여.
~市場(しじょう) 실물 시장.
~資産(しさん) 실물 자산.
~取引(とりひき) 실물 거래. 현물 거래.
㊁(みもの) 꽃꽂이의 재료에서, 주로 열매를 관상(觀賞)의 대상으로 하는 것.
実方(じつかた) ☞**実事師**(じつごとし).
実父(じっぷ) 실부. 친아버지.
実否(じっぴ) 실부. 사실 여부. 진부. ＊じっぷ로도 읽음.
実費(じっぴ) 실비. 실지로 드는 비용.
実備(じつび) 실제로 유용한 대비.
実写(じっしゃ) 실사.
‖**~映画**(えいが) 실사 영화. 기록 영화.
実事 ㊀(じつごと) 歌舞伎(かぶき)에서, 성실한 사람이 주인공이 되어 평범한 사건을 사실적으로 연기하는 일. 또, 그 역할.
‖**~師**(し) 実事를 (능숙하게) 연기하는 배우.
㊁(じつじ) 실사. 사실.
‖**~求是**(きゅうぜ) 『哲』실사구시.
実査(じっさ) 실사.
実射(じっしゃ) 실사. 실탄 사격.
実社会(じっしゃかい) 실사회.
実状(じつじょう) 실상. 실정.
実相(じっそう) 실상. ① 실정. 실태. ② 『佛』본체. 진여(眞如).
‖**~観入**(かんにゅう) 短歌(たんか)에서, 사생(寫生)에 그치지 않고, 실상을 자기와 자연이 하나가 된 경지를 묘사해 내는 일.
実象(じっしょう) 실상. 진실한 모습.
実像(じつぞう) 실상. ①『理』실제의 상. ② ☞참모습.
実生活(じっせいかつ) 실생활.
実線(じっせん) (제도 등의) 실선.
実説(じっせつ) 실설. 실화(實話).
実勢(じっせい) 실세. 실제의 세력.
‖**~価格**(かかく) 실세 가격. 실제 거래 가격.
実世間(じっせけん) 실세간. 실사회.
実世界(じっせかい) 실세계. 실재 세계.
実損(じっそん) 실손. 실질적 손해.
実収(じっしゅう) 실수. 실수입.
実数(じっすう) 실수. ♣**~解**(かい) 『数』실수근(實根).
実需(じつじゅ) 실수. 실수요.
実手形(じつてがた) 실제 거래에 따라 발행된 상업 어음.
実習(じっしゅう) 실습.
実施(じっし) 실시.
‖**~設計**(せっけい) 실시 설계.
実時間処理システム(じつじかんしょりシステム) 실시간 처리 시스템. 리얼 타임 시스템.
実視等級(じっしとうきゅう) 『天』실시 등급.
実視連星(じっしれんせい) 『天』실시 쌍성.
実悪(じつあく) 歌舞伎(かぶき)에서, 잔인한 악역.
実額(じつがく) 실액. 실제 금액.
実業(じつぎょう) 실업. ♣**~家**(か) 실업가 / **~界**(かい) 실업계.

‖**~教育**(きょういく) 실업 교육.
~学校(がっこう) 실업 학교.
実演(じつえん) 실연.
実然的判断(じつぜんてきはんだん) 『論』실연적 판단. 확연적 판단.
実用(じつよう) 실용. ♣**~性**(せい) 실용성 / **~的**(てき) 실용적.
‖**~新案**(しんあん) 실용 신안. ♣**~権**(けん) 실용 신안권.
~英語技能検定(えいごぎのうけんてい) 영어 능력 검정 시험《1급·준1급에서 5급까지 6단계가 있음》.
~主義(しゅぎ) 실용주의.
~向き(むき) 실용적임.
実員(じついん) 실원. 실제 인원.
実有(じつう) 『佛』실유.
実音(じつおん) 실음. 실제 음성.
実意(じつい) 실의. ① 본심. ② 성실〔친절〕한 마음. 진실한 의의.
実義(じつぎ) 실의. ① 진심·성의가 있음. ② 진실한 의의.
実以て(じつもって)〈老〉실로. 정말로.
実益(じつえき) 실익. 실리.
実印(じついん) 실인. 인감 도장.
実人生(じつじんせい) 가공이 아닌 실제 인생.
実子(じっし) 실(생)자. 친자(식).
実姉(じっし) 실자. 친언니. 친누이.
実作(じっさく) (작품을) 실제로 만듦.
実在(じつざい) 실재. ♣**~論**(ろん) 실재론 / **~性**(せい) 실재성.
‖**~根拠**(こんきょ) 『哲』실재 근거.
~気体(きたい) 실재 기체.
実跡(じっせき) 실적. 실제 형적.
実積(じっせき) 실적. 실제 면적〔체적〕.
実績(じっせき) 실적.
実戦(じっせん) 실전.
実正(じっしょう)〈老〉진실. 틀림없음.
実情(じつじょう) 실정. 실상. 진정.
実定法(じっていほう) 『法』실정법.
実弟(じってい) 실제. 친아우.
実際(じっさい) ① 실제. ② 참으로. 정말로. ♣**~的**(てき) 실제적.
‖**~家**(か) 실제가. 실무가.
~風袋(ふうたい) 실제 포장물 중량.
実存(じつぞん) 『哲』실존.
‖**~分析**(ぶんせき) 『心』실존 분석.
~主義(しゅぎ) 『哲』실존주의.
~哲学(てつがく) 실존 철학. 현물.
実株(じつかぶ) 실주. 현주(現株). 주식의 현물.
実証(じっしょう) 실증. ♣**~性**(せい) 실증성 / **~的**(てき) 실증적.
‖**~主義**(しゅぎ) 실증주의.
実地(じっち) 실지.
‖**~検証**(けんしょう) 현장 검증.
~踏査(とうさ) 현장 답사.
実直(じっちょく) 실직. 성실 정직함.
実質(じっしつ) 실질. ♣**~的**(てき) 실질적.
‖**~価格**(かかく) 실질 가격. 실질 소득.
~国民所得(こくみんしょとく) 실질 국민

~犯(はん)〖法〗실질범. 결과범.
~賃金(ちんぎん) 실질 임금.
~残高効果(ざんだかこうか) 실질 잔고 효과.
実車(じっしゃ) ①실제 사용하는 차. ②손님을 태운 차.
実着(じっちゃく) 착실함.
実践(じっせん) 실천. ♣~的(てき) 실천적.
∥~躬行(きゅうこう) 실천 궁행.
~理性(りせい) 〖哲〗실천 이성.
実体 ㊀(じったい) 실체. ♣~鏡(きょう) 〖理〗실체경 / ~法(ほう) 실체법 / ~化(か) 실체화.
㊁(じってい) 〈老〉정직하고 성실함.
実測(じっそく) 실측.
実親(じつおや) 실부모. 친부모.
実親子(じっしんし) 〖法〗실친자.
実弾(じつだん) 실탄.
実態(じったい) 실태.
実包(じっぽう) 실포. (소총의) 실탄.
実学(じつがく) 실학. 실제 생활에 유용한 학문.
実害(じつがい) 실제 손해.
実行(じっこう) 실행. ♣~力(りょく) 실행력.
∥~未遂(みすい)〖法〗실행 미수.
~予算(よさん) 실행 예산.
実験(じっけん) 실험. ♣~台(だい) 실험대 / ~式(しき) 실험식 / ~的(てき) 실험적.
∥~科学(かがく) 실험 과학.
~動物(どうぶつ) 실험 동물.
~小説(しょうせつ) 실험 소설.
~心理学(しんりがく)〖心〗실험 심리학.
~音声学(おんせいがく)〖言〗실험 음성학.
~学校(がっこう) 실험 학교.
実現(じつげん) 실현. ♣~性(せい) 실현성.
実兄(じっけい) 실형. 친형.
実刑(じっけい) 실형.
実貨(じっか) 실화. 정화(正貨).
実話(じつわ) 실화.
実況(じっきょう) 실황.
∥~放送(ほうそう) 실황 방송.
実効(じっこう) 실효.
∥~価格(かかく) 실효 가격.
~湿度(しつど) 실효 습도.
~温度(おんど) 실효 온도.
~支配(しはい) 실효 지배. 실제로 살면서 지배함.

訓読
実し(まこと) 사실〔진실〕이다. 진실하다.
実しやか(まことしやか) 참말〔진짜〕 같음. 그럴듯함.
実にも(げにも)〈雅〉과연. 참으로.
実生(みしょう) 실생. (초목이) 씨에서 싹이 나서 자람. 또, 그 초목.
実生え(みばえ) ☞実生(みしょう).
実実しい(まめまめしい) (귀찮아하지 않고) 충실하고 부지런하다.
実入り(みいり) ①열매가 여묾. 결실. ②수입(収入).
❖実る(みのる) 열매 맺다. 여물다.
~ほど頭(あたま)の下(さ)がる稲穂(いな

ほ)かな 여물수록 머리를 숙이는 벼이삭.
実り(みのり) ①결실. ②소득. 성과.

| 9
六
教 | 室 | 집 실·방 실
シツ
むろ |

音読
室 ㊀(しつ) 실. ①방. ②귀인의 처.
㊁(むろ) ①외기를 막고 내부의 온도를 일정하게 유지시키는 구조물. ②산허리의 암실. ③〈雅〉승방. 「실내악.
室内(しつない) 실내. ♣~楽(がく)〖樂〗
∥~競技(きょうぎ) 실내 경기.
~遊戯(ゆうぎ) 실내 유희.
~装飾(そうしょく) 실내 장식.
室料(しつりょう) 방세. 방값.
室温(しつおん) 실온.
室外(しつがい) 실외.
室員(しついん) 방〔연구실·기숙사〕의 인원.
室長(しつちょう) 실장.

訓読
室咲き(むろざき) 온실에서 꽃을 피게 함. 또, 그 꽃.
室鯵(むろあじ)〖魚〗갈고등어.
室寿き(むろほき) 신축한 집을 축하함. 또, 그 말. *むろほぎ라고도 함.
室町幕府(むろまちばくふ)〖史〗足利尊氏(あしかがたかうじ)가 1338년에 京都(きょうと)室町에 개설한 幕府.
室町時代(むろまちじだい)〖史〗足利(あしかが)씨가 정권을 잡았던 시대(1338~1573).
室戸岬(むろとざき)〖地〗四国(しこく)의 室戸(むろと) 반도 끝에 있는 갑.

| 11
心 | 悉 | 갖출 실·다 실
シツ
ことごとく・つくす |

音読
悉皆(しっかい) ①실개. 남김없이. 모두. 죄다. ②〈古〉진실로. 정말로.
∥~屋(や) 염색·세탁업자. 또, 그 가게.
悉達多(しったるた)〖佛〗실달다.
悉曇(しったん)〖言〗①범어(梵語)의 자모(字母). ②범어(학).

訓読
悉く(ことごとく) 전부. 모두. 모조리.
其他
悉に(つぶさに) ①자세히. 구체적으로. ②빠짐없이. 고루. 모두.

| 17
虫 | 蟋 | 귀뚜라미 실
シツ |

其他
蟋蟀(ころぎす)〖蟲〗어리여치.

蟋蟀 ㊀(こおろぎ)〖蟲〗① 귀뚜라미. ②〈雅〉여치. *②는 きりぎりす로도 읽음.
㊁(しっしゅつ) 실솔. 귀뚜라미의 옛 이름. *しっそつ로도 읽음.
㊂(いとど)〈雅〉〖蟲〗① 곰등이. ② ☞ ㊀

심

| 4 心 敎 | 心 | 마음 심
シン
こころ・うら |

【音読】
心肝 ㊀(しんかん) 심간. 마음(속).
㊁(こころぎも) ① 마음. 가슴 속. ② 깊은 생각.
心経(しんぎょう)〖佛〗'般若心経(はんにゃしんぎょう)(=반야심경)'의 준말.
心境(しんきょう) 심경.
‖~小説(しょうせつ) 심경 소설.
心界(しんかい) 심계. 마음의 세계.
心計(しんけい) 심계. ① 마음속의 계산. ② 계획.
心悸(しんき) 심계. 심장의 고동.
‖~高進(こうしん) ⇨ 心悸亢進.
 ~昻進(こうしん) ⇨ 心悸亢進.
 ~亢進(こうしん)〖醫〗심계 항진.
心曲(しんきょく) 심곡. 마음속의 모든 것.
心骨(しんこつ) 심골. 마음과 뼈. 마음속.
心教(しんきょう)〖佛〗'禅宗(ぜんしゅう)(=선종)'의 딴이름.
心垢(しんく)〖佛〗심구. 번뇌.
心筋(しんきん)〖生〗심근. 심장 근육. ♣~炎(えん) 심근염 / ~症(しょう) 심근증.
‖~梗塞(こうそく) 심근 경색(증).
心気(しんき) 심기. 마음. ♣~症(しょう) 심기증.
‖~病(やみ) 마음이 울적하여 맑지 못하고 병처럼 되는 일. 또, 그런 사람.
 ~泣(なき) 어쩔 수 없는 안타까움으로 욺.
心技(しんぎ) 심기. 정신면과 기술・기능면.
心機(しんき) 심기.
‖~一転(いってん) 심기일전. 마음의 움직임이 바람직하게 일변함.
心囊(しんのう)〖生〗심낭.
心内(しんない) 심내. 마음속.
心内膜炎(しんないまくえん)〖醫〗심내막염. 심장 내막염.
心念(しんねん) 심념. ①〖佛〗마음. 생각. ② 마음으로 생각함.
‖~口称(こうしょう)〖佛〗심념 구칭. 마음으로 부처를 생각하고 염불을 외움.
心胆(しんたん) 심담. 마음.
心跳(しんちょう) 심장이 뛰는 일. 고동.
心頭(しんとう) 심두. 마음(속). 염두.
心慮(しんりょ) 심려. 사려.

心力(しんりょく) 심력. 마음의 움직임. 정신력. *しんりき로도 읽음.
心霊(しんれい) 심령. ♣~術(じゅつ) 심령술.
‖~修業(しゅぎょう) 심령 수업.
 ~現象(げんしょう) 심령 현상.
心労(しんろう) 심로. 정신적인 피로.
心療内科(しんりょうないか)〖醫〗심료 내과. 심리적 작용으로 내과적 질환을 치료하는 진료 과목.
心理(しんり) 심리. ♣~劇(げき) 심리극 / ~的(てき) 심리적 / ~戦(せん) 심리전 / ~学(がく) 심리학.
‖~検査(けんさ) 심리 검사.
 ~描写(びょうしゃ) 심리 묘사.
 ~言語学(げんごがく) 심리 언어학.
 ~療法(りょうほう) 심리 요법.
 ~主義(しゅぎ) 심리주의.
心裡(しんり) ⇨ 心裏(しんり).
心裏(しんり) 심리. 마음속.
心裡留保(しんりりゅうほ)〖法〗심리 유보.
心膜(しんまく)〖生〗심막. 심낭(心囊).
♣~炎(えん) 심낭염.
心命(しんめい) 심명. 마음과 목숨.
心木(しんぎ) ① 굴대. ② 중심이 되는 버팀.
心目(しんもく) 심목. ① 마음과 눈. ② 사물의 가장 중요한 부분.
心門(しんもん)〖生〗심문. 혈액이 심장으로 출입하는 문.
心拍(しんぱく) 심박. 심장의 고동. ♣~動(どう)〖生〗심박동.
心搏(しんぱく) ⇨ 心拍(しんぱく).
心房(しんぼう)〖生〗(심장의) 심방.
‖~細動(さいどう) 심방 세동.
心配(しんぱい) ① 걱정. 근심. 심려. ② 배려. 주선.
‖~性(しょう) 사소한 일에도 고민하며 걱정하는 성질.
心伏(しんぷく) ⇨ 心服(しんぷく).
心服(しんぷく) 심복.
心腹(しんぷく) 심복. ① 가슴과 배. ② 마음속. 흉중. ③ 믿을 수 있는 부하.
㊁(こころばら) 생각. 기분.
心棒(しんぼう) ① 굴대. 회전축. ② 활동의 중심 (인물).
心腑(しんぷ) 마음. 가슴과 장부(臟腑).
心不全(しんふぜん)〖醫〗심부전.
心仏(しんぶつ)〖佛〗심불. 사람의 마음이 곧 부처라는 뜻.
心事(しんじ) 심사. 심중에 생각하고 있는 일.
心思(しんし) 심사. 마음. 생각.
心射図法(しんしゃずほう)〖地〗심사 도법.
心喪(しんそう) 심상.
心象(しんしょう) 심상. 이미지.
心像(しんぞう)〖心〗심상. 이미지.
心緒(しんしょ) 심서. 심사(心事). 심기(心気). *しんしょ의 관용음.
心線(しんせん)〖電〗심선. 전선・코드 따위의 중심부에 있는 도선.

心性 ㊀(しんせい) 심성. 마음. 천성.
㊁(しんしょう)〖佛〗심성. 변하지 않은 참된 마음.
心髄(しんずい) 심수. ①중심이 되는 골수. ②중심. 중추.
心術(しんじゅつ) ①마음씨. 마음가짐. ②〖哲〗심술. 행위·동기가 발생하는 근본.
心矢(しんや) 말뚝을 박는 기계의 일종.
心食い虫(しんくいむし) 과수나 야채 따위의 해충.
心身(しんしん) 심신. 마음과 몸. ＊예전에는 しんじん으로도 읽음. ♣〜症(しょう) 심신증.
‖〜関係(かんけい) 심신 관계.
〜相関(そうかん) 심신 상관.
〜医学(いがく) 심신 의학.
〜障害児(しょうがいじ) 심신 장애아.
〜障害者(しょうがいしゃ) 심신 장애인.
㊁(しんみ) 심신. 마음과 몸. 전신.
心神(しんしん) 심신. 마음. 정신.
‖〜耗弱(こうじゃく) 심신 박약〔모약〕.
〜喪失(そうしつ) 심신 상실.　「반부.
心室(しんしつ)〖生〗심실. 심장 내부의 하
‖〜細動(さいどう) 심실 세동.
心眼(しんがん) 심안. 사물을 관찰·식별하는 마음의 작용.
㊁(しんげん)〖佛〗수행으로 터득한 지혜.
心易(しんえき) 심역. 역점(易占)의 하나.
心奥(しんおう) 마음의 깊은 속.
心窩(しんか)〖生〗심와. 명치.
心外(しんがい) 심외. 의외(意外). 어처구니없음.
㊁(しんげ) 심외. ①마음 밖. ②마음이 미치지 않는 곳.
心友(しんゆう) 심우. 서로 마음을 터놓고 지내는 친구.
心猿(しんえん) 심원. 욕정이 불타 올라 억제하지 못함을 원숭이에 비유한 말.
心願(しんがん) 심원. 염원(念願).
心月(しんげつ)〖佛〗심월. (도(道)를 깨달은) 맑은 마음을 밝은 달에 비유한 말.
心音(しんおん)〖醫〗심음. 심장의 고동 소
‖〜不整(ふせい) 심음 부정.　　　└리.
心意(しんい) 심의. 마음. 정신.
心耳(しんじ) 심이. ①마음과 귀. 마음으로 들음. ②〖生〗심방(心房). 심장 내부의 상반부. └しんに로도 읽음.
心印(しんいん)〖佛〗심인.
心因(しんいん) 심인. 정신적 원인.　「응.
‖〜性反応(せいはんのう)〖醫〗심인성 반
〜性疾患(せいしっかん) 심인성 질환.
心字池(しんじいけ)'心'자의 초서(草書) 모양으로 만들어진 일본 정원의 연못.
心雑音(しんざつおん)〖醫〗심잡음.
心張り(しんばり) 心張り棒(しんばりぼう)의 준말. 문·창문이 열리지 않도록 버티는 버팀목.
心腸(しんちょう) 심장. 마음속.

心臓(しんぞう) ①심장. 염통. ②(조직 등의) 중심부. ③〈俗〉배짱. 뱃심. ♣〜病(びょう)〖醫〗심장병.
‖〜麻痺(まひ) 심장 마비.
〜肥大(ひだい)〖醫〗심장 비대.
〜神経症(しんけいしょう)〖醫〗심장 신경증.
〜移植(いしょく) 심장 이식.　　　└증.
〜弁膜症(べんまくしょう)〖醫〗심장 판막
心の臓(しんのぞう)〖生〗심장.
心材(しんざい) 심재(나무의 적갈색의 단단한 중심부).　　　　　　　　　「도 읽음.
心底(しんそこ) 심저. 마음속. ＊しんてい로
心的(しんてき) 심적.
‖〜外傷(がいしょう) 심적〔정신적〕 외상.
心電図(しんでんず)〖醫〗심전도.
心切り(しんきり) 타고 남은 초의 심지를 잘라내는 도구.
心情(しんじょう) 심정. ♣〜的(てき) 심정
‖〜倫理(りんり) 심정 윤리.　　　　└적.
心停止(しんていし) 심정지. 심장의 박동이 멈추어 심장으로부터 혈액이 나오지 않게 되는 상태.
心操(しんそう) 심조. 마음의 준비.
心柱(しんばしら) ①건축물 특히, 불탑 등의 중심이 되는 기둥. ②天理教(てんりきょう)의 통솔자.
心の柱(しんのはしら) ☞ 心柱(しんばしら).
心中(しんじゅう) ①정사(情死). ②함께 죽음. 동반 자살함.
‖〜立て(だて) 애인끼리의, 또는 남에 대한 의리·약속을 끝까지 지킴.
〜物(もの) 정사를 다룬 浄瑠璃(じょうるり) 및 歌舞伎狂言(かぶききょうげん).
〜尽く(ずく) 상대에 대한 신의·애정을 관
㊁(しんちゅう) 심중. 마음속.　　└철시킴.
心即理(しんそくり)〖哲〗심즉리.
心証(しんしょう)〖法〗심증.
心止め(しんどめ) 과수(果樹) 따위의 줄기 끝을 잘라 성장을 막는 일.
心志(しんし) 심지. 뜻.　　　　　「한 목재.
心持ち材(しんもちざい) 수심(樹心)을 포함
心疾(しんしつ)〖醫〗심질. 마음의 피로로 일어나는 질환.
心尖部(しんせんぶ)〖生〗심첨부.　「신체.
心体 ㊀(しんたい) 심체. 마음과 몸. 정신과
㊁(しんてい) 심체. 마음씨. 마음가짐.
心礎(しんそ) 심초. 불탑 등의 중심 기둥의
心酔(しんすい) 심취.　　　　　　└석.
心打ち(しんうち) 寄席(よせ)에서, 맨 나중에 출연하는 인기 있는 출연자.　　　「흙.
心土(しんど)〖農〗심토. 표토 밑층의 새로운
心痛(しんつう) 심통. 근심. 걱정함.
心肺(しんぱい) 심폐. ①심장과 폐. ②'人工心肺(じんこうしんぱい)(=인공 심폐)'의 준
心皮(しんぴ)〖植〗심피.　　　　└말.
心下痞硬(しんかひこう)〖漢醫〗심하 비경. 명치 언저리가 메어서 답답한 상태.
心学(しんがく) 심학. ①중국 송대(宋代)의

유학. ②江戸(えど) 시대에 신(神)·유(儒)·불(佛) 셋을 융합한 일종의 서민 도덕 교육.
心行(しんぎょう) 《佛》 마음의 작용.
心血(しんけつ) 심혈. 모든 정열.
心魂 ㊀(しんこん) ①심혼. (온)정신. ②골. ㊁(こころだましい) ①의식(意識). ②사려. 궁리. 생각.
㊂(こころだま) ①정신. 마음. 혼. ②배짱. 담력. ③영혼.
心火(しんか) 심화.
心懐(しんかい) 심회. 마음속으로 생각하는
心胸(しんきょう) 심흉. 마음.   ㄴ일.
訓読
心 ㊀(こころ) 마음. ①느낌. 기분. ②의사. 의지. ③생각. 의향. ④정성.
〜の鬼(おに) ①양심의 가책. ②번뇌·질투하는 마음.
〜の糧(かて) 마음의 양식(성경 등).
〜の闇(やみ) 마음의 미망(迷妄). 「뜻밖.
〜の外(ほか) ①마음에도 없음. ②생각 밖.
〜の友(とも) 심우. ①진실한 벗. ②마음의 위로가 되는 것.
〜の丈(たけ) 마음의 깊이. 마음의 전부.
〜の底(そこ) 마음속.
〜の占(うら) 예감. 예상.
㊁(ごころ) 《接尾語로》 …마음. …기분.
㊂(しん) ①마음. 정신. ②심. 심지. ③중심. ④《接尾語로》 …심.
㊃(うら) 《接頭語로》 어쩐지. 왠지 모르게.
心から(こころから) 진정(진심)으로. 충심으로. ＊しんから로도 읽음.
心して(こころして) 정신 차려서. 조심하여.
心しらい(こころしらい) 〈老〉 배려. 심려.
心する(こころする) 조심(주의)하다.
心づから(こころづから) 자기 마음에서. 자기 의지로. 자발적으로.
心づま(こころづま) 마음에 정해 둔 배우자. ＊여자는 '心妻', 남자는 '心夫'로 썼음.
心と(こころと) 자기 생각으로.
心ならずも(こころならずも) ①본의 아니게. 할 수 없이. 마지못해. ②나도 모르게. 무심결에.   ㄴ적으로.
心より(こころより) ①마음속에서. ②자발
心覚え(こころおぼえ) ①기억하고 있음. 기억. ②잊지 않도록 표를 해 둠.
心強い(こころづよい) 마음 든든하다.
心見え(こころみえ) 속마음이 드러남.
心遣い(こころづかい) 마음을 씀. 걱정함. 심려(心慮). 배려.
心遣り(こころやり) ①심심풀이. 소창(消暢). 기분 전환. 위안. ②동정.
心競べ(こころくらべ) 서로 고집을 부림.
心苦しい(こころぐるしい) ①미안해서 마음이 괴롭다. ②〈古〉 가엾다. 애처롭다.
心掛かり(こころがかり) 염려. 마음에 걸림.
心掛け(こころがけ) 마음가짐.   ㄴ격정.
心掛ける(こころがける) 항상 주의하다. 유의하다. 명심하다.

心驕り(こころおごり) 우쭐함. 만심(慢心).
心疚しい(こころやましい) ①꺼림칙하다. ②초조하다.
心構え(こころがまえ) 마음의 준비. 각오.
心根(こころね) 마음의 본바탕. 심지. 마음씨. ＊しんこん으로도 읽음.
心急く(こころせく) 마음만 다급해지다. 마음이 조급해지다.
心暖まる(こころあたたまる) 마음이 훈훈해지다. 마음이 흐뭇해지다.
心当たり(こころあたり) 짐작. 짐작 가는 곳. 짚이는 곳.
心当て(こころあて) ①추측. ②믿음. 의지함. 기대.
心待ち(こころまち) 은근히 기다림. 기대.
心得(こころえ) ①마음가짐. ②(어느 정도의) 기능을 지님. 소양. 지식. 이해. ③(미리) 주의해야(지켜야) 할 사항.   ㄴ도.
‖**〜顔**(がお) 짐짓 아는 체함. 또, 그런 태
〜違い(ちがい) ①도리에 어긋난 생각·행동. ②잘못 생각. 오해.
心得る(こころえる) 알다. ①(어느정도) 납득(이해)하다. 소양이 있다. ②익숙하다.
心恋し(うらごいし) 마음속으로 그리워함. 왠지 모르게 그립다.
心劣り(こころおとり) 예상보다 못함.
心頼み(こころだのみ) 기대함. 마음으로 의지함. 또, 의지되는 사람.
心利(こころど) 기력. 굳건한 마음.
心淋しい(こころさびしい) 어쩐지 쓸쓸하다. ＊こころさみしい·こころざみしい·うらさびしい로도 읽음.
心立て(こころだて) 마음씨. 성품.
心忙しい(こころぜわしい) 마음이 조급하다. 마음이 쓰여 안절부절못하다.   ㄴ하다.
心面白い(こころおもしろい) 즐겁다. 유쾌
心無い(こころない) ①생각이 모자라다. 사려·분별이 없다. ②매정하다. 인정이 없다.
心密かに(こころひそかに) 마음속으로 몰래. 은근히.   ㄴ장단.
心拍子(こころびょうし) 마음속으로 맞추는
心配り(こころくばり) 마음을 씀. 배려.
心変わり(こころがわり) ①변심. 변덕. ②〈古〉 미침.
心柄(こころがら) ①마음씨. ②자신의 마음가짐이 원인이 되어 생긴 결과. 자업자득.
心付く(こころづく) ①생각 나다. 생각이 미치다. 깨닫다. ②〈古〉 철이 들다.
心付け(こころづけ) ①정표. 행하(行下). 팁. ②주의시킴. ③연구(聯句)를 붙이는[만드는] 방법의 하나.
心付ける(こころづける) ①조심하다. ②행하를[팁을] 주다.
心付き無し(こころづきなし) 〈古〉 마음에 들지 않다. 싫다. 재미없다.
心悲しい(うらがなしい) 어쩐지 슬프다. 서글프다.
心算用(こころさんよう) 속셈. 꿍꿍이속.

心設け(こころもうけ) 마음속으로 준비함. 속셈.
心成しか(こころなしか) 마음〔생각〕 탓인지. 그래서 그런지.
心細い(こころぼそい) 어쩐지 마음이 안 놓이다〔허전하다〕. 불안하다. 허수하다.
心勝り(こころまさり) ① 기대했던 것보다 나음. ② 보기보다 마음씨가 나음〔견실함〕.
心心 ㊀(こころごころ) 각자의 마음. 각자.
㊁(しんしん) 心心寸法의 준말.
‖**〜寸法**(すんぽう) 기둥의 중심에서 중심까지의 거리.
心安 ㊀(こころやす) ① 친한 사이임. 흉허물 없는 사이임. ② 안심임. 염려없음.
㊁(うらやす) 마음이 편안한 모양. 걱정이 없는 모양. 평화로움.
心安い(こころやすい) ① 친한 사이다. 흉허물없는 사이다. ② 안심되다. 염려없다.
心安らか(こころやすらか) 마음이 편안함.
心安立て(こころやすだて) (아주) 흉허물〔스스럼〕없음. 무간함. 「다.
心惹かれる(こころひかれる) 마음이 끌리
心弱い(こころよわい) 마음이 약하다. 정에 무르다.
心様(こころざま) 기질. 성격. 마음씨.
心延え(こころばえ) ① 마음이 지향하는 바. 의향. 배려. ② 풍정(風情). 운치.
心葉(こころば) ① 마음. 성품. ② 금실·은실·색실 등으로 만들어 선물 등에 곁들이는 장식품.
心誤り(こころあやまり) ① 오해. 잘못 생각함. ② 마음이 흔들림. ③ 기분이 언짢아짐.
心隈(こころぐま) 마음에 응어리짐.
心憂い(こころうい) 마음이 괴롭다. 매정스럽다. 불유쾌하다.
心元(こころもと) 앞가슴.
心有る(こころある) ① 분별이 있는. 사리를 이해하는. 풍류를 이해하는. ② 인정이 있는. (상대에) 이해하는.
心有り気(こころありげ) ① 무언가 생각에 잠기거나 사연이 있는 것 같은 모양. ② 풍류를 알 수 있을 것 같은 마음.
心意気(こころいき) 기상(氣象). 의기(意氣). (하고자 하는) 마음가짐. 의향. 의지.
心異(こころこと) ① 마음이 변한 모양. ② 두드러짐. 보통이 아님.
心移り(こころうつり) 마음이 변함. 흥미〔취미〕가 변함.
心一杯(こころいっぱい) 마음껏.
心任せ(こころまかせ) 임의(任意). 마음대로임. 마음에 맡김.
心入れ(こころいれ) ① 정성 어린 마음씨〔충고〕. 배려. ② 집착심. 깊이 마음먹음.
心残り(こころのこり) 마음에 걸림. 유감. 미련(未練).
心匠(こころだくみ) 마음속으로 이것저것 궁리함. 속셈. 「거슬림.
心障り(こころざわり) 염려. 걱정. 비위에

心丈夫(こころじょうぶ) 마음 든든함.
心寂しい(こころさびしい) 어쩐지 쓸쓸하다〔허전하다〕. *こころさみしい·うらさびしいにも 읽음.
心積もり(こころづもり) 속셈. 예정. 심산(心算). 「가짐.
心掟(こころおきて) 〈古〉 ① 결심. ② 마음
心静かに(こころしずかに) 조용한 마음으로. 차분한 마음으로.
心組み(こころぐみ) 마음가짐. 생각.
心走り(こころばしり) 마음이 설렘.
心做しか(こころなしか) ⇨ 心成しか(こころなしか).
心憎い(こころにくい) ① (훌륭해서) 얄미울 정도다. ② 그윽하다. 정취가 있다. 마음이 끌린다.
心知り(こころしり) ① 서로 마음을 알고 있는 모양. 또, 그런 사람. 친지. ② 사정을 잘 알고 있는 모양. 또, 그런 사람.
心持ち(こころもち) ① 마음. 생각. 기분. ② 기분상으로 조금. 약간.
心支度(こころじたく) 마음의 준비.
心尽くし(こころづくし) ① 정성을〔성의를〕 다함. ② 〈古〉 마음을 졸임. 애태움.
心次第(こころしだい) 마음대로임.
心添え(こころぞえ) 주의. 충고. 「복.
心祝い(こころいわい) 심축. 마음으로의 축
心恥ずかしい(うらはずかしい) 어쩐지 부끄럽다. 쑥스럽다.
心置き(こころおき) ① 거리낌. 격의(隔意). ② 걱정. 염려.
‖**〜無い**(ない) 거리낌없다.
〜無く(なく) ① 거리낌없이. ② 걱정없이.
心馳せ(こころばせ) 〈雅〉 ① 마음씨. 성질. ② 깊은 배려. 생각이 깊음. 「모양.
心閑か(こころのどか) 조용하고도 한가로운
心行かし(こころゆかし) 기분 전환. 위안.
心行かせ(こころゆかせ) ☞ 心行かし(こころゆかし).
心行き(こころゆき) ① 마음이 향하는 쪽. 마음가짐. ② 기분이 풀림. 만족함.
心行く(こころゆく) 흡족하다. 마음에 차다.
心向け(こころむけ) 의향. 생각. 「志).
心許り(こころばかり) 약간의 성의. 촌지(寸
心許無い(こころもとない) ① 어쩐지 불안하다〔염려되다〕. ② 〈古〉 안타깝게 기다려지다. 안타깝다. *うらもとないにも 읽음.
心賢しら(こころさかしら) 지나치게 약게 굶. 똑똑한 체함. 「ろがかり).
心懸かり(こころがかり) ⇨ 心掛かり(ここ
心惑い(こころまどい) 의향. 마음이 미혹됨.
心化粧(こころげそう) 상대방이 호감을 갖도록 마음속의 준비를 함.
心確か(こころたしか) 생각이 확고한 모양.
心後れ(こころおくれ) 마음이 켕김. 마음이 위축됨. 「킴.
心休め(こころやすめ) 마음을 달램. 안심시
心嬉しい(こころうれしい) 기쁘다.

沁・芯・甚・深

其他➡

心算(つもり) ①심산. (속)셈. 예정. 작정. 의도(意圖). *しんさん으로도 읽음. ②…한 셈. ③기대.
心地(ここち) ①기분. 마음. ②〈古〉마음. 느낌. 생각.
∥**～好い**(よい) 기분이 상쾌하다〔좋다〕.
㊁(ごこち)《動詞連用形에 붙어》…한〔했을 때의〕기분.
㊂(しんじ) ①심《떠나 웃깃 속에 넣는 빳빳한 천》. ②『佛』심지. (깨닫는) 마음.
心天(ところてん) ⇨ 心太(ところてん).
心太 ㊀(ところてん) 우무.
∥**～突き**(つき) 우무를 넣고 막대로 밀어서 가늘게 뽑아내는 통.
～式(しき) ①뒤에서 밀려 저절로 앞으로 나아가는 일. ②아무런 수고 없이 다음 단계로 나아감.
～草(ぐさ)『植』'天草(てんぐさ)(=우뭇가사리)'의 딴이름.
㊁(こころぶと) ①☞心太草. ②☞㊀.

| 7 | 沁 | 뺄 심
シン
しみる |

訓読➡

沁む(しむ) 〈文〉 ①스며들다. ②물들다. 젖다.
沁み沁み(しみじみ) ①마음속에 깊이 느끼는 모양. ②조용하고 침착한 모양.

| 8 | 芯 | 골풀 심
シン |

音読➡

芯(しん) ①심. 심지. ②가지 끝에 자라는 싹〔눈〕.
芯切り(しんきり) 타고 남은 초의 심지를 잘라내는 도구. 「한 천.
芯地(しんじ) 심. 떠나 웃깃 속에 넣는 빳빳
芯鉄(しんがね) 도검(刀劍)을 벼릴 때, 심으로 넣는 비교적 연한 철.

| 9
甘
常 | 甚 | 심할 심
ジン
はなはだ・はなはしい・いたい |

音読➡

甚句(じんく) 7·7·7·5의 4구(句)로 된 일본 민요의 하나.
甚大(じんだい) 심대. 몹시 큼.
甚兵衛(じんべい) ⇨ 甚平(じんべい).
甚暑(じんしょ) 심서. 혹서. 심한 더위.
甚深(じんしん) 심심. 매우 뜻이 깊음.
甚雨(じんう) 심우. 심하게 오는 비. *ひさめ로도 읽음.

甚助(じんすけ)〈俗〉정욕이 왕성하고 질투심이 강한 성질. 또, 그런 남자.
甚平(じんべい) 길이가 짧고 소매가 없으며 앞에서 여미어 끈으로 매는 여름 옷. *じんべえ로도 읽음.

訓読➡

甚く(いたく)〈雅〉대단히. 몹시.
甚し(いたし)〈文〉①아프다. ②괴롭다. ③애처롭다. 가엾다.
甚だ(はなはだ) 매우. 몹시. 심히.
甚だしい(はなはだしい) (정도가) 심하다. 대단하다. 「둥치다.
甚振る(いたぶる)〈俗〉공갈 쳐서 빼앗다.

其他➡

甚麼(いんも) 이와 같이. 어떻게. 어떠한.

| 11
氵
教 | 深 | 깊을 심
シン・ジン
ふかい・ふかまる・ふかめる・ふかす・ふける・み |

音読➡

深刻(しんこく) ①심각. ②〈古〉극히 잔인한〔끔찍한〕모양. ♣**～化**(か) 심각화.
∥**～小説**(しょうせつ)〈文〉사회와 인간의 비참한 상황을 그린, 1907년 이후의 소설.
深更(しんこう) 심경. 심야. 한밤중.
深耕(しんこう) 심경. 땅을 깊이 갊.
深谷 ㊀(しんこく) 심곡. 깊은 골짜기.
㊁(みたに)'谷(たに)(=골짜기)'의 미칭. 또, 깊은 골짜기.
深交(しんこう) 심교. 정분이 깊은 교제.
深究(しんきゅう) 심구. 깊이 연구함.
深宮(しんきゅう) 심궁. 깊고 그윽한 궁전.
深閨(しんけい) 심규. 깊숙한 곳에 있는 부녀자의 침실.
深潭(しんたん) 심담. 심연. 깊은 못.
深大(しんだい) 심대. 깊고도 큼.
深度(しんど) 심도. 깊이(의 정도).
深悼(しんとう) 심도. 마음속 깊이 슬퍼함.
深冷(しんれい) 심랭. 극저온(極低溫)으로 냉각하는 일.
∥**～分離**(ぶんり) (기체의) 심랭 분리.
～処理(しょり) 심랭 처리. 서브제로(sub-zero) 처리.
深慮(しんりょ) 심려. 깊은 생각(사려).
∥**～遠謀**(えんぼう) 심려 원모.
深裂(しんれつ)『植』심렬.
深緑(しんりょく) 심록. 짙은 초록색. 갈매. *ふかみどり로도 읽음. 「풀.
深林(しんりん) 심림. 초목이 무성한 깊은 수
深謀(しんぼう) 심모. 깊이 생각한 끝에 세운 계략.
∥**～遠慮**(えんりょ) 심모 원려. 먼 장래를 내다보며 생각함. 또, 그 생각·계략.
深妙(しんみょう) 심묘. 깊고 오묘함.
深密(しんみつ) 심밀. 생각이 깊고 빈틈이 없음. 「심층 지진.
深発地震(しんぱつじしん)『地』심발 지진.

深房(しんぼう) 심방. 깊숙한 곳에 있는 방.
深碧(しんぺき) 심벽. 암청색.
深部(しんぶ) 심부.
‖~感覚(かんかく) 심부 감각.
深秘(じんぴ) 〖佛〗심비. 심오한 뜻.
深思(しんし) 심사. 깊이 생각함.
深謝(しんしゃ) 심사. 깊이 감사[사과]함.
深山 ㊀(しんざん) 심산.
㊁(みやま) ①산의 미칭. ②깊은 산. ♣~颪(おろし)〖地〗재넘이. 「과.
深色効果(しんしょくこうか)〖化〗심색 효
深雪 ㊀(しんせつ) 심설. 깊이 쌓인 눈.
㊁(みゆき) ①눈의 미칭. ②깊이 쌓인 눈.
深省(しんせい) 심성. 깊이 반성하는 일.
深成岩(しんせいがん)〖地〗심성암.
深愁(しんしゅう) 심수. 깊은 시름.
深邃(しんすい) 심수. ①(지형이) 깊고 으슥함. ②(학문·예술 등이) 심오함.
深識(しんしき) 심식. 깊은 견식.
深信(じんしん) 심신. 깊은 믿음의 마음.
深心(じんしん)〖佛〗심심. ①믿음이 깊은 마음. ②묘리(妙理)와 선도(善道)를 구하는 마음. 「깊음.
深甚(しんじん) 심심. (뜻이나 마음이) 매우
深深(しんしん) ①밤이 깊어가는 모양. 이슥한 모양. ②심심. 깊고 깊음.
深愛(しんあい) 심애. 깊이 사랑함.
深夜(しんや) 심야.
‖~業(ぎょう) 심야업. 심야 노동.
深夜叢書(しんやそうしょ)〖册〗심야 총서 《프랑스의 문예 총서》.
深淵(しんえん) 심연.
深奥(しんおう) 심오. 깊고 오묘함.
深憂(しんゆう) 심우. 깊은 근심[우려].
深怨(しんえん) 심원. 깊은 원한.
深遠(しんえん) 심원. 매우 심오한 모양.
深意(しんい) 심의. 깊은 뜻.
深長(しんちょう) 심장. 깊고 긺.
深切(しんせつ) 친절(親切). 「는 마음.
深情(しんじょう) 심정. 상대를 깊이 생각하
深重(しんちょう) 심중. ①깊이가 있고 무거운 모양. ②여러 겹으로 겹침.
深旨(しんし) 심지. 깊은 뜻.
深知(しんち) 심지. 속 깊은 지혜.
深智(しんち) ⇨ 深知(しんち).
深窓(しんそう) 심창. 깊숙한 방.
深浅(しんせん) 심천. 깊고 얕음.
深層(しんそう) 심층. ♣~流(りゅう)〖地〗심층류.
‖~構造(こうぞう)〖文法〗심층 구조.
~面積(めんせき)〖心〗심층 면적.
~心理学(しんりがく) 심층 심리학.
深沈(しんちん) 심침. 동요하지 않고 침착한 모양.
深痛(しんつう) 심통. 몹시 슬퍼함.
深閑(しんかん) 심한(森閑). 아무 소리도 없이 매우 고요한 모양.
深海(しんかい) 심해. ♣~魚(ぎょ) 심해

어/~底(てい) 심해저.
‖~成層(せいそう) 심해 성층.
~探査機(たんさき) 심해 탐사기.
深玄(しんげん) 심현.
深呼吸(しんこきゅう) 심호흡.
深紅(しんく) 심홍. 진홍색. 짙은 붉은 빛.
＊しんこうろも 읽음.
深化(しんか) 심화. 깊어짐. 깊게 함.
深厚(しんこう) 심후. (인정이나 마음이) 깊고 두터움.
深黒(しんこく) 심흑. 짙은 검정 빛.

🟥訓読
深(み)《接頭語로》구조(句調)를 고르거나 아름답게 표현하는 데에 쓰는 말.
深かす(ふかす) 밤늦도록 안 자다.
深ける(ふける) 깊어지다. 이슥해지다.
深まる(ふかまる) 깊어지다.
深める(ふかめる) 깊게 하다.
❖深い(ふかい) ①깊다. ②심하다. ③(빛깔 따위가) 짙다. ④(초목 등이) 우거지다.
深さ(ふかさ) 깊이.
深み(ふかみ) ①깊은 곳. ②깊이. 깊은 맛.
深間(ふかま) ①(물이) 깊은 곳. ②남녀의 정분이 매우 깊음. 「딴이름.
深見草(ふかみぐさ)〖植〗〈雅〉모란(牡丹)의
深沓(ふかぐつ) ⇨ 深靴(ふかぐつ).
深読み(ふかよみ) 문장이나 남의 언동·표현 등의 뜻을 깊이 생각함.
深目(ふかめ) 약간 깊은 듯함.
深傷(ふかで) ⇨ 深手(ふかで).
深手(ふかで) 깊은 상처. 중상.
深水管理(ふかみずかんり) 논의 수심을 깊게 하여 벼이삭을 보호, 관리함. 「이.
深深と(ふかぶかと) 매우 깊은 모양. 깊숙
深野(ふかの) 풀이 높게 우거진 들판.
深入り(ふかいり) (지나치게) 깊이 들어감〔관계함〕.
深紫(ふかむらさき) 짙은 보라색.
深場(ふかば) 수심이 깊은 곳.
深田(ふかだ) 깊고 질척한 논.
深填り(ふかはまり) 어떤 일에 깊이 빠져 헤어나지 못함.
深井(ふかい) 심정. 깊은 우물.
深情け(ふかなさけ) 이성에 대한 깊은 애정.
深井戸(ふかいど) 깊은 우물.
深爪(ふかづめ) 손톱을 바싹 깊이 깎음.
深酒(ふかざけ) 과음(過飲).
深追い(ふかおい) 끈덕지게 깊이 쫓음.
深酔い(ふかよい) 몹시 취함.
深播き(ふかまき) 파종 후 복토를 두텁게 함.
深編笠(ふかあみがさ) (얼굴이 푹 가려지게) 운두가 깊은 삿갓.
深靴(ふかぐつ) 목이 긴 신. 부츠.

12
寸
常
尋(尋)
물을 심·찾을 심
ジン
たずねる・つね・ひろ

尋問(じんもん) 신문(訊問).
尋訪(じんぽう) 심방. 방문하는 일.
尋思(じんし) 심사. 깊이 생각하는 일.
尋常(じんじょう) 심상. 보통. 예사로움.
∥~茶飯(さはん) 예사로운 일.
~小学校(しょうがっこう)〖敎〗심상 소학교《일본 구제도의 초등 학교》.
~一樣(いちよう) 보통과 별로 다름이 없음. 범상(凡常).
尋所(じんしょ) ☞尋承(じんじょう).
尋承(じんじょう) 안내하는 일. 또, 그 사람.

〖訓讀〗
尋 ㊀(ひろ) 물의 깊이나 새끼줄 등의 길이의 단위《약 1.8 m》. 길. 발.
㊁(じん). 길이의 단위《고대 중국에서는 8자, 일본서는 5자 또는 6자의 길이》.
❖尋ねる(たずねる) ①방문하다. ②(소재·발자취를) 찾다. 더듬다. ③묻다.
尋ね(たずね)《'お~'의 꼴로》찾음. 물음. 질문. 수색.
尋ね当てる(たずねあてる) 찾아서 있는 곳을 알아내다. 「는 물건.
尋ね物(たずねもの)〈老〉(분실 등으로) 찾
尋ね人(たずねびと) 심인.(행방·거처를 몰라) 찾는 사람.
尋ね者(たずねもの) 수사 기관으로부터 수배받고 있는 사람〔범인, 용의자〕.
尋ね合わせる(たずねあわせる) 물어서 확인하다. 문의하다. 조회하다.

〖其他〗
尋いで(ついで) ①뒤이어. 잇따라서. ②그
尋む(とむ)〈古〉묻다. 물어 찾다. 「다음에.
尋め行く(とめゆく)〈雅〉찾으러 가다. 찾아가다.

| 13 木 | 椹 | 오디 심
チン・ジン
さわら |

〖訓讀〗
椹(さわら)〖植〗화백나무.

| 15 宀 ㊇ | 審 | 살필 심·자세할 심
シン
つまびらか |

〖音讀〗
審(しん)《接尾語로》…심. 재판의 심리.
審決(しんけつ) 심결. 심리하여 결정함.
審級(しんきゅう)〖法〗심급.
∥~制度(せいど)〖法〗심급 제도.
審理(しんり) 심리.
審問(しんもん) 심문.
審美(しんび) 심미. ♣~眼(がん) 심미안 / ~的(てき) 심미적 / ~学(がく) 심미학.
審査(しんさ) 심사.
審尋(しんじん)〖法〗심문(審問). 자세하게 심문하는 일.
審議(しんぎ) 심의. ♣~会(かい) 심의회.
∥~未了(みりょう) 심의 미료.
審察(しんさつ) 심찰. 상세히 조사하는 일.
審判(しんぱん) 심판. 판결. ♣~官(かん) 심판관 / ~台(だい) 심판대 / ~員(いん) (경기) 심판(원).
∥~不開始(ふかいし) 가정 법원이 소년 보호 사건을 조사한 후 심판할 필요가 없다고 인정될 때 내리는 결정.
~委員(いいん) (일본 씨름의) 심판원.
~離婚(りこん) (가정 법원에서) 심판 이혼.
審らか(つまびらか) 자세함. 소상(昭詳)함.

| 16 艹 | 蕈 | 버섯 심
ジン
きのこ |

〖訓讀〗
蕈(きのこ)〖植〗버섯.

| 20 金 | 鐔 | 날밑 심·날밑 담
タン
つば |

〖訓讀〗
鐔(つば) ①날밑. ②(모자의) 차양. ③솥전.

| 23 魚 | 鱏 | 가오리 심
シン・ジン
えい |

〖訓讀〗
鱏(えい)〖魚〗가오리.

| 23 魚 | 鱘 | 철갑상어 심
ジン |

〖其他〗
鱘魚(ちょうざめ)〖魚〗용상어.

십

| 2 十 ㊍ | 十 | 열 십
ジュウ・ジッ
とお・と |

〖音讀〗
十 ㊀(じゅう) 십. ①열. ②전부. 전체.
㊁(とお) 열. 10. 열살.
㊂(と)《接頭語로》십. 열.
㊃(つづ)〈雅〉①십. 열. ②〈俗〉잘못하여 19의 뜻으로 쓰임.
㊄(そ)〈雅〉십. 열.

十脚目(じっきゃくもく)〖動〗십각목.
十干(じっかん) 십간. 천간(天干).
十傑(じっけつ) 십걸. 어떤 분야에서 빼어난
十戒(じっかい)〖佛〗십계. ㄴ열 사람.
十界(じっかい)〖佛〗십계. 사성(四聖)과 육
 범(六凡).
十誡(じっかい)〖基〗십계명.
十口(じっこう) 10명. 10인 가족. 「니.
十九文(じゅうくもん) 싸구려 물건. 잡동사
‖~屋(や) 江戸(えど) 시대에, 싸구려 잡화
 를 19문 균일가로 팔았던 노점.
十金(じっきん) ① 황금 10근. ② 황금 2백
 냥. ③ 황금 10냥.
十年選手(じゅうねんせんしゅ) 선수로서
 10년을 지낸 사람. 전하여, 한 가지 일에 오
 래 종사한 사람.
十年一昔(じゅうねんひとむかし) 10년이
 면 한 옛날〔강산도 변함〕.
十年一日(じゅうねんいちじつ) 10년을 하
 루같이 꾸준함의 형용.
十念(じゅうねん)〖佛〗십념. 十念称名의 준
‖~称名(しょうみょう)〖佛〗십념 칭명.
 나무아미타불을 열 번 염불함.
十能(じゅうのう) 부삽.
十代(じゅうだい) 십대. ① 11세에서 19세
 까지의 연령층. ② 열 번째의 대(代). ③ 10대
 (동안).
十大弟子(じゅうだいでし)〖佛〗(석가모니
 의) 십대 제자.
十德(じっとく) 옛날, 학자·의사·화가 등
 이 입던 나들이옷의 하나. *じゅっとくえ로도
 읽음.
十の島(じゅうのしま) 바보. 천치《平仮名
 (ひらがな) 'あほ'의 두 글자를 분해하여 '十
 のしま'로 읽은 것》.
十両(じゅうりょう) ① 열 냥. ② (일본) 씨
 름꾼 계급의 하나.
十力(じゅうりき)〖佛〗십력. 부처만이 지닌
 열 가지 초인적인 지력(智力).
十万億土(じゅうまんおくど)〖佛〗십만 억
 토. 극락 세계.
十枚目(じゅうまいめ) 일본 씨름에서, 十両
 (じゅうりょう)의 정식 명칭.   〔견해〕.
十目(じゅうもく) 중목(衆目). 뭇사람의 눈
十文字(じゅうもんじ) 십자(모양). *と
 もじ로도 읽음.
十方(じっぽう)〖佛〗시방. 온갖 방향.
‖~世界(せかい) 시방 세계. 전세계.
十番切り(じゅうばんぎり) ① 결투 등에서,
 열 명을 베어 쓰러뜨리는 일. ② 曾我(そが) 형
 제가 원수를 갚고 나서 十番切り를 한 것을 각
 색한 연극.
十歩之内(じっぽのうち) 거리(距離)가 가까
 움을 이름. 가까운 거리.
十分(じゅうぶん) 십분. 충분.
‖~条件(じょうけん) 충분 조건.
十分一(じゅうぶんいち) ① 10분의 1. ② 十
 分一銀의 준말.

‖~銀(ぎん) 江戸(えど) 시대, 양자 결연·
 고용살이·차용 등의 경우 중개인에게 주던,
 지참금·급료·차용액의 1/10의 수수료.
十分の一税(じゅうぶんのいちぜい)〖史〗
 십분의 일세. 십일조(十一租). *「도 읽음.
十死(じっし) 살 가망이 없음. *じゅっしに
十四日年越し(じゅうよっかとしこし) 음
 력 1월 15일을 小正月(こしょうがつ)라고 하
 여 그 전날인 14일을 송구 영신으로 축하하는
 일.
十三(じゅうさん) ① 십삼. 열셋. ② 거미의
 별말. ♣~仏(ぶつ)〖佛〗십삼불 / ~宗(しゅ
 う) 십삼종.
‖~経(ぎょう)〖册〗십삼경. 중국의 열세
 가지 경서(經書).
~階段(かいだん) 십삼 계단. 교수대《계단
 이 열셋이므로》.
~里(り) 'さつまいも(=고구마)' 또는 'やき
 いも(=군고구마)'의 딴이름.
~束三つ伏せ(ぞくみつぶせ) 긴 화살.
~夜(や) ① 십삼야. ② 음력 9월 13일 밤. 또, 그 밤의 달.
~詣り(まいり) ⇨ 十三参り.
~月(がつ) 십삼월《12월의 다음 달이라는
 뜻에서》1월. 정월.
~参り(まいり) 음력 3월 13일(지금은 4월
 13일)에 13살이 된 소년·소녀가 복덕·지혜
 등을 기원하며 허공장보살에게 참배하는 일.
~塚(づか) 십삼총. 13개 내외의 무덤이 나
 란히 있는 유적.
~七つ(ななつ) (음력 13일 저녁 7점〔=오
 후 4시경〕의 달이라는 뜻에서》아직 젊다는 뜻.
~回忌(かいき)〖佛〗십삼회기. 죽은 지 13
 년째의 기일.
十善(じゅうぜん) 십선. ①〖佛〗십악(十惡)
 을 하지 않고 범하지 않음. ② 천자·천황의 일컬
 음. ♣~戒(かい)〖佛〗십선계.
~の君(きみ) 십선지군. 천자.
~の王(おう) 십선지왕.
~の主(あるじ) 십선지주.
~の天位(てんい) 천자의 자리. 「리.
‖~万乗(ばんじょう) 십선 만승. 천자의 자
十手 ㊀(じって) 江戸(えど) 시대에, 포리
 (捕吏)가 방어·타격용으로 휴대한 쇠막대.
 ㊁(じっしゅ) 십수. 열 사람의 손.
十数(じゅうすう) 십수. 열 남짓.
十乗(じゅうじょう) 十乗観法의 준말.
‖~観法(かんぽう)〖佛〗십승 관법. 지관
 (止觀) 십승.
十室之邑(じっしつのゆう) 극히 작은 마을.
 인가가 10채 정도의 마을.
十悪(じゅうあく) 십악.
十夜(じゅうや)〖佛〗十夜念仏의 준말.
‖~念仏(ねんぶつ) 주로 정토종(淨土宗)에
 서, 음력 10월 6일부터 15일까지 십주야 동
 안 염불을 하는 불공.
十薬(じゅうやく)〖植〗'蕺草(どくだみ)(=
 삼백초(三白草))'의 딴이름.

十五年戦争(じゅうごねんせんそう) 십오년 전쟁. 만주 사변(1931년)에서 중·일 전쟁, 태평양 전쟁을 거쳐 1945년 패전에 이르는 일본의 15년간의 대외 전쟁의 총칭.
十五夜(じゅうごや) 십오야. ① 음력 8월 15일 밤. ② 음력 보름 밤.
十五日粥(じゅうごにちがゆ) 정월 보름날 아침에 먹는 팥죽《한 해의 병을 막는다고 함》.
十腕類(じゅうわんるい) 〖動〗 십완목(十腕目)《오징어과(科) 따위》.
十王(じゅうおう) 〖佛〗 시왕. 저승에 있다고 하는 십(十)대 왕.
∥**~の庁**(ちょう) 〖佛〗 시왕청. 시왕이 저승에 거처하는 곳. 명부(冥府)
十牛図(じゅうぎゅうず) 〖佛〗 십우도. 심우도(尋牛圖).
十月(じゅうがつ) 시월.
∥**~革命**(かくめい) 〖史〗 10월 혁명.
㊁(とつき) 열 달.
十有五(じゅうゆうご) 15세. 10과 5.
十六(じゅうろく) 십륙. 열여섯.
∥**~羅漢**(らかん) 〖佛〗 십육 나한.
~大角豆(ささげ) 〖植〗 광저기의 일종.
~武蔵(むさし) ➾ 十六六指.
~分音符(ぶおんぷ) 〖樂〗 16분 음표.
~六指(むさし) 고누의 한 가지.
~進法(しんほう) 〖數〗 십육진법.
十義(じゅうぎ) 십의. 인륜의 지위에 따라 행해야 할 열 가지 의리.
十二(じゅうに) 십이. 열둘. ♣**~律**(りつ) 〖樂〗 12 율 / **~天**(てん) 〖佛〗 십이천.
∥**~経**(けい) 〖漢醫〗 십이 경락(經絡).
~宮(きゅう) 〖天〗 황도(黃道) 12궁.
~単(ひとえ) 옛날 여관(女官)들의 정장.
~列国(れっこく) 〖史〗 (춘추) 십이 열국. 중국 춘추 시대의 12열국.
~牧(ぼく) 순(舜)시대 12주(州)의 장관.
~分(ぶん) 십이분. 충분함.
~使徒(しと) 〖基〗 십이 사도. 열두 제자.
~束三つ伏せ(そくみつぶせ) 약간 긴 화살.
~月(つき) 12월. 섣달.
~か月(かげつ) 12 개월. 1년간.
~因縁(いんねん) 〖佛〗 십이 인연.
~支(し) 십이지. 지지(地支).
~辰(しん) ☞ 十二支.
~進法(しんほう) 〖數〗 12 진법.
~表法(ひょうほう) 〖史〗 십이표법. 십이 동판법(銅板法).
十二音(じゅうにおん) 〖樂〗 12 음. ♣**~階**(かい) 〖樂〗 12 음계.
∥**~音楽**(おんがく) 〖樂〗 12 음 음악.
十二指腸(じゅうにしちょう) 〖生〗 십이지장. ♣**~虫**(ちゅう) 십이지장충.
∥**~潰瘍**(かいよう) 〖醫〗 십이지장 궤양.
十人並み(じゅうにんなみ) (용모나 재능이) 보통 정도임. 평범함.
十人十色(じゅうにんといろ) 십인십색. 각인각색.
十一 ㊀(じゅういち) ① 11. ② 〖鳥〗 매사촌.

㊁(といち) 〈俗〉 열흘 동안에 1 할의 고리(高利).
十一面観世音(じゅういちめんかんぜおん) 〖佛〗 십일면 관세음.
十一月(じゅういちがつ) 11월. 동짓달.
∥**~革命**(かくめい) 〖史〗 십일월 혁명. 시월 혁명.
十字(じゅうじ) 십자. ♣**~架**(か) 십자가 / **~軍**(ぐん) 십자군 / **~路**(ろ) 십자로 / **~石**(せき) 〖鑛〗 십자석 / **~火**(か) 십자(포)화.
∥**~街**(がい) 십자가. 십자로. 네거리.
~砲火(ほうか) 〖軍〗 십자 포화.
~懸垂(けんすい) 십자 현수. 십자 매달리기.
~花(か) 〖植〗 십자화. ♣**~科**(か) 〖植〗 겨잣과(科).
~花冠(かかん) 〖植〗 십자(형) 화관.
十姉妹(じゅうしまつ) 〖鳥〗 십자매. *じゅうしまいろ도 읽음.
十全(じゅうぜん) 십전. 만전. 아주 완전함.
十種(じっしゅ) 십종. *とくさろ도 읽음.
∥**~競技**(きょうぎ) 십종 경기.
~香(こう) 이름난 열 가지의 향. 또, 그것을 몇 가지씩 합친 것. *じっしゅごう·じしゅごうろ도 읽음.
十柱戯(じっちゅうぎ) 십주희. 볼링.
十重禁(じゅうじゅうきん) 〖佛〗 십중금계.
十中八九(じっちゅうはっく) 십중팔구. 대개. *じゅうちゅうはっくろ도 읽음.
十指(じっし) 십지. 10개의 손가락. 양손가락 또는 양발가락.
十進法(じっしんほう) 십진법.
十進分類法(じっしんぶんるいほう) 십진 분류법《도서 분류법의 하나》.
十哲(じってつ) 십철. 어떤 문하에서 뛰어난 10명의 제자.
十七(じゅうしち) 십칠. 열일곱.
∥**~文字**(もじ) (17 자로 이루어진) 俳句(はいく)의 딴이름. 「서의 총칭.
~史(し) 십칠사. 중국의 열일곱 가지 역사.
~条憲法(じょうけんぽう) 飛鳥(あすか)시대에, 聖徳太子(しょうとくたいし)가 제정한 법률.
~帖(じょう) 십칠첩. 왕희지(王羲之)의 초서체 편지를 모은 법첩(法帖).
~八(はち) 10 중 7이나 8. 「의 기일.
~回忌(かいき) 십칠 회기. 죽은 지 17년째
十把一絡げ(じっぱひとからげ) 함께 다룸. 통틀어 취급함.
十八(じゅうはち) 십팔. 열여덟. ♣**~金**(きん) 십팔금 / **~物**(もつ) 〖佛〗 십팔물.
∥**~公**(こう) '솔'의 이칭《松자를 파자(破字)한 뜻》. *じゅうはっこうろ도 읽음.
~羅漢(らかん) 〖佛〗 십팔 나한.
~般(じゅうはっぱん) (중국의) 십팔기. 또, 무예 전반.
~史略(しりゃく) 〖冊〗 십팔사략.
~宗(じゅうはっしゅう) 십팔종. 일본 불교의 18 종파.

什・辻・双

訓読
- 十拳(とつか) ⇨ 十握(とつか).
- 十筋右衛門(とすじうえもん) 머리숱이 적은 사람을 놀림조로 하는 말. ＊とすじえもん으로도 읽음.
- 十返り(とかえり) 열 번을 되풀이함.
- 十百万(とっぴゃくまん) 엄청나게 많은 수.
- 十束(とつか) ⇨ 十握(とつか).
- 十握(とつか) 열 주먹 정도의 길이.
- 十五三(とおごうさん) 과세 포착률(捕捉率)이, 급여 소득은 10 할, 자영업은 5 할, 농업은 3 할 정도라는 뜻의 속칭.
- 十月十日(とつきとおか) 열 달 열흘. 태아가 모태 안에 있는 기간.
- 十日(とおか) 10 일간. 초열흘.
- 十重二十重(とえはたえ) 이중 삼중. 겹겹.
- 十千万(とちまん) 수・양이 대단히 많음. 거만(巨萬).
- ‖ 〜両(りょう) 대단히 많은 금액.
- 十寸(とき) 말의 키 5 척(尺)을 이름《寸(き)는 옛 길이의 단위》.

其他
- 十路(そじ) 나이를 헤아릴 때 10 년을 일컫는 말. ＊くやろに도 읽음.
- 十六夜(いざよい) 음력 16 일 밤. ＊じゅうろ
- 十八番 ㊀(おはこ) ①장기. 특기. ②버릇. ㊁(じゅうはちばん) 십팔번. 가장 뛰어난 장기(長技).

什 イ 4
열 십・세간 집
ジュウ

音読
- 什具(じゅうぐ) 집구. 집기.
- 什器(じゅうき) 집기. (가정) 집물.
- 什物(じゅうもつ) 집물. 집기.
- 什宝(じゅうほう) 가보로서 소중히 하는 기물(器物). 「우두머리.
- 什長(じゅうちょう) 병졸 열사람 가운데의

其他
- 什麼(そも) ☞ 什麼生(そもさん).
- 什麼生(そもさん) 『佛』어떠냐. 자, 어떤가. 선종(禅宗)에서 대담과 설명을 재촉할 때 쓰는 말.

逆音
- 家什(かじゅう) 가집. 가장 집물.
- 新什(しんじゅう) 신집. 새로 장만한 기물.
- 篇什(へんじゅう) 편집. 시가(詩歌). 또, 시가의 편장(篇章).

辻 辶 6 ㊐
네거리 (십)
つじ

訓読
- 辻(つじ) ①네거리. 십자로. ②길가. 길거리. 가두. 노상(路上).
- 辻駕籠(つじかご) 옛날, 길가에서 기다리고 있다가 손님을 태우던 가마.
- 辻強盗(つじごうとう) 노상 강도.
- 辻講釈(つじこうしゃく) 옛날, 노상(路上)에서 군담(軍談)을 들려주고 돈을 받던 일.
- 辻君(つじぎみ) 옛날, 밤거리의 매춘부.
- 辻談義(つじだんぎ) 설법사[설교사] 등이 길거리에서 설법하는 일.
- 辻堂(つじどう) 길가의 작은 불당(佛堂).
- 辻待ち(つじまち) 노상에서 손님을 기다림.
- 辻馬車(つじばしゃ) 길목에서 손님을 태우는 마차.
- 辻番(つじばん) 辻番所(つじばんしょ)의 준말. 江戸(えど) 시대, 시중의 무가(武家) 주택 근처를 경비하던 파수막. 또, 그 파수꾼.
- 辻商い(つじあきない) (길가의) 노점상.
- 辻説法(つじせっぽう) 길가에서 오가는 사람에게 하는 설법. 가두 설교. 「마술.
- 辻芸(つじげい) 거리에서 공연하는 곡예나
- ‖ 〜人(にん) 거리의 광대・마술사.
- 辻占(つじうら) ①점패가 써 있는 종이 조각. ②길흉의 전조[조짐].
- ‖ 〜売り(うり) 유곽 거리에서 점패가 써 있는 종이 조각을 파는 일. 또, 그 사람.
- 〜煎餅(せんべい) 점패를 적은 종이를 넣고 둥글게 만 전병.
- 辻店(つじみせ) 길거리의 노점.
- 辻祭り(つじまつり) 마을 안이나 마을 어귀에서 마을 신이나 지장보살을 위해 벌이는 마을굿.
- 辻芝居(つじしばい) 길거리에 천막 등을 치고 흥행하는 간단한 연극.
- 辻車(つじぐるま) 길가에서 손님을 기다리는 인력거.
- 辻札(つじふだ) (금지 사항을 적어) 네거리에 세웠던 팻말.
- 辻斬り(つじぎり) 옛날, 무사가 칼을 시험하거나 검술을 수련하기 위해 밤거리에 나가 행인을 베던 일. 또, 그 사람.
- 辻褄(つじつま) 사리(事理). 도리(道理).
- 辻風(つじかぜ) 회오리바람. 선풍.

逆訓
- 四つ辻(よつつじ) 네거리. 십자로.

쌍

双(雙) 又 4 ㊀
쌍 쌍
ソウ
ふた・ならぶ・ふたつ

音読
- 双(そう) ①쌍. 짝. ②견줌. ③쌍〔짝・벌〕을

이룬 것을 세는 말.
双脚(そうきゃく) 쌍각. 두 다리.
双殻類(そうかくるい) 〖貝〗 쌍각류.
双肩(そうけん) 쌍견. 양어깨.
双曲面(そうきょくめん) 〖數〗 쌍곡면.
双曲線(そうきょくせん) 〖數〗 쌍곡선.
‖**~航法**(こうほう) 쌍곡선 항법.
双鉤(そうこう) 쌍구. ①운필법의 한 가지. ②글씨의 윤곽만 가는 선을 그어 베끼는 일.
双球菌(そうきゅうきん) 〖醫〗 쌍구균.
双極子(そうきょくし) 〖理〗 쌍극자.
双対の原理(そうついのげんり) 〖數〗 쌍대의 원리.
双瞳(そうとう) ①한 눈 안에 두 개의 눈동자가 있음. ②양안(兩眼). *そうどうろもと 읽음. 「비행기.
双胴機(そうどうき) 쌍동기. 동체가 2개인
双胴船(そうどうせん) 쌍동선.
双頭(そうとう) 쌍두.
‖**~の鷲**(わし) 쌍두의 독수리《두 권력자를 비유한 말》
双涙(そうるい) 쌍루. 두 눈에서 흐르는 눈
双輪(そうりん) 쌍륜. 「물.
双林(そうりん) 〖佛〗 쌍림. 사라 쌍수(沙羅雙樹).
双眸(そうぼう) 쌍모. 두 눈(동자).
双墓(そうぼ) 쌍묘. 두 개의 원분(圓墳)이 나란히 접하게 있는 분묘.
双務(そうむ) 쌍무.
‖**~契約**(けいやく) 쌍무 계약.
~貿易(ぼうえき) 쌍무 무역.
双無し(そうなし) 견줄 만한 것이 없음. 견줄 만한 것이 없을 만큼 뛰어남. 「미인.
双美(そうび) 쌍미. ①둘 다 아름다움. ②두
双発(そうはつ) 쌍발. ♣**~機**(き) 쌍발기.
双方(そうほう) 쌍방.
‖**~寡占**(かせん) 쌍방 과점.
~代理(だいり) 쌍방 대리.
~独占(どくせん) 쌍방 독점.
~行為(こうい) 쌍방 행위.
双方向(そうほうこう) 쌍방향. ♣**~性**(せい) 쌍방향성.
‖**~通信**(つうしん) 쌍방향 통신.
双璧(そうへき) 쌍벽.
双鬢(そうびん) 좌우 양쪽의 살쩍.
双生(そうせい) 쌍생. ♣**~児**(じ) 쌍생아.
双棲(そうせい) 쌍서. 자웅(雌雄) 또는 부부가 같이 사는 일.
双声(そうせい) 쌍성. 한자(漢字) 두 자로 된 숙어에서, 각 글자의 첫 자음이 같은 일.
双手(そうしゅ) 쌍수.
双袖(そうしゅう) 쌍수. 양쪽 소매.
双数(そうすう) 쌍수. ①고대 인도유럽어(語) 등에서, 특히 두 개 또는 한 쌍의 것을 나타내는 수. ②〖言〗 두 개 또는 한 쌍의 사물(事物)을 복수와 구별하여 문법상 따로 취급하는 용어.
双翅類(そうしるい) 〖蟲〗 쌍시류. 파리목.

双十節(そうじゅうせつ) (대만의) 쌍십절 《10월 10일》.
双児(そうじ) 쌍둥이.
双蛾(そうが) 쌍아. 미인의 고운 두 눈썹.
双眼(そうがん) 쌍안. 양쪽 눈. ♣**~鏡**(きょう) 쌍안경.
双魚(そうぎょ) 쌍어. ①두 마리의 고기. ②편지. 신서(信書).
双腕(そうわん) 쌍완. 두 팔.
双円墳(そうえんぷん) 〖考〗 쌍원분.
双翼(そうよく) 쌍익. ①양 날개. ②좌우 양쪽의 부대(部隊).
双子葉(そうしよう) 〖植〗 쌍자엽. 쌍떡잎.
‖**~類**(るい) 〖植〗 쌍자엽류. 쌍떡잎류.
~植物(しょくぶつ) 〖植〗 쌍자엽 식물. 쌍떡잎식물.
双絶(そうぜつ) 쌍절. 둘 다 비할 수 없이 뛰어남.
双晶(そうしょう) 〖鑛〗 쌍정.
双紙(そうし) ①맨 책. ②江戸(えど) 시대의 대중 소설. ③습자 연습장. ④초고.
双清(そうせい) 쌍청. 동양화의 화제(畫題)의 하나. 매화에 수선을 배합한 그림.
双軸結晶(そうじくけっしょう) 쌍축 결정. 광축(光軸)을 두 가지는 결정.
双親(そうしん) 쌍친. 양친. 부모.
双胎(そうたい) 쌍태. 한 태(胎) 안에 두 태아가 있음.
双幅(そうふく) 쌍폭. 한 쌍의 족자.
双懸果(そうけんか) 〖植〗 쌍현과. 현수과(懸瘦果). 현과(懸果)《미나리·인삼 등의 열
双頰(そうきょう) 쌍협. 양쪽 뺨. 「매》.
双黒点(そうこくてん) 쌍흑점. 태양면(太陽面)에 한 쌍으로 되어 나타나는 흑점.

〖訓読〗
双葉(ふたば) ①떡잎. ②사물의 시초. 사람의 어린 시절. ♣**~葵**(あおい) 〖植〗 제비꽃.
双子(ふたご) 쌍둥이. 쌍생아. ♣**~栗**(ぐり) 쌍동밤./**~座**(ざ) 〖天〗 쌍둥이자리.

〖其他〗
双六(すごろく) 쌍륙. 주사위 놀이.
双本(ひたもと) 일본의 和歌(わか) 형식의 하나《상구(上句)와 하구(下句)가 각각 5·7·7로 합해서 6구로 됨》.
双向き(もろむき) 이쪽 저쪽으로 향함.

〖逆音〗
無双(むそう) ①무쌍. ②의복·기구 따위의 안팎을 같은 재료로 만듦.
半双(はんそう) 반쌍. 한 쌍의 반.
一双(いっそう) 한 쌍. 한 벌.

씨

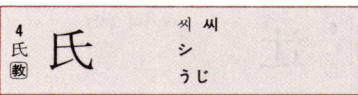

氏 911

음독
氏名 ㊀(しめい) 씨명. 성명.
㊁(うじな) 성(姓).
氏譜(しふ) 씨보. 씨족의 족보.
氏姓(しせい) 성씨.
∥～制度(せいど) 성씨 제도.
氏族(しぞく) 씨족.
∥～共同体(きょうどうたい) 씨족 공동체.
～社会(しゃかい) 씨족 사회.
～制度(せいど) 씨족 제도.

훈독
氏 ㊀(うじ) ①가계(家系)를 나타내는 명칭. 성(姓). ②가문(家門). ③씨족. ④《接尾語로》〈雅〉…씨.
㊁(し) 씨. ①성씨 대신 쓰는, 상대방을 가리키는 높임말. ②《接尾語로》성에 붙이는 높임말.
氏系図(うじけいず) ①그 집안의 가계도. ②가문. 문벌.
氏文(うじぶみ) 씨족의 유래나 조상의 공적(功績) 등을 기록한 문서.
氏寺(うじでら) 왕조 시대에 권문들이 자기들 일족의 명복을 빌기 위하여 세운 절.
氏素姓(うじすじょう) ⇨ 氏素性(うじすじょう). 「내력.
氏素性(うじすじょう) 가문. 문벌. 집안과
氏神(うじがみ) ①씨족신(神). ②(그) 고장의 수호신.
氏人(うじびと) 상고(上古) 시대의 씨족 제도에서 씨족을 구성하는 사람.
氏子(うじこ) 같은 씨족신을 모시는 고장에 태어난 사람들. 「들.
∥～中(じゅう) 같은 씨족신을 모시는 사람
氏の宗(うじのそう) 종가(宗家).

역음
名氏(かくし) 제씨(諸氏). 여러분.
同氏(どうし) 동씨. 그 분.
某氏(ぼうし) 모씨. 어떤 분.
両氏(りょうし) 양씨. 두 분.
彼氏(かれし) 그이. 임.

아

4 牙 어금니 아·대장기 아
ガ·ゲ
きば

音読
牙関緊急(がかんきんきゅう)〖醫〗교근(咬筋)의 경련으로 입이 열리지 않는 상태.
牙旗(がき) 아기. 천자(天子)나 대장이 있는 곳에 세우는 깃발.
牙保(がほ) ①거간. 중개. ②〖法〗장물의 중개 행위.
牙商(がしょう) 중매인(仲買人). 거간꾼.
牙城(がじょう) 아성. 본거지.
牙営(がえい) 아영. 대장이 있는 진영.
牙音(がおん)〖言〗아음.
牙彫(げちょう) 상아를 재료로 하는 조각.
牙軸(げじく) 족자나 두루마리의 상아로 된 축.
牙虫(がむし)〖蟲〗물땅땅이.
牙歯(がし) 동물의 엄니.
牙行(がこう) 아행. 아인(牙人).

訓読
牙(きば) 엄니.
牙偏(きばへん) 한자 부수의 하나; 어금니아 변.

其他
牙儈(すあい) 아쾌. 물품 매매 중개업을 하는 사람. 또, 그 중개료.

7 二 常 亜(亞) 버금 아·아세아 아
ア
つぐ

音読
亜綱(あこう)〖生〗아강.
亜高木(あこうぼく)〖植〗아교목(亞喬木).
亜高山帯(あこうざんたい)〖地〗아고산대.
亜科(あか)〖生〗아과.
亜灌木(あかんぼく)〖植〗아관목.
亜喬木(あきょうぼく)〖植〗아교목.
亜欧(あおう) 아구. 아시아와 유럽.
亜国(あこく)〖地〗아르헨티나.
亜鈴(あれい) 아령.
亜流(ありゅう) 아류.
亜硫酸(ありゅうさん)〖化〗아황산. ♣〜塩(えん)〖化〗아황산염. 〜산 가스.
亜硫酸ガス(ありゅうさんガス)〖化〗아황

亜麻(あま)〖植〗아마.
亜麻糸(あまいと) 아마사.
亜麻色(あまいろ) 연한 황갈색.
亜麻仁(あまに) 아마인. 아마의 씨. ♣〜油(ゆ) 아마인유.
亜目(あもく)〖生〗아목. 동식물 분류에서, 목(目)의 아래, 과(科)의 위에 둔 한 단계.
亜門(あもん)〖生〗아문.
亜砒酸(あひさん)〖化〗아비산. 無水亜砒酸(むすいあひさん)의 통칭. 「식 이름.
亜相(あしょう) 大納言(だいなごん)의 중국
亜聖(あせい) 아성. 성인 다음가는 대현.
亜成層圏(あせいそうけん) 아성층권.
亜鉛(あえん) ①아연. ②〈俗〉함석. ♣〜板(ばん) 아연판.
‖〜中毒(ちゅうどく) 아연 중독. 「록판.
〜凸板(とっぱん)〖印〗아연 철판. 아연 볼
亜熱帯(あねったい) 아열대.
‖〜降雨林(こううりん)〖地〗아열대 강우림.
〜高気圧(こうきあつ)〖氣〗아열대 고기
〜高圧帯(こうあつたい)〖地〗아열대 고 「압대.
〜気候(きこう) 아열대 기후.
〜植物(しょくぶつ) 아열대 식물.
亜音速(あおんそく)〖理〗아음속. ♣〜流(りゅう)〖理〗아음속류.
亜低木(あていぼく)〖植〗아관목(亞灌木).
亜族(あぞく)〖理〗아족. 분족(分族).
亜種(あしゅ)〖生〗아종.
亜硝酸(あしょうさん)〖化〗아질산.
亜炭(あたん) 아탄. 탄화도(炭化度)가 낮은 하등 석탄.
亜土壌(あどじょう) 아토양. 완전히 풍화(風化) 분해되지 않은 토양.
亜寒帯(あかんたい) 아한대. ♣〜林(りん) 아한대림.
‖〜植物(しょくぶつ) 아한대 식물.

訓読
亜(つぐ) ①뒤를 잇다. ②다음가다. 버금가다.

其他
亜細亜(アジア)〖地〗아시아.
‖〜開発銀行(かいはつぎんこう) 아시아 개발 은행. 「기 대회.
〜競技大会(きょうぎたいかい) 아시아 경
〜生産性機構(せいさんせいきこう) 아시아 생산성 기구.
〜水牛(すいぎゅう) 인도 원산의 물소.
〜太平洋経済社会委員会(たいへいよう けいざいしゃかいいいんかい) 아시아 태평

太平洋経済協力会議(たいへいようけいざいきょうりょくかいぎ) 아시아 태평양 경제 협력 회의. 에이펙(APEC).
亜爾然丁(アルゼンチン)〖地〗아이연정. 아르헨티나.

児(兒) 아이 아 / ジ・ニ・ゲイ / こ

音読

児女(じじょ) 아녀. ①여자 어린이. ②어린이들. 남아와 여아. 자녀.
児童(じどう) 아동. ♣~**劇**(げき) 아동극 / ~**期**(き) 아동기 / ~**画**(が) 아동화.
‖~**売春**(ばいしゅん) 아동 매춘. 어린이를 돈을 주고 성의 대상으로 하는 행위.
~**文学**(ぶんがく) 아동 문학.
~**福祉法**(ふくしほう) 아동 복지법.
~**福祉司**(ふくしし) 어린이 상담소의 직원《아동 복지법에 따라, 어린이와 어머니의 건강·보호 따위를 다룸》.
~**扶養手当**(ふようてあて) 아동 부양 수당. 부친과 생계를 달리하는 아이의 모친·양육자에게 나라가 지급하는 수당.
~**手当**(てあて) 아동 수당. 자녀 수당.
~**心理学**(しんりがく) 아동 심리학.
~**語**(ご) 어린이말.
~**自立支援施設**(じりつしえんしせつ) 아동 자립 지원 시설. 갱생할 필요가 있는 18세 미만의 소년·소녀를 수용 지도하는 시설.
児憲章(けんしょう) 어린이 헌장.
児斑(じはん) 소아반. 몽고반.
児孫(じそん) 아손. 자손.
児戯(じぎ) 아희. 아이들의 놀이(장난).

訓読

児 ㊀(こ) ①자식. ②아이.
㊁(ちご) ①젖먹이. 유아. ②신사(神社)나 사찰의 축제 때 예쁜 옷을 입고 행렬에 참가하는 어린이. └하는 어린이.
㊂(やや)〈方〉갓난아이.
児等(こら) 아이들.

其他

児童衆(わらし)〈東北方〉어린이.
児手柏(このてがしわ)〖植〗측백나무.

我 나 아 / ガ / われ・わ

音読

我見(がけん) 아견. 자기만의 편협한 견해.
我流(がりゅう) 아류. 자기류. └아집.
我利(がり) 아리. 사리(私利). 「사람.
‖~**我利**(がり) 자기 잇속만 차림. 또, 그런
~**我利亡者**(がりもうじゃ) 제 잇속만 차리는 자《욕으로 쓰는 말》. 「者.
~**我利坊主**(がりぼうず) ☞我利我利亡

我慢(がまん) ①참음. 견딤. ②용서함. (너그럽게) 봐줌. 「집쟁이.
‖~**者**(もの) ①참을성이 많은 사람. ②고
我鳴る(がなる)〈俗〉고함 치다. 꽥꽥 소리 지르다.
我武者羅(がむしゃら) 무슨 일을 앞뒤 생각 없이 덮어놓고 함. 또, 그 모양.
我武者者(がむしゃもの) (앞뒤 생각 없이) 무턱대고 하는 사람.
我勢(がせい) ⇨我精(がせい).
我心(がしん) 아심. ①자신의 마음. ②자아에 도취된 마음.
我言(がげん) ①자기만의 일방적인 좁은 의견·견지. ②〖佛〗아집(我執).
我欲(がよく) 아욕. 자기만을 위하는 욕망.
我慾(がよく) ⇨我欲(がよく).
我意(がい) 고집.
我田引水(がでんいんすい) 아전인수.
我精(がせい) ①오기(傲氣)가 강함. 고집이 셈. ②몸을 돌보지 않고 열심히 일함.
我執(がしゅう) 아집.

訓読

我 ㊀(われ) 나. 자신.
㊁(わ)〈雅〉①나. 자신. ②'너'의 뜻으로 친근하게 또는 경멸하여 부를 때 쓰는 말.
㊂(が) 자기 생각이나 의지. 자기 본위의 생각. └각. 아집.
我が(わが) 나의. 우리의.
我から(われから)〈雅〉스스로. 자진해서.
我こそは(われこそは) 나는. 나로 말하면.
我と(われと) ①스스로. ②저절로.
我にもあらず(われにもあらず) ①자기답지도 않게. ②자기도 모르게. 본의 아니게.
我が家(わがや) 자기 집. 내 집. *わがいえ 로도 읽음.
我が国(わがくに) 우리 나라.
我男(おおとこ) 남자를 친근하게 또는 경멸하는 투로 부르는 말. 너.
我女 ㊀(わおんな) 여자를 친근하게 또는 경멸하는 투로 부르는 말. 너.
㊁(わじょ) 여성을 친근하게 부르는 말. 그대. 당신.
我女郎(わじょろう) ☞我女(わじょ).
我党(わがとう) ①나. ②너. 「리 당.
我が党(わがとう) ①자기 동료. 동지. ②우
我等(われら) ①우리. 우리들. ②〈俗·方〉그대들. 너희들.
我妹(わぎも)〈雅〉옛날에 남자가 자매·연인·처 등 친한 여자를 친근하게 부르던 말.
‖~**子**(こ)〈雅〉☞我妹.
我にも無く(われにもなく) ①자기(나)답지도 않게. ②본의 아니게. 무의식중에.
我が物(わがもの) 내 것.
‖~**顔**(がお) ①제 것인 양 행세하는 모양. ②제 세상인 양 거리낌없이 굶.
我が方(わがほう) 아방. 우리측. 아군.
我が邦(わがほう) ☞我が国(わがくに).
我が背(わがせ) ☞我が夫(わがつま).
我が輩(わがはい) 남자의 제1인칭. ①나.

본인. 이 사람. ② 우리들. ＊わがともがらとも 읽음.
我が背子(わがせこ)〈雅〉서방님. 내 낭군.
我が夫(わがつま)〈雅〉(내) 낭군. ＊わがせ로도 읽음.
我不関焉(われかんせずえん) 오불관언. 나는 상관이 없다. 나는 모른다.
我乍ら(われながら) 나로서도. 나 스스로도. 내가 한 일이지만.
我が事(わがこと) 내 일. 나에게 직접 관계 있는 일.
我上臈(わじょうろう) 귀인의 자녀를 친근하게 부르는 말. 아씨. 아가씨. 아기씨.
我先(われさき) ⇨ 我勝ち(われがち).
我が宿(わがやど)〈雅〉내 집(마당).
我僧(わそう) 승려를 친하게 부르는 말.
我勝ち(われがち) 남에게 지지 않으려고 각자 앞을 다투는 모양.
我が身(わがみ) ① 자신의 몸. ② 자기 자신(의 처지). ③〈古〉㉠나. ㉡너(손아랫사람에 씀).
我我(われわれ) 우리들.
我は顔(われはがお) 자만[자부]하는 얼굴.
我語り(われがたり) (묻지도 않는데) 자기 신세를 제품에 이야기함.
我御女(わごじょ) 여성을 친근하게 부르는 말. 그대. 임자.
我御料(わごりょ)〈雅〉대등하거나 또는 손아래 남녀를 친근하게 부르던 말. 그대. 자네. ＊わごりょうろ로도 읽음.
我御寮(わごりょう) ⇨ 我御料(わごりょ). ＊わごりょうろ로도 읽음.
我御房(わごぼう) 승려를 친근하게 부르는 이름. 스님. 사승(師僧).
我御前(わごぜ)〈雅〉주로, 여성을 친근하게 부르던 말. 임자. 그대.
我が意(わがい) 나의 기분[뜻].
我人(われひと) 나 와 남. 자타(自他).
我が田(わがた) 아전(我田). 내 논.
我儕(わなみ)〈古〉대등한 상대에게 자신을 지칭하는 말. 나. 오인(吾人).
我即神也(われそくかみなり) 아즉신야.
我知らず(われしらず) 나도 모르게. 무의식적으로 그만.
我知り顔(われしりがお) 저만 알고 있다는 듯한 얼굴.
我が儘(わがまま) 멋대로 굶. 버릇없음. 방자.
我褒め(われぼめ) 스스로 칭찬함. 자찬. 자만.

8 ⧾ 教	芽(芽)	싹 아 ガ め・めぐむ

音読
芽鱗(がりん)〖植〗아린.
芽生生殖(がせいせいしょく)〖植〗아생 생식. 아생법(芽生法).
芽胞(がほう)〖植〗아포. 포자(胞子).
訓読
芽(め) ① 싹. ② 달걀의 알눈. ③ 새로 생겨서 장차 발전하려는 것.　　　　　　　「종.
芽キャベツ(めキャベツ)〖植〗양배추의 변
芽ぐむ(めぐむ) 싹트다. 움트다.
芽柳(めやなぎ) 이른봄, 싹이 나기 시작한 버들.
芽立ち(めだち) 싹이 틈. 맹아.
芽立つ(めだつ) 싹이 나오다. 싹트다.
芽生え(めばえ) ① 싹틈. 움틈. ② 실생. 사물의 시작.
芽生える(めばえる) 싹트다. 어떤 일이 일어나기 시작하다.　　　　　　　「법의 하나.
芽接ぎ(めつぎ) 눈접. 새싹을 접목시키는 방
芽差す(めざす) 싹트다. 싹이 나오다.
芽出し(めだし) 싹이 틈. 또, 그 새싹.
芽出度い(めでたい) ① 경사스럽다. ② 순조롭다. ③《「お」를 붙여서》 속기 쉽다.
芽吹く(めぶく) 싹트다. 눈이 트다.
其他
芽先(めんざい) 곡물의 배아. 씨눈.
芽の花(はぎのはな)〈古〉〖植〗싸리.

8 阝 人	阿	언덕 아・아름다울 아 ア おもねる・くま

音読
阿古屋貝(あこやがい)〖貝〗진주 조개.
阿耨多羅三藐三菩提(あのくたらさんみゃくさんぼだい)〖佛〗아뇩다라 삼먁 삼보리 《부처가 통달한 최고의 지혜. 또, 그 염불》.
阿堵物(あとぶつ) 돈. 금전.
阿羅漢(あらかん)〖佛〗아라한. 나한.
阿魔(あま)〈俗〉여자를 욕하는 말. 계집년.
阿呆(あほう) 바보. 천치. ＊関西方言으로는 あほ. ♣~鳥(どり)〖鳥〗신천옹.
∥~面(づら) 얼빠진 얼굴.
~払い(ばらい)〈古〉江戸(えど) 시대에 무사의 칼을 빼앗고 자격을 박탈하던 형벌.
阿呆らしい(あほらしい)〈俗〉바보 같다. 어리석다.　　　　　　　　　　　　　「없다.
阿呆臭い(あほくさい)〈俗〉시시하다. 값어치
阿呆陀羅経(あほだらきょう) (불경의 훈독을 본떠서) 시사 문제를 풍자한 익살스러운 속요(俗謡).
阿弥陀(あみだ)〖佛〗아미타(불). 아미타여래. ♣~仏(ぶつ) 아미타불 / ~籖(くじ) 공집기.
∥~三尊(さんぞん) 아미타 삼존. 아미타불.
~如来(にょらい) 아미타여래. 아미타불.
~被り(かぶり) 모자 따위를 뒤로 젖혀 씀.
阿房(あほう) ⇨ 阿呆(あほう).　　　　　　「랑거림.
阿附(あふ) 아부. 빌붙음. 비위를 맞추며 알
阿部槇(あべまき)〖植〗굴참나무.
阿比(あび)〖鳥〗아비.
阿鼻(あび)〖佛〗아비. 8대 지옥 중 제 8 지옥. 무간(無間) 지옥.
∥~叫喚(きょうかん) 아비규환.
~地獄(じごく) 아비 지옥.
阿闍梨(あじゃり)〖佛〗아사리.

阿世(あせい) 아세.
阿修羅(あしゅら)『佛』아수라. ♣~道(どう) 아수라도 / ~王(おう) 아수라왕.
阿吽(あうん) ⇨ 阿吽(あうん).
阿諛(あゆ) 아유. 아첨.
‖~追従(ついしょう) 아부. 아첨.
阿漕(あこぎ) ① 몹시 탐욕스럽고 뻔뻔스러움. ② 끈덕짐. 집요함.
阿波(あわ)〖地〗옛 지방의 이름. 지금의 徳島(とくしま) 현.
‖~踊り(おどり) 徳島 현 지방에서 음력 7월 15일 밤에 남녀가 추는 춤.
阿婆擦れ(あばずれ) 닳고 닳은〔세파에 부대낀〕여자. 또, 그런 태도.
阿片(あへん) 아편. ♣~窟(くつ) 아편굴.
‖~戦争(せんそう)〖史〗아편 전쟁.
~中毒(ちゅうどく) 아편 중독.
阿行(あぎょう) 五十音図(ごじゅうおんず)의 첫째 줄.
阿吽(あうん) 아훔. ① 만물의 시작과 끝. ② 호흡. ③ 절 산문(山門) 앞의 인왕(仁王)이 하나는 입을 벌리고 하나는 입을 다문 모양.
~の呼吸(こきゅう) 씨름에서, 쌍방이 동시에 일어나기 전의 호흡을 맞추는 일.
とち阿魔(とちあま)〈俗〉어리석은 여자〔계집〕《욕하는 말》.
[訓読] 阿る(おもねる) 아첨하다. 알랑거리다.
[其他]
阿鍋(おなべ)〈俗〉하녀. 가정부.
阿亀(おかめ) 광대뼈가 불거지고 코가 납작한 여자〔추녀〕. 또, 그런 얼굴의 탈.
阿国歌舞伎(おくにかぶき) 江戸(えど) 시대에 出雲(いずも) 신사(神社)의 무녀(巫女)라고 하는 阿国(おくに)가 시작한 무용극.
阿茶羅漬け(アチャラづけ) 무·연근 등을 얇게 저며, 초·술·간장 따위를 섞은 초장에 절인 식품.
阿多福(おたふく) 둥근 얼굴에 광대뼈가 불거지고 코가 납작한 여자.
‖~豆(まめ) 알이 큰 잠두(蠶豆). 또, 그것을 달게 삶은 콩.
~風邪(かぜ)〖醫〗유행성 이하선염(耳下腺炎). 항아리손님.
阿母(おっか)〈俗〉① 어머니. ② 마누라.

| 9
イ | 俄 | 갑자기 아
ガ
にわか |

[音読]
俄然(がぜん) 아연. 갑자기.
[訓読]
俄(にわか) ① 갑작스러운 모양. 돌연. 졸지. ② 俄狂言(にわかきょうげん)의 준말.
俄狂言(にわかきょうげん) (좌중의 흥을 돋기 위한) 즉흥적인 희극. 「사람.
俄盲(にわかめくら) 갑자기 눈이 멂. 또, 그

俄分限(にわかぶんげん) 갑자기 부자가 되는 일. 벼락 부자.
俄事(にわかごと) 갑자기 일어난 일.
俄仕立て(にわかじたて) 시간에 대려고 급히 만듦.
俄仕込み(にわかじこみ) 임시 방편으로 서둘러 배우기. 벼락 공부. 「눈.
俄雪(にわかゆき) 갑자기 쏟아졌다 그치는
俄踊り(にわかおどり) ① 좌중의 흥취를 위해 추는 춤. ② 俄狂言에서 추는 춤.
俄雨(にわかあめ) 소나기.
俄日和(にわかびより) 갑자기 비가 멎고 날이 개는 일. 「造.
俄造り(にわかづくり) 급히 만듦. 급조(急
俄拵え(にわかごしらえ) 갑자기 만듦.

| 10
女 | 娥 | 예쁠 아
ガ
みめよい |

[音読]
娥娥(がが) 여자의 모습이 아름다운 모양.

| 10
山 | 峨 | 높을 아
ガ
けわしい |

[音読]
峨峨(がが) 아아. (산 같은 것이) 험하게 우뚝 솟아 있는 모양.

| 10
虫 | 蚜 | 진디 아
カ
あぶらむし |

[其他]
蚜虫(ありまき)〖蟲〗① 진디. ② 바퀴.

| 11
口 | 啞 | 벙어리 아
ア·アク
おし·ああ |

[音読]
啞鈴(あれい) 아령.
啞然(あぜん) 아연.
啞者(あしゃ) 아자. 벙어리.
[訓読]
啞 ㊀(おし) 벙어리. *おうし로도 읽음.
㊁(あ) 아. 발음 기관에 탈이 나서 말을 못하는 상태.
啞蟬(おしぜみ) 울지 않는 매미. 암매미.

| 11
女 | 婀 | 아리따울 아
ア
たおやか |

[音読]
婀娜(あだ) (여자가) 요염한 모양.

婀娜っぽい(あだっぽい) (여자가) 요염하게 아리따움.
婀娜めく(あだめく) (여자가) 요염하게 되다.

| 11
言 | 訝 | 의아할 아
ガ・ゲ
いぶかる・いぶかしい |

[訓読]
訝る(いぶかる) 수상하게 여기다. 의심하다.
❖**訝しい**(いぶかしい) 의심스럽다. 수상쩍다.
訝しがる(いぶかしがる) 의심스러워하다. 의심하다.
訝しげ(いぶかしげ) 의아스러움. 수상함.
訝しむ(いぶかしむ) 〈文〉 수상하게 여기다. 의심하다.

| 13
彳 | 衙 | 마을 아·관청 아
ガ
つかさ |

[音読]
衙門(がもん) 아문. 관청. 관아.

| 13
疒 | 痾 | 숙병 아
ア
やまい |

[音読]
痾(あ) 아. 낫기 어려운 병.
[逆読]
宿痾(しゅくあ) 숙아. 지병. 오래된 병.

| 13
虫 | 蛾 | 나방 아·눈썹 아
ガ |

[音読]
蛾 ㊀(が)【蟲】 나방.
㊁(ひむし) 나방. 특히, 누에나방.
蛾眉(がび) 아미. 초승달같이 아름다운 여자 눈썹. 전하여, 미인.

| 13
隹
常 | 雅(雅) | 우아할 아
ガ
みやび・みやびやか |

[音読]
雅歌(がか) 아가. ① 풍아(風雅)한 노래. ② 구약 성서 중의 한 책.
雅客(がかく) ① 풍류인. ②【植】'水仙(すいせん)(=수선)'의 딴이름.
雅境(がきょう) 우아한 경지.
雅談(がだん) 아담.
雅量(がりょう) 아량.
雅名(がめい) 아명. 아호. 심미적 관점에서 붙여진 이명(異名).
雅文(がぶん) 아문. 우아한 문장.
雅味(がみ) 우아(고상)한 맛.
雅俗(がぞく) 아속. ① 풍아와 비속. ② 아어(雅語)와 속어.
雅馴(がじゅん) 아순. ① 말씨가 방정하고 필적이 익숙함. ② 문장의 품격이 높고 온화함.
雅醇(がじゅん) 고상하고 순수함.
雅楽(ががく) 아악.
♣**~寮**(りょう) 옛날 궁중에서 가무를 가르치던 곳.
雅語(がご) 아어.
雅言(がげん) 아언. 아어(雅語). ① 우아한 말. ② 和歌(わか) 따위에 쓰던 平安(へいあん) 시대의 말.
雅遊(がゆう) 아유. 풍류 놀이.
雅音(がいん) 타인에게서 온 소식의 높임말.
雅意(がい) ① 평소의 마음. ② 제 뜻을 굽히지 않음.
雅人(がじん) 아인. 풍아한 사람.
雅印(がいん) 개인이 자필 서화(書畫)나 소지품 등에 찍는 도장.
雅旨(がし) 주로 편지에서 상대의 의견을 높여 하는 말. 고견(高見).
雅趣(がしゅ) 아취. 아치(雅致).
雅致(がち) 아치. 아취(雅趣).
雅称(がしょう) 아칭. 풍아(風雅)한 칭호.
雅兄(がけい) (편지 등에서) 아형.
雅号(がごう) 아호.
雅懷(がかい) 아회. 풍아(風雅)한 마음.
[訓読]
雅びやか(みやびやか) 고상하고 우아한 모양. 풍아(風雅)한 모양.
❖**雅びる**(みやびる) 고상하다. 우아하다.
雅び(みやび) 우미. 우아. 풍아.
雅び男(みやびお) 〈雅〉 풍아(風雅)하고 고상한 남성.

| 15
食
常 | 餓(餓) | 주릴 아
ガ
うえる・かつえる |

[音読]
餓鬼(がき) ①【佛】 아귀. ②〈俗〉 개구쟁이.
♣**~道**(どう)【佛】 아귀도.
‖**~大将**(だいしょう) 골목 대장.
餓狼(がろう) 아랑. 굶주린 이리.
餓死(がし) 아사. 굶어 죽음. 기사(饑死).
餓死線(がしせん) 아사선상.
[訓読]
❖**餓える** ㊀(うえる) 굶주리다.
㊁(かつえる) ① 허기지다. ② 결핍을 느끼다. 갈망하다.
餓え(うえ) 굶주림. 허기.
餓え死に(うえじに) 아사. 굶어 죽음. *かつえじにとも 읽음.

| 15
鳥 | 鴉 | 큰부리까마귀 아
ア
からす |

[音読]
鴉片(あへん) 아편.
[訓読]
鴉(からす) 〚鳥〛 까마귀.

16 金	錏	투구목가리 **아** ア

[其他]
錏(しころ) 투구나 두건의 좌우와 뒤에 늘어뜨려 목덜미를 가리는 드림.

18 鳥	鵞	거위 **아** ガ がちょう

[参考] 鵝의 異體字.

[音読]
鵞ペン(がペン) 거위의 깃을 비스듬히 잘라 만든 펜.
鵞口瘡(がこうそう) 〚醫〛 아구창. 아감창. (牙疳瘡).
鵞毛(がもう) ① 거위의 깃털. ② 매우 가벼운 것의 비유.
鵞鳥(がちょう) 〚鳥〛 거위.

20 金	鐚	투구목가리 **아** ア びた

[訓読]
鐚(びた) 鐚銭(びたせん)의 준말.
鐚一文(びたいちもん) 피천 한 닢. 단돈 한 푼. 「돈.
鐚銭(びたせん) (표면이 닳아버린) 조악한

악

8 山 常	岳 (嶽)	큰산 **악**·장인 **악** ガク たけ

[音読]
岳南(がくなん) 〚地〛 富士山(ふじさん)의 남쪽. 「기슭.
岳麓(がくろく) 산기슭. 특히, 富士(ふじ) 산
岳母(がくぼ) 악모. 장모.
岳父(がくふ) 악부. 장인.
岳翁(がくおう) 빙부. 아내의 부친.
岳人(がくじん) 산악인. 등산가.

[訓読]
岳(たけ) 높은 산. ＊だけ로도 읽음.
岳鴉(たけがらす) '星鳥(ほしがらす)(=잣까마귀)'의 딴이름.
岳烏(たけがらす) ⇨ 岳鴉(たけがらす).

11 イ	偓	악착할 **악** アク

[音読]
偓促(あくせく) 악착. ① 안달함. 애달아 함. ② 아등바등하는 모양. ＊あくさく로도 읽음.

11 土	堊	흰흙 **악** アク・ア しろつち

[音読]
堊筆(あくひつ) 분필. 백묵.
[逆音]
白堊(はくあく) 백악. ① 석회로 칠한 벽. 백토. ② 유충의 시체가 쌓여서 된 석회질 암석.

11 心 教	悪 (惡)	나쁠 **악**·미워할 **오** アク・オ わるい・にくむ・あし

[音読]
悪 ㊀(あく) ① 악. ② 악한 놈.
㊁(わる) ① 〔俗〕 나쁜 놈. 악당. 개구쟁이. 악동. ② 나쁜 짓. 부정(不正).
悪たれ(あくたれ) ① 짓궂은 장난. 또, 장난이 심한 아이. ② 悪たれ口의 준말.
‖~口(ぐち) 욕지거리. 욕설.
悪たれる(あくたれる) (주로 아이가) 떼를 쓰며 심술 부리다. 못되게 굴다.
悪どい(あくどい) ① (색이) 칙칙하다. 야하다. (맛이) 짙다. ② 악랄하다. 악착같다.
悪感(あっかん) 악감. 불쾌감.
悪感情(あくかんじょう) 악감정. 악감. ＊あっかんじょう로도 읽음.
悪計(あっけい) 못된 계략.
悪鬼(あっき) 악귀. 악한 귀신.
悪気 ㊀(あっき) ① 나쁜〔혼탁한〕 공기. ② 사람에게 재앙을 뿌리는 기(氣).
㊁(わるぎ) ① 악의(惡意). ② 사추(邪推).
悪女(あくじょ) 악녀. ① 독부(毒婦). ② 못생긴 여자. 추녀.
悪念(あくねん) 악념. 나쁜 생각.
悪党(あくとう) 악당.
悪徳(あくとく) 악덕.
‖~弁護士(べんごし) 악덕 변호사.
~新聞(しんぶん) 악덕 신문.
~業者(ぎょうしゃ) 악덕 업자.
悪徒(あくと) 악도. 악당.
悪道(あくどう) 악도. ① 나쁜 길. 험로. ② 〚佛〛 ☞悪趣(あくしゅ).
悪童(あくどう) 악동. 장난꾸러기.
悪辣(あくらつ) 악랄.
悪霊(あくれい) ① 악령. 원령(怨靈). ＊あくりょう라고도 함. ② 악마.
悪例(あくれい) 악례. 나쁜 선례.

悪路(あくろ) 악로. 나쁜 길. 험로.
悪馬(あくば) 악마. 버릇이 나쁜 말.
悪魔(あくま) 악마.
∥~払い(ばらい) 기도 등으로 악마를 내쫓~主義(しゅぎ) 악마주의. 　　　　└음.
悪罵(あくば) 악매. 더러운 욕설.
悪名 ㊀(あくめい) 악명. 나쁜 평판(소문).
㊁(あくみょう) ① ☞㊀. ② 나쁜 짓을 한 사람. 그 나쁜 짓.
悪謀(あくぼう) 흉계.
悪目(あくめ) 결점.
悪夢(あくむ) 악몽. 불길한 꿈.
悪文(あくぶん) 악문. 서투른[난해한] 문장.
悪法(あくほう) 악법. 나쁜 법률.
悪変(あくへん) 악변. 악화함.
悪病(あくびょう) 악병. 몹쓸 병.
悪報(あくほう) 악보. ①『佛』악과(惡果). ② 불길한 소식.
悪婦(あくふ) 악부. 악녀.
悪事(あくじ) 악사. ① 악행. 못된 짓. ② 재난. 재앙.
悪相(あくそう) 악상. ① 험상궂은 인상. ② 상서롭지 못한 형상.
悪書(あくしょ) 악서. 나쁜 책.
悪舌(あくぜつ) 악설. 비방.
悪声(あくせい) 악성. ① 나쁜 평판. 악평. ② 나쁜 목소리.
悪性(あくしょう) 마음가짐이나 행실이 좋지 못함. ♣~所(どころ) 유곽 / ~者(もの) 난봉꾼.
∥~話(ばなし) 주색에 관한 이야기.
㊁(あくせい) 악성. (병등이) 잘 낫지 않음.
∥~貧血(ひんけつ) 악성 빈혈. 　　　「종.
~リンパ腫(リンパしゅ) 『醫』 악성 림프
~腫瘍(しゅよう) 『醫』 악성 종양.
悪世(あくせ) 악세. 못된 세상. 죄악과 악한 일이 성행하는 세상. 　　　　　「세금.
悪税(あくぜい) 부당하게 징수하는 가혹한
悪所(あくしょ) ① (낭떠러지 등의) 위험한 곳. ②〈婉曲〉 못된 곳. 유곽.
∥~狂い(ぐるい) 유곽에만 미쳐 다님.
~金(がね) 유곽에서 쓰는 돈.
~通い(がよい) 유곽에 다님.
悪送球(あくそうきゅう) 『野』 악송구. 악투. 폭투. 　　　　　　　　　　「렬한 수.
悪手(あくしゅ) (바둑·장기에서) 악수. 졸
悪水(あくすい) 악수. ① 못 먹는 물. ② 더러 운 물.
悪循環(あくじゅんかん) 악순환.
悪習(あくしゅう) 악습. 못된 버릇.
悪僧(あくそう) 악승. 계율을 지키지 않는 못 된 중.
悪食(あくじき) 악식. ① 상식적으로 먹을 수 없는 것을 먹는 일. ② 나쁜[맛없는] 음식. *あくしょくろも 읽음.
悪臣(あくしん) 악신. 나쁜 신하.
悪神(あくしん) 악신. 악귀. 못된 귀신.
悪心 ㊀(あくしん) 악심. 악의.
㊁(おしん) 오심. 메스꺼움.

悪言(あくげん) 악언. 남을 비방하는 말. 욕설.
*あくごんで로도 읽음.
悪業 ㊀(あくぎょう) 나쁜 짓. 나쁜 직업.
㊁(あくごう) 『佛』 악업.
悪役(あくやく) 악역. 악인의 역.
悪逆(あくぎゃく) 악역. ① 도리에 어긋나는 극악한 행위. ② 옛 죄명. 군주·부모 등을 죽 이려는 죄.
∥~無道(むどう) 악역 무도.
悪疫(あくえき) 악역. 악성 유행병.
悪縁(あくえん) 악연.
悪影響(あくえいきょう) 악영향.
悪玉(くだま) ① 악인. ② (연극에서) 악 悪用(あくよう) 악용. 　　　　　　「역.
悪友(あくゆう) 악우. 나쁜 친구[벗].
悪運(あくうん) ① 못된 짓을 해도 그 응보를 받지 않는 억센 운. ② 불운.
悪尉(あくじょう) 能(のう)에서 쓰는, 무서 운 형상을 한 가면의 하나.
悪衣(あくい) 악의. 허름한 옷.
∥~悪食(あくじき) 악의 악식.
悪意(あくい) 악의.
∥~占有(せんゆう) 『法』 악의 점유. 점유 할 권리가 없거나 권리의 유무에 의문이 있는 줄 알면서 점유하는 일.
悪人(あくにん) 악인. 악한.
悪因(あくいん) 악인.
∥~悪果(あっか) 『佛』 악인 악과.
悪日(あくにち) 악일. 운이 나쁜 날. 불길한 날. *あくびらいいた 함.
悪作(あくさく) 악작. 좋지 않은 작품.
悪場(あくば) (등산에서) 아주 오르기 힘든 곳. 험난한 곳. *わるばろも 읽음.
悪才(あくさい) 못된 재주.
悪材料(あくざいりょう) 『經』 악재료. 악재.
悪銭(あくせん) 악전. ① 부정하게 얻은 돈. ② 질이 낮은 돈. *わるがねろ로도 읽음.
~身(み)につかず 부정하게 얻은 재물은 오 래가지 못함.
悪戦苦闘(あくせんくとう) 악전고투.
悪政(あくせい) 악정. 나쁜 정치.
悪鳥(あくちょう) 해조(害鳥).
悪条件(あくじょうけん) 악조건. 　　　「폭주.
悪走(あくそう) 『野』 서투르게 달림. 섣부른
悪酒(あくしゅ) 악주. 맛 없는 술. 값싼 술.
悪地(あくち) ① 지질·지형이 나쁜 땅. 식물 재배나 주택 건설 등에 부적합한 땅. ② ☞ 悪地地形.
∥~地形(ちけい) 계곡이 많고 급사면이 복 잡하게 뒤엉켜 통행이 곤란한 지형.
悪疾(あくしつ) 악질. 고약한 병.
悪質(あくしつ) ① 악질. 모질고 독한 성질. ② 품질이 나쁨.
悪妻(あくさい) 악처.
悪天(あくてん) 악천후.
悪天候(あくてんこう) 악천후.
悪虫(あくちゅう) 악충. 해충.
悪臭(あくしゅう) 악취.

▮~防止法(ぼうしほう) 악취 방지법.
悪趣(あくしゅ)〖佛〗악취. 현세에서 악행을 한 자가 저승에서 떨어지는 고통의 세계.
悪趣味(あくしゅみ) 악취미.
悪態(あくたい) 욕지거리. 욕설.
▮~口(ぐち) 욕지거리. 욕설.   「쟁이.
悪太郎(あくたろう) 악동. 장난꾸러기. 개구
悪投(あくとう)〖野〗악투(球). 폭투.
悪婆(あくば) 심술사나운 노파.
悪評(あくひょう) 악평. 나쁜 평판.
悪平等(あくびょうどう) 악평등. (외형만의) 잘못된 평등.
悪弊(あくへい) 악폐. 나쁜 폐단.
悪風(あくふう) 악풍. 나쁜 풍습.
悪筆(あくひつ) 악필. 서투른 글씨.
悪漢(あっかん) 악한. 못된 놈.
▮~小説(しょうせつ) 악한 소설.
悪行(あくぎょう) 악행. 못된 짓. *あっこうろも 읽음.
悪血 ㊀(あくち) 악혈. 병독을 품은 피. *わるちろも 읽음.
㊁(おけつ)〖醫〗어혈(瘀血).
悪形(あくがた) 악역. 악인역.
悪化(あっか) 악화.
悪貨(あっか) 악화. *あくかろも 읽음.
❺ 이하 音은 '오'.
悪露(おろ) (산후의) 오로.
悪熱(おねつ) 오열. 오한 뒤에 나는 열.
悪阻(おそ) 오조. 악조. 입덧. *つわりろも 읽음.
悪寒(おかん) 오한.   ᄂ읽음.
❖悪い ㊀(わるい) 나쁘다. ①못되다. ②좋지 않다. ③잘못하다.
㊁(にくい) ①밉다. ②《反語적으로》얄밉도록 훌륭하다.
悪がる(わるがる) ①반성하거나 죄송하게 생각하는 마음을 나타내다. ②나쁜 사람인 것처럼 행동하다.   「지 않으면.
悪くすると(わるくすると) 잘못하면. 잘 되
悪さ(わるさ) ①(못된) 장난. ②나쁨.
悪てんごう(わるてんごう) 못된[질이 나쁜] 장난.   「이 굴다.
悪ぶる(わるぶる) 짐짓[마치] 나쁜 놈인 듯
悪強い(わるじい) (싫다는 것을) 억지로 권함. 지나치게 강요함.   「다.
悪怯れる(わるびれる) 기가 죽다. 주눅 들
悪堅い(わるがたい) 필요 이상으로[완고하다고 하리만큼] 의리가 굳다.
悪尻(わるじり) 남에게 숨기고 있는 못된 짓.
悪功(わるこう) ①못된 장난. ②나쁜 일에 연공(年功)을 쌓는 것.
悪慣れ(わるなれ) 하는 일에 익숙해짐에 따라 긴장이 풀리면서 일을 소홀하게 하게 됨.
悪巧み(わるだくみ) 나쁜 계략. 간계. 흉계.
悪口 ㊀(わるくち) 욕설. 험담. *あっこうろも 읽음.
㊁(あっく)〖佛〗악구(남을 악담하는 일).
悪金(わるがね) ☞悪銭(あくせん).

悪企み(わるだくみ) ⇨悪巧み(わるだくみ).
悪達者(わるだっしゃ) (예능 따위에서) 솜씨는 좋으나 품위가 없음.
悪度胸(わるどきょう) 나쁜 일에 대한 배짱.
悪留め(わるどめ) ⇨悪止め(わるどめ).
悪巫山戯(わるふざけ) 못된[지나친] 장난.
悪癖(わるぐせ) 악벽. 나쁜[못된] 버릇.
 *あくへきろも 읽음.
悪騒ぎ(わるさわぎ) (남은 생각지 않고) 마구 떠들어댐.
悪洒落(わるじゃれ) ①지나친 농(弄). 질이 좋지 못한 농[익살]. ②서툰 익살.
悪乗り(わるのり) (신명이 나서 그만) 지나친 농담이나 장난을 함.
悪餓鬼(わるがき) 장난꾸러기. 악동(悪童).
悪遠慮(わるえんりょ) 지나친 사양.
悪遊び(わるあそび) 못된 놀이[장난](도박이나 주색 잡기 따위를 말함).
悪さ子(わるさご) 장난꾸러기. 개구쟁이.
悪者(わるもの) 나쁜 놈. 악인.
悪摺れ(わるずれ) ⇨悪擦れ(わるずれ).
悪丁寧(わるていねい) 필요 이상으로 정중함[공손함]. *わるでいねいろも 함.
悪足掻き(わるあがき) 초조해하는 발버둥질.   「이 나쁨.
悪酒(わるざけ) ①질이 낮은 술. ②술버릇
悪止め(わるどめ) (상대의 기분을 무시하고) 끈질기게 사람을 붙듦.
悪知恵(わるぢえ) 간지(奸智). 못된 꾀.
悪智慧(わるぢえ) ⇨悪知恵(わるぢえ).
悪擦れ(わるずれ) 세파에 닳고 닳아 교활함. 닳아빠짐.
悪推(わるずい) 悪推量(わるずいりょう)의 준말. 나쁘게 추측함.
悪臭い(わるくさい) 역한 냄새가 나다.
悪酔い(わるよい) 술을 마시어 머리가 아프거나 구역질이 나는 등 뒤끝이 언짢음.
悪賢い(わるがしこい) 교활하다. 간교하다.
悪戯 ㊀(わるいたずら) 못된 장난. *あくぎにも 읽음.
㊁(いたずら) ①☞㊀. ②자기가 한 짓의 겸사말.
▮~娘(むすめ) 장난기 심한 여자 아이. 바람기가 있는 소녀.
~書き(がき) 놀이[장난] 삼아 글자・그림 등을 그리는 일. 낙서.
~小僧(こぞう) 장난꾸러기. 악동.
㊂(わるざれ) ☞悪洒落(わるじゃれ)①.
❖悪し(あし)〈雅〉①나쁘다. 악하다. ②사납다. ③서투르다. *わろしにも 읽음.
悪しい(あしい)〈口〉악하다. 못되다.
悪しからず(あしからず) 나쁘게 생각하지 않도록. 언짢아 하지 않도록(상대방의 뜻에 따르지 못해 죄송하다는 뜻을 나타내는 말).
悪し様(あしざま) (악의로) 사실보다 나쁘게 여기는[말하는] 모양.

其他▶
悪んぞ(いずくんぞ) 어찌. 어찌하여.

12 巾	幄	휘장 **악**·군막 **악** アク とばり

音読
幄幕(あくばく) 악막. 진중(陣中)에 치는 휘장. *あくまく로도 읽음.
幄帳(あくちょう) 악장. 휘장. 장막.

12 忄	愕	놀랄 **악** ガク おどろく

音読
愕然(がくぜん) 악연. 깜짝 놀라는 모양.
愕眙(がくち) 놀라서 눈을 크게 뜨는 일.
訓読
❖**愕く**(おどろく) 놀라다. 경악하다.
愕き(おどろき) ① 놀람. ②⟨俗⟩ 놀랄 일. 놀라운 일.

12 氵	渥	젖을 **악**·두터울 **악** アク あつい・うるおう

音読
渥恩(あくおん) 악은. 두터운 은혜.

12 扌 常	握	쥘 **악** **アク** にぎる

音読
握力(あくりょく) 악력. ♣〜**計**(けい) 악력계.
握斧(あくふ)⟨考⟩ 악부. 주먹 도끼.
握手(あくしゅ) 악수.
訓読
握らせる(にぎらせる) (뇌물·금품을) 쥐어 주다.
握握(にぎにぎ) ①⟨兒⟩ 어린아이가 손을 쥐었다 폈다 함. 죔암죔암. ②⟨兒⟩ 주먹(밥).
❖**握る**(にぎる) ① 쥐다. ② (비밀 등을) 알다. ③ 지배하다. ④ (주먹밥 따위를) 만들다.
握り(にぎり) ① 움켜쥠. ② 줌〔길이·굵기·분량의 단위〕. ③ (기물 따위의) 손잡이. ④ 握り鮨(ずし)·握り飯(めし)의 준말.
∥〜**金玉**(ぎんたま)⟨俗⟩ 뭔가 해야 할 때에 아무 일도 하지 않고 있음.
握り拳(にぎりこぶし) ① 주먹. ② (돈 따위를 갖고 있지 않은) 맨주먹.
握り潰す(にぎりつぶす) ① 꽉 쥐어 으스러뜨리다. ② 묵살하다. 깔아뭉개다.
握り緊める(にぎりしめる) ⇨ 握り締める(にぎりしめる).
握り飯(にぎりめし) 주먹밥.
握り寿司(にぎりずし) ⇨ 握り鮨(にぎりずし).
握り屋(にぎりや) 구두쇠. 인색한 사람.
握り箸(にぎりばし) (어린아이 등이) 주먹을 쥐듯 젓가락을 뭉쳐 잡는 일. 「밥.
握り鮨(にぎりずし) 주먹으로 쥐어 뭉친 초
握り締める(にぎりしめる) 꽉 쥐다.
握り太(にぎりぶと) 쥐어 보고 굵다고 느끼는 일〔물건〕.

13 月	腭	잇몸 **악** ガク あご・はぐき

参考 齶의 異體字.

訓読
腭 ㊀(あご) ① 턱. ② (낚시의) 미늘.
㊁(あぎと) ① (물고기의) 아가미. ②⟨雅⟩ 턱.

13 木 教	楽 **악** ⇨ 楽 락(p. 356)

13 艹	萼	꽃받침 **악** ガク うてな

音読
萼(がく)『植』 악. 꽃받침.
萼片(がくへん)『植』 악편. 꽃받침의 조각.

16 言	諤	곧은말할 **악** ガク

音読
諤諤(がくがく) 악악. 거리낌없이 바른말을 하는 모양.

17 山	嶽	큰산 **악** ガク たけ

参考 岳의 舊字體.

音読
嶽麓(がくろく) 산기슭. 특히, 富士(ふじ) 산 기슭.
訓読
嶽(たけ) 높은 산. *だけ로도 읽음.

17 金	鍔	칼날 **악** ガク つば

訓読
鍔(つば) ① 날밑. ② (모자의) 차양. ③ 솥귀.
鍔迫り合い(つばぜりあい) (검술에서) 서로 날밑으로 막고 밀어내는 일. 격렬한 승부.
鍔元(つばもと) 날밑 가.

18画 頁	顎	턱 악 ガク あご

音読
顎骨(がっこつ) 악골. 턱뼈.
顎音(がくおん) 【言】 경구개음(硬口蓋音).
顎下(がっか) 악하. 턱밑. *がくかとも 읽음.

訓読
顎(あご) ① 턱. ② (낚시의) 미늘.
~で使(つか)う 턱으로 사람을 부리다.
顎紐(あごひも) (모자의) 턱끈.
顎鬚(あごひげ) 턱수염.

逆音
上顎(じょうがく) 상악. 위턱.
下顎骨(かがくこつ) 하악골.

20画 魚	鰐	악어 악 ガク わに

音読
鰐魚(がくぎょ) 【動】 악어.

訓読
鰐(わに) ① 【動】 악어. ② 〈方〉 ☞鰐鮫(わにざめ).
鰐鮫(わにざめ) 〈俗〉 사납고 무서운 상어.
鰐口(わにぐち) ① 악어의 입. ② 신사나 불당의 앞 추녀에 걸어놓고 참배자가 치는 납작한 큰 방울. ③ 메기 입. ④ 위험한 곳.
鰐の口(わにのくち) 아주 위험한 곳이나 상황의 비유.
鰐足(わにあし) 걸을 때, 두 발끝이 안이나 바깥쪽으로 향하는 일. 또, 그 사람.
鰐皮(わにがわ) 악피. 악어 가죽.

20画 鳥	鶚	물수리 악 ガク みさご

訓読
鶚(みさご) 【鳥】 물수리.

24画 歯	齷	작을 악 アク

音読
齷齪(あくせく) 악착. ① 안달함. 애달아 함. ② 아등바등하는 모양. *あくさくとも 읽음.

안

6画 宀 教	安	편안 안·값쌀 안 アン やすい·やすらか·やすんずる·いずくに·いずくんぞ

音読
安価(あんか) 안가. 값쌈. 싼값.
安居(あんきょ) 안거. 편안히 지냄.
㊁(あんご) 【佛】 안거.
安固(あんこ) 안고. 안전하고 확고함.
安国(あんこく) ① 안국. ② 평화로운 나라.
安気(あんき) 근심이 없는 모양.
安寧(あんねい) 안녕.
‖~秩序(ちつじょ) 안녕 질서.
安堵(あんど) 안도. ② 〈古〉 소유지나 구(舊) 영토의 소유권을 인정받음.
安楽(あんらく) 안락. ♣~死(し) 안락사.
‖~世界(せかい) 안락 세계.
~椅子(いす) 안락 의자.
安眠(あんみん) 안면.
安保(あんぽ) ① '安全保障(あんぜんほしょう)条約(じょうやく)(=안전 보장 조약)'의 준말. 특히, 미일 안전 보장 조약. ② 安保闘争의 준말.
‖~騒動(そうどう) 안보 소동《1960년의 미일안전 보장 개정 반대를 위해 일본 전국에서 일어났던 데모 소동》. 「반대 투쟁.
~闘争(とうそう) 미일 안전 보장 조약 개정
安否(あんぴ) 안부. ① 안위(安危). ② 생활 형편. 소식.
安死術(あんしじゅつ) 안사술. 안락사를 시키는 의술.
安産(あんざん) 안산. 순산.
安山岩(あんざんがん) 【鑛】 안산암.
安息(あんそく) 안식.
‖~角(かく) 안식각. 쌓아올린 토사(土砂)가 오랫동안 안정을 유지할 수 있는 각도.
~日(にち) 【宗】 안식일. *あんそくじつ·あんそくびとも 읽음. 「산.
~香(こう) 안식향. ♣~酸(さん) 안식향
安心 ㊀(あんしん) 안심. 걱정이 없음.
㊁(あんじん) 【佛】 안심. 수행을 쌓아 마음이 동(動)하지 않게 된 경지.
‖~立命(りゅうみょう) 안심 입명. 신앙으로 마음을 편안히 가져 어떤 일에도 흔들림이 없음. *あんしんりつめいとも 읽음.
安穏(あんのん) 안온.
安臥(あんが) 안와. 편안한 자세로 누움.
安危(あんき) 안위.
安慰(あんい) 안위. 남의 마음을 편안하게 함.
安易(あんい) 안이. 「고 위안함.
安佚(あんいつ) ⇨ 安逸(あんいつ).
安逸(あんいつ) 안일.
安全(あんぜん) 안전. ♣~圏(けん) 안전권 /~灯(とう) 안전등 /~帽(ぼう) 안전모 /~性(せい) 안전성 /~弁(べん) 안전판.
‖~係数(けいすう) 【理】 안전 계수.
~光(こう) 안전광. 암실 램프.

~器(き)〖理〗안전기. 안전 개폐기.
~保障理事会(ほしょうりじかい) (유엔) 안전 보장 이사회.
~保障条約(ほしょうじょうやく) 안전 보「장 조약.
~色彩(しきさい) 안전 색채.
~率(りつ) 안전율. 안전 계수.
~装置(そうち) 안전 장치.
~週間(しゅうかん) 안전 주간.
~地帯(ちたい) 안전 지대.
~剃刀(かみそり) 안전 면도.
安定(あんてい) 안정. ♣~感(かん) 안정감/~器(き) 안정기/~剤(ざい) 안정제.
‖~恐慌(きょうこう)〖經〗안정 공황.
~農家(のうか) 안정 농가. 대규모화·기계화 등으로 경영이 안정된 농가.
~多数(たすう) 안정 다수.
~大陸(たいりく)〖地〗안정 대륙. 「소.
~同位体(どういたい)〖理〗안정 동위 원
~成長(せいちょう)〖經〗안정 성장.
~陸塊(りくかい)〖地〗선(先) 캄브리아기의 조산(造山) 운동을 거쳐 그 이후로는 심한 지각 변동 없이 안정되어 있는 지역.
~賃金(ちんぎん) 안정 임금.
~操作(そうさ) 안정 조작.
~株主(かぶぬし)〖經〗안정 주주.
~通貨(つうか)〖經〗안정 통화.
安静(あんせい) 안정.
安坐(あんざ) ⇨ 安座(あんざ).
安座(あんざ) 안좌. 편안히 앉음.
安住(あんじゅう) 안주.
安直(あんちょく) ①싸고 간편함. 간단함. ②〈俗〉싹싹함. 소탈함.
安着(あんちゃく) 안착.
安置(あんち) 안치.
安打(あんだ)〖野〗안타.
安泰(あんたい) 안태. 평안하고 무사함.
安平(あんぺい) ①안평. 평안하고 안온함. ②용이함. 「함.
安閑(あんかん) 안한. 안이. 편안하고 한가
训読
安(やす) ①《接頭語로》㉠(값이) 쌈. ㉡경박함. 경박함. ②《接尾語로》값이 내림.
安まる(やすまる) (심신이) 편안해지다.
安らい(やすらい) ①쉼. 휴식. ②망설임.
安らう(やすらう) ①〈雅〉쉬다. 휴식하다. ②〈俗〉망설이다.
安らか(やすらか) 편안함. 평온함. 안온.
安らぎ(やすらぎ) 평온함.
安らぐ(やすらぐ) 편안해지다. 평온해지다.
安らけく(やすらけく)〈雅〉편안히.
安らけし(やすらけし) 편안하다.
安んじる(やすんじる) ☞安んずる(やすんずる).
安んずる(やすんずる) ①안심하다. 믿다. ②만족하다. ③편안히 하다.
安んぞ(いずくんぞ) 어찌. 어찌하여. ＊文語로는 いづくんぞ.
安げ無し(やすげなし) 불안하다. 고생이 많다. 「수.
安の川(やすのかわ) 하늘에 있다는 강. 은하
❖安い(やすい) ①(값이) 싸다. ②〈雅〉(마음이) 편안하다. ③경솔하다.
安き(やすき) (절대로) 걱정 없는 상태.
安けく(やすけく)〈雅〉편안히.
安っぽい(やすっぽい) ①값싸다. 싸구려 같다. ②천격스럽다.
安びか(やすびか) 싸구려 물건에 금도금을 하여 고가품인 것처럼 만든 것.
安ぼったい(やすぼったい) 싸구려에다 품질이 낮은〔변변치 않은〕것 같다.
安楽祭(やすらくまつり) 4월 10일에, 京都(きょうと)의 今宮(いまみや) 신사(神社)에서 벌이는 축제.
安良居祭(やすらいまつり) ⇨ 安楽祭(やすらくまつり).
安来節(やすぎぶし) 島根(しまね) 현 安来(やすぎ) 시의 민요《화류계 등에 전해음》.
安売り(やすうり) ①싸게 팖. ②(비유적으로) 무턱대고 베풂. 선뜻 응함.
安目(やすめ) 비교적 쌈.
安物(やすもの) 싸구려.
安普請(やすぶしん) 날림 공사. 또, 그렇게 지은 집.
安上がり(やすあがり) (값이) 싸게 먹힘.
安手(やすで) ①싸구려. ②질이 나쁨.
安宿(やすやど) 싸구려 여인숙.
安安(やすやす) (평소보다 더) 편안히.
安月給(やすげっきゅう) 적은 월급〔급료〕. 박봉. 「음.
安請け合い(やすうけあい) 경솔한 (떠) 맡
安値(やすね) ①싼값. 염가. ②그날의 주식 거래에서 그 주의 가장 싼 시세.
‖~輸出(ゆしゅつ) 싼값으로 수출함.
~販売(はんばい) 싼값으로 판매함.
安寝(やすい) 편안하게 잠. 안면.
其他
安房(あわ)〖地〗옛 지방의 이름. 지금의 千葉(ちば) 현 남부.
安倍川餅(あべかわもち) 구운 떡을 물에 담갔다가 콩가루·설탕을 묻힌 것.
安芸(あき)〖地〗옛 지방 이름. 지금의 広島(ひろしま) 현 서부.
安土桃山時代(あづちももやまじだい) 일본 미술사의 한 시대.
逆音
不安(ふあん) 불안.
慰安(いあん) 위안.

8 山 教	岸	언덕 안 ガン きし

音読
岸頭(がんとう) 안두. 바닷가. 강가.
岸壁(がんぺき) 안벽. 선박의 접안을 위한 콘크리트 벽.

訓読
岸(きし) ①물가. ②〈雅〉벼랑. 낭떠러지.
岸辺(きしべ) 물가. 강가. 바닷가.
岸伝い(きしづたい) 물가를 따라감. 물가.

| 9 才 | 按 | 살필 안
アン
おさえる |

音読
按じる(あんじる) ☞ 按ずる(あんずる).
按ずる(あんずる) ①궁리하다. 짐작하다. ②살피다. ③누르다. 어루만지다. 「바.
按ずるに(あんずるに) 생각건대. 생각한
按摩(あんま) 안마. ♣〜膏(こう) 안마 고약.
∥〜マッサージ指圧師(しあつし) 안마・마사지・지압의 면허를 가진 사람.
按舞(あんぶ) 안무.
按配(あんばい) ①음식의 맛. ②사물의 형편. ③안배. 알맞게 잘 배치함.
按排(あんばい) ⇨ 按配(あんばい).
按分(あんぶん) 안분.
按手(あんしゅ)〖基〗안수 (기도).
按察(あんさつ) 안찰. 조사하여 밝힘.
其他
按察使(あぜち) 平安(へいあん) 시대에 지방관의 행정 상황을 시찰하던 관직.

| 10 日 人 | 晏 | 늦을 안
アン
おそい |

音読
晏駕(あんが) 안가. 붕어(崩御). 천자의 죽음.
晏如(あんじょ) 안여. 마음이 편하고 침착한 모양.

| 10 木 教 | 案 | 책상 안
アン
つくえ |

音読
案(あん) ①안. ②예상. 생각.
案じ(あんじ) 걱정. 생각.
∥〜過ごし(すごし) 지나치게 걱정함.
案じる(あんじる) ①걱정하다. 염려하다. ②안출하다. 연구해 내다.
案ずる(あんずる) ☞ 案じる(あんじる).
案ずるに(あんずるに) 생각건대. 생각한 바.
案件(あんけん) ①안건. ②소송 사건.
案内(あんない) ①안내. ②통지. ③(중간에서) 말을 전달함. ④내부(内部) 사정을 잘 알고 있음. *옛날에는 あない라고도 했음.
♣〜所(じょ) 안내소 / 〜者(しゃ) 안내자 / 〜状(じょう) 안내장.
∥〜広告(こうこく) 안내 광고.
〜記(き) 안내기. 그 고장 명소・유적・교통 수단 등을 기록한 책.

〜望遠鏡(ぼうえんきょう)〖天〗안내 망원경. 主(主)망원경에 딸린 소형의 망원경.
〜書(しょ) 안내서. 해설서.
案頭(あんとう) 안두. 책상 위. 안상(案上).
案文(あんぶん) 안문. ①초안. 초고. ②문장을 생각함. *あんもん으로도 읽음.
案配(あんばい) 안배(按配). 알맞게 잘 배치
案分(あんぶん) 안분(按分). 「함.
∥〜比例(ひれい) 안분 비례.
案じ事(あんじごと) 걱정거리.
案じ顔(あんじがお) 수심에 찬 얼굴. 근심스러운 얼굴.
案外(あんがい) 뜻밖에. 예상외로. 의외로.
案の定(あんのじょう) 생각한 대로. 예측대로. 아니나다를까.
案出(あんしゅつ) 안출. 생각해 냄.
案下(あんか) 안하. 궤하(机下).
其他
案山子(かかし) ①허수아비. *かがしろ도 읽으며, 古語로는 そおどら고도 했음. ②외견상 훌륭하나 무능한 사람. 굴퉁이.

| 11 目 教 | 眼 | 눈 안
ガン・ゲン
まなこ・め |

音読
眼瞼(がんけん) 안검. 눈꺼풀.
∥〜縁炎(えんえん)〖醫〗안검연염. 눈시울에 생기는 염증.
〜閉鎖反応(へいさはんのう)〖生〗안검 폐쇄 반응. 「야(視野).
眼界(がんかい) 안계. ①시계(視界). ②시
眼高手低(がんこうしゅてい) 안고 수저. 비평은 잘 하되, 실제로 만들어 보니 아주 서툶.
眼孔(がんこう) ①안공. 눈구멍. ②견식의 범위.
眼科(がんか) 안과. ♣〜医(い) 안과 의(사).
眼窠(がんか) ⇨ 眼窩(がんか).
眼光(がんこう) 안광.
眼球(がんきゅう) 안구. 눈알. ♣〜筋(きん)〖生〗안(구)근.
∥〜突出(とっしゅつ)〖醫〗안구 돌출.
〜銀行(ぎんこう) 안구 은행. 아이 뱅크.
〜振盪(しんとう)〖生〗안구 진탕. 무의식적으로 일어나는 율동적인 안구의 왕복 운동.
眼筋(がんきん)〖生〗안(구)근.
眼帯(がんたい) 안대.
眼力(がんりき) 안력. ①사물을 분별하는 힘. ②시력. *がんりょく로도 읽음.
眼輪(がんりん) 안륜. ♣〜筋(きん) 안륜근.
眼目(がんもく) 안목. 주안. 요점.
眼杯(がんぱい)〖生〗안배.
眼病(がんびょう) 안병. 눈병. 안질.
眼福(がんぷく) 진기한 것을 보고 즐김.
眼識(がんしき) 안식.
眼圧(がんあつ)〖醫〗안압.
眼窩(がんか) 안와. 눈구멍.

眼肉(がんにく) 도미 따위 물고기의 눈언저리 살.
眼底(がんてい) 〖生〗안저.
∥〜検査(けんさ) 〖醫〗안저 검사.
〜出血(しゅっけつ) 〖醫〗안저 출혈.
眼前(がんぜん) 안전. 눈앞.
眼点(がんてん) 〖動〗안점. 원생 동물이나 하등 무척추 동물의 간단한 빛 감각 기관.
眼睛(がんせい) ①안정. 눈동자. ②안구.
眼精(がんせい) 안정. 눈의 표정. 시력.
∥〜疲労(ひろう) 〖醫〗안정 피로.
眼中(がんちゅう) 안중.
〜人無(ひとな)し 안하무인.
眼疾(がんしつ) 안질. 눈병.
眼胞(がんぽう) 〖生〗안포.
眼下(がんか) 안하. 눈 아래.
眼形(がんけい) 안형. 바둑에서, 사는 형태를 갖춘 돌의 모양.

訓読

眼 ㊀(まなこ) 〈雅〉①눈알. 눈. ②시선. 시야. 안목. 「보는 눈.
㊁(がん) ①㊀①. ②《接尾語的으로》…안.
㊂(め) ①눈. 안목. ②체험. ③수량.
眼居(まなこい) 〔보는〕 눈초리.
眼奈太(めなだ) 〖魚〗가숭어.
眼路(めじ) 시야.
眼梶木(めかじき) 〖魚〗황새치.
眼の玉(めのたま) 눈알. 안구.
眼医者(めいしゃ) 안과 의사.
眼張(めばる) 〖魚〗볼락. 천징어.
眼脂(めやに) 눈곱.

其他

眼間(まなかい) 〈雅〉눈과 눈 사이. 눈앞.
眼鏡(めがね) ①안경. ②쌍안경. 망원경. *①②는 がんきょう로도 읽음. ③감식력.
♣〜橋(ばし) 홍예다리 / 〜蛇(へび) 〖動〗코브라 / 〜猿(ざる) 〖動〗안경원숭이.
眼尻(まなじり) 눈초리.
眼気ざす(ねむけざす) 꾸벅꾸벅 졸다.
眼の当り(まのあたり) ①눈앞(에). 목전. ②직접. 친히.
眼伸し(まのし) ①눈을 크게 뜸. ②진지한 얼굴 표정을 함.
眼指し(まなざし) ⇨ 眼差し(まなざし)
眼差し(まなざし) ①눈(의) 표정. 눈빛. ②〈雅〉눈길. 시선.

12 隹	雁	기러기 안 ガン かり・かりがね

音読

雁 ㊀(がん) 〖鳥〗기러기. *かり로도 읽음.
㊁(かりがね) ⇨ 雁金(かりがね).
雁来紅(がんらいこう) 〖植〗안래홍. 색비름.
雁木(がんぎ) ①(눈이 많은 지방에서) 처마를 물려 내어 그 밑을 통로로 삼는 방식. ②선창의 계단. ③갱내에서 쓰는 사닥다리.
雁門(がんもん) 〖佛〗안문. 불문(佛門).
雁帛(がんぱく) 안백. 편지.
雁使(がんし) 안사. 안신(雁信).
雁書(がんしょ) 안서. 편지.
雁首(がんくび) ①안수. 담뱃대의 대통. 담배통. ②〈俗〉(사람의) 목. 머리. ③물받이 홈통의 물이 나오는 구멍과 연결된 토관.
♣〜草(そう) 〖植〗긴담배풀.
雁垂れ(がんだれ) 한자 부수의 하나: 민엄호
雁信(がんしん) ⇨ 雁書(がんしょ). 「밀.
雁擬き(がんもどき) 〖料〗유부의 한 가지. 두부 속에 잘 다진 야채·다시마 따위를 넣어 기름에 튀긴 것.
雁字搦め(がんじがらめ) 칭칭 얽어맴.
雁足(がんそく) 〖植〗'草蘇鉄(くさそてつ)(=청나래고사리)'의 딴이름.
雁瘡(がんかさ) 〈俗〉〖醫〗안창. 양진성(痒疹性) 습진. *がんそうろも 읽음.
雁皮(がんぴ) 〖植〗안피나무. ♣〜紙(し) 안피지.
雁行(がんこう) ①안행. ①기러기떼의 행렬. ②비스듬히 줄지어 감.

訓読

雁股(かりまた) 쌍갈지고 그 안쪽에 날이 있는 화살촉. 또, 그 촉이 달린 화살.
雁金(かりがね) 〈雅〉①기러기의 울음소리. ②〖鳥〗기러기. ♣〜草(そう) 〖植〗누린내풀.
雁渡し(かりわたし) 초가을에 부는 북풍. *がんわたし로도 읽음.
雁の文(かりのふみ) ☞ 雁の使い(かりのつかい)
雁の使い(かりのつかい) 편지. 「かい).
雁の玉章(かりのたまずさ) ☞ 雁の使い(かりのつ
雁が音(かりがね) 〈雅〉⇨ 雁金(かりがね).
雁点(かりがねてん) 한문 훈독의 반환점(かえりてん)의 하나(レ의 옛 이름).
雁の便り(かりのたより) 편지.

15 革	鞍	안장 안 アン くら

音読

鞍馬(あんば) ①안마. 4개의 다리가 달리고 귀에 손잡이가 있는 체조 용구. ②안장을 얹은 승마말. 「곳.
鞍部(あんぶ) 안부. 산마루가 움푹 들어간
鞍上(あんじょう) 안상. 안장 위.

訓読

鞍(くら) 안장.
鞍尻(くらじり) 안장의 뒷부분.
鞍骨(くらぼね) 안장의 뼈대.
鞍掛け(くらかけ) ①안장을 걸어 두는 대. ②안장을 얹은 말.
鞍具(くらぐ) 안구. 마구(馬具).
鞍覆い(くらおおい) 사람이 타지 않은 말의 안장 위를 덮는 천.
鞍造部の鳥(くらづくりのとり) 일본 法隆

寺(ほうりゅうじ)에 있는 금당(金堂)의 벽화.
鞍擦れ(くらずれ) 안장에 쓸려 생긴 상처.
鞍替え(くらがえ) 전직. 전업.
鞍下(くらした) 마소의 등의 안장 아래에 닿는 부분. 또, 그 부분의 고기. 등심.

15 鳥	鴈	기러기 안 ガン かり・かりがね

音読
鴈(がん)〖鳥〗기러기. *かり로도 읽음.

17 魚	鮟	아귀 안 アン

音読
鮟鱇(あんこう) ①〖魚〗안강. 아귀. ② 멍텅구리.

18 頁 敎	顔(顏)	얼굴 안 ガン かお・かんばせ

音読
顔料(がんりょう) 안료.
顔面(がんめん) 안면. 얼굴. ♣~**角**(かく)〖生〗안면각/~**筋**(きん) 안면근.
‖~**神経痛**(しんけいつう) 안면 신경통.
~**蒼白**(そうはく) 안면 창백.
顔容(がんよう) 얼굴 (생김새). 용모. *かんばせ로도 읽음.

訓読
顔 ㊀(かお) ①얼굴. ㉠낯. 안면. ㉡표정. 기색. ②체면. 면목. ③《接尾語적으로》…한 모양. …체함. 「용모.
㊁(かんばせ) ①안색. 얼굴 모습. ②체면.
顔パス(かおパス)〈俗〉안면 통과.
顔ばせ(かおばせ) 얼굴 생김새. 용모.
顔繋ぎ(かおつなぎ) ①(관계를 유지하기 위해) 가끔 만나거나 방문함. ②(서로 모르는 사람을) 소개함. 대면시켜 줌.
顔見せ(かおみせ) ⇨ **顔見世**(かおみせ).
顔見世(かおみせ) ①(많은 사람 앞에) 첫선을 보임. ②歌舞伎(かぶき)에서, 배우 전원이 나와 관객에게 얼굴을 보임.
‖~**狂言**(きょうげん) 일단의 배우 전원이 출연하는, 일종의 선을 뵈는 狂言.
顔見知り(かおみしり) 안면이 있음. 아는 사이. 지면(知面).
顔寄せ(かおよせ) ①회합. 모임. ②〖劇〗제목·배역 등이 정해진 후의 관계자 전원의 첫 모임.
顔の道具(かおのどうぐ) 눈·코·입 따위.
顔良し(かおよし) 얼굴 생김새가 아름다움. 또, 그런 사람. 「유명 인사.
顔利き(かおきき) (어떤 방면에서) 알려진

顔立ち(かおだち) 얼굴 모습. 얼굴 생김새.
顔立て(かおだて) ① ⇨ **顔立ち**(かおだち). ② 체면을 위해 남과 다툼.
顔貌(かおかたち) 안모. 얼굴 생김새. 용모. *がんぼう로도 읽음. 「얼굴.
顔付き(かおつき) ①얼굴 생김새. ②표정.
顔負け(かおまけ) 무색해짐.
顔写真(かおじゃしん) 얼굴 사진.
顔色(かおいろ) 안색. 얼굴빛. *がんしょく로도 읽음.
顔先(かおさき) 눈앞. 안전(眼前).
顔馴染み(かおなじみ) 서로 잘 앎. 낯익은 사이. 친지.
顔役(かおやく) 그 지방의 실력자. 유지.
顔汚し(かおよごし) 체면 손상.
顔違い(かおちがい) 얼굴 모습이 이전과 달라지는 일.
顔作り(かおづくり) ①용모. ②화장.
顔杖(かおづえ) 팔로 턱을 괴는 일.
顔揃い(かおぞろい) (모일 사람이) 다 모임. 특히 쟁쟁한 사람들이 다 모임.
顔持ち(かおもち) 얼굴 생김새. 표정.
顔尽く(かおずく) (사회에 대한) 그 사람의 지명도·체면·신용도 따위.
顔触れ(かおぶれ) (사업이나 모임에) 참가한 사람들. 면면(面面). 멤버.
顔出し(かおだし) (모임에) 참석함.
顔合わせ(かおあわせ) ①(첫) 대면. (첫) 회합. ②(배우 등의) 공연(共演).
顔向け(かおむけ) 대면(對面). 대할 낯.
顔形(かおかたち) 얼굴 생김새. 용모.

19 貝	贋	거짓 안 ガン にせ

音読
贋作(がんさく) 안작. 가짜 작품을 만듦. 또,
贋造(がんぞう) 안조. 위조. └그 작품.

訓読
贋(にせ) 가짜. 모조(模造).
贋金(にせがね) 가짜 돈. 위폐. *がんきん으로도 읽음.
贋物(にせもの) 가짜 (물건). 위조품. *がんぶつ로도 읽음.
贋書き(にせがき) 타인의 필적을 모사하거나 작품을 표절함. 또, 그런 문자·작품.
贋首(にせくび) 그 사람의 목이라고 가장한 남의 목.
贋者(にせもの) 거짓으로 신분·직업 등을 꾸민 사람. 가짜.
贋札(にせさつ) 안찰. 위폐(僞幣). *がんさつ로도 읽음.
贋判(にせはん) 위조한 인장(印章).

알

4 歹	歹	앙상한뼈 **알** ガツ

其他▶
歹偏(いちたへん) 한자 부수의 하나: 죽을사 변. *がつへんで도 읽음.
歹(しにがまえ) ☞歹偏(いちたへん).

8 車	軋	삐걱거릴 **알** アツ きしむ・きしる

音読▶
軋轢(あつれき) 알력.
訓読▶
軋めく(きしめく) 삐걱삐걱 소리 나다.
❖**軋む**(きしむ) ① 삐걱거리다. ② 삐걱거리며 기울거나 빠질 것 같다.
軋み合う(きしみあう) 서로 다투다. 「하다.
❖**軋る**(きしる) ① 삐걱거리다. ② 서로 미워
軋り合う(きしりあう) 물체와 물체가 서로 스쳐서 소리를 내다.

11 戈	戛	창 **알** カツ ほこ

参考 戞은 異體字.

音読▶
戛戛(かつかつ) 알알. ① 딱딱한 것이 부딪쳐 나는 소리. 딸각딸각. ② 서로 부딪치는 소리. 탁탁.
戛然(かつぜん) 알연. 딱딱한 것이 부딪치는 소리. 딸가닥딸가닥.

14 斗	斡	돌 **알** アツ めぐる

音読▶
斡旋(あっせん) 알선. 주선.
∥~**収賄**(しゅうわい) 알선 수뢰.

15 言 常	謁 (謁)	뵐 **알** エツ まみえる

音読▶
謁(えつ) 고귀한 사람을 만남. 알현.
謁する(えっする) 알현하다.
謁見(えっけん) 알현.

16 門	閼	막을 **알** アツ・ア ふさがる

音読▶
閼伽(あか) 알가. 불전(佛前)이나 묘 앞에 올리는 물.
∥~**棚**(だな) 알가붕. 불전에 올리는 물이나 꽃을 놓는 선반.

암

8 山 教	岩	바위 **암** ガン いわ

音読▶
岩高蘭(がんこうらん) 〖植〗 암고란. 시로 [미.
岩窟(がんくつ) 암굴. 바위굴.
∥~**王**(おう) 〖册〗 암굴왕. '몬테크리스토 백작'의 번안 소설명.
岩圏(がんけん) 〖地〗 암권. 암석권.
岩頭(がんとう) 암두. 바위 위. 바윗가.
岩稜(がんりょう) 암릉. 바위 모서리. 또, 암석이 노출된 산 능선.
岩脈(がんみゃく) 암맥.
岩綿(がんめん) 암면. 록 울(rock wool).
岩盤(がんばん) 암반.
岩壁(がんぺき) 암벽. 바위 낭떠러지. *いわかべ로도 읽음. ♣~**画**(が) 암벽화.
岩石(がんせき) 암석. ♣~**区**(く) 〖鑛〗 암석구 / ~**学**(がく) 암석학.
∥~**圏**(けん) 〖地〗 암석권. 암권(岩圏).
~**砂漠**(さばく) 〖地〗 암석 사막.
~**繊維**(せんい) 암석 섬유. 암면(岩綿).
岩屑(がんせつ) 암설. 「소나무.
岩松(がんしょう) 큰 바위 위로 뿌리를 뻗은
岩乗(がんじょう) 튼튼하고 아귀참. 옹골참.
岩塩(がんえん) 암염. 돌소금.
岩漿(がんしょう) 〖地〗 암장. 마그마.
岩滓(がんしょう) 〖鑛〗 암재. 용암재(滓).
岩畳 ㊀(がんじょう) ⇨ 岩乗(がんじょう).
㊁(いわだたみ) 편평한 바위가 겹친 곳.
岩礁(がんしょう) 암초. *えいろ로 읽음.
岩穴(がんけつ) 암혈. 바위굴. 석굴. *いわあな로도 읽음.

訓読▶
岩 ㊀(いわ) 바위.
㊁(いわお) 큰 바위. 반석.
㊂(がん) ① ☞㊀. ② 지각을 이루는 광물
岩角(いわかど) 바위 모서리. 「구성체.
岩間(いわま) 바위틈.
岩見(いわみ) 〖地〗 옛 지방 이름. 지금의 島根(しまね) 현 서부.
岩橋(いわばし) ① 징검다리. ② 돌다리.
岩根(いわね) 〈雅〉 ① 큰 바위. ② 암근. 바위의 밑동. 바위 뿌리.
岩肌(いわはだ) 바위 표면을 사람의 살갗에 비유해서 이르는 말.
岩磯(いわいそ) 바위가 많은 바닷가.

岩代(いわしろ)〖地〗옛 지방명. 지금의 福島(ふくしま) 현 중앙부와 서부.
岩登り(いわのぼり) 암벽 등반. 록클라이밍(rock-climbing).
岩梨(いわなし)〖植〗철쭉과의 상록 교목《열매는 식용》.
岩木(いわき)〈雅〉① 바위와 나무. 비정한 것. 목석. ② 아탄(亞炭).
岩本(いわもと) 바위 밑동.
岩峰(いわみね) 바위로 이루어진 봉우리.
岩膚(いわはだ) ⇨ 岩肌(いわはだ).
岩崩れ(いわくずれ) 폭우 따위로 바위가 무너져 내리는 일.
岩棚(いわだな) 벼랑 중턱에 선반처럼 비죽 나온 바위.
岩飛び(いわとび) 높은 바위 위에서 물속으로 뛰어드는 일. 또, 그 사람.
岩鼻(いわはな) 돌출한 바위의 끝.
岩山(いわやま) 암산.
岩床(いわとこ) 암상. 돌의 표면이 마룻바닥처럼 평평한 곳. *いわどこ로도 읽음.
岩手(いわて)〖地〗東北(とうほく) 지방 동부에 있는 현.
岩水(いわみず) 바위틈에서 흘러나오는 물.
岩垂氷(いわつらら) 종유석(鍾乳石).
岩室(いわむろ) 동굴.
岩魚(いわな)〖魚〗곤들매기.
岩淵(いわぶち) 바위로 둘러싸인 깊은 늪.
岩燕(いわつばめ)〖鳥〗바위제비. 흰털발제비.
岩襖(いわぶすま) 병풍(같이 솟은) 바위.
岩屋(いわや)〈雅〉① 암굴(岩窟). 석굴. ② 바위굴 집.
岩茸(いわたけ)〖植〗석이(石栮).
岩垣(いわがき) ① 울타리처럼 둘러싸인 바위. ② 돌담. *いわかき로도 읽음.
岩陰(いわかげ) 바위 그늘. 바위 뒤. 「터.
∥～遺跡(いせき)〖考〗암음 유적. 그늘집
岩場(いわば) ① 바위 밭. 바위가 많은 곳. ② 등산자가 바위를 타는 장소.
岩田帯(いわたおび) 임신부의 배띠. 복대.
岩組み(いわぐみ) ① 정원석의 배치(법). ② 종이를 발라서 만든 바위《무대 장치용》.
岩座(いわざ)〖佛〗암좌. 바위자리.
岩躑躅(いわつつじ) ① 바위틈에 난 진달래. ②〖植〗바위철쭉.
岩清水(いわしみず) 석간수. 석천(石泉).
岩枕(いわまくら) 바위를 베개 삼아 노숙함. 또, 그 베개.
岩波(いわなみ) 바위를 때리는 파도.
岩風呂(いわぶろ) 바위틈을 이용해 만든 목욕탕.
岩戸(いわと) 암굴(의 입구). 동굴(문).
∥～神楽(かぐら) ① 天照大神(あまてらすおおみかみ)이 연주했다는 음악. 또, 그에 유래한 민속 음악. ② 歌舞伎(かぶき)의 반주의 하나.
～隠れ(がくれ) 天照大神가 素戔嗚尊(すさのおのみこと)의 난폭함에 노하여 동굴에 숨었다는 고사(故事).
岩壺(いわつぼ) ① 용소(龍沼). ② 바위 사이의 움푹 팬 곳.
岩絵の具(いわえのぐ) 동양화에 쓰이는 분말 그림 물감.
岩檜葉(いわひば)〖植〗부처손.
逆音
奇岩(きがん) 기암.
火成岩(かせいがん)〖鑛〗화성암.

10 イ	俺	나 암 エン おれ

訓読
俺(おれ) ① 나. ② 상대의 낮춤말. 너.
俺達(おれたち) 우리들《남자가 동배 또는 손아랫사람에게 씀》.
俺様(おれさま)〈俗〉'俺(おれ)(=나)'를 거만스럽게 일컫는 말. 어르신네.

其他
俺等(おいら)〈俗〉우리(들).

11 广	庵	초막 암 アン いお・いおり

音読
庵 ㊀(あん) ① 문인·묵객의 아호나 그의 주거의 아호에 붙이는 말. ② 요릿집 등의 옥호.
 ㊁(いおり) 암자. 초막. *いお로도 읽음.
∥～看板(かんばん) 배우의 이름 따위를 써서 극장 밖에 내거는 간판. 「겸사말.
 ㊂(いお)〈古〉① 초암(草庵). ② 자기 집의
庵室(あんしつ) 암자(庵子).
庵主 ㊀(あんしゅ) ① 암주. 암자의 주인. ② 다도(茶道)에서, 주인.
 ㊁(あんじゅ)〖佛〗(큰 절에 딸린 건물이나 분원(分院)의) 여승.

12 艹	菴	암자 암 アン いおり

音読
菴羅(あんら)〖植〗암라. 망고《열대 지방에서 재배하는 과실》.

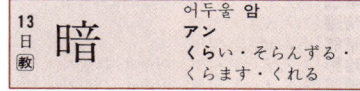

音読
暗 ㊀(あん) ① 암. ② 어두운. 짙은.
 ㊁(やみ) ① 어둠. ② (불안이나 걱정이 있어) 마음이 어두움. ③ 암거래.
暗に(あんに) 넌지시. 몰래.

暗褐色(あんかっしょく) 암갈색.
暗渠(あんきょ) 암거. 땅속에 낸 도랑.
∥～排水(はいすい) 암거 배수.
暗剣殺(あんけんさつ) 구성(九星) 방위(方位) 가운데 가장 불길한 방위.
暗君(あんくん) 암군. 어리석은 군주.
暗鬼(あんき) 암귀. 어둠을 지배하는 귀신.
暗記(あんき) 암기. 욈.
暗淡(あんたん) 어스레함. 어둑어둑함.
暗澹(あんたん) 암담. 「둔함.
暗鈍(あんどん) 암둔. 도리에 밝지 못하고 우
暗路(あんろ) 암로. 어두운 길.
暗緑(あんりょく) 암록. 진초록.
暗涙(あんるい) 암루. 남몰래〔저도 모르게〕 흘리는 눈물.
暗流(あんりゅう) 암류. 겉에 나타나지 않은 흐름・동태.
暗幕(あんまく) 암막. 「매함.
暗昧(あんまい) 암매. 도리에 밝지 못하고 우
暗面(あんめん) 암면. 어두운 면.
暗黙(あんもく) 암묵.
暗反応(あんはんのう) 『化』 암반응.
暗譜(あんぷ) 암보. 악보를 욈.
暗部(あんぶ) 암부. 어두운 부분.
暗射(あんしゃ) ① 암사. 목표를 어림하여 쏨. ② 암기(暗記)하여 맞힘.
∥～地図(ちず) 백지도(白地圖).
暗算(あんざん) 암산.
暗殺(あんさつ) 암살.
暗箱(あんばこ) 암상. (사진기의) 어둠상자.
暗色(あんしょく) 암색. 어두운 빛깔.
暗線(あんせん) 암선. 물질에 의한 흡수로 말미암아 스펙트럼에 나타나는 시커먼 선.
暗所(あんしょ) 어두운 곳. 눈에 잘 띄지 않는 곳. 「이외의 소음.
暗騒音(あんそうおん) 대상으로 하는 소리
暗愁(あんしゅう) 암수. 어두운 수심.
暗数(あんすう) 사고・사건 건수 등에서 통계에 나타나지 않은 실수(實數).
暗示(あんじ) 암시.
∥～療法(りょうほう) 『醫』 암시 요법.
暗視(あんし) 암시. 어두운 데서도 보임.
∥～双眼鏡(そうがんきょう) 암시 쌍안경.
暗室(あんしつ) 암실.
暗暗(あんあん) ① 암암. 어두움. ② 비밀.
∥～裏(り) 암암리. 남이 모르는 사이.
暗夜(あんや) 암야. 어두운 밤. 「결어감.
∥～行路(こうろ) 암야행로. 어두운 밤길을
暗弱(あんじゃく) 어리석고 무기력함.
暗躍(あんやく) 암약.
暗然(あんぜん) 암연.
暗影(あんえい) 암영. 어두운 그림자.
暗翳(あんえい) 암영. 어두운 그림자.
暗愚(あんぐ) 암우. 바보.
暗雲(あんうん) 암운. 검은 구름. 먹구름.
暗鬱(あんうつ) 암울. 우울.
暗喩(あんゆ) 암유. 은유(隱喩).
暗紫色(あんししょく) 암자색.

暗赤色(あんせきしょく) 암적색. 칙칙한 붉
暗転(あんてん) 『劇』 암전. 「은 빛깔.
暗点(あんてん) 암점. 시야(視野) 속에서 국부적으로 보이지 않는 점.
暗潮(あんちょう) 암조. ① 표면에 드러나지 않은 조류(潮流). ② 표면에 드러나지 않은 세상 풍조나 세력.
暗調(あんちょう) 암조. 어두운 느낌.
暗主(あんしゅ) 암주. 어리석은 군주.
暗中(あんちゅう) 암중. 어둠 속.
∥～模索(もさく) 암중모색.
～飛躍(ひやく) 암중비약. 암약.
暗証(あんしょう) 암증. 현금 인출 카드〔캐시 카드 (cash card)〕를 쓸 때의 비밀 번호.
暗唱(あんしょう) 암창. 암송(暗誦).
暗礁(あんしょう) 암초.
暗闘(あんとう) ① 암투. ② 『劇』 (歌舞伎(か ぶき)에서) 무언(無言)으로 암투하는 연기.
暗合(あんごう) 암합. 우연히 일치됨.
暗香(あんこう) 암향.
暗号(あんごう) 암호.
暗紅(あんこう) 암홍색. 검붉은 색.
暗黒(あんこく) 암흑. ♣～街(がい) 암흑가/～面(めん) 암흑면.
∥～大陸(たいりく) 암흑 대륙.
～時代(じだい) 암흑 시대.

訓読
暗ます(くらます) ① (장소를 모르게) 감추다. ② (행동을) 속이다.
暗む(くらむ) 어두워지다.
暗暗と(くれぐれと) ① 침울하고 슬픔에 가득 차 있는 모양. ② 일이 순조롭지 않은 모양.
暗れ惑う(くれまどう) 갈피를 못 잡다. 어찌할 바를 모르다.
❖暗い(くらい) 어둡다.
暗がり(くらがり) ① 어두운 곳. 또, 어두움. ② 남의 눈에 띄지 않음.
暗み(くらみ) 어두운 곳.
暗闇(くらやみ) 어둠. 어두운 곳.

| 16 言 | 譜 | 욀 암
アン
そらんじる |

音読
諳記(あんき) 암기. 욈.
諳譜(あんぷ) 암보(暗譜). 악보를 욈.
諳算(あんざん) 암산(暗算).
諳誦(あんしょう) 암송(暗誦).

訓読
諳じる(そらんじる) ☞ 諳んずる(そらんずる)
諳んずる(そらんずる) 〈老〉 외다. 암기하다.

| 17 疒 | 癌 | 암 암
ガン |

音読
癌(がん)〖醫〗암.
癌細胞(がんさいぼう) 암세포.
癌遺伝子(がんいでんし) 암유전자.
癌腫(がんしゅ) 암종.
癌化(がんか) 암화.

17 門	闇	어두울 암 アン くらい・やみ

参考 현대 표기로는 '暗'으로 대용함.

音読
闇鈍(あんどん) 암둔. 도리에 밝지 못하고 우둔함.

訓読
闇(やみ) ①어둠. ②(불안이나 걱정이 있어) 마음이 어두움. ③암거래.
闇の女(やみのおんな)〈俗〉밤(거리)의 여인. 가창(街娼).
闇路(やみじ) ①〈雅〉어두운 밤길. 비유적으로, 사려 분별 없는 상태. ②황천길. 「일.
闇流し(やみながし) 물자를 암거래로 파는
闇商い(やみあきない) 암거래상.
闇相場(やみそうば) ①암시세(暗時勢). ②주식 시장 휴회 중의 시세.
闇市(やみいち)☞闇市場(やみいちば).
闇市場(やみいちば) 암시장.
闇闇(やみやみ)〈老〉마구. 함부로. 손쉽게. 호락호락. 「읽음.
闇夜(やみよ) 암야. 깜깜한 밤. *あんやと도
~の灯火(ともしび) 아주 곤란할 때 도움을 받게 됨의 비유.
闇屋(やみや) 암거래상. 암거래꾼.
闇雲(やみくも)〈俗〉①마구. 함부로. ②불쑥(갑자기) 하는 모양.
闇再販(やみさいはん) 공정 거래 위원회가 지정한 상품이 아닌데, 제조업자가 도·소매 가격을 지시하고 지키도록 하는 행위.
闇汁(やみじる) 각자 가지고 온 음식을 무엇인지 모르게 불을 끄고 한 냄비에 넣고 끓여 먹는 회식(會食)놀이. 또, 그 요리.
闇取引(やみとりひき) ①암거래. 뒷거래. ②시장이 휴점하는 날에 이루어지는 매매.
闇値(やみね) 암시세. 암거래의 값.
闇討ち(やみうち) ①어둠을 타서 적을 불시에 습격함. ②기습(으로 남을 놀래게 함).

20 山 人	巖 (巖)	바위 암 ガン いわ・いわお

音読
巌窟(がんくつ) 암굴. 바위굴.
巌頭(がんとう) 암두. 바위 위. 바윗가.
巌栖(がんせい) ⇨ 巌棲(がんせい).
巌棲(がんせい) 암서. 석굴에서 삶.
巌松(がんしょう) 큰 바위 위로 뿌리를 뻗은 소나무.
巌穴(がんけつ) 암혈. 바위굴. 석굴.
‖~の士(し) 암혈지사. 은자(隱者).

訓読
巌 ㊀(いわ) 바위.
㊁(いわお) 큰 바위. 반석.

21 黒	黯	검을 암 アン くらい

音読
黯然(あんぜん) 암연(暗然). ①슬퍼 정신이 아득한 모양. ②어두운 모양.

압

5 土 教	圧 (壓)	누를 압 アツ・オウ おさえる・おす・ へす

音読
圧する(あっする) 세게 내리누르다.
圧覚(あっかく)〖生〗압각.
圧巻(あっかん) 압권.
圧度(あつど) 압도. 압력의 정도. 「적.
圧倒(あっとう) 압도. ♣~的(てき) 압도
圧胴(あつどう) 실린더. 기통(氣筒).
圧力(あつりょく) 압력. ♣~計(けい) 압력계 / ~釜(がま) 압력솥 / ~秤(ばかり)〖理〗압력칭.
‖~鍋(なべ)☞圧力釜.
~団体(だんたい) 압력 단체.
~変質(へんしつ)〖地〗압력 변질.
~水頭(すいとう)〖理〗압력 수두.
圧密(あつみつ) 흙이나 지반(地盤)에 압력이 가해져 부피가 줄어듦. 「감.
圧迫(あっぱく) 압박. ♣~感(かん) 압박
‖~包帯(ほうたい) 압박 붕대.
圧伏(あっぷく) 압복. 눌러 복종시킴.
圧服(あっぷく) ⇨ 圧伏(あっぷく).
圧粉磁心(あっぷんじしん)〖工〗압분 자심.
圧死(あっし) 압사.
圧殺(あっさつ) 압살. 눌러 죽임.
圧雪(あっせつ) 내린 눈이 밟혀 단단해진 상태의 것.
圧砕(あっさい) 압쇄. 눌러 바숨.
圧勝(あっしょう) 압승.
圧延(あつえん) 압연. ♣~機(き) 압연기.
圧印(あついん) 압인(壓印). ♣~機(き) 압인기.
圧入(あつにゅう) 압입.
圧状(あつじょう) ①협박하여 억지로 쓰게 한 문서. ②위협하여 억지로 승낙하게 함.
圧電気(あつでんき) 압전기.
圧電効果(あつでんこうか)〖理〗압전 효과.
圧点(あってん) (피부의) 압점.

圧接(あっせつ) 압접《용법의 하나》.
圧政(あっせい) 압정.
圧制(あっせい) 압제.
圧条(あつじょう) 〖農〗압조. 취목. 휘묻이.
圧搾(あっさく) 압착.
∥~空気(くうき) 압착 공기. 압축 공기.
圧縮(あっしゅく) 압축. ♣~機(き) 압축기 / ~率(りつ)〖理〗압축률 / ~比(ひ)〖理〗압축비.
∥~空気(くうき) 압축 공기. ♣~機関(きかん) 압축 공기 기관.
~応力(おうりょく)〖理〗압축 응력.
圧出(あっしゅつ) 압출.
圧痛(あっつう) 압통. ♣~点(てん) 압통점.

訓読

圧える(おさえる) ①누르다. ②억압하다. 억제하다. ③압류하다.
❖圧す ㊀(おす) (내리)누르다. 압도하다. ㊁(へす) ①눌러서 우그리다. ②압도하다.
圧し(おし) ①누름. ②누름돌. ③남을 누르는 힘.
圧し曲げる(へしまげる) 힘껏 구부리다.
圧し潰す(おしつぶす) ①눌러 찌부러뜨리다. ②묵살하다.
圧し拉ぐ(おしひしぐ) ①눌러 찌부러뜨리다. ②억누르다. 억압하다.
圧し殺す(おしころす) ①눌러 죽이다. ②감정 따위를 억누르다.
圧し込む(へしこむ) 억지로 욱여 넣다.
圧し折る(へしおる) 눌러서〔구부려서, 휘어서〕꺾다.
圧し合う(へしあう) 서로 세차게 밀어대다.

8획 才 常	押	수결 압·누를 압 オウ おす・おさえる

音読

押捺(おうなつ) 도장을 찍음. 날인.
押領(おうりょう) ①힘으로 빼앗음. ②병졸을 감독 통솔함.
∥~使(し) 옛날에, 여러 지방의 적도(賊徒)를 진압한 令外の官(りょうげのかん).
押書(おうしょ) 어떤 일을 하거나 또 복종할 것을 맹세하는 문서《鎌倉(かまくら) 시대의 계약 문서》. *あっしょ로도 읽음.
押送(おうそう) 압송.
押収(おうしゅう) 압수.
押韻(おういん) 압운. 시에서 운을 다는 일.
押印(おういん) 날인. 도장을 찍음.
押紙(おうし) 부전(附箋). 찌지(紙).

訓読

押せ押せ(おせおせ) ①일이 밀려 다른 일에 차례로 영향을 미침. ②(강력하게) 밀고 또 밂. 밀어붙임.
❖押さえる(おさえる) ①누르다. ②억압하다. 억제하다. ③압류하다.
押さえ(おさえ) ①누름. ②눌러 놓는 물건.
③지배(자). 통솔력. ④(군대의) 후진.
押さえ付ける(おさえつける) 꽉 누르다. 억누르다. 억압하다.
押さえ所(おさえどころ) 중요한 곳〔점〕.
押さえ込む(おさえこむ) ①(유도 등에서) 상대를 꼼짝 못하게 누르다. ②억제하다.
❖押す(おす) ①(떼)밀다. ②(내리)누르다. (남을) 당하다. ③(도장을) 찍다. ④무릅쓰다. 강행하다.
押し(おし) ①누름. ②누름돌. ③남을 누르는 힘. ④밂. ⑤억지. ⑥〖動詞 앞에서〗무리하게 …하다.
押して(おして) 굳이. 무리하게. 무릅쓰고.
押し強い(おしづよい) 억지가 세다.
押し開く(おしひらく) 밀어 열다.
押し開ける(おしあける) 무리하게 열다.
押し遣る(おしやる) ①밀어서 저쪽으로 보내다. ②밀어젖히다. 퇴박하다.
押し競(おしくら) ①서로 밀치기. ②밀치기놀이.
∥~饅頭(まんじゅう) 〈兒〉밀치기놀이.
押し曲げる(おしまげる) 눌러서 억지로 구부리다. 비틀어 구부리다.
押し広げる(おしひろげる) ①펴서 넓히다. 확대하다. ②무리하게 넓히다.
押し広める(おしひろめる) ①널리 퍼뜨리다. ②범위를 넓히다. 널리 미치게 하다.
押し掛ける(おしかける) 밀어닥치다. 우르르 몰려가다.
押し掛け女房(おしかけにょうぼう) 남자한테 매달려 억지로 아내가 된 여자.
押し釦(おしボタン) (초인종 등의) 누름단추.
押し捲る(おしまくる) ①철저히 누르다. 마구 눌러버리다. ②시종 상대를 압도하다.
押し潰す(おしつぶす) ①눌러 찌부러뜨리다. ②묵살하다.
押し及ぼす(おしおよぼす) 미치게 하다. 들어맞게 하다.
押し寄せる(おしよせる) ①몰려들다. 밀어닥치다. ②가까이 두다. 밀어놓다.
押し当てる(おしあてる) 눌러 덮다. 꽉 누르다.
押し貸し(おしがし) 떠맡기다시피 빌려 줌.
押し倒し(おしたおし) 밀어 넘어뜨림《일본 씨름 기술의 하나》.
押し倒す(おしたおす) (밀어) 넘어뜨리다.
押し豆腐(おしどうふ) 두부를 헝겊에 싸서 누름돌로 눌러 물기를 뺀 것.
押し拉ぐ(おしひしぐ) ①눌러 찌부러뜨리다. ②억누르다. 억압하다.
押し戻す(おしもどす) 밀어 되돌리다. 되밀다.
押し流す(おしながす) 흘려 보내다.
押し立てる(おしたてる) ①(힘들여) 세우다. ②밀어붙이다. ③강하게 주장하다.
押し売り(おしうり) 강매. 또, 그렇게 하는 사람.
∥~無用(むよう) 강매 사절.
押し麦(おしむぎ) 압맥. 납작보리.
押し明け(おしあけ) 날이 샘.

押し目(おしめ) ① 상대보다도 나은 듯한 상태. ②〖經〗눌림목. 오르던 시세가 일시적으로 내리는 일.
押し黙る(おしだまる) 꾹 침묵을 지키다.
押し問答(おしもんどう) 입씨름. 승강이(질).
押し迫る(おしせまる) 절박하다. 박두하다.
押し返えす(おしかえす) ① 되밀다. 되물리치다. ② 되돌아오게 하다.
押し抜き機(おしぬきき)〖機〗천공기. 판금(板金)에 구멍을 뚫는 기계.
押し並べて(おしなべて) ① 대체로. 모두. 한결같이. ②〈古〉보통. 여느.
押し伏せる(おしふせる) 비틀어 엎어누르다. 밀어 넘어뜨리다.
押し付けがましい(おしつけがましい) 마치 강요하듯 하다.
押し付ける(おしつける) ① 강압하다. ② 강요하다. 「치다.
押し分ける(おしわける) (좌우로) 밀어 헤
押し殺す(おしころす) 눌러 죽이다.
押し上げる(おしあげる) 밀어 올리다.
押し相撲(おしずもう) ① 밀어붙이는 씨름. ② 밀어붙이기를 장기로 하는 씨름꾼.
押し洗い(おしあらい) 비비지 않고 손바닥으로 누르면서 하는 빨래 방식.
押し手(おして) ① 옛날, 먹을 손바닥에 발라서 누르고 인장으로 삼던 일. ② 증거로 누른 인장.
押すな押すな(おすなおすな) 사람이 많이 몰려 혼잡한 상태. 밀치락달치락.
押し延べる(おしのべる) 눌러 늘이다.
押し縁(おしぶち) 물건을 누르기 위해 박는, 가늘고 긴 대 또는 나무.
押し葉(おしば) (표본 등으로 쓰려고) 책갈피 등에 끼워 말린 잎·꽃.
∥**~標本**(ひょうほん) 석엽(腊葉).
押し屋(おしや) 출근 시간대에 통근 전철 승객을 차 안으로 밀어넣는 사람.
押し隠す(おしかくす) 감추다. 숨기다.
押しの一手(おしのいって) (목적 달성을 위해) 억지로 밀어붙임.
押し入り(おしいり) ① 억지로 들어감. ② (가택 침입) 강도.
押し入る(おしいる) 억지로 들어가다.
押し入れ(おしいれ) 반침. 「넣다.
押し入れる(おしいれる) 밀어넣다. 억지로
押し込み(おしこみ) ① 반침. ② (가택 침입) 강도.
押し込む(おしこむ) ① 밀고〔비집고〕 들어가다. ② 강도질하러 들어가다. 「금.
押し込め(おしこめ) 억지로 밀어넣음. 감
押し込める(おしこめる) ① 억지로 밀어넣다. ② 가두다. 「두.
押し切り(おしきり) ① 꽉 눌러 자름. ② 작
押し切る(おしきる) ① 눌러서 자르다. ② 강행하다. 무릅쓰다.
押切帳(おしきりちょう) 돈을 지급하고 상대방에게 영수인을 찍게 하는 장부.
押し鮎(おしあゆ) 자반 은어.
押し頂く(おしいただく) ① 삼가 받다. ② 받들어 섬기다.
押し鯛(おしだい) 배를 가르고 소금과 식초를 뿌려 말려 돌로 눌러 놓은 도미.
押し止める(おしとどめる) 강제로 말리다.
押し紙(おしがみ) ① ☞押紙(おうし). ② 압지(押紙).
押し鮨(おしずし) 초밥의 한 가지.
押し進める(おしすすめる) 밀고 나아가다.
押し借り(おしがり) 억지로 꿈〔빌림〕.
押し出し(おしだし) ① 밀어냄. ② 상대를 밀어내는 씨름 수의 하나. ③〖野〗밀어내기.
押し出す(おしだす) ① 우르르 나가다. ② 아래서 위로 나오다. ③ 눌러서 짜내다. 밀어내다. ④ 내세우다.
押し通す(おしとおす) ① 억지로 통하게 하다. ② 관철하다. 끝까지 버티다. 「내다.
押し退ける(おしのける) 밀어젖히다. 밀어
押し包む(おしつつむ) ① 包む(つつむ)의 힘줌말. ② 애써 감추다.
押し下げる(おしさげる) 눌러서 내리다.
押し割り(おしわり) ① 눌러 깨뜨림. ② '押し割り麦(むぎ)(=납작보리)'의 준말.
押し合い(おしあい) ① 서로 밂. ②〖經〗시세에 변동이 없음.
∥**~圧し合い**(へしあい) 여러 사람이 밀고 밀리며 붐빔. 「하는 축제.
~祭り(まつり) 참배자가 서로 밀어가며 행
押し合う(おしあう) 서로 밀다.
押し弘める(おしひろめる) ⇨ 押し広める(おしひろめる).
押し花(おしばな) 종이나 책갈피에 끼워 말린 꽃〔표본 등으로 씀〕.
押し回す(おしまわす) ① 回す(まわす)의 힘줌말. ② 자동차를 타고 야단스레 방문하다. ③ 간단없이 돌아다니면서 활동하다.
押し絵(おしえ) 꽃·새·인물 등을 그린 판지에 솜을 붙여 여러 가지 빛깔의 헝겊으로 싸서 널빤지 따위에 붙인 것.
押し詰まる(おしつまる) ① 절박하다. 박두하다. ② 연말이 다가오다.
押し詰める(おしつめる) ① 눌러 담다. 쑤셔넣다. ② 밀어붙이다. 몰아넣다. ③ 압축하다. 요약하다.
ごり押し(ごりおし)〈俗〉억지로 제 생각·주장을 끝까지 관철함.
❖**押っ**(おっ)〈俗〉動詞에 붙여 뜻을 강조하는 말. 세차게〔갑자기〕 무엇을 함을 나타냄.
押っ掛かる(おっかかる) ① 기대다. ②〈古〉 거의 가까워지다. 되려고 하다. 「다.
押っ立てる(おったてる)〈俗〉힘차게 세우
押っ放す(おっぱなす)〈俗〉내쫓다.
押っ放る(おっぽる)〈俗〉내팽개치다. 내버려두다.
押っ放り出す(おっぽりだす)〈俗〉① 내던지다. 내동댕이치다. ② 집에서 쫓아내다.

押っ付け(おっつけ) 밀어붙임. 또, 그 힘.
押っ付ける(おっつける) ① 밀어붙이다. 들이밀다(대다). 누르다. ② 억지로 시키다. 억지로 떼어 맡기다《押し付ける(おしつける)의 힘줌말》.
押っ始まる(おっぱじまる) 〈俗〉갑자기〔느닷없이〕시작되다《押し始まる(おしはじまる)의 힘줌말》.
押っ始める(おっぱじめる) 〈俗〉갑자기〔냅다〕시작하다《押し始める(おしはじめる)의 힘줌말》. 「리다.
押っ圧す(おっぺす) 누르다. 눌러 찌부러뜨
押っ圧折る(おっぺしょる) 〈俗〉짓눌러 꺾어버리다. 「む」.
押っ込む(おっこむ) ☞押し込む(おしこ
押っ取る(おっとる) 〈俗〉급히 손에 잡다.
押っ取り刀(おっとりがたな) ① 급한 경우 칼을 허리에 찰 틈도 없이 손에 든 채로 달려가는 일. ② 다급하게 달려감.
押っ取り込める(おっとりこめる) 〈俗〉완전히 포위하다《押し取り込める(おしとりこめる)의 힘줌말》.
押っ被さる(おっかぶさる) 덮이다《被さる(かぶさる)의 힘줌말》.
押っ被せ(おっかぶせ) ① 트집을 잡아 강제로 시킴. ② 위조품. 모조품.
押っ被せる(おっかぶせる) ① 세게 씌우다. ② (죄 등을) 넘겨 씌우다. ③ 속이다.

| 8
犭 | 狎 | 친압할 압
コウ
なれる |

音読
狎客(こうかく) 압객. 단골 손님. 가깝게 지내는 손님.
狎妓(こうぎ) 압기. 귀여워하는 기생.
狎昵(こうじつ) 압닐. 매우 친하고 가까움.
狎褻(こうせつ) 압설. 허물없이 외설함.
訓読
狎れる(なれる) 버릇없다. 친압해지다.

| 16
鳥 | 鴨 | 오리 압
オウ
かも |

訓読
鴨(かも) ①〖鳥〗오리. ②〈俗〉봉. 이용하기 좋은 사람.
鴨る(かもる) 〈俗〉봉으로 삼다.
鴨居(かもい) 〖建〗상인방(上引枋).
鴨南(かもなん) ☞鴨南蛮(かもなんばん).
鴨南蛮(かもなんばん) 〖料〗오리고기와 파를 넣은 국수.
鴨猟(かもりょう) 오리 사냥.
鴨場(かもば) 오리 사냥터.
鴨葱(かもねぎ) '鴨が葱(ねぎ)をしょって来(く)る(=오리점을 하려는데) 오리가 파 등에 지고 온다'의 준말. 더욱 안성맞춤임.
鴨の嘴(かものはし) 〖動〗오리너구리.
其他
鴨脚樹(いちょう) 〖植〗은행나무.
鴨頭(こうとう) 향신료. 고명. *こうとろも
鴨跖草(つきくさ) 〖植〗닭의장풀. 「읽음.

앙

| 5
大
教 | 央 | 가운데 앙
オウ
なかば |

逆音
年央(ねんおう) 〖商〗연앙. 한 해의 중간.
中央(ちゅうおう) 중앙. 한가운데.
震央(しんおう) 〖地〗진앙. 지진의 진원(震源) 바로 위가 되는 지점.

| 6
亻
常 | 仰 | 우러러볼 앙
ギョウ・コウ・ゴウ
あおぐ・おおせ・
あおのく・あおむく |

音読
仰角(ぎょうかく) 앙각. 올려본각.
仰望(ぎょうぼう) 앙망.
仰山(ぎょうさん) ①〈関西俗〉수량이 대단히 많은 모양. ②과장하는 모양.
仰韶文化(ぎょうしょうぶんか) 〖史〗양사오(仰韶)문화.
仰視(ぎょうし) 앙시. 우러러봄.
仰仰しい(ぎょうぎょうしい) 보기에 과장되다. 허세가 대단하다.
仰臥(ぎょうが) 앙와. 반듯이 누움.
仰天(ぎょうてん) 앙천. 몹시 놀람. 어처구니없음. 기겁을 함.
仰瞻(ぎょうせん) 존경하여 우러러봄.
訓読
仰き(あおのき) ☞仰向き(あおむき).
仰く(あおのく) ☞仰向く(あおむく).
仰ける(あおのける) ☞仰向ける(あおむける).
❖仰ぐ(あおぐ) ① 우러러보다. 존경하다. ② 받들다. 모시다. ③ 바라다. (앙)청하다.
仰ぎ見る(あおぎみる) ① 올려다보다. ② 우러러보다.
❖仰す(あおす) 〈文〉분부〔명〕하다. 말씀하시 「다.
❖仰せ(おおせ) ① 분부. 명령. ② 말씀.
仰せ付かる(おおせつかる) 분부〔지시〕를 받다.
仰せ付ける(おおせつける) 분부하시다.
❖仰向く(あおむく) ① (고개를 젖히거나 눕거나 하여) 위를 향하다〔보다〕. ②〈文〉☞仰向ける(あおむける).
仰向き(あおむき) 위를 향함.
仰向け(あおむけ) 뒤로 젖혀 위를 봄〔향함〕.
仰向ける(あおむける) 위를 향하게〔보게〕

하다. 얼굴 등을 잦혀 위로 향하게〔위를 보게〕
하다.
[其他]
仰る(おっしゃる) 말씀하시다.
仰け反る(のけぞる) (뒤로) 몸을 젖히다.
仰け様に(のけざまに) 뒤로 자빠지는 모양.
仰有る(おっしゃる) ⇨ 仰る(おっしゃる).

| 8 忄 | 怏 | 원망할 앙
オウ
うらむ |

[音読]
怏怏(おうおう) 앙앙. 불만·불평(不平)스러운 모양.

| 8 日 (入) | 昂 | 밝을 앙·오를 앙
コウ·ゴウ
たかぶる |

[音読]
昂じる(こうじる) ① 정도가 심해지다. ② 거만해지다.
昂騰(こうとう) 앙등.
昂奮(こうふん) 흥분(興奮).
昂昂然(こうこうぜん) 의기왕성한 모양.
昂揚(こうよう) 앙양. 고양.
昂然(こうぜん) 앙연. 의기양양한 모양.
昂進(こうしん) 항진(亢進).

| 9 歹 | 殃 | 재앙 앙
オウ
わざわい |

[音読]
殃禍(おうか) 앙화. 앙얼.
[逆音]
余殃(よおう) 여앙. 나쁜 짓을 한 앙얼로 그 자손이 받는 재앙.

| 10 禾 | 秧 | 모 앙
オウ
さなえ |

[訓読]
秧(さなえ) 못자리에서 옮겨 심을 무렵의 모. 볏모.
[其他]
秧鶏(くいな) 〖鳥〗 흰눈썹뜸부기.

| 14 革 | 鞅 | 가슴걸이 앙
オウ
むながい |

[音読]
鞅掌(おうしょう) 앙장. 매우 바빠 일함.
[訓読]
鞅(むながい) 가슴걸이. 말 가슴에서 안장에 거는 가죽끈.

애

| 6 艹 | 艾 | 쑥 애
ガイ
もぐさ·よもぎ |

[音読]
艾年(がいねん) 애년. 쉰 살.
艾髪(がいはつ) (머리가 쑥처럼 희끗희끗 퇴색했대서) 노인의 머리. 노인.
艾葉(がいよう) 쑥잎. 생약의 하나.
[訓読]
艾 ㊀(よもぎ) 〖植〗 쑥.
㊁(もぐさ) ① 약쑥. ② 쑥.
艾餅(よもぎもち) 쑥떡.
艾が杣(よもぎがそま) ① 쑥이 무성한 곳. ② 자기 집의 겸사말.
艾が宿(よもぎがやど) 쑥이 무성한 변변치 못한 숙소. 황폐한 집.

| 8 厂 | 厓 | 언덕 애
ガイ
がけ |

[訓読]
厓(がけ) 낭떠러지. 벼랑. 절벽.

| 9 口 常 | 哀 | 슬플 애
アイ
あわれ·あわれむ·かなしい·かなしむ |

[音読]
哀歌(あいか) 애가.
哀感(あいかん) 애감. 비애감.
哀哭(あいこく) 애곡. 슬피 욺.
哀求(あいきゅう) 애구. 애원.
哀悼(あいとう) 애도.
哀楽(あいらく) 애락. 슬픔과 즐거움.
哀憐(あいれん) 애련. 가엾고 애처로움.
哀別(あいべつ) 애별. 이별을 슬퍼함. 슬픈 이별.
哀史(あいし) 애사. 슬픈 역사.
哀辞(あいじ) 조사.
哀傷(あいしょう) 애상. 남의 죽음을 슬퍼하고 상심함. ♣~**歌**(か) 만가(輓歌).
哀惜(あいせき) 애석. 애도.
哀訴(あいそ) 애소. 애원.
哀愁(あいしゅう) 애수.
哀詩(あいし) 애시. 슬픈 내용을 담은 시.
哀哀(あいあい) 애애. 몹시 슬퍼하는 모양.
哀婉(あいえん) 애완. 가련하게 아름다우면서 단아한 모양.
哀韻(あいいん) 애운. 슬프고 애처로운 락.
哀願(あいがん) 애원.
哀泣(あいきゅう) 애읍. 슬피 욺.
哀切(あいせつ) 애절. 매우 애처롭고 슬픔.

哀絶(あいぜつ) 매우 슬픔.
哀情(あいじょう) 애정. 슬픈 심정.
哀調(あいちょう) 애조. 구슬픈 가락.
哀痛(あいつう) 애통.
哀号(あいごう) 애곡(哀哭). 곡.
哀話(あいわ) 애화.
哀歓(あいかん) 애환. 「를 베품.
哀恤(あいじゅつ) 애휼. 불쌍히 여기고 은혜
訓読
哀しい(かなしい) ① 슬프다. ② 애처롭다.
哀し(かなし) 〈雅〉 ☞ 哀しい(かなしい).
哀れ(あわれ) ① 불쌍하게 느끼는 감정. ② 가련한 모양. ③ 정취. 비애를 느끼게 하는 모양.
哀れがる(あわれがる) 불쌍히 여기다. 가엾게 여기다.
哀れっぽい(あわれっぽい) 〈俗〉 ① 가련하다. 불쌍하다. ② 처량하다.
❖哀しむ(かなしむ) 슬퍼하다. 마음 아파하
哀しみ(かなしみ) 슬픔. 비애. 「다.
❖哀れむ(あわれむ) ① 불쌍히 여기다. ② 〈雅〉 사랑하다.
哀れみ(あわれみ) 불쌍히 여김. 동정.

10 口 唉
물을 애·한탄할 희
アイ
ああ

音読
唉唉(あいあい) 애애. 어린애의 울음소리.
唉姐(あいそ) 애저. 조모.

10 土 埃
티끌 애
アイ
ほこり

訓読
埃 ㈠(ほこり) 먼지. *ごみ로도 읽음.
㈡(あい) 애. ① ☞㈠. ② 수의 단위. 1의 100 억분의 1.
埃っぽい(ほこりっぽい) 먼지가 많다.
其他
埃及(エジプト) 『地』 애급. 이집트.

10 扌 挨
밀칠 애
アイ
おす

音読
挨拶(あいさつ) ① 인사. 인사말. ② 말. ③ 중재. ♣~人(にん) 중재자〔인〕.

11 口 唔
물어뜯을 애
ガイ
いがむ

訓読
❖唔む(いがむ) 으르렁거리다. 으드등거리다.
唔み合う(いがみあう) 서로 으르렁거리다.

11 山 崖
낭떠러지 애
ガイ
がけ·ほき·まま

音読
崖錐(がいすい) 『地』 애추.
崖下(がいか) 낭떠러지 아래. 절벽 밑.
訓読
崖(がけ) 낭떠러지. 벼랑. 절벽. *ほき·ままろも 읽음.
崖道(がけみち) 벼랑길.
崖路(がけじ) 애로. ① 벼랑길. ② 바위가 많은 좁은 산길.
崖崩れ(がけくずれ) 사태(沙汰).
崖っ縁(がけっぷち) ① 벼랑 끝. ② 막다른 곳까지 쫓긴 상태.

11 氵 涯 〈常〉
물가 애·끝 애
ガイ
はて·みぎわ

音読
涯分(がいぶん) 신분에 알맞음. 자기 분수.
涯際(がいさい) 사물이 끝나는 곳. 막다른 곳. 종말.
訓読
涯(はて) 끝장. 종말.

13 阝 隘
좁을 애
アイ
せまい

音読
隘路(あいろ) 애로.

13 心 愛 〈教〉
사랑 애
アイ おしむ·めでる·いとしい·うつくしい·かなしい·まな

音読
愛 ㈠(あい) 사랑. 애정.
㈡(まな) 《接頭語로》 귀여운. 사랑하는.
愛くるしい(あいくるしい) 귀엽다. 귀염성스럽다.
愛す(あいす) 사랑하다.
愛する(あいする) ① 사랑하다. ② 몹시 좋아하다. 즐기다.
愛らしい(あいらしい) 귀엽다. 사랑스럽다.
愛犬(あいけん) 애견.
愛敬(あいきょう) ⇨ 愛嬌(あいきょう).
♣~毛(げ) 귀밑머리.
‖~の餅(もちい) 혼례 후 3일째 밤에 신혼부부가 축하의 떡을 먹는 일. 또, 그 떡. *あいきょうのもちろも 읽음.
~紅(べに) 연극에서 배우가 귓불에 바르는 연지. 「읽음.
㈡(あいけい) 애경. 경애. *あいぎょうろも

愛敬らしい(あいきょうらしい) 사랑스럽다.
愛敬付く(あいぎょうづく) 얼굴·동작이나 목소리·성격 등이 매력을 더하다.
愛顧(あいこ) 애고.
愛校(あいこう) 애교.
愛嬌(あいきょう) ① 애교. 아양. ② 익살기가 있음. ③ (가외로 주는) 덤.
‖~商売(しょうばい) 애교를 부리는 직업.
~笑い(わらい) 간살 부리는 웃음.
~者(もの) 익살스러움·귀여움이 있어서 여러 사람에게서 사랑을 받는 사람·동물.
~黒子(ぼくろ) 애교점. 「다.
愛嬌付く(あいきょうづく) 애교스러워지
愛国(あいこく) 애국. 「는 기생.
愛妓(あいぎ) 애기. 단골로 다니며 귀여워하
愛器(あいき) 애용해 온 악기·기구.
愛機(あいき) 애기. 애용하는 비행기·카메라 따위. 「애정. 애욕.
愛念(あいねん) 애념. 열렬히 사랑하는 마음.
愛読(あいどく) 애독.
愛楽(あいぎょう) ①《佛》애락. 불도를 믿고 구함. ② 사랑하고 즐김.
愛恋(あいれん) 애련. 사랑하여 그리워함.
愛憐(あいれん) 애련. 약자를 사랑함. 동정.
愛林(あいりん) 애림.
愛馬(あいば) 애마.
愛慕(あいぼ) 애모.
愛猫(あいびょう) 소중히 기르는 고양이. 또, 고양이를 귀여워함.
愛撫(あいぶ) 애무.
愛別離苦(あいべつりく)《佛》애별리고〔팔 애보호
愛社(あいしゃ) 애사. 「고(八苦)의 하나〕.
愛想(あいそ) ① 붙임성. ② 정나미. ③ 대접. ④ (요릿집에서) 계산. 셈. *あいそうろとも읽
‖~笑い(わらい) 간살 부리는 웃음. 임.
~尽かし(づかし) ① 정나미가 떨어짐. ② 정나미가 떨어지는 짓〔말〕.
愛書(あいしょ) 애서. ♣~家(か) 애서가.
愛婿(あいせい) ⇨ 愛婿(あいせい).
愛婿(あいせい) 애서. 사랑하는 사위.
愛石(あいせき) 애석. 수석(壽石) 등의 돌을 아낌. 또, 그 아끼는 돌.
愛惜(あいせき) 애석. 아끼고 사랑함.
愛の巣(あいのす) 사랑의 보금자리.
愛孫(あいそん) 애손. 사랑하는 손자.
愛誦(あいしょう) 애송.
愛息(あいそく) 애식. 사랑하는 아들.
愛児(あいじ) 애아. 귀여운〔사랑하는〕자식. *まなごिला도 함.
愛愛しい(あいあいしい) 사랑스럽다. 귀염
愛嬢(あいじょう) 사랑하는 따님. 영애(令愛). 영양(令嬢).
愛煙(あいえん) 애연. ♣~家(か) 애연가.
愛染(あいぜん) ① 애염. 번뇌. ② 愛染明王의 준말.
‖~明王(みょうおう)《佛》애염 명왕.
愛玩(あいがん) 애완.
愛欲(あいよく) 애욕. ① 이성에 대한 성적인 욕심. ②《佛》욕망에 집착하는 일.
愛慾(あいよく) ⇨ 愛欲(あいよく).
愛用(あいよう) 애용.
愛育(あいいく) 애육.
愛吟(あいぎん) 애음. 시가(詩歌) 등을 즐겨 「읊음.
愛飲(あいいん) 애음. 「중히 아낌.
愛人(あいじん) 애인. ① 연인. ② 인간을 소
愛日(あいじつ) 애일. ① 겨울 해. ② 해를 아낀다는 뜻으로, 효심이 깊음.
愛蔵(あいぞう) 애장.
愛情(あいじょう) 애정. 사랑.
愛鳥(あいちょう) 애조. 새를 귀여워함. 귀여워하는 새. 「주간.
‖~週間(しゅうかん) 애조 주간. 들새 보호
愛重(あいちょう) 애중. 애지중지.
愛憎(あいぞう) 애증. 사랑과 미움.
愛知(あいち)《地》일본 中部(ちゅうぶ) 지방 서남부, 태평양에 면한 현. 「지 못함.
愛執(あいしゅう) 애집. 사랑스러워 단념하
愛車(あいしゃ) 애차. 자기가 아끼는 차.
愛着(あいちゃく) 애착. 「사를 함.
愛餐(あいさん)《基》애찬. 교인이 함께 식
愛唱(あいしょう) 애창.
愛妻(あいさい) 애처. *めづま・はしづま라
愛妾(あいしょう) 애첩. 「고도 함.
愛聴(あいちょう) 애청. 별명. 「他)주의.
愛他主義(あいたしゅぎ) 애타주의. 이타(利
愛の鞭(あいのむち) 사랑의 매. 특히, 체벌.
愛郷(あいきょう) 애향.
愛好(あいこう) 애호.
愛護(あいご) 애호. 「를 베풂.
愛恤(あいじゅつ) 애휼. 불쌍히 여기고 은혜
愛戯(あいぎ) 애희. 사랑의 장난.

訓読

愛し ㊀(うつくし)〈雅〉① 귀엽다. 사랑스럽다. ② 훌륭하다. 멋지다.
㊁(かなし)〈雅〉귀엽다. 멋지다.
㊂(はし) 가련하다. 사랑스럽다. 「딸.
愛娘(まなむすめ) 귀여워하는 딸. 사랑하는
愛子(まなご) 사랑하는 자식. *あいしिरो도
愛弟子(まなでし) 애제자.
❖愛おしい(いとおしい)〈雅〉☞ 愛しい(いとしい).
愛おしむ(いとおしむ) ① 가엾게 여기다. 애처로워하다. ② 귀여워하다. 사랑하다. ③ 아끼다. 소중히하다.
❖愛しい(いとしい)〈雅〉① 몹시 귀엽다. 사랑스럽다. ② 불쌍하다.
愛しがる(いとしがる)〈雅〉① 귀여워하다. 사랑하다. ② 가엾게 여기다. 「しむ).
愛しむ ㊀(いとしむ)☞ 愛おしむ(いとお
㊁(おしむ)〈古〉사랑하다.
愛し子(いとしご) 귀여운 자식.
❖愛でる(めでる) ① 사랑하다. 귀여워하다. ② 칭찬하다.
愛ず(めず)〈文〉사랑하다. 아끼다.
愛でたし(めでたし)〈雅〉① 귀엽다. 사랑

스럽다. ② 아름답다. ③ 경사스럽다. 축하할 만하다.
〔其他〕
愛い(うい) 기특한. 사랑스러운.
愛蘭(アイルランド)〖地〗아일랜드.
愛媛(えひめ)〖地〗四国(しこく) 지방 북서부에 있는 현.
〔逆音〕
求愛(きゅうあい) 구애.
博愛(はくあい) 박애.

13 目	睚	눈초리 애 ガイ まなじり

〔音読〕
睚眥(がいさい) 남을 흘겨보는 증오(憎惡)에 찬 눈초리.
〔訓読〕
睚(まなじり) 눈초리.

13 石	碍	막을 애 ガイ さまたげる

〔参考〕礙는 異體字.
〔音読〕
碍管(がいかん)〖電〗애관.
碍子(がいし)〖電〗애자.

15 白	皚	흴 애 ガイ しろい

〔音読〕
皚皚(がいがい) 애애. 눈·서리 등이 하얗게 내린 모양.

15 石	磑	맷돌 애 ガイ いしうす

〔訓読〕
磑(いしうす) 매통.

16 口	噯	숨 애 アイ おくび

〔音読〕
噯気(あいき) 애기. 트림.

17 日	曖	희미할 애 アイ くらい

〔音読〕
曖昧(あいまい) ① 애매. 모호. ② (풍기상) 좋지 못함.
‖ ~模糊(もこ) 애매모호.
~宿(やど) 찻집·요릿집을 위장한 갈봇집.

20 艹	藹	우거질 애·온화할 애 アイ さかん

〔音読〕
藹藹(あいあい) 애애. ① 많고 성(盛)한 모양. ② 초목이 무성한 모양.

24 雨	靄	놀 애 アイ もや

〔訓読〕
靄(もや) 연무. 엷은 안개.
靄る(もやる) 연무〔엷은 안개〕가 끼다.

24 魚 〔日〕	鱫	해묵은은어 (애) むつ

〔其他〕
鱫鱜(あいきょう) 자반 은어(銀魚).

25 雨	靉	구름낄 애 アイ

〔音読〕
靉靆(あいたい) 애체. 구름·안개 따위가 가로로 길게 퍼진 모양.

액

4 厂 〔常〕	厄	재앙 액 ヤク わざわい

〔音読〕
厄(やく) ① 액. 재난. 재앙. ② 厄年(やくどし)의 준말.
厄介(やっかい) ① 신세. 폐. ② 귀찮음. 성가심.
‖ ~払い(ばらい) 귀찮은 자를 쫓아버림.
~者(もの) ① 귀찮은 존재. 애물. ② 식객.
厄難(やくなん) 액난. 재난.
厄年(やくどし) 액년. 「땜.
厄落とし(やくおとし) 액막이. 액때움. 수
厄負け(やくまけ) 액년(厄年)에 재액을 만나 ~는 일.
厄払い(やくはらい) 액막이.
厄神(やくじん) 액신. 「달.
厄月(やくづき) 액월. 재액(災厄)이 많은
厄日(やくび) 액일. ① 음양도에서, 재앙을 만난다고 꺼리는 날. ② 재난이 일어나는 날.

扼·掖·液·軛·腋·額

厄子(やくご) 부모 중의 어느 한쪽이 액년인 해에 낳은 자식.
厄災(やくさい) 재액. 액운과 재앙.
厄前(やくまえ) 액년 전의 나이.
厄除け(やくよけ) 액막이.

7 扌	扼	움켜쥘 액·누를 액 ヤク おさえる

音読

扼す(やくす) ☞扼する(やくする).
扼する(やくする) ① 꽉 누르다. ② 목을 졸라 죽이다. ③ 요소·요충(要衝)을 지배하에 두다.
扼殺(やくさつ) 액살. (손으로) 목을 졸라 죽임.
扼腕(やくわん) 액완. (애가 타거나 분하거나 하여) 자기의 팔을 부르쥠.

11 扌	掖	낄 액 エキ わき

音読

掖門(えきもん) 액문. 협문(夾門).

11 氵 教	液	진 액·즙 액 エキ

音読

液 ㊀(えき) 액. 즙. 액체.
　㊁(つゆ) 국물. 맑은장국.
液果(えきか) 〖植〗 액과. 다육과(多肉果).
液糖(えきとう) 액당. 백설탕을 녹여 액체로 만든 것(제과·음료용).
液卵(えきらん) 액란. 껍질을 깨뜨려 쏟아 놓은 알.
液冷機関(えきれいきかん) 액랭 기관. 기관이 내는 열을 에틸렌 글리콜 등의 특수 액체로 냉각하는 방식의 기관. 주로 항공기용.
液量計(えきりょうけい) 액량계.
液面(えきめん) 액면. ♣~計(けい) 액면계.
液便(えきべん) 액변. 물찌똥.
液肥(えきひ) 액비. 액체 비료.
液酸爆薬(えきさんばくやく) 액산 폭약. 액체 산소 폭약의 준말.
液状(えきじょう) 액상. 액체 상태. ♣~卵(らん) 액란(液卵) / ~化(か) 액상화.
液安(えきあん) 〖理〗 '液体(えきたい)アンモニア'의 준말.
液圧式ブレーキ(えきあつしきブレーキ) 액압식 브레이크. 유압식 브레이크.
液温(えきおん) 액온. 액체의 온도. ♣~計(けい) 액온계.
液材(えきざい) 액재. 변재(邊材).
液晶(えきしょう) 액정.
液剤(えきざい) 액제. 물약.
液柱計(えきちゅうけい) 〖理〗 액주계.
液汁(えきじゅう) 액즙.
液体(えきたい) 액체.
  ‖~空気(くうき) 액체 공기. ♣~爆薬(ばくやく) 액체 공기 폭약.
　~摩擦(まさつ) 액체 마찰.
　~酸素(さんそ) 액체 산소.
　~消火器(しょうかき) 액체 소화기.
　~圧力計(あつりょくけい) 액체 압력계.
　~燃料(ねんりょう) 액체 연료.
　~窒素(ちっそ) 액체 질소.
液浸標本(えきしんひょうほん) 액침 표본.
液化(えきか) 액화.
  ‖~木材(もくざい) 액화 목재.
　~石油ガス(せきゆガス) 액화 석유 가스.
　~天然ガス(てんねんガス) 액화 천연 가스.
液燻(えきくん) 액훈(법). 연기 대신에 목초산액(木醋酸液) 등의 훈액(燻液)에 담가 건조하는 훈제법.

其他

液物(つゆもの) 맑은 국·된장국 등의 총칭.

11 車	軛	멍에 액 ヤク くびき

訓読

軛(くびき) 멍에.

12 月	腋	겨드랑이 액 エキ わき

音読

腋気(えきき) 액기. 암내.
腋生(えきせい) 〖植〗 액생. 잎겨드랑이에 남.
腋芽(えきが) 액아. 곁눈. 측아(側芽).
腋窩(えきか) 액와. 겨드랑이.
腋下(えきか) 겨드랑이 밑.
腋汗(えきかん) 액한. 곁땀.
腋花(えきか) 〖植〗 액화. 잎겨드랑꽃.

訓読

腋毛(わきげ) 액모. 겨드랑이털.
腋臭(わきが) 액취. 암내. ＊えきしゅう로도 읽음.
腋の下(わきのした) 겨드랑이.
腋戸(わきど) 협문(夾門). 옆문.
腋壺(わきつぼ) 액와(腋窩). 겨드랑이 밑의 오목한 곳.

18 頁 教	額	이마 액·현판 액 ガク ひたい·ぬか

音読

額 ㊀(がく) ① 액. 금액. ② 액자.
　㊁(ひたい) 이마.
　㊂(ぬか) ① 이마. ② 부복함.
額面(がくめん) ① 편액(扁額). ② 액면.

♣~株(かぶ)〖經〗액면주.
♩~価格(かかく) 액면 가격.
~募集法(ぼしゅうほう) 액면 모집법.
~発行(はっこう) 액면 발행.
~増資(ぞうし)〖經〗액면 증자.
~通り(どおり) 액면대로임.
~割れ(われ) 공사채·주권(株券) 등의 시세가 액면가보다 떨어지는 일. 『접시.
額皿(がくざら) (세우거나 벽에 거는) 장식
額仕立て(がくじたて) 재봉에서, 모서리를 마무리하는 한 방법.
額縁(がくぶち) ① 액자. 사진틀. ② 문얼굴. ③〈俗〉선물 등을 겉포장을 크게 하여 크기를 부풀리는 일. ④〖劇〗극장의 무대와 객석 사이의 액자 모양의 칸막이. 『장 무대.
♩~舞台(ぶたい) 額縁④가 있는, 보통의 극
額打ち(がくうち) 편액(扁額)을 다는 일.

訓読
額突く(ぬかずく) 부복하다. 조아리다. 공손히 절하다. ＊ぬかつくなど로도 읽음. 『리.
額髪(ひたいがみ) 이마 위의 머리칼. 앞머
額付き(ひたいつき) 이마의 생김새.
額際(ひたいぎわ) 이마 위의 머리털이 난 언저리.

앵

10 木 教	桜 (櫻)	벚나무 앵·앵두나무 앵 オウ さくら

音読
桜桃 ㈠(おうとう)〖植〗① 버찌. ② 앵두(나무).
　㈡(さくらんぼう) ⇨ 桜ん坊(さくらんぼう).
桜樹(おうじゅ)
桜花(おうか) 앵화. 벚꽃.
♩~爛漫(らんまん) 앵화 난만.

訓読
桜(さくら) ①〖植〗벚나무. 벚꽃《일본의 국화》. ② 桜色(さくらいろ)의 준말. ③ 桜肉(さくらにく)의 준말.
桜結び(さくらむすび) 매듭의 하나. 매듭이 벚꽃을 닮음.
桜鍋(さくらなべ) 말고기 냄비 요리《桜는 말고기를 이름》.
桜茶屋(さくらぢゃや) 벚꽃이 필 무렵 관객을 겨냥해서 마련한 간이 찻집.
桜飯(さくらめし) 백미에다 간장과 술을 쳐서 지은 쌀밥.
桜ん坊(さくらんぼう) 버찌. (넓은 뜻으로는) 벚나무 열매의 총칭. ＊さくらんぼ로도 읽음.
桜餅(さくらもち) 밀가루를 반죽하여 얇게 밀어 팥소를 넣고 벚나무 잎으로 싸서 찐 떡《홍백(紅白) 2종이 있음》.

桜色(さくらいろ) 연분홍색. 담홍색.
桜狩り(さくらがり) 벚꽃놀이.
桜魚(さくらうお) 벚꽃이 필 무렵에 잡히는 작은 은어.
桜月(さくらづき) 음력 3월의 딴이름.
桜肉(さくらにく)〈婉曲〉말고기.
桜田(さくらだ) 벚꽃이 많이 피어 있는 곳.
桜前線(さくらぜんせん) 벚꽃 전선《벚꽃의 개화일이 같은 곳끼리 줄을 그어 연결한 것》.
桜鯛(さくらだい)〖魚〗① 벚꽃이 필 무렵, 맛이 좋아지는 瀬戸内海(せとないかい)의 참돔. ② 벚돔.
桜粥(さくらがゆ) 팥죽의 딴이름.
桜紙(さくらがみ) (얇고 부드러운) 휴지.
桜漬け(さくらづけ) 벚꽃을 소금에 절인 것《뜨거운 물에 띄워서 그 물을 마심》.
桜草(さくらそう)〖植〗앵초. 프리뮬러.
桜吹雪(さくらふぶき) 벚꽃이 흩어져 지는 모양을 눈보라에 비유한 말.
桜湯(さくらゆ) 桜漬け(さくらづけ)를 뜨거운 물에 넣은 음료.
桜貝(さくらがい)〖貝〗꽃조개.
桜蝦(さくらえび)〖動〗새우의 일종《소형으로 투명한 담홍색》.
桜海老(さくらえび) ⇨ 桜蝦(さくらえび).
桜紅葉(さくらもみじ) 가을에 벚나무 잎이 붉게 물드는 일. 또, 그 잎.

逆訓
山桜(やまざくら) 산벚나무.

20 缶	罌	항아리 앵 オウ かめ

其他
罌粟(けし)〖植〗앵속. 양귀비.

21 鳥	鶯	꾀꼬리 앵 オウ うぐいす

参考 鴬는 異體字.

訓読
鶯(うぐいす)〖鳥〗휘파람새.
鶯豆(うぐいすまめ) 완두콩을 물렁물렁하게 삶아 단맛을 낸 식품.
鶯餅(うぐいすもち) 흰 떡으로 팥소를 싸서, 파란 콩가루를 묻힌 떡.
鶯色(うぐいすいろ) 고동색이 섞인 연둣빛.
鶯張り(うぐいすばり)〖建〗마루청 까는 한 방법《밟으면 삐걱거려 휘파람새 울음 같은 소리가 남》. 또, 그런 마루.
鶯茶(うぐいすちゃ) ☞ 鶯色(うぐいすいろ).

28 鳥	嬰鳥	앵무새 앵 オウ

也・冶・夜

音読
鸚鵡(おうむ)〖鳥〗앵무새. ♣**~熱**(ねつ)〖醫〗앵무병 / **~貝**(がい)〖貝〗앵무조개.
∥**~返し**(がえし) ① 남이 한 말을 흉내냄 [되됨]. ② 남에게 받은 단가(短歌)를 한두 글자 말을 바꾸어 답가(答歌)로 삼는 일.

其他
鸚哥(いんこ)〖鳥〗잉꼬.

야

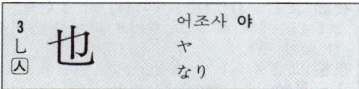

| 3 | 也 | 어조사 야
ヤ
なり |

訓読
也(なり) 구어(口語) 'だ(=이다)' 'である(=이다)'에 해당하는 문어(文語).

| 7 | 冶 | 쇠불릴 야
ヤ
いる |

音読
冶工(やこう) 야공. 대장장이.
冶金(やきん) 야금. ♣**~学**(がく) 야금학.

| 8 | 夜 | 밤 야
ヤ
よ・よる |

音読
夜間(やかん) 야간.
∥**~中学**(ちゅうがく) 야간 중학(교).
~学校(がっこう) 야간 학교.
夜客(やかく) 야객. 밤손님. 도둑.
夜勤(やきん) 야근.
夜景(やけい) 야경.
夜警(やけい) 야경(꾼).
∥**~国家**(こっか) 야경 국가.
夜驚症(やきょうしょう) 야경증.
夜曲(やきょく) 야곡. 세레나데.
夜光(やこう) 야광. ♣**~雲**(うん) 야광운 /
~虫(ちゅう)〖動〗야광충 / **~貝**(がい)〖貝〗야광패.
∥**~塗料**(とりょう) 야광 도료.
~時計(とけい) 야광 시계.
夜具(やぐ) 침구(寢具).
夜勤(やきん) 야간 근무.
∥**~手当**(てあて) 야근 수당.
夜禽(やきん)〖鳥〗야금. 야간에 활동하는 새.
夜気(やき) ① 야기. 밤의 (찬) 공기. ② 밤의 조용함. 또, 그 기분.
夜尿症(やにょうしょう) 야뇨증.
夜郎自大(やろうじだい) 야랑 자대. 제 역량과 세상도 모르면서 동료들 사이에서 으스대는 자.
夜来 ㊀(やらい) 지난 밤부터.

㊁(よごろ) ⇨ 夜頃(よごろ).
夜涼(やりょう) ① 밤의 선선한 기운. ② 밤에 납량(納涼)함.
夜盲(やもう) 야맹. 밤소경. ♣**~症**(しょう)〖醫〗야맹증.
夜泊(やはく) 야박. ① 밤을 배에서 지냄. ② 밤중에 배를 정박시킴.
夜半(やはん) 야반. 밤중. *よわ로도 읽음.
∥**~来** 밤중부터 계속됨.
夜発(やほつ) 밤에 길거리에 서서 손님을 끄는 최하급의 창녀. *やぼち라고도 함.
夜分(やぶん) 밤. 밤중.
夜想曲(やそうきょく)〖樂〗야상곡. 녹턴.
夜色(やしょく) 야색. 야경. 밤 경치.
夜襲(やしゅう) 야습.
夜食(やしょく) 야식. 밤참.
夜業(やぎょう) 야업. 밤일. *よなべ라고도 함.
夜宴(やえん) 야연. 밤의 연회.
夜営(やえい) 야영.
夜陰(やいん) 야음.
夜前(やぜん)〈老〉어젯밤. 엊저녁.
夜戦(やせん) 야전. 야간 전투. *よいくさ로도 읽음.
夜鳥(やちょう) 야조. 밤에 우는〔활동하는〕새.
夜中遊行(やちゅうゆうこう) 몽유병.
夜直 ㊀(やちょく) 숙직. 야간 당직.
㊁(よたた)〈古〉밤새. 밤새도록. *よただ라고도 읽음.
夜叉(やしゃ)〖佛〗야차. 두억시니.
夜天(やてん) 야천. 밤하늘.
夜標(やひょう) 점등(點燈) 장치가 있는 항로 표지(航路標識).
夜学(やがく) 야학. ① 밤에 수업을 함. ② 夜学校(やがっこう)의 준말.
夜鶴(やかく) 야학. 밤에 보금자리에서 새끼를 품는 학(모성애의 비유로 씀).
夜学校(やがっこう) 야학교. 「의 준말.
夜行(やこう) 야행. ① 밤에 감. ② 夜行列車
∥**~列車**(れっしゃ) 야간 열차.
夜会(やかい) ① 야회. ② ☞ 夜会結び.
♣**~服**(ふく) 야회복.
∥**~結び**(むすび) 여자 머리형의 하나. 뒷머리에서 좌우로 고리를 만들어 감아 올린 속발.
~巻き(まき) ☞ 夜会結び. 「(束髮).

訓読
夜 ㊀(よる) 밤. *よ로도 읽음.
~も昼(ひる)**も** 밤이나 낮이나. 밤낮으로.
㊁(や)《接尾語ロ》① ...번째의 밤. ② 밤의 수.
夜さ(よさ)〈文〉밤. 밤중.
夜きり(よぎり)〈雅・方〉밤. 밤중.
夜っぴて(よっぴて)〈俗〉밤새도록.
夜伽(よとぎ) ① 밤시중. 상갓집 등에서 밤을 새워 말벗이 되어 줌. ② 여자가 남자의 뜻에 따라 동침함.
夜稼ぎ(よかせぎ) ① 밤에 일함. ② 야간에 도둑질함. 야도(夜盜).
夜見の国(よみのくに) 황천. 저승.
夜見世(よみせ) ⇨ 夜店(よみせ).

夜更かし (よふかし) 밤늦게까지 자지 않음.
夜更け (よふけ) 밤이 깊어짐. 야심(夜深).
夜頃 (よごろ) 〈文〉① 요 몇날 밤. ② 몇날 밤이 지남. 또, 그 밤.
夜攻め (よぜめ) 야공. 야습.
夜空 (よぞら) 밤하늘.
夜爪 (よづめ) 밤에 손톱을 깎음.
夜鍋 (よなべ) 야업(夜業). 밤일.
夜交ぜ (よまぜ) 하룻밤을 거름. 격야(隔夜).
夜駆け (よがけ) 야습.
夜軍 (よいくさ) 야간 전투.
夜宮 (よみや) 축제일의 전야제.
夜衾 (よぶすま) 야금. 침구(寢具).
夜汽車 (よぎしゃ) 밤차. 야간 열차.
夜冷え (よびえ) 초가을 무렵 밤에 갑자기 기온이 내려 쌀쌀해지는 일.
夜の女 (よのおんな) 밤거리의 여인. 창녀.
夜尿 (よばり) 〈古〉야뇨.
夜逃げ (よにげ) 야반 도주.
夜盜 (よとう) ① 밤도둑(질). ＊やとうろとも 읽음. ②『蟲』야도충《밤나방의 유충》. 거염벌레.
夜道 (よみち) 밤길(을 걸음).
夜働き (よばたらき) ① 밤일(을 함). ②〈俗〉밤도둑질을 함. 또, 밤도둑.
夜嵐 (よあらし) 밤에 부는 세찬 바람. 밤에 들이치는 폭풍우.
夜涼み (よすずみ) 밤의 납량. 밤의 시원함.
夜露 (よつゆ) 밤이슬.
夜籠り (よごもり) ① 치성을 드리기 위해 신사 · 절 따위에서 밤샘을 함. ②〈古〉밤이 깊어짐. 심야.
夜離る (よがる) 남자가 여자를 찾는 횟수가 뜸해지다. 남녀 사이가 틀어지다.
夜立ち (よだち) 밤에 출발함.
夜網 (よあみ) 밤에 투망질을 하거나 그물을 쳐서 물고기를 잡는 일.
夜毎 (よごと) 밤마다. 매일 밤.
夜明かし (よあかし) 밤샘. 철야.
夜明け (よあけ) ① 새벽. ② 새로운 시대의 시작. 여명. ♣〜方(がた) 새벽녘. 「성.
 ‖〜の明星(みょうじょう) 샛별. 명성. 금〜烏(がらす) 새벽녘 무렵에 우는 까마귀.
夜鳴き (よなき) ① 새가 밤중에 욺. ② 夜鳴きうどん · 夜鳴きそば의 준말. 밤중에 외치며 팔러 다니는 국수나 메밀국수. 또, 그 장수.
夜目 (よめ) 밤에 봄. 밤눈.
 〜遠目 (とおめ) かさの内 (うち) 밤눈이나 먼눈으로 바라보거나, 삿갓을 쓰고 있는 여인을 보면 당실제보다 돋보인다는 뜻.
夜の目 (よのめ) 밤눈. 밤에 자고 있는 눈.
 〜も寝(ね)ずに 밤잠도 자지 않고.
夜霧 (よぎり) 밤안개.
夜の物 (よのもの) 침구(寢具).
夜泊まり (よどまり) ① (선박의) 야간 정박. ② 외박.
夜番 (よばん) 야번. 밤에 지킴[지키는 사람]. 야경. ＊やばん으로도 읽음.

夜並べて (よならべて) 매일 밤. 「님.
夜歩き (よあるき) 밤 외출. 밤에 나돌아다
夜焚き (よだき) よだきづり의 준말. 불을 켜서 물고기를 모아 잡음.
夜仕事 (よしごと) 밤일.
夜床 (よどこ) 밤 잠자리.
夜席 (よるせき) 寄席(よせ)에서, 야간 흥행.
夜船 (よぶね) 밤배. ＊よふねろとも 읽음.
夜晒し (よざらし) 밤에 이슬이나 밤비 따위를 맞게 하는 일. 또, 그 물건.
夜市 (よいち) 야시(장).
夜深い (よぶかい) 야심하다. 밤이 깊다.
夜顔 (よるがお) 『植』메과(科) 메의 1년생 만초《여름 저녁 때 크고 향기로운 나팔꽃 비슷한 꽃이 핌》.
夜桜 (よざくら) 밤 벚꽃.
 ‖〜見物 (けんぶつ) 밤 벚꽃 구경.
夜鶯 (よるうぐいす) 『鳥』밤꾀꼬리.
夜夜 (よよ) 매야(每夜). 밤마다. ＊よるよる 로도 읽음.
夜がな夜っぴて (よがなよっぴて) 온밤. 온 하룻밤.
夜な夜な (よなよな) 매일 밤. 밤마다.
夜中 (よのよなか) 야밤중. 한밤중.
夜語り (よがたり) 밤에 이야기함. 또, 그 이야기.
夜烏 (よがらす) 『鳥』① 밤에 우는 까마귀. ② 두루미의 별칭.
夜雨 (よさめ) 밤에 오는 비. 밤비. ＊やうろも 읽음.
夜越し (よごし) ① 밤을 샘. ② 밤중에 산을 넘거나 강을 건넘.
夜遊び (よあそび) 밤놀이. 밤에 놀러 다님.
夜泣き (よなき) 갓난애가 밤중에 욺.
夜鷹 (よたか) ①『鳥』쏙독새. 토문조(吐蚊鳥). ② 江戸(えど) 시대에 밤거리에서 손님을 끌던 하치 매춘부.
 ‖〜蕎麦 (そば) 밤늦게까지 다니며 파는 메밀국수 장수. 또, 메밀국수.
夜一夜 (よひとよ) 밤새도록.
夜長 (よなが) 밤이 긺. 또, 그런 한가을의 계절. 「두움.
夜の帳 (よるのとばり) 밤의 장막. 밤의 어
夜遣い (よばい) 옛날에, 남자가 밤에 연인의 침소에 가만히 잠입하던 일.
 ‖〜星 (ぼし) 별똥별. 유성.
夜店 (よみせ) 야시(夜市). 밤의 노점.
夜の蝶 (よるのちょう) 바 · 카바레 등에서 손님을 접대하는 여성. 호스티스.
夜祭り (よまつり) 밤 제사. 밤에 행하는 축
夜啼き (よなき) 새가 밤중에 욺. 「제.
夜釣り (よづり) 밤낚시(질).
夜潮 (よじお) 밤에 밀려오는 조수.
夜の調べ (よるのしらべ) 세레나데. 소야곡.
夜昼 (よるひる) ① 밤과 낮. 주야. ② 밤낮 (없이). 늘.
夜中 ㊀ (よなか) 밤중. 야밤중. ＊やちゅう 로도 읽음.

耶・野

(よじゅう) 〈老〉 밤새. 온밤. ＊よるじゅうろも 읽음. 「잡이.
夜振り(よぶり) 밤에 불을 밝히고 하는 고기
夜着(よぎ) ① 이불. ② 솜을 둔 옷 모양의 이불. 「일.
夜参り(よまいり) 밤에 사원 등에 참배하는
夜聡い(よざとい) ① 밤중에 쉽게 잠을 깸. ② 야간에 빈틈없이 경계하는 모양.
夜寝(よい) 밤에 잠자는 일. 밤에 잠.
夜濯ぎ(よすすぎ) 한여름, 더위를 피하여 밤에 하는 빨래.
夜打ち(ようち) 야습.
　〜朝駆(あさが)け 신문 기자 등이 취재차 아침 일찍, 또는 밤늦게 상대의 집을 방문함.
夜通し(よどおし) 밤새도록. 밤도와.
夜風(よかぜ) 밤바람.
夜寒(よさむ) 야한. 늦가을 밤 추위. 또, 그 계절. ＊よざむ라고도 함. 「야기.
夜話 ㊀ **(よばなし)** 밤에 이야기함. 또, 그 이 ㊁ **(やわ)** 밤에 하는 이야기. 또, 그 이야기를 모은 책. ②〖佛〗선종에서, 밤의 수행(修行)을 위하여 하는 훈화(訓話).
夜回り(よまわり) 야경 돎. 야간 순찰. 야경(夜警)꾼.
夜廻り(よまわり) ⇨ 夜回り(よまわり)
夜詰め(よづめ) ① 야간 작업을 위해 계속 자리를 지킴. 숙직. ②〖軍〗야습.

〖逆訓〗
朧夜(おぼろよ) 으스름 달밤.
闇夜(やみよ) 암야. 깜깜한 밤.

9 耳 ㊅ 耶
그런가 야
ヤ
か・や

〖音読〗
耶馬台国(やまたいこく) 〖史〗중국의 위지 왜인전(魏志倭人傳)에 전하는, 2세기 후반에서 3세기에 걸쳐 일본에 존재했던 나라. ＊やばたいこく로도 읽음.

〖其他〗
耶蘇(ヤソ) 야소. 예수 그리스도.
‖**〜教(きょう)** 야소교. 기독교. 그리스도교.
　〜会(かい) 야소회. 예수회.

11 里 ㊅ 野
들 야
ヤ
の

〖音読〗
野干(やかん) ① 여우의 딴이름. ②'檜扇(ひおうぎ)(=범부채)'의 딴이름.
野犬(やけん) 야견. 들개. ＊のいぬ로도 읽음.
‖**〜狩り(がり)** (광견병 등 예방 때문에 하는) 들개 잡기.
野径(やけい) 야경. 들길.
野景(やけい) 야경. 들의 경치.
野鶏(やけい) 〖鳥〗① 야계. ② 꿩의 딴이름.
野球(やきゅう) 야구. ♣**〜場(じょう)** 야구 「장.
野禽(やきん) 야금. 들새.
野衲(やのう) 〖佛〗야납. 야승(野僧).
野党(やとう) 야당.
野郎(やろう) 〈俗〉① 남자를 욕할 때 쓰는 말. 놈. 새끼. ② 젊은 남자. ③ 촌사람. ④ ㉠ 野郎頭의 준말. ㉡ 野郎頭의 배우.
‖**〜歌舞伎(かぶき)** 野郎頭의 배우가 연기한 초기(初期) 歌舞伎의 한 가지.
　〜頭(あたま) 江戸(えど) 시대에, 앞머리를 밀어낸 성인 머리.
野老 ㊀ **(やろう)** ① 노인이 자신을 낮추어 일컫는 말. ② 야로. 시골에 사는 노인. 촌로(村㊁ **(ところ)** 〖植〗참마. 「老).
野蛮(やばん) 야만. ♣**〜人(じん)** 야만인.
‖**〜時代(じだい)** 야만 시대.
野望(やぼう) 야망.
野暮(やぼ) ① 세상 물정에 어두움. 또, 그런 사람. ② 멋이 없음. 촌스러움. 또, 그런 사람.
野暮ったい(やぼったい) 〈俗〉촌스럽다. 세련되지 못하다.
野暮堅い(やぼがたい) 고지식하기만 하고 전혀 융통성이 없다.
野暮用(やぼよう) 〈俗〉(취미나 놀이가 아닌) 사무적인 일.
野暮天(やぼてん) 野暮(やぼ)의 힘줌말.
野暮臭い(やぼくさい) (아주) 촌스럽다. 메부수수하다.
野夫(やふ) 야부. 시골 농부. 또, 자신을 낮춰서 하는 말. ＊やぶ로도 읽음.
野卑(やひ) 야비.
野鄙(やひ) ⇨ 野卑(やひ)
野史(やし) 야사. 민간에서 기록한 역사.
野師(やし) 축제일 등에 번잡한 길에서 흥행・요술 따위를 하거나 싸구려 물건을 소리쳐 파는 사람. 「景).
野色(やしょく) 야색. 들판의 경치. 야경(野
野生(やせい) ① 야생. ② 소생(小生).
野選(やせん) 〖野〗야선. '野手選択(やしゅせんたく)(=야수 선택)'의 준말.
野性(やせい) 야성. ♣**〜美(み)** 야성미 / **〜的(てき)** 야성적.
野手(やしゅ) 〖野〗야수. 내외야수의 총칭.
‖**〜選択(せんたく)** 〖野〗야수 선택.
野叟(やそう) 야수. 시골 노인. 야로(野老).
野獣(やじゅう) 야수. ♣**〜派(は)** 〖美〗야수파.
‖**〜主義(しゅぎ)** 야수주의.
野乗(やじょう) 야승. 야사(野史).
野僧(やそう) 야승. ① 시골의 승려. ② 승려가 자기를 낮추어 하는 말.
野心(やしん) 야심. ♣**〜家(か)** 야심가 / **〜作(さく)** 야심작 / **〜的(てき)** 야심적.
‖**〜満満(まんまん)** 야심만만.
野羊(やぎ) 〖動〗야양. 염소.
野語(やご) 야어. 거친 말. 촌티 나는 말.
野営(やえい) 야영. ① 영외에 진영을 침. 또, 그 진영. ② 야숙. 노숙.

野翁(やおう) 야옹. 촌로.
野外(やがい) 야외. ①들. 교외. ②옥외(屋外). ♣~劇(げき) 야외극.
野牛 ㊀(やぎゅう)〘動〙야우. 야생의 소. 들 ㊁(のうし) 놓아 먹이는 소. 「소.
野遊(やゆう) 야유. ♣~会(かい) 야유회.
野人(やじん) 야인.
野蚕 ㊀(やさん) 야잠. 멧누에.
∥~絹(けん) 야잠견. 멧누에 고치.
㊁(くわご)〘蟲〙누에의 원종이라고 하는 새 누에 나방. *くわごろも 읽음. 「林」
野葬(やそう) 야장. 임장(林葬). 시림(施
野猪(やちょ) 야저. 산돼지. 멧돼지.
野戦(やせん) 야전. *のいくさろも 읽음.
∥~病院(びょういん) 야전 병원.
野亭(やてい) 들에 있는 작은 정자. 「취.
野情(やじょう) 야정. 시골풍의 (소박한) 정
野鳥(やちょう) 야조. 들새. *のどりろも 읽음. 「말. 소생.
野拙(やせつ) 남자가 자신을 낮추어 이르는
野州(やしゅう)〘地〙'下野国(しもつけのくに)(=지금의 栃木(とちぎ) 현)'의 딴이름.
野次(やじ) ①野次馬의 준말. ②야유. 놀림. 또, 그 말.
∥~馬(うま) 까닭 없이 덩달아 떠들어대는 일. 또, 그 무리.
野次る(やじる) 야유하다. 놀리다.
野菜(やさい) 야채. 채소.
野冊(やさつ) 채집한 식물을 갈피에 끼워서 휴대하게 만든 도구. 「음.
野草(やそう) 야초. 들풀. *のぐさろも 읽
野趣(やしゅ) 야취. 자연스럽고 소박한(시골의) 정취.
野致(やち) 시골다운 풍경. 들판의 정취.
野砲(やほう)〘軍〙야포.
野鶴(やかく) 야학. 들에서 노는 학.
野合(やごう) 야합. ①(남녀의) 사통. ②불순한 이유로 관계를 맺음.
野狐禅(やこぜん) 선(禪)을 배워 아직 깊은 경지에 이르지 않았는데도 제 딴엔 깨친 듯한 기분이 됨. 또, 그런 사람.

〖訓読〗
野 ㊀(の) ①들. ②논밭. ③《다른 名詞에 붙어서》㉠야생임. ㉡낯추보는 말을 곁들인 말. ㊁(や) ①들. 들판. ②야. 민간.
野紺菊(のこんぎく)〘植〙까실쑥부쟁이.
野芥子(のげし)〘植〙방가지똥.
野鶏頭(のげいとう)〘植〙개맨드라미.
野袴(のばかま) 옷자락에 넓은 단을 댄 여행용 袴(はかま).
野掛け(のがけ) ⇨ 野駆け(のがけ).
野鳩(のばと)〘鳥〙야생 비둘기.
野駆り(のがり) ①들판을 돌아다니며 놂. ②
☞野点(のだて).
野駒(のごま)〘鳥〙대악작.
野駆け(のがけ) ⇨ 野駆け(のがけ).
野菊(のぎく) ①들국화. ②(왜)쑥부쟁이의 딴이름.
野衾(のぶすま)〘動〙날다람쥐의 딴이름.
野襤褸菊(のぼろぎく)〘植〙개쑥갓.
野鍛冶(のかじ) 집 바깥에서 하는 대장 일.
野大根(のだいこん) 휴경지 따위의, 야생화한 무. *のだいころも 읽음.
野道(のみち) 들길.
野稲(のいね) 육도. 밭벼.
野豆(のまめ)〘植〙돌콩의 딴이름.
野良(のら) 들. 전답. ♣~犬(いぬ) 들개 / ~猫(ねこ) 도둑고양이 / ~着(ぎ) 작업복.
∥~稼ぎ(かせぎ) 전답을 경작함.
~仕事(しごと) 농사(일). 「소리.
~声(ごえ) 주위를 꺼리지 않고 마구 하는 큰
~風(かぜ) 들에 부는 바람.
野呂搗布(のろかじめ)〘植〙감태의 딴이름.
野呂松(のろま) 동작이나 머리가 아둔함. 또, 그런 사람.
野路(のじ)〘雅〙들길.
野離れ(のばなれ) 동네에서 떨어진 들판.
野立ち(のだち) 귀인이 야외에서 가마를 세우고 쉼.
野馬 ㊀(のうま) 야마. 놓아 먹이는 말. *のまろも 읽음.
㊁(やば) ☞㊀. ②아지랑이.
野馬追い(のまおい) 말 탄 무사가 야외에서 연습·조련하는 일.
野末(のずえ)〘雅〙들판 끝. 들 가.
野面 ㊀(のづら) ①들판. ②채석한 채 가공하지 않은 돌의 표면. ③철면피.
㊁(のもせ) 들판의 표면. 야외.
野猫(のねこ) 들고양이.
野墓(のばか) ①들에 있는 묘. ②화장장.
野武士(のぶし) 농민의 무장 집단.
野物(のもの) 건축에서, 외부에서 안 보이는 부분에 사용하는 재료.
野博打(のばくち) 야외에서 하는 노름.
野方(のかた) 농사에 적합하지 않은 땅. *のがたろも 읽음.
野放し(のばなし) ①방목. ②방임.
野放図(のほうず) ①방자함. ②홀게 늦음.
野放途(のほうず) ⇨ 野放図(のほうず).
野幇間(のだいこ) ⇨ 野太鼓(のだいこ).
野白(のじろ) 밀집해 있던 사람이 지면에 보일 정도로 흩어짐.
野辺(のべ) ①들판. ②묘지. 화장장.
~の送り(おくり) 장송.
野伏(のぶし) ①산야에서 수행하던 승려. ②농민의 무장 집단.
野伏せり(のぶせり) ① ☞野伏(のぶし). ②산적.
野服(のふく) 여행 때 입는 의복.
野阜(のづかさ) ⇨ 野司(のづかさ).
野分き(のわき) 태풍.
野仏(のぼとけ) 들판 길가에 세워진 불상.
野司(のづかさ) 들판의 언덕.
野寺(のでら) 들판에 있는 절.
野飼い(のがい) 방목. 놓아 기름.
野山(のやま) 산과 들.

野相撲(のずもう) 아마추어 씨름.
野鼠(のねずみ)〖動〗들쥐. *やそろも 읽음.
野蒜(のびる)〖植〗야선. 달래.
野焼き(のやき) 초봄에 들판의 건초 태우기.
野小屋(のごや) ①들판의 오두막. ②자기 집의 겸손한 말.
野晒し(のざらし) ①들판에 버려져 비바람을 맞음. ②비바람에 씻긴 해골.
野水(のみず) 들판을 흐르는 내.
野守り(のもり) 사냥터지기.
野垂れ死に(のたれじに) 객사.
野宿(のじゅく) 노숙.
野鞍(のぐら) 농경용 말에 사용하는 안장.
野鴨(のがも)〖鳥〗야생 오리.
野臥せり(のぶせり) ⇒ 野伏せり(のぶせり).
野原(のはら) 들판.
野猿(のざる) 야생 원숭이. *やえん으로도 읽음.
野遊び(のあそび) 들놀이. 사냥.
野育ち(のそだち) 제멋대로 자란 또, 그런 사람.
野引き(のびき) 옥외에서 손님을 끎. 또, 그 사람.
野茨(のいばら)〖植〗찔레나무.
野薔薇 ㊀(のばら) 들장미.
 ㊁(のいばら) ⇒ 野茨(のいばら).
野積み(のづみ) 야적.
野田(のだ) 들판〔평야〕에 있는 논.
野点(のだて) 들에서 차를 끓임.
野釣り(のづり) 자연의 낚시터에서 하는 낚시질.
野竹(のだけ)〖植〗바디나물.
野中(のなか) 들 복판.
野陣(のじん) 들에 베푼 진영(陣營). 노영(露營). 야영(野營).
野川(のがわ) 들판을 흐르는 시내.
野天(のてん) 노천.
  ‖~風呂(ぶろ) 노천 목욕탕.
野締め(のじめ) 야외에서 잡은 조수를 그 자리에서 죽임. 또, 그것.
野草履(のぞうり) 장례 때 신는 (일본) 짚신.
野虫(のむし) ①들에 사는 벌레. ②좀의 딴 이름.
野太い(のぶとい) ①목소리가 굵다. ②뻔뻔스럽다.
野太鼓(のだいこ) 직업으로서가 아니고 연회석상에서 좌흥을 돋구는 남자.
野太刀(のだち) ①신분이 높은 사람이 야외에서 차던 날밑 없는 칼. ②옛날, 궁중 경비병이 차던 칼.
野沢(のざわ) 낮고 습한 풀밭.
野兎(のうさぎ) 야토. 산토끼. *やと로도 읽음.
野葡萄(のぶどう)〖植〗개머루.
野風(のかぜ) 들판에 부는 바람.
野風呂(のぶろ) 옥외에서 하는 목욕.
野狐(のぎつね) 야생(野生) 여우. *やこ로도 읽음.
野壺(のつぼ) 야외에 마련된 두엄발치.
野火(のび) 초봄에 들이나 둑의 마른 풀을 태우는 불.

野花(のばな) 들꽃. *やか로도 읽음.
野荒し(のあらし) ①논밭의 작물을 망침. 또, 그런 사람이나 짐승. ②멧돼지의 별명.

| 12 才 | 揶 | 희롱할 야
ヤ
からかう |

音読
揶弄(やろう) 놀림. 빈정거림.
揶揄(やゆ) 야유함. 놀림.
其他
揶揄う(からかう) 조롱하다. 놀리다.

| 13 心 | 惹 | 이끌 야
ジャク
ひく |

音読
惹句(じゃっく) 손님에게 강한 인상을 주는 짧고 효과적인 문구. 캐치프레이즈.
惹起(じゃっき) 야기. 일으킴.
訓読
惹かれる(ひかれる) (마음 등이) 끌리다.
惹く(ひく) (주의·마음을) 끌다.

| 13 木 ㊀ | 椰 | 야자나무 야
ヤ
やし |

音読
椰子(やし)〖植〗야자(나무). ♣~油(ゆ) 야자유.

| 13 父 | 爺 | 아비 야
ヤ
おやじ·じじ |

訓読
爺(じじ) 남자 늙은이. *じじい·じい로도 읽음.
爺さん(じいさん) 할아버지. 남자 노인을 허물없이 부르는 말.
爺や(じいや) 늙은 하인. 할아범.
爺むさい(じじむさい) 늙은이 같다. 추레하다. 노추(老醜)하다.
其他
爺料理(ちゃんこりょうり)〖料〗씨름꾼들이 먹는 독특한 요리.

| 19 鳥 | 鵺 | 새이름 야
ヤ
ぬえ |

訓読
鵺(ぬえ) ①전설상의 괴물. ②정체 불명의 사물·사람.
鵺的(ぬえてき) 정체 불명인 모양.

약

若	같을 **약**·만일 **약**·어릴 약 ジャク・ニャク わかい・もしくは・しく・ ごとし・なんじ・もし

8획 艹部 教

音読

若干(じゃっかん) 약간. ＊そこばく・そくばく・そこばろとも 읽음.　　　　　　　　　「일.
若契(じゃっけい) 남색(男色) 관계를 맺는
若年 ㊀(じゃくねん) 연년. 나이가 젊음〔어
㊁(わかとし)〈女〉신년(新年).　　「림.
若道(じゃくどう) 남색(男色). 若衆道(わかしゅどう)를 줄여서 음독한 말. ＊にゃくどうえ로도 읽음.
若齢(じゃくれい) 약령. 약년. 나이가 어림.
若輩(じゃくはい) 젊은이. 풋내기. 애송이.
若俗(にゃくぞく) ⇨若族(にゃくぞく).
若月(じゃくげつ) '三日月(みかづき)(=초승달)'의 딴이름.
若族(にゃくぞく) 젊은 사람들. 젊은이.
若州(じゃくしゅう) ☞若狭(わかさ).
若朽(じゃっきゅう) 약후. 젊은데도 이미 패기가 없고 쓸모없음. 또, 그런 사람《老朽(ろうきゅう)에 대한 조어》.

訓読

若かず(しかず) 미치지〔따르지〕못하다. …하느니만 〔같지〕 못하다.
若く(しく)〈雅〉미치다. 필적하다.
若し(もし) 만일. 만약. 혹시.
若しか(もしか) 만약. 혹시. 어쩌면.
若しくは(もしくは) 또는. 혹은. 그렇지 않으면.
若しは(もしは) 또는. 혹은.　　　　「으면.
若しも(もしも) 만약. 만일의 경우.
〜の事(こと) 만약의 경우〔사태〕. 예기치 않은 일.
若しや(もしや) 혹시. 어쩌면.
❖**若い**(わかい) ① 젊다. ② 어리다. ③ 미숙하다. 덜 익다. ④ (순번이) 이르다.
若(わか)《接頭語的으로》① 젊음. 젊은이. ② 뒤를 이을. 대를 이을.
若き(わかき) ① 젊은 사람. ② 젊은.
若さ(わかさ) 젊음.
若やか(わかやか) 나이가 젊어 싱싱한 느낌이 드는 모양.
若やぐ(わかやぐ) 젊어지다. 젊어진 듯하다.
若鶏(わかどり) 영계(鷄).
若駒(わかごま) 어린 말.
若君(わかぎみ) ① 섬기는 주군(主君)의 아들. ② 자기가 섬기는 젊은 주군.
若宮(わかみや) ① 어린 왕자. 황족의 계승자. ② 주장되는 신사(神社)의 제신(祭神)의 아들을 모신 신사. ③ 새로 모신 신사.
若気 ㊀(わかげ) ① 젊은 혈기〔패기, 기질〕.
② 젊은 모양〔티〕. ＊わかぎ로도 읽음

㊁(にやけ)〈古〉① 남색의 상대자. 면. ② (여자같이) 교태를 부리는 남자. ③ 항문.
若男(わかおとこ) 젊은 남자.
若女(わかおんな) 젊은 여자.
若年寄(わかどしより) ①〖史〗江戸幕府(えどばくふ)의 직명의 하나《将軍(しょうぐん)에 직속되어 정무에 참여했음》. ②〈俗〉노인처럼 기개가 없는 젊은이. 애늙은이.
若旦那(わかだんな) ① 주인집 장남의 높임말. 큰 도련님. 서방님. ② 부잣집 자제의 높임말. 도련님.
若党(わかとう) ① 무사의 젊은 종자(從者). ② 젊은 무사.
若大将(わかだいしょう) ① 젊은 장군. ② 젊은 주인. 또는, 주인집 젊은 아들.
若禿げ(わかはげ) 젊어서 대머리가 짐. 또, 그 사람.　　　　　　　　　　「두머리.
若頭(わかがしら) 젊은 衆(わかいしゅ)의 우
若鷺(わかさぎ)〖魚〗빙어.
若緑(わかみどり) ① 새 솔잎처럼, 신선한 녹색. 신록(新綠). ② 어린 솔잎.
若立つ(わかだつ) 새 눈이나 가지가 나오다.
若木(わかぎ) 어린 나무.
若苗(わかなえ) 갓 싹이 난 모.
若武者(わかむしゃ) 젊은 무사.　　　　「春.
若返り(わかがえり) (되)젊어짐. 회춘(回
若返る(わかがえる) (되)젊어지다. 젊음을 되찾다.　　　　　　　　　　　　　「남.
若白髪(わかしらが) 새치. 젊어서 흰머리가
若夫婦(わかふうふ) 젊은 부부.
若死に(わかじに) 요절(夭折). 젊어서 죽음.
若生え(わかばえ) ① 어린 싹. ② 대를 이을 어린아이.
若書き(わかがき) (작가・화가의) 젊었을 때 작품.
若盛り(わかざかり) 한창 젊을 때. 한창 나이.
若松(わかまつ) ① 어린 소나무. ② 설날에 장식으로 쓰는 작은 소나무.
若手(わかて) 젊은 사람. 또, 젊은 축.
若水(わかみず) (설날이나 입춘 날 아침에 일찍 긷는) 정화수. 또, 그것을 긷는 행사.
若僧 ㊀(わかぞう) 젊은이. 애송이. 풋내기.
㊁(にゃくそう) 젊은 중. ＊じゃくそう로도 읽음.
若侍(わかざむらい) ① 젊은 무사. ② 公家(くげ)・武家(ぶけ)에 딸린 무사.
若児(わかご) 어린아이. 갓난애.
若芽(わかめ) 새싹.
若桜(わかざくら) 어린 벚나무.
若若しい(わかわかしい) 아주 젊다. 젊디 젊다. 싱싱하다.　　　　　　　　　　「높임말.
若様(わかさま) 신분이 높은 집 자제에 대한
若役(わかやく) ① 젊은 사람이 하는 역할・구실. ② 연극에서, 젊은 사람의 역.
若い燕(わかいつばめ) 제비족. 연상의 여인의 젊은 정부(情夫).　　　　　　　　「み.
若連中(わかれんぢゅう) ☞若者組(わかものぐ
若葉(わかば) 새잎. 어린 잎. 특히, 초여름의 싱싱한 잎.
∥~色(いろ) 새잎과 같은 초록색.
~雨(あめ) 새잎에 내리는 비.
~風(かぜ) 새잎에 부는 바람.
若奥さん(わかおくさん) ① 젊은 부인. ② 주인의 어머니를 奥(おく)さん이라고 호칭할 때, 주인의 아내의 호칭.
若隱居(わかいんきょ) 나이 젊어서 은거함. 또, 그 은거자. 전하여, 애늙은이.
若鷹(わかたか)〖鳥〗갈지개. 한 살된 매.
若人(わかうど) 젊은이. 청년. ✽わこうど・わかびと로도 읽음.
若者(わかもの) 젊은이. 청년.
∥~宿(やど) 若者組의 숙박·집회 장소.
~組(ぐみ) 중세 이래, 일본 향촌에서 부락별로 조직된 청년 집단《혼인·제례의 봉사나 야경·소방·재해 구호 등을 맡았음》.
若い者(わかいもの) 젊은이. ① 청년. ② ☞若い衆(わかいしゅ)①②. ③ 부하. 제자.
若紫(わかむらさき) ① 연보랏빛. ②〈雅〉〖植〗지치.
若作り(わかづくり) 나이보다 젊게 보이도록 꾸민 화장·옷차림.
若殿(わかとの) 어린 주군. ② 주군의 후사(後嗣).
若殿原(わかとのばら)〈雅〉젊은 공자(公子)들. 젊은 무사들.
若鮎(わかあゆ) ①〖魚〗팔팔한 새끼 은어. ② (비유적으로) 팔팔한 젊은이.
若造(わかぞう) 젊은이. 애송이. 풋내기.
若鳥(わかどり) 영계(鷄).
若潮(わかしお) ① 음력 11일과 26일 경에 간만(干滿)의 차가 심해져 오는 일. 또, 그 조수. ② (주로 九州(きゅうしゅう) 지방에서) 1월 1일 아침에 길어오는 바닷물.
若竹(わかたけ) 그 해에 새로 난 대나무.
若衆(わかしゅ) ① 젊은이. ②〖江戶(えど)〗시대에 관례(冠禮)하기 전의 (앞머리가 있는) 남자. ③ 면. 남색의 상대자.
∥~歌舞伎(かぶき) 江戶 시대 초기, 소년 배우가 출연하던 歌舞伎.
~狂い(ぐるい) 남색(男色)에 빠지는 일.
~女郎(じょろう) 江戶 시대, 젊은 청년의 모습을 한 최하급의 창녀.
~方(がた) 歌舞伎(かぶき)에서 미소년 역(役). 또, 그 역을 맡아서 하는 배우.
~盛り(ざかり) ① 젊고 힘이 넘침. 또, 그 시기. ② 젊은이의 가장 아름다운 시기.
若い衆(わかいしゅ) ① 마을에서 제례(祭禮) 따위의 일을 돌보는 젊은이(들). ② 상가(商家)에서 소년 점원보다 나이가 약간 많은 젊은 고용인. ③ 젊은 남자(들). 청년.
∥~頭(がしら) 한 마을 또는 동네에서 우두머리 격인 젊은이.
若芝(わかしば) 초봄에 갓 싹이 튼 잔디.
若枝(わかえだ) 애가지. 어린 가지. ✽わかえだ로도 읽음.
若菜(わかな) ① 봄나물. ②〈古〉《七草(ななくさ)의 기원이 된》옛날 궁중 행사의 하나《정월 첫 자일(子日)에 그 해의 풋나물로 국을 끓여 바침》.
若妻(わかづま) 젊은 아내. 신혼의 아내.
若草(わかくさ) 젊은 풀.
∥~色(いろ) 담록색. 연둣빛.
若湯(わかゆ) 설 들어 처음 데우는 목욕물.
若布(わかめ)〖植〗미역.
若向き(わかむき) 젊은이용(用). 젊은이에게 맞음.
若狹(わかさ)〖地〗옛 지방 이름의 하나. 지금의 福井(ふくい) 현의 서부. 「부.
若後家(わかごけ) 젊은 과부. 청상(靑孀) 과

其他
若気る(にやける) 남자가 여자처럼 모양을 내거나 교태를 부리다.
若子 ㊀(わこ) 신분이 높은 사람의 아들(의 경칭).
㊁(わかご) 어린아이. 갓난애.

| 9 糸 教 | 約 (約) | 대략 **약**·약속 **약** ヤク つづまやか・つづめる |

音読

約(やく) ① 약속. 약정. ② 약. 대략. 대충.
約す(やくす) ☞約する(やくする).
約する(やくする) ① 약속〔기약〕하다. ② 줄이다. 간추리다.
約款(やっかん) 약관.
約諾(やくだく) 약속하여 떠맡음.
約論(やくろん) 약론. 요약하여 논하는 일.
約文(やくぶん) 약문. 긴 글을 짧게 줄임. 또, 그 글.
約物(やくもの)〖印〗약물.
約分(やくぶん)〖數〗약분. 맞줄임.
約説(やくせつ) 약설. 간추려 말함. 간단히 설명함.
約束(やくそく) 약속.
∥~事(ごと) ① 약속한 일. ② 인연(因緣).
~手形(てがた) 약속 어음.
~の地(ち)〖基〗약속의 땅.
約手(やくて) '約束手形(やくそくてがた)(=약속 어음)'의 준말.
約數(やくすう)〖數〗약수.
約言(やくげん) ① 약언. 요약해서 말함. ②〖言〗☞約音(やくおん).
約音(やくおん)〖言〗약음.
約章(やくしょう) 약장. 약속한 법.
約転(やくてん)〖言〗☞約音(やくおん).
約定(やくじょう) 약정. ♣~書(しょ) 약정서.
∥~利息(りそく) 약정 이자.
~利率(りりつ) 약정 이율.
~済み(ずみ) 약정필.

訓読

約まやか(つづまやか)〈雅〉① 간단함. 간명〔간략〕함. ② 검소함. 「도다.
約まる(つづまる) 짧아지다. 줄어들다. 요약
約める(つづめる) 줄이다. ① 짧게 하다. 요약하다. ② 절약하다.

弱

10획 教	弱 (弱)	약할 **약** ジャク・ニャク よわい・よわる・よわまる・よわめる

音読

弱(じゃく) ① 약함. 약한 사람. ②《接尾語로》…약. 조금 모자람. 빠듯.
弱冠(じゃっかん) 약관.
弱国(じゃっこく) 약국. 약소국. *じゃくこく로도 읽음.
弱起(じゃっき)〖樂〗약기. 여린내기.
弱年(じゃくねん) 약년. 나이가 젊음〔어림〕. ‖**～者**(もの) 젊은이. 풋내기.
弱毒(じゃくどく) 약독. 독성 및 병원체의 성질을 약하게 함.
弱齢(じゃくれい) 약령. 약년. 나이가 어림.
弱綿薬(じゃくめんやく)〖化〗약면약《무연화약의 재료로 쓰임》.
弱拍(じゃくはく)〖樂〗약박. 여린박(拍).
弱輩(じゃくはい) 젊은이. 풋내기. 애송이. ♣**～者**(もの) 풋내기.
弱兵(じゃくへい) 약병. 약졸.
弱酸(じゃくさん)〖化〗약산. 약한 산.
弱小(じゃくしょう) ① 약소. 약하고 작음. ② (나이가) 어림.
弱視(じゃくし) 약시.
弱塩基(じゃくえんき)〖理〗약염기.
弱肉強食(じゃくにくきょうしょく) 약육강식.
弱者(じゃくしゃ) 약자.
弱敵(じゃくてき) 약적. 약한 적.
弱電(じゃくでん) 약전.
弱電解質(じゃくでんかいしつ)〖化〗약전해질.
弱点(じゃくてん) 약점.
弱卒(じゃくそつ) 약졸. 약한 군졸.
弱主(じゃくしゅ) 약주. 나이 어린 주군. 유약한 군주.
弱志(じゃくし) 약지. 약한 의지.
弱震(じゃくしん) 약진.
弱質(じゃくしつ) 약질.
弱体(じゃくたい) 약체. ♣**～化**(か) 약체화.
弱行(じゃっこう) 약행. *じゃくこう로도 읽음.
弱化(じゃっか) 약화.

訓読

弱まる(よわまる) 약해지다. 수그러지다.
弱める(よわめる) (힘・세력을) 약화시키다.
❖**弱い**(よわい) 약하다. 모자라다.
弱さ(よわさ) 약함. 약한 정도.
弱気(よわき) ① 무기력함. ② (거래소에서) 시세의 약세. 또, 그렇게 보는 사람이 많음.
弱味(よわみ) ① 취약점. 약점. ②〖經〗(시세의) 내림세. 약세.
弱味噌(よわみそ)〈俗〉나약자. 겁쟁이《욕으로 하는 말》.
弱弱しい(よわよわしい) 약하디 약하다. 섬약(허약)하다. 가냘프다.
弱腰(よわごし) ① 허리의 잘록한 부분. 옆구리. ② 약한 태도. 저자세.
弱音(よわね) 힘없는 소리. (나)약한 말.
〓(じゃくおん) 약음. ♣**～器**(き) 약음기.
弱材料(じゃくざいりょう)〖經〗시세를 떨어뜨릴 원인이 되는 조건. 약재(弱材).「말.
弱虫(よわむし) 나약자. 겁쟁이《욕으로 하는
弱含み(よわふくみ) (시세가) 내림세.
か弱い(かよわい) 연약하다. 가냘프다.
ひ弱(ひよわ) 가냘픈 모양. 허약한 모양.
ひ弱い(ひよわい) 가냘프다. 허약하다.
❖**弱る**(よわる) ① 약해지다. ② 곤란해지다. 난처해지다.
弱り(よわり) 약해짐. 쇠약해짐.
弱り果てる(よわりはてる) ① 매우 약해지다. ② 몹시 곤란을 겪다. 몹시 난처해지다.
弱り目(よわりめ) 난처〔곤란〕한 때. 불운한 경우〔때〕.
‖**～に祟**(たた)**り目**(め) 엎친데 덮치기. 화불단행(禍不單行). 설상가상(雪上加霜).
弱り切る(よわりきる) ① 완전히 쇠잔해지다. 몹시 쇠약해지다. ② 몹시 곤란을 겪다. 곤경에 빠지다.

其他

弱弱(なよなよ) 연약한〔나긋나긋한〕모양.
弱竹(なよたけ) 가냘픈 대. 어린 대. 비유적으로, 어여쁜 소녀.
弱火(とろび) (화력이) 약한 불. 뭉근한 불. *よわびで로도 읽음.

13획 木	椲	석류나무 **약** ジャク すわえ・しもと

訓読

椲(すわえ) ① 가늘고 길게 뻗은 나뭇가지. *しもと로도 읽음. ② 회초리. 매.

13획 艹	菂	약 **약** ヤク よろいぐさ

音読

菂(やく)〖植〗약. 꽃밥.

16획 艹 教	薬 (藥)	약 **약** ヤク くすり

音読

薬価(やっか) 약가. 약값.
薬科(やっか) 약학과.
‖**～大学**(だいがく) 약학 대학.
薬局(やっきょく) 약국. ♣**～方**(ほう) 약국방. 약전(藥典). **／～生**(せい) 약국생.
薬気(やっき) 약기. 약내. 약냄새.
薬籠(やくろう) 약농. 약통. *やろう로도 읽음. ♣ 약 따위를 넣어 허리에 차는 타원형의 작은 합.
薬大(やくだい) 약대. '薬科大学(やっかだい

薬袋(やくたい) 약대. 약을 넣는 종이 봉지.
∥~紙(し) 약을 싸는 종이.
薬毒(やくどく) 약독. 약에 들어 있는 독.
薬量(やくりょう) 약량. 약의 분량.
薬礼(やくれい) 약값·진료비로서 의사에게 치르는 돈.
薬料(やくりょう) 약료. ① 약의 원료. 약품의 재료. ② 약값.　「법.
薬療(やくりょう) 약으로 치료함. 약물 요
薬理(やくり) 약리. ♣~学(がく) 약리학.
∥~作用(さよう) 약리 작용.
薬名(やくめい) 약명. 약 이름.
薬物(やくぶつ) 약물. 약품.
∥~耐性(たいせい) 약물 내성.
~消毒(しょうどく) 약물 소독.
~療法(りょうほう) 약물 요법.
~依存(いそん) 약물 의존.
薬味(やくみ) 향신료. 양념. 고명.
薬博(やくはく) '薬学博士(やくがくはくし)(=약학 박사)'의 준말.　「의 처방.
薬方(やくほう) 약방. 약을 조제하는 법. 약
薬事(やくじ) 약사. 약제·조제·약용품 따위에 관한 사항. ♣~法(ほう) 약사법.
薬師 ㊀(やくし) 〖佛〗 약사여래(를 모신 절).
∥~経(きょう) 〖佛〗 약사경.
~三尊(さんぞん) 〖佛〗 약사 삼존.
~如来(にょらい) 〖佛〗 약사여래.
㊁(くすし) 〈雅〉 의사.
薬殺(やくさつ) 독살.　「법.
薬石(やくせき) 약석. 여러 가지 약과 치료
薬室(やくしつ) 약실. ① 약을 조제하는 방. ② 총포의 화약을 장전하는 부분.
薬液(やくえき) 약액. 물약.
薬王(やくおう) 〖佛〗 약왕. 薬王菩薩의 준
∥~菩薩(ぼさつ) 〖佛〗 약왕보살.　「말.
薬浴(やくよく) 약욕. 약물에 목욕함.
薬用(やく)⇔酒(しゅ) 약용
∥~石鹸(せっけん) 약용 비누.　└주.
~植物(しょくぶつ) 약용 식물.
~人参(にんじん) 'チョウセンニンジン(=고려 인삼)'을 일컬음.
其他~酵母(こうぼ) 약용 효모.
薬園(やくえん) 약원. 약포(薬圃).
薬餌(やくじ) 약이. ①약과 음식. ②약.
薬専(やくせん) 약전. '薬学専門学校(やくがくせんもんがっこう)(=약학 전문 학교)'의
薬箋(やくせん) 처방전(處方箋).　└준말.
薬店(やくてん) 약점. 약방. 약국.
薬剤(やくざい) 약제. ♣~師(し) 약사.
∥~耐性(たいせい) ♣제 내성. 세균이 항생 물질 등의 약제에 접촉하여 약제에 대한 내성 곧 저항력을 갖게 되는 일.
薬種(やくしゅ) 약종. 특히, 한약의 재료.
♣~商(しょう) 약종상 / ~屋(や) 약종상.
薬酒(やくしゅ) 약주. 약술. 약주(藥酒).
*くすりざけ로도 읽음.
薬疹(やくしん) 〖醫〗 약진. 어떤 특정 약을 복용하면 생기는 피부의 발진.
薬疹アレルギー(やくしんアレルギー) 약진 알레르기.
薬草(やくそう) 약초.
薬圃(やくほ) 약포. 약초를 심는 밭.
薬舗(やくほ) 약포. 약방.
薬鋪(やくほ) ⇨ 薬舗(やくほ)
薬包紙(やくほうし) 약포지. 가루약을 싸는 종이.
薬品(やくひん) 약품.　「한 해.
薬学(やくがく) 약학. 의약품이나 농약에 의
薬莢(やっきょう) 〖軍〗 약협. 탄알의 화약이 들어 있는 금속제의 통.
薬禍(やっか) 약화. (부적절한) 약의 사용으로 일어난 화.
薬効(やっこう) 약효.

訓読

薬 ㊀(くすり) 약. ① 치료약. ② 화학 약품.
㊁(くすり) ①〈俗〉 마약. ②《接尾語로》…끼.
薬悩み(くすりなやみ) 약 중독.
薬代(くすりだい) 약대. 약값. 치료비. *やくだいえ로도 읽음.
薬売り(くすりうり) 약장수.
薬箱(くすりばこ) 약 상자. 약통.
薬狩り(くすりがり) 옛날, 5월 단오에, 산에 가서 약초를 채집한 행사.
薬食い(くすりぐい) 식보(食補). 겨울철 몸보신으로 멧돼지 고기 따위를 먹는 일.
薬艾(くすりもぐさ) ① 뜸질에 쓰는 약쑥. ② 효능·이익이 있는 것.
薬屋(くすりや) 약국. 약방《흔히 제약 회사를 말하기도 함》.　「름.
薬の日(くすりのひ) 음력 5월 5일의 딴이
薬指(くすりゆび) 약지. 무명지. 약손가락.
薬漬け(くすりづけ) 의사가 함부로 다량의 약을 환자에게 투여하는 일.
薬取り(くすりとり) ① 약초를 캠. 또, 그 사람. ② 의사에게 약을 받으러 감. 또, 그 사람.
薬湯(くすりゆ) 약탕. 약품이나 약초를 푼 목욕탕.
㊁(やくとう) ① ⇨㊀. ② 탕약. 달인 약.

其他

薬缶(やかん) ① 주전자. ② 薬缶頭의 준말.
∥~頭(あたま) 〈俗〉 대머리.
薬研(やげん) 약연(藥碾).　「字).
~堀(ぼり) 약연 모양으로 파진 해자(垓
薬玉(くすだま) 축전이나 운동회 등에 쓰는, 잘게 썬 색종이나 테이프 등을 넣은 큰 공.

逆音

農薬(のうやく) 농약.
毒薬(どくやく) 독약.

| 20 魚 日 | 鮱 | 빙어 (약)

わかさぎ |

訓読

鮱(わかさぎ) 〖魚〗 빙어.

躍 (躍)
21 足 常
뛸 **약**
ヤク
おどる

音読
躍起(やっき)(안되는 일을 되게 하려고) 기를 씀.
躍動(やくどう) 약동.
躍如(やくじょ) 약여. 생생함. 또렷함.
躍然(やくぜん) ☞ 躍如(やくじょ).
躍增(やくぞう) 약증. 비약적으로 증가함.
躍進(やくしん) 약진. 눈부시게 진출함.

訓読
躍らす(おどらす) 뛰게 하다. (몸을) 날리다.
❖躍る(おどる) ① 뛰다. 뛰어오르다. ② 몹시 동요하다. 두근거리다. ③ 몹시 흔들리다.
躍り(おどり) ① 뛰어오름. ② (가슴이) 뜀.
躍り狂う(おどりくるう) 미친 듯이 춤추다. 미쳐 날뛰다.
躍り掛かる(おどりかかる) (세찬 기세로) 덤벼들다. 달려들다.
躍り上がる(おどりあがる) (놀라거나 기뻐서) 펄쩍 뛰어오르다. 벌떡 (뛰어) 일어나다.
躍り込む(おどりこむ) 뛰어들다.
躍り出る(おどりでる) (맹렬한 기세로) 남을 제쳐 놓고 그 자리에 나가다. 뛰어오르다.
躍り懸かる(おどりかかる) ⇨ 躍り掛かる(おどりかかる).

逆音
飛躍(ひやく) 비약.
活躍(かつやく) 활약.

鰯
21 魚 日
멸치 (약)
いわし

訓読
鰯(いわし) ①〖魚〗정어리. ② 무딘 칼.
鰯酸(いわしさん) 정어리에서 짜낸 기름 등 해산(海產) 동물유(油)에 함유된 불포화 지방산.
鰯雲(いわしぐも) 〈俗〉권적운. 조개구름.
鰯油(いわしゆ) 정어리에서 짜낸 기름.
鰯滓(いわしかす) 정어리에서 기름을 짜낸 찌꺼기를 말린 것《비료로 사용함》.

鶸
21 鳥
곤계 **약**
ジャク
ひわ

訓読
鶸(ひわ) ①〖鳥〗검은방울새. ② 황록색.
鶸色(ひわいろ) 황록색(黃綠色).
鶸茶(ひわちゃ) 황록색을 띤 다색(茶色).

양

羊
6 羊 教
양 **양**
ヨウ
ひつじ

音読
羊羹(ようかん) 양갱. 양갱병(餅). 팥소에 설탕·우무를 넣어 찐 일본식 과자.
∥〜色(いろ) 검은빛이나 보랏빛이 바래서 붉은빛을 띤 빛깔. 「무리.
羊群(ようぐん) 양떼. 비유적으로 겁쟁이의
羊頭(ようとう) 양두. 양의 머리.
∥〜狗肉(くにく) 양두구육.
羊酪(ようらく) 양락. 양젖의 지방질을 굳혀서 만든 식품.
羊膜(ようまく) 양막. 모래집.
羊毛(ようもう) 양모. 양털.
羊斑(ようはん) 〖天〗양반. 양모반(羊毛斑).
羊水(ようすい) 〖生〗양수. 모래집물.
∥〜検査(けんさ) 〖醫〗양수 검사.
〜診断(しんだん) 〖醫〗양수 진단.
羊肉(ようにく) 양육. 양고기.
羊腸(ようちょう) 양장. ① 양의 창자. ② 산길 따위가 꼬불꼬불한 모양.
∥〜線(せん) 양장선. 장선. 「피지.
羊皮(ようひ) 양피. 양가죽. ♣〜紙(し) 양

訓読
羊(ひつじ) 양.
羊飼い(ひつじかい) 양치기. 목동.
羊雲(ひつじぐも) 〖氣〗양떼구름. '高積雲(こうせきうん)(=고적운)'의 통칭.
羊偏(ひつじへん) 한자 부수의 하나: 양양.

其他
羊栖菜(ひじき) 〖植〗녹미채.
羊蹄(ぎしぎし) 〖植〗참소루쟁이《약재용》.
羊歯(しだ) ①〖植〗양치(식물). ②〖植〗풀고사리.
∥〜植物(しょくぶつ) 〖植〗양치 식물.

佯
8 イ
거짓 **양**
ヨウ
いつわる

音読
佯狂(ようきょう) 양광. 거짓으로 미친 체함.

洋
9 氵 教
큰바다 **양**
ヨウ
うみ

音読
洋(よう) 양. ① 세계를 동서로 나눈 부분. ② 대해. 대양.
洋もく(ようもく) 〈俗〉양담배《もく는 'タバコ(=담배)'를 뜻하는 속어》.
洋間(ようま) 양실. 서양식 방.
洋客(ようきゃく) 서양에서 온 손님.

洋犬(ようけん) 양견. 서양개.
洋菓子(ようがし) 양과자. ♣~屋(や) 양과자점.
洋館(ようかん) 양관. 양옥.
洋弓(ようきゅう) 양궁. 서양식 활.
洋凧(ようだこ) 양연. 전체가 특수 플라스틱으로 만들어진 연.
洋琴(ようきん) 양금. 피아노《明治(めいじ)시대의 역어》.
洋刀(ようとう) 양도. 양검(洋劍). 사벨.
洋島(ようとう)〖地〗 대양도.
洋陶(ようとう) 서양풍의 도자기.
洋灯(ようとう) 양등. 남포등.
洋蘭(ようらん)〖植〗양란《꽃 관상을 위한 온실 재배의 난과 식물의 원예상 호칭》.
洋藍(ようあい) 양람. 인도남(印度藍). 인디고. *ようらん으로도 읽음.
洋梨(ようなし) 《明治(めいじ) 이후에 수입된》 서양 배.
洋舞(ようぶ) 양무. 서양 춤〔무용〕.
洋物(ようぶつ) 〓 ☞洋品(ようひん).
〓(ようもの) 서양 물건. 바다 건너온 외국 물품.
洋髪(ようはつ) 양발. 서양식 머리 모양.
洋癖(ようへき) 서양 문물을 지나치게 좋아하고 따르는 버릇. 서양 도취.
洋服(ようふく) 양복.
‖~掛(か)け 양복 걸이.
~簞笥(だんす) 양복장.
洋本(ようほん) 양서(洋書). 원서. 양장본.
洋傘(ようがさ) 양산.
洋算(ようざん) 서양식 셈.
洋上(ようじょう) 양상. 해상(의 배 위).
‖~作戦(さくせん) 해상 작전.
~会談(かいだん) 함상(艦上) 회담.
~訓練(くんれん) 해상 훈련.
洋生(ようなま) 서양식 생과자《洋生菓子(ようなまがし)의 준말》.
洋書(ようしょ) 양서. 외국 서적. 양장본(洋裝本). ♣~部 양서부.
洋数字(ようすうじ) 아라비아 숫자.
洋式(ようしき) 양식. 서양식.
洋食(ようしょく) 양식. 서양 요리.
洋室(ようしつ) 양실. 서양 방.
洋楽(ようがく) 양악. 서양 음악.
洋楽器(ようがっき) 양악기.
洋洋(ようよう) 양양. ① 바다가 한없이 넓은 모양. ② 장래가 희망에 찬 모양. 「래어.
洋語(ようご) ① 서양 말. ② 서양에서 온 외
洋銀(ようぎん) 양은. ① 섞음쇠. 양백(洋白). ② 양은전(錢). 서양의 은화.
洋医(ようい) 양의. ① 서양 의학을 공부한 의사. ② 서양 의사.
洋人(ようじん) 양인. 서양인.
洋字(ようじ) 서양 문자. 로마자.
洋装(ようそう) ① 양복을 입음. ② 서양식 장정(裝幀). ♣~本(ぼん) 양장본.
洋才(ようさい) 양학(洋學)에 대한 능력·지식.
洋裁(ようさい) 양재.

‖~学校(がっこう) 양재 학교.
洋種(ようしゅ) 양종. 서양 계통. 서양종.
‖~朝鮮朝顔(ちょうせんあさがお)〖植〗독말풀.
洋酒(ようしゅ) 양주. 서양 술.
洋紙(ようし) 양지. 서양 종이.
洋車(ようしゃ) 《중국에서》 인력거(人力車. *ヤンチョ로도 읽음.
洋菜(ようさい) 서양 야채.
洋綴じ(ようとじ) 양식 제본. 「본 여자.
洋妾(ようしょう) 양첩. 서양인의 첩이 된 일
洋品(ようひん) 양품. ① 서양풍의 물품. ② 외래품. ♣~店(てん) 양품점.
‖~雑貨(ざっか) 양품 잡화.
洋風(ようふう) 양풍. 서양풍. 양식(洋式).
‖~住宅(じゅうたく) 양식 주택.
洋学(ようがく) 양학. 서양의 학문·어학.
‖~所(しょ) 江戸幕府(えどばくふ)가 1850년대 후반에 蘭学(らんがく)를 강습시키던 곳.
洋行(ようこう) 양행. ① 서양에 여행·유학함. ② 《중국에서》 외국 상사의 칭호.
‖~帰(がえ)り 외국에서 갓 돌아온 사람. 외국에 갔던 적이 있는 사람. 「르민.
洋紅(ようこう) 양홍. 붉은 색소(色素). 카
洋花(ようばな) 이국(異國)풍의 꽃.
洋画(ようが) 양화. ① 서양화. 유화(油畫). ② 서양 영화. 외화. ♣~家(か) 양화가.
洋貨(ようか) 양화. ① 서양의 화폐. ② 서양의 화물. 서양에서 들어온 물품.
洋灰(ようかい) 양회.

| 10 心 | 恙 | 근심할 양
ヨウ
つつが |

訓読

恙(つつが) ① 병(病). 탈. ② ☞恙虫(つつがむし).
恙む(つつむ) 〈古〉① 꺼리다. ② 《장애를 피하기 위해》 나가지 않고 조심하다.
恙無い(つつがない) 무사하다. 이상없다. 무양(無恙)하다.
恙虫(つつがむし)〖動〗털진드기의 일종.
‖~病(びょう) 恙虫에 물려 발병하는 일본 특유의 토질병.

| 11 疒 | 痒 | 가려울 양
ヨウ
かゆい |

音読

痒疹(ようしん)〖醫〗양진《가려운 증세가 있는 만성 피부 질환》.

訓読

❖痒い(かゆい) 가렵다. *かいい로도 읽음.
痒み(かゆみ) 가려움.
‖~止(ど)め 가려움 멈추는 약.

其他

痒痒(かいかい) (かゆいかゆいが かいいか いいに 변한 후 다시 변한 말로) '疥癬(かいせん)(=옴)'의 속칭.

| 12 才 常 | 揚 | 날릴 양·올릴 양
ヨウ
あげる・あがる |

音読

揚棄(ようき)〖哲〗양기. 지양(止揚).
揚力(ようりょく)〖理〗양력. 부양력.
揚陸(ようりく) ① 양륙. 뱃짐을 부림. ② 상륙.
∥~艦艇(かんてい) 상륙 함정.
揚名(ようめい) 양명. 이름을 들날림. 실속은 없이 이름만 알려짐.
揚水(ようすい) 양수. 물을 위로 올림. ♣~機(き) 양수기.
∥~式発電(しきはつでん) 양수식 발전.
揚揚(ようよう) 양양. 득의양양함.
揚言(ようげん) 양언. 소리를 높여 말함. 공공연하게 말함.
揚子江(ようすこう)〖地〗양자강. 양쯔 강.
揚程(ようてい) 양정. 펌프에서, 물을 퍼 올리는 거리〔높이〕.
揚地(ようち) 양륙지(揚陸地).

訓読

❖**揚がる**(あがる) ① 오르다. 높이 걸리다. ② 유명해지다. ③ (소리가) 높아지다. ④ (기름에) 튀겨지다.
揚がり(あがり) (기름에) 튀김. 튀긴 정도.
揚がり屋(あがりや) 江戸(えど) 시대에 있었던 감옥의 일부《주로 하급 무사·중·의사·여자 등의 미결수를 가두었음》.
❖**揚げる**(あげる) ① 높이 올리다. ② 뭍으로 옮기다. ③ 기름에 튀기다.
揚げ(あげ) ① (기름에) 튀긴 것. 튀김. ② '油揚げ(あぶらあげ)(=유부)'의 준말.
揚げ蓋(あげぶた) (부엌 따위) 지하실의 뗄 수 있게 만든 뚜껑 널판.
揚げ鍋(あげなべ) 튀김 냄비.
揚げ句(あげく) 끝. …한 끝.
~の果(はて) 이것 저것 경과한 끝에. 결국.
揚げ巻(あげまき) 옛날, 아이들 머리를 두 갈래로 갈라 양쪽 귀 위에서 동여맨 쌍상투. 또, 그런 아이.
∥~結び(むすび) 끈을 매는 법.
揚げ代(あげだい) 해웃값. 화대(花代).
揚げ豆腐(あげどうふ) 유부.
揚げ幕(あげまく)〖劇〗花道(はなみち)의 출입구에 드리운 막.
揚げ物(あげもの) ① 기름에 튀긴 것. 튀김. ②〖俗〗장물(贓物).
揚げ餅(あげもち) 기름에 튀긴 떡.
揚げ卸し(あげおろし) 올림과 내림. ① 올렸다 내렸다 함. ② 칭찬했다가 비난했다가 함.
揚げ床(あげどこ) 주위 지면보다 높이 만든 못자리.
揚箱(あげばこ) 기생의 三味線(しゃみせん) 상자를 가지고 따라다니는 남자.
揚げ縁(あげえん) (가게 앞의) 달아 매도록 된 툇마루《밤에는 세워서 문짝으로 씀》.
揚げ玉(あげだま) ① 튀김질할 때의 부스러기. ② 투구 꼭대기의 쇠붙이 이름.
揚げ屋(あげや) 유곽. 요정.
揚げ羽蝶(あげはちょう) 호랑나비의 총칭.
揚げ雲雀(あげひばり) 종달새가 하늘 높이 날아오름. 또, 그 종달새.
揚げ油(あげあぶら) 튀김용의 기름.
揚げ煮(あげに) 익히는 과정에서 뭉그러지기 쉬운 재료를 한번 튀겼다가 다시 익히는 조리법.
揚げ場(あげば) 배에서 짐을 부리는 곳.
揚げ滓(あげかす) 튀김질을 하고 난 뒤에 기름에 남은 부스러기나 찌꺼기.
揚げ底(あげぞこ) 선물 상자 등의 높이를 한 바닥《내용물을 줄이기 위함》.
揚げ銭(あげせん) ① 구전(口錢). ② 거스름돈. ③ 매상금.
揚げ足(あげあし) (씨름·유도 등에서) 상대방에게 들려서 공중에 뜬 다리.
~を取(と)る 남의 말꼬리나 실언을 잡고 늘어지다.
揚げ窓(あげまど) 문의 위쪽에 경첩을 달고 밖으로 밀어 올리게 된 창.
揚げ超(あげちょう) 정부의 대(對)민간 수지에서, 거두어들이는 액수가 지급하는 액수를 웃돎.
揚げ出し(あげだし) 두부·고구마 따위를 기름에 살짝 튀긴 것.
∥~豆腐(どうふ) 녹말을 뿌리고 살짝 튀긴 두부.
揚げ浸し(あげびたし) 재료를 기름에 튀겼다가 뜨거운 채로 양념장에 적신 것.
揚げ板(あげいた) 마루 밑에 물건을 넣을 수 있도록 들어서 떼어 놓게 된 뚜껑 널판.
揚げ荷(あげに) 양륙(揚陸) 화물.
揚げ戸(あげと) 위로 밀어 올려 여는 문.
揚げ花火(あげはなび) 하늘 높이 쏘아 올리는 꽃불.

其他

揚繰網(あぐりあみ) 건착망. 후릿그물.

| 12 阝 教 | 陽 | 양기 양·해 양
ヨウ
ひ・ひなた・いつわる |

音読

陽 ㊀(よう) 양. ① 겉으로 나타남. ② 적극적인 것. ③ (역학(易學)에서) 동적(動的)·적극적인 것. ④〖理〗플러스.
㊁(ひ) 해. 태양.
陽に(ように) 양으로. 드러내 놓고. 당당히.
陽刻(ようこく)〖印〗양각. 돋을새김.
陽関数(ようかんすう)〖數〗양함수.
陽光(ようこう) 양광. 햇빛.
陽狂(ようきょう) 양광. 거짓으로 미친 체함.

陽極(ようきょく)〖理〗양극.
‖〜線(せん) 양극선. 양극 방사선.
陽気(ようき) ①화려하고 왕성한 모양. ②기후. 날씨. ③양기. 만물이 생동하는 기운.
‖〜者(もの) 쾌활〔명랑〕한 사람.
陽徳(ようとく) 양덕. 세상에 알려진 덕행.
陽動(ようどう) 양동. 보라는 듯이 행동함.
‖〜作戦(さくせん)〖軍〗양동 작전.
陽暦(ようれき) 양력.
陽明学(ようめいがく) 양명학. 왕양명(王陽明)이 주창한 유학.
陽文(ようぶん) 양문. 인장·비석 등에서 문자를 돋을새김한 글.
陽物(ようぶつ) 양물. ①남근. 음경. ②양(陽)에 속하는 것.
陽報(ようほう) 양보. 확실히 좋은 응보(應報)가 나타남. 또, 그 보답.「陽地」식물.
陽生植物(ようせいしょくぶつ)〖植〗양지
陽石(ようせき)〖社〗양석. 링가(linga).
陽性(ようせい) 양성. ①적극적인〔명랑한〕성질. ②〖醫〗검사의 반응이 뚜렷이 나타남.
‖〜反応(はんのう) 양성 반응.
〜元素(げんそ)〖理〗양성 원소.
〜転移(てんい) 양성 전이.
〜判定(はんてい) 양성 판정.
陽葉(ようよう)〖植〗양엽.
陽月(ようげつ) 양월. 음력 10 월.
陽子(ようし)〖理〗양성자. 프로톤.
陽転(ようてん)〖醫〗양전('陽性転移(ようせいてんい)(=양성 전이)'의 준말). 투베르쿨린 반응이 음성에서 양성으로 바뀜.
陽電気(ようでんき)〖理〗양전기.
陽電子(ようでんし)〖理〗양전자.「름.
陽春(ようしゅん) 양춘. 음력 정월의 딴이
陽画(ようが) 양화. 포지(티브).
[訓読]
陽当たり(ひあたり) 볕이 듦. 또, 그 모양·정도. 양지.
陽差し(ひざし) 볕(이 쬠). 햇살.
[其他]
陽炎 ㊀(かげろう) 아지랑이. *ようえんでんでもことでもとうえんでも
로도 읽음.
㊁(かぎろい)〈雅〉①불꽃. ②빛나는 햇빛. ③⇨㊀.

| 13
木
人 | 楊 | 버들 양
ヨウ
やなぎ |

[音読]
楊家(ようか) 중국 양주(楊朱)의 학설을 이어받은 학자.
楊弓(ようきゅう) 江戸(えど) 시대에 유행한, 놀이용의 앉은 채로 쏘는 작은 활.
‖〜場(ば) 활 놀이터(오락 시설).
楊器(ようき) 의식용의 식기의 총칭.
楊柳 ㊀(ようりゅう) ①양류. 버드나무. ②'楊柳ちりめん(=곱슬 무늬의 줄이 세로로 지

게 짠 천. 또, 곱슬 주름)'의 준말.
‖〜観音(かんのん)〖佛〗양류관음. 병고(病苦)를 덜어 주는 관음.
㊁(かわやなぎ)〖植〗냇버들.
楊梅 ㊀(ようばい)〖植〗소귀나무.
㊁(やまもも)〖植〗양매. 소귀나무.
楊子(ようじ) ⇨楊枝(ようじ).
楊枝(ようじ) ①이쑤시개. ②칫솔.

| 13
火 | 煬 | 쬘 양
ヨウ
あぶる |

[音読]
煬帝(ようだい)〖史〗양제. 수양제.

| 14
木
教 | 様(樣) | 모양 양
ヨウ
さま |

[音読]
様がましい(ようがましい) ①속내가 있는 듯하다. 거드름 피우다. 부자연스럽다. ②주문(注文)이 까다롭다. 조건이 엄하다.
様がり(ようがり) 보통과는 다른 면이 있다. 웃습다.
様器(ようき) 의식용 식기의 총칭.
様相(ようそう) 양상. ①모양. 상태. ②〖哲·論〗존재·판단의 양식.
様式(ようしき) 양식. 공통의 방식. 격식. 표현 형태. 스타일. ♣〜化(か) 양식화.
様子(ようす) ①모양. ②징조. 기미. ③눈. ④특별한 이유〔사정〕. 까닭.
‖〜見(み) 상황 관찰.
様子振る(ようすぶる) 속내가 있는 듯한 태도를 보이다. 거드름 피우다. 점잔 빼다.
様体(ようだい) 생김새. 모습. 양상.
様態(ようたい) 양태. 양상. 모습.
[訓読]
様 ㊀(さま) ①모양. 모습. 상태. *よう로도 읽음. ②인명 등에 붙여 존경을 나타냄. 씨. 님.
㊁(ざま) ①〈俗〉꼴. 꼬락서니. ②《주로 動詞의 連用形에 붙어》…하는 방식〔모양〕.
様変わり(さまがわり) 모양·형세가 (싹) 바뀜. 특히, 거래소에서 시세 동향이 급변함.
様付け(さまづけ) 이름·관직명에 様를 붙여서 부름.
様悪し(さまあし) 꼴사납다. 보기 흉하다.
様様 ㊀(さまさま) 자기에게 은혜·이익을 주는 사람이나 사물의 이름에 붙여서 감사의 표시를 함.
㊁(さまざま) 여러 가지. 가지각색. *よう로도 읽음.
様異(さまこと) ①모양이 보통과 다름. 각별함. ②출가(出家)하여 모습이 달라진 모양.
様形(さまかたち) 모습. 옷차림. 모양.
様好し(さまよし) 보기 좋음. 모양이 좋음.

14 疒	瘍	두창 양·부스럼 양 ヨウ できもの

音読▶
瘍(よう) (머리의) 부스럼.

逆音▶
潰瘍(かいよう) 〖醫〗 궤양.
膿瘍(のうよう) 〖醫〗 농양.

15 食 教	養(養)	기를 양 ヨウ やしなう

音読▶
養ず(ようず) 양육하다. 기르다.
養価(ようか) 〖生〗 영양가.
養家(ようか) 양가. 양자가 되어 들어간 집.
養鶏(ようけい) 양계. ♣~業(ぎょう) 양계업 / ~場(じょう) 양계장.
養気(ようき) 양기. 기력을 기름.
養女(ようじょ) 양녀.
養豚(ようとん) 양돈. ♣~業(ぎょう) 양돈업 / ~場(じょう) 양돈장.
養老(ようろう) 양로.
‖~保険(ほけん) 양로 보험.
~年金(ねんきん) 양로 연금.
~院(いん) 양로원. '老人(ろうじん)ホーム(=노인홈)'의 구칭.
養料(ようりょう) 양료. ①영양에 도움이 되는 재료. ②양육비.
養鯉(ようり) 잉어를 기름.
養鰻(ようまん) 뱀장어 양식.
養母(ようぼ) 양모.
養毛剤(ようもうざい) 양모제.
養方(ようかた) 양자의 입장에서 본 양(養)부모와 그 친족. 양가쪽.
養兵(ようへい) 양병. 군대를 양성함.
養蜂(ようほう) 양봉. ♣~家(か) 양봉가.
養父(ようふ) 양부.
養父母(ようふぼ) 양부모. 수양 부모.
養分(ようぶん) 양분. 자양분.
養生(ようじょう) 양생. ①섭생(攝生). ②보양.
養成(ようせい) 양성. ♣~工(こう) 양성공.
養殖(ようしょく) 양식. ♣~場(じょう) 양식장.
‖~漁業(ぎょぎょう) 양식 어업.
~真珠(しんじゅ) 양식 진주.
養痾(ようあ) 양아. 병을 잘 조섭하여 낫도록 함.
養液栽培(ようえきさいばい) 〖農〗 양액 재배. 수경(水耕) 재배. 물 재배.
養魚(ようぎょ) 양어. ♣~場(じょう) 양어장.
養蛙(ようあ) 식용 개구리를 기름.
養育(よういく) 양육. ♣~院(いん) 양육원.
養子(ようし) 양자. 「家」.
‖~先(さき) 양자가 되어 간 집. 양가(養~縁組(えんぐみ) 양자 결연(結縁).
養蚕(ようさん) 양잠. ♣~業(ぎょう) 양잠업.
‖~農家(のうか) 양잠 농가.
養正(ようせい) 양정. 정의심을 기름.
養畜(ようちく) 양축. 가축을 기름.
養親(ようしん) 양친. 양부모.
養親子(ようしんし) 양친자. 양부모와 양자.
養虎(ようこ) 양호. 호랑이를 키움.
養狐(ようこ) 양호. (모피를 얻기 위해) 여우를 기름.
養護(ようご) 양호. (허약 아동 등을) 특별한 보호 밑에서 기름.
‖~過剩(かじょう) 과잉 보호. 「사」.
~教諭(きょうゆ) (초·중·고의) 양호 교~施設(しせつ) 요(要)보호 아동을 위한 복지 시설.
~学校(がっこう) 신체 장애인을 위한 특수 「학급」.
~学級(がっきゅう) 특별 학급.

訓読▶
❖養う(やしなう) ①(아이를) 양육하다. ②부양하다. ③짐승을 기르다. ④배양하다.
養い(やしない) ①기르는 일. 양육. ②養い子의 준말. ③자양분. 거름. ♣~嫁(よめ) 민며느리. / ~親(おや) 양부모.
‖~子(ご) ①양자(養子). ②유모가 되어 키운 아이.

16 土 常	壤(壤)	부드러운흙 양 ジョウ つち

音読▶
壤土(じょうど) 양토. 경작에 적합한 검은 흙.

16 女 常	孃(孃)	계집애 양 ジョウ むすめ

音読▶
孃 ㊀(じょう) ①《보통 'お~さん'의 꼴로》처녀. 색시. 미혼 여성. ②《接尾語로》…양. ㊁(むすめ) ①딸. ② ☞㊀①.
孃ちゃん(じょうちゃん) 『お~』여아(女兒)에 대한 경칭. 아가씨. 아기씨.
孃細胞(じょうさいぼう) 낭세포(娘細胞). 한번의 세포 분열로 생긴 2개의 세포.
孃核(じょうかく) 〖生〗 낭핵(娘核). 딸핵.

其他▶
孃さん(とうさん) 〈大阪方〉따님. 아가씨.

18 禾 人	穰(穰)	풍성할 양 ジョウ みのる・ゆたか

音読▶
穰穰(じょうじょう) 양양. 결실(結實)이 잘된 모양.

攘

20 扌 **攘**
물리칠 양
ジョウ
ぬすむ・はらう

音読
攘夷(じょうい) 양이. 외적을 물리침.
∥~論(ろん)〖史〗양이론. 江戸(えど) 말기, 외국과의 통상에 반대하고 외국 배격을 주장한 사상.
攘災(じょうさい) 양재. 재액을 물리침.
攘斥(じょうせき) 양척.

20 氵 **瀼**
이슬많은모양 양
ジョウ

音読
瀼瀼(じょうじょう) 양양. 이슬이 가득 내린 모양.

20 言 常 **譲**(讓)
겸손할 양
ジョウ
ゆずる・せめる

音読
譲国(じょうこく) 양위(讓位).
譲渡(じょうと) 양도.
∥~可能定期預金証書(かのうていきよきんしょうしょ) 양도 가능 정기 예금 증서.
~**担保**(たんぽ) 양도 담보.
~**性預金**(せいよきん)〖經〗양도성 예금.
~**所得**(しょとく) 양도 소득.
~**裏書**(うらがき)〖經〗양도 배서.
譲歩(じょうほ) 양보.
譲与(じょうよ) 양여. ♣~**税**(ぜい) 양여세.
譲位(じょうい) 양위.

訓読
❖**譲る**(ゆずる) ① 양도하다. 물려주다. ② 양보하다. ③ 뒤〔후일〕로 미루다.
譲り(ゆずり) 물림. 물려받음. 양도. ♣~**葉**(は)〖植〗굴거리나무.
∥~**金**(がね) 남에게 물려준〔물려받은〕 돈.
~**文**(ぶみ) ☞譲り状(ゆずりじょう).
~**状**(じょう) (토지・재산 등의) 양도 증서.
~**証文**(しょうもん) ☞譲り状.
譲り渡す(ゆずりわたす) 양도하다. 물려〔넘겨〕 주다.
譲り受ける(ゆずりうける) 물려받다. 양수하다.
譲り合い(ゆずりあい) 서로 양보함.
譲り合う(ゆずりあう) 서로 양보하다.

20 酉 常 **醸**(釀)
빚을 양
ジョウ
かもす

音読
醸家(じょうか) 양가. 술이나 장을 담그는 집. 양조가.
醸成(じょうせい) 양성. ① (술 따위를) 빚음. ② (상황을) 조성함.
醸熱物(じょうねつぶつ) 양열물. 온상에 쓰는 왕겨・짚・퇴비 등의 발효 재료.
醸造(じょうぞう) 양조. ♣~**酒**(しゅ) 양조주.
醸酒(じょうしゅ) 양주. 술을 빚어 담금. 또, 그 술.

訓読
❖**醸す**(かもす) ① 빚다. 양조하다. ② 만들어 내다. 자아내다.
醸し出す(かもしだす) (어떤 기분 따위를) 빚어내다. 자아내다.

其他
醸む(かむ)〈古〉(술을) 빚다. 양조하다.

21 艹 **蘘**
양하 양
ジョウ

其他
蘘荷(みょうが)〖植〗양하.

어

8 方 人 **於**
어조사 어
オ
おいて・おける

音読
於鍋(おなべ)〈俗〉하녀. 가정부.

訓読
於いて(おいて)《…に~'의 꼴로》① …에서. ② …에 관하여. …으로.
於ける(おける)《…に~'의 꼴로》① …에서의. ② …에 대한 (관계).

11 艹 **萭**
차조기 어・풀이름 오
ゴ

参考 莒와 同字.

音読
萭蓙(ござ) 테두리를 댄 돗자리.
萭蓙打ち(ござうち) 골풀 돗자리를 깐 일본 나막신.
萭蓙包み(ござづつみ) 江戸(えど) 시대에, 일반 무사들이 타던 가마.

11 魚 教 **魚**
고기 어
ギョ
うお・さかな

音読
魚介(ぎょかい) 어개. 해산물의 총칭. ♣~**類**(るい) 어개류.

魚群(ぎょぐん) 어군. 물고기떼.
‖~探知機(たんちき) 어군 탐지기.
魚腦(ぎょのう) 어뇌. 물고기의 두부의 연골.
魚袋(ぎょたい) 〖史〗어대.
魚道(ぎょどう) 어도. ① 물고기가 떼지어 다니는 일정한 길. ② 댐·제방 등에 만드는 어류의 통로.
魚動(ぎょどう) 어동. 물고기의 움직임.
魚肚(ぎょと) 용상어·석수어 따위의 부레를 말린 식품.
魚卵(ぎょらん) 어란. 물고기의 알.
魚籃 ㊀(ぎょらん) 어람. 종다래끼.
‖~観音(かんのん) 〖佛〗어람관음.
㊁(びく) ⇨ 魚籠(びく).
魚蠟(ぎょろう) 어랍. 어유(魚油)에서 채취하여 굳힌 지방.
魚麗(ぎょれい) 어리. 옛 중국의 진형의 하나. 물고기떼처럼 약간 긴 원형임.
魚魯(ぎょろ) 어로. 틀리기 쉬운 문자.
魚雷(ぎょらい) 〖魚〗유어와 치어. ♣~艇(てい) 어뢰정.
魚類(ぎょるい) 어류. 어족.
魚綾(ぎょりょう) 어룽. (중국에서 전해진) 도드라지게 짠 상질의 능직.
魚鱗(ぎょりん) 어린. ① 물고기의 비늘. 또, 물고기. ② 물고기 비늘 모양으로 줄지움〔벌여놓음〕. 어린진(陣).
魚網(ぎょもう) 어망.
魚目燕石(ぎょもくえんせき) 어목연석. 비슷하지만 진짜가 아닌 것. 가짜.
魚苗(ぎょびょう) 〖魚〗유어와 치어.
魚文(ぎょもん) 어문. ① 물고기(비늘) 모양의 무늬. ② 물결 무늬.
魚紋(ぎょもん) ⇨ 魚文(ぎょもん).
魚味(ぎょみ) 어미. 물고기의 맛.
‖~の祝い(いわい) 어린이가 3·4세가 되어 처음으로 어육을 먹이는 잔치.
魚尾(ぎょび) 어미.
魚飯(ぎょはん) 어반. 생선 살을 넣고 지은 밥.
魚鼈(ぎょべつ) 어별. ① 물고기와 자라. ② 어류의 총칭.
魚腹(ぎょふく) 어복. 물고기 배.
魚符(ぎょふ) 옛 중국에서, 관리가 지녔던 물고기 모양의 부절(符節).
魚粉(ぎょふん) 어분.
魚肥(ぎょひ) 어비. 어물(찌꺼기)로 만든 비료.
魚商(ぎょしょう) 어상. 생선 가게〔장수〕.
魚巢(ぎょそう) 어소. 양식 어류의 알을 부화시키는 장치.
魚水(ぎょすい) 어수. 물고기와 물. 주종·부부 따위의 깊은 관계의 비유.
魚翅(ぎょし) 어시. 상어의 지느러미를 말린 것.
魚信(ぎょしん) 어신.
魚眼(ぎょがん) 어안. 물고기의 눈. ♣~石(せき) 〖鑛〗어안석.
魚鹽(ぎょえん) 어염.
魚影(ぎょえい) (물 속에서 노니는) 물고기의 모습.
魚油(ぎょゆ) 어유.

魚肉(ぎょにく) 어육. 생선살. 생선과 짐승의 고기.
魚醬(ぎょしょう) 어장. 생선을 넣고 담근 장.
魚腸肥(ぎょちょうひ) 어장비. 물고기의 내장을 원료로 한 비료.
魚田(ぎょでん) 〖料〗물고기를 꼬챙이에 꿰어 된장을 발라 구운 요리.
魚梯(ぎょてい) 어제. 어도(魚道)의 하나.
魚鳥(ぎょちょう) 어조. 물고기와 새.
魚族(ぎょぞく) 어족. 어류.
魚倉(ぎょそう) 어창. 어선에서 어획물을 수납하는 곳.
魚艙(ぎょそう) ⇨ 魚倉(ぎょそう).
魚礁(ぎょしょう) 어초. 물고기가 많이 모이는 바닷속의 바위가 있는 곳.
魚層(ぎょそう) 바닷속 물고기가 노는 층.
魚托(ぎょたく) 어탁.
魚柝(ぎょたく) 어탁. 목탁(木鐸).
魚探(ぎょたん) 魚群探知機(ぎょぐんたんちき)의 준말.
魚板(ぎょばん) 어판. 어고(魚鼓). 물고기 모양으로 만든 목각 판자.
魚貝(ぎょばい) 어패.
魚鰾(ぎょひょう) 어표. ① 부레. ② ☞ 魚肚(ぎょと).
魚蝦(ぎょか) 어하. 물고기와 새우.
魚形水雷(ぎょけいすいらい) 어형 수뢰. 어뢰.

[訓読]
魚 ㊀(さかな) 물고기. 생선. *うおとも 읽음.
‖~屋(や) 생선 가게〔장수〕. 어물전.
~転がし(ころがし) 장부를 조작해 가공의 시세나 손익을 만들어 내는 부정한 상행위.
~釣り(つり) 낚시질.
~包丁(ぼうちょう) 생선을 조리하는 데 쓰는 부엌칼(식칼).
㊁(とと) 〈兒〉물고기.
㊂(ぎょ) 《接尾語ロ》…어.
魚見(うおみ) 어군(魚群)의 상황을 감시하거나, 줄을 신호나 그물에 든 고기를 끌어올리는 지휘를 하는 일. 또, 그 사람.
魚膠(うおにかわ) 어교. 부레풀. *ぎょこう로도 읽음.
魚の目(うおのめ) 티눈.
魚市場(うおいちば) 어시장.
魚心(うおごころ) 물을 좋아하는 물고기의 마음. 상대에 대한 호의.
~あれば水心(みずごころ) 오는 정이 있어야 가는 정이 있다.
魚滓(うおかす) 어재. 생선 찌꺼기. 생선 기름을 짜낸 후의 찌꺼기.
魚店(うおだな) ① 옛날, 어시장. ② 어물전.
魚釣り(うおつり) 낚시질.
魚座(うおざ) 〖天〗물고기자리.
魚串(うおぐし) 생선을 꿰어 굽는 꼬챙이.
魚偏(うおへん) 한자 부수의 하나: 고기어 변.
魚河岸(うおがし) 어시장.

[其他]
魚籠(びく) 어롱. 종다래끼. 구덕.

魚子(ななこ) 금속 표면 전체에 작은 좁쌀알 같은 무늬를 새긴 세공.
∥**~織**り(おり) 무늬 없이 짠 견직물의 하나로 발이 가늘며 비스듬함.
魚条(すわやり) 옛날, 도미·연어 등의 어육을 잘게 찢어 말린 보존 식품.
魚杈(ひし) 어차. 물고기를 찔러서 잡는, 작살 비슷한 도구.

御 (御)
12획 イ 常
어거할 어·드릴 어
ギョ·ゴ
おん·お·み

音読→

御する(ぎょする) ①어거하다. (말을) 잘 다루다. (남을 자기) 마음대로 움직이다. ②통치하다.
御家門(ごかもん)〖史〗江戸(えど) 시대에 三家(さんけ)·三卿(さんきょう) 이외의 徳川(とくがわ) 씨의 친족.
御家人(ごけにん) 江戸(えど) 시대에 将軍(しょうぐん) 직속의 하급 무사.
御感(ぎょかん) 예감(叡感). 느낌과 칭찬함. 귀인이 감탄함의 높임말.
御開山(ごかいさん)〖佛〗개산(開山) 시조의 높임말.
御剣(ぎょけん) 어검. 天皇(てんのう)·귀인이 차는 칼의 높임말.
御慶(ぎょけい) 경사. 축하. 특히, 신정(新正) 인사. *ごけいろも 읽음.
御苦労(ごくろう) 수고·노고의 공손한 말.
∥**~様**(さま) 남의 수고를 위로하는 말. 수고하셨습니다.
御高配(ごこうはい) 혜려(惠慮). 상대의 배려에 대한 높임말.
御公儀(ごこうぎ) 조정이나 幕府(ばくふ)의 높임말.
御忌(ごき) 귀인·조사(祖師)의 기년(忌年)에 대한 높임말. *ぎょきろも 읽음.
御記(ぎょき) 天皇(てんのう)나 귀인이 쓴 일기·기록.
御器(ごき)〈古〉(뚜껑이 달린) 식기(食器).
御器嚙(ごきかぶり)〖蟲〗蜚蠊(ごきぶり)(=바퀴)'의 딴이름.
御器蔓(ごきづる)〖植〗뚜껑덩굴.
御器の実(ごきのみ) ①밤. ②생활의 수단.
御己証(ごこしょう) 종파의 교조(教祖)가 스승의 가르침을 받지 않고 스스로 깨달은 사항.
御機嫌(ごきげん) ①'きげん(=기분·심기(心氣))'의 높임말. ②아주 좋은 기분. ③〈俗〉멋짐. 근사함.
∥**~好**う(よう) 만났을 때나 헤어질 때의 인사. 안녕하십니까. 안녕히 가[계]십시오.
御難(ごなん) ①재난. 고난(災難(さいなん)·難儀(なんぎ)의 높임말). ②성가심.
~続き(つづき) 재난의 연속.
御し難い(ぎょしがたい) 뜻대로 다루기 어려운[어렵다].
御内方(ごないほう) ☞御内儀(ごないぎ).

御内室(ごないしつ) ☞御内儀(ごないぎ).
御内儀 ㊀(ごないぎ) 귀인 또는 상대방 아내의 경칭.
㊁(おかみ) ①남의 아내. 주로, 상인(商人)의 아내. ②〈俗〉마누라.
御内証(ごないしょう) '内証(ないしょう)(=남의 아내)'의 높임말.
御念(ごねん) 염려. 배려. 정성 들임《念(ねん)의 높임말》.
御悩(ごのう) 병환. 귀인의 병에 대한 높임말.
御多分(ごたぶん)〈俗〉대부분이 그러함.
御達(ごたち)〈古〉궁정 여관(女官)들의 높임말.
御当所相撲(ごとうしょずもう) 씨름꾼이 자기 출신지에서 갖는 씨름판.
御当地(ごとうち) 상대가 사는 곳에 가서 그 곳을 높여 일컫는 말.「어마함.
御大層(ごたいそう)〈俗〉과대. 과장. 어마
御都合主義(ごつごうしゅぎ) 편의주의. 기회주의. 임기응변주의.
御覧(ごらん) 보심.
御覧じる(ごらんじる) 보시다.
御覧じろ(ごろうじろ)〈老〉보십시오.
御来光(ごらいこう) 높은 산에서의 해돋이 장관(壯觀). 브로켄 현상.
御来迎(ごらいごう) ①〖佛〗내영(來迎)의 높임말. ②해돋이의 장관.
御連枝(ごれんし) 신분 높은 사람의 형제를 이르는 높임말.「임말.
御簾 ㊀(ぎょれん) 귀인이 사용하는 발의 높
㊁(みす) ①비단 따위로 선을 두른 고운 발. ②〈俗〉발《高級》.
御簾中(ごれんちゅう) 신분 높은 사람의 정실(正室)을 이르는 높임말. *ごれんじゅうろ도 읽음.
御猟場(ごりょうば) 황실의 사냥터.
御霊前(ごれいぜん) 죽은 사람의 영전. 또, 그 앞에 바치는 물건 등의 겉에 쓰는 말.
御料(ごりょう) ①'料(りょう)(=대금·재료)'의 높임말. ②황실의 재산(소유지).
∥**~林**(りん) 황실 소유의 산림.
~地(ち) 황실의 소유지.
御寮(ごりょう) ☞御寮人(ごりょうにん)③.
御料人(ごりょうにん) ⇨ 御寮人(ごりょうにん).
御寮人(ごりょうにん) ①〈古〉귀인의 자녀의 높임말. ②〈古〉남의 아내·자녀의 높임말. ③(関西(かんさい) 지방 상인들의 중류 가정에서) 젊은 아내에 대한 높임말.
御柳(ぎょりゅう)〖植〗위성류(渭城柳).
御陵(ごりょう) 天皇(てんのう)·황후의 능.
御綾(ぎょりょう) (중국에서 전해진) 도드라지게 짠 상질의 능직.「혜.
御利生(ごりしょう) 신불로부터 받은 은
御利益(ごりやく) 이익(利益(りやく))의 높임말. 부처 등이 인간에게 주는 은혜.
御免(ごめん) ①면허·면직의 높임말. ②용서·사면의 높임말. 전하여, 방문·사과를 할

때의 인사말. ③그만두었으면 하는 일.
∼下さい(ください) ①용서하십시오. ②실례합니다.
御面相(ごめんそう) 면상. 얼굴 모습. 표정.
御名(ごめい) 어명. 임금의 이름. 「낱인.
‖**∼御璽**(ぎょじ) 天皇(てんのう)의 서명
御名算(ごめいさん) 수판셈에서, 남의 셈이 맞았다는 뜻의 공손할 말씨.
御明算(ごめいさん) ⇨ 御名算(ごめいさん).
御廟(ごびょう) '霊屋(たまや)(=사당)' '신사(神社)'의 높임말.
御無理御尤も(ごむりごもっとも) 상대방이 무리한 말을 하더라도 참고 고분고분 따르는 일.
御無事(ごぶじ) ①'無事(ぶじ)(=무사・안녕)'의 높임말. ②〈俗〉패기가 없음. 물팔충.
御無沙汰(ごぶさた) 오랫동안 격조함. 무소식. 無沙汰(ぶさた)의 공손한 말씨.
御無用(ごむよう) ①'無用(むよう)(=무용)'의 높임말. ②거절할 때의 말.
御無音(ごぶいん) (서한문에서) 격조(隔阻).
御紋(ごもん) 가문(家紋)의 높임말.
御飯 ㈠(ごはん) 'めし(=밥)・食事(しょくじ)(=식사)'의 공손한 말씨. ♣**∼粒**(つぶ) 밥풀.
‖**∼蒸し**(むし) 찜통. 찬밥을 찌는 그릇.
㈡(おまんま)〈俗〉밥. 「님.
御坊(ごぼう) ①사원(寺院)의 높임말. ②스
御方便(ごほうべん) ①부처가 인도하는 수단. ②일이 순조롭게 진척됨.
御番(ごばん) '当番(とうばん)(=당번)・当直(とうちょく)(=당직)'의 높임말. 「것.
御法度(ごはっと) 금제(禁制). 금지돼 있는
御辺(ごへん)〈古〉옛날에, 무사 계급에서 쓰던 동배에 대한 2인칭 대명사. 귀하. 그대.
御坊(ごぼう) 알림의 높임말.
‖**∼参上**(さんじょう) 알려 주시면 찾아뵙겠습니다《광고에 쓰임》.
御宝前(ごほうぜん) 신사나 절의 새전함(賽錢函)이 있는 곳. 또, 신불(神佛)의 앞.
御福 ㈠(ごふく) ①신불(神佛)에게 받는 복. ②제퇴선(祭退膳).
㈡(おふく) 남에게서 받은 물건.
‖**∼分け**(わけ) 받은 선물을 남에게 나누어 주는 일. 「성 안.
御府内(ごふない) (江戸(えど) 시대의) 江戸
御不浄(ごふじょう)〈婉曲〉변소. 화장실.
御不承(ごふしょう) ①'不承(ふしょう)(=귀찮음)'의 높임말. ②마지못해서 하는 승낙의 높임말.
御不予(ごふよ) 天皇(てんのう)의 병.
御仏前(ごぶつぜん) ①불전. 부처의 앞. ②향전(香奠)이나 공양물 등에 적는 말.
御史(ぎょし) 어사. ①'弾正(だんじょう)(=감찰 기관)'의 당명. ②옛 중국의 관명.
御沙汰(ごさた) '指図(さしず)(=지시)' '命令(めいれい)(=명령)' 등의 높임말. 분부.
御三家(ごさんけ) ①徳川将軍(とくがわしょう ぐん) 일가인 尾張(おわり)・紀伊(きい)・水戸(みと) 세 가문의 경칭. ②어떤 방면의 유력한 세 사람의 비유.
御璽(ぎょじ) 어새. 옥새. 「임말.
御書(ごしょ) 남의 편지・저서・필적의 높
御選(ぎょせん) ①뽑아냄의 높임말. ②임금이 뽑아내는 일. 「ん) ①.
御宣託(ごせんたく) ☞御託宣(ごたくせ
御城米(ごじょうまい) 江戸(えど) 시대에, 조세로 바치던 쌀.
御洗米(ごせんまい) 신에게 바치려고 정갈하게 씻은 쌀.
御所(ごしょ) 天皇(てんのう)의 거처. 궁궐.
‖**∼羹**(かん) 우무에 저민 귤을 넣어 굳힌 과자. 「수레.
∼車(ぐるま) 옛날, 귀인이 타던 지붕 있는
∼柿(がき) 열매가 납작하고 줄 네 개가 있는 감의 한 품종.
∼人形(にんぎょう) 江戸(えど) 시대에 京都(きょうと)의 公卿(くぎょう)들 사이에 유행된, 머리가 큰 나체 인형.
御愁傷様(ごしゅうしょうさま) 불행한 일을 당한 사람에 대한 인사말.
御守殿(ごしゅでん) 江戸(えど) 시대, 将軍(しょうぐん)의 딸로 삼품(三品) 이상의 제후에게 출가한 여자에 대한 높임말. 또, 그 거처.
御僧(ごそう) 스님.
御新さん(ごしんさん)〈口〉'御新造(ごしんぞう)(=御新造의 경칭)'의 준말.
御神灯(ごしんとう) 신에 바치는 등화. 예인・기생집 따위에서 재수 좋으라고 문에 달아맴 등. *ごしんとうとも 읽음.
御新造(ごしんぞう) 남의 아내의 높임말. 부인. *ごしんぞろとも 읽음.
御神体(ごしんたい) '神体(しんたい)(=신체)'의 높임말.
御神火(ごしんか) 伊豆大島(いずおおしま)에 있는 三原(みはら) 산에서 분화하는 불.
御挨拶(ごあいさつ) 인사의 높임말.
御両所(ごりょうしょ) 두 분《높임말》.
御宴(ぎょえん) 天皇(てんのう)나 황태자가 베푸는 연회. 「짓는 시가.
御詠(ぎょえい) 天皇(てんのう)나 그 가족이
御影 ㈠(ごえい) 어영. ①신불(神佛)의 상(像). ②상대방의 초상・사진 따위의 높임말. *ぎょえいとも 읽음. 「높임말.
㈡(みえい) 어영. 존영, 영상(影像). 화상(畵像)의
‖**∼供**(く) 고인(故人)의 어영을 걸어 놓고 행하는 공양. *みえいぐとも 읽음.
御詠歌(ごえいか) 『佛』찬불가. 순례가.
御用(ごよう) ①일・볼일의 높임말. ㉠용무. ㉡(전화 등에서) 전할 말. ③궁중・관청의 높임말. ③어용. ④옛날에, 관명(官命)으로 체포하던 일. 또, 그때 포리(捕吏)가 쓴 말.
‖**∼金**(きん) 江戸(えど) 시대에, 幕府(ばくふ)가 임시 비용 충당을 위해 어용 상인에게 과한 부과금.
∼納め(おさめ) 종무(終務).

~達し(たし) ①어용 상인. ②'用たし(ようたし)'의 높임말.
~聞き(きき) ①단골집의 주문을 받으러 다님. ②江戸(えど) 시대에 관명을 받아 범인 체포를 담당하던 민간인.
~商人(しょうにん) 어용 상인.
~始め(はじめ) 시무(始務).
~新聞(しんぶん) 어용 신문.
~邸(てい) 황실의 별저(別邸).
~組合(くみあい) 어용 조합.
~風(かぜ) 권력을 믿고 부리는 횡포한 태
~学者(がくしゃ) 어용 학자.   「도.
~絵師(えし) 江戸(えど) 시대에 幕府(ばくふ)나 大名(だいみょう), 궁정 등에 채용되어 그림을 제작하던 화가들.
御尤も(ごもっとも) 尤も(もっとも)의 높임말.   「동안.
御宇(ぎょう) 어우. 임금이 나라를 다스리는
御苑(ぎょえん) 어원. 금원. 궁궐의 정원.
御願(ごがん) 기원(祈願)의 높임말. 특히, 天皇(てんのう)의 기원.
∥~寺(じ) 天皇·皇后의 기원으로 세운 절.
御遊(ぎょゆう) ①놀이의 높임말. ②옛날 궁중에서 개최되던 아악 놀이.
御恩(ごおん) 남의 은혜의 높임말.
御衣 ㊀(ぎょい) 天皇(てんのう)·귀인의 의복의 존칭.
㊁(みけし)〈古〉귀인(貴人)의 옷에 대한 높임말. *みぞ·おんぞ로도 읽음.
御意(ぎょい) ①존의(尊意). 귀의(貴意). ②(윗사람의) 분부. 하명.
御し易い(ぎょしやすい) 다루기 쉽다.
御仁(ごじん)〈老〉사람. 분.
御仁体(ごじんたい) 귀인의 높임말. *ごじんてい로도 읽음.
御一緒する(ごいっしょする) 모시고 함께 가다.   「신.
御一新(ごいっしん)〈老〉明治(めいじ) 유
御者(ぎょしゃ) 어자. 마부(馬夫). ♣~座(ざ)《天》마차부자리.
御自分(ごじぶん) ①그 사람 자신을 높여 부르는 말. 당신(自身). ②동연배나 손윗사람에 대한 경칭. 당신. 귀하.
御作(ぎょさく) 어작. ①귀인의 작품. ②남의 작품의 높임말.
御状(ごじょう) 혜서(惠書). 편지의 높임말.
御前 ㊀(ごぜん) 어전. 귀인의 면전의 높임말. *みまえ로도 읽음. ♣~橘(たちばな)《植》풀산딸나무.
∥~試合(じあい) 将軍(しょうぐん)·大名(だいみょう) 앞에서 하는 무술 시합.
~様(さま) 御前을 더욱 높여 이르는 말.
~会議(かいぎ) 어전 회의.
㊁(おまえ) ①신불이나 귀인의 앞. ②너. 너희.   「네.
~沙汰(ざた) 정식 재판.
~町(まち) 신사·사찰 앞에 발달된 시가(市㊂(ごぜ) 귀부인에 대한 경칭.   「街).

御殿(ごてん) ①귀인의 저택. ②으리으리한 저택. 대궐.
∥~女中(じょちゅう) 궁중·将軍·大名 집의 하녀. 비유적으로, 모략꾼.
~医(い) 江戸(えど) 시대, 将軍(しょうぐん)·大名(だいみょう)의 전의(典醫).
御亭 ㊀(ごて) 御亭主(ごていしゅ)의 준말.
㊁(ごてい) ①귀인 등의 저택. ② ☞㊀.
御訂(ごじょう) 귀인의 분부.
御亭主(ごていしゅ) 바깥양반. 가장(家長) 또는 남의 남편의 경칭.
御祭(ごさい) 음력 6월 토왕(土旺) 중간 쯤에 1주일 정도 부는 북동풍.
御製(ぎょせい) 어제. 天皇(てんのう)가 지은 시가(詩歌).
御題(ぎょだい) 어제. ①임금이 쓴 제자(題字). ②임금이 선정한 시가·문장의 제목.
御造作(ごぞうさ) 상대방의 접대의 높임말.
御足労(ごそくろう) 일부러 오시게(가시게) 해서 죄송합니다의 뜻으로 쓰는 말.
御存じ(ごぞんじ) ①存じ(ぞんじ)의 높임말. 알고 계심. ② 아는 사람.
御座 ㊀(ぎょざ) 어좌. 임금 또는 귀인이 앉는 자리.   〈古〉계심.
㊁(ござ) ①'座(ざ)(=자리)'의 높임말. ②
㊂(おざ) ① ☞㊁. ②(정토종에서) 설교를 듣기 위한 모임.
㊃(おまし) 天皇 또는 귀인의 거처·좌석.
㊄(みまし) 귀인이 앉는 곳. 또, 그 깔개.
御座い(ござい) ございます의 막된 말씨.
御座います(ございます) ある·である의 공손한 말.
御座なく(ござなく) '…(が)なく(=(이) 아닌)'·'…(で)なく(=이 아니라)'의 높임말.
御座ります(ござります)〈老〉…입니다.
御座りんす(ござりんす)〈古〉ございます의 전와(轉訛).
御座る(ござる) ①居る(いる)·有る(ある)의 높임 말. ②有る의 공손한 말. 있나이다. ③…입니다. …합니다.
御座んす(ござんす)〈老〉ございます의 전와(轉訛).
御座船(ござぶね) ①天皇(てんのう)·귀인이 타는 배. ②집배. 판옥선(板屋船).
御座所(ござしょ) 座所(ざしょ)의 높임말. 天皇(てんのう)·귀인이 거처하는 방.
御座直し(ござなおし) ①접견 때, 주군이 상대방에게 경의를 표하기 위해 고쳐 앉는 일. ②첩.
御座候(ござそうろう)〈文〉입니다. 있습니다. 계십니다.   「손한 말.
御酒 ㊀(ごしゅ)〈女〉'酒(さけ)(=술)'의 공
∥~家(か)〈俗〉술꾼의 높임말.   「기분.
~機嫌(きげん) 술을 마시고 얼근하게 취한㊁(みき) 술. 제주(祭酒).
御朱印(ごしゅいん) 전국 시대 이후, 将軍(しょうぐん)이나 大名(だいみょう)가 문서에 찍은 도장. 또, 그 도장이 찍힌 공문서.

‖~船(せん) 근세 초기, 朱印(しゅいん)이 찍힌 감찰을 갖고 해외 무역을 하던 배.
御旨(ぎょし) 어지. 생각·뜻의 높임말.
御真影(ごしんえい) 어진. 왕·왕후 등의 사진.
御集(ぎょしゅう) 어집. 황족 등 고귀한 사람.
御撰(ぎょせん) 임금이 편집한 서적.
御饌 ㊀(ぎょせん) ①신에게 바치는 음식. ②귀인 특히, 天皇(てんのう)의 음식. *②는 みけ로도 읽음.
㊁(ごせん) 신에게 바치는 쌀.
御菜葉(ごさいば) 〖植〗①'赤芽柏(あかめがしわ)(=예덕나무)'의 딴이름. ②'荷麻(いちび)(=어저귀)'의 딴이름.
御祝儀(ごしゅうぎ) '祝儀(しゅうぎ)(=축의금·행하)'의 공손한 말.
‖~相場(そうば) 주식 거래에서, 신규 상장이나 발회·납회 때 경기 부양책으로 매수 주문을 내어 거래가 형성된 시세.
御出(ぎょしゅつ) 고귀한 사람의 외출. 남심. *ごしゅつ로도 읽음.
御馳走(ごちそう) ①손님을 향응함. 또, 그 대접. ②맛있는 요리.
‖~攻め(ぜめ) 연달아 성찬을 내어 접대함.
~様(さま) 잘 먹었습니다.
御親兵(ごしんぺい) '近衛兵(このえへい)(=근위병)'의 구칭.
御親父(ごしんぷ) 춘부장.
御寝(ぎょしん) 취침의 높임말.
御託(ごたく) ①(불평·불만을) 종알종알 늘어놓는 말. ②우쭐해서 하는 건방진 말.
御託宣(ごたくせん) ①'託宣(たくせん)(=탁선)'의 높임말. 신탁(神託). ②(우쭐해서) 하는 말. 할말. 주장.
御破算(ごはさん) ①(주판에서) 떨기. ②(일을) 백지화함.
御判(ごはん) '印判(いんばん)(=도장)·花押(かおう)(=수결)'의 높임말.   「사람.
御弊(ごへい) 신장대.
‖~担ぎ(かつぎ) 미신을 좋아함. 또, 그런 사람.
~餅(もち) 경단의 꼬치 구이.
御会(ごかい) '歌会(かかい)(=和歌(わか) 짓기 모임)'의 높임말.

訓読▶

御 ㊀(お)《接頭語로》 존경·공손 등의 뜻을 나타냄《주로 和語(わご) 앞에 쓰임》.
㊁(ご) ㊀과 같은 뜻이나, 주로 한자어의 名詞에 붙음.
㊂(おん) ㊀보다 존경·공손의 정도가 강하고 격식 차린 느낌을 나타냄.
㊃(お・おん…〖존경의 뜻을 나타냄〗
㊄(み) 숭고한 대상에 대한 존경의 뜻을 나타냄《주로 한자 훈(訓) 앞에서 쓰임》.
御伽(おとぎ) ①말상대. 말벗. 특히, 귀인 곁에서 말상대를 하던 사람. 《귀인에게》 수청을 듦. 또, 그 여자. 첩. ③御伽話의 준말.
‖~衆(しゅう) 将軍(しょうぐん)·大名(だいみょう) 측근에서 말상대를 하던 사람.
~草子(ぞうし) 室町(むろまち) 시대에 성행한 동화(童話)풍의 소설.
~話(ばなし) 옛날 이야기. 동화.
御家(おいえ) ①귀인(貴人) 또는 남의 집의 높임말. 귀댁. ②주인집. ③大名(だいみょう)의 집.
‖~流(りゅう) 일본풍의 서체의 하나. 江戸(えど) 시대의 공문서에 쓰인 서체.
~騒動(そうどう) (옛날 大名(だいみょう)의 집안에서 일어난) 호주〔권력〕 상속 분쟁.
~様(さま) 남의 아내의 높임말. 영부인.
~芸(げい) ①한 집안에 전해 내려오는 독특한 기예. ②자기가 잘하는 재주. 장기.
御歌(おうた) 天皇(てんのう) 또는 황후·황태후·황족이 지은 단가(短歌).
‖~所(どころ) 궁내청에 속하여 황족의 단가에 관한 사무를 맡아보던 곳.
~会(かい) 궁중의 단가를 짓는 모임.
㊁(ぎょか) 天皇(てんのう)가 지은 노래.
御強(おこわ) 〈俗〉 지에밥.
御襁褓(おむつ) 기저귀.
御開き(おひらき) ①(회합·연회 등의) 끝·폐회. ②도망침.
御客さん(おきゃくさん) ①손님. ②〈俗〉 (조직 등에서) 같은 자격이긴 하나 수준이 낮아 별도 취급을 받는 사람.
御裾分け(おすそわけ) 남에게 얻은 물건이나 이익을 다시 남에게 나누어 줌. 또, 그 나누어 준 것.
御見え(おみえ) 그곳에 옴의 높임말. 오심.
御見捨て(おみすて) 버리고 돌보지 않음. 저버림.
御見逸れ(おみそれ) 미처 몰랐음. 알아 모시지 못했음.   「봄.
御見通し(おみとおし) 남의 생각을 꿰뚫어
御見限り(おみかぎり) ①단념. 포기. ②잠시 방문치 않음.
御結び(おむすび) 〈女〉 주먹밥《'結(むす)び'의 공손한 말》.
御決まり(おきまり) 상투(常套). 언제나 그러나.
御経(おきょう) 경《'経(きょう)(=경)'의 공손한 말씨》.
御鏡(おかがみ) ①'鏡(かがみ)(=거울)'의 공손한 말씨. ②'鏡餅(かがみもち)(=신불에 바치는 떡)'의 공손한 말씨.
御階(みはし) 신사·궁전의 계단.
御古(おふる) 오래 써서 낡아진 것. 고물.
御告げ(おつげ) 신불의 계시. 탁선(託宣).
御高い(おたかい) 고자세이다. 거만하다.
御高く(おたかく) 《주로 '~とまる'의 꼴로》 도도하게 굴다. 고자세를 취하다.
御告文(おつげぶみ) 天皇(てんのう)가 조상의 신령에게 고하는 글. *ごこうもん·ごこくぶん으로도 읽음.
御高祖頭巾(おこそずきん) 눈만 내놓고 굴 전체를 가리는 여자의 방한용 두건.
御供 ㊀(おとも) ①모시고 따라감. 또, 그 사람. ②(손님을) 마중하는 자동차.

㊂(ごくう) 공양물.
∥～料(りょう) 공양료.
～所(しょ) 사찰·신사에 딸려 공양물을 마련하는 곳. *ごくしょ로도 읽음.
～水(すい) 신불에 바치는 물.
御供え(おそなえ) ①御供え餅(おそなえもち)의 준말. 설에 공물(供物)로 쓰는 둥그런 찰떡. ②'供え物(そなえもの)(=제물)'의 공손한 말씨.
御空(みそら) '空(そら)(=하늘)'의 미칭.
御供日(おくにち) ⇨ 御九日(おくにち).
御鍋(おなべ) 〈俗〉하녀. 가정부.
御冠(おかんむり) 〈俗〉지르퉁함. 화가 남.
御交じり(おまじり) (밥알이 섞인) 되직한 미음. 「건.
御絞り(おしぼり) (손님에게 내놓는) 물수
御教書(みぎょうしょ) 鎌倉(かまくら)·室町(むろまち) 幕府(ばくふ)의 執權(しっけん)이나 管領(かんりょう)가 将軍(しょうぐん)의 뜻을 받아서 내는 형식의 문서.
御構い(おかまい) ①江戸(えど) 시대의 추방형. ②손님 접대. ③꺼림.
御九日(おくにち) 9月 9日. 또, 그 날에 행하는 축제. *おくんち로도 읽음.
御国 ㊀(おくに) ①나라의 경칭. ②고향. ③남의 출신지의 높임말. ④지방. 시골.
∥～入り(いり) 금의 환향.
～自慢(じまん) 제나라〔제고장〕자랑.
㊁(みくに) ①国(くに)의 높임말. ②일본.
∥～譲り(ゆずり) 天皇(てんのう)의 양위.
～言葉(ことば) 일본어《江戸(えど) 시대 국학자의 용어》.
～風(ぶり) 일본 고유의 풍습·문학. 「문.
～学び(まなび) 일본 고유의 것을 배우는 학
御軍(みいくさ) 天皇(てんのう)의 군대.
御宮(おみや) ①신사(神社)의 경칭. ②迷宮入り(めいきゅういり)의 변말. 미궁에 빠짐.
御櫃(おひつ) 밥통.
御勤め(おつとめ) ①직업. 근무(처)《勤めの 공손한 말씨》. ②의무적으로 하는 일. ③상인이 고객에게 봉사함.
∥～品(ひん) 일정 기간 할인해서 파는 물건.
御根葉(おねば) (무 따위 야채의) 속음.
御金(おかね) 돈. 금전.
御気の毒(おきのどく) 気の毒(きのどく)의 높임말. ①안됐음. ②미안함.
∥～様(さま) 안됐습니다. 미안합니다.
御気に召す(おきにめす) 마음에 드시다. 만족하시다.
御気に入り(おきにいり) 마음에 듦. 또, 그 사람〔것〕.
御納戸(おなんど) ①귀인의 옷가지·도구 따위를 넣어 두는 방. ②御納戸色의 준말. ③御納戸役의 준말.
∥～方(かた) ☞御納戸役.
～色(いろ) 회색을 띤 남빛.
～役(やく) 江戸(えど) 시대에, 将軍(しょうぐん)이나 大名(だいみょう)의 의복·도구 등의 출납을 맡았던 관리.
御内(おんうち) (편지에서) 겉봉의 이름 옆에 쓰는 말. 댁내(宅内). 합내(闔内).
御年玉(おとしだま) 새해 선물. 신년(설) 축하의 선물《세뱃돈을 가리키기도 함》.
御捻り(おひねり) 돈을 종이에 싸서 비튼 것《신불에 바치거나 놀음놀이차로 줌》.
御多福(おたふく) 둥근 얼굴에 광대뼈가 불거지고 코가 납작한 여자.
御端折り(おはしょり) 여성용 기모노에서 옷길이를 키에 맞추고 그 여분을 허리에서 접어 올려 중동끈으로 매어 두는 일. 또, 그 부분.
御達示(おたっし) 관청·손윗사람으로부터의 통지나 지시. 시달.
御談義(おだんぎ) (윗사람의) 훈계. 꾸중.
御堂(みどう) ①〔佛〕불상을 안치한 당집. ②〔가톨릭〕성당. *보통 おみどう라고 함.
御大(おんたい) 〈俗〉두령. 대장.
御代 ㊀(おだい) 값. 대금《代金(だいきん)의 공손한 말》.
㊁(みよ) 임금의 치세.
∥～始め(はじめ) 치세의 시작. 즉위.
御代わり(おかわり) 같은 음식을 다시 더 먹음. 또, 그 음식.
御台(みだい) ①귀인의 밥상. 또, 그 음식. ②御台所의 준말.
∥～所(どころ) 御台盤所(みだいばんどころ)의 준말. 옛날에 대신이나 将軍(しょうぐん)의 부인에 대한 존칭.
御袋(おふくろ) 〈俗〉어머니.
御待ち兼ね(おまちかね) 기다림에 지침.
御大名(おだいみょう) ①大名(だいみょう)의 높임말. ②사치스러운 사람. 세상 물정이나 고생을 모르는 사람.
御待ち遠様(おまちどおさま) 오래 기다리셨습니다. 늦어서 죄송합니다.
御跳ね(おはね) 〈女〉말광량이.
御屠蘇(おとそ) 屠蘇(とそ)의 공손한 말씨.
御得意(おとくい) ①'得意(とくい)(=득의)'의 높임말. ②단골. 고객. ♣～先(さき) 단골 거래처.
御灯 ㊀(みあかし) 신불에 올리는 등불.
㊁(ごとう) 신불이나 귀인 앞에 켜는 등불.
御灯明(みあかし) ⇨ 御灯(みあかし).
御冷や(おひや) ①냉수. 찬물. ②찬밥.
御旅(おたび) 제례(祭禮) 때〔전〕에 요여(腰輿)를 御旅所에 안치하는 일.
∥～所(しょ) 제례 때 요여를 본전(本殿)에서 옮겨 임시로 안치하는 곳.
御還り(おかえり) ⇨ 御帰り(おかえり).
御歴歴(おれきれき) 신분이 높은 사람들.
御練り(おねり) ①大名(だいみょう) 행차나 제례(祭禮) 행렬이 서서히 나아가는 일. 또, 그 행렬. ②제례 등의 행렬의 높임말.
御零れ(おこぼれ) ①여택. 국물. ②넘쳐 떨어진 것. 선발에서 빠진 것. 또, 그 사람.
御霊 ㊀(みたま) (신이나 귀인의) 영혼.
∥～代(しろ) 신위(神位). 위패.

~祭(まつ)り 조상의 혼령이나 오곡(五穀)을 지키는 신에게 제사지냄.
□(ごりょう) ①'靈魂(れいこん)(=영혼)'의 높임말. ②원령(怨靈).
御靈屋(おたまや) 귀인의 혼백을 모신 사당. 영묘(靈廟). *みたまや로도 읽음.
御礼(おれい) 사례(의 말). 사례의 선물.
‖~返(がえ)し 답례(의 선물). 답례품을 보냄.
~奉公(ぼうこう) ①고용인이 감사의 뜻으로 계약 기간이 지난 후 더 일을 함. ②신세진 보답으로 무보수로 봉사하는 일.
~肥(ごえ) 개화(開花) 후나 과일 수확 후에 주는 비료.
~参(まい)り ①소원 성취의 사례로 신불에 참배함. ②〈俗〉석방된 깡패 등이 자기를 고발한 사람에게 앙갚음하는 일.
御老成(おませ)〈俗〉조숙함. 또, 그런 아이.
御籠(おこも)り 신불에 기원하기 위해 신사·절에 일정 기간 머뭄.
御涙(おなみだ) ①'涙(=눈물)'의 공손한 말. ②아주 적음. 사소함.
‖~頂戴(ちょうだい) 관객의 눈물을 자아내게 하는 일(작품·연극·영화).
御漏(おもら)らし〈女·兒〉(교실 같은 데서) 오줌을 싸는 일.
御流(おなが)れ ①손윗사람이 마시던 남긴 (술잔)의 술. ②후(後)물림. ③유회(流會). 계획의 중지.
御稜威(みいつ)〈雅〉天皇(てんのう)의 위세.
御里(おさと) ①친정. 생가. ②신분. 내력.
御裏様(おうらさま) '裏方(うらかた)(=마님)'의 높임말. *おうらさん으로도 읽음.
御隣事(おとなりごと) 이웃집과 오가며 사귀는 흉내를 내는 여자 어린이의 놀이.
御立(おた)ち ①떠나심. 出發(しゅっぱつ)의 높임말. ②(가려고 자리에서) 일어남. 자리를 뜸. 손님의 돌아감의 높임말.
御立(おた)ち合(あ)い 거리의 상인 따위가 외치며 손님을 부르는 소리. 손님 여러분.
御末(おすえ) 江戸(えど) 시대 将軍(しょうぐん) 또는 제후의 집안에서 부엌일·잡역을 하던 여자.
御亡(おんぼう)〈卑〉화장터에서 시체를 화장하는 직원.
御命講(おめいこう)《佛》☞御会式(おえしき).
御母(おかあ)さん〈口〉어머니. '母(はは)'의 높임말.
御母様 □(おかあさま) 어머님. 母(はは)의 높임말. 어머님. *おたたさま로도 읽음.
□(おたあさま)〈궁중〉어머니의 높임말. 어머님.
御目(おめ) 目(め)의 공손한 말.
~に掛(か)かる ①만나 뵙다〈会(あ)う〉의 겸사말〉. ②(윗사람에게) 인정을 받다〈겸사말〉.
~に掛(か)ける (윗사람에게) 보여드리다《높임말》.
~に留(と)まる (윗사람에게) 주목〔인정〕을 받다.
~に適(かな)う (윗사람의) 눈에 들다.
御目見(おめみえ) ⇨御目見得(おめみえ)③.
御目見得(おめみえ) ①귀인〔손윗사람〕을 처음으로 만나 뵘. ②(시험조로) 임시 고용됨. ③江戸(えど) 시대에 将軍(しょうぐん)을 뵙는 일. 또, 그 신분.
‖~稼(かせ)ぎ 새로 일하러 와서 곧 금품을 훔쳐 달아남. 또, 그 사람.
~泥棒(どろぼう) ☞御目見得稼ぎ.
~奉公(ぼうこう) 정식으로 고용되기 전에 시험적으로 2～3일 고용살이를 함.
~以上(いじょう) 将軍(しょうぐん)을 뵐 자격이 있는 旗本(はたもと)를 말함.
~以下(いか) 将軍(しょうぐん)을 뵐 자격이 없는 御家人(ごけにん)을 말함.
御目目(おめめ)〈兒〉눈.
御目玉(おめだま) 꾸중. 야단. 「경사.
御目出度(おめでた) (결혼·임신·출산 등의)
御目出度(おめでた)い ①경사스럽다《目出度(めでた)い의 공손한 말》. ②〈俗〉너무 호인(好人)이거나 생각이 흐린 모양.
御目出度(おめでと)う 축하합니다.
御目通(おめどお)り 높은어른께 뵘. 배알.
御無垢(おむく) ①순진함. ②순진한 처녀.
御墨付(おすみつ)き 흑색 도장이 찍혀 있는 문서《幕府(ばくふ)·大名(だいみょう)가 허가·증명·보증으로 신하에게 주었음》.
御門(みかど)〈雅〉①天皇(てんのう). 황제. ②황실. ③궁중.
御門違(おかどちが)い 잘못 짚음. 착각.
御物 □(おもの) ①天皇(てんのう)의 식사의 높임말. ②☞□.
□(ぎょぶつ) 어물. 황실〔天皇〕의 소지품. *ぎょもつ·ごぶつ로도 읽음.
□(ごもつ) ①☞□. ②남의 소지품의 높임말.
御薄(おうす)〈女〉묽은 차(茶).
御伴(おとも) ①모시고 따라감. 또, 그 사람. ②(손님을) 마중하는 자동차.
御返(おかえ)し ①답례(품). ②회신. ③거스름돈. ④보복.
御鉢(おはち) ①밥통. ②화산의 화구.
‖~巡(めぐ)り (화산의) 분화구 둘레를 돎《특히, 富士(ふじ) 산의 경우를 가리킬 때가 많음》. 「읽음.
御髪(みぐし) 머리털《높임말》. *おぐし로도
‖~上(あ)げ 귀인(貴人)의 머리를 매만지는 일. 또, 그 일을 하는 사람. *おぐしあげ로도 읽음.
~下(お)ろし 귀인이 삭발하고 불문(佛門)에 들어가는 일.
御方 □(おかた) ①남의 높임말. ②〈雅〉남〔귀인〕의 아내의 높임말. 「인의 높임말.
□(おんかた)〈雅〉①거처의 높임말. ②귀
御坊(おぼう)さん ①스님을 친근하게 부르는 말. ☞御坊(おぼっ)ちゃん.
御坊(おぼっ)ちゃん ①'坊(ぼっ)ちゃん(=도령·아드님)'보다 공손한 말씨. ②坊(ぼっ)ちゃん을 약간 경멸조로 이르는 말씨.

御百度(おひゃくど) 御百度参り(まいり)의 준말. 소원 성취를 빌어 신사나 절에 가서 일정한 거리를 백번 왕래하며 기도하는 일.
御法(みのり)〖佛〗불법.
御宝(おたから) ①〈老〉돈. 금전. ②종이에 인쇄한 보물선의 그림. ③극히 소중한 물건. ④남의 아이를 칭찬하여 일컫는 말.
御腹(おなか) 배. 복부(腹部).
御父さん(おとうさん)〈口〉아버지《문맥에 따라 아버지 자신 또는 아내가 남편을 가리키는 경우도 있음》.
御付き(おつき) (귀인의) 시종. 수행원.
御付け(おつけ) 국. 특히, 된장국.
御負け(おまけ) ①값을 깎음. ②덤. 경품.
御負けに(おまけに) 그 위에. 게다가.
御釜(おかま) ①'釜(かま)(=솥)'의 공손한 말씨. ②〈俗〉궁둥이. ③남색.
御父様 ㊀(おとうさま) 아버님.
㊁(おもうさま) (궁중에서) 아버지의 높임말.
御部屋様(おへやさま) 신분이 높은 사람의 첩.
御盆(おぼん) ①盆(ぼん)의 공손한 말씨. ②孟蘭盆会(うらぼんえ)의 준말. 백중맞이.
御仏(みほとけ) '仏(ほとけ)(=부처)'의 높임말. 부처님.
御払い(おはらい) ①'支払い(しはらい)(=지불)'의 높임말. ②넝마나 못 쓰게 된 물건을 팔아 없앰.
∥**～物**(もの) 넝마 장수 등에게 팔아버릴 물건. 불용물.
～箱(ばこ) (고용인을) 해고하는 일. 쓸데없는 것을 버리는 일.
御祓(おはらい) ①신사(神社)에서 행하는 액막이 행사. ②신사에서 내어 주는 액막이 부적《특히, 伊勢神宮(いせじんぐう)의 것》.
∥**～箱**(ばこ) (伊勢神宮(いせじんぐう)의) 액막이 부적을 넣어 두는 상자.
御寶頭盧(おびんずる)〖佛〗賓頭盧(びんずる)의 높임말. 십육 나한의 첫째.
御似まし(おにまし)〈女〉부모와 닮음.
御事 ㊀(おんこと) ①'事(こと)(=일)'의 높임말. ②귀인의 죽음에 대한 높임말.
㊁(おこと)〈雅〉당신. 그대.
御使い(おつかい) ①장보기 등으로 잠시 외출함. ②사자(使者).
御師(おし) ①신사(神社) 등에서, 기도사(祈禱師)의 경칭. ②伊勢神宮(いせじんぐう) 등의 신분이 낮은 신관.
御四国(おしこく) 순례(巡禮).
御邪魔(おじゃま) ①(남의 집을) 방문함. ②방문할 때나 돌아갈 때의 인사말.
御仕舞い(おしまい) ①끝. 마지막. ②화장. 몸치장.
御寺様(おてらさま) 스님. 주지·중에 대한 경칭.
御辞儀(おじぎ) ①절함. 인사함. ②사양. 사퇴.
御辞儀草(おじぎそう)〖植〗함수초. 미모사.
御仕着せ(おしきせ) ①주인이 고용인에게 옷을 해 입힘. ②일방적으로 주거나 정해진 것. ③틀에 박힘. ④저녁 반주.
御仕置(おしおき) ①(어린이들에게 주는) 벌. 징계. ②(江戸(えど) 시대의) 형벌. 처형. 특히, 사형.
御山 ㊀(おやま) 山(やま)의 공손한 말.
∥**～の大将**(たいしょう)〈俗〉좁은 분야〔같은 동아리 중〕에서 자기가 제일 잘났다고 뽐내는 사람.
㊁(みやま) ①☞ ㊀. ②왕릉이나 묘를 높여서 이르는 말.
御産(おさん) 출산.
御薩(おさつ)〈女〉고구마.
御三どん(おさんどん)〈俗〉①하녀. 식모. 부엌데기. ②부엌일을 함.
御三方(おさんかた) 세 분. 三人様(さんにんさま)의 공손한 말씨.
御三時(おさんじ) ☞ 御八つ(おやつ).
御上(おかみ) ①〈雅〉天皇(てんのう). 조정. ②〈老〉관청. ③주인. 또, 그 아내.
御上りさん(おのぼりさん) (구경하러) 서울로 올라온 시골 사람.
御上手(おじょうず) 치렛말(을 함). 발림말(을 함).
御生(おなわ)〈女〉건방짐.
御生憎様(おあいにくさま) '生憎(あいにく)(=공교롭게(도))'의 공손한 말씨. (기대에 부응하지 못해) 미안합니다.
御釈迦(おしゃか)〈俗〉파치. 불량품.
∥**～様**(さま) 부처님.
御先(おさき) ①'先(さき)(=먼저)'의 높임말. ②앞길. 전도. ③앞잡이. ④상대편.
御膳(おぜん) (밥)상(膳(ぜん)의 공손한 말씨).
∥**～立て**(だて) ①밥상을 차림. ②준비. 채비.
～ (ごぜん) 진지(상). ♣**～**(ばし) 젓가락.
∥**～蕎麦**(そば) 달걀을 넣어 만든 고급 메밀국수.
～籠(かご) 요리를 넣어 나르는 대바구니.
～上等(じょうとう) '上等(じょうとう)(=상급·고급)'의 힘줌말.
～汁粉(じるこ) 팥을 걸러서 만든 단팥죽.
～蒸し(むし) 찜통.
～炊き(たき) 취사(원).
御とり膳(おとりぜん) 남녀 겸상.
御先棒(おさきぼう) ①남의 앞잡이가 됨. ②앞채를 멤.
御先者(おさきもの) ①(남의) 앞잡이. 끄나풀. ②남보다 앞서서 떠들어대는 경솔한 자.
御先走り(おさきばしり) 남보다 앞서서 경솔한 짓을 함. 또, 그런 사람.
御先真っ暗(おさきまっくら) 앞일을 전혀 내다볼 수 없음.
御成り(おなり) (황족이나 将軍(しょうぐん)의) 행차.
∥**～門**(もん) 御成り를 마중하는 문.
御声掛かり(おこえがかり) 윗사람의 특별한 분부·주선.
御世(みよ) ⇨ 御代(みよ).

御貰い(おもらい) 거지. 또, 구걸. 동냥.
御歳暮(おせいぼ) 신세 진 사람에게 세밑 선물을 보냄. 또, 그 선물. 세찬.
御世辞(おせじ) 엉너리 치는 말. 간살 부리는 말. 알랑거리는 말. 겉치레 인사.
御世話(おせわ) '世話(せわ)=보살펴줌·도와줌'의 높임말.
∥~様(さま) 고맙다는 인사말.
御召し(おめし) ①부르심. 타심. 입으심. ②御召し物의 준말. ③御召し縮緬의 준말.
∥~物(もの) 남의 의복의 높임말.
~列車(れっしゃ) 天皇(てんのう)·황족이 타는 특별 열차.
~替え(かえ) 갈아입으심. 갈아타심.
~縮緬(ちりめん) 염색한 숙사(熟絲)로 짠, 표면이 오글쪼글한 비단.
御笑い(おわらい) ①만담. ②御笑い草(おわらいぐさ)의 준말. 웃음거리.
御焼き(おやき) 〈女〉'焼き豆腐(やきどうふ)(=구운 두부)' '今川焼(いまがわやき)(=물에 갠 밀가루에 팥소를 넣어 구운 풀빵의 일종)' 등의 구운 식품·과자.
御孫(みま) 귀인의 손자 또는 자손.
∥~の命(みこと) 天照大神(あまてらすおおみかみ)의 자손. 곧, 天皇(てんのう).
御洒落(おしゃれ) 멋을 냄. 또, 멋쟁이.
御守り ㊀(おまもり) ①'守り(まもり)(=지킴·단속·수호신)'의 공손한 말씨. ②부적. 호부(護符). 「기.
㊁(おもり) 아기를 돌보는 일[사람]. 애보
御数(おかず) 반찬. 부식.
御睡(おねむ) 〈兒·女〉졸음. 잠.
御手の筋(おてのすじ) 〈俗〉잘[용하게] 알아 맞힘.
御数寄屋坊主(おすきやぼうず) 일본 江戸幕府(えどばくふ)에서, 다도(茶道)의 일을 맡았던 벼슬아치.
御手の内(おてのうち) ①〈당신의〉 수중에 든 것. 〈당신이〉 가지고 있는 것. ②〈당신의〉 솜씨·수완·기술.
御手の物(おてのもの) 〈자신만만한〉 특기. 장기(長技).
御垂髪(おすべからし) 여자의 머리 모양의 한 가지. 앞머리를 좌우로 부풀게 하고 머리채를 뒤로 길게 늘어뜨린 것.
御手並み(おてなみ) 수완. 기량.   「다.
∥~拝見(はいけん) 솜씨·능력을 좀 봅시
御手付き(おてつき) 〈俗〉주인이 자기가 부리는 하녀(下女) 등과 육체 관계를 맺음. 또, 그 여자.
御手付け(おてつけ) ☞御手付き(おてつき).
御手上げ(おてあげ) 어쩔 도리가 없음. 손듦. 도중에서 포기함[좁은 뜻으로는 파산].
御手盛り(おてもり) ①자기 손으로 음식을 그릇에 담음. ②자기에게 유리하도록 꾸밈.
御手洗(みたらし) ①신사(神社) 입구의, 참배자가 손을 씻는 곳. ②손씻는 일. *みたらい라고도 함.

∥~川(がわ) 신사 참배자가 손·입을 씻는
御手手(おてて) 〈兒〉손.
御手塩(おてしょ) 〈女〉작고 납작한 접시.
御手玉(おてだま) ①(팥 따위를 넣은) 공기. 또, 공기놀이. ②〈野〉〈俗〉야수가 공을 받지 못하고 한두 번 글러브에서 튀기다시피 받는 일.
御手柔らかに(おてやわらかに) 관대하게. 호되지 않게.
御手伝いさん(おてつだいさん) 가정부.
御手前(おてまえ) ①다도(茶道)의 예법. 또, 그 솜씨. ②(무사들 동배간에) 당신. 그대.
御手の中(おてのうち) ⇨ 御手の内(おての
御水取り(おみずとり) 奈良(なら) 東大寺(とうだいじ) 二月堂(にがつどう)라는 전당 앞 우물에서 물을 길어, 본당에 나르는 의식.
御手打ち(おてうち) 주군(主君)이 손수 신하의 목을 벰.
御手許(おてもと) ①'手許(てもと)(=자기 주위·생계)'의 높임말. ②(잔치·요릿집 등에서) 손님의 수저 또는 작은 접시 따위의 공손한 말.
∥~金(きん) 고귀한 사람이 수중에 갖고 있 「는 시쳇돈.
御巡り(おまわり) 〈俗〉순경. 경관.
御馴染み(おなじみ) 잘 앎. 친밀함. 잘 아는 사람.
御膝送り(おひざおくり) 여러 사람이 앉은 채 무릎 걸음으로 차례로 움직여 자리를 냄.
御膝下(おひざもと) ①귀인의 곁. 시측(侍側). ②〈老〉서울. 수도.   「말.
御拾い(おひろい) 귀인의 보행(歩行)의 높임
御湿り(おしめり) 〈女〉(마른 땅을 알맞게 축여 주는 정도의) 가랑비.   「일.
御縄(おなわ) 〈俗〉죄인을 포박하는
御食(みけ) ①天皇(てんのう)의 식사 거리[재료]. ②신찬(神饌).
御飾り(おかざり) ①신불(神佛) 앞의 장식·공물. ②명색뿐이고 쓸모 없는 것[사람].
御食つ物(みけつもの) 天皇(てんのう)가 드는 음식.
御身(おんみ) ①옥체. 존체《身(み)의 높임말》. *おみ로도 읽음. ②〈雅〉당신.
御神渡り(おみわたり) 北海道(ほっかいどう) 내 塘路(とうろ) 호수에 낀 얼음이 호수 중앙부에 균열이 생겨 양끝나는 현상.
御神楽 ㊀(おかぐら) ①神楽(かぐら)의 공손한 말씨. ②〈俗〉단층집을 2층으로 증축함. 또, 그 집.   「ら).
㊁(みかぐら) 궁중에서 행하는 神楽(かぐ
御神輿(おみこし) ①영여(靈輿). ②〈俗〉허리. 엉덩이.
御神酒(おみき) ①제주(祭酒). ②〈俗〉술.
御神籤(おみくじ) ⇨御御籤(おみくじ).
御新香(おしんこう) 야채를 소금이나 겨에 절인 반찬.
御室(みむろ) ①귀인의 거처. ②신(神)을 안치한 방.

御 963

御尋ね者(おたずねもの) 수배인. 지명 수배된 범인[사람].
御芽出度(おめでた) ⇨ 御目出度(おめでた).
御芽出度い(おめでたい) ⇨ 御目出度い(おめでたい).
御芽出度う(おめでとう) ⇨ 御目出度う(おめでとう).
御握り(おにぎり) 〈女〉 주먹밥.
御安い(おやすい) 간단하다. 쉽다.
御眼鏡(おめがね) 감식·판정 따위의 뜻을 나타내는 높임말.
御愛想(おあいそ) ① (요릿집 따위의) 계산(서). ② 겉치레의 말[인사]. 잔살. *おあいそうらごも말.
御爺さん(おじいさん) 할아버지. 영감님.
御嬢様(おじょうさま) ① 영애. 따님. ② 아가씨. ㉠주인집 딸. ㉡미혼 여성에 대한 호칭. ③ 고생을 모르고 자란 여자. *口語形은 おじょうさん.
御御(おみ) 공손·존경의 뜻을 나타내는 말.
御御灯(おみあかし) 신전(神前)·불전에 밝히는 등불.
御御灯火(おみあかし) ⇨ 御御灯(おみあかし).
御御御付け(おみおつけ) 된장국(味噌汁(みそしる)의 공손한 말.
御御足(おみあし) 남의 발의 높임말.
御御籤(おみくじ) 신의(神意)에 따라 길흉을 점치는 제비.
御言(みこと) 〈雅〉 칙어. 칙서. 임금의 말씀.
御言添え(おことぞえ) 일이 잘 되도록 말해줌[거들어 줌]. 조언.
御輿(みこし) ① 제례 때 신위(神位)를 모시고 메는 가마. 요여(腰輿). ② '腰(こし)(=허리)'의 높임말〔농으로 하는 말〕.
∥~洗い(あらい) 신위를 모시기에 앞서, 요여를 씻어 정결하게 하는 의식.
御女将(おかみ) (요릿집 따위의) 여주인.
御役(おやく) ① '役目(やくめ)(=임무·책임·직분)'의 공손한 말씨. ② 〈女〉 월경.
∥~御免(ごめん) ① 면직. ② 불필요한 것의 처분.
御役所仕事(おやくしょしごと) 관청 사무 《형식적이고 비능률적임을 비꼰 말》.
御塩梅(おあんばい) (음식의) 간. 음식으로서의 정도. 「귀 김치.
御葉漬け(おはづけ) 〈女〉 소금에 절인 잎사
御迎え(おむかえ) ① 백중날에 조상의 신령을 맞는 일. ② 죽을 때가 닥침. 대명.
御影石(みかげいし) 화강암(花崗岩).
御預け(おあずけ) ① 개 따위의 앞에 먹이를 놓고, '먹어라' 할 때까지 먹지 못하게 함. ② (약속·예정뿐이고) 당분간 실시가 보류됨. 연기됨.
∥~人(にん) 江戸(えど) 시대에, 大名(だいみょう)나 旗本(はたもと)로서 죄를 지어 다른 大名 집에 맡겨진 사람.
御玉(おたま) ① 御玉杓子(おたまじゃくし) ①의 준말. ② 〈女〉 알. 달걀.
御玉杓子(おたまじゃくし) ① 자루가 달린 둥근 모양의 국자. ② 〖動〗 올챙이. ③ 〈俗〉 악보의 음표 따위의 속칭.
御腰(おこし) 〈女〉 일본식 속치마.
御芋(おいも) 〈女〉 군고구마.
御羽車(おはぐるま) 신체(神體)를 옮길 때 쓰는 보교(步轎) 비슷한 가마. 신여(神輿).
御運び(おはこび) 행차. 왕림〔오다·가다의 높임말〕. 「는 수위.
御垣守(みかきもり) 궁중의 여러 문을 지키
御月様(おつきさま) 달님.
御為(おため) 남을 위해 이익을 도모함.
∥~筋(すじ) 이익이 되는 손님.
~倒し(ごかし) 남을 위하는 체하면서 자신의 이익을 도모함. 「굴.
~顔(がお) 남을 위해서 말하는 체하는 얼
~尽く(ずく) ☞ 御為倒し.
御慰み(おなぐさみ) (그 때뿐인 가벼운) 재미. 즐거움.
御偉方(おえらがた) 높으신 분네들.
御酉様(おとりさま) '大鳥神社(おおとりじんじゃ=大阪(おおさか)나 東京(とうきょう)에 있는 신사)' 또는 酉の市(とりのいち)의 공손한 일컬음.
御乳の人(おちのひと) 〈雅〉 귀공자의 유모.
御隠れ(おかくれ) (신분이 높은 사람이) 죽는 일의 높임말. 돌아가심.
御陰(おかげ) ⇨ 御蔭(おかげ).
御蔭(おかげ) 덕택. 은혜. 탓.
∥~様(さま) ① 御蔭의 공손한 말씨. ② 막연한 감사의 말. 고마움.
御移り(おうつり) (선물을 보내온 그릇 따위에) 답례의 뜻으로 넣어 보내는 물건.
御二方(おふたかた) 두 분.
御二人(おふたり) 두 분《二人(ふたり)의 공손한 말씨》.
御忍び(おしのび) (지위가 높은 사람의) 미행. 미복(微服) 잠행.
御引き摺り(おひきずり) ① 옷자락을 끄는 일. 또, 그렇게 만든 옷. ② 〈俗〉 칠칠치 못한 여자.
御人好し(おひとよし) 호인(好人). 어수룩
御日待ち(おひまち) ① 농촌에서 무엇을 기원하는 뜻으로 잔치를 벌이는 일. ② 행사날. 노는 날. 잔치. 「높임말.
御一方(おひとかた) 한 분《一人(ひとり)의
御日様(おひさま) 〈女·兒〉 해님.
御一人(おひとり) '一人(ひとり)(=한 분)'의 공손한 말씨.
御入り(おいり) 들어오심.
御子(みこ) 天皇(てんのう)의 자녀.
御の字(おんのじ) ① 특별한 것. 극상품. ② 〈俗〉 감지덕지함.
御姉さん(おねえさん) ① 언니. 누나. ② 젊은 여성을 친근하게 부르는 호칭.
御髭(おひげ) '髭(ひげ)(=수염)'의 높임말.
御子様(おこさま) ① (남의) 자제(분). ② 어린이《상점·식당 등에서 하는 말》.
御作り(おつくり) ① 〈女〉 화장. ② 생선회

의 공손한 말.
御酌(おしゃく) ①'酌(しゃく)(=술 따르기)'의 공손한 말씨. ②동기(童妓). 접대부. 작부(酌婦).
御蚕 ㊀(おかいこ) ①'蚕(かいこ)(=누에)'의 공손한 말씨. ②비단. 명주.
㊁(おこ) 蚕(かいこ)의 딴이름.
御蔵(おくら) 〈俗〉(발표하려던 것을) 발표하지 않고 내버려둠.
御斎(おとき) ①절에서 檀家(だんか)에 내는 식사. ②재(斎)를 올릴 때 檀家에서 승려나 손님에게 내는 식사.
御猪口(おちょこ)『~になる』쓰고 있는 우산이 센 바람으로 뒤집히다.
御摘まみ(おつまみ) ①식전에 먹는 간단한 입매. ②간단한 (마른) 안주.
御積もり(おつもり) (주석(酒席)에서의) 마지막 술잔. 필배. 종배.
御田(おでん) ①산초(山椒)의 순을 으깨어 섞은 된장을 두부에 발라 구운 음식. ②꼬치 안주.
御揃い(おそろい) ①2명 이상이 함께 있음. ②의복이나 무늬 등이 같음.
御煎(おせん) 〈女〉구운 납작 과자.
御転婆(おてんば) 말괄량이. 왈가닥. ♣~娘(むすめ) 말괄량이 (처녀). 「요리.
御節(おせち) 정월이나 명절 등에 쓰는 특별
御節介(おせっかい) 덥적거림. 쓸데없는 참견. 또, 그런 사람.
御店(おたな) (점원 입장에서 본) 주인집.
♣~者(もの) 점원.
御粘(おねば) 〈女〉밥물. 곡정수(穀精水)
御定まり(おさだまり) 늘 정해져 있는 모양. 판에 박음.
御情け(おなさけ) ①동정. 배려. ②총애. 각별히 돌봄.
御祭り(おまつり) ①신사의 제례. 축제. ②낚싯줄이 다른 사람의 낚싯줄과 엉킴.
∥~騒ぎ(さわぎ) ①축제 때의 법석. ②야단 법석.
御題目(おだいもく) ①『佛』南無妙法蓮華経(なむみょうほうれんげきょう)의 7자(字). ②〈俗〉주장(의) 요점). 「니까.
御早う(おはよう) 아침의 인사말. 안녕하십
御祖(みおや) 부모나 조상의 높임말.
御釣り(おつり) 거스름돈. 釣銭(つりせん)의 공손한 말씨.
御誂え(おあつらえ) '誂え(あつらえ)(=주문함·주문품·맞춤)'의 공손한 말씨.
∥~向き(むき) 안성맞춤인 모양. 십상.
御粗末(おそまつ) ①'粗末(そまつ)'의 공손한 말씨. ②서투름. 좋지 않음. 허술함.
∥~様(さま) ☞御草草様(おそうそうさま).
御祖母さん(おばあさん) 할머니. 할머. * 口語로는 おばあちゃん.
御祖父さん(おじいさん) 할아버지. 할아버지. * 口語로는 おじいちゃん.
御曹司(おんぞうし) ①아직 독립하지 않은 公家(くげ)의 아들. ②源氏(げんじ)의 말파(派) 혈통의 아들. ③명문의 장남(자제).
御祖師様(おそしさま) ①'祖師(そし)(=선사)'의 높임말. ②(日蓮宗(にちれんしゅう)에서) 日蓮에 대한 높임말.
御曹司(おんぞうし) ⇨御曹司(おんぞうし).
御調子者(おちょうしもの) ①줏대 없이 휩쓸리는 사람. 추커주면 우쭐〔좋아〕하는 사람. ②적당히 비위만 맞추는 사람.
御足(おあし) ①'足(あし)(=발)'의 공손한 말씨. ②〈俗〉돈.
御座します(おわします) 〈雅〉御座す(おわす)보다 존경의 뜻이 한층 강한 표현.
御座す(おわす) 〈雅〉'有る(ある)·居る(いる)·行く(ゆく)·来る(くる)'의 높임말. ②《に~の꼴로》…이십니다.
御座なり(おざなり) 당장 치기. 일시 모면.
御座付き(おざつき) 기생이 술자리에 불려왔을 때 맨 먼저 三味線(しゃみせん)을 뜯으며 노래함. 또, 그 노래.
御座敷(おざしき) '座敷(ざしき)(=방)'의 높임말.
御座成り(おざなり) ⇨御座なり(おざなり).
御主 ㊀(おんあるじ) 주님. 예수님.
㊁(おぬし) 〈老·方〉너.
御昼(おひる) ①낮. ②점심.
御柱(おんばしら) 長野(ながの) 현 諏訪(すわ) 신사에서 6년마다 범해(寅年)와 원숭이해 봄에 신산(神山)에서 큰 전나무를 끌어내려 신체를 모신 건물 네 귀퉁이에 세우는 기둥.
∥~祭(まつり) 御柱를 세우는 제사.
御株(おかぶ) 어떤 사람의 장기(長技).
御厨子(みずし) ①'厨子(ずし)(=감실)'의 높임말. ②수라간(水刺間)에서 일하는 여자.
∥~所(どころ) 수라간. 어주(御厨).
御浚い(おさらい) ①복습. ②음악·무용 등에서 스승이 가르친 것을 제자에게 실연(実演)시키는 일.
御中 ㊀(おんちゅう) 귀중(貴中)《우편물을 받을 단체·회사 이름 아래에 붙임》.
㊁(おなか) 배. 복부(腹部).
御重(おじゅう) '重箱(じゅうばこ)(=찬합)'의 공손한 말씨.
御汁(おつゆ) 국(물). 된장국.
御地(おんち) 귀지(貴地). 상대방의 거주지에 대한 높임말.
御持たせ(おもたせ) 상대방이 가지고 온 선물의 높임말.
御直り(おなおり) ①(극장·요정 등에서) 더 좋은 자리로〔방으로〕 옮김. ②(여관에서) 예정 기간보다 오래 머무르게 됨.
御職(おしょく) 江戸(えど) 시대에, 동배에서 상석인 사람.
御叱り(おしかり) ①꾸중. ②역정.
御澄まし(おすまし) ①새침함. 또, 그 사람. ②〈女〉맑은장국. ③〈方〉간장.
御次(おつぎ) ①다음. 다음 분. ②옆방.
御茶(おちゃ) ①(엽)차《茶(ちゃ)의 공손한

말씨). ②일하는 도중에 잠깐 쉼. ③다도(茶道). 「기다.
~を濁(にご)す 어물어물해서 그 자리를 넘
御茶挽き(おちゃひき) 기생이나 창녀가 불러주는 손님이 없어 한가함. 또, 그런 기생.
御茶の水(おちゃのみず) ①전의 東京(とうきょう) 여자 고등사범학교의 딴이름. ②〖地〗東京 도 文京(ぶんきょう) 구의 한 지명.
御茶子(おちゃこ) (옛날의) 극장 안 다실의 여급사. (극장) 안내양.
御茶の子(おちゃのこ) ① ☞ 御茶請け(おちゃうけ). ②간단함. 손쉬움. 「차류.
御茶請け(おちゃうけ) 차를 마실 때 먹는 과
御着き(おつき) 귀인의 도착. 「물.
御饌殿(みけどの) 신찬(神饌)을 조리하는 전
御札 ㈠(おふだ) 부적(符籙). 「말.
㈡(ぎょさつ) 어찰. 남의 편지의 높임말.
御参り(おまいり) 신불을 참배하러 감.
御菜(おさい) 반찬.
御妻(みめ) 귀인의 아내에 대한 높임말.
御薦(おこも)〈女・兒〉거지.
御天気(おてんき) ①일기. 날씨. ②맑은 〔좋은〕 날씨. 청천(晴天). ③〈俗〉기분.
‖**~師**(し) 위조 지폐로 통행인의 돈을 편취하는 사기꾼.
~屋(や) 기분파. 변덕쟁이. 「하느님.
御天道様(おてんとさま)〈口〉해님. ②
御喋り(おしゃべり) ①지껄임. 수다스러움. 또, 그러한 사람. ②잡담. 「진솔.
御初(おはつ) ①처음(임). 맏물. ②새 옷.
御焦げ(おこげ)〈女〉누룽지.
御酢(おす)〈女〉식초. 단것.
御初穂(おはつほ) 신불(神佛)에 올리는 돈・곡식・음식 등. 공양물.
御草々様(おそうそうさま) 변변치 못했습니다《손님을 대접한 후에 주인측에서 하는 인사말》.
御触れ(おふれ) ①관청의 공고(公告). ②御触れ書き(おふれがき)의 준말. 江戸(えど) 시대에 幕府(ばくふ)・大名(だいみょう)가 일반인에게 공포한 공문서.
御萩(おはぎ) 찹쌀과 멥쌀을 섞어 고물을 묻혀 만든 떡.
御雛様(おひなさま) ①雛祭り(ひなまつり)에 쓰는 인형. ②삼월 삼짇날에 여자 아이를 위한 행사.
御出で(おいで) '出(で)る(=나가다)・行(ゆ)く(=가다)・来(く)る(=오다)・いる(=있다)・おる(=있다)'의 높임말.
‖**~御出で**(おいで) (어린이 등을) 가까이 부르는 손짓. 이리온 이리온.
御出来(おでき) 부스럼. 종기.
御出座し(おでまし) 행차. 왕림. 납심. 나감.
御側(おそば) ①'側(そば)(=곁)'의 존칭. ②주군이나 주인 또는 임의 곁. ③주군 곁에서 가까이 모시는 사람. 측근자.
‖**~付き**(づき) 주군 곁에서 모시는 소임.
또, 그 사람. 측근자.
御厠(おかわ)〈女〉요강. 변기.
御稚児(おちご) 신사나 절의 축제 때에 행렬에 참가하는 어린이.
御歯黒(おはぐろ) ①이를 검게 물들임. ②이를 물들이는 흑갈색의 액체.
‖**~蜻蛉**(とんぼ)〖蟲〗검물잠자리.
御七夜(おしちや) (출생 후) 첫 이렛날 밤. 또, 그 축하 잔치. 「음식. 나물.
御浸し(おひたし) 시금치・야채 등을 데친
御針(おはり) ①〈女〉바느질. 재봉. ②御針子의 준말. ♣**~子**(こ) 침모.
御寝(おはじき) 〖雅〗주무시다《'寝(ね)る(=자다)'의 높임말》.
御寝んなる(およんなる)〈古〉주무시다.
御寝小(おねしょ)〈兒・女〉야뇨(夜尿).
御陀仏(おだぶつ)〈俗〉사람이 죽음. 전하여, (사물의) 잘침.
御詫び(おわび) 사죄(의 말).
御弾き(おはじき) 조가비・잔돌・납작한 유리 구슬 따위를 손가락으로 튕기며 노는 여자 아이들의 놀이.
御誕生(おたんじょう) '誕生日(たんじょうび)(=탄생일)'의 공손한 말.
御湯 ㈠(おゆ) 湯(ゆ)의 공손한 말. 끓인 물. 더운 목욕물.
㈡(みゆ) 温泉(おんせん)의 미칭. 온천.
御湯割り(おゆわり) 소주・위스키 등에 더운물을 타서 묽게 함. 또, 그런 음료.
御太鼓(おたいこ) 御太鼓結び(おたいこむすび)의 준말. 여자 옷의 띠를 매는 방법의 한 가지《뒤를 북통 모양으로 볼록하게 맴》.
御宅(おたく) 댁. ①상대방 집의 높임말. ②〈俗〉당신. 귀하. 남편.
御土産(おみやげ) '土産(みやげ)(=선물)'의 공손한 말.
御通し(おとうし) 御通し物(もの)의 준말. (요릿집에서) 손님이 주문한 요리가 나오기 전에 내는 간단한 음식. 「인을 뵘.
御通り(おとおり) ①지나가심. ②〈雅〉귀
御通夜(おつや) '通夜(つや)(=(상갓집에서의) 밤샘)'의 공손한 말. 「경칭.
御婆さん(おばあさん) 할머니. 늙은 여자의
御八つ(おやつ) 오후의 간식(間食).
御佩刀(みはかし)〈古〉귀인이 몸에 지니는 칼. *みはかせ라고도 함.
御平(おひら) ①운두가 낮고 뚜껑이 있는 공기《찜 따위를 담음》. ②〈女〉생선 도미.
御平らに(おたいらに) 편하게 앉으라고 권하는 말.
御包み(おくるみ) (갓난아기의) 포대기.
御抱え(おかかえ) ①사람을 고용함. 또, 그 사람. ②정부의 고용. 「손한 말.
御布施(おふせ) '布施(ふせ)(=보시)'의 공
御披露目(おひろめ) ①'披露(ひろう)(=피로)'의 공손한 말. ②기생들이 (그곳에서) 첫선을 보임. 또, 그때의 인사.
御筆先(おふでさき) (신(神)지펴서 쓴) 신의

御下(おしも) ①〈老〉귀인의 집 하녀. ②〈女〉'しも(=대소변)'의 공손한 말씨.
御下がり(おさがり) ① 잔치에서 남은 음식. ② 퇴물림.
御下げ(おさげ) ① (소녀의) 땋아 늘인 머리. ② 양끝을 늘어뜨리는 여자의 떠 매는 법.
御河童(おかっぱ) 계집아이의 단발 머리.
♣~頭(あたま) 단발 머리.
御荷物(おにもつ) ① 짐. 화물《荷物の 공손한 말씨》. ② 짐스러운 존재.
御下地(おしたじ)〈女〉① 간장. ② 국물.
御寒い(おさむい) ① '寒い(=춥다)'의 공손한 말씨. ②〈俗〉한심하다. 빈약하다.
御行(おぎょう) '母子草(ははこぐさ)(=떡쑥)'의 딴이름.
御幸(みゆき)〈雅〉상황(上皇)・법황(法皇)・여원(女院(にょういん))의 행차. ＊ごこうで도 읽음.
御許(おもと) …앞. 여자의 편지에서 겉봉 이름 밑 옆에 쓰는 말. ＊おんもとでも 읽음.
御侠(おきゃん) 말괄량이. 왈가닥.
御兄さん(おにいさん) 형. 형님. 오빠.
御形(おぎょう) '母子草(ははこぐさ)(=떡쑥)'의 딴이름. ＊ごぎょう로도 읽음.
御好み(おこのみ) 좋아함. 기호.
‖~焼き(やき) 물에 푼 밀가루에 좋아하는 새우・오징어・고기・야채 등을 섞어 번철에 부친 음식.
~食堂(しょくどう) 일식・양식・중국 요리 등 폭넓은 차림표를 갖추어 기호에 맞는 음식을 먹게 된 식당.
御呼ばれ(およばれ) (식사 등에) 초대받음.
御呼び(および) 부름・초대의 높임말. 「입.
御壺口(おつぼぐち) 작게 오므린 (귀여운)
御呼び立て(およびたて) 사람을 불러냄《공손한 말》. 「일반.
御互い様(おたがいさま) 피차 일반. 서로 매
御虎子(おまる) 변기. 요강.
御混じり(おまじり) ⇒御交じり(おまじり).
御化け(おばけ)〈口〉도깨비. 요괴(妖怪).
御はな(おはな) 꽃꽂이.
御話(おはなし) ① '話(はなし)(=말)'의 공손한 말씨. ② 꾸며낸 말. 「중.
‖~中(ちゅう) 말씀 도중. (전화에서) 통화
御花見前線(おはなみぜんせん) 벚꽃 전선《벚꽃의 개화일이 같은 곳끼리 줄을 그어 연결한 것》.
御花料(おはなりょう) (기독교 계통에서) 향전(香典).
御花畑(おはなばたけ) 고산(高山) 식물이 만발한 꽃밭. 「け」.
御花畠(おはなばたけ) ⇒御花畑(おはなばた
御化け貝(おばけがい)《貝》'宿借り(やどかり)(=소라게)'의 딴이름.
御会式(おえしき)《佛》日蓮宗(にちれんしゅう)에서, 종조(宗祖) 日蓮이 죽은 10월 3일에 올리는 법회.

御休み(おやすみ) ① '寝(ね)る(=자다)' '休(やす)む(=쉬다)'의 공손한 말씨. ② 잘 때의 인사말.
御姫様(おひめさま) 귀인의 딸의 높임말. 아가씨. 소저. ＊おひいさまでも 읽음.
御詰め(おつめ) 다도에서, 최말석의 손님. 주인을 도와 찻종을 좌중에 도르는 일을 함.

| 12 馬 | 馭 | 부릴 어
ギョ
あやつる |

[参考] 현대 표기로는 '御'로 대용함.

[音訓]

馭する(ぎょする) (말을) 잘 다루다.
馭者(ぎょしゃ) 어자. 마부(馬夫).

| 13 疒 | 瘀 | 어혈 어
オ・ヨ |

[音訓]

瘀血(おけつ) 어혈.

| 14 氵 教 | 漁 | 고기잡을 어
ギョ・リョウ
あさる・すなどる・いさる |

[音訓]

漁(りょう) 고기잡이.
漁する ㊀(ぎょする) ① 어패류를 잡다. ② 찾아다니다.
㊁(りょうする) 고기잡이하다.
漁家(ぎょか) 어가. 어부의 집.
漁区(ぎょく) 어구. 어업(어로) 구역.
漁具(ぎょぐ) 어구.
漁期(ぎょき) 어기. 고기잡이 시기. ＊りょうき로도 읽음. 「불.
漁灯(ぎょとう) 어화(漁火). 어선에 켜는
漁猟(ぎょりょう) 어렵. 고기잡이와 사냥.
漁労(ぎょろう) 어로(漁撈). 「또, 어업.
漁撈(ぎょろう) ⇒漁労(ぎょろう).
漁利(ぎょり) 어리. ① 어업상의 이익. ② 어부지리. 「부지리.
漁網(ぎょもう) 어망.
漁民(ぎょみん) 어민. 어부.
漁法(ぎょほう) 어법. 물고기 잡는 방법.
漁父(ぎょふ) ⇒漁夫(ぎょふ).
漁夫(ぎょふ) 어부.
~の利(り) 어부지리. 「쓰는 말.
漁史(ぎょし) 문인 등의 아호 밑에 곁들여
漁師(りょうし) 고기잡이. 어부(漁夫).
漁色(ぎょしょく) 어색. 엽색. ♣~家(か) 엽
漁船(ぎょせん) 어선. 고깃배. 「색꾼.
漁業(ぎょぎょう) 어업. ♣~権(けん) 어업
‖~気象(きしょう) 어업 기상. 「권.
~登録(とうろく) 어업 등록.
~免許(めんきょ) 어업 면허. 「수역.
~専管水域(せんかんすいいき) 어업 전관

~制度改革(せいどかいかく) 어업 제도 개혁.
~協同組合(きょうどうくみあい) 어업 협동 조합.
~協定(きょうてい) 어업 협정.
漁者(ぎょしゃ) 어부.
漁場(ぎょじょう) 어장. *ぎょば 또는 りょうばろも 읽음.
‖~標識(ひょうしき) 어장 표지.
漁舟(ぎょしゅう) 어주. 어선. 고기잡이배.
漁礁(ぎょしょう) 어초. 물고기가 많이 모이는 바닷속의 바위가 있는 곳.
漁村(ぎょそん) 어촌.
漁港(ぎょこう) 어항.
漁協(ぎょきょう) 어협. 漁業(ぎょぎょう)協同組合(きょうどうくみあい)의 준말.
漁火(ぎょか) 어화. 고기잡이배에 켜는 등불. *雅語로는 いさりび라고도 함.
漁況(ぎょきょう) 어황. 고기잡이 상황.
漁獲(ぎょかく) 어획. ♣~高(だか) 어획고 / ~量(りょう) 어획량.

[訓読]
漁り(いさり) 〈雅〉고기잡이. 어로(漁撈).
‖~船(ぶね) 고기잡이배. 어선.
~小舟(おぶね) 고기잡이하는 작은 배.
囯(すなどり) 〈雅〉①고기나 조개를 잡음. ②고기잡이. 어부.
漁る 囯(あさる) 찾아다니다.
囯(すなどる) 〈雅〉물고기나 조개를 잡다.

14 言 敎 **語** 말할 어·말 어
ゴ
かたる・かたらう

[音読]
語(ご) 어. ①말. 언어. ②낱말. ③《컴》단어. ④《接尾語로》…어.
語間(ごかん) 어간. 말과 말 사이. 글자와 글자 사이.
語幹(ごかん) 《文法》어간.
語感(ごかん) 어감. 말의 (풍기는) 뉘앙스.
語格(ごかく) 어격. 어법(語法).
語句(ごく) 어구.
語群(ごぐん) 《言》어군.
語根(ごこん) 《言》어근.
語気(ごき) 어기. 어투. 어세. 말투.
語基(ごき) 《言》(인도유럽어 등의) 어기.
語頭(ごとう) 어두. 말머리. ♣~音(おん) 《言》어두음.
語呂(ごろ) ①어조(語調). 말의 가락. ②語呂合わせ의 준말.
‖~合わせ(あわせ) 어떤 성구(成句)의 음에 맞추어 뜻이 다른 말을 만드는 언어 유희.
語例(ごれい) 어례. 그 말을 사용한 예.
語録(ごろく) 어록.
語漏(ごろう) 《醫》쉴새없이 잇따라 말을 하는 증상. 뜻 모를 말을 많이 하는 실어증의 증상.
語末(ごまつ) 《言》어말. └증상.
語脈(ごみゃく) 《言》어맥.
語尾(ごび) 어미.
‖~変化(へんか) 《文法》어미 변화.
語法(ごほう) 어법.
語史(ごし) ⇨ 語誌(ごし).
語序(ごじょ) 어서. 어순.
語釈(ごしゃく) 어석. 어구의 해석.
語勢(ごせい) 어세.
語素(ごそ) 《言》어소, 조어(造語) 성분.
語数(ごすう) 어수. 말(글자)의 수.
順(ごじゅん) 어순.
語語(ごご) (말) 한 마디 한 마디.
語用論(ごようろん) 《論》어용론.
語原(ごげん) ⇨ 語源(ごげん).
語源(ごげん) 어원. ♣~学(がく) 어원학.
‖~俗解(ぞっかい) 어원 속해. 민간 어원.
語音(ごおん) 어음. 말의 음조(音調).
語意(ごい) 어의. 말의 뜻.
語義(ごぎ) 어의. 말의 뜻.
語典(ごてん) 어전. ①사전. ②문법책.
語族(ごぞく) 《言》어족.
語種(ごしゅ) 일본어를 출처에 따라 분류한 종류. 和語(わご)·漢語(かんご)·外来語(がいらいご)·混種語(こんしゅご) 등.
語中(ごちゅう) 어중. ①한 단어의 중간. ②그 말 가운데.
語志(ごし) ⇨ 語誌(ごし).
語誌(ごし) 어지. 말 하나하나의 기원·의미·용법의 변천을 자세히 쓴 것.
語次(ごじ) 이야기하던 김.
語派(ごは) 《言》어파.
語弊(ごへい) 어폐.
語学(ごがく) 어학.
語形(ごけい) 어형.
‖~変化(へんか) 《言》어형 변화.
語彙(ごい) 어휘.
‖~調査(ちょうさ) 어휘 조사.

[訓読]
❖語らう(かたらう) ①말을 주고받다. 함께 이야기하다. ②꾀다. ③(남녀가) 약속하다.
語らい(かたらい) ①말을 주고받음. ②약속. 특히, 남녀의 언약(맹세).
‖~人(びと) 이야기 상대. 상담 상대.
語らい付く(かたらいつく) ①이야기를 걸어 친해지다. ②친하게 이야기하여 의뢰하다.
語らい種(かたらいぐさ) ⇨ 語らい草(かたらいぐさ).
語らい草(かたらいぐさ) 이야깃거리.
語らい取る(かたらいとる) 설득해서 자기 편으로 만들다.
❖語る(かたる) ①말하다. 이야기하다. ②가락을 붙여 이야기하다.
~に落(お)ちる 이야기하는 중에 무심코 진실을 말해 버리다.
語り(かたり) ①이야기(함). ②能(のう)나 狂言(きょうげん)에서, 곡조를 붙이지 않고 이야기함. 또, 그 말.
語り継ぐ(かたりつぐ) (옛이야기 등을) 구전(口傳)하다. 말로 이어 전하다.
語り古す(かたりふるす) (많은 사람이 이야

語り口(かたりくち) ① 이야기의 실마리. ② 落語(らくご) 등을 말할 때의 말투·태도.
語り明かす(かたりあかす) 밤새도록 이야기하다.
語り物(かたりもの) 곡조를 붙여 낭창(朗唱)하는 이야기나 읽을거리.
語り半分(かたりはんぶん) 사실은 이야기의 절반 정도임《과장이 심함》.
語部(かたりべ) ①〘史〙 상고 시대에 조정에 출사하여, 전설이나 고사(古事)를 외어서 이야기하는 것을 소임으로 한 씨족. ② 스스로 전문·체험한 일을 후세에 말로 전하는 사람.
語り手(かたりて) ① 말하는 사람. ② 극 등의 진행 도중, 줄거리 따위를 말하는 사람.
語り伝える(かたりつたえる) 구전(口傳)하다.
語り種(かたりぐさ) ⇨語り草(かたりぐさ).
語り尽くす(かたりつくす) 하고 싶은 말을 다 하다.
語り草(かたりぐさ) 이야깃거리. 화제.
語り合う(かたりあう) 이야기를 주고받다. 의논하다.

17 示	禦	막을 어·멈출 어 ギョ ふせぐ

音読
禦寇(ぎょこう) 어구. 적을 막음.
禦寒(ぎょかん) 어한. 추위를 막음.
訓読
禦ぐ(ふせぐ) 막다. 방어하다.
逆音
防禦(ぼうぎょ) 방어.
制禦(せいぎょ) 제어.

억

7 才 常	抑	누를 억·억누를 억 ヨク おさえる・そもそも

音読
抑留(よくりゅう) 억류. ♣〜者(しゃ) 억류자. ‖〜生活(せいかつ) 억류 생활. 〜船員(せんいん) 억류 선원.
抑塞(よくそく) 억색. 눌러 틀어막음. 억압하여 가로막음. 또, 가로막힘.
抑損(よくそん) 억손. 기를 죽여 나서지 못하게 함. 자만심을 누름.
抑遜(よくそん) ⇨抑損(よくそん).
抑圧(よくあつ) 억눌러 못하게 함. 억제. 억지(抑止). 제지(制止).
抑圧(よくあつ) 억압. 억누름.
抑揚(よくよう) 억양. ① 언어 등의 고저 강약. ② 헐뜯음과 찬양함. ‖〜法(ほう) 억양법《수사법의 하나》. 〜自在(じざい) 억양 자재. 「는 일.
抑煙(よくえん) (노상에서의) 끽연을 억제하는 일.
抑鬱(よくうつ) 억울. ♣〜症(しょう)〘醫〙 울병(鬱病).
抑情(よくじょう) 억정. 욕정을 억누름.
抑制(よくせい) 억제. ♣〜力(りょく) 억제력. 억제력.
‖〜栽培(さいばい)〘農〙 억제 재배.
抑止(よくし) 억지. 억제. 제지. ♣〜力(りょく) 억지력. 억제력.
訓読
抑(そもそも) ① 도대체. 대저. *語로는 そも라고도 함. ② 처음. 애초에. ③ 최초. 애초. 첫째.
❖抑える(おさえる) ① 누르다. ② 억압하다. 억제하다. ③ 압류하다.
抑え(おさえ) ① 누름. ② 눌러 놓는 물건. ③ 지배(자). 통솔력. ④ (군대의) 후진.
抑え付ける(おさえつける) 꽉 누르다. 억누르다. 억압하다.
抑え込み(おさえこみ) (유도에서) 누르기.
抑え込む(おさえこむ) ① (유도 등에서) 상대를 꼼짝못하게 누르다. ② 억제하다.

15 イ 教	億	억 억·많은수 억 オク

音読
億(おく) ① 억. ② 수가 많음. 「않음.
億劫 ㊀(おっくう) 귀찮음. 마음이 내키지 ㊁(おくごう)〘佛〙 억겁. 무한히 긴 오랜 시간. *おっこう・おくこうろ도 읽음.
億万(おくまん) 억만. ‖〜長者(ちょうじゃ) 억만장자.
億兆(おくちょう) ① 억조. ② 만민.

16 イ 常	憶	생각할 억·기억할 억 オク おぼえる・おもう

音読
憶見(おくけん) 억견. 자기 혼자의 판단.
憶念(おくねん) 억념. 마음 깊이 새겨 언제까지나 잊지 않는 생각.
憶断(おくだん) 억단. 억측에 의한 판단.
憶説(おくせつ) 억설. 가설.
憶測(おくそく) 억측.

17 山	嶷	높을 억 ギョク たかい・さとい

音読
嶷然(ぎょくぜん) 억연. 뛰어나게 높이 빼어난 모양.

臆

17月 臆 　가슴 억·생각 억
オク
おしはかる

音読
臆する(おくする) 겁내다. 주눅 들다. 「견.
臆見(おっけん) 억견. 마음대로 추측한 의
臆断(おくだん) 억단. 억측에 의한 판단.
臆面(おくめん) 주눅 들린 얼굴.
　～もなく 염치없이. 뻔뻔스럽게. 넉살 좋게.
臆病(おくびょう) 겁이 많음.
∥～窓(まど) 가게 문에 달린 작은 창.
　～風(かぜ) 겁. 두려움.
臆説(おくせつ) 억설. 가설.
臆測(おくそく) 억측.

언

7言敎 言 　말씀 언·말할 언
ゲン・ゴン
いう・こと

音読
言㊀(げん) 말.
㊁(こと) ①〈雅〉말. 이야기. ②소문. ③시
문(詩文).
言句(げんく) 언구. 말. 문구(文句). *ごん
くとも 읽음.
言及(げんきゅう) 언급.
言談(げんだん) 언담. 이야기함. 이야기.
言動(げんどう) 언동.
　～を慎(つつし)む 언동을 삼가다.
言路(げんろ) 언로. 임금에게 의견을 말할 수
言論(げんろん) 언론.　　　　　└있는 길.
∥～機関(きかん) 언론 기관.
　～統制(とうせい) 언론 통제.
言明(げんめい) 언명.
言文(げんぶん) 언문. 말과 글.
∥～一致(いっち) 언문 일치.
言詞(げんし) 언사(言辭).
言辞(げんじ) 언사.
言上(ごんじょう) 여쭘. 말씀 올림.
言舌(ごんぜつ) 언설. 변설.
言説(げんせつ) 언설. *ごんせつ로도 읽음.
言笑(げんしょう) 언소. 담소.
言述(げんじゅつ) 생각 따위를 말함.
言失(げんしつ) 실언.
言語㊀(げんご) 언어. *げんぎょ로도 읽
∥～改革(かいかく) 언어 개혁.　　└음.
　～観(かん) 언어관. 언어의 본질에 대한 견
　～技術(ぎじゅつ) 언어 기술. 　　　└해.
　～文化(ぶんか) 언어 문화.
　～社会学(しゃかいがく) 언어 사회학.
　～生活(せいかつ) 언어 생활.
　～心理(しんり) 언어 심리.
　～障害(しょうがい) 언어 장애.
　～政策(せいさく) 언어 정책.
　～中枢(ちゅうすう) 언어 중추.
　～治療士(ちりょうし) 언어 치료사. 언어
장애자의 진단·치료를 행하는 전문직.
　～行動(こうどう) 언어 행동.
　～形成期(けいせいき) 언어 형성기.
　～活動(かつどう) 언어 활동.
㊁(ごんご) ①☞㊀. ②말로 표현할 수 없
을 정도임.
∥～道断(どうだん) 언어 도단.
言言(げんげん) 언언. 하나하나의 말. 한 마
디 한 마디.
　～肺腑(はいふ)を衝(つ)く 한 마디 한 마
디가 듣는 이의 폐부를 찌르다.
∥～句句(くく) 구구절절.
言外(げんがい) 언외. 말로 한 것 이외.
言議(げんぎ) 논의. 의론함.
言質(げんち) 언질.
言責(げんせき) 언책. ①자기가 한 말에 대
한 책임. ②시비를 가려 말해야 할 책임.
言泉(げんせん) 샘처럼 솟아나는 말. 「변.
言偏(ごんべん) 한자 부수의 하나: 말씀언
言表(げんぴょう) 언표. 말로 나타냄.
言下(げんか) 언하. 말이 떨어지자마자. 일언
지하. *老人語로는 ごんからも 함. 「록.
言行(げんこう) 언행. ♣～録(ろく) 언행

訓読
言える(いえる) ①말할 수가 있다. ②말한.
言わす(いわす) ☞言わせる(いわせる).
言わずに(いわずに) 말하지 않고.
言わずもがな(いわずもがな)〈文〉①말하
지 않는 것이 좋을 것으로 생각됨. ②물론이
고. 말할 나위도 없고.
言わせる(いわせる) ①말하도록 하다. ②
말하는 대로 두다. 말에 따르다.
言わでも(いわでも) 말하지 않아도 됨.
言わば(いわば) 이를테면.
言わまほし(いわまほし)〈古〉말하고 싶다.
言わん方なし(いわんかたなし) 뭐라고 말
할 수 없다.
言わんとする事(いわんとすること) 말하
고자 하는 것.　　　　　　　　　「무언중에.
言わず語らず(いわずかたらず) 암묵리에.
言わぬが花(いわぬがはな) 분명히 말하지
않는 데 그윽함·정취가 있음.
❖言(こと) → 音読 言㊀①.
言挙げ(ことあげ) 초들어 말함.
言咎め(こととがめ) 문책(問責)
言忌み(こといみ) 불길한 말을 꺼리는 일.
言霊(ことだま) 말에 담겨 있다는 이상한 영
력(靈力).　　　　　　　　　　　　　「함.
言立て(ことだて) 말로 분명히 나타냄. 맹세
言問う(こととう)〈雅〉①말을 걸다. 인사
하다. ②찾아가다. ③묻다. ④남녀가 말을
言柄(ことがら) 말의 품위. 　　　└주고받다.
言付かる(ことづかる) 의탁받다. 부탁받다.
전갈을 부탁받다.

言付け(ことづけ) 전언. 전갈.
言付ける(ことづける) 전갈하다. 전언(전달)을 부탁하다.
言事(ことわざ) 말과 사건(事件). 「함.
言選り(ことえり) 말을 고름. 용어를 선택
言少な(ことずくな) 말수가 적은 모양.
言葉(ことば) 말. ① 언어. 문자. ② 단어. 구(句). ③ 말로 표현한 것.
‖ **~遣い**(づかい) 말씨.
~尻(じり) ① 말끝. ② 말꼬리. 실언.
~巧み(だくみ) 구변이 좋음.
~の端(はし) 짤막한 말. 말끝.
~論(ろん) 말다툼. 논쟁.
~付き(つき) 말투. 말버릇.
~少な(ずくな) 말수가 적은 모양.
~続き(つづき) 표현. 말씨.
~数(かず) 말수. 어수(語數).
~遊び(あそび) 말짓기. 언어 유희.
~争い(あらそい) 말다툼. 언쟁.
~敵(がたき) 이야기 상대. 의논 상대.
~典(てん) 말 사전(辭典).
~戦い(だたかい) ① 말다툼. 언쟁. ② 전쟁터에서 우선 말로 상대방을 압도하려고 다투는 일. 「기.
~直し(なおし) 어려운 말을 쉬운 말로 고치
~質(じち) 언질(言質)
~偏(へん) ☞ 言偏(ごんべん).
~詰め(づめ) 마구 몰아세움.
言の葉(ことのは) 〈雅〉 ① 말. ② 일본 고유 형식의 시(詩)
言も愚か(こともおろか) 〈雅〉 물론 말할 것 〔필요〕도 없이. 「聞).
言伝(ことづて) ① 전갈. 전언. ② 전문(傳
言種(ことぐさ) ① 소문거리. 화제. ② 입버릇. ③ 변명. 핑계.
言触れ(ことぶれ) 소식을 전함. 또, 그 사람.
言祝(ことほがい) ☞ 言祝ぎ(ことほぎ).
言祝ぎ(ことほぎ) 축하. 「하다.
言祝ぐ(ことほぐ) 축하하는 말을 하다. 축복
言吃り(ことどもり) 말을 더듬음. 말더듬이.
ねすり言(ねすりごと) 빗대어 빈정거림.
❖**言う**(いう) ① 말하다. ② 이야기하다. *ゆう로도 읽음.
言いけらく(いいけらく) 〈古〉 말하기를. 이르되. 가로되.
言いこなす(いいこなす) 교묘히 말하다〔표현하다〕. 잘 둘러대다.
言い甲斐(いいがい) 말할 가치. 말한 보람.
‖**~無い**(ない) 말한 보람이 없다. 말할 가치가 없다.
言い開き(いいひらき) 변명. 해명.
言うも更なり(いうもさらなり) 말할 것도 없다. 물론이다.
言い遣る(いいやる) 편지·심부름꾼을 보내
言い兼ねる(いいかねる) 말하기 거북하다 〔어렵다〕. 말하고 싶지만 말할 수 없다.
言い継ぎ(いいつぎ) ① 전설(傳說). 구전(口傳). ② 전언(傳言). 전갈.

言い継ぐ(いいつぐ) ① 말을 계속하다. ② 말을 전하다. ③ 이야기로 전하다. 구전하다.
言い古す(いいふるす) 익히 들어 새로운 맛이 없다.
言い固める(いいかためる) 서로 굳게 언약하다. 「말하다.
言い曲げる(いいまげる) 사실을 왜곡하여
言い果せる(いいおおせる) 끝까지 다〔모두〕말하다. 충분히 말〔논〕할 수 있다.
言い過ぎ(いいすぎ) ① 지나친 말. ② 필요 이상 말함.
言い過ぎる(いいすぎる) 말이 지나치다. 지나친 말을 하다. 「すぎ).
言い過ごし(いいすごし) ☞ 言い過ぎ(い
言い過ごす(いいすごす) ☞ 言い過ぎる(いいすぎる).
言い慣らす(いいならす) 입버릇처럼 말하다. 습관적으로 말하다. 「오다.
言い慣れる(いいなれる) 입버릇처럼 말해
言い広める(いいひろめる) 말을 퍼뜨리다. 선전하다.
言い掛かり(いいがかり) ① 트집. ② 말을 내놓은 이상 그만둘 수 없음.
~を付(つ)**ける** 트집을 잡다.
言い掛け(いいかけ) ① 말을 겲. 말을 시작함. ② 말을 하다 맒. ③ 한 말을 두 가지 뜻으로 엇걸어 씀. 걸친 말.
言い掛ける(いいかける) ① 이야기를 시작하다. 도중까지 말하다. ② 말을 걸다.
言い交わす(いいかわす) ① 말을 주고받다. ② 언약하다. 특히, 결혼을 약속하다.
言い交わせ(いいかわせ) 언약. 특히, 결혼 약속. 「る).
言い旧す(いいふるす) ⇨ 言い古す(いいふ
言い捲る(いいまくる) ① 기세좋게 떠들어 대다. ② 혼자서 마구 떠들어대다.
言い及ぶ(いいおよぶ) 언급하다. 「없다.
言うに及ばず(いうにおよばず) 말할 것도
言い寄る(いいよる) 사랑을 구하다.
言い難い ㊀(いいがたい) 말하기 어렵다 〔거북하다〕.
㊁(いいにくい) ⇨ 言い悪い(いいにくい).
言い悩む(いいなやむ) ① 생각대로 말을 못 해 쩔쩔매다. 표현에 곤란을 느끼다. ② 말 꺼내기를 꽤 힘들어하다.
言い当てる(いいあてる) 알아맞히다. 짐작으로 말한 것이 들어맞다.
言い逃げ(いいにげ) ☞ 言い逃れ(いいのが
言い逃れ(いいのがれ) 변명을 통한 발뺌. 또, 그 말.
言い逃れる(いいのがれる) 변명하여 발뺌
言い渡し(いいわたし) 언도. 선고. 알림.
言い渡す(いいわたす) ① 선고하다. ② (결정 사항·명령 따위를) 시달하다.
言い落とす(いいおとす) 깜빡 할말을 빠뜨
言い来たり(いいきたり) 예로부터 전해 내려오는 말. 「いこめる).
言い籠める(いいこめる) ⇨ 言い込める(い

言い漏らす(いいもらす) ① 할 말을 빠뜨리다〔잊다〕. ② (비밀을) 누설하다.
言い立て(いいたて) 구실. 핑계. 이유.
言い立てる(いいたてる) ① 주장하다. ② 열거하여 말하다. 초들어 말하다. ③ 아뢰다.
言い明かす(いいあかす) 이야기로 밤을 지새우다. 밤도와 이야기하다.
言い募る(いいつのる) 점점 열을 내어 말하다. 말이 점점 격해지다.
言い暮らす(いいくらす) 그 말만 되뇌며 날을 보내다.
言い聞かせる(いいきかせる) 타이르다. 훈계하다.
言い返す(いいかえす) ① 되풀이하여 말하다. ② 말대답하다. 응수하다. 말을 되받다.
言い抜け(いいぬけ) 발뺌. 책임 따위의 회피.
言い抜ける(いいぬける) 발뺌하다. 회피하다.
言い方(いいかた) ① 말씨. 말투. ② 표현(하기). 표현법.
言い放つ(いいはなつ) ① (서슴지 않고) 말하다. 공언(단언)하다. ② 함부로 말하다.
言いたい放題(いいたいほうだい) 제 마음대로 하고 싶은 말을 다하는 모양.
言い白ける(いいしらける) ① 그 말로 해서 흥이 깨지다. ② 기회를 봐서 말을 중단하다. ③ 언쟁하여 서먹해지다.
言い変える(いいかえる) (앞서의 말과는) 딴말을 하다.
言い歩く(いいあるく) (나쁜 소문 따위를) 퍼뜨리며 다니다.
言い伏せる(いいふせる) 설복하다. 말로써 상대를 제압하다.
言い付かる(いいつかる) 분부를〔명령을〕 받다.
言い付け(いいつけ) ① 분부. 명령. ② 일러바침. 고자질.
言い付ける(いいつける) ① 명령하다. ② 고자질하다. ③ 입버릇처럼 말하다. ④ 전언(傳言)을 당부하다.
言い負かす(いいまかす) 설복시키다. 말로써 상대를 제압하다.
言い負ける(いいまける) 언쟁(言爭)에서 지다. 말싸움에 지다.
言い腐す(いいくさす) 나쁘게 말하다. 헐뜯다. 불평.
言い分(いいぶん) ① 주장하고 싶은 말. ② 변명. ③ 사죄.
言い分け(いいわけ) ① 말의 가려쓰기. ② 변명. ③ 사죄.
言い紛らす(いいまぎらす) ① 말머리를 돌려 얼버무리다. ② 남의 말에 끼여들어 혼란케 하다.
言い捨て(いいすて) ① 내뱉는 말. ② 즉흥적으로 읊은 俳句(はいく). 즉흥작.
言い捨てる(いいすてる) ① 일방적으로 할 말만 하다. ② 씨부렁거리다.
言うに事欠いて(いうにことかいて) 달리 할 말도 있을 텐데 (쓸데없이 지껄여).
言う事を聞く(いうことをきく) 말을 듣다. 명령에 따르다.
言い散らす(いいちらす) ① 함부로 말하다. 아무렇게나 말하다. ② 여기저기 퍼뜨리다.
言い渋る(いいしぶる) (말 못할 사정으로) 말을 멈칫〔머뭇〕거리다. 말을 망설이다.
言い繕う(いいつくろう) 그럴듯하게 꾸며대다. 둘러대다.
言い洩らす(いいもらす) ⇨ 言い漏らす(いいもらす).
言い成り(いいなり) 말하는 대로. 하라는 대로. ‖~放題(ほうだい) 하라는 대로 함. 하고 싶은 말을 말함.
~次第(しだい) 하라는 대로 함〔됨〕.
言い消す(いいけす) ① 남의 말을 부인하다. ② 한 말을 취소하다.
言い続ける(いいつづける) ① 되풀이해서 말하다. 몇 번이나 말하다. ② 계속 말하다.
言い損じ(いいそんじ) 잘못〔틀리게〕 말함.
言い損なう(いいそこなう) ① 잘못 말하다. 틀리게 말하다. ② 말을 못하고 말다. 말할 것을 깜빡 잊다. ③ 실언하다.
言い送る(いいおくる) ① (편지 따위로) 말을 전하다. 말해 주다. ② 차례로 말을 전하다.
言い竦める(いいすくめる) 구슬리다.
言い手(いいて) 말하는〔이야기하는〕 사람.
言い習わし(いいならわし) ① 입버릇. ② 예로부터 구전되어 온 습관이나 말.
言い勝つ(いいかつ) 말다툼하여 이기다.
言い辛い(いいづらい) ① 말하기 어렵다〔괴롭다〕. ② 입에 내어 말하기가 거북하다.
言い悪い(いいにくい) ① 말하기 어렵다. ② 발음하기 어렵다. ③ 말 꺼내기가 거북하다.
言い様(いいよう) 말투. 말씨. *いいざまとも 읽음.
言い訳(いいわけ) ① 변명. 핑계. ② 사죄.
言い誤り(いいあやまり) 실수하여 말을 잘못함. 또, 잘못한 말. 실언(失言).
言い誤る(いいあやまる) 그릇 말하다. 잘못 말하다.
言い違い(いいちがい) 잘못 말함. 또, 그.
言い違える(いいちがえる) 잘못 말하다.
言い諭す(いいさとす) 도리로 깨우치다. 타이르다.
言い逸びれる(いいそびれる) 할 말을 못하고 말다. 말을 꺼낼 기회를 놓치다.
言い逸れる(いいはぐれる) ⇨ 言い逸びれる(いいそびれる).
言い入れる(いいいれる) 제언하다.
言い込める(いいこめる) 옥박질러 찍소리 못하게 하다. 이치로 따져 상대를 침묵시키다.
言い残す(いいのこす) ① 할 말을 다하지 않고 남겨 두다. ② (헤어질 때 뒷일에 대한) 당부의 말을 남기다.
言い囃す(いいはやす) ① 칭찬하며 말하다. 치켜세우다. ② 말을 퍼뜨리다. ③ (실패나 흠 따위를) 떠들어대며 조롱하다.
言い張る(いいはる) (자기의 주장을) 굽히지 않고 끝까지 버티다〔우겨대다〕.

言い争い(いいあらそい) 말다툼. 언쟁.
言い争う(いいあらそう) 말다툼하다. 언쟁하다.
言い伝え(いいつたえ) ① 말을 전함. 또, 전하는 말. ② 구전(口傳). 전설.
言い伝える(いいつたえる) ① 말을 전하다. ② 한쪽 의견을 다른 쪽에 말로 전하다.
言い前(いいまえ) ① 하고 싶은 말. ② 핑계. 변명.
言い詮(いいがい) ⇨ 言い甲斐(いいがい).
言い切り(いいきり) ① 단언. ② 문장의 종지(終止).
言い切る(いいきる) ① 단언〔단정〕하다. 잘라 말하다. ② 말을 마치다.
言い切れる(いいきれる) 단정해 말할 수 있
言い淀む(いいよどむ) 말이 막히다. 말을 머뭇거리다.
言い条(いいじょう) ① 할 말. 주장. ②〈雅〉《…とは~'의 형태로》…라고는 하나. …하다고는 해도.
言う条(いうじょう) ☞ 言い条(いいじょう).
言い足す(いいたす) 보충해서 말하다. 보태어 말하다.
言い拵える(いいこしらえる) 그럴듯한 말로 달래거나 속이다.
言い終わる(いいおわる) 끝까지 말을 다 끝내다.
言い種(いいぐさ) ⇨ 言い草(いいぐさ).
言い做す(いいなす) ① 그럴듯하게 말하다. ② 좋은 말로 중재하다. ③ 형용하다.
言い中てる(いいあてる) ⇨ 言い当てる(いいあてる).
言い止す(いいさす) 말을 하다가 말다. 말을 중간에서 그치다.
言い知らず(いいしらず) ① 이루 말할 수 없다. 비길 수 없을 만큼 훌륭하다. ② 하찮다.
言い知れない(いいしれない) ☞ 言い知れぬ(いいしれぬ).
言い知れぬ(いいしれぬ) 말할 수 없는. 말 못할. 이루 표현할 수 없는.
言い遅れる(いいおくれる) 더 일찍 말해야 할 것을 뒤늦게 말하다.
言い直し(いいなおし) 말을 정정함. 또, 그 말.
言い直す(いいなおす) 고쳐 말하다. 다시〔바꾸어〕 말하다.
言い尽くす(いいつくす) 죄다 말해 버리다.
言い添える(いいそえる) 덧붙여 말하다.
言い替え(いいかえ) 다른 말로 바꿔 말함. 또, 그 말. 환언(換言).
言い替える(いいかえる) 바꿔 말하다.
言い草(いいぐさ) ① 말씨. 말투. ② 변명. 구실. ③ 이야깃거리.
言い触らす(いいふらす) 말을 퍼뜨리다. 선전하다.
言い出し(いいだし) 말하기 시작함. 허두. 모두(冒頭).
言い出す(いいだす) 말을 꺼내다. 말을 시작하다. 처음으로 말하다.
言い出しっ屁(いいだしっぺ)〈俗〉① 구리다고 처음 말한 자가, 실은 방귀를 뀐 장본인이라는 말. ② 말을 꺼낸 사람이 먼저 시작함.
言い値(いいね) (팔 사람이) 부르는 값.
言い置き(いいおき) ① 말하여 둠. ② 남긴 말. 유언(遺言).
言い置く(いいおく) 말해 두다. 말을 남기다.
言い憚る(いいはばかる) 말하기를 꺼리다.
言い通す(いいとおす) 우겨대다. 고집을 부리다.
言い破る(いいやぶる) ① 말로써 상대를 제압하다. 논파(論破)하다. ② 도리·진리를 말로 나타내다. ③ 비난하다. 욕을 하다.
言い包める(いいくるめる) 구슬리다. 말로 구워삶다. *いいくろめる로도 읽음.
言い表わす(いいあらわす) 말로 나타내다. 표현하다.
言い被せる(いいかぶせる) (죄나 책임 따위를) 남에게 뒤집어씌워 말하다. 넘겨〔덮어〕씌우다.
言い含める(いいふくめる) 알아듣게 말하다. 말하여 깨닫게 하다.
言い合い(いいあい) ① 서로 말하는 일. ② 말다툼. 말시비.
言い合う(いいあう) ① 서로 말하다. ② 말다툼하다. 언쟁하다.
言い合わせる(いいあわせる) ① 서로 의논하다. ② 미리 합의해 두다. 미리 짜다.
言い解く(いいほどく) 해명〔변명〕하다.
言い現わす(いいあらわす) ⇨ 言い表わす(いいあらわす).
言い丸める(いいまるめる) 말로 교묘히 속이다. 구슬리다.
言い換え(いいかえ) ⇨ 言い替え(いいかえ).
言い換える(いいかえる) ⇨ 言い替える(いいかえる).
言い滑らす(いいすべらす) 까딱 입을 잘못 놀리다.
言い回し(いいまわし) 표현(하기). 말(주)
言い後れる(いいおくれる) ⇨ 言い遅れる(いいおくれる).
言い詰める(いいつめる) ① 극언(極言)하다. ② 상대를 말로 몰아세우다.
とは言いながら(とはいいながら) ☞ とは言え(とはいえ).
とは言うものの(とはいうものの) …하다고는 하나. …이라 하더라도.
とは言え(とはいえ) ① 그렇다 하더라도. 그렇지만. ② …라고 하지만.

其他
言痛し(こちたし)〈雅〉① 번거롭다. 귀찮다. ② 어마어마하다. ③ (양·정도가) 매우 크다.

彦(ひこ) 남자의 미칭.

彦男(ひこじ) 남편.
彦星(ひこぼし)『天』견우성.
彦神(ひこがみ) 남자의 신(神).

11 亻	偃	누울 **언** エン ふす

音読▶
偃武(えんぶ) 언무. 무기를 거두고 쓰지 않음. 전쟁이 끝남.
偃鼠(えんそ) ①시궁쥐. ②두더지.
偃月(えんげつ) 언월. 초승달 따위 반월이 채 안 된 달. ♣~刀(とう) 언월도.

11 灬	焉	어찌 **언**·어조사 **언** エン いずくに·いずくんぞ

音読▶
焉馬(えんば) (자형(字形)이 비슷하여) 틀리기 쉬운 글자. 언오(焉烏).

訓読▶
焉んぞ(いずくんぞ) 어찌.

12 土	堰	방죽 **언**·둑 **언** エン せき·せく

音読▶
堰塞(えんそく) 언색. 물의 흐름을 막음.
∥~湖(こ)『地』언색호. 폐색호.
堰堤(えんてい) 언제. 댐.

訓読▶
堰(せき) 보. 봇둑. 제언(堤堰). *いせきろ도 읽음.
堰く(せく) ①(물줄기 따위를) 막다. ②(사람의 사이를) 떼어놓다.
堰口(せきぐち) 둑의 물을 내보내는 곳.
堰止め湖(せきとめこ)『地』언지호(堰止湖). 언색호.
堰出し(せきだし) 천의 바탕과 무늬의 경계에 납(蠟)이나 풀을 발라 완전히 구별하는 염색법.
堰板(せきいた) ①토목 공사 등에서 굴착한 흙의 유출·붕괴를 막기 위해 두르는 널빤지. ②거푸집널. 콘크리트를 치기 위한 틀.

其他▶
堰の口(いのくち) 봇물이 낙하하는 출구.
堰杙(いぐい) 보에 박은 말뚝.

14 女	嫣	상긋웃을 **언** エン あでやか

音読▶
嫣然(えんぜん) 언연. (젊은 여자가) 매력 있게 웃는 모양. 상긋 웃는 모양.

16 言	諺	상말 **언** ゲン ことわざ

音読▶
諺語(げんご) 언어. 이언(俚諺). 속담.
諺解(げんかい) 언해. 알기 쉬운 말로 쓴 해석.

訓読▶
諺(ことわざ) 속담. 이언(俚諺).

其他▶
諺文(オンモン) 언문(『ハングル(=한글)』의 구칭). *オンムン으로도 읽으며, 예전에는 げんぶん이라고 했음.

23 鼠	鼹	두더지 **언** エン もぐら

参考▶ 鼴과 同字.

其他▶
鼹鼠(もぐら)『動』두더지.

얼

16 口	噦	딸꾹질할 **얼** エツ·カイ しゃっくり·しゃくる

訓読▶
❖噦る(しゃくる) ①딸꾹질하다. ②흐느껴 울다. *さくる로도 읽음.
噦り(しゃっくり) 딸꾹질. *しゃくり·さくり로도 읽음.
噦り上げる(しゃくりあげる) 흑흑 흐느끼다.
噦り泣き(しゃくりなき) 흑흑 흐느껴 욺.

21 艹	蘖	그루터기 **얼** ゲツ·ケツ ひこばえ

訓読▶
蘖(ひこばえ)『植』움돋이. 또, 움.

엄

8 大	奄	가릴 **엄** エン おおう

音読▶
奄奄(えんえん) 엄엄. ①숨이 곧 끊어질 듯한 모양. ②어두컴컴한 모양.

掩

11 扌 **掩** 가릴 엄·덮을 엄
エン
おおう

音読→
掩蓋(えんがい) 엄개. ①씌우개. 덮개. ②〖軍〗진지·참호 등의 지붕.
掩体(えんたい)〖軍〗엄체.
掩蔽(えんぺい) 엄폐. ①덮어 가림. ②〖天〗성식(星蝕).「호.
掩壕(えんごう)〖軍〗엄호. 엄호용으로 판
掩護(えんご) 엄호.
‖〜射撃(しゃげき) 엄호 사격.

訓読→
掩う(おおう) ①덮다. 가리다. ②숨기다.

淹

11 氵 **淹** 담글 엄·머무를 엄
エン
ひたす·いれる

音読→
淹留(えんりゅう) 엄류. 오래 머무름.
淹滞(えんたい) 엄체. ①적체됨. ②재능이 있으면서도 하위(下位)에 머물러 있음.

罨

13 罒 **罨** 그물 엄·덮을 엄
アン
あみ·おおう

音読→
罨法(あんぽう) 엄법. 찜질.

閹

16 門 **閹** 고자 엄·환관 엄
エン

音読→
閹人(えんじん) 엄인. 고자(鼓子).

厳

17 ッ 教 **厳**(嚴) 엄할 엄·혹독할 엄
ゲン·ゴン
おごそか·きびしい·いかめしい

音読→
厳(げん) ①엄(중)함. 심함. ②엄연. 엄숙.
厳たる(げんたる) 엄연한. 엄숙한.
厳として(げんとして) 엄연히. 엄(숙)히.
厳に(げんに) 엄히. 엄중히.
厳格(げんかく) 엄격.
厳戒(げんかい) 엄계. 엄중히 경계함.
厳科(げんか) 엄과. 엄한 형벌.
厳君(げんくん) 엄군. 엄친. 남의 부친에 대한 높임말.
厳禁(げんきん) 엄금.
厳達(げんたつ) 엄달. 엄중히 시달(示達)함.
厳談(げんだん) 엄담. 엄격한 담판.
厳冬(げんとう) 엄동.
厳烈(げんれつ) 엄렬. 엄격하고 격렬함.
厳令(げんれい) 엄령. 엄명.
厳律(げんりつ) 엄한 규율.
厳命(げんめい) 엄명. 엄중한 명령.
厳明(げんめい) 엄명. 엄격하고 명백함.
厳密(げんみつ) 엄밀.
厳罰(げんばつ) 엄벌.
厳法(げんぽう) 엄법. 엄중한 법.
厳封(げんぷう) 엄봉. 엄중히 봉함.
厳父(げんぷ) 엄부. 엄친.
厳秘(げんぴ) 엄비. 극비.
厳暑(げんしょ) 엄서. 혹서.
厳選(げんせん) 엄선.
厳守(げんしゅ) 엄수.
厳修(ごんしゅ) 엄수. 의식 따위를 엄숙하게 치름.
厳粛(げんしゅく) 엄숙.
‖〜主義(しゅぎ) 엄숙주의.
厳顔(げんがん) 엄숙한 얼굴.
厳然(げんぜん) 엄연.
厳容(げんよう) 엄용. 엄숙한 모습·용모.
厳威(げんい) 엄위. 엄숙하고 위엄이 있음.
厳正(げんせい) 엄정.
‖〜中立(ちゅうりつ) 엄정 중립.
厳浄(ごんじょう) 엄정. 엄숙하고 깨끗함.
厳存(げんそん) 엄존. 엄연히 존재함.
厳峻(げんしゅん) 엄준. 매우 엄격함. 준엄.
厳重(げんじゅう) 엄중.
厳責(げんせき) 엄책. 엄중히 책함.
厳親(げんしん) 엄친. 엄부.
厳探(げんたん) 엄탐. 엄밀하게 정탐함.
厳寒(げんかん) 엄한. 심한 추위.
厳行(げんこう) 엄격히 지켜 실행함.
厳刑(げんけい) 엄형. 엄벌.
厳酷(げんこく) 엄혹. 가혹(苛酷).

訓読→
厳か(おごそか) 엄숙함.
❖**厳しい** □(きびしい) 엄하다. (혹)심하다. 냉혹〔지독〕하다.
□(いかめしい) 위엄이 있다. 위암감을 주다.
厳し(いかめし) ①〈文〉☞厳しい(いかめしい). *古語로는 いかし라고도 함. ②격심하다. ③훌륭하다. 근사하다.
厳しさ(きびしさ) 엄함. 냉엄함. 지독함.

其他→
厳い □(いかつい) 딱딱하다. 위엄 있게 보이다.
‖〜顔(かお) 딱딱하고 위엄 있는 얼굴.
□(いかい) ①크다. 많다. 대단하다. ②심히. 매우.
厳う(いこう) 〈文〉몹시. 매우.

儼

22 イ **儼** 근엄할 엄
ゲン
おごそか

音読→
儼然(げんぜん) 엄연.
儼存(げんそん) 엄존. 엄연히 존재함.
儼乎(げんこ) 엄숙한 모양.

업

| 13 木 教 | 業 | 업 업
ギョウ・ゴウ
わざ・なりわい |

音読

業間(ぎょうかん) 업간. 작업이나 수업의 짬〔사이사이〕.
業界(ぎょうかい) 업계.
∥～紙(し) 업계지. 동업자 신문.
業苦(ごうく)《佛》업고. 전세의 악업으로 이승에서 받는 고통.
業果(ごうか)《佛》업과. 업보.
業力(ごうりき)《佛》업력. 과보(果報)를 이끄는 업의 힘.
業務(ぎょうむ) 업무.
∥～管理(かんり) 업무 관리. 생산 관리.
～命令(めいれい) 업무 명령.
～妨害罪(ぼうがいざい) 업무 방해죄.
～上過失(じょうかしつ) 업무상 과실.
～上横領罪(じょうおうりょうざい) 업무상 횡령죄.
～災害(さいがい) 업무 재해.
～執行者(しっこうしゃ) 업무 집행자.
業病(ごうびょう)《佛》업병. 악업(惡業)의 응보로 생긴 병. 「읽음.
業報(ごうほう)《佛》업보. *ごっぽう로도
業腹(ごうはら) 몹시 부아가 복받침.
業晒し(ごうさらし) ⇨業曝し(ごうさらし).
業厄(ごうやく)《佛》업액.
業余(ぎょうよ) 본업 이외에〔여가에〕 하는
業容(ぎょうよう) 내용의 사용. 「일.
業人 ㊀(ごうにん) ① 전세의 악업의 응보를 받는 사람. ② 남을 욕하는 말.
㊁(わざびと) 기술이 뛰어난 사람.
業因(ごういん)《佛》업인. 선악의 업보를 받는 원인. 또, 그러한 행위.
業者(ぎょうしゃ) 업자.
業作(ぎょうさ) 일을 함. 작업.
業障(ごうしょう)《佛》업장. *ごっしょう로도 읽음.
業績(ぎょうせき) 업적.
∥～相場(そうば) 업적〔실적〕 시세.
～主義(しゅぎ) 업적주의.
業転もの(ぎょうてんもの) 업자간에 전매되는 상품.
業際(ぎょうさい) 여러 분야의 사업에 걸침.
業種(ぎょうしゅ) 업종.
業主(ぎょうしゅ) 업주. 사업주.
業体(ぎょうてい) ① 영업의 상태. 업태. ② 행동(거지). 품새.
業態(ぎょうたい) 업태. 영업이나 기업의 상
業曝し(ごうさらし) ①《佛》전생에 지은 죄로 이승에서 당하는 욕〔망신〕. 또, 그 사람.
② 남을 악담하는 말. 「큰 폭풍.
業風(ごうふう)《佛》업풍. 지옥에서 부는
業火(ごうか)《佛》업화. 지옥의 맹렬한 불. 전하여, 불 같은 노여움.
業況(ぎょうきょう) 업황. 개개의 기업 내지 산업의 경기 상황. 「지수.
∥～判断指数(はんだんしすう) 업황 판단

訓読

業 ㊀(わざ) ① 행위. 짓. ②(생활을 위한) 일. 직업. *②는 なり로도 읽음.
㊁(ぎょう)《接尾語로》…업. 「(業報).
㊂(ごう)《佛》업. ① 선악의 행위. ② 업보
業物(わざもの) 잘드는 도검(刀劍).
業事(わざごと) 특별한 연습이 필요한 동작이나 기술.
業師(わざし) ①(씨름・유도 등에서) 기술이 뛰어난 사람. ② 술수에 능한 사람. 술책가.
業前(わざまえ) 솜씨. 기량.

에

| 16 歹 | 殪 | 쓰러질 에・쓰러뜨릴 에
エイ
たおす・たおれる |

訓読

殪す(たおす) (동물 등을) 죽이다. 잡다.
殪れる(たおれる) (사고 따위로 갑자기) 죽다. 죽임을 당하다.

여

| 3 一 常 | 与 (與) | 더불 여・줄 여・편들 여
ヨ あたえる・あず
かる・か・く・くみす
る・と・ともに・より |

音読

与件(よけん) 여건. 주어진 조건.
与格(よかく)《文法》여격. 주로 동사에 대해 간접적인 목적어 관계에 있는 주어의 격(格). 인도・유럽 어족 계통에서 볼 수 있음.
与国(よこく) 여국. 동맹국.
与党(よとう) 여당. ① 정부를 지지하는 정당. ② 도당(徒黨).
与同(よどう) 동의하고 힘을 빌려줌. 한 패거리가 됨. 또, 그 사람.
与力(よりき) ① 江戸(えど) 시대에, 奉行(ぶぎょう) 등에 소속하여 부하인 '同心(どうしん)(=지금의 경찰관)'을 지휘하던 사람. ② 가세. 조력. 「망.
与望(よぼう) 여망. 세상의 신뢰. 기대. 중
与信(よしん)《經》여신.
∥～業務(ぎょうむ)《經》여신 업무.
与圧(よあつ)《空》비행기가 고공(高空) 비

행을 할 경우 객실의 기압을 바깥 대기압보다 올려 지상과 같은 기압을 유지하는 일.
∥~客室(きゃくしつ)〖空〗비행기에서, 사람이 있는 공간을 기밀(氣密)로 하여 지상의 기압과 비슷하게 가압한 객실.
与知(よち) 그 일에 관계하여 알고 있음.
与奪(よだつ) ①여탈. ②재산을 넘겨줌. ③지시하는 일.
与太(よた) ①与太者(よたもの)의 준말. ②与太郎(よたろう)의 준말. ③게으름. ④허튼수작.
〜を飛(と)ばす 허튼말을 하다.
与太る(よたる)〈俗〉①불량자를 닮아가다. ②허튼소리를 하다.
与太郎(よたろう)〈俗〉바보. 멍청이.
与太者(よたもの) ①게으름뱅이. ②불량배. ③바보. 못난이.
与太話(よたばなし) 하찮은 이야기. 농담.

[訓読]
与う(あたう)〈文〉☞与える(あたえる).
❖与える(あたえる) 주다. 수여하다.
与え(あたえ) 줌. 준 것.
❖与する(くみする) 한패가 되다. 편들다.
与し易い(くみしやすい) 상대하기 쉽다. 다루기 쉽다.
❖与る(あずかる) ①관여〔관계〕하다. ②(호의·친절을) 받다.
与り知る(あずかりしる) 관련되다. 관여하다.

4	予	나 여
		ヨ
		われ

[音読]
予(よ) 여. 나〔한문투의 문장에 씀〕.
予輩(よはい) 우리들.

6 女 常	如	같을 여·어찌 여
		ジョ·ニョ
		ごとし·しく

[音読]
如今(じょこん) 여금. 지금. 현재.
如来(にょらい)〖佛〗부처의 존칭.
如簾(じょれん) 식기(食器)를 덮는 발.
如露(じょろ) ☞如雨露(じょうろ).
如鱗木(じょりんもく) 비늘과 같은 나뭇결.
如法(にょほう) ①〖佛〗여법. 교법이나 격식대로 함. ②승려의 행실이 올바름. ③문자 그대로. 아주. 매우.
∥~経(きょう)〖佛〗특정 방식으로 베껴 쓴 경전.
〜暗夜(あんや) 문자 그대로 몹시 캄캄함.
如菩薩(にょぼさつ) 보살처럼 자비로움.
如上(じょじょう) 여상. 상술. 상기(上記).
如是(にょぜ)〖佛〗여시. 이와 같음. 여차(如此).
∥~我聞(がもん)〖佛〗여시아문.
如実(にょじつ) ①여실. 있는 그대로임. ②〖佛〗우주 만물의 실체. 진여(眞如).

∥~知見(ちけん)〖佛〗여실지견. 있는 그대로 올바르게 보고, 올바르게 알고 있음.
如夜叉(にょやしゃ) 야차〔두억시니〕와 같이 무서움.
如雨露(じょうろ) 물뿌리개.
如意(にょい) 여의. ①사물이 뜻대로 됨. ②〖佛〗독경·설법할 때 승려가 갖는 고사리 모양의 불구(佛具). ♣〜棒(ぼう) 여의봉.
∥~輪観音(りんかんのん)〖佛〗여의륜 관음《여의 보주로 중생에게 행복과 재산을 주는 관세음보살》.
〜宝珠(ほうじゅ)〖佛〗여의 보주.
如才(じょさい) 빈틈. 소홀. 소략(疎略).
〜無い(ない) 붙임성이 좋다. 「재.
如幻(にょげん)〖佛〗몽환(夢幻)과 같은 존

[訓読]
如(ごと) …와 같이.
如かず(しかず) 미치지〔따르지〕 못하다. …하느니만 (같지) 못하다.
如き(ごとき) …과 같은.
如く(ごとく) …과 같이.
㊁(しく)〈雅〉미치다. 필적하다.
如くなり(ごとくなり)〈雅〉☞如し(ごとし).
如し(ごとし) ①…같다. 비슷하다. ②…인 듯하다. ③…같은. …와 같다.

[其他]
如月 ㊀(きさらぎ)〈雅〉음력 2월.
㊁(じょげつ) 음력 2월의 딴이름.
如何 ㊀(いかが)〈雅〉①어떻게. ②어떻습니까. ③어떨까.
㊁(いかん) ①여하. ②어떻게. 어떠한지.
㊂(どう) ①☞㊁. ②아무리 (…해도).
如何か(どうか) ①제발. 부디. 아무쪼록. ②이럭저럭. 어떻게든. ③어쩐지. 어떻는지.
如何して(どうして) ①어떻게. ②왜. 어째서. ③《感動詞적으로》웬걸. 웬걸요. 천만에(요).
如何しても(どうしても) ①《否定語를 수반하여》아무리 해도. ②무슨 일이 있어도.
如何せん(いかんせん) 어찌하랴. 유감스럽게도.
如何な(いかな) ①어떠한. 여하한. ②《뒤에 否定語를 수반하여》아무리 해도.
如何なる(いかなる)〈雅〉어떠한.
如何に(いかに) ①어떻게. 어떤 방법으로. ②《假定을 수반하여》아무리. ③어찌 될 것인가.
如何にか(どうにか) ①이럭저럭. 그런대로. ②겨우.
如何にも ㊀(いかにも) ①어떻게든지. ②아무리 생각해도. ③과연. 확실히. ④자못. 정말이지.
㊁(どうにも) ①아무리 해도. ②☞㊀.
如何わしい(いかがわしい) ①믿음직하지 않다. 어정쩡하다. ②(도덕상) 좋지 않다. ③저속하다.
如何物(いかもの) ①가짜. ②꺼림한 물건.
∥~師(し) 야바위꾼. 사기꾼《가짜 물건을 만

들거나 팔거나 하는 자》.
~食い(ぐい) ①보통 사람이 안 먹는 것을 즐겨 먹음. 또, 그 사람. ②색다른 취미를 가짐. 또, 그 사람.
如何の斯うの(どうのこうの) 이러쿵저러쿵. 이러니저러니.
如何様 ㊀(いかさま) ①〈老〉과연. ②(그럴듯한) 모조품. 가짜. ♣~物(もの) 위조품 / ~師(し) 사기꾼.
㊁(いかよう)〈老〉어떠한.
如何程(いかほど) ①얼마나. 얼마쯤. ②아무리.
如何致しまして(どういたしまして) 천만의 말씀(입니다).
如何許り(いかばかり) 얼마나. 아무리.

汝 너 여 / ジョ / なんじ

【訓読】
汝 ㊀(なんじ)〈雅〉너. 그대. *なれ로도 읽음.
㊁(うぬ) ①자신. 나. ②네놈. 이놈.

【其他】
汝等 ㊀(うぬら) 복수(複數)의 상대를 매도하여 쓰는 말《단수의 상대에게 쓸 때도 있음》.
㊁(わいら) ①너희들. ②우리(들).
汝兄(なせ)〈古〉당신. 낭군. 내님.

余(餘) 남을 여·나머지 여 / ヨ / あまる·あます

【音読】
余(よ) ①여. 나머지. 이상. ②이외. 그 밖. ③《接尾語로》…이외. 이상. ④여. 나.
余の(よの) 다른. 딴.
余暇(よか) 여가. 겨를. 틈. 짬.
∥~時間(じかん) 여가 시간.
余角(よかく)〖數〗여각.
余慶(よけい) 여경. ①좋은 업보(業報). ②덕분. 덕택.
余計(よけい) ①여분(餘分). ②더욱. ③(정도가 지나쳐) 쓸데없음. 무익함. 「움.
~なお世話(せわ) 쓸데없는 (말) 참견(도
∥~者(もの) 귀찮은 존재. 애물.
余光(よこう) 여광. ①잔광(殘光). ②선인(先人)의 음덕.
余国(よこく) 다른 나라. 타국. 외국.
余技(よぎ) 여기. 전문이 아닌 취미로 하는 기
余年(よねん) 여년. 여생. 「예.
余念(よねん) 여념. 다른 생각. 잡념.
∥~無く(なく) 다른 생각 없이. 열심히.
余党(よだん) 여담.
余党(よとう) 여당. 나머지 도당. 잔당.
余徳(よとく) 여덕. 죽은 뒤에도 남은 은덕.
余毒(よどく) 여독. 뒤에까지 남는 해독.
余得(よとく) 부수입. 여분의 이익.

余力(よりょく) 여력. 남은 힘[역량]. 여유.
余瀝(よれき) 여력. ①여적(餘滴). ②남에게서 받는 은혜.
余齢(よれい) 여령. 여년(餘年). 여명. 여생.
余禄(よろく) ①〈俗〉여록. 부수입. 가외 수입. ②어떤 일에 부수하여 찾아오는 복.
余録(よろく) 여록. 나타난 기록에 누락된 사실의 기록. 여화(餘話). 「붙인 논술.
余論(よろん) 여론. 본론을 보충하기 위해 덧
余流(よりゅう) 여류. 지류. 본류에서 갈라져 나온 (물)줄기.
余類(よるい) 여류. 남은 무리. 잔당.
余命(よめい) 여명. 여생(餘生).
余聞(よぶん) 여담(餘談).
余の物(よのもの) 다른 것.
余味(よみ) 여미. 뒷맛. 후미(後味).
余芳(よほう) ①나중까지 남아 있는 방향. ②후세에 남아 있는 영예.
余輩(よはい) 여배. 우리(들). 여등(余等).
余白(よはく) 여백.
余病(よびょう) 여병. 합병증. 병발증.
余分(よぶん) 여분. ①나머지. 우수리. ②덤. 더 이상(以上).
余憤(よふん) 여분. 노여움이 풀리지 않은 채 가시지 않은 노여움.
余事(よじ) 여사. ①딴 일. ②여력으로 또는 여가에 하는 일.
余事象(よじしょう)〖數〗여사상. 사상 A에 대해서 A가 일어나지 않는다는 사상. 곧, 주사위를 던질 경우 1이 나온다는 사상에 대한 여사상은 2·3·4·5·6이 나오는 일.
余算(よさん) 남은 수명. 여명.
余色(よしょく) 여색. 보색(補色).
余生(よせい) 여생. 「석.
余席(よせき) 남은 자리. 예약되지 않은 좌
余説(よせつ) ①보충 설명. ②다른 설(說).
余声(よせい) 뒤에 남는 목소리.
余勢(よせい) 여세.
~を駆(か)って 여세를 몰아〔타고〕.
余所(よそ) ①딴 곳. 남의 집. ②전연 자기와 상관없는 일. 「눈.
~の見(み)る目(め) 남이 보는 눈. 남의
余所がましい(よそがましい) 서먹서먹하다. 데면데면하다. 쌀쌀하다.
余所げ(よそげ) 쌀쌀한 모양. 모르는 척하는 모양
余所見(よそみ) ①한눈 팖. 곁눈질. ②남이 봄. 남보기.
余所目(よそめ) ①남의 눈. 남이 봄. ②한눈 팖. 곁눈질.
余所聞き(よそぎき) 평판. 소문.
余所事(よそごと) 남의 일. (자기와) 관계없는 일. 「음.
余所心(よそごころ) 쌀쌀한 마음. 냉담한 마
余所余所しい(よそよそしい) (지금까지와는 달리) 쌀쌀하다. 서먹서먹하다.
余所外(よそほか) ☞余所(よそ).
余所耳(よそみみ) 우연히 들음.

余所人(よそびと) 남. 자기와 관계없는 사람. 타인.
余所者(よそもの) 타관 사람.
余所ながら(よそながら) ① 멀리서나마. ② 슬머시. 간접으로. 은연중.
余所着(よそぎ) 외출복.
余所行き(よそゆき) ① 외출. 나들이옷. ② 격식 차린 말씨·태도.
余水(よすい) 남아 있는 물. 「(水門)
∥**～路**(ろ) (특히 댐·저수지에 마련된) 수문
余習(よしゅう) ① 여습. 이전부터 몸에 배어 있는 습관. 지금도 몸에 붙어 있는 버릇. ② 『佛』 숙습(宿習).
余矢(よし) 『數』 여시. 어떤 각의 사인(sine)을 1에서 뺀 것.
余蒔き(よまき) 『農』 수확한 종자를 그 해에 다시 한번 뿌려서 거둬들이는 일.
余燼(よじん) 여신. 화재 때 타다 남은 불.
余殃(よおう) 여앙. 나쁜 짓을 한 앙얼로 그 자손이 받는 재앙.
余業(よぎょう) ① 잔업. ② 여업. 부업.
余煙(よえん) 꺼지지 않고 남아 있는 불의 연기.
余烈(よれつ) 여열. 선인들이 남긴 훌륭한 공적. 「暑.
余熱(よねつ) 여열. ① 남은 열기. ② 잔서(殘
余炎(よえん) 여염. ① 미처 다 꺼지지 않고 남은 불꽃. ② 잔서(殘暑).
余焰(よえん) ⇨ 余炎(よえん)①.
余映(よえい) 여광(餘光). 해나 달이 진 뒤에 은은하게 남은 빛. 「영광)[명예].
余栄(よえい) 여영. 사후(死後)에까지 남는
余蘊(ようん) 여온. 남은 저축. 여분.
余韻(よいん) 여운. 여음(餘音). 전하여, 가시지 아니한 운치. 여정(餘情).
余威(よい) 여위. ① 여세(餘勢). ② 선인(先人)이 남긴 위광(威光).
余裕(よゆう) 여유.
∥**～綽綽**(しゃくしゃく) 여유작작.
～派(は) 여유파. 일본에서, 반(反)자연주의의 한 파.
余胤(よいん) 자손. 후손.
余意(よい) 여의. 말로는 표현되지 않은 뜻.
余の儀(よのぎ) 다른 일. 「다.
余儀無い(よぎない) 어쩔 수 없다. 부득이하
余人(よじん) 다른 사람. 타인. *老人語로는 よにん이라고도 함.
余日(よじつ) 여일. ① 남아 있는 날수. 앞날. ② 다른 날. ③ 한가한 날.
余剰(よじょう) 잉여.
∥**～価値**(かち) 잉여 가치.
～農産物(のうさんぶつ) 잉여 농산물.
～物資(ぶっし) 잉여 물자.
～人員(じんいん) 잉여 인원.
余子(よし) 여자. ① 적자(嫡子) 이외의 자식. ② 그 사람 이외의 사람. 「자금.
余資(よし) 여자. 남아 있는 자금. 쓰다 남은
余材(よざい) 남은 재목〔재료〕.

余財(よざい) 여재. 남은 재산.
余滴(よてき) ① 붓끝에 남은 먹물. ② 비온 뒤 끝에 떨어지는 낙숫물. ③ 여담.
余接(よせつ) 『數』 여접. 코탄젠트.
余情(よじょう) 여정. 여운(餘韻). (시(詩)·문장의) 깊은 맛. *옛날에는 よせい라고도 하였음.
余程(よほど) ① 상당히. ② 정말(이지). 꼭. 단호히. 「줄말.
余っ程(よっぽど) 〈俗〉 '余程(よほど)'의 힘
余罪(よざい) 여죄. 「중.
∥**～追及中**(ついきゅうちゅう) 여죄 추궁
余地(よち) 여지. 여유.
余塵(よじん) 여진. ① 나중에 이는 먼지. ② 선인(先人)이 남겨 놓은 흔적·자취.
余震(よしん) 여진. 큰 지진 다음에 한동안 계속되는 약한 지진.
余執(よしゅう) 『佛』 마음에 남아 떨어지지 않는 집착. 사후(死後)에까지 이 세상에 남긴 집념. 「집합.
余集合(よしゅうごう) 『數』 여집합. 보(補)
余喘(よぜん) 여천. 당장 끊어질 것 같은 가느다란 숨.
～を保つ(たもつ) 겨우 목숨을 부지하다. 간신히 명맥을 유지하다.
余臭(よしゅう) ① 여취. 나중까지 남아 있는 냄새. ② 자취. 흔적.
余沢(よたく) 여택. 조상이 남긴 은덕. 음덕(蔭德). 여덕(餘德).
余波 ㊀(よは) 여파. 여세. 영향.
㊁(なごり) 여파. ① 바람이 그쳐도 자지 않는 파도. ② 파도가 밀려간 뒤 해변에 남은 바닷물.
余弊(よへい) 여폐. ① 아직도 남아 있는 폐해(피해). ② 수반해서 생긴 폐해.
余風(よふう) ① 폭풍이 멎은 후 잠시 계속해 부는 바람. ② 여풍. 유풍(遺風).
余寒(よかん) 여한. 늦추위.
余割(よかつ) 『數』 여할. 코시컨트.
余香(よこう) ① 여향. 나중까지 남아 있는 향기. ② 선인(先人)의 덕.
余響(よきょう) 여향. 여음(餘音). 여운.
余弦(よげん) 코사인. 여현(餘弦).
余花(よか) 초여름에까지도 피어 있는 벚꽃.
余話(よわ) 여화. 여적(餘滴). 여담.
余薰(よくん) 여훈. ① 여향(餘香). ② 위대한 선인(先人)의 덕. 여음(餘蔭).
余醺(よくん) 여훈. 아직 가시지 않고 풍기는
余興(よきょう) 여흥. └술기운.

🈖
余す(あます) 남게 하다. 남기다. 남아 있다.
～所(ところ)**なく** 남김없이. 모조리.
❖**余る**(あまる) ① 남다. ② 어떤 수량을 넘다. ③ 자기 능력 이상이다.
余り(あまり) ① 남은 것. 여분. ② 너무 지나치게. ③ 과도함. 너무함. *②·③은 あんまり로도 읽음.
余りあり(あまりあり) 〈文〉 아무리 …해도

모자라다.
余りある(あまりある) 여유가 있다. …하는 데 충분하다.
余りに(あまりに) 너무나. 지나치게. 몹시.
余り物(あまりもの) 여분. 나머지.
余り者(あまりもの) 쓸모 없는 사람. 귀찮은 존재.

9 臼	舁	마주들 여 ヨ かく・かつぐ

訓読▶

❖**舁く**(かく) 메다. 특히, 두 사람 이상이 메다.
舁き上げる(かきあげる) 짊어지다.
舁き入れる(かきいれる) 짊어져 들이다.

10 艹	茹	연할 여·데칠 여 ジョ ゆでる

訓読▶

茹る(ゆだる) ① 데쳐지다. 삶아지다. *うだるにも 읽음. ② 더위로 나른해지다.
❖**茹でる**(ゆでる) ① 삶다. *うでる라고도 함. ② 부은 데를 더운 물로 찜질하다.
茹で卵(ゆでたまご) 삶은 달걀. *うでたまご라고도 함.
茹で麺(ゆでめん) 삶은 국수나 메밀국수.
茹で物(ゆでもの) 삶은 것. 삶은 식품.
茹で上がる(ゆであがる) 삶아〔데쳐〕지다. 완전히 익다.
茹で小豆(ゆであずき) (달게 만든) 삶은 팥. *うであずき라고도 함. 「ご」.
茹で玉子(ゆでたまご) ⇨ **茹で卵**(ゆでたま
茹で栗(ゆでぐり) 삶은 밤.
茹で溢す(ゆでこぼす) 데친 다음에 그 물을 따라 버리다. *うでこぼす라고도 함.
茹で蛸(ゆでだこ) 데쳐서 빨개진 낙지. 또, 술에 취하거나 목욕탕에 들어가 벌겋게 된 얼굴의 형용. 「우.
茹で海老(ゆでえび) 익혀서 붉은색을 띤 새

17 車	輿	가마 여 ヨ こし

音読▶

輿図(よず)〖地〗여도. 여지도(輿地圖).
輿論(よろん) 여론.
∥**～調査**(ちょうさ) 여론 조사. 「망.
輿望(よぼう) 여망. 세상의 신뢰. 기대. 중
輿丁(よてい) 여정. 가마꾼. 교군꾼.
輿地(よち) 여지. 대지(大地). 전세계.

訓読▶

輿 ㊀(こし) ① 가마. ② 요여(腰輿).
㊁(よ) ① ☞㊀. ② 대지(大地). ③ 많은 사람들.

輿寄せ(こしよせ) ① 가마를 대어 놓는 곳. ② 현관 앞에 차를 대어 놓게 만든 곳.
輿舁き(こしかき) 교군(轎軍)꾼.
輿屋(こしや) 상여를 빌려주는 장의사.
輿入れ(こしいれ) (상류 가정의) 출가(出嫁). 시집감.
輿脇(こしわき) 가마 옆. 또, 가마 곁을 따라 가는 사람.

19 石	礜	비상섞인돌 여 ヨ

音読▶

礜石(よせき)〖鑛〗여석. 비석(砒石).

역

6 亠	亦	또 역·또한 역 エキ また
人		

訓読▶

亦 ㊀(また) 똑같이. (…도) 역시. 또한.
㊁(もまた) …도 역시. …도 또한.

7 彳	役	부릴 역·일 역 ヤク・エキ
教		

音読▶

役 ㊀(やく) 역. ① 직무. 역할. 직책. ② 배
㊁(えき) 전역(戰役). 전쟁. 「역.
㊂(えだち)〖古〗부역(賦役). 노역.
役する(えきする) ① 징용(徵用)하다. ② 노동시키다. 사역하다. ③ 쓰다.
役と(やくと) ① 주로. 오로지. ② 일부러. 고의로. ③ 아주. 몹시.
役権(えきけん)〖法〗역권.
役男(やくおとこ) ① 그해 간지(干支)와 맞는 사나이. ② 설날에 일가를 대표하여 행사를 맡아보는 사나이.
役得(やくとく) 직책으로 인한 편의나 이익〔수입〕. 부수입. 국물.
役力士(やくりきし) 씨름꾼 중에서, 横綱(よこづな)·大関(おおぜき)·関脇(せきわけ)·小結(こむすび)의 총칭. 「있다.
役立つ(やくだつ) 도움〔소용〕이 되다. 쓸모
役立てる(やくだてる) 유용하게 쓰다.
役馬(えきば) 역마. 노역(勞役)에 쓰는 말.
役名(やくめい) 주어진 역할〔직무〕의 이름.
役目(やくめ) 임무. 책임. 직무. 직분. 구실.
　♣**～柄**(がら) 직무상.
役務(えきむ) 역무. 노동력을 요구하는 작업.
∥**～賠償**(ばいしょう) 역무 배상.
役柄(やくがら) ① 직무의 성질. ② 직책이

役付き(やくづき) 책임 있는 직책에 있음. 또, 그 사람.
∥～手当(てあて) 직책 수당.
役付け(やくづけ) 역(役)을 할당하는 일. 또, 그 역을 기록한 것.
役不足(やくぶそく) ① 주어진 직무에 만족하지 않음. ② (실력에 비해서) 맡은 직책(역)이 하찮음.
役所 ㊀(やくしょ) 관청. 관공서.
㊁(やくどころ) 주어진 직위・배역.
役僧(やくそう) 절에서 사무를 처리하는 중.
役とど(えききえと) 힘을 다해 애쓰는 모양.
役用動物(えきようどうぶつ) 역용 동물.
役牛(えきぎゅう) 역우. 부리어 일을 시키는 소.
役員(やくいん) 역원. 임원.
役儀(やくぎ)〔老〕임무. 직책. 소임.
∥～柄(がら) 직책상. 직무상.
役人(やくにん) 관리. 공무원.
∥～根性(こんじょう) 관리(관료) 근성.
～風(かぜ) 관리임을 우쭐대는 태도.
役印(やくいん) 직인(職印).
役日(やくび) 명절이나 축일 등의 특별한 날.
役者(やくしゃ) ① 배우. 광대. ②〈俗〉연극을 잘하는 사람.
∥～冥利(みょうり) 배우이기에 받는 행복.
～染め(ぞめ) 歌舞伎(かぶき)의 인기 배우가 좋아하는 염색물.
～子供(こども) ① 歌舞伎(かぶき)의 소년 배우. ② 배우란 예능 이외에는 어린애처럼 어둡다는 말.
～評判記(ひょうばんき) 歌舞伎 배우의 용색・기예를 비평한 책.
～絵(え) 浮世絵(うきよえ)의 주제의 하나 《대개 歌舞伎 배우의 무대 모습이나 일상 모습을 그린 것》.
役作り(やくづくり) 배우가 그 배역에 알맞는 연기・분장을 연구함.
役場(やくば) ① 지방 공무원이 사무를 보는 곳. ② (공증인・법무사 등의) 사무소.
役銭(やくせん) ① 平安(へいあん) 시대 말기에서 室町(むろまち) 시대에, 소득에 따라 징수한 잡세. ② 江戸(えど) 시대에, 토건・운수・정미업 등의 업자에게 매달 부과한 세금.
役枝(やくえだ) 꽃꽂이에서, 기본적・중심적인 역할을 하는 나뭇가지.
役職(やくしょく) 역직. 담당 임무・직무. 특히, 관리직. ♣～員(いん) 임직원.
役替え(やくがえ) 직책(소임)을 (다른 사람으로) 바꿈.
役畜(えきちく) 역축. 경작이나 운반 따위의 노역에 쓰는 가축. 또, 그런 일에 가축을 씀.
∥～農業(のうぎょう) 역축 농업.
役宅(やくたく) (옛날의) 관사(官舎). 사택.
役割(やくわり) ① 역을 할당함. 또, 그 사람. ② 할당된 일(역). 임무.「상.
役向き(やくむき) 직무(職務)의 성질. 직무 役回り(やくまわり) 배당된 역(직무).

| 8 日 教 | 易 | 바꿀 역・쉬울 이 エキ・イ やさしい・かえる・かわる・やすい |

音読
易 ㊀(えき) ① 역. 易経(えききょう)의 준말. ② 역경 원리에 따라 산가지와 점대를 써서 길흉을 점치는 법.
㊁(い)〈雅〉쉬움.
易経(えききょう) 역경. 주역(周易).
易断(えきだん) 사람의 운명의 길흉을 역(易)으로 판단함.
易姓革命(えきせいかくめい) 역성 혁명.
易者(えきしゃ) 역자. 점쟁이.
易占(えきせん) 역점.
易簀(えきさく) 역책. 특히, 학자의 죽음.
易学(えきがく) 역학.
🔸이하 음은 '이'.
易変(いへん) 이변. 변하기 쉬운 일.
易損品(いそんひん) 이손품. 철도 소화물 운송에서 파손되기 쉬운 물건《도자기・유리 제품 등》.「질.
易燃性(いねんせい) 이연성. 불타기 쉬운 성
易融合金(いゆうごうきん) 이융 합금.
易行道(いぎょうどう)〔佛〕이행도.
易化(いか) (알기) 쉽게 함.

訓読
易しい(やさしい) 쉽다. 간단하다.
❖易い(やすい) ① 쉽다. 간단하다. ② (자칫) …하기 쉽다.
易き(やすき) 쉬운(편한) 쪽(일).
易大事(やすだいじ) 간단한 것 같으면서도 중대한 일.
易易(やすやす) 거뜬히. 손쉽게 간단히.
＊いいろに도 읽음.

| 9 辶 教 | 逆(逆) | 거스를 역・맞을 역 ギャク・ゲキ さか・さからう・むかえる |

音読
逆 ㊀(ぎゃく) ① 반대. 거꾸로임. ② 逆手(ぎゃくて)의 준말. 역수. ③〔数・論〕역.
㊁(さか) ① ☞㊀①. ②《接頭語的으로》거꾸로 됨. 거슬러 됨.
逆コース(ぎゃくコース) 역코스.
逆モーション(ぎゃくモーション) 역모션.
逆境(ぎゃっきょう) 역경.
逆関数(ぎゃくかんすう)〔数〕역함수.
逆光(ぎゃっこう)〔寫〕역광《逆光線(ぎゃっこうせん)의 준말》.
逆光線(ぎゃっこうせん) 역광선. ＊ぎゃくこうせん으로도 읽음.
逆軍(ぎゃくぐん) 역군. 역적의 군세. 적군(賊軍).「전력.
逆起電力(ぎゃくきでんりょく)〔理〕역기
逆断層(ぎゃくだんそう)〔地〕역단층.

逆徒(ぎゃくと) 역도. 역적의 무리.
逆睹(ぎゃくと) 역도. 사물의 결말을 미리 내다봄. *げきとろも 읽음.
逆覩(げきと) ☞逆睹(ぎゃくと).
逆乱(ぎゃくらん) 역란. 반란.
逆浪(ぎゃくろう) 역랑. 거슬러 치는 파도. *げきろうろも 읽음.
㊁(さかなみ) ⇨ 逆波(さかなみ).
逆戻り(ぎゃくもどり) ① 제자리로 되돌아감. ② 퇴보. 「행.
逆旅(げきりょ) ① 역려. 여관(旅館). ② 여
逆流(ぎゃくりゅう) 역류.
‖~効果(こうか) 역류 효과.
逆類(げきるい) 반역자. 모반인.
逆理(ぎゃくり) 역리.
逆鱗(げきりん) 역린. 천자의 노여움. 또, 손윗사람의 노여움.
~に触(ふ)れる 천자(손윗사람)의 노여움을 사다.
逆謀(ぎゃくぼう) 역모.
逆比(ぎゃくひ) 〚數〛 역비. 반비(反比).
逆比例(ぎゃくひれい) 역비례. 반비례.
逆産 ㊀(ぎゃくさん) 역산. 부역자. 반역자의 재산을 몰수하는 일.
㊁(ぎゃくざん) 역산. 태아가 거꾸로 나옴.
逆算(ぎゃくさん) 역산.
逆三角関数(ぎゃくさんかくかんすう) 〚數〛 역산각 함수.
逆三角形(ぎゃくさんかくけい) 〚數〛 역삼각형. *ぎゃくさんかっけいろも 읽음.
逆上(ぎゃくじょう) 욱함. 앞뒤를 가리지 않고 날뜀함.
逆相続(ぎゃくそうぞく) 〚法〛 역상속.
逆宣伝(ぎゃくせんでん) 역선전.
逆説(ぎゃくせつ) 역설. ♣~的(てき) 역설적.
逆成(ぎゃくせい) 〚言〛 역성. 이분석(異分析).
逆性石鹸(ぎゃくせいせっけん) 역성 비누. 소독력을 가진 비누.
逆送(ぎゃくそう) 〚法〛 가정 법원에 넘겨진 미성년자 형사 사건으로, 금고형 이상의 사건을 검찰에 보내어 기소 절차를 밟는 일.
逆手 ㊀(ぎゃくて) 역수. ① (유도에서) 상대의 관절을 반대로 꺾는 수. ② (기계 체조에서) 손바닥을 안으로 해서 철봉을 잡는 법.
㊁(さかて) ① 거꾸로 쥠. ② 손을 등 뒤로 돌려 손뼉을 치는 일(옛날 흉사 때나 남을 저주할 때 손뼉을 치던 법).
逆水(ぎゃくすい) 역수. 역류. 거슬러 흐르는 홍수. *さかみずろも 읽음.
逆数(ぎゃくすう) 〚數〛 역수.
逆修(ぎゃくしゅ) 역수. ① 사후의 명복을 빌며 생전에 미리 불사(佛事)를 하는 일. ② 늙은이가 먼저 죽은 젊은이의 명복을 비는
逆輸入(ぎゃくゆにゅう) 역수입. 「일.
逆輸出(ぎゃくゆしゅつ) 역수출.
逆順(ぎゃくじゅん) ① 역순. ② 순종과 배
逆襲(ぎゃくしゅう) 역습. 「반.

逆臣(ぎゃくしん) 역신. 반역한 신하.
逆心(ぎゃくしん) 역심. 반역하려는 마음. 「는 악.
逆悪(ぎゃくあく) 역악. 사회 질서에 어긋나
逆縁(ぎゃくえん) 〚佛〛 역연.
逆用(ぎゃくよう) 역용. 이용.
逆運(ぎゃくうん) 역운. 불운.
逆遠近法(ぎゃくえんきんほう) 〚美〛 역원근법. 부감도법(俯瞰圖法)의 하나.
逆位(ぎゃくい) 〚生〛 역위. 염색체 돌연 변이의 하나. 「(暴威).
逆威(ぎゃくい) 도리에 어긋나는 위력. 폭위
逆為替(ぎゃくがわせ) 〚經〛 역환(逆換). 채권 결제를 위해 채권자가 환어음을 발행하여 채무자에게 그 지급을 요구하는 일.
逆意(ぎゃくい) 역의. 모반하려는 마음. 배반하는 마음. 역심(逆心).
逆引き(ぎゃくびき) 사전 등에서, 표제어 순서를 역순(逆順)으로 배열하는 방식.
逆資産効果(ぎゃくしさんこうか) 역자산 효과. 소유하고 있는 주식이나 부동산 등의 자산 가치가 하락하면 실제 손실이 발생하지 않아도 소비를 삼가는 경향이 있음을 말함.
逆賊(ぎゃくぞく) 역적.
逆転(ぎゃくてん) 역전.
逆接(ぎゃくせつ) 〚文法〛 역접.
‖~条件(じょうけん) 역접 조건.
逆制止(ぎゃくせいし) 〚醫〛 심리 요법에서, 습관적으로 일어나는 불안 반응을 일어나지 않으려고 불안에 대항하는 반응을 일으켜 불안을 없앰.
逆調(ぎゃくちょう) 역조.
逆罪(ぎゃくざい) 역죄. ① 〚佛〛 도리에 거역하는 대죄. ② 江戸(えど) 시대, 주인이나 부모를 살상하는 죄.
逆走(ぎゃくそう) 역주. 가야 할 방향과 반대 방향으로 뛰어감.
逆進税(ぎゃくしんぜい) 역진세. 누감세(累減稅).
逆唱(ぎゃくしょう) 역순서로 부름.
逆鞘(ぎゃくざや) 〚經〛 ① 중앙 은행의 공정 할인율이 시중 은행의 할인율을 상회함. ② 생산자 쌀값이 소비자 값보다 비쌈.
逆取(ぎゃくしゅ) 역취. 옳지 않은 수단으로 얻음.
‖~順守(じゅんしゅ) 역취 순수. 도리에 어긋나는 방법으로 천하를 얻어, 바른 도리로 그것을 지킴.
逆探知(ぎゃくたんち) 역탐지.
逆風(ぎゃくふう) 역풍.
逆行(ぎゃっこう) 역행. *ぎゃくこうろも 읽음.
‖~健忘(けんぼう) 〚醫〛 역행(성) 건망.
~運動(うんどう) 〚天〛 역행 운동.
逆向抑制(ぎゃっこうよくせい) 〚心〛 어떤 사항을 학습한 뒤에 다른 사항을 학습한 결과, 전자의 기억 재생을 방해하는 현상.
逆換(ぎゃっかん) 〚論〛 역환. 정언적(定言的) 판단의 변형에 따른 직접 추리의 하나. *ぎゃくかんろも 읽음.

逆回転(ぎゃくかいてん) 역회전.
逆効果(ぎゃっこうか) 역효과. *ぎゃくこうかろも 읽음.

訓読
逆う(さかう) ☞ 逆らう(さからう).
逆さ(さかさ) 逆様(さかさま)의 준말.
逆しま(さかしま) ①〈雅〉 거꾸로 됨. 반대. ② 사리에 어긋남. (마음이) 바르지 못함.
逆らう(さからう) ① (반대 방향으로) 거슬러 나아가다. ② 거역하다. 반항하다.
逆公事(さかくじ) 고소당할 자가 거꾸로 고소하려는 사람을 고소하는 일.
逆巻く(さかまく) 파도가 흐름을 거슬러 소용돌이치다.
逆戟(さかまた)『動』☞ 逆叉(さかまた).
逆寄せ(さかよせ) 역습(逆襲). 반격.
逆落とし(さかおとし) ① 거꾸로 떨어뜨림. ② (말 따위를 타고) 절벽 따위를 한달음에 내려감.
逆捩じ(さかねじ) ① 거꾸로 비틂. ② 비난·항의 따위를 되받아 반박함. 역습.
逆艪(さかろ) 선수(船首)·선미(船尾) 양쪽에 노가 있어 배가 앞뒤 마음대로 갈 수 있게 된 장치. 또, 그 장치된 노.
逆艫(さかども) 배, 특히 범선이 항해 중 악천후를 만났을 때, 뱃머리를 풍랑이 불어오는 쪽을 향하게 하고 또 뱃머리 쪽에서 닻을 내려 고물 방향으로 표류하도록 하여 안전을 꾀하는 일.
逆立ち(さかだち) 거꾸로 섬. 물구나무서기. 또, 상하가 거꾸로 되어 있음.
逆立つ(さかだつ) 거꾸로 서다. 곤두서다. 물구나무서다. 「세우다.
逆立てる(さかだてる) 거꾸로 세우다. 곤두
逆馬(さかうま) ① 말을 거꾸로 타는 일. ② 뜻했던 일과는 반대로 되는 일.
逆網(さかあみ) 배 두 척으로 어망을 끌 경우, 왼쪽 배에 싣는 그물. 또, 그 왼쪽 배.
逆毛(さかげ) 머리털을 세움. 또, 그 모양.
逆木(さかき) 나무의 결을 거꾸로 사용하는 일. 또, 그 재목.
逆目(さかめ) 나뭇결에 거스름. 나뭇결이 반대로 되어 있음.
逆夢(さかゆめ) 역몽. 실제 사실과는 반대되「는 꿈.
逆撫で(さかなで) 상대방이 싫어하는 말이나 일을 일부러 함.
茂茂木(さかもぎ) (적의 침입을 막기 위한) 가시나무 울타리. 녹채(鹿砦).
逆剥ぎ(さかはぎ) 동물의 가죽을 꼬리쪽부터 벗기는 일.
逆剥け(さかむけ) 손거스러미.
逆髪(さかがみ) ① 머리가 거꾸로 섬. ② 머리가 거꾸로 선 귀신. 산발한 귀신.
逆罰(さかばち) 역벌. 신불에게 부당한 것을 원하다가, 오히려 벌을 받음.
逆さ屏風(さかさびょうぶ) 죽은 사람 머리말에 거꾸로 세우는 병풍.
逆さ富士(さかさふじ) 물 위에 거꾸로 비친

富士(ふじ) 산의 모습.
逆飛び(さかとび) 거꾸로 물 속에 뛰어듦.
逆鬢(さかびん) 윤기가 없는 빈모(鬢毛)가 헝클어져 있음.
逆さごと(さかさごと) ① 도리에 반함. ② 순서가 거꾸로임. 「오르기.
逆上り(さかあがり) (철봉 체조에서) 거꾸로
逆息(さかいき) ① 숨을 가쁘게 쉼. ② 기침.
逆児(さかご) ☞ 逆子(さかご).
逆様(さかさま) 거꾸로 됨(반대로) 됨. 역(逆).
▮~の別れ(わかれ) 부모보다 앞서 자식이 죽는 일.
~言(ごと) 이쪽에서 말하고 싶었는데, 거꾸로 저쪽에서 트집을 잡음.
~の罪(つみ) 주군·부모·스승·은인 등을 배신한 죄. 「とば).
逆言葉(さかことば) ☞ 逆さ言葉(さかさこ
逆さ言葉(さかさことば) ① 뜻을 반대로 말함. 반어(反語). ② 어음(語音)의 순서를 거꾸로 말함.
逆怨み(さかうらみ) ☞ 逆恨み(さかうらみ).
逆子(さかご) 역아(逆兒). 태아가 모태내에서 자세가 거꾸로임. 골반위(骨盤位).
逆潮(さかしお) 역조. 주가 되는 조수와 반대 방향으로 흐르는 조수. *ぎゃくちょうろも 읽음. 「운 기둥.
逆さ柱(さかさばしら) 밑둥치를 위로 해 세
逆叉(さかまた)『動』 범고래.
逆さ磔(さかさはりつけ) 옛날에, 죄인을 나무 기둥에 거꾸로 묶어 놓고 죽이던 형벌. 책형(磔刑).
逆さ川(さかさがわ) 지세(地勢) 관계로 그 지방의 많은 강과 반대 방향으로 흐르는 강.
逆さ睫(さかさまつげ) (보통과는 반대로) 안을 향하여 난 속눈썹.
逆睫毛(さかまつげ) ☞ 逆睫(さかさまつげ).
逆蜻蛉(さかとんぼ) 逆蜻蛉返り(さかとんぼがえり)의 준말. 뒤로 재주넘기.
逆剃り(さかぞり) 거꾸로 면도질함. *さかずりろも 읽음.
逆虫(さかむし) 회충 따위가 항문으로 나오지 않고 식도를 역행하여 입으로 나오는 일.
逆討ち(さかうち) 적을 치려다 거꾸로 당하는 일.
逆波(さかなみ) 역랑. 광도(狂濤).
逆恨み(さかうらみ) ① 원한이 있는 사람으로부터 도리어 원한을 받음. ② 호의를 곡해하여 도리어 원한을 품음.
逆頬(さかつら) ① 구레나룻이 곤두섬. ② 털이 곤두선 모피.
逆火(さかび)『機』역화. 백파이어(backfire).

其他
❖逆上せる(のぼせる) ① 현기증이 나다. ② 흥분하다. ③ 우쭐하다.
逆上せ(のぼせ) 머리로 피가 올라감. 또, 그러한 체질이나 병.

疫・域・訳・駅

~目(め) 충혈 등으로 눈이 붉어지는 병.
逆上せ上がる(のぼせあがる) ① 상기(흥분)하다. ② 열중하다. (…에) 미치다.

| 9 疒 常 | 疫 | 돌림병 역
エキ・ヤク
えやみ |

음독▶
疫鬼(えきき) 역귀.
疫癘(えきれい) 역병. 악성 유행병.
疫痢(えきり)〖醫〗역리. 이질.
疫病(やくびょう)〈文〉역병. 악성 전염병. *えきびょう로도 읽으며, 雅語로는 えやみ라고도 함.
  ‖**~神(がみ)** ① 역귀(疫鬼). ② 돌림쟁이.
  ~除け(よけ) 역병을 쫓음. 또, 그 주문(呪文). 「로도 읽음.
疫神(えきじん) 역귀(疫鬼). *やくじんㅇ
疫学(えきがく) 역학. 전염병의 유행 동태를 연구하는 의학의 한 분야.

| 11 土 教 | 域 | 지경 역・구역 역
イキ
さかい |

음독▶
域(いき) 단계. 정도. 경지.
域内(いきない) 역내. 구역 안.
域外(いきがい) 역외. 구역 밖.

| 11 言 教 | 訳(譯) | 통변할 역・번역할 역
ヤク
わけ |

음독▶
訳㊀(やく) 역. 번역.
  ㊁**(わけ)** ① 의미. 뜻. ② 도리. 사리. ③ 까닭. 원인. 이유. 사정.
訳す(やくす) 번역하다. 해석하다. 새기다.
訳する(やくする) ☞訳す(やくす).
訳稿(やっこう) 역고. 번역한 원고.
訳読(やくどく) 역독. 번역하여 읽음.
訳了(やくりょう) 역료. 번역을 끝냄.
訳名(やくめい) 역명. 번역하여 붙인 이름.
訳文(やくぶん) 역문. 번역문.
訳補(やくほ) 보충 번역. 원문(原文)에 없는 문장을 보충함.
訳本(やくほん) 역본. 번역한 책.
訳詞(やくし) 역사. 가사의 번역. 번역한 가「사.
訳書(やくしょ) 역서. 번역한 책.
訳述(やくじゅつ) 역술. ① 번역하여 기술함. ② 번역한 저술.
訳詩(やくし) 역시. 번역시.
訳語(やくご) 역어.
訳業(やくぎょう) 역업. 번역하는 일.
訳者(やくしゃ) 역자. 번역자.
訳載(やくさい) 역재. 번역해서 실음.
訳注(やくちゅう) 역주. 역자가 붙인 주석.
訳註(やくちゅう) ☞訳注(やくちゅう).
訳出(やくしゅつ) 역출. 번역.
訳筆(やくひつ) ① 번역하는 법. ② 번역문.
訳解(やくかい) 역해. 번역하고 풀이함.
  *やっかい로도 읽음.

훈독▶
訳無い(わけない) 간단하다. 수월하다. 문제없다. 「이.
訳無く(わけなく) 간단히. 수월하게. 문제없**訳柄(わけがら)** ☞訳合い(わけあい).
訳有り(わけあり) '특별한 사정이 있다'라는 말.
訳知らず(わけしらず) 인정・사정을 모름. 또, 그런 사람.
訳知り(わけしり) ① 정사(情事)에 정통함. 또, 그런 사람. 한량. ② 인정이나 물정을 잘 알고 있음. 또, 그런 사람.
訳合い(わけあい) 까닭. 사정. 이유. 의미.

| 14 馬 教 | 駅(驛) | 역말 역・정거장 역
エキ
うまや |

음독▶
駅㊀(えき) ① 역. 정거장. ② 역참(驛站).
  ㊁**(うまや)** (옛날의) 역참.
駅ビル(えきビル) 역사 빌딩. 철도역을 중심으로 식당・점포 등의 각종 시설을 수용한 종합 빌딩.
駅渡し(えきわたし) 발송역 인도. 상품 매매 거래에서, 화물을 지정된 발송역의 철도측 책임자에게 인도할 때까지 매도인이 책임을 지는 거래 조건.
駅頭(えきとう) 역두. 역 (부근).
駅鈴(えきれい) 고대에 관용(官用)으로 지방을 여행하는 사자(使者)에게 조정에서 준 방울. 역에서 인마(人馬)를 징발하는 데 씀.
駅路(えきろ) 역로. 도중에 역참 시설이 있는 길. *えきじ로도 읽음.
駅留め(えきどめ) 역내유치(驛留置). 철도로 보내는 화물이 도착역에서 수하인(受貨人)이 찾아 갈 때까지 보관되는 일.
駅馬(えきば) 역마. 각 역참에 준비해 두어 관용에 쓰인 말.
駅馬車(えきばしゃ) 역마차.
駅売り(えきうり) 역 구내에서 물건을 팖. 또, 그 사람[물건].
  ‖**~弁当(べんとう)** 철도 역이나 열차내에서 파는 도시락.
駅務(えきむ) 역무. ♣**~員(いん)** 역무원.
駅弁(えきべん) 駅売り弁当(えきうりべんとう)의 준말.
  ‖**~大学(だいがく)** 〈俗〉지방 대학. 2차 대전 후, 급행 열차가 서는 곳이라면 으레 지방 대학이 생긴 데서 나온 말.
駅夫(えきふ) 역부《駅手(えきしゅ)의 구칭》.
駅舎(えきしゃ) 역사. ① 정거장 건물. ② 옛

날 역참에 있던 건물. 「는 사람.
駅手(えきしゅ) 역부. 정거장에서 잠일을 하
駅員(えきいん) 역원. 역무원.
駅長(えきちょう) 역장. ①옛날 역참의 우두머리. ②철도역의 우두머리.
駅伝(えきでん) 역전. ①역마. ②역참으로 전송(傳送)함. ③駅伝競走의 준말.
‖~競走(きょうそう) 역전 경주.
駅亭(えきてい) ①역참. ②역참의 주막.
駅程(えきてい) 역정. 역에서 역까지의 거리.
駅止め(えきどめ) ⇨駅留め(えきどめ).
駅逓(えきてい) 역체. ①다음 역참으로 중계해서 보냄. ②(明治(めいじ)시대의 용어로)우편.

16 門	閾	문지방 역 イキ しきい

音読
閾(いき) ①〖建〗문지방. ②〖心〗역. 의식역(意識閾). *しきい로도 읽음.
閾値(いきち) 〖生·理〗역치.

19 糸	繹	당길 역·찾을 역 エキ ひきだす

音読
繹騒(えきそう) 역소. 오래도록 시끄러운 모양. 자꾸 떠드는 모양.
逆音
演繹(えんえき) 〖論〗연역.

19 魚	鯣	뱀장어 역 エキ するめ

訓読
鯣(するめ) 말린 오징어.
鯣烏賊(するめいか) 〖動〗오징어.

연

8 廴 教	延(延)	끌 연·늘일 연 エン のびる·のべる のばす·ひく

音読
延見(えんけん) 연견. 불러 모아서 만나 봄.
延期(えんき) 연기.
‖~手形(てがた) 〖經〗연기 어음.
延納(えんのう) 연납. 기일이 지나서 납부함. 「年舞.
延年(えんねん) ①연년. 수명을 늘임. ②☞
‖~舞(まい) 鎌倉(かまくら)·室町(むろまち)시대, 절에서 법회 뒤에 춘 춤.
延齢草(えんれいそう) 〖植〗연령초.
延命(えんめい) 연명.
‖~地蔵(じぞう) 〖佛〗연명 지장. 연명 이생(延命利生)을 서원하는 지장보살.
延袤(えんぼう) 연무. 땅의 넓이. 또, 길이.
延発(えんぱつ) 연발. 출발 예정 기일〔시각〕이 지연됨.
延性(えんせい) 〖理〗연성.
延焼(えんしょう) 연소. 불길이 번져서 탐.
延寿(えんじゅ) 연수. 장수(長壽).
延髓(えんずい) 〖生〗연수. 숨골.
延伸(えんしん) 연신. 시간·거리를 늘임.
延言(えんげん) 〖言〗 うつる → うつろふ, かたる → かたらふ 따위처럼 조동사(助動詞)나 접미사가 붙은 말을, 음을 길게 늘인 것으로 보고 하는 말.
延延(えんえん) 질질 끄는 모양. (이야기·일이) 언제 끝날지도 모르게 길게 계속되는 모양. 장장.
延繞(えんにょう) 한자 부수의 하나: 민책받침. *いんにょう로도 읽음.
延引(えんいん) 연인. 지연. (일이) 질질 끌어 늦어짐. *えんにんいら고도 함.
延長(えんちょう) 연장. ♣~線(せん) 연장선 / ~戦(せん) 연장전.
‖~記号(きごう) 〖樂〗연장 기호.
延着(えんちゃく) 연착.
延滞(えんたい) 연체. ♣~金(きん) 〖法〗연체금 / ~料(りょう) 연체료.
‖~税(ぜい) 국세 체납에 과(課)하는 부대세(附帶稅).
~利息(りそく) 연체 이자.
~日歩(ひぶ) 연체 일변(日邊).
~債権(さいけん) 연체 채권.
延会(えんかい) 연회. (국회 따위에서) 예정된 의사 일정을 다 마치기 전에 중지하고 다음 회의까지 연기함.

訓読
延いて(ひいて) ☞延いては(ひいては).
延いては(ひいては) (한층 더) 나아가서는.
延ばす(のばす) ①연장시키다. ②(물 등을 타서) 묽게 하다.
❖延びる(のびる) 연장되다. 늘어지다.
延び(のび) 길어짐. 연장.
延び延び(のびのび) 『~になる』 자꾸 연기되다. 늦어지다.
❖延べる(のべる) ①늘이다. ②연기하다.
延べ(のべ) ①(금 따위를 두들겨) 늘임. ②연(延). 총계.
延べ竿(のべざお) 잇지 않고 대나무 하나로 된 낚싯대.
延べ勘定(のべかんじょう) 연불. 후불.
延べ鏡(のべかがみ) 물건을 직접 보지 않고 거울에 비추어 봄. 또, 그 거울.
延べ金(のべがね) 두들겨서 편 쇠붙이.
延べ棹(のべざお) 이음매가 없는 三味

(しゃみせん)의 자루.
延べ渡し(のべわたし) 매매 계약한 상품의 수수를 일정 기간 후에 함.
延べ売り(のべうり) 상품을 연불로 팖.
延べ面積(のべめんせき) 연면적.
延べ棒(のべぼう) 금속을 두드려 늘여서 막대 모양으로 한 것.
延べ払い(のべばらい) 연불.
∥～輸出(ゆしゅつ)『經』연불 수출.
延べ床面積(のべゆかめんせき) 각층 바닥 면적의 총계.　　　　　　　　　　「대.
延べ煙管(のべギセル) 전부 쇠로 만든 담뱃
延べ人員(のべじんいん) 연인원.
延べ日数(のべにっすう) 연일수.　　　「지.
延べ紙(のべがみ) 휴지로 쓰던 종이의 한 가
延べ取引(のべとりひき) 대금을 일정 기간 후에 결제하는 거래.
延べ板(のべいた) 반죽 따위를 미는 널빤지.
延べ坪(のべつぼ) 연건평.

[其他]
延し(のし) 펴서 넓힘.
延縄(はえなわ) 연승. 주낙.

| 8
氵
[教] | 沿(沿) | 물따라내려갈 **연**
エン
そう |

[音読]
沿道(えんどう) 연도. 길가.
沿路(えんろ) 연로.
沿線(えんせん) 연선.
∥～在荷(ざいか) 역이나 역 근처의 창고에서 신청만 하면 곧 실어낼 수 있는 화물.
沿岸(えんがん) 연안. ♣～流(りゅう)『地』연안류 / ～線(せん) 연안선 / ～海(かい) 연안해.
∥～警備隊(けいびたい) 연안 경비대.
～動物(どうぶつ)『動』연안 동물.
～貿易(ぼうえき)『經』연안 무역.
～漁業(ぎょぎょう) 연안 어업.
～域(いき) 연안 지역과 연안 해역.
沿層坑道(えんそうこうどう)『鑛』연층 갱도.　　　　　　　　　　　　　　「연해주.
沿海(えんかい) 연해. ♣～州(しゅう)『地』
∥～区域(くいき)『海』연해 구역. 해안에서 20해리 이내의 해역.
沿革(えんかく) 연혁.

[訓読]
❖沿う(そう) ①연(沿)하다. 따르다. ②어떤 물건의 주위에 있다.
沿い(ぞい)《接尾語로》…에 따라서. …연도〔연변〕.

| 9
女 | 妍 | 고울 **연**·아름다울 **연**
ケン
うつくしい |

[参考] 姸은 異體字.

沿・妍・衍・研　　985

[音読]
妍(けん) (얼굴 모습 등이) 아름다움. 단아함.
妍姿(けんし) 연자. 아름다운 자태.

| 9
イ | 衍 | 퍼질 **연**·넘칠 **연**
エン
あふれる・あまる・のばす |

[音読]
衍文(えんぶん) 연문. 문장 속에 잘못 끼인 불필요한 글〔문구〕.
衍義(えんぎ) 연의. 의미를 널리 해설함. 또, 그 해설한 것.　　　　　　「어간 글자.
衍字(えんじ) 연자. 어구(語句) 중에 잘못 들

| 9
石
[教] | 研(硏) | 갈 **연**·연구할 **연**
ケン
とぐ・みがく |

[音読]
研究(けんきゅう) 연구. ♣～生(せい) 연구생 / ～室(しつ) 연구실 / ～的(てき) 연구적.
∥～開発(かいはつ) 연구 개발.
～授業(じゅぎょう) 연구 수업.
研摩(けんま) ⇨ 研磨(けんま).
研磨(けんま) 연마. ♣～機(き) 연마기.
研北(けんぽく) 연북. 궤하(机下). 좌하.
研削盤(けんさくばん) 연마반. 그라인더.
研修(けんしゅう) 연수. ♣～生(せい) 연수생 / ～医(い) 수련의.　　　　　「구함.
研鑽(けんさん) 연찬. (학문 등을) 깊이 연
研学(けんがく) 연학. 학문을 연구함.

[訓読]
❖研く(みがく) ①문질러 닦다. 윤을 내다. ②연마하다.
研き(みがき) 닦아서 윤이 나게 하거나 깨끗하게 함. 더욱 연마함.
❖研ぐ(とぐ) ①칼 따위를 갈다. ②물 속에 넣어 씻다. ③닦아서 윤이 나게 하다.
研ぎ(とぎ) (칼·거울 따위를) 갈거나 닦음. 또, 그 사람.
研ぎ立て(とぎたて) 방금 갊. 또, 그것.
研ぎ物(とぎもの) (칼·거울 따위를) 갊. 또, 그 갈아야 할 날붙이.
∥～師(し) 칼 따위를 가는 사람.　　「사람.
研ぎ師(とぎし) 칼·거울 등을 갈거나 닦는
研ぎ上げる(とぎあげる) (칼 따위를) 갈거나 닦아서 완성시키다.
研ぎ水(とぎみず) ①(물건을) 갈기 위한 물. ②쌀뜨물.
研ぎ屋(とぎや) 칼·거울 따위를 갈거나 닦아주는 가게. 또, 그 사람.
研ぎ澄ます(とぎすます) ①(칼·거울 등을) 충분히 갈다〔닦다〕. 잘 갈다〔닦다〕. ②신경·감각을 예민하게 하다.
研ぎ出し(とぎだし) ①(돌 따위를) 갈아서 윤이나 무늬를 냄. 또, 그런 것. ②研ぎ出し蒔絵의 준말.

‖ ～蒔絵(まきえ) 금은분(金銀粉)을 뿌리고 그 위를 옻으로 칠한 다음, 그것을 갈아 밑의 금·은을 은은하게 나타나게 한 蒔絵.
研ぎ出す(とぎだす) (돌결·나뭇결 따위를) 갈아 윤·무늬 등이 나타나게 하다.
研ぎ炭(とぎすみ) 옻칠한 표면을 닦는 숯.
研ぎ革(とぎかわ) 연혁(研革). 혁지(革砥). 가죽숫돌.

10 女	娟	아름다울 연 ケン・エン うつくしい

音読
娟秀(けんしゅう) 연수. 용모가 뛰어나게 아름다움.
逆音
嬋娟(せんけん) 선연. 자태가 곱고 아름다운 모양. *せんえん으로도 읽음.

10 宀 常	宴	잔치 연·즐길 연 エン うたげ

音読
宴楽(えんらく) 연락. 주연을 베풀고 즐김.
宴席(えんせき) 연석.
宴遊(えんゆう) 연유. 주연을 베풀고 놂.
宴飲(えんいん) 연음. 주연.
宴会(えんかい) 연회.
訓読
宴(うたげ) 연회. 잔치. *えん으로도 읽음.

10 扌	捐	버릴 연·기부 연 エン すてる

音読
捐金(えんきん) 연금. ①돈을 버림. ②돈을 기부함. 또, 그 돈.
逆音
義捐金(ぎえんきん) 의연금.

10 氵	涎	침 연 セン・ゼン・エン よだれ

訓読
涎(よだれ) (흘리는) 침. 군침.
　～が出(で)る 군침이 돌다.
　～を垂(た)らす 군침을 흘리다. 몹시 먹고 〔갖고〕 싶어하다.
涎掛け(よだれかけ) (갓난애의) 턱받이.

10 氵	涓	물방울 연·작은흐름 연 ケン

音読
涓滴(けんてき) 연적. 물방울.

10 火	烟	연기 연 エン けむる・けむり・けぶり

参考 煙의 異體字.

音読
烟景(えんけい) 연경. 아지랑이가 낀 봄경치.
烟管(えんかん) 연관. ①담뱃대. ②보일러에서 발생한 화기를 통하게 하는 관.
烟煤(えんばい) 연매. 유연(油煙). 그을음.
烟水(えんすい) 연수. 수증기가 자욱한 수면.
烟草(えんそう) 연초. 담배.
烟霞(えんか) 연하. ①연기와 안개. ②안개가 낀 듯한 (고요한 산수의) 경치.
訓読
烟(けぶり) ①〈老〉연기. ②〈古〉놀. 안개.

11 車 常	軟	부드러울 연 ナン やわらか・やわらかい

音読
軟(なん) 연함. 부드러움.
軟脚類(なんきゃくるい)〖動〗연각류.
軟鋼(なんこう) 연강. 비교적 연한 강철.
軟膏(なんこう) 연고.
軟骨(なんこつ) 연골. ♣～膜(まく) 연골막.
‖ ～魚類(ぎょるい) 연골 어류.
　～組織(そしき)〖生〗연골 조직.
軟教育(なんきょういく) 연교육. 부드럽고 엄하지 않은 교육 (방식).
軟球(なんきゅう) 연구.
軟口蓋(なんこうがい)〖生〗연구개.
‖ ～音(おん)〖言〗연구개음.
軟禁(なんきん) 연금.
軟泥(なんでい) 연니. 깊은 바다에 퇴적된 보드라운 진흙.
軟論(なんろん) 연론. 소극적인 논의〔의견〕.
軟膜(なんまく)〖生〗연막.
軟文学(なんぶんがく) 연문학. 연애 소설.
軟便(なんべん) 연변. 무른 대변.
軟石(なんせき) 연석. 무른 돌.
軟石鹼(なんせっけん) 칼리 비누.
軟性(なんせい) 연성.
‖ ～下疳(げかん)〖醫〗연성 하감.
軟水(なんすい) 연수.
軟式(なんしき) 연식.
‖ ～野球(やきゅう) 연식 야구.
軟弱(なんじゃく) 연약.
軟玉(なんぎょく)〖鑛〗연옥.
軟音(なんおん)〖言〗연음. 약음(弱音)
軟調(なんちょう) 연조. ①〖經〗시세가 내릴 기미. ②사진 인화(印畫)에서 흑백이 연하게 나타남.
‖ ～印画紙(いんがし) 연조 인화지.

軟質(なんしつ) 연질.
軟着陸(なんちゃくりく) 연착륙.
軟鉄(なんてつ) 연철.
軟体動物(なんたいどうぶつ) 연체 동물.
軟打(なんだ)〖野〗연타. 번트.
軟炭(なんたん) 연탄. 연질 석탄의 총칭.
軟投(なんとう) 연투. (야구에서) 부드럽게 볼을 던짐.
軟派(なんぱ) 연파. ①온건파. ②이성과의 교제나 화려한 복장 등을 좋아하는 사람들. ③〖經〗시세가 내릴 것이라고 예상하는 사람들. ∥~議員(ぎいん) 온건파 의원.
軟風(なんぷう) 연풍. ①〖氣〗산들바람. ②해(海)연풍·육(陸)연풍의 총칭.
軟化(なんか) 연화. (태도 등이) 누그러짐. 부드러워짐. ∥~栽培(さいばい) 연화 재배.
軟貨(なんか) 연화.

❖軟らかい(やわらかい) ①딱딱하지 않다. 연하다. ②온화〔온건〕하다. 숙부드럽다. 유순하다.「양.
軟らか(やわらか) 단단하지 않은〔연한〕 모軟らか物(やわらかもの) 외설한 읽을거리.

12 氵 淵

못 연·깊을 연
エン
ふち

淵薮(えんそう) ⇨ 淵叢(えんそう).
淵源(えんげん) 연원. 기원. 근원.
淵叢(えんそう) 연총. 사물이 많이 모이는 곳. 문인·예술가가 많이 모이는 곳.

淵(ふち) ①강물의 깊은 곳. 소(沼). ②헤어날 수 없는 괴로운 처지나 심경.
淵瀬(ふちせ) ①강물의 깊은 곳과 얕은 곳. ②세상이 덧없음의 비유.
淵河(ふちかわ) 강.

12 灬 㪅 然

그럴 연·그러나 연
ゼン·ネン
しかり·しかるに·しからば·さ·さる·そう

然 ㊀(ぜん)《接尾語로》…연. …인 체하는 모양.「게.
㊁(しか)〈雅〉그와 같이. 이와 같이. 그렇㊂(さ)〈雅〉그렇게. 그처럼.
然諾(ぜんだく) 연낙. 승낙.

然う(そう) 그렇게. 그다지.
然こそ(さこそ) ①반드시. 틀림없이. ②그렇게. 저렇게.
然し(しかし) 그러나. 그렇지만.
然した(さした)《다음에 부정의 말을 수반하여》이렇다 할. 그다지.
然したる(さしたる) 별반의. 그다지.
然して ㊀(そうして) ①그리고. 그 후에. ②그리고 또한. ③그렇게 해서. ＊しこうして로도 읽음.「그리고.
㊁(しかして) 연(然)이나. 그러나. 그런데.
㊂(さして) 그다지. 별반.
然しも(さしも) 그토록. 그렇게도.
然せる(させる)〈雅〉이렇다 할. 특별한.
然のみ(さのみ) (…은 아니다). 그렇게末고(….
然も ㊀(しかも) ①그 위에. 게다가. 더구나. ②그럼에도 불구하고. 그런데도. ③〈俗〉그렇게도. 그토록.
㊁(さも) ①아주. 정말. 참으로. ②그럴 수도. 그렇기도.
然らずんば(しからずんば) 그렇지 않으면. 불연이면.「도.
然らでだに(さらでだに)〈雅〉그렇지 않아然らでも(さらでも)〈雅〉그렇지 않더라도.
然らぬ(さらぬ) 아무렇지도 않은. 태연한.
然らぬだに(さらぬだに)〈雅〉그렇지 않아도.
然らば(しからば) 그러면. 그렇다면.
㊁(さらば) ①〈老〉그렇다면. 그러면. ②남과 헤어질 때의 인사. 그러면 안녕히.
然り(しかり) 그렇다. 옳다.
然りとて(さりとて) 그렇다고 해서.
然りとは(さりとは) ①그렇다고는. 그런 사정이라고는. ②사정을 알고 보니.
然りとも(さりとも) ①그래도. ②설마.
然る ㊀(さる) ①어느. 어떤. ②그와 같은. 그에 상당한.
㊁(しかる) 그러하다.
然るに(しかるに) 그런데(도).
然れど(されど)〈雅〉그러나. 하지만.
然れども(しかれども) 그렇지만. 연(然)이나. 그러나.
然れば ㊀(されば) ①그러니까. 그러므로. ②〈老〉그렇다면. 그러면.
㊁(しかれば) ①그러므로. ②(편지 등에서) 그래서. 각설(却說). 그건 그렇고.
然る可き(しかるべき) ①마땅히 그래야 하는. ②그에 상당〔해당〕하는. 걸맞는.
然る可く(しかるべく) 그에 알맞게. 적당히. 좋도록.
然る可し(しかるべし)〈古〉①그렇게 될 운명이다. ②어울리다. 알맞다. ③해도 좋다. ④훌륭하다.
然る間 ㊀(しかるあいだ) 그 때문에.
㊁(さるあいだ) ①그런데. ②머지않아.
然り気(さりげ) 그런 모양〔티〕.
~無い(ない) 그런 티가 없다. 아무렇지도 않은 듯하다.
然無くば(さなくば) 그렇지 않으면.
然も無いと(さもないと) ☞然も無ければ(さもなければ).
然も無くば(さもなくば) ☞然も無ければ(さもなければ).

然も無ければ(さもなければ) 그렇지 않으면.
然る方(さるかた) ① 상당한 사람. ② 어떤 사람.
然に非ず(さにあらず) 그렇지는 않다.
然乍(しかし) 마치. 흡사.
然し乍ら(しかしながら) 그렇지만. 그러나.
然り乍ら(さりながら) 그렇지만. 그러나.
然る上は(しかるうえは) 그렇게 된 이상(에) 그렇게 된 바에는.
然りと雖も(しかりといえども) 그렇다 하더라도. (비록) 그렇기는 하지만. 그렇지만.
然る時は(しかるときは) 그런 때〔경우〕에는. 그렇게 되면.
然樣(さよう) ①〈老〉그렇게. 그와 같이. ② 그렇다면.
~然らば(しからば) 그렇다면.
然樣なら(さようなら) ①안녕히 가십시오〔계십시오〕. ② 그렇다면. 그러면.
然う言った(そういった) 그러한. 그 같은.
然然(しかじか) 말·글을 생략할 때 쓰는 말. 운운(云云). ＊ 云云 으로도 읽음.
然う然う(そうそう) ①《뒤에 否定이나 反語가 따라서》그렇게 언제까지나. 그렇게 자주. 그렇게 많이. ② 그래그래. 네 네. 아, 참.
然は然りながら(さはさりながら)〈雅〉그것은 그렇지만.
然爲れば(さすれば) ① 그러니까. ② 그렇다면.
然有らぬ(さあらぬ)〈雅〉그런 기색도 보이지 않는. 천연스러운.
然は有れ(さはあれ) 그렇긴 하나.
然は有れど(しかはあれど)〈古〉그렇지만.
然も有りなん(さもありなん)〈文〉확실히 그럴 것이다. 그것도 당연하다.
然も有るべき(さもあるべき)〈文〉그럴만도 한. 그럴 수도 있는.
然り而して(しかりしこうして) 그리하여. 그리고 그 위에.
然る人(さるひと) ① 그와 같은 사람. ② 그에 적당한 사람. 훌륭한 사람.
然る者(さるもの)〈文〉상당한 사람. 빈틈없는 자. 보통내기가 아닌 사람.
然程(さほど) 그다지. 그토록. 별로.
然らぬ体(さらぬてい) 아무렇지도 않은 모양. 뻔뻔한 태도.
然許り(さばかり) 겨우 그 정도. 그만큼. 그만치.
然る後に(しかるのちに) 그런 연후에. 그리고 나서.
然迄(さまで) 그렇게(까지). 그토록.

12 石	硯	벼루 연 ケン すずり

音読
硯面(けんめん) 연면. 벼루의 먹을 가는 면.
硯屛(けんびょう) 연병. 벼루 머리에 놓는 작은 병풍. 「下」.
硯北(けんぼく) 연북. 궤하(机下). 좌하(座下).
硯水(けんすい) 연수. 벼루의 물.
硯材(けんざい) 연재. 벼루를 만드는 돌.
硯滴(けんてき) ① 연적. ② 벼룻물. 연수(硯水).
硯池(けんち) 연지. 연해(硯海). 벼루의 물을 붓는 오목한 부분. 「곳. 연지.
硯海(けんかい) 연해. 벼루의 먹물을 담는

訓読
硯(すずり) 벼루.
硯蓋(すずりぶた) ① 벼룻집 뚜껑〔옛날, 꽃·과일 등을 담는 데도 썼음〕. ② 금단(きんとん)·어묵 등과 달게 한 생선 따위 모듬요리를 담는 큰 쟁반. 또, 그 요리.
硯瓶(すずりがめ) 연적(硯滴). 「匣.
硯箱(すずりばこ) 연상. 벼룻집. 연갑(硯
硯石(すずりいし) ① 연석. 벼룻돌. ② 벼루를 만드는 데 쓰는 석재.
硯洗い(すずりあらい) 칠석(七夕) 전날 밤, 아이들이 벼루·붓·책상을 씻고 붓글씨나 학문의 향상을 비는 일.

13 木	椽	서까래 연 テン たるき

音読
椽大(てんだい) 연대. 서까래의 크기.
~の筆(ふで) 서까래 같은 큰 붓. 훌륭한 대문장.

訓読
椽(たるき)〖建〗서까래.

其他
椽框(えんがまち) 툇마루 가장자리의 가로대 《빈지의 문지방이 되는 부분》.
椽の下(えんのした) (툇)마루 밑.

13 火 常	煙 (烟)	연기 연·담배 연 エン けむる·けむり·けむい

音読
煙景(えんけい) 연경. 아지랑이가 낀 아름다운 봄경치.
煙道(えんどう) ① 연도. 증기 기관 내의 화기 통로. ② 담배 파이프의 연기가 통하는 길.
煙毒(えんどく) 연독. (제련소나 공장 따위에서 나오는) 유독한 연기.
煙突(えんとつ) ① 연돌. 굴뚝. ②〈俗〉(손님을 태운) 택시가 요금 미터를 꺾지 않고 달리는 부정 행위.
煙浪(えんろう) ☞煙波(えんぱ).
煙幕(えんまく) 연막.
煙煤(えんばい) 연매. 유연(油煙). 그을음.
煙滅(えんめつ) 연멸. 연기같이 흔적도 없이 사라짐. 「개.
煙霧(えんむ) 연무. ① 스모그. ② 연기와 안
煙死(えんし) 연기나 유독 가스로 죽음.
煙水(えんすい) 연수. 수증기가 자욱한 수면(水面).

煙室(えんしつ) (화력 보일러의) 연실.
煙浴(えんよく) (일부 조류(鳥類)의) 연기를 쐬는 행동.
煙雨(えんう) 연우. 이슬비.
煙雲(えんうん) 연운. ①연기와 구름. ②구름처럼 피어나는 연기.
煙塵(えんじん) 연진. ①연기와 먼지. ②전장에서, 움직이는 병마(兵馬)로 인한 자욱한 티끌.
煙硝(えんしょう) 연초. 연기 나는 화약. 질
煙筒(えんとう) 연통. ①굴뚝. ②담뱃대.
煙波(えんぱ) 연파. 멀리 보이는 파도가 연기가 낀 것처럼 보얗게 보임.
煙霞(えんか) 연하. ①연기와 안개. ②안개가 낀 듯한 (고요한 산수의) 경치.
煙害(えんがい) 연해. 연기 피해.
煙火 ㊀(えんか) ①봉홧불. ②불꽃. ③연기와 불. ④밥 짓는 불.
㊁(はなび) 연화. 불꽃. 폭죽.

[訓読]
煙 ㊀(けむり) 연기(비슷하게 떠오르는 것).
㊁(けぶり)〈古〉노을. 안개.
㊂(けむ) ㊀의 준말.
～に巻(ま)**く** 헷갈리게 하다.
煙る(けむる) ①연기가 나다〔끼다〕. ②흐려 보이다. *古語로는 けぶる라고도 함.
煙水晶(けむりずいしょう) 연수정.
❖**煙い**(けむい) 냅다. *けぶい로도 읽음.
煙がる(けむがる) (연기에) 내워하다. 매워하다.
煙出し(けむだし) ①연기가 빠져 나가게 한 창문이나 굴뚝. *けむりだし로도 읽음. ②연기를 냄.
❖**煙たい**(けむたい) ①냅다. ②(가까이하기) 거북하다. *けぶたい로도 읽음.
煙たがる(けむたがる) ①내워하다. ②거북하게 여기다. 어려워하다.

[其他]
煙管 ㊀(きせる)①연관. 담뱃대. ②〈俗〉승차역·하차역 가까운 역까지만 차표를 사고 중간은 차표없이 거저 타는 부정 승차.
∥**～乗車**(じょうしゃ) ☞㊁.
㊁(えんかん) ①㊀. ②연관. 보일러에 발생한 화기를 통하게 하는 관.
煙草(たばこ) 연초. ①담배. ②〖植〗담배 원료인 가짓과의 1년초. *えんそう로도 읽음.
♣**～盆**(ぼん) 담배합 /**～屋**(や) 담뱃가게 /**～銭**(せん) 담뱃값.
∥**～消費税**(しょうひぜい) 담배 소비세.
～入(いれ) 담배쌈지.
～切(きり) 담배를 써는 일. 또, 그것을 업으로 하는 사람.
～休み(やすみ) (작업 중) 잠깐 쉼.

| 13 竹 | 筵 | 자리 연
エン
むしろ |

[音読]
筵道(えんどう) 연도. 옛날 귀인이 걸어갈 때, 문에서 안채까지 바닥에 자리를 깔아 옷자락이 더러워지지 않게 한 길.
筵席(えんせき) 깔개. 좌석. 연회석.

[訓読]
筵(むしろ) ①대자리. 거적. 멍석. ②〈雅〉좌석.
∥**～旗**(ばた) 거적으로 만든 기.
～破り(やぶり) 노인이 색(色)을 밝힘. 또, 그런 노인. 「허숙한 문.
～戸(ど) 나무·대로 윤곽을 짜고 거적을 친

| 13 虫 | 蜒 | 구불구불길 연·그리마
연
エン |

[音読]
蜒蜒(えんえん) 연연. 길게 꾸불꾸불 계속되는 모양.

| 13 金 常 | 鉛(鉛) | 납 연
エン
なまり |

[音読]
鉛管(えんかん) 연관. 납으로 만든 파이프.
鉛丹(えんたん) 연단. 물감의 하나.
∥**～色**(いろ) 밝은 적색.
鉛糖(えんとう) 〖化〗연당. 아세트산납.
鉛毒(えんどく) 연독. 납의 독. 납중독.
鉛白(えんぱく) 연백. 염기성 탄산납.
鉛分(えんぶん) 연분. 납성분.
鉛粉(えんぷん) 연분. 백색 안료(顔料) 또는 분(粉).
鉛糸(えんし) 연사. 끝에 납덩어리를 달아매어 중력 방향을 조사하는 데 쓰는 실.
鉛室法(えんしつほう) 〖化〗(황산 제조에서) 연실법.
鉛重石(えんじゅうせき) 〖鑛〗연중석.
鉛直(えんちょく) 연직. ♣**～圏**(けん) 연직권 / **～面**(めん) 연직면.
∥**～線**(せん) 연직선. ♣**～偏差**(へんさ) 연직선 편차.
鉛槧(えんざん) 연참. 문필에 종사함.
鉛錘(えんすい) 연추. 납으로 된 추.
鉛板(えんばん) 연판. 판자 모양의 납.
鉛版(えんばん) ①〖印〗연판. ②활판(活版).
鉛被線(えんぴせん) 〖電〗연피선. 연피 전「선.
鉛筆(えんぴつ) 연필. ♣**～画**(が) 연필화.
∥**～の木**(き) ☞鉛筆柏槙.
～柏槙(びゃくしん) 〖植〗연필향나무.
鉛害(えんがい) ☞鉛公害(なまりこうがい).
鉛灰色(えんかいしょく) 연회색. 납빛 비슷한 회색.

[訓読]
鉛(なまり) 연. 납.
鉛公害(なまりこうがい) 남공해.

演

흐를 연·펼 연
エン
のべる

14 氵 (敎)

音読

演じる(えんじる) ☞ 演ずる(えんずる).
演ずる(えんずる) ① 하다. 행하다. ② (무대에서) 연기를 하다.
演歌(えんか) 일본적인 애수를 띤 가요곡.
♣~調(ちょう) 엔카조.
‖~歌手(かしゅ) 엔카 가수.
~師(し) 거리에서 바이올린을 켜고 엔카를 부르며 노래책을 팔던 사람.
演劇(えんげき) 연극.
‖~博物館(はくぶつかん) 연극 박물관.
演技(えんぎ) 연기. ♣~的(てき) 연기적.
演能(えんのう) 能(のう)를 상연함.
演壇(えんだん) 연단. 강연단.
演台(えんだい) 연대. 연탁(演卓).
演練(えんれん) 연련. 실제로 그 일을 해 보거나 연습을 하여 몸에 익힘.
演目(えんもく) 상연 목록. 상연〔연주〕종
演武(えんぶ) 연무. 무술을 연습함.
演舞(えんぶ) 연무. ① 춤을 연습함. ② 춤을 추어 여러 사람에게 보임.
演算(えんざん) 연산.
‖~記号(きごう) 〖數〗 연산 기호.
~素子(そし) 〖컴〗 연산 소자. 「자법.
~子(し) 〖數〗 연산자. ♣~法(ほう) 연산
~装置(そうち) 〖컴〗 연산 장치.
演色性(えんしょくせい) 〖理〗 연색성.
演説(えんぜつ) 연설.
演述(えんじゅつ) 연술. 연설. 「림.
演習(えんしゅう) 연습. ♣~林(りん) 연습
演式(えんしき) 能(のう)의 연출법.
演繹(えんえき) 〖論〗 연역. ♣~法(ほう) 연역법 / ~的(てき) 연역적.
‖~論理学(ろんりがく) 〖論〗 연역 논리학. 「장.
演芸(えんげい) 연예. ♣~場(じょう) 연예
演義(えんぎ) 연의. ① 도리·뜻을 알기 쉽게 설명함. ② (송(宋)·원(元))나라 시대의 사실(史實)을 재미있게 펼쳐 놓은 통속 소설.
演者(えんじゃ) ① 출연자. ② 연사(演士).
演題(えんだい) 연제.
演奏(えんそう) 연주. ♣~権(けん) 연주권
‖~記号(きごう) 연주 기호.
~会(かい) 연주회. ♣~形式(けいしき) (樂) 연주회 형식(오페라 공연의 한 형식).
演唱(えんしょう) 가창(歌唱)이나 낭송을 하는 일. 「か).
演出(えんしゅつ) 연출. ♣~家(か) 연출
演戯(えんぎ) 연희. ① 연극. ② 연기(演技).

其他

演し物(だしもの) 상연물. 상연하는 작품.

鉛色(なまりいろ) 납빛.
鉛中毒(なまりちゅうどく) 납중독.

鳶

솔개 연·연 연
エン
とび·とんび

14 鳥

音読

鳶目(えんもく) 연목. 잘 보이는 눈. 예리한 시력(視力).
‖~兎耳(とじ) 연목 토이. 잘 보이는 눈과 잘 들리는 귀. 신문·방송 등의 보도 관계자를 일컫는 말.

訓読

鳶 ㊀(とび) ①〖鳥〗 솔개. ② 鳶口(とびぐち)·鳶職(とびしょく)의 준말.
㊁(とんび) ①〖口〗〖鳥〗 ☞ ㊀①. ② 'とんびガッパ(=일본 옷의 남자용 외투)'의 준말. ③ 들치기.
鳶口(とびぐち) 막대 끝에 쇠갈고리가 달린 소방 용구. 「두머리.
鳶頭(とびがしら) 鳶の者(とびのもの)의 우
鳶鱝(とびえい) 〖魚〗 연분. 매가오리.
鳶鼻(とびはな) 매부리코.
鳶色(とびいろ) 다갈색(茶褐色).
~**浮塵子**(うんか) 〖蟲〗 갈색멸구. 「の).
鳶人足(とびにんそく) ☞ 鳶の者(とびのも
鳶の者(とびのもの) ① 江戸(えど) 시대의 소방수. ② ☞ 鳶職(とびしょく).
鳶職(とびしょく) 토목·건축 공사의 노무자《江戸(えど) 시대에는 대개 소방수를 겸했음》.

其他

鳶尾(いちはつ) 〖植〗 연미. 붓꽃.

縁 (緣)

가선 연·연분 연
エン
ふち·えにし·へり·よる

15 糸 常

音読

縁家(えんか) ① 사돈집. ② 연고가 있는 집.
縁甲板(えんこういた) 마루를 깔 때에 쓰는 얇고 좁은 널.
縁結び(えんむすび) 결연. 부부나 부모와 자식 등의 관계를 새로이 맺음.
縁故(えんこ) 연고.
‖~募集(ぼしゅう) 연고 모집. ① 연고자 채용. ②〖經〗 사모(私募).
~米(まい) 농가에서 연고자에게 파는 쌀.
縁框(えんがまち) 툇마루 가장자리의 가로대《빈지의 문지방이 되는 부분》.
縁起(えんぎ) ① 기원. 유래. 특히, 신사·절의 유래. ♣~수. 운수.
‖~担ぎ(かつぎ) 길흉의 미신에 사로잡힘.
~物(もの) ① 길흉〔재수〕를 비는 물건. ② 신사·절에 가는 사람을 상대로 파는 물건.
~棚(だな) 연예인의 집이나 요릿집·가게(商家) 등에서 재수 있기를 빌기 위해 신불을 모신 단(壇).
~直し(なおし) 조짐이 나쁜 것을 좋아지도록 빌어서 고침.

緣端(えんばな) 툇마루 끝.
緣談(えんだん) 연담. 혼담. 「결상.
緣台(えんだい) 대오리·나무오리로 짠 긴
緣涼み(えんすずみ) 여름철 저녁에 툇마루에 나가 바람을 쐼.
緣類(えんるい) 결혼이나 양자 결연으로 맺은 관계. 친척. 인척.
緣辺(えんぺん) 연변. ①연고(緣故)《좁은 뜻으로는 인척 관계를 가리킴》. ②가장자리.
緣付く(えんづく) 시집 가다. 장가 가다.
緣付ける(えんづける) 시집 보내다. 출가 시키다. 장가 보내다. 「지.
緣書(えんしょ) 연고자에게 내는 부탁의 편
緣先(えんさき) 툇마루 끝. 「음).
緣続き(えんつづき) 친척·인척(관계가 있
緣語(えんご) 《文》의미상 연관성 있는 말을 써서 수식하는 和歌(わか)의 표현. 또, 그 말.
緣遠い(えんどおい) 인연이 멀다. ①관계가 멀다. ②(특히, 여자가) 결혼할 기회를 좀처럼 얻지 못하다.
緣由(えんゆ) 연유. *えんゆうろも 읽음.
緣日(えんにち) 신불(神佛)을 공양하고 재를 올리는 날. 잿날.
∥~商人(しょうにん) 신사·사찰 참예인(參詣人)을 상대로 노점 따위를 벌이는 상인.
緣者(えんじゃ)〈老〉친척. 일가.
∥~続き(つづき) 친척 관계에 있는 사람.
緣切り(えんきり) (부부·부모와 자식·형제·주종 관계 등의) 절연. 인연을 끊음. 의절.
∥~寺(でら) 江戸(えど) 시대, 이혼을 원하는 여자가 들어가 는 여승당.
緣定め(えんさだめ) 부부 정혼의 결정.
緣組み(えんぐみ) ①양자·양녀 등의 관계를 맺는 일. ②결혼. 혼인.
緣坐(えんざ) ☞緣座(えんざ).
緣座(えんざ) 연좌(連坐). 일가(친척)의 범죄로 말미암아 같은 처벌을 당함.
緣座敷(えんざしき) 일본식 가옥에서, 중앙의 거실과 툇마루 사이의 좁은 방.
緣柱(えんばしら) 툇마루 바깥쪽의 기둥.
緣戚(えんせき) 친척. 일가.
緣側(えんがわ) ①툇마루. ②〈俗〉물고기의 지느러미나 아가미 언저리의 살〔뼈〕.
緣板(えんいた) 툇마루에 까는 널조각.
緣の下(えんのした) (툇)마루 밑.
~の力持(ちからも)ち 표면에 나서지 않고 뒷전에서 진력함. 또, 그 사람.
緣合い(えんあい) ①친척 관계. ②사람과 사람의 연관 관계.
緣海(えんかい) 《地》연해.
<0xEB><0x9B><0x88>
緣 ㈠(ふち) 가장자리. 테(두리). 전. 가.
㈡(へり) ①가장자리. 모서리. ②모자에 두른 형겊.
㈢(ぺり)《接尾語로》강 언저리의 뜻.
㈣(えん) ①연. 인연. 연분. ②끊을 수 없는 관계. ③툇마루. 「(할 사람).
㈤(よすが)〈文〉①연고. ②실마리. ③의지
㈥(ゆかり) 관계. 연고.
㈦(えにし) 인연. 특히, 남녀간의 인연.
緣かがり(ふちかがり) 천의 가를 실로 감침.
緣高(ふちだか) 과자 따위를 담는 울이 높은 그릇.
緣無し(ふちなし) 테(두리)가 없음.
緣石(ふちいし) 연석. 인도(人道) 또는 안전 지대와 차도를 구별하거나, 화단의 경계를 나타내기 위하여 두는 돌 또는 시멘트 블록. *えんせきらも 함.
❖緣取る(ふちどる) 테두리를 달다. (가)선을 두르다.
緣取り(ふちどり) 가를 채색하거나 장식을 베풂. *へりとりろも 읽음.

| 16
火
教 | 燃 | 탈 연
ネン
もえる・もやす・もす |

音読
燃灯(ねんとう) 《佛》연등(燃燈).
燃料(ねんりょう) 연료.
∥~電池(でんち) 연료 전지. 연료의 화학적 에너지를 열로 변환시키지 않고 직접 전기 에너지로 변환시키는 장치.
~弁(べん) 연료판. 연료 밸브.
燃眉(ねんび) 연미. 초미(焦眉).
燃費(ねんぴ) ①연비(燃比). 연료 소비율. 자동차가 연료 1리터로 달릴 수 있는 거리. ②연료비.
燃犀(ねんさい) 연서. 사물을 환히 통찰함.
燃焼(ねんしょう) 연소. ♣~炉(ろ) 연소로/~室(しつ) 연소실/~熱(ねつ) 연소열.
∥~効率(こうりつ) 연소 효율.
燃油(ねんゆ) 연유.
燃調(ねんちょう) '燃料費·原料費(ねんりょうひ・げんりょうひ)調整制度(ちょうせいせいど)(=연료비·원료비 조정 제도)'의 준말.

訓読
燃す(もす) ☞燃やす(もやす).
燃やす(もやす) 불태우다. 장작.
燃し木(もしき) 땔감.
❖燃える(もえる) ①(불)타다. 불길이 일다. ②피어 오르다. 달아오르다. ③정열이 솟아오르다.
燃え(もえ) 연소 (상태).
燃え殻(もえがら) 타고 남은 찌꺼〔재〕.
燃え広がる(もえひろがる) 불길이 넓게 번지다.
燃え立つ(もえたつ) 세차게 타다. 한창 타오르다. 「다.
燃え付く(もえつく) 불이 붙다. 불길이 번지
燃え上がる(もえあがる) ①타오르다. (불길이) 솟아오르다. ②정열 등이 끓어오르다.
燃え石(もえいし) 석탄.
燃え盛る(もえさかる) ①불이 기세 좋게 타다. 활활 타다. ②정열 따위가 끓어오르다.
燃え残り(もえのこり) 타다 남은 것.

燃え滓(もえかす) ☞燃え殻(もえがら).
燃え切る(もえきる) 완전히 타다.
燃え種(もえくさ) 불쏘시개. 땔감.
燃え止し(もえさし) ⇨ 燃え差し(もえさし).
燃え尽きる(もえつきる) 완전히 타버리다. 완전히 연소하다.
燃え差し(もえさし) 타다 남음. 타다 남은 것.
燃え焦がる(もえこがる) ① 불에 타서 검게 그을다. ② 몹시 사모하다. 그리워하다.
燃え出す(もえだす) 타오르기 시작하다.
燃え杭(もえぐい) 타다 남은 나무.

16 灬	燕	제비 연 エン つばめ

音読
燕居(えんきょ) 연거. 집에 한가로이 있음.
燕楽 ㊀(えんらく) 연락. 주연을 베풀고 놀고 즐김.
㊁(えんがく) 연악. 중국에서 연회를 열 때, 연주하는 속악(俗樂).
燕麦 ㊀(えんばく)『植』연맥. 귀리.
㊁(からすむぎ)『植』메귀리.
燕尾服(えんびふく) 연미복.
燕石(えんせき) 연석. ① 옥 비슷한 돌. 가짜. ② 가치 없는 것을 가지고 자랑함. 재주 없는 자가 자만함.
燕巣(えんず) 연소. ① 제비집. ② 열대에 사는 제비 비슷한 새의 집을 삶아 만든 음식. *えんそうろも 읽음.
燕息(えんそく) 연식. 한가로이 집에서 쉼.
燕窩(えんか) 연와. ① 제비집. ② (중국 요리에서) 연소.
燕飲(えんいん) 연음. 주연(酒宴).
燕雀(えんじゃく) 연작. 제비와 참새. 작은 새. 전하여, 소(小)인물.
‖~類(るい)『鳥』연작류. 참새목.
燕脂(えんじ) 연지. 거무스름한 적색.

訓読
燕 ㊀(つばめ) ①『鳥』제비. *古語로는 つばくら・つばくらめ라고도 함. ② 若(わか)いつばめの준말. 제비족. 젊은 정부.
‖~去り月(さりづき) 음력 8월의 딴이름.
~の巣(す) 제비집.
㊁(えん)『史』(옛 중국의) 연나라.
燕返し(つばめがえし) 제비처럼 날렵하게 반전(反轉)시킴.

其他
燕子花(かきつばた)『植』연자화. 제비붓꽃.

19 口	嚥	삼킬 연 エン のむ

音読
嚥下(えんか) 〈文〉연하. 삼킴. *えんげ로도 읽음.

20 月	臙	연지 연 エン べに

音読
臙脂(えんじ) 연지. 거무스름한 적색. ♣~色(いろ) 연지색. / ~虫(むし)『蟲』연지벌레.
‖~墨(ずみ) 연지묵(그림 물감).

20 虫	蠕	꿈틀거릴 연 ゼン うごめく

音読
蠕動(ぜんどう) 연동.
‖~運動(うんどう)『生』연동 운동.
蠕虫(ぜんちゅう)『蟲』연충.
蠕形動物(ぜんけいどうぶつ)『動』연형 동물.

23 言	讌	잔치 연・이야기할 연 エン

音読
讌飲(えんいん) 연음. 주연(酒宴).

열

10 忄 常	悦	기쁠 열 エツ よろこぶ

音読
悦(えつ) 기뻐함.
悦楽(えつらく) 열락. 기뻐하고 즐거워함.
悦服(えっぷく) 열복. 기쁜 마음으로 복종함.
悦懌(えつえき) 기뻐함.
悦哉(えっさい)『鳥』조롱이의 수컷.

訓読
悦ばしい(よろこばしい) 경사스럽다. 기쁘다. 즐겁다.
悦ばせる(よろこばせる) 기쁘게 하다. 즐겁게 하다.
悦んで(よろこんで) 기꺼이. 쾌히.
❖悦ぶ(よろこぶ) 기쁨. 즐거워하다.
悦び(よろこび) 기쁨. 경사.

15 口	噎	목멜 열 エツ むせぶ・むせる

訓読
❖噎ぶ(むせぶ) ① 목이 메다. ② 흐느껴 울다.
噎び泣き(むせびなき) 흐느껴 욺.
❖噎せる(むせる) ① 목이 메다. 숨이 막히다. ② 가슴이 막히다.

噎せっぽい(むせっぽい) 숨이 막힐 듯하다.
噎せ返る(むせかえる) ①숨이 콱콱 막히다. ②몹시 흐느껴 울다.

熱 15 灬 教
열 열·더위 열
ネツ
あつい·ほてる

音読➡

熱(ねつ) ①『理』에너지의 다른 형태의 하나. ②신열(身熱). ③기후의 더움.
熱エネルギー(ねつエネルギー) 열에너지.
熱する(ねっする) ①뜨겁게 하다. (가)열하다. ②뜨거워지다. ③열중하다. 흥분하다.
熱っぽい(ねつっぽい) 열이 있는 듯하다. 열정적이다.
熱可塑性(ねつかそせい) 『化』열가소성.
熱間仕上げ(ねっかんしあげ) 『機』열간 성형(成形).
熱間圧延(ねっかんあつえん) 『機』열간 압연.
熱感(ねっかん) 열기. 몸에 열이 있는 느낌.
熱硬化性(ねつこうかせい) 『化』열경화성.
∥〜樹脂(じゅし) 『化』열경화성 수지.
熱界雷(ねつかいらい) 『気』열계뢰.
熱狂(ねっきょう) 열광. ♣〜的(てき) 열광적.
熱交換器(ねつこうかんき) 『機』열교환기.
熱球(ねっきゅう) (야구·배구에서) 속력이 빠른 공. 힘껏 친 공.
熱圏(ねつけん) 『地』열권.
熱気 ㊀(ねっき) 열기. ①온도가 높은 기체〔공기〕. ②신열(身熱). ③고조된 기세. 열띤 기분. 혈기(血氣).
㊁(ねつけ) 열기. 몸에 열이 있는 느낌.
熱機関(ねつきかん) 『理』열기관.
熱気球(ねつききゅう) 열기구.
熱器具(ねつきぐ) 열기구.
熱起電力(ねつきでんりょく) 『理』열기전력.
熱鬧(ねっとう) 사람들이 붐비어 시끄러움.
熱帯(ねったい) 열대. ♣〜林(りん) 열대림/〜病(びょう) 열대병/〜魚(ぎょ) 열대어/〜鳥(ちょう) 열대조.
∥〜果実(かじつ) 열대 과실.
〜気団(きだん) 『気』열대 기단.
〜気候(きこう) 『気』열대 기후.
〜収束帯(しゅうそくたい) 『気』열대 수렴대.
〜植物(しょくぶつ) 열대 식물.
〜夜(や) 『気』열대야. 밤이 되어도 옥외 기온이 섭씨 25도 이하로 내려가지 않는 밤.
〜雨林(うりん) 열대 우림.
〜日(び) 『気』열대일. 최고 온도가 섭씨 30도를 넘는 날.
〜低気圧(ていきあつ) 『気』열대성 저기압.
熱度(ねつど) 열도. ①열의 정도. ②열심의 정도.
熱祷(ねっとう) 열심히 기도함.
熱量(ねつりょう) 『理』열량. ♣〜計(けい) 열량계.
熱冷まし(ねつさまし) 해열제(解熱劑).
熱烈(ねつれつ) 열렬.
熱論(ねつろん) 열렬한 의논.
熱雷(ねつらい) 열뇌우.
熱涙(ねつるい) 열루. 뜨거운 (감격의) 눈물.
熱望(ねつぼう) 열망.
熱罵(ねっぱ) 열매. 몹시 욕을 퍼부음. 매도(罵倒).
熱発(ねっぱつ) 발열.
熱放射(ねつほうしゃ) 『理』열복사.
熱の壁(ねつのかべ) 초음속으로 나는 비행기 기체의 금속이 공기와의 마찰열에 견딜 수 있는 한계.
熱輻射(ねつふくしゃ) ☞熱放射(ねつほうしゃ)
熱弁(ねつべん) 열변.
熱変成作用(ねつへんせいさよう) 열변성 작용. 심성암(深成岩)이 뚫고 들어가는 데 따른 온도 상승으로 해서 일어나는 변성 작용.
熱病(ねつびょう) 열병.
熱分解(ねつぶんかい) 『化』열분해.
熱沙(ねっさ) ⇨ 熱砂(ねっさ).
熱砂(ねっさ) 열사. ①뜨거운 모래. ②뜨거운 사막. *ねっしゃ로도 읽음.
熱射病(ねっしゃびょう) 『医』열사병.
熱傷(ねっしょう) 열상.
熱暑(ねっしょ) 한여름의 더위.
熱線(ねっせん) 열선. ①적외선(赤外線). ②뜨거운 광선.
∥〜反射ガラス(はんしゃガラス) 적외선 반사 유리. 주로 적외선을 반사하는 유리.
〜風速計(ふうそくけい) 열선 풍속계.
〜吸収ガラス(きゅうしゅうガラス) 적외선 흡수 유리. 파장이 긴 적외선을 흡수하여 열을 차단하는 유리.
熱性(ねっせい) 열성. ①고열을 내는〔수반하는〕 성질. ②발끈하기 쉬운 성질.
熱誠(ねっせい) 열성. 뜨거운 정성.
熱醒まし(ねつさまし) 해열제(解熱劑).
熱素(ねっそ) 『化』열소.
熱損失(ねつそんしつ) 『機』열손실. 물체가 외부로 잃어버리는 열량.
熱水(ねっすい) 열수. ①뜨거운 물. ②『地』열수 용액(熱水溶液).
∥〜鉱床(こうしょう) 『鉱』열수 광상.
〜変質(へんしつ) 『地』열수 변질.
熱収支(ねつしゅうし) 『気』대기 열수지. 지표면에서의 열의 출입.
熱心(ねっしん) 열심.
熱愛(ねつあい) 열애.
熱力学(ねつりきがく) 『理』열역학.
∥〜の法則(ほうそく) 열역학 법칙.
熱延(ねつえん) 열연. '熱間圧延(ねっかんあつえん)(=열간 압연)'의 준말.
熱汚染(ねつおせん) 열오염. 발전소·공장 등에서 배출되는 온수가 바다에 흘러 들어 바닷물의 온도가 올라가는 현상.
熱容量(ねつようりょう) 『理』열용량.

熱運動(ねつうんどう)『理』열운동.
熱雲現象(ねつうんげんしょう)『地』열운현상. 화산에서 분출한 용암과 고온의 가스가 산을 급속히 흘러내리는 현상.
熱源(ねつげん) 열원.
熱願(ねつがん) 열원. 열망. 열렬히 원함.
熱応力(ねつおうりょく)『理』열변형력(變形力).
熱意(ねつい) 열의. 열성.
熱腸(ねっちょう) 분노나 심한 슬픔으로 속이 부글부글 끓을 것 같은 마음.
熱蔵庫(ねつぞうこ) 열장고(섭씨 70도 정도의 고온으로 식품을 보존하기 위한 냉장고 비슷한 것).
熱低(ねってい) '熱帯低気圧(ねったいていきあつ)(=열대성 저기압)'의 준말.
熱赤道(ねつせきどう)『地』열적도.
熱戦(ねっせん) 열전.
熱伝達(ねつでんたつ)『理』열전달.
熱電対(ねつでんつい)『理』열전쌍.
熱伝導(ねつでんどう)『理』열전도.
熱電流(ねつでんりゅう)『電』열전류. 열기기의 회로로 흐르는 전류.
熱転写プリンター(ねつてんしゃプリンター) 열전사 프린터.
熱電素子(ねつでんそし)『電子』열전 소자.
熱電温度計(ねつでんおんどけい)『理』열전 온도계.
熱電子(ねつでんし)『理』열전자.
∥〜管(かん)『理』열전자관. 열이온관.
〜効果(こうか)『理』열전자 효과.
熱電堆(ねつでんたい)『理』열전퇴. 열전기 더미.
熱情(ねつじょう) 열정. 열렬한 애정. 또, 열심. ♣〜的(てき) 열정적.
熱中(ねっちゅう) 열중.
∥〜症(しょう)『醫』고온·고열로 인하여 더위를 먹는 병으로 머리가 아프고 졸도함(사망률이 높음).
熱中性子(ねっちゅうせいし)『理』열중성자.
熱重合(ねつじゅうごう)『化』열중합.
熱地(ねっち) 열지. ①더위가 심한 지방. ②열대 지방. ③번화한 장소.
熱贊(ねっさん) 열찬. 절찬(絶讚).
熱唱(ねっしょう) 열창. 열렬히 노래함.
熱処理(ねつしょり) 열처리. ♣〜炉(ろ) 열처리로.
熱泉(ねっせん) 열천. 섭씨 80도 이상의 온천.
熱天秤(ねつてんびん)『化』열천칭.
熱鉄(ねってつ) 열철. 뜨겁게 달군 철. 열에 녹은 철.
熱衷(ねっちゅう) 열충. 진심.
熱臭い(ねつくさい) 신열이 높은 환자의 열기가 느껴짐.
熱湯(ねっとう) 열탕. 뜨거운 물.
熱闘(ねっとう) 열투. 열띤 시합(試合).
熱波(ねっぱ) 열파(멕시코 등지에서 기온이 섭씨 40도 전후로 오르는 현상).
熱膨張(ねつぼうちょう) ⇨ 熱膨脹(ねつぼうちょう).

熱膨脹(ねつぼうちょう)『理』열팽창.
熱平衡(ねつへいこう)『理』열평형.
熱風(ねっぷう) 열풍. ♣〜炉(ろ) 열풍로.
∥〜乾燥機(かんそうき) 열풍 건조기.
熱学(ねつがく)『理』열학.
熱汗(ねっかん) 열한. 심한 운동이나 노동 후에 흘리는 땀.
熱解離(ねつかいり)『理』열해리.
熱核(ねっかく) 열핵. '原子核(ねつげんしかく)(=열원자핵)'의 준말.
∥〜反応(はんのう) 열핵 반응.
〜融合(ゆうごう)『理』(열)핵 융합.
熱血(ねっけつ) 열혈.
∥〜漢(かん) 열혈한. 열혈 남아.
熱型(ねっけい) 열형. 체온이 오르내리는 여러 가지 유형.
熱の花(ねつのはな)『醫』열꽃.
熱化学(ねつかがく)『化』열화학.
熱拡散(ねつかくさん)『理』열확산.
熱効率(ねつこうりつ)『理』열효율.
[訓読]
熱る(ほてる) (몸·얼굴이) 화끈해지다. 달아오르다. *ほとる로도 읽음.
❖熱い(あつい) 뜨겁다.
〜戦争(せんそう) 열전. (무기를 쓰는) 전쟁(냉전에 상대되는 말).
熱さ(あつさ) 뜨거움. 뜨거운 정도.
熱め(あつめ) 뜨거운 편임.
熱苦しい(あつくるしい) 숨막힐 듯이 덥다.
熱燗(あつかん) 술을 데움. 또, 그 술.
熱熱(あつあつ) ①매우 뜨거움. ②남녀가 열렬히 사랑하는 모양.
熱火(あつび) 열화. 활활 타는 불.
熱灰(あつばい) 불기가 남아 있는 재.
[其他]
熱り ㊀(ほとぼり) ①여열(餘熱). ②감정·흥분 등의 여세(餘勢). ③세상의 관심. ㊁(ほとり) 뜨거워짐. 열기를 띰. 열기(熱氣).
❖熱れる(いきれる) 후끈하다.
熱れ(いきれ) 열기. 훈기.

| 15
門
常 | 閲 (閲) | 점고할 열
エツ
けみする |

[音読]
閲見(えっけん) 조사하기 위하여 보는 일.
閲読(えつどく) 열독. 내용을 훑어 읽음.
閲覧(えつらん) 열람. ♣〜室(しつ) 열람실 /〜者(しゃ) 열람자.
閲歴(えつれき) 열력. 경력. 이력.
閲兵(えっぺい) 열병. 사열. ♣〜式(しき) 열병식.
[訓読]
閲する(けみする) ①검열하다. 조사하다. ②세월이 흐르다. *えっする로도 읽음.

염

冉 나아갈 염
ゼン・ネン
しなやか

参考 冉은 異體字.

音読
冉冉(ぜんぜん) 염염. 점차 진행되어〔퍼져〕 가는 모양.

炎 탈 염
エン
ほのお・ほむら

音読
炎涼(えんりょう) 염량. 더위와 서늘함.
炎魔(えんま) 염마. 염라 대왕.
炎上(えんじょう) 염상. (특히, 누각이나 큰 건물이) 타오름.
炎色反応(えんしょくはんのう)《化》불꽃 반응.
炎暑(えんしょ) 염서. 혹서.
炎心(えんしん)《化》염심(焰心). 불꽃심.
炎熱(えんねつ) 염열. 염서(炎暑).
∥~**地獄**(じごく)《佛》염열 지옥.
炎炎(えんえん) 염염. 불길이 힘차게 타오르는 모양. 활활.
炎節(えんせつ) 염절. 여름.
炎帝(えんてい) 염제. 여름 또는 불의 신.
炎昼(えんちゅう) 볕이 쨍쨍 내리쬐는 여름날의 한낮.
炎症(えんしょう) 염증.
炎蒸(えんじょう) 염증. 찌는 듯한 더위.
炎天(えんてん) 염천. ① 여름의 찌는 듯한 더운 날씨. ② 남쪽 하늘.
炎夏(えんか) 염하. 더운 여름. 한여름.

訓読
炎 ㊀(ほのお) 불꽃. 불길. *雅語로는 ほむら라고도 함.
㊁(えん)《接尾語로》…염. 염증.

染 물들일 염·물들 염
セン・ゼン
そめる・そまる・しみる・しみ

音読
染工(せんこう) 염공.
染料(せんりょう) 염료. 물감.
染毛(せんもう) 염모.
染髪(せんぱつ) 염발. 머리 염색.
染色(せんしょく) 염색. ♣~**糸**(し) 염색사 / ~**質**(しつ) 염색질.
染色体(せんしょくたい)《生》염색체.
∥~**突然変異**(とつぜんへんい) 염색체 돌연 변이.
~**異常**(いじょう) 염색체 이상.
~**地図**(ちず) 염색체 지도.
染液(せんえき) 물들이기 위한 액체.
染汚(せんお) 염오. 더럽힘. 더러워짐.
染浴(せんよく)(섬유) 염색액. 또, 그 용기.
染匠(せんしょう) 염장. 염공.
染指(せんし) 일에 착수〔관계〕함.
染織(せんしょく) 염직. 염색과 직조.
染筆(せんぴつ) 염필. 휘호. 윤필(潤筆).
∥~**料**(りょう) 염필료. 휘호료.

訓読
染まる(そまる) 물들다.
染む ㊀(しむ)〈文〉① 스며들다. ② 물들다. 젖다.
㊁(そむ) ①〈old〉물들다. ②(강하게) 마음이 끌리다. ③ ☞ **染める**(そめる).
❖**染みる** ㊀(しみる) ① 스며들다. ② 물들다. 젖다.
㊁(じみる)《接尾語로》① 배다. 끼다. ② …같아 보이다.
染み(しみ) ① 얼룩. ② 검버섯. 기미.
染み渡る(しみわたる) 스며들어 번지다〔퍼지다〕.
染み抜き(しみぬき) 얼룩을 뺌. 얼룩빼기.
染み付く(しみつく) ① 얼룩이 지다. ② 물들다. 젖어 들다.
染み染み(しみじみ) ① 마음속에 깊이 느끼는 모양. ② 조용하고 침착한 모양.
染み入る(しみいる)〈雅〉스며들다. 배어들다.
染み込む(しみこむ) 깊이 스며들다. 배어들다.
染み出す(しみだす) 스며나오다.
染み出る(しみでる)(겉으로) 배어나오다.
染み通る(しみとおる) ① 속속들이 스며들다. ② 깊이 느끼다.
染み透る(しみとおる) ⇨ **染み通る**(しみとおる).
❖**染める**(そめる) ① 물들이다. 염색하다. ②(붓 따위에) 먹을 먹이다. ③(부끄러워) 붉히다.
㊁(しめる) 물감을 들이다. 냄새가 스미게 하다.
染め ㊀(そめ) 염색.
㊁(ぞめ)《接尾語로》…염색. 염색한 빛깔.
染め更え(そめかえ) ⇨ **染め替え**(そめかえ).
染め更える(そめかえる) ⇨ **染め替える**(そめかえる).
染め絹(そめぎぬ) 색이나 무늬를 염색한 비단.
染め年貢(そめねんぐ) 江戸(えど) 시대의 잡세(雑税)의 하나.
染め料(そめりょう) ① 염료. 물감. ② 염료.
染め模様(そめもよう) 염색해서 만든 무늬.
染め木(そめき) 염료(染料)를 채취하기 위한 나무나 풀.
染め木綿(そめゆう) 염색한 무명 직물.
染め紋(そめもん) 무늬 부분만 바탕 색깔로 남겨 놓은 문양(紋章).
染め物(そめもの) 염색. 염색물.
∥~**屋**(や) 염색집. 또, 그 사람.
染め返し(そめかえし) 다시 염색함〔물들

染め返す(そめかえす)(퇴색한 것을) 다시 염색하다.　「채집.
染め斑(そめむら) 고루 물들지 않고 얼룩짐.
染め抜く(そめぬく) ① 속속들이 물들이다. ② 무늬만 바탕 색깔로 남기고 다른 부분을 염색하다.
染め抜き紋(そめぬきもん) 무늬 부분만 바탕 색깔로 남겨 놓은 문장(紋章).
染め柄(そめがら) 염색해 낸 색조·무늬.
染め付け(そめつけ) ① 염색해서 빛깔이나 무늬를 나타내는 일. 또, 그렇게 한 물건. ② 남빛 무늬를 넣어 구운 자기(磁器).
染め分け(そめわけ) ① 각각 딴 색으로 염색함. 또, 그렇게 한 염색물. ② 꽃잎이 여러 색으로 핌. 또, 그 꽃.
‖～紙(がみ) 갖가지 색으로 염색된 종이.
染め分ける(そめわける) 두 가지 이상의 색깔로 나누어 염색하다.
染め粉(そめこ) 가루 물감.
染め絣(そめがすり) 붓으로 스친 것 같은 무늬를 염색한 천.
染め飛白(そめがすり) ⇨ 染め絣(そめがすり).
染め糸(そめいと) 염실.
染め卸し(そめおろし) 무를 강판에 갈아 물기를 짠 즙에 간장을 친 것.
染め師(そめし) ① 염색을 직업으로 삼은 사람. ② 염색점.　「된 품.
染め上がり(そめあがり) 염색이 다됨.
染め上がる(そめあがる) 염색이 다되다.
染め上げる(そめあげる) 염색해 내다.
染め色(そめいろ) 염색한 빛깔. 물빛.
染め手拭い(そめてぬぐい) 염색한 수건.
染め染め(そめそめ) ① 먹으로 쓴 흔적이 선명한 모양. ② 진실로 애정을 담아.
染め葉(そめは) 서리 따위로 물든 나뭇잎.
染め屋(そめや) ⇨ 染め物屋(そめものや).
染め浴衣(そめゆかた) 색무늬를 염색한 浴衣(ゆかた).
染め羽(そめは) 물들인 살깃. 보통 독수리의 흰 깃을 물들인 것을 이름. *そめばろと도 읽
染め衣(そめぎぬ) 염색한 옷.　　　「음.
染井吉野(そめいよしの) 〖植〗왕벚나무.
染め做す(そめなす) 물들여 그림을 낸다.
染め汁(そめしる) 염색에 사용할 액체 염료.
染め地(そめじ) 염색하기 위한 천〔옷감〕.
染め紙(そめがみ) ① 물들인 종이. 색종이. ② 불교의 경문.　　　　　　　「색함.
染め直し(そめなおし) 다른 빛깔로 바꿔 염
染め直す(そめなおす) (퇴색한 것을) 다시 염색하다.　　　　　　　　　　「함.
染め替え(そめかえ) 다른 빛깔로 바꿔 염
染め替える(そめかえる) 퇴색한 것을 다른 빛깔로 바꿔 염색하다.
染め草(そめくさ) 물감으로 쓰이는 풀.
染め出す(そめだす) 염색해서 빛깔이나 무늬를 나타내다.
染め風呂(そめぶろ) 염액(染液)을 넣고 천

을 담가 염색하는 데 사용하는 네모난 통.
染め革(そめがわ) (무늬를) 염색한 가죽.
染め型(そめがた) 염색하는 무늬 본.

逆音
感染(かんせん) 감염.
伝染(でんせん) 전염.

| 12
火 | 焰 | 불꽃 염
エン
ほのお・ほむら |

参考 현대 표기로는 '炎'으로 대용함.

音読
焰心(えんしん) 〖化〗 염심. 불꽃심.
焰硝(えんしょう) 염초. 연기 나는 화약. 질산칼륨.

訓読
焰(ほのお) 불꽃. 불길. *雅語로는 ほむら라고도 함.

| 12
火 | 焱 | 불꽃 염
エン
ほのお |

音読
焱飛(えんび) 염비. 불꽃처럼 날다.
焱焱(えんえん) 염염. 불꽃이 활활 올라가는 모양.

| 12
王 | 琰 | 옥 염
エン |

音読
琰魔(えんま) 염마. 염라 대왕.

| 13
土
教 | 塩(鹽) | 소금 염
エン
しお |

音読
塩干(えんかん) ⇨ 塩乾(えんかん).
塩乾(えんかん) 염건. 생선을 소금에 절인 후에 말림. ♣～魚(ぎょ) 염건어.
塩基(えんき) 〖化〗 염기. ♣～対(つい) 염기쌍 / ～度(ど) 염기도.
塩基性(えんきせい) 염기성. ♣～岩(がん) 염기성암 / ～塩(えん) 염기성염.　　「료.
‖～肥料(ひりょう) 염기성〔알칼리성〕 비
～酸化物(さんかぶつ) 염기성 산화물.
～染料(せんりょう) 염기성 물감〔염료〕.
～炭酸鉛(たんさんなまり) 〖化〗 염기성 탄산납.
塩類(えんるい) 염류. ♣～腺(せん) 염류샘 / ～泉(せん) 염류천 / ～化(か) 염류화.
塩剝(えんポツ) 〈俗〉 염소산칼륨.
塩分(えんぶん) 염분.
塩酸(えんさん) 〖化〗 염산.

塩生植物(えんせいしょくぶつ) 염생 식물.
塩析(えんせき) 〖化〗 염석.
塩素(えんそ) 〖化〗 염소. ♣~酸(さん) 염소산. /~水(すい) 염소수.
∥~爆鳴気(ばくめいき) 염소 폭명기.
塩水選(えんすいせん) 〖農〗 염수선.
塩水湖(えんすいこ) 염호. 함수호(鹹水湖).
塩安(えんあん) '塩化アンモニウム(えんかアンモニウム)(=염화암모늄)'의 준말.
塩冶(えんや) 제염(製塩)과 야금(冶金).
塩業(えんぎょう) 염업. 소금의 제조·가공 사업.
塩浴炉(えんよくろ) 염욕로. 특수강 등의 열처리로.
塩蔵(えんぞう) 염장. 소금에 절여서 저장함.
塩噌(えんそ) ①소금과 된장. ②일상의 식량.
塩噌部屋(えんそうべや) 된장·간장·야채 절임 등을 담그어 저장하는 가옥(假屋).
塩田(えんでん) 염전. 염밭. ♣~法(ほう) 염전법.
塩泉(えんせん) 염천. 식염천.
塩酢(えんそ) ①소금과 식초. ②일상의 식량.
塩風害(えんぷうがい) 염풍해. 염해.
塩害(えんがい) 염해. 조수의 침수, 소금기 많은 바람 때문에 농작물이 받는 피해.
塩湖(えんこ) 염호. 물이 짠 호수.
塩化(えんか) 〖化〗 염화. ♣~銅(どう) 염화구리. /~物(ぶつ) 염화물. /~錫(すず) 염화주석. /~鉛(なまり) 염화납. /~鉄(てつ) 염화철.
∥~金(きん) 염화금. ♣~酸(さん) 염화금산.
~水素(すいそ) 염화수소.
~水銀(すいぎん) 염화수은.
~ビニール樹脂(じゅし) 염화비닐 수지.
~銀(ぎん) 〖化〗 염화은. ♣~酸(さん) 염화은산.

訓読

塩 ㊀(しお) ①소금. 식염. ②짠맛의 정도.
㊁(えん) 〖理〗 염.
塩っぱい(しょっぱい) 〈俗〉 ①짜다. ②인색하다. 쩨쩨하다.
塩はゆい(しおはゆい) 〈近畿方〉 짜다.
塩加減(しおかげん) (소금으로 맞춘) 간.
塩干し(しおぼし) (생선을) 소금에 절여서 말림. 또, 그 말린 것.
塩乾し(しおぼし) ⇨ 塩干し(しおぼし).
塩尻(しおじり) ①염전에서 원뿔꼴로 쌓아올린 모래. ②철확. 양념 절구.
塩鮭(しおざけ) 자반 연어.
塩気(しおけ) 소금기. 짠맛. 염분. 간.
塩断ち(しおだち) (기도·질병으로) 한동안 간한 음식을 먹지 않음.
塩豆(しおまめ) 짭짤하게 볶은 완두콩.
塩瀬(しおぜ) 씨실이 굵은 견직물.
塩物(しおもの) ①자반. ②절임.
塩味 ㊀(しおあじ) 소금 맛. 짠맛. *しおみ로도 읽음.
㊁(えんみ) ① ☞ ㊀. ②적절한 조절. 참작.
塩剝き(しおむき) 바지락조개 등을 땀. 또, 그 조갯살.
塩釜(しおがま) ①소금 가마. ②찹쌀 미숫가루에 설탕·소금을 섞어 틀에 넣고 박아낸 것.
塩払い(しおばらい) 장례식에 갔던 사람이 돌아와 자기 집 대문 앞에서 소금을 뿌리고 부정(不淨)을 씻는 일.
塩浜(しおはま) 염전. 염밭.
塩鱈(しおだら) 소금에 절인 대구.
塩焼き(しおやき) ①소금구이. ②〈古〉 자염(煮鹽). 또, 자염하는 사람.
塩焼け(しおやけ) 땀이 배어 옷이 바램.
塩水(しおみず) 소금물. 짠물. *えんすい로도 읽음.
塩辛(しおから) ①젓. 젓갈. ②塩辛蜻蛉의 준말.
∥~声(ごえ) 쉰 목소리.
~蜻蛉(とんぼ) 〖蟲〗 밀잠자리.
塩辛い(しおからい) 짜다.
塩圧し(しおおし) ⇨ 塩押し(しおおし).
塩押し(しおおし) (야채 등을) 소금에 절여 돌 따위로 눌러 둠. 또, 그것.
塩魚(しおざかな) 소금에 절인〔소금을 뿌린〕생선. 자반. *えんぎょ로도 읽음.
塩茹で(しおゆで) 소금을 넣고 데침.
塩煙(しおけむり) 〈雅〉 소금 가마에서 나는 김.
塩屋(しおや) 소금 장수〔장사〕. ②제염소.
塩揉み(しおもみ) 생채소류나 생선 따위에 소금을 뿌리고 주물러 부드럽게 함. 또, 그 요리.
塩引き(しおびき) ①생선을 소금에 절임. ②자반. 그 음식.
塩煮(しおに) 소금으로만 간을 하고 끓임. 또, 그 음식.
塩煎餅(しおせんべい) 쌀가루를 반죽하여 얇게 펴서 소금〔간장〕을 쳐 구운 과자.
塩竈(しおがま) ⇨ 塩釜(しおがま).
塩蒸し(しおむし) (전복 따위를) 소금을 쳐서 찜. 또, 그 요리.
塩汁(しおじる) ①소금으로 간한 국〔물〕. ②바닷물. 소금물.
塩漬け(しおづけ) ①소금에 절임. 또, 그 절인 것. 소금절이. ②〈俗〉 값이 오를 때까지 주식을 갖고 있는 일.
塩茶(しおちゃ) '番茶(ばんちゃ)(=질이 낮은 엽차)'에 소금을 가미한 것.
塩菜(しおな) 소금에 절인 푸성귀.
塩出し(しおだし) (자반 등을) 물에 담가 소금기를 뺌.
塩打ち(しおうち) 콩 따위에 소금을 뿌림. 또, 뿌린 것.
塩湯(しおゆ) ①끓인 소금물. ②염분을 함유한 온천.
塩風(しおかぜ) 염풍. 바다에서 불어오는 염분을 포함한 바람.
塩風呂(しおぶろ) 바닷물이나 소금물을 끓여서 하는 목욕.
塩胡椒(しおこしょう) 소금과 후추로 맞춤.

塩肴(しおざかな) ⇨ 塩魚(しおざかな).
塩花(しおばな) ① 부정 타지 않게 소금을 뿌림. 또, 그 소금. ②〈古〉흰 파도.
其他
塩梅(あんばい) ① 소금과 매실초(梅實醋). ②(음식의) 간. 맛. ③(사물의) 형편. 상태. 특히, 건강 상태.
∥〜酢(ず) 맛을 알맞게 한 초.
逆音
食塩(しょくえん) 식염.
岩塩(がんえん) 암염.
硫酸塩(りゅうさんえん)『化』황산염.

14 厂 厭

싫을 염·물릴 염
エン・オン
あきる・いとう・いや

音読
厭忌(えんき) 염기. 꺼리고 싫어함.
厭離(えんり)『佛』염리. 더러운 이 세상을 피하는 일. *おんりでも 읽음.
∥〜穢土(えど)『佛』염리 예토. 더러워진 세상이 싫어서 피함.
厭世(えんせい) 염세. ♣〜家(か) 염세가/〜観(かん) 염세관/〜的(てき) 염세적.
∥〜主義(しゅぎ) 염세주의.
厭勝(えんしょう) 주문(呪文)을 외어 진압함. 또, 그 주문.
厭悪(えんお) 염오.
厭人(えんじん) 염인. 사람을 싫어함.
厭戦(えんせん) 염전. 전쟁을 싫어함.
訓読
厭(いや) 싫음. 바라지 않음.
厭う(いとう) ① 싫어하다. ② 아끼다.
厭がらせ(いやがらせ) 남이 싫어하는 짓을 굳이 함. 또, 그런 언행.
厭がる(いやがる) 싫어하다.
厭く(あく)〈雅·方〉① 만족하다. ② 싫증 나다. 질치다.
厭らしい(いやらしい) ① 역겹다. 불쾌한 느낌이 들다. ② 추잡하다.
厭わしい(いとわしい) 싫다. 번거롭다.
厭気(いやき) 싫어하는 마음. 싫증. ②『經』시세가 뜻대로 되지 않아 인기가 떨어짐.
厭味(いやみ) 일부러 남에게 불쾌감을 주는 말이나 행동.
厭厭(いやいや) 마지못해서. 할 수 없이.
厭地(いやち)『農』그루(를) 타기. 「음.
厭持て(いやもて) 속 다른 겉대접만 좋게 받
❖厭きる(あきる) 싫증 나다. 물리다.
厭き(あき) 물림. 싫증. 싫어짐.
〜が来(く)る 싫증이 나다.
厭きっぽい(あきっぽい)〈俗〉싫증을 잘 내다. 이내 물리다.
厭き性(あきしょう) 싫증을 잘 내는 성질. 곧 물리는 성질.
厭き厭きする(あきあきする) 아주 싫증이 나다. 물리다. 신물이 나다.

15 髟 髯

구레나룻 염
ゼン
ひげ

音読
髯奴(ぜんど) ① 수염이 많은 사람의 멸칭. ② 서양인의 멸칭.
髯虜(ぜんりょ) 서양인의 비칭(卑稱).
訓読
髯(ひげ) 수염.
髯発条(ひげぜんまい) 얇은 강판(鋼板) 띠 따위를 소용돌이꼴로 감은 소형 태엽.

16 火 燄

불꽃 염
エン
ほのお

参考 焔의 異體字.

音読
燄燄(えんえん) 염염. 활활 타오르는 모양.

16 門 閻

마을 염·마을문 염
エン

音読
閻羅(えんら) 염라. 염마.
閻魔(えんま) 염마. 염라 대왕. ♣〜王(おう) 염마왕/〜虫(むし)『蟲』풍뎅이붙이.
∥〜堂(どう) 염마당. 염마집. 염라 대왕을 모신 사당.
〜蟋蟀(こおろぎ)『蟲』왕귀뚜라미.
〜顔(がお) 염마와 같은 무서운 얼굴.
〜帳(ちょう) ① 염마장. ②〈學〉교무(교사) 수첩. ③〈俗〉경찰관 등의 수첩.
閻浮(えんぶ)『佛』閻浮提의 준말.
∥〜提(だい)『佛』염부제. ① 인간이 사는 세계. ②〈俗〉현세(現世).
閻王(えんおう) 염왕. 염마 대왕.

19 色 艶 (艷)

고울 염·예쁠 염
エン
つや·あで·なまめかしい

音読
艶 ㈠(えん) 요염(함). *あでろも 읽음.
㈡(つや) ① 윤기. 광택. ②〈俗〉남녀의 정사에 관한 일. ③ 맛. 재미. ④ 애교. 교태.
艶歌(えんか) 애조를 띤 일본식의 대중 가요.
艶句(えんく) 요염한 정경을 읊은 川柳(せんりゅう).
艶女(えんじょ) 요염한 여자(미녀).
艶麗(えんれい) 염려. 요염하고 아리따움.
艶名(えんめい) 염문(艶聞).
艶文(えんぶん) 염문. 염서. 연애 편지. *つやぶみろも 읽음.
艶聞(えんぶん) 염문.

艶美(えんび) 염미. 요염하게 아름다움.
艶福(えんぷく) 염복.
∥～家(か) 염복가. 염복이 있는 사람.
艶本(えんぽん) 남녀의 정사를 묘사한 책.
艶色(えんしょく) 염색. 요염한 안색.
艶書(えんしょ) 염서. 연애 편지.
艶笑(えんしょう) ①요염하게 웃음. ②호색적이고 익살스러움.
艶冶(えんや) 염야. 요염하게 아리따움.
艶陽(えんよう) 염양. 늦봄의 계절. 봄날.
艶然(えんぜん) (젊은 여자가) 매력 있게 웃는 모양. 상긋 웃는 모양.
艶容(えんよう) 염용. 요염한 얼굴·자태.
艶姿(えんし) 염자. 요염한 자태.
艶状(えんじょう) 염서. 연애 편지.
艶態(えんたい) 염태. 교태.

訓読
艶かしい(なまめかしい) 품위 있고 아름답다. 요염하다.
艶く(なまめく) ①미추물하다. 예쁘게 윤기가 돌다. ②요염하다. ③우아하고 아름답게 보이다.
艶っぽい(つやっぽい) ①고상한 아름다움이 있는. ②요염한.
艶めく(つやめく) ①반들거리다. 윤이 나다. ②요염스럽다.
艶やか ㊀(あでやか) (여성이) 품위 있게 고운 모습. 「다움.
㊁(つややか) 반들반들함. 윤기가 나고 아름
艶気(つやけ) ①광택이 있는 상태. ②요염한 모습.
艶物(つやもの) 浄瑠璃(じょうるり)에서 남녀 정사를 소재로 한 것.
艶事(つやごと) 염사. 정사(情事).
艶消し(つやけし) ①광택을 없앰. 윤기 지우기. ②흥을 깸. 흥취를 없게 함. 또, 그런 말.
艶薬(つやぐすり) 유약(釉藥). 잿물.
艶艶(つやつや) 광택[윤]이 나는 모양. 반들반들. 반지르르. 「들히다.
艶艶しい(つやつやしい) 윤이 나다. 반들반
艶姿(あですがた) 염자. (여성의) 요염한 모습〔자태〕. 「면. 러브신.
艶場(つやば) (연극 등에서) 남녀의 정사 장
艶種(つやだね) 남녀 정사에 관한 화제.
艶出し(つやだし) 광택[윤]을 내는 일. 또, 거기 쓰이는 것.
艶布巾(つやぶきん) 윤내는 걸레. 「기.
艶話(つやばなし) 연애·정사에 관한 이야
艶黒子(つやぼくろ) 여성의 입가 밑에 있는 검은 점. 애교점.

逆音
妖艶(ようえん) 요염.
豊艶(ほうえん) 풍염.

19 魚 日	鯰	메기 (염) ネン なまず

訓読
鯰(なまず) 〖魚〗메기.
鯰髭(なまずひげ) 메기 수염처럼 가늘고 긴 수염(을 기른 사람).

24 鬼	魘	잠꼬대할 염·가위눌릴 엽 エン うなされる

訓読
魘される(うなされる) 가위 눌리다.
其他
魘われる(おそわれる) 가위 눌리다.

엽

12 艹 教	葉	잎 엽·세대 엽 ヨウ·ショウ は

音読
葉茎菜類(ようけいさいるい) 〖植〗엽경채류. 「필라이트.
葉蠟石(ようろうせき) 〖鑛〗엽납석. 파이로
葉緑素(ようりょくそ) 〖植〗엽록소.
葉緑体(ようりょくたい) 〖植〗엽록체.
葉理(ようり) 〖地〗엽리. 엽층의 단면이 나타내는 색과 색의 경계.
葉脈(ようみゃく) 〖植〗엽맥. 잎맥.
葉柄(ようへい) 〖植〗엽병. 잎꼭지.
葉酸(ようさん) 〖化〗엽산. 폴산(酸).
葉状(ようじょう) 엽상. 잎모양. ♣～体(たい) 엽상체.
∥～植物(しょくぶつ) 〖植〗엽상 식물.
葉序(ようじょ) 〖植〗엽서. 잎차례.
葉身(ようしん) 〖植〗엽신. 엽편(葉片). 잎몸.
葉芽(ようが) 〖植〗엽아. 잎눈.
葉腋(ようえき) 〖植〗엽액. 잎겨드랑이.
葉肉(ようにく) 〖植〗엽육. 잎살.
葉菜類(ようさいるい) 엽채류. 잎·줄기를 식용할 수 있는 야채.
葉鞘(ようしょう) 〖植〗엽초. 잎집.
葉層(ようそう) 〖地〗엽층. 라미나.
葉枕(ようちん) 〖植〗엽침. 잎터.
葉片(ようへん) ☞葉身(ようしん).

訓読
葉 ㊀(は) 잎. 잎사귀.
㊁(よう) 《接尾語ロ》…엽. ①장. 매(잎·종이 등을 세는 말). ②뇌·폐 따위의 한 구분.
葉っぱ(はっぱ) 〈口〉잎. 잎사귀.
葉鶏頭(はげいとう) 〖植〗색비름.
葉枯らし(はがらし) 개벌(皆伐)한 임목(林木)을 가지를 자르지 않고 그 곳에 일정 기간 두어 함수율을 단기간에 내리는 목재 건조법.
葉枯れ病(はがれびょう) 〖農〗잎마름병.
葉巻(はまき) 여송연. 엽궐련. ♣～虫(むし)

〚蟲〛 엽권충(葉捲蟲).
葉唐辛子(はとうがらし) 덜 익은 고춧잎.
葉䲢(はおこぜ) 〚魚〛 미역치.
葉蘭(はらん) 〚植〛 엽란.
葉裏(はうら) 잎의 안쪽.
葉末(はずえ) ① 잎의 끝. ② 자손. 후예.
葉牡丹(はぼたん) 〚植〛 모란채.
葉物(はもの) ① 주로 잎 부분을 먹는 야채 종류. ② (꽃꽂이·원예에서) 주로 잎을 관상(觀賞)하는 식물.
葉蜂(はばち) 〚蟲〛 잎벌.
葉挿し(はざし) 꺾꽂이의 하나. 식물의 잎을 땅에 꽂아 발근(發根)·발아시켜 새 개체를 얻는 방법.
葉渋病(はしぶびょう) 〚農〛 녹병. 수병(銹病).
葉色(はいろ) 초목 잎의 색깔.
葉書(はがき) 엽서.
葉洩れ日(はもれび) 나무들의 잎 사이를 통해 비치는 햇빛.
葉水(はみず) 분재(盆栽)나 화분에 심은 식물의 잎에 물을 끼얹는 일.
葉守りの神(はもりのかみ) 수목(樹木)을 지키는 신.
葉煙草(はタバコ) 말린 채 썰지 않은 잎담배.
葉桜(はざくら) 꽃이 지고 어린 잎이 난 벚나무.
葉月(はづき) 〈雅〉 음력 8월.
葉越し(はごし) 나뭇잎 사이로 보임.
葉隠れ(はがくれ) 나뭇잎의 그늘.
葉音(はおと) 잎이 바람에 흔들리는 소리.
葉陰(はかげ) 나무나 풀잎 그늘.
葉蔭(はかげ) ⇨ 葉陰(はかげ).
葉者(はもの) 보잘것없는 자. 신분이 낮은 자.
葉切蜂(はきりばち) 〚蟲〛 가위벌.
葉竹(はだけ) 잎이 붙어 있는 채로 잘라낸 대(나무).
葉振り(はぶり) 잎의 모양〔상태〕.
葉茶(はぢゃ) 엽차. 갓 나온 잎으로 만든 엽차. ＊はちゃ로도 읽음.
‖〜屋(や) 엽차를 파는 가게.
　〜壺(つぼ) 엽차를 넣는 대형 항아리.
葉擦れ(はずれ) 초목의 잎이 (바람에) 스침. 또, 그 소리.
葉葱(はねぎ) 〚植〛 녹색 잎 부분을 식용하는 파의 총칭.
葉叢(はむら) 우거진 나뭇잎.
葉虫(はむし) 〚蟲〛 잎벌레.
葉風(はかぜ) 초목의 잎을 흔드는 바람.
葉血引(はちびき) 〚魚〛 '血引(ちびき)(=선홍치)'의 딴이름.

〔逆音〕
胚葉(はいよう) 〚生〛 배엽.
複葉(ふくよう) 〚植〛 복엽. 겹잎.
前頭葉(ぜんとうよう) 〚生〛 전두엽.

| 23 面 | 靨 | 보조개 엽
ヨウ
えくぼ |

〔訓読〕
靨(えくぼ) 보조개.

영

| 5
水
教 | 永 | 길 영·오랠 영
エイ
ながい·とこしえ |

〔音読〕
永劫(えいごう) 영겁.
‖〜回帰(かいき) 〚哲〛 영겁회귀.
永訣(えいけつ) 영결. 사별.
永久(えいきゅう) 영구. ＊とこしえ·とわ로도 읽음. ♣〜歯(し) 영구치.
‖〜欠番(けつばん) 프로 야구에서 공로가 있는 선수의 등번호를 그 선수 은퇴 후에도 그대로 보존하는 일.
〜硬水(こうすい) 〚化〛 영구 경수. 영구 센물.
〜公債(こうさい) 영구 공채.
〜局外中立国(きょくがいちゅうりつこく) 영구 국외 중립국. 영세 중립국.
〜機関(きかん) 〚理〛 영구 기관.
〜寄生(きせい) 〚生〛 영구 기생.
〜気体(きたい) 영구 기체.
〜凍土(とうど) 영구 동토.
〜不変(ふへん) 영구 불변.
〜小作(こさく) ☞ 永小作(えいこさく).
〜劣後債(れつごさい) 영구 후순위 채권. 발행인에게 수시 상환의 권리는 있으나 상환 기간이 없는 후순위 채권.
〜歪み(ひずみ) 〚理〛 영구 변형.
〜磁石(じしゃく) 〚理〛 영구 자석.
〜組織(そしき) 〚植〛 영구 조직.
〜中立(ちゅうりつ) 영구 중립. 영세 중립.
〜革命論(かくめいろん) 영구 혁명론.
永年(えいねん) 연년. 오랜 햇수. ＊ながねん으로도 읽음.
‖〜変化(へんか) 〚地〛 연년 변화.
永代(えいたい) 영대. 영세. ♣〜講(こう) 〚佛〛 영대강. / 〜経(ぎょう) 〚佛〛 영대경.
‖〜小作(こさく) ☞ 永小作(えいこさく).
〜借地(しゃくち) 영대 차지. ♣〜権(けん) 영대 차지권.
永眠(えいみん) 영면. 죽음.
永別(えいべつ) 영별. 영이별.
永生(えいせい) 영생. ① 오래 삶. 장수. ② 영원한 생명.
‖〜名人(めいじん) 영생 명인. 장기의 명인 전에게 명인 자리를 통산 5기 이상 보유하면 얻는 자격.
永逝(えいせい) 영서. 영면(永眠).
永世(えいせい) 영세. 영구.
‖〜中立(ちゅうりつ) 영세 중립. ♣〜国(こく) 영세 중립국.
永小作(えいこさく) 영소작. 20년 이상 50년 이하 동안 지주(地主)의 토지를 소작하는 일. ♣〜権(けん) 영소작권.

닛(shadow cabinet).
影踏み(かげふみ) 그림자 밟기(어린이 놀이).
影灯籠(かげどうろう) 회전등. 주마등.
影面(かげとも) 태양을 향한 쪽. 남쪽. 햇볕이 닿는 쪽.
影武者(かげむしゃ) ① (적을 속이기 위하여 대장처럼) 가장한 무사. ② 배후 조종자.
影法師(かげぼうし) 사람의 그림자.
影富士(かげふじ) 호수 수면 위에 비쳐진 富士(ふじ) 산의 모습.
影身(かげみ) 그림자처럼 잠시도 떨어지지 않는 일.
影祭り(かげまつり) 신사(神社)에서, 정기 제례(祭禮)가 없는 해에 행하는 간소한 제례.
影画(かげえ) ⇨ 影絵(かげえ).
影絵(かげえ) ① 그림자 그림. 그림자 놀이. ② 실루엣.
∥～芝居(しばい) 그림자극.

| 16 禾 | 穎 | 이삭 **영**·빼어날 **영**
 エイ
 ほさき |

音読➡
穎果(えいか) 영과. 곡과(穀果).
穎敏(えいびん) 영민. 예민(鋭敏).
穎悟(えいご) 영오. 매우 영리함.
穎才(えいさい) 영재.
穎脱(えいだつ) 영탈. 재능이 특별히 뛰어남.
其他➡
穎割り(かいわり) 자엽(子葉). 떡잎. ♣～菜(な) 떡잎 채소.

| 17 女 | 嬰 | 어릴 **영**·어린애 **영**
 エイ
 あかご・みどりご |

音読➡
嬰記号(えいきごう) 〖樂〗영기호. 올림표(#). 샤프(sharp).
嬰児(えいじ) 영아. 젖먹이. 갓난아이. ＊みどりご로도 읽음.

| 17 雨 | 霙 | 진눈깨비 **영**
 エイ
 みぞれ |

訓読➡
霙(みぞれ) ① 진눈깨비. ② 무를 강판(薑板)에 간 것.
∥～汁(じる) 강판에 간 무를 넣고 끓인 국.
霙る(みぞる) 진눈깨비가 내리다.

| 18 木 | 檸 | 영몽 **영**
 ドウ |

其他➡
檸檬(レモン) 영몽. 레몬(lemon).

| 20 虫 | 蠑 | 영원 **영**
 エイ |

其他➡
蠑螈(いもり) 〖動〗영원. 도롱뇽의 일종.

| 20 貝 | 贏 | 남을 **영**
 ヨウ・エイ
 あまる・あまり |

音読➡
贏利(えいり) 영리. 이익. 이득.
贏余(えいよ) 영여. 나머지.
其他➡
贏ち得る(かちえる) 쟁취하다.

| 21 王 | 瓔 | 옥돌 **영**
 ヨウ |

音読➡
瓔珞(ようらく) 영락. 부처의 목·팔·가슴 같은 곳에 두르는 보석 따위를 꿴 장식품.

| 21 艹 | 蘡 | 까마귀머루 **영**
 オウ・ヨウ |

其他➡
蘡薁(えびづる) 〖植〗영욱. 까마귀머루.

| 22 疒 | 癭 | 혹 **영**
 エイ
 こぶ |

其他➡
癭瘤(えいりゅう) 영류. 혹.

| 23 糸 | 纓 | 갓끈 **영**·관끈 **영**
 エイ・ヨウ
 ひも |

音読➡
纓(えい) ① 갓·관(冠)의 뒤쪽에 다는 꼬리 모양의 장식. ② 갓끈.

예

| 4 亅 教 | 予 (豫) | 미리 **예**·기뻐할 **예**
 ヨ
 あらかじめ・かねて・ためらう・よろこぶ |

音読➡
予価(よか) 예정 가격. 예정가.

予覚(よかく) 예각. 예감.
予感(よかん) 예감.
予見(よけん) 예견.
予告(よこく) 예고. ♣~編(へん) 예고편.
‖~手当(てあて) 예고 수당. (일본에서) 사용자가 근로자에게 해고 예고를 하지 않은 경우에 지불해야 하는 임금.
~解散(かいさん) 예고 해산. 내각(內閣)이 날짜를 예고하고 행하는 '衆議員(しゅうぎいん)(=중의원)' 해산.
予稿(よこう) 예고. 미리 알리기 위해 쓰는 연구 발표 따위의 요지.
予科(よか) 예과. 본과(本科)에 들기 위한 예
予期(よき) 예기. └비 과정.
予納(よのう) 예납. 전납(前納).
予冷(よれい) 예랭. 야채나 과일의 신선도 유지를 위해 출하나 저장에 앞서 섭씨 3~5도로까지 냉각시키는 일.
予断(よだん) 예단. 예측.
予料(よりょう) 예료. 예측. 추측.
予防(よぼう) 예방. ♣~線(せん) 예방선 / ~策(さく) 예방책.
‖~医学(いがく) 예방 의학.
~戦争(せんそう) 예방 전쟁.
~接種(せっしゅ) 예방 접종. ♣~法(ほう) 예방 접종법.
~措置(そち) 예방 조치.
~注射(ちゅうしゃ) 예방 주사.
予報(よほう) 예보. ♣~官(かん) 예보관.
予備(よび) ①예비. ②予備役의 준말. ♣~軍(ぐん) 예비군 / ~費(ひ) 예비비 / ~役(えき) 예비역.
‖~工作(こうさく) 예비 공작.
~校(こう) 예비(학)교. 대학 입시를 지도하는 각종 학교.
~交渉(こうしょう) 예비 교섭.
~選挙(せんきょ) 〖政〗 예비 선거.
~試験(しけん) 예비 시험.
~支払人(しはらいにん) 〖法〗 예비 지급
~知識(ちしき) 예비 지식. └인.
予算(よさん) 예산. ♣~案(あん) 예산안.
‖~返上(へんじょう) (국회의) 정부 예산(안) 반려. 예산 반납.
~先議権(せんぎけん) 예산 선의권. 2 원제 의회에서 한 원이 다른 한 원에 앞서 예산을 심의하는 권능.
~委員会(いいんかい) 예산 위원회.
~措置(そち) 예산 조치. 예산상의 뒷받침을 하는 일.
~編成(へんせい) 예산 편성.
予想(よそう) 예상.
‖~外(がい) 예상외. 뜻밖.
予選(よせん) 예선.
予洗(よせん) 미리 씻기〔닦음〕. 애벌 빨.
予習(よしゅう) 예습.
予示(よじ) 예시.
予審(よしん) 〖法〗 (구법에서) 예심.
‖~判事(はんじ) 예심 판사.

予約(よやく) 예약. ♣~金(きん) 예약금 / ~席(せき) 예약석.
‖~出版(しゅっぱん) 예약 출판.
~販売(はんばい) 예약 판매.
予言 ㊀(よげん) 예언.
㊁(かねごと) 〈雅〉 약속의 말. 전에 한 말.
予燃室(よねんしつ) 〖機〗 예연소실.
予熱(よねつ) (엔진 따위의) 예열.
予餞会(よせんかい) 여행이나 졸업 전에 하는 송별회.
予定(よてい) 예정. ♣~説(せつ) 〖基〗 예정설 / ~日(び) 예정일 / ~表(ひょう) 예정표.
‖~申告(しんこく) 예정 신고.
~調和(ちょうわ) 〖哲〗 예정 조화. 「집.
予兆(よちょう) 예조. 전조(前兆). 징조. 조
予州(よしゅう) 〖地〗 '伊予(いよ)の国(くに) (=지금의 愛媛(えひめ) 현)'의 딴이름.
予知(よち) 예지. 미리 앎.
予診(よしん) 예진. 진찰 때 문진(問診)으로 필요한 것을 알아봄.
予察(よさつ) 예찰. 미리 추측해 살핌.
予参(よさん) 참가하는 일. 또, 그 사람.
予祝(よしゅく) 예축. 미리 축하함.
予測(よそく) 예측.
予奪(よだつ) 여탈(與奪).
予行(よこう) 예행.
‖~演習(えんしゅう) 예행 연습.
予後(よご) 〖醫〗 ①병·수술의 경과에 관한 의학상의 예견. ②〈俗〉 병후의 경과.
‖~不良(ふりょう) 예후 불량.

[訓読]
予(かねがね) 전부터. 미리. 진작부터. 이미
予て(かねて) 미리. 전부터.
予め(あらかじめ) 미리. 사전에.
予予(かねがね) ⇒ 予(かねがね).

| 4 리 常 | 刈 | 풀벨 예·벨 예
ガイ
かる |

[訓読]
❖刈る(かる) ①베다. ②깎다.
刈り干し(かりぼし) 수확한 벼나 풀을 말림.
刈り分け(かりわけ) 刈り分け小作의 준말.
‖~小作(こさく) 타작(打作). 수확고에 따라 일정한 비율로 소작료를 내는 제도.
刈り上げ(かりあげ) ①뒷머리를 쳐 올림.
②베기를 끝냄.
刈り上げる(かりあげる) ①아래에서 위로 치베다. ②모두 베다. 베기를 끝내다.
刈り穂(かりほ) 베어낸 벼이삭.
‖~の庵(いお) (임시로 만든) 오두막집.
刈り入れ(かりいれ) (농작물의) 베어들이기. 거두어들이기. 수확. 「들이다.
刈り入れる(かりいれる) 수확하다. 거두어
刈り込む(かりこむ) ①(머리털·초목 등을) 깎아서 손질하다. ②베어들이다.
刈り田(かりた) 추수한 뒤의 논.

刈る藻(かるも) 베어낸 말.
刈り株(かりかぶ) (보리·벼 등을 베고 남은) 그루터기.
刈り草地(かりくさち) (꼴을 베는) 초지(草地).
刈り取る(かりとる) ① 베어내다. 수확하다. ② 제거하다.
刈り取り機(かりとりき) (벼·보리 등의) 자동 수확기.
刈萱(かるかや) 『植』 ① 솔새. ② 개솔새.

| 6
日 | 曳 | 끌 예·끌릴 예
エイ
ひく |

音読→
曳光弾(えいこうだん) 예광탄.
曳船(えいせん) 예선.
曳裂(えいれつ) 『地』 (지반의) 예열.
曳航(えいこう) 예항.
∥〜測定儀(そくていぎ) 예항식(式) 속도·거리 측정기.
曳行(えいこう) 예행. 끌고 감.

訓読→
曳かれる(ひかれる) (마음 등이) 끌리다.
❖曳く(ひく) 앞으로 끌고 가다.
曳き家(ひきや) 건축물을 해체하지 않고 그대로 수평으로 이동시켜, 다른 곳에 옮기는 일. 또, 그 집.
曳き綱(ひきづな) (무엇에 매어) 끄는 줄. 특히, 배를 매어 끄는 줄.
曳き網(ひきあみ) 끌어당겨 고기를 잡는 그물의 총칭《후릿그물·트롤망(網) 따위》.
曳き山(ひきやま) 제례(祭禮) 때에 끄는 장식한 수레.
曳き船(ひきふね) 배를 끌고 감. 또, 그 배.
曳き舟(ひきふね) ⇨ 曳き船(ひきふね).
曳出物(ひきでもの) 연회나 잔치 때 주인이 손님에게 내놓는 선물.

| 7
艹
教 | 芸(藝) | 재주 예·심을 예
ゲイ
わざ・うえる |

音読→
芸(げい) ① 연예. ② 문무의 재능. ③ 재주.
〜は身(み)の仇(あだ) 배운 재주 때문에 신세 망친다.
〜は身を助(たす)ける 도락으로 배운 재주가 어려울 때 생계의 도움이 된다.
芸界(げいかい) 연예계.
芸妓(げいぎ) 예기.
芸能(げいのう) 예능. ① 연예. ② ☞芸事(げいごと). ③ 학예·기예의 재능.
芸談(げいだん) 예담.
芸当(げいとう) (특별한 기술과 훈련이 필요한 스릴이 풍부한) 곡예.
芸大(げいだい) '芸術大学(げいじゅつだいがく)(=예술 대학)'의 준말.
芸道(げいどう) 예도. 기예나 예능의 길.
芸歴(げいれき) 예력. 지나온 예능의 경력.
芸林(げいりん) 예림. 문예가의 사회. 문예계.
芸名(げいめい) 예명.
芸無し(げいなし) 아무 재주도 없고 평범한 또, 그런 사람.
芸文(げいぶん) 예문. 학문[예술]과 문예.
芸事(げいごと) 노래·三味線(しゃみせん)·춤 따위 개인 예능에 관한 것.
芸所(げいどころ) 예능의 고장. 예능으로 이름난 고장.
芸術(げいじゅつ) 예술. ♣〜家(か) 예술가. 〜美(び) 예술미. 〜的(てき) 예술적.
∥〜批評(ひひょう) 예술 비평.
〜至上主義(しじょうしゅぎ) 예술 지상주의.
芸域(げいいき) 닦은 기예[재주]의 깊이[범위].
芸苑(げいえん) 예원. 문학가·예술가의 사회.
芸人(げいにん) 예인. ① 연예인. ② 〈卑〉 예능인.
芸子(げいこ) 〈関西方〉 기생.
芸者(げいしゃ) ① 기생. 예기. ② 예능(藝能)에 뛰어난 사람.
∥〜買い(かい) 기생을 불러 놂.
〜上がり(あがり) 기생 출신의 여인.
芸才(げいさい) 연예(演藝)에 관한 재주.
芸尽くし(げいづくし) 있는 재간을 다하여 서로 겨룸.
芸娼妓(げいしょうぎ) 예기(藝妓)와 창기(娼妓).
芸の虫(げいのむし) 〈俗〉 예도(藝道)에 열심인 사람.
芸風(げいふう) 예풍.
芸学(げいがく) 예술과 학문. 학예.

| 8
木 | 枘 | 장부 예
ゼイ・ネイ
ほぞ |

訓読→
枘(ほぞ) 『建』 장부. 순자(笋子).
枘差(ほぞさし) 『建』 장부를 맞춤. 또, 그 맞추는 방법.

| 8
艹 | 苅 | 풀벨 예·벨 예
ガイ
かる |

参考 刈의 異體字.

訓読→
苅る(かる) ① 베다. ② 깎다.

| 10
虫 | 蚋 | 파리매 예
ゼイ
ぶゆ・ぶよ |

参考 蜹와 同字.

訓読→
蚋(ぶゆ) 『蟲』 파리매. *ぶよ·ぶとろ도 읽음.

11 犭	猊	사자 예 ゲイ しし

音読

猊下(げいか) 예하. 고승(高僧)에 대한 경칭.

13 目	睨	곁눈질할 예 ゲイ にらむ・にらめる

訓読

睨まえる(にらまえる)〈俗〉노려보다. 쏘아보다.
❖睨む(にらむ) ① 쏘아보다. 노려보다. ② 감시하다. 의심을〔혐의를〕두다. 주시(주목)하다. ③ 짐작하다.
睨み(にらみ) ① 노려봄. 또, 그 눈. ② (전하여) 위압. 권위. 위엄. ③ 짐작.
‖～競(くら) ☞睨めっこ(にらめっこ).
～預金(よきん) 채무자가 마음대로 찾을 수 없는 상태의 예금.
～鯛(だい) 설날이나 결혼식 때 장식으로 상에 올리는 도미.
睨み据える(にらみすえる) 날카로운 시선으로 노려보다.
睨み付ける(にらみつける) 쩨리다. 매섭게 쏘아(노려)보다. 눈부라리다.
睨み合い(にらみあい) 대립. 적대.
睨み合う(にらみあう) 서로 노려〔쏘아〕보다. 적대시하다.
睨み合わせる(にらみあわせる) 대조(해서 생각)하다. 견주어 보다.
❖睨める(にらめる) 쏘아보다. 노려보다.
  ＊ねめる로도 읽음.
睨めっこ(にらめっこ) ① 눈싸움놀이. ② 적대 관계에 있는 두 사람이 서로 상대를 노려보며 대치하고 있는 상태(를 제 3 자가 놀려서 하는 말).

其他

睨め付ける(ねめつける) 쏘아보다. 노려보다. 「둘러보다.
睨め回す(ねめまわす) 노려보면서 주위를

13 衣	裔	후예 예・자락 예 エイ すえ

音読

裔(えい) 후예. ＊こはなロ도 읽음.
裔孫(えいそん) 예손. 대(代)가 먼 후손. 후예.

13 言	詣	이를 예 ケイ いたる・もうでる

訓読

❖詣でる(もうでる) 신전・불전에 참배하다. 참예(参詣)하다.
詣で(もうで) 참배함. 참예.

13 言 常	誉(譽)	명예 예 ヨ ほまれ・ほめる

音読

誉望(よぼう) 예망. 명예와 명망〔성망〕.

訓読

誉れ(ほまれ) ① 명예. 자랑거리. ② 옛날, 싸움터에서의 첫째가는 공훈.
❖誉める(ほめる) ① 칭찬하다. 찬양하다. ② 〈古〉축하하다.   「찬하다.
誉めそやす(ほめそやす) 격찬하다. 높이 칭
誉めちぎる(ほめちぎる) (본인이 부끄러울 정도로) 극구 칭찬하다.
誉め殺し(ほめごろし) 상대를 부끄러울 정도로 칭찬하여 불리한 상황에 빠뜨리거나 의욕을 상실케 함.
誉め上げる(ほめあげる) 마구 치켜세우다. 칭찬하다.
誉め言葉(ほめことば) 칭찬하는 말.
誉め者(ほめもの) 칭찬받는 사람.
誉め称える(ほめたたえる) 극구 칭찬하다.

13 頁 教	預	미리 예・참여할 예 ヨ あずける・あずかる・あらかじめ

音読

預金(よきん) 예금.
‖～口座(こうざ) 예금 계좌.
～保険機構(ほけんきこう) 예금 보험 기구. 예금자 보호를 위한 특별 법인.
～証書(しょうしょ) 예금 증서.
～通帳(つうちょう) 예금 통장.
～通貨(つうか) 예금 통화. 당좌 예금.
預貸率(よたいりつ)『經』예대율. 은행의 예금 잔액에 대한 대출 잔액의 비율.
預払い(よはらい)『經』금융 기관에서 금전을 예수하거나 지급하는 일.
預言(よげん) (기독교에서) 예언. ♣～者(しゃ) 예언자.
預貯金(よちょきん) 예저금. 예금과 저금.
預参(よさん) 참가하는 일. 또, 그 사람.
預託(よたく) 예탁. ♣～金(きん) 예탁금.
‖～商法(しょうほう) 예탁 상법.   「둠.
預血(よけつ) 예혈. 혈액 은행에 혈액을 맡겨

訓読

❖預かる(あずかる) ① 맡다. ② 보류하다.
預かり(あずかり) ① 맡음. 보관함. ② 보관증. ③ (씨름에서) 경기가 오래 끌 때 승패의 판정을 보류하는 일. ♣～物(もの) 보관물 / ～人(にん) 보관인 / ～状(じょう) 보관증.
‖～金(きん) ① 예탁금. ② 차입금.

~百姓(びゃくしょう) 소작농.
~所(しょ) 예치소. 보관소.
~手形(てがた) ☞預かり証券.
~証券(しょうけん) 예탁 증권.
預所(あずかりどころ) 영주(領主)로부터 장원(莊園)을 맡아 관리하던 소임(所任).
❖預ける(あずける) 맡기다. 위임하다.
預け(あずけ) ①맡김. ②『史』무가(武家) 시대에 죄인을 절·친척 집 등에 맡겨서 감독하게 함.
預け入れる(あずけいれる) (은행 등에 돈을) 맡기다. 예입〔예금〕하다.

| 15
金
常 | 鋭 (銳) | 날카로울 예
エイ
するどい |

音読
鋭(えい) ①날카로움. 날카로운 것. ②무기.
鋭角(えいかく) 예각.
‖~的(てき) 날카로운 모양.
~三角形(さんかくけい) 예각 삼각형.
  *えいかくさんかっけいろも 읽음.
鋭感(えいかん) 사물에 대한 예리한 감각.
鋭気(えいき) 예기.
鋭利(えいり) 예리.
鋭敏(えいびん) 예민.
鋭兵(えいへい) 예병. 정예의 군사.
鋭峰(えいほう) 예봉. 날카로운 산봉우리.
鋭鋒(えいほう) 예봉. 날카로운 창·칼의 끝.
鋭意(えいい) 예의.
鋭化(えいか) 날카로워짐. 또, 날카롭게 함.

訓読
鋭い(するどい) 날카롭다. 예리〔예민〕하다.

其他
鋭し(とし)〈古〉(칼날이) 날카롭.

| 16
又
人 | 叡 | 밝을 예·슬기로울 예
エイ
さとい |

音読
叡感(えいかん) 예감. 임금이 감복하여 칭찬
叡覧(えいらん) 예람. 임금이 봄. 上覧.
叡慮(えいりょ) 예려. 임금의 마음〔생각〕.
叡聞(えいぶん) 예문. 임금이 들음.
叡山百合(えいざんゆり) 『植』산나리의 딴 이름.
叡知(えいち) 예지. ♣~界(かい) 『哲』예지계.
叡智(えいち) ⇨ 叡知(えいち).

| 16
氵 | 濊 | 더러울 예
ワイ・カイ |

音読
濊貊(わいばく) 『史』예맥. *かいはく・わいはくろも 읽음.

| 16
艹 | 蕊 | 꽃술 예
ズイ
しべ |

音読
蕊(ずい) 꽃술. *しべ로도 읽음.

| 16
艹 | 蕋 | 꽃술 예
ズイ
しべ |

参考 蕊의 異體字.

音読
蕋(しべ) 『植』꽃술.

| 16
雨 | 霓 | 무지개 예
ゲイ
にじ |

訓読
霓(にじ) 무지개.

| 17
羽 | 翳 | 가릴 예·그늘 예
エイ
かげ・かげる・かざす |

訓読
翳 ㈠(かげ) ①그늘. 응달. ②『草葉(くさば)の~』저승. 황천.
㈡(さしば) 깃털이나 비단으로 만든 부채꼴 모양의 것에 긴 자루를 단 것. 귀인의 얼굴을 가림.
❖翳す(かざす) ①(위에) 받다. 받치다. 덮어 가리다. ②쬐다. ③비추어 보다.
翳し(かざし) ①머리 위로 받쳐 들어 가리거나 그늘을 만드는 일. 또, 그 물건. ②能(のう)에서 부채를 높이 쳐드는 자세.
❖翳る(かげる) ①그늘지다. 흐려지다. ②(해가) 기울다. ③(표정이) 어두워지다.
翳り(かげり) ①해가 기울어 어두워짐. ②그늘(이 있는 모양).

其他
翳める(かすめる) 형태나 음성 따위를 희미하게 하다.
❖翳む(かすむ) 눈이 흐리다〔침침하다〕. 「눈.
翳み目(かすみめ) 침침한 눈. 시력이 희미한

| 18
禾 | 穢 | 더러울 예
ワイ・アイ・エ
けがれる・けがわしい・きたない |

音読
穢貊(わいばく) 『史』예맥. *わいはく・かいはくろも 읽음.
穢土(えど) 『佛』예토. 이승. 현세.

訓読
穢い(きたない) 더럽다. 불결하다.

穢す(けがす) 더럽히다. 모독하다.
穢らしい(きたならしい) 던적스럽다. 추접스럽다.
穢らわしい(けがわらしい) 더럽다. 추접스럽다. 군단지럽다.
❖穢れる(けがれる) ① 더러워지다. 더럽혀지다. ② (상중(喪中)·해산·월경 등으로) 몸이 부정(不淨)해지다.
穢れ(けがれ) 더러움. 추악. 불결.

| 20
艹 | 蘂 | 꽃술 예
ズイ
しべ |

参考 蕊의 異體字.

音読 蘂(ずい) 꽃술. *しべ로도 읽음.

| 22
口 | 囈 | 잠꼬대 예
ゲイ
うわごと・たわごと |

訓読 囈語(うわごと) ① 헛소리. ② 실없는 말. 잠꼬대.
囈言(たわごと) 농담. 허튼소리. 잠꼬대.

오

| 4
二
教 | 五 | 다섯 오
ゴ
いつ・いつつ |

音読 五(ご) 오. ① 다섯. ② 다섯(번)째. *い・いつ・いい("ひい・ふう(=하나・둘)'로 셀 때만)로도 읽음.
五街道(ごかいどう) 江戸(えど) 시대에, 江戸의 日本橋(にほんばし)를 기점으로 京都(きょうと)·日光(にっこう)·甲府(こうふ)·白河(しらかわ) 등으로 통하는 5개 큰 가도.
五家宝(ごかぼう) 푸른 콩가루를 묻힌 막대 모양의 밥풀 과자.
五加皮(ごかひ) 오가피. 오갈피《한약재》.
五角形(ごかくけい) 오각형. *ごかっけい로도 읽음.
五感(ごかん) 오감. 시각·청각·후각·미각·촉각의 감각.
五車(ごしゃ) 오거. 오거서(書). 많은 서적.
五更(ごこう) 오경. ① 하룻밤을 5등분한 시각의 이름. ② 인시(寅時)《오전 4시부터 6시 사이》.
五経(ごきょう) 오경. 주역·시경·서경·춘추·예기의 총칭. *ごけい로도 읽음.
五戒(ごかい) 〖佛〗 오계. 신자들이 지켜야 할 다섯 가지 금계(禁戒).

五穀(ごこく) 오곡.
五公五民(ごこうごみん) 수확의 반을 도조(賭租)로 바치고, 나머지 반을 농민의 소유로 한 江戸(えど) 시대의 조세 징수법.
五果(ごか) 오과. 대추·자두·살구·복숭아·밤의 다섯 가지 과실.
五菓(ごか) ⇨ 五果(ごか).
五官(ごかん) 오관. 오감(五感)을 일으키는 눈·귀·코·혀·피부.
五光(ごこう) 《화투의》 오광.
五教(ごきょう) 오교. ① (유교의) 오륜. ② 〖佛〗 석가 일대의 설교를 5가지로 분류한 것.
五権憲法(ごけんけんぽう) 〖法〗《삼민주의》의 오권 헌법.
五根(ごこん) 〖佛〗 오근. 눈·귀·코·혀·몸의 다섯 가지 작용.
五器(ごき) 〈古·方〉 (뚜껑이 있는) 식기《食器》.
五畿(ごき) 옛날 일본의 지방 구획. 京(きょう)를 둘러싼 다섯 지방.
∥~七道(しちどう) 옛날의 일본 전국의 호칭.
五畿内(ごきない) 畿内(きない)의 다섯 지방.
五年生存率(ごねんせいぞんりつ) 〖醫〗 오년 생존율. 암 질환 등에서 최종 진단 또는 수술 후 5년이 경과된 시점에서의 생존율.
五段活用(ごだんかつよう) 〖文法〗《동사의》 5단 활용.
五大(ごだい) 〖佛〗 오대. 만물의 구성 요소인 지(地)·수(水)·화(火)·풍(風)·공(空)의 다섯 가지.
∥~明王(みょうおう) 〖佛〗 오대 명왕.
~尊(そん) 〖佛〗 오대존. 오명왕(五明王).
五大陸(ごたいりく) 오대주《五大洲》.
五大洋(ごたいよう) 〖地〗 오대양.
五大州(ごだいしゅう) 〖地〗 오대주.
五大洲(ごだいしゅう) 〖地〗 ⇨ 五大州(ごだいしゅう).
五大湖(ごだいこ) 〖地〗 오대호.
五徳(ごとく) ① (유교에서) 오덕. ② (화로 따위에 박아 놓은) 철제 삼발이.
五度(ごど) 〖樂〗 오도. 다섯 번. ① 음정의 하나. 완전 5도·증(増)5도·감(減)5도 등.
五道(ごどう) 〖佛〗 오도. 제천(諸天)·인간·지옥·축생(畜生)·아귀(餓鬼)의 다섯 장소.
五斗(ごと) 간장을 담그고 난 찌꺼기.
五斗米(ごとべい) 오두미. 한 해에 다섯 말의 녹미. 박봉. 근소한 봉급.
五斗味噌(ごとみそ) ① 겨에 소금을 섞어 물로 박죽하여 발효 醱酵)시킨 것《장아찌 따위를 담글 때 씀》. ② 간장을 담그고 난 찌꺼기로 만든 된장.
五斗俵(ごとびょう) 닷 말들이 쌀섬.
五等爵(ごとうしゃく) 오등작. 귀족의 다섯 작위.
五郎八茶碗(ごろはちぢゃわん) 크고 투박한 밥 공기의 하나.
五齡(ごれい) 〖蟲〗 (애벌레의) 오령.
五竜祭(ごりゅうさい) 음양가가 행하던 기우제.

五流(ごる) 고대에, 율법으로 정한 5종의 유형(流刑).
五六(ごろく) 단면의 가로·세로가 각기 다섯치와 여섯치로 된 각재(角材).
五倫(ごりん) 오륜. 오상(五常).
五輪(ごりん) 오륜. ♣~**旗**(き) 오륜기.
∥~**大会**(たいかい) 오륜〔올림픽〕 대회.
~**塔**(とう) 〖佛〗 오륜탑. 오대(五大)를 상징해서 쌓아 올린 탑.
~**花**(ばな) 〖植〗 '連福草(れんぷくそう)(=연복초)'의 딴이름.
五里霧中(ごりむちゅう) 오리무중.
五万と(ごまんと) 〈俗〉 많이. 얼마든지.
五眠蚕(ごみんさん) 〖蟲〗 오면잠.
五木(ごぼく) (옛날에 벌채가 금지된) 5종의 나무.
五目(ごもく) ① 여러 가지가 섞임. 또, 그것. ② 五目鮨·五目飯·五目並べ 등의 준말.
∥~**蕎麦**(そば) 야채·고기·달걀 등을 넣은 메밀국수.
~**豆**(まめ) 콩에 당근·우엉·연근·다시마를 넣어 삶은 식품.
~**飯**(めし) 생선·야채 등을 섞어 지은 밥.
~**並べ**(ならべ) 오목 (두기).
~**鮨**(ずし) 생선·야채 등을 잘게 썰어 섞은 (뭉치지 않은) 비빔 초밥.
~**漬け**(づけ) 가지·오이·차조기·생·양하(襄荷)를 썰어 소금에 절인 것.
五味(ごみ) 오미.
五味子(ごみし) 〖植〗 오미자.   「남북.
五方(ごほう) 오방. 다섯 방위. 중앙과 동서
五倍子(ごばいし) 〖漢醫〗 오배자. ＊ふしご.
五百 ㊀(ごひゃく) 오백.   「도 읽음.
∥~**羅漢**(らかん) 〖佛〗 오백나한.
~**八十**(はちじゅう) 긴 숫자라고 하여 장수 축하나 축하 선물에 쓰인 말.
㊁(いお) 〈雅〉 매우 수효가 많음.
五番街(ごばんがい) 〖地〗 (미국 뉴욕 시의) 오번가.
五番目物(ごばんめもの) 能樂(のうがく)에서, 다섯 번째로 연주되는 곡의 총칭.
五辺形(ごへんけい) 오변형.
五並べ(ごならべ) 五目並べ(ごもくならべ).
五服継ぎ(ごふくつぎ) 담뱃통이 큰 담뱃대.
五分(ごぶ) ① 5 푼. ② (실력 등이) 비슷함.
③ 10 분의 5. 반.
∥~**搗き米**(つきまい) 오분도미.
~**芯**(しん) 폭이 약 1.5 cm 되는 남포등의
~**刈り**(がり) 5 푼 덧빗대기.   「심지.
~**五分**(ごぶ) 어슷비슷함. 비등함.
~**粥**(がゆ) 회복기의 환자로서 죽과 미음의 중간 정도의 묽은 죽.
五分作法(ごぶんさほう) 〖論〗 오분작법. 고대 인도에서 변론의 한 형식.
五山(ごさん) 〖佛〗 오산. 일본 임제종(臨濟宗)의 오대 사찰. ＊ござん으로도 읽음.
∥~**文学**(ぶんがく) 京都(きょうと) 五山의 선승(禪僧)들 간에 행해진 한시(漢詩)를 중심으로 한 문학.

五酸化燐(ごさんかりん) 〖化〗 오산화인.
五三日(ごさんにち) 수일(數日).   「〖典〗.
五常(ごじょう) 오상. ① 오륜. ② 오전(五
五色(ごしき) ① 다섯 가지 색《적·청·황·백·흑색》. ② 여러 가지 색. ＊ごしょく로도 읽음.   「수.
∥~**素緬**(そうめん) 오색으로 물들인 실국
~**揚げ**(あげ) 여러 가지 야채 튀김.
~**膾**(なます) 무·당근 등을 넣어 여러 가지 색으로 꾸민 생선회.   「도 읽음.
五色旗(ごしょくき) 오색기. ＊ごしょっき
五線(ごせん) 오선. ♣~**譜**(ふ) 오선보 / ~**紙**(し) 오선지.
∥~**記譜法**(きふほう) 오선 기보법.
五摂家(ごせっけ) 옛날에 섭정·関白(かんぱく)가 될 수 있던 다섯 가문.
五声(ごせい) 〖樂〗 5 성. 5 음.
五星紅旗(ごせいこうき) 오성 홍기. 중국의 국기.   「삶.
五世同堂(ごせいどうどう) 5 대가 한집에
五衰(ごすい) 〖佛〗 오쇠. 천인이 죽을 때 나타나는 다섯 가지 쇠진해 가는 모습.
五旬節(ごじゅんせつ) 〖宗〗 오순절.
五時(ごじ) 오시. ① 다섯 시. ② 계절이 변하는 시기. ③ 〖佛〗 오시교.
五識(ごしき) 오식. 이(耳)·목(目)·비(鼻)·설(舌)·신(身)의 다섯 가지 지각 작
五辛(ごしん) 오신채. 오훈채.   「용.
五十 ㊀(ごじゅう) 오십. 쉰. 50 세.
∥~**肩**(かた) 50 세쯤 되어 자주 일어나는 견비통.
~**腕**(うで) 50 세쯤 되는 사람에게 있는 팔의 통증. ＊ごじゅうかいな로도 읽음.
㊁(いそ) 〈雅〉 오십. 쉰. 또, 수가 많음.
∥~**路**(じ) ☞五.
㊂(いそじ) 〈雅〉 쉰 살. 오십. 50 년.
五十年忌(ごじゅうねんき) 50 년째 되는 기일(忌日).
五十歩百歩(ごじっぽひゃっぽ) 오십보백보.
五十算(ごじっさん) 50 세.
五十三次(ごじゅうさんつぎ) 東海道(とうかいどう) 五十三次의 준말. 옛날, 江戸(えど) 日本橋(にほんばし)에서 京都(きょうと) 三条大橋(さんじょうおおばし)까지에 있던 53 군데의 역참.
五十首歌(ごじっしゅうた) 정해진 종류의 和歌(わか)를 전부 50 수(首)가 되도록 지음. 또, 그 和歌.   「개의 음.
五十音(ごじゅうおん) 오십음. かな로 쓴 50
∥~**仮名**(がな) 50 음을 표기하는 'かな'. 흔히 片仮名(かたかな)를 씀.
~**図**(ず) 오십음도. かな의 50 음을 정리한 일람도.
~**順**(じゅん) 오십음순. アイウ… 순(順)
五十日(ごとおび) 한달 중 5·10 이 붙는 날.
五十雀(ごじゅうから) 〖鳥〗 오십작. 동고비.
五悪(ごあく) 〖佛〗 오악.

五夜(ごや) 오야. 오경.
五言(ごごん) 오언. ♣**~律**(りつ) 오언율.
‖**~古詩**(こし) 오언 고시.
~排律(はいりつ) 오언 배율.
~律詩(りっし) 오언 율시.
~絶句(ぜっく) 오언 절구.
五逆(ごぎゃく) 오역. ①〖佛〗부(父)·모(母)·나한(羅漢)을 시살(弑殺)하는 일. 승단(僧團)의 화합을 깨뜨리는 일. ②주군·부·모·조부·조모를 시살하는 일.
五葉(ごよう) 五葉松의 준말.
‖**~松**(まつ) 〖植〗오엽송. 잣나무.
五玉(ごだま) 주판의 윗알.
五蘊(ごおん) 〖佛〗오온. 인간을 성립시키는 다섯 가지 요소(색(色)·수(受)·상(想)·행(行)·식(識)).
五欲(ごよく) 〖佛〗오욕(五慾).
五右衛門風呂(ごえもんぶろ) 부뚜막 위에 직접 거는 철제 목욕탕(나무 뚜껑을 밟고 가라앉히면서 들어감).
五雲(ごうん) 오운. ①오색의 구름. ②오운거(車). 천자가 타는, 오색 구름을 그려 놓은 수레.
五運(ごうん) 오운. ①오행(五行)의 운행. ②(달력에서) 목·화·토·금·수성의 오성(五星)을 일컫는 말.
五月 〇(ごがつ) 오월.
‖**~病**(びょう) 4월에 들어간 대학 신입생이나 신입 사원에게 5월에 나타나는 환경 부적응 증상.
~人形(にんぎょう) 5월 단오에 장식용으로 쓰는 무사 차림의 인형.
~の節句(せっく) 단오(端午).
~祭(さい) 오월제. ①유럽에서 5월 1일의 봄 축제. ②메이 데이.
~晴れ(ばれ) 5월의 맑은 하늘. ＊さつきばれ로도 읽음.
〇(さつき) 음력 5월의 딴이름.
‖**~飯**(めし) 모내기하는 사람에게 가져다 주는 음식. 「둠.
~闇(やみ) 장마철의 어두운 밤. 또, 그 어
~雨(あめ) 5월 장마. 매우(梅雨).
~躑躅(つつじ) 〖植〗영산ături(映山白).
五位(ごい) 품계의 하나. 5품의 벼슬.
五位鷺(ごいさぎ) 〖鳥〗푸른백로. 해오라기.
五律(ごりつ) 오율. '五言律詩(ごごんりっし)(=오언 율시)'의 준말.
五音(ごおん) 오음. ＊ごいん으로도 읽음.
‖**~図**(ず) 五十音図(ごじゅうおんず)의 구칭.
~音階(おんかい) 〖樂〗5음 음계.
五音相通(ごいんそうつう) 〖文法〗明治(めいじ) 시대 이전 용어로, 어떤 음이 五十音図의 같은 행의 다른 음과 상통하는 일.
五陰盛苦(ごおんじょうく) 〖佛〗오음성고. 팔고(八苦)의 하나로, 심신의 작용이 왕성해짐으로써 생기는 괴로움.

五人囃子(ごにんばやし) ①노래·피리·큰북·북·소고를 각각 하나씩 가지고 다섯 사람이 합주하는 음악. ②'五人囃子'를 본떠서 만든 작은 인형.
五人組(ごにんぐみ) 오가작통(五家作統). 江戸(えど) 시대에, 오호(五戸) 단위로 연대 책임을 지게 한 자치 조직.
五爵(ごしゃく) 오작. 오등작.
五障(ごしょう) 〖佛〗오장.
五臟(ごぞう) ①〖漢醫〗오장. ②온힘. 혼
‖**~六腑**(ろっぷ) 오장육부. 「신.
五典(ごてん) 오전. 오상(五常).
五節 〇(ごせち) 음력 동짓달 중 축일(丑日)·인일(寅日)·묘일(卯日)·진일(辰日)의 나흘에 걸쳐 하던 궁중의 소녀 무악(舞樂) 행사. 「〇.
〇(ごせつ) ①五節句(ごせっく)의 준말. ②
五節供(ごせっく) ⇨五節句(ごせっく).
五節句(ごせっく) 일년간의 다섯 명절(인일(人日)·상사(上巳)·단오(端午)·칠석(七夕)·중양(重陽)).
五種(ごしゅ) 오종. 다섯 종류.
‖**~競技**(きょうぎ) 오종 경기.
五罪(ござい) ☞五刑(ごけい).
五重(ごじゅう) 오중. 오층. 다섯 겹. ＊いつえ로도 읽음. ♣**~奏**(そう) 5중주／**~唱**(しょう) 5중창.
~の塔(とう) 오층탑.
五指(ごし) 오지. 다섯 손가락.
五菜(ごさい) ①다섯 가지 반찬. ②다섯 가지 야채(부추·염교·고추냉이·파·콩).
五彩(ごさい) ①오색. ②도자기에서, 겉에 그리는 그림에 여러 가지로 채색한 것.
五尺(ごしゃく) ①다섯 자. 오척. ②五尺屏風의 준말.
‖**~の童子**(どうじ) 삼척동자. 어린아이.
~屏風(びょうぶ) 높이 다섯 자의 병풍.
~手拭い(てぬぐい) 옛날의 다섯 자 길이의 **~の身**(み) 사람의 몸. 「손수건.
~の体(からだ) ☞五尺の身.
五体(ごたい) 오체. 사람의 온몸.
‖**~投地礼**(とうちれい) 〖佛〗오체 투지례. 부처에게 절하는 예법의 하나.
五寸模様(ごすんもよう) 옷단의 다섯 치 정도의 범위에 무늬를 넣은 것.
五寸切(ごんぎり) 작은 갯장어를 말린 것.
五寸釘(ごすんくぎ) 오촌정. 길이 5치의 쇠못. 대(大)못.
五畜(ごちく) 오축. 다섯 종류의 가축. 곧, 닭·양·말·소·돼지.
五趣(ごしゅ) 〖佛〗오취.
五親等(ごしんとう) (촌수의) 5촌.
五七日(ごしちにち) 오칠일. 사람이 죽은 후 35일 되는 날(에 지내는 재(齋)).
五七調(ごしちちょう) 오칠조. 和歌(わか) 및 시의 음수율(音數律)의 하나(5음구(音句)·7음구를 반복함). 「더러움.
五濁(ごじょく) 〖佛〗오탁. 세상의 다섯 가지

‖**~悪世**(あくせ)〖佛〗오탁 악세. 오탁으로 더러워진 세상.
五弁花(ごべんか)〖植〗오판화.
五八の賀(ごはちのが) 40 세가 되었을 때 베푸는 축하연. 「운 것.
五平餅(ごへいもち) 경단을 꼬치에 끼워 구
五風十雨(ごふうじゅうう) 오풍십우. 우순풍조(雨順風調).
五合日(ごごうにち) 달력에서, 인일(寅日)과 묘일(卯日)로, 길일로 침.
五行(ごぎょう) 오행. 역(易)에서 만물 생성의 5 원소. 곧, 목·화·토·금·수의 총칭. ♣**~説**(せつ) 오행설 ♣**~易**(えき) 오행역.
五弦(ごげん) 오현. 현악기의 다섯 줄. ♣**~琴**(きん) 오현금.
‖**~琵琶**(びわ) 오현 비파.
五絃(ごげん) ⇨ 五弦(ごげん).
五刑(ごけい) 오형. 옛날의 다섯 가지 형벌.
五湖(ごこ) 오호. 다섯 개의 호수.
五黄(ごおう) 오황. 구성(九星)의 하나로 토성(土星). 「야채.
五葷(ごくん) 오훈채. 냄새가 강한 다섯 가지
訓読
五つ(いつつ) ① 다섯. 또, 다섯 살(개, 째). ② 옛 시각의 이름. 지금의 오전·오후 8 시경.
五つ紋(いつつもん) 등에 하나, 양가슴과 양소매에 각각 하나씩, 도합 다섯 군데에 가문(家紋)을 박은 羽織(はおり). 「もん).
五所紋(いところもん) ☞ 五つ紋(いつつ
五つ衣(いつつぎぬ) 겹으로 된 웃옷을 다섯 벌 겹쳐 입는 궁녀 복장의 하나.
五日(いつか) 오일. ① 닷새. ② 초닷새. ③ 5 월 5 일. 단오절.
其他
五加(うこぎ)〖植〗오갈피나무.
五加木(うこぎ) ☞ 五加(うこぎ).
五倍子の木(ふしのき)〖植〗붉나무.
五倍子虫(ふしむし)〖蟲〗오배자충.
五十集(いさば) 어시장. 어물전.
五月少女(さおとめ)〖雅〗모내기하는 처녀. 전하여, 일반적으로 소녀. 처녀.
五月蠅(さばえ) 초여름에 몰려드는 파리.
五月蠅い(うるさい) 시끄럽다. 번거롭다. 귀찮다.
五月雨(さみだれ)〈雅〉음력 5 월경에 오는 장마. 매우(梅雨).
‖**~戦術**(せんじゅつ) (노동 쟁의에서) 단속적으로 되풀이하는 동맹 파업 전술의 속칭.

4十教	午	일곱째지지 오·낮 오 ゴ うま

音読
午刻(ごこく) 오각. 오시(午時). 정오. 대낮.
午鶏(ごけい) 오계. 한낮에 닭이 욺.
午飯(ごはん) 오반. 점심밥.
午睡(ごすい) 오수. 낮잠.
午時(ごじ) 오시. 낮.
午前(ごぜん) 오전.
‖**~様**(さま)〈俗〉연회 등으로 밤늦게까지 놀다가 자정이 지나서야 귀가하는 사람.
午餐(ごさん) 오찬. 점심. ♣**~会**(かい) 오찬회.
午砲(ごほう) 오포. 정오를 알리는 호포(號砲).
午下(ごか) 오하. 하오. 오후.
午后(ごご) ⇨ 午後(ごご).
午後(ごご) 오후. 「일.
午後一(ごごいち) 그날 오후에 맨 먼저 하는
訓読
午(うま) 오. 지지(地支)의 일곱째. 말.

6イ〔人〕	伍	대열 오·다섯 오 ゴ

音読
伍(ご) 오. 동아리. 조(組).
伍す(ごす) ☞ 伍する(ごする). 「다.
伍する(ごする) 같은 위치에 서다. 대열에 끼
伍伴(ごはん) 오반. 동아리. 동반자.
伍長(ごちょう) 구(舊)일본 육군 계급의 하나〖하사(下士)에 해당〗.

6氵〔常〕	汚	더러울 오·더럽힐 오 オ けがす·けがれる· けがらわしい·よごす·よ ごれる·きたない

音読
汚泥(おでい) 오니. 진흙. 흙탕.
汚毒(おどく) ① 더러워지거나 독이 되는 것. ② 더럽히고 해독을 끼침. 또, 그것.
汚瀆(おとく) 오독. 더럽힘.
汚吏(おり) 오리.
汚名(おめい) 오명.
汚物(おぶつ) 오물. 배설물.
汚俗(おぞく) 오속. 좋지 못한 풍속.
汚損(おそん) 오손.
汚水(おすい) 오수. 더러운 물.
汚染(おせん) 오염.
‖**~米**(まい) 카드뮴 따위로 오염된 쌀.
~者負担原則(しゃふたんげんそく) 오염자 부담 원칙.
汚穢(おわい) 오예. ① 더러운 물건. ② 변소의 대소변. ＊おあいとも 읽음.
‖**~屋**(や) (전의) 변소 치는 사람.
汚辱(おじょく) 오욕. 수치. 창피.
汚点(おてん) 오점.
汚職(おしょく) 오직. 독직.
‖**~事件**(じけん) 독직 사건.
汚臭(おしゅう) 오취. 악취.
汚濁(おだく) 오탁. 더럽고 흐림. ＊불교적 표현으로는 おじゃく.
汚行(おこう) 오행. 더러운 행위.
訓読
汚い(きたない) ① 더럽다. 불결하다. 꾀죄

죄하다. ②추잡하다. ③인색하다.
∥~水爆(すいばく) 방사진이 많이 떨어지도록 만든 수소 폭탄. 「스럽다.
汚らしい(きたならしい) 던적스럽다. 추접
汚らわしい(けがらわしい) 더럽다. 추접스럽다. 군단지럽다.
❖汚す ㊀(よごす) ①더럽히다. ②푸성귀를 무치다.
㊁(けがす) 더럽히다. 모독하다.
汚し(よごし) ①더럽힘. ②푸성귀를 무침.
❖汚れる ㊀(けがれる) ①더러워지다. 더럽혀지다. ②(상중(喪中)·해산·월경 등으로) 몸이 부정(不淨)해지다.
㊁(よごれる) 더러워지다.
汚れ ㊀(けがれ) ①더러움. 추악. 불결. ②(월경·상(喪)·해산 등의) 부정(不淨).
㊁(よごれ) 오점. 더러움.
∥~物(もの) 오물. 더러워진 옷.
汚れ役(よごれやく) 『劇·映』 창부(娼婦)나 거지 따위의 천한 역.

7 口 呉(吳) 나라이름 오 ゴ くれ·くれる 常

音読▶
呉 ㊀(ご) 『史』 (중국의) 오나라.
㊁(くれ) 『地』 広島(ひろしま) 현 서남부에 있는 항구 도시.
呉羅(ごろ) ⇨ 呉絽(ごろ).　「물.
呉絽(ごろ) 앙고라염소 따위의 털실로 짠 직
呉服(ごふく) ①일본 옷에 쓰이는 옷감의 총칭. ②비단. ♣商(しょう) 포목상 / ~屋(や) 포목전 / ~尺(じゃく) 경척(鯨尺).
∥~物差(ものさし) ☞呉服尺.
~店(だな) ☞呉服屋.
呉須(ごす) (도자기에 무늬를 그릴 때 쓰는) 군청색 잿물.
呉茱萸(ごしゅゆ) 『植』 오수유.
呉越同舟(ごえつどうしゅう) 오월동주.
呉音(ごおん) 오음. 한자음의 하나. 육조(六朝) 시대의 중국 오(呉)나라 지방의 음이 전하여진 것.　「장국.
呉汁(ごじる) 물에 불린 콩을 갈아서 넣은 된
呉下(ごか) (중국) 오(呉)나라의 안.

訓読▶
呉楽(くれがく) 백제 사람 미마지(味摩之)가 일본에 전했다고 하는 중국 오(呉)나라의 무악(舞樂).
呉れ呉れ(くれぐれ) 여러 번 되풀이하는 모양. 부디부디. 아무쪼록.
呉竹(くれたけ) 『植』 솜대. 담죽(淡竹).
呉織(くれはとり) ①5세기경 중국 오(呉)나라에서 왔다는 방직공. ②중국 오나라 양식으로 짠 천.
❖呉れる(くれる) 주다. …하다. …해주다.
呉れ手(くれて) ①(무엇을) 줄 사람. ②(무엇을) 해줄 사람.

7 口 吾 나 오 ゴ わが·われ·あ·わ 人

音読▶
吾人(ごじん) 오인. 우리(들).
吾子 ㊀(ごし) 오자. 동(同)연배를 친숙히 부르는 말. 자네.
㊁(あこ) 〈雅〉 내 자식. *옛날에는 あごらと 했음.
吾曹(ごそう) 우리(들).
吾兄(ごけい) (편지에서) 오형. 귀형(貴兄). 인형(仁兄).

訓読▶
吾 ㊀(われ) ①나. 자신. ②〈俗·方〉 자네. 그대. 너.
㊁(あ) 〈古〉 아. 나. 자기. 우리.
㊂(わ) 〈雅〉 ①나. ②그대. 너.
吾が(わが) 나의. 우리의.
吾妹(わぎも) 〈雅〉 옛날에 남자가 자매·연인·처 등 친한 여자를 친근하게 부르던 말.
∥~子(こ) 〈雅〉 ☞吾妹.
吾木香(われもこう) 『植』 오이풀.
吾が輩(わがはい) 남자의 제1인칭. ①나. 본인. 이 사람. ②우리들.
吾僧(わそう) 중을 친하게 부르는 말.
吾御寮(わごりょう) 〈雅〉 대등하거나 손아래 남녀를 친근하게 부르던 말. 그대. 자네.
吾亦紅(われもこう) ⇨吾木香(われもこう).
吾吾(われわれ) 우리. 우리들.
吾嬬(あずま) ⇨吾妻(あずま).
吾が意(わがい) 나의 마음〔뜻〕.
吾殿(わどの) 〈古〉 대등한 상대〔남자〕를 가리키는 말. 귀하. 당신.　「〔칭〕.
吾儕(わなみ) 나〔대등한 상대에게 쓰는 1인
吾主(わぬし) 〈古〉 동배(同輩) 이하의 상대방을 부르던 말. 너. 자네. 그대.
吾妻(あずま) ①나의 아내. ②일본 동부 지방의 옛 이름.
吾妻鏡(あずまかがみ) 鎌倉(かまくら) 막부의 사적을 기술한 편년체의 사서(史書).
吾妻下駄(あずまげた) 여성용의 왜나막신.

9 イ 俣 갈래질 (오) また 日

訓読▶
俣海松(またみる) 『植』 청각채의 딴이름.

10 女 娯(娛) 즐거워할 오 ゴ たのしむ 常

音読▶
娯楽(ごらく) 오락.
娯遊(ごゆう) 오유. 즐기고 노는 일.

悟

| 10 小 常 | 悟 | 깨달을 오
ゴ
さとる |

音読
悟界(ごかい) 〖佛〗 오계. 불계(佛界)·보살계·연각계(緣覺界)·성문계(聲聞界)의 총칭.
悟道(ごどう) 〖佛〗 오도.
悟得(ごとく) 오득. 깨달아 진리를 알게 됨.
悟了(ごりょう) 오료. 밝히 깨달음.
悟性(ごせい) 〖哲〗 오성.
∥~概念(がいねん) 〖哲〗 오성 개념. 「리.
~形式(けいしき) 오성 형식. 범주. 카테고
悟入(ごにゅう) 〖佛〗 오입. 도(道)를 깨달아 진리의 세계에 들어감.

訓読
❖悟る(さとる) ① 깨닫다. ② 〖佛〗 득도하다.
悟り(さとり) ① 〖佛〗 깨달음. 득도(得道).
② 이해.
悟り澄ます(さとりすます) 완전히 깨닫다.

逆音
覚悟(かくご) 각오.
悔悟(かいご) 회오.

烏

| 10 灬 | 烏 | 까마귀 오·어찌 오
ウ·オ
いずくんぞ·からす |

音読
烏骨鶏(うこっけい) 〖鳥〗 오골계.
烏口骨(うこうこつ) 〖生〗 오구골. 새부리뼈.
烏口突起(うこうとっき) 〖生〗 오구돌기. 새부리돌기.
烏金(うきん) 오금.
㊁(からすがね) 다음날에 갚는 고리의 빚돈.
烏頭(うず) 〖植〗 오두. 바곳.
烏鷺(うろ) 오로. ① 까마귀와 백로. ② 흑과 백. ③ 「碁(ご)」(=바둑)의 딴이름.
烏梅(うばい) 〖漢醫〗 오매.
烏木(うぼく) 오목. 흑단(黑檀)의 딴이름.
烏糸欄(うしらん) 오사란. 검은 괘지(罫紙).
烏犀角(うさいかく) 오서각. 빛깔이 검은 코뿔소의 뿔《한방에서, 어린애의 해열제로 씀》.
烏夜(うや) 암야. 캄캄한 밤.
烏薬(うやく) 〖漢醫〗 오약.
烏有(うゆう) 오유. 전혀 없음.
烏鵲(うじゃく) 오작. 까마까치. ♣~橋(きょう) 오작교.
烏集(うしゅう) ① (많은 사람이) 모여서 북적댐. ② 오합지졸.
烏兎(うと) 오토. ① 금오(金烏)와 옥토(玉兎). 해와 달. ② 세월. 「모양.
烏兎匆匆(うとそうそう) 세월이 빨리 가는

烏合(うごう) 오합. 「지졸.
烏合の衆(うごうのしゅう) 오합지중. 오합
烏滸(おこ) 〈雅〉 어리석음. 미친 짓.
烏滸がましい(おこがましい) ① 우습다. 어리석다. ② 주제넘다. ③ 화가 나다.

訓読
烏(からす) 〖鳥〗 까마귀.
烏勘左衛門(からすかんざえもん) 〈俗〉 까마귀씨. 까마귀를 사람처럼 부르는 것.
烏瓜(からすうり) 〖植〗 쥐참외. 「구.
烏口(からすぐち) 가막부리. 오구《제도 용
烏鳩(からすばと) 〖鳥〗 흑비둘기.
烏麦(からすむぎ) 〖植〗 ① 메귀리. ② 귀리. 연맥.
烏鳴き(からすなき) 까마귀 울음소리.
烏猫(からすねこ) 검정고양이. 검은 고양이.
烏柄杓(からすびしゃく) 〖植〗 반하(半夏). 끼무릇.
烏蛇(からすへび) 〖動〗 몸빛이 검은 산무애뱀·무자치 따위.
烏山椒(からすざんしょう) 〖植〗 머귀나무.
烏扇(からすおうぎ) 〖植〗 범부채.
烏揚羽(からすあげは) 〖蟲〗 제비나비. 검은 호랑나비.
烏染め(からすぞめ) 까맣게 물들임.
烏の豌豆(からすのえんどう) 〖植〗 살갈퀴 《목초》.
烏羽(からすば) 까마귀(의 검은) 날개.
∥~色(いろ) (까마귀 날개처럼) 윤기 있는 검은 색. 칠흑빛.
烏座(からすざ) 〖天〗 까마귀자리.
烏天狗(からすてんぐ) 까마귀 부리와 날개를 가진 天狗(てんぐ) 《상상의 괴물》.
烏貝(からすがい) 〖貝〗 말합. 말씹조개.
烏の胡麻(からすのごま) 〖植〗 수까치깨.

其他
烏蘞苺(やぶがらし) 〖植〗 거지덩굴.
烏帽子(えぼし) 옛날에 公家(くげ)나 무사(武士)가 쓰던 건(巾)의 일종. ♣~貝(がい) 〖貝〗 조개삿갓.
∥~親(おや) 옛날 무관 집안의 남자가 관례(冠禮)를 올릴 때, 烏帽子를 씌우고 이름을 지어 주던 사람.

烏賊(いか) 〖動〗 오징어. 「み.
烏賊墨(いかすみ) ☞ 烏賊の墨(いかのす
烏賊の墨(いかのすみ) 오징어의 배때기 속에 든 검은 물. 묵즙(墨汁). 고락.
烏賊釣り(いかつり) 오징어 낚시.
烏草樹(さしぶ) 〖植〗 모새나무의 옛 이름.

敖

| 11 攵 | 敖 | 거만할 오·놀 오
ゴウ
あそぶ·おごる |

音読
敖蔑(ごうべつ) 오멸. 교만(驕慢)하여 남을 업신여김.
敖民(ごうみん) 오민. 빈둥빈둥 노는 백성.

11 日	晤	밝을 오·만날 오 ゴ あう

逆音
面晤(めんご) 면오. 면회. 면담.

11 木 人	梧	벽오동나무 오 ゴ あおぎり

音読
梧葉(ごよう) 오엽. 벽오동의 잎.
梧右(ごゆう) 오우. 오하(梧下). 편지 수신인 이름 밑에 쓰는 말.
梧下(ごか) 오하. 오우(梧右). 궤하(机下).
訓読
梧桐(あおぎり) 〖植〗 청동. 벽오동. *ごとうろ도 읽음.

12 大 常	奥 (奧)	안 오·깊을 오 オウ おく

音読
奥妙(おうみょう) 오묘.
奥秘(おうひ) 오비. ① 오의(奥義). 중요한 비결. ② 깊은 비밀.
奥羽(おうう) 〖地〗 関東(かんとう) 지방의 북쪽, 옛날의 陸奥(むつ)·出羽(でわ)의 두 지방.
奥義(おうぎ) 오의. 매우 깊은 뜻. 비법. *おくぎ로도 읽음.
奥州(おうしゅう) 〖地〗 옛 지방의 이름. 지금의 福島(ふくしま)·宮城(みやぎ)·岩手(いわて)·青森(あおもり)의 4 현.
‖～街道(かいどう) 〖地〗 옛날에 江戸(えど)에서 陸奥(むつ)의 三厩(みんまや)까지 가는 가도.
訓読
奥(おく) ① 깊숙한 곳. ② 끝. 끝머리. ③ 귀인의 부인. ④ 비장(秘藏).
奥さん(おくさん) 奥様(おくさま)보다 스스럼 없는 말.
奥まる(おくまる) ① 후미지다. 쑥 들어가다. ②〈古〉그윽하고 고상한 마음을 갖다.
奥の間(おくのま) (집) 안쪽 거실. 안방.
奥女中(おくじょちゅう) 江戸(えど) 시대에 귀인 부인의 시중을 들던 시녀.
奥方(おくがた) ① 신분이 높은 사람의 아내. 마님. ② 부인.
奥つ方(おくつかた) 안쪽. 깊숙한 곳.
奥付け(おくづけ) 〖印〗 판권장(版權張).
奥山(おくやま) 깊은 산중.
奥床しい(おくゆかしい) 그윽하고 고상하다. 으늑하다. 웅숭깊다.
奥書(おくがき) ① 사본(寫本)의 끝에 필자 이름·베낀 사정·연월일 등을 쓴 것. 간기(刊記). ② 관청에서, 기재 사항이 틀림없음을 증명함. 또, 그 글.
奥舌母音(おくじたぼいん) 〖言〗 후설 모음.
奥手(おくて) ① 늦벼. ② 늦됨. 「태풍.
‖～台風(たいふう) 늦가을·초겨울 무렵의
奥の手(おくのて) ① 오의(奥義). 비법. ② 최후 수단. 「오하다.
奥深い(おくふかい) ① 깊숙하다. ② 뜻이 심
奥様(おくさま) ① 남의 아내의 높임말. ② 안주인. 마님.
奥の院(おくのいん) ① 본당 안쪽의, 본존(本尊)을 모신 건물. ② 심오한 경지.
奥印(おくいん) 서류 끝에 찍는 관청·개인의 도장.
奥底(おくそこ) ① 깊은 속. ② 속마음. 본심. *おうていろ로도 읽음. 「니.
奥伝(おくでん) 〈雅〉☞ 奥許し(おくゆる
奥庭(おくにわ) (큰 저택의) 안뜰.
奥座敷(おくざしき) (집) 안쪽에 있는 거실. 안방.
奥地(おくち) 오지. 벽지(僻地). 두메. *おうちろ도 읽음.
奥知恵(おくちえ) 지능 발달이 다른 아이들보다 늦음.
奥智慧(おくちえ) ⇒ 奥知恵(おくちえ).
奥津城(おくつき) 〈雅〉무덤. 묘.
奥歯(おくば) 어금니.
奥行き(おくゆき) ①〖建〗안길이. ② (지식·인품 등의) 깊이.
奥向き(おくむき) ① 집의 안쪽. ② 가사. 가계(家計). 「수받음.
奥許し(おくゆるし) 기예의 오의(奥義)를 전
逆音
深奥(しんおう) 심오.
蘊奥(うんおう) 온오. *うんのうろ도 읽음.

13 イ	傲	거만할 오 ゴウ おごる

音読
傲慢(ごうまん) 오만. 거만.
傲岸(ごうがん) 오안. 오만함. 거만함.
‖～不遜(ふそん) 오만불손.
傲然(ごうぜん) 오연. 거만한 모양.
訓読
❖傲る(おごる) 거만하다. 교만하다. 우쭐해지다.
傲り(おごり) 교만. 방자함. 「다.

13 口	嗚	탄식할 오 オ ああ

音読
嗚咽(おえつ) 오열. 흐느껴 욺.
訓読
嗚呼(ああ) 오호(라). 아《감탄하는 소리》.

蜈・嗷・寤・誤・熬・遨・墺・懊

13 虫 蜈 지네 오 / ゴ

其他▶
蜈蚣(むかで)〖動〗지네.

14 口 嗷 시끄러울 오 / ゴウ / かまびすしい

音読▶
嗷嗷(ごうごう) 오오. 말이 많아 시끄러움.
嗷議(ごうぎ) ⇨ 嗸議(ごうぎ).
嗷議(ごうぎ) ①여럿이서 우겨댐. ②폭력. 폭행.
嗷訴(ごうそ) 무리지어 요로에 호소함.

14 宀 寤 깰 오 / ゴ / さめる

音読▶
寤寐(ごび) 오매. 깨어 있는 때나 잘 때.

14 言 誤(誤) 그릇할 오・잘못할 / 오 / ゴ / あやまる 〖敎〗

音読▶
誤見(ごけん) 오견. 잘못된 견해.
誤記(ごき) 오기. 잘못 적음. 또, 잘못 쓴 어구(語句).
誤断(ごだん) 오단. 잘못 판단(함).
誤達(ごたつ) 잘못된 통달.
誤答(ごとう) 오답.
誤読(ごどく) 오독. 잘못 읽음.
誤動作(ごどうさ) 오동작. 오작동. 컴퓨터 등이 명령한 것 이외의 작동을 함.
誤療(ごりょう) 잘못된 의료(醫療).
誤謬(ごびゅう) 오류.
誤魔化し(ごまかし) 남의 눈을 속임.
誤魔化す(ごまかす) ①속이다. ②얼버무리다.
誤聞(ごぶん) 오문. 잘못 들음.
誤配(ごはい) (편지 등을) 잘못 배달함.
誤配線(ごはいせん) 라디오 등에서 배선을 잘못한 곳.
誤報(ごほう) 오보.
誤払い(ごばらい) 잘못 지불함.
誤写(ごしゃ) 오사. 잘못 베낌.
誤射(ごしゃ) 오발.
誤算(ごさん) 오산.
誤想(ごそう) 오상. 잘못된 생각. 착각.
誤送(ごそう) 짐 등을 잘못 보냄.
誤植(ごしょく) 〖印〗 오식.
誤信(ごしん) 오신. 잘못 믿음.
誤審(ごしん) 오심.
誤訳(ごやく) 오역.
誤嚥(ごえん) 오연. 모르고 잘못 삼킴.
誤用(ごよう) 오용.
誤飲(ごいん) 잘못하여 이물질을 삼킴.
誤認(ごにん) 오인.
‖〜逮捕(たいほ) 오인 체포.
誤字(ごじ) 오자.
誤作動(ごさどう) 오작동.
誤伝(ごでん) 오전. 와전(訛傳).
誤電(ごでん) 잘못 친 전보.
誤接(ごせつ) 오접. 잘못 접속됨.
誤診(ごしん) 오진.
誤差(ごさ) 오차.
誤称(ごしょう) 오칭. 잘못 일컬음.
誤脱(ごだつ) 오탈. 오자(誤字)와 탈자(脫字).
誤判(ごはん) 오판.
誤爆(ごばく) 오폭. 목표를 잘못 폭격함.
誤解(ごかい) 오해.

訓読▶
❖誤る(あやまる) ①실패하다. 틀리다. ②(남을) 그르치다.
誤り(あやまり) 잘못. 틀림. 실수.

15 灬 熬 볶을 오 / ゴウ / いる

訓読▶
❖熬る(いる) ①볶다. ②(달걀・두부 따위를 물기가 없어질 때까지) 지지다.
熬り干し(いりぼし) ⇨ 熬子(いりこ).
熬り粉(いりこ) ①미숫가루(과자의 재료). ②(보리로 만든) 미숫가루.
熬子(いりこ) 쪄서 말린 잔 멸치.
熬海鼠(いりこ) 건해삼.

15 辶 遨 놀 오 / ゴウ / あそぶ

音読▶
遨遊(ごうゆう) 오유. 즐겁게 놂.

16 土 墺 물가 오 / オウ / おか

音読▶
墺(おう)〖地〗'墺太利(オーストリア)(=오스트리아)'의 준말.

其他▶
墺太利(オーストリア)〖地〗오스트리아.

16 忄 懊 한할 오 / オウ / なやむ

音読▶

懊悩(おうのう) 오뇌. 고민.
懊恨(おうこん) 오한. 회한.

| 16
氵 | 澳 | 깊을 오
イク・オウ
くま・おき |

其他>
澳門(マカオ)『地』마카오.

| 17
耳 | 聱 | 듣지아니할 오
ゴウ・ギョウ |

音読>
聱牙(ごうが) 남의 말을 듣지 아니함.

| 17
虫 | 螯 | 집게발 오
ゴウ
はさみ |

訓読>
螯(はさみ) 게나 새우의 집게발.
逆音>
車螯(しゃごう)『貝』차오.
蟹螯(かいごう) 해오. 게의 집게발.

| 18
衤 | 襖 | 웃옷 오
オウ
あお・ふすま |

訓読>
襖 ㊀(あお) ①옆이 터진 '袍(ほう)(=옛날 衛府(えふ)의 무관 복장)'. ②솜옷. ③平安(へいあん)시대, 귀족들의 평상복《본디 사냥할 때 입는 옷》.
㊁(ふすま) 맹장지.
‖~障子(しょうじ) 맹장지.
~紙(がみ) 맹장지 겉에 바르는 종이.
~繪(え) 맹장지에 그린 그림.

| 19
金 | 鏖 | 오살할 오
オウ
みなごろし |

音読>
鏖殺(おうさつ) 오살. 몰살(沒殺).
訓読>
鏖(みなごろし) 몰살(沒殺).

| 20
鼠 | 鼯 | 날다람쥐 오
ゴ
むささび |

訓読>
鼯鼠 ㊀(むささび)『動』오서. 날다람쥐.
㊁(ももんが) 하늘다람쥐. *ももんがあほとも 읽음.

| 24
黽 | 鼇 | 자라 오
ゴウ
おおがめ |

音読>
鼇頭(ごうとう) 오두. 和本(わほん)에서, 본문 윗 난의 주(註)나 그림.

옥

| 5
玉
教 | 玉 | 옥 옥
ギョク・ゴク
たま |

音読>
玉簡(ぎょっかん) 상대 편지의 높임말.
玉莖(ぎょっけい) 옥경. 음경.
玉高(ぎょくたか) ①기생·창기에게 주는 화대(花代) 금액. ②거래소에서 매매 약정이 성립된 수량. 「읽음.
玉稿(ぎょっこう) 옥고. *ぎょくこうろも
玉骨(ぎょっこつ) 옥골. 귀인이나 미인의 뼈.
玉冠(ぎょっかん) 옥관.
玉闕(ぎょっけつ) 옥궐. 옥으로 장식한 궁전.
玉肌(ぎょっき) 아름다운 피부.
玉器(ぎょっき) 옥기. 옥제의 기물.
玉女(ぎょくじょ) 옥녀. ①미인. ②선녀.
玉堂(ぎょくどう) 옥당. 옥으로 장식한 화려한 집.
玉代(ぎょくだい) 화대. 해웃값. 한 전당.
玉台(ぎょくだい) 옥대. 옥으로 장식한 아름다운 누대(樓臺).
玉帶(ぎょくたい)『史』옥대.
玉斗(ぎょくと) 옥두. ①옥으로 만든 훌륭한 국자. ②북두칠성의 딴이름. 「이름.
玉蘭(ぎょくらん)『植』옥란. 백목련의 한자
玉輦(ぎょくれん) 옥련. 연(輦)의 높임말.
玉露(ぎょくろ) 옥로. ①품질이 좋은 달여 마시는 차(茶). ②옥과 같이 아름다운 이슬.
玉樓(ぎょくろう) 옥루. 아름다운 누각.
玉輪(ぎょくりん) 옥륜. 달의 딴이름.
玉面(ぎょくめん) 옥면. 아름다운 얼굴.
玉貌(ぎょくぼう) 옥모. ①아름다운 얼굴. ②남의 용모의 높임말.
玉門(ぎょくもん) ①옥으로 장식한 훌륭한 문. ②여자의 음문(陰門). *②는 古語로 っびらごも 함.
玉盤(ぎょくばん) 옥반.
玉杯(ぎょくはい) 옥배. 훌륭한 술잔.
玉盃(ぎょくはい) ⇨ 玉杯(ぎょくはい)
玉帛(ぎょくはく) 옥백. 옥과 비단.
玉步(ぎょくほ) 옥보. 天皇(てんのう)·황후·황태후의 걸음의 높임말.
玉斧(ぎょくふ) 옥부. 옥도끼. 「청함.
~を乞(こ)う 남에게 시나 문장의 첨삭을
玉山(ぎょくざん) 옥산. ①옥을 산출하는

산. ②미인.

玉鵶(ぎょくしょう) 옥상. 옥으로 만든 (홀「룡한) 잔.
玉璽(ぎょくじ) 옥새. 임금의 도장.
玉書(ぎょくしょ) 옥서. 상대방 편지의 높
玉石(ぎょくせき) 옥석. 「임말.
 ‖~混交(こんこう) 옥석혼효.
 ~混淆(こんこう) ⇨ 玉石混交.
 ㊂(たまいし) 알돌. 수마석(水磨石).
玉屑(ぎょくせつ) 옥설. ①옥을 바순 가루. ②명시·명문의 문구. ③〈하늘에서 내리는〉 '눈'의 미칭.
玉蟾(ぎょくせん) 옥섬. 달의 딴이름.
玉成(ぎょくせい) 옥성. 완전무결한 인물이 됨〔되게 함〕.
玉碎(ぎょくさい) 옥쇄.
玉手(ぎょくしゅ) 옥수. ①미인의 손. ②남의 손의 높임말.
玉樹(ぎょくじゅ) 옥수. ①아름다운 나무. ②고결한 모습을 한 사람.
玉髓(ぎょくずい) 〖鑛〗 옥수. 「사. 미식.
玉食(ぎょくしょく) 옥식. 매우 푸짐한 식
玉什(ぎょくじゅう) 훌륭한 시가(詩歌).
玉案(ぎょくあん) 옥안. 옥(玉)으로 장식한 좋은 책상.
 ‖~下(か) 좌하(座下). 궤하(机下).
玉眼(ぎょくがん) 옥안.
玉顏(ぎょくがん)〈老〉옥안. ①임금의 얼굴. 용안. ②아름다운 얼굴.
玉葉(ぎょくよう) 옥엽. ①天皇(てんのう)의 일문을 높이어 이럴는 말. ②남이 보낸 엽서의 높임말.
玉詠(ぎょくえい) 옥영. 남이 지은 시가의 높임말. 「모.
玉容(ぎょくよう) 옥용. 옥처럼 아름다운 용
玉音(ぎょくおん) 옥음. ①맑은 음성. ②天皇(てんのう)의 음성. ③상대방 편지의 높임말. * ぎょくいん으로도 읽음.
玉扆(ぎょくい) ①옥좌 뒤에 세우는 병풍. ②천자의 앉는 자리.
玉人(ぎょくじん) 옥인. ①옥을 가공하는 장인. ②미인. 인격이 고결한 사람.
玉簪(ぎょくしん) 옥잠. 옥으로 만든 비녀.
玉章 ㊀(ぎょくしょう) 옥장. 훌륭한 문장.
 ㊁(たまずさ)〈雅〉편지. 소식. 특히, 연애편지.
 ‖~豆腐(どうふ) 두부를 얇게 썰어 물을 담은 주발에 넣어 띄운 것.
玉将(ぎょくしょう) (일본 장기에서) 궁(宮)
玉帳(ぎょくちょう) 옥장. ①옥으로 장식한 방장. ②장군의 진영. ③기생·창기의 화대를 기입한 장부.
玉滴石(ぎょくてきせき) 〖鑛〗 옥적석.
玉殿 ㊀(ぎょくでん) 옥전. ①옥으로 장식한 궁전. 아름다운 궁전.
 ㊁(たまどの) ①⇨㊀. ②여우의 딴이름.
玉折(ぎょくせつ) 옥절. 옥이 부서짐. 요절.
玉条(ぎょくじょう) 옥조. ①아름다운 나뭇가지. ②중요한 규칙.

玉座(ぎょくざ) 옥좌. 임금이 앉는 자리.
玉酒(ぎょくしゅ) 옥주. 맛이 좋은 술.
玉趾(ぎょくし) 옥지. 귀인의 발의 높임말.
玉塵(ぎょくじん) 옥진. '雪(ゆき)(=눈)'의 딴이름. 「말.
玉札(ぎょくさつ) 옥찰. 상대방 편지의 높임
玉泉(ぎょくせん) ①옥천. 맑은 샘. ②천태종(天台宗)의 딴이름.
玉体(ぎょくたい) 옥체. 天皇(てんのう)의 몸의 높임말.
玉摧(ぎょくさい) 옥쇄(玉碎).
玉卮(ぎょくし) 옥치. 옥처럼 훌륭한 술잔.
玉兎(ぎょくと) 옥토. 달의 딴이름.
玉版箋(ぎょくばんせん) 옥판전. 화선지보다 두껍고 결이 고운, 광택이 있는 종이.
玉佩(ぎょくはい) 옥패. 옥으로 만든 패물.
玉筆(ぎょくひつ) 옥필. 남의 필적·시가·문장의 높임말.
玉翰(ぎょっかん) ⇨ 玉簡(ぎょっかん).

訓読⇒

玉 ㊀(たま) ①옥. ②구슬. ③방울. ④알. ⑤(국수의) 사리. ⑥기생·창녀. ⑦미끼.
 ㊁(ぎょく) ①☞㊀①. ②거래소에서 매매하는 주식이나 물건. ③〈俗〉달걀. ④(일본 장기의) 궁(宮). ⑤기생.
玉の(たまの) ①구슬〔알〕 같은. ②옥으로 만든〔장식한〕. ③아름다운. 훌륭한. ♣~杯(さかずき) 옥배(玉杯)／~汗(あせ) 구슬땀.
 ‖~台(うてな) 옥대(玉臺). ①훌륭한 궁전. ②제위(帝位).
 ~緒(お)〈雅〉①옥을 꿴 끈. ②목숨.
 ~輿(こし) 귀인이 타는 가마. 덩.
玉レタス(たまレタス) 결구(結球) 상추.
玉匣(たまくしげ) ⇨ 玉櫛笥(たまくしげ).
玉葛(たまかずら) ①덩굴풀의 미칭. ②칡의 딴이름.
玉繭(たままゆ) ①쌍고치. ②'繭(まゆ)(=고치)'의 미칭.
玉桂(たまかつら) 달 속에 있다고 하는 계수나무. 또, 달의 딴이름.
玉串(たまぐし) ①비쭈기나무 가지에 닥나무 섬유로 만든 베 또는 종이 오리를 달아서 신전에 바치는 것. ②비쭈기나무의 딴이름.
 ‖~料(りょう) 神道(しんとう) 의식에서, 신전에 바치는 공물.
玉突き(たまつき) 당구. 「돌.
 ‖~衝突(しょうとつ) (자동차의) 연쇄 충
玉簾(たますだれ) 옥렴. 주렴(珠簾). 옥으로 장식한 발. * ぎょくれん으로도 읽음.
 '簾(すだれ)(=발)'의 미칭.
玉留め(たまどめ) (재봉에서) 꿰맴질이 끝나서 실을 매듭짓는 일. 「(匠人).
玉磨り(たますり) 옥을 갈아 세공하는 장인
玉鬘(たまかずら) ①옛날, 많은 구슬을 꿰어 머리에 늘인 장식. ②〖佛〗 화만(華鬘)의 미칭. 「의 미칭.
玉鉾(たまぼこ)〈雅〉'鉾(ほこ)(=미늘창)'
玉目(たまもく) 소용돌이 모양의 아름다운

나뭇결. 「게 됨.
玉無し(たまなし) 모두 없어짐. (모두) 못 쓰
玉房(たまぶさ) 끝이 방울같이 둥근 술.
玉浮き(たまうき) (낚시에서) 구슬찌. 작고 둥근 낚시찌.
玉敷き(たましき) 옥을 깐 것처럼 아름다움. 또, 그런 곳.
~の庭(にわ) 옥을 깐 것처럼 아름다운 뜰. 특히, 궁중의 뜰.
玉糸(たまいと) 쌍고치 실.
玉砂利(たまじゃり) 굵은 자갈.
玉砂糖(たまざとう) 누런 설탕을 선별한 핫길의 설탕 덩어리.
玉算(たまざん) 주산. 수판셈.
玉笹(たまざさ) '笹(きき)(=조릿대)'의 미
玉細工(たまざいく) 보석 세공.
玉水(たまみず) ①'水(みず)(=물)'·'滝(たき)(=폭포)'의 미칭. ②낙숫물.
玉手箱(たまてばこ) ①전설에서, 浦島太郎(うらしまたろう)가 용궁의 선녀한테 얻었다는 상자. ②비밀로 해 두고 공개하지 않는 소중한 것.
玉垂れ(たまだれ) ☞玉簾(たますだれ).
玉乗り(たまのり) 커다란 공 위에 올라서서 발로 공을 굴리는 곡예. 또, 그 사람.
玉勝間(たまかつま) 틈새가 밴 대바구니의 미칭.
玉縁(たまぶち) ①아름다운 테두리(를 붙인 것). ②(복식에서) 포켓·단춧구멍에 다른 천으로 가늘게 테두리를 싸는 일.
玉垣(たまがき) 신사(神社)의 울타리.
玉衣(たまぎぬ) 아름다운 훌륭한 의복. *た まごろも로도 읽음. 「링.
玉入り軸受け(たまいりじくうけ) 볼 베어
玉子(たまご) ①알. ②달걀. 계란.
玉子巻き(たまごまき) 달걀말이.
玉子丼(たまごどんぶり) 계란덮밥.
玉子綴じ(たまごとじ) 국건더기 등에 달걀을 풀어 넣어 엉기게 하는 것.
玉子湯(たまごゆ) 계란탕.
玉梓(たまずさ) 〈雅〉편지. 소식. 특히, 연애 편지.
玉鴫(たましぎ) 〖鳥〗알락도요.
玉造り(たまつくり) 옥을 갈아 다듬는 일. 또, 그 장인(匠人). 옥장이.
玉藻(たまも) '藻(も)(=말)'의 미칭.
玉櫛笥(たまくしげ) 여자의 화장 도구를 넣는 상자의 미칭.
玉葱(たまねぎ) 〖植〗양파.
玉総(たまぶさ) ⇨玉房(たまぶさ).
玉箒(たまばはき) ①〖植〗댑싸리. ②옛날, 정월의 첫 자일(子日)에 누에 치는 방을 쓰는, 구슬을 장식한 비. *たまははき로도 읽음.
玉軸受け(たまじくうけ) 볼 베어링.
玉椿(たまつばき) 〖植〗①'椿(つばき)(=동백나무)'의 미칭. ②광나무.
玉虫(たまむし) ①〖蟲〗비단벌레. ②玉虫色의 준말. ③玉虫織의 준말.

‖~色(いろ) ①광선의 상태에 따라 여러 가지로 변하는 빛깔. ②애매한 표현.
~の厨子(ずし) 비단벌레의 날개를 금의 섭새김에 박아 넣은 궁전형(宮殿形)의 감실.
~織り(おり) 날실과 씨실을 다른 빛깔로 짜서 광선의 상태에 따라 빛깔이 다르게 보이는 직물.
玉取り(たまとり) 여러 개의 구슬을 공중에 던지고 받는 재주.
玉歯朶(たましだ) 〖植〗단발고사리. 「변.
玉偏(たまへん) 한자 부수의 하나: 구슬옥
玉響(たまゆら) 〈雅〉①어렴풋이. ②순간. 잠깐 동안.
トルコ玉(トルコだま) 터키옥. 터키석(石).

其他
玉筋魚(いかなご) 〖魚〗까나리.
玉珧(たいらぎ) 〖貝〗키조개.
玉蜀黍(とうもろこし) 〖植〗옥수수.

| 7 氵 | 沃 | 기름질 옥·물댈 옥
ヨク·ヨウ
そそぐ |

音読
沃度(ようど) 〖化〗요오드. 옥소(沃素).
沃素(ようそ) 〖化〗옥소. 요오드.
沃野(よくや) 옥야. 기름진 평야.
‖~千里(せんり) 옥야 천리.
沃壌(よくじょう) 옥양. 옥토.
沃饒(よくじょう) 옥요. 땅이 기름져 작물이
沃田(よくでん) 옥전. 비옥한 밭. 「잘됨.
沃地(よくち) 옥토. 기름진 땅.
沃土(よくど) 옥토. 기름진 땅.
沃化(ようか) 〖化〗옥화. 요오드화. ♣~物(ぶつ) 〖化〗요오드화물/~銀(ぎん) 〖化〗요오드화은.
‖~水素(すいそ) 〖化〗요오드화수소.

其他
沃る(いる) (액체를) 쫙 뿌리다.
沃懸地(いかけじ) 옻칠한 위에 금가루를 뿌린 것.

| 9 尸 㪻 | 屋 | 집 옥
オク
や |

音読
屋 ㊀(おく) 건물(의 지붕). 집.
㊁(や) 《接尾語로》①그 직업을 가진 집〔사람〕. ②쟁이. 꾼. ③호나 아호에 붙는 말.
屋階(おっかい) 다락방.
屋内(おくない) 옥내.
屋漏(おくろう) ①옥루. ⑦집의 가장 깊숙한 곳. ②지붕에서 비가 샘.
屋舎(おくしゃ) 옥사. 건축물. 가옥(家屋).
屋上(おくじょう) 옥상.
‖~緑化(りょっか) 옥상 녹화.
~庭園(ていえん) 옥상 정원.

屋外(おくがい) 옥외.
∥〜広告物(こうこくぶつ) 옥외 광고물.
〜集会(しゅうかい) 옥외 집회.
屋下(おくか) 지붕 밑.

[訓読]
屋固め(やがため) ①건축 초기, 기둥 세울 때 흉사가 나지 않도록 액막이를 하는 의식. ②집들이.
屋根(やね) 지붕. 덮개. ♣〜船(ぶね) 집배 / 〜板(いた) 지붕 널.
∥〜裏(うら) ①지붕 밑. 더그매. ②다락방.
〜馬(うま) TV・무선 안테나를 지붕 위에 고정시키는 발이 달린 받침대.
〜屋(や) 지붕을 이는 장인(匠人).
〜葺き(ふき) 지붕을 이는 일. 또, 이것을 직업으로 하는 사람.
〜替え(がえ) 지붕을 새로 이기.
屋台(やたい) ①(축제 때의) 지붕이 있는 춤 추는 무대. ②(음식 등을 파는) 이동식 포장 마차.
∥〜骨(ぼね) ①屋台의 뼈대. ②가산(家産). 재산. ③한 집안의 기둥인 사람. 「주.
〜囃子(ばやし) 축제에서 하는 떠들썩한 반
〜店(みせ) 지붕이 달린 이동식 작은 노점. 포장 마차.
屋並み(やなみ) ①집이 늘어선 모양. 또, 늘 어선 집. ②집집마다. 「저택.
屋敷(やしき) ①대지(垈地). 집의 부지. ②
∥〜神(がみ) 집터의 한구석에 모신 신.
〜町(まち) 고급 주택가.
屋数(やかず) 집의 수. 호수(戶數).
屋形(やかた) ①〈雅〉(귀인의) 저택. ②귀 인에 대한 높임말. ③지붕 모양의 것.
∥〜船(ぶね) 지붕이 있는 놀잇배.
〜車(ぐるま) 지붕이 있는 牛車(ぎっしゃ).
屋戸(やど) ①사는 집. ②숙소. 여관.
屋号(やごう) ①옥호. 가게의 이름. ②집의 칭호.

14획 獄 ゴク ひとや 옥 옥

[音読]
獄(ごく) 옥. 감옥. *雅語로는 ひとや.
獄官(ごっかん) 옥관. 옥리(獄吏).
獄内(ごくない) 옥내. 옥중.
獄吏(ごくり) 옥리. 옥졸.
獄裡(ごくり) 옥리. 옥중.
獄裏(ごくり) ⇨ 獄裡(ごくり).
獄門(ごくもん) 옥문. 감옥 문. 「대.
∥〜台(だい) 효수대. 참수한 머리를 놓는
〜首(くび) 효수(梟首)된 머리.
獄司(ごくし) 옥사. 옥리.
獄死(ごくし) 옥사.
獄舎(ごくしゃ) 옥사. 감옥.
獄所(ごくしょ) 감옥.
獄囚(ごくしゅう) 옥수. 옥에 갇힌 죄수.
獄守り(ごくもり) 옥졸.
獄屋(ごくや) 〈老〉감옥.
獄衣(ごくい) 옥의. 수의(囚衣).
獄定(ごくじょう) 하옥(下獄)의 형벌로 정
獄卒(ごくそつ) 옥졸. 옥사쟁이. 「함.
獄中(ごくちゅう) 옥중.
獄窓(ごくそう) 옥창. 옥중.
獄則(ごくそく) 옥칙. 감옥 내의 규칙.
疑獄(ぎごく) 의옥. 정치적인 대규모 의혹 사
地獄(じごく) 지옥. 「건.

온

12획 温(溫) オン あたたか・あたたかい・あたたまる・あたためる・ぬくい・ぬくい・ぬくむ・ぬくもる・ぬるめる 따뜻할 온

[音読]
温覚(おんかく) 온각.
温感(おんかん) 온감.
温故知新(おんこちしん) 온고지신.
温灸(おんきゅう) 온구. 쑥으로 하는 뜸질.
温暖(おんだん) 온난. ♣〜化(か) 온난화.
〜高気圧(こうきあつ) 온난 고기압.
〜湿潤気候(しつじゅんきこう) 온난 습윤
〜前線(ぜんせん) 온난 전선. 「기후.
温帯(おんたい) 『地』온대. ♣〜林(りん) 온대림 / 〜湖(こ) 온대호.
∥〜気候(きこう) 온대 기후.
〜植物(しょくぶつ) 온대 식물.
〜低気圧(ていきあつ) 온대 저기압.
温度(おんど) 온도. ♣〜計(けい) 온도계.
∥〜感覚(かんかく) 온도 감각.
〜目盛り(めもり) 온도 눈금.
〜放射(ほうしゃ) 온도 방사. 열복사.
〜差発電(さはつでん) 온도차 발전.
温突(オンドル) 온돌.
温良(おんりょう) 온량.
温量指数(おんりょうしすう) 『地』온량 지수. 온난 지수.
温排水(おんはいすい) 온배수.
温服(おんぷく) 온복. 약을 데워 마심.
温床(おんしょう) 온상.
温色(おんしょく) 온색. ①난색(暖色). ②온화한 얼굴빛.
温石(おんじゃく) 온석. 경석(輕石) 등을 뜨겁게 하여 천에 싸서 몸을 따뜻하게 하는 것.
温水(おんすい) 온수. ♣〜器(き) 온수기 / 〜浴(よく) 온수욕.
∥〜暖房(だんぼう) 온수 난방.
温順(おんじゅん) 온순.
温習(おんしゅう) 온습. 복습.
∥〜会(かい) 온습회. (무용 등 기예의) 연습 성과를 발표하는 모임.

温湿布(おんしっぷ) 더운찜질.
温室(おんしつ) 온실.
‖～育ち(そだち) 귀하게만 자라 세상 풍파에 견디어 내지 못함. 또, 그런 사람.
～栽培(さいばい) 온실 재배.
～効果(こうか) 온실 효과.
温雅(おんが) 온아. 온화하고 점잖음.
温野菜(おんやさい)〖料〗곁들여 내놓는 따끈한 야채 요리.
温言(おんげん) 온언. 부드러운 말.
温罨法(おんあんぽう) 온엄법. 더운찜질.
温熱(おんねつ) 온열.
温浴(おんよく) 온욕.
温容(おんよう) 온용. 온화한 얼굴 모습.
温柔(おんじゅう) 온유. ①온화하고 유순함. ②따뜻하고 부드러움.
‖～敦厚(とんこう) 온유 돈후.
温蔵庫(おんぞうこ) 온장고.
温低(おんてい) '温帯低気圧(おんたいていきあつ)(=온대 저기압)'의 준말.
温点(おんてん) (피부의) 온점.
温情(おんじょう) 온정.
‖～主義(しゅぎ) 온정주의.
温存(おんぞん) 온존.
温泉(おんせん) ①온천. ＊いでゆ로도 읽음. ②온천장. ♣～場(ば) 온천장 / ～華(か) 탕화(湯花).
‖～権(けん) 온천 전용권.
～生物(せいぶつ) 온천 생물.
～宿(やど) 온천장의 여관.
～余土(よど) 온천 여토. 온천 점토(粘土).
～療法(りょうほう) 온천 요법. 「천.
温湯(おんとう) 온탕. ①따뜻한 물. ②온
温風暖房(おんぷうだんぼう) 온풍 난방.
温血動物(おんけつどうぶつ) 온혈 동물.
温和(おんわ) 온화.
温厚(おんこう) 온후.
温燻(おんくん) (식품의) 온훈.

[訓読]
温まる(あたたまる) 따뜻해지다. ＊口語로는 あったまる・ぬくまる라고도 함.
❖温い ㊀(ぬくい)〈方〉따뜻하다. 따스하다. ＊ぬくとい로도 읽음.
㊁(ぬるい) 미지근하다.
温金(ぬるがね) 열탕으로 뜨겁게 한 침(鍼)《한방의 안과(眼科)·치과에서 씀》.
温麦(ぬるむぎ) 미지근하게 해서 먹는 국수.
温助(ぬるすけ) 멍청한 남자.
温血(ぬくち) 산 동물의 따뜻한 피. 생피.
温灰(ぬくばい) 따뜻한 재.
❖温かい(あたたかい) ①따뜻하다. ②주머니 사정이 좋다. ＊口語로는 あったかい라고도 함.
温か(あたたか) ①따뜻함. ②주머니 사정이 좋음. ＊口語로는 あったかだ라고도 함.
温む(ぬくむ) ①미지근해지다. 조금 따뜻해지다. ＊ぬくむ로도 읽음. ②(날씨가) 풀리다. 누그러지다.

温み ㊀(ぬるみ) ①미지근함. ②미지근한
㊁(ぬくみ) 온기. 따뜻함. └(목욕)물.
❖温める ㊀(あたためる) ①따뜻하게 하다. ②(원고 따위를) 내놓지 않고 오랫동안 지니고 있다. ③(새가) 알을 품다. ＊口語로는 あっためる라고도 함.
㊁(ぬるめる) 미지근하게 하다. 물에 찬물을 타서 식게 하다.
温める(ぬくめる) 데우다. 녹이다.
温め酒(あたためざけ) 중탕해서 데운 술. 몸을 덥게 하기 위해 마시는 술.
❖温もる(ぬくもる) 따뜻해지다. 훈훈해지다.「스.
温もり(ぬくもり) (몸을) 녹임. 온기. 따

[其他]
温気(うんき) 온기. 따뜻한 공기. 무더운 공기. ＊おんき로도 읽음.
温麺(うんめん) 국물에 삶아서 먹는 국수.
温明殿(うんめいでん) 平安京(へいあんきょう) 内裏(だいり)에 있는 전당의 하나.
温州蜜柑(うんしゅうみかん)〖植〗온주귤. 대표적인 귤의 한 품종.

[逆音]
気温(きおん) 기온.
微温(びおん) 미온.

| 13 女 | 媼 | 할미 온
オウ
おうな |

[音読]
媼 ㊀(おう) 늙은 여자. 노파. ＊おうなで로도 읽음.
㊁(うば) ① ☞㊀. ②노파를 본뜬 能楽(のうがく)에 쓰는 탈의 하나.

| 14 火 | 熅 | 숯불 온
ウン
うずみび |

[其他]
熅れ(いきれ) 열기. 훈기.

| 15 衤 | 褞 | 무명핫옷 온
ウン・オン
どてら |

[訓読]
褞袍(どてら) ①솜을 둔 잠옷. ②솜을 두껍게 둔 소매 넓은 일본옷《방한용 실내복》.

| 16 禾 常 | 穏(穩) | 안온할 온
オン
おだやか |

[音読]
穏健(おんけん) 온건. ♣～派(は) 온건파.
穏当(おんとう) 온당.

穩婆(おんば) 온파. 조산원.
穩便(おんびん) 온당하고 원만함.
穩和(おんわ) 온화.
[訓読] 穩やか(おだやか) 온화함. 평온함.

| 16 糸 | 縕 | 주홍빛 온·헌솜 온
ウン |

[其他] 縕袍(どてら)〈方〉①솜을 둔 잠옷. ②솜을 두껍게 둔 소매 넓은 일본옷《방한용 실내복》.

| 17 艹 | 蒀 | 쌓일 온·쌓을 온
ウン·オン
つむ |

[音読] 蒀蓄(うんちく) 온축. 충분히 연구해서 간직한 깊은 지식.

| 17 酉 | 醞 | 빚을 온
ウン
かもす |

[音読] 醞釀(うんじょう) ①술을 담금[빚음]. ②마음속에서 어떤 생각이 점차로 커져 감.

| 19 食[日] | 饂 | (온)
ウン |

[参考] 뜻은 미상(未詳).

[其他] 饂飩(うどん) 우동. (일본식) 가락국수. ♣~粉(こ) 밀가루.
‖~屋(や) 우동집[가게]. 가락국수 집.

| 20 艹 | 蘊 | 쌓을 온
ウン
つむ |

[音読] 蘊奧(うんのう) 온오. 학문·기예 등의 심오한 곳. *うんおう로도 읽음.
蘊蓄(うんちく) 온축. 충분히 연구해서 간직한 깊은 지식.

올

| 3 儿 | 兀 | 우뚝할 올
コツ·ゴツ
たかい |

[音読] 兀(こつ) 높이 솟은 모양.
兀立(こつりつ) 올립. 우뚝 솟음.
兀山(こつざん) 올산. 민둥산.
兀然(こつぜん) 올연. ①산 따위가 높이 솟아 있는 모양. ②꼼짝하지 않는 모양. 한가지 일에 전념하는 모양. 「하는 모양.
兀兀(こつこつ) 어떤 일을 한결같이 착실히
兀子(ごっし) 사각형 나무판에 발 넷이 달린 의자. *ごしろ도 읽음.
兀坐(こつざ) 올좌. ①멍청히 앉아 있음. ②어깨를 으쓱하고 앉음.

| 14 月 | 膃 | 살질 올
オツ |

[音読] 膃肭臍(おっとせい)〖動〗물개. 해구(海狗).

옹

| 9 瓦 | 瓮 | 항아리 옹
オウ
かめ |

[参考] 甕의 異體字.

[其他] 瓮(もたい)〈古〉술독.

| 10 羽[常] | 翁(翁) | 늙은이 옹·아비 옹
オウ
おきな |

[音読] 翁 ㊀(おう) 옹《남자 노인에 대한 경칭》.
㊁(おきな) ①〈雅〉영감. 노인의 높임말. 또, 노인의 자기 겸칭. ②노인의 탈(을 쓰고 춤추는 能樂(のうがく)의 곡).
[訓読] 翁飴(おきなあめ) 물엿에 우무 등을 섞고 찹쌀 미숫가루를 묻혀 말린 엿.
翁汁粉(おきなじるこ)〖料〗새알심 등을 넣은 단팥죽.
翁草(おきなぐさ)〖植〗①일본할미꽃. ②국화. ③〈古〉소나무.
[其他] 翁鳥(ひたき)〖鳥〗딱새.

| 12 口 | 喁 | 입벌름거릴 옹
グウ·グ·ギョウ
あぎとう |

[音読] 喁喁(ぎょうぎょう) 옹옹. ①입을 뻐끔거리는 모양. ②사람들이 우러러보는 모양.

16 土	甕	막을 옹 ヨウ ふさぐ

音読
甕塞(ようそく) 옹색. 막음. 방해함. 막힘.

16 扌(擁)	擁	안을 옹 ヨウ いだく

音読
擁する(ようする) ①껴안다. ②지니다. ③옹립하다.
擁立(ようりつ) 옹립.
擁壁(ようへき) 〖建〗옹벽.
擁護(ようご) 옹호. 가호(加護).

18 瓦	甕	항아리 옹 オウ かめ・みか

訓読
甕 ㊀(かめ) ①독. 항아리. ②꽃병. ③술병. ㊁(もたい) 〈古〉술독.
甕棺(かめかん) 옹관. 도관(陶棺).

23 疒	癰	악창 옹·헌데 옹 ヨウ はれもの

音読
癰(よう) 〖醫〗옹.

와

5 瓦	瓦	기와 와 ガ かわら・グラム

音読
瓦器(がき) 와기. 토기.
瓦落(がら) 瓦落落ち(がらおち)의 준말.
瓦落多(がらくた) 잡동사니. 허드레 물건.
瓦落落ち(がらおち) 〖經〗시세의 대폭락.
瓦礫(がれき) 와륵. ①기왓조각과 자갈. ②(아무리 많아도) 소용〔가치〕없는 것.
瓦石(がせき) 와석. 기와와 돌.
瓦硯(がけん) 와연. 흙을 구워서 만든 벼루.
*かわらすずりろも 읽음.
瓦全(がぜん) 와전. 보람없이〔헛되이〕 신명(身命)만을 보전하여 감.
瓦解(がかい) 와해.

訓読
瓦 ㊀(かわら) ①기와. ②무가치한 것.
㊁(グラム) 그램.
‖〜分子(ぶんし) 〖化〗그램 분자.
瓦経(かわらぎょう) 〖佛〗경와(經瓦).
瓦塀(かわらべい) 평기와 얹은 담.
瓦師(かわらし) ①와공(瓦工). 기와 굽는 사람. ②기와장이.
瓦焼き(かわらやき) 기와를 구움. 또, 굽는 사람.
瓦屋 ㊀(かわらや) 와옥. 기와집.
㊁(おく) ☞㊀. ② ☞ 瓦師(かわらし).
瓦屋根(かわらやね) 기와 지붕.
瓦窯(かわらがま) 기와 (굽는) 가마.
瓦人形(かわらにんぎょう) 점토로 구운 인형. 토우(土偶).
瓦煎餅(かわらせんべい) 기와 모양으로 구운 납작 과자.
瓦占(かわらうら) 기와를 던져 치는 점.
葺き(かわらぶき) 기와로 인 지붕.
瓦版(かわらばん) 江戸(えど)시대에 찰흙에 글씨나 그림 등을 새겨 기와처럼 구운 것을 판으로 하여 인쇄한 것.

其他
瓦斯(ガス) ①가스. ②ガス糸(いと)・ガス織り(おり)의 준말. ③짙은 안개.
‖〜壊疽(えそ) 〖醫〗가스 괴저.
〜糸(いと) 가스실. 주란사 실.
〜中毒(ちゅうどく) 가스 중독.
〜織り(おり) 가스실로 짠 직물. 주란사.
〜化学(かがく) 가스 화학.

7 囗	囮	어리새 와 カ おとり

訓読
囮(おとり) ①(새나 짐승을 꾀어 들이기 위한) 후림새. 미끼짐승. ②(사람을) 꾀어 들이기 위하여 쓰는 수단. 후림수. 미끼.
囮捜査(おとりそうさ) 함정 수사.

9 臣	臥	누울 와 ガ ふす・ふさる・ふせる

音読
臥する(がする) 자다. 눕다.
臥具(がぐ) 와구. 침구(寢具).
臥竜(がりょう) 와룡. ①누워 있는 용. ②세상에 알려지지 않은 큰 인물. ♣〜梅(ばい) 〖植〗와룡매.
‖〜鳳雛(ほうすう) 와룡 봉추. 장차 크게 될 만한 인물.
臥病(がびょう) 와병. 「누움.
臥床(がしょう) 와상. ①잠자리. ②자리에
臥像(がぞう) 와상. 누워 있는 상.
臥薪嘗胆(がしんしょうたん) 와신상담.
臥煙(がえん) 江戸(えど)시대의 소방(消防)인부. (난폭했으므로) 전하여, 불량배.
臥褥(がじょく) 질병으로 자리에 눕는 일.

臥牛(がぎゅう) 와우. 누워 있는 소.
臥蚕(がさん) 와잠. 잠자는 누에.
∥～眉(び) 와잠미. 잠자는 누에처럼 길고 두터운 눈썹.

訓読

臥さる(ふさる) ①엎드리다. ②드러눕다.
臥せる(ふせる) 드러눕다. 앓아 눕다.
❖臥す(ふす) 드러눕다. 자다.
臥し起き(ふしおき) ①일어남과 누움. 기와(起臥). ②일상 생활.
臥し待ちの月(ふしまちのつき) 음력 19일 밤의 달.
臥し木(ふしき) 쓰러져 있는 나무.
臥し所(ふしど) 〈雅〉잠자리. 침실.
臥し転ぶ(ふしまろぶ) 〈雅〉너무 기쁘거나 슬퍼 뒹굴다.

| 11
言 | 訛 | 거짓 와・그릇될 와
カ
いつわる・なまる |

音読

訛語(かご) 와어. 사투리.
訛言(かげん) 와언. ①뜬소문. ②사투리.
訛音(かおん) 와음. 바르지 못한 발음. ＊かいん으로도 읽음.
訛伝(かでん) 와전.
訛称(かしょう) 와칭. 그릇 일컫는 말. 그릇된 호칭(呼稱).
訛形(かけい) 와형. 발음의 형편상 변형된 어형(語形).

訓読

❖訛る(なまる) 사투리 발음을 하다.
訛り(なまり) 사투리. 또, 그런 말투・발음.

| 12
氵
常 | 渦 | 소용돌이 와
カ
うず |

音読

渦動(かどう) 〖理〗와동. 액체 속에서 생기는 소용돌이.
∥～電流(でんりゅう) 〖理〗와동 전류. 푸코 전류. 맴돌이 전류.
渦雷(からい) 〖氣〗와뢰. 저기압성 뇌우(雷雨).
渦流(かりゅう) ①와류. 물이 소용돌이치며 흐름. 또, 그 흐름. ②☞渦電流(うずでんりゅう).
渦紋(かもん) 와문. 소용돌이 무늬.
渦状(かじょう) 와상. 소용돌이 모양.
渦中(かちゅう) 와중.
渦虫類(かちゅうるい) 〖動〗와충류.

訓読

渦(うず) ①소용돌이. 와중(渦中). ②소용돌이 모양의 무늬.
渦巻き(うずまき) ①소용돌이. ②소용돌이치는 형상.
∥～管(かん) 〖生〗와우관(蝸牛管). 달팽이관.
渦巻く(うずまく) 소용돌이치다.

渦輪(うずわ) 소용돌이 모양의 원형. ♣～鰹(がつお) 〖魚〗물치다랑어.
渦電流(うずでんりゅう) 〖理〗와전류. 맴돌이 전류.
渦潮(うずしお) 소용돌이치는 조수(潮水).
渦鞭毛藻(うずべんもうそう) 〖植〗와편모조류(類).

| 12
虫 | 蛙 | 개구리 와
ア
かえる・かわず |

音読

蛙鳴蟬噪(あめいせんそう) 와명선조.
蛙声(あせい) 개구리 우는 소리.

訓読

蛙 ㊀(かえる) 〖動〗개구리.
㊁(かわず) 〖動〗①〈雅〉☞㊀. ②기생개구리.
蛙股(かえるまた) ①다리 벌린 개구리 모양의 물건. ②박공 위에 장식으로 붙인 개구리 뒷다리 형상의 조각.
蛙女房(かえるにょうぼう) 연상의 아내.
蛙跳び(かえるとび) 말타기 놀이(아이들 놀이의 하나).
蛙手(かえるで) 단풍의 옛 이름. 「泳」.
蛙泳ぎ(かえるおよぎ) 개구리헤엄. 평영(平泳).

| 13
艹 | 萵 | 상추 와
ワ |

其他

萵苣(ちしゃ) 〖植〗상추. ＊ちさ로도 읽음.

| 14
穴 | 窩 | 굴 와・움 와
カ
あな |

其他

窩主買い(けいずかい) 장물 매매. 또, 장물아비.

| 14
穴 | 窪 | 구덩이 와
ワ
くぼ・くぼむ |

訓読

窪(くぼ) 구덩이. 움푹 팬 곳.
窪い(くぼい) 오목하다.
窪まる(くぼまる) 움푹 패다.
窪める(くぼめる) 움푹 들어가게 하다.
窪溜まり(くぼたまり) ①땅이 움푹 팬 곳. ②땅이 패어 물이 괸 곳.
窪田(くぼた) 우묵한 저지대의 논.
窪地(くぼち) 움푹 팬 땅.
❖窪む(くぼむ) 우묵하게 들어가다.
窪み(くぼみ) 움푹 팸. 우묵한 곳.

15 虫	蝸	달팽이 와 カ かたつむり

音読
蝸角(かかく)〖動〗와각. 달팽이의 촉각.
蝸廬(かろ) 와려. ① 작은 집의 비유. ② 자기 집의 겸칭.

訓読
蝸牛 ㊀(かたつむり)〖動〗와우. 달팽이.
㊁(かぎゅう) ☞[훈]
‖~殻(かく)〖生〗와우각. 달팽이껍데기.
~角上(かくじょう) 와우각상.

완

7 宀 〔教〕	完	완전할 완 カン まったし・まっとうする

音読
完(かん) ① 완전. ② 끝남.
完結(かんけつ) 완결.
完工(かんこう) 완공. 준공.
完納(かんのう) 완납.
完了(かんりょう) 완료.
完売(かんばい) 완매. 다 팔림.
完面像(かんめんぞう)〖鑛〗완면상.
完黙(かんもく) '完全黙秘(かんぜんもくひ)(=완전 묵비)'의 준말.
完配(かんぱい) 완전 배급.
完璧(かんぺき) 완벽.
完本(かんぽん) 완본.
完封(かんぷう) 완봉. 완전히 봉(封)함.
完膚(かんぷ) 완부. 흠이 없는 피부.
完備(かんび) 완비.
完善(かんぜん) 완선. 결점이 없음. 「품.
完成(かんせい) 완성. ♣~品(ひん) 완성
‖~教育(きょういく)〖教〗완성 교육.
完遂(かんすい) 완수.
完熟(かんじゅく) 완숙.
完勝(かんしょう) 완승.
完新世(かんしんせい)〖地〗완신세. 충적세.
完新統(かんしんとう)〖地〗충적(冲積)층. 충적세에 생성된 지층.
完訳(かんやく) 완역.
完泳(かんえい) 완영. 끝까지 헤엄 침.
完載(かんさい) 완재. 책·잡지 등에, 작품 전체를 마지막까지 완전히 실음.
完全(かんぜん) 완전.
‖~看護(かんご) 완전 간호.
~競争(きょうそう)〖經〗완전 경쟁.
~雇用(こよう) 완전 고용.
~気体(きたい)〖理〗완전 기체. 이상(理想)
~無欠(むけつ) 완전 무결. ㄴ기체.
~犯罪(はんざい) 완전 범죄.
~変態(へんたい)〖蟲〗완전 변태.
~肥料(ひりょう) 완전 비료.
~四角形(しかくけい)〖數〗완전 사각형.
~試合(しあい) 완전 시합. 퍼펙트 게임.
~失業率(しつぎょうりつ) 완전 실업률.
~燃焼(ねんしょう) 완전 연소. 「유체.
~流体(りゅうたい)〖理〗완전 유체. 이상
~音程(おんてい)〖樂〗완전 음정.
~裏書(うらがき) 완전 배서(背書). 기명식
~装備(そうび) 완전 장비.   ㄴ배서.
~花(か)〖植〗완전화. 갖춘꽃.
完晶質(かんしょうしつ)〖鑛〗완정질.
完済(かんさい) 완제. 부채를 모두 갚음.
完調(かんちょう) 상태가 아주 좋음.
完存(かんそん) 완존. 완전하게 존재함.
完走(かんそう) 완주. 끝까지 달림.
完徹(かんてつ) '完全徹夜(かんぜんてつや)(=완전 철야)'의 준말.
完治(かんち) 완치. *かんじ로도 읽음.
完投(かんとう)〖野〗완투.
完敗(かんぱい) 완패.

7 阝	阮	성 완 ゲン

音読
阮朝(げんちょう) 완조. 베트남 최후의 왕조 (1802-1945).

8 宀	宛	굽을 완·완연 완 エン あたかも・あて・あてる・ずつ・さながら

音読
宛として(えんとして) 마치. 꼭.
宛然(えんぜん) 완연. 마치. 꼭. *さながら로도 읽음.
宛転(えんてん) 완전. ① 천천히 움직여 도는 모양. ② 거침이 없이 순탄한 모양.

訓読
宛 ㊀(あて)《接尾語로》① (…에 대해서). …당(當). …앞에. ② …앞《수신인·수신 장소 따위》.
㊁(ずつ) ① 같은 분량으로 할당함. 씩. ② 같은 분량만큼 되풀이함. 씩.
宛も(あたかも) 마치. 흡사.
宛ら(さながら) 마치. 흡사.
宛行(あてがい) 할당함. 급여. *あておこない로도 읽음.
‖~扶持(ぶち) 짐작해서 주는 금품. 또, 그러한 급여 방식.
宛行う(あてがう) 적당히 생각해서 주다.
❖宛てる(あてる) ① …앞으로 보내다. ② (글자 따위를) 대응시키다.
宛て名(あてな) (편지 등에 적는) 수신인의 이름.

∥~広告(こうこく) 우편을 이용해서 직접 본인에게 알리는 광고 방식.
宛て書き(あてがき) 봉투 따위 표면에 적는 받는 사람 이름·주소.
宛て先(あてさき) 수신인의 주소〔성명〕.
宛て所(あてどころ) 수신인의 주소.
宛て字(あてじ) 취음자(取音字).

| 8 王 | 玩 | 장난할 완
ガン
もてあそぶ |

音読
玩具 ㊀(がんぐ) 완구. 장난감.
㊁(おもちゃ) ① ☞㊀. ② 노리개.
∥~箱(ばこ) 장난감 상자.
玩読(がんどく) 완독. 글을 잘 음미하여 읽「음.
玩弄(がんろう) 완롱. 우롱. 「감.
∥~物(ぶつ) ① 장난감. ② 노리갯감. 놀림
玩物喪志(がんぶつそうし) 완물 상지. 진기한 물건을 가지고 놀다가 본래의 뜻을 잃음.
玩味(がんみ) 완미. ① 음식물을 잘 섞어 맛봄. ② 음미.
訓読
❖玩ぶ(もてあそぶ) ① 가지고 놀다. 장난하다. ② 완상(玩賞)하다. ③ 농락하다.
玩び(もてあそび) 장난감. 놀림감. 노리개.
＊もちあそびとも読む.
逆音
賞玩(しょうがん) 상완.
愛玩(あいがん) 애완.

| 10 氵 | 浣 | 씻을 완
カン
あらう |

音読
浣腸(かんちょう) 〖醫〗 관장.
訓読
浣い熊(あらいぐま) 〖動〗 미국너구리. 먹이를 씻어 먹는 버릇이 있음.

| 10 艹 ㊁ | 莞 | 왕골 완·웃을 완
カン
ふとい |

音読
莞爾(かんじ) 완이. 미소를 띠는 모양. 빙긋.
訓読
莞(ふとい) 〖植〗 큰고랭이.

| 10 皿 | 盌 | 주발 완
ワン |

参考 椀의 異體字.
其他
盌(もい) 물을 담는 주발.

| 11 土 | 埦 | 작은술잔 완
オウ·ワン |

音読
埦(わん) 도자기로 만든 식기.

| 11 女 | 婉 | 예쁠 완
エン
しとやか |

音読
婉曲(えんきょく) 완곡.
婉麗(えんれい) 완려. 정숙하고 아리따움.
婉美(えんび) 완미. 정숙하고 아름다움.
婉語(えんご) 완어. 완곡하게 하는 말.
婉然(えんぜん) (여자의) 정숙한 모양.
婉容(えんよう) 완용. 온화한 자태.

| 11 扌 | 捥 | 팔 완
ワン
うで·もぎる·もぐ |

訓読
捥げる(もげる) ① (붙은 것이) 떨어지다. ② 잡아뗄〔딸〕 수 있다.
捥れる(もぎれる) 비틀어져서 떨어지다.
❖捥ぎる(もぎる) 비틀어 떼다〔따다〕.
捥り(もぎり) 극장 등에서 입장권의 반쪽을 떼냄. 또, 그런 일을 하는 사람.
❖捥ぐ(もぐ) 비틀어 떼다〔따다〕.
捥ぎ離す(もぎはなす) 강제로 떼어놓다. 떨어지게 하다.
捥ぎ取る(もぎとる) 비틀어 따다〔떼다〕.

| 12 月 ㊒ | 腕 | 팔 완·팔목 완
ワン
うで·かいな |

音読
腕力(わんりょく) 완력. ＊うでぢからとも読む.
∥~沙汰(ざた) 완력 사태. 힘으로 일의 결말을 지음.
腕白(わんぱく) (어린이가) 장난스럽고 말을 듣지 않는 모양. 또, 그런 아이. 개구쟁이.
腕章(わんしょう) 완장.
腕足類(わんそくるい) 〖動〗 완족류.
腕車(わんしゃ) 인력거.
訓読
腕 ㊀(うで) ① 팔. ② 완력. ③ 솜씨. 실력. 기술. ④ (지탱하는) 가로대.
㊁(かいな)〈雅〉① ☞㊀①. ② 상박부.
∥~挙げ(げ) 팔을 듦《かいなあげ의 준말》.
~引き(ひき) 팔에 칼로 홈집을 내어 피가 나면, 그것을 서로 비벼대며 맹세하는 일.
~差し(さし) 신불 앞에서 노래하며 춤춤.

腕競べ(うでくらべ) ⇨ 腕比べ(うでくらべ).
腕骨 ㊀(うでぼね) ①팔뼈. ②솜씨. 완력. ㊁(わんこつ) 완골. 손목뼈.
腕貫き(うでぬき) ①칼자루 끝에 다는 고리 모양의 가죽 끈. ②(사무용) 토시. ③팔찌.
腕巻き(うでまき) ☞腕時計(うでどけい).
腕捲り(うでまくり) 소매를 걷어붙임. 무엇을 하려고 벼르는 모양.
腕扱き(うでこき) ☞腕っ扱き(うでっこき).
腕っ扱き(うでっこき) 완력이나 기능이 뛰어난 사람.
腕達者(うでだっしゃ) ①완력이 셈. 또, 그런 사람. ②솜씨가 뛰어남. 또, 그런 사람.
腕袋(うでぶくろ) (방한용의) 토시.
腕輪(うでわ) 팔찌.
腕利き(うできき) 솜씨·능력이 뛰어남. 또, 그 사람. 민완가.
腕立て(うでだて) 완력을 믿고 남과 다툼.
腕立て伏せ(うでたてふせ) (체조에서) 엎드려 팔굽히기.
腕木(うでぎ) 완목. (기둥 따위에 옆으로 댄) 가로대.
腕無し(うでなし) 수완이 없는 사람.
腕比べ(うでくらべ) 솜씨나 완력을 서로 겨름.
腕相撲(うでずもう) 팔씨름.
腕首(うでくび) 팔목. 손목. 해目.
腕試し(うでだめし) (완력·솜씨 등을) 시험.
腕時計(うでどけい) 손목 시계.
腕飾り(うでかざり) 팔목에 끼는 장식품.
腕押し(うでおし) ①팔을 (들이)미는 일. ②☞腕相撲(うでずもう).
腕自慢(うでじまん) 솜씨〔힘〕자랑.
腕前(うでまえ) 솜씨. 역량. 기량.
腕揃い(うでぞろい) 솜씨나 완력이 뛰어난 사람만이 (모여) 있음.
腕節(うでぶし) ☞腕っ節(うでっぷし).
腕っ節(うでっぷし) ①완력(의 강한 정도). ②팔의 관절.
腕組み(うでぐみ) 팔짱(을 낌).
腕尽く(うでずく) ①완력을 행사함. 완력 다짐으로 함. ②온갖 솜씨를 다 부림.
腕次第(うでしだい) 솜씨 나름임. 솜씨 여하에 달림.
腕枕(うでまくら) 팔베개.
腕環(うでわ) ⇨ 腕輪(うでわ).

[其他]
腕弛い(かいだるい) 피곤하여 나른하다.
腕弛し(かいだゆし) 피곤하여 나른함. ＊かいだゆし로도 읽음.

[逆音]
敏腕(びんわん) 민완.
手腕(しゅわん) 수완.

12 木 椀

주발 완
ワン

[音読]
椀 ㊀(わん) ①나무로 만든 공기. ②공기에 담은 음식물의 수를 세는 말. 공기.
㊁(まり) 주발. 물이나 술을 담는, 흙 또는 금속으로 만든 그릇.
椀盛り(わんもり) 생선·닭고기와 야채를 한데 넣고 끓여 대접에 담은 요리.
椀子蕎麦(わんこそば) 岩手県(いわてけん) 지방에서, 공기에 담은 국수를 다 먹기 전에 계속 넣어 주는 메밀국수.
椀種(わんだね) 맑은 국에 띄우는 국 건더기.

[其他]
椀飯振舞(おうばんぶるまい) ①진수성찬. ②江戸(えど) 시대에, 민간에서 정초에 가족·친척을 초대하여 베푼 잔치.

13 石 碗

주발 완
ワン

[参考] 椀의 異體字.

[音読]
碗(わん) 도자기 식기.

13 頁(常) 頑

완고할 완
ガン
かたくな

[音読]
頑として(がんとして) 막무가내로. 완강히.
頑強(がんきょう) 완강.
頑健(がんけん) 우람하고 튼튼함. 강건.
頑固(がんこ) ①완고. 외고집. ②나쁜 상태가 오래감. 끈질김.
∥〜一徹(いってつ) 고집불통. 「이.
頑童(がんどう) 완동. 고집 세고 어리석은 아
頑鈍(がんどん) 완둔. 완고하고 우둔함.
頑陋(がんろう) 완루. 완고하고 고루함.
頑昧(がんまい) 완매. 완고하고 우매함.
頑冥(がんめい) ⇨ 頑迷(がんめい).
∥〜不霊(ふれい) 완명 불령. 완명하고 무지
頑蒙(がんもう) 완몽. 완미(頑迷). 「함.
頑物(がんぶつ) 완고한 사람.
頑迷(がんめい) 완미. 완명(頑冥).
∥〜固陋(ころう) 완미 고루.
頑癬(がんせん) 〖醫〗완선.
頑是無い(がんぜない) ①(아직 어려서) 분별이 없다. 철이 없다. ②천진난만하다.
頑愚(がんぐ) 완우. 완고하고 어리석음.
頑丈(がんじょう) 완장. 튼튼하고 야무참. 옹골참.
頑張り(がんばり) 끝까지 버팀. 분발함.
∥〜屋(や) 어떤 일이 있어도 끝까지 초지(初志)를 관철하는 사람.
頑張る(がんばる) ①강경히 버티다. 우기다. ②참고 계속 노력하다.
頑火輝石(がんかきせき) 〖鑛〗완화 휘석.

[訓読]
頑な(かたくな) 완고함.
頑なし(かたくなし) ①옹고집임. 편벽(偏僻)됨. ②융통성이 없음.

15 糸 常	緩(緩)	느릴 완·늦출 완 カン　ゆるい·ゆるやか·ゆるむ·ゆるめる·ぬるい

音読

緩勾配(かんこうばい) 완만한 경사.
緩球(かんきゅう)〖野〗완구. 느린 공.
緩急(かんきゅう) 완급. ①느림과 빠름. ②급함. 위급한 경우. ♣~車(しゃ) 완급차.
 ‖~記号(きごう)〖樂〗완급 기호.
緩流(かんりゅう) 완류. 느린 흐름.
緩慢(かんまん) 완만. ①너그러움. ②느릿느릿함. 활발치 못함.
緩步(かんぽ) 완보. 느린 걸음. ♣~類(るい)〖動〗완보류.
緩徐(かんじょ) 완서. 느릿느릿함.
緩舒(かんじょ) 완만함.
緩速(かんそく) 완속. 완만한 속도.
緩手(かんしゅ) (바둑·장기 등의) 완착(手).
緩染劑(かんせんざい)〖工〗완염제.
緩着(かんちゃく) (바둑·장기에서) 완착. 느슨한 수.
緩衝(かんしょう) 완충. ♣~国(こく) 완충국 / ~器(き)〖機〗완충기.
 ‖~記憶裝置(きおくそうち) 완충 기억 장치.
 ~緣地(りょくち) 완충 녹지.
 ~液(えき)〖化〗완충액. 완충 용액.
 ~在庫(ざいこ)〖經〗완충 재고.
 ~地帶(ちたい) 완충 지대.
緩怠(かんたい) ①완태. 태만. ②과실. 실수. ③무례. 실례.
緩下劑(かんげざい)〖藥〗완하제.
緩解(かんかい) 완해. ①느슨하게 해줌. ②〖醫〗증상·병세 따위가 가벼워짐.
緩行(かんこう) 완행.
緩和(かんわ) 완화.
緩効性肥料(かんこうせいひりょう)〖農〗완효성 비료. 효과가 오래 지속되게 한 비료.

訓読

緩い(ゆるい) ①느슨하다. 헐렁하다. ②엄하지 않다. ③완만하다. ④무르다. *ぬるい로도 읽음.
緩かしい(ゆるかしい) 관대함. 융통성이 있음. 여유가 있음. *ゆるがしいい로도 읽음.
緩び(ゆるび) 느슨해지는 일. 해이해지는 일.
緩まる(ゆるまる) 느슨해지다. 풀어지다.
緩める(ゆるめる) 늦추다. 느슨하게 하다. 풀다.
緩やか(ゆるやか) 완만함. 느릿함. 느슨함.
緩りと(ゆるりと)〈老〉유유히. 편안히.
緩緩 ㊀(ゆるゆる) ①서두르지 않는 모양. 천천히. 느릿느릿. ②누긋한 모양. 유유히. ③되지 않고 묽은 모양.
 ㊁(かんかん) 느릿느릿한 모양.
緩火(ぬるび) 화력이 약한 불.
❖緩む(ゆるむ) ①느슨해지다. 풀어지다. ②시세가 떨어지다.

緩み(ゆるみ) 느슨해짐. 헐거움. 해이(解弛)함. 또, 그 정도.

15 羽	翫	장난할 완 ガン もてあそぶ

音読

翫賞(がんしょう) 완상. 감상(鑑賞).

訓読

翫ぶ(もてあそぶ) ①가지고 놀다. 장난하다. ②완상(玩賞)하다. ③농락하다.

15 豆	豌	완두 완 エン

音読

豌豆(えんどう)〖植〗완두. ♣~豆(まめ) 완두콩.

왈

4 曰	曰	가로되 왈 エツ いう·いわく·のたまう·のたまわく

訓読

曰 ㊀(いう) ①말하다. ②이야기하다.
 ㊁(のたまう)〈雅〉말씀하시다.
曰く(いわく) ①가라사대. 가로되. 왈. ②내놓고 이야기할 수 없는 복잡하고 미묘한 이유·까닭.
曰わく(のたまわく)〈雅〉말씀하시기를.
曰く付き(いわくつき) ①까닭이 있음. 또, 그런 것. 복잡한 사정. ②전과자. 「정.
曰く因縁(いわくいんねん) 까닭. 복잡한 사

其他

曰(ひらび) 한자 부수의 하나: 가로왈.

왕

3 尢	尢	절름발이 왕·곱사 왕 オウ

其他

尢(だいのまげあし) 한자 부수의 하나: 절름발이왕.

4 王 敎	王	임금 왕·클 왕 オウ きみ

音読

王(おう) 왕. ① 임금. 군주. ② 그 방면의 제1인자. ③ 〈장기에서〉 궁(宮).
王家(おうけ) 왕가.
王公(おうこう) 왕공. 왕과 신분이 높은 사람.
王冠(おうかん) 왕관. ① 임금의 관. 영예의 관. ② 〈금속제의〉 병마개.
王国(おうこく) 왕국. 「도 읽음.
王宮(おうきゅう) 왕궁. 대궐. ＊おうぐうろ
王権(おうけん) 왕권.
∥**～神授説**(しんじゅせつ) 왕권 신수설.
王女(おうじょ) 왕녀.
王党(おうとう) 왕당. ♣**～派**(は) 왕당파.
王代(おうだい) 왕대. 왕조 시대.
王台(おうだい) 왕대. 여왕벌이 될 유충을 기르는, 벌집의 작은 칸.
王都(おうと) 왕도.
王道(おうどう) 왕도. ① 제왕이 덕으로 나라를 다스리는 일. ② 쉬운 길. 편한 방법.
∥**～楽土**(らくど) 왕도 낙토.
王立(おうりつ) 왕립.
王命(おうめい) 왕명. 「치.
王法 ㊀(おうほう) 왕법. 국왕의 법령·정 ㊁(おうぼう) 〈佛〉 (불교의 입장에서 본) 왕법.
王妃(おうひ) 왕비.
王事(おうじ) 왕사. ① 왕실에 관한 일. ② 제왕의 사업.
王師(おうし) 왕사. ① 임금의 군대. 관군. ② 제왕의 스승.
王城(おうじょう) 왕성.
王孫(おうそん) 왕손.
王水(おうすい) 〈化〉 왕수.
王手(おうて) ① 〈장기에서〉 장군. ② 상대를 궁지에 몰아넣는 결정적인 공격 수단.
王室(おうしつ) 왕실.
王様(おうさま) 〈口〉 임금님. 왕.
王位(おうい) 왕위.
王子(おうじ) 왕자.
王者(おうじゃ) 왕자. ① 임금. 제왕. ② 제1인자.
王将(おうしょう) 〈장기에서〉 궁(宮).
王儲(おうしょ) 황태자. 왕세자.
王政(おうせい) 왕정.
∥**～復古**(ふっこ) 왕정 복고.
王制(おうせい) 왕제. 군주 제도.
王朝(おうちょう) 왕조.
∥**～文学**(ぶんがく) 왕조 시대, 특히 平安(へいあん) 시대의 주로 여성이 쓴 仮名(かな) 문학.
～物語(ものがたり) 平安 시대의 궁중을 무대로 귀족을 중심 인물로 한 일련의 작품.
～時代(じだい) 왕조 시대.
王族(おうぞく) 왕족.
王佐(おうさ) 왕좌. 왕을 보좌함.
王座(おうざ) 왕좌.
王土(おうど) 왕토. 왕의 영토.
王統(おうとう) 왕통.
王化(おうか) 왕화. 임금의 덕화.
王侯(おうこう) 왕후. 왕과 제후.

| 7 氵 | 汪 | 넓을 왕
オウ |

音読

汪洋(おうよう) 〈雅〉 왕양. ① 수면이 한없이 넓은 모양. ② 누긋한 모양. 「양.
汪然(おうぜん) 왕연. 눈물이 줄줄 흐르는 모

| 8 彳 ㊍ | 往 (徃) | 갈 왕·이따금 왕
オウ
ゆく·いなす·いぬ·いにし |

音読

往古(おうこ) 왕고. 오랜 옛날.
往年(おうねん) 왕년. 지난날.
往来(おうらい) ① 왕래. ② 도로. 길. ③ 〈古〉 통신. 편지.
∥**～物**(もの) 〈鎌倉(かまくら) 시대부터 明治(めいじ) 초기까지〉 서당용(書堂用)으로 만든 교과서. 「죄.
～妨害罪(ぼうがいざい) 〈法〉 교통 방해
～相場(そうば) 〈經〉 (주식의) 왕래 시세.
～手形(てがた) 江戸(えど) 시대의, 관문 통과 때 보여주는 신분증.
～止め(どめ) 통행 금지.
往路(おうろ) 왕로. 가는 길. 갈 때.
往反(おうへん) ⇒ 往返(おうへん).
往返(おうへん) 오고 감. 왕복.
往訪(おうほう) 왕방. 방문.
往復(おうふく) ① 왕복. ② 왕래. 교제. ③ 往復切符(おうふくきっぷ)의 준말. 왕복표.
∥**～機関**(きかん) 〈理〉 왕복 기관.
～貿易(ぼうえき) 〈經〉 왕복 무역.
～乗車券(じょうしゃけん) 왕복 승차권.
～葉書(はがき) 왕복 엽서.
往事(おうじ) 왕사. 지나간 일.
往生(おうじょう) ① 〈佛〉 〈극락〉 왕생. ② 죽음. ③ 〈俗〉 체념함. ④ 〈俗〉 (어찌할 바를 몰라) 손듦.
∥**～思想**(しそう) 〈佛〉 왕생 사상.
～人(にん) 〈극락〉 왕생을 비는 사람.
～場(ば) 죽을 장소.
～際(ぎわ) ① 임종. 죽을 때. ② 체념.
～尽く**め**(ずくめ) 협박하여 억지로 승낙〔동의〕하게 함.
往昔(おうせき) 왕석. (지난) 옛날.
往歳(おうさい) 왕세. 지나간 해〔세월〕.
往時(おうじ) 왕시. 옛날. 지난날.
往信(おうしん) 왕신. 보내는 통신.
往往(おうおう) 왕왕. 때때로.
往日(おうじつ) 왕일. 옛날. 지난날.
往者(おうしゃ) 왕자. ① 지난번. 지난 일. ② 가는 사람.
往診(おうしん) 왕진.
往航(おうこう) 왕항. (배·비행기가) 목적지로 가는 항해〔항공〕.

往還(おうかん) ①〈老〉한길. 가도(街道). ② 왕환. 왕래. 왕복.

[訓読]
往なす(いなす) ①돌려보내다. ②(씨름에서) 상대방의 공세를 받아 넘기다.
❖往く(ゆく) ①가다. ②(계속해서) 해나가다. ③(시일 등이) 경과하다.
往き(ゆき) 감. 특히, 목적지를 향해 감. 또, 그 도중.
往き交い(ゆきかい) 오감. 왕래.
往き交う(ゆきかう) 오가다. 왕래하다.
往き来(ゆきき) ①오감. 내왕. ②교제. *いききろも 읽음.
往き戻り(ゆきもどり) ①감과 옴. 또, 그 도중. ②갔다가 되돌아옴. ③이혼당해 친정으로 쫓겨옴. 또, 그런 여자.
❖往ぬ(いぬ) 〈文・方〉①가다. ②(세월이) 지나가다. 경과하다. ③죽다.
往に跡(いにあと) ①사람이 떠난 뒤〔자국〕. ②죽은 아내가 떠난 뒤.
往に後(いにあと) ⇨ 往に跡(いにあと).

| 8
日〔入〕 | 旺 | 성할 **왕**
オウ
さかん |

[音読]
旺盛(おうせい) 왕성.

| 8
木 | 枉 | 굽을 **왕**·굽힐 **왕**
オウ
まげる・まがる |

[音読]
枉駕(おうが) 왕가. 왕림.
枉曲(おうきょく) 왕곡. ①법을 억지로 적용시켜 벌함. ②사악함. 「름. 억압.
枉屈(おうくつ) 왕굴. ①구부려 굽힘. ②누
[訓読]
枉げて(まげて) 억지로라도. 부디.
枉枉しい(まがまがしい) 화가 미칠 것 같다. 불길하다.

| 8
尢 | 尪 | 절름발이 **왕**
オウ |

[音読]
尪弱(おうじゃく) 왕약. 연약. 허약.

왜

| 9
止 | 歪 | 비뚤 **왜**
ワイ
ゆがむ・ひずむ |

[音読]
歪曲(わいきょく) 왜곡.
歪力(わいりょく) 『理』왜력. 변형력.
[訓読]
歪める(ゆがめる) 비뚤어지게 하다. 일그러뜨리다.
❖歪む(ゆがむ) ①일그러지다. ②(마음·행실이) 바르지 못하다. *ひずむ로도 읽음.
歪み ㊀(ゆがみ) 비뚤어짐. 일그러짐. 바르지 못함. 「모양.
∥～形(なり) ①비뚤어진 모양. ②구부러진
㊁(ひずみ) ①나쁜 여파. 부작용. ②『理』변형. 일그러짐.
∥～計(けい) 지진 예지(豫知)를 위한 계기. 스트레인(strain) 게이지.
[其他]
歪(いびつ) 비뚤어진 모양.

| 10
イ〔人〕 | 倭 | 왜국 **왜**
ワ
やまと |

[音読]
倭 ㊀(わ) 왜. 일본.
㊁(やまと) 일본의 딴이름.
倭寇(わこう) 왜구.
倭国(わこく) 왜국. 일본국.
倭詩(わし) 일본인이 만든 한시(漢詩).
倭語(わご) 왜말. 일본어. 일본 고유의 말.
倭人(わじん) 왜인. 일본인. 「든 한자.
倭字(わじ) ①일본 仮名(かな). ②일본서 만
倭朝(わちょう) 왜 조정. 일본.
倭州(わしゅう) 옛 지명으로 지금의 奈良(なら) 현.
倭学(わがく) 일본 고래의 역사·문학 등을 연구하는 학문.
倭訓(わくん) 한자를 고유의 일본어로 새겨서 읽음. 또, 그 훈.
[訓読]
倭歌(やまとうた) 和歌(わか)의 딴이름.
倭琴(やまとごと) 일본 거문고.
倭絵(やまとえ) 일본의 풍속화.
[其他]
倭名(やみょう) 일본에서 부르는 이름.
倭文(しず) 〈古〉씨실을 파랑·빨강 따위로 물들여, 혼란한 무늬로 짠 일본 고대의 직물. *しどり로도 읽음.
倭文機(しずはた) 〈古〉倭文(しず)를 짜는 베틀. 또, 그 천.
倭文の苧環(しずのおだまき) 〈古〉倭文(しず)를 짤 때에 쓰는 실꾸리.

| 13
矢 | 矮 | 난쟁이 **왜**
ワイ
ひくい・みじかい |

[音読]
矮軀(わいく) 왜구. 키가 작은 몸.

矮林(わいりん) 왜림. 키 작은 나무숲.
矮性(わいせい) 왜성. (키 따위가) 그 이상 더 커지지 않는 성질.
矮星(わいせい)〖天〗왜성.
矮小(わいしょう) 왜소.
矮樹(わいじゅ) 왜수. 키가 작은 나무.
矮屋(わいおく) 왜옥. ①낮고 작은 집. ②자기 집의 겸사말.
矮人(わいじん) 왜인. 난쟁이.
矮化(わいか) 왜화. 원예 식물 등을 약제를 써서 작게 만듦.

其他
矮鶏(チャボ)〖鳥〗당닭.

외

| 5 夕 教 | 外 | 바깥 외·멀리할 외
ガイ・ゲ・ウイ
そと·ほか·はずす·はずれる·それる·と |

音読

外家(がいけ) 외가. 어머니의 친정.
外角(がいかく) 외각.
外殻(がいかく) 외각. 겉껍데기.
外間(がいかん) 외간. 아무 관계없는 사람.
外剛内柔(がいごうないじゅう) 외강내유.
外客(がいきゃく) 외객. ＊がいかくろ도 읽음. 「미라고도 함.
外見(がいけん) 외견. 겉보기. 외관. ＊そと
外径(がいけい) 외경.
外界(がいかい) 외계.
外姑(がいこ) 외고. 빙모. 장모.
外骨格(がいこっかく) 외골격.
外骨腫(がいこつしゅ)〖醫〗외골종. 뼈 조직의 표면에 생기는 종양.
外科(げか) 외과.
外科医(げかい) 외과의.
外果皮(がいかひ) 외과피.
外郭(がいかく) 외곽. ＊そとぐるわ로도 읽음. ♣~門(もん) 외곽문.
‖~団体(だんたい) 외곽 단체.
外廓(がいかく) ⇨ 外郭(がいかく).
外官(げかん) 외관. 왕조 시대의 지방 관리.
外観(がいかん) 외관.
外光(がいこう) 외광. 문 밖의 빛.
外交(がいこう) 외교. ♣~官(かん) 외교관/~団(だん) 외교단/~員(いん) 외무 사
‖~機関(きかん) 외교 기관. └원.
~大権(たいけん) 외교 대권.
~文書(ぶんしょ) 외교 문서.
~辞令(じれい) 외교 사령.
~使節(しせつ) 외교 사절.
~青書(せいしょ) 외교 청서.
~特権(とっけん) 외교 특권.
外教(がいきょう) 외교. 외국에서 전해 온 종교. 특히, 그리스도교.

外寇(がいこう) 외구.
外舅(がいきゅう) 외구. 장인.
外懼(がいく) 외구. 외국에 대한 두려움.
外局(がいきょく) 외국.
外国(がいこく) 외국. ♣~米(まい) 외국미/~産(さん) 외국산/~語(ご) 외국어/~債(さい) 외국채.
‖~公債(こうさい) 외국 공채.
~労働者(ろうどうしゃ) 외국인 노동자.
~貿易(ぼうえき) 외국 무역.
~弁護士(べんごし) 외국 변호사.
~使節(しせつ) 외국 사절.
~税額控除(ぜいがくこうじょ) 외국 세액 공제. └
~郵便(ゆうびん) 외국 우편.
~為替(かわせ) 외국환. ♣~相場(そうば) 외국환 시세/~手形(てがた) 외국환 어음.
~銀行(ぎんこう) 외국 은행.
~人(じん) 외국인. ♣~学校(がっこう) 외국인 학교.
~航路(こうろ) 외국 항로.
外宮(げくう) 伊勢神宮(いせじんぐう)의 豊受大神宮(とようけだいじんぐう)의 딴이름.
外勤(がいきん) 외근.
外気(がいき) 외기. ♣~圏(けん) 외기권/~浴(よく) 외기욕.
外道(げどう) ①〖佛〗외도. ②사악(邪惡)한 상(相)을 나타낸 탈. ③(낚시에서) 낚은 것이 목적한 것과 다른 물고기.
外毒素(がいどくそ) 외독소.
外灯(がいとう) 외등.
外乱(がいらん) 통신계(系) 등에 외부로부터 가해지는 쓸데없는 신호.
外郎(ういろう) ①江戸(えど) 시대에 小田原(おだわら)·京都(きょうと)에서 팔던 은단 비슷한 거담약(祛痰藥). ②쌀가루에 흑설탕을 섞어 찐 과자.
外来(がいらい) 외래. ♣~語(ご) 외래어/~種(しゅ) 외래종.
‖~河川(かせん)〖地〗외래 하천.
~患者(かんじゃ) 외래 환자.
外力(がいりょく) 외력. 외부의 힘.
外料(がいりょう) ⇨ 外療(がいりょう).
外療(がいりょう)〖醫〗외료. 외과적 치료. 또, 외과의.
外輪 ㊀(がいりん) 외륜. ①바깥쪽 바퀴. ②바퀴의 바깥쪽에 덧댄 쇠 덮개. ③바깥쪽의 둘 ♣~船(ふね) 외륜선. └레·테두리.
‖~山(ざん)〖地〗외륜산. 복성(複成) 화산에서 중앙의 분화구를 둥글게 둘러싸고 있는 환상(環狀)의 산.
㊁(そとわ) 발끝을 바깥쪽으로 향하고 걷는 걸음. 팔자걸음.
外売(がいばい) ☞ 外商(がいしょう).
外面 ㊀(がいめん) 외면. ①겉. 표면. ②외모. 외양. ＊げめん으로도 읽음. ♣~的(てき) 외면적.
‖~描写(びょうしゃ) 외면 묘사.
㊁(そとづら) 〈俗〉① ☞ ㊀①. ②남〔외부

사람)에게 대하는 태도와 표정. 타인에게 주는 인상. 「쪽.
三(そとも) ① ☞ 一 ①. ② 산의 북쪽. ③ 뒤
外命婦(げみょうぶ)〖史〗律令制(りつりょうせい)에서, 5품 이상의 관리의 처.
外侮(がいぶ) 외모. 외부 또는 외국으로부터 받는 모멸.
外貌(がいぼう) 외모. 외관.
外蒙古(がいもうこ)〖地〗외몽고. *そともうこ라고도 함.
外務(がいむ) 외무. ♣~省(しょう) 외무성.
‖~**公務員**(こうむいん) 외무 공무원.
~**大臣**(だいじん) 외무 대신. 우리 나라의 외무부 장관에 해당.
外聞(がいぶん) 외문. 세상 소문. 평판. 또, (그 결과로서의) 체면.
外物(がいぶつ) 외물. ① 다른 물건. ②〖哲〗자아(自我)에 속하지 않고 객관적 세계에 존재하는 물건.
外米(がいまい) 외미. 외국 쌀.
外泊(がいはく) 외박.
外反拇趾(がいはんぼし) 엄지발가락이 둘째 발가락 쪽으로 굽어진 상태.
外反足(がいはんそく)〖生〗외번족(外翻足).
外反肘(がいはんちゅう)〖生〗외반주. 팔을 뻗었을 때, 전완부(前腕部)가 바깥쪽으로 굽은 것처럼 보이는 팔꿈치.
外邦(がいほう) 외방. 외국. 「비.
外防(がいぼう) 외방. 외국의 공격에 대한 방
外胚葉(がいはいよう)〖植〗외배엽.
外藩(がいはん) 외번(外藩).
外翻足(がいほんそく) ☞外反足(がいはん
外法 一(げほう)〖佛〗외법. 불교 이외의 교법(教法).
二(そとのり) (그릇・되 따위의) 겉으로 잰 치수. 바깥 치수.
外壁(がいへき) ① 외벽. 바깥벽. ② 화구벽(火口壁)의 바깥쪽. *そとかべ로도 읽음.
外辺(がいへん) 외변. 바깥쪽.
外報(がいほう) 외보. 외신(外信). ♣~部(ぶ) 외신부.
外部(がいぶ) 외부.
‖~**経済**(けいざい) 외부 경제.
~**金融**(きんゆう) 외부 금융.
~**寄生**(きせい) 외부 기생.
~**記憶装置**(きおくそうち) 외부 기억 장치.
~**効果**(こうか) 외부 효과.
外分(がいぶん)〖數〗외분.
外分泌(がいぶんぴつ)〖生〗외분비. *がいぶんぴ로도 읽음.
外賓(がいひん) 외빈. 「야사.
外史(がいし) 외사. 정사(正史) 이외의 역사.
外事(がいじ) 외사. ① 외국・외국인에 관한 일. ② 외부에 관한 일. 「사신.
外使(がいし) 외사. 외국으로부터 온 사자. 외국
外挿(がいそう) 외삽. 기지(既知)의 자료에서 미지의 것을 추측[예측]하는 일.
外相 一(がいしょう) 외상. 외무 장관.

二(がいそう) 표면에 나타나는 상태〔상황〕.
外商(がいしょう) 외판(外販). ① 외국 상인・상사. ② (백화점 등에서) 직접 가게로 오지 않는 손님에게 외판원이 물건을 파는 일.
外傷(がいしょう) 외상.
‖~**神経症**(しんけいしょう)〖醫〗외상 신
~**体験**(たいけん) 외상 체험. 「경증.
外鰓(がいさい) 외새.
外生(がいせい) 외생. 외부에서 발생하는
‖~**変数**(へんすう) 외생 변수. 「일.
外甥(がいせい) 아내의 형제 자매가 낳은 자식. 조카.
外書(がいしょ) 외서. 외국 도서.
外船(がいせん) 외선. ① 외국선. ② 외항선.
外線(がいせん) 외선. ① 바깥쪽의 선. ② 옥외의 전선. ③ (많은 전화를 가진 기관・사업 등에서) 외부로 통하는 전화. 「공사.
‖~**工事**(こうじ) (전기・전화 등의) 외선
~**作戦**(さくせん)〖軍〗외선 작전. 적을 포위하여 싸우는 작전.
外声(がいせい)〖樂〗바깥소리. 다성부(多聲部) 악곡에서 최고 성부와 최저 성부.
外城(がいせい) 외성. 외가의 성.
外性器(がいせいき)〖生〗외성기.
外省人(がいしょうじん) 외성 사람. 1947년 이래 중국 본토에서 타이완으로 이주한 사람들. 「(需要).
外需(がいじゅ) 외수. 외국으로부터의 수요
外輸(がいゆ) ① 외국에 수출함. ② 외국에서 수입함.
外叔(がいしゅく) 외숙.
外食(がいしょく) 외식. ♣~券(けん) 외식
‖~**産業**(さんぎょう) 외식 산업. 「권.
外臣(がいしん) 외신. ① 외국의 신민(臣民). ② 딴나라 임금에 대하여 자기를 일컫는
外信(がいしん) 외신. 「말.
外心(がいしん) 외심. ① 딴마음. 두 마음. ②〖數〗외접원(外接圓)의 중심.
外眼筋(がいがんきん)〖生〗외안근.
外圧(がいあつ) 외압.
外野(がいや) ①〖野〗외야. ② 외야석(席). ③〖俗〗국외자. 제 3 자. 주변 사람들. ♣~**手**(しゅ) 외야수.
外洋(がいよう) 외양. 외해(外海).
‖~**魚**(ぎょ)〖魚〗외양어. 수심 200 m 이상의 난바다쪽에 서식하는 물고기.
外語(がいご) 외어. 외국어.
外役(がいえき) ① 국외로 출병(出兵)함. ② 죄인을 옥사 밖에서 일 시킴. 또, 그 작업.
外延(がいえん)〖論〗외연. ♣~**量**(りょう) 외연량.
外縁(がいえん) 외연. 바깥쪽 가장자리.
外燃機関(がいねんきかん) 외연 기관.
外炎(がいえん) 외염.
外辱(がいじょく) 외국으로부터 받는 치욕.
外用(がいよう)〖醫〗외용. ♣~**薬**(やく) 외용약.
外憂(がいゆう) 외우. 외환(外患).

外苑(がいえん) 외원. 궁궐 등의 바깥 정원.
外援(がいえん) 외원. 외국의 원조.
外囲(がいい) 외위. 바깥 둘레.
外為(がいため) '外国為替(がいこくかわせ)(=외국환)'의 속칭.
‖~**市場**(しじょう) 외환 시장.
外乳(がいにゅう) 〖植〗 외배유(外胚乳).
外油(がいゆ) 외유. 외국산 석유〔원유〕.
外遊(がいゆう) 외유.
外柔内剛(がいじゅうないごう) 외유내강.
外遊星(がいゆうせい) ☞外惑星(がいわくせい).
外衣(がいい) 외의. 겉옷.
外銀(がいぎん) 외국 은행.
外陰部(がいいんぶ) 〖生〗 외음부.
外夷(がいい) 외이. 외국 또는 외국인을 낮추어 일컫는 말.
外耳(がいじ) 〖生〗 외이. ♣ ~**道**(どう) 외이도.
外人(がいじん) 외인. ① 외국인. ② 〈古〉제삼자. 국외자. 남.
‖~**部隊**(ぶたい) 외인 부대.
外印(がいいん) 大政官(だいじょうかん)의 도장. * げいん으로도 읽음.
外因(がいいん、げいん) 외인.
外字(がいじ) ① 외자. 외국의 글자. ②〈俗〉 상용 한자(常用漢字) 또는 인명용(人名用) 한자 이외의 한자.
‖~**新聞**(しんぶん) 외자 신문. 외국어 신문.
~**紙**(し) 외자지. 외국어 신문.
外資(がいし) 외자. ♣ ~**法**(ほう) 외자법.
外装(がいそう) 외장. 겉포장. 외부 장식.
外墻(がいしょう) 바깥쪽의 울타리.
外在(がいざい) 외재. ♣ ~**律**(りつ) 외재율.
‖~**批評**(ひひょう) 외재 비평.
外材(がいざい) 외국에서 수입한 목재.
外的(がいてき) 외적.
‖~**生活**(せいかつ) 외적 생활.
~**言語学**(げんごがく) 외적 언어학.
~**営力**(えいりょく) 외적 영력.
外敵(がいてき) 외적.
外積(がいせき) 〖数〗 외적.
外伝(がいでん) 외전. 본전(本傳)에서 빠진 전기나 일화.
外典(げてん) 〖佛〗 외전. * げでん으로도 읽음.
外戦(がいせん) 외전. 외국과의 전쟁.
外電(がいでん) 외전. 외신(外信).
外転筋(がいてんきん) 〖生〗 외전근.
外転神経(がいてんしんけい) 〖生〗 외전 신경.
外切(がいせつ) ⇒ 外接(がいせつ).
外接(がいせつ) 〖数〗 외접. ♣ ~**円**(えん) 〖数〗 외접원.
外廷(がいてい) 외정. 외조(外朝).
外征(がいせい) 외정. 외국으로 출정함.
外政(がいせい) 외정. 외국에 관한 정치.
外情(がいじょう) 외정. ① 외부의 사정. ② 외국의 사정〔정세〕.
外弟(がいてい) ① 의붓동생. ② 배우자의 동생.
外題(げだい) ① 외제. (책의) 표제. ② (일반적으로는) 제목. 특히, 연극의 제목.

外助(がいじょ) 외조. 외부로부터의 도움.
外祖(がいそ) 외조. 외조부.
外朝(がいちょう) 외국의 조정.
外祖母(がいそぼ) 외조모. 외할머니.
外祖父(がいそふ) 외조부. 외할아버지.
外族(がいぞく) 외족.
外種皮(がいしゅひ) 〖植〗 외종피.
外注(がいちゅう) 외주. 외부〔외국〕에 주문함.
外周(がいしゅう) 외주. 바깥 둘레.
外註(がいちゅう) ⇒ 外注(がいちゅう).
外珠皮(がいしゅひ) 〖植〗 외주피.
外中比(がいちゅうひ) 〖数〗 외중비.
外地(がいち) 외지. ① 内地(ないち) 이외의 2차 대전 패전 전의 지배 지역. ② 국외의 땅.
外紙(がいし) 외지. ① ☞ 外字紙(がいじし). ② 외국의 신문.
外陣(げじん) 신사·절의 내진의 바깥쪽에서 일반 사람들이 배례하는 곳. * がいじん이라고도 함.
外集団(がいしゅうだん) 외집단. 자기들과 규범·가치·습관 등의 공통성이 없는 집단.
外車 ㊀(がいしゃ) 외국산 자동차. 외제차.
㊁(そとぐるま) 외부에 부착한 차륜(車輪).
外債(がいさい) 외채.
外戚(がいせき) 외척.
外妾(がいしょう) ① 외국인 첩. ② 딴살림을 차려준 첩.
外聴道(がいちょうどう) ☞ 外耳道(がいじどう).
外出(がいしゅつ) 외출. * そとで라고도 함.
外出血(がいしゅっけつ) 외출혈.
外層(がいそう) 외층. 바깥 층.
外土(がいど) ① 수도에서 멀리 떨어진 땅. ② 외국의 땅.
外套(がいとう) 외투. ♣ ~**膜**(まく) 〖動〗 외투막.
外破音(がいはおん) 〖言〗 외파음.
外販(がいはん) 외판.
外編(がいへん) (책의) 외편.
外篇(がいへん) ⇒ 外編(がいへん).
外皮(がいひ) 외피.《좁은 뜻으로는 피부를 뜻함》. 겉껍질.
外被(がいひ) 외피. ① 겉을 가려 쌈. ② 본디 육군에서, 레인코트·외투 등을 일컫던 말.
外合(がいごう) 〖天〗 외합.
外航(がいこう) 외항. ♣ ~**船**(せん) 외항선
外項(がいこう) 〖数〗 외항.
外港(がいこう) 외항.
外海(がいかい) 외해. * そとうみ로도 읽음.
外核(がいかく) 〖地〗 외핵. 지구의 핵 부분 중, 2,900 km~5,100 km 깊이에 해당되는 부분.
外向(がいこう) 외향. ♣ ~**性**(せい) 외향성 / ~**的**(てき) 외향적 / ~**型**(がた) 외향형.
外形(がいけい) 외형.
外呼吸(がいこきゅう) 〖生〗 외호흡.
外惑星(がいわくせい) 〖天〗 외행성.
外画(がいが) 외화.
外貨(がいか) 외화. ♣ ~**債**(さい) 외화채.
‖~**金融**(きんゆう) 외화 금융.
~**手形**(てがた) 외화 어음.

~預金(よきん) 외화 예금.
~準備(じゅんび) 외화 준비.
~証券(しょうけん) 외화 증권.
~集中制度(しゅうちゅうせいど) 외화 집중 제도.
外患(がいかん) 외환. ♣**~罪**(ざい) 외환 죄.
外環(がいかん) '東京(とうきょう)外郭環状道路(がいかくかんじょうどうろ)(=도쿄 외곽 순환 도로)'의 준말.

訓読

外 ㊀(そと) 밖. 바깥. 겉. 외부.
㊁(ほか) ① 다른 것. 딴것[곳]. ② ☞ ㊁.
㊂(と) ①~②. 변소. 뒷간.
外ゲバ(そとゲバ) 〈俗〉학생 운동에서, 학생과 출동한 기동대 사이에서 일어나는 폭력 저항.
外す(はずす) ① 떼(어 내)다. 벗기다. ② 끄르다. 풀다. ③ 피하다. 빗나가게 하다. ④ (자리를) 뜨다. ⑤ 놓치다. ⑥ (…에서) 제외하다. ⑦ (관절 등이) 빠지다.
外に(ほかに) 딴곳에. 이외에. (그)밖에. 따로.
外減り(そとべり) ① 곡식을 절구 등에 찧을 때 축나는 양의 잔고에 대한 비율. ② (보합산(步合算)에서) 현재액에 대한 감량의 비율.
外開き(そとびらき) 안에서 밖으로 밀어서 열게 된 문이나 창(窓).
外蓋(そとぶた) 뚜껑이 이중으로 된 그릇의 바깥쪽 뚜껑.
外格子(そとごうし) 바깥쪽으로 올리게 되어 있는 격자 창문.
外股 ㊀(そとまた) ☞ **外輪**(そとわ).
㊁(そともも) 넓적다리 바깥쪽.
外曲輪(そとぐるわ) 외곽(外廓).
外罐(そとがま) ⇨ **外釜**(そとがま).
外掛け(そとがけ) (씨름에서) 상대의 오금을 밖으로 걸어서 넘어뜨리는 수. 발걸이.
外構え(そとがまえ) (건물의) 겉 꾸밈새. 외부 구조. 외관. 바깥 구조[모양].
外国(そとぐに)〈雅〉외국. 다른 나라.
外堀(そとぼり) 외호. 성(城) 바깥 둘레에 에워싼 해자(垓字).
外つ宮(とつみや) ① 이궁(離宮). ② 伊勢(いせ) 신궁의 외궁(外宮).
外錦(そとにしき) (남의 눈을 의식하여) 겉을 화려하게 꾸밈.
外寄る(とよる) 현대풍(現代風)으로 되다.
外艫(そとごも) 선체(船體) 후부로 돌출한 일본 배 특유의 선미(船尾) 구조의 명칭.
外流し(そとながし) 집 밖에 마련한 수챗구멍.
外履き(そとばき) 외출용 신.
外の(とのも)〈雅〉집 밖. 옥외.
外耗り(そとべり) ⇨ **外減り**(そとべり).
外目 ㊀(そとめ) 남이 보았을 때의 느낌.
㊁(ほかめ) 딴곳으로 눈을 돌림. 한눈 팖.
外猫(そとねこ) 집괭이처럼 집안에서 키우지 않고 바깥에서 먹이를 주는 고양이.
外無双(そとむそう) (씨름에서) 상대방의 겨드랑이 밑에 손을 넣고 다른 손으로 상대의 무

릎 바깥쪽을 누르며 비틀어 넘어뜨리는 수.
外反り(そとぞり) 일본도(日本刀)처럼 칼이 칼등 쪽으로 휘어 있음.
外方 ㊀(そとべ) 바깥쪽. 외측. ＊がいほう로도 읽음.
㊁(とざま) ① 다른 쪽. 딴 쪽. ② 세상에 알려진 곳. 당국(當局). 정부.
㊂(そっぽ)〈俗〉다른 쪽. 딴 쪽.
~を向(む)**く** (강하게 부정하는 몸짓으로) 얼굴을 돌리다. 불응하다.
外塀(そとべい) 집 밖을 둘러싼 담. 또, 제일 바깥쪽 담.
外歩き(そとあるき) ① 바깥 출입. 나들이. 외출. ② (판매•볼일 따위로) 나돌아다님. 외근(外勤).
外腹(ほかばら) 측실 몸에서 태어나는 일. 또, 그 자녀. 서출.
外釜(そとがま) 목욕탕과 떨어진 곳에 설치한 목욕물 끓이는 가마솥. 또, 그런 목욕탕.
外使い(そとづかい) 물건을 구매하는 따위 바깥일을 보게 하기 위해 고용한 사람.
外山(とやま)〈雅〉비교적 마을 가까운 곳에 있는 산(기슭).
外城(そとじろ) 외성. ＊とじょう라고도 함.
外税(そとぜい) 표시되는 가액(價額) 외에 소비세가 부과되는 일.
外孫(そとまご) 외손(자). ＊がいそん으로도 읽음.
外数(そとすう) 어떤 통계량을, 주요 부분의 수치와 특별 부분의 수치를 병기(倂記)할 때, 후자를 전자에 대하여 일컫는 말.
外鰐(そとわに) 팔자걸음. 밭장다리.
外鰯(そといわし)『魚』 여울멸.
外樣(とざま) ① 무가(武家) 시대에, 将軍(しょうぐん)의 일가나 세록지신(世祿之臣)이 아닌 大名(だいみょう)나 무사. ② 방계(傍系) 출신.
∥**~大名**(だいみょう) 関が原(せきがはら) 싸움 후 德川(とくがわ)가(家)를 섬긴 大名.
~侍(ざむらい) 江戸(えど) 시대, 外様大名를 섬긴 무사.
外外(ほかほか) ① 그곳 외의 다른 장소. 딴곳. ② 따로따로 떨어져 있음. 또, 그런 상태.
外囲い(そとがこい) 밖을 둘러 막는 울타리.
外引き(そとびき) 생선의 머리를 자르고 배를 갈라 발린 것을, 꼬리 부분의 껍질과 살 사이에 칼을 집어 넣고 껍질을 당기면서 벗기는 일.
外張り(そとばり) ① 물체의 바깥쪽에 종이나 천을 붙이는 일. ② 진영의 바깥쪽 방비.
外枠(そとわく) ① (경마에서) 바깥쪽 선. 외곽선. ② 할당된 테두리의 수량 밖.
外鐵(そとせん) 안쪽으로 만곡(彎曲)한 대패. 통 따위의 바깥쪽을 깎는 데 씀.
外側(そとがわ) 외측. 바깥쪽. ＊がいそく로도 읽음.
外寝(そとね) 무더운 여름밤, 문밖에서 잠을 잠.
外湯(そとゆ) (여관 따위의) 밖에다 설비한 목욕탕.

外樋(そとどい) 처마 끝이나 외벽의 바깥쪽에 설치한 홈통〔빗물받이〕.
外腿(そともも) ⇨ 外股(そともも).
外表(そとおもて) 피륙의 거죽이 겉으로 드러나게 접거나 마는 일.
外風呂(そとぶろ) 건물 밖에 따로 설치한 욕장(浴場).
外向き(そとむき) ① 바깥쪽을 향함. ② 가정 등에서 외부와 관계됨.
外嫌い(そとぎらい) 밖에 나가기를 싫어하고 집안에만 틀어박혀 있음. 또, 그런 사람.
外脇付け(そとわきつけ) 편지에서, 봉서(封書)의 수신인 이름 곁에 쓰는 말《親展(しんてん)·至急(しきゅう) 따위》.
外壕(そとぼり) ⇨ 外堀(そとぼり).
外回り(そとまわり) ①(바깥) 주위. ② 외근(外勤). 밖으로 나돌아다니며 하는 일. ③ 바깥쪽의 길을 따라 돌기.
外廻り(そとまわり) ⇨ 外回り(そとまわり).
外懐(そとぶところ)(옷의, 살갗에서 가장 먼) 바깥쪽 품〔주머니〕.
❖**外れる**(はずれる) ①(박은 것이) 빠지다. 벗겨지다. 제외되다. ② 빗나가다. 빗맞다.
* それる로도 읽음. ❖ 벗어나다.
外れ(はずれ) ① 변두리. ② 맞지 않음. 벗어남. 어긋남.
‖~**外れ**(はずれ) 여기저기.

其他-
外連(けれん) ① 속임. 가식(假飾). ②(浪花節(なにわぶし)나 義太夫(ぎだゆう) 따위에서) 청중의 인기를 얻기 위해 일부러 웃기는 등의 기교를 부리는 일. 또, (歌舞伎(かぶき) 따위에서) 관중의 비위를 맞추는 연기.
‖~**味**(み) 대중(大衆)의 인기를 노리는 행동. 쇼맨십.

逆音
郊外(こうがい) 교외.
内外(ないがい) 내외.
例外(れいがい) 예외.

| 9 田 | 畏 | 두려워할 **외**·꺼릴 **외**
イ
おそれる·かしこまる |

音読
畏敬(いけい) 외경.
畏懼(いく) 외구. 두려워함.
畏伏(いふく) 외복. 두려워 엎드림.
畏服(いふく) 외복. 두려워 복종함.
畏愛(いあい) 외애. 존경하고 사랑함.
畏友(いゆう) 외우. ① 존경하는 벗. ② 친구에 대한 높임말.
畏日(いじつ) 외일. 여름날.
畏縮(いしゅく) 외축. 위축.
畏怖(いふ) 외포. 공포.

訓読
畏(かしこ) 이만 실례합니다《여자가 편지 끝에 쓰는 말》.
畏くも(かしこくも) 황공하옵게도. 황송스럽게도.
畏まる(かしこまる) ① 황공하여 삼가다. ② 정좌하다. ③ 삼가 명령을 받들다.
畏き辺り(かしこきあたり)(황공한 곳이라는 뜻으로) 황실(皇室).
❖**畏れる**(おそれる) 경외(敬畏)하다.
畏れ(おそれ) 외경의 마음.
畏れ多い(おそれおおい) ① 황공하다. 송구하다. ② 매우 고맙다.
畏れ乍ら(おそれながら) 죄송합니다만. 실례입니다만. 「러워하다.
畏れ入る(おそれいる) 황송해하다. 죄송스

| 12 犭 | 猥 | 외람될 **외**·더러울 **외**
ワイ
みだら·みだりに |

音読
猥談(わいだん) 음담(淫談). 음란한〔추잡한〕이야기.
猥本(わいほん) 외설서(書). 음란한 책.
猥書(わいしょ) ☞ **猥本**(わいほん).
猥褻(わいせつ) 외설. ❖~**罪**(ざい) 외설죄.
猥語(わいご) 외어. 외언(猥言). 추잡하고 음란한 말.
猥言(わいげん) 외언. 음탕한 말.
猥雑(わいざつ) 외잡. 추잡. 난잡.
猥画(わいが) 음탕한 그림.

訓読
猥ら(みだら) 음란〔외설, 추잡〕한 모양.
猥り(みだり) 사리에 어긋남. 함부로 행동함.
猥りがわしい(みだりがわしい) 난잡하다. 음란하다.
猥りに(みだりに) 함부로. 멋대로.
猥り心地(みだりごこち) ① 기분이 좋지 않음. ② 병.
猥り言(みだりごと) 함부로 지껄이는 말.

| 12 阝 | 隈 | 굽이 **외**
ワイ
くま |

訓読
隈(くま)〈雅〉① 구석지고 으슥한 곳. ② 짙은 색과 연한 색이 점차 바림되는 부분. ③ 隈取り(くまどり)의 준말.
隈無い(くまない) ① 흐린 곳이 없다. ② 미치지 않은 데가 없다.
隈無く(くまなく) ① 분명히. 뚜렷하게. ② 구석구석까지. 빠짐없이.
隈笹(くまざさ)〖植〗얼룩조릿대.
隈隈(くまぐま)〈雅〉구석구석.
隈取り(くまどり) ① 歌舞伎(かぶき)에서 배우가 그림 물감을 얼굴에 바름. 또, 그 무늬. ②(일본화에서) 색의 농담.
隈取る(くまどる) ① 바림하다. ② 배우가 隈取り(くまどり)를 하다.

13 阝	隗	높을 외 カイ けわしい

音読
隗(かい)『～より始(はじ)めよ』말을 꺼낸 사람부터 먼저 시작하여라.

17 魚	鮠	고기이름 외 カイ はや

訓読
鮠(はや)〚魚〛피라미. ＊はえ・はいろも 읽음.

21 山	巍	높고클 외 ギ たかい

音読
巍峨(ぎが) 외아. 산 따위가 높이 솟아 있는 모양.　　　　　　　　　　　　「난 모양.
巍然(ぎぜん) 외연. 산이나 사람이 높이 뛰어
巍巍(ぎぎ) 외외. 높고 큰 모양.

요

4 大	夭	일찍죽을 요・젊을 요 ヨウ わかい

音読
夭する(ようする) 요절하다.
夭桃(ようとう) 요도. 아름답게 핀 복숭아 꽃. 젊고 아름다운 여자.
夭死(ようし) 요사. 요절(夭折).
夭逝(ようせい) 요서. 요절.
夭夭(ようよう) 요요. 젊고 아름다운 모양. 젊고 활기찬 모양.
夭折(ようせつ) 요절.

5 凵 常	凹	오목할 요 オウ くぼむ・へこむ

音読
凹レンズ(おうレンズ) 오목렌즈.
凹角(おうかく) 〚数〛 요각.
凹多角形(おうたかくけい) 〚数〛 요다각형. 오목다각형. ＊おうたかっけいろも 읽음.
凹面(おうめん) 요면. 오목한 면.
‖～鏡(きょう) 요면경. 오목거울.
凹状(おうじょう) 요상. 오목한 모양.
凹地(おうち) 오목한 땅. ＊くぼちろも 읽음.
凹凸(おうとつ) ①요철. 오목함과 볼록함. ②균등하지 않음. ＊でこぼこも 읽음.
‖～レンズ 오목볼록 렌즈.
凹版(おうはん) 〚印〛요판. 오목판.
‖～印刷(いんさつ) 요판〔오목판〕인쇄.
凹形(おうけい) ☞凹型(おうがた).
凹型(おうがた) 요형. 오목꼴.

訓読
凹 ㊀(くぼ) 구덩이. 움푹 팬 곳.
　㊁(ぼこ) 우묵함.
凹い(くぼい) 오목하다.
凹ます(へこます) ①움푹 들어가게 하다. ②(말 따위로 상대를) 굴복시키다.
凹まる(くぼまる) 움푹 패다.
凹める(くぼめる) 움푹 들어가게 하다.
凹溜まり(くぼたまり) ①땅이 움푹 팬 곳. ②땅이 패어 물이 괸 곳.
凹田(くぼた) 우묵한 저지대의 논.
❖**凹む** ㊀(くぼむ) 우묵하게 들어가다.
　㊁(へこむ) ①☞㊀. ②굴복하다.
凹み(くぼみ) 움푹 팸. 우묵한 곳. ＊へこみ 로도 읽음.

7 女	妖	요망할 요・요괴 요 ヨウ あやしい

音読
妖光(ようこう) 요광. 요사스러운〔불길한〕빛.
妖怪(ようかい) 요괴. 도깨비.
‖～変化(へんげ) 인지(人智)를 초월하는 요사스런 도깨비.
妖教(ようきょう) 〚宗〛사교(邪教).
妖気(ようき) 요기. 요사스러운 기운.
妖女(ようじょ) 요녀. ①요부. ②마녀.
妖麗(ようれい) 요려. 요염하게 아름다움.
妖霊(ようれい) 요령. 도깨비. 요괴. 요정.
妖魔(ようま) 요마. 요귀(妖鬼).
妖美(ようび) 요미. 요염한 아름다움.
妖法(ようほう) 마법. 해괴한 법력(法力).
妖婦(ようふ) 요부.　　　　　　　「불길한 별.
妖星(ようせい) 요성. 흉사의 전조로 보이는
妖術(ようじゅつ) 요술. 마술.
妖冶(ようや) 요야. 아름답고 요염함.
妖言(ようげん) 요언. 요사스러운 말.
妖孽(ようげつ) 요얼. 불길한 재앙의 전조.
妖艶(ようえん) 요염.
妖婉(ようえん) 요완. 요염하도록 아리따움.
妖雲(ようううん) 요운. 불길한 징조가 느껴지
妖異(ようい) 요이. 요괴한 일.　「는 구름.
妖姿(ようし) 요염한 모습.
妖精(ようせい) ①요정. ②요괴(妖怪).
妖婆(ようば) ①요술쟁이 노파. ②요괴 같은 할망구.
妖惑(ようわく) 요혹. 요사스러운 말로 사람의 마음을 어지럽게 하는 일.
妖花(ようか) 요화. 요희(妖姬).
妖姫(ようき) 요희. 요녀(妖女).

尭 (堯)

요임금 요·높을 요
ギョウ
たかい

音読
- 尭(ぎょう)『史』(고대 중국의) 요(임금).
- 尭舜(ぎょうしゅん)『史』요순.
- 尭尭(ぎょうぎょう) 요요. 산 따위가 매우 높은 모양.

拗

비뚤 요·비꼬일 요
ヨウ
ねじる·すねる·こじれる·ねじける·ねじれる

音読
- 拗音(ようおん)『言』한 음절로서, 'きゃ·しょ·にゅ·くゎ' 따위와 같이 'や·ゆ·よ' 또는 'わ'를 다른 かな에 첨가(添加)해서 쓰는 음절(音節).

訓読
- 拗くれる(ねじくれる) ① 비틀리다. 비꼬이다. 뒤틀리다. ② ☞拗ける(ねじける).
- 拗らす(こじらす) ☞拗らせる(こじらせる).
- 拗らせる(こじらせる) ① (병을) 악화시키다. ② (문제 따위를) 복잡하게 하다.
- 拗れる ㊀(ねじれる) ① 비틀어지다. 뒤틀리다. ② 빙퉁그러지다.
  ㊁(こじれる) ① (병이) 악화되다. ② 복잡해지다.
- ❖拗ける(ねじける) (물건이나 마음이) 비틀리다. 비뚤어지다. 빙퉁그러지다.
- 拗け人(ねじけびと) 마음이 비뚤어진 사람. 부정직한 사람.
- ❖拗じる(ねじる) 비틀다. ① 뒤틀다. 쥐어짜다. ② 죄다. 틀다. ③ 오금 박다. 꼬투리를 잡아 힐책(공박)하다.
- 拗じ上戸(ねじじょうご) 술만 마시면 시비를 거는 버릇. 또, 그런 사람.
- ❖拗ねる(すねる) (마음이) 비꼬이다. 앵돌아지다.
- 拗木(すねき) 뒤틀린 나무. 비틀어지지 나무.
- 拗ね者(すねもの) 세상과 앵돌아진 사람. 비뚤어진 사람. 잘 토라지는 사람.

要 (要)

구할 요·언약할 요
ヨウ
いる·かなめ

音読
- 要 ㊀(よう) ① 요령. 요점. ② 필요. ③《接頭語적으로》요….
  ㊁(かなめ) ① (부채의) 사북. ② 가장 중요한 곳. 요점. ③『植』☞要糯(かなめもち).
  ㊂(ぬま) ① 요해(要害). ② ☞㊀②.
- 要する(ようする) ① 요하다. 필요로 하다. ② 요약하다. ③ 숨어 기다리다.
- 要するに(ようするに) ① 요컨대. 결국. ② 요약하면.
- 要すれば(ようすれば) 필요하면.
- 要は(ようは) 요는. 요컨대.
- 要脚(ようきゃく) ① 금전. 돈. ② 세금. ③ 「비용.
- 要綱(ようこう) 요강.
- 要件(ようけん) 요건.
- 要撃(ようげき) 요격. 요격(邀擊). 잠복하고 있다가 적을 냅다 침.
  ‖~部隊(ぶたい) 요격 부대.
- 要訣(ようけつ) 요결. 비결.
- 要求(ようきゅう) 요구.
- 要具(ようぐ) 요구. 필요품. 필요한 도구.
- 要記(ようき) 요기. 요점을 적음. 또, 그 기록.
- 要緊(ようきん) 요긴.
- 要談(ようだん) 요담.   「런 것.
- 要図(ようず) 요도. 필요한 것만을 간단히 그
- 要道(ようどう) 요도. ① 중요한 방법. ② 중요한 가르침.
- 要覧(ようらん) 요람.
- 要略(ようりゃく) 요략. 요약(要約).
- 要領(ようりょう) 요령.
  ~を得(え)ない 요령부득(不得)이다.
- 要路(ようろ) 요로. ① 중요한 도로. ② 중요한 지위.   「논한 것.
- 要論(ようろん) 요론. 중요한 점을 가려내어
- 要理(ようり) 요리. 중요한 교리·이론.
- 要望(ようぼう) 요망. ♣~書(しょ) 요망서. 요청서.
- 要目(ようもく) 요목. 중요〔주요〕 항목.
- 要務(ようむ) 요무. 중요한 임무. 주요한 업무.   「구.
- 要文(ようもん) (없어서는 안 될) 중요한 문
- 要物契約(ようぶつけいやく)『法』요물 계약. 물건의 인도·급부를 하는 것을 성립 요건으로 하는 계약.
- 要否(ようひ) 필요와 불필요.
- 要事(ようじ) 필요〔중요〕한 일.
- 要殺(ようさつ) 매복하고 있다가 죽이는 것.
- 要償(ようしょう) 요상. 보상을 요구함.
- 要塞(ようさい) 요새. ♣~地(ち) 요새지.
  ‖~都市(とし) 요새 도시.
- 要説(ようせつ) 요설. 중요한 것을 골라 설명
- 要所(ようしょ) ① 요소. ② 요점.   「함.
- 要素(ようそ) 요소.
  ‖~価格(かかく)『經』요소 가격. 노동에 대한 임금, 자본에 대한 이자, 토지에 대한 지대(地代) 등 생산 요소에 대한 가격.
  ~費用(ひよう)『經』요소 비용. 생산에 공헌한 노동·자본·토지 등의 생산 요소에 대해 지불되는 비용.   「물건.
- 要須(ようしゅ) 꼭 필요한 것. 없어서는 안될
- 要式(ようしき) 요식. 일정한 방식을 따를 필요가 있음.
  ‖~契約(けいやく) 요식 계약.
  ~証券(しょうけん) 요식 증권.
  ~行為(こうい)『法』요식 행위.
- 要心(ようじん) 조심. 주의. 경계.

要扼(ようやく)〚軍〛적을 매복하고 있다가 저지하는 일.
要約(ようやく) 요약.
∥**～筆記**(ひっき) 요약 필기. 청각 장애인을 위하여 내용을 요약하여 투명한 필름에 써서 보여주는 일.
要語(ようご) 요어. (그 작품·문헌을 이해하는 데) 중요한 말.
要言(ようげん) 요언. 요점을 파악한 말.
要駅(ようえき) 요역. 중요한 역(참).
要役地(ようえきち)〚法〛요역지.
要用(ようよう) 요용. ① 필요. 긴요. ② 중요
要員(よういん) 요원. 〔한 용무.
要義(ようぎ) 요의. 중요한 의미.
要人(ようじん) 요인.
要因(よういん) 요인.
要点(ようてん) 요점.
要注意(ようちゅうい) 요주의. 주의·경계가 필요함. ♣**～者**(しゃ) 요주의자.
要証(ようしょう)〚法〛요증. 입증할 필요가 있음.
∥**～事実**(じじつ)〚法〛요증 사실.
要旨(ようし) 요지. 중요한 지점[지역].
要時代(ようじだい) 요람 시대. 요람기.
要指示医薬品(ようしじいやくひん)〚薬〛요지시 의약품. 요지시약.
要職(ようしょく) 요직.
要津(ようしん) 요진. 요항(要港).
要請(ようせい) ① 요청. ②〚哲〛공리(公理). 공준(公準).
要諦(ようてい) 요체. 요점. 중요한 점. ＊**ようたい**로도 읽음.
要衝(ようしょう) 요충. 매우 중요한 지점.
∥**～地帯**(ちたい) 요충 지대.
要港(ようこう) 요항. ① 주요한 항구. ② 구 일본 해군 기지의 하나(군항 다음가는 격).
要項(ようこう) 요항. 줄거리.
要害(ようがい) 요해. ① 지세가 험하여 적을 방어하기에 적합한 장소. 요충지. ② 요새.
要解(ようかい) 요해. 요점을 파악하여 해설하는 일(흔히 책 이름에 붙여 씀).

▣訓読▣
要らぬ(いらぬ) 필요없는. 쓸데없는.
要黐(かなめもち)〚植〛장미과의 작은 상록 교목(산울타리용).
要石(かなめいし)〚建〛(아치의) 이맛돌.
要垣(かなめがき) **要黐**(かなめもち)를 심은 생울타리.
❖**要る**(いる) 필요하다. 소용되다.
要り(いり) 씀씀이. 비용.

| 10
穴 | 窅 | 멀 요·어리둥절할 면
ヨウ |

▣音読▣
窅然(ようぜん) ① 요연. 깊숙하고 먼 모양. 심원한 모양. ② 면연. 정신이 멍한 모양.

| 10
穴 | 窈 | 그윽할 요·얌전할 요
ヨウ
ふかい |

▣音読▣
窈然(ようぜん) 요연. 깊고 아득한 모양. 멀고 먼 모양. 〔모양.
窈窕(ようちょう) 요조. 정숙하고 아름다운

| 12
扌
常 | 揺 (搖) | 흔들릴 요·흔들 요
ヨウ　ゆれる·ゆる·
ゆらぐ·ゆるぐ·ゆする·ゆさぶる·ゆすぶる |

▣音読▣
揺光(ようこう)〚天〛요광성. 파군성(破軍星).
揺動(ようどう) 요동.
揺落(ようらく) 요락. 흔들려 떨어짐.
揺籃(ようらん) 요람. ① 젖먹이의 흔들채롱. ② 사물의 발전의 초기 단계. ♣**～期**(き) 요람기.
～の地(ち) 요람지. ① 태어나서 자란 곳. ② 사물의 발상지.
∥**～時代**(じだい) 요람 시대. 요람기.
揺変性(ようへんせい)〚化〛요변성. 틱소트로피(thixotropy).
揺曳(ようえい) 요예. 흔들흔들 나부낌. 꼬리를 길게 끎. 또, 길게 끌어 흔적이 남음.
揺揺(ようよう) 요요. ① 배 따위가 흔들리는 모양. 흔들흔들. ② 걱정으로 침착을 잃은 모양.
揺蕩 ㊀(ようとう) 요탕. 요동. 〔양.
㊁(たゆたい) ① 흔들림. ② 망설임. 주저.

▣訓読▣
揺さぶる(ゆさぶる) (뒤)흔들다.
揺さぶれる(ゆさぶれる) 흔들리다. 〔る.
揺すぶる(ゆすぶる) ☞**揺さぶる**(ゆさぶ
揺すぶれる(ゆすぶれる) ☞**揺さぶれる**(ゆさぶれる).
揺すれる(ゆすれる) 흔들리다.
揺らす(ゆらす) 흔들다. 흔들리게 하다.
揺らつく(ゆらつく) 흔들리다. 요동하다.
揺らめかす(ゆらめかす) 흔들리게 하다.
揺らめく(ゆらめく) 흔들리다. 출렁이다.
揺らら(ゆらら) ① 물체가 접촉하며 소리를 내는 일. ② 천천히 움직이는 모양.
揺ららか(ゆららか) 흔들거리며 움직이는
揺るがす(ゆるがす) (뒤)흔들다. 〔모양.
❖**揺する**(ゆする) 흔들다.
揺すり(ゆすり) 흔듦. 〔다.
❖**揺らぐ**(ゆらぐ) 전체가 흔들리다. 요동하
揺らぎ(ゆらぎ) ① 어떤 양이 평균치는 일정하나 순간적으로는 그 평균치 근처에서 변동하는 현상.
❖**揺る**(ゆる) ① 흔들다. ② 지진이 나다.
〈文〉☞**揺れる**(ゆれる).
揺り(ゆり) ① 흔들리는 일. ② 흔들리게 하는
揺り起こす(ゆりおこす) 흔들어 일으키다. 흔들어 깨우다. 〔일.

揺り動かす(ゆりうごかす) 흔들어 움직이 동요시키다. 「다.
揺り落とす(ゆりおとす) 흔들어 떨어뜨리
揺り戻し(ゆりもどし) ☞揺り返し(ゆりかえ
揺り籠(ゆりかご) 요람(揺籃). 「し).
揺り輪(ゆりわ) ① 쌀과 뉘를 골라낼 때 쓰는 얕은 통. ② 똬리.
揺り返し(ゆりかえし) ① 되흔들림. ② 큰 지진의 반동으로 엄습하는 약한 지진. 여진(餘
揺り返す(ゆりかえす) 되흔들리다. 「震).
揺り分ける(ゆりわける) 물에 일어가며 선별하다.
揺り上げる ㊀(ゆりあげる) 흔들어 올리〔들다〕. 추슬러 올리다. 「다.
㊁(ゆすりあげる) 흔들면서 점점 위로 올리
揺り椅子(ゆりいす) 흔들의자.
揺り板(ゆりいた) 현미에 섞여 있는 뉘를 골라내는 농기구.
❖**揺らぐ**(ゆらぐ) 흔들리다. 동요하다.
揺らぎ(ゆらぎ) 동요. 흔들림.
揺らぎ無い(ゆらぎない) 흔들리지 않다. 변함없다.
揺らぎ歩く(ゆらぎあるく) 흔들거리면서 돌아다니다.
揺らぎ出る(ゆらぎでる) 거들먹거리며 나서다.
❖**揺れる**(ゆれる) 흔들리다.
揺れ(ゆれ) 요동. 흔들림. 또, 그 정도.
揺れ動く(ゆれうごく) 흔들리다. 동요하다.
揺藻(ゆれも) 〖生〗 남조류(藍藻類).

〖其他〗
揺た揺た(ゆたゆた) 물체가 천천히 움직이는 모양.
揺蕩う(たゆとう) ①(물 위에 있는 것이) 흔들거리다. ②(마음이) 흔들리다. 주저하다.
*たゆたうろとも 읽음.

12 辶 Ⓐ	遥(遙)	멀 요·거닐 요 ヨウ はるか

〖音読〗
遥拝(ようはい) 요배. 먼 곳에서 배례함. 망배(望拝).
遥授(ようじゅ) 平安(へいあん) 시대에, 지방관에 임명되고도 부임하지 않고 대리를 보내 정사를 보게 한 일.
遥遠(ようえん) 요원. 아득히 멂.
遥任(ようにん) ☞遥授(ようじゅ).
〖訓読〗
遥か(はるか) ①(거리나 시간이) 아득함. 요원함. ②「~に」훨씬. 「양.
遥かげ(はるかげ) 아득한 모양. 요원한 모
遥けし(はるけし)〈雅〉① 아득하다. 멀다. ② 오래다.
遥遥(はるばる) 아득히 먼 모양. 멀리서 오는〔가는〕 모양.
㊁(ようよう) 시간적 또는 공간적으로 상당히 떨어져 있는 모양.

13 イ	徭	역사 요 ヨウ えだち

〖音読〗
徭夫(ようふ) 律令制(りつりょうせい)에서, 요역(徭役)에 종사하던 인부(人夫).
徭役(ようえき)〖史〗 요역. 옛날 나라에서 시키던 노동.

13 月 ㊜	腰(腰)	허리 요 ヨウ こし

〖音読〗
腰間(ようかん) 요간. 허리 부분.
腰鼓(ようこ) '伎楽(ぎがく)(=탈을 쓰고 연기하는 무용극)'에 쓰이는 장구의 하나. *こしつづみヱ도 읽음.
腰部(ようぶ) 요부. 허리 부분.
腰斬(ようざん) ①〖史〗요참. 고대 중국에서, 허리를 베던 형벌. ② 일이 중단되는 것.
腰椎(ようつい)〖生〗요추.「다.
‖~麻酔(ますい)〖醫〗요추 마취.
腰痛(ようつう) 요통.
〖訓読〗
腰(こし) ①(사람의) 허리. ② 의복 등의 허리 (부분). ③ 창문 등의 아랫부분. ④ 떡 따위의 찰기. ⑤ 자세. 태도. 기세.
腰強(こしづよ) ① 허릿심이 강함. ② 참을성 〔인내력〕이 있음. ③ 탄력이 있음. 차짐.
腰綱(こしづな) 암벽 등반 등에서, 안전을 위해 허리에 차는 밧줄.
腰巾着(こしぎんちゃく) 허리에 차는 돈주머니. 전하여, 항상 그림자처럼 붙어 다니는 사람. 「또, 그 부분.
腰結い(こしゆい) 일본옷의 끈을 허리에 맴.
腰高(こしだか) ①(씨름 따위의) 엉거주춤한 자세. 허리가 높은 모양. ② 거만함. ③ 기물 등의 운두를 높게 만든 것. 특히, 高坏(たかつき). ④ 腰高障子의 준말.
‖~饅頭(まんじゅう) 위로 부분 만두.
~障子(しょうじ) 높이가 약 1미터의 징두리 널을 댄 장지.
腰曲輪(こしぐるわ) 산성(山城) 등에서 사면의 중간에 설치한 성루.
腰骨(こしぼね) ① 요골. 허리뼈. ② 끝까지 해내는 기력. 끈기.
腰っ骨(こしっぽね) ☞腰骨(こしぼね).
腰曲(こしぐるわ) ⇨ 腰曲輪(こしぐるわ).
腰掛(こしかけ) ① 걸상. ② 임시로 몸담고 있음. 또, 그 직업·지위·장소.
‖~茶屋(ぢゃや) 근세에, 갈대발 등을 쳐서 마련한 간이 찻집. 「는 일.
~仕事(しごと) 임시 직업. 일시적으로 하
~石(いし) 신·귀인이 걸터앉았다고 전하는 돌.
腰掛ける(こしかける) 걸터앉다.

腰巻き(こしまき) ① 옛날, 여성이 여름에 小袖(こそで)의 허리에 두른 예장용 의복. ② 무릎 겨냥으로 총을 쏨. 전하여, 어림짐작으로 일을 처리함. ② 씨름꾼이 (맞붙기 전에) 발로 땅을 굴러 허릿심을 시험해 보는 일.
腰気(こしけ) 냉. 대하(帶下). 〔지기.
腰技(こしわざ) (유도에서) 허리 기술.
腰撓め(こしだめ) ① 총대를 허리에 대고, 어림 겨냥으로 총을 쏨. 전하여, 어림짐작으로 일을 처리함. ② 씨름꾼이 (맞붙기 전에) 발로 땅을 굴러 허릿심을 시험해 보는 일.
腰紐(こしひも) (일본옷의) 허리끈.
腰当て(こしあて) ① 앉거나 할 때 허리 뒤에 대어 편하게 하거나 보온을 하는 털가죽 따위. ② 和服(わふく)의 허리께에 대는 천.
腰帯(こしおび) 〈老〉요대. 허리띠. 허리끈.
腰刀(こしがたな) 요도. 허리에 차는 단도.
腰籠(こしご) 허리에 차는 어롱(魚籠).
腰網代(こしあじろ) 중간 부분에만 網代(あじろ)를 친 가마.
腰明かり(こしあかり) 허리에 차게 된 등롱.
腰物(こしもの) ☞腰の物(こしのもの).
腰の物(こしのもの) 〈婉曲〉요도(腰刀). 허리에 차는 칼.
腰抜け(こしぬけ) ① 허릿심이 빠져서 일어나지 못함. ② 무기력하고 겁이 많음. 겁쟁이.
∥**～風呂**(ぶろ) 목욕 시간이 긴 것을 욕하는 말.
腰弁(こしべん) 腰弁当(こしべんとう)의 준말. 도시락을 허리에 참. 또, 그 도시락. 전하여, 가난한 월급쟁이.
腰辨(こしべん) ☞腰弁(こしべん).
腰兵糧(こしびょうろう) 허리에 차고 다니는 휴대용 군량(軍糧). 〔은 병풍.
腰屏風(こしびょうぶ) 높이 석 자쯤 되는 낮
腰付き(こしつき) 허리의 모양. 허리의 자세. 허릿매.
腰蓑(こしみの) (옛날 어부 등이) 허리에 두르던 짧은 도롱이.
腰挿し(こしざし) ① 허리에 참. ② ☞腰刀(こしがたな). ③ ☞腰小旗(こしこばた).
∥**～提灯**(ちょうちん) 허리에 차게 된 등롱.
腰上げ(こしあげ) ☞腰揚げ(こしあげ).
腰石(こしいし) 건물의 주춧돌보다 윗부분에 마련한 석층(石層).
腰細(こしぼそ) ①〖蟲〗'腰細蜂(こしぼそばち)(=나나니벌)'의 준말. ② 허리가 가늚. 허리가 잘록함.
腰小旗(こしこばた) 옛날 싸움터에서, 표지로 하기 위하여 허리에 차던 작은 기.
腰砕け(こしくだけ) (씨름 등에서) 허릿심이 빠져서 몸을 가누지 못함. 전하여, 일을 도중에 중지함.
腰縄(こしなわ) ① (경범자일 때) 허리만 포승으로 묶음. 또, 그 포승. ② 필요할 때 쓰기 위하여 항상 허리에 차고 다니는 끈.
腰押し(こしおし) ① 비탈길 등을 오르는 사람의 허리를 뒤에서 밀어줌. 또, 그 사람. ② 후원. 부추김. 또, 그 사람.
腰弱(こしよわ) ① 허릿심이 약함. ② 배짱〔버틸 힘〕이 없음. 또, 그러한 사람.

腰揚げ(こしあげ) 옷을 줄이기 위해 허리 부분을 (맡기어) 징거 넣음.
腰羽目(こしばめ) 징두리널. 벽의 허리 높이로 둘러댄 판자.
腰元(こしもと) ① 옛날 귀인의 몸종. 시녀(侍女). ② 허리 부근.
∥**～彫り**(ぼり) 도검의 부속품을 조각함. 또, 그것〔그 장색〕.
腰垣(こしがき) (허리 높이의) 낮은 울타리.
腰衣(こしごろも) 袴(はかま)와 비슷한, 허리에 두르는 검은 색의 승복(僧服).
腰丈(こしたけ) 허리까지의 높이·길이.
腰張り(こしばり) 벽이나 장지 등의 아래쪽을 종이나 판자로 댐. 또, 그댄 것. 〔지.
腰障子(こししょうじ) 징두리널이 있는 장
腰赤燕(こしあかつばめ) 〖鳥〗귀제비.
腰折れ(こしおれ) ① 허리가 굽음. 또, 그런 사람. ② 腰折れ歌·腰折れ文의 준말.
∥**～歌**(うた) ① 제 3구(句) 곧, 腰(こし)의 句(く)와 제 4구가 연결이 안 된 서투른 和歌(わか). ② 서투른 和歌. 또, 자기 和歌의 겸
～文(ぶみ) 졸문(拙文). 〔사말.
～屋根(やね) 망사르드(mansarde) 지붕.
腰切り半纏(こしきりばんてん) 기장을 허리까지 오는 겉옷. 〔물건.
腰提げ(こしさげ) 담배쌈지 등 허리에 차는
腰提灯(こしぢょうちん) ☞腰挿し提灯(こしざしちょうちん).
腰挫き(こしくじき) (씨름에서) 상대의 살바를 위에서 양손으로 잡아당기면서 턱으로 눌러 양무릎을 꿇게 하는 기법.
腰車(こしぐるま) ① 유도에서, 상대의 몸을 자신의 허리에 끌어당겨 들어올리듯이 던지는 기술. ② 손수레. 연차(輦車). 채를 허리 부분에 대고 끄는 수레.
腰差し(こしざし) ⇨ 腰挿し(こしざし).
腰窓(こしまど) 방·복도 등에서 바닥 가까이 낸 작은 창.
腰湯(こしゆ) 뒷물.
腰桶(こしおけ) (能(のう)·狂言(きょうげん)의 무대에서 쓰는) 원통형의 의자.
腰投げ(こしなげ) 씨름에서, 상대방의 몸을 자기 허리에 실려 앞으로 메어치는 기술.
腰板(こしいた) ① (장지문·벽 등의) 아랫부분에 대는 판자. ② 袴(はかま)의 등허리에 대는 헝겊으로 싼 판자 조각.
腰布(こしぬの) 허리에 두르는 천.
腰布団(こしぶとん) 노인 등이 보온용으로 허리에 두르는 작은 이불.
腰蒲団(こしぶとん) ⇨ 腰布団(こしぶとん).
腰回り(こしまわり) 허리 둘레. 웨이스트.

其他
腰輿(たごし) 남여(籃輿). *ようよろも 읽음.

13王囚 **瑶**(瑤) 옥돌 요 / ヨウ / たま

瑤台(ようだい) 요대. 옥으로 만든 누각. 훌륭한 궁전.
瑤珞(ようらく) 부처의 목·팔·가슴 같은 곳에 두르는 보석 따위를 꿴 장식품.

14 亻 僥

요행 요
ギョウ
もとめる

音読→
僥幸(ぎょうこう) ⇨ 僥倖(ぎょうこう).
僥倖(ぎょうこう) 요행. 뜻밖의 행운.

14 金 銚

냄비 요·가래 조
チョウ
すき

音読→
銚子(ちょうし) ①술병. ②(술을 따르기 위해 긴 자루가 달린) 귀때그릇.
‖~鍋(なべ) 술을 데울 때 쓰는 냄비.
其他→
銚釐(ちろり) 술을 데우는 용기.

15 土 墝

메마른땅 요
コウ·キョウ
やせち·あれち

音読→
墝埆(こうかく) 요각. 돌이 많고 거친 땅.

15 氵 澆

물줄 요·엷을 요
ギョウ
そそぐ

音読→
澆季(ぎょうき) 요계. 말세.
澆漓(ぎょうり) 요리. 인정이 야박함.
澆醨(ぎょうり) ⇨ 澆漓(ぎょうり).
澆末(ぎょうまつ) 요말. 인정이 메말라 버린 말세(末世).
澆薄(ぎょうはく) 요박. 인정이 박함〔없음〕.

15 穴 窯 常

가마 요·오지그릇 요
ヨウ
かま

音読→
窯変(ようへん) 요변. 도자기를 구울 때, 유약이 예기치 않은 색깔이나 무늬로 변하는 일.
窯業(ようぎょう) 요업. ♣~家(か) 요업가.
訓読→
窯(かま) 가마. 「인.
窯元(かまもと) 도자기를 굽는 곳. 또, 그 주
窯跡(かまあと) 가마터. 요지(窯址).
窯出し(かまだし) 다 구워진 도자기를 가마에서 꺼냄.

16 木 橈

휠 요·꺾어질 요·노 뇨
ドウ·ジョウ
たわむ·かい

音読→
橈脚類(とうきゃくるい)〖動〗요각류.
橈骨(とうこつ)〖生〗요골. 전박(前膊)의 엄지손가락 쪽의 긴 뼈.

16 言 謠(謠) 常

노래 요·소문 요
ヨウ
うたい·うたう

音読→
謠曲(ようきょく) 能楽(のうがく)의 사장(詞章)에 가락을 붙여서 부름. 또, 그 사장.
謠言(ようげん) 요언. 풍설. 풍문.
訓読→
謠(うたい) 能楽(のうがく)에 맞추어 부르는 가사.
❖**謠う**(うたう) 能楽(のうがく)의 노래말에 가락을 붙여 노래하다.
謠い物(うたいもの) 말에 곡조를 붙여 노래하는 것의 총칭《謠曲(ようきょく) 따위》.
其他→
謠歌(わざうた) 상대(上代)에, 정치 등을 비꼬아 비평한 작자 불명의 가요.

17 辶 邀

맞이할 요
ヨウ
むかえる

音読→
邀撃(ようげき) 요격. 적을 맞아 침. ♣~機(き) 요격기.
訓読→
❖**邀える**(むかえる) 맞아 싸우다. 요격하다.
邀え撃つ(むかえうつ) 요격하다.

18 扌 擾

어지러울 요·요란할 요
ジョウ
みだれる

音読→
擾乱(じょうらん) 요란. 소란.
逆音→
騒擾(そうじょう) 소요.

18 日 曜(曜) 教

빛날 요·일월성신 요
ヨウ
かがやく

音読→
曜曜(ようよう) 빛나는 모양. 번쩍번쩍.
曜日(ようび) 요일.
逆音→
日曜日(にちようび) 일요일.

七曜(しちよう) 칠요. 칠요일.
黒曜石(こくようせき)〖鑛〗흑요석. 흑요암.

18 火 〈入〉	燿(耀)	비칠 요·빛날 요 ヨウ かがやく

音読
燿穎(ようえい) 요영. 재능이 빛나고 뛰어남. 「양.
燿燿(ようよう) 요요. 빛나서 반짝이는 모

18 糸	繞	두를 요·감길 요 ジョウ·ニョウ まとう·めぐる·しまく

音読
繞(にょう) 한자 구성 요소의 명칭: 받침《책받침·민책받침 따위》.
訓読
繞く(しまく) 둘러싸다. 감기다.
繞る(めぐる) ①돌다. 돌아다니다. ②둘러싸다.

18 虫	蟯	요충 요 ギョウ·ジョウ

音読
蟯虫(ぎょうちゅう)〖動〗요충. 실거위. *じょうちゅう로도 읽음.

20 羽 〈入〉	耀(燿)	빛날 요 ヨウ かがやく

訓読
耀かしい(かがやかしい) 빛나다. 훌륭하다.
耀かす(かがやかす) 빛내다.
❖耀く(かがやく) 눈부시게 빛나다.
耀き(かがやき) (눈부시게) 빛나는 일.

21 食	饒	넉넉할 요 ジョウ ゆたか

音読
饒多(じょうた) 요다. 풍부하고 많은 모양.
饒富(じょうふ) 요부. 재산이 많음.
饒舌(じょうぜつ) 요설. 수다스러움. *にょうぜつ로도 읽음.

21 鳥	鷂	새매 요 ヨウ はしたか·はいたか

訓読
鷂(はいたか)〖鳥〗새매.

욕

10 氵 〈教〉	浴	목욕 욕·목욕할 욕 ヨク あびる·あびせる

音読
浴する(よくする) ①목욕하다. ②(은혜 따위를) 입다. 받다.
浴客(よっかく) 욕객. *よっきゃく로도 읽음.
浴盤(よくばん) 목욕할 때 쓰는 대야.
浴仏(よくぶつ)〖佛〗욕불. 관불(灌佛).
浴室(よくしつ) 욕실.
浴用(よくよう) 욕용. 목욕용.
浴場(よくじょう) 욕장. ①(공중) 목욕탕. ②(여관 등의) 욕실.
浴槽(よくそう) 욕조. 목욕통.
浴湯(よくとう) 목욕을 함. 또, 목욕물.
浴後(よくご) 욕후. 목욕 후.
訓読
浴びる(あびる) ①뒤집어쓰다. (물을) 뒤집어쓰다. ②(햇볕을) 쬐다. ③받다.
❖浴びせる(あびせる) ①들씌우다. 끼얹다. ②퍼붓다.
浴びせ掛ける(あびせかける) ①들씌우다. ②(욕 따위를) 마구 해대다.
浴びせ倒し(あびせたおし) 일본 씨름에서, 덮쳐 쓰러뜨리기.
其他
浴衣(ゆかた) 목욕 뒤 또는, 여름철에 입는 무명 홑옷. *よくい로도 읽음.
‖~掛け(がけ) 浴衣 차림(바람).
~地(じ) 浴衣를 만들기 위한 옷감.

10 辰 〈常〉	辱	욕보일 욕·욕할 욕 ジョク·ニク はずかしめる·かたじけない·はずかしめ

音読
辱知(じょくち) 욕지. (자기를 알게 된 것이 상대에게 욕이 된다는 뜻으로) 자기를 겸손하게 이르는 말.
辱涙(かたじけなみだ) 감루(感淚). 고마운 눈물.
❖辱い(かたじけない) ①(호의가) 감사하다. 고맙다. ②송구스럽다. 황공하다.
辱くする(かたじけなくする) …을 받아[입어] 대단히 고맙다. 고맙게도 …해 주시다.
辱くも(かたじけなくも) 황공하옵게도.
❖辱める(はずかしめる) ①욕보이다. ②(지위나 명예를) 더럽히다. 손상시키다.
辱め(はずかしめ) ①욕. 치욕. ②능욕.
其他
辱(はじ) 부끄러움. 수치. 치욕.

欲 [11, 欠, 教]
바랄 욕·탐낼 욕
ヨク
ほっする・ほしい

音読
欲(よく) ① 욕심. ②《接尾語로》…욕.
欲どしい(よくどしい) 욕심이 많다.
欲界(よっかい) 〖佛〗 욕계. 욕망으로 찬 중생이 사는 세계. ＊よくかいろに도 읽음.
欲求(よっきゅう) 욕구.
∥～不満(ふまん) 욕구 불만.
欲気(よくけ) 욕기. 욕심.
欲念(よくねん) 욕념. 욕심.
欲動(よくどう) 〖心〗 (본능·내심의) 충동.
欲得(よくとく) 탐욕과 이득. 몹시 이득을 탐냄. 이욕(利慾).　　　　「타산적임.
∥～尽く(ずく) 모든 것을 이욕에 따라 함.
欲望(よくぼう) 욕망.
欲面(よくづら) 탐욕스러운 얼굴.
欲目(よくめ) 자기 좋은 대로 생각함. 자기 욕심. 호의적인 눈.
欲心(よくしん) 욕심.
欲深(よくふか) 욕심이 많음〔많은 사람〕.
欲深い(よくぶかい) (몹시) 욕심이 많다. 욕심 사납다.
欲張り(よくばり) 욕심이 많음. 욕심꾸러기.
欲張る(よくばる) 지나치게 욕심을 부리다. 탐내다.
欲情(よくじょう) 욕정. ① 정욕. ② 욕심.
欲塵(よくじん) 〖佛〗 욕진.
欲太り(よくぶとり) 욕심 사나운 부자를 경멸하여 일컫는 말.
欲火(よっか) 욕화. 불타는 욕정.

訓読
欲しがる(ほしがる) 탐내다. 갖고 싶어하다.
欲する(ほっする) ① 바라다. 원하다. ② 갖고〔하고〕 싶다.
❖欲しい(ほしい) ①…하고 싶다. 탐나다. ② 바라다. 요망하다.
欲しげ(ほしげ) 욕심 나는 모양.

溽 [13, 氵]
절 욕·젖을 욕
ジョク

音読
溽暑(じょくしょ) 욕서. 습기가 많고 무더운 일.

蓐 [14, 艹]
깔개 욕
ジョク
しとね

音読
蓐中(じょくちゅう) 이불 속. 잠자리 속.
蓐瘡(じょくそう) 욕창.　　　　「초나 짚.
蓐草(じょくそう) 욕초. 가축 우리에 까는 건

慾 [15, 心]
욕심 욕
ヨク

参考 본디, '欲'의 俗字. 현대 표기로는 '欲'으로 대용(代用)함.

音読
慾望(よくぼう) ⇨ 欲望(よくぼう).
慾情(よくじょう) ⇨ 欲情(よくじょう).
慾太り(よくぶとり) ⇨ 欲太り(よくぶとり).

褥 [15, 衤]
요 욕
ジョク
しとね

音読
褥茵(じょくいん) 깔개. 요.
褥中(じょくちゅう) 이불 속. 잠자리 속.
褥草(じょくそう) 욕초. 가축 우리에 까는 건초나 짚.

訓読
褥(しとね) 〈雅〉 깔개. 요.

縟 [16, 糸]
채색 욕·번거로울 욕
ジョク
かざり

音読
縟礼(じょくれい) 욕례. 번거로운 예의.

용

冗 [4, 冖, 常]
쓸데없을 용
ジョウ
むだ

音読
冗(じょう) 쓸데없음. 군더더기.
冗官(じょうかん) 용관. 필요 없는 관직(벼슬아치).　　　　　　　　　　　「농담.
冗句(じょうく) 용구. ① 쓸데없는 구절. ②
冗談(じょうだん) 용담. 농담. 농.
∥～口(ぐち) 농담으로 하는 말·이야기.
～半分(はんぶん) 진담 반, 농담 반이 섞인
～事(ごと) 농으로 한 일.　　　「말투.
冗漫(じょうまん) 용만. 장황.
冗文(じょうぶん) 용문. 쓸데없는 글. 또, 부질없이 긴 문장.
冗費(じょうひ) 용비. 헛된 비용.
冗舌(じょうぜつ) 요설(饒說). 수다스러움.
冗語(じょうご) 용어. 쓸데없는 말. 군말.
♣～法(ほう) 용어법.
冗員(じょういん) 용원. 쓸데없는 인원.
冗字(じょうじ) 쓸데없는 글자.
冗長(じょうちょう) 용장. 장황. 말 등이 쓸

데없이 귀함. ♣~**性**(せい) 용장성.
冗筆(じょうひつ) 용필. 쓸데없는 글씨나 글
冗話(じょうわ) 용화. 실없는 이야기.

5 用 教	用	쓸 용·쓰일 용 ヨウ もちいる

音読

用(よう) ①용도. 소용. ②용무. 용건. ③용변. ④《接尾語로》…용. …에 쓰이는.
用す(ようす) 사용하다. 필요로 하다.
用なし(ようなし) ①볼일이 없음. ②쓸데없음.
用件(ようけん) 용건.
用具(ようぐ) 용구. 도구. ♣~**係**(がかり) 용구계.
用金(ようきん) ①공금(公金). ②옛날에, 大名(だいみょう)가 백성으로부터 징수했던 부과금.
用器(ようき) 용기. 기구를 씀. 또, 그 기구. ♣~**画**(が) 용기화.
用箪笥(ようだんす) 신변의 자질구레한 것을 넣어 두는 작은 장롱.
用達(ようたし) ⇨ 用足し(ようたし)③.
用談(ようだん) 용담. 용건에 관한 이야기.
用度(ようど) 용도. ①(회사·관청 등에서) 물품 따위를 공급하는 일. ②필요한 비용.
用途(ようと) 용도.
用量(ようりょう) 용량. 사용량.
用例(ようれい) 용례.
用立つ(ようだつ) ①유용[유익]하다. 도움이 되다. ②〈文〉유용하게 하다. 빌려 주다.
用立てる(ようだてる) ①유용하게 하다. 도움이 되게 하다. ②빌려 주다.
用命(ようめい) ①용명. 할일·볼일을 일러줌. 또, 하명받은 일. ②상품 따위를 주문함.
用木(ようぼく) 용목. 재료로 쓰는 나무.
用務(ようむ) 용무.
用米(ようまい) 임시 필요에 대비한 비축미.
用法(ようほう) 용법. 사용법.
用弁(ようべん) 일을 봄. 용무를 마침.
用便(ようべん) 용변. 대소변을 봄.
用兵(ようへい) 용병. 군사를 부림. ♣~**術**(じゅつ) 용병술 / ~**学**(がく) 용병학.
用部屋(ようべや) ①일을 보는 방. ②江戸(えど) 시대에, 幕府(ばくふ)에서 정무를 평의(評議)하던 방.
用不用説(ようふようせつ) 〖生〗용불용설. 라마르크설.
用事(ようじ) 볼일. 용건(用件).
用捨(ようしゃ) ①용사. 취사(取捨) 선택. ②양보함. 형편을 참작함. ♣~**箱**(ばこ) 서류함.
用船(ようせん) ①용선. 어떤 일을 위해서 쓰는 배. ②용선(傭船). 배를 세내어 얻음. 또, 그 배.
用所(ようしょ) ①용처(用處). 사용처. ②볼일이 있는 곳.

用水(ようすい) 용수. ♣~**権**(けん) 용수권 / ~**路**(ろ) 용수로.
‖~**堀**(ぼり) 용수를 모아 두기 위한 연못.
~**桶**(おけ) 방화 용수통.
~**便所**(べんじょ) 수세식 화장실.
用心(ようじん) 조심. 주의. 경계. ♣~**金**(がね) 비상금.
‖~**堅固**(けんご) 단단히 조심[경계]하는
~**籠**(かご) 옛날에, 화재·비상시에 가재를 넣어 나르는 큰 바구니.
~**棒**(ぼう) 신변 호위인. 보디가드.
~**深い**(ぶかい) 신중하다. 조심성이 많다.
用語(ようご) 용어.
用言(ようげん) 〖文法〗용언.
用役(ようえき) 〖經〗용역.
用意(ようい) 용의. 준비. 주의.
‖~**周到**(しゅうとう) 용의주도.
用益(ようえき) 용익. 사용과 수익(收益).
♣~**権**(けん) 〖法〗용익권.
~**物権**(ぶっけん) 〖法〗용익 물권.
用人(ようにん) ①江戸(えど) 시대에, 大名(だいみょう) 밑에서 서무·출납 등을 맡아보던 사람. ②고용인.
用字(ようじ) 용자. 사용하는 문자. 또, 문자를 사용함.
‖~**法**(ほう) 용자법. 글씨 하나하나에 대한 표기상의 용법[표기법].
用場(ようば) 변소. 화장실.
用材(ようざい) 용재. 사용할 재목[재료].
用箋(ようせん) 용전. 편전지(便箋紙). 메모 용지.
用済み(ようずみ) 일이 끝남. 또, 필요없게 됨.
用足し(ようたし) ①볼일(을 봄). ②대변이나 소변을 봄. ③관청 등에 늘 출입하여 물품을 납품함. 또, 그 상인.
用地(ようち) 용지.
用紙(ようし) 용지.
用次ぎ(ようつぎ) 중간에서 용건을 전함.
用尺(ようじゃく) 〖裁〗마름질에 필요한 옷감의 치수.
用畜(ようちく) ①(새끼·알·고기·털 따위를 얻기 위해 사육하는) 유용한 가축. ②가축을 부림.
用布(ようふ) ①옷을 짓는 데 쓰는 천. ②어떤 것을 만드는 재료로 쓰는 천.
用品(ようひん) 용품.
用筆(ようひつ) 용필. ①쓰는 붓. ②운필〖運筆〗.
用向き(ようむき) 업무[일]의 내용. 용건.
用後(ようご) 사용한 뒤. 쓴 뒤.

訓読

❖**用いる**(もちいる) 쓰다. ①사용[이용]하다. ②신경을 쓰다. ③채용[채택]하다.
用い方(もちいかた) 사용 방법.

9 イ	俑	목우 용 ヨウ ひとがた

俑(よう) 용. 토용(土俑). 중국에서 죽은 사람과 함께 묻은 인형.

勇 (勇) 〔9획 力 教〕
날랠 용·용맹할 용
ユウ
いさむ・いさましい

音読
勇(ゆう) ① 용기. ② 호용(豪勇).
勇敢(ゆうかん) 용감. 용감하고 굳셈.
勇剛(ゆうごう) 용강.
勇健(ゆうけん) ① 용감하고 튼튼함. ②〈老〉 장건(壯健). 무탈(無頉). 「많음.
勇怯(ゆうきょう) 용기와 겁. 용감함과 겁이
勇決(ゆうけつ) 용결. 용기있게 결단을 내
勇気(ゆうき) 용기.   「림.
勇気付ける(ゆうきづける) 상대를 격려하여 용기를 갖게 하다.
勇断(ゆうだん) 용단.
勇胆(ゆうたん) 용담. 용감하고 담력이 큼.
勇略(ゆうりゃく) 용략. 용기와 계략(計略).
勇力(ゆうりき) 용력. 용맹스러운 힘. 강한 힘. *ゆうりょく로도 읽음.
勇烈(ゆうれつ) 용렬.
勇猛(ゆうもう) 용맹. *佛教에서는 ゆうみょう라고도 함. ♣～心(しん) 용맹심.
勇名(ゆうめい) 용명.
勇武(ゆうぶ) 용무. 용맹(勇猛).
勇兵(ゆうへい) 용병.
勇夫(ゆうふ) 용부. 용기 있는 사나이.
勇婦(ゆうふ) 용부. 용기 있는 여자.
勇奮(ゆうふん) 용기를 내어 떨쳐 일어남.
勇士(ゆうし) 용사.
勇躍(ゆうやく) 용약.
勇往(ゆうおう) 용왕. 용감히 돌진함.
‖～邁進(まいしん) 용왕매진.
勇毅(ゆうき) 씩씩하고 굳셈.
勇姿(ゆうし) 용자. 씩씩한 모습.
勇者(ゆうしゃ) 용자. 용사.
勇壮(ゆうそう) 용장. 용감하고 씩씩함.
勇将(ゆうしょう) 용장.
勇戦(ゆうせん) 용전.
‖～奮闘(ふんとう) 용전 분투.
勇進(ゆうしん) 용진.
勇退(ゆうたい) 용퇴.
勇悍(ゆうかん) ⇨ **勇敢**(ゆうかん).
勇侠(ゆうきょう) 용협. 용기 있고 의협심이 많은 기질.

訓読
勇ましい(いさましい) ① 용감하다. ② 시원
勇魚(いさな)〖動〗 고래.   └시원하다.
❖**勇む**(いさむ) 기운이 솟다. 용기가 나다.
勇み肌(いさみはだ) 대장부다운 기품. 또, 그 사람.
勇み立つ(いさみたつ) 불끈 기운이 나다. 분발하다.   「실수함.
勇み足(いさみあし) 지나치게 덤비다 아차

容 〔10획 宀 教〕
얼굴 용·담을 용·용서할 용
ヨウ
いれる・かたち・ゆるす

音読
容(よう) 모양. 모습. 표정. 매무시.
容共(ようきょう) 용공.
容器(ようき) 용기.
‖～包装(ほうそう) 용기 포장.
容量(ようりょう) 용량.
‖～分析(ぶんせき)〖化〗 용량 분석.
容貌(ようぼう) 용모.
容赦(ようしゃ) ① 용사. 용서함. ② 양보함.
容相(ようそう) 모습. 자태.   「얼굴.
容色(ようしょく) 용색. (여성의 아름다운)
容受(ようじゅ) 용수. 받아들임. 수용.
容顔(ようがん) 용안. 얼굴.
容与(ようよ) 용여. 느긋하고 여유 있는 모양. 느릿느릿 움직이는 모양.
容疑(ようぎ) 용의. 혐의. ♣～者(しゃ) 용의자.
容儀(ようぎ) 용의. 단정한 태도와 자세.
容易(ようい) 용이(함). 손쉬움.
容忍(ようにん) 용인. 너그러운 마음으로 참고 용서함.
容認(ようにん) 용인.
容子(ようす) ① 모양. ② 징조. ③ 까닭.
容姿(ようし) 용자. 얼굴 모양과 몸매.
‖～端麗(たんれい) 용자 단려.
容積(ようせき) 용적. ① 용량. ② 부피.
♣～率(りつ)〖建〗 용적률.
容止(ようし) 용지. 기거 동작(起居動作).
容体(ようだい) 용체. 모양. 옷차림. *ようたいろも 読む.
‖～振る(ぶる) 짐짓 (잘)난 체하다.
容態(ようだい) 용태. 병세. *ようたいろも 読む.   「말참견함.
容喙(ようかい) 용훼. 입을 놀림. (옆에서)

訓読
❖**容れる**(いれる) ① 받아들이다. 포용하다. ② 수용하다.
容れ物(いれもの) 그릇. 용기(容器).

其他
容易い(たやすい) ① 쉽다. 용이하다. ② 경솔하다.
容易し(たわやすし)〈古〉 쉽다. 용이하다.

涌 〔10획 氵〕
솟아날 용
ユウ・ヨウ
わく

参考 湧의 異體字.

音読
涌水(ゆうすい) 용수.
涌泉(ゆうせん) 용천.
涌出(ゆうしゅつ) 용출. 솟아 나옴.

訓読
涌かす(わかす) (벌레 따위가) 생기게 하다.

(들)끓게 하다.
❖涌く(わく) ① 솟다. (기운이) 솟아나다. ② 들끓다. (벌레 등이) 꾀다. 「곳.
涌き口(わきぐち) 온천 따위가 솟아 나오는
涌き起こる(わきおこる) ① (밑바닥부터) 표면에 나타나다. ② 갑자기 일어나다.
涌き立つ(わきたつ) 구름 등이 피어 오르다.
涌き上がる(わきあがる) 펑펑 솟아나다.
涌き水(わきみず) 용수. 샘물.
涌き出す(わきだす) 솟아 나오다.
涌き出る(わきでる) ① 솟아나다. ② (감정이) 북받치다.
涌き湯(わきゆ) 온천(温泉).

10 艹	茸	우거질 용·녹용 용 ジョウ きのこ・しげる・たけ

音読
茸茸(じょうじょう) 풀이 무성한 모습.
訓読
茸(きのこ)〖植〗 버섯. ＊たけ로도 읽음.
茸山(たけやま) 버섯이 많은 산.
茸狩り(きのこがり) 버섯따기. ＊たけがり로도 읽음.

11 广 常	庸	떳떳할 용·쓸 용 ヨウ つね・もちいる

音読
庸(よう) 용. 세법(税法)의 하나로 부역 대신 포(布)·쌀 등으로 물납(物納)하던 일.
庸君(ようくん) 용군. 용렬한 군주.
庸劣(ようれつ) 용렬. 「또, 그런 사람.
庸俗(ようぞく) 용속. 평범하고 일반적임.
庸愚(ようぐ) 용우. 용렬하고 어리석음.
庸儒(ようじゅ) 용유. 범용한 유생[학자].
庸医(ようい) 용의. 범용한 의사.
庸人(ようじん) 용인. 범용한 사람.
庸才(ようさい) 용재. 평범하고 용렬한 재주. 또, 그런 재주를 가진 사람.
庸主(ようしゅ) 용주. 용렬한 군주.
庸布(ようふ) 용포. 용(庸)으로 바친 천.

11 臼	舂	찧을 용·해질 용 ショウ うすづく・つく

音読
舂米(しょうまい) 정미(精米).
訓読
❖舂く ㊀(つく) ① 찧다. 빻다. ② (떡을) 치다.
㊁(うすづく) 〈雅〉 저녁해가 넘어가려 하다.
舂き減し(つきべり) (쌀 따위를) 찧고 나서 분량이 줆. 또, 그 분량.
舂き屋(つきや) 정미소. 또, 정미업자.

12 氵 人	湧(湧)	솟아날 용 ユウ・ヨウ わく

音読
湧水(ゆうすい) 용수.
湧昇(ゆうしょう) 용승. 깊은 곳의 바닷물이 해면으로 솟아오르는 현상.
湧泉(ゆうせん) 용천. 물이 솟는 샘.
湧出(ゆうしゅつ) 용출. 솟아 나옴.
訓読
湧かす(わかす) ① (벌레 따위가) 생기게 하다. (들)끓게 하다. ② 솟아나게 하다.
❖湧く(わく) ① 솟다. (기운이) 솟아나다. ② 들끓다. (벌레 등이) 꾀다. 「곳.
湧き口(わきぐち) 온천 따위가 솟아 나오는
湧き起こる(わきおこる) ① (밑바닥부터) 표면에 나타나다. ② 갑자기 일어나다.
湧き立つ(わきたつ) 구름 등이 뭉게뭉게 피어 오르다.
湧き上がる(わきあがる) 펑펑 솟아나다.
湧き水(わきみず) 용수. 샘물.
湧き出す(わきだす) 솟아 나오다.
湧き出る(わきでる) ① 솟아나다. ② (감정이) 북받치다.
湧き湯(わきゆ) 온천(温泉).

13 イ	傭	품팔이할 용·품살 용 ヨウ やとう

音読
傭耕(ようこう) 용경. 고용되어 경작함.
傭兵(ようへい) 용병. ❖〜制(せい) 용병제.
傭夫(ようふ) 용부. 고용인.
傭婦(ようふ) 용부. 고용녀.
傭聘(ようへい) 용빙. 초빙하여 고용함.
傭船(ようせん) 용선. 배를 세내어 얻음. 또, 그 배. 「용됨.
傭役(ようえき) 용역. 고용하여 씀. 또는 고
傭人(ようにん) 용인. 고용된 사람.
訓読
❖傭う(やとう) 고용하다. 세내다.
傭い(やとい) ① 고용함. ② 고용인. ③ 임시 직원.

13 氵 常	溶	녹을 용·녹일 용 ヨウ とける・とかす・とく

音読
溶鉱炉(ようこうろ) 용광로.
溶菌(ようきん) 용균.
溶錬(ようれん)〖鑛〗 용련(熔錬).
溶連菌(ようれんきん) ☞溶血性連鎖球菌 (ようけつせいれんさきゅうきん).
溶炉(ようろ) 용로. 용광로.

溶媒(ようばい)〚化〛용매.
溶明(ようめい)〚映〛용명. 깜깜한 화면을 점차 밝게 해 가는 촬영 기법.
溶射(ようしゃ)〚鑛〛용사(鎔射).
溶銑(ようせん)용선. 선철을 녹임. 또, 녹은 선철. ♣~炉(ろ) 용선로.
溶成燐肥(ようせいりんぴ)〚農〛용성 인비. 염기성의 인조 인산 비료의 일종.
溶食(ようしょく)〚地〛용식(溶蝕).
溶蝕(ようしょく)⇨溶食(ようしょく).
溶岩(ようがん) 용암. ♣~流(りゅう)〚地〛용암류.
‖ ~台地(だいち)〚地〛용암 대지.
~樹形(じゅけい)〚地〛용암 수형. 용암 중에 남겨진 수목 모양.
~円頂丘(えんちょうきゅう) 용암원정구. 종상(鐘狀) 화산.
~尖塔(せんとう)〚地〛용암 첨탑.
溶暗(ようあん)〚映〛용암. 화면을 점점 어둡게 하여 화상(畫象)을 없애는 촬영 기법.
溶液(ようえき)〚化〛용액.
溶冶(ようや) 금속을 녹여 주조하는 일.
溶溶(ようよう) 용용. 물이 도도히 흐르는 모양.
溶原菌(ようげんきん)〚生〛용원균.
溶融(ようゆう)〚化〛용융. 용해.
溶滓(ようさい)〚鑛〛용재(鎔滓).
溶接(ようせつ) 용접. ♣~エ(こう) 용접공. ♣~棒(ぼう) 용접봉.
溶剤(ようざい) ①용제. ②용제(融劑).
溶存酸素(ようぞんさんそ)〚化〛용존 산소.
溶質(ようしつ) 용질.
溶着(ようちゃく) 용착(鎔着). 용접 또는 고온 가열하여 접착시키는 일.
溶体(ようたい)〚化〛용체. 두 종류 이상의 물질로 이루어진 균일한 혼합물.
溶出(ようしゅつ)〚化〛용출.
溶解(ようかい) ①용해. (액체에) 녹음. 녹임. ②(쇠붙이를) 녹임. 녹음. ♣~炉(ろ) 용해로/ ~熱(ねつ) 용해열.
‖ ~度(ど) 용해도. ♣~曲線(きょくせん)〚化〛용해도 곡선.
溶血(ようけつ) 용혈. ♣~素(そ) 용혈소.
‖ ~反応(はんのう)〚醫〛용혈 반응. 「혈.
~性貧血(せいひんけつ)〚醫〛용혈성 빈
~性連鎖球菌(せいれんさきゅうきん)〚植〛용혈성 연쇄 구균.
~性尿毒症症候群(せいにょうどくしょうしょうこうぐん)〚醫〛용혈성 요독증 증후군(HUS).
溶化(ようか) 용화. 열에 녹아 모양이 바뀜. 녹여서 모양을 바꿈.
【訓読】
溶かす(とかす) 녹이다. 풀다.
❖溶く(とく) ①(액체를) 풀다. 개다. ②금속을 녹이다. 「것.
溶き芥子(ときがらし) 겨잣가루를 물에 푼
溶き卵(ときたまご) 풀어서 휘저은 달걀.
溶きほぐす(ときほぐす) 달걀을 풀어서 섞다.

❖溶ける(とける) 녹다. ①풀리다. ②금속이 용해하다.
溶け込む(とけこむ) ①용해하다. ②융화(동화)하다.
溶け合う(とけあう) 용합(溶合)하다. 녹아서 하나로 섞이다.

| 13 艹 入 | 蓉 | 부용 용·나무연꽃 용
ヨウ |

【逆音】
芙蓉(ふよう)〚植〛부용. 연(蓮)의 중국 이름.

| 13 虫 | 蛹 | 번데기 용
ヨウ
さなぎ |

【音読】
蛹虫(ようちゅう) 번데기.
蛹化(ようか)〚蟲〛용화.
【訓読】
蛹(さなぎ) 번데기.
‖ ~油(あぶら) 번데기에서 채취한 기름.

| 14 木 | 榕 | 용나무 용
ヨウ
あこう |

【訓読】
榕(あこう)〚植〛용(榕)나무.
【其他】
榕樹(ガジュマル)〚植〛〈沖縄方〉용수. 열대·아열대 지방에 분포하는 뽕나뭇과(科)의 상록 교목.

| 14 火 | 熔 | 녹일 용
ヨウ
とける |

【参考】 현대 표기로는 '溶'으로 대용함.
【音読】
熔鉱炉(ようこうろ) 용광로.
熔錬(ようれん)〚鑛〛용련.
熔炉(ようろ) 용로. 용광로. 「선철.
熔銑(ようせん) 용선. 선철을 녹임. 또, 녹은
熔成燐肥(ようせいりんぴ)〚農〛용성 인비. 염기성의 인조 인산 비료의 일종.
熔冶(ようや) 금속을 녹여 주조하는 일.
熔融(ようゆう) 용융. 용해. 융해.
熔接(ようせつ) 용접.
熔着(ようちゃく) 용착(鎔着). 용접 또는 고온 가열하여 접착하는 일. 「음.
熔解(ようかい) 용해. (쇠붙이를) 녹임. 녹
熔化(ようか) 용화. 열에 녹아 모양이 바뀜. 녹여서 모양을 바꿈.
【訓読】
熔ける(とける) 금속이 녹다〔용해되다〕.

踊

14 足 常 踊

뛸 용
ヨウ
おどる・おどり

音読
踊躍(ようやく) 용약. 좋아서 뜀.

訓読
踊らす(おどらす) ① 춤추게 하다. ② (조종하여) 춤추다. 놀아나게 하다.
❖踊る(おどる) ① 춤추다. ② 남의 장단에 춤추다[놀아나다]. ③ 뛰다. 두근거리다.
踊り(おどり) ① 춤. 무용. ② 뛰어오름. ③ (초밥집에서) 살아 있는 새우.
踊り狂う(おどりくるう) 미쳐 날뛰다.
踊り念仏(おどりねんぶつ) 표주박과 징을 두들기고 염불을 외면서, 기쁨의 정(情)을 나타내며 춤추는 일.
踊り歩(おどりぶ) 차용 증서를 바꾸어 쓸 때, 그 달의 이자를 이중으로 지불하는 일. 또, 그
踊り手(おどりて) 무용수. └겹이자.
踊り子(おどりこ) ① 무희(舞姫). 댄서. ② 〈俗〉(젖먹이의) 숫구멍. ♣～草(そう)〖植〗광대수염.
踊り字(おどりじ) 첩자(疊字). 같은 글자가 겹칠 때, 아래 글자의 생략을 표시하는 부호.
踊り場(おどりば) ① 무도장(舞踏場). ② 층계참. 계단참.
踊り出す(おどりだす) ① 춤추기 시작하다. ② 각광을 받으며 활약하기 시작하다.
踊り出る(おどりでる) 춤추며 나가다.

其他
踊躍歓喜(ゆやくかんぎ) 흔희작약(欣喜雀躍). 너무 좋아서 뛰며 기뻐함.

聳

17 耳 聳

솟을 용・두려워할 송
ショウ
そびえる・そびやかす

音読
聳動(しょうどう) ① 용동. 무서워 떪. ② 깜짝 놀라게 함.
聳立(しょうりつ) 용립. 우뚝 솟음.
聳然(しょうぜん) 용연. ① 높이 우뚝 솟은 모양. ② 두려워서 삼가는 모양.

訓読
聳える(そびえる) 우뚝 솟다. 치솟다.
聳やかす(そびやかす) ① 우뚝 솟게 하다. 높이다. ② (어깨를) 치켜올리다.
聳やぐ(そびやぐ) 우뚝 솟다. 높게 되다.

其他
聳り立つ(そそりたつ) 〈雅〉우뚝 솟다. 용립(聳立)하다.

鎔

18 金 鎔

녹일 용・거푸집 용
ヨウ
いがた・とかす・とける

参考 현대 표기로는 '溶'으로 대용함.

音読
鎔鉱炉(ようこうろ) 용광로.
鎔笵(ようはん)〖考〗거푸집.
鎔銑(ようせん) 용선. 선철을 녹임. 녹은 선철. ♣～炉(ろ) 용선로.
鎔冶(ようや) 금속을 녹여 주조하는 일.
鎔滓(ようさい)〖鑛〗용재.
鎔接(ようせつ) 용접.
鎔着(ようちゃく) 용착. 용접 또는 고온 가열하여 접착시키는 일. └음.
鎔解(ようかい) 용해. (쇠붙이를) 녹임. 녹

訓読
鎔ける(とける) 금속이 녹다[용해되다].

우

又

2 又 常 又

또 우
ユウ
また

訓読
又 ㊀(また) ① 또. (또) 다시. 재차. 게다가. 그 위에 또. ② 다른 때. 다음. ③《接頭語로》간접적임을 나타냄.
㊁(まった) 又(また)의 힘줌말.
又しても(またしても) 又(また)의 힘줌말. 또다시. 재차. 거듭. └는.
又とない(またとない) 둘도 없는. 다시 없
又の(またの) ① 다른. 딴. ② 다음의.
┃～年(とし) 이듬해. 다음해.
～名(な) 다른 이름. 별명. 일명.
～世(よ) 내세. 저승.
～日(ひ) ① 다음(이튿)날. ② 후일. 뒷날.
～朝(あした) 이튿날 아침.
又は(または) 또는. 혹은. (그게) 아니면.
又も(またも) ☞又もや(またもや).
又もや(またもや) 다시금. 또다시.
又家来(またげらい) 부하의 부하. 배신(陪
又貸し(またがし) 전대(轉貸). └臣).
又頼み(まただのみ) 사람을 통해서 부탁함. 간접적으로 부탁함.
又隣(まどどなり) 이웃의 이웃. 한 집 건너 이웃집.
又売り(またうり) 전매. 산 물건을 다시 파는
又無し(またなし) 둘도 없다. 다시 없다.
又聞き(またぎき) 간접적으로 들음.
又庇(またびさし) 덧댄 차양.
又写し(またうつし) 적은[베낀] 것을 또 적음[베낌]. 또, 그것. 복사(물).
又廂(またびさし) ⇨ 又庇(またびさし).
又甥(またおい) 조카의 아들. 종손.
又小作(またこさく) 빌린 소작지를 다시 다른 사람에게 빌려주는 일. 또, 그런 소작지.
又又(またまた) 又(また)의 힘줌말. 또다시. 거듭. 재차.

又者(またもの) 부하의 부하.
又弟子(またでし) 제자의 제자.
又從姉妹(またいとこ) 육촌. 재종 자매.
又從兄弟(またいとこ) 육촌. 재종 형제.
又質(またしち) 전당 잡은 것을 다시 다른 데에 전당 잡히는 일.
又借り(またがり) 전차(轉借).
又請け(またうけ) ① 보증인의 보증인이 됨. ② 하청.
又寝(またね) 눈을 떴다 다시 자는 일.
又候(またぞろ)〈老〉또다시. 거듭. 재차.

| 3 二 | 于 | 어조사 우·탄식할 우
ウ
ああ·ここに·ゆく |

音読

于役(うえき) 나라의 명을 받고 전쟁이나 노동에 참가함.

訓読

于嗟(ああ) 기쁘거나 슬플 때 내는 소리.

| 4
又
教 | 友 | 벗 우·우애 우
ユウ
とも |

音読

友交(ゆうこう) 친구와의 교제.
友国(ゆうこく) 우방국(友邦國).
友軍(ゆうぐん) 우군. 자기 편의 군대.
友党(ゆうとう) 행동·강령을 같이하는 정당.
友邦(ゆうほう) 우방.
友朋(ゆうほう) 붕우. 친구. 친우.
友社(ゆうしゃ) 동업 회사. 동료 회사.
友禅(ゆうぜん) 友禅染め(ゆうぜんぞめ)의 준말. 비단 등에 화려한 채색으로 인물·꽃·새·산수 따위 무늬를 선명하게 염색하는 일.
友愛(ゆうあい) 우애. 우의(友誼).
友誼(ゆうぎ) 우의.
友人(ゆうじん) 우인. 친구.
友前結婚(ゆうぜんけっこん) 벗을 모아 놓고 하는 결혼식.
友情(ゆうじょう) 우정.
友好(ゆうこう) 우호. ♣~的(てき) 우호적.
∥~関係原則宣言(かんけいげんそくせんげん) 우호 관계 원칙 선언.

訓読

友 ㊀(とも) ① 친구. 벗. 동료. ② 동행. 길. ㊁(ゆう) ① ☞㊀①. ② 우정. 우애. ∟벗.
友達(ともだち) 친구. 벗. 동무.
友船(ともぶね) ① 같이 가는 배. ② 같은 배에 탐.
友鶯(ともうぐいす) 암수가 같이 있는 휘파람새.
友垣(ともがき)〈雅〉벗. 친구.
友引(ともびき) 友引日(ともびきにち)의 준말. 음양도(陰陽道)에서, 이 날 장사를 지내면 친구의 죽음을 부른다고 하여 꺼리는 날.
友子(ともこ) 친구. 벗. 같은 동아리.
友釣り(ともづり) 놀림 낚시(질). 산 은어를 미끼로 삼아 딴 은어를 꾀어 낚아냄.
友擦れ(ともずれ) 친구와의 교제로 세상 물정에 밝아짐. 친구의 영향으로 닳아빠짐.
友千鳥(ともちどり)〈雅〉떼지어 나는 물떼새. 「은 배필.
友鶴(ともづる) 암수가 같이 있는 학. 또, 좋

| 4
九 | 尤 | 더욱 우·탓할 우
ユウ
とがめる·もっとも |

音読

尤(ゆう) 매우 뛰어남.
尤物(ゆうぶつ) 우물. ① (여럿 중에서) 뛰어난 물건. ② (좁은 뜻의) 미녀(美女).
尤態(ゆうたい) 아름다운 모습.

訓読

尤も(もっとも) ① 지당함. 당연함. 사리에 닿음. ② 그렇다고는 하지만. 하긴. 다만. 단. ③ (무엇보다도) 가장.
∥~至極(しごく) 지극히 당연함.
~千万(せんばん) ☞尤も至極.

| 4
牛
教 | 牛 | 소 우·별이름 우
ギュウ·ゴ
うし |

音読

牛鍋(ぎゅうなべ) ① 왜전골. ② 왜전골 냄비.
牛缶(ぎゅうかん) 쇠고기 통조림.
牛女(ぎゅうじょ) 우녀. 견우와 직녀.
牛刀(ぎゅうとう) 우도. 소 잡는 칼.
牛痘(ぎゅうとう) 우두. 소의 포창(疱瘡)《종두에 씀》.
牛頭 ㊀(ぎゅうとう) 우두. 소의 머리.
㊁(ごず)〖佛〗지옥의 옥졸.
∥~馬頭(めず) (지옥의 옥졸인) 우두 마두.
~天王(てんのう) 우두 천왕.
牛酪(ぎゅうらく) 우락. 버터.
牛馬(ぎゅうば) 우마. 소와 말.
∥~耕(こう) 소나 말로 땅을 갊.
牛尾(ぎゅうび) ① 쇠꼬리. ② 큰 단체에서 지위가 낮은 사람의 비유.
牛飯(ぎゅうめし)〖料〗쇠고기 덮밥.
牛蒡(ごぼう)〖植〗우방. 우엉.
∥~剣(けん) 총검의 속칭.
~尻(じり) 개나 고양이의 꼬리 짧은 것.
~巻き(まき)〖料〗애벌 익힌 우엉에 생선·쇠고기 등을 감아서 삶거나 구운 것.
~根(ね) 우엉 뿌리처럼 곧게 땅속 깊이 뻗은 초목 뿌리.
~抜き(ぬき) (우엉 뽑아내듯) 쑥 뽑아냄. (여럿 중에서) 하나씩 뽑아냄. 경주에서 여럿을 차례로 따라잡음.
~積み(づみ) 돌쌓기의 하나. 긴 쪽을 안이 되게 하여 쌓음.
~縞(じま) 잔 줄무늬.

牛歩(ぎゅうほ) 우보. 느린 걸음.
‖~戦術(せんじゅつ) 우보[지연] 전술.
~遅遅(ちち) 소걸음처럼 아주 느린 모양.
牛糞(ぎゅうふん) 우분. 쇠똥.
牛舎(ぎゅうしゃ) 우사. 외양간.
牛疫(ぎゅうえき) 우역. 소의 급성 전염병.
牛屋(ぎゅうや) ① 푸줏간. ② 왜전골(을 파는)집.
牛王(ごおう) 熊野(くまの) 신사(神社)・高野(こうや) 산 등에서 나온 부적. 이면은 起請文(きしょうもん)을 쓰는 데 쓰임.
牛乳(ぎゅうにゅう) 우유.
牛肉(ぎゅうにく) 우육. 쇠고기.
牛飲馬食(ぎゅういんばしょく) 우음마식. 마소처럼 많이 먹고 많이 마심.
牛耳(ぎゅうじ) 우이. 쇠귀.
 ~を執(と)る 우이를 잡다. 좌지우지하다. 주도권을 잡고 지배하다.
牛店(ぎゅうてん) 왜전골집.
牛丼(ぎゅうどん) 쇠고기 덮밥.   「것.
牛脂(ぎゅうし) 우지. 소의 지방을 정제한
牛車 ㊀(ぎゅうしゃ) ① 우차. 소 달구지. *うしぐるまとも 읽음. ② ☞㊁.
㊁(ぎっしゃ) 예전에 소가 끌던 귀인용의 수레.
牛皮(ぎゅうひ) ① 우피. 쇠가죽. ② 찹쌀가루를 쪄서 조청・설탕을 섞어 반죽하여 만든 과자.   「도 읽음.
牛革(ぎゅうかわ) 쇠가죽. *ぎゅうがわも
牛黄(ごおう) 우황.
牛後(ぎゅうご) 우후. 세력이 큰 자의 부하.

訓読
牛 ㊀(うし) 소.
㊁(ぎゅう) ① 쇠고기. ② 쇠가죽.
牛の骨(うしのほね) 근본을 알 수 없는 사람을 욕하는 말.
牛虻(うしあぶ) 〖蟲〗쇠등에.
牛方(うしかた) ① ☞牛追い(うしおい).
② ☞牛飼い(うしかい).
牛飼い(うしかい) 소를 치는[부리는] 사람.
‖~星(ぼし) 〖天〗견우성.
 ~座(ざ) 〖天〗목자(牧者)자리.
牛殺し(うしころし) ① 소 도축[도살]. 쇠백장. ② 〖植〗윤노리나무(이 나무로 쇠코뚜레를 만듦).
牛小屋(うしごや) 쇠외양간.
牛蠅(うしばえ) 〖蟲〗쇠파리.
牛市(うしいち) 우시장(牛市場).
牛蛙(うしがえる) 〖動〗황소개구리.
牛追い(うしおい) (짐바리) 소몰이.
牛偏(うしへん) 한자 부수의 하나: 소우변.
牛合わせ(うしあわせ) 소싸움.
牛海老(うしえび) 〖動〗참새웃과에 속하는 새우의 하나. 몸길이 25 cm, 몸빛은 자흑색임.

其他
牛尾魚(こち) 〖魚〗우미어. 양태.
牛尾菜(しおで) 〖植〗밀나물.   「기)
牛膝 ㊀(いのこずち) 〖植〗우슬. 쇠무릎(지

㊁(ごしつ) 우슬. ㊁의 한자(漢字) 이름. 또, 그 뿌리.

| 5 口 [教] | 右 | 오른쪽 우・도울 우
ウ・ユウ
みぎ・たすける |

音読
右京(うきょう) 옛날 도성이던 奈良(なら)의 서쪽 반.
右傾(うけい) 우경. 우익화.
右顧左眄(うこさべん) 우고좌면. 좌우고면.
右近(うこん) 〖史〗右近衛府(うこんえふ)의
‖~衛(え) 右近衛府의 준말.   「준말.
 ~衛府(えふ) 〖史〗六衛府(りくえふ)의 하나로 궁중의 경비를 맡은 관아.
右端(うたん) 우단. 오른쪽 끝.
右党(うとう) 우당. ① 우익 정당. 보수당. ② 술은 못 마시고 단것만 좋아하는 사람.
右大臣(うだいじん) 〖史〗太政大臣(だじょうだいじん)・左大臣(さだいじん)에 버금가는 太政官(だじょうかん)의 장관.
右図(うず) 우도. 오른쪽 그림[도표].
右馬頭(うまのかみ) 우(右)'馬寮(めりょう)(=사복시)'의 우두머리.
右文(ゆうぶん) 우문. 문(文)을 높이 여김.
‖~左武(さぶ) 우문좌부. 학문과 무술을 함께 중히 여김.
右方(うほう) 우방. 오른쪽. 우측.
右辺(うへん) 우변. ① 〖數〗 등식(부등식)의 오른쪽 부분. ② (바둑에서) 오른편 가장자리.
右府(うふ) 右大臣(うだいじん)의 딴이름.
右相(うしょう) 우상. 右大臣(うだいじん)의 당명(唐名).
右心房(うしんぼう) 〖生〗우심방.
右心室(うしんしつ) 〖生〗우심실.
右岸(うがん) 우안. 오른쪽 강변.
右往左往(うおうさおう) 우왕좌왕.
右衛門府(うえもんふ) 옛날, 대궐 각 문의 경비를 맡았던 관청.   「수.
右翼(うよく) 우익. ♣~手(しゅ) 〖野〗우익
右折(うせつ) 우회전.
右中間(うちゅうかん) 〖野〗우중간.
右派(うは) 우파.
右表(うひょう) 우표. 오른쪽 (도)표.
右筆(ゆうひつ) ① 서사. 옛날에, 귀인 밑에서 서기의 일을 맡던 사람. ② 무인집에서 문서와 기록을 맡은 직위.
右舷(うげん) 우현. 오른쪽 뱃전.
右脇臥(うきょうが) 중이 잠자는 모습으로, 오른쪽 어깨를 밑으로 모로 누움. 또, 시체를 그렇게 누임.

訓読
右(みぎ) 우. ① 우측. ② 세로로 쓴 문장에서 '이상(以上)'의 뜻. ③ 우익.
右する(みぎする) 오른쪽으로 가다.
右巻き(みぎまき) 소용돌이・덩굴・나사 따위가 오른쪽으로 감김. 또, 그렇게 감는 일.

右寄り(みぎより) ① 오른편으로 기운 쪽. ② (사상이) 우익으로 기욺. 우경.
右利き(みぎきき) 오른손잡이.
右四つ(みぎよつ) (씨름에서) 서로 오른손을 상대편의 왼편 겨드랑이 밑으로 넣어 상대편 샅바의 뒷부분을 붙잡음.
右書き(みぎがき) (세로쓰기에서) 오른쪽에서 왼쪽으로 쓰는 서식.
右手 ㊀(みぎて) 우수. 오른손. 오른쪽.
㊁(めて) 말고삐를 잡는 손. 오른손. 오른쪽.
右腕(みぎうで) 우완. ① 오른(쪽) 팔. ② 심복 부하. *う␣んでとも 읽음.
右前(みぎまえ) 상대가 보아서 오른쪽 옷섶이 왼쪽 옷섶 위로 오게 의복을 입음.
右足(みぎあし) 우족. 오른발. *うそくとも
右左(みぎひだり) 좌우.
右側(みぎがわ) 오른쪽. 우측. *うそくとも 읽음.
右打ち(みぎうち) 〖野〗 ① 타자가, 투수 쪽에서 보아 오른쪽 배터 박스에서 치는 일. ② 우익을 겨누고 때림.
右投げ(みぎなげ) 야구 등에서, 오른손으로 던짐. 또, 그 사람.
右回り(みぎまわり) 오른쪽을 향하여 돎. 시계 방향으로 돎.

6 宀 ㊍	宇	집 우・하늘 우 ウ いえ・のき

音読

宇内(うだい) 우내. 천하.
宇宙(うちゅう) 우주. ♣ **~犬**(けん) 우주견 / **~観**(かん) 우주관 / **~船**(せん) 우주선 / **~線**(せん) 우주선 / **~塵**(じん) 우주진.
∥**~開発**(かいはつ) 우주 개발.
~空間(くうかん) 우주 공간.
~工学(こうがく) 우주 공학.
~国際法(こくさいほう) 우주 국제법.
~論的証明(ろんてきしょうめい) 〖哲〗 우주론적 증명.
~物理学(ぶつりがく) 우주 물리학.
~兵器(へいき) 우주 무기.
~飛行士(ひこうし) 우주 비행사.
~産業(さんぎょう) 우주 산업.
~生物学(せいぶつがく) 우주 생물학.
~速度(そくど) 우주 속도.
~連絡船(れんらくせん) 우주 연락선.
~遊泳(ゆうえい) 우주 유영.
~医学(いがく) 우주 의학.
~雑音(ざつおん) 우주 잡음.
~条約(じょうやく) 우주 조약. 우주 공간 평화 이용 조약의 통칭.
~中継(ちゅうけい) 우주 중계.
~進化論(しんかろん) 〖哲〗 우주 진화론.
~探査機(たんさき) 우주 탐사기.
~通信(つうしん) 우주 통신.
~化学(かがく) 우주 화학.

~回帰(かいき) 우주 회기. 니체의 용어로, 우주에서 생긴 일은 영구히 반복된다는 생각.
宇治茶(うじちゃ) 京都(きょうと) 부 宇治 지방에서 나는 차의 총칭.

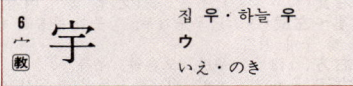

6 艹 ㊇	芋	토란 우 ウ いも

訓読

芋(いも) ① 감자・고구마・토란 등의 총칭. ② (넓은 뜻으로는) 달리아 따위의 뿌리의 지하경(地下茎)도 가리킴. ③ 정도가 낮수 논할 가치도 없음을 비유한 말.
芋幹(いもがら) 토란 줄기.
芋掛け(いもかけ) 〖料〗 참마 따위를 갈아 멀건 장국으로 묽게 한 국물을 친 요리.
芋掘り(いもほり) ① 감자・고구마・토란 등을 캠. 또 그 일을 하는 사람. ② 시골 사람・무지한 사람을 얕잡아 이르는 말. 촌뜨기.
∥**~坊主**(ぼうず) 배운 게 없고 아무 쓸모도 없는 중을 욕하는 말.
芋頭(いもがしら) 토란의 어미 줄기.
芋蔓(いもづる) 토란 또는 고구마 덩굴.
∥**~式**(しき) (고구마 덩굴을 잡아당기면 고구마가 연달아 붙어 나오듯이) 한 가지 일로 말미암아 여러 가지 일이 불거져 나오는 일.
芋名月(いもめいげつ) 음력 8월 15일, 곧 추석날의 달(토란으로 달에게 고사를 지내므로). 「은 밥.
芋飯(いもめし) 토란 또는 고구마를 넣어 지
芋の子(いものこ) ① 어미 토란에 붙어 나는 새끼 토란. ② 토란.
∥**~教育**(きょういく) 상류 계급의 자녀를 특수 학교가 아닌 일반 보통 학교에 넣어 유약한 성질이나 체질을 없애는 교육 방법.
芋刺し(いもざし) 토란을 꼬챙이에 꿰듯 창으로 사람을 찌르는 일.
芋畑(いもばたけ) 감자・고구마・토란 등을 재배하는 밭.
芋畠(いもばたけ) ⇨ **芋畑**(いもばたけ).
芋田楽(いもでんがく) 〖料〗 토란을 무르도록 삶아 꼬챙이에 꿰어서 구운 후 된장을 바른 음식.
芋粥(いもがゆ) ① 고구마를 잘게 썰어 넣고 쑨 죽. ② 얇게 썬 참마에 돌의 잎의 즙을 섞어서 쑨 죽.
芋川饂飩(いもかわうどん) 〖料〗 가죽끈처럼 납작납작하게 만든 국수.
芋虫(いもむし) 나비・나방 따위의 유충으로 몸에 털이 없는 것의 총칭. 특히 박가시나방의 유충.
芋版(いもばん) 고구마판(고구마나 감자를 토막 쳐서 그 단면에 도안을 새긴 판).
芋餡(いもあん) 찐 고구마를 으깨어 설탕을 넣고 만든 빵의 소.

其他

芋茎(ずいき) 토란 줄기.

羽(羽) 깃 우·날개 우 / ウ / は·はね

音読

羽角(うかく) 우각.
羽客(うかく) 우객. 선인(仙人) 등 하늘을 날 수 있는 사람.
羽檄(うげき) 우격. 급한 격문.
羽毛(うもう) 우모. 깃털. 새털.
羽旄(うぼう) 우모.
羽状(うじょう) 우상. 깃 모양. ♣~**脈**(みゃく)〖植〗우상맥.
∥~**複葉**(ふくよう) 우상 복엽.
羽觴(うしょう) 〈참새 깃 모양의〉술잔.
羽扇(うせん) 우선. 새의 깃으로 만든 부채.
羽越(うえつ) '出羽(でわ)の国(くに)'〈지금의 秋田(あきた)·山形(やまがた) 두 현〉와 '越(こし)の国(くに)'〈지금의 新潟(にいがた)·富山(とやま)·福井(ふくい) 등의 여러 현에 걸침〉.
羽翼(うよく) 우익. ① 새의 깃과 날개. ② 도와주는 사람.
羽爵(うしゃく) 술잔.
羽前(うぜん)〖地〗옛 지방 이름. 지금의 山形(やまがた) 현.
羽州(うしゅう)〖地〗⇨羽後(うご).
羽軸(うじく) 우축. 깃대.
羽片(うへん) 우편.
羽翮(うかく) 우핵.
羽化(うか) 우화. ① 번데기가 성충이 됨. ② 날개가 생김.
∥~**登仙**(とうせん) 우화등선.
羽後(うご)〖地〗옛 지방 이름. 지금의 秋田(あきた) 현과 山形(やまがた) 현의 일부.

訓読

羽 ㊀(はね) ① 날개. ② 새털. 깃. ③ 기계·기구 따위에 붙인 날개 같은 것. ㊁(は) 〈雅〉① 날개. ② 화살에 단 깃털. 살 ㊂(わ)《接尾語로》새·토끼 따위를 세는 말. …마리.
羽ぶくら(はぶくら) 화살의 살깃이 붙어 있는 곳.
羽撃き(はばたき) 홰침. 날개 침. *はたたきとも 읽음.
羽撃く(はばたく) 홰치다. 날개 치다.
羽撃つ(はうつ) ⇨ 羽搏つ(はうつ).
羽掛かり(はがかり) 널빤지 등이 서로 겹치는 부분.
羽交い(はがい) ① 새의 두 날개가 겹치는 곳. ② 날개.
∥~**締め**(じめ) 상대의 뒤에서 겨드랑이 밑으로 양팔을 넣어 목 뒤로 꽉 죄는 일.
羽口(はぐち) ① 제방의 사면(斜面). ② 용광로 따위에 열풍(熱風)을 불어 넣거나 강철을 뽑아내는 출구.
∥~**芝**(しば) 제방의 사면에 심은 잔디.
羽根(はね) ① 모감주에 구멍을 뚫어 새의 깃을 몇 개 꽂은 것. ② 날개.
羽根突き(はねつき) 모감주에 새의 깃을 꽂은 제기 비슷한 것을 탁구채 같은 것으로 서로 치는 놀이.
羽根車(はねぐるま) 날개바퀴.
羽団扇(はうちわ) 새의 깃으로 만든 부채. 우선(羽扇). 「이름.
∥~**豆**(まめ) 'ルピナス(=노랑루핀)'의 딴
~**楓**(かえで)〖植〗참단풍나무.
羽瀬(はぜ) ① 고기잡이 발. ② 간장·된장 전국에 박아 국물을 뜨는 용수.
羽利き(はきき) ① 새의 날개가 강함. ② 세력이 있음. 또, 세력가.
羽裏(はうら) 새의 날개 안쪽. 「지.
羽目(はめ) ①〖建〗판자벽. ②〈곤란한〉처
∥~**板**(いた) 벽에 붙인 널빤지.
羽搏き(はばたき) ⇨羽撃き(はばたき).
羽搏く(はばたく) ⇨羽撃く(はばたく).
羽搏つ(はうつ) 새가 날갯짓하다.
羽斑蚊(はまだらか)〖蟲〗학질모기.
羽抜け(はぬけ) 털갈이. 새가 털을 가는 일.
羽抜け鳥(はぬけどり) 털갈이할 때의 새. 또, 털이 빠진 새.
羽房(はぶさ) ☞羽ぶくら(はぶくら).
羽並み(はなみ) 새깃이 나란한 모양.
羽釜(はがま) 전이 달린 솥.
羽糸(はいと) ① 꼬지 않은 생사. ② 단사(單絲). 홑사.
羽色(はいろ) 새 따위의 날개 빛깔.
羽繕い(はづくろい) 새가 날려고 날개를 가다듬음. *はねづくろいとも 읽음.
羽掻き(はねがき) 새가 부리로 깃털을 가다듬기.
羽数(はすう) 새의 (마릿)수. 「듬기.
羽虱(はじらみ) ⇨ 羽蝨(はじらみ).
羽蝨(はじらみ)〖蟲〗깃니. 새이〈주로 새에 기생함〉.
羽飾り(はねかざり) 새털로 만든 모자나 양복 따위의 장식. 새털 장식.
羽隱虫(はねかくし)〖蟲〗반날개.
羽音(はおと) ① 우음. 날개 소리. ② 화살 날아가는 소리. *はねおととも 읽음. 「음.
羽衣(はごろも) 우의. 깃옷. *ういろも 읽
羽蟻(はあり) ① 우의. 교미기의 날개미. *はねありとも 읽음. ② '白蟻(しろあり)(=흰개미)'의 딴이름.
羽二重(はぶたえ) ① 얇고 부드러우며 윤이 나는 순백색 비단. ② 곱고 보드랍고 흼.
∥~**肌**(はだ) 희고 고운 살결.
~**餅**(もち) 求肥(ぎゅうひ) 비슷한 흰떡.
羽子(はご)〈雅〉모감주나무 열매에 새털을 끼운 제기 비슷한 것.
∥~**板**(いた) 羽子(はご)를 쳐 올리고 받고 하는 나무채.
羽子突き(はねつき) ⇨羽根突き(はねつき).
羽子の木(はごのき)〖植〗つくばね의 딴이름. 단향과(科)의 반(半)기생 낙엽 관목.
羽節(はぶし) 깃대. 우간(羽幹).
羽重ね(はがさね) 새의 한쪽 날개가 다른 쪽

날개에 겹쳐 접혀 있는 것.
羽織(はおり) ① 일본옷 위에 입는 짧은 겉옷. ② 羽織芸者의 준말.
∥**~袴**(はかま) 羽織와 '袴(=일본 남자의 하의)'. 또, 그것을 입은 정장 차림.
~紐(ひも) 羽織를 가슴 언저리에서 매는 끈.
~芸者(げいしゃ) 연회석에 羽織를 입고 나오는 芸者. 江戸(えど) 深川(ふかがわ) 芸者의 속칭.
~下(した) 羽織 속에 껴입는 소매 없는 방한용 짧은 옷.
羽織る(はおる) 羽織를 입듯이 옷 위에 걸쳐 입다. 걸치다.
羽振り(はぶり) 세력. 위세. 영향력.
羽車(はぐるま) 신체(神體)를 옮길 때 쓰는 가마. 신여(神輿).
羽尺(はじゃく) 길이가 어른의 羽織(はおり) 한 벌 정도의 천.
羽替え(はがえ) (조류의) 털갈이. 모양.
羽触り(はぶり) 새가 날개를 치는 일. 또, 그
羽帚(はねぼうき) ⇨ 羽箒(はねぼうき).
羽箒(はねぼうき) 새털을 묶어서 만든 비. 장목비.
羽虫(はむし) ① ⇨ 羽蝨(はじらみ). ② 날개가 있는 작은 벌레의 총칭.
羽布(はふ) 글라이더 따위의 날개·동체에 바르는 가볍고 조밀하게 짠 마포(麻布).
羽布団(はねぶとん) 새털 이불.
羽蒲団(はねぶとん) ⇨ 羽布団(はねぶとん).
羽風(はかぜ) (새·곤충의) 날개 바람.
羽休め(はねやすめ) 새가 나뭇가지에 앉아 쉼.

| 7
イ
⼈ | 佑 | 도울 우·도움 우
ユウ
たすける |

音読
佑助(ゆうじょ) 우조. 도움.
逆音
天佑(てんゆう) 천우. 하늘의 도움.
∥**~神助**(しんじょ) 천우신조.

| 7
辶 | 迂 | 멀 우·굽을 우
ウ
まがる |

音読
迂(う) ① 에두름. ② 세상사에 어두움.
迂曲(うきょく) 우곡. 꾸불꾸불 꾸부러짐. 또, 멀리 돎.
迂鈍(うどん) 우둔. 심신의 움직임이 둔한 모양.
迂路(うろ) 우로. 우회로. 돌아가는 길.
迂生(うせい) 우생. 자기의 겸칭. 소생.
迂言(うげん) 우언. 머뭇거려 하는 말.
迂愚(うぐ) 우우. 어리석고 세상사에 어두움.
迂遠(うえん) 우원. 멀리 도는 모양. 에두르는 모양.

迂儒(うじゅ) 우유. 세상 일에 어두운 선비.
迂拙(うせつ) ① 우졸. 어리석고 못남. ② 우생(愚生).
迂闊(うかつ) 우활. 오활. ① 물정에 어두움. ② 주의가 부족하고 멍청한 모양.
迂回(うかい) 우회.

| 8
皿 | 盂 | 사발 우
ウ
はち |

音読
盂蘭盆(うらぼん) 우란분재.
∥**~会**(え) ⇨ 盂蘭盆.

| 8
雨
教 | 雨 | 비 우
ウ
あめ·あま |

音読
雨季(うき) 우계. 우기.
雨期(うき) 우기.
雨奇晴好(うきせいこう) 우기 청호.
雨量(うりょう) 우량. 강수량. ♣**~計**(けい) 우량계.
雨露(うろ) 우로. ① 비와 이슬. ② 큰 은혜. ＊あめつゆ로도 읽음.
雨緑樹林(うりょくじゅりん) 〖地〗 우록 수림. 우기(雨期)에 잎이 나고 건기(乾期)에 잎이 지는 산림.
雨飛(うひ) 비오듯 날아옴〔쏟아짐〕.
雨氷(うひょう) 우빙. 냉각된 빗방울이 떨어져 얼어붙은 것.
雨師(うし) 우사. 우신(雨神).
雨雪(うせつ) 우설. ① 눈비. 진눈깨비. ② 내리는 눈. ＊あまゆき·あめゆきろも 읽음. ♣**~量**(りょう) 우설량.
雨声(うせい) 우성. 빗소리.
雨勢(うせい) 우세. 비가 내리는 형세.
雨食(うしょく) 비로 인한 침식 작용.
雨域(ういき) 우역. 비가 오는 지역.
雨裂(うれつ) 〖地〗 우열. 굴수구(掘水溝).
雨温図(うおんず) 우온도.
雨月(うげつ) ① 우월. ① 비오는 밤의 달. ② 음력 5월의 별칭.
雨衣(うい) 우의. 비옷.
雨意(うい) 우의. 우기(雨氣).
雨滴(うてき) 우적. 빗방울. 낙숫물.
雨中(うちゅう) 우중. 빗속.
雨天(うてん) 우천.
∥**~順延**(じゅんえん) 우천 순연.
雨下(うか) ① 비가 내림. ② 비가 오듯 내리퍼부음.
雨後(うご) 우후. 비온 뒤.
~の筍(たけのこ) 우후죽순.
訓読
雨 ㊀(あめ) 비. 우천.
~降(ふ)**って地**(じ)**固**(かた)**まる** 비 온

뒤에 땅이 굳어진다.
~晴(は)れて笠(かさ)を忘(わす)る 어려웠을 때 진 신세를 그 때가 지나면 잊어버린다는 비유.
㊂(あま)《接頭語로》비의 뜻.
雨脚(あまあし) 빗발. *あめあし로도 읽음.
雨降らし(あめふらし)〖動〗군소.
雨降り(あめふり) 비가 옴. 강우.
雨間(あまあい) 비가 잠깐 멎은 사이. *あめま・あまま로도 읽음.
雨乞い(あまごい) 기우(祈雨).
‖~踊り(おどり) 기우제 때 신불에게 바치는 춤.
~虫(むし) 청개구리의 딴이름.
雨空(あまぞら) 비가 올 듯한 하늘. 또, 비오는 날씨.
雨冠(あまかんむり) 한자 부수의 하나: 비 우 변. *あまかんむり로도 읽음.
雨具(あまぐ) 우구. 우비(雨備)《우산・비옷・나막신 등》. *きぐ로도 읽음.
雨気(あまけ) 우기. 비가 올 듯한 기미. *うき로도 읽음.
雨男(あめおとこ) (가나오나 비를 만난다는 데서) 비를 몰고 다니는 사나이.
雨冷え(あまびえ) 비가 내려 싸늘해짐.
雨雫(あましずく) ① 빗방울. ② 눈물을 흘리며 우는 모양을 일컬음.
雨曇り(あまぐもり) 비가 올 듯이 잔뜩 흐림.
雨落(あまおち) ① 낙숫물이 떨어지는 곳. *あめおちろも 읽음. ② 극장 무대의 바로 앞 쪽 봉당〔관람석〕.
‖~石(いし) 빗물로 땅이 패지 않게 밑에 놓는 돌.
雨籠り(あまごもり) 비에 갇혀 집에 틀어박혀 있음.
雨漏り(あまもり) (지붕・천장에서) 비가 샘. *あめもり로도 읽음.
雨粒(あめつぶ) 빗방울. *あまつぶ로도 읽음.
雨笠(あまがさ) 우립. 비 올 때 쓰는 삿갓.
雨模様(あまもよう) 비가 올 듯한 날씨. *あめもよう로도 읽음.
雨霧(あまぎり) 는개.
雨覆い(あまおおい) ① 비를 막는 덮개. ② 칼집의 등을 덮는 쇠장식.
雨仕舞い(あまじまい) 건물 안에 빗물이 들어오는 것을 막음. 또, 그 시공 방법.
雨傘(あまがさ) 우산.
雨霰(あめあられ) ① 비와 싸라기눈. ② 총알이나 화살이 빗발치듯 함.
雨上がり(あめあがり) 비가 막 갬. 또, 그친 뒤. *あまあがり로도 읽음.
雨続き(あまつづき) 비가 계속 내림. *あめつづき로도 읽음.
雨水(あまみず) ① 우수. 빗물. ② 비가 와서 괸 물.
㊁(うすい) 우수. ① ☞㊀①. ② 24절기의 하나.
雨受け(あまうけ) 처마의 빗물받이 홈통.
雨垂れ(あまだれ) 낙숫물.
‖~落ち(おち) 낙숫물 떨어지는 곳.
~拍子(びょうし) 단조로운 박자〔장단〕.
雨宿り(あまやどり) 비를 그음.

雨湿り(あまじめり) 비로 눅눅해짐.
雨勝ち(あめがち) 비가 잦음.
雨押さえ(あまおさえ) 지붕과 굴뚝 사이 등을 덮어서 비가 들어오는 것을 막는 것.
雨夜(あまよ) 비오는 밤. *うやもよ로도 읽음.
雨染み(あまじみ) 빗물이 스며들어 생긴 얼룩. *あめじみ로도 읽음.
雨蛙(あまがえる)〖動〗우와. 청개구리.
雨外套(あまがいとう) 비옷.
雨雲(あまぐも) 우운. 비구름. 매지구름.
雨栗日柿(あまぐりひがき) 비가 많은 해는 밤이 잘되고, 맑은 날이 많은 해는 감이 잘된다는 말.
雨隠れ(あまがくれ) 비를 그음.
雨音(あまおと) 빗소리.
雨足(あまあし) ☞雨脚(あまあし).
雨車(あまぐるま) 빗소리를 내기 위한 소도구.
雨着(あまぎ) 비옷.
雨催い(あまもよい) 비가 올 듯한 날씨.
雨台風(あめたいふう) 바람보다도 비의 영향이 큰 태풍.
雨樋(あまどい) (빗물) 홈통. 물받이.
雨曝し(あまざらし) 비를 맞게 내버려둠.
雨風 ㊀(あめかぜ) ① 비바람. ② 술도 마시고 사탕도 좋아함.
‖~食堂(しょくどう) 사탕・술・밥 등 아무것이나 제공하는 식당.
㊁(あまかぜ) 비를 머금은 축축한 바람. 비와 함께 부는 바람.
雨皮(あまかわ) 유지(油紙)로 만든 비 막는 덮개.
雨避け(あまよけ) ① 비를 막는 덮개. ② 비를 그음.
雨合羽(あまがっぱ) 비옷.
雨戸(あまど) (비바람을 막기 위한) 덧문.
雨虎(あめふらし)〖動〗군소.
雨靴(あまぐつ) 우화. 비신.

| 9 ネ 入 | 祐(祐) | 도울 우
ユウ
たすける |

音読
祐筆(ゆうひつ) 옛날, 귀인 밑에서 서기 직분을 맡은 사람.

逆音
天祐(てんゆう) 천우.
‖~神助(しんじょ) 천우신조.

| 9 疒 | 疣 | 혹 우
ユウ
いぼ |

音読
疣贅(ゆうぜい) 우췌. 혹. 사마귀.

訓読
疣(いぼ) ① 사마귀. ② 작은 돌기물. 혹.
疣蛙(いぼがえる)〖動〗① '土蛙(つちがえる)(=옴개구리)'의 딴이름. ② '蟇蛙(ひきが

疣疣(いぼいぼ) 사마귀 또는 사마귀 모양의 돌기물이 많음.
疣鯛(いぼだい)〖魚〗샛돔.
疣痔(いぼじ) 수치질. 치핵.

9 糸	紆	얽힐 **우**·굽을 **우** **ウ** まがる・まげる

音読▶

紆曲(うきょく) 우곡. 꾸불꾸불 꾸부러짐. 또, 멀리 돎.
紆余曲折(うよきょくせつ) 우여곡절.

11 イ 常	偶	짝 **우**·우연 **우** **グウ·グ** たまたま

音読▶

偶感(ぐうかん) 우감. 우연히 마음에 떠오르는 감상.
偶関数(ぐうかんすう)〖数〗우함수.
偶力(ぐうりょく)〖理〗우력. 짝힘.
偶発(ぐうはつ) 우발.
‖~犯(はん)〖法〗우발범. 기회범.
~戦争(せんそう) 우발 전쟁.
~債務(さいむ)〖經〗우발 채무.
偶像(ぐうぞう) 우상. ♣~化(か) 우상화.
‖~崇拝(すうはい) 우상 숭배.
~破壊(はかい) 우상 파괴.
偶成(ぐうせい) 우성. 우연히 성립됨.
偶数(ぐうすう)〖数〗우수. 짝수.
偶語(ぐうご) 우어. 마주 대하여 이야기함.
偶然(ぐうぜん) 우연. ♣~論(ろん)〖哲〗우연론 / ~性(せい) 우연성.
‖~命題(めいだい)〖哲〗우연 명제.
~的(てき) 우연적. ♣~真理(しんり)〖哲〗우연적 진리.
偶列(ぐうれつ) 우열. 짝수에 해당하는 줄.
偶詠(ぐうえい) 우영. 언뜻 마음에 떠오른 대로 시가(詩歌)를 읊음. 또, 그 시가.
偶有(ぐうゆう) 우유. 우연히 갖춤. ♣~性(せい) 우유성.
偶吟(ぐうぎん) ☞ 偶詠(ぐうえい).
偶人(ぐうじん) 우인. 인형.
偶因(ぐういん) 우인. 우연적인 사정·원인.
偶作(ぐうさく) 우작. 우연한 기회에 지음. 또, 그 작품.「(日).
偶蹄類(ぐうているい)〖動〗우제류. 소목
偶坐(ぐうざ) ☞ 偶座(ぐうざ).
偶座(ぐうざ) 우좌. 대좌.

訓読▶

偶 ㊀(たまたま) ①가끔. 이따금. ②(마침 그때) 우연히. 때마침.
㊁(たま) 드문 모양.
㊂(ぐう) 둘로 나누어짐.
偶さか(たまさか) ①드물게. 어쩌다. ②우

연히. 뜻하지 않게.
偶に(たまに) 드물게. 때로는. 이따금.
偶偶(たまたま) ⇨ 偶(たまたま).

11 阝 教	郵	우편 **우**·역말 **우** **ユウ** しゅくば

音読▶

郵券(ゆうけん) 우표.
郵袋(ゆうたい) 우편 행낭(行囊).
郵相(ゆうしょう) ☞ 郵政相(ゆうせいしょう)
郵書(ゆうしょ) 우서. 우편으로 보내는 편
郵船(ゆうせん) 우선. 우편선(郵便船).
郵税(ゆうぜい) 우편 요금.
郵送(ゆうそう) 우송. ♣~料(りょう) 우송
郵信(ゆうしん) 우신. ⌊료.
郵貯(ゆうちょ) '郵便貯金(ゆうびんちょきん)(=우편 저금)'의 준말.
郵政(ゆうせい) 우정. 우편에 관한 행정.
♣~局(きょく) 우정국 / ~相(しょう) 우정상 / ~省(しょう) 우정성.
郵趣(ゆうしゅ) 우표 수집 취미.
郵便(ゆうびん) 우편. ♣~物(ぶつ) 우편물 / ~法(ほう) 우편법 / ~船(せん) 우편선.
‖~脚夫(きゃくふ) 郵便集配人(しゅうはいにん)의 옛 이름.
~局(きょく) 우편국. 우체국.
~禁製品(きんせいひん) 우편 금제품.
~配達(はいたつ) 우편 배달.
~番号(ばんごう) 우편 번호.
~私書箱(ししょばこ) 우편 사서함.
~箱(ばこ) ① ☞ 郵便受け(ゆうびんうけ). ③우편물 상자.
~書簡(しょかん) 봉함 엽서.
~受け(うけ) 편지통(대문 따위에 있는).
~年金(ねんきん) 우편 연금.
~葉書(はがき) 우편 엽서.
~料金(りょうきん) 우편 요금.
~為替(がわせ) 우편환(郵便換). *ゆうびんかわせ로도 읽음.
~貯金(ちょきん) 우편 저금.
~切手(きって) 우표.
~振替(ふりかえ) 우편 대체.
~集配人(しゅうはいにん) 우편 집배원.
~行囊(こうのう) 우편 행낭.

12 宀	寓	부처살 **우**·핑계삼을 **우** **グウ** よせる・よる

音読▶

寓(ぐう) 주거. 특히 임시 거처.
寓する(ぐうする) 우거(寓居)하다. 임시 거처에 살다.
寓居(ぐうきょ) 우거. ①임시 거처. ②자기 집의 낮춤말.

寓目(ぐうもく) 우목. 관심을 둠. 주목함.
寓舎(ぐうしゃ) 우사. ①임시 거처. 우거. ②여인숙. 숙소.
寓生(ぐうせい) 우생. 남에게 의존하여 삶. 또, 그런 사람.
寓言(ぐうげん) 우언. 우화(寓話).
寓意(ぐうい) 우의. 어떤 일에 빗대어 뜻을 은연중에 나타냄. 또, 그 뜻.
‖〜小説(しょうせつ) 우의 소설.
寓話(ぐうわ) 우화.

遇 (遇) 만날 우·대접할 우
12 辶 常
グウ
あう

音読→
遇する(ぐうする) 대우하다. 대(접)하다.
遇知(ぐうち) 지우(知遇)를 받음.
訓読→
遇う(あう) 우연히 만나다[겪다].

隅 모퉁이 우·귀 우
12 阝 常
グウ
すみ・くま

音読→
隅角(ぐうかく) 우각. ①모퉁이. 구석. ②〔數〕다면각.
訓読→
隅(すみ) ①모퉁이. ②구석.
〜に置(お)けない 허투루 볼 수 없다. 여간 아니다.
隅っこ(すみっこ) 귀퉁이. 가장자리.
隅棚(すみだな) 방 귀퉁이에 설치한 선반.
隅隅(すみずみ) 구석구석. 모든 곳.
隅違い(すみちがい) 대각선.

愚 어리석을 우
13 心 常
グ
おろか

音読→
愚(ぐ) ①어리석은 일[사람]. ②자기를 낮추어 일컫는 말. 저.
〜の骨頂(こっちょう) 더없이 어리석음.
〜にも付(つ)かぬ 아주 바보스럽다.
愚挙(ぐきょ) 우거. 어리석은 짓.
愚見(ぐけん) 우견. 자기 의견의 겸사말.
愚計(ぐけい) 우계. ①어리석은 계책. ②자기 계략의 겸사말.
愚考(ぐこう) 우고. ①어리석은 생각. ②자기 생각의 겸사말.
愚稿(ぐこう) 우고. 자기 원고의 겸사말.
愚女(ぐじょ) ①우녀. 어리석은 여자. ②여성이 자기를 낮추어 일컫는 말. ③자기 딸의 겸칭.
愚答(ぐとう) 우답.
愚図(ぐず) 행동·결단이 굼뜨고 꾸물거림. 또, 그 사람.
愚図つく(ぐずつく) ①날씨가 꾸물거리다. ②꾸물거리다. 주춤거리다.
愚図る(ぐずる) ①꾸물대다. ②떼를 쓰다. ③〈俗〉시비를 걸다.
愚図愚図(ぐずぐず) ①판단·행동이 굼뜬 모양. 꾸물꾸물. ②불평·불만을 중얼거리는 모양. 투덜투덜.   「컨는 말. 소승.
愚禿(ぐとく) 우독. 승려가 자기를 낮추어 일
愚鈍(ぐどん) 우둔.
愚慮(ぐりょ) 어리석은 생각. 자기 생각을 낮추어 일컫는 말.
愚連隊(ぐれんたい) 〈俗〉(유흥장·번화가를 중심으로 행패를 일삼는) 불량배. 깡패.
愚老(ぐろう) 우로. 노인이 자기를 겸손하게
愚論(ぐろん) 우론.   「일컫는 말.
愚弄(ぐろう) 우롱. 깔보고 놀림.
愚陋(ぐろう) 우루. 어리석고 째째함.
愚妹(ぐまい) 우매. ①못난 여동생. ②자기 여동생의 겸칭.
愚昧(ぐまい) 우매.
愚母(ぐぼ) 우모. 자기 어머니의 겸칭.
愚蒙(ぐもう) 우몽. 우매.
愚問(ぐもん) 우문.
愚物(ぐぶつ) 우물. 어리석은 사람.
愚迷(ぐめい) 우미. 우매.
愚民(ぐみん) 우민. 어리석은 백성.
‖〜政策(せいさく) 우민 정책.
愚父(ぐふ) 우부. 자기 아버지의 겸칭.
愚婦(ぐふ) 우부. 자기 아내의 겸칭.
愚生(ぐせい) 우생. (편지에서) 자기의 겸칭.
愚書(ぐしょ) 우서. ①시시한 책. ②자기의 저서나 편지의 겸칭.
愚説(ぐせつ) 우설. ①자기말의 겸칭. ②어리석은 설.   「道).
愚僧(ぐそう) 우승. 소승(小僧). 빈도(貧
愚息(ぐそく) 우식. 돈아(자기 아들의 겸칭).
愚臣(ぐしん) 우신. ①신하. ②주군(主君)에 대한 자기의 겸사말.
愚案(ぐあん) 우안. 어리석은 생각(특히 자기의 안에 대한 겸사말).
愚暗(ぐあん) 우암. 어리석어 도리에 어두움.
愚闇(ぐあん) ⇨ 愚暗(ぐあん).
愚劣(ぐれつ) ①우열. 어리석고 못남. ②시시함.
愚詠(ぐえい) 자작 시가(詩歌)의 겸칭.
愚意(ぐい) 우의. 제 생각(겸사의 말).
愚人(ぐにん) 우인. 어리석은 사람. 우자.
  * ぐじん으로도 읽음.
愚者(ぐしゃ) 우자. 바보.
愚作(ぐさく) 우작. ①시시한 작품. ②자기 작품의 겸사말.
愚才(ぐさい) 우재. 자기 재능의 겸사말.
愚弟(ぐてい) 우제. ①자기 아우의 겸칭. ②어리석은 동생.
愚存(ぐぞん) 우고. 자기 생각의 겸칭.
愚拙(ぐせつ) ①우졸. 어리석고 못남. ②자기의 겸칭. 우생(愚生).

愚直(ぐちょく) 우직.
愚札(ぐさつ) 우찰. 자기 편지의 겸칭.
愚察(ぐさつ) 우찰. 자기 주장·관찰의 겸칭.
愚策(ぐさく) 우책. ①어리석은 방책. ②자기 방책의 겸사말.   「겸칭.
愚妻(ぐさい) 우처. 형처(荊妻). 자기 아내의
愚衷(ぐちゅう) 우충. 자기 마음〔성의〕의 겸
愚痴(ぐち) 푸념. 계정.   └사말.
愚痴っぽい(ぐちっぽい) 푸념이 많다. 잘 계정거리다.
愚痴る(ぐちる)〈俗〉푸념하다.
愚癡(ぐち) ⇨ 愚痴(ぐち).   「(ちっぽい).
愚癡っぽい(ぐちっぽい) ⇨ 愚痴っぽい(ぐ
愚痴話(ぐちばなし) 푸념. 넋두리.
愚筆(ぐひつ) 우필. ①서투른 글씨. ②자기의 글씨를 낮추어 일컫는 말.
愚行(ぐこう) 우행. 어리석은 짓.
愚兄(ぐけい) 우형. ①어리석은 형. ②자기 형의 겸칭.

訓読
愚か(おろか) 어리석음.
愚かしい(おろかしい) 바보 같다. 어리석다.
愚か者(おろかもの) 바보. 멍텅구리.

13 虍 常
虞(虞)
염려할 우·근심할 우
グ
おそれ

音読
虞美人草(ぐびじんそう)〖植〗우미인초. 양귀비.
虞犯(ぐはん) 우범. 죄를 범할 우려가 있음.
‖〜少年(しょうねん) 우범 소년.

訓読
虞(おそれ) 염려. 우려.

15 心 常
憂
근심 우·병 우
ユウ
うれえる·うれい·うい

音読
憂苦(ゆうく) 우고. 근심과 괴로움.
憂惧(ゆうぐ) 걱정이 되어 두려운 일.
憂国(ゆうこく) 우국.
憂慮(ゆうりょ) 우려.
憂悶(ゆうもん) 우민. 근심하고 번민함.
憂憤(ゆうふん) 우분. 걱정하고 분개함.
憂思(ゆうし) 근심. 걱정. 우심(憂心).
憂色(ゆうしょく) 우색. 근심하는 기색.
憂世(ゆうせい) 우세. 우국(憂國).
憂愁(ゆうしゅう) 우수.
憂心(ゆうしん) 우심. 걱정하는 마음.
憂鬱(ゆううつ) 우울. ♣〜症(しょう) 우울증/〜質(しつ)〖心〗우울질.
憂戚(ゆうせき) 우척. 걱정하고 마음 아파함.
憂患(ゆうかん) 우환. 걱정. 근심.

訓読
憂い ㊀(うれい) ①근심. 걱정. ②기중(忌中). ③〈古〉한탄하여 호소함.
㊁(うい)〈雅〉괴롭다. 고통스럽다.
憂う(うれう)〈文〉근심하다. 걱정하다.
憂き(うき) 괴로운 일. 슬픈 일.
憂さ(うさ) 괴로움. 근심. 시름.
憂わしい(うれわしい) 우려되다. 근심되다.
憂き苦労(うきくろう) 걱정. 근심. 고생.
憂き目(うきめ) 쓰라림. 괴로운 체험.
憂い事(うれいごと) 슬픈 일. 근심스러운 일.
憂き世(うきよ) 쓰라린 세상.
憂や辛や(うやつらや) 시름이여 괴로움이여. 시름과 괴로움.
憂き身(うきみ) 괴로운〔고달픈〕신세.「정.
憂い顔(うれいがお) 슬픈 얼굴. 쓸쓸한 표
憂き人(うきひと) 자기에게 박정하게 구는 사람. 무정한 사람.   「슬픈 일.
憂き節(うきふし)〈雅〉괴로운 점. 쓰라리고
〜の里(さと) 괴롭고 슬픈 일이 많은 마을. 곧, 유곽을 이름.
憂き晴らし(うさばらし) (괴로움·근심 등을 잊기 위한) 기분 전환〔풀이〕. 소창(消暢). 또, 그 수단.
❖憂える(うれえる) 걱정하다. 근심하다.
憂え(うれえ) ☞憂い(うれい).

15 耒
耦
짝 우·나란히갈 우
グウ

音読
耦語(ぐうご) 우어. 마주 대하여 이야기함.

17 イ 教
優
부드러울 우·뛰어날 우
ユウ
やさしい·すぐれる·
まさる·わざおぎ

音読
優 ㊀(ゆう) 우《성적을 나타내는 말》.
㊁(やさ)《接頭語로》우아한 느낌의.
優に(ゆうに) ①우아하게. ②충분히. 좋이.
優待(ゆうたい) 우대. 후대. ♣〜券(けん) 우대권.
優等(ゆうとう) 우등. ♣〜生(せい) 우등생.
優良(ゆうりょう) 우량. 우수. ♣〜株(かぶ) 우량주/〜品(ひん) 우량품.
‖〜住宅部品(じゅうたくぶひん) 우량 주택 부품.
優麗(ゆうれい) 우려. 우미(優美)하고 화려
優美(ゆうび) 우미.   「함.
優賞(ゆうしょう) (윗사람이 아랫사람의 공을) 후히 상찬함. 또, 후한 상.
優生(ゆうせい) 우생. ♣〜学(がく) 우생
‖〜結婚(けっこん) 우생 결혼.   └학.
〜保護法(ほごほう) 우생 보호법.
〜手術(しゅじゅつ)〖生〗우생 수술.
優先(ゆうせん) 우선. ♣〜権(けん) 우선권/〜的(てき) 우선적/〜株(かぶ)〖經〗우선주.

‖~弁済(べんさい)〖法〗우선 변제.
~順位(じゅんい) 우선 순위.
優性(ゆうせい)〖生〗우성.
‖~の法則(ほうそく)〖生〗우성의 법칙.
~遺伝子(いでんし)〖生〗우성 유전자.
優勢(ゆうせい) 우세.
‖~勝ち(がち) 우세승.
優秀(ゆうしゅう) 우수. ♣~性(せい) 우성.
優勝(ゆうしょう) 우승. ♣~旗(き) 우승기 / ~馬(うま) 우승마 / ~杯(はい) 우승배 / ~者(しゃ) 우승자.
‖~劣敗(れっぱい) 우승 열패. 적자 생존.
優雅(ゆうが) 우아.
優渥(ゆうあく) 우악. 은혜가 넓고 두터움.
優然(ゆうぜん) 우연. 누긋하고 안정된 모습.
優劣(ゆうれつ) 우열.
優艶(ゆうえん) (여자가) 고상하고 아름다움.
優遇(ゆうぐう) 우대(優待).
‖~金利(きんり) 우대 금리.
優優(ゆうゆう) 〈雅〉① 얌전하고 유순한 모양. ② 한가롭고 느린 모양.
優婉(ゆうえん) (여자가) 상냥하고 정숙함.
優越(ゆうえつ) 우월. ♣~感(かん) 우월감.
優位(ゆうい) 우위.
優柔(ゆうじゅう) 우유. 결단력이 적음.
‖~不断(ふだん) 우유부단.
優游(ゆうゆう) ⇨ 優遊(ゆうゆう).
優遊(ゆうゆう) 우유. ① 편안하고 한가롭게 지냄. ② 과단성이 없는 모양.
‖~不断(ふだん) ☞ 優柔不断(ゆうじゅうふだん).
優者(ゆうしゃ) ① 우수한 사람. ② 우승한 사람. 승자(勝者).
優作(ゆうさく) 우수작.
優長(ゆうちょう) 우수하고 뛰어남.
優占(ゆうせん)〖生〗우점. ♣~種(しゅ) 우점종.
優詔(ゆうしょう) 우조. 은혜가 두터운 임금의 말씀.
優駿(ゆうしゅん) 우수한 경주용의 말. 준마.
優退(ゆうたい) (토너먼트 방식의 테니스 경기 등에서) 계속해서 몇 경기 이겼기 때문에 그 이상은 (규약에 의하여) 경기를 않고 물러나는 일.
優弧(ゆうこ)〖数〗우호.
優恤(ゆうじゅつ) 우휼. 불쌍히 여겨 후하게 베풂.

▶訓読◀
❖優しい(やさしい) ① 온순하다. 상냥하다. ② 아름답다. 우아하다.
優し(やさし) 〈文〉☞ 優しい(やさしい).
❖優る ㊀(まさる) (보다 더) 낫다. 우수하다.
㊁(すぐる) 〈文〉☞ 優れる(すぐれる).
優り(まさり) 나음. 우월함.
‖~劣り(おとり) 우열. 우수함과 열등함.
❖優れる(すぐれる) 뛰어나다. 우수하다. 훌륭하다.
優れて(すぐれて) 특별히. 뛰어나게. 두드러지게.

優れない(すぐれない) (건강・기분・병・날씨・성적 따위가) 좋은 상태가 아니다. 시원치 않다.
優れ物(すぐれもの) ① ☞ 優れ人(すぐれびと). ② 뛰어난 물품. 최상의 물품.
優れ人(すぐれびと) 많은 사람 중에서 특히 뛰어난 사람. 걸출한 사람.

▶其他◀
優男(やさおとこ) 싹싹한(상냥한, 예쁘장한) 남자.
優女 ㊀(やさおんな) 상냥한(다정한) 여자. 온순하고 아름다운 여자.
㊁(ゆうじょ) 용모가 단정하고 정숙한 여자.
優曇華(うどんげ) ① 우담화《상상의 식물》. ② 천장이나 나뭇가지 등에 슬어 놓은 풀잠자리의 알. ③〖植〗인도산 무화과나무의 일종.
優文(やさぶみ) 연문(戀文).
優婆塞(うばそく)〖佛〗우바새. 속인인 채로 불교를 믿는 남자.
優婆夷(うばい)〖佛〗우바이. 속인인 채로 불문에 든 여자.
優人(やさびと) 상냥한 사람. 정숙하고 고상한 사람.
優姿(やさすがた) 아름다운 모습.
優形(やさがた) ① (몸매가) 날씬하고 품위가 있음. ② 상냥함.

| 19
艹 | 藕 | 연뿌리 우
グウ
はす |

▶音読◀
藕糸(ぐうし) 연(蓮) 줄기.

| 24
歯 | 齲 | 충치 우
ウ
むしば |

▶訓読◀
齲歯(むしば) 우치. 충치. ＊うし・くしろ도 읽음.

욱

| 6
日㊇ | 旭 | 아침해 욱・해뜰 욱
キョク
あさひ |

▶音読◀
旭光(きょっこう) 욱광. 아침 햇빛.
旭旗(きょっき) 일장기.
旭日(きょくじつ) 욱일. 아침해.
‖~旗(き) 아침해를 상징한 기《전에, 일본 군대의 군함기 따위》.
~昇天(しょうてん) 욱일 승천. 세력이 성함.

▶訓読◀
旭(あさひ) 아침해.

郁 (9 阝 人)
성할 욱
イク
かぐわしい

音読
郁文(いくぶん) 욱문. 문물이 성함.
郁氛(いくふん) 욱분. 향기가 좋은 기분.
郁郁(いくいく) 욱욱. ① 문화가 찬란한 모양. ② 향기가 많은 모양.

其他
郁子(むべ) 〖植〗 멀꿀.

燠 (17 火)
따뜻할 욱
イク・オウ・ウ
おき・あたたかい

訓読
燠(おき) ① 빨갛게 핀 숯불. ② (장작 등이) 타다 남아 뜬숯같이 된 것.
燠す(おこす) 불을 피우다. 불기운을 돋우다.
燠る(おこる) 불이 활활 피어 오르다.
燠掻き(おきかき) ① 부지깽이. ② 철제(鐵製) 부삽.
燠火(おきび) 빨갛게 핀 숯불. 잉걸불.

운

云 (4 二)
이를 운·말할 운
ウン
いう・いわく

音読
云云(うんぬん) 운운. 「일.
云為(うんい) 운위. 언행. 말하는 것과 하는
云爾(うんじ) 운이. 문장의 끝에 써 위에 말한 바와 같음을 나타내는 말.

訓読
云う(いう) 말하다. 이야기하다.

芸 (8 艹)
운향 운·김맬 운
ウン
くさぎる

音読
芸閣(うんかく) 운각. 궁중의 서고(書庫).
芸香(うんこう) 운향. 향초의 하나.

耘 (10 耒)
김맬 운
ウン
くさぎる

訓読
耘る(くさぎる) 〈雅〉 김(을) 매다.
逆音
耕耘機(こううんき) 경운기.

運(運) (12 辶 教)
옮길 운·운 운
ウン
はこぶ・めぐらす・めぐる

音読
運(うん) 운. 운명. 운수.
運ちゃん(うんちゃん) 운전 기사《멸시 또는 친밀감을 가지고 부르는 말》.
運鉱船(うんこうせん) 광석 운반선.
運弓(うんきゅう) 운궁. 바이올린 따위를 켤 때의 활의 사용법. ♣~法(ほう) 운궁법.
運根鈍(うんこんどん) 운명에 순종하고, 참을성과 끈질김을 가질 것이며, 너무 꾀바르게 굴지 않음이 세상을 살아가는 비결이라는 말.
運気(うんき) ① 자연 현상에 사람의 운명을 빗대어서 길흉을 판단하는 일. ② 운. 운수.
運動(うんどう) 운동. ♣~家(か) 운동가 / ~具(ぐ) 운동구 / ~野(や) 〖生〗 운동령(領) / ~員(いん) 운동원 / ~場(じょう) 운동장 / ~学(がく) 운동학 / ~靴(ぐつ) 운동화 / ~会(かい) 운동회.
∥~競技(きょうぎ) 운동 경기.
~量(りょう) 운동량. ♣~保存の法則(ほぞんのほうそく) 운동량 보존 법칙.
~麻痺(まひ) 운동 마비.
~摩擦(まさつ) 운동 마찰.
~方程式(ほうていしき) 운동 방정식.
~の法則(ほうそく) 운동 법칙.
~星団(せいだん) 〖天〗 운동 성단. 「어중.
~性失語症(せいしつごしょう) 운동성 실
~性言語中枢(せいげんごちゅうすう) 운동성 언어 중추.
~神経(しんけい) 운동 신경.
~失調(しっちょう) 운동 실조.
~療法(りょうほう) 운동 요법.
~資金(しきん) 운동 자금.
~障害(しょうがい) 운동 장애.
~中枢(ちゅうすう) 운동 중추. 「どん).
運鈍根(うんどんこん) ☞運根鈍(うんこん
運命(うんめい) 운명. ♣~観(かん) 운명관 / ~論(ろん) 운명론. ♣~愛(あい) 〖哲〗 운명애 / ~的(てき) 운명적.
∥~共同体(きょうどうたい) 운명 공동체.
~劇(げき) 〖文〗 운명극. 운명 비극.
運搬(うんぱん) 운반.
∥~作用(さよう) 〖地〗 운반 작용.
運歩(うんぽ) ① 걸어 나아감. ② 운반함. ③ 일의 되어가는 형편.
運否天賦(うんぷてんぷ) 운부천부. 운의 길흉은 하늘이 정하는 것임.
運算(うんざん) 운산.
運上(うんじょう) 중세(中世) 때, 공물(公物)을 京都(きょうと)에 운반하여 바친 일.
運勢(うんせい) 운세. 장차의 운명.
運送(うんそう) 운송. ♣~料(りょう) 운송료 / ~船(せん) 운송선 / ~業(ぎょう) 운송업 / ~人(にん) 운송인 / ~賃(ちん) 운임 /

雲 1061

~状(じょう) (운)송장. / ~店(てん) 운송점.
∥~契約(けいやく) 운송 계약.
~保険(ほけん) 운송 보험.
~証券(しょうけん) 운송 증권.
~取扱人(とりあつかいにん) 운송업자.
運輸(うんゆ) 운수. ♣~省(しょう) 운수성 / ~業(ぎょう) 운수업.
∥~大臣(だいじん) 운수 대신. 운수상.
~相(そう) 운수상. 운수 대신.
運試し(うんだめし) 운수가 좋고 나쁨을 시험함.
運営(うんえい) 운영.
運用(うんよう) 운용.
運任せ(うんまかせ) 일의 성패를 운명에 맡김.
運賃(うんちん) 운임. 삯. ♣~表(ひょう) 운임표.
∥~同盟(どうめい) 운임 동맹.
~保険(ほけん) 운임 보험.
~前払い(まえばらい) 운임 선불.
運積土(うんせきど) 〖地〗운적토. 이적토(移積土).
運転(うんてん) ①운전. ②(돈의) 회전. ♣~台(だい) 운전대 / ~手(しゅ) 운전수.
∥~系統(けいとう) 운전 계통.
~免許(めんきょ) 운전 면허.
~士(し) 운전사. 운전 기사.
~資金(しきん) 운전 자금.
運漕(うんそう) 운조. 해상 운수(업).
運座(うんざ) 출석자가 같은 제목 또는 각자가 다른 제목으로 俳句(はいく)를 지어 잘된 것을 호선하는 모임.
運指(うんし) 운지. (악기를 다룰 때의) 손가락 놀리는 법.
運の尽き(うんのつき) 운이 다함.
運尽く(うんずく) 운에 맡김.
運針(うんしん) (재봉에서) 바늘 쓰는 법. 제∥~縫い(ぬい) 홈질. └매는 법.
運筆(うんぴつ) 운필. 붓을 놀리는 법.
運河(うんが) 운하.
運航(うんこう) 운항.
運行(うんこう) 운행.
運休(うんきゅう) 운휴.

訓読
❖運ぶ(はこぶ) ①운반하다. ②진행시키다. 진척시키다. ③진척되다.
運び(はこび) ①운반. ②(일의) 진행. 진척. ③걸음걸이. ④(일이) 어느 단계에 이름.
運び込む(はこびこむ) 물건을 날라 어느 장소에 들여 넣다.
運び出す(はこびだす) (물건을 어느 장소에서) 바깥으로 운반해 내다.

| 12
雨
教 | 雲 | 구름 운
ウン
くも |

音読
雲客(うんかく) ①4품·5품 이상과 6품의 蔵人(くろうど)로 정전에 오를수있는 당상관.
②☞雲上人(うんじょうびと).
雲高(うんこう) 운고. 구름의 높이.
雲級(うんきゅう) 〖氣〗운급. 구름의 모양·성질로 분류한 것. 구름 분류.
雲気(うんき) 운기. 구름. 구름과 같이 올라가는 기(氣).
雲泥(うんでい) 운니. 구름과 흙.
雲台(うんだい) 삼각가(三脚架) 위에서 카메라를 고정시키는 대.
雲鑼(うんら) 운라. 중국의 타악기.
雲量(うんりょう) 운량. 구름양.
雲竜型(うんりゅうがた) 일본 씨름에서 横綱(よこづな)가 씨름판에 등장할 때의 한 형(型).
雲母(うんも) 〖鑛〗운모. 돌비늘. *うんぼ·きらら로도 읽음.
雲霧(うんむ) 운무. 구름과 안개.
雲伯(うんぱく) 出雲(いずも)의 국(くに)와 伯耆(ほうき)의 국의 총칭. └짐.
雲散(うんさん) 운산. 구름같이 흩어져 사라~霧消(むしょう) 운산 무소. 구름이나 안개가 흔적없이 사라지듯이 흩어져 없어짐.
雲上(うんじょう) ①구름 위. ②궁중. *옛날에는 궁중을 가리키도 했음.
∥~人(びと) 궁중에도 출입하는 사람〔귀족〕.
雲水(うんすい) 운수. ①구름과 물. ②운수승(僧). 행각승(行脚僧).
雲壤(うんじょう) 운양. 구름과 흙.
雲烟(うんえん) ⇨雲煙(うんえん).
雲煙(うんえん) 운연. ①구름과 연기. ②산수화의 한 화법(으로 그려진 명화).
∥~過眼(かがん) 운연 과안. 구름이나 연기가 이내 눈앞을 지나 형적이 없어지듯 사물에 깊이 집착하지 아니함.
~万里(ばんり) 구름이나 연기가 멀리 그리고 길게 뻗치는 모양.
~飛動(ひどう) ①구름·연기가 눈앞을 지나가는 모양. 자연의 풍물. ②필세(筆勢)가 생동감이 있음.
~縹緲(ひょうびょう) 운연 표묘. 구름·연기가 옆으로 길게 낀 모양.
雲影(うんえい) 운영. 구름의 그림자.
雲霓(うんげい) 운예. 구름과 무지개.
雲翳(うんえい) 운예. 구름으로 하늘이 흐림.
雲外(うんがい) 구름 위. └어두움.
雲容(うんよう) 운용. 구름의 모양.
雲雨(うんう) 운우. ①구름과 비. ②남녀간의 육체적인 어울림.
雲斎(うんさい) 雲斎織(うんさいおり)의 준말. 사문직(紋織)의 두꺼운 무명.
雲底(うんてい) 운저. 구름의 제일 낮은 곳.
雲頂(うんちょう) 운정. 구름의 제일 높은 곳.
雲梯(うんてい) 운제. 수평사다리. └곳.
雲際(うんさい) 운제. 아득한 하늘.
雲州(うんしゅう) 옛 지명. 지금의 島根(しまね) 현 동부.
雲州蜜柑(うんしゅうみかん) 〖植〗온주(温州)귤. 대표적인 귤의 한 품종.

雲集(うんしゅう) 운집. 구름처럼 모임.
‖～霧散(むさん) 운집 무산. 많은 것이 구름처럼 모였다가 흩어지는 일.
雲版(うんぱん) 〖佛〗 운판. 구름 모양의 구리 또는 철제의 타악기.
雲表(うんぴょう) 운표. 구름 위.
雲霞(うんか) 운하. ①구름과 놀. ②대단히 많은 사람이 모인 모양.
雲漢(うんかん) 운한. 은하수.
雲海(うんかい) 운해. 구름 바다.
雲向(うんこう) 운향. 구름이 움직이는 방향.

訓読

雲(くも) 구름.
雲脚(くもあし) ⇨ 雲足(くもあし).
雲間(くもま) 구름 사이.
雲介(くもすけ) ⇨ 雲助(くもすけ).
雲居(くもい) 〈雅〉 (산허리 따위에) 구름이 기다랗게 끼어 있는 곳. 또, 높고 멀리 떨어진 곳. 궁중.
雲の掛け橋(くものかけはし) ①㉠(산허리 따위에) 기다랗게 낀 구름. ㉡높은 절벽 위에 만든 다리. ㉢궁중의 딴이름. ②운제(雲梯).
雲路(くもじ) 〈雅〉 구름길. 구름이 가는 곳.
雲物理学(くもぶつりがく) 구름 물리학. 구름이나 비의 생성 과정과 구름의 구조를 물리학적으로 연구하는 기상학의 한 분야.
雲の峰(くものみね) 뭉게구름. 적운.
雲の上(くものうえ) ①구름 위. ②〈雅〉 궁중(宮中).
雲隠れ(くもがくれ) ①〈雅〉 (달이) 구름에 가려짐. ②자취를 감춤.
雲切れ(くもぎれ) 구름 사이.
雲井(くもい) ⇨ 雲居(くもい).
雲の梯(くものかけはし) ⇨ 雲の掛け橋(くものかけはし).
雲助(くもすけ) ①江戸(えど) 시대에, 역참이나 나루터 따위에서 일하던 뜨내기 교군꾼. ②못된 놈.
‖～根性(こんじょう) 남의 약점을 잡아 등쳐 먹는 비열한 근성.
雲足(くもあし) 구름의 움직임.
雲紙(くもがみ) 위쪽에 푸른 구름무늬, 아래쪽에 보랏빛 구름무늬를 넣은 일본 종이의 일종.
雲合い(くもあい) 구름의 상태. 날씨.
雲行き(くもゆき) 구름이 움직이는 모양. 사태가 되어가는 형세.
～が怪(あや)しい ①날씨가 나빠질 것 같다. ②사태의 추이나 정세가 나쁜 쪽으로 기울다.
雲形(くもがた) 구름 모양. 운형. ＊うんけいろ로 읽음.
‖～定規(じょうぎ) 운형자. 곡선자. ＊うんけいじょうぎろ도 읽음.

其他

雲丹(うに) 성게 알젓.
雲母紙(きららがみ) 운모지. 운모 가루를 바른 종이.
雲母虫(きららむし) 좀.
雲実(はまさげ) 〖植〗 실거리나무.

雲雀(ひばり) 〖鳥〗 종다리. 종달새.
雲脂(ふけ) 비듬.
‖～性(しょう) 비듬이 많은 체질.

| 13 阝 | 陨 | 떨어질 운・잃을 운
イン
おちる・おとす |

音読

陨石(いんせき) 운석. 별똥별. ♣～孔(こう) 〖地〗 운석공.
陨星(いんせい) 〖天〗 운성.
陨鉄(いんてつ) 운철.

| 14 歹 | 殞 | 죽을 운・떨어질 운
イン
おちる・しぬ |

音読

殞命(いんめい) 운명. 죽음.

| 16 艹 | 蕓 | 평지 운
ウン |

音読

蕓薹(うんだい) 〖植〗 운대. 평지.

| 18 糸 日 | 縕 | 채색 (운)
ウン |

音読

縕繝(うんげん) ①햇무리・달무리를 본떠서 염색한 무늬. ②〖美〗동양화에서, 원근・요철을 나타내기 위하여 색을 바림하는 일.
‖～錦(にしき) 붉은 바탕의 세로줄 사이에 꽃・마름모 모양의 색무늬를 짜넣은 직물.
～縁(べり) 縕繝錦로 휘감친 畳(たたみ).

| 19 音 常 | 韻 | 운 운・운치 운
イン
ひびき |

音読

韻(いん) 운. ①운자(韻字). ②(시가(詩歌)의) 운향(韻響).
～を踏(ふ)む 운을 밟다. 압운하다.
韻脚(いんきゃく) 운각. 한시의 글귀 끝에 다는 운자.
韻母(いんぼ) 운모.
韻文(いんぶん) 운문.
‖～劇(げき) 운문으로 쓰인 극.
韻士(いんし) 운사. 시가(詩歌)를 짓는 사람. 풍아한 사람. 문인(文人).
韻事(いんじ) 운사. (시나 문장을 짓는 등의) 풍류스러운 일.
韻書(いんしょ) 운서.
韻語(いんご) ①운어. 한자 시문(詩文)에서,

울

15 艹 **蔚** 고을이름 울·성할 위
ウツ·イ

音読➔
蔚然(うつぜん) 울연. ① 초목이 무성한 모양. ② 사물이 흥성한 모양.

29 鬯 **鬱** 답답할 울·우거질 울
ウツ
しげる·ふさがる

音読➔
鬱(うつ) ① 울적함. ② 鬱病(うつびょう)의 준말. 울병.
鬱す(うっす) 마음을 무겁게 하다.
鬱する(うっする) 답답하다. 울적하다.
鬱結(うっけつ) 울결. 가슴이 답답하고 막힘.
鬱屈(うっくつ) ☞ 鬱結(うっけつ).
鬱金香(うっこんこう)〖植〗 울금향. 튤립.
鬱気(うっき) 울기. 울적한〔우울한〕 기분.
鬱念(うつねん) 울념. 우울한 마음.
鬱陶しい(うっとうしい) ① 음울하다. 찌무룩하여 마음이 개운치 않다. ② 성가시다. 귀찮다.
鬱茂(うつも) 초목이 무성함.
鬱悶(うつもん) 울민. 답답하고 괴로움.
鬱勃(うつぼつ) 울발. 기운이 왕성한 모양.
鬱病(うつびょう) 울병.
鬱憤(うっぷん) 울분.
鬱散(うっさん) 울산. 울적한 마음을 푸는 일. 기분 전환.
鬱状態(うつじょうたい) 울상태. 비관적이·절망적이 되어 울적하게 되는 상태.
鬱抑(うつよく) 억눌리어 마음이 답답함.
鬱然(うつぜん) 울연. ① 초목이 매우 무성한 모양. ② 학식이 많아 깊이를 알 수 없는 형용. ③ 마음이 답답한 모양. 「우울.
鬱憂(うつゆう) 근심으로 마음이 밝지 못함.
鬱鬱(うつうつ) 울울. ① 침울한 모양. ② 초목이 무성(울창)한 모양.
鬱積(うっせき) 울적. 불평 불만이 발산되지 않고 겹쳐 쌓임.
鬱情(うつじょう) 울정. 음울한 기분.
鬱蒸(うっじょう) 몹시 무더움.
鬱蒼(うっそう) ① 울창. 나무가 빽빽이 우거진 모양. ② 기운·사물이 왕성한 모양.
鬱閉(うっぺい) 울폐. ① 삼림의 수관(樹冠) 이 서로 접하여 틈새가 없는 상태. ② 가둠. 감금.
鬱血(うっけつ)〖醫〗 울혈.

訓読➔
❖**鬱ぐ**(ふさぐ) 우울해지다. 답답해지다.
鬱ぎ(ふさぎ) 마음이 울적함. 우울함.
鬱ぎ込む(ふさぎこむ) 몹시 우울해지다.

其他➔
鬱ず(うんず)〈雅〉싫증나다. 싫어하다.
鬱金(うこん) ①〖植〗 울금. 심황. ② 심황뿌리로 물들인 노란색. 울금색.

웅

12 隹 **雄** 수컷 웅·굳셀 웅
ユウ
お·おす

音読➔
雄剛(ゆうごう) 웅강. 남자답고 굳센 모양.
雄強(ゆうきょう) 웅강. 사나이답고 굳셈.
雄健(ゆうけん) 웅건. ① (시문 따위가) 힘참. ② 씩씩하고 튼튼함.
雄傑(ゆうけつ) 웅걸. 재지(才智)와 용력(勇力)이 뛰어난 사람.
雄勁(ゆうけい) 웅경. 늠름하고 힘참.
雄気(ゆうき) 웅기. 씩씩한 기질.
雄器床(ゆうきしょう) 이끼류의 엽상체(葉狀體)로 조정기(造精器)를 생성하는 부분.
雄断(ゆうだん) 웅단. 사나이다운 결단.
雄大(ゆうだい) 웅대.
‖~**積雲**(せきうん) 웅대 적운. 크게 부풀어 오르는 적운.
雄図(ゆうと) 웅도. 웅대한 계획.
雄途(ゆうと) 장도(壯途).
雄略(ゆうりゃく) 웅략. 웅대한 계략.
雄麗(ゆうれい) 웅려. 웅대하고 아름다움.
雄邁(ゆうまい) 웅매. 웅대하고 뛰어남.
雄武(ゆうぶ) 웅무. 씩씩하고 강한 일.
雄藩(ゆうはん) 세력이 있는 큰 번(藩).
雄弁(ゆうべん) 웅변. ♣~**家**(か) 웅변가/ ~**術**(じゅつ) 웅변술.
雄峰(ゆうほう) 웅대한 산.
雄飛(ゆうひ) 웅비.
雄性(ゆうせい) 웅성. 수컷이 가진 성질.
‖~**配偶子**(はいぐうし)〖生〗 웅성 배우자.
雄視(ゆうし) 웅시. 위세(威勢)를 부리며 남을 대함. 큰 존재로서 주위로부터 인정받음.
雄心(ゆうしん) 웅심. 씩씩한 마음.
‖~**勃勃**(ぼつぼつ) 웅심 발발. 씩씩한 마음이 왕성하게 일어남.
雄偉(ゆうい) 웅위. 웅장하고 위대함.
雄毅(ゆうき) 웅의. 굳세고 굳셈.
雄姿(ゆうし) 웅자. 웅장한 모습.
雄壮(ゆうそう) 웅장.
雄張(ゆうちょう) 세력을 맹렬히 확장해 감.
雄才(ゆうさい) 웅재. 훌륭한 재능〔인재〕.

雄俊(ゆうしゅん) 웅준. 재능이 있고 뛰어남. 또, 그런 사람.
雄志(ゆうし) 웅지. 웅대한 뜻.
雄快(ゆうかい) 힘있고 명쾌한 모양.
雄篇(ゆうへん) ⇨ 雄編(ゆうへん).
雄編(ゆうへん) 웅편. 뛰어난 저작・작품.
雄筆(ゆうひつ) 웅필. 웅장한 필력(筆力).
雄渾(ゆうこん) 웅혼.
雄魂(ゆうこん) 사내답고 용감한 정신.

訓読▶

雄 ㊀(おす) 수컷. ＊おんーでもろ 읽을 때가 있음.
㊁(お) 《接頭語로》 ① ⇨ ㊀. ② '사내다운・씩씩한'의 뜻.
㊂(ゆう) 영웅. 걸출한 유력자.
雄臼(おうす) 맷돌의 밑짝(아래짝).
雄叫び(おたけび) 우렁찬 외침(소리).
雄螺旋(おねじ) ⇨ 雄螺子(おねじ).
雄螺子(おねじ) 수나사.
∥~切り(ぎり) 다이스(dies).
雄鹿(おじか) 수사슴.
雄滝(おだき) 한 쌍의 폭포 중 세차고 큰 폭포.
雄馬(おうま) 수말. 말의 수컷.
雄木(おぎ) 〖植〗수나무.
雄宝香(おたからこう) 〖植〗곰취.
雄蜂(おばち) 웅봉. 수벌. 벌의 수컷.
雄松(おまつ) 〖植〗흑송.
雄羊歯(おしだ) 〖植〗면마.
雄蕊(おしべ) 〖植〗웅예. 수술. 수꽃술. ＊うずい로도 읽음.
雄蘂(おしべ) ⇨ 雄蕊(おしべ).
雄牛(おうし) 수소. 황소.
雄雄しい(おおしい) 사나이답고 용감하다. 씩씩하다. 장하다.
雄日芝(おひしば) 〖植〗왕바랭이.
雄節(おぶし) 등쪽 살로 만든 '鰹節(かつおぶし)(=가다랑어포)'.
雄蝶(おちょう) ① 수나비. ② 혼례 때 술병이나 술주전자에 다는 종이로 접은 수나비.
∥~雌蝶(めちょう) 혼례 때 술병이나 술주전자에 단, 종이로 접은 암수 나비. 또, 이것이 달린 술병이나 술주전자로 신랑 신부에게 술을 따르는 소년・소녀의 총.
雄株(おかぶ) 〖植〗웅주. 수포기.
雄竹(おだけ) 〖植〗참대・솜대・죽순대 따위, 큰 대나무의 속칭.
雄花(おばな) 웅화. 수꽃. ＊ゆうか로도 읽음.

其他▶

雄鳥(おんどり) ① 새의 수컷. ② 수탉.

| 14 ⺣ ㊞ | 熊 | 곰 웅
ユウ
くま |

音読▶

熊胆(ゆうたん) 〖漢醫〗웅담.
熊羆(ゆうひ) 웅비. 곰과 큰 곰. 전하여, 용맹스런 사람을 비유하는 말.
熊掌(ゆうしょう) 웅장. 곰의 발바닥.

訓読▶

熊(くま) ①〖動〗곰. ②힘이 세고 큼을 나타내는 접두어. 「한 사람들.
熊公八公(くまこうはちこう) 무식하나 착한 사람들.
熊の胆(くまのい) 웅담. 곰의 쓸개.
熊本(くまもと) 〖地〗九州(きゅうしゅう) 지방의 현, 그 현청 소재지.
熊蜂(くまばち) 〖蟲〗웅봉. 어리호박벌.
熊ん蜂(くまんばち) 〖蟲〗말벌.
熊笹(くまざさ) 〖植〗얼룩조릿대.
熊手(くまで) ① 갈퀴. ② 탐욕한 사람의 비유.
熊狩り(くまがり) 곰 사냥.
熊襲(くまそ) 옛날 薩摩(さつま)・大隅(おおすみ)・日向(ひゅうが) 지방에 살던 부족 이름.
∥~梟帥(たける) 熊襲의 우두머리.
熊鷹(くまたか) 〖鳥〗뿔매.
熊祭り(くままつり) 아이누인(人)의 제사 의식(儀式)의 하나.

원

| 4
儿
㊞ | 元 | 으뜸 원・근본 원・맏 원
ゲン・ガン
もと・はじめ |

音読▶

元価(げんか) 원가(原價).
元寇(げんこう) 1274년과 1281년에 원군(元軍)이 일본을 공격하던 일.
元金(がんきん) ① 자본(금). 밑천. ② 원금. ＊もときん으로도 읽음.
∥~据え置き(すえおき) 원금 거치. 이자만 주고 원금은 갚지 않음.
元気(げんき) ① 원기. 기력. 건강한 모양. ② 만물 생성의 근원이 되는 정기.
元気付く(げんきづく) 힘이 솟다.
元気付ける(げんきづける) 힘을 돋우다.
元年(がんねん) 원년. 연호(年號)의 첫해.
元旦(がんたん) 원단. 설날.
元来(がんらい) 원래. 「원.
元老(げんろう) 원로. ♣~院(いん) 원로원.
元禄(げんろく) 東山(ひがしやま) 天皇(てんのう) 시대의 연호(1688-1704). ♣~鯛(だい) 〖魚〗세동가리돔.
∥~模様(もよう) 元禄 시대에 유행한 크고 화려한 무늬. 「학.
~文学(ぶんがく) 근세 초기 元禄 시대의 문
~時代(じだい) 江戸(えど) 전기, 元禄 연간을 중심으로 한 시대.
元利(がんり) 원리. 원금과 이자.
元謀(げんぼう) 음모의 주도자. 주모자.
元物(げんぶつ) 〖法〗원물.
元服(げんぷく) 관례(冠禮). 성관(成冠). ＊げんぶく로도 읽음.
元本(がんぽん) ① 원금(元金). 밑천. ② 원

본. 이익이나 수입의 기초가 되는 재산·권리.
元三(がんざん) ① 원단(元旦). 설날. ② 설날부터 3일간.
元夕(げんせき) ☞ 元宵(げんしょう).
元宵(げんしょう) 원소. 음력 정월 보름날 밤.
元素(げんそ) 〖化〗원소.
‖**~記号**(きごう) 〖化〗원소 기호.
~分析(ぶんせき) 〖化〗원소 분석.
~周期律(しゅうきりつ) 〖化〗원소 주기율.
元帥(げんすい) 〖軍〗원수.
元首(げんしゅ) 원수.
元始(げんし) 원시. 시초.
元日(がんじつ) 원일. 설날. *がんにちとも 읽음.
‖**~草**(そう) 〖植〗'福寿草(ふくじゅそう) (=복수초)'의 딴이름.
元任(げんにん) 환임(還任).
元子 ㊀(げんし) 원자. 태자(太子).
㊁(もとこ) 원리(元利).
元正(がんしょう) 원정. 원단(元旦).
元祖(がんそ) 원조.
元朝(がんちょう) 원조. 설날 아침.
元標(げんぴょう) 원표. 근본이 되는 표.
元型(げんけい) 원형. 근본이 되는 거푸집.
元号(げんごう) 원호. 연호(年號). 「본.
‖**~法**(ほう) 원호법.
元勲(げんくん) 원훈. 나라를 위하여 세운 큰 공. 또, (그 공을 세운) 원로(元老).
元凶(げんきょう) 원흉.
元兇(げんきょう) ⇨ 元凶(げんきょう).

〖訓読〗
元 ㊀(もと) ① 사물의 시작. 처음. 기원. ② 전의 상태. 본디. 본래. ③ 원인. 원금(元金). ⑤ 내력. 출신. ⑥ 전(前)…. 전직.
㊁(はじめ) 처음. 시초.
㊂(げん) ① 원. 옛 중국의 원나라. ②〖數〗(집합의) 원.
元い(もとい) ☞ 元へ(もとへ). 「령).
元へ(もとへ) (체조 등에서) 다시. 바로('구
元より(もとより) ① 본래. 본디. 처음부터. ② 물론.
元結い(もとゆい) ① 상투 틀 때 쓰는 가는 끈. *もとい·もっとゆいろ 읽음. ② 상투. 상툿고.
元高(もとだか) 이자산(利子算)에서, 계산의 기초가 되는 금액. 원금. 「단면.
元口(もとくち) 통나무 등에서, 밑동 부분의
元売り(もとうり) 생산자나 가공업자가 생산품을 도매업자에게 파는 일.
元の木阿弥(もとのもくあみ) 도로아미타불. 본래의 좋지 않은 상태로 되돌아감.
元方(もとかた) ① 도매상. 제조원(元). ② 자본주. 물주.
元払い(もとばらい) 화물의 운임 등을 발송자가 지급하는 일.
元肥(もとごえ) 〖農〗기비(基肥). 밑거름.
元船(もとぶね) ① 본선. 모선. ② 난바다에 정박하여 거룻배로 육상과 연락하는 큰 배.
元手(もとで) 자본. 밑천. 본전.
元元(もともと) ① (본래와) 같음. 득실이 없는. 본전치기. ② 본디부터. 원래.
元引受(もとひきうけ) 〖經〗유가 증권의 발행에 있어서 이것을 매출할 목적으로 발행자로부터 그 전액 또는 일부를 취득하는 일.
元込め(もとごめ) (탄환의) 후장(後裝). 또, 그런 장치의 총포. 「본.
元入資本(もといれしほん) 〖經〗자기 자본.
元帳(もとちょう) (부기에서) 원장.
元栓(もとせん) 가스관·수도관 등의 계량기 옆에 달린 개폐 장치.
元揃え昆布(もとぞろえこんぶ) 밑동 쪽을 가지런히 앞을 마른 다시마.
元種(もとだね) 원료.
元請け(もとうけ) 주문 당사자로부터 직접 일을 도급 맡음. 또, 그 업자.
元締め(もとじめ) ① 회계·경리 등을 총괄하는 역. ② 노름꾼 등의 두목. ③ (노동자들의) 십장.
元値(もとね) 구입 가격[원가]. 「임.
元通り(もとどおり) 본디 상태로〔원래〕대로
元詰め(もとづめ) (병조림 등의) 제조원(元)에서 담음. 또, 그런 것.

〖其他〗
元興寺(がごうじ) ① 도깨비. ② 얼굴을 찡그려 어린이에게 겁주는 말. *がごじろも 읽음.

┌─────────────────────────┐
│ 4 口 〖敎〗 **円** (圓) 둥글 **원**·둘레 **원** │
│   エン   │
│   まるい·まる·まど   │
│   か·つぶら   │
└─────────────────────────┘

〖音読〗
円 ㊀(えん) ① 원. 둥근 것. ② 엔. 일본의 화폐 단위.
㊁(まる) ① 원형(圓形). 또, 그런 모양의 것. ② 돈의 은어(隱語).
㊂(つぶら) 둥근 모양. 둥글고 귀여운 모양.
円タク(えんタク) 택시(본디, 1엔 균일로 시내의 일정 거리를 달리던 택시). 「치.
円価(えんか) (일본 돈) 円(えん)의 화폐 가
円蓋(えんがい) 원개. 둥근 뚜껑〔지붕〕.
円建て(えんだて) (대(對)외환 시세에서) 일본 엔(円)을 표준으로 외국 화폐를 산출하는 방식.
‖**~相場**(そうば) 엔화 표시 시세.
~債(さい) 엔화 표시 채권. 사무라이 본드.
円鏡(えんきょう) ① 신불에 바치거나, 설에 床の間(とこのま)에 차려두는 둥글납작한 대소(大小) 두 개의 떡.
円高(えんだか) 엔고. 엔화 강세.
‖**~対策法**(たいさくほう) 엔고 대책법.
~倒産(とうさん) 엔고 도산.
~差益(さえき) 엔고 차익. 「수.
円関数(えんかんすう) 〖數〗원함수. 삼각함
円光(えんこう) 〖佛〗원광. 부처나 보살의 머리 뒤에서 비치는 빛. 후광.
円球(えんきゅう) 원구. 구.
円口類(えんこうるい) 〖動〗원구류.

円壔(えんとう) 원도. 원기둥.
円領(えんりょう) 원령. 목둘레가 둥근 깃.
円鱗(えんりん) 〖魚〗원린. 둥근비늘.
円満(えんまん) 원만.
‖〜具足(ぐそく) 원만 구족. 완만해서 모든 것이 갖추어져 있음. 「퇴직함.
〜退社(たいしゃ) 원만 퇴사. 사고 등이 없
円舞(えんぶ) 원무.
‖〜曲(きょく) 원무곡. 왈츠.
円盤(えんばん) ①원반. ②음반. 레코드.
‖〜投げ(なげ) 원반 던지기. 투원반.
円背(えんぱい) 원배. 등이 굽음.
円本(えんぽん) (昭和(しょうわ) 초기에 유행한) 정가가 한 권에 1엔 균일인 전집・총서
円相場(えんそうば) 일본 엔 시세. 「본.
円石(えんせき) 원석. 둥근 돌.
円速度(えんそくど) 제1우주 속도. 인공 위성 속도.
円熟(えんじゅく) 원숙. ♣〜味(み) 원숙미.
円唇母音(えんしんぼいん) 〖言〗원순 모
円順列(えんじゅんれつ) 〖数〗원순열.
円匕(えんぴ) 야영용의 작은 삽. ＊본디는 えんし이며, 둥근 관용승.
円心(えんしん) 〖数〗원심. 원의 중심.
円安(えんやす) (환 시세에서) 엔저(円低). 엔화 약세.
‖〜阻止(そし) 엔저 저지.
円外(えんがい) 원외. 원[동그라미]의 바깥.
円運動(えんうんどう) 〖理〗원운동.
円為替(えんかわせ) (일본의) 엔화(換). 엔화 표시 외국환.
円積問題(えんせきもんだい) 〖数〗원적 문제.
円転(えんてん) 원전. 원활하게 돎.
‖〜滑脱(かつだつ) 원전 활탈. 말이나 일을 처리하는데 모나지 않고 거리끼는 데가 없음.
円頂(えんちょう) 원정. ①둥근 꼭대기. ②둥근 머리. 또, 그러한 사람. 승려.
‖〜黒衣(こくえ) 원정 흑의. 승려.
円助(えんすけ) 〈隱〉(화류계에서) 1엔을 일컫던 말.
円坐(えんざ) ⇨円座(えんざ).
円座(えんざ) ①얇고 둥근 짚방석. ②원좌. 둥글게 둘러앉음.
円周(えんしゅう) 원주. 원둘레. ♣〜角(かく) 〖数〗원주각 / 〜率(りつ) 〖数〗원주율.
円柱(えんちゅう) 원주. ①〖数〗원기둥. ②둥근 기둥.
‖〜図法(ずほう) 〖地〗원주〔원통〕도법.
〜投影法(とうえいほう) 〖地〗원주 투영
〜形(けい) 원주형. 원기둥꼴. 「법.
円陣(えんじん) 원진. 둥근 진형.
円借款(えんしゃっかん) 엔차관.
円村(えんそん) 원촌. 광장을 중심으로 원형으로 이루어진 취락.
円錐(えんすい) 〖数〗원추. 원뿔. ♣〜台(だい) 원추〔뿔〕대 / 〜体(たい) 원추〔뿔〕체 / 〜形(けい) 원추형. 원뿔꼴.

‖〜曲線(きょくせん) 원추〔뿔〕곡선.
〜図法(ずほう) 〖地〗원추〔뿔〕도법.
〜状火山(じょうかざん) 추상(錐狀) 화산.
〜細胞(さいぼう) 〖生〗원추 세포.
〜振り子(ふりこ) 원뿔 진자.
〜投影法(とうえいほう) 〖地〗원추 투영법. 원뿔 도법.
〜花序(かじょ) 원추꽃차례.
円卓(えんたく) 원탁. 둥근 탁자.
‖〜会議(かいぎ) 원탁 회의.
円太郎(えんたろう) 明治(めいじ) 시대의 승합 마차의 일컬음.
円筒(えんとう) 원통. ①둥근 통. ② ☞円柱(えんちゅう)①.
‖〜図法(ずほう) 〖地〗원통 도법.
〜研削盤(けんさくばん) 〖機〗원통 연마반.
円板(えんばん) 원판.
円形(えんけい) 원형. ＊まるがた로도 읽음.
‖〜古墳(こふん) 원형 고분.
〜劇場(げきじょう) 원형 극장.
〜動物(どうぶつ) 〖動〗원형〔선형〕동물.
〜脱毛症(だつもうしょう) 〖醫〗원형탈모증.
円弧(えんこ) (원)호.
円貨(えんか) (일본의) 엔화. 円(えん) 단위의 화폐.
円環(えんかん) 원환. 둥근 고리 (모양).
円滑(えんかつ) 원활.

訓読⇨
円か ㊀(まどか) ①둥근 모양. ②원만함.
㊁(つぶらか) 둥근 모양. 「평온함.
円やか ㊀(まどやか) ☞円か(まどか).
㊁(まろやか) ①둥근 모양. ②맛 따위가 순한 모양.
円居(まどい) ①둘러앉음. 원좌(圓座). ②즐거운 모임. 단란.
円居る(まどいる) 둥그렇게 둘러앉다.
❖円い(まるい) 둥글다. 원형 또는 구형(球形)을 하고 있다. ＊まろい로도 읽음.
円さ(まるさ) 원, 그 정도.
円み(まるみ) 둥그스름한 모양〔느낌〕.
円柄(まるつか) 단면이 타원형인 칼자루.
円顔(まるがお) 둥근 얼굴.
円刀(まるがたな) 날이 무뎌져서 베어지지 않는 날. ＊まるはら로도 읽음. 「끌.
円鑿(まるのみ) 둥근 구멍을 파는 데 쓰는
円窓(まるまど) 원창. 둥근 창문. ＊えんそう로도 읽음.

其他⇨
円円(つぶつぶ) 뚱뚱하게 살찐 모양.

| 8 艹 入 | 苑 | 동산 원
エン・オン
その |

音読⇨
苑地(えんち) 원지. 정원(이 있는 지역).

訓読⇨
苑(その) 〈雅〉동산. 정원. 뜰.

芫

| 8
艹 | 芫 | 팥꽃나무 원
ゲン |

音読
芫花(げんか)〖漢醫〗원화. 완화(莞花).

垣

| 9
土
常 | 垣 | 울타리 원
エン
かき |

音読
垣墻(えんしょう) 원장. 울타리.
訓読
垣(かき) 울타리. 담.
垣間(かきま) 울타리의 틈.
垣根(かきね) ① 울타리. ② 담 밑.
‖～続き(つづき) 담이 잇달아 있음.
～越し(ごし) 담을 사이에 둠. 「[領地].
垣内(かきつ) ① 울타리 안. 저택 안. ② 영지
垣隣(かきどなり) 울타리 너머 이웃.
垣立(かきだつ) 뱃전에 난간처럼 세운 울타리. *かきたつろ도 읽음.
垣網(かきあみ) 본 그물에 딸린, 물고기를 본 그물 쪽으로 인도하는 보조 그물.
垣面(かきも) 울타리〔담〕의 겉면〔바깥면〕.
垣覗き(かきのぞき) 울타리 틈으로 엿봄.
垣穂(かきほ) 울타리.
垣越し(かきごし) ① 울타리 너머. ② 울타리를 넘어서 옴.
垣破り(かきやぶり) 수단을 가리지 않고 관철시키는 일.
其他
垣間見る(かいまみる) 틈으로 살짝 엿보다.
垣外(かいと) ① 울타리 밖. 마을 밖. ② 거지. 걸인. 비렁뱅이.
垣下(かいもと) 연회(宴會)에서, 주빈을 따라온 손님. *えんかろ도 읽음.
‖～饗(あるじ) 주빈과 함께 한 자리에서 향응을 받음.

怨

| 9
心 | 怨 | 원망할 원·원수 원
エン・オン
うらむ |

音読
怨じる(えんじる) ☞怨ずる(えんずる).
怨ずる(えんずる) 원망하다.
怨念(おんねん) 원념. 원한을 품은 집념.
怨霊(おんりょう) 원령.
怨望(えんぼう) 원망. 원망하여 불평을 품음. 「곳.
怨府(えんぷ) 원부. 사람들의 원한이 쏠리는
怨色(えんしょく) 원색. 원망하는 기색.
怨声(えんせい) 원성.
怨讐(おんしゅう) 원수. 원한.
怨言(えんげん) 원언. 원망하는 말.
怨敵(おんてき) 원적. 원한이 있는 적.
‖～退散(たいさん) 원한이 있는 적의 항복·격퇴를 기원하는 말.
怨憎(おんぞう) 원증. 원망과 증오.
‖～会苦(え く) 〖佛〗원증회고〈팔고(八苦)의 하나〉.
怨嗟(えんさ) 원차. 원망하고 한탄함.
怨恨(えんこん) 원한.
訓読
怨めしい(うらめしい) ① 원망스럽다. ② 유감스럽다.
❖怨む(うらむ) 원망하다. 분하게 여기다.
怨み(うらみ) 원한. 앙심.
怨みがましい(うらみがましい) 원망하는
怨みっこ(うらみっこ) 서로가 원망함.
怨みつらみ(うらみつらみ) (여러 가지) 원통한 일.
怨むらくは(うらむらくは) ① 원망스럽게도.
② 유감스럽게도. 애석하게도. 「[死].
怨み死に(うらみじに) 원사(怨死). 한사(恨
怨み所(うらみどころ) 원망하는 것.
怨み顔(うらみがお) 원한을 품고 있는 얼굴.
怨み言(うらみごと) 원망하는 말.

爰

| 9
爫 | 爰 | 이에 원·이리하여 원
エン
ここに |

訓読
爰に(ここに) ① 그런데. 그래서. ② 이에.

冤

| 10
冖 | 冤 | 원죄 원
エン
ぬれぎぬ |

参考 寃은 異體字.

音読
冤(えん) 억울한 죄.
冤屈(えんくつ) ① 원굴. 원통하게 누명을 씀. ② 뜻을 굽힘.
冤枉(えんおう) 원왕. 억울한 죄.
冤罪(えんざい) 원죄. 억울한 죄.

原

| 10
厂
教 | 原 | 근원 원·벌판 원
ゲン
はら・たずねる・もと |

音読
原価(げんか) 원가.
‖～計算(けいさん) 원가 계산.
原歌(げんか) 본디 노래.
原拠(げんきょ) 원거. 사물 본디의 근거.
原告(げんこく) 〖法〗원고.
原稿(げんこう) 원고. ♣～料(りょう) 원고료.
‖～用紙(ようし) 원고 용지.
原曲(げんきょく) 원곡.
原鉱(げんこう) 〖鑛〗원광.
原句(げんく) 원구. 원래의 구.

原級(げんきゅう) ①원급. 본디의 등급. ②『文法』(비교급·최상급에 대한) 원급. ③진급을 못한 본디의 학년.
原基(げんき)『生』원기.
原器(げんき) 원기. ①같은 종류의 물건에서 기준이 되는 기구. ②도량형을 정하는, 표준이 되는 그릇.
原尿(げんにょう)『生』원뇨. 사구체에서 나와 보먼(Bowman) 주머니에 모인 소변.
原単位(げんたんい) (제품의) 원단위.
原隊(げんたい)『軍』원대.
‖~復帰(ふっき) 원대 복귀.
原図(げんず) 원도. (복사한 것이 아닌) 본래의 그림.
原動(げんどう) 원동. ♣~機(き) 원동기 / ~力(りょく) 원동력.
原頭(げんとう) 원두. 들판.
原爆(げんばく) 원폭. 본디.
原論(げんろん) 원론.
原料(げんりょう) 원료. ♣~炭(たん) 원료탄.
原理(げんり) 원리. ♣~的(てき) 원리적.
‖~主義者(しゅぎしゃ)『宗』원리주의자.
原末(げんまつ)『藥』의약품 원료로 쓰이는 개개의 약물 가루.
原麦(げんばく) 원맥.
原免(げんめん) '原付き(げんつき)免許(めんきょ)'의 준말. 원동기 장착 자전거의 운전 면허.
原棉(げんめん) ⇨ 原綿(げんめん).
原綿(げんめん) 원면.
原名(げんめい) 원명. 본래의 이름.
原毛(げんもう) 원모.
原木(げんぼく) 원목.
原文(げんぶん) 원문.
原物(げんぶつ) 원물. 본래의 것. 실물.
原盤(げんばん) (음반의) 원반.
原発(げんぱつ) ①'原子力発電(所)(げんしりょくはつでん(しょ))(=원자력 발전(소))'의 준말. ②『醫』증상·종양 등이 직접 처음 나타남. ♣~巣(そう)『醫』원발소.
‖~性免疫不全症候群(せいめんえきふぜんしょうこうぐん) 원발성 면역 부전 증후군. 선천성 면역 부전 증후군.
原譜(げんぷ) 원보. (고치기 전의) 본디 악보.
原本(げんぽん) ①원본. ②근본. 근원.
原付き(げんつき) ①원동기가 붙어 있음. ②'原動機付き(げんどうきつき)自転車(じてんしゃ)(=원동기 장착 자전거)'의 준말.
原簿(げんぼ) 원부. 본래의 장부.
原肥(げんぴ) 원비. 기비(基肥).
原糸(げんし) 원사.
原史時代(げんしじだい)『史』원사 시대.
原産(げんさん) ①원산. 그 고장에서 산출되는 것. ②'日本(にほん)原子力産業(げんしりょくさんぎょう)会議(かいぎ)(=일본 원자력 산업 회의)'의 준말.
原状(げんじょう) 원상.
‖~回復(かいふく) 원상 회복.
原像(げんぞう) 원상. 현존하는(완성된) 상(像)의 근본이 되는 상.

原色(げんしょく) 원색. ♣~版(ばん)『印』원색판.
原索動物(げんさくどうぶつ) 원색 동물.
原生(げんせい) 원생. ♣~代(だい)『地』원생대.
‖~動物(どうぶつ) 원생 동물.
~林(りん) 원생림. 원시림.
原書(げんしょ) 원서. 양서(洋書).
原石(げんせき) 원석. ①가공하지 않은 보석. ②『鑛』원광.
原石器(げんせっき) 원석기.
原水(げんすい) 원수. 수도와 그 외 여러가지 용도로 쓰이는 기본이 되는 물.
原水爆(げんすいばく) 원수폭. 원자 폭탄과 수소 폭탄.
‖~禁止運動(きんしうんどう) 원수폭 금지 운동.
原水協(げんすいきょう) '原水爆(げんすいばく)禁止(きんし)日本(にほん)協議会(きょうぎかい)(=원수폭 금지 일본 협의회)'의 준말.
原始(げんし) 원시. ♣~林(りん) 원시림 / ~人(じん) 원시인.
‖~仏教(ぶっきょう) 원시 불교.
~社会(しゃかい) 원시 사회.
~産業(さんぎょう) 원시 산업.
~状態(じょうたい) 원시 상태.
~時代(じだい) 원시 시대.
~的(てき) 원시적. ♣~不能(ふのう)『法』원시적 불능 / ~蓄積(ちくせき) 원시적 축적.
~惑星(わくせい)『天』원시 행성.
原詩(げんし) 원시. 원래의 시.
原腎管(げんじんかん)『生』원신관.
原審(げんしん)『法』원심.
原案(げんあん) 원안.
原液(げんえき) 원액.
原野(げんや) 원야. 들. 벌판. *はらのろど.
原語(げんご) 원어.
原研(げんけん) '日本(にほん)原子力(げんしりょく)研究所(けんきゅうじょ)(=일본 원자력 연구소)'의 준말.
原葉体(げんようたい)『植』원엽체. 전엽체.
原猿類(げんえんるい)『動』원원류. 영장목에 속하는 가장 원시적인 원숭이류의 총칭.
原由(げんゆ) 원유. 근본. 이유.
原乳(げんにゅう) 원유. 젖소에서 막 짠 우유.
原油(げんゆ) 원유.
原意(げんい) 원의. 본래의 뜻. 원의(原義).
原義(げんぎ) 원의. 본래의 뜻.
原音(げんおん) 원음. ①원어의 본래의 발음. ②『理』진동수가 가장 작은 순수음. ③『樂』음계의 제1음. 주음(主音). ④본디 음.
原人(げんじん) 원인. 호모에렉투스.
原因(げんいん) 원인.
‖~療法(りょうほう)『醫』원인 요법.
原子(げんし)『理』원자. ♣~団(だん) 원자가 / ~価(か) 원자가 / ~量(りょう) 원자량 / ~炉(ろ) 원자로 / ~論(ろん) 원자론 / ~病(びょう) 원자병 / ~脱(せつ) 원자설

~時(じ) 원자시. / ~砲(ほう) 원자포.
∥~記号(きごう)『化』원자 기호.
~力(りょく) 원자력. ♣~発電(はつでん) 원자력 발전 / ~発電所(はつでんしょ) 원자력 발전소 / ~三原則(さんげんそく) 원자력 삼원칙 / ~船(せん) 원자력선 / ~研究所(けんきゅうじょ) 원자력 연구소 / ~潜水艦(せんすいかん) 원자력 잠수함.
~番号(ばんごう) 원자 번호.
~兵器(へいき) 원자 무기.
~時計(どけい) 원자 시계.
~爆弾(ばくだん) 원자 폭탄.
~核(かく)『理』원자핵. ♣~物理学(ぶつりがく) 원자핵 물리학 / ~反応(はんのう) 원자핵 반응 / ~分裂(ぶんれつ) 원자핵 분열 / ~崩壊(ほうかい) 원자핵 붕괴 / ~融合(ゆうごう) 원자핵 융합.
原姿(げんし) (문헌 등의) 본디 모습.
原資(げんし) 원자. 투자나 융자의 기초가 되는 자금.
原作(げんさく) 원작.
原潜(げんせん) '原子力(げんしりょく)潜水艦(せんすいかん)(=원자력 잠수함)'의 준말.
原蠶種(げんさんしゅ)『農』원잠종.
原腸(げんちょう)『生』원장.
原材料(げんざいりょう) 원재료. 원자재.
原裁判(げんさいばん) 원재판.
原著(げんちょ) 원저. 원작.
原籍(げんせき) 원적. ① 전적(轉籍)하기 전의 본적. ② 본적. ♣~地(ち) 본적지.
原典(げんてん) 원전.
原電(げんでん) '日本(にほん)原子力(げんしりょく)発電会社(はつでんかいしゃ)(=일본 원자력 발전 회사)'의 준말.
原点(げんてん) 원점.
原題(げんだい) 원제.
原種(げんしゅ) 원종. ① 『農』 씨를 받기 위해 뿌리는 종자. ② 품종 개량 이전의 야생의 동식물.
原罪(げんざい)『宗』원죄.
原住(げんじゅう) 원주. 본디부터 살고 있음. ♣~民(みん) 원주민.
原注(げんちゅう) 원주. 본래의 주.
原酒(げんしゅ) 원주. ① 전국을 짠 그대로의 술. ② 일정 기간 통 속에 저장한 위스키의 원액(原液).
原註(げんちゅう) ⇨ 原注(げんちゅう).
原紙(げんし) 원지. ① 닥나무 껍질로 만든 종이. ② 등사 원지.
原地人(げんちじん) 현지인. 원주민.
原地形(げんちけい)『地』원지형.
原質(げんしつ) 원질. ① 근본 성질. ② (철학에서) 만물의 근본이 되는 물질.
原泉(げんせん) 원천.
原体験(げんたいけん) 원체험.
原初(げんしょ) 원초. 맨처음. 태초. ♣~期(き) 원초기 / ~的(てき) 원초적.
原寸(げんすん) 원촌. 원치수. 실물대로의 치수. ♣~大(だい) 실물 크기.
原虫(げんちゅう) 원충. 원생(原生) 동물.
原則(げんそく) 원칙. ♣~的(てき) 원칙적.
原板(げんぱん) (사진의) 원판.
原版(げんぱん)『印』원판.
∥~刷(ずり) 원판쇄.
原判決(げんはんけつ)『法』원판결. 의 판결.
原爆(げんばく) 원폭('原子爆弾(げんしばくだん)(=원자 폭탄)'의 준말).
∥~忌(き) 원폭에 의한 사망자를 애도하는 기일(忌日).
~小頭症(しょうとうしょう) 원폭소두증.
~症(しょう)『醫』원폭증. 방사능병.
原票(げんぴょう) 원표. 어음·수표 등에서, 증거로 잘라 두는 부분.
原品(げんぴん) 원품. 본디(의) 물건.
原皮(げんぴ) 원피. 가공하지 않은 가죽.
原被(げんぴ)『法』원피. 원고와 피고.
原核生物(げんかくせいぶつ)『生』원핵 생물.
原形(げんけい) 원형. 물.
∥~質(しつ)『生』원형질. ♣~分離(ぶんり) 원형질 분리 / ~連絡(れんらく)『生』원형질 연락 / ~運動(うんどう)『生』원형질 운동 / ~流動(りゅうどう)『生』원형질 유동.
原型(げんけい) 원형. (제작물의 근본이 되는) 거푸집. 본.
原画(げんが) 원화. 복제가 아닌 본 그림.
原話(げんわ) 작품의 근본이 되는 설화.

訓読

原 ㊀(はら) 들. 벌판.
㊁(ばら)《接尾語로》…들. 무리. 동아리.
原っぱ(はらっぱ) ① 주택지 따위에 있는 빈터. ② 들판.
原茸(はらたけ)『植』머시룸(mushroom).
原中(はらなか)〈雅〉들의 복판. 들판 가운데.

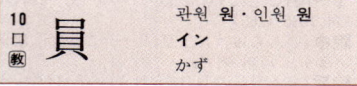

參考 貟은 異體字.

音読

員(いん) ① 인원수. ②《接尾語로》…원.
員内(いんない) 원내. 정원의 안.
員面調書(いんめんちょうしょ) '司法警察員(しほうけいさついん)面前調書(めんぜんちょうしょ)'의 준말. 사법 경찰관에 의해 피의자·참고인 진술이 기록·작성된 서면.
員数(いんずう) 원수. 정수(定數). *いんすう·いんずろ로도 읽음.
員外(いんがい) 원외. ① 정원 외. ② 員外官(いんがいかん)의 준말. 정원 외의 관리.

음독

院(いん) ① 귀인의 별저(別邸). ② 法皇(ほう

おう) 등의 별칭. ③원. 衆議院(しゅうぎいん)・参議院(さんぎいん)의 준말.
院内(いんない) 원내.
∥**~感染**(かんせん) 원내 감염. 입원 중인 환자 혹은 신생아 등이 병원 내에서 병원체에 감염되는 일.「섭 단체.
~交涉団体(こうしょうだんたい) 원내 교
院本(いんぽん) 浄瑠璃(じょうるり)의 책.
院司(いんし) 院の庁(いんのちょう)의 직원.
院の上(いんのうえ) 上皇(じょうこう)의 높임말.
院賞(いんしょう) (신문 기사에서) '学士院賞(がくしいんしょう)(=학술원상)'·'芸術院賞(げいじゅついんしょう)(=예술원상)'의 준말.
院生(いんせい) 대학원 학생.
院宣(いんぜん) 上皇(じょうこう) 또는 法皇(ほうおう)가 내린 선지(宣旨).
院の御所(いんのごしょ) 上皇(じょうこう)·法皇(ほうおう)의 처소.
院外(いんがい) 원외. 중의원·참의원 등의 외부.「원의 집단.
∥**~団**(だん) 원외단. 국회 의원이 아닌 정당
院議(いんぎ) 원의. 의회〔국회〕의 의결.
院長(いんちょう) 원장.
院展(いんてん) '日本美術院展覧会(にほんびじゅついんてんらんかい)(=일본 미술원 전람회)'의 준말.
院殿(いんでん) 院号(いんごう) 밑에 전(殿)자를 곁들인 将軍(しょうぐん)·大名(だいみょう) 등의 계명(戒名).
院政(いんせい) 옛날 上皇(じょうこう)나 法皇(ほうおう)가 천황을 대신하여 그의 거처인 院(いん)에서 행하던 정치.
∥**~時代**(じだい) 院政가 행해지던 시대(특히 1086-1185).
院中(いんちゅう) 上皇(じょうこう)나 法皇(ほうおう)의 거처.
院旨(いんし) 法皇(ほうおう)·上皇(じょうこう)의 뜻.
院参(いんざん) 法皇(ほうおう)·上皇(じょうこう)의 거처에 가서 뵘.
院の庁(いんのちょう) 上皇(じょうこう)가 정사를 보는 곳.
院号(いんごう) ①예전에, 上皇(じょうこう)·황태후 등의 존호. ②원(院)자가 붙은 계명(戒名).
院画(いんが) 중국 송(宋)나라 한림 도화원(翰林図画院)에 속한 화공이 그린 그림. 또, 그 화풍을 답습한 원·명나라 시대의 그림.

10 衣	袁	옷길 원 エン

音読
袁彦道(えんげんどう) 도박. 노름. *진(晉)나라 노름꾼의 이름에서.

12 女 (人)	媛 (媛)	예쁠 원·예쁜여자 원 エン ひめ

訓読
媛(ひめ) ①〈雅〉여성(女性)에 대한 미칭. ②귀인의 딸로 미혼녀.

12 扌 常	援 (援)	도울 원·당길 원 エン たすける·ひく

音読
援軍(えんぐん) 원군.
援農(えんのう) 농사일을 도와 줌.
援例(えんれい) 원례. 인례(引例).
援兵(えんぺい) 원병.
援用(えんよう) 원용.
援引(えんいん) 원인. (자신의 설을 보강하기 위하여) 증거로서 인용함.
援助(えんじょ) 원조.
援護(えんご) ①원호. ②엄호(掩護).

13 囗 教	園	동산 원·뜰 원 エン・オン その

音読
園 ㊀(えん) 원. 유치원·공원 등, 원이라는 이름을 가진 설비·조직.
㊁(その)〈雅〉동산. ①정원. 뜰. ②장소.
園内(えんない) 원내. 유치원·동물원 따위의 안.「원과 숲.
園林(えんりん) 원림. 정원 안의 숲. 또,
園舎(えんしゃ) 원사. 유치원·보육원 등의 건물.
園蔬(えんそ) 밭의 채소.
園児(えんじ) 원아. 유치원 등에 다니는 어린이.
園芸(えんげい) 원예.
∥**~農業**(のうぎょう) 원예 농업.
~作物(さくもつ) 원예 작물.
園囿(えんゆう) 원유. 초목을 심고 새나 짐승을 기르는 곳.
園遊会(えんゆうかい) 원유회. 가든 파티.
園長(えんちょう) (유치원·동물원 등의) 원장.
園丁(えんてい) 원정. 정원사.
園主(えんしゅ) 원주. 정원·유원(遊園)·유치원·보육원 따위의 주인.
園地(えんち) 원지. 정원·공원으로 된 지역.
園池(えんち) 정원과 못.
園圃(えんぽ) 원포. 정원과 밭.

訓読
園生(そのう) 원예 밭. *そのふ로도 읽음.

13 氵 教	源	근원 원 ゲン みなもと

音読
源流(げんりゅう) 원류.
源氏(げんじ) ① 源氏(みなもとうじ)의 음독. ② 源氏物語의 준말.
∥~**車**(ぐるま)〈俗〉옛날, 소가 끌던 귀인 용 수레.
~**名**(な) 源氏物語 54권 각 권의 제목 이름을 본떠서 붙인 궁녀・기녀(妓女)의 이름.
~**物語**(ものがたり) 平安(へいあん) 시대에 紫式部(むらさきしきぶ)가 궁중 생활을 묘사한 장편 소설.
~**螢**(ぼたる)〘蟲〙개똥벌레의 하나.
源五郎(げんごろう)〘蟲〙'源五郎虫(むし)(=말방개)'의 준말.
∥~**鮒**(ぶな)〘魚〙琵琶(びわ) 호에서 나는 식용 붕어의 일종.
源泉(げんせん) 원천.
∥~**課税**(かぜい) 원천 과세.
~**徵収**(ちょうしゅう) 원천 징수. 「し」.
源平(げんぺい) 源氏(げんじ)와 平氏(へい
∥~**藤橘**(とうきつ) 平安(へいあん) 시대 귀족의 대표적인 4 가문.
~**時代**(じだい) 源平(げんぺい) 시대. 11세기 말부터 12세기 말까지의 기간.

訓読
源(みなもと) ① 수원. ② 기원(起源). 근원.

13획 犭 常
猿
원숭이 원
エン
さる・ましら

参考 猨은 異體字.

音読
猿臂(えんぴ) 원비. (원숭이같이) 긴 팔.
猿人(えんじん)〘生〙원인.
猿猴(えんこう) 원후. 원숭이. ♣~**草**(そう)〘植〙눈동이나물.

訓読
猿 ㊀ (さる)〘動〙원숭이.
㊁ (ましら)〈雅〉원숭이. *ましろ도 읽음.
㊂ (えん)〈俗〉원숭이.
猿遣い(さるつかい) ☞ 猿回し(さるまわ
猿股(さるまた) 팬츠. 잠방이. し).
猿女(さるめ) 神楽(かぐら)를 추는 역(役)의 여인.
猿豆(さるまめ)〘植〙팥쩍미래.
猿梨(さるなし)〘植〙다래나무.
猿利口(さるりこう) 얕은꾀. 잔재주.
猿麻桛(さるおがせ)〘植〙송라(松蘿). 소나무겨우살이.
猿面(さるめん) 원숭이 (같은) 얼굴.
∥~**冠者**(かんじゃ) ① 원숭이 얼굴을 한 젊은이. ② 豊臣秀吉(とよとみひでよし)의 젊었을 때의 별명.
猿毛(さるげ) 말의 털빛깔 이름. 쥐색.
猿轡(さるぐつわ) 소리를 내지 못하게 입에 물려 후두부에서 잡아 매는 수건 따위.
猿飼い(さるかい) ☞ 猿回し(さるまわし).
猿山(さるやま) 동물원 등에서 원숭이의 놀이터로서 콘크리트 따위로 만든 산.

猿楽(さるがく) 鎌倉(かまくら) 시대에 행해진 민중 예능. 차츰 연극화되어 能(のう)와 狂言(きょうげん)으로 갈라짐.
猿眼(さるまなこ) 원숭이의 눈처럼 움푹 들어간 눈.
猿の腰掛け(さるのこしかけ)〘植〙말굽버
猿引き(さるひき) ☞ 猿回し(さるまわし).
猿酒(さるざけ) 원숭이가 나무 구멍 등에 저장해 둔 열매가 자연 발효하여 술이 된 것.
猿芝居(さるしばい) ① 원숭이가 재주 부리는 구경거리. ② 서투른 연극. 잔꾀.
猿知恵(さるぢえ) 얕은꾀. 잔재주.
猿真似(さるまね) (원숭이처럼) 남의 흉내만 냄. 단순한 흉내.
猿海老(さるえび)〘動〙꽃새우. 약다.
猿賢い(さるがしこい) 교활하다.
猿戸(さるど) 정원 입구의 간단한 나무문.
猿環(さるかん) 낚시 도구의 하나. 원줄과 목줄의 접속에 쓰는 쇠고리.
猿滑り(さるすべり)〘植〙백일홍. 부처꽃과에 속하는 낙엽 활엽 교목.
猿回し(さるまわし) 원숭이를 재주 부리게 하여 그것으로 돈을 버는 사람.

其他
猿公(えてこう) 원숭이.

13획 辶 教
遠(遠)
멀 원・심오할 원
エン・オン
とおい

音読
遠感(えんかん) 텔레파시.
遠距離(えんきょり) 원거리.
∥~**逓減制**(ていげんせい) 원거리 체감제《운임 결정의 한 방법》.
遠隔(えんかく) 원격. 멀리 떨어져 있음.
∥~**教育**(きょういく) 원격 교육《방송 교육・통신 교육 등》.
~**誘導**(ゆうどう)〘理〙원격 유도.
~**作用**(さよう)〘理〙원격 작용.
~**制御**(せいぎょ) 원격 제어. 원격 조정.
~**操作**(そうさ) 원격 조작.
~**測定**(そくてい) 원격 측정.
~**探査**(たんさ)〘地〙원격 탐사.
遠見 ㊀ (えんけん) 원견. ① 먼데를 봄. 멀리 바라봄. ② 먼데서 본 경치.
㊁ (とおみ) ① 멀리 바라봄. ② 멀리 정찰함. 또, 그 임무.
遠景(えんけい) 원경.
遠境(えんきょう) 원경. 먼 국경 지방.
遠計(えんけい) 원계. 먼 장래의 계획. 원대한 계획. 「있는 곳.
遠郊(えんこう) 원교. 도시에서 멀리 떨어져
遠交近攻(えんこうきんこう) 원교근공. 먼 나라와 친교를 맺고 이웃 나라를 치는 정책.
遠国(えんごく) ① 원국. 먼 나라. ② 옛적에 도읍에서 멀리 떨어진 지방.
遠近 ㊀ (えんきん) 원근. ♣~**感**(かん) 원

근감 / ~**法**(ほう)〖美〗원근법.
‖~**調節**(ちょうせつ)〖生〗원근 조절.
㊂**おちこち**〈雅〉여기저기.
遠忌(おんき)〖佛〗① 종조(宗祖) 등의 50년기(忌) 이후에 50년마다 여는 법회. ② 일반적으로 13년기(忌) 이후에 여는 법회. *えんき로도 읽음.
遠大(えんだい) 원대.
遠図(えんと) 원대한 계획.
遠島(えんとう) ① 원도. 낙도(落島). ② 江戸(えど) 시대에, 육지에서 멀리 떨어진 섬으로 귀양 보내던 형벌의 한 가지.
遠来(えんらい) 원래. 멀리서 옴.
遠慮(えんりょ) ① 원려. 멀리 앞(일)을 내다봄. ② 사양. 사절. ③ 삼감. 거리낌. 조심함.
‖~**勝ち**(がち) 몹시 삼가는〔조심하는〕모양.
~**深い**(ぶかい) 몹시 조심스럽다.
遠雷(えんらい) 원뢰. 멀리서 울리는 천둥소리.
遠流(おんる) 원류. 원배(遠配). 멀리 귀양 보냄.
遠類(えんるい) 원류. 먼 친척.
遠離(おんり) ① 멀리 떨어짐. ②〖佛〗모든 번뇌로부터 해방되어 깨달음의 경지에 듦.
遠望(えんぼう) 원망. 먼 곳을 바라봄.
遠謀(えんぼう) 원모. 먼 장래의 일을 생각함. 또, 그 계획.
‖~**深慮**(しんりょ) 원모 심려. 심모 원려(深謀遠慮).
遠聞(えんぶん) 원문. 멀리까지 소문이 퍼지는 일.
遠方(えんぽう) 원방. 먼 곳.
㊂**おちかた**〈雅〉먼 저쪽. 먼 곳.
遠写(えんしゃ) 원사. 멀리서 찍음.
遠寺(えんじ) 원사. 먼 절. *とおでら로도 읽음.
遠山(えんざん) 원산. *とおやま로도 읽음.
‖~**石**(せき) 먼 산을 상징하여 배치한 정원석.
遠逝(えんせい) 원서. ① 먼 곳으로 떠남. ② 죽음.
遠孫(えんそん) 원손. 세대가 먼 자손.
遠水(えんすい) 원수. 멀리 떨어진 곳에 있는 물〔하천〕.
遠視(えんし)〖醫〗원시(안). ♣~**眼**(がん) 원시안.
‖~**画**(が) 원근법을 응용하여 그린 풍속화의 일종.
遠心(えんしん) 원심. ♣~**力**(りょく) 원심력.
‖~**分離機**(ぶんりき) 원심 분리기.
~**性神経**(せいしんけい)〖生〗원심성 신경.
~**圧縮機**(あっしゅくき)〖機〗원심 압축기.
~**鋳造**(ちゅうぞう) (주화의) 원심 주조.
~**荷重**(かじゅう) (열차 등의) 원심 하중.
遠眼(えんがん) 원안. 원시안.
‖~**鏡**(きょう) 원안경. 원시경.
遠洋(えんよう) 원양.
‖~**区域**(くいき) 원양 구역.
~**漁業**(ぎょぎょう) 원양 어업.
~**航路**(こうろ) 원양 항로.
~**航海**(こうかい) 원양 항해.
遠泳(えんえい) 원영.
遠裔(えんえい) 원예. 먼 자손. 먼 후예.
遠猷(えんゆう) 원유. 원모(遠謀).

遠因(えんいん) 원인.
遠日点(えんじつてん)〖天〗원일점.
遠紫外線(えんしがいせん) 원자외선.
遠赤外線(えんせきがいせん) 원적외선.
遠点(えんてん)〖理·天〗원점.
遠征(えんせい) 원정.
遠祖(えんそ) 원조. 고조(高祖) 이전의 먼 조상.
遠足(えんそく) 원족. 소풍.
遠州(えんしゅう)〖地〗遠江(とおとうみ)의 딴이름.
遠地(えんち) 원지. 먼 곳. ♣~**点**(てん) 원지점.
遠戚(えんせき) 원척. 먼 친척.
遠称(えんしょう)〖文法〗원칭.
遠投(えんとう) 원투. (공이나 낚싯줄을) 멀리 던짐.
遠海(えんかい) 원해. ♣~**魚**(ぎょ)〖魚〗원해어.
遠行(えんこう) 원행.

訓読▶
遠からず(とおからず) ① 멀지 않다. ② 머지않아. 곧. 불원간.
遠ざかる(とおざかる) ① 멀어지다. ② 소원(疏遠)해지다. 소외하다.
遠ざける(とおざける) 멀리하다. 물리치다.
遠らか(とおらか) 멀리 떨어져 있는 모양. 먼 모양.
❖**遠い**(とおい) ① (거리·시간 간격·혈연 관계 등이) 멀다. ② 의식·감각이 흐릿하다. 둔하다.
遠く(とおく) ① 먼 곳. ② 멀리. ③ 훨씬. 매우.
遠め(とおめ) (보통보다) 조금 멂. 또, 그곳. 멀찍함. 개펄.
遠干潟(とおひがた) 멀리 조수(潮水)가 빠진 개펄.
遠江(とおとうみ) ①〖地〗옛 지방 이름의 하나. 지금의 静岡(しずおか) 현 서쪽. ② 복의 살과 껍질 사이의 젤라틴질의 피막(皮膜).
遠攻め(とおぜめ) 멀리서 침.
遠駆け(とおがけ) 말을 몰아 멀리까지 달림.
遠巻き(とおまき) 멀리서 포위함〔둘러쌈〕.
遠寄せ(とおよせ) ① 멀리서 포위하여 공격해옴. ②歌舞伎(かぶき)에서, 전란을 암시하는 타악기 반주.
遠道(とおみち) ① 먼 길. 원로(遠路). ② 느 길. 우회로. ③ 먼 길을 걸음.
遠路 ㊀(とおみち) ⇨ 遠道(とおみち).
㊁(えんろ) 원로. 먼 길.
遠菱(とおびし) 문양(文樣)의 하나. 사이를 두고 마름모꼴의 무늬를 배열한 것.
遠離る(とおざかる) 멀어지다. 사라지다. 소원해지다.
遠鳴き(とおなき) 멀리서 들려 오는 울음소리.
遠鳴り(とおなり) 멀리서 소리가 들려 옴. 또, 그 소리.
遠目(とおめ) ① 멀리서 봄〔본 느낌〕. ② 원시(遠視). ③ ☞ **遠物見**(とおものみ).
遠文(とおもん) 사이를 넓게 잡은 무늬.
遠聞き(とおぎき)〖史〗戦国(せんごく) 시대에, 정탐꾼〔첩자〕.
遠物見(とおものみ) 아군 진지를 떠나 적정

遠白し(とおしろし) 웅대하다.
遠歩き(とおあるき) 먼 곳에 나다님.
遠夫(とおづま) ①먼 곳에 있는 남편. ②견우성(牽牛星)의 일컬음.
遠山里(とおやまざと)〈雅〉멀리 떨어진 산촌. 두메.
遠声(とおごえ) 멀리서 들려 오는 목소리.
遠乗り(とおのり) 차나 말을 타고 멀리 감.
遠矢(とおや) 활을 멀리 쏨. 또, 그 화살.
遠眼鏡(とおめがね) 망원경.
遠縁(とおえん) 먼 친척〔일가〕.
遠蛙(とおかわず) 멀리서 들리는 개구리의 울음소리.
遠遠しい(とおどおしい) ①매우 멀다. ②소원하다. 친하지 않다.
遠音(とおね) 원음. 멀리서 들려 오는 소리. 멀리까지 들리는 소리.
遠耳(とおみみ) 먼데 소리를 들음. 또, 그 귀.
遠人(とおひと) ①먼데 있는 사람. ②나이 많은 사람. 오래 산 사람.〔한 모양.
遠長(とおなが) 영원히 계속되는 모양. 영원
遠長し(とおながし) ①멀리 아득하다. ②영원히 계속하다.
遠っ走り(とおっぱしり) 멀리 나감. 멀리 출〔타함.
遠浅(とおあさ) 바닷가・강가에서 멀리까지 물이 얕음. 또, 그런 곳.
遠妻(とおづま) ①먼 곳에 있는 아내. ②직녀성(織女星).
遠出(とおで) 원출. 멀리 나감. 멀리 여행함.
遠退く(とおのく) ①멀어지다. 뜸해지다. 소원해지다. ②물러나다.
遠退ける(とおのける) 멀리하다.
遠吠え(とおぼえ) ①개・늑대 따위가 멀리서 짖음. 또, 그 소리. ②당해 낼 수 없는 상대를 멀리서 욕함.
遠霞(とおがすみ) 멀리 희미하게 낀 안개.
遠火(とおび) 원화. 먼 불. ①〈雅〉멀리서 때는 불. ②불기를 너무 가까이하지 않음.
遠回し(とおまわし) 에두름. 빗댐.
遠回り(とおまわり) ①우회함. ②번거로운 일〔모양〕.

| 14 虫 | 蜿 | 굼틀거릴 **원**・지렁이 **완** エン |

蜿蜿(えんえん) 원원. 길게 꾸불꾸불 계속되는 모양.

| 15 足 | 跂 | 굽을 **원**・굽힐 **원** エン もがく |

音読→
跂蜒(えんえん) 원연. 길게 꾸불꾸불 계속되는 모양.

訓読→
跂く(もがく) ①발버둥이치다. 바르작거리다. ②안달하다. 초조해 하다.

| 16 言 | 諢 | 농 **원**・별명 **원** コン |

音読→
諢名(こんめい) 원명. 별명. *あだなにも 읽음.

| 16 金 | 鋺 | 저울바탕 **원** エン・ワン かなまり・まり・まがり |

訓読→
鋺(まり) 주발. 물이나 술을 담는 흙 또는 금속으로 만든 그릇. *まがり로도 읽음.

| 16 鳥 | 鴛 | 원앙 **원** エン おしどり |

訓読→
鴛鴦 ㊀(おしどり) ①〔鳥〕원앙새. *おし로도 읽음. ②의가 좋아 늘 함께 있는 부부. ㊁(えんおう) 원앙(새).
~の衾(ふすま) 원앙 금침.
~の仲(なか) 부부의 금실이 좋음.

| 17 艹 | 薗 | 동산 **원** エン その |

参考 園의 異體字.

訓読→
薗八節(そのはちぶし) 豊後(ぶんご)浄瑠璃(じょうるり)의 한 유파.

| 17 車 | 轅 | 끌채 **원** エン ながえ |

音読→
轅門(えんもん) 원문. 군문(軍門).
訓読→
轅(ながえ) (수레・인력거 등의) 채. 나룻.

| 19 頁 | 願 | 바랄 **원**・빌 **원** ガン ねがう |

音読→
願(がん) ①신불에게 기원함. ②소원.
願掛け(がんかけ) 신불에게 발원(發願)함.
願断ち(がんだち) 발원이 이루어지도록 자기가 좋아하는 음식물 등을 끊음.

願力(がんりき) 원력. ①(신불에 기원하여) 목적을 관철하려는 정신력. ②〖佛〗아미타불의 本願力.
願立て(がんだて)〈老〉발원(發願). 기원.
願望(がんぼう) 원망. 소원. *옛날에는 がんもう라고도 했음.
願免(がんめん) '依願免職(いがんめんしょく)(=의원 면직)'의 준말.
願文(がんもん) 원문. 기원문.
願書(がんしょ) ①원서. ②(신불에게 기원하는) 기원문.
願意(がんい) 원의. ①바라는 마음. ②원하는 바. 바라는 내용.
願人(がんにん) ①원인. 소청자(訴請者). ②☞願人坊主.
∥**~坊**(ぼう) 願人坊主①의 준말.
~坊主(ぼうず) ①江戸(えど) 시대, 시내를 배회하면서 걸립을 놓던 거지 중. ②歌舞伎(かぶき) 무용의 하나.
願状(がんじょう) 발원문(發願文).
願主(がんしゅ) 원주. (신불에게) 기원하는 사람. 「음.
願土(がんど) 〖佛〗원토. 극락 정토의 일컬음.
願解き(がんほどき) 신불에게 기원했던 일이 이루어졌을 때, 감사의 뜻으로 참배하는 일.
願行(がんぎょう) 〖佛〗원행. 서원(誓願)과 수행.

訓読▷

願わくは(ねがわくは) 원컨대. 바라건대. 아무쪼록. 「하다.
願わしい(ねがわしい) 바라는 바다. 바람직
❖**願う**(ねがう) ①원하다. 기원하다. ②(관청을 통해) 출원(出願)하다.
願い(ねがい) ①원함. 소원. (신불이나 남에게) 바라는 바. ②원(願). 원서.
願の糸(ねがいのいと) 칠석날 소원을 빌며 장대 끝에 매달아 직녀성에게 바치는 오색(五色)의 실.
願い事(ねがいごと) 원하는〔바라는〕일. (신불에) 비는 일.
願い上げる(ねがいあげる) 공손히 바라다.
願い書(ねがいしょ) 원서. 청원서.
願い人(ねがいにん) 원하는 사람. 청원인. 신청인.
願い主(ねがいぬし) ①청원〔신청〕하는 사람. ②(신불에게) 기원하는 사람.
願い出(ねがいで) 원서(願書)를 제출함. 출원(出願)함. *ねがいいでども 되나 잘 안 읽음.
願い出る(ねがいでる) 출원〔신청〕하다. 청원하다.
願い下げ(ねがいさげ) ①소원〔출원〕의 취하. ②부탁을 받아도 받아들이지 않음. 사절.
願い下げる(ねがいさげる) 소원〔출원(出願)〕을 취하〔취소〕하다.

월

4月 教 **月**(月) 달 월・세월 **월**
ゲツ・ガツ
つき

音読▷

月角差(げっかくさ) 〖天〗월각차.
月刊(げっかん) 월간.
月間(げっかん) 월간.
月経(げっけい) 월경. ♣~痛(つう) 월경통.
∥**~困難症**(こんなんしょう) 〖醫〗월경 곤란증.
~不順(ふじゅん) 월경 불순.
月卿雲客(げっけいうんかく) 公卿(くぎょう)와 殿上人(てんじょうびと).
月計(げっけい) 월계. 월 합계.
月桂(げっけい) 월계. ♣~冠(かん) 월계관 / **~樹**(じゅ) 월계수.
月光 ㊀(げっこう) 월광. 달빛.
㊁(がっこう) 月光菩薩의 준말.
∥**~菩薩**(ぼさつ) 〖佛〗월광보살.
月球儀(げっきゅうぎ) 월구의. 구면(球面)에 월면도를 그린 달의 모형.
月宮(げっきゅう) 월궁. *がっくうろ도 읽음.
∥**~殿**(でん) 월궁(전). 「음.
月琴(げっきん) 〖樂〗월금. 중국의 현악기.
月給(げっきゅう) 월급. ♣~日(び) 월급날.
∥**~取り**(とり) 월급쟁이.
月忌(がっき) 매달의 기일(忌日). 또, 그날에 올리는 불공.
月内(げつない) 월내. 그 달 안.
月旦(げったん) 월단. ①매월 초. ②'月旦評(げったんひょう)(=월단평)'의 준말. 인물평(評).
月来(げつらい) 월래. 지난 수개월 이래.
月齢(げつれい) 월령.
月例(げつれい) 월례.
月輪(げつりん) 월륜. 달의 별칭.
月利(げつり) 월리. 달변.
月末(げつまつ) 월말. *つきずえ로도 읽음.
月面(げつめん) 월면. ♣~図(ず) 월면도 / **~車**(しゃ) 월면차.
∥**~着陸**(ちゃくりく) 월면 착륙.
月明(げつめい) 월명. 달이 밝음. 밝은 달.
月覽(げつべつ) 차이가 심함. 천양지차.
月餅(げっぺい) 월병.
月報(げっぽう) 월보.
月俸(げっぽう) 월봉. 월급.
月賦(げっぷ) 월부. ♣~払い(ばらい) 월부불.
~販売(はんばい) 월부 판매.
月謝(げっしゃ) 월사. ①매달 내는 사례금. ②월사금. 수업료.
月産(げっさん) 월산. 한 달 생산고.
月相(げっそう) 월상. 달의 위상.
月商(げっしょう) 매달의 상거래 총액.
月色(げっしょく) 월색. 달빛.
月夕(げっせき) 월석. ①달 밝은 밤. ②음력 8월 15일 밤.

月世界(げっせかい) 월세계. 달나라.
月水(げっすい) ☞月経(げっけい).
月収(げっしゅう) 월수(입).
月食(げっしょく) 월식.
月蝕(げっしょく) ⇨ 月食(げっしょく).
月央(げつおう) 월앙. 중순.
月額 ㊀(げつがく) 월액.
　㊁(さかやき) ⇨ 月代(さかやき).
月余(げつよ) 월여. 한 달 남짓.
月曜(げつよう) 요일. ♣~**病**(びょう) 월요병／~**日**(び) 월요일.
月長石(げっちょうせき)〖鑛〗월장석.
月前(げつぜん) 달빛이 비치는 곳.
月中 ㊀(げっちゅう) 월중.
　㊁(つきなか) 중순(中旬).
月震(げっしん) 달에서 일어나는 지진.
月次 ㊀(げつじ) 월차. 월례(月例).
　㊁(つきなみ) ⇨ 月並み(つきなみ).
月天(がってん) 월천. ① 월천자(月天子)가 지배하는 달의 세계. ②〖佛〗月天子(げってんし)의 준말.
月天子(げってんし)〖佛〗월천자.
月評(げっぴょう) 월평.
月表(げっぴょう) 월표.
月下(げっか) 월하.
∥~**老人**(ろうじん) 월하노인. 중매인.
　~**美人**(びじん)〖植〗공작선인장의 일종.
　~**氷人**(ひょうじん) 월하빙인. 중매인.
月虹(げっこう) 월홍. 달빛으로 생기는 흰빛 무지개.
月暈(げつうん) 월훈. 달무리. ＊つきがさ로도 읽음.
訓読
月 ㊀(つき) ① 달. ② 달빛. ③ (책력상의) 한 달. ④ 월경.
　~**と鼈**(すっぽん) 큰 차이의 비유. 천양지차.
　㊁(がつ)《接尾語로》…월.
　㊂(げつ) ① 달. ② 달수를 세는 말. ③ 月曜日(げつようび)의 준말.
月の客(つきのきゃく) 달구경꾼. 완월객(玩月客).
月見(つきみ) ① 달구경. 완월(玩月). ②〖料〗月見蕎麦・月見饂飩의 준말. ♣~**草**(そう) 달맞이꽃.
∥~**蕎麦**(そば) 날계란을 깨서 얹은 메밀국수.
　~**饂飩**(うどん) 계란을 얹은 냄비국수.
　~**月**(づき) 음력 8월의 딴이름.
　~**酒**(ざけ) 달구경을 하며 마시는 술.
月決め(つきぎめ) 월정(月定). 한 달에 얼마로 정함.
月頃(つきごろ)〈雅〉몇 달 전부터. 요 몇 달 동안.
月の頃(つきのころ) 달구경하기 좋을 때. 만월(滿月) 전후 며칠간.
月の桂(つきのかつら) (중국 전설에서) 달에 있다는 계수나무.
　~**を折**(お)**る** 관리 등용 시험에 급제하다.
月尻(つきじり) 월말(月末).
月雇い(つきやとい) 월고(月雇). ① 1 개월 한도의 계약으로 고용함. 또, 그 고용인. ② 달품.

月跨がり(つきまたがり) 이 달에서 다음 달로까지 걸치는 것.
月掛け(つきがけ) 다달이 일정한 돈을 부어 나감. 또, 그 돈.
月の宮(つきのみや) 월궁. 또, 달을 뜻함.
月捲り(つきめくり) 한 달에 한 장씩 넘기도록 되어 있는 달력.
月極め(つきぎめ) ⇨ 月決め(つきぎめ).
月の雫(つきのしずく) ⇨ 月の滴(つきのしずく).
月代わり(つきがわり) ① 달이 바뀜. ② 한달마다 교체함.
月待ち(つきまち) 3・13・17・23・26일 등 특정한 월령(月齡)의 날에 마을 사람들이 음식을 먹으면서 달뜨기를 기다리며 절을 하는 행사.
月の都(つきのみやこ) ① 월궁(月宮). ② 제도(帝都)의 미칭.
月読(つきよみ) ⇨ 月夜見(つきよみ). ＊흔히, つくよみ로 읽음.
月頭(つきがしら) 월초. 달초.
月流し(つきながし) 월경 불순을 다스리는 약. 통경제(通經劑).
月の輪(つきのわ) ①〈雅〉달. 월륜. ② 둥근 달 모양. ③ 흑곰〔반달가슴곰〕의 목 밑에 있는 초승달 모양의 흰털 부분.
∥~**熊**(ぐま)〖動〗흑곰. 반달가슴곰.
月立つ(つきたつ) ① 달이 바뀌다. 새 달이 되다. ② 달이 뜨다.
月毎(つきごと) 매달. 다달이.
月明かり(つきあかり) 달빛(으로 밝음).
月毛(つきげ) 葦毛(あしげ) 중에서 털빛이 약간 불그스름한 것. 또, 그런 빛깔의 말.
月の物(つきのもの)〈老〉몸엣것. 월경.
月半(つきなか) ☞月半ば(つきなかば).
月半ば(つきなかば) 중순.
月白 ㊀(つきしろ) 월백. 달이 뜨려고 할 때, 하늘이 희읍스름하게 보이는 일.
　㊁(つきじろ) 이마에 흰털이 있는 말.
月番(つきばん) 월번. 한 달씩 하는 당번.
月別(つきべつ) 월별.
月並み(つきなみ) ① 평범함. (속되고) 진부함. ② 월례(月例). ♣~**会**(かい) 월례회.
∥~**俳句**(はいく) (신선미가 없는) 평범한〔진부한〕 俳句.
　~**の祭**(まつり) 음력 6월과 12월에 신불에게 지내는 제사.
　~**調**(ちょう) 틀에 박힌 평범한 투.
　~**の絵**(え) 1년 12개월의 행사나 풍경을 그린 그림.
月不足(つきぶそく) 달이 못 참.
月払い(つきばらい) 월불. 월부.
月仕舞い(つきじまい) 월말.
月の色人(つきのいろびと) 달의 아름다움을 의인화한 말. 〔유한 말.
月の船(つきのふね) 달을 밤하늘의 배로 비
月雪花(つきゆきはな) ① 달과 눈과 꽃. ② 사철 변화에 따른 좋은 경치.
月星日(つきほしひ) ① 달과 별과 해. 삼광

(三光). ② 휘파람새의 우는 소리.
月小屋(つきごや)〖史〗옛날, 생리 중인 여성이 그 기간 중 따로 떨어져 살던 오막살이.
月送り(つきおくり) ①그 달에 할 일을 다음 달로 미룸. ②달마다 발송함.
月夜(つきよ) 월야. 달밤. *つくよ・げつよ로도 읽음.
～**に提灯**(ちょうちん) 달밤에 초롱불〔불필요함의 비유〕.
‖～**烏**(がらす) 달밤에 신나게 우는 까마귀.
月夜見 ㊀(つきよみ)〖雅〗달의 딴이름.
㊁(つくよみ)〖古〗달의 신(神).
月役(つきやく) 월경. 경도. 멘스. 「남.
月映え(つきばえ) 달빛을 받아 아름답게 빛
月影(つきかげ) 월영. ①달빛. ②〖雅〗(달빛에 비친) 그림자. *げつえい로도 읽음.
月詣で(つきもうで)〖老〗☞月参り(つきまいり).
月月(つきづき) 매달. 다달(이).
月越し(つきごし) 그 달에서 다음 달로 걸침.
月一(つきいち) ①이자가 월(月) 1할임. ②한 달에 한 번임.
月日(つきひ) 월일. ①달과 날. 날짜. ②시일. 세월. ③해와 달. *がっぴ로도 읽음.
月の入り(つきのいり) 달이 서쪽 지평선 아래로 지는 일. 또, 그 시각.
月の障り(つきのさわり) 월경. 경도.
月の滴(つきのしずく) '露(つゆ)(=이슬)'의 딴이름.
月切れ(つきぎれ) 약속한 기한이 끝남.
月済し(つきなし) ①빚을 매달 조금씩 갚음. 월부. ②☞月済し金.
‖～**金**(がね) 월부금.
月足らず(つきたらず) (태아가) 조산(早産)함. 조산아. 미숙아. 칠7八7.
月遅れ(つきおくれ) ⇨月後れ(つきおくれ).
月参り(つきまいり) 매월 1회씩 신사(神社)나 절에 참배함.
月初め(つきはじめ) 월초. 초승.
月草(つきくさ)〖植〗닭의장풀.
月の出(つきので) 달이 동쪽 지평선에서 떠오름. 또, 그 시각.
月の出潮(つきのいでしお) 월출(月出)과 함께 시작되는 밀물.
月偏(つきへん) 한자 부수의 하나: 달월변.
月割り(つきわり) ①월당(月當). 월평균.
②월부(月賦). 「행사.
月行事(つきぎょうじ) 그 달의 행사. 월중
月形(つきがた) 월형. 반달형. 반원형.
‖～**櫛**(ぐし) 반달형의 여성용 빗.
月花(つきはな) 화월. 달과 꽃.
月回り(つきまわり) ①다달이 돌려 가며 맡는 당번. ②그 달의 운수.
月後れ(つきおくれ) (월간지 등의) 그 달 것이 아닌 이전에 나온 호. 묵은〔지난달〕호.

其他▶
月代 ㊀(さかやき) 平安(へいあん) 시대에, 남자가 관을 쓸 때 이마 언저리 머리털을 반

달형으로 깎은 일. 또, 그 깎은 부분《江戸(えど) 시대에는 이마에서 머리 한가운데까지 머리털을 깎았음》.
㊁(つきしろ) ①〖古〗달. ②☞㊀.

12 走 常
越
넘을 **월**·월나라 **월**
エツ·オチ·オツ·エチ
こす·こえる·こし

音読▶
越境(えっきょう) 월경.
‖～**入学**(にゅうがく)(학구제를 벗어나) 월경 입학.
越階(おっかい) 월계. 위계 순서를 건너뛰어 승진함. *えっかい로도 읽음.   「음.
越権(えっけん) 월권. *おっけん으로도 읽
‖～**代理**(だいり)〖法〗월권 대리.
越年(えつねん) 월년. 해를 넘김. ♣～草(そう) 월년초.
‖～**生**(せい) 越年生植物의 준말. ♣～植物(しょくぶつ) 월년생 식물 / ～**草本**(そうほん) 월년생 초본.
越度(おちど) 잘못. 과실.
越冬(えっとう) 월동. 겨울을 넘김. ♣～地(ち) 월동지.
‖～**資金**(しきん) 월동 자금.
越訴(おっそ)〖法〗월소. 옛날 소송에서, 차례를 밟지 않고 직접 영주(領主)나 幕府(ばくふ)에 소청하던 일. *えっそ로도 읽음.
越前(えちぜん) 옛 지방 이름. 지금의 福井(ふくい) 현 동북부.
越俎(えっそ) 월조. 월권 행위.
越鳥(えっちょう) ①중국 월나라의 새. ②공작의 딴이름. ③북국의 새.
越州(えっしゅう)〖地〗越前(えちぜん)·越中(えっちゅう)·越後(えちご)의 총칭.
越中(えっちゅう)〖地〗옛 지방 이름. 지금의 富山(とやま) 현.
‖～**褌**(ふんどし) 길이 1미터 가량의 폭이 좁은 천 끝에 끈을 단 T자 모양의 들보.
越後(えちご)〖地〗옛 지방 이름. 지금의 新潟(にいがた) 현.
‖～**獅子**(じし) 新潟 현의 사자춤.
～**縮**(ちぢみ) 越後에서 짠 잔주름이 있는 모시천.

訓読▶
越(こし)〖地〗☞越の国(こしのくに).
越の国(こしのくに) 北陸道(ほくりくどう)의 옛이름.
越の道(こしのみち) ☞越の国(こしのくに).
越渡島(こしのわたりのしま)〖地〗北海道(ほっかいどう)의 옛이름. *こしのわたりとしまろ로도 읽음.
越路(こしじ)〖地〗①北陸道(ほくりくどう)의 옛이름. ②北陸(ほくりく)로 가는 길.
❖**越える**(こえる) ①(높은 곳을) 넘(어가)다. ②(강 등을) 건너다.
越え(ごえ)《고개의 이름에 붙여서》(경계

고개를) 넘음. 넘어가는 길.
❖**越す**(こす) ① 넘다. 넘어가다. ② 건너다. ③ 넘기다. ④ 앞지르다. ⑤ 낫다. 더 좋다. ⑥ 이사하다.
越し ㊀(こし) (縮緬(ちりめん)을 짤 때) 좌우에서 엇갈리게 넣는 씨실의 수.
㊁(ごし) ①《名詞에 붙어서》너머. ②《시간의 길이를 표시하는 말에 붙어서》그 동안 계속되어 왔음을 나타내는 말.
越し方(こしかた)〈雅〉① 지나온 세월·과거. ② 지나온 방향·장소.
越の雪(こしのゆき) 찹쌀 미숫가루와 백설탕을 눌러 굳힌 마른과자.
越し屋根(こしやね) (일본식 건물에서) 채광·환기용 등으로 지붕 위 용마루에 높게 만든 작은 지붕.

[其他]
越南(ベトナム)〖地〗월남. 베트남.
越天楽(えてんらく) ①〖樂〗아악곡(雅樂曲)의 하나. 平安(へいあん) 시대에 성하였음. ② 箏曲(そうきょく)의 하나.

| 13
金 | 鉞 | 도끼 월
エツ
まさかり |

[訓読]
鉞(まさかり) 큰 도끼.

위

| 6
已
[教] | 危 | 위태할 위·두려워할 위
キ
あぶない·あやうい·
あやぶむ |

[音読]
危惧(きぐ) 위구. 걱정하고 두려워함.
危懼(きぐ) 위구.
危局(ききょく) 위국. 위험한 판국.
危急(ききゅう) 위급.
‖**~存亡**(そんぼう) 위급 존망.
危機(きき) 위기. ♣**~感**(かん) 위기감.
‖**~管理**(かんり) 위기 관리.
―**~一髪**(いっぱつ) 위기일발.
―**~意識**(いしき) 위기 의식.
危難(きなん) 위난. 재난.
危篤(きとく) 위독. 중태.
危峰(きほう) 위봉. 높고 험한 봉우리.
危厄(きやく) 몸에 닥쳐오는 위난.
危言(きげん) 위언. 말씨가 비속해지지 않도록 조심함. 또, 고상한 말씨.
危疑(きぎ) 위의. 위태롭게 여겨 의심함.
危坐(きざ) 위좌. 바르게 앉음.
危地(きち) 위지. 위험한 장소·처지.
危殆(きたい) 위태. 위험.
危害(きがい) 위해.

危険(きけん) 위험. ♣**~性**(せい) 위험성.
‖**~物**(ぶつ) 위험물. 소방법상, 제조·보관·취급에 제한을 받는 물품. ♣**~取扱者**(とりあつかいしゃ) 위험물 취급자.
―**~負担**(ふたん) 위험 부담.
―**~思想**(しそう) 위험 사상.
―**~信号**(しんごう) 위험 신호.
―**~人物**(じんぶつ) 위험 인물.
―**~責任**(せきにん)〖法〗위험 책임.

[訓読]
危ぶむ(あやぶむ) 위험스럽게 여기다. 위태로워하다.
❖**危うい**(あやうい) ① 위태롭다. ②〈雅〉위험하다. ③ 아슬아슬한 차로.
危うく(あやうく) 아슬아슬하게.
❖**危ない**(あぶない) ① 위험하다. 위태롭다. ② 불안하다. 미덥지 않다.
―**~橋**(はし)**を渡**(わた)**る** 위험을 각오하고 어떤 일을 하다.
危なく(あぶなく) ① 하마터면. 자칫하면. ② 간신히. 아슬아슬하게.
危なっかしい(あぶなっかしい)〈俗〉위험하다. 위태롭다.
危な気(あぶなげ) 불안한〔위태로운〕모양.
危な気ない(あぶなげない) 무난하다. 위태롭다는 느낌이 안 들다.
危な絵(あぶなえ) 선정적인 풍속화.

| 7
イ
[教] | 位 | 자리 위·위치 위
イ
くらい |

[音読]
位格(いかく)〖宗〗위격. 페르소나.
位階(いかい) 위계.
‖**~勲等**(くんとう) 위계 훈등.
位官(いかん) 위관. 위계(位階)와 관직.
位記(いき) 위기. 서위(敍位)의 뜻을 기록하여 그 사람에게 교부하는 문서.
位禄(いろく) ① 지위와 녹봉. ② 옛날에 정 4 품 이하의 벼슬아치에게 내려 준 솜과 옷감 등.
位封(いふ) 예전에 삼위(三位) 이상의 사람에게 내린 식읍(食邑).
位相(いそう) 위상. ♣**~論**(ろん)〖言〗위상「론.
‖**~空間**(くうかん)〖数〗위상 공간.
―**~幾何学**(きかがく)〖数〗위상 기하학.
―**~速度**(そくど)〖理〗위상 속도.
―**~数学**(すうがく)〖数〗위상 수학.
―**~心理学**(しんりがく)〖心〗위상 심리학.
―**~差顕微鏡**(さけんびきょう) 위상차 현미경.
―**~解析**(かいせき)〖数〗위상 해석.
位田(いでん) 옛날, 5 품 이상의 관리에게 위계에 따라 주던 논밭.
位牌(いはい) 지위. 위계.
位次(いじ) 위차. 위계(位階)의 높낮이에 따라 정해진 자리의 차례.
位置(いち) 위치.

‖ ~感覚(かんかく) 위치 감각.
~付ける(づける) 차지할 위치를 부여하다. 자리를 매기다. 평가하다.
位牌(いはい) 위패.
~を汚(けが)す 조상의 명예를 더럽히다.
~所(じょ) 위패를 안치해 둔 곳.

訓読
位 ㊀(くらい) ①지위. 계급. ②품격. 품위. ③정도. 쯤. *③은 ぐらい로도 읽음. ㊁(い)《接尾語的으로》…위. ①지위·계급의 뜻. ②등급·등수의 뜻. ③신주(神主)·영령(英靈)의 수를 나타내는 말.
位する(くらいする) 지위·장소를 차지하다. 위치하다.
位倒れ(くらいだおれ) 지위가 높은 만큼 수입이 뒤따르지 못함.
位付け(くらいづけ) ①등급 매기기. 품평. ② ☞位取り(くらいどり).
位負け(くらいまけ) ①실력 이상의 지위에 있기 때문에 오히려 그 사람에게 불리함. ②상대방의 지위·품위에 압도됨.
位取り(くらいどり) ①수의 자릿수를 정함. ②품등. 우열.

---

7 口 教	囲 (圍)	둘레 위·에울 위 イ かこむ・かこう

音読
囲郭(いかく) 주위에 둘러친 방벽(防壁).
囲碁(いご) 위기. 바둑.
囲炉裏(いろり) 농가 등에서 마룻바닥을 사각형으로 도려 파고 방한용·취사용으로 불을 피우는 장치. ♣~端(ばた) 노변(爐邊).
囲繞(いじょう) 위요. 주위를 둘러쌈. *いにょう로도 읽음. ♣~地(ち)『法』위요지.
囲障(いしょう) 위장. 울타리.

訓読
❖囲う(かこう) ①둘러싸다. ②숨겨 두다. ③(첩을) 두다. ④저장하여 두다.
囲い(かこい) ①둘러쌈. ②울타리. 담. ③(집안에 마련한) 다실(茶室). ④(야채 따위의) 저장.
囲いの間(かこいのま) 다실(茶室) 또는 떨어져 있는 별채.
囲い女(かこいめ) ☞囲い者(かこいもの).
囲い物(かこいもの) 철 지난 후에 팔아는 채소 또는 과일.   「도 읽음.
囲い米(かこいまい) 저장미. *かこいごめ로
囲い船(かこいぶね) 물가에 매어두거나 물가로 끌어올려 뜸으로 덮거나 하여 당분간 쓰지 않는 배.   「워싸다.
囲い込む(かこいこむ) 둘러싸서 가두다. 에
囲い者(かこいもの) 딴살림을 내준 첩.
❖囲む(かこむ) ①두르다. 둘러[에워]싸다. ②바둑을 두다. 대국하다.
囲み(かこみ) ①에워쌈. ②포위(망). ③주위. 둘레. ④ ☞囲み記事.

‖ ~記事(きじ) (신문 따위의) 괘(罫)로 두른 기사(읽을거리). 박스 기사.

---

8 女 教	委	맡길 위·자세할 위 イ くわしい・ゆだねる・ まかせる

音読
委する(いする) ①맡기다. ②내버려두다.
委曲 ㊀(いきょく) 위곡. 자세한 사정·일. ㊁(つばら)〈古〉자세함.
委棄(いき) 위기. 내버려둠. (권리의) 포기.
委付(いふ) 위부.
委細(いさい) 위세. ①자세한 사정. ②(자세한 일까지) 모두.
~構わず(かまわず) 사정이야 어떻든.
委譲(いじょう) 위양.
委員(いいん) 위원. ♣~長(ちょう) 위원장.
‖ ~会(かい) 위원회. ♣~付託(ふたく) 위회에서, 본회의 심의에 앞서 위원회에 예비 심사 등을 위임하는 일.
委任(いにん) 위임. ♣~状(じょう) 위임장.
‖ ~代理人(だいりにん)『法』위임 대리인.
~命令(めいれい)『法』위임 명령.
~事務(じむ)『法』위임 사무.
~立法(りっぽう)『法』위임 입법.
~統治(とうち)『政』위임 통치.
~行政(ぎょうせい)『法』위임 행정.
委嘱(いしょく) 위촉.
委縮(いしゅく) 위축. ♣~腎(じん)『醫』위축신/~病(びょう)『植』위축병.
委託(いたく) 위탁.
‖ ~加工(かこう) 위탁 가공.
~売買(ばいばい) 위탁 매매.
~手形(てがた) 위탁 어음.
~証拠金(しょうこきん) 위탁 증거금.
~販売(はんばい) 위탁 판매.

訓読
委しい(くわしい) 상세하다. 소상하다. 자세히 알고 있다. 환하다. 정통하다.
委す(まかす) ☞委せる(まかせる).
委せる(まかせる) ①맡기다. ②마음대로 …하게 하다.
委ねる(ゆだねる) ①맡기다. ②위임[일임]하다. ③내맡기다. ④바치다.

---

9 女 常	威	위엄 위·으를 위 イ おどす

音読
威(い) 위세. 위엄.
威喝(いかつ) 위갈. 큰소리로 외침.
威光(いこう) 위광.
威権(いけん) 위권. 위력과 권세.
威徳(いとく) 위덕.
威力(いりょく) 위력.   「과 명령.
威令(いれい) 위령. 위력이 있는 명령. 위력

威靈(いれい) ① 위령. 신령(神靈)의 위력. ② 제왕의 위광(威光).
威望(いぼう) 위망. 위엄과 덕망.
威名(いめい) 위명. ① 위대한 명성. ② 위광과 명예.
威武(いぶ) 위무. 무위.
威迫(いはく) 〚法〛 협박함.
威服(いふく) 위복. 위압하여 복종시킴.
威勢(いせい) ① 위세. ② 기운. 힘.
威信(いしん) 위신.
威圧(いあつ) 위압.
威厳(いげん) 위엄.
威烈(いれつ) 위열. 기세나 위력이 세참.
威容(いよう) 위용. 위엄 있는 모습.
威儀(いぎ) 위의.
威張りくさる(いばりくさる) 뽐내다. 으스대다.
威張る(いばる) 뽐내다. 거만하게 굴다.
威風(いふう) 위풍.
∥**~堂堂**(どうどう) 위풍당당.
威嚇(いかく) 위하. 위협. ♣**~的**(てき) 위협적. **~射撃**(しゃげき) 위협 사격.

〖訓読〗
❖**威かす**(おどかす) ① 으르다. 위협하다. 협박하다. ② 깜짝 놀라게 하다.
威かし(おどかし) 위협. 협박.
❖**威す**(おどす) 으르다. 위협[협박]하다. 등치다.
威し(おどし) 위협. 협박. 으름장.
威し文句(おどしもんく) 위협하는 말. 으름장.
威し付ける(おどしつける) 몹시 위협하느리.
威し種(おどしぐさ) 남을 위협[협박]할 거리.
威し銃(おどしじゅう) 새・짐승을 쫓기 위해 쏘는 공포.

| 9 月 教 | 胃 | 밥통 위 イ |

〖音読〗
胃(い) 위.
胃加答児(いカタル) 〚醫〛 위염의 옛이름.
胃痙攣(いけいれん) 〚醫〛 위경련.
胃潰瘍(いかいよう) 〚醫〛 위궤양.
胃袋(いぶくろ) 밥통. 위(胃).
胃壁(いへき) 〚生〛 위벽.
胃病(いびょう) 위병. 위장병.
胃の腑(いのふ) 〈老〉 위.
胃散(いさん) 〚藥〛 위산. 위의 활성을 촉진시키는 가루약. 건위산.
胃酸(いさん) 〚生〛 위산.
∥**~減少症**(げんしょうしょう) 위산 감소증. **~欠乏症**(けつぼうしょう) 위산 결핍증. **~過多症**(かたしょう) 위산 과다증.
胃腺(いせん) 〚生〛 위선. 위샘.
胃洗浄(いせんじょう) 〚醫〛 위세척.
胃癌(いがん) 〚醫〛 위암.
胃液(いえき) 〚生〛 위액.
胃弱(いじゃく) 위약.
胃炎(いえん) 〚醫〛 위염.
胃腸(いちょう) 위장.
∥**~加答児**(カタル) 〚醫〛 위장 카타르. 위장염.
胃底(いてい) 위저. 위의 밑 부분.
胃穿孔(いせんこう) 위천공.
胃出血(いしゅっけつ) 〚醫〛 위출혈.
胃歯(いし) 〚生〛 위치.
胃痛(いつう) 위통.
胃下垂(いかすい) 〚醫〛 위하수.
胃拡張(いかくちょう) 〚醫〛 위확장.

| 9 灬 常 | 為(爲) | 할 위・위할 위 イ なす・なる・する・ため・たり |

〖音読〗
為政(いせい) 위정. 정치를 함. ♣**~者**(しゃ) 위정자.

〖訓読〗
為 ㊀(ため) ① 위함. 유익. ②《…の~に・する~に로》…을 위하여. ③ …때문에.
㊁(す) 〈文〉 ☞**為る**(する).
為さい(なさい) …해요. …하시오.
為さいます(なさいます) '**為さる**(なさる)(=하시다)'의 공손한 말씨.
為さる(なさる) 하시다.
為に(ために) 〈老〉 그 때문에. 그러므로. 그래서.
為筋(ためすじ) ① 만일의 경우에 돌봐 줄 방면. ② 연줄. 후원자.
為書き(ためがき) 서화의 낙관 옆에 의뢰자의 성명이나 그 서화를 쓴[그린] 이유 등을 적은 짤은 글.
為銀(ためぎん) '**外国為替銀行**(がいこくかわせぎんこう)(=외환 은행)'의 준말.
❖**為す**(なす) 하다. 행하다.
為し遂げる(なしとげる) 끝까지 해내다. 완수하다.
❖**為る** ㊀(する) …(을) 하다. 행하다.
㊁(す) 〈文〉 〔이〕 되다.
為りたて(なりたて) 갓 되어 얼마 안 됨.
為て遣られる(してやられる) 감쪽같이 넘어가다. 당하다. 속다.
為て遣る(してやる) ① (남에게) 해주다. ② (감쪽같이) 잘하다. 속이다. ③ 완수하다.
為兼ねる(しかねる) (하지) 못하다. 주저하다. 불가능하다.
為果せる(しおおせる) 〈老〉 완수하다. 끝내다. 완수할 수 있다.
為果てる(しはてる) 다 끝마치다. 모두 마치다.
為慣れる(しなれる) 숙달되다. 무르녹다.
為掛かる(しかかる) ① 하기 시작하다. ② 일을 중도까지 하다.
為埒(しらち) 뒤처리. 뒷마무리.
為納め(しおさめ) 일・행동의 마지막. 마지막으로 한 번 함. 끝장.
為落とす(しおとす) ① 할 일을 빠뜨리다. ② 소홀히 하다.
為来り(しきたり) 관습. 관례.

為良い(しよい) 하기 쉽다. 「을 끊다.
為留める(しとめる) (활·총포 등으로) 숨통
為抜く(しぬく) 다하다. 관철하다. 해내다.
為成す(しなす) 어떤 상태가 되게 하다.
為所(しどころ) 해야 할 경우〔곳, 때〕.
為損じる(しそんじる) ☞ 為損ずる(しそんずる)
為損ずる(しそんずる) (방법을) 그르치다. 실수하다. 잘못하다.
為損ない(しそこない) 실수. 실패.
為損なう(しそこなう) 그르치다. 잘못하다. 실패하다.
為送り(しおくり) 생활비나 학비(의 일부)를 보조하기 위해 금품을 보내줌.
為送る(しおくる) 생활비·학비를 보조하기 위해 금품을 보내다.
為り手(なりて) 될 사람. 되고자 하는 사람.
為遂げる(しとげる) 끝까지 해내다. 완수하다.
為馴れる(しなれる) 숙달되다. 무르녹다.
為悪い(しにくい) 하기가 어렵다.
為様(しざま) ① 하는 식〔짓〕. ②〈古〉 바느질한 모양.
為い為い(しいしい) 그 동작을 반복함을 타냄. …을 하고 또 하며. …하면서. 「다.
為違える(しちがえる) 틀리게 하다. 잘못하다
為残す(しのこす) 하다가 남기다. 도중까지 하고 남겨 두다.
為済ます(しすます) 잘 해내다. 감쪽같이 하다.
為終える(しおえる) 끝내다. 끝마치다.
為止す(しさす) 하다가〔시작해 놓고〕 중도에서 그만두다.
為直す(しなおし) 다시 함. 재차 함.
為直す(しなおす) 다시 하다. 재차 하다.
為尽くす(しつくす) 남김없이 해치우다. 다해 버리다.
為着せ(しきせ) ① 주인이 철따라 고용인에게 옷을 해 입힘. 또, 그 옷. ② 윗사람·회사 등이 준 것.
為出かす(しでかす) 해 버리다. 저지르다.
為置く(しおく) 해 놓다. 처치하다. 처분하다.
為合う(しあう) 서로 …하다. 「다.

[其他]
為さす(せさす)〈雅〉① 하게 하다. 시키다.
② 하시다.
為れたい(されたい) 그렇게 하기를 바라다는 뜻의 격식차린 말.
為れる(される) ① …되다. …당하다. ② する 의 경어. 하시다.
為ん方(せんかた) 취할 방법. 수단.
‖~無い(ない) (어쩌)할 도리가 없다.
為ん術ない(せんすべない) 어쩌할 수 없다.
為ん術なし(せんすべなし) 어쩌할 방법이 없다. 하는 수 없다.
人(ひととなり) 위인. 사람됨. 천성.
為体(ていたらく) 모양. 상태《바람직스럽지 않은 상태 등에 관해 일컬음》.
為替(かわせ) ①〖經〗환(換). ② 為替手形의

준말. ③ 為替相場의 준말. ♣~尻(じり) 환(換) 끝.
‖~契約(けいやく) ☞ 為替予約.
~管理(かんり) 외환 관리.
~相場(そうば) 환시세. 환율.
~手形(てがた) 환어음.
~市場(しじょう) 환시장. 외환 시장.
~安定資金(あんていしきん) 환안정 자금. ☞ 為替平衡資金.
~予約(よやく) 〖經〗환계약.
~銀行(ぎんこう) 외환 은행.
~裁定(さいてい) 환(換)재정.
~仲買人(なかがいにん) 환중매인. 환브로커.
~差損(さそん) 환차손. 「커.
~差益(さえき) 환차익.
~清算協定(せいさんきょうてい) 환청산 협정.
~取引(とりひき) 환거래.
~投機(とうき) 환투기.
~平衡勘定(へいこうかんじょう) 〖經〗환평형 계정.
~平衡資金(へいこうしきん) 〖經〗환평형〔환안정〕 자금.
~換算表(かんさんひょう) 환(換)환산표.

| 9 韋 | 韋 | 가죽 위
イ
なめしがわ |

[音読]
韋駄天(いだてん) 〖佛〗위태천(韋太天). 불법 수호신의 하나《발이 매우 빠르다고 함》. 전하여, 몹시 빨리 뛰는 사람.
‖~走り(ばしり) 몹시 빨리 달림.
韋編(いへん) 위편. 서책(을 맨 가죽 끈).
‖~三絶(さんぜつ) 위편삼절.

[訓読]
韋(なめしがわ) 한자 부수의 하나: 가죽위.

| 11 偽
イ
[常] | 偽(僞) | 거짓 위·속일 위
ギ
いつわる・にせ |

[音読]
偽経(ぎきょう) 〖佛〗위경.
偽果(ぎか) 〖植〗위과. 가과(假果).
偽関節(ぎかんせつ) 〖醫〗가(假)관절.
偽竜(ぎりゅう) 〖動〗트라이아스기(紀)에 번성했던 해생 파충류. 몸길이 1 미터 이하로, 긴 목과 꼬리를 가졌음.
偽膜(ぎまく) 〖醫〗위막.
偽名(ぎめい) 위명. 가짜 이름.
偽文書(ぎぶんしょ) 위문서. 위조 문서.
偽書(ぎしょ) 위서. 가짜 책(편지, 문서).
偽善(ぎぜん) 위선. ♣~的(てき) 위선적.
偽悪(ぎあく) 위악. 짐짓 악한 체함. ♣~的(てき) 위악적.
偽薬(ぎやく) 〖醫〗위약.
偽陽性(ぎようせい) 〖醫〗어떤 질환에서 양

성을 나타내는 검사가, 그 질환에 걸리지 않은 사람에게서도 나타남.
偽言(ぎげん) 위언. 거짓말.
偽印(ぎいん) 위인. 가짜 도장.
偽作(ぎさく) 위작. 위조해 만듦. 또, 그 작품.
偽装(ぎそう) 위장. 「적 실업.
‖〜**失業**(しつぎょう)〖經〗위장 실업. 잠재
偽電(ぎでん) 위전. 거짓(허위) 전보.
偽製(ぎせい) 위제. 가짜를 만듦. 위조.
偽造(ぎぞう) 위조. ♣〜**罪**(ざい) 위조죄.
‖〜**札**(さつ) (정교한 인쇄나 복사 등으로 진짜와 똑같이 만든) 가짜 지폐.
偽朝(ぎちょう) 위조. 정통이 아닌 조정.
偽足(ぎそく)〖生〗위족.
偽証(ぎしょう)〖法〗위증. ♣〜**罪**(ざい) 위증죄.
偽札(ぎさつ) 위찰. ①위조 지폐. *にせさつ로도 읽음. ②가짜 서류.
偽称(ぎしょう) 위칭. 사칭(詐稱).
偽版(ぎはん) 위조 출판(물).
偽筆(ぎひつ) 위필.
偽学(ぎがく) 위학. ①정도에 어그러진 학문. ②그 시대의 주류(主流)에 반하는 학문.

訓読
偽 ㊀(にせ) 가짜. 모조(模造).
㊁(ぎ) 거짓. 허위.
偽金㊀(にせがね) 가짜 돈. 위폐.
㊁(ぎきん)〖化〗위금. 알루미늄 10%, 구리 90%로 된 알루미늄 청동.
偽物(にせもの) 가짜 (물건). 위조품. *ぎぶつ로도 읽음. 「남의 머리.
偽首(にせくび) 그 사람의 머리라고 가장한
偽者(にせもの) 거짓으로 신분·직업 등을 속이는 사람. 가짜.
❖**偽る**(いつわる) ①거짓말하다. ②속이다.
偽り(いつわり) ①거짓(말). ②인위를 가한 것. 허구(虛構).
‖〜**言**(ごと) 거짓말. 허언.

11
寸
常
尉
벼슬이름 **위**·다리미 **울**
イ·ウツ
じょう

音読
尉官(いかん) 위관.

訓読
尉(じょう) 能楽(のうがく)의 늙은(이) 역. 또, 그 탈.
尉面(じょうめん) 늙은 남자를 나타내는 能面(のうめん)의 하나.
尉物(じょうもの) 能楽(のうがく)에서 주역이 늙은이 모습으로 나오는 것의 총칭.
尉鶲(じょうびだき)〖鳥〗딱새.

12
イ
常
偉(偉)
클 **위**·뛰어날 **위**
イ
えらい·すぐれる

偉功(いこう) 위공. 위훈(偉勲).
偉観(いかん) 위관. 장관(壯觀).
偉軀(いく) 위구. 큰 몸집.
偉大(いだい) 위대.
偉力(いりょく) 위력. 위대한 힘.
偉業(いぎょう) 위업. 위대한 공적.
偉烈(いれつ) 위열. 위대한 공적.
偉容(いよう) 위용. 당당한 모양〔모습〕. 훌륭하고 뛰어난 용모나 모양.
偉人(いじん) 위인. ♣〜**伝**(でん) 위인전.
偉丈夫(いじょうぶ) 위장부. *いじょうふ로도 읽음.
偉才(いさい) 위재. 남달리 뛰어난 재능. 또 그 소유자.
偉材(いざい) 위재. 뛰어난 인물.
偉績(いせき) 위적. 훌륭한 공적.
偉効(いこう) 위효. 뛰어난 효과.
偉勲(いくん) 위훈.

訓読
偉ぶる(えらぶる) 젠체하다. (잘)난 체하다.
❖**偉い**(えらい) ①위대하다. 훌륭하다. ②신분이 높다. ③일이 크다. 심하다.
偉く(えらく) 매우. 대단히. 굉장히.
偉物(えらぶつ)〈俗〉훌륭한 사람. 뛰어난 사람.
偉者(えらもの) ☞**偉物**(えらぶつ).
❖**偉がる**(えらがる) 뽐내다. 잘난 체하다.
偉がり(えらがり) 잘난 체함. 잘난 체하는 언행〔사람〕.

12
口
喟
한숨쉴 **위**
キ
ためいき

音読
喟然(きぜん) 위연. 탄식하는 모양.

12
氵
渭
물이름 **위**
イ

音読
渭水(いすい)〖地〗위수. 웨이수이《중국의 강 이름》.

12
艹
萎
시들 **위**·쇠미할 **위**
イ
しおれる·なえる·しなびる·しぼむ·なやす

音読
萎靡(いび) 위미. 쇠미. 쇠하여 느른해짐.
‖〜**沈滞**(ちんたい) 위미 침체.
萎凋(いちょう) 위조. 초목이 시들고 마름.
‖〜**病**(びょう)〖植〗위조병.
萎縮(いしゅく) 위축. ♣〜**病**(びょう)〖生〗위축병 / 〜**腎**(じん)〖醫〗위축신.
萎黄病(いおうびょう) ①〖醫〗위황병. ②

〖植〗황백화(黃白化).

訓読
萎す(なやす) 위축시키다.
萎びる(しなびる) 이울다. 시들다. 쭈그러들다.
萎む(しぼむ) 시들다. 오므라지다. 느들다.
萎萎(しおしお) ①(꾸중・실망으로) 풀이 죽은 모양. 맥없이. ②시들은 모양. 시들시들.
❖**萎える**(なえる) ①시들다. ②기력이 빠지다. 쇠약해지다. ③옷이 낡아서 후줄근해지다.
萎え(なえ) 시들해짐. 느다.
萎えばむ(なえばむ) 의복이 후줄근해지기 시작하다.
萎え萎え(なえなえ) ①생기가 없이 시든 모양. ②의복 따위가 후줄근해진 모양.
❖**萎れる**(しおれる) ①(초목이) 시들다. ②풀이 죽다.
萎れ返る(しおれかえる) 몹시 풀이 죽다. (초목이) 몹시 시들다.

其他
萎蕤(あまどころ) 〖植〗위유. 둥굴레.

13	違(違)	어길 위・다를 위
辶 常		イ ちがう・ちがえる・ たがう・たがえる

音読
違格(いきゃく) ①위격. 격식・규격에 맞지 않음. ②의도가〔생각이〕빗나가 당황함.
違乱(いらん) ①법을 위반하여 질서를 어지럽히는 일. ②불평・불만을 말함.
違戻(いれい) 위려. 규약이나 명령에 어긋남. 위배. 위반.
違令(いれい) 위령. 법령이나 명령에 위배함.
違例(いれい) 위례. ①평소와 다름. ②탈이 나서 몸이 보통 때와 다름. 귀인의 병.
違命(いめい) 위명. 명령을 어김.
違反(いはん) 위반.
違背(いはい) 위배. 위반.
違犯(いはん) 위범.
違法(いほう) 위법.
‖〜**性阻却**(せいそきゃく) 〖法〗위법성 조각.
〜**処分**(しょぶん) 〖法〗위법 처분.
〜**行為**(こうい) 〖法〗위법 행위.
違変(いへん) 위변. 계약이나 약속 따위를 어김. 마음이 바뀜.
違算(いさん) 위산. 잘못 짚음.
違式(いしき) 위식. 격식 위반.
違約(いやく) 위약. ♣〜**金**(きん) 〖法〗위약금 / 〜**罰**(ばつ) 〖法〗위약벌.
‖〜**賠償**(ばいしょう) 〖法〗위약 배상.
〜**処分**(しょぶん) 〖法〗위약 처분.
違言(いげん) 위언. ①거역하는 말. ②도리에 어긋나는 말.
違旨(いし) 위지. 취지에 어긋남.
違勅(いちょく) 위칙. 천자의 명〔칙명〕을 어김.
違憲(いけん) 위헌. 느집.
‖〜**立法審査権**(りっぽうしんさけん) 〖法〗위헌 입법 심사권.
〜**判決**(はんけつ) 〖法〗위헌 판결.
違和(いわ) 위화. ①몸의 상태가 좋지 않음. ②주위의 것과 달라서 잘 어울리지 않음.
♣〜**感**(かん) 위화감.

訓読
違える ㊀(ちがえる) ①다르게 하다. ②잘못 …하다. ③위반하다. ④어긋나다.
㊁(たがえる) ①틀리게〔다르게〕하다. ②어기다. ③위반하다.
❖**違う** ㊀(ちがう) ①다르다. ②틀리다. 잘못되다. 어긋나다. ③이상해지다.
㊁(たがう) ①〈老〉틀리다. 어긋나다. 어그러지다. ②〈文〉違える(たがえる).
違い(ちがい) 틀림. 차이. 상이. ＊たがい로도 읽음.
違いない(ちがいない)《…に〜'형으로》틀림없다. 확실하다.
違い目 ㊀(ちがいめ) ①다른 점. 틀린 점. ②어긋나게 짠 곳. 엇갈린 곳.
㊁(たがいめ) ①느. ②과실(過失).
違い棚(ちがいだな) 두 개의 판자를 아래위로 어긋나게 매어 단 선반.

13	梱	변기 위
木		イ ひ・いい

訓読
梱殿(ひどの) 뒷간. 변소.

13	葦	갈대 위
艹		イ あし・よし

訓読
葦(あし) 〖植〗갈대. ＊よし로도 읽음.
葦角(あしづの) 이른봄 물가에 난 갈대의 새싹.
葦間(あしま) 〈雅〉우거진 갈대 사이.
葦登(あしのぼり) 〖魚〗밀어(密魚).
葦簀(よしず) 갈대발.
‖〜**張り**(ばり) 갈대발을 침. 또, 그런 집.
葦毛(あしげ) 흰 바탕에 검정・갈색 등이 섞인 말의 털빛.
葦辺(あしべ) 〈雅〉갈대가 무성한 물가.
葦船(あしぶね) ①갈대를 실은 배. ②물에 뜬 갈대잎.
葦手書き(あしでがき) 노래의 가사를 초서체로 흘려 쓰거나 거기에 수석(水石)・화조(花鳥) 따위를 곁들여 그린 것.
葦鴨(あしがも) 오리의 딴이름.
葦刈り(あしかり) 갈대를 벰. 또, 그 사람.
葦五位(よしごい) 〖鳥〗덤불백로.
葦屋(あしや) 갈대로 인 변변찮은 지붕. 또, 그 집.
葦原(あしはら) 갈(대)밭. ＊あしわら・よしわらろ로도 읽음. 「이름.
‖〜**の瑞穂の国**(みずほのくに) 일본의 옛
〜**の中つ国**(なかつくに) 일본의 옛 이름.

慰・熨・縅・蝟・衛

葦原雀(よしわらすずめ)〖鳥〗葦切り(よしきり)의 딴이름.
葦子(よしご)〖植〗갈대의 어린 싹.
葦雀(よしきり) ⇨ 葦切り(よしきり).
葦笛(あしぶえ) 갈대로 만든 피리. *よしぶえ로도 읽음.
葦切り(よしきり)〖鳥〗개개비.
葦葺き(あしぶき) 갈대로 지붕을 임. 또, 그 지붕.
葦戸(あしど) 갈대발을 친 문. 「한 집.
葦の丸屋(あしのまろや) 갈대 지붕의 허름

| 15 心 常 | 慰 | 위로할 위
イ
なぐさめる・なぐさむ |

音読
慰する(いする) 위로하다.
慰楽(いらく) 위락. 위안과 즐거움.
慰霊(いれい) 위령. ♣~祭(さい) 위령제.
慰労(いろう) 위로. ♣~金(きん) 위로금.
慰留(いりゅう) 위류. (사의를 표명한 사람을) 달래어 머무르게 함.
慰撫(いぶ) 위무.
慰問(いもん) 위문. ♣~袋(ぶくろ) 위문대 / ~品(ひん) 위문품.
慰安(いあん) 위안. ♣~婦(ふ) (종군) 위안부 / ~会(かい) 위안회.
慰諭(いゆ) 위유. 위로하고 타이름.
慰謝(いしゃ) 위자(慰藉). ♣~料(りょう) 위자료.
慰藉(いしゃ) ⇨ 慰謝(いしゃ).

訓読
❖慰む(なぐさむ) ①마음이 풀리다. 위안이 되다. ②노리개로 삼다.
慰み(なぐさみ) 위로. 위안. 기분 전환. 심심풀이. ♣~物(もの) 노리개. 장난감.
‖~半分(はんぶん) 일시적 기분. 반장난. ~者(もの) 일시적인 위안거리로 농락당하는 사람. 노리개.
❖慰める(なぐさめる) 위로하다. 달래다.
慰め(なぐさめ) 위로. 위안. 「정.
慰め顔(なぐさめがお) 위로하려는 듯한 표

| 15 火 | 熨 | 다리미 위・다릴 울
イ・ウツ
のし・のす |

訓読
熨す(のす) (다리미 따위로) 주름을 펴다. 다리다.

其他
熨斗(のし) ①숯다리미. ②선물 포장에 붙이는, 색종이 접은 것.
~を付(つ)ける 기꺼이 증정하다.
熨斗昆布(のしこんぶ) 熨斗鮑(のしあわび) 대용의 다시마.
熨斗袋(のしぶくろ) 축의금을 넣는 봉투.
熨斗梅(のしうめ) 매실을 넣어 만든 과자의 하나.
熨斗目(のしめ) 생사와 숙사로 짠 비단의 하나.
熨斗瓦(のしがわら)〖建〗용마루에 겹쳐 쌓는 평기와.
熨斗紙(のしがみ) (선물 포장에 붙이는 熨斗(のし)가 인쇄된) 선물 포장지.
熨斗鮑(のしあわび) 전복 살을 얇고 길게 저며서 말린 것.

| 15 糸 日 | 縅 | 갑옷미늘다는실 (위)

おどし・おどす |

訓読
縅(おどし) 갑옷미늘을 위아래로 얽어매는 일. 또, 그렇게 해서 나타난 색조(色調).
縅す(おどす) 갑옷미늘을 가죽이나 끈으로 얽어 엮다.
縅毛(おどしげ) 갑옷미늘을 얽어 엮는 가죽이나 끈.
縅衣(おどしぎぬ) 갑옷의 소매 따위 안에 받치는 천이나 가죽.

| 15 虫 | 蝟 | 고슴도치 위
イ
はりねずみ |

音読
蝟起(いき) 위기. 고슴도치 털이 일어남. 바람직하지 않은 일이 계속 일어남.
蝟集(いしゅう) 위집. 떼지어 모여듦.

| 16 イ 教 | 衛 (衞) | 막을 위・지킬 위
エイ・エ
まもる |

音読
衛門府(えもんふ) 예전 대궐 여러 문의 경비를 맡았던 관청.
衛兵(えいへい) 위병.
衛府(えふ) 奈良(なら)・平安(へいあん) 시대에, 궁중을 경비하던 여섯 관청의 총칭.
衛士(えいし) 위사. 옛날에 왕궁을 지키던 병사. *えじろ로 읽음.
衛生(えいせい) 위생. ♣~的(てき) 위생적 / ~車(しゃ) 위생차 / ~学(がく) 위생학.
‖~管理者(かんりしゃ) 위생 관리자.
~陶器(とうき) 위생 도기.
~試験所(しけんじょ) 위생 시험소.
~害虫(がいちゅう) 위생 해충.
~行政(ぎょうせい) 위생 행정.
衛星(えいせい) 위성. ♣~国(こく) 위성국 / ~船(せん) 위성선.
‖~都市(とし) 위성 도시.
~放送(ほうそう) 위성 방송.
~速度(そくど) 위성 속도. 제1우주 속도.
~中継(ちゅうけい) 위성 중계.
~通信(つうしん) 위성 통신.
~航法(こうほう) 위성 항법.

衛戍(えいじゅ) 위수. 군대가 상시 주둔하여 경비하는 일. ♣~地(ち) 위수지.
衛視(えいし) 국회의 경비 직원. 경위.
衛研(えいけん) '衛生研究所(えいせいけんきゅうじょ)(=위생 연구소)'의 준말.

訓読
衛り(まもり) 지킴. 방비. 수비.

16 糸 常	緯(緯) イ	씨줄 위・짤 위 よこいと・ぬき

音読
緯度(いど) 〖地〗 위도.
∥~観測(かんそく) 위도 관측.
~変化(へんか) 위도 변화.
緯線(いせん) 〖地〗 위선.

訓読
緯(ぬき) 씨실.
緯白(ぬきじろ) 씨실이 흰색인 직물.
緯糸(よこいと) 횡사(横絲). 씨실. ＊ぬきいと로도 읽음.

逆訓
経緯(たてよこ) 날실과 씨실.

16 言	謂	이를 위 イ いう・おもう・いい・いわれ

訓読
謂 ㊀(いい) 《…の~'의 형으로》 …이라는 뜻. 까닭. ♣~를.
㊁(おもえらく) 〈雅〉 생각건대. 생각하기
謂う(いう) ① 말하다. ② 이야기하다.
謂れ(いわれ) 까닭. 내력. 이유. 유서(由緒).
謂わば(いわば) 말하자면. 비유(比喩)해서 말한다면.
謂れ因縁(いわれいんねん) 사정과 까닭. 사물(事物)의 유래.

18 鬼	魏	높을 위・나라이름 위 ギ

音読
魏(ぎ) 〖史〗 (옛 중국의) 위나라.
魏魏(ぎぎ) 위위. 높고 큰 모양.

유

5 幺 敎	幼	어릴 유 ヨウ おさない

音読
幼孤(ようこ) 나이 어린 고아.
幼君(ようくん) 유군. 나이 어린 군주.
幼根(ようこん) 〖植〗 유근. 어린뿌리.
幼女(ようじょ) 유녀. 어린 계집애.
幼年(ようねん) 유년.
∥~時代(じだい) 유년 시대.
幼童(ようどう) 아동. 어린아이.
幼木(ようぼく) 〖植〗 유목. 어린 나무.
幼生(ようせい) 〖動〗 유생. 변태 동물의 어릴 때를 이르는 말. 유충.
∥~生殖(せいしょく) 〖生〗 유생 생식.
幼少(ようしょう) 유소. 나이 어림.
幼時(ようじ) 유시. 유년 시대.
幼児(ようじ) 유아. ＊おさなごろ도 읽음.
♣~期(き) 유아기 / ~語(ご) 유아어.
∥~教育(きょういく) 유아 교육.
~洗礼(せんれい) 유아 세례. 양친의 신앙에 따라 유아에게 세례를 받게 하는 그리스도교의 관습.
~心理学(しんりがく) 아동 심리학.
~虐待(ぎゃくたい) 유아 학대.
幼芽(ようが) 유아. 갓 돋아난 싹.
幼弱(ようじゃく) 유약.
幼魚(ようぎょ) 유어. 어린 물고기.
幼者(ようしゃ) 유자. 어린아이.
幼帝(ようてい) 유제. 어린 군주.
幼主(ようしゅ) 유주. 유군(幼君). 나이 어린 군주(主君).
幼冲(ようちゅう) 유충. 나이가 어림.
幼虫(ようちゅう) 〖蟲〗 유충. 애벌레.
幼歯(ようし) 유치. 유년(幼年).
幼稚(ようち) 유치. ① (나이 등이) 어림. ② 그 정도가 미숙함. ♣~園(えん) 유치원.
∥~産業(さんぎょう) 유치 산업. 장래의 성장이 기대되지만, 아직 충분한 경쟁력을 갖추지 못한 산업.
幼害(ようがい) 유해. 젖먹이. 갓난애.
幼形成熟(ようけいせいじゅく) 〖生〗 유형 성숙.

訓読
❖幼い ㊀(おさない) 어리다. 미숙〔유치〕하다.
㊁(いとけない) 〈雅〉 어리다. 순진하다.
幼 ㊀(おさな) 《接頭語로》 어린 때의. 어린아이의.
㊁(よう) 어림. 어린 시절. 어린아이.
幼びる(おさなびる) 어리게 보이다.
幼名(おさなな) 아명(兒名). ＊老人語로는 ようめい・ようみょう라고도 함.
幼物語(おさなものがたり) 어릴 적 추억담.
幼馴染み(おさななじみ) 어릴 적(부터) 친하게 사귄 사이. 또, 그 사람.
幼心(おさなごころ) 동심(童心).
幼顔(おさながお) 어릴 적 얼굴 (모습).
幼言葉(おさなことば) 어린이 말.
幼友達(おさなともだち) 소꿉 친구.
幼遊び(おさなあそび) 어린아이의 놀이.
幼子(おさなご) 어린아이. 유아.
幼姿(おさなすがた) 어릴 때 모습.
幼妻(おさなづま) 앳된 아내.

幼偏(おさなへん) 한자 부수(部首)의 하나: 작을요.

| 5
田
敎 | 由 | 말미암을 유·까닭 유
ユ・ユウ・ユイ
よし・よる |

音読
由基(ゆき) 大嘗祭(だいじょうさい) 때, 햇곡식을 바치는 京都(きょうと) 이동(以東)의 지방. 또, 그 제장(祭場). 「터.
由来(ゆらい) ①유래. ②원래. 본디. 옛날부
由緒(ゆいしょ) 유서. 유래. 내력.
由旬(ゆじゅん)〖佛〗유순. ①고대 인도에서 쓰던 거리의 단위. ②하루의 행정(行程).
由縁(ゆえん) 유연. 연유.
由由しい(ゆゆしい) ①(사태가) 용이하지 않다. ②〈古〉불길하다. ③〈古〉두려워할 만하다.

訓読
由(よし) ①(그럴 만한) 이유. 사정. 까닭. ②수단. 방법.
由無い(よしない) ①(뚜렷한) 이유〔근거〕가 없다. ②방법이 없다. ③행운이다.
由無し事(よしなしごと) 쓸데없는 일.
由無し言(よしなしごと) 쓸데없는 말.
由由し ㊀(よしよしし) 까닭이 있는 듯한 모양. 속내가 있는 듯한.
㊁(ゆゆし)〈文〉☞由由しい(ゆゆしい).
由有り気(よしありげ) 까닭이〔연유가〕있는 듯한 모양.
❖由る(よる) ①의하다. 따르다. ②관계하다.
由って(よって) 따라서. 그러므로. 이에.
由って来る(よってきたる) 유래하다. 그 원인으로 되어 있다. 「말.
由って以て(よってもって) よって의 힘줌

| 6
月
敎 | 有 | 있을 유·가질 유
ユウ・ウ
ある・もつ |

音読
有 ㊀(ゆう) ①존재. ②소유. ③그 위에 또. ④《接頭語로》…이 있는. …을 가지고 있는. ㊁(う)〖佛〗유.
有する(ゆうする)〈文〉가지다. 소유하다. 지니다.
有価(ゆうか) 유가. ♣~物(ぶつ)〖法〗유가
∥~証券(しょうけん) 유가 증권. ♣~報告書(ほうこくしょ)〖經〗유가 증권 보고서 / ~偽造罪(ぎぞうざい) 유가 증권 위조죄.
有感地震(ゆうかんじしん) 유감 지진. 조용히 하고 있는 사람이 느낄 수 있을 정도의 「지진.
有蓋(ゆうがい) 유개. ♣~貨車(かしゃ) 유개 화차.
有鍵楽器(ゆうけんがっき) 유건 악기. 건반 「악기.
有見(うけん)〖佛〗유견.
有茎鏃(ゆうけいぞく) 화살촉의 살대 끝에 박는 돌기가 있는 촉.
有界(うかい)〖佛〗유계.
有功(ゆうこう) 유공.
有孔虫(ゆうこうちゅう)〖動〗유공충.
∥~泥(でい) 유공충니. 유공충의 유해를 많이 포함한 진창.
~石灰岩(せっかいがん) 유공충 석회암.
有卦(うけ) 유괘. 행운. 운이 돌아와 좋은 일이 계속됨.
~に入(い)る 행운을 만나다. 운이 트이다.
有鉤条虫(ゆうこうじょうちゅう)〖動〗유구촌충.
有口湖(ゆうこうこ)〖地〗유구호.
有権者(ゆうけんしゃ) 유권자.
有権解釈(ゆうけんかいしゃく)〖法〗유권 「해석.
有給(ゆうきゅう) 유급.
∥~休暇(きゅうか) 유급 휴가. 「형.
有期(ゆうき) 유기. ♣~刑(けい)〖法〗유기
∥~公債(こうさい)〖經〗유기 공채.
~労働契約(ろうどうけいやく) 유기 노동 계약. 기한을 정한 노동 계약.
~年金(ねんきん)〖經〗유기 연금.
有機(ゆうき) 유기. ♣~物(ぶつ)〖化〗유기물 / ~酸(さん)〖化〗유기산 / ~岩(がん)〖鑛〗유기암 / ~的(てき) 유기적 / ~質(しつ)〖化〗유기질 / ~体(たい) 유기체.
∥~高分子(こうぶんし)〖化〗유기 고분자. 유기 화합물에 속하는 고분자 화합물.
~鉱物(こうぶつ)〖鑛〗유기 광물.
~金属化合物(きんぞくかごうぶつ)〖化〗유기 금속 화합물.
~農業(のうぎょう)〖農〗유기 농업.
~肥料(ひりょう)〖農〗유기 비료.
~水銀剤(すいぎんざい)〖化〗유기 수은제.
~顔料(がんりょう)〖化〗유기 안료.
~塩素化合物(えんそかごうぶつ)〖化〗유기 염소 화합물.
~栄養(えいよう) 유기 영양.
~溶剤(ようざい)〖化〗유기 용제.
~栽培(さいばい) 유기 재배.
~体(たい) 유기체. ♣~的世界観(てきせかいかん) 유기체적 세계관.
~化学(かがく)〖化〗유기 화학.
有気音(ゆうきおん)〖言〗유기음.
有能(ゆうのう) 유능.
有段者(ゆうだんしゃ) 유단자.
有待(うだい)〖佛〗유대. *うたいろも 읽음.
有袋類(ゆうたいるい)〖動〗유대류.
有徳(うとく) ①유덕. 덕이 있음. ②〈古〉부유하여 생활이 풍족함. *ゆうとく로도 읽음.
∥~人(じん)〈古〉백만장자. 부호. *うとくにん으로도 읽음.
有道(ゆうどう) 유도. 정도(正道)에 맞음. 정도를 행함. 또, 그러한 사람. 「균.
有毒(ゆうどく) 유독. ♣~菌(きん) 유독
∥~植物(しょくぶつ)〖植〗유독 식물.
有力(ゆうりょく) 유력. ♣~者(しゃ) 유력
有料(ゆうりょう) 유료. 「자.

‖ ~道路(どうろ) 유료 도로.
有漏(うろ)『佛』유루. 번뇌에 얽매인 속세의 사람. 속인(俗人).
有利(ゆうり) 유리.
有理数(ゆうりすう)『数』유리수.
有理式(ゆうりしき)『数』유리식.
有隣(ゆうりん) 덕망 있는 자를 따라 사람들이 모여드는 일.
有鱗類(ゆうりんるい)『動』유린류. 뱀목.
有望(ゆうぼう) 유망.
有名(ゆうめい) 유명. ♣~税(ぜい) 유명세 / ~品(ひん) 유명품.
‖ ~無実(むじつ) 유명무실.
有無(うむ) 유무.
有吻目(ゆうふんもく)『蟲』유문목. 매미목
有尾(ゆうび) 유미. 꼬리가 있음.
有半(ゆうはん) 연수를 나타내는 말에 붙어 그 반을 뜻함.
有髪(うはつ) 유발. (중이) 머리를 깎지 않고
‖ ~僧(そう) 머리를 기른 중.
有配(ゆうはい)『經』유배. 주식 등의 배당이 있음.
有胚乳種子(ゆうはいにゅうしゅし)『生』유배유 종자.
有福(ゆうふく) 유복. 복이 있음.
有夫(ゆうふ) 유부.
‖ ~姦(かん) 남편 있는 여자의 간통.
有史(ゆうし) 유사.
‖ ~時代(じだい) 유사 시대. 역사 시대.
~以前(いぜん) 유사 이전.
有司(ゆうし) 〈文〉유사. 관리.
有事(ゆうじ) 유사.
‖ ~規制(きせい) 유사 규제.
~立法(りっぽう) 유사 입법.
有糸分裂(ゆうしぶんれつ)『生』유사 분열.
有産(ゆうさん) 유산.
‖ ~階級(かいきゅう) 유산 계급.
有酸素運動(ゆうさんそううんどう) 유산소 운동. 에어로빅스.
有相(うそう)『佛』유상.
有想(うそう)『佛』유상.
有償(ゆうしょう) 유상.
‖ ~契約(けいやく)『法』유상 계약.
~取得(しゅとく)『法』유상 취득.
~治験薬(ちけんやく) 임상 시험 중의 약제 가운데 유상인 것.
~行為(こうい)『法』유상 행위.
有象無象(うぞうむぞう) 유상무상. 어중이 떠중이.
有色(ゆうしょく) 유색. ♣~体(たい) 유색체.
‖ ~鉱物(こうぶつ)『鑛』유색 광물.
~野菜(やさい) 유색 야채.
~人種(じんしゅ) 유색 인종.
有生(ゆうせい) 유생. 생명이 있는 것. 주로 사람과 동물.
有線(ゆうせん) 유선.
‖ ~放送(ほうそう) 유선 방송.
~電信(でんしん) 유선 전신.

~電話(でんわ) 유선 전화.
~通信(つうしん) 유선 통신.
有声(ゆうせい) 유성. 성대를 진동시켜 소리를 냄. ♣~音(おん) 유성음.
有性(ゆうせい) 유성.
‖ ~生殖(せいしょく)『生』유성 생식.
~世代(せだい)『生』유성 세대.
有税(ゆうぜい) 유세. ♣~品(ひん) 유세품.
有属文(ゆうぞくぶん)『文法』주어와 술어로 된 두 개 이상의 구를 가진 글.
有数(ゆうすう) 유수.
有髄神経繊維(ゆうずいしんけいせんい)『生』유수 신경 섬유.
有視界飛行(ゆうしかいひこう) 유시계 비행.
有翅類(ゆうしるい)『蟲』유시류.
有識(ゆうしき) 유식. ②고사(故事)·전례(典蘭)를 잘 앎. 또, 그러한 사람. *②는 ゆうそく·ゆうしょく로도 읽음. ♣~者(しゃ) 유식자.
有神論(ゆうしんろん)『哲』유신론. ♣~者(しゃ) 유신론자.
有心(うしん) 유심. 사려·분별이 있음. 뜻이 있음.
‖ ~連歌(れんが) 우아한 풍정을 담아 읊은
~体(たい) 和歌(わか) 십체(十體)의 하나로, 우아한 감정과 지적인 취향이 융합한 和歌의 형태. 「예매함.
有耶無耶(うやむや) 유야무야. 흐지부지함.
有言実行(ゆうげんじっこう) 말한 것은 반드시 실행하는 일.
有業人口(ゆうぎょうじんこう) 취업 인구.
有余(ゆうよ) 《接尾語로》…유여.
有緣(うえん) 유연. ①『佛』(불도에) 인연이 있음. ② 일반적으로, 어떤 인연이 있음.
有煙炭(ゆうえんたん)『鑛』유연탄.
有煙火薬(ゆうえんかやく) 유연 화약.
有髯(ゆうぜん) 유염. 수염을 기른 모양.
有要(ゆうよう) 유요. 필요가 있음.
有用(ゆうよう) 유용.
‖ ~植物(しょくぶつ) 유용 식물.
有為 ㊀(うい) ①『佛』유위. ② 현세. ♣~法(ほう)『佛』유위법.
‖ ~転変(てんぺん)『佛』유위전변.
㊁ 재능이 있음. 쓸모 있음.
有意(ゆうい) 유의. ♣~的(てき) 유의적.
‖ ~差(さ) 유의차. 통계상 우연히 생겼다고는 생각할 수 없는 차이.
有意味(ゆういみ) 유의미. 어떤 뜻이 있음.
有意義(ゆういぎ) 유의의.
有益(ゆうえき) 유익.
有翼(ゆうよく) 유익. 정확하게 날아가기 위한 날개가 있음. ♣~弾(だん) 유익탄.
有人(ゆうじん) 유인.
有因(ゆういん) 유인. 원인이 있음.
‖ ~証券(しょうけん)『經』유인 증권.
~行為(こうい)『法』유인 행위.
有刺(ゆうし) 유자. 가시가 있음.
‖ ~鉄線(てっせん) 유자 철선.

有作(うさ)〖佛〗유작.
有爵(ゆうしゃく) 유작. 작위(爵位)가 있음.
∥**~議員**(ぎいん) 유작 의원.
有財餓鬼(うざいがき)〖佛〗유재 아귀.
有情㊀(うじょう)〖佛〗유정. ①애증의 마음이 있음. ②목석 따위에 대하여, 일체의 사람과 동물.
㊁(ゆうじょう) 유정. ①사람으로서의 감정이 있음. ②감정이나 감각을 갖추고 있음.
有精卵(ゆうせいらん) 유정란. 수정란.
有頂天(うちょうてん) ①기뻐서 어쩔 바를 모름. ②불교에서 구채천. 구천(九天)의 최상위 하늘. 세계의 제일 높은 곳.
有蹄類(ゆうているい)〖動〗유제류.「물.
有爪動物(ゆうそうどうぶつ)〖動〗유조 동
有租地(ゆうそち) 지세가 부과된 땅.
有終(ゆうしゅう) 유종.
〜の美(び) 유종의 미.
有罪(ゆうざい) 유죄.
有住(ゆうじゅう) 절에 주지(住持)가 있음.
有衆(ゆうしゅう) 국민. 군주가 백성을 일컫는 호칭.
有櫛動物(ゆうしつどうぶつ) 유즐 동물.
有志(ゆうし) 유지. ♣**~者**(しゃ) 유지자.
有知(ゆうち) 유지. 지혜가 있음. 또, 그런 사
有智(ゆうち) ⇨ 有知(ゆうち). 「람.
有職㊀(ゆうしょく) 유직. 유직자. ☞㊁.
㊁(ゆうそく) 조정이나 무가(武家)의 예식·전고(典故). 또, 그에 밝은 사람. ＊ゆうそこ로도 읽음.
∥**〜故実**(こじつ) 고래의 조정이나 무가(武家)의 예식·전고·관직·법령 등을 연구하는
有彩色(ゆうさいしょく) 유채색.「학문.
有責(ゆうせき) 유책. 책임이 있음.
有妻(ゆうさい) 유처. 결혼해서 아내가 있
有体物(ゆうたいぶつ)〖法〗유체물.
有畜(ゆうちく) 유축.
∥**〜農業**(のうぎょう) 유축 농업.
有胎盤類(ゆうたいばんるい)〖動〗유태반.
有肺類(ゆうはいるい)〖動〗유폐류.「류.
有学(うがく)〖佛〗유학.
有限(ゆうげん) 유한.
∥**〜級数**(きゅうすう)〖數〗유한 급수.
〜小数(しょうすう)〖數〗유한 소수.
〜数列(すうれつ)〖數〗유한 수열.
〜集合(しゅうごう)〖數〗유한 집합.
〜責任社員(せきにんしゃいん)〖法〗유한 책임 사원. 「례.
〜花序(かじょ)〖植〗유한 화서. 유한꽃차
〜会社(がいしゃ)〖法〗유한 회사.
有閑(ゆうかん) 유한.
∥**〜階級**(かいきゅう) 유한 계급.
〜夫人(ふじん) 유한 부인. 유한 마담.
有害(ゆうがい) 유해.
∥**〜添加物**(てんかぶつ) 유해 첨가물.
有向線分(ゆうこうせんぶん)〖數〗유향 선
有験(うげん) 유험.「분.
有形(ゆうけい) 유형.

∥**〜固定資産**(こていしさん) 유형 고정 자
〜無形(むけい) 유형무형.「산.
〜文化財(ぶんかざい) 유형 문화재.
〜財産(ざいさん) 유형 재산.
∥**〜求人倍率**(きゅうじんばいりつ) 유효 구인 배율. 공공 직업 안정소의 구직 신청자수에 대한 구인수의 비율.
〜期間(きかん) 유효 기간.
〜落差(らくさ) 유효 낙차.
〜成分(せいぶん) 유효 성분.
〜需要(じゅよう)〖經〗유효 수요.
〜数字(すうじ)〖數〗유효 숫자.
〜塩素量(えんそりょう) 유효 염소량.
〜貯水量(ちょすいりょう) 유효 저수량. 저수지의 상시(常時) 만수위부터 최저 수위까지의 저수 용량.

▶**訓読**◀
有らしめる(あらしめる) …이 있게 하다. 존재케 하다.
有らず(あらず) …이 없다.
有らずもがな(あらずもがな) 없느니만 못하다. (없어도 괜찮다.
有らばこそ(あらばこそ) 있기는커녕. 있을까 보냐. 절대로 없다.
有らゆる(あらゆる) 모든. 일체(一切)의.
有らん限り(あらんかぎり) 있는 한. 있는 것 모두.
❖**有る**(ある) ①있다. ②(무게·넓이·높이 따위가) 얼마큼 되다. ③죽 …하다.
有り(あり)〈雅〉존재하다.
有りもしない(ありもしない) 있지도 않다. 있을 가능성도 없다.
有るまじき(あるまじき) 있을 수 없는. 그래서는 안 될.
有り高(ありだか) 재고. 현재의 수량.
有り金(ありがね)〈俗〉시쳇돈. (현재) 가진
有り気(ありげ) 있음직함.「돈.
有り難い(ありがたい) ①고맙다. 감사하다. ②〈古〉좀처럼 없다. 세상에 드물다.
有り難う(ありがとう) 고맙다. 고맙소.
有り難がる(ありがたがる) ①감사히 여기다. 고맙게 생각하다. ②존중하다.
有り難涙(ありがたなみだ) 감사의 눈물.
有り難味(ありがたみ) 고마움.
有り難迷惑(ありがためいわく) 남의 친절이나 호의가 도리어 괴로움〔귀찮음〕. 달갑지 않은 친절.
有り内(ありうち) 세상에 흔히 있는 일.
有り得べき(ありうべき) 있음직한. 있을 수 있는.
有り得る(ありうる) 있을 수 있다.
有り明け(ariあけ) ①먼동이 튼 뒤에도 서 있는 달. ②해돋이. ③有り明け行灯의 준말.
∥**〜袋**(ぶくろ) 부시쌈지.
〜行灯(あんどん) 머리맡 등장.
有り無し(ありなし) ①유무. ②있는지 없

∥~声(ごえ) 안 들릴 만큼 희미한 목소리.
有りや無しや(ありやなしや)〈文〉있는지 없는지. 있는 둥 마는 둥.
有る無し(あるなし) 유무.
有るか無きか(あるかなきか) 있는지 없는지. 있는 둥 마는 둥.
有る無し(あるかなし) 있는지 없는지 모를 만큼 적은 정도.
有り付く(ありつく)〈俗〉(우연히) 얻어걸리다.
有り付き顔(ありつきがお) 침착한 얼굴 모습. 사물에 익숙한 얼굴.
有り数(ありかず) 그 자리에 있는 물건의 수량.
有り勝ち(ありがち) 세상에 흔히 있음. 있기 쉬움.
有る時払い(あるときばらい) (돈이 있을 때 치르는) 수시 지불.
有りの実(ありのみ)〖植〗배.
有り顔(ありがお) (무엇이) 있음직한 얼굴.
有り様(ありさま)(사물의) 모양, 상태.
㊁(ありよう) ☞ ㊀. ② 실정. 실상. ③ 있을 까닭.
有り余る(ありあまる) 남아 돌아가다. 쎄고 쎘다.
有りっ丈(ありったけ) 있는 한. 있는 대로.
有る丈(あるだけ) 전부.
有り切れ(ありぎれ) ⇨ 有り布(ありぎれ).
有りの儘(ありのまま) 있는 그대로(임). 사실대로.
有り体(ありてい) ①〈老〉있는 그대로. 사실대로. ② 예사. 보통.
有り触れる(ありふれる) 어디에나 있다. 흔하다.
有り布(ありぎれ) ①(팔다 남은) 자투리. ②(마침) 갖고 있는 형겊.
有る限り(あるかぎり) 있는 한. 모조리.
有り合い(ありあい) ☞ 有り合わせ(ありあわせ).
有り合わせ(ありあわせ) 마침 그 자리에 있음. 또, 그 물건.
有り合わせる(ありあわせる) 마침 그 자리에 있다.

〈其他〉
有田焼(ありたやき) 佐賀(さが) 현 有田(ありた) 지방에서 나는 도자기.
有之(これあり) 있는. ②있으므로.
有寸(ありすん) 목재의 실제 치수.
有平糖(アルヘイとう) 흰 설탕과 엿을 함께 고아 막대 모양으로 만든 사탕.
有平棒(アルヘイぼう) (청홍색의) 이발소 간판.

〈逆音〉
未曾有(みぞう) 미증유.

7 酉 〈人〉	酉	열째지지 유·익을 유 ユウ とり

〈訓読〉
酉(とり) 유. 지지(地支)의 열째.
酉の待(とりのまち) ☞ 酉の市(とりのいち).
酉の市(とりのいち) 11월의 유일(酉日)에 거행되는 鷲神社(おおとりじんじゃ)의 축제 때 서는 장.
酉の日(とりのひ) 유일(酉日). 지지(地支)가 유(酉)인 날.
酉の町(とりのまち) ☞ 酉の市(とりのいち)
酉偏(とりへん) 한자 부수의 하나: 닭유변.

8 L 〈教〉	乳 (乳)	젖 유·젖갈은액 유 ニュウ ちち·ち

〈音読〉
乳菓(にゅうか) 유과. 우유를 넣은 과자.
乳管(にゅうかん)〖植·動〗유관.
乳糖(にゅうとう) 유당. 젖당. 락토오스.
乳頭(にゅうとう)〖生〗유두. 젖꼭지.
乳酪(にゅうらく) 유락. 낙제품(酪製品). 치즈·버터 따위.
乳量(にゅうりょう) 유량. 젖의 분량.
乳輪(にゅうりん)〖生〗젖꽃판.
乳木(にゅうもく)〖佛〗유목.
乳糜(にゅうび) 유미. ①지방(脂肪)의 미립(微粒) 때문에 유화(乳化)한 림프액. ②우유로 지은 쌀밥. ♣~管(かん)〖生〗유미관.
∥~尿(にょう)〖生〗유미뇨. 지방분이 섞인 젖빛 같은 오줌.
乳鉢(にゅうばち) 유발. 막자사발.
乳白色(にゅうはくしょく) 유백색. 젖빛.
乳棒(にゅうぼう) 막자.
乳酸(にゅうさん)〖化〗유산. 젖산.
~菌(きん) 유산균. 젖산균.
~発酵(はっこう) 젖산 발효.
~飲料(いんりょう) 유산 음료. 젖산 음료.
乳状(にゅうじょう) 유상.
乳石英(にゅうせきえい)〖鑛〗유석영.
乳腺(にゅうせん)〖生〗유선. 젖샘.
∥~炎(えん)〖醫〗유선염. 유방염.
乳熟(にゅうじゅく) 유숙. 벼·보리 등이 익기 시작하는 초기 단계.
乳児(にゅうじ) 유아. 젖먹이. ♣~期(き)
∥~保育(ほいく) 유아 보육.
~院(いん) 유아원. 생후 1년까지의 고아를 기르는 곳.
乳癌(にゅうがん)〖醫〗유암. 유방암.
乳液(にゅうえき) 유액. ①젖빛 액체. ②유액상(狀)의 화장 크림.
乳養(にゅうよう) 젖을 먹여 양육함.
乳様突起(にゅうようとっき)〖生〗유양 돌기.
乳業(にゅうぎょう) 유업. 유제품을 만드는 사업.
乳用種(にゅうようしゅ) (소·양 따위의) 유용종.
乳牛(にゅうぎゅう) 유우. 젖소. *ちちうしろ도 읽음.
乳幼児(にゅうようじ) 유유아. 유아(乳児)와 유아(幼児). 젖먹이와 어린이.
∥~突然死症候群(とつぜんししょうこうぐん) 유유아 돌연사 증후군(SIDS).
乳飲料(にゅういんりょう) 유음료. 우유에

과즙(果汁) 따위를 섞은 음료.
乳剤(にゅうざい)〘化〙유제. 「즈 따위.
乳製品(にゅうせいひん) 유제품. 버터・치
乳座(にゅうざ) 범종(梵鐘)에서 흔히 볼 수 있는 젖꼭지 모양의 돌기.
乳酒(にゅうしゅ) 유주. 유즙(乳汁)을 발효시킨 것. 「읽음.
乳汁(にゅうじゅう) 유즙. 젖. *ちしる로도
乳脂肪(にゅうしぼう) 유지방.
乳質(にゅうしつ) 유질. ①젖의 품질. ②젖 같은 성질. 「함.
乳臭(にゅうしゅう) 유취. ①젖내. ②유치
∥**~児**(じ) ①젖내 나는 아이. ②〈蔑〉아직 젖내 나는 자. 풋내기.
乳歯(にゅうし) 유치. 젖니.
乳濁(にゅうだく) 유탁. 젖처럼 허옇게 흐려짐.
∥**~液**(えき)〘化〙유탁액. 에멀션.
乳香(にゅうこう) 유향. 유향수(乳香樹)의 수지(樹脂). 「이.
乳虎(にゅうこ) 유호. 젖을 먹일 때의 암호랑
乳化(にゅうか) 유화. ♣**~剤**(ざい) 유화제.
乳暈(にゅううん) ☞乳輪(にゅうりん).
<u>訓読</u>
乳 ㊀(ちち) 젖. 또, 유방.
㊁(ち) ①☞㊀. ②기(旗)・짚신 따위에 달린 끈을 꿰는 작은 고리. ③종 표면에 돋은 오톨도톨한 돌기.
乳の間(ちのま) 범종의 표면에서, 유두 모양의 돌기가 늘어서 있는 부분.
乳金物(ちかなもの) 문 따위의 못 박은 자리를 가리기 위해 박는 유방 모양의 철물.
乳袋(ちぶくろ) 유방.
乳離れ(ちばなれ) ①젖떼기. 이유. ②어버이로부터의 정신적 자립.
乳の木(ちちのき)〘植〙'銀杏(いちょう)'(=은행나무)'의 딴이름. 「구멍.
乳の目(ちのめ) 젖이 나오는, 젖꼭지의 작은
乳房(ちぶさ) 유방. *にゅうぼう로도 읽음.
♣**~雲**(ぐも)〘氣〙유방운.
乳鋲(ちびょう) 문짝 따위에 장식으로 박는 볼록한 쇠못.
乳付け(ちつけ) 태어난 아기에게 첫 젖을 먹임. 또, 그 여성.
乳の粉(ちのこ) 한증(寒中)에 물에 불렸다가 말리어 빻은 쌀가루.
乳色(ちちいろ) 젖빛. 유백색.
乳貰い(ちちもらい) 젖동냥. 젖먹이를 기르기 위해 남의 젖을 얻음.
乳首(ちくび) 젖꼭지. 유두. 또, 이와 비슷하게 만든 것. *ちちくび・にゅうしゅ로도 읽음. 「무 열매.
乳の実(ちちのみ)〘植〙①은행. ②무화과나
乳押さえ(ちちおさえ) 브래지어.
乳縁(ちべり) (막・모기장 따위의) 고리를 다는 모서리.
乳媼(ちうば) 유모.
乳揉み(ちちもみ) 모유가 나오도록 유방을 비빔. 또, 그것을 직업으로 하는 사람.

乳飲み児(ちのみご) ⇨乳飲み子(ちのみご).
乳飲み子(ちのみご) 젖먹이. 유아.
乳飲み親(ちのみおや) 친엄마보다 먼저 젖을 준 여성.
乳の人(ちのひと) 유모.
乳切り(ちぎり)〈雅〉乳切り木(き)의 준말. 양끝은 굵고 중앙은 약간 가늘게 깎은 막대기.
乳繰る(ちちくる)〈俗〉(남녀가 남몰래) 새 통거리다.
乳柱(ちばしら) 젖을 뗄 무렵에 밥의 양을 조금씩 늘려 감. 이유기의 식사. *ちはしら로도 읽음.
乳搾り(ちちしぼり) 젖을 짬. 착유.
乳草(ちちぐさ) 덩굴・줄기・잎 따위를 자르면 젖 같은 하얀 즙이 나오는 식물의 통칭.
乳臭い(ちちくさい) 젖내 나다. 비유적으로 유치[미숙]하다.
乳親(ちおや) ①어머니 대신 아기에게 젖을 먹여 기른 여자. ②젖어머니《친엄마보다 먼저 젖을 준 여자》.
乳の親(ちのおや) 유모.
乳呑み子(ちのみご) ⇨乳飲み子(ちのみご).
乳下がり(ちさがり) (양재에서) 유하선(乳下線).
乳兄弟(ちきょうだい) 젖형제. 같은 젖을 먹고 자란 남남끼리.
<u>其他</u>
乳女(めのと) ⇨乳人(めのと).
乳母(うば) 유모. *ちうば・めのと・ちおも 라고도 함. ♣**~車**(ぐるま) 유모차.
乳母日傘(おんばひがさ) 아이를 끔찍이 소중하게 키움.
乳人(めのと)〈雅〉유모.
∥**~子**(ご) 유모의 친자식.

8 イ 〔人〕	侑	권할 유・도울 유 ユウ すすめる

<u>音読</u>
侑食(ゆうしょく) 유식. 웃어른을 모시고 식사를 함.

8 氵 〔教〕	油	기름 유・구름일 유 ユ・ユウ あぶら

<u>音読</u>
油団(ゆとん) 배접한 유단(油單)《여름용(用)깔개》.
油単(ゆたん) 유단. 기름에 결은 종이〔천〕.
油断(ゆだん) 방심. 부주의.
∥**~大敵**(たいてき) 방심은 큰 적.
油糧(ゆりょう) 유량. 유지(油脂)・유지 원료 등의 총칭.
油類(ゆるい) 유류. 기름 종류.
油幕(ゆばく) 비와 이슬에 대비하기 위해 기름을 먹인 천막.

油膜(ゆまく) 물이나 물체의 표면상에 생기는 기름의 막.
油母頁岩(ゆぼけつがん) 〖鑛〗 유모 혈암. 오일 셰일(oil shale).
油鉢(ゆはつ) 기름을 담은 주발.
油分(ゆぶん) 성분으로 포함되어 있는 기름.
油床(ゆしょう) 유상. 원유가 있는 지층.
油状(ゆじょう) 유상. 기름 모양.
油性(ゆせい) 유성.
∥~塗料(とりょう) 유성 도료.
油送(ゆそう) 유송. 송유. 석유를 보냄. ♣~管(かん) 송유관 /~船(せん) 유조선. ♣
油圧機(ゆあつき) 유압기.
油圧式(ゆあつしき) 유압식.
油煙(ゆえん) 유연. 석유·초·기름 따위의 그을음.
∥~墨(ぼく) 유연묵. 유연을 아교로 굳혀 만「든 먹.
油然(ゆぜん) 유연. 마구 솟아오르는 모양.
油葉(ゆば) 두부 껍질.
油浴(ゆよく) 〖化〗 유욕.
油溶性(ゆようせい) 유용성.
油油(ゆうゆう) 기름처럼 반짝반짝 빛나는
油滴(ゆてき) 유적. 기름 방울.　　　　「모양.
油田(ゆでん) 유전.
油点(ゆてん) 유점.
油井(ゆせい) 유정.　　　　　　　　　「약제.
油剤(ゆざい) 유제. 기름 모양의〔기름이 든〕
油槽(ゆそう) 유조. ♣~船(せん) 유조선.
油脂(ゆし) 유지.
油倉(ゆそう) 유류를 저장하는 창고.
油彩(ゆさい) 〖美〗 유채.
∥~画(が) 유채. 유화.
油層(ゆそう) 유층. 땅속의 석유층(層)
油濁(ゆだく) 바다나 강 따위가 폐유(廢油) 따위로 오염됨.
油土(ゆと) 유토. 조각·주금(鑄金) 등의 원형 제조에 쓰는 기름 섞은 찰흙.　「shale).
油頁岩(ゆけつがん) 유혈암. 오일 셰일(oil
油化(ゆか) 유화. '石油化学(せきゆかがく) =석유 화학)'의 준말.

訓読➡

油(あぶら) ①기름. 석유류. ②머릿기름. ③(비유적으로) 활력소·활기.
　~を絞(しぼ)る ①호되게 야단쳐 진땀 빼게 하다. ②뼈빠지게 고생하다.
　~を流(なが)したよう 바다 등의 수면이 아주 잔잔한 모양.
　~を売(う)る ①객쩍은 수다로 시간을 보내 다. ②일꾼이 농땡이 부리다.　　「인트.
油ペイント(あぶらペイント) 유성(油性) 페
油角鮫(あぶらつのざめ) 〖魚〗 곱상어.
油光り(あぶらびかり) ①기름으로 반들거리는 일. ②(의복 따위가) 땀·때·기름 따위로 반들거리는 일.
油鮫(あぶらざめ) 〖魚〗油角鮫(あぶらつのざめ)의 딴이름.
油口(あぶらぐち) 유창한 변설.
油垢(あぶらあか) 옷의 기름때.
油球(あぶらだま) ⇨ 油玉(あぶらだま).
油溝(あぶらみぞ) 〖機〗 윤활유가 고르게 칠해지도록 축받이 면에 새긴 홈.
油気(あぶらけ) ①기름기. ②기름져서 번드르르한 모양.
油っ濃い(あぶらっこい) 기름기가 많다.
油桐(あぶらぎり) 〖植〗 유동(油桐).
油皿(あぶらざら) (기름을 담아 불을 켜는) 기름 접시. 등잔.
油目鑢(あぶらめやすり) 결이 고운 줄.
油墨(あぶらずみ) 기름을 섞은 먹물.
油物(あぶらもの) 기름에 튀기거나 지진 음식물.
油粕(あぶらかす) 유박. 깻묵.
油抜き(あぶらぬき) 기름에 튀긴 것이나 지방분이 많은 것을 조리할 때 뜨거운 물에 데 쳐 지방분 따위를 제거하는 일.
油色 ㊀(あぶらいろ) 노란색에 약간의 붉은 색을 띤 투명한 색깔.
㊁(ゆしょく) 채색화 등에 투명한 기름을 덧 칠하는 방식.
油蟬(あぶらぜみ) 〖蟲〗 유지매미. 기름매미.
油椰子(あぶらやし) 〖植〗 기름야자.
油揚(あぶらあげ) 유부(油腐). 두부를 얇게 썰어 기름에 튀긴 것.
油揚げ(あぶらあげ) ☞油揚(あぶらげ).
油燃焼器(あぶらねんしょうき) 오일 버너.
油染みる(あぶらじみる) 기름에 찌들다. 기름때가 배다.
油玉(あぶらだま) 물 위에 떠 있는 기름 방울.
油屋(あぶらや) ①기름집. 기름 장수. ②〖俗〗 소매 없는 앞치마 비슷한 어린이의 옷.
油引き(あぶらひき) 기름을 바름. 또, 그 솔.
油障子(あぶらしょうじ) 기름종이를 바른 장지.
油粘土(あぶらねんど) 기름을 섞어 갠 찰흙.
油照り(あぶらでり) 날씨가 흐리면서도 바람 없이 푹푹 찌는 여름의 무더위.
油症(あぶらしょう) 〖醫〗 손톱·발톱 및 수 굴의 피부가 거뭇해지고 미열이 나며 발진이 생기는 희귀한 병.　　　　　　　「양.
油凪(あぶらなぎ) 바다 위가 아주 잔잔한 모
油紙(あぶらがみ) 유지. 기름종이. *ゆしろ 도 읽음.
油砥石(あぶらといし) 기름을 치며 가는 고 운 숫돌.
油差し(あぶらさし) (기계 따위에) 기름을 치는 도구. 또, 그 사람.　　　　　「菜).
油菜(あぶらな) 〖植〗 평지. 유채. 한채(寒
油炒め(あぶらいため) 기름으로 볶음〔兆 짐〕. 또, 그 음식.
油虫(あぶらむし) ①〖蟲〗 ㉠진디. ㉡바퀴. ②남에게서 음식 따위를 얻어먹는 사람.
油通し(あぶらどおし) 중국 요리에서, 재료 를 뜨거운 기름에 살짝 데치는 일.
油壺(あぶらつぼ) ①머릿기름 종지. ②(기 계에 붙은) 급유기.
油胡麻(あぶらごま) 〖植〗 깨.

油火(あぶらび) 등잔불.
油絵(あぶらえ)〖美〗유화. 양화(洋畫).
油絵の具(あぶらえのぐ)〖美〗유화용의 그림물감.

| 9 宀 人 | 宥 | 용서할 유·권할 유
ユウ
なだめる·ゆるす |

【音読】
宥免(ゆうめん) 유면. 죄를 용서함.
宥恕(ゆうじょ) 유서. 너그럽게 용서함.
宥和(ゆうわ) 유화.
∥~政策(せいさく) 유화 정책.

【訓読】
宥まる(なだまる) 진정되다.
❖宥める(なだめる) 달래다.
宥め賺す(なだめすかす) 어르고 달래다.

| 9 幺 常 | 幽 | 그윽할 유·어두울 유
ユウ
かすか·くらい |

【音読】
幽(ゆう) 그윽하고 조용함.
幽す(ゆうす) 가두다. 유폐하다.
幽する(ゆうする) 유폐(幽閉)하다.
幽客(ゆうかく) ①유객.〖植〗난. ②속세와 떨어져 조용히 사는 사람.
幽居(ゆうきょ) 유거. 속세를 떠나 조용한 곳에 삶. 또, 그 집.
幽径(ゆうけい) 깊숙한 곳의 좁은 길.
幽境(ゆうきょう) 유경. 속세를 떠난 조용한 곳.
幽界(ゆうかい) 유계. 저승. 황천.
幽谷(ゆうこく) 유곡.
幽光(ゆうこう) 희미한 불빛.
幽鬼(ゆうき) ①망령(亡靈). 죽은 사람의 혼. ②유령.
幽霊(ゆうれい) 유령. ♣~船(せん) 유령선 / ~株(かぶ)〖經〗유령주.
∥~人口(じんこう) 유령 인구.
~火(び) 도깨비불. 귀화(鬼火).
~会社(がいしゃ) 유령 회사.
幽明(ゆうめい) 유명. 저승과 이승.
幽冥(ゆうめい) 유명. ①가물가물하고 어두움. ②저승.
∥~界(かい) 유명계. ①신불이 있는 세계.②저승.
幽妙(ゆうみょう) 유묘. 깊고 오묘함.
幽門(ゆうもん)〖生〗유문.
∥~痙攣(けいれん)〖醫〗유문 경련.
~反射(はんしゃ) 유문 반사.
~狭搾(きょうさく)〖醫〗유문 협착.
幽微(ゆうび) 유미. 매우 미묘한 일. 신비하여 알 수 없는 일. 또, 그런 모양.
幽思(ゆうし) 유사. 깊고 조용한 생각.
幽栖(ゆうせい) ⇨ 幽棲(ゆうせい).
幽棲(ゆうせい) 유서. 속세를 떠나 조용하게 삶.
幽囚(ゆうしゅう) 유수. 잡혀서 감옥에 갇

힘. 또, 그 사람.
幽愁(ゆうしゅう) 유수. 깊은 근심.
幽邃(ゆうすい) 유수. 경치 따위가 그윽하고 조용함. ♣~境(きょう) 유수경.
幽室(ゆうしつ) ①유실. 조용하고 그윽한 곳에 있는 방. ②감옥.
幽雅(ゆうが) 유아. 고상하고 품위가 있음.
幽暗(ゆうあん) 유암. ①그윽하고 어두움. ②침울한 기분.
幽闇(ゆうあん) ⇨ 幽暗(ゆうあん).
幽艶(ゆうえん) (여자가) 고상하고 아름다움.
幽婉(ゆうえん) ⇨ 幽艶(ゆうえん).
幽遠(ゆうえん) 유원. 그윽함.
幽隠(ゆういん) ⇨ 幽陰(ゆういん).
幽陰(ゆういん) 유음. 깊숙이 숨어 어둡고 조용한 모양.   「는 사람.
幽人(ゆうじん) 유인. 속세를 떠나 조용히 사
幽姿(ゆうし) 유현(幽玄)한 모습. 우미(優美)한 자태.
幽寂(ゆうじゃく) 유적. 그윽하고 고요함.
幽静(ゆうせい) 유정. 그윽하고 조용함.
幽趣(ゆうしゅ) 유취. 그윽한 정취·풍정.
幽閉(ゆうへい) 유폐.
幽閑(ゆうかん) 유한. 조용함.
幽香(ゆうこう) 유향. 그윽하고 은근한 향기.
幽玄(ゆうげん) 유현. 그윽함.
幽魂(ゆうこん) 유혼. 망령(亡靈).
幽回忌(ゆうかいき) 죽은 지 100 일째 되는 날에 드리는 불공.
幽興(ゆうきょう) 그윽하고 고상한 정취.

【訓読】
幽か(かすか) 희미함. 미약함.

【其他】
幽けし(かそけし)〈雅〉어슴푸레하다. 희미하다.

| 9 木 常 | 柔 | 부드러울 유·순할 유
ジュウ·ニュウ
やわらか·やわらかい |

【音読】
柔 ㊀(じゅう) 부드러움. 보들보들함.
㊁(やわ)〈方〉①부드러움. ②약함. 깨지기 쉬움. 어설픔.
㊂(にこ)《接頭語로》부드러운·고운 뜻.
柔構造(じゅうこうぞう)〖建〗유구조. (강성(剛性)보다는) 탄성과 안정성에 중점을 둔 내진(耐震) 구조.
柔懦(じゅうだ) 유나. 유약. 마음이 약한 모양.
柔道(じゅうどう) 유도.   「양.
∥~整復術(せいふくじゅつ) 골절이나 탈구(脱臼) 부위를 정상 상태로 고치는 기술.
柔毛(じゅうもう)〖植〗융모. 융털.
柔媚(じゅうび) 유미. 알랑대며 아첨함. 또, 부드럽고 요염함.
柔細胞(じゅうさいぼう)〖植〗유세포.
柔順(じゅうじゅん) 유순.
柔術(じゅうじゅつ) 유술. 유도의 전신.

柔弱(にゅうじゃく) 유약. *じゅうじゃくろ
柔軟(じゅうなん) 유연.　　　　　도 읽음.
∥~仕上げ(しあげ) 계면 활성제·유제(油劑) 등을 써서, 세탁 후의 섬유 제품의 감촉을 부드럽게 하는 일.
~体操(たいそう) 유연 체조.
柔然(じゅうぜん) 〖史〗유연. 5~6 세기에 몽고 고원에 웅거하던 몽골계 유목 민족 및 그 국가〖6세기 중엽 돌궐에 멸망〗.　　「음.
柔婉(じゅうえん) 유완. 다정하고 숙부드러
柔靭(じゅうじん) 유인. 부드러우면서 질김.
柔組織(じゅうそしき) 〖生〗유조직.
柔皮(じゅうひ) 유피. 부드러운 가죽.
柔和(にゅうわ) 유화.
∥~忍辱(にんにく) 〖佛〗유화인욕.

【訓読】
柔い(やわい) 〈方〉부드럽다. 약하다.
柔ら(やわら) '柔道(じゅうどう)(=유도)·柔術(じゅうじゅつ)(=유술)'의 구칭.
柔肌(やわはだ) (여자의) 부드러운 살갗.
柔膚(やわはだ) ⇨ 柔肌(やわはだ).
❖柔らかい(やわらかい) ①물랑하다. 부드럽다. 포근하다. ②따지지 않다. 순순하다.
柔らか(やわらか) ①무른 모양. ②폭신한 모양. ③유연한 모양. ④온화한 모양.
柔らか物(やわらかもの) 감촉이 좋은 비단. 또, 그 옷.

9 木 人	柚	유자 유·바디 축 ユウ ゆず

【訓読】
柚 ㊀(ゆず) 〖植〗유자(나무).
∥~味噌(みそ) 유자즙이나 껍질을 으깨어 섞은 된장.
~色(いろ) 유자빛. 주황색.
~湯(ゆ) 유자탕. 동짓날에 유자를 썰어 넣은 목욕물〖동창에 좋다고 함〗.
㊁(ゆ) 〖植〗'ゆず'의 딴이름.
柚括り(ゆずぐくり) 유자 열매를 끈으로 묶어서 말린 것.
柚酒(ゆずざけ) 유주. 유자즙을 섞은 술.
【其他】
柚餅子(ゆべし) 쌀가루에 된장·설탕 등을 섞은 후 유자즙을 넣고 반죽해서 찐 과자.
柚子(ゆず) ⇨ 柚(ゆず).
柚醬(ゆずしお) 유자 껍질을 갈아 설탕을 치고 조린 식품.

11 口 常	唯	오직 유·대답할 유 ユイ·イ ただ

【音読】
唯名論(ゆいめいろん) 〖哲〗유명론.
唯名定義(ゆいめいていぎ) 〖論〗유명 정의.
唯物(ゆいぶつ) 유물. ♣~論(ろん) 유물론 / ~弁証法(べんしょうほう) 〖哲〗유물 변증법.
~史観(しかん) 유물 사관.
唯美(ゆいび) 유미. ♣~的(てき) 유미적 / ~派(は) 유미파.
∥~主義(しゅぎ) 유미주의.
唯識(ゆいしき) 〖佛〗유식. 일체의 사물은 그것을 인식하는 마음의 표현이라고 하는 생각.
∥~講(こう) ⇨ 唯識会.　　「각.
~会(え) 유식론의 의미·내용을 해설하고 그 공덕을 기리는 법회.
唯心(ゆいしん) 〖佛〗유심. ♣~論(ろん) 유심론 / ~的(てき) 유심적.
∥~縁起(えんぎ) 〖佛〗유심연기.
~の浄土(じょうど) 〖佛〗유심정토.
唯我独尊(ゆいがどくそん) 유아독존.
唯我論(ゆいがろん) 〖哲〗유아론.
唯唯 ㊀(いい) 유유. 남의 말에 붙좇는 모양.
∥~諾諾(だくだく) 유유낙낙.
㊁(ただただ) 唯(ただ)를 강조한 말.
唯一(ゆいいつ) 유일. *ゆいつ로도 읽음.
♣~神(しん) 유일신.
∥~無二(むに) 유일무이.
~神道(しんとう) 불교·유교의 가르침을 배제한 일본 고유의 神道.

【訓読】
唯 ㊀(ただ) ①보통. 예사. ②그냥. ③단. 단지. 다만.
㊁(たった) 〈口〉겨우. 단지. 다만.
㊂(たんだ) 〈俗〉단지. 그저. 오직. 다만.
唯さえ(ただでも) 그렇지 않아도.
唯今(ただいま) ①(바로) 지금. (지금) 곧. ②방금. 이제 막. ③집에 돌아왔을 때의 인사말. *口語로는 たったいま라고도 함.
唯事(ただごと) 보통일. 예삿일.

11 巾	帷	휘장 유·장막 유 イ とばり

【音読】
帷幕(いばく) 유막. 유악(帷幄).
帷薄(いはく) 유박. ①드리운 휘장과 발. ②침실.　　　　　　　　　　　　「모(參謀).
帷幄(いあく) 유악. ①작전을 짜는 곳. ②참
【訓読】
帷(とばり) 방장(房帳). 장막.
【其他】
帷子(かたびら) ①(깁이나 베로 지은) 홑옷. ②휘장 따위 칸막이로 쓰는 얇은 천.

11 忄 人	惟	생각할 유·오직 유 イ·ユイ おもう·これ·ただ

【訓読】
惟(これ) (감탄사로) 어조를 강조하거나 주의를 촉구할 때에 쓰는 말.

惟うに(おもうに) 생각건대.
惟る(おもいみる) 여러 가지로 생각해 보다. 깊이 생각하다. *雅語로는 おもんみる 라고도 함.
其他
惟神(かんながら) 〈雅〉 유신. 오직 신의 뜻 대로임. *かみながらろも 읽음.

11 心 常	悠	멀 유·한가할 유 ユウ とおい・はるか

音読
悠(ゆう) 느긋하고 안정된 모양.
悠久(ゆうきゅう) 유구. 영구.
悠揚(ゆうよう) 태연자약한 모양.
悠然(ゆうぜん) 유연. 침착하고 여유가 있는 모양.
悠遠(ゆうえん) 유원.
悠悠(ゆうゆう) 유유. ① 한가하고 근심 없는 모양. ② 여유가 충분히 있는 모양. ③ 끝없이 아득한 모양.
∥~自適(じてき) 유유자적.
~閑閑(かんかん) 유유한한. 태평하고 한가로운 모양.
悠長(ゆうちょう) 유장. 침착하며 성미가 느림.
其他
悠紀(ゆき) ① 신성한 술이란 뜻. ② 햇곡식과 그것으로 빚은 술을 신불에게 바치는 제를 지내는 제장(祭場). 또, 그 지방.

11 艹	莠	가라지 유 ユウ はぐさ

訓読
莠(はぐさ) 논에 나는 잡초.

11 虫	蚰	그리마 유 ユウ

其他
蚰蜒(げじげじ) ①〈俗〉《動》 그리마. ② 전하여, (남들이) 꺼리고 싫어하는 사람. *げじとも 읽음.
∥~眉(まゆ) 짙고 굵은 (보기 흉한) 눈썹.

12 口	喩	깨우칠 유·비유할 유 ユ さとす・たとえる

訓読
❖喩える(たとえる) 예를 들다. 비유하다.
喩(たとえ) 비유. 또, 비유한 것. *たといとも 읽음.
喩え歌(たとえうた) 《和歌(わか)에서》 자연의 사물에 빗대어 자기 심정을 읊은 노래.
喩え話(たとえばなし) 비유담. 우화.

12 忄 常	愉 (愈)	즐거울 유·즐거워할 유 ユ たのしい・たのしむ

音読
愉楽(ゆらく) 유락. 즐거움.
愉色(ゆしょく) 유색. 희색(喜色).
愉悦(ゆえつ) 유열.
愉快(ゆかい) 유쾌.
∥~犯(はん) 유쾌범《쾌감을 맛보기 위해 저지르는 방화·폭파 등의 범죄》.
訓読
愉しい(たのしい) ① 즐겁다. ②〈古〉 유복하다.
愉しむ(たのしむ) 즐기다.

12 扌	揉	비빌 유·휠 유 ジュウ もむ

音読
揉捻(じゅうねん) 찻잎을 비빔.
訓読
揉まれる(もまれる) ① 이리저리 흔들리다. ② 세파에 시달리며 경험과 지혜를 쌓다.
❖揉む(もむ) ① 비비다. 문지르다. 주무르다. 구기다. 비벼 돌리다. ② (마음을) 졸이다. ③ 토의하다. 　　　　　　　　　 　「(ちゃ).
揉みくた(もみくた) ☞ 揉みくちゃ(もみく
揉みくちゃ(もみくちゃ) 몹시 구겨짐. 쭈글쭈글해짐. 북새통에 혼남.
揉み殻(もみがら) 겉겨. 왕겨.
揉み瓜(もみうり) ①《植》 월과(越瓜). ② 얇게 저민 오이에 소금을 뿌려 주무르고 초간장을 친 음식물.
揉み潰す(もみつぶす) ① 비벼서 으깨다. ② 억지로 뭉개 버리다. 　　　　　　「색 물감.
揉み藍(もみあい) 말린 쪽 잎을 빻아 만든 남
揉み立てる(もみたてる) ① 세게 비비다《문지르다》. ② 재촉하다. ③ 세차게 공격하다.
揉み上げ(もみあげ) 살쩍. 귀밑털. 빈모(鬢毛).
揉み消す(もみけす) ① 비벼 끄다. 뭉개어 끄다. ② 휘지비지해 버리다. 얼버무려 치우다. 　　　　　　　　　　　　　「(동작).
揉み手(もみで) 두 손을 비빔《부탁·사과의
揉み烏帽子(もみえぼし) 옛날에, 투구 밑에 쓴 부드러운 烏帽子(えぼし).
揉み療治(もみりょうじ) 마사지 치료.
揉み紙(もみがみ) ① 비비어 구긴 일본 종이. ② 얇은 종이를 대나무 등에 감고 위아래로 밀어 구기어 대나무를 빼낸 것《종이 인형의 머리에 쓰임》.
揉み錐(もみぎり) 비비송곳.
揉み出す(もみだす) ① 비벼《문질러》 밖으로 꺼내다. ② 비벼 빨다. 헹구다.
揉み板(もみいた) 빨래판. 　　　　　　「가죽.
揉み皮(もみかわ) 무두질하여 부드럽게 만든

揉み合い(もみあい) ①서로 비비댐. 밀치락 달치락함. 뒤얽혀 싸움. ②『經』(증권 거래에서) 시세가 소폭으로 변동하여 불안정함.
揉み合う(もみあう) 서로 비비대다. 밀치락 달치락하다. 뒤얽혀 싸우다. 옥신각신하다.
揉み解す(もみほぐす) ①멍든 곳 등을 문질러서 풀다. ②기분을 진정[완화]시키다.
揉み海苔(もみのり) 김을 구워서 비벼 부순 가루.
揉み革(もみかわ) ⇨ 揉み皮(もみかわ).
❖揉める(もめる) ①분쟁이[분규가] 일어나다. 옥신각신하다. ②〈関西方〉혼란하다.
揉め(もめ) ①다툼. 시비. ②한턱 냄. 또, 그 비용.
揉め事(もめごと) 다툼(질). 분쟁. 내분.

12 氵	游	헤엄칠 유・놀 유 ユウ あそぶ・およぐ

音読
游動(ゆうどう) 유동. 자유로이 움직임.
游魚(ゆうぎょ) 유어. 물속에서 노는 고기.
游泳(ゆうえい) 유영. 헤엄 침.

12 犭 常	猶 (猶)	오히려 유 ユウ なお

音読
猶予(ゆうよ) 유예. ♣~日(じつ) 유예일. ‖~期間(きかん) 유예 기간.
猶子(ゆうし) ①'養子(ようし)(=양자)'의 딴이름. ②유자. 조카(딸).
訓読
猶(なお) ①더욱. 더(한층). ②여전히. 아직. ③그렇기는 하나. …인데도. ④더욱. 또한. 더구나.
猶猶(なおなお) ①더욱더. 더(한층). ②역시. 아직도. ③첨가해서.
其他
猶い(たゆたい) ①흔들림. ②망설임. 주저.
猶う(たゆとう) ①(물 위에 있는 것이) 흔들거리다. ②(마음이) 흔들리다. 주저하다. *たゆたう로도 읽음.
猶太(ユダヤ) 유대. ♣~教(きょう)『宗』유대교 / ~人(じん) 유대인.

12 辶 教	遊 (遊)	놀 유・여행 유 ユウ・ユ あそぶ

音読
遊脚(ゆうきゃく) 인체의 입상(立像)에서 몸무게가 작용하지 않는 다리.
遊客(ゆうきゃく) 유객. ①위안・휴양을 위해 오는 사람. ②유곽에서 흥취 있게 노는 사람. ③할일이 없어 노는 사람. *ゆうかく로도 읽음.
遊撃(ゆうげき) ①유격. ②유격수의 준말. ♣~隊(たい) 유격대 / ~戦(せん) 유격전. ‖~手(しゅ)『野』유격수. 쇼트스톱.
遊郭(ゆうかく) 유곽.
遊廓(ゆうかく) ⇨ 遊郭(ゆうかく).
遊観(ゆうかん) 유관. 유람.
遊具(ゆうぐ) 놀이 도구.
遊君(ゆうくん) 유녀(遊女). 논다니.
遊軍(ゆうぐん) 유군. ①유격대. ②일정 부서에 속하지 않고 대기 상태에 있는 사람.
遊金(ゆうきん) 유금. 사장되어 있는 금전・자본. 놀리고 있는 돈.
遊禽類(ゆうきんるい)『鳥』유금류.
遊技(ゆうぎ) 유기. 오락으로서 행하는 기술. ♣~場(じょう) 유기장.
遊女(ゆうじょ) 유녀. *雅語로는 たわめれ라고도 함. 「버리는 일.
‖~狂い(ぐるい) 창녀를 불러 노는 데 빠져 ~屋(や) 갈봇집. 기루(妓樓).
遊動(ゆうどう) 유동. ‖~円木(えんぼく) 유동 원목.
遊楽 ㊀(ゆうらく) 유락. 놀며 즐김. ㊁(ゆうがく) 음악을 연주하며 춤을 추는 일. 「선.
遊覧(ゆうらん) 유람. ♣~船(せん) 유람 ‖~飛行(ひこう) 유람 비행. 유람을 목적으로 하는 비행.
遊歴(ゆうれき) 유력. 두루 돌아다님.
遊猟(ゆうりょう) 유렵. 사냥을 즐김.
遊里(ゆうり) 유곽(遊廓).
遊離(ゆうり) 유리. ♣~基(き)『化』유리기. ‖~脂肪酸(しぼうさん) 유리 지방산. ~魂(こん) 유리혼. 육체를 떠난 영혼.
遊牧(ゆうぼく) 유목. ♣~民(みん) 유목 ‖~人種(じんしゅ) 유목 인종. 「민.
遊舞(ゆうぶ) 춤추며 놂.
遊民(ゆうみん) 유민. (직업 없이) 놀고 지내는 사람. 「책리.
遊歩(ゆうほ) 유보. 산책. ♣~道(どう) 산
遊飛(ゆうひ)『野』유격수가 있는 데로 날아가는 공. 쇼트 플라이.
遊士(ゆうし) 놀이에 빠진 사나이.
遊糸(ゆうし) 유사. 아지랑이.
遊山(ゆさん) 유산. 산이나 들에 놀러 나감. 또, 기분 전환으로 외출함.
‖~船(ぶね) 유산객을 실은 배.
~所(じょ) ①산이나 들로 놀러 가는 곳. ②유곽・요정 등의 유흥 장소. 「행락.
~甑水(がんすい) 유산을 산야나 물가 등에서 놂.
~旅(たび) 유산을 위한 여행.
遊船(ゆうせん) ①선유. 뱃놀이. ②유선. 놀잇배.
遊星(ゆうせい) 유성. 행성(行星).
遊説(ゆうぜい) 유세.
遊所(ゆうしょ) ①노는 곳. ②유곽(遊廓).
遊手(ゆうしゅ) 유수. 직업 없이 놀고 있는

遊水池(ゆうすいち) 유수지.
遊食(ゆうしょく) 유식. 놀고 먹음.
遊冶(ゆうや) 주색에 빠짐.
遊冶郎(ゆうやろう) 주색(酒色)에 빠진 방탕하고 유약(柔弱)한 남자.
遊魚(ゆうぎょ) 유어. 물속에서 헤엄치며 노는 물고기.
遊漁(ゆうりょう) 고기잡이를 하면서 즐기는 일.
遊宴(ゆうえん) 유연. 잔치를 베풀고 놂.
遊泳(ゆうえい) ①유영. 헤엄 침. ②처세.
♣～術(じゅつ) 처세술.
‖～動物(どうぶつ)『動』 유영 동물.
～生物(せいぶつ)『生』 유영 생물.
遊芸(ゆうげい) 유예. 취미로 하는 예능.
遊園(ゆうえん) ①유원. 놀이터로서의 공원. ②遊園地의 준말. ♣～地(ち) 유원지.
遊越(ゆうえつ)『野』 타자가 친 공이 유격수의 머리 위를 넘음. 「읊음.
遊吟(ゆうぎん) 여기저기 거닐면서 시가를
遊意(ゆうい) 유의. 구경 가거나 놀고자 하는 마음.
遊弋(ゆうよく) 유익. (경계하기 위해) 함선이 바다 위를 떠돌아다님.
遊人(ゆうじん) 유인. ①일정한 직업 없이 노는 사람. ②구경이나 소풍을 가는 사람.
遊印(ゆういん) 성명을 새기는 것이 아니라 좋아하는 글귀를 새긴 도장.
遊子(ゆうし) 여행자. 나그네.
‖～吟(ぎん) 나그네가 읊은 시가.
遊資(ゆうし) 유자. '遊休資本(ゆうきゅうしほん)(=유휴 자본)'의 준말.
遊底(ゆうてい) (소총의) 놀이쇠.
遊鳥(ゆうちょう) 유조. ①노닐고 있는 새. ②미끼로 이용하기 위해 매어 둔 새.
遊走細胞(ゆうそうさいぼう)『生』 유주 세
遊走腎(ゆうそうじん)『生』 유주신. 「포.
遊走子(ゆうそうし)『生』 유주자. 운동성 포자(運動性胞子).
遊惰(ゆうだ) 유타. 빈들빈들 놀고 게으름.
遊蕩(ゆうとう) 유탕. 방탕. ♣～児(じ) 방탕아.
遊標(ゆうひょう) 계산(計算)자 등의 유표.
遊学(ゆうがく) 유학. 외지·외국에 가서 공부함.
遊閑地(ゆうかんち) 공한지. 「교하시오.
遊行 ㊀(ゆぎょう)『佛』 ①유행. 중이 포교와 수행을 위해 각지방을 돌아다님. 행각(行脚). ②遊行上人의 준말.
‖～上人(しょうにん)『佛』 遊行宗의 개조(開祖)와 본산(本山)의 역대 주지《행각하는 것을 관습으로 함》.
～聖(ひじり)『佛』 여러 곳을 돌아다니며 포교하시오.
～宗(しゅう)『佛』 浄土宗(じょうどしゅう)의 한 파.
㊁(ゆこう) ①유행. 놀며 돌아다님. 정처없이 걸어감. ②☞㊀①.
遊俠(ゆうきょう) 유협. 협객.
遊禍(ゆうか) 유화. (음양도에서) 불길한 날.

遊休(ゆうきゅう) 유휴. ♣～地(ち) 유휴지.
‖～資本(しほん) 유휴 자본.
遊興(ゆうきょう) 유흥. ♣～費(ひ) 유흥비.
遊嬉(ゆうき) 놀며 즐기는 일.
遊戯(ゆうぎ) 유희. ♣～的(てき) 유희적.
‖～療法(りょうほう)『心』 유희 요법.

訓読
❖遊ばせる(あそばせる) ☞ 遊ばす(あそばす).
遊ばす(あそばす) ①놀게 하다. ②'する(=하다)'의 높임말. 하시다.
遊ばせ言葉(あそばせことば) 'ごめんあそばせ(=용서하십시오)' 'おいであそばせ(=오십시오)' 등과 같이 あそばせ를 붙여 공손하게 말하는 여자의 말씨.
❖遊ぶ(あそぶ) 놀다. 유람하다. 유학하다.
遊び ㊀(あそび) ①노는 일. 놂. ②불경기. ③여유.
㊁(すさび) 위안거리. 소일거리.
遊びほうける(あそびほうける) 노는 데 정신이 팔리다.
遊び歌(あそびうた) ⇨ 遊び唄(あそびうた).
遊び駒(あそびごま) 장기에서, 공수(攻守)에 아무런 역할을 못하는 말.
遊び金(あそびがね) 퇴장되어 있는 돈.
遊び女(あそびめ) 창녀. 노는계집.
遊び道具(あそびどうぐ) 놀이 도구.
遊び明かす(あそびあかす) 밤을 새워 놀다.
遊び暮らす(あそびくらす) 놀며 지내다.
遊び半分(あそびはんぶん) 중요한 일을 적당히 해치우는 일. 또, 그런 모양.
遊び癖(あそびぐせ) 일이나 공부를 태만히 하는 나쁜 버릇. 유흥에 빠지는 버릇.
遊び事(あそびごと) 오락. 유희. 노름.
遊び手(あそびて) 놀기를 잘하는[좋아하는] 사람.
遊び宿(あそびやど) 갈봇집.
遊び言葉(あそびことば) 이야기의 첫머리나 중간에 삽입하는 의미 없는 말(저… 하는 따위). 「이.
遊び人(あそびにん) 건달. 노름꾼. 난봉쟁
遊び者(あそびもの) 유녀(遊女). 창녀. 놀이.
遊び仲間(あそびなかま) 놀이 친구. 「상대.
遊び紙(あそびがみ) 책의 면지와 본문 사이의 백지. 백간지(白間紙). 「퀴.
遊び車(あそびぐるま)『機』 유동(遊動) 바
遊び唄(あそびうた) 동요의 한 가지. 줄넘기 따위 놀이를 하며 부름.
シンナー遊び(シンナーあそび) (아이들의) 시너 냄새 맡기.
だだら遊び(だだらあそび) (유곽 등에서) 돈을 물쓰듯이 하는 유흥. 호유(豪遊).

| 12
ネ
常 | 裕 | 넉넉할 유
ユウ
ゆたか |

音読
裕福(ゆうふく) 유복.

訓読
裕げ(ゆたげ) 풍부한 모양. 넉넉한 모양.
逆音
寛裕(かんゆう) 관유. 너그러움.
富裕(ふゆう) 부유.
余裕(よゆう) 여유.

12采	釉	윤 유 ユウ うわぐすり

音読
釉瓦(ゆうが) 유와. 색깔이 있는 유약을 발라서 구운 벽돌.
訓読
釉(うわぐすり) ⇨ 釉薬(うわぐすり). ＊ゆうろでも 읽음. 「고도 함.
釉薬(うわぐすり) 유약. 잿물. ＊ゆうやく라

13心	愈	더할 유・나을 유 ユ いよいよ・まさる

訓読
愈(いよいよ) ① 점점. 더욱더. ② 드디어. ③ 확실히. 정말. ④ 다급해진 상태.
愈愈(いよいよ) ⇨ 愈(いよいよ). ＊いよよ로도 읽음.

13月	腴	살찔 유・기름질 유 ユ こえる

其他
腴(つちすり) 배래기.

13木	楡	느릅나무 유 ユ にれ

訓読
楡(にれ) 〔植〕 느릅나무.

13木	楢	졸참나무 유 ユウ なら

訓読
楢(なら) 〔植〕 졸참나무.
逆訓
水楢(みずなら) 〔植〕 물참나무.

13王	瑜	옥 유・옥빛 유 ユ

音読
瑜伽(ゆが) 〔佛〕 유가. 요가.

13辶	逾	넘을 유・더욱 유 ユ いよいよ・こえる

其他
逾越の節(すぎこしのいわい) 〔宗〕 유월절. 유대 민족이 이집트를 탈출한 기념일.

14糸常	維	바 유・오직 유 イ・ユイ これ・つな

音読
維管束(いかんそく) 〔植〕 유관속. 관다발.
∥~**植物**(しょくぶつ) 〔植〕 유관속 식물. 관다발 식물.
維摩(ゆいま) 〔佛〕 유마.
維新(いしん) 유신.
維持(いじ) 유지.
∥~**飼料**(しりょう) 유지 사료. 생명 유지에만 필요한 사료.
訓読
維(これ) (감탄사로) 어조를 강조하거나 주의를 촉구할 때에 쓰는 말.

14言常	誘	꾈 유・가르칠 유 ユウ さそう・いざなう

音読
誘客(ゆうきゃく) 유객. 손님을 끄는 일.
誘拐(ゆうかい) 유괴. ♣~**罪**(ざい) 유괴죄.
誘起(ゆうき) 불러일으킴. 야기.
誘導(ゆうどう) 유도. ♣~**機**(き) 유도기 / ~**路**(ろ) 유도로 / ~**体**(たい) 유도체 / ~**弾**(だん) 유도탄.
∥~**加熱**(かねつ) 〔理〕 유도 가열.
~**起電機**(きでんき) 〔機〕 유도 기전기.
~**蛋白質**(たんぱくしつ) 유도 단백질.
~**物質**(ぶっしつ) 〔生〕 유도 물질.
~**放出**(ほうしゅつ) 유도 방출. 외부로부터 된 빛의 자극에 따라 그것과 같은 위상(位相)・주파수로 일어나는 빛의 방출.
~**兵器**(へいき) 유도 병기.
~**訊問**(じんもん) ⇨ 誘導尋問.
~**尋問**(じんもん) 〔法〕 유도 신문.
~**運動**(うんどう) 〔心〕 유도 운동.
~**電動機**(でんどうき) 〔理〕 유도 전동기.
~**電流**(でんりゅう) 〔理〕 유도 전류.
~**酵素**(こうそ) 〔化〕 유도 효소.
誘動(ゆうどう) 유동. 사람을 부추기어 어떤 일을 하게 함. 선동.
誘発(ゆうはつ) 유발.
∥~**投資**(とうし) 유발 투자.
誘殺(ゆうさつ) 유살. 유괴하여 죽임. ♣~**犯**(はん) 유괴 살인범.
誘蛾灯(ゆうがとう) 유아등.

誘掖(ゆうえき) 유액. 이끌어 도와줌.
誘引(ゆういん) 유인. 끌어들임.
∥**~剤**(ざい) 유인제. 해충 따위를 잡기 위하여 유인하는 물질. 「원인.
誘因(ゆういん) 유인. 어떤 작용을 일으키는
誘電加熱(ゆうでんかねつ)〖理〗유전 가열. 「실.
誘電損失(ゆうでんそんしつ)〖理〗유전 손
誘電率(ゆうでんりつ)〖理〗유전율.
誘電体(ゆうでんたい)〖理〗유전체.
誘出(ゆうしゅつ) 유출. 꾀어냄.
誘致(ゆうち) 유치.
誘爆(ゆうばく) 유폭.
誘惑(ゆうわく) 유혹.

🔲訓読🔺
❖**誘う** ㊀(さそう) ①꾀다. ②불러일으키다.
㊁(いざなう)〈雅〉꾀다.
誘い(さそい) 뗑. 권유. 유혹. ♣**~手**(て) 권유자. 「꾀다.
誘い掛ける(さそいかける) 무엇을 시키려고
誘い球(さそいだま)〖野〗유인구.
誘い水(さそいみず) ①(펌프의) 마중물. ②어떤 일의 계기가 됨. 또, 그 계기.
誘い入れる(さそいいれる) 권유해서 끌어들이다. 꾀어들이다.
誘い込む(さそいこむ) 꾀어[끌어]들이다.
誘い出す(さそいだす) 꾀어[끌어]내다. 불러내다.

🔲其他🔺
❖**誘く** ㊀(おびく) 꾀어서 유인하다.
㊁(そびく) ①꾀다. ②억지로 데리고 가다.
誘き寄せる(おびきよせる) ①유인하다. ②꾀어들이다. 「다.
誘き出す(おびきだす) 꾀어내다. 유인해 내

遺(遺)
15
辶
[教]
남을 유·버릴 유
イ・ユイ
すてる・のこす・のこる

🔲音読🔺
遺(い) ①잊음. 잃어버림. ②남은 것. 특히, 사후에 남겨진 것. *ゆい로도 읽음.
遺家族(いかぞく) 유가족.
遺憾(いかん) 유감.
∥**~千万**(せんばん) 유감 천만.
遺偈(ゆいげ) 유게. 고승이 임종 때 제자와 후세에 남겨 놓는 교훈을 담은 게송(偈頌).
遺戒(いかい) 유계. 유훈(遺訓). *ゆいかい로도 읽음.
遺誡(いかい) ⇨ 遺戒(いかい).
遺孤(いこ) 유고. 유아(遺兒).
遺稿(いこう) 유고.
遺骨(いこつ) 유골.
遺功(いこう) 유공.
遺教 ㊀(いきょう) 유교. ①후세에 남긴 가르침. 유훈. ②〖佛〗부처가 남긴 교법. 또, 특히 임종 때 행한 설교.
㊁(いきょう) 옛사람이 남긴 가르침. 또, 죽을 때 남긴 가르침.
遺丘(いきゅう) 폐허가 된 마을이 같은 지역에서 여러 층으로 겹쳐져 이루어진 언덕.
遺構(いこう) 유구.
遺金(いきん) ①조상으로부터 물려받은 돈. ②떨어뜨린 돈.
遺棄(いき) 유기. 사람을 돌보지 않고 버려두는 상태. ♣**~罪**(ざい) 유기죄.
遺尿(いにょう) 유뇨. 야뇨(夜尿).
遺徳(いとく) 유덕.
遺令(いれい) 유령. 사후에 남긴 명령.
遺霊(いれい) 유령. 죽은 자의 영혼.
遺例(いれい) 유례. 예전에 많던 것이 거의 없어지고, 본보기 정도로 약간 남아 있는 것.
遺老(いろう) 유로. ①생존한 노인. ②선왕(先王)을 섬겼던 노신(老臣). ③망국(亡國)의 조신(朝臣).
遺漏(いろう) 유루. 실수.
遺流(いりゅう) ①자손. 후예. ②예로부터 전해 온 학문·예능·종교 등의 유파(流派).
遺留(いりゅう) 유류. ♣**~分**(ぶん)〖法〗유류분/**~品**(ひん) 유류품.
遺類(いるい) 살아남은 무리. 여당(餘黨).
遺忘(いぼう) 유망. 망각. 「령.
遺命(いめい) 유명. 임종 때 명령함. 또, 그 명
遺墨(いぼく) 유묵.
遺文(いぶん) 유문.
遺聞(いぶん) 세상에 알려져 있지 않은 진기한 일[이야기].
遺物(いぶつ) ①유물. ②유품. ③유실물.
遺民(いみん) 유민. 어떤 세력이나 집단이 망한 후, 남아서 유풍(遺風)을 전하는 사람들.
遺髪(いはつ) 유발.
遺芳(いほう) 유방.
遺法(いほう) 유법. 선인(先人)이 남긴 법.
遺事(いじ) 유사. ①예로부터 전해 내려오는 일. ②사후에 남긴 일. ③빠뜨린 일.
遺産(いさん) 유산.
∥**~分割**(ぶんかつ)〖法〗유산 분할.
∥**~相続**(そうぞく)〖法〗유산 상속.
∥**~債権者**(さいけんしゃ)〖法〗유산 채권자.
遺像(いぞう)〖心〗'残像(ざんぞう)'(=잔상)'의 구칭.
遺書(いしょ) ①유서. ②유저(遺著).
遺緒(いしょ) 유서. 유업.
遺習(いしゅう) 유습.
遺矢(いし) 유시. 오줌·똥을 지림.
遺屍(いし) 유시. 유기된 시체.
遺臣(いしん) 유신.
遺失(いしつ) 유실.
∥**~物**(ぶつ) 유실물. ♣**~横領罪**(おうりょうざい)〖法〗유실물 횡령죄.
遺児(いじ) 유아.
遺愛(いあい) 유애. 고인(故人)이 생전에 아끼고 사랑해 쓰던 물건.
遺言 ㊀(いごん)〖法〗유언. *ゆいごん과 같으나 법률 용어로는 いごん으로 읽음.
∥**~能力**(のうりょく) 유언을 단독으로 유

효하게 행할 수 있는 자격.
~養子(ようし) 유언 양자. 유언에 따라 인연을 맺은 양자.
~証書(しょうしょ) 〖法〗 유언 증서.
~執行者(しっこうしゃ) 유언 집행자.
㊁ (ゆいごん) 유언. ＊いげんで도 읽음.
♣**-状**(じょう) 유언장.
遺業(いぎょう) 유업.
遺烈(いれつ) 유열. 후세에 남긴 공훈.
遺詠(いえい) 유영. 고인이 남긴 시가(詩歌).
遺影(いえい) 유영. 고인의 초상 또는 사진.
遺恩(いおん) 유은. 고인에게서 받은 은혜.
遺意(いい) 유의. 고인이 남긴 뜻.
遺子(いし) 유자.
遺作(いさく) 유작.
遺財(いざい) 유재. 유산.
遺著(いちょ) 유저.
遺跡(いせき) 유적. ＊ゆいせきで도 읽음.
遺蹟(いせき) ⇨ 遺跡(いせき).
遺伝(いでん) 유전 / ~**病**(びょう) 유전병 / ~**性**(せい) 〖生〗 유전성 / ~**的**(てき) 유전적 / ~**学**(がく) 유전학.
∥~**毒性**(どくせい) 〖生〗 유전 독성.
~**暗号**(あんごう) 〖生〗 유전 암호.
~**因子**(いんし) 〖生〗 유전 인자. 유전자.
~**子**(し) 〖生〗 유전자. ♣~**工学**(こうがく) 유전자 공학 / ~**突然変異**(とつぜんへんい) 유전자 돌연 변이 / ~**銀行**(ぎんこう) 유전자 은행 / ~**操作**(そうさ) 유전자 조작 / ~**組み換え**(くみかえ) 〖生〗 유전자 재결합 / ~**座**(ざ) 〖生〗 유전자 자리 / ~**治療**(ちりょう) 유전자 치료 / ~**型**(がた) 유전자형.
~**資源**(しげん) 유전 자원. 생물종(生物種)이 가진 유전 정보.
~**情報**(じょうほう) 〖生〗 유전 정보.
遺精(いせい) 〖醫〗 유정.
遺制(いせい) 유제.　　　　　　「자.
遺弟(ゆいてい) 유제. 스승 사후에 남은 제
遺詔(いしょう) 유조. 임금의 유언.
遺族(いぞく) 유족. 유가족.
∥~**給付**(きゅうふ) 〖法〗 유족 급부.
~**補償**(ほしょう) 〖法〗 유족 보상.
~**年金**(ねんきん) 〖法〗 유족 연금.
遺存(いそん) 〖雅〗 유존. 남아 있음. 잔존.
遺珠(いしゅ) 유주. ①줍지 않은 채 내버려져 있는 구슬. ②아직 알려지지 않은 걸작의 글.
遺贈(いぞう) 유증.　　　　　　　「문.
遺旨(いし) 유지. 고인(故人)의 생전 생각.
遺址(いし) 유지. 옛터.
遺志(いし) 유지.
遺策(いさく) 유책. ①결함이 있는 계책. ②고인(故人)이 남긴 계책.
遺体(いたい) 유체. 시체.
遺稿(いこう) 유고. 유고(遺稿).　　　「함.
遺嘱(いしょく) 유촉. 죽은 뒤의 일을 부탁
遺勅(いちょく) 유칙. 천자〔황제〕가 생전에 남긴 명령.
遺託(いたく) 유탁. 죽기 직전에 남긴 부탁.

遺脱(いだつ) 유탈. 빠짐.
遺沢(いたく) 유택. 사후까지 미치는 혜택.
遺篇(いへん) ⇨ 遺編(いへん).
遺編(いへん) 유편. 고인(故人)의 문집.
遺票(いひょう) 유표.
遺品(いひん) ①유품. ②분실물.
遺風(いふう) 유풍.
遺筆(いひつ) 유필.
遺恨(いこん) 유한.
遺骸(いがい) 유해. 유체(遺體). ＊ゆいがい로도 읽음.　　　　　　　　　　「인재.
遺賢(いけん) 유현. 민간에 남아 있는 유능한
遺形(ゆいぎょう) 유형. ①유해. ②〖佛〗 불사리의 딴이름.
遺訓(いくん) 유훈. ＊ゆいくん으로도 읽음.
遺薫(いくん) 유훈. 남아 있는 향기.

15 米	糅	섞을 유・잡곡밥 유 ジュウ まじえる・まじる・ かてる

音読
糅然(じゅうぜん) 여러 가지가 뒤섞여 있는 모양. 잡연(雜然).

訓読
糅(かて) ①쌀밥에 밥밑을 둠. 또, 그 밥밑. ②糅飯(かてめし)의 준말. 잡곡밥.
糅てて加えて(かててくわえて) 설상가상으로. 게다가. 그 위에.
糅飯(かてめし) 잡곡(을 섞은) 밥.

16 イ 常	儒	선비 유・유교 유 ジュ

音読
儒(じゅ) 유. ①유학자. ②유학. 유교.
儒家(じゅか) 유가. 유학자 (집안).
儒艮(じゅごん) 〖動〗 듀공.
儒官(じゅかん) 유관. 옛날에, 유학으로 벼슬
儒教(じゅきょう) 유교.　　　　　「한 사람.
儒道(じゅどう) 유도. ①유교의 도(道). ②유교와 도교(道教).
儒林(じゅりん) 유림. 유학자들.
儒墨(じゅぼく) 유묵. 유교와 묵자(墨子)의 도(道).
儒門(じゅもん) 유문. ①유생(儒生)의 집. ②유생들의 무리.
儒服(じゅふく) 유복. 유생들이 입는 의복.
儒仏(じゅぶつ) 유불. 유교와 불교.
儒生(じゅせい) 유생.
儒書(じゅしょ) 유서. 유학 서적.　　　「하.
儒臣(じゅしん) 유신. 유학에 조예가 깊은 신
儒医(じゅい) 유의. 의유(醫儒).
儒者(じゅしゃ) ①유자. 유학자. ②江戸幕府(えどばくふ)의 직명의 하나. 경서・문자를 관장하던 사람.　　　　　　　　　「식.
儒葬(じゅそう) 유장. 유교 의식에 의한 장례

儒祭(じゅさい) 유제. 유교 의식에 따른 조상에 대한 제사.
儒学(じゅがく) 유학.

| 16 言 常 | 諭 (諭) | 깨우칠 유·비유할 유
ユ
さとす |

音読▶
諭告(ゆこく) 유고. 타이름. 또, 그 말.
諭教(ゆきょう) 유교. 타이르고 가르침.
諭説(ゆせつ) 유설(説諭). 말로 타이름.
諭示(ゆし) 유시.
諭旨(ゆし) 유지. 취지를 깨우쳐 타이름.
‖～免職(めんしょく) 권고 사직.
訓読▶
❖**諭す**(さとす) 잘 타이르다. 깨우치다. 교도하다.
諭し(さとし) 설유(説諭). 타이름.

| 16 言 | 諛 | 아첨할 유
ユ
へつらう |

音読▶
諛言(ゆげん) 유언. 아첨하는 말.
諛臣(ゆしん) 주군에게 아첨하는 신하.

| 16 足 | 蹂 | 밟을 유
ジュウ
ふむ・ふみにじる |

音読▶
蹂躙(じゅうりん) 유린.
蹂躪(じゅうりん) ⇨ 蹂躙(じゅうりん).

| 16 足 | 踰 | 넘을 유
ユ
こえる |

音読▶
踰年(ゆねん) 유년. 해를 넘겨 이듬해가 됨.
踰月(ゆげつ) 유월. 달을 넘기는 일. 다음 달이 되는 일.
踰越(ゆえつ) 유월. 본분을 넘어섬.

| 17 女 | 嫗 | 아내 유
ジュ
つま |

訓読▶
嫗屋(つまや) 부부의 침실.

| 17 子 | 孺 | 젖먹이 유·어린애 유
ジュ
おさない・ちのみご |

音読▶
孺子(じゅし) 유자. 수자(竪子). 풋내기.

| 17 氵 | 濡 | 적실 유·젖을 유
ジュ
ぬれる・ぬらす |

音読▶
濡滞(じゅたい) 유체. 막히고 걸림. 지체.
訓読▶
濡らす(ぬらす) 적시다.
❖**濡れる**(ぬれる) ①젖다. ②〈俗〉(남녀가) 정을 통하다. 정사를 하다.
濡れ(ぬれ) ①젖음. ②정사(情事).
濡れそぼつ(ぬれそぼつ) 〈雅〉물방울이 떨어지도록 흠뻑 젖다.
濡れ掛かる(ぬれかかる) ①젖기 시작하다. ②정사(情事)를 하기 시작하다.
濡れ雫(ぬれしずく) 물방울이 뚝뚝 떨어질 정도로 흠뻑 젖은 것.
濡れ文(ぬれぶみ) 연애 편지.
濡れ物(ぬれもの) ①물이 나서 소방수(消防水)에 젖은 물건. ②마르지 않은 세탁물.
濡れ髪(ぬれがみ) 감아서 젖은 머리. 금방 감은 머리.
濡れ坊主(ぬれぼうず) 여색을 밝히는 중.
濡れ仏(ぬれぼとけ) 옥외에 안치된 불상.
濡れ事(ぬれごと) ①연극에서의 러브신. ②정사(情事).
‖～師(し) 정사의 연기를 하는 배우. 전하여, 정사에 능한 사람. 호색가.
濡れ色(ぬれいろ) 물에 젖은 것 같은 색깔. 젖은 것처럼 윤이 나는 색.
濡れ鼠(ぬれねずみ) 물에 빠진 생쥐. 전하여, 입은 옷이 흠뻑 젖은 모습.
濡れ雪(ぬれゆき) 수분이 많은 눈.
濡れ手(ぬれて) 젖은 손. 물손.
～**で粟**(あわ) 젖은 손으로 좁쌀을 움켜쥔다는 뜻으로, 불로 소득에 비유한 말.
濡れしょぼ垂れる(ぬれしょぼたれる) 흠뻑 젖다.
濡れ身(ぬれみ) 젖은 몸.
濡れ縁(ぬれえん) (눈·비를 직접 맞는) 덧문 밖의 툇마루.
濡れ燕(ぬれつばめ) ①비에 젖은 제비. ②빗속을 나는 제비의 모양을 본뜬 무늬.
濡れ羽色(ぬればいろ) 물에 젖은 까마귀의 깃털처럼 윤기 있는 색.
濡れ衣(ぬれぎぬ) 억울한 죄. 누명(陋名).
濡れ者(ぬれもの) ①호색한. 바람둥이. ②미인. 남자의 마음을 들뜨게 하는 여자.
濡れ場(ぬれば) ①연극에서 정사(情事)를 연기하는 장면. ②정사 장면.
濡れ紙(ぬれがみ) 물에 젖은 종이.
濡れ通る(ぬれとおる) 옷 속까지 젖다. 흠뻑 젖다.
濡れ話(ぬればなし) 음담. 음탕한 이야기.
しょぼ濡れる(しょぼぬれる) 비에 촉촉이 젖다.
ずぶ濡れ(ずぶぬれ) 몸·옷 따위가 흠뻑 젖음.
びしょ濡れ(びしょぬれ) 흠뻑 젖음.

濡つ(そぼつ) ① 촉촉이 젖다. ② (비 따위가) 촉촉이 내리다.

17 金	鍮	놋쇠 유 チュウ

音読
鍮石(ちゅうじゃく) 유석. 놋쇠의 딴이름.

17 魚	鮪	다랑어 유 イ・ユウ まぐろ

訓読
鮪 ㈠(まぐろ)〚魚〛다랑어.
㈡(しび)〚魚〛① 큰 다랑어. ②〈方〉'キハダマグロ(=황다랑어)'의 딴이름.

其他
鮪節(しびぶし) 다랑어로 'かつおぶし'처럼 만든 식품.

18 广 常	癒(癒)	나을 유 ユ いえる・いやす

音読
癒着(ゆちゃく) 유착.
癒合(ゆごう)〚醫〛유합. 아묾.

訓読
癒える(いえる)〈雅〉병이 낫다. (상처가) 아물다. 치유되다.
癒す(いやす)〈雅〉(상처・병 따위를) 고치다.

18 革	鞣	가죽 유・무두질할 유 ジュウ なめしがわ・なめす

訓読
❖鞣す(なめす) (가죽 따위를) 다루다. 무두질하다. 「한 가죽.
鞣革(なめしがわ) 유피. 다룸 가죽. 무두질

18 鼠	鼬	족제비 유 ユウ いたち

訓読
鼬(いたち)〚動〛족제비.
鼬ごっこ(いたちごっこ) 다람쥐 쳇바퀴 돌리기. (쌍방이 밤낮 제자리를 맴돌아) 조금도 진전이 없음.

19 衤	襦	속옷 유 ジュ はだぎ

音読
襦袢(じゅばん) 일본 옷의 속옷. ＊ジバン이라고도 함.

육

6 肉 教	肉(肉)	살 육 ニク しし

音読
肉 ㈠(にく) ① 살. ② 부피. 두께. ③ 인주.
㈡(しし)〈雅〉(짐승의) 고기. 「(印朱).
肉感(にっかん) 육감. ＊にくかん으로도 읽음. ♣~的(てき) 육감적.
肉界(にっかい) 육계. 육체의 세계. ＊にくかい로도 읽음.
肉桂(にっけい)〚植〛육계. 계수나무.
肉髻(にくけい)〚佛〛육계. ＊にっけい로도 읽음.
肉鍋(にくなべ) ① 전골 (냄비). ② 왜전골.
肉塊(にっかい) ① 육체. 인간의 몸. ② 고깃덩이(살찐 사람을 놓으로도 이름). ＊にくかい로도 읽음.
肉交(にっこう) 육교. 성교. ＊にっこう로도 읽음. 「인 국수.
肉南蛮(にくなんばん) 고기와 파를 넣어 끓
肉袒(にくたん)〚史〛육단. 옛 중국에서 사죄・항복의 뜻으로 상체의 일부를 드러내던 일. 「로도 읽음.
肉豆蔲(にくずく)〚植〛육두구. ＊ししずく
肉類(にくるい) 육류.
肉離れ(にくばなれ) 근육 또는 근섬유가 급격히 수축되어 끊어짐.
肉林(にくりん) 육림.
肉饅(にくまん) '肉饅頭(にくまんじゅう)(=고기 만두)'의 준말.
肉迫(にくはく) ⇨ 肉薄(にくはく).
肉薄(にくはく) 육박. ① 바짝 다가섬. ② 따지고 듦. ♣~戦(せん) 육박전.
肉付き(にくづき) 육기(肉氣). 살집. 살이 찐 정도. ＊ししつき로도 읽음.
肉付く(にくづく) 살이 붙다. 살찌다.
肉付け(にくづけ) 살붙이기. 「가루.
肉粉(にくふん) 육분. 비료・사료용의 고깃
肉山脯林(にくさんほりん) 육산 포림.
肉色(にくいろ) ① 살빛. 살색. ② 고기 빛깔.
肉声(にくせい) 육성.
肉細(にくぼそ) 글씨 획이(체가) 가늚.
肉垂れ(にくだれ) 육수. 닭 따위 조류의 수컷의 목 옆쪽에 늘어져 있는 육질 융기.
肉穗花序(にくすいかじょ)〚植〛육수 화
肉蠅(にくばえ)〚蟲〛쉬파리. 「서.
肉食 ㈠(にくじき) 육식. 사람이 새・짐승의 고기를 먹음.
‖~妻帯(さいたい)〚佛〛육식 처대. 중이

고기를 먹고 아내를 거느림.
㊂(にくしょく) 육식. ☞㊀. ②짐승이 다른 짐승의 고기를 먹음.
∥~動物(どうぶつ) 육식 동물.
肉身(にくしん) 육신.
肉芽(にくが) 육아. ①〖植〗주아(珠芽). ② 肉芽組織의 준말.
∥~組織(そしき) 〖生〗육아 조직.
肉眼 ㊀(にくがん) 육안. 맨눈.
㊁(にくげん) 〖佛〗육안. 오안(五眼)의 하나. 육체에 갖춰져 있는 보통의 눈.
肉縁(にくえん) 육친의 관계. 혈연.
肉屋(にくや) 고깃간. 푸주.
肉欲(にくよく) 육욕.
肉慾(にくよく) ⇨ 肉欲(にくよく).
肉用(にくよう) 육용. ♣~種(しゅ) 육용종.
肉牛(にくぎゅう) 육우.
肉月(にくづき) 한자 부수의 하나: 육달월.
肉襦袢(にくじゅばん) 살색의 타이츠.
肉入れ(にくいれ) 인주[인육]갑. 인주통.
肉刺し(にくさし) 포크.
肉障(にくしょう) 〖史〗육장. 많은 기녀들 둘러세워 바람과 추위를 막음. 육병풍.
肉的(にくてき) 육적. 육체적. 육욕적.
肉切り(にくきり) ①식용육을 벤. ②肉切り包丁의 준말.
∥~包丁(ぼうちょう) 식용육 따위를 베어 내는 데 쓰는 식칼.
肉情(にくじょう) 육정. 육욕(肉慾).
肉腫(にくしゅ) 〖醫〗육종. 악성 종양.
肉柱(にくちゅう) 〖貝〗조개관자.
肉汁(にくじゅう) 육즙. ①쇠고기 액즙. ②
肉池(にくち) 인주[인육]갑. 인주통.   「육수.
肉質(にくしつ) 육질.
肉叉(にくさ) ☞肉刺し(にくさし).
肉体(にくたい) 육체. ♣~美(び) 육체미/~的(てき) 육체적.
∥~関係(かんけい) 육체 관계.
~労働(ろうどう) 육체 노동.
~文学(ぶんがく) 육체 문학.
肉親(にくしん) 육친.   「전.
肉弾(にくだん) 육탄. ♣~戦(せん) 육탄
肉太(にくぶと) 글씨 획이[세가] 굵음.
肉片(にくへん) 육편. 고깃조각.
肉布団(にくぶとん) 육포단. 동침하는 여인을 이부자리로 비유한 말.
肉筆(にくひつ) 육필.
肉刑(にくけい) 〖史〗육형. 육체에 과하던 형벌《묵(墨)·의(劓)·비(剕)·궁(宮)·대벽(大辟) 따위》. *にっけい로도 읽음.   「좋음.
肉厚(にくあつ) 육후. 살이 두꺼움. 살집이
ばら肉(ばらにく) 소·돼지 따위의 갈비에 붙은 고기. 안심. 삼겹살.

[訓読]
肉醤(ししびしお) 육장. 육포를 잘게 썰어서 소금과 누룩을 넣고 젓갈처럼 담근 것.
肉叢(ししむら) 고깃덩어리. 살덩이.
肉置き(ししおき) 〈老〉살거리. 살집.

[其他]
肉刺(まめ) (콩알 같은) 물집.

| 7宀 | 宍 | 고기 육
ニク
しし |

[参考] 肉의 異體字.

[訓読]
宍(しし) 〈雅〉 (짐승의) 고기.

| 8月
[教] | 育 | 기를 육
イク
そだつ·そだてる·はぐくむ |

[音読]
育林(いくりん) 육림.
育毛(いくもう) 육모. ♣~剤(ざい) 육모제.
育苗(いくびょう) 육묘.
育成(いくせい) 육성.
育児(いくじ) 육아. ♣~嚢(のう) 육아낭.
∥~休暇(きゅうか) 육아 휴가. ♣~制(せい) 육아 휴가제.
育養(いくよう) 육양. 양육.
育英(いくえい) 육영. ♣~会(かい) 육영회.
∥~事業(じぎょう) 육영 사업.
育蚕(いくさん) 양잠. 누에를 침.
育種(いくしゅ) 육종.
育雛(いくすう) 육추.

[訓読]
育む(はぐくむ) 기르다. 키우다. 양육하다.
❖育つ(そだつ) ①자라다. 성장하다. ②〈文〉 ☞育てる(そだてる)
育ち(そだち) ①성장. ②육성의 방식. 성장기의 환경·교육 따위. ③〖接尾語로〗…에서 [으로] 자랐음[자란 사람].
∥~柄(がら) ①성장[양육] 과정. ② 혈통.
~盛り(ざかり) (어린이의 몸이) 한창 자라는 시기.
❖育てる(そだてる) 양육[육성]하다. 키우다. 기르다.
育て(そだて) 양육. 육성(育成).
育て上げる(そだてあげる) 길러 내다.
育ての親(そだてのおや) ①기른 부모. 양부모. ②사물의 발전에 힘쓴 사람.

윤

| 4儿
[人] | 允 | 승낙할 윤
イン
ゆるす·まこと |

[音読]
允可(いんか) 윤가. 윤허. 들어줌. 허가함.
允許(いんきょ) 윤허. 허락.
允許状(いんきょじょう) 윤허장.

9月 人	胤	자손 윤 イン たね

音読
胤裔(いんえい) 윤예. 혈통을 이은 자손.

訓読
胤(たね) 자식. 자손.
胤変わり(たねがわり) ① 씨 다른 형제 자매. ② 유전 법칙에 의해서 식물의 변종을 냄. 또, 그 변종.
胤違い(たねちがい) 씨 다른 형제 자매.

12門	閏	윤 윤 ジュン うるう

音読
閏余(じゅんよ) 윤여.
閏統(じゅんとう) 윤통. 정통이 아닌 天皇(てんのう)의 후예.

訓読
閏(うるう) 윤. 「읽음.
閏年(うるうどし) 윤년. *じゅんねんで으로도
閏月(うるうづき) 윤달. *じゅんげつ으로도 읽
閏日(うるうび) 윤일. 음.
閏秒(うるうびょう) 윤초.

15 氵 常	潤	윤택하게할 윤 ジュン　うるおう・ うるおす・うるむ・ふや ける・ほとびる

音読
潤色(じゅんしょく) 윤색.
潤沢(じゅんたく) 윤택. ① 광택. 윤. ② 이윤. ③ 풍족스러운 모양.
潤筆(じゅんぴつ) 윤필. 글씨를 쓰거나 그림을 그림. ♣~料(りょう) 윤필료. 휘호료.
潤滑(じゅんかつ) 윤활. ♣~油(ゆ) 윤활유 / ~剤(ざい) 윤활제.

訓読
潤かす(ふやかす) (물에 담가서) 붇게 하다. 불리다.
潤ける(ふやける) ①(물에) 붇다. *うるけるとも읽음. ② 게으러지다. 축 늘어지다. 깔끔하지 못하게 되다.
潤す(うるおす) ① 축축하게 하다. 적시다. ② 혜택[이익]을 주다. 「해지다.
潤びる(ほとびる) (물에) 붇다. 불어서 물렁
潤わす(うるおす) ① 습기를 띠게 하다. ② 혜택[이익]을 얻게 하다.
潤目(うるめ)〚魚〛☞ 潤目鰯(うるめいわし).
‖~鰯(いわし)〚魚〛눈물멸.
❖潤う(うるおう) ① 습기가 차다. ② 혜택[이익]을 입다.
潤い(うるおい) ① (알맞은) 습기. ② 정취. 정서. ③ 혜택.

❖潤む(うるむ) ① 물기를 띠다. 물기가 어려 흐릿해지다. ② 울먹이다. 「함.
潤み(うるみ) ① 습기가 참. ② 색깔이 희끄
‖~色(いろ) 물기를 머금은 색.
~声(ごえ) 울음을 터뜨릴 듯한 목소리.

율

6聿	聿	붓 율 イツ

其他
聿(ふでづくり) 한자 부수의 하나: 붓율부.
*ふでつくりとも 읽음.

융

6戈	戎	오랑캐 융 ジュウ えびす

音読
戎羯(じゅうけつ) 융갈. 오랑캐.
戎具(じゅうぐ) 융구. 무기.
戎国(じゅうこく) 융국. 야만의 나라.
戎器(じゅうき) 융기. 병장기(兵仗器). 병기(兵器).
戎服(じゅうふく) 융복. (전시에 입는) 군
戎衣(じゅうい) 융의. 군복.
戎夷(じゅうい) 융이. 미개한 오랑캐.
戎狄(じゅうてき) 융적. 오랑캐. 미개인 또는 미개한 나라.
戎翟(じゅうてき) ⇨ 戎狄(じゅうてき).

訓読
戎(えびす) ① 아이누족. ② 오랑캐. 미개인. ③ 거친 사람. (関東(かんとう)지방의) 사나운 무사.

其他
戎克(ジャンク) 정크. 중국의 소형 범선.

12糸	絨	융 융 ジュウ

音読
絨緞(じゅうたん) 융단.
‖~爆撃(ばくげき) 융단 폭격.
絨毯(じゅうたん) ⇨ 絨緞(じゅうたん).
絨毛(じゅうもう) 융모. ①〚生〛(작은 창자의) 융털 (돌기). ②〚植〛융모. 융털.
‖~穿刺(せんし)〚醫〛융모 천자.
絨衣(じゅうい) 융의. 나사(羅紗)로 만든 옷.
絨氈(じゅうたん) ⇨ 絨緞(じゅうたん).

融・恩・殷・隠

| 16 高 常 | 融 | 통할 융·녹을 융
ユウ
とおる・とかす・とける |

音読

融氷(ゆうひょう) 얼음이 녹는 일.
融雪(ゆうせつ) 눈이 녹음. 녹은 눈.
融然(ゆうぜん) 마음이 부드럽고 여유 있는
融融(ゆうゆう) 모양.
融資(ゆうし) 융자.
融点(ゆうてん)〖理〗융점. 녹는점.
融剤(ゆうざい) 융제.
融通(ゆうずう) 융통. ＊ゆずうろも 읽음.
　♣ ～物(ぶつ) 융통물 / ～性(せい) 융통성.
　∥～無礙(むげ) 융통 무애.
　～手形(てがた)〖經〗융통 어음.
　～証券(しょうけん) 융통 증권.
融合(ゆうごう) 융합.
　∥～反応(はんのう)〖化〗융합 반응.
融解(ゆうかい) 융해. ♣ ～熱(ねつ)〖理〗
　융해열 / ～点(てん)〖理〗융해점.
融化(ゆうか) 융화.
融和(ゆうわ) 융화.
融会(ゆうかい) 융회. ① 녹아서 하나로 됨.
　② 자연히 이해됨.

訓読

融かす(とかす) (눈 따위를) 녹이다.
❖**融ける**(とける) 녹다. 용해하다.
融け込む(とけこむ) ① 용해하다. ② 융화하
　다. 동화하다.
融け合う(とけあう) 융합(溶合)하다. 녹아
　서 하나로 섞이다.

은

| 10 心 教 | 恩 | 은혜 은
オン
めぐみ |

音読

恩(おん) 은혜.
恩顧(おんこ) 은고. 「금(年金).
恩給(おんきゅう) (구법에서, 공무원의) 연
恩徳(おんとく) 은덕. 「음.
恩免(おんめん) 은면. 온정으로 죄를 용서함
恩命(おんめい) 은명. 고마우신 분부. 고마
　운 말씀.
恩返し(おんがえし) 은혜를 갚음. 보은.
恩師(おんし) 은사.
恩赦(おんしゃ) 은사. 특별 사면.
恩賜(おんし) 은사. 天皇(てんのう)로부터
　받음. 또, 그 물건. 하사(下賜).
　∥～賞(しょう) 황실의 하사금에 의하여 예
　술원상・학술원상 수상자 중 우수한 자에게 주
　는 상.
恩賞(おんしょう) 은상. 군주가 주는 상.
恩讐(おんしゅう) 은수. 은혜와 원수.
恩顔(おんがん) 은안. 인정 많은 얼굴(보통
　주군(主君)의 얼굴을 이름).
恩愛(おんあい) 은애. ① 자비를 베풀고 사랑
　함. ② 부모와 자식・부부간의 애정. ＊おんな
　いろも 읽음.
恩容(おんよう) 은용. 자애로운 태도・용모.
恩遇(おんぐう) 은우. 고마운 대우.
恩怨(おんえん) 은원. 은혜와 원한.
恩威(おんい) 은위. 은혜와 위력.
恩義(おんぎ) 은의.
恩誼(おんぎ) 은의.
恩人(おんじん) 은인.
恩典(おんてん) 은전. 혜택.
恩情(おんじょう) 은정. 은애(恩愛)의 마음.
恩知らず(おんしらず) 배은망덕함. 또, 그
　런 사람.
恩借(おんしゃく) (금품을) 정리(情理)로써
　빌려 씀. 또, 그 금품.
恩着せがましい(おんきせがましい) 자못 은
　혜라도 베푸는(생색을 내려는) 듯이 굴다.
恩寵(おんちょう) 은총.
恩沢(おんたく) 은택. 은혜.
恩恵(おんけい) 은혜. 「기간.
　∥～期間(きかん)〖法〗(출항 허가의) 은혜
　～日(び)〖法〗은혜일. (어음이나 수표의)
　지급 유예 기간(일).

| 10 殳 | 殷 | 성할 은·클 은
イン・アン
さかん・ねんごろ・
あかい |

音読

殷(いん)〖史〗은. 중국의 은나라.
殷鑑(いんかん) 은감. 거울삼아 경계해야 할
　전례(前例).
殷勤(いんぎん) 은근. ① 태도가 겸손하고 정
　중함. ② 친밀한 교분. ③ 남녀의 정.
　∥～無礼(ぶれい) 은근 무례. 은근하게 건방
　짐.　　　　　　　　　　　　　　「한 모양.
殷富(いんぷ) 은부. 은성(殷盛)하고 부(富)
殷盛(いんせい) 은성.
殷然(いんぜん) ① 기세가 대단한 모양. ②
　소리가 멀리까지 울려 퍼지는 모양.
殷殷(いんいん) 은은.
殷賑(いんしん) 은성. 은성(殷盛).
殷墟(いんきょ)〖史〗은허. 중국 허난(河南)
　성에 있는 은나라 유적.
　∥～文字(もじ)〖史〗은허 문자. 갑골 문자.

| 14 阝 常 | 隠 (隱) | 숨을 은·숨길 은
イン・オン
かくす・かくれる・
こもる |

音読

隠居(いんきょ) ① 은거. 은퇴하여 한가하게
　삶. 또, 그 사람. ② 노인.

隠見(いんけん) 은현. 보였다 안 보였다 함.
隠君子(いんくんし) 은군자. ①속세를 떠나 은거하는 군자. ②《植》국화의 딴이름.
隠匿(いんとく) 은닉. ♣~罪(ざい) 은닉죄.
∥~行為(こうい) 은닉 행위.
隠頭花序(いんとうかじょ)《植》은두 화서. 은두꽃차례.
隠遁(いんとん) 은둔.
隠淪(いんりん) 은륜. ①물건이 가라앉아 보이지 않음. ②세상을 피해 숨음. 또, 그 사람.
隠亡(おんぼう)〈卑〉(화장터에서) 시체 화장을 직업으로 하는 사람.
隠滅(いんめつ) 은멸.
隠謀(いんぼう) 은모. 음모.
隠微(いんび) 은미.
隠密(おんみつ) ①은밀. ②간자(間者). 첩자.
隠坊(おんぼう) ⇨ 隠亡(おんぼう).
隠伏(いんぷく) 은복. ①숨어 엎드림. ②보이지 않도록 숨기는 일.
隠士(いんし) 은사. 은자(隠者).
隠事(いんじ) 은사. ①비밀한 일. ②숨기는 일.
隠栖(いんせい) ⇨ 隠棲(いんせい).
隠棲(いんせい) 은서.
隠所(いんじょ) ①세속을 떠나 숨어 사는 곳. ②변소. ③신체의 숨겨야 할 부분.
隠悪(いんあく) 은악. 드러내지 아니한 악한 일.
隠語(いんご) 은어.
隠然(いんぜん) 은연.
隠映(いんえい) 은영. 은은하게 서로 비침.
隠元(いんげん) 隠元豆의 준말.
∥~豆(まめ)《植》강낭콩.
隠喩(いんゆ) 은유.
隠隠(いんいん) 은은. ①겉으로 드러나 아니하고 아슴푸레하고 흐릿한 모양. ②먼 데서 울리는 소리가 아득하여 똑똑하지 않은 모양.
隠忍(いんにん) 은인.
∥~自重(じちょう) 은인자중. 「벗어남.
隠逸(いんいつ) 은일. 속세의 번거로움에서
隠者(いんじゃ) 은자. 은사(隠士).
∥~文学(ぶんがく) 은자가 쓴 문학《方丈記(ほうじょうき)·徒然草(つれづれぐさ) 등》.
隠処(いんじょ) ⇨ 隠所(いんじょ).
隠宅(いんたく) 은택. ①은거하는 처소. ②숨어 사는 집.
隠退(いんたい) 은퇴.
隠退蔵(いんたいぞう) 은퇴장. 은닉하거나 퇴장하는.
隠蔽(いんぺい) 은폐. ♣~色(しょく) 은폐색.
隠避(いんぴ) 은피.
隠閑(いんかん) 속세를 피해 조용히 사는 일.
隠見(いんけん) ⇨ 隠見(いんけん).
∥~インク 은현 잉크. 「꽃식물.
隠花植物(いんかしょくぶつ) 은화 식물. 민

訓読➡
隠り世(かくりよ) 황천. 저승.
❖隠す(かくす) 감추다. 숨기다.
隠し(かくし) ①숨김. ②〈老〉주머니.
隠しおおせる(かくしおおせる) 끝까지 드러내지 않다.
隠しマイク(かくしマイク) 비밀 마이크. 상대방에게 눈치 채이지 않고 이야기를 녹음하기 위한 마이크로폰.
隠し構え(かくしがまえ) 한자 부수의 하나: 터진에운담.　　　　　　　　　　「숨김.
隠し立て(かくしだて) 어디까지나 (일부러)
隠し味(かくしあじ) 특정한 조미료를 아주 조금 넣어 맛을 내는 일. 또, 그 조미료.
隠し縫い(かくしぬい) 공그르기.
隠し夫(かくしづま) 숨겨 둔 애인. 정부(情
隠し事(かくしごと) 비밀 (사항). 　　└夫)
隠し所(かくしどころ) ①물건을 숨길 장소. ②음부(陰部).
隠し言葉(かくしことば) 은어(隠語).
隠し芸(かくしげい) 여기(餘技). 남이 모르는 재주나 솜씨.
隠し子(かくしご) 사생아.
隠し田(かくしだ) 조세를 물지 않으려고 관청 몰래 부치는 논.
隠し釘(かくしくぎ) 은정(隠釘). 은혈못.
隠し題(かくしだい) 和歌(わか)·俳諧(はいかい) 등에서 제목이 된 물건 이름을 드러내지 않고 노래 속에 읊는 일.
隠し妻(かくしづま) ①남몰래 결혼한 아내. ②정부(情婦). 첩.
隠し撮り(かくしどり) 몰래 카메라. 상대방이 모르게 촬영함.
隠し絵(かくしえ) 숨은 그림.
❖隠る(こもる) ①들어박히다. ②(기체 따위가) 가득 차다.
隠り(こもり) ①숨어서〔가리어〕나타나지 않음. ②신불에 기원하기 위해 신사나 절에 일정 기간 머묾.
隠り江(こもりえ)〈古〉갈대 따위에 가리어 보이지 않는 후미.
隠り沼(こもりぬ) 풀이 우거져 가려진 늪.
隠り処(こもりど) 사람 눈에 띄지 않는 가려진 곳.
❖隠れる(かくれる) ①숨다. 은둔하다. ②(고귀한 분이) 죽다.
隠れ(かくれ) 숨음.　　　　　　　　「는 집.
隠れ家(かくれが) (세상을 등지고) 숨어 사
隠れ道(かくれみち) 샛길.
隠れ里(かくれざと) ①(세상을 등지고) 숨어 사는 마을. ②벽촌. ③무허가 유곽.
隠れ笠(かくれがさ) 쓰면 몸을 숨길 수 있다는 상상의 삿갓.　　　　　　　「공연히.
隠れも無い(かくれもない) 널리 알려진. 공
隠れん坊(かくれんぼう) 숨바꼭질.
隠れ肥満(かくれひまん) 겉으로 보기에는 야윈 듯하나 실제로는 몸 지방이 많고 근육이나 뼈가 적은 것.
隠れ蓑(かくれみの) ①입으면 보이지 않는다는 상상의 도롱이. ②실체를 숨기기 위한 표면상의 수단.
隠れ岩(かくれいわ) 암초.
隠れ遊び(かくれあそび) ①숨바꼭질. ②(어

른 모르게) 몰래 유흥함.
隱れ場(かくれば) 은신처.
隱れ切支丹(かくれキリシタン) 江戸幕府(えどばくふ)의 기독교 금제하에 몰래 신앙을 지킨 기독교도.
隱れ借金(かくれしゃっきん) 장부 조작으로 표면에 드러나지 않은 차용액.
隱れ処(かくれが) 은신처.
〔其他〕
隱岐(おき)〖地〗옛 지방 이름. 지금의 隱岐섬.
隱翅虫(はねかくし)〖蟲〗반날개.

14 心	慇	은근할 은 イン ねんごろ

〔音読〕
慇懃(いんぎん) 은근. ① 태도가 겸손하고 정중함. ② 친밀한 교분. ③ 남녀의 정.

14 金 ⑳	銀	은 은 ギン しろがね

〔音読〕
銀 ㊀(ぎん) ① 은. ②'銀賞(ぎんしょう)(=은상)' '銀メダル(=은메달)'의 준말.
㊁(しろがね)〈雅〉① ☞㊀①. ② 은빛. ③ 은화(銀貨).
‖**~師**(し) 은세공을 하는 사람.
~造り(づくり) 은으로 꾸미거나 만듦.
銀ぶら(ぎんぶら)〈俗〉東京(とうきょう)의 번화가인 銀座(ぎんざ) 거리를 산책하는 일.
銀閣(ぎんかく) 은각. 은으로 장식한 아름다운 누각(樓閣).
銀坑(ぎんこう) 은갱. 은을 채굴하는 광갱.
銀遣い(ぎんづかい) 江戸(えど) 시대에, 은화폐를 주체로 상거래가 행해지는 상태.
銀経(ぎんけい)〖天〗은경.
銀鏡 ㊀(ぎんきょう) 은경. 은거울.
㊁(ぎんかがみ)〖魚〗배불뚝치.
銀鶏(ぎんけい) 은계.
銀光(ぎんこう) 은빛.
銀鉱(ぎんこう) 은광. 은 식기.
銀塊(ぎんかい) 은괴. (정제한) 은덩이.
銀鮫(ぎんざめ)〖魚〗은상어.
銀鉤(ぎんこう) 은구. ① 은으로 된 갈고리. ② 능란한 필적.
銀券(ぎんけん) 은권. 은화와 바꿀 수 있는 지폐.
銀筋(ぎんすじ) 은빛의 선. 줄.
銀金具(ぎんかなぐ) 은제 쇠장식.
銀器(ぎんき) 은기. 은제 식기.
銀鐺(ぎんこじり) 은이나 은빛 금속으로 장식한 칼집의 끝.
銀台(ぎんだい) ① 은을 지금(地金)으로 해서 세공한 것. ② 은으로 장식한 고루(高樓).
銀鍍金(ぎんめっき) 은도금.
銀蘭(ぎんらん)〖植〗은난초.

銀襴(ぎんらん) 은실을 씨실로 하여 무늬를 놓은 화려한 비단의 일종.
銀簾(ぎんすだれ) 가느다란 유리 막대를 마사(麻絲)로 발처럼 엮은 것《주방용》.
銀鈴(ぎんれい) 은령. 은방울.‖나는 산.
銀嶺(ぎんれい) 은령. 눈이 덮여 은색으로 빛
銀竜草(ぎんりょうそう)〖植〗수정란풀.
銀縷(ぎんる) 은실. 은빛 실.
銀流し(ぎんながし) 속 빈 강정. 굴퉁이.
銀輪(ぎんりん) 은륜. ① 자전거 등의 은빛 나는 바퀴. ② 자전거의 미칭.
銀鱗(ぎんりん) 은린. ① 은빛 비늘. ② 살아 있는 물고기의 미칭.
銀幕(ぎんまく) 은막. 스크린. 영화(계).
銀煤竹(ぎんすすだけ) 염색한 빛깔의 하나. 대나무가 그을은 듯한 검붉은 빛깔에 은색을 가미한 색.
銀梅草(ぎんばいそう)〖植〗금매화.
銀脈(ぎんみゃく) 은맥.‖명목.
銀目(ぎんめ) 은 또는 은화를 달 때의 단위의
銀木犀(ぎんもくせい)〖植〗박달목서.
銀無垢(ぎんむく)〈俗〉순은. 순은제.
銀文字(ぎんもじ) 은문자. 은빛의 문자. 은니・은박・은가루 등으로 쓴 글자.
銀箔(ぎんぱく) 은박.
銀飯(ぎんめし)〈俗〉쌀밥.
銀盤(ぎんばん) 은반.
銀髪(ぎんぱつ) 은발.
銀方(ぎんかた) 자본주. 출자인.
銀杯(ぎんぱい) 은배. 은잔.
銀盃(ぎんぱい) ⇨ 銀杯(ぎんぱい).
銀白(ぎんぱく)〖魚〗베도라치.
銀白色(ぎんはくしょく) 은백색. *ぎんばくしょくろも 읽음.‖나는 병풍.
銀屛風(ぎんびょうぶ) 은박을 한 병풍. 은빛
銀宝(ぎんぽ)〖魚〗베도라치.
銀本位(ぎんほんい) 은본위. ♣**~制**(せい) 은본위 제도.
銀粉(ぎんぷん) 은분. 은가루.
銀糸(ぎんし) 은사. 은실.‖운 모래.
銀砂(ぎんしゃ) 은사. ① 은가루. ② 희고 고
銀蛇(ぎんだ) 은사. ① 은빛 뱀. ② 흰 물결이 길게 넘실거리며 넘실.
銀舎利(ぎんしゃり) 흰쌀밥의 속어.
銀砂子(ぎんすなご) 은박 가루.
銀山(ぎんざん) 은산. 은광.
銀賞(ぎんしょう) 은상.
銀鱚(ぎんぶか)〖魚〗은상어.‖음.
銀色(ぎんいろ) 은색. *ぎんしょくろも 읽
銀生麩(ぎんしょうふ) 빛깔이 흰 기울.
銀鼠(ぎんねず) '銀鼠色(ぎんねずみいろ)'의 준말. 은빛을 띤 쥐색.
銀扇(ぎんせん) 바탕에 은박을 올린 부채.
銀線(ぎんせん) 은선. 은줄. 은으로 만든 줄.
銀雪(ぎんせつ) 은설. 은빛으로 빛나는 눈.
銀星(ぎんぼし) 일본 씨름에서 関脇(せきわき) 이하의 씨름꾼이 大関(おおぜき)에게 이기는 일.

銀世界(ぎんせかい) 은세계.
銀蠅(ぎんばえ) 금파리. 쉬파리.
銀時計(ぎんどけい) ①은시계. ②〈俗〉東京(とうきょう) 제국 대학의 우등 졸업상.
銀縁(ぎんぶち) 은테. 은제 또는 은빛의 테.
銀鍔(ぎんつば) 은 또는 은빛의 금속으로 만든 칼의 날밑.
銀魚(ぎんぎょ) 은어. 금붕어의 일종.
銀縁(ぎんぶち) 은테. 은제 또는 은빛의 테.
銀髭(ぎんぜん) 은염. 흰 턱수염. 은빛 수염.
銀葉(ぎんよう) 은을 엷게 종이처럼 늘인 것.
銀襖(ぎんぶすま) 은박을 전체에 입힌 맹장지.
銀玉(ぎんだま) ①은구슬. ②江戸(えど) 시대, '豆板銀(まめいたぎん)(=콩알 만한 은화)'의 속칭.　　　　　　　「의 단위.
銀元(ぎんげん) 은을 본위로 하는 중국 화폐
銀位(ぎんい) 은위. 은제품에 포함된 은의 순도의 등급.
銀緯(ぎんい)『天』은위.
銀翼(ぎんよく) ①은빛으로 빛나는 비행기의 날개. ②비행기.
銀子(ぎんす) ①은자. 은(銀)돈. ②옛날에 선사용(用)으로 흰 종이에 싼 三分銀(さんぶぎん).
銀作り(ぎんづくり) 은으로 만들거나 장식함. 또, 그것.
銀盞花(ぎんせんか)『植』수박풀.
銀簪(ぎんざん) 은잠. 은비녀.
銀張る(ぎんばる) 배우 얼굴에 바른 분 위에 지방이 떠올라 추해짐.
銀笛(ぎんてき) 은빛 쇠피리.
銀銭(ぎんせん) 은전. 은으로 주조한 돈.
銀箭(ぎんせん) 은화살. 은빛의 화살.
銀錠(ぎんじょう) 江戸(えど) 시대의 화폐의
銀製(ぎんせい) 은제.　　　　　　　　└하나.
銀拵え(ぎんごしらえ) 은으로 만들거나 장식함.
銀座(ぎんざ) ①江戸幕府(えどばくふ) 직할의, 은화를 만들던 관청. ②東京(とうきょう)에 있는 가장 번화한 거리.
銀主(ぎんしゅ) 은주. ①출자인. ②大名(だいみょう)에게 돈을 빌려 준 사람.
銀朱(ぎんしゅ) 은주. 안료의 하나로, 수은으로 만든 주사.
銀地(ぎんじ) 은지. 바탕에다가 은니(銀泥)나 은박을 입힌 천이나 종이.
銀紙(ぎんがみ) 은지. 은종이.
銀着せ(ぎんきせ) 은도금.
銀札(ぎんさつ) 은찰. ①은으로 만든 패. ②江戸(えど) 시대에 발행되던, 은화 대용의 지폐.
銀彩(ぎんだみ) 은채. 은니 또는 은박으로 채색함. 또, 그렇게 한 것.
銀蜻蜓(ぎんやんま)『蟲』왕잠자리.
銀燭(ぎんしょく) 은촉. ①밝은 빛을 내는 등불. ②은촛대.
銀側(ぎんがわ) ①껍데기가 은으로 된 물건. ②'銀側時計(ぎんがわどけい)(=은시계)'의
銀歯(ぎんば) 은니.　　　　　　　　└준말.

銀針(ぎんしん) 은침(銀鍼).
銀鍼(ぎんしん) ⇨ 銀針(ぎんしん).
銀秤(ぎんばかり) '金秤(きんばかり)(=금 따위의 미소량을 다는 저울)'보다 조금 큰 저
銀波(ぎんぱ) 은파.　　　　　　　　└울.
銀板写真(ぎんばんしゃしん) 은판 사진.
銀牌(ぎんぱい) 은패. 은메달.
銀河(ぎんが) 은하. ♣〜系(けい)『天』은하계 / 〜団(だん)『天』은하단.
‖〜星団(せいだん) 은하 성단.
〜赤道(せきどう) 은하 적도.
〜電波(でんぱ) 은하 전파.
〜座標(ざひょう) 은하 좌표.
〜回転(かいてん)『天』은하 회전.
銀漢(ぎんかん) 은한. 은하.
銀行(ぎんこう) 은행. ♣〜券(けん) 은행권.
‖〜検査(けんさ) 은행 검사.
〜恐慌(きょうこう) 은행 공황.
〜渡(わたり)『經』〈俗〉횡선 수표.
〜簿記(ぼき) 은행 부기.
〜手形(てがた) 은행 어음.
〜信用(しんよう) 은행 신용.
〜主義(しゅぎ) 은행주의.
〜準備金(じゅんびきん) 은행 준비금.
〜割引(わりびき) 은행 할인.
銀革(ぎんがわ) 바탕색을 은빛으로 한 가죽.
銀狐(ぎんぎつね) 은호. 검은 털에 흰 털이 박힌 여우. 또 그 모피.
銀婚式(ぎんこんしき) 은혼식.
銀貨(ぎんか) 은화.
‖〜本位制(ほんいせい) 은화 본위제.
銀環(ぎんかん) 은환. 은으로 만든 고리. 은 귀고리.
銀灰色(ぎんかいしょく) 은회색.
銀黒(ぎんぐろ) 蒔絵(まきえ) 재료의 하나. 은가루에 탄가루를 섞은 것.

[其他]
銀杏 ㊀(いちょう)『植』은행나무.
‖〜髷(まげ) 은행잎 모양으로 쪽진 島田まげ(しまだまげ).
〜頭(がしら) 江戸(えど) 시대 말기의 남자 상투의 일종〈상투 끝을 은행잎 모양으로 널브러지게 함〉.
〜返し(がえし) 여자의 속발(束髮)의 하나. 뒤꼭지에서 묶은 머리채를 좌우로 갈라, 반달 모양으로 둥글려서 은행잎 모양으로 틀어
〜形(がた) 은행잎 모양.　　　　　└붙임.
㊁(ぎんなん) 은행. 은행나무의 열매.

| 16
心 | 愁 | 억지로 은
ギン
なまじ・なまじいに |

[訓読]
愁じ(なまじ) (할 수도 없으면서) 섣불리. 어설피.
愁じい(なまじい) ☞ 愁じ(なまじ).
愁じっか(なまじっか) ☞ 愁じ(なまじ).

19 齒	齗	잇몸 은 ギン・ゴン はじし

訓読▷
齗(はじし) 잇몸. 치경(齒莖).

을

1 乙 常	乙	둘째천간 을 オツ・イツ おと・きのと

音読▷
乙 ㊀(おつ) ① 을. ㉠천간(天干)의 둘째. ㉡ (사물의) 제2위. ② 멋짐. 특이함.
㊁(おと) ① 남동생. 여동생. ② 乙子(おとご)의 준말. ③ 다음・어린・끝 따위를 나타내서 11시). *おつやれよ쓰. 「는 말.
㊂(きのと) 을. 천간의 둘째.
㊃(めり) ① 줆. 느슨해짐. ② 일본 음악에서 음조 낮춤.
乙に(おつに) 묘하게. 이상하게. 별스레.
乙りき(おつりき) 〈俗〉 좀 색달라서 좋음.
乙科(おつか) 을과. 중국에서 과거에 합격한 자의 성적의 등급. *いつかにも 읽음.
乙漏(いつろう) 텍스트(text)의 오자・탈자를 보정(補正)함.
乙榜(いつぼう) 을방. 거인(擧人)을 이름. *おつぼうらにも 함.
乙部(おつぶ) 을부. 사부(四部)의 하나. 역사・지리・관직에 관한 책.
乙夜(いつや) 을야. 이경(二更)《오후 9시에서 11시》. *おつやれよ쓰.
乙夜の覽(いつやのらん) 을야지람. 천자가 밤늦게 독서함을 이르는 말. 「변.
乙繞(おつにょう) 한자 부수의 하나: 새을
乙乙(いついつ) 하나하나. 「고도 함.
乙第(おつだい) 별저(別邸). *いっていら
乙鳥(いっちょう) 제비의 딴이름.
乙種(おつしゅ) 을종.

訓読▷
乙女(おとめ) ① 소녀. ② 처녀.
乙女さび(おとめさび) 〈雅〉 소녀답게 상냥하고 귀여운 행동.
乙女心(おとめごころ) 소녀의 예민한 마음
乙女子(おとめご) 소녀. 「(심성).
乙女座(おとめざ) 〖天〗 처녀자리.
乙卯(きのとう) (60 갑자의) 을묘. *おつぼうにも 읽음.
乙未(きのとひつじ) (60 갑자의) 을미. *おつびにも 읽음.
乙巳(きのとみ) (60 갑자의) 을사. *おつしにも 읽음.
乙矢(おとや) (손에 쥔 두 대의 화살 중) 둘째 번에 쏘는 화살.

乙酉(きのととり) (60 갑자의) 을유. *おつゆうにも 읽음.
乙子(おとご) 막내 (자식).
┃**〜月**(づき) 음력 12월.
乙丑(きのとうし) (60 갑자의) 을축. *おつちゅうにも 읽음.
乙亥(きのとい) (60 갑자의) 을해. *おつがいにも 읽음.
乙姬(おとひめ) ① 용녀. 용궁에 산다는 선녀. ②〈古〉누이동생인 공주. 또, 젊은 공주.

其他▷
乙甲(めりかり) 음(音)의 고저. 억양.
乙張り(めりはり) ① 음률의 고저. ② 〖劇〗 연기자의 의욕과 관객의 반응.

逆音▷
甲乙(こうおつ) 갑을. 첫째와 둘째.

음

7 口 常	吟	읊을 음 ギン うたう・うめく

音読▷
吟(ぎん) ① 지어낸 시가. ② 음. 한시의 한 체. ③ 시・俳句(はいく)・短歌(たんか) 등의 작품.
吟じる(ぎんじる) ☞吟ずる(ぎんずる).
吟ずる(ぎんずる) (시가를) 읊다. 또, 짓다.
吟客(ぎんかく) 시객. 시인.
吟句(ぎんく) 음영하는 시가의 구.
吟囊(ぎんのう) 시의 초고.
吟味(ぎんみ) ① 음미. ② 옛날, 피의자를 조사한 일. 또, 그 사람.
吟步(ぎんぽ) 음보. 시가를 읊으면서 산보함.
吟社(ぎんしゃ) 시가나 한시를 짓는 목적의 단체〔동인 조직〕.
吟声(ぎんせい) 음성. 시가 등을 읊는 소리.
吟嘯(ぎんしょう) 음소. ① 소리 높여 시가를 읊음. ② 소리 내어 슬피 욺.
吟誦(ぎんしょう) ⇨ 吟唱(ぎんしょう).
吟釀(ぎんじょう) 정선된 원료를 써서 충분한 시간을 들여 양조함.
吟詠(ぎんえい) 음영. ① 시가에 가락을 붙여 노래함. 또, 그 시가. ② 시가를 짓는 일. 또, 그 시가.
吟友(ぎんゆう) 시가를 짓는 동료. 시우(詩友).
吟遊詩人(ぎんゆうしじん) 음유 시인.
吟箋(ぎんせん) 시나 노래를 쓰는 용지.
吟唱(ぎんしょう) 음창. 음송.
吟行(ぎんこう) ① 시가를 읊조리며 걸음. ② 시가를 짓기 위해 명승 고적을 찾아감.
┃**〜会**(かい) 명승 고적을 찾아가 시가를 짓는 모임.
吟魂(ぎんこん) 노래하는 마음. 시정.
吟興(ぎんきょう) 시가를 짓는 흥미.

```
 9
音 音    소리 음·음 음
 敎      オン·イン
         おと·ね
```

音読
音 ㊀(おん) ①음. 소리. 음성. ②음색. ③자음(子音). ④발음.
㊁(おと) ① ☞㊀①. ②소문. 평판. ③소식. 음신(音信).
㊂(ね) ① ☞㊀①. ②울음소리.
音価(おんか) 음가.
音感(おんかん) 음감.
‖〜教育(きょういく) 음감 교육.
音階(おんかい) 〖樂〗음계.
音高(おんこう) 〖樂〗음고. 음높이.
音曲(おんきょく) 일본식 음악·가곡의 총칭.
‖〜話(ばなし) 音曲을 넣어 하는 '落語(らくご)(=만담)'.
音図(おんず) かなの50 音(音)을 체계적으로 정리한 일람도.
音読(おんどく) 음독. ①소리 내어 읽음. ②한자를 자음(字音)으로 읽음. 「음.
音読み(おんよみ) 한자를 자음(字音)으로 읽音頭(おんど) ①여러 사람이 노래에 맞추어 춤을 춤. 또, 그 곡[춤]. ②(아악(雅樂)에서) 관악기를 불기 시작하는 사람.
‖〜取(とり) 채잡이. 선창자. 발기인.
音量(おんりょう) 음량.
音聾(おんろう) 음롱. 음치.
音律(おんりつ) 음률.
音名(おんめい) 〖樂〗음명. 음이름.
‖〜唱法(しょうほう) 음명 창법. 음이름부르기.
音物(いんもつ) ①선물. *いんぶつ로도 읽음. ②뇌물.
音盤(おんばん) 음반. 레코드.
音譜(おんぷ) 음보. 악보.
音部(おんぶ) 〖樂〗성부(聲部). 「표.
‖〜記号(きごう) 〖樂〗음부 기호. 음자리
音符(おんぷ) 음부. ①글자의 보조 기호. ②형성(形聲)에 의한 한자의 구성 부분으로 음을 나타내는 부분. ③〖樂〗음표.
音写(おんしゃ) 음역(音譯).
音色(おんしょく) 음색. *ねいろ로도 읽음.
音書(いんしょ) 음서. 소식. 편지.
音声(おんせい) 음성. *おんじょう로도 읽음. ♣〜学(がく) 음성학.
‖〜器官(きかん) 음성 기관.
〜記号(きごう) 음성 기호.   「방송.
〜多重放送(たじゅうほうそう) 음성 다중
〜生理学(せいりがく) 음성 생리학.
〜言語(げんご) 음성 언어.
〜訳(やく) 문자의 음성화.   「치.
〜応答装置(おうとうそうち) 음성 응답 장
〜認識(にんしき) 〖컴〗음성 인식.
〜表記(ひょうき) 음성 표기.
〜合成(ごうせい) 음성 합성. ♣〜機(き)

음성 합성기.
音素(おんそ) 음소. ♣〜論(ろん) 음소론.
‖〜文字(もじ) 음소 문자.
〜体系(たいけい) 음소 체계.
音速(おんそく) 음속.
音数律(おんすうりつ) 〖言〗음수율.
音詩(おんし) 〖樂〗음시(교향시 등).
音信(おんしん) 음신. 소식. *いんしん이라
‖〜不通(ふつう) 음신 불통.   「고도 함.
音圧(おんあつ) 〖理〗음압.
音楽(おんがく) 음악. ♣〜家(か) 음악가 / 〜界(かい) 음악계 / 〜堂(どう) 음악당 / 〜隊(たい) 음악대 / 〜祭(さい) 음악제 / 〜学(がく) 음악학 / 〜会(かい) 음악회.
‖〜美学(びがく) 음악 미학.
〜療法(りょうほう) 음악 요법.
〜著作権使用料(ちょさくけんしようりょう) 음악 저작권 사용료.
音訳(おんやく) ①음역. ②들은 대로 적당히 한자나 'かたかな'로 임시 적음.
音域(おんいき) 〖樂〗음역.
音容(いんよう) 음용. 음성과 용모. *おんよう로도 읽음.
音韻(おんいん) 음운. ♣〜論(ろん) 음운론 / 〜学(がく) 음운학.
‖〜交替(こうたい) 음운 교체.
〜法則(ほうそく) 음운 법칙.
〜変化(へんか) 음운 변화.
〜表記(ひょうき) 음운 표기.
音源(おんげん) 음원. 소리를 내는 근원.
音位転換(おんいてんかん) 〖言〗음위 전환. 음위 전도.
音義(おんぎ) 음의. ①한자의 음과 뜻. ②음이 갖는 뜻. ♣〜説(せつ) 음의설.
音引き(おんびき) ①(자전에서) 한자를 그 음으로 찾음. ②인쇄·교정에서, 장음 기호.
音字(おんじ) 음자. 표음 문자.
音栓(おんせん) 〖樂〗음전. 스톱.
音転(おんてん) 〖言〗음전. 음이 변화함.
音節(おんせつ) 음절.
‖〜文字(もじ) 음절 문자.
音程(おんてい) 〖樂〗음정.
音調(おんちょう) 음조. ①음이나 말의 고저. ②악곡의 곡조. ③시·노래의 리듬.
音質(おんしつ) 음질.
音叉(おんさ) 〖理〗음차. 소리굽쇠.
‖〜発信器(はっしんき) 음차 발신기.
音綴(おんてつ) 음철. 음절(音節).
音添加(おんてんか) 〖言〗음운상(音韻上)의 변화의 하나(あまりが あんまり로 변하는 따위).
音痴(おんち) ①음치. ②〈俗〉특정한 감각이 둔함. 또, 그 사람.
音吐(おんと) 목소리. 음성.
‖〜朗朗(ろうろう) 음성이 낭랑한 모양.
音通(おんつう) ①어원적으로 관련이 있는 두 말 사이에 음운(音韻)이 인정되는 일. ②음이 같은 한자가 공통의 뜻으로 쓰이는 일.

音波(おんぱ) 음파.
音板(おんばん) (실로폰 따위의) 소리판.
音便(おんびん) 〖言〗음편. ♣〜形(けい) 음편형.
音標文字(おんぴょうもじ) 음표 문자.
音響(おんきょう) 음향. ♣〜学(がく) 음향학. ‖〜兵器(へいき) 음향 무기.
 〜信号(しんごう) 음향 신호.
 〜音声学(おんせいがく) 음향 음성학.
 〜測深機(そくしんき) 음향 측심기.
 〜効果(こうか) 음향 효과.
音形論(おんけいろん) 〖文法〗음형론.
音画(おんが) 음화.
音効(おんこう) '音響効果(おんきょうこうか)(=음향 효과)'의 준말.
音訓(おんくん) 음훈. 한자의 음과 훈.
‖〜索引(さくいん) 음훈 색인.
ト音記号(トおんきごう) 〖樂〗높은음자리표.
ハ音記号(ハおんきごう) 〖樂〗다음(音) 기호. 시 클레프(C clef).

[訓読]
音なう(おとなう) ①〈雅〉방문하다. 심방하다. ②〈古〉소리를 내다. 울리다.
音もなく(おともなく) 소리도 없이. 매우 조용하게.
音の壁(おとのかべ) 음벽.
音沙汰(おとさた) 소식. 편지. 연락.
音入れ(おといれ) ①TV・영화 제작에서, 음성・음악 넣기. ②〈俗〉레코딩.
音締め(ねじめ) (三味線(しゃみせん)・거문고 등의) 줄을 죄어 음을 고름. 또, 그렇게 해서 맑은 소리.
音取り(ねとり) 〖樂〗음 고르기. 아악(雅樂)에서 각 악기의 음률을 맞추기 위해 처음에 피리를 부는 일. 율하는 일.
音合わせ(おとあわせ) 연주에 앞서 악기를 조율하는 일.

婬 〔11 女〕 음탕할 음 / イン / みだら

[音読]
婬酒(いんしゅ) ①술에 빠지는 일. ②주색에 빠지는 일.

淫 〔11 氵〕 음탕할 음 / イン / みだら

[音読]
淫(いん) ①정액(精液). ②음탕함.
淫する(いんする) ①(나쁜 일에) 빠지다. 탐닉하다. ②음탕한 짓을 하다.
淫気(いんき) 음기. 성적인 욕망. 음란한 기분.
淫女(いんじょ) 음녀. ①음탕한 여자. ②창녀.
淫楽(いんらく) 음락. 음탕한 즐거움.
淫乱(いんらん) 음란.
淫売(いんばい) 매음(賣淫). 매춘부.
淫夢(いんむ) 음란한 내용의 꿈.
淫靡(いんび) 음미. 「범함.
淫犯(いんぼん) 〖佛〗음범. 음욕의 계율을 범함.
淫本(いんぽん) 성행위를 노골적으로 그린 책.
淫婦(いんぷ) 음부. 음녀. (여자의) 음란한 행동.
淫奔(いんぽん) 음분.
淫事(いんじ) 음사. 음탕한 짓.
淫祀(いんし) 음사. 사신(邪神)을 모시는 일.
淫祠(いんし) 음사. 사신(邪神)을 모신 사당.
淫辞(いんじ) 음사. 음탕한 말.
淫書(いんしょ) 음서. 음란 서적.
淫褻(いんせつ) 음설.
淫薬(いんやく) 음약. 미약(媚藥).
淫羊藿(いんようかく) 〖漢醫〗음양곽.
淫猥(いんわい) 음외.
淫欲(いんよく) 음욕. 「장마.
淫雨(いんう) 음우(霖雨). 농작물에 해로운
淫佚(いんいつ) ⇨ 淫逸(いんいつ).
淫逸(いんいつ) 음일. ①음란함. ②유흥에
淫縦(いんじゅう) 음종. 「탐닉함.
淫酒(いんしゅ) ①술에 빠지는 일. ②주색에 빠지는 일.
淫蕩(いんとう) 음탕. 「풍조.
淫風(いんぷう) 음풍. 성도덕이 문란한 사회
淫虐(いんぎゃく) 음학. 음탕하고 잔학함.
淫行(いんこう) 음행. 「介罪)
‖〜勧誘罪(かんゆうざい) 음행 매개죄(媒

[訓読]
淫ら(みだら) 음란[외설, 추잡]한 모양.

[逆音]
姦淫(かんいん) 간음.
売淫(ばいいん) 매음. 매춘.

陰 〔11 阝〕 음기 음・그늘 음 / イン・オン / かげ・かげる・くらい

[音読]
陰イオン(いんイオン) 〖化〗음이온.
‖〜界面活性剤(かいめんかっせいざい) 〖化〗음이온 계면 활성제.
陰に(いんに) 음으로.
 〜陽(よう)に 음으로 양으로.
陰刻(いんこく) 〖美〗음각.
陰茎(いんけい) 음경. 남근(男根).
陰関数(いんかんすう) 〖數〗음함수.
陰鬼(いんき) 음귀. 죽은 사람의 넋. 망령.
陰極(いんきょく) 〖理〗음극. ♣〜管(かん) 음극관 /〜線(せん) 음극선.
陰金(いんきん) 음부나 샅에 생기는 홍색 습진. 완선(頑癬).
陰気(いんき) 음기. ①음침한 기운. ②만물 생성의 근원인 정기의 하나. 음의 기(氣).
陰気臭い(いんきくさい) 어둡고 음침하다.
陰囊(いんのう) 〖生〗음낭.
‖〜水腫(すいしゅ) 〖醫〗음낭 수종.
 (ふぐり)〈雅〉①☞日. ②솔방울.
‖〜無し(なし) 남자답지 못함. 또, 그런 남자.
陰徳(いんとく) 음덕.

陰暦(いんれき) 음력.
陰裂(いんれつ) 음렬.
陰霖(いんりん) 오래 계속되는 비.
陰毛(いんもう) 음모.
陰謀(いんぼう) 음모.
陰文(いんぶん) 음문. 면(面)보다 오목하게 새긴 글자. 또, 그런 조각법.
陰門(いんもん)〖生〗음문.
陰阜(いんぷ) 음부. 불두덩.
陰府(いんぷ) 음부. 저승.
陰部(いんぶ) 음부.
陰森(いんしん) 음삼.
陰生植物(いんせいしょくぶつ) 음생 식물. 응달에서 자라는 식물.
陰線(いんせん)〖美〗음선.
陰性(いんせい) 음성.
‖~反応(はんのう)〖醫〗음성 반응.
陰樹(いんじゅ) 음수. 그늘에서 자라며 햇빛이 적은 곳에서도 자랄 수 있는 수목. ♣~林(りん) 음수림.
陰唇(いんしん)〖生〗음순.
陰湿(いんしつ) 음습. 응달지고 습함.
陰悪(いんあく) 은악(隱惡). 드러나지 아니한 악한 일.
陰暗(いんあん) 음암.
陰圧(いんあつ)〖理〗음압. 내압이 외압보다 낮은 일.
陰薬(いんやく) 음약. 미약(媚藥).
陰陽 ㊀(いんよう) 음양. *おんよう·おんみょう로도 읽음.
‖~暦(れき)〖天〗태음 태양력.
~五行説(ごぎょうせつ) 음양 오행설.
~和合(わごう) 음양 화합.
㊁(めお) 여자와 남자. 아내와 남편.
陰陽家 ㊀(おんようけ) 음양도를 전문으로 하는 가문(家門). *おんみょうけ라고도 읽음.
㊁(いんうか) 음양가. 중국 전국 시대, 음양 오행을 설파하고 다니던 사람. *おんようけ라고도 함.
陰陽道(おんようどう) 음양도. *おんみょうどうらごも 함.
陰陽師(おんようじ) 음양사. 옛날, 궁중에서 점·풍수 지리 등을 관장한 벼슬 자리. 현재는 점쟁이를 가리킴. *おんみょうじらごも 함.
陰葉(いんよう)〖植〗음엽.
陰映(いんえい) 은영(隱映). 은은하게 서로 비침.   「함축성.
陰影(いんえい) ①음영. 그늘. 그림자. ②
‖~画法(がほう) 음영 화법.
陰翳(いんえい) ⇨ 陰影(いんえい).
陰雨(いんう) 음우. 구질구질하게 오는 비.
陰雲(いんうん) 음운. 검은 비구름.
陰鬱(いんうつ) 음울. 울적함.
陰萎(いんい) 음위. 남자의 성교 불능증.
陰陰(いんいん) ①어둠침침하고 적적한 모양. ②음침한 모양. 음울한 모양.
‖~滅滅(めつめつ) 어둠침침하고 마음이 침울해지는 분위기의 상태.
陰子(いんし)〖理〗음전자.

陰電気(いんでんき)〖理〗음전기.
陰電子(いんでんし)〖理〗음전자.
陰地植物(いんちしょくぶつ) 음지 식물.
陰惨(いんさん) 어둡고 비참함. 처참함.
陰天(いんてん) 흐린 하늘.
陰晴(いんせい) 청담(晴曇). 흐림과 갬.
陰宅(いんたく) 음택. 묘(墓).
陰風(いんぷう) 음풍. 북풍.
陰核(いんかく) 음핵. 공알.
陰虚(いんきょ) 음허. 신허(腎虛).
陰険(いんけん) 음험.
陰火(いんか) 음화. 도깨비불.
陰画(いんが) 음화.
陰晦(いんかい) 음회. 흐려서 어두컴컴함.

<訓読>

陰 ㊀(かげ) ①그늘. 응달. ②뒤. 배후.
㊁(いん) ① ☞㊀①. ②음. 소극적·내성적인 경향.   「림.
陰干し(かげぼし) 음건(陰乾). 그늘에서 말
陰間(かげま) 면. 연동(戀童). 남창(男唱).
陰乾し(かげぼし) ⇨ 陰干し(かげぼし).
陰口(かげぐち) 뒷구멍에서 하는 험담.
陰裏(かげうら) 응달.
陰の舞(かげのまい) 보는 사람이 없는 곳에서 노력하는 것을 비유한 말.
陰紋(かげもん) 음문. 음선(陰線)으로 윤곽만 그린 문(紋).
陰弁慶(かげべんけい) 집안에서는 큰소리치지만 밖에서는 패기가 없는 일. 또, 그런 사람. 햇살 밑 사내.
陰乍ら(かげながら) 보이지 않는 곳에서(나마). 멀리서(나마). 남몰래.
陰事 ㊀(かげごと) 비밀로 하는 일. 비밀.
㊁(いんじ) ① ☞㊀. ②숨기는 일.
陰山(かげやま) 그늘이 진 산.
陰膳(かげぜん) 객지에 나간 사람의 무사함을 빌기 위해서 집에 있는 사람이 조석으로 차려 놓는 밥상.
陰桜(かげざくら) 벚꽃 무늬의 하나. 벚꽃의 윤곽을 백발(白拔)로 그린 것.
陰言(かげごと)〈老〉뒷구멍 험담.
陰日向(かげひなた) ①음지와 양지. ②(언행상의) 표리.
陰這入り(かげばいり) 사람 눈을 피하여 꾀를 내는 일.
陰切り(かげきり) 논밭의 햇볕을 막는 나무를 베어버리는 일.
陰地(かげち) 음지. 그늘진 땅.
陰妻(かげめ) 숨겨 놓은 아내. 정부.
❖陰る(かげる) ①그늘지다. 가려지다. ②해가 기울다. ③(표정 등이) 어두워지다.
陰り(かげり) ①해가 기울어 어두워짐. ②그늘(이 있는 모양).

| 12 食 教 | 飮 (飲) | 마실 음
イン・オン
のむ |

音読

飲(いん) ① 음료. ② 주연.
飲料(いんりょう) 음료. ♣~水(すい) 음료수.
飲食(いんしょく) 음식. ♣~物(ぶつ) 음식물. / ~店(てん) 음식점.
飲用(いんよう) 음용. 음료.
飲泣(いんきゅう) 음읍. 소리없이 흐느껴 욺.
飲酒(いんしゅ) 음주. *佛教에서는 おんじゅ라고 함.
飲泉(いんせん) 치료를 위해 마시는 온천물.
‖~療法(りょうほう) 온천 요법의 하나. 온천수에 함유한 화학 물질을 약제같이 다루어 온천수를 음용, 요법으로 하는 일.

訓読

飲ます(のます) 마시게 하다. 먹이다.
飲ませる(のませる) 마시게 하다.
飲まれる(のまれる) ① 먹히다. ② 휩쓸리다.
飲める(のめる) 마실 만하다.
飲んだくれ(のんだくれ) 모주꾼.
飲んだくれる(のんだくれる) 고주망태가 되다.
飲ん兵衛(のんべえ) 모주꾼.
飲まず食わず(のまずくわず) 먹지도 마시지도 않음.
飲ん太郎(のんたろう) ① 술고래. ② 연극 따위의, 공짜 구경꾼.
❖**飲む**(のむ) ① 마시다. ② 먹다. ③ 삼키다.
飲み(のみ) (술을) 마심.
飲み干す(のみほす) 다 마셔 버리다.
飲み据う(のみすう) 걸터앉아 천천히 마시다.
飲み乾す(のみほす) ⇨ 飲み干す(のみほす).
飲み過ぎる(のみすぎる) 과음하다.
飲み掛け(のみかけ) 마시다가 중도에서 그침. 또, 그 남은 것.
飲み掛ける(のみかける) ① 마시기 시작하다. ② 마시다가 중도에 그치다.
飲み口 ㊀(のみくち) ① 혀의 감각. ② 즐겨 술을 마심. ③ 입을 대는 부분.
㊁(のみぐち) 액체를 따르는 주둥이.
飲み潰す(のみつぶす) 술로 재산을 탕진하다.
飲み潰れる(のみつぶれる) 고주망태가 되다.
飲み代(のみしろ) 술값.
飲み逃げ(のみにげ) 술 따위를 마시고 대금을 치르지 않고 도망침.
飲み倒す(のみたおす) ① 술 마시고 술값을 떼먹다. ② 술로 재산을 날리다.
飲み料(のみりょう) ① 음료. ② 술값.
飲み明かす(のみあかす) 밤새도록 술을 마시다.
飲み物(のみもの) 음료. 마실 것.
飲み抜け(のみぬけ) 술을 많이 마심. 또, 그 사람.
飲み歩く(のみあるく) 여러 술집을 돌며 마시다.
飲み捨て(のみすて) 마시다 버림.
飲み水(のみみず) 음료수. 식수.
飲み手(のみて) 술꾼.
飲み食い(のみくい) 먹고 마심.
飲み薬(のみぐすり) 물약. 내복약.
飲み屋(のみや) 술집. 선술집.
飲み友達(のみともだち) 술친구.
飲み応え(のみごたえ) (맛과 분량이) 족히 마실 만함.
飲み込み(のみこみ) 이해. 납득.
飲み込む(のみこむ) ① 삼키다. ② 이해하다.
飲み助(のみすけ) 〈俗〉 술꾼. 모주꾼.
飲み仲間(のみなかま) 술친구.
飲み直す(のみなおす) 술을 마시는 장소나 상대를 바꾸어 또 마심. ‖~습[태도].
飲み振り(のみぶり) 술 따위를 마실 때의 모습[태도].
飲み下す(のみくだす) 삼키다.
飲み回す(のみまわす) 돌려가며 마시다.
ぐい飲み(ぐいのみ) ① 단숨에 꿀꺽 마심. 쭉 들이켬. ② 크고 운두가 높은 술잔.

| 14 疒 | 瘖 | 벙어리 음
イン・オン |

音読

瘖啞(いんあ) ⇨ 瘖瘂(いんあ).
瘖瘂(いんあ) 농아자. 벙어리.

| 15 艹 | 蔭 | 그늘 음
イン
かげ |

訓読

蔭(かげ) ① 그늘. 응달. ② 뒤. 배후.
蔭り(かげり) ① 해가 기울어 어두워지는 모양. ② 그늘(이 있는 모양).
蔭地(かげぢ) 음지. 그늘진 땅.

읍

| 7 邑 ㊅ | 邑 | 고을 읍
ユウ
むら |

音読

邑 ㊀(ゆう) 읍. 취락.
㊁(おおざと) 한자 부수의 하나: 우부방.
邑落(ゆうらく) 읍락. 촌락.
邑城(ゆうじょう) 읍성. 중국 성곽 중에서, 도읍 전체를 성벽으로 둘러쳐서 외적을 막도록 한 구조.

| 8 氵 ㊍ | 泣 | 울음 읍
キュウ
なく |

音読

泣哭(きゅうこく) 읍곡. 울부짖음.
泣訴(きゅうそ) 읍소. 울며 호소함.
泣涕(きゅうてい) 읍체. 체읍.

泣血(きゅうけつ) 읍혈. 눈에서 피가 나올 정도로 몹시 슬피 욺. 피눈물.

訓読

泣かされる(なかされる) ① 괴로움을 당하다. 시달리다. ② 몹시 감격〔동정〕하다. 눈물겹다.
泣かす(なかす) 울리다. 울게 하다.
泣かせる(なかせる) ① 울리다. 속을 썩이다. 감동케 하다. ②〈俗〉마음이 끌리게 하다.
泣ける(なける) ① (감동하여) 자꾸 눈물이 나오다. ② (눈물이 날 정도로) 감격하다.
❖泣く(なく) ① 울다. ② 호된 변을 겪다. 고생하다. ③ (무리나 손해를) 참다.
泣き(なき) 울음. 탄식함.
泣きべそ(なきべそ) 울상. 울보.
泣き交わす(なきかわす) 함께 울다.
泣き叫ぶ(なきさけぶ) 울부짖다.
泣き寄り(なきより) 상사(喪事) 따위가 났을 때, 친지들이 모여서 돌봐줌.
泣き男(なきおとこ) 장례 때에 고용되어 곡을 하는 사내.
泣き女(なきおんな) (장례식에 고용되는) 대곡녀(代哭女). *なきめ라고도 함.
泣き落とし(なきおとし) 눈물로 애원해서 승낙을 얻음.
∥~戦術(せんじゅつ) 눈물〔읍소〕전술.
泣き落とす(なきおとす) 눈물로 호소하여 상대의 승락을 받아내다.
泣きの涙(なきのなみだ) 눈물을 흘리며 욺. 괴로움. 애절.
泣き輪(なきわ) 통의 맨 밑바닥에 끼우는 테.
泣き立てる(なきたてる) 소리 내어 울어대다.
泣き面(なきつら) 우는 얼굴. 울상.
泣き明かす(なきあかす) 울며 지새다.
泣き暮らす(なきくらす) 종일〔매일〕 울며 지내다. 울며 세월을 보내다.
泣き目(なきめ) 눈물이 날 정도로 딱한 사정.
泣き味噌(なきみそ) 〈蔑〉울보.
泣き弁慶(なきべんけい) 울고 떼를 씀. 또, 그런 사람.
泣き別れ(なきわかれ) 울며 헤어짐. 울며 이별함.
泣き伏す(なきふす) (슬픈 나머지) 쓰러져 울다.
泣き付く(なきつく) ① 울며 매달리다. ② 울듯이 애원(부탁)하다.
泣き崩れる(なきくずれる) 쓰러져 울다.
泣き悲しむ(なきかなしむ) 울며 서러워하다.
泣き頻る(なきしきる) 자꾸 울다.
泣き上戸(なきじょうご) 술에 취하면 우는 버릇이 있는 사람. 또, 그 버릇.
泣き声(なきごえ) ① 울음 섞인 목소리. ② 울음소리. 우는 소리.
泣き所(なきどころ) 약점. 급소.
泣き笑い(なきわらい) ① 울고 웃음. ② 희비가 엇갈림.
泣き顔(なきがお) 울상. 우는 얼굴.
泣き言(なきごと) 우는소리. 푸념. 넋두리.
泣き噦り(なきじゃくり) 흐느껴 욺.

泣き噦る(なきじゃくる) 흐느껴 울다.
泣き濡れる(なきぬれる) 울어 눈물에 젖다.
泣き泣き(なきなき) '泣く泣く(なくなく)(울며불며)'의 새로운 말씨.
泣く泣く(なくなく) ① 울면서. 울며불며. ② 할〔어쩔〕 수 없이.
泣き入る(なきいる) 마냥 울다. 울어대다.
泣き込む(なきこむ) ① 울며 뛰어들다. ② 울며 매달리다〔애원하다〕. 「붓게 하다.
泣き腫らす(なきはらす) 몹시 울어서 눈
泣き止む(なきやむ) 울음을 그치다.
泣き真似(なきまね) 우는 흉내. 거짓 울음.
泣き縋る(なきすがる) 울며 매달리다. 또, 그렇게 애원하다.
泣き出す(なきだす) 울기 시작하다.
泣き虫(なきむし) 울보. 우지. 또, 그 성질.
泣き沈む(なきしずむ) 쓰러져 슬피 울다. 슬픔에 잠기어 마냥 울다.
泣き寝(なきね) 울다가 잠. 울며 잠.
泣き寝入り(なきねいり) ① 울다가 잠듦. ② 불만이나 할 수 없이 단념함.
泣き合う(なきあう) 함께 울다.
泣き惑う(なきまどう) 하염없이 울다.
泣き喚く(なきわめく) 큰소리로 울부짖다.
泣き黒子(なきぼくろ) 눈 밑이나 눈가의 검은 사마귀.

| 10
忄 | 悒 | 근심할 읍
ユウ
うれえる |

音読

悒鬱(ゆううつ) 읍울. 근심스러워 마음이 답답함. 「모양.
悒悒(ゆうゆう) 읍읍. 기분이 우적하여 답답한

| 10
氵 | 浥 | 젖을 읍
ユウ
うるおう |

音読

浥浥(ゆうゆう) 향기가 넘치는 모양.

| 12
扌 | 揖 | 사양할 읍
ユウ
ゆずる |

音読

揖す(ゆうす) 인사하다.

응

| 7
广
教 | 応(應) | 응할 응·응당 응
オウ
こたえる・まさに |

[音読]
応(おう) ① 승낙. 응낙. ② 긍정의 대답.
応じる(おうじる) ☞応ずる(おうずる).
応ずる(おうずる) 응하다. ① 답하다. ② 받아들이다. 호응하다. ③ (…에) 따르다. …에 (걸) 맞게 하다.
応感(おうかん) 응감. 감응.
応急(おうきゅう) 응급.
∥**〜手当**(てあて) 응급 치료.
〜処置(しょち) 응급 처치.
応器(おうき) 〖佛〗 바리때. 응기.
応諾(おうだく) 응낙. 수락. 승낙.
応答(おうとう) 응답.
応対(おうたい) 응대. 응접.
応量器(おうりょうき) 〖佛〗 바리때. 응기.
応力(おうりょく) 〖理〗 응력. 변형력.
∥**〜腐食割れ**(ふしょくわれ) (금속의) 응력 부식 균열.
応募(おうぼ) 응모.
∥**〜者**(しゃ) 응모자. ♣**〜利回り**(りまわり) 〖經〗 응모자 수익률.
応問(おうもん) 질문에 응답함.
応変(おうへん) 응변.
応報(おうほう) 응보. 과보(果報).
∥**〜刑論**(けいろん) 응보형론.
〜刑主義(けいしゅぎ) 응보형주의.
応否(おうひ) 승낙의 여부.
応分(おうぶん) 응분. 분수에 맞음.
応射(おうしゃ) 응사. 마주 쏨.
応召(おうしょう) 응소. 특히, 소집 영장을 받고 군에 입대함.
応訴(おうそ) 응소. 「책.
応手(おうしゅ) (바둑・장기의) 응수. 대(응)
応需(おうじゅ) 응수. 수요에 응함.
応酬(おうしゅう) 응수. ① (말・일 따위를) 주고받음. ② 대답. 응답. ③ (술잔을) 주고받음. 수작(酬酢).
応身(おうじん) 〖佛〗 응신. 삼신(三身)의 하나로, 역사적으로 이승에 나타난 인격.
応用(おうよう) 응용.
∥**〜科学**(かがく) 응용 과학.
〜問題(もんだい) 응용 문제.
〜物理学(ぶつりがく) 응용 물리학.
〜美術(びじゅつ) 응용 미술.
〜数学(すうがく) 응용 수학.
〜心理学(しんりがく) 응용 심리학.
〜力学(りきがく) 응용 역학.
〜芸術(げいじゅつ) 응용 예술.
〜倫理学(りんりがく) 응용 윤리학.
〜化学(かがく) 응용 화학.
応援(おうえん) 응원. ♣**〜歌**(か) 응원가 /
〜団(だん) 응원단.
応戦(おうせん) 응전.
応接(おうせつ) 응접. 접대. ♣**〜間**(ま) 응접실. 「함.
応診(おうしん) 응진. 의사가 진찰 요구에 응
応徴(おうちょう) 징용・징병에 응함.
応札(おうさつ) 응찰.

応唱(おうしょう) 응창. 예배나 미사 때, 사제(司祭)의 낭송에 따라 합창대・신도가 창화(唱和)함.
応護(おうご) 옹호(擁護). 가호(加護).
化(おうか) ①〖生〗 응화. 적응. ②'**応用化学**(おうようかがく)(=응용 화학)'의 준말.

[訓読]
❖**応える** ㊀(こたえる) ① 크게 자극을 받다.
② 응하다. 반응하다. ③ 보답하다. 부응하다.
④ 영향을 주다.
㊁(いらえる) 대답하다. 대꾸하다.
応え ㊀(こたえ) 반응.
㊁(いらえ) 대답. 대꾸.

[逆音]
内応(ないおう) 내응.
対応(たいおう) 대응.
相応(そうおう) 상응.

16 획
凝
영길 응・얼 응
ギョウ
こる・こらす

[音読]
凝結(ぎょうけつ) ① 응결. 엉김. ② 충격을 받아 마음이 얼어붙는 듯한 상태가 됨. ♣**〜熱**(ねつ) 응결열 / **〜核**(かく) 응결핵.
∥**〜高度**(こうど) 응결 고도.
凝固(ぎょうこ) 응고. ♣**〜熱**(ねつ) 응고열.
∥**〜因子欠乏症**(いんしけつぼうしょう) 〖醫〗 응고 인자 결핍증.
〜点(てん) 〖理〗 응고점. ♣**〜降下**(こうか) 응고점 강하.
凝塊(ぎょうかい) 응괴. 엉기어 굳은 덩이.
凝念(ぎょうねん) 깊이 생각함. 또, 그 생각.
凝当(ぎょうどう) 술잔 밑에 남은 술(을 버림). 또, 그 술로 입이 닿았던 부분을 씻는 일.
凝立(ぎょうりつ) 응립. 꼼짝 않고 서 있음.
凝霜(ぎょうそう) 우빙(雨氷).
凝析(ぎょうせき) 〖化〗 응석.
凝視(ぎょうし) 응시.
凝然(ぎょうぜん) 꼼짝 않고 있는 모양.
凝議(ぎょうぎ) 계책을 궁리함. 숙의함.
凝注(ぎょうちゅう) 어떤 일에 마음과 시선을 집중시킴.
凝脂(ぎょうし) 응지. ① 엉겨 굳은 지방. ② 부드럽고 윤이 나는 흰 살갗.
凝集(ぎょうしゅう) 응집. ♣**〜力**(りょく) 응집력. 「응착력.
凝着(ぎょうちゃく) 응착. ♣**〜力**(りょく)
凝滞(ぎょうたい) 응체. 정체. 막히거나 걸
凝縮(ぎょうしゅく) 응축. 「림.
凝濁(ぎょうどう) ⇨ 凝当(ぎょうどう).
凝血(ぎょうけつ) 응혈.
凝灰岩(ぎょうかいがん) 〖鑛〗 응회암.

[訓読]
凝らす(こらす) ① 엉기게 하다. ② 한곳에 집중시키다.

❖凝る ㊀(こる) ① 엉기다. 응고하다. ＊こごる로도 읽음. ② (의장(意匠)에) 열중하다. ③ 뻐근하다. 결리다.
㊁(しこる) ① 응어리지다. ② 몰두하다.
凝り (こり) ① 굳음. 응고. ② 근육이 뻐근해짐. 결림.
㊁(こごり) ① 추위로 엉겨 굳음. 엉겨 굳은 것. ② 생선을 끓인 국물을 식혀서 굳힌 것.
‖〜豆腐(どうふ) 언 두부.　　　　　「것.
〜鮒(ぶな) 붕어를 끓인 국물을 식혀서 굳힌
㊂(しこり) ① 응어리. ② (사건이 처리된 뒤에 남아 있는) 서먹서먹한 기분.
凝り固まる (こりかたまる) ① 굳어지다. 응고하다. ② 열중하다. 집착하다.
凝り性 (こりしょう) 지나치게 열중하는 성질.　　　　　　　　　　　　　　　「람.
凝り屋 (こりや) 한 가지 사물에 열중하는 사

17 月	膺	가슴 응·칠 응 ヨウ むね

音読
膺懲 (ようちょう) 응징.

24 身 日	軈	잠시 (응) やがて

訓読
軈て (やがて) ① 얼마 안 있어. 이윽고. 머지않아. ② 즉. 곧. 바로.
軈ては (やがては) 軈て(やがて)의 힘줌말.

24 鳥 人	鷹	매 응 ヨウ·オウ たか

音読
鷹視 (ようし) 응시. 매처럼 노려봄.
鷹揚 (おうよう) 의젓함. 대범함. 너그러움.
訓読
鷹 (たか) 〖鳥〗 매.
鷹使い (たかつかい) 매 사냥에서 매를 부리는 사람. 매부리.　　　　　　　「매부리.
鷹飼い (たかがい) ① 매를 기름〔길들임〕. ②
鷹狩り (たかがり) ① 매 사냥.
鷹野 (たかの) ☞ 鷹狩り(たかがり).
鷹の羽 (たかのは) ① 매의 깃. ② 매의 깃 모양의 가문(家紋).　　　　　「떠가 있음〕.
‖〜鯛(だい) 〖魚〗 아홉동가리《아홉 줄의
鷹匠 (たかじょう) 江戸(えど) 시대에 幕府(ばくふ)나 大名(だいみょう) 전속의 매부리.
鷹派 (たかは) 매파. 강경파.

의

6 衣 敎	衣	옷 의 イ·エ ころも·きぬ

音読
衣架 (いか) 의가. 옷걸이.
衣冠 (いかん) 의관. 문무 백관의 관복.
‖〜束帯(そくたい) 의관 속대.
衣衾 (いきん) 의금. 옷과 이부자리.
衣錦の栄 (いきんのえい) 금의환향(錦衣還
衣嚢 (いのう) 의낭. 호주머니.　　　　「鄕)
衣帯 (いたい) 의대. 옷과 띠.
衣糧 (いりょう) 의량. 의복과 식량.
衣料 (いりょう) 의료. 의복의 재료. ♣〜品(ひん) 의료품.
衣類 (いるい) 의류.
衣袂 (いべい) 옷소매.
衣文 (えもん) ⇨ 衣紋(えもん).
衣紋 (えもん) ① 의문. 옷의 무늬. 옷차림. ② 의관(衣冠)을 단정히 갖춤. ③ 깃섶.
‖〜竿(ざお) 옷을 거는 막대기.
〜掛け(かけ) (일본옷의) 옷걸이.
〜付き(つき) 옷 입는 법. 옷맵시.
〜竹(だけ) 대로 만든 옷걸이.
衣鉢 (いはつ) 의발. ＊えはつ로도 읽음.
衣服 (いふく) 의복.
衣裳 (いしょう) ⇨ 衣装(いしょう).
衣生活 (いせいかつ) 의생활.
衣食 (いしょく) 의식. ♣〜住(じゅう) 의식
衣蛾 (いが) 〖蟲〗 옷좀나방.　　　　　「주.
衣装 (いしょう) 의상.
‖〜簞笥(だんす) 옷장.
〜道楽(どうらく) 예쁜 옷을 모으는 일이나 자주 갈아입는 것을 좋아하는 취미.
〜方(かた) 연극 등에서, 의상 담당자.
〜人形(にんぎょう) 의상 인형. 옷을 입혀 놓은 인형.　　　　　　　　　「사람.
〜好み(ごのみ) 의상에 까다로움. 또, 그런
衣桁 (いこう) 의항. 횃대. 옷걸이.
訓読
衣 ㊀(ころも)〈雅〉① 옷. 의복. ② 중의 옷.
㊁(ぎぬ)〈雅〉☞ 衣㊀. ② 거죽. 껍질.
衣更え (ころもがえ) ⇨ 衣替え(ころもがえ).
衣笠 (きぬがさ) 비단을 씌운, 자루가 긴 일산(日傘).
衣縫部 (きぬぬいべ) 고대에, 재봉을 업으로 삼았던 部民(べみん).
衣手 (ころもて)〈雅〉 옷소매.　　　　　「양.
衣勝ち (きぬがち) 옷을 여러 벌 겹쳐 입은 모
衣衣 (きぬぎぬ) ① 동침했던 남녀가 아침에 헤어짐. 또, 그 시각. ② 남녀의 작별.
衣擦れ (きぬずれ) 옷이 스침. 또, 그 소리.
衣替え (ころもがえ) ① 옷을 갈아입음. ② 외관을 아주 바꿈.　　　　　　　　　「번.
衣偏 (ころもへん) 한자 부수의 하나: 옷의
衣被き (きぬかずき) 옛날, 상류 여성이 외출 때 들쓴 장옷. 또, 그것을 들쓴 여성.

衣被ぎ(きぬかつぎ) ① 통째 삶은 토란. 또, 새끼 토란. ② ☞ 衣被き(きぬかずき).
[其他]
衣魚(しみ) 〖蟲〗 의어. 반대좀. 좀.

7 匸 [教]	医(醫)	고칠 의·의원 의 イ いやす・くすし

[音読]
医(い) 의(술). 의사.
医する(いする) (병을) 고치다.
医家(いか) 의가. 의사.
医界(いかい) 의계. 의학계.
医科(いか) 의과.
‖~大学(だいがく) 의과 대학.
医官(いかん) 의관. 의무를 담당하는 관리.
医局(いきょく) 의국. 병원내에서 주로 의무를 취급하는 곳. ♣~長(ちょう) 의국장.
医大(いだい) 의대. 의과 대학.
医道(いどう) 의도. 의술.
医料(いりょう) 의사에게 지불하는 치료비.
医療(いりょう) 의료. ♣~法(ほう) 의료
‖~過誤(かご) 의료 과오〔사고〕. ┗법.
~機関(きかん) 의료 기관.
~器具(きぐ) 의료 기구.
~法人(ほうじん) 의료 법인.
~保障(ほしょう) 의료 보장.
~保険(ほけん) 의료 보험.
~保護施設(ほごしせつ) 의료 보호 시설.
~奉仕(ほうし) 의료 봉사.
~費(ひ) 의료비. ♣~控除(こうじょ) 의료
~設備(せつび) 의료 설비. ┗비 공제.
~廃棄物(はいきぶつ) 의료 폐기물.
~行為(こうい) 의료 행위.
医務(いむ) 의무.
‖~室(しつ) 의무실. 양호실.
医博(いはく) 의박〔医学博士(いがくはくし)의 준말〕.
医方(いほう) 의술. 치료 방법.
医伯(いはく) 의백. 의사의 경칭.
医事(いじ) 의사.
医師(いし) 의사. ＊くすしろ도 읽음.
医生(いせい) 의학을 공부하는 학생.
医書(いしょ) 의서. 의학서.
医聖(いせい) 의성. 명의(名醫).
医術(いじゅつ) 의술.
医薬(いやく) 의약. ① 치료약. ② 의술과 약제. ♣~品(ひん) 의약품.
‖~部外品(ぶがいひん) 의약 부외품.
~分業(ぶんぎょう) 의약 분업.
医業(いぎょう) 의업.
‖~類似行為(るいじこうい) 의업 유사 행위《마사지·지압 요법 따위》.
医用(いよう) 의용. 의료용.
‖~電子工学(でんしこうがく) 의료용 전
医員(いいん) 의원. 의사. ┗자 공학.
医院(いいん) 의원.

医原病(いげんびょう) 〖醫〗 의원병.
医育(いいく) 의사로 육성함.
‖~者(しゃ) 의술에 종사하면서 의학생을 가르치는 사람.
医者(いしゃ) 의사. ┌사.
医長(いちょう) 병원 등에서, 각과의 수석 의
医籍(いせき) 일본 후생성(厚生省)의 의사 등록 대장.
医専(いせん) 의전. '医学専門学校(いがくせんもんがっこう)(＝의학 전문 학교)'의 준말.
医学(いがく) 의학. ♣~界(かい) 의학계.
‖~博士(はくし) 의학 박사.
医化学(いかがく) 〖醫〗 의화학.
医会(いかい) 의회. 의사들의 모임.

[訓読]
医す(いやす) 〈雅〉(상처·병 따위를) 고치다. 치료하다. (고민 따위를) 풀다.

7 矢	矣	어조사 의 イ

[音読]
矣(い) 강한 단정을 나타내는 말.

8 イ [常]	依	의지할 의 イ・エ よる

[音読]
依拠(いきょ) 의거. ┌뢰심.
依頼(いらい) 의뢰. 부탁. ♣~心(しん) 의
依命(いめい) 의명. 명령에 따름.
‖~通達(つうたつ) 의명 통첩.
依譲(いじょう) 위양(委譲).
依然(いぜん) 의연. 여전.
依願(いがん) 의원.
‖~免官(めんかん) 의원 면직.
~退職(たいしょく) 의원 퇴직.
依依(いい) 의의. 이별이 아쉬워 떨어지기 어려운 모양.
依存(いそん) 의존. ＊いぞん으로도 읽음. ♣~心(しん) 의존심.
依嘱(いしょく) 의촉.
依託(いたく) 의탁.
依怙(えこ) ①〖佛〗의지가 되는 것. ② 불공평. 편듦. 두둔함.
依怙贔屓(えこひいき) 한쪽만 편듦. 편애(偏愛). 편파(偏頗). 역성. ┌도 읽음.
依怙地(えこじ) 외고집. 옹고집. ＊いこじ로
[訓読]
依って(よって) 따라서. 그러므로. 이에.
依って以て(よってもって) 依って(よって)의 힘줌말.
❖依る(よる) 의하다. ① 수단으로 하다. ② 의존〔의지〕하다.
依り(より) 인하여. 의하여.
依りて(よりて) 그러므로. 따라서.

依り代(よりしろ) 신령이 나타날 때 매체가 되는 것.

8 宀 常	宜	마땅할 의 ギ よろしい・うべなう・むべ

訓読
宜(むべ)〈雅〉과연. 참으로. 의당. ＊うべなら고도 함.
宜う(うべなう) ①〈雅〉동의하다. 승낙하다. ②〈古〉복종하다.
❖宜しい(よろしい) ①좋다. 괜찮다. ②좋습니다. 괜찮습니다(よい의 공손한 말씨).
宜しき(よろしき) 아주 알맞음. 적절함.
宜しく(よろしく) ①적당히. 적절히. ②잘 부탁합니다('よろしく願(ねが)います'의 준말).
宜し女(よろしめ) 미인. 좋은 여자.

10 イ	倚	기댈 의 イ よる

訓読
❖倚る(よる) 기대다. 의지하다.
倚り掛かり(よりかかり) 기대기 위한 것.
倚り掛かる(よりかかる) 기대다. ①몸을 의지하여 실리다. ②의존하다.
倚り縋る(よりすがる) ①바짝 붙다. ②믿고 의지하다. 기대다.

11 犭	猗	아 의 イ ああ

音読
猗靡(いび) 나긋나긋하고 아름답다.

12 木	椅	교의 의 イ

音読
椅子(いす) ①의자. ②관직의 자리.
其他
椅桐(いいぎり) 〖植〗의나무.

13 心 教	意	헤아릴 의 イ おもう・こころ

音読
意 ㊀(い) ①마음. 생각. ②내용. 뜻.
～に適(かな)う 마음에 들다.
～を酌(く)む 남의 생각・의견을 존중하다.
㊁(おもえらく)〈雅〉생각건대. 생각하기를.
意見(いけん) 의견.
∥～広告(こうこく) 의견 광고.
意固地(いこじ) 외고집. 옹고집.
意企(いき) 의도(意圖). 기도(企圖).
意気(いき) 의기. 기(氣).
∥～消沈(しょうちん) 의기소침.
～揚揚(ようよう) 의기양양.
～込み(ごみ) 분발. 패기. 기세.
～込む(ごむ) ①분발하다. ②힘찬 동작을 하다.
～張り(はり) 고집 부림.
～阻喪(そそう) 의기저상.
～衝天(しょうてん) 의기충천.
～投合(とうごう) 의기투합.
～軒昂(けんこう) 기세가 왕성한 모양.
意気地(いくじ) 고집. 기개. ＊いきじ로도 읽음.
∥～無し(なし) 패기 없음. 또, 그 사람.
意念(いねん) 생각. 의식(意識).
意図(いと) 의도.
意力(いりょく) 의지력. 정신력.
意馬心猿(いばしんえん) 〖佛〗의마심원.
意味(いみ) ①말의 의미(뜻). ②(표현이나 행동의) 의도. ③가치. 보람. ④취지. ♣～論(ろん) 의미론.
∥～変化(へんか) 의미 변화.
～付ける(づける) 가치(뜻) 있게 하다.
～深長(しんちょう) 의미심장.
～的(てき) ①의미(뜻)에 관한 모양. ②까닭이 있는 듯한 모양.
～合い(あい) 까닭. 이유. 사정.
意思(いし) 의사.
∥～決定(けってい) 의사 결정. ♣～論(ろん) 〖哲〗의사 결정론.
～無能力者(むのうりょくしゃ) 〖法〗의사 무능력자.
～表示(ひょうじ) 의사 표시.
意想(いそう) 의상. 생각.
意識(いしき) 의식. ♣～的(てき) 의식적.
～の流れ(ながれ) (문학 등에서) 의식의 흐름.
∥～不明(ふめい) 의식 불명.
～一般(いっぱん) 〖哲〗의식 일반.
～障害(しょうがい) 〖心〗의식 장애.
意訳(いやく) 의역.
意外(いがい) 의외. ♣～性(せい) 의외성.
∥～千万(せんばん) 전혀 예상도 하지 못했던 일(흔히, 좋지 않은 일에 씀).
意欲(いよく) 의욕. ♣～的(てき) 의욕적.
意慾(いよく) ⇨ 意欲(いよく).
意義(いぎ) 의의. 뜻.
∥～素(そ) 〖言〗의의소. 말의 의미를 다루는 언어학의 한 분야.
～深い(ぶかい) 의의깊다. 큰 가치가 있다.
意字(いじ) 의자. 뜻글자.
意匠(いしょう) 의장. ♣～権(けん) 〖法〗의장권 / ～法(ほう) 〖法〗의장법.
∥～広告(こうこく) 의장 광고.
～登録(とうろく) 의장 등록.
意中(いちゅう) 의중. 마음속.
～の人(ひと) 의중의 사람. 특히, 애인.
～の人物(じんぶつ) 의중의 인물.

意地(いじ) ①고집. ②물욕(物慾). 식욕.
∥~悪(わる)い 심술궂음. 짓궂음. 심술쟁이.
~悪い(わるい) 심술궂다. 짓궂다.
~汚い(きたない) 게걸[탐욕]스럽다. 결신들리다. 주접스럽다.
~拗ね(くね) 마음이 비뚤어져 심술 사나움.
~張る(ばる) 고집부리다. 억지를 쓰다.
意志(いし) 의지. ♣~的(てき) 의지적.
∥~薄弱(はくじゃく) 의지박약.
意地っ張り(いじっぱり) 고집부림. 억지. 또, 고집통이.
意趣(いしゅ) ①배려. ②원한.
~返し(がえし) 보복. 앙갚음.
~晴らし(ばらし) 보복. 앙갚음.
意表(いひょう) 의표. 생각 밖. 뜻밖.
~を突(つ)く 의표를 찌르다.
意向(いこう) 의향.
意嚮(いこう) 의향(意向).

13画 主(教) 義 옳을 의·뜻 의
ギ
よい

音読▶

義(ぎ) 의(義). ①의로움. 바른 도리. ②뜻. 의미. ③명의상의 관계.
義甲(ぎこう) (거문고 따위 발현 악기를 탈 때 쓰는) 깍지. 가조각. 픽(pick).
義挙(ぎきょ) 의거.
義校(ぎこう) 明治(めいじ) 초년, 민간의 기부금으로 설립된 초등 학교.
義軍(ぎぐん) 의군. 의병.
義金(ぎきん) 의금. 의연금.
義気(ぎき) 의기. 의협심.
義旗(ぎき) 의기. 정의의 깃발.
~を翻(ひるがえ)す 정의의 군사를 일으키다.
義徒(ぎと) 의도. 의를 위해 궐기한 사람들.
義理(ぎり) ①의리. ②혈연자와 같은 관계가 있음. ③(말의) 뜻. 이유.
∥~堅い(がたい) 의기가 굳다. 정의가 두텁다.
~攻め(ぜめ) 의리를 내세워 어떤 일을 억지로 시킴.
~立て(だて) 의리를 굳게 지킴.
~人情(にんじょう) 의리와 인정.
~一遍(いっぺん) 표면상. 형식상.
~尽く(ずく) 끝까지 의리를 지켜 나감.
~合い(あい) 의리에 얽매임. 의리적 교제.
~詰め(づめ) ①의리를 앞세워, 그렇게 하지 않을 수 없도록 강요함. ②이치나 도리로 따지고 듦.
義膜(ぎまく) 『醫』 위막.
義妹(ぎまい) 의매. 의리로 맺은 여동생〔의붓누이동생·처제·계수 등〕.
義母(ぎぼ) ①의모. 의붓어머니. ②어머니뻘 되는 사람. 장모·시어머니·양모 따위.
義務(ぎむ) 의무. ♣~感(かん) 의무감 / ~的(てき) 의무적.
∥~教育(きょういく) 의무 교육.
~年限(ねんげん) 의무 연한.

義民(ぎみん) 의민. 의로운 백성.
義兵(ぎへい) 의병.
∥~運動(うんどう) 의병 운동. 청일 전쟁 후, 한반도 각지에서 일어난 민중의 반일 무장 투쟁.
義僕(ぎぼく) 의복. 충복.
義父(ぎふ) ①의부. 의붓아버지. ②아버지뻘 되는 사람. 장인·시아버지·양아버지 등.
義憤(ぎふん) 의분.
義士(ぎし) 의사. 의인.
義疏(ぎそ) 의소. 문장의 뜻·내용을 풀이함.
義手(ぎしゅ) 의수.
義塾(ぎじゅく) 의숙. ①공익을 위하여 기부금으로 설치한 교육 기관. ②慶応(けいおう) 義塾의 준말〔사립 대학의 하나〕.
義臣(ぎしん) 의로운 신하. 충신.
義心(ぎしん) 의심. 의협심.
義眼(ぎがん) 의안. 만들어 박은 눈.
義捐(ぎえん) 의연. ♣~金(きん) 의연금.
義烈(ぎれつ) 의열.
義勇(ぎゆう) 의용. ♣~兵(へい) 의용병.
義勇軍行進曲(ぎゆうぐんこうしんきょく) 의용군 행진곡〔중국의 국가〕.
義援(ぎえん) 의연(義捐).
義人(ぎじん) 의인.
義認(ぎにん) 『基』 의인. 구원의 중심적 개념. 하느님이 인간을 의인으로 인정함.
義子(ぎし) 결연에 의한 자식. 사위나 양자.
義字(ぎじ) 뜻글자. 표의 문자.
義者(ぎしゃ) 의자. 의사(義士). 의인.
義姉(ぎし) 의로 맺은 누이〔형수·손위 올케·손위 시누이·처형 등〕.
義賊(ぎぞく) 의적. 의협심이 있는 도둑.
義戦(ぎせん) 의전. 의로운 싸움.
義絶(ぎぜつ) 의절. ①육친이나 군신의 인연을 끊음. ②절교.
義弟(ぎてい) ①의동생. ②손아래 처남〔동서·시동생·매제 등.
義爪(ぎそう) 기타를 칠 때에 쓰는 픽(pick).
義足(ぎそく) 의족.
義肢(ぎし) 의지. 의수족. 의족이나 의수.
∥~装具士(そうぐし) 의지 장구사. 의지를 환자에 꼭 맞게 제작하여 조정하는 사람.
義倉(ぎそう) 『史』 의창. 흉년에 대비하여 평시 곡물을 저장해 두던 창고.
義塚(ぎちょう) 의총. 무연(無緣) 분묘.
義歯(ぎし) 의치. 가치(假歯).
義太夫(ぎだゆう) '義太夫節(ぶし)(=浄瑠璃(じょうるり)의 한 파)'의 준말.
義学(ぎがく) 공익을 위해 유지의 기부금 따위로 설립된 민간 학교.
義解(ぎかい) 의해. 글 뜻의 풀이. *ぎげ로도 읽음.
義俠(ぎきょう) 의협. ♣~心(しん) 의협심.
義兄(ぎけい) ①의형. ②매형〔손위 매부〕·형부·손위 처남 따위.
義兄弟(ぎきょうだい) ①의형제. ②처남·시숙(媤叔)·매형·매제·동서 등의 일컬음.
義訓(ぎくん) 万葉集(まんようしゅう)에서

대표적으로 볼 수 있는 용자법의 하나. 한자를, 그 보통의 뜻에서 발전시켜 훈독함.

14 氵	漪	잔물결 **의** イ さざなみ

音読
漪瀾(いらん) ① 파도. ② 잔물결.

14 正 教	疑	의심할 **의** ギ うたがう・うたがわしい・うたぐる

音読
疑懼(ぎく) ⇨ 疑懼(ぎく).
疑懼(ぎく) 의구. 의심하고 두려워함.
疑念(ぎねん) 의념. 의심. 「심덩어리.
疑団(ぎだん) 의단. 마음속에 서린 의심. 의
疑問(ぎもん) 의문. ♣〜文(ぶん) 의문문/〜点(てん) 의문점.
‖〜代名詞(だいめいし) 의문 대명사.
　〜符(ふ) 의문부. 물음표.
　〜副詞(ふくし) 의문 부사. 유럽 여러 언어에서, 부사 중 의문의 뜻을 나타내는 말.
　〜詞(し) 의문사. 사물・사태에 대한 의문을 나타내는 말. 「의사증.
疑似(ぎじ)【醫】의사. 유사. ♣〜症(しょう)
疑心(ぎしん) 의심.
‖〜暗鬼(あんき) 의심하기 시작하면 모든 것이 의심스럽고 무서워짐.
疑陽性(ぎようせい)【醫】의양성 (반응).
疑獄(ぎごく) 의옥.
疑雲(ぎうん) 의운. 의심스러운 일을 구름에
疑義(ぎぎ) 의의. 「비유한 말.
疑点(ぎてん) 의점. 의문점. 의심스러운 점.
疑殆(ぎたい) 의태. 의심하고 두려워함.
疑惑(ぎわく) 의혹. ♣〜的(てき) 의혹적.

訓読
疑わしい(うたがわしい) 의심스럽다.
❖**疑う**(うたがう) 의심하다.
疑い(うたがい) ① 의심. ② 혐의. 의문점.
疑うらくは(うたがうらくは) 아마도. 다분히. 의심컨대.
疑い無く(うたがいなく) 의심할 여지없이.
疑い深い(うたがいぶかい) 의심이 많다.
❖**疑ぐる**(うたぐる) 〈俗〉의심하다.
疑り深い(うたぐりぶかい) 〈俗〉의심이 많다. 몹시 의심하다.

15 イ 常	儀	본보기 **의** ギ のり

音読
儀(ぎ) ① 의식. ② 일. 사항. 건(件). ③《接尾語적으로》…의. 모형. 기계. 「범.
儀軌(ぎき) 의궤. ① 밀교의 의식 규칙. ② 규

儀礼(ぎれい) 의례. ♣〜的(てき) 의례적.
儀範(ぎはん) 의범. 모범.
儀法(ぎほう) 의법. 의식(儀式)과 법칙. 규정. 법도(法度).
儀式(ぎしき) 의식.
儀容(ぎよう) 의용. 위의(威儀).
儀仗(ぎじょう) 의장. 의식용의 장식적 무기. ♣〜兵(へい) 의장병.
儀狄(ぎてき) 의적. ① 중국의 전설상의 인물. 하(夏)나라 때 처음으로 술을 만들었다고 함. ② 술의 딴이름.
儀典(ぎてん) 의전.
儀制(ぎせい) 의제. 의식과 제도.
儀表(ぎひょう) 의표. 본보기. 모범.
儀形(ぎけい) 의형. 모범. *ぎきょうろ도 읽
儀型(ぎけい) ⇨ 儀形(ぎけい). 「음.

15 殳 人	毅	굳셀 **의** キ つよい

音読
毅然(きぜん) 의연. 의지가 굳고 어엿한〔단호한〕모양.

15 言 人	誼	의 **의** ギ よしみ

訓読
誼(よしみ) 친분. 정의(情誼). 인연.

16 刂	劓	코벨 **의** ギ はなきる

訓読
劓(はなきり) 의형(劓刑). 오형(五刑)의 하나. *はなそぎ로도 읽음.

16 糸	縊	목맬 **의**・목맬 **액** イ くびる・くびれる

音読
縊死(いし) 액사. 목매어 죽음.
縊首(いしゅ) 의수. 목을 맴.

訓読
❖**縊る**(くびる) 목 졸라 죽이다.
縊り殺す(くびりころす) 목 졸라 죽이다.
❖**縊れる**(くびれる) 목매어 죽다.
縊れ死に(くびれじに) ① 목을 매어 죽음. 액사(縊死). ② 목이 졸려 죽음.

17 扌 常	擬	헤아릴 **의** ギ なぞらえる・もどき・まがい

音読

擬(ぎ)《接頭語로》의…. 모의(模擬)….
擬す(ぎす) ☞擬する(ぎする).
擬する(ぎする) ① 들이대다. ② 본뜨다. 견주다. ③ 가정하다.
擬古(ぎこ) 의고. 옛 풍습·양식을 모방함.
　♣~文(ぶん) 의고문 / ~的(てき) 의고적.
∥~主義(しゅぎ) 의고주의.
擬攻(ぎこう) 새 따위가 떼를 지어 독수리 등 맹금류에게 공격을 가하거나 겁을 주어 쫓아버리는 행동.
擬国会(ぎこっかい) 모의 국회.
擬麻(ぎま) 의마사(絲). 무명실.
擬娩(ぎべん) 의만. 아내의 출산시, 남편이 분만의 고통을 상징적으로 연기함.
擬木(ぎぼく) 의목. 콘크리트나 플라스틱으로 자연의 나무를 본뜬 것.
擬宝珠(ぎぼし) ① 의보주. 난간 기둥 머리에 다는 파꽃 모양의 장식. 난간 법수(法首). ② 파의 둥근 꽃. ③〖植〗개옥잠화.
擬死(ぎし)〖動〗의사. 동물이 호신상 (또는, 심한 자극을 받고) 죽은 체하는 일.
擬似(ぎじ)〖醫〗의사. 유사. ♣~症(しょう) 의사증.
擬傷(ぎしょう) 의상. 어미새가 부상한 듯이 가장하여 외적의 주의를 자기 쪽으로 돌리는 행동.
擬声語(ぎせいご)〖言〗의성어.
擬勢(ぎせい) 의세. ① 허세. ② 동물이 적을 위협하기 위해 취하는 자세.
擬手(ぎしゅ) 동물의 촉수.
擬薬(ぎやく)〖醫〗위약(偽藥).
擬陽性(ぎようせい)〖醫〗의양성 (반응).
擬洋風建築(ぎようふうけんちく) 明治(めいじ) 초기에 목수가 서양의 건축을 본떠서 지은 건물.
擬羊皮紙(ぎようひし) 의양피지. 펄프로 제조한 종이를 황산에 담가 가공한 것.
擬軟体動物(ぎなんたいどうぶつ)〖動〗의 연체 동물. 촉수 동물의 구칭.
擬律(ぎりつ)〖法〗의율. ① 범죄 사실에 법률을 적용함. ② 재판소가 법규를 구체적인 사건에 적용함.
擬音(ぎおん) 의음. (방송이나 연극에서) 어떤 소리를 흉내 내어 인공적으로 만들어 내는 소리.
∥~語(ご) 의음어. 의성어.
擬議(ぎぎ) 의의. ① 여러 가지로 궁리하는 모양. ② 망설임.
擬餌(ぎじ) 벌레 모양으로 만든 가짜 미끼.
　♣~鉤(ばり) 제물 낚시.
擬人(ぎじん) ① 의인. ②〖法〗법인. ♣~法(ほう) 의인법 / ~化(か) 의인화.
∥~名(めい) 사람이나 사물의 성질·형상을 사람의 이름처럼 부르는 말투.
擬作(ぎさく) 의작. ① 본떠서 만듦. 또, 만든 것. ② 시회(詩會) 등에 대비하여, 미리 시가 등을 만들어 둠. 또, 만든 것.
擬装(ぎそう) 의장. 위장.
擬戦(ぎせん) 의전. (실전처럼 하는) 모의전.

擬制(ぎせい) 의제. 법률상의 가설.
∥~資本(しほん)〖經〗의제 자본.
~親族(しんぞく) 의제 친족. 혈연자는 아니지만 의례 등을 거쳐 강한 결부를 갖게 된 사람들.
擬製(ぎせい) 의제. 흉내 내어 만듦. 또, 그 만든 것.
∥~豆腐(どうふ) 두부에 달걀이나 야채 등을 섞어 부친 식품.
~弾(だん) 의제탄. 연습 사격용의 모조 포탄.
擬態(ぎたい) 의태. ♣~語(ご)〖言〗의태어.
擬革(ぎかく) 의혁. 인조 피혁. 모조 가죽.
擬紙(ぎし) 의혁지. 종이를 가공한 모조 가죽.
擬猴類(ぎこうるい)〖動〗의후류. 원후(猿猴)류.

訓読

擬い(まがい) ①〈老〉모조(품). ②〈雅〉착각(혼동)함.
擬える(なぞらえる) ① 비교하다. 비기다. ② 본뜨다.
❖**擬く**(もどく)〈雅〉닮다(비슷하게) 만들다.
擬き(もどき) 그것에 닮게 만듦. 닮은 것.

其他

擬える(よそえる)〈口〉① 비교하다. 비유하다. ② 핑계 대다.

17 艹	薏	율무 **의** ヨク・イ

音読

薏苡仁(よくいにん)〖漢醫〗의이인. 율무쌀 《약재로 쓰임》.

18 石	礒	바위 **의** ギ いそ

訓読

礒(いそ) (바다·호수의) 바위 너설이 있는 물가. 둔치. 해변.

19 舟	艤	차릴 **의** ギ ふなよそい

音読

艤す(ぎす) ☞艤する(ぎする).
艤する(ぎする) 의장(艤装)하다.
艤装(ぎそう) 의장. 함선이 항해나 전투를 할 수 있도록 여러 가지 장비를 갖추는 일.

19 虫	蟻	개미 **의** ギ あり

音読

蟻付(ぎふ) 의부(蟻附). 개미처럼 떼지어 모여듦.

蟻鼻銭(ぎびせん) 의비전. 중국, 전국 시대의 초(楚)나라에서 쓰였던 청동 화폐.
蟻酸(ぎさん) 〖化〗 의산. 개미산. 포름산.
蟻視(ぎし) 의시. 개미를 보듯이 깔봄.
蟻浴(ぎよく) 개미를 자신의 깃털에 기어다니게 하거나 문지르는 일부 조류의 행동.
蟻蚕(ぎさん) 의잠. 애누에. 알에서 갓 깐 누에.
蟻走感(ぎそうかん) 〖醫〗 의주감.
蟻垤(ぎてつ) 의질. 의총(蟻塚). 개밋둑.
蟻集(ぎしゅう) 의집. 개미처럼 떼지어 모임. 밀집.

訓読
蟻(あり) 〖蟲〗 개미.
蟻巻(ありまき) 〖蟲〗 ① 진디. ② 바퀴.
蟻の門渡り(ありのとわたり) ① 개미의 행렬. ② 회음(會陰).
蟻食い(ありくい) 〖動〗 개미핥기.
蟻刺し(ありざし) 〖建〗 은살대.
蟻地獄(ありじごく) 〖蟲〗 개미귀신.
蟻塚(ありづか) 의총. 개밋둑. 의봉(蟻封).
蟻の塔(ありのとう) ① ☞ 蟻塚(ありづか). ② 〖植〗 개미탑.
蟻通し(ありどおし) 〖植〗 호자나무.

20 言 [教]	議	의논할 의 ギ はかる

音読
議(ぎ) 논함. 토의.
議す(ぎす) ☞ 議する(ぎする).
議する(ぎする) 의논하다. 심의하다.
議決(ぎけつ) 의결. ♣~権(けん) 의결권.
‖~機関(きかん) 의결 기관.
議論(ぎろん) 의론. 논의.
‖~文(ぶん) 의론문. 논문의 구칭.
~百出(ひゃくしゅつ) 의론 백출. 많은 의견이 잇따라 나옴.
議了(ぎりょう) 의료. 회의·심의가 끝남.
議事(ぎじ) 의사. ♣~堂(どう) 의사당 / ~録(ろく) 의사록.
‖~公開(こうかい)の原則(げんそく) 〖政〗 의사(회의) 공개의 원칙.
~日程(にってい) 의사 일정.
~定足数(ていそくすう) 의사 정족수.
議席(ぎせき) 의석.
議案(ぎあん) 의안.
議員(ぎいん) 의원.
‖~立法(りっぽう) 의원 입법.
~定数(ていすう) 의원 정수.
~特典(とくてん) 의원 특전.
議院(ぎいん) 의원. 의회.
‖~規則(きそく) 의원 규칙.
~内閣制(ないかくせい) 의원 내각제.
~運営委員会(うんえいいいんかい) 의원 운영 위원회.
~制度(せいど) 의원 제도.
~証言法(しょうげんほう) 의원 증언법.
議長(ぎちょう) 의장.
‖~職権(しょっけん) 의장 직권.
議場(ぎじょう) 의장. 회의 장소.
議定(ぎてい) 의정. ♣~書(しょ) 의정서.
議題(ぎだい) 의제. 「의 직명.
議奏(ぎそう) 〖史〗 무가(武家) 시대의 조정
議会(ぎかい) 의회. ♣~制(せい) 의회제.
‖~政治(せいじ) 의회 정치.
~主義(しゅぎ) 의회주의.

21 食	饐	쉴 의 イ すえる

訓読
❖饐える(すえる) (음식물이 상하여) 쉬다. 시큼해지다. 「나다.
饐え臭い(すえくさい) 쉰 것 같은 냄새가

22 心	懿	아름다울 의 イ よい

音読
懿親(いしん) 의친. 친척간의 화목.

이

2 二 [教]	二	두 이 ニ·ジ ふた·ふたつ·ふ

音読
二 ㊀(に) ① 둘. ② 두 번째. ③ 같지 않음.
㊁(ふた) ① 둘. ②《接頭語적으로》 두….
㊂(ふ) 둘(셀 때만 쓰임). * ふうろも 읽음.
二家(にけ) 자웅 이주(雌雄異株).
二更(にこう) 2경. 해시(亥時)《오후 9-11
二季(にき) ① 두 철〔계절〕. 곧, 봄과 가을, 또는 여름과 겨울. ② 백중과 연말.
‖~払い(ばらい) 백중과 세밀 두 철에 지불하는 일.
二階(にかい) ① 二階建의 준말. ② 이층.
♣~家(や) 이층집.
‖~建て(だて) 이층 구조〔건물〕.
二空(にくう) 〖佛〗 이공. 아공(我空)과 법공(法空)을 말함.
二九(にく) (2×9=18에서) 18세. 꽃다운 나이. 이팔청춘.
二の句(にのく) 다음 말. 「오다.
~が継(つ)げない 기가 막혀 다음 말이 안 나
二口虫(にこうちゅう) 〖動〗 디스토마.
二君(にくん) 이군. 두 임금.   「팀.
二軍(にぐん) 이군. (프로 야구 등에서) 예비
二均差(にきんさ) 〖天〗 달의 황경(黃徑)에 나타나는 주기적인 섭동(攝動)의 하나.

二極(にきょく) 〖理〗2극. 양극(兩極).
♣~化(か) 양극화.
‖~真空管(しんくうかん) 2극 진공관.
二級品(にきゅうひん) 2급품.
二級河川(にきゅうかせん) 2급 하천《都(と)·道(どう)·府(ふ)·県(けん)이 관리함》.
二気(にき) 〖哲〗이기. 음양(陰陽). 음과 양의 두 기(氣).
二期(にき) 2기. 두 기간. ♣~生(せい) 2기생 / ~制(せい) 2기제.
‖~作(さく) 이모작《일년에 벼를 두 번 재배·수확함》.
二女 ㊀(にじょ) 이녀. ①두 여자 애. 두 딸. ㊁(じじょ) 차녀. 둘째 딸.
二年(にねん) 이년. ①두 해. ②일년의 다음 해.
‖~一毛作(いちもうさく) 이년 일모작.
二年生(にねんせい) 이년생. ①제2학년의 아동·학생. ②二年生植物의 준말.
‖~植物(しょくぶつ) 이년생 식물. 두해살이 식물.
二年草(にねんそう) 이년초. 두해살이풀.
二念(にねん) ①딴마음. 두 마음. ②여념(餘念)이다.
二段(にだん) 이단.
‖~構え(がまえ) 첫번째가 실패하면 두번째 수를 써서 다시 한 번 해보려는 마음가짐.
~目(め) ①둘째 장〔단〕. ②(씨름에서) 대전표의 제2단에 이름이 오르는 씨름꾼.
~抜き(ぬき) (신문에서) 이단 기사.
~活用(かつよう) 동사 활용형의 하나.
二糖類(にとうるい) 〖化〗이당류.
二大(にだい) 이대.
‖~政党(せいとう) 이대 정당.
二刀流(にとうりゅう) ①쌍칼을 쓰는 검술의 유파. ②〈俗〉술과 단것을 모두 즐김.
二度(にど) 두 번. 재차(再次). *ふたたび로도 읽음.
~の勤め(つとめ) 재취업. 한번 그만둔 직업을 다시 붙드는 일.
~と再び(ふたたび) 두 번 다시는. 「여.
‖~三度(さんど) 재삼재차. 여러 번 중복되~咲き(ざき) ①제철이 지난 뒤 재차 꽃이 핌. ②한 해에 두 번 꽃이 핌. 또, 그 꽃.
~手間(でま) 한번으로 끝날 일을 두 번 손~添い(ぞい) 후처. 재취. 「질함.
二途(にと) 두 갈래 길.
二盗(にとう) 〖野〗2루로 도루하는 것.
二頭立て(にとうだて) 쌍두(雙頭)〔두 필의 말〕로 수레를 끄는 일.
二等(にとう) 이등. 제2위. ♣~兵(へい) 이등병 / ~親(しん) 2촌(간).
二等辺三角形(にとうへんさんかくけい) 이등변 삼각형. *にとうへんさんかっけい로도 읽음. 「이등분선.
二等分(にとうぶん) 이등분. ♣~線(せん)
二卵性雙生児(にらんせいそうせいじ) 이란성 쌍생아.
二郎(じろう) ①차남(次男). ②같은 물건 중에서 두 번째의 것.

二浪(にろう) (입시 실패로 인한) 삼수(생).
二塁(にるい) 〖野〗2루. ♣~手(しゅ) 2루수 / ~打(だ) 2루타.
二流(にりゅう) ①이류. ②두 유파.
二硫化炭素(にりゅうかたんそ) 〖文〗이황화탄소.
二六対(にろくつい) 〖文〗(한시의) 이륙대.
二六時中(にろくじちゅう) 이십사 시간 동안. 밤낮. 종일.
二輪車(にりんしゃ) 이륜차.
二枚(にまい) ①두 장. ②두 개. 두 부분.
♣~舌(じた) 일구이언.
‖~肩(がた) 가마를 둘이 멤. 또, 그 가마.
~落ち(おち) (장기에서) 한 쪽이 飛車(ひしゃ)와 角(かく)을 떼고 하는 것.
~目(め) ①미남. ②歌舞伎(かぶき)에서 미남역의 배우《출연 배우 일람표에 두 번째로 이름이 쓰여짐》.
~目半(めはん) 二枚目(にまいめ)와 三枚目(さんまいめ)의 중간의 뜻으로, 미남이고 익살맞아 친밀감을 갖게 하는 사람.
~腰(ごし) (씨름에서) 끈기 있는 허릿심.
~重ね(がさね) 일본옷으로 성장할 때, 긴 옷을 둘 겹쳐 입음.
~蹴り(げり) (씨름에서) 맞잡은 채 발바닥으로 상대의 발목께를 밭다리치기로 넘어뜨리~貝(がい) 〖貝〗쌍각류의 조개. 「는 수.
二面性(にめんせい) 양면성.
二毛作(にもうさく) 이모작.
二無し(になし) 〈古〉무쌍(無雙)이다. 둘도 [비길 데] 없다.
二の舞(にのまい) 같은 실패를 되풀이함.
二拍子(にびょうし) 〖樂〗2박자.
二倍体(にばいたい) 〖生〗이배체.
二杯酢(にはいず) 초간장.
二白(にはく) 말의 네 다리 중, 두 다리 하부 전체에 흰 얼룩이 있는 말.
二百十日(にひゃくとおか) 입춘(立春)에서 210일째 되는 날.
二百二十日(にひゃくはつか) 입춘(立春)에서 220일째 되는 날.
二番(にばん) 이번. ①두 번째. 2등. ②二番抵当의 준말. ♣~館(かん) 재개봉관 / ~茶(ちゃ) 하급 차.
‖~目(め) 두 번째. ♣~物(もの) 〖劇〗能楽(のうがく)에서, 두 번째로 상연되는 能(のう).
~生え(ばえ) ①풀 따위가 한번 벤 뒤에 또 돋아남. ②차남(次男)·후처(後妻)·계모(繼母) 등 두 번째의 것.
~抵当(ていとう) 〖法〗이번 저당. 이중(二重) 저당. 재저당(물).
~煎じ(せんじ) 재탕한 약〔차〕. 새로운 맛이 없음.
二本立て(にほんだて) ①(영화관에서) 동시 상영. ②두 가지 일을 동시에 함.
二本棒(にほんぼう) 〈俗〉①무사(武士). ②코흘리개 아이. ③아내에게 무른 남편.

二本差し(にほんざし) ①《俗》 무사. ②(씨름에서) 상대의 겨드랑이에 양손을 넣고 맞잡음.
二夫(にふ) 두 남편.
二部料金制(にぶりょうきんせい) 기본 요금과 사용량 요금을 합쳐 회수하는 요금 제도《전화료 따위》.
二部作(にぶさく) 이부작.
二分 ㊀(にぶん) 이분. 둘로 나눔.
‖〜経線(けいせん) 〖天〗 이분 경선.
㊁(にぶ) 10분의 2. 2부.
二分音符(にぶおんぷ) 〖樂〗 2분 음표.
二分一本(にぶいっぽん) 남근의 별칭.
二飛(にひ) 〖野〗 세컨드 플라이. 2루수 쪽으로 날아가는 플라이.
二四D(によんディー) '二四ジクロロフェノキシ酢酸(さくさん)(=이사 디클로로페녹시 아세트산)'의 준말《잡초 제거용 농약》.
二死(にし) 〖野〗 이사. 투아웃.
‖〜満塁(まんるい) 〖野〗 이사 만루.
二師(にし) 〖佛〗 이사. 석가여래와 다보여래(多寶如來).
二捨三入(にしゃさんにゅう) 이사 삼입.
二酸化(にさんか) 〖化〗 이산화나. ♣〜鉛(なまり) 〖化〗 이산화납.
‖〜珪素(けいそ) 〖化〗 이산화규소.
〜硫黄(いおう) 〖化〗 이산화황.
〜炭素(たんそ) 〖化〗 이산화탄소.
二三(にさん) 이삼. 두서넛. 약간.
二上がり(にあがり) 三味線(しゃみせん)의 두 번째 줄의 가락을 본가락보다 한 음 높임. 그 곡조.
‖〜新内(しんない) 新内節(しんないぶし) 조(調)로 부르는 二上がり의 小唄(こうた).
二鰓類(にさいるい) 〖魚〗 이새류.
二色型色覚(にしょくがたしきかく) 색맹 중에서, 색각의 3요소인 적(赤)·녹(綠)·청(青) 중 두 색밖에 식별하지 못하는 상태.
二鼠(にそ) 〖佛〗 이서. 흰쥐와 검은쥐의 두 쥐. 주야는 세월을 비유해서 말함.
二の膳(にのぜん) 곁상. (일본 요리에서) 주된 상에 뒤이어 나오는 상.
二選(にせん) 이선. 재선.
二世 ㊀(にせ) 〖佛〗 이세. 현세와 내세.
㊁(にせい) 이세. 2대째.
二歳(にさい) 생후 두 돌이 되는 젖먹이. 미숙한 젊은 사람을 빗대어 하는 말.
二世帯住宅(にせたいじゅうたく) 〖建〗 이세대 주택. 한 건물에 부모 세대와 자식 세대가 각살림을 할 수 있도록 된 주택.
二束三文(にそくさんもん) 수는 많아도 값이 아주 쌈. 또, 그런 물건. 싸구려.
二水(にすい) 한자 부수의 하나: 이수변.
二竪(にじゅ) 이수. 병마(病魔). 병.
二乗(にじょう) ①〖數〗 이승. 자승(自乘). 제곱. ②〖佛〗 대승(大乘)과 소승. *じじょう로도 읽음.
‖〜根(こん) 〖數〗 평방근(平方根). 제곱근. *じじょうこん으로도 읽음.

二の矢(にのや) 두 번째 쏘는 화살.
二食(にしょく) 이식. ①2회 분의 식사(량). ②하루 두 끼만 식사를 함. *にじきろも
二伸(にしん) 추신. 읽음.
二新(にしん) 〖經〗 이신. 제2신주(新株).
二心(にしん) 이심. ①두 마음. 딴마음. *ふたごころ로도 읽음. ②의심하는 마음.
二審(にしん) 〖法〗 이심. 제2심.
二十 ㊀(にじゅう) 이십. 20.
㊁(はたち) ①20세. 스무 살. ② ☞ ㊀.
二十四金(にじゅうよんきん) 이십사금. 순금(純金).
二十四気(にじゅうしき) 이십사 (절)기.
二十四時間(にじゅうよじかん) 24 시간.
‖〜勤務(きんむ) 24 시간 근무.
〜制(せい) 24 시간제. 하루를 오전 오후로 나누지 않고 0시에서 24시까지 계속 표시하는 시각의 호칭《철도에서 흔히 씀》.
二十四節気(にじゅうしせっき) 이십사 절기.
二十四孝(にじゅうしこう) 이십사효《옛 중국의 유명한 효자 24명》.
二十三夜待ち(にじゅうさんやまち) 음력(8월) 23일 밤의 달맞이. 또, 그 달.
二十世紀(にじゅうせいき) 20세기.
二十五時(にじゅうごじ) 이십오시《불안과 절망의 시간을 나타냄》.
二十五有(にじゅうごう) 〖佛〗 이십오유.
二十五弦(にじゅうごげん) 이십오현《중국 고대 현악기의 한 가지》.
二十五絃(にじゅうごげん) ⇨ 二十五弦(にじゅうごげん).
二十八宿(にじゅうはっしゅく) 〖天〗 이십팔수.
二眼レフ(にがんレフ) '二眼レフレックスカメラ(=이안 리플렉스 카메라)'의 준말.
二様(によう) 두 가지. 두 종류.
二言(にごん) ①두 번 말함. ②이언. 두 말. *ふたことで도 읽음.
二業(にぎょう) 기생집과 요릿집의 두 영업.
‖〜地(ち) 요정과 기생집이 모여 있는 지역.
二塩基酸(にえんきさん) 〖化〗 이(二)염기산. H_2SO_4, H_2S 따위.
二の腕(にのうで) 위팔. 상박(上膊).
二王(におう) 이왕. ①두 사람의 군주. ②중국 진(晉)나라 때의 서성(書聖) 왕희지(王羲之)와 그 아들 왕헌지(王獻之)를 일컬음.
二元(にげん) 이원. ♣〜論(ろん) 이원론/〜的(てき) 이원적.
‖〜放送(ほうそう) 이원 방송.
〜方程式(ほうていしき) 이원 방정식.
二院(にいん) 이원. 양원. 상원과 하원.
‖〜制(せい) 〖政〗 이원제. 양원 제도.
二月(にがつ) 2월.
二の酉(にのとり) 11월의 둘째 유일(酉日)에 서는 장.
二律背反(にりつはいはん) 〖論〗 이율 배반.
二恩(におん) 이은. ①부모의 은혜. ②스승과 어버이의 은혜.
二義的(にぎてき) 제이의적. 이차적. 부차적.

二人三脚(ににんさんきゃく) ①이인삼각. ②둘이 힘을 합쳐 목적을 향해 나아감.
二人称(ににんしょう) 2인칭.
二一天作の五(にいちてんさくのご) ①이일 첨작오(添作五). 주판에서 하나를 둘로 나눌 때 몫을 다섯으로 놓음. ②주판. 계산.
二字(にじ) ①두 자. ②(흔히, 두 자로 된) 실명(實名).
‖〜口(ぐち) 씨름판의 동서 양쪽 씨름꾼이 올라가는 목.
二者(にしゃ) 이자. 양자.
‖〜選一(せんいつ) 이자 택일. 양자 택일.
〜択一(たくいつ) 양자 택일.
二障(にしょう) 〖佛〗이장.
二才(にさい) ⇨ 二歲(にさい).
二の町(にのまち) ①다음 도시. ②제2위〔류〕. 하찮은 것.
二挺立て(にちょうだて) 노두 개로 젓는 재래식 일본배.
二の足(にのあし) 다음에 내미는 발.
二足の草鞋(にそくのわらじ) 한 사람이 양립될 수 없는 두 직업·입장을 겸함.
〜を履(は)く 겸(직)할 수 없는 일을 겸하다.
二座鯛(にざだい) 〖魚〗쥐돔.
二重 ㈠(にじゅう) ♣〜蓋(ぶた) 겹뚜껑 / 〜奏(そう)〖樂〗2중주 / 〜唱(しょう)〖樂〗2중창 / 〜窓(まど) 이중창.
‖〜価格(かかく) 이중 가격.
〜結婚(けっこん) 이중 결혼.
〜課税(かぜい) 이중 과세.
〜構造(こうぞう) 이중 구조.
〜国籍(こくせき) 이중 국적.
〜売(う)り 이중으로 괾.
〜売買(ばいばい)〖法〗이중 매매.
〜盲検法(もうけんほう) 이중 맹검법《약의 효과를 객관적으로 평가하기 위한 방법》.
〜母音(ぼいん)〖言〗이중 모음. 중모음.
〜舞台(ぶたい) 이중 무대. 「격.
〜米価(べいか) 이중 미가. 쌀의 이중 가
〜否定(ひてい) 이중 부정.
〜分節(ぶんせつ)〖言〗이중 분절.
〜写(うつ)し ①(사진의) 겹쳐 찍음. ②〖映〗오버랩.
〜生活(せいかつ) 이중 생활. 「畫).
〜焼(や)き付(つ)け〖寫〗이중 인화(印
〜譲渡(じょうと) 이중 양도.
〜外交(がいこう) 이중 외교.
〜人格(じんかく) 이중 인격.
〜帳簿(ちょうぼ) 이중 장부.
〜抵当(ていとう) 이중 저당.
〜遭難(そうなん) 이중 조난.
〜撮(と)り 이중 촬영.
〜取(ど)り 대금 등을 한 번 받고 또 받음.
〜火山(かざん) 이중 화산. 복식 화산.
〜回(まわ)し 일본 옷 위에 입는 남자의 외투. 인버네스.
㈡(ふたえ) ① ☞ ㈠. ②둘로 꺾임(굽음).
‖〜腰(ごし) (노인의) 굽은 허리.

〜瞼(まぶた) 쌍꺼풀(눈).
二至(にし) 이지. 하지(夏至)와 동지(冬至).
二至二分(にしにぶん)〖天〗이지 이분. 하지와 동지 및 춘분과 추분.
二進(にしん)〖野〗이진. 2루에 진출함.
二進法(にしんほう)〖數〗이진법.
二進も三進も(にっちもさっちも) 《아래에 부정을 수반하여》이러지도 저러지도.
二進化十進(にしんかじっしん) 십진 숫자를 이진 숫자의 조합으로 나타내는 법.
二次(にじ) 이차. ♣〜的(てき) 이차적 /〜会(かい) 이차회.
‖〜感染(かんせん)〖醫〗이차 감염.
〜公害(こうがい) 2차 공해.
〜関数(かんすう)〖數〗2차 함수.
〜林(りん) 원시림이 벌채나 재해로 파괴된 후, 자연 또는 인공적으로 재생한 삼림.
〜方程式(ほうていしき)〖數〗2차 방정식.
〜産業(さんぎょう) 이차 산업. 「식.
〜生長(せいちょう)〖植〗비대(肥大) 생장.
〜試験(しけん) 이차 시험.
〜災害(さいがい) 이차 재해.
〜電流(でんりゅう)〖理〗이차 전류.
〜電子(でんし)〖理〗이차 전자.
〜電池(でんち)〖理〗이차 전지. 축전지.
〜製品(せいひん) 이차 제품.
〜遷移(せんい)〖植〗이차 천이.
二の次(にのつぎ) 둘째 번. 뒤로 돌림.
二次元(にじげん) 이차원.
二天門(にてんもん)〖佛〗이천문. 좌우에 한 쌍의 인왕상(仁王像)을 안치한 절의 중문.
二千石(にせんせき) (옛 중국의) 지방 장관. 현(縣) 지사.
二畳紀(にじょうき)〖地〗이첩기. 페름기.
二の替(か)わり(にのかわり)〖劇〗그 달 두 번째의 흥행. 「흑」築).
二軸結晶(にじくけっしょう)〖鑛〗이축(雙
二値論理学(にちろんりがく)〖論〗이가(二價) 논리학. 명제의 진리값을 참 아니면 거짓의 두 값만을 취하다는 논리학.
二値素子(にちそし) (컴퓨터의) 이진 소자 (二進素子).
二親等(にしんとう) 2촌(간)《조부모와 손자 사이 같은 것》.
二兎(にと) 두 마리의 토끼.
〜を追(お)う 두 마리 토끼를 쫓다.
二八 ㈠(にはち) 이팔. 십육 세. 처녀의 한창 때 나이.
㈡(にっぱち)〈俗〉 (상업·흥행 등의) 경기가 없는 2월과 8월.
二河白道(にがびゃくどう)〖佛〗극락 세계에 왕생하는 신앙심을, 탐욕인 물의 강, 진에(瞋恚)의 불의 강 사이에 낀 좁고 맑은 길로 비유한 말.
二行程機関(にこうていきかん)〖機〗이행정 기관. 「기).
二弦琴(にげんきん) 이현금《두 줄의 현악
二絃琴(にげんきん) ⇨ 二弦琴(にげんきん).

二号(にごう) 이호. ①둘째 것. (책 따위의) 둘째 호. ②〈俗〉첩(妾). 「화려나방.
二化螟蛾(にかめいが) 〖蟲〗이화 명아. 이
二化螟虫(にかめいちゅう) 〖蟲〗이화 명아충. 이화명나방. 「있는 성곽.
二の丸(にのまる) 성의 중심. 건물 바깥쪽에
二黒(じこく) 이흑. 구성(九星)의 하나. 토성에 해당하며 방위는 남서.

🔸訓読🔸
二つ(ふたつ) 둘. 두 개. 두 살.
∥**〜目**(め) 두 번째. 두 개째. ②(만담·재담에서) 마지막으로 출연하는 제1인자보다 앞서서 출연하는 연예인.
〜文字(もじ) 平仮名(ひらがな)의 二자.
〜返事(へんじ) '예예'하고 쾌히 승낙함.
〜乍ら(ながら) 둘 다. 양쪽 모두.
〜色(いろ) ♣二藍(ふたあい).
〜一つ(ひとつ) 둘 중 어느 하나.
〜折り(おり) 둘로 접음〔접은 것〕.
〜取り(どり) 양자택일.
〜割り(わり) 둘로 가름〔쪼갬〕. ②두 말
二間(ふたま) 두 칸. 」들이 술통.
二股(ふたまた) ①두 갈래. ②양다리걸침.
♣**〜道**(みち) 두갈랫길.
∥**〜膏薬**(ごうやく) 이쪽 저쪽에 붙어 지조가 없는 사람. *ふたまたこうやく로도 읽음.
〜大根(だいこん) 가랑무.
二筋(ふたすじ) 두 갈래. 두 줄기.
∥**〜道**(みち) ①두 갈랫길. 갈림길. 기로. ②두 (가지) 길.
二道(ふたみち) ①쌍갈랫길. ②(이성 교제 등에서) 양다리를 걸침.
二度飯(ふたたびめし) 전 밥이나 찬밥을 한 번 더 끓인 것.
二藍(ふたあい) ①염색의 이름. 불그스름한 남색. ②**〜甕**(かめ) 이 색조. 겉은 불그스름한 남색, 안은 엷은 남색.
二籠り(ふたごもり) ①두 개가 하나로 싸여 있음. ②쌍고치.
二目(ふため) 두 번 봄. 「글자.
二文字(ふたもじ) ①〈宮中女〉부추. ②두
二方(ふたかた) ①양방면. 쌍방. ②두 분.
二色(ふたいろ) ①이색. 두 가지 색. ②두 종류.
二声鳥(ふたこえどり) 이성조. 비둘기의 딴
二所(ふたところ) ①두 곳. ②두 사람.
二手(ふたて) 두 패. 양쪽.
二夜(ふたよ) 이틀 밤.
二葉(ふたば) ①떡잎. ②사물의 시초. 사람의 어린 시절. ♣**〜葵**(あおい) 〖植〗제비꽃.
二腰(ふたこし) ①허리에 차는 대소 두 자루의 칼. ②무사(武士). 「읽음.
二人(ふたり) 이인. 두 사람. *ににん으로도
∥**〜口**(ぐち) 부부 두 사람의 생계.
〜静(しずか) 〖植〗홀아비꽃댓과의 다년생 초본. 「り의 준말.
二子 🅢(ふたこ) ①二子糸의 준말. ②二子織
∥**〜糸**(いと) 이겹실. 이합사. 쌍올실.

〜織り(おり) 쌍올실로 짠 천.
〜縞(しま) 쌍올실로 짠 줄무늬 천.
🅣(ふたご) 쌍둥이.
二従姉妹(ふたいとこ) 육촌. 재종 자매.
二従兄弟(ふたいとこ) 육촌. 재종 형제.
二親(ふたおや) 양친. *にしん으로도 읽음.
二七日(ふたなのか) 사후(死後) 14일째의 재(齋). 또, 14일간. *ふたなぬかろも 읽음.
二布(ふたの) ⇨ 二幅(ふたの).
二幅(ふたの) ①보통 폭의 감절. 또는 그런 폭의 천. ②일본식 여자 속옷.
二皮(ふたかわ) ①겹으로 되어 있음. ②☞**二皮眼**. **〜眼**(め) 쌍거풀.
二桁(ふたけた) (아라비아 숫자의) 두 자리. 특히, 10에서 99까지의 숫자.
二軒(ふたのき) 처마를 받치는 서까래가 위아래 두 단으로 되어 있는 처마.
二形(ふたなり) ①두 가지 형태를 겸하여 가지는 것. ②남녀추니.

🔸其他🔸
二十歳 🅣(はたち) ①20세. 스무 살. ②〈雅〉20. 스물.
🅢(はたとせ) 〈雅〉20년(간).
二十日(はつか) 20일. ①스무날. ②그 달의 20일째. ♣**〜鼠**(ねずみ) 〖動〗생쥐.
∥**〜夷**(えびす) 매년 10월 20일에 상가(商家)의 신(神)인 えびす를 제사지내는 행사.
〜正月(しょうがつ) 음력 정월 20일.
二十重(はたえ) 스무 겹. 여러 겹으로 겹침.
二日(ふつか) (초)이틀. 초이튿날.
∥**〜払い**(ばらい) 유흥비.
〜月(づき) 음력(8월) 초이튿날 밤의 달.
〜酔い(よい) 숙취. 「조금.
二合半(こなから) ①반 되의 반. 2홉 반. ②

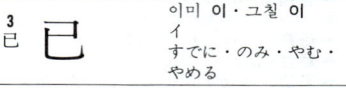

🔸音読🔸
已上(いじょう) 이상(以上).
已然形(いぜんけい) 〖文法〗문어의 동사·형용사·조동사의 활용형의 하나.

🔸訓読🔸
已に(すでに) ①이미. 벌써. 이전에. ②거의. 자칫. ③〈古〉전혀. 모두.
❖**已む**(やむ) ①멈추다. 중지하다. ②《…してやまない의 형으로》 …해 마지않다.
已まない(やまない) 《'…して〜'의 꼴로》어디까지나 …하다. …해 마지않다.
已むを得ず(やむをえず) 할 수 없이. 어쩔 수 없이.
已むを得ない(やむをえない) 할〔어쩔〕 수
已む無い(やむない) 부득이하다. 할 수 없다.
已む無き(やむなき) 만부득이함. 어쩔 수 없음.
已む無く(やむなく) 부득이.
❖**已める**(やめる) 그만두다. 중지하다. 끝다.
已め(やめ) 그만둠. 중지. 끝남.

以

5획 人 敎
써할 이·써 이
イ
おもう・もちいる・もって

音読
以降(いこう) 이강. 이후.
以南(いなん) 이남.
以内(いない) 이내.
以東(いとう) 이동.
以来(いらい) 이래. 이후.
以北(いほく) 이북.
以上(いじょう) 이상.
以西(いせい) 이서.
以心伝心(いしんでんしん) 이심전심.
以往(いおう) 이왕. 이후. 그 뒤.
以外(いがい) 이외. 그 밖.
以遠(いえん) 이원. (항공로 등에서) 어떤 지점으로부터 저쪽. ♣~**権**(けん) 이원권.
以夷制夷(いいせいい) 이이 제이. 외국을 이용하여 다른 나라를 누름.
以前(いぜん) 이전.
以下(いか) 이하.
以還(いかん) 이후. 그 후. 이래.
以後(いご) 이후.

訓読
以って(もって) ① 한계·구분을 나타냄. …(으)로써. ② 수단·도구·방법을 나타냄. …(으)로(써). ③ 원인을 나타냄. …때문에. …이유로.
以る(おもんみる) 〈雅〉 생각해 보다.
以ての外(もってのほか) 뜻하지 않음. 의외. 당치도 않음. 언어 도단. 「를.
以為(おもえらく) 〈雅〉 생각건대. 생각하기

伊

6획 イ 人
이 이
イ

音読
伊(い) 〖地〗 이. 伊太利亜(イタリア)의 준말.
伊豆(いず) 〖地〗 옛 지방 이름. 지금의 静岡(しずおか) 현 동남부.
‖~**千両**(せんりょう) 〖植〗 자금우(紫金牛) 과의 상록 관목.
伊蘭(いらん) ① 아주까리속(屬)의 일종으로, 악취 나는 독초. ② 〖佛〗 (전단(栴檀)을 보리(菩提)에 비유하는 데 대하여) '번뇌'를 비유하는 말.
伊呂波(いろは) ① 伊呂波歌 47자의 첫 세 글자(알파벳 ABC에 해당). ② 伊呂波歌의 배열. ③ いろは歌 47자의 총칭.
‖~**歌**(うた) 平仮名(ひらがな) 47자를 한 자도 중복하지 않고 의미 있게 배열한 7·5조의 노래.
~**歌留多**(ガルタ) いろは 47자와 ん 또는 京(きょう)자를 합친 48장의 읽는 패와 그에 해당하는 48장의 그림 패로 된 놀이 딱지.
~**仮名**(がな) 한자의 초서체에서 만들어진 일본의 음절 문자.
~**順**(じゅん) いろは 47자의 순서.
伊万里焼(いまりやき) 일본 佐賀(さが) 현 伊万里(いまり)에서 생산되는 도자기.
伊勢(いせ) 〖地〗 옛 지방 이름. 지금의 三重(みえ) 현 대부분.
伊勢崎織(いせさきおり) 일본 群馬(ぐんま) 현 伊勢崎 지방에서 나는 견직물.
伊勢神宮(いせじんぐう) 일본 三重(みえ) 현 伊勢 시에 있는 신사(神社).
伊勢参り(いせまいり) 伊勢神宮(いせじんぐう)에 참배함. 또, 그 여행. 「우.
伊勢蝦(いせえび) 〖動〗 대하(大蝦). 왕새
伊勢海老(いせえび) ⇨ 伊勢蝦(いせえび).
伊予(いよ) 〖地〗 옛 지방 이름. 지금의 愛媛(えひめ) 현.
伊吹(いぶき) 〖植〗 향나뭇과의 상록 교목.
伊土戦争(いとせんそう) 이토 전쟁. 이탈리아 투르크 전쟁.
伊賀(いが) 〖地〗 옛 지방 이름. 지금의 三重(みえ) 현 북서부.
‖~**衆**(しゅう) 일본 江戸幕府(えどばくふ)에 고용되어 첩자 노릇을 한 伊賀 출신의 무사(武士)들.

其他
伊達(だて) ① 겉멋 둠. 멋부림. ② (짐짓) 호기를 부림.
伊達巻(だてまき) ① 여성용의 폭 좁은 속띠. ② 다진 생선과 달걀을 섞어서 두껍게 말아 부친 식품.
伊達男(だておとこ) ① 멋쟁이 남자. ② 협기를 행동으로 보임. 또, 그런 남자.
伊達眼鏡(だてめがね) 멋을 내기 위한 (도수가 없는) 안경.
伊達者(だてしゃ) ① 멋쟁이. 호사바치. ② 짐짓 호기[협기]를 부리는 사람. ＊だてもの로도 읽음.
伊達姿(だてすがた) 멋지게 차려 입은 모습.
伊達風(だてふう) ① 협기가 있는 모양. ② 화려한 풍속. ③ 화려한 옷차림.
伊太利(イタリー) ☞ 伊太利亜(イタリア).
伊太利亜(イタリア) 〖地〗 이탈리아.

夷

6획 大
오랑캐 이
イ
えびす

音読
夷 ㈠(い) 오랑캐.
~**をもって**~**を制**(せい)**す** 이이 제이(以夷制夷).
㈡(えびす) ① 아이누족. ② ☞ ㈠. ③ 거친 사람. (関東(かんとう) 지방의) 사나운 무사.
夷滅(いめつ) ① 멸. 멸하여 없앰.
夷人(いじん) ① 미개인. ② 외국인.
夷狄(いてき) 이적. ① 오랑캐. 미개인. 야만인. ② (고대 중국인의 입장에서 본) 외국인.

夷草·夷布

[訓読]
夷草(えびすぐさ)〖植〗결명차.
夷布(えびすめ) (北海道(ほっかいどう)에서 나는) 다시마.

弐 (貳)

두 이
ニ
ふたつ・ふた

[音読]
弐心 ㊀(にしん) 이심. ① 두 마음. 딴마음. ② 의심하는 마음.
㊁(ふたごころ) 두 마음. 딴마음.

弛

느슨할 이
シ・チ
ゆるむ・たゆむ・たるむ

[音読]
弛緩(しかん) 이완. *ちかん은 관용음.
弛張(しちょう) 이장. 늦춤과 켐. 해이(解弛)와 긴장. 관대와 엄격.
弛廃(しはい) 이폐. 쇠퇴함.

[訓読]
弛い(ゆるい) ① 느슨하다. ② 엄하지 않다. ③ 완만하다.
弛し(たゆし)〈文〉① 나른하다. ② 둔하다. 눈치가 없다.
弛まる(ゆるまる) 느슨해지다. 풀어지다.
弛める(ゆるめる) 늦추다. 느슨하게 하다. 풀다.
❖**弛む** ㊀(ゆるむ) 느슨해지다. 풀어지다.
㊁(たるむ) 느슨해지다. 느즈러지다. 늘어지다. 해이해지다. 「심케 하다.
㊂(たゆむ) ① 방심하다. 해이해지다. ② 방
弛み ㊀(ゆるみ) 느슨해짐. 헐거움. (해弛)함. 또, 그 정도. 「(한 정도)
㊁(たるみ) 느슨함. 느즈러짐. 늘어짐. 해이
㊂(たゆみ) (마음의) 해이. 방심.

[其他]
弛れる(だれる) ① 긴장이 풀리다. 해이해지다. ② 주식 시세 등이 내리다.

而

말이을 이·너 이
ジ
しこうして・しかるに・なんじ

[音読]
而立(じりつ) 이립. 30세의 딴이름《논어(論語)의 삼십이립(三十而立)에서 온 말》.

[訓読]
而して ㊀(しこうして) 그리고. 그리하여.
㊁(しかして) 연(然)이나. 그러나. 그런데. 그리고.
而も(しかも) ① 그 위에. 게다가. 더구나. ② 그럼에도 불구하고. 그런데도. ③〈古〉그렇게. 그토록.
而るに(しかるに) 그런데(도).

耳

귀 이
ジ・ニ
みみ・のみ

[音読]
耳殻(じかく) 이각. 귓바퀴.
耳介(じかい) 이개. 귓바퀴.
耳鏡(じきょう)〖醫〗이경.
耳孔(じこう) 이공. 귓구멍.
耳管(じかん)〖生〗이관.
‖~**開放症**(かいほうしょう)〖醫〗이관 개방증. 귀와 코를 잇는 이관이 넓어진 증상.
~**狭窄症**(きょうさくしょう)〖醫〗이관 협착증. 귀와 코를 잇는 이관이 좁혀지거나 막히는 일.
耳竅(じきょう) 귓구멍.
耳聾(じろう)〖醫〗이롱. 귀가 먹어 들리지 않는 일.
耳漏(じろう)〖醫〗이루.
耳鳴(じめい) 이명. 귀울음.
耳目(じもく) ① 이목. 견문. ② 앞잡이.
耳門 ㊀(じもん) 이문. 귓문.
㊁(くぐり) 허리를 굽히고 빠져나감.
耳坏(じはい)〖考〗이배.
耳鼻(じび) 이비.
‖~**咽喉科**(いんこうか) 이비인후과.
耳石(じせき)〖生〗이석《내이(内耳)의 림프액 속에 떠돌며, 신체의 평형을 유지시킴》.
耳小骨(じしょうこつ)〖生〗이소골. 청소골.
耳孫(じそん) 이손. 잉손. 먼 자손.
耳順(じじゅん) 이순. 60세.
耳語(じご) 이어. 귓속말.
耳外(にがい) (충고 등을) 받아들이지 않음. 듣고도 무시함.
耳翼(じよく) 귓불.
耳疾(じしつ)〖醫〗귓병.
耳朶(じだ) 이타. 귓불. 귀.
耳痛(じつう) 이통. 귀앓이. 「표.
耳標(じひょう) 이표. 가축의 귀에 다는 귀
耳下腺(じかせん)〖生〗이하선. 귀밑샘.
‖~**炎**(えん)〖醫〗이하선염.

[訓読]
耳(みみ) 귀.
耳苦しい(みみぐるしい) 듣기 싫다〔괴롭다〕. 듣기 거북하다.
耳慣れる(みみなれる) 귀에 익다. 「음.
耳垢(みみあか) 이구. 귀지. *じこうろ도 읽
耳金(みみがね) 귓불에 다는 금속 장식품.
耳寄り(みみより) (듣고) 솔깃해지는 모양. 들어둘 만함.
耳当て(みみあて) (추위를 막는) 귀걸이.
耳漏れ(みみだれ) ⇨ 耳垂れ(みみだれ).
耳輪(みみわ) 귀고리.
耳立つ(みみだつ) 귀에 거슬리다.
耳鳴り(みみなり) 이명. 귀울음.
耳糞(みみくそ) 귀지.
耳払い(みみはらい) 귀이개.

耳相談(みみそうだん) 귓전에 대고 은밀히 하는 의논.
耳搔き(みみかき) 귀이개. 귀개.
耳訴訟(みみそしょう) 남의 귓전에다 대고 속삭이는 일.
耳掃除(みみそうじ) 귀지를 제거하고 귓구멍을 청결케 하는 일.
耳垂れ(みみだれ) 〖醫〗이루(耳漏).
耳馴れる(みみなれる) ⇨ 耳慣れる(みみなれる).
耳飾り(みみかざり) 귀걸이. 귀고리.
耳新しい(みみあたらしい) 금시초문이다. 귀에 새롭다.
耳元(みみもと) 귓전.
耳遠い(みみとおい) ①귀먹다. ②귀설다.
耳隠し(みみかくし) 귀를 덮어 감추는 여성의 머리형.
耳障り(みみざわり) 귀에 거슬림.
耳滓(みみかす) 귀지.
耳栓(みみせん) 귀마개.
耳早い(みみばやい) 얼른 알아듣다.
耳擦り(みみこすり) ①귀엣말. ②빗댐. 빗대어 말함.
耳触り(みみざわり) 귀로 들을 때의 느낌.
耳塚(みみづか) 이총. 귀무덤.
耳聰い(みみざとい) 귀밝다.
耳打ち(みみうち) 귀엣말.
耳打つ(みみうつ) 귀엣말을 하다.
耳偏(みみへん) 한자 부수의 하나: 귀이변.
耳癈(みみしい) 〈雅〉귀머거리. 청각(聽覺) 장애(인). 「너멋글.
耳学問(みみがくもん) 얻어 들은 지식. 어깨
耳許(みみもと) ⇨ 耳元(みみもと).
耳挾む(みみばさむ) 어쩌다가〔귓결에〕 듣다. 언뜻 듣다.
耳環(みみわ) ⇨ 耳輪(みみわ).

8 忄 怡
기뻐할 이
イ
やわらぐ・よろこぶ

音読
怡楽(いらく) 기쁨과 즐거움.
怡然(いぜん) 이연. 즐기며 기뻐하는 모양.
怡悦(いえつ) 이열. 즐겁고도 기뻐함.
怡怡(いい) 이이. 기뻐서 즐거워하는 모양.

8 日 敎 易 이 ⇨ 易 역(p. 980)

9 女 姨
이모 이
イ
おば

訓読
姨捨山(おばすてやま) 〖地〗長野(ながの)의 현에 있는 산 이름. ＊うばすてやま로도 읽음.

9 氵 洟
콧물 이・눈물 체
イ・テイ
はなみず・つきばな

音読
洟泗(ていし) 체사. 눈물과 콧물.
洟泣(ていきゅう) 체읍.

訓読
洟 ㊀(はな) 콧물. ＊つきばな로도 읽음.
㊁(すすばな) ①코를 훌쩍임. ②☞ ㊀.
洟垂らし(はなたらし) ①코를 훌림. ②애송이. 「し).
洟垂れ(はなたれ) ☞ 洟垂らし(はなたら
‖〜小僧(こぞう) 코흘리개 아이. 개구쟁이.

10 衤 袘
소매 이
イ
ふき

訓読
袘(ふき) (일본 옷에서) 소매나 단의 안감을 겉의 천보다 약간 더 내어 단처럼 한 부분.

11 田 敎 異
다를 이
イ
こと・ことなる

音読
異 ㊀(い) ①다름. 특별. ②다른 견해. 다른 의견. ③괴이함. 진기함. 별남.
㊁(こと) ①『…を〜にする』…을 달리〔따로 따로〕하다. ②〈雅〉《接尾語로》다른.
㊂(あだ) 딴 것. 다름.
異な(いな) 묘한. 이상한.
異見(いけん) 이견.
異境(いきょう) 이경. 타국.
異系(いけい) 이계. 계통이 다름.
‖〜交配(こうはい) 〖生〗이계 교배.
異界(いかい) 인류학이나 민속학에서 쓰는 용어. 망령이나 귀신이 사는 세계.
異曲同工(いきょくどうこう) 동공 이곡(同工異曲). 기교는 같지만 그 취향이 다름.
異空間(いくうかん) 이공간.
異観(いかん) 이관. 색다른 경치.
異教(いきょう) 이교.
異口同音(いくどうおん) 이구동음. 이구동성.
異国(いこく) 이국. 외국. ♣〜的(てき) 이국적.
‖〜情緒(じょうちょ) 이국 정서〔정취〕.
〜趣味(しゅみ) 이국 취미.
㊁(ことくに) ①☞㊀. ②타향.
異気(いき) 이기. 이상한 기운.
異嗜症(いししょう) 〖醫〗이기증.
異能(いのう) 이능. 남다른 능력.
異端(いたん) 이단. ♣〜視(し) 이단시 / 〜者(しゃ) 이단자.
異図(いと) 이도. 이심(異心). 배반하는 마음.

異同(いどう) 이동. 다름.
異例(いれい) 이례. 전례가 없음.
異論(いろん) 이론. 이의.
異類(いるい) 이류. ① 다른 종류. ②〖佛〗인간 이외의 것〔동물〕.
‖~感覚(かんかく)〖心〗이류 감각.
異望(いぼう) 야심. 색다른 소망.
異名(いめい) 이명. ① 동·식물 등에서 표준 명칭 외의 일반적인 명칭. ② 딴이름. 별명. *②는 いみょう로도 읽음.
‖~同音(どうおん)〖樂〗이명 동음. 딴이름 한소리.
異母(いぼ) 이모. 이복.
‖~兄弟(きょうだい) 이모 형제. 이복 형제.
異文(いぶん) 이문. 색다른 문장.
異聞(いぶん) 이문.
異物(いぶつ) 이물.
異味(いみ) 이미. 별미(別味).
異味症(いみしょう)〖醫〗이미증.
異邦(いほう) 이방. 외국. ♣~人(じん) 이방인.
異変(いへん) 이변.
異腹(いふく) 이복. 배다름. *ことはらにも 읽음.
異本(いほん) 이본.
異父(いふ) 이부.
異分子(いぶんし) 이분자. 이단자.
異事(いじ) 이사. 별난 일.
異な事(いなこと) 이상한 일. 기묘한 일.
異状(いじょう) 이상.
異相(いそう) 이상. 보통과는 다른 인상(人相).
異常(いじょう) 이상.
‖~乾燥(かんそう) 이상 건조.
~光線(こうせん)〖理〗이상 광선.
~気象(きしょう)〖氣〗이상 기상.
~放射能(ほうしゃのう) 이상 방사능.
~分娩(ぶんべん) 이상 분만.
~性格(せいかく)〖醫〗이상 성격.
~性欲(せいよく)〖心〗이상 성욕.
~食慾(しょくよく) 이상 식욕.
~心理学(しんりがく)〖心〗이상 심리학.
~妊娠(にんしん) 이상 임신.
~電圧(でんあつ) 이상 전압.
~増殖(ぞうしょく) (세포의) 이상 증식.
~聴域(ちょういき) 이상 청음(聽音) 구역.
~体質(たいしつ) 이상 체질.
~体験(たいけん) 이상 체험.
異色(いしょく) 이색.
異書(いしょ) 이서. ① 진본(珍本). ② 이본
異説(いせつ) 이설. 異本
異性(いせい) 이성. ♣~体(たい) 이성체.
‖~化糖(かとう)〖化〗이성화당.
~化酵素(かこうそ) 이성화 효소. 당(糖) 이나 아미노산(酸) 등 유기 화합물의 이성체끼리의 전환 반응을 촉매하는 효소.
異姓(いせい) 이성. 타성(他姓).
異俗(いぞく) 이속. 색다른 풍속.
異属交配(いぞくこうはい)〖生〗이속 교배.
異数(いすう) 이수. 이례(異例). 좀처럼 드뭄.
異時(いじ) 이시. 다른 때. *こととき로도 읽음.

異食症(いしょくしょう)〖醫〗이식증.
異心(いしん) 이심. 딴마음.
異様(いよう) 색다른〔이상한〕 모양.
異語数(いごすう) ☞ 異なり語数(ことなりごすう).
異域(いいき) 이역. 외국.
異容(いよう) 이용. 색다른 모습〔자태〕.
異音(いおん) 이음.
異義(いぎ) 이의.
異議(いぎ) 이의.
‖~申し立て(いぎもうしたて) 이의 신청.
異人 ㊀(いじん) ① 이인. ② 외국인.
㊁(ことびと) 딴사람. 별개의 사람. *ことひと로도 읽음.
異日(いじつ) 이일. 다른 날. 훗날.
異字(いじ) 이자. 다른 글자.
‖~同音(どうおん) 동음 이자.
~同訓(どうくん) 이자 동훈. 글자는 달라도 훈은 같음.
異装(いそう) 이장. 색다른 복장.
異才(いさい) 이재. 뛰어난 재능.
異材(いざい) 이재. 뛰어난 인물.
異朝(いちょう) 이조. 외국(의 조정).
異族(いぞく) 이족. 다른 혈족〔종족〕.
異存(いぞん)〈老〉반대의 의사. 이의(異議).
異宗(いしゅう) 이종. 다른 종교·종파.
異種(いしゅ) 이종.
異志(いし) 이지. ① 딴마음. ② 보통과 다른 마음. ③ 다른 기록.
異質(いしつ) 이질.
異彩(いさい) 이채.
異体(いたい) 이체. ① 동일하지 않은 몸. ② 보통과 다른 체재·모양.
‖~同心(どうしん) 이체 동심.
~文字(もじ) 이체 문자.
異臭(いしゅう) 이취. 이상한〔고약한〕 냄새.
異称(いしょう) 이칭.
異土(いど) 이토. 이국 땅. 타향.
異派(いは) 이파. 다른 유파.
異板(いはん) ⇨ 異版(いはん).
異版(いはん) 이판. 판식(版式)이 다른 출판물.
異風(いふう) 이풍.
異学(いがく) 이학. 이단의 학문. ② 정부에서 공인하지 않은 학문.
異香(いきょう) 이향. 진기한 향기.
異郷(いきょう) 이향. 타향.
異形 ㊀(いけい) 이형. ♣~葉(よう)〖植〗이형엽.
‖~配偶子(はいぐうし)〖生〗이형 배우자.
~分裂(ぶんれつ)〖生〗이형 분열.
~再生(さいせい)〖生〗이형 재생.
~接合体(せつごうたい)〖生〗이형 접합체.
㊁(いぎょう) ① ☞ ㊀. ② 도깨비.
異型(いけい) ⇨ 異形(いけい).
異化(いか) 이화.
‖~作用(さよう) 이화 작용.
異花受精(いかじゅせい)〖植〗이화 수정. 타가 수정.

異花被(いかひ)〖植〗이화피. 다른꽃덮이. 화피(花被)의 꽃받침과 화관(花冠)의 구별이 뚜렷한 꽃덮이《쌍떡잎 식물의 꽃에 많음》.
異訓(いくん) 이훈. 다른 훈독법(訓讀法).

訓読
異に ㊀(ことに)〈古〉다른 것과는〔경우와는〕 달리.
㊁(けに)〈古〉유달리. 두드러지게.
異にする(ことにする) 달리하다.
異君(ことぎみ) ① 다른 분〔귀인〕. ② 다른 군주.
異同胞(ことはらから) 이부(異父) 또는 이복(異腹) 형제 자매.
異木(ことき) 다른 나무.
異所(ことどころ) ① 다른 곳. 딴 곳. ② 외국. 이국(異國).
異異(ことこと) ① 따로 따로〔인 모양〕. ② 각기 다른 모양. 각기 다르게.
異者(こともの) 다른 사람.
異折(ことおり) 다른 기회〔때〕. 다른 경우.
❖**異なる**(ことなる) 다르다.
異なり語数(ことなりごすう) 일정 범위의 문장·작품 등에 사용된 각기 다른 낱말의 빈도수의 총계.

其他
異し ㊀(あやし)〈文〉괴이하다. 이상하다.
㊁(あだし)〈雅〉〖接頭語로〗딴. 다른.
異なりい(けなりい) 부럽다.

| 11 禾 教 | 移 | 옮길 이 イ うつる·うつす |

音読
移(い) 옛날에, 직속 관계가 없는 관청 사이에서 오고간 공문서.
移監(いかん) 이감.
移居(いきょ) 이거. 주거를 옮김.
移管(いかん) 이관.
移達(いたつ) '移牒(いちょう)(=이첩)'의 고친 이름.
移動(いどう) 이동. ♣~律(りつ)〖數〗이동률.
‖~大使(たいし) 이동 대사. 순회 대사.
~図書館(としょかん) 이동 도서관.
~発生源(はっせいげん) 자동차·비행기·선박 등 이동하면서 오염 물질의 발생원이 되는 것의 총칭.
~性高気圧(せいこうきあつ) 이동성 고기압.
~演劇(えんげき) 이동 연극.
~体通信(たいつうしん) 이동(체) 통신.
~撮影(さつえい) 이동 촬영.
~平均(へいきん) 이동 평균.
移牧(いぼく) 이목.
移文(いぶん)〈古〉① 회장(回章). ② 옛 공문서의 한 가지.
移民(いみん) 이민. 이주민.
移封(いほう) 이봉.
移付(いふ)〖法〗이관(移管).
移棲(いせい) 이사(移徙).

移送(いそう) 이송.
移乗(いじょう) 이승. 갈아 탐.
移植(いしょく) 이식. ♣~鏝(ごて) 모종삽.
‖~免疫(めんえき) 이식 면역. 장기(臓器)나 조직 이식을 할 때 생체에 일어나는 반응.
移審(いしん)〖法〗이심.
移譲(いじょう) 이양. 위양(委譲).
移御(いぎょ) 이어. 天皇(てんのう)·上皇(じょうこう)·皇后(こうごう)가 거처하는 곳을 옮김. 「을 전용함.
移用(いよう) 이용. (국회 의결을 거쳐) 예산
移入(いにゅう) 이입. ① 옮기어 들임. ② 국내의 딴 지방에서 물건을 들여옴.
移籍(いせき) 이적.
移転(いてん) 이전. ① 이사. ② 권리의 양도. ③ 사물의 변이(變移).
‖~登記(とうき)〖法〗이전 등기.
~所得(しょとく)〖經〗이전 소득.
移調(いちょう) 이조. 조옮김.
移住(いじゅう) 이주. ♣~民(みん) 이주민.
移駐(いちゅう) 이주. (군대 등이) 다른 곳으로 옮겨 주둔함.
移牒(いちょう) 이첩.
移替(いたい) 이체.
移築(いちく) 이축.
移出(いしゅつ) 이출. 반출.
移出入(いしゅつにゅう) 이출입. 이출과 이입.
移項(いこう)〖數〗이항.
移行(いこう) 이행.

訓読
移ろう(うつろう) 옮기다. 변천하다. ① 변색하다. 꽃빛이 바래다. ② 꽃이 지다.
❖**移す**(うつす) ① 옮기다. 시작하다. 전염시키다. ② (물감이) 배게 하다.
移し(うつし) ① 옮김. ② 향기를 옷에 스며들게 하는 일.
移し絵(うつしえ) (물에 적시어 그림만 옮겨 붙이는) 판박이 그림.
❖**移る**(うつる) ① 옮기다. 이동하다. ② (마음 등이) 변하다. ③ (지위가) 바뀌다. ④ 옮다. 전염(感染)하다. (냄새·빛깔이) 묻다.
移り(うつり) ① 옮김. 이동. 변화. ② 선물을 넣어 보내온 그릇 등에 넣어 보내는 답례품. ③ 俳諧(はいかい)에서, 앞의 구(句)와 뒤의 구의 연관 관계.
移り気(うつりぎ) 변덕. 들뜬 마음.
移り変わり(うつりかわり) 추이. 변천.
移り変わる(うつりかわる) 세월따라 변해가다. 변천하다.
移り身(うつりみ) 몸의 움직임.
移り箸(うつりばし) 일본식 식사에서, 밥과 찬을 번갈아 먹지 않고, 반찬을 집어 먹은 젓가락으로 곧 다른 반찬을 집어 먹는 일《예법에 어긋남》.
移り紙(うつりがみ) 선물의 답례로서 넣어 보내는 종이. 「감. 변천.
移り行き(うつりゆき) 상태가 조금씩 변해
移り行く(うつりゆく) ① 시간이 경과하다.

② 때가 지나감에 따라 변화를 보이다. 모습을 바꾸어 가다.
移り香(うつりが) 잔향(殘香). 옮아서 남은 향내.

其他
移徙(わたまし) 〈雅·方〉 이사. 이전.

逆音
推移(すいい) 추이.

12 貝 貽
끼칠 **이**·줄 **이**
イ
のこす·おくる

音読
貽貝(いがい) 〖貝〗 이패. 홍합.

13 糸日 絠
먹줄 (이)
かすり·かせ·ししら

訓読
絠(かせ) ① (물레질한 실을 감는 I자 모양의) 실패. ② '絠糸(かせいと)(=絠에 감은 뒤에 벗겨 낸 실. 테실)'의 준말.

14 爻人 爾
너 **이**·같이 **이**
ジ·ニ
なんじ·しかり

音読
爾今(じこん) 지금. 이제부터. 이후. 금후.
爾来(じらい) 이래. 그 후. 이후.
爾余(じよ) 이여. 이 밖. 그 이외.
爾汝(じじょ) 이여. 너.
爾後(じご) 이후. 그 후. 그 이래.

訓読
爾 ㊀(なんじ) 〈雅〉 너. 그대.
㊁(しか) 〈雅〉 그와 같이. 이와 같이. 그렇게.
爾く(しかく) 〈雅〉 그와 같이. 그렇게.

14 食 飴
엿 **이**
イ
あめ

訓読
飴(あめ) 엿. 조청.
飴売り(あめうり) 엿장수.
飴坊(あめんぼ) 〖蟲〗 소금쟁이.
飴ん棒(あめんぼう) 엿가래.
飴色(あめいろ) 조청빛. 반투명한 황색.
飴細工(あめざいく) 엿으로 인형 따위를 만든 것. 겉만 번지르르하고 내용이 없는 것.
飴玉(あめだま) 눈깔사탕.
飴屋(あめや) 엿가게. 엿장수.
飴牛(あめうし) 암소. 누른 빛의 황소.
飴煮(あめに) (주로, 잔 생선이나 야채의) 조청〔설탕〕조림.
飴湯(あめゆ) 조청을 열탕에 풀어 계피(桂皮)를 넣은 (여름) 음료.

15 食 餌
먹이 **이**
ジ
え·えさ

音読
餌薬(じやく) 이약. 평소에 양생(養生)을 위해 쓰는 약.
餌敵(じてき) 계략으로 적을 속임.

訓読
餌(えさ) ① 모이. 먹이. 미끼. *雅語로는 え라고도 함. ② 〈俗〉 사람의 양식. 먹이.
餌ば(えば) 〈俗〉 모이. 사료.
餌付き(えづき) ① 짐승이 길들어서 주는 먹이를 먹게 됨. ② 낚시에서, 물고기가 미끼에 모여듦.
餌付く(えづく) 새·짐승이 길들어서, 주는 먹이를 먹게 되다.
餌付け(えづけ) 야생 동물에 먹이를 주어 인간에 길들게 함.
餌床(えとこ) 정어리 따위 작은 물고기떼가 큰 물고기에 쫓겨 밀집하여 해면이 솟아오르는 것 같이 보이는 현상.
餌食(えじき) 먹이. 희생물. 밥. 봉.
餌差し(えさし) 매사냥에서 매의 먹이가 되는 작은 새를 끈끈이 장대로 잡는 일. 또, 그 사람.
餌壺(えつぼ) 모이 그릇. 모이통.

16 頁 頤
턱 **이**
イ
あご·おとがい

音読
頤使(いし) 이사. 사람을 턱으로 부림.
頤養(いよう) 이양. 이신 양성(頤神養性).
頤指(いし) ⇨ 頤使(いし).

訓読
頤(あご) ① 턱. *雅語로는 おとがい라고도 함. ② (낚시의) 미늘.

17 魚 鯡
곤이 **이**
ジ·ジク
はららご

訓読
鯡 ㊀(はららご) 연어 따위의 알. 또, 그 젓.
㊁(うるか) 은어 알이나 창자로 만든 젓갈.

19 鳥日 鷊
때까치 (이)
いすか

訓読
鷊(いすか) 〖鳥〗 잣새.

익

7 木	杙	말뚝 익 ヨク くい

訓読
杙(くい) 말뚝. *くいぜ라고도 함.

10 皿 教	益(益)	더할 익·이로울 익 エキ・ヤク ます・ますます

音読
益 ㊀(えき) ① 벌이. 이익. ② 효과. ③ 유익함.
㊁(やく) 유익.
㊂(ますます) ☞益益(ますます).
益する(えきする) 이익을 주다. 유익하다.
益金(えききん) (이)익금.
益友(えきゆう) 익우. 유익한 벗.
益者三友(えきしゃさんゆう) 익자 삼우. 사귀어 이로운 세 부류의 벗. 곧, 정직·신실(信實)·박학한 사람.
益鳥(えきちょう) 익조《제비·까치 따위》.
益体(やくたい)《「~(も)ない」의 꼴로》쓸모 없다. 변변치 못하다.
益虫(えきちゅう) 익충《누에·꿀벌 따위》.

訓読
益す(ます) ①(수·양이) 늘다. 불어나다. 또, 늘리다. ②(정도를) 더하다. ③더욱…해지다.
益す(ますます) 점점 (더). 더욱이.
益荒男(ますらお)《雅》대장부. 헌헌 장부. 강하고 씩씩한 남자.
益荒猛男(ますらたけお) 대장부. 益荒男(ますらお)의 힘줌말.

11 羽 教	翌(翌)	이튿날 익 ヨク

音読
翌(よく)《接頭語로》다음 (날)의. 이듬.
翌年(よくねん) 익년. 다음해. *よくとしで도 읽음.
翌年度(よくねんど) 다음 연도. 이듬해. 차 년도.
翌旦(よくたん) 다음날 아침. 이튿날 아침〔새벽〕.
翌冬(よくとう) 익동. 이듬해 겨울.
翌晩(よくばん) 다음날 밤.
翌夕(よくせき) 다음날 저녁. 내일 저녁.
翌夜(よくや) 다음날 밤. 내일밤. 이튿날 밤.
翌月(よくげつ) 익월. 다음 달.
翌翌(よくよく) 다음다음.
‖~年(ねん) 다음다음 해.
～月(げつ) 다음다음 달.
翌日(よくじつ) 익일. 이튿날. 다음 날.
翌朝(よくちょう) ㊀익조. 다음날 아침.
*よくあさ로도 읽음.
㊁(つとめて)《雅》새벽. 아침 일찍. 이른 아침.
翌週(よくしゅう) 익주. 다음 주. 내주.
翌秋(よくしゅう) 익추. 이듬해 가을.
翌春(よくしゅん) 익춘. 이듬해 봄.
翌夏(よくか) 다음해 여름. 내년 여름.
翌暁(よくぎょう) 익효. 이튿날 새벽.

其他
翌檜(あすなろ)『植』일본 특산인 상록교목. 나한백(羅漢柏).

17 羽 常	翼(翼)	날개 익·도울 익 ヨク つばさ・たすける

音読
翼果(よっか)『植』익과. 시과(翅果).
翼端(よくたん) 익단. 날개 끝.
翼廊(よくろう)『建』익랑. 평면이 십자형인 기독교 성당 몸체에서 좌우 양쪽에 잇대어 붙인 날개 부분.
翼竜(よくりゅう) 익룡. 화석 파충류의 하나. 외형은 새와 비슷하며 하늘을 날았음.
翼状(よくじょう) 익상. 편 날개 모양.
翼成(よくせい) 힘을 도와 일을 성취시킴. 거들어 성취시킴.
翼手類(よくしゅるい)『動』박쥐목.
翼然(よくぜん) 익연. 날개를 편 것처럼 좌우로 펼쳐진 모양.
翼翼(よくよく) 익익. 존경하고 삼가는 모양. 전전 긍긍하는 모양.
翼賛(よくさん) 익찬. 보좌함. 받들어 도움.
翼下(よっか) 날개 밑. 지배하. 세력 밑.

訓読
翼 ㊀(つばさ) 날개. ①새날개. ②비행기 날개. 전하여, 비행기.
㊁(よく) ①날개. ②본대(本隊)의 좌우.

인

2 人 教	人	사람 인 ジン・ニン ひと

音読
人家(じんか) 인가.
人間 ㊀(にんげん) 인간. ①사람. ②사람이 사는 곳. *②는 じんかん으로도 읽음.
♣~界(かい) 인간계 / ~観(かん) 인간관 / ~像(ぞう) 인간상 / ~性(せい) 인간성 / ~愛(あい) 인간애.
‖~工学(こうがく) 인간 공학.
～科学(かがく) 인간 과학.
～関係(かんけい) 인간 관계.
～国宝(こくほう) 인간 국보《중요 무형 문화재 보유자》.

~機械論(きかいろん) 인간 기계론.
~模я(もよう) 복잡한 인간 관계를 직물의 날실과 씨실로 짜여지는 무늬에 비유한 말.
~文化財(ぶんかざい) 인간 문화재.
~生態学(せいたいがく) 인간 생태학.
~疎外(そがい) 《哲》 인간 소외.
~魚雷(ぎょらい) 인간 어뢰.
~業(わざ) 사람의 힘으로 할 수 있는 일〔재주〕.
~衛星(えいせい) 인간 위성.
~学的証明(がくてきしょうめい) 인간학적 증명.
~嫌い(ぎらい) 남과 어울리기 싫어하는 사람.
~形成(けいせい) 인간 형성.
~環境宣言(かんきょうせんげん) 인간 환경 선언.
㊁(ひとま)〈雅〉사람이 없는 틈. 사람이 보지 않는 사이.
人間らしい(にんげんらしい) 인간답다.
人間臭い(にんげんくさい) ①인간다운 면이 있다. ②속물(俗物)스럽다.
人件(じんけん) 인건. 사람에 관한 일. ♣**~費**(ひ) 인건비.
人傑(じんけつ) 인걸. 결물(傑物).
人格(じんかく) 인격. ♣**~権**(けん) 인격권/**~神**(しん) 인격신/**~者**(しゃ) 인격자/**~的**(てき) 인격적/**~化**(か) 인격화.
‖**~高潔**(こうけつ) 인격 고결.
~なき社団(しゃだん) 개인이나 법인이 아닌 단체〔동창회·청년회·학회 등〕.
~神論(しんろん) 인격신론.
~心理学(しんりがく) 인격 심리학.
~異常(いじょう) 인격 이상.
~障害(しょうがい) 인격 장해.
~主義(しゅぎ) 인격주의.
~形成期(けいせいき) 인격〔인간〕 형성기.
人絹(じんけん) '人造絹糸(じんぞうけんし)(=인조 견사)'의 준말.
人境(じんきょう) 인경. 사람이 살고 있는 곳.
人界 ㊀(じんかい) 인계. 인간〔현실〕 세계.
㊁(じんかい) 《佛》 인계. 속세. 인간 세계.
人骨(じんこつ) 인골. 사람의 뼈.
人工 ㊀(じんこう) 인공. ♣**~島**(とう) 인공섬/**~林**(りん) 인공림/**~的**(てき) 인공적/**~芝**(しば) 인공 잔디.
‖**~降雨**(こうう) 인공 강우.
~乾燥(かんそう) 인공 건조.
~関節(かんせつ) 인공 관절.
~交配(こうはい) 인공 교배.
~単位生殖(たんいせいしょく) 인공 단위 생식.
~頭脳(ずのう) 인공 두뇌.
~登攀(とうはん) 인공 등반.
~放射線元素(ほうしゃせんげんそ) 인공 방사선 원소.
~放射線核種(ほうしゃせんかくしゅ) 인공 방사선 핵종.
~孵化(ふか) 인공 부화.
~生命(せいめい) 인공 생명.
~受精(じゅせい) 인공 수정.
~心肺(しんぱい) 인공 심폐.
~言語(げんご) 인공 언어.
~栄養(えいよう) 인공 영양.
~元素(げんそ) 인공 원소.
~衛星(えいせい) 인공 위성.
~肉(にく) 인공육. 인조 고기.
~妊娠中絶(にんしんちゅうぜつ) 인공 임신 중절.
~臓器(ぞうき) 인공 장기.
~知能(ちのう) 인공 지능.
~地盤(じばん) 인공 지반.
~真珠(しんじゅ) 인공 진주. 양식 진주.
~天体(てんたい) 인공 천체.
~歯根(しこん) 인공 치근.
~透析(とうせき) 인공 투석.
~肛門(こうもん) 인공 항문.
~海水(かいすい) 인공 해수.
~血管(けっかん) 인공 혈관.
~呼吸(こきゅう) 인공 호흡. ♣**~器**(き) 인공 호흡기.
~惑星(わくせい) 인공 행성(行星).
~喉頭(こうとう) 인공 후두.
㊁(にんく) 노동자 사람의 노동량을 기초로 해서 산출한, 공사에 소요되는 일의 분량.
人口(じんこう) 인구. ①사람의 수. ②세상 사람들의 입길. ♣**~論**(ろん) 인구론.
~に膾炙(かいしゃ)**する** 인구에 회자하다. 널리 사람 입에 오르내리다.
‖**~構造**(こうぞう) 인구 구조.
~動態(どうたい) 인구 동태.
~問題(もんだい) 인구 문제.
~密度(みつど) 인구 밀도.
~法則(ほうそく) 인구 법칙.
~理論(りろん) 인구 이론.
~静態(せいたい) 인구 정태.
~統計(とうけい) 인구 통계.
人国記(じんこくき) 각 지방 또는 府県(ふけん)별로 쓴 인물 평론기. *じんこく きろ라고도 함.
人君(じんくん) 인군. 군주.
人権(じんけん) 인권.
‖**~宣言**(せんげん) 인권 선언.
~擁護委員(ようごいいん) 인권 옹호 위원.
~外交(がいこう) 인권 외교.
~蹂躙(じゅうりん) 인권 유린.
~週間(しゅうかん) 인권 주간.
~侵害(しんがい) 인권 침해.
人気 ㊀(にんき) ①인기. ②그 지방의 일반적인 기풍(気風). 인심. ♣**~株**(かぶ) 인기주.
‖**~商売**(しょうばい) 인기 직업.
~者(もの) 인기를 끄는 사람.
~取り(とり) 인기를 얻으려는 행동. 또, 그런 행동을 잘하는 사람.
~投票(とうひょう) 인기 투표.
㊁(じんき) 그 지방 사람들의 기풍이나 기질.
㊂(ひとけ) 인기척. 〔운 맛.
㊃(ひとけ) ①☞ ㊂. ②인간다움. 인간다운 맛.
‖**~なし**(なし) 착실한 사람측에 들지 못함.
~遠し(どおし) 인기척이 있는 데서 멀리 떨어져 있음.

人奴(じんど) 인노. 노복(奴僕). 종.
人尿(じんにょう) 인뇨. 사람의 오줌.
人台(じんだい) 양복의 진열·제작에 쓰이는 인체 모형. 보디(body).
人代名詞(じんだいめいし)〖文法〗인대명사.
人德(じんとく) 인덕. *にんとく로도 읽음.
人道(じんどう) 인도. ① 인류(人倫). ② 보도(步道). ♣**~教**(きょう)〖宗〗인도교 /**~的**(てき) 인도적.
‖**~問題**(もんだい) 인도 문제.
~主義(しゅぎ) 인도주의.
人頭 ㊀(じんとう) 인두. ① 사람의 머리. ② 인원수. 인구. *にんとう로도 읽음. ♣**~税**(ぜい) 인두세.
㊁(ひとがしら) 비바람을 맞아 뼈만 남은 해골.
人力(じんりき) 인력. 사람의 힘. *じんりょく로도 읽음. ② 人力車의 준말. ♣**~車**(しゃ) 인력거 / **~屋**(や) 인력거꾼.
人籟(じんらい) 인뢰. 사람이 입으로 불어서 내는 갖가지 소리.
人類(じんるい) 인류. ♣**~愛**(あい) 인류애 / **~学**(がく) 인류학.
人倫(じんりん) 인륜.
人馬(じんば) 인마. ♣**~宮**(きゅう)〖天〗인마궁.
人望(じんぼう) 인망.
人脈(じんみゃく) 인맥.
人面(にんめん) 인면. 사람 얼굴. *じんめん으로도 읽음.
‖**~獸心**(じゅうしん) 인면 수심.
~瘡(そう)〖醫〗인면창. 무릎에 생긴다는 사람 얼굴과 비슷한 종기.
人名(じんめい) 인명. ♣**~簿**(ぼ) 인명부.
~勘定(かんじょう) 인명 계정.
~用漢字(ようかんじ) 인명용 한자. 상용 한자와 인명용 한자 별표에 게재된 284 자.
人命(じんめい) 인명.
人毛(じんもう) 인모. 사람의 머리털.
人文(じんぶん) 인문. *じんもん으로도 읽음. ② 인문. 문과.
‖**~科学**(かがく) 인문 과학.
~主義(しゅぎ) 인문주의.
~地理学(ちりがく) 인문 지리학.
~現象(げんしょう) 인문 현상.
人物(じんぶつ) 인물. 인품. 인재. ♣**~評**(ひょう) 인물평 / **~画**(が) 인물화.
‖**~考査**(こうさ) 인물 고사.
~月旦(げったん) 인물 월단. 인물 비평.
~主義(しゅぎ) 인물주의.
人民(じんみん) 인민. ♣**~服**(ふく) (중국의) 인민복.
‖**~公社**(こうしゃ) (중국의) 인민 공사《1982년 해체》.
~民主主義(みんしゅしゅぎ) 인민 민주주의.
~発案権(はつあんけん) 국민 발안권.
~委員(いいん) (구소련의) 인민 위원.
~裁判(さいばん) 인민 재판.
~戦線(せんせん) 인민 전선.
~戦争(せんそう) 인민 전쟁.

~主義(しゅぎ) 인민주의.
~投票(とうひょう) 인민 투표. 국민 투표.
~解放軍(かいほうぐん) (중국의) 인민 해방군.
~憲章(けんしょう)〖史〗(영국의) 인민 헌장.
人法(にんぽう)〖佛〗① 사람과 훈육. ② 사람과 법. 유정적 존재로서의 인간과 그 구성 요소인 오온(五蘊)을 말함.
人別(にんべつ) ① 개인별. ② 호적. ③ 인구.
人保険(じんほけん)〖經〗인보험.
人本主義(じんぽんしゅぎ) 인본주의. 인도주의. 인문(人文)주의.
人夫(にんぷ)〈卑〉인부. 막일을 하는 노동자.
人糞(じんぷん) 인분. ♣**~尿**(にょう) 인분뇨.
人肥(じんぴ) 인비. 사람의 분뇨를 비료로 쓰는 일.
人非人(にんぴにん) 인비인. 인도에서 벗어난 사람. *ひとでなし로도 읽음.
人士(じんし) 인사. 지위나 교양이 있는 사람.
人事(じんじ) 인사. *にんじ로도 읽음. ♣**~権**(けん) 인사권.
‖**~考課**(こうか) 인사 고과.
~不省(ふせい) 인사 불성.
~訴訟(そしょう) 인사 소송.
~院(いん) 인사원《일본에서 공무원의 인사관리를 맡은 관청》.
~異動(いどう) 인사 이동.
㊁(ひとごと) 남의 일. 자기와 관계없는 일.
人参(にんじん)〖植〗① 당근. ② 인삼.
‖**~座**(ぎ) 江戸(えど) 시대에 인삼을 전매하던 조합.
人三化け七(にんさんばけしち)〈俗〉용모가 매우 괴상한 사람《특히, 추녀》.
人相(にんそう) 인상.
‖**~書き**(がき) 인상서. 용모 파기(容貌疤記).
~眼鏡(めがね) 관상을 볼 때 쓰는 돋보기.
~学(がく) 인상학. 관상학(観相学).
人生(じんせい) 인생. ♣**~観**(かん) 인생관 / **~論**(ろん) 인생론 / **~訓**(くん) 인생훈.
‖**~詩人**(しじん) 인생 시인《인생과 결부시켜 짓는 시인》.
~哲学(てつがく)〖哲〗인생 철학.
~派(は) 인생파. '인생을 위한 예술'을 주장하는 일파.
~航路(こうろ) 인생 항로.
~行路(こうろ) 인생 행로.
人選(じんせん) 인선.
人繊(じんせん) '人造繊維(じんぞうせんい)(=인조 섬유)'의 준말.
人性(じんせい) 인성. 인간 본연의 성질.
‖**~論的証明**(ろんてきしょうめい) 인성론적 증명.
人世(じんせい) 인세. ① 인간 세상. ② 인생.
人税(じんぜい) 인세.
人素(じんそ) 인간다운 면.
人寿(じんじゅ) 인수. 인간의 수명.
人数 ㊀(にんず)〈口〉① 인수. 인원수. ② 여러 사람. 많은 사람. *にんずう로도 읽음.

㊂(ひとかず) ① ☞日. ② 사람축.
人視(じんし) 사람으로 보는 일.
人臣(じんしん) 인신. 신하.
人身 ㊀(じんしん) 인신. ① 인체. ② 개인의
‖**〜攻撃**(こうげき) 인신 공격. 〔신상.
〜究理(きゅうり) 江戸(えど) 시대의 蘭学
(らんがく)에서, 생리학을 이르던 말.
〜売買(ばいばい) 인신 매매.
〜保護法(ほごほう) 인신 보호법.
〜事故(じこ) 인신 사고.
㊁(ひとみ) 사람의 몸.
‖**〜御供**(ごくう) ① 인신 공양. 또, 그 희생
이 되는 사람. ② 남의 욕망으로 제물이 되는
사람.
人心 ㊀(じんしん) 인심. 민심.
㊁(ひとごころ) ① 인심. 인정. ② 정상적인
의식. 제정신.
人我(じんが) 인아. 다른 사람과 나.
‖**〜一体**(いったい) 인아 일체.
人魚(にんぎょ) 인어. ① 하반신이 물고기 모
양의 여자. ②『動』'ジュゴン(=듀
공)'의 별칭.   「기) 소리.
人語(じんご) 인어. ① 인간의 말. ② 말 [이야
人烟(じんえん) ⇨ **人煙**(じんえん).
人煙(じんえん) 인연. 인가(人家)의 연기.
또, 인가.   「집.
人屋 ㊀(じんおく) 인가(人家). 사람이 사는
㊁(ひとや)〘雅〙 감옥.
人外(じんがい) 인간이 사는 속세 밖.
‖**〜境**(きょう) 속세를 떠난 곳.
㊁(にんがい) ① 인도에서 벗어난 행위. 사
람이 아닌 사람. ② 사람 대접을 못 받음. 또,
그렇게 천한 사람.
人繞(にんにょう) 한자 부수(部首)의 하나:
어진사람인 받침.
人員(じんいん) 인원.
‖**〜整理**(せいり) 인원 정리.
人位(じんい) 인위. 신하(臣下) · 인간으로서
人為(じんい) 인위.   〔의 지위.
‖**〜淘汰**(とうた) 인위 도태. 인위 선택.
〜突然変異(とつぜんへんい) 『生』 인공
돌연 변이.
〜分類(ぶんるい) 인위 분류.
〜社会(しゃかい) 인위 사회.
〜選択(せんたく) 『生』 인위 선택.
〜災害(さいがい) 인위 재해. 인간이 자연
에 손을 대어 생긴 재해.
〜的(てき) 인위적. ♣**〜国境**(こっきょう)
인위적 국경.
人乳(じんにゅう) 인유. 모유.
人肉(じんにく) 인육. 사람의 고기.
人意(じんい) 인의. 사람의 뜻 [마음].
人日(じんじつ) 인일. 인날 [음력 정월 7일].
人爵(じんしゃく) 인작. 사람이 제정한 작위.
人才(じんさい) 인재. 인물(人物).
人材(じんざい) 인재.
‖**〜銀行**(ぎんこう) 인재 은행.
〜派遣業(はけんぎょう) 인재 파견업.

人災(じんさい) 인재. 사람의 부주의로 말미
암은 재해(災害).
人的(じんてき) 인적.
‖**〜担保**(たんぽ) 인적 담보.
〜資源(しげん) 인적 자원.
〜証拠(しょうこ) 인적 증거.
〜抗弁(こうべん) 인적 항변.
〜会社(かいしゃ) 인적 회사 〖합명 회사 · 합
자 회사〗.
人跡(じんせき) 인적. *ひとあとろも 읽음.
‖**〜未踏**(みとう) 인적 미답.
人定(じんてい) 『法』 인정. 당사자 여부를
확인함. ♣**〜法**(ほう) 『法』 인정법.
‖**〜尋問**(じんもん) 인정 신문. 증인 신문에
앞서 본인 여부를 묻는 일.
〜質問(しつもん) 인정 신문. 형사 재판에
서, 피고인에게 성명 등을 물어 본인 여부를
확인하는 일.
人情(にんじょう) ① 인정. ② 애정. ♣**〜味**
(み) 인정미.
‖**〜咄**(ばなし) ⇨ 人情話.
〜本(ぼん) (江戸(えど) 시대 후기에) 서민
의 애정 생활을 묘사한 풍속 소설.
〜噺(ばなし) ⇨ 人情話.   「담.
〜話(ばなし) 인정을 주제로 한 소설이나 만
人造(じんぞう) 인조. 인공. ♣**〜米**(まい)
인조미 / **〜石**(せき) 인조석 / **〜湖**(こ) 인공
〜絹糸(けんし) 인조 견사.   「호수.
〜大理石(だいりせき) 인조 대리석.
〜宝石(ほうせき) 인조 보석.
〜肥料(ひりょう) 인조 비료. 화학 비료.
〜石油(せきゆ) 인조 석유.
〜繊維(せんい) 인조 섬유. 화학 섬유.
〜染料(せんりょう) 인조 염료. 합성 염료.
〜肉(にく) 인조육. 인조 고기.
〜人間(にんげん) 인조 인간. 로봇.
人鳥類(じんちょうるい) 『鳥』 인조류. 펭귄.
人種 ㊀(じんしゅ) 인종. 족속. ♣**〜学**(が
く) 인종학.
‖**〜隔離政策**(かくりせいさく) 인종 격리
정책. 아파르트헤이트.
〜的偏見(てきへんけん) 인종적 편견.
〜差別(さべつ) 인종 차별.
㊁(ひとだね) ① 쓸모 있는 인원. 사용할 수
있는 인간. ② 인간. 인류.
人主(じんしゅ) 인주. 임금. 주군. *ひとぬ
しろも 읽음.
人中 ㊀(にんちゅう) ① 인간 세계. 또, 많은
사람 속. ② (코 밑의) 인중.
㊁(ひとなか) ① 사람이 많이 있는 곳. 뭇 사
람 앞. ② 세상.
人中白(にんちゅうはく) 『漢醫』 인중백. 오
줌버캐 〖한방에서 약으로 씀〗.
人証(じんしょう) 『法』 인증. 인적 증거.
*にんしょうろも 읽음.
人知(じんち) 인지. 인간의 지식〔지혜〕.
人智(じんち) ⇨ 人知(じんち).
人車(じんしゃ) ① 인력(人力)으로 움직이는

차. ②인력거. ③광차(鑛車).
人体 ㊀(じんたい) 인체. 몸.
㊁(にんてい) ①사람의 외양. 풍채. ②사람의 품격. 인품.
人畜(じんちく) 인축. 사람과 가축. *にんちくにも 읽음.
人畜生(にんちくしょう) 짐승같은 인간. 잔인 무도한 인간.
人称(にんしょう)《文法》인칭.
‖**~代名詞**(だいめいし) 인칭 대명사.
人偏(にんべん) 한자 부수의 하나: 사람인변.
人品(じんぴん) 인품.
皮畜生(にんぴちくしょう) 사람 가죽을 쓴 축생. 인비인(人非人).
人海戰術(じんかいせんじゅつ) 인해 전술.
人血(じんけつ) 인혈. 사람의 피.
人形(にんぎょう) 인형. 꼭두각시. ♣~**劇**(げき) 인형극.
‖**~遣い**(つかい) (인형극에서) 인형을 놀리는 사람.
~使い(つかい) ⇨ 人形遣い.
~送り(おくり) 질병을 막고 해충을 구제해 준다는 무꾸리로, 봄부터 여름에 걸쳐 함《짚으로 인형을 만들어 물에 띄우거나 마을 동구 밖에다 버리는 일》.
~食い(ぐい) 외모가 아름다운 여성을 찾는 일. 또, 그 사람.
~淨瑠璃(じょうるり) 淨瑠璃에 맞추어 놀리는 인형극.
~芝居(しばい) 인형극.
~振り(ぶり) (歌舞伎(かぶき)에서) 주역이 인형극에서의 인형과 같은 몸짓으로 움직이는 일.
㊁(ひとがた) ①사람 모양을 한 것. 특히, 재앙을 쫓는 데 쓰는 종이 인형. ② ☞㊀. ③ 대신하는 사람.
人火(じんか) 사람의 과실로 일어난 화재.
人和(じんわ) 인화.
人皇(にんのう) 神武天皇(じんむてんのう) 이후의 역대 天皇. *じんのう・じんこうとも 읽음.
人後(じんご) 인후. 남의 뒤.
~に落(お)**ちない** 남에게 뒤지지 않는다.

訓読➡

人 ㊀(ひと) 사람. ①인류. 인간. ②세상 사람(들). ③남. 타인. ④애인. 아내. 남편. ⑤ 어른. 성인. ⑥인물. 인품. 일손.
㊁(にん)《①〈老〉 (그)사람 수를 나타내는 한자(漢字)말이나 何(なん)·幾(いく)·若干(じゃっかん) 따위에 붙여서》…인. …사람.
㊂(じん) 인. ①평점 등에서 3단계로 나눈 것 중 셋째. ②《接尾詞적으로》사람.
㊃(たり)《일본 고유 수사에 붙어서》사람의 수를 나타내는 말. …사람《二人(ふたり) 등》.
人あしらい(ひとあしらい) 사람 응대. 사람을 접대하는 일.
人がましい(ひとがましい) 사람답다. 인간답다.
人となり(ひととなり) 사람됨. 위인. 천성.

人減らし(ひとべらし) 감원.
人皆(ひとみな) 모든 사람.
人見(ひとみ) ①(연극 무대에서) 안에서 객석이 보이도록 막에 낸 틈. ②남이 보는 눈.
人遣り(ひとやり) 자신의 의지가 아닌, 남의 강요로 함. 또, 남에게 일을 강요함.
人見知り(ひとみしり) 낯가림.
人競り(ひとぜり) 여러 사람이 앞을 다투며 밀치락달치락함.
人高い(ひとだかい) 사람이 많이 모임.
人慣れ(ひとなれ) ①(남과의 교제에) 익숙해짐. ②(동물이 사람에게) 길듦.
人慣れる(ひとなれる) ①교제에 익숙해지다. ②(동물이) 길들다.
人誑し(ひとたらし) 남을 속임. 또, 그 사람.
人交ぜ(ひとまぜ) (한 동아리에) 다른 사람을 섞음.
人交わり(ひとまじわり) 교제. 사귐.
人橋(ひとばし) ①급할 때, 잇달아 사자(使者)를 보냄. ②중간에 다리를 놓아주는 것을 부탁함. 또, 그 중개(중매)인. *ひとはしろとも 읽음.
人の口(ひとのくち) 사람들의 말〔소문〕.
人垢(ひとあか) ①사람의 몸이나 옷에 묻은 때. ②다른 사람의 몸의 때.
人国(ひとくに) ①타국. 남의 나라. 다른 지방. ②외국. 이국(異國).
人の国(ひとのくに)〈古〉 남의 나라. 외국.
人群れ(ひとむれ) 사람의 무리. 군중.
人近(ひとちか) 가까이에서 인기척이 나는 모양.
人の気(ひとのけ) 남의 마음〔기분〕.
人肌(ひとはだ) 사람의 피부. 또, 그 정도의 따스함.
人寄せ(ひとよせ) 사람을 모음. 또, 그렇게 하기 위한 술수.
‖**~太鼓**(だいこ) (연극·씨름 등의 흥행에서) 사람들을 모으기 위해 치는 북.
人当たり(ひとあたり) 대인 관계. 남에게 주는 ิน상.
人待ち(ひとまち) 사람이 오기를 기다림.
‖**~顔**(がお) 사람을 기다리는 듯한 표정.
人の道(ひとのみち) 인도. 인간도. 인간으로서의 행할 도리.
人礫(ひとつぶて) 돌팔매질하듯 사람을 (집어) 내던짐.
人恋しい(ひとこいしい) (쓸쓸하여) 사람이 그립다.
人頼み(ひとだのみ) 남에게 의지함〔맡김〕.
人溜まり(ひとだまり) ①많은 사람이 모여 있음. 또, 그곳. ②사람들이 모여 대기하는 곳.
人里(ひとざと) (사람이 사는) 마을.
人離れ(ひとばなれ) 마을에서 멀리 떨어져 있는 곳.
人立ち(ひとだち) 많은 사람이 모임. 또, 그 군중.
人立つ(ひとだつ) 어른스러워지다.
人売り(ひとうり) 인신 매매. 또, 그 매매자.
人買い(ひとかい) (어린이 등의) 인신 매매(자). ♣**~船**(ぶね) 인신 매매선.

人侮り(ひとあなずり) 남을 깔봄.
人目(ひとめ) 남의 눈〔시선〕.
人も無げ(ひともなげ) (남들 앞에서) 거리낌없이 행동하는 모양. 방약 무인.
人聞き(ひとぎき) ①인편에 전해 들음. ②남이 들음. 외문(外聞).
人文字(ひともじ) 많은 사람이 열(列)을 지어 글자 등을 만듦. 또, 그 글자.
人白血球抗原(ひとはっけっきゅうこうげん) 『生』사람 백혈구 항원. 사람의 주요한 조직 적합 항원. HLA 항원. 「도」임.
人並み(ひとなみ) 남들과 비슷함. 보통(정) ‖~並み~ ☞人並み(ひとなみ).
人柄(ひとがら) ①인품. 사람됨. ②인품이 좋음. 점잖음.
人奉公(ひとぼうこう) 보람없이, 남의 이익을 위해 일한 결과가 됨.
人付き(ひとづき) ①교제. 사귐. 사교성. ②남이 받는 인상. 「とづき)①.
人付き合い(ひとづきあい) ☞人付き(ひ
人払い(ひとばらい) ①(밀담하기 위해) 좌우를 물리침. ②벽제(辟除).
人崩れ(ひとくずれ) 군중이 그 자리를 급히 떠나려고 혼잡을 일으킴.
人死に(ひとじに) (뜻밖의 사고로) 사람이 죽음. 횡사.
人使い(ひとづかい) 사람을 부림. 사람 다루기. 다루는 법.
人似猿(ひとにざる) 유인원(類人猿).
人山(ひとやま) 인산. 사람이 많이 모인 것.
人殺し(ひとごろし) 살인. 살인자.
人の上(ひとのうえ) ①사람의 신상(身上). 운명. ②남의 신상. 남의 일.
人色(ひといろ) 살색.
人選び(ひとえらび) ☞人選り(ひとえり).
人選り(ひとえり) 인선. 사람을 고름.
人屑(ひとくず) ①인간 쓰레기. ②많은〔여러〕사람.
人設け(ひともうけ) ☞人待ち(ひとまち).
人雪崩(ひとなだれ) 사람 사태. 많은 사람이 사태처럼 우르르 겹쳐 넘어지는 일.
人声(ひとごえ) 사람 소리. 사람의 말〔목〕소리. *じんせい로도 읽음.
人城(ひとしろ) 관(棺).
人の世(ひとのよ) 인간 세계. 이 세상.
人少な(ひとずくな) 인원수가 적음. (일)손이 모자람. 「われ).
人笑い(ひとわらい) ☞人笑われ(ひとわら
人笑わせ(ひとわらわせ) 웃음거리. 남을 웃기는 어리석은 짓.
人笑われ(ひとわらわれ) 남의 웃음거리. 놀림감.
人騒がせ(ひとさわがせ) 놀라게〔떠들썩하게〕함. 소란을 피움.
人手(ひとで) ①남의 손〔수중〕. ②일손. 일꾼. 쓸 사람. ③사람의 솜씨. 인공(人工). ④『動』불가사리.
人受け(ひとうけ) 남에게 주는 인상〔느낌〕. 남의 신용・평판.

人宿(ひとやど) 여인숙. 「소.
人宿り(ひとやどり) 사람이 묵는 곳. 숙박
人馴れ(ひとなれ) ⇨ 人慣れ(ひとなれ).
人馴れる(ひとなれる) ⇨ 人慣れる(ひとなれる).
人勝ち(ひとがち) 사람이 많은 모양.
人食い(ひとくい) ①사람 고기를 먹음. 식인. ②사람을 묾.
‖~人種(じんしゅ) 식인종.
人神(ひとがみ) 인신. 사람을 생전 또는 사후에 신으로 모신 것.
人心地(ひとごこち) 살아 있다는 기분〔느낌〕. 제정신.
人悪(ひとわる) 성질이 나쁨. 또, 그 사람.
人様(ひとさま) '他人(たにん)(=남・타인)'의 높임말.
人様様(ひとさまざま) 사람에 따라 각기 다름.
人言(ひとごと) ①남의 말. ②세상의 평판. 소문. *じんげん으로도 읽음.
人影(ひとかげ) 인영. ①사람의 그림자. ②사람의 모습. 인기척. *じんえい로도 읽음.
人熅れ(ひといきれ) 사람들의 훈김〔훈기〕.
人垣(ひとがき) (많은 사람이 빙 둘러서서) 사람 울타리.
人違い(ひとちがい) ①(사람을) 잘못 봄. 사람을 착각함. ②딴사람같이 변함.
人音(ひとおと) 〈老〉인기척. 사람 소리.
人陰(ひとかげ) 사람의 뒤・옆 따위.
人蔭(ひとかげ) ⇨ 人陰(ひとかげ).
人泣かせ(ひとなかせ) 사람〔남〕을 괴롭힘. 남에게 폐를 끼치는 행위.
人人(ひとびと) ①사람들. ②각자. *老人語로는 にんにん이라고도 함.
人一倍(ひといちばい) 남보다 갑절(이나). 남보다 더한층. 「김.
人任せ(ひとまかせ) (제 할 일을) 남에게 맡
人入れ(ひといれ) (江戸(えど) 시대에) 고용인을 알선하던 일. 또, 그 업자.
人込み(ひとごみ) 붐빔. 혼잡함. 또, 그런 곳. 「줌말.
人っ子(ひとっこ) '人(ひと)(=사람)'의 힘
‖~一人(ひとり) 하나. 아무도 (…없다〔않는다〕). 「자손.
人の子(ひとのこ) ①남의 자식. ②인간. ③
人雑ぜ(ひとまぜ) ⇨ 人交ぜ(ひとまぜ).
人伝(ひとづて) ①인편에 전함. ②구전(口傳)됨. 소문.
人前(ひとまえ) ①남의 앞. 사람들이 많이 있는 곳. ②체면.
人揃え(ひとぞろえ) 인원을 갖춤.
人切り(ひときり) 사람을 벰〔베어 죽임〕. 또, 그 사람. 망나니.
‖~包丁(ぼうちょう) 〈俗〉무사의 칼을 비웃으며 하는 말.
人助け(ひとだすけ) 남을 도움. 사람 구제함.
人造り(ひとづくり) 사람 만들기. 인재(의) 육성. 「래.
人足 ㊀(ひとあし) 인적(人跡). 사람의 왕

㊂(にんそく)〈卑〉① 막일을 하는 노동자. 인부. ② 사람을 업신여기는 말.
人柱(ひとばしら) ① 옛날, 다리·제방·성(城) 등의 난공사 때, 산 사람을 제물로 바친 일. 또, 그 희생자. ② 어떤 목적을 위해 희생된 사람.
人知れず(ひとしれず) 남몰래. 속으로.
人知れぬ(ひとしれぬ) 남 모르는. 숨은.
人指し指(ひとさしゆび) 집게손가락. 식지(食指).　　「흉내.
人真似(ひとまね) 남의 흉내. (동물의) 사람
人質(ひとじち) 인질. 볼모.
人集り(ひとだかり) 많은 사람들이 모임. 또, 그 군중.
人差し指(ひとさしゆび) ⇨ 人指し指(ひとさしゆび).
人擦れ(ひとずれ) (많은 사람과 접하여) 닳고 닳음. 닳아빠짐.
人斬り(ひときり) ⇨ 人切り(ひときり).
人妻(ひとづま) 남의 아내. 유부녀.
人請け(ひとうけ) 신원 보증.
‖~証文(しょうもん) 신원 보증 증서.
人草(ひとくさ) 사람들. 민초.
人出(ひとで) (나들이) 인파.
人臭い(ひとくさい) 사람 냄새가 나다. 인기척이 있다.
人置き(ひとおき) 고용인의 중개업소. 또, 그것을 직업으로 하는 사람.
人の親(ひとのおや) 어버이.
人探し(ひとさがし) ① 행방불명된 사람을 찾음. ② 고용하기 위해 사람을 찾음. 구인(求人).
人通り(ひとどおり) 사람의 왕래.
人波(ひとなみ) 인파.
人怖じ(ひとおじ) (어린 아이 등의) 낯가림.
人捕り(ひととり) 사람을 잡아 먹는다고 하는 괴물.
人疲れ(ひとづかれ) 남을 접대하거나, 혼잡 때문에 지침.
人香(ひとか) 소지품이나 옷에 배어 있는 사람의 냄새.
人穴(ひとあな) (화산 기슭 등에 있는) 동굴.
人嫌い(ひとぎらい) 남과 사귀는 것을 싫어함. 또, 그런 사람.
人好き(ひとずき) 남이 좋아함. 남에게 호감을 줌.　　「람.
人好し(ひとよし) 호인. 선량함. 또, 그런 사
人混み(ひとごみ) ⇨ 人込み(ひとごみ).
人魂(ひとだま) 도깨비불.
人攫い(ひとさらい) 유괴(범). 납치(범).
人懐かしい(ひとなつかしい) 사람이 그립다.
人懐っこい(ひとなつっこい) 사람이 그리우르다. 붙임성이 있다.

2 儿	儿	어진사람 **인** ジン・ニン

音読➡

儿(にんにょう) 한자 부수(部首)의 하나: 어진사람인 받침.

3 刀 常	刃 (刄)	칼날 **인** ジン・ニン は・やいば

音読➡

刃傷(にんじょう)〈老〉인상. 칼로 남을 다치게 함. 칼부림.　　「입힘.
‖~沙汰(ざた) 칼부림. 칼부림 끝에 상처를
刃創(じんそう) 인창. 도창. 칼에 다친 상처.

訓読➡

刃 ㊀(は) (칼 따위의) 날.
㊁(やいば) ① 날붙이. 칼. 검. ② 칼날. 또, 칼날에 나타나는 물결 무늬.
刃叩き(はたたき) 살코기나 생선을 식칼로 두들겨 잘게 다지는 일.
刃広(はびろ) ① 날붙이의 날 폭이 넓음. 또, 그 날붙이. ② 소형의 도끼.
刃口(はぐち) 칼날의 끝.
刃文(はもん) 일본도(日本刀)에서, 담금질로 도신(刀身)에 생긴 무늬.
刃物(はもの) 날붙이.　　「일.
‖~三昧(ざんまい) 툭하면 칼을 휘두르는
刃渡り(はわたり) ① 칼날의 길이. ② 칼날 위를 맨발로 걷는 곡예.
刃先(はさき) 칼끝.
刃元(はもと) 날붙이의 자루 가까운 부분.
刃音(はおと) 칼을 휘두르는 소리. 칼 소리.
刃引き(はびろ) 날을 안 세운 도검(刀劍).
刃針(はばり) 양날이 납작한 수술용 바늘.
刃風(はかぜ) 칼바람. 검풍(劍風).　　「항.
刃向かい(はむかい) 거슬림. 반항. 적대. 저
刃向かう(はむかう) 거슬리다. 맞서다. 반항하다. 덤벼들다.
刃毀れ(はこぼれ) 칼날의 이가 빠짐. 또, 그 빠진 부분.

3 夂	夂	길게걸을 **인** イン

音読➡

夂(いんにょう) 한자 부수(部首)의 하나: 민책받침.

4 イ 教	仁	어질 **인**·사람 **인** ジン・ニ・ニン ひと

音読➡

仁(じん) ① (유교에서) 인. 윤리상의 이상. ② 〈老〉 사람. 『植·生』 (세포핵 속의) 인. * ③은 にんで도 읽음.
仁君(じんくん) 인군. 어진 군주.
仁徳(じんとく) 인덕. 어진 덕.

仁道(じんどう) 인도. 어진 길.
仁篤(じんとく) 인독. 어질고 인정이 두터움.
仁武(じんぶ) 인무. 인애와 무용.
仁恕(じんじょ) 인서. 인자하고 동정심이 많음.
仁寿(じんじゅ) 인수. 어질고 명이 긺.
仁術(じんじゅつ) 인술.
仁心(じんしん) 인심. 어진 마음.
仁愛(じんあい) 인애. 자애.
仁王 ㊀(におう)『佛』인왕. 불법의 수호신으로, 절문 양쪽에 안치된 금강 역사(金剛力士)의 상(像). ♣~門(もん)『佛』인왕문.
‖~立(だち) 장승처럼 우뚝 버티어 섬. 또, 그 모습.
~尊(そん) ☞仁王(におう).
㊁(にんのう) ① 인덕 있는 왕. ② 일본 神武天皇(じんむてんのう) 이후의 역대 天皇.
仁恩(じんおん) 인은. 어진 사랑으로 베푼 은혜.
仁義(じんぎ) ① 인의. 사람이 행하여야 할 도덕. 의리. ② 일본의 깡패・노름꾼 계층의 규칙이나 인사.
‖~立(だて) 인의를 지키는 일.
仁人(じんじん) 인인. 어진 사람.
仁者(じんしゃ) 인자. 어진 사람.
仁慈(じんじ) 인자.
仁政(じんせい) 인정.
仁助(にすけ) 마부・사공・머슴 등 신분이 낮은 사람의 통칭.
仁知(じんち) 인지. 인애(仁愛)스럽고 지혜가 화.
仁智(じんち) ⇨ 仁知(じんち).
仁風(じんぷう) 인풍. 인덕(人德)에 의한 교화.
仁賢(じんけん) 인현. ① 인자(仁者)와 현자(賢者). ② 마음이 어질고 똑똑함.
仁侠(にんきょう) 남자답고 용감함. 협기(俠氣)가 있음. *じんきょう로도 읽음.
仁兄(じんけい) 인형(편지에서 동연배를 친근하게 부르는 말).
仁恵(じんけい) 인혜.
仁孝(じんこう) 인효. 인자(仁慈)와 효행(孝行).
仁厚(じんこう) 인후. 인정이 많고 후덕함.
仁恤(じんじゅつ) 인휼.

4
弓
教

引
당길 인・늘일 인
イン
ひく・ひける

[音読]
引(いん) 머리말. 서문.
引拠(いんきょ) 인거. 인용하여 근거로 함.
引見(いんけん) 인견. 접견.
引決(いんけつ) 인결. 인책 자결.
引導(いんどう) 인도.
引力(いんりょく) 인력. ♣~圏(けん) 인력권.
引例(いんれい) 인례.
引物(いんぶつ) 선사품. 선물.
引書(いんしょ) 인용[引用]한 책. 인용서.
引接(いんじょう) ⇨ 引接(いんじょう).
引率(いんそつ) 인솔.

引業(いんごう)『佛』인업.
引用(いんよう) 인용. ♣~文(ぶん) 인용문 / ~符(ふ) 인용부 / ~書(しょ) 인용서.
引喩(いんゆ) 인유.
引赤(いんせき)『醫』인적.
‖~薬(やく)『藥』인적약.
引接 ㊀(いんじょう)『佛』인접. 임종 때 아미타불이 와서 극락 정토로 이끌어 가는 일. ㊁(いんせつ) ① 불러들여 만나 봄. ② 어떤 사람을 다른 사람에게 대면시킴. 「교환.
引照(いんしょう) 문헌 따위를 대조하여 비
引証(いんしょう) 인증. 증거가 될 다른 사실을 들어 보임.
引責(いんせき) 인책.
‖~辞職(じしょく) 인책 사직.
引致(いんち) 인치. 연행(連行).
引退(いんたい) 은퇴.
‖~興行(こうぎょう) 은퇴 흥행.
引航(いんこう) 인항. 예항(曳航).
引火(いんか) 인화. ♣~点(てん) 인화점.

[訓読]
引かされる(ひかされる) (마음이) 끌리다. 얽매이다.
引かす(ひかす) ① 끌게 하다. ② 빚을 갚아 주고 기생[창녀]의 몸을 빼내다.
❖引かれる(ひかれる) (마음 등이) 끌리다.
引かれ者(ひかれもの) 잡히어 형장 등으로 끌려가는 사람.
❖引く(ひく) ① 끌다. ㉠(손을 잡고) 이끌다. 잡아당기다. ㉡(주의・마음을) 끌다. ②(활 시위를) 당기다. ③ 빼다. 덜어내다. ④ 관계를 끊다. 손을 떼다. ⑤ 인용하다.
引き(ひき) ① 끎. 특히, 고기가 낚시에 걸려 줄을 당기는 정도. ② 특별히 돌봐 줌. 후원. ③ (연)줄. 끈. 연고.
引家(いんか) 건축물을 해체하지 않고 그대로 이동시켜 다른 장소로 옮기는 일.
引き歌(ひきうた) 옛 사람의 유명한 노래의 일부를 인용하여 자기 문장을 장식하는 방법. 환골 탈태(換骨奪胎)식의 노래.
引き綱(ひきづな) (무엇에 매어) 끄는 줄.
引き開ける(ひきあける) 잡아당겨 열다.
引き去る(ひきさる) ① 빼다. ② 잡아가다. 끌고가다. 연행하다. ③ (되) 물러가다.
引き据える(ひきすえる) (데려다) 난폭하게 끌어 앉히다.
引き継ぎ(ひきつぎ) 이어[물려] 받음.
引き継ぐ(ひきつぐ) 이어받다. 물려받다. 계승하다.
引き菓子(ひきがし) 축하식 때나 불교 행사 때 선물로 주는 과자.
引き括める(ひきくるめる) ☞ 引っ括める(ひっくるめる).
引き絞る(ひきしぼる) ①(활 시위를) 잔뜩 [잡아] 당기다. 켕기다. ②(억지로) 짜내다.
引き口(ひきぐち) 도망갈 길. 퇴로.
引き句(ひきく) 설명을 위해 다른 데서 인용하는 성구(成句)・배구(はいく).

引き具す(ひきぐす)〈老〉데리다. 데리고 가다. 거느리다.
引き金(ひきがね) 방아쇠.
引き技(ひきわざ) (씨름·유도 따위에서) 상대를 잡아당겨 넘어뜨리거나 균형을 잃게 하는 기술.
引起(ひきおこし) 『植』 방아풀.
引き起こす(ひきおこす) 일으키다. ①야기(惹起)하다. 발생시키다. ②(쓰러진 것을) 다시 일으켜 세우다.
引き寄せる(ひきよせる) ①가까이 (끌어)당기다. ②(마음·손님을) 끌다. ③가까이 다가오게 하다. ④돈벌이 유인하다.
引き当て(ひきあて) ①장래의 특정한 지출에 대비해서 돈을 준비함. ②저당. 담보. ‖〜金(きん) (예상되는 손실을 충당하기 위한) 준비금. 예비금.
引き当てる(ひきあてる) ①제비를 뽑아 맞히다. ②견주다. 적용하다.
引き倒す(ひきたおす) 잡아당겨 넘어뜨리다.
引き渡し(ひきわたし) 인도. 넘겨줌.
引き渡す(ひきわたす) ①넘겨주다. 인도(양도)하다. ②(줄 따위를) 건너 매다. 치다.
引き道具(ひきどうぐ) 무대에서, 건물·산 따위의 무대 장치 밑에 바퀴를 달아, 전후 좌우로 이동시키는 장치.
引き落とし(ひきおとし) (씨름에서) 상대의 팔을 쥐고 앞으로 당겨 넘어뜨리는 수.
引き落とす(ひきおとす) ①잡아당겨 높은 곳에서 떨어뜨리다. ②금융 기관에서 약정에 의거, 지급인 계좌에서 인출하여 공공 요금 따위를 수취 기관에 자동 납부하다.
引き戻す(ひきもどす) ①되돌리다. 본디대로 하다. ②다시 데려(끌어)오다. ③되돌아오다. (되)돌아서다. ④되찾다.
引き連れる(ひきつれる) 데리고 가다. 뒤에 거느리다.
引き攣り(ひきつり) ①경련. 쥐. ②화상(火傷) 따위로 오그라든 살갗.
引き攣る(ひきつる) ①(화상 따위로, 피부가) 옥죄이다. 오그라들다. ②경련을 일으키다. 쥐가 나다.
引き攣れる(ひきつれる) 경련이 일어나다. 쥐가 나다. 옥죄이다.
引き裂く(ひきさく) ①(잡아)찢다. 가르다. ②(사이 따위를) 갈라놓다.
引き籠もる(ひきこもる) 틀어박히다. 죽치다.
引き留める(ひきとめる) ⇨ 引き止める(ひきとめる).
引き離す(ひきはなす) 떼어놓다. ①갈라 놓다. (무리하게) 떼다. ②뒷사람과 사이를 벌리다.
引き立つ(ひきたつ) ①돋보이다. 두드러지다. 덩두렷하다. ②(시장 경기 따위가) 활발해지다.
引き立て(ひきたて) ①사람을 돋보이게 함. ②특별히 돌봐줌. 후원. ‖〜役(やく) ①(남을 칭찬하거나 또는 여기저기 소개하여) 돋보이게 하는 사람. ②후원자. 시중드는 사람.
引き立てる(ひきたてる) ①(문을 옆으로 밀어) 닫다. ②억지로 끌고 가다. ③북돋우다. ④돋보이게 하다. ⑤(후진 등을) 등용(발탁)하다.
引き馬(ひきうま) 귀인의 행렬에서, 아름답게 꾸며 끌고 가는 말.
引き馬場(ひきばば) ①(경마장에서) 경주가 시작되기 전에 말이 모이는 곳. ②경주에 나서는 자동차를 점검하는 곳.
引き幕(ひきまく) 무대에서, 옆으로 잡아당겨서 여닫는 막. 가로닫이 막.
引き網(ひきあみ) 끌어당겨 고기를 잡는 그물의 총칭《후릿그물·트롤망(網) 따위》.
引き綿(ひきわた) 보통 솜 위에 얇게 펴서 두는 풀솜.
引き明け(ひきあけ) 새벽녘.
引き鳴らす(ひきならす) 잡아당겨 소리를 내다.
引き毟る(ひきむしる) 잡아 뜯다.
引き木(ひきぎ) 맷손. 맷돌의 손잡이.
引目(ひきめ) 방추형의, 화살 끝에 다는 나무로 만든 속이 빈 깍지.
引き目鉤鼻(ひきめかぎばな) 사람 얼굴의 묘사법의 하나. 눈을 'ㅡ'자로 그리고 코는 ㄴ자를 비스듬히 한 것처럼 단숨에 그리는 것.
引き墨(ひきずみ) ①눈썹을 깎고 거기에 먹으로 그리는 일. 또, 그 먹. ②편지의 봉한 곳에 먹으로 '〆'표를 하는 일. 또, 그 먹.
引き物(ひきもの) ①☞ 引き出物(ひきでもの). ②상에 특별히 차려서 내는 요리·과자. ③칸막이 하는 휘장.
引き眉(ひきまゆ) 먹으로 그린 눈썹.
引き眉毛(ひきまゆげ) ☞ 引き眉(ひきまゆ).
引き剝がす(ひきはがす) (잡아)떼다.
引き返し(ひきかえし) ①겉감과 옷단의 안쪽에 대는 천을 같은 감으로 만듦. ②『劇』도중에 막을 내려 소품만을 바꾸고 바로 막을 올려 다음 장면을 계속하는 일.
引き返す(ひきかえす) ①되돌아가다(오다. 도서다. ②되돌리다. 되찾다.
引き抜き(ひきぬき) ①빼냄. 뽑아냄. ②(인기 스타·선수·인재를) 빼돌림. 스카우트함. ③연극에서 배우가 겉옷을 재빨리 벗고 안에 입은 의상을 드러냄.
引き抜く(ひきぬく) ①(잡아) 뽑다. 뽑아내다. ②(인기 선수·인재 등을) 빼돌리다. 스카우트하다.
引き別(ひきべつ) ①비교함. ②예(例)를 인용함.
引き付け(ひきつけ) ①경련. 특히, 어린애의 경풍. ②(청루에서) 기생이 먼저 선을 보이고 음식을 대접하는 방.
引き付ける(ひきつける) ①(어린애가) 경련을(경기(驚氣)를) 일으키다. ②(마음을) 끌다. 끌어당기다.
引き負い(ひきおい) ①남을 대신해서 매매·거래를 하고, 그 손실이 자신의 부담으로

引き膚(ひきはだ) 두꺼비 모양의 주름을 만든 가죽.

引付衆(ひきつけしゅう) 室町(むろまち) 시대에, 評定衆(ひょうじょうしゅう)를 도와 재판·기록 따위를 다루던 직(職).

引き分け(ひきわけ) ①잡아 갈라놓음. 떼어놓음. ②비김. 무승부.

引き分ける(ひきわける) ①떼어놓다. 갈라놓다. ②비기다. 무승부가 되다.

引き払う(ひきはらう) 퇴거하다. 걷어치우다.

引き比べる(ひきくらべる) 比べる(くらべる)의 힘줌말.

引き写し(ひきうつし) ①원본대로 베껴 씀. ②위에 대고 복사함. 투사(透寫).

引き写す(ひきうつす) ①서화 따위를 투명한 종이 밑에 대고 복사하다. ②문장 따위를 그대로 베끼다.

引き山(ひきやま) 산에서 벌채한 나무를 반출함.

引き算(ひきざん) 뺄셈. 감산(減算).

引き上げ(ひきあげ) ①끌어올림. ②⇨引き揚げ(ひきあげ).

引き上げる(ひきあげる) ①끌어올리다. ②인상하다. ③승진시키다. ④되찾다.

引き色(ひきいろ) 퇴각할 기미. 패색(敗色).

引き繕う(ひきつくろう) 〈古〉①의복을 단정히 입다. ②결점을 고치다. ③겉바르다.

引き続き(ひきつづき) ①계속. ②계속해서. 잇달아. 곧 이어서.

引き続く(ひきつづく) (그대로) 쭉 계속되다. 잇따르다.

引き手(ひきて) ①장지문 따위의 문고리. ②끄는 사람. ③여리꾼.

‖~茶屋(ぢゃや) 유곽에서, 손님을 창녀집으로 안내하는 찻집.

引く手(ひくて) (자기 쪽으로) 끄는 사람. 권유하는 사람.

引き受け(ひきうけ) 인수. 떠맡음. ♣~手(て) 인수인.

‖引受拒絶(ひきうけきょぜつ) 〖經〗인수 거절.

引受渡し(ひきうけわたし) 〖經〗인수 인도(引受引渡).

引受募集(ひきうけぼしゅう) 〖經〗인수 모집.

引受手形(ひきうけてがた) 〖經〗인수 어음.

引受呈示(ひきうけていじ) 〖經〗인수 제시(提示).

引受会社(ひきうけがいしゃ) 〖經〗인수 회사. 수탁(受託) 회사.

引き受ける(ひきうける) 떠맡다. ①(책임지고) 맡다. ②인수하다. ③상대가 되어 응대하다.

引き巡らす(ひきめぐらす) 막·천 따위를 둘러치다.

引き縄(ひきなわ) ①물건에 달아매어 끄는 줄. ②고깃배가 미끼 달린 줄을 수중(水中)에 끌고 다니며 고기를 잡는 일.

引き時(ひきどき) 물러날 시기[때]. 전하여, 은퇴할 시기.

引き伸ばし(ひきのばし) ①사진 확대. ②확대 사진.
‖~写真(しゃしん) 확대 사진.

引き伸ばす(ひきのばす) ①잡아늘이다. 길게 하다. ②묽게 하다. ③사진을 확대하다.

引き鴨(ひきがも) 따뜻해져서 다시 북쪽으로 돌아가는 오리.

引艾(ひきよもぎ) 〖植〗절국대.

引き揚げ(ひきあげ) 귀환[귀국]함.
‖~者(しゃ) (본국으로의) 귀환자. 귀국자.

引き揚げる(ひきあげる) ①철수[퇴각]하다. ②(전원이) 귀환[귀국]하다. 돌아오다.

引き言(ひきごと) 설명을 위해 다른 데의 말을 인용하는 일. 또, 그 인용한 어구(語句).

引き延ばし(ひきのばし) 질질 끎. 지연.

引き延ばす(ひきのばす) 끌다. 지연시키다.

引き染め(ひきぞめ) 솔에 물감을 묻혀 당기면서 천을 염색함.

引き緩む(ひきゆるむ) (거래에서) 값이 내리다. 내림세를 보이다.

引き違い(ひきちがい) 두 장 이상의 창문·미닫이 따위를 두 줄의 홈에 의해 좌우로 여닫는 것.

引き音(ひきおん) 장음(長音)을 길게 끈 부분을 음운론적(的) 단위로써 부르는 이름.

引き移る(ひきうつる) 다른 곳으로 옮기다. 이사하다.

引き日(ひきび) 창기가 화대를 자신이 부담하고 쉬는 날.

引き入る(ひきいる) ①끌려들다. ②물러나다. ③틀어박히다. ④〈文〉☞引き入れる(ひきいれる).

引き入れる(ひきいれる) 끌어넣다. 끌어들이다.

引き込む(ひきこむ) ①끌어들이다. ②(감기에) 걸리다. ③(집안에) 들어박히다. ④☞引っ込む(ひっこむ).

引き込み線(ひきこみせん) 간선(幹線)에서 갈라져 놓이는 전선·선로. ~는 장치.

引き障子(ひきしょうじ) 좌우로 밀어서 여닫는 장지.

引き跡(ひきあと) 거래소에서, 입회가 끝난 후의 장(場).

引き揃える(ひきそろえる) 몇 가닥의 실을 꼬지 않고 합치다.

引き纏う(ひきまとう) ①옷을 몸에 감듯이 입다. ②한데 모으다.

引き切りなし(ひききりなし) ☞引っ切りなし(ひっきりなし).

引き切る(ひききる) 잡아당겨 끊다.

引きも切らず(ひきもきらず) 끊임없이. 연달아.

引き摺り(ひきずり) 〈俗〉①여성이 옷을 질질 끌리도록 입는 일. ②끌게 되어 있는 왜나막신의 일종. 짤짤이 나막신.

引き摺る(ひきずる) ①땅에 질질 끌다. (시간·날짜를) 끌다. 지연시키다다. ②(억지로) 끌고 가다. 연행하다. ~어들이다.

引き摺り込む(ひきずりこむ) (억지로) 끌

引き摺り出す(ひきずりだす) (억지로) 끌어내다.
引き摺り回す(ひきずりまわす) 여기저기 (억지로) 끌고 (돌아)다니다.
引き鉦(ひきがね) 군대를 퇴각시킬 때 신호로 치는 꽹과리.
引き際(ひきぎわ) ☞引け際(ひけぎわ).
引き釣り(ひきづり) 트롤링. 흘림낚시.
引き潮(ひきしお) 썰물.
‖**~時**(どき) 썰물 때.
引き足(ひきあし) ①뒷걸음치는 발걸음. ②발을 질질 끌며 걸음.
引き舟(ひきふね) ①배를 끌고 감. 또, 끌고〔끌어〕 가는 배. ②연극에서, 무대 정면의 2층 관람석. ③고급 창녀에 딸려서 시중을 드는 창녀.
引き止める(ひきとめる) 만류하다. 말리다.
引き直す(ひきなおす) ①다시 긋다. ②고치다.
引き札(ひきふだ) ①제비. ②광고 쪽지.
引き窓(ひきまど) 지붕의 물매에 따라서 만든 천창(天窓)《끈을 잡아당겨서 여닫음》.
引き菜(ひきな) 슈아 낸 채소.
引き添う(ひきそう) 바싹 다가붙다.
引き替え(ひきかえ) ⇨ 引き換え(ひきかえ).
引き締まる(ひきしまる) ①단단히 죄어지다. ②(마음이) 긴장되다. ③『商』 내림세에 있던 값이 다시 안정세를 보이다.
引き締め(ひきしめ) 단단히 죔.
引き締める(ひきしめる) (단단히) 죄다. ①조르다. 켕기다. ②(느즈러진 정신 따위를) 다잡다. ③(살림・예산 따위를) 긴축시키다.
引き祝い(ひきいわい) 기생・연예인의 폐업 피로연.
引き出し(ひきだし) ①서랍. ②(예금 따위를) 인출함.
引き出す(ひきだす) ①꺼내다. (챙겨 넣은 것을) 밖으로 내다. ②(말을) 끄집어 내다. (예금 등을) 인출하다. ③끌어내다.
引き出物(ひきでもの) 연회나 잔치 때 주인이 손님에게 내놓는 선물. 「인수인.
引き取り(ひきとり) 떠맡음. ♣**~人**(にん)
引き取る(ひきとる) ①(일이 끝나서) 그 자리에서 떠나다. 물러나다. ②떠맡다. 인수하다. 말다. ③(말끝을) 이어받다. ④거두다.
引き退く(ひきのく) ①물러나다. 후퇴하다. ②〔文〕 ☞引き退ける(ひきのける).
引き退ける(ひきのける) ①끌어〔잡아〕 제치다. ②떼어놓다.
引き波(ひきなみ) ①해변에 밀려왔다 바다로 밀려가는 파도. ②배의 진행에 따라 선미(船尾)에 생기는 파도.
引き破る(ひきやぶる) (잡아) 찢다.
引き板(ひきいた) 논・밭 등에서 새를 쫓기 위한 장치.
引き鼻(ひきばな) 감기 듦. 「의에서) 물러서다.
引き下がる(ひきさがる) ①(장소・주장 따위에서) 물러서다. ②(일 따위에) 손을 떼다〔빼다〕.

引き下げ(ひきさげ) 끌어내림. 떨어뜨림. 인하(引下).
引き下げる(ひきさげる) ①(끌어)내리다. ②인하하다. ③(신분・지위를) 떨어뜨리다. ④(밑으로) 내리다.
引き下ろす(ひきおろす) ①끌어내리다. ②어떤 지위에서 물러나게 하다. 「학.
引き鶴(ひきづる) 봄에 북쪽으로 돌아가는
引き割り(ひきわり) 극장의 무대 장치를 좌우로 당겨 갈라놓고, 안에 준비해 둔 다음 장면으로 전환하는 일.
引き合い(ひきあい) ①(증거나 참고 등을) 예로 인용함. 인례(引例). ②引合人(ひきあいにん)의 준말. (사건 따위의) 참고인. 증인. ③연좌. 연루.
引き合う(ひきあう) ①서로 끌어당기다. ②거래하다. ③(장사하여) 돈벌이가 되다.
引き合わす(ひきあわす) ☞引き合わせる(ひきあわせる).
引き合わせ(ひきあわせ) ①대면시킴. ②대조함. 맞대어〔맞쐬어〕 봄. ③옛날 연애 편지에 흔히 쓰던 결이 고운 일본 종이.
引き合わせる(ひきあわせる) ①끌어당겨 맞추다. ②견주어 보다. 대조하다. ③소개하다. 대면시키다.
引き戸(ひきど) 미닫이. 가로닫이.
引き換え(ひきかえ) 바꿈. 교환. 상환(相換).
‖**引換券**(ひきかえけん) 상환권. 교환권.
引き換える(ひきかえる) 바꾸다. 교환〔상환〕하다.
引き回し(ひきまわし) ①끌고〔데리고〕 다님. ②지도하여 돌봐 줌. ③소매가 없고 폭이 넓은 비옷. 또, 인버네스. ④江戸(えど) 시대에, 참수형(斬首刑) 이상의 죄인을 처형 전에 조리돌리던 일. 조리돌림.
引き回す(ひきまわす) ①끌고 (돌아)다니다. ②(처형전의 중죄인을) 말에 태워 조리돌리다.
引き詰める(ひきつめる) ①느슨하지 않게 바짝 조이다. ②활을 계속 쏘다.
ぽん引き(ぽんびき) 〈俗〉 ①등쳐 먹는 사람. 야바위. ②유객꾼.
❖**引ける**(ひける) ①(그날 일이) 파하다. 끝나다. ②열등감이 들다. 주눅 들다. 기죽다.
引け(ひけ) ①파함. 퇴근함. ②㉠(남에게) 짐. 남만 못함. 뒤떨어짐. ㉡초라하게〔창피하게〕 느낌. 주눅듦.
引け高(ひけだか) (거래소 따위의) 종가(終價)가 높음.
引け目(ひけめ) 열등감. 주눅. 「건.
引け物(ひけもの) 홈이 있어, 값을 내린 물
引け相場(ひけそうば) ☞引け値(ひけね).
引け時(ひけどき) 파할 시각.
引け際(ひけぎわ) ①(하루 일이) 끝날 무렵. 퇴근할 무렵. ②퇴직할 무렵. ③(거래소에서) 마지막 매매가 끝날 무렵(의 시세).
引け値(ひけね) (거래소에서) 그날의 파장〔마감〕 시세. 종가(終價).

❖引っ(ひっ)〈俗〉《動詞에 붙여》어세(語勢)나 뜻을 강조하는 말.
引っぺがす(ひっぺがす)〈俗〉☞引っ剝がす(ひっぱがす).
引っ括める(ひっくるめる) 일괄하다. 통틀다. 뭉뚱그리다. 「아무다.
引っ括る(ひっくくる) 꽉〔단단히〕묶다. 잡
引っ掛かり(ひっかかり) ① (마음에) 걸림. 거리낌. ② 관련. 관계. 연루. ③ 손 잡을 곳.
引っ掛かる(ひっかかる) 걸리다. ① (물건에) 걸려서 멎다. ② (단속·규제에) 제지당하다. ③ (계략에) 속다. ④ 말려들다. 걸려들다.
引っ掛ける(ひっかける) ① (…에) 걸다. ② (옷 따위를) 걸치다. ③ (속여서) 걸려들게 하다. ④ (물 등을) 끼얹다. 뿌리다. ⑤ (술 따위를) 들이켜다.
引っ摑む(ひっつかむ) 움켜〔거머〕쥐다. 거머잡다.
引っ担ぐ(ひっかつぐ) 힘차게 〔둘러〕 메다.
引っ絡げる(ひっからげる) ① 끈 따위로 묶어 매다. ② (옷자락 따위를) 걷어 올리다.
引っ攣り(ひっつり)〈俗〉화상 따위로 피부가 욱죄어 땅기는 일.
引っ攣り(ひっつり) ☞引っ攣り(ひっつり).
引っ籠もる(ひっこもる)〈口〉☞引き籠もる(ひきこもる).
引っ立てる(ひったてる) (강제로) 끌고 가다. 연행하다.
引っ剝がす(ひっぱがす)〈俗〉 냅다〔잡아〕벗기다. 잡아떼다.
引っ剝ぐ(ひっぱぐ)〈俗〉잡아벗기다.
引っ返す(ひっかえす)〈口〉☞引き返す(ひきかえす).
引っこ抜き(ひっこぬき)〈俗〉☞引き抜き(ひきぬき). 「(ひきぬく).
引っこ抜く(ひっこぬく)〈俗〉☞引き抜く
引っ付く(ひっつく) ① 착 들러붙다. ②〈俗〉남녀가 밀통하다. 또, 부부가 되다.
引っ付ける(ひっつける) ① 딱 붙이다. 들러붙게 하다. ②〈俗〉(남녀를) 부부가 되게 하다. 붙여 주다.
引っ敷き(ひっしき) ① 모피 따위로 만들어, 끈을 달고 허리 뒤에 대는 것. ② 깔개.
引っ殺ぎ(ひっそぎ) 끝을 뾰족하게 잘라냄. 또, 그 잘라낸 것.
引っ搔く(ひっかく) (손톱 따위로) 세게 긁다. 할퀴다. 「처.
引っ搔き傷(ひっかききず) 긁힌〔할퀸〕 상
引っ搔き疵(ひっかききず) ⇒引っ搔き傷(ひっかききず).
引っ搔き回す(ひっかきまわす) 휘젓다. ① 마구 뒤적거리다. ② 멋대로 굴어 혼란시키다〔어지럽히다〕. 「사람.
引っ手繰り(ひったくり) 날치기함. 또, 그
引っ手繰る(ひったくる) 잡아채다. 낚아채다. 날치기하다.
引っ熟す(ひっこなす) ① 업신여기다. ② 멋대로 다루다.

引っ外す(ひっぱずす) ① 잡아 뽑다. ② 몸을 뒤로 빼어 비키다.
引っ越し(ひっこし) 이사. 이전. ♣～車(ぐるま) 이삿짐 차.
∥～蕎麦(そば) 이사 간 곳의 이웃에 인사의 뜻으로 돌리는 메밀국수.
引っ越す(ひっこす) 이사하다.
引っ込ます(ひっこます)〈俗〉☞引っ込める(ひっこめる).
引っ込み(ひっこみ) ① (결말을 내고) 관계를 끊음. 물러남. ② (옥내 등으로) 끌어들임. ③ (집안에) 틀어박힘.
∥～思案(じあん) (매사에) 소극적임. 적극성이 없음. 또, 그런 성격.
～勝ち(がち) ① 외출을 그다지 않는 모양. ② 소극적인 모양.
引っ込む(ひっこむ) ① 틀어박히다. 칩거하다. ② 물러나다. 은퇴하다. ③ 쑥〔안으로〕들어가다. 움푹 꺼지다.
引っ込める(ひっこめる) ① (제자리로) 당겨들이다. ② 움츠리다. ③ (요구 등을) 철회〔취하〕하다. ④ 쑥 들어가게 하다.
引っ張り(ひっぱり) ① 잡아당김. ② 거리에서 손님을 끄는 창녀. 가창(街娼).
∥～強さ(つよさ)『理』장력(張力) 강도. 항장력(抗張力)
～凧(だこ) (인기가 있어) 사방에서 끎. 세남. 또, 그런 사람·물건.
～試驗(しけん)『理』인장(引張) 시험.
引っ張る(ひっぱる) (잡아) 끌다. ① 끌어〔잡아〕당기다. 팽팽히 당기다. ② 억지로 끌고 가다. 연행하다. ③ 끌어들이다. ④ 질질 미루다. 연장하다.
引っ切りなし(ひっきりなし) 쉴새없음. 끊임없음.
引っ提げる(ひっさげる) ① 늘어뜨려 들다. ② 거느리다. ③ (무리하게) 이끌다. ④ 내걸다. 내세우다.
引っ釣り(ひっつり) ⇨引っ攣り(ひっつり).
引っ繰り返す(ひっくりかえす) ① 뒤집다. 뒤엎다. ② 쓰러뜨리다. 넘어뜨리다. ③ 역전시키다.
引っ繰り返る(ひっくりかえる) ① 뒤집히다. (위치 등이) 뒤바뀌다. (형세가) 역전되다. ② 쓰러지다. 넘어지다.
引っ絡げる(ひっからげる) ⇨引っ絡げる(ひっからげる).
引っ千切り(ひっちぎり) 작게 뭉친 떡.
引っ替え(ひっかえ)〈口〉바꿈.
引っ抱える(ひっかかえる) 난폭하게 껴안다.
引っ捕らえる(ひっとらえる) 붙잡다. 체포하다.
引っ被る(ひっかぶる) 뒤집어 쓰다. ① 들쓰다. ② (남의 일·책임 등을) 떠맡다.
引っ解き(ひっとき) 솜옷의 솜을 빼고, 다시 지은 옷.
引っ攫う(ひっさらう) 홱 잡아〔낚아〕채다. 빼앗다. 채가다.

引っ詰め(ひっつめ) 여성이 머리를 아무렇게나 뒤로 잡아당겨 매는 일. 또, 그 머리 모양.

其他
引屈(ひかがみ) 오금.
引敷(ひしき) 깔개.

5 イ	仞	길 인·잴 인 ジン

音読
仞(じん) 높이·깊이의 단위《8척·7척·4척·5척 6치 등 여러 설이 있음》.

6 口 教	印	인 인·찍을 인 イン しるし

音読
印 ㊀(いん) ① 인. 도장. ② 자취. 흔적.
㊁(しるし) 표(시). 표지. ① 안표. ② 정표. 증표. 증거. ③ 기호. 부호. 마크. ④ 상징.
㊂(じるし) 《接尾語로》…표(가 있는 것).
㊃(かね)《口》'やきがね(=낙인·소인)'의 준말.
印する(いんする) 자국을 남기다.
印可(いんか) 인가. ①《佛》스님이 그 제자가 진수하여 도를 깨달았음을 증명하여 줌. ② 예도(藝道)에서, 스승이 뛰어난 제자에게 주는 면허. 또, 면허를 주는 일.
印刻(いんこく) 인각. 도장을 새김.
印鑑(いんかん) 인감.
∥**～証明**(しょうめい) 인감 증명.
印匣(いんこう) 인갑. 도장을 넣어 두는 갑.
印顆(いんか) 인과. 인장. 도장.
印僑(いんきょう) 해외에 이주한 인도 사람과 그 자손.
印矩(いんく) 인구. 도장이 바로 찍히도록 대는 정(丁)자 또는 ㄱ자 모양의 자.   「어.
印欧語(いんおうご)《言》인구어. 인도유럽
∥**～族**(ぞく) 인구어족. 인도게르만 어족.
印欧祖語(いんおうそご)《言》인구 조어. 인도유럽 어족에 속하는 여러 언어의 공통 조어.
印金(いんきん) 인금. 금박 찍은 명주.
印刀(いんとう) 도장 파는 데 쓰는 작은 칼.
印籠(いんろう) 약 따위를 넣고 허리에 차는 작은 합.
印面(いんめん) 인면. ① 도장의 글자가 새겨져 있는 면. ② 우표의 도안이 인쇄된 면.
印棉(いんめん) ⇨ 印綿(いんめん).
印綿(いんめん) 인도산 면화(면사).
印文(いんぶん) 인문. 인발. *いんもんで도 읽음.
印房(いんぼう) 도장포.
印譜(いんぷ) 인보. 여러 인영(印影)을 모은 책.
印本(いんぽん) 인본.   「책.
印相(いんぞう) ① 인상. 도장에 나타난 길흉의 상. ② 부처님의 얼굴 생김. *いんそうら고도 함.
印象(いんしょう) 인상. ♣**～的**(てき) 인상적 / **～派**(は) 인상파.
∥**～描写**(びょうしゃ) 인상 묘사.
～批評(ひひょう) 인상 비평.
～主義(しゅぎ) 인상주의.   「칭.
印璽(いんじ) 인새. 국새(國璽)와 옥새의 통
印書(いんしょ) 인서. ①《古》인쇄된 책. 인본(印本). ② 날인(捺印)이 있는 문서.
印税(いんぜい) 인세.
印刷(いんさつ) 인쇄. ♣**～工**(こう) 인쇄공 /**～物**(ぶつ) 인쇄물 / **～版**(ばん) 인쇄판.
∥**～配線**(はいせん)《機》인쇄 배선.
～電信機(でんしんき) 인쇄 전신기.
印綬(いんじゅ) 인수. 인끈.
印施(いんせ) 인시. 많은 사람들의 이익이 되는 것을 인쇄하여 배포하는 일. 또, 그 인쇄물.
印圧(いんあつ) 인쇄할 때, 잉크를 지면에 전이(轉移)시키기 위해 가하는 압력. 인쇄압.
印影(いんえい) 인영. 인발.
印肉(いんにく) 인주(印朱).
印字(いんじ) 인자. (타자기·전신기 등으로) 문자·부호를 찍음. 또, 그 문자·부호.
♣**～機**(き) 인자기.
印章(いんしょう) 인장. 도장.
∥**～偽造罪**(ぎぞうざい)《法》인장 위조죄.
印材(いんざい) 인재. 도장을 만드는 재료.
印伝(いんでん) 양이나 사슴의 숙피(熟皮).
印篆(いんてん) 인전. 도장에 새긴 전자(篆
印呪(いんじゅ)《佛》인주.   「字).
印池(いんち) 인주통.
印紙(いんし) ① 인지. 수입 인지. ②《俗》우표. ♣**～税**(ぜい) 인지세.
印判(いんばん) 도장.
印板(いんばん) ⇨ 印版(いんばん).
印版(いんばん) 인판.
印行(いんこう) 인행. 간행. 발행.
印形(いんぎょう) 도장.
印画(いんが) 인화. ♣**～紙**(し) 인화지.

訓読
印す(しるす) ① 표하다. 표시하다. 안표(眼標)를 하다. ② 자취를[자국을] 남기다.
印半纏(しるしばんてん) 등이나 깃 따위에 옥호·성명 따위(의 표지)를 염색한 '半纏(はんてん)(=장색 등이 입는 간단한 윗도리)'.
印許り(しるしばかり) 그저 얼마 안됨. 명색뿐임. 약간.
キ印(キじるし)《卑》미친 사람.
わ印(わじるし) 춘화도·외설서를 이름.

其他
印度(インド)《地》인도. ♣**～藍**(あい) 인도남 /**～綿**(めん) 인도면(솜) / **～象**(ぞう) 인도코끼리 / **～洋**(よう) 인도양.
∥**～建築**(けんちく) 인도 건축.
～更紗(サラサ) 인도 사라사.
～半島(はんとう)《地》인도 반도.
～菩提樹(ぼだいじゅ)《植》인도보리수.
～水牛(すいぎゅう)《動》인도 물소.

～ヨーロッパ語族(ヨーロッパごぞく)〖言〗인도유럽 어족.
～語派(ごは)〖言〗인도 어파.
～支那(シナ)〖地〗인도차이나.
～哲学(てつがく)〖哲〗인도 철학.
～統治法(とうちほう)〖史〗인도 통치법.

6 口 教	因	인할 인 イン よる・ちなむ

音読
因 ㊀(いん) 일의 발단. 원인.
 ㊁(よすが) 연고. 인연.
因する(いんする)〖雅〗기인하다. 말미암다.
因果(いんが) ①인과. ②〖佛〗인과 응보. 업보. 운명. ③불행. 불운. ♣**～性**(せい) 인과성 / **～律**(りつ) 인과율. 「설득하다.
～を含(ふく)**める** 숙명인 줄 알고 체념토록 ‖**～関係**(かんけい) 인과 관계.
～法則(ほうそく)〖哲〗 인과 법칙.
～応報(おうほう)〖佛〗인과 응보.
～覿面(てきめん) 악한 일을 한 응보가 바로 나타남. 「한 논리학.
因明(いんみょう) 인명. 고대 인도에서 발달
因数(いんすう)〖數〗인수. ‖**～分解**(ぶんかい)〖數〗인수 분해.
因循(いんじゅん) ①인순. ①구습에 따를 뿐 고치려 하지 않음. ②꾸물거림. ‖**～姑息**(こそく) 인순 고식.
因習(いんじゅう) 인습. ♣**～的**(てき) 인습적 / **～化**(か) 인습화.
因襲(いんしゅう) ⇨ 因習(いんしゅう).
因乗(いんじょう) 인승. 서로 곱함. 곱셈.
因業(いんごう) 완고하고 무정함. 혹독함.
因縁(いんねん) ①인연. ②이유. 내력. **～をつける** 생트집을 잡다. ‖**～尽**(ずく) ①인연으로 생긴 일. ②인연이 있음.
因由(いんゆ) 이유. 원인.
因子(いんし) 인자. ‖**～分析**(ぶんせき) 인자 분석.
因地(いんじ)〖佛〗인지. 인위(因位).

訓読
❖**因む**(ちなむ) 인연[연관] 짓다. …을 기념하기 위해서 하다.
因み(ちなみ) 연분. 인연.
因みに(ちなみに) 덧붙여서 (말하면). 이와 관련하여. 「되다.
❖**因る**(よる) (기)인하다. 말미암다. 원인이
因り(より) ①인하여. 의하여. ②…에 따라.
因りけり(よりけり) …에 따라 다르다. 나름이다.
因りて(よりて) ⇨ 因って(よって).
因って(よって) 따라서. 그러므로. 이에.
～来(きた)**る** 그(것이) 원인이 된.
因って以て(よってもって) '因って(よって)'의 힘줌말.

其他
因幡(いなば)〖地〗옛 지방 이름. 지금의 鳥取(とっとり) 현의 동부.

6 扌 日	扨	그러나 (인) さて

訓読
扨(さて) 막상. 정작 …때가 되면. 그런데.
扨又(さてまた) 그리고 또. 그 위에 또.
扨置く(さておく) (어떤 일・화제 등을) 일단 그대로 두다. 차치(且置)하다.

7 心 常	忍(忍)	참을 인 ニン しのぶ・しのばせる

音読
忍界(にんかい)〖佛〗인계. 인간[사바] 세계.
忍苦(にんく) 인고.
忍耐(にんたい) 인내. ♣**～力**(りょく) 인내력. ‖**～強い**(づよい) 참을성이 많다.
忍冬 ㊀(にんどう) 인동. ①☞㊁. ②인동 덩굴잎을 말린 생약제. ‖**～模様**(もよう) ☞忍冬文.
～文(もん) 인동 무늬.
 ㊁(すいかずら) 인동덩굴.
忍法(にんぽう) 忍術(にんじゅつ)의 술법.
忍受(にんじゅ) 참고 감수함.
忍術(にんじゅつ) 무가 시대에 밀정들이 익힌 무예의 하나(은신・잠입 등의 술》.
忍辱(にんにく)〖佛〗인욕. 욕됨을 참고 견디어 마음을 움직이지 않는 일. 「람.
忍者(にんじゃ) 忍術(にんじゅつ)를 익힌 사
忍従(にんじゅう) 인종. 참고 따름.

訓読
忍(しのぶ)〖植〗넉줄고사리. 「る).
忍ばす(しのばす) ☞ 忍ばせる(しのばせ
忍ばせる(しのばせる) ①숨겨 놓다. 숨기다. 잠입시키다. ②몰래 지니다[품다]. 「り).
忍緩摺(しのぶもじずり) ☞ 忍摺(しのぶず
忍摺(しのぶずり) 넉줄고사리의 잎과 줄기를 천에 문질러 꼬인 것 같은 무늬를 낸 것.
❖**忍ぶ**(しのぶ) ①남 모르게 행동하다. ②(괴로움을) 지긋이 참다.
忍び(しのび) 비밀히 함. ①미행(微行). ②절도. 도둑질.
忍びない(しのびない) 참을 수 없다.
忍びやか(しのびやか) 은근히[가만히] 함.
忍び駒(しのびごま) 三味線(しゃみせん)의 소리를 적게 하기 위한 특수한 기러기발.
忍び寄る(しのびよる) 살며시 다가오다.
忍び難い(しのびがたい) 참을수 없다. 견딜 수 없다.
忍び涙(しのびなみだ) 남의 눈을 피해 욺. 또, 그 눈물.
忍び返し(しのびがえし) (담 위의) 철책.

忍び歩き(しのびあるき) ①미행(微行). ②살금살금 걸음.
忍び歩く(しのびあるく) (신분이 높은 사람이) 남의 눈을 피해 나다니다.
忍び逢い(しのびあい) ⇨ 忍び会い(しのびあい).
忍び逢う(しのびあう) 남녀가 밀회하다.
忍び事(しのびごと) 은밀한 일.
忍び声(しのびごえ) 속삭이는 목소리. 낮은 목소리.
忍び笑い(しのびわらい) 남의 눈을 삼가서 소리를 죽이고 웃음.
忍び音(しのびね) ①소리를 죽이고 우는 소리. ②속삭이는 목소리.
忍び泣き(しのびなき) (남의 이목을 꺼려) 소리를 죽이고 욺. 속으로 욺.
忍び泣く(しのびなく) 남몰래 소리를 죽여 「울다.
忍び入る(しのびいる) 잠입하다. 「하다.
忍び込む(しのびこむ) 몰래 들어가다. 잠입
忍び足(しのびあし) 살금살금 걸음.
忍び草(しのびぐさ) 추억(追憶)거리.
忍ぶ草(しのぶぐさ)『植』① ☞ 忍(しのぶ). ②'ノキシノブ(=인초)'의 딴이름.
忍び会い(しのびあい) 밀회(密會).

9 口 咽
목구멍 인
イン・エン・エツ
のど・のむ・むせぶ

音読⇨
咽頭(いんとう) 인두. ♣~炎(えん)『醫』인두염. 「열.
‖~結膜熱(けつまくねつ)『醫』인두 결막 ~音(おん)『言』인두음. ♣~化(か) 인두음화.
咽喉(いんこう) 인후. 목구멍. 전하여, 중요 「한 통로.
訓読⇨
咽(のど) ①목구멍. 목젖. ②노래 소리. ③책의 철하는 부분.
~から手(て)が出(で)る 몹시 갖고 싶다.
❖咽ぶ(むせぶ) ①목이 메다. ②흐느껴 울다.
咽泣き(むせびなき) 흐느껴 욺.

9 女 姻[常]
시집갈 인
イン
とつぐ

音読⇨
姻家(いんか) 인가. 인척 집.
姻族(いんぞく) 인족. 인척.
姻戚(いんせき) 인척.

9 米[日] 籾
벼 (인)・등겨 (인)
もみ

訓読⇨
籾(もみ) ①(겉겨를 안 떨어낸) 벼. 뉘. ②籾殻(もみがら)의 준말.

籾殻(もみがら) 겨.
籾糠(もみぬか) ☞ 籾殻(もみがら).
籾挽き(もみひき) ☞ 籾摺り(もみすり).
籾米(もみごめ) 벼. *もみよね로도 읽음.
籾蔵(もみぐら) 타작한 벼를 두는 곳간.
籾摺り(もみすり)『農』매갈이.
‖~唄(うた) 매갈이 노래《노동요》.
籾種(もみだね) 볍씨로 쓰는 벼.

10 气 氤
기운어릴 인
イン

音読⇨
氤氳(いんうん)〈文〉인온. 천지(天地)의 기(氣)가 활력에 차 있음.

10 艹 茵
깔개 인
イン
しとね

音読⇨
茵席(いんせき) 인석. 깔개. 자리.
訓読⇨
茵(しとね)〈雅〉깔개. 요.

11 宀[人] 寅
셋째지지 인
イン
とら

訓読⇨
寅(とら) 인. 지지(地支)의 셋째번. *いんで로도 읽음.
寅薬師(とらやくし)『佛』인일(寅日)에 약사여래를 참배함.
寅の日(とらのひ) 인일(寅日). 지지(地支)가 인(寅)인 날.

12 土 堙
막을 인・막힐 인
イン
うずめる・ふさぐ

音読⇨
堙滅(いんめつ) 인멸.

12 氵 湮
빠질 인
イン
しずむ・ふさぐ

音読⇨
湮滅(いんめつ) 인멸. 「짐.
湮没(いんぼつ) 인몰. 물에 가라앉아 없어

12 革 靭
질길 인
ジン
しなやか・ゆき

参考 靱의 異體字.

靱帯(じんたい) 〖生〗 인대.
靱性(じんせい) 〖理〗 (강)인성. 질긴 성질.
靱軟(じんなん) 인연. 질기고 부드러움.
靱皮(じんぴ) 〖植〗 인피. ♣~部(ぶ) 인피부. 체부부.
∥~繊維(せんい) 인피 섬유.
~植物(しょくぶつ) 인피 식물.

訓読
靱(ゆぎ) 화살을 넣어서 등에 메는 기구. 전통(箭筒).

| 14 言 教 | 認 (認) | 알 인·허가할 인 ニン みとめる・したためる |

音読
認可(にんか) 인가.
認諾(にんだく) 인낙. ① 인정함. 승인함. ② 민사 소송에서 피고가 원고의 주장을 인정함.
∥~調書(ちょうしょ) 〖法〗 인낙 조서.
認否(にんぴ) 인정과 부인. 인정 여부.
認識(にんしき) 인식. ♣~論(ろん) 〖哲〗 인식론. ~票(ひょう) 〖軍〗 인식표.
∥~根拠(こんきょ) 인식 근거.
~番号(ばんごう) 〖軍〗 군번(軍番).
~不足(ぶそく) 인식 부족.
~社会学(しゃかいがく) 인식 사회학.
パタン~ 패턴 인식.
認容(にんよう) 인용.
認印(にんいん) 認め印(みとめいん)의 관청 용어.
認定(にんてい) 인정.
∥~死亡(しぼう) 〖法〗 인정 사망.
認証(にんしょう) 인증. ① 어떤 행위·문서 따위가 정당한 절차에 따라 행해졌음을 공적 기관이 증명함. ② 내각의 권한에 속하는 행위에 대하여 天皇(てんのう)가 그 사실을 공적으로 증명함.
∥~官(かん) 인증관. 그 임면(任免)이 天皇에 의하여 인증되는 관직.
~式(しき) 인증식. 天皇의 인증에 따라 인증관이 임명되는 의식.
認知(にんち) 인지.
∥~科学(かがく) 인지 과학.
~心理学(しんりがく) 인지 심리학.
~療法(りょうほう) 인지 요법.
~行動療法(こうどうりょうほう) 인지 행동 요법.
認許(にんきょ) 인허. 허가.

訓読
❖**認める** ㊀(みとめる) 인정하다. ① 인지하다. (있다는 것을) 알아차리다. ② 시인하다. 받아들이다.
㊁(したためる) ①〈老〉 적다. (편지 등을) 쓰다. ②〈老〉 식사하다. 음식을 먹다.
認め(みとめ) 認め印의 준말.
∥~印(いん) ① 당사자의 승인이 있었음을 나타내는 인장. 인감 도장 이외의 개인 도장. 막도장.

일

| 1 一 教 | 一 | 한 일 イチ・イツ ひと・ひとつ・はじめ |

音読
一 ㊀(いち) 일. ① 하나. 첫째. ②《接頭語的으로》하나의. 어떤.
㊁(いつ) ① 하나. 전하여, 동일. 한가지. ② 한편. 혹은.
㊂(ひ) 하나. *ひいろ도 읽음.
㊃(いん) 일.
㊄(ひと)《接頭語的으로》한…. ① '하나·한 번'의 뜻을 나타냄. ② '잠깐·조금' 등의 뜻을 나타냄.
一ころ(いちころ)〈俗〉 대번에 맥없이 짐.
一に(いつに) ① 전적으로. 오로지. ② 다른 말로는. 또는. 혹은. ③ 하나(로)는.
一価(いっか) 1가. ①〖化〗원자가(原子價)가 1임. ②〖數〗값이 일률적으로 정하여짐.
∥~関数(かんすう) 1가 함수.
一家 ㊀(いっか) 일가. ① 한 집안. 한 가족. ② (학계·예술계에서) 한 방면의 권위.
∥~眷属(けんぞく) 일가 권속.
~団欒(だんらん) 일가 단란.
~言(げん) 일가언. 일가견. 그 사람의 독특한 주장·학설.
㊁(いっけ) ①〈老〉 ☞ ㊀. ② 친족(親族). ③ 한 채의 집.
∥~一門(いちもん) 일가 일문. 일족(一族).
一角(いっかく) ① 일각. 한 모서리. 한 구석. ② 하나의 뿔. ③〖動〗일각고래.
∥~犀(さい) 〖動〗일각서. 인도코뿔소.
~獣座(じゅうざ) 〖天〗외뿔소자리.
一角(ひとかど) ① 뛰어남. 버젓함. 상당함. *老人語로는 いっかどみと도 함. ② 제구실. 한몫.
一刻(いっこく) ① 일각. ② 고집이 세어 남의 말을 듣지 않음.
∥~者(もの) 고집통이. 옹고집쟁이.
~千金(せんきん) 일각천금.
~千秋(せんしゅう) 일각천추. 일각여삼추.
一脚(いっきゃく) 일각. ① 다리 하나. ② (의자·책상 따위의) 하나.
一竿(いっかん) 장대 하나. 하나의 낚싯대.
一間 ㊀(いっけん) 한 칸. ① 집의 기둥과 기둥 사이. ② 칸살의 단위.
㊁(ひとま) 하나의 방.
一喝(いっかつ) 일갈.
一介(いっかい) 일개. ① 보잘것없는 한 낱. ② 한낱 보잘것없음.
一個 ㊀(いっこ) ① 한 개. ②〈俗〉 백 엔의 변말. ③ 자기 혼자.
㊁(いっか) ⇨ 一箇(いっか).

一概に(いちがいに) 일률적으로. 몰아서. 일괄적으로.
一箇 ㊀(いっか) 《연월일(年月日)·장소 따위 명사 앞에서》 1개.
㊁(いっこ) 한 개.
一箇年(いっかねん) 일 개년. 한 해.
一箇所(いっかしょ) 일개소. 한곳. 한군데.
一箇月(いっかげつ) 일개월. 한 달.
一個人(いっこじん) 일개인. ＊いちこじん으로도 읽음.
一挙(いっきょ) 일거. 단번의 행동.
∥~両得(りょうとく) 일거양득. 일석이조.
~一動(いちどう) 일거일동.
一挙に(いっきょに) 일거에. 단번에.
一挙手一投足(いっきょしゅいっとうそく) 일거수일투족. 일거일동.
一件(いっけん) 일건. ①하나의 일. 하나의 사건. ②그 건. 예(例)의 건.
∥~記錄(きろく) 일건 기록.
~書類(しょるい) 일건 서류.
一剣(いっけん) 일검. 한 자루의 검.
一撃(いちげき) 일격.
一犬(いっけん) 한 마리의 개.
一見(いっけん) 일견. ①한번 봄. 한번 잠깐 봄. ②첫 대면. ＊②는 いちげん으로도 읽음. ③언뜻 보기에.
一見識(いっけんしき) 일견식. 일가견. 상당한 견식. ＊いっけんしきとも로도 읽음.
一決(いっけつ) 일결. ①의론(議論)이 하나로 정해짐. ②일단[그와 같이] 굳게 결심함.
一更(いっこう) 일경. 초경(初更)《밤 8시부터 10시까지》.
一景(いっけい) (관상(觀賞)할 만한) 하나의 풍경·경치.
一驚(いっきょう) 깜짝 놀람.
一系(いっけい) 일계. 한 핏줄. 동일 혈통.
一季(いっき) ①일계. (춘·하·추·동의) 한 철. ②江戸(えど) 시대에 1년 기한으로 고용살이하는 일.
一計(いっけい) 일계. 한 계책[계획].
一階(いっかい) ①일층. ②관직의 일계급.
一考(いっこう) 일고. 한번 돌아봄.
一顧(いっこ) 일고.
一高一低(いっこういってい) 높아졌다 낮아졌다 함. 울퉁불퉁함.
一曲(いっきょく) ①일곡. 한 악곡(樂曲). 한 곡. ②음악의 일절.
一過(いっか) 일과. ①한번 지나감. ②한번만 그 경과를 거침. ♣~性(せい) 일과성.
一顆(いっか) 일과. (돌·과일 따위의) 한 개〔알〕.
一郭(いっかく) 일곽. 한 둘레 안의 지역.
一廓(いっかく) ⇨ 一郭(いっかく).
一貫(いっかん) ①무게의 단위. 한 관 《3.75kg》. ②돈 일천 文(もん) 또는 960 文. ③처음부터 끝까지 한 방법으로 관철함.
∥~校(こう) 중학교·고등학교를 일관하여 진학할 수 있게 된 학교.

~作業(さぎょう) 일관 작업.
一管(いっかん) ①(붓·피리 따위의) 한 자루. ②能(のう)에서, 피리만으로 장단을 맞추는 연주 형식.
一括(いっかつ) 일괄.
一塊(いっかい) 한 덩어리.
一校(いっこう) 일교. ①한 학교. ②전교(全校). ③1회의 교정(쇄). 초교(初校).
一区(いっく) 일구. ①토지 따위의 한 구획. ②첫째 구역. ③한 구간.
一句(いっく) 일구. ①한 구. 한 수의 俳句(はいく). 시가(詩歌)의 한 구절. ②한 마디 말. 「판.
一局(いっきょく) 일국. (바둑·장기의) 한
一国(いっこく) ①일국. 한 나라. 온 나라. ②고집이 세어 남의 말을 듣지 않음.
∥~二制度(にせいど) 일국 2 제도. 한 나라에 두 제도가 유지됨.
一掬(いっきく) 일국. 한 움큼.
一軍(いちぐん) 일군. ①한 떼의 군사. ②전군. ③(프로 야구 등에서) 정규 선수로 조직된 팀.
一群(いちぐん) 일군. 한 무리. 한 떼.
一の宮(いちのみや) ①왕세자. 황태자. ②그 지방의 으뜸가는 신사(神社). 「제1권.
一巻(いっかん) 일권. ①한 권. ②맨 첫권.
一簣(いっき) 일궤. ①한 삼태기(의 흙). ②적은 양(量).
一揆(いっき) ①(어떤 일을 성취하기 위해) 일치 단결함. ②(영주(領主) 등의 횡포에 대하여) 토착민들이 단결하여 궐기하는 일.
一克(いっこく) 고집이 세어 남의 말을 듣지 않음.
∥~者(もの) 고집통이. 옹고집쟁이.
一級(いっきゅう) 일급.
∥~河川(かせん) 일급 하천.
一己(いっき) 일기. 자기 혼자. 남과 의논없이 자기만으로 함. ＊いっこ로도 읽음.
一気(いっき) 일기. 한번의 호흡. 단숨.
∥~呵成(かせい) 일기가성. 단숨에 글을 짓거나 일을 해치움.
~飲み(のみ) 연회석에서, 따라 준 맥주 따위를 단숨에 마심.
一期 ㊀(いちご) 《佛》 일기. ①일생. 생애. ②일생에 한 번.
∥~一会(いちえ) (다도(茶道)에서) 일생에 한번만 만나는 인연《후회 없도록 잘 접대하라는 뜻》.
㊁(いっき) 일기.
一騎(いっき) 일기. 말에 탄 한 병사(사람).
∥~当千(とうせん) 일기당천(當千).
~打ち(うち) (말에 탄 사람이) 일대일로 승부를 겨룸.
一難(いちなん) 일난. 한 재난.
一男(いちなん) 일남. ①아들 하나. ②맏아들. 장남. 「장녀.
一女(いちじょ) 일녀. ①딸 하나. ②맏딸.
一年 ㊀(いちねん) 일년. ①한 해. ②(기원·연호의) 첫 해. ③1학년.

‖~忌(き) ☞一回忌(いっかいき)・一周忌(いっしゅうき).
~坊主(ぼうず) 1학년생을 놀리는 말.
~生(せい) ①1학년생. ①1학년생.②(식물의) 한해살이. ♣~植物(しょくぶつ) 일년생 식물 / ~草本(そうほん) 일년생 초본.
~草(そう)〖植〗일년초.
㊁(ひととせ) ①☞㊀. ②(이전의) 어느 해.
~念(いちねん) 일념. 한결같은 생각.
‖~発起(ほっき) ①〖佛〗일념 발기. 결심하고 불교 신앙의 길에 들어감. ②전하여, 어떤 일을 성취하려고 결심함.
~三千(さんぜん)〖佛〗일념 삼천.
~往生(おうじょう)〖佛〗일념 왕생. 임종 때, 한번 염불로 극락에 감.
~能(いちのう) 일능. 한 가지 기능이나 재능.
一旦(いったん) 일단. ①한 번. ②한때. 잠시. 잠깐.
一団(いちだん) 일단. 한 떼.
一段 ㊀(いちだん) 일단. ①(계단의) 한 층계. ②(문장의) 한 토막. ③五十音図(ごじゅうおんず)의 가로로 본 줄. ④한층. 더욱.
‖~一活用(かつよう)〖文法〗동사 활용에서, 上(かみ)一段活用와 下(しも)一段活用의 총칭.
㊁(いったん) ⇨ 一反(いったん).
一端 ㊀(いったん) 일단. 한쪽 끝. 일부분. *ひとはしにも 읽음.
㊁(いっぱし) ①남 못지 않음. ②남 못지 않게. ③제법 …인 체.
一段落(いちだんらく) 일단락.
一党(いっとう) 일당. 한패.
‖~一派(いっぱ) 일당 일파.
一堂(いちどう) 일당. ①한 회당(會堂). ②같은 건물〔장소〕.
一大(いちだい)《接頭語로》일대…. 중대한.
‖~発見(はっけん) 일대 발견.
一代(いちだい) 일대. ①한평생. 일생. ②국왕・군주・호주 등의, 그 지위에 있는 동안. ③당대. 그 시대. ♣~記(き) 일대기.
‖~男(おとこ) 대를 이을 자식없이 일대로 끝나는 남자.
~女(おんな) 평생 아이를 낳지 않은 여자.
~分限(ぶんげん) 그 사람 당대에 재산을 만들어 낸 부자.
~雑種(ざっしゅ) 일대 잡종.
一対(いっつい) 한 쌍. 한 벌.
一帯(いったい) 일대. 일원(一圓). ②한 줄기.
一隊(いったい) 일대. 하나의 (부)대. 한 떼.
一大白(いちたいはく) (하나의) 큰 술잔.
一大事(いちだいじ) 일대사. 중대사. 큰일.
‖~因縁(いんねん)〖佛〗일대사 인연.
一対一(いちたいいち) 일대일. *いったいいちろとも 읽음.
‖~対応(たいおう)〖數〗일대일 대응.
一刀(いっとう) 일도. 한 자루의 칼. 한 칼.
‖~三礼(さんれい)〖佛〗일도삼례.
~両断(りょうだん) 일도양단.
~彫(ぼり) 하나의 창칼로 소박하고도 간단하게 조각하는 방법. 또, 그 조각물.
一度 ㊀(いちど) 한 번. 일회.
㊁(ひとたび) ①☞㊀. ②일단. 만약.
一途 ㊀(いちず) 외곬. 순진하고 한결같은 모양.
㊁(いっと) ①일로(一路). 같은 길. 같은 방침. ②단지〔오로지〕그것만.
一道 ㊀(いちどう) ①일도. ②하나의 길〔도로〕. ②한 가지 방면〔기(技)・재주〕.
㊁(ひとみち) ①오로지 한 길. 전하여, 죽음에의 길. ②그 일에 한결같은 모양.
一読(いちどく) 일독. 한번 읽음.
‖~三嘆(さんたん) 일독 삼탄. 한 번 읽고 몹시 감탄함.
一読会(いちどっかい) 일독회. 제1독회. *いちどくかいとも 읽음.
一頓挫(いちとんざ) (순조롭게 진행되던 일이) 일시 좌절됨.
一同(いちどう) 일동. 모두.
一斗(いっと) 한 말.
‖~立て(だて) 쌀 한 섬에 한 말을 받는 소작료.
~枡(ます) 한 말짜리 되.
一頭(いっとう) ①일두. (짐승의) 한 마리. ②머리 하나.
一得(いっとく) 일득. 일리(一利). 한 이득. 한번의 이득.
‖~一失(いっしつ) 일득일실.
一灯(いっとう) 일등. 하나의 등(燈).
一等(いっとう) ①일등. ②가장. ♣~国(こく) 일등국 / ~兵(へい) 일등병 / ~星(せい) 일등성 / ~車(しゃ) 일등차.
一等親(いっとうしん) ☞一親等(いっしん).
一楽(いちらく) ①일락. 한 가지 즐거움. ②☞一楽織.
‖~織(おり) 무늬를 도드라지게 짠 정교한 능직 견직물.
~編み(あみ) (등세공(籐細工)에서) 정교한 능직 결기《휴지통・담뱃대통 등에 쓰임》.
一卵性双生児(いちらんせいそうせいじ) 일란성 쌍생아.
一覧(いちらん) 일람. ①한번 쭉 훑어봄. ②일람표. 편람(便覽). ♣~表(ひょう) 일람표.
‖~払い(ばらい)〖經〗일람 출급《어음・수표 소지인이 그 지급을 위해 제시한 날을 만기로 치는 일》.
一臘(いちろう)〖佛〗일랍. ①가장 나이 많은 승려. ②사람이 태어나서 7일째.
一浪(いちろう)〈俗〉(대학 입시에서) 1년 재수(생).
一両(いちりょう) ①한 냥《옛 화폐와 무게의 단위》. ②〈俗〉1엔. ③1량. (큰 차량 따위의) 한 대. ④한두. 금명(今明).
‖~年(ねん) 일년 또는 이년. 1・2년.
~日(じつ) 일양일. 하루나 이틀. 금명일.
一連(いちれん) 일련. ①관계 있는 일의 한 연결. ②양지(洋紙)의 단위. 전에는 전지 500장, 현재는 1,000장.
㊁(ひとつら) ①일련. 하나로 이어진 것.

동족(同族). 일족.
一嗹(いちれん) ⇨ 一連(いちれん)②.
一聯(いちれん) 일련. ①율시(律詩)에서, 하나의 대구(對句). ②시의 일절(一節). ⇨ 一連(いちれん)①.
一蓮托生(いちれんたくしょう) 일련탁생. ①좋든 나쁘든 행동・운명을 같이함. ②〖佛〗죽은 뒤 함께 극락 왕생하여 같은 연대(蓮臺)에 몸을 의탁함을 이르는 말.
一列(いちれつ) ①일렬. ②같은 동아리.
一領(いちりょう) 옷・갑주(甲冑) 등의 한 벌.
一礼(いちれい) 한 번 (가볍게) 인사를 함.
一例(いちれい) 일례.
一路(いちろ) 일로. ①한 줄기 길. ②곧장. 딴 데 들르지 않고.
一塁(いちるい) ①한 보루. ②〖野〗일루(一壘). 또, 일루수. ♣~手(しゅ) 일루수.
一縷(いちる) 일루. 한 가닥.
一流(いちりゅう) ①일류. 제1급. ②(기예 (技藝) 등의) 한 유파(流派). ③독특한 격식・방법. ④깃발 한 폭.
一旒(いちりゅう) (깃발) 한 폭.
一類(いちるい) ①같은 종류. 같은 유. ②동족. 한패.
一六(いちろく) ①(쌍륙이나 도박 등에서) 두 개의 주사위를 던져 1과 6이 나오는 일. ②한 달 중의 1과 6이 붙는 날〔江戸(えど) 시대에는 이 날이 휴일・집회일 등이 되었음〕.
‖~勝負(しょうぶ) ①주사위의 눈이 1이 나오나 6이 나오냐를 걸어서 승부를 결정하는 도박. ②운에 맡기고 모험을 결행하는 일.
~銀行(ぎんこう) 〈俗〉전당포〔1과 6의 합인 七(しち)가 '質屋(しちや=전당포)'의 質와 음이 같은 데서〕.
一輪(いちりん) ①꽃 한 송이. ②일륜. 바퀴 하나. ③명월(明月).
‖~挿し(ざし) 한두 송이 꽃을 꽂는 작은 꽃병.
~車(ぐるま) 일륜차. 외바퀴 차.
一律(いちりつ) 일률.
一利(いちり) 일리.
一里(いちり) 1리. 약 3.93km〔한국의 10 리에 해당함〕.
‖~塚(づか) 이정표〔江戸(えど) 시대에, 전국 가도에 십 리마다 흙을 쌓아 올리고 팽나무・소나무 등을 심어서 이정의 안표로 삼음〕.
一厘(いちりん) 일리.
一理(いちり) 일리. 하나의 도리.
一抹(いちまつ) 일말.
一望 ㊀(いちぼう) 일망.
‖~千里(せんり) 일망 천리.
㊁(いちもう) 단 하나의 바람. 유일한 희망.
一網打尽(いちもうだじん) 일망타진.
一枚(いちまい) ①(종이・판자・화폐 따위의) 일매. 한 장. 한 닢. *ひとひらろも 읽음. ②논의 한 구획〔뙈기〕. 논배미.
‖~看板(かんばん) ①유일무이한 표방〔사

물〕. ②일단(一團)의 중심 인물.
~上(うえ) (역량・재능 등이) 한 수(手) 위(임). 「쇄물.
~刷り(ずり) 한 장으로 인쇄함. 또, 그 인~岩(いわ) 갈라진 데 없이 하나로 돼 있는 튼튼한 바위.
一脈(いちみゃく) 일맥. 하나로 이어진 것.
一面(いちめん) ①일면. 한쪽 면. ②신문의 첫 페이지. ③전체. 온통. 일대. ♣~的(てき) 일방적.
‖~観(かん) 일방적 관점〔관찰〕.
一眠(いちみん) 일면. 누에의 첫 잠. 애기잠.
一面識(いちめんしき) 일면식. 「별명.
一名(いちめい) 일명. ①한 사람. ②별칭.
一命(いちめい) 일명. (사람의) 목숨. 생명.
一毛(いちもう) 일모. 한 가닥의 털. ①지극히 가벼움. ②(초목) 한 포기. ③1리(厘)의 10 분의 1. ④일모작. ♣~作(さく) 〖農〗일모작.
一木(いちぼく) 일목. 한 그루의 나무.
‖~一草(いっそう) 일목 일초. 한 그루의 나무와 한 포기의 풀.
~造り(づくり) 일목조. 불상 등을 통나무하나에 새김. 또, 그 작품.
一目 ㊀(いちもく) 일목. ①하나의 눈. 한쪽 눈. ②바둑의 한 눈. 또, 한 개의 바둑돌. 한 점. ③한번 봄. 일견(一見).
~置く(おく) ①(바둑에서, 두기 전에 하수가) 한 점 놓다. ②자기보다 실력이 나은 사람으로 인정하여 경의를 표하다.
‖~瞭然(りょうぜん) 일목요연.
㊁(ひとめ) ⇨ ㊀③. ②한눈(에 다 보임). 일망(一望).
‖~千本(せんぼん) (벚꽃의 명소인 吉野山 (よしのやま)의 많은 벚나무를 한눈에 바라다 볼 수 있는 곳.
~惚れ(ぼれ) 첫눈에 반함.
一目散に(いちもくさんに) 쏜살같이.
一畝(いっせ) 1묘. 옛날 토지 면적 단위의 하나. 一反(いったん)의 10 분의 1.
一文 ㊀(いちぶん) 한 문장. 간단한 글.
㊁(いちもん) ①一貫文(いっかんもん)의 1000분의 1. 엽전 한 닢. ②근소한 돈. 한 푼. ③하나의 글자. 「람.
‖~無し(なし) 전연 돈이 없음. 또, 그런 사
~半銭(きなか) 일 푼 반전. 적은 돈.
*いちもんはんせん으로도 읽음.
~不通(ふつう) 일자무식.
~惜しみ(おしみ) 한 푼을 아낌. 또, 그러한 사람. 구두쇠.
一門(いちもん) 일문. ①일족. ②(불교 등의) 같은 종파에 속하는 사람들. ③동문. ④하나의 대포.
一問(いちもん) 일문. 하나의 질문・문제.
‖~一答(いっとう) 일문일답.
一文字 ㊀(いちもんじ) ①하나의 글자. ②한일자. 일자형(一字形).
‖~笠(がさ) ①경사(傾斜)가 적은 編み笠

(あみがさ) 《무사나 상인이 여행할 때 썼음》. ② 접은 데가 일직선이 되는 접이 編み笠 《부녀자가 춤출 때 씀》.
㊂(ひともじ) 한 자(字). 한 글자.
一物 ㊀(いちもつ) ① (마음에 품고 있는) 못된 흉계. 속셈. ② 한 물건. 하나의 물품. ③ 〈俗〉 그것. 그 물건. 금전·남근(男根)의 변. ㊁(ひとの) 잔뜩. 많이. 온통.
一味(いちみ) 일미. ① 한 동아리. 한패. ② 한 가지 맛. ③ 『佛』 (때·장소는 달라도) 본 취지는 같음.
‖〜**徒党**(ととう) 한패거리.
〜**同心**(どうしん) 마음을 합쳐 일을 감당함. 또, 그 사람.
㊁(ひとあじ) ① ☞ ㊀②. ② 다른 것과는 다른 멋이나 성질.
〜**違**(ちが)**う** (다른 것보다) 어딘가 다르다.
一拍(いっぱく) 일박. ① 한 번 손뼉을 침. ② 한 박자. ③ 『言』 한 음절.
一泊(いっぱく) 일박.
一反(いったん) ① 옛날 거리 단위의 하나《약 10.9m》. ② 옛날에 토지 면적 단위의 하나《300평, 약 991.7m²》. ③ 옛날 피륙 길이 단위의 하나. 한 필《약 10.6m》.
一半(いっぱん) ① 반쪽. 절반. ② 일부분.
一班(いっぱん) ① 하나의 반. ② 첫째 반.
一般(いっぱん) ① 일반. ② 같음. 매일반임.
♣〜**論**(ろん) 일반론 / 〜**法**(ほう) 일반법 / 〜**性**(せい) 일반성 / 〜**人**(じん) 일반인 / 〜**的**(てき) 일반적 / 〜**職**(しょく) 일반직 / 〜**化**(か) 일반화.
‖〜**感覚**(かんかく) 『心』 일반 감각.
〜**概念**(がいねん) 일반 개념.
〜**競争契約**(きょうそうけいやく) 『法』 일반 경쟁 계약.
〜**管理費**(かんりひ) 일반 관리비.
〜**教書**(きょうしょ) 일반 교서.
〜**教養**(きょうよう) 일반 교양.
〜**教育**(きょういく) 일반 교육.
〜**国道**(こくどう) 일반 국도.
〜**均衡理論**(きんこうりろん) 『經』 일반 균형 이론.
〜**担保**(たんぽ) 일반 담보.
〜**大衆**(たいしゅう) 일반 대중.
〜**相対性理論**(そうたいせいりろん) 『理』 일반 상대성 이론.
〜**歳出**(さいしゅつ) 일반 세출.
〜**消費税**(しょうひぜい) 일반 소비세.
〜**言語学**(げんごがく) 『言』 일반 언어학.
〜**予防**(よぼう) 『法』 일반 예방.
〜**意味論**(いみろん) 일반 의미론.
〜**組合**(くみあい) 일반 조합.
〜**会計**(かいけい) 일반 회계.
一飯(いっぱん) 한 끼의 식사. (나그네가 얻는 한 끼) 한 그릇의 밥.
一発(いっぱつ) ① 일발. ② 『野』 홈런 하나. ③ 〈俗〉 한 번.
‖〜**屋**(や) ① 좀처럼 없는 기회를 잡아 승부를 가리려는 사람. ② (중요한 때) 간간이 홈런을 치는 선수.
〜**回答**(かいとう) (단체 교섭의) 처음이자 마지막인 단 한 번의 회답.
〜**髪**(いっぱつ) 일발. 머리털 한 개.
‖〜**千釣**(せんきん) 일발 천균《몹시 위험함의 비유》.
一方(いっぽう) 일방. ① 한 방면. 한쪽. 한 편. ② 오로지 그 경향뿐임. ♣〜**的**(てき) 일방적.
‖〜**口**(ぐち) ① 한쪽에만 있는 출입구. ② 한 쪽만의 주장.
〜**通行**(つうこう) 일방 통행.
㊁(ひとかた) 보통(의 정도). 엔간함.
‖〜**ならず** 적지않이. 매우. 무척.
一杯(いっぱい) 일배. 한 잔. 한 그릇. ② (그릇·장소 등에) 가득한 모양. 가득.
‖〜**機嫌**(きげん) 술 한 잔 마시고 얼근하게 취한 기분.
〜**飯**(めし) ① 죽은 자의 머리맡이나 무덤 앞에 차리는 한 그릇의 밥. ② 가득 담은 한 그릇의 밥.
〜**飲み屋**(のみや) 선술집.
一杯(いっぱい) 지불·허용 따위가 한도에 도달한 모양. 한도(껏).
一倍(いちばい) 곱. 갑절.
一白(いっぱく) ① 일백. 구성(九星)의 하나. ② 사족발이《말 다리의 아랫부분에 흰 얼룩이 있는 일》.
一番 ㊀(いちばん) ① 일번. 첫째. ② 상책. ③ 1회. 단판. ④ 제일. 가장. ♣〜**館**(かん) 개봉관. ㊁(め) 첫번째.
‖〜**鶏**(どり) 첫닭 (우는 소리).
〜**駆け**(がけ) (전장에서) 제일 먼저 적진에 뛰어들어 싸우는 일.
〜**備**(ぞなえ) 전위 부대. 첫 전투를 담당하는 부대. 선진.
〜**星**(ぼし) (저녁 때 뜨는) 첫 별.
〜**手**(て) ① (싸움터의) 선진. 선봉 부대. ② 선두 주자. ③ 가장 유력한 후보.
〜**首**(くび) 옛날, 한 번의 싸움에서 맨 먼저 벤 적의 목.
〜**乗り**(のり) (적진 등에) 맨 먼저 들어감. 또, 그 사람.
〜**勝負**(しょうぶ) 단 한번으로 결정하는 승부.
〜**抵当**(ていとう) 『法』 일번 저당.
〜**茶**(ちゃ) 그 해 맨 처음에 딴 차.
〜**槍**(やり) ① (싸움터에서) 창을 휘두르며 맨 먼저 적진에 쳐들어감. 또, 그 사람. ② 맨 먼저 공을 세움. 또, 그 사람.
㊂(ひとつがい) 암수 한 쌍.
一罰百戒(いちばつひゃっかい) 일벌백계.
一碧(いっぺき) 일벽. 온통 푸르게 보임.
一辺(いっぺん) 일변. ① 한쪽. ② 한 변.
一変(いっぺん) 일변. 갑자기 변함.
一辺倒(いっぺんとう) 일변도. 한쪽으로만기욺.
一別(いちべつ) 일별. 헤어짐.
‖〜**来**(らい) ☞ **一別以来**.
〜**以来**(いらい) 일별 이래. 한번 헤어진 이래.

一瞥(いちべつ) 일별. 한번 언뜻 봄.
一兵(いっぺい) 일병. (단) 한 사람의 군사.
一病息災(いちびょうそくさい) 건강에 너무 자신 있는 사람보다, 병이 좀 있는 사람이 몸조심을 하기 때문에 오히려 장수한다는 말.
一歩(いっぽ) 일보. 한 걸음. 한 단계.
一報(いっぽう) 일보. (간단히) 알림.
一服(いっぷく) ① 차를 한 번 마심. ② 한번에 먹을 양의 가루약. ③ 담배를 한 대 피움. 전하여, 잠깐 쉼.
一腹 ㊀(いっぷく) 한배. 동복(同腹).
‖~一生(いっしょう) 한동기. 「알 전부.
㊁(ひとはら) ① ☞㊀. ② (어류의) 한배의
一本 ㊀(いっぽん) ① 한 자루. 한 그루. 한 권. 한 병. ② 유도 등에서 승패를 결정하는 큰 기술. 한판. ♣~道(みち) 외길 / ~橋(ばし) 외나무다리.
‖~気(ぎ) 성질이 순진하고 외곬임. 결곡.
~刀(がたな) 도박꾼이나 협객의 딴이름.
~立ち(だち) ① 나무 하나가 외따로 서 있음. ② 혼자 힘으로 해 나감.
~勝負(しょうぶ) 단판 승부.
~釣り(づり) 물고기를 한 마리씩 낚아 올리는 어법(漁法). 「조로움.
~調子(ちょうし) 단순하고 변화가 없음. 단
~槍(やり) ① 창을 한번 찔러 승부를 정함. ② 오로지 하나만으로 밀고 나감.
~歯(ば) 높은 굽 하나만으로 된 왜나막신.
~化(か) 여러 개로 나뉘어 있는 것을 하나로 뭉뚱그림.
㊁(ひともと)〈雅〉한 그루.
一封(いっぷう) 일봉. 하나의 봉투. 봉한 편
一夫(いっぷ) 일부.   「지 한 통.
‖~多妻(たさい) 일부 다처.
~一婦(いっぷ) 일부 일부.
~一妻(いっさい) 일부 일처.
一婦(いっぷ) 일부. 처 하나.
一部(いちぶ) 일부. ① 일부분. ② (서적·인쇄물 따위의) 한 벌.
‖~保険(ほけん)〖經〗일부 보험.
~始終(しじゅう) 자초지종.
~調査(ちょうさ) 일부 조사.
~判決(はんけつ)〖法〗일부 판결.
一部分(いちぶぶん) 일부분.
~形式(けいしき)〖樂〗일부분 형식. 한도막 형식.
一富士二鷹三茄子(いちふじにたかさんなすび) 꿈에 보면 재수가 좋다는 것을 늘어놓은 말.   「매한가지.
一分 ㊀(いちぶん) ① 체면. ②〈古〉같음.
㊁(いちぶん) ① (시간·각도의) 일 분. ② (무게의) 일 푼.
㊂(いちぶ) ① 1 분(1 할의 10 분의 1). ② 1 푼(한 치의 10 분의 1).
‖~金(きん) 江戸(えど) 시대 금화의 하나.
~試し(だめし) 칼이 잘 드나 보기 위해 난도질함.
~銀(ぎん) 江戸 시대의 은화의 하나.

~一厘(いちりん) 일푼 일리. 아주 조금.
~判(ばん) ☞一分金.
一臂(いっぴ) 일비. 한쪽 팔.
一颦一笑(いっぴんいっしょう) 일빈일소. 얼굴을 찡그렸다 웃었다 함. 얼굴 표정. 안색. 기분. *いちびんいっしょう로도 읽음.
一死(いっし) 일사. ① (대의를 위하여) 자신의 목숨을 던짐. ②〖野〗원 아웃.
‖~報国(ほうこく) 일사 보국. 목숨을 바쳐 나라를 위해 충성함.
~七生(しちしょう) 일사 칠생. 한 번 죽고 일곱 번 새로 태어남.
一糸(いっし) 일사. 한 가닥의 실.
一の糸(いちのいと) 三味線(しゃみせん)의 현 중에서 가장 굵은 것.
一事(いちじ) 일사. 한 가지 일.
‖~不再理(ふさいり) 일사부재리.
~不再議(ふさいぎ) 일사부재의.
一私人(いっしじん) 일사인. 한 사인. 일개인. *いちしじん으로도 읽음.
一瀉千里(いっしゃせんり) 일사천리.
一山 ㊀(いっさん) 일산. (넓은 경내와 몇 채의 건물을 포함한) 큰 절 전체. 한 (큰) 절.
㊁(ひとやま) ① (과일·채소 등의) 한 무더기. ② 산 하나. 산 전체. ③ 한번의 투기·모험.   「쏜살같이.
一散に(いっさんに) 한눈 팔 겨를 없이 곧장.
一酸塩基(いちさんえんき)〖化〗「화탄소.
一酸化炭素(いっさんかたんそ)〖化〗일산
一殺多生(いっせつたしょう)〖佛〗일살 다생. 한 사람을 희생시키는 대신 많은 사람을 구함. *いっさつたしょう로도 읽음.
一色 ㊀(いっしき) 일색. ① 한 빛깔. ② 한 종류. *①②는 ひといろ로도 읽음. ③ 한결같음. 일제(一齊).   「향.
㊁(いっしょく) ① ☞㊀. ② 한 가지 경
一生(いっしょう) 일생. ① 평생. ② 간신히 목숨을 건짐.
‖~不犯(ふぼん)〖佛〗일생 불범.
~懸命(けんめい) 목숨을 걸고 일을 함. 매우 열심히 함.
一生面(いっせいめん) 한 가지 새로 개척한 방면(부문). 신기축(新機軸). *いっせいめん으로도 읽음.
一生涯(いっしょうがい) 일생(애). 한평생.
一書(いっしょ) 일서. ① 한 통의 편지. ② [어떤] 책. 그 책의 이본(異本).
一緒(いっしょ) ① 두 사람 이상이 행동을 같이함. ② 한꺼번. ③ 별개의 것을 한데 합침.
一夕(いっせき) 일석. ① 일야(一夜). ② 어느 밤.
一石 ㊀(いっこく) 일석. ① 이전의 용적 단위의 하나. 한 섬(1두(斗)의 10 배). ② 목재의 용적 단위. 10 입방척(尺).
㊁(いっせき) 일석. 하나의 돌.
‖~二鳥(にちょう) 일석이조.
一席(いっせき) ① (연설·연회 등의) 1 회.

ー石二鳥(いちこくびより) 안정되지 않은 날씨.
ー線(いっせん) 일선. ① 한 가닥의 선. ② '第一線(だいいっせん)(=제일선)'의 준말.
～を画する(かくする) 일선을 긋다〔분명히 구분을 짓다〕.
ー膳(いちぜん) 밥 한 그릇〔공기〕.
∥～飯(めし) 한 그릇씩 퍼서 파는 밥.
～飯屋(めしや) 간이 식당.
ーの膳(いちのぜん) (정식 일본 요리에서) 맨 처음에 나오는 상.
ー説(いっせつ) 일설.
ー閃(いっせん) 일섬. 한 번 번쩍임.
ー声(いっせい) ① 일성. 한 소리. ＊ひとこえ로도 읽음. ② 歌舞伎(かぶき)에서, 배우가 등장 또는 퇴장할 때 연주하는 반주.
ー城(いちじょう) 하나의 성〔근거지〕.
ー世 ㊀(いっせ) 《佛》 ① 일세. 과거・현재・미래 삼세(三世)의 하나. ② ☞㊂.
∥～一期(いちご) 한평생.
～一代(いちだい) ① 일세일대. 한평생. ② 歌舞伎(かぶき) 배우 등이 은퇴할 때 마지막으로 제일 잘하는 역을 연기하는 일. ③ 일생일대.
㊁(いっせい) 일세. ① ☞㊂. ② 어느 시대. 당대. ③ 일대(一代). ④ 같은 혈통. 같은 이름의 왕・교황・황제 중 최초로 즉위한 사람. ⑤ 호주(戶主)・이민(移民) 등의 첫 대의 사람.
～の雄(ゆう) 일세지웅. 일세의 영웅.
∥ー元(いちげん) 일세 일원〔임금 일대에 연호를 하나만 쓰는 일〕.
㊂(ひとよ) 일생. 한평생.
ー世紀(いっせいき) 1세기. 100년.
ー所(いっしょ) ① 일소. 한 곳. 같은 곳. ＊ひとところ로도 읽음. ② 하나가 됨.
∥～不住(ふじゅう) 주소 부정.
～懸命(けんめい) 일을 열심히 함.
ー笑(いっしょう) 일소.
ー宵(いっしょう) 일소. 하룻밤. 하룻저녁.
ー掃(いっそう) 일소.
ー艘(いっそう) 배 한 척.
ー束(いっそく) 일속. 한 다발〔묶음〕.
ー粟(いちぞく) 일속. 한 알의 좁쌀. 전하여, 매우 작은 것.
ー手(いって) ① 독차지해서 행함. ② 장기・바둑에서 한 수. ③ 한 가지 수. 방법.
∥～専売(せんばい) ① 어떤 상품을 독점 판매하는 일. ② 그 사람만이 가장 자신 있게 할 수 있는 솜씨.
～販売(はんばい) 일수 판매. 총판(總販).
㊁(ひとて) ① ☞㊀①. ② ☞㊀②. ③ 한 조(組). 한 무리. 일대(一隊).
ー首(いっしゅ) 〔시가(詩歌) 의〕 한 수.
ー睡(いっすい) 일수. 한 잠.
ー樹(いちじゅ) 한 그루의 나무.
～の陰(かげ) 생면부지의 나그네끼리 한 나무 그늘에 묵는 것도 전세의 깊은 인연.
ー宿(いっしゅく) 일숙. 일박.
∥～一飯(いっぱん) 일숙일반〔나그네가 하룻밤 숙식을 신세 지는 일〕.
ー巡(いちじゅん) 일순. 한바퀴 돎.
ー瞬(いっしゅん) 일순. 그 순간. ♣～間(かん) 일순간.
ー升(いっしょう) 한 되.
∥～買い(がい) 됫박질〔한번에 많이 살 수 없는 가난한 살림의 비유〕.
～枡(ます) 한 되짜리 되.
ー乗(いちじょう) 《佛》 일승. ♣～経(きょう) 법화경.
ー勝(いっしょう) 일승. 한 번 이김.
ー矢(いっし) 일시. 화살 한 개.
ーの矢(いちのや) 최초로 쏜 화살.
ー時 ㊀(いちじ) 일시. ① 한때. 한동안. 잠시. ＊ひとときにも로 읽음. ② 같은 때. 동시.
♣～金(きん) 일시금 / ～的(てき) 일시적.
∥～硬化(こうか) 《化》 일시 경수.
～帰休(ききゅう) 일시 귀휴.
～逃れ(のがれ) 일시(적) 모면. ＊いっときのがれ로도 읽음.
～凌ぎ(しのぎ) 임시 방편.
～払い(ばらい) 일시불.
～賜金(しきん) 국가에서 지급하는 일시금.
～預け(あずけ) 일시 보관〔맡겨둠〕.
～磁石(じしゃく) 일시 자석.
～解雇(かいこ) 일시 해고.
㊁(いっとき) ① 옛날 시간의 구분으로, 지금의 2시간. ② ☞㊀①. ③ ☞㊀②. ④ (어느) 한때.
ー時に(いちどきに) 〈老〉 동시〔일시〕에. 한꺼번에.
ー時間(いちじかん) 한 시간.
ー時期(いちじき) 한 시기.
ー視同仁(いっしどうじん) 일시동인.
ー式(いっしき) 일식. 일습.
ー食 ㊀(いっしょく) 일식. 한 번의 식사. 한 끼.
㊁(いちじき) ① 하루 한끼의 식사. ② 《佛》 하루 점심 한끼만 먹음.
ー身(いっしん) 일신. ♣～上(じょう) 일신상.
∥～田(でん) 고대 토지 국유 제도하에서, 한 대(代)에 한하여 소유가 허용된 논밭.
ー新(いっしん) 일신.
∥～紀元(きげん) 신기원. 사물이 근본적으로 개선된 첫 해.
ー神教(いっしんきょう) 일신교.
ー失(いっしつ) 일실. ① 하나의 손실. ② 하나의 실책.
ー室(いっしつ) 일실. ① 방 하나. ② 같은 방. 동일 방.
ー心(いっしん) ① 일심. 한마음. ② 한 가지 일에 마음을 집중함. 전념함.
∥～同体(どうたい) 일심 동체. 몰두함.
～不乱(ふらん) 일심불란. 한 가지 일에 루는 것.
ー審(いっしん) 《法》 일심. 第一審(だいいっしん)의 준말.
ー双(いっそう) 한 쌍. 두 짝으로 한 벌을 이

一握(いちあく) 일악. 한 움큼. 한 줌.
一案(いちあん) 일안. 그럴듯한 안.
一眼(いちがん) 일안. ① 한 눈. 한쪽 눈. ② 외눈. 애꾸눈.
一夜(いちや) ① 일야. 하룻밤. *ひとよろも 읽음. ② 어느 날 밤.
‖～乞食(こじき) 갑자기 몰락하여 가난뱅이가 됨. 또, 그 사람.
～大尽(だいじん) 어느 날 갑자기 부자가 됨. 또, 그 사람.
～作り(づくり) ① 하룻밤 사이에 만드는 일. 또, 그렇게 만든 것. ②〈俗〉임시 변통으로 급히 만드는 일. 또, 그렇게 만든 것.
～酒(ざけ) ① 하룻밤 사이에 빚은 술. ② 감주(酒). *ひとよざけ로도 읽음.
～漬け(づけ) ① 담근 지 하룻밤만에 먹는 김치. ② (무슨 일에 맞추기 위해) 하룻밤 새에 벼락치기로 준비한 연극·저술·공부 등.
～妻(づま) (하룻밤만의 아내란 뜻으로) 창녀. *ひとよづまえ로도 읽음.
一躍(いちやく) 일약.
一薬草(いちやくそう)〖植〗노루발.
一様(いちよう) 일양. ① 한결같음. 그냥 보통임. ② 똑같음. *ひとよろで로도 읽음.
一陽来復(いちようらいふく) 일양 내복. ① 음(陰) 곧 겨울이 끝나고 양(陽) 곧 봄이 돌아옴. ② 역경이 계속되던 다음 차츰 행운이 돌아옴. ③ 음력 11월 또는 동지(冬至)의 별칭.
一語(いちご) 한마디 말.
‖～文(ぶん) 한 단어로 된 글.
一言(いちげん) 일언. 간단한 말. 또, 그것을 말하는 일.
‖～居士(こじ) 일언거사. 무슨 일에나 말참견 않고는 못 배기는 사람.
㊁(いちごん)〈老〉일언. 한마디 말.
‖～一句(いっく) 일언일구.
～半句(はんく) 일언반구.
㊂(ひとこと) ① ☞㊁㊁. ② 짧은 이야기. 간단한 말.
一業(いちごう)〖佛〗일업. 하나의 업인(業因). 동일한 업인.
一如(いちにょ)〖佛〗일여. 오직 하나임.
一役 ㊀(いちやく) ① 한 직분. ② 중요한 구실. ③ 能(のう)에서, 주인공역(役)·조연역·북 치는 역·피리 부는 역 등 중요한 역.
㊁(ひとやく) 한 역할.
～買(か)う (자진해서) 한 역할을 맡다.
一塩基酸(いちえんきさん)〖化〗일염기산.
一葉(いちよう) 일엽. ① 하나의 잎사귀. ② (종이 따위의) 한 장. ③ 조각배 한 척. *①③은 ひとは로도 읽음.
‖～万里(ばんり) 일엽 만 리. 하나의 조각배로 넓은 대해를 건넘.
一栄一落(いちえいいちらく) 일영일락. 성하기도 하고 쇠하기도 하여 무상한 일.
一芸(いちげい) 한 가지 기예·연예.
一伍一什(いちごいちじゅう) ☞一部始終(いちぶしじゅう).

一の腕(いちのうで) 어깨서부터 팔꿈치까지의 팔〔부분〕.
一羽(いちわ) (새·토끼의) 한 마리. *いっぱ로도 읽음.
一宇(いちう) 일우. (건물의) 한 채.
一隅(いちぐう) 일우. 한 구석. 한 모퉁이.
一遇(いちぐう) 일우. 한 번 만나는 일.
一元(いちげん) 일원. ① 근원이 하나임. ②〖數〗하나의 미지수. ③ 한 연호(年號).
♣～論(ろん) 일원론 / ～的(てき) 일원적 / ～化(か) 일원화.
‖～描写(びょうしゃ)〖文〗일원 묘사.
一円(いちえん) ① 일원. 어떤 장소 일대. ② 1엔《일본 화폐의 단위》.
～知行(ちぎょう) 중세에 토지 소유권·조세 징수권을 갖고, 토지·백성을 완전히 지배하던 일.
一員(いちいん) 일원.
一院(いちいん) ① 하나의 의원(議院). 단원(單院). ② 둘 이상의 상황(上皇)이 있을 때 첫째 상황.
‖～制(せい) (의회의) 일원제. 단원제.
一月 ㊀(いちがつ) 1월. 정월.
㊁(いちげつ) ① 한 달. 1개월. *ひとつき로도 읽음. ② ☞㊀.
一位(いちい) 일위. ① 수위. 첫째 위계. ② 한 자리의 수.
一葦(いちい) 조각배. 일엽편주.
一の酉(いちのとり) 11월의 첫째 유일(酉日). 또, 그 날에 서는 酉の市(とりのいち).
一揖(いちゆう) 가볍게 하는 인사.
一応(いちおう) ① 우선. 일단. 어떻든. ② 한 번. 일회. 한차례.
一意(いちい) ① 하나의 뜻. ② 일심. 오로지 한마음.
‖～専心(せんしん) 일의 전심.
一義(いちぎ) ① 일리. 하나의 도리. ② 의 뜻. ③ 제일의(第一義). 근본 의의.
‖～的(てき) 일의적. 제일의적.
一儀(いちぎ)〈俗〉성행위.
一議(いちぎ) ① (단) 한번의 상의. ② 이론(異論). 이의(異議).
一衣帯水(いちいたいすい) 일의대수.
一二(いちに) 일이. ① 하나 둘. 한둘. 한두. ② 첫째 둘째.
一翼(いちよく) 일익. ① 하나의 날개. ② 한 쪽의 도움. ③ 하나의 역할.
一人 ㊀(いちにん) 일인. 한 사람.
‖～当千(とうせん) 일인〔일기〕당천.
一二段(ふたかぶ) 일이 이역.
～前(まえ) ① 일인분. 한 사람 몫. ② 어른. 성인임. ③ (능력·기술 등이) 제구실을 할 수 있게 됨. *ひとりまえ로도 읽음.
～会社(かいしゃ) 일인 회사.
㊁(ひとり) ① ☞㊀. ② 독신임. 혼자임.
㊂(いちじん) 일인. 천자. 임금.
一の人(いちのひと) 섭정. 関白(かんぱく)의 딴이름.

一因(いちいん) 일인. 하나의 원인.
一人物(いちじんぶつ) 일가견을 이룬 상당한 인물.
一人称(いちにんしょう) 일인칭.
∥~**映画**(えいが) 일인칭 영화《주인공을 객관적으로 다루지 않고, 카메라 곧 관객이 주인공이 되도록 만든 영화》.
一一(いちいち) 일일이. 하나하나.
一日 ㊀(いちにち) 일일. ①하루. ②하루 종일. ③어느 날. ④초하루. *ひとひ라고도 하며, ④는 ついたち라고도 함.
∥~**延ばし**(のばし) 구실을 만들어 하루하루 미루어 나감.
~**一夜**(いちや) 일주야.
~**増しに**(ましに) 날이 갈수록. 나날이.
~**置き**(おき) 하루 걸러. 하루 건너.
~**片時**(へんじ) 한시. 잠시. *いちじつへんじ로도 읽음.
㊁(いちじつ) ①하루. ②초하루. ③어떤 날.
∥~**三秋**(さんしゅう) 일일 삼추.
~**千秋**(せんしゅう) 일일 천추. 일일여(如) 삼추. *いちにちせんしゅう로도 읽음.
一任(いちにん).
∥~**勘定取引**(かんじょうとりひき) 증권회사에 매매를 일임하는 거래.
一子(いっし) ①일자. 한 자식. 외아들. ②(바둑에서) 돌 하나.
∥~**相続**(そうぞく) 일자 상속. 한 자식에게 대부분의 재산을 상속하는 일.
~**相伝**(そうでん) 일자 상전. 자기 자식 한 사람에게만 비결을 전함.
一字(いちじ) 일자. 한 자.
∥~**拝領**(はいりょう) 주군(主君)으로부터 글자 한 자를 받고 자기 이름에 붙임.
~**の師**(し) 일자지사. 단 한 자를 배워도 역시 스승이란 말.
~**三礼**(さんらい) 〖佛〗일자 삼례.
~**書き**(がき) 일필서(一筆書). 붓에 먹을 다시 먹이지 않고 단숨에 씀.
~**一句**(いっく) 일자 일구. 한 자 한 구.
~**千金**(せんきん) 일자 천금. 글자마다 천금의 가치가 있음.
一勺(いっしゃく) 일작. ①1홉(合)의 10분의 1. ②1평의 100분의 1. ③등산(登山)의 노정(路程)에서 合(ごう)의 10분의 1. *いっせき로도 읽음.
一作(いっさく) 하나의 작품.
一昨(いっさく) ①《日(じつ)・年(ねん) 따위의 앞에 붙어서》'昨(さく)(=작)'보다도 하나 앞임을 나타내는 말. ②그저께에 해당하는 말. ♣~**年**(ねん) 재작년/~**夜**(や) 그저께.
∥~**晩**(ばん) 그저께 저녁때.
一昨昨(いっさくさく) 一昨(いっさく)보다 하나 앞임을 나타내는 말. ♣~**日**(じつ) 그끄저께.
一丈(いちじょう) 일장《10자. 약 3 m》.
一将(いっしょう) 일장. 한 장수.
一場(いちじょう) 일장. ①그 자리. 한바탕. 한자리. ②그 때뿐. 잠깐.
一張(いっちょう) (거문고・휘장・활 따위의) 하나.
一張羅(いっちょうら) ①단 한 벌의 좋은 옷. 단 한 벌의 나들이옷. ②단벌 옷.
一長一短(いっちょういったん) 일장일단.
一張一弛(いっちょういっし) 일장일이. ①늦추었다 죄었다 함. ②사람을 적당히 부리고 적당히 쉬게 함.
一才(いっさい) ①재목의 체적의 단위《한치 각(角)의 6척 길이의 체적》. ②직물(織物)의 1평방척. ③1세. 한 살.
一再(いっさい) 한두 번[차례].
~**ならず** 한두 번이 아니고 (여러 번).
一著(いっちょ) 하나의 저작.
一滴(いってき) 일적. 한 방울. *ひとたま・ひとしずく로도 읽음.
一転(いってん) 일전. ①일회전. 한 바퀴 돎. ②완전히 일변함.
一戦(いっせん) 일전.
一銭(いっせん) 일전. ①1원의 1백분의 1. ②적은 돈. 또, 값어치가 작은 것을 이름.
一転機(いってんき) 일전기. 중요한 전환기. *いちてんき로도 읽음.
一節 ㊀(いっせつ) 일절. ①문장・음악의 한 구절. ②(야구・경마 등의 일정의) 한 구분.
㊁(ひとふし) ①(대나무 따위의) 마디 하나. 일절. 음악의 한 곡. ③하나의 특별한 점. 두드러지게. 유달리.
一点(いってん) 일점. ①한 점. 단 하나. ②극히 적음. ③(물견의) 하나. ④옛날의 1시간《지금의 두 시간》을 네 부분으로 나눈 첫째.
∥~**一画**(いっかく) (한자의) 일점일획.
~**張り**(ばり) 외곬. 그것[한 가지]만으로 관철하는 것.
一丁(いっちょう) ①(총・창・괭이 따위의) 한 자루. (가마 따위의) 한 채. 두부의 한 모. ②(요리・술・생선회 등의) 1인분. ③〈俗〉(경기・내기 따위의) 한 판. ④시가지 구분의 하나.
一定 ㊀(いってい) 일정. ①하나로 정해져 변하지 않음. ②같은 상태・양식으로 정함.
㊁(いちじょう) ①틀림없이 그렇게 정해져 있음. ②틀림없이. 반드시. 꼭.
一町(いっちょう) 일정. 거리・지적(地積)의 단위의 하나. 한 町은 거리에서 60間(けん), 지적에서는 10段(だん) 또는 3,000평.
一挺(いっちょう) ⇨一丁(いっちょう)①.
一丁字(いっていじ) 한 개의 글자. *いっちょうじ로도 읽음.
一斉(いっせい) 일제.
∥~**開花**(かいか) 일제 개화.
~**検挙**(けんきょ) 일제 검거.
~**林**(りん) 모두 벌채하고 일제히 식림한 단일 수종(樹種)의 산림.
~**射撃**(しゃげき) 일제 사격.
~**授業**(じゅぎょう) 〖教〗일제 교수(教授).
~**取り締まり**(とりしまり) 일제 단속.

一剤(いちざい) 1회분의 약. 약 한 첩.
一助(いちじょ) 일조. 얼마간의 도움.
一条(いちじょう) 일조. ①한 줄기〔가닥〕. ②한 조목〔조문〕.
一朝(いっちょう) 일조. ①만약의 경우. ②하루〔어느〕아침.
∥~一夕(いっせき) 일조일석. 짧은 시일.
一の鳥居(いちのとりい) 신사(神社)의 가장 바깥쪽에 있는 鳥居.
一足 ㊀(いっそく) (신의) 한 켤레.
∥~飛び(とび) ①차례를 밟지 않고 건너뜀. 일약. ②모두뛰기를 함. ③급하게 뜀.
㊁(ひとあし) 한 발〔짝〕. 한 걸음.
一族(いちぞく) 일족. 같은 혈족.
∥~郎党(ろうとう) ①혈연 관계의 동족과 부하들. ②(비유적으로) 가족이나 관계자의 전원.
一存(いちぞん) 자기 혼자만의 생각.
一宗(いっしゅう) 일종. (불교의) 한 종파.
一種(いっしゅ) ①일종. *ひとくさ로도 읽음. ②조금. 뭔가.
一座(いちざ) 일좌. ①좌중. ②한 자리. ③같은 흥행에 참가하는 연예인의 한 무리.
一朱(いっしゅ) 江戸(えど) 시대의 은화의 하나〔한 両(りょう)의 16분의 1〕.
一周(いっしゅう) 일주.
∥~忌(き) 일주기. 소상(小祥).
~年(ねん) 일주년. 한 돌.
~週(いっしゅう) 일주. 7일간.
∥~間(かん) 일주간. 한 주일 동안.
一籌(いっちゅう) 일주. 하나의 계책〔계획〕.
一昼夜(いっちゅうや) 일주야.
一中(いっちゅう) ①일중. 한번 맞음〔맞힘〕. ②一中節(いっちゅうぶし)의 준말.
一中節(いっちゅうぶし) 浄瑠璃(じょうるり) 가락의 하나.
一汁(いちじゅう) 국 한 그릇.
∥~一菜(いっさい) 일즙일채. 국 한 가지와 나물 한 가지. 검소한 식사의 비유.
一枝(いっし) 일지. 가지 하나.
一指(いっし) 일지. 한 손가락.
~を染(そ)める 어떤 일에 조금 관계하다.
一紙半銭(いっしはんせん) 일지 반전. 종이 한 장과 돈 5 푼《아주 적은 것의 비유》.
一知半解(いっちはんかい) 일지반해. 수박 겉핥기식의 지식.
一直(いっちょく) ①한번만 숙직함. ②(공장에서) 작업의 1교대.
一直線(いっちょくせん) 일직선.
一陣(いちじん) 일진. ①바람이 한바탕 붊. ②선진(先陣).
一進一退(いっしんいったい) 일진일퇴.
一次(いちじ) 일차.
∥~関数(かんすう) 『数』 일차 함수.
~冷却水(れいきゃくすい) 일차 냉각수. 원자로의 노심부(爐心部)를 냉각하는 물.
~方程式(ほうていしき) 『数』 일차 방정식.
~変換(へんかん) 『数』 일차 변환.

~産業(さんぎょう) 일차 산업.
~産品(さんぴん) 일차 산품.
~宇宙線(うちゅうせん) 『理』 일차 우주선.
~電池(でんち) 『理』 일차 전지.
~遷移(せんい) 『植』 일차 천이.
一着(いっちゃく) ①일착. ①일등. ②옷 따위의 한 벌.
一粲(いっさん) 일소(一笑).
一札(いっさつ) 일찰. (약속・서약 따위) 한 통의 문서・증서. 〔간.
一刹那(いっせつな) 일찰나. 한 찰나. 일순
一唱三嘆(いっしょうさんたん) 일창 삼탄. 한 번 읽고 세 번 감탄함《훌륭한 시문을 청찬하는 말》.
一菜(いっさい) 한 가지 반찬.
一冊(いっさつ) 일책. 한 권. 한 책.
一策(いっさく) 일책. 한 가지 계책.
一妻多夫(いっさいたふ) 일처 다부.
∥~制度(せいど) 일처 다부 제도.
一尺(いっしゃく) 일척. 한 자.
一隻(いっせき) ①한 쌍 중의 한쪽. ②〔견. 배 한 척.
∥~眼(がん) ①일척안. 외눈. ②독특한 식
一擲(いってき) 일척. 한 번 던짐.
一天(いってん) ①일천. 창공. 온 하늘. ②전세계. 천하.
∥~万乗(ばんじょう) 일천 만승. 천하를 다스리는 자리. 천자.
~四海(しかい) 일천 사해. 전세계.
一徹(いってつ) 완고하고 융통성이 없음. 외고집. 옹고집. ♣~者(もの) 고집쟁이.
一帖(いちじょう) 일첩. 한 첩.
一畳(いちじょう) 畳(たたみ) 한 장. 또, 그 만한 넓이.
一切(いっさい) ①일체. 모두. 전부.《뒤에 否定語가 와서》일절. 전혀. 전연. *②는 いっせつ로도 읽음.
∥~経(きょう) 『佛』 일체경. 대장경.
~有為(うい) 『佛』 일체 유위.
~衆生(しゅじょう) 『佛』 일체 중생.
~合切(がっさい) 남김없이 전부.
一体(いったい) 일체. ①동체(同體). ②불상・조상(影像) 등의 하나. ③하나의 체재・양식. ④전반적으로. 대체로. 원래. ⑤도대체. 대관절.
∥~全体(ぜんたい) 一体⑤의 힘줌말.
一超多強(いっちょうたきょう) 일초 다강《중국의 냉전 후의 세계관; 一超는 미국, 多強은 러시아・EU・중국・중국 자신》.
一触即発(いっしょくそくはつ) 일촉즉발.
一寸 ㊀(いっすん) 일촌. ①한 치. ②짧은 거리. ③짧은 시간. ④사소한 것.
∥~法師(ぼうし) 난쟁이.
~足(あし) 조심스레 보폭을 좁혀 걷는 일.
~試し(だめし) 칼로 저미다시피 조금씩 베어〔쳐〕 고통을 주면서 죽이는 일.
㊁(ちょっと) ①조금. ②사소. ③잠깐. ④상당히.
∥~見(み) 언뜻 봄. 잠깐 본 느낌.

一蹴(いっしゅう) 일축.
一炊(いっすい) 밥을 한 번 지음.
~の夢(ゆめ) 일취지몽.　　　　「더욱더.
一層(いっそう) ①일층. 단층. ②한층 더.
一致(いっち) 일치. ♣~点(てん) 일치점.
‖~団結(だんけつ) 일치 단결.
一親等(いっしんとう) 본인의 부모 및 자식과 그 배우자. 또, 본인 배우자의 부모.
一七日(いちしちにち) 사후(死後) 한이렛날. 또, 그 날 올리는 재. ＊いっしちにち・ひとなのか・ひとなぬかみ라고도 함.
一称(いっしょう) 또 하나의 이름. 딴이름.
一打(いちだ) 『野』 일타. 한번 침.
一朶(いちだ) 〈古〉일타. 하나의 나뭇가지.
一弾指(いったんじ) ①손가락을 한번 퉁김. ②『佛』일탄지. 일순간. ＊いちだんしとも 읽음.
一駄(いちだ) 일태. ①말 한 필에 지우는 짐. ②한 필의 복마(卜馬).
一兎(いっと) 일토. 한 마리의 토끼.
一通(いっつう) (편지·문서 따위의) 한 통. 한 장.　　　　　　　　　　　「일함.
一統(いっとう) ①총체. 일동. ②일통. 통
一投(いっとう) 일투. (야구·볼링 등에서의) 한번 던짐.
一波(いっぱ) 일파. ①하나의 물결. 하나의 파문. 한 사건. ②(몇 차례에 걸친 공격·파업 등의) 1회.
一派(いっぱ) 일파.
一八(いちはつ) 『植』 연미(鳶尾). 붓꽃
一か八か(いちかばちか) 건곤일척의. 흥하든 망하든. 운을 하늘에 맡기고.
一敗(いっぱい) 일패.
~地(ち)に塗(まみ)れる 일패 도지하다.
一片(いっぺん) 일편. ①한 장. 한 조각. ②약간. 조금.
一遍(いっぺん) 일회. 한 번.　　　　「에.
一遍に(いっぺんに) 일시[동시]에. 한꺼번
一幅 ㊀(いっぷく) 일폭. 한 폭.　　　「비.
㊁(ひとの) 보통 폭《30~36 cm》피륙의 나
一票(いっぴょう) 일표. 한 표.
一瓢(いっぴょう) 일표. 술이 든 호리병 하
一品 ㊀(いっぴん) 일품. ①한 물건. ②아주 뛰어난 물건. 절품.
‖~料理(りょうり) 일품 요리. ①손님의 기호에 따라 한 가지씩 선택시켜서 제공하는 요리. ②한 접시만의 간단한 요리.
㊁(いっぽん) ①『親王(しんのう)의 위계의 첫째. ②『佛』경문의 일장(一章).
一風(いっぷう) ①남과는 다른 어떤 격식이나 풍격. ②성질·태도·방법 따위의 일종의 느낌.
一匹(いっぴき) 일필. 한 필. ㉠한 마리. (특히) 말 한 마리. ㉡(비단의) 한 필. ②옛날 돈의 10 文(もん) 또는 25 文. ③사람 하나를 막되게 힘주어 일컫는 말.
‖~狼(おおかみ) 〈俗〉(조직·집단의 힘을 빌리지 않고) 혼자 행동하는 사람. 독불장군.

一筆 ㊀(いっぴつ) 일필. ①같은 필적. ②일필휘지(一筆揮之). ③짧고 간단한 문장. 또, 간단히 씀. ④한 통의 편지. ⑤(토지 대장상의) 토지의 1구획. 한 필(지).
‖~啓上(けいじょう) 급계(急啓)의 뜻으로 남자가 편지 허두에 쓰는 말.
㊁(ひとふで) 일필. ①(편지 따위를) 조금〔한줄〕 씀. ②☞㊀②. ③☞㊀⑤.
‖~書き(がき) (먹을 다시 안 묻히고) 한번에 씀[그림]. 일필휘지(揮之).
~絵(え) 일필화. 먹을 다시 묻히지 않고 그린 간단한 그림.
一下(いっか) 일하. 한 번 내림. 한 번 떨어
一荷(いっか) 한 짐.　　　　　　　「짐.
一閑張り(いっかんばり) 칠기(漆器)의 일종《종이를 바르고 그 위에 옻칠을 한 세공품》.
一割(いちわり) 일할.　　　　　　「서》.
一合(いちごう) ①일흡. 한 홉. ②(검술에
‖~目(め) 정상까지의 등산길을 열 구간으로 나눈 그 첫 한 구간.
一項(いっこう) 일항. 일항목(一項目).
一行 ㊀(いっこう) 일행. ①한 가지 행동. ②함께 행동[여행]하는 사람(들). ③일렬(列). ④한 은행.
㊁(いちぎょう) (문장의) 일행. 한 행[줄].
㊂(ひとくだり) ① ☞㊁. ②(문장의) 한 부분.
㊃(ひとつら) ⇨ 一連(ひとつら).
一向(いっこう) ①一向宗의 준말. ②조금도. 전혀. 매우. 아주. ③〈古〉오로지. ＊②은 ひたすらに로도 읽음.
‖~専念(せんねん) 『佛』일향 전념. 정성을 다하여 염불만을 함.
~宗(しゅう) 『佛』浄土真宗(じょうどしんしゅう)의 딴이름.
一軒(いっけん) ①집 한 채. 집 하나. ②한 집. 한 가호.
‖~家(や) ①외딴집. ②독채집.
一献(いっこん) ①한잔의 술. ②(간단한) 술대접.
一弦琴(いちげんきん) 『樂』일현금.
一絃琴(いちげんきん) ⇨ 一弦琴(いちげんきん).
一戸(いっこ) 일호. 한 집. 한 가구.
‖~建て住宅(だてじゅうたく) 단독 주택.
一毫(いちごう) 일호. 아주 가늘고 작은 털. 추호.
一壺天(いっこてん) 일호천. 작은 우주. 소천지(小天地). 또, 별세계.
一化性(いっかせい) 『蟲』일화성.
一獲千金(いっかくせんきん) 일확천금.
一攫千金(いっかくせんきん) ⇨ 一獲千金(いっかくせんきん).
一丸(いちがん) 한 덩어리.
一環(いっかん) 일환. ①쇠사슬의 한 고리. ②전체에 관계되는 사물 중의 일부분.
一回(いっかい) 일회. 한 번. 한 돌.
♣~性(せい) 일회성.

‖~忌(き) 일주기(一週忌). 소상(小祥).
一回転(いっかいてん) 일회전.
一画(いっかく) ①일획. 글자의 한 획. ②토지의 한 구획(區劃).
一劃(いっかく) ⇨一画(いっかく)②.
一興(いっきょう) 일흥. 한 가지 재미. 색다른 재미.
一姫二太郎(いちひめにたろう) 처음에는 딸, 그 다음에 아들을 낳는 것이 이상적이라는 말.
一喜一憂(いっきいちゆう) 일희일우.
訓読▷
一つ(ひとつ) ①하나. 한. 첫째. ②같음. 한가지. ③한편. 일면(一面). ④…나름. …하나(도). …조차.
一つとして(ひとつとして) 하나도 (…없「다」.
一つ家(ひとつや) ①같은 집. 한집. ②외딴집.
一稼ぎ(ひとかせぎ) ①한번의 벌이・일. ②(단기간에) 한밑천 잡음.
一つ覚え(ひとつおぼえ) 하나만 알고 융통성이 없음. 하나밖에 모름.
一肩(ひとかた) ①가마 따위의 한쪽을 멤. ②부담의 일부를 맡음. 「적음.
一欠片(ひとかけら) 하나의 단편. 또, 매우
一頃(ひところ) 한때. 어느 한 시절. 「고」.
一苦労(ひとくろう) 약간의 노력[고생, 수
一骨(ひとほね) 한번[약간]의 수고.
~折(お)る (남을 위해) 약간의 수고를 하다.
一工夫(ひとくふう) 조금 더 연구함. 좀더 머
一跨ぎ(ひとまたぎ) 한 발을 벌리고 넘음. 전하여, 한달음 거리.
一括り(ひとくくり) 한데 묶음. 일괄.
一塊り(ひとかたまり) 한 덩어리. 일단(一
一摑み(ひとつかみ) 한줌. 한 움큼. 「團).
一つ橋(ひとつばし) 외나무다리.
一口 ㊀(ひとくち) ①한입. 한 모금. ②한마디. ③한몫.
‖~交ぜ(まぜ) 한마디 할 때마다.
~咄(ばなし) ⇨一口話.
~物(もの) 한입에 먹을 수 있는 음식.
~噺(ばなし) 외동이.
~話(ばなし) 한마디 짤막한 이야기. 짧고 익살스런 이야기.
㊁(いっく) ①☞㊀. ②한 사람. ③(산 것) 한 마리.
‖~同音(どうおん) 이구동성(異口同聲).
㊂(いっこう) ①☞㊁①②. ②한 자루의 칼.
‖~両舌(りょうぜつ) 일구 양설. 일구이언.
一つ口(ひとつくち) 이구동성으로 말함. 같은 말을 함.
一構え(ひとかまえ) 한 채의 집.
一区切り(ひとくぎり) 일단락.
一群れ(ひとむれ) (새・짐승・벌레 등의) 한 떼. 한 무리. 일군.
一巻き(ひとまき) ①한 번 감음. 또, 그 감

은 것. ②하나의 두루마리. 한 권의 책.
一筋(ひとすじ) ①한 줄기. ②한길로만 열중하는 모양. 외곬. 한결같음.
‖~道(みち) 외줄기 길. 외길. 「단.
~縄(なわ) ①한 가닥의 새끼줄. ②보통 수
一肌(ひとはだ) 『~脱(ぬ)ぐ』 한팔 걷고 [힘껏] 도와 주다.
一旗(ひとはた) 하나의 깃발.
~揚(あ)げる ①군사를 일으키다. ②새로 사업을 시작하다.
一捻り(ひとひねり) ①한번 비틂. 약간 비틂. ②(상대를) 간단히 해치움. ③조금 더 궁리를 함[머리를 짜냄].
一当たり(ひとあたり) 한차례 부딪쳐[교섭해] 보는 일.
一当て(ひとあて) ①한 번 맞춤. ②놀이나 투기에서, 한밑천 잡음. 「충.
一渡り(ひとわたり) 한번. 한차례. 대강. 대
一冬(ひとふゆ) ①그〔어느〕해의 겨울. ②한겨울. 「동[건물].
一棟(ひとむね) ①집 한 채. 일동. ②같은
一絡げ(ひとからげ) 하나로 뭉뚱그림.
一流れ(ひとながれ) ①한 줄기의 흐름. ②같은 유파.
一溜まり(ひとたまり) 잠시 지탱함.
~もない 잠시도 버티지 못하다.
一粒 ㊀(ひとつぶ) 한 알.
~の麦(むぎ) 한 알의 밀.
‖~選り(えり) (많은 것 중에서) 정선함. 또, 정선한 것. *ひとつぶより로도 읽음.
~種(だね) 외아들. 외동딸. 외둥이.
㊁(いちりゅう) 일립. 한 알.
‖~万倍(まんばい) 일립만배(적은 것이 불어나서 많아짐의 비유).
一幕(ひとまく) ①(연극의) 1막. 한 막. ②(사건 등의) 한 장면.
‖~見(み) (연극의) 일막만 봄.
~物(もの) 일막짜리 연극. 단막극. 「밤.
一晩(ひとばん) ①하룻밤. 밤새. ②어느 날
一眠り(ひとねむり) 한숨 잠. 한잠 (잠).
一つ目小僧(ひとつめこぞう) (눈이 이마에 달린) 애꾸눈 괴물.
一房(ひとふさ) 한 떨기. 한 송이.
一癖(ひとくせ) 보통내기가 아닌[만만치 않은] 성깔.
一つ釜(ひとつがま) 같은 솥. 한솥.
~の飯(めし)を食(く)う 한솥밥을 먹다.
一飛び(ひととび) ①한 번 낢. 또, 한 번 날 정도의 가까운 거리나 시간. 「안.
一頻り(ひとしきり) 한바탕. 한차례. 한동
一思いに(ひとおもいに) 단숨에. 단결에. 눈 딱 감고.
一仕事(ひとしごと) ①한 가지 일. 한바탕 일을 함. ②어떤 큰일・사업. 꽤 힘든 일.
一思案(ひとしあん) 한참 동안 생각을 짜냄.
一箱(ひとはこ) 한 상자.
一つ書き(ひとつがき) 조목별로 씀. 또, 그렇게 쓴 문서.

一昔(ひとむかし) 한 옛날. 한 시대 전《보통 10년쯤 전》.
一先ず(ひとまず) 우선. 일단.
一つ星(ひとつぼし) 〖天〗 개밥바라기. 샛별.
一盛り ㊀(ひとさかり) ① 한창때. 한물. 한동안. 한바탕. ② 그 분량.
㊁(ひともり) 한 그릇에 한 번만 담음. 또, 그 분량.
一続き(ひとつづき) 하나로 연속되어 있음. 일련(一連).
一つ松(ひとつまつ) 외소나무. 고송(孤松).
一巡り(ひとめぐり) ① 일순. 한바퀴 돎. ② 1주기(周忌).
一嵩(ひとかさ) 한층. 더.
一匙飯(ひとさじめし) 밥사발에 밥 한 주걱만을 푼 밥.
一息(ひといき) ① 단숨(에 함). ② 한숨 돌림. 잠깐 쉼. ③ 한 고비의 노력.
一つ身(ひとつみ) (등솔기를 내지 않고) 통짜 폭으로 지은 유아용 옷.
一握り(ひとにぎり) 한줌. 극히 적음.
一安心(ひとあんしん) 우선 안심이 됨. 한시름 놓음.
一押し(ひとおし) 한 번 밂.
一塩(ひとしお) 살짝 절임. 또, 그렇게 절인 것. 얼간.
一つ葉(ひとつば) 〖植〗 석위(石葦).
一つ葉たご(ひとつばたご) 〖植〗 이팝나무.
一腰(ひとこし) 한 자루의 칼.
一雨(ひとあめ) 한차례〔한바탕〕 비가 옴.
一越(ひとこし) 一越縮緬(ひとこしちりめん)의 준말. 곱슬 주름이 작고, 단단하게 짠 縮緬.
一揉み(ひともみ) ① 조금〔잠깐〕 주무름. ② 사소한 다툼.
一飲み(ひとのみ) ① 한입에 삼킴. ② (상대를) 단숨에 압도함.
一人ぼっち(ひとりぼっち) 단 혼자. 외(돌)토리. 외딴몸.
一人過ぎ(ひとりすぎ) 혼자 삶.
一人口(ひとりぐち) ① 혼자 살림(함). ② 혼잣말. 독백.
一人頭(ひとりあたま) 1인당.
一人娘(ひとりむすめ) 외(동)딸.
一人旅(ひとりたび) 혼자 여행함.
一人暮らし(ひとりぐらし) 독신 생활. 혼자 삶.
一人相撲(ひとりずもう) 독씨름. 혼자 설침.
一人息子(ひとりむすこ) 외아들. 독자.
一人言(ひとりごと) 혼잣말. 독백.
一人一人(ひとりびとり) 한 사람 한 사람. ① 각자. ② 한 사람씩 (차례로).
一人子(ひとりご) ☞ 一人っ子(ひとりっこ).
一人っ子(ひとりっこ) 〈俗〉독자. 외동이.
一人静(ひとりしずか) 〖植〗 홀아비꽃대.
一人天下(ひとりでんか) 일인 천하. 독판. 독장침. 독무대.
一つ一つ(ひとつひとつ) 일일이. 하나하나.
一日交ぜ(ひとひまぜ) 하루 걸러.
一入(ひとしお) 한층 더. 한결 더. 특히.

一つ子(ひとつご) 독자. 외동이.
一箸(ひとはし) (음식의) 한 젓가락.
一儲け(ひともうけ) 한밑천 잡음〔벎〕.
一滴(ひとしずく) (액체의) 한 방울.
一揃い(ひとそろい) 일습. 한 벌〔세트〕.
一纏め(ひとまとめ) 일괄. 한데 묶음. 하나로 합침.
一切り(ひときり) ① 일단락. ② 한 때.
一切れ(ひときれ) 한 조각. 한 가닥.
一際(ひときわ) 한층 더. 유달리.
一抓み(ひとつまみ) ⇨ 一撮み(ひとつまみ).
一組(ひとくみ) 한 조〔벌, 짝〕. 짝〔세트, 쌍〕으로 된 것.
一彫り(ひとほり) ① 한번 새김. ② 민첩하고 간단하게 새겨 버림.
一舟(ひとふね) (어패류를 담은) 배 모양의 운두가 낮은 용기 하나.
一走り(ひとはしり) 잠깐 뜀.
一株(ひとかぶ) ① 한 주. ② 한 재산.
‖**~運動**(うんどう) 한 주 (갖기) 운동.
一重(ひとえ) 한 겹. 외겹. 홑겹. ♣**~瞼**(まぶた) 홑눈꺼풀.
一重に(ひとえに) 오로지. 그저. 전적으로.
一重ね(ひとかさね) 일본옷 따위의 일습.
一指し(ひとさし) (장기 따위의) 한 판.
一芝居(ひとしばい) 남을 기만하려고 행하는, 계획적인 행동.
一振り(ひとふり) ① 한번 휘두름. ② 칼 한 자루. 한 판.
一差し(ひとさし) (춤 따위의) 한 번(곡).
一齣 ㊀(ひとこま) (극·영화 등의) 한 장면. 한 토막. (필름의) 한 단락.
㊁(ひとくさり) (노래나 이야기 등의) 한 토막. 한 대목(대목).
一締め(ひとしめ) 한번 죔. 단번에 졸라맴.
一叢(ひとむら) (초목 등의) 떼지어 나 있는 한 무더기. 한 덤불.
一撮み(ひとつまみ) ① 한줌. 소량. 약간. ② 간단히 상대를 이김〔해치움〕.
一つ寝(ひとつね) 같이 잠. 동침.
一寝入り(ひとねいり) ☞ 一眠り(ひとねむり).
一打ち(ひとうち) ① 한 번 침. 일격. ② 단번에 무찌름〔쓰러뜨림〕.
一太刀(ひとたち) 한칼. 단칼.
一通り(ひととおり) ① 대강. 대충. 얼추. ② 보통. 엔간함. ③ 한 가지 방법.
一片食(ひとかたけ) 한끼의 식사.
一抱え(ひとかかえ) 한 아름.
一泡(ひとあわ) 〖**~吹**(か)**かせる**〗 느닷없이 남을 깜짝 놀라게〔당황하게〕 하다.
一風呂(ひとふろ) 한차례 목욕함.
一皮(ひとかわ) 한 껍질. 한 꺼풀.
‖**~目**(め) ☞ 一重瞼(ひとえまぶた).
一夏 ㊀(ひとなつ) 한여름 동안.
㊁(いちげ) 〖佛〗 일하. 하안거(夏安居).
一向き(ひとむき) 그저 한 가지 일에만 마음을 쓰는 모양. 오로지. 외곬.

一つ穴(ひとつあな) 같은 굴.
∥**〜の狢**(むじな) 한패. 한동아리. 한통속.
一桁(ひとけた) ① (숫자의) 한 자릿수. ② 숫자의 1에서 9까지.
一花(ひとはな) ① 한 송이〔떨기〕꽃. ② 한때의 영화. 한때 번영함.
一つ話(ひとつばなし) 늘 자랑 삼아〔두고두고〕하는 이야기. 기담(奇談). 진담(珍談).
一荒れ(ひとあれ) 비바람이 한바탕 몰아침. 전하여, 승부 등에서 한바탕 파란이 일어남.
一回り(ひとまわり) ① 한바퀴 돎. 일주. 한 번 돎. ② (지지(地支)의) 12년. ③ (스케일 등에서) 한층. 한결. 한 단계 (위임).
一休み(ひとやすみ) 잠깐 쉼.
もう一つ(もうひとつ) ① 조금 더. 약간. ② 그 위에 하나.

其他
一一〇番(ひゃくとおばん) 범죄·사고 등의 긴급시에, 경찰을 부르는 전화 번호. 일일공(번).
一一九番(ひゃくじゅうきゅうばん) 비상시, 소방차나 구급차를 부르는 전화 번호. 일일구(번).
一一が一(いんいちがいち) (구구법에서) 일일은 일.
一昨年(おととし) 그러께. 재작년. *いっさくねん이라고도 함.
一昨日(おととい) 그저께. *おつい·いっさくじつ라고도 함.
一昨昨年(さきおととし) 재재작년. 그끄러께. *さおととし·いっさくさくねん이라고도 함.
一昨昨日(さきおととい) 그끄저께. *いっさくさくじつ라고도 함.
一支国(いきこく) 〖史〗 위지 왜인전(魏志倭人傳)에 나오는 나라(長崎(ながさき) 현의 壱岐島(いきしま)를 가리킴).

4 日 教	日	해 **일**·날 **일** ニチ·ジツ ひ·か

音読
日 一(にち) 일. ① 일요일. ② 일본. ③《接尾語로》…일. 「날짜. 날.
二(ひ) ① 해. 태양. 햇빛. ② 낮. ③ 하루. ④
三(か) 일. 일수 및 날짜를 세는 말.
日刊(にっかん) 일간. ♣**〜紙**(し) 일간지.
∥**〜新聞**(しんぶん) 일간 신문.
日間 一(にっかん) 주간. 낮동안.
二(ひあい) ①일수(日數). 날수. ②적당한 시기. ③일변(日邊). 이자.
日経連(にっけいれん) 일경련('日本(にほん)経営者団体(けいえいしゃだんたい)連盟(れんめい)(=일본 경영자 단체 연맹)'의 준말.
日系(にっけい) 일계. 일본 계통.
∥**〜米人**(べいじん) 일본계 미국인.
〜資本(しほん) 일계 자본.

日計 一(にっけい) 일계. 일일 계산. 또, 그 날의 총계. ♣**〜表**(ひょう) 일계표.
二(ひばかり) 〖動〗 대륙율모기.
日共(にっきょう) '日本(にほん)共産党(きょうさんとう)(=일본 공산당)'의 준말.
日課(にっか) 일과. ♣**〜表**(ひょう) 일과표.
日光(にっこう) 일광. ♣**〜浴**(よく) 일광욕.
∥**〜菩薩**(ぼさつ)〖佛〗일광 보살.
〜消毒(しょうどく) 일광 소독.
〜療法(りょうほう) 일광 요법.
日光街道(にっこうかいどう) 〖地〗 근세 5가도의 하나. 江戸(えど)에서 시작하여 日光에 이르는 길.
日僑(にっきょう) 외국에 사는 일본(상)인.
日教組(にっきょうそ) '日本(にほん)教職員(きょうしょくいん)組合(くみあい)(=일본 교직원 조합)'의 준말.
日較差(にちかくさ) 일교차.
日暈(にっき) 일구. 해그림자. 「간 근무.
日勤(にっきん) 일근. ① 매일 출근함. ② 주
日給 一(にっきゅう) 일급.
∥**〜月給**(げっきゅう) 일급을 달마다 지불하는 방법. 「직.
二(ひだいまい) (특히 궁중에서) 그 날의 당
日記(にっき) 일기. ① 나날의 기록. ② 日記帳의 준말.
∥**〜文学**(ぶんがく) 일기 문학.
〜帳(ちょう) 일기장. ① 일기책. ②〖商〗거래 내용을 일어난 차례대로 적는 장부.
日当(にっとう) 일당.
日大(にちだい) '日本大学(にほんだいがく)(=일본 대학: 사립 종합 대학)'의 준말.
日帯食(にったいしょく) 〖天〗 일대식.
日帯蝕(にったいしょく) ⇨ 日帯食(にったいしょく).
日独(にちどく) 일독. 일본과 독일.
日独伊(にちどくい) 일본·독일·이탈리아.
∥**〜三国同盟**(さんごくどうめい) 일독이 삼국 동맹(1940년에 맺었던 군사 동맹).
日東(にっとう) 일동. 해돋는 동쪽 나라라는 뜻의, 일본의 미칭.
日来(にちらい) 평소. 늘.
日量(にちりょう) 일량. 일일 생산량.
日蓮宗(にちれんしゅう) 법화종(法華宗).
日労(にちろう) '日本(にほん)労働組合(ろうどうくみあい)総同盟(そうどうめい)(=일본 노동 조합 총동맹)'의 준말.
日露(にちろ) 일로. 일본과 러시아.
∥**〜戦争**(せんそう) 러일 전쟁.
日録(にちろく) 일록. 일기(日記).
日輪(にちりん) 일륜. 태양.
∥**〜草**(そう)〖植〗해바라기. 「과.
日面経過(にちめんけいか)〖天〗일면 통
日暮(にちぼ) 일모. 저녁 때. 해질녘. *じつぼろ도 읽음.
日没(にちぼつ) 일몰.
日舞(にちぶ) '日本舞踊(にほんぶよう)(=일본 무용)'의 준말.

日文 ㊀(にちぶん) 일문. 일본글. 일본 문학.
㊁(ひふみ) 神代(じんだい) 문자의 하나《한글을 본떠서 위작(僞作)한 글자》.
日米(にちべい) 일미. 일본과 미국.
‖～経済委員会(けいざいいいんかい) '日米貿易経済(ぼうえきけいざい) 合同委員会(ごうどういいんかい)(＝미일 무역 경제 합동 위원회)'의 준말. 「학 위원회.
～科学委員会(かがくいいんかい) 미일 과
～安全保障条約(あんぜんほしょうじょうやく) 미일 안전 보장 조약(1951년 조인).
～原子力協定(げんしりょくきょうてい) 미일 원자력 협정. 「상 협의.
～通商協議(つうしょうきょうぎ) 미일 통
～行政協定(ぎょうせいきょうてい) 미일 행정 협정(1952년 체결).
～賢人グループ(けんじんグループ) 미일
日弁連(にちべんれん) '日本(にほん)弁護士(べんごし)連合会(れんごうかい)(＝일본 변호사 연합회)'의 준말.
日変化(にちへんか) 일변화. 어느 지점에서 하루 동안의 기온・습도・기압 등의 변화.
日報(にっぽう) 일보.
日本(にっぽん) 일본. ＊にほん이라고도 함.
‖～男児(だんじ) 일본 남아.
日本間(にほんま) 일본식 방.
日本犬(にほんけん) 일본 (재래종) 개.
日本工業規格(にほんこうぎょうきかく) 일본 공업 규격. 지스(JIS).
日本国有鉄道(にほんこくゆうてつどう) 일본 국유 철도.
日本棋院(にほんきいん) 일본 기원《바둑의 보급・향상이 목적인 재단 법인》.
日本脳炎(にほんのうえん) 일본 뇌염.
日本当帰(にほんとうき)〖植〗왜당귀.
日本大辞書(にほんだいじしょ) 일본어 사전의 하나. 1892-93년간(刊). 사전에 처음으로 악센트 표시를 하였음.
日本刀(にほんとう) 일본도. ＊にっぽんとう라고도 함.
日本馬(にほんうま) 일본 재래의 말.
日本舞踊(にほんぶよう) 일본 무용.
日本文芸家協会(にほんぶんげいかきょうかい) 일본 문예가 협회.
日本米(にほんまい) 일본미. 일본쌀.
日本美術院(にほんびじゅついん) 일본 미술원《재야 일본 화가의 중심 단체》. 「髮
日本髪(にほんがみ) 여자의 일본식 속발(束
日本放送協会(にほんほうそうきょうかい) 일본 방송 협회.
日本三景(にほんさんけい) 일본 삼경. 天の橋立(あまのはしだて)・厳島(いつくしま)・松島(まつしま)를 이름.
日本三急流(にほんさんきゅうりゅう) 일본의 대표적인 3개의 급류. 最上川(もがみかわ)・富士川(ふじかわ)・球磨川(くまかわ)등.
日本式(にほんしき) 일본식. ＊にっぽんしき라고도 함.

‖～作法(さほう) 일본식 예절.
日本新(にほんしん) '日本新記録(きろく)(＝일본 신기록)'의 준말.
日本十進分類法(にほんじっしんぶんるいほう) 일본 십진 분류법《도서 분류법의 하나》.
日本野鳥の会(にほんやちょうのかい) 일본 야조회《일본 최대의 자연 보호 단체》.
日本薬局方(にほんやっきょくほう) 일본 약국방《일본 약전(薬典)》.
日本語(にほんご) 일본어. 일본말. ＊にっぽんご라고도 함.
日本演奏家協会(にほんえんそうかきょうかい) '職能(しょくのう)労働組合(ろうどうくみあい)日本演奏家協会(＝직능 노동 조합 일본 연주가 협회)'의 준말.
日本列島(にほんれっとう) 일본 열도.
日本泳法(にほんえいほう) 일본 영법. 일본 고래의 수영법. 「예술원.
日本芸術院(にほんげいじゅついん) 일본
日本料理(にほんりょうり) 일본 요리.
日本猿(にほんざる)〖動〗일본 원숭이.
日本育英会(にほんいくえいかい) 일본 육영회《학비 대여가 목적인 특수 법인. 1943년 발족》.
日本銀行(にっぽんぎんこう) 일본 은행. ＊口語로는 にほんぎんこう라고도 함. 「악.
日本音楽(にほんおんがく) 일본 (전통) 음
日本人(にほんじん) 일본인. 일본 사람. ＊にっぽんじん이라고도 함.
日本一(にほんいち) 일본 제일. ＊にっぽんいち라고도 함.
日本将棋連盟(にほんしょうぎれんめい) 일본 장기 연맹《장기 전문 기사(棋士) 단체》.
日本的(にほんてき) 일본적. 일본식.
日本電信電話株式会社(にほんでんしんでんわかぶしきがいしゃ) 일본 전신 전화 주식 회사《1985년 설립된 특수 회사》.
日本町(にほんまち) 17세기 초기 동남 아시아 각지에 진출한 일본인의 집단 거류지.
日本庭園(にほんていえん) 일본 정원. 연못・수석・수목・다리・정자 등 자연의 재료를 주체로 한 정원.
日本酒(にほんしゅ) 일본술. 청주.
日本主義(にほんしゅぎ) 일본주의. 일본 본래의 정신을 국가・사회의 기조로 하자는 주장《明治(めいじ) 중기의 사상》.
日本住血吸虫(にほんじゅうけつきゅうちゅう)〖蟲〗일본 주혈 흡충《사람이나 소 등의 혈관 안에 기생함》.
日本紙(にほんし) 일본 종이. 일본식 방법으로 만든 종이.
日本茶(にほんちゃ) 녹차(綠茶).
日本晴れ(にほんばれ) ① 하늘이 쾌청함. ② 의혹・불안 등이 깨끗이 사라지고 상쾌함. ＊にっぽんばれ로도 읽음.
日本標準時(にほんひょうじゅんじ) 일본 표준시《세계시(世界時)보다 9시간 빠름》.
日本被団協(にほんひだんきょう) '日本原

水爆(げんすいばく)被害者(ひがいしゃ)団体(だんたい)協議会(きょうぎかい)(=일본 원수폭 피해자 단체 협의회)'의 준말.
日本学術会議(にほんがくじゅつかいぎ) 일본 학술 회의《외국의 아카데미에 해당함》
日本航空(にほんこうくう) 일본 항공.
日本海(にほんかい) '동해(東海)'를 일본에서 일컫는 말.
日本海流(にほんかいりゅう) 〖地〗 일본 해류. 흑조(黑潮). 쿠로시오.
日本画(にほんが) 일본화. 동양화의 하나.
日仏(にちふつ) 일불. 일본과 프랑스.
日射(にっしゃ) 일사. ♣〜病(びょう) 일사병.
日産(にっさん) 일산. 일일 생산량.
日商(にっしょう) ①〖經〗 하루의 매상고. ②'日本(にほん)商工会議所(しょうこうかいぎしょ)(=일본 상공 회의소)'의 준말.
日常(にちじょう) 일상.
∥〜**茶飯**(さはん) 일상 다반. 늘 있는 평범한 일. ♣〜**事**(じ) 일상 다반사. 항다반사.
日夕(にっせき) 일석. ①밤과 낮. ②저녁때.
∥〜**点呼**(てんこ) 일석 점호.
日鮮(にっせん) 일선. 일본과 조선.
日省(にっせい) 일성. 날마다 반성함.
日収(にっしゅう) 일수. 하루의 수입.
日数(にっすう) 일수. 날수. *ひかず라고도 함.
日時(にちじ) 일시. 시일.
日食(にっしょく) 〖天〗 일식.
㊁(にちじき) 하루의 음식물.
日蝕(にっしょく) ⇨ 日食(にっしょく).
日新(にっしん) 일신. 날마다 새로워짐.
日案(にちあん) 일일 계획.
日額(にちがく) 일당(日當) 금액.
日夜(にちや) 주야. 밤낮.
日語(にちご) 일어. 일본어.
∥〜**講座**(こうざ) 일어 강좌.
日域(にちいき) ①해가 비치는 곳. ②일본.
日英(にちえい) 일영. 일본과 영국.
∥〜**同盟**(どうめい) (1902년의) 영일 동맹.
日午(にちご) 일오. 정오.
日曜(にちよう) 일요(일). ♣〜**日**(び) 일요일.
∥〜**大工**(だいく) 일요일〔쉬는 날〕이면 하는 집안 목수일. 또, 그 사람.
〜**学校**(がっこう) 주일 학교.
〜**画家**(がか) 일요 화가.
日用(にちよう) 일용. ♣〜**品**(ひん) 일용품.
∥〜**文**(ぶん) ①늘 쓰는 문장. ②편지의 문장.
日月㊀(にちげつ) 일월. 세월.
㊁(じつげつ) 일월. ①해와 달. ☞㊀.
㊂(ひつき) 일월. ①☞㊀. ②연월일. 일수. 세월.
日銀(にちぎん) '日本銀行(にっぽんぎんこう)(=일본 은행)'의 준말. ♣〜**券**(けん) 일본 은행권.
∥〜**総裁**(そうさい) 일본 은행 총재.
〜**特融**(とくゆう) 〔신용 질서 유지에 필요한 경우의〕일본 은행법에 따른 특별 융자.

日人(にちじん) 일인. 일본 사람.
日日㊀(にちにち) 일일. 매일. 나날.
∥〜**夜夜**(やや) 낮이나 밤이나.
㊁(ひにち) ①날. 날짜. 기일. ②날수. 일수.
㊂(ひび) 나날. 매일. 하루하루.
日子(にっし) 일수. 날짜.
日章旗(にっしょうき) 일장기《일본 국기》.
日赤(にっせき) '日本(にほん)赤十字社(せきじゅうじしゃ)(=일본 적십자사)'의 준말.
日展(にってん) '日本(にほん)美術展覧会(びじゅつてんらんかい)(=일본 미술 전람회)'의 준말.
日程(にってい) 일정.
日照(にっしょう) 일조. 햇볕이 내리쬠.
♣〜**権**(けん) 〖法〗 일조권.
∥〜**計**(けい) 일조계. 일조시(時)를 기록하는 장치.
日周圏(にっしゅうけん) 〖天〗 일주권.
日周期性(にっしゅうきせい) 〖生〗 일주기성. 일주야를 주기로 하는 생물의 기능·구조·활동의 변화.
日周運動(にっしゅううんどう) 〖天〗 일주 운동.
日中㊀(にっちゅう) ①주간(晝間). 낮. ②일중. 일본과 중국.
∥〜**貿易**(ぼうえき) 중일 무역.
〜**友好連絡会議**(ゆうこうれんらくかいぎ) '日中友好国民運動(こくみんうんどう)連絡会議(=중일 우호 국민 운동 연락 회의)'의 준말. 〜**戦争**(せんそう) 중일 전쟁.
㊁(ひなか) ①낮. 낮 동안. ②반날. 한나절.
日支(にっし) 일본과 중국. 중일(中日).
日誌(にっし) 일지. 「월장.
日直(にっちょく) 일직.
日進月歩(にっしんげっぽ) 일진월보. 일취
日参(にっさん) 신사나 절에 매일 참배함.
日天(にってん) ①태양. ②〖佛〗 일천자(日天子). 「쟁.
日清戦争(にっしんせんそう) 〖史〗 청일 전
日体(にったい) '日本(にほん)体育協会(たいいくきょうかい)(=일본 체육 협회)'의 준말. 「일출시.
日出(にっしゅつ) 일출. 해돋이. ♣〜**時**(じ)
日葡(にっポ) 일본과 포르투갈.
∥〜**辞書**(じしょ) 일포 사전.
日表(にっぴょう) 1일을 단위로 해서 사건 등을 기록한 표.
日限(にちげん) 기한날. 기일.
日韓(にっかん) 일한. 일본과 한국.
∥〜**辞典**(じてん) 일한 사전.
日貨(にっか) 일화. 일본의 수출품.
日華(にっか) 일화. 일본과 중국.
〜**事変**(じへん) 〖史〗 일화 사변. 중일 전쟁.
日暈(にちうん) 일훈. 햇무리.

訓読➡
日すがら(ひすがら) 하루 종일. 온종일.
日ならず(ひならず) 며칠 안 되어. 머지않아.
日脚(ひあし) ⇨ 日足(ひあし).
日の脚(ひのあし) ☞日足(ひあし).
日干し(ひぼし) 햇볕에 말림〔말린 것〕. 양건(陽乾).

日間(ひあい) ① 날수. 일수. ② 택일. ③ 일변(日邊).
日開帳(ひがいちょう) 사원 등에서, 매일 감실(龕室)을 열어 불상을 공개함.
日乾し(ひぼし) ⇨ 日干し(ひぼし).
日見ず(ひみず) (날짜의 길흉을 볼 필요가 없는 좋은 날의 뜻으로) 12월 13일을 이름.
日頃(ひごろ) 평소. 평상시. 늘.
日計り商い(ひばかりあきない) 아침에, 싼 곳에서 사서 그날 안으로 팔아 치울 수 있는 회전이 빠른 장사.
日高(ひだか)〖地〗北海道(ほっかいどう)의 한 지방의 옛 이름.
日雇い(ひやとい) 일용. 날품팔이.
‖**〜労働者**(ろうどうしゃ) 일용 노동자.
日掛け(ひがけ) 일부(日賦) 적금. 또, 그 돈.
日交ぜ(ひまぜ) 하루 걸러. 격일.
日捲り(ひめくり) (매일 한 장씩 떼는) 일력.
日帰り(ひがえり) 당일치기 왕복.
日金(ひがね) ① 일숫돈. ② 그날그날 들어오는 현금.
日短(ひみじか) 겨울 낮의 짧음.
日当たり(ひあたり) 볕이 돎. 또, 그 모양·정도. 양지.
日待ち(ひまち) 농촌 등에서, 사람들이 소원 성취를 위해 목욕재계하고 이튿날 해돋이를 배례하는 일.
日読み(ひよみ) ①〈雅〉달력. 일력. 월력. 책력. ② 12지(支).
‖**〜の酉**(とり) 한자 부수의 하나: 닭유변.
日暦(ひごよみ) ☞ 日捲り(ひめくり).
日雷(ひがみなり) 마른 천둥.
日溜まり(ひだまり) 양지 쪽. 볕이 잘 드는 곳.
日裏(ひうら) 응달.
日毎(ひごと) 매일. 날마다.
日買い(ひがい) 식료품 등을 매일 필요한 만큼 삼.
日面(ひおもて) 양지.
日暮らし(ひぐらし) ① 그날그날을 지냄. ②〈雅〉종일. 하루 종일.
日暮れ(ひぐれ) 저녁때. 일모.
日の暮れ(ひのくれ) 일모. 해질녘. 저녁때.
日の目(ひのめ) 햇빛. 일광.
日髪(ひがみ) 매일 머리를 빗음.
‖**〜日風呂**(ひぶろ) 매일 머리를 빗고, 목욕을 함.
日変わり(ひがわり) 매일 변함.
日並ぶ(ひならぶ) 날을 거듭하다. 날을 보내다.
日並み(ひなみ) 일진(日辰).
日柄(ひがら) 일진. 일수.
日歩(ひぶ) 일보. 일변(日邊).
‖**〜保険**(ほけん) 보험에서, 보험 목적이 정됨으로써, 보험료를 매일 산출하는 보험.
日保ち(ひもち) ⇨ 日持ち(ひもち).
日覆(ひおい) ☞ 日覆い(ひおおい).
日覆い(ひおおい) 차양(遮陽).
日の本(ひのもと)〈雅〉해가 뜨는 곳《일본의 미칭》.
‖**〜の国**(くに) ☞ 日の本.
日付(ひづけ) 일부(日附). 날짜.
‖**〜欄**(らん) 날짜 기재란.

〜変更線(へんこうせん)〖地〗날짜〔일부〕변경선. 「을 갚음.
日賦(ひぶ) 일부. 일부불(拂). 일숫돈으로 빚
日払い(ひばらい) 빚이나 외상값 따위를, 매일 일정액을 갚음.
日嗣(ひつぎ) 황위(皇位)를 계승함. 또, 황위.
‖**〜の御子**(みこ) '황태자'의 높임말.
日仕事(ひしごと) ① 낮에 하는 일. ② 하루에 할당된 일.
日傘(ひがさ) 일산. 양산(陽傘).
日塞がり(ひふさがり) 음양도(陰陽道)에서, 날짜에 따라 어떤 방위에 손이 있음.
日盛り(ひざかり) 볕이 한창 내리쬘 때. 특히, 여름 오후의 한더위.
日焼け(ひやけ) ① 피부가 햇볕에 타서 검어짐. ② 햇볕을 오래 쬐어 사물이 바램.
日送り(ひおくり) ① 날짜를 연기함. ② 날을 보냄.
日晒し(ひざらし) 햇볕에 쬠.
日時計(ひどけい) 해시계.
日の神(ひのかみ) 태양신. 「의 연장.
日延べ(ひのべ) ① (기일의) 연기. ② (기간)
日永(ひなが) ⇨ 日長(ひなが).
日映り(ひうつり) 햇빛을 받아 빛남.
日影(ひかげ) ① 햇빛. 볕. ② 햇발. 「제.
‖**〜規制**(きせい) 일조권(日照権) 침해 규
日傭(ひよう) 일용. 날품팔이. 또, 그 임금.
日取り(ひどり) 날짜잡기. 날잡이.
日傭い(ひやとい) ⇨ 日雇い(ひやとい).
日に月に(ひにつきに) 날마다 달마다 (계속해서). 날이 가고 달이 갈수록.
日陰(ひかげ) ① 응달. 음지. ② 日陰の葛의 준말. ③ 日陰者의 준말.
‖**〜の葛**(のかずら)〖植〗석송(石松).
〜者(もの) 그늘에 사는 사람. 버젓이 살지 못하는 사람.
日に異に(ひにけに) 날이 갈수록. 날마다.
日に日に(ひにひに) 날마다. 나날이. 날이 갈수록.
日一日 ㊀(ひいちにち) 나날이. 날이 감에 따라서 더욱더. 「하루.
㊁(ひひとひ) ① 하루 종일. ② 나날이. 하루
日がな一日(ひがないちにち) 진종일. 하루 내내. 아침부터 밤까지.
日雀(ひがら)〖鳥〗진박새.
日長(ひなが) (봄의) 낮이 긺. 긴 낮.
日銭(ひぜに) ① (상점 등에서) 그날그날 수입으로 들어오는 돈. ② 일숫돈.
日切り(ひぎり) 날짜를 한정함.
日切れ(ひぎれ) 기한이 다함.
日除け(ひよけ) 차일. 차양(遮陽).
日済し(ひなし) ① 빚을 매일 조금씩 갚는 일. 일부불(日賦拂). ② 日済し貸し의 준말. ③ 日済し金의 준말.
‖**〜金**(がね) 일숫(日収)돈.
〜貸し(がし) 일수(日収) 놓이. 또, 일숫돈.
日照り(ひでり) ① 가뭄. 한발. 전하여, 필요한 것이 매우 부족함. 기근. ② 일조. (햇)볕

이 쬠. ♣~雨(あめ) 여우비 / ~子(こ)〖植〗 바람에하늘지기.
日足(ひあし) ① 일각. 햇발. 태양이 움직이는 속도. ② 낮시간.
日の足(ひのあし) ☞ 日足(ひあし).
日の縦(ひのたたし) 동서(東西). 또, 동서로 통하는 길.
日の中(ひのうち) 일중. 한낮. 낮 동안.
日増し(ひまし) ① 날이 하루하루 지나감. ② (야채・과자 따위가) 먹기에는 날짜가 좀 오래 지났음.
‖~物(もの) 만든〔나온〕지가 오래된 식품.
日に増し(ひにまし)〔老〕 날이 갈수록. 날로, 나날이.
日持ち(ひもち) 며칠이고 보존할 수 있음. 또, 그 상태.
日真名子(ひまなご) 가장 사랑하는 자식. 귀여운〔소중한〕자식.
日次 □(ひつぎ) ① 매일. ② 매일 바치는 조공(朝貢). ③ 그 날의 길흉.
□(ひがら) 일진. 일수.
□(ひなみ) ⇨ 日並み(ひなみ).
日次いで(ひついで) 달력상의 길흉. 택일.
日借り(ひがり) 일수로 갚겠다고 약속하고 돈을 빌림.
日差し(ひざし) 볕(이 쬠). 햇살.
日車草(ひぐるまそう) '向日葵(ひまわり)(=해바라기)'의 딴이름.
日参(ひまいり) 매일 같은 신사・절에 참배하는 일.
日替わり(ひがわり) ⇨ 日変わり(ひがわり).
日の出(ひので) 일출. 해돋이 (시작).
~の勢(いきお)い 욱일승천의 기세.
日取り(ひどり) 날짜를 정함〔잡음〕. 또, 그 (잡은) 날짜. 택일. 일정.
日偏(ひへん) 한자 부수의 하나: 날일변.
日曝し(ひざらし) 햇볕에 쬠.
日風呂(ひぶろ) 매일 목욕을 함.
日の下(ひのした) 이 세상. 천하.
‖~開山(かいさん) 무예 등에서, 천하무적. 특히, 씨름에서 横綱(よこづな)의 일컬음.
日割り(ひわり) ①(급료 따위의) 일당. ②(일을) 그날 그날에 돌림.
日割れ(ひわれ) (재목 따위가) 볕에 말라서 터짐(갈라짐). 또, 그 터진 데.
日合い(ひあい) ⇨ 日間(ひあい).
日向 □(ひなた) 양지. 양달. ♣~雨(あめ) 여우비.
‖~ぼこり ☞ 日向ぼっこ.
~ぼっこ 양지에서 볕 쬐기.
~紋(もん) 가문을 백반으로 염색한 것.
~水(みず) 햇볕에 미적지근해진 물.
~臭い(くさい) ①(옷・친구 등이) 햇볕에 쬔 냄새가 나다. ② 시골티가 나다. 촌스럽다.
□(ひゅうが)〖地〗 옛 지방 이름. 지금의 宮崎(みやざき) 현.
日和(ひより) ① 날씨. 일기. ② 좋은 날씨. ③ 형편.

‖~見(み) ① 날씨를 살핌. ② 형세를 관망함. ♣~主義(しゅぎ) 기회주의.
~下駄(げた) 굽이 낮은 왜나막신.
日の丸(ひのまる) 해를 상징하는 붉은 동그라미. 日の丸의 준말.
‖~の旗(はた) ① 흰 바탕에 붉은 동그라미를 그린 기. ② 일장기.
~弁当(べんとう) 밥 가운데에 '梅干し(うめぼし)(=매실장아찌)' 한 개만 박은 도시락.
日の横(ひのよこし) 남북(南北). 또, 남북으로 통하는 길.
日の暈(ひのかさ) 일훈. 햇무리.
日詰め(ひづめ) 매일 나와 대기하고 있음.

其他
日並ぶ(けならぶ) 여러 날 걸리다〔지나다〕.
日長し(けながし) 날짜가 많이 지나고 있다.

| 5 ⻌ 日 | 辷 | 미끄러질 (일)
すべる |

訓読
辷らす(すべらす) ① 미끄럽게 하다. ② 낙제시키다.
辷らせる(すべらせる) ☞ 辷らす(すべらす).
❖辷る(すべる) 미끄러지다.
辷り(すべり) 미끄러짐.
辷り台(すべりだい) 미끄럼대.
辷り入る(すべりいる) 미끄러져〔살짝〕들어가다.
辷り込む(すべりこむ) ① 미끄러져 들어가다. ② 겨우 (시간에) 대가다.
辷り止め(すべりどめ) 미끄러지지 않도록 괸) 굄 돌. 굄 목.
辷り出し(すべりだし) 미끄러지기 시작함. 전하여, 첫 출발. 첫 시작.

| 7 イ | 佚 | 편할 일
イツ
たのしむ・のがれる |

音読
佚文(いつぶん) 흩어져 전해지지 않는 글.
佚書(いっしょ) 흩어져 없어진 책.
佚遊(いつゆう) 마음대로 편히 즐기며 놂.

| 7 士 常 | 壱 (壹) | 한 일
イチ・イツ
ひとつ |

音読
壱州(いっしゅう) '壱岐(いき)の国(くに)'의 딴이름.

其他
壱岐(いき)〖地〗 ① 壱岐の国(くに). 壱岐 섬 전체에 해당하는 옛 지방명. ② 対馬(つしま)와 九州(きゅうしゅう) 사이에 있는 섬의 이름.

袙

9획 ネ **袙** 속속곳 일
ジツ
あこめ

訓読
袙(あこめ) ① 옛날, 남성이 입던 속옷. ② 옛날, 여인네들이 입던 속옷.

逸

11획 辶 **逸**(逸) **イツ・イチ**
그르칠 **일**·달릴 **일**
それる・はしる・はやる
常

音読
逸 ㊀(いつ) (세속을 떠나) 평안히 지냄.
㊁(いち) 《接頭語적으로》 첫째. 가장. 매우.
逸する(いっする) ① 놓치다. 잃다. ② 벗어나다. 빗나가다. ③ 없어지다.
逸居(いっきょ) 일거. 별로 하는 일 없이 편안히 지냄.
逸球(いっきゅう) 〖野〗 일구. 야수 또는 포수가 공을 놓침. 또, 그 공.
逸気(いっき) 일기. ① 뛰어난 기상(氣象). 세속(世俗)에서 벗어난 기풍. ② 용기가 솟음.
逸機(いっき) 일기. 기회를 놓침.
逸楽(いつらく) 일락. 건전하지 못한 쾌락.
逸文(いつぶん) 일문. ① 흩어져 전해지지 않는 문장. ② 일서(逸書)의 일부분이 다른 책에 인용되어 지금까지 남아 있는 것.
逸聞(いつぶん) 일문. 일화(逸話).
逸物(いちもつ) 일물. ① 훌륭한 인물. ② 훌륭한 말·소·매 따위. *いつぶつ·いつもつ라고도 함.
逸民(いつみん) 일민. ① 세속을 피해서 마음 편히 살고 있는 사람. ② 관직이 없이 지내는 민간인.
逸士(いっし) 일사. 세상을 숨어 사는 선비.
逸史(いっし) 일사. 정사(正史)에서 빠진 역사상의 사실.
逸事(いつじ) 일사. 일화(逸話).
逸散に(いっさんに) 한눈 팔 겨를이 없이 쏜살같이. 곧장.
逸書(いっしょ) 일서. 흩어져 없어진 책.
逸速く(いちはやく) 재빨리. 잽싸게.
逸失利益(いっしつりえき) 일실 이익. 사고(事故)를 당하지 않았더라면 당연히 벌 수 있었던 수입.
逸言(いつげん) 일언. ① 지나친 말. 과언(過言). 잘못된 말. ② 실언(失言). └떠 놂.
逸遊(いつゆう) 일유. 마음대로 편안히 즐기
逸才(いっさい) 일재. ① ☞ 逸材(いつざい). ② '獅子(しし)(=사자)'의 딴이름.
逸材(いつざい) 일재. 뛰어난 재능[인재].
逸早く(いちはやく) 재빨리. 잽싸게.
逸早し(いちはやし) 〈文〉 ① 재빠르다. 잽싸다. ② 엄하다. 준엄하다.
逸足(いっそく) 일족. ① 빨리 달리는 말. 또, 뛰어난 인재.
逸走(いっそう) 일주. 벗어나 딴 데로 달아남. 도망쳐 달림.
逸出(いっしゅつ) 일출. ① 빠져 나옴. ② 두드러지게 뛰어남.
逸脱(いつだつ) 일탈. 빗나감. 벗어남.
逸品(いっぴん) 일품. (미술품·골동품 등의) 일품.
逸話(いつわ) 일화.   └절품.
逸興(いっきょう) 일흥. ① 아주 흥겨움. ② 기발하고 특이함.

訓読
逸らす(そらす) ① (방향을) 다른 데로 돌리다. 빗나가게 하다. 피하다. 놓치다. ②《주로 否定을 수반하여》 남의 기분을 상하게 하다.
逸せ板(そらせいた) 유체(流體)의 흐름을 필요한 방향으로 이끌기 위하여 설치한 판(板). 디플렉터(deflector).
❖**逸る** ㊀(はやる) ① 설레다. ② 조급히 서두르다. ③ 날뛰다.
㊁(そる) 〈雅〉 ☞ 逸れる(それる).
㊂(はぐれる) 〈俗〉 어떤 기회를 놓치다.
逸り気(はやりぎ) 혈기(에 날뛰는 마음).
逸り立つ(はやりたつ) (자기 능력을 발휘할 기회가 왔다고) 분기하다.
逸り雄(はやりお) 〈雅〉 ① 마음이 내켜 성급해지는 일. ② 혈기 왕성한 젊은이.
❖**逸れる** ㊀(それる) 빗(나)가다. 빗맞다. 벗어나다.
㊁(はぐれる) ① 일행과 떨어지다[처지다]. ② 놓치다. 실패하다.
逸れ矢(それや) 유시(流矢). 빗나간 화살.
逸れ弾(それだま) 일탄. 유탄.
逸れ丸(それだま) ⇨ 逸れ弾(それだま).

溢

13획 氵 **溢** 찰 일·지나칠 일
イツ
あふれる・あぶる・こぼす

音読
溢美(いつび) 일미. 칭찬이 지나침. 과찬.
溢水(いっすい) 일수. 물이 넘침.
溢乳(いつにゅう) 수유(授乳) 직후에 젖먹이가 소량의 젖을 입에서 흘리는 일.
溢出(いっしゅつ) 일출. 넘쳐 나옴.
溢血(いっけつ) 일혈.

訓読
溢す(こぼす) ① 흘리다. 엎지르다. ② 불평(푸념)하다. ③ 〈古〉 비어져 나오게 하다.
❖**溢れる** ㊀(あふれる) 넘치다.
㊁(あぶれる) ① 일자리를 얻지 못하다. 퇴박 맞다. ② (낚시 따위에서) 허탕 치다.
㊂(こぼれる) ① 넘치다. ② 냄새를 풍기다.
溢れ ㊀(あふれ) ① 범람. 넘침. ② 〖經〗 과잉 유통. ③ 〖컴〗 계산의 자릿수가 한도를 치는 일. 오버플로(overflow).
㊁(あぶれ) 일자리를 못 얻음. 또, 그 사람.
㊂(こぼれ) 넘쳐 흐름. 흘린[쓰다 남은] 것.
溢れ者(あぶれもの) ① 낙오자. 무법자. 망나니. ② 실업자(失業者).

임

| 4
士 | 壬 | 아홉째천간 **임**
ジン・ニン
みずのえ |

音読
壬申(じんしん) (60 갑자의) 임신. ＊みずのえさる로도 읽음.
‖**～戸籍**(こせき) 1872년(임신년)에 시행된 일본 최초의 전국적 규모의 호적.
壬辰倭乱(じんしんわらん)〖史〗임진왜란《일본에서는 '文禄(ぶんろく)・慶長(けいちょう)の役(えき)'라고 함》.

訓読
壬(みずのえ)〖民〗임. 천간(天干)의 아홉째. ＊じんのろ로도 읽음.
壬戌(みずのえいぬ)〖民〗(60 갑자의) 임술. ＊じんじゅつ로도 읽음.
壬午(みずのえうま)〖民〗(60 갑자의) 임오. ＊じんごス로도 읽음.
壬寅(みずのえとら)〖民〗(60 갑자의) 임인. ＊じんいん으로도 읽음.
壬子(みずのえね)〖民〗(60 갑자의) 임자. ＊じんしろ로도 읽음.
壬辰(みずのえたつ)〖民〗(60 갑자의) 임진. ＊じんしん으로도 읽음.

| 6
イ
教 | 任 | 맡길 **임**・견딜 **임**
ニン・ジン
まかせる・まかす・
たえる |

音読
任 ㊀(にん) ①소임. 책임. ②임지. ③임기. ④어떤 임무에 적합함.
㊁(まき) 임명하는 일. ＊まけ로도 읽음.
任じる(にんじる) ☞**任ずる**(にんずる).
任ずる(にんずる) ①임명하다. ②맡기다. 맡게 하다. ③취임하다. (일・책임 따위를) 맡다. ④자처하다. 자임(自任)하다.
任官(にんかん) 임관.
任国(にんごく) 임지(任国)인 나라〔지방〕.
任期(にんき) 임기.
任料(にんりょう) 벼슬길에 오르기 위해 쓰는 돈.
任免(にんめん) 임면. 임명과 면직.
任命(にんめい) 임명. ♣**～権**(けん) 임명권／**～制**(せい) 임명제.
‖**～式**(しき) 임명식. 특히, 天皇(てんのう)가 총리 대신이나 최고 재판소의 장관을 임명할 때의 의식.
任務(にんむ) 임무.
任放(にんぽう) 멋대로〔방자하게〕 구는 모양.
任所(にんしょ) 임지(任地).
任用(にんよう) 임용.
任意(にんい) 임의.
‖**～団体**(だんたい) 임의 단체.
～代理人(だいりにん) 임의 대리인.
～同行(どうこう) 임의 동행.
～法規(ほうき) 임의 법규.
～消却(しょうきゃく) 임의 소각.
～捜査(そうさ) 임의 수사.
～引退(いんたい)〖野〗프로 야구에서 소속 구단에 적을 둔 채 은퇴하는 일.
～調停(ちょうてい) 임의 조정.
～債権(さいけん) 임의 채권.
～清算(せいさん) 임의 청산.
～出頭(しゅっとう) 임의 출두.
～標本法(ひょうほんほう) 임의〔무작위〕추출법.
任地(にんち) 임지.
任侠(にんきょう) 임협. 남자답고 용감함. 협기(俠氣)가 있음. ＊じんきょう로도 읽음.

訓読
任す(まかす) ☞**任せる**(まかせる).
❖**任せる**(まかせる) ①맡기다. ㉠…하는 대로 내버려두다. ㉡위임〔일임〕하다. ②…(있는) 대로 …하다.
任せ ㊀(まかせ)《接尾語적으로》…하는〔되는〕 대로 놔둠〔맡김〕.
㊁(まっかせ) ①'**任せる**(まかせる)(=맡기다)'의 명령형으로 '맡겨 두라'의 뜻. ②(내가) 맡겠다. 승낙한다.

其他
任に(まにまに) 되(어가)는 대로. 「함.
任那(みまな)〖史〗임나. ＊にんな라고도

| 7
女
常 | 妊 | 애밸 **임**
ニン
はらむ・みごもる |

音読
妊帯(にんたい) (임신부의) 복대(腹帯).
妊力(にんりょく) 임신이 가능한 체력. 임신할 수 있는 능력.
妊婦(にんぷ) 임부. 임신부.
妊産婦(にんさんぷ) 임산부.
妊娠(にんしん) 임신.
‖**～腎**(じん) 임신신. 임신이 원인이 되어 신장 장애를 일으키는 임신 중독증의 일종.
～悪阻(おそ) 임신 오조증. 입덧. 「증.
～中毒症(ちゅうどくしょう) 임신 중독
～中絶(ちゅうぜつ) 임신 중절. 「く).
妊孕力(にんようりょく) ☞**妊力**(にんりょ

訓読
妊る(みごもる) 임신하다. 잉태하다.
❖**妊む**(はらむ) ①임신하다. (새끼를) 배다. ②(벼 이삭이) 알배다.
妊み(はらみ) 임신함. 잉태.

| 9
女 | 姙 | 애밸 **임**
ニン
はらむ |

参考 妊의 異體字.

訓読

妊み(はらみ) (아이를) 밴. 임신함. 잉태.

| 9 ネ | 衽 | 옷섶 임
ジン
えり・おくみ |

音読
衽席(じんせき) 임석. 금침(衾枕). 이부자리.
訓読
衽(おくみ) (옷의) 섶.
衽先(おくみさき) 일본 옷에서, 섶의 상단.

| 10 心 | 恁 | 이러할 임
ジン・イン |

音読
恁麼(いんも) 이와 같이. 어떻게. 어떠한.

| 10 艹 | 荏 | 들깨 임
ジン
え |

音読
荏苒(じんぜん) 임염. 점점 세월이 지나는 모양. 일이 지연되는 모양.
荏篶(じんどう) 어구(漁具)의 하나. 가는 대나무로 엮어 물 속에 세우고, 고기를 몰아 넣어 잡는 도구.
訓読
荏(え) 〈古〉☞ 荏胡麻(えごま).
荏の油(えのあぶら) 들기름.
荏胡麻(えごま) 『植』 들깨.

| 11 ネ | 袵 | 옷섶 임
ジン
えり・おくみ |

参考 衽의 異體字.
訓読
袵(おくみ) (옷의) 섶.

| 13 禾 (人) | 稔 | 여물 임
ネン・ジン
みのる・とし |

参考 俗音은 '념'.
音読
稔性(ねんせい) 『植』 임성. 식물이 수정(受精) 따위로 번식할 수 있음.
訓読
❖稔る(みのる) 열매 맺다. 여물다.
稔り(みのり) ① 결실. ② 소득. 성과.

| 13 貝 教 | 賃 | 품삯 임・품삯 임
チン
やとう |

音読
賃(ちん) ① 임금. 품삯. ② 삯. 요금.
賃金 ㊀(ちんきん) 임차료. 임대료. 사용료. ㊁(ちんぎん) ⇨ 賃銀(ちんぎん).
賃労働(ちんろうどう) 임금 노동. 삯일.
賃貸(ちんたい) 임대. ♣~権(けん) 임대권/~人(にん) 임대인.
‖~価格(かかく) 임대 가격.
賃貸し(ちんがし) 임대함. 세를 줌.
賃貸借(ちんたいしゃく) 임대차 (계약).
‖~契約(けいやく) 『法』 임대차 계약.
賃搗き(ちんづき) 삯방아 (찧기).
賃餅(ちんもち) 삯을 받고 쩧어 주는 떡.
賃仕事(ちんしごと) 삯일.
賃上げ(ちんあげ) 임금 인상.
賃訳(ちんやく) 원서의 한 페이지 또는 원고한 장 등을 단위로 하여 일정한 보수를 받는, 외국어 번역.
賃銀(ちんぎん) 임금. 보수. 삯.
‖~格差(かくさ) 임금 격차.
~労働(ろうどう) 임금 노동.
~率(りつ) 『經』 임금률. 임률(賃率).
~指数(しすう) 『經』 임금 지수.
~鉄則(てっそく) 『經』 임금 철칙.
~体系(たいけい) 임금 체계.
~闘争(とうそう) 임금 투쟁.
~形態(けいたい) 임금 (지급의) 형태.
賃銭(ちんせん) 품삯. 임금.
賃借(ちんしゃく) 임차. 요금을 내고 빌림.
♣~権(けん) 임차권/~人(にん) 임차인.
賃借り(ちんがり) 임차함. 세로 빌림.
賃下げ(ちんさげ) 임금 인하.

입

| 2 入 教 | 入 | 들 입・들일 입
ニュウ・ジュ・ニッ
いる・いれる・はいる・しお |

音読
入閣(にゅうかく) 입각.
入監(にゅうかん) 입감. 투옥됨. 수감됨.
入坑(にゅうこう) 입갱. 갱에 들어감.
入居(にゅうきょ) 입거. 입주(入住).
‖~者(しゃ) 입거자. 입주자.
入渠(にゅうきょ) 입거. (수리 따위를 위해) 배가 선거(船渠)에 들어감.
入京(にゅうきょう) 입경. ① 서울로 들어감. ② 東京(とうきょう)・京都(きょうと)에 들어감.
入庫(にゅうこ) 입고.
入稿(にゅうこう) 입고. 인쇄하려고 원고를 인쇄소에 넘김.
入貢(にゅうこう) 입공. 공물〔조공〕을 가지고 입조(入朝)함. 「읽음.
入棺(にゅうかん) 입관. *じゅかん으로도
入館(にゅうかん) 입관. 도서관・미술관・영

화관 등에 들어감.
入管法(にゅうかんほう) '出入国管理(しゅつにゅうこくかんり)および難民認定法(なんみんにんていほう)(=출입국 관리 및 난민 인정법)'의 준말.
入校(にゅうこう) 입교.
入寇(にゅうこう) 입구. 외국군이 쳐들어옴.
入構(にゅうこう) 구내에 들어감.
∥**~禁止**(きんし) 구내 출입 금지.
入局(にゅうきょく) 입국. 방송국·우체국 등의 직원으로 들어감.
入国(にゅうこく) 입국.
∥**~警備官**(けいびかん) 입국 경비관.
~管理局(かんりきょく) 입국 관리국《출입국 관리, 외국인 재류 등을 관장함》.
~査証(さしょう) 입국 사증. 비자(visa).
~審査官(しんさかん) 입국 심사관.
入金(にゅうきん) ①입금. ②계약금. 선금(을 치름).
入内(じゅだい) 황후가 될 사람이 정식으로 궁중에 들어감.
入内雀(にゅうないすずめ) 〖鳥〗섬참새.
入念(にゅうねん) 공을 들임. 정성을 들임. 꼼꼼히 함.
入団(にゅうだん) 입단.
入段(にゅうだん) 입단. 유단자가 되는 일.
入党(にゅうとう) 입당.
入唐(にっとう) 입당. 당나라에 입국함.
入隊(にゅうたい) 입대.
入道(にゅうどう) ①〖佛〗입도. 불문에 들어감. 또, 그 사람. ②중대가리. 뭉구리.
∥**~雲**(ぐも) 적란운. 소나기구름. 쎈비구름.
入洛(じゅらく) 입락. 입경(入京). 서울인 京都(きょうと)에 들어감. *にゅうらく로도 읽음
入落(にゅうらく) 당락(當落). 「上.
入来(じゅらい) 들어옴. '御(ご)'를 붙여 타인의 내방의 높임말. 내림(來臨). *にゅうらい로도 읽음.
入力(にゅうりょく) 입력. 기계·기구(機構) 등에 넣어 주는 에너지나 신호. 특히, 컴퓨터 중앙 처리 장치에 넣어 줌. 또, 그 정보(량).
∥**~装置**(そうち) 〖컴〗입력 장치.
入猟(にゅうりょう) 입렵. 수렵 지역에 들어가 사냥을 함.
入路(にゅうろ) (고속 도로 따위로 들어가는) 진입로.
入牢(じゅろう) 입뢰. 입옥(入獄). *にゅうろう로도 읽음.
入寮(にゅうりょう) 기숙사에 들어감.
入幕(にゅうまく) 씨름꾼이 승진해서 幕内(まくうち)에 오름. *にゅうばく로도 읽음.
入梅(にゅうばい) ①장마철에 접어듦《6월 12일경》. ②〖俗〗《関東(かんとう)·東北(とうほく) 지방에서》 장마철.
入麺(にゅうめん) 〖料〗실국수를 간장 국물 또는 된장 국물에 끓인 것.
入滅(にゅうめつ) 〖佛〗입멸.
入木道(じゅぼくどう) '書道(しょどう)(=

서도)'의 딴이름.
入門(にゅうもん) 입문. ①문안으로 들어감. ②(스승을 찾아) 제자가 됨. ③'入門書(しょ)(=입문서)'의 준말.
入峰(にゅうぶ) 수도자가 수행을 위해 도량(道場)으로 들어가는 일《특히, 심산에 들어감을 말함》.
入夫(にゅうふ) (구 민법에서) 처가에 입적(入籍)하는 일. 또, 그 남자《데릴사위》.
入府(にゅうふ) ①입경(入京). ②영주가 되어 처음으로 자기 영지에 들어감.
入部(にゅうぶ) ①입부. ②〈古〉영주가 된 후 처음으로 자기 영지에 들어감.
入仏(にゅうぶつ) 〖佛〗입불. 불상을 절 안으로 맞아들여 안치함.
入費(にゅうひ) 입비. 드는 비용.
入社(にゅうしゃ) 입사.
∥**~試験**(しけん) 입사 시험. 「감.
入舎(にゅうしゃ) 입사. 기숙사 등에 들어
入射(にゅうしゃ) 〖理〗입사. ♣**~角**(かく) 입사각.
∥**~光線**(こうせん) 입사 광선.
入山(にゅうざん) 입산. ①산에 들어감. ②승려가 수도하기 위해 절에 들어감.
∥**~禁止**(きんし) 입산 금지.
入賞(にゅうしょう) 입상.
∥**~作品**(さくひん) 입상 작품.
入色(にゅうしき) 〖史〗율령(律令) 시대에, 관리에 임용되는 일.
入船(にゅうせん) 입선. 배가 항구에 들어옴. 또, 그 배.
入線(にゅうせん) 입선. 열차가 시발역의 플랫폼에 들어감. 「작.
入選(にゅうせん) 입선. ♣**~作**(さく) 입선
入声(にっしょう) 입성《한자 사성(四聲)의 하나》. *にっせい로도 읽음.
入城(にゅうじょう) 입성. (승전하여 적의) 성에 들어감. ♣**~式**(しき) 입성식.
入所(にゅうしょ) 입소.
入宋(にっそう) 입송. 송(宋)나라에 감. *にゅうそう로도 읽음.
入水 ㊀(にゅうすい) 입수. ①들어오는 물. ②(수영에서) 다이빙하는 일.
㊁(じゅすい) 입수. 물 속으로 투신 자살함.
入手(にゅうしゅ) 입수. 「어감.
入塾(にゅうじゅく) 입숙. 사숙(私塾)에 들
入試(にゅうし) 입시. '入学試験(にゅうがくしけん)(=입학 시험)'의 준말.
入植(にゅうしょく) 개척지나 식민지에 들어가 생활함. 「감.
入信(にゅうしん) 입신. 신앙의 길에 들어
入神(にゅうしん) 입신.
~の域(いき)**に達**(たっ)**する** 신기(神技)〖입신〗의 경지에 달하다.
入室(にゅうしつ) 입실.
入眼 ㊀(じゅがん) ①일을 마무리 지음. 일을 성취함. ②☞㊁.
㊁(じゅげん) 조정에서 벼슬을 내릴 때, 위

계나 관명(官名)만 적혀 있는 문서에 그 성명을 써 넣음.

入御(じゅぎょ) 입어. 天皇(てんのう)·왕후가 궁 안에 들어감. *にゅうぎょ로도 읽음.

入漁(にゅうぎょ) 입어. 남의 어장 내에 들어가 어업을 하는 일. *にゅうりょう로도 읽음.
♣~**権**(けん) 입어권 /~**料**(りょう) 입어료.

入輿(じゅよ) 귀인의 출가(出嫁).

入域(にゅういき) 입역. 그 지역〔수역〕에 들어감.

入涅槃(にゅうねはん) ☞ 入滅(にゅうめつ)

入営(にゅうえい) 입영.

入玉(にゅうぎょく) 〔장기에서〕 王将(おうしょう)가 적진에 들어감.

入獄(にゅうごく) 입옥. 입감(入監).

入浴(にゅうよく) 입욕. 목욕탕에 들어감.

入用(にゅうよう) ① 입용. 소용됨. 필요함. ② 비용.

入院(にゅういん) 입원. ① 환자가 병원에 들어감. ② 승려가 절에 들어가 주지가 됨.

入園(にゅうえん) 입원. ① 동물원·식물원 등에 들어감. 입장. ② 유아원·유치원의 원아가 됨.

入場(にゅうじょう) 입장. ♣~**券**(けん) 입장권 /~**料**(りょう) 입장료 /~**税**(ぜい) 입장세 /~**式**(しき) 입장식.

入寂(にゅうじゃく) 〖佛〗입적. 승려가 죽음.

入籍(にゅうせき) 입적.

入電(にゅうでん) 입전. 내전.

入廷(にゅうてい) 입정.

入定(にゅうじょう) 〖佛〗입정. ① 선정(禪定)에 들어감. ② 입멸(入滅).

入朝(にゅうちょう) 입조. 옛날에, 속국·외국의 사신이 와서 군주를 배알함.

入座(にゅうざ) 입단. 배우로서 극단에 들어감.

入朱(にゅうしゅ) 〔문장·시가 따위에〕 주필(朱筆)을 가함. 수정을 가함.

入職(にゅうしょく) 신규 채용·전근·복직 등으로 취직함.

入津(にゅうしん) 입진. 입항(入港).

入質(にゅうしち) 입질. 전당 잡힘.

入撰(にゅうせん) 그 사람이 읊은 和歌(わか)가 찬집(撰集)에 실림.

入札(にゅうさつ) 입찰. ♣~**制**(せい) 입찰제.

入超(にゅうちょう) 입초.('輸入超過(ゆにゅうちょうか)(=수입 초과)'의 준말).

入出力装置(にゅうしゅつりょくそうち) 〖컴〗입출력 장치.

入湯(にゅうとう) 입탕. (특히, 온천) 목욕탕에 들어감. ♣~**税**(ぜい) 입탕세. 목욕세.

入荷(にゅうか) 입하.

入学(にゅうがく) 입학. ① 학교에 들어감. ②〈古〉입문(入門). 스승 밑에 제자로 들어감. ♣~**金**(きん) 입학금 /~**難**(なん) 입학난 /~**試験**(しけん) 입학 시험 /~**式**(しき) 입학식.

入港(にゅうこう) 입항.

入行(にゅうこう) 입행. 은행에 들어감.

入鋏(にゅうきょう) 승차권 따위를 직원이 가위로 구멍을 뚫거나 끝을 자르는 일.

入魂 ㊀(にゅうこん) ① 정성을 기울임. ② 흐림물 없음.
㊁(じっこん) 절친함. 친밀히 사귀는 사이. *じゅこん·じゅっこん으로도 읽음.

入会(にゅうかい) 입회. ♣~**金**(きん) 입회금.

訓読

❖**入る** ㊀(いる) 들다. ① 들어가다. 들어오다. ② 들어오다. ③ 〔마음에〕 맞다.
㊁(はいる) ① 들어가다. 들어오다. ② 참가하다. 입학하다. ③ 〔어떤 시기에〕 접어들다.

入り(いり) ① (…에) 들어감. 들어가는 일. ② 수입(収入). ③ 고객(입장자)의 수. ④ 용적(容積). 용량.

入るさ(いるさ) 〈古〉들어가는 방향〔때〕.

入り江(いりえ) 후미.

入り交じる(いりまじる) 들어가서 섞이다. 뒤섞이다.

入り口(いりぐち) ① 입구. *はいりぐち·いりくち라고도 함. ② 시초. 첫머리. 단서.

入り代わり(いりかわり) ☞ 入れ代わり(いれかわり).

入り代わる(いりかわる) ☞ 入れ代わる(いれかわる).

入り乱れる(いりみだれる) 혼잡하다. 뒤섞이다.

入母屋(いりもや) 〖建〗팔작집 지붕.
∥~**造り**(づくり) 팔작집 지붕의 건축 양식.

入り目(いりめ) 소용되는 비용. 경비.

入り米(いりまい) ① 수입(収入). ② 필요한 비용. 출비(出費).

入り方(いりがた) 해나 달이 질 무렵.

入り浜(いりはま) 염전의 하나. 바닷가에 둑을 쌓아서 바닷물을 유입(流入)시켜 소금을 만드는 방법.

入り浜権(いりはまけん) 바다는 모든 사람의 것이며 해변을 지켜야 한다는 견지에서 국가나 기업이 국민을 해안에서 몰아내는 데 대한 반대 운동의 주장.

入り相(いりあい) 해질녘. 저녁 무렵.
∥~**の鐘**(かね) 만종(晩鐘). 저녁 때 절에서 치는 종.

入り婿(いりむこ) 데릴사위(가 됨).

入り汐(いりしお) ⇨ 入り潮(いりしお).

入り船(いりふね) 입항선.

入り小作(いりこさく) 딴 마을에서 들어와 소작함. 또, 그 사람.

入り陽(いりひ) ⇨ 入り日(いりひ).

入り揚げる(いりあげる) ☞ 入れ揚げる(いれあげる).

入り訳(いりわけ) 〈老〉복잡한 사정〔이유〕.

入り用(いりよう) ① 필요함. 소용됨. ② 필요한 비용.

入り違い(いりちがい) ☞ 入れ違い(いれちがい).

入り日(いりひ) 지는 해. 석양. 낙일(落日).
∥~**影**(かげ) 지는 햇살. 석양 빛.

入り込み(いりごみ) ① 들어감. 여럿이 뒤섞여

임. 혼입(混入). ② (극장 등의) 대중석. *いりこみ라고도 함.
入り込む(いりこむ) ㊀ ① 억지로 들어가다. ② 숨어 들어가다. 잠입하다. ③ 얽혀 복잡해지다. 뒤얽히다.
㊁ (はいりこむ) 속으로 (깊숙이) 들어가다.
入り雜じる(いりまじる) ⇨ 入り交じる(いりまじる).
入り帳(いりちょう) 입금된 것을 기입하는 장부.
入り前(いりまえ) ⇨ 入り米(いりまい).
入り組む(いりくむ) 얽혀 복잡해지다. 뒤얽히다.
入り潮(いりしお) ① 썰물. ② 밀물.
入り替わり(いりかわり) ⇨ 入れ替わり(いれかわり).
‖**〜立ち替わり**(たちかわり) ⇨ 入れ替わり立ち替わりたちかわり).
入り替わる(いりかわる) ⇨ 入れ替わる(いれかわる).
入り側(いりがわ) 툇마루와 사랑방 사이에 있는 방. *いりかわ라고도 함.
入り浸り(いりびたり) ① 물에 계속 잠겨 있음. ② 남의 집에 오랫동안 죽치고 들어앉음.
入り浸る(いりびたる) ① 물 속에 죽 잠겨 있다. ② 남의 집(다른 곳)에 묵으면서 귀가하지 않다(틀어박혀 있다).
入り荷(いりに) 입하. ① 생산지 등에서 짐이 들어옴. 또, 그 짐. ② 창고 등에 넣어둔 짐.
入り海(いりうみ) 육지 깊숙이 들어간 바다 《만(灣)・내해(內海) 따위》.
入り換わり(いりかわり) ⇨ 入れ換わり(いれかわり).
入り換わる(いりかわる) ⇨ 入れ換わる(いれかわる).
入り会い(いりあい) 입회. 일정 주민이 일정한 산림・임야・어장 따위에 들어가서 목재・땔나무・마초・거름풀・물고기 따위를 채취하는 이권을 공동으로 얻는 일. *入会いろ도 씀. ♣**〜權**(けん) 입회권.
❖**入れる**(いれる) ① 넣다. 집어 넣다. 끼우다. 박다. ② 두다. 놓다. ③ 들이다.
入れ(いれ) 넣는 것.
入れ掛け(いれかけ) (비나 사고로) 그날의 흥행을 중지하고 손님을 되돌려 보냄.
入れ交ぜる(いれまぜる) ⇨ 入れ混ぜる(いれまぜる).
入れ端(いればな) ⇨ 入れ花(いればな).
入れ代わり(いれかわり) 교대. 교체. 대체.
入れ代わる(いれかわる) 교대(교체)되다.
入れ籠(いれこ) ⇨ 入れ子(いれこ).
入れ綿(いれわた) 이불 따위에 솜을 넣음. 또, 그 솜.
入れ毛(いれげ) 다리 (꼭지). 딴머리.
入れ目(いれめ) 해 박은 눈. 의안(義眼).
入れ墨(いれずみ) ① 입묵. 먹실 넣기. 문신(文身). ② 자자(刺字)의 형(刑).
‖**〜者**(もの) (江戶(えど) 시대의) 전과자.
入れ物(いれもの) 그릇. 용기(容器).

入れ髮(いれがみ) ⇨ 入れ毛(いれげ).
入れ食い(いれぐい) (낚시를 드리우기가 무섭게) 물고기가 연방 묾. 고기가 마구 잡힘.
入れ揚げる(いれあげる) 좋아하는 일(사람)에 돈을 쳐들이다.
入れ違い(いれちがい) (서로) 들어가며 나오며 함. 엇갈림.
入れ違う(いれちがう) ① 잘못(해서 다른 곳에) 넣다. ② 엇갈리다.
入れ違える(いれちがえる) ① 잘못 넣다. ② 엇갈리게 넣다.
入れ込み(いれこみ) 남녀・귀천의 차별없이 한 장소에 다 같이 넣는 일. 또, 그 장소.
入れ子(いれこ) ① 크기의 차례대로 포개어 넣을 수 있게 만든 그릇이나 상자. ② 아들이 죽은 후에 양자를 맞아들임. 또, 그 양자.
‖**〜鮭**(ざけ) 뱃속에 알이 든 연어.
入れ知惠(いれちぢえ) 남에게 꾀를 일러줌. 남에게서 배운 지혜(꾀). 훈수.
入れ智慧(いれちぢえ) ⇨ 入れ知恵(いれちぢえ).
入れ札(いれふだ) ① 입찰. ② 투표.
入れ替え(いれかえ) ① 교체(함). 갈아 넣음. ② 넣을 장소를 바꿈. (특히 철도 차량의) 입환(入換).
入れ替える(いれかえる) ① 갈아 넣다. 바꿔 넣다. ② 넣는 장소를 바꾸다.
入れ替わり(いれかわり) 교대. 교체. 대체.
‖**〜立ち替わり**(たちかわり) 연달아서 나고 듦.
入れ替わる(いれかわる) 교대(교체)하다.
入れ齒(いれば) 의치(義齒).
入れ土(いれつち) 객토(客土).
入れ筆(いれふで) 가필(加筆). 보필(補筆).
入れ合わせる(いれあわせる) ① 벌충하다. 메우다. ② 여러 가지를 적당히 섞어서 집어 넣다.
入れ混ぜる(いれまぜる) 여러 가지를 넣어 섞다. 섞어 넣다.
入れ花(いればな) 갓 달인 차. 「え).
入れ換え(いれかえ) ⇨ 入れ替え(いれかえ).
入れ換える(いれかえる) ⇨ 入れ替える(いれかえる).
入れ換わり(いれかわり) ⇨ 入れ替わり(いれかわり).
入れ換わる(いれかわる) ⇨ 入れ替わる(いれかわる).
入れ黑子(いれぼくろ) ① (얼굴 따위에) 그리거나 붙인 점. ② 문신(文身).

其他➡
入(しお) 《接尾語로》물감을 탄 물에 담그는 횟수를 나타내는 말.

4十	廿	스물 **입** ジュウ にじゅう

其他➡
廿日(はつか) 스무날. 20 일.

叺

5 口 日

가마니 (입)
かます

訓読
叺(かます) 가마니.
叺子(かますご) 〖魚〗 까나리.

込 (込)

5 辶 常 日

담을 (입)
こむ・こめる

訓読
❖込む(こむ) ① 혼잡하다. 복잡하다. ② 안으로 들어오다. 오래 계속하다. …되다. …버리다. ③ 안〔속〕에 넣다. 철저히 …하다.
込み(こみ) ① 다른 것도 같이 포함함. ② …을 포함해서. ③ (꽃꽂이에서) 꽃을 받치는 쌍갈래 나무. ④ (바둑에서) 호선일 때 흑이 부담하는 핸디캡. 덤.
込み物(こみもの) ☞ 込め物(こめもの).
込み上げる(こみあげる) 치밀어 오르다. 복받치다.
込み矢(こみや) (전장총(前裝銃)의) 꽃을대.
込み入る(こみいる) 복잡하게 얽히다.
込み込み(こみごみ) '税込み(ぜいこみ)・サービス料込み(りょうこみ)'의 뜻〔=세금 포함 액수・서비스료 포함 액수〕'의 뜻.
込み栈(こみざん) 가는 살을 많이 넣음. 또, 그런 것.
込み合う(こみあう) 붐비다. 혼잡하다.
たくし込む(たくしこむ) (비죽이 나온 속옷 따위를) 쩔러〔끌어〕 넣다.
❖込める(こめる) ① 속에 넣다. (정성 등을) 들이다. 담다. ② 포함하다. ③ 집중하다.
込め物(こめもの) ① 사이에 채우는 물건. ② 〖印〗 인테르. 공목(空木).

魞

13 魚 日

통발 (입)
えり

訓読
魞(えり) 바닷가나 강・호수 등에서 물고기를 잡는 장치.

鳰

13 鳥 日

농병아리 (입)
にお

訓読
鳰 ㊀(にお) 〖鳥〗 'かいつぶり(=농병아리)'의 옛 이름.
㊁(かいつぶり) 〖鳥〗 농병아리. *かいつむりらごも 함.
鳰鳥(におどり) 〖鳥〗 농병아리. 「름.
鳰の海(におのうみ) 琵琶湖(びわこ)의 딴이

잉

仍

4 イ

인할 잉
ジョウ
なお・よる

音読
仍孫(じょうそん) 잉손. 자신의 7대 후손.
訓読
仍て(よって) 따라서. 그러므로. 이에.
仍りて(よりて) 그러므로. 따라서.
仍って以て(よってもって) 仍て(よって)의 힘줌말.

孕

5 子

애밸 잉
ヨウ
はらむ

訓読
❖孕む(はらむ) ① 잉태〔임신〕하다. (새끼를) 배다. ② 내포하다. 품다. 안다.
孕み(はらみ) (아이를) 뱀. 임신함. 잉태.
孕み女(はらみおんな) 임(신)부.
孕み子(はらみご) 밴 아이. 태아.
逆音
胎孕(たいよう) 태잉. 잉태.
懷孕(かいよう) 회잉. 잉태.

剩 (剰)

11 刂 常

더구나 잉・남을 잉
ジョウ
あまつさえ・あまる

音読
剩官(じょうかん) 용관(冗官). 필요없는 관직〔벼슬아치〕.
剩語(じょうご) 용어(冗語). 쓸데없는 말. 군말. ♣〜法(ほう) 용어법.
剩余(じょうよ) 잉여. 나머지. 여분. ♣〜金(きん) 잉여금.
‖〜価値(かち) 잉여 가치.
〜定理(ていり) 〖數〗 나머지 정리.
剩員(じょういん) 잉원. 남아도는 인원.
剩指(じょうし) 잉지. 손가락 또는 발가락이 5개 이상 있는 일.

訓読
剩え(あまつさえ) 게다가. 더군다나. 그 위에. 그뿐만 아니라.

ㅈ

자

3 子 教	아들 자·첫째지지 자 シ·ス こ·ね

音読
子 ㊀(し) ① 子爵(ししゃく)의 준말. ② 자. 공자(孔子). ③《接尾語로》…자.
㊁(こ) ① 자식. ② 아이. ③ 이자(利子).
㊂(ね) 자. 쥐. 지지(地支)의 첫째.
子癇(しかん) 〖醫〗 자간.
子宮(しきゅう) 〖生〗 자궁. ♣～癌(がん) 자궁암 / ～脱(だつ) 자궁탈.
‖～頸管(けいかん) 〖生〗 자궁 경관.
～頸癌(けいがん) 〖醫〗 자궁 경부암.
～筋腫(きんしゅ) 〖醫〗 자궁 근종. 「염.
～内膜炎(ないまくえん) 〖醫〗 자궁 내막
～内膜症(ないまくしょう) 〖醫〗 자궁 내막증. 「신.
～外妊娠(がいにんしん) 〖醫〗 자궁외 임
～体癌(たいがん) 〖醫〗 자궁 체부암. 자궁암 중 자궁 체부의 내막에 발생한 것.
～後屈(こうくつ) 〖醫〗 자궁 후굴.
子規(しき) 〖鳥〗 자규. 두견새. *ほととぎす로도 읽음.
子嚢(しのう) 자낭. 포자낭(胞子嚢). 씨주머니. ♣～菌(きん) 자낭균.
子女(しじょ) 자녀.
子道(しどう) 자도. 자녀로서 할 도리.
子房(しぼう) 〖植〗 자방. 씨방.
子細(しさい) ① 자세함. 상세함. ② (자세한) 사정. 연유(緣由). ③ 별일. 지장.
‖～顔(がお) 무슨 사정이[연유가] 있는 듯한 얼굴.
子孫(しそん) 자손.
子息(しそく) 자식. 아들.
子実体(しじったい) 〖植〗 자실체.
子夜(しや) 자야. 밤 열두 시. 자정.
子葉(しよう) 〖植〗 자엽. 떡잎.
子午面(しごめん) 〖天〗 자오면.
子午線(しごせん) 자오선.
‖～観測(かんそく) 〖天〗 자오선 관측.
～通過(つうか) 〖天〗 자오선 통과.
子午儀(しごぎ) 〖天〗 자오의.
子午環(しごかん) 〖天〗 자오환.
子院(しいん) ① (선종에서) 조사(祖師)의 탑이 있는 곳. 또, 그곳에 사는 중. ② 본사 경내의 작은 절.
子音(しいん) 〖言〗 자음. *しおんで로도 읽음. 「대.
子子孫孫(ししそんそん) 자자손손. 자손 대
子爵(ししゃく) 자작.
子弟(してい) 자제. ① 아들과 아우. ② 연소자. 젊은이.

訓読
子犬(こいぬ) 강아지.
子見出し(こみだし) 종속〔참조〕표제어.
子骨(こぼね) 붓체살.
子供(こども) ① 어린이. ② 자식. 아들딸. ③ 생각이 모자람. 또, 그런 사람. ♣～顔(がお) 동안(童顔) / ～会(かい) 어린이회.
‖～誑し(たらし) ☞ 子供騙し.
～扱い(あつかい) ① 어린이 취급. ② 육아.
～気(ぎ) ☞ 子供心.
～連れ(づれ) 어린애를 데리고 있음.
～部屋(べや) 어린이(가 쓰는) 방.
～心(ごころ) 어린 마음. 동심.
～業(わざ) 어린애 (같은) 짓. 유치한 짓.
～染みる(じみる) 어린애 같다. 어린 티가
～銀行(ぎんこう) 어린이 은행. 「나다.
～の日(ひ) 어린이날.
～衆(しゅう) ① 어린이들. ② 남의 아이의 높임말. 자제.
～芝居(しばい) 어린이 연극.
～騙し(だまし) 유치하고 빤한 짓〔속임수〕.
～好き(ずき) 아이를 좋아함. 또, 그런 사 「람.
子達(こたち) 어린이들.
子徳人(ことくにん) 아이들을 많이 둔 사람.
子等(こら) 아이들.
子連れ(こづれ) 아이를 데리고 있음.
子籠り(こごもり) ① 아이를 뱀. 임신. ② 子籠り鮭의 준말.
‖～鮭(ざけ) 자반 연어의 뱃속에 그 알을 소금에 절여 넣은 음식.
子離れ(こばなれ) 부모가 자식에 대해 지나친 간섭을 하지 않음.
子馬(こうま) 망아지.
子猫(こねこ) 작은〔새끼〕 고양이.
子方(こかた) ① 能楽(のうがく) 등에서 어린이 역. 또, 그 아이. ② 수하(手下). 부하.
子煩悩(こぼんのう) 자식을 끔찍이 사랑하고 아낌. 또, 그런 사람.
子別れ(こわかれ) 자식과의 생이별.
子柄(こがら) 아이(기생)의 용모·체격·품
子宝(こだから) (소중한) 자식. 「위.
子福(こぶく) 자복. 자식을 많이 둔 복.

‖**~者**(しゃ) 자식복이〔자녀가〕많은 사람.
子夫(こづま) 창녀의 단골 손님.
子負い(こよぎ) (아이 업을 때 두르는) 처네.
子分(こぶん) ① 부하. ② 수양아들.
子分かれ(こわかれ) 뿌리・감자 등이 여럿으로 갈라지는 일.
子飼い(こがい) 새끼 때부터 기름. 전하여, 어릴 때부터 맡아서 치다꺼리함.
子殺し(こごろし) 자식을 죽임.
子鼠(こねずみ) 작은〔새끼〕쥐. 쥐새끼.
子の星(ねのほし) 〈方〉〖天〗북극성.
子守(こもり) 아이를 봄. 또, 아이 보는 사람.
♣**~歌**(うた) 자장가.
‖**~鼠**(ねずみ) 〖動〗'袋鼠(ふくろねずみ)(=주머니쥐)'의 딴이름.
~熊(ぐま) 〖動〗코알라의 딴이름.
子心(こごころ) 어린이 마음. 동심.
子安(こやす) ① 순산(順產). ② 子安地蔵의 준말. **~貝**(がい) 〖貝〗자패(紫貝).
‖**~地蔵**(じぞう) 순산을 돕는 지장보살.
子役(こやく) 〖映・劇〗어린이 역. 아역.
子牛(こうし) 송아지.
子芋(こいも) 작은 토란.
子猿(こざる) 작은 원숭이. 또, 새끼 원숭이.
子育て(こそだて) 아이를 키움. 육아.
子の日(ねのひ) ① 子の日の遊(あそ)び의 준말. 정월 첫 자일(子日)에 들에 나가 작은 소나무를 끌고 다니며 장수를 축원하던 행사. ② 子の日の松(まつ)의 준말. 子の日の遊び 때 끌고 다니는 소나무.
子雀(こすずめ) 작은 참새. 새끼 참새.
子調子(こちょうし) 〖樂〗아악의 전주곡.
子種(こだね) ① 아이를 낳게 되는 씨. 정자(精子). ② (대를 이을) 아이.
子株(こかぶ) ① 새끼 그루. ② (거래소에서) 신주(新株).
子中(こなか) 자식이 있는 부부 사이.
子仲(こなか) ⇨ 子中(こなか).
子持ち(こもち) ① 아이가 딸려 있음. 임신 중임. ② (물고기가) 알을 뱀. ③ 굵은 것과 가는 것이 짝을 이루고(이중으로 되어) 있음.
‖**~靪**(けい) 〖印〗이중 괘선.
~筋(すじ) ⇨ 子持ち縞.
~若布(わかめ) 청어알이 슬린 미역.
~縞(じま) 굵은 선과 가는 선의 이중 무늬.
子出し(こだし) (사전 등에서) 참조 표제어.
子取り(ことり) ① 한 아이는 술래, 한 아이는 어미가 되고 나머지는 다 아이가 되어, 술래가 아이를 잡는 놀이.
子堕し(こおろし) ① 낙태(落胎). 또, 그것을 업으로 하는 자. ② 낙태시키는 약.
子沢山(こだくさん) 자식이 많음.
子偏(こへん) 한자 부수의 하나: 아들자변.
子捕り(ことり) ⇨ 子取り(ことり).
子項目(こうこうもく) (사전의) 소항목.
子狐(こぎつね) 작은 여우. 여우 새끼.
子壺(こつぼ) 〈俗〉자호. 자궁. 아기집.
子会社(こがいしゃ) 자회사.

5 イ	仔	자세할 **자**・새끼 **자** シ こ

音読
仔細(しさい) 자세한 사정. 연유.
仔虫(しちゅう) 〖蟲〗자충. 유충. *こむしろ도 읽음.

訓読
仔馬(こうま) 망아지.
仔猫(こねこ) 작은〔새끼〕고양이.
仔牛(こうし) 송아지.

6 六 教	字	글자 **자**・자 **자** ジ あざ・あざな

音読
字 ㊀(じ) ① 자. 글자. ② 글씨.
㊁(あざな) ① 자(字)《무사가 관례 후에 본이름 외에 붙이는 별명》. ② 아호. ③ 별명.
㊂(あざ) 町(ちょう)・村(そん) 가운데의 한 구획의 이름.
字間(じかん) 자간. 글자와 글자 사이.
字句(じく) 자구.
字類(じるい) 자류. 한자의 분류《주로 음이나 뜻・구성 등의 관점에서 분류한 것》.
字林(じりん) 자림. 자전(字典). 옥편.
字幕(じまく) 자막.
字面(じづら) ① 글자 모양에서 받는 느낌. ② 글의 표면적인 뜻. *じめん으로도 읽음.
字母(じぼ) 자모. ♣**~表**(ひょう) 자모표.
字配り(じくばり) 글자의 배치.
字並び(じならび) 글자의 배열.
字書(じしょ) 자서. 자전.
字消し(じけし) 지우개.   「읽음.
字数(じすう) 자수. 글자 수. *じかずろ도
字眼(じがん) 자안. 한시(漢詩)에서 주안점이 되는 가장 중요한 문자.
字余り(じあまり) (和歌(わか)・俳句(はいく) 등의 정형시에서) 글자 수가 규정보다 많음. 또, 그 작품.
字源(じげん) 자원. 문자가 구성된 근원.
字音(じおん) 자음. 일본화한 한자 음.
‖**~仮名遣い**(かなづかい) 한자의 음을 仮名로 표기할 때의 규칙.
字義(じぎ) 자의. 한자의 뜻.
字引(じびき) 자전(字典).
字典(じてん) 자전.
字体(じたい) 자체.
字解(じかい) 자해. 한자의 해석.
字解き(じとき) 어떤 글자가 다른 글자와 혼동이 되지 않도록 설명을 붙이는 일.
字形(じけい) 자형. 글자의 형태.
字号(じごう) 자호. 활자의 크기를 나타내는 번호.
字画(じかく) 자획.

字訓(じくん) 자훈. 한자의 훈(訓).
字彙(じい) 자휘. 옥편.
字詰め(じづめ) (원고지・인쇄물 등의) 한 행 또는 한 쪽에 채우는 글자 수. 또, 그 채우는 법.
やの字(やのじ) やの字結び의 준말.
∥**〜結び**(むすび) や자자형(字形)으로 맺는, 일본 여자옷의 띠 매기.
Y字路(ワイじろ) 와이자 길. 삼거리.

6 自 [教] 스스로 자・저절로 자 ジ・シ みずから・おのずから・より

■音読▶

自家(じか) 자가. ♣**〜用**(よう) 자가용 / **〜製**(せい) 자가제.
〜薬籠中(やくろうちゅう)**の物**(もの) 약농중물. 약농 속의 약품이라는 뜻으로, 필요할 때 마음대로 이용할 수 있는 것.
∥**〜広告**(こうこく) 자가 광고.
〜撞着(どうちゃく) 자가 당착.
〜発電(はつでん) 자가 발전.
〜保険(ほけん) 자가 보험.   「합성.
〜不和合性(ふわごうせい)〖植〗자가 불화
〜受粉(じゅふん)〖植〗자가 수분.
〜受精(じゅせい)〖生〗자가 수정.
〜営業(えいぎょう) 자가 영업.
〜汚染(おせん) 자가 오염. 양식에서, 어개류의 배설물이나 먹이의 찌꺼기 등으로 바다・강・호수 등이 오염되는 일.
〜中毒(ちゅうどく) 자가 중독.
〜採種(さいしゅ)〖農〗자가 채종.
自刻(じこく) 자기가 조각함.
自覚(じかく) 자각. ♣**〜的**(てき) 자각적.
∥**〜症状**(しょうじょう) 자각 증상.
自彊(じきょう) 자강. 스스로 힘씀. 「함.
自決(じけつ) 자결. ①자살. ②스스로 결정
自敬(じけい)〖文法〗자기 존엄을 보존하기 위한 높임말〔말씨〕.   「함.
自警(じけい) 자경. 스스로 자기 주위를 경계
自戒(じかい) 자계. 자숙.
自供(じきょう) 자공. 자백(自白).
自壊(じかい) 자괴. 스스로 무너짐.
∥**〜作用**(さよう) 자괴 작용.
自校(じこう) 자교. 자기 학교.
自救権(じきゅうけん)〖法〗자구권.
自国(じこく) 자국. 나라.
自軍(じぐん) 자군. 자기가 속한 군대〔팀〕.
自今(じこん) 자금. 이제부터. 이후. 금후.
∥**〜以後**(いご) 자금 이후.
自給(じきゅう) 자급.
∥**〜肥料**(ひりょう) 자급 비료.
〜自足(じそく) 자급자족.
自己(じこ) 자기. ♣**〜流**(りゅう) 자기류 / **〜愛**(あい) 자기애.   「유도.
∥**〜感応**(かんのう)〖理〗자기 감응. 자기
〜感情(かんじょう)〖心〗자기 감정.
〜決定権(けっていけん) 자기 결정권.
〜敬語(けいご) 자기 경어.
〜契約(けいやく)〖經〗자기 계약.
〜観察(かんさつ)〖心〗자기 관찰.
〜金融(きんゆう)〖經〗자기 금융.
〜欺瞞(ぎまん) 자기 기만.
〜満足(まんぞく) 자기 만족.
〜売買(ばいばい)〖經〗자기 매매.
〜免疫(めんえき)〖醫〗자기 면역. ♣**〜疾患**(しっかん)〖醫〗자기 면역 질환.
〜矛盾(むじゅん)〖論〗자기 모순.
〜弁護(べんご) 자기 변호.
〜保存(ほぞん) 자기 보존.
〜本位(ほんい) 자기 본위.
〜否定(ひてい) 자기 부정.
〜分解(ぶんかい)〖生〗자기 분해.
〜批判(ひはん) 자기 비판.
〜生産(せいさん)〖經〗자기 생산.
〜紹介(しょうかい) 자기 소개.
〜疎外(そがい) 자기 소외.
〜消化(しょうか)〖生〗자기 소화〔분해〕.
〜実現(じつげん) 자기 실현.
〜暗示(あんじ)〖心〗자기 암시.
〜運動(うんどう)〖哲〗자기 운동.
〜原因(げんいん)〖哲〗자기 원인.
〜誘導(ゆうどう)〖理〗자기 유도.
〜融資(ゆうし)〖經〗자기 융자.
〜意識(いしき)〖哲〗자기 의식. 자의식.
〜資本(しほん)〖經〗자기 자본.
〜株式(かぶしき)〖經〗자기 주식.
〜主義(しゅぎ) 자기주의. 이기주의.
〜中心性(ちゅうしんせい) 자기 중심성.
〜中心的(ちゅうしんてき) 자기 중심적.
〜指図手形(さしずてがた)〖經〗자기앞 수
〜取引(とりひき)〖法〗자기 거래.   「표.
〜投企(とうき) 자기 투기《구체적인 상황 속에 자기를 내맡김》.
〜破産(はさん) 자기 파산.
〜表現(ひょうげん) 자기 표현.
〜抗体(こうたい)〖生〗자기 항체.
〜顕示(けんじ) 자기 현시〔과시〕.
〜血輸血(けつゆけつ) 자기 혈액 수혈.
〜嫌悪(けんお) 자기 혐오.
〜犠牲(ぎせい) 자기 희생.
自記(じき) 자기.
∥**〜気圧計**(きあつけい) 자기 기압계.
〜湿度計(しつどけい) 자기 습도계.
〜温度計(おんどけい) 자기 온도계.
〜雨量計(うりょうけい) 자기 우량계.
〜装置(そうち) 자기 장치.
自欺(じき) 자기 기만.
自答(じとう) 자답. 자기가 대답함. 그 답.
自党(じとう) 자당. 자기가 속해 있는 당.
自大(じだい) 자대. 젠체함. 크게 뽐냄.
自瀆(じとく) 자독. ①스스로 자신을 모독함. ②수음(手淫).
自動(じどう) 자동. ♣**〜詞**(し) 자동사 / **〜式**(しき) 자동식 / **〜的**(てき) 자동적 / **〜化**

(か) 자동화.

‖~巻き(まき) 자동으로 태엽이 감기는 장치(의 시계).
~免疫(めんえき) 자동 면역.
~翻訳(ほんやく) 자동 번역.
~変速機(へんそくき) 자동 변속기.
~索引語付け(さくいんごづけ) 자동 색인어 검색.
~小銃(しょうじゅう) 자동 소총.
~運動(うんどう) 〖心〗 자동 운동.
~二輪車(にりんしゃ) 자동 2륜차.
~自転車(じてんしゃ) 자동 자전거.
~装置(そうち) 자동 장치.
~電話(でんわ) 자동 전화.
~制御(せいぎょ) 자동 제어.
~織機(しょっき) 자동 직기.
~抄録(しょうろく) 자동 초록.
~焦点(しょうてん) 자동 초점.
~販売機(はんばいき) 자동 판매기.
同同律(どうりつ) 〖哲〗 자동률. 동일률.
自動車(じどうしゃ) 자동차. ♣~**税**(ぜい) 자동차세. 「습소.
‖~**教習所**(きょうしゅうじょ) 자동차 교
~**道**(どう) 도로 운송법상 자동차만 다니게
~**保険**(ほけん) 자동차 보험. 「된 길.
~**電話**(でんわ) 자동차 전화.
~**整備士**(せいびし) 자동차 정비사.
~**取得税**(しゅとくぜい) 자동차 취득세.
自得(じとく) 자득. 스스로 터득함.
自力(じりき) 자력. ①자기 혼자의 힘. ② 〖佛〗 불과(佛果)를 얻고자 자기 혼자 힘으로 수행함. *じりょくろに 읽음. ♣~**門**(もん) 〖佛〗 자력문 / ~**宗**(しゅう) 〖佛〗 자력종.
‖~**更生**(こうせい) 자력 갱생.
自力救済(じりょくきゅうさい) 〖法〗 자력 구제.
自流(じりゅう) 자기류. 그 사람의 독특한 방
自留地(じりゅうち) 사회주의 국가에서, 개인 소비나 부업용으로 할당해 준 경작지.
自利(じり) 자리. 자기만의 이익.
自立(じりつ) 자립. ♣~**心**(しん) 자립심.
‖~**劇団**(げきだん) 자립 극단.
~**語**(ご) 〖文法〗 자립어《일본어에서, 단독으로 문절(文節)을 구성할 수 있는 단어. 助詞·助動詞 이외의 단어》.
自慢(じまん) 자만. 자랑.
自慢たらしい(じまんたらしい) 아주 자랑스러워하는 모양이다.
自慢臭い(じまんくさい) 자랑하고 싶은 듯이 보이다.
自脈(じみゃく) 자맥. 자기 맥을 짚고 자기병을 진찰함.
自滅(じめつ) 자멸.
自明(じめい) 자명.
自鳴鐘(じめいしょう) 자명종.
自刎(じふん) 자문. 자기 목을 자름.
自門(じもん) ①자기의 일족[문중]. ②자기가 속하는 절[종파].

自問(じもん) 자문.
‖~**自答**(じとう) 자문자답.
自縛(じばく) 자박. 스스로 자기를 묶음.
自反(じはん) 자반. 자기 행위 등을 스스로 돌아봄.
自発(じはつ) 자발. ♣~**性**(せい) 자발성 / ~**的**(てき) 자발적.
自賠法(じばいほう) '自動車(じどうしゃ)損害賠償(そんがいばいしょう)保障法(ほしょうほう)'(=자동차 손해 배상 보장법)'의 준말.
自賠責(じばいせき) '自動車(じどうしゃ)損害賠償(そんがいばいしょう)責任保険(せきにんほけん)'(=자동차 손해 배상 책임 보험)'의 준말.
自白(じはく) 자백.
‖~**強要**(きょうよう) 자백 강요.
自弁(じべん) 자변. 자담(自擔).
自変数(じへんすう) 〖數〗 자변수.
自服(じふく) 가장이 몸소 끓인 薄茶(うすちゃ)를 셀프서비스로 마심.
自腹(じばら) ①자기 배. ②자기 돈.
~**を切**(き)**る** 비용을 자담하다.
自負(じふ) 자부.
自分(じぶん) 자기. 자신 스스로.
‖~**免許**(めんきょ) 자기 도취.
~**史**(し) 자기 역사. 자서전.
~**勝手**(かって) 제멋대로 함.
~**自身**(じしん) 자기 자신.
~**持ち**(もち) 자기 부담.
自焚(じふん) 자분. 분신 자살.
自噴(じふん) 자분. (온천·석유 등이) 절로 내뿜어 나옴. ♣~**井**(せい) 〖地〗 자분정.
自費(じひ) 자비.
‖~**出版**(しゅっぱん) 자비 출판.
自髪(じびん) 남의 손을 빌리지 않고, 자신이 머리를 매만짐.
自死(じし) 자살. 「자사주.
自社(じしゃ) 자사. 자기 회사. ♣~**株**(かぶ)
自算会(じさんかい) '自動車保険料算定会(じどうしゃほけんりょうさんていかい)'(=자동차 보험료 산정회)'의 준말.
自殺(じさつ) 자살. ♣~**的**(てき) 자살적.
‖~**幇助罪**(ほうじょざい) 자살 방조죄.
自色(じしょく) 자색. 광물 고유의 색.
自生(じせい) 자생. 야생.
自序(じじょ) 자서. 저자 스스로 쓴 서문.
自叙(じじょ) 자서. 자기가 자신에 관해서 말함. ♣~**伝**(でん) 자서전.
自書(じしょ) 자서. 자필.
自署(じしょ) 자서. 스스로 서명함.
自席(じせき) 자석. 자기 자리.
自選(じせん) 자선.
自説(じせつ) 자설. 자기 의견.
自性(じしょう) 〖佛〗 자성.
自省(じせい) 자성. 자기 반성. 「소함.
自訴(じそ) ①자수(自首). ②자기 편에서 제
自小作(じこさく) 〖農〗 자소작농. 자작농과 소작농.

自守(じしゅ) 자수. 자기 힘으로 지킴.
自首(じしゅ) 자수.
‖~減免(げんめん)〖法〗자수 감면.
自修(じしゅう) 자수. 독학.
自粛(じしゅく) 자숙.
自習(じしゅう) 자습.
自乗(じじょう)〖數〗자승. 제곱. ♣~根(こん)〖數〗제곱근.
自縄自縛(じじょうじばく) 자승자박.
自恃(じじ) 자시. 자부(自負). 자신.
自殖(じしょく) 자가 수정 따위로 하는 생식.
自身(じしん) 자신. 자기.
‖~番(ばん) 江戸(えど) 시대에 시내 곳곳에 둔 파수막.
自信(じしん) 자신.
自失(じしつ) 자실. 얼빠짐.
自室(じしつ) 자기 방.
自我(じが) 자아.
‖~関与(かんよ)〖心〗자아 관여.
~本能(ほんのう)〖心〗자아 본능.
~実現(じつげん) 자아 실현.
~意識(いしき) 자아 의식.
自愛(じあい) 자애.
自若(じじゃく) 자약. 침착하여 당황하지 않음.
自業自得(じごうじとく) 자업자득.
自余(じよ) 이 밖. 그 이외.
自然 ㊀(しぜん) 자연. ♣~界(かい) 자연계 / ~権(けん)〖法〗자연권 / ~暦(れき) 자연력 / ~物(ぶつ) 자연물 / ~法(ほう) 자연법 / ~死(し) 자연사 / ~石(せき) 자연석 / ~数(すう)〖數〗자연수 / ~神(しん) 자연신 / ~人(じん) 자연인.
‖~可能(かのう)〖文法〗자연 가능.
~改造(かいぞう) 자연 개조.
~公園(こうえん) 자연 공원.
~科学(かがく) 자연 과학.
~対数(たいすう)〖數〗자연 대수. 자연 로그.
~淘汰(とうた) 자연 도태. '自然選択(しぜんせんたく)(=자연 선택)'의 구칭.
~免疫(めんえき) 자연 면역.
~描写(びょうしゃ) 자연 묘사.
~発生(はっせい) 자연 발생.
~発火(はっか) 자연 발화.
~歩道(ほどう) 자연 보도.
~保護(ほご) 자연 보호.
~状態(じょうたい) 자연 상태.
~選択(せんたく)〖生〗자연 선택.
~崇拝(すうはい) 자연 숭배.
~詩人(しじん) 자연 시인.
~食品(しょくひん) 자연 식품.
~言語(げんご) 자연 언어.
~栄養(えいよう) 자연 영양.
~遊歩道(ゆうほどう) 자연 산책길.
~災害(さいがい) 자연 재해.
~堤防(ていぼう) 자연 제방.
~宗教(しゅうきょう) 자연 종교.
~主義(しゅぎ) 자연주의.
~増加率(ぞうかりつ) 자연 증가율.

~増収(ぞうしゅう) (조세의) 자연 증수.
~地理(ちり) 자연 지리.
~体(たい) 자연체. 유도 등에서, 유연하고 자연스럽게 선 자세.
~現象(げんしょう) 자연 현상.
~環境(かんきょう) 자연 환경.
~休会(きゅうかい) 자연 휴회.
㊁(じねん) ㊀의 예스러운 말씨. ♣~薯(じょ)〖植〗참마 / ~石(せき) 자연석 / ~智(ち)〖佛〗자연지.
‖~杭(ご) 조릿대나무 열매의 딴이름.
~法爾(ほうに)〖佛〗진리 그대로임. 아미타불에 모든 것을 맡김.
~悟道(ごどう)〖佛〗자연 오도. 「함.
自演(じえん) 자연. 자기 작품에 연출·출연
自営(じえい) 자영.
自悟(じご) 스스로 깨달음. 「궁(宮).
自玉(じぎょく) (일본 장기에서) 자기측의
自用(じよう) 자용. 자기가 씀. 또, 그것.
自慰(じい) 자위.
自衛(じえい) 자위. ♣~権(けん) 자위권.
‖~官(かん) 자위관. (일본의) 자위대에 근무하는 사람.
~隊(たい) 자위대. 일본의 방위 조직.
~艦(かん) (일본) 해상 자위대의 함정.
自由(じゆう) 자유. ♣~権(けん) 자유권 / ~度(ど)〖理〗자유도 / ~民(みん) 자유민 / ~市(し) 자유시 / ~詩(し) 자유시 / ~業(ぎょう) 자유업 / ~港(こう) 자유항 / ~刑(けい)〖法〗자유형 / ~画(が) 자유화.
‖~結婚(けっこん) 자유 결혼.
~競争(きょうそう) 자유 경쟁.
~経済(けいざい) 자유 경제.
~教育(きょういく) 자유 교육.
~気球(ききゅう) 자유 기구.
~落下(らっか)〖理〗자유 낙하.
~労働者(ろうどうしゃ) 자유 노동자.
~都市(とし)〖史〗자유 도시.
~貿易(ぼうえき) 자유 무역.
~民権論(みんけんろん) 자유 민권론.
~民主党(みんしゅとう) 자유 민주당. 자민당(일본의 보수 정당).
~放任(ほうにん) 자유 방임.
~法学(ほうがく) 자유 법학.
~奔放(ほんぽう) 자유 분방.
~思想(しそう) 자유 사상. ♣~家(か) 자유 사상가.
~相続主義(そうぞくしゅぎ)〖法〗자유 상
~席(せき) (극장·열차 등의) 자유석.
~船舶(せんぱく)〖法〗자유 선박.
~世界(せかい) 자유 세계.
~勝手(かって) 제멋대로임.
~の女神(めがみ) 자유의 여신. ♣~像(ぞう) 자유의 여신상.
~研究(けんきゅう) 자유 연구. 「기.
~演技(えんぎ) (체조 경기 등에서) 자유 연
~連想(れんそう)〖心〗자유 연상.
~恋愛(れんあい) 자유 연애.

~営業(えいぎょう) 자유 영업.
~円(えん) 〖經〗자유円. (달러나 파운드 등의) 외화와 자유로이 교환할 수 있는 円화.
~律(りつ) 和歌(わか) 등에서, 전통적인 정형을 무시하고 짓는 양식.
~意志(いし) 자유 의사.
~任用(にんよう) 〖法〗자유 임용.
~自在(じざい) 자유자재.
~裁量(さいりょう) 자유 재량.
~財産(ざいさん) 자유 재산.
~電子(でんし) 〖理〗자유 전자.
~電荷(でんか) 〖電〗자유 전하.
~主義(しゅぎ) 자유주의.
~地下水(ちかすい) 자유 지하수.
~職業(しょくぎょう) 자유 직업. 자유업.
~診療(しんりょう) 자유 진료.
~表面(ひょうめん) 〖理〗자유 표면.
~航路(こうろ) 〖經〗자유 항로.
~行動(こうどう) 자유 행동.
~形(がた) 자유형. 경영(競泳)의 한 종목.
~型(がた) 자유형. 레슬링 종목의 하나.
~婚姻(こんいん) 자유 혼인. 자유 결혼.
自律(じりつ) 자율. ♣**~性**(せい) 자율성 / **~的**(てき) 자율적.
‖**~神経**(しんけい) 〖生〗자율 신경. ♣**失調症**(しっちょうしょう) 〖醫〗자율 신경 실조증.
~訓練法(くんれんほう) 〖醫〗자율 훈련법. 정신 요법의 하나.
自意識(じいしき) 자의식.
‖**~過剰**(かじょう) 자의식 과잉.
自益(じえき) 자익. 자기〔개인〕의 이익.
自刃(じじん) 자인. 칼로 자살함.
自認(じにん) 자인.
自任(じにん) 자임. 자처.   「로 함.
自恣(じし) 자자. 자기 마음대로 함. 제멋대
自作(じさく) 자작. ① 스스로 만듦. 또, 그 만든 것. 자제(自製). ② 自作農의 준말.
‖**~農**(のう) 자작농.
~自演(じえん) ① 자작자연. ② 무엇이든 자기 스스로 꾸려 나감.
自酌(じしゃく) 자작.   「장.
自蔵(じぞう) 자장. (장비가) 들어 있음. 내
‖**~航法**(こうほう) 지상의 원조없이 비행기내 계기의 움직임에 따라 비행하는 항법.
自在(じざい) ① 자재. ② 自在鉤의 준말.
‖**~鉤**(かぎ) 붙박이 화로나 부뚜막 위에 걸어 놓고 임의의 위치에 냄비·주전자 등을 달아맬 수 있도록 된 갈고리.
~画(が) 자재화. 컴퍼스나 삼각자를 사용하지 않고 손으로만 그리는 그림.
自裁(じさい) 자재. 자살.
自邸(じてい) 자저. 자택.
自著(じちょ) 자저. 자기 저서.
自邸(じてい) 자저.
自伝(じでん) 자전.
‖**~小説**(しょうせつ) 자전 소설.
自前(じまえ) ① (비용의) 자기 부담. ② 기생이 독립해서 영업함. 또, 그 기생.
自転(じてん) 자전.
‖**~車**(しゃ) 자전거. ♣**~操業**(そうぎょう) 자전거 조업《무리를 해서라도 자금을 염출해서 조업하지 않으면 도산하는 일》.
~周期(しゅうき) 〖天〗자전 주기.
自切(じせつ) 〖動〗자절. 자할(自割).
自截(じせつ) 〖動〗⇨ 自切(じせつ).
自浄(じじょう) 자정. 자체 정화.
‖**~作用**(さよう) 자정 작용.
自制(じせい) 자제. 자기 억제.
自製(じせい) 자제. 자작.
自助(じじょ) 자조.
‖**~自立**(じりつ) 자조 자립.
自照(じしょう) 자조. 자신을 관찰하고 반성
‖**~文学**(ぶんがく) 자조 문학.   「함.
自嘲(じちょう) 자조.
自足(じそく) 자족.
自存(じそん) 자존. 자기의 생존.
自尊(じそん) 자존. ♣**~心**(しん) 자존심.
自宗(じしゅう) 자기의 종파.
自主(じしゅ) 자주. ♣**~権**(けん) 자주권 / **~性**(せい) 자주성 / **~的**(てき) 자주적.
~減反(げんたん) 자주적으로 경작 면적을 줄임.
~番組(ばんぐみ) 자주 프로그램. 민간 방송국이 광고주 없이 방송하는 프로.
~流通米(りゅうつうまい) 자유 유통미.
~財源(ざいげん) 자주 재원.
~出勤制(しゅっきんせい) 자유 근무 시간제. 플렉스타임.
~廃業(はいぎょう) 자주 폐업. 기업인 스스로 폐업을 결정함.
自走(じそう) 자주. (엔진 등을 갖추고 있어) 자동으로 달림. ♣**~砲**(ほう) 〖軍〗자주포.
自注(じちゅう) 자주. 자기 작품에 자기가 주석을 붙임. 또, 그 주석.
自註(じちゅう) ⇨ 自注(じちゅう).
自重(じちょう) 자중.
自証(じしょう) 자증. 자기가 증명함.
自尽(じじん) 자진. 자결. 자살.
自陣(じじん) 자기 진지나 진영.
自儘(じまま) 〖老〗제멋대로 함.
自差(じさ) 〖理〗자차.
自賛(じさん) 자찬. 자랑.
‖**~毀他**(きた) 〖佛〗자찬 훼타.
自撰(じせん) 자찬. 자기 스스로 편찬함.
自讃(じさん) ⇨ 自賛(じさん).   「점.
自責(じせき) 자책. ♣**~点**(てん) 〖野〗자책
自処(じしょ) 자처. 스스로 자기 일을 처리
自薦(じせん) 자천.   「함.
自体(じたい) 자체. ① 자기 몸. ② 그 자신. ③ 그것. ④ 도대체. ⑤ 본디. 근본적으로.
自村(じそん) 자기 마을.
自炊(じすい) 자취.
自治(じち) 자치. ♣**~区**(く) 자치구 / **~権**(けん) 자치권 / **~領**(りょう) 자치령 / **~相**(しょう) 자치상 / **~省**(しょう) 자치성.

‖**~労**(ろう) '全日本(ぜんにっぽん)自治団体(じちだんたい)労働組合(ろうどうくみあい)(=전일본 자치 단체 노동 조합)'의 준말.
~団体(だんたい) 자치 단체.
~大臣(だいじん) 자치 대신.
~体(たい) 지방 자치 단체의 준말. 지자체.
~行政(ぎょうせい) 자치 행정.
~会(かい) (학교·단지 등의) 자치회.
自沈(じちん) 자침. 스스로 제 함선을 침몰시킴.
自称(じしょう) 자칭.
自他(じた) 자타. ①자기와 타인. ②〖言〗자동사와 타동사.
自堕落(じだらく) 타락하여 (몸가짐·생활이) 방종함. 단정하지 못함.
自宅(じたく) 자택.
‖**~年金**(ねんきん) 자택 연금.
~外通学生(がいつうがくせい) 자기 집이 아닌 곳에서 통학하는 학생.
自派(じは) 자파.
自判(じはん) ①자필 서명. ②〖法〗자판.
自販機(じはんき) 자판기. '自動販売機(じどうはんばいき)(=자동 판매기)'의 준말.
自評(じひょう) 자평.
自閉症(じへいしょう) 〖醫〗자폐증.
自暴自棄(じぼうじき) 자포자기.
自爆(じばく) 자폭.
自筆(じひつ) 자필.
自虐(じぎゃく) 자학. ♣**~的**(てき) 자학적.
自割(じかつ) 〖動〗자할. 자절(自切).
自害(じがい) 자해. 자살.
自火(じか) ①〖法〗자기 집에서 난 화재. ②〈古〉자기 마음속으로부터 일어나는 고뇌.
自画(じが) 자화. 자기가 그림. 또, 그 그림.
♣**~像**(ぞう) 자화상 / **~賛**(さん) 자화(자)찬.
‖**~自賛**(じさん) 자화자찬.
自花受精(じかじゅせい) 〖植〗자화 수정.
自活(じかつ) 자활.
自晦(じかい) 자회. 자기 재능을 감춤.
訓読
自ずと(おのずと) ☞自ら(おのずから).
自ら ㊀(みずから) ①스스로. 몸소. ②〈雅〉자기. 자신.
㊁(おのずから) 저절로. 자연히.
其他
自棄 ㊀(やけ) 자포자기.
㊁(じき) 자기.
自棄に(やけに) 〈俗〉몹시. 지독히. 매우.
自棄腹(やけばら) ☞自棄っ腹(やけっぱら).
自棄っ腹(やけっぱら) 〈俗〉자포자기(하여 화를 냄).
自棄糞(やけくそ) 〈俗〉自棄(やけ)의 힘줌말. 자포자기.
自棄飲み(やけのみ) 홧술을 마심.
自棄酒(やけざけ) 홧술.
自棄っ八(やけっぱち) 〈俗〉自棄(やけ)의 힘줌말.
❖**自惚れる**(うぬぼれる) (실력 이상으로) 자부하다. 자만하다. 우쭐대다.
自惚れ(うぬぼれ) 자만. 자부(심).

| 7
文 | 孜 | 부지런할 **자**
シ
つとめる |

音読
孜孜(しし) 자자. 부지런히 일에 힘쓰는 모양.

| 8
リ
常 | 刺 | 찌를 **자**·칼로찌를 **척**
シ・セキ
さす・ささる・そしる・いら・とげ |

音読
刺 ㊀(し) 명함.
~を通(つう)**じる** 명함을 내놓고 면회를 청하다[들여보내다]. 「것.
㊁(とげ) 가시. 비유적으로 감정을 자극하는
㊂(いら) ①(초목이나 물고기 지느러미의) 가시. ②〖植〗쐐기풀.
刺客(しかく) 자객. *しきゃく·せっかく로도 읽음. 「거나 함.
刺撃(しげき) ①자극. ②무기로 찌르거나 치
刺戟(しげき) ⇨ 刺激(しげき).
刺激(しげき) 자극. ♣**~的**(てき) 자극적 / **~剤**(ざい) 자극제.
‖**~療法**(りょうほう) 〖醫〗자극 요법.
~伝導系(でんどうけい) 〖生〗자극 전도계.
刺突(しとつ) 찌름.
刺絡(しらく) 자락. 정맥혈의 일부를 뽑음.
刺毛(しもう) 〖植·蟲〗자모.
刺史(しし) 〖史〗자사. '国守(こくしゅ)(=지방 장관)'의 중국식 이름.
刺傷(ししょう) 자상. 찔려서 생긴 상처.
刺細胞(しさいぼう) 〖動〗자세포.
刺繡(ししゅう) 자수.
刺創(しそう) 자창. 찔린 상처.
刺青(しせい) ①자청. 먹실 넣기. 문신. ②자자(刺字)의 형(刑). *いれずみ로도 읽음.
刺衝(ししょう) 자충. 찌름.
刺胞(しほう) 〖動〗자포.
‖**~動物**(どうぶつ) 〖動〗자포 동물.
刺殺(しさつ) 척살. ①찔러 죽임. ②〖野〗터치 아웃.
訓読
刺さる(ささる) 박히다. 꽂히다. 찔리다.
刺立つ(とげだつ) 가시가 돋치다. 신랄하다. 모나다.
刺抜き(とげぬき) 살갗에 박힌 가시를 뽑음. 또, 그 기구.
刺蛾(いらが) 〖蟲〗(노랑)쐐기나방.
刺刺(とげとげ) 가시 돋친 모양. 심술궂고 모난 모양.
刺刺しい(とげとげしい) 가시 돋치다. 심술궂다. 험악하다.
刺草(いらくさ) 〖植〗쐐기풀.
刺虫(いらむし) 〖蟲〗쐐기. 刺蛾(いらが)의 애벌레.

❖刺す(さす) ①찌르다. ②(야구에서) 아웃시키다. ③바늘로 누비다.
刺し(さし) ①색대. ②《名詞에 붙어서》꽂음. 찌르어 찌름.
刺し竿(さしざお) 새를 잡기 위해 끝에 끈끈이를 바른 낚싯대처럼 가는 대.
刺し継ぎ(さしつぎ) 짜깁기.
刺股(さすまた) 긴 막대 끝에 U자 모양의 쇠를 꽂은 무기《江戸(えど) 시대에 범인을 잡기 위해 사용한 도구》.
刺し貫く(さしつらぬく) ①꿰뚫다. ②완수하다. 해내다.
刺刀(さすが) 허리에 차는 작은 칼.
刺し網(さしあみ) 자망.   「은 긴 털.
刺し毛(さしげ) 자모. 짐승 몸에 난 숱이 많
刺し縫い(さしぬい) 누비질. 또, 누빈 것.
刺し殺す(さしころす) 척살하다. 찔러 죽이다.
刺し傷(さしきず) 자상. 찔려서 생긴 상처.
刺蠅(さしばえ)『蟲』침파리.
刺身(さしみ) 생선회.
∥~包丁(ぼうちょう) 회(치는) 칼.
刺羽(さしば) 깃털이나 천을 발라 부채 모양으로 만들고 긴 자루를 단 것.
刺し違える(さしちがえる) 서로 찔러 죽다.
刺し子(さしこ) 누비옷. 누빈 것.
∥~半纏(ばんてん) 소방원이 입었던 누비덧옷.
刺し箸(さしばし) 음식을 찔러 집는 젓가락질《예의에 벗어남》.
刺叉(さすまた) ⇨ 刺股(さすまた)
刺鑿(さすのみ) 끌의 일종. 자루의 길이가 약 30 cm되며 망치로 두드리지 않고, 손으로 찔러 좀 큰 구멍을 뚫는 것.
刺し鯖(さしさば) (한 손의) 자반 고등어.
刺し通す(さしとおす) (찔러) 꿰뚫다.
八刺し(はざし) 양복 깃의 심(心) 따위를 댈 때 여덟 팔(八)자 꼴로 누비는 일.

其他
刺い捕り(さいとり) 가는 대나무 끝에 끈끈이를 발라 새를 잡는 일. 또, 그 사람.
∥~竿(ざお) 새를 잡기 위해 끈끈이를 끝에 바른 가는 대나무.

| 8 女 教 | 姉 | 누이 자
シ
あね |

音読
姉妹(しまい) 자매. ♣~語(ご)『言』자매어. /~編(へん) 자매편.
∥~都市(とし) 자매 도시.
姉弟(してい) 자제. 누이와 동생.

訓読
姉(あね) ①언니. 누이. ②배우자의 손위 여자.   「부르는 말.
姉え(あねえ) ①누나. 누이. ②젊은 여성을
姉姑(あねじゅうと) 남편의 손위 누이. 손위

시누이.
姉君(あねぎみ) 누님. 손위 누이의 경칭.
姉貴(あねき) 누나. 손위 누이를 친근하게 부르는 말.
姉娘(あねむすめ) 큰〔손위〕딸.
姉上(あねうえ) 누님.
姉婿(あねむこ) 자형(姉兄). 형부(兄夫). 매부(妹夫).
姉聟(あねむこ) ⇨ 姉婿(あねむこ).
姉様(あねさま) ①누님. ②젊은 여성을 친근하게 부르는 말.
∥~人形(にんぎょう) 색종이로 접은 여러 가지 모양의 인형.
姉御(あねご) ①누나・언니의 경칭. ②건달이나 노름꾼 두목의 아내. ③여두목.
∥~肌(はだ) 남을 잘 보살펴 주고 활수한 여성의 성격.
姉女房(あねにょうぼう) 연상의 아내.
姉さん女房(あねさんにょうぼう) 연상의 아내.
姉者(あねじゃ) 姉者人의 준말.
∥~人(ひと) 누님. 누나〔언니〕의 경칭.
姉さん被り(あねさんかぶり) 청소 따위를 할 때 여자가 머리에 수건을 쓰는 방식의 하나《좌우에 뿔이 난 것처럼 씀》. *ねえさんかぶりろも 읽음.

其他
姉さん(ねえさん) ①누님. 언니(높임말). ②아주머니. 아가씨. ③여관・요릿집 등에서 심부름하는 여자를 부를 때 쓰는 말. 아줌마. ④기생・접대부들이 선배를 부르는 말.
∥~株(かぶ) 동료들에게서 선배 대접을 받는 여성.
姉や(ねえや) 젊은 가정부를 부르는 칭호.

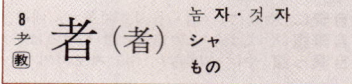

| 8 火 | 炙 | 구울 자・구울 적
シャ・シャク
あぶる |

訓読
❖炙る(あぶる) 불에 굽다. 불에 말리다.
炙り物(あぶりもの) 불에 쬐어서 구운 것. 특히, 구운 생선.
炙り出し(あぶりだし) 약품을 발라 불에 쬐면 그림이나 글자가 나타나는 종이.

| 8 耂 教 | 者(者) | 놈 자・것 자
シャ
もの |

音読
者流(しゃりゅう)《接尾語적으로》별것 아닌 무리. …배(輩). …나부랭이.

訓読
者 ㊀(もの) 자. 사람. 것.
㊁(しゃ)《接尾語로》…자. 사람.
者共(ものども)〈雅〉너희들. 모두들.
どら者(どらもの) 방탕한 사람. 난봉꾼.

咨

9획 口 — 꾀할 자·물을 자
シ
はかる・ああ

音読
咨詢(しじゅん) 자순. 자문.

姿 (姿)

9획 女 敎 — 맵시 자·모습 자
シ
すがた

音読
姿色(ししょく) 자색. 용모와 자태.
姿勢(しせい) 자세. 태도.
姿容(しよう) 자용. 용모.
姿態(したい) 자태. 몸매.

訓読
姿(すがた) ①모양. ⑤모습. 형체. 자태. ⓒ 형편. 상태. ⓒ차림. ②물고기·새의 살아 있을 때의 모습.
姿見(すがたみ) 체경(體鏡). (전신을 볼 수 있는) 큰 거울.
姿絵(すがたえ) 초상화.

柘

9획 木 — 산뽕나무 자
シャ
やまぐわ

其他
柘榴(ざくろ)〖植〗석류나무.
柘榴口(ざくろぐち) 江戸(えど) 시대의 공중 목욕탕 안 욕조(浴槽) 출입구.
柘榴鼻(ざくろばな) 주부코. 주독(酒毒)이 오른 코.
柘榴石(ざくろいし) 석류석(石榴石).
柘植(つげ)〖植〗회양목.

恣

10획 心 — 방자할 자
シ
ほしいまま

音読
恣意(しい) 자의. 방자한 마음. ♣~性(せい) 자의성 / ~的(てき) 자의적.
恣行(しこう) 자행. 방자한 행위.

訓読
恣(ほしいまま) 제멋대로 하는 모양. 방자하게 구는 모양.

茨

10획 艹 — 남가새 자·가시나무 자
シ
いばら

訓読
茨(いばら) ①〖植〗가시나무《가시가 있는 관목류의 총칭》. ②〖植〗찔레나무. ③〈方〉식물의 가시. *うばら·ばらろ도 읽음.
茨城(いばらき)〖地〗関東(かんとう) 지방 동북부에 있는 현.

其他
茨線(ばらせん) 가시철사〔철망〕.

茲

10획 艹 — 이 자·더욱 자
ジ
ここ·ここに·しげる

訓読
茲(ここ) ①여기. ②이(것). 이제. 이번 것. ③이때. 여기. ④거기.「이에.
茲に(ここに) ①그런데. ②〈雅〉이곳. 이때.
茲許(ここもと) (상업상의 편지 등에서) 여기에. 이에.

衵

10획 衤 — 솔기 자
シ
ふき

訓読
衵(ふき) (일본 옷에서) 소매나 단의 안감을 겉의 천보다 약간 더 내어 단처럼 한 부분.

瓷

11획 瓦 — 오지그릇 자
シ·ジ

音読
瓷器(じき) 자기.

疵

11획 疒 — 흠 자·흠집 자
シ
きず

音読
疵瑕(しか) 자하. 하자. 결점. 과실. *しが로도 읽음.

訓読
疵(きず) ①상처. ②(알리기 싫은) 비밀. ③흠. 결점. 티.
疵口(きずぐち) ①상처 자리. ②과거의 허물·실패. 흠.
疵咎め(きずとがめ) 덧남. 병을 잘못 다루어 더침.
疵物(きずもの) 흠이 있는 것. 파치.
疵付く(きずつく) 상처를 입다.
疵付ける(きずつける) 상처를 입히다.
疵薬(きずぐすり) 상처에 바르는 약.
疵痕(きずあと) 자흔. 상처 자국.

滋 (滋)

12획 氵 常 — 불을 자·우거질 자
ジ
しげる

音読
滋強(じきょう) 자양 강장(强壯).
滋味(じみ) ①(숨은) 깊은 맛(인상). ②자미. 맛이 좋은〔자양이 많은〕음식.
滋養(じよう) 자양. 영양. ♣~分(ぶん) 자

‖~灌腸(かんちょう)『醫』자양 관장.
滋雨(じう) 자우. 감우(甘雨).
滋潤(じじゅん) 자윤. 축축이 젖어 있음. 또, 윤택함.

訓読

滋る(しげる) 초목이 무성하다.
滋藤(しげとう) 등줄기를 일정한 간격으로 감아 단장한 활.

其他

滋賀(しが)『地』近畿(きんき) 지방 동북부에 있는 현.

12 灬 常	煮 (煮)	삶을 자 シャ にる・にえる・にやす

音読

煮沸(しゃふつ) 자비. 펄펄 끓임.
煮食(しゃしょく) 익혀〔끓여〕 먹음.

訓読

煮やす(にやす) 끓게〔익게〕 하다. 익히다.
❖煮える(にえる) ① 삶아지다. 익다. ② 물이 끓다. ③ 화가 나다.
煮え(にえ) 익는〔익은〕 정도.
煮え加減(にえかげん) 삶는〔익힌, 끓인〕 정도.
煮え滾る(にえたぎる) 부글부글〔펄펄〕 끓어서 솟구치다.
煮え零れる(にえこぼれる) 끓어 넘치다.
煮え立つ(にえたつ) 끓어오르다.
煮え返る(にえかえる) 부글부글 끓다. ① 끓어오르다. ② 몹시 화가 나다.
煮え上がる(にえあがる) (물이) 끓다. 오르다.
煮え溢れる(にえこぼれる) 끓어 넘치다.
煮え切らない(にえきらない) (생각·태도가) 분명치 않다. 미적지근하다.
煮え繰り返る(にえくりかえる) ☞煮え返る(にえかえる).
煮え湯(にえゆ) 열탕(熱湯). 끓는 물.
煮え花(にえばな) ☞煮花(にばな).
❖煮る(にる) 끓이다. 삶다. 익히다. 조리다.
煮(に) ① 익은〔끓은, 삶은〕 정도. ②《接尾語적으로》 삶은〔끓인, 익힌〕 요리.
煮干し(にぼし) 쪄서 말림.
煮頃(にごろ) 먹기 알맞게 끓은 정도.
煮豆(にまめ) 콩자반.
煮冷まし(にざまし) ① 끓여서 식힘〔식힌 것〕. ②〈方〉끓여서 식힌 물. 또, 식히는 데 쓰는 그릇.
煮零れる(にこぼれる) (국 따위가) 끓어올라 넘쳐흐르다.
煮立(にたて) ① 부글부글 끓이기. ② 금방 끓은 것. 삶다.
煮立てる(にたてる) 부글부글 끓게 하다. 잘
煮売り(にうり) 익힌 야채·생선 따위를 팖.
‖~屋(や) 익힌 야채·생선 따위를 파는 가게〔사람〕.
煮梅(にうめ) ① 매실을 설탕에 조린 것. ② 농익은 매실을 삶아 으깨어 소금을 치고, 여기에 덜 익은 매실을 담가 넣은 것.

煮物(にもの) 음식을 끓임〔익힘〕. 또, 그 음식.
煮返し(にかえし) 되끓인 음식. 〔식.
煮返す(にかえす) 되끓이다. 다시 익히다.
煮抜き(にぬき) 질게 끓은 밥물.
‖~卵(たまご) 삶은 달걀.
煮方(にかた) ① 끓이기. 익히기. 또, 그 정도. ② 끓이는 일을 맡은 요리사.
煮付(につけ) 조린 요리.
煮付ける(につける) 조리다.
煮焚き(にたき) ⇨ 煮炊き(にたき).
煮崩れ(にくずれ) 생선이나 야채를 너무 삶아 형체가 허물어진 것.
煮殺す(にころす) 죄인 따위를 삶아 죽이다.
煮上がる(にあがる) 충분히 익다. 다 끓다.
煮焼き(にやき) 끓이고 굽고 하는 일.
煮魚(にざかな) 조린 생선.
煮染め ㊀(にしめ) (야채·고기 등의) 조림. ㊁(にぞめ) 삶아서 물들이는 일.
煮染める(にしめる) (간장이 배도록) 바짝 조리다.
煮溶かす(にとかす) 끓여 녹이다.
煮凝り(にこごり) 생선을 조린 국물이 엉겨 굳어진 것. 또, 아교질이 풍부한 물고기를 조려 굳힌 식품.
煮込み(にこみ) 여러 가지 재료를 넣어 푹 끓임. 또, 그 끓인 요리.
煮込む(にこむ) ① 여러 가지 재료를 넣어 끓이다. ② 푹 끓이다〔삶다〕.
煮転がし(にころがし) (토란 따위를 눋지 않도록) 굴려 가면서 바싹 조린 반찬.
煮切る(にきる) 요리에서, 미림(味淋)·술에 불을 대고 알코올 성분을 증발시키다.
煮汁(にじる) (생선·야채 등을) 끓인〔조린〕 국물.
煮出し(にだし) 삶아서 맛을 냄.
‖~汁(じる) 가다랑어포나 다시마를 삶아 우려낸 국물.
煮出す(にだす) ① 끓여서 맛을 내다. ② 끓이기 시작하다.
煮炊き(にたき) 취사(炊事).
煮漫し(にびたし) 붕어 등을 구운 다음 간장과 미림으로 부드럽게 조린 요리.
煮含める(にふくめる) 속속들이 맛이 스며들도록 서서히 바짝 조리다.
煮花(にばな) 갓 끓인 향긋한 차.
煮肴(にざかな) ⇨ 煮魚(にざかな).
煮黒める(にぐろめる)『化』구리와 연질 납의 합금(보통 구리보다 약간 검음).
煮詰まる(につまる) 바짝 졸아들다.
煮詰める(につめる) 바짝 조리다.
ごった煮(ごったに)『料』잡탕.

12 米	粢	기장 자·젯밥 자 シ きび・しとぎ

訓読

粢(しとぎ) 달걀 모양의 떡《신전에 바침》.

12 糸 常	紫	자줏빛 자 シ むらさき

音読
紫紺(しこん) 자감. 감색을 띤 자줏빛.
紫根(しこん) 자근. 말린 지치 뿌리. 염료·약용으로 씀.
‖~色(いろ) 지치색. 짙은 암자색.
紫女(しじょ) '紫式部(むらさきしきぶ)(=平安(へいあん) 중기의 여류 작가)'의 일컬음.
紫檀(したん) 〖植〗자단.
紫闥(したつ) 자달. 왕궁. 궁중.
紫蘭(しらん) 〖植〗자란. 대왕풀.
紫木蓮(しもくれん) 〖植〗자목련.
紫斑(しはん) 자반. 내출혈로 피부에 나타나는 자줏빛 멍. ♣~病(びょう) 자반병.
紫癜(しはん) 자반. 상처가 나은 자리에 자색으로 남은 흉터.
紫史(しし) 〖文〗源氏物語(げんじものがたり)의 딴이름.
紫石英(しせきえい) 〖鑛〗자석영. 紫水晶(むらさきずいしょう)〖鑛〗자수정.
紫蘇(しそ) 〖植〗자소. 차조기.
‖~巻(まき) 소금에 절인 차조기 잎으로 설탕·된장·梅干(うめぼし) 따위를 싼 식품.
~酒(しゅ) 자소주.
紫綬褒章(しじゅほうしょう) 자수 포장《학문·예술 등에 공적이 있는 사람에게 주는 포장》.
紫煙(しえん) 자연. 담배 연기.
紫外線(しがいせん) 자외선.
‖~写真(しゃしん) 자외선 사진.
~療法(りょうほう) 자외선 요법.
紫雲(しうん) 자운. 자줏빛 서운(瑞雲).
紫苑(しおん) 〖植〗탱알. 개미취. *しおに로도 읽음.
紫衣(しえ) 자의. 보랏빛 승복(僧服). *しい로도 읽음.
紫電(しでん) 자전. 번갯불.
‖~一閃(いっせん) 자전 일섬. 서슬이 시퍼런 칼이 한번 번쩍함.
紫竹(しちく) 〖植〗① 자죽. 간죽(簳竹). 한죽(寒竹). ② '黒竹(くろちく)(=오죽(烏竹))'의 딴이름.
紫宸殿(ししんでん) 궁전의 하나. 조하(朝賀)·공사(公事)를 행하는 궁전.
紫黒(しこく) 자흑(색).

訓読
紫(むらさき) ① 자색. 보랏빛. ② 〖植〗지치.
‖~の雲(くも) ① 자줏빛 구름. 상서로운 구름. ② 왕후의 딴이름.
紫露草(むらさきつゆくさ) 〖植〗자주닭의장풀.
紫立つ(むらさきだつ) 자색[보랏빛]을 띠다.
紫色(むらさきいろ) 자색. 보랏빛. *ししょく로도 읽음.
紫水晶(むらさきずいしょう) 〖鑛〗자수정.

자석영.
紫式部(むらさきしきぶ) ①〖植〗작살나무. ② 平安(へいあん) 중기의 여류 작가.
紫丁香花(むらさきはしどい)〖植〗자정향. 라일락.
紫海胆(むらさきうに) 〖動〗보라성게.
紫革(むらさきがわ) 자색으로 염색한 가죽.

其他
紫羅欄花(あらせいとう) 〖植〗스톡.
紫陽花(あじさい) 〖植〗자양화. 수국. *しようかロも 읽음.
紫雲英(げんげ) 〖植〗자운영. *しうんえい로도 읽음.
紫葳(のうぜんかずら) 〖植〗능소화.

13 心 常	慈 (慈)	사랑 자·어머니 자 ジ いつくしむ·うつくしむ

音読
慈母(じぼ) 자모.
慈父(じふ) 자부.
慈悲(じひ) 자비.
慈悲心(じひしん) 자비심.
‖~鳥(ちょう) ① 'じゅういち(=매사촌)'의 딴이름. ② 'ぶっぽうそう(=파랑새)'의 딴이름.
慈悲深い(じひぶかい) 자비롭다.
慈善(じぜん) 자선. ♣~家(か) 자선가 / ~鍋(なべ) 자선 냄비 / ~市(いち) 자선시.
‖~団体(だんたい) 자선 단체.
~事業(じぎょう) 자선 사업.
~興行(こうぎょう) 자선 흥행.
慈眼(じげん) 〖佛〗자안. 자비스러운 눈. *じがん으로도 읽음.
慈顔(じがん) 자안. 자애로운 얼굴.
慈愛(じあい) 자애.
慈養(じよう) 자양. 자애로써 양육함.
慈雨(じう) 자우. 감우(甘雨).
慈育(じいく) 자육. 사랑하여 기름.
慈仁(じじん) 자인. 인자함.
慈忍(じにん) 자인. 자비와 인내.
慈親(じしん) 자친. 자애로운 어버이.
慈恵(じけい) 자혜.
慈訓(じくん) 자훈. 어머니의 가르침.

訓読
慈し(うつくし) 〈雅〉① 귀엽다. ② 사랑스럽다. ③ 훌륭하다. ④ 깨끗하게. 결백하게. ⑤ 아름답다.
❖慈しむ(いつくしむ) 〈雅〉자비를 베풀다. ① 불쌍히 여기다. ② 애지중지하다. 사랑하다.
慈しみ(いつくしみ) 〈雅〉① 자애. 귀여워함. ② 불쌍히 여김. ③ 은혜. 은총.
慈しみ深い(いつくしみぶかい) 자애롭다. 자비롭다.

其他
慈姑(くわい) 〖植〗자고(慈姑). 쇠귀나물.
‖~頭(あたま) 옛날 의원(醫員)들의 머리형.

| 13 ⼟ | 孶 | 새끼칠 자
ジ・シ
うむ・しげる |

[參考] 孳는 異體字.

[音読]
孶尾(じび) 자미. 홀레하여 새끼를 낳음.
孶育(じいく) 자육. 동물이 새끼를 낳아서 기름.

| 13 角 | 觜 | 별이름 자・부리 취
シ・スイ
くちばし |

[音読]
觜宿(ししゅく) 자수. 28수(宿)의 하나.
＊とろきぼし로도 읽음.

| 13 貝 [敎] | 資(資) | 재물 자・바탕 자
シ
たすける |

[音読]
資(し) ①자본. 밑천. ②(훌륭한) 자질. 천성.
資する(しする) 이바지하다. 도움이 되다.
資格(しかく) 자격.
‖~**試驗**(しけん) 자격 시험.
 ~**任用**(にんよう) 자격 임용.
資金(しきん) 자금.
‖~**凍結**(とうけつ) 자금 동결.
 ~**洗淨**(せんじょう) 자금 세탁.
 ~**循環**(じゅんかん) 자금 순환.
 ~**繰り**(ぐり) 자금의 융통.
 ~**確保**(かくほ) 자금 확보.
資糧(しりょう) 자량. 자금과 양식.
資力(しりょく) 자력. 재력.
‖~**調査**(ちょうさ) 자력 조사.
資料(しりょう) 자료.
資望(しぼう) 자망. 가문과 인망. 신분과 명망.
資本(しほん) 자본. ♣~**家**(か) 자본가 / ~**金**(きん) 자본금 / ~**財**(ざい) 자본재.
‖~**勘定**(かんじょう)〖經〗자본 계정.
 ~**係數**(けいすう)〖經〗자본 계수.
 ~**市場**(しじょう)〖經〗자본 시장.
 ~**主義**(しゅぎ) 자본주의.
 ~**準備金**(じゅんびきん)〖法〗자본 준비금.
 ~**集約的産業**(しゅうやくてきさんぎょう)〖經〗자본 집약적 산업.
 ~**蓄積**(ちくせき)〖經〗자본 축적.
 ~**取引**(とりひき)〖經〗자본 거래.
資産(しさん) 자산. ♣~**家**(か) 자산가 / ~**株**(かぶ)〖經〗자산주.
‖~**勘定**(かんじょう)〖經〗자산 계정.
 ~**凍結**(とうけつ) 자산 동결.
 ~**再評価**(さいひょうか)〖經〗자산 재평가.
資性(しせい) 자성. 천성(天性).
資用(しよう) 자용. ①소요되는 금품. ②밑천(으로 씀).
資源(しげん) 자원. 「에 오름.
資蔭(しいん) 자음. 선대의 공로에 따라 벼슬
資益(しえき) 도와서 이익이 되게 함.
資材(しざい) 자재.
資財(しざい) 자재. 물자와 재산.
資質(ししつ) 자질. 「품.
資稟(しひん) 자품. 사람된 바탕과 타고난 성

| 14 石 [敎] | 磁(磁) | 지남석 자・자석 자
ジ |

[音読]
磁界(じかい) 자계. 자기장.
磁區(じく)〖理〗자기 구역.
磁極(じきょく) 자극. 자기극. 자석의 양극.
磁氣(じき) 자기. ♣~**量**(りょう) 자기량 / ~**力**(りょく) 자기력.
‖~**感応**(かんのう)〖理〗자기 유도.
 ~**記錄**(きろく) 자기 기록.
 ~**機雷**(きらい) 자기 기뢰.
 ~**コア記憶裝置**(コアきおくそうち) 자기 코어 기억 장치.
 ~**錄音**(ろくおん) 자기 녹음.
 ~**嵐**(あらし)〖理〗자기람. 자기 폭풍.
 ~**インク文字**(インクもじ) 자기 잉크 문자. ♣~**讀取り裝置**(よみとりそうち) 자기 잉크 문자 해독 장치.
 ~**薄膜記憶裝置**(はくまくきおくそうち) 자기 박막 기억 장치.
 ~**變態点**(へんたいてん)〖理〗자기 변태점. 자기 전이점(轉移點). 퀴리 온도.
 ~**浮上**(ふじょう) 자기 부상.
 ~**分離**(ぶんり) 자기 분리.
 ~**歪**(ひずみ)〖理〗자기 변형.
 ~**誘導**(ゆうどう)〖理〗자기 유도.
 ~**探査**(たんさ)〖鑛〗자기 탐사. 「법.
 ~**探傷法**(たんしょうほう)〖工〗자기 탐상
磁器(じき) 자기. 사기그릇.
磁力(じりょく)〖理〗자력. 자기력. ♣~**計**(けい) 자기력계 / ~**線**(せん) 자기력선.
‖~**選別**(せんべつ) 자기력 선별.
 ~**探査**(たんさ) 자기력 탐사.
磁路(じろ)〖理〗자로. 자기 회로. 「광.
磁硫鐵鑛(じりゅうてっこう)〖鑛〗자황철
磁壁(じへき)〖理〗자벽. 자기 구역벽.
磁變星(じへんせい)〖天〗변자성. 자기 변광성(變光星). 「광.
磁石(じしゃく) ①〖理〗자석. ②〖鑛〗자철
‖~**盤**(ばん) 자석반. 나침반.
磁性(じせい) 자성. ♣~**体**(たい)〖理〗자성
‖~**材料**(ざいりょう) 자성 재료. 「체.
磁束(じそく)〖理〗자속. 자기력선속(磁氣力線束).
‖~**密度**(みつど)〖理〗자기력선속 밀도.
磁心(じしん) 자심. 「치.
‖~**記憶裝置**(きおくそうち) 자심 기억 장

雌

14 隹 常

암컷 자
シ
め・めす

音読
雌伏(しふく) 자복. 장래의 활약을 기약하며 남에게 굴종하여 때를 기다림.
雌声(しせい) 자성. 기운 없는 목소리.
雌性(しせい) 자성. 암컷의 성질.
∥~配偶子(はいぐうし) 〖生〗 자성 배우자.
雌雄(しゆう) 자웅. 암컷과 수컷.
~を決(けっ)する 자웅을 결하다〔가리다〕.
∥~淘汰(とうた) 〖動〗 자웅 도태. 자웅 선
~同株(どうしゅ) 〖植〗 자웅 동주. 〔택.
~同体(どうたい) 〖動〗 자웅 동체. 암수한몸.
~異株(いしゅ) 〖植〗 자웅 이주. 암수딴그루.
~異体(いたい) 〖動〗 자웅 이체. 암수딴몸.
~異花(いか) 〖植〗 자웅 이화.
雌風(しふう) 자풍. 습기 찬 끈끈한 바람.
雌花(しか) 〖植〗 자화. 암꽃. *めばな로도 읽음.
雌黄(しおう) 자황. 황과 비소의 화합물.

訓読
雌 ㊀(めす) 동물의 암컷. *めろ도 읽음.
  ㊁(めん) 〈俗〉 암컷.
雌捻子(めねじ) 암나사.
雌螺旋(めねじ) ⇨ 雌捻子(めねじ).
雌螺子(めねじ) ⇨ 雌捻子(めねじ).
雌滝(めたき) 두 폭포가 가까이 있을 때 물살이 약하고 작은 쪽의 폭포.
雌馬(めうま) 암말.
雌宝香(めたからこう) 〖植〗 곤달비.
雌松(めまつ) 〖植〗 적송.
雌蕊(めしべ) 자예. 암꽃술. *しずい로도 읽음.
雌牛(めうし) 암소.
雌日芝(めひしば) 〖植〗 바랭이.
雌節 ㊀(めぶし) 가다랑어의 배쪽 살로 만든
   ㊁(しせつ) 자절. 남에게 복종하는 도(道). 〔포.
雌蝶(めちょう) 〖蟲〗 암나비.
雌竹(めだけ) 〖植〗 식대. 해장죽.
雌蛭木(めひるぎ) 〖植〗 홍수.

其他
雌鳥(めんどり) ① 날짐승의 암컷. *めどり로도 읽음. ② 암탉.
∥~羽(ば) 왼쪽을 위로, 오른쪽을 아래로 하여 겹치거나 갬. 또, 그 방법.

蔗

15 艹

사탕수수 자
シャ
さとうきび

音読
蔗境(しゃきょう) 자경. 가경(佳境).

其他
蔗糖(しょとう) 자당. 수크로오스(sucrose).

諮(谘)

16 言 常

물을 자
シ
はかる

音読
諮問(しもん) 자문.
∥~機関(きかん) 자문 기관.
諮詢(しじゅん) 자순. 자문.
諮議(しぎ) 자의. 자문하여 의논함.

訓読
諮る(はかる) 상의〔의논〕하다.

赭

16 赤

붉은흙 자・붉은빛 자
シャ
あか・あかつち

音読
赭色(しゃしょく) 자색. 적갈색.
赭顔(しゃがん) 불그스름한 얼굴.
赭熊(しゃぐま) ① 붉게 물들인 야크(yak)의 꼬리털. ② 고수머리로 만든 다리.
赭土(しゃど) 〖鑛〗 자토. 석간주(石間硃). *そおに로도 읽음.

訓読
赭面(あかつら) ① 붉은 얼굴. ② 歌舞伎(かぶき)에서, 악역(얼굴을 붉게 칠한 데서).
赭ら顔(あからがお) 불그레한 얼굴.

其他
赭(そお) 자토(赭土). 석간주(石間硃). 붉은 빛의 흙(안료로 씀).
赭船(そおぶね) 자토(赭土)를 붉게 칠한 배. *そほぶね로도 읽음.

髭

16 髟

윗수염 자
シ
ひげ

訓読
髭(ひげ) 수염. 윗수염. 〔양.
髭もじゃ(ひげもじゃ) 수염이 텁수룩한 모
髭結晶(ひげけっしょう) 특수한 제법에 의해 침상(針狀)으로 성장한 결정.
髭根(ひげね) 〖植〗 수근. 수염뿌리.
髭袋(ひげぶくろ) 턱수염을 넣을 수 있게 형겊으로 만든 주머니.
髭面(ひげづら) 수염이 많은 얼굴〔사람〕.
髭武者(ひげむしゃ) 온통 수염을 기른 무사.
髭題目(ひげだいもく) 〖佛〗 日蓮宗(にちれん

んしゅう)에서 일곱 글자로 되어 있는 명호 '南無妙法蓮華経(なむみょうほうれんげきょう)' 중의 법(法)자를 뺀 6자의 끝을 수영처럼 좌우로 길게 뻗쳐 쓴 것.
髭剃り(ひげそり) 면도질. 또, 면도칼.
髭黒(ひげくろ) 수염이 시커멓게 난 모양.

| 16 魚 | 鮓 | 젓 자
サ
すし |

音読➡
鮓答(さとう) 소·말·돼지·양 등의 담석이나 장내(腸内)의 결석《해독제로 씀》.
訓読➡
鮓(すし) ①초밥. 김밥. ②식해. 어초.

| 18 艹 | 藉 | 빌 자·깔 자·왁자할 적
シャ·セキ
かりる·しく |

音読➡
藉口(しゃこう) 자구. 빙자함. 핑계댐.
藉藉(せきせき) 자자. 여러 사람이 왁자지껄 떠드는 모양.

| 22 鳥 | 鷓 | 자고 자
シャ |

音読➡
鷓鴣(しゃこ) 〖鳥〗 자고(새). ♣**~斑**(はん) 〖美〗 자고반.

작

| 3 ク 常 | 勺 (勺) | 구기 작·잔 작
シャク
ひしゃく |

音読➡
勺(しゃく) 작. ①양(量)의 단위. 1홉(合)의 10분의 1. ②지면의 넓이의 단위. 1평의 100분의 1.
勺飲(しゃくいん) 작음. 적은 음료.

| 7 イ 教 | 作 | 지을 작·만들 작
サク·サ
つくる·なす |

音読➡
作(さく) ①작. 만듦. 또, 만든 것. 문학·조각(彫刻)·회화(繪畫)·음악 등의 예술품. ②작황(作況). 수확.
作する(さくする) 만들다. 제작하다.
作家(さっか) 작가. *さくかろ도 읽음.
作歌(さっか) ①작가. 노래를 지음. ②和歌(わか)를 지음. 또, 그 和歌. *さくかろ도 읽음.
作間(さくま) ①농작물을 심은 이랑과 이랑 사이. ②농한기.
‖**~稼ぎ**(かせぎ) 江戸(えど) 시대, 농민이 농한기에 농업 이외의 일로 수입을 얻음.
 ~渡世(とせい) 江戸(えど) 시대, '本百姓(ほんびゃくしょう)(=일종의 자작농)'가 영위하는 농업 이외의 광범한 영업.
作曲(さっきょく) 작곡. ♣**~家**(か) 작곡가.
作句(さっく) 俳句(はいく)를 만드는 일. 그 俳句.
作劇(さつげき) 각본의 형태로 극을 구성하는 일.
作男(さくおとこ) (농가의) 머슴.
作女(さくおんな) 고용되어 농사에 종사하는 여자.
作当たり(さくあたり) 농작물이 잘 됨. 풍작.
作大将(さくだいしょう) 농삿일을 하는 사내들 중에서 우두머리격인 자.
作刀(さくとう) 일본도(日本刀)를 만듦. 또, 그 만든 일본도.
作図(さくず) 작도. 제도(製圖).
作陶(さくとう) 도자기를 만듦.
作動(さどう) 작동.
作澪(さくれい) (김·조개 등의 양식 어장에서) 바닷가 개펄이나 후미의 물 흐름을 원활하게 하려고 수로를 파는 일.
作礼(さらい) 부처에게 경배함.
作例(さくれい) 작례. 시문(詩文) 등을 짓는 본보기나 실례.
作料(さくりょう) 물건을 만든 삯.
作毛(さくもう) 벼 이삭의 결실. *さくげ로도 읽음.
作目(さくもく) 작물 종류를 나타내는 이름.
作務(さむ) 〖佛〗 선종(禪宗)에서, 농사·청소 등의 작업.
‖**~衣**(え) 〖佛〗 일할 때 입는 옷.
作文 ㊀(さくぶん) ①작문. 글짓기. ②표현만은 좋으나 실질이 따르지 않는 것. 또, 그런 글. 「(詩作).
 ㊁(さくもん) 〈古〉 한시(漢詩) 짓기. 시작
作物 ㊀(さくぶつ) (그림·조각·문장 등의) 작품.
 ㊁(さくもつ) 작물. 농작물.
 ㊂(さくもの) ①명작(名作). 명인(名人)의 작품. ②☞㊀.
作法(さほう) ①예의 범절. ②작법. (시가·문장 등을) 만드는 법. *さくほう로도 읽음. ③불사(佛事)의 법식.
作柄(さくがら) ①작황(作況). ②예술 작품의 됨됨이. 작품으로서의 품위.
作病(さくびょう) 작병. 꾀병.
作付け(さくづけ) 작부. 작물을 심음.
‖**作付面積**(さくづけめんせき) 작부〔식부〕 면적.
作仏(さぶつ) 작불. 부처가 됨. 성불.
作事(さくじ) 작사. 토목·건축 따위의 공사.
‖**~場**(ば) 〈老〉 공사장. 공사 현장.

作詞(さくし) 작사. 가사를 지음.
作善(さぜん)〖佛〗작선. 선근(善根)을 쌓음.
作成(さくせい) 작성.
作述(さくじゅつ) ①선인(先人)의 의견을 기술하는 것과 새 학설을 내놓는 일. ②책을 저술하여 의견을 말함.
作詩(さくし) 작시. 시를 지음. 또, 그 시.
作業(さぎょう) 작업. ♣~服(ふく) 작업복/~員(いん) 작업원/~場(ば) 작업장.
‖~仮説(かせつ) 작업 가설.
~検査(けんさ) 작업 검사.
~曲線(きょくせん)〖心〗작업 곡선.
~管理(かんり) 작업 관리.
~教育(きょういく) 작업 교육.
~単元(たんげん)〖教〗작업 단원.
~療法士(りょうほうし) 작업 요법사. 심신 장애자의 사회 복귀를 목적으로 그들에게 훈련을 베푸는 사람.
~会計(かいけい) 작업 회계. 사업 회계.
作用(さよう) 작용. ♣~線(せん)〖理〗작용선/~因(いん)〖哲〗작용인. 동력인(因)/~点(てん)〖理〗작용점.
‖~反作用の法則(はんさようのほうそく)〖理〗작용 반작용의 법칙.
~心理学(しんりがく)〖心〗작용 심리학.
作為(さくい) 작위. ①겉을 잘 보이기 위하여 꾸밈. ②〖法〗적극적인 행위·동작 또는 거동. ♣~犯(はん)〖法〗작위범.
‖~的(てき) 작위적. 무리하게 또는 부자연스럽게 꾸민 모양.
~債務(さいむ)〖法〗작위 채무.
~体験(たいけん)〖心〗작위 체험.
作違い(さくちがい) 작황이 나쁨. 흉작.
作意(さくい) ①계략. 못된 의도. ②예술 작품의 제작 의도. 취향.
作人(さくにん) 작인. ①만드는 사람. 만든 사람. ②장원(莊園) 제도하의 농민으로서, 名主(みょうしゅ)에 대해 부담을 지는 자작농.
作字(さくじ)〖印〗쪽자를 여러 개 합치거나, 통자의 일부를 깎아 새 글자를 만듦.
作者(さくしゃ) 작자. (예술품을) 만드는 사람.
作場(さくば) 경작하는 장소. 논밭.
作戦(さくせん) 작전.
‖~計画(けいかく) 작전 계획.
~目標(もくひょう) 작전 목표.
~行動(こうどう) 작전 행동.
作庭(さくてい) 정원을 만듦.
作製(さくせい) 제작. 만듦.
作条(さくじょう) 씨를 뿌리려고 일정 간격으로 판 얕은 고랑.
作調(さくちょう) (그림 따위의) 작품의 격.
作州(さくしゅう)〖地〗美作国(みまさかの くに)의 딴이름. 지금의 岡山(おかやま) 현의 북동부.
作中(さくちゅう) 작중. 문학 작품, 특히 소설에 그려진 이야기 속.
作鍬(さくぐわ) 밭갈이에 쓰는 괭이.
作出(さくしゅつ) (새 품종을) 만들어 냄.
作土(さくど) 경토(耕土). 작물에 적당한 토양(土壌). 표토(表土).
作表(さくひょう) 표를 만드는 일.
作品(さくひん) 작품. ♣~集(しゅう) 작품집.
作風(さくふう) ①작풍. 작품에 나타난 개성적인 경향과 특징. ②(중국에서) 일의 방식. 활동 방법.
作画(さくが) 작화. 그림〔사진〕을 만듦.
作話(さくわ)〖心〗작화. 실제로는 체험하지 않은 일을 마치 체험한 것처럼 말하며, 자신은 그 허위를 인식하지 못함.
作況(さっきょう) 작황.
‖~指数(しすう) 작황 지수.
作興(さっこう) 작흥. 진흥함. *さくこうろ도 읽음.

[訓読]**す**(なす) 하다. 행하다.
❖**作る**(つくる) ①만들다. 제작〔제조〕하다. 설립〔조직〕하다. ②(아이를) 낳다. ③꾸미다. 화장하다. 거짓 지어내다.
作り ㊀(つくり) ①만듦(새). 됨됨이. ②몸매. 몸집. ③몸단장. 화장. 꾸밈새. ④꾸밈. ㊁(づくり)《接尾語로》만든 것. 만듦.
作りたてる(つくりたてる) ①만들어 내다. ②(화려하게) 꾸미다. 꾸며 내다.
作り倒れ(つくりだおれ) 농작물이 부실해서 쩨부러지는 일.
作り物(つくりもの) 모조품. 가짜.
作り物語(つくりものがたり) (사실에 의거하지 않고) 꾸며서 엮어낸 이야기.
作り眉(つくりまゆ) (기혼 여성이) 눈썹을 밀고, 눈썹먹으로 그림. 또, 그 눈썹.
作り方(つくりかた) ①만드는 방법. ②만든 양식〔구조〕. 만든 모양새.
作り病(つくりやまい) ①꾀병. ②마음가짐이 원인이 되어 발생한 질병.
作り山伏(つくりやまぶし) 가짜 수도자〔수행자〕.
作り付け(つくりつけ) 붙박이. 또, 그렇게 만든 물건.
作り事(つくりごと) ①만든 것. ②꾸며 낸 일. 조작한 일. 거짓말.
作り上げる(つくりあげる) ①만들어 내다. 완성하다. ②꾸며 내다. 날조하다.
作り声(つくりごえ) 꾸민 목소리. 가성(假聲).
作り成す(つくりなす) ①만들어 이루다. ②그럴싸하게 모조하다.
作り笑い(つくりわらい) 거짓 웃음. 억지 웃음.
作り身(つくりみ) ①생선 살토막. ②〈関西方〉생선회.
作り眼(つくりまなこ) ①무섭게 보이려고 부릅뜬 눈. ②애교스럽게 보이려고 눈웃음을 치는 눈.
作り顔(つくりがお) (본 얼굴과 달리) 꾸민 얼굴 모양.
作り言(つくりごと) 꾸며낸 이야기. 거짓말.
作り映え(つくりばえ) 화장과 몸치장을 하여 아름답게 보이는 일.
作り泣き(つくりなき) 슬프지도 않으면서 우는 일. 또, 그 울음.

作り人(つくりびと) 작자.
作り字(つくりじ) ①한자를 본떠서 만든 글자. ②제멋대로 만든 글자. 거짓 글자.
作り直す(つくりなおす) (좋지 않은 것을 좋게) 고쳐 만들다. 다시 만들다.
作り替える(つくりかえる) ①(헌것 대신으로) 다시 만들다. ②고쳐 만들다.
作り出す(つくりだす) ①만들기 시작하다. ②만들어 내다. 생산하다. 창작[창조]하다.
作り取り(つくりどり) 연공(年貢)이 면제되어 경작한 논·밭의 수확물이 모두 자기 소유로 되는 일. 「농아둠.
作り置き(つくりおき) 만들어서 며칠 동안
作り親(つくりおや) 수양 부모.
作り合わせ(つくりあわせ) 건물의 동과 동, 처마와 처마가 이어진 곳.
作り合わせる(つくりあわせる) ①몇가지 부품(部品)을 제조하여 하나로 만들다. ②결맞도록 만들다.
作り花(つくりばな) 조화(造花).
作り話(つくりばなし) 만들어 낸 이야기. 조작한[꾸며낸] 이야기.
作り絵(つくりえ) 묵화(墨畫)에 색칠을 함. 또, 그 그림.

[其他]
作麼(そも) ☞作麼生(そもさん).
作麼生(そもさん) 『佛』 어떠냐. 자 어떤가. 선종(禪宗)에서 대답과 설명을 재촉할 때 쓰는 말.

| 7
木 | 杓 | 구기 작·북두자루 표
シャク
ひしゃく |

[音読]
杓う(しゃくう) 〈俗〉(액체를) 뜨다.
杓る(しゃくる) ①〈俗〉(물 등을) 떠내다. 뜨다. ②후비다. 파다. ③치켜 올리다.
杓立て(しゃくたて) (다도에서) 국자와 부젓가락을 세워 두는 기구. 「준말.
杓子(しゃくし) ①국자. 주걱. ②杓子面의 ‖~渡し(わたし) 시어머니가 며느리에게 주부권(집안 살림)을 넘김.
~面(づら) 주걱상(相). (주걱처럼) 이마와 턱이 나온 얼굴.
~定規(じょうぎ) ①부정확한 자(尺). ②융통성 없는 방법. 태도.
~菜(な) 『植』体菜(たいさい)의 딴이름. 배추의 일종.

[訓読]
杓(ひしゃく) 국자. *しゃく로도 읽음.

[其他]
杓文字(しゃもじ) 〈宮中女〉 주걱.

| 7
火 | 灼 | 사를 작·밝을 작
シャク
やく·あらたか |

[音読]
灼骨(しゃっこつ) 작골. 점(占)치기 위하여 뼈를 사름.
灼然(しゃくぜん) 작연. ①빛나는 모양. ②명백한 모양.
灼熱(しゃくねつ) 작열.
灼灼(しゃくしゃく) 작작. ①빛나는 모양. ②꽃이 한창 피어 있는 모양.

[訓読]
灼か(あらたか) (신불의 영검이나 약효가) 현저함.

| 7
艹 | 芍 | 작약 작·함박꽃 작
シャク |

[音読]
芍薬(しゃくやく) 작약.

| 9
日
[教] | 昨 | 어제 작
サク
きのう |

[音読]
昨(さく) ①어제. 지난날. 전날. 이전. ②《接頭語로》작. 지난.
昨今(さっこん) 작금. 요즈음. *さくこんの로도 읽음.
昨年(さくねん) 작년. 지난 해.
昨年度(さくねんど) 작년도.
昨冬(さくとう) 작동. 지난(해) 겨울.
昨晩(さくばん) 어젯밤. 작야(昨夜). 간밤.
昨夢(さくむ) 작몽. 지난밤의 꿈.
昨報(さくほう) 작보. 어제의 보도.
昨非今是(さくひこんぜ) 작비금시. 형편이 달라져서 어제까지 나쁘다고 생각한 것이 오늘은 좋다고 생각됨.
昨夕(さくゆう) 작석. 어젯저녁. *さくせき로도 읽음.
昨宵(さくしょう) 작소. 어젯밤.
昨夜(さくや) 작야. 어젯밤. 간밤. *ゆうべ로도 읽으며, 方言으로는 ゆんべ, 古語로는 よべ·こぞ라고도 함.
昨月(さくげつ) 작월. 지난 달.
昨朝(さくちょう) 작조. 어제 아침.
昨週(さくしゅう) 작주. 지난 주.
昨紙(さくし) 작지. 어제치의 신문.
昨秋(さくしゅう) 작추. 지난 가을.
昨春(さくしゅん) 작춘. 지난 봄.
昨夏(さっか) 작하. 작년 여름. *さくか로도 읽음.
昨暁(さくぎょう) 작효. 어제 새벽(녘).

[其他]
昨日(きのう) 작일. 어제. *さくじつ로도 읽음. 「작금.
‖~今日(きょう) ①어제와 오늘. ②요즘.
~の今日(きょう) 그 일이 있었던 다음날인 오늘. 그 일이 있고 나서 곧.

9 木	柞	떡갈나무 작 サク ははそ

音読
柞蚕(さくさん)〖蟲〗작잠. 멧누에.
∥~糸(し) 멧누에고치의 실.

訓読
柞(ははそ)〈雅〉갈참나무・참나무 등 잡목.

9 火	炸	터질 작 サク はじける

音読
炸裂(さくれつ) 작렬.
炸薬(さくやく) 작약. 포탄・폭탄 등의 속에 채워 넣은 폭약.

10 酉 常	酌 (酌)	따를 작・참작할 작 シャク くむ

音読
酌(しゃく) 술을 (잔에) 따름.
酌量(しゃくりょう) 작량. 참작.
∥~減軽(げんけい)〖法〗작량 감경.
酌例(しゃくれい) 작례. 비론(比論).
酌婦(しゃくふ) 작부. 접대부.
酌人(しゃくにん) 작인. 술을 따라 주는 사람.
酌取り(しゃくとり) (술자리에서) 술을 따름. 또, 그 시중을 드는 사람.

訓読
❖酌む(くむ) ①(술 따위를 그릇에) 따라서 마시다. ②추측하다. (딱한 사정을) 참작하다.
酌み干す(くみほす) 술을 몽땅 마시다. 잔을 비우다.
酌み交わす(くみかわす) 술잔을 주고 받다.
酌み量る(くみはかる) 작량하다. 헤아리다.

11 女	婥	예쁠 작・예쁜모양 작 シャク

音読
婥約(しゃくやく) 작약. 자태가 가냘프고 맵시가 있음.

11 隹	雀	참새 작 ジャク すずめ

音読
雀羅(じゃくら) 『門前(もんぜん)~を張(はる)』 문전에 새그물을 치다. 찾아오는 사람이 없을 정도로 영락함의 비유(『雀羅』는 새를 잡는 그물의 뜻).
雀卵斑(じゃくらんはん) 작란반. 주근깨.
雀斑(じゃくはん) 작반. 주근깨.
雀躍(じゃくやく) 작약. 좋아서 날뛰며 기뻐함.

訓読
雀(すずめ)〖鳥〗참새.
~の躍り足(おどりあし) 글씨가 서투른 것의 비유. 「로도 읽음.
雀蜂(すずめばち)〖蟲〗말벌. *くまんばち
雀色(すずめいろ) 참새빛. 다갈색(茶褐色).
∥~時(どき) 황혼. 저녁 나절.
雀焼き(すずめやき) ①참새 구이. ②등을 가르고 간장을 발라 구운 붕어.
雀踊り(すずめおどり) 참새 모양을 흉내내어, 삿갓을 쓰고 추는 춤.
雀枝(すずめえだ)〈方〉작은 가지.
雀鮨(すずめずし)〖料〗붕어 또는 작은 도미의 배를 째고 식해를 채워 넣은 것.
雀合戦(すずめがっせん) 많은 참새들이 나무에 모여 요란스레 다투는 일.
雀形(すずめがた) 참새가 날개를 편 모양을 도안화한 무늬.

其他
雀斑(そばかす) 주근깨.
雀鯎(えっさい)〖鳥〗조롱이의 수컷.
雀躍り(こおどり) 작약(雀躍). 덩실거림.
雀鷂(つみ)〖鳥〗조롱이.
雀榕(あこう)〖植〗용(榕)나무.
雀鷹(つみ)〖鳥〗⇨ 雀鷂(つみ).

14 糸	綽	너그러울 작・여유있을 작 シャク ゆるやか

音読
綽約(しゃくやく) 작약. 자태가 가냘프고 맵시가 있음.
綽然(しゃくぜん) 작연. 여유가 있는 모양.
綽綽(しゃくしゃく) 작작. 침착하고 여유있는 모양.
∥~然(ぜん) ☞綽綽.

其他
綽名(あだな) 별명.

17 爪 常	爵 (爵)	작위 작・술잔 작 シャク さかずき

音読
爵(しゃく) 작. ①옛날 중국 술잔의 한 가지. ②귀족의 계급. 작위.
爵禄(しゃくろく) 작록. 작위와 녹봉.
爵封(しゃくほう) 작봉. 작위와 봉읍(封邑).
爵位(しゃくい) 작위.
爵号(しゃくごう) 작호. 작위의 칭호.

19 鳥	鵲	까치 작 ジャク かささぎ

[音読]
鵲橋(じゃっきょう) 작교. 오작교.

[訓読]
鵲(かささぎ) 〖鳥〗까치.　　　　　　「충계.
∥～の橋(はし) ①오작교. ②〈古〉궁중의

[其他]
鵲豆(ふじまめ) 〖植〗까치콩.

| 21
口 | 嚼 | 씹을 **작**·맛볼 **작**
シャク
かむ |

[訓読]
嚼む(かむ) (깨)물다. 씹다.

잔

| 10
刂 | 剗 | 깎을 **잔**·벨 **전**
セン・サン
けずる・かる |

[音読]
剗削(せんさく) 잔삭. 깎아냄.

| 10
木
常 | 桟(棧) | 잔교 **잔**
サン
かけはし |

[音読]
桟(さん) ①판자가 휘지 않도록 덧대는 띳장. ②창살. ③문단속에 쓰는 비녀장.
桟橋(さんばし) ①잔교. 선창. 부두. ＊さんきょう로도 읽음. ②(공사장에서) 높은 곳을 오르내리기 위해 설치한 널비계.
桟道(さんどう) 잔도. ①벼랑길. ②절벽 사이에 걸쳐 놓은 다리.
桟梯(さんてい) 벼랑 따위에 걸친 사다리.
桟俵(さんだわら) 쌀 가마니의 짚으로 만든 아래윗막이.
桟俵法師(さんだらぼっち) ☞桟俵(さんだわら). ＊さんだらぼうし로도 읽음.
桟戸(さんど) 뒤에 띳장을 댄 튼튼한 문짝.

[其他]
桟敷(さじき) 판자를 깔아서 높게 만든 관람석. ＊さんじき로도 읽음.

| 10
歹
敎 | 残(殘) | 남을 **잔**·해칠 **잔**
ザン
のこる・のこす・
そこなう |

[音読]
残(ざん) 나머지. 잔액. 잔고.　　　　「류.
残簡(ざんかん) 잔간. 일부만 남아 있는 서
残欠(ざんけつ) 잔결. 역사적 유물 등의 일부가 없어져 불완전함. 또, 그런 물건.
残更(ざんこう) 잔경. 날이 샐 무렵. 곧, 오경(五更).
残高(ざんだか) 잔고. 잔액.
残光(ざんこう) 잔광. 저녁 때의 약한 햇빛.
残丘(ざんきゅう) 〖地〗잔구.
残菊(ざんぎく) 잔국. 늦가을에서 초겨울까지 피어 있는 국화.
∥～の宴(えん) 음력 10월 15일에 행해졌던 궁중 행사.
残券(ざんけん) ①팔다 남은 입장권. ②(뜯어 내고 남은) 반쪽 표.
残闕(ざんけつ) ⇨残欠(ざんけつ).
残金(ざんきん) 잔금.
残年(ざんねん) 잔년. 여생. 남은 생명.
残念(ざんねん) ①분함. 억울함. ②유감스러움. 아쉬움.
∥～賞(しょう) 경기 대회나 복권 따위에서 아깝게 입상하지 못하거나 당첨하지 못한 사람에게 주는 상. 애석상.
～会(かい) 목적을 이루지 못한 사람을 위로하거나 그같은 처지의 사람끼리 모여 서로 위로하는 모임.
残尿(ざんにょう) 〖醫〗잔뇨.
残党(ざんとう) 잔당.
残徒(ざんと) 잔도.
残灯(ざんとう) 잔등. 타다 남은 등불.
残量(ざんりょう) 잔량.
残暦(ざんれき) ①연말이 가까워 얼마 남지 않은 날짜. ②나이 들어 얼마 남지 않은 생명.
残涙(ざんるい) 잔루. 눈물 자국.　　　「여명.
残塁(ざんるい) 〖野〗잔루.
残留(ざんりゅう) 잔류.
∥～鉱床(こうしょう) 〖地〗잔류 광상.
～農薬(のうやく) 잔류 농약.
～放射能(ほうしゃのう) 잔류 방사능.
～応力(おうりょく) 〖理〗잔류 응력.
～磁気(じき) 〖理〗잔류 자기.　　　「낀 것.
残溜(ざんりゅう) 잔류. 남아서 괴다. 또, 그
残類(ざんるい) 잔당. 남은 무리.
残亡(ざんぼう) 잔망. 패망.
残滅(ざんめつ) 잔멸. 패하여 멸망함.
残夢(ざんむ) 잔몽.
残務(ざんむ) 잔무.
残物(ざんぶつ) 잔물. 나머지 물건.
残飯(ざんぱん) 잔반. 먹다 남은 밥.
残杯(ざんぱい) 잔배. 잔에 마시다 남은 술.
残盃(ざんぱい) ⇨残杯(ざんぱい).
残兵(ざんぺい) 잔병. 패잔병.
残本(ざんぽん) 잔본. 팔다 남은 책.
残部(ざんぶ) ①잔부. 나머지 부분. ②잔품. 팔다 남은 상품.
残渣(ざんさ) 잔사. 찌꺼기.
残山剰水(ざんざんじょうすい) 잔산 잉수. 산수화의 구도법.
残殺(ざんさつ) 잔살. 잔인하게 죽임.
残像(ざんぞう) 잔상.
残生(ざんせい) 잔생. 여생. 남은 생애.
残暑(ざんしょ) 잔서. 늦더위.
∥～見舞い(みまい) 늦여름에 문명을 감안을 드림]. 또, 문안 편지나 선물을 보냄.

残雪(ざんせつ) 잔설.
残声(ざんせい) 오랜 세월 단련하여 깊은 맛이 나는 매력 있는 목소리. 「생별.
残星(ざんせい) 잔성. 새벽녘에 보이는 별.
残心(ざんしん) ①불만이나 미련이 남는 일. ②무도(武道)에서의 마음가짐. 하나의 동작이 끝나도 긴장을 풀지 않는 일.
残額(ざんがく) 잔액.
残桜(ざんおう) 잔앵. 지다 남은 벚꽃.
残鶯(ざんおう) 잔앵. 봄이 지나도 우는 휘파람새.
残夜(ざんや) 잔야. 새벽녘.
残陽(ざんよう) 잔양. 거의 넘어가는 햇빛.
残業(ざんぎょう) 잔업.
∥~手当(てあて) 잔업 수당.
残余(ざんよ) 잔여.
∥~財産(ざいさん)〔法〕잔여 재산.
残烟(ざんえん) ⇨ 残煙(ざんえん).
残煙(ざんえん) 잔연. 사라져 가는 연기.
残炎(ざんえん) 잔염. 늦더위.
残映(ざんえい) 잔영. 저녁놀.
残影(ざんえい) 잔영.
残雨(ざんう) 잔우. 큰비나 장마철이 끝날 무렵 조금씩 오는 비.
残月(ざんげつ) 잔월. 새벽달.
残忍(ざんにん) 잔인.
残日(ざんじつ) 잔일. 저무는 해.
残滓(ざんさい) 잔재. 나머지. 찌꺼기.
＊ざんしロドモ 읽음.
残滴(ざんてき) 잔적. 여적(餘滴).
残賊(ざんぞく) 잔적. 여적(餘賊).
残敵(ざんてき) 잔적.
残積土(ざんせきど)〔地〕잔적토.
残照(ざんしょう) 잔조. 저녁놀.
残存(ざんそん) 잔존. ＊ざんぞん으로도 읽음. ♣~者(しゃ) 잔존자 / ~種(しゅ) 잔존
∥~部数(ぶすう) 잔존 부수. 「종.
~主権(しゅけん) 잔존 주권.
残喘(ざんぜん) 잔천. 나이 먹어 얼마 남지 않은 목숨. 여생.
残聴(ざんちょう) 청력(聽力) 손실이 꽤 크나 어느 정도의 청력이 남아 있는 상태.
残燭(ざんしょく) 잔촉. 새벽까지 남아 있는 등불.
残秋(ざんしゅう) 잔추. 늦가을.
残春(ざんしゅん) 잔춘. 늦봄.
残置(ざんち) 잔치. 남겨 둠.
残土(ざんど) 토목 공사에서 파내 버리는 흙.
残片(ざんぺん) 잔편. 남은 조각.
残編(ざんぺん) 잔편. 산질(散帙)하여 남은
残暴(ざんぼう) 잔포. 잔학. 「책.
残品(ざんぴん) 잔품.
残虐(ざんぎゃく) 잔학.
残寒(ざんかん) 잔한. 여한(餘寒). 봄추위.
残害(ざんがい) 잔해. 상해(傷害)를 입힘. 또, 죽임.
残骸(ざんがい) 잔해. ①산산이 부서지고 남은 조각. ②살해되어 유기된 시체.
残香(ざんこう) 잔향. 남아 있는 향기.

残響(ざんきょう) 잔향. 여음(餘音). 반향
残酷(ざんこく) 잔혹. 참혹. 「(反響).
残火(ざんか) 잔화. 타다 남은 불.
残花(ざんか) 잔화. 떨어지고 남은 꽃.
残灰(ざんかい) 타고 남은 재.
残懐(ざんかい) 잔회. 마음속에 남은 회포.
残肴(ざんこう) 잔효. 먹다 남은 요리[술안
残曛(ざんくん) 잔조(残照). 낙조. 「주].
残痕(ざんこん) 잔흔. 남은 흔적. 흉터.
訓読➡
残らず(のこらず) 남김없이. 전부.
残んの(のこんの)〈雅〉남은. 남아 있는.
❖残す(のこす) 남기다. 남겨 두다. 「뜻.
残し(のこし)《接尾語로》남김・남은 것의
❖残る(のこる) (뒤에) 남다. 여분이 생기다.
残り(のこり) ①남은 것. 나머지. ②여명. 여생.
残りなく(のこりなく) 남김없이. 모두.
残り久し(のこりひさし) 앞길이 창창하다.
残りの年(のこりのとし) 여생이 얼마 남지 않은 나이. 「하다.
残り多い(のこりおおい) 미련이 남다. 섭섭
残り物(のこりもの) 남은 것.
残り惜しい(のこりおしい) (이별이) 섭섭하다. 서운하다. 아쉽다.
残り少な(のこりずくな) 나머지 수량이 적은 모양. 「적다.
残り少ない(のこりすくない) 남은 수량이
残りの月(のこりのつき) 지새는 달.
残り滓(のこりかす) 남은 찌꺼기.
残り香(のこりが) 잔향. 그 사람이 없어진 뒤에도 남아 있는 향기[체취]. ＊のこりがロド
残り火(のこりび) 타다 남은 불. 「읽음.
残り灰(のこりばい) 타고 남은 재.

| 12
尸 | 孱 | 잔약할 잔
セン
よわい |

音読➡
孱弱(せんじゃく) 잔약. 허약함. 섬약.

| 13
皿 | 盞 | 잔 잔
サン
さかずき |

訓読➡
盞(さかずき) 술잔.

| 15
氵 | 潺 | 졸졸흐를 잔
セン |

音読➡
潺湲(せんかん) 잔원. ①물이 흐르는 모양. 또, 그 소리. ②눈물이 줄줄 흐르는 모양.
潺潺(せんせん) 잔잔. 얕은 물이 졸졸 흐르는 모양[소리].

잠

| 7 山 | 岑 | 산봉우리 잠
シン
みね |

音読
岑岑(しんしん) 잠잠. 머리가 아픈 모양.

| 10 氵 | 涔 | 괸물 잠·비죽죽울 잠
シン・ジン
ひたす |

音読
涔涔(しんしん) 잠잠. 비가 많이 오는 모양.

| 10 虫 教 | 蚕 (蠶) | 누에 잠
サン
かいこ・こ |

音読
蚕具(さんぐ) 잠구.
蚕卵(さんらん) 잠란. 누에의 알. ♣~紙(し) 잠란지.
蚕齢(さんれい) 잠령.
蚕糸(さんし) 잠사. ①생사. 명주실. ②양잠과 제사(製絲). ♣~業(ぎょう) 잠사업.
蚕沙(さんさ) ⇨ 蚕沙(さんさ).
蚕砂(さんさ) 잠사. 누에의 똥이나 먹다 남은 뽕잎.
蚕渣(さんさ) ⇨ 蚕沙(さんさ).
蚕食(さんしょく) 잠식.
蚕室(さんしつ) 잠실. 누에 치는 방.
蚕児(さんじ) 잠아. 누에.
蚕業(さんぎょう) 잠업. 양잠업.
蚕蛹(さんよう) 잠용. 누에의 번데기.
蚕簇(さんぞく) 잠족. 누에섶.
蚕種(さんしゅ) 잠종. 누에씨.
∥~改良(かいりょう) 잠종 개량.
蚕紙(さんし) 잠란지(蠶卵紙). 누에나방이 알을 슬게 하는 종이.

訓読
蚕㊀(かいこ) 누에.
㊁(こ)《接頭語적으로》누에의 뜻.
蚕霊(こだま) 양잠의 수호신.
∥~祭り(まつり) 양잠의 신에게 올리는 제사. 「음.
蚕糞(こくそ) 잠분. 누에똥. *こぐそ로도 읽
蚕棚(こだな) 누에 치는 선반. *かいこだな로도 읽음.
蚕飼い(こがい) 누에치기. 양잠(養蠶).
蚕蛾(かいこが) 『蟲』 누에나방. *さんがで도 읽음.
蚕玉(こだま) ⇨ 蚕霊(こだま).
蚕屋(こや) 양잠을 하는 집. 또, 그 방.
蚕下(こした) 누에똥.

其他
蚕豆(そらまめ) 『植』 잠두. 잠두콩. 누에콩.
*さんとうど로 읽음.
蚕簿(まぶし) 잠족(蠶族). (누에)섶.

| 15 氵 常 | 潜 (潛) | 잠길 잠·자맥질할 잠
セン
ひそむ・ひそめる・もぐる・くぐる・かずく |

音読
潜居(せんきょ) 잠거. 숨어 삶.
潜考(せんこう) 잠고. 마음을 가라앉히고 깊이 생각함.
潜窟(せんくつ) 잠굴. 숨어 사는 곳.
潜匿(せんとく) 잠닉. 숨음. 숨김.
潜力(せんりょく) 잠재력.
潜流(せんりゅう) 『海』 잠류.
潜望鏡(せんぼうきょう) 잠망경.
潜没(せんぼつ) 잠몰. ①물속에 잠김. ② 잠수함이 잠항함.
潜伏(せんぷく) 잠복. ♣~期(き) 잠복기.
∥~感染(かんせん) 잠복 감염.
潜思(せんし) 잠사. 마음을 가라앉히고 깊이 생각함.
潜像(せんぞう) 『理』 잠상.
潜性(せんせい) ①『生』 잠성(潛性). ②안에 숨어 겉으로 드러나지 않는 성질.
潜勢力(せんせいりょく) 잠(재)세력.
潜水(せんすい) 잠수. ♣~球(きゅう) 잠수구/~病(びょう) 잠수병/~服(ふく) 잠수복/~夫(ふ) 잠수부〔사〕/~士(し) 잠수사/~艇(てい) 잠수정/~艦(かん) 잠수함.
∥~母艦(ぼかん) 잠수 모함.
~泳法(えいほう) 잠수 영법. 잠영(潛泳).
~肺(はい) 아쿠아렁(Aqua-Lung). 수중 호흡
潜心(せんしん) 잠심. 몰두.
潜熱(せんねつ) 잠열. ①내부에 잠겨 외부에 나타나지 않는 신열. ②『理』 물체가 융해·기화(氣化)할 때 흡수하고, 응결할 때 내는 열.
潜入(せんにゅう) 잠입.
潜蔵(せんぞう) 잠장. 내장.
潜在(せんざい) 잠재. ♣~的(てき) 잠재적.
∥~成長力(せいちょうりょく) 잠재 성장
~需要(じゅよう) 잠재 수요. 「력.
~失業(しつぎょう) 잠재 실업.
~意識(いしき) 잠재 의식.
~主権(しゅけん) 잠재 주권.
潜堤(せんてい) 잠제. 파도의 파괴력을 감쇄하려고 해안에 설치한 수중 구조물.
潜出血(せんしゅっけつ) 『醫』 잠출혈. 잠혈.
潜脱(せんだつ) 『法』 금지된 수단 이외의 방법을 써서 법의 규제를 면함.
潜函(せんかん) 『建』 잠함. 잠상(潛箱).
∥~工法(こうほう) 잠함 공법.
~病(びょう) 잠함병. 잠수병(潛水病).
潜艦(せんかん) 잠(수)함.
潜航(せんこう) 잠항. ①수중을 항해함. ② 몰래 항해함. ♣~艇(てい) 잠항정.
潜行(せんこう) 잠행. 잠입.

‖ **~時間**(じかん) 잠행 시간.
~運動(うんどう) 잠행 운동. 지하 운동.
潜幸(せんこう) 잠행. 미행(微行).
潜血(せんけつ) [醫] 잠혈. 잠출혈.
‖ **~反応**(はんのう) 잠혈 반응.

訓読

潜まる(ひそまる) ① 숨다. 잠재하다. ② 잠잠[조용]해지다.
潜む(ひそむ) 숨어 있다. 잠복하다. 잠재하다.
潜める(ひそめる) ① 숨기다. 감추다. ② (소리를) 낮추다[죽이다].
❖**潜く**(かずく) ① 자맥질하다. 잠수하다. ② 자맥질[잠수]하여 조개・해초 등을 채취하다.
潜き(かずき) 자맥질하여 물고기를 잡음.
❖**潜る** ㊀(もぐる) ① 잠입하다. 잠수하다. 숨어들다. ② 기어들다. 몰래 숨어서 하다.
㊁(くぐる) ① 빠져 나가다. ② 잠수하다.
潜り ㊀(もぐり) ① 잠수. 자맥질. ② 면허[허가]없이 몰래 하는 짓. 또, 그 사람. ③ 어느 집단의 한 일원으로 인정할 수 없는 일. 또, 그 사람. 가짜.
㊁(くぐり) ① 허리를 굽히고 빠져 나감. ② 潜り戸(くぐりど)의 준말. ③ 潜り門(くぐりもん)의 준말.
潜り門(くぐりもん) 쪽문.
潜り抜ける(くぐりぬける) ① 빠져 나가다. ② (곤란 등을) 헤어나다.
潜り屋(もぐりや) 거래소 회원이 아닌 자가 몰래 회원의 업무를 함.
潜り込む(もぐりこむ) 잠입하다. 숨어들다.
潜り戸(くぐりど) 쪽문.

| 15
日
常 | 暫 | 잠깐 **잠**
ザン
しばらく |

音読

暫時(ざんじ) 잠시.
暫定(ざんてい) 잠정. ♣**~的**(てき) 잠정적.
‖ **~免許**(めんきょ) 잠정 면허.
~税率(ぜいりつ) 잠정 세율.
~予算(よさん) 잠정 예산.
~処置(しょち) 잠정 조치.
暫且(ざんしょ) 잠시. 잠깐 동안.

訓読

暫く(しばらく) ① 잠깐. ② 오래간만. 당분간. ③ 일단. 가령.
暫くも(しばらくも) 조금도.
暫し(しばし) 〈雅〉 잠깐. 잠시.
暫く振り(しばらくぶり) 오래간만.

| 15
竹 | 箴 | 바늘 **잠**・경계할 **잠**
シン
はり・いましめ |

音読

箴(しん) 훈계. 잠언.
箴言(しんげん) 잠언. 교훈이 되는 말.

| 18
竹 | 簪 | 비녀 **잠**
シン
かざす・かんざし |

訓読

簪(かんざし) ① 비녀. ② 관(冠)의 부속품.

잡

| 13
火 | 煠 | 삶을 **잡**
ソウ・ヨウ
やく・ゆでる・いためる |

訓読

❖**煠める**(いためる) 기름에 볶다. 지지다.
煠め(いため) 볶음. 지짐.

| 14
隹
敎 | 雜 (雜) | 섞일 **잡**・어수선할 **잡**
ザツ・ソウ
まじる・まぜる・まざる |

音読

雜 ㊀(ざつ) 영성함. 거칢. 조잡함.
㊁(ぞう) 잡. 和歌(わか)・俳諧(はいかい) 분류의 하나로, 어느 항목에도 들지 않는 것을 한데 모은 부류(部類).
雜家(ざっか) 잡가. 중국 춘추 전국 시대에 유(儒)・묵(墨)・명(名)・법(法)・도(道) 등 제가(諸家)의 설을 종합・참작한 학설. 또, 그 학파.
雜歌(ぞうか) 가집(歌集)의 분류의 하나.
雜感(ざっかん) 잡감. 여러 잡다한 생각[감상].
雜芥(ざっかい) (부엌 쓰레기 외의) 잡다한 쓰레기.
雜居(ざっきょ) 잡거. ♣**~房**(ぼう) 잡거 감방.
雜巾(ぞうきん) 걸레.
雜件(ざっけん) 잡건. 잡다한 사건[용건].
雜犬(ざっけん) 잡견. 잡종개.
雜考(ざっこう) 잡고. 일정한 계통이 서 있지 않은 여러 가지 사항의 고찰・고증.
雜稿(ざっこう) 잡고. 여러 가지 잡다한 기사・글. 잡문.
雜曲(ざっきょく) 잡곡. ① 아악 이외의 여러 가지 음곡. ② 유행가. 속곡(俗曲).
雜穀(ざっこく) 잡곡.
雜観(ざっかん) 잡관. 여러 가지 관찰.
雜交(ざっこう) 〖生〗 잡교. 교잡.
雜口(ぞうこう) 쓸데없는 이야기. 욕지거리.
雜具(ぞうぐ) 잡구. 여러 가지 도구.
雜菌(ざっきん) 잡균.
雜劇(ざつげき) 잡극. 중국의 송・원(元) 이후의 극의 총칭.
雜給与(ざっきゅうよ) 잡급. 본봉 이외의 여러 급여.
雜技(ざつぎ) 잡기.
雜記(ざっき) 잡기. ♣**~帳**(ちょう) 잡기장.

雑器(ざっき) 잡기. 갖가지 기물.
雑嚢(ざつのう) 잡낭. 여러 가지 물건을 넣는 전대(纏帶).
雑念(ざつねん) 잡념. *ぞうねん으로도 읽음.
雑闘(ざっとう) ⇨ 雑踏(ざっとう).
雑多(ざった) 잡다.
雑談(ざつだん) 잡담. *ぞうだん으로도 읽음.
雑踏(ざっとう) 잡답. 혼잡. 붐빔.
雑読(ざつどく) 특정의 목적 없이 다방면의 책을 닥치는대로 읽음.
雑乱(ざつらん) 잡란. 혼란.
雑慮(ざつりょ) 마음을 어지럽게 하는 생각.
雑録(ざつろく) 잡록.
雑綿(ざつめん) 잡면. 미국산보다 나쁜 목화.
雑木(ぞうき) 잡목. *ざつぼく・ぞうぼく로도 읽음. ♣~林(ばやし) 잡목림.
雑務(ざつむ) 잡무. *ぞうむ로도 읽음.
雑文(ざつぶん) 잡문.
雑問(ざつもん) 잡문. 잡다한 질문〔문제〕.
雑物(ぞうもつ) 잡물. 잡동사니. 잡살뱅이. *ざつぶつ로도 읽음.
雑駁(ざっぱく) 잡박. 잡다하고 통일성이 없음.
雑俳(ざっぱい) 俳諧(はいかい)에서 나온 前句付(まえくづけ)・冠付(かむりづけ)・折句(おりく) 등, 다양한 단시형(短詩形)으로 된 서민 문예의 총칭.
雑輩(ざっぱい) 잡배. 잡된 무리. 잡것들.
雑排水(ざっぱいすい) 생활 폐수. *ざつはいすい로도 읽음.
雑兵(ぞうひょう) 졸병. *ざっぴょう로도 읽음.
雑報(ざっぽう) 잡보. 신문・잡지 등의 사회면 기사.
雑粉(ざっぷん) 잡분. 밀가루 이외의 곡물 가루(를 섞은 것).
雑肥(ぞうひ) 〖農〗 잡비료.
雑費(ざっぴ) 잡비.
雑仕(ぞうし) ①궁중에서 잡무를 맡아보던 직뇨. ②'雑仕女(ぞうしめ)(=잡무에 종사하던 궁녀)'의 준말. 무수리.
雑事(ぞうじ) 잡사. 여러 가지 자질구레한 일. 잡다한 일. *ざつじ로도 읽음.
雑色 ㊀(ざっしょく) 잡색. 갖가지 색이 섞인 색깔.
㊁(ぞうしき) '院(いん)(=상황(上皇)・法皇(ほうおう)・女院(にょういん)의 거처)' 또는 蔵人所(くろうどどころ)나 그 밖의 무가(武家)에서 잡무를 맡아보던 구실(아치). *ざっしき로도 읽음.
雑書(ざっしょ) 잡서.
雑説(ざつせつ) 잡설. 잡다한 설. *ぞうせつ로도 읽음.
雑税(ざつぜい) 잡세.
雑訴(ざっそ) 잡소. 잡다한 소송 사건.
雑所得(ざつしょとく) 잡소득.
雑損(ざっそん) 잡손. 자질구레한 손실.
雑水(ぞうみず) 쌀이나 식기를 씻은 물. 구정물. *ぞうず로도 읽음.
雑修(ざっしゅ) 〖佛〗 잡수. 염불 이외의 잡다한 수행.

雑収入(ざっしゅうにゅう) 잡수입. *ざつしゅうにゅう로도 읽음.
雑式(ぞうしき) ⇨ 雑色(ぞうしき).
雑食(ざっしょく) 잡식. ♣~類(るい) 잡식류 / ~性(せい) 잡식성.
∥~性動物(せいどうぶつ) 잡식성 동물.
雑楽(ざつがく) 잡악. 雅楽(ががく) 이외의 여러 가지 속악(俗樂).
雑言 (ざつごん) 〖文〗 잡언. ♣~体(たい) 잡언체.
∥~古詩(こし) 〖文〗 잡언 고시.
(ぞうごん) 욕지거리. *ぞうげん으로도 읽음.
雑業(ざつぎょう) 잡업. 여러 가지 직업(영업).
雑役 ㊀(ざつえき) 잡역. 허드렛일. 잡일. ♣~夫(ふ) 잡역부.
㊁(ぞうやく) 잡역. ♣~馬(うま) 잡역마 / ~車(ぐるま) 잡역차.
雑然(ざつぜん) 잡연. 어수선한 모양.
雑縁(ぞうえん) 〖佛〗 잡연. 불도 수행을 방해하는 온갖 인연(因緣).
雑詠(ざつえい) 잡영. 시가나 俳句(はいく) 등에서 제목을 정하지 않고 여러 가지 내용을 작시하거나 읊음. 또, 그 작품.
雑芸 ㊀(ざつげい) 잡예. 잡다한 기예.
㊁(ぞうげい) ①여러 가지 예능의 총칭. ②平安(へいあん) 시대 말기부터 鎌倉(かまくら) 시대에 유행한 여러 가지 가요의 총칭.
雑穢(ぞうえ) 잡예. 갖가지 더러움.
雑預金(ざつよきん) 별단 예금.
雑用 (ざつよう) 잡용. 자질구레한 용무.
㊁(ぞうよう) ①잡용. 잡비. ② ☞㊀의 이익.
雑糅(ざつじゅう) 잡유. 뒤섞임. 혼잡.
雑肉(ざつにく) 잡살뱅이 고기. ①소・돼지・양고기 이외의 고기. ②(다지는 데 쓰는) 부스러기 고기.
雑音(ざつおん) 잡음. 소음.
雑人(ぞうにん) ①신분이 낮은 사람. ②그 곳(나) 관계가 있는 사람. 그의 이익.
雑益(ざつえき) 잡익. 자질구레한 여러 가지
雑煮(ぞうに) (주로 설날 먹는) 떡국.
∥~箸(ばし) 설날에 쓰는 색칠하지 않은 나무젓가락.
雑作(ぞうさ) ①번거로움. ②〈老〉대접. 접대. ③방법. 수단.
雑掌(ざっしょう) 귀족・신사(神社) 등에 소속하여 그 대리로서 소작료의 징수 기타의 용무를 담당하던 사람.
雑載(ざっさい) (신문・잡지 등에서) 여러 가지 잡기사를 실음. 또, 그 난.
雑著(ざっちょ) 잡저.
雑節(ざっせつ) 잡절. 24절기 이외의 절기.
雑題(ざつだい) 잡제. 잡다한 여러 가지 문제・제목.
雑卒(ざっそつ) 잡졸. 졸병.
雑種(ざっしゅ) 잡종.
∥~強勢(きょうせい) 〖生〗 잡종 강세.
~細胞(さいぼう) 〖生〗 잡종 세포.

~第一代(だいいちだい)〖生〗잡종 제일대.
雜株(ざつかぶ)〖經〗잡주. 주요주(株) 이외의 주식.
雜紙(ざっし) 휴지. 화장지.
雜誌(ざっし) 잡지.
雜車(ぞうぐるま) ① 잡일에 쓰는 수레. ② 미쳐한 사람들이 타는 수레.
雜纂(ざっさん) 잡찬. 잡다한 글·문서를 모아 편찬함. 또, 그 책.
雜草(ざっそう) 잡초.
雜炊(ぞうすい) 채소와 된장 따위를 넣고 끓인 죽.
雜則(ざっそく) 잡칙. 자잘한 여러 규칙.
雜編(ざっぺん) 여러 잡다한 내용의 글을 모은 책.
雜品(ざっぴん) 잡품. 자질구레한 여러 물건.
雜筆(ざっぴつ) 잡필. 잡기(雜記). ＊ぞうひつ로도 읽음.
雜学(ざつがく) 잡학.
雜行(ぞうぎょう)〖佛〗잡행. 염불 이외의 여러 가지 수행.
雜戸(ざっこ) 일본에서, 4~5세기 이후 기술에 종사했던 예속민. ＊ぞうこ로도 읽음.
雜婚(ざっこん) 잡혼. 난혼.
雜貨(ざっか) 잡화.
雜話(ざつわ) 잡담.

〖訓読〗
雜ざる(まざる) 섞이다.
雜える(まじえる) 섞다. 끼게 하다.
❖**雜じる**(まじる) 섞이다. 혼입(混入)하다.
雜じり(まじり) 섞임. 또, 섞인 것.
雜じり気(まじりけ) 섞임. 섞인 것. 불순물.
雜じり物(まじりもの) 섞인 물건. 섞음질한 것.
❖**雜ぜる**(まぜる) 섞다. 섞어 넣다.
雜ぜ(まぜ) ① 섞음. ② 말의 사료.
雜ぜ返す(まぜかえす) 몇 번이고 뒤섞다.

〖其他〗
雜魚 ㊀(ざこ) 잡어. 잡살배기 물고기. 전하여, 오죽잖은 것[사람]. 송사리.
㊁(じゃこ) ① ☞㊀. ② '出し雜魚(だしじゃこ)(=국물을 우려내는 데 쓰는 멸치)'의 준말.
雜魚場(ざこば) 大阪(おおさか)의 어시장(魚市場).
雜魚寝(ざこね) (남녀가) 여럿이 함께 뒤섞여 잠.

| 21口 | 囃 | 장단잡을 **잡**·춤을돋우는소리 **잡**
ソウ
はやし・はやす |

〖訓読〗
❖**囃す**(はやす) ① (소리나 박수로) 장단을 맞추다. ② (야유나 칭찬하기 위해서) 큰소리를 지르다.
囃(はやし) (能楽(のうがく)나 歌舞伎(かぶき) 등에서) 박자를 맞추며 흥을 돋우기 위해서 반주하는 음악.
囃し立てる(はやしたてる) ① 시끄럽게 떠들어대다. 신명을 돋우다. ② 주위에서 여럿이 놀려대다.
囃子(はやし) ⇨ 囃(はやし).
囃子物(はやしもの) 囃子(はやし)에 사용하는 악기.
囃子方(はやしかた) 囃子(はやし)를 맡은 사람.
囃子詞(はやしことば) 민요 등 노래 사이에 넣는 추임새.

장

| 3一常 | 丈 | 어른 **장**·길이의단위 **장**
ジョウ
たけ・だけ |

〖音読〗
丈(じょう) 歌舞伎(かぶき) 등의 배우 이름 밑에 붙이는 높임말.
丈量(じょうりょう) 장량. 논·밭의 땅 넓이를 측량하는 일. 또, 그 넓이.
丈六(じょうろく) 장륙. ① 장륙불(丈六佛). 입상(立像)의 키가 16척 되는 불상. ② 책상다리하고 앉음.
∥~**堂**(どう) 장륙불을 안치한 전당.
丈母(じょうぼ) 장모. 아내의 어머니.
丈夫 ㊀(じょうぶ) ① (몸이) 건강함. ② (물건이) 튼튼함. 견고〖단단〗함.
㊁(じょうふ) (대)장부. ＊雅語로는 ますらお, 古語로는 たけおふ라 함.
丈室(じょうしつ) 장실. 10자(약 3.03 미터) 사방의 방. 또, 주지(住持)의 거실.
丈余(じょうよ) 장여. 한 길 남짓.
丈人(じょうじん) ① 長老(ちょうろう)의 존칭. ② 장인. 악부(岳父).
丈尺(じょうしゃく) 장척. ① 길이. 키. ② 길이가 한 길(3.03ｍ) 되는 자.

〖訓読〗
丈 ㊀(たけ) ① 키. ② 기장. 길이.
㊁(だけ) ① …만. …뿐. ② 정도를 나타냄. …만큼. …대로. ③ …만. …만은.
丈に(だけに) …한〔働のに〕만큼. 역시.
丈高指(たけたかゆび) 가운뎃손가락.
丈短(たけみじか) 길이가 보통보다 짧음.
丈比べ(たけくらべ) 키 대보기.
丈姿(たけすがた) 신장과 풍채.

〖逆音〗
気丈(きじょう) 단단한 마음.
頑丈(がんじょう) 완장. 단단하고 옹골참.

| 4爿 | 爿 | 조각 **장**
ショウ |

〖音読〗
爿偏(しょうへん) 한자 부수(部首)의 하나: 장수장변.

仗 5 イ
의장 장·무기 장
ジョウ

音読
仗旗(じょうき) 장기. 옛날 조정에서, 조하(朝賀)·즉위 등의 의식 때 세우는 깃발.

匠 6 匚 常
장인 장·장색 장
ショウ
たくみ

音読
匠 ㊀(しょう) 장인. 장색(匠色). 목수.
㊁(たくみ)〈雅〉① 장인(匠人). ② 목수.
匠気(しょうき) 예술가 등이 호평을 얻으려는 마음. 장색(匠色) 기질.
匠人(しょうじん) 장인.

壮 (壯) 6 士 常
씩씩할 장·웅장할 장
ソウ
さかん

音読
壮(そう) ① 장년. 장정. ② 장함. 굳세고 씩씩함.
壮挙(そうきょ) 장거.
壮健(そうけん) 장건. 몸이 튼튼함.
壮観(そうかん) 장관. 위관(偉観).
壮宏(そうこう) 크고 훌륭함. 굉장(宏壮).
壮気(そうき) 장기. 왕성한 원기.
壮年(そうねん) 장년.
‖〜期地形(きちけい) 장년기 지형.
壮大(そうだい) 장대. 웅대. 웅장.
壮図(そうと) 장도.
壮途(そうと) 장도.
壮麗(そうれい) 장려.
壮烈(そうれつ) 장렬.
壮齢(そうれい) 장령. 장년(壮年).
壮美(そうび) 장미. 장대 미려(壮大美麗).
壮士(そうし) 장사. ① 씩씩한 남자. ② 폭력으로 사건 교섭이나 협박을 일삼는 건달.
‖〜役者(やくしゃ) 壮士芝居의 (아마추어) 배우.
〜芝居(しばい)〖劇〗19 세기 말엽에 지식 계급의 청년이 민권 사상 고취를 위해 시작한 연극《훗날 신파극의 시초가 됨》.
壮盛(そうせい) 장성. 기운이 씩씩하고 왕성함. 또, 그 나이 때.
壮時(そうじ) 젊고 원기 왕성한 시기.
壮心(そうしん) 장심. 장령한 마음. 장지(壮志).
壮語(そうご) 장언. 장담.
壮言(そうげん) 장언. 장담.
壮者(そうしゃ) 장자. 젊은이.
壮蚕(そうさん) 장잠. 석잠 자고 난 뒤에.
壮絶(そうぜつ) 장절.
壮丁(そうてい) 장정.
壮快(そうかい) 장쾌.
壮漢(そうかん) 장한. 장정(壮丁).
壮行(そうこう) 장행. 출발을 성대히 함.
♣〜会(かい) 장행회.

訓読
壮ん(さかん) 기력 등이 왕성함.

庄 7 广 人
전장(田庄) 장
ショウ

音読
庄(しょう) 장원(莊園).
庄官(しょうかん) 장원 영주의 대관(代官).
庄屋(しょうや) 江戸(えど) 시대에 마을의 정사를 맡아보던 사람《지금의 촌장격》.
庄園(しょうえん) 장원.

杖 7 木
지팡이 장
ジョウ
つえ

音読
杖鼓(じょうこ)〖樂〗장구.
杖履(じょうり) 지팡이와 신발.
杖罰(じょうばつ) 장벌. 매를 치는 벌.
杖術(じょうじゅつ) 지팡이를 무기로 하는 무술.
杖罪(じょうざい) 장죄. 장형(杖刑).
杖刑(じょうけい) 장형. 곤장으로 볼기를 때리는 형벌.

訓読
杖 ㊀(つえ) ① 지팡이. ② 의지하는 것. ③ 곤장.
㊁(じょう)〖史〗장형(杖刑).
杖払い(つえはらい) 벽제(辟除).
杖柱(つえはしら) ① 지팡이와 기둥. ② 크게 의지가 되는 사람(것).

状 7 犬 教
장 ⇨ 状 상 (p. 715)

長 8 長 教
길 장·나을 장·맏 장
チョウ
ながい·おさ·たける·とこしえ

音読
長 ㊀(ちょう) ①(단체 등의) 우두머리. ② 나이가 많음. 연상임. ③ 장점. ④ 긴.
㊁(なが)《接頭語로》긴. 오램.
㊂(たけ) ① 키. ② 기장. 길이.
㊃(おさ) ① ☞㊀①. ② 가장 뛰어난 것.
長じる(ちょうじる) ☞長ずる(ちょうずる).
長ずる(ちょうずる) ① 성장하다. 크다. ② 뛰어나다. ③ 나이가 위다.
長歌(ちょうか) ① 和歌(わか)의 한 형식. ② 장편의 시가. *ながうたで도 읽음.
長角果(ちょうかくか)〖植〗장각과.
長江(ちょうこう) 장강. ① 긴 강. ② 양쯔(揚子) 강의 딴이름.

長講(ちょうこう) 장시간의 강연.
長距離(ちょうきょり) 장거리.
∥**~競走**(きょうそう) 장거리 경주.
~電話(でんわ) 장거리 전화.
長剣(ちょうけん) ①장검. 긴 칼. ②(시계의) 장침.
長欠(ちょうけつ) '長期欠席(ちょうきけっせき)(=장기 결석)' '長期欠勤(けっきん)(=장기 결근)'의 준말.
長庚(ちょうこう) 장경. 초저녁의 금성.
長径(ちょうけい) 〖數〗장경. 긴지름. 타원에서 가장 긴 지름.
長頸烏喙(ちょうけいうかい) 장경오훼. 목이 길고 입이 뾰족한 상(相).
長計(ちょうけい) 장계. ①장래의 일을 꾀함. ②훌륭한 계획.
長考(ちょうこう) 장고. 오래 생각함.
長骨(ちょうこつ) 장골.
長官 🈩(ちょうかん) ①장관. ②지방 장관. 🈔(かみ) 관청의 장관. 「지사.
長広舌(ちょうこうぜつ) 〖史〗장광설.
長久(ちょうきゅう) 장구. 영구.
長句(ちょうく) 자수가 긴 連歌(れんが) 따위의 구. 「체.
長球(ちょうきゅう) 〖數〗장구. 회전 타원
長駆(ちょうく) 장구. 멀리까지 말을 달림.
長嘯(ちょうきゅう) 장구.
長跪(ちょうき) 장궤. 양무릎을 땅에 붙이고 상반신을 꼿꼿하게 세워서 하는 절.
長技(ちょうぎ) 장기. 뛰어난 재능・기능.
長期(ちょうき) ♣**~戦**(せん) 장기전 / **~債**(さい) 장기채.
∥**~欠席**(けっせき) 장기 결석.
~国債(こくさい) 〖經〗장기 국채.
~金利(きんり) 〖經〗장기 금리.
~金融市場(きんゆうしじょう) 장기 금융 시장.
~記憶(きおく) 장기 기억.
~手形(てがた) 〖經〗장기 어음.
~信用銀行(しんようぎんこう) 장기 신용 은행.
~予報(よほう) 〖氣〗장기 예보.
~清算取引(せいさんとりひき) 〖經〗장기 청산 거래.
~波動(はどう) 〖經〗장기 파동.
長期間(ちょうきかん) 장기간.
長男(ちょうなん) 장남.
長女(ちょうじょ) 장녀. 맏딸.
長年月(ちょうねんげつ) 장시일. 오랜 세월.
長短(ちょうたん) 장단. 긴 것과 짧은 것. 장점과 단점. *ながみじかྲ로도 읽음.
長談(ちょうだん) 장담. 긴 이야기.
長大(ちょうだい) 장대.
長大息(ちょうたいそく) 장탄식.
長刀(ちょうとう) 장도. ①긴 칼. ②왜장도(倭장刀). 또, 그것을 사용하는 무술. *①은 なぎかたな, ②는 なぎなたྲ로도 읽음.
長途(ちょうと) 장도. 먼 길.
長楽(ちょうらく) 즐거움이 오래 계속됨.
長齢(ちょうれい) 장령. 고령. 장수.

長老(ちょうろう) 장로. ①경험이 많고 존경받는 사람. 대선배. ②깨달음이 깊고 덕망 있는 중. ③기독교 교회의 한 직분.
∥**~教会**(きょうかい) 장로 교회.
長流(ちょうりゅう) 장류. 긴 강의 흐름.
長吏(ちょうり) 장리. 비교적 봉급이 많은, 중국의 하급 관리.
長命(ちょうめい) 장명. 장수. 「나 울림.
長鳴(ちょうめい) 장명. 길게 소리 내며 울거
長毛(ちょうもう) 장모. 긴 털.
長文(ちょうぶん) 장문. 긴 글〔문장〕.
長物 🈩(ちょうぶつ) 장물. 길기만 하고 쓸모가 없는 것.
🈔(ながもの) ①긴 것. 가느다란 것. ②특히, 보통보다 긴 칼. 「꼬리.
長尾(ちょうび) 장미. 꼬리가 긺. 또, 그 긴
長髪(ちょうはつ) 장발.
長方形(ちょうほうけい) 장방형. 직사각형.
長辺(ちょうへん) 직사각형의 긴 쪽의 변.
長兵(ちょうへい) 장병. 궁시(弓矢) 따위, 먼 거리에서 쓰는 무기.
長病(ちょうびょう) 장병. 오랜 병.
長鼻目(ちょうびもく) 〖動〗장비목.
長蛇(ちょうだ) 장사. 길고 큰 뱀. 길고 큰 것의 형용. 「를 놓치다.
~を逸(いっ)**す** 아까운 인물・물건・기회
長上(ちょうじょう) 장상. 연장자. 윗사람.
長生(ちょうせい) 장생. 장수.
長逝(ちょうせい) 장서. 영면.
長石(ちょうせき) 〖鑛〗장석.
長舌(ちょうぜつ) 장설. 말이 많음.
∥**~三寸**(さんずん) 앞에서는 듣기 좋은 말을 하면서, 뒤에서 혀를 내밀고 웃음.
長城(ちょうじょう) 장성. 특히, 만리장성.
長所(ちょうしょ) 장점. 미점(美點).
長嘯(ちょうしょう) 장소. (시가 따위를) 길게 읊조림. 「기).
長簫(ちょうしょう) 〖樂〗장소(중국의 관악
長寿(ちょうじゅ) 장수.
∥**~社会**(しゃかい) 장수〔고령화〕 사회.
長袖(ちょうしゅう) 장수. ①긴 소매의 옷. ②긴 소매의 옷을 입은 사람. 특히, 중이나 공경 대부. *ながそで로도 읽음.
∥**~者流**(しゃりゅう)〈蔑〉긴 소매짜리《세상 물정을 모르는 중이나 공경 대부의 무리》.
長水路(ちょうすいろ) 장수로. 수영 코스가 50m이상의 풀. 「상시.
長時(ちょうじ) 장시. ①장시간. ②언제나.
長詩(ちょうし) 장시.
長時間(ちょうじかん) 장시간.
長翅目(ちょうしもく) 〖蟲〗장시목. 밑들이벌레목.
長息(ちょうそく) 장식. 길게 한숨을 쉼.
長身(ちょうしん) 장신.
∥**~痩軀**(そうく) 장신 수구.
🈔(ながみ) 칼・창 등의 날 부분이 긴 것.
長夜 🈩(ちょうや)〈雅〉장야. ①(겨울의) 긴긴 밤. ②밤샘. ③죽어 매장됨. 죽음.

㊂(ながよ) 추야장(秋夜長).
長髥(ちょうぜん) 장염. 긴 구레나룻.
長円(ちょうえん) 장원. 타원(楕圓).
長遠(ちょうおん) 장원. 영원히 계속됨.
長元坊(ちょうげんぼう)〖鳥〗황조롱이.
長囲(ちょうい) 오랫동안 포위함.
長幼(ちょうよう) 장유. 노소.
‖〜の序(じょ) 장유유서.　　　　「람.
長育(ちょういく) 장육. 크게 키움. 또, 자
長音(ちょうおん) 장음. 길게 내는 소리.
‖〜符(ふ)〖言〗장음부. 긴소리표.
長音階(ちょうおんかい)〖樂〗장음계.
長音程(ちょうおんてい)〖樂〗장음정.
長揖(ちょうゆう) 장읍. 중국의 예법.
長日 ㊀(ちょうじつ) 장일. ① 해가 긴 낮 동
안. 여름날. ② 오랜 시일.
‖〜植物(しょくぶつ)〖植〗장일 식물.
〜処理(しょり)〖植〗장일 처리.　「날.
㊁(ながび) 일출에서 일몰까지의 시간이 긴
長日月(ちょうじつげつ) 긴 세월.
長子(ちょうし) 장자. 장남.
‖〜相続(そうぞく)〖法〗장자 상속.
長姉(ちょうし) 장자. 맏(큰)누이.
長者(ちょうじゃ) 장자. ① 연장자. 손윗사
람. ② 부호.
‖〜番付(ばんづけ) 부자 서열. 특히, 국세
청이 발표하는 고액 납세자 명부의 속칭.
〜三代(さんだい) 부자도 3 대밖에 가지 못
한다는 뜻.
〜伝説(でんせつ) 장자전설. 부호의 영고
성쇠를 말하는 전설.
長汀(ちょうてい) 장정. 길게 뻗친 바닷가.
‖〜曲浦(きょくほ) 장정곡포. 해안선이 긴
갯벌.　　　　　　　　　　　「내 토벌함.
長征(ちょうせい) 장정. 멀리까지 군대를 보
長程(ちょうてい) 장정. 긴 노정.
長弟(ちょうてい) 장제. 제일 나이가 많은 동
長堤(ちょうてい) 장제. 긴 둑.　　　└생.
長調(ちょうちょう)〖樂〗장조.
長足(ちょうそく) 장족.
長座 ㊀(ちょうざ) 장시간 그 자리에 있음.
㊁(ながざ)〖老〗오래 앉아 있음. 오래 머뭄.
長州(ちょうしゅう) 長門国(ながとのくに)
의 딴이름.
長枝(ちょうし) 장지.
長指(ちょうし) 장지. 가운뎃손가락.
長体(ちょうたい) 장체. 사진 식자에서, 정
체의 가로폭을 줄인 문자.
長秋宮(ちょうしゅうきゅう) 장추궁. 중국
한대(漢代)에, 황후의 궁전을 일컫던 이름.
또, 황후의 딴이름.
長春(ちょうしゅん) 장춘. 늘 봄임.
長針(ちょうしん) 장침. 분침.
長汀(ちょうだ)〖野〗장타. ♣〜力(りょく)
長卓(ちょうたく) 긴 탁자.　　　　「장타력.
長嘆(ちょうたん) 장탄. 장탄식.
長歎(ちょうたん) ⇨ 長嘆(ちょうたん).
長嘆息(ちょうたんそく) 장탄식.

長波(ちょうは)〖理〗장파. ♣〜詩(し) 장편
長編(ちょうへん) 장편.　　　　　　「시.
‖〜小説(しょうせつ) 장편 소설.　　「람.
長風(ちょうふう) 장풍. 멀리서 불어오는 바
長夏(ちょうか) 장하. ① 한여름의 해가 긴
무렵. ② 음력 6월의 딴이름.
長恨(ちょうこん) 장한. 평생의 (원)한.
長兄(ちょうけい) 장형. 맏형. 큰형.
長呼(ちょうこ) 발음 편의상 모음을 더하여
길게 발음함.

訓読

長ける(たける) (어떤 면에) 뛰어나다. (사
리에) 밝다. 원숙하다.
長しえ(とこしえ) 영원. 영구.　　　「え.
長しなえ(とこしなえ) ☞ 長しえ(とこし
長まる(ながまる) 몸을 펴고 드러눕다.
長める(ながめる) 길게 하다. (잡아)늘이다.
長らえる(ながらえる) 오래 살다.
長らく(ながらく) 오랫동안. 오래.
❖長い(ながい) ① (공간적으로) 길다. ② (세
월・시간이) 길다. ③ (길이) 멀다. ④ (마음
이) 늘평하다.　　　　　　　　「단 거리.
長さ(ながさ) ① 길이. ②〖數〗두 점간의 최
長たらしい(ながたらしい) 따분하도록 기
다랗다. (말이) 장황하다.
長どす(ながどす) (노름꾼 등이 차고 다니
던) 긴 칼.
長の(ながの) 긴. 오랫동안의. 영원한.
長竿(ながざお) 장대. ＊ながさお로도 읽음.
長居(ながい) 한곳에 오래 있음. 궁둥이가 무
거움. 오랫동안 가지 않고 앉아 있음.
長尻(ながじり) 밑질김. 오래 늘어붙음. 또,
그런 사람.　　　　　　　　　　「り).
長っ尻(ながっちり)〈口〉☞ 長尻(ながじ
長袴(ながばかま) 옷자락이 길어서 질질 끌
게 된 袴(はかま).
長口上(ながこうじょう) 장광설.
長櫃(ながびつ) 장궤. (옷・생활 용구 등을
넣는) 긴 궤.
長崎(ながさき)〖地〗九州(きゅうしゅう)서
북부의 현. 또, 그 현청 소재지.
長年(ながねん) 장년. 긴(오랜) 세월. 여러
해. 다년간.
長談義(ながだんぎ) 장황한 연설이나 이야
長道(ながみち) 먼 길. 또, 길게 계속되어 있
는 길. ＊ながじ로도 읽음.　　　「(武具)
長道具(ながどうぐ) 창 따위 자루가 긴 무구
長道中(ながどうちゅう) 긴 여행.
長頭巾(ながずきん) 기장이 긴 두건.
長逗留(ながとうりゅう) 장기 체재.
長旅(ながたび) 오랜(긴) 여행.
長路(ながみち) ⇨ 長道(ながみち).
長鳴き(ながなき) (새・닭이) 목청을 길게
뽑으며 옮.
‖〜鳥(どり) '鶏(にわとり)(=닭)'의 옛 이름.
長母音(ながぼいん) 장모음.
長門(ながと)〖地〗옛 지방 이름. 현재의 山
口(やまぐち) 현 서북부.

長物語(ながものがたり) 오랫동안 이야기를 함. 또, 그 이야기.
長尾鶏(ながおどり)〚鳥〛장미계. 긴꼬리닭. *ちょうびけいろ로도 읽음.
長煩い(ながわずらい) 오랜 병(을 앓음). 숙환.
長柄(ながえ) 자루가 긺. 또, 자루가 긴 도구·무기.
‖**〜の傘**(かさ) 신분이 높은 사람의 뒤에서 받치는 긴 자루의 우산.
〜の銚子(ちょうし) 자루가 긴 술국자.
〜の槍(やり) 자루의 길이가 3간 곧, 약 5 m인 창(槍).
長病み(ながやみ) 장병. 긴 병(을 앓음). 숙환.
長四角(ながしかく) 장방형. 직사각형.
長上下(なががみしも) 江戸(えど) 시대의 무사의 예복인 上下(かみしも)의 일종.
長裃(なががみしも) ⇨ 長上下(なががみしも).
長生き(ながいき) 장수(長壽).
長薯(ながいも) ⇨ 長芋(ながいも).
長細い(ながほそい) 길고 가늘다. 갸름하다.
長っ細い(ながっぽそい)〈俗〉☞ 長細い(ながほそい).
長続き(ながつづき) 오래 계속함. 오래감.
長手(ながて) ①긴 쪽(의 것). ②기름함. 직사각형. ③〈雅〉먼 길.
長須鯨(ながすくじら)〚動〛장수경. 큰고래. 긴수염고래.
長野(ながの)〚地〛本州(ほんしゅう) 중부에 있는 현. 또, 그 현청 소재지.
長横(ながざま) 긴 모양.
長言(ながごと) 장광설을 늘어놓음.
長延べ(ながのべ)〚建〛굴곡 또는 만곡하고 있는 것의 면에 따라 잰 길이.
長筵(ながむしろ) 길게 친 돗자리.
長屋(ながや) ①칸을 막아 여러 가구가 살 수 있도록 길게 만든 집. ②용마루가 긴 집.
‖**〜門**(もん) 좌우 양쪽에 長屋가 붙어 있는 문.
〜者(もの) 長屋에서 사는 사람.
〜住まい(ずまい) 長屋에서 삶.
長芋(ながいも)〚植〛참마.
長雨(ながあめ) 장우. 장마. *古語로는 ながめ라고도 함.
長月(ながつき)〈雅〉음력 9월.
長襦袢(ながジバン) 긴 속옷. *ながジュバン으로도 읽음.
長泣き(ながなき) 오랫동안 욺.
長椅子(ながいす) 장의자. 긴 의자. 소파.
長引く(ながびく) 예상 이상으로 시간이 오래 걸림.
長長(ながなが) 장중. 오랫동안. 지루하게. 장황하게.
長長しい(ながながしい) 아주 길다.
長笛(ながふえ) 장적. 긴 횡적(橫笛).
長丁場(ながちょうば) (사물이) 오래 계속되는 곳. 또, 다른 구간보다 거리가 먼 구간.
長町場(ながちょうば) ⇨ 長丁場(ながちょうば).
長精進(ながしょうじん) 오랫동안 계속하는 수행 정진.
長潮(ながしお) 소조(小潮). 간만의 차가 중간쯤인 때의 조수.
長持(ながもち) (옷·생활 용구 등을 넣는) 뚜껑이 있는 직사각형의 궤. 함.
長持ち(ながもち) 오래감. ①오래 씀. ②오래 계속됨.
長陣(ながじん) 오랫동안 한곳에 진을 침.
長着(ながぎ) 기장이 긴 일본옷.
長倉(ながくら) 창고 건축 양식의 하나.
長槍(ながやり) 장창.
長尺㊀(ながじゃく) 장척. 자의 한 가지. ㊁(ちょうしゃく) (영화의) 필름이 긺.
長髢(ながかもじ) 털이 많고 길이가 긴 다리.
長葱(ながねぎ) (양파에 대하여) 보통의 파.
長追い(ながおい) 도망가는 자를 멀리까지 뒤쫓음.
長虫(ながむし)〚動〛장충. 뱀.
長枕(ながまくら) ①함께 베는 긴 베개. ②남녀가 함께 잠.
長棹(ながざお) ⇨ 長竿(ながざお).
長湯(ながゆ) 목욕 시간이 긺. 목욕을 남보다 오래함.
長板(ながいた) 다도에서, 각종 차도구를 놓는 직사각형의 널. 긴 속도.
長唄(ながうた) 江戸(えど) 시대에 유행한 속요.
長編み(ながあみ) 코바늘 뜨개질의 기본 뜨개질의 한 가지.
長風呂(ながぶろ) ☞ 長湯(ながゆ).
長脇差(ながわきざし) ①긴 요도(腰刀). ②노름꾼. 도박꾼.
長血(ながち) 자궁에서 불규칙적인 출혈이 오래 계속됨.
長火鉢(ながひばち) 직사각형의 목제(木製) 화로.
長話(ながばなし) 긴 이야기. 장황한 이야기.
長靴(ながくつ) 장화. *ちょうかろ로도 읽음.
長患い(ながわずらい) 오랜 병. 오래 앓음. 장병(長病). 숙환.

〖其他〗
長押(なげし)〚建〛중인방(中引枋). 중방.
長閑(のどか) ①날씨가 화창한 모양. ②마음이 느긋한 모양.
長閑けし(のどけし)〈雅〉화창하다. 한가롬.
長閑やか(のどやか)〈古〉①날씨가 화창한 모양. ②동작이 침착한 모양.

| 9画 艹 常 | **荘**(莊) | 엄할 **장**·별장 **장** ソウ・ショウ おごそか |

〖音読〗
荘 ㊀(しょう) 장원(莊園). ㊁(そう) …장. 여관 따위에 붙이는 이름.
荘家(しょうけ) 개간한 전답의 관리, 수확물의 저장 등을 위해 설치한 건물과 그에 부속된 땅.
荘庫(しょうこ) 장원(莊園)에서 미곡을 저장해 두는 창고.
荘官(しょうかん) 장원 영주의 대관(代官).
荘司(しょうじ) ☞ 荘官(しょうかん).

莊厳 ㊀(そうごん) 장엄.
㊁(しょうごん) ①☞㊀. ②〖佛〗천개·영락 따위로 불상이나 불당을 장식함. 또, 그 장식. *しょうげんにも 읽음.
莊園(しょうえん) 〖史〗장원. ①奈良(なら)시대부터 室町(むろまち) 시대에 있었던 귀족·사찰의 사유지. ②중세의 중국·유럽의 사적인 대(大) 소유지. *そうえんにも 읽음. ♣~制. 장원제.
莊子(そうし) 장자. ①중국 주(周) 나라의 학자. ②장자가 남긴 책이름. *②는 そうじにも 읽음.
莊田(しょうでん) 장원 내의 전답.
莊重(そうちょう) 장중.

逆音▶
別荘(べっそう) 별장.
山荘(さんそう) 산장.

---

10 寸 ㊍ 将(將)
장수 장·장차 장
ショウ
ひきいる・まさに・はた

音読▶
将 ㊀(しょう) 장. 장수.
㊁(はた)〈古〉①자칫하면. ②그러나. 그렇지 않으면. ③…도 또. 역시. 게다가.
将家(しょうか) (대대로 이어져 온) 무장(武将)의 집안. 무가(武家).
将官(しょうかん) 장관. 장성급의 총칭. 장군.
将校(しょうこう) 장교.
将軍(しょうぐん) 장군. ②幕府(ばくふ)의 실권자인 征夷大将軍(せいいたいしょうぐん)의 준말.
‖~家(け) 将軍 가(문). 公家(くげ)에 상대되는 말로 幕府를 말함.
~宣下(せんげ)〖史〗무가 시대에 조정에서 선지(宣旨)을 내려 征夷大将軍에 보임(補任)한 의식.
将几(しょうぎ) 걸상. 승창 접의자.
将棋(しょうぎ) 장기.
将碁(しょうぎ) ⇨ 将棋(しょうぎ).
将器(しょうき) 장기. 장수가 될 만한 기량·인물.
将来(しょうらい) ①장래. ②외국에서 가져옴. ③야기함. ♣~性(せい) 장래성.
将領(しょうりょう) 장령. 군을 지휘하는 사람.
将門(しょうもん) 장문. 장군의 가문.
将兵(しょうへい) 장병.
将士(しょうし) 장사. 장졸(将卒).
将相(しょうしょう) 장상.
将星(しょうせい) 장성.
将帥(しょうすい) 장수.
将卒(しょうそつ) 장졸. 장병.
将舷(しょうげん) (낚싯거루의) 뱃머리의 좌석.

訓読▶
将に(まさに) 바야흐로. (이제) 막. 하마터면.
将又(はたまた)〈文〉혹은. 또는. 그렇지 않으면 또.

---

11 巾 ㊍ 帳
휘장 장·장부책 장
チョウ
とばり

音読▶
帳 ㊀(ちょう)《接尾語로》…장. 장부·치부책 등을 나타내는 말.
㊁(とばり) 방장(房帳). 장막.
帳尻(ちょうじり) 장부 끝. 기재된 장부의 끝. 결산의 결과.
帳簞笥(ちょうだんす) 장부 따위를 넣어 두는 소형 장롱.
帳台(ちょうだい) ①귀인의 침소. ②상가의 주인의 거실.
帳幕(ちょうばく) 장막.
帳面 ㊀(ちょうめん) 장부. 필기장. 노트.
‖~面(づら) 장부상에 기재된 숫자.
~方(かた) 장부를 기재하고 정리하는 사람. 장부를 검사하던 관리.
㊁(ちょうづら) 장부에 기재된 숫자.
帳門(ちょうもん) 침실에 드리운 방장. 침실의 입구.
帳付け(ちょうつけ) ①장부에 기입함. 또, 그 일을 하는 사람. ②외상. *ちょうづけにも 읽음.
帳簿(ちょうぼ) 장부.
帳箱(ちょうばこ) 장부 따위를 넣어 두는 상자.
帳消し(ちょうけし) 삭침. ①장부의 기록을 지움. 탕침. ②상쇄하고 남음이 없음. 에낌.
帳屋(ちょうや) 江戸(えど) 시대에 장부·종이 따위를 팔던 가게.
帳外(ちょうがい) ①장막 밖. ②장부에 적지 않았음. ③☞帳外れ(ちょうはずれ).
‖~者(もの) (江戸(えど) 시대에) 도피 생활 등으로 호적(戸籍)에서 이름이 삭제된 사람. 부랑자.
帳外れ(ちょうはずれ) (江戸(えど) 시대에) 토지 대장에 기재되지 않은 예속 농민. 호적에서 삭제된 사람.
帳元(ちょうもと) 흥행주. 회계 관리인.
帳入れ(ちょういれ) 거래소에서 행해진 매매 거래를 장부에 기입함.
帳場(ちょうば) (상점이나 여관의) 장부를 기입하고 회계를 보는 곳. 카운터.
‖~格子(ごうし) 상점 등의 카운터를 삼면으로 칸막이한 격자.
帳綴じ(ちょうとじ) ①장부를 철하는 일. 또, 그 사람. ②장부 철하는 송곳. ③옛날, 상가에서 치부책을 만들며 하던 축제.
帳締め(ちょうじめ) 결산.
帳祝い(ちょういわい) 정월 4일이나 11일에 상인이 장부를 새로 철하고 축하함.
帳票(ちょうひょう) 장부·전표류 따위의 총칭.
帳下(ちょうか) 장하. ①장막 아래. ②막하.
帳合い(ちょうあい) ①(현금·상품을 장부와) 대조하여 확인함. ②장부에 기입함.

張

11획 張 당길 장·베풀 장·펼 장
チョウ
はる
(教)

音読

張(ちょう) ① 활·현악기 등, 줄 친 것을 세는 말. ② 휘장·막 등, 드리운 것을 세는 말.
張大(ちょうだい) 장대. 세력이 왕성함.
張力(ちょうりょく)〖理〗장력. 인장력.
張本(ちょうほん) 장본. ① 사건의 발단〔원인〕. ② 張本人의 준말.
∥〜人(にん) 장본인.
張三李四(ちょうさんりし) 장삼이사. 평범한 사람들. 「(을) 흥행함.
張行(ちょうぎょう) ① 강행함. ②(씨름 등
張皇(ちょうこう) 장황함.

訓読

❖張る(はる) ① 사방으로 뻗다. ② 부풀다. ③ 팽팽해지다. ④(텐트 등을) 치다. ⑤(고집 등을) 부리다.
張り ㊀(はり) ① 당기는 힘. ② 생기. 활기. ③《接尾語로》…장. …개〔활·장막·초롱 따위를 세는 말〕.
㊁(ばり)《接尾語로》…풍.
張りぐるみ(はりぐるみ) (가구 따위에서) 천 따위를 붙여 감아 싸듯 만든 것.
張りぼて(はりぼて) 종이를 겹붙여 만든 연극의 소품.
張り見世(はりみせ) ⇨ 張り店(はりみせ).
張り交ぜ(はりまぜ) ⇨ 張り混ぜ(はりまぜ).
張り渡す(はりわたす) 밧줄 따위를 이쪽에서 저쪽으로 당기어 건네다.
張り倒す(はりたおす) 때려눕히다.
張り裂ける(はりさける) ①(한껏) 부풀어 터지다. ②(격한 감정으로) 가슴이 터질 듯하다.
張り物(はりもの) ① 옷감을 빨아 풀을 먹여서, 재양틀에 붙이거나 최활로 펴서 말리는 일. 또, 그 옷감. ② 연극 무대 장치의 하나. 나무에 종이나 천을 붙여서, 바위나 수목 모양으로 만든 물건.
張り抜き(はりぬき) ☞ 張り子(はりこ).
張り番(はりばん) 망을 봄. 또, 그 사람.
張り壁(はりかべ) 표면에 종이나 천을 발라 마무리한 벽.
張り付き(はりつき) 붙임. (사람에게) 꼭 붙어다님.
∥〜取材(しゅざい) 밀착 취재.
張り付く(はりつく) ① 붙다. 붙여지다. ② 〈文〉 張り付ける(はりつける).
張り付け(はりつけ) 물건을 풀로 붙임. 또, 그 붙인 것.
張り付ける(はりつける) (접착제·핀 따위로) 붙이다.
張り飛ばす(はりとばす) 〈俗〉 (손바닥으로) 후려치다. 갈기다.
張り上げる(はりあげる) (소리를) 지르다.
張り扇(はりおうぎ) 외부를 종이로 싸 바른 부채.
張り手(はりて) (일본 씨름에서) 손바닥으로 상대의 얼굴을 치는 수.
張り巡らす(はりめぐらす) 온통 둘러치다.
張り込み(はりこみ) ① 잠복함. 망을 봄. ② 종잇조각·사진 등을 붙이는 일.
張り込む(はりこむ) ①(범인을) 잠복하여 살피다. ② 힘들이다. 힘을 내다. ③(사진 등을) 대지(臺紙) 따위에 붙이다.
張り子(はりこ) 틀에 종이를 겹붙여서 말린 뒤, 그 틀을 빼내어 만든 물건.
張り切る(はりきる) 팽팽히 켕기다. 긴장하다. 힘이 넘치다.
張り店(はりみせ) 유곽에서, 창녀들이 집 앞에 늘어서서 손님을 기다리는 일.
張り枠(はりわく) 화포(畵布)나 자수용(刺繍用)의 천을 치는 틀.
張り紙(はりがみ) ① 종이를 바름. 또, 붙인 종이. ② 벽보. ③ 부전(附箋). 부전지.
張り札(はりふだ) 벽보.
張り替え(はりかえ) ① 새로 바름〔갈아댐〕. ② 옷을 뜯어서 빨아 말림. 재양(載陽)침.
張り替える(はりかえる) ① 새로 바르다. ② 옷을 뜯어 빨아 말리다. ③ 명주·모시를 풀을 먹여서 다시 말리다.
張り出し(はりだし) ①〖建〗달아낸 부분. ② 게시함. 또, 게시한 것.
∥〜窓(まど) 달아낸 창문.
張り出す(はりだす) ①(일부분이) 밖으로 튀어나오(게 하)다. ② 게시하다. (밖에) 내다 붙이다.
張り板(はりいた) 세탁물이나 뜬 종이를 펴 붙여서 말리는 판자. 재양판(載陽板).
張り合い(はりあい) ① 맞섬. 대립. 경쟁. ②(열심히 노력하려는) 의욕. 쥘맛. 보람.
∥〜抜け(ぬけ) 맥이 풀림. 김이 빠짐〔샘〕.
張り合う(はりあう) 대항하여 겨루다. 맞서다. 경쟁하다.
張り混ぜ(はりまぜ) 여러 가지 글씨와 그림을 섞어서 붙이는 일. 또, 그 섞어 붙인 글씨나 그림.
張り回す(はりまわす) 둘러치다. 두르다.
張り詰める(はりつめる) ① 긴장하다. ② (온통) 덮(이)다. 퍼지다.

章

11획 章 글 장·문채 장
立 ショウ
(教) あきらか·あや

音読

章(しょう) 장. ① 문장의 큰 단락. 또, 단락을 세는 말. ② 훈장·포장·기장의 뜻.
章句(しょうく) 장구. ① 문장의 장과 구. ② 문장의 단락.
章段(しょうだん) ① 문장의 단락. ② 권(卷)·장(章) 등에서의 한 대목.

章動(しょうどう)〖天〗장동.
章立て(しょうだて) 문장을 구성하는 장(章)의 구분법과 편성 방법.
章章(しょうしょう) 장장. 명백한 모양.
章節(しょうせつ) 장절.
章程(しょうてい) 장정. ①규정(規定). ②사무 집행상의 세칙. 「자 초서체.
章草(しょうそう) 장초. 한 자씩 흘려 쓴
章票(しょうひょう) 표지. 표시.

[其他]
章魚(たこ)〖動〗장어. 낙지. 문어.

---

12 土 〖教〗 場 마당 장·곳 장 / ジョウ / ば

[音読]
場景(じょうけい) 장경. (연극 등에서) 그 장면의 광경〔정황〕.
場内(じょうない) 장내.
場裡(じょうり) ⇨ 場裏(じょうり).
場裏(じょうり) 그 장소 안. 그 일이 일어나는 범위.
場屋(じょうおく) ①(연극을 흥행하는) 소극장. ②〖法〗여관·음식점·영화관·유원지 등과 같이 불특정 다수인이 이용하는 물적·인적(人的) 설비를 갖춘 장소.
場外(じょうがい) 장외. 회장 밖. ♣~株(かぶ)〖經〗장외주.
‖~券(ばけん) 장외 마권. 경마장이 아닌 곳에서 팔리는 마권.
~取引(とりひき)〖經〗장외 거래.
場長(じょうちょう) 장장. 장(場)자가 붙은 곳의 우두머리.

[訓読]
場 ㊀(ば) ①장소. 곳. 자리. ②때. 경우. 분위기. ③(연극의) 장. ④〖理〗장. 힘이 작용하는 범위. ⑤(거래소의) 입회장. 「…장.
㊁(じょう) ☞〖接尾語적으로〗…曰.
場繋ぎ(ばつなぎ) 집회가 진행 중 뜻밖의 공백이 생기는 경우 그 공백을 메우는 일.
場慣れ(ばなれ) 그 자리·분위기에 익숙해짐. 「숙해지다.
場慣れる(ばなれる) 그 자리·분위기에 익
場当たり(ばあたり) ①(연극·집회 등에서) 즉석의 재치로써 호평이나 인기를 얻음. ②임기응변.
場代(ばだい) 장소값. 자릿값.
場立ち(ばだち) 증권업자의 대리인으로서 거래소에 나와 거래하는 점원.
場末(ばすえ) 번두리.
場面(ばめん) ①장면. ②경우. 처지.
場味(ばあじ) 거래소의 입회장 인기 등으로 느껴지는 시세 변동 상태.
場塞ぎ(ばふさぎ) 장소를 차지하여 방해가
場席(ばせき)〈俗〉자리. 좌석.   「됨.
場所(ばしょ) ①장소. 위치. 자리. ②경우. ③(일본) 씨름을 흥행하는 곳〔기간〕.
‖~柄(がら) ①장소(의 성질). ②《副詞的으로》그 장소의 성질〔조건〕상.
~入り(いり) 씨름꾼이 씨름판에 들어감.
~塞ぎ(ふさぎ) ①자리만 차지하고 방해가 됨. ②쓸모 없고 방해만 되는 사람〔물건〕.
~割り(わり) 장소 할당.
場数(ばかず) ①여러 장소. 장소의 수. ②경기·출전의 횟수. 경험의 도수.
~を踏(ふ)む 경험을 쌓다. 그자리〔분위기〕에 익숙하다.
場馴れ(ばなれ) ⇨ 場慣れ(ばなれ).
場馴れる(ばなれる) ⇨ 場慣れる(ばなれる).
場違い(ばちがい) ①장소가 틀림. 그 자리에 어울리지 않음. ②주산지의 산물이 아닌 것.
場の理論(ばのりろん)〖理〗장의 이론.
場銭(ばせん) 자릿값. 자릿세.
場中(ばなか) ①많은 사람이 모여 있는 곳. ②전쟁터에서 양 진영 사이의 땅.
場札(ばふだ) 트럼프나 화투에서 바닥에 놓여 있는 패.
場打て(ばうて) 그 자리의 화려한 분위기에 기가 꺾이는 일.
場合(ばあい) 경우. 사정. 때. 형편.
~の数(かず)〖數〗경우의 수.
がれ場(がれば) (등산에서) 너덜겅.
ざら場(ざらば) (증권 거래소에서) 파는 사람과 사는 사람이 부르는 값이 일치될 때마다 그 값으로 매매를 성립시키는 거래.

---

12 艹 〖常〗 葬 장사 장·장사지낼 장 / ソウ / ほうむる・とむらい

[音読]
葬(そう) 장. 죽은 사람을 장사 지냄.
葬具(そうぐ) 장구. 상구. 장례 도구.
‖~屋(や) 장구상. 장의사.
葬列(そうれつ) 장렬. 장례 행렬.
葬礼(そうれい) 장례.
葬法(そうほう) 장법. 장사 지내는 예법.
葬送(そうそう) 장송. 시신을 장지로 보냄.
‖~行進曲(こうしんきょく) 장송 행진곡.
葬式(そうしき) 장식. 장례식.
葬輿嫁入り(そうよめいり) 상여를 타고 시집 가던 일《다시는 친정에 돌아오지 말라는 뜻에서》.
葬儀(そうぎ) 장의. 장례식. ♣~社(しゃ) 장의사.
‖~屋(や) 장의사(社). 또, 장의를 업으로 하는 사람.
葬場(そうじょう) 장의장. 장례 식장.
‖~殿(でん) 天皇(てんのう)가 사망했을 때 장례 식장에 임시로 마련하는 전사(殿舍).
葬制(そうせい) 장제.
葬祭(そうさい) 장제. 상제(喪祭). 장례와 제사. ♣~料(りょう) 장제료.
葬地(そうち) 장지.
葬車(そうしゃ) 장의차. 영구차(靈柩車).

掌・粧・裝・奬　**1201**

訓読
葬う(とむらう) 조상[애도]하다.
葬る(ほうむる) 매장하다.
其他
葬り(はふり)〈雅〉장사 지냄.

| 12
手
常 | 掌 | 손바닥 장·맡을 장
ショウ
たなごころ・つかさどる |

音読
掌骨(しょうこつ)〖生〗장골.
掌管(しょうかん) 장관. 관장(管掌).
掌記(しょうき) 서기(書記).
掌大(しょうだい) 장대. 손바닥만한 크기.
掌理(しょうり) 장리. 맡아서 처리함.
掌裡(しょうり) 장리. 손바닥 안.
掌紋(しょうもん) 장문.
掌上(しょうじょう) 장상. 손바닥 위.
掌状(しょうじょう) 장상. 손바닥 모양.
∥～脈(みゃく)〖植〗장상맥. 손끝맥.
～複葉(ふくよう)〖植〗장상 복엽. 손꼴겹잎.
掌侍(しょうじ) ①内侍司(ないしのつかさ)의 판관. ②본디, 궁중 여관(女官)의 삼등관.
掌握(しょうあく) 장악.
掌典(しょうてん) 장전. ①전적(典籍)과 의식을 관장함. ②일본 궁내성의 의전직 관리.
掌中(しょうちゅう) 장중. 손바닥 안. ♣本(ほん) 장중본.
∥～の玉(たま) 장중 보옥.
掌蹠膿疱症(しょうせきのうほうしょう)〖醫〗장척 농포증.
掌編(しょうへん) 장편. 콩트.
∥～小説(しょうせつ) 장편 소설.
掌篇(しょうへん) ⇨ 掌編(しょうへん).

訓読
掌(たなごころ)〈文〉손바닥. ＊たなうらでも 읽음.
掌る(つかさどる) 맡다. ①(직무로서) 취급하다. 담당하다. ②관장[관리]하다.

| 12
米
常 | 粧 | 단장할 장
ショウ
よそおう・めかす |

音読
粧飾(しょうしょく) 장식.
訓読
粧い(よそい) 치장. 옷차림.
❖粧す(めかす) 멋부리다. 모양을 내다. 몸치장을 하다.
粧し屋(めかしや) 멋쟁이.
粧し込む(めかしこむ) 한껏 모양을 내다.

| 12
衣
教 | 裝(裝) | 꾸밀 장·치장할 장
ソウ・ショウ
よそおう・よそう |

音読
装(そう) 몸치장. 채비.
装甲(そうこう) 장갑.
∥～自動車(じどうしゃ) 장갑 (자동)차.
装具(そうぐ) 장구. 장신구. 장비.
装本(そうほん) ☞ 装丁(そうてい).
装備(そうび) 장비.
装束(しょうぞく) ①장속. 옷차림. 또, 그 옷. ②〈古〉실내나 뜰 따위를 꾸미고 치장함. ＊そうぞくとも 읽음.
装飾(そうしょく) 장식. ♣～品(ひん) 장식품.
∥～経(きょう) 종이 재료와 장정을 깊이 생각해서 만든 아름다운 사경(寫經).
～古墳(こふん) 장식 고분.
～美術(びじゅつ) 장식 미술.
～音(おん)〖樂〗장식음. 꾸밈음.
装身具(そうしんぐ) 장신구.
装薬(そうやく) 장약. 총포의 약실(藥室)에 화약을 잼. 또, 그 화약.
装用(そうよう) 도구 따위를 몸에 부착하여 씀.
装威(そうい) ①시위. ②힘으로 강제함.
∥～面会(めんかい) 강제 면회.
～行列(ぎょうれつ) 시위 행렬.
装入(そうにゅう) 속에 넣음.
装粧品(そうしょうひん) 남녀의 신변 일용품. 화장품·장신구 따위.
装塡(そうてん) 장전.
装丁(そうてい) 장정.
装訂(そうてい) ⇨ 装丁(そうてい).
装釘(そうてい) ⇨ 装丁(そうてい).
装幀(そうてい) ⇨ 装丁(そうてい).
装蹄(そうてい) 장제. 말굽에 편자를 댐.
装着(そうちゃく) 장착. (옷 따위를) 몸에 걸침[입음]. (부속품 따위를) 본체에 부착함.
装置(そうち) 장치.
∥～産業(さんぎょう) 장치 산업.
装弾(そうだん) 장탄.
装荷(そうか)〖理〗장하(전화가 잘 들리도록 회로 중간에 코일을 끼움).
装画(そうが) 장화. (책의) 장정(裝幀) 그림.
装潢(そうこう) 장황. 책이나 서화첩(書畫帖)을 꾸미어 만드는 일.

訓読
❖装う ㊀(よそおう) ①(몸)치장하다. 옷차림을 하다. ②가장하다.
㊁(よそう) ①밥이나 국을 그릇에 퍼 담다. ②꾸미다. ③옷을 갖추어 입다.
装い ㊀(よそおい) 차림. 단장. 옷차림.
㊁(よそい) ①미반의 준비. 복장. 장식. ②《量數詞로》옷의 (한) 벌. (한) 습. 그릇에 담은 음식물을 세는 데 씀.

| 13
大
常 | 奬(奬) | 권면할 장
ショウ
すすめる |

音読
奨金(しょうきん) 장려금.

腸・獐・障

獎導(しょうどう) 장도. 권장하여 인도함.
獎励(しょうれい) 장려. ♣~金(きん) 장려금 / ~会(かい) 장려회.
獎順(しょうじゅん) 도우며 따르는 일.
獎揚(しょうよう) 칭찬하며 권장함.
獎学(しょうがく) 장학. ♣~金(きん) 장학금 ‖ ~資金(しきん) 장학 자금. / ~制度(せいど) 장학 제도.

訓読
❖獎める(すすめる) 권하다. 권고〔권장〕하다. 권유하다.
奨め(すすめ) ① 추천. 조언. 권장. 장려. ② 권유(勧誘).

逆音
勧獎(かんしょう) 권장.
推獎(すいしょう) 추장. 추천하여 장려함.

13 月 教	腸	창자 장・마음 장 チョウ はらわた・わた

音読
腸(ちょう) 장. 창자. ＊はらわた・わた로도 읽음.
腸チフス(ちょうチフス)〖醫〗장티푸스.
腸加答児(ちょうカタル)〖醫〗장카타르.
腸間膜(ちょうかんまく)〖生〗장간막.
腸結核(ちょうけっかく) 장결핵.
腸骨(ちょうこつ)〖生〗장골.
腸管(ちょうかん)〖生〗장관.
腸潰瘍(ちょうかいよう)〖醫〗장궤양.
腸満(ちょうまん)〖醫〗장만. 창만.
腸壁(ちょうへき)〖生〗장벽.
腸鰓類(ちょうさいるい)〖動〗장새류.
腺(ちょうせん)〖生〗장선. 창자샘.
腸線(ちょうせん) 장선. 고양이나 양의 장으로 만든 실.
腸癌(ちょうがん)〖醫〗장암.
腸液(ちょうえき)〖生〗장액.
腸炎(ちょうえん)〖醫〗장염.
腸捻転(ちょうねんてん)〖醫〗장염전(증).
腸溶剤(ちょうようざい)〖藥〗장용제.
腸粘膜(ちょうねんまく)〖生〗장점막.
腸重積(ちょうじゅうせき)〖醫〗장중적증.
腸穿孔(ちょうせんこう)〖醫〗장천공.
腸出血(ちょうしゅっけつ)〖醫〗장출혈.
腸閉塞(ちょうへいそく)〖醫〗장폐색(증).
腸狭窄(ちょうきょうさく)〖醫〗장협착.
腸呼吸(ちょうこきゅう)〖生〗장호흡.
腸詰め(ちょうづめ) 소시지.

訓読
腸抜き(わたぬき) 물고기의 내장을 발라냄. 또, 그 물고기.
腸樽(わただる) 물고기의 내장 따위를 담아 두는 통.
腸持ち(わたもち) ① 역사〔전설〕상의 인물에 대해 그것이 생존 상태에 있음을 나타내는 말. ② 목석(木石)으로 만든 것에 대하여, 살아 있는 것을 말함.
腸香(わたか)〖魚〗창마. 황고어(黃鯝魚).

逆音
灌腸(かんちょう) 관장.
断腸(だんちょう) 단장.
小腸(しょうちょう)〖生〗소장.

14 犭	獐	노루 장 ショウ のろ

[參考] 麞의 異體字.

訓読
獐(のろ)〖動〗노루.

14 阝 教	障	막힐 장・장애 장 ショウ さわる・へだてる・さえる

音読
障壁(しょうへき) 장벽. ♣~画(が) 장벽화.
障屏(しょうへい) ① 칸막이. ② 장병. 장지와 병풍.
‖~画(が) 병풍・장지 따위에 그린 그림.
障塞(しょうさい) 장새. ① 차단하여 막는 일. ② 요새.
障导(しょうがい) ⇨ 障害(しょうがい).
㊁(しょうげ) (특히, 불교에서) 장애.
障礙(しょうがい) ⇨ 障害(しょうがい).
㊁(しょうげ) ⇨ 障碍(しょうげ). 「림.
障翳(しょうえい) 덮어 햇빛 따위를 가
障子(しょうじ) 明り障子(あかりしょうじ)의 준말. 장자. 장지. 미닫이(문). ♣~紙(がみ) 창호지.
障阻(しょうそ) 방해가 됨. 장해.
障蔽(しょうへい) 장폐. 덮어서 가림.
障害(しょうがい) 장해. 장애. 「경마.
‖~競走(きょうそう) (승마에서) 장애물
~物(ぶつ) 장애물. ♣~競走(きょうそう) 장애물 달리기(경주).
~未遂(みすい)〖法〗장애 미수.
~補償(ほしょう) 장애 보상. 「애아 교육.
~児(じ) 장애아. ♣~教育(きょういく) 장
~年金(ねんきん) 장애 연금.
~者(しゃ) 장애인. ♣~教育(きょういく) 장애인 교육 / ~基本法(きほんほう) (일본의) 장애인 기본법 / ~の日(ひ) 장애인의 날(12월 9일).

訓読
障える(さえる) ① 막히다. 걸리다. ② 방해하다.
障の神(さえのかみ) 행인을 보호하는 길의 신.
❖障る(さわる) 방해가 되다. 지장이 되다.
障り(さわり) 방해. 지장. 장애. ＊ささわり로도 읽음.

其他
障む(つつむ)〈古〉① 꺼리다. ② (장애를 피하기 위해) 나가지 않고 조심하다.
障泥(あおり) 장니. 말다래. 마구(馬具)의 하나. 말 옆구리로 늘어뜨린 가죽 흙받기.

蔵(藏)

15 艹 教

감출 장·곳집 장
ゾウ
くら・おさめる・かくす

音読
㊀(ぞう) ① 소장(所藏). ②《接尾語적으로》…소장.
㊁(くら) ① 곳간. 곳집. 창고. ②(옛날) 전

蔵する(ぞうする) 갖다. 간수〔간직〕하다. 지니다. 품다. 소장하다.
蔵経(ぞうきょう)〚佛〛장경. '大蔵経(だいぞうきょう)(=대장경)'의 준말.
蔵骨器(ぞうこつき) 장골기. 화장하고 난 후의 뼈나 부장품을 넣는 용기.
蔵匿(ぞうとく) 장닉. 감춤. 숨김.
蔵卵器(ぞうらんき)〚生〛장란기. 조란기(造卵器).
蔵物(ぞうもつ) 장물. 소장하고 있는 물품. ＊ぞうぶつ로도 읽음.
蔵本(ぞうほん) 장본. 장서.
蔵鋒(ぞうほう) 장봉. ① 서예(書藝)에서 붓끝의 흔적이 날카롭게 나타나지 않게 쓰는 필법. ② 비유적으로 재주를 숨김.
蔵相(ぞうしょう) 장상. 大蔵大臣(おおくらだいじん)의 준말.
蔵書(ぞうしょ) 장서. ♣~家(か) 장서가 / ~印(いん) 장서인.
蔵精器(ぞうせいき)〚生〛장정기. 조정기(造精器).
蔵置(ぞうち) 장치. 창고 등에 넣어 둠.
蔵版(ぞうはん) 장판. 판목(版木)이나 지형을 소유하고 있음. 또, 그 판목이나 지형.
蔵幅(ぞうふく) 소장하고 있는 족자.

訓読
蔵す(かくす) 감추다. 숨기다.
蔵開き(くらびらき) 그 해 들어 처음 창고를 열고 장사를 시작하는 일.
蔵米(くらまい) 江戸(えど) 시대에, 幕府(ばくふ)나 각 영주의 창고에 저장한 쌀.
蔵番(くらばん) 창고지기.
蔵払い(くらばらい) 창고 떨이. 재고품 정리를 위한 염가 대매출.
蔵屋敷(くらやしき) 江戸(えど) 시대에, 영주가 江戸・大坂(おおさか)에 설치한 창고 딸린 저택.
蔵元(くらもと) 창고를 관리하는 사람.
蔵入り(くらいり) (물건을) 곳간에 넣어 두는 일. 또, 그 물건.
蔵入れ(くらいれ) 곳간에 넣음. 입고(入庫).
蔵店(くらみせ) 사면의 벽을 흙으로 바른 가게.
蔵座敷(くらざしき) 곳간방.
蔵浚え(くらざらえ) ☞ 蔵払い(くらばらい).
蔵出し(くらだし) 출고. ♣~税(ぜい) 출고세.

其他
蔵い忘れる(しまいわすれる) 물건 간수하는 일을 잊어버리다. 간수해 둔 장소를 잊어버리다.
蔵い無くす(しまいなくす) 간직한 물건의 소재를 몰라 잃어버리다.
蔵人(くろうど) 蔵人所의 직원. ＊くらうど・くらんど로도 읽음.
∥ ~の頭(とう) 蔵人所의 우두머리.
~所(どころ) 蔵人이 집무하던 궁중의 관청《허드렛일을 처리함》.

樟

15 木

녹나무 장
ショウ
くす・くすのき

音読
樟脳(しょうのう)〚化〛장뇌. ♣~油(ゆ) 장뇌유.

訓読
樟(くすのき)〚植〛장목(樟木). 녹나무. ＊くす로도 읽음.

漿

15 水

미음 장·즙 장
ショウ
しる

音読
漿果(しょうか)〚植〛장과. 살과 수분이 많은 과일.
漿尿膜(しょうにょうまく)〚生〛장뇨막.
漿膜(しょうまく)〚生〛장막.
漿麩(しょうふ) 밀가루 녹말.
漿液(しょうえき) 장액. 동물・식물 체내에 있는 투명 액체.

其他
漿(こんず) ① 미음(米飮). ② 미주(美酒). ③ 진국. 전국.

墻

16 土

담 장
ショウ
かき

参考 牆와 同字.

訓読
墻(かき) 울타리. 담.

瘴

16 疒

장기 장
ショウ

音読
瘴気(しょうき) 장기. 장독(瘴毒). 열병을 일으킨다는 산천의 독기.
瘴毒(しょうどく) 장독. 장기(瘴氣).
瘴癘(しょうれい)〚漢醫〛장려.
瘴霧(しょうむ) 장무. 독기가 있는 안개.
瘴疫(しょうえき)〚醫〛장역. (장기(瘴氣)에 쐬어 일어난다는) 유행성 열병.
瘴煙(しょうえん) 장연. 장기(瘴氣)를 품은 연무(煙霧).

17 木 檣

돛대 **장**
ショウ
ほばしら

音読
檣竿(しょうかん) 장간. 돛대. 마스트.
檣頭(しょうとう) 장두. 돛대의 머리.
檣灯(しょうとう) 장등. 야간 항해중 돛대 끝에 다는 백색등.
檣楼(しょうろう) 장루. 돛대 위의 망루.

訓読
檣(ほばしら) 돛대.

17 爿 牆

담 **장**
ショウ
かき

音読
牆籬(しょうり) 장리. 담. 울타리.
牆壁(しょうへき) 장벽. 울타리와 벽.

訓読
牆(かき) 울타리. 담.

17 艹 薔

장미 **장**
ショウ
ばら

訓読
薔薇(ばら) 〖植〗 장미. *そうび・しょうび 로도 읽으며, 雅語로는 いばら・うばら라고도 함.
薔薇科(ばらか) 〖植〗 장미과.
薔薇色(ばらいろ) 장미색. 장밋빛《건강・행복 따위의 상징》.
薔薇石英(ばらせきえい) 〖鑛〗 장미 석영.
薔薇星雲(ばらせいうん) 〖天〗 장미 성운.
薔薇油(ばらゆ) 장미유.
薔薇戦争(ばらせんそう) 〖史〗 장미 전쟁.
薔薇疹(ばらしん) 〖醫〗 장미진. *しょうび しん으로도 읽음.
薔薇輝石(ばらきせき) 〖鑛〗 장미 휘석.

18 酉 醬

장 **장**
ショウ
ひしお

音読
醬油(しょうゆ) 장유. 간장.

訓読
醬(ひしお) 지금의 간장에 해당되는 옛날의 조미료.

其他
醬蝦(あみ) 〖動〗 보리새우.

19 月 臟(臟) 教

오장 **장**
ゾウ
はらわた

音読
臟 ㊀(ぞう) 장. 내장. 체내의 기관(器官).
㊁(もつ) (짐승・새 요리에서) 내장.
臟器(ぞうき) 장기. 내장 기관.
‖~感覚(かんかく) 장기 감각. 내장 감각.
~療法(りょうほう) 장기 요법.
~移植(いしょく) 장기 이식.
~摘出(てきしゅつ) 장기 적출.
~提供(ていきょう) 장기 제공.
~製剤(せいざい) 장기 제제. 호르몬제.
臟物(ぞうもつ) 내장. 특히, 소・돼지・새・생선 따위의 내장. *もつ로도 읽음.
‖~料理(りょうり) 내장물 요리.
臟腑(ぞうふ) 장부. 내장. 오장육부.

其他
臟焼き(もつやき) ⇨ 臟焼き(もつやき).
臟焼き(もつやき) (새・짐승의) 내장 구이.

19 金 鏘

울리는소리 **장**
ショウ・ソウ

音読
鏘然(しょうぜん) 장연. ① 옥(玉)・방울 따위가 소리를 내어 울리는 형용. ② 물이 졸졸 흐르는 모양.
鏘鏘(そうそう) 장장. 옥이나 쇠붙이 따위가 울리는 소리.

22 貝 臟

장물 **장**・감출 **장**
ゾウ
かくす

音読
臟吏(ぞうり) 장리. 장죄(臟罪)를 범한 관리.
臟物(ぞうぶつ) 장물.
‖~故買罪(こばいざい) 장물 취득죄.
臟罪(ぞうざい) 장죄. 장물죄.
臟品(ぞうひん) 장품. 장물(臟物).

22 鹿 麞

노루 **장**
ショウ
のろ

訓読
麞(のろ) 〖動〗 노루.

재

3 才 才 教

재주 **재**・겨우 **재**
サイ・ザイ
ざえ・わずかに

音読
才(さい) ① 재주. 재능. 소질. ② (흔히, '歲'의 약자로서) 나이를 세는 말로 씀. …세.

才覚(さいかく) ① 재치. 기지. ② 궁리. 생각. ③ (돈을) 마련함. 변통함.
∥**～者**(もの) 유능하고 재치 있는 사람.
才幹(さいかん) 재간.
才傑(さいけつ) 재걸.
才気(さいき) 재기.
∥**～走る**(ばしる) 재기가 넘치다.
～煥発(かんぱつ) 재기 발발.
才器(さいき) 재기. 재치가 있고 유용함. 또, 그런 사람.
才女(さいじょ) 재녀. 재주 있는 여자.
∥**～時代**(じだい) 재녀 시대. 여성의 작품이 유행하는 시대.
才能(さいのう) 재능.
才徳(さいとく) 재덕.
才略(さいりゃく) 재략.
才量(さいりょう) ① 재량. 재주와 도량. ② 화물의 부피와 무게.
才力(さいりょく) 재력. 능력의 힘.
才望(さいぼう) 재망. 재능과 인망.
才名(さいめい) 재명. 재주로 얻은 명망.
才物(さいぶつ) 재사. 재주 있는 인물.
才弁(さいべん) 재변. 재치 있게 하는 말.
才鋒(さいほう) 재봉. 날카로운 재기.
才分(さいぶん) 재분. 타고난 재능.
才色(さいしょく) 재색.
∥**～兼備**(けんび) 재색 겸비.
才識(さいしき) 재식. 재지(才智)와 식견.
才英(さいえい) 재지(才智)가 매우 뛰어남. 또, 그 사람.
才穎(さいえい) ⇨ 才英(さいえい).
才芸(さいげい) 재예.
才腕(さいわん) 재완. 수완.
才媛(さいえん) 재원.
才六(さいろく) ① 'でっち(=가게에서 일보는 소년)'의 은어. ② 사람을 비방하는 말. 특히 東京(とうきょう) 사람들이 京阪(けいはん) 사람들을 멸시해서 부르는 말.
才人(さいじん) 재인. 재사(才士).
才子(さいし) 재자. 재주 있는 젊은 남자.
∥**～佳人**(かじん) 재자 가인.
～多病(たびょう) 재자 다병.
才蔵(さいぞう) ① 만담에서, 주연의 상대역인 익살 광대. ②〈蔑〉맞장구를 잘 치는 사람.
才藻(さいそう) 재조. 문재(文才).
才走る(さいばしる) 재기가 넘치다.
才俊(さいじゅん) 재준. 재주가 뛰어남.
才知(さいち) 재지. 재주. 기혜.
∥**～縦横**(じゅうおう) 종횡으로 재능을 발휘함.
才智(さいち) ⇨ 才知(さいち).
才質(さいしつ) 재질.
才槌(さいづち) 작은 나무 망치.
∥**～頭**(あたま) 장구머리.
才取り(さいとり) ① (거래소에서) 거간하는 일. 거간꾼. ② 미장이를 돕는 사람[일].
才弾ける(さいはじける) 약삭빠르다. 꾀바르다. 되바라지다.
才筆(さいひつ) 재필. 좋은 문장(을 쓰는 재주).

才学(さいがく) 재학. 재주와 학식.
才賢(さいけん) 재현.
才華(さいか) 재화. 재능·학식이 뛰어남.

訓読
才才し(ざえざえし) 재능이 있어 보임.

두번 재·거듭 재
再 サイ·サ
ふたたび
6口敎

音読
再(さい)《接頭語로》재….
再嫁(さいか) 재가.
再刻本(さいこくぼん) 재각본. 이전에 간행한 것을 다시 판목을 조각하여 출판한 책.
再刊(さいかん) (간행물의) 재간.
再感染(さいかんせん) 재감염.
再開(さいかい) 재개.
再開発(さいかいはつ) 재개발.
再挙(さいきょ) 재거.
再建 ㊀(さいけん) (조직·건물 등의) 재건. ㊁(さいこん) (사원·신사의) 재건.
再検(さいけん) 재검.
再検討(さいけんとう) 재검토.
再掲(さいけい) 재게. 전에 게시한 것을 다시 게시함.
再撃(さいげき) 재격. 다시 습격[공격]함.
再見(さいけん) 재견. 다시 봄.
再結晶(さいけっしょう) 재결정.
再競売(さいけいばい)『經』재경매.
再啓(さいけい) 재계. 거듭 편지를 쓸 때, 첫머리에 쓰는 말.
再考(さいこう) 재고.
再顧(さいこ) 재고.
再雇用(さいこよう) 재고용.
再校(さいこう)『印』재교.
再教育(さいきょういく) 재교육.
再構(さいこう) 다시 구성(구축)함.
再軍備(さいぐんび) 재군비.
再帰(さいき) 재귀. 다시 되돌아 감(옴).
∥**～代名詞**(だいめいし)『文法』재귀 대명사.
～動詞(どうし)『文法』재귀 동사.
～熱(ねつ)『醫』재귀열. 회기열.
再勤(さいきん) 재근. 다시 근무함.
再起(さいき) 재기.
再記(さいき) 재기. 다시 기록함.
再度(さいど) 재도. 재차(再次).
再読(さいどく) 재독. 다시 읽음.
∥**～文字**(もじ) 한자 훈독에서 두 번 읽는 글자(未を‘いまだ…ず’(=아직도 …하지 아니하다)' 등으로 읽는 따위).
再突入(さいとつにゅう) 재돌입.
再来 ㊀(さいらい) 재래. ① 다시 옴. ② 다시 이 세상에 태어남.
㊁(さらい) 다음다음의.
再来年(さらいねん) 다음다음 해.
再来月(さらいげつ) 다음다음 달.
再来週(さらいしゅう) 다음다음 주.

再錄(さいろく) 재록. ① 잡지 등에서, 다시 게재함. 또, 그 게재한 것. ② 방송〔방영〕한 것을 다시 녹음함. 또, 그렇게 녹음한 것.
再論(さいろん) 재론.
再臨(さいりん)〖宗〗 재림.
再発(さいはつ) 재발. *さいほつ로도 읽음.
∥**~防止**(ぼうし) 재발 방지.
再発見(さいはっけん) 재발견.
再発足(さいほっそく) 재발족.
再訪(さいほう)(문). 다시〔두 번〕 방문
再放送(さいほうそう) 재방송.   └함.
再拝(さいはい) 재배.
再配当(さいはいとう) 재배당.
再犯(さいはん) 재범(자). *さいぼん으로도 읽음.
∥**~加重**(かじゅう)〖法〗 재범 가중. 재범자에게, 본래 그 범죄에 대해 정해져 있는 형보다도 무거운 형을 과하는 일.
再変(さいへん) 재변. 다시 변함.
再保険(さいほけん) 재보험.
再思(さいし) 재사. 재고(再考).
再三(さいさん) 재삼. 여러 번.
∥**~再四**(さいし) 재삼재사.
再生(さいせい) 재생. ♣**~毛**(も) 재생모/**~紙**(し) 재생지.
∥**~検波**(けんぱ)〖理〗 재생 검파.
~不能性貧血(ふのうせいひんけつ) 재생 불능성 빈혈.
~繊維(せんい) 재생 섬유.
~水(すい) 재생수. 더러운 물을 처리장에서 처리한 물.
再生産(さいせいさん) 재생산.
再選(さいせん) 재선.
再選挙(さいせんきょ) 재선거.
再説(さいせつ) 재설. 되풀이해서 설명함.
再洗礼派(さいせんれいは)〖史〗 재세례파. 독일 종교 개혁 때에 나타난 극단적 신교의 한 파.
再訴(さいそ)〖法〗 재소.   └파.
再送(さいそう) 재송. 다시 보냄.
∥**~電報**(でんぽう) 재송 전보.
再誦(さいじゅ) 재송. *さいしょう로도 읽음.
再輸入(さいゆにゅう) 재수입.   └음.
再輸出(さいゆしゅつ) 재수출.
再勝(さいしょう) 재승. 다시 이김.
再伸(さいしん) 편지에서 글을 추가할 때 그 글머리에 쓰는 말. 추신(追伸).
再審(さいしん) 재심.
∥**~抗告**(こうこく)〖法〗 재심 항고.
再言(さいげん) 재언.
再演(さいえん) 재연. 재상연.
再縁(さいえん) 재혼. 재가(再嫁).
再燃(さいねん) 재연. 다시 불탐.
再熱タービン(さいねつタービン)〖工〗 재열 터빈.
再映(さいえい) 재상영. 재방영.
再往(さいおう) 재차. 다시 되풀이함.
再遊(さいゆう) 재유. 다시 놀러 감. 두 번째 여행함.
再吟味(さいぎんみ) 재음미.

再応(さいおう) ⇨ 再往(さいおう).
再議(さいぎ) 재의.
再認(さいにん) 재인. 재인식. 재인가.
再認識(さいにんしき) 재인식.
再任(さいにん) 재임.
再再(さいさい) 여러 번. 재삼.
∥**~度**(ど) 여러 번. 수차.
再転(さいてん) 재전. 다시 바뀜.
∥**~相続**(そうぞく)〖法〗 재전 상속.
再戦(さいせん) 한번 싸운 상대와 다시 싸움.
再訂(さいてい) 재정. 두 번째 정정.
再製(さいせい) 재제.
∥**~酒**(しゅ) 재제주. 혼성주.   └름.
再祚(さいそ) 재조. 퇴위한 후 다시 왕위에 오
再造(さいぞう) 재조. 다시 만듦.
再調(さいちょう) 재조. 재조사. 재조정.
再調査(さいちょうさ) 재조사.
再従兄弟(さいじゅうけいてい) 재종〔육촌〕 형제. *俗語로는 はとこ라고도 함.
再進(さいしん) 재진. ① 다시 나아감. ② 밥·국 따위를 더 권하는 일.
再診(さいしん) 재진.
再処理(さいしょり)〖理〗 재처리.
再醮(さいしょう) 재혼(再婚).
再築(さいちく) 재축. 개축.
再出(さいしゅつ) 같은 글씨·글귀가 다른 곳에도 나옴〔나오게 함〕.
再出発(さいしゅっぱつ) 재출발.
再治(さいじ) 다시 조사하여 올바르게 고침.
再投票(さいとうひょう) 재투표.
再版(さいはん) 재판.
再販(さいはん) 독점 금지법의 특례로서, 화장품·의약품·서적 등에 대해, 제조업자가 도산매 가격을 지정하는 일.
再編(さいへん) 재편. '再編成(さいへんせい)(=재편성)'·'再編集(さいへんしゅう)(=재편집)'의 준말.
再編成(さいへんせい) 재편성.
再評価(さいひょうか) 재평가.
再割引(さいわりびき) 재할인.
再抗告(さいこうこく)〖法〗 (민사 소송에서) 재항고.
再抗弁(さいこうべん)〖法〗 재항변.
再現(さいげん) 재현. ♣**~部**(ぶ)〖樂〗 재현부.
再婚(さいこん) 재혼.
再話(さいわ) 옛날 이야기·전설 등을 현대적으로 새롭게 표현함. 또, 그 작업이나 작품.
再会(さいかい) 재회.
再興(さいこう) 재흥. 부흥.

〖訓読〗
再び(ふたたび) 두 번. 재차. 다시.

〖其他〗
再従姉妹(はとこ)〈俗〉 재종〔육촌〕 자매.

| 6土教 | 在 | 있을 재·살 재
ザイ
ある·います·おわる |

音読

在(ざい) ① 在郷(ざいごう)의 준말. 시골. ② (자리・방에) 그 사람이 있음.
在家(ざいけ) ①『佛』재가. 속인. ② 고향집. 시골집. * ざいかろも 읽음.
‖ ~僧(そう) 재가승. 대처승.
在監(ざいかん) 재감. 교도소에 수감되어 있음.
在居(ざいきょ) 그 장소에 있음. 또, 그 곳에 살고 있음.
在京(ざいきょう) 재경.
在庫(ざいこ) 재고.
‖ ~管理(かんり)『經』재고 관리.
 ~金融(きんゆう)『經』재고 금융.
 ~循環(じゅんかん)『經』재고 순환.
 ~調整(ちょうせい)『經』재고 조정.
 ~指数(しすう)『經』재고 지수.
 ~投資(とうし)『經』재고 투자.
在官(ざいかん) 재관. 관직에 있음.
在館(ざいかん) 재관. 대사관・박물관 등 '관(館)'으로 불리는 곳에 있음. 또, 재적(在籍)함.
在校(ざいこう) 재교. 학교에 있음.
在欧(ざいおう) 재구. 유럽에 머무름.
在国(ざいこく) ① 재향(在郷). 고향에 있음. ② 江戸(えど) 시대에, 大名(だいみょう)나 그 가신들이 영지(領地)에 있음.
在勤(ざいきん) 재근. 근무하고 있음.
在級(ざいきゅう) 재급. 그 학급에 적(籍)을 두고 있음.
在団(ざいだん) 재단. 악단・선수단 등에 적을 두고 있음.
在隊(ざいたい) 재대. 군에 복무중임.
在島(ざいとう) 재도. ① 그 섬에 묵고 있음. ② 섬에 있음.
在来(ざいらい) 재래. 지금까지 보통 있었던 일. ♣~種(しゅ) 재래종.
‖ ~島民(とうみん) 小笠原(おがさわら) 섬 주민 중 구미(歐美) 계통의 사람들.
在留(ざいりゅう) 재류.
‖ ~邦人(ほうじん) 재류 방인.
在銘(ざいめい) 재명. 칼・공예품 등에 제작자의 명(銘)이 있음. 또, 명이 있는 물건.
在米 ㊀(ざいまい) 현재 창고에 있는 쌀.
 ㊁(ざいべい) 재미. 미국에 살고 있음.
在民(ざいみん) 재민. 국민에게 있음.
在方(ざいかた)〈老〉시골. 농촌.
在否(ざいひ) (집에) 있느냐 없느냐의 여부.
在府(ざいふ) 江戸(えど) 시대에 大名(だいみょう)나 그 가신(家臣)이 江戸에 나와서 근무하던 일.
在社(ざいしゃ) 재사. 회사에 있음〔재직함〕.
在昔(ざいせき) 재석. 옛적.
在席(ざいせき) 재석.
在世(ざいせ)『佛』재세. 살아 있는 동안. * ざいせいろも 읽음.
在所(ざいしょ) ① 거처. ② 출신지인 시골. ③ 사무소・연구소 등에 근무하고 있음.
‖ ~者(もの) 촌사람. 시골 사람.
在俗(ざいぞく)『佛』재속. 재가(在家).
♣ ~僧(そう) 재속승. 재가승.

在宿(ざいしゅく)〈老〉재숙. 재가(在家).
在室(ざいしつ) 재실. 방에 있음.
在野(ざいや) 재야. ① 관계에 나가지 아니함. ② 야당.
在役(ざいえき) (병역・징역 등의) 복무. 복역. ♣~艦(かん) 현역함.
在営(ざいえい) 재영. 병영 내에 있음.
在外(ざいがい) 재외. 해외.
‖ ~公館(こうかん) 재외 공관.
 ~資産(しさん) 재외〔해외〕 자산.
在院(ざいいん) 재원. ① 병원 등에 (살고) 있음. ② 대학원 등에 적이 있음.
在位(ざいい) 재위.
在日(ざいにち) 재일. 일본에 거주(체재)함.
‖ ~外国人(がいこくじん) 재일 외국인.
在日本大韓民国居留民団(ざいにほんだいかんみんこくきょりゅうみんだん) 재일본 대한 민국 거류 민단.
在日本朝鮮人総連合会(ざいにほんちょうせんじんそうれんごうかい) 재일본 조선인 총연합회. 조총련.
在任(ざいにん) 재임.
在在(ざいざい) 재재. 여러 곳. 곳곳.
‖ ~所所(しょしょ) 재재 소소. 여기저기.
在籍(ざいせき) 재적. 이곳저곳
‖ ~専従(せんじゅう) 공무원・교직원의 적을 가진 채로 노동 조합의 사무에만 종사함. 또, 그 사람.
在廷(ざいてい) 재정. ① 법정에 출두해 있음. ② ☞在朝(ざいちょう).
 ~証人(しょうにん)『法』재정 중인.
在町(ざいまち) 일본 근세에서 영주의 성(城)이 없이 상품 거래가 인정되었던 도시.
在朝(ざいちょう) 재조. 관직(조정)에 있음.
在住(ざいじゅう) 재주. 거주.
在中(ざいちゅう) 재중.
在地(ざいち) ① 살고 있는 곳. ② 시골・지방
在職(ざいしょく) 재직. 에 있음.
在天(ざいてん) 재천.
在庁(ざいちょう) 재청. 관청에 있음.
在宅(ざいたく) 재택. 자기 집에 있음.
‖ ~看護(かんご) 재택 간호. 가정에서 요양하고 있는 환자를 간호하수는 일.
 ~勤務(きんむ) 재택 근무.
 ~医療(いりょう) 재택 의료. 의사나 간호사가 정기적으로 가정을 방문하여 적절한 치료를 하는 의료 체계.
在荷(ざいか) 재화(在貨). ① 현재 있는 화물. ② 화물〔상품〕이 현재 있음. 재고.
在学(ざいがく) 재학.
在郷(ざいごう) 재향. ① 시골. ② 시골〔고향〕에 있음. * ざいきょうろも 읽음.
‖ ~軍人(ぐんじん) 재향 군인.
 ~者(もの) 시골서 자란 사람. 시골 사람. 또, 시골서 올라온 사람.
在貨(ざいか) ⇨ 在荷(ざいか).

訓読

在す ㊀(います)〈雅〉'いる(=있다)' 'ある

'(=있다)'의 공대말. 계시다.
㊂(まします)〈雅〉계시다《在す(ます)의 한층 더한 높임말》.
㊂(ます) 계시다. 가시다. 오시다.
❖**在る**(ある) ① 있다. ② 살아 있다. ③ 위치하다. ④ 귀속하다.
在り(あり)〈雅〉 있다. 존재하다.
在りし(ありし) 이전의. 지나간.
‖**~昔**(むかし) ① 지난 옛날. ② (고인이) 살아 있던 시절.　「난 세상.
~世(よ) ① (고인이) 살아 있던 시절. ② 지
~日(ひ) 지난날. 생전.
在り高(ありだか) 재고. 현재의 수량.
在り来たり(ありきたり) 본래부터 흔히 있음.　「미.
在り米(ありまい) 지금 창고에 있는 쌀. 재고
在り方(ありかた) 본연의〔바람직한〕 자세〔상태〕.
在り付く(ありつく)〈古〉 ① 안주(安住)하다. ② 걸맞다.
在るが儘(あるがまま) 있는 그대로.
在り処(ありか) 있는 곳. 소재(所在).
在り合う(ありあう) 마침 그 자리에 있다.
在り合わせる(ありあわせる) 마침 그 자리에 있다.

| 7 木 ㊂ | **材** | 재목 재·재능 재
ザイ・サイ |

|音読▶|
材(ざい) ① 목재. 재료. ② 재능(이 있는 사람). 인재(人材).
材料(ざいりょう) ① 재료. ② 시세를 등락시키는 원인.
‖**~力学**(りきがく)〖工〗 재료 역학.
材木(ざいもく) 재목. 목재. ♣**~岩**(がん)〖鑛〗 재목암／**~屋**(や) 재목상(인).
材線虫(ざいせんちゅう) 수목에 기생하는 선충류(線蟲類)의 총칭.
材積(ざいせき) 재적. 목재·석재의 체적.
材種(ざいしゅ) 재종. 재료의 종류.
材質(ざいしつ) 재질.

| 7 火 ㊂ | **災** | 재앙 재
サイ
わざわい |

|音読▶|
災難(さいなん) 재난.
‖**~除け**(よけ) 재난을 피하는 일. 또, 그러기 위한 부적이나 기도 따위.
災民(さいみん) 재민. 이재민.
災変(さいへん) 재변.
災祥(さいしょう) 재상. 재앙과 상서(祥瑞).
災殃(さいおう) 재앙.
災厄(さいやく) 재액.
災異(さいい) 재이.
災害(さいがい) 재해.
‖**~補償**(ほしょう) 재해 보상.
~保険(ほけん) 재해 보험.
災禍(さいか) 재화. 재해.
災患(さいかん) 재환. 재난과 우환.

|訓読▶|
災い(わざわい) 재앙. 재난. 화.
災いする(わざわいする) 화〔재난〕의 빌미가 되다. 화가〔재난이〕 되다.

| 9 口 ㊂ | **哉** | 어조사 재·비롯할 재
サイ
か·かな·や |

|訓読▶|
哉(かな) 감동. 영탄의 뜻을 나타냄. …도다. …로다. …구나.

| 10 ㊂ | **宰** | 재상 재·다스릴 재
サイ
つかさどる |

|音読▶|
宰領(さいりょう) 감독함. 특히, 화물·인부를 관리〔감독〕함. 또, 그 사람.
宰輔(さいほ) 재보. 재상(宰相).　「리.
宰相(さいしょう) ① 재상. 수상. ② 국무 총

| 10 木 ㊂ | **栽** | 심을 재
サイ
うえる |

|音読▶|
栽培(さいばい) 재배.
‖**~漁業**(ぎょぎょう) 재배〔양식〕 어업.
~限界(げんかい)〖農〗 재배 한계.
栽植(さいしょく) 재식.

| 10 貝 ㊂ | **財** | 재물 재
ザイ・サイ
たから |

|音読▶|
財(ざい) 재. 재산.
財経(ざいけい) 재경.
財界(ざいかい) 재계. 경제계. ♣**~人**(じん) 재계인(사).
財嚢(さいのう) 재낭. ① 돈주머니. 지갑. ② 소지금. 경제 사정.
財団(ざいだん) 재단.
‖**~法人**(ほうじん)〖法〗 재단 법인.
~抵当(ていとう)〖法〗 재단 저당.
財力(ざいりょく) 재력. 경제력.
財利(ざいり) 재리.
財務(ざいむ) 재무. ♣**~官**(かん) 재무관／**~局**(きょく) 재무국.
‖**~管理**(かんり)〖經〗 재무 관리.
~分析(ぶんせき)〖經〗 재무 분석.

~諸表(しょひょう)〚經〛재무 제표.
~会計(かいけい)〚經〛재무 회계.
財物(ざいぶつ) 재물. ① 돈과 물질. ② 보배. 보물.
財帛(ざいはく) 재백.
財閥(ざいばつ) 재벌.
財宝(ざいほう) 재보. 재산과 보물.
財本(ざいほん) 재산과 자본.
財産(ざいさん) 재산. ♣~家(か) 재산가 / ~権(けん) 재산권 / ~法(ほう) 재산법 / ~税(ぜい) 재산세 / ~刑(けい)〚法〛재산형.
‖~勘定(かんじょう)〚經〛재산 계정.
~目録(もくろく) 재산 목록.
~分離(ぶんり) 재산 분리.
~分与(ぶんよ) 재산 분여.
~相続(そうぞく)〚法〛재산 상속.
~所得(しょとく) 재산 소득.
~出資(しゅっし) 재산 출자.
財欲(ざいよく) 재욕.
財用(ざいよう) 재용. ① 재화(財貨)의 용도〔운용〕. ② 비용.
財源(ざいげん) 재원.
財政(ざいせい) 재정. ♣~家(か) 재정가 / ~法(ほう) 재정법 / ~的(てき) 재정적 / ~学(がく) 재정학.
‖~硬直化(こうちょくか)〚經〛재정 경직.
~関税(かんぜい)〚經〛재정 관세.「화.
~構造(こうぞう) 재정 구조. ♣~改革法(かいかくほう)〚法〛재정 구조 개혁법.
~年度(ねんど) 회계 연도.
~資金(しきん) 재정 자금.
~財産(ざいさん) 재산.
~政策(せいさく) 재정 정책.
~投融資(とうゆうし) 재정 투융자.
財政(ざいとう)「財政投融資(ざいせいとうゆうし)」의 준말.
財布(さいふ) 돈지갑.
‖~尻(じり) ① 돈지갑 밑바닥. ② 지갑 속에 남은 돈.
財革法(ざいかくほう)「財政構造(ざいせいこうぞう)改革法(かいかくほう)(=재정 구조 개혁법)」의 준말.
財形(ざいけい) 재형. 「勤労者財産形成促進制度(きんろうしゃざいさんけいせいそくしんせいど)(=근로자 재산 형성 촉진 제도)」의 준말.
‖~貯蓄(ちょちく) 재형 저축.
財貨(ざいか) 재화. 재물. 재산.
財賄(ざいわい) 재회. 금전과 물품.

| 11
木
人 | 梓 | 가래나무 재·목수 재
シ
あずさ |

音読
梓 ㊀(し) 판목(版木).
~に上(のぼ)す 상재하다. 출판하다.
㊁(あずさ) ①〚植〛가래나무. ② ☞㊀.
梓行(しこう) 책을 출판함. 상재.

訓読
梓弓(あずさゆみ) 가래나무로 만든 활.

| 11
斉
常 | 斎(齋) | 재계 재
サイ
いつく・とき・い・ゆ・いむ |

音読
斎戒(さいかい) 재계.
‖~沐浴(もくよく) 목욕재계.
斎宮(さいぐう) 皇大神宮(こうたいじんぐう)에 봉사했던 미혼의 황녀(皇女). *いつきのみやろ로도 읽음.
斎灯(さいとう) 신불 앞에서 피우는 화톳불.
斎沐(さいもく) 재목. 재계(齋戒)와 목욕.
斎服(さいふく) 재복. (제주·신관(神官) 등이) 제사 때 입는 옷.
斎王(さいおう) ☞斎宮(さいぐう). *いつきのみこ로도 읽음.
斎院(さいいん) 京都(きょうと)의 賀茂(かも) 신사에 봉사했던 미혼의 황녀(皇女).
斎場(さいじょう) ① 재장. 장례식을 올리는 장소. ② 제장. 제사지내는 장소.〔祭主〕
斎主(さいしゅ) 재주. 제사의 주재자. 제주.
斎会(さいえ)〚佛〛재회. 승려들을 모아서 독경·공양을 하는 법회.

斎 ㊀(とき)〚佛〛① 승려나 수행자의 아침 공양〔식사〕. 재식(齋食). ② 채식 요리.
㊁(いつき) ① 심신을 깨끗이 하고 신을 섬기는 일. ② 신을 제사 지내는 일.
㊂(いみ) ① 꺼림. 금기. ② 상중(喪中).
㊃(ゆ) 신성한 일. 목욕재계하는 일.
斎う(いわう) 〈文〉재계(齋戒)하고 삼가 신을 모시다.「다.
斎く(いつく) 〈古〉목욕재계하고 신을 받들
斎ふ(いはふ) 〈古〉① 삼가 신을 모시다. ② 신비한 힘으로 수호하다. ③ 소중히 하다.
斎串(いぐし) 〈古〉비쭈기나무나 솜대 따위의 가지에 종이 오리를 달아 신에 바치는 물건.
斎忌(ゆき) 大嘗祭(たいじょうさい) 때 햇곡식을 바치는 京都(きょうと) 이동(以東)의 지방. 또, 그 제장(祭場).
斎料(ときりょう) 승려의 식사비 또는 음식물. *さいりょう로도 읽음.
斎米(ときまい)〚佛〛재미(齋米). 보시미(布施米).
斎部(いんべ) 고대 직명의 하나. 제사와 제기(祭器) 제조를 맡음. *いむべ로도 읽음.
斎非時(ときひじ) 승려의 식사. 또, 법회(法會) 등에서, 승려에게 제공하는 식사.
斎垣(いがき) 일본에서 신사(神社)와 같은 성역의 울타리. *いみがき로도 읽음.
❖**斎む**(いむ) ① 꺼리다. ② 미워하고 싫어하「는 물건.
斎物(いみもの) 꺼려〔싫어하여〕 사용하지 않
斎月(いみづき) 삼가고 조심해야 하는 달. 정월·5월·9월을 말함.

斎日 ㊀(いみび) ① 재난이 있다고 꺼려하는 날. ② 기일(忌日).
㊁(ときび) 《佛》 승려에게 식사를 공양(供養)하는 날. 　　　　　　　　　「한 불.
斎火(いみび) 신을 제사지내는 데 쓰는 정갈

12 衣 敎	裁	마를 재·결단할 재 サイ たつ·さばく

音読
裁する(さいする) ① 재단하다. 마름질하다. ② 판가름하다. ③ 편지를 쓰다.
裁可(さいか) 재가.
裁決(さいけつ) 재결.
裁断(さいだん) 재단. ① 마름질. ② 재결(裁
‖~批評(ひひょう) 재단 비평.　　　「決).
裁量(さいりょう) 재량.
‖~労働(ろうどう) 재량 노동《연구 개발 업무처럼 노동 시간이 노동자의 재량에 위임되는 노동》. ♣~制(せい) 재량 노동제.
~処分(しょぶん) 재량 처분.
~行為(こうい) 재량 행위.
~行政(ぎょうせい) 재량(에 맡기는) 행정.
裁縫(さいほう) 재봉. 바느질.
裁人(さいにん) 재인. 중재인.
裁定(さいてい) 재정.
裁判(さいばん) 재판. ♣~官(かん) 재판관. 법관/~長(ちょう) 재판장.
‖~管轄(かんかつ)《法》재판 관할.
~規範(きはん)《法》재판 규범.
~沙汰(ざた) 재판 사건. 소송 사건.
~所(しょ) 재판소. 법원.
~化学(かがく)《化》재판 화학.
裁許(さいきょ) ① 재허. 재가. ② 재결함.

訓読
❖裁く(さばく) 판가름하다. 재판하다. 중재하
裁き(さばき) 재판. 심판. 중재. 　　　「다.
❖裁つ(たつ) 마르다. 재단하다.
裁ち台(たちだい) 재단판. 마름질판.
裁ち落とし(たちおとし) 재봉이나 제본에서 여분의 천이나 종이를 잘라냄. 또, 그 끄트러기.
裁ち売り(たちうり) (피륙 따위를) 끊어서 팜. 자풀이.　　　　　　　　　「감.
裁ち物(たちもの) 마름질. 또, 그 종이나 옷
裁ち方(たちかた) 종이·천·가죽 따위를 적당한 치수로 마르는[자르는] 방법.
裁ち縫い(たちぬい) 재봉. 바느질.
裁ち上がり(たちあがり) 《裁》 (옷·종이 등의) 마름질을 끝냄. 또, 그 상태.
裁ち屑(たちくず) 가윗밥. 베어낸 지스러기.
裁ち切れ(たちぎれ) 마름질한 천. 옷감.
裁ち切る(たちきる) 종이·천 따위를) 자르다. 절단하다. (옷감 등을) 마르다.
裁着け(たっつけ) 무릎께를 끈으로 묶어 아랫도리를 가든하게 한 치마바지.
裁ち板(たちいた) 재단판(板).

裁ち布(たちぎれ) ⇨ 裁ち切れ(たちぎれ).
裁ち鋏(たちばさみ) 재단 가위.

13 氵	滓	찌꺼기 재 サイ·シ おり·かす

滓(かす) ① 앙금. ② 찌꺼기. 찌끼.
滓酢(かすず) 술 지게미로 만든 식초.

13 車 常	載	실을 재·가득할 재 サイ のせる·のる

音読
載トン(さいトン) 선박의 적재량을 톤수로 나타낸 것.
載量(さいりょう) 재량. 적재량.
載録(さいろく) 재록.
載積(さいせき) 재적. 실어서 쌓음.
載籍(さいせき) 재적. 서적. 전적. 문헌.
載貨(さいか) 재화. 짐을 실음. 또, 그 짐.

載る(のる) 놓이다. 얹히다. 실리다.
❖載せる(のせる) 얹다. 싣다. 게재하다.
載せ事(のせごと) 사람을 속이는 수단.

21 齊	齎	가져갈 재 セイ·シ もたらす

訓読
齎す(もたらす) 가져가다. 가져오다. 초래하다. 야기하다.

23 糸	纔	겨우 재·조금 재 サイ·サン わずか·わずかに

訓読
纔か(わずか) 조금. 약간. 불과.

쟁

6 亅 敎	争(爭)	다툴 쟁 ソウ あらそう·いかでか

音読
争競(そうきょう) 쟁경. 경쟁.
争端(そうたん) 쟁단. 다툼질의 꼬투리.
争乱(そうらん) 쟁란. 내란으로 세상이 혼란
争論(そうろん) 쟁론. 논쟁.　　　　　「함.
争訟(そうしょう)《法》쟁송.　　　　「신하.
争臣(そうしん) 쟁신. 직언으로써 간하는

争心(そうしん) 쟁심. 남과 싸우려 하는 마음. 남을 이기려는 마음.
争友(そうゆう) 쟁우(諍友). 충고해 주는 친구.
争議(そうぎ) ① 쟁의. ②'労働(ろうどう)争議(=노동 쟁의)'・'小作(こさく)争議(=소작 쟁의)'의 준말. ♣~権(けん) (노동) 쟁의권 / ~団(だん) 쟁의단.
∥~行為(こうい) 쟁의 행위.
争点(そうてん) 쟁점.
争奪(そうだつ) 쟁탈.
争闘(そうとう) 쟁투. 투쟁. 싸움.
争覇(そうは) 쟁패. 패권을 다툼.

[訓読]
争で(いかで) 〈古〉① 어떻게. 어찌. ② 어떻게 해서든지.
❖**争う**(あらそう) ① 다투다. 싸우다. ② 경쟁하다. ③ 시비를 가리다.
争い(あらそい) 다툼. 싸움. 분쟁.

11 山	崢	가파를 쟁 ソウ けわしい

[音読]
崢嶸(そうこう) ① 쟁영. 높고 험한 모양. ② 인생의 고난에 찬 모양.

14 竹	箏	쟁 쟁 ソウ・ショウ こと

[音読]
箏(そう) 〖樂〗쟁. 현악기의 하나. ＊ことでも 읽음. 「또, 그 곡.
箏曲(そうきょく) 거문고로 연주하는 음악.
箏の琴(しょうのこと) 〖樂〗쟁(箏)(13 줄의 현악기). ＊そうのことでも 읽음.

[訓読]
箏歌(ことうた) 거문고에 맞춰 부르는 노래.

15 口	噌	와자지껄할 쟁 ソウ・ソ かまびすしい

[逆音]
味噌(みそ) 된장.

15 言	諍	간할 쟁・다툴 쟁 ソウ・ジョウ いさかう・いさめる・ あらがう

[音読]
諍乱(じょうらん) 쟁란.
諍論(じょうろん) 논쟁하는 일.

[訓読]
❖**諍う**(いさかう) 언쟁하다. ＊あらがうでも 읽음.
諍い(いさかい) 언쟁. ＊あらがいでも 읽음.

16 金	錚	쇳소리 쟁 ソウ

[音読]
錚然(そうぜん) 쟁연. 금속이 서로 부딪쳐서 울리는 소리.
錚錚(そうそう) 쟁쟁. ① (인물이) 뛰어난 모양. ② 금속이 맑게 울리는 소리. 전하여 거문고・비파 같은 것의 은은히 울려 퍼지는 소리.

저

7 イ	佇	우두커니설 저 チョ たたずむ

[音読]
佇立(ちょりつ) 저립. 잠깐 동안 멈추어 섬.
佇眄(ちょべん) 저면. 멈추어 바라봄.
＊ちょめんでも 읽음.

[訓読]
佇まい(たたずまい) ① 서 있는 모양. 전하여, 모양. 모습. ② 자연물에 의해 빚어지는 분위기.
佇む(たたずむ) 잠시 멈춰 서다.

7 イ [教]	低	낮을 저・숙일 저 テイ ひくい・ひくめる・ ひくまる・たれる

[音読]
低(てい) 《接頭語로》저…. 낮은.
低価(ていか) 저가. ♣~法(ほう) 〖經〗저가법.
低減(ていげん) 저감.
低開発国(ていかいはつこく) 저개발국. 발전 도상국.
低空(ていくう) 저공.
∥~飛行(ひこう) 저공 비행.
低公害(ていこうがい) 저공해.
低金利(ていきんり) 저금리.
∥~政策(せいさく) 저금리 정책.
低級(ていきゅう) 저급.
∥~概念(がいねん) 〖論〗저급 개념. 하위 개념.
低気圧(ていきあつ) 〖氣〗저기압.
∥~家族(かぞく) 〖氣〗저기압 가족. 하나의 전선상(前線上)에 차례로 발생하는 일련의 저기압.
低濃縮ウラン(ていのうしゅくウラン) 〖化〗저농축 우라늄.
低能(ていのう) 저능. ♣~児(じ) 저능아.
低度(ていど) 저도. 정도가 낮음.
低頭(ていとう) 저두. 머리를 조아림.
∥~平身(へいしん) 저두평신.
低落(ていらく) 저락.

低廉(ていれん) 저렴.
低利(ていり) 저리.
低木(ていぼく) 키 작은 나무. 관목(灌木). 떨기나무. ♣~帯(たい) 관목대.
低迷(ていめい) 저미. ①구름 등이 낮게 떠돎. ②달갑지 않은 상태가 계속됨.
低山(ていざん) 저산. 낮은 산. ♣~帯(たい) 저산대.
低酸素症(ていさんそしょう)〚醫〛저산소증.
低酸症(ていさんしょう)〚醫〛저산증.
低声(ていせい) 저성. 낮은 목소리.
低所(ていしょ) 저소. 낮은 곳.
低俗(ていぞく) 저속.
低速(ていそく) 저속.
低首(ていしゅ) 저수. 고개를 숙임.
低湿(ていしつ) 저습. 땅이 낮고 축축함.
低身長症(ていしんちょうしょう) 저신장증《성장 호르몬 분비가 저하하여 키가 자라지 않는 증상》.
低圧(ていあつ) 저압. ♣~帯(たい)〚氣〛저압대.
‖~経済(けいざい) 저압 경제. 생산 과잉 상태의 경제.
低額(ていがく) 저액.
低語(ていご) 저어. 낮은 소리로 말함.
低劣(ていれつ) 저열. 용렬함.
低塩醬油(ていえんしょうゆ) 저염 간장. 식염 농도가 13% 정도의 간장.
低温(ていおん) 저온.
‖~乾留(かんりゅう) 저온 건류.
~工学(こうがく) 저온 공학.
~麻酔(ますい) 저온 마취.
~物理学(ぶつりがく) 저온 물리학.
~殺菌(さっきん) 저온 살균.
~破砕(はさい) 저온 파쇄.
低位(ていい) 저위. ♣~株(かぶ)〚經〛저가주.
低緯度(ていいど)〚地〛저위도.
低硫黄原油(ていいおうげんゆ) 저황 원유.
低硫黄化(ていいおうか)〚化〛저황화.
低率(ていりつ) 저율.
低吟(ていぎん) 저음. 작은 소리로 읊음.
低音(ていおん) 저음. 「음자리표.
‖~部記号(ぶきごう)〚樂〛저음부 기호. 낮
低賃金(ていちんぎん) 저임금.
低姿勢(ていしせい) 저자세.
低張(ていちょう) 저장. 어떤 용액의 삼투압(滲透壓)이 딴 용액의 삼투압에 비해 낮음.
低障害競走(ていしょうがいきょうそう) 저장애 경주.
低潮(ていちょう) 저조. 썰물로 해면이 가장 낮아진 상태.
‖~線(せん)〚地〛저조선. 썰물 때, 해면과 육지가 접하는 선.
低調(ていちょう) 저조.
低周波(ていしゅうは)〚理〛저주파.
‖~公害(こうがい) 저주파 공해.
~地震(じしん)〚地〛저주파 지진.
低地(ていち) 저지. ♣~帯(たい) 저지대.
低脂肪乳(ていしぼうにゅう) 저지방유.

低質(ていしつ) 저질.
低次(ていじ) 저차. 저차원.
低次元(ていじげん) 저차원. 「함.
低唱(ていしょう) 저창. 낮은 소리로 노래
低体温法(ていたいおんほう) 저체온.
低出葉(ていしゅつよう)〚植〛저출엽. 비늘.
低層(ていそう) 저층.
‖~湿原(しつげん)〚生〛저층 습원.
~住宅(じゅうたく) 저층 주택.
低肺(ていはい) '만성 호흡 부전'의 별칭.
低下(ていか) 저하.
低学年(ていがくねん) 저학년.
低血糖(ていけっとう)〚醫〛저혈당.
低血圧(ていけつあつ)〚醫〛저혈압. ♣~症(しょう) 저혈압증.
‖~趣味(しゅみ)〚文〛저회 취미. 세속의 번거로움을 피하여, 여유롭게 세상과 인생을 조망하려는 태도.
~派(は) 低回趣味의 문학적 태도를 견지한 파.
低個(ていかい) ⇨ 低回(ていかい).

〖訓読〗
低まる(ひくまる) 낮아지다.
低める(ひくめる) ①낮추다. 낮게 하다. ②천하게 하다.
❖低い(ひくい) 낮다. ①작다. (높이·길이가) 짧다. ②적다. 썩 좋지 않다. ③(소리가) 크지 않다. ④얕다. (수준·지위 등이) 높지 않다.
低き(ひくき) ①신분이 천한[낮은] 사람. ②「낮은 쪽.
低さ(ひくさ) 낮음. 낮은 정도.
低み(ひくみ) 낮은 곳.
低目(ひくめ) (좀) 낮음. (좀) 낮은 모양.

〖其他〗
低人(ひきひと) 키가 보통보다 작은 사람. 난쟁이. *ひきびと로도 읽음.

8 口	咀	씹을 **저**·맛볼 **저** ソ かむ

〖音読〗
咀砕機(そさいき) 분쇄기. 파쇄기. 크러셔(crusher).
咀嚼(そしゃく) 저작. ①(음식을) 씹음. ②(뜻을) 음미함. ♣~筋(きん) 저작근 / ~器(き) 저작기.

8 女	姐	누이 **저**·계집애 **저** ソ あね

〖訓読〗
姐御(あねご) ①언니·누나의 경칭. ②노름꾼이나 건달 따위 두목의 아내. ③여두목.

〖其他〗
姐さん(ねえさん) ①여관 등에서 일하는 여

자 종업원을 일컫는 말. ②접대부의 선배를 일컫는 말.

| 8山 | 岨 | 돌산 저·험할 저
ソ
そば·そばだつ·そわ |

訓読
岨(そば) (깎아지른) 벼랑. 절벽. 낭떠러지. ＊そわろも 읽음.
岨道(そばみち) 벼룻길. 깎아지른 벼랑길. 가파른 산길. ＊そわみちろも 읽음.
岨路(そばじ) 험한 산길. ＊そばみち·そわじ로도 읽음.
岨伝い(そばづたい) 험준한 산길을 따라감.

| 8广
教 | 底 | 밑 저·속 저
テイ
そこ |

音読
底角(ていかく) 〖数〗 저각. 밑각.
底流(ていりゅう) 저류.
底面(ていめん) 저면. ①바닥면. ②〖数〗밑면.
底面積(ていめんせき) 〖数〗저면적. 밑넓이. 바닥 면적.
底盤(ていばん) 〖鑛〗저반. 대규모의 심성암체(深成岩體).
底本(ていほん) 저본. 대본. 번역·교정·대조 등을 할 때 근거가 되는 책. ＊そこぼん·そこほんろ로도 읽음. ⑤ 〖의〗밑바닥.
底辺(ていへん) 저변. ①〖数〗밑변. ②(사회)
底部(ていぶ) 저부. 밑바닥 부분.
底生生物(ていせいせいぶつ) 저생 생물.
底装砲(ていそうほう) 〖軍〗저장포. 후장포(後裝砲).
底止(ていし) 저지. 막다른 곳까지 가서 그침. 갈 데까지 가서 그침.
底層流(ていそうりゅう) 저층류. 바다나 호수 밑바닥 근처의 물의 흐름.
底層水(ていそうすい) 〖地〗저층수.
底堆石(ていたいせき) 〖地〗저퇴석.
底下(ていげ) 〖佛〗저하. 극히 비열함.

訓読
底 ㊀(そこ) ①바닥. ②(신의) 창. ③底値(そこね)의 준말. ④마음속.
〜が浅(あさ)い ①바닥이 얕다. ②내용에 깊이가 없다. 숙련도 등이 낮다.
〜を打(う)つ 바닥 시세로 떨어지다.
㊁(てい) ①정도. 종류. ②모양. 꼴.
底り(そこり) 간조(干潮)로 바닥이 드러남.
底堅い(そこがたい) 거래에서, 시세가 내릴 듯한 기미를 보이면서도 의외로 내리지 않다.
底固め(そこがため) 〖經〗시세가 내릴 만큼 내려 더 이상 내릴 여지가 없는 데서 밑치락달치락하고 있음. 바닥 다지기.
底光り(そこびかり) 깊은 속에서 나는 빛〔광택, 힘〕.

底巧み(そこだくみ) ⇨底企み(そこだくみ).
底企み(そこだくみ) 몰래 마음속으로 꾸미고 있는 음모.
底気味(そこきみ) 마음속에 언제나 남는 (어쩐지 싫은) 느낌.
∥〜悪(わる)い 어쩐지 기분이 나쁘다.
底豆(そこまめ) 발바닥이 부르터 생긴 물집.
底冷え(そこびえ) 뼛속까지 추위가 스며듦. 또, 그런 추위.
底力(そこぢから) 저력. 잠재력.
底溜め(そこだめ) ①물질이 밑바닥에 괴는 일. 또, 괸 물질. ②임신. 회임(懷妊).
底離れ(そこなれ) 경기나 주가가 밑바닥 시세에서 탈출. 상승세로 돌아섬.
底売り(そこうり) 거래에서, 시세가 가장 쌀 때 파는 일. 바닥에서 팖.
底無し(そこなし) ①바닥이 없음. 밑이 없음. ②한(끝)이 없음.
底物(そこもの) 해저에 사는 물고기(광어·가자미 따위).
底抜け(そこぬけ) ①바닥이 빠져서 없음. ②〈俗〉얼빠진 바보. 얼간이. ③모주꾼.
∥〜上戸(じょうご) 술을 엄청나게 많이 마시는 사람.
〜騒(さわ)ぎ 야단법석.
底方(そこい) 〈雅〉맨 밑바닥. 밑창.
∥〜無(な)し 한〔끝〕이 없다.
底上げ(そこあげ) 최저 수준을 끌어올림.
底雪崩(そこなだれ) 적설층의 전체가 경사면을 따라 무너져 내리는 현상.
底心(そこごころ) 마음 밑바닥. 본심. 저의(底意). ＊そこしんろ로도 읽음.
底深い(そこふかい) 밑바닥이 깊음. ＊そこぶかいろ로도 읽음.
底魚(そこうお) 바다 밑바닥에 사는 물고기.
底翳(そこひ) 〖醫〗내장(內障).
底曳き網(そこびきあみ) ⇨底引き網(そこびきあみ).
底意(そこい) 저의. 속심. 속셈.
底意地(そこいじ) 근성. 마음보.
底引き網(そこびきあみ) 저인망. 저예망(底曳網).
底入れ(そこいれ) 〖經〗최저〔바닥〕 시세까지 떨어짐.
底刺し網(そこさしあみ) 저자망. 자망(刺網)의 하나.
底積み(そこづみ) 밑에 실음. 또, 그 짐.
底至り(そこいたり) ①외관은 그다지 볼품이 없지만 눈에 띄지 않는 부분은 품을 들여 사치스럽게 함. ②철저히 함.
底知らず(そこしらず) 밑바닥을 모름. 한도를 모름.
底知れない(そこしれない) 깊이를 알 수 없는. 정체 모를. 수수께끼의.
底値(そこね) 바닥 시세. 최저 가격.
∥〜百日(ひゃくにち) 〖經〗바닥 100일. 천장 시세는 짧고, 바닥 시세는 길다는 말.
底土(そこつち) 저토. 하층토. 표토(表土) 아래에 있는 흙. ＊ていどろ로도 읽음.
底波(そこなみ) 해저에 이는 물결.

底板(そこいた) 저판. 밑에 댄 널빤지. 밑널.
底荷(そこに) 저하. 바닥짐. 배의 흘수(吃水)를 깊게 하여 안정을 유지하도록 뱃바닥에 싣는 무거운 짐.
底寒い(そこさむい) 뼛속까지 얼듯이 춥다.
底割れ(そこわれ) 경기나 주가의 저미(低迷)가 이어져, 일단락되었다고 여겨지다가 다시 악화하는 일.
底革(そこがわ) ① 구두창으로 쓰는 두터운 가죽. ② 밑〔바닥〕이 가죽으로 만들어짐.

8 扌 常	抵	막을 저·당할 저 テイ あたる

音読➡
抵当(ていとう) 〖法〗 저당. ♣~権(けん) 저당권 / ~物(ぶつ) 저당(물). ♣
‖~貸し(がし) 담보 대출.
~流れ(ながれ) 〖法〗 유질.
~保険(ほけん) 저당물의 멸실·훼손 등으로 저당권자가 입게 될 손해를 보전하기 위한 손해 보험.
抵償(ていしょう) 배상. 보상하는 일.
抵触(ていしょく) 저촉.
‖~規定(きてい) 〖法〗 저촉 규정.
抵抗(ていこう) 저항. ♣~権(けん) 저항권 / ~器(き) 〖電〗 저항기 / ~力(りょく) 저항력 / ~率(りつ) 〖電〗 저항률 / ~線(せん) 저항선 / ~性(せい) 〖生〗 저항성.
‖~文学(ぶんがく) 저항 문학.
~温度計(おんどけい) 저항 온도계.
~溶接機(ようせつき) 저항 용접기.
~運動(うんどう) 저항 운동. 레지스탕스.
其他
抵牾 ㊀(もどき) ① 비난. 비판. ② (일본 연예에서) 조역 겸 어릿광대역.
㊁(ていご) 저오. 서로가 용납되지 아니함. 서로 어긋나서 거슬림.
抵牾く(もどく) 〈雅〉 거역하여 비난하다. 악평하다.

8 氵	沮	막을 저 ソ·ジョ はばむ

参考 현대 표기로는 '阻'로 대용함.

音読➡
沮喪(そそう) 저상. 기운을 잃음.
沮止(そし) 저지.
訓読➡
沮む(はばむ) 방해하다. 저지하다. 막다.

8 犭	狙	긴팔원숭이 저·노릴 저 ソ ねらう

音読➡
狙撃(そげき) 저격.
狙公(そこう) 저공. 원숭이를 키우는 사람. 또, 원숭이가 재주를 부리게 하여 그것으로 돈을 버는 사람.
狙猴(そこう) 저후. 원숭이의 딴이름.
訓読➡
❖狙う(ねらう) ① 겨누다. 겨냥하다. ② 노리다. 목표로 하다.
狙い(ねらい) ① 겨눔. 겨냥. ② (겨누는) 표적.
狙いすます(ねらいすます) 단단히 노리다. 충분히 겨냥하다.
狙い撃ち(ねらいうち) 저격. 잘 겨누어 쏨.
狙い撃つ(ねらいうつ) 잘 겨누어 쏘다.
狙い所(ねらいどころ) 겨누는 목표. 가장 중요한 목표. 「정하다.
狙い定める(ねらいさだめる) 정확히 표적을

8 阝 常	邸	집 저 テイ やしき

音読➡
邸内(ていない) 저내. 저택 안.
邸第(ていだい) 저제. 저택.
邸宅(ていたく) 저택.
訓読➡
邸 ㊀(やしき) ① 대지(垈地). ② 저택.
㊁(てい) 《接尾語로》 …저택.

8 木	杵	공이 저·다듬잇방망이 저 ショ きね

訓読➡
杵(きね) 절굿공이.
杵柄(きねづか) 절굿대.

8 木	杼	북 저·물통 서 ショ·チョ とち·ひ

訓読➡
杼(ひ) (베틀의) 북.
杼口(ひぐち) 날실과 씨실을 교차시키기 위해, 날실을 상하로 나누어 벌려 놓고 씨실이 지나가게 한 곳.
杼投げ(ひなげ) 베틀에서, 북을 좌우로 움직여 씨실을 날실 사이에 넣는 조작.

9 牛	牴	부딪칠 저 テイ ふれる

音読➡
牴触(ていしょく) 저촉.
其他
牴牾 ㊀(もどき) ① 비난. 비판. ② (일본 연예에서) 조역 겸 어릿광대역.

三(ていご) 저오. 서로 용납되지 아니함. 서로 어긋나서 거슬림. 「악평하다.
牴牾く(もどく)〈雅〉거역하여 비난하다.

苴

삼 저·꾸러미 저
ショ
あさ・つと・かいしき

訓読
苴(かいしき) 그릇에 음식을 담기 전에 나뭇잎을 까는 일《종이를 까는 수도 있음》.

苧

모시풀 저
チョ
お・からむし

訓読
苧(からむし)〖植〗모시풀.
苧環(おだまき) ① 베실꾸리. ② 생과자(生菓子)의 일종. ③〖貝〗실꾸리고둥. ④〖植〗매발톱꽃. ⑤ ☞苧環蒸し.
∥~蒸し(むし)〖料〗삶은 국수 위에 닭고기·생돼지·표고버섯 등을 얹고 달걀을 풀어서 그릇째 찐 음식.

其他
苧麻(からむし) ⇨ 苧(からむし). *ちょま로도 읽음.

疽

악창 저·종기 저
ソ

音読
疽(そ) 악성 종기〔부스럼〕.

渚(渚)

물가 저
ショ
なぎさ・みぎわ

訓読
渚(なぎさ)〈雅〉물결이 밀려오는 물가. 둔치. *みぎわ로도 읽음.

猪(猪)

돼지 저
チョ
い・いのしし・しし

音読
猪口(ちょく) ① 작은 사기 잔. ② 회나 초를 친 음식을 담는 잔 모양의 작은 접시. *ちょこ로도 읽음.
猪口才(ちょこざい)〈俗〉잔꾀가 있고 건방짐. 주제넘음.
猪突(ちょとつ) 저돌. ♣~的(てき) 저돌적.
猪牙(ちょき) 猪牙船(ちょきぶね)의 준말. 江戸(えど)에서 만들어진 길쭉하고 앞이 뾰족한 배.
猪勇(ちょゆう) 저용. 저돌적인 용기.

訓読
猪(いのしし)〖動〗멧돼지. *ししろど 읽음.
猪頭(いくび) ⇨ 猪首(いくび).
猪豚(いのぶた) 멧돼지와 돼지의 교배에 의한 일대(一代) 잡종《식육용으로 사육함》.
猪武者(いのししむしゃ) 무모하게 돌진하는 무사. 「람.
猪首(いくび) 굵고 짧은 목. 또, 그런 사
猪の子(いのこ) ① 멧돼지. ② 멧돼지 새끼.

著(著)

나타날 저·붙을 착
チョ・チャク・ジャク
あらわす・いちじるし
い・つく・きる・しるし

音読
著(ちょ) 저. 저술. 저서.
著減(ちょげん)〈雅〉현저하게 줆.
著大(ちょだい)〈雅〉저대. 현저하게 큼.
著録(ちょろく) 저록. 장부에 기록함. 또, 나타내어 적음.
著名(ちょめい) 저명. 유명.
著明(ちょめい) 저명. 분명함.
著聞(ちょぶん) 저문. 저명(著名).
著書(ちょしょ) 저서. 「숲업.
著述(ちょじゅつ) 저술. ♣~業(ぎょう) 저
著者(ちょしゃ) 저자. 작자.
著作(ちょさく) 저작. ♣~家(か) 저작가 /~物(ぶつ) 저작물 /~者(しゃ) 저작자. 「법.
∥~権(けん) 저작권. ♣~法(ほう) 저작권~隣接権(りんせつけん) 저작 인접권.
著増(ちょぞう)〈雅〉저증. 현저하게 늚.
著心(ちゃくしん) 착심. 집착심. 집념.

訓読
著く(いちじるく)〈文〉현저하게. 두드러지게. *しるく로도 읽음.
著けし(しるけし)〈雅〉두드러지다.
著し(しるし)〈文〉현저하다. 두드러지다.
著しい(いちじるしい) 현저하다. 두드러지다.
著わす(あらわす) 저술하다. 「다.

這

이 저
シャ
はう

参考 원뜻은 '맞이하다' '이'의 뜻.

音読
這裏(しゃり) 이 사이. 이 동안.
這般(しゃはん) 저반. ① 이런〔그런〕 것들. ② 금번. 이번.

訓読
❖這う(はう) ① 기다. ② 붙어서 뻗어 가다.
這いずる(はいずる) 엎드려서 기다.
這い寄る(はいよる) 기어서 다가오다. 가만히 다가오다. 「오르다.
這い上る(はいのぼる) 기어오르다. 덩굴저
這い上がる(はいあがる) ① 기어오르다. ② 기다시피 해서 겨우 오르다.

這い松(はいまつ)〖植〗눈잣나무.
∥～帯(たい) 온대의 고산 지대.
這入る(はいる) 들어가다〔오다〕. 입학〔가입〕하다. 가해지다.
這い込む(はいこむ) 기어서 들어가다.
這入り口(はいりぐち) 입구.
這入り込む(はいりこむ) 안으로 (깊숙이) 들어가다.
這い這い(はいはい) ①〈兒〉기어가는 일. 기엄기엄. ②기면서. 기어가면서.
這い纏る(はいまつわる) 휘감기다.
這い蹲う(はいつくばう) 설설 기다. 납작 엎드리다.「(くばう).
這い蹲る(はいつくばる) ☞這い蹲う(はいつく
這い出(はいで) 시골에서 도회지로 갓 나옴. 또, 그런 사람.
這い出す(はいだす) ①기어 나오다. 기어 나가다. ②기기 시작하다.
這い出る(はいでる) 기어 나오다〔나가다〕.
這い回る(はいまわる) 기어 돌아다니다.
這いずり回る(はいずりまわる) 기어 돌아다니다.

其他
這う子(ほうこ) ①길 수 있게 된 아기. ②기는 어린아이 모양을 본뜬 인형.
這う這う(ほうほう) ①기어가듯이 걷는 모양. 겨우〔간신히〕걷는 모양. ②호되게 경을 치고 가까스로 도망 치는 모양.
∥～の体(てい) 당황하여 가까스로 도망치는 모양. 허둥지둥.

11 羊	羝	수양 **저** テイ おひつじ

音読
羝羊(ていよう)〖動〗저양. 양의 수컷.

11 虫	蛆	구더기 **저** ショ うじ

訓読
蛆(うじ)〖蟲〗구더기.
蛆虫(うじむし) ①〖蟲〗구더기. ②구더기〔벌레〕같은 놈.

12 角	觝	닥뜨릴 **저**·이를 **저** テイ ふれる

音読
觝触(ていしょく) 저촉(抵觸).

12 言	詛	저주할 **저** ソ のろう

音読
詛呪(そじゅう) 저주. 남이 못 되게 되기를 빌고 바람.

訓読
❖詛う(のろう) 저주하다.
詛い(のろい) 저주.

12 言	詆	꾸짖을 **저** テイ そしる

音読
詆譏(ていき) ⇨ 詆毀(ていき).
詆毀(ていき) 저훼. 비난하는 일.

12 貝 教	貯	쌓을 **저**·둘 **저** チョ たくわえる

音読
貯金(ちょきん) 저금. ♣～局(きょく) 저금국 / ～箱(ばこ) 저금통.
∥～通帳(つうちょう) 저금 통장.
貯留(ちょりゅう) 저류. 물을 모아 둠.
貯木(ちょぼく) 저목. 목재를 저장함. 또, 그 목재. ♣～場(ば) 저목장.
貯水(ちょすい) 저수. ♣～量(りょう) 저수량 / ～池(ち) 저수지.
貯銀(ちょぎん) 貯蓄銀行(ちょちくぎんこう)의 준말.「저장근.
貯蔵(ちょぞう) 저장. ♣～根(こん)〖生〗
∥～澱粉(でんぷん) 저장 전분. 저장 녹말. 식물에 저장되어 있는 녹말.
貯槽(ちょそう) 저장통. 액체나 기체 등을 저장하는 큰 통이나 탱크.
貯蓄(ちょちく) 저축. 또, 그 재화.
∥～保険(ほけん) 저축 보험.
～預金(よきん) 저축 예금.
～銀行(ぎんこう) 저축 은행.
貯炭(ちょたん) 저탄. ♣～量(りょう) 저탄량 / ～場(じょう) 저탄장.

訓読
貯める(ためる) ①모으다. 저축하다. ②밀리게 하다.
❖貯える(たくわえる) (금전이나 물품 따위를) 비축하다. 저축하다.
貯え(たくわえ) 비축. 여축. 모아 놓은 것. 특히, 저금.

13 木	楮	닥나무 **저** チョ こうぞ

音読
楮墨(ちょぼく) 저묵. 종이와 먹.

訓読
楮(こうぞ)〖植〗닥나무. 「든 종이.
楮紙(こうぞがみ) 닥나무 껍질의 섬유로 만

13 隹	雎	물수리 **저** ショ みさご

訓読
雎(みさご)〖鳥〗물수리.
雎鳩(みさご) ⇨ 雎(みさご).

15 氵	潴	웅덩이 **저**·괼 **저** チョ みずたまり

参考 瀦의 異體字.

音読
潴溜(ちょりゅう) 저류(貯留).

15 木	樗	가죽나무 **저** チョ おうち

音読
樗散(ちょさん) 저산. 쓸모 없음. 무능함.
樗蒲 ㊀(ちょぼ) ① ☞樗蒲一. ② ☞一.
‖〜一(いち) 한 개의 주사위로 승부를 결정하는 도박[노름]《맞으면 네 곱을 탐》.
㊁(かりうち) 4개의 남작한 타원형의 나무토막을 던져 노는 도박(우리 나라의 윷놀이와 비슷함).

訓読
樗 ㊀(おうち)〖植〗멀구슬나무.
㊁(ぬるで)〖植〗붉나무.

15 竹	箸	젓가락 **저** チョ はし

訓読
箸(はし) 젓가락.
箸台(はしだい) ☞箸置き(はしおき).
箸立て(はしたて) 젓가락을 세워 식탁에 놓는 용기. 젓가락통.
箸箱(はしばこ) 젓가락통.
箸置き(はしおき) 젓가락을 얹는 받침.
箸枕(はしまくら) ☞箸置き(はしおき).
箸休め(はしやすめ) 간단한 음식. 간소한 찬. 입가심.

18 イ	儲	쌓을 **저**·마련해둘 **저** チョ もうける

音読
儲君(ちょくん) 저군. 황태자. 동궁.
儲宮(ちょきゅう) 저궁. 황태자. 동궁.
儲嗣(ちょし) 저사. 군주의 계승자. 세자.
儲位(ちょい) 저위. 태자·세자의 위.
儲蓄(ちょちく) 저축. 저축(貯蓄).

儲皇(ちょこう) 황태자. 춘궁(春宮).

訓読
儲かる(もうかる) 벌이가 되다. 이가 남다.
❖儲ける(もうける) ① 벌다. 이익을 보다. 덕을 보다. ② 자식을 얻다[두다].
儲け(もうけ) 벌이. 이익.
‖〜の君(きみ)〈古〉저군. 황태자.
儲け口(もうけぐち) 돈벌이. 벌이가 되는 일거리.
儲け頭(もうけがしら) 몇 사람 중 돈벌이를 가장 잘한 사람.
儲け物(もうけもの) 횡재.
儲け仕事(もうけしごと) 벌이가 되는 일거리. 이익이 되는 일거리.
儲け役(もうけやく) 연극 등에서, 관객의 동정·공감을 얻는 역. 또, 쉽게 관객의 박수를 받는 역.
儲け主義(もうけしゅぎ) 금전적 이익을 제일로 여기는 사고 방식. 「삼는 일.
儲け尽く(もうけずく) 돈벌이만을 목적으로
ぼろ儲け(ぼろもうけ)〈俗〉(들인 밑천에 비해) 많은 이득을 봄.

19 氵	瀦	웅덩이 **저**·괼 **저** チョ みずたまり

音読
瀦滞(ちょたい) 정체해 있음.

20 艹	藷	마 **저**·고구마 **저** ショ いも

訓読
藷(いも) 감자·고구마·토란 등의 총칭.
藷掘り(いもほり) ① 감자·고구마·토란 등을 캠. 또, 그 일을 하는 사람. ② 시골사람·무지한 사람을 얕잡아 이르는 말. 촌뜨기.
藷焼酎(いもじょうちゅう) 고구마를 원료로 하여 만든 소주.
藷餡(いもあん) 찐 고구마를 으깨어 설탕을 넣고 만든 빵의 소.

적

7 犭	狄	오랑캐 **적** テキ えびす

訓読
狄(えびす) ① 아이누족. ② 오랑캐. 미개인. ③ 거친 사람. (関東(かんとう) 지방의) 사나운 무사.

逆音
夷狄(いてき) 이적. 오랑캐. 야만인.

赤

붉을 적
セキ・シャク
あか・あかい・あから
む・あからめる

音読

赤脚(せっきゃく) 적각. 맨살이 드러난 다리.
赤褐色(せきかっしょく) 적갈색. *せきかっしょくとも 읽음.
赤経(せっけい)〖天〗적경.
赤口(しゃっく) 음양도(陰陽道)에서 대흉(大凶)이라고 하는 날.
赤軍(せきぐん)〖史〗적군.
赤裸裸(せきらら) 적나라.
赤帯下(しゃくたいげ)〖漢醫〗적대하. 피가 섞여 나오는 대하증.
赤道(せきどう) 적도. ♣~流(りゅう) 적도해류 / ~儀(ぎ) 적도의 / ~祭(さい) 적도제.
‖~気団(きだん)〖氣〗적도 기단.
~無風帯(むふうたい)〖氣〗적도 무풍대.
~半径(はんけい)〖地〗적도 반경(반지름).
~潜流(せんりゅう)〖地〗적도 잠류.
~前線(ぜんせん)〖氣〗적도 전선.
~座標(ざひょう)〖天〗적도 좌표.
~海流(かいりゅう)〖地〗적도 해류.
赤都(せきと) 적도. 공산 국가의 수도.
赤銅(しゃくどう) 적동. ♣~色(いろ) 적동색.
赤銅鉱(せきどうこう)〖鑛〗적동광.
赤露(せきろ) 적로. 적화한 러시아.
赤痢(せきり)〖醫〗적리. 이질.
‖~菌(きん) 적리균. 이질균.
赤燐(せきりん)〖化〗적린.
赤面 ㊀(せきめん) 적면. 얼굴이 붉어짐. 얼굴을 붉힘.
~の至(いた)り 부끄럽기 짝이 없음.
‖~恐怖症(きょうふしょう)〖醫〗적면 공포증.
㊁(あかつら) ① 붉은 얼굴. ② 歌舞伎(かぶき)에서, 악역(얼굴을 붉게 칠한 데서).
赤飯(せきはん) 팥을 둔 찰밥.
赤方偏移(せきほうへんい)〖天〗적방 편이.
赤貧(せきひん) 적빈. 몹시 가난함.
~洗(あら)うが如(ごと)し 너무나 가난해서 아무것도 가진 것이 없는 모양.
赤色(せきしょく) 적색. ① 붉은 빛깔. ② 공산주의. *あかいろ로도 읽음.
‖~組合(くみあい) 적색 조합.
~革命(かくめい) 적색 혁명. 공산 혁명.
赤舌日(しゃくぜつにち) ☞ 赤口(しゃっく).
赤誠(せきせい) 적성. 단성(丹誠). 참마음에서 우러나오는 정성.
赤手(せきしゅ) 적수. 맨손. 빈손.
‖~空拳(くうけん) 적수공권.
赤心(せきしん) 적심. 진심. 단심.
赤十字(せきじゅうじ) 적십자. ♣~社(しゃ) 적십자사 / ~船(せん) 적십자선.
‖~国際委員会(こくさいいいんかい) 적십자 국제 위원회.
~条約(じょうやく) 적십자 조약.
赤芽細胞(せきがさいぼう)〖生〗적아 세포.
赤熱(せきねつ) 적열. 빨갛게 달굼. *しゃくねつ로도 읽음.
赤外線(せきがいせん)〖理〗적외선.
‖~写真(しゃしん) 적외선 사진.
赤緯(せきい)〖天〗적위.
赤衛軍(せきえいぐん) 적위군.
赤日(しゃくにち) ☞ 赤口(しゃっく).
赤帝(せきてい) 적제. 오제(五帝) 중의 하나로 여름을 맡은 남쪽의 신.
赤条条(せきじょうじょう) 발가숭이. 알몸.
赤酒(せきしゅ) 적주. 적포도주.
赤鉄鉱(せきてっこう)〖鑛〗적철광.
赤沈(せきちん)〖生〗적침. 혈침(血沈).
赤血球(せっけっきゅう)〖生〗적혈구. *せきけっきゅう로도 읽음.
‖~沈降速度(ちんこうそくど)〖醫〗적혈구 침강 속도.
~酵素異常症(こうそいじょうしょう)〖醫〗적혈구 효소 이상증.
赤化(せっか) 적화. 공산주의화. 좌익화. *せきか로도 읽음.
赤禍(せっか) 적화. 공산주의로 인한 화(禍) *せきかろも 읽음.

訓読

赤ばむ(あかばむ) 붉은 색을 띠다. 불그스름해지다.
赤む(あかむ)〈文〉빨개지다. 붉은 빛이 돌다.
赤める(あかめる) 붉히다. 「붉어지다.
赤らむ(あからむ) 불그스름[불그레]해지다.
赤らめる(あからめる) 붉히다.
❖赤い(あかい) ① 붉다. 빨갛다. ② (사상이) 붉다. 공산주의적이다.
赤(あか) ① 빨강. 적색. ② 적색 분자. 빨갱이. 위험 신호. ③ 적자. 결손. ④《接頭語로》 빨간. 똑똑한. 완전한.
‖~の広場(ひろば) 붉은 광장.
~の飯(まんま) ① 팥찰밥. ②〖植〗'犬蓼(いぬたで)(=개여뀌)'의 딴이름.
~の他人(たにん) 생판 남.
赤くなる(あかくなる) 얼굴이 붉어지다. ① 부끄러워 얼굴이 붉어지다. ② 좌익이 되다.
赤ちゃん(あかちゃん) ①〈俗〉아기. ② 세상 물정을 모르는 사람.
赤チン(あかチン)〈俗〉머큐로크롬.
赤テロ(あかテロ) 적색(赤色) 테러. 좌익 폭력주의. 「기).
赤家蚊(あかいえか)〖蟲〗홍모기《보통 모
赤茄子(あかなす) 토마토의 딴이름.
赤間石(あかまいし)〖鑛〗적갈색의 벼룻돌《정원석으로도 쓰임》.
赤樫(あかがし)〖植〗북가시나무.
赤枯れ(あかがれ) 풀이나 나무가 적갈색으로 마르는 일.
‖~病(びょう) 삼목(杉木)의 묘목 등이 병균에 침식되어 잎이 적갈색으로 마르는 병.

赤鬼(あかおに) 온몸이 빨간 도깨비.
赤金(あかがね)〖雅〗구리.
∥**~色**(いろ) 적동색. 구릿빛.
赤肌(あかはだ) ①겉가죽이 벗겨진 빨간 살. ②벌거숭이. 알몸뚱이. ③(산이) 민둥민둥함.
赤旗(あかはた) 적기. ①붉은 깃발. ②공산당·적색 분자·노동자의 기. ③위험 정지 신호기. *せっきとも 읽음.
赤鹿毛(あかかげ) 적갈색 털빛. 또, 그런 빛깔의 말.
赤大根(あかだいこん) ①껍질이 빨간 무. 홍당무. ②겉으로만 좌익인 체하는 사람.
赤塗り(あかぬり) 붉게 칠함. 붉게 칠한 것.
赤禿(あかはげ) ①완전히 대머리임. 민대머리. ②산에 나무·풀이 없음. 산이 헐벗음.
赤頭(あかがしら) 能(のう)·歌舞伎(かぶき)에서, 길고 빨간 털의 가발.
赤裸 ㊀(あかはだか) ①알몸뚱이. 전라(全裸). ②빈털터리.
㊁(せきら) ☞赤裸裸(せきらら).
赤螺(あかにし) ①〖貝〗피뿔고둥. ②구두쇠. 노랑이.
赤毛(あかげ) ①불그레한 (머리)털. ②털이 적갈색인 말. 절따말. ③〖劇〗(서양 사람임을 나타내는) 붉은 가발. 〈俗〉서양 사람.
赤帽(あかぼう) ①빨간 모자. ②포터. 역의 짐꾼.
赤毛布(あかゲット) ①붉은 담요. ②(붉은 담요를 두르고) 東京(とうきょう)를 구경하러 온 시골뜨기. 촌뜨기. ③〈俗〉익숙하지 못한 해외 여행자.
赤木(あかぎ) ①껍질을 벗긴 통나무. ②붉은 빛깔의 재목.
赤目(あかめ) 붉은 눈. ①벌겋게 충혈된 눈. ②홍채(紅彩)가 붉은 눈《토끼 눈 따위》.
赤門(あかもん) ①붉게 칠한 문. ②〈俗〉東京(とうきょう) 대학의 딴이름. 「자.
∥**~派**(は) 東京 대학 출신자. 또, 그 관계
赤味(あかみ) 붉은 정도.
赤黴病(あかかびびょう) 벼·보리·옥수수 등에 나는 붉은 곰팡이 병.
赤味噌(あかみそ) (보리 누룩을 섞어 만든) 적갈색의 된장.
赤剝け(あかむけ) 살갗이 벌겋게 벗겨짐. 또, 살갗.
あん坊(あんぼう)〈口〉아기. 갓난아기.
赤房(あかぶさ) 씨름판 위의 가설 지붕 남동쪽 모서리에 늘어뜨린 붉은 술.
赤腹(あかはら) ①배가 빨간 동물. ②〖鳥〗붉은배지빠귀. ③〖魚〗황어. ④〖動〗〈俗〉영원(蠑螈).
赤本(あかほん) ①(江戸(えど) 시대 중기 이후의) 붉은 표지의 소년용 이야기책. ②저속한 싸구려 책.
赤膚(あかはだ) ⇨赤肌(あかはだ).
赤穢れ病(あかくされびょう) 적부병. 양식 중인 김에 생기는 병.

赤浮草(あかうきくさ)〖植〗만강홍(滿江紅).
赤鼻(あかばな) (주독 등으로 인한) 붉은 코. 주부코. 딸기코.
赤砂糖(あかざとう) (정제하지 않은) 누런 설탕. 홍당(紅糖).
赤珊瑚(あかさんご) 붉은 산호.
赤線区域(あかせんくいき) 전에, 매춘이 허용되던 공창가 지역.
赤焼ける(あかやける) 적갈색으로 변색하다.
赤小豆(あかあずき) 붉은팥.
赤松(あかまつ)〖植〗소나무.
赤鬚(あかひげ) ⇨赤髭(あかひげ).
赤身 ㊀(あかみ) ①(비계 없는) 살코기. (생선의) 붉은 살. ②적신. 재목의 중심에 있는 붉은 부분. 심재(心材).
㊁(せきしん) 적신. 벌거벗은 몸.
赤い信女(あかいしんにょ) 미망인.
赤新聞(あかしんぶん) 사회 이면·폭로 기사를 흥미 본위로 다루는 저속한 신문.
赤信号(あかしんごう) 적신호.
赤児(あかご) ⇨赤子(あかご).
赤芽(あかめ) 붉은 기를 띤 새싹. ♣**~柏**(しわ)〖植〗예덕나무. 「음.
∥**~芋**(いも)〖植〗토란의 일종《잎뿌리가 붉
赤ら顔(あからがお) 불그레한 얼굴.
赤鰯(あかいわし) ①겨(소금)에 절인 정어리. 또, 그것을 말린 것. ②빨갛게 녹슨 칼. ③(녹이 나서) 빨갛게 될 만큼의 칼.
赤御飯(あかごはん) ☞赤飯(せきはん).
赤煉瓦(あかれんが) 붉은 벽돌.
赤烏帽子(あかえぼし) ①붉은 칠을 한 烏帽子(えぼし). ②취미도 가지가지. 색다른 취미. 「珀.
赤玉(あかだま) ①적옥. 붉은 옥. ②호박(琥
赤蛙(あかがえる)〖動〗송장개구리.
赤芋(あかいも)〖植〗밑동이 불그스레한 토란의 한 품종.
赤い羽根(あかいはね) 공동 모금에 기부한 표시로 달아 주는 붉고 작은 깃털. 또, 그 모금 운동.
赤郵袋(あかゆうたい) 등기 우편물 등, 귀중한 우편물을 넣은 빨간 우편낭.
赤子(あかご) 갓난아기. 젖먹이.
~の手(て)**をねじる** ①약한 자를 괴롭히다. ②아주 쉬운 일의 비유.
㊁(せきし) ①적자. 국민. 백성. ②☞㊀.
赤字(あかじ) ①붉은빛으로 쓴 글자. ②지출이 수입이나 예산보다 많은 일. ③붉은 잉크 등으로 교정(校正)한 글자나 기호.
∥**~経営**(けいえい)〖經〗적자 경영.
~公債(こうさい)〖經〗적자 공채.
~線(せん) (버스·철도 등) 적자 노선.
~融資(ゆうし)〖經〗적자 융자.
~財政(ざいせい)〖經〗적자 재정.
赤紫(あかむらさき) 붉은 보라색.
赤髭(あかひげ) ①붉은 수염. ②〈俗〉서양 사람을 (욕으로) 일컫는 말.
赤紫蘇(あかじそ)〖植〗붉은차조기.

赤赤と(あかあかと) 새빨간 모양. 새빨갛게.
赤電車(あかでんしゃ) (그 날의) 마지막 전차《방향 표지 따위에 붉은 전등을 닮》.
赤電話(あかでんわ) 붉은 칠을 한 공중 전화《정식 이름은 委託公衆(いたくこうしゅう)電話》. 「차표.
赤切符(あかぎっぷ) (이전에, 기차의) 3등
赤点(あかてん) 낙제점의 딴이름《붉은 글자로 쓰는 데서》.
赤提灯(あかちょうちん) ① 붉은 종이를 바른 제등. ② 붉은 제등을 내건 선술집.
赤潮(あかしお) 적조. 미생물이 번식해서 바닷물이 붉게 보이는 현상.
赤鯛(あかだい) 〖魚〗빨간 도미《참돔·황돔·붉돔 등의 총칭》.
赤地 ㊀(あかじ) 빨간 바탕(의 천).
㊁(せきち) 불모(不毛)의 땅.
赤紙(あかがみ) ① 빨간 종이. ②〈俗〉빨간 딱지. 군대의 소집 영장이나 압류할 때 붙이는 종이. 「〖血管腫〗.
赤痣(あかあざ) ① 붉은 멍〔점〕. ② 혈관종
赤茶ける(あかちゃける) 불그스름한 갈색으로 퇴색하다.
赤札(あかふだ) 붉은 패. 특히, 싸구려나 매약(賣約)필의 물건(임을 나타내는 빨간딱지).
赤錆(あかさび) 빨간 녹.
赤蜻蛉(あかとんぼ) ①〖蟲〗고추잠자리. ②〈俗〉구식의 소형 비행기. 특히, 복엽(複葉) 소형기.
赤出し(あかだし) ①(大阪(おおさか)식의)생선 된장국. ② 붉은 된장으로 끓인 된장국.
赤虫(あかむし) ①〖蟲〗모기붙이의 유충. 붉은 장구벌레. ②〖動〗털진드기의 일종.
赤恥(あかはじ) 큰 창피.
赤埴(あかはに) 적토(赤土). 붉은 흙.
赤土 ㊀(あかつち) ① 적토. 석간주(石間硃). ② 적흑색의 그림 물감.
㊁(せきど) ① 불모(不毛)의 땅. ② ☞㊀.
赤貝(あかがい) 〖貝〗피안다미조개. 새고막.
赤葡萄酒(あかぶどうしゅ) 적포도주. 붉은 포도주.
赤荷証券(あかにしょうけん) 선화 증권에서, 선적 화물이 보험에 들어 있는 것《붉은 색으로 인쇄했던 데서》.
赤行嚢(あかこうのう) 赤郵袋(あかゆうたい)의 구칭.
赤花(あかばな) ① 빨간 꽃. ②(염색에서) 진홍빛. ③〖植〗바늘꽃.
赤絵(あかえ) 도자기의 적색을 주로 한 그림. 또, 그 도자기.
赤黒い(あかぐろい) 검붉다.
[其他]
赤楝蛇(やまかがし) 〖動〗율모기.
赤目魚(めなだ) 〖魚〗가숭어.
赤魚鯛(あこうだい) 〖魚〗붉돔.
赤熊 ㊀(しゃぐま) ① 붉게 물들인 야크소의 꼬리털. ② 고수머리로 만든 다리.
㊁(あかぐま) 〖動〗큰곰의 딴이름.

[逆音]
発赤(はっせき) 발적.(병으로) 피부가 붉게 부어오름.

8 辶[人] **迪**(迪) 나아갈 적 テキ

[音読]
迪彝(てきい) 적이. 인간으로서의 바른 길을 가르치는 일.

8 白[敎] **的**(的) 과녁 적 テキ まと

[音読]
的 ㊀(てき)《接尾語로》①…적. 명사에 붙어 경향·성질·상태를 나타냄. ② 인명·직업명의 일부에 붙여 친근미·경멸을 나타냄.
㊁(まと) ① 과녁. 표적. ② 대상. 목표.
的皪(てきれき) 희고 선명한 모양.
的殺(てきさつ) 음양도에서, 범하면 반드시 재난이 있다 하는 방위.
的然(てきぜん) 적연. 명백함. 확실함.
的屋 ㊀(てきや) 불사(佛事)가 있는 절의 경내나 인파가 붐비는 번화가에 가게를 차리고 불순한 물건을 파는 업자.
㊁(まとや) 옛날에 놀이용으로 요금을 받고 작은 활을 쏘게 하던 오락장.
的中(てきちゅう) 적중. 명중. 과녁에 맞음.
的証(てきしょう) 적증. 정확한 증거.
的確(てきかく) 적확. *てっかく로도 읽음.
[訓読]
的串(まとぐし) 궁술에서, 과녁을 세울 때 쓰는 기둥.
的弓(まとゆみ) 과녁을 겨냥하고 활을 쏘는
的付け(まとつけ) 궁술에서, 사수의 성적이나 승부를 기록하는 일. 또, 그 담당자.
的射(まとい) 과녁을 놓고 활을 쏘는 일.
的矢(まとや) ① 과녁과 화살. ② 연습〔의식〕용의 화살.
的外れ(まとはずれ) (화살·발언 등이) 빗나감. 핵심을 벗어남.
的場(まとば) ① 활터. 사장(射場). ② 과녁이 세워져 있는 곳. 「는 장막.
的皮(まとかわ) (활터에서) 과녁 뒤쪽에 치

10 辶 **迹** 자취 적·좇을 적 セキ·ジャク あと

[音読]
迹状(せきじょう) 행적(行蹟).
[逆音]
事迹(じせき) 사적. 업적. 사건의 자취.
垂迹(すいじゃく) 〖佛〗수적. 부처·보살이 중생을 구하기 위해 신의 모습으로 나타남.

11 宀 常	寂	고요할 적·쓸쓸할 적 ジャク・セキ さび・さびしい・ さびれる

音読
寂 ㊀(せき) ① 쥐죽은 듯이 조용한 모양. ② 승려의 죽음. *じゃくろにも 읽음.
㊁(さび) 예스럽고 아취가 있음.
寂する(じゃくする) 승려가 죽다. 입적(入寂)하다.
寂として(せきとして) 괴괴하여. 적막하여.
寂光(じゃっこう) 〖佛〗 ① 모든 사람이 한결같이 깨달음을 얻은 경지. ② 寂光土의 준말. *じゃくこうどにも 읽음. ♣~土(ど)〖佛〗 적광토.
∥~浄土(じょうど)〖佛〗 적광 정토.
寂念(じゃくねん)〖佛〗 적념. 속념(俗念)을 떠난 고요한 마음.
寂寥(せきりょう) 적료. 고요하고 쓸쓸함.
寂寞(せきばく) 적막. *じゃくまくにも 읽음.
寂漠(せきばく) ⇨ 寂寞(せきばく).
寂滅(じゃくめつ)〖佛〗 적멸. ① 번뇌의 경지를 떠남. ② 죽음.
∥~道場(どうじょう)〖佛〗 적멸 도량.
~為楽(いらく)〖佛〗 적멸 위락. 적멸의 경지를 참된 즐거움으로 삼는 일.
寂黙(じゃくもく)〖佛〗 적묵. 조용히 명상(瞑想)하면서 말을 하지 않음.
寂然(せきぜん) 적연. 조용하고 쓸쓸한 모양. *じゃくねんにも 읽음.
寂寂(じゃくじゃく) 적적. ① 조용하고 적적한 모양. ② 무념 무상의 모양. *せきせきにも 읽음.
寂静(じゃくじょう) 적정. ① 조용하고 고요함. ②〖佛〗 번뇌를 벗어난 열반의 경지.

訓読
寂る(さびる) 예스러운 멋이 있다. 한적한 정취가 있다.
寂れる(さびれる) (번창하던 곳이) 쇠퇴하다. 쓸쓸해지다.
寂声(さびごえ) 목이 쉰 듯 낮고 아취가 있는 목소리.
❖**寂しい**(さびしい) ① 허전하다. ② 쓸쓸하다. 적적하다. (슬프고) 외롭다. *さみしいにも 읽음.
寂しさ(さびしさ) 허전함. 쓸쓸함. 적적함.
寂しがり屋(さびしがりや) 보통 사람보다 민감하게 적적함을 느끼는 사람.

其他
寂か(しずか) 조용〔고요〕한 모양·상태.

11 艹	荻	물억새 적 テキ おぎ

音読
荻花(てきか)〖植〗 물억새 꽃.

訓読
荻(おぎ)〖植〗 물억새.

11 辶	逖	멀 적 テキ とおい・はるか

音読
逖逖(てきてき) ① 이익을 추구하는 모습. ② 발빠르게 내빼는 모양.

11 竹 教	笛	피리 적·저 적 テキ・ジャク ふえ

訓読
笛(ふえ) 피리. 저.
笛竹(ふえたけ) 죽저. 대나무 피리.
笛吹き(ふえふき) 피리 부는 사람.

13 貝 常	賊(賊)	도둑 적·해칠 적 ゾク そこなう

音読
賊(ぞく) ① 역적. 반역자. ② 적. 도둑.
賊する(ぞくする) 해치다. 해를 끼치다. 죽이다. 괴롭히다. 학대하다.
賊姦(ぞっかん) 간적(姦賊). 간악한 도적.
賊魁(ぞっかい) 적괴. 도적의 괴수.
賊軍(ぞくぐん) 적군. 반란군.   「함.
賊難(ぞくなん) 적난. 도둑에게 재난을 당
賊党(ぞくとう) 적당. 역적〔도둑〕의 무리.
賊徒(ぞくと) 적도. ① 도둑의 패거리. ② 역적의 무리.
賊名(ぞくめい) 도둑·역적이라는 이름.
賊兵(ぞくへい) 적병. 반군.
賊匪(ぞくひ) 적비. 비적(匪賊).
賊船(ぞくせん) 적선. 해적선.
賊勢(ぞくせい) 적세. 도둑의 세력.
賊巣(ぞくそう) 적소. 도둑의 소굴.
賊首(ぞくしゅ) 적수. ① 도둑의 머리. ② 도둑의 괴수.
賊臣(ぞくしん) 적신. 반역하는 신하.
賊心(ぞくしん) 적심. 해치려는〔훔치려는〕 마음. 반역〔배반〕하려는 마음.
賊子(ぞくし) ① 반역자. ② 불효자.
賊将(ぞくしょう) 적장.
賊衆(ぞくしゅう) 적중. 적당(賊黨).
賊地(ぞくち) 적지. 적도(賊徒)가 있는 곳. 적도가 출몰하는 땅.
賊害(ぞくがい) ① 살상. 죽임. ② 적해. 도둑에게 입는 손해.

13 足 常	跡	자취 적 セキ あと・と

跡

訓読

跡 ㈠(あと) ① 유적(遺蹟). ② 흔적. 자취. ③ 발자국. ④ 필적.
〜が絶(た)える ① 인적이 끊기다. ② 후사가 끊기다.
㈡(と) 자리. 흔적.
跡見(とみ) 사냥 때, 짐승 발자국 등을 보고 그 행방을 추측함. 또, 그런 일을 하는 사람.
跡継ぎ(あとつぎ) ① (가문의) 대를 이음. 또, 그 사람. ② (전임자·스승 등의) 후계자.
跡目(あとめ) ① 가문의 대를 이음. 또, 상속인. ② (스승의) 일을 이어받음. ③ 후임자.
‖ 〜相続(そうぞく) 가독 상속.
跡無し(あとなし) ① 흔적이〔자취가〕 없음. ② 덧없음. ③ 찾는 이가 없음. ④ 근거 없음.
跡付ける(あとづける) 사물이 변화한 자취를 더듬어 확인하다.
跡始末(あとしまつ) 뒤처리. 마무리.
跡式(あとしき) 가독(家督)을 상속함.
跡切れる(とぎれる) 중단되다.
跡絶(とぜつ) 두절(杜絶).
跡絶える(とだえる) 두절되다. 끊어지다.
跡切れ跡切れ(とぎれとぎれ) ① 중단되는 모양. 띄엄띄엄. ② 헐레벌떡거리는〔씨근벌떡거리는〕 모양.
跡地(あとち) ①《農》 돌려짓기에서 한 작물을 수확한 다음의 농토. ② 건물 등을 철거하고 난 땅.
跡職(あとしき) ⇨ 跡式(あとしき).
跡追い(あとおい) 뒤따름.
‖ 〜心中(しんじゅう) 앞서 죽은 배우자 등을 뒤따라 자살함. 「상속함.
跡取り(あととり) 대를 이음. 가독(家督)
跡片付け(あとかたづけ) 뒤처리. 마무리.
跡形(あとかた) 흔적. 자취.

嫡

14 女 常

정실 **적**
チャク・テキ
よつぎ

音読

嫡家(ちゃっけ) 적가. 정통 혈통의 가문. 본
嫡男(ちゃくなん) 적남. 적자.   「가.
嫡女(ちゃくじょ) 적녀. 본처가 낳은 장녀.
嫡流(ちゃくりゅう) 적류. ① 본가의 혈통. ② 정통의 유파(流派).
嫡母(ちゃくぼ) 적모. 아버지의 본처《서자측에서 하는 말》. *てきぼろも 읽음.
嫡嗣(ちゃくし) 적사. 가문을 이을 본처의 아들. 적자. *てきしろも 읽음.
嫡庶(ちゃくしょ) 적서. ① 적출과 서출. ② 적출자와 서자.
嫡孫(ちゃくそん) 적손. 적자의 적자. *てきそんでろも 읽음.
‖ 〜承祖(しょうそ) 적손이 직접 조부로부터 가독을 이어받음.   「ど 읽음.
嫡室(ちゃくしつ) 적실. 정실. *てきしつろ
嫡子(ちゃくし) ① 적자. 적출자. ② 적사(嫡嗣). *てきしろも 읽음.   「어가는 일.
嫡嫡(ちゃくちゃく) 적적. 적출자가 가문을 잇
嫡弟(ちゃくてい) 적제. ① 적출의 동생. ② 스승의 정통을 잇고 있는 제자.
嫡宗(ちゃくそう) 적종. ① 종가. ② 정통. *てきそうろも 읽음.
嫡曾孫(ちゃくそうそん) 적증손. 적손의 적
嫡妻(ちゃくさい) 적처. 본처. *てきさいろも 읽음.
嫡出(ちゃくしゅつ) 적출. 본처 소생. *てきしゅつろも 읽음. ♣〜子(し) 적출자.

摘

14 扌 常

딸 **적** · 들추어낼 **적**
テキ
つむ・つまむ

音読

摘果(てきか) 적과. 과실을 속아 냄. *てかから 읽음.
摘記(てっき) 적기. 개요와 요점만 뽑아 기록함. 또, 그 기사.
摘読(てきどく) 적독. 띄엄띄엄 읽음.
摘録(てきろく) 적록. 적요.
摘蕾(てきらい) 적뢰. 과수·채소의 꽃봉오리를 속아 내는 일.
摘発(てきはつ) 적발.
摘示(てきし) 적시.
摘心(てきしん) 적심. 새순을 땀.
摘芯(てきしん) ⇨ 摘心(てきしん).
摘芽(てきが) 적아. 필요없는 순을 따버림.
摘要(てきよう) 적요.   「여 실음.
摘載(てきさい) 적재. 요점만을 따서 기록하
摘除(てきじょ) 적제. 필요없는 싹·꽃·잎을 땀.
摘採(てきさい) (차 따위를) 따냄.
摘出(てきしゅつ) 적출. ① 끄집어냄. 들추어냄. ② 도려냄.
摘播(てきは) 적파. 종자를 몇 알씩 군데군데 뿌림.
摘花(てきか) 적화. 꽃을 속아 냄. ㄴ뿌림.

訓読

摘ままれる(つままれる) (무엇인가에) 홀리다.
❖摘まむ(つまむ) ① (손가락으로) 집다. 집어먹다. ② 요약(발췌)하다.
摘まみ(つまみ) ① 손끝으로 집음. 또, 그 집은 분량. ② (기구 따위의) 손잡이. ③ 간단한 마른안주.
‖ 〜細工(ざいく) 작게 자른 얇은 헝겊이나 종이를 세로로 접어 풀로 모체(母體)에 붙여가며 형상을 만들어가는 수공예.
摘まみ物(つまみもの) 마른안주.
摘まみ洗い(つまみあらい) 지르잡음.
摘まみ食い(つまみぐい) ① 손가락으로 집어 먹음. ② 몰래 집어〔훔쳐〕 먹음. ③〈俗〉(비유적으로) 공금 횡령.
摘まみ菜(つまみな) 속아 낸 채소.
摘まみ出す(つまみだす) 집어 내다. ① 골라 내다. ② 쫓아내다. 끌어내다.

❖摘む(つむ) ① 뜯다. 따다. ②(가위 따위로) 가지런히 깎다.
摘み綿(つみわた) 풀솜을 얄팍하게 재운 것. 차렵저고리 따위에 둠.
摘み入れ(つみいれ) 생선을 다져 밀가루 반죽과 함께 동그랗게 빚어 끓여 낸 것.
摘み草(つみくさ) 들 따위에서 나물・들풀・꽃 따위를 따는〔뜯는〕일.
其他
摘入れ(つみれ) ☞摘み入れ(つみいれ).

14 氵 常	滴	물방울 적 テキ しずく・したたる

音読
滴瀝(てきれき) 적력. 물이 방울져서 떨어짐. 또, 그 물방울.
滴瓶(てきびん) 적병. 점적병(點滴瓶).
滴滴(てきてき) 방울져 떨어지는 모양. 뚝뚝. 방울방울.
滴定(てきてい)〖化〗 적정.
滴虫類(てきちゅうるい)〖蟲〗 적충류.
滴下(てきか) 적하. 방울져 떨어짐. *てっか 읽음.

訓読
滴 ㊀(しずく) 물방울.
㊁(たらし)(그릇을 기울여서) 듣는 물방울.
㊂(てき)《接尾語로》…적. …방울.
滴らす(したたらす)(물방울이) 떨어지게〔듣게〕하다.
❖滴る(したたる)(물 따위가) 방울져 떨어지다. 듣다.
滴り(したたり) 물방울. 물방울이 떨어짐.

14 辶 教	適(適)	맞을 적・갈 적 テキ・チャク・セキ かなう・たまたま・ゆく

音読
適する(てきする) 적합하다. 걸맞다. 알맞다.
適格(てきかく) 적격. *てっかく로도 읽음.
∥〜手形(てがた) 적격 어음. 은행이 재할인 또는 대출 담보의 대상으로 인정하는 어음.
〜退職年金(たいしょくねんきん) 법정 적격 요건을 갖춘 퇴직 연금.
適帰(てきき) 적귀. 가서 몸을 의지〔의탁〕함. *てきだ로도 읽음.
適期(てっき) 적기. 적당한 시기.
適当(てきとう) 적당.
適度(てきど) 적도. 적당한 정도.
適量(てきりょう) 적(정)량.
適齢(てきれい) 적령. ♣〜期(き) 적령기.
適例(てきれい) 적례.
適法(てきほう) 적법. ♣〜性(せい) 적법
∥〜手続(てつづき) 적법 절차.   ┗성.
適否(てきひ) 적부.
適不適(てきふてき) 적부적.

適書(てきしょ) 적서. 흥미・연구 등에 적합
適性(てきせい) 적성.   ┗한 책.
∥〜検査(けんさ) 적성 검사.
適所(てきしょ) 적소. ♣〜打(だ)〖野〗적타.
適時(てきじ) 적시.
適式(てきしき) 일정 형식에 적합함.
適薬(てきやく) 적약. 그 병에 잘 듣는 약.
適言(てきげん) 적언. 합당한 말.
適業(てきぎょう) 적업. 적합한 직업.
適役(てきやく) 적역.
適訳(てきやく) 적역. 적절한 번역.
適温(てきおん) 적온. 알맞은 온도.
適用(てきよう) 적용.
適応(てきおう) 적응. ♣〜性(せい) 적응성 / 〜症(しょう)〖醫〗적응증.
∥〜過剰(かじょう) 적응 과잉. 직장에 대한 지나친 적응으로 휴일 등에 오히려 초조 불안 해 하는 증상.
〜機制(きせい)〖心〗 방위 기제.
〜放散(ほうさん)〖生〗적응 방산.
〜制御(せいぎょ) 제어 대상의 특성에 맞추어 제어 장치의 제어 상수를 변화시켜 제어를 하는 방식.   ┗후군.
〜症候群(しょうこうぐん)〖醫〗적응 증
〜酵素(こうそ)〖生〗적응 효소.
適宜(てきぎ) 적의.
適意(てきい) ① 적의. 마음에 듦. ② 마음 내 키는 대로 함.
適任(てきにん) 적임.
適者(てきしゃ) 적자. 어떤 환경・일 따위에 걸맞는 사람.
∥〜生存(せいぞん) 적자 생존.
適作(てきさく) 적작. 그 땅에 알맞는 작물.
適才(てきさい) 적재. 적합한 재능.
適材(てきざい) 적재.
∥〜適所(てきしょ) 적재 적소.
適切(てきせつ) 적절.
適正(てきせい) 적정.
∥〜価格(かかく) 적정 가격.
〜成長率(せいちょうりつ) 적정 성장률.
〜手続(てつづき) 적정 절차.
適従(てきじゅう) 적종. 잘 따름. 순종.
適中(てきちゅう) 적중. 바르게 들어맞음.
適地(てきち) 적지.   ┗직업.
適職(てきしょく) 적직. 그 사람에게 적합한
適債事業(てきさいじぎょう) 적채 사업. 지방채 발행의 대상으로 인정할 수 있는 자치 단체의 사업.
適評(てきひょう) 적평. 적절한 비평.
適合(てきごう) 적합.
∥〜刺激(しげき) 적합 자극. 어떤 감각 기관이 자연 상태에서 받아들이는 특정한 자극.
適確(てきかく) 적확. *てっかく로도 읽음.

訓読
適う ㊀(かなう) 들어맞다. 꼭 맞다. 적합하
다.   ┗맞다.
㊁(そぐう)《보통 否定形으로》어울리다. 걸
適える(かなえる) 들어맞추다. 일치시키다.

其他
適わない(そぐわない) 어울리지〔맞지〕 않다. 적합하지 않다.

14 羽	翟	꿩 **적** テキ きじ

音読
翟(てき)〖鳥〗 꿩의 꼬리털.

15 攵 敎	敵	원수 **적** テキ かたき・あだ

音読
敵 ㊀(てき) 적.
㊁(かたき) 적. 원수.
敵する(てきする) 적대하다. 대항하다. 필적하다.
敵愾心(てきがいしん) 적개심.
敵国(てきこく) 적국. *てっこくとも 읽음.
敵軍(てきぐん) 적군.
敵旗(てっき) 적기.
敵機(てっき) 적기.
‖~来襲(らいしゅう) 적기 내습.
敵騎(てっき) 적기. 적의 기병.
敵対(てきたい) 적대.
‖~行為(こうい) 적대 행위.
敵塁(てきるい) 적루. 적의 보루.
敵味方(てきみかた) 적과 동지.
敵方(てきがた) 적방. 적측.
敵背(てきはい) 적배. 적의 배후.
敵兵(てきへい) 적병.
敵堡(てきほう) 적보. 적군의 보루.
敵本主義(てきほんしゅぎ) 진정한 목적을 숨기고 딴 데 목적이 있는 것처럼 가장하고 행동하는 방식.
敵産(てきさん) 적산.
敵状(てきじょう) ⇨ **敵情**(てきじょう).
敵船(てきせん) 적선.
敵性(てきせい) 적성.
敵勢(てきせい) 적세. 적의 세력〔군세〕.
敵手(てきしゅ) 적수.
敵讐(てきしゅう) 적수. 원수로 치는 적.
敵襲(てきしゅう) 적습. 적의 습격.
敵視(てきし) 적(대)시.
敵失(てきしつ)〖野〗 적실. 상대 수비진의 실책.
敵薬(てきやく) 적약. 처방에 따라서는 독이 될 수 있는 약.
敵営(てきえい) 적영. 적의 진영.
敵影(てきえい) 적영. 적의 모습.
敵玉(てきぎょく) 일본 장기에서, 적의 장궁.
敵意(てきい) 적의.
敵人(てきじん) ①적. ②경쟁 상대. 상대방. *てきにんとも 읽음.
敵将(てきしょう) 적장.
敵前(てきぜん) 적전.
‖~上陸(じょうりく) 적전 상륙.
敵情(てきじょう) 적정.

敵中(てきちゅう) 적중.
敵地(てきち) 적지.
敵陣(てきじん) 적진.
敵弾(てきだん) 적탄.
敵艦(てきかん) 적함. *てっかんとも 읽음.

訓読
敵役(かたきやく) ①〖劇〗 악인역. ②남의 미움을 사는 역할.
敵持ち(かたきもち) 원수로 지목받고 있는 몸.
敵討ち(かたきうち) 복수. 원수를 갚음.

其他
敵う(かなう) 필적하다. 대적(對敵)하다. 당해 내다.
敵わない(かなわない) ①이길 수 없다. 대적〔필적〕할 수 없다. 당해 내지 못하다. ②견딜 수 없다. 참을 수 없다.

16 禾 敎	積	쌓을 **적** セキ・シ・シャク つむ・つもる

音読
積(せき)〖數〗 적. 곱.
積極(せっきょく) 적극. ♣~性(せい) 적극성/~的(てき) 적극적.
‖~財産(ざいさん) 적극 재산.
~財政(ざいせい) 적극 재정.
積年(せきねん) 적년. 여러 해.
積怒(せきど) 적노. 쌓이고 쌓인 분노.
積徳(せきとく) 적덕. 덕을 쌓음. 또, 그 쌓은 덕.
積乱雲(せきらんうん)〖氣〗 적란운. 쌘비구름.
積量(せきりょう) 적량. 적재량.
積累(せきるい) 적루. 겹겹이 쌓임〔쌓음〕. 누적.
積分(せきぶん)〖數〗 적분. ♣~学(がく) 적분학.
‖~方程式(ほうていしき) 적분 방정식.
積憤(せきふん) 적분. 쌓이고 쌓인 분.
積算(せきさん) 적산. ①누계(累計). 총합계. ②(공사 비용 등을) 견적함. (예산의) 정확한 산출.
‖~温度(おんど) 적산 온도.
~電力計(でんりょくけい) 적산 전력계.
積善(せきぜん) 적선.
積雪(せきせつ) 적설. ♣~量(りょう) 적설량.
積送(せきそう) 적송. 실어 보냄.
積水(せきすい) 적수. 모여서 괸 물. 곧, 바다나 호수.
積習(せきしゅう) 적습. ①오랫동안 계속 배움. ②예로부터의 관습.
積痾(せきあ) 적아. 숙아(宿痾).
積悪(せきあく) 적악.
積雨(せきう) 적우. 장마.
積雲(せきうん) 적운. 뭉게구름.
積鬱(せきうつ) ①적울. 마음속에 쌓인 근심 걱정. ②날씨가 연일 우중충함.
積怨(せきえん) 적원. 쌓이고 쌓인 원한.
積日(せきじつ) 적일. 많은 날짜가 지남.

積載(せきさい) 적재. ♣~量(りょう) 적재량.
積貯(せきちょ) 적저. 저장함.
積集(せきしゅう) 적집. 쌓여 모임. 쌓아 모음.
積翠(せきすい) 적취. 겹겹이 쌓인 푸르름. 푸른 산과 바다의 일컬음.
積聚 ㊀(しゃくじゅ) 적취. 산통(疝痛).
㊁(せきしゅう) ⇨ 積集(せきしゅう).
積聚説(しゃくじゅせつ)『哲』적취설. 인도 철학에서 우주론의 하나.
積層(せきそう) 적층. 여러 커로 층을 쌓음.
♣~材(ざい) 적층재.
∥~乾電池(かんでんち) 적층 전전지.
積堆(せきたい) 퇴적.
積弊(せきへい) 적폐. 오래 뿌리 박힌 폐단.
積学(せきがく) 적학. 학문의 공을 쌓음. 또, 그 사람.
積寒(せっかん) '적설한랭(せきせつかんれい)(=적설 한랭)'의 준말.
∥~地帯(ちたい) 눈 쌓인 추운 지대.
積毀(せっき) 적훼. 많이 쌓인 비난.

訓読➡

❖積む(つむ) ① (경험이나 부를) 쌓다. ② (차・배에) 짐을 싣다. 「돈.
積み金(つみきん) 적금. 돈을 적립함. 또, 그
積み戻し(つみもどし) 외국에서 온 화물을 수입 절차도 밟지 않고 그대로 환송하는 일.
積み立て(つみたて) 적립(함). ♣積立金(つみたてきん) 적립금.
∥積立方式(つみたてほうしき) 적립 방식.
積立定期預金(つみたててぃきよきん) 적립 정기 예금.
積み立てる(つみたてる) 적립하다. 적금하
積み木(つみき) ① 집짓기 놀이. 또, 여기에 쓰이는 장난감 나무. ② 재목을 쌓음. 또, 쌓은 그 재목.
積み肥(つみごえ) 퇴비. 두엄.
積み卸し(つみおろし) 하역(荷役). 짐을 싣고 부리는 일.
積み上げる(つみあげる) ① 쌓아 올리다. ②
積み石(つみいし) ① 쌓은 돌. ② 초석. 주춧
積み込み(つみこみ) 짐싣기. 「돌.
∥~値段(ねだん) 본선 인도 가격(本船引渡價格). 에프 오 비(FOB) 가격. 「싣다.
積み込む(つみこむ) (배나 화차에) 화물을
積み残し(つみのこし) 못 다 싣고 남김. 또, 싣다 남은 짐. 「쳐지다.
積み重なる(つみかさなる) 겹쳐 쌓이다. 겹
積み重ねる(つみかさねる) 여러 겹으로 쌓다. 높게 겹쳐 쌓다.
積み直す(つみなおす) 다시 쌓다.
積み替え(つみかえ) ① 옮겨 쌓음. ② 다시 고쳐 쌓음.
積み出す(つみだす) (물건을) 실어 (보)내다. 실어서 출하하다.
積み荷(つみに) 적하. 적화(積貨). 태(駄)짐.
∥~目録(もくろく) 적하 목록.
~保険(ほけん) 적하 보험.

~書類(しょるい) 적하 서류.
~案内(あんない) 적하 안내.
積み換え(つみかえ) ⇨ 積み替え(つみかえ).
❖積もる(つもる) ① 쌓이다. ② (많은) 세월이 지나다. ③ 어림잡다. 헤아리다.
積もり(つもり) ① 쌓임. ② 어림. 견적. 예산. ③ 연회의 마지막 잔.
∥~貯金(ちょきん) 다른 일에 돈을 썼다고 치고, 그 액수를 저금하는 일.
積もり書き(つもりがき) 견적서.

其他

積ん読(つんどく)〈俗〉책을 사서 읽지 않고 쌓아 두는 일.

| 17 糸 㪅 | **績** | 자을 **적**・공 **적** セキ つむぐ・うむ |

訓読➡

績む(うむ) (실을) 잣다.

| 18 言 | **謫** | 꾸짖을 **적** タク つみする |

音読➡

謫する(たくする) ① 귀양보내다. ② 좌천시키다.
謫居(たっきょ) 적거. 귀양살이함.
謫落(たくらく) 적락. 죄로 인하여 관직에서 물러나게 됨. 「所」
謫所(たくしょ) 적소. 귀양 사는 곳. 배소(配

| 18 足 | **蹟** | 자취 **적** セキ あと |

参考 현대 표기로는 '跡'으로 대용함.

逆音➡
奇蹟(きせき) 기적. ♣~的(てき) 기적적.
遺蹟(いせき) 유적.

| 19 金 | **鏑** | 살촉 **적** テキ かぶらや |

訓読➡

鏑(かぶら) ① 나무 또는 사슴뿔로 만든 순무 모양의 속이 빈 깍지《화살 끝에 붙여 鏑矢(かぶらや)를 이룸》. ② 鏑矢의 준말.
鏑矢(かぶらや) 우는 살《적을 위협하거나, 주의를 끌기 위하여 쏘는 화살》.

| 20 竹 常 | **籍**(籍) | 문서 **적**・올릴 **적** セキ ふみ |

音読➡

籍(せき) 적. 호적.
籍甚(せきしん) 소문이 자자함.
籍籍(せきせき) 와자지껄 떠드는 모양.

21 疒 日	癪	성낼 (적) シャク

音読
癪(しゃく) ①울화. 화. 부아. ②〈老〉〖漢醫〗적(癪). 「다.
~に障(さわ)る 화[부아]가 나다. 아니꼽
癪気(しゃっき)〖漢醫〗적병(癪病). *しゃっけ로도 읽음.
癪の種(しゃくのたね) 울화의 원인.
癪持ち(しゃくもち) 지병으로 적(癪)을 앓고 있음. 또, 그런 사람.
癪の虫(しゃくのむし) 울화. 짜증. 신경질.

22 見	覿	볼 적 テキ あう

音読
覿面(てきめん) ①결과・효과가 즉각 드러남. ②정면으로 봄. ③적면. 안전(眼前).

전

5 田 教	田	밭 전 デン た

音読
田家(でんか) 전가. 시골집.
田間(でんかん) 전원 속. 시골.
田畝(でんぽ) ⇨ 田圃(でんぽ).
田夫(でんぷ) 전부. 촌부. 농민.
‖~野人(やじん) 촌부 야인.　　　　「婦).
田婦(でんぷ) 전부. 농가의 부녀. 농부(農
田麩(でんぶ)〖料〗생선의 흰살을 대쳐서 섬유처럼 잘게 짜개서 설탕・간장으로 조미하여 수분이 없어질 때까지 조려낸 식품. *でんぷ로도 읽음.
田鼠(でんそ)〖動〗두더지의 딴이름.
田紳(でんしん) 田舎紳士(いなかしんし)의 준말. 시골 신사.
田楽(でんがく) ①'田楽豆腐・田楽焼き'의 준말. ②농악에서 발달한 무용의 하나.
‖~豆腐(どうふ) ①두부 산적.　②〈関西方〉 된장을 발라 먹는 두부.
~焼き(やき) 어채・생선 따위의 산적.
~刺し(ざし) 田楽豆腐처럼 가운데를 (창 따위로) 꿰뚫음.　　　　　　　　　「시골.
田野(でんや) 전야. ①논밭과 들. 들판. ②
田翁(でんおう) 전옹. 늙은 농부.

田園(でんえん) 전원.
‖~都市(とし) 전원 도시.
~生活(せいかつ) 전원 생활.
~詩人(しじん) 전원 시인.
~風景(ふうけい) 전원 풍경.
田作 ㊀(でんさく)〖農〗전작.
　　㊁(ごまめ) 말린 멸치 새끼.　　「환.
田畑輪換(でんぱたりんかん)〖農〗전답 윤
田畦(でんせい) 전제. 논밭에 관한 제도.
田租(でんそ) 전조.
田疇(でんちゅう) 전주. 논밭의 두둑.
田地(でんち) 전지. *でんじ로도 읽음.
‖~田畑(でんぱた) 논밭.
田臭(でんしゅう) 촌스러움.
田宅(でんたく) 전택. ①전지(田地)와 택지. ②논밭과 저택.
田圃 ㊀(でんぽ) 전포. 논밭.
　　㊁(たんぼ) 논. ♣~道(みち) 논(두렁)길.
田漢(でんかん) 전한. 시골 사나이.

訓読
田(た) 논.
田歌(たうた) 옛날에 '田舞い(たまい)(=풍년을 비는 춤)' 때 부르던 노래.
田居(たい) 논.
田亀(たがめ)〖蟲〗물장군.
田均し(たならし)〖農〗써레질. 또, 그 농기
田芹(たぜり) 미나리의 딴이름.　　　「구.
田螺(たにし)〖貝〗우렁이.
田鰻(たうなぎ)〖魚〗두렁허리.
田毎の月(たごとのつき) 산허리에 있는 계단식 논에 비치는 달.
田の面(たのも)〈雅〉논바닥.
田舞(たまい) 풍작을 비는 고래(古來)의 춤.
田畔(たぐろ) 논두둑.
田守(たもり) 논을 지킴. 또, 그 사람.
田植え(たうえ) 모내기. 모심기. ♣~歌(うた) 모내기 노래 / ~機(き) 이앙기(移秧機).
‖~笠(がさ) 모내기할 때 처녀들이 쓰는 삿갓 모자.
田の神(たのかみ) 논을 지키고 풍요를 가져다 주는 신. 농신(農神).
田の実(たのみ) 벼. 벼의 열매. *たのむ로도 읽음.
田五作(たごさく) ⇨ 田吾作(たごさく).
田吾作(たごさく)〈俗・蔑〉시골뜨기. 촌놈.
田雲雀(たひばり) 논종다리. 밭종다리.
田遊び(たあそび) 벼농사의 풍작을 미리 축원하는 제사 행사.
田人(たびと) 논농사를 짓는 사람. 농부.
田子(たご)〈古〉농사꾼. 농부.
田作り(たづくり)〈雅〉①논 경작. 논농사. ②☞田作(ごまめ). *たつくり로도 읽음.
田長(たおさ) ①논 임자. ②田長鳥의 준말.
‖~鳥(どり)〖鳥〗두견이의 딴이름.
田畑(たはた)〈口〉전답(田畓). *でんぱた로도 읽음.
田畠(たはた) ⇨ 田畑(たはた).
田井(たい) 논에 댈 물을 모아 둔 곳.

田舟(たぶね) 논에서 흙·벼 등을 나르는 바닥이 얕은 배.
田草(たぐさ) 논에 자라는 잡초.
田村草(たむらそう) 〖植〗산비장이.
田虫(たむし) 〈俗〉백선(白癬).
田打ち(たうち) 봄갈이. 춘경(春耕).
‖〜歌(うた) 봄갈이할 때 부르는 농요.
田偏(たへん) 한자 부수의 하나: 밭전 변.
田平子(たびらこ) 〖植〗광대나물.
田下駄(たげた) 무논에서 일할 때 발이 빠지지 않게 하기 위하여 신는 큰 왜나막신.
田鶴(たず) 〈雅〉①학. 두루미. ②권위자.

[其他]
田舍 ㊀(いなか) 시골.
‖〜家(や) 시골 집. 또, 보잘것없는 집.
〜稼ぎ(かせぎ) 도회지 상인들이 시골에 가서 벌이하는 일.
〜間(ま) 6자를 한 간(間)으로 하는 방이나 다다미의 척도.
〜気質(かたぎ) 촌사람 특유의 소박·순진한 기풍·성격.
〜大尽(だいじん) 촌부자.
〜渡らい(わたらい) ①시골에서 삶. ②지방 행상.
〜饅頭(まんじゅう) 거죽이 두꺼운 소를 넣은 찐만두.
〜味噌(みそ) 삶은 콩에 보리누룩을 넣고 담근 된장.
〜侍(ざむらい) 촌뜨기 무사.
〜紳士(しんし) 시골 신사.
〜言葉(ことば) 방언.
〜染みる(じみる) 촌스럽다.
〜訛り(なまり) 시골 사투리.
〜者(もの) 시골 사람. 촌사람.
〜汁粉(じるこ) 으깬 팥으로 만든 단팥죽.
〜芝居(しばい) 어설프고 촌스러운 연극.
〜臭い(くさい) 촌스럽다.
〜回り(まわり) 시골로만 돌아다님.
㊁(でんしゃ) 시골. 시골집. ♣〜漢(かん) 시골 사나이.

| 6人教 | 全 (全) | 온전할 전·모두 전 ゼン まったく·まっとうする·すべて |

[音読]
全(ぜん) 전…. ①전부. 전체. ②모두.
全家(ぜんか) 전가. 온집안. 가족 전부.
全角(ぜんかく) 전각.
全講(ぜんこう) 어느 과목 또는 제재(題材)에 관한 강의의 전부.
全開(ぜんかい) 전개. (꼭지·고동 등을) 전부 틀어 놓음. 전부 엶.
全乾(ぜんかん) 목재를 중량 변화가 없어질 때까지 말린 상태.
全景(ぜんけい) 전경. 전체의 경치.
‖〜撮影(さつえい) 전경 촬영.
全階(ぜんかい) 고층 건물 등의 전 층. 한 층의 전부.
全曲(ぜんきょく) 전곡.
‖〜演奏(えんそう) 전곡 연주.
全共連(ぜんきょうれん) '全国(ぜんこく)共済農業(きょうさいのうぎょう)協同組合(きょうどうくみあい)連合会(れんごうかい)(=전국 공제 농업 협동 조합 연합회)'의 준말.
全共闘(ぜんきょうとう) '全学学生(ぜんがくがくせい)共同闘争(きょうどうとうそう)会議(かいぎ)(=전학 학생 공동 투쟁 회의)'의 준말.
全科(ぜんか) 전과. 전 교과. 전 학과.
全課(ぜんか) 전과.
全館(ぜんかん) 전관.
全官公(ぜんかんこう) '全日本(ぜんにほん)官公庁(かんこうちょう)職員(しょくいん)労働組合(ろうどうくみあい)(=전 일본 관공서 직원 노동 조합)'의 준말.
全鉱(ぜんこう) '全日本(ぜんにっぽん)金属鉱山(きんぞくこうざん)労働組合(ろうどうくみあい)連合会(れんごうかい)(=전 일본 금속 광산 노동 조합 연합회)'의 준말.
全壊(ぜんかい) 전괴. 전파.
全校(ぜんこう) 전교. ♣〜生(せい) 전교생.
全教連(ぜんきょうれん) '全国(ぜんこく)教職員(きょうしょくいん)団体(だんたい)連合会(れんごうかい)(=전국 교직원 단체 연합회)'의 준말.
全句(ぜんく) 전구. ①앞뒤가 완비한 구(句). ②구(句)의 전체.
全欧(ぜんおう) 전구. 유럽 전체.
全購連(ぜんこうれん) '全国(ぜんこく)購買組合(こうばいくみあい)連合会(れんごうかい)(=전국 구매 조합 연합회)'의 준말.
全局(ぜんきょく) 전국. ①전 국면. 국면 전체. ②(바둑·장기에서) 대국(對局) 전체.
全国(ぜんこく) 전국. ♣〜区(く) 전국구/ 〜的(てき) 전국적/ 〜紙(し) 전국지.
‖〜大会(たいかい) 전국 대회.
全軍(ぜんぐん) 전군.
全巻(ぜんかん) 전권.
全権(ぜんけん) 전권.
‖〜公使(こうし) 전권 공사.
〜大使(たいし) 전권 대사.
〜委員(いいん) 전권 위원.
〜委任状(いにんじょう) 전권 위임장.
全潰(ぜんかい) ⇨ 全壊(ぜんかい).
全金同盟(ぜんきんどうめい) '全国(ぜんこく)金属産業(きんぞくさんぎょう)労働組合(ろうどうくみあい)同盟(どうめい)(=전국 금속 산업 노동 조합 동맹)'의 준말.
全期(ぜんき) 전기. 모든 기간. 그 기간의 전체.
全機(ぜんき) ①〖軍〗전기. 전 비행기. ②〖生〗생명 개개의 현상·과정이 한 개의 전체에 통일됨.
‖〜無事帰還(ぶじきかん) 전기 무사 귀환.
全寄生(ぜんきせい) 〖植〗전기생.
全納(ぜんのう) 전납. 완납.
全労(ぜんろう) '全日本(ぜんにっぽん)労働組合(ろうどうくみあい)会議(かいぎ)(=전

全労連(ぜんろうれん) '全国(ぜんこく)労働組合(ろうどうくみあい)総連合(そうれんごう)(=전국 노동 조합 총연합)'의 준말.
全労済(ぜんろうさい) '全国労働者(ぜんこくろうどうしゃ)共済生活(きょうさいせいかつ)協同組合(きょうどうくみあい)連合会(れんごうかい)(=전국 노동자 공제 생활 협동 조합 연합회)'의 준말.
全農(ぜんのう) ① 전농. 직업이 농업뿐임. ② '全国(ぜんこく)農業(のうぎょう)協同組合(きょうどうくみあい)連合会(れんごうかい)(=전국 농업 협동 조합 연합회)'의 준말.
全脳死(ぜんのうし) 전뇌사. 뇌의 전 기능이 정지함.
全能(ぜんのう) 전능.
全段(ぜんだん) 전단. 「당 전체.
全党(ぜんとう) 전당. 모든 정당. 또, 그 정
全隊(ぜんたい) 전대. 모든 부대. 그 부대 전
全図(ぜんず) 전도. └체.
全島(ぜんとう) 전도.
全都(ぜんと) ① 전도. 도시 전체(의 시민). ② 東京(とうきょう) 도 전체.
全道(ぜんどう) 전도. 모든 도로. ② 北海道(ほっかいどう) 지방 전체(의 사람).
全裸(ぜんら) 전라. 알몸.
全量(ぜんりょう) 전량.
全力(ぜんりょく) 전력.
‖**~投球**(とうきゅう) 전력 투구.
全霊(ぜんれい) 전령.
全録(ぜんろく) 전록. 전부를 기록함.
全聾(ぜんろう) 전롱. 전혀 듣지 못함. 또, 그런 사람.
全寮(ぜんりょう) ① 기숙사 전체. ② 전원이 기숙사에 들어감. 「구동.
全輪駆動(ぜんりんくどう) (자동차의) 전륜
全燐(ぜんりん) 인화합물의 총량을 나타내는 말. 환경 기준의 하나.
全粒粉(ぜんりゅうふん) 전립분. 밀기울까지 함께 빻은 밀가루.
全盲(ぜんもう) 양눈이 모두 아무것도 보이지 않는 상태. 또, 그런 사람.
全面(ぜんめん) 전면. ♣**~的**(てき) 전면
~**講和**(こうわ) 전면 강화. └적.
~**広告**(こうこく) 전면 광고.
~**軍縮**(ぐんしゅく) 전면 군축.
~**戦争**(せんそう) 전면 전쟁.
全滅(ぜんめつ) 전멸.
全貌(ぜんぼう) 전모.
全文(ぜんぶん) 전문.
‖**~削除**(さくじょ) 전문 삭제.
全間(ぜんもん) 전문. 모든 문제·질문.
全米(ぜんべい) 전미(全美). 미국 전체.
全美(ぜんび) 전미. 약간의 흠도 없음.
全般(ぜんぱん) 전반. ♣**~的**(てき) 전반
全班(ぜんぱん) 전반. ① 모든 반(班). ② 전 └체.
全盤(ぜんぱん) (바둑·장기에서) 승부의 모든 경과(經過).
全反射(ぜんはんしゃ) 【理】전반사.
全方位(ぜんほうい) 전방위.
‖**~外交**(がいこう) 전방위 외교.
全璧(ぜんぺき) 완전무결함. 완벽.
全部(ぜんぶ) 전부. 모두.
全否定(ぜんひてい) 【論】전부정.
全北区(ぜんほっく) 【動】전북구. 동물 지리구의 하나.
全払い(ぜんばらい) 전불. 전액 지불.
全備(ぜんび) 전비. ① 완비. ② 완전한 장비.
‖**~重量**(じゅうりょう) 완전 장비 중량.
全史(ぜんし) 전사.
全社(ぜんしゃ) 전사.
全射(ぜんしゃ) 【數】전사.
全山(ぜんざん) ① 만산(滿山). 온 산. ② 산호(山號)를 갖는 사원의 전역.
全産連(ぜんさんれん) '全国(ぜんこく)産業団体(さんぎょうだんたい)連合会(れんごうかい)(=전국 산업 단체 연합회)'의 준말.
全酸素要求量(ぜんさんそようきゅうりょう) 전산소 요구량. 티오디(TOD).
全色盲(ぜんしきもう) 【醫】전색맹.
全書(ぜんしょ) 전서.
全船(ぜんせん) 전선. ① 모든 배. ② 어떤 배의 전체.
全線(ぜんせん) 전선. ① (철도·버스의) 모든 노선. ② 전 전선(全戰線).
‖**~開通**(かいつう) 전선 개통.
~**不通**(ふつう) 전선 불통.
全盛(ぜんせい) 전성. ♣**~期**(き) 전성기.
‖**~時代**(じだい) 전성 시대.
全世界(ぜんせかい) 전세계.
全焼(ぜんしょう) 전소.
~**家屋**(かおく) 전소 가옥.
全速力(ぜんそくりょく) 전속력.
全損(ぜんそん) 전손.
‖**~担保**(たんぽ) 전손 담보.
全数(ぜんすう) 전수. 전부의 수(량).
‖**~調査**(ちょうさ) 전수 조사. 「힘.
全熟(ぜんじゅく) 전숙. 달걀을 완전히 익
全勝(ぜんしょう) 전승. ♣**~者**(しゃ) 전승
‖**~優勝**(ゆうしょう) 전승 우승. └자.
全市(ぜんし) 전시. 시 전체.
全身(ぜんしん) 전신. 온몸. ♣**~大**(だい) 전신 크기.
‖**~麻酔**(ますい) 전신 마취.
~**不随**(ふずい) 【醫】전신 불수. 「부.
~**全霊**(ぜんれい) 전신 전령. 몸과 마음 전
全圧(ぜんあつ) 【理】전압. 혼합 기체가 나타내는 압력.
全額(ぜんがく) 전액.
‖**~準備制度**(じゅんびせいど) 【經】전액
全野(ぜんや) 전 분야. └준비제.
全訳(ぜんやく) 전역. 완역.
全域(ぜんいき) 전역.
全然(ぜんぜん) ① 전연. 전혀. 조금도. ② 〈俗〉아주. 무척.

全縁(ぜんえん) 『植』 전연. 잎의 가장자리가 매끈하고 톱니가 없음.
全裂(ぜんれつ) 『植』 전열.
全容(ぜんよう) 전용. 전모. 전 내용[모습].
全優(ぜんゆう) 전우. 학과 성적이 모두 '우(優)'임.
全郵政(ぜんゆうせい) '全日本(ぜんにっぽん)郵政(ゆうせい)労働組合(ろうどうくみあい)(=전 일본 우정 노동 조합)'의 준말.
全円(ぜんえん) ① 전원. 원의 전체. ② 완전하여 흠이 없음.
全員(ぜんいん) 전원.
全有(ぜんゆう) 전유. 모든 것을 소유함.
全乳(ぜんにゅう) 전유.
全癒(ぜんゆ) 완쾌. 쾌유.
全銀協(ぜんぎんきょう) '全国(ぜんこく)銀行協会(ぎんこうきょうかい)連合会(れんごうかい)(=전국 은행 협회 연합회)'의 준말.
全音(ぜんおん) 『樂』 전음. 온음.
全音階(ぜんおんかい) 『樂』 전음계. 온음계.
全音符(ぜんおんぷ) 『樂』 온음표.
全人 ㊀(ぜんじん) 전인. 지식·감정·의지가 잘 조화된 사람.
‖**~教育**(きょういく) 전인 교육.
㊁(またうど) 순박하고 정직한 사람. *まとうどろ도 읽음.
全人代(ぜんじんだい) '全国(ぜんこく)人民(じんみん)代表(だいひょう)大会(たいかい)(=(중국의) 전국 인민 대표 대회)'의 준말.
全一(ぜんいつ) 전일. 통일되고 완전한 것.
全日(ぜんじつ) 전일. ① 온 하루. 하루 종일. ② 매일.
‖**~制**(せい) 전일제. 학교 교육에서 주간 수업을 원칙으로 하는 과정.
全日本空輸(ぜんにほんくうゆ) 전 일본 공수. 일본의 대형 정기 항공 기업의 하나.
全日自労(ぜんにちじろう) '全日本(ぜんにほん)自由(じゆう)労働組合(ろうどうくみあい)(=전 일본 자유 노동 조합)'의 준말.
全入(ぜんにゅう) 전부[전원이] 들어감.
全姿(ぜんし) 전자. 전체 모습.
全自動(ぜんじどう) 전자동.
‖**~活字鋳造機**(かつじちゅうぞうき) 전자동 활자 주조기.
全長(ぜんちょう) 전장.
全章(ぜんしょう) 전장.
全財(ぜんざい) '全国(ぜんこく)財務職員(ざいむしょくいん)労働組合(ろうどうくみあい)(=전국 재무 직원 노동 조합)'의 준말.
全的(ぜんてき) 전적. '全面的(ぜんめんてき)·全般的(ぜんぱんてき)'의 준말.
全摘出(ぜんてきしゅつ) 조직 또는 기관 전체를 적출하는 외과 수술.
全電通(ぜんでんつう) '全国(ぜんこく)電気通信(でんきつうしん)労働組合(ろうどうくみあい)(=전국 전기 통신 노동 조합)'의 준말.

全店(ぜんてん) 전점. 전 점포. ① 가게 전체. ② 모든 가게.
全点(ぜんてん) (가게에서 팔고 있는) 모든 상품[물품].
‖**~五割引き**(ごわりびき) 전품목 5할 할인.
全町(ぜんちょう) ① 그 町(ちょう) 전체. ② 모든 町.
全精力(ぜんせいりょく) 전정력.
全制動(ぜんせいどう) (스키에서) 전제동. ① 양쪽 스키를 V자형으로 벌려 활강 속도를 줄임. ② 全制動滑降의 준말.
‖**~滑降**(かっこう) (스키의) 전제동 활강.
~回転(かいてん) 전제동 회전.
全造船機械(ぜんぞうせんきかい) '全日本(ぜんにほん)造船機械(ぞうせんきかい)労働組合(ろうどうくみあい)(=전 일본 조선 기계 노동 조합)'의 준말.
全州(ぜんしゅう) 전주. ① 주(州) 전체(의 사람). ② 모든 주.
全周(ぜんしゅう) 전주. ① 어떤 땅의 전부를 한바퀴 돎. ② 둘레 전체.
全駐労(ぜんちゅうろう) '全(ぜん)駐留軍(ちゅうりゅうぐん)労働組合(ろうどうくみあい)(=전 주둔군 노동 조합)'의 준말.
全中(ぜんちゅう) '全国(ぜんこく)農業(のうぎょう)協同組合(きょうどうくみあい)中央会(ちゅうおうかい)(=전국 농업 협동 조합 중앙회)'의 준말.
全知(ぜんち) 전지.
‖**~全能**(ぜんのう) 전지전능.
全紙(ぜんし) 전지. ① 전판(全判). ② 모든 신문. 지면 전체.
全智(ぜんち) ⇨ 全知(ぜんち).
全窒素(ぜんちっそ) 전 질소. 환경 기준의 하나. 유기 및 무기 질소 화합물의 총량.
全集(ぜんしゅう) 전집.
全天(ぜんてん) 전천. 하늘 전체.
全天候(ぜんてんこう) 전천후. ♣**~機**(き) 전천후기.
全体(ぜんたい) ① 전체. ② 원래(부터). ③ 도대체. ♣**~的**(てき) 전체적.
‖**~小説**(しょうせつ) 전체 소설.
~主義(しゅぎ) 전체주의. ♣**~国家**(こっか) 전체주의 국가.
~集合(しゅうごう) 『數』 전체 집합.
全逓(ぜんてい) '全逓信(ぜんていしん)労働組合(ろうどうくみあい)(=전 체신 노동 조합)'의 준말.
全村(ぜんそん) ① 그 村(そん) 전체(사람). ② 어느 지역 내의 모든 村.
全層雪崩(ぜんそうなだれ) 『地』 전층 눈사태.
全治(ぜんち) 전치. 완쾌(完快).
全称(ぜんしょう) 『哲』 전칭.
全快(ぜんかい) 전쾌. 완쾌.
全土(ぜんど) 전토.
全通(ぜんつう) 전통. ① 전선 개통. ② 그물코를 모두 통과함.
全波(ぜんぱ) 전파. 올웨이브(all wave).

‖**～受信機**(じゅしんき) 전파 수신기.
全判(ぜんぱん) 전판. 전지(全紙).
全敗(ぜんぱい) 전패.
全篇(ぜんぺん) ⇨ 全編(ぜんぺん).
全編(ぜんぺん) 전편.
全閉(ぜんぺい) 전폐. 모두 닫음.
全廃(ぜんぱい) 전폐.
‖**～論者**(ろんしゃ) 전폐론자.
全幅(ぜんぷく) 전폭.
全豹(ぜんぴょう) 전표. 사물 전체의 모양.
全学(ぜんがく) 그 대학 전체.
全学連(ぜんがくれん) '全日本(ぜんにほん)学生(がくせい)自治会(じちかい)総連合(そうれんごう)(=전 일본 학생 자치회 총연합)'의 준말.
全割(ぜんかつ)〖生〗전할.
全形(ぜんけい) 전형. 전체의 모양.
全戸(ぜんこ) 전호. ①전가호(全家戸). ②한 집안의 전부.
‖**～流失**(りゅうしつ) 전 가옥 유실.
全会(ぜんかい) 전회. 회원 전체.
全休(ぜんきゅう) 전휴. ①모두 쉼. ②전부 운휴(運休)함.
全休止符(ぜんきゅうしふ)〖樂〗온쉼표.

[訓読]
全い(まったい) 완전하다.
全う(まっとう) ☞ 全く(まったく).
全うする(まっとうする) 완수하다. 다하다.
全き(まっとき) 완전하여 흠이 없는 일.
全く(まったく) ①완전히. 아주. 전적으로. 전혀. ②《주로 '～の' '～だ'의 꼴로》 정말(이지). 참(으로).
全し(まったし)〈文〉①완전하다. ②완전 [무사]하다. 온전하다.
全て(すべて) 전부. 모두. 전체. 모조리.

[其他]
全剥ぎ(うつはぎ) 동물의 가죽 따위를 모두 벗기는 일.
全手(まて) 좌우 양손.

6 イ 教
伝 (傳) 전할 전
デン・テン
つたわる・つたえる・
つたう・つて

[音読]
伝(でん) 전. ①전함. ②전하는 말. ③《接尾語로》…전. ④전기. ⑤경서의 주석.
伝家(でんか) 전가.
～の宝刀(ほうとう) 전가의 보도.
伝教(でんきょう) 전교. 교법(教法)을 전함.
伝国の璽(でんこくのじ)〖史〗전국새.
伝奇(でんき) 전기.
‖**～小説**(しょうせつ) 전기 소설.
伝記(でんき) 전기.
‖**～作家**(さっか) 전기 작가.
伝騎(でんき) 전기. 말을 달려 명령을 전하는 병사.
伝単(でんたん) 전단.
伝達(でんたつ) 전달.
‖**～事項**(じこう) 전달 사항.

伝道(でんどう) 전도. 선교. ♣**～師**(し) 전도사.
‖**～の書**(しょ)〖聖〗전도서.
伝導(でんどう) 전도. ♣**～率**(りつ) 전도율 / **～体**(たい) 전도체.
‖**～電子**(でんし)〖理〗전도 전자.
伝動(でんどう) 전동. ♣**～機**(き) 전동기.
‖**～装置**(そうち) 전동 장치.
伝灯(でんとう)〖佛〗전등. 법등(法燈)을 전수(傳授)하는 일.
伝来(でんらい) 전래.
伝令(でんれい) (군대 등의) 전령. ♣**～使**(し) 전령사.
伝馬(でんま) ①전마. 역(驛) 말. ②伝馬船의 준말.
‖**～船**(せん) 전마선. 짐 나르는 거룻배.
～送り(おくり) 옛날에, 짐을 역참에서 역참으로 송달함.
伝聞(でんぶん) 전문.
‖**～証拠**(しょうこ) 전문 증거.
～表現(ひょうげん) 전문 표현.
伝搬(でんぱん) 전반.
伝法(でんぼう) ①〖佛〗전법. 불법을 전수함. ②(여자의) 협기 부리는 태도. * でんぼうろ로도 읽음.
‖**～肌**(はだ) (여자가) 드세고 협기 있는 기질. **～膚**(はだ) ⇨ 伝法肌.
～相承(そうじょう)〖佛〗전법 상승.
伝写(でんしゃ) 전사.
伝書(でんしょ) 전서. ♣**～鳩**(ばと) 전서구.
伝宣(でんせん) 전선. 천자의 명을 대신(大臣) 등에게 전함.
伝線(でんせん) (스타킹 따위의) 올이 풀려 줄줄이 옮겨감.
伝説(でんせつ) 전설.
‖**～ん**전설관.
伝声(でんせい) 전성. 말을 전함. ♣**～管**(かん)
伝世(でんせい) 전세. 대대로 전함. ♣**～品**(ひん) 전세품.
伝送(でんそう) 전송. ♣**～路**(ろ) 전송로.
伝誦(でんしょう) 전송.
伝受(でんじゅ) 전수.
伝授(でんじゅ) 전수. ♣**～物**(もの) 전수물.
伝習(でんしゅう) 전습.
伝承(でんしょう) 전승. ♣**～地**(ち) 전승지.
‖**～文学**(ぶんがく) 전승 문학.
伝言(でんごん) 전언. ♣**～板**(ばん) 전언판.
伝研(でんけん) '伝染病(でんせんびょう)研究所(けんきゅうじょ)(=전염병 연구소)'의 준말.
伝染(でんせん) 전염. ♣**～源**(げん) 전염원.
‖**～病**(びょう) 전염병. ♣**～予防法**(よぼうほう) 전염병 예방법.
～性(せい) 전염성. ♣**～紅斑**(こうはん)〖醫〗전염성 홍반.
伝衣(でんえ) 전의. 전의발(傳衣鉢).
伝助(でんすけ)〈俗〉①야바위꾼. ②휴대용 소형 녹음기.
伝存(でんそん) 전존. 전하여 존재함.
伝奏(てんそう) 전주.
伝唱(でんしょう) 전창. 전하여 부름.

伝逓(でんてい) 전체. 차례로 전하여 보냄.
伝統(でんとう) 전통.
∥～工芸(こうげい) 전통 공예.
～芸能(げいのう) 전통 예능.
～医学(いがく) 전통 의학.
～的(てき) 전통적. ♣～論理学(ろんりがく) 전통적 논리학.
～主義(しゅぎ) 전통주의.
伝播(でんぱ) 전파.
伝布(でんぷ) 전포.
伝票(でんぴょう) 전표.
伝花(でんか) 스승에게서 전수하여 꽂꽂이를 해놓은 모양새. 또, 그 재료 꽃.

訓読▶
伝わる(つたわる) 전해지다. ①전도되다. ②(널리) 알려지다. 전달되다. ③전래되다. 전해 내려오다.
❖伝う(つたう) ①어떤 것을 매개로 또는 따라서 이동하다. 타(고 가)다. ② ☞伝える(つたえる).
伝い(づたい) 《接尾語로》 …을 따라서〔타고〕. …에 연(沿)하여.
伝い歩き(つたいあるき) (걸음마를 배우는 어린이가 장롱·벽 따위를) 잡고 걸음.
❖伝える(つたえる) 전하다. ①전도(傳導)하다. ②(사람을 통하여) 알리다. 전파하다. ③전수(傳授)하다. 물려주다.
伝え(つたえ) ①(말로) 전하는 것. 전언. ②구전(口傳). 전설. 「듣다.
伝え聞く(つたえきく) 전해 듣다. 소문으로
伝え受ける(つたえうける) 계승하다. 물려받다. 전수(傳受)하다.

---

7 **イ** **佃** 밭갈 전·밭 전
デン
つくだ

訓読▶
佃(つくだ) ①경작하는 논. ②(장원 제도하에서) 영주가 직접 경영하는 논.
佃煮(つくだに) 【料】 (생선·조개·해초 등의) 조림의 하나.

---

8 **八** **教** **典** 법 전·기준 전·책 전
テン
つね・のり・ふみ

音読▶
典 ㊀(てん) ①식전(式典). ②규칙. ③책. ㊁(のり) ①규범. ②모범. 본.
典拠(てんきょ) 전거.
典故(てんこ) 전고.
典当(てんとう) 전당.
典麗(てんれい) 전려. 용모가 바르고 고움.
典礼(てんれい) 전례. 정해진 의식·의례.
∥～問題(もんだい) 【史】 전례 문제.
典例(てんれい) 전례. 전거가 되는 선례.
典物(てんぶつ) 전물. 전당물.
典範(てんぱん) 전범. ♣～例(れい) 전범례.
典常(てんじょう) 전상.
典膳(てんぜん) 전선.
典侍(てんじ) 明治(めいじ) 이후, 궁중의 최고위 여관(女官).
典雅(てんが) 전아.
典薬(てんやく) 옛날, 조정·幕府(ばくふ)에서 의약을 다루던 직분(사람).
典獄(てんごく) 전옥.
典医(てんい) 전의.
典儀(てんぎ) 전의. 의전(儀典). 의식.
典章(てんしょう) 전장. 규칙. 「도 읽음.
典籍(てんせき) 전적. 서적. ＊てんじゃくろ
典座(てんぞ) 전좌. ＊てんぞろ도 읽음.
典則(てんそく) 전칙. 규칙.
典舗(てんぽ) 전당포.
典鋪(てんぽ) ⇨ 典舗(てんぽ)
典型(てんけい) 전형. ♣～的(てき) 전형적.
∥～契約(けいやく) 전형 계약.
～元素(げんそ) 【化】 전형 원소.

---

9 **リ** **教** **前**（前） 앞 전·먼저 전
ゼン・セン
まえ・さき

音読▶
前脚(ぜんきゃく) 전각. 앞다리. ＊まえあしロ도 읽음.
前鑑(ぜんかん) 전감. 선인이 남긴 본보기.
前件(ぜんけん) 전건. ①전기(前記)의 조목. ②【論】여건(與件).
前掲(ぜんけい) 전게. 전술(前述).
前景(ぜんけい) 전경.
前傾(ぜんけい) 앞쪽으로 기욺.
前古(ぜんこ) 전고. 옛날. 왕시(往時).
∥～未曾有(みぞう) 전고 미증유.
前功(ぜんこう) 전공. ①전인의 공적. ②전에 세운 공훈.
前科(ぜんか) 전과. ♣～者(もの) 전과자.
前官(ぜんかん) 전관.
∥～礼遇(れいぐう) 전관 예우. 전관 대우.
前駆(ぜんく) 전구. 행렬 등의 전방을 기마로 선도함. 또, 그 사람. ♣～体(たい) 전구체.
～症状(しょうじょう) 【醫】 전구 증상.
前臼歯(ぜんきゅうし) 【生】 앞어금니.
前軍(ぜんぐん) 전군. 전방의 군대.
前屈(ぜんくつ) 전굴. 몸이 보통보다 앞으로 굽어 있는 일.
前根(ぜんこん) 【生】 전근.
前近代(ぜんきんだい) 전근대. ♣～的(てき) 전근대적.
前記(ぜんき) 전기. 전술(前述).
前期(ぜんき) 전기.
∥～量子論(りょうしろん) 전기 양자론.
～繰越金(くりこしきん) 전기 이월금.
前納(ぜんのう) 전납. 예납(豫納).
前年(ぜんねん) ①전년. ②이전의 해. 지나간 어느 해. 선년.

前脳(ぜんのう)〖生〗전뇌.
前段(ぜんだん) 전단.
前代(ぜんだい) 전대. 전세.
∥~未聞(みもん) 전대미문.
前途(ぜんと) 전도.
∥~多難(たなん) 전도 다난.
~洋洋(ようよう) 전도 양양.
~遼遠(りょうえん) 전도 요원.
~有望(ゆうぼう) 전도 유망.
前導(ぜんどう) 전도. 선도.
前頭 ㊀(ぜんとう) 전두. 이마. ♣~骨(こつ) 전두골 / ~筋(きん) 전두근 / ~部(ぶ) 전두부 / ~葉(よう)〖生〗전두엽.
㊁(まえがしら) 幕内(まくうち) 가운데서는 가장 아래급의 씨름꾼.
前灯(ぜんとう) 전등.
前略(ぜんりゃく) 전략.
前歴(ぜんれき) 전력.
前連(ぜんれん) 전련. ①(한시의 율(律)에서) 제3·제4의 대구(對句). ②(시(詩)에서) 앞의 절.
前聯(ぜんれん) ⇨ 前連(ぜんれん).
前礼(ぜんれい) 다화회(茶話會) 초대에 대한 응낙의 인사.
前例(ぜんれい) 전례.
前路(ぜんろ) 전로. 앞길.
前輪 ㊀(ぜんりん) 전륜. 앞바퀴.
㊁(まえわ) 안장의 앞가지. ⇨ ㊀.
前立腺(ぜんりつせん)〖生〗전립선. ♣~癌(がん) 전립선암.
∥~肥大症(ひだいしょう) 전립선 비대증.
前晩(ぜんばん) 전날 밤.
前面 ㊀(ぜんめん) 전면.
∥~攻撃(こうげき) 전면 공격.
㊁(まえづら) 전면. 앞쪽. 또, 얼굴의 앞쪽.
前文(ぜんぶん) 전문. ①(편지의) 첫머리의 인사말 부분. ②(규약 등의) 서문. ③전에 쓴 문장·편지.
前門(ぜんもん) 전문. 앞문.
前聞(ぜんぶん) 전문. 이전에 들은 일.
前膊(ぜんぱく)〖生〗전박. 하박. ♣~骨(こつ)〖生〗전박골.
前半(ぜんはん) 전반. ♣~戦(せん) 전반전.
前半期(ぜんはんき) 전반기.
前半生(ぜんはんせい) 전반생.
前方 ㊀(ぜんぽう) 전방. ①앞 방면. ②앞이 네모짐.
∥~後方墳(こうほうふん)〖考〗전방 후방분. 고분 형식의 하나.
~後円墳(こうえんふん) 전방 후원분.
㊁(まえかた) ①이전. 구식임. 시대에 뒤떨어짐. ②일찍이. 미리.
前夫(ぜんぷ) 전부. 선부(先夫). 전남편.
前部(ぜんぶ) 전부.
∥~甲板(かんぱん) 전부 갑판.
前婦(ぜんぷ) 전부. 전처.
前非(ぜんぴ) 전비. 선비(先非).
前史(ぜんし) 전사. 선사(先史).

前司(ぜんじ) 전임(前任)의 '国司(こくし)(=옛날 조정에서 파견된 지방관)'.
前事(ぜんじ) 전사. 전에 있었던 일. 옛날 일.
前相(ぜんそう) 전조(前兆).
前鰓類(ぜんさいるい)〖動〗전새류.
前生(ぜんしょう)〖佛〗전생. 전세.
前書(ぜんしょ) 전서. ①먼저 쓴 책〔문장〕. ②먼저 낸 편지.
前線(ぜんせん) 전선.
前説(ぜんせつ) 전설. ①이전에 말한 설. ②옛사람의 설. ③서설(序説).
前聖(ぜんせい) 전성. 옛 성인.
前成説(ぜんせいせつ)〖生〗전성설.
前世 ㊀(ぜんせ)〖佛〗전세.
㊁(ぜんせい) ①옛날. ② ⇨ ㊀.
前世界(ぜんせかい) 전세계. 유사 이전의 세계.
前世紀(ぜんせいき) ①전세기. ②태고적.
♣~的(てき) 전세기적.
前述(ぜんじゅつ) 전술.
前翅(ぜんし) 전시. 곤충의 네 날개 중 앞쪽의 한 쌍.
前時代的(ぜんじだいてき) 전시대적.
前身(ぜんしん) 전신.
㊁(まえみ) '前身頃(まえみごろ)(=옷의 앞길)'의 준말.
前信(ぜんしん) 전신. 전에 보낸 편지.
前腎(ぜんじん)〖生〗전신.
前審(ぜんしん) 전심.
∥~判決(はんけつ) 전심 판결.
前悪(ぜんあく) 전악. 전에 지은 나쁜 짓. 전세에 지은 나쁜 짓.
前癌(ぜんがん)〖醫〗전암. 암이 될 우려가 있음.
∥~状態(じょうたい) 전암 상태.
~症状(しょうじょう) 전암 증상.
前額(ぜんがく) 이마. 앞이마.
前夜(ぜんや) 전야. ♣~祭(さい) 전야제.
前約(ぜんやく) 전약. 선약(先約).
前言(ぜんげん) 전언. ①앞서 한 말. ②〈古〉전인(前人)의 한 말.
∥~往行(おうこう) 전언 왕행. 옛사람의 언행.
前業(ぜんごう)〖佛〗전업. 전세(前世)에서 지은 업.
前縁(ぜんえん) 전연. ①앞쪽 가장자리. ②전세의 연분.
前列(ぜんれつ) 전열. 앞 열.
前葉(ぜんよう) 앞 지면. 앞 페이지.
前腕(ぜんわん) 전완. 전박(前膊).
♣~骨(こつ) 전완골. 전박골.
前王(ぜんおう) 전왕. 선왕.
前月(ぜんげつ) ①전월. 지난달. ②이전 달.
前衛(ぜんえい) 전위. ♣~劇(げき) 전위극 / ~的(てき) 전위적 / ~派(は) 전위파.
∥~書道(しょどう) 전위 서도.
~芸術(げいじゅつ) 전위 예술.
前意識(ぜんいしき)〖心〗전의식.
前人(ぜんじん) 전인. 이전(과거) 사람.
∥~未踏(みとう) 전인미답.
~未到(みとう) 전인미답.

専領(せんりょう) 전유물로 영유함.　「품.
専売(せんばい) 전매. ♣〜品(ひん) 전매
‖〜公社(こうしゃ) '日本(にっぽん)専売公社(=일본 전매 공사)'의 일컬음.
〜事業(じぎょう) 전매 사업.
〜特許(とっきょ) ① 전매 특허. ②〈俗〉특기. 장기(長技).
専務(せんむ) 전무.
‖〜車掌(しゃしょう) 여객 전무.
〜取締役(とりしまりやく) 전무 이사.
専門(せんもん) 전문. ♣〜家(か) 전문가/〜書(しょ) 전문서/〜語(ご) 전문어/〜医(い) 전문의/〜的(てき) 전문적/〜店(てん) 전문점/〜職(しょく) 전문직.
‖〜科目(かもく) 전문 과목.
〜教育(きょういく) 전문 교육.
〜士(し) 전문사. 일정한 설치 요건을 갖춘 전문 학교를 졸업한 자에게 주는 칭호.
〜商社(しょうしゃ) 전문 상사.
〜委員(いいん) 전문 위원.
〜学校(がっこう) 전문 학교.
専属(せんぞく) 전속.
‖〜歌手(かしゅ) 전속 가수.
〜作家(さっか) 전속 작가.
専修(せんしゅう) 전수.
‖〜学校(がっこう) 전수 학교.
専守防衛(せんしゅぼうえい) 전수 방위. 오로지 방위를 위해서만 무력을 사용함.
専心(せんしん) 전심.
専業(せんぎょう) 전업. ① 전문 직업〔사업〕. ② 국가가 허가한 독점 사업.
‖〜農家(のうか) 전업 농가.
〜主婦(しゅふ) 전업 주부.
専要(せんよう) 전요. 가장 중요함.
専用(せんよう) 전용. ♣〜権(けん) 전용권/〜車(しゃ) 전용차.
‖〜使用権(しようけん) 전용 사용권.
〜実施権(じっしけん) 전용 실시권.
〜住宅(じゅうたく) 전용 주택.
〜回線(かいせん) 전용 회선.
専有(せんゆう) 전유. 독점. ♣〜物(ぶつ)
‖〜部分(ぶぶん) 전유 부분.　「전유물.
専恵(せんい) 오직 한 가지 일에 전념함.
専一(せんいつ) ① 전일. 전념. ② 제일 중요.
専任(せんにん) 전임.　「하게 여김.
‖〜講師(こうし) 전임 강사.
専恣(せんし) 전자. 제멋대로임. 방자함.
専占(せんせん) 전점. 혼자 점유함.
専政(せんせい) ⇨ 専制(せんせい).
専精(せんせい) 정신을 한곳에 집중함.
専制(せんせい) 전제. ♣〜的(てき) 전제적.
‖〜君主(しんしゅ) 전제 군주.
〜政体(せいたい) 전제 정체.
〜政治(せいじ) 전제 정치.　「사항.
専従(せんじゅう) 전종. 오로지 그 일에만 종
専擅(せんせん) 전천. 전행(専行).
専行(せんこう) 전행. 전단(専断).
専横(せんおう) 전횡.

畑・展・悛　1235

専ら(もっぱら) 오로지. 한결같이. 전혀.

| 9
田
教
日 | 畑 | 밭 (전)

はた・はたけ |

訓読

畑(はたけ) ① 밭. *はたろ도 읽음. ② 영역.
畑茄子(はたなす) 가지.　「전문 분야.
畑道(はたけみち) 밭길. 밭 사이를 지나가는 길. *はたみちろ도 읽음.
畑物(はたけもの) 밭에 재배한 작물. *はたものろ도 읽음.
畑鼠(はたねずみ) 〖動〗 들쥐.
畑焼き(はたやき) 밭 작물의 말라버린 것이나 마른 풀을 태우는 일.
畑水練(はたけすいれん) 실제로는 소용에 닿지 않는 훈련이나 의론.
畑芋(はたいも) '里芋(さといも)(=토란)'의 딴이름. *はたいもろ도 읽음.
畑違い(はたけちがい) 전문 분야가 다름.
畑作(はたさく) 밭농사.
畑中(はたなか) 밭 가운데. 밭으로 둘러싸인
畑地(はたち) 밭이 돼 있는 땅.　「곳.
畑打ち(はたうち) 씨를 뿌릴 준비로 밭을 갈아엎음. 또, 그 사람.

| 10
尸
教 | 展 | 펼 전・늘일 전

テン
のべる |

音読

展(てん)《接尾語로》…전. 전람회.
展開(てんかい) 전개. ♣〜図(ず) 전개도/〜部(ぶ)〖樂〗 전개부.
‖〜図法(ずほう)〖地〗 전개 도법.
展観(てんかん) 전관. 펼쳐 보임.　「회.
展覧(てんらん) 전람. ♣〜会(かい) 전람
展望(てんぼう) 전망. ♣〜車(しゃ) 전망
展墓(てんぼ) 성묘.　「차.
展色剤(てんしょくざい)〖化〗 전색제.
展性(てんせい)〖理〗 전성.
展示(てんじ) 전시. ♣〜会(かい) 전시회.
展翅(てんし) 전시.
展延(てんえん) 전연. 얇게 펴 늘임.
展転(てんてん) 전전.
展着剤(てんちゃくざい)〖藥〗 전착제.

| 10
忄 | 悛 | 고칠 전

シュン
あらためる |

音読

悛改(しゅんかい) 전개. 개전(改悛).

逆音

改悛(かいしゅん) 개전. 개심(改心).　「침.
悔悛(かいしゅん) 회전. 전비(前非)를 뉘우

10 方	旃	기 전 セン はた

音読
旃裘(せんきゅう) 전구. 털옷.

10 木 常	栓 (栓)	나무못 전 セン

音読
栓(せん) ① 마개. ② 수도 따위의 개폐 장치.
栓抜き(せんぬき) 마개뽑이.
栓塞(せんそく) 〖醫〗전색. 혈관이 막힘.
栓子(せんし) 색전(塞栓)을 일으키는 것.

10 木	栴	단향목 전 セン

音読
栴檀(せんだん) 〖植〗전단. ① 멀구슬나무. ② 백단향의 딴이름.

10 田 日	畠	밭 (전) はたけ

訓読
畠(はたけ) ① 밭. *はたろ도 읽음. ② 영역. 전문 분야.

11 刀	剪	가위 전·벨 전 セン きる

音読
剪断(せんだん) 전단. 잘라 끊음.
‖～応力(おうりょく) 〖理〗전단 응력.
剪刀(せんとう) 전도. 가위. 주로, 외과용 수술 가위.
剪滅(せんめつ) 전멸. 토멸.
剪毛(せんもう) 전모. ① 직물 표면의 잔털을 깎아 고르는 일. ② 면양 따위의 털을 깎음.
剪伐(せんばつ) 전벌. 가지 따위를 자름.
剪裁(せんさい) 전재. ① 마름질함. ② 문장을 손질함.
剪定(せんてい) ① 전정. 전지(剪枝). ② 토벌하여 평정함.
剪除(せんじょ) 전제. 베어서 없애 버림.
剪枝(せんし) 전지. 가지치기.
剪剃(せんてい) 머리를 깎거나 또는 수염을 깎음.

其他
❖剪む(はさむ) 가위로 자르다.
剪み切る(はさみきる) 가위로 자르다.

11 氵	淀	얕은물 전 デン よど・よどむ

訓読
淀(よど) 물구덩이. 웅덩이.
淀瀬(よどせ) 물이 흥건히 고인 낮은 여울.
❖淀む(よどむ) ①(물이) 괴다. ② 막히다. ③ 바닥에 가라앉아 괴다.
淀み(よどみ) ①(물이) 굄. 웅덩이. ②(말이) 막힘. 정체(停滯).

11 車 教	転 (轉)	구를 전·옮길 전 テン　ころがる・ ころげる・ころがす・ ころぶ・うたた

音読
転 ㊀(てん) 〖言〗전. ①(발음·뜻 등이) 변화하는 일. ② 한시 절구(漢詩絕句)의 제 3구.
㊁(うたた) 〈文〉① 하도. 사뭇. ② 더욱더. 점점. ③ 평소와 달리. 한층 더.
㊂(ころばし) 산륜(散輪).
転ずる(てんずる) 변하다. 바꾸다. 바뀌다.
転じて(てんじて) 전하여. (뜻이) 변하여.
転嫁(てんか) 전가.
転居(てんきょ) 전거. 이사.
転結(てんけつ) 전결.
転経(てんぎょう) 〖佛〗전경.
転科(てんか) 전과. 학과{병과}를 옮김.
転官(てんかん) 전관. 다른 관직으로 옮김.
転校(てんこう) 전학.
転句(てんく) 전구. 한시 절구(漢詩絕句)의 셋째 구.
転勤(てんきん) 전근.
転記(てんき) 전기. 옮겨 적음.
転機(てんき) 전기. 전환기.
転貸(てんたい) 전대. 다시 빌려 줌.
転貸し(てんがし) ☞転貸(てんたい).
転貸借(てんたいしゃく) 전대차.
転倒(てんとう) 전도.
‖～温度計(おんどけい) 전도 온도계《바닷속의 온도를 재는 특수한 온도계》.
転読(てんどく) 〖佛〗전독.
転動(てんどう) 전동. 굴러서 움직임.
転得(てんとく) 전득. 상속·유증(遺贈) 따위로 재산을 취득함.
転落(てんらく) 전락.
転炉(てんろ) 〖工〗전로. 회전로.
転路器(てんろき) ☞転轍機(てんてつき).
転路機(てんろき) ☞転轍機(てんてつき).
転輪王(てんりんのう) 〖佛〗전륜왕.
転売(てんばい) 전매.
転免(てんめん) 전면. 전직(轉職)과 면직.
転迷開悟(てんめいかいご) 〖佛〗전미개오. 번뇌를 해탈하여 불법을 깨침.
転変(てんぺん) 전변.
転補(てんぽ) 전보.
転覆(てんぷく) 전복.

転付(てんぷ) 전부.
∥~命令(めいれい) 〖法〗 전부 명령.
転部(てんぶ) 전부. 소속한 부서·학부 등을 바꾸는 일.
転写(てんしゃ) 전사. ♣~紙(し) 전사지.
∥~石版(せきばん) 전사 석판.
~印刷(いんさつ) 전사 인쇄.
~酵素(こうそ) 전사 효소.
転生(てんせい) 전생. 다른 것으로 다시 태어남. *てんしょう로도 읽음.
転石(てんせき) 전석. 암반에서 떨어져 흐르는 물 등에 밀려 나간 돌.
転成(てんせい) 전성. ♣~語(ご) 전성어.
∥~名詞(めいし) 전성 명사.
転所(てんしょ) 전소. 장소·주소 등을 옮김.
転属(てんぞく) 전속.
転送(てんそう) 전송. 물건 따위를 남을 시켜서 보냄.
転手(てんじゅ) '琵琶(びわ)·三味線(しゃみせん)'의 지판 끝에 있는, 현을 감아놓는 막대.
転宿(てんしゅく) 전숙. 숙소를 옮김.
転瞬(てんしゅん) 전순. 눈을 깜박함. 또, 그 정도의 짧은 시간.
転乗(てんじょう) 전승. 다른 탈것으로 갈아 탐.
転身(てんしん) 전신. 신분·직업·주의 주장 등을 싹 바꿈.
転語(てんご) 다른 말에서 전와(轉訛)된 말.
転業(てんぎょう) 전업.
転訛(てんか) 전와.
転用(てんよう) 전용. 유용.
転院(てんいん) 입원한 병원을 옮기는 일.
転位(てんい) 전위. 위치가 바뀜. 「일.
∥~因子(いんし) 〖生〗 전위 인자.
~効果(こうか) 전위 효과.
転音(てんおん) 전음. 조금 변하여 다르게 나는 음.
転移(てんい) 전이. ①〖醫〗 암 따위 병의 환부가 옮아감. ②〖理〗 분자 내에서 원자의 배열이 바뀜. ♣~熱(ねつ) 〖理〗 전이열 / ~点(てん) 〖理〗 전이점.
∥~巣(そう) 〖醫〗 전이소. 종양 세포가 전이하여 발생(原發巢)와 같은 종양이 발생한 부위.
~温度(おんど) 〖理〗 전이 온도.
~酵素(こうそ) 〖化〗 전이 효소.
転任(てんにん) 전임. ♣~地(ち) 전임지.
転入(てんにゅう) 전입. ♣~生(せい) 전입생 / ~学(がく) 전입학.
転載(てんさい) 전재. 옮겨 실음.
転抵当(てんていとう) 〖法〗 전저당.
転籍(てんせき) 전적. ♣~地(ち) 전적지.
転転(てんてん) 전전. 「움.
転戦(てんせん) 전전. 장소를 옮겨 가며 싸움.
転折(てんせつ) 전절. 서법의 하나로, 붓끝이 갑자기 변함.
転調(てんちょう) 〖樂〗 전조. 조바꿈.
転漕(てんそう) 전조. 조세로 거둔 물건을 해상 수송하는 일.

転宗(てんしゅう) 전종. 개종(改宗).
転座(てんざ) 〖生〗 전좌.
転住(てんじゅう) 전주. 옮겨 삶.
転注(てんちゅう) 전주. 한자 육서의 하나.
転地(てんち) 전지.
∥~療養(りょうよう) 전지 요양.
転職(てんしょく) 전직.
転進(てんしん) 전진. 진로를 바꿈.
∥~命令(めいれい) 전진 명령.
転軫(てんじん) ☞転手(てんじゅ).
転借(てんしゃく) 전차. 남이 빌려 온 것을 다시 빌림.
転車台(てんしゃだい) 전차대. 기차·자동차 등의 방향 전환을 위해 올려 놓는 회전대.
転遷(てんせん) 전천. 변천.
転轍機(てんてつき) 전철기.
転轍手(てんてつしゅ) 전철수.
転出(てんしゅつ) 전출. ♣~届(とどけ) 전출 신고.
∥~証明(しょうめい) 전출 증명.
転置(てんち) 전치. 옮겨 놓음.
転針(てんしん) 전침. 선박 등의 진로 변경.
転宅(てんたく) 전택. 이사.
転婆(てんば) 《주로 御(お)를 붙여서》 말괄량이. 왈가닥.
転学(てんがく) 전학.
転合(てんごう) 까붊. 희롱거림.
転向(てんこう) 전향. ♣~力(りょく) 〖理〗 전향력 / ~点(てん) 전향점.
∥~文学(ぶんがく) 전향 문학.
転呼音(てんこおん) 전호음. かな(=일본 문자)를 그 자체의 발음이 아니라 다른 음으로 바꾸어 발음하는 일.
転化(てんか) 전화. ♣~糖(とう) 〖化〗 전화당.
転換(てんかん) 전환. ♣~期(き) 전환기 / ~炉(ろ) 전환로 / ~法(ほう) 전환법.
∥~器(き) 〖電〗 전환기. 스위치.
~社債(しゃさい) 〖經〗 전환 사채.
~株式(かぶしき) 〖經〗 전환 주식.
転回(てんかい) 전회. ① 회전. ②〖樂〗 자리 바꿈.

訓読

転ばす(ころばす) 쓰러뜨리다. 굴리다.
*雅語로는 まろばす라고도 함.
転柿(ころがき) 곶감.
転心(うたたごころ) 변하기 쉬운 마음.
転軸受け(ころじくうけ) 〖機〗 롤러 베어링.
転寝 ㊀(うたたね) 선잠. 얕은 잠.
㊁(ごろね) 옷입은 채 아무데서나 쓰러져 잠.
❖転がす(ころがす) ① 굴리다. ② 넘어뜨리다. *雅語로는 まろがす라고도 함.
転がし(ころがし) ① 굴림. ② 전매(轉賣).
❖転がる(ころがる) ① 구르다. 자빠지다. 넘어지다. ② 뒹굴다.
転がり落ちる(ころがりおちる) ① 굴러 떨어지다. ② 실각(失脚)하다. 「찰.
転がり摩擦(ころがりまさつ) 〖理〗 구름마

転がり込む(ころがりこむ) ① 굴러 들어가다(들어오다). ② 남의 집에 들어가서 폐를 끼치다.
❖**転げる**(ころげる) ① ☞ 転がる(ころがる). ② ☞ 転ぶ(ころぶ). 「がりこむ).
転げ込む(ころげこむ) ☞ 転がり込む(ころ
❖**転ぶ**(ころぶ) ① 쓰러지다. 자빠지다. 구르다. ② 전향하다. 개종하다. ③ 절개를 굽히다. *雅語로는 まろぶ라고도 함.
転び(ころび) ① 쓰러짐. 넘어짐. 구름. ② 전향. 특히, 江戸(えど) 시대에 기독교 신자가 불교로 개종한 일. ③ 기생 등이 손님에게 몸을 맡기는 일.
転び寝(ころびね) ① 옷입은 채로 쓰러져 잠. ② 얕은 잠. ③ 밀통. *雅語로는 まろびね라고도 함.

其他▷

転(ころ) ⇨ 転子(ころ).
転かす(くるめかす) ① 빙빙 돌리다. ② 현기증이 나게 하다. 어지럽게 하다.
転く(くるめく) 빙빙 돌다. 특히, 눈이 핑핑 돌다. 현기증이 나다. 어지럽다.
転げる(こける) 〈方〉 쓰러지다. 구르다.
転子(ころ) ① 산륜(散輪). ② 주사위.
❖**転す**(こかす) ① 〈方〉 쓰러뜨리다. 넘어뜨리다. ② 속이다. 후무리다. ③ 〈俗〉 전당 잡히다. 그 외, 부정 처분하다.
転し(ごかし) 《体言에 붙어서》체언이 나타내는 일을 구실로, 또는 가장하여 자기 일을 꾀하는 일.

| 12
大 | 奠 | 정할 전·전올릴 전
テン
さだめる・そなえる |

音読▷

奠都(てんと) 전도. 도읍을 정함.

| 12
扌 | 揃 | 자를 전·뽑을 전
セン
そろい・そろう・
そろえる |

訓読▷

揃える(そろえる) ① 가지런히 (정돈)하다. 같게 하다. ② 갖추다. ③ 채우다. ④ 맞추다. 일치시키다.
❖**揃う**(そろう) ① 갖추어지다. ② (모두 한곳에) 모이다. (인원 따위가) 차다. ③ 잘 어울리다. ④ 일치하다. 맞다.
揃い ㊀(そろい) ① (빠짐없이) 모두 갖추어짐. 갖추어진 것. 가지런함. ②《순수 일본말 数詞에 붙어서》벌.
㊁(ぞろい) 《名詞에 붙어서》(동류(同類)가) 가지런히 갖추어져 있음.
揃い踏み(そろいぶみ) (일본 씨름에서) 幕内(まくうち)에 속하는 씨름꾼이 모두 土俵(どひょう) 위에 둥그렇게 늘어서서 발을 구르는 일.

| 12
竹 | 筌 | 통발 전
セン
うえ |

筌(せん) (물고기 잡는) 통발. *うえ・うけ로도 읽음.
筌蹄(せんてい) 전제. ① 물고기를 잡는 통발과 짐승을 잡는 덫. 전하여, 목적 달성을 위한 수단・방법. ② 길잡이.

| 13
土 | 填 | 메울 전
テン・チン
うずめる・ふさがる・ふさぐ・はまる・はめる |

参考 塡의 異體字.

音読▷

填補(てんぽ) 전보. 보전.
填塞(てんそく) 전색.
填足(てんそく) 전족.
填充(てんじゅう) 전충. 충전. ♣~性(せい) 전충성.

訓読▷

填まる(はまる) ① 꼭 맞다. 적합하다. ② 빠지다. ③ 속다.
❖**填める**(はめる) ① 끼(우)다. 채우다. 박다. ② 빠뜨리다. 속여 넘기다.
填め手(はめて) 남을 자기의 술수 속에 빠지게 하려는 수단. 또, 바둑의 속임수.
填め込み(はめこみ) 끼움. 끼운 것.
填め込む(はめこむ) 끼워 넣다.

| 13
戈
教 | 戦 (戰) | 싸움 전·싸울 전
セン
いくさ・たたかう・おののく |

音読▷

戦鼓(せんこ) 전고. 전장에서 신호로 치는 북.
戦功(せんこう) 전공.
戦果(せんか) 전과.
戦局(せんきょく) 전국. 전쟁이 되어가는 판국.
戦国(せんごく) 전국.
∥~**時代**(じだい) 전국 시대.
戦技(せんぎ) 전기. 전투 기술.
戦記(せんき) 전기. 전쟁・전투의 기록.
戦旗(せんき) 전기.
戦機(せんき) 전기.
戦端(せんたん) 전단. 전쟁의 단서.
戦隊(せんたい) 〖軍〗(일본의) 전대. 공군・해군의 전술 단위.
戦乱(せんらん) 전란.
戦略(せんりゃく) 전략. ♣~**核**(かく) 전략 핵.
∥~**単位**(たんい) 전략 단위.
~**物資**(ぶっし) 전략 물자.
~**防衛構想**(ぼうえいこうそう) 전략 방위 구상.
~**産業**(さんぎょう) 전략 산업.
~**陸軍**(りくぐん) 전략 육군.

~情報(じょうほう)システム 전략 정보
~爆擊(ばくげき) 전략 폭격.   시스템.
戰力(せんりょく) ① 전력. 전투 능력. ② 일을 수행하는 능력.
戰歷(せんれき) 전력.
戰虜(せんりょ) 전로. 포로.
戰利(せんり) 전리. ♣**~品(ひん)** 전리품.
戰没(せんぼつ) 전몰. 전사. ♣**~者(しゃ)** 전몰자.
戰歿(せんぼつ) ⇨ 戰没(せんぼつ).
戰無派(せんむは) (2차 대전 후에 태어난) 전쟁을 전혀 모르는 세대.
戰犯(せんぱん) 전범. '戰爭(せんそう)犯罪人(はんざいにん)(=전쟁 범죄인)'의 준말.
戰法(せんぽう) 전법.   병사함.
戰病死(せんびょうし) 전병사. 전장에 나가
戰保(せんぽ) '戰爭保險(せんそうほけん)(=전쟁 보험)'의 준말.
戰補(せんぽ) '戰時(せんじ)補償(ほしょう) (=전시 보상)'의 준말.
戰費(せんぴ) 전비.
戰備(せんび) 전비.
戰士(せんし) 전사.
戰史(せんし) 전사. 전쟁의 역사[기록].
戰死(せんし) 전사. ♣**~者(しゃ)** 전사자.
戰事(せんじ) 전사. 전쟁에 관한 일.
戰傷(せんしょう) 전상. ♣**~死(し)** 전상
‖**~病者(びょうしゃ)** 전상병자.   사.
戰書(せんしょ) 전서. 선전 포고서.
戰線(せんせん) 전선.
‖**~統一(とういつ)** 전선 통일.
戰勢(せんせい) 전세.
‖**~不利(ふり)** 전세 불리.
戰守(せんしゅ) 전수. ① 싸워서 지킴. ② 싸우는 일과 지키는 일.
戰術(せんじゅつ) 전술. ♣**~家(か)** 전술가 / **~核(かく)** 전술 핵(무기).
‖**~轉換(てんかん)** 전술 전환.   국.
戰勝(せんしょう) 전승. ♣**~國(こく)** 전승
戰時(せんじ) 전시. ♣**~中(ちゅう)** 전시중.
‖**~國際法(こくさいほう)** 전시 국제법.
~禁制品(きんせいひん) 전시 금제품.
~賠償(ばいしょう) 전시 배상.
~犯罪(はんざい) 전시 범죄.
~産業(さんぎょう) 전시 산업.
~立法(りっぽう) 전시 입법.
~體制(たいせい) 전시 체제.
戰野(せんや) 전야. 전장(戰場).
戰役(せんえき) 전역. 전쟁.
戰域(せんいき) 전역. 전투 구역. ♣**~核(かく)**〖軍〗전역 핵(무기).
戰列(せんれつ) 전열.
戰渦(せんか) 전와. 전쟁으로 일어나는 혼란.
戰友(せんゆう) 전우. ♣**~會(かい)** 전우회.
戰雲(せんうん) 전운.
戰慄(せんりつ) 전율.
戰衣(せんい) 전의. 전장에서 병사가 입는   옷.
戰意(せんい) 전의.

戰場(せんじょう) 전장. 싸움터.
戰災(せんさい) 전재. ♣**~者(しゃ)** 전재
‖**~孤兒(こじ)** 전재 고아.   자.
戰爭(せんそう) 전쟁. ♣**~画(が)** 전쟁화.
‖**~文學(ぶんがく)** 전쟁 문학.
~放棄(ほうき) 전쟁 포기.
~賠償(ばいしょう) 전시 배상.
~犯罪人(はんざいにん) 전쟁 범죄인.
~成金(なりきん) 전쟁에 편승(便乘)한 벼락 부자.
~神經症(しんけいしょう) 전쟁 신경증.
~犧牲者(ぎせいしゃ) 전쟁 희생자.
戰跡(せんせき) 전적.
戰績(せんせき) 전적.
戰前(せんぜん) 전전. 특히 2차 대전 전.
♣**~派(は)** 전전파.
戰戰恐恐(せんせんきょうきょう) 전전긍긍.
戰戰兢兢(せんせんきょうきょう) ⇨ 戰戰恐恐(せんせんきょうきょう).
戰中派(せんちゅうは) 전중파.
戰地(せんち) 전지. 전장.
‖**~勤務(きんむ)** 전지 근무.
~手当(てあて) 전지 수당.
戰陣(せんじん) 전진. ① 전장. ② 전열. 싸우기 위해 진을 침.
戰塵(せんじん) 전진.
戰車(せんしゃ) 전차. ① 탱크. ②〈古〉전쟁에 쓰는 수레. 병거(兵車).
戰債(せんさい) 전채. 전비에 충당하기 위해 발행된 국채.
戰捷(せんしょう) ⇨ 戰勝(せんしょう).
戰鬪(せんとう) 전투. ♣**~機(き)** 전투기 / **~力(りょく)** 전투력 / **~帽(ぼう)** 전투모 / **~員(いん)** 전투원 / **~的(てき)** 전투적.
‖**~開始(かいし)** 전투 개시.
~部隊(ぶたい) 전투 부대.
戰敗(せんぱい) 전패. 패전. ♣**~國(こく)** 패
戰評(せんぴょう) (관)전평.   전국.
戰袍(せんぽう) 전포.
戰艦(せんかん) 전함. 전투함.
戰火(せんか) 전화.
戰禍(せんか) 전화.
戰況(せんきょう) 전황.
戰後(せんご) 전후. 특히, 2차 대전 후.
‖**~補償問題(ほしょうもんだい)** 전후 보상 문제.   파 문학.
~派(は) 전후파. ♣**~文學(ぶんがく)** 전후
戰訓(せんくん) 전훈. 실전에서 얻은 교훈.
戰勳(せんくん) 전훈. 전공(戰功).

<u>訓読</u>
戰 🈁 **(いくさ)** ①〈雅〉전쟁. ②〈古〉군대. 병사. ♣**~船(ぶね)** 군선 / **~神(がみ)** 군신 / **~場(ば)** 전쟁터.
‖**~大将(だいしょう)** 그 날의 작전을 지휘하는 장수.
~立ち(だち) ① 출진(出陣). ② 전투.
~物語(ものがたり) 과거의 전쟁에 관한 이야기. 또, 기록.

~星(ぼし) 군성. 북두 칠성. 특히, 제7성.
~の庭(にわ) 싸움터.
~評定(ひょうじょう) 전투에 앞서 행하는 작전 회의. ③경쟁.
□(せん)《接尾語로》…전. ①전쟁. ②시합.
戦く(おののく) 부르르〔와들와들〕 떨다.
戦わす(たたかわす) ☞戦わせる(たたかわせる).
戦わせる(たたかわせる) (논쟁 등을) 격렬하게 벌이다〔주고 받다〕.
❖**戦う**(たたかう) 싸우다. 전쟁하다.
戦い(たたかい) 싸움. 전쟁.

[其他]
戦がす(そよがす) ①살랑살랑 소리 나게 하다. ②설레게 하다.
戦ぎ(そよぎ) 산들〔살랑〕거림. 또, 그 소리.
戦ぐ(そよぐ) ①살랑거리다. ②전율하다.
戦慄かす(わななかす) 무서워 떨게 하다.
戦慄く(わななく) 무서워서〔추워서〕 와들와들 떨다. 전율하다.

| 13
殳
常 | 殿 | 큰집 전
デン・テン
との・どの・しんがり |

[音読]
殿閣(でんかく) 전각.
殿軍(でんぐん) 전군. 후위.
殿堂(でんどう) 전당.
殿舎(でんしゃ) 전당(殿堂).
殿上(てんじょう) ①전상. 清涼殿(せいりょうでん)에 있는 殿上人이 묵는 방. ②殿上人의 준말.   「람.
‖**~人**(びと) 殿上에 출입하도록 허락된 사
殿군(でんう) 전우. 전당(殿堂).
殿中(でんちゅう) ①저택의 안. 특히, 将軍(しょうぐん)의 거처. ②江戸(えど) 시대의, 남자용 삿갓의 일종.
殿春(でんしゅん) 전춘. 음력 3월.
殿下(でんか) 전하.

[訓読]
殿(との) ①〈女〉남자 양반. ②서방님.
③영주・귀인에 대한 높임말.
□(どの)《接尾語로》…님. …씨(氏).
□(でん)《接尾語로》…전. 큰 건물 이름에 붙이는 말.
四(しんがり) 맨 뒤. 최후. 후미(後尾).
殿方(とのがた) 〈女〉남자분.   「임.
殿付け(とのづけ) 殿(との)라고 경칭을 붙
殿部(とのべ) 主殿寮(とのもりょう)에 궁중의 청소・등불 관리 등을 하던 하급 관리.
殿守(とのもり) 〈古〉主殿寮(とのもりょう)의 하급 관리. *直接에서 とのもら고도 함.
殿御(とのご) 〈女〉남자 양반.
殿人(とのびと) 귀인을 섬기는 사람.
殿振り(とのぶり) ①남자다운 풍채・용모.
②남자의 체면.   「는 베개.
殿枕(とのまくら) 혼례 때, 신부가 가지고 가

殿様(とのさま) ①영주・귀인에 대한 존칭.
②江戸(えど) 시대의, 大名(だいみょう)・旗本(はたもと)에 대한 존칭.
‖**~飛蝗**(ばった) 『蟲』풀무치.
~芸(げい) 귀인이나 부자들이 심심소일로 하는 기예.
~蛙(がえる) 『動』참개구리.
殿原(とのばら) 〈雅〉존귀한 사람들. 남자 양반들.

| 13
灬 | 煎 | 달일 전・졸일 전
セン
いる |

[音読]
煎(せん) 차를 달여 냄.
煎じ(せんじ) 달임.
煎じる(せんじる) (약・차 따위를) 달이다.
煎ずる(せんずる) ☞煎じる(せんじる).
煎根(せんこん) 식물의 뿌리 일부를 자름.
煎餅(せんべい) 전병. 구운 납작과자.
‖**~布団**(ぶとん) 솜이 적고 보잘것없는 얇은 이불.
煎薬(せんやく) ☞煎じ薬(せんじぐすり).
煎じ薬(せんじぐすり) 탕약. 탕제(湯劑).
煎熬(せんごう) 국물이 없어질 때까지 졸임.
煎剤(せんざい) 약초를 달인 탕약.
煎汁 □(せんじ) 鰹節(かつおぶし)를 만들 때 가라앉는 국물을 곤 진액.
□(せんじゅう) 달여 낸 한약.
煎茶(せんちゃ) 달인 (엽)차.
煎じ茶(せんじちゃ) 전차(煎茶). 달여 마시는 차.   「려내다.
煎じ出す(せんじだす) (차・약을) 달여 우
煎じ詰める(せんじつめる) ①(한약 따위를) 바짝 달이다. ②끝까지 따져 보다.

[訓読]
煎れ(いれ) 〔関西(かんさい) 지방에서〕 주권(株券)을 명목상 팔았던 사람이 손해를 각오하고 다시 사들이는 일.
煎れる(いれる) 볶아지다. 볶을 수 있다.
❖**煎る**(いる) ①볶다. ②(달걀・두부 따위를 물기가 없어질 때까지) 지지다.
煎り豆(いりまめ) 볶은 콩.
煎り豆腐(いりどうふ) (간장과 설탕으로 양념하여) 지진 두부.
煎り卵(いりたまご) 지진 달걀. 달걀을 풀어서 조미료를 넣고 지진 음식.
煎り付ける(いりつける) 볶다. 지지다.
煎り塩(いりじお) 볶은 소금.   「ご).
煎り玉子(いりたまご) ⇨煎り卵(いりたま
煎り種(いりだね) 쌀・차조 따위를 쪄서 말린 후 볶은 것. 과자의 재료.

| 13
言 | 詮 | 설명할 전・갖출 전
セン |

音読

詮(せん) ①효과. 보람. ②수단. 방법.
詮ずる(せんずる) 자세히 조사하고 숙고하다.
詮無い(せんない) 도리〔별수〕없다.
詮方(せんかた) 취할 방법. 수단.
  ～無い(ない) (어쩌) 할 도리가 없다.
詮索(せんさく) 탐색함. 파고듦.
詮ずる所(せんずるところ) 요컨대. 결국.
詮議(せんぎ) 전의. ①평의(評議)하여 일을 결정함. ②죄인의 문초·수사.
  ‖～立て(だて) 파고〔캐고〕 듦.
詮衡(せんこう) 전형.

| 13 雨 教 | 電 | 번개 전·전기 전
デン
いなずま |

音読

電鍵(でんけん) 〖電〗 전건.
電撃(でんげき) 전격. ♣～戦(せん) 전격전.
  ‖～療法(りょうほう) 전격 요법.
電界(でんかい) 〖理〗 전계. 전기장(場).
電工(でんこう) 전공.
電光(でんこう) 전광. 번개. ♣～板(ばん) 전광판.
  ‖～掲示板(けいじばん) 전광 게시판.
  ～石火(せっか) 전광 석화.
電球(でんきゅう) 전구.
電極(でんきょく) 〖理〗 전극.
  ‖～電位(でんい) 〖理〗 전극 전위.
電気(でんき) 전기. ♣～動(どう) 전기동 / ～力(りょく) 전기력 / ～炉(ろ) 전기로 / ～鏝(ごて) 전기 인두 / ～鰻(うなぎ) 〖魚〗 전기 뱀장어 / ～釜(がま) 전기 밥솥 / ～魚(うお) 전기어. 발전어 / ～鍼(しん) 전기침 / ～学(がく) 전기학.
  ‖～計算器(けいさんき) 전기 계산기.
  ～工事(こうじ) 전기 공사.
  ～工学(こうがく) 전기 공학.
  ～機関車(きかんしゃ) 전기 기관차.
  ～冷蔵庫(れいぞうこ) 전기 냉장고.
  ～鍍金(めっき) 전기 도금.
  ～毛布(もうふ) 전기 담요.
  ～分析(ぶんせき) 전기 분석.
  ～分解(ぶんかい) 전기 분해.
  ～事業(じぎょう) 전기 사업.
  ～生理学(せいりがく) 전기 생리학.
  ～洗濯機(せんたくき) 전기 세탁기.
  ～掃除機(そうじき) 전기 청소기.
  ～冶金(やきん) 전기 야금.
  ～療法(りょうほう) 전기 요법. 전기 치료.
  ～溶接(ようせつ) 전기 용접.
  ～椅子(いす) (사형용의) 전기 의자.
  ～自動車(じどうしゃ) 전기 자동차.
  ～磁石(じしゃく) 전기 자석.
  ～抵抗(ていこう) 전기 저항.
  ～伝導(でんどう) 전기 전도.
  ～精錬(せいれん) 전기 정련.
  ～振動(しんどう) 전기 진동.
  ～鉄道(てつどう) 전기 철도.
  ～剃刀(かみそり) 전기 면도기.
  ～蓄音機(ちくおんき) 전기 축음기. 전축.
  ～治療(ちりょう) 전기 치료.
  ～通信(つうしん) 전기 통신.
  ～解離(かいり) 전기 해리.
  ～回路(かいろ) 전기 회로.
電器(でんき) 전기. 전기 기구.
電機(でんき) 전기. 전기 기계. ♣～子(し) 〖理〗 전기자.
電脳(でんのう) 전뇌. 중국어에서 컴퓨터를 이르는 말.
電導ガラス(でんどうガラス) 전도 유리.
電鍍(でんと) 〖化〗 전도. '電気鍍金(でんきめっき)(=전기 도금)'의 준말.
電動(でんどう) 전동. ♣～式(しき) 전동식 / ～車(しゃ) 전동차.
  ‖～電動機(でんどうき) 모터.
  ～発動機(はつどうき) 전동 발동기.
電灯(でんとう) 전등.
電纜(でんらん) 전람. 절연체로 싼 전선 또는 그 다발. 케이블.
電略(でんりゃく) 전략. '電信略号(でんしんりゃくごう)(=전신 약호)'의 준말.
電力(でんりょく) 전력. ♣～計(けい) 전력계 / ～量(りょう) 전력량.
電鈴(でんれい) 전령. 벨.
電炉(でんろ) 전로. 전기로.
電路(でんろ) 전로. 전기 회로.
電流(でんりゅう) 전류. ♣～計(けい) 전류계.
電離(でんり) 〖化〗 전리. '電気解離(でんきかいり)(=전기 해리)'의 준말. ♣～圏(けん) 전리권 / ～度(ど) 〖電〗 전리도 / ～箱(ばこ) 〖理〗 전리상(函).
  ‖～層(そう) 〖理〗 전리층. ♣～衛星(えいせい) 전리층 위성.
  ～平衡(へいこう) 〖化〗 전리 평형.
電命(でんめい) 전명. 전보 명령.
電文(でんぶん) 전문.
電髪(でんぱつ) 전발. 파마 머리.
電報(でんぽう) 전보.
  ‖～発信紙(はっしんし) 전보 용지.
  ～為替(がわせ) ☞電信為替(でんしんがわせ).
電産(でんさん) '日本(にほん)電気産業(でんきさんぎょう)労働組合(ろうどうくみあい)(=일본 전기 산업 노동 조합)'의 준말.
電算機(でんさんき) '電子(でんし)計算機(けいさんき)(=전자 계산기)'의 준말.
電線(でんせん) 전선. 전깃줄.
電閃(でんせん) 전섬. 번갯불이 번쩍임.
電束(でんそく) 〖理〗 전기력선속(電氣力線束).
  ‖～密度(みつど) 〖理〗 전기력선속 밀도.
電送(でんそう) 전송.
  ‖～写真(しゃしん) 전송 사진.
電食(でんしょく) 전해 부식(電解腐蝕).

電飾(でんしょく) 전식. 네온·전구 따위를 이용한 장식.
‖~広告(こうこく) 전식 광고.
電信(でんしん) 전신. ♣~機(き) 전신기 /~柱(ばしら)〈口〉전신주.
‖~為替(がわせ) 전신환(換).
電圧(でんあつ) 전압. ♣~計(けい) 전압계.
電熱(でんねつ) 전열. ♣~器(き) 전열기.
電影(でんえい) 전영. ① 번개. ② 중국어에서, 영화.
電源(でんげん) 전원.
‖~開発(かいはつ) 전원 개발.
~地帯(ちたい) 전원 지대.
電位(でんい) 『理』 전위. ♣~計(けい) 전위계 /~差(さ) 『理』 전위차. 전압.
電子(でんし) 『理』 전자. ♣~殻(かく) 『理』 전자각 /~管(かん) 전자관 /~論(ろん) 전자론 /~線(せん) 전자선 /~雲(うん) 『理』 전자운[구름] /~音(おん) 전자음 /~場(ば) 전자장 /~戦(せん) 전자전 /~銃(じゅう) 전자총 /~波(は) 전자파.
~掲示板(けいじばん) 전자 게시판.
~計算機(けいさんき) 컴퓨터.
~工学(こうがく) 전자 공학.
~光学(こうがく) 전자 광학.
~交換機(こうかんき) 전자 교환기.
~軌道(きどう) 전자 궤도.
~冷凍(れいとう) 전자 냉동.
~録画(ろくが) 전자 녹화.
~図書館(としょかん) 전자 도서관.
~望遠鏡(ぼうえんきょう) 전자 망원경.
~文具(ぶんぐ) 전자 문구.
~配置(はいち) 전자 배치.
~兵器(へいき) 전자 무기.
~分光法(ぶんこうほう) 전자 분광법.
~写真(しゃしん) 전자 사진.
~商取引(しょうとりひき) 전자 상거래. 컴퓨터 네트워크를 이용한 경제 활동.
~素子(そし) 전자 소자.
~手帳(てちょう) 전자 수첩.
~時計(とけい) 전자 시계.
~楽器(がっき) 『樂』 전자 악기.
~郵便(ゆうびん) 전자 우편.
~音楽(おんがく) 『樂』 전자 음악.
~伝達系(でんたつけい) 전자 전달계.
~出版(しゅっぱん) 전자 출판.
~親和力(しんわりょく) 전자 친화력.
~編集(へんしゅう) 전자 편집.
~顕微鏡(けんびきょう) 전자 현미경.
~黒板(こくばん) 전자 흑판.
電磁(でんじ) 『理』 전자. 전자기. ♣~力(りょく) 전자기력 /~場(ば) 전자기장 /~波(は) 전자기파.
~感応(かんのう) 전자기 유도.
~光学(こうがく) 전자 광학.
~単位(たんい) 전자 단위.
~相互作用(そうごさよう) 전자기적 상호 작용.
~誘導(ゆうどう) 전자기 유도.
~流量計(りゅうりょうけい) 전자기 유량계.

~流体力学(りゅうたいりきがく) 전자기 유체 역학.
~遮蔽(しゃへい) 전자기 차폐.
電磁気(でんじき) 전자기. ♣~学(がく) 전자기학.
電磁石(でんじしゃく) 전자석.
電場(でんば) 『理』 전기장.
電装品(でんそうひん) 전장품. 자동차 부품 중, 발전기·스타터(starter) 같은 전기 관계 부품의 총칭.
電電公社(でんでんこうしゃ) '日本電信電話公社(にほんでんしんでんわこうしゃ)(= 일본 전신 전화 공사)'의 준말.
電停(でんてい) '電車(でんしゃ)停留所(ていりゅうじょ)(= 전차 정류장)'의 준말.
電霆(でん) 전. 번개.
電槽(でんそう) 전조.
電照栽培(でんしょうさいばい) 전조 재배.
電柱(でんちゅう) 전주. 전봇대.
電鋳(でんちゅう) '電気鋳造(でんきちゅうぞう)(=전기 주조)'의 준말.
電池(でんち) 전지.
電車(でんしゃ) 전차. 전동차.
電着(でんちゃく) 『理』 전착.
‖~塗装(とそう) 전착 도장.
電鉄(でんてつ) 전철. '電気鉄道(でんきてつどう)(=전기 철도)'의 준말.
電請(でんせい) 전청. 전화나 전보로 청함.
電蓄(でんちく) 전축. '電気蓄音機(でんきちくおんき)(=전기 축음기)'의 준말.
電卓(でんたく) '電子式卓上計算器(でんししきたくじょうけいさんき)(= 전자식 탁상 계산기)'의 준말.
電探(でんたん) '電波探知機(でんぱたんちき)(= 전파 탐지기)'의 준말.
電波(でんぱ) 전파. ♣~法(ほう) 전파법.
‖~干渉計(かんしょうけい) 전파 간섭계.
~高度計(こうどけい) 전파 고도계.
~工学(こうがく) 전파 공학.
~望遠鏡(ぼうえんきょう) 전파 망원경.
~兵器(へいき) 전파 무기.
~新聞(しんぶん) 전파 신문.
~銀河(ぎんが) 『天』 전파 은하. 비교적 강한 전파를 내는 은하.
~障害(しょうがい) 전파 장애.
~天文学(てんもんがく) 전파 천문학.
~探知機(たんちき) 전파 탐지기.
~航法(こうほう) 전파 항법.
電荷(でんか) 『理』 전하.
‖~結合素子(けつごうそし) 『理』 전하 결합 소자.
電解(でんかい) 『理』 전해. '電気分解(でんきぶんかい)(=전기 분해)'의 준말. ♣~液(えき) 『理』 전해액 /~槽(そう) 『化』 전해조 /~質(しつ) 『理』 전해질.
‖~腐食(ふしょく) 전해 부식.
~研磨(けんま) 전해 연마.
~精錬法(せいれんほう) 전해 정련법.
電弧(でんこ) 전호. 아크.

電化(でんか) 전화.
∥~事業(じぎょう) 전화 사업.
~製品(せいひん) 전화 제품.
電火(でんか) 전화.
電話(でんわ) 전화. ♣~局(きょく) 전화국 / ~機(き) 전화기 / ~線(せん) 전화선 / ~帳(ちょう) 전화 번호부.
∥~交換機(こうかんき) 전화 교환기.
~交換手(こうかんしゅ) 전화 교환원.
~口(ぐち) 전화기의 송화 장치 부분. 전화기 앞.
~番号(ばんごう) 전화 번호.
電訓(でんくん) 전훈. 전보 훈령.
電休(でんきゅう) 휴전(休電).

[訓読]
電(いなずま) 〈雅〉 번개.
∥~形(がた) 뇌문(雷紋). 번개무늬.

| 14
土 | 塼 | 벽돌 **전**
セン |

[音読]
塼室墓(せんしつぼ) 〖考〗 전실묘.
塼塔(せんとう) 전탑.

| 14
木
入 | 槇(槙) | 나무끝 **전**
テン
まき |

[訓読]
槇(まき) ①〖植〗 마끼나무. ②노송나무·삼목(杉木) 등의 총칭.

[其他]
槇肌(まいはだ) 마끼나무의 속껍질을 부드럽게 깃쩔은 것(통 따위의 틈새를 메움). *まきはだ로도 읽음.
槇皮(まいはだ) ⇨ 槇肌(まいはだ).

| 14
竹 | 箋 | 쩌 **전**·부전 **전**
セン
はりふだ |

[音読]
箋(せん) ①종이. ②전. 쓴 것. 문서(文書).
箋注(せんちゅう) 전주. 주석(註釋).
箋註(せんちゅう) ⇨ 箋注(せんちゅう).

| 14
金
教 | 銭(錢) | 돈 **전**·가래 **전**
セン
ぜに·かね |

[音読]
銭刀(せんとう) 전도. 고대 중국의 화폐.
銭文(せんぶん) 금전의 표면에 새겨진 문자.
銭帛(せんぱく) 전백. 금전과 포백.
銭財(せんざい) 전재. 돈이나 재산. 금전.
銭瘡(せんそう) 백선. 쇠버짐.
銭湯(せんとう) 〈俗〉 공중 목욕탕.
銭貨(せんか) 전화. 돈.

[訓読]
銭 ㊀(ぜに) (동전 따위) 소액 화폐. 돈.
㊁(せん) ①일본의 화폐 단위. 円(えん)의 백분의 1. ②옛날 화폐 단위. 貫(かん)의 천분의 1.
銭こ(ぜにこ) 〈方·俗〉 돈.
銭亀(ぜにがめ) 〖動〗 남생이 새끼.
銭葵(ぜにあおい) 〖植〗 전규. 당아욱.
銭金(ぜにかね) 돈. 금전.
∥~尽く(ずく) 무엇이건 돈으로 해결하려 듦.
銭緡(ぜにさし) ⇨ 銭差し(ぜにさし).
銭箱(ぜにばこ) 돈궤.
銭屋(ぜにや) (江戸(えど) 시대의) 환전상.
銭入れ(ぜにいれ) (돈) 지갑.
銭儲け(ぜにもうけ) 돈벌이.
銭占(ぜにうら) 돈을 던져 치는 점. 돈 점.
銭差し(ぜにさし) (엽전을 꿰는) 돈꿰미.
銭苔(ぜにごけ) 〖植〗 우산이끼.
銭形(ぜにがた) ①엽전 모양. ②엽전 모양으로 오린 종이〈신(神) 앞에 바침〉.
銭壺(ぜにつぼ) (예전에) 엽전을 넣어두는 항아리.

| 14
金 | 銓 | 저울 **전**·가릴 **전**
セン
はかる |

[音読]
銓択(せんたく) 가려 뽑음. 선택.
銓衡(せんこう) 전형.

| 15
广 | 廛 | 전방 **전**·터 **전**
テン
みせ |

[音読]
廛舗(てんぽ) 전포. 점포. 가게.

| 15
竹 | 箭 | 살 **전**
セン
や |

[音読]
箭形(せんけい) 〖植〗 전형. 잎 모양의 하나.
[訓読]
箭(や) ①화살. ②재목이나 돌을 쪼개는 데 쓰는 쐐기.

| 15
竹 | 篆 | 전자 **전**
テン |

[音読]
篆(てん) 전. 한자 서체의 하나인 전자.
篆刻(てんこく) 전각.
篆文(てんぶん) 전문.

篆書(てんしょ) 전서.
篆額(てんがく) 전액. 비석 등의 위에 전문(篆文)으로 쓴 제자(題字).
篆字(てんじ) 전자.

16 氵 澱
찌끼 전·괼 전
デン
おり・よどむ

音読
澱粉(でんぷん) 전분. 녹말. ♣~糖(とう) 전분당 / ~葉(よう) 전분엽 / ~質(しつ) 전분질.
訓読
澱 ㊀(おり) 침전물. 앙금.
㊁(よど) 물구덩이. 웅덩이.
❖澱む(よどむ) ① (물이) 괴다. ② 막히다. ③ 바닥에 가라앉아 괴다.
澱み(よどみ) ① (물이) 굄. 웅덩이. ② (말이) 막힘. 정체(停滯).
逆音
沈澱(ちんでん) 침전.

16 瓦 甎
벽돌 전
セン
しきがわら

音読
甎全(せんぜん) 전전. 와전(瓦全).

16 石 磚
벽돌 전
セン
しきがわら

参考 甎의 異體字.
音読
磚(せん) 전. 흙으로 구운 네모진 벽돌.
其他
磚茶(たんちゃ) 전차. 녹차·홍차 등의 부스러기 가루를 얇은 판 모양으로 눌러 굳힌 것.

16 面 靦
부끄러워할 전
テン
あつかましい

音読
靦愧(てんき) 부끄러워 얼굴을 붉힘.
靦然(てんぜん) 전연. 부끄러움을 모르는 뻔뻔스러운 모양.

16 鳥 鷆
도요새 (전)
しぎ

訓読
鷆(しぎ) 〖鳥〗 도요새.
鷆焼き(しぎやき) 가지에 기름을 발라 굽고, 된장으로 간을 한 음식.

17 毛 氈
모전 전
セン
けむしろ

音読
氈(せん) 전. 털로 짠 깔개.
其他
氈鹿(かもしか) 〖動〗 영양(羚羊).

17 車 輾
돌 전·구를 전
テン
まろぶ・ころがる

音読
輾然(てんぜん) 크게 웃는 모양.
輾転(てんてん) 전전. ① 구르는 일. ② 자면서 뒤척임. 「寐」
‖~反側(はんそく) 전전반측. 전전불매(不).

17 食 餞
전송할 전
セン
はなむけ

音読
餞する(せんする) 송별하다. 전별하다.
餞別(せんべつ) 전별 금품. 또, 그것을 주는 일.
訓読
餞(はなむけ) 길 떠나는 사람에게 선사하는 금품이나 시가(詩歌) 따위. 전별(餞別). *せんで로도 읽음.

18 疒 癜
어루러기 전
デン
なまず

訓読
癜(なまず) 가슴 또는 등에 회백색·갈색의 반점이 생기는 피부병. 전풍(癜風).

19 羊 羶
노린내 전·노릴 전
セン
なまぐさい

音読
羶肉(せんにく) 누린내 나는 고기. 또, 양고기.
羶血(せんけつ) 전혈. 비린내 나는 피. 또, 고기를 먹는 사람.

19 頁 顚
머리 전·뒤집힐 전
テン
いただき

音読
顚倒(てんとう) 전도.
顚動(てんどう) 전동. 굴러서 움직임.

顚落(てんらく) 전락.
顚末(てんまつ) 전말.
顚覆(てんぷく) 전복.
顚墜(てんつい) 전추. 전락.
顚沛(てんぱい) 전패.

20 金	鐫	새길 전·물리칠 전 セン える・ほる

音読▶
鐫録(せんろく) 깊이 마음에 새겨 기억함.

21 口	囀	새지저귈 전 テン さえずる

訓読▶
囀る(さえずる) 새가 지저귀다. 전하여(여자나 아이들이 시끄럽게) 재잘거리다.

21 糸	纏	얽을 전·감을 전 テン まとい・まとう・まつわる・まとまる・まとめる

音読▶
纏頭(てんとう) 전두. 잔치 때 주인이 내는 선물. 정표. 행하. *はなロとも 읽음.
纏綿(てんめん) 전면. ①(사물이) 얽혀 감김. ②애정이 깊어 떨어지기 어려움.
纏縛(てんばく) 전박.   「초.
纏繞(てんじょう) 전요. ♣~草(そう) 전요
‖~茎(けい)〖植〗전요경. 감는줄기.
纏足(てんそく) 전족.

訓読▶
纏べる(まつべる) 정리하여 하나로 하다. 모으다.
纏る(まつる) (천 끝이 풀리지 않도록 실로) 감치다. 공그르다.
纏わす(まとわす) ①휘감기게 하다. ②자기 가까이 있게 하다. *まつわす로도 읽음.
❖纏う(まとう) ①(몸에) 걸치다. 입다. ②얽히다. 달라붙다. 감(기)다.
纏い(まとい) ①(옛날 싸움터에서) 장수의 진지를 표시하는 표지(標識). ②소방대의 반(班) 표시기.
纏い付く(まといつく) 착 달라붙다〔감기〕. 휘감기다.
❖纏まる(まとまる) ①하나로 합치다. 한데 모이다. 통합되다. ②결말이 나다. ③정리되다. 완성되다.   「결말.
纏まり(まとまり) ①합침. 통합. 정리.
❖纏める ㈀(まとめる) ①한데 모으다. 합치다. 통합하다. ②정리하다. 결말(매듭) 짓다. ③해결〔완성〕하다.
㈁(まつめる) ☞纏べる(まつべる).
纏め(まとめ) ①통합. 총괄. 정리. 요약. ②수습.

❖纏わる(まつわる) ①휘감기다. 달라붙다. ②따라〔붙어〕다니다. ③얽히다. 관련되다.
纏わり付く(まつわりつく) ①휘감겨 붙다. ②착 달라붙다. 늘 붙어(따라) 다니다.

22 頁	顫	떨릴 전 セン ふるえる

音読▶
顫動(せんどう) 전동. ♣~音(おん) 전동음.
顫音(せんおん)〖樂〗전음. 트릴.
訓読▶
顫う(ふるう) ①흔들리다. 떨리다. ②놀라서 두려워하다.

24 疒	癲	미칠 전·지랄 전 テン くるう

音読▶
癲癇(てんかん)〖醫〗전간. 간질. 지랄병.
癲狂(てんきょう) 전광. 미친 사람. ♣~院(いん) 정신 병원.

24 鳥	鸇	송골매 전 セン

其他▶
鸇(さしば)〖鳥〗왕새매.

절

4 刀 教	切	끊을 절·모두 체 セツ・サイ きる・きれる

音読▶
切(せつ) 간절함.
切ない(せつない) 애달프다. 괴롭다. 안타깝다.
切なる(せつなる) 간절한.   「다.
切に(せつに) 간절히. 진심으로. 부디. *せちに로도 읽음.
切諫(せっかん) 절간. 간절히 간함.
切開(せっかい) 절개.
切去(せっきょ) 절거. 잘라 버림.
切緊(せっきん) 절긴. 매우 긴요함.
切念(せつねん) 사무치도록 생각함.
切断(せつだん) 절단. ♣~面(めん) 절단면.   「음.
切当(せっとう) 절당. 적절하고 목적에 잘 맞
切頭(せっとう) 절두. 두부를 자름. 끝이 잘려나간 듯한 식물의 잎이나 꽃의 형상.
切論(せつろん) 열심〔열렬〕히 논함. 또, 그 논(論).

切離高気圧(せつりこうきあつ)〖氣〗절리고기압.
切離低気圧(せつりていきあつ)〖氣〗절리저기압.
切望(せつぼう) 절망. 간망. 갈망.
切迫(せっぱく) ①임박. 긴박. ②조기압.
切腹(せっぷく) 할복 자살. 금 빨라짐.
切峰面(せっぽうめん)〖地〗절봉면.
切分法(せつぶんほう)〖樂〗싱커페이션.
切削(せっさく) 절삭. 금속을 자르고 깎음.
∥~**加工**(かこう) 절삭 가공.
切線(せっせん)〖數〗절선. 접선(接線).
切所(せっしょ) 절소(絶所). 산길 따위의 깎아지른 듯한 벼랑.
切実(せつじつ) 절실.
切愛(せつあい) 절애. 깊이 사랑하고 아낌.
切言(せつげん) 절언. 간곡한 설득. 간절한 말.
切要(せつよう) 절요. 긴요. 충요.
切羽(せっぱ) 칼의 날밑의 양면, 손잡이와 칼집이 닿는 곳에 붙인 얇은 덧쇠. 「다.
∥~**詰まる**(つまる) 궁지에 몰리다. 막다르
切韻(せついん)〖言〗절운. 반절(半切).
切願(せつがん) 절원. 간절히 바람.
切意(せつい) 해석함. 바꾸어 말함.
切に(せつに) ①절실함. 절실함. 애절함. ②종종. 때때로. 가끔.
切点(せってん) 접점. ①두 개의 물건이 맞닿은 점. 접촉점. ②〖數〗절점. 접선이 곡면(곡선)과 접하는 점.
切情(せつじょう) 간절한 생각. 일편단심.
切除(せつじょ) 절제. 잘라 냄.
切枝(せっし) 나뭇가지를 자르고 그 자리에서 새싹을 틔우는 작업.
切直(せっちょく) ①나쁜 것을 바르게 함. ②절직. 적절하고 올바름.
切診(せっしん) 절진. 촉진(觸診).
切磋(せっさ) 절차. 학문·수양을 닦음.
∥~**琢磨**(たくま) 절차탁마.
切歯(せっし) 절치. 이를 악묾. 이를 갊.
∥~**扼腕**(やくわん) 절치액완. 이를 갈며 팔을 걷어붙이고 벼름.
切片(せっぺん) 절편. ①〈文〉조각. 파편(破片). ②〖數〗직선이 x 축과 만나는 x 좌표, y 축과 만나는 y 좌표의 일컬음.

訓読

切っての(きっての)《接尾語적으로》…에서 으뜸가는.
切らす(きらす) ①끊어진 상태로 두다〔하다. 다 쓰다. ②헐떡이다. ③『しびれを~』기다림에 지치다.
切っ掛け(きっかけ) ①시작. 시초. ②동기. 계기. ③표지. 부호.
切っ端(きっぱし) 끄트러기. 토막. 자투리.
切っ立つ(きったつ) 깎아지른듯이 우뚝 서다. 똑바로 서다.
切符(きっぷ) 표.
切っ先(きっさき) 칼끝. 뾰족하게 깎은 끝.
切手(きって) ①수표. 어음. ②'郵便切手(ゆうびんきって)(=우표)', '商品切手(しょうひんきって)(=상품권)'의 준말.
切った張った(きったはった) 베거나 때리거나 하는 일. 폭력을 수반한 싸움.
❖**切る**(きる) ①치다. 베다. 자르다. 끊다. ②끄다. ③〔카드놀이에서〕뒤섞다. 치다.
切り(きり) ①단락. ②한도. 제한. ③연극 따위의 끝부분.
切り苛む(きりさいなむ) ①토막 치듯 무참하게 자르다〔베다. ②몹시 괴롭히다.
切り刻む(きりきざむ) 잘게 자르다. 썰다. 다지다. 「말린 것.
切り干し(きりぼし) 무·고구마 등을 썰어 ∥~**大根**(だいこん) 무말랭이.
~**藷**(いも) 얇게 썰어 말린 고구마.
切り嵌め(きりばめ) 천의 일부를 잘라 내고, 다른 천을 끼워 무늬를 구성하는 기법.
切り開く(きりひらく) ①절개하다. ②길을 내다. ③개간(개척)하다. ④〔적의 포위망을〕뚫고 나아가〔길을 열다.
切り蓋(きりぶた) 음식을 끓일 때 냄비 뚜껑을 조금 비켜 덮음.
切り炬燵(きりごたつ) 마루나 다다미의 일부를 잘라 내고 그 자리에 만든 화로.
切り遣い(きりづかい) 금이나 은을 적당한 분량으로 잘라 화폐로 사용함.
切り見世(きりみせ) ⇨ 切店(きりみせ)①.
切り欠き(きりかき) 수로에서, 물을 막는 판자의 잘라 낸 부분.
切り結ぶ(きりむすぶ) 칼날을 맞부딪치며 맹렬히 싸우다.
切り継ぎ(きりつぎ) ⇨ 切り接ぎ(きりつぎ).
切り袴(きりばかま) 기장이 발목까지 내려오는, 주름 잡힌 하의《일본 옷의 겉에 입음》.
切り藁(きりわら) ①잘게 썬 짚. ②짚을 잘라서 묶은 수세미. 「다.
切り広げる(きりひろげる) 절개해서 벌리
切り狂言(きりきょうげん) 하루에 둘 이상의 狂言을 상연할 때 그 마지막 狂言.
切り掛かる(きりかかる) 〔칼로 치려고〕달려들다. 치려고 하다.
切り掛け(きりかけ) ①베기 시작함. 베기 시작한 것. ②시야를 가리는 판장(板墙).
切り掛ける(きりかける) ①칼로 내리치려 하다. ②칼로 들이치다. ③벤 것을 걸어 놓다. 머리를 옥문에 걸어 놓다.
切り口(きりくち) ①벤 자리. 베인 자리. ②베는 솜씨.
切り口上(きりこうじょう) 판에 박은 듯이 격식 차려 하는 말투.
切り具足(きりぐそく) 긴 칼 따위, 적을 베는 데 쓰는 무기.
切り捲る(きりまくる) ①마구 베다. ②호되게 논박하여 상대를 누르다.
切り金(きりがね) 금박을 가늘게 자른 것.
切り暖簾(きりのれん) 상점 입구에 드리기가 작은 막《포렴》. 「(のう).
切り能(きりのう) 그 날 마지막 상연하는 能
切り端(きりは) ⇨ 切り羽(きりは).

切り台盤(きりだいばん) 식기를 얹는 네 다리 달린 상의 일종. 보통, 큰 상을 반으로 자른 것. 「만든 지도.
切り図(きりず) 전체의 일부분을 구획지어
切り倒し(きりたおし) 베어 넘어뜨리다.
切り禿(きりかむろ) 단발머리를 한 아이. 또, 그 단발머리.
切り棟(きりむね)〖建〗합각머리.
切り落とし(きりおとし) ①江戸(えど) 시대의 극장에서, 무대 정면 땅바닥의 대중석. ②생선·고기 따위의 반토막.
切り落とす(きりおとす) 끊어 떨어뜨리다. 베어〔잘라〕 놓다.
切り裂き(きりさき) 指物(さしもの)나 幟(のぼり)의 일종. 가장자리를 적당히 째어 휘날리기 쉽게 한 것.
切り裂く(きりさく) 베어서 가르다. 째다.
切り籠(きりこ) ⇨ 切り子(きりこ).
切り溜め(きりだめ) ①많이 잘라서 저장해 둠. ②잘게 썬 야채나 요리를 넣어 두는 나무 상자. 「す).
切り離す(きりはなす) ⇨ 切り放す(きりはな
切り離れ(きりはなれ) ①(잘라서) 따로따로 됨. ②단념. ③돈 쓰는 솜씨.
切り立つ(きりたつ) 깎아지른듯이 솟아 있다. 우뚝 솟아 있다.
切り麻(きりぬさ) ①갓자름. 갓자른 것. ②나무를 많이 심은 곳. ③(能(のう)에서) 무대와 분장실 사이에 심는 소나무.
切麻(きりぬさ) 삼 또는 종이를 잘게 잘라 쌀과 섞어서 신전(神殿)에 뿌리는 것.
切り馬道(きりめどう) 건물 사이의 복도 중간을 가로지를 수 있게 통로를 내거나 다리를 놓은 곳.
切り幕(きりまく) ①(能(のう)에서) 무대로 통하는 출입구에 드리운 막. ②歌舞伎(かぶき) 극장에서) 관람석을 가로지른 배우 통로 출입구의 막.
切り売り(きりうり) ①요구하는 대로 잘라 팖. ②조금씩 가르쳐 줌. ③겹치기로 일함.
切り麦(きりむぎ) 밀가루를 반죽하여 국수처럼 가늘게 잘라 삶은 면.
切り面(きりめん) 탈의 하나. 재목의 모서리를 45도로 깎아내어 만든 것.
切り目(きりめ) ①벤 자국. 자른 자리. ②단락. 매듭.
切り墨(きりずみ) 자르는 곳을 표시하기 위해 재목에 그어 놓은 먹줄.
切り物(きりもの) ①잘게 썰어 국물에 넣는 유자·귤 껍질·수료(水蓼)·차조기 잎 등의 향신료. ②칼의 몸에 새긴 용 등의 조각.
切り米(きりまい) 江戸(えど) 시대에 무사가 받던 녹미(禄米).
切り箔(きりはく) ①잘게 썬 금박·은박. ②금·은박지를 가늘게 오린 것.
切り返し(きりかえし) ①되받아치는 일. ②(검도에서) 바른 자세로 진퇴하면서 하는 치기 연습.

切り返す(きりかえす) ①되받아치다. ②(흙덩어리를 괭이로) 잘라 뒤엎다.
切り斑(きりふ) 흑백 반점(斑點)이 있는 매의 꼬리깃.
切り飯(きりめし) 틀에 채워서 눌러 굳힌 뒤, 적당한 크기로 자른 (도시락) 밥.
切り抜き(きりぬき) ①오려냄. 또, 오려낸 것. ②切抜き絵의 준말. ♣~帳(ちょう)스크랩북.
∥~細工(ざいく) 색종이 따위를 오려서 여러 가지 형태를 만드는 일. 또, 그렇게 만든 ~絵(え) 오려내게 만든 그림. 「것.
切り抜く(きりぬく) 오려내다. 잘라내다. 베어내다.
切り抜ける(きりぬける) ①(곤경에서) 벗어나다. 타개하다. ②(적의 포위를) 뚫고 나아가다. 탈출하다.
切り髪(きりかみ) ①자른 머리털. ②(소녀 등의) 어깨 부근에서 가지런히 자른 머리형.
切り方(きりかた) (칼로) 자르는 법.
切り放し(きりはなし) ①분리함. 또, 그것. ②江戸(えど) 시대, 화재 등의 비상시에 죄수를 일시 석방함.
切り放す(きりはなす) ①따로 떼다. 분리하다. ②(고삐를 풀어) 놓아주다.
切り餅(きりもち) ①네모지고 먹기 좋게 자른 떡. ②江戸(えど) 시대에, 一分銀(いちぶぎん)을 네모지게 종이에 싸서 봉인한 것.
切り伏せる(きりふせる) ①베어 쓰러뜨리다. ②정복하다.
切り封じ(きりふうじ) 봉서 뒤의 봉한 곳에 적은 封(フウ)의 표지.
切り棒駕籠(きりぼうかご) 짧은 막대기로 메는 가마.
切り付け(きりつけ) ①천에 무늬를 잘라서 붙임. ②가장본에서, 표지를 본문과 동시에 재단함. 또, 그 표지.
切り付ける(きりつける) ①칼로 베어서 상처를 내다. ②칼로 치려고 대들다.
切り符(きりふ) 소작료 따위의 할당을 기록한 문서.
切り粉(きりこ) 금속을 잘라낸 부스러기.
切り払う(きりはらう) ①(방해되는 것을) 베어 버리다. 잘라 버리다. ②(칼을 휘둘러) 적을 물리치다.
切り崩す(きりくずす) ①깎아내리다. 무너뜨리다. ②무찌르다.
切り死に(きりじに) 적의 칼에 베이어 죽음.
切り捨て(きりすて) ①잘라서 버림. ②〖數〗(일정 단위의) 끝수를 잘라 버림. ③江戸(えど) 시대에, 무사에게 무례한 짓을 한 평민을 칼로 쳐서 죽이던 일.
切り捨てる(きりすてる) ①잘라 버리다. ②〖數〗(일정 단위 이하의) 끝수를 잘라 버리다. ③사람을 칼로 벤 뒤 그대로 버려두다.
切り捨て御免(きりすてごめん) 江戸(えど) 시대에 무사가 무례한 짓을 한 평민을 칼로 쳐서 죽여도 죄가 안 되었던 일.

切り散らす(きりちらす) ① 칼로 치고 들어가 적을 흩뜨리다. ② 마구 베다.
切り山椒(きりざんしょう) 과자의 하나. 멥쌀가루에 설탕과 산초나무 즙을 섞어, 찐 다음에 쳐서 가느다랗게 자른 것.
切り殺す(きりころす) 칼로 쳐서 죽이다.
切り上げ(きりあげ) ① 일단락(一段落) 지음. ②〖數〗 올림. ③ (평가) 절상.
切り上げる(きりあげる) ① 일단락 짓다. ②〖數〗 잘라 올리다. ③ 절상(切上)하다.
切り傷(きりきず) 칼로 베인 상처.
切り屑(きりくず) 잘라낸 부스러기.
切り盛り(きりもり) ① 음식물을 알맞게 자르거나 그릇에 담음. ② 사물의 처리. (수입 범위 내에서) 규모 있게 처리함.
切り細裂く(きりこまざく) 잘게 찢다[썰다].
切素絹(きりそけん) 소매를 잘라서 짧게 한 약식 승복.
切り水(きりみず) (꽃꽂이에서) 꽃가지를 잘라 그 자른 면을 물에 담그는 것.
切り首(きりくび) 참수(斬首). 잘라낸 머리.
切り身(きりみ) 생선토막. 살조각.
切り岸(きりぎし) 벼랑. 절벽.
切り語り(きりがたり) 浄瑠璃(じょうるり) 따위를 연기하는 연예장에서, 가장 중요한 끝부분을 이야기함. 또, 그 사람. 「쑥.
切り艾(きりもぐさ) 종이로 감아 잘게 자른
切り外す(きりはずす) ① 부착된 것을 떼다. ② 베지 못하다.
切り羽(きりは) (석탄 채굴 등의) 막장.
切り羽(きりは) 잘 베어지는 칼.
切り賃(きりちん) ① 물건을 오리는[끊는, 재단하는] 삯. ② 환전 구문. 「가다.
切り入る(きりいる) 칼을 휘두르며 쳐들어
切り込み(きりこみ) ① 쳐들어감. ② 물건을 깊이 벰. 또, 그 벤 자리. ③ 토막친 생선을 소금에 절인 것.
∥~炭(たん) 캐낸 그대로의 석탄 덩어리.
切り込む(きりこむ) ① 깊이 베다. ② 적중에 쳐들어감. ③ 상대의 주장을 날카롭게 추궁하여 따지다. ④ 잘라서 끼우다.
切り子(きりこ) 네모난 것의 모를 잘라낸 형상. 또, 그 모양의 물건.
∥~灯籠(どうろう) 다각형의 틀에다가 여러 가지 장식을 한 등롱.
切り張り(きりばり) ① 종이의 일부분을 도려내고 새 종이를 바름. *きりはりで도 읽음. ② (인쇄물을) 가위질해서 만듦.
切り場(きりば) ☞切り羽(きりは).
切り前(きりまえ) 연극 따위에서, 하루 흥행의 맨 마지막 앞의 프로그램.
切り畑(きりばた) ① 개간한 밭. ② 묵혔다가 경작하는 밭.
切り揃える(きりそろえる) 잘라 가지런히 함.
切り錢(きりぜに) 鎌倉(かまくら) 시대에 통용된 동전의 하나.
切店(きりみせ) 시간을 정하고 손님을 받는 하급 갈봇집. ② 切店女郎의 준말.
∥~女郎(じょろう) 切店에 근무하는 하급 갈보.
切り接ぎ(きりつぎ) ① 잘라서 이어 맞춤. 또, 그렇게 한 것. ②〖農〗 짜개접(椄).
切り組み(きりくみ) ① 건축 공사에서 철재・목재 등을 기둥 따위에 조립하기 위해 필요한 형태로 바꿈. ② 能(のう)에서, 칼싸움하는 장면.
切り組む(きりくむ) ① 칼로 서로 싸우다[베다]. ② (재목 등을) 잘라서 맞추다.
切り株(きりかぶ) 그루터기.
切り紙(きりがみ) ① 접은 종이를 잘라 물건의 형태를 나타내는 일. 또, 그 자른 종이. ② (무예 등에서) 면허장. *きりがみ로도 읽음.
切り漬け(きりづけ) 무・오이 따위를 적당히 잘라서 담금. 또, 그 담근 것.
切り札(きりふだ) ① (카드놀이에서) 으뜸패. ② 결정적인 수. 비장의 카드.
切り鏨(きりたがね) 조금(彫金) 공작, 특히 도검에 명(銘)을 새길 때 쓰는 강철끝.
切り窓(きりまど) 벽 등을 뚫어 만든 채광창.
切妻(きりづま)〖建〗① 切妻屋根의 준말. ② 합각머리.
∥~屋根(やね)〖建〗맞배지붕.
~造り(づくり) 맞배집.
切り貼り(きりばり) ⇨ 切り張り(きりばり).
切り替え(きりかえ) ① 바뀌침. 갊. ②〖農〗산림을 개간하여 작물을 재배하다가 수확이 적어지면 다시 나무를 심음. 「화전.
∥~畑(ばた) ① 묵혔다가 경작하는 밭. ②
切り替える(きりかえる) ① 새로 바꾸다. ② 돈을 바꾸다. 환전하다. 「제되다.
切り替わる(きりかわる) 완전히 바뀌다. 교
切り縮める(きりちぢめる) ① 잘라서 짧게 하다. ② 절약하다.
切り出し(きりだし) ① 베어냄. 베어낸 것. ② (말을) 꺼냄.
切り出す(きりだす) ① 자르기 시작하다. ② 잘라내어 반출하다. ③ 말을 꺼내다.
切り取り(きりとり) ① 절취. 잘라냄. ② 사람을 죽이고 빼앗음. ♣~線(せん) 절취선.
切り取る(きりとる) 잘라[끊어]내다. 도려내다. ② 쳐들어가 적지를 빼앗다.
切り炭(きりずみ) 쓰기 좋도록 적당한 크기로 자른 숯.
切り土(きりつち) 절토. 도로나 철도를 놓기 위해 높은 부분의 땅을 깎아냄.
切り通し(きりどおし) (산이나 언덕 등을) 절개해서 낸 길.
切り破る(きりやぶる) ① 베어서 금이나 구멍을 뚫다. ② 쳐들어가서 적의 포위를 격파하다. 「栱).
切破風(きりはふ)〖建〗맞배집의 박공(搏
切幣(きりぬさ) 切麻(きりぬさ)
切り下げ(きりさげ) ① 절하. 인하. ② 切り下げ髪의 준말. 「한 머리형.
∥~髪(がみ) 어깨 근처에서 잘라 가지런히

切り下げる(きりさげる) ① 잘라서 늘어뜨리다. ② 칼로 내리치다. ③ 인하(절하)하다.
切り下ろす(きりおろす) 칼로 내리치다. 위에서 아래로 자르다.
切下文(きりくだしぶみ) 平安(へいあん) 시대에, '大蔵省(おおくらしょう)(=재무부)'에서 여러 지방에 조세의 납부를 독촉하며 보낸 공문서.
切り割り(きりわり) ① 잘라서 쪼갬. ② 산이나 언덕을 허물어서 길을 냄.
切り合い(きりあい) 칼로 서로 싸움.
∥**~勘定**(かんじょう) 각자 부담.
切り合う(きりあう) ① 칼로 싸우다. ② 물건과 물건이 십자 모양으로 교차되다.
切り杭(きりくい) ☞切り株(きりかぶ).
切り解く(きりほどく) 맨 것을 잘라 풀다.
切り穴(きりあな) (연극에서) 유령 따위가 드나들도록 무대에 만들어 놓은 구멍.
切り戸(きりど) ① 쪽문. ② (能(のう) 무대에서) 정면을 향해 오른편 안쪽에 있는 작은 문. 「바운 것.
切り胡麻(きりごま) 볶은 참깨를 칼로 잘게
切り火(きりび) ① 신불을 모신 단 앞이나 출행하는 사람에게 부싯돌을 쳐서 내는 정화(淨火). ② 부시를 치거나 나무를 마찰해서 내는 불. 「지.
切り花(きりばな) (꽃꽂이용으로) 자른 꽃가
切り火縄(きりひなわ) 화승총에 쓰기 위해 적당한 길이로 자른 화승.
∥**~一寸**(いっすん) 순간.
切り換え(きりかえ) ⇨ 切り替え(きりかえ).
切り換える(きりかえる) ⇨ 切り替える(きりかえる).
切り回す(きりまわす) ① (칼 따위를) 마구 휘두르다. 닥치는 대로 후려치다. ② 척척 처리하다.
切り絵(きりえ) 종이를 오려 사물의 형태로 만든 것. 또 그것을 그림처럼 구성한 것.
切り詰める(きりつめる) ① 줄이다. ② 바싹 깎다. 절약하다.
ざく切り(ざくぎり) 야채 잎사귀를 큼직큼직하게 자름.
ぶつ切り(ぶつぎり) [料] 재료를 크고 두껍게 썲. 또, 그런 것.
❖**切れる**(きれる) ① 끊어지다. 잘리다. ② 무너지다. 터지다. ③ 떨어지다. 다 되다. ④ (기한이) 마감되다.
切れ(きれ) ① 조각. 토막. ② (칼 따위가) 드는 정도. ③ (요금·중량 등의) 부족분.
切れ間(きれま) 끊어진 사이. 간단(間斷).
切れ口(きれくち) 잘린 곳. 단면.
切れ端(きれはし) 끄트러기. 자투리.
切れっ端(きれっぱし) ① 끄트러기. 자투리. ② 하찮은 것. 지스러기.
切れ離れ(きれはなれ) 자름. 끊음. 단념.
切れ目(きれめ) ① 끊어진 자국. 잘린 곳. ② 짬. 틈. ③ 단락.
切れ文(きれぶみ) 이혼장.

切れ物(きれもの) ① (잘 드는) 칼붙이. ② 매진[품절]된 물건.
切れ味(きれあじ) ① 칼이 잘 드는 정도. ② (사람의) 재능·솜씨의 예리함.
切れ上がる(きれあがる) 위로 째지다.
切れ手(きれて) ① 수완가. ② 돈을 아낌없이 쓰는 사람. 「짐.
切れ込み(きれこみ) 베어들어간 자국. 쭉 째
切れ込む(きれこむ) 깊이 베다.
切れ字(きれじ) 俳諧(はいかい) 등에서 구(句)의 단락에 쓰는 조사·조동사 등.
切れ長(きれなが) 눈초리가 가늘고 길게 째져 있는 모양.
切れ切れ(きれぎれ) 도막도막. 조각조각. 동강낸 것. 「리.
切れ地(きれじ) 옷감. 피륙. (옷감의) 자투
切れっ処(きれっと) 지붕이 V자형으로 깊고 날카롭게 파인 곳.
切れ痔(きれじ) [醫] 치질.
切れっ戸(きれっと) ⇨ 切れっ処(きれっと).
はち切れる(はちきれる) ① 차서 넘치려 하다. ② 속이 꽉차서 터지다.

⟦其他⟧
切めて(せめて) ① 하다못해. 그런대로. 적어도. ② (古) 굳이. 억지로.
切めては(せめては) ☞切めて(せめて)①.
切めても(せめても) 切めて(せめて)의 힘줌말.
切りと(しきりと) ☞切りに(しきりに).
切りに(しきりに) ① 자꾸만. ② 끊임없이. ③ 열심히. 몹시.

⟦逆音⟧
一切(いっさい) ① 일체. 모두. 전부. ②《뒤에 否定語가 따라서》일절. 전혀. 전연.

7획
扌
[敎]
꺾을 절·꺾일 절
セツ·シャク
おる·おり·おれる·
くじける

⟦音讀⟧
折角(せっかく) 모처럼. ① 일부러. 애써서. ② 어쩌다가.
折半(せっぱん) 절반. 반분함. 「게 함.
折伏 ㊀(せっぷく) 상대를 꺾고 자기를 따르 ㊁(しゃくぶく) [佛] 절복. 중생 교화의 한 방법. ♣**~門**(もん) [佛] 절복문.
折線(せっせん) 절선. 꺾인선.
折損(せっそん) 꺾여 파손됨.
折中(せっちゅう) ⇨ 折衷(せっちゅう).
折衷(せっちゅう) 절충.
∥**~主義**(しゅぎ) 절충주의.
折衝(せっしょう) 절충.
折筆(せっぴつ) 쓰는 것을 그만둠.
折檻(せっかん) (어린이 등을) 엄하게 꾸짖음. 징계함.

⟦訓讀⟧
折から(おりから) ① 마침 그때. 때마침. ② …때이니. …때이므로.

折しも(おりしも) (때)마침. 바로 그때.
折悪しく(おりあしく) 공교롭게. (바람직하지 않게도) 때마침.
折折 ㊀(おりおり) ①그때그때. ②때때로. ㊁(せつせつ) 종종. 때때로. 가끔.
折節(おりふし) ①그때그때. ②계절. ③(때)마침. 바로 그때.
折助(おりすけ) 무가(武家)의 하인.
∥**~根性**(こんじょう) 자신의 일을 남에게 미루려고 하는 고용인 특유의 교활한 근성.
折好く(おりよく) 때마침(잘).
❖**折る**(おる) ①접다. 접어 만들다. ②굽히다. 구부리다. ③꺾다. 부러뜨리다.
折り(おり) ①꺾음. 꺾은 것. ②때. 시기. 그 경우. ③《接尾語로》㉠물건이 담긴 나무 도시락을 세는 말. ㉡꺾어 겹친 것을 세는 말.
折り曲げる(おりまげる) 접어(꺾어) 구부리다.
折り菓子(おりがし) 얇은 나무 상자에 담은 과자.
折り句(おりく) (和歌(わか)·俳句(はいく)에서) 사물의 이름을 각 구(句)의 첫머리에 한 자씩 벌려 놓은 작품.
折り屈み(おりかがみ) 예의 범절. 행동거지.
折り襟(おりえり) 밖으로 꺾어 넘기도록 만든 옷깃.
折り目(おりめ) ①접은 금(자국). ②(사물의) 단락. 구분. ②예절.
∥**~正しい**(ただしい) 예절 바르다. 단정하다.
折り木戸(おりきど) 경첩으로 접게 된 나무문.
折り返し(おりかえし) ①되접어 꺾음. 또, 그렇게 한 것. ②반환(지점). ③시가(詩歌)의 후렴. ④받은 즉시 곧. 되짚어.
∥**~運転**(うんてん) (사고 등으로 인해) 열차나 버스가 중간에서 되돌아가는 운전.
~点(てん) (마라톤 등의) 반환점.
折り返す(おりかえす) ①되접어 꺾다. ②되풀이하다. ③되짚어가다. 되짚어오다.
折り弁当(おりべんとう) 나무 상자에 담은 도시락.
折り本(おりほん) 접책.
折り敷き(おりしき) (원래, 군대에서) 오른쪽 무릎을 꿇고 왼쪽 무릎을 세워서 앉은 자세. 또, 그런 무릎 자세.
折り敷く(おりしく) ①오른쪽 무릎을 꿇고 왼쪽 무릎을 세운 자세로 앉다. ②풀·가지 등을 꺾어서 깔다.
折り山(おりやま) 옷감이나 종이를 접어서 겉에 난 금(자국).
折り箱(おりばこ) 나무 도시락. 나무 상자.
折り手本(おりてほん) 서첩(書帖)식으로 만든 글씨본(그림본).
折り烏帽子(おりえぼし) 위를 꺾어 꼬부린 烏帽子.
折り入って(おりいって) 특별히. 긴히.
折り込み(おりこみ) (신문·잡지 등에) 부록이나 광고를 접어서 끼워 넣는 일. 또, 그 물건.
∥**~広告**(こうこく) 신문 등에 접어서 끼워 넣는 광고물·전단.

折り込む(おりこむ) ①접어서(접은 속에) 넣다. ②다른 것 속에 끼워 넣다.
折り丁(おりちょう) (제본에서) 접장.
折り釘(おりくぎ) ☞折れ釘(おれくぎ).
折り重なる(おりかさなる) 차례차례 겹쳐지다. 포개어지다.
折り重ねる(おりかさねる) 접어서 쌓다(겹치다). 겹쳐 포개다.
折り紙(おりがみ) ①둘로 접은 종이. 봉서지. ②(칼·미술품 등의) 감정서. (일반적으로) 보증서.
∥**~付き**(つき) 틀림없다는 보증서가 붙어 있음. 또, 그런 것.
~細工(ざいく) 종이 접기.
折り尺(おりじゃく) 접자.
折り畳み(おりたたみ) 접는 일. 또, 접은 것. ♣**~式**(しき) 접는 식.
折り畳む(おりたたむ) 접어 작게 하다. (접어) 개다. 개키다.
折り鞄(おりかばん) (서류 등을 넣는) 둘로 접게 된 손가방.
折り鶴(おりづる) 종이(로 접은) 학.
折り合い(おりあい) ①타협. 매듭을 지음. ②인간 관계. 사이.
折り合う(おりあう) ①(양보하여) 해결짓다. 타협하다. ②화합하다.
折り懸け垣(おりかけがき) 섶나무·대나무 등을 구부려 양끝을 지면에 꽂아 만든 울타리.
折り戸(おりど) 경첩으로 이어서 복판에서 접게 된 문짝.
折り詰め(おりづめ) 나무 상자(도시락)에 음식을 담음. 또, 그 음식.
❖**折れる**(おれる) ①접히다. 부러지다. ②(기세가) 꺾이다. 죽다. (의견을) 굽히다.
折れ曲がる(おれまがる) 꺾어지다.
折れ口(おれくち) ①꺾어진 곳. 접힌 곳. ②(친지의) 상(喪)(을 당함).
折れ目(おれめ) 꺾어진 곳. 접힌 곳.
折れ返る(おれかえる) ①완전히 꼬부라지다. ②(소매 등이) 잦혀지다.
折れ線(おれせん) ☞折線(せっせん).
折れ込む(おれこむ) 꺾이어[접히어] 속으로 들어가다.
折れ釘(おれくぎ) ①꼬부라져 못 쓰게 된 못. ②ㄴ자로 대가리를 꼬부린 못.
∥**~流**(りゅう) 글씨가 몹시 서투른 모양. 괴발개발.
折れ合う(おれあう) ☞折り合う(おりあう).

其他▶
折敷(おしき) 네모난 쟁반.

| 9 穴 常 | 窃(竊) | 도둑 절
セツ
ぬすむ·ひそかに |

音読▶
窃盗(せっとう) 절도. ♣**~罪**(ざい) 절도죄.

窃笑(せっしょう) 절소. 마음속으로 웃음.
窃視(せっし) 절시. 몰래 훔쳐 봄.
窃用(せつよう) 남의 것을 허락 없이 씀.
窃取(せっしゅ) 절취. 몰래 훔침.

訓読
窃か(ひそか) 몰래. 가만히. 은밀히.

10 氵	浙	물이름 절 セツ

音読
浙江(せっこう) 절강. 저장. 중국의 강 이름.

11 木	梲	동자기둥 절 セツ うだち・うだつ

訓読
梲(うだつ) ①〖建〗 동자기둥. ② 건물 밖으로 달아낸 방화벽.
∥~小屋(ごや) 허술한 집. 판잣집.

12 糸 敎	絶 (絕)	끊을 절 ゼツ たえる・たやす・ たつ・たえて

音読
絶する(ぜっする) ① 초월하다. …도 할 수 없다. ② (관계를) 끊다.
絶佳(ぜっか) 절가. (경치가) 뛰어나게 아름다움.
絶家(ぜっけ) 절가. 대가 끊어짐. 또, 대가 끊어진 집. * ぜっかにも 읽음.
絶景(ぜっけい) 절경. 매우 훌륭한 경치.
絶境(ぜっきょう) 절경. 인가와 멀리 떨어진 곳.
絶高(ぜっこう) 절고. 더없이 높음.
絶交(ぜっこう) 절교.
絶句(ぜっく) 절구. ① 한시(漢詩) 형식의 하나(기(起)・승(承)・전(轉)・결(結)의 4 구로 되어 있음). ② 도중에서 말이 막힘.
絶叫(ぜっきょう) 절규.
絶技(ぜつぎ) 절기. 대단히 뛰어난 연기・기술.
絶奇(ぜっき) 절기. 매우 신기함.
絶念(ぜつねん) 절념. 단념.
絶大(ぜつだい) 절대. 아주 큼.
絶代(ぜつだい) 절대. ① 당대에 견줄 만한 것이 없음. ② 아주 멀리 떨어진 시대.
絶対(ぜったい) 절대. ♣~権(けん)〖法〗 절대권/~量(りょう) 절대량/~者(しゃ) 절대자/~値(ち) 절대값.
∥~価格(かかく) 절대 가격.
~概念(がいねん)〖哲〗 절대 개념.
~君主制(くんしゅせい) 절대 군주제.
~多数(たすう) 절대 다수.
~単位系(たんいけい) 절대 단위계.
~等級(とうきゅう)〖天〗 절대 등급.
~命令(めいれい) 절대 명령.
~湿度(しつど)〖理〗 절대 습도.
~安静(あんせい)〖醫〗 절대 안정.
~年代(ねんだい) 절대 연대.
~零度(れいど) 절대 영도.
~誤差(ごさ)〖數〗 절대 오차.
~温度(おんど) 절대 온도.
~音感(おんかん) 절대 음감.
~音楽(おんがく) 절대 음악.
~的(てき) 절대적. ♣~剰余価値(じょうよかち)〖經〗 절대적 잉여 가치.
~主義(しゅぎ) 절대주의.
~評価(ひょうか) 절대 평가.
絶倒(ぜっとう) 절도.
絶島(ぜっとう) 절도. 낙도. 고도.
絶糧(ぜつりょう) 절량.
∥~農家(のうか) 절량 농가.
絶類(ぜつるい) 비할 바 없이 훌륭함.
絶倫(ぜつりん) 절륜.
絶望(ぜつぼう) 절망. ♣~的(てき) 절망적.
絶滅(ぜつめつ) 절멸. 근절.
∥~種(しゅ) 절멸종. 이미 절멸한 생물의 종.
絶命(ぜつめい) 절명. 죽음.
絶妙(ぜつみょう) 절묘.
絶無(ぜつむ) 절무. 아주 없음.
絶美(ぜつび) 절미. 더없이 아름다움.
絶壁(ぜっぺき) 절벽.
絶色(ぜっしょく) 절색.
絶世(ぜっせい) 절세.
絶所(ぜっしょ) 절소. 벼랑이나 골짜기로 길이 끊어진 곳.
絶笑(ぜっしょう) 절소. 크게 웃음.
絶勝(ぜっしょう) 절승. 뛰어난 경치.
絶食(ぜっしょく) 절식. 단식.
∥~療法(りょうほう) 단식 요법.
絶息(ぜっそく) ① 절식. 절명(絶命). ②〈古〉 끊어져 버림.
絶崖(ぜつがい) 절애. 절벽.
絶愛(ぜつあい) 절애(切愛). 매우 사랑함.
絶域(ぜついき) 절역. 변경. 외국.
絶縁(ぜつえん) 절연. ♣~物(ぶつ)〖理〗 절연물/~油(ゆ) 절연유/~状(じょう) 절연장/~体(たい)〖理〗 절연체.
∥~抵抗(ていこう)〖理〗 절연 저항.
絶詠(ぜつえい) 죽음에 임해서 읊은 短歌(たんか)・俳句(はいく).
絶遠(ぜつえん) 절원. 아주 멀리 떨어짐.
絶吟(ぜつぎん) 죽음을 앞두고 읊은 短歌(たんか)・俳句(はいく).
絶巓(ぜってん) 절전. 높은 산의 꼭대기. 절정.
絶頂(ぜっちょう) 절정.
絶塵(ぜつじん) 세속과 인연을 끊음.
絶賛(ぜっさん) 절찬.
絶讃(ぜっさん) ⇨ 絶賛(ぜっさん).
絶唱(ぜっしょう) 절창. 아주 훌륭한 시가(詩歌).
絶体絶命(ぜったいぜつめい) 절체절명. 도저히 면할 길 없는 어려운 처지.
絶快(ぜっかい) 더없이 기분 좋음.
絶痛(ぜっつう) 절통.

絶版(ぜっぱん) 절판.
絶品(ぜっぴん) 절품. 일품(逸品). 우수한 물건이나 작품.
絶筆(ぜっぴつ) 절필. ① 죽기 전에 마지막으로 쓴 필적〔작품〕. ② 붓을 놓고 다시는 쓰지 않음. 「다.
絶海(ぜっかい) 절해. 육지와 멀리 떨어진 바 ～の孤島(ことう) 절해의 고도.
絶好(ぜっこう) 절호.
絶呼(ぜっこ) 목청껏 부름. 「우 좋음.
絶好調(ぜっこうちょう) 컨디션 따위가 매
絶後(ぜつご) ① 절후. ② 숨이 끊어진 뒤.

訓読

絶つ(たつ) ① 끊다. ② 없애다. 뿌리 뽑다.
絶やす(たやす) 끊어지게 하다. 끊다. 없애다. 근절시키다.
❖絶える(たえる) 끊어지다. ① (계속되던 사물이) 끝나다. 떨어지다. ② 끊기다.
絶えざる(たえざる) 끊임없는. 부단한.
絶えず(たえず) 늘. 끊임없이.
絶えて(たえて) ① 조금도. 한번도. 전혀. ② 그 후 내내. 오랫동안.
絶え間(たえま) 〈雅〉끊어진 사이. 틈새.
‖～無い(ない) 끊임없다.
絶え果てる(たえはてる) ① 아주 끊어지다〔없어지다〕. ② 숨이 끊어지다. 죽다.
絶え入る(たえいる) 숨이 끊어지다. 죽다.
絶え絶え(たえだえ) ① 숨이 곧 끊어질듯한 모양. 끊일락말락한 모양. ② 간간이 끊기는 모양.

---

13 竹 教 **節**(節) 마디 절
セツ・セチ
ふし・ノット

音読

節 ㊀(せつ) ① 때. 시기. 무렵. ② 절개. ③ (논문・문학 작품 따위) 장(章)의 아랫구분.
㊁(ふし) ① 마디. 옹이. ② 매듭. ③ 때. 기회. ④〖樂〗가락.
㊂(せち) ① 시절. 계절. ② 명절. 명절 음식.
㊃(ノット) 노트. 배의 속력을 나타내는 단위. 「② 마디.
㊄(よ) ① 대나무 따위의 마디와 마디 사이.
節する(せっする) 제한하다. 절제하다.
節間(せっかん) 식물의 줄기에서, 마디와 마디 사이 부분.
節減(せつげん) 절감.
節介(せっかい) 쓸데없는 참견. 「람.
‖～焼き(やき) (남의 일에) 참견 잘 하는 사
節倹(せっけん) 절검. 검약(倹約). 절약.
節季(せっき) ① (음력 7월 보름의) 우란분(盂蘭盆)이나 연말에 앞서 상점에서 상품의 구매・매상・대차 관계의 총결산을 하는 시기. ② 절계. 계절의 끝. 특히, 연말(年末).
‖～仕舞い(じまい) 우란분이나 연말에 행하는
節供(せっく) ⇨ 節句(せっく). 「청산.
㊁(せちく) 명절 음식.

節句(せっく) '五節句(ごせっく)(=다섯 명절)'의 하나)《현재는 특히 3월 3일과 5월 5일을 일컬음》.
‖～働き(ばたらき) (남들은 명절날에 쉬는데) 일부러 바쁜 듯이 일함.
節気(せっき) 절기.
節刀(せっとう) 옛날, 장군이 출정할 때 천자가 내려주던 칼.
節度(せつど) 절도.
節略(せつりゃく) 절략. 절약.
節烈(せつれつ) 절렬. 절의를 굳게 지킴.
節録(せつろく) 절록. 초록(抄錄). 발초(拔抄).
節理(せつり) ① 조리(條理). 사리. ② 물건 표면의 결. ③〖鑛〗(암석의) 절리.
節目 ㊀(せつもく) 절목. ① 나무 따위의 마디와 눈. ② 조목(條目). 세목(細目).
㊁(ふしめ) ① 재목의 옹이나 마디가 있는 부분. ② 단락을 짓는 시점.
節文(せつぶん) ① 알맞게 함. 알맞게 꾸밈. ② 글을 줄임. 또, 그 글.
節物(せつぶつ) 절물. 계절의 산물.
節米(せつまい) 절미.
節符(せっぷ) 부절(符節).
節婦(せっぷ) 절부. 절개가 굳은 여성.
節分(せつぶん) 입춘(立春) 전날. *せちぶん으로도 읽음.
節士(せっし) 절사. 절개가 있는 사람.
節序(せつじょ) 절서. ① 순서. 차례. ② 절기의 차례.
節線(せっせん)〖理〗절선.
節税(せつぜい) 절세.
節水(せっすい) 절수.
節食(せっしょく) 절식.
節約(せつやく) 절약.
節煙(せつえん) 절연. 흡연량을 줄임.
節飲(せついん) 절음. 금음.
節慾(せつよく) ⇨ 節欲(せつよく).
節用(せつよう) ① 절용. 비용을 절약함. ② 節用集(せつようしゅう)의 준말.
‖～集(しゅう) 室町(むろまち)・江戸(えど) 시대에 쓰인 간편하고 실용적인 사전의 하나.
～禍(か) 일본말에 한자를 함부로 갖다 붙임으로써, 일본말을 세련되게 하지 못한 일.
節義(せつぎ) 절의. 군신・부자・부부간의 절개와 의리. 「つろも 읽음.
節日(せちにち) 절일. 명절. 멸일. *せつじ
節電(せつでん) 절전.
節点(せってん) ①〖建〗두 개 이상의 부재가 접합되어 있는 점. ②〖理〗하나의 광학계에서, 입사 광선과 사출 광선이 평행하게 될 때 각각의 광선 또는 그 연장과 광축이 교차하는 점.
節制(せっせい) 절제.
節操(せっそう) 절조. 지조.
節足動物(せっそくどうぶつ)〖動〗절지 동
節奏(せっそう)〖樂〗절주. 리듬. 「물.
節酒(せっしゅ) 절주.
節会(せちえ) 절회. 옛날 조정에서 절일(節日)이나 의식이 있는 날에 베풀던 연회.

訓讀

節木(ふしき) ① 옹이가 많은 나무. ② 옹이에 구멍이 나서 속이 비어 있는 나무.
節無し(ふしなし) 재목・판자에 옹이가 없음. 또, 그런 것.
節博士(ふしはかせ) 가요의 문귀 옆에 적은 가락의 고저・장단의 기호.　　　「부.
節旁(ふしづくり) 한자 부수의 하나: 병부절
節付け(ふしづけ) 가사에 가락을 붙임. 작곡
節榑(ふしくれ) 옹이투성이인 재목.　「함.
節榑立つ(ふしくれだつ) ① 나무에 옹이가 많아 울퉁불퉁하다. ② 손・손가락 마디가 억세다.
節糸(ふしいと) 쌍고치에서 뽑은 마디가 많은 명주실. 또, 그 명주.
節節 ㊀(ふしぶし) ① 신체의 여러 관절. ② 군데군데. 여러 가지 점.
㊁(せつせつ) 종종. 때때로. 가끔.　　「물.
節織り(ふしおり) 節糸(ふしいと)로 짠 견직
節取り(ふしどり) 물고기의 머리를 자르고 배를 가른 다음, 등쪽 살과 배쪽 살로 나누는 일.　　　　　　　　　　　　　「눈.
節穴(ふしあな) 옹이 구멍. 통찰력이 없는
‖~**同然**(どうぜん) 옹이 구멍과 같음. 눈은 뜨고 있으나 아무 소용없음.
節回し(ふしまわし) 곡조. 억양. 가락.

14 戈	截	끊을 절 セツ きる・たつ

音讀

截斷(せつだん) 절단. ♣~**面**(めん) 절단면.
截頭(せっとう) 절두.
截然(せつぜん) 절연. ① 구별이 확연한 모양. ② 깎은 듯이 솟은 모양. *慣用音으로는 さいぜん.
截枝(せっし) 나뭇가지를 자르고 그 자리에서 새싹을 틔우는 작업.
截取(せっしゅ) 절취. 잘라 냄.
截瘧(せつぎゃく) 악성 돌림병. 역병.

20 疒	癤	부스럼 절 セツ・セチ ねぶと

音讀

癤(せつ) 절양(癤瘍). 피부 조직이 곪기는 악성 종기.

점

5 卜 常	占	점 占・차지할 占 セン しめる・うらなう・うら

音讀

占居(せんきょ) 점거. 어떤 장소를 차지하고
占拠(せんきょ) 점거. 점령.　　　「있음.
占斷(せんだん) 점단. 점을 쳐서 판단함.
占得(せんとく) 점득. 차지하여 자기 것으로 삼음. 점유.
占領(せんりょう) 점령. ♣~**國**(こく) 점령국 / ~**軍**(ぐん) 점령군 / ~**地**(ち) 점령지.
占夢(せんむ) 점몽. 해몽. ♣~**術**(じゅつ) 해
占法(せんぽう) 점법. 점치는 법.　「몽술.
占卜(せんぼく) 점복. 점.
占筮(せんぜい) 점서. 복서(卜筮).
占星術(せんせいじゅつ) 점성술.
占守(せんしゅ) 점수. 점유하여 지킴.
占術(せんじゅつ) 점술.
占用(せんよう) 점용.
占位(せんい) 위치를 차지함. 위치함.
占有(せんゆう) 점유. ♣~**權**(けん) 점유권 / ~**物**(ぶつ) 점유물.
‖~**離脱物橫領罪**(りだつぶつおうりょうざい)『法』점유 이탈물 횡령죄.
~**財産**(ざいさん) 점유 재산.
占者(せんしゃ) 점자. 점쟁이.
占兆(せんちょう) 점조. 점괘.

訓讀

占文(うらぶみ) 점문.
占部(うらべ) ① 고대의 점쟁이. ② 점치는 일을 하던 관직.　　　　　　　　「가지.
占算(うらさん) 산가지로 점을 침. 또, 그 산
❖**占う**(うらなう) 점치다.
占い(うらない) 점. 점쟁이. ♣~**師**(し) 점쟁이 / ~**者**(しゃ) 점쟁이.
❖**占める**(しめる) ① 차지하다. ② 얻다. ③ 중요한 위치를 가지다.
占め買い(しめがい) 매점(買占).
占め子の兎(しめこのうさぎ) 일이 뜻대로 잘됨.　　　　　　　　　　　　　「하나.
占地(しめじ)『植』송이과에 속하는 버섯의

8 广 教	店	전방 점 テン みせ・たな

音讀

店内(てんない) 점내. 가게 안.
店頭(てんとう) 점두.
‖~**氣配相場**(けはいそうば) 점두 경기 시세.
~**企業**(きぎょう) 점두 기업.
~**登録**(とうろく) 점두 등록.
~**賣買**(ばいばい) 점두 매매.
~**市場**(しじょう) 점두 시장.
~**株**(かぶ) 증권 회사의 점두에서 매매되는 비(非)상장주. 장외주(場外株).
~**取引**(とりひき) 점두 거래.
店売(てんばい) 상점 판매.　　　　　　「무.
店務(てんむ) 상점에서 그날그날 처리할 업
店是(てんぜ) 점시. 점원들이 지키도록 주인이 정한 가게의 방침.

店屋(てんや) 가게. 특히, 음식점. 「리.
∥**~物**(もの) 음식점에서 시킨 요리. 주문 요
店員(てんいん) 점원.
店長(てんちょう) 점장.
店則(てんそく) 점칙. 상점에서 정한 규칙.
店舗(てんぽ) 점포. 가게.

訓読→

店 ㈠(みせ) 가게. 상점. 점포.
　~を張(は)**る** 가게를 차려 장사를 하다.
　~を畳(たた)**む** 가게〔장사〕를 걷어치우다.
　㈡(てん)《接尾語로》…점. 가게.
　㈢(たな) ① 상점. 가게. ② 셋집.
店開(みせびら)**き**(きの) 개점. ① 개업. ② 가게
　를 열고 그 날의 영업을 시작함.
店口(みせぐち) 가게 전면의 나비.
店構(みせがま)**え** 점포의 구조〔규모〕.
店台(みせだい) (상점의) 판매대.
店貸(たながし) 집을 세줌. 세놓음.
店立(たなだ)**て** 셋집에서 쫓아냄. 「람.
店番(みせばん) 가게를 지킴. 가게 보는 사
店棚(みせだな) 상점 내에서, 상품을 진열하
　는 장소〔선반〕.
店卸(たなおろ)**し** ① 재고 정리. 재고 조
　사. ② 남의 결점을 일일이 들어 헐뜯음.
店仕舞(みせじまい) ①(그 날의 영업을
　마치고) 가게를 닫음. ② 폐업함.
店商(たなあきな)**い** 가게에 상품을 늘어
　놓고 장사하는 일.
店先(みせさき) 점두(店頭). 가게 앞. 「도.
∥**~渡**(わた)**し** (배달하지 않고) 점두 인
店晒(たなざら)**し** 상품이 팔리지 않아 점
　두(店頭)에 놓아 둔 채로 있음. 또, 그 물건.
店賃(たなちん) 집세. 「사람.
店子(たなこ) (집주인의 입장에서 본) 세든
店者(たなもの) 점원(의 총칭).
店前(たなまえ) 가게 앞. 점두(店頭).
店主(たなぬし) ① 셋집 주인. ② 점주. 가게
　주인. *②는 てんしゅ로도 읽음. 「림.
店借(たながり) 집을 빌려 삶. 점포를 빌
店請(たなうけ) 세든 사람의 신원 보증.
　또, 그 보증인.
店懸(みせがか)**かり** 점포의 구조.

| 9
灬
教 | **点** (點) | 점 店
テン
たてる・ともす |

音読→

点 ㈠(てん) 점. ①〖文法〗구두점. ②(경기
　에서) 득점. ③〖数〗점.
　㈡(ちょぼ) ① 표지(標識)로 찍는 (작은) 점.
　② 点語り의 준말.
∥**~床**(ゆか) 歌舞伎(かぶき) 극장에서 浄瑠
　璃(じょうるり)를 이야기하는 곳〔무대 뒤쪽이
　나 발을 친 곳〕.
　~語(がた)**り** (歌舞伎에서) 각본의 설명
　을 浄瑠璃로 이야기함. 또, 그 사람.
点ずる(てんずる) ① 불을 켜다. ② 차를 달

이다. ③ 점을 찍다.
点検(てんけん) 점검.
点景(てんけい) 〖美〗점경.
∥**~人物**(じんぶつ) 점경 인물.
点鬼簿(てんきぼ) 〖佛〗점귀부.
点茶(てんちゃ) 점다. 가루차를 달임.
点対称(てんたいしょう) 〖数〗점대칭.
点図(てんず) 어떤 책·가문(家門)·학파에
　서 쓰이는 'ヲコト点(てん)'을 도시(図示)한
点頭(てんとう) 점두. 「것.
点灯(てんとう) 점등. 불을 켬. ♣**~管**(か
　ん) 점등관.
∥**~飼育**(しいく) 점등 사육. 「스위치.
点滅(てんめつ) 점멸. ♣**~器**(き) 점멸기.
点描(てんびょう) 〖美〗점묘. ♣**~法**(ほう)
　점묘법／**~画**(が) 점묘화.
∥**~主義**(しゅぎ) 점묘주의.
点本(てんぽん) 訓点(くんてん)이 있는 한문
点鼻薬(てんびやく) 〖薬〗점비약. 「책.
点線(てんせん) 점선. ♣**~器**(き) 점선기.
点水(てんすい) 점수. 물을 (조금) 부음.
点数(てんすう) 점수.
∥**~主義**(しゅぎ) 점수주의.
点式(てんしき) 俳句(はいく)의 평점 방식.
点心(てんしん) 〖料〗점심.
点眼(てんがん) 점안. ♣**~剤**(ざい) 점안제.
∥**~水**(すい) 〈老〉점안수. 약안.
点頭(てんとう) 점두. 시험에 낙제하는 일.
点薬(てんやく) 점약. 점안약.
点訳(てんやく) 점역. 말이나 보통 문자를 점
　자로 고치는 일.
点汚(てんお) 점오. 더럽히는 일. 결점.
点字(てんじ) 점자.
∥**~図書館**(としょかん) 점자 도서관.
　~新聞(しんぶん) 점자 신문.
点者(てんしゃ) 俳諧(はいかい)·和歌(わか)
　따위에서, 평점(評点)을 하는 사람.
点在(てんざい) 점재.
点滴(てんてき) ① 점적. ② 点滴注射의 준
∥**~分析**(ぶんせき) 점적 분석. 「말.
　~注射(ちゅうしゃ) 점적 주사.
点点(てんてん) ① 몇 개의 점. ② 얼룩. ③
　흩어져 있는 모양.
点定(てんてい) 점정. 지정하는 일.
点睛(てんせい) 〖美〗점정.
点差(てんさ) 점차. 점수 차.
点竄(てんざん) 점찬. ♣**~術**(じゅつ) 〖数〗
　점찬술. 「로도 읽음.
点綴(てんてい) 점철. *てんてつ·てんせつ
点出(てんしゅつ) 〖美〗그림 따위에서 자질
　구레한 풍물을 곁들여 그려 넣는 일.
点取(てんとり) 득점을 다툼. 점수 따기.
　♣**~虫**(むし) 점수 벌레.
点苔(てんたい) 〖美〗점태.
点筆(てんぴつ) 점필. 점자 치는 붓.
点穴(てんけつ) 〖漢医〗점혈.
点呼(てんこ) 점호. 「하는 일.
点化(てんか) 점화. 종래의 것을 고쳐 새롭게

点火 ㊀(てんか) 점화. ♣**～薬**(やく) 점화약 / **～栓**(せん) 점화전.
㊁/(とぼし) (어둠을 비추기 위한) 불. 등불.
点画(てんかく) 점획.

[訓読]

点す(ともす) 불을 켜다. *とぼす로도 읽음.
点る(ともる) 불이 켜지다. 점화되다. *とぼる로도 읽음.
❖**点てる**(たてる) (차를) 끓이(어 내놓)다.
点前(たてまえ) (다도에서) 가루차를 달여 손님에게 내는 법식.

[其他]

点く(つく) ①불이 켜지다. ②(불이) 붙다. 점화되다. 「어 켜다.
点ける(つける) (불을) 붙이다. 스위치를 틀

| 9
艹 | 苫 | 거적 **점**・덮을 **점**
セン
とま |

[訓読]

苫(とま) 뜸.
苫屋(とまや) 뜸으로 지붕을 인 집.
苫舟(とまぶね) 뜸으로 위를 가린 배.
苫葺き(とまぶき) 뜸으로 지붕을 임. 또, 그 지붕.

| 11
米
常 | 粘 | 끈끈할 **점**
ネン・デン
ねばる・ねばい |

[音読]

粘結炭(ねんけつたん) 〖鑛〗점결탄.
粘菌類(ねんきんるい) 〖生〗점균류. 점균식물. 변형균류(變形菌類).
粘度(ねんど) 점도. (기름 등의) 차진 정도. ♣**～計**(けい) 점도계.
粘膜(ねんまく) 점막.
∥**～内癌**(ないがん) 〖醫〗점막내암.
粘毛(ねんもう) 〖植〗점모.
粘性(ねんせい) 점성. ①〖理〗액체가 유동할 때 각 부분이 서로 저항하는 성질. ②끈기. 찰기(氣).
∥**～率**(りつ) 〖理〗점성률. 점도(粘度).
～流体(りゅうたい) 〖理〗점성 유체.
粘液(ねんえき) 점액. ♣**～腺**(せん) 〖生〗점액선 / **～質**(しつ) 〖心〗점액질.
∥**～水腫**(すいしゅ) 〖醫〗점액 수종.
粘稠(ねんちゅう) 점조. (아교 등이) 차짐.
粘着(ねんちゃく) 점착. ♣**～力**(りょく) 점착력 / **～性**(せい) 점착성 / **～剤**(ざい) 점착제 / **～質**(しつ) 점착질.
∥**～語**(ご) 점착어. 교착어(膠着語).
粘体(ねんたい) 점체. 고체와 액체의 중간 성질을 가진 물질(엿・풀 따위).
粘土 ㊀(ねんど) 점토. 찰흙. *ねばつちで도 읽음. ♣**～岩**(がん) 점토암 / **～質**(しつ) 점토질.
∥**～鉱物**(こうぶつ) 점토 광물.
～細工(ざいく) 점토 세공.
㊁(へなつち) 〖農〗식토(埴土). 「로 씀).
粘板岩(ねんばんがん) 〖鑛〗점판암《벼룻돌

[訓読]

❖**粘い**(ねばい) 끈적끈적하다. 끈기가 있다. 차지다.
粘(ねば) ①끈적끈적함. 끈적끈적한 것. ②점토(粘土). 찰흙. 「라붙다.
粘つく(ねばつく) 끈적거리다. 끈적끈적 달
粘っこい(ねばっこい) ①끈적끈적하다. 차지다. ②집요하다. 끈질기다.
粘粘(ねばねば) ①끈적끈적한(끈적끈적 달라붙기 쉬운) 모양. ②끈적거리는 것. 끈기.
❖**粘る**(ねばる) ①(물건이) 잘 달라붙다. 차지게 붙다. ②끈기있게 견뎌 내다(버티다).
粘り(ねばり) 끈기. 찰기. 「리.
∥**～勝ち**(がち) 끈기 있게 버티어서 거둔 승
粘り強い(ねばりよい) ①끈끈하여(끈적끈적) 달라붙는 성질이 강하다. ②끈기 있다. 끈질기다. 끈덕지다.
粘り気(ねばりけ) 끈기. 「내다.
粘り抜く(ねばりぬく) 끈기 있게 끝까지 버
粘り腰(ねばりごし) ①씨름에서, 허릿심이 강해 잘 넘어지지 않음. ②승부・교섭 등에서 끈질기게 버팀.
粘り着く(ねばりつく) 척척 들러붙다. 붙어서 떨어지지 않다.

[其他]

粘す(ねやす) ①반죽하다. 이기다. ②쇠 따위를 쳐서 납작하게 만들다. 금속을 정련(精鍊)(단련(鍛鍊))하다.

| 12
見 | 覘 | 엿볼 **점**
テン
うかがう・のぞく |

[音読]

覘標(てんぴょう) 점표. 측량 용구.

[訓読]

覘かせる(のぞかせる) 들여다보이게(엿보이게) 하다. 슬쩍 비치다.
覘げる(のぞける) 일부분만을 나타내다.
❖**覘く**(のぞく) ①엿보다. ②일부가 밖에 드러나다.
覘き(のぞき) 엿봄. 들여다봄.
覘き見(のぞきみ) 엿봄. 엿보기.
覘き機関(のぞきからくり) 요지경.
覘き眼鏡(のぞきめがね) 요지경.
覘き込む(のぞきこむ) 들여다보다.
覘き窓(のぞきまど) 밖의 동태를 살피기 위해 낸 작은 창.
覘き趣味(のぞきしゅみ) 남의 사생활을 엿보고 즐기는 취미.

| 14
氵
常 | 漸 | 차차 **점**
ゼン
ようやく・ようよう・やや |

音読

漸減(ぜんげん) 점감.
漸近線(ぜんきんせん) 〖數〗점근선.
漸騰(ぜんとう) 점등.
漸落(ぜんらく) 점락.
漸減(ぜんめつ) 점멸. 차차 멸망해 감.
漸伐(ぜんばつ) 조림 방법의 하나.
漸新世(ぜんしんせい) 〖地〗점신세. 올리고세(世)의 구칭.
漸悟(ぜんご) 〖佛〗점오. 점점 깊이 깨달음.
漸漸(ぜんぜん) 점점.
漸増(ぜんぞう) 점증.
漸進(ぜんしん) 점진. ♣~的(てき) 점진적. ‖~主義(しゅぎ) 점진주의.
漸次(ぜんじ) 점차. 차차. 점점.
漸層法(ぜんそうほう) 점층법. 수사법의 하나.

訓読

漸 ㊀(やや) ① 약간. 얼마쯤. 좀. ②〈古〉점점.
㊁(ぜん) 조금씩 나아감.
~を追(お)**って** 조금씩. 차차.
漸う(ようよう) ① 점점. ② 간신히. 겨우. ③ 천천히. 조용히. ④ 확실히. 틀림없이.
漸く(ようやく) ① 겨우. 간신히. ② 차차. 점점.

16 魚 ㊇	鮎	메기 점 デン あゆ・なまず

訓読

鮎(あゆ) 〖魚〗은어.
鮎鮨(あゆずし) ① 은어 생선 초밥. ② 은어의 배에 쌀밥을 채운 식해.

其他

鮎並(あいなめ) 〖魚〗⇨ 鮎魚女(あいなめ).
鮎魚女(あいなめ) 〖魚〗쥐노래미.

접

11 扌 ㊙	接	접할 접 セツ つぐ・はぐ・まじわる

音読

接する(せっする) ① 인접하다. ② (남과) 접촉하다. ③ (어떤 일에) 부닥치다. ④ 잇닿다.
接架(せっか) 개가(開架).
‖~式(しき) 〖도서관에서〗개가식(式).
接角(せっかく) 〖數〗접각.
接客(せっきゃく) 접객. ♣~婦(ふ) 접객부. 접대부 / ~業(ぎょう) 접객업.
接見(せっけん) 접견.
‖~交通権(こうつうけん) 〖法〗접견 교통권.
接骨(せっこつ) 접골. ♣~医(い) 접골의.
接近(せっきん) 접근.
‖~連合(れんごう) 〖心〗접근 연합.
接待(せったい) 접대.
接頭辞(せっとうじ) ☞ 接頭語(せっとうご)
接頭語(せっとうご) 접두어. 접두사.
接吻(せっぷん) 접문. 입맞춤. 키스.
接尾辞(せつびじ) ☞ 接尾語(せつびご)
接尾語(せつびご) 접미어. 접미사. 「사람.
接伴(せっぱん) 접반. 손님을 접대함. 또, 그
接峰面(せっぽうめん) 〖地〗절봉면(切峰面).
接写(せっしゃ) 접사. 근접 촬영.
接辞(せつじ) 〖言〗접사.
接叙法(せつじょほう) 〖言〗접서법.
接線(せっせん) 〖數〗접선.
接続(せつぞく) 접속. ♣~曲(きょく) 접속곡 / ~犯(はん) 접속범 / ~詞(し) 접속사 / ~語(ご) 접속어.
‖~水域(すいいき) 접속 수역.
~助詞(じょし) 〖言〗접속 조사.
接収(せっしゅう) 접수. ① 국가 등이 개인의 소유물을 접수함. 징발. ② 받아들임.
接受(せつじゅ) ① 접수. ② 외교 사절을 받아들임. 「닿음.
接岸(せつがん) 접안. (배가) 안벽(岸壁)에
接眼レンズ(せつがんレンズ) 접안 렌즈.
接壌(せつじょう) 땅이 접근해 있음. 어떤 땅과 접근해 있음.
接遇(せつぐう) 접우. 応接処遇(おうせつしょぐう)의 준말. (관리 등이) 직무상 일반인과
接戦(せっせん) 접전. 「응대함.
接点(せってん) 접점. ① 접촉점. ②〖數〗접선이 곡면(곡선)과 공유하는 점.
接種(せっしゅ) 접종.
接地(せっち) 접지. ① 지면에 닿음. ② 어스. 접지(선). 「제.
接着(せっちゃく) 접착. ♣~剤(ざい) 접착
接触(せっしょく) 접촉. ♣~法(ほう) 〖化〗접촉법 / ~剤(ざい) 접촉제.
‖~感染(かんせん) 〖醫〗접촉 감염.
~鉱物(こうぶつ) 〖鑛〗접촉 광물. 「암.
~反応(はんのう) 〖化〗접촉 반응.
~変成岩(へんせいがん) 〖鑛〗접촉 변성
~変成作用(へんせいさよう) 〖地〗접촉 변성 작용.
~抵抗(ていこう) 〖理〗접촉 저항.
~電気(でんき) 〖理〗접촉 전기.
~伝染(でんせん) 〖醫〗접촉 전염.
接合(せつごう) 접합. ♣~剤(ざい) 접합제.
‖~菌類(きんるい) 〖生〗접합 균류.
接舷(せつげん) 접현. 배가 딴 배나 안벽 등에 그 동체를 바싹 붙여 댐.

訓読

❖**接ぐ** ㊀(つぐ) ① 접목하다. ② 이어 붙이다. ③ 해진 것을 깁다.
㊁(はぐ) 이어 맞추다. 하나로 잇다.
接ぎ(つぎ) (재봉에서) 잇댐. 꿰매어 이음. 또, 잇댄 자리.
接ぎ台(つぎだい) ①〖植〗대목(臺木). 접본(椄本). ② 발판.
接ぎ木(つぎき) 접목.

‖**~雑種**(ざっしゅ)〖植〗접목 잡종.
接ぎ目(はぎめ) 이어 맞춘 부분. 이은 자리.
接ぎ穂(つぎほ) ①〖植〗접수. 접지(椄枝). 접붙인 나무. ②말을 이을 기회.
接ぎ接ぎ(はぎはぎ) 누덕누덕 기운 것.
接ぎ合わす(はぎあわす) ☞接ぎ合わせる (はぎあわせる).
接ぎ合わせる(はぎあわせる)(천을) 잇대어 깁다.(판자 등을) 잇대어 붙이다.

其他
接骨木(にわとこ)〖植〗접골목. 딱총나무.

13 木	楪	마루 **접**·분지를 **랍** チョウ·チャ ゆずりは

音読
楪子(ちゃつ) 접자. 과자 따위를 담는 칠기.

14 扌	摺	접을 **접**·꺾을 **랍** ショウ する·すれる

音読
摺扇(しょうせん) 접선. 쥘부채. 접는 부채.
訓読
摺れる(すれる) 인쇄가 다 되다.
❖**摺る**(する) ①(인쇄물을) 박다. 찍다. ②(옷감에 무늬를) 찍어내다.
摺り糠(すりぬか) 왕겨.
摺墨(するすみ) 먹. 먹물.
摺り物(すりもの) 인쇄물.
摺り箔(すりはく) 금·은박을 문질러 붙이는 일. 또, 그 붙인 것.
摺り抜ける(すりぬける) ①(사람들 틈을) 빠져 나가다. ②(꾸며대어) 용케 피〔면〕하다.
摺り鉢(すりばち)(양념) 절구. 확. 유발.
摺り本(すりほん) ①판본(版本). ②아직 제본되지 않은 책.
摺り付ける(すりつける) 문질러〔비벼서〕색을 내다.
摺り師(すりし) ①천에 무늬를 염색하는 것을 업으로 하는 사람. ②목판 인쇄를 업으로 하는 사람.
摺り切り(すりきり) 평미레질함. 평미리침.
摺り切る(すりきる) ①비벼서 끊다. ②돈을 다 써버리다.
摺り足(すりあし) 살짝 땅에 스치듯 하는 걸음.
摺り漆(すりうるし) 나뭇결이 투명하게 보일 만큼 옻칠을 엷게 입히는 기법.
摺り合わせる(すりあわせる) ①두 개를 비벼 합치다. ②두 가지 일을 합쳐 조정하다.
摺り形木(すりかたぎ) 판목(版木).
摺り火(すりび) 부시를 쳐서 붙인 불.

15 虫 (人)	蝶	나비 **접** チョウ

音読
蝶(ちょう) 나비.
蝶ネクタイ(ちょうネクタイ) 나비 넥타이.
蝶結び(ちょうむすび) 나비 매듭. 끈이나 리본 등이 나비가 되도록 매듭 짓는 방법.
蝶鮫(ちょうざめ)〖魚〗용상어.
蝶番(ちょうつがい) ①경첩. ②관절의 이음매.
蝶蝶(ちょうちょう) ①나비. ②蝶蝶髷의 준말.
‖**~髷**(まげ) 나비가 날개를 펼친 것처럼 좌우로 고리를 만든 소녀의 머리 모양.
~雲(ぐも) 나비가 춤추듯이 흘러가는 구름.
蝶足(ちょうあし) 상다리의 일종.
蝶蜻蛉(ちょうとんぼ)〖蟲〗나비잠자리.
蝶形 ㊀(ちょうがた) 축제 따위에 쓰는 나비 모양의 종이 접이.
㊁(ちょうけい) 접형. 나비 같은 모양.
*ちょうがた로도 읽음.
蝶形骨(ちょうけいこつ)〖生〗접형골. 나비뼈.
蝶形花冠(ちょうけいかかん)〖植〗접형 화관. 나비꽃부리.
蝶花形(ちょうはながた) 축제나 혼례 때에 쓰는 나비 모양의 종이 접이.

20 魚	鰈	가자미 **접** チョウ かれい

訓読
鰈(かれい)〖魚〗가자미.

정

2 一 教	丁	장정 정·넷째천간 정 テイ·チョウ·トウ あたる·しもべ·ひのと

音読
丁 ㊀(ちょう) ①(주사위 눈의) 짝수. ②책장이나 두부·요리한 음식 따위를 세는 말. …장. …모. …그릇〔접시〕. ③시가지의 구분. 가(街).
㊁(てい) 정. ①☞㊂. ②등위(等位)·순위 등의 네번째.
㊂(ひのと) 정. 천간(天干)의 넷째.
㊃(よぼろ)〈古〉고대에, 공용(公用)을 위한 노역(勞役)에 동원되던 남자.
丁と(ちょうと) 물건을 치거나 부딪는 소리를 나타내는 말. 딱(하고).
丁男(ていだん) 정남. 장정(壯丁). *ていなん으로도 읽음.
丁女(ていじょ) 정녀. 성인(成人)인 여자.
丁年(ていねん) 정년. 성년(成年).
丁寧(ていねい) ①친절함. 정중함. 공손함. ②주의 깊고 신중함.
‖**~語**(ご)〖言〗공손한 말씨.

丁度(ちょうど) ① 꼭. 정확히. 마치. ② 마침. 알맞게. ③ 방금.
丁目(ちょうめ) 《接尾語로》 …가(街)
丁半(ちょうはん) 주사위의 짝수와 홀수. 또, 그것으로 승부를 결정하는 도박.
丁付け(ちょうづけ) 책의 장수·면수를 기입
丁数(ちょうすう) ① (주로 일본식의) 책의 장수. ② 둘로 나누는 수. 짝수.
丁夜(ていや) 정야. 축시(丑時).
丁銀(ちょうぎん) 江戸(えど) 시대 은화의 하나. 「짝수일.
丁日(ちょうび) 정일. 정(丁)의 수가 되는 날.
丁子(ちょうじ) ①〖植〗 정향나무. ②'丁子油(ちょうじゆ)(=정향유)'의 준말. ♣~草(そう)〖植〗 정향풀.
∥~色(いろ) 거뭇한 노랑. 「묘.
~香(こう) 정향나무 봉오리에서 채취한 향
丁字(ていじ) 정자. 또, 그 형상. ♣~路(ろ) 삼거리／~形(けい) 정자형.
∥~管(かん) 정자관. T형관.
~帶(たい)〖醫〗 항문부·외음부의 수술이나 분만 후에 감는 복부 붕대.
丁壮(ちょうそう) 장정. 혈기 왕성한 젊은이.
丁場(ちょうば) ① 역참과 역참 사이의 거리. 버스·전차의 정류장 사이의 거리. ② (운송 따위의) 할당된 담당 구역.
丁丁(ちょうちょう) 칼이나 기타 물건이 계속 쨍강거리며 맞부딪치는 소리. 쨍강쨍강.
∥~発止(はっし) 맹렬하게 서로 칼싸움하는 모양. 또, 그 소리.
丁定規(ていじょうぎ) T자.
丁重(ていちょう) 정중.
丁合い(ちょうあい) ① 장부를 대조하여 계산을 확인함. ② 장부에 기입함.
丁形(ていけい) 정자형.
∥~定規(じょうぎ) 정자자. T자.

訓読
丁卯(ひのとう) (60 갑자의) 정묘. *ていびろ도 읽음.
丁未(ひのとひつじ) (60 갑자의) 정미. *ていびろ도 읽음. 「ろ도 읽음.
丁巳(ひのとみ) (60 갑자의) 정사. *ていし
丁酉(ひのととり) (60 갑자의) 정유. *ていゆうろ도 읽음.
丁丑(ひのとうし) (60 갑자의) 정축. *ていちゅうろ도 읽음. 「いろ도 읽음.
丁亥(ひのとい) (60 갑자의) 정해. *ていが

其他
丁髷(ちょんまげ) ① 江戸(えど) 시대의 남자가 하던 상투의 한 가지. 또, 상투를 한 사람. ② (연극·영화의) 역사물.
丁幾(チンキ) 정기 《어떤 약품을 알코올로 묽게 한 액체》. 팅크.
丁抹(デンマーク)〖地〗 정말. 덴마크.
∥~体操(たいそう) 덴마크 체조.
丁稚(でっち) 도제(徒弟). 수습 점원.
∥~上がり(あがり) 견습 점원 출신(임).
~奉公(ほうこう) 견습 점원 일을 배움.

---

4 井 우물 정
二常 セイ・ショウ
い

音読
井溝(せいこう) 우물과 도랑.
井目(せいもく) (바둑판에 표시된) 9 개의 흑점(黑點).
井水(せいすい) 정수. 우물물.
井魚(せいぎょ) 정어. 우물 안의 물고기. 식견이 좁은 사람을 이르는 말.
井然(せいぜん) 정연. 정연(整然)
井蛙(せいあ) 정와. 우물 안 개구리.
~大海(たいかい)を知(し)らず 우물 안 개구리 큰 바다를 모른다.
井底(せいてい) 정저. 우물의 밑바닥.
~の蛙(かわず) 정저와. 우물 안 개구리.
井田法(せいでんほう)〖史〗 정전법.
井桁(せいこう) 정(井)자 정연한 모양.
井泉(せいせん) 정천. 우물(물).

訓読
井 ㊀(い)〈雅〉① 우물. ② 냇물이나 샘물을 긷는 곳.
㊁(せい) 정. ① 우물. ②〖天〗 28수의 하나. 남방의 성수.
井綱(いづな) 두레박에 맨 줄.
井手(いで) 보(洑).
井守(いもり)〖動〗 영원. 도롱뇽의 일종.
井堰(いせき) 보(洑). 「구리.
井の中の蛙(いのなかのかわず) 우물 안 개
井筒(いづつ) ① 우물에 빠지지 않도록 땅위에 목재·돌·토관 따위로 만든 낮은 울. ② 우물정(井)자 모양의 문장(紋章).
井桁(いげた) ① 나무로 짠 '井'자 모양의 우물 난간. ②'井'자 형. ③'井'자 모양의 문장.
井戸(いど) 우물.
∥~掘り(ほり) 우물을 팜. 또, 파는 사람.
~端(ばた) 우물가. ♣~会議(かいぎ) 우물가의 쑥덕 공론.
~塀(べい) (재산을 다 탕진한) 정치 활동.
♣~議員(ぎいん) 빈털터리가 된 의원.
~浚え(ざらえ) 우물 청소. 우물물 퍼내기.
~車(ぐるま) 우물 두레박의 도르래.
~替え(がえ) 우물치기.
~側(がわ) 우물 벽.

---

5 丼 우물 정
二 セイ
どんぶり

訓読
丼 ㊀(どんぶり) ① 丼飯의 준말. ② 丼鉢의 준말.
∥~勘定(かんじょう) 수중에 있는 돈을 장부에 기입하지 않고 마음대로 쓰는 일.
~飯(めし) 丼鉢에 담은 밥. 덮밥.
~鉢(ばち) 사발. 밥그릇.

□(どん) 井(どんぶり)의 준말.

| 5 口 | 叮 | 단단히부탁할 정
テイ
ねんごろ |

音読
叮嚀(ていねい) 친절함. 공손함. ♣~語(ご) 공손한 말.

| 5 氵(人) | 汀 | 물가 정
テイ
みぎわ・なぎさ |

音読
汀線(ていせん) 정선. 해면이나 호면(湖面)이 육지와 맞닿은 곳. 해안선.
訓読
汀(なぎさ) 〈雅〉 물결이 밀려오는 물가. 둔치. *みぎわ로도 읽음.

| 5 止 教 | 正 | 바를 정
セイ・ショウ
ただしい・ただす・まさ・まさに |

音読
正 □(せい) ①올바름. 정도. ②주가 되는 것. ③〖數〗양. 양수(陽數).
□(しょう) ①꼭. 바로. 정확히. ②같은 품등의 품계 중에서 종(從)보다 위. 정….
□(まさ) 정. 올바른 모양.
正価(せいか) 정가.
正歌劇(せいかげき) 〖樂〗 정가극. 오페라 세리아.
正覚(しょうがく) 〖佛〗 정각. 올바른 깨달음.
正覚坊(しょうがくぼう) ①〖動〗 '青海亀(あおうみがめ)(=푸른거북)'의 딴이름. ②〈俗〉술부대. 대주호.
正角柱(せいかくちゅう) 〖數〗 정각주. 정각기둥.
正角錐(せいかくすい) 〖數〗 정각추. 정각뿔.
正看護婦(せいかんごふ) 정간호사.
正客(しょうきゃく) 정객. 주빈(主賓). 상객.
正格(せいかく) 정격. ①규칙적임. 규칙에 맞음. ②〖文法〗동사 활용이 규칙적임.
‖~活用(かつよう) 〖文法〗 정격 활용.
正絹(しょうけん) 순견. 본견. 비단.
正経(せいけい) 정경. 정도(正道).
正系(せいけい) 정계. 올바른 계통. 바른 혈통. 정통.
正鵠(せいこく) 정곡. *せいこう로도 읽음.
~を射(い)る 정곡을 찌르다.
正孔(せいこう) 〖理〗 정공.
正攻(せいこう) 정공. ♣~法(ほう) 정공법.
正課(せいか) 정규 과목. 「音」.
正観音(しょうかんのん) 〖佛〗 성관음(聖観音).
正教(せいきょう) 정교. ①바른 가르침. ②'東方正教会(とうほうせいきょうかい)(=동방 정교회)'의 준말.
正教会(せいきょうかい) 그리스[러시아] 정교회.
正規(せいき) 정규. ♣~軍(ぐん) 정규군.
‖~曲線(きょくせん) 〖數〗 정규 곡선.
~分布(ぶんぷ) 정규 분포. 통계에서 자료를 여러 계급으로 분류했을 때, 그 자료의 분포 상태의 하나.
~表現(ひょうげん) 〖컴〗 일정 규칙에 따라 특정 문자열을 집합 요소로 나타내는 표기법.
正極(せいきょく) 〖理〗 양극.
正金(しょうきん) 정금. 정화(正貨).
正気(しょうき) 본정신. 제정신. 진심.
♣~散(さん) 〖漢醫〗 정기산.
‖~付(づ)く (실신한 사람이) 제정신이 들다. 정신을 차리다.
□(せいき) 정기.
正忌(しょうき) 기일. 기신(忌辰).
正念(しょうねん) ①〖佛〗 정념. ②본심. 제정신.
‖~場(ば) (歌舞伎(かぶき) 등에서) 가장 중요한 장면.
正多角形(せいたかくけい) 〖數〗 정다각형. *せいたかっけい로도 읽음.
正多面体(せいためんたい) 〖數〗 정다면체.
正断層(せいだんそう) 〖地〗 정단층.
正答(せいとう) 정답.
正当(せいとう) 정당. *しょうとうロも 읽음. ♣~性(せい) 정당성 / ~化(か) 정당화.
‖~防衛(ぼうえい) 정당 방위.
~行為(こうい) 정당 행위.
正大(せいだい) 정대. 정정당당한 모양.
正対(せいたい) 정면으로 마주 대함.
正道(せいどう) 정도. *しょうどうロも 읽음.
正読(せいどく) 정독. 바르게 읽음.
正廉(せいれん) 바르고 사심이 없음.
正路(しょうろ) 정로. ①바른 길. ②정직한 모양.
正論(せいろん) 정론.
正理(せいり) 정리. 올바른 도리. *しょうり로도 읽음.
正面(しょうめん) 정면. ♣~図(ず) 정면도.
~を切(き)る ①연극에서, 배우가 관객을 향하여 포즈를 취하다. ②사람이나 사물에 대하여 정정당당히 임하다.
‖~装備(そうび) 〖軍〗 직접 전투에 쓰이는 무기류.
~衝突(しょうとつ) 정면 충돌.
□(まとも) ①☞□. ②착실. 건실. 성실.
正銘(しょうめい) 참된 것. 진짜.
正帽(せいぼう) 정모.
正目 □(しょうめ) 〈老〉 정미(正味).
□(まさめ) ①똑바로 곧은 나뭇결. ②正目지의 준말.
‖~紙(がみ) 닥나무로 뜬 두껍고 흰 종이.
正文 □(せいぶん) 정문. ①문서의 본문. ②조약에 있어서, 조문 해석의 근거가 되는 특정국 언어에 의한 조약문.
□(しょうもん) 문서의 원본.
正門(せいもん) 정문.
正物(しょうぶつ) ①가짜가 아닌 것. ②실물. 현물.

正米(しょうまい) 정미. ① 현재 있는 쌀. ② 실지로 있는 쌀.
∥～市場(しじょう) 정미 시장.
正味(しょうみ) 정미.
正反対(せいはんたい) 정반대.
正反射(せいはんしゃ)〖理〗정반사.
正反応(せいはんのう)〖化〗정반응.
正反合(せいはんごう)〖哲〗정반합.
正方(せいほう) 정방. ① 정사각형, 정방형. ② 올바름. 방정.
∥～晶系(しょうけい)〖鑛〗정방정계.
～行列(ぎょうれつ)〖數〗정방 행렬.
正方形(せいほうけい) 정방형. 정사각형.
正犯(せいはん)〖法〗정범.
正法(しょうぼう)〖佛〗정법.
∥～眼蔵(げんぞう)〖佛〗정법안장.
正兵(せいへい) 정병. 정공법으로 싸우는 군대.
正服(せいふく) 정복.
正本 ㊀(せいほん) 정본.
㊁(しょうほん) ① ☞㊀. ② 歌舞伎(かぶき)의 각본.
正否(せいひ) 정부. 옳고 그름.
正負(せいふ) 정부. 양과 음. ①〖數〗양수와 음수. ②〖理〗양극과 음극.
正副(せいふく) 정부.
正麩(しょうふ) 밀가루 녹말.
正比(せいひ) 정비. 정비례.
正妃(せいひ) 정비. 임금의 정실인 왕비.
正比例(せいひれい) 정비례.
正賓(せいひん) 정빈. 주빈.
正史(せいし) 정사. ① 국가에서 편찬한 정식 역사서. ② 중국의 기전체(紀傳體)로 쓰여진 역사서.
正使(せいし) 정사.
正邪(せいじゃ) 정사.
正射図法(せいしゃずほう)〖地〗정사 도법.
正四面体(せいしめんたい)〖數〗정사면체.
正射影(せいしゃえい)〖數〗정사영.
正社員(せいしゃいん) 정사원.
正朔(せいさく) 정삭. ① 정월 초하루. ② 책력.
正三角形(せいさんかくけい) 정삼각형.
＊せいさんかっけいろ도 읽음.
正常(せいじょう) 정상. ♣～財(ざい)〖經〗정상재／～値(ち) 정상치／～化(か) 정상화.
∥～価格(かかく) 정상 가격.
正賞(せいしょう) 정상. 본상.
正像(しょうぞう)〖佛〗정상. 정법(正法)과 상법(像法).
正色(せいしょく) 정색. 순색(純色).
正書(せいしょ) 정서. ♣～法(ほう) 정서법.
正先(しょうさき) 能(のう)에서, 무대 정면의 앞쪽.
正善(せいぜん) 정선. 바르고 도리(道理)에 합당함.
正声(せいせい) 정성. 바른 소리·음조.
正続(せいぞく) 정속. 책이나 영화 등에서 본편과 속편.
正数(せいすう)〖數〗양수(陽數).
正粛(せいしゅく) 바르고 정숙함.

正時(しょうじ) 정시. 정각.
正視 ㊀(せいし) 정시. ① 바로 봄. ②〖醫〗정시안(眼).
㊁(まさめ) 눈앞. 목전. 정면.
正式(せいしき) 정식.
∥～裏書(うらがき) 정식 배서. 기명식 배서.
～裁判(さいばん) 정식 재판.
正身(しょうじん)〖佛〗정신. 생신(生身).
正信(しょうしん)〖佛〗정신. 올바른 신앙.
正実(せいじつ) 정실. 올바르고 진실한 모양.
正室(せいしつ) ① 정실. 정처. 본처. ② 객실(客室).
正心(せいしん) 정심. 마음을 올바르게 가짐. 또, 올바른 마음.
正十二面体(せいじゅうにめんたい)〖數〗정십이면체.
正楽(せいがく) 정악. 아악.
正眼 ㊀(せいがん) 칼끝이 상대의 눈을 향한 검도 자세의 하나.
㊁(まさめ) 눈앞. 목전. 정면.
正言(せいげん) 정언. 도리에 맞는 말.
正業 ㊀(せいぎょう) 정업. 건실한 직업〔일〕.
㊁(しょうごう)〖佛〗정업.
正塩(せいえん)〖化〗정염.
正午(しょうご) 정오. 한낮.
正誤(せいご) 정오. ♣～表(ひょう) 정오표.
正五九(しょうごく) '正五九月(しょうごくがつ)(=음력 정월·오월·구월)'의 준말.
正用(せいよう) 정용. 바른 용법.
正員(せいいん) 정회원. ＊しょういんで도 읽음.
正円(せいえん) 정원. 완전한 원.
正月(しょうがつ) ① 정월. 설. ② 정초의 쉬는 기간.
∥～気分(きぶん) 설 기분《설 때의 느긋한 기분》.
～物(もの) 설 준비물. 설빔.
～送り(おくり) 정초의 끝날. 정월 제례가 끝나는 날.
～始め(はじめ) 설을 맞을 준비를 시작하는 날. 음력 12월 13일.「댄 말.
～言葉(ことば) ① 설 때의 인사말. ② 꾸며 正位(しょうい) 정위. 같은 등급의 위계(位階) 중, 상위(上位)의 것.
正偽(せいぎ) 정위. 바름과 거짓.
正肉(しょうにく) 정육. 살코기.「체.
正六面体(せいろくめんたい)〖數〗정육면
正閏(せいじゅん) 정윤. ① 평년과 윤년. ② 정통과 비정통.
正意(しょうい) 정의. 바른 의미.
正義(せいぎ) 정의. ♣～感(かん) 정의감／～論(ろん)〖哲〗정의론／～派(は) 정의파／～漢(かん) 정의한.
正議(せいぎ) 올바른 논의. 정론.
正二十面体(せいにじゅうめんたい)〖數〗정이십면체.
正日(しょうにち)〖佛〗정일. ① 죽은 지 49일이 되는 날. ② 1주기(周忌)가 되는 날. ③ 제삿날. ＊しょうじつ로도 읽음.

正一位(しょういちい) 정일품.
正子(しょうし) 정자. 밤 12시.
正字(せいじ) 정자. ① 바른 글자. ② 약자나 속자가 아닌 점획(點劃)이 바른 글자.
∥~**法**(ほう) 정자법. 정서법.
正装(せいそう) 정장.
正嫡(せいちゃく) 정적. 적자(嫡子). *しょうちゃくとも 읽음.
正積図法(せいせきずほう)〖地〗정적 도법.
正伝(せいでん) 정전. 사실에 바탕을둔 틀림없는 전기.
正典(せいてん)〖宗〗정전.
正戦(せいせん) 정당한 이유가 있는 전쟁.
正殿(せいでん) 정전.
正電気(せいでんき)〖理〗양전기.
正接(せいせつ)〖数〗정접. 탄젠트.
∥~**曲線**(きょくせん)〖数〗탄젠트 곡선.
~**関数**(かんすう)〖数〗탄젠트 함수.
正正堂堂(せいせいどうどう) 정정당당.
正定業(しょうじょうごう)〖佛〗정정업. 정토종에서, 아미타불의 본원(本願)으로 틀림없는 정토(淨土)왕생을 결정하는 행업(行業).
正調(せいちょう) 정조. 바른 곡조.
正条植え(せいじょううえ)〖農〗정조식.
正坐(せいざ) ⇨ 正座(せいざ).
正座 ㊀(せいざ) 정좌. 무릎을 꿇고 바르게 앉음.
㊁(しょうざ) 주빈이 앉는 정면의 자리.
正株(しょうかぶ)〖經〗실주(實株). 현주(現株).
正中 ㊀(せいちゅう) 정중. ♣~**線**(せん).〖生〗정중선.
∥~**面**(めん) 생물체가 좌우 대칭을 이루는 경우, 그 중심을 이루는 면.
㊁(しょうちゅう) 能(のう) 무대의 한가운데. *しょうなかろも 읽음.
正直(しょうじき) 정직.
∥~**一遍**(いっぺん) 정직하기만 했지 융통성이 없음.
㊁(せいちょく) ① 바르고 곧은 모양. ② ☞㊀.
正真(しょうしん) 정진. 진실.
∥~**木**(ぼく) 정원의 중심이 되도록 심은, 특징 있는 나무.
~**正銘**(しょうめい) 거짓 없음. 진실.
正着(せいちゃく) 정착. 바둑에서 적절한 수.
正餐(せいさん) 정찬.
正札(しょうふだ) 정찰. 정가표.
∥~**付き商品**(つき しょうひん) ① 정찰이 붙어 있음. 정찰이 붙은 상품. ② 정평(定評)이 있음. 또, 그물건이나 사람.
正倉院(しょうそういん) 奈良(なら)의 東大寺(とうだいじ) 안에 있는 목조 창고(奈良 시대의 대표적인 미술 공예품이 간직되어 있음).
∥~**文書**(もんじょ) 正倉院에 전래된 문서의 총칭.
~**文様**(もんよう) 正倉院에 전해온 공예 염직물에서 볼 수 있는 무늬.
正妻(せいさい) 정처. 정실.
正庁(せいちょう) ① 주택의 객실. ② 궁전의 정전.
正体 ㊀(しょうたい) 정체. ① 본디의 형체.

㊁(せいたい) 정체. ① 바른 자태. ② 바른 서체(書體).
正体無い(しょうたいない) 깔끔하지 못하다. 홀게 늦다.
正触媒(せいしょくばい)〖化〗정촉매. 반응 속도를 증대시키는 촉매.
正出(せいしゅつ) 적출(嫡出).
正則(せいそく) ① 정칙. 올바른 규칙. ② 규칙대로 함.
∥~**曲線**(きょくせん)〖数〗정칙 곡선.
~**関数**(かんすう)〖数〗정칙 함수.
正称(せいしょう) 정칭. 정식 명칭.
正統(せいとう) 정통. ♣~**派**(は) 정통파.
∥~**主義**(しゅぎ) 정통주의.
~**学派**(がくは) 정통 학파.
正投影図法(せいとうえいずほう)〖地〗정투영 도법.
正八面体(せいはちめんたい)〖数〗정팔면체.
正編(せいへん) 정편.
正篇(せいへん) ⇨ 正編(せいへん).
正平(せいへい) 마음이 올바르고 공평함.
正風(しょうふう) ① 바른 모습. ② 전통적이고 정아(正雅)한 가체(歌體).
∥~**体**(たい) 전통적이고 정아한 가체.
正筆(しょうひつ) 정필.
正割(せいかつ)〖数〗정할. 시컨트.
正解(せいかい) 정해.
正行(せいこう) 정행. 올바른 행실.
正向反射(せいこうはんしゃ)〖生〗정향 반사.
正弦(せいげん)〖数〗정현. 사인. ♣~**波**(は)〖数〗사인파.
∥~**曲線**(きょくせん)〖数〗사인 커브.
~**関数**(かんすう)〖数〗사인 함수.
~**定理**(ていり)〖数〗사인 정리.
正舷(しょうげん) (남싯거루의) 뱃머리의 좌석.
正号(せいごう)〖数〗정호. 양부호. 플러스.
正笏(しょうしゃく) 홀을 몸 중앙에 바르게 가지는 일.
正貨(せいか)〖經〗정화.
∥~**輸送**(ゆそう)〖經〗정화 수송. 국제간의 대차 결제를 위해 정화를 해외로 수송함.
~**準備**(じゅんび)〖經〗정화 준비.
正確(せいかく) 정확.
正会員(せいかいいん) 정회원.
正訓(せいくん) 정훈. 올바른 훈(訓).

訓読
正しい(ただしい) 옳다. 바르다. 맞다.
正しく(まさしく) 바로. 틀림없이. 확실히.
正す(ただす) ① 바르게 하다. 바로잡다. 고치다. ② (시비·명분 등을) 밝히다. 가리다.
正でに(まさでに) 있는 그대로. 사실대로. 틀림없이. 진실되게.
正に(まさに) ① 바로. 틀림없이. 확실히. 실로. ② 꼭 들어맞는 모양. 꼭. 딱. 완전히.
正木(まさき)〖植〗사철나무.
正夢(まさゆめ) 정몽. 사실과 부합되는 꿈. 맞는 꿈.
正無し(まさなし) 정상이 아님. 꼴사나움.

正宗(まさむね) ①명도(名刀)라는 뜻으로 쓰는 말. ②일제 청주(淸酒)의 상표.

7 口 常	呈(呈)	보일 정 テイ あらわす

音読
呈する(ていする) ①드리다. 바치다. ②나타내다. 보이다.
呈露(ていろ) 정로. 드러남. 또, 드러냄.
呈味料(ていみりょう) 식품에 포함된 성분 중에서 맛을 느끼게 하는 물질.
呈上(ていじょう) 정상. 바침. 드림.
呈色反応(ていしょくはんのう)〖化〗정색 반응. 발색(發色) 반응.
呈示(ていじ) 정시. 제출하여 보임.
∥~払い(ばらい)〖經〗일람 출급.
 ~証券(しょうけん)〖經〗제시 증권.
呈出(ていしゅつ) ①나타냄. 드러냄. ②내놓음. 제출.

7 廴 常	廷(廷)	조정 정 テイ にわ

音読
廷内(ていない) 정내. 법정 안.
廷吏(ていり) 정리. 법정 경위.
廷臣(ていしん) 정신. 조정의 신하.
廷議(ていぎ) 정의. 조정의 의론.   「림.
廷争(ていそう) 정쟁. 조정에서 시비를 가
廷丁(ていてい) 廷吏(ていり)의 구칭.

7 田 教	町	밭두둑 정 チョウ まち

音読
町内(ちょうない) ①町(ちょう)의 안. ②시가지 안의 동네.
町道(ちょうどう) 町(ちょう)가 건설하여 관리하는 도로.
町礼(ちょうれい) 江戸(えど) 시대에, 읍민이 가옥의 매매·상속을 했을 때 읍내에 피로한 일. *まちれいろも 읽음.   「그것.
町立(ちょうりつ) 町(ちょう)가 세움. 또,
町名(ちょうめい) 町(ちょう)의 이름. 읍명.
町民(ちょうみん) 町(ちょう)의 주민. 읍민.
町歩(ちょうぶ) 정보. 논·밭이나 임야의 넓이를 나타내는 단위.
町史(ちょうし) 町(ちょう)의 역사(책).
町税(ちょうぜい) 町(ちょう)가 징수하는 세금. 읍세.
町勢(ちょうせい) 町(ちょう)의 정세.
町所(ちょうどころ) 자기가 살고 있는 町(ちょう)의 명칭 및 번지.   「그것.
町営(ちょうえい) 町(ちょう)가 경영함. 또,

町有(ちょうゆう) 町(ちょう)의 소유.
町議(ちょうぎ) 町議会(ちょうぎかい)議員(ぎいん)의 준말. 町의회 의원.
町議会(ちょうぎかい) 町(ちょう)의 행정을 협의 의결하는 기관.
町人(ちょうにん) 도시에 사는 상인·장색 계급의 사람들《근세 사회 계층의 하나》.
∥~物(もの) 町人의 생활 양상을 소재로 한.
 ~町(まち) 町人의 거리.   「작품류.
町長(ちょうちょう) 町(ちょう)의 장.
町政(ちょうせい) 町(ちょう)의 행정.
町制(ちょうせい) 지방 자치 단체로서의 町(ちょう)의 제도.
町村(ちょうそん) ①도시와 시골. ②(지방 자치 단체로서의) 町(ちょう)와 村(そん).
∥~組合(くみあい) 어떤 일을 처리하기 위해 여러 개의 町·村이 협의해서 만드는 조합.
 ~総会(そうかい) 인구가 적은 町·村이 조례에 따라 의회를 대신해서 설치하는 선거권자의 총회.
町打ち(ちょううち) 거리를 정해서 표적을 놓고 사격 연습을 함.
町宅(ちょうたく) 도시의 주택(에 삶).
町会(ちょうかい) ①町議会(ちょうぎかい)의 구칭. ②町(ちょう)의 일을 협의·실행하는 자치회.

訓読
町 ㊀(まち) ①도회지. 읍내. ②지방 자치 단체의 하나《음에 상당》.
㊁(ちょう) ①☞㊀②. ②시가지의 소구획. 동(洞).
町家 ㊀(まちや) 시중의 상가(商家).
㊁(ちょうか) ①町人(ちょうにん)의 집. 장사꾼의 집. ②☞㊀.   「길거리.
町角(まちかど) ①길모퉁이. 길목. ②가두.
町工場(まちこうば) 시내에 있는 작은 공장.
町筋(まちすじ) 길거리.
町女房(まちにょうぼう) 여염집 여자.
町年寄(まちどしより) 江戸(えど) 시대에, 주요 도시에서 시중의 공무(公務)를 처리하던 벼슬아치.
町奴(まちやっこ) (江戸(えど) 시대), 江戸 시중의 町人(ちょうにん) 출신의 협객.
町道場(まちどうじょう) 시내에 있는 (무예) 도장.   「란 처녀.
町娘(まちむすめ) 여염집 처녀. 도시에서 자
町方(まちかた) 도시 또는 도시 사람에 관한 일. 도시 것〔사람〕.
町並み(まちなみ) 시내에 집·상점 등이 즐비하게 늘어선 모양. 또, 그 곳. *ちょうなみ로도 읽음.
町奉行(まちぶぎょう) 江戸幕府(えどばくふ)의 중요 직명의 하나. 江戸·大阪(おおさか)·京都(きょうと) 등지에 두고, 행정·사법·경찰 등의 직무를 맡아보았음.
町役(まちやく) 江戸(えど) 시대에 町奉行(まちぶぎょう) 밑에서 주민에 관한 사무를 맡아보았던 사람.

町役人(まちやくにん) ☞町役(まちやく).
町役場(まちやくば) 町(ちょう)의 일을 맡아 보는 관청《한국의 읍·동사무소》.
町芸者(まちげいしゃ) (유곽에 있지 않고) 일반 마을에 사는 기생.
町屋根(まちやね) (높은 곳에서 시가지를 내려다봤을 때의) 집집의 지붕.
町外れ(まちはずれ) 시외. 변두리.
町育ち(まちそだち) 도회지에서 성장함. 또, 그 사람.
町医(まちい) ① 개업의(醫). ② 江戸(えど) 시대의 시중 개업의.
町医者(まちいしゃ) ☞町医(まちい).
町場 ㊀(まちば) 상점가(街). 시가지.
㊁(ちょうば) ① 역참과 역참 사이의 거리. ② (도로 공사 따위의) 담당 구역.
町中(まちなか) 시내. 시중. 번화가. 시가「지.
町着(まちぎ) 외출복. 나들이옷.   「(물).
町版(まちはん) 영리를 목적으로 하는 출판
町表(まちおもて) 시가(市街). 거리.
町風(まちふう) 일반 가정과 상공인 등의 특유한 풍속과 예의 범절.
町割り(まちわり) 시가지의 구획. 도시 건설을 하며 계획적으로 땅을 구분짓는 일.
町火消(まちびけし) 江戸(えど) 시대 소방 조직의 하나로, 시민이 자치적으로 조직한 것.
町回り(まちまわり) 연극 흥행에서, 배우와 극단 관계자들이 선전과 인사를 위해 시내를 도는 일.

	정 정
疔	チョウ できもの

音読▶

疔(ちょう) 〖醫〗정. 얼굴·머리·궁둥이 따위에 나는 악성 부스럼.

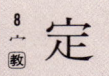

	정할 정
定	テイ·ジョウ さだめる·さだまる· さだか·きまる

音読▶

定(じょう) ①〈老〉정해진 일. 그와 같음. ② 〖佛〗선정(禪定).
定価(ていか) 정가.
定刻(ていこく) 정각.
定客(じょうきゃく) 상객. 단골손님. 고객.
定格 ㊀(じょうかく) 정격. 격식을 지킴. 또, (격식 등이) 너무 딱딱함.
㊁(ていかく) 〖理〗정격.
‖～**負荷**(ふか) 정격 부하.
定見(ていけん) 정견. 일정한 주견.
定稿(ていこう) 손질이 끝나 완성된 원고.
定款(ていかん) 〖理〗정관.
定冠詞(ていかんし) 〖文法〗정관사.
定句(じょうく) 連歌(れんが)에서, 틀에 박힌 별로 소용없는 구.

定規 ㊀(てき) 정규. ① 정해진 규칙. ② 정해져 있는 일.
㊁(じょうぎ) 정규. ① 자. ② 모범. 본보기. 사물의 표준.
定気(ていき) 정기《역법(曆法)의 하나》.
定期(ていき) 정기. ♣～**券**(けん) 정기권
～**船**(せん) 정기선 / ～**市**(いち) 정기 시장
～**的**(てき) 정기적 / ～**便**(びん) 정기편 / ～**刊**(けい) 〖法〗정기형.
‖～**刊行物**(かんこうぶつ) 정기 간행물.
～**給与**(きゅうよ) 정기 급여.
～**売買**(ばいばい) 정기 매매.
～**保険**(ほけん) 정기 보험.
～**払い**(ばらい) 정기 지급.
～**昇給**(しょうきゅう) 정기 승급. ♣～**制度**(せいど) 정기 승급 제도.
～**乗車券**(じょうしゃけん) 정기 승차권.
～**市場**(しじょう) 정기 시장.
～**試験**(しけん) 정기 시험.
～**年金**(ねんきん) 정기 연금. ♣～**法**(ほう) 정기 연금법.
～**預かり**(あずかり) 정기 예금을 (은행 등의) 받는 쪽에서 일컫는 말.
～**預け**(あずけ) 정기 예금을 예금주 쪽에서 일컫는 말.
～**預金**(よきん) 정기 예금.
～**傭船**(ようせん) 정기 용선.
～**入れ**(いれ) 정기권을 넣어 가지고 다니는 (지갑 같은) 것.
～**積み金**(つみきん) 정기 적금.
～**総会**(そうかい) 정기 총회.
～**取引**(とりひき) 정기 거래.
～**航空路**(こうくうろ) 정기 항공로.
～**航路**(こうろ) 정기 항로.
～**航海**(こうかい) 정기 항해.
～**行為**(こうい) 〖法〗정기 행위.
定器(じょうき) 정기. ① 일상 쓰는, 식기 등의 기구. ② 밥을 담아 불전에 바치는 그릇.
定年(ていねん) 정년. 퇴직하도록 정해진 나이. ♣～**制**(せい) 정년제.
定動詞(ていどうし) 〖文法〗정동사.
定量(ていりょう) 정량. ♣～**化**(か) 정량
‖～**分析**(ぶんせき) 〖化〗정량 분석.   「화.
定力(じょうりき) 〖佛〗정력. 오력(五力)의 하나.
定連(じょうれん) ① 단골 손님. ② 늘 함께 어울리는 패거리.
定例(ていれい) 정례. ＊ていれいZ도 읽음. ♣～**会**(かい) 정례회. 정기회.
定論(ていろん) 정론. 정설.
定律(ていりつ) 정률. 일정한 법률이나 법「칙.
定率(ていりつ) 정률. 일정한 비율.
‖～**公募**(こうぼ) 정률 공모.
～**法**(ほう) 〖經〗정률법. 감가 상각법의 하나《고정 자산의 미상각 잔고에 매기(毎期) 일정률을 곱해서 계산한 액수를 상각함》.
～**償却**(しょうきゃく) ☞定率法.
定理(ていり) 정리.

定離(じょうり) 정리. 헤어지도록 정해져 있음.
定立(ていりつ) 정립.
定命 ㊀(じょうみょう)〖佛〗명명. 전세의 인연으로 정해져 있다는 수명.
㊁(ていめい) 명명. 하늘이 정한 운명.
定木(じょうぎ) ⇨ 定規(じょうぎ)
定文(ていぶん) 이용자를 위해 미리 작성한 전보의 문장.
定紋(じょうもん) 정해진 가문(家門)의 문장(紋章).
定盤(じょうばん) 정반. ①금속 가공의 받침대. ②평면도의 검사 또는 측정과 조립의 기준이 되는 평탄한 면을 가진 공구.
定番 ㊀(ていばん) 유행에 관계없이 연간 일정 수요가 확보되는 기본형의 상품.
㊁(じょうばん) 항상 망을 보는 일. 또, 그 사람. 「따른 법.
定法(じょうほう) 정법. 정해진 법.
定本(ていほん) 정본. 고전의 원본과 가깝게 복원한 표준이 되는 책.
定府(じょうふ) 江戸(えど) 시대에 参勤交代(さんきんこうたい)를 하지 않고 江戸에 상주함. 또, 그 大名(だいみょう).
定比例の法則(ていひれいのほうそく)〖化〗정비례의 법칙.
定相(じょうそう)〖佛〗영구히 변하지 않는 일정한 형상.
定常(ていじょう) 정상. 늘 일정함. ♣~波(は)〖理〗정상파.
∥~開放系(かいほうけい) 정상 개방계.
~狀態(じょうたい)〖理〗정상 상태.
~電流(でんりゅう)〖理〗정상 전류.
定石(じょうせき) (바둑의) 정석. 일정한 방식〔격식〕. 「ろ도 읽음.
定席(ていせき) 정석. 지정석. ＊じょうせき
定先(じょうせん) 정선. 바둑에서, 언제나 선(先)으로 둠.
定旋律(ていせんりつ)〖樂〗정선율. 정한 가락. 「음.
定説(ていせつ) 정설. ＊じょうせつ로도 읽
定性(ていせい) 정성. 물질의 본질이 무엇인가 정함. ♣~的(てき) 정성적.
∥~分析(ぶんせき)〖化〗정성 분석.
定星(ていせい) 정성. ①〖天〗항성. ②음력 10월의 입동 무렵. 「하는 일.
定省(ていせい) 정성. 자식이 부모에게 효도
定所(ていしょ) 정소. 일정한 장소.
定小屋(じょうごや) 상설 흥행장.
定收(ていしゅう) 고정 수입.
定數(ていすう) 정수. ①일정 인원수. 일정한 수치〔수량〕. ②〖數〗상수(常數). ③운명. ♣~項(こう)〖數〗상수항.
∥~不均衡(ふきんこう) 한 선거구의 의원 정수와 유권자의 비율이 다른 선거구의 그것과 균형이 맞지 않는 일.
定宿(ていしゅく) 단골 여관.
定昇(ていしょう) '定期昇給(ていきしょうきゅう)(=정기 승급)'의 준말.
定時(ていじ) 정시. ＊じょうじ로도 읽음.

♣~制(せい) 정시제. 「행하는 일.
定式 ㊀(じょうしき) 정식. 언제나 그 날에
∥~幕(まく) 歌舞伎(かぶき) 무대에 쓰이는 삼색의 세로무늬가 있는 가로닫이 막.
㊁(ていしき) 정식. 정해진 방식.
定食(ていしょく) 정식.
定植(ていしょく) 정식. 모판에서 기른 모를 논밭에 제대로 옮겨 심음.
定心(じょうしん) 정심. 마음을 가라앉힘.
定芽(ていが)〖植〗정아.
定案(ていあん) 정안. 결정된 안건.
定圧(ていあつ) 정압. 일정 압력.
∥~比熱(ひねつ) 정압 비열. 「음.
定額(ていがく) 정액. ＊じょうがくろも 읽
∥~戻し入れ(もどしいれ) 국가가 일단 지출한 예산의 일부가 반납되는 경우, 본디 예산 정액에 일정액을 되돌려 넣는 일.
~法(ほう)〖經〗정액법. 고정 자산의 내용(耐用) 연한 중에 매기(每期) 같은 액수를 상각해 가는 감가 상각 방법의 하나.
~保険(ほけん) 정액 보험.
~小為替(こがわせ) 정액 소액 우편환. 우편환의 하나로 소액의 송금 방법(요금이 쌈).
~郵便貯金(ゆうびんちょきん) 정액 우편
定約(じょうやく) 정약. 약정. 「저금.
定言(ていげん)〖論〗정언.
∥~命題(めいだい)〖論〗정언 명제.
~的(てき)〖論〗정언적. 가정 조건 없이 단적으로 서술하는 모양. ♣~三段論法(さんだんろんぽう) 정언적 삼단 논법／~判断(はんだん) 정언적 판단. 「무.
定業 ㊀(ていぎょう) 정업. 일정한 직업·직
㊁(じょうごう)〖佛〗정업. 전생에서부터 정해져 있다는 업보. 정해진 운명.
定役(ていえき) 정역. 징역형을 받은 자에게 과하는 작업. 「역·여어.
定訳(ていやく) 정역. 표준이 되는 바른 번
定温(ていおん) 정온.
∥~動物(どうぶつ) 정온 동물.
定容(ていよう) 들이가(용적이) 일정한.
定員(ていいん) 정원.
定位(ていい) 정위. 일정한 몸의 위치·자세.
定義(ていぎ) 정의.
定議(ていぎ) 정의. 의논해서 결정함.
定日(ていじつ) 정일. 지정된 날. ＊じょうにちろも 읽음. 「(출금 어음.
∥~払い手形(ばらいてがた)〖經〗확정일
定者(じょうしゃ)〖佛〗대법회 때, 향로를 들고 행렬을 선도하는 어린 중. ＊じょうしゃろ도 읽음.
定斎 ㊀(じょうさい) 여름철 온갖 병에 효과가 있다는 탕약.
㊁(じょうとき)〖佛〗때를 정하여 승려에게 식사를 주는 일. 또, 그 식사.
定跡(じょうせき) (장기의) 최선의 수법.
定積(ていせき) 정적. ①일정한 넓이 또는 부피. ②일정한 곱.
∥~比熱(ひねつ)〖理〗정적 비열.

定積分(ていせきぶん)〘数〙정적분.
定店(じょうみせ) 일정한 장소에서 일정한 상품을 파는 가게.
定点(ていてん) 정점. ①정해진 위치의 점. ②국제 조약으로 정해진 해양상의 지점.
‖~**観測**(かんそく) 정점 관측.
定足数(ていそくすう) 정족수.
定座(じょうざ) 連歌(れんが)・俳諧(はいかい)에서, 꽃・달을 넣어 짓기로 되어 있는 구(句)의 위치.
定住(ていじゅう) 정주. 정착.
定浚い(じょうざらい) 정기적으로 준설하는 일. 또, 청부업자.
定職(ていしょく) 정직. 일정 직업.
定着(ていちゃく) 정착. ♣~**物**(ぶつ)〘法〙정착물/~**液**(えき) 정착액.
‖~**氷**(ひょう) 기슭에 얼어붙어 움직이지 않는 해빙〔海氷〕.
定処(ていしょ) ⇨ 定所(ていしょ).
定礎(ていそ) 정초. ♣~**式**(しき) 정초식.
定置(ていち) 정치. ♣~**網**(あみ)〘漁〙정치
‖~**漁業**(ぎょぎょう) 정치 어업. 　　└망.
定則(ていそく) 정칙. 일정한 규칙〔법칙〕.
定打ち(じょううち) 같은 곳에서 늘 같은 것을 흥행함.
定評(ていひょう) 정평.
定限(ていげん) 정한. 정해진 한도.
定向進化(ていこうしんか)〘生〙정향 진화. ♣~**説**(せつ) 정향 진화설.
定形(ていけい) 정형.
‖~**外郵便物**(がいゆうびんぶつ) 정형외 우편물. 제1종 우편물 가운데 정형 우편물에 해당하지 않는 우편.
~**郵便物**(ゆうびんぶつ) 정형 우편물. 제1종 우편물로서 형상・중량・외부 기재 사항 등이 일정한 조건을 갖추고 있는 것.
定型(ていけい) 정형. ♣~**詩**(し) 정형시.
定慧(じょうえ)〘佛〙정혜. 선정(禪定)과 지혜.
定火消し(じょうびけし) 예전에 무사 저택의 소화를 맡았던 소방 조직의 하나.
定滑車(ていかっしゃ) 정활차. 고정 도르래.
定休(ていきゅう) 정휴. 정기 휴업〔휴일〕.
‖~**日**(び) 정휴일. 정기 휴일.
定詰め(じょうづめ) 항상 일정한 장소에 근무함. 또, 그 사람.

<訓読>
定か(さだか) 명확한 모양. 확실함. 분명함.
定けし(さだけし) 분명함. 확실함.
定定と(さだざだと) 분명히. 확실히.
❖**定まる** ㊀(さだまる) ①정해지다. ②가라앉다. 안정되다.
㊁(きまる) 정해지다. 결정되다.
定まり ㊀(さだまり) 정해짐. 규정. 결착.
㊁(きまり) 결정. 결정.
定まり事(さだまりごと) ①정해진 일. ②전세로부터의 인연. 숙명.
❖**定める**(さだめる) ①정하다. 결정하다. ②진정시키다. 가라앉히다.
定め(さだめ) ①규정. ②숙명. ③일정하고 변하지 않음.
定めし(さだめし) 틀림없이. 필시. 아마.
定めて(さだめて) 〈老〉☞定めし(さだめし). 　　　　　　　　　　└하다.
定め無い(さだめない) 일정하지 않다. 무상

| 8 イ 常 | 征 | 갈 정・칠 정
セイ
ゆく |

<音読>
征する(せいする) 정벌하다. 치다.
征途(せいと) 정도. 장도.
征旅(せいりょ) 정려. ①원정군. 정벌군. ②싸우며 진격하는 (먼) 길.
征伐(せいばつ) 정벌.
征服(せいふく) 정복.
‖~**王朝**(おうちょう)〘史〙정복 왕조. 다른 나라를 정복하여 세운 이민족의 왕조.
征税(せいぜい) 정세. 세금을 강제로 징수함.
征戍(せいじゅ) 정수. 변경에 나가 지킴.
征圧(せいあつ) 정복하여 억누름.
征野(せいや) 싸움터. 　　　　　　　└②군복.
征衣(せいい) 정의. ①여행 때 복장. 여장.
征夷(せいい) 정이. 오랑캐를 정벌함.
‖~**大将軍**(たいしょうぐん) 鎌倉(かまくら) 시대 이후 幕府(ばくふ) 주권자의 직명.
征戦(せいせん) 정전. 싸움터에 나아감.
征討(せいとう) 정토. 정벌.

<其他>
征矢(そや) 싸움터에서 쓰던 화살.
征箭(そや) ⇨ 征矢(そや).

| 9 ㅗ 常 | 亭 | 정자 정
テイ・チン
あずまや |

<音読>
亭 ㊀(てい) 정. ①여관・요정・연예장 등의 옥호. ②문인・연예인 등의 아호에 붙이는
㊁(ちん) (중국풍의) 정자. 　　　　　└말.
亭榭(ていしゃ) 정사. 정자.
亭午(ていご) 정오. 한낮.
亭子(ていし) 정자.
亭亭(ていてい) 정정. ①나무 따위가 높이 솟아 있는 모양. ②아득히 먼 모양.
亭主(ていしゅ) 정주. 한 집안의 주인. 남편.
‖~**関白**(かんぱく) 아내에게 군림하는 남편. 　　　　　　　　　　　　　　└동.
~**柱**(ばしら) 집에서 가장 굵고 튼튼한 본기
~**持ち**(もち) 남편 있는 여인. 기혼녀.

| 9 ㅗ 常 | 浄(淨) | 깨끗할 정
ジョウ
きよい |

音読
- **浄潔**(じょうけつ) 정결. 맑고 깨끗함. 결백.
- **浄界**(じょうかい) 정계. ①절·신사의 경내. ②〖佛〗정토(淨土).
- **浄曲**(じょうきょく) 浄瑠璃(じょうるり)의 딴 이름.
- **浄几**(じょうき) ⇨ 浄机(じょうき).
- **浄机**(じょうき) 정궤. 티끌 하나 없는 깨끗한 책상.
- **浄妙**(じょうみょう) 〖佛〗정묘. 더없이 청정함.
- **浄飯王**(じょうぼんのう) 〖佛〗정반왕. 석가의 아버지.
- **浄福**(じょうふく) 정복. 특히 불교를 믿음으로써 얻는 행복. 「(淨土).
- **浄写**(じょうしゃ) 정사. 청서(淸書). 정서.
- **浄書**(じょうしょ) 정서. 청서(淸書).
- **浄水**(じょうすい) 정수. ♣~法(ほう) 정수법 / ~場(じょう) 정수장 / ~池(ち) 정수지.
- **浄食**(じょうじき) 〖佛〗정식. 불공이나 치성을 드릴 때 먹는 채식으로 된 식사.
- **浄暗**(じょうあん) 신에게 제사 지내는 밤의 깨끗한 어둠. 「(行業).
- **浄業**(じょうごう) 〖佛〗정업. 깨끗한 행업
- **浄域**(じょういき) 정역. ①절·신사(神社)의 경내. ②〖극락〗
- **浄穢**(じょうえ) 정예. 깨끗함과 더러움. 또, 정토(淨土)와 에토.
- **浄院**(じょういん) 정원. 절. 사원.
- **浄瑠璃**(じょうるり) ①음곡에 맞추어서 읊는 옛이야기. ②〖佛〗정유리.
- ‖~看板(かんばん) 歌舞伎(かぶき) 극장 등에서 제명(題名)·배우·주역·三味線(しゃみせん)·囃子(はやし)·안무 출연진을 써서 내건 간판.
- ~世界(せかい) 〖佛〗약사여래(藥師如來)의 정토(淨土). 「인형극.
- ~芝居(しばい) 浄瑠璃에 맞추어 상연하는
- **浄衣**(じょうい) ①흰옷. ②무지의 천으로 만든 狩衣(かりぎぬ). *じょうい로도 읽음.
- **浄財**(じょうざい) 정재. 절이나 자선 사업 따위에 기부하는 돈. 「씻음.
- **浄罪**(じょうざい) 〖宗〗정죄. 죄를 깨끗이
- **浄刹**(じょうせつ) 〖佛〗정찰. ①정토(淨土). ②사원(寺院). ③영지(靈地).
- **浄土**(じょうど) 〖佛〗정토. 보살이 사는 깨끗한 나라. ♣~教(きょう) 정토교 / ~門(もん) 정토문 / ~宗(しゅう) 정토종.
- ‖~変相(へんそう) 〖佛〗정토 변상. 정토의 부처능 모습을 그린 그림.
- ~往生(おうじょう) 〖佛〗정토 왕생.
- ~真宗(しんしゅう) 〖佛〗정토 진종《정토종의 한 파》.
- **浄玻璃**(じょうはり) 정파리. ①맑은 유리·수정. ②浄玻璃の鏡의 준말.
- ‖~の鏡(かがみ) 염라 대왕이 죽은 자의 생전 행위를 비추어 본다는 거울. 「한 피.
- **浄血**(じょうけつ) 정혈. 병 따위가 없는 깨끗
- **浄火**(じょうか) 정화. 신성한 불.
- **浄化**(じょうか) 정화. ♣~槽(そう) 정화조.

訓読
- **浄める**(きよめる) 맑게 하다. 정하게 하다.
- ❖**浄い**(きよい) 맑다. 정하다.
- **浄き明き心**(きよきあかきこころ) ①〈古〉충성심. ②깨끗하고 명랑한 마음.
- **浄書き**(きよがき) 초고(草稿) 따위를 깨끗이 베낌. 정서.
- **浄御原令**(きよみはらりょう) 일본 최초의 체계적인 법률로 689년에 시행.

9획
攵
教
政 정사 정
セイ·ショウ
まつりごと

音読
- **政綱**(せいこう) 정강. 「음.
- **政客**(せいかく) 정객. *せいきゃく로도 읽
- **政見**(せいけん) 정견.
- ‖~放送(ほうそう) 정견 방송.
- **政経**(せいけい) 정경.
- **政界**(せいかい) 정계.
- **政官業癒着**(せいかんぎょうゆちゃく) 정관업 유착. 정계·관계·업계의 유착.
- **政教**(せいきょう) 정교. 정치와 종교〔교육〕.
- ‖~分離(ぶんり) 정교 분리.
- **政局**(せいきょく) 정국.
- **政権**(せいけん) 정권.
- ‖~奪取(だっしゅ) 정권 탈취.
- ~奪還(だっかん) 정권 탈환.
- **政談**(せいだん) ①정담. 정치에 관한 담론·담화. ②재판 등을 소재로 한 이야기.
- **政党**(せいとう) 정당. ♣~法(ほう) 정당법.
- ‖~交付金(こうふきん) 정당 교부금.
- ~内閣(ないかく) 정당 내각.
- ~政治(せいじ) 정당 정치.
- ~助成法(じょせいほう) 정당 조성법.
- **政堂**(せいどう) 정당. 정치를 하는 건물. 전(轉)하여, 정부. 「리는 덕.
- **政徳**(せいとく) 정치상의 덕. 세상을 다스
- **政道**(せいどう) 정도. 정치의 방법·솜씨.
- **政略**(せいりゃく) 정략.
- ‖~結婚(けっこん) 정략 결혼
- **政令**(せいれい) 정령. 각령(閣令).
- **政論**(せいろん) 정론.
- **政理**(せいり) 정리. 정사를 행함.
- **政務**(せいむ) 정무. ♣~官(かん) 정무관.
- ‖~次官(じかん) 정무 차관.
- **政博**(せいはく) '政治学博士(せいじがくはくし)(=정치학 박사)'의 준말.
- **政法**(せいほう) 정법. ①정치와 법률. ②정치를 하는 방법.
- **政変**(せいへん) 정변. 「권.
- **政柄**(せいへい) 정병. 정치를 하는 권력. 정
- **政府**(せいふ) 정부. ♣~筋(すじ) 정부 소식통 / ~米(まい) 정부미.
- ‖~間国際機構(かんこくさいきこう) 정부 간 국제 기구.
- ~刊行物(かんこうぶつ) 정부 간행물.

~開発援助(かいはつえんじょ) 정부 개발 원조. 「기관.
~関係機関(かんけいきかん) 정부 관계
~関係法人(かんけいほうじん) 정부 관계 법인.
~管掌健康保険(かんしょうけんこうほけん) 정부 관장 건강 보험. 「기관.
~金融機関(きんゆうきかん) 정부 금융
~短期証券(たんきしょうけん) 정부 단기
~答弁(とうべん) 정부 답변. └증권.
~保証債(ほしょうさい) 정부 보증채.
~預金(よきん) 정부 예금.
~委員(いいん) 정부 위원.
~資金(しきん) 정부 자금.
~紙幣(しへい) 정부 지폐.
政費(せいひ) 정무 수행상 필요한 비용.
政社(せいしゃ) 정치결사(政治結社)의
政事(せいじ) 정사. └준말.
政商(せいしょう) 정상.
政友(せいゆう) 정우. 정견을 같이하는 벗.
政争(せいそう) 정쟁.
政敵(せいてき) 정적.
政績(せいせき) 정적. 정치적 업적. 「싸움.
政戦(せいせん) 전쟁. 정쟁(政争). 정치상의
政情(せいじょう) 정정. 정치 정황.
政策(せいさく) 정책.
‖~金融(きんゆう) 정책 금융.
政庁(せいちょう) 정청.
政体(せいたい) 정체.
政治(せいじ) 정치. ♣~家(か) 정치가 /~力(りょく) 정치력 /~犯(はん) 정치범 /~性(せい) 정치성 /~的(てき) 정치적 /~学(がく) 정치학.
‖~結社(けっしゃ) 정치 결사.
~経済学(けいざいがく) 정치 경제학.
~警察(けいさつ) 정치 경찰.
~過程(かてい) 정치 과정.
~教育(きょういく) 정치 교육.
~権力(けんりょく) 정치 권력.
~団体(だんたい) 정치 단체.
~道徳(どうとく) 정치 도덕.
~文化(ぶんか) 정치 문화.
~生命(せいめい) 정치 생명.
~小説(しょうせつ) 정치 소설.
~心理学(しんりがく) 정치 심리학.
~屋(や) 정치꾼《비양심적인 정치가를 경멸하여 부르는 말》.
~運動(うんどう) 정치 운동.
~意識(いしき) 정치 의식.
~資金(しきん) 정치 자금.
~借款(しゃっかん) 정치 차관.
~責任(せきにん) 정치 책임.
~闘争(とうそう) 정치 투쟁.
~献金(けんきん) 정치 헌금.
~革命(かくめい) 정치 혁명.
~活動(かつどう) 정치 활동.
政派(せいは) 정파. 「황」.
政況(せいきょう) 정황. 정계의 움직임〔상

柾・穽・訂・貞   1267

訓読▶
政(まつりごと) 정사(政事). 정치.
‖~始(はじめ) 平安(へいあん) 시대, 매년 정월에 정무를 보기 시작하는 의식.
~殿(どの) 정무를 보는 관청.
其他▶
政所(まんどころ) 정무를 보는 곳. 정청.

| 9 木 (人) | 柾 | 나뭇결바를 정·널 구 まさ |

参考 '나뭇결바를 정'은 日本訓임.
訓読▶
柾 ㊀(まさ) ☞柾目(まさめ).
  ㊁(まさき)〖植〗사철나무.
柾目(まさめ) 똑바로 곧은 나뭇결.

| 9 穴 | 穽 | 함정 정 セイ おとしあな |

音読▶
穽陥(せいかん) 정함. 함정(에 빠뜨림).
逆音▶
陥穽(かんせい) 함정. 허방다리.

| 9 言 常 | 訂 | 바로잡을 정 テイ ただす |

音読▶
訂する(ていする) 고치다. 정정하다.
訂盟(ていめい) 정맹. 언약을 맺음.
訂補(ていほ) 정보. 책을 정정 보완함.
訂正(ていせい) 정정.
‖~相場(そうば) 정정 시세. 시세의 오르내림이 클 때 이를 경계해 정정하려는 움직임.

| 9 貝 常 | 貞 | 곧을 정 テイ・ジョウ ただしい |

音読▶
貞(てい) 정조를 지키는 일.
貞潔(ていけつ) 정결.
貞観の治(じょうがんのち)〖史〗정관의 치. 중국 당나라 태종의 선정(善政).
貞女(ていじょ) 정녀. 「름.
貞烈(ていれつ) 정렬. 지조가 굳고 행실이 바
貞婦(ていふ) 정부. 정절을 지키는 여인.
貞淑(ていしゅく) 정숙. 「순함.
貞順(ていじゅん) 정순. 정숙하고 마음씨가
貞実(ていじつ) 정실. 정조가 있고 독실함.
貞心(ていしん) 정심. 정절을 지키는 마음.
貞節(ていせつ) 정절.
貞操(ていそう) 정조. ♣~帯(たい) 정조
‖~義務(ぎむ) 정조의 의무. └대.

酊

9画 酉
술취할 정
テイ
よう

逆音
酩酊(めいてい) 명정. 몹시 취함. 만취.

庭

10画 广 教
뜰 정
テイ
にわ

音読
庭球(ていきゅう) 정구.
庭内(ていない) 정내. 뜰 안.
庭上(ていじょう) 뜰(의 위).
庭樹(ていじゅ) 정(원)수.
庭園(ていえん) 정원. ♣~灯(とう) 정원등.
‖~家具(かぐ) 정원 가구.
庭前(ていぜん) 정전. 뜰 앞.
庭中(ていちゅう) ① 마당 안. ② 법정.
庭訓(ていきん) 정훈. 가정 교육. 가훈.

訓読
庭(にわ) ① 정원. 뜰. 마당. ②〈雅〉(특정한 일을 하는) 장소.
庭叩き(にわたたき) 〖鳥〗할미새. 척령.
庭口(にわぐち) 뜰의 출입구.
庭男(にわおとこ) 정원을 지키거나 손질하는 하인.
庭弄り(にわいじり) 취미로 정원을 가꿈.
庭潦(にわたずみ) 〈古〉비가 내려 갑자기 지상에 괴어 흐르는 물.
庭燎(にわび) ⇨ 庭火(にわび).
庭柳(にわやなぎ) 〖植〗마디풀.
庭梅(にわうめ) 〖植〗산앵두나무.
庭面(にわも) 〈雅〉정원. 뜰.
庭木(にわき) 뜰에 심은 나무. 정원수.
庭木戸(にわきど) 뜰로 드나드는 문.
庭番(にわばん) ① 정원지기. ② 江戸幕府(えどばくふ)에서 将軍(しょうぐん)의 밀정.
庭師(にわし) 정원사. 원정(園丁).
庭山(にわやま) 석가산(石假山).
庭石(にわいし) ① 정원석. ② 뜰의 징검돌.
庭石菖(にわぜきしょう) 〖植〗등심붓꽃.
庭先(にわさき) ①(뜰에서 보아) 툇마루 쪽. ②(툇마루 쪽에서 보아) 뜰의 저쪽 끝. ③ 농가의 앞마당.
‖~渡し(わたし) (농산물의) 현지 거래. 현지 인도.
~相場(そうば) (농산물의) 생산지 시세.
庭埃(にわぼこり) 〖植〗비노리.
庭作り(にわつくり) ⇨ 庭造り(にわつくり).
庭蔵(にわぐら) 집 밖에 지은 잡살뱅이·곡식 따위를 넣어 두는 광.
庭伝い(にわづたい) 어떤 뜰에서 다른 뜰로 가는 일. 또, 뜰을 통해서 왕래함.
庭造り(にわつくり) ① 정원을 꾸밈. ② 정원사.
庭草(にわくさ) 뜰에 난 풀.
庭下駄(にわげた) 뜰에서 신는 왜나막신.
庭火(にわび) ① 뜰에서 피우는 화톳불. ② 궁중에서 神楽(かぐら)를 열 때에 피우는 화톳불.
庭の訓え(にわのおしえ) 가정 교육.

挺

10画 扌
뺄 정
テイ·チョウ
ぬきんでる

音読
挺(ちょう) ① 총·쟁기·괭이·먹·초·가위 등을 세는 말. …정. …자루. ② 가마·인력거 등 긴 채가 있는 탈것을 세는 말. …채.
挺する(ていする) 남보다 앞장서 나아가다.
挺空植物(ていくうしょくぶつ) 〖植〗정공 식물.
挺立(ていりつ) 정립. 높이 솟음.
挺水植物(ていすいしょくぶつ) 〖植〗정수 식물. 물위 식물.
挺身(ていしん) 정신. 앞장서 몸을 바쳐 일을 함.
挺然(ていぜん) 정연. 뛰어난 모양.
挺銀(ちょうぎん) 江戸(えど) 시대의 은화의 하나〖해삼 모양으로 생겼음〗.
挺進(ていしん) 정진. 여럿 가운데서 혼자만이 앞장서 나아감.
挺出(ていしゅつ) 정출. 남달리 뛰어남.

其他
挺子摺る(てこずる) 주체 못 하다. 둥개다.

釘

10画 金
못 정
テイ
くぎ

訓読
釘(くぎ) 못.
釘裂き(くぎざき) 못에 걸려 찢김. 또, 그 찢긴 부분.
釘目(くぎめ) 못박은 자리.
釘抜き(くぎぬき) 못뽑이.
釘付け(くぎづけ) 못박음. ① 못을 쳐 붙임. ② 그 자리를 움직이지 못하게 함. ③ 못가 따위를 고정시키는 일.
釘隠し(くぎかくし) 못대가리를 감추기 위하여 그 위에 씌우는 쇠붙이 장식.
釘応え(くぎごたえ) ①(박은) 못이 단단히 박혀 있음. ②(의견 등이) 효과가 있음. ③ 튼튼하고 오래감.
釘締め(くぎじめ) 못을 쳐서 고정함.

停

11画 亻 教
머무를 정
テイ·チョウ
とどまる·とどめる·とまる·とめる

音読
停刊(ていかん) 정간.
停年(ていねん) 정년.
停頓(ていとん) 정돈. 정체.
停留(ていりゅう) 정류. 가다가 머무름.
♣~所(じょ) 정류장.
‖~睾丸(こうがん) 〖醫〗정류 고환.

~場(じょう) 정류장. 정거장.
停立(ていりつ) 정립. 멈추어 섬.
停泊(ていはく) 정박. ♣~灯(とう) 정박등 / ~料(りょう) 정박료. 체선료.
停船(ていせん) 정선.
停任(ちょうにん) 정직. *ていにん으로도 읽음.
停戦(ていせん) 정전.
停電(ていでん) 정전.
停止(ていし) 정지. *ちょうじ라고도 읽음. ♣~線(せん) 정지선. ‖~条件(じょうけん)《法》정지 조건.
停職(ていしょく) 정직.
停車(ていしゃ) 정차. ‖~場(じょう) 정거장. 역. *ていしゃば로도 읽음.
停滞(ていたい) 정체.
停廃(ちょうはい) 정폐. 중지〔취소〕함. 행하지 않음. *ていはい로도 읽음.
停学(ていがく) 정학.
停限年齢(ていげんねんれい) 정한 연령. 정년(停年).
停会(ていかい) 정회.
バス停(バスてい) 버스 정류장.

[訓読]
停まる(とどまる) 머물다.
停める(とめる) 멈추다. 세우다.

11 イ 常 **偵** 염탐할 **정**
テイ
うかがう

[音読]
偵吏(ていり) 정리. 정탐하는 벼슬아치.
偵知(ていち) 정지. 정찰하여 앎. 탐지.
偵察(ていさつ) 정찰. ♣~機(き) 정찰기.

[逆音]
密偵(みってい) 밀정. 스파이.
探偵(たんてい) 탐정.

11 忄 敎 **情**(情) 뜻 **정**·정 **성**
ジョウ·セイ
なさけ·こころ

[音読]
情(じょう) 정. ①감정. ②성심. 진정. ③인정. 동정. 애정.
情歌(じょうか) ①정가. 연가(戀歌). ②도도이쓰(どどいつ)의 딴이름.
情感(じょうかん) 정감. 느낌. 감정.
情強(じょうごわ) 〈老〉옹고집. 고집이 셈.
情景(じょうけい) 정경. 광경. 정상.
情交(じょうこう) 정교.
情念(じょうねん) 정념.
情動(じょうどう)《心》정동《그 영향이 신체에 나타날 정도로 강렬한 일시적인 감정》.
情理(じょうり) 정리.
情無し(じょうなし) 무정함. 또, 그런 사람.
情味(じょうみ) ①인정미. ②풍미. 정취.
情報(じょうほう) 정보. ♣~量(りょう) 정보량 / ~網(もう) 정보망 / ~源(げん) 정보원 / ~誌(し) 정보지 / ~通(つう) 정보통. ‖~家電(かでん) 컴퓨터 기능이 있는 가전제품.
~検索(けんさく) 정보 검색.
~公開制度(こうかいせいど) 정보공개 제도.
~科学(かがく) 정보 과학.
~管理(かんり) 정보 관리.
~機関(きかん) 정보 기관.
~機器(きき) 정보 기기.
~産業(さんぎょう) 정보 산업.
~理論(りろん) 정보 이론.
~操作(そうさ) 정보 조작.
~処理(しょり) 정보 처리.
~通信(つうしん) 정보 통신.
~革命(かくめい) 정보 혁명.
~化社会(かしゃかい) 정보화 사회.
~環境(かんきょう) 정보 환경.
情夫(じょうふ) 정부.
情婦(じょうふ) 정부.
情史(じょうし) 정사. 남녀의 연애·정사에 관한 기록·소설.
情死(じょうし) 정사.
情事(じょうじ) 정사.
情思(じょうし) 정사. ①감정과 생각. ②남녀가 서로 사랑하는 생각.
情状(じょうじょう) 정상. ‖~酌量(しゃくりょう)《法》정상 작량. 정상을 참작함.
情想(じょうそう) 정상. 감정과 사상.
情緒(じょうしょ) 정서. *慣用上 じょうちょ로도 읽음. ♣~的(てき) 정서적. ‖~象徴(しょうちょう) 정서 상징. 감각적 또는 구체적인 것으로 어떤 감정·분위기를 표상하는 일.
~障害(しょうがい) 정서 장애.
~纏綿(てんめん) 정서 전면. ①감정이 착잡함. ②깊은 정이 얽혀 헤어지기 어려움.
情宣(じょうせん) 情報(じょうほう)·宣伝(せんでん)의 준말.
性情(しょうじょう) 정성. 인정과 성질. ‖~欠如(けつじょ) 정성 결여.
情勢(じょうせい) 정세. 형세.
情詩(じょうし) 정시. 연애의 마음을 읊은 시.
情識(じょうしき) ①남과 싸우려는 마음. 투쟁심. ②고집스러움. 완고함.
情実(じょうじつ) 정실.
情愛(じょうあい) 정애. 애정.
情縁(じょうえん) 정연. (연애로 맺어진) 남녀의 연분.
情熱(じょうねつ) 정열. ♣~的(てき) 정열적.
情炎(じょうえん) 정염. 〔욕(物慾)〕
情欲(じょうよく) 정욕. ①색정. ②《佛》물욕.
情慾(じょうよく) ⇨ 情欲(じょうよく).
情偽(じょうぎ) 정위. 진정과 허위.
情宜(じょうぎ) 정의. 친구나 사제간의 정·친밀감.
情意(じょうい) 정의. ①감정과 의지. ②기분. ‖~投合(とうごう) 정의투합. 서로 마음〔기분〕이 통함. 의기투합.

情義(じょうぎ) 정의. 인정과 의리.
情人(じょうじん) 정인. 연인. 애인. 정부(情夫). 정부(情婦). *じょうにんで도 읽음.
情張り(じょうばり) ☞情っ張り
情っ張り(じょうっぱり) 고집을 부림. 고집쟁이.
情調(じょうちょう) 정조. ① 기분. 정취. ② 〖心〗감각에 따르는 쾌(快)·불쾌의 감정. ③ 가락.
情操(じょうそう) 정조.
‖~**教育**(きょういく) 정조 교육.
情趣(じょうしゅ) 정취.
情致(じょうち) 정치. 정취. 풍치.
情痴(じょうち) 정치. 이성을 잃을 정도로 색정(色情)에 빠짐.
情態(じょうたい) 정태. 마음의 상태.
情弊(じょうへい) 정폐. 정실로 인한 폐단.
情合い(じょうあい) ① 정분. ② 서로 마음이 맞음.
情好(じょうこう) 정호. 사이가 좋음.
情火(じょうか) 정화. 불 같은 정욕.
情話(じょうわ) 정화. 정담.
情況(じょうきょう) 정황. 상황.
情懐(じょうかい) 정회. 정서와 회포.

訓読
情け(なさけ) 정. 인정. 애정.
情けごかし(なさけごかし) 인정을 베풀 듯하면서 자기 이익을 도모함.
情けない(なさけない) 한심하다. 정나미 떨어지다. 비참하다.
情け所(なさけどころ) ① (여성의) 음부. ② (동성애 용어로) 항문.
情け宿(なさけやど) 남녀의 밀회 장소로 쓰이는 여관. 러브 호텔.
情け心(なさけごころ) 동정심. 자애로운 마음.
情け深い(なさけぶかい) 인정이 많다.
情け顔(なさけがお) 인정이 있어 보이는 얼굴 생김새.
情け容赦(なさけようしゃ) 인정 사정.
情け人(なさけびと) 풍류, 특히 남녀의 정을 아는 사람.
情け知らず(なさけしらず) ① 인정이 없음. 또, 그런 사람. ② 남녀의 정을 모름. 또, 그런 사람.

其他
情無い(つれない) ① 무정하다. 냉정하다. ② 모른 체하다. 태연하다.

逆訓
仇情け(あだなさけ) ① 뜬 정. 풋사랑. ② 일시적인 부질없는 친절.
深情け(ふかなさけ) (이성에 대한) 깊은 애정.

| 11
扌 | 掟 | 둘러칠 정
テイ・ジョウ
おきて |

訓読
掟(おきて) ① 규정. 규칙. ② 법제. ③ 관습.

| 11
方 | 旌 | 기 정·나타낼 정
セイ
あらわす・はた |

音読
旌旗(せいき) 정기.
旌表(せいひょう) 정표. 사람의 선행을 칭송하고 널리 세상에 알림.

| 11
木 | 梃 | 막대기 정
テイ
てこ |

訓読
梃(てこ) 지레.
梃入れ(てこいれ) ① (거래소에서) 시세를 인위적으로 조작함. ② 약점을 보강하기 위해서 외부에서 원조함.
梃子(てこ) 지레.

| 11
頁 ^教 | 頂 | 꼭대기 정·쥐독 정
チョウ
いただく・いただき |

音読
頂角(ちょうかく) 〖數〗정각. 꼭지각.
頂端細胞(ちょうたんさいぼう) 〖植〗정단세포.
頂戴(ちょうだい) ① (남, 특히 윗사람한테서) 받음. ②《문말에 ちょうだいで만으로》(…해) 주십시오《요청하는 말》.
‖~**物**(もの) 얻은 것.
頂礼(ちょうらい) 〖佛〗정례.
頂門(ちょうもん) 정문. 정수리.
頂上(ちょうじょう) 정상. 절정.
‖~**会談**(かいだん) 정상 회담.
頂生(ちょうせい) 정생. ① 꼭대기에 남. ② 줄기의 맨 끝에 남.
頂芽(ちょうが) 〖植〗정아. 끝눈.
頂点(ちょうてん) 정점. ① 〖數〗꼭지점. ② 절정. 정상. ③ 극한.
頂天眼(ちょうてんがん) 금붕어의 한 품종.
頂花(ちょうか) 정화. 줄기나 가지 끝에 피는 꽃.

訓読
頂(いただき) (산 따위의) 꼭대기. 정상.
頂けない(いただけない) ① 받을 수 없다. ② 마뜩찮다. 불만이다.
頂ける(いただける) ① 받을(얻을) 수 있다. ② 꽤 좋다. 괜찮다. …르 만하다.
❖**頂く**(いただく) ① (머리에) 이다. 얹다. ② 받들다. 모시다. ③ 'もらう(=받다)'·'たべる(=먹다)'의 공손한 말씨.
頂き(いただき) 〈俗〉(승부·내기 등에서) 얻은 것. 「김.
頂き立ち(いただきだち) (손님이) 식사를 끝내자마자 곧 자리를 뜸.
頂き物(いただきもの) (남에게서) 받은 것.

12 氵	渟	괼 정·머무를 정 テイ とどまる

音読▶
渟水(ていすい) 정수. 물이 괴어 있는 곳.
其他▶
渟名井(ぬない) 우물을 신성시하여 부른 말.

12 日 常	晶	수정 정 ショウ あきらか

音読▶
晶系(しょうけい) 정계. 결정계(結晶系).
晶帯(しょうたい) (결정학에서) 정대.
晶洞(しょうどう) 〖鑛〗정동.
晶癖(しょうへき) 〖鑛〗정벽.
晶相(しょうそう) 정상. 결정의 형상.
晶析(しょうせき) 〖化〗정석. 정출(晶出).
晶子(しょうし) 〖鑛〗정자. 미세한 결정립 (結晶粒).
晶晶(しょうしょう) 반짝반짝 빛나는 모양.
晶族(しょうぞく) 〖鑛〗정족.
晶質(しょうしつ) 정질. 결정성의 물질.
晶出(しょうしゅつ) 〖化〗정출.

12 禾 教	程(程)	법 정·한도 정 テイ ほど

音読▶
程度(ていど) 정도.
‖**〜問題**(もんだい) 정도 문제.
〜副詞(ふくし) 형용사·부사 등의 상태를 나타내는 말에 붙어 그 정도를 한정하는 부사.
程朱(ていしゅ) 정주. 송나라 때의 정호(程顥)·정이(程頤) 형제와 주희(朱熹)를 이름.
♣**〜学**(がく) 정주학.
訓読▶
程(ほど) ①정도. (넘어서는 안 될) 한계. 분수. ②(수량이나 시간·공간 등의) 대략적인 범위. 쯤. 만큼. 무렵. ③조금. 좀.
程らい(ほどらい) 적당한 정도.
程経て(ほどへて) 조금 지나서.
程近い(ほどちかい) (거리가) 가깝다. 그리 멀지 않다.
程無く(ほどなく) 머지않아. 이윽고.
程遠い(ほどとおい) 좀 멀다. 걸맞지 않다.
程程(ほどほど) 적당. 알맞은 정도.
程合い(ほどあい) 알맞은 정도.
程好い(ほどよい) 알맞다. 적당하다.

13 ネ 人	禎(禎)	상서 정 テイ さいわい

禎祥(ていしょう) 정상. 좋은 징조.

13 辶	遉	엿볼 정 テイ うかがう・さすが

訓読▶
遉(さすが) ①그렇다고는 하나. 역시. ②과연. ③그(처럼) 대단한.

13 目	睛	눈알 정 セイ ひとみ

音読▶
睛眸(せいぼう) 정모. 눈동자.
逆音▶
眼睛(がんせい) 안정. 눈동자.

13 石	碇	닻 정 テイ いかり

音読▶
碇泊(ていはく) 정박.
訓読▶
碇(いかり) ①닻. ②물건을 달아올리는 갈고랑이.
碇綱(いかりづな) 닻줄.
碇草(いかりそう) 〖植〗삼지구엽초(三枝九葉草).

13 立 人	靖(靖)	편안할 정 セイ やすい・やすんずる

音読▶
靖寧(せいねい) 세상이 조용하고 평온함. 정녕(靜寧).
訓読▶
靖国(やすくに) 정국. 나라를 진정(鎭定)함.

13 舟 常	艇	거룻배 정 テイ こぶね

音読▶
艇(てい) ①작은 배. 거룻배. ②《接尾語로》…정. 작은 배의 수.
艇庫(ていこ) 정고. 보트를 넣어 두는 창고.
艇首(ていしゅ) 정수. 보트의 이물.
艇身(ていしん) 《接尾語로》정신. 보트의 전장(全長).
艇長(ていちょう) 정장.
艇差(ていさ) 정차. 조정 경기에서 두 보트 사이의 거리.
逆音▶
競艇(きょうてい) 경정. 모터보트 경주.
救命艇(きゅうめいてい) 구명정.

13 金	鉦	징 정 ショウ かね

音読
鉦鼓(しょうこ) 정고. ① 진중에서 군호로 치던 징과 북. ② 아악에 쓰는 타악기의 일종.
訓読
鉦 ㊀(かね) 아악에서 쓰는 타악기의 일종으로 경종(磬鐘).
㊁(しょう) ① 징. ② 정고(鉦鼓). ③ 꽹과리.
鉦叩き(かねたたき) ① 꽹과리를 침. 꽹과리잡이. ② 꽹과리를 치면서 경문 따위를 외며 구걸하러 다니는 거지. ③ 당목(撞木).

13 鼎	鼎	솥 정 テイ かなえ

音読
鼎談(ていだん) 정담. 삼자 회담.
鼎立(ていりつ) 정립. 셋이 맞섬.
鼎分(ていぶん) 정분. 삼분(三分)함.
鼎運(ていうん) 정운. 제왕의 운명.
鼎俎(ていそ) 정조. ① 솥과 도마. ② 죽을 운명.
鼎坐(ていざ) 정좌. 세 사람이 마주하고 앉음.
鼎座(ていざ) ⇨ 鼎坐(ていざ).
鼎足(ていそく) 정족. ① 솥발. ② 정립(鼎立).
鼎鑊(ていかく) 정확. 발이 있는 솥과 없는 솥.
訓読
鼎(かなえ) 정. 고대 중국에서 솥으로 썼다는 청동기. *ていろ로 읽음.

14 米 教	精(精)	찧을 정·정신 정 セイ・ショウ くわしい・しらげる

音読
精(せい) ① 기력. 원기. 정력. ② 자세함. 정밀. 정교. ③ 정령. ④ 순수함. ⑤ 정액.
~を入(い)れる 정성을 들이다. 정력을 쏟다.
~を出(だ)す 열심히 일하다.
精強(せいきょう) 정강. 우수하고 강함.
精鋼(せいこう) 정강.
精検(せいけん) 정검. '精密検査(せいみつけんさ)(=정밀 검사)'의 준말.
精工(せいこう) 정공. 정교한 세공.
精管(せいかん) 〖生〗 정관. 수정관(輸精管).
精巧(せいこう) 정교.
精求(せいきゅう) ⇨ 精究(せいきゅう).
精究(せいきゅう) 정구. 자세히 연구함.
精根(せいこん) 정근. 정력. 끈기.
精勤 ㊀(せいきん) 정근.
㊁(しょうごん) 〖佛〗 근행(勤行)에 힘씀.
精気(せいき) 정기.
精機(せいき) 정밀기계(せいみつきかい)의 준말.
精騎(せいき) 정기. 정예 기병.
精嚢(せいのう) 〖生〗 정낭.
精農(せいのう) 정농. 독농(篤農).
精糖(せいとう) 정당. 정백당(精白糖).
精到(せいとう) 정도. 자세하고 치밀함.
精度(せいど) 정(밀)도.
精読(せいどく) 정독.
精銅(せいどう) 정동. 정련한 구리.
精良(せいりょう) 정량. 빼어나게 좋음.
精励(せいれい) 정려. 힘을 다하여 부지런히 일〔공부〕함.
精力(せいりょく) 정력. ♣~**的**(てき) 정력적.
∥~**絶倫**(ぜつりん) 정력 절륜.
精煉(せいれん) ⇨ 精錬(せいれん).
精練(せいれん) 정련. ① 잘 훈련함. ② 동식물의 섬유에서 불순물을 제거하여 순도를 높임.
精錬(せいれん) 정련. ♣~**鑛**(こう) 정련광.
精霊 ㊀(しょうりょう) 정령. 죽은 사람의 영혼.
∥~**流し**(ながし) 〖佛〗 공양물을 강이나 바다에 띄워 보내며 영혼을 보내는 일.
~**飛蝗**(ばった) 〖蟲〗 송장메뚜기.
~**送り**(おくり) 〖佛〗 백중날 혼령을 돌려보내는 불사(佛事).
~**舟**(ぶね) 공양물을 강이나 바다에 띄워 보낼 때 쓰는, 나무 또는 짚으로 만든 작은 배.
~**蜻蛉**(とんぼ) 'アカトンボ(=고추잠자리)'의 딴이름.
~**会**(え) 盂蘭盆(うらぼん)의 딴이름.
㊁(せいれい) ① ⇨ ㊀. ② 만물에 깃들어있다는 혼.
∥~**信仰**(しんこう) 〖宗〗 정령 신앙. 애니미즘.
精論(せいろん) 정론. 자세한 논의.
精留(せいりゅう) 〖化〗 정류(精溜).
精麦(せいばく) 정맥.
精綿(せいめん) 정면.
精明(せいめい) 정명. 자세하고 분명함.
精母細胞(せいぼさいぼう) 〖生〗 정모 세포.
精妙(せいみょう) 정묘.
精米(せいまい) 정미.
精美(せいび) 정미. 정교하고 아주 아름다움.
精微(せいび) 정미. 자상하고 세밀함.
精敏(せいびん) 정민. 세밀하고 민첩함.
精密(せいみつ) 정밀.
∥~**科学**(かがく) 정밀 과학.
~**機械**(きかい) 정밀 기계.
精薄(せいはく) 정박. 精神薄弱(せいしんはくじゃく)의 준말. ♣~**児**(じ) 정박아.
精紡(せいぼう) 〖工〗 정방.
精白(せいはく) 정백. ♣~**米**(まい) 정백미.
精兵 ㊀(せいへい) 정병.
㊁(せいびょう) ① 강궁(剛弓)을 사용하는 힘센 궁사. ② ⇨ ㊀.
精分(せいぶん) 정분. ① 정력의 근원. ② 자양분. ③ 순수 성분.
精舎(しょうじゃ) 〖佛〗 정사. 중이 불도를 닦는 곳. 절의 딴이름.
精査(せいさ) 정사. 정밀한 조사.

精算(せいさん) 정산.
精詳(せいしょう) 정상. 세밀하고 자상함.
精選(せいせん) 정선.
精誠(せいせい) 정성. 정밀하고 섬세함.
精細胞(せいさいぼう) 〖生〗 정세포.
精巢(せいそう) 〖生〗 정소.
∥~上体(じょうたい) 〖生〗 정소 상체.
~炎(えん) 〖醫〗 정소염. 고환염.
精水(せいすい) 정수. 정액.
精粋(せいすい) 정수.
精髄(せいずい) 정수. 핵심. 진수.
精熟(せいじゅく) 정숙. 어떤 일에 정통하고 숙련됨.
精神(せいしん) 정신. ♣~界(かい) 정신계 /~科(か) 정신과 /~盲(もう) 〖心〗 정신맹 /~史(し) 정신사.
~一到(いっとう)何事(なにごと)か成(な)らざらん 정신 일도 하사 불성이리오.
∥~鑑定(かんてい) 정신 감정.
~科学(かがく) 정신 과학.
~労働(ろうどう) 정신 노동.
~物理的測定(ぶつりてきそくてい) 정신 물리적 측정.
~物理学(ぶつりがく) 정신 물리학.
~薄弱(はくじゃく) 정신 박약.
~発達遅滞(はったつちたい) 정신 발달 지체.
~病(びょう) 〖醫〗 정신병. ♣~質(しつ) 정신병질 /~学(がく) 정신병학.
~病理学(びょうりがく) 정신 병리학.
~病院(びょういん) 정신 병원.
~保健センター(ほけんセンター) 정신 보건 센터.
~賦活薬(ふかつやく) 정신 부활약.
~分析(ぶんせき) 정신 분석.
~分裂病(ぶんれつびょう) 〖醫〗 정신 분열병.
~生活(せいかつ) 정신 생활.
~衰弱(すいじゃく) 정신 쇠약.
~修養(しゅうよう) 정신 수양.
~神経症(しんけいしょう) 〖心〗 정신 신경증.
~身体医学(しんたいいがく) 정신 신체 의학.
~安定剤(あんていざい) 정신 안정제.
~年齢(ねんれい) 정신 연령.
~療法(りょうほう) 정신 요법.
~衛生(えいせい) 정신 위생.
~依存(いそん) 정신 의존.
~医学(いがく) 정신 의학.
~異常(いじょう) 정신 이상.
~障害(しょうがい) 정신 장애.
~的(てき) 정신적. ♣~損害(そんがい) 정신적 손해 /~外傷(がいしょう) 정신적 외상 /~自由権(じゆうけん) 정신적 자유권.
~電気反応(でんきはんのう) 〖心〗 정신 전기 반응.
~腫瘍学(しゅようがく) 정신 종양학.
~主義(しゅぎ) 정신주의.
遅滞(ちたい) 정신 지체.

~哲学(てつがく) 정신 철학.
精深(せいしん) 정심. 세밀하고 깊이가 있음.
精雅(せいが) 정아. 묘사 따위가 자세하고 고상함.
精液(せいえき) 정액.
精鋭(せいえい) 정예.
精源細胞(せいげんさいぼう) 〖生〗 정원 세포.
精油(せいゆ) 정유. ① 석유를 정제함. 또, 그 석유. ② 식물에서 채취하여 정제한 방향유.
精肉(せいにく) 정육.
精義(せいぎ) 정의. 자상한 뜻 [강의].
精一杯(せいいっぱい) 될 수 있는 대로. 힘껏.
精子(せいし) 〖生〗 정자.
精精(せいぜい) ① 될 수 있는 대로. 열심히. ② 기껏 (해야). 고작.
精製(せいせい) 정제. ♣~品(ひん) 정제품.
∥~綿(めん) 정제면. 탈지면 (脱脂綿).
精粗(せいそ) 정조. 정밀함과 거침. 상세함과 조잡함.
精進(しょうじん) 정진. ① 정력을 다하여 나아감. ② 〖佛〗 육식을 피하고 재계함. ③ 〖佛〗 심신을 가다듬고 수행에 전념함. *古語로는 しょうじ라고도 함.
∥~潔斎(けっさい) 정진 결재. 육식을 끊고 심신을 깨끗이 하는 일. 목욕재계.
~固め(がため) 〖佛〗 정진을 시작하기 전에 고기류를 먹지 않는 일.
~根(こん) 〖佛〗 정진근. 오근(五根)의 하나.
~落ち(おち) ☞ 精進明け.
~明け(あけ) 〖佛〗 정진 기간이 끝나 평소의 생활로 돌아가는 일.
~物(もの) 고기와 생선을 쓰지 않은 채소만의 식품.
~揚げ(あげ) 〖料〗 야채 튀김.
~料理(りょうり) 정진 요리. 고기·생선을 빼고 야채만으로 만든 요리.
~日(び) 육식 따위를 금하고 정진하는 날. 재일(齋日).
~膾(なます) 어개류(魚介類)를 제외한 야채로 만든 회.
精察(せいさつ) 정찰. 정밀한 관찰.
精彩(せいさい) 정채.
精鉄(せいてつ) 정철. 정련된 쇠.
精出す(せいだす) 열심히 하다. 힘쓰다.
精虫(せいちゅう) 정충.
精忠(せいちゅう) 정충. 성충(誠忠).
精緻(せいち) 정치. 정밀. 치밀.
精通(せいつう) 정통.
精包(せいほう) 〖生〗 정협(精荚).
精品(せいひん) 정품. 정제한 물품.
精悍(せいかん) 정한. 날래고 사나움.
精解(せいかい) 정해.
精核(せいかく) 〖生〗 정핵.
精血(せいけつ) 정혈. ① 심혈. ② 신선한 피.
精好(せいこう) 만듦새가 정교하고 좋음.
精魂(せいこん) 정혼. 심혼(心魂).
精華(せいか) 정화. 순수하고 훌륭함.
精確(せいかく) 정확.

訓読

精しい(くわしい) 상세하다. 소상하다. 자세히 알고 있다. 환하다. 정통하다.

❖**精げる**(しらげる) 쓿다. 정미하다.
精げ(しらげ) 쓿은쌀. 정미(精米)한 쌀.
精げ米(しらげごめ) 정미한 쌀. 정백미(精白米).
精げ鉋(しらげかんな) 마무리용의 날이 얇「은 대패.

14 耳 日	碇	확실할 (정) しかと

訓読
碇と(しかと) 꼭. 꽉. 세게. 단단히. *しっかとまたは로도 읽음.
碇り(しっかり) ① 단단히. 꼭. 꽉. 튼튼히. ② 똑똑히. 정신 차려서. ③ 확고히. 견실하게. ④⟨方⟩잔뜩. ⑤〔經〕(시세의) 오름세.
碇り者(しっかりもの) ① 견실한[착실한] 사람. ② 검약가.

14 青 教	静 (靜)	조용할 정 セイ・ジョウ しず・しずか・しずまる・しずめる

音読
静 ㈠(せい) 정. 고요. 조용함.
㈡(しず)《接頭語적으로》조용한….
静居(せいきょ) 정거. 한가로이 지냄. 조용한 주거.
静観(せいかん) 정관.
静気候学(せいきこうがく) 정기후학. 평균치 등에 의해 통계적으로 기후를 기술하는 학문.「함.
静寧(せいねい) 정녕. 세상이 조용하고 평온
静慮(せいりょ) 정려. 조용히 생각함.
静脈(じょうみゃく) 정맥. ♣〜類(りゅう) 정맥류／〜弁(べん) 정맥판／〜血(けつ) 정맥혈.
∥〜**産業**(さんぎょう) 정맥 산업《상품을 소비자의 손에 이르게 하기까지를 동맥으로 칠 때, 사용 후의 폐기물을 처리하여 자원으로 재생하는 부분》.
〜**注射**(ちゅうしゃ) 정맥 주사.
静黙(せいもく) 정묵. 조용히 침묵함.
静物(せいぶつ) 정물. ♣〜画(が) 정물화.
静謐(せいひつ) 정밀. 정온(靜穩).
静思(せいし) 정사. 조용히 사색함.
静水(せいすい) 정수. 정지해서 움직이지 않는 물. ♣〜圧(あつ) 〔理〕정수압.
静邃(せいすい) 정수. 조용하고 심원함.
静淑(せいしゅく) 정숙. 행동거지가 조용함.
静粛(せいしゅく)「고 단아함.
静息(せいそく) 정식. 조용히 쉼. 조용해짐.
静圧(せいあつ) 〔理〕정압.
静夜(せいや) 정야. 고요한 밤.
静養(せいよう) 정양.
静力学(せいりきがく) 〔理〕정역학.
静穏(せいおん) 정온.「정.
静臥(せいが) 환자 등이 조용히 누워 있음. 안**静逸**(せいいつ) 정일. 조용하고 심신이 편안
静的(せいてき) 정적.「함.
静寂 ㈠(せいじゃく) 정적.
㈡(しじま)〈雅〉침묵. 정적.
静電感応(せいでんかんのう) 〔理〕정전 감응. 정전 유도.
静電気(せいでんき) 〔理〕정전기. ♣〜学(がく) 〔理〕정전기학.
静電選別(せいでんせんべつ) 정전 선별. 정전기 현상을 응용해서 물질의 분리 등을 하는 기술의 총칭.
静電容量(せいでんようりょう) 〔理〕정전 용량.「도.
静電誘導(せいでんゆうどう) 〔理〕정전 유
静電偏向(せいでんへんこう) 〔理〕정전 편
静穆(せいぼく) 진압하여 다스림.「향.
静坐(せいざ) ⇨ 静座(せいざ).
静座(せいざ) 마음을 편히 하고 앉음.
静注(じょうちゅう) 정맥주사(じょうみゃくちゅうしゃ)의 준말.
静止(せいし) 정지. ♣〜核(かく) 정지핵.
∥〜**摩擦**(まさつ) 〔理〕정지 마찰. ♣〜係数(けいすう) 정지 마찰 계수.
〜**衛星**(えいせい) 정지 위성.
〜**人口**(じんこう) 정지 인구.
〜**電位**(でんい) 〔生〕정지 전위.
〜**質量**(しつりょう) 〔理〕정지 질량.
〜**画放送**(がほうそう) 정지화 방송.
静振(せいしん) 〔地〕정진.
静聴(せいちょう) 정청. 조용히 들음.
静態(せいたい) 정태.
∥〜**統計**(とうけい) 정태 통계.
静平(せいへい) 조용하고 평온함.
静荷重(せいかじゅう) 〔建〕정하중.
閑閑(せいかん) 정한. 고요한 모양.

訓読
静か(しずか) 조용〔고요〕한 모양・상태.
静けさ(しずけさ) 조용함. 고요함.
静けし(しずけし)〈雅〉조용〔고요〕하다.
静める(しずめる) 가라앉히다. 조용하게 하다. 진정시키다.
静やか(しずやか) 조용함. 고요함.
静心(しずごころ)〈雅〉조용한 마음. 평온(平穩)한 마음.
静静(しずしず) 몹시 조용하고 정숙한 모양.
静かの海(しずかのうみ)〔天〕고요의 바다《달의 지명》.「다.
❖**静まる**(しずまる) (조용히) 가라앉다. 안정되
静まり返る(しずまりかえる) 아주 조용〔고요〕해지다.

15 阝	鄭	정나라 정 テイ・ジョウ ねんごろ

音読
鄭声(ていせい) 정성. 야비하고 저속한 노래.
鄭重(ていちょう) 정중.

15 言	諚	분부할 정 ヘン・ジョウ

音読
諚(じょう) 주군이나 귀인의 분부. 명령.
諚意(じょうい) 주군의 명령. 분부의 취지나 요지.

16 攵 敎	整	가지런할 정 セイ ととのえる・ととのう

音読
整骨(せいこつ) 정골.
整頓(せいとん) 정돈.
整列(せいれつ) 정렬.
整流(せいりゅう)〖電〗정류. ♣~管(かん) 정류관 / ~器(き) 정류기 / ~子(し) 정류자.
‖~回路(かいろ) 정류 회로.
整理(せいり) 정리. ① 질서를 바로잡음. ② 불필요한 것을 없앰.
‖~簞笥(だんす) (옷 따위의) 정리장.
~ポスト〖經〗정리 포스트. 주식의 상장 폐지가 결정된 후 일정 기간 매매를 계속하는 특별 포스트(입회장).
整髮(せいはつ) 정발. 이발.
整復(せいふく) 정복. 절골·탈구(脫臼) 등에 의한 뼈의 이상을 정상 상태로 고침.
整備(せいび) 정비. ♣~士(し) 정비사.
整商(せいしょう)〖數〗정상.
整序(せいじょ) 질서를 세우고 가지런히 함.
整数(せいすう)〖數〗정수.
整肅(せいしゅく) 정숙. 예의 범절 등이 바르고 엄숙함.
整式(せいしき)〖數〗정식.
整然(せいぜん) 정연.
整容(せいよう) 정용. 자세를 바르게 함.
整腸(せいちょう) 정장. ♣~劑(ざい) 정장제.
整正(せいせい) 바르게 정리함.
整整(せいせい) 바르게 정돈되어 있는 모양.
整齊(せいせい) 정제. 정리함.
整除(せいじょ)〖數〗정제.
整調(せいちょう) ① 컨디션을 조절함. ② 보트 레이스에서, 타수(舵手)와 마주 앉아 다른 노잡이의 속도를 조절하는 사람.
整地(せいち) 정지.
整枝(せいし)〖農〗정지. 가지 고르기.
整肢(せいし)〖醫〗정지.
整体(せいたい) 정체. 지압·마사지 등으로 비뚤어진 골격을 교정하여 신체 균형을 잡음으로써 건강 증진·체질 개선을 꾀하는 일.
整版(せいはん) 정판. ① 판목에 조각하여 인쇄하는 방법. 또, 그 인쇄물. ② 제판(製版).
整合(せいごう) 정합. 잘 맞음. 일치함.
整形(せいけい)〖醫〗정형.
‖~手術(しゅじゅつ)〖醫〗정형 수술.
~外科(げか)〖醫〗정형 외과.

訓読
整う(ととのう) ① 가지런해지다. 정돈되다. ② 형태가 갖추어지다.
整える(ととのえる) ① 정돈하다. 단정히 하다. ② 가지런히〔나란히〕하다.

16 金 常	錠	제기이름 정·정제 정 ジョウ

參考 '정제 정'은 한국 음훈.

音読
錠(じょう) ① 자물쇠. ②《接尾語로》정제를 세는 말. …정. …알.
錠前(じょうまえ) 자물쇠.
錠劑(じょうざい) 정제. 알약.

17 木	檉	위성류 정 テイ・チョウ かわやなぎ

其他
檉柳(ぎょりゅう)〖植〗위성류(渭城柳).

19 氵	瀞	맑을 정 セイ とろ

訓読
瀞(とろ) 강물이 깊어서 흐름이 아주 잔잔한 곳.
瀞む(とろむ) 수면(水面) 따위가 물결이 일지 않고 기름을 띄운 듯이 잔잔해지다.

19 虫	蟶	긴맛 정 テイ まて

訓読
蟶貝(まてがい)〖貝〗긴맛.

제

7 弓 敎	弟	아우 제 テイ・ダイ・デ おとうと・おと

音読
弟妹(ていまい) 제매. 남동생과 여동생.
弟子(でし) 제자. *ていしろ도 읽음.
‖~分(ぶん) 제자로서 취급을 받는 자.
~入り(いり) 제자가 됨.
~取り(とり) 제자를 맞아들임.

訓読
弟 ㊀ (おとうと) ① 남동생. 아우《넓은 뜻으

로는 배우자의 남동생과 여동생의 남편 등도 가리킴. ②〈雅〉 누이동생.
㊂(てい) ① ☞㊀①. ② 스승에게 가르침을 받는 사람. 제자.
㊂(おと) ① ☞㊀. ② 막내(자식).
弟嫁(おとうとよめ) 계수(季嫂). 제수(弟嫂).
弟見(おとみ) 젖먹이가 있는 아이 어머니가 곧 임신하는 일.
弟分(おとうとぶん) 아우와 같은 취급을 받는 사람. 동생뻘의 사람.
弟御(おとうとご) 계씨(季氏). 제씨(弟氏).
弟切草(おとぎりそう)〖植〗고추나물.
弟弟子(おとうとでし) 같은 선생에게 나중에 들어온 남자 제자.
弟直し(おとうとなおし) 남편과 사별한 여성이 망부(亡夫)의 남동생과 재혼하는 일.
弟姫(おとひめ) ①〈古〉누이동생인 공주. 또, 젊은 공주.

| 8획
リ
教 | 制 | 억제할 제·정할 제
セイ |

音読
制(せい) 제. 제도. 규칙. 규정.
制する(せいする) ① 제압하다. 누르다. 제지하다. ② 지배하다. ③ 제정하다. ④ 절제하다.
制空権(せいくうけん) 제공권.
制球(せいきゅう)〖野〗제구. ♣~力(りょく)〖野〗제구력.
制規(せいき) 제규. 정해진 규칙.
制禁(せいきん) 제금. 금제(禁制).
制度(せいど) 제도.
∥~的(てき) 제도적. ♣~保障(ほしょう) 제도적 보장.
~学派(がくは) 제도학파.
制動(せいどう) 제동.
∥~機(き) 제동기. 브레이크.
~馬力(ばりき) 제동 마력.
~放射(ほうしゃ)〖理〗제동 복사(輻射).
制令(せいれい) 제령. 제도와 법령.
制輪子(せいりんし)〖機〗제륜자. 제동자.
制立(せいりつ) 제립.
制帽(せいぼう) 제모.
制目(せいもく) (바둑판에 표시된) 9개의 흑점(黑點). 화점.
制縛(せいばく) 제박. 제한이나 제재를 가해 자유를 속박함.
制法(せいほう) 정해진 법규. 규율.
制服(せいふく) 제복.
制酸薬(せいさんやく) 제산약.
制酸剤(せいさんざい) 제산제.
制水弁(せいすいべん) 제수판.
制勝(せいしょう) 제승. 제패(制覇).
制式(せいしき) 제식. 규정(規定).
制癌物質(せいがんぶっしつ) 제암 물질.
制癌剤(せいがんざい) 제암제.
制圧(せいあつ) 제압.

制約(せいやく) 제약. 제한.
制取(せいぎょ) ⇨ 制御(せいぎょ).
制御(せいぎょ) 제어. ♣~盤(ばん) 제어반/~棒(ぼう) 제어봉/~材(ざい) 제어재.
∥~符号(ふごう)〖컴〗기기(機器)의 제어에 쓰이는 부호.
~信号器(しんごうき)〖컴〗제어 신호기. 인코더(encoder).
制禦(せいぎょ) ⇨ 制御(せいぎょ).
制抑(せいよく) 억제.
制外(せいがい) 제외. 제도(규제)의 범위 밖.
制欲(せいよく) 제욕.
制慾(せいよく) ⇨ 制欲(せいよく).
制作(せいさく) 제작.
制裁(せいさい) 제재.
制電加工(せいでんかこう) 섬유에 계면 활성제를 발라 정전기의 발생이나 대전(帶電)을 방지하는 가공.
制定(せいてい) 제정. ♣~法(ほう) 제정법.
制肘(せいちゅう) 철주(掣肘). 견제.
制止(せいし) 제지.
制震(せいしん) 진동을 제어함.
制札(せいさつ) 일반에게 고지할 금지 사항 등을 적어서 길가에 세워 두는 푯말.
制咤迦(せいたか)〖佛〗제타카. 세다가(勢多迦). 「는 약제.
制吐剤(せいとざい) 제토제. 구토를 멎게 하
制統(せいとう) 제약하고 통제함.
制覇(せいは) 제패.
制汗(せいかん) 발한(發汗)을 억제함.
∥~剤(ざい) 발한을 억제하는 약제.
制限(せいげん) 제한. 「제.
∥~君主制(くんしゅせい)〖政〗제한 군주
~物権(ぶっけん)〖法〗제한 물권.
~法貨(ほうか) 제한 법화.
~選挙(せんきょ)〖法〗제한 선거.
~速度(そくど) 제한 속도.
~外発行(がいはっこう)〖經〗제한외 발 「行.
~戦争(せんそう) 제한 전쟁.
~主権論(しゅけんろん) 제한 주권론.
~診療(しんりょう) 제한 진료.
~漢字(かんじ) 제한 한자. ① 사용이 제한된 범위 내의 한자. ②'常用漢字(じょうようかんじ)'(=상용 한자)' 이외의 글자.
~酵素(こうそ)〖化〗제한 효소.
制海権(せいかいけん) 제해권.

| 8획
斉
常 | 斉 (齊) | 가지런할 제
セイ·サイ
ととのう·ととのえる·ひとしい |

音読
斉家(せいか) 제가. 집안을 잘 다스림.
斉読(せいどく) 제독. 일제히 소리내어 읽음.
斉東野人(せいとうやじん) 제동 야인. 사리(事理)를 모르는 시골 사람.
斉眉(せいび) 정성껏 남편을 섬김.
斉民(せいみん) ① 제민. 백성. 서민. 평민.

② 백성을 평등하게 함.
斉射(せいしゃ) 일제 사격.
斉一(せいいつ) 제일. 모두 한결 같음.
斉整(せいせい) 제정. 정제(整齊).
斉奏(せいそう)〖樂〗제주. 유니즌.
斉次式(せいじしき)〖數〗동차식.
斉唱(せいしょう) 제창.

[訓読]
斉う(ととのう) ① 컨디션이 좋아지다. ② 정돈되다.
斉える(ととのえる) ① 조절하다. ② 정돈하다. ③ 나란히 하다.
斉しい(ひとしい) 같다. ① 동일하다. ② 다름없다.

| 9
イ
日 | 俤 | 얼굴그림자 (제)

おもかげ |

[訓読]
俤(おもかげ) ①(눈 앞에 떠오르는) 모습이나 모양. ② 옛 모습.

| 9
巾
常 | 帝 | 임금 제
テイ・タイ
みかど |

[音読]
帝 ㊀(てい) ① 황제. 천자(天子). ②《接尾語로》…제(帝).
㊁(みかど)〈雅〉① 天皇(てんのう). 황제. ② 황실. ③ 궁중.
帝京(ていきょう) 제경. 천자가 사는 도읍.
帝国(ていこく) 제국.
∥**～劇場**(げきじょう) 東京(とうきょう) 도내에 있는 일본 최초의 근대적 서양식 극장.
～主義(しゅぎ) 제국주의.
帝闕(ていけつ) 제궐. 궁궐.
帝畿(ていき) 제기. 수도(首都)가 있는 지방.
帝大(ていだい) '帝国大学(ていこくだいがく)(=제국 대학)'의 준말.
帝都(ていと) 제도. 황도(皇都).
帝命(ていめい) 제명. 임금의 명령.
帝廟(ていびょう) 제묘. 천자의 신주를 모신 사당.
帝師(ていし) 제사. 임금의 스승.
帝釈(たいしゃく)〖佛〗帝釈天의 준말.
∥**～天**(てん)〖佛〗제석천. 범천(梵天)과 함께 불법을 수호하는 신.
帝城(ていじょう) 제성. 황성(皇城).
帝室(ていしつ) 제실. 황실.
帝王(ていおう) 제왕. ♣**～学**(がく) 제왕학.
∥**～権説**(けんせつ)〖法〗제왕 신권설.
～切開(せっかい)〖醫〗제왕 절개.
帝位(ていい) 제위.
帝威(ていい) 제위. 임금의 위광.
帝猷(ていゆう) 제유. 제왕의 나라를 다스리기 위한 계책. 또, 그 근본 규칙.
帝日(ていじつ) 제일. 음양도(陰陽道)에서 그 사람의 성(姓)에 따라 길한 날.
帝政(ていせい) 제정.
帝座(ていざ) 제좌. 제왕의 자리.
帝号(ていごう) 제호. 제왕의 칭호.

| 10
リ
常 | 剤 (劑) | 약지을 제
ザイ |

[音読]
剤(ざい)《接尾語로》약제(藥劑)를 나타내는 말. …제.
剤形(ざいけい) 의약품을 환자에게 투여할 수 있는 모양으로 만듦.
剤型(ざいけい) ⇨ 剤形(ざいけい).

| 10
忄
人 | 悌 | 공경할 제
テイ
したがう |

[音読]
悌(てい) 형이나 어른을 잘 따름. 「움.
悌友(ていゆう) 제우. 형제의 의(誼)가 두터
[逆音]
孝悌(こうてい) 효제.

| 10
阝
敎 | 除 | 덜 제·나눌 제
ジョ·ジ
のぞく·のける·よける |

[音読]
除(じょ)〖數〗제법(除法). 나눗셈.
除する(じょする) ① 나눗셈하다. 나누다. ② 제거하다.
除角(じょかく) 제각. 소 따위의 뿔을 없앰.
除却(じょきゃく) 제각. 제거함.
除感作(じょかんさ)〖醫〗제감작. 탈감작.
除去(じょきょ) 제거.
除官(じょかん) 원래의 관직에서 물러나고, 새로운 관직에 취임함.
除光液(じょこうえき) 제광액. 매니큐어 따위를 지워 없애는 용액. 「결.
除権判決(じょけんはんけつ)〖法〗제권 판
除菌(じょきん) 제균. 유해한 세균을 없앰.
除棄(じょき) 제기. 빼어 버림.
除隊(じょたい) 제대.
除幕(じょまく) 제막. ♣**～式**(しき) 제막식.
除免(じょめん) 제면. 면제.
除滅(じょめつ) 제거하여 멸망시킴.
除名(じょめい) 제명.
除毛(じょもう) 제모. 털을 없앰. ♣**～剤**(ざい) 제모제.
除目(じもく) 平安(へいあん) 시대에, 대신 이외의 모든 벼슬을 임명하는 의식.
除伐(じょばつ) 제벌. 나무를 솎아 산림의 생육을 좋게 함.
除法(じょほう)〖數〗제법. 나눗셈.
除服(じょふく) 제복. 탈상(脫喪).
除比の理(じょひのり)〖數〗제비의 이치.

除算(じょさん) 제산. 나눗셈.
除喪(じょも) 제상. ① 탈상. ② 상기(喪期)를 앞당김. *じょそうろも 읽음.
除霜(じょそう) ① 상해(霜害) 방지를 위해서 식물 따위에 막이를 함. ② (냉장고의) 성에를 제거함.
除夕(じょせき) 제석. 제야(除夜).
除雪(じょせつ) 제설. ♣~車(しゃ) 제설차.
除細動(じょさいどう)〖醫〗심장에 강한 전류를 순간적으로 흘려 보내, 심방세동(心房細動)이나 심실세동(心室細動)을 억제하여 규칙적인 리듬으로 되돌리는 일.
除数(じょすう)〖數〗제수. 나누는 수.
除湿(じょしつ) 제습. ♣~機(き) 제습기.
除夜(じょや) 제야. 섣달 그믐날 밤.
除染(じょせん) 제염. 방사성 물질로 오염된 의복·기기·시설에서 오염을 제거하는 일.
除外(じょがい) 제외.
‖**~例**(れい) 제외례. 예외.
除籍(じょせき) 제적.
‖**~簿**(ぼ) (호적의) 제적부.
除族(じょぞく) 귀족의 신분을 뺏고 평민으로 돌리는 일.
除塵機(じょじんき) 제진기.
除斥(じょせき) 제척. ① 제거하여 물리침. ②〖法〗재판관 등이 직접 사건과 관계가 있는 경우, 그 사건의 담당을 해제함.
‖**~期間**(きかん)〖法〗제척 기간. 「제.
除草(じょそう) 제초. ♣~剤(ざい) 제초
除虫(じょちゅう) 제충. ♣~菊(ぎく)〖植〗제충국 / ~剤(ざい) 제충제.
除臭(じょしゅう) 제취. 냄새를 없앰. ♣~剤(ざい) 제취제. 「함.
除害(じょがい) 제해. 해가 되는 것을 제거
除刑日(じょけいにち) 江戸(えど) 시대, 축제일이나 将軍(しょうぐん)의 기일 등 사형을 집행하지 않기로 정한 날.
除号(じょごう)〖數〗제호. 나눗셈표(÷).

〘訓読〙
除く(のぞく) 제거하다. 빼다.
❖**除ける** ㊀(のける) 제외(제거)하다. 빼다.
㊁(よける) (피해를) 방지하다. 면하다. 피
除け(よけ)《接尾語로》…막이.
除け金(のけがね) 도산·부도 따위에 대비하여 미리 숨겨 두는 돈.
除け物(のけもの) 제쳐 놓은 것.
除け者(のけもの) 따돌림을 당하는 사람.

〘逆音〙
掃除(そうじ) 소제. 청소.

11 氵 〖敎〗	済 (濟)	건널 제·구제할 제 サイ·ザイ·セイ すむ·すます·なす

〘音読〙
済度(さいど)〖佛〗제도.
済民(さいみん) 제민. 백성을 구제함. *せいみん으로도 읽음.
済生(さいせい) 제생. 목숨을 구함.
済世(さいせい) 제세.
済勝(さいしょう) 제승. 명승지를 찾아다님. *せいしょう로도 읽음.
済済(さいさい) ① 제제. 많고 왕성한 모양. *さいさい로도 읽음. ② 아름다운 모양. ③ 위풍당당한 모양.

〘訓読〙
済ます(すます) ① 끝내다. 마치다. ② 때우다. 해결하다.
済まない(すまない) 미안하다. 「하다.
❖**済す**(なす)〈雅·方〉빌린 것을 갚다. 반환
済し崩し(なしくずし) (일을) 조금씩 처리함. 특히, 빚을 조금씩 갚아 나감.
済し崩す(なしくずす) 빚 따위를 조금씩 갚아가다.
❖**済む**(すむ) ① 끝나다. 완료되다. ② 해결되다. 잘되다. ③ 갚다. 반제(返濟)하다.
済み ㊀(すみ) 끝남. 필(畢).
㊁(ずみ)《名詞 뒤에 붙어서》그것이 이미 끝난 것을 나타냄.
済みません(すみません) ① 죄송[미안]합니다. ② 고맙습니다. ③ 부탁합니다.
済み帳(すみちょう) 지불 장부.
済み済まし(すみすまし) 매듭. 결제.

11 木	梯	사닥다리 제 テイ かけはし·はし·はしご

〘音読〙
梯団(ていだん) 제단. 대병단(大兵團)을 편의상 수개 부대로 나눌 때의 각부대.
梯隊(ていたい)〖軍〗제대. 군세의 배치를 사다리꼴로 한 대형.
梯状(ていじょう) 제상. 사다리꼴.
梯陣(ていじん) 제진. 사다리꼴 진형.
梯尺(ていしゃく) 제척. 지도의 축척.
梯形(ていけい)〖數〗제형. 사다리꼴.

〘訓読〙
梯(はしご) ⇨ 梯子(はしご). *古語로는 はし, 雅語로는 かけはし라고도 함.
梯立て(はしたて) 사다리를 세움. 또, 그와 닮은 모양.
梯子(はしご) ① 사다리. *ていし로도 읽음. ②〈俗〉梯子酒의 준말.
‖**~段**(だん) (사다리꼴의) 계단.
~乗り(のり) 사다리 타기[곡예]. 또, 그 사람.
~飲み(のみ) ☞ 梯子酒.
~酒(ざけ) 술집 순례. 2차·3차 술.
~車(しゃ) 고가(高架) 사다리 소방차.
梯の子(はしのこ) 계단. 사다리. 또, 한 계단 한 계단.

11 目	眥	눈초리 제 シ·サイ まなじり

訓読
眥(まなじり) 눈초리.

| 11
目 | 眥 | 눈초리 **제**
シ・サイ
まなじり |

[参考] 眥의 異體字.

訓読
眦(まなじり) 눈초리. *まじりろも 읽음.

| 11
示
教 | 祭 | 제사 **제**
サイ
まつる・まつり |

音読
祭供(さいぐ) 제공. 제의(祭儀)에서 공물(供物)을 바침. 또, 그 물건.
祭具(さいぐ) 제구. 제기(祭器).
祭器(さいき) 제기. 제사 용구.
祭壇(さいだん) 제단.
祭礼(さいれい) 제례. 제사 의식.
祭文(さいもん) ① 제문. *さいぶんの로도 읽음. ② 歌祭文(うたざいもん)의 준말. 江戶(えど) 시대의 속곡의 하나. ③ ☞ 祭文읽み.
‖~読み(よみ) 江戶 시대에 석장(錫杖)・소라 또는 三昧線(しゃみせん)을 반주로 歌祭文을 낭독하며 돈을 받고 돌아다니던 직업. 또, 그 사람. 장타령꾼. 풍각쟁이.
~語り(かたり) ☞ 祭文읽み.
祭物(さいもつ) 제물.
祭服(さいふく) 제복. (제주・신관(神官) 등이) 제사 때 입는 옷.
祭司(さいし) ① (유태교에서) 제사장. ② 사제(司祭).
祭祀(さいし) 제사. ♣~料(りょう) 제물값.
‖~相続(そうぞく) 제사 상속. 조상의 제사를 지내는 지위를 상속함.
祭事(さいじ) 제사. 신을 기리는 제사 의식.
祭賞(さいしょう) (신문 기사에서)'芸術祭賞(げいじゅつさいしょう)'(=예술제상)의 준말.
祭式(さいしき) 제식. 제례.
祭神(さいじん) 제신. 그 신사(神社)에 모신.
祭儀(さいぎ) 제의. 제례. 제신.
祭日(さいじつ) ① (일본 국민의) 축제일. ② 신사의 제사가 있는 날. 제일. ③ 神道(しんとう)에서, 죽은 이의 명복을 빌어 제사지내는 날. 제일.
祭粢料(さいしりょう) 제자(祭資). 제수(祭需)로서의 금전.
祭場(さいじょう) 제장. 제사 지내는 장소.
祭典(さいてん) 제전.
祭奠(さいてん) 제전. 제사의 공물(供物).
祭殿(さいでん) 제전. 제사를 지내는 전각.
祭政(さいせい) 제정.
‖~一致(いっち) 제정 일치.
祭主(さいしゅ) 제주. ① 伊勢(いせ) 신궁의 신관(神官)의 우두머리. ② 제사의 주재자.
祭酒(さいしゅ) 제주. ① 중국에서, 연회 때 먼저 윗사람이 술로 땅에 제사 지내던 일. ② 大学寮(だいがくりょう)의 장관인 大学頭(だいがくのかみ)의 중국식 명칭.
祭天(さいてん) 제천. 하늘에 제사 지냄.

訓読
❖祭る(まつる) ① 제사 지내다. ② 혼령을(신을) 모시다.
祭り(まつり) ① 제사. ② 축제. 잔치. 제전.
‖~屋(や) 사자(死者)의 영혼을 모시는 건물.
~月(づき) 음력 4월의 딴이름. └물.
~酒(ざけ) 제사 또는 축제 때 쓰는 술.
祭り上げる(まつりあげる) ① 추대하다. 떠받들다. ② 치켜세우다(올리다).
祭り込む(まつりこむ) ① (어떤 곳에) 고이 모셔 두다(비꼬거나 조롱하는 뜻으로도 씀). ② (실권 없는) 허울뿐인 자리에 앉히다.

| 11
竹
教 | 第 | 차례 **제**
ダイ・テイ
ついで・やしき |

音読
第(だい) 《接頭語로》제…. 순서를 나타내는 수에 붙이는 말.
第九(だいく) 제 9. 아홉번째. 「화. 토키.
‖~芸術(げいじゅつ) 제 9 예술. 발성 영
第四(だいよん) 제 4. 넷째. *だいしろ도 읽음.
♣~紀(き)『地』제 4 기.
‖~系(けい)『地』제 4 계. 제 4 기(紀)에 생긴 지층. 「자] 계급.
~階級(かいきゅう) 제 4 계급. 무산[노동
~権力(けんりょく) (입법・행정・사법의 삼권에 다음가는) 제 4 권력[언론의 힘].
~脳室(のうしつ)『生』제 4 뇌실.
~性病(せいびょう)『醫』제 4 성병. 서혜(鼠蹊) 림프 육아종.
~世界(せかい) 제 4 세계. 후발 발전 도상국들의 일컬음.
~世代コンピューター(せだいコンピューター) 제 4 세대 컴퓨터. 고밀도 집적 회로를 사용한 컴퓨터. 「(復圓)
~接触(せっしょく)『天』제 4 접촉. 복원
~種郵便物(しゅゆうびんぶつ) 제 4 종 우.
第舎(だいしゃ) 제사. 저택.
第三(だいさん) 제 3. 셋째. ♣~紀(き)『地』제 3 기.
‖~系(けい)『地』제 3 기(紀)에 생긴 지층이나 암체(岩體).
~階級(かいきゅう) 제 3 계급. 평민 계급.
~国(ごく) 제삼국. ♣~人(じん) 제삼국
~脳室(のうしつ)『生』제 3 뇌실. └인.
~党(とう) 제 3 당. (의회의) 의석수가 세번째인 정당.
~色盲(しきもう)『醫』제삼 색맹.
~世界(せかい) 제 3 세계. 발전 도상국들의 일컬음.
~世代コンピューター(せだいコンピューター) 제 3 세대 컴퓨터. 집적 회로 메모리

를 사용한 컴퓨터.
~勢力(せいりょく) 제3 세력. 중립파·중간파 등의 일컬음.
~身分(みぶん) 〖史〗 제3 신분.
~人称(にんしょう) 〖文法〗 제3 인칭.
~者(しゃ) 제삼자. ♣~割当(わりあて)〖經〗 제삼자 배정. 연고자 배정.「(生光).
~接触(せっしょく) 〖天〗 제3 접촉. 생광
~帝国(ていこく) 제3 제국. 나치 독일의 딴이름.
~種郵便物(しゆうびんぶつ) 제3종 우편물.
~次産業(じさんぎょう) 제3차 산업.
~債務者(さいむしゃ) 〖法〗 제3 채무자.
~の火(ひ) 제3의 불. 원자력.
第五(だいご) 제5. 다섯(번)째. ♣~**列**(れつ) 제5열.
∥~**の力**(ちから) 〖理〗 제5의 힘. 뉴턴의 만유 인력 이외의 힘.
~**世代コンピューター**(せだいコンピューター) 제5세대 컴퓨터. 인간의 말을 이해하고, 스스로 생각할 수 있는 차(次)세대 컴퓨터.
第六(だいろく) 제6. 여섯번째.
∥~**意識**(いしき) 〖佛〗 제6 의식.
第六感(だいろっかん) 제6감.
第二(だいに) 제2. 둘째.
∥~**色盲**(しきもう) 〖醫〗 제이 색맹.
~**信号系**(しんごうけい) 제2 신호계. 언어를 매개로 하는 고도의 신호 체계.
~**芸術**(げいじゅつ) 제이의(第二義)적 예술. 특히 俳句(はいく)를 가리킴.
~**義**(ぎ) 제이의. 2차적인 것.
~**人称**(にんしょう) 〖言〗 제2 인칭.
~**組合**(くみあい) 〖社〗 제2 조합. 「편물.
~**種郵便物**(しゆうびんぶつ) 제2종 우
~**種運転免許**(しゅうんてんめんきょ) 제2종 운전 면허.
~**革命**(かくめい) 〖史〗 (중국의) 제2 혁명.
~**形容詞**(けいようし) シク活用(かつよう) 형용사의 딴이름.
~**会社**(がいしゃ) 제2 회사. 경영이 부진한 회사를 재건하기 위해 새로운 자산으로 만든 「회사.
第二次(だいにじ) 제2차.
∥~**産業**(さんぎょう) 제2차 산업.
~**性徴**(せいちょう) 제2차 성징.
~**世界大戦**(せかいたいせん) 제2차 세계대전.
~**集団**(しゅうだん) 〖社〗 제2차 집단.
第一(だいいち) ① 제1. 첫번째. 가장 중요한 것. ② 무엇보다도. 우선.
∥~**夫人**(ふじん) 제1 부인. 일부 다처국에서의 본처.
~**色盲**(しきもう) 〖醫〗 제일 색맹.
~**世界**(せかい) 제1 세계. ① 선진 자본주의 국가. ② 미국과 소련(소련이 붕괴되기 이전의 개념).
~**義**(ぎ) 제일의. 제1차적인 것.
~**印象**(いんしょう) 첫인상.

~**人者**(にんしゃ) 제일인자.
~**人称**(にんしょう) 제1 인칭.
~**組合**(くみあい) 〖社〗 제1 조합. 제2 조합이 생겼을 경우 본디의 조합.
~**主題**(しゅだい) 〖樂〗 제1 주제.
第一感(だいいっかん) 맨 처음에 번쩍 떠오르는 느낌. 직감.
第一歩(だいいっぽ) 제일보. 첫걸음.
第一報(だいいっぽう) 제일보. 첫 보도(보고).
第一線(だいいっせん) 제일선. ① 최전선. 최전방. ② 최선두.
第一声(だいいっせい) 제일성. (공식적으로) 처음 하는 말.
第一審(だいいっしん) 〖法〗 제일심.
第一種郵便物(だいいっしゅゆうびんぶつ) 제1종 우편물.
第一種運転免許(だいいっしゅうんてんめんきょ) 제1종 운전 면허.
第一次(だいいちじ) 제1차.
∥~**産業**(さんぎょう) 제1차 산업.
~**世界大戦**(せかいたいせん) 제1차 세계대전.
~**集団**(しゅうだん) 〖社〗 제1차 집단.
第八(だいはち) 제8. 여덟번째.
∥~**芸術**(げいじゅつ) 제8 예술. 영화. 특히, 무성 영화.

12 口	啼	울 제·새울 제 テイ なく

音読

啼哭(ていこく) 제곡. 큰소리로 욺.
啼声(ていせい) 제성. 동물의 울음소리.
啼泣(ていきゅう) 제읍. 소리를 내며 욺.
啼鳥(ていちょう) 〖鳥〗 제조. 우는 새.

訓読

啼く(なく) (새·벌레·짐승 등이) 소리를 내다. 울다.

12 土 常	堤	방죽 제 テイ つつみ

音読

堤高(ていこう) 제방·댐의 높이.
堤内地(ていないち) 〖土〗 제내지. (바닷가나 강가에 설치된 제방에 대하여) 둑 안에 있어서 둑의 보호를 받는 땅. 둑 안 땅.
堤塘(ていとう) 제당. 제방.
堤防(ていぼう) 제방. 둑.

訓読

堤(つつみ) 제방. 둑.
∥~**奉行**(ぶぎょう) 江戸(えど) 시대, 제방을 관장하던 벼슬아치.
~**焼**(やき) 仙台(せんだい) 시 堤町(つつみちょう)에서 생산되는 도기(陶器).
~**瓦**(がわら) 용마루를 씌우는 기와.

提

12 扌 (教)

끌 제 · 들 제
テイ・チョウ・ダイ
さげる・ひさぐ・ひっさげる

音読

- **提供**(ていきょう) 제공.
- **提琴**(ていきん) 제금. 바이올린.
- **提起**(ていき) 제기.
- **提督**(ていとく) 제독.
- **提灯**(ちょうちん) ① 제등. 초롱(불). 등롱. ② 〈俗〉 콧물 방울.
  - ∥ **~屋**(や) ① 초롱을 만들어 파는 가게. ② 써 놓은 글자 위에 다시 가필함. 또, 그 사람.
  - **~持ち**(もち) ① 초롱을 들고 인도하는 사람. ② 남의 앞잡이가 되어 그의 장점 등을 선전함.
  - **~行列**(ぎょうれつ) 제등 행렬.
- **提挈**(ていけつ) 제설. 손에 듦. 제휴.
- **提訴**(ていそ) 제소.
  - ∥ **~試合**(じあい) 프로 야구에서, 심판의 판정이 야구 규칙에 위반되었다고 하여 감독이 협회에 심의를 요청한 경기.
- **提示**(ていじ) 제시. ♣ **~部**(ぶ) 〖樂〗 제시부.
- **提案**(ていあん) 제안.
- **提言**(ていげん) 제언.
- **提腕**(ていわん) 제완. 붓글씨를 쓸 때 오른쪽 팔꿈치를 책상에 대고 쓰는 일.
- **提要**(ていよう) 제요. 요령을 제시함.
- **提喩**(ていゆ) 〖論〗 제유법.
- **提議**(ていぎ) 제의.
- **提唱**(ていしょう) 제창.
- **提出**(ていしゅつ) 제출.
- **提携**(ていけい) 제휴.

訓読

- **提**(ひさげ) ⇨ 提子(ひさげ).
- **提ぐ**(ひさぐ) ☞ 提げる(ひさげる).
- ❖ **提げる** ㊀ (さげる) 손에 쥐거나 어깨에 걸치거나 허리에 차거나 하여 물건을 지니다.
  - ㊁ (ひさげる) 들다. 휴대하다.
  - ㊂ (ひっさげる) ① 손에 들다. ② 거느리다. ③ 무리를 하다.
- **提げ刀**(さげがたな) 칼을 손에 쥐고 늘어뜨림. 또, 그 칼.
- **提げ物**(さげもの) 쌈지·두루주머니 등 허리에 차고 다니는 물건의 총칭.
- **提げ食籠**(さげじきろう) 음식을 넣어 간단히 들고 다닐 수 있게 만든 찬합〔용기〕.
- **提げ銭**(さげぜに) 날품팔이 일꾼이 가지고 있는 푼돈.
- **提げ重**(さげじゅう) ① 提げ重箱(さげじゅうばこ)의 준말. 들고 다니게 된 찬합. ② 江戸(えど) 시대의 매춘부의 하나. 찬합을 들고 다니며 음식도 팔고 매춘도 했음.
- **提げ鞄**(さげかばん) 손에 들고 다닐 수 있는 가방. 손가방.

其他

- **提子**(ひさげ) 손잡이가 달린 작은 냄비 모양의 술 주전자.

隄

12 阝

방죽 제 · 둑 제
テイ
つつみ

參考 堤와 同字.

音読

- **隄塘**(ていとう) 제당. 제방.

睇

12 目

흘끗볼 제
テイ

音読

- **睇視**(ていし) 제시. 곁눈질함.

際

14 阝 (教)

사이 제 · 때 제 · 가 제
サイ
きわ

音読

- **際** ㊀ (さい) ① 때. 기회. ② 경계. 끝.
  - ㊁ (きわ) ① 가장자리. 옆. 근처. ② 직전. 한계에 이른 때.
  - ㊂ (ざい) 분수. 신분.
- **際して**(さいして) …에 처하여, …에 즈음하여. …을 당하여. 즈음하다.
- **際する**(さいする) (기회를) 만나다. 당하다.
- **際目**(さいめ) 경계(境界).
- **際涯**(さいがい) 제애. 땅의 끝. 끝 닿는 곳.
- **際遇**(さいぐう) 제우.
- **際限**(さいげん) 제한. 끝.
- **際会**(さいかい) 제회. (당하여) 만남.

訓読

- **際やか**(きわやか) 현저하게 눈에 띄는 모양. 두드러진 모양.
- **際高**(きわだか) ① 현저한 모양. ② 연말에 물가가 오름.
- **際高し**(きわだかし) 특히 현저하다. 극히 명확하다.
- **際立つ**(きわだつ) 뛰어나다. 눈에 띄다.
- **際猛し**(きわだけし) 천성이 괄괄하다.
- **際無し**(きわなし) ① 한이 없다. ② 한없이 뛰어나다.
- **際物**(きわもの) ① 계절품. ② 일시적인 유행을 노린 상품·작품.
  - ∥ **~師**(し) 계절품·유행품을 만들거나 파는 사람.
  - **~小説**(しょうせつ) 한때의 인기 소설.
- **際疾い**(きわどい) ① 아슬아슬하다. 절박하다. ② 음란하다.

製

14 衣 (教)

지을 제 · 만들 제
セイ
つくる

音読

- **製**(せい) 《接尾語로》 …제. 만들어진 것임.
- **製する**(せいする) 제조하다. 만들다.
- **製鋼**(せいこう) 제강.

製菓(せいか) 제과.
製缶(せいかん) 제관. 깡통·보일러 등을 만듦.
製麴(せいきく) 누룩곰팡이를 섞어 누룩을 만듦.
製茶(せいちゃ) 제차. 차를 만듦.
製糖(せいとう) 제당.
製図(せいず) 제도. ♣~器(き) 제도기 / ~板(ばん) 제도판.
製陶(せいとう) 제도. 도자기를 굽는 일.
製酪(せいらく) 버터·치즈 등을 만듦.
製錬(せいれん) 제련. 정련.
製麻(せいま) 제마.
製麵(せいめん) 제면. 국수를 만듦.
製帽(せいぼう) 제모. 모자를 만듦.
製法(せいほう) 제법.
製本(せいほん) 제본. 제책.
製粉(せいふん) 제분.
製氷(せいひょう) 제빙.
製糸(せいし) 제사.
製産(せいさん) 제산. 제조하여 산출함.
製銑(せいせん) 제선. 제철.
製薬(せいやく) 제약.
製塩(せいえん) 제염.
製油(せいゆ) 제유. 원유에서 석유만을 추출함.
製絨(せいじゅう) 제융. 모직물을 만듦.
製作(せいさく) 제작. ♣~図(ず) 제작도.
製材(せいざい) 제재.
製剤(せいざい) 제제. 제약.
製造(せいぞう) 제조. ♣~業(ぎょう) 제조업 / ~元(もと) 제조원.
製紙(せいし) 제지.
製織(せいしょく) 제직. 직조(織造).
製鉄(せいてつ) 제철. ♣~所(じょ) 제철소.
製出(せいしゅつ) 제출. 만들어냄.
製炭(せいたん) 숯을 구어 만듦.
製板(せいはん) 제판. 통나무를 켜서 널을 만듦.
製版(せいはん) 제판.
製表(せいひょう) 조사 등을 통해 얻은 수치의 데이터를 표로 작성함.
製品(せいひん) 제품.
製革(せいかく) 제혁.
製靴(せいか) 제화.

15 言 敎 **諸**(諸) 모든 제 ショ もろ·もろもろ

音読➡

諸家(しょか) 제가. ①한 파(派)를 이루고 있는 여러 사람. ②여러 집. ③諸子百家(しょしひゃっか)의 준말.
諸公(しょこう) 제공. 제현(諸賢). 제군.
諸掛かり(しょがかり) 제(諸)비용.
諸口 ㊀(しょくち) 여러 가지 계좌나 항목. 특히, 부기에서 상대방의 계정이 2개 이상의 과목에 걸쳐 있는 일. 제좌(諸座).
㊁(もろくち) ①말을 끄는데 마부 둘이 양쪽에서 고삐를 잡음. ②많은 사람들의 의견.
諸国(しょこく) 제국. 여러 나라(지방).
諸君(しょくん) 제군. 여러분. 제현.
諸巻(しょかん) 제권. 여러 권.
諸念(しょねん) 제념. 여러 가지 생각.
諸多(しょた) 여러 가지 많이 있는 것.
諸大夫(しょだいぶ) ①옛날 親王(しんのう)·摂政(せっしょう)·関白(かんぱく)·大臣(だいじん) 집안의 청지기를 지낸 가문의 사람. ②오품(五品) 계급의 무사.
諸道(しょどう) ①여러 가지 예도(藝道). ②여러 방면. 만사.
諸島(しょとう) 제도. 여러 섬.
諸等(しょとう) 제등. 여러 가지 등급.
∥~数(すう) 〖數〗 제등수. 합성수. 복명수.
~通法(つうほう) 〖數〗 합성수 통법.
諸礼(しょれい) 제례. 여러 가지 예법의 형식.
諸流(しょりゅう) 제류. ①여러 흐름. ②여러 유파(流派).
諸陵寮(しょりょうりょう) 본디, 天皇(てんのう)·황후의 능에 관한 일을 맡아보던 宮内省(くないしょう)의 한 부서.
諸母(しょぼ) 제모. 제부(諸父)의 아내.
諸物(しょぶつ) 여러 가지(의) 물건.
∥~崇拝(すうはい) 〖佛〗 주물(呪物) 숭배.
諸般(しょはん) 제반. 여러 가지.
諸方(しょほう) 제방. 여기저기. 이곳 저곳. 사방. 「지)'.
諸藩(しょはん) 많은 '藩(はん)'(=제후의 영
諸法(しょほう) 제법. ①〖佛〗 우주의 일체 현상. ②여러 가지 법률·법칙.
∥~皆空(かいくう) 〖佛〗 제법 개공.
~無我(むが) 〖佛〗 제법 무아.
~実相(じっそう) 〖佛〗 제법 실상.
諸病(しょびょう) 여러 가지 질병.
諸本(しょほん) 여러 사본. 동일 작품이면서도 본문의 성질이나 내용이 서로 다른 여러 가지 사본이나 간행본의 총칭.
諸父(しょふ) 제부. 백부·숙부의 총칭.
諸仏(しょぶつ) 제불. 여러 부처.
諸費(しょひ) 제비용. 여러 가지 경비.
諸士(しょし) 제사. 여러 사람.
諸司(しょし) 제사. 여러 관청 또는 관리.
諸社(しょしゃ) 많은 신사(紳社).
諸事(しょじ) 제사. 제반사. 모든 일.
諸山(しょざん) 제산. ①이산 저산. ②이절 저절.
諸相(しょそう) 제상. 여러 가지 모습.
諸色(しょしき) ⇨ 諸式(しょしき).
諸生(しょせい) 제생. 여러 문하생(제자).
諸説(しょせつ) 제설. 여러 가지 설(의견).
∥~紛紛(ふんぷん) 제설이 분분함.
諸勢(しょぜい) 많은 군세(軍勢)(병력).
諸所(しょしょ) 제처. 여러 곳. 여기저기.
諸式(しょしき) ①제색(諸色). 갖추어야 할 여러 가지 필요한 물품. ②물가(物價).
諸臣(しょしん) 제신. 여러 신하.
諸氏(しょし) 제씨. 여러분. 제언(諸彦).
諸悪(しょあく) 제악. 온갖 나쁜 짓.

‖**~莫作**(まくさ)〘佛〙제악 막작. 제악은 하여서는 안 됨.
諸孃(しょじょう) 제양. 아가씨 여러분.
諸彦(しょげん) 제언. 제현. 여러분.
諸役(しょやく) 여러 역할. 여러 직무.
諸訳(しょわけ) ①여러 가지 복잡한 사연(사정). ②자질구레한 사항. ③자잘한 비용.
諸縁(しょえん) 제연. 여러 가지 인연.
諸芸(しょげい) 제예. 여러 가지의 예도(藝道)와 기에(技藝).
諸王(しょおう) 제왕. 여러 왕. 제국의 왕.
諸友(しょゆう) 제우. 여러 벗.
諸元(しょげん) 제원. 기계류의 성능 따위를 분석적으로 나타낸 수치. ♣**~表**(ひょう) 제원표.
諸員(しょいん) 제원. 여러 인원. 여러 임원.
諸人 ㊀(しょにん) 제인. 많은 사람들. 만인. *しょにんども로 읽음.
㊁(もろびと)〈雅〉여러 사람. 모든 사람.
諸因(しょいん) 제인. 여러 가지 원인.
諸子 ㊀(しょし) 제자. ②〘史〙춘추 전국 시대에 유가(儒家) 이외에 일파의 학설을 세운 사람. 또, 그 저서·학설.
‖**~百家**(ひゃっか) 제자백가.
㊁(もろこ)〘魚〙잉어과 담수어의 하나.
諸姉(しょし) 숙녀 여러분.
諸作(しょさく) 제작. 여러 작품[저작].
諸将(しょしょう) 제장. 여러 장수·장군.
諸節(しょせつ) 계절이 바뀔 때마다 행하는 여러 가지 행사.
諸点(しょてん) 제점. 여러 가지 점.
諸政(しょせい) 서정(庶政). 여러 가지의 정사(政事).
諸宗(しょしゅう) 제종. 불교의 여러 종파.
諸種(しょしゅ) 제종. 여러 종류.
諸車(しょしゃ) 제차. 모든 차.
諸刹(しょせつ) 여러 사찰[절].
諸処(しょしょ) 제처. 여러 곳. 여기저기. 도처.
諸天(しょてん)〘佛〙제천. 여러 천상의 세계. 또, 천상 세계의 신불들.
‖**~三宝**(さんぽう)〘佛〙제천 삼보.
諸他(しょた) 그 밖의 여러 가지.
諸派(しょは) 제파. 여러 당파 또는 분파.
諸表(しょひょう) 제표. 여러 가지 표.
諸学(しょがく) 제학. 여러 분야의 학문.
諸行(しょぎょう)〘佛〙제행.
‖**~無常**(むじょう)〘佛〙제행 무상.
~往生(おうじょう)〘佛〙제행 왕생.
諸賢(しょけん) 제현. 현명하신 여러분.
諸兄(しょけい) 제형.
諸兄姉(しょけいし) 여러 선배님들.
諸豪(しょごう) 제호. 많은 호족(豪族). ②여러 용사[장사]
諸侯(しょこう) 제후.

[訓読]
諸 ㊀(もろ) ①《俗》《흔히, 에가 따라서》전면적. 정면으로. ②양쪽. ③《接頭語로》양…. 둘. 함께. 같이 함.

㊁(もろもろ) 여러 가지. 모든 것.
㊂(しょ)《接頭語로》제…. 여러.
諸に(もろに) 직접. 완전히. 전면으로.
諸共(もろとも) ①함께. 다같이. ②그와 함께.
諸駆け(もろがけ) 함께 달림.
諸具足(もろぐそく) 출전을 위한 완전 무장.
諸肌(もろはだ) 양어깨의 살갗. 상반신[웃통]의 살갗.
‖**~脱ぎ**(ぬぎ) ①웃통을 벗음. ②상반신을 드러냄.
諸鐙(もろあぶみ) 양쪽의 등자(鐙子).
諸味(もろみ) 전국. 거르지 않은 술·간장.
諸白(もろはく) 정백미(精白米)로 빚은 고급 청주. 순곡 청주.
諸白髪(もろしらが) ①부부가 해로(偕老)함. ②머리가 완전히 백발로 됨.
諸膚(もろはだ) ⇨ 諸肌(もろはだ).
諸声(もろごえ)〈雅〉서로 호응하는 목소리. 서로 목소리를 합침.
諸手 ㊀(もろて) 양손. 쌍수.
~を挙(あ)**げて** 쌍수를 들어. 무조건.
‖**~突**(づ)**き**(씨름에서) 상대의 가슴 위를 노려 두 손바닥으로 세게 치기.
~伸(の)**し** 모자비헤엄에서, 양손을 모아 가슴 부근에서 밑으로 뻗치면서 두 다리를 교대로 내뻗는 수영법.
㊁(しょて) 여러 부대(部隊).
諸手船(もろたぶね)〈古〉배 좌우 현(舷)에 여러 개의 노를 달아 젓는 배.
諸膝(もろひざ) 양무릎.
諸矢(もろや)〈雅〉한 쌍의 화살.
諸神(もろがみ) 제신. 여러 신.
諸心(もろこころ) 마음[뜻]을 합침. 같은 마음.
諸恋(もろごい) 서로 사랑하여 그리워함. 상사(相思).
諸腰(もろこし) 무사가 허리에 차는 대소(大小) 두 자루의 칼.
諸刃(もろは) 양날(의 칼).
諸折り戸(もろおりど)〘建〙좌우 양쪽에 문을 단 대문.
諸般(もろはん) 여러 가지. 모든 것.
諸織り(もろおり) 씨실·날실 모두 꼰 실로 짠 고급 견직물.
諸差し(もろざし) (씨름에서) 상대의 겨드랑이에 양손을 넣고 맞잡음. 또, 그 상태.
諸差縄(もろさしなわ) 말고삐를 좌우 양쪽으로 묶어 끄는 일.
諸向き(もろむき) 어떠한 방향으로도 향함〔돌아섬〕. 또, 모두가 같은 방향으로 향함〔돌아섬〕.

| 16 イ | 儕 | 무리 제
サイ·セイ
ともがら |

[音読]
儕輩(せいはい) 제배. 동료. *さいはいろも 읽음.

16 足	蹄	굽 제 テイ ひづめ

音読
蹄状(ていじょう) 제형(蹄形). 말굽처럼 생긴 모양.
蹄鉄(ていてつ) 제철. 편자. ♣~形(がた) 말굽 모양.
‖~磁石(じしゃく) 말굽 자석.
蹄行性(ていこうせい) 〖動〗제행성.
蹄形(ていけい) 제형. 말굽 형상.
‖~磁石(じしゃく) 말굽 자석.

訓読
蹄(ひづめ) 말굽.

16 酉	醍	맑은술 제 ダイ

音読
醍醐(だいご) 〈古〉제호. 우유나 양젖으로 만든 걸고 달콤한 액체.
‖~味(み) ①제호처럼 매우 좋은 맛. ②(사물의) 참다운 맛. 묘미. ③〖佛〗석가의 최상의 가르침.

18 月	臍	배꼽 제 セイ・サイ へそ・ほぞ

音読
臍嚢(さいのう) 〖魚〗제낭.
臍帯(さいたい) 〖生〗제대. 탯줄. *せいたい로도 읽음. ♣~血(けつ) 탯줄 피.
臍炎(さいえん) 〖醫〗제염.
臍窩(さいか) 배꼽.
臍下(せいか) 제하. 배꼽 아래.
‖~丹田(たんでん) 제하 단전.

訓読
臍(へそ) ①배꼽. *ほぞ로도 읽음. ②물건 중심부에 있는 높은 부분.
臍曲がり(へそまがり) 〈俗〉비뚤어진 심사. 또, 심술쟁이.
臍落ち(ほぞおち) ①갓난아이의 탯줄이 떨어짐. ②납득함. 「고도 함.
臍の緒(へそのお) 〖生〗탯줄. *ほぞのお라
臍繰り(へそくり) 臍繰り金의 준말.
‖~金(がね) 사천. 주부가 절약하여 남편 모르게 은밀히 모은 돈.
臍茶(へそちゃ) 〈俗〉배꼽을 뺌. 우스워서 참을 수 없음.

18 艹	薺	냉이 제 セイ なずな

訓読
薺(なずな) 〖植〗냉이.

18 頁 教	題	이마 제·표제 제 ダイ

音読
題(だい) ①책의 이름. ②시(詩)나 노래 및 문장의 주된 뜻을 짧게 보인 것. 표제.
題する(だいする) 제목을 붙이다.
題句(だいく) 제목으로 권두에 쓰는 구(句).
題名(だいめい) 제명. 제목.
題目(だいもく) 제목.
題跋(だいばつ) 제발. 제사(題詞)와 발문(跋
題詞(だいし) ☞題辞(だいじ). 「文」
題辞(だいじ) 제사. 제언(題言). 책 권두에 쓰는 말.
題詩(だいし) 제시. 어떤 제목에 따라 시 지음. 또, 그 시.
題額(だいがく) 제액. 액자에 시나 문장을 쓸. 또, 시나 글이 써 있는 액자.
題言(だいげん) ☞題辞(だいじ).
題詠(だいえい) 제영. 미리 제목을 정해 놓고 읊음. 또, 그 시가(詩歌).
題意(だいい) 제의. 제목의 뜻. 문제의 의미.
題字(だいじ) 제자. 제서(題書).
題作(だいさく) 제작. 주어진 제목으로 시문을 지음.
題材(だいざい) 제재. 소재.
題知らず(だいしらず) 和歌(わか)의 제목이나, 읊게 된 내력을 모름. 또, 그런 和歌.
題簽(だいせん) 제첨. 책 이름을 써서 표지에 붙이는 종이나 헝겊.
題下(だいか) 제하. '제목(題目)에 따라서'
題号(だいごう) 제호. 표제. 「뜻.
題画(だいが) 제화. 그림에 시 또는 글을 곁들임. 또, 그 그림.

18 鳥	鵜	사다새 제 テイ う

訓読
鵜(う) 〖鳥〗가마우지.
鵜の目鷹の目(うのめたかのめ) 무엇을 열심히 찾는 모양.
鵜飼い(うかい) 가마우지를 길들여 은어 등의 물고기를 잡게 함. 또, 그것을 업으로 삼는 사람. *うがい로도 읽음.
‖~船(ぶね) 鵜飼い에 사용하는 배.
鵜船(うぶね) ⇨ 鵜飼い(うぶね).
鵜匠(うじょう) 가마우지를 길들여 고기잡이를 하는 사람. *うしょう로도 읽음.
鵜舟(うぶね) 가마우지를 기르는 데 쓰는 배.
鵜呑み(うのみ) (가마우지가 물고기를 삼키듯) 통째로 삼킴. 전하여, 잘 이해하지 못하고 그냥 받아들임.

19 韭	齏	회 제·섞을 제 セイ あえる・なます

訓読
❖ 齏える(あえる) (야채·생선 등을 된장·식초·깨 등을 섞어) 무치다. 버무리다.
齏え物(あえもの) 무침 (요리).

19 魚	鯯	제어 제 セイ このしろ・さっぱ・つなし

訓読
鯯船(さっぱぶね) 해조류 등의 채취에 쓰이던 소형의 구식 어선.

20 魚	鯷	메기 제 テイ しこ・ひしこ

訓読
鯷(ひしこ) 『魚』 '片口鰯(かたくちいわし)(=멸치)'의 딴이름. *しこ로도 읽음.

22 雨	霽	갤 제 セイ はれる

訓読
霽れる(はれる) ①(하늘이) 개다. ②(괴로움 등이) 사라지다. ③(의심·혐의 등이) 풀리다.

22 魚	鱭	전어 제 セイ このしろ

訓読
鱭(このしろ) 『魚』 전어(錢魚).

조

4 弓 常	弔	조상할 조 チョウ とむらう

音読
弔する(ちょうする) 조문하다. 조상하다.
弔歌(ちょうか) 조가.
弔客(ちょうかく) 조(문)객. 문상객. *ちょうきゃく로도 읽음.
弔旗(ちょうき) 조기.
弔悼(ちょうとう) 조도. 조문하고 추도함.
弔文(ちょうぶん) 조문. 조사. ⌐애도.
弔問(ちょうもん) 조문.
∥~外交(がいこう) 조문 외교.
弔事(ちょうじ) 상사(喪事). 상고.
弔辞(ちょうじ) 조사.
弔詞(ちょうし) 조사.
弔書(ちょうしょ) 조서. 조문의 뜻을 적은 편지.
弔詩(ちょうし) 조시.
弔慰(ちょうい) 조위. ♣~金(きん) 조위금.
弔意(ちょうい) 조의.
弔電(ちょうでん) 조전.
弔祭(ちょうさい) 조제. 죽은 이를 조상하여 제사 지냄.
弔鐘(ちょうしょう) 조종.
弔銃(ちょうじゅう) 조총.
弔砲(ちょうほう) 조포.
弔花(ちょうか) 조화.

訓読
❖ 弔う(とむらう) ①조상하다. 애도하다. ②추선(追善)하다. 추선 공양하다. *雅語로는 とぶらう라고도 함.
弔い(とむらい) ①조상(함). 애도(함). ②장례식. ③추선(追善). 법사(法事). *雅語로는 とぶらい라고도 함.
∥~上げ(あげ) 마지막 연기(年忌)〔주기(周忌)〕. *といあげ로도 읽음. ⌐「紙」 부채.
~扇(おうぎ) (장례식 때 가지는) 백지(白
~婆(ばば) 장례 때 곡(哭)을 하도록 고용한 노파. 대곡(代哭)하는 노파.
~合戦(がっせん) 죽은 자의 원혼을 달래기 위한 복수전.

4 爪	爪	손톱 조 ソウ つめ・つま

音読
爪甲(そうこう) 조갑. 손톱 또는 발톱.
爪牙(そうが) 조아. ①손톱과 엄니. ②마수. 독아(毒牙). ③심복 부하.
爪繞(そうにょう) 한자 부수(部首)의 하나: 손톱조변.

訓読
爪(つめ) ①손톱. 발톱. ②『琴爪(ことづめ)(=거문고 탈 때의 가조각(假爪角))'의 준말.
爪冠(つめかんむり) 한자 부수의 하나: 손톱조밑.
爪掛け(つまがけ) ① ☞ 爪皮(つまかわ). ②눈이 많은 고장에서 신는 짚으로 만든 설화(雪靴).
爪琴(つまごと) 거문고. 또, 어딘지 모르게 들려오는 거문고 소리. ⌐「짚신.
爪籠(つまご) 눈이 많이 오는 지방에서 신는
爪立つ(つまだつ) 발돋움하다.
爪立てる(つまだてる) 발돋움하다.
爪磨き(つめみがき) 매니큐어. 손톱의 표면을 깨끗하게 함. 또, 그 도구.
爪木(つまき) 〈雅〉 땔감으로 꺾은 나뭇가지.
爪糞(つめくそ) 손톱때.

爪先(つまさき) 발끝. 발가락 끝. 발부리.
∥~立つ(だつ) 발돋움하다.
~上がり(あがり) 완만한 비탈을 이룸. 또, 그 비탈길.
爪楊枝(つまようじ) 이쑤시개.
爪蓮華(つめれんげ)〖植〗바위솔.
爪音(つまおと) ① 가조각(假爪角) 소리. 거문고 타는 소리. ② 말굽 소리.
爪印(つめいん) 손도장. 지장. 무인(拇印).
爪子(つまご) ⇨ 爪籠(つまご).
爪跡(つめあと) 손톱 자국.
爪切り(つめきり) 손톱깎이.
爪調べ(つましらべ) 거문고 등을 연주하기 전에 음을 고르는 일.
爪繰る(つまぐる) 손가락 끝으로 넘기다.
爪櫛(つまぐし) 살이 촘촘한 빗. 참빗.
爪車(つめぐるま)〖機〗래칫(ratchet).
爪擦り(つめこすり) 손톱 줄.
爪草(つめくさ)〖植〗개미자리.
爪弾 ㊀(つまはじき) 지탄(指彈). ① 손 끝으로 튀김. ② 배척[혐오]함. 비난함.
㊁(つまびき) 현악기 따위를 손 끝으로 탐.
*つめびきにも 읽음.　　　　　　「타다.
爪弾く(つまびく) 현악기 따위를 손 끝으로
爪判(つめばん) ☞ 爪印(つめいん).
爪皮(つまかわ) ⇨ 爪革(つまかわ).
爪革(つまかわ) 왜나막신 앞에 진흙 등이 튀는 것을 막기 위해 가죽 또는 천을 댄 것.
爪形(つめがた) ① 손톱 자국. ② 손톱 모양.
爪紅 ㊀(つまべに) 손톱을 붉게 칠하는 화장. 또, 그 붉은 칠. 매니큐어.
㊁(つまくれない)〖植〗봉선화.

6 儿 㪅	兆	조 조·조짐 조 チョウ きざす・きざし

音読➡
兆(ちょう) 조. ① 1억의 1만 배. ② 수가 많음. ③ 징후. 조짐.　　　　　　　　「성.
兆民(ちょうみん) 조민. 만백성. 모든 백
兆域(ちょういき) 조역. 묘지.
兆候(ちょうこう) 징후. 징조. 조짐.
訓読➡
❖兆す(きざす) ① 싹트다. ② 징조가 보이다. 마음이 움직이다.
兆し(きざし) 조짐. 징조.
逆音➡
吉兆(きっちょう) 길조.
前兆(ぜんちょう) 전조.

6 口	吊	조상할 조·매어달 조· 이를 적 チョウ つる・つるす

参考 본디는 弔의 俗字임.
訓読➡
吊れる(つれる) ① 옥죄다. ② 치켜 올라가다. ③ 경련이 일다. 쥐 나다.
❖吊る(つる) ① (매)달다. 드리우다. ② (씨름에서) 상대를 들어올리다. ③ (근육이) 경련하다. ④ 치켜 올라가다.
吊り(つり) (씨름에서) 상대의 샅바를 쥐고 씨름판 밖으로 들어내는 기술.
吊り橋(つりばし) 적교. 현수교(懸垂橋).
吊り落とし(つりおとし) (씨름에서) 상대의 샅바를 잡고 그의 몸을 들었다가 매어치는 수.　　　　　　　　　　　　　　「돌라.
吊り籠(つりかご) 매다는 바구니. 기구의 곤
吊り木(つりき) ① 천장의 달목. ② 선반을 매다는 나무.
吊り目(つりめ) 눈초리가 위로 치켜 올라간
吊り棚(つりだな) 달아 맨 선반.
吊り上がる(つりあがる) ① 매달려 올라가다. ② 치붙다. 치켜 올라가다.
吊り上げる(つりあげる) ① 매달아[치켜] 올리다. ② (시세를) 인위적으로 끌어 올리다.
吊り床(つりどこ) ① 방바닥과 같은 높이로 된 약식 '床の間(とこのま)'. ② 해먹.
吊り書き(つりがき) ① 계도(系圖). 계보. ② 혼담 중에 수교하는 신상 명세서.
吊り手(つりて) ① (모기장 등의) 매다는 끈〔고리〕. ② (버스 등의) 가죽 손잡이.
吊り身(つりみ) (씨름에서) 상대의 샅바를 잡고 끌어 안고 몸을 밀어내는 자세.
吊り梯子(つりばしご) 한쪽 끝을 매달고 늘어뜨려 쓰는 줄사닥다리.
吊り出し(つりだし) ① (씨름에서) 상대의 샅바를 잡고 몸을 들어 올려 밖으로 밀어내기. ② 속여서 꾀어냄.
吊り出す(つりだす) (씨름에서) 상대의 샅바를 잡아 끌어 안고 씨름판 밖으로 밀어내다.
吊り下がる(つりさがる) 매달리다.
吊り下げる(つりさげる) 매달다.
吊り行灯(つりあんどん) 상점·술집 등의 입구에 매다는 등.
吊り革(つりかわ) (버스 등의) 가죽 손잡이.
吊り戸棚(つりとだな) 매달아 놓은 찬장.
吊り花(つりばな) 꽃꽂이에서, 그릇을 천장에 매달아 놓고 사용하는 형식의 것.
吊り環(つりわ) (체조에서) 링. 링 운동.
❖吊す(つるす) 달아매다. 매달다.
吊るし(つるし) ① 매닮. 달아맴. 또, 그것. ② (가게 앞에 매달아 놓고 파는 데서) 기성복. 또는 중고품 옷.　　　　　　　　　　「무.
吊るし大根(つるしだいこん) 매달아 말린
吊るし上げ(つるしあげ) ① 매닮. 달아올림. ② 여럿이서 한 사람을 힐책함.
吊るし上げる(つるしあげる) ① 매달아 올리다. ② 여럿이서 힐책하다.
吊るし柿(つるしがき) 곶감.
吊るし切り(つるしぎり) ① 매달아 놓고 자름. ② 생선을 매달아 놓고 껍질과 살을 자르는 요리법.
吊るし責め(つるしぜめ) 죄인의 몸을 묶어 매다는, 江戸(えど) 시대의 고문의 하나.

| 6日 教 | 早 | 일적 조
ソウ・サッ
はやい・はやまる・
はやめる・さ |

音読→

早歌(そうか) 가락이 빠른 謠物(うたいもの)의 일종. 「모양.
早却(さっきゃく) 신속함. 조속함. 또, 그런
早慶(そうけい) 早稲田(わせだ) 대학과 慶応(けいおう) 대학. 「전.
∥~戦(せん) 早稲田와 慶応 두 대학의 대
早計(そうけい) 조계. 경솔한 생각.
早教育(そうきょういく) 조기 교육.
早急(さっきゅう) 조급. 몹시 급함. *そうきゅう로도 읽음.
早期(そうき) 조기.
∥~発見(はっけん) 조기 발견.
 ~栽培(さいばい) 조기 재배.
 ~診断(しんだん) 조기 진단.
 ~診療(しんりょう) 조기 진료.
早年(そうねん) 조년. 젊은 때.
早旦(そうたん) 조단. 이른 아침.
早大(そうだい) '早稲田大学(わせだだいがく)(=早稲田 대학)'의 준말.
早老(そうろう) 조로. 겉늙음.
早漏(そうろう) 조루.
早晩(そうばん) 조만간(에).
早梅(そうばい) 일찍 핀 매화.
早発(そうはつ) 조발. ①정시보다 빨리 출발함. ②〖醫〗어려서 병이 남.
∥~性痴呆症(せいちほうしょう) 조발성 치매증('精神分裂症(せいしんぶんれつしょう)(=정신 분열증)'의 구칭).
早産(そうざん) 조산. ♣~児(じ) 조산아.
早生(そうせい) 조생. ①(과일 따위가) 일됨. *わせ로도 읽음. ②조산(早産).
∥~児(じ) 조생아. 조산한 아이. 「눈.
早雪(そうせつ) 제철보다 일찍 내리는 첫
早成(そうせい) 조성. ①빨리 완성됨. ②심신이 빠르게 발달함. 조숙.
∥~性(せい) 조성성. 새의 새끼가 부화 직후 운동 능력을 갖는 성질.
早世(そうせい) 조세. 조사(早死). 요절.
早速 ㊀(さっそく) 곧. 즉시. 당장.
㊁(さそく) 재빠름. 재치가 있음. 또, 그런 모양.
早熟(そうじゅく) 조숙. (과일 등이) 올됨.
∥~栽培(さいばい)〖農〗조숙 재배.
早晨(そうしん) 조신. 이른 아침. 조조.
早早 ㊀(そうそう) ①서두르는 모양. 부랴부랴. 총총히. ②…(하)자마자. …하자 곧.
㊁(はやはや) ①빨리빨리. ②이미. 벌써.
㊂(はやばや) 매우 빨리[일찍].
早朝(そうちょう) 조조. 이른 아침. *雅語로는 つとめて라고도 함.
早着(そうちゃく) 조착. (열차 따위가) 정시보다 일찍 도착함.

早参(そうさん) 조참. 이르게 참석함.
早天(そうてん) 조천. 새벽 하늘. 이른 아침.
早秋(そうしゅう) ①조추. 초가을. ②음력 7월.
早春(そうしゅん) 조춘. 이른봄. 초봄.
早退(そうたい) 조퇴.
早筆(そうひつ) 속필. 글을 쓰는 것이 빠름. 또, 글자를 빨리 씀.
早行(そうこう) 조행. 아침 일찍 길을 떠남.
早婚(そうこん) 조혼.
早暁(そうぎょう) 조효. 첫새벽.

訓読→

早まる(はやまる) ①빨라지다. ②서두르다.
早蕨(さわらび) 새싹이 갓 나온 고사리.
早桃(さもも) ①'水蜜桃(すいみっとう)(=수밀도)'의 딴이름. ②조생(早生) 자두의 옛 이름.
早緑(さみどり)〈雅〉새싹의 푸른 빛. 연두색. 연초록. 「래.
早苗(さなえ) 볏모. ♣~歌(うた) 모내기 노
∥~月(づき) 음력 5월의 딴이름.
早少女(さおとめ) ⇨ 早乙女(さおとめ).
早月(さつき) 음력 5월.
早乙女(さおとめ)〈雅〉모내기하는 처녀. 전하여, 일반적으로 소녀. 처녀.
❖**早い**(はやい) ①(시간적으로) 이르다. 앞서다. ②시각·시간이 아직 안 되다. 빠르다.
早 ㊀(はや) 이미.
㊁(さ)《接頭語로》①이른의 뜻. ②음력 5월의 뜻.
早く(はやく) ①급히. 빨리. ②이미. 벌써. ③아침 일찍. 「라야.
早くとも(はやくとも) (아무리) 빨라도. 빨
早くも(はやくも) ①빨라도. 일러야. ②재빨리. 이미. 벌써. 「그 정도.
早さ(はやさ) (시간적으로) 빠름. 이름. 또,
早とちり(はやとちり)〈俗〉지례짐작하다가 실패하는 일.
早駕籠(はやかご) ①파발꾼이 타는 가마. ②빨리 달리는 가마.
早撃ち(はやうち) 속사(速射). 권총 따위를 재빨리 쏘는 일. 또, 그러한 사람.
早見(はやみ) 조견. 한눈에 알 수 있게 된 표·도표 등. ♣~表(ひょう) 조견표. 「비.
早鍋(はやなべ) 음식을 빨리 끓이기 위한 냄
早口(はやくち) 말을 빨리 하는 일. 「②.
∥~言葉(ことば) ☞ 早言葉(はやことば)
早駆け(はやがけ) 빨리 달림. 전력으로 달림. 「캠.
早掘り(はやぼり) 감자·고구마 따위를 일찍
早帰り(はやがえり) ①빨리 돌아옴. ②(외박하고) 아침에 돌아옴. 「사람.
早起き(はやおき) 일찍 일어남. 또, 그러한
早道(はやみち) ①지름길. 첩경. ②빠른 〔간단한〕방법.
早瀬(はやせ) 여울.
早立ち(はやだち) 아침 일찍 길을 떠남.
早馬(はやうま) 파발마.

早飯(はやめし) ① 밥을 빨리 먹는 일. ② 일찍 밥을 먹음.
早番(はやばん) 일찍 번드는 차례.
早弁(はやべん) 〖학생 등이〗 점심 시간 전에 도시락을 먹는 일.
早変わり(はやがわり) 〖劇〗 배우가 재빨리 분장을 바꾸어 다른 역을 함.
早付け木(はやつけぎ) 성냥〖19 세기 종반에 쓰이던 말〗.
早分かり(はやわかり) 빨리 이해함.
早飛脚(はやびきゃく) 급사. 보발. 파발꾼.
早死に(はやじに) 조사. 요절.
早い事(はやいこと) 재빠르게. 일찍감치. 빨리.
早仕舞い(はやじまい) 여느 때보다 빨리 일을 마침〖일찍 가게를 드림〗.
早上がり(はやあがり) ① 일정 작업을 끝내는 일. ② 여섯 살에 초등 학교에 들어가는 일.
早霜(はやじも) 조상. 이른 서리.
早生まれ(はやうまれ) 1월 1일부터 4월 1일 사이에 출생하는 일〖사람〗.
早緒(はやお) ① 배의 닻줄. ② 썰매・수레 따위를 끄는 줄. ③ 물렛줄.
早船(はやぶね) 하루 (はやぶね).
早い所(はやいとこ) 일찍감치. 빨리.
早咲き(はやざき) 〖꽃이〗 일찍 핌.
早送り(はやおくり) 녹음기 따위의 테이프를 빨리 앞으로 돌리는 일.
早手回し(はやてまわし) 미리 손쓰거나 조처해 두는 일.
早縄(はやなわ) 오라. 포승.
早蒔き(はやまき) 일찍 파종하는 일.
早食い(はやぐい) 음식을 빨리 먹음.
早言(はやこと) ① ☞早口(はやくち). ② ☞早言葉(はやことば)②.
早言葉(はやことば) ① 빠른 말. ② 같거나 까다로운 발음이 반복되는 어려운 말들을 빨리 말하는 일. 또, 그 말들.
早業(はやわざ) 재빠른 솜씨〖재주〗.
早牛(はやうし) 걸음이 빠른 소. *はやうじ로도 읽음.
早耳(はやみみ) 〖소문 따위를〗 빨리 들어 아는 일. 또, 그 사람.
早引き(はやびき) ☞早引け(はやびけ).
早引け(はやびけ) 조퇴.
早い者勝ち(はやいものがち) 먼저 한 자가 유리함. 선착한 자의 승리로 함.
早場(はやば) 쌀 따위가 일찍 수확되는 지방. ‖〜米(まい) 추수가 이른 지방의 쌀.
早潮(はやしお) 유속이 빠른 조류. 밀물과 썰물 때의 빠른 조수.
早足(はやあし) ① 빠른 걸음. ② 보통 〖보조〗의.
早鐘(はやがね) 다급할 때에 요란하게 울리는 종. 경종.
早舟(はやぶね) ① 속력이 빠른 배. ② 군선 (軍船)의 하나. *はやぶねlも 読음.
早昼(はやひる) 일찍 먹는 점심.
早指し(はやざし) 장기를 시간을 두지 않고 바로 둠.

早砥(はやと) 날이 빨리 서는 숫돌.
早川(はやかわ) 흐름이 빠른 강.
早撮り(はやどり) 빠른 촬영. 짧은 기간에 촬영을 끝마치는 일. ‖〜写真(しゃしん) 스냅 사진.
早出 ㊀(はやで) 일찍 출근〖퇴근〗함. ㊁(そうしゅつ) 조출. 아침 일찍 출근함.
早出し(はやだし) 야채・과일 따위를 철보다 빨리 출하시킴.
早寝(はやね) 일찍 잠. 「빨리 출하시킴.
早打ち(はやうち) ① 말을 달려 급히 알림. 또, 그 사람. ② 불꽃 따위를 빨리 쏘아 올리는 일. ③ ☞早撃ち(はやうち). ④ 〖바둑을〗 빨리 둠. 속기(速碁). ⑤ 〖북을〗 빨리 두드림. ‖〜肩(かた) 갑자기 어깨가 아프고 심장이 뛰며 졸도하는 병.
早呑み込み(はやのみこみ) ① 이해가 빠름. ② ☞早合点(はやがてん).
早太鼓(はやだいこ) 북을 빠르고 격렬하게 침. 또, 그 소리.
早桶(はやおけ) 〖급히 만든〗 허름한 관(棺).
早退き(はやびき) ☞早退け(はやびけ).
早退け(はやびけ) 조퇴.
早版(はやばん) 하루 몇 번이고 기사를 바꿔내는 신문의 제 1판(版). 「른 편.
早便(はやびん) 〖우편・비행기 등〗 그 날의 빠
早便り(はやだより) 지급으로 알림.
早合点(はやがてん) 지레짐작. *はやがってん으로도 읽음.
❖**早める**(はやめる) 〖기일이나 시각을〗 예정보다 이르게 하다.
早め(はやめ) 정해진 시각보다 조금 이름.

[其他]
早う(はよう) 곧. 빨리.
早稲(わせ) 올벼.
早稲田(わせだ) ① 올벼 농사를 하는 논. ② 東京(とうきょう)도 新宿(しんじゅく) 구의 한 지명.

| 7 力 教 | 助 | 도울 조 ジョ たすける・たすかる・すけ |

音読➡
助監督(じょかんとく) 〖映〗 조감독.
助教(じょきょう) 조교.
助教諭(じょきょうゆ) ① 준교사. ② '代用教員(だいようきょういん)(=임시직 교사)'의 고친 이름.
助教授(じょきょうじゅ) 조교수.
助動詞(じょどうし) 〖文法〗 조동사.
助力(じょりょく) 조력.
助命(じょめい) 조명. 구명.
助法(じょほう) 〖法〗 조법.
助士(じょし) 조사.
助詞(じょし) 조사. 토씨.
助辞(じょじ) 〖文法〗 ① 조사《助詞와 助動詞의 총칭》. ② 〖한문에서〗 조자(助字).
助産(じょさん) 조산. 출산을 도움. ♣〜婦

(ぶ) 조산사.
助色団(じょしょくだん)〖化〗 조색단.
助成(じょせい) 조성.
助勢(じょせい) 조세. 조력. 도와 줌.
助手(じょしゅ) ①조수. *すけてろに도 읽음. ②(대학의) 조교. ♣~席(せき) 조수석.
助数詞(じょすうし)〖文法〗 양수사.
助語(じょご) ①조언. 도움말. ②〖文法〗조어. 助動詞・助詞의 총칭.
助言(じょげん) 조언. 도움말. *じょごんで로도 읽음.
助役(じょやく) ①조역. 보좌역. *すけやく로도 읽음. ②일본에서 부시장·부동장·부이장·(철도역의) 부역장 등의 일컬음.
助演(じょえん) 조연.
助音(じょおん)〖樂〗조음. 범패(梵唄)·아악 등에서, 창자(唱者)·주자(奏者) 곁에서 노래나 연주를 도와 줌. 또, 그 사람. *じょいん으로도 읽음.
助字(じょじ) 조자. 조어. 어조사(語助辭).
助長(じょちょう) 조장.
助剤(じょざい) 조제.
助祭(じょさい) (가톨릭교의) 부제(副祭).
助走(じょそう) 조주. 도움닫기. ♣~路(ろ) 조주로.
助奏(じょそう)〖樂〗조주. 장식적인 보조 연주. 오블리가토.
助触媒(じょしょくばい)〖化〗 조촉매. 촉진
助炭(じょたん) 틀에 종이를 발라 화로 위에 씌워서 불이 오래가게 하는 도구.
助筆(じょひつ) 조필. 남의 문장을 손보아 줌. 가필(加筆).

訓読➡

助 ㊀(すけ) ①도움. 조력. 가세(加勢). 장관의 보좌·대리직. 차관(大宝令(たいほうりょう)로 정해진 벼슬의 하나). ③《接尾語로》〈俗〉다른 말에 붙여서 인명(人名)처럼 쓰는 말.
㊁(じょ)《接頭語로》조…. 보조의 뜻.
助かる(たすかる) ①살아나다. 면하다. 구제되다. ②(돈이나 노력 등이) 덜 들다.
助番(すけばん) ①보조 당번. 또, 그 사람. ②여자 깡패 두목. 여두목.
助兵衛(すけべえ)〈俗〉호색(好色)함. 호색가. 색골. 엽색가(獵色家). *すけべ·すけべい로도 읽음.
‖**~根性**(こんじょう) ①호색 근성. ②갖가지 일에 손을 대고 싶어함. 욕심쟁이 심보.
助っ人(すけっと)〈俗〉(싸움 따위에) 가세하여 돕는 사람.
助宗鱈(すけそうだら)〖魚〗명태.
助柱(すけばしら) 떠받치는[버티는] 기둥.
助惣鱈(すけそうだら) ⇨ **助宗鱈**(すけそうだら).
助太刀(すけだち) ①결투나 복수 등에 조력해 줌. 또, 그 사람. ②도와[거들어] 줌. 조력을 함. 가세(加勢). 또, 그 사람.
助平(すけべい)〈俗〉☞ **助兵衛**(すけべえ).

パン助(パンすけ) 매춘부의 멸칭.
ど助平(どすけべい) 지나치게 색(色)을 좋아함. 또, 그런 사람을 욕하는 말.
❖**助ける** ㊀(たすける) ①구조하다. 살리다.
㊁(すける) ① ☞ ㊀②. ②비용의 일부를 부담하다.
助け(たすけ) 도움. 구원. 구조.
助け船(たすけぶね) ①구조선. ②조력. 도움.
助け合い(たすけあい) 서로 돕기.
助け合う(たすけあう) 서로 협력하다[돕다].

| 7 扌 | 抓 | 긁을 **조**·움킬 **조** ソウ つねる・つまむ |

訓読➡

抓まれる(つままれる) (무엇엔가) 흘리다.
抓る(つねる) 꼬집다. *つめる로도 읽음.
❖**抓む**(つまむ) ①(손가락으로) 집다. 집어먹다. ②요약(발췌)하다.
抓み(つまみ) ①손끝으로 집음. 또, 그 집은 분량. ②(기구 따위의) 손잡이. ③抓み物(つまみもの)의 준말.
抓み物(つまみもの) 마른안주.
抓み洗い(つまみあらい) 지르잡음.
抓み菜(つまみな) 솎아낸 채소.

| 7 木 ㊝ | 条 (條) | 가지 **조**·조리 **조** ジョウ えだ・すじ |

音読➡

条(じょう) ①조목. 대문. ②《接尾語로》㉠…조. 조목을 세는 말. ㉡…줄기.
条鋼(じょうこう) 조강. 궤조·봉강·선재(線材) 등의 총칭.
条件(じょうけん) 조건.
‖**~反射**(はんしゃ)〖生〗조건 반사.
~反応(はんのう)〖心〗조건 반응.
~付き(つき) 조건부.
~付け(づけ)〖心〗사람이나 동물에게 특정된 훈련을 시켜 조건 반사와 조건 반응을 일으키게 하는 일.
~闘争(とうそう) 절대적인 반대가 아닌 조건부 투쟁.
条款(じょうかん) 조관. 조항.
条規(じょうき) 조규. 조문의 규정.
条達(じょうたつ) 나뭇가지가 갈라지듯 사방으로 뻗어가는 일. 전하여 세력이 널리 미치는 일.
条令(じょうれい) 조령.
条例(じょうれい) 조례.
条里(じょうり) 바둑판의 눈처럼 갈라 놓은 시가지의 구획.
条理(じょうり) 조리.
条目(じょうもく) 조목. 항목.
条文(じょうぶん) 조문.
条書(じょうしょ) 한 조목씩 쓴 문서.

条線(じょうせん) 조선. ①금. 선. ②결정면(結晶面)에 보이는 나란한 다수의 금.
条約(じょうやく) 조약.
条章(じょうしょう)〈文〉조장. 여러 조목으로 된 문장.
条条(じょうじょう) 조조. 하나하나의 조목.
条枝(じょうし) 나뭇가지.
条虫(じょうちゅう)〖蟲〗조충. 촌충(寸蟲).
条播(じょうは) 조파. 밭에 고랑을 평행으로 치고 씨를 뿌림.
条幅(じょうふく) 화선지를 반으로 잘라 만든 족자.
条下(じょうか) 조항별로 쓴 것에서, 그 표제에 관한 부분.
条項(じょうこう) 조항. 조목.
条痕(じょうこん) 조흔. ①줄진 자국. ②애벌구이 자기(磁器)에 광물을 문질렀을 때 나는 줄무늬 자국.

訓読➤
条播き(すじまき) ☞条播(じょうは).
条海老(すじえび)〖動〗줄새우.

7 白 皁

하인 조·상수리 조
ソウ

参考 皂의 異體字.

音読➤
皁隷(そうれい) 조례. 신분이 낮은 사람. 하인. 노복.

其他
皁莢(さいかち)〖植〗조협. 쥐엄나무. *そうきょう로도 읽음.

8 彳 徂

갈 조
ソ
ゆく

音読➤
徂落(そらく) 조락. 천자의 죽음.
徂徠(そらい) 조래. 오고감. 왕래.

8 阝 阻 常

험할 조·막을 조
ソ
はばむ・けわしい・へだたる

音読➤
阻却(そきゃく) 조각. 물리침. 방해함.
阻格(そかく) 방해함.
阻隔(そかく) 조격. 방해하여 사이를 뜨게 함.
阻喪(そそう) 저상(沮喪). 기운을 잃음.
阻塞(そさい) 조색. (적기의 침입 등을) 방해해서 가로막음. *そそく로도 읽음.
阻遏(そあつ) 저알(沮遏). 막아서 못 하게 함.
阻碍(そがい) 조애. 저해(沮害).
阻止(そし) 저지(沮止).
阻害(そがい) 조해. 저해(沮害).

訓読
阻む(はばむ) 방해하다. 저지하다. 막다.

9 歹 殂

죽을 조
ソ
ゆく・しぬ

音読➤
殂す(そす) 신분이 높은 사람이 죽다.
殂落(そらく) 조락. 제왕(帝王)이 죽음.

9 人 俎

도마 조
ソ
まないた

音読➤
俎 ㊀(そ) ①제사나 주연 때 산 제물을 놓는 대. ②도마.
㊁(まないた) ⇨ 俎板(まないた).
俎豆(そとう) 조두. ①중국 고대의 제기(祭器) 이름. ②제사를 지냄.
俎上(そじょう) 조상. 도마 위.
〜の魚(うお) 도마 위에 오른 고기. 조상육(俎上肉).

訓読
俎板(まないた) 도마.
〜の鯉(こい)〔魚(うお)〕 도마 위에 오른 잉어〔고기〕. 조상육(俎上肉).

9 礻 祖(祖) 教

할아비 조
ソ
おや

音読➤
祖(そ) 조. ①선조. ②원조. 시조.
祖考(そこう) 조고. 망(亡)조부와 망부(亡父).
祖国(そこく) 조국. ♣〜愛(あい) 조국애.
祖忌(そき)〖佛〗조기. 조사(祖師)의 기일.
祖道(そどう) ①道祖神(どうそじん)을 모셔 여행 중의 무사함을 빔. ②조사(祖師)의 가르침.
祖霊(それい) 조령. 선조의 혼령.
祖堂(そどう) ①조묘(祖廟). ②조사당(祖師堂). 〔읽음.
祖母(そぼ) 조모. 할머니. *ばば・ばばさ로도
祖廟(そびょう) 조묘. 조상의 혼령을 모신 사당.
祖本(そほん) 유포된 책의 원본.
祖父(そふ) 조부. 할아버지. *じい・じじ・じじいろ도 읽음.
祖父母(そふぼ) 조부모.
祖妣(そひ) 조비. 돌아가신 할머니와 어머니.
祖師(そし)〖佛〗조사.
祖師堂(そしどう) 조사당.
祖先(そせん) 조선. 선조. 조상.
∥〜崇拝(すうはい) 조상 숭배.
〜伝来(でんらい) 조상 전래.
祖述(そじゅつ) 조술. 스승·선인(先人)의 설을 이어 서술함.
祖神(そしん) 조신. 신으로 모시는 선조.
祖室(そしつ)〖佛〗조실.
祖語(そご)〖言〗조어.

祖業(そぎょう) 조업. 세업(世業).
祖宗(そそう) 조종. 선조 대대의 군주(君主).
祖型(そけい) 조형. 종교학에서, 원형(元型)을 이름.

[其他]
祖母さん(ばあさん) 할머니. 조모를 친근하게 부르는 말.
祖父さん(じいさん) 할아버지. 조부를 친근하게 부르는 말.

10획	凋	시들 조 チョウ しぼむ

[音読]
凋枯(ちょうこ) 조고. 초목이 시들어 죽음.
凋落(ちょうらく) 조락. 이울음. 영락.
凋零(ちょうれい) 조령. 조락.
凋衰(ちょうすい) 말라서 쇠약함. 조잔(凋殘).
凋萎(ちょうい) 조위. 시듦.
凋残(ちょうざん) 조잔. 시들어 쇠약해짐.
凋弊(ちょうへい) 조폐. 쇠약하여 피로함. 피폐.

[訓読]
凋む(しぼむ) ① 시들다. ② 오므라지다.

10획 日	晁	아침 조 チョウ あさ

[参考] 朝의 古字.

10획 辶 [教]	造(造)	지을 조 ゾウ つくる・いたる・ みやつこ

[音読]
造骨細胞(ぞうこつさいぼう)《生》조골 세포.
造機(ぞうき) 조기. 기계·기관의 설계나 제조.
‖～工学(こうがく) 조기 공학.
造卵器(ぞうらんき)《生》조란기.
造陸運動(ぞうりくうんどう)《地》조륙 운동.
造林(ぞうりん) 조림. 「림함.
造立(ぞうりゅう) 조립. 절·당탑(堂塔)을 건
造物(ぞうぶつ) 조물. ① 천지간의 모든 것. ② 造物主의 준말.
‖～者(しゃ) ☞造物主.
～主(しゅ) 조물주. 만물을 창조한 신.
造反(ぞうはん) 조반. 반역. 반항. 조직에 대한 비판(거역).
‖～有理(ゆうり) 조반 유리. 반역에는 도리가 있음《마오쩌둥(毛澤東)의 말》.
造兵(ぞうへい) 조병. 병기(兵器)를 만듦.
♣～廠(しょう) 조병창.
造本(ぞうほん) (인쇄·제책·장정 등에 걸친) 책의 제작에 관한 설계·작업.
造仏(ぞうぶつ)《佛》조불.

造山帯(ぞうざんたい)《地》조산대. 조산 운동이 있었던 지역.
造山運動(ぞうざんうんどう)《地》조산 운동.
造像(ぞうぞう) 조상. 특히 불상을 만드는 「일.
造石(ぞうこく) 술·간장 따위의 양조 석수(石數). ♣～高(だか) 양조량.
‖～税(ぜい) 술·간장 따위 제조 석수를 과세 기준으로 하는 세금.
造船(ぞうせん) 조선. ♣～所(じょ) 조선소 /～学(がく) 조선학.
造設(ぞうせつ) 조설. 만들어 설치함.
造説(ぞうせつ) 조설. 근거 없는 소문.
造成(ぞうせい) 조성.
造悪(ぞうあく) 조악. 나쁜 짓을 함.
造岩鉱物(ぞうがんこうぶつ) 조암 광물.
造語(ぞうご) 조어. ～力(りょく) 조어력 /～法(ほう) 조어법.
‖～成分(せいぶん) 조어 성분.
造言(ぞうげん) 조언. 근거 없는 말.
‖～飛語(ひご) 유언비어.
造営(ぞうえい) 조영. 궁전·사찰 등을 지음.
造影(ぞうえい) 조영. X선 검사 때 약제로써 소화기 등의 형태를 영출(映出)하는 일.
♣～剤(ざい)《薬》조영제.
造詣(ぞうけい) 조예.
造園(ぞうえん) 조원.
‖～技師(ぎし) 조원 기사.
造意(ぞうい) 계획하는 일. 특히, 나쁜 일을 꾸미는 일.
造作 ㊀(ぞうさ) ① 번거로움. ② 방법. 수단. ㊁(ぞうさく) ① 집을 지음. 건축. ② 집 내부 장치를 함. 또, 그 물건. ③《俗》용모. 얼굴 생김새.
造材(ぞうざい) 조재. 제재(製材).
造精器(ぞうせいき)《生》조정기.
造酒(ぞうしゅ) 조주. 주조. 양조(醸造).
♣～業(ぎょう) 양조업.
造進(ぞうしん) 만들어 받침.
造次(ぞうじ) 조차간. ① 잠깐 사이. ② 분주할 때.
‖～顚沛(てんぱい) 조차 전패. 순식간.
造替(ぞうたい) 조체. 〈신사·불당을〉 개조함.
造礁珊瑚(ぞうしょうさんご) 조초 산호. 산호초를 만드는 산호의 총칭.
造出(ぞうしゅつ) 조출. 만들어 냄.
造波抵抗(ぞうはていこう) 조파 저항. 유체(流體) 속을 운동하는 물체가 파도를 만듦으로써 받는 저항.
造幣(ぞうへい) 조폐. ♣～局(きょく) 조폐 「국.
‖～平価(へいか) 조폐 평가.
造胞体(ぞうほうたい)《植》조포체.
造畢(ぞうひつ) 조필. 만들어 끝마침.
造艦(ぞうかん) 조함. 건함.
‖～競争(きょうそう) 건함 경쟁.
造血(ぞうけつ) 조혈. ♣～薬(やく) 조혈약 /～剤(ざい) 조혈제.
‖～幹細胞(かんさいぼう) 조혈 간세포.

租·笊·蚤·彫

~器官(きかん) 조형 기관.
~作用(さよう) 조형 작용.
造形(ぞうけい) 조형. ♣~的(てき) 조형
‖~美術(びじゅつ) 조형 미술. └적.
~芸術(げいじゅつ) 조형 예술.
造型(ぞうけい) ⇨ 造形(ぞうけい).
造化(ぞうか) ①조화. ②천지. 우주.
造花(ぞうか) 조화.

[訓読]
❖造る(つくる) 만들다. ①짓다. 건조하다.
②(술을) 빚다. 양조하다. ③창조하다.
造り ㊀(つくり) 집·정원 등을 만듦. 또, 그
사람(구조).
㊁(づくり)《名詞 뒤에 붙어서》①(…으로)
만든 것. 만듦. ②건축 양식.
造り上げる(つくりあげる) 만들어 내다. ①
완성시키다. ②꾸며 내다. 날조하다.
造り成す(つくりなす) ①만들어 이루다. ②
그럴싸하게 모조하다. 본을 떠서 비슷하게 만
들(어 내)다.
造り庭(つくりにわ) 인공 정원.
造り酒屋(つくりざかや) 술을 양조하여 파
는 가게.
造り直す(つくりなおす) (좋지 않은 것을 좋
게) 고쳐 만들다. 다시 만들다.
造り出す(つくりだす) ①만들기 시작하다.
②만들어 내다. ③창작(창조)하다.
造り花(つくりばな) 조화.

10 禾 常	租	구실 조·조세 조 ソ みつぎ

[音読]
租(そ) 조. ①전세(田税). ②공조(貢租). 소
租界(そかい) 조계. └작료.
租貢(そこう) 조공. 조세 등을 바침.
租鉱権(そこうけん) 조광권.
租米(そまい) 조미. 조세로 바치는 쌀.
租税(そぜい) 조세. ♣~犯(はん) 조세범.
‖~客体(きゃくたい) 조세 객체.   「의.
~法律主義(ほうりつしゅぎ) 조세 법률주
~負担率(ふたんりつ) 조세 부담률.
~条約(じょうやく) 조세 조약.   「치.
~特別措置(とくべつそち) 조세 특별 조
租庸調(そようちょう)〖史〗조용조.
租借(そしゃく)〖法〗조차. ♣~権(けん)
조차권 / ~地(ち) 조차지.

10 竹	笊	조리 조 ソウ ざる

[音読]
笊器(そうき) 대나무로 결은 소쿠리나 바구
니 종류.
[訓読]
笊(ざる) 소쿠리.

笊蕎麦(ざるそば) 네모진 어레미나 대발에
담은 메밀국수.
笊碁(ざるご) 서투른 바둑. 줄바둑.
笊法(ざるほう)〈俗〉구멍투성이의 법률. 규
제력이 약한 법률.
笊耳(ざるみみ) (소쿠리에 물을 붓듯) 들은
말을 곧 잊어버림.

10 虫	蚤	벼룩 조 ソウ のみ

[訓読]
蚤(のみ)〖蟲〗벼룩.
蚤の衾(のみのふすま)〖植〗벼룩나물.
蚤飛蝗(のみばった)〖蟲〗좁쌀메뚜기.
蚤の市(のみのいち) 벼룩 시장.
蚤の綴(のみのつづり)〖植〗벼룩이자리.
蚤虫(のみむし)〖蟲〗'飛虫(とびむし)(=톡
토기)'의 딴이름.
蚤取り(のみとり) 벼룩 잡기. 또, 그 약.
‖~粉(こ) 벼룩 구충제(가루약).
~眼(まなこ) 샅샅이 뒤지는 눈매.

11 彡 常	彫 (彫)	새길 조 チョウ ほる

[音読]
彫刻(ちょうこく) 조각. ♣~師(し) 조각
彫工(ちょうこう) 조공. 조각사.   └사.
彫金(ちょうきん) 조금. 끌로 금속에 조각
함. 또, 그 기술.
彫鏤(ちょうる) 조루. 아로새김.
彫文(ちょうぶん) 조문. 금속·돌·나무 따
위에 새겨 넣은 무늬.
彫像(ちょうぞう) 조상. 조각한 상.
彫石(ちょうせき) 조각에 사용하는 돌.
彫塑(ちょうそ)〖美〗조소.
彫心鏤骨(ちょうしんるこつ) 조심 누골.
(시문 등을) 애써 만듦. *ちょうしんろうこ
つ로도 읽음.
彫玉(ちょうぎょく) 조각을 한 보석.
彫匠(ちょうしょう) 조장. 조각사.
彫虫(ちょうちゅう) 조충. 작은 벌레 조각품
을 만듦. 세밀한 세공.
‖~篆刻(てんこく) 조충전각. 시문 따위에
서 너무 기교에 치우침.
彫琢(ちょうたく) 조탁. ①(보석 따위를) 쪼
아서 다듬음. ②문장을 다듬음.
[訓読]
❖彫る ㊀(ほる) ①(칼로) 새기다. 조각하다.
②문신을 넣다.
㊁(える)〈雅〉①파내다. 도려내다. ②파내
고 금·은·자개를 박다. ③☞①.
彫り(ほり) 조각함. 조각한 솜씨(만듦새).
彫り貫く(ほりぬく) 나무 따위를 파서 구멍
을 내다.

彫り目(ほりめ) 끌·조각칼 따위로 파낸[새긴] 자국[자리].
彫り物(ほりもの) ① 조각한 것. ② 문신(文身). ∥~師(し) ① 조각사. ② 문신[입묵]을 업으로 하는 사람.
彫り付ける(ほりつける) 파서 형태를 새기다. *雅語로는 えりつける라고도 함.
彫り上げ(ほりあげ) 부조. 양각(陽刻).
彫り込む(ほりこむ) 〖美〗음각(陰刻)함. 오목새김함.
彫り舟(ほりぶね) 통나무를 파내어 만든 배. 통나무 배. 마상이.
彫り樋(ほりどい) 통나무를 파내어 만든 홈통[물받이].

措

11 才 常

놓을 **조**
ソ
おく

音読
措大(そだい) ① 수재(秀才). ② 가난한 서생(書生). 궁조대(窮措大).
措辞(そじ) 조사. (시가·문장에서) 말의 용법과 배치.
措定(そてい) 〖哲〗조정.
措置(そち) 조치. 조처.

訓読
❖**措く**(おく) ① (중도에) 그치다. ② 빼놓다.
措いて(おいて) 《…を~の꼴로》 …이외에. (…을) 제쳐놓고.

曹

11 日 常

무리 **조**
ソウ·ゾウ
ともがら

音読
曹(そう) 동아리. 무리.
曹洞宗(そうとうしゅう) 〖佛〗조동종.
曹司(ぞうし) ① 옛날, 궁중·관청 등의 벼슬아치나 궁녀의 방. ② 가독 상속 전의 귀족 자제에게 준 부모의 저택 내의 방.
曹魏(そうぎ) 〖史〗조위. 중국 삼국 시대의 위(魏)의 딴이름.
曹長(そうちょう) 전 일본 육군 하사관 계급의 맨 위《우리 나라의 상사에 해당》.
曹長石(そうちょうせき) 〖鑛〗조장석. 나트륨 장석.

眺

11 目 常

바라볼 **조**
チョウ
ながめる

音読
眺望(ちょうぼう) 조망. 전망. ♣~権(けん) 〖法〗조망권.

訓読
眺む(ながむ) ☞ 眺める(ながめる).
❖**眺める**(ながめる) 바라보다. ① 전망하다.
② 응시하다. ③ 방관하다.
眺め(ながめ) ① 바라봄. 또, 그 경치. 전망.
② 〈古〉생각에 잠기어 봄.
眺め遣る(ながめやる) (이쪽에서 저쪽을) 바라보다.
眺め明かす(ながめあかす) 사색에 잠겨 밤을 지새우다.
眺め暮らす(ながめくらす) ① 바라보며 하루를 지내다. ② 사색에 잠겨 하루를 보내다.
眺め入る(ながめいる) 언제까지고 (계속해서) 바라보다.
眺め回す(ながめまわす) 둘러보다.

粗

11 米 常

거칠 **조**·대강 **조**
ソ
あらい·ほぼ

音読
粗剛(そごう) 조강. 물건의 표면이 거칠고 억셈.
粗鋼(そこう) 조강.
粗景(そけい) 보잘것없는[변변치 않은] 경품《상점 등에서의 겸사말》.
粗菓(そか) 변변치 못한 과자《겸사말》.
粗鉱(そこう) 조광.
粗糖(そとう) 조당. 정제하지 않은 설탕.
粗大(そだい) 조대. 거칠고 엉성함. ∥~塵(ごみ) 가정에서 폐품으로 나오는 가전 제품·가구 따위.
粗銅(そどう) 조동. 정제하지 않은 구리.
粗略(そりゃく) 조략. 소홀.
粗糲(それい) 조려. 정백(精白)하지 않고 거칠게 찧은 쌀. 또, 변변치 않은 식사.
粗鹵(そろ) 변변치 않아 쓸모가 없음. 또, 그런 모양.
粗魯(そろ) 거칠고 우둔함.
粗漏(そろう) 조루. 소루(疏漏). 소홀해서 빠진 것이나 실수가 있음.
粗粒(そりゅう) 조립. 알갱이가 거칢. 또, 거친 알갱이.
粗慢(そまん) 거칠고 소홀한 모양.
粗末(そまつ) ① 허술하고 나쁨. ② 소홀함.
粗面(そめん) 조면. 꺼칠꺼칠한 표면.
粗描(そびょう) 조묘. 줄거리만 대충 묘사함.
粗密(そみつ) 소밀(疏密).
粗飯(そはん) 변변치 못한 식사《겸사말》.
粗放(そほう) 조방. 대충대충하는 모양. 면밀하지 않은 모양. ∥~農業(のうぎょう) 조방 농업.
粗紡(そぼう) 조방. 방적에서, 소면(梳綿)을 조방기로 다시 가늘게 늘여서 꼼.
粗服(そふく) 조복. 거칠고 값싼 옷.
粗僕(そぼく) 거칠고 꾸밈이 없음.
粗笨(そほん) 조잡함. 엉성함.
粗氷(そひょう) 조빙. 무빙(霧氷)의 한 가지.
粗飼料(そしりょう) 조사료.
粗相(そそう) ① (덤비며 하다가) 실수함. ② 대소변을 지림[쌈]. ∥~火(び) 과실로 낸 화재.
粗膳(そぜん) 변변치 않은 요리(상)《겸사말》.

粗細(そさい) 조세. 조잡함과 세밀함.
粗鬆(そそう) 섬세하지 못하고 거친 모양.
粗收入(そしゅうにゅう) 조수입. 들어간 비용을 차감하지 아니한 수입.
粗食(そじき) 조식. 검소한 음식. ＊そしょくとも 읽음.
粗悪(そあく) 조악. ♣〜品(ひん) 조악품.
粗野(そや) 조야. 메부수수함.
粗言(そげん) 조언. 거친 말. 난폭한 말. ＊そごんでも도 읽음.
粗葉(そは) 맛없는〔좋지 않은〕담배.
粗衣(そい) 조의.
∥〜**粗食**(そしょく) 조의조식.
粗雑(そざつ) 조잡.
粗製(そせい) 조제.
∥〜**濫造**(らんぞう) 조제 남조.
〜**品**(ひん) 조제품. 「건.
粗造(そぞう) 조조. 거칠게 만듦. 또, 그 물
粗糙(そそう) 결이 거칠고 까칠까칠함. 또, 그 모양.
粗酒(そしゅ) 조주. 박주.
粗茶(そちゃ) 조차. 좋지 못한 차.
粗餐(そさん) 조찬. 소찬(素饌)《겸사말》.
粗菜(そさい) 조채. 보잘것없는 부식물.
粗朶(そだ) 섶나무 가지.
粗炭(そたん) 조탄. 조악(粗悪)한 석탄.
粗布(そふ) ㈠조포. 올이 설피고 거친 천. ㈡전하여, 좋지 못한 옷.
㈢(あらぬの) 거친〔투박한〕천.
粗暴(そぼう) 조포. 거칠고 난폭한 모양.
粗品(そしな) 조품. 변변치 못한 물건《겸사말》. ＊そひんぐも로 읽음.
粗筆(そひつ) 조필. ①거친 필적《자기 필적의 겸사말》. ②값싼 붓.
粗暴(そぼう) 조포. 거칠고 사나움.
粗忽(そこつ) ①조홀. 경솔함. ②(부주의로 저지른) 실수. 잘못.
∥〜**者**(もの) 경솔한 사람.
粗画(そが) 대강 그린 그림. 「말.
粗肴(そこう) 조효. 변변치 못한 안주《겸사

訓読
❖**粗い**(あらい) ①거칠다. ②성기다. 조잡하다. 엉성하다.
粗 ㈠(あら) ①(생선을 다루고 난 뒤의) 살이 붙은 뼈. 서덜. ②찌꺼기. ③결점. 흠. ④《接頭語로》조잡한. 대강의. 인공을 가하지 않은.
㈡(あらぶん) 거의. 대부분. 대충.
粗ごなし(あらごなし) 애벌로 대충 손을 댐.
粗っぽい(あらっぽい) 조잡하다. 거칠다. 엉성하다.
粗糠(あらぬか) 겉겨. 왕겨.
粗樫(あらかし) 《植》종가시나무.
粗筋(あらすじ) 대충의 줄거리. 개요.
粗金(あらがね) ①조광(粗鑛). ②철. 무쇠.
粗起こし(あらおこし) 경작의 준비 작업으로 논밭을 대충 갈아엎는 일.
粗碾き(あらびき) (곡물・커피 등을) 대충 갈기. 또, 그렇게 간 것.

粗代(あらしろ) 모내기를 위한 최초의 물갈
粗塗り(あらぬり) 초벌칠. 「이.
粗鑢(あらやすり) 이가 거친 줄.
粗木(あらき) 원목(原木).
粗目(あらめ) ①막짜기. 또, 그렇게 짠 것.
㈡(ざらめ) ①굵은 설탕. ②(종이 따위가) 거슬거슬함. 「눈.
∥〜**雪**(ゆき) 녹다가 다시 언 싸라기 같은
粗方(あらかた) 대강. 대체. 거지반.
粗壁(あらかべ) 초벽칠만 한 벽.
粗削り(あらけずり) ①(나무 따위를) 거칠게 깎음. ②아직 연마되지 않음.
粗捜し(あらさがし) ⇒ **粗探し**(あらさがし)
粗縄(あらなわ) 굵은 새끼. 밧줄.
粗研ぎ(あらとぎ) 날붙이를 애벌 갊. 거청숫돌로 갊.
粗筵(あらむしろ) 거칠게 짠 거적.
粗塩(あらじお) 막소금. 왕소금. 호렴.
粗玉(あらたま) 파낸 채 가공하지 않은 옥돌.
粗利益(あらりえき) 경비를 계산하지 않은 겉보기 이익.
粗煮(あらに) (요리한 나머지의) 생선을 뼈째 채소 따위와 함께 끓인 것.
粗積もり(あらづもり) 어림. 개산(概算).
粗切り(あらぎり) ①거칠게 대충대충 자름. 조잡하게 자름. ②막 썬 담배.
粗造り(あらづくり) ①대충 만들어 마무리지 않음. 또, 그것. 조제(粗製). 건목.
粗粗(あらあら) 대강. 대충.
粗彫り(あらぼり) 대충 조각함. 또, 그런 조
粗櫛(あらぐし) 얼레빗. 「각물.
粗汁(あらしる) 생선의 머리・꼬리 따위를 넣고 끓인 국〔찌개〕.
粗砥(あらと) 거청숫돌. 거센 숫돌.
粗織り(あらおり) (막치실로) 거칠게 짬. 또, 그 천.
粗薦(あらごも) 거친 줄로 짠 거적. ＊あらこもと로도 읽음.
粗探し(あらさがし) (남의) 흠을 들추어냄.
粗皮(あらかわ) ①(나무・곡식 등의) 겉껍질. ②(다루지 않은) 생가죽. 원피. ③쌀겨.

其他
粗紙(ざらがみ) ①갱지(更紙). ②짚으로 만든 반지(半紙).

| 11 糸 教 | 組 | 짤 조 ソ くむ・くみ |

音読
組閣(そかく) 조각. 「식.
組成(そせい) 조성. ♣〜**式**(しき) 《化》조성
組織(そしき) 조직. ♣〜**力**(りょく) 조직력. 〜**網**(もう) 조직망. 〜**液**(えき) 《生》조직액. 〜**的**(てき) 조직적. 〜**学**(がく) 《生》조직학. 〜**化**(か) 조직화.
∥〜**労働者**(ろうどうしゃ) 조직 노동자.
〜**培養**(ばいよう) 조직 배양.

~神学(しんがく) 조직 신학.
~移植(いしょく)〖醫〗조직 이식.
~適合抗原(てきごうこうげん) 조직 적합
~化学(かがく)〖生〗조직 화학. ㄴ항원.

❖組む(くむ) ① 엇걸다. ② 짜다. 조립하다. ③ 조직[편성]하다. ④ 맞붙다. 껴안다.
組み(くみ) ① 조(組). 반(班). 학급. ② 한패의 사람들. 패. 동아리. ③ 세트. 벌. 쌍. 짝. ④〖印〗조판(組版).
組する(くみする) 한패가 되다. 편들다.
組歌(くみうた) 짧은 가사 몇 개를 엮어 한 곡으로 만든 三味線(しゃみせん)이나 琴(こと)의 노래.
組み見本(くみみほん)〖印〗견본 조판.
組み交ぜる(くみまぜる) 짜서 섞다. 서로 얽히게 짜다.
組曲(くみきょく)〖樂〗조곡. 모음곡.
組紐(くみひも) 꼰 끈. 끈목.   ㄴ리따.
組带(くみおび) 여러 가지 실을 엮어 만든 허
組頭(くみがしら) ① 조장. 반장. ② 江戸(えど) 시대에, 村方三役(むらかたさんやく)의 하나.
組み立て(くみたて) 조립(물). 구조. 조직.
‖~住宅(じゅうたく) 조립식 주택.
組み立てる(くみたてる) ① 조립하다. ② 구성하다.
組み物(くみもの) 짜 맞추어 만든 물건.
組み杯(くみさかずき) 크고 작은 여러 개로 한 벌이 되는 술잔.   ㄴ아 눕히다.
組み伏せる(くみふせる) 맞붙어 상대를 깔
組み付く(くみつく) 맞붙다. 달라붙다.
組み敷く(くみしく) 싸움 상대를 밑에 깔고 누르다.
組み分け(くみわけ) 여러 편으로 가름.
組み糸(くみいと) 합사(合絲).
組み写真(くみしゃしん) 하나의 주제 아래 여러 장의 사진을 편집한 것.
組み上がり(くみあがり)〖印〗짜서 이루어짐. 또, 그 이루어진 것.
組み上がる(くみあがる) 다 짜다〔조립되다〕.
組み上げ(くみあげ) 짜서 이룸. 그 짠 것.
組み上げる(くみあげる) ①짜〔쌓아〕올리다. ② 다 짜다.
組み緒(くみお) 꼰 끈.
組み手(くみて) ① (씨름에서) 맞잡은 팔. ② (배구의) 리시브에서 양손을 깍지 끼고 받음.
組み夜具(くみやぐ) 이불·요·丹前(たんぜん) 따위를 한 세트로 한 침구.
組踊り(くみおどり) ① 짝지어 춤추는 일. ② 沖縄(おきなわ) 지방의 고전극.
組員(くみいん) 조원. 조직원.
組み違える(くみちがえる) ① 엇갈리게 짜다. ② 잘못 짜다.   ㄴ루기 쉽다.
組し易い(くみしやすい) 상대하기 쉽다. 다
組み入れ(くみいれ) ① 짜 넣음. ② 차례로 넣게 만듦. 또, 그렇게 만든 기물(器物). ③ 組み入れ天井의 준말.
‖~天井(てんじょう)〖建〗작은 격자(格子)꼴로 짠 천장.
組み入れる(くみいれる) ① (어떤 조직의) 일부로 집어 넣다. ② 순서대로 포개어 넣다.
組み込む(くみこむ) ① 짜 넣다. ② 한패에 넣다.
組み込み関数(くみこみかんすう) (컴퓨터의) 부호 번역기 속에 미리 짜넣은 함수.
組子(くみこ) ① 나무 오리 따위로 엮은 문살. ② 옛날에, 궁전반(弓箭班)·총로반 등의 반장 밑에 딸린 부하들.
組長(くみちょう) 조장. 반장.
組み重(くみじゅう) 여러 층으로 된 찬합.
組み止める(くみとめる) 상대의 몸을 꼭 붙들고 움직이지 못하게 하다.
組天井(くみてんじょう) ☞ 組み入れ天井(くみいれてんじょう).
組み替え(くみかえ) ① 다시 짬. ②〖生〗재결합. ♣~料(りょう)〖印〗재(再)조판료.
組み替える(くみかえる) 다시 짜다.
組み打ち(くみうち) ⇨ 組み討ち(くみうち).
組み討ち(くみうち) 맞붙어 싸움. 격투.
組み版(くみはん) 조판.
組唄(くみうた) ⇨ 組歌(くみうた).
組下(くみした) ☞ 組子(くみこ) ②.
組合(くみあい) ①조합. ②특히, 노동 조합. ♣~員(いん) 노동 조합원.   ㄴ한 파).
‖~教会(きょうかい) 조합 교회(기독교의
~専従者(せんじゅうしゃ) 회사에서 노동 조합 일만 하는 종업원.
組み合い(くみあい) 맞붙어 싸움.
組み合う(くみあう) ① 짝이 되다. ② 맞붙어 싸우다. ③ 동료〔한패〕가 되다.   ㄴ다.
組み合わす(くみあわす) 짜 맞추다. 편성하
組み合わせ(くみあわせ) ① 짜 맞춤. 편성. ②〖數〗조합.   ㄴ성하다.
組み合わせる(くみあわせる) 짜 맞추다. 편
組み換え(くみかえ) ⇨ 組み替え(くみかえ).

組んづ解れつ(くんづほぐれつ) 붙었다 떨어졌다 하며 싸우는 모양.

| 11
金
常 | 釣 (釣) | 낚시 조
チョウ
つる |

釣果(ちょうか) 조과. 낚시질의 성과.
釣具(ちょうぐ) 조구. 낚시 도구.
釣魚(ちょうぎょ) 조어. 낚시질. ♣~師(し) 낚시꾼.
釣友(ちょうゆう) 조우. 낚시 친구. ♣~会(かい) 낚시회.
釣人(ちょうじん) 낚시꾼.
釣艇(ちょうてい) 조정. 낚싯배.
釣舟(ちょうしゅう) 조주. 낚싯배.
釣趣(ちょうしゅ) 낚시의 재미〔정취〕.

訓読

釣られる(つられる) ① 끌리다. 유혹되다. ② 넘어가다. 영향을 받다.
釣れる(つれる) ① 고기가 낚이다. ② (낚듯이) 잡히다.
❖**釣る**(つる) ① 낚다. ② 꾀다. 속이다.
釣り(つり) ① 낚시질. ② 매닮. 또, 매다는 줄. ③ 釣り銭(つりせん)의 준말.
釣り竿(つりざお) 낚싯대.
釣り格子(つりごうし) 밖으로 내밀게 하는 창「살.
釣り橋(つりばし) 적교(吊橋). 현수교.
釣り具(つりぐ) 낚시 도구.
釣り球(つりだま) 『野』 유인구(誘引球).
釣り鉤(つりばり) ⇨ 釣り針(つりばり).
釣り堀(つりぼり) (고기를 놓아 기르며 낚시질을 하게 하는) 유료 낚시터.
釣り台(つりだい) 물건을 얹어 놓고 둘이서 메고 가는 대.
釣り道具(つりとうぐ) 낚시 도구.
釣り灯籠(つりどうろう) 처마 끝 따위에 매다는 등롱.
釣り落とす(つりおとす) (고기를) 낚아 올리다가 놓치다.
釣り籠(つりかご) ① 낚시 바구니. 어롱. ② 매단 바구니.
釣り輪(つりわ) (체조에서) 링. 링 운동.
釣り木(つりぎ) ① 천장의 달목. ② 선반을 매다는 나무.
釣り目(つりめ) 눈초리가 위로 치켜 올라간
釣瓶(つるべ) 두레박. ♣~縄(なわ) 두레박줄.
 ‖~竿(ざお) 두레박을 매달아 놓은 간짓대.
 ~落とし(おとし) 두레박이 떨어지듯이 급히 떨어짐《가을 해가 빨리 짐의 비유》.
 ~打ち(うち) ① 연달아 쏨(때림). 연속 사격. ② 『野』 (비유적으로) 연속 안타를 침.
釣り釜(つりがま) 매달아 놓고 쓰는 솥.
釣り棚(つりだな) 달아맨 선반.
釣り糸(つりいと) 낚싯줄.
釣り師(つりし) 낚시꾼.
釣り上がる(つりあがる) 낚시에 물려서 올라오다.
釣り上げる(つりあげる) 낚아 올리다.
釣り床(つりどこ) ① 방바닥과 같은 높이로 된 약식 床の間(とこのま). ② 달아맨 그물 침대. 해먹(hammock).
釣り書き(つりがき) ① 계도(系圖). 계보. ② 혼담 중에 주고받는 신상 명세서.
釣り船(つりぶね) ① 낚싯거루. ② 배 모양을 한 釣り花(つりばな)용 화기(花器).
釣船草(つりふねそう) 『植』 물봉선화.
釣り手(つりて) 낚시꾼.
釣り餌(つりえ) 낚싯밥. 미끼.
釣り人(つりびと) 낚시꾼.
釣り忍(つりしのぶ) 여름에, 넉줄고사리를 여러 가지 모양으로 엮어서 시원해 보이도록 처마 끝에 매단 것.「다.
釣り込む(つりこむ) 꾀어 들이다. 끌어들이

釣り込み腰(つりこみごし) (유도에서) 허리낚기《메치기 기술의 하나》.
釣り的(つりまと) 끈으로 늘어뜨린 표적.
釣り殿(つりどの) 寝殿造り(しんでんづくり) 건축의 남쪽, 연못가에 세운 건물.
釣り銭(つりせん) 거스름돈. 잔돈.
釣り梯子(つりばしご) 한쪽 끝을 매달고 늘어뜨려서 쓰는 줄사닥다리.
釣り鐘(つりがね) 조종(釣鐘). 범종. ♣~堂(どう) 종루(鐘樓).「의 일본명.
 ‖~星(ぼし) 『天』 황소자리 히아데스 성단
 ~人参(にんじん) 『植』 잔대.
 ~草(くさ) 『植』 초롱꽃과 같이 종상화(鐘狀花)가 피는 풀의 총칭.
 ~虫(むし) 『蟲』 종벌레《섬모류의 하나》.
釣り舟(つりぶね) ⇨ 釣り船(つりぶね).
釣り天狗(つりてんぐ) 낚시 솜씨를 자랑하는 사람.
釣り天井(つりてんじょう) 매달아 놓았다가 떨어뜨려서 밑에 있는 사람을 압살하게 장치된 천장.
釣り替え(つりかえ) 갊. 바꿈. 교환.
釣り出し(つりだし) 속여서 꾀어냄.
釣り出す(つりだす) ① 낚아내다. 꾀어내다. ② 낚시질을 시작하다.
釣り針(つりばり) 낚싯바늘.
釣り下がる(つりさがる) 매달리다.
釣り下げる(つりさげる) 매달다.
釣り合い(つりあい) 균형. 평형. 조화. ♣~錘(おもり) 『機』 평형추.
 ‖~試験(しけん) 회전체의 중심(重心)과 회전축의 어긋난 정도를 가리는 시험.
釣り合う(つりあう) 균형이 잡히다. 어울리다. 조화되다.
釣り行灯(つりあんどん) 상점・술집 등의 입구에 매다는 등.
釣り革(つりかわ) (버스 등의) 가죽 손잡이.
釣り戸(つりど) 『建』 들창.
釣り狐(つりぎつね) 덫이나 미끼 등으로 여우를 잡는 일.
釣り戸棚(つりとだな) 매달아 놓은 찬장.
釣り花(つりばな) 꽃꽂이에서, 화기(花器)를 천장에 매다는 형식.

11 鳥 敎	鳥	새 조 チョウ とり

音読

鳥瞰(ちょうかん) 조감(鳥瞰). ♣~図(ず) 조감도 / ~的(てき) 조감적.
鳥観(ちょうかん) ⇨ 鳥瞰(ちょうかん).
鳥道(ちょうどう) 조도. 산 속의 좁고 험한 조류(鳥類). 「길.
鳥馬(ちょうま) 『鳥』 (関東(かんとう) 지방에서) '鶫(つぐみ)(=개똥지빠귀)'의 딴이름.
鳥媒花(ちょうばいか) 『植』 조매화.
鳥目 ㊀(ちょうもく) 돈. 금전. 본디는 구멍

뚫린 돈.

㊂ (とりめ) 밤소경. 야맹증.

鳥盤類 (ちょうばんるい) 〚動〛 조반류.
鳥使 (ちょうし) 급사(急使).
鳥舎 (ちょうしゃ) (동물원 따위의) 새우리.
鳥声 (ちょうせい) 조성. 새소리.
鳥獣 (ちょうじゅう) 조수. 새와 짐승.
‖**〜保護区** (ほごく) 조수 보호구.
鳥語 (ちょうご) 조어. ① 새소리. ② 야만인들의 말.
鳥雲 (ちょううん) 조운. 작은 새가 떼를 지어 나는 모양이 구름처럼 보이는 것.
鳥人 (ちょうじん) 조인. 비행가.
鳥雀 (ちょうじゃく) 조작. 참새 따위 작은 새.
鳥葬 (ちょうそう) 조장.
鳥跡 (ちょうせき) 조적. ① 새 발자국. ② 한자(漢字)의 딴이름.
鳥占術 (ちょうせんじゅつ) 조점술. 점술 방법의 하나.
鳥銃 (ちょうじゅう) 조총. ① 새총. ②'小銃(しょうじゅう)(=소총)'의 딴이름.
鳥害 (ちょうがい) 조해. 야조 때문에 받는 피해.
ほろほろ鳥 (ほろほろちょう) 〚鳥〛 뿔닭.

訓読

鳥 (とり) 새. 조류(鳥類).
鳥竿 (とりざお) 끈끈이를 발라 새 따위를 잡는 대나무 장대.
鳥居 (とりい) 신사(神社) 입구에 세운 두 기둥의 문.
鳥擊ち (とりうち) (총으로) 새를 잡음. 또, 그 사람.
鳥鍋 (とりなべ) 새〔닭〕고기 냄비 요리.
鳥肌 (とりはだ) ① 소름. ② (상어같이) 깔깔한 살갗.
鳥寄せ (とりよせ) (후림새·휘파람 따위로) 새를 꾀어 들임.
鳥曇り (とりぐもり) 철새가 북쪽으로 돌아갈 때 쯤의, 자주 흐려지는 날씨.
鳥兜 (とりかぶと) ① 무악(舞樂) 때 쓰는 고깔. ②〚植〛바곳.
鳥籠 (とりかご) 조롱. 새장.
鳥黐 (とりもち) (새나 곤충을 잡는) 끈끈이.
鳥網 (とりあみ) 조망. 새그물. *とあみ·となみ로도 읽음.
鳥毛 (とりげ) 새털.
‖**〜鞘** (ざや) 새털로 장식한 창(槍) 집.
鳥飯 (とりめし) 미림 간장에 무친 닭고기를 섞어 넣고 지은 밥.
鳥膚 (とりはだ) ⇨ 鳥肌(とりはだ).
鳥付き群 (とりつきぐん) 바다새가 떼를 지어 따라가고 있는 어군(魚群).
鳥飼い (とりかい) 새를 기름. 또, 그 사람.
鳥山 (とりやま) 어군(魚群) 위를 많은 바다새들이 날고 있는 일.
鳥の巣 (とりのす) 새집.
鳥小屋 (とりごや) ① 닭장. 계사(鷄舎). ② 정월 보름날의 左義長(さぎちょう) 때 세우는 달집.
鳥食み (とりばみ) 연회 때, 먹다 남은 음식을 마당에 던져 거지들이 먹게 한 일. 또, 그 거.
鳥影 (とりかげ) 새가 날아가는 그림자.
鳥屋 ㊀(とりや) ① 새 파는 가게. ② 주로 닭고기를 파는 가게.
㊁(とや) ① 새장. ② (새의) 털갈이. 또, 그 때.
鳥威し (とりおどし) 새 따위를 쫓기 위한 장치《허수아비·설렁줄 등》.
鳥肉 (とりにく) 새고기. 특히, 닭고기.
*ちょうにくろ도 읽음.
鳥の子 (とりのこ) ① 달걀. 계란. ② 병아리. 새 새끼. ③ 달걀빛. 연노랑.
‖**〜餠** (もち) 달걀 모양의 홍백색 떡.
〜紙 (がみ) 털동자꽃나무와 닥나무 껍질의 섬유로 만든 질이 좋은 종이.
鳥刺し (とりさし) 장대 끝에 끈끈이를 발라 새를 잡는 일. 또, 그 사람.
‖**〜竿** (ざお) 끈끈이를 발라 새를 잡는 대나무 장대.
鳥笛 (とりぶえ) 새 울음소리가 나게 만든 피리. 또, 새 모양의 피리.
鳥の跡 (とりのあと) ① 문자. ② 필적. ③ 편지. ④ 서툰 글씨.
鳥占 (とりうら) 새점. 새해에 잡은 새 뱃속의 곡물(穀物)의 유무로 길흉을 점치는 일.
鳥曹司 (とりぞうし) 平安(へいあん) 시대에, 궁중에서 기르는 매를 매어두는 곳.
鳥足 (とりあし) 조족. 새발.
鳥追い (とりおい) ① 농가에서 정월 보름날 새벽에 해를 끼치는 새·짐승을 쫓는 행사. ② 江戸(えど) 시대에, 정월에 三味線(しゃみせん)을 타면서 문전 구걸을 하던 여자.
‖**〜舟** (ぶね) 논의 해조(害鳥)를 쫓기 위해 만든 배.
鳥箒 (とりぼうき) 새털을 묶어 만든 비.
鳥取り (とりとり) 새 잡는 사람.
鳥打ち (とりうち) ① 鳥打ち帽의 준말. ② ⇨ 鳥擊ち(とりうち).
‖**〜帽** (ぼう) 헌팅캡. 사냥 모자.
鳥貝 (とりがい) 〚貝〛 새조개.
鳥偏 (とりへん) 한자 부수의 하나: 새조변.
鳥捕り (とりとり) ⇨ 鳥取り(とりとり).

其他

鳥栖 (とぐら) 새집. 새장.
鳥狩り (とがり) 매사냥.
鳥屋籠り (とやごもり) 늦여름에, 매가 털갈이할 동안 새장에 들어박혀 있는 일.
鳥屋返る (とやかえる) 새장의 매가 털갈이하다.
鳥屋出 (とやで) ① 털갈이하기 위해 들어박혀 있던 매가 새장에서 나옴. ② 새가 새장에서 나옴.
鳥羽繪 (とばえ) 江戸(えど) 시대의, 일상 생활을 그린 만화풍의 묵화(墨畫).
鳥座 (とぐら) ⇨ 鳥栖(とぐら).
鳥取 (とっとり) 〚地〛中国(ちゅうごく) 지방 동북부의 현. 또, 그 현청 소재지.
鳥取部 (ととりべ) 飛鳥(あすか) 시대 전에, 새를 잡아 조정에 바치거나 사육하던 벼슬.

12月 教	朝 (朝)	아침 조 チョウ あき・あした

音読

朝する(ちょうする) 입조(入朝)하다. 예궐(詣闕)하다. 조공(朝貢)하다.
朝家(ちょうか) 조가. 제실(帝室). 황실(皇室).
朝刊(ちょうかん) 조간.
朝開暮落(ちょうかいぼらく) 아침에 핀 꽃이 저녁에 짐(덧없음의 비유).
朝改暮変(ちょうかいぼへん) 조개모변. 조령모개.
朝貢(ちょうこう) 조공.
‖~貿易(ぼうえき) 중국이 명대(明代)에 중화 사상에 바탕을 두고 타국과 조공 형태로 행한 무역.
朝権(ちょうけん) 조권. 조정의 권력・권위.
朝覲(ちょうきん) 조근. ① 옛 중국에서 제후나 속국의 왕이 천자를 배알하던 일. ② 天皇(てんのう)가 太上(だいじょう)天皇나 황태후의 궁으로 거동함.
朝紀(ちょうき) 조기. 조정의 기강.
朝祈暮賽(ちょうきぼさい) 조기 모새. 아침 저녁으로 신불에 참예하고 기원함.
朝旦(ちょうたん) 조단. 아침.
朝堂(ちょうどう) 조당. 군주(君主)가 정치하는 곳.
朝来(ちょうらい) 조래. 아침부터 죽.
朝令暮改(ちょうれいぼかい) 조령모개.
朝礼(ちょうれい) 조례.
朝露(ちょうろ) 조로. 아침 이슬. *あさつゆ로도 읽음.
‖~夕電(せきでん) 조로 석전. 아침 이슬과 저녁의 번개(인생의 덧없음을 비유).
朝命(ちょうめい) 조명. 조정의 명령.
朝名市利(ちょうめいしり) 조명시리. 무슨 일을 하려면 걸맞는 장소에서 하라는 말.
朝暮(ちょうぼ) 조모. 아침 저녁. 조석.
朝務(ちょうむ) 조무. 조정의 정무.
朝拝(ちょうはい) 조배. 조하(朝賀).
朝服(ちょうふく) 조복.
朝使(ちょうし) 조사. 조정의 사신.
朝三暮四(ちょうさんぼし) 조삼모사.
朝夕の煙(ちょうせきのけむり) 밥짓는 연기. 곧, 그날그날의 생계.
朝鮮(ちょうせん) 조선. ♣~服(ふく) 한복 / ~鮒(ぶな) 〖魚〗버들붕어 / ~松(まつ) 〖植〗잣나무 / ~鶯(うぐいす) 〖鳥〗꾀꼬리 / ~語(ご) 한국어.
‖~文字(もじ) 한글의 딴이름.
~料理(りょうり) 한국 요리.
~人強制連行(じんきょうせいれんこう) 중일 전쟁과 제2차 대전 중에 한국인을 강제로 군인・노무자・위안부 따위로 끌고 간 일.
~人参(にんじん) 고려인삼.
~人虐殺事件(じんぎゃくさつじけん) 1923년 関東大震災(かんとうだいしんさい) 직후, 많은 재일 한국인이 학살당한 사건.
~戦争(せんそう) 6・25 전쟁.
~朝顔(あさがお) 〖植〗현독말풀.
~通信使(つうしんし) 〖史〗통신사.
朝臣 ㊀(ちょうしん) 조신. 조정의 신하.
㊁(あそん) 옛 일본의 오위(五位) 이상 귀족의 경칭.
朝食(ちょうしょく) 조식. 조반. *雅語로는 あさげ라고도 함.
朝野(ちょうや) 조야. 정부와 민간. 전국민.
朝陽(ちょうよう) 〈雅〉① 조양. 아침 해. ② 산의 동쪽.
朝雲暮雨(ちょううんぼう) 조운모우. 남녀「의 인연.
朝威(ちょうい) 조위. 조정의 위엄.
朝恩(ちょうおん) 조은. 임금의 은혜.
朝衣(ちょうい) 조의. 조복(朝服).
朝議(ちょうぎ) 조의. 조정의 회의.
朝敵(ちょうてき) 조적. 역적. 국적.
朝典(ちょうてん) 조전. 조정의 제도 또는 의식.
朝廷(ちょうてい) 조정.
朝政(ちょうせい) 조정. 조정의 정치.
朝朝暮暮(ちょうちょうぼぼ) 조조모모. 매일 아침 매일 밤.
朝宗(ちょうそう) ① 옛 중국에서, 제후가 천자를 배알함. ② 권력자에게 빌붙음.
朝集(ちょうしゅう) 지방관이 서울에 모임.
朝餐(ちょうさん) 조찬. 조반. 아침밥.
朝参(ちょうさん) ① 조참. 재경(在京) 관리가 조정에 참내하는 일. ② 아침 참선(参禪).
朝賀(ちょうが) 조하. 설날에 여러 신하가 왕께 하례함.
朝憲(ちょうけん) 조헌. 조정의 법규. 국헌.
‖~紊乱(びんらん) 조헌 문란.
朝見(ちょうけん) 조현. 신하가 천자를 배알하는 일.
朝会(ちょうかい) 조회. 조례의 모임.
朝暉(ちょうき) 조휘. 아침 해. 또, 그 빛.

訓読

朝 ㊀(あさ) 아침.
㊁(あした) 〈雅〉① 아침. ② 다음날 아침.
‖~の露(つゆ) 아침 이슬. 인생의 짧고 덧없음의 비유.
~の霜(しも) 아침 서리. 덧없는 것의 비유.
㊂(ちょう) ① 조정. ②〖接尾語로〗…조.
朝間(あさま) 〈雅・方〉아침결.
朝開き(あさびらき) 〈雅〉아침 출범(出帆).
朝鏡(あさかがみ) 아침에 일어나 처음 들여다 보는 거울.
朝稽古(あさげいこ) (무술 등의) 아침 연습.
朝観音夕薬師(あさかんのんゆうやくし) 매달 18일 아침에는 관음보살, 8일 저녁에는 약사여래를 찾아 예불(禮佛)하는 일.
朝駆け(あさがけ) ① 아침 일찍 말을 달림. ② 아침 일찍 적진을 기습함. ③ 기자가 취재차 아침 일찍 예고 없이 남의 집을 방문함.
朝駈け(あさがけ) ⇨ 朝駆け(あさがけ).
朝帰り(あさがえり) 외박하고 이튿날 새벽에 돌아옴.

朝起き(あさおき) 아침에 일찍 일어남. 또, 그런 사람.
　～は三文(さんもん)の徳(とく) 부지런하면 이득이 있다는 뜻.
朝曇り(あさぐもり) 아침에 날씨가 흐림.
朝朗(あさぼらけ) 〈雅〉 새벽(녘).　「함.
朝冷え(あさびえ) 가을 아침에 느끼는 싸늘
朝涼(あさすず) 아침의 시원한 기운.
朝立ち(あさだち) ① 아침 일찍 길을 떠남. ② 이른 아침의 소나비.
朝立つ(あさだつ) 아침 일찍 길을 떠나다.
朝晩(あさばん) ① 아침 저녁. ② 자나깨나.
朝明け(あさあけ) 〈雅〉 새벽녘.　「노상.
朝霧(あさぎり) 아침 안개.
朝未き(あさまだき) 날이 채 새기 전.
朝方(あさがた) 아침결.　「음.
朝飯(あさめし) 조반. ＊あさはん으로도 읽
‖～前(まえ) ① 조반 전. ② 아주 쉬움. 누워서 떡먹기.
朝っ腹(あさっぱら) 이른 아침. 아침 일찍.
朝事(あさじ) 〖佛〗 ① 真宗(しんしゅう)에서, 매일 아침의 독경. ② 朝事参り의 준말.
‖～参り(まいり) 真宗에서, 신도가 아침 일찍 절에 참배하는 일.
朝霜(あさじも) 아침 서리.
朝夕(あさゆう) ① 조석. 아침 저녁. ② 늘. 언제나. ＊ちょうせき로도 읽음.
朝な夕な(あさなゆうな) 〈雅〉 ① 아침 저녁. ② 밤낮. 늘.
朝焼け(あさやけ) 아침노을.
朝湿り(あさじめり) 아침에 안개나 이슬로 사물이 촉촉이 젖어 있음.
朝市 ㊀(あさいち) (특히, 야채・생선을 거래하는) 아침 장.
　㊁(ちょうし) 조시. ① 조정과 시정(市井). ② ☞㊀.
朝顔(あさがお) 〖植〗 나팔꽃.
‖～市(いち) 나팔꽃을 파는 시장.
朝靄(あさもや) 아침 안개.
朝御飯(あさごはん) 아침밥. 조반.
朝影(あさかげ) ① 아침에 거울에 비친 얼굴・자태. ② 아침 햇살.
朝雨(あさあめ) 아침 비.
　～に傘(かさ)要(い)らず 아침에 내리는 비는 금방 그치니 우산을 준비할 필요가 없다는 뜻.
朝月夜(あさづくよ) 〈雅〉 달이 비치고 있는 새벽녘.　「도 읽음.
朝日(あさひ) 조일. 아침 해. ＊ちょうじつ로
‖～影(かげ) 〈雅〉 아침 햇빛.
　～子(こ) 〈雅〉 아침 해.
朝日和(あさびより) 아침 나절의 좋은 날씨.
朝な朝な(あさなあさな) 아침마다. 매일 아침.
朝潮(あさしお) 아침결의 만조.　「침.
朝酒(あさざけ) 아침부터 술을 마심. 또, 그
朝凪(あさなぎ) 아침뜸.　「술.
朝参り(あさまいり) 아침 일찍 신사・절에 참배함.

朝草紙(あさくさがみ) 막치 재생지(再生紙).
朝出(あさで) 아침 일찍 나섬.
朝寝(あさね) 아침 늦게까지 잠. ♣～坊(ぼう) 늦잠꾸러기.
朝湯(あさゆ) 〈老〉 아침 목욕(물).
朝風(あさかぜ) 아침 바람.
朝風呂(あさぶろ) 아침 목욕.
朝霞(あさがすみ) 아침 노을.
朝寒(あさざむ) 가을 새벽녘의 설렁한 느낌.
朝餉 ㊀(あさげ) 〈雅〉 조반.
　㊁(あさがれい) 天皇(てんのう)의 아침 식사(정식이 아닌 간단한 식사를 말함).
朝戸出(あさとで) 〈雅〉 새벽 나들이.

| 12 木 | 棗 | 대추 조
ソウ
なつめ |

【訓読】
棗(なつめ) 〖植〗 대추(나무).
棗椰子(なつめやし) 〖植〗 대추야자.

| 12 言 常 | 詔 | 조서 조
ショウ
みことのり |

【音読】
詔令(しょうれい) 조령. 칙령(勅令).
詔命(しょうめい) 조명. 조서(詔書).
詔書(しょうしょ) 조서. 칙어가 적힌 문서.
詔冊(しょうさく) 조칙(詔勅). 임금의 담화를 적은 문서. 조서.
詔勅(しょうちょく) 조칙.
【訓読】
詔(みことのり) 조칙(詔勅). 임금의 말씀(을 쓴 문서). ＊のりごと로도 읽음.

| 13 イ | 條 | 끈 조
トウ・ジョウ |

【音読】
條虫(じょうちゅう) 〖蟲〗 조충. 촌충(寸蟲). ＊さなだむし라고도 함. ♣～類(るい) 조충류. 촌충류.

| 13 灬 教 | 照 | 비출 조
ショウ
てる・てらす・てれる |

【音読】
照鑑(しょうかん) 조감. 신불 등이 굽어 보
照顧(しょうこ) 반성하여 뒤돌아봄.　「심.
照空灯(しょうくうとう) 〖軍〗 조공등. 탐조등.　「로 고침.
照校(しょうこう) 조교. 대조・검토해서 바
照度(しょうど) 〖理〗 조도.　「보심.
照覧(しょうらん) 조람. 신불(神佛)이 굽어

照臨(しょうりん) 조림. ① 위에서 내려 비춤. ② 군주가 통치함. ③ 귀인 내방의 높임말.
照魔鏡(しょうまきょう) 조마경.
照明(しょうめい) 조명. ♣~灯(とう) 조명등. / ~弾(だん) 조명탄.
照門(しょうもん) 조문. 가늠구멍. 소총의 조준 장치.
照査(しょうさ) 조사. 대조하여 조사함.
照射(しょうしゃ) 조사. 햇빛이 내리쬠. (광선 따위를) 쬠.
‖~線量(せんりょう) 조사선량.
  ~食品(しょくひん) 조사 식품.
照星(しょうせい) 조성. (총의) 가늠쇠.
照葉樹林(しょうようじゅりん) 조엽수림. 상록 활엽수가 주인 수림.
‖~文化(ぶんか) 조엽수림 문화.
照影(しょうえい) 조영. 비친 그림자.
照応(しょうおう) 조응. 두 개의 사물이 서로 대응함.
照準(しょうじゅん) 조준. 겨냥.
‖~器(き) 조준기. 가늠쇠.
照尺(しょうしゃく) 조척. 총의 가늠자.
照破(しょうは) 예리하게 꿰뚫어 봄.
照合(しょうごう) 조합. 대조하여 확인함.
照験(しょうけん) 조험. 맞추어 보며 조사함.
照会(しょうかい) 조회.

<u>訓読</u>
❖照らす(てらす) ① 빛을 비추다. ② 비추어 보다. 대조하다.
照らし出す(てらしだす) 빛을 비추어 확실히 드러나게 하다.
照らし合わせ(てらしあわせ) 조회. 참조. 「대조.
照らし合わせる(てらしあわせる) ① 조회하다. 비교해 보다. ② 양쪽에서 비추다.
❖照る(てる) ① 비치다. ② (날이) 개다.
照り(てり) ① 일조(日照). 볕이 쬠. ② 빛남. 특히, 윤. 광택. ③ 양념장.
照り降り(てりふり) ① 청천(晴天)과 우천. ② 평온과 불온.
‖~無し(なし) 청우(晴雨)에 관계없음. 주위의 상황에 좌우되지 않음.
  ~傘(がさ) 청우(晴雨) 겸용 우산.
  ~雨(あめ) 비가 오락가락하는 날씨.
照り渡る(てりわたる) 구석구석까지 비치다. 온통 비치다.
照り梅雨(てりつゆ) 비가 오지 않는 장마.
照り返し(てりかえし) ① 반사. 빛이나 열이 반사되어 뜨겁게 느낌. ② 반사경.
照り返す(てりかえす) 반사(反射)하다.
照り付ける(てりつける) 햇볕 따위가 내리쬐다. 「다.
照り上がる(てりあがる) 비가 개고 볕이 나照り胡麻(てりごま) 멸치를 볶아서 설탕과 간장으로 조미한 설 요리.
照り焼き(てりやき) 생선에 양념장을 발라 윤이 나게 구움. 또, 그 구운 생선.
照り葉(てりは) ① 단풍이 들어 아름다운 잎. ② 照り葉狂言의 준말.
‖~狂言(きょうげん) 江戸(えど) 말엽에 유행한, 能(のう)・狂言을 바탕으로 속요・춤 따위를 섞은 연예.
照り映える(てりはえる) 빛을 받아 아름답게 빛나다.
照り雨(てりあめ) 〈老〉여우비.
照り日(てるひ) 해가 뜬 날. 맑게 갠 날.
照り込む(てりこむ) ① 볕이 강하게 내리쬐다. ② 가뭄이 오래 계속되다.
照り照り坊主(てりてりぼうず) ☞照る照る坊主(てるてるぼうず)
照る照る坊主(てるてるぼうず) 날이 들기를 기원하며 추녀 끝에 매달아 두는 종이 인형(人形).
照り土用(てりどよう) 여름 토왕(土旺) 때, 맑은 날이 계속되는 일.
照り布(てりふ) 고급 흰 마포(麻布).
照り合う(てりあう) ① 서로 비치다. ② 대응하다.
照り合わせる(てりあわせる) ☞照らし合わせる(てらしあわせる).
照り紅葉(てりもみじ) (단풍이 들어) 아름다운 잎.
照り輝く(てりかがやく) 아름답게 빛나다.
❖照れる(てれる) 〈俗〉수줍어하다. 거북해하다.
照れ(てれ) 부끄러워함.
照れ性(てれしょう) 곧잘 수줍어하는 성격.
照れ笑い(てれわらい) 열없이 웃는 웃음.
照れ屋(てれや) 수줍음을 잘 타는 사람.
照れ隠し(てれかくし) 멋쩍음(겸연쩍음・쑥스러움)을 감춤.
照れ臭い(てれくさい) 열없다. 멋쩍다.

| 13 禾 | 稠 | 빽빽할 조・많을 조
チュウ
おおい |

<u>音読</u>
稠林(ちゅうりん) 조림. ① 조밀한 산림. ② 《佛》번뇌가 많음.
稠密(ちゅうみつ) 조밀. *ちょうみつ는 관용음.
稠人(ちゅうじん) 많은 사람. 중인(衆人).

| 13 言 | 誂 | 꾈 조・희롱할 조
チョウ
あつらえる |

<u>訓読</u>
❖誂える(あつらえる) 주문하다. 맞추다.
誂え(あつらえ) 주문함. 주문품. 맞춤.
誂え物(あつらえもの) 주문품.
誂え向き(あつらえむき) 안성맞춤인 모양.

| 14 口 | 嘈 | 들렐 조
ソウ |

피움. 또, 지나치게 큰소리를 침.
逆音
乾燥(かんそう) 건조.
焦燥(しょうそう) 초조.

17 竹 日	篠	대솔 **조** セン ささら

訓読
篠(ささら) ① 끝이 가늘게 갈라진 상태. 또, 그런 상태의 것. ② 대 끝을 잘게 쪼개어 묶은 것. ③ 田楽(でんがく) 따위 향토 예능에 쓰는 악기《篠子(ささらこ)로 비벼 소리를 냄》.
篠踊り(ささらおどり) 篠를 비비면서, 그 소리에 맞춰 추는 춤.
篠子(ささらこ) 田楽(でんがく) 따위에서 篠(ささら)를 비비는 데 쓰는 가는 막대기.

17 米	糟	지게미 **조** ソウ かす

音読
糟糠(そうこう) 조강. 거친 음식.
‖～の妻(つま) 조강지처.「기.
糟粕(そうはく) 조박. ① 술지게미. ② 찌꺼
訓読
糟(かす) 술지게미.「님.
糟客(かすきゃく) 장사에 별 이문이 없는 손
糟毛(かすげ) ① 말 털빛의 하나. 회색에 흰색이 섞인 것. ② 흰머리가 드문드문 있는 머리.
糟斑(かすふ) 말 털빛의 하나. 검정색에 흰색 얼룩무늬가 있는 털빛.
糟汁(かすじる) 술지게미를 넣은 국.
糟漬け(かすづけ) 생선·야채를 술지게미에 절임. 또, 그 절인 것.
糟酢(かすず) 술지게미로 만든 식초.
糟取り(かすとり) 지게미로 만든 소주.
糟湯酒(かすゆざけ) 술지게미를 뜨거운 물에 푼 음료.

19 艹 常	藻	조류 **조** ソウ も

音読
藻褐素(そうかっそ) 〖植〗 조갈소. 갈조류(褐藻類)에 들어 있는 갈색 색소.
藻菌類(そうきんるい) 〖植〗 조균류.
藻菌植物(そうきんしょくぶつ) 〖植〗 조균식물.
藻類(そうるい) 〖植〗 조류.「물.
藻海(そうかい) 조해. 북대서양의 미국 쪽 해역《모자반류(類)의 해조가 번식하고 있음》.
藻紅素(そうこうそ) 〖生〗 조홍소. 홍조류(紅藻類)에 들어 있는 홍색 색소.
訓読
藻(も) 〖植〗 말. 수초·해초의 총칭.

藻汐(もしお) ⇨ 藻塩(もしお).
藻屑(もくず) 바닷속에 있는 말 부스러기.
‖～蟹(がに) 〖動〗 동남참게.
藻魚(もうお) 조어. 해초나 수초가 무성한 곳에 사는 물고기.
藻塩(もしお) 해초를 태워서 물에 풀고 그 웃물을 끓여서 만든 소금. 또, 그것을 만드는 데 쓰는 바닷물.
‖～草(ぐさ) ① 藻塩을 만드는 데 쓰는 해초. ② 수필·필기류의 딴이름.
藻雑魚(もじゃこ) 〖魚〗 방어의 치어.
藻場(もば) 해초나 바닷말이 번성한 곳.
藻潮(もしお) ⇨ 藻塩(もしお).
藻草(もぐさ) ⇨ 藻(も).

19 糸 常	繰	야청비단 **조**·켤 **소** ソウ くる

音読
繰綿(そうめん) 조면. 목화씨를 앗아 솜을 만듦.「뽑는 작업.
繰糸(そうし) 조사. 누에고치에서 명주실을
訓読
❖繰る(くる) ① 씨아로 목화씨를 빼다. 조면하다. ② 〈실·밧줄 따위를〉 감다. 당기다. ③ 하나씩 밀어내다. 〈손끝으로〉 굴리다. ④ 〈책장을〉 차례로 넘기다. ⑤ 〈날짜를〉 세다.
繰り ㊀(くり) 〖謡曲(ようきょく)에서〗 소리를 제일 높이 부르는 곳.
㊁(ぐり) 《接尾語로》 둘러대기. 융통.
繰り広げる(くりひろげる) 차례로 펴다〔펼치다〕. 전개하다. 벌이다.
繰り寄せる(くりよせる) ①〈끌어〉 당기다. ② 차례로 다가 붙이다.
繰り戻す(くりもどす) ① 제자리에 돌리다. ② 되풀이하다.
繰り綿(くりわた) 푸솜.「후렴.
繰り返し(くりかえし) ① 반복. 되풀이함. ②
繰り返す(くりかえす) 되풀이하다. 반복하다.「실.
繰り糸(くりいと) 실을 잣는 일. 또, 그 자은
繰り上げ(くりあげ) 〈예정보다〉 앞당김. 차례로 위로〔앞으로〕 올림.
‖～当選(とうせん) 선거 후 당선자가 사망한 경우 차점자나 다음 순위의 사람이 당선인이 되는 일.
～償還(しょうかん) 〖經〗 공사채(公社債)를 만기 이전에 상환함.
繰り上げる(くりあげる) 〈예정보다〉 앞당기다. 〈차례보다〉 앞으로〔위로〕 올리다.
繰り言(くりごと) 같은 말을 몇 번이고 되풀이함. 또, 그 말. 푸념.
繰り延べ(くりのべ) 순연(順延).
繰り延べる(くりのべる) 날짜나 시각을 차례로 미루다. 순연하다.
繰り越し(くりこし) 이월. ♣繰越金(くりこしきん) 이월금.

繰り越す(くりこす) 이월하다.
繰り入れ(くりいれ) 편입함. 이월함. ♣繰入金(くりいれきん) 이월금.
繰り入れる(くりいれる) ① 차례차례로 끌어당기다. ② 편입하다. 이월하다.
繰り込む(くりこむ) ① 떼를 지어 몰려 들어오다. ② (그 일부로서) 집어넣다.
繰り替え(くりかえ) 교환. 전용(轉用). ∥〜払い(ばらい) 용도를 전용하여 지불하는 일.
繰り替える(くりかえる) ① 바꿔치다. 교환하다. ② 유용하다. 변통하다.
繰り出す(くりだす) ① 여럿이 몰려나가다. ② 계속 내보내다.
繰り下げ(くりさげ) 차례로 뒤로〔다음으로〕물림.
繰り下げる(くりさげる) (차례로) 뒤로〔다음으로〕돌리다.
繰り下ろす(くりおろす) 차례로 내려보내다. 다음으로 미루다.
繰り合わせ(くりあわせ) 이리저리 변통함. 둘러댐.
繰り合わせる(くりあわせる) 이리저리 변통하다. 둘러대다.
繰り回し(くりまわし) 이리저리 둘러댐. 변통.
繰り回す(くりまわす) 이리저리 둘러대다. 변통하다.

19 魚 人	鯛 (鯛)	도미 조 チョウ たい

訓読⇒
鯛(たい) 〖魚〗 도미.
鯛茶(たいちゃ) 도미의 살점을 밥 위에 놓고 뜨거운 차를 부은 음식.
鯛網(たいあみ) 도미 잡는 그물.
鯛味噌(たいみそ) 익힌 도미살을 으깨어 된장에 섞은 식품.
鯛焼き(たいやき) (속에 팥소를 넣고 철판구이틀에 구운) 도미 모양의 과자.

20 足	躁	떠들 조 ソウ さわぐ・さわがしい

音読⇒
躁狂(そうきょう) 조광. ① 미쳐 날뜀. ② 〖醫〗 발작적으로 미쳐 날뛰는 정신병.
躁急(そうきゅう) 조급.
躁妄(そうぼう) 조망. 조급하고 경망함.
躁病(そうびょう) 〖醫〗 조병. 조울병의 한 상태.
躁状態(そうじょうたい) 기분이 고양되고 다변(多辯)·과대 망상이나 때로는 공격성 등을 나타내는 상태.
躁鬱病(そううつびょう) 〖醫〗 조울병.
躁鬱質(そううつしつ) 조울질. 조울성 기질.

21 穴	竈	부엌 조 ソウ かまど

訓読⇒
竈(かまど) ① 부뚜막. 아궁이. ＊かま・へっつい로도 읽음. ② (독립된 살림을 차린) 한집. 살림. 가구.
〜を起(お)こす ① 독립하여 살림을 차리다. ② 재산을 모으다.
竈馬(かまどうま) 〖蟲〗 꼽둥이.
竈数(かまどかず) 가구〔세대〕수. 「은 신.
竈神(かまどがみ) 〖佛〗 조왕(신). 부엌을 맡
其他⇒
竈突(くど) 〈方〉 ① 부뚜막 뒤의 굴뚝. ② 부뚜막.

22 魚	鰷	피라미 조 チョウ

其他⇒
鰷身魚(あいなめ) 〖魚〗 쥐노래미.

25 米	糶	쌀팔 조 チョウ うりよね・せり

音読⇒
糶売(ちょうばい) 조매. ① 쌀을 팖. ② 경매(競賣).
糶糴(ちょうてき) 조적. 쌀의 매매.
訓読⇒
♣糶る(せる) ① 〈老〉 경쟁하다. ② (경매에서) 다투어 값을 올리다〔내리다〕. ③ 행상(行商)하다.
糶り(せり) ① 경쟁. ② 경매. ③ 행상(行商).
糶り売り(せりうり) ① 경매. ② 행상. 도붓장수. 도붓장사.
糶り買い(せりがい) 경매로 삼.
糶り市(せりいち) 경매 시장.

족

7 足 教	足	발 족·족할 족 ソク あし・たりる・たす・たる

音読⇒
足骨(そっこつ) 〖生〗 족골. 발뼈.
足根骨(そっこんこつ) 〖生〗 족근골.
足力(そくりき) 발의 힘. ＊そくりょく로도 읽음.
∥〜按摩(あんま) 주로 발로 손님의 허리나 다리를 밟는 안마.

足労(そくろう) 걷는 수고.
足紋(そくもん) 족문. 발바닥의 무늬.
足背(そくはい) 발등.
足部(そくぶ) 족부. 발 부분.
足熱(そくねつ) 족열. 발을 덥게 함. 발이 따뜻함.
足温(そくおん) 족온. 발을 따뜻하게 함.
‖〜器(き) 각로(脚爐). 각파(脚婆).
足浴(そくよく)『醫』족욕. 물리 요법의 하나. 양발을 더운물, 찬물에 번갈아 담가가며 마찰을 함.
足趾(そくし) 족지. 발자국. 발.
足蹠(そくせき) 족척. 발바닥.
足痛(そくつう) 족통. 발의 통증.
足下 ㊀(そっか) 족하. ① 발 아래. ② 편지 받을 사람 이름 밑에 쓰는 존칭. 귀하.
‖〜点(てん) 천정(天頂)과 정반대의 점.
㊁(あしもと) ⇨ 足元(あしもと).

<u>訓讀</u>→

足 ㊀(あし) 발. 발걸음. 발길. 보조. 발자국.
㊁(そく) 족. 켤레.　　　　　　　　　「취.
足つき(あしつき) 걸음걸이.
足れり(たれり) 충분하다. 만족하다.
足枷(あしかせ) 차꼬.
足角力(あしずもう) ⇨ 足相撲(あしずもう).
足の甲(あしのこう) 발등.
足堅め(あしがため) ⇨ 足固め(あしがため).
足軽(あしがる) 무가(武家)의 최하급 무사.
‖〜大将(だいしょう) 족경의 우두머리.
足継ぎ(あしつぎ) ① 높이를 돋우기 위해 밑에 댐. ② 발판.
足固め(あしがため) ① 기초를 다짐. ② 유도 등에서 굳히기의 하나. ③『建』마루 밑 기둥과 기둥 사이에 가로 댄 튼튼한 나무.
足鍋(あしなべ) 세발냄비.
足慣らし(あしならし) ① (병후(病後) 또는 경기 시작 전의) 걷기 연습. ② 가벼운 연습. 사전 준비.　　　　　　　　　「마리.
足掛かり(あしがかり) ① 발판. ② 단서. 실
足掛け(あしかけ) ① 발을 겹. ② 유도 등에서 상대의 발을 걸기. ③ 기간을 셀 때 앞뒤 우수리를 하나로 쳐서 쓰는 말. 햇〔달・일〕수로.
足技(あしわざ) ① (유도・씨름에서) 다리 재간. 발 곡예. 발 재주.
足搦み(あしがらみ) (유도・씨름 등에서) 발로 상대의 발을〔다리를〕휘감고 쓰러뜨리는 기술.　　　　　　　　　「출입.
足踏み(あしぶみ) ① 제자리걸음. ② 출입
足代(あしだい) 〈俗〉교통비.
足留め(あしどめ) ⇨ 足止め(あしどめ).
足溜り(あしだまり) ① (행동 중간에) 잠시 머무는 곳. ② 근거지. ③ 발판.
足裏(あしうら) 발바닥.
足の裏(あしのうら) 발바닥.
足拍子(あしびょうし) 발장단.
足半(あしなか) 뒤꿈치 부분이 없는 짚신.
足抜き(あしぬき) 어려운 환경〔상태〕 등에서 빠져 나옴.

足焙り(あしあぶり) 발을 덥히는 기구.
足白(あしじろ) ① 발굽 근처의 털이 흰 말. ② 발이 흼.
足繁く(あししげく) 뻔질나게.
足癖(あしくせ) ① 걸음걸이나 앉음새의 버릇. ② (씨름의) 발 재간.
足並み(あしなみ) 보조(步調).
足付き(あしつき) 기물(器物)에 다리가 달려 있음. 또, 그 기물.
足払い(あしはらい) (유도에서) 다리 후리기. *あしばらいで도 읽음.
足相撲(あしずもう) 발씨름.
序で(あしついで) 가는 길. 나선 길.
足速(あしばや) ⇨ 足早(あしばや).
足手(あして) 손발. 수족.
足首(あしくび) 발목.
足手纏い(あしてまとい) 거치적거림.
足馴らし(あしならし) ⇨ 足慣らし(あしならし).　　　　　　　　　「는 것.
足拭い(あしぬぐい) 발을 닦음. 또, 발을 닦
足弱(あしよわ) 다리가 약해 잘 걷지 못함. 또, 그 사람.
足芸(あしげい) 발 재간.
足業(あしわざ) ⇨ 足技(あしわざ).
足腰(あしこし) 다리와 허리.
足元(あしもと) ① 발밑. ② 신변. 눈앞. ③ 지반. 기반. ④ (발)걸음.
足萎え(あしなえ) ① 절름발이. ② 앉은뱅
足音(あしおと) 발소리.　　　　　　　　「이.
足任せ(あしまかせ) ① 발길 가는 대로 걸음. ② 걸을 수 있는 데까지 걸음.
足入れ(あしいれ) 정식 혼인 전에 시험적으로 시댁에 들어가는 일.
足入れ婚(あしいれこん) (지방 풍습에 따른) 시험 결혼.
足炙り(あしあぶり) ⇨ 足焙り(あしあぶり).
足長(あしなが) 다리가 긺. 또, 그 사람.
✦〜蜂(ばち)『蟲』쇠바더리.
足場(あしば) ① 발판. ② 발밑(형편). ③ 교통 편의. ④ 위치.
足跡(あしあと) 족적. 발자취. ① 발자국. ② 업적. *そくせき로도 읽음.
足纏い(あしまとい) 발에 거치적거림. 또, 그런 것.
足切り(あしきり) 〈俗〉국・공립 대학 입시 1차 예비 고사에서 성적이 나쁜 사람을 탈락시키는 일.
足摺り(あしずり) 발버둥질. 발을 구름.
足鼎(あしがなえ) 세발 솥.
足早(あしばや) 잰 걸음. 걸음이 빠름.
足拵え(あしごしらえ) 신발・각반 등 차림새를 걷기 편하도록 준비함.
足中(あしなか) ⇨ 足半(あしなか).
足止め(あしどめ) 금족(禁足).
足指(あしゆび) 발가락.
足触り(あしざわり) 발의 촉감.
足蹴(あしげ) 발길질.　　　　　　　　「참.
足蹴り(あしげり) (격투기에서) 발로 상대를

足忠実(あしまめ) 부지런히 돌아다님. 또, 그 사람.
足取り ㊀(あしどり) ① 걸음. 보조(步調). ② (도주) 경로. ③ 시세 동향. ♣〜**表**(ひょう) 시세 동향표. ㊁(あしとり) (씨름에서) 상대의 다리를 낚아 넘어뜨리는 수.
足探り(あしさぐり) 발끝으로 더듬기.
足湯(あしゆ) (피로를 풀기 위해) 발을 뜨거운 물에 담그는 일.
足駄(あしだ) 굽 높은 왜나막신.
　〜**を履**(は)**く** 정당한 값보다 높은 값을 매겨 그 차액을 버는 일.
‖〜**掛け**(がけ) 足駄를 신고 걸음.
足捌き(あしさばき) 발 놀림. 풋워크.
足偏(あしへん) 한자 부수의 하나: 발족변.
足許(あしもと) ⇨ 足元(あしもと).
足形(あしがた) ① 발자국. ② 신골.
足型(あしがた) ⇨ 足形(あしがた)②.
足休め(あしやすめ) 피로한 발을 쉼. 휴식.
ばた足(ばたあし) 두 발로 물장구를 침. 또, 그런 수영법.
❖**足す**(たす) ① 더하다. ② 보태다. 채우다. ③ 마치다. 끝내다.
足し(たし) 보탬. 소용. 도움.
足し高(たしだか) 부족을 채우는 금액. 보태는 액수.
足し算(たしざん) 덧셈. 가산(加算).
足し前(たしまえ) 벌충액[量].
❖**足りる**(たりる) 족하다. ① 충분하다. ② 충족되다. ③ 가치가 있다. (족히) …할 만하다.
足りない(たりない) 모자라다. ① 불충분하다. ② (머리가) 둔하다. 아둔하다.
❖**足る**(たる) ①〈文・方〉☞ 足りる(たりる). ② 만족하다.
足らず(たらず) ①《名詞에 붙어》충분하지 못함의 뜻. ②《數詞에 붙어》그 수치에 미치지 못함의 뜻. …채 못됨. 「한.
足らぬ(たらぬ)〈雅〉충분하지 못함. 부족

其他▶
足袋(たび) 일본식 버선.
足袋師(たびし) 일본 버선을 만드는 기능인.
足袋跣(たびはだし) 버선발로 (지면을) 걸음. 「집.
足袋屋(たびや) 일본 버선을 만들거나 파는
足踏み板(あぶみいた)〖建〗(건축 공사에서) 비계판.
足組む(あぐむ) 책상다리하고 앉다.
❖**足掻く**(あがく) ① (말 따위가) 앞발을 내딛다. 또, 그와 같이 나아가다. ② 발버둥 치다. 몸부림치다.
足掻き(あがき) ① 발버둥질. ② 말이 앞으로 나아가려고 다리를 내딛음. 말이 허덕거리며 나아감.

逆音▶
満足(まんぞく) 만족.
不足(ふそく) 부족.

| 11
方
㉘ | 族 | 겨레 족・무리 족
ゾク
やから |

音読▶
族 ㊀(ぞく) ① 같은 뿌리에서 갈라진 것. 일족(一族). ② 어떤 범위 안의 같은 종류의 것. ③《接尾語로》…족. ㉠ 같은 혈통의 것. ㉡ 한 패. 동아리. ㊁(やから) 일족. 일문(一門). *雅語로는 うから라고도 함.
族党(ぞくとう) 족당. 족속.
族類(ぞくるい) 족류. 일족. 동족. 친족.
族望(ぞくぼう) 족망. 가문(家門)의 성망. 일족의 명예.　　　　　　　　　　「시킴.
族滅(ぞくめつ) 족멸. 일족을 남김없이 멸망
族譜(ぞくふ) 족보.
族父(ぞくふ) 족부. ① 씨족・부족의 우두머리. ② 종증조부(從曾祖父)의 손자・손녀.
‖〜**権**(けん) 족장(族長)이 갖고 있는 지배
族生(ぞくせい) 족생. 총생.　　　　　「권.
族葉(ぞくよう) 일족의 사람들.
族議員(ぞくぎいん) 관계 업계의 이익 보호를 위해 관계 성(省)・청(廳)에 영향력을 행사하는 국회 의원.
族人(ぞくじん) 족인. 일족의 사람.
族長(ぞくちょう) 족장. 가장(家長).
族籍(ぞくせき) 족적. 족칭(族稱)을 호적부에 기재된 점에서 일컫는 말.
族制(ぞくせい) 족제. 족제 정치. 각 씨족이 관직・직업을 세습하고 그 씨족장이 씨족을 통솔하여 조정을 섬겼던 옛 일본의 정치 체제.
族戚(ぞくせき) 족척. 친족. 친척.
族親(ぞくしん) 족친. 친족.
族称(ぞくしょう) 족칭. 明治(めいじ) 유신 이래 2차 대전 패전 때까지 일본 국민의 계급상의 칭호.
セム族(セムぞく) 셈족(族).

| 15
艹 | 蔟 | 섶 족・보금자리 족
ゾク・ソウ
あつまる・まぶし・むらがる |

訓読▶
蔟(まぶし) 잠족(蠶蔟). (누에) 섶.

| 17
竹 | 簇 | 모일 족・떼 족
ソウ・ゾク
むらがる |

音読▶
簇立(ぞくりつ) 족립. 물려서 서 있음.
簇生(そうせい) 족생. 총생. *관용적으로 ぞくせい로도 읽음.
簇簇(そうそう) 족족. 모여드는 모양.
簇誅(ぞくちゅう) 족주. 멸문(滅門). (옛날 중국에서) 한 사람이 죄를 범하면 그 부모

처자〔구족(九族)〕까지를 처형하던 일.
族出(そうしゅつ) 족출. 떼지어 나옴. *관용적으로 ぞくしゅつ으로도 읽음.
族虫(ぞくちゅう)《動》족충.

[訓読]
❖**族る**(むらがる) 떼지어 모이다.
族り(むらがり) 떼를 지음. 떼. 무리.

[其他]
簇(しんし) 장포구(張布具). 텐트.

| 19
金 | 鏃 | 살촉 **족**
ゾク
やじり |

[訓読]
鏃(やじり) 화살촉.

존

| 6
子
[教] | 存 | 있을 **존**·보존할 **존**
ソン・ゾン
ある・ながらえる |

[音読]
存じ(ぞんじ) 알고 있음.
存じます(ぞんじます) 存(ぞん)じる의 공손한 말씨.
存じる(ぞんじる) ☞存ずる(ぞんずる).
存する(そんする) ① 존재하다. ② 남아 있다. ③…에 있다. ④ 간직하다. 보존하다.
存ずる(ぞんずる)〈老〉① 知(し)る의 겸사말. ② 思(おも)う의 겸사말.
存じ掛けない(ぞんじがけない) 思(おも)い掛(が)けない의 의외다.
存じ寄り(ぞんじより) ① 考(かんが)え・意見(いけん) 따위의 겸사말. ② '知(し)り合(あ)い(=친지)' '知(し)っている所(ところ)(=아는 데)' 따위의 겸사말.
存じ寄る(ぞんじよる) '思(おも)いつく(=생각이 미치다)' '気(き)がつく(=의식하다, 깨닫다)'의 겸사말.
存の内(ぞんのうち) 미리 알고 있었음.
存念(ぞんねん) 존념. ① 늘 마음속에 간직함. ② 사려. 생각.
存じ当たり(ぞんじあたり) 思(おも)いあたり・心(こころ)あたり의 겸사말. 짐작.
存慮(そんりょ) 생각.
存留(そんりゅう) 존류. 그냥 남겨 둠. 남아서 머무름.
存立(そんりつ) 존립.
存亡(そんぼう) 존망. *ぞんぼう로도 읽음.
∥**〜の秋**(とき) 존망지추. 존망의 갈림길이 되는 시기.
存滅(そんめつ) 존멸.
存命(ぞんめい) 존명. 생존해 있음.
∥**〜不定**(ふじょう) 살 수 있을지 죽을지 알

수 없음.
存目(そんもく) 목록만 있고 실물이 없음.
存没(そんぼつ) 존몰. 존망(存亡).
存問(そんもん) 존문. 안부(安否)를 물음. *ぞんもん으로도 읽음.
存じ付き(ぞんじつき) 문득 생각이 남.
存否(そんぴ) 존부. ① 존재함과 존재하지 않음. ② 생존〔건재〕 여부.
存分(ぞんぶん) 뜻대로. 생각대로. 마음껏.
∥**〜立て**(だて) 자기 의견을 끝까지 주장함. 멋대로 행동함.
存じ上げる(ぞんじあげる) '知(し)る(=알다)·思(おも)う(=생각하다)'의 겸사말.
存生(ぞんじょう)〈老〉존명(存命). 생존.
∥**〜中**(ちゅう) 살아 있는 동안. 생존시.
存続(そんぞく) 존속.
存心(ぞんしん) 존심. 심중의 생각.
存養(そんよう) 존양. 본연의 양심을 잃지 아니하도록 하고 착한 성품을 기르는 일.
存外(ぞんがい) 의외(意外). 예상외.
存の外(ぞんのほか) 뜻밖에. 예상밖. 의외.
存じの外(ぞんじのほか) 의외. 예상외.
存意(ぞんい) 존의. (자기의) 생각하는 바. 뜻. 의견. 희망. 「도 읽음.
存疑(そんぎ) 의문이 남아 있음. *ぞんぎ로
存じ入れ(ぞんじいれ) 생각하는 바. 생각.
存在(そんざい) 존재. ♣**〜感**(かん) 존재감 / **〜論**(ろん)《哲》존재론 / **〜者**(しゃ)《哲》존재자.
∥**〜根拠**(こんきょ) 존재 근거.
〜論的証明(ろんてきしょうめい) 존재론적 증명.
〜命題(めいだい) 존재 명제.
〜理由(りゆう) 존재 이유.
〜証明(しょうめい) 존재 증명.
〜判断(はんだん) 존재 판단.
存知(ぞんち) 알고 있음. *ぞんじ로도 읽음.
存置(そんち) 존치.
存廃(そんぱい) 존폐. 보존과 폐지.
存恤(そんじゅつ) 존휼. 위문하고 구제함.

[訓読]
存える(ながらえる) 오래 살다.

[逆音]
共存(きょうそん) 공존.
生存(せいぞん) 생존.

| 9
扌 | 拵 | 꽃을 **존**·지을 **존**
ソン
こしらえる |

[参考] '지을 존'은 일본 音訓.

[訓読]
❖**拵える**(こしらえる) ① 만들다. ② 꾸미다.
*こさえる로도 읽음.
拵え(こしらえ) ① 마무리. 만듦새. 짜임새. ② 채비. 준비.
拵えたて(こしらえたて) 갓 만듦. 또, 그것.
拵え物(こしらえもの) 모조품.
拵え事(こしらえごと) 꾸며냄. 허구. 날조.

12 寸 敎	尊(尊)	높을 존·공경할 존 ソン たっとい· たっとぶ·とうとい· とうとぶ·みこと

音読

尊家(そんか) 존가. 귀댁(貴宅).
尊閣(そんかく) ① 타인의 집의 높임말. ② 자기 아버지에 대한 높임말.
尊簡(そんかん) 존한. 귀한(貴翰).
尊見(そんけん) 존견. 존의(尊意).
尊敬(そんけい) 존경. *そんきょうとも 읽음. ♣~語(ご) 존경어. 「표현.
‖~表現(ひょうげん) 존경(을 나타내는)
尊高(そんこう) 존고. 귀하고 높음.
尊公(そんこう) 존공. 귀공. 남자 상대방에 대한 높임말.
尊君(そんくん) 존군. ① 남의 아버지의 높임 말. ② 대등한 남자 사이에서 쓰는 높임말.
尊貴(そんき) 존귀.
尊堂(そんどう) 존당. 귀댁. 전하여, 귀하.
尊大(そんだい) 거만함. 건방짐.
‖~語(ご) 말하는 자신을 상대방보다 높은 위치에 두어 거만한 태도를 나타내는 말.
尊台(そんだい) 존대. 존경하는 당신.
尊大人(そんたいじん) 존대인.
尊覧(そんらん) 존람. 고람(高覽). 상대가 봄의 높임말.
尊来(そんらい) 존래. 왕림. 왕가(枉駕).
尊慮(そんりょ) 존려. 존견(尊見). 상대방 생각의 높임말.
尊霊(そんりょう) 존령. 영혼을 높여 일컫는 말. *そんれいとも 읽음. 「말.
尊老(そんろう) 존로. 노인장. 노인의 높임
尊面(そんめん) 존면. 존안(尊顔).
尊名(そんめい) 존명. 존함.
尊命(そんめい) 존명. 분부. 상대방 명령의 높임말.
尊母(そんぼ) 존모. 자당(慈堂). 모당(母堂).
尊慕(そんぼ) 존모. 높이어 사모함.
尊墨(そんぼく) 존묵. 남의 필적·편지의 높 임말. 「높임말.
尊報(そんぽう) 상대방한테서 온 편지 답장의
尊奉(そんぽう) 존봉. 높이어 받듦.
尊父(そんぷ) 존부. 춘부장.
尊卑(そんぴ) 존비. 신분의 귀천.
尊師(そんし) 존사. 스승의 높임말.
尊上(そんじょう) 윗사람. 장상(長上).
尊尚(そんしょう) 존상. 존경하고 숭상함.
尊像(そんぞう) 존상. ① 존귀한 상(像). ② 남의 상의 높임말. 「말.
尊書(そんしょ) 존서. 상대방 편지의 높임
尊属(そんぞく) 존속. ♣~親(しん) 존속
‖~殺人(さつじん) 존속 살인. └친.
尊宿(そんしゅく) 나이 많고 덕이 높은 승려.
尊崇(そんすう) 존숭. 마음속 깊이 존경함. *そんそうとも 읽음.
尊信(そんしん) 존신. ① 존경하고 신뢰함.

② 우러러 신앙함.
尊神(そんしん) 존신. 신을 공경함. 또, 고귀
尊顔(そんがん) 존안. 「한 신.
尊攘(そんじょう) 尊王攘夷(そんのうじょうい)의 준말. 江戸(えど) 말기에 天皇(てんのう)를 받들고 외국인을 배척하던 국수주의적 정치 사상.
尊厳(そんげん) 존엄. ♣~死(し) 존엄사.
尊栄(そんえい) 존영. 지위(地位)가 높고 영 화로움.
尊詠(そんえい) 존영. 남의 시가의 높임말.
尊影(そんえい) 존영. 상대의 사진·초상의 높임말.
尊翁(そんおう) 존옹. 노인의 경칭.
尊王(そんのう) ➡ 尊皇(そんのう).
尊容(そんよう) ① 존용. 신불·귀인의 모습의 높임말. ② 존안. 남의 모습의 높임말.
尊位(そんい) 존위. 존귀한 지위. 천자(天子)의 지위.
尊威(そんい) 존위. 높은 위광(威光).
尊意(そんい) 존의. 상대방의 뜻의 높임말.
尊儀(そんぎ) 존의. 불·보살의 상(像), 귀인의 초상·위패 등의 높임말.
尊者(そんじゃ) 존자. ① 손윗사람. ② 덕이 높은 중.
尊爵(そんしゃく) 존작. 높은 지위〔벼슬〕.
尊丈(そんじょう) 존장. (편지에서) 상대방 이름 밑에 붙여 써서 경의를 표하는 말.
尊長(そんちょう) 존장. 윗사람. 장상(長 上). 「임말.
尊邸(そんてい) 존저. 상대방 저택에 대한 높
尊前(そんぜん) 존전. 신전(神前) 또는 「주상.
尊主(そんしゅ) 존주. 고귀한 군주(君主)
尊重(そんちょう) 존중.
尊札(そんさつ) 존찰. 상대방 편지의 높임말.
尊体(そんたい) ① 존체. ② 불상의 높임말.
尊親(そんしん) 존친. ① 부모를 공경함. ② 공경함과 친밀함.
尊称(そんしょう) 존칭. 높임말.
尊宅(そんたく) 존택. 貴宅(きたく)보다 더 격식 차린 말씨. 「말.
尊牌(そんぱい) 남의 위패를 일컫는 공손한
尊筆(そんぴつ) 존필. 상대방 필적의 높임말.
尊下(そんか) 존하. 귀하《편지에 쓰는 말》.
尊翰(そんかん) 존한.
尊骸(そんがい) 존해. 존귀한 사람의 유해에 대한 높임말.
尊兄(そんけい) 존형. ① (편지에서) 남자끼리 쓰는 높임말. ② 남의 형의 높임말.
尊号(そんごう) 존호. 특히, 왕·왕비·상왕의 칭호. 「의 높임말.
尊話(そんわ) 귀하의 이야기. 상대방 이야기
尊皇(そんのう) 天皇(てんのう)를 존경하고 天皇 중심으로 생각함.
‖~攘夷(じょうい) ➡尊攘(そんじょう)

訓読

尊(みこと) 〈雅〉 ① 옛날에, 신(神)이나 귀인

의 이름에 붙이는 높임말. ②너. 당신.
尊い(とうとい) ①소중〔귀중〕하다. ②(신분이) 높다. 고귀하다. *たっといで로도 읽음.
尊ぶ(とうとぶ) 공경하다. 존경〔존중〕하다. *たっとぶ로도 읽음.

其他
尊る(まつる) ①제사지내다. ②혼령을〔신으로〕모시다.

졸

| 8 ユ 教 | 卒 | 군사 졸·마칠 졸
ソツ・シュツ
おえる・しもべ・おわる |

音読
卒(そつ) 졸. ①병졸. 병사. ②卒業(そつぎょう)의 준말. ③(벼슬이 4·5품인 사람의) 죽음.
卒す ㊀(そっす)〈古〉①졸(卒)하다. 죽다. ②☞. ㊁(しゅっす)〈古〉(벼슬이 4·5품인이) 졸하다. 죽다.
卒去(そっきょ) 졸거. (특히, 벼슬이 4·5품인 사람의) 죽음.
卒倒(そっとう) 졸도.
卒読(そつどく) 졸독. ①책을 빨리〔대강〕읽음. ②읽기를 마침. 「ん)의 준말.
卒論(そつろん) 卒業論文(そつぎょうろんぶ
卒寿(そつじゅ) 졸수. 90살. 또, 그 축하.
卒業(そつぎょう) ①졸업. ②어떤 예정된 일 ∥～論文(ろんぶん) 졸업 논문. 」을 끝냄.
～制作(せいさく) (미술계 대학의) 졸업 작품 제작.
～証書(しょうしょ) 졸업 증서.
卒然(そつぜん) ①졸연. 돌연. 갑자기. ②경솔〔돌돌〕한 모양.
卒伍(そつご) 졸오. ①신분이 낮은 사람. ②병졸. 또, 병졸들의 대오(隊伍).
卒園(そつえん) 유치원·보육원의 졸업.
卒爾(そつじ)〈老〉돌연함. 갑작스러움.
卒中(そっちゅう)〖醫〗졸중. 뇌졸중.
卒直(そっちょく) 솔직.
卒後(そつご) 졸업 후.

其他
卒都婆(そとば) ⇨ 卒塔婆(そとば).
卒塔婆(そとば)〖佛〗솔도파(率堵婆). *そとうば로도 읽음.

| 8 扌 常 | 拙 | 졸할 졸
セツ
つたない |

音読
拙(せつ) ①서투름. 졸렬함. ②저. 소생. ③《接頭語로》졸…. 자기의 겸칭.

拙家(せっか) 졸가. 자기 집의 겸칭.
拙歌(せっか) 졸가. 자기 노래의 겸칭.
拙稿(せっこう) 졸고. 자기 원고의 겸칭.
拙攻(せっこう) 졸공. 졸렬한 공격.
拙句(せっく) ①엉터리 俳句(はいく). ②자기 俳句의 겸칭.
拙技(せつぎ) 졸기. ①서투른 기예〔솜씨〕. ②자기 기예의 겸칭.
拙劣(せつれつ) 졸렬.
拙老(せつろう) 졸로. 남자 노인의 자기 겸칭.
拙論(せつろん) 졸론. 「칭.
拙陋(せつろう) 졸루. 견식이 좁고 고루함.
拙文(せつぶん) 졸문.
拙夫(せっぷ) 졸부. ①별 볼일 없는 사나이. 하찮은 사나이. ②남자의 자기 겸칭.
拙生(せっせい) 졸생. 소생. 남자의 자기 겸
拙速(せっそく) 졸속. 「칭.
拙守(せっしゅ)〖野〗졸수. 서투른 수비.
拙僧(せっそう) 졸승. 빈도(貧道). 소승. 중의 자기 겸칭.
拙悪(せつあく) 졸악. 서투르고 됨됨이〔결과〕가 나쁨.
拙訳(せつやく) 졸역. ①엉터리 번역. ②자기 번역의 겸칭.
拙詠(せつえい) 졸영. ①자작(自作) 시가(詩歌)의 겸칭. ②서투른 시작(詩作).
拙吟(せつぎん) 졸음. ①잘 짓지 못한 시가(詩歌). ②자기가 지은 시가의 겸칭.
拙者(せっしゃ) 졸자. 나. 자기의 겸칭《특히, 옛 무사들이 쓰던 말》.
拙作(せっさく) 졸작. 「칭.
拙著(せっちょ) 졸저. 졸작. 자기 저서의 겸
拙戦(せっせん) 졸전. 「함.
拙走(せっそう)〖野〗서투르게 주루(走壘)
拙策(せっさく) 졸책. 서투른 계략·방책.
拙妻(せっさい) 졸처. 자기 아내의 겸칭.
拙宅(せったく) 자기 집의 겸칭.
拙筆(せっぴつ) 졸필. 서투른 글씨.

訓読
拙い(つたない) ①서투르다. 졸렬하다. ②어리석다. 변변찮다. ③운이 나쁘다.

| 8 木 常 日 | 枠 | 틀 (졸)·테두리 (졸)
わく |

訓読
枠(わく) 테두리. 테. 틀. 범위.
枠内(わくない) 테두리 안. 범위 내.
枠外(わくがい) 테〔두리〕 밖. 범위 밖.
枠井(わくい) 나무나 돌로 네모나게 테를 짜 두른 우물.
枠組み(わくぐみ) ①틀을 짬. 또, 그 짠 틀. ②전하여, 사물의 대충 짜임새.
枠取り(わくどり) 선을 그어 테두리를 만듦.
枠形(わくがた) 틀〔테두리〕의 형태.
∥～アンテナ (TV 등의) 루프 안테나.
枠型(わくがた) ⇨ 枠形(わくがた).

종

宗 종묘 종·근본 종
ソウ・シュウ
むね
8 宀 [教]

音読

宗 ㊀(そう) ① 근본. ② 종가. ③ 선조.
㊁(しゅう)《接尾語로》…종. 종문의 분파.
㊂(むね) 가장 으뜸으로 취급하는 것.
宗家(そうけ) 종가. ① 큰집. 본가. ② 한 유파의 정통을 전하는 중심되는 집. *そうかろ도 읽음.
宗教(しゅうきょう) 종교. ♣~家(か) 종교가 / ~劇(げき) 종교극 / ~史(し) 종교사 / ~性(せい) 종교성 / ~心(しん) 종교심 / ~学(がく) 종교학 / ~画(が) 종교화.
‖~改革(かいかく) 종교 개혁.
　—教育(きょういく) 종교 교육.
　~騎士団(きしだん)『史』종교 기사단. 기사 수도회.
　~団体(だんたい) 종교 단체.
　~都市(とし) 종교 도시.
　~法人(ほうじん) 종교 법인.
　~社会学(しゃかいがく) 종교 사회학.
　~音楽(おんがく) 종교 음악.
　~裁判(さいばん) 종교 재판.
　~戦争(せんそう) 종교 전쟁.
　~哲学(てつがく) 종교 철학.
宗国(そうこく) 종국. 종주국(宗主國).
宗規(しゅうき) 종규. 종교상의 규약.
宗徒 ㊀(しゅうと) 종도. 신도.
㊁(むねと) 중심이 되어 따르는 자.
宗論(しゅうろん)『佛』종론. 종파간의 토론
宗廟(そうびょう) 종묘.　　　　[논쟁].
宗務(しゅうむ) 종무. 종교상의 사무.
宗門(しゅうもん) ①〈老〉종문. 종파. 종지(宗旨). ② 승려.
‖~改め(あらため) 江戸(えど) 시대에 기독교를 금지하기 위하여 매년 실시한 전국민의 신앙 조사. ♣~役(やく) 宗門改め의 임무를 관장한 幕府(ばくふ)의 직명.
　~人別帳(にんべつちょう) 宗門改め의 결과를 기재한 장부(호적 대장 역할도 하였음).
　~帳(ちょう) ☞ 宗門人別帳.
宗法(しゅうほう) ① 종법. 종문의 법규. ② '宗教法人(しゅうきょうほうじん)'(=종교 법인)'의 준말.
宗社(そうしゃ) 종사. 종묘 사직. 나라.
宗室(そうしつ) 종실. 종가(宗家). 본가.
宗義(しゅうぎ) 종의. 그 종파의 근본 교의.
宗儀(しゅうぎ) 종의. 종교상의 의식.
宗匠(そうしょう) 종장. 和歌(わか)·俳句(はいく)·다도(茶道) 등의 선생.　　　「행정.
宗政(しゅうせい)『佛』종정. 한 종파 안의

宗祖(しゅうそ) 종조. 종파의 개조.
宗族(そうぞく) 종족. 일족. 일문(一門).
宗主(そうしゅ) 종주. ♣~国(こく) 종주국 / ~権(けん) 종주권.
宗旨(しゅうし) 종지. ① 종교의 교의·취지·유파. ② 비유적으로, 신봉하는 주의·주장이나 취미·기호 등.
‖~違い(ちがい) ① 신봉하는 종파가 다름. ② 주의·주장이나 취미 등이 서로 다름.
　~替え(がえ) ① 종지를 바꿈. ② 지금까지의 사고 방식·취미·기호 등을 바꿈.
宗太鰹(そうだがつお)『魚』물치다랑어.
宗派(しゅうは) 종파.
宗八(そうはち)『魚』용가자미.
宗風(しゅうふう) 종풍. ①『佛』그 종파의 풍습. ② 한 유파의 전통적인 격식.
宗会(しゅうかい) 종회. 그 종파의 의사를 결정하는 최고 기관.

訓読

宗と(むねと)〈古〉주로.

柊(柊) 종엽 종
シュウ
ひいらぎ
9 木 [入]

訓読

柊(ひいらぎ)『植』호랑가시나무.

従(從) 좇을 종·따를 종
ジュウ・ショウ・ジュ
したがう・したがえる
10 彳 [教]

音読

従 ㊀(じゅ)《接頭語로》종…. 위계(位階)에서 같은 계급자 중, 정(正)의 다음.
㊁(じゅう) 종. 딸린(부수적인) 것.
従価税(じゅうかぜい) 종가세.
従軍(じゅうぐん) 종군.
‖~記者(きしゃ) 종군 기자.
　~記章(きしょう)『軍』종군 기장.
　~慰安婦(いあんふ) 종군 위안부.
従動軸(じゅうどうじく)『機』종동축. 외부 동력에 의해서 회전되는 축.
従来(じゅうらい) 종래.
従良(じゅうりょう) ① 종량. 고대에 노비 등을 양민으로 해방하던 일. ② (기생·창기 등이) 정인(情人)에 의해 낙적되는 일.
従量税(じゅうりょうぜい) 종량세.
従輪(じゅうりん)『機』종륜. 기관차 등에서, 동륜(動輪) 이외의 차륜.
従妹(じゅうまい) 종매. 사촌 누이동생.
従母(じゅうぼ) 어머니의 자매. 이모.
従物(じゅうぶつ)『法』종물.
従犯(じゅうはん) 종범. 방조범.
従兵(じゅうへい) 종병. (장교의) 당번병.
従僕(じゅうぼく) 종복. 남자종.
従父(じゅうふ) 숙부·백부. ♣~弟(てい) 사촌 아우 / ~兄(けい) 사촌 형.

從婢(じゅうひ) 종비. 계집종.
從士(じゅうし) 종사. 따르는 무사.
‖~制(せい)〖史〗종사 제도. 고대 게르만의 주종 제도.
從死(じゅうし) 종사. 고인의 뒤를 따라 죽음.
從事(じゅうじ) 종사.「전.
從性遺伝(じゅうせいいでん)〖生〗종성 유
從属(じゅうぞく) 종속. ♣~国(こく) 종속국 / ~犯(はん)〖法〗종속범 / ~節(せつ)〖文法〗종속절.
‖~関係(かんけい) 종속 관계.
~論(ろん)〖政〗종속론. 종속 이론.
~変数(へんすう)〖心·数〗종속 변수.
~事象(じしょう)〖数〗종속 사상. 종속 사건《확률론의 용어》.
~栄養(えいよう)〖生〗종속 영양. 유기(有機) 영양. ♣~生物(せいぶつ) 종속〔유기〕영
~会社(がいしゃ) 종속 회사. 「양 생물.
從孫(じゅうそん) 종손. 「소곳함.
從順(じゅうじゅん) 종순. 순종. 온순함.
從僧(じゅうそう) 종승. 고승이나 주지를 따라다니는 승려. 「하.
從臣(じゅうしん) 종신. 늘 따라다니는 신
從心(じゅうしん) 종심. 일흔 살의 별칭.
從業員(じゅうぎょういん) 종업원.
‖~組合(くみあい) 종업원 조합.
~持ち株制度(もちかぶせいど)〖経〗종업원 지주 제도. 우리 사주(社株) 제도.
從容(しょうよう) 여유있고 침착한 모양.
從位(じゅうい) (위계(位階)에서) 종위《정(正)보다 한 품계씩 낮음》.
從因(じゅういん) 종인. 간접적인 원인.
從子(じゅうし) 종자. 조카.
從姉(じゅうし) 종자. 사촌 누이[누나].
從者(じゅうしゃ) 종자. 데리고 다니는 사
從前(じゅうぜん) 종전. 이전. 「람.
從弟(じゅうてい) 종제. 사촌 남동생.
從組(じゅうくみ) '従業員(じゅうぎょういん)組合(くみあい)(=종업원 조합)'의 준말.
從祖母(じゅうそぼ) 종조모.
從祖父(じゅうそふ) 종조부.
從卒(じゅうそつ) 종졸. 당번병.
從学(じゅうがく) 종학. 스승을 좇아서 배
從兄(じゅうけい) 종형. 사촌 형.「움.

〔訓読〕
従える(したがえる) ① 따르게 하다. 좇게 하다. 복종시키다. ② 데리고 가다. 거느리다.
❖従う(したがう) ① 따르다. 좇다. ② 바람에 쏠리다. ③〈文〉 ☞従える(したがえる).
従って(したがって) 따라서. 그러므로. 그 결과.

〔其他〕
從姉妹(いとこ) ① 종자매. 사촌(四寸) 자매. *いとこしまいで로도 읽음. ②〈俗〉어딘지 닮은 데가 있는 것.
從兄弟(いとこ) ① 종형제. 사촌(四寸) 형제. *じゅうけいていで로도 읽음. ②〈俗〉어딘지 닮은 데가 있는 것.

‖~同士(どうし) 사촌간.
~違い(ちがい) 오촌. 당숙(모).
~煮(に) 팥·우엉·감자 따위를 넣고 간장 또는 된장으로 간을 한 찌개.

11 氵 **淙** 물소리 종
ソウ

〔音読〕
淙淙(そうそう) 종종. 물이 흐르는 소리의 형용. 줄줄. 활활.

11 糸 教 **終(終)** 마칠 종·끝낼 종
シュウ·ジュウ
おわる·おえる·ついに

〔音読〕
終バス(しゅうバス) (그날의) 마지막 버스.
終刊(しゅうかん) 종간.
終講(しゅうこう) 종강.
終決(しゅうけつ) 종결. 일이 결말이 남.
終結(しゅうけつ) ① 끝이 남. ②〖論〗가설에서 추론에 의해 얻는 결론. 귀결.
終古(しゅうこ) 아주 긴 세월. 영원.
終曲(しゅうきょく)〖楽〗종곡. 피날레.
終局(しゅうきょく) ① (바둑·장기 등을) 다 둠. ② 사건의 낙착. 일의 종말.
‖~裁判(さいばん)〖法〗종국 재판.
~判決(はんけつ)〖法〗종국 판결.
終巻(しゅうかん) 종권. (한 질의 책 가운데서) 마지막 권.
終極(しゅうきょく) 종극. 최후.
終期(しゅうき) ① 기한이 끝나는 시기. ② 법률 행위의 효력이 소멸하는 시기.
終年(しゅうねん) 종년. 일년 내내(동안).
終段(しゅうだん)〖劇〗종막에 가까운 단락.
終端(しゅうたん) 종단. (하나로 이어진 것의) 맨 끝 부분.
終礼(しゅうれい) 종례.
終了(しゅうりょう) 종료.
終幕(しゅうまく) 종막.
終末(しゅうまつ) 종말. 끝. ♣~観(かん)〖宗〗종말관 / ~論(ろん)〖宗〗종말론.
‖~期古墳(きこふん) 종말기 고분. 고분 시대의 종말기(期)인 7세기 대(代)에 만들어진 고분.
終鳴日(しゅうめいび) 새나 곤충이 그 계절 맨 끝에 운(것이 확인된) 날.
終尾(しゅうび) 종미. 끝. 마지막. 「전.
終盤(しゅうばん) 종반. ♣~戦(せん) 종반
終発(しゅうはつ) 종발. 막차. 「리.
終霜(しゅうそう) 종상. 그 해의 마지막 서
終生(しゅうせい) 종생. 평생. 평생. 「눈.
終雪(しゅうせつ) 종설. 그 해 봄의 마지막
終世(しゅうせい) ⇨ 終生(しゅうせい).
終歳(しゅうさい) 종세. 일년 내내. 연중.
終宵(しゅうしょう) 종소. 밤새. 철야. *よ

もすがらろもろに 읽음.
終始(しゅうし) 종시. 시종. 내내. 줄곧.
∥~一貫(いっかん) 시종일관.
終息(しゅうそく) 종식.
終熄(しゅうそく) ⇨ 終息(しゅうそく).
終身(しゅうしん) 종신. ♣~刑(けい) 종신
∥~雇用(こよう) 종신 고용.   「형.
~官(かん) 종신관《옛날의 판사・장교 등》.
~保険(ほけん) 종신 보험.
~年金(ねんきん) 종신 연금.
終審(しゅうしん) 종심.   「원」.
∥~裁判所(さいばんしょ) 종심 재판소《법
終夜(しゅうや) 종야. 철야. ♣~灯(と
う) 야간등.   「로도 읽음.
㊂(よもすがら) 밤새. 밤새도록. ＊よすがら
終漁(しゅうりょう) 종어. 그 어기(漁期)의
고기잡이가 끝남.
終焉(しゅうえん) 종언. ① 임종. ② 은거하
여 여생을 보냄.
終業(しゅうぎょう) 종업. ① 일정 기간의 학
업을 마침. ② 그날의 일을 마침.
終演(しゅうえん) 종연.
終列車(しゅうれっしゃ) 종열차. 막차.
終映(しゅうえい) 종영. 영화가 끝남. 영화
를 끝냄.
終油(しゅうゆ) 종유. 『가톨릭』'病者(びょうしゃ)
の塗油(とゆ)'(=병자 성사(聖事))'의 구칭.
∥~礼(れい) 『가톨릭』병자 성사(聖事).
終日 ㊀(しゅうじつ) (온)종일.
㊁(ひもすがら) (하루) 종일. 온종일. ＊ひ
すがら・ひねもす・ひめもすむろ 읽음.
終章(しゅうしょう) 종장. 마지막 장.
終電(しゅうでん) 終電車의 준말.
∥~車(しゃ) 마지막 전차. 막차.
終戦(しゅうせん) 종전《특히, 일본의 경우
제2차 세계 대전의 종료》.
∥~記念日(きねんび) 종전 기념일《일본에
서, 1945년 8월 15일을 기념하는 날》.
終点(しゅうてん) 종점.
終助詞(しゅうじょし) 『文法』구 끝에 붙여
의문・감동・영탄 등의 뜻을 나타내는 조사.
終止(しゅうし) 종지. ① 끝남. 끝. 마지막.
♣~止形の준말. ♣~符(ふ) 종지부. 마침
표. /~線(せん) 『樂』종지선. 마침줄.
∥~記号(きごう) 『樂』종지 기호. 마침표.
~法(ほう) 『文法』종지법. 문장을 끝맺는
표현법.   「카덴차.
~形(けい) ① 『文法』종지형. ② 『樂』종지.
終車(しゅうしゃ) 종차. 막차.   「착역.
終着(しゅうちゃく) 종착. ♣~駅(えき) 종
終堆石(しゅうたいせき) 『地』종퇴석.
終板(しゅうばん) 『生』운동 종판. 단판.
終篇(しゅうへん) ⇨ 終編(しゅうへん).
終編(しゅうへん) 종편.
終航(しゅうこう) 종항. 배・항공기가 정해
진 항해・항공을 끝냄.
終会(しゅうかい) 종회. ① 회의나 회합을 마
침. 폐회. ② 마지막 회의 회합.

訓読
終(つい)〈雅〉마지막. ① 끝. 최후. ② 임종.
죽음.
終える(おえる) ① (끝)마치다. 종결짓다.
② 끝나다.   「더어.
終しか(ついしか) 일찍이. 아직 한번도. 드
終ぞ(ついぞ) 여태[지금]까지 한번도.
終に(ついに) ① 드디어. 마침내. 결국. ②
(끝)끝내. 끝까지.   「치다.
❖終わる(おわる) ① 끝나다. ②〈俗〉(끝)마
終わり(おわり) 끝(남). 마지막. 임종.
終わり初物(おわりはつもの) (계절 끝에 성
숙되어) 만물같이 귀중히 여기는 야채・과일
등. 끝물물.
終わり値(おわりね) (증권 거래소에서) 종가.

其他
❖終う(しまう) ① 끝나다. 파(罷)하다. ② 치
우다.
終い(しまい) ① 끝. 최후. ② 끝맺음.

| 12
木 | 棕 | 종려나무 종
シュ・ソウ |

音読
棕梠(しゅろ) ⇨ 棕櫚(しゅろ).
棕櫚(しゅろ) 『植』종려나무. ♣~毛(げ) 종
려모 /~竹(ちく) 『植』종려죽 /~草(そう)
『植』여로(藜蘆) /~箒(ほうき) 종려비.
∥~団扇(うちわ) 종려선(扇).
~縄(なわ) 종려승. 종려나무 줄기의 털로
꼰 줄.

| 13
月 | 腫 | 부스럼 종
シュ
はれる |

音読
腫大(しゅだい) 『醫』종대. (순환 장애로)
뇌나 간 등의 장기가 부어서 커짐.
腫瘤(しゅりゅう) 종류. 종기. 혹.
腫物(しゅもつ) 종물《부스럼. 종기》.
腫瘍(しゅよう) 종양《암이나 육종 따위》.
腫脹(しゅちょう) 종창.

訓読
腫らす(はらす) (울거나 부스럼이 나서) 피
부가 붓다.
❖腫れる(はれる) 붓다.
腫れ(はれ) ① 부음. ② 『醫』부증(浮症).
腫れぼったい(はれぼったい) 부어서 부석
부석하다.   「다.
腫れ物(はれもの) 종기. 부스럼.
腫れ上がる(はれあがる) (몹시) 부어 오르

| 14
禾
教 | 種 | 씨 종・심을 종
シュ
たね・うえる・くさ |

音読

種間雜種(しゅかんざっしゅ)〖生〗종간 잡종. 동속(同屬) 이종간의 교잡으로 생긴 자손.
種概念(しゅがいねん)〖哲〗종개념.
種根(しゅこん)〖植〗종근. 씨뿌리.
種の起源(しゅのきげん)〖册〗종의 기원.
種痘(しゅとう) 종두.
種卵(しゅらん) 종란. 씨알.
種類(しゅるい) 종류.
‖〜債權(さいけん)〖法〗종류 채권.
種名(しゅめい) 종명.
種牡馬(しゅぼば) 종모마. 번식용의 수말.
種目(しゅもく) 종목.
種苗(しゅびょう) 종묘. 씨앗과 모종《수산업에서는 치어(稚魚)를 가리킴》.
種別(しゅべつ) 종별. 「암말.
種牝馬(しゅひんば) 종빈마. (번식용의)
種社会(しゅしゃかい) 종사회. 생물의 하나 하나의 종(種)이 구성하는 그 종 고유의 사회.
種姓(しゅせい) 종성. (인도의) 사성(四姓).
種小名(しゅしょうめい)〖生〗종소명.
種芸(しゅげい) 종예. 농작물을 심음.
種玉(しゅぎょく) 종옥. 미인을 아내로 삼
種子㊀(しゅし) 종자. 씨(앗). 」음.
‖〜植物(しょくぶつ) 종자 식물.
㊁(しゅじ)〖佛〗종자. 밀교(密教)에서, 범자(梵字) 한 자로 부처·보살을 나타낸 것.
種族(しゅぞく) 종족.
種種(しゅじゅ)〖生〗종소. 갖가지. 여러 가지.
*雅語로는 くさぐさ라고도 함.
‖〜相(そう) 갖가지 상(모양).
〜雜多(ざった) 여러 가지로 섞여 있는 모
種差(しゅさ)〖論〗종차.
種畜(しゅちく) 종축.
‖〜牧場(ぼくじょう) 종축 목장. 종축장.
種虫(しゅちゅう)〖動〗종충.
種皮(しゅひ) 종피. 씨의 껍질.

訓読

種㊀(たね) ①종자. 씨. ②(사물의) 원인. ③거리. 재료. ④(요술 따위의) 술법. 수.
㊁(しゅ) 종. 종류.
㊂(ぐさ) 《動詞連用形 따위에 붙어서》…재료. …거리.
種わい(くさわい)〈古〉①사물의 원인. ②모양. 취향.
種麹(たねこうじ) 종국. 종곡(種麵). 누룩.
種馬(たねうま) 종마. 씨(받이)말. *しゅば로도 읽음.
種明かし(たねあかし) ①(요술 등의) 술법 공개. ②(판단이나 추정의 근거를) 밝힘.
種無し(たねなし) ①씨가 없음. 또, 그 과실. ②열매·재료·실질 등이 없음.
‖〜西瓜(すいか) 씨없는 수박.
種籾(たねもみ) 볍씨.
種物(たねもの) 초목의 씨. 씨앗.
種変わり(たねがわり) ①씨 다른 형제 자매. ②유전 법칙에 의해서 식물의 변종을 냄. 또, 그 변종.

種本(たねほん) 토대가 된 책. 대본(臺本).
種付け(たねつけ) (우량종을 번식시키기 위하여) 우량종의 수컷을 암컷에 교배시킴.
種肥(たねごえ)〖農〗종비.
種蒔き(たねまき) 파종(播種). 씨뿌리기.
種案山子(たねかかし) 봄에 씨뿌리고 나서 새가 쪼아먹는 것을 막기 위해 세우는 허수아
種屋(たねや) (초목의) 씨앗 파는 집. 」비.
種牛(たねうし) 종우. 씨(받이)소. *しゅぎゅう로도 읽음.
種芋(たねいも) 씨감자. 씨고구마.
種違い(たねちがい) ☞種変わり(たねがわり)①. 「름.
種油(たねあぶら) 종유. 평지씨에서 짠 기
種字㊀(たねじ)〖印〗활자를 만들 때, 최초로 나무에 새겨 넣는 글자.
㊁(しゅじ) ☞種子(しゅじ).
種子が島(たねがしま) ①〖地〗九州(きゅうしゅう) 남쪽의 섬. ②(江戸(えど) 시대의) 화승총.
種切れ(たねぎれ) 재료가 떨어짐.
種紙(たねがみ) ①잠란지. 누에나방으로 하여금 알을 슬게 하는 두꺼운 종이. ②〈俗〉(사진의) 인화지.
種漬け(たねつけ)〖農〗씨담그기. 침종(浸種).
種取り(たねとり) ①채종. 씨를 받음. ②취재(取材)하러 다님. 또, 그 사람. 「つけ.
種浸し(たねひたし)〖農〗☞種漬け(たねつけ
種播き(たねまき) ☞種蒔き(たねまき).
種板(たないた) 사진 원판.
種下ろし(たねおろし) 파종. 씨뿌리기.
種火(たねび) 불씨.

其他

種姓(すじょう) ①혈통. 태생. 가문. ②신원. 내력.

| 14
米 | 粽 | 각서 **종**
ソウ
ちまき |

訓読

粽(ちまき) 띠나 대나무 잎으로 말아서 찐 떡.

| 14
糸 | 綜 (入) | 모을 **종**·바디 **종**
ソウ
すべる·へ |

音読

綜覽(そうらん) 총람(總覽). ①전체에 걸쳐 훑어봄. ②어느 사물에 관계되는 것을 망라
綜合(そうごう) 종합. 」한 책.

訓読

綜る(へる) 날실을 베틀에 걸다.

| 15
心 | 慫 | 종용할 **종**
ショウ
すすめる |

音読

慫慂(しょうよう) 종용.

| 15
木 | 樅 | 전나무 **종**
ショウ
もみ |

訓読
樅(もみ)〖植〗전나무.
ダグラス樅(ダグラスもみ)〖植〗더글러스전나무《소나뭇과 식물로 건재·펄프용》.

| 15
足 | 踪 | 발자취 **종**
ソウ·ショウ
あと·あしあと |

参考 蹤은 異體字.

音読
踪跡(そうせき) 종적. 발자취. 행방.

| 16
糸
教 | 縱(縱) | 세로 **종**·가령 **종**
ジュウ·ショウ
たて·たとい·はなつ·
ゆるす·ほしいまま |

音読
縦隔(じゅうかく)〖生〗종격. 좌우 흉막강 사이에 있는 부분.
縦谷(じゅうこく)〖地〗종곡. 산맥의 주축 (主軸)과 평행하는 골짜기.
縦貫(じゅうかん) 종관. 세로로〔남북으로〕통함.
縦断(じゅうだん) 종단. ♣~面(めん) 종단면.
縦隊(じゅうたい) 종대.
縦覧(じゅうらん) 종람. 마음대로 봄.
縦列(じゅうれつ) 종렬. 세로줄.
縦裂(じゅうれつ) 종렬. 세로로 쨰어짐. 또, 그 갈라진 곳.
縦帆(じゅうはん) (요트나 스쿠너의) 세로돛《횡풍(横風)이나 역풍의 항해 때에 쓰임》.
縦鼻横目(じゅうびおうもく) (코는 세로로, 눈은 가로로 나 있는 데서) 인간의 일컬음.
縦線(じゅうせん) 종선. 세로줄.
縦深(じゅうしん)〖軍〗종심. (군대의) 최전선에서 후방 부대에 이르기까지의 세로의 선.
縦遊(しょうゆう) 여기저기서 실컷 노는 일.
縦恣(じゅうし) 종자. 제멋대로 함.
縦転(じゅうてん) 종전. 앞 또는 뒤로 회전함. 세로로 구름.
縦走(じゅうそう) 종주. ①산등성이를 타고 걸음. ②(산맥 따위) 지형이 긴 쪽으로 또는 남북으로 연하여 있음.
縦陣(じゅうじん) 종진. 세로로 일직선을 이룬 (함대 등의) 진형.
縦横 ㊀(じゅうおう) 종횡. ①가로와 세로. 동서와 남북. ②마음대로. 자유자재로.
‖~家(か)〖史〗종횡가. 중국 전국 시대에, 국가 연합을 설득하여 돌아다닌 사상가.
~無礙(むげ) 종횡 무애. 아무 거리낌없음.

~無尽(むじん) 종횡 무진.
㊁(たてよこ) ①가로와 세로. ②날실과 씨실.

訓読
縦 ㊀(たて) 세로. ①상하의 방향. ②앞뒤의 방향.
㊁(ほしいまま) 제멋대로 함. 방자하게 굶.
縦坑(たてこう)〖鑛〗수갱(竪坑). 곧은샘. 곧은바닥.
縦結び(たてむすび) (나비매듭 등) 가로 될 매듭이 세로 된 것《잘못 맺은 매듭》.
縦令(たとい) 설령. 설사. 가령. 비록… (하더라도). *たとえ로도 읽음.
縦目(たてめ) 세로로 접은 줄. 세로 주름.
縦棒(たてぼう) 세로의 곧은 선.
縦糸(たていと) 종사. 경사(經絲). 날실.
縦書き(たてがき) 종서.
縦揺れ(たてゆれ) ①(배·비행기 등의) 뒷질. ②(지진에서) 위아래로 흔들림.
縦桟(たてざん) (문의) 세로의 살. 장살.
縦長(たてなが) 세로로 긺.
縦笛(たてぶえ) 세로로 부는 목관 악기의 총칭《피리·퉁소 따위》.
縦組み(たてぐみ)〖印〗종조. (활자의) 세로 짜기.
縦軸(たてじく) 종축. 세로축.
縦波(たてなみ) 종파. ①〖理〗소밀파. ②선박의 진행 방향으로 이는 파도. *じゅうは로도 읽음.
縦割り(たてわり) ①세로 쪼갬. ②종적 관계(만으로 행동하는 일). ③어떤 조직을 통해서 하는 선거 운동.
縦穴(たてあな) 수혈(竪穴). 지면에서 곧게 내리 판 굴.
‖~住居(じゅうきょ) 수혈 주거.
縦縞(たてじま) 세로 줄무늬.

其他
縦し(よし) ①〈雅〉가령. 설사. 비록. ②에라(모르겠다). 좋다.
縦しや(よしや) 설령 …라 하더라도.
縦しんば(よしんば) 설사. 가령.

| 16
足 | 踵 | 발꿈치 **종**
ショウ
かかと·きびす·くびす |

音読
踵骨(しょうこつ)〖生〗종골. 발꿈치 뼈.
訓読
踵 ㊀(かかと) ①발뒤꿈치. ②신뒤축. *かがと로도 읽음.
㊁(きびす)〈雅〉(발)뒤꿈치. *くびす로도 읽음.
~を返(かえ)す 발길을 되돌리다.

| 17
虫 | 蟲 | 누리 **종**
シュウ
いなご |

鍾・蹤・鐘・左

螽斯 ㈠(しゅうし) 종사. ①여치의 한자 이름. ②메뚜기의 한자 이름. ③자손이 번창함을 비유하는 말.
㈡(きりぎりす) ⇨ 螽蟖(きりぎりす).
其他
螽蟖(きりぎりす)〖蟲〗여치.

17 金	鍾	술잔 종・모을 종 ショウ あつめる

音読
鍾馗(しょうき) 종규. 중국에서, 역귀・마귀를 쫓아낸다는 신.
 ǁ~鬚(ひげ) 텁수룩하게 난 수염.
鍾愛(しょうあい) 종애. 몹시 사랑함.
鍾乳(しょうにゅう)〖鑛〗鍾乳石의 준말.
♣~洞(どう) 종유동 / ~石(せき) 종유석.
鍾寵(しょうちょう) 유달리 사랑함. 총애.

18 足	蹤	자취 종・뒤쫓을 종 ソウ・ショウ あと・あしあと

参考 踪의 異體字.
音読
蹤跡(しょうせき) 종적. ①발자취. ②행방.

20 金 常	鐘	쇠북 종 ショウ かね

音読
鐘磬(しょうけい)〖樂〗종경.
鐘鼓(しょうこ) 종고. 종과 북.
鐘堂(しょうどう) 종당. 종루(鐘樓).
鐘楼(しょうろう) 종루. *しゅろう로도 읽음.
 ǁ~守(もり) 종지기. 文.
鐘銘(しょうめい) 종명. 종에 새긴 명.
鐘状(しょうじょう) 종상. 종 모양.
 ǁ~花冠(かかん)〖植〗☞鐘形花冠(しょうけいかかん).
 ~火山(かざん)〖地〗종상 화산.
鐘声(しょうせい) 종성. 종소리.
鐘鼎(しょうてい) 종정. ♣~文(ぶん) 종정문.
鐘塔(しょうとう) 종탑.
鐘形(しょうけい) 종형. 「부리.
 ǁ~花冠(かかん)〖植〗종형 화관. 종상꽃
訓読
鐘(かね) ①종. ②종소리.
鐘供養(かねくよう) 종을 새로 만들어 타종(打鐘)하는 불교 의식.
鐘撞き(かねつき) ⇨ 鐘突き(かねつき).
鐘突き(かねつき) 종을 침. 또, 종지기. ♣~堂(どう) 종루(鐘樓).
逆音
晩鐘(ばんしょう) 만종. 저녁에 치는 종.

좌

5 工 教	左	왼편 좌・도울 좌 サ ひだり

音読
左京(さきょう) ①平安京(へいあんきょう)의 朱雀(すざく) 대로에서 동쪽 지역. ②京都(きょうと) 시의 구(區) 이름.
左傾(さけい) 좌경.
左顧右眄(さこうべん) 좌고 우면. 형편만 살피고 좀처럼 결단을 내리지 못함.
左官(さかん) 미장이. *しゃかん으로도 읽음.
左近(さこん)〖史〗옛 관청 左近衛府의 준말.
 ǁ~衛(え) 左近衛府의 준말.
 ~衛府(えふ)〖史〗奈良(なら)・平安(へいあん) 시대에, 궁중을 경비하던 여섯 관청 중의 하나.
左記(さき) 좌기. (오른쪽에서 시작하는 세로 쓰기에서) 왼쪽에 적음. 곧 뒤에 적은 부분.
左脳(さのう) 좌뇌. 뇌의 반 왼쪽.
左袒(さたん) 좌단. ①편을 듦. 가담함. ②찬성함. 동의.
左端(さたん) 좌단. 왼쪽 끝.
左党(さとう) ①좌당. 좌익 정당. ②술꾼. 주당. *②는 ひだりとうろ도 읽음.
左大臣(さだいじん) 太政官(だいじょうかん)의 장관.
左大神(さだいじん) 随身門(ずいじんもん)의 왼쪽에 안치되어 있는 신상(神像).
左図(さず) 좌도. 왼쪽의 그림.
左道(さとう) 좌도. ①사도(邪道). ②약간. 변변치 않음. *さどう로도 읽음.
左馬頭(さまのかみ) 좌(左) '馬寮(めりょう)(=사복시(司僕寺))'의 장관.
左武(さぶ) 좌무. 무(武)를 숭상함.
左文右武(さぶんゆうぶ) 좌문 우무.
左方(さほう) 좌방. 왼쪽. 왼편.
左辺(さへん)〖數・바둑〗좌변.
左兵衛(さひょうえ) 左兵衛府의 준말.
 ǁ~府(ふ) 여섯 '衛府(えふ)(=궁중 경비 관청)' 중의 하나.
左輔右弼(さほゆうひつ) 좌보 우필.
左府(さふ) 좌상(左相)의 당명(唐名).
左相(さしょう)〖史〗좌상.
左旋性(させんせい)〖理〗좌선성.
左心房(さしんぼう)〖生〗좌심방.
左心室(さしんしつ)〖生〗좌심실.
左岸(さがん) 좌안. 왼쪽 기슭.
左眼(さがん) 좌안. 왼쪽 눈.
左様(さよう) ①〈老〉그렇게. 그와 같이. ②그렇다.
左様なら(さようなら) ①안녕히 가십시오〔계십시오〕. ②그렇다면. 그러면.

左腕(さわん) 좌완. 왼팔. ＊ひだりうでロもど 읽음.
∥～投手(とうしゅ) 〖野〗 좌완 투수.
左右 ㊀(さゆう) ①좌우. ②그 사람의 곁. ③좌지우지함.
∥～相称(そうしょう) 좌우 상칭. 좌우가 똑같음.
㊁(そう) ①좌우. 상태. 모양. 지시. 소식.
㊂(とにかく) 하여간. 어쨌든. 좌우간.
㊃(ひだりまえ) ①이것저것. 이력저럭. ②자칫 (하면). ③어쨌든. 하여튼. 아무튼. 「주의.
㊄(とやこう) 이러쿵저러쿵. 이러니저러니. ＊さそくロ로임.
左衛門府(さえもんふ) 예전 대궐의 여러 문의 경비를 맡았던 관청.
左義長(さぎちょう) 정월 보름날에 궁중에서 행하는 악귀를 쫓는 행사. 민간에서 門松(かどまつ) 따위 설날의 장식물을 태우는 돈도에 해당함.
左翼(さよく) 좌익. ♣～手(しゅ) 〖野〗 좌익 수.
∥～冒險主義(ぼうけんしゅぎ) 좌익 모험 주의.
左袵(さじん) 좌임. 옷을 왼쪽으로 여밈. 야만인의 풍속.
左前(さぜん) 〖野〗 좌전. 좌익수의 앞.
㊁(ひだりまえ) ①왼쪽 섶을 안으로 들어가게 입는 일. ②운이[경제 상태가] 나빠짐. 불우해짐. 가세가 기욺.
左折(させつ) 좌회전.
左程(さほど) 그다지. 그토록. 별로.
左提右挈(さていゆうけつ) 좌제우설. 손을 맞잡고 서로 도움.
左注(さちゅう) 좌주. 본문 왼쪽의 주.
左註(さちゅう) ⇨ 左注(さちゅう).
左中間(さちゅうかん) 〖野〗 좌중간.
左証(さしょう) 좌증. 증좌.
左支右吾(さしゆうご) 좌지우오. 이리저리 버티어서 겨우 지탱해 나감.
左遷(させん) 좌천.
左派(さは) 좌파. 좌익.
左表(さひょう) 왼쪽의 (도)표.
左舷(さげん) 좌현. (뱃머리를 향하여) 왼쪽 뱃전.

훈독
左(ひだり) 좌. ①왼쪽. 왼편. 좌측. ②좌익. 좌파. 「이.
左ぎっちょ(ひだりぎっちょ) 〈俗〉 왼손잡
左する(ひだりする) 왼쪽으로 가다[취하다].
左巻き(ひだりまき) ①왼쪽으로 감음. ②〈俗〉 머리가 돎[정상적이 아님]. 또, 그런 사람. 괴짜.
左寄り(ひだりより) ①왼편으로 기운 쪽. ②(사상 등이) 좌경임.
左団扇(ひだりうちわ) 놀고는 (생활 걱정 없이) 편안히 지냄.
左利き(ひだりきき) ①왼손잡이. ②술이 셈. 술꾼. 호주가.
左四つ(ひだりよつ) (씨름에서) 서로 왼손을 상대의 오른팔 밑에 질러 넣어 샅바를 잡는 수.

左書き(ひだりがき) (글씨를) 왼쪽에서 오른쪽으로 써 나감. 또, 그런 서식. 「わ」.
左扇(ひだりおうぎ) ☞ 左団扇(ひだりうちわ).
左手 ㊀(ひだりて) ①좌수. 왼손. ②왼쪽. 왼편.
㊁(ゆんで) ①(활 잡는) 줌손. 왼손. ②〈雅〉 왼쪽.
左褄(ひだりづま) ①옷의 왼쪽 단. ②기생. ～を取(と)る 기생이 되다. 기생 노릇을 하다. 「읽음.
左側(ひだりがわ) 좌측. 왼쪽. ＊さそくロ로도
左打ち(ひだりうち) 〖野〗 타자가 좌타석에 서 치는 일. 또, 좌익수 방향으로 때림.
左向き(ひだりむき) ①좌향(左向). ②☞ 左前(ひだりまえ) ②.
左回り(ひだりまわり) 왼쪽으로 돎.

其他
左見右見(とみこうみ) 좌고우면(左顧右眄).
左右無し(そうなし) 어느 쪽으로도 정해지지 않음. 대수롭지 않게 여김.

7 イ 常	佐	도울 좌 サ すけ・たすける

음독
佐官(さかん) 〖軍〗 영관(領官).
佐渡(さど) 〖地〗 옛 지방의 이름. 지금의 新潟(にいがた) 현 관할의 섬.
佐幕(さばく) 江戸(えど) 시대 말기에 幕府(ばくふ)를 편들어 도움. 또, 그 당파.
∥～開国(かいこく) 幕府를 도와 외국과의 통교(通交)를 지지한 정치적 슬로건.
佐保姫(さおひめ) 봄의 여신(女神).
佐州(さしゅう) 〖地〗 佐渡(さど)의 딴이름.
佐賀(さが) 〖地〗 九州(きゅうしゅう) 서북부에 있는 현. 또, 그 현청 소재지.

7 土	坐	앉을 좌 ザ おわす・すわる・ そぞろに

참고 현대 표기로는 '座'로 대용함.

음독
坐(ざ) ①자리. 좌석. ②지위. ③能楽(のうがく)나 연극 등의 단체.
坐す ㊀(ざす) ☞ 坐する(ざする).
㊁(ます) 〈雅〉 계시다. 가시다. 오시다.
㊂(まします) 〈雅〉 '坐す(ます)'의 한층 높임 말. 계시다.
坐する(ざする) ①앉다. ②아무것도 하지 않고 있다. ③(사건에) 관련되다. 연루되다.
坐高(ざこう) 좌고. 앉은키.
坐骨(ざこつ) 좌골. 「관.
坐棺(ざかん) 좌관. 시체를 앉은 자세로 넣는
坐具(ざぐ) 좌구. ①앉을 때 까는 물건. ②승려가 불전에서 예배할 때 까는 물건.
坐礼(ざれい) 앉아서 하는 절.
坐忘(ざぼう) 〖佛〗 좌망.

坐傍(ざぼう) 자리 옆.
坐拝(ざはい) 앉아서 신에게 절함.
坐法(ざほう)〖佛〗좌법.
坐上(ざじょう) ①앉은 자리. 석상(席上). ②윗자리. 상좌(上座).
坐商(ざしょう) 좌상.
坐像(ざぞう) 좌상.
坐禅(ざぜん) 좌선.
坐睡(ざすい) 좌수.
坐乗(ざじょう) (해군에서) 함선·항공기를 타고 지휘함.
坐視(ざし) 좌시.
坐食(ざしょく) 좌식. 도식(徒食). 놀고 먹음.
坐薬(ざやく) 좌약.
坐業(ざぎょう) 좌업. 앉은 채 하는 일.
坐列(ざれつ) 열좌(列坐).
坐臥(ざが) 좌와. 기거(起居). 일상 생활.
坐浴(ざよく) 좌욕.
坐椅子(ざいす) (일본식 방에 쓰이는) 등받이가 있는 다리 없는 의자.
坐作(ざさ) 좌작. 기거(起居).
坐剤(ざざい) 좌제. 좌약.
坐洲(ざす) 배가 얕은 여울에 얹힘.
坐職(ざしょく) 좌직. 앉아서 하는 직업. 좌업(坐業).
坐参(ざさん)〖佛〗좌참.
坐礁(ざしょう) 좌초.
坐卓(ざたく) 좌탁. 앉아 쓰는 책상.
坐板(ざいた) 좌판. 의자의 앉는 부분이 되는 널빤지.

❖【訓読】
❖**坐る**(すわる) (자리 잡고) 앉다.
坐り(すわり) ①앉음. ②안정. 앉음새.
坐り胼胝(すわりだこ) (오랜 정좌(正座) 생활로 인해) 발등 따위에 생긴 못.
坐り心地(すわりごこち) 앉은 기분. 앉음새.
坐り込み(すわりこみ) 주저앉아 움직이지 않음. 눌러앉음.
坐り込む(すわりこむ) 들어가 앉다. 주저앉아 움직이지 않다. 연좌〔농성〕하다.

9
リ **剉**
꺾일 **좌**·부술 **좌**
ザ・サ
きる・きざむ・くじける

【音読】
剉桑(ざそう)〖農〗좌상. 누에게 먹이로 줄 뽕잎을 썲.
剉剤(ざざい) 초목의 뿌리나 껍질을 잘게 썬 약제.

10
广
教 **座**
자리 **좌**
ザ
すわる

【音読】
座 ㊀(ざ) ①자리. 좌석. ②지위. ③能楽(のうがく)나 연극 등의 단체.
㊁(くら)〈古〉자리. 좌석.
座す ㊀(ざす) ☞**座する**(ざする).
㊁(とどす) 앉다.
座する(ざする) ①앉다. ②아무것도 하지 않고 있다. ③(사건에) 관련되다. 연루되다.
座客(ざかく) 좌객.
座高(ざこう) 좌고. 앉은키.
座骨(ざこつ) 좌골.
‖~**神経**(しんけい)〖生〗좌골 신경. ♣~**痛**(つう)〖醫〗좌골 신경통. 「관.
座棺(ざかん) 좌관. 시체를 앉은 자세로 넣는
座具(ざぐ) 좌구. ①앉을 때 까는 물건. ②승려가 불전에서 예배할 때 까는 물건.
座屈(ざくつ)〖理〗좌굴(挫屈).
座金(ざがね) 좌금. 똬리쇠. 기구에 다는 철물 바닥에 붙이는 장식용의 철물.
座談(ざだん) 좌담. ♣~**会**(かい) 좌담회.
座頭 ㊀(ざとう) ①삭발한 맹인으로서, 비파·三味線(しゃみせん)을 타거나 안마·침질 등을 업으로 하던 사람. ②장님.
‖~**鯨**(くじら)〖動〗혹등고래.
㊁(ざがしら) ①극단 등의 우두머리. 특히, (歌舞伎(かぶき) 등의) 주역 배우. ②좌상(座上).
座礼(ざれい) 앉아서 하는 절.
座論(ざろん) 좌론.
座料(ざりょう) 방을 빌린 값. 자릿값.
座方(ざかた) 극장에 속해 있는 사용인.
座傍(ざぼう) 자리 옆.
座拝(ざはい) 앉아서 신에게 절함.
座法(ざほう)〖佛〗좌법.
座並み(ざなみ) 좌석 순서. 「위기.
座柄(ざがら) 일좌의 손님 모양. 그 자리의 분
座付き(ざつき)〖劇〗(배우·작가 등이) 극단에 전속함. 또, 그 배우·작가.
座敷(ざしき) ①다다미방. ②잔치 좌석.
‖~**牢**(ろう) 광인(狂人) 등을 가두어 두는 방. 「이는 재주.
~**芸**(げい) 술자리에서 좌흥(座興)으로 벌
座上(ざじょう) ①좌상. 앉은 자리. 석상(席上). ②윗자리. 상좌(上座).
~**の空論**(くうろん) 탁상공론.
座商(ざしょう) 좌상.
座像(ざぞう) 좌상.
座席(ざせき) 좌석. 자리.
‖~**予約システム**(よやくシステム) 컴퓨터를 이용한 좌석 예약 제도.
座禅(ざぜん) 좌선.
座成り(ざなり) ①좌석을 움직이지 않고 그냥 있음. ②☞**座並み**(ざなみ).
座所(ざしょ) 귀인이 있는 곳〔거처〕.
座繰り(ざぐり) ①얼레에 실을 감는 기구. ②**座繰り糸**(ざぐりいと)의 준말. ①에 걸어서 드린 생사.
座睡(ざすい) 좌수. 앉아서 좀.
座乗(ざじょう) (해군에서) 함선·항공기를 타고 지휘함.
座視(ざし) 좌시.
座食(ざしょく) 좌식. 도식(徒食). 놀고 먹음.
座薬(ざやく) 좌약.
座業(ざぎょう) 좌업.

座列(ざれつ) 열좌(列坐).
座五(ざご) 俳句(はいく)에서 맨 끝의 다섯 「자.
座臥(ざが) 좌와. 기거(起居). 일상 생활.
座浴(ざよく) 좌욕.
座右(ざゆう) 좌우. 신변. 곁.
　～の銘(めい) 좌우명.
座隅(ぐう) 좌석 귀퉁이.
座元(ざもと) 흥행사. 흥행장 주인.
座員(ざいん) (극단의) 단원.
座位(ざい) 좌위. ① 좌석의 위치(순서). ② 앉은 자세.
座作(ざさ) 기거(起居).
‖～進退(しんたい) 기거 동작. 행동거지.
座長(ざちょう) 좌장. ① 의장. ② 연예단(團)의 우두머리. (극단의) 단장.
座前(ざぜん) 좌전. ①자리 앞. ② 편지의 상대방 이름 밑에 쓰는 말. 좌하(座下).
座剤(ざざい) 좌제. 좌약(坐薬).
座組み(ざぐみ) 歌舞伎(かぶき)・人形(にんぎょう)浄瑠璃(じょうるり)・신파 연극 등의 출연자들의 조직.
座主(ざす) 주지(住持). 특히, 延暦寺(えんりゃくじ)의 주지를 가리키는 경우가 있음.
座州(ざす) 배가 얕은 여울에 얹힘.
座中(ざちゅう) 좌중. ① 여러 사람이 모인 자리. ② 연예단(團)의 한 동아리.
座持ち(ざもち) 좌석의 흥취를 돋움. 또, 그런 사람.
座職(ざしょく) 좌직. 앉아서 하는 직업.
座次(ざじ) 좌차. 자리 순서. 석차.
座参(ざさん) 〖佛〗좌참(坐參).
座礁(ざしょう) 좌초.
座卓(ざたく) 좌탁. 앉아 쓰는 책상.
座板(ざいた) 의자의 앉는 부분이 되는 널빤[지.
座布団(ざぶとん) 방석.
座蒲団(ざぶとん) ⇨ 座布団(ざぶとん).
座標(ざひょう) 좌표. ♣～系(けい) 〖數〗좌표계 /～軸(じく) 〖數〗좌표축.
‖～変換(へんかん) 〖數〗좌표 변환.
座下(ざか) ① 좌석 곁. 몸 가까운 곳. ②(편지에서) 좌하. 귀하.
座学(ざがく) (본디 군대 같은 데서) 실기에 대해 교실에서의 강의 형식의 수업.
座興(ざきょう) 좌흥. (연회 등에서의) 여흥(餘興).
訓読
❖座る(すわる) (자리 잡고) 앉다.
座り(すわり) ① 앉음. ② 안정. 앉음새.
座り胼胝(すわりだこ) (오랜 정좌(正座) 생활로 인해) 발등 따위에 생긴 못. 「새.
座り心地(すわりごこち) 앉은 기분. 앉음
座り込み(すわりこみ) 주저앉아 움직이지 않음. 농성.
座り込む(すわりこむ) 들어가 앉다. 주저앉아 움직이지 않다. 연좌[농성]하다.
逆音
講座(こうざ) 강좌.
玉座(ぎょくざ) 옥좌.

---

10 挫 (扌) 꺾을 좌・꺾일 좌
　　ザ
　　くじく・くじける

音読
挫骨(ざこつ) 좌골. 접질림. 접질린 뼈.
挫断(ざだん) 뼈 따위가 접질려 잘라냄.
挫滅(ざめつ) 좌멸. (외부 충격으로) 으스러짐.
挫傷(ざしょう) 좌상. 타박상.
挫折(ざせつ) 좌절. ♣～感(かん) 좌절감.
挫創(ざそう) 〖醫〗좌창.
訓読
挫ける(くじける) ①(기세가) 꺾이다. ② 삐다. 접질리다.
❖挫く(くじく) ① 삐다. 접질리다. ②(기세를) 꺾다. 누르다. 좌절시키다. ③〈文〉☞ 挫ける(くじける).
挫き(くじき) ①(뼈・관절을) 삠. 접질림. ②(씨름에서) 양손으로 상대의 샅바를 잡아 당기면서 턱으로 눌러 무릎을 꿇게 하는 기법.

---

12 痤 (疒) 부스럼 좌
　　ザ・サ
　　にきび・にきみ

音読
痤瘡(ざそう) 〖醫〗좌창.
訓読
痤(にきみ) 부스럼. 여드름.

---

14 蓙 (艹日) 돗자리 (좌)
　　ザ
　　ござ

訓読
蓙(ござ) 테두리를 댄 돗자리.
蓙筵(ござむしろ) 돗자리.

죄

13 罪 (四) 허물 죄・죄 죄
四教
　　ザイ
　　つみ

音読
罪苦(ざいく) 죄를 지은 자가 받는 고통.
罪科 ㊀(ざいか) 죄악. ①죄악. ②형벌.
　　㊁(つみとが) 죄과. 죄와 과오.
罪過(ざいか) 죄과. 과오.
罪魁(ざいかい) 죄괴. 범죄의 주모자.
罪咎(ざいきゅう) 죄구. 죄과.
罪根(ざいこん) 〖佛〗죄근.
罪戻(ざいれい) 죄려. 죄과.
罪例(ざいれい) 〖法〗죄례. 범죄의 실례.
罪累(ざいるい) 죄루.

週足(しゅうあし) 주봉(週棒). (증권 등의) 시세의 움직임을 주 단위로 시가·종가, 고가·저가로 도표화하는 일.
週初(しゅうしょ) 주초.
週評(しゅうひょう) 주평.
週休(しゅうきゅう) 주휴.

11 糸 紬 (人)
명주 **주**
チュウ
つむぎ

音読
紬紡糸(ちゅうぼうし) 주방사.
訓読
紬(つむぎ) 명주(明紬).
紬絣(つむぎがすり) 붓으로 가볍게 스친 듯한 무늬가 있는 명주.
紬糸(つむぎいと) 주사. 명주실.
紬縞(つむぎじま) 줄무늬가 있는 명주.

12 厂 厨
부엌 **주**
チュウ

音読
厨芥(ちゅうかい) 주개. 주방에서 나오는 음식물 찌꺼기. *関西方言으로는 ごもく라고도 함.
厨房(ちゅうぼう) 주방. 부엌. 조리실.
厨夫(ちゅうふ) 주방의 요리인(남자).
厨婢(ちゅうひ) 부엌일을 하는 하녀.
厨人(ちゅうじん) 주방 일을 관장하는 사람. 요리인. *くりやびと로도 읽음.
厨丁(ちゅうてい) 주방 일을 관장하는 남자. 요리인.
厨下(ちゅうか) 부엌. 주방.

其他
厨(くりや) 〈雅〉 ① 부엌. 주방. ② '厨人(くりやびと)(=숙수·요리사)'의 준말.
厨子(ずし) 두 개의 문짝이 달린 궤(장). 감실(龕室) 같은 것.
∥~仏(ぼとけ) 厨子에 안치한 불상. 또, 그 곳에 안치할 수 있을 만큼 작은 불상.

12 氵 湊
모일 **주**
ソウ
みなと

音読
湊合(そうごう) 주합. 하나로 모임.
訓読
湊(みなと) 항구.

12 言 註
주낼 **주**
チュウ
ときあかす

参考 현대 표기로는 '注'로 대용함.

音読
註(ちゅう) 주. 풀이. 주해.
註する(ちゅうする) 주석하다. 주해하다.
註脚(ちゅうきゃく) 주각. 주해.
註記(ちゅうき) 주기. 주를 닮. 또, 단 것.
註文 ㊀(ちゅうぶん) 주문. 본문에 대한 주기(註記)의 글.
㊁(ちゅうもん) 주문(注文). 맞춤.
註本(ちゅうほん) 주본. 주석이 붙은 책. *ちゅうほんのうち로도 읽음.
註釈(ちゅうしゃく) 주석. 주해.
註説(ちゅうせつ) 주설. 주기하여 설명함.
註疏(ちゅうそ) 주소. 주해. 자세한 설명.
註解(ちゅうかい) 주해.

13 辶 遒
닥칠 **주**
シュウ
せまる

音読
遒勁(しゅうけい) 주경. 서화·문장 등에서, 필세가 힘참.

13 言 誅
벨 **주**·책할 **주**
チュウ
うつ・ころす

音読
誅(ちゅう) 죄 있는 자를 죽임(정벌함).
誅する(ちゅうする) 주살하다. 악인을 죽이게 거둠.
誅求(ちゅうきゅう) 주구. 세금 등을 과도하게 거둠.
誅戮(ちゅうりく) 주륙. 주살.
誅滅(ちゅうめつ) 주멸.
誅伐(ちゅうばつ) 주벌. 죄지은 사람을 침.
誅罰(ちゅうばつ) 주벌. 죄를 물어 벌을 줌.
誅伏(ちゅうぶく) 주복. 죄를 책(責)하여 복종시킴.
誅服(ちゅうぶく) ⇨ 誅伏(ちゅうぶく).
誅殺(ちゅうさつ) 주살. 죄를 이유로 죽임.
誅鋤(ちゅうじょ) 주서. 악한 사람을 뿌리뽑아 조리 죽임.
誅夷(ちゅうい) 주이. 토벌하여 평정함. 모

14 糸 綢
얽을 **주**·얽힐 **주**
チュウ
まとう

音読
綢繆(ちゅうびゅう) 주무. ① 얽힘. ② 친하게 지냄.

15 广 廚
부엌 **주**
チュウ・ズ
くりや

参考 厨의 異體字.

音読
廚子(ずし) 두 개의 문짝이 달린 궤(장).

訓読
厨(くりや) ①부엌. 주방. ②'厨人(ちゅうじん)(=요리사)'의 준말.

15 金 常	鋳 (鑄)	부어만들 주 チュウ いる

音読
鋳鋼(ちゅうこう) 주강. 주조한 강철.
鋳塊(ちゅうかい) 주괴. 지금괴.
鋳金(ちゅうきん) 주금. 금속을 부어 만드는 일. 또, 그 기술.
鋳像(ちゅうぞう) 주상. 금속을 주조해서 만든 상(像).
鋳植機(ちゅうしょくき) 『印』 주식기.
鋳冶(ちゅうや) ①금속을 정련함. ②교육으로 인격을 단련함.
鋳銭(ちゅうせん) 주전. 돈을 주조함. 또, 그 돈. *じゅせん으로도 읽음.
鋳造(ちゅうぞう) 주조.
鋳鉄(ちゅうてつ) 주철. *いてつ로도 읽음.
鋳貨(ちゅうか) 주화.

訓読
鋳る(いる) 주조하다. 지어붓다.
鋳掛け(いかけ) 땜질. ♣~屋(や) 땜장이.
鋳口(いぐち) 주형[거푸집] 윗부분의 쇳물을 부어 넣는 구멍.
鋳物(いもの) 주물. ♣~師(し) 주물공. ∥~砂(ずな) 주형을 만들 때 쓰는 모래.
鋳込む(いこむ) 금속을 녹여 거푸집에 붓다.
鋳型(いがた) 주형. 거푸집.

15 馬 常	駐 (駐)	머무를 주 チュウ とどまる・とどめる

音読
駐(ちゅう) 《接頭語로》 주…. 주재하는.
駐駕(ちゅうが) 주가. 고귀한 사람이 말이나 마차를 멈춤. 또, 머묾.
駐機(ちゅうき) 주기. 비행기를 세워 둠.
駐独(ちゅうどく) 주독. 독일에 주재함.
駐屯(ちゅうとん) 주둔. ♣~軍(ぐん) 주둔군.
駐輦(ちゅうれん) 주련. 천자가 거둥길에 연(輦)을 멈춤. 또, 그곳에 머묾.
駐留(ちゅうりゅう) 주류. 주둔. ♣~軍(ぐん) 주류군.
駐輪(ちゅうりん) 주륜. 자전거를 세워 둠. ♣~場(じょう) 주륜장. 자전거를 두는 곳.
駐米(ちゅうべい) 주미. 미국에 주재함.
駐兵(ちゅうへい) 주병. 군대가 주둔함. 또, 그 병사.
駐仏(ちゅうふつ) 주불. 프랑스에 주재함.
駐錫(ちゅうしゃく) 『佛』 주석.
駐英(ちゅうえい) 주영. 영국에 주재함.
駐日(ちゅうにち) 주일. 일본에 주재함.
駐在(ちゅうざい) ①주재. ②'駐在所'[駐在 巡査'의 준말. ♣~員(いん) 주재원.
∥~所(しょ) ①주재소. 임지. ②파출소. 지서(支署).
~巡査(じゅんさ) 파출소[지서] 순경.
駐艇(ちゅうてい) 주정. 요트나 대형 보트 따위를 세워 둠.
駐車(ちゅうしゃ) 주차. ♣~場(じょう) 주차장.
駐箚(ちゅうさつ) 주차. 주재.
駐蹕(ちゅうひつ) 주필. 천자(天子)가 거둥길에 잠시 머묾.

16 車	輳	모일 주 ソウ あつまる

逆音
輻輳(ふくそう) 폭주.

19 田	疇	두둑 주 チュウ たぐい

音読
疇昔(ちゅうせき) 주석. ①어제. ②(별로 오래지 않은) 지난날.

19 竹	籀	주문 주 チュウ

音読
籀文(ちゅうぶん) 주문. 대전(大篆). 한자 서체의 하나.

20 竹	籌	산가지 주 チュウ かずとり・はかりごと

音読
籌略(ちゅうりゃく) 주략. 일을 꾀함. 책략.
籌木(ちゅうぎ) 주목. ①옛날에, 수를 세는 데 썼던 나무 꼬챙이. ②용변 후, 뒤를 닦는 나뭇조각.
籌算(ちゅうさん) 주산. ①수판. 또, 그것으로 계산함. ②계략.
籌画(ちゅうかく) 주획. 계획(함). 계략.

21 足	躊	머뭇거릴 주 チュウ ためらう

音読
躊躇(ちゅうちょ) 주저. 망설임.

訓読
❖躊躇う(ためらう) ①주저하다. 망설이다. ②〈古〉 방황하다.
躊躇い(ためらい) 주저. 망설임.

∥~傷(きず) 칼 따위로 자살을 기도한 사람이 죽지 않고 몸에 남은 흉터.

其他

蹲む(つくなむ) 쭈그리다. 웅크리다. 무릎을 꿇고 앉다.

죽

竹 6획 대 죽·피리 죽
チク
たけ·たか

音読

竹竿(ちっかん) 죽간. 대나무 장대. *ちっかん·たけざおろも 읽음.
竹簡(ちっかん) 죽간. 종이 대신 사용한 간책(簡冊).
竹工(ちっこう) 죽공. 죽세공. 또, 그 업자.
竹琴(ちっきん) ① 현악기의 하나. ② 목금 모양의 악기.
竹頭木屑(ちくとうぼくせつ) 죽두목설. 대나무 조각과 나무 부스러기. 곧, 하찮은 것·사소한 일도 소홀히 하지 말 것의 비유.
竹輪(ちくわ) 으깬 생선살을 대나무나 금속봉에 동여서, 굽거나 쪄서 만든 음식.
∥~麩(ぶ) 밀가루를 반죽하여 竹輪 모양으로 만들어 찐 음식.
竹林(ちくりん) 죽림. 대나무 숲. *たけばやしろも 읽음.
∥~山水(さんすい) 죽림산수.
~精舍(しょうじゃ)〖佛〗 죽림 정사.
~の七賢(しちけん)〖史〗 죽림칠현.
竹木(ちくぼく) 죽목. 수목과 대나무.
竹帛(ちくはく) 죽백. 책. 특히, 역사책.
竹夫人(ちくふじん) 죽부인.
竹声(ちくせい) 죽성. ① 대피리를 부는 소리. ② 대나무가 바람에 불려 나는 소리.
竹素(ちくそ) 죽소. 서적. 역사. 죽백.
竹葉(ちくよう) ① 죽엽. 댓잎. ② 술.
∥~石(せき) 사문암(蛇紋岩)의 석재명.
~紙(し) 죽엽지. 죽지. 얇게 뜬 고급 안피지.
竹苑(ちくえん) ⇨ 竹園(ちくえん).
竹院(ちくいん) 죽원. 죽림 속에 있는 사원.
竹園(ちくえん) 죽원. ① 대나무를 심은 곳. ② 황족.
竹葦(ちくい) 대나무와 갈대. 많은 것이 뒤섞여 혼잡함.
竹陰(ちくいん) 죽음. 무성한 대나무의 그늘.
竹印(ちくいん) 죽인. 대나무에 새긴 도장.
竹杖(ちくじょう) 죽장. 대나무 지팡이.
竹亭(ちくてい) 죽정. 대나무를 심은 정원에 있는 정자.
竹枝(ちくし) 죽지. ① 대나무의 가지. ② 그 고장 특유의 민속·인심을 읊은 한시.
竹紙(ちくし) 죽지. ① 대나무의 섬유를 원료로 해서 만든 종이. ② 얇은 일본지(紙). ③ 안피지.
竹帙(ちくちつ) 죽질. 가늘게 쪼갠 대로 엮은 서질(書帙).
竹窓(ちくそう) 죽창. 대나무로 격자를 엮어 만든 창.
竹冊(ちくさく) 죽책. 문자를 기록했던 대나무 조각. 죽간(竹簡).
竹柵(ちくさく) 죽책. 대나무로 둘러싼 울타리.
竹酔日(ちくすいじつ) 죽취일. 음력 5월 13일의 일컬음. 대나무를 심는 날. *ちくすいにちろも 읽음.
竹豹(ちくひょう) 죽표. 표범의 모피 반점이 큰 것.

訓読

竹(たけ)〖植〗 대나무. 대.
竹格子(たけごうし) 대로 만든 격자.
竹冠(たけかんむり) 한자 부수의 하나: 대죽머리.
竹光(たけみつ) 죽도. 대칼.
竹群(たけむら) 대숲. 죽림.
竹島(たけしま)〖地〗 우리 나라 독도(獨島)의 일본 이름.
竹簾(たけすだれ) 대발.
竹籠(たけかご) 대바구니.
竹笠(たけがさ) 대삿갓.
竹馬 죽마. 대말.
㊀(ちくば) ① ☞ ㊁. ② (대말 타고 노는) 어린 시절.
∥~の友(とも) 죽마지우. 죽마고우.
竹箆 ㊁(たけべら) 대주걱.
㊀(しっぺい) ①〖佛〗 죽비. ② 집게손가락과 가운뎃손가락으로 상대방의 손목 (부근)을 침. *㊁는 しっぺろも 읽음.
∥~返し(がえし) 같은 방법으로 상대방을 즉각 보복함. 되쏘아 줌. *しっぺがえしろも 읽음.
竹似草(たけにぐさ)〖植〗 양귀비꽃과의 다년초.
竹床几(たけしょうぎ) 대로 만든 간단한 걸상.
竹細工(たけざいく) 죽세공(품).
竹薮(たけやぶ) 대숲. 대밭.
竹矢来(たけやらい) 대나무 바자울. 대울타리.
竹輿(たけごし) 대를 엮어 만든 가마.
竹縁(たけえん) 대나무로 만든 툇마루.
竹屋(たけや) 대나무 가게. 대나무 장수.
竹垣(たけがき) 대(나무) 울타리.
竹の園生(たけのそのう) ① 대(나무) 밭. 죽림. ②〈雅〉 황족(皇族)의 딴이름.
竹の子(たけのこ) 죽순. ♣~飯(めし) 순밥.
∥~生活(せいかつ) (곶감 꼬치에서) 곶감 빼 먹듯하는 생활.
~医者(いしゃ) 애송이(풋내기) 의사.
竹箸(たけばし) 대젓가락.
竹笛(たけぶえ) 가는 대로 만든 피리.
竹切れ(たけきれ) 댓조각.
竹釘(たけくぎ) 죽정. 대못.
竹笊(たけざる) 대로 엮은 소쿠리.
竹串(たけぐし) 대꼬챙이. 대꼬치.
竹槍 ㊀(たけやり) 죽창. 대로 만든 창.
㊁(ちくそう) ☞㊀.

‖ ~蓆旗(せっき) 축창과 거적 깃발. 농민 폭동의 일컬음.
竹簀(たけす) 대(나무) 바자. 대발.
竹籤(たけひご) 대오리.
竹蜻蛉(たけとんぼ) 도르래《장난감의 하나》.
竹叢(たけむら) 대나무 숲. 대밭.
竹帚(たけぼうき) ⇨ 竹箒(たけぼうき).
竹箒(たけぼうき) 대비.
竹の春(たけのはる) 음력 8월의 딴이름.
竹筒(たけづつ) 죽통. (잘라서 마디를 도려낸) 대통.
竹の皮(たけのかわ) ① 죽순 껍질. ② 대나무 줄기의 껍질.
竹戸(たけど) 대를 엮어 만든 출입문.
其他
竹根蛇(ひばかり)【動】대륙율모기.
竹刀(しない) 죽도.
竹柏(なぎ)【植】죽백나무.
竹筏(てっぱい) 죽벌. 대나무를 엮어 만든 타이완(대만)의 떼배.

12 米	粥	죽 죽·팔 육 シュク·イク かゆ·ひさぐ

音読
粥腫(しゅくしゅ)【醫】아테롬(Atherom).
訓読
粥(かゆ) 죽.
粥茶事(かゆちゃじ) 엽차를 달인 물로 쑨 죽. 또, 그것을 먹는 모임.
粥腹(かゆばら) 죽만 먹은 배. 죽만 먹어 힘 「이 없는 배.

22 鬲	鬻	죽 죽·팔 육 シュク·イク かゆ·ひさぐ

参考 粥의 異體字.
訓読
鬻ぐ(ひさぐ)〈雅〉팔다.

준

9 イ 常	俊	준걸 준 シュン すぐれる

音読
俊傑(しゅんけつ) 준걸.
俊童(しゅんどう) 준동. 준수한 아이.
俊邁(しゅんまい) 준매. 재지(才智)가 극히 뛰어남. 또, 그런 사람.
俊髦(しゅんぼう) 준모. 뛰어난 젊은 선비.
俊敏(しゅんびん) 준민. 머리가 예민하고 날렵함.
俊抜(しゅんばつ) 준발. 준수하여 빼어남.
俊爽(しゅんそう) 준상. 인품·풍물 등이 뛰어남.
俊秀(しゅんしゅう) 준수. 준재.
俊彦(しゅんげん) 준언. 준걸.
俊英(しゅんえい) 준영. 준재(俊才).
俊異(しゅんい) 준이. 재능이 뚜렷이 뛰어남. 또, 그 사람. 「그런 사람.
俊逸(しゅんいつ) 준일. 재능이 뛰어남. 또, 수재.
俊才(しゅんさい) 준재. 수재.
俊足(しゅんそく) 준족. ① 걸음이 빠름. 또, 그런 사람. ② 준재.
俊豪(しゅんごう) 준호. 출중한 인물. 준걸.

10 冫 常	准	수준기 준·법도 준 ジュン·ジュ

音読
准(じゅん)《接頭語로》준…. 정식의 다음 차
准ずる(じゅんずる) 준하다. 「례인.
准看(じゅんかん) 准看護婦(じゅんかんごふ)의 준말.
准看護婦(じゅんかんごふ) 보조 간호사.
准教員(じゅんきょういん) (구제(舊制)) 초등 학교의) 준교원. 준교사. 「례.
准例(じゅんれい) 준례(準例). 따라야 할 전
准士官(じゅんしかん) 준사관.
准三宮(じゅんさんごう) 황족·고관(高官)들 중에서 태황태후궁·황태후궁·황후궁의 삼궁에 준하는 대우를 받았던 사람. *じゅんさんぐう로도 읽음. 「う).
准三后(じゅんさんごう) ☞ 准三宮(じゅさんぐ
准摂政(じゅんせっしょう) 준섭정. 섭정에 준하여 정무를 돌봄. 또, 그 사람.
准尉(じゅんい)【軍】준위.
准将(じゅんしょう)【軍】준장. 「관음.
准胝観音(じゅんでいかんのん)【佛】준지
准行(じゅんこう) 준행. 다른 사물을 기준으로 하여 행함.
准后(じゅんごう) ☞ 准三宮(じゅさんぐう).

10 山 人	峻	높을 준·엄할 준 シュン きびしい·けわしい

音読
峻刻(しゅんこく) 준각. 준혹(峻酷).
峻拒(しゅんきょ) 준거. 준엄하게 거절함.
峻厲(しゅんれい) 준려. 성질이 엄하고 격
峻嶺(しゅんれい) 준령. 「함.
峻路(しゅんろ) 준로. 험(준)한 길.
峻抜(しゅんばつ) 준발. ① 산 같은 것이 험하게 우뚝 솟음. ② 남보다 뛰어나게 훌륭함.
峻別(しゅんべつ) 준별. 엄격히 구별함.
峻峰(しゅんぽう) 준봉. 험준한 산봉우리.
峯(しゅんぽう) ⇨ 峻峰(しゅんぽう).
峻岳(しゅんがく) 준악. 높고 험한 산.
峻厳(しゅんげん) 준엄.

峻烈(しゅんれつ) 준열.　　　「모양.
峻峭(しゅんしょう) 준초. 산 따위가 험준한
峻坂(しゅんぱん) 준판. 아주 가파른 언덕.
峻下剤(しゅんげざい)〖藥〗(완하제에 대해)
峻険(しゅんけん) 준험. 험준.　　「준하제.
峻嶮(しゅんけん) ⇨ 峻険(しゅんけん).
峻酷(しゅんこく) 준혹. 매우 혹독하여 인정
이 없음.

10 氵 浚

칠 준
シュン
さらう

音読
浚渫(しゅんせつ) 준설. ♣〜機(き) 준설
기/〜船(せん) 준설선.
訓読
浚う(さらう) (우물·못·도랑 따위를) 쳐내
다. 준설하다.
浚える(さらえる) ☞ 浚う(さらう).

10 隹入 隼

송골매 준
ジュン・シュン
はやぶさ・はや

訓読
隼(はやぶさ)〖鳥〗매.
其他
隼人(はやと) 옛날 九州(きゅうしゅう) 남부
의 薩摩(さつま)·大隅(おおすみ)에 살던 종
족. *はいと·はやひとろ도 읽음.

11 辶 逡

뒷걸음질칠 준
シュン
ためらう・しりぞく

音読
逡巡(しゅんじゅん) 준순. 망설임.

12 皮 皴

틀 준·주름 준
シュン
しわ・ひび

音読
皴法(しゅんぽう) 준법. (산수화에서) 산·
벼랑·바위 따위의 굴곡된 모양을 입체적으로
그리는 화법.
訓読
皴(しわ) ① 주름. 구김살. ② 파문.

12 立入 竣

마칠 준·끝낼 준
シュン
おわる

音読
竣工(しゅんこう) 준공. 낙성.
竣功(しゅんこう) ⇨ 竣工(しゅんこう).
竣成(しゅんせい) 준성. 준공.

13 氵教 準

법도 준·비길 준
ジュン
なぞらえる

音読
準(じゅん) ① 수준기(水準器). ②《接頭語
로》준….
準じる(じゅんじる) 준하다.
準ずる(じゅんずる) 준하다.　　「간죄.
準強姦罪(じゅんごうかんざい)〖法〗준강
準強盗(じゅんごうとう)〖法〗준강도.
準拠(じゅんきょ) 준거. ♣〜法(ほう) 준거
‖〜集団(しゅうだん) 준거 집단.　「법.
準決勝(じゅんけっしょう) 준결승.
準公共財(じゅんこうきょうざい) 준공공
재. 사재(私財)와 공공재의 중간적인 재(財).
準共有(じゅんきょうゆう)〖法〗준공유.
準教員(じゅんきょういん) (구제(舊制)) 초
등 학교의 준교원. 준교사.
準規(じゅんき) 준규. 준칙.
準禁治産(じゅんきんじさん)〖法〗준금치
산. 한정 치산. *じゅんきんちさん으로도 읽
음. ♣〜者(しゃ) 한정 치산자.
準急(じゅんきゅう) 준급. '準急行(じゅん
きゅうこう) 列車(れっしゃ)(=준급행 열차)'
의 준말.
準起訴手続(じゅんきそてつづき)〖法〗준
기소 절차.
準内地米(じゅんないちまい) 품질·가격 등
이 일본산 쌀과 비슷한 수입미.　　「례.
準例(じゅんれい) 준례. 표준이 될 만한 관
準盲(じゅんもう) 준맹. 아주 심한 약시.
準文書(じゅんぶんしょ)〖法〗준문서.
準物権(じゅんぶっけん)〖法〗준물권.
準法(じゅんぽう) 준법. 법률이나 규칙에 좇
아 따름.　　　　　　　　　　「따위).
準宝石(じゅんほうせき) 준보석(수정·마노
準不燃材料(じゅんふねんざいりょう) 준
불연 재료(불연 재료에 준하는 석고 보드 따
위).　　　　　　　　　　　　　「금
準備(じゅんび) 준비. ♣〜金(きん) 준비
‖〜書面(しょめん)〖法〗(민사 소송에서)
준비 서면.
　〜手続(てつづき)〖法〗준비 절차.
　〜預金制度(よきんせいど) 준비 예금 제도
(1957 년, 일본에서 시행된 지금 준비 제도).
　〜運動(うんどう) 준비 운동.
　〜通貨(つうか)〖經〗준비 통화.
準線(じゅんせん)〖數〗준선.
準星(じゅんせい)〖天〗준성. 성운(星雲)의
폭발로 생겼다고 생각되는 별.
準縄(じゅんじょう) 준승. 규칙. 표준.
準安定(じゅんあんてい)〖化〗준안정.
準用(じゅんよう) 준용.
‖〜河川(かせん) 준용 하천.
準委任(じゅんいにん)〖法〗준위임.
準率(じゅんりつ) 준율. 준거해야 할 비율.

準擬(じゅんぎ) 준의. 어느 기준을 따름.
準粒子(じゅんりゅうし)〖理〗준입자.
準的(じゅんてき) 준적. 목표. 표준.
準戦体制(じゅんせんたいせい) 준전시 체제. 전쟁 때에 준하는 체제.
準占有(じゅんせんゆう)〖法〗준점유.
準正(じゅんせい)〖法〗준정. 「승.
準準決勝(じゅんじゅんけっしょう) 준준결
準地代(じゅんちだい)〖經〗준지대.
準体言(じゅんたいげん)〖文法〗준체언. 체언이 아니면서 체언과 같은 구실을 하는 것.
準体助詞(じゅんたいじょし)〖文法〗여러 가지 말이나 구에 붙어, 전체를 체언과 같은 작용을 하게 하는 조사.
準則(じゅんそく) 준칙.
∥〜主義(しゅぎ) 준칙주의.
準平原(じゅんぺいげん)〖地〗준평원.
準学士(じゅんがくし) 준학사. 단기 대학・고등 전문 학교 졸업생에게 주는 학위.
準抗告(じゅんこうこく)〖法〗준항고.
準行(じゅんこう) 준행. 다른 사물을 기준으로 하여 행함.
準現行犯(じゅんげんこうはん)〖法〗준현행범.
準貨幣(じゅんかへい)〖經〗준화폐. 준통 「화.
訓読
準える(なぞらえる) ① 비교해 보다. 비기다. ② 본뜨다.

| 14 イ | 儁 | 준걸 준
シュン |

参考 俊의 異體字.

音読
儁異(しゅんい) 준이. 영특하고 특이함.

| 15 口 | 噂 | 이야기할 준
ソン
うわさ |

訓読
噂(うわさ) ① 어떤 사람이나 일에 대한 말. ② 세간의 평판. 소문.
噂の主(うわさのぬし) 소문의 주인공.
噂話(うわさばなし) 소문(에 오른 이야기). 세상 이야기.

| 15 ⻍ 常 | 遵(遵) | 좇을 준
ジュン
したがう |

音読
遵法(じゅんぽう) 준법.
∥〜闘争(とうそう) 준법 투쟁.
遵奉(じゅんぽう) 준봉. 따르고 지킴.
遵守(じゅんしゅ) 준수.
遵用(じゅんよう) 준용. (그대로) 좇아 씀.
遵従(じゅんじゅう) 순종(順從).
遵行(じゅんこう) 준행. 관례・명령 등을 좇아서 행함.

| 16 木 | 樽 | 술그릇 준
ソン
たる |

音読
樽俎(そんそ) 준조. (술과 요리를 벌여 놓은) 연회석상.
∥〜折衝(せっしょう) 준조절충. 연회석상에서 담소리(談笑裡)에 행하는 교섭.

訓読
樽(たる) (술・간장 따위를 담아 두는 크고 둥근) 나무통. *そんでも 읽음.
樽鏡(たるかがみ) 술통의 뚜껑.
樽代(たるだい) 술 대신에 보내는 돈《납폐・이사 때의 경우》.
樽抜き(たるぬき) ① 통의 뚜껑을 뜯음. ② 빈 술통 안에다 땡감을 우림. 또, 그 감.
樽拾い(たるひろい) 거래처의 빈 술통을 거두러 다니는 사람. 술집 심부름꾼.
樽柿(たるがき) 빈 술통에 넣어 침담근 감.
樽神輿(たるみこし) ⇨ 樽御輿(たるみこし)
樽御輿(たるみこし) 빈 통으로 만든 요여(腰輿). 제례 때에 아이들이 멤.
樽入り(たるいり) 나무통에 들어 있음. 또, 그것. 통들이.
樽酒(たるざけ) 나무통에 담아 둔 술. *そんしゅ로도 읽음.
樽丸(たるまる) 술통용의 목재《삼나무》.

| 17 馬 人 | 駿 | 준마 준
シュン
すぐれる |

音読
駿(しゅん) 특히 뛰어난 재능(의 소유자).
駿骨(しゅんこつ) 준골. 준마(駿馬)의 뼈. 전하여, 현재(賢才)를 비유해서 말함.
駿良(しゅんりょう) 준량. 뛰어나게 좋음.
駿馬(しゅんめ) 준마. *しゅんめ로도 읽음.
駿逸(しゅんいつ) 준일. 아주 빠른 말.
駿才(しゅんさい) 준재. 수재.
駿足(しゅんそく) 준족. ① 준마. ② 발이 빠름. 또, 그런 사람.
駿刑(しゅんけい) 준형. 혹독한 형벌.

其他
駿豆(すんず) 駿河(するが) 지방과 伊豆(いず) 지방. 지금의 静岡(しずおか) 현의 동쪽 반.
駿府(すんぷ) 江戸(えど) 시대의, 駿河(するが)의 '国府(こくふ)(=지방 관청 소재지)' 지금의 静岡(しずおか)시.
駿州(すんしゅう) ☞ 駿河(するが).
駿河(するが)〖地〗옛 지방 이름. 지금의 静岡(しずおか) 현 중앙부.

19 足	蹲	쭈그릴 준 ソン うずくまる・つくばい・つくばう

[音読]
蹲居(そんきょ) ⇨ 蹲踞(そんきょ).
蹲踞(そんきょ) 준거. ①웅크림. 쭈그림. ② (일본 씨름에서) 허리를 펴고 무릎을 벌리고 웅크려 앉은 자세. *そんこ로도 읽음.
[訓読]
蹲る(うずくまる) 웅크리다.
❖蹲う(つくばう) 웅크리다. 쭈그리다.
蹲い(つくばい) ①웅크림. ② 다실(茶室) 입구 가까이에 설치한 손씻는 물그릇. 또, 그것을 설치해 놓은 곳.
[其他]
蹲む(つくなむ) 쭈그리다. 웅크리다. 무릎을 꿇고 앉다.

21 虫	蠢	꿈틀거릴 준 シュン うごめく

[音読]
蠢動(しゅんどう) 준동.
蠢愚(しゅんぐ) 준우. 아주 무지(無知)하고 어리석음.　　　　　　　　　　　「임.
蠢爾(しゅんじ) 준이. 벌레가 움찔움찔 움직
[訓読]
蠢かす(うごめかす) 꿈틀거리게 하다. 벌름거리다.　　　　　　　　　　　　　　「동하다.
蠢く(うごめく) 꿈실거리다. 꿈틀거리다. 준
蠢蠢(うごうご) 준준. ①벌레가 움직이는 모양. *しゅんしゅん으로도 읽음. ②무지해서 사리를 판별하지 못하는 자의 움직임.

23 魚	鱒	송어 준 ソン ます

[訓読]
鱒(ます) 〖魚〗 송어.
鱒の介(ますのすけ) 〖魚〗 연어과(科)에서 가장 큰 물고기.

줄

11 口	啐	지껄일 줄 ソツ・サイ

[音読]
啐啄(そったく) 줄탁. ①참선(參禪) 과정에서, 스승과 수행자의 호흡이 일치하는 일. ②놓치면 다시 얻기 어려운 좋은 시기.

중

4 丨 教	中	가운데 중 チュウ なか・うち・あたる・あてる

[音読]
中とろ(ちゅうとろ) 참치 살에서 지방질이 알맞게 있는 부분.
中ぶらりん(ちゅうぶらりん) ①어중간함. 이도 저도 아님. ②공중에 매달린 모양.
中刻(ちゅうこく) 중각. 일각.
中間 ㊀(ちゅうかん). ♣~圏(けん) 중간권 / ~部(ぶ) 중간부 / ~色(しょく) 중간색 / ~子(し) 〖理〗중간자 / ~財(ざい) 중간재 / ~的(てき) 중간적.
‖~階級(かいきゅう) 중간 계급.
 ~管理職(かんりしょく) 중간 관리직.
 ~技術(ぎじゅつ) 〖社〗중간 기술.
 ~読み物(よみもの) 중간 독서물. 종합 잡지에서, 가벼운 읽을거리.
 ~配当(はいとう) 〖經〗중간 배당.
 ~法人(ほうじん) 중간 법인.
 ~報告(ほうこく) 중간 보고.
 ~生成物(せいせいぶつ) 〖化〗중간 생성.
 ~選挙(せんきょ) 〖政〗중간 선거. 「통
 ~小説(しょうせつ) 〖文〗중간 소설. 반속적(半通俗的) 소설.
 ~宿主(しゅくしゅ) 〖生〗중간 숙주.
 ~遺伝(いでん) 〖生〗중간 유전.
 ~雑種(ざっしゅ) 〖生〗중간 잡종.
 ~周波数(しゅうはすう) 〖理〗중간 주파 「수.
 ~搾取(さくしゅ) 중간 착취.
 ~判決(はんけつ) 〖法〗중간 판결.
 ㊁(ちゅうげん) 무가(武家)의 하인.
中甲板(ちゅうかんぱん) 중갑판.
中開き(ちゅうびらき) 반쯤 열림.
中概念(ちゅうがいねん) 〖論〗중개념.
中距離(ちゅうきょり) 중거리.
‖~競走(きょうそう) 중거리 경주. 「력.
 ~核戦力(かくせんりょく) 중거리 핵전
中堅(ちゅうけん) 중견. ①중심 인물. ② 〖野〗중견수.　　　　　　「의 딴이름.
中京(ちゅうきょう) 〖地〗名古屋(なごや)
中耕(ちゅうこう) 〖農〗중경. 사이갈이.
中啓(ちゅうけい) 의식 때 쓰이는 부채.
中継(ちゅうけい) 중계. ♣~局(きょく) 중계국 / ~港(こう) 중계항.
‖~貿易(ぼうえき) 중계 무역.
 ~放送(ほうそう) 중계 방송.
中古(ちゅうこ) 중고. *ちゅうぶる로도 읽음. ②중고 시대. 시대 구분의 하나. ♣~車(しゃ) 중고차 / ~品(ひん) 중고품.
中高年(ちゅうこうねん) 중년과 노년.
中高層(ちゅうこうそう) 중고층. 중층과 고

층. 건물에서 4·5층 이상의 것.
中共(ちゅうきょう) 중공. 中国共産党(ちゅうごくきょうさんとう)의 준말.
中空 ㊀(ちゅうくう) 중공. ①중천. ②텅 비어 있음. 공허.
㊁(なかぞら) ① ☞㊀①. ②허공에 떠 있
中果皮(ちゅうかひ) 〖植〗중과피.
中観(ちゅうがん) 〖佛〗(천태종의) 중관.
中括り(ちゅうくくり) ①보통으로 묶음. ②대충 계산함. ③적당히 다룸.
中教審(ちゅうきょうしん) '中央教育(ちゅうおうきょういく)審議会(しんぎかい)(=중앙 교육 심의회)'의 준말.
中欧(ちゅうおう) 〖地〗중구. 중부 유럽.
中薹(ちゅうこう) 중구. 침실 안. 규중.
中国(ちゅうごく) ①나라의 중앙부. ②일본의 山陰(さんいん)·山陽(さんよう) 지방. 중국. ♣~語(ご) 중국어 / ~酒(しゅ) 중국 술 / ~茶(ちゃ) 중국 차.
‖~共産党(きょうさんとう) 중국 공산당.
~野菜(やさい) 중국 원산, 혹은 중국에서 개량된 야채의 총칭.
~料理(りょうり) 중국 요리.
~将棋(しょうぎ) 중국식 장기.
~地方(ちほう) (일본의) 中国 지방.
~春蘭(しゅんらん) 원산지가 중국인 동양란의 하나.
中軍(ちゅうぐん) 중군. 중앙에 위치하는 군
中宮(ちゅうぐう) 중궁. ①황후의 거처. ②황후와 동격인 후비.
‖~職(しき) 옛날, 中務省(なかつかさしょう)에 소속되어 中宮의 일을 관장하던 관청·관직.
中根(ちゅうこん) 〖佛〗중근.
中近東(ちゅうきんとう) 〖地〗중근동.
中級(ちゅうきゅう) 중급.
中気(ちゅうき) 중기. ①〖漢醫〗중풍. ②동지에서 다음 동지까지를 12 등분한 각 구분 점.
中期(ちゅうき) ①중기. ② ☞中限(ちゅうぎり).
‖~国債(こくさい) 중기 국채.
中基審(ちゅうきしん) '中央(ちゅうおう)労働基準(ろうどうきじゅん)審議会(しんぎかい)(=중앙 노동 기준 심의회)'의 준말.
中男(ちゅうなん) 중남. 둘째 아들. 차남.
中納言(ちゅうなごん) 옛날 벼슬의 하나. 太政官(だじょうかん)의 차관.
中女(ちゅうおんな) 20세 전후의 여자.
中年(ちゅうねん) 중년. 장년. ♣~層(そう) 중년층.
中年増(ちゅうどしま) 20세부터 28, 9세까지의 여성.
中農(ちゅうのう) 중농.
中脳(ちゅうのう) 〖生〗중뇌.
中段(ちゅうだん) 중단.
中断(ちゅうだん) 중단.
中短波(ちゅうたんぱ) 〖理〗중단파.
中堂(ちゅうどう) 중당. ①옛 중국에서, 재상이 정사를 보던 곳. ②천태종에서, 본존을 안치한 본당.

中唐(ちゅうとう) 중당. 중국 문학사상, 당대(唐代)를 4분한 제3기.
中隊(ちゅうたい) 〖軍〗중대.
中図(ちゅうと) 생각대로 됨.
中途(ちゅうと) 중도.
‖~半端(はんぱ) 중동무이.
~失聴者(しっちょうしゃ) 성인이 되어 병이나 사고로 듣지 못하게 된 사람.
中道(ちゅうどう) 중도. ①㉠길 가운데. 중도(中途). ㉡중용. ②富士(ふじ) 산 중복(中腹)을 도는 수행자의 길.
‖~政治(せいじ) 중도 정치.
中毒(ちゅうどく) 중독. ♣~疹(しん) 〖醫〗중독진.
‖~量(りょう) 중독량. 중독 증상을 일으키게 되는 약물의 최소량.
中東(ちゅうとう) 〖地〗중동.
‖~戦争(せんそう) 중동 전쟁.
中童子(ちゅうどうじ) 절에서 승려가 되려고 수행하는 12~13세의 소년.
中等(ちゅうとう) 중등.
‖~教育(きょういく) 중등 교육.
~学校(がっこう) 중등 학교.
中﨟(ちゅうろう) ①궁중의 여관으로 上﨟(じょうろう)의 아래, 下﨟(げろう)의 위. ②江戸幕府(えどばくふ)의 시녀. 또, 영주의 시녀.
中略(ちゅうりゃく) 중략.
中量(ちゅうりょう) 중량. 중간 규모의 양.
中呂(ちゅうりょ) 중려(仲呂). ①〖樂〗중국 음악의 12 율(律)의 하나. ②음력 4월의 딴이름. *ちゅうろ로도 읽음.
中力粉(ちゅうりきこ) 중력분. 중질 밀에서 얻는 밀가루.
中老(ちゅうろう) ①중로. 중노인. ②무가의 중신으로서 家老(かろう) 다음 가는 사람.
中労委(ちゅうろうい) '中央(ちゅうおう)労働委員会(ろうどういいんかい)'의 준말.
中流(ちゅうりゅう) 중류.
中肋(ちゅうろく) 〖植〗중륵(맥).
中立(ちゅうりつ) 중립. ♣~国(こく) 중립국 / ~的(てき) 중립적 / ~派(は) 중립파.
‖~労連(ろうれん) '中立労働組合(ちゅうりつろうどうくみあい)連絡会議(れんらくかいぎ)(=중립 노동 조합 연락 회의)'의 준말.
~法規(ほうき) 중립 법규.
~主義(しゅぎ) 중립주의.
~地帯(ちたい) 중립 지대.
中媒(ちゅうばい) 중매. 중개.
中の舞(ちゅうのまい) ①能(のう)에서 추는 춤의 하나. ②반주 음악의 하나.
中門(ちゅうもん) ①절·신사 따위의 누문과 拝殿(はいでん) 사이에 있는 문. ②궁궐의 바깥문과 침전 사이에 있는 문.
中米(ちゅうべい) 〖地〗중미. '中央(ちゅうおう)アメリカ(=중앙 아메리카)'의 준말. ②중국과 미국.
中飯(ちゅうはん) 점심. 「전.
中盤(ちゅうばん) 중반. ♣~戦(せん) 중반

中背(ちゅうぜい) 중키.
中輩(ちゅうはい) 신분이 중간 정도인 사람.
中胚葉(ちゅうはいよう)〖生〗중배엽.
中伏(ちゅうふく) 중복. 3복의 하나.
中腹(ちゅうふく) 중복. 산 중턱.
中っ腹(ちゅうっぱら) 화가 치밂.
中部(ちゅうぶ) 중부.
‖～地方(ちほう) ① 중부 지방. ② (일본에서) 本州(ほんしゅう) 중앙부의 지방.
中浮け(ちゅううけ) 부채의 하나《접었을 때 상단이 약간 벌어짐》.
中分(ちゅうぶん) 중분. ① 반으로 나눔. ② 동등하게 다룸. ③ 중재함. ④ 중류 계급.
中飛(ちゅうひ)〖野〗중비. 센터 플라이.
中使(ちゅうし) 중사. 칙사(勅使).
中山間地域(ちゅうさんかんちいき) 중산간 지역.
中産階級(ちゅうさんかいきゅう) 중산 계급.
中山陵(ちゅうざんりょう)〖地〗중산릉. 중국, 손문(孫文)의 능묘.
中傷(ちゅうしょう) 중상.
中生界(ちゅうせいかい)〖地〗중생계.
中生代(ちゅうせいだい)〖地〗중생대.
中生動物(ちゅうせいどうぶつ)〖動〗중생 동물.
中生植物(ちゅうせいしょくぶつ)〖植〗중생 식물.
中書(ちゅうしょ) 중서. 중국 한대의 관명. 조정의 문서 따위를 관장함.
‖～省(しょう) 중서성. 옛 중국의 중앙 관청.
中暑(ちゅうしょ)〖漢醫〗중서.
中石器時代(ちゅうせっきじだい)〖史〗중석기 시대.
中線(ちゅうせん)〖數〗중선.
中選挙区(ちゅうせんきょく) 중선거구.
中性(ちゅうせい) 중성. ♣～岩(がん)〖地〗중성암 /～塩(えん) 중성염 /～紙(し) 중성지 /～花(か)〖植〗중성화.
‖～微子(びし)〖理〗중성 미자.
～洗剤(せんざい) 중성 세제.
～子(し)〖理〗중성자. ♣～爆弾(ばくだん) 중성자 폭탄.
～脂肪(しぼう) 중성 지방.
中世(ちゅうせい) 중세.
‖～都市(とし) 중세 도시.
～文学(ぶんがく) 중세 문학.
中細 ㊀(ちゅうぼそ) (털실 등의) 중 정도의 굵기.
㊁(なかぼそ) 중앙이 가느다람. 또, 그런 것.
中小(ちゅうしょう) 중소.
‖～企業(きぎょう) 중소 기업.
中宵(ちゅうしょう) 중소. 한밤중. 야반.
中霄(ちゅうしょう) 중소. 중천.
中小姓(ちゅうごしょう) 江戸(えど) 시대의 하급 무사의 일컬음.
中寿(ちゅうじゅ) 중수. 장수를 3단계로 나눈 중간으로, 80세.
中水道(ちゅうすいどう) 중수도. 하수 처리 한 물을 음료용 이외의 물로 쓰는 수도.

中旬(ちゅうじゅん) 중순.
中習者(ちゅうしゅうしゃ) (미용사) 실습생.
中食(ちゅうしょく) 점심. ＊老人語로는 ちゅうじきらごも 함.
中腎(ちゅうじん)〖生〗중신.
中新世(ちゅうしんせい)〖地〗중신세. マイオセ(世).
中心 ㊀(ちゅうしん) 중심. ♣～街(がい) 중심가 /～角(かく)〖數〗중심각 /～線(せん)〖數〗중심선 /～的(てき) 중심적 /～点(てん) 중심점 /～柱(ちゅう)〖植〗중심주 /～地(ち) 중심지 /～体(たい)〖生〗중심체.
‖～示度(しど)〖氣〗중심 시도.
～人物(じんぶつ) 중심 인물.
㊁(なかご) (칼의) 슴베.
中押し(ちゅうおし) (바둑에서) 불계(不計). ＊なかおし로도 읽음.
中央(ちゅうおう) 중앙. ♣～紙(し) 중앙지 /～値(ち)〖數〗중앙값.
‖～官制(かんせい) 중앙 관제.
～官庁(かんちょう) 중앙 관청.
～機関(きかん) 중앙 기관.
～労動委員会(ろうどういいんかい) 중앙 노동 위원회.
～放送局(ほうそうきょく) 중앙 방송국.
～分離帯(ぶんりたい) 중앙 분리대.
～卸売市場(おろしうりしじょう) 중앙 도매 시장.
～委員会(いいんかい)〖政〗중앙 위원회.
～銀行(ぎんこう) 중앙 은행.
～集権(しゅうけん) 중앙 집권.
～処理装置(しょりそうち) (컴퓨터의) 중앙 처리 장치.
～標準時(ひょうじゅんじ) 중앙 표준시.
～火口丘(かこうきゅう)〖地〗중앙 화구구. 칼데라.
～環境審議会(かんきょうしんぎかい) 중앙 환경 심의회.
中夜(ちゅうや) 중야. ①〖佛〗한밤중. ② '冬至(とうじ)(＝동지)'의 딴이름.
中言(ちゅうげん) ① 남의 이야기에 끼어듦. ＊なかごと로도 읽음.
中葉(ちゅうよう) ① 중엽. 중간쯤. ② 중간 두께의 鳥の子紙(とりのこがみ).
中浣(ちゅうかん) 중완. 한달의 중간 열흘 간.
中外(ちゅうがい) 중외. ① 안팎. ② 국내외.
中腰(ちゅうごし) 엉거주춤한 자세.
中庸(ちゅうよう) 중용. ① 중도를 지킴. ② 평범함. ③ 사서(四書)의 하나.
中元(ちゅうげん) 중원. 음력 7월 15일. 백중날. 백중 때의 선물.
中原(ちゅうげん) 중원. ① 넓은 들의 중앙. ② 고대 중국 문화가 성했던 황하 중류 지역.
中院(ちゅういん) 상황(上皇)이 동시에 3명 있을 때, 두 번째 사람.
中位 ㊀(ちゅうい) ① 중위. 중간 정도. ② 한가운데의 위치.

㊂(ちゅうぐらい) ① ☞㊀①. ②〈信州方〉허름함. 변변찮음. ＊ちゅうくらいろとも います.
中尉(ちゅうい)〖軍〗중위.
中衛(ちゅうえい) (9인제 배구 등에서) 중위.
中緯度高圧帯(ちゅういどこうあつたい)〖氣〗중위도 고압대.
中有(ちゅうう)〖佛〗중유.
中肉(ちゅうにく) ① 알맞게 살이 찜. ② 중치〔중간치〕고기. 「점.
∥～中背(ちゅうぜい) 중키에 살이 알맞게
中音(ちゅうおん) ① 중음. ②〖樂〗가운음(音). 알토. 또, 테너.
中陰(ちゅういん)〖佛〗중음. ① ☞中有(ちゅうう)② 칠칠일. 49일. 「식.
中儀(ちゅうぎ) 중의. 조정의 중간 규모 의
中医学(ちゅういがく) 중의학. 현대 중국에서 행해지고 있는 전통 의학.
中医協(ちゅういきょう)'中央社会保険(ちゅうおうしゃかいほけん)医療協議会(いりょうきょうぎかい)(＝중앙 사회 보험 의료 협의회)'의 약칭.
中耳(ちゅうじ)〖生〗중이. ♣～炎(えん) 중이염.
中二階(ちゅうにかい) 중2층. 보통 2층보다 낮은 2층. 또, 1층과 2층 중간에 만든 방.
中人 ㊀(ちゅうにん) (목욕탕 등에서) 대인과 소인의 중간. 초등 학생·중학생.
㊁(ちゅうじん) 중인. 재능·능력·생활 수준 따위가 중간 정도인 사람.
中印(ちゅういん) 중인. 중국과 인도.
中日 ㊀(ちゅうにち) ① 중일. 중국과 일본. ②'中部日本(ちゅうぶにっぽん)(＝중부 일본)'의 준말.
㊁(なかび) ① 일정 기간의 중간인 날. ②(씨름·연극 등의) 흥행 기간의 중간인 날.
中子 ㊀(ちゅうし) 중자. 세 아들 중, 둘째.
㊁(なかご) ① 중심. 내부. ② (칼의) 슴베. ③ 과실 내부의 연한 부분. ④ 포개어 끼게 만든 기물(器物)의 안으로 들어가는 것.
中雀門(ちゅうじゃくもん) 성안 또는 무가 저택의 내부에 설치된 문.
中将(ちゅうじょう) ①(육해공군의) 중장. ②옛날 近衛府(このえふ)의 차관.
中腸(ちゅうちょう)〖生〗중장.
中長期預金(ちゅうちょうきよきん) 중장기 예금.
中裁ち(ちゅうだち) 일본옷의 바느질에서 15, 6세의 아이가 입게 마름. 또, 그 옷.
中積もり(ちゅうづもり) 대충 계산함.
中伝(ちゅうでん) 수업·수도의 중간 단계에서 가르쳐 주는 전수.
中殿(ちゅうでん) 清涼殿(せいりょうでん)의 딴이름.
中絶(ちゅうぜつ) 중절. 중단.
中点(ちゅうてん)〖數〗중점.
∥～連結定理(れんけつていり)〖數〗중점 연결 정리.
㊁(なかてん) ☞中黒(なかぐろ).

中正(ちゅうせい) 중정. 한쪽에 치우치지 않고 바름. 또, 그 모양.
中情(ちゅうじょう) 중정. 마음속. 내심.
中朝(ちゅうちょう) 중조. ① 조정. ② 중국. ③중세.
中尊(ちゅうそん)〖佛〗중앙에 앉은 존상(尊像). ＊ちゅうぞん으로도 읽음.
中卒(ちゅうそつ) 중졸. 中学卒業(ちゅうがくそつぎょう)의 준말.
中宗(ちゅうそう) 나라를 중흥시킨 군주.
中佐(ちゅうさ)〖軍〗중좌. 구일본군 계급의 하나《중령에 해당함》.
中座(ちゅうざ) 도중에서 자리를 뜸.
㊁(なかざ) ① 자리의 중앙. 중앙에 있는 자리. ② ☞㊀.
中酒(ちゅうしゅ) 중주. 식사 때 마시는 술.
中支(ちゅうし)〖地〗중지. 중국 중부 지방. 화중(華中).
中止(ちゅうし) 중지. ♣～犯(はん)〖法〗중지범 /～法(ほう)〖文法〗중지법 /～形(けい) 중지형.
∥～未遂(みすい)〖法〗중지 미수.
中地震(ちゅうじしん) 중지진. 중간 정도 크기의 지진.
中震(ちゅうしん)〖地〗중진.
中進国(ちゅうしんこく) 중진국.
中振袖(ちゅうふりそで) 중 정도 길이의 振袖(ふりそで)《약 75cm~1m 정도》.
中執(ちゅうしつ)'中央執行委員会(ちゅうおうしっこういいんかい)(＝중앙 집행 위원회)'의 준말. 「창.
中窓(ちゅうまど) 중간 정도의 높이에 있는
中天(ちゅうてん) 중천. 「계.
中千世界(ちゅうせんせかい)〖佛〗중천세
中枢(ちゅうすう) 중추. 가장 중요한 부분.
∥～神経(しんけい)〖生〗중추 신경.
中秋(ちゅうしゅう) 중추. 음력 8월 15일.
中軸(ちゅうじく) 중축. 사물의 중심.
中層(ちゅうそう) 중층. ① 상층과 하층 사이. 가운데층. ②〖建〗4·5층 정도의 높이.
∥～雲(うん)〖氣〗중층운.
中称(ちゅうしょう)〖文法〗중칭.
中太り(ちゅうぶとり) 약간 뚱뚱함.
中退(ちゅうたい) 중퇴. '中途退学(ちゅうとたいがく)(＝중도 퇴학)'의 준말.
中闘(ちゅうとう)'中央闘争(ちゅうおうとうそう)委員会(いいんかい)(＝중앙 투쟁 위원회)'의 준말.
中波(ちゅうは)〖理〗중파.
中破(ちゅうは) 중파. 반쯤 부서짐.
中婆(ちゅうばば) 중년 부인.
中編(ちゅうへん) ① 장편과 단편의 중간 정도 분량의 것. ② 3편 중의 중간 편.
∥～小説(しょうせつ) 중편 소설.
中廃(ちゅうはい) 도중에 그만둠.
中幅(ちゅうはば) 중폭. 피륙 나비의 대폭과 소폭의 중간 폭. 「요.
中杓鷸(ちゅうしゃくしぎ)〖鳥〗중부리도

中品(ちゅうぼん)〖佛〗중품.
中風(ちゅうふう)〖漢爰〗중풍. ＊ちゅうふう・ちゅうぶうろ로도 읽음.
中夏(ちゅうか) 중하. ①여름의 중간. 성하. ②중화(中華). ③수도.
中学(ちゅうがく) 중학. 中学校(ちゅうがっこう)의 준말. ♣~生(せい) 중학생.
中学校(ちゅうがっこう) 중학교.
中学区(ちゅうがっく) 중학구. 대학구와 소학구의 중간 규모 학구.
中学年(ちゅうがくねん) 중학년. 고·저학년의 중간 학년.
中限(ちゅうぎり)〖經〗중한. ＊なかぎり로도 읽음.
中澣(ちゅうかん) ⇨ 中浣(ちゅうかん)
中項(ちゅうこう) 중항. ①〖數〗내항. ②〖論〗중개념.
中核(ちゅうかく) 중핵. 중심. 핵심.
中形(ちゅうがた) ①중형. ②중간형의 무늬 이름.
中型(ちゅうがた) 중형. 형태·규모가 중간 정도임. ♣~株(かぶ)〖經〗중형주.
中火(ちゅうび) 뭉근한 불과 괄한 불 중간 불. 「도의 센 불.
中和(ちゅうわ) ①〖化〗중화. ②중화. 치우침이 없이 올바르고 온화함. ♣~熱(ねつ)〖化〗중화열.
∥~滴定(てきてい)〖化〗중화 적정. 산또는 염기 용액의 농도를 알기 위해 행하는 적정.
~指示薬(しじやく) 중화 지시약.
~抗体(こうたい)〖醫〗중화 항체.
中華(ちゅうか) 중화.
∥~鍋(なべ) 중국 요리용 냄비.
~蕎麦(そば)〖料〗중국식 蕎麦(そば)의 총칭.
~饅頭(まんじゅう)〖料〗중국식 만두.
~民国(みんこく) 중화 민국.
~料理(りょうり) 중국 요리.
~人民共和国(じんみんきょうわこく) 중화 인민 공화국. 중국.
~全国総工会(ぜんこくそうこうかい) 중화 전국 총공회. 중국 노동 조합의 최고 지도 기관.
中環審(ちゅうかんしん) '中央(ちゅうおう)環境審議会(かんきょうしんぎかい)(=중앙 환경 심의회)'의 준말.
中黄(ちゅうおう) 중황. 황색.
中興(ちゅうこう) 중흥.

🔲訓読🔲
中 ㊀(なか) ①가운데. 중. 안. 속. 사이. 틈. ②중간. ③중순.
㊁(ちゅう) 중. ①☞㊀. ②중간 정도의 크기. ③중용(中庸). ④《接尾語로》… 중. ㉠㊁의 뜻. ㉡도중. ㉢과녁에 맞춤. ⑤中国(ちゅうごく)의 준말. ⑥中学校(ちゅうがっこう)의 준말.
㊂(じゅう)〈老〉동안. ②《接尾語로》… ㉠어떤 범위의 안의 뜻. ㉡…동안.
中でも(なかでも) 그 중에서도. 특히.
中には(なかには) 그 중에는.
中にも(なかにも)〈老〉그 중에서도. 특히.

中の間(なかのま) 가운데 방. 집 중앙에 있는 방. 안방과 현관 등의 중간에 있는 방.
中蓋(なかぶた) 이중 뚜껑의 안쪽 뚜껑.
中隔て(なかへだて) 사이를 가르고 있는 것. 중간을 막고 있는 것.
中結い(なかゆい) 활동하기 편하도록 옷의 허리께를 띠로 맴. 또, 그 띠.
中頃(なかごろ) ①중간쯤 되는 때·곳·부분. ②중세(中世).
中継ぎ(なかつぎ) ①중계. ②담뱃대·三味線(しゃみせん) 등 중간을 이어 맞추게 된 것. 또, 그 잇는 부분.
∥~貿易(ぼうえき) 중계 무역.
中高(なかだか) ①가운데가 높음. ②콧날이 섬. ③〖經〗중한(中限) 시세가 당한(當限)·선한(先限) 시세보다 높음.
㊁(ちゅうこう) 중고교. 중학교와 고등학교. ②중정도와 고정도.
∥~一貫(いっかん) 중·고교 일관 교육.
中刳盤(なかぐりばん) 공작 기계의 하나. 보링 머신.
中骨(なかぼね) 물고기의 중앙을 지나는 뼈.
中口(なかぐち) ①중앙의 입구. ②쌍방 사이에서, 어느 쪽에 대해서도 상대방 욕을 함. 중상(中傷).
中の口(なかのくち) 현관과 부엌 사이에 있는 출입구.
中の君(なかのきみ) 귀인의 둘째 딸의 높임 「말.
中汲み(なかくみ) 탁주를 침전시키고, 중간층에서 뜬 반은 맑고 반은 흐린 술. 약주.
中帯(なかおび) 윗옷 아래, 小袖(こそで) 위로 묶는 띠.
中島(なかじま) 강·못 가운데에 있는 섬.
中塗り(なかぬり) 바닥칠 다음 마무리칠 전에 하는 칠. 중간칠.
中落ち(なかおち) 생선의 양쪽살을 발라낸 후의 가운데 등뼈 부분.
中廊下(なかろうか) 양쪽에 방이 있는 복도.
中幕(なかまく)(歌舞伎(かぶき)에서) 첫번째와 두 번째 狂言(きょうげん) 사이에 하는 단막의 狂言.
中売り(なかうり) 흥행장 안에서 먹을 것을 팔고 다님. 또, 그 판매원.
中綿(なかわた) 안솜.
中務省(なかつかさしょう) 옛날, 天皇(てんのう) 곁에서 문서의 접수·심사 등을 맡아보던 관청.
中墨(なかずみ) 건축·목공 공작에서, 중심선. 「용.
中味(なかみ) 속(에든 것). 알맹이. 실속. 내
中抜き(なかぬき) ①중간(사이)에 있는 것을 뽑아냄[뺌]. ②중간을 생략함.
∥~大根(だいこん) 두 번째 속아 낸 무.
中白(なかじろ) 중간 부분(部分)만 흼. 또, 그런 것.
中敷き(なかじき) ①구둣속 따위에 깖[까는 물건]. 안창. ②방 가운데에 깖[까는 물건].
中敷居(なかじきい) 押し入れ(おしいれ) 등

에서 위아래로 襖(ふすま)를 달 때, 중간에 설치하는 작은 미닫이방.
中棚(なかだな) ⇨ 中店(なかだな).
中備え(なかぞなえ) 옛 군진에서, 선진(先陣)과 후진의 중간에 있는 본진.
中扉(なかとびら) 책의 중간 표지.
中仕切り(なかじきり) ①집안·방안의 칸막이. ②상자 따위의 속에 칸살을 지르는 것.
中山道(なかせんどう) 京都(きょうと)에서 중부 지방의 산악을 거쳐 江戸(えど)에 이르는 길.
中挿(なかざし) ⇨ 中差(なかざし).
中昔(なかむかし) 중세(中世). 중고(中古).
中席(なかせき) (극장에서) 그달 11일부터 20일까지의 흥행.
中仙道(なかせんどう) ⇨ 中山道(なかせんどう).
中舌母音(なかじたぼいん) 〖言〗중설모음.
中つ世(なかつよ) 〈古〉중세.
中手(なかて) ①중간 시기에 산출되는 물건. ②(바둑에서) 치중(置中)(수). ③중간쯤.
中宿(なかやど) ①도중에 머뭄. 또, 그 숙소. ②근세, 숙소가 없는 고용인들이 머물던 곳. ③혼례 때, 신부가 시가에 들기 전에 일단 들어가서 쉬는 집.
中身(なかみ) ①속(에 든 것). 알맹이. 실속. 내용. ②칼의 몸. 특히, 칼날 부분.
㊁(ちゅうしん) 신분·녹봉 따위가 중위임.
中十日(なかとおか) 한 달의 중순.
中屋敷(なかやしき) 江戸(えど)에 재임중인 大名(だいみょう)가 유사시에 대비하여 소유하고 있던 별저(別邸).
中凹(なかくぼ) 가운데가 우묵함.
中垣(なかがき) (이웃집 또는 옆자리와의) 사이울타리. 칸막이.
中弛み(なかだるみ) 중간이 느즈러짐〔처짐〕. 중도에서 해이해짐.
中日和(なかびより) 장마 중 잠시 갠 날씨.
中入り(なかいり) ①흥행 도중 잠깐의 휴식. 중간 휴식 시간. ②(能楽(のうがく)에서) 주인공이 중도에 한번 무대에서 퇴장하는 일.
中入れ(なかいれ) 속에 넣음. 또, 넣는 것. 특히, 의복 등의 겉감과 안감 사이에 넣는 심(芯)이나 솜 따위.
中潜り(なかくぐり) 마당과 다실(茶室)이 있는 건물의 울타리에 설치한 중문(中門).
中障子(なかしょうじ) 큰방 중간에 있는 미닫이.
中低(なかびく) 가운데가 낮은.
中底(なかそこ) ①구두 안창. ②찜통의 증기가 잘 통하도록 작은 구멍이 나 있는 깔개.
中店(なかだな) 섣달 대목장에 한길 중앙에 가설한 가게.
㊁(ちゅうみせ) 중간 등급의 기루.
中積み(なかづみ) 창고 등의 중앙부에 화물을 쌓음.
中折り(なかおり) 중간에서 반으로 접음.
中折れ(なかおれ) ①중앙이 꺾이거나 우묵함. ②中折れ帽子(なかおれぼうし)의 준말. 중절 모자.
中庭(なかにわ) 가운데 뜰. 안뜰.

中程(なかほど) 중간 (정도). 도중.
中吊り(なかづり) 전차·버스 따위의 중앙 통로 천장에 매단 광고.
中潮(なかしお) 간만(干滿)의 차가 중간쯤인 때의 조수.
中州(なかす) 강 가운데의 모래톱.
㊁(ちゅうしゅう) ①중앙의 땅. ②중주. 중국의 자칭.
中洲(なかす) ⇨ 中州(なかす).
中中(なかなか) ①상당히. 꽤. ②좀처럼. 그리 간단히는. ③일이 달성되기까지 시간이 걸리는 모양.
中指(なかゆび) 중지. 가운뎃손가락. ＊ちゅうしろとも읽음. 「숫돌.
中砥(なかと) (막숫돌과 고운 숫돌의) 중간
中直し(なかなおし) 화해를 시킴. 중재.
中直り(なかなおり) ①오랜 병으로 죽게 된 환자가 일시 돌린 듯이 보이는 일. ②나빠졌던 사이가 다시 사이좋게 되는 일.
中次ぎ(なかつぎ) ①(손님을) 맞아 중간에서 전함. 중개. 또, 그 사람. ②엽차 용기(容器)의 일종. 뚜껑과 몸체의 길이가 같아, 뚜껑을 씌우면 중앙에 금이 생기는 그릇.
中差(なかざし) 여성의 머리를 틀어 올리고 고정시키는 일종의 비녀.
中着(なかぎ) 속옷과 겉옷 사이에 입는 옷.
中綴じ(なかとじ) 제본 방법의 하나. 주간지 따위처럼 책장 중간을 철사나 실로 철함.
中剃り(なかそり) 머리의 정수리 부분의 머리털만을 자르는 일. ＊なかぞりとも읽음.
中側(なかがわ) 내측. 안쪽.
中治り(なかなおり) ⇨ 中直り(なかなおり).
中値(なかね) 〖商〗중값.
中打ち(なかうち) ①좀먹은 두꺼운 종이를 두 장으로 벗겨 속에 새로운 종이를 넣고 보수함. ②☞ 中落ち(なかおち). ③☞ 中耕(ちゅうこう).
中太(なかぶと) 중간 부분이 두툼하게 되어 있는 것.
中通り(なかどおり) ①큰길과 뒷골목길 사이의 길. ②세 가지 등급 중의 중간 것.
中表(なかおもて) (옷감 등의) 겉쪽이 안쪽으로 들어가게 개키는〔접는, 마는〕 일.
中許し(なかゆるし) 다도·꽃꽂이·거문고 등에서 스승으로부터 받는 중급 면허장.
中紅(なかくれない) 분홍색의 중간색.
中休み(なかやすみ) ①일 도중에 쉼. ②(연극의) 막간 휴식.
中黒(なかぐろ) ①중점(中點)(《·》). ②화살깃의 상하(上下)가 희고 가운데가 검은 것.

6 イ 教	仲	버금 중·가운데 중 チュウ なか

音読▷
仲介(ちゅうかい) 중개.
▮～貿易(ぼうえき) 중개 무역.

仲冬(ちゅうとう) 중동. 음력 11월.
仲呂(ちゅうりょ) 중려. ①〖樂〗중국, 12율의 하나. ② 음력 4월의 딴이름. *ちゅうろ 로도 읽음.
仲立(ちゅうりつ) 중립. ① 양자 사이에 있음. ② 중개.
仲媒(ちゅうばい) 중매. 중개.
仲保者(ちゅうほしゃ)〖基〗중보자. 하느님과 사람 사이를 중재·화해·매개하는 자. 곧, 예수. 「름. 중추.
仲商(ちゅうしょう) 중상. 음력 8월의 딴이
仲陽(ちゅうよう) 중양. 음력 2월.
仲裁(ちゅうさい) 중재. 중간에서 쌍방을 화해시킴. ♣~人(にん) 중재인.
∥~契約(けいやく)〖法〗중재 계약.
~委員会(いいんかい)〖法〗중재 위원회.
~裁定(さいてい)〖法〗중재 재정.
~裁判(さいばん)〖法〗중재 재판.
~判断(はんだん)〖法〗중재 판단.
仲秋(ちゅうしゅう) 중추. ① 가을의 한창 때. ② 음력 8월의 딴이름.
仲春(ちゅうしゅん) 중춘. 음력 2월.
仲夏(ちゅうか) 중하. 음력 5월.
仲兄(ちゅうけい) 중형. 둘째 형.

訓読

仲(なか) 사이.
仲間(なかま) ① 한패. 동아리. ② 동류. 한무리. 「관계.
∥~内(うち) ① 한패거리들. ② 패거리들의
~受(う)け 동료간의 평판〔인기〕.
~外(はず)れ 동료들에게서 따돌림을 받
~意識(いしき) 동료 의식. 「음.
~入(い)り 한패가 됨. 패거리에 가입함.
~割(わ)れ 한패끼리 싸움이 일어나 분열됨.
㊂(ちゅうげん) 무가(武家)의 하인.
仲居(なかい) 요릿집·유곽에서 손님을 응대하는 하녀.
仲見世(なかみせ) ⇨ 仲店(なかみせ).
仲働き(なかばたらき) 내실과 부엌 사이의 잡일을 맡아보는 하녀.
仲良く(なかよく) 사이좋게. 「구.
仲良し(なかよし) 사이가 좋음. 또, 그런 친
仲立ち(なかだち) 사이에 들어 중간 역할을 함. 거간. 중개. 중매. 또, 그 사람.
仲立つ(なかだつ) 중개하다.
仲買(なかがい) 중매. 거간꾼. 중매인.
∥~人(にん) 거간꾼. 중개인.
仲仕(なかし) 짐을 져 나르는 인부. 짐꾼.
仲卸(なかおろし) 仲卸業者의 준말. 「자.
∥~業者(ぎょうしゃ) 중매인. 중간 도매업
仲違い(なかたがい) 사이가 틀어짐. 티격남.
仲子(なかち) 중자. 둘째 아들. 차남.
仲酌(ちゅうじゃく) ① 중매함. 또, 그 사람. ② 중재함. 「점가.
仲店(なかみせ) 신사·절의 경내에 있는 상
仲直り(なかなおり) 화해(和解).
仲好し(なかよし) ⇨ 仲良し(なかよし).

其他

仲人 ㊀(なこうど) 중매인. 중매쟁이.
∥~口(ぐち) 중매쟁이 말. 믿음성이 없는 말.
㊁(ちゅうにん) ① 중재인. ② ☞㊀.

| 8 え 日 | 迚 | 도저히 (중) とても |

訓読

迚も(とても) ① 도저히. ② 매우. 몹시.
~の事(こと)に 차라리. 제게에.
∥~斯くても(かくても) 이렇게 하나 저렇게 하나. 결국.

| 9 里 教 | 重 | 무거울 중 ジュウ·チョウ え·おもい·かさねる· かさなる |

音読

重 ㊀(じゅう) ① 중. 무거움. ②《接頭語로》중….
㊁(おも) ① 주요〔중요〕함. ② 중심을 이룸.
㊂(え)《接尾語로》…겹.
重加算税(じゅうかさんぜい) 중가산세.
重刻(じゅうこく) 중각. 중판(重版).
重慶(じゅうけい)〖地〗중경. 충칭.
重軽傷(じゅうけいしょう) 중경상. 중상과 경상.
重苦(じゅうく) 중고. 견디기 힘든 고통.
重敲き(じゅうたたき) 江戸(えど) 시대의 태형의 하나. 볼기 등을 100번 매질함.
重工業(じゅうこうぎょう) 중공업.
重科(じゅうか) 중과. 중벌. 중죄.
重課(じゅうか) 중과.
重過燐酸石灰(じゅうかりんさんせっかい)〖化〗중과인산 석회.
重過失(じゅうかしつ) 중과실. ♣~罪(ざい) 중과실죄.
重九(ちょうきゅう) 중구. 중양(重陽).
重圏(じゅうけん) 중권. 이중(二重)의 권점. 이중 동그라미.
重禁錮(じゅうきんこ) 중금고.〔구형법상 용
重金属(じゅうきんぞく) 중금속.
重金主義(じゅうきんしゅぎ)〖經〗중금주의. 중금 사상. 「요한 인물.
重器(じゅうき) 중기. ① 중요한 기구. ② 중
重機(じゅうき) 중기. ① 重機関銃(じゅうきかんじゅう)의 준말. ② 중공업용의 기계.
重機関銃(じゅうきかんじゅう) 중기관총.
重忌服(じゅうきぶく) 상중(喪中)에 또다른 상을 당하는 일.
重年(ちょうねん) 중년.
重労働(じゅうろうどう) 중노동.
重農主義(じゅうのうしゅぎ) 중농주의.
重大(じゅうだい) 중대. ♣~視(し) 중대
重代(じゅうだい) 중대. 선조 대대. 「시.

重度(じゅうど) 중증(重症).
重盗(じゅうとう) 〖野〗 중도. 더블 스틸.
重篤(じゅうとく) 병 증세가 매우 무거움.
重量(じゅうりょう) 중량. ♣~感(かん) 중량감.
∥~挙げ(あげ) 역도.
~階級(かいきゅう) 중량 계급. 중량급.
~モル濃度(モルのうど) 〖化〗 중량 몰 농도.
~分析(ぶんせき) 〖化〗 중량 분석. 무게 분석.
重力(じゅうりょく) 〖理〗 중력. ♣~計(けい) 중력계 /~場(ば) 〖理〗 중력장 /~波(は) 중력파.
∥~加速度(かそくど) 〖理〗 중력 가속도.
~単位系(たんいけい) 〖理〗 중력 단위계.
~崩壊(ほうかい) 〖天〗 중력 붕괴.
~探鉱(たんこう) 〖鑛〗 중력 탐사. 중력 탐광.
重連(じゅうれん) 기관차를 2량(輛) 연결하여 열차를 끄는 일.
重禄(じゅうろく) 중록. 많고 후한 봉록.
重六(ちょうろく) 쌍륙에서, 2개의 주사위를 던져 둘 다 6의 숫자가 나옴.
重利(じゅうり) 중리. 복리(複利).
重望(じゅうぼう) 중망. 두터운 명망.
重母音(じゅうぼいん) 〖言〗 중모음. 이중 음.
重目(ちょうめ) 쌍륙에서, 2개의 주사위를 동시에 던져 둘 다 같은 숫자가 나옴.
重文(じゅうぶん) ①〖文法〗 중문. ②'重要(じゅうよう)文化財(ぶんかざい)(=중요 문화재)'의 준말.
重門(ちょうもん) 중문. 궁궐.
重物(じゅうもつ) 귀중한 물건. 소중한 것. *じゅうぶつ로도 읽음.
重美(じゅうび) '重要(じゅうよう)美術品(びじゅつひん)(=중요 미술품)'의 준말.
重罰(じゅうばつ) 중벌.
重犯(じゅうはん) 중범. ①중(重)한 범죄. *じゅうぼん으로도 읽음. ②재범.
重変記号(じゅうへんきごう) 〖樂〗 중변 기호. 겹내림표. 더블 플랫.
重病(じゅうびょう) 중병.
重屛禁(じゅうへいきん) 수형자(受刑者)를 암실(暗室)에 가두어 놓고 침구 등을 주지 않는 정벌.
重宝(ちょうほう) ①편리함. 편리하게 여김. ②소중히 여김. 아낌. ③요긴함. ④중보. 귀중한 보물. *④는 じゅうほうろも 읽음.
重服(じゅうぶく) 중복. 부모의 상(喪).
重複(ちょうふく) 중복. *じゅうふくろも 읽음.
∥~保険(ほけん) 중복 보험.
~受精(じゅせい) 〖植〗 중복 수정.
~順列(じゅんれつ) 〖数〗 중복 순열.
~遺伝子(いでんし) 〖生〗 중복 유전자.
~組み合わせ(くみあわせ) 〖数〗 중복 조합.
重四(じゅうし) 쌍륙이나 주사위 놀이에서 2개의 주사위가 모두 4가 나오는 일.
重山(ちょうざん) 여러 겹으로 겹친 산.
重殺(じゅうさつ) 〖野〗 병살. 더블 플레이.

重三 ㊀(じゅうさん) 쌍륙이나 주사위 놀이에서 2개의 주사위가 모두 3이 나오는 일.
㊁(ちょうさん) 중삼. 삼월 삼짓날.
重傷(じゅうしょう) 중상. *おもでとも 읽음.
重喪(じゅうも) 중상. 친상(親喪). 부모상(喪).
重賞(じゅうしょう) 중상. 후한 상(금).
重箱(じゅうばこ) 찬합.
∥~読み(よみ) 한자 두 자로 된 숙어의 앞자는 음으로, 뒷자는 훈으로 읽는 법.
~面(づら) (찬합처럼) 네모진 얼굴.
重商主義(じゅうしょうしゅぎ) 중상주의.
重色(じゅうしょく) 중색. 칠한 위에 딴 색으로 거듭 칠함.
重石 ㊀(じゅうせき) 〖鑛〗 중석.
㊁(おもし) ①누름돌. 특히, 김칫돌 따위. ②(사람을) 누르는 힘. 관록. ③(저울) 추.
重説(じゅうせつ) 중설. 거듭 설명함.
重星(じゅうせい) 〖天〗 중성. 육안으로는 하나로 보이나 망원경으로 보면 둘 이상으로 보이는 별.
重税(じゅうぜい) 중세.
重刷(じゅうさつ) 중쇄. 증쇄(增刷).
重水(じゅうすい) 〖化〗 중수. 중수소가 포함되어 있는 물. ♣~炉(ろ) 〖理〗 중수로.
重修(ちょうしゅう) 중수. 다시 수리[편수]함.
重水素(じゅうすいそ) 〖化〗 중수소.
重巡洋艦(じゅうじゅんようかん) 〖軍〗 중순양함. 대형의 순양함.
重勝式(じゅうしょうしき) (경마에서) 중승식. 일착이 되는 말을 두 번 계속 맞혀서 배당금을 분배하는 방식.
重視(じゅうし) 중시.
重臣(じゅうしん) 중신.
∥~会議(かいぎ) 중신 회의.
重心(じゅうしん) 〖理〗 무게 중심.
~を取(と)る 중심을 잡다. 균형을 잡아 안정시키다.
重痾(じゅうあ) 중아. 중병.
悪人(じゅうあくにん) 중악인. 극악인.
重圧(じゅうあつ) 중압.
重厄(じゅうやく) 중액. ①큰 액난. ②몹시 심한 액년.
重液(じゅうえき) 〖理〗 중액.
重陽(ちょうよう) 중양(절). 음력 9월 9일.
重陽子(じゅうようし) 〖理〗 중양성자.
重言(じゅうげん) 중언. ①같은 뜻이 겹치는 말투. *じゅうごんとも 읽음. ②같은 자가 겹친 숙어. 첩어(疊語).
重役(じゅうやく) 중역. 임원.
重訳(じゅうやく) 중역. 이중 번역. *ちょうやくとも 읽음.
重縁(じゅうえん) 중연. 친척이나 인척간의 겹올림표. 더블 샤프.
重嬰記号(じゅうえいきごう) 〖樂〗 중영 기호. 겹올림표. 더블 샤프.
重営倉(じゅうえいそう) 〖軍〗 중영창. 구(舊)일본군의 형벌의 하나.
重五(ちょうご) 중오(절). 단오절.
重要(じゅうよう) 중요. ♣~性(せい) 중요

성/〜視(し) 중요시.
∥〜無形文化財(むけいぶんかざい) 중요 무형 문화재. ♣〜保持者(ほじしゃ) 중요 무형 문화재 보유자. 인간 문화재.
〜文化財(ぶんかざい) 중요 문화재.
〜参考人(さんこうにん)〖法〗중요 참고인.
重用(ちょうよう) 중용. *じゅうよう로도 읽음.
重遇(ちょうぐう) 정중히 대우함.
重囲(ちょうい) 여러 겹으로 포위함. *じゅうい로도 읽음.
重油(じゅうゆ) 중유.
∥〜機関(きかん) 중유 기관. 디젤 엔진.
重恩(ちょうおん) 중은. 깊은 은혜. *じゅうおん으로도 읽음.
重任(じゅうにん) 중임. ① 연임. 재임. *ちょうにん으로도 읽음. ② 중책. 대임.
重粒子(じゅうりゅうし)〖理〗중입자. 바리온(baryon).
重葬(ちょうそう) 중장. 이미 매장되어 있는 묘에 유해를 또 매장하는 일.
重障(じゅうしょう)〖佛〗중장. 득도하는 데 중대한 장애가 되는 죄업.
重障児(じゅうしょうじ) 중장애 아동.
重積分(じゅうせきぶん)〖數〗중적분. 다변수 함수의 적분.
重電機(じゅうでんき) 중전기.
重点(じゅうてん) 중점. ♣〜的(てき) 중점적.
∥〜主義(しゅぎ) 중점주의.
重粘土(じゅうねんど) 중점토.
重訂(じゅうてい) 중정. 서적 등의 잘못을 거듭 정정함.
重晶石(じゅうしょうせき)〖鑛〗중정석.
重酢(じゅうそ) 중초. 재초(再酢). 다시 즉 위함. *ちょうそ로도 읽음.
重曹(じゅうそう)〖化〗중조. '重炭酸(じゅうたんさん)ソーダ(=중탄산 소다)'의 준말. 탄산수소나트륨.
重罪(じゅうざい) 중죄.
重奏(じゅうそう)〖樂〗중주.
重重(じゅうじゅう) ① 거듭거듭. ② 아주 잘. 충분히.
重症(じゅうしょう) 중증.
∥〜筋無力症(きんむりょくしょう)〖醫〗중증 근무력증.
〜心身障害児(しんしんしょうがいじ)〖醫〗중증 심신 장애아.
重職(じゅうしょく) 중직. 요직.
重鎮(じゅうちん) 중진.
重且つ大(じゅうかつだい) 중차대.
重唱(じゅうしょう)〖樂〗중창.
重創(じゅうそう) 중창. 중상(重傷).
重責(じゅうせき) 중책.
重畳(ちょうじょう) ① 중첩. 여러 겹으로 쌓임. ② 더할 수 없이 만족함.
重体(じゅうたい) ⇨ 重態(じゅうたい).
重追放(じゅうついほう) 江戸(えど) 시대의 중(重)·중(中)·경(輕)의 세 추방형 중, 가장 무거운 형벌.
重縮合(じゅうしゅくごう)〖化〗중축합. 축합 중합(縮合重合).
重出(じゅうしゅつ) 중출. 거듭(해서) 나옴. 중복되어 나옴.
重層(じゅうそう) 중층. 겹겹으로 층을 이룸. ♣〜的(てき) 중층적.
∥〜信仰(しんこう)〖宗〗중층 신앙. 싱크리티즘(syncretism).
重炭酸ソーダ(じゅうたんさんソーダ)〖化〗중탄산 소다. 탄산수소나트륨.
重態(じゅうたい) 중태.
重土(じゅうど) 중토. ①〖化〗'酸化(さんか)バリウム(=산화바륨)'의 딴이름. ② 중점토(重粘土).
∥〜水(すい)〖化〗중토수. 수산화바륨 수용액.
重弁(じゅうべん)〖植〗중판(重瓣). 겹꽃. ♣〜花(か) 중판화. 겹꽃.
重版(じゅうはん) 중판. 재판.
重砲(じゅうほう) 중포.
重爆(じゅうばく) 중폭. '重爆撃機(じゅうばくげきき)(=중폭격기)'의 준말.
重合(じゅうごう)〖化〗중합. ♣〜度(ど)〖化〗중합도 / 〜体(たい)〖化〗중합체.
重核子(じゅうかくし)〖理〗중핵자. 하이퍼론.
重刑(じゅうけい) 중형.
重婚(じゅうこん) 중혼. 이중 결혼.
重火器(じゅうかき)〖軍〗중화기.
重化学工業(じゅうかがくこうぎょう) 중화학 공업.
重患(じゅうかん) 중환. 중병(환자).
重厚(ちょうこう) 중후. *じゅうこう로도 읽음.
重厚長大(じゅうこうちょうだい) 중후 장대. 철강업·중공업 등과 같이 '무겁고, 두껍고, 길고, 큰' 제조업의 성질을 이르는 말.
∥〜産業(さんぎょう) 중후 장대 산업.
重詰め(じゅうづめ) 요리 등을 보기 좋게 찬합에 담음. 또, 그렇게 담은 요리.

訓読
重り(おもり) ① 추. 분동. ② 낚시봉.
重る(おもる) ① (무게가) 무거워지다. ② (병이) 중해지다.
重んじる(おもんじる) ☞ 重んずる(おもんずる).
重んずる(おもんずる)〈雅〉중요시하다. 존중하다.
❖重い(おもい) ① (무게·동작 등이) 무겁다. ② (책임·정도가) 중하다. ③ (지위가) 높다.
重き(おもき) 중점. 무게. 요소시다.
重げ(おもげ) 무거운 듯한 모양.
重さ(おもさ) ① 무게. ② 중대함. ③〖理〗중력의 크기.
重たい(おもたい) 무겁다. 묵직하다.
重ったるい(おもったるい)〈俗〉어쩐지 무겁고 느른하다.
重み(おもみ) 무게. ① 중량. ② 중요. ③ 침착함. ④ 관록.
重苦しい(おもくるしい) 답답하다. 울적하다.

重立つ(おもだつ) 중심이 되다.
重馬場(おもばば) (경마에서) 비로 말미암아 뛰기 힘들게 된 마장.
重手(おもで) 중상.
重重しい(おもおもしい) 위엄 있고 무게가 있다.
重湯(おもゆ) 미음.
重荷(おもに) 무거운 짐. (무거운) 부담·책임.
❖重なる(かさなる) 포개지다. 겹치다.
重なり(かさなり) 겹침. 겹쳐진 모양.
❖重ねる(かさねる) ① 포개다. 쌓아 올리다. ② 겹치다. 거듭하다.
重ね(かさね) ① 겹침. 겹친 것. ② 袍(ほう) 밑에 받쳐 입는 옷. ③ 속옷과 겉옷이 갖추어진 옷. ④ 옷을 겹입음. 번.
重ねて(かさねて) 재차. 거듭(해서). 다시 한번.
重ね継ぎ手(かさねつぎて) 두 재료를 포개 놓고 볼트·못·용접 등으로 접합하는 방법.
重ね落ち(かさねおち) 정원의 인조 폭포를 2단·3단으로 계단을 만들어 놓은 것.
重ね杯(かさねさかずき) 대·중·소 세 개가 포개어져 한 벌로 된 술잔.
重ね餅(かさねもち) 鏡餅(かがみもち)를 2개 포갠 것.
重ね詞(かさねことば) 뜻을 강조하려고 같은 말을 되풀이하는 말씨.
重ね焼き(かさねやき) 합성 사진법의 하나. 두 장의 네거티브 필름을 포개 놓고 인화지나 포지티브 필름에 인화하는 일.
重ね重ね(かさねがさね) ① 자주. 잇따라. 거듭거듭. ② 더욱 더.
重ね着(かさねぎ) 옷을 여러 벌 껴입음. 또, 그 옷.
重ね合わせの原理(かさねあわせのげんり) 〖理〗중첩의 원리《각각의 변화를 나타내는 양을 합친 것이 전체 변화의 양을 나타냈을 때, 중첩의 원리가 성립한다고 함》.

〔其他〕
重藤(しげとう) 등 줄기를 일정한 간격으로 감아 단장한 활.
重吹く(しぶく) ① 물보라 치다. ② 비바람 치다.

| 12
血
教 | 衆 | 무리 중
シュウ・シュ
おおい |

〔音読〕
衆(しゅう) ① 많은 사람. ② 사람이 [무리가] 많음. *しゅ로도 읽음.
衆寡(しゅうか) 중과. 다수와 소수.
 〜敵(てき)せず 중과부적.
衆口(しゅうこう) 중구. 여러 사람의 말.
衆多(しゅうた) 중다. 수가 많음. 많은 것 [사람].
衆徒(しゅと) 중도. 많은 승려(들). 특히, 승병(僧兵). *しゅうと로도 읽음.
衆道(しゅどう) 若衆道(わかしゅどう)의 준말. 비역.
衆力(しゅうりょく) 중력. 뭇사람의 힘.
衆論(しゅうろん) 중론.
衆籟(しゅうらい) 중뢰. 만뢰(萬籟).
衆望(しゅうぼう) 중망.
衆盲(しゅうもう) 중맹. 군맹(群盲).
 〜象(ぞう)を摸(も)す〔評(ひょう)す〕장님 코끼리 말하듯 한다.
衆目(しゅうもく) 중목. 뭇사람의 시선.
衆妙(しゅうみょう) 중묘. 천지 만물의 미묘한〔심원한〕이치.
衆芳(しゅうほう) 중방. 많은 향기로운 꽃.
衆兵(しゅうへい) 많은 병사.
衆峰(しゅうほう) 중봉. 뭇 봉우리.
衆生(しゅじょう) 〖佛〗중생. ♣〜界(かい) 중생계.
‖〜済度(さいど) 〖佛〗중생 제도.
衆庶(しゅうしょ) 중서. 뭇사람. 서민.
衆説(しゅうせつ) 중설. 뭇사람의 의견.
衆星(しゅうせい) 중성. 뭇 별. 대중.
衆俗(しゅうぞく) 중속. 다수의 속인. 일반.
衆僧(しゅうそう) 중승. 뭇 승려.
衆心(しゅうしん) 중심. 뭇사람들의 마음〔생각〕.
 〜城(しろ)を成(な)す 중심성성(成城). 많은 사람이 마음을 합치면 성벽같이 굳음.
衆言(しゅうげん) 중언. 여러 사람의 말.
衆愚(しゅうぐ) 중우. 다수의 바보들.
‖〜政治(せいじ) 중우 정치.
衆怨(しゅうえん) 중원. 뭇사람의 원망.
衆院(しゅういん) '衆議院(しゅうぎいん)(=중의원)'의 준말.
衆意(しゅうい) 중의. 뭇사람의 뜻.
衆議(しゅうぎ) 중의. 중론.
‖〜院(いん) 중의원. ♣〜議員(ぎいん) 중의원 의원.
〜統裁(とうさい) 회의에서 각 의견을 들은 뒤, 다수결에 따르지 않고 위원장·의장 등의 판단으로 결정 짓는 일.
衆人(しゅうじん) 중인. ① 많은 사람들. ② 보통 사람들. 봄.
‖〜環視(かんし) 중인 환시. 여러 사람이 봄.
衆積(しゅうせき) 중적. 많은 적.
衆中(しゅうちゅう) 중중. 뭇사람 가운데. *しゅうちゅう로도 읽음.
衆知(しゅうち) 중지. 중인(衆人)의 지혜.
衆智(しゅうち) ⇨ 衆知(しゅうち).
衆賛歌(しゅうさんか) 〖樂〗중찬가(衆讚歌). 코랄(Choral).
衆参(しゅうさん) 중의원과 참의원.
衆評(しゅうひょう) 중평. 세평.
衆合地獄(しゅごうじごく) 〖佛〗중합 지옥.

즉

| 7
卩
常 | 即(卽) | 곧 즉
ソク
すなわち・つく・つける |

音読
即(そく) 즉. 곧. 바로.
即する(そくする) 꼭 맞다. 입각〔의거〕하다.
即刻(そっこく) 즉각. 즉시. 곧.
即決(そっけつ) 즉결.
∥~裁判(さいばん)〚法〛즉결 재판.
即景(そっけい) 즉경. 눈앞의 경치.
即今(そっこん) 즉금. 목하. 지금.
即金(そっきん) 즉금. 즉전(卽錢). 맞돈.
即急(そっきゅう) 즉급. 즉각.
即諾(そくだく) 즉낙. 즉석에서 승낙함.
即納(そくのう) 즉납. 돈·물건을 즉시 바침.
即断(そくだん) 즉단. 즉석 결단〔단안〕.
即答(そくとう) 즉답.
即売(そくばい) 즉매. 직매(直賣). 「일.
即買(そくばい) 즉매. 그 자리에서 즉시 사는
即滅(そくめつ) 즉멸. 당장에 멸망함. 또, 멸 망시킴. 「치.
即妙(そくみょう) 임기응변. 즉석의 기지〔재
即物的(そくぶつてき)〚心〛즉물적《구체적인 대상에 직접 관련시켜 생각하는 태도 따위》. 「물주의.
即物主義(そくぶつしゅぎ)〚文〛신(新)즉
即発(そくはつ) 즉발.
即敷(そくじき) 시세 변동이 심할 때, 매매 성립과 동시에 납입하는 증거금.
即死(そくし) 즉사.
即事(そくじ) 즉사. 눈앞의 일.
即席(そくせき) 즉석. 인스턴트.
即成(そくせい) 즉성. 그 자리에서 곧 이루어지거나 이룸.
即世(そくせい) 즉세. 죽어서 세상을 떠남.
即時(そくじ) 즉시. 즉각. ♣~犯(はん) 즉시범.
∥~強制(きょうせい) 즉시 강제.
~渡し(わたし) 즉시 인도.
~払い(ばらい) 즉시불(卽時拂).
~年金(ねんきん) 즉시 연금.
~取得(しゅとく) 즉시 취득.
~抗告(こうこく)〚法〛즉시 항고.
即身菩提(そくしんぼだい)〚佛〛즉신 보리.
即身成仏(そくしんじょうぶつ)〚佛〛즉신 성
即実(そくじつ) 사실에 입각함. 「불.
即心是仏(そくしんぜぶつ)〚佛〛즉심 시불. 시심 시불(是心是佛).
即心念仏(そくしんねんぶつ)〚佛〛즉심 염불.
即心即仏(そくしんそくぶつ)〚佛〛즉심 즉불.
即夜(そくや) 즉야. (바로) 그날 밤.
即詠(そくえい) 즉영. 즉석에서 시나 노래를 지어 읊음. 또, 그 시가. 즉음(卽吟).
即位(そくい) 즉위. ♣~式(しき) 즉위식.
即吟(そくぎん) 즉음.
即応(そくおう) 즉응. 곧 응함.
即日(そくじつ) 즉일. (바로) 그날. 당일.
即自(そくじ)〚哲〛즉자.
即戦(そくせん) 즉전. 훈련을 받지 않고도 전투할 수 있음.

即製(そくせい) 즉제. 즉석 제작.
即題(そくだい) 즉제. ①그 자리에서 대답하게 하는 문제. ②제목을 내주고, 그 자리에서 시가·문장을 짓게 함.
即座(そくざ) 즉좌. 그 자리. 즉석. (그) 당
即下(そっか) 바로 아래〔뒤〕. 「장.
即行(そっこう) 즉행. 즉시 행함.
即効(そっこう) 즉효. ♣~薬(やく) 즉효약. 「종이.
∥~紙(し) 청량제(淸涼劑)·진통제를 바른
即興(そっきょう) 즉흥. ♣~曲(きょく) 즉흥곡 / ~劇(げき) 즉흥극 / ~詩(し) 즉흥시 / ~的(てき) 즉흥적.
∥~詩人(しじん) 즉흥 시인.
~演奏(えんそう) 즉흥 연주.
即詰み(そくづみ) (장기에서) 꼼짝 못하게 몰린 형세. 외통(수).
訓読
即ける(つける) 왕위에 앉히다.
即ち(すなわち) ①즉. 곧. 바로. 단적으로 말하면. 다름 아닌. ②〈古〉즉석에. 당장에.
❖即く(つく) ①왕위에 오르다. 즉위하다. ②…에 따라가다. 뒤를 따르다.
即き過ぎ(つきすぎ) 너무 밀착함.

12 口	喞	벌레소리 즉 ショク・ソク かこつ

参考 喞은 本字.

音読
喞喞(しょくしょく) 즉즉. 벌레가 요란하게 우는 소리.
訓読
喞つ(かこつ) ①핑계〔구실〕삼다. 청탁하다. ②탄식〔원망〕하여 말하다. 탓하다. 푸념하다.

15 虫	蝍	지네 즉 ショク・ソク むかで

参考 蝍은 本字.

音読
蝍蛉(しょくれい)〚蟲〛잠자리.
蝍蛆(しょくしょ)〚動〛즉저. 지네.

즐

19 木	櫛	빗 즐 シツ くし

音読
櫛比(しっぴ) 즐비. 빽빽이 늘어섬.
櫛風沐雨(しっぷうもくう) 즐풍 목우.

訓読

櫛(くし) 빗.
櫛巻き(くしまき) 일본식 머리 모양의 하나. 머리를 빗에 감아 머리 위에 틀어 올리는 방법. 「구.
櫛道具(くしどうぐ) 빗 따위 머리를 빗는 도
櫛目(くしめ) (머리에 남은) 빗살 자국.
櫛払い(くしはらい) 빗살에 묻은 때를 제거하는 솔.
櫛筍(くしげ) ①《雅》빗 따위 화장 도구를 넣어 두는 상자. ② 상자.
櫛占(くしうら) 빗(으로 치는) 점.
櫛形(くしがた) ① 얼레빗의 등처럼 윗부분만 둥그렇게 생긴 모양. ② 방의 欄間(らんま)에 설치한 빗등 모양의 교창. 홍예 교창(虹蜺交窓).
∥~欄間(らんま) 櫛形로 뚫린 欄間.
~塀(べい) 櫛形欄間(くしがたらんま)가 달려 있는 담.
~窓(まど) ☞ 櫛形②.

즘

9 心	怎	어찌 즘 ソ・ソモ・シン いかで・どうして

音読
怎麼(そも) 왜. 뭐(냐).
怎生(しんせい) 송(宋) 이후의 속어로 '어째서·어떠한'의 뜻.

즙

5 氵 常	汁	즙 즙 ジュウ しる・つゆ

音読
汁液(じゅうえき) 즙액. 즙.
訓読
汁 ㊀(しる) ① 즙. 물. ② 국(물).
  ㊁(つゆ) ① 맑은장국. ② ☞ ㊀②.
汁講(しるこう) 밥은 각자가 가져오고 주인은 국만 준비하여 먹는 식사 모임.
汁掛け飯(しるかけめし) 된장국 따위로 만 밥.
汁気(しるけ) 물기(의 정도).
汁物(しるもの) 국. 주로 국물이 많은 요리.
 *つゆもの로 읽음.
汁の餅(しるのもち) 출산했을 때 산부의 친정에서 보내 준 떡.
汁粉(しるこ) (새알심 따위를 넣은) 단팥죽.
汁の実(しるのみ) (국의) 건더기.
汁椀(しるわん) 국그릇.

汁粥(しるかゆ) 죽《밥을 固粥(かたかゆ)라고 하는데 대하여 일컫는 말》.
汁鱠(しるなます) 생선의 살코기를 잘게 썰어 넣은 국.

逆読
果汁(かじゅう) 과즙. 과일즙.
胆汁(たんじゅう) 《生》 담즙. 쓸개즙.
肉汁(にくじゅう) 육즙.

13 木	楫	노 즙 シュウ かじ

訓読
楫(かじ) 《雅》(배의) 노.
楫棒(かじぼう) ① 수레, 특히 인력거의 채. ② 키의 손잡이.
楫緒(かじお) 키를 배에 매는 밧줄.
楫音(かじおと) (배의) 노 젓는 소리.
楫取り(かじとり) ① 조타(操舵). 키잡이. 조타수(手). ② 한 단체의 지도자. 리더.
楫枕(かじまくら) 배 안에서 잠.

13 艹	葺	기울 즙·일 즙 シュウ ふく

訓読
❖葺く(ふく) 지붕을 이다.
葺き師(ふきし) 직업으로 지붕을 이는 사람.
葺き石(ふきいし) 고분의 봉분을 덮은 돌.
葺き替え(ふきかえ) 지붕을 새로 임.
葺き草(ふきぐさ) 지붕을 이는 풀.
葺き土(ふきつち) 기와가 미끄러지지 않도록 그 밑에 까는 흙.
葺き板(ふきいた) 지붕널.
葺き下ろす(ふきおろす) 지붕을 용마루에서 처마 쪽으로 경사지게 이다.
トタン葺き(トタンぶき) 함석으로 지붕을 임. 또, 그 지붕.

17 艹	蕺	삼백초 즙 シュウ どくだみ

訓読
蕺草(どくだみ) 《植》 삼백초.

증

10	烝	김오를 증·많을 증 ジョウ むす

音読
烝民(じょうみん) 증민. 모든 백성. 만민.

10 扩 常	症	증세 증 ショウ

音読

症(しょう)《接尾語로》…증. 증상.
症例(しょうれい) 증례. 병증의 보기.
症状(しょうじょう) 증상.
症候(しょうこう) 증후. 증상. 증세. ♣~群(ぐん)〖醫〗증후군.

12 日	會	일찍 증 ソウ・ソ かつて・すなわち・ひ

音読

曾孫(そうそん) 증손. *ひいまご・ひこ・ひこまご・ひひこ・ひまごろとも 읽음.
曾遊(そうゆう) 증유. 가본 일이 있음.
曾祖(そうそ) 증조.
曾祖母(そうそぼ) 증조모. *ひいばば・ひおおば・ひばばろとも 읽음.
曾祖父(そうそふ) 증조부. *ひいじじ・ひおおじ・ひじじろとも 읽음.

訓読

曾(ひ)《接頭語로》증…. 두 대(代) 사이를 건너. *ひいろと 읽음.
曾て(かつて) ① 일찍기. 예전부터. ② 전혀. 전연.

12 言 教	証 (證)	증거 증 ショウ あかし

音読

証(しょう) ① 증. 증거. 증명. *あかしろとも 읽음. ②〖佛〗불법의 깨우침.
証する(しょうする) ① 증거 세우다. 증명하다. ② 보증하다.
証歌(しょうか) 和歌(わか)를 지을 때, 용어법(用語法)·어구 등의 전거(典據)로서 인용하는 노래.
証拠(しょうこ) 증거. ♣~金(きん) 증거금 /~力(りょく) 증거력 /~物(ぶつ) 증거물 /~法(ほう) 증거법.
‖~開示(かいじ) 증거 개시.
~固め(がため) 증거 확보.
~能力(のうりょく)〖法〗증거 능력.
~物件(ぶっけん) 증거 물건. 증거물.
~方法(ほうほう) 증거 방법.
~保全(ほぜん)〖法〗증거 보전.
~書類(しょるい)〖法〗증거 서류.
~湮滅罪(いんめつざい) 증거 인멸죄.
~裁判主義(さいばんしゅぎ)〖法〗증거 재판주의.
~調べ(しらべ) 증거 조사.
~廃棄(はいき) 증거 폐기.
~抗弁(こうべん)〖法〗증거 항변.
証拠立てる(しょうこだてる) 입증하다.
証果(しょうか)〖佛〗증과. 수행의 결과로 얻은 깨달음.
証券(しょうけん)〖經〗증권. ♣~業(ぎょう) 증권업.
‖~金融会社(きんゆうがいしゃ) 증권 금융 회사.
~代行(だいこう) 증권 대행.
~市場(しじょう) 증권 시장.
~取引所(とりひきじょ) 증권 거래소.
~取引審議会(とりひきしんぎかい) 증권 거래 심의회.
~取引委員会(とりひきいいんかい) 증권 거래 위원회.
~投資(とうし) 증권 투자.
証明(しょうめい) 증명. ♣~書(しょ) 증명서.
‖~力(りょく)〖法〗증명력. 증명 가치. 증거력.
証本(しょうほん) 증본.
証憑(しょうひょう) 증빙.
‖~湮滅罪(いんめつざい) 증빙 인멸죄.
証書(しょうしょ) 증서. ♣~面(めん) 증서 문면.
㊁(あかしぶみ) ⇨ 証文(あかしぶみ).
証聖(しょうせい)〖基〗신앙을 고백하는 일.
証約手付け(しょうやくてつけ) 계약 보증금.
証言(しょうげん) 증언.
‖~拒絶権(きょぜつけん)〖法〗증언 거부권.
証悟(しょうご)〖佛〗증오. (도를 닦아) 깨달음.
証人(しょうにん) 증인. ♣~台(だい) 증인대.
‖~尋問(じんもん) 증인 신문.
~威迫罪(いはくざい)〖法〗증인 협박죄.
~喚問(かんもん) 증인 환문.
証引(しょういん) 증인. 증거를 듦. 인증(引證).
証印(しょういん) 증인.
証入(しょうにゅう)〖佛〗증입.
証状(しょうじょう) 증장. 어떤 사실을 증명하는 문서. 증명하는 혼적.
証跡(しょうせき) 증적. 사실·진실임을 증명하는 혼적.
証左(しょうさ) 증좌. 증거. 증인.
証紙(しょうし) 증지.
証徴(しょうちょう) 확실함을 보증·증명하는 일. 또, 확실하다는 증거.
証票(しょうひょう) 증표.
証験(しょうけん) 증험.

訓読

証す(あかす) (결백 등을) 증명[입증]하다.
証文 ㊀(あかしぶみ) ①〈신불에 기도·맹세하는〉서약서. ② 증명서.
㊁(しょうもん) ① 증거가 되는 문서. 증서. ②〈古〉출전(出典).

13 艹 教	蒸	찔 증·많을 증 ジョウ むす・むれる・むらす・ ふかす・ふける

音読

蒸気(じょうき) 증기. ♣~缶(がま) 기관. 보일러 /~圧(あつ)〖理〗증기압 /~浴(よく) 증기욕.

‖~機関(きかん) 증기 기관. ♣~車(しゃ) 증기 기관차.
~船(せん) 증기선. 기선.
蒸留(じょうりゅう) 증류. ♣~水(すい) 증류수/~酒(しゅ) 증류주/~塔(とう) 증류탑.
蒸民(じょうみん) 증민. 온 백성.
蒸発(じょうはつ) 증발. ♣~計(けい) 증발계/~器(き) 증발기/~皿(ざら) 증발 접시/~熱(ねつ) 〖理〗 증발열.
‖~霧(ぎり) 〖氣〗 증발무. 증발 안개.
蒸発散(じょうはっさん) 증발산.
蒸餅(じょうへい) 만두와 찐 떡.
蒸散(じょうさん) 〖植〗 증산.
蒸上(じょうじょう) 수증기가 위로 올라감.
蒸暑(じょうしょ) 증서. 무더움.
蒸熱(じょうねつ) 증열. 찌는 듯이 더움.
蒸着(じょうちゃく) 〖化〗 증착.
ぽんぽん蒸気(ぽんぽんじょうき) 작은 증기선. 통통배.

訓読→
蒸ける(ふける) 푹 쪄지다.
蒸せ返る(むせかえる) 무더워서 숨이 막히다.
蒸らす(むらす) 뜸들이다.
蒸れる(むれる) ① 뜸들다. ② 쪄다. 무덥다. ③ 물크러지다.
❖蒸かす(ふかす) 찌다.
蒸かし(ふかし) 찜. 찐 것. ♣~缶(かん) 찜통/~芋(いも) 찐 고구마.
蒸かし立て(ふかしたて) 갓 찜. 또, 갓 찐 것.
❖蒸す(むす) ① 무덥다. ② 쪄다.
蒸し(むし) ① 찜. ② 〈女〉 된장.
蒸し鍋(むしなべ) 찜통.
蒸し菓子(むしがし) 만두 따위 쪄서 만든 기호품.
蒸し衾(むしぶすま) 따뜻하고 부드러운 이불.
蒸し器(むしき) 찜통. 시루.
蒸し物(むしもの) ① 쪄서 만든 요리. ② 찐 만두 따위 기호품.
蒸し返し(むしかえし) 되찜. 또, 되찐 것.
蒸し返す(むしかえす) ① 되찌다. ② 해결된 일을 다시 문제 삼다.
蒸し飯(むしいい) 지에밥.
㊁(むしめし) 찬밥 찐 것.
蒸し釜(むしがま) 찜솥. 물건을 찌는 데 쓰는 솥.
蒸し暑い(むしあつい) 무덥다.
蒸し焼き(むしやき) 재료를 용기에 넣고 밀폐한 다음 가열함. 또, 그렇게 한 것.
蒸し羊羹(むしようかん) 양갱병(餅).
蒸し鰈(むしがれい) 절인 가자미를 쪄서 그늘에 말린 것.
蒸し蒸し(むしむし) 무더운 모양.
蒸し鮨(むしずし) 초밥용 밥에 표고버섯·붕장어 등을 얹어놓고 찐 초밥.
蒸し直す(むしなおす) 다시 찌다.
蒸し風呂(むしぶろ) 증기욕.

其他→
蒸籠(せいろう) 나무 찜통《바닥에 경그레를 댄 것》. *せいろ로도 읽음.

14 土 〖教〗 増(增) 더할 증 ゾウ ます·ふえる·ふやす·まさる

音読→
増(ぞう) 증. 늚. 증가.
増加(ぞうか) 증가.
‖~関数(かんすう) 〖數〗 증가 함수.
増価(ぞうか) 증가. ① 값을 올림. ② 재산의 가치가 저절로 늘어남.
増刊(ぞうかん) 증간.
増減(ぞうげん) 증감.
増感(ぞうかん) 증감. 사진 감광(感光) 재료의 감광도를 증가시킴. ♣~剤(ざい) 〖化〗 증감제.
増強(ぞうきょう) 증강.
増結(ぞうけつ) (열차 등의) 증결. ♣~車(しゃ) 증결차.
増給(ぞうきゅう) 증급. 승급.
増段(ぞうたん) ⇨ 増反(ぞうたん).
増大(ぞうだい) 증대.
増量(ぞうりょう) 증량. 수량을 늘림.
増募(ぞうぼ) 증모.
増反(ぞうたん) 경작 면적을 늘림.
増発(ぞうはつ) 증발.
増配(ぞうはい) (배급·배당의) 증배.
増兵(ぞうへい) 증원병.
増補(ぞうほ) 증보. ♣~版(ばん) 증보판.
増俸(ぞうほう) 증봉.
増分(ぞうぶん) ① 〖數〗 증분. ② 늘어난 몫.
増備(ぞうび) 증비. 장비·설비를 늘림.
増産(ぞうさん) 증산.
‖~計画(けいかく) 증산 계획.
増床(ぞうしょう) ① 병원의 침대 수를 늘림. ② 백화점 등의 매장 면적을 늘림.
増上慢(ぞうじょうまん) ① 〖佛〗 증상만. ② 실력도 없으면서 으스댐. 또, 그러한 사람.
増石(ぞうこく) 술·간장 등의 생산고를 늘림.
増設(ぞうせつ) 증설.
増税(ぞうぜい) 증세.
増勢(ぞうせい) 증세. 증가하는 세력.
増損(ぞうそん) 증손. 증감(増減).
増刷(ぞうさつ) 증쇄. 추가 인쇄.
増水(ぞうすい) 증수.
増収(ぞうしゅう) 증수.
増嵩(ぞうすう) (분량·부피·수·금액 따위가) 늚.
増殖(ぞうしょく) 증식. ♣~炉(ろ) 증식로.
増悪(ぞうあく) ① 병세가 점점 나빠짐. ② 더 악화함.
増額(ぞうがく) 증액.
増員(ぞういん) 증원.
増援(ぞうえん) 증원.
‖~部隊(ぶたい) 증원 부대.
増音程(ぞうおんてい) 〖樂〗 증음정.
増益(ぞうえき) 증익. ① 이익이 늚. ② 늘게 함.
増資(ぞうし) 증자.
増作(ぞうさく) 증작. 농작물의 수확이 늚.
増長(ぞうちょう) ① 증장. 점점 심해짐 ①

해 감). 특히, 좋지 못한 것이 자꾸 늚. ②우쭐해서 거만하게 굶.
∥~天(てん)〖佛〗증장천왕(增長天王).
増訂(ぞうてい) 증정. 책 등의 내용에서 모자라는 것을 보태고 잘못된 것을 고침.
増枠(ぞうわく) 할당의 한도를 늘림.
増注(ぞうちゅう) 증주. 주석을 더 첨가함.
増註(ぞうちゅう) ⇨ 増注(ぞうちゅう).
増進(ぞうしん) 증진. 「정수함.
増徴(ぞうちょう) 증징. 세금을 전보다 많이
増車(ぞうしゃ) 증차.
増築(ぞうちく) 증축.
増置(ぞうち) 증치. 증설(増設).
増炭(ぞうたん) 증탄.
増派(ぞうは) 증파. 증원하여 파견함.
増版(ぞうはん) 증판. 증쇄(増刷).
増便(ぞうびん) 증편. 증발(増發). 「폭」.
増幅(ぞうふく) 〖理〗증폭. ♣~器(き) 증
増血(ぞうけつ) 증혈. ♣~剤(ざい) 증혈제

訓読
増える(ふえる) 늘다. 증가하다.
増さる(まさる) ①(점차로) 붙다. 늘다. 많아지다. 더해지다. ②《動詞 連用形에 붙어》 점점.
増やす(ふやす) (인원·수량을) 늘리다.
増様(まさざま) 수량·정도가 늘어가는 모양.
❖増す(ます) ①(수나 양이) 늘다. 불어나다. 또, 늘리다. ②(정도를) 더하다. ③더욱 …해지다.
増し(まし) ①증가. 많아짐. ②더 나음. (편이) 더 좋음. ③《接尾語로》…증가.
増して(まして) 〈古〉(다른 것보다) 한층 더. …보다도 더.
増し金(ましきん) 일정 금액에 추가함. 또, 그 추가한 돈.
増し担保(ましたんぽ) ①담보력 유지를 위해 담보의 목적물을 증가하는 일. ②증권 거래에서 과세를 규제하기 위해 통상적인 담보 이외에 징수하는 추가 담보.
増し目(ましめ) (편물에서) 콧수를 늘려서, 폭을 넓힘.
増し刷り(ましずり) 〖印〗증쇄.
増し水(ましみず) 증수. 물이 붊. 또, 그 불어난 물.

| 14 小 常 | 憎(憎) | 미워할 증
ゾウ
にくむ·にくい·にくらしい·にくしみ |

音読
憎(ぞう) 미워함. 미움.
憎愛(ぞうあい) 증애. 미움과 사랑. 애증.
憎悪(ぞうお) 증오.
訓読
憎からず(にくからず) ①〈古〉 밉지 않게. 보기에 좋게. ②귀엽게.
憎がる(にくがる) 미워하다.

憎しみ(にくしみ) 미움. 증오.
憎たらしい(にくたらしい) 밉살스럽다.
憎らしい(にくらしい) 밉살스럽다. 얄밉다.
❖憎い(にくい) ①밉다. 얄밉다. ②(얄밉도록) 훌륭하다. 기특하다.
憎げ(にくげ) 미운 모양.
憎さ(にくさ) 미움.
憎さげ(にくさげ) 밉살스러운 모양.
憎相(にくそう) 밉살스러운 모습. 밉살스러운 인상. 또, 그런 사람.
憎憎しい(にくにくしい) 몹시 밉살스럽다. 밉디밉다.
憎体(にくてい) 밉살스러운 모양.
❖憎まれる(にくまれる) 미움받다.
憎まれ口(にくまれぐち) 미움살 말. 밉살스러운 말투.
憎まれ役(にくまれやく) 미움받는 역(할).
憎まれっ子(にくまれっこ) 미움받는 아이〔사람〕.
憎まれ者(にくまれもの) 미움받는 사람.
❖憎む(にくむ) ①미워하다. ②〈古〉시기〔질투〕하다.
憎み(にくみ) 증오. 미움.
憎めない(にくめない) 미워할 수 없다.

| 17 瓦 | 甑 | 시루 증
ソウ
こしき |

訓読
甑(こしき) 시루. *そうろ로도 읽음.
∥~布(ぬの) 천으로 된 시룻밑.

| 18 貝 常 | 贈(贈) | 줄 증
ゾウ·ソウ
おくる |

音読
贈(ぞう) 증. 관위(官位)를 나타내는 말에 붙어서, 죽은 후에 조정에서 추서한 것임을 나타냄.
贈官(ぞうかん) 증관. 죽은 뒤에 조정에서 벼슬을 줌. 또, 그 벼슬.
贈答(ぞうとう) 증답. ♣~品(ひん) 선사품.
∥~文化(ぶんか) 증답 문화.
~社会(しゃかい) 증답 사회.
贈賻(ぞうふ) 증부. 향전(香奠)을 보냄.
贈賞(ぞうしょう) 증상. 상을 보냄.
贈収賄(ぞうしゅうわい) 증수회.
贈諡(ぞうし) 증시. 시호.
贈与(ぞうよ) 증여. ♣~税(ぜい) 증여세.
贈位(ぞうい) 증위.
贈遺(ぞうい) 증유. 증여.
贈呈(ぞうてい) 증정.
贈進(ぞうしん) 증정(贈呈).
贈号(ぞうごう) 시호(諡號).
贈賄(ぞうわい) 증회. 뇌물을 줌. ♣~罪(ざい) 증회죄.

지

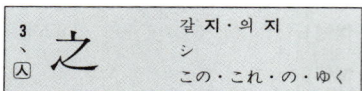

갈 지·의 지
シ
この・これ・の・ゆく

[訓読]
之(これ) ① 이것. 이제. 지금. 여기. ② 이 사람. 이분. ③ 이 일.

[其他]
之繞(しんにゅう) 한자 부수의 하나: 책받침. *しんにょう로도 읽음.

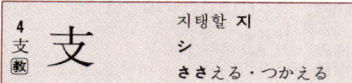

지탱할 지
シ
ささえる・つかえる

[音読]
支(し) ① 간지(干支). ② 支那(しな)의 준말.
支干(しかん) 지간. 간지.
支幹(しかん) 지간. 본줄기에서 갈라져 나온 비교적 작은 줄기. 「(傍系).
支系(しけい) ① 가지. 분지(分枝). ② 방계
支管(しかん) (수도・가스의) 지관.
支局(しきょく) 지국.
支給(しきゅう) 지급.
支那(しな) 지나. 중국의 구칭. ♣~服(ふく) 중국 옷.
‖~蕎麦(そば) 중화면. 라면.
~料理(りょうり) 중화 요리.
~竹(ちく) 중국 요리에 쓰는 말린 죽순.
支隊(したい) 지대. 본대에서 나누어져 나와 별도로 행동하는 부대.
支度(したく) 채비. 준비.
‖~金(きん) 준비금. 결혼・취직 등의 준비에 필요한 돈.
~料(りょう) 준비금으로서 지불되는 돈.
支路(しろ) 지로. 큰길에서 갈라진 길.
支流(しりゅう) ① 지류. 샛강. ② 분파.
支離滅裂(しりめつれつ) 지리멸렬.
支脈(しみゃく) 지맥.
支配(しはい) 지배. ♣~権(けん) 지배권 / ~力(りょく) 지배력 / ~人(にん) 지배인 / ~的(てき) 지배적 / ~株(かぶ) 지배주.
‖~階級(かいきゅう) 지배 계급.
~株主(かぶぬし) 『經』 지배 주주.
~会社(がいしゃ) 『經』 지배 회사.
支弁(しべん) 지변. 처리함. (돈을) 지불함.
支部(しぶ) 지부.
支分(しぶん) 지분. 잘게 나눔.
支払い(しはらい) 지불. 지급.

‖~勘定(かんじょう) 『經』 상거래로 발생한 영업상의 채무.
~渡し(わたし) 『經』 지급 인도.
~命令(めいれい) 『法』 지급 명령.
~保証(ほしょう) 『法』 지급 보증.
~猶予(ゆうよ) 『法』 지급 유예.
~停止(ていし) 『法』 지급 정지. 「금.
~準備金(じゅんびきん) 『經』 지불 준비
~準備制度(じゅんびせいど) 『經』 지불 준비 제도.
支払う(しはらう) 지불[지급]하다.
支社(ししゃ) ① 지사. ② 신사(神社)의 분사(分社). 「줄.
支索(しさく) 지삭. 강삭(鋼索)으로 된 버팀
支庶(ししょ) 지서. ① 분가한 혈통. ② 서자.
支署(ししょ) 지서. 본서에서 분기된 관서.
支石墓(せきぼ) 『考』 지석묘.
支線(しせん) 지선. ① (철도의) 본선으로부터 분리된 선. ② 버팀줄.
支所(ししょ) 지소. 출장소.
支院(しいん) 『佛』 ① 탑두(塔頭). ② 말사(末寺).
支援(しえん) 지원.
‖~融資(ゆうし) 지장. 융자.
支場(しじょう) 지장. (중심되는 시험장 따위에서) 갈리어 나간 출장소.
支障(ししょう) 지장.
支店(してん) 지점.
‖~詰め(づめ) 지점 근무.
支点(してん) 지점. (지렛대의) 받침점.
支族(しぞく) 지족. 분가(分家).
支柱(しちゅう) 지주.
支持(しじ) 지지.
‖~価格(かかく) 지지 가격.
支庁(しちょう) 지청.
支軸(しじく) 지축. (지렛대의) 받침축.
支出(ししゅつ) 지출.
‖~国民所得(こくみんしょとく) 『經』 지출 국민 소득.
支派(しは) 지파. 분파.
支会(しかい) 지회. 지부(의 회의).

[訓読]
❖支える ㊀(ささえる) 버티다. ① 떠받치다. ② 유지하다. 지탱하다. ③ 방지(防止)하다. 막아내다.
㊁(つかえる) ① 막히다. 메다. ② 받히다. ③ 밀리다. 정체되다. ④ 사용중이다. ⑤ 더듬거리다.
支え ㊀(ささえ) 받침. 버팀. 지주(支柱). 기
‖~口(ぐち) 남을 중상하는 말.
~小支え(こさえ) 방해하는 일. 중상함.
~柱(ばしら) 지주(支柱).
㊁(つかえ) 막힘. 지장.

[其他]
支う(かう) 지탱하다. 받치다. 버티다.
支根(えだね) 지근. 받침뿌리.
支繞(えだにょう) 한자 부수의 하나: 지탱할 지. *しにょう로도 읽음. 「재인.
支人(さえにん) 싸움이나 말다툼 따위의 중

止

| 4 止 敎 | 止 | 그칠 지·막을 지
シ　とまる·とめる·
ただ·とどまる·とどめ
る·やむ·やめる |

音読

止渇(しかつ) 갈증을 멎게 함.
止観(しかん) ①〖佛〗지관. ②천태종의 딴 이름.
止痢剤(しりざい)〖薬〗지사제.
止瀉剤(ししゃざい)〖薬〗지사제.
止水(しすい) ①지수. 흐르지 않는 물. ②물 따위가 새는 것을 막음.
止宿(ししゅく) 지숙. 숙박함.
止揚(しよう)〖哲〗지양.
止痛(しつう) 지통. 진통.
止血(しけつ) 지혈. ♣**~法**(ほう) 지혈법/ **~剤**(ざい) 지혈제.

訓読

止まない(やまない)《'…して~'의 꼴로》어 디까지나 하다. …해 마지않다.
止んぬるかな(やんぬるかな)〈雅〉이제 마 지막이다. 이제는 어쩔 수 없다.
止ん事無い(やんごとない) ①내버려 둘 수 없다. 마지못하다. ②귀중하다. ③매우 존귀 〔고귀〕하다.
❖**止まる** ㊀(とまる) ①멈추다. 멎다. 그치 다. 정지하다. ②(통하던 것이) 끊어지다.
㊁(どまる) ①움직이지 않다. 머물다. ② 멈추다. 그치다.
㊂(やまる)〈俗〉①끊은 상태가 되다. 그치 다. ②그만둘 수가 있다.
止まり ㊀(とまり) 멈춤. 그침. ①정지. ② 막다름. 막힘. 또, 그 곳. ③끝. 종점.
㊁(どまり)《接尾語로》고작 (…임).
止まり木(とまりぎ) (닭장·새장 속의) 홰.
❖**止む**(やむ) ①멈추다. ②그치다. 그만두다. ③중단되다.
止み難い(やみがたい) 억누를 수 없다. 그만 둘 수 없다.
止むに止まれず(やむにやまれず) 만부득 이해서. 어쩔 수 없어.
止むに止まれぬ(やむにやまれぬ) 만부득 이한. 어쩔 수 없는.
❖**止める** ㊀(とめる) ①멈추다. 세우다. 정 지하다. ②끊다. 잠그다. 끄다. ③못 하게 하 다. ④막다.
㊁(とどめる) ①멈추게 하다. 세우다. ②말 리다. 만류하다. ③(뒤에) 남기다. ④그치게 하다.
㊂(やめる) 그만두다. 중지하다. 끊다.
止め ㊀(とめ) ①멈춤. ②끝(냄). ③금지.
㊁(とどめ) (마지막) 숨통을 끊음. 최후의 일 격. 결정타.
㊂(やめ) 그만둠. 중지. 끝남.
止め句(とめく) 和歌(わか)·俳句(はいく) 등에서 쓰기를 기피하는 구(句). 금구(禁句).
止め金(とめがね) 멈춤쇠·잠그개 따위 연결 용 금속.
止め螺子(とめねじ) 고정 나사.
止め立て(とめだて) 제지. 말림.
止め木(とめぎ) 江戸(えど) 시대에, 지정된 나무의 벌채를 금지했던 일.
止め山(とめやま) 사냥·벌채를 금하는 산.
止め相場(とめそうば)〖經〗①종가(終價). ②하종가(下終價).
止め矢(とめや) ①마지막으로 쏘는 화살. ② 마지막 숨통을 끊는 화살.
止め椀(とめわん) 회식 때 마지막으로 나오 는 국물《흔히 된장 국물》.
止め処(とめど) 한(限). 끝.
止め弁(とめべん) ①스톱 밸브(stop valve). ②체크 밸브(check valve). 역류 방지판.
止め偏(とめへん) 한자 부수(部首)의 하나: 그칠지.

其他

❖**止す** ㊀(よす) 중지하다. 그만두다.
㊁(さす)《動詞의 連用形에 붙어서》도중에 서 그만두다.
止し ㊀(よし) 그만둠.
㊁(さし)《動詞의 連用形에 붙어서》중지함. 도중에서 그만둠.

| 5 口 人 | 只 | 다만 지
シ
ただ |

音読

只管打坐(しかんたざ)〖佛〗선종(禪宗)에서, 오로지 일념으로 좌선함.

訓読

只(ただ) ①무료. 공짜. 거저. ②보통. 예사. 그냥. ③단지. 다만.
只今(ただいま) 지금. 방금. 이제 막.
只働き(ただばたらき) 일을 하고도 보수를 받지 못함. 또, 보수 없이 일함. 공(空)일.
只戻り(ただもどり) 그냥 헛되이 돌아옴.
只匁(ただもんめ) 거저. 무료.
只物(ただもの) 보통 물건.
只奉公(ただぼうこう) 무료 봉사(奉仕).
只事(ただごと) 보통 일. 예삿일.
只乗り(ただのり) 거저 탐. 무임 승차. 「기.
只者(ただもの) 평범한 사람. 범인. 보통내
只中(ただなか) ①한복판. ②한창. …한때.
只只(ただただ) 只(ただ)를 강조한 말.
只取り(ただどり) 거저 입수함〔손에 넣음〕.
*ただとりで도 읽음.

其他

只管(ひたすら) 오로지. 오직. 한결같이.

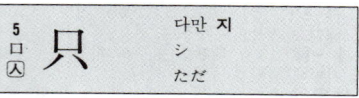

| 6 几 人 自 | 凪 | 바람이자고파도그칠
(지)

なぎ·なぐ |

訓読

凪(なぎ) 바람이 멎고 물결이 잔잔해짐.
凪ぐ(なぐ) 바람이 멎어 파도가 잔잔해지다.

6 土 (教)	地	땅 지 チ・ジ つち

音読
地 ㊀ (ち) ① 땅. 대지. ② 지방. 장소. ③ 위치. 입장. ④ 책·화물·족자의 밑부분.
~に落(お)ちる 권위·명성이 떨어지다.
~に塗(まみ)れる 패배하다.
~から湧(わ)く 갑자기 나타나다.
㊁ (じ) ① 지면. 토지. 땅. ② 피륙 등의 무늬 바탕. ③ 그 사람의 천성. ④ 피부. 살결. ⑤ 풋내기. 숫보기.
~が出(で)る 본성이 드러나다.
~で行(ゆ)く 꾸밈없이 있는 그대로 행동하다.
地がすり(ちがすり) 연극에서, 지면을 나타내려고 무대에 까는 천.
地べた(じべた) 〈口〉땅바닥.
地価(ちか) 지가. 땅값.
∥**~公示制度**(こうじせいど) 〖法〗지가 공시제.
地歌(じうた) ① 그 지방의 속요(俗謠). ② 京都(きょうと)·大阪(おおさか) 지방의 三味線(しゃみせん) 가곡.
∥**~舞**(まい) 地歌를 반주로 하는 춤. 京都 지방에 발달한 무용의 하나.
地角(ちかく) 지각. ① 대지의 끝. ② 갑. 곶.
地殻(ちかく) 지각. 지피(地皮).
∥**~均衡説**(きんこうせつ) 〖地〗지각 균형설. 지각 평형설. 「동.
~変動(へんどう) 〖地〗지각 변동. 지각 변
~収縮説(しゅうしゅくせつ) 〖地〗지각 수축설. 지구 수축설. 「유량.
~熱流量(ねつりゅうりょう) 〖地〗지각 열
地検(ちけん) 地方検察庁(ちほうけんさつちょう)의 준말.
地肩(じがた) 타고난 어깨힘.
地景(ちけい) 지경. 토지의 모양. 지형.
地境(ちきょう) 지경. 토지의 경계. *じかい·じさかい로도 읽음. 「준말.
地警(ちけい) 地方警察(ちほうけいさつ)의
地界(ちかい) 지계. ① 땅의 경계. ② 지상의 세계.
地階(ちかい) 지반보다 아래층. 지하층.
地鶏(じどり) ⇨ 地鳥(じどり).
地固め(じがため) ① 터다짐. 달구질. ② 기초를 굳힘. 기반 다지기.
地塊(ちかい) 〖地〗지괴.
∥**~運動**(うんどう) 〖地〗지괴 운동.
地窖(ちこう) 지교. 지면에 판 구멍. 움.
地教委(ちきょうい) 地方教育委員会(ちほうきょういくいいんかい)의 준말.
地久(ちきゅう) 대지가 영구히 변하지 않고 있음.
∥**~節**(せつ) 일본 황후 탄생일의 구칭.
地口(じぐち) 곁말. 속담 또는 어구에 음이 비슷하나 뜻이 다른 말로 바꿔 치는 말장난.

∥**~行灯**(あんどん) 地口를 써 넣고 여기에 흔히 만화를 곁들여 그린 지등(紙燈).
地区(ちく) 지구. ♣**~別**(べつ) 지구별.
∥**~計画**(けいかく) 지구 계획. 건축물의 형태, 공공 시설의 배치 등을 정한 계획.
地球(ちきゅう) 지구. ♣**~局**(きょく) 지구국. 「측 위성.
∥**~観測衛星**(かんそくえいせい) 지구 관
~物理学(ぶつりがく) 지구 물리학.
~放射(ほうしゃ) 지구 복사(輻射)《대기 또는 지표면에서 내는 방사》.
~温暖化(おんだんか) 지구 온난화. ♣**~防止条約**(ぼうしじょうやく) 지구 온난화 방지 조약.
~儀(ぎ) 지구의. 지구본.
~の日(ひ) 지구의 날.
~磁気(じき) 〖理〗지구 자기.
~照(しょう) 〖天〗지구 반사광. 지구에서 반사된 태양광 때문에 달의 암부(暗部)가 엷게 빛나 보이는 현상.
~潮汐(ちょうせき) 〖地〗지구 조석.
~主義(しゅぎ) 지구주의.
~楕円体(だえんたい) 지구 타원체.
~型惑星(がたわくせい) 〖天〗지구형 행성(行星).
~化学(かがく) 〖化〗지구 화학.
~環境(かんきょう) 지구 환경. ♣**~基金**(ききん) 지구 환경 기금.
地溝(ちこう) 지구. 단층 사이에 생긴 좁고 길게 꺼진 땅.
地券(ちけん) 지권. 토지 소유 증서.
地権者(ちけんしゃ) 지권자. 토지를 소유하고 있는 권리자.
地均し(じならし) ① 정지(整地). ② 바닥 고르는 도구. ③ 준비 작업. 사전 공작.
地金(じがね) 지금. 화폐 재료로서의 금(金).《도금 의》바탕쇠. *じきん으로도 읽음. ② 본성. 본심.
地気(ちき) 지기. ① 땅속의 공기. ② 대지의 정기(精氣).
地肌(じはだ) ① (화장을 하지 않은) 맨살갗. ② 지표(地表). 대지(大地)의 표면.
地祇(ちぎ) 지기. 지신(地神). 국토의 신.
地内(じない) 지내. 일정한 지역 안.
地壇(ちだん) 지단. 중국에서, 천자가 지신을 제사지내는 네모난 제단.
地団太(じだんだ) ⇨ 地団駄(じだんだ).
地団駄(じだんだ) (괘씸하거나 분해서) 발 동동 구름. *じたんだ로도 읽음.
地代(じだい) 지대. ① 차지료(借地料). ② 지가(地價). *老人語로는 ちだい라고도 함.
∥**~論**(ろん) 〖經〗지대론《지대의 성격·근거에 대한 학설》.
~増減請求権(ぞうげんせいきゅうけん) 〖法〗지대 증감 청구권.
地帯(ちたい) 지대.
地袋(じぶくろ) 床の間(とこのま) 옆 층진 선반 아래쪽의 작은 벽장.

地徳(ちとく) 지덕.
地図(ちず) 지도.
∥~情報(じょうほう) 지도 정보. 지도에서 읽을 수 있는 정보.
~投影法(とうえいほう) 《地》 지도 투영법.
地道 ㊀(じみち) ① 견실한 방법. ② 수수함. 검소.
㊁(ちどう) 지도. ① 대지의 법칙. ② 지하도.
地塗り(じぬり) 바탕칠.
地搗き(じつき) ⇨ 地突き(じつき).
地突き(じつき) 달구질.
地動説(ちどうせつ) 《天》 지동설.
地頭 ㊀(じとう) 마름. 사음(舍音). 일본 중세의 장원(莊園)에서, 조세 정수·군역(軍役)·수호(守護) 등을 맡았던 관리자.
㊁(じあたま) (가발을 쓰지 않은) 본머리. 제 머리.
地卵(じたまご) 그 지방에서 나는 달걀. ※じたまろ로 읽음.
地嵐(じあらし) 산에서 바다로 부는 바람.
地力 ㊀(ちりょく) 지력. 토지의 생산력.
㊁(じりき) 그 자체가 본디 지니고 있는 힘. 저력. 실력.
地歴(ちれき) 학과목으로서의 '地理(ちり)·歴史(れきし)(=지리·역사)'의 준말.
地瀝青(ちれきせい) 아스팔트.
地靈(ちれい) 지령. 땅의 정령(精靈).
地炉(ちろ) 마룻바닥을 사각형으로 도려 파고 취사용 불을 피우는 장치. ※じろ로도 읽음.
地労委(ちろうい) 地方労働委員会(ちほうろうどういいんかい)의 준말.
地牢(じろう) 지하에 설치한 감옥.
地雷(じらい) 지뢰.
∥~原(げん) 지뢰밭. 지뢰를 부설한 위험 지대.
~廃絶(はいぜつ) 지뢰 폐절. 지뢰를 (지상에서) 없앰.
地竜(じりゅう) 지룡. 지렁이의 내장물을 제거하여 말린 생약.
地塁(ちるい) 《地》 지루.
地類(じるい) ① 지상의 만물. 또, 영혼. ② 오래전에 분가했던 먼 친척을 포함한, 지연(地縁)이 있는 집들.
地利(ちり) 지리. 지형상의 이점.
地の利(ちのり) 지리. 차지한 땅의 위치가 유리함.
地理(ちり) 지리. ♣~的(てき) 지리적 / ~学(がく) 지리학.
地離れ(じばなれ) 낚시에서, 봄에 물고기가 바닥에서 약간 떨어져 놂.
地望(ちぼう) 지망. 지위와 명망.
地網(じあみ) 저인망·정치망 등의 총칭.
地脈(ちみゃく) ① 지층의 연속된 줄기. ② 지하수의 통로.
地面(じめん) 땅. ① 지면. ② 토지. ♣~師(し) 토지 사기꾼.
地名(ちめい) 지명.
∥~伝説(でんせつ) 지명 전설.
地鳴き(じなき) 새의 번식기의 울음소리에 대해, 암수의 평상시 우는 소리.

地鳴り(じなり) 지반이 흔들려 일어나는 땅울림. 또, 그 소리.
地毛(じげ) (가발에 대하여) 제머리(털).
地目(ちもく) 지목.
地霧(じぎり) 지면에서 2미터 정도로 낮게 깔린 안개.
地文(ちもん) 《地》 지문. ① 대지의 모양. ※ちぶん으로도 읽음. ② 地文学의 준말.
∥~学(がく) 《地》 지문학.
~航法(こうほう) 《海》 지문 항법.
地の文(じのぶん) 지문(地文).
地紋(じもん) 바탕 무늬.
地物(ちぶつ) 지물. 지상에 있는 자연·인공의 모든 물건. 특히 군대에서, 전투와 관계 있는 물체에 대해 이름.
㊁(じもの) 그 고장 토산물(土産物).
地米(じまい) 그 고장 쌀.
地味(じみ) (빛깔이나 모양이 화려하지 않고) 수수함. 검소함.
㊁(ちみ) 지미. 지질. 토지의 생산력.
地薄(じうす) 직물의 바탕이 얇음.
地縛靈(じばくれい) 그 고장에 특별한 인연이 있어 머물고 있는 죽은 사람의 혼령.
地拍子(じびょうし) 謠曲(ようきょく)에서, 가사를 일정한 리듬에 맞추기 위한 장단 잡기.
地盤(じばん) 지반.
∥~沈下(ちんか) 지반 침하.
地髪(じがみ) (가발에 대하여) 제머리털. 타고난 머리털.
地方 ㊀(ちほう) 지방. ♣~官(かん) 지방관 / ~区(く) 지방구 / ~色(しょく) 지방색 / ~税(ぜい) 지방세 / ~紙(し) 지방지 / ~債(さい) 지방채 / ~庁(ちょう) 지방청 / ~版(ばん) 지방판.
∥~検察庁(けんさつちょう) 지방 검찰청.
~公共団体(こうきょうだんたい) 지방 공공 단체.
~公務員(こうむいん) 지방 공무원.
~公営企業(こうえいきぎょう) 지방 공영 기업.
~官庁(かんちょう) 지방 관청.
~交付税交付金(こうふぜいこうふきん) 지방 교부세 교부금.
~教育委員会(きょういくいいんかい) 지방 교육 위원회.
~機関(きかん) 지방 기관.
~気象台(きしょうだい) 지방 기상대.
~労働委員会(ろうどういいんかい) 지방 노동 위원회.
~分権(ぶんけん) 지방 분권.
~事務所(じむしょ) 지방 사무소.
~選挙(せんきょ) 지방 선거.
~巡業(じゅんぎょう) 지방 순회.
~新聞(しんぶん) 지방 신문.
~連絡部(れんらくぶ) 지방 연락부《방위청 기관의 하나》.
~銀行(ぎんこう) 지방 은행.
~議会(ぎかい) 지방 의회.
~自治団体(じちだんたい) 지방 자치 단체.
~自治体(じちたい) 지방 자치체.

~**長官**(ちょうかん) 지방 장관.
~**財政**(ざいせい) 지방 재정.
~**裁判所**(さいばんしょ) 지방 법원.
~**貯金局**(ちょきんきょく) 지방 저금국.
~**行政**(ぎょうせい) 지방 행정.
㊂(じかた) ①室町(むろまち)시대에, 京都(きょうと)의 가옥·집터·소송을 관장하던 관청. ②〈老〉촌. 시골. ③(무용에서) 반주를 담당하는 사람. 또, 반주 음악.
地背斜(ちはいしゃ)〖地〗지배사.
地白(じしろ) 흰 바탕의 직물.
地番(ちばん) 지번. 번지.
地変(ちへん) 지이(地異).
地歩(ちほ) 지보. 지반. 입장. 위치.
地腹(じばら) (타고난) 본디대로의 배.
地蜂(じばち)〖蟲〗땅말벌.
地縫い(じぬい) 시침질.
地付き(じつき) ①(본)토박이. ②그 고장에 예로부터 있는 일. 오래됨. ③토산(土產).
地府(ちふ) ①풍요로운 땅. 대지. ②저승. *㊂는 じふろ로 읽음.
地膚(じはだ) ⇨ 地肌(じはだ).
地婦連(ちふれん) '全国地域(ぜんこくちいき)婦人団体(ふじんだんたい)連絡会議(れんらくかいぎ)(=전국 지역 여성 단체 연락 회의)'의 준말.
地崩れ(じくずれ) 산사태.
地肥(ちごえ) 비료로 하는 소토(燒土) 따위.
地史(ちし)〖地〗지사. 지구의 역사.
地糸(じいと) (직물의) 바탕 실.
地山(じやま) ①(섬에 있는 산에 대하여) 육지의 산. ②자연 그대로의 지반의 총칭.
地渋(ちしぶ) 논이나 개천 등에 녹물처럼 떠 있는 것. *じしぶ로도 읽음.
地上(ちじょう) ①지면의 위. ②이 세상. ♣~**権**(けん)〖法〗지상권.
‖~**茎**(けい)〖植〗지상경. 땅위줄기.
~**植物**(しょくぶつ)〖植〗지상 식물.
地上げ(じあげ) ①땅에 흙을 돋우어 높임. ②재개발을 위해 권리가 얽힌 자투리땅들을 강제로 사모아 하나로 뭉뚱그림.
地床(じどこ) 표면이 지면보다 낮은 못자리.
地相(ちそう) 지상. ①지형. ②지형으로 판단되는 길흉.
地象(ちしょう) 지상. 지진·산사태 등 땅에서 일어나는 현상.
地色(じいろ) (직물의) 바탕색.
地生え(じばえ) 그 고장에서 나고 자람. 또, 그 사람. 토박이.
地鼠(じねずみ)〖動〗땃쥐.
地仙(ちせん) 지선. 지상에 있는 선인.
地先(ちさき) 그 장소의 부근. 마을이나 주거지의 부근. *じさきろ로도 읽음.
‖~**漁**(りょう) 해안에서 보이는 가까운 바다에서의 고기잡이.
地声(じごえ) 타고난 음성. 본래의 목소리.
地盛り(じもり) 흙을 돋움.
地税(ちぜい) 지세.

地勢(ちせい) 지세. 「지.
地所(じしょ) (집을 짓기 위한) 땅. 대지. 토
地続き(じつづき) 땅이 잇닿아 있음.
地水(ちすい) 지수. 지하수.
地守(ちもり) 토지를 지키는 사람.
地水火風空(ちすいかふうくう)〖佛〗지수화풍공.
地乗り(じのり) (마술(馬術)에서) 말의 발을 맞추어 걷게 함.
地侍(じざむらい) 지방의 토착 무사.
地息(じいき) 지면에서 오르는 수증기.
地伸し(じのし) (천을 마르기 전에) 다리미로 다려서 폄. 「로도 읽음.
地神(ちじん) 지신. 땅을 맡은 신. *じがみ
地心(ちしん) 지심. 지핵.
‖~**黄経**(こうけい)〖天〗지구의 중심에서 본 황도 좌표(黃道座標)에 의한 황경(黃經).
地顔(じがお) 화장하지 않은 맨 얼굴.
地圧(ちあつ) 지압. 지각을 구성하는 물체가 그 내부 또는 이것에 접하는 물체에 끼치는 힘.
地揚げ(じあげ) ⇨ 地上げ(じあげ).
地輿(ちよ) 대지(大地). 지구.
地役(ちえき) 지역. 남의 토지를 자기의 편익을 위하여 이용함. 또, 그 권리. ♣~**権**(けん)
地域(ちいき) 지역. 「지역권.
‖~**開発**(かいはつ) 지역 개발.
~**格差**(かくさ) 지역 격차.
~**冷暖房**(れいだんぼう) 지역 냉난방.
~**団体**(だんたい) 지역 단체.
~**代表制**(だいひょうせい) 지역 대표제.
~**紛争**(ふんそう) 지역 분쟁.
~**社会**(しゃかい) 지역 사회. ♣~**学校**(がっこう) 지역 사회 학교.
~**手当**(てあて) 지역 수당《생활비의 지역차를 감안한 수당》.
~**的集団安全保障**(てきしゅうだんあんぜんほしょう) 지역적 집단 안전 보장.
~**主義**(しゅぎ) 지역주의.
地縁(ちえん) 지연.
‖~**集団**(しゅうだん) 지연 집단.
地熱(ちねつ) 지열. ①지구 내부의 열. ②지면의 열기.
地染め(じぞめ) (천·피륙에서) 무늬 외의 부분[바탕]을 물들임.
地の塩(ちのしお) 기독교에서, 세상의 소금.
地曳き(じびき) ⇨ 地引き(じびき).
地獄(じごく) ①〖佛〗지옥. ②화산에서 끊임없이 불을 내뿜고 있는 곳. ③〈俗〉매춘부. ④(극장의) 무대 밑.
‖~**図**(ず) 지옥같이 참혹한 양상.
~**変**(へん)〖佛〗'地獄変相(じごくへんそう)'의 준말. 망령들이 지옥에서 온갖 고통을 받는 광경을 그린 그림.
~**耳**(みみ) ①한번 들으면 안 잊어버림. ②남의 비밀 따위를 재빨리 들어 알고 있음. 또, 그런 사람.
地温(ちおん) 지온.
‖~**勾配**(こうばい) 지구 내부에 가까와짐

에 따라 온도가 상승하는 비율.
地外(ちがい) 지외. 어떤 지역의 밖. 지역 외.
地妖(ちよう) 지상의 괴이한 이변.
地謡(じうたい) (能楽(のうがく)에서) 대화 이외의 부분을 무대 가에서 여럿이 창하는 일. 또, 그 사람들〔노래〕.
地雨(じあめ) 일정한 세기로 계속 내리는 비. 본격적으로 내리는 비.
地元(じもと) ① 그 고장. ② 자기의 생활〔세력〕 근거지.
地位(ちい) 지위.
地維(ちゆう) 지유. 대지(大地).
地育ち(じそだち) 그 고장에서 태어나 자람.
地銀(ちぎん) 地方銀行(ちほうぎんこう)의 준말.
地衣(ちい) 〖植〗 지의. 석화. ♣~類(るい)
‖~帯(たい) 〖植〗 지의대. 지의류만 볼 수 있는 고산 지대.
~植物(しょくぶつ) 〖植〗 지의 식물. 〔의류.
地衣装(じいしょう) (무대 의상에 대해) 배우가 평소 입고 있는 의복.
地異(ちい) 지이. 지상의 이변. 지변.
地引き(じびき) ① 후리질. ② 후리. 후릿그물. ③ (건축에서) 지신제(地神祭). ♣~網(あみ) 후리. 후릿그물.
地辷り(じすべり) ⇨ 地滑り(じすべり).
地子(じし) ① 平安(へいあん) 시대에, 관유전(官有田)을 농민에게 경작시키고 가을에 소작료로 거두어 들이던 벼. ② 室町(むろまち) 시대에, 도시의 토지에 부과하던 세.
地者(じもの) 여염집 여인.
地磁気(ちじき) 〖地〗 지자기. 지구 자기.
♣~極(きょく) 지자기극.
地場(じば) ① 그 지방. 본고장. ② 〖經〗 거래소가 있는 지방.
‖~産業(さんぎょう) 그 지방의 자원·노동력을 배경으로 발전·정착한 산업.
~受け(うけ) 증권 회사 임직원이 유가 증권의 매매 거래 주문을 다른 회사에 냄.
地張り(じばり) 날염에서, 널빤지에 천을 넓게 펴서 바름.
地蔵(じぞう) 지장. 地蔵菩薩의 준말.
‖~眉(まゆ) 지장보살의 눈썹처럼 눈썹 뿌리는 굵고 끝은 가늘고 길며 둥글게 굽은 눈
~菩薩(ぼさつ) 지장보살.   〔썹.
~顔(がお) 지장보살의 얼굴.
地裁(ちさい) '地方裁判所(ちほうさいばんしょ)(=지방 법원)'의 준말. 지법(地法).
地底(ちてい) 지저. 대지의 밑바닥.
‖~湖(こ) 〖地〗 지저호. 지하 동굴에 있는
地積(ちせき) 지적. 토지 면적.   〔호수.
地籍(ちせき) 지적.
地電流(ちでんりゅう) 〖理〗 지전류.
地点(ちてん) 지점. 곳.
地精(ちせい) '朝鮮人参(ちょうせんにんじん)(=고려 인삼)'의 딴이름.
地丁銀(ちていぎん) 〖史〗 지정은.
地政学(ちせいがく) 지정학.

地祭り(じまつり) ☞ 地鎮祭(じちんさい).
地際(じぎわ) 식물의 땅에 가까운 쪽.
地租(ちそ) 지조. 토지에 과하는 손익세.
‖~割り(わり) 지조를 표준으로 할당하는 지방세.
地鳥(じどり) ① 토종닭. ② 일본 토종닭.
地腫れ(じばれ) 상처나 종기가 난 그 둘레 피부 전체가 부어 오름.
地主(じぬし) 지주. *じしゅ로도 읽음.
地酒(じざけ) 그 고장 술. 토주(土酒).
地中(ちちゅう) 지중. 땅속. 지하.
地中海(ちちゅうかい) 〖地〗 지중해.
‖~気候(きこう) 〖氣〗 지중해성 기후.
~式農業(しきのうぎょう) 〖地〗 지중해식 농업.
地紙(じがみ) ① 부채·우산 등에 바르는 종이. ② (금박·은박을 붙이는) 바탕 종이.
地誌(ちし) 지지.
地芝居(じしばい) 고장의 제례 때 상연하는 아마추어 연극.
地蜘蛛(じぐも) 〖動〗 땅거미.
地直し(じなおし) ☞ 地伸し(じのし).
地織り(じおり) 그 지방에서 생산되는, 주로 자급용(自給用) 피륙.
地震(じしん) 지진. ♣~計(けい) 지진계 / ~帯(たい) 지진대 / ~波(は) 지진파.
‖~断層(だんそう) 〖地〗 지진 단층.
~予知(よち) 지진 예지. 각종 측정을 통해 지진 발생을 미리 앎. ♣~情報(じょうほう) 지진 예지 정보.
~津波(つなみ) 〖地〗 지진 해일.
~探査(たんさ) 〖地〗 지진 탐사.
地鎮祭(じちんさい) 〖民〗 지진제.
地質 ㊀(じしつ) 옷감의〔천의〕 질.
㊁(ちしつ) 지질. ♣~図(ず) 〖地〗 지질도 / ~学(がく) 지질학.
‖~系統(けいとう) 지질 계통.
~構造(こうぞう) 〖地〗 지질 구조.
~時代(じだい) 〖地〗 지질 시대.
~年代(ねんだい) 〖地〗 지질 연대.
~調査(ちょうさ) 〖地〗 지질 조사.
地体(じたい) ① 사물의 본질. ② 지구.
地軸(ちじく) 지축.   〔것.
地出来(じでき) 그 고장에서 만듦. 또, 만든
地虫(じむし) 〖蟲〗 ① 풍뎅이나 딱정벌레 따위의 유충. ② 땅속에 사는 벌레의 총칭.
地取り(じどり) ① (건축할 때) 지면의 구획. ② (바둑에서) 넓게 집을 잡음. ③ 범인의 행적을 조사함. ♣~碁(ご) 집내기 바둑.
‖~捜査(そうさ) 일정 지역을 분담해 경찰관이 범죄 사건의 탐문 수사를 하는 일.
地嘴(ちし) 지취. 갑(岬).
地吹雪(ちふぶき) 땅에 쌓인 눈이 바람에 불려 이는 눈보라. *じふぶき로도 읽음.
地層(ちそう) 지층.
‖~累重の法則(るいじゅうのほうそく) 〖地〗 지층 누중의 법칙.
~面(めん) 〖地〗 층리면. 지층을 만드는 물

地闘(ちとう) '地方闘争委員会(ちほうとうそういいんかい)(=지방 투쟁 위원회)'의 준말.
地唄(じうた) ⇨ 地歌(じうた).
地平(ちへい) 지평. ①대지의 평면. ②지평선. ♣~面(めん) 지평면 / ~線(せん) 지평선.
‖~距離(きょり) 〖地〗 지평 거리.
~俯角(ふかく) 〖地〗 지평 부각.
~視差(しさ) 〖天〗 지평 시차.
~座標(ざひょう) 〖天〗 지평 좌표.
地坪(じつぼ) 지평. 땅의 평수.
地評(ちひょう) '地区評議会(ちくひょうぎかい)(=지구 평의회)'의 준말.
地表(ちひょう) 지표. ♣~水(すい) 지표수.
‖~植物(しょくぶつ) 〖植〗 지표 식물.
~風(ふう) 지표풍《지표면 근처에서 부는 바람》.
地風(じふう) 피륙〔천〕따위의 감촉이나 느낌.
地被(ちひ) 지피. 땅표면을 덮고 있는 잡초·선태류 따위.
地下 ㈠(ちか) 지하. ♣~街(がい) 지하가 / ~権(けん) 지하권 / ~道(どう) 지하도 / ~水(すい) 지하수 / ~室(しつ) 지하실 / ~鉄(てつ) 지하철.
‖~家蚊(いえか) 〖蟲〗 모기의 일종.
~結実(けつじつ) 〖植〗 지하 결실.
~茎(けい) 〖植〗 땅속줄기.
~経済(けいざい) 〖經〗 지하 경제.
~工作(こうさく) 지하 공작.
~式壙(しきこう) 지하식 광. 고분 시대 후기의 묘의 한 형태.
~運動(うんどう) (비합법적) 지하 운동.
~資源(しげん) 지하 자원.
~政府(せいふ) 지하 정부.
~組織(そしき) 지하 조직.
~鉄道(てつどう) ☞地下鉄(ちかてつ).
㈡(じげ) ①당하관(堂下官). 또, 그 가문. ②地下人의 준말. ③ 궁중에 봉사하지 않는 사람, 평민, 서민.
‖~人(にん) ①당하관인 사람. ②鎌倉(かまくら) 시대의 '凡下(ぼんげ)(=평민)'. ③ (영토 안의) 토착민.
地下足袋(じかたび) 노동자의 작업화. *ちかたびロも 읽음.
地学(ちがく) 지학.
地割り(じわり) 토지 분할. 지면의 구획.
‖~制度(せいど) 토지 분할 제도.
地割れ(じわれ) (가뭄이나 지진 때문에) 땅이 갈라짐.
地合い(じあい) ①옷감의 질·바탕. ②시세의 전반적인 상황. ③ (바둑에서) 서로가 차지한 집의 균형.
地核(ちかく) 지핵. 지심(地心).
地響き(じびびき) 땅울림.
地向斜(ちこうしゃ) 〖地〗 지향사.
地峡(ちきょう) 〖地〗 지협.
地形 ㈠(ちけい) 지형. ♣~区(く) 지형구 / ~図(ず) 지형도 / ~学(がく) 〖地〗 지형학.

‖~性降雨(せいこうう) 〖氣〗 지형성 강우.
~輪廻(りんね) 지형 윤회《지표면이 침식 작용으로 일정한 법칙에 따라 변화하는 일》.
㈡(じぎょう) 터 다지기. 기초 공사.
地衡流(ちこうりゅう) 〖地〗 지형류.
地衡風(ちこうふう) 〖氣〗 지형풍.
地火(ちか) 지화. 타기 쉬운 지표 퇴적물(地表堆積物)이 타서 나는 산불. 「(らくご).
地話(じばなし) 소재를 역사에서 얻은 落語
地滑り(じすべり) 땅의 일부가 차차 미끄러져 가는 현상. 사태(沙汰)《큰 변화·대변혁 따위에 비유됨》.
‖~的(てき) ①압도적. ②점차적.
地皇(ちこう) 지황. 중국의 전설상의 제왕. 삼황(三皇)의 하나.
地黄(じおう) 〖植〗 지황.
‖~煎(せん) 지황 뿌리 달인 물을 쌀가루 엿에 섞어 이긴 것. 지황엿.
地回り(じまわり) ①가까운 시골에서 보낸 상이 나돎. ②그 근처 일대를 돌아다님. 또, 그런 상인. ③번화가를 배회하는 불량배.
‖~船(ぶね) 연안 운송선. 연안 항해 선박.
地厚(じあつ) 피륙이 두꺼움.

其他
地主の神(とこぬしのかみ) 그 땅을 다스리는 신. *じしゅのかみ로도 읽음.

6
| 池 | 못 지
| | チ
教 | いけ

音読▶
池塘(ちとう) 지당. 못둑.
池頭(ちとう) 지두. 못가.
池畔(ちはん) 지반. 못가.
池辺(ちへん) 〈雅〉 못가. 「가.
池上(ちじょう) 지상. ①연못 위. ②연못
池沼(ちしょう) 지소. 못과 늪.
池水(ちすい) 지수. 연못(의 물).
池心(ちしん) 못의 중심.
池魚(ちぎょ) 지어. 못 속의 물고기.
‖~籠鳥(ろうちょう) 지어농조. 못 속의 물고기와 조롱 속의 새처럼 자유롭지 못함.
~の殃(わざわい) ☞池魚の災い.
~の災い(わざわい) 뜻밖의 재난. 특히 연소(延燒).
池井(ちせい) 지정. 연못과 우물.
池汀(ちてい) 지정. 연못가.
池亭(ちてい) 지정. 못가에 있는 정자.
池堤(ちてい) 못가의 둑. 못둑.
池中(ちちゅう) 연못 속.
池泉(ちせん) 정원에 파 놓은 연못.
‖~回遊式(かいゆうしき) 일본 정원 형식의 하나. 연못 주위를 돌며 관상함.

訓読▶
池(いけ) ①못. ②연지(硯池).
池見草(いけみぐさ) 〖植〗 '蓮(はす)(=연꽃)'의 딴이름.

6 卄 常	芝	지초 지 シ しば

音読
芝蘭(しらん) 지란. 영지와 난초.

訓読
芝(しば) 〔植〕 잔디.
芝居(しばい) 연극. ① 무대 위에서 배우가 동작이나 말로 연기하여 보이는 것. ② 남을 속이기 위한 거짓 동작.
～を打(う)つ ① 연극을 하다. ② 상대에게 그럴듯하게 보이기 위해 거짓말을 하거나 허세를 부리다. 「장.
∥～小屋(ごや) 연극을 흥행하는 건물. 극
芝犬(しばいぬ) 일본의 한 토종개.
芝山(しばやま) 잔디를 입힌 석가산(石假山).
芝生(しばふ) 잔디밭.
芝野(しばの) 잔디로 뒤덮인 들판.
芝刈り(しばかり) 잔디를 깎음.
芝原(しばはら) 잔디 벌판.
芝地(しばち) 잔디밭.
芝草(しばくさ) 〔植〕 잔디.
芝蝦(しばえび) 〔動〕 보리새우.
芝海老(しばえび) ⇨ 芝蝦(しばえび).

6 日 常	旨	뜻 지·맛 지 シ むね・うまい

音読
旨趣(ししゅ) 지취. 취지. ① 취의(趣意). ② 마음속의 생각. 속 내용.

訓読
旨(むね) ① 취지. 뜻. ② 가장 으뜸으로 취급하는 것.
旨がる(うまがる) 맛있어 하다.
❖旨い(うまい) ① 맛있다. ② 훌륭하다. 솜씨가 좋다.
旨く(うまく) 목적한 대로. 멋들어지게. 솜씨 좋게. 요란스럽게. 잘. 「맛.
旨味(うまみ) 음식의 맛이 있는 정도. 또, 그
旨煮(うまに) 고기나 야채를 달게 조린 요리.
旨酒(うまざけ) 〈雅〉좋은 술. 미주. ＊うまさけとも 읽음.

6 至 教	至	이를 지·지극할 지 シ いたる・いたって

音読
至強(しきょう) 지강. 더없이 셈.
至境(しきょう) 궁극 최고의 경지.
至高(しこう) 지고. 최고.
至公(しこう) 지공. 지극히 공평함.
∥～至平(しへい) 지공 지평. 지극히 공평
至貴(しき) 지귀. 더없이 존귀함.
至極(しごく) ① 지극히 당연함. ② 더없음. 최상의 경지. ③ 지극히.
至近(しきん) 지근.
至急(しきゅう) 지급.
至難(しなん) 지난. 극히 어려움.
～の業(わざ) 지극히 어려운 일.
至当(しとう) 지당.
至大(しだい) 지대. 더없이 큰 모양.
至徳(しとく) 지덕. 더없는 훌륭한 덕.
至道(しどう) 지도. 사람의 도리.
至鈍(しどん) 지둔. 대단히 어리석음.
至楽(しらく) 지락. 다시 없는 즐거움.
至論(しろん) 지론. 지당한 논설.
至理(しり) 지리. 극히 당연한 도리나 이치.
至妙(しみょう) 지묘.
～な芸(げい) 절묘한 기예〔재주〕.
至味(しみ) 지미. 더없이 좋은 맛. 또, 그 음
至微(しび) 지미. 지극히 작음. 「식.
至宝(しほう) 지보. 더없이 중요한 보물.
至福(しふく) 지복. 지극한 행복.
∥～感(かん) 지극한 행복감.
至上(しじょう) 지상. 최상.
∥～命令(めいれい) 지상 명령.
至善(しぜん) 지선.
至聖(しせい) 지성. 지극히 덕이 뛰어남.
至誠(しせい) 지성.
至純(しじゅん) 지순. 더없이 순수함.
至心(ししん) 지심. 성심(誠心).
至悪(しあく) 지악. 더없는 악.
至愛(しあい) 지애. 지극한 사랑.
至言(しげん) 지언. 지극히 마땅한 말.
至芸(しげい) 최고의 기예(技藝). 기예의 극
至要(しよう) 지요. 극히 중요함. 「치.
至愚(しぐ) 지우. 몹시 어리석음.
至恩(しおん) 지극한 은혜. 「람.
至人(しじん) 지인. 극히 높은 덕을 갖춘 사
至仁(しじん) 지인. 지극히 인자로움.
至日(しじつ) 지일. 동지 또는 하지날.
至適度(してきど) 조건에 적합한 정도.
至点(してん) 지점. 하지점(夏至點)과 동지점(冬至點).
至正(しせい) 지정. 더없이 올바름.
至情(しじょう) 지정. ① 성심. 진정. ② 극히 자연스러운 인정.
至精(しせい) 지정. ① 극히 정묘(精妙)함. ② 매우 순수함.
至尊(しそん) 지존.
至重(しちょう) 지중. 더없이 중대함.
至嘱(ししょく) 크게 촉망됨. 매우 유망함.
至忠(しちゅう) 지충. 더없이 충성스러움.
至治(しち) 지치. 세상이 아주 잘 다스려짐.
至親(ししん) 지친.
至便(しべん) 지편. 아주 편리함.
至幸(しこう) 지행. 더 없는 행복.
至孝(しこう) 지효. 더 없는 효성.

訓読
至らしめる(いたらしめる) …에 이르게 하다.

至らぬ(いたらぬ) 미흡한. 미치지 못하는.
至れり尽くせり(いたれりつくせり) 극진함. 더할 나위 없음.
❖**至る**(いたる) ①이르다. 도달하다. ②두루 미치다.
至って(いたって) (지)극히. 매우. 대단히.
至っては(いたっては) 〈'…に~'의 꼴로〉…에 이르러서는.
至り(いたり) ①극히 …함. 극도. 극치. ②(…의) 소치. 탓.
至る所(いたるところ) 도처에. 가는 곳마다.

7 土	址	터 **지** シ あと

逆音
旧址(きゅうし) 구지. 옛터.
城址(じょうし) 성지. 성터.

7 心 教	志	뜻 **지** シ こころざす・こころざし・しるす

音読
志気(しき) 지기. 의기(意氣).
志摩(しま) 〖地〗옛 지방 이름. 지금의 三重(みえ)현 志摩 반도 일대.
志望(しぼう) 지망.
志士(しし) 지사. 높은 뜻을 가진 사람.
志野(しの) 桃山(ももやま) 시대에 처음 만든 도자기의 한 가지.
志願(しがん) 지원.
志節(しせつ) ☞ 志操(しそう).
志操(しそう) 지조.
志学(しがく) 지학. ①학문에 뜻을 둠. ②15세의 딴이름.
志行(しこう) 지행. 뜻과 행동.
志向(しこう) 지향. 의향(意向). ♣~**性**(せい) 지향성 / ~**形**(けい) 〖文法〗지향형.

訓読
志 ㊀(こころざし) ①뜻. 의지. 신념. 목표. ②촌지(寸志). 정표(情表)로 보내는 선물. ㊁①뜻. 마음. ②영국 화폐 단위 '실링'의 취음.
志す(こころざす) 뜻하다. 뜻을 두다.

8 月 常	肢	팔다리 **지** シ てあし

音読
肢骨(しこつ) 〖生〗지골. 사지(四肢)를 이루는 뼈.
肢端(したん) 지단. 손발의 끝.
肢体(したい) 〖生〗지체.
肢体(したい) 지체. 수족. 또, 수족과 신체.
‖~**不自由児**(ふじゆうじ) 지체 부자유아.
~**障害者**(しょうがいしゃ) 지체 장애인.

8 木 教	枝	가지 **지**・육손이 **기** シ えだ

音読
枝幹(しかん) 지간. 가지와 줄기.
枝頭(しとう) 지두. 가지의 끝.
枝垂れ(しだれ) (버들가지 따위가) 축 늘어짐.
枝垂れる(しだれる) (가지 따위가) 축 늘어지다.
枝垂柳(しだれやなぎ) 〖植〗수양버들.
枝垂れ桜(しだれざくら) 〖植〗사앵(絲櫻).
枝葉(しよう) 지엽. ①가지와 잎. ②중요치 않은 일. * えだはろも 읽음. 「지다.
‖~**末節**(まっせつ) 지엽 말절. 하찮은 일.
枝折り(しおり) ①서표(書標). ②안내서. 입문서. ③〈古〉산・황야에서, 통과한 길의 표적으로 나무를 꺾어 놓는 일. ④枝折り戸의 준말. ♣~**戸**(ど) 사립문.
‖~**垣**(がき) 바자 울타리.
枝折る(しおる) 길 표지로 쓰기 위해 나뭇가지를 꺾다.
枝族(しぞく) 지족. 분가(分家).

訓読
枝(えだ) ①(나무의) 가지. * えろ도 읽음. ②갈래. 「은 신사.
枝宮(えだみや) 本宮(もとみや)에 부속된 작
枝道(えだみち) ①지로(支路). 샛길. ②사물이 본줄기에서 벗어남.
枝豆(えだまめ) (가지 째로 꺾은) 풋콩.
枝流れ(えだながれ) ☞ 枝川(えだがわ).
枝毛(えだげ) 끝이 갈라진 머리털.
枝木(えだぎ) 나뭇가지.
枝物(えだもの) 꽃꽂이에서, 소나무・매화나무 등 가지가 있는 나무류의 총칭.
枝番(えだばん) 枝番号(えだばんごう)의 준말. 분류・순번을 나타내는 번호를 다시 세분할 때 매기는 번호.
枝変わり(えだがわり) 〖植〗눈 돌연 변이. 아조(芽條) 변이.
枝分かれ(えだわかれ) 주된 부분에서 갈라져 나옴. 「기.
枝払い(えだばらい) 벌채한 나무의 가지치
枝珊瑚(えださんご) 나뭇가지 모양의 산호.
枝挿し(えだざし) 〖農〗가지꽂이. 가지를 잘라서 하는 꺾꽂이.
枝船(えだぶね) 큰 배에 붙어 따라다니는 작은 배. 「짐.
枝劣り(えだおとり) 조상보다 자손이 뒤떨어
枝雲(えだぐも) 구름 덩이에서 가느다랗게 갈라져 나온 구름.
枝肉(えだにく) 지육. (소나 돼지의) 머리・내장 따위를 발라내고 남은 뼈에 붙은 고기.
枝栗(えだぐり) 가지 째로 꺾은 밤.
枝移り(えだうつり) 새 따위가 가지에서 가지로 옮기는 일.
枝張り(えだはり) 나뭇가지의 퍼진 상태.

枝切り鋏(えだきりばさみ) 전정용(剪定用) 가위.
枝接ぎ(えだつぎ)〖農〗가지접. 대목에 다른 나무의 가지를 접붙이는 일.
枝振り(えだぶり) 가지 모양. 가지가 뻗은 모양.
枝差し(えだざし) 가지 모양. 가지가 뻗은 모양.
枝尺蠖(えだしゃくとり)〖蟲〗자벌레.
枝川(えだがわ) 지류(支流).
枝村新田(えだむらしんでん) 근세(近世)에, 개척으로 인하여 분리된 마을.
枝打ち(えだうち) 가지치기.
枝炭(えだずみ) 지탄. 진달래나 상수리나무의 가지를 구워 만든 숯〖차 끓일 때 씀〗.
枝下(えだした) 나무의 맨 아랫가지로부터 지면까지의 줄기의 길이. 「(ち).
枝下ろし(えだおろし) ☞ 枝打ち(えだう

8 ネ 常 祉 (祉) 복 ジ シ さいわい

音読
祉祿(しろく) 지록. 지복(祉福).
祉福(しふく) 지복. 복.

8 矢 敎 知 알 ジ チ しる・しらせる・しれる

音読
知(ち) ① 마음에 느끼어 앎. ② 지식. ③ 교우(交友). ④ 지혜. 이성. ⑤〖哲〗이지(理智).
知覺(ちかく) 지각.
‖〜麻痺(まひ)〖生〗지각 마비. 「경.
〜神經(しんけい)〖生〗지각 신경. 감각 신
〜表象(ひょうしょう)〖心〗지각 표상.
知見(ちけん) 지견. ① 식견. 보고 앎. ②〖佛〗깨달음.
知契(ちけい) 깊은 약속〔인연〕. 주로 남색(男色)에서 쓰는 말.
知計(ちけい) 지계. 지략.
知巧(ちこう) 지교. 지혜와 기교. 일을 처리하는 재치(才知)가 뛰어남.
知己(ちき) 지기. 지인. 친지.
知己難(ちきなん) 지기를 만나기란 무척 어렵다는 말.
知囊(ちのう) 지낭. 지혜 주머니.
知能(ちのう) 지능. ♣〜犯(はん) 지능범.
‖〜檢査(けんさ) 지능 검사.
〜年齡(ねんれい)〖心〗지능 연령.
〜障害(しょうがい) 지능 장애.
〜指數(しすう)〖敎〗지능 지수.
〜偏差値(へんさち)〖敎〗지능 편차치.
知多半島(ちたはんとう)〖地〗愛知(あいち)현의 서부에 있는 반도.
知德(ちとく) 지덕.
知得(ちとく) 지득. 깨달아 앎.

知略(ちりゃく) 지략(智略).
知慮(ちりょ) 지려(智慮). 앞일을 꿰뚫어 보
知力(ちりょく) 지력(智力). 「는 지혜.
知盲(ちもう) 글은 알아도 상식이 없는 사람.
知名(ちめい) 지명. 이름이 널리 알려짐. 또, 그런 사람. ♣〜度(ど) 지명도.
知命(ちめい)〈雅〉지명. '五十歳(ごじっさい)＝50세)'의 딴이름.
知謀(ちぼう) 지모. 지혜스러운 계략.
知目鳥(ちめどり)〖鳥〗꼬리치레.
知辨(ちべん) 지변. ① 재치와 변설(辯舌). ② 사물의 도리를 명백히 앎.
知府(ちふ) 지부. 중국, 송・청대의 관명. 부(府)의 장관. 부지사.
知分(ちぶん) 지분. 지혜의 작용. 지력.
知事(ちじ) 지사〖都(と)・道(どう)・府(ふ)・県(けん)의 장관〗.
知死期(ちしご) ① 지사기〖음양도에서, 생년월일에 따라 그 죽을 때를 예지함〗. ② 임종.
知性(ちせい) 지성. ♣〜人(じん) 지성인 / 〜的(てき) 지성적 /〜化(か) 지성화.
知術(ちじゅつ) 지술. 교묘한 계략.
知識(ちしき) 지식. ♣〜欲(よく) 지식욕 /〜人(じん) 지식인 /〜層(そう) 지식층.
‖〜階級(かいきゅう)〖社〗지식 계급.
〜工學(こうがく) 지식 공학. 「학.
〜社會學(しゃかいがく)〖社〗지식 사회
〜産業(さんぎょう)〖經〗지식 산업.
〜情報處理(じょうほうしょり) 지식 정보 처리. 「의 철학〗.
〜學(がく)〖哲〗지식학〖독일 철학자 피히테
知悉(ちしつ) 지실. 다 자세히 앎.
知勇(ちゆう) 지용. 지혜와 용기.
知友(ちゆう) 지우. 친구.
知遇(ちぐう) 지우. 인격이나 식견을 인정받아 후대를 받음. 「와 우자.
知愚(ちぐ) 지우. 슬기로움과 어리석음. 지자
知育(ちいく) 지육. 지능의 개발과 지식의 함양을 목적으로 하는 교육.
知音(ちいん) 지음. ① 친구. ② 아는 사람. ③ 애인.
‖〜女房(にょうぼう) 연애 결혼한 아내.
知人(ちじん) 지인.
㊂(しりうど)〈古〉아는 사람. 친구〖知(し)りびと의 음편(音便)〗. *雅語로는 しりゅう라고도 함.
知日(ちにち) 지일. 일본을 잘 앎. ♣〜派(は) 지일파.
知者(ちしゃ) ① 지자. ② 지식이 높은 승려.
知將(ちしょう) 지장. 지혜 있는 대장.
知的(ちてき) 지적.
‖〜発達障害(はったつしょうがい) 지적 발달 장애.
〜所有権(しょゆうけん) 지적 소유권.
〜障害(しょうがい) 지적 장애.
〜財産権(ざいさんけん) 지적 재산권.
〜直観(ちょっかん)〖哲〗지적 직관.
知情(ちじょう) 지정. 사정을 알고 있음.

知情意(ちじょうい) 지정의〔지성·감성·의
知足(ちそく) 지족. 족함을 앎.   [지〕.
知歯(ちし) 지치. 사랑니.
知解(ちかい) 지해. 지식의 힘으로 깨닫는
知行 ㊀(ちぎょう) ① 직무를 행함. ② 봉건
시대에 무사들에게 지급되었던 봉토.
‖ ~盗人(ぬすびと) 知行의 자격이나 능력
이 없는 자를 욕하는 말.
~争い(あらそい) 토지 소유권의 분쟁.
㊁(ちこう) 지행. 지식과 행위.
‖ ~合一(ごういつ) 지행합일.
知県(ちけん) 지현. ① 중국, 명·청나라의
관명. ② 県(けん) 지사.
知恵(ちえ) 지혜. 꾀.
~の持(も)ち腐(ぐさ)れ 뛰어난 지혜를 갖
고 있으면서 실제로는 활용하지 못함.
~を借(か)りる 지혜를 빌리다.
‖ ~競べ(くらべ) 지혜(의 우열을) 겨룸.
~袋(ぶくろ) ① 지혜 주머니. ② 꾀보, 지혜
있는 사람.
~文学(ぶんがく) (그리스도교의) 지혜 문
학.
~付く(づく) 아이가 자람에 따라서 꾀가 늘
~負け(まけ) 꾀가 지나쳐 도리어 실패함.
제 꾀에 넘어감.
~の輪(わ) 지혜의 고리. 여러 개의 고리를
끼었다 하며 노는 장난감.
~立て(だて) 지혜를 자랑해 보임.
~熱(ねつ) 〖醫〗 지혜열. 유아의 젖니가 나
올 무렵에 나는 열.
~者(しゃ) 지혜자. 지혜가 뛰어난 사람.
~遅れ(おくれ) 지능의 발달이 늦음.
~歯(ば) 지치(知歯). 사랑니.
~の火(ひ) 〖佛〗 지혜화(智慧火).

訓読

知らず(しらず) ① 모르다. ②《名詞 뒤에 붙
어서》경험이 없음을 나타냄.
知らに(しらに) 〈古〉 몰라서. 알지 못해서.
知らぬが仏(しらぬがほとけ) 모르는 것이
약(혼히 경멸·조롱 등에 쓰임).
知らぬ世(しらぬよ) ① 알지 못하는 시대.
과거 시대. 미래의 시대. ② 알지 못하는 곳.
知ろし召す(しろしめす) 〈古〉 ① 아시다.
② 다스리시다.
知らし食す(しらしめす) 〈文〉 ☞ 知ろし
召す(しろしめす).
知ろし食す(しろしめす) 〈古〉 ⇨ 知ろし召
す(しろしめす).   〔かお〕.
知らず顔(しらずがお) ☞ 知らぬ顔
知らぬ顔(しらぬかお) ① 모르는 사람〔상
대〕. ② (알면서) 모르는 체하는 얼굴.
知らん顔(しらんかお) 〈俗〉 ☞ 知らぬ顔
(しらぬかお).
知らず知らず(しらずしらず) 저도 모르는
사이에. 어느새. 부지불각에. 저절로.
知ったか振り(しったかぶり) 아는 체함.
또, 그 사람.

知らん振り(しらんぶり) 〈俗〉 알면서도 모
르는 체함. 시치미를 뗌.
か知ら(かしら) 글 끝에 붙여 불확실한 것에
대해 의심을 나타냄. …일까.
❖知らす(しらす) ① 알리다. ②〈雅〉㋐ 알고
계시다. ㋑ 다스리시다.
知らしむべからず(しらしむべからず)(좋
지 않은 일은) 알려서는 안 된다.
❖知らせる(しらせる) 알리다. 통지하다.
知らせ(しらせ) ① 알림. 통지. ② 전조(前
兆). 조짐. ♣~文(ぶみ) 통지서.
❖知る(しる) 알다. 이해하다. 깨닫다.
知り抜く(しりぬく) 모든 것을 다 알다. 속
속들이 잘 알다.
知る方(しるべ) ⇨ 知る辺(しるべ)
知る辺(しるべ) 아는 사람. 친지. 연고(자).
知り顔(しりがお) 알고 있는 듯한 얼굴.
知り人(しりびと) 〈老〉 지인. 잘 아는 사람.
知る人(しるひと) 아는 사람.
知り初める(しりそめる) 처음 알다. 알기
시작하다.   「親知〕.
知り合い(しりあい) 아는 사이〔사람〕. 친지
知り合う(しりあう) 서로 상대의 일을 알다.
아는 사이가 되다.   「리 알다.
たな知る(たなしる) 〈古〉 분명히 알다. 모조
❖知れる(しれる) ① 알려지다. ㋐ 알게 되다.
㋑ 판명되다. ② 알(수) 있다. ③ 알고 있다.
知れきった(しれきった) 〈老〉 뻔한.
知れた(しれた) ① 알고 있는. ② 대수롭지
않은.
知れ渡る(しれわたる) 널리 알려지다.
知れ切る(しれきる) 확실히 알고 있다.
やも知れず(やもしれず) …일지도 모르다.

| 9 口 | 咫 | 짧을 지
シ
た |

音読

咫尺(しせき) 지척.

| 9 扌 教 | 指 | 손가락 지
シ
ゆび・さす |

音読

指甲(しこう) 지갑. 손톱.
指顧(しこ) 지고. 손가락으로 가리키며 돌아
봄. 또, 지시함.
指骨(しこつ) 〖生〗 지골. 손가락을 이루는 열
네 개의 뼈.
指南(しなん) 지남. ① 지도. 교도(教導)함.
또, 그 사람. ② (남쪽을) 가리킴.
‖ ~番(ばん) 옛날, 大名(だいみょう)에게
출사(出仕)하여 무사들에게 무예 지도를 담당
한 일.   「南番
~役(やく) ① 일을 지도하는 역. ② ☞ 指
~車(しゃ) ① 지남차. ② 길잡이.

~針(しん) 지남침. 자석(磁石).
指導(しどう) 지도. ♣~性(せい) 지도성 / ~的(てき) 지도적.
∥~要領(ようりょう) (학습) 지도 요령.
~要録(ようろく) 생활 기록부.
~原理(げんり) 지도 원리.
~主事(しゅじ) 지도 주사《우리 나라의 장학관에 상당》.
指頭(しとう) 지두. 손가락 끝. ♣~画(が)「지두화.
指令(しれい) 지령. ♣~書(しょ) 지령서.
指了図(しりょうず) 장기의 종국도(終局圖)《장기를 다 두었을 때 장기판에 있는 말의 위「치도.
指名(しめい) 지명. ♣~競争入札(きょうそうにゅうさつ) 지명경쟁 입찰.
~代打者(だいだせい)『野』지명 대타자.
~手配(てはい) 지명 수배.
~入札(にゅうさつ) 지명 입찰.
~打者(だしゃ)『野』지명 타자.
~通話(つうわ) 지명 통화.
~投票(とうひょう) 지명 투표.
~解雇(かいこ) 지명 해고.
指命(しめい) 지명. 지정해서 명령함.
指目(しもく) 지목. 지적.
指紋(しもん) 지문.
∥~押捺(おうなつ) 지문 압날. 외국인 등록법에 따른 외국인의 지문 등록.
指事(しじ) 지사. 한자 육서(六書)의 하나.
指笑(ししょう) 지소. 손가락으로 가리키며
指小辞(ししょうじ)『文法』지소사. ~웃음.
指数(しすう)『数・経』지수.
∥~関数(かんすう)『数』지수 함수.
~法則(ほうそく)『数』지수 법칙.
指示(しじ) 지시. ♣~器(き) 지시기 / ~詞(し) 지시사 / ~薬(やく)『化』지시약 / ~語(ご) 지시어.
∥~代名詞(だいめいし) 지시 대명사.
~馬力(ばりき) 지시 마력.
指圧(しあつ) 지압.
∥~療法(りょうほう) 지압 요법.
指印(しいん) 지인. 손도장. 지장(指章).
  *ゆびいん으로도 읽음.
指箴(ししん) 지침이 되는 훈계나 교훈.
指掌(ししょう) 지장. 손바닥을 가리키듯 일이 쉽고 명백함.「증.
∥~角皮症(かくひしょう)『医』지장 각피
指摘(してき) 지적.
指点(してん) 손가락으로 가리킴. 지시.
指定(してい) 지정. ♣~席(せき) 지정석.
∥~都市(とし) 지정 도시. 인구 50만 이상으로, 정령(政令)으로 지정된 도시.
~文化財(ぶんかざい) 지정 문화재.
~漁業(ぎょぎょう) 지정 어업.
~伝染病(でんせんびょう) 지정 전염병.
~値段(ねだん) 지정가(價).
~通貨(つうか) 지정 통화.
指嗾(しそう) 사주. 부추김.「진찰.
指診(ししん) 지진. 손가락으로 만져서 하는

指斥(しせき) 지척. 가리킴. 가리켜 비난함.
指針(ししん) 지침.
指弾(しだん) 지탄. 규탄.
指標(しひょう) 지표.
∥~生物(せいぶつ) 지표 생물.
指行性(しこうせい) 지행성. 포유류가 걷는 한 방식.
指向(しこう) ①지향. ②지향(志向). 의향. ♣~性(せい) 지향성.
指呼(しこ) 지호. 손짓하여 부름. 또, 부르면 들릴 만큼 가까움.
∥~の間(かん) 지호지간.
指話(しわ) 지화. 수화(手話).
∥~法(ほう) 지화법. 수화법.
指揮(しき) 지휘. ♣~官(かん) 지휘관 / ~権(けん) 지휘권 / ~刀(とう) 지휘도 / ~棒(ぼう) 지휘봉 / ~者(しゃ) 지휘자.
指麾(しき) ⇨ 指揮(しき).

訓読

指(ゆび) 손[발]가락. *古語로는 およびみ라고도 함.「구멍.
指孔(ゆびあな) 손가락으로 누르는 피리의
指金(ゆびがね) ①손가락을 가늘고 곱게 하기 위하여 끼는 금속제 고리. ②반지. ③금속제 골무.
指輪(ゆびわ) 반지. 가락지.
指の腹(ゆびのはら) 손가락의 안쪽.
指使い(ゆびづかい)『楽』운지법(運指法).
指相撲(ゆびずもう) 서로 네 손가락을 깍지끼고, 엄지손가락으로 상대방의 엄지손가락을 눌러 승부를 겨루는 놀이.
指先(ゆびさき) 손[발]가락 끝.
指引き(ゆびひき) 두 사람이 마주 앉아 손가락을 걸고 잡아당겨 끌어온 쪽이 이기는 놀이.
指人形(ゆびにんぎょう) 손가락 인형[꼭두각시]. 기뇰(guignol)《인형의 몸통 속에 사람이 손을 넣고 손가락으로 놀리는 인형》.
指切り(ゆびきり) 《아이들이 약속의 표시로》새끼손가락을 마주 걺.
指折り(ゆびおり) ①손꼽아 헤아림. ②손꼽을 만큼 뛰어남.「헤아리다.
指折り数える(ゆびおりかぞえる) 손꼽아
指嗾(しそう) 사주(使嗾).
指竹箆(ゆびしっぺい) 집게손가락과 가운뎃손가락을 나란히 해서 손목을 치는 일.
指差し(ゆびさし) ①손가락질. ②골무.
指差す(ゆびさす) ①손가락질하다. 가리키다. ②뒤에서 손가락질하다[욕하다].
指尺(ゆびしゃく) 뼘으로 길이를 잼.
指革(ゆびかわ) 가죽 골무.
指画(しが) 지두화(指頭畫).
指環(ゆびわ) ⇨ 指輪(ゆびわ).
❖指す(さす) ①《사물・방향 따위를》가리키다. ②《그 쪽을》향하다. 목표로 하다. ③《치수를》재다. ④《장기・바둑을》두다.
指し(さし) ①'名指(なざ)し(=지명)'의 준말. ②《老》자. 길이를 재는 제구. ③《名詞에 붙어서》장기 등을 둠. 또, 그 사람.

指し継ぎ(さしつぎ)(장기에서) 중단된 판을[승부를] 계속함.
指し過ぎ(さしすぎ) 장기에서, 지나치게 강공을 펴 후속 수단이 없어짐.
指貫 ㊀(さしぬき) 옛날, 남자들이 衣冠(いかん)이나 直衣(のうし)·狩衣(かりぎぬ) 등과 함께 입었던 袴(はかま)의 일종. ㊁(ゆびぬき) 골무.
指し掛け(さしかけ) 장기를 두다가 일단 멈추는 일.
指し口(さしくち) 장부를 끼우는 구멍.
指し寄り(さしより) ① 처음. 최초. ② 당장은.
指し刀(さしがたな) 허리에 차는 작은 칼. 요도(腰刀).
指図(さしず) ① 지시. 지휘. ② 지정. 지명. ♣~**人**(にん) 지시인.
‖~**文句**(もんく) 지시 문구.
~**式小切手**(しきこぎって) 지시식 수표.
~**証券**(しょうけん) 지시 증권.
~**債券**(さいけん) 지시 채권.
指梁(さしばり) 기둥 따위에 장부를 꽂아 넣은 들보.
指すの巫(さすのみこ) 예언이나 점을 잘 치는 음양가나 점쟁이.
指物(さしもの) 널빤지로 짜서 만든 가구·기구(옷장·책장).
‖~**師**(し) 소목. 소목장(小木匠)이.
~**屋**(や) 소목장이. 소목장이의 목공소.
指し分け(さしわけ) ① (일본 옷감 따위를) 여러 색깔로 염색하기. ② (장기에서) 승패수가 같아서 비기는 일.
指し小旗(さしこばた) 갑옷에 꽂는 작은 기.
指燒草(さしもぐさ) '蓮(よもぎ)(=쑥)'의 옛 이름. *させもぐさ로도 읽음.
指し手(さして) (장기에서) ① 말을 움직이는 방법. ② 잘 두는 사람.
指し勝つ(さしかつ) ① (씨름·레슬링에서) 유리한 자세로 팔을 끼다. ② (장기에서) 자기 작전대로 말을 전개시켜서 이기다.
指し示す(さししめす) ① 지시하다. 가리키다. ② 적하다.
指延えて(さしはえて) 〈古〉 일부러. 새삼.
指羽(さしば) 깃털이나 비단천으로 만든 부채꼴 모양의 것에 긴 자루를 단 것《귀인의 얼굴을 가림》.
指し違える(さしちがえる) (장기에서) 서투른 수[악수]를 두다.
指し込み(さしこみ) 장기에서, 같은 상대와 계속 두어 규정의 판수를 져, 이긴 쪽에서 말을 줄여 두게 되는 일.
指し切る(さしきる) (장기에서) 손에 가지고 있는 말을 모두 써 버려 공격의 수단이 없어지는 상태에 빠지다.
指し樽(さしだる) 상자형의 술통.
指し値(さしね) 〖經〗 (매매를 위탁할 때의) 지정가(指定價).
‖~**売買**(ばいばい) 〖經〗 지정가 매매.
~**注文**(ちゅうもん) 〖經〗 지정가 주문.

9才㊍ **持** 가질 **지** / ジ / もつ·たもつ

音読▶

持(じ) (바둑 등에서) 비김. 무승부.
持する(じする) 유지하다. 보전하다.
持経(じきょう) 지경. ① 늘 몸에 지니고 독송(讀誦)하는 경문(經文). ② 늘 경문을 읽고, 그 취지를 잊지 않음. 「지경.
‖~**者**(じゃ) 지경하는 사람. 특히 법화경(法華經)을 독송하는 사람.
持戒(じかい) 〖佛〗 지계. 여러 계율을 엄격히
持久(じきゅう) 지구. ♣~**力**(りょく) 지구력/~**戦**(せん) 지구전.
持国天(じこくてん) 〖佛〗 지국천(왕). 사천왕의 하나. 동방(東方)을 수호한다고 하며 칼을 들고 있음.
持碁(じご) 비긴 바둑.
持論(じろん) 지론.
持病(じびょう) 지병.
持仏(じぶつ) 지불. 수호불로 신앙하는 불상《방안에 모시거나 몸에 지니고 다님》. 「堂.
‖~**堂**(どう) 수호불을 모시는 사당.
持説(じせつ) 지설. 지론.
持続(じぞく) 지속. ♣~**性**(せい) 지속성/~**的**(てき) 지속적.
持薬(じやく) 지약. 항상 복용하는 약.
持斎(じさい) 〖佛〗 지재. ① 정진(精進)·결재(潔齋)하여 심신을 깨끗이 함. ② 오후에 식사하지 않는 계율을 지킴.
持参(じさん) 지참. ♣~**金**(きん) 지참금.
‖~**債務**(さいむ) 지참 채무.

訓読▶

持たす(もたす) ☞ 持たせる(もたせる).
持って来い(もってこい) 꼭 알맞음. 안성맞춤. 절호.　　　　　　　　　　　　「(가).
持って来て(もってきて) 게다가. …한 데다
持って生まれた(もってうまれた) 타고난.
持って行って(もっていって) 게다가. 그 위에.　　　　　　　　　　　　　「곡한.
持って回った(もってまわった) 에두른. 완
持って回る(もってまわる) ① ☞ 持ち回る(もちまわる). ② 에두르다. 완곡하게 하다.
❖**持たせる**(もたせる) ① 가지게 하다. ② 보존하다. 지탱하다. ③ 부담시키다. ④ 가지고 가게 하다. ⑤ 돌리다.
持たせ(もたせ) ①《お~의 꼴로》 들고 가는 간단한 선물. ② 기대는 것. 「어 세우다.
持たせ掛ける(もたせかける) 기대다. 기대
持たせ振り(もたせぶり) (기대를 갖도록) 짐짓 그럴듯하게 지어 보이는 행동.
❖**持つ**(もつ) ① 쥐다. 들다. ② 지니다. 소지하다. ③ (마음에) 품다. ④ 타고나다. ⑤ 소유하다.
持ち(もち) ① 가짐. 소유. 지닌 사람. 담당. 부담. ② 오래감. 오래 지탱함. ③ 〈雅〉 (바

持　1367

둑·장기 등에서) 비김. 무승부.
持ちあぐむ(もちあぐむ) 다루기 곤란하다. 애먹다. 주체 못 하다.　　　　　　　「음.
持ち家(もちいえ) 자기 집. *もちや로도 읽
持ち歌(もちうた) 언제든지 부를 수 있는 노래. 레퍼토리.
持ち堪える(もちこたえる) 계속 유지〔지탱〕하다. 견디다. 견지하다.
持ち去る(もちさる) 마음대로 가지고 가다.
持ち古し(もちふるし) 오래 써서 낡은 것.
持ち古す(もちふるす) 오래 써서〔지녀서〕 낡게 하다.　　　　　　　　　　　　「걸다.
持ち掛ける(もちかける) 말을 꺼내다. 말을
持ち口(もちくち) 담당하고 있는 부서.
持ち駒(もちごま) ① (장기에서) 이 편에서 잡아 가지고 있는 상대방의 말. ② 자기 마음대로 필요할 때 쓸 수 있는 사람이나 물건.
持ち帰り(もちかえり) ① 들고〔갖고〕 돌아감. ② 산 물건을 직접 들고 돌아감.
持ち帰る(もちかえる) ① 갖고〔들고〕 돌아가다. ② 제출된 의제·과제 따위를 검토하기 위해 가지고 돌아가다.
持ち金(もちがね) 소지금. 가진 돈.
持ち扱う(もちあつかう) ① (손으로) 다루다. ② 다루기 어려워하다. 힘에 겨워하다.
持ち技(もちわざ) 장기(長技).
持ち寄る(もちよる) 각자가 가지고 모이다. 추렴하다.
持ち逃げ(もちにげ) 가지고 달아남.
持ち来たす(もちきたす) 가져오다. 초래하다.　　　　　　　　　　　　　「오던 것.
持ち来り(もちきたり) 이전부터 내려
持ち料(もちりょう) ① 자신이 소유하고 휴대하는 것. ② 천성(天性).
持ち物(もちもの) 소지품. 소유물.
持ち味(もちあじ) ① 본디 지닌 맛. ② 독특한 맛〔멋〕. 특색.
持ち放し(もちはなし) 〖建〗 수평 부재(水平部材) 등에서, 받침점 밖으로 나간 부분.
持ち番(もちばん) 당번.
持ち歩く(もちあるく) ① 들고 다니다. ② 휴대하다.
持ち付ける(もちつける) 언제나 가지고 있다〔지니고 다니다〕.
持ち腐れ(もちぐされ) 가지고 있을 뿐 이용하지 못함.　　　　　　　　　　　　「권.
持ち分(もちぶん) 지분. ♣～**権**(けん) 지분
持ち崩す(もちくずす) ① 신세를 망치다. ② 탕진하다.
持ち上がり(もちあがり) 학생이 진급해도 교사가 그 학급의 담임을 계속 맡음.
持ち上がる(もちあがる) ① 솟아오르다. ② (귀찮은) 일이 일어나다. ③ 학생이 진급해도 담임이 계속 맡다.
持ち上げる(もちあげる) ① 들어올리다. 쳐들다. ②〖俗〗 치켜세우다. 추어주다.
持ち船(もちぶね) 소유하고 있는 배. 자기 소유의 배.

持ち送り(もちおくり) 건물·배의 돌출부를 받치는 까치발〔보강재〕.
持ち手(もちて) (그것을) 갖는〔드는〕 사람.
持ち楯(もちだて) 병사들이 손에 들고 싸우는 방패.
持ち時間(もちじかん) ① (바둑·장기에서) 제한 시간. ② 할당된 일정한 시간.
持ち役(もちやく) 배우가 특히 자신 있는 역.
持ち芸(もちげい) 자신 있는 장기·재주.
持ち運び(もちはこび) 들어 나름. 운반.
持ち運ぶ(もちはこぶ) 들어 나르다. 운반하
持ち越し(もちこし) ① 넘김. 미룸. 이월(移越). ② 체함. 숙취.　　　　　　　「유미.
‖～**米**(まい) 11월 1일의 미곡 연도초의 보
持ち越す(もちこす) 넘기다. 미루다.
持ち込み(もちこみ) ① 가지고 (들어)옴. 지참. 반입. ② 술집에서 손님이 지참한 술을 사용하는 일.
持ち込む(もちこむ) ① 가지고 들어오다〔가다〕. ② (의논 등을) 해오다. 가지고 오다. ③ 미해결인 채 다음 단계로 넘기다.
持子(もつご)〖魚〗 참붕어.
持ち場(もちば) (담당) 부서. 담당한 곳.
持ち前(もちまえ) ① 천성. ② 자기 몫. 지분 (持分).　　　　　　　　　　　　「됨. 자자함.
持ち切り(もちきり) 그 상태나 화제가 계속
持ち切る(もちきる) ① 끝까지 지니다. 끝까지 들다. 지탱〔유지〕하다. ② 시종 같은 상태가 계속되다. 온통 …하다.
持ち点(もちてん) 감점법(減點法). 경기에서, 미리 각 사람에게 할당된 점수.
持ち主(もちぬし) 소유자. 소유주. 임자.
持ち株(もちかぶ)〖經〗 소유주(株).
‖～**制限**(せいげん) 지주 제한.
～**会社**(がいしゃ) 지주 회사.
持ち重り(もちおもり) ① 들어서 무겁다고 느낌. ② 들고 있는 사이에 점점 더 무겁게 느
持ち地(もちじ) 소유 토지.　　　　　　「김.
持ちつ持たれつ(もちつもたれつ) 서로 도움. 또, 그 관계.
持ち直す(もちなおす) ① 본래의 상태로 돌아가다. 회복하다. ② 손을 바꾸어 잡다〔들다〕. 드는 방식을 바꾸다.
持ち札(もちふだ) ① 카드놀이에서, 손에 든 패. ② 자기가 마음대로 부릴 수 있는 사람이나 물건.
持ち尺(もちじゃく) 옷감 등을 잴 때 손에 들고 재는 일.
持ち添える(もちそえる) ① 물건을 들고 있는 손에 또 다른 것을 들다. ② 물건을 들고 있는 손을 다른 손으로 받쳐 주다.
持ち替える(もちかえる) ① 딴 손으로 바꾸어 쥐다〔잡다〕. ② 가지고 있던 것을 다른 것과 바꾸다.
持ち出し(もちだし) ① 가지고〔들고〕 나감. 반출. ② 부족되는 비용을 자기가 부담함.
持ち出す(もちだす) ① 가지고〔들고〕 나오

다. 반출하다. 끌어내다. 훔치다. ② 말을 꺼내다. 제기하다. ③ 부족되는 비용을 자기가 부담하다.
持ち合い(もちあい) ① (세력 따위의) 균형이 잡힘. ②《經》(거래에서) 보합. ③ 서로 협조함.
‖**～世帯**(じょたい) ① 여러 사람[가족]이 공동으로 사는 세대. ② 맞벌이 부부 세대.
持ち合う(もちあう) ① 균형이 잡히다. ② 서로 들다. (비용 등을) 분담하다. ③《經》보합 시세를 유지하다.
持ち合わせ(もちあわせ) 마침 갖고 있는 것. 특히, 돈.
持ち合わせる(もちあわせる) 마침 갖고 있다. 필요한 때에 마침 갖고 있다.
持ち丸(もちまる) 부유함. 부자.
持ち回り(もちまわり) 여기저기 가지고 다님. 관계자에게 돌림.
‖**～閣議**(かくぎ) 정례 각의 대신에, 각 장관에게 안건을 돌려 그 의견을 구하는 방식.
持ち回る(もちまわる) ① 여기저기 가지고 다니다. ② 의안 등을 관계자에게 돌리다.
❖**持てる**(もてる) ① 인기가 있다. ② 들 수 있다. 가질 수 있다. ③ 유지할 수 있다. 견딜 수 있다.
持て(もて) ①〈雅·方〉가지고. …에 의해서. …의 이유로. ②《接頭語로》말뜻을 강하게 하는 말.
持て扱う(もてあつかう) ① 취급하다. 다루다. ② 힘에 겨워하다. 주체스러워하다.
持て渡る(もてわたる) 가지고 가다.
持て成し(もてなし) ① 대접. 환대. ② 중재. 조정. 주선.
持て成す(もてなす) ① (음식을) 대접하다. 환대하다. ② 대우하다. ③ 겉꾸미다. ④ 극구 찬양하다.
持て余し(もてあまし) 다루기 어려움. 또, 그런 사람.
‖**～者**(もの) 다루기 힘든 사람.
持て余す(もてあます) 힘에 겨워하다. 주체스러워하다.
持て囃す(もてはやす) ① 극구 찬양하다. 입을 모아 칭찬하다[떠들어대다]. ②《受動形으로》인기가 있다.
持て持て(もてもて)〈俗〉매우 인기가 있음. 대인기임.

9 木	枳	탱자나무 **지**·탱자나무 **기** キ からたち

音読
枳実(きじつ) 생약의 하나. 귤·여름밀감 따위의 익지 않은 과실을 말린 것.
訓読
枳殻 ㊀(からたち)《植》탱자나무.
㊁(きこく)《漢醫》기각(枳殻). 탱자를 썰어 말린 약재.

9 月	胝	못박일 **지** チ たこ

逆音
胼胝(へんち) 변지. 손발에 생기는 터눈[못].

10 月 常	脂	비계 **지** シ あぶら·やに

音読
脂肝(しかん) 지방간.
脂膏(しこう) 지방. 동물의 기름.
脂漏(しろう)《醫》지루. 피부의 지방(脂肪)과다 분비.
脂肪(しぼう) 지방. ♣～**肝**(かん) 지방간 /～**分**(ぶん) 지방분 /～**酸**(さん) 지방산 /～**油**(ゆ) 지방유 /～**腫**(しょう)《醫》지방종 /～**質**(しつ) 지방질.
‖**～過多症**(かたしょう) 지방 과다증.
～**細胞**(さいぼう)《生》지방 세포.
～**組織**(そしき)《生》지방 조직.
脂粉(しふん) 지분. 분과 연지. 화장.
脂溶性(しようせい)《化》지용성.
脂油(しゆ) 지유. 지방유.
脂質(ししつ) 지질. 영양학에서 '脂肪分(しぼうぶん)(=굳기름)'을 고친 이름.
脂燭(しそく) 밤의 궁중 의식·거동 따위에 쓰였던 조명구의 하나. ＊ししょく로도 읽음.
訓読
脂 ㊀(あぶら) ① 굳기름. ② (몸의) 기름기.
㊁(やに) ① 수지(樹脂). ② (담뱃대 등의) 댓진. ③ 눈곱.
脂ぎる(あぶらぎる) 기름기가 돌다. 기름지다. 비계가 많다.
脂っこい ㊀(あぶらっこい) ① 기름기가 많고 느끼하다. ② 성질이 담박하지 못하고 깐질기다.
㊁(やにっこい) ① 끈적끈적하다. ② 끈덕지다. 끈질기다. 「고기.
脂尻(あぶらじり) 지방질이 많은 새의 볼기
脂垢(あぶらあか) 옷의 기름때.
脂気(あぶらけ) ① 기름기. ② 기름져서 번드르르한 모양.
脂蠟(やにろう) 송진으로 만든 양초.
脂目(やにめ) 눈곱이 많이 끼는[낀] 눈. 또, 그런 증상. 「가 돌다.
脂付く(あぶらづく) 몸에 기름이 올라 윤기
脂肥り(あぶらぶとり) ⇨ 脂太り(あぶらぶとり). 「진 체질.
脂性(あぶらしょう) 지방 체질. 살갗이 기름
脂手(あぶらて) 땀이 잘 나는 손. 「분.
脂身(あぶらみ) 비계. 고기의 비계가 많은 부
脂薬(あぶらぐすり) 고약(膏藥).
脂肉(あぶらみ) ⇨ 脂身(あぶらみ).
脂足(あぶらあし) 땀이 잘 나는 발.

脂取り(あぶらとり) 얼굴의 지방분을 닦아 내는 일. 또, 그 화장지. 「장지.
∥〜紙(がみ) 얼굴의 지방분을 닦아 내는 화
脂太り(あぶらぶとり) 몸에 비계가 많아져서 뚱뚱해짐. 또, 그런 사람.
脂下がる(やにさがる) 신명이 나서 싱글거리다. 우쭐해져서 벙글거리다.
脂汗(あぶらあせ) 진땀. 비지땀.

疒 10 疢

맞아서 명들 **지**
シ
みみずばれ・うるむ

訓読
疢む(うるむ) (피부나 과일의 빛깔이) 검정・보라・빨강 등으로 변하다. 명들다.

石 10 砥

숫돌 **지**
シ
と・みがく

音読
砥礪(しれい) 지려. ①숫돌. ②갈고 닦음. 연마. 수양(修養).
訓読
砥(と) 숫돌.
砥の粉(とのこ) 숫돌가루〔도검의 연마, 칠기의 애벌칠, 널빤지나 기둥의 착색 따위에 씀〕.
砥糞(とくそ) 숫돌에 칼 따위를 갈 때 생기는 진득진득한 맷국.
砥石(といし) 숫돌.
∥〜車(ぐるま) (원반형의) 회전식 숫돌.
砥草(とくさ) 〖植〗속새.

示 10 祇

공경할 **지**
シ
つつしむ・まさに

音読
祇管打坐(しかんたざ) 〖佛〗선종(禪宗)에서, 오로지 일념으로 좌선함.

糸 10 紙 教

종이 **지**
シ
かみ

音読
紙価(しか) 지가. 종이의 값.
紙工(しこう) 종이를 가공함.
紙工品(しこうひん) 지공품. 종이로 만든〔가공한〕물건.
紙器(しき) 지기. 종이 상자〔용기〕.
紙代(しだい) 신문값. 신문 구독료.
紙料(しりょう) 지료. 펄프와 사이즈(size) 물질 등의 각종 재료를 조합(調合)한 것. 종이로 뜨기 직전의 원료.
紙面(しめん) ①지면. 신문지상. ②서면. 편지.
紙墨(しぼく) 지묵. 종이와 먹. 「지.
紙背(しはい) 지배. ①(무엇이 씌어 있는) 종이의 뒷면. ②문장의 이면의 깊은 뜻.
紙本(しほん) 지본. 종이에 붓으로 쓴 글씨나
紙上(しじょう) 지상. 「그림.
紙塑(しそ) 지소. 일본 종이의 재료인 닥나무 따위의 섬유를 풀로 이겨 굳힌 다음 틀에 넣어 말린 것.
紙数(しすう) 지수. 종이 수. 페이지 수.
紙魚(しみ) 반대좀. 좀. 「께 넣는 기술.
紙芸(しげい) 종이를 뜰 때 그림・무늬를 함
紙帳(しちょう) 지장. 종이로 만든 모기장.
紙製(しせい) 지제. 종이로 만듦. *かみせい로도 읽음.
紙誌(しし) 지지. 신문・잡지 등의 총칭.
紙質(ししつ) 지질.
紙窓(しそう) 지창. 종이를 바른 창.
紙燭(しそく) 밤의 궁중 의식・거둥 따위에 쓰였던 조명구의 하나. *ししょく로도 읽음.
紙片(しへん) 지편.
紙幣(しへい) 지폐.
紙幅(しふく) 지폭. 종이의 나비.
紙票(しひょう) 종이 딱지. 카드.
紙筆(しひつ) 지필.
紙型(しけい) 〖印〗지형.
紙花 ㊀(しか) 장례식에 쓰는 조화(造花). ㊁(かみばな) ①(특히, 초상 때 쓰는) 종이로 만든 조화. ②〈婉曲〉돈을 종이에 싸서 얹은 것.

訓読
紙(かみ) ①종이. ②(가위바위보에서) 보.
紙テープ(かみテープ) 종이 테이프.
∥〜読取り機(よみとりき) 종이 테이프 해독기. 「기.
〜鑽孔機(さんこうき) 종이 테이프 천공
紙巻き(かみまき) ①종이로 맒. ②'紙巻きタバコ(=궐련)'의 준말.
紙衾(かみぶすま) 겉을 종이로 싸고 속에 짚을 둔 이부자리.
紙袋(かみぶくろ) 지대. (종이) 봉지. 봉투. *かんぶくろ로도 읽음.
紙鑢(かみやすり) 사지(砂紙). 사포(砂布).
紙礫(かみつぶて) 종이를 (씹어) 뭉쳐서 내던지는 것.
紙漉き(かみすき) 종이를 뜸. 또, 그것을 업으로 하는 사람.
∥〜唄(うた) 종이를 뜰 때 부르는 민요.
紙の木(かみのき) 〖植〗①'楮(こうぞ)(=닥나무)'의 딴이름. ②'雁皮(がんぴ)(=안피나무・산닥나무)'의 딴이름.
紙白粉(かみおしろい) 종이분.
紙石鹼(かみせっけん) (휴대용) 종이 비누.
紙屑(かみくず) 휴지. 종이 나부랭이.
∥〜買い(かい) 넝마장수.
〜拾い(ひろい) 넝마장수.
紙細工(かみざいく) 종이 세공(물).
紙押さえ(かみおさえ) 문진. 서진(書鎭).
紙屋(かみや) ①종이를 만드는 집. 또, 그 사람. ②지물포〔상〕.

紙衣(かみこ) 종이옷.
紙一重(かみひとえ) 종이 한 장 두께 정도의 아주 작은 간격.
紙入れ(かみいれ) ① 휴지 따위를 넣는 물건. ② (婉曲) 지갑.
紙子(かみこ) 종이옷.
‖~紙(がみ) 종이옷 만드는 데 쓰는 종이《비벼서 부드럽게 함》. 「바른 것.
紙張り(かみばり) 종이를 바름. 또, 종이를
紙裁ち(かみたち) ① 종이 베기. 종이 재단(사(師)). ②. 紙裁ち包丁의 준말. 「칼.
‖~包丁(ぼうちょう) 종이 칼. 종이 재단용
紙銭(かみぜに) ① 지전. 지폐. ② 종이를 돈 모양으로 오린 것.
紙切り(かみきり) ① 종이 칼. ② 종이를 오려 모양을 만드는 놀이.
紙切れ(かみきれ) 지편(紙片). 종잇조각.
紙粘土(かみねんど) 지점토《공작 재료》.
紙芝居(かみしばい) 그림 연극.
紙鉄砲(かみでっぽう) 종이 딱총.
紙籤(かみくじ) (가늘게 꼰) 종이로 만든 제
紙雛(かみびな) 종이로 만든 인형. 「비
紙吹雪(かみふぶき) (환영・축하 때 뿌리는) 잘게 썬 색종이. 또, 그것이 눈보라처럼 흩날려 떨어지는 모양.
紙幟(かみのぼり) 종이로 잉어 모양을 만들어 기(旗)처럼 달아매는 것.
紙包み(かみづつみ) ① 종이로 쌈. 또, 그것. ② 금일봉(金一封).
紙表具(かみひょうぐ) (비단 표구 등에 대하여) 종이 표구.
紙風船(かみふうせん) 종이풍선.
紙合羽(かみガッパ) (옛날에) 동유지(桐油紙) 따위로 만든, 종이 비옷.
紙革(かみかわ) 의혁지(擬革紙). 가죽 비슷하게 만든 종이.
紙挟み(かみばさみ) ① 종이〔서류〕 끼우개. ② 클립.
紙鋏(かみばさみ) 종이 오릴 때 쓰는 가위.
紙婚式(かみこんしき) 지혼식.
其他▶
紙捻り㈠(こより) ⇨ 紙縒り(こより).
㈡(こうひねり) ① ☞紙縒り(こより). ② 상투 틀 때 쓰는 가는 끈.
紙撚り(こより) ⇨ 紙縒り(こより).
紙凧(たこ) ⇨ 紙鳶(たこ).
紙鳶(たこ) 연. *雅語・方言으로는 いか・いかのぼり라고도 함.
紙縒り(こより) 종이를 가늘게 꼰 끈. 지승. 지노. *かみよりロ도 읽음.

10 舌	舐	핥을 지 シ なめる・ねぶる

音読▶
舐犢(しとく) 지독. ① 어미소가 송아지를 혓바닥으로 핥음. ② 전하여, 부모가 자식을 지극히 귀여워함.
‖~の愛(あい) 지독지애.
訓読▶
❖舐める(なめる) ① 핥다. ② (불길이 혀로 핥듯이) 불태우다. ③ 맛보다. 체험하다.
舐めずる(なめずる) (혀로) 입술을 핥다.
舐め尽くす(なめつくす) 전부 핥다.
舐め回す(なめまわす) 구석구석까지 핥다.
其他▶
❖舐る(しゃぶる) 핥다. 빨다. *雅語・方言으로는 ねぶる라고도 함.
舐り付く(しゃぶりつく) 〈俗〉 입에 물고 늘어지다. 달라붙어서 떨어지지 않다.

11 足	趾	발 지・터 지 シ あと

音読▶
趾骨(しこつ)『生』 지골. 「한 방식.
趾行性(しこうせい) 지행성. 포유류가 걷는

12 辶 常	遅 (遲)	더딜 지 チ おくれる・おくらす・おそい

音読▶
遅刻(ちこく) 지각. 「달.
遅達(ちたつ) 보통보다 늦어진 배달이나 통
遅鈍(ちどん) 지둔. 느리고 둔함.
遅慢(ちまん) 지만. 느림.
遅脈(ちみゃく)『漢醫』 지맥.
遅明(ちめい) 지명. 날샐녘.
遅発(ちはつ) 지발. 늦게 출발함.
遅配(ちはい) ① 배달이 정규 기일보다 늦음. ② 일급・월급의 지급이 늦음.
遅払い(ちはらい) 급여나 대금의 지급이 늦
遅速(ちそく) 지속. 더딤과 빠름. ㄴ어짐.
遅延(ちえん) 지연.
‖~賠償(ばいしょう)『法』 지연 배상.
~利息(りそく) 지연 이자. 연체 이자.
遅緩(ちかん) 지완. 느림. 「함.
遅疑(ちぎ) 지의. 의심하여 주저함. 우물쭈물
遅引(ちいん) 지인. (기일에) 늦음. 지연.
遅日(ちじつ) 지일. 봄철 늦게 지는 긴긴해.
遅遅(ちち) 지지. ① 사물의 진도가 늦음. ②
遅進児(ちしんじ) 지진아. ㄴ해가 긺.
遅参(ちさん) 지참. 늦게 옴.
遅滞(ちたい) 지체. 「짐.
遅怠(ちたい) 지태. 일을 태만히 하여 늦어
遅筆(ちひつ) 지필. 쓰는 것이 느림.
遅行指標(ちこうしひょう) 경기의 변동에 뒤져서 움직이는 경향이 있는 지표《고용 지수 따위》.
遅効(ちこう) 지효. 늦게 효력이 나타남.
‖~性肥料(せいひりょう) 지효성 비료.
訓読▶
遅なわる(おそなわる) 〈雅〉 늦어지다.

遅らす(おくらす) ☞遅らせる(おくらせる).
遅らせる(おくらせる) 늦추다. 늦게 하다.
❖遅い(おそい) 늦다. ①느리다. 더디다. ②(시간이) 늦다. ③(제때에) 대지 못하다.
遅くとも(おそくとも) 늦어도.
遅くも(おそくも) ☞遅く(おそくとも).
遅し(おそし)〈文〉☞遅い(おそい).
遅め(おそめ) ①정시에 조금 늦음. ②속력이 조금 느림.　　　　　　　　　　　「당번.
遅番(おそばん) 늦게 근무(등교)하는 차례.
遅霜(おそじも) '晩霜(ばんそう)(=늦서리)'의 풀어쓴 말씨.
遅生まれ(おそうまれ) (취학 연령에서) 4월 2일부터 12월 말일까지 사이에 태어남. 또, 그 사람.
遅咲き(おそざき) (꽃)늦게 핌.
遅蒔き(おそまき) ①〖農〗철늦은 파종. 늦 파종. ②늦게(때늦게) 함.
‖～乍ら(ながら) 뒤늦게나마.
遅牛(おそうし) 걸음이 느린 소.
遅かりし由良之助(おそかりしゆらのすけ) 때가 늦어 소용없게 되었다는 뜻.
遅場(おそば) 벼가 늦되는 고장.
‖～米 늦되는 고장의 쌀.
遅かれ早かれ(おそかれはやかれ) 조만간(에). 언젠가는.
遅足(おそあし) 천천히 걸음. 서행(徐行).
遅知恵(おそぢえ) ①지능 발달이 다른 아이들보다 늦음. ②뒤늦어 쓸모 없는 꾀. 늦꾀.
遅智慧(おそぢえ) ⇨遅知恵(おそぢえ).
遅出(おそで) 늦게 출근함. 늦게 출근하는 순.
遅寝(おそね) 밤늦게 잠〔취침함〕.
遅便(おそびん) (우편・항공권 등) 그날의 늦은 편.
❖遅れる(おくれる) ①늦다. 더디다. ②뒤지다. 못하다.
遅れ(おくれ) 늦음. 늦은 정도.
遅れ先立つ(おくれさきだつ) 앞서거니뒤서거니 하다.
遅れ咲き(おくれざき) 철늦게 꽃이 핌. 또, 그 꽃. *おくれきき로도 읽음.
遅れ馳せ(おくればせ) 뒤늦음.

| 12
日
人 | 智 | 슬기 **지**
チ
さとい・さとる |

参考 현대 표기로는 '知'로 대용함.

音読
智(ち) 지. ①지혜. 슬기. ②계략. 지략.
智剣(ちけん)〖佛〗지검. 지혜의 검.
智見(ちけん) 지견. 보고 앎. 또, 그 내용.
智計(ちけい) 지계. 지략.
智巧(ちこう) 지교. 지혜와 기교. 일을 처리하는 재지에 뛰어남.
智能(ちのう) 지능.
智徳(ちとく) 지덕.
智度(ちど)〖佛〗지도. 6도의 하나. 지혜.
智略(ちりゃく) 지략.
智慮(ちりょ) 지려. 앞일을 꿰뚫어 보는 지혜.
智力(ちりょく) 지력.
智謀(ちぼう) 지모. 지혜스러운 계략.
智辯(ちべん) 지변. 재치 있는 변설.
智水(ちすい) 지수. 여래(如來)의 지혜를 맑은 물에 비유한 말.
智術(ちじゅつ) 지술. 교묘한 계략.
智識(ちしき) 지식. ①지혜와 견식. ②〖佛〗선(善) 지식. 고승. ③〈古〉친구.
智勇(ちゆう) 지용. 지혜와 용기.
智愚(ちぐ) 지우. 슬기로움과 어리석음. 지자와 우자.
智育(ちいく) 지육. 지능의 개발과 지식의 함양을 목적으로 하는 교육.
智印(ちいん)〖佛〗지인.　　　　　　　「려.
智者(ちしゃ) ①지자. ②지식이 높은 승
智将(ちしょう) 지장.
智歯(ちし) 지치. 사랑니.　　　　　　「앎.
智辨(ちべん) 지판. 사물의 도리를 명백히
智解(ちかい) 지해. 지식으로써 깨달음. *ちげ로도 읽음.　　　　　　　　　「혜광.
智慧(ちえ) 지혜. 꾀. ♣～光(こう)〖佛〗지

其他
智利(チリ)〖地〗칠레.

| 12
疒 | 痣 | 사마귀 **지**
シ
あざ |

訓読
痣(あざ) ①피부의 반점. ②(살갗의) 멍.

| 14
氵
常 | 漬 | 담글 **지**
シ
つける・つかる・
ひたす・ひたる |

訓読
漬かる(つかる) (김치 따위가) 맛이 들다.
漬く(つく) ☞漬かる(つかる).　　　　「익다.
漬る(ひたる) 잠기다.　　　　　　　　「다.
❖漬ける(つける) (김치 등을) 담그다. 절이
漬け(づけ) ①다랑어 초밥. ②《接尾語로》절인〔담근〕것. 절임.
漬け瓜(つけうり) ①〖植〗월과의 변종(장아찌로 담금). ②장아찌로 담근 외.
漬け梅(つけうめ) ①소금에 담근〔담글〕매실. ②매실 장아찌.
漬物(つけもの) (왜)김치. 야채 절임.
漬け込む(つけこむ) (김치・절임 등을) 담그다.
漬け菜(つけな) 김칫거리 채소. 특히, 양배추. 또, 그 채소.

| 14
虫 | 蜘 | 거미 **지**
チ |

音読

蜘網(ちもう) 지망. 거미줄. 거미집.

其他

蜘蛛 ㊀(くも)〖動〗지주. 거미.
  ㊁(ささがに)〈雅〉거미. 또, 거미줄.
蜘蛛膜(くもまく)〖生〗지주막. 거미막. 뇌를 싸는 막의 하나.
‖~下出血(かしゅっけつ)〖醫〗지주막하 출혈. 거미막하 출혈.
蜘蛛の巣(くものす) 거미집.
蜘蛛手(くもで) ① (길·두둑 따위가) 거미발같이 사면팔방으로 뻗친 모양. 또, 그런 곳. ② 마음이 어지럽게 흐트러진 모양.
蜘蛛猿(くもざる)〖動〗거미원숭이.
蜘蛛の子(くものこ) 거미의 유충.
蜘蛛助(くもすけ) 江戸(えど) 시대에 역참을 중심으로 일하던 뜨내기 교군꾼.

---

14 言㊍ 誌
적을 **지**
シ
しるす

音読

誌代(しだい) 지대. 잡지 따위의 값.
誌略(しりゃく) 지략. 간단히 적은 기록.
誌面(しめん) 지면. 잡지의 기사면.
誌上(しじょう) 지상.
誌友(しゆう) 지우. 같은 잡지 구독으로 사귄 친구.

訓読

誌す(しるす) ① 적다. 기록하다. ② (마음에) 새기다. 기억하다.

---

15 手 摯
지극할 **지**·잡을 **지**
シ
つかむ・まこと

音読

摯実(しじつ) 진지하고 성실함.

---

15 足 踟
머뭇거릴 **지**
チ
ためらう

音読

踟躕(ちちゅう) 지주. 머뭇거리며 망설임. 주저함.

---

17 魚 鮨
젓 **지**·능성어 **예**
シ
すし

訓読

鮨(すし) ① 초밥. 김밥. ② 식해(食醢). 어류(魚介類)에 소금을 넣고, 발효시킨 식품《옛날의 すし는 대개 이것이었음》.
鮨米(すしまい) 초밥을 만드는 특등미.
鮨飯(すしめし)〖料〗초밥용의 밥.
鮨屋(すしや) 초밥집. 초밥 파는 사람.
鮨鮎(すしあゆ) 식해로 담근 은어.
鮨種(すしだね) 초밥을 만들 때 사용하는 생선·조개 따위의 재료.
鮨鮑(すしあわび) 식해로 담근 전복.
鮨詰め(すしづめ) (좁은 데에) 빈틈없이 꽉 들어참.

---

17 鳥 鴲
참새소리 **지**
シ
しめ

訓読

鴲(しめ)〖鳥〗콩새.

---

18 貝 贄
폐백 **지**
シ
にえ

訓読

贄(にえ)〈雅〉신(神)이나 조정에 바치는 그 지방의 토산물. 진상품.
贄す(にえす) 신불·조상께 그해 첫 수확물을 바치다.
贄使(にえづかい) 공물을 진상하는 사자.
贄人(にえびと) ① 진상하거나 공물로 삼을 생선·조류(鳥類)를 잡는 사람. ② 종. 머슴.

---

22 足 躓
넘어질 **지**·넘어질 **질**
チ
つまずく

訓読

❖**躓く**(つまずく) ① 발이 걸려 넘어지다. 발이 무엇에 채이다. ② 좌절〔실패〕하다.
躓き(つまずき) ① 발이 걸려 넘어질 뻔함. 발부리가 챔. ② 좌절함. 실패. 차질.

직

8 目㊍ 直
곧을 **직**
チョク・ジキ ただちに・なおす・なおる あたい・ひた・すぐ・じか

音読

直 ㊀(ちょく) ① 바름. 곧음. ② 직접적임. ③ 소탈함. 선선함. ④ 값이 쌈. ⑤ 직….
  ㊁(じき) ① 곧. 바로. ②《接頭語로》직….
  ㊂(じか) 직접. 꼭. 그대로.
  ㊃(ただ)〈古〉① 똑바로. 곧장. 직접. ②
  ㊄(ひた) 오로지. 오직. 그저. 다만.
直な(ちょくな) 곧은. 정직한. 솔직한. 싹싹한. 값싼.
直角(ちょっかく)〖數〗직각.
‖~三角形(さんかっけい)〖數〗직각 삼각형. ＊ちょっかくさんかくけい로도 읽음.
~石(せき) 직각석. 연체 동물 앵무조갯과에 속하는 생물 껍데기의 화석.

〜双曲線(そうきょくせん)〚數〛직각 쌍 곡선.
〜二等辺三角形(にとうへんさんかっけい)〚數〛직각 이등변 삼각형.
〜柱(ちゅう)〚數〛직각주. 직각기둥.
直覚(ちょっかく) 직각. 직관으로 앎. ♣〜**的**(てき) 직각적.
‖〜**説**(せつ) ① 직각설. ② 직관주의.
直諫(ちょっかん) 직간. 윗사람에게 거리낌 없이 간함.
直間比率(ちょっかんひりつ) 직간 비율. 국세 수입 중, 직접세와 간접세의 비율.
直感(ちょっかん) 직감.
直撃(ちょくげき)〚軍〛직격.
直結(ちょっけつ) 직결.
直径(ちょっけい) 직경. 지름.
直系(ちょっけい) 직계.
‖〜**家族**(かぞく) 직계 가족.
〜**卑属**(ひぞく)〚法〛직계 비속.
〜**姻族**(いんぞく)〚法〛직계 인척(姻戚).
〜**尊属**(そんぞく)〚法〛직계 존속.
〜**親族**(しんぞく) 직계 친족.
〜**血族**(けつぞく) 직계 혈족.
直雇い(じきやとい) 직접 고용함.
直観(ちょっかん) 직관. ♣〜**像**(ぞう)〚心〛직관상./〜**的**(てき) 직관적.
‖〜**教授**(きょうじゅ)〚教〛직관 교수.
〜**主義**(しゅぎ) 직관주의.
直交(ちょっこう)〚數〛직교.
直球(ちょっきゅう)〚野〛직구.
直宮(じきみや) 天皇(てんのう)와 직접 혈연 관계가 있는 황족.
直根(ちょっこん)〚植〛직근. 곧은뿌리.
直納(ちょくのう) 직납. 대리점 따위를 통하지 않고 직접 납품함. ＊じきのうろも 읽음.
直達(ちょくたつ) 직달. 직접 전달함.
直達日射量(ちょくたつにっしゃりょう) 일사량 중, 태양에서 직접 지표면에 도달하는 것.
直談(じきだん)〈老〉직접 담판함.
直答(ちょくとう) ① 즉석에서 대답함. 즉답. ② 직접 대답함. ＊じきとうろも 읽음.
直刀(ちょくとう) 칼의 몸이 똑바름. 휘이 없는 칼.
直道(ちょくどう) 직도. ① 곧은 길. ② 바른 길. 정도(正道).
直読(ちょくどく) 직독. 한문 등에 토를 달아 훈독하지 않고 위로부터 죽 내리 음독함.
直登(ちょくとう) 직등. 등산에서 암벽 따위를 우회하지 않고, 곧장 일직선으로 오름.
直覧(じきらん) 직람. 친히〔직접〕봄.
直廬(ちょくろ) 궁중의 숙직실.
直列(ちょくれつ)〚理〛직렬.
‖〜**機関**(きかん) 직렬 기관. 복수의 실린더가 크랭크축(軸) 방향으로 일렬 또는 수열 일어선 기관.
〜**接続**(せつぞく)〚理〛직렬 접속. 직렬 연
直領(じきりょう) 직할지.
直隷(ちょくれい) 직례. 중국 명·청대에, 수도에 직속된 행정 구획.
直路(ちょくろ) ① 직로. 곧은 길. ②(들르지 않고) 바로 감. ＊ひたみちろも 읽음.
直流(ちょくりゅう) 직류. ① 곧은 흐름. 또, 곧게 흐르는 흐름. ②〚理〛항상 방향이 일정한 전류.
‖〜**発電機**(はつでんき)〚理〛직류 발전기.
〜**電動機**(でんどうき)〚理〛직류 전동기.
〜**電流**(でんりゅう)〚理〛직류 전류.
直立(ちょくりつ) 직립. 똑바로〔곧추〕섬. 높이 솟아오름.
‖〜**茎**(けい)〚植〛직립경. 곧은줄기.
〜**不動**(ふどう) 직립 부동.
〜**猿人**(えんじん) 직립 원인.
直売(ちょくばい) 직매.
直面 □(ちょくめん) 직면.
□(ひたおもて) ① 바로〔직접〕마주 봄〔대함〕. ② 能楽(のうがく)에서 탈을 안 씀. ＊②는 ひためん으로도 읽음.
直明け(ちょくあけ) 숙직이 끝남.   「털.
直毛(ちょくもう) 직모. 똑바르게만 뻗는
直門(じきもん) 직문. 직접 가르침을 받음. 또, 그 사람.
直方体(ちょくほうたい) 직방체. 직 6면체.
直配(ちょくはい) 직배. 직접 배급〔배달〕.
直写(ちょくしゃ) 직사. 있는 그대로 묘사함.
直射(ちょくしゃ) 직사. ① 정면으로 쏨. 직접 비춤. ②(탄알을) 직선에 가까운 탄도로 그리게 발사함. ♣〜**砲**(ほう) 직사포.
‖〜**図法**(ずほう) 직사 도법. 지도 투영법(投影法)의 투시 도법의 하나.
直瀉(ちょくしゃ) 비나 물 따위가 세차게 똑바로 쏟아져 내림.
直上(ちょくじょう) 직상. ① 바로 위. ② 똑바로 위. 또, 똑바로 올라감.
直叙(ちょくじょ) 직서. 감상 따위를 섞지 않고 그대로 진술함.
直書(じきしょ) ① 직필. 자필(自筆). ② 직접 군주(君主)가 신하에게 보내는 서한.
直線(ちょくせん) 직선. ♣〜**美**(び) 직선미./〜**的**(てき) 직선적.
‖〜**距離**(きょり) 직선 거리.
〜**運動**(うんどう)〚理〛직선 운동.
〜**偏光**(へんこう)〚理〛직선 편광.
直説法(ちょくせつほう)〚文法〛직설법.
直閃石(ちょくせんせき)〚鑛〛직섬석.
直税(ちょくぜい)〚法〛'直接税(ちょくせつぜい)(=직접세)'의 준말.
直訴(じきそ) 직소. 직접 상소함.
直属(ちょくぞく) 직속.
直孫(じきそん) 직손. 직계의 손자.
直送(ちょくそう) 직송.
直鎖(ちょくさ)〚化〛직쇄. 노르말 사슬.
直輸入(ちょくゆにゅう) 직수입.
直輸出(ちょくゆしゅつ) 직수출.
直視(ちょくし) 직시.
直蒔き(じきまき) ⇨ 直播き(じきまき).

直翅目(ちょくしもく) 직시목. 메뚜기목.
直実(ちょくじつ) 직실. 정직하고 성실함.
直言(ちょくげん) 직언.
直訳(ちょくやく) 직역.
直営(ちょくえい) 직영.
直往邁進(ちょくおうまいしん) 직왕 매진. 주저하지 않고 곧장 나아감. 「원기둥.
直円柱(ちょくえんちゅう) 〖数〗 직원주. 직
直円錐(ちょくえんすい) 〖数〗 직원추. 직원
直喩(ちょくゆ) 〖生〗 직유(법). 「뿔.
直音(ちょくおん) 拗音(ようおん)·促音(そくおん)·撥音(はつおん) 이외의 음. 한 음절이 仮名(かな) 한 자로 표시되는 음.
直日(ちょくじつ) 숙직(宿直)날.
直任(じきにん) 직임. 일정 순서를 거치지 않고 곧바로 그 직에 임용함.
直入(じきにゅう) 직입. 돌아가지 않고 곧바로 들어감.
直子(じきし) 직계의 자식(아들).
直腸(ちょくちょう) 〖生〗 직장. 곧은창자.
‖~脱(だつ) 〖医〗 직장탈.
直裁(ちょくさい) 직재. ①즉각 재결함. ②본인이 직접 재결함.
直積(ちょくせき) 〖数〗 직적 (집합).
直伝(じきでん) 직접 스승이 제자에게 전수
直前(ちょくぜん) 직전. 「함.
直截(ちょくせつ) ①곧 결재함. ②표현이 완곡하지 않고 솔직함.
直接(ちょくせつ) 직접.
‖~強制(きょうせい) 〖法〗 직접 강제.
~教授法(きょうじゅほう) 직접 교수법. 외국어 교수법의 하나.
~金融(きんゆう) 직접 금융.
~機関(きかん) 〖法〗 직접 기관.
~談判(だんぱん) 〖法〗 직접 담판.
~代理(だいり) 〖法〗 직접 대리.
~民主制(みんしゅせい) 〖政〗 직접 민주제.
~分裂(ぶんれつ) 〖生〗 직접 분열.
~肥料(ひりょう) 〖農〗 직접 비료.
~射撃(しゃげき) 직접 사격.
~選挙(せんきょ) 직접 선거. 「주의.
~審理主義(しんりしゅぎ) 〖法〗 직접 심리
~証拠(しょうこ) 〖法〗 직접 증거.
~推理(すいり) 〖論〗 직접 추리.
~取引(とりひき) 〖経〗 직접 거래.
~投資(とうし) 〖経〗 직접 투자.
~行動(こうどう) 직접 행동.
~話法(わほう) 직접 화법.
直情(ちょくじょう) 직정.
‖~径行(けいこう) 직정경행. 마음 먹은 그대로 행동함.
直弟(ちょくてい) 바로 손아래 동생.
直弟子(じきでし) 직제자. 직접 가르침을 받은 제자.
直奏(じきそう) 직주. 직접 아룀.
直走路(ちょくそうろ) 직주로.
直直(じきじき) 직접.
直進(ちょくしん) 직진.

直参(じきさん) 주군이 직접 거느리는 신하.
直取引(じきとりひき) ①직거래. ②현금거래. *じかとりひき로도 읽음
直通(ちょくつう) 직통. 「음.
直播き(じきまき) 직파. *じかまき로도 읽
直販(ちょくはん) 직판.
直披(じきひ) 친전(親展). *ちょくひ로도 읽
直筆 ㊀(ちょくひつ) 직필. ①구애됨이 없이 사실 그대로 씀. ②(서도에서) 붓을 꼿꼿이 잡고 글씨를 씀.
㊁(じきひつ) 자필. 스스로 직접 씀.
直下 ㊀(ちょっか) 직하. ①바로 아래(밑). ②똑바로 내려감(떨어짐).
㊁(じきげ) ①☞㊀①. ②즉각. 당장.
直轄(ちょっかつ) 직할.
直航(ちょっこう) 직항. 「른] 행위.
直行(ちょっこう) 직행. ②정직한(올바
‖~直帰(ちょっき) 직행 직귀. 직장인이 자택에서 직접 방문처에 가 용무를 끝낸 후 회사로 가지 않고 그대로 귀가하는 일.
直弧文(ちょっこもん) 직선과 호선이 결합한, 고분 시대의 기하학적 무늬.
直話(じきわ) 직접 이야기함. 또, 그 이야기.
直滑降(ちょっかっこう) (스키에서) 직활강.
直後(ちょくご) 직후.

訓読

直き(なおき) 곧은. 정직한.
直く(なおく) 직하. 바르게. 유순하게.
直ぐ(すぐ) ①곧. 즉시. 바로. ②순진함. 정
直ぐと(すぐと) 곧. 즉시. 바로. 「직함.
直ぐに(すぐに) ①곧. 즉시. ②곧바로. ③〈古〉정직하게. 「접.
直ちに(ただちに) ①곧. 즉각. ②바로. 직
直と(ひたと) ①간격을 두지 않는 모양. 꼭. 착. 바싹. ②갑자기. 딱. 뚝.
直に ㊀(じかに) 직접(으로).
㊁(じきに) 곧. 금방. 바로.
直談判(じかだんぱん) 직접 담판. *じきだんぱん으로도 읽음.
直兜(ひたかぶと) 전원 갑옷·투구를 착용하고 완전 무장함. 또, 그러한 무사들. 「킴.
直頭(ひたがしら) 머리를 싸지 않고 노출시
直頼み(じかたのみ) 직접 부탁[의뢰].
直履き(じかばき) ⇨ 直穿き(じかばき).
直立ち(すぐだち) 똑바로 섬. 직립.
直物 ㊀(ひたもの) 무턱대고. 한결같이.
㊁(じきもの) 거래 계약의 성립과 동시에 현물의 수도(受渡)가 행해지는 것.
直白(ひたしろ) 새하얌. 또, 그 모양.
直柄(ひたえ) 제물 손잡이. 또, 휘지 않은 곧은 칼자루.
直付け(じかづけ) ①직접 함. 직접적인 모양. ②직접 붙임.
直謝り(ひたあやまり) (잘못에 대해) 그저 빌기만 함.
直挿し(じかざし) 꺾꽂이묘를 직접 조림 용지에 꺾꽂이해서 나무를 키우는 방법. 「식.
直焼き(じかやき) 불에 직접 구움. 또, 그 음

直垂(ひたたれ) 옛날, 무사 예복의 하나. 가문(家紋)이 없고, 넓은 소맷부리에는 매는 끈이 달렸음.
直心(ひたごころ) 직심. 한결같은 마음. 일편단심.
直押し(ひたおし) 마구 밀어댐. 그저 밀어대기만 함.
直ぐ様(すぐさま) 곧. 즉각. 당장〔すぐ보다 文語적임〕.
直言歌(ただごとうた) 和歌(わか) 형식의 하나. 비유 따위를 쓰지 않고 평이하게 읊은 노래.
直隠し(ひたかくし) 그저〔오직〕 숨기기만 함.
直人(ただびと) 보통 사람. 범인. *ただうど라고도 함.
直足袋(じかたび) (노동자용의) 작업화.
直走り(ひたばしり) (쉬지 않고) 오로지〔줄곧〕 달림.
直中(ただなか) ① 한복판. ② 한창 …할 때.
直穿き(じかばき) ① 맨발에 직접 신을 신음. ② (겉에 아무것도 대지 않은) 보통의 왜나막신.
直青(ひたあお) 온통 푸른 모양.
直趣(ひたおもむき) 한결같은 모양.
直通り(すぐどおり) 들르지 않고 지나침.
直向き(ひたむき) 한 가지 일에 열중하는 모양. 곧장. 한결같이. 외곬으로.
直紅(ひたくれない) 진홍색(임).
直火(じかび) 직접 재료에 불을 쬐어 구움. 또, 그 불.
直黒(ひたぐろ) 온통 검은색임. 또, 그 모양.
❖**直す**(なおす) ① 고치다. 정정(訂正)하다. 바로잡다. 치료하다. ② 수선하다. 변경〔개정〕하다. ③ 회복하다. 환산하다.
直し(なおし) ① 고침. 바로잡음. 수선. 수리. ② 고치는 사람. 수선공. ③ 혼례 때 신부가 처음에 입고 있던 옷을 갈아입는 일. ④ 유곽에서 손님이 시간을 연장해서 노는 일.
直し物(なおしもの) ① 고칠 것. 수선물. ② 옷 따위를 고쳐 만듦. 또, 그 옷.
直し味醂(なおしみりん) 소주에 미림(味醂)을 섞은 술.
直し酒(なおしざけ) 변질되어 가는 술을 가공하여 보통 술로 만든 것.
❖**直る**(なおる) ① 고쳐지다. 바로잡히다. 치료〔치유〕되다. ② 수리〔수선〕되다. ③ 복구되다. 회복되다.
直れ(なおれ) 바로〔구령〕.

其他
直衣(のうし) 옛날 귀족의 평복.
直会(ならうい) 제사 지낸 술과 음식으로 베푼 연회.

| 15 禾 | 稷 | 기장 **직**·곡식 **직**
ショク
きび |

訓読
稷(きび)〖植〗① 기장. 수수. ②〈方〉옥수수.

| 18 糸 教 | 織 | 짤 **직**·만들 **직**
ショク·シキ
おる |

音読
織工(しょっこう) 직공. 방직공. 직물 제조에 종사하는 사람.
織機(しょっき) 직기. 베틀.
織女(しょくじょ) ① 직녀. 베 짜는 여자. ②〖天〗織女星의 준말.
∥〜**星**(せい)〖天〗직녀성. 베가(Vega).
織文(しょくもん) 직물에 짜넣은 무늬. 또, 무늬를 짜넣은 직물.
織婦(しょくふ) 직녀. 베 짜는 여자.
織匠(しょくしょう) 직장. 피륙을 짜는 공장(工匠).
織布(しょくふ) 직포. 짜낸 피륙. ♣〜**機**(き) 직포기.
織豊時代(しょくほうじだい) 安土桃山時代(あづちももやまじだい)의 딴이름.

訓読
❖**織る**(おる) ① (옷감 등을) 짜다. ② 짜 맞추어 만들다.
織り(おり) 방직. 옷감.
織り交ぜる(おりまぜる) ① 무늬 등을 넣고 짜다. ② 주된 것에 중간에 딴것을 삽입하다.
織り模様(おりもよう) 바탕과 다른 실로 짠 무늬.
織り目(おりめ) (직물의) 발. 직물의 올과 올 사이.
織り紋(おりもん) 천에 짜 넣은 가문(家紋).
織物(おりもの) 직물.
∥〜**屋**(や) 방직업(자). 직조업(자).
織り返す(おりかえす) 다시 짜다.
織部(おりべ) 織部焼(おりべやき)의 준말. 桃山(ももやま) 시대에, 지금의 愛知(あいち)현 瀬戸(せと)에서 만들어 낸 도기(陶器).
織り上がる(おりあがる) (옷감이) 다 짜지다. 짜는 일이 끝나다.
織り色(おりいろ) 물들이지 않은 실로 짠 옷감의 깔.
織り成す(おりなす) ① 실로 짜서 (무늬 등을) 만들어 내다. ② 여러 요소로 구성하다.
織り元(おりもと) (상품으로서) 직물을 짜는 집. 직물의 제조원(元).
織り込む(おりこむ) ① (무늬를 만들기 위해 바탕과 다른 실을) 섞어 넣어 짜다. ② (한 사물 중에 다른 사물을) 집어 넣다. ③ (거래소에서) 호재·악재를 시세에 반영시키다.
織り込み済み(おりこみずみ) ① 계획·예산에 어떤 조건·사항을 이미 반영했음. ②〖經〗(거래소에서) 호재나 악재가 이미 반영된 상태임.
織り子(おりこ) 옷감을 짜는 사람(특히, 여자).
織り地(おりじ) 천의 바탕.
織り出す(おりだす) ① 무늬를 짜 내다. ② 짜기 시작하다.
織り姫(おりひめ) ① 베 짜는 아가씨. 직녀. 직물 공장 여공의 애칭. ②〖天〗직녀성.

18 耳 教	職	구실 **직** ショク・シキ つかさ

音読

職(しょく) ① 직업. 일자리. ② 직무. 직책. ③ 직능.
職として(しょくとして) 〈老〉 주로. 오로지.
職階(しょっかい) 직계. ♣~給(きゅう) 직계급 / ~制(せい) 직계제.
職工(しょっこう) 직공. 노동자.
職過ぎる(しょくすぎる) 신분에 걸맞지 않다. 지나치게 훌륭하다.
職権(しょっけん) 직권.
∥~濫用(らんよう) 직권 남용.
~命令(めいれい) 직권 명령.
~斡旋(あっせん) 직권 알선.
~主義(しゅぎ) 직권주의.
職級(しょっきゅう) 직급.
職給(しょっきゅう) 직급.
職能(しょくのう) 직능. ♣~給(きゅう) 직능급.
∥~団体(だんたい) 직능 단체.
~代表制(だいひょうせい) 직능 대표제.
~別組合(べつくみあい) 직능〔직업〕별 조합.
職歴(しょくれき) 직력. 직업 경력.
職名(しょくめい) 직명. 직함(職銜).
職務(しょくむ) 직무.
∥~権限(けんげん) 직무 권한.
~給(きゅう) 직무급. 직책 수당.
~命令(めいれい) 직무 명령.
~犯罪(はんざい) 직무 범죄.
~分析(ぶんせき) 직무 분석.
~質問(しつもん) 불심 검문.
~評価(ひょうか) 직무 평가.
職方(しょくかた) (목수·미장이 등의) 장색(匠色). 「② 작업복.
職服(しょくふく) ① 직장의 제복. 직장복.
職蜂(しょくほう) 〖蟲〗 직봉. 일벌.
職分(しょくぶん) 직분.
職分田(しきぶんでん) 〖史〗 奈良(なら)·平安(へいあん) 시대에, 현직 관리에게 내려준 면세전(免税田).
職司(しょくし) 직사. 직무로서 관장하는 사무.
職事(しょくじ) 직사. 직무상의 일.
職安(しょくあん) '公共(こうきょう)職業(しょくぎょう)安定所(あんていじょ)(=공공 직업 안정소)'의 준말.
職漁(しょくぎょ) 직업적인 낚시질〔고기잡이〕. 「업병.
職業(しょくぎょう) 직업. ♣~病(びょう)~
∥~教育(きょういく) 직업 교육.
~団体(だんたい) 직업 단체.
~別組合(べつくみあい) 직업별 조합.
~婦人(ふじん) 직업 여성.
~安定所(あんていじょ) 직업 안정소.
~野球(やきゅう) 직업〔프로〕 야구.
~演劇(えんげき) 직업 연극.
~意識(いしき) 직업 의식.
~指導(しどう) 직업 지도.
職域(しょくいき) 직역. ① 각 직업의 범위. ② 직장(職場).
職員(しょくいん) 직원.
∥~団体(だんたい) 직원 단체. 일반직 공무원이 근무 조건의 유지·개선을 목적으로 조직하는 단체. 또, 그 연합체.
~録(ろく) 직원록. 직원 명부.
~組合(くみあい) (관청·학교 등 사무직의) 직원 조합.
~会議(かいぎ) 직원 회의.
職位(しょくい) 직위.
職蟻(しょくぎ) 〖蟲〗 일개미.
職人(しょくにん) 직인. 장색(匠色)·공장.
∥~気質(かたぎ) 장인 기질. 「〔工匠〕.
~芸(げい) 장인이 아니면 할 수 없는 솜씨〔만듦새〕.
職印(しょくいん) 직인.
職長(しょくちょう) 직공장. 또, 직장의 장.
職場(しょくば) 직장.
∥~結婚(けっこん) 직장 결혼.
~用語(ようご) 직장 용어.
~闘争(とうそう) 직장 투쟁.
職掌(しょくしょう) 직장. 직무. 담당 직무.
∥~柄(がら) 직무(의 성질)상.
職制(しょくせい) ① 직제. 직무상의 제도. ② 〈俗〉 계장·과장 이상의 관리직. 또, 그 직위에 있는 사람.
職種(しょくしゅ) 직종.
職住近接(しょくじゅうきんせつ) 직주 근접. 근무처와 주거가 가까움.
職責(しょくせき) 직책. 직무상의 책임.
職親(しょくおや) 고아나 신체 장애인의 부모가 되어 돌보며 직업을 지도하는 사람.

진

6 尸 常	尽 (盡)	다할 **진** ジン つくす・つきる・つかす・すがる・ことごとく

音読

尽力(じんりょく) 진력. 힘씀.
尽未来(じんみらい) 尽未来際의 준말.
∥~際(さい) 〖佛〗 진미래제. 미래제. 영겁. 영원. *じんみらいざいにも 읽음.
尽言(じんげん) 진언. 생각하는 바를 모두 말함. 또, 그 말.
尽日(じんじつ) ① 진일. 진종일. 온종일. ② 그믐(날). 또, 섣달 그믐.
尽忠(じんちゅう) 진충. 충성을 다함.
∥~報国(ほうこく) 진충 보국.
尽瘁(じんすい) 진췌. 진력.

訓読

尽 □(すがり) 절정기가 지나고 쇠퇴기에 접어듦. *すがれ로도 읽음.

辰・津・珍　1377

㊂(じん) (음력) 그믐날. 말일.
尽かす(つかす) (있는 것을) 다 쓰다.
尽く ㊀(つく) 〈文〉 다하다. ① 진(盡)하다. 떨어지다. ② 끝나다.
㊁(ことごとく) 전부. 모두. 모조리.
㊂(ずく) 《名詞에 붙어》 문제 해결〔처리〕의 유일한 수단・방법으로 함. …의 힘으로〔힘을 빌려〕. …이란 수단에 의하여. …(만)으로.
尽れる(すがれる) 초목의 잎과 가지 끝이 마르기 시작하다.
❖**尽きる**(つきる) 다하다. ① 진(盡)하다. 떨어지다. ② 끝나다.
尽き(つき) (운 따위가) 다함. 끝남.
尽きせぬ(つきせぬ) 〈雅〉 한〔끝〕이 없는.
尽き果てる(つきはてる) 다하다.
尽き目(つきめ) 다할 때. 종말. 끝판.
❖**尽くす**(つくす) ① (있는 것을) 다하다. ② (남을 위해) 애쓰다. 진력하다. ③ 끝까지 …하다. …해 버리다.
尽くし(づくし) 《名詞에 붙어》 ① 그 종류의 것을 전부 열거함〔열거한 것〕. ② 다함.

其他
尽くめ(ずくめ) 《名詞에 붙어서》 온통 그것만임. 그것만으로 이루어짐. …만(의). …일색. …투성이.

| 7 辰 〔辰〕 | 辰 | 다섯째지지 진・일월성 신
シン
たつ |

音読
辰刻(しんこく) 진각. 시간. 시각.
辰砂(しんしゃ) 〖鑛〗 진사. 주사(朱砂).
辰星(しんせい) 〖天〗 진성. ① 별. ② 수성(水星)의 딴이름.
辰宿(しんしゅく) 진수. 성좌(星座).
辰韓(しんかん) 〖史〗 진한.

訓読
辰(たつ) 진. 지지(地支)의 다섯째.
辰巳(たつみ) 〈老〉 진사. 동남방(東南方).
∥**〜上がり**(あがり) 새된 목소리.

| 9 津 〔常〕 | 津 | 나루 진
シン
つ |

音読
津液(しんえき) ① 침. 타액. ② 진액. 즙(汁). 액즙(液汁).
津津(しんしん) 진진. 끊임없이 넘쳐 나오는 모양.

訓読
津(つ) 〈雅〉 나루터. 항구.
津軽塗り(つがるぬり) 青森(あおもり) 현 弘前(ひろさき) 시 근처에서 나는 칠기.
津の国(つのくに) 〈雅〉 攝津(せっつ) 지방. 지금의 大阪(おおさか) 부의 북부와 兵庫(ひょうご) 현의 남동부.
津浪(つなみ) 해일. 해소(海嘯).

津料(つりょう) 〖史〗 중세, 나루터〔항구〕에서 징수하던 교통세・운수세.
津免多貝(つめたがい) 〖貝〗 말구슬우렁이. 큰구슬우렁이.
津守(つもり) 나루터를 지키는 사람. 〔감시인. 항구의.
津津浦浦(つつうらうら) 전국 도처의 항구와 포구. 방방곡곡. *つづうらうらとも 읽음.　　　　　　　　　　　　　　「항시킴.
津出し(つだし) 하구〔나루〕에서 화물선을 출
津波(つなみ) 해일. 해소(海嘯).

| 9 王 〔常〕 | 珍 | 보배 진
チン
めずらしい |

音読
珍(ちん) ① 진기함. 또, 그것. ② 재미있음. ③ 《接頭語로》 진….
珍客(ちんきゃく) 진객. 진귀한 손님. *ちんかくろ도 읽음.
珍果(ちんか) 진과. 진귀한 과일.
珍菓(ちんか) 진과. 진귀한 과자.
珍貴(ちんき) 진귀.
珍禽(ちんきん) 진금. 진귀한 새.
珍技(ちんぎ) 진기. 진기한 연기.
珍奇(ちんき) 진기.
珍談(ちんだん) 진담. 진귀한 이야기.
珍答(ちんとう) 진답. 이상한 대답.
珍妙(ちんみょう) 진묘. 기묘함.　　「기함.
珍無類(ちんむるい) 진무류. 비할 데 없이 진
珍問(ちんもん) 진문. 색다른 질문.
珍聞(ちんぶん) 진문. 색다른 소문.
珍物(ちんぶつ) 진물. 희귀한 물건.
珍味(ちんみ) 진미.
∥**〜佳肴**(かこう) 진미 가효.
珍柄(ちんがら) 진귀한 무늬.
珍宝(ちんぽう) 진보. 진귀한 보물.
珍本(ちんぽん) 진본. 진귀한 책.
珍紛漢(ちんぷんかん) 〈俗〉 종잡을 수 없음. 또, 그런 말. 횡설수설.
珍事(ちんじ) ① 진사. 진기한 사건. ② 춘사
珍書(ちんしょ) 진서.　　　　　　　　〔(椿事).
珍石奇木(ちんせききぼく) 진석 기목. 진귀한 돌과 이상한 나무.
珍説(ちんせつ) 진설. ① 진귀한 이야기. ② 색다른 의견.
珍襲(ちんしゅう) 진습. 진귀하게 여겨 소중히 넣어 둠.
珍芸(ちんげい) 색다르고 재미있는 재주.
珍優(ちんゆう) 색다른 연기를 보여 주는 배우.　　　　　　　　　　　　　　「게 넣어 둠.
珍蔵(ちんぞう) 진장. 진기하게 여겨 귀중하
珍籍(ちんせき) 진적. 진서(珍書).
珍鳥(ちんちょう) 진기한 새.
珍種(ちんしゅ) 진종. 희귀한 종류.
珍重(ちんちょう) 진중. 귀중하게 여김.
珍品(ちんぴん) 진품.　　　　　　　　　「寶)〕.
珍貨(ちんか) 진화. 진귀한 물품〔재보(財

訓読
珍か(めずらか) 진기한 모양.
珍しい(めずらしい) ① 드물다. ② 신기하다.

振 10才 常
떨칠 진·거둘 진
シン
ふる·ふるう·ふれる·すくう

音読
振古(しんこ) 진고. 태고(太古).
∥**未曾有**(みぞう) 일찍이 없었음.
振起(しんき) 진기. 진작(振作).
振動(しんどう) 진동. ♣ **～数**(すう) 진동수
∥**～覚**(かく) 물체의 진동을 느끼는 감각.
～病(びょう) '白蠟病(はくろうびょう)(=백랍병)'의 새로운 명칭.
～電流(でんりゅう) 진동 전류.
振鈴(しんれい) 진령. 방울이나 종을 흔듦. 또, 그 종소리.
振武(しんぶ) 진무. 무력을 떨쳐 위력을 보임.
振刷(しんさつ) 쇄신(刷新)
振肅(しんしゅく) 진숙. 쇠한 것을 진작시키고 해이된 것을 다잡음.
振子(しんし) ☞ 振子(ふりこ).
振作(しんさく) 진작. 떨쳐 일으킴. 떨쳐 일어남. 성하게 함.
振張(しんちょう) 진장. (세력을) 떨침.
振顫(しんせん)【醫】무의식적으로 손가락 따위를 떠는 일〔한랭·감정 격동·바세도병·알코올 중독 등으로 일어남〕.
振振(しんしん) 성대한 모양.
振天(しんてん) 진천. 명성을 천하에 떨침.
振蕩(しんとう) ⇨ 振盪(しんとう).
振盪(しんとう) 진탕. 흔들어〔흔들리어〕움직임.
振幅(しんぷく)【理】진폭.
∥**～変調**(へんちょう) 진폭 변조. AM.
振興(しんこう) 진흥.

訓読
振られる(ふられる) (여자에게) 채다. 거절당하다. 퇴짜 맞다.
振るった(ふるった) 색다른. 기발한.
振るっている(ふるっている) 색다르다. 기발하다.
❖**振る** ㊀(ふる) ① 흔들다. 휘두르다. ② 날리다. 잃다. ③ 뿌리치다. ④ (어음·수표 등을) 떼다. 발행하다.
㊁(ぶる) ①《接尾語로》…인 체하다. …연(然)하다. ② 자랑하다. 뽐내다.
振り(ふり) ① 흔듦. ② 춤〔배우〕의 동작. ③ 모습. 꼴. 차림새. 거동.
振り仮名(ふりがな) 한자 옆에 읽는 법을 달아 쓴 仮名(かな).
振り見せ(ふりみせ) 무용에서, 안무가가 자신이 구상한 안무를 시연해 보이고 관계자의 의견을 듣는 일.
振り鼓(ふりつづみ) 포개 놓은 두 개의 작은 북 둘레에 구슬이 달린 줄을 매달아, 긴 자루를 잡고 흔들어서 소리 내는 일본 아악기.
振り掛け(ふりかけ) 밥에 뿌려 먹는 가루로 된 식품.
振り掛ける(ふりかける) 뿌리다. 끼얹다.
振り絞る(ふりしぼる) 목청껏 소리 지르다. 있는 힘을 다 내다.
振り起こす(ふりおこす) 북돋다.
振り当て(ふりあて) 할당. 배분.
振り当てる(ふりあてる) 할당하다. 나누어 맡기다. 떼어 맡기다.
振り逃げ(ふりにげ)【野】1루에 주자가 없는 경우, 또 있어도 타자가 3 번째 스트라이크를 치지 못하고 포수가 공을 받지 못했을 때, 타자가 1루로 뛰어가 세이프되는 일.
振り動かす(ふりうごかす) 흔들다.
振り落とす(ふりおとす) 흔들어서 떨어뜨리다.
振り乱す(ふりみだす) 마구 흩드리다.
振り立てる(ふりたてる) ① 계속 흔들다. ② 목청을 높이다.
振り売り(ふりうり) 소리치며 다니는 도붓장수.
振り明かす(ふりあかす) (비·눈이) 밤새도록 내리다.
振る舞い(ふるまい) ① 행동. 거동. 동작. ② 접대. 향응.
∥**～酒**(ざけ) 남에게 대접하는 술.
振る舞う(ふるまう) ① 행동하다. ② 대접하다. 향응을 베풀다.
振り返る(ふりかえる) ① 뒤를 돌아보다. ② 회고하다.
振り抜く(ふりぬく) 배트 따위를 충분히 휘두르다.
振り方(ふりかた) 흔드는〔휘두르는〕법.
振り放す(ふりはなす) ① 뿌리치다. 뿌리쳐 떼다. ② 뒤쫓아오는 사람을 떼어 놓다.
振り放け見る(ふりさけみる)〈雅〉 우러러 멀리 보다.
振り付け(ふりつけ) (무용의) 안무(按舞). ♣ **振付師**(ふりつけし) 안무가.
振り付ける(ふりつける) ① 안무하다. ② 뿌리쳐 떼치다. 퇴박하다.
振り分け(ふりわけ) ① 둘로 가름〔나눔〕. 또, 그렇게 나눈 것. ② 두 개의 짐을 끈으로 묶어 앞뒤로 갈라서 어깨에 메는 일. 또, 그 짐. ③ 중간점.
∥**～髪**(がみ) 가르마를 타고 어깨까지 늘어뜨린 아이들의 머리 모양.
～荷物(にもつ) 앞뒤로 갈라 끈으로 매어 어깨에 걸쳐 멘 봇짐.
振り分ける(ふりわける) ① 둘로 가르다〔나누다〕. ② 여럿으로 나누다.
振り払う(ふりはらう) 뿌리치다.
振り飛ばす(ふりとばす) (흔들어) 날리다.
振り飛車(ふりびしゃ) 일본 장기에서, 飛車(ひしゃ)를 옆으로 움직여 포진하는 전법.
振り捨てる(ふりすてる) 뿌리쳐 버리다. 내동댕이치다.
振り撒く(ふりまく) 흩뿌리다.
振り上げる(ふりあげる) 치켜들다. 번쩍 올리다. 쳐들다.

振り洗い(ふりあらい) 세제 용액 속에서 천을 흔들면서 세탁하는 일.
振り袖(ふりそで) 겨드랑 밑을 꿰매지 않은 긴 소매. 또, 그런 소매의 일본 옷.
振り縄(ふりなわ) 끌그물 따위에 딸린 어구의 하나.
振り時計(ふりどけい) 진자 시계.
振り仰ぐ(ふりあおぐ) 쳐다보다. 우러러보다.
振り塩(ふりしお) 요리에서, 재료 위로 여러 번 소금을 뿌림. 또, 그 소금. *ふりじお로도 읽음.
振り翳す(ふりかざす) ①머리 위로 쳐들다. ②주의・주장 등을 짐짓 과시하다.
振り挘る(ふりもぎる) ①흔들어 끊어 내다. 세게 비틀어 끊다. ②남의 제지나 관계를 떼쳐 버리다. 「납입함.
振り込み(ふりこみ) 예금 계좌 따위에 돈을
振り込む(ふりこむ) ①흔들어 넣다. ②금전을 납입하다. ③억지로 들어오다.
振り子(ふりこ) 진자. 흔들이.
∥**~時計**(どけい) 추시계. 진자 시계.
振り切る(ふりきる) ①뿌리치다. ②거절하다. ③충분히 휘두르다.
振り過ぎる(ふりすぎる) 미터의 바늘이 지나치게 돌아 눈금 밖으로 벗어나다.
振り釣瓶(ふりつるべ) 두레박.
振替(ふりかえ) 대체(對替). ①엇바꿈. ②郵便(ゆうびん)振替의 준말. ③『經』어떤 계정의 금액을 다른 계정으로 옮겨 적는 일. *振り替え로도 씀.
∥**~口座**(こうざ) 『經』우편 대체 계좌.
~預金(よきん) 『經』대체 예금.
~貯金(ちょきん) 『經』대체 저금.
~貨幣(かへい) 『經』대체 화폐.
~休日(きゅうじつ) 국경일과 일요일이 겹쳤을 때 그 다음날을 휴일로 하는 일. 또, 그 휴일.
振り替える(ふりかえる) ①임시로 다른 용도에 쓰다. ②『經』대체(對替)하다. 「기.
振り替わり(ふりかわり) 바뀌어서, 바꿔치
振り出し(ふりだし) ①(쌍륙의) 출발점. (사물의) 시초. ②수표・어음의 발행. ③振り出し薬의 준말.
~に戻(もど)**る** 처음 상태로 되돌리다.
∥**~薬**(ぐすり) 작은 주머니에 넣고 열탕에서 흔들어 성분을 우려내어 복용하는 약제.
振り出す(ふりだす) ①흔들어 뽑다. ②흔들기 시작하다. ③어음・수표를 발행하다.
振り出人(ふりだしにん) 어음・수표의 발행인.
振り幅(ふりはば) 진폭.
振り被る(ふりかぶる) 손에 든 것을 힘차게 들어올리다.
振り下ろす(ふりおろす) 치켜 올린 것을 힘차게 내리다.
振り合い(ふりあい) 균형. 걸맞음.
振り合う(ふりあう) 서로 흔들다.
振り向く(ふりむく) 뒤돌아보다.
振り向ける(ふりむける) ①어떤 방향으로 돌리다. ②전용(轉用)하다. 목적・용도를 바꾸다. 「풀다.
振り解く(ふりほどく) 뒤엉킨 것을 흔들어
振り回す(ふりまわす) ①휘두르다. ②자랑해 보이다. ③남을 제 마음대로 놀리다.
❖**振るう**(ふるう) ①털다. ②휘두르다. ③떨치다.
振るい落とす(ふるいおとす) 흔들어 떨어뜨리다.
❖**振れる**(ふれる) ①흔들리다. ②어긋나다. ③『野』(방망이를) 마음껏 휘두를 수 있다.
振れ(ふれ) ①흔들림. ②편차.

陣

10
阝
常

진칠 **진**
ジン

音読
陣(じん) 진. ①군사의 배치. ②싸움. ③집. 「단.
陣する(じんする) 진치다.
陣構え(じんがまえ) 전투 진영의 형태.
陣内(じんない) 진내. 진지의 안. 진영의 안.
陣刀(じんがたな) 진도. 싸움터에서 쓰는 칼. 군도(軍刀).
陣頭 ㊀(じんとう) 진두. 제일선.
∥**~指揮**(しき) 진두 지휘.
㊁(じんがしら) 군세의 통솔자.
陣立て(じんだて) 군세의 배치나 편제.
陣笠(じんがさ) ①전립(戰笠). ②〈俗〉전립을 쓴 졸병 따위. 졸개. ♣**~連**(れん) 졸개.
∥**~議員**(ぎいん) 평당원(平黨員) 의원.
陣幕(じんまく) 진막. 진영 둘레에 친 막.
陣没(じんぼつ) 진몰. 전몰. 전사.
陣門(じんもん) 진문. 군문(軍門).
陣法(じんぽう) 『軍』진법. 진을 치는 법.
陣払い(じんばらい) 진지에서 물러나는 일.
陣備え(じんぞなえ) 군대를 배치하는 법.
陣所(じんしょ) 진영.
陣列(じんれつ) 진열. 군세의 배치.
陣営(じんえい) 진영. 진지.
陣伍(じんご) 진오. 군대의 대열.
陣屋(じんや) ①병영(兵營). 진영. ②궁중 위병의 대기소. ③江戸(えど) 시대에, 성(城)을 못 가진 영주의 처소.
陣容(じんよう) 진용.
陣羽織(じんはおり) 진중에서 갑옷 위에 걸쳐 입던, 소매가 없는 상의.
陣場(じんば) 진을 치는 곳.
陣鐘(じんがね) 옛날, 진중에서 여러 가지 신호로 치던 종이나 징 따위.
陣中(じんちゅう) 진중. 또, 전쟁 중.
∥**~見舞**(みまい) ①진중 위문. ②〈俗〉열심히 일하는 사람을 찾아가 그 노고를 위로함.
陣地(じんち) 진지. 「함.
陣触れ(じんぶれ) 출진 명령.
陣取り(じんどり) 진(땅) 빼앗기 놀이.
陣取る(じんどる) ①(어느 장소에) 진을 치

다. ② (어느 장소를) 점유하다.
陣太鼓(じんだいこ) 진중에서 진퇴의 신호로 치던 북.
陣痛(じんつう) 진통.
陣貝(じんがい) 싸움터에서 진퇴의 신호로 부는 소라고둥.
陣風(じんぷう) 진풍. 질풍.
陣形(じんけい) 진형. 전투 대형.
陣回り(じんまわり) 진지 둘레를 둘러보는 일.

| 10日 人 | 晋 (晉) | 진나라 진 シン すすむ |

音読
晋(しん) 중국의 진나라. 「지가 됨.
晋山(しんざん) 진산. 승려가 어떤 절의 새 주

| 10 疒 | 疹 | 홍역 진 シン はしか |

逆音
発疹(はっしん) 〖醫〗 발진. *ほっしん으로
湿疹(しっしん) 습진.   ⌞도 읽음.

| 10日 教 | 真 (眞) | 참 진 シン ま・まこと・まっ |

音読
真 ㊀(しん) ① 진실. 참다움. ② 진서. 해서.
㊁(まこと) 진실. 사실. 진심.
㊂(ま) 진. 진실. 참말. ②《接頭語적으로》 진짜의. 순수한.
真に(しんに) 진실로. 참으로.
真の(しんの) 진다움. 진짜의.
∥〜闇(やみ) 암흑. 캄캄함.   「허위.
真仮 ㊀(しんか) 진가. 진짜와 가짜. 진실과
㊁(しんけ) ① ☞㊀. ②〖佛〗 절대적・보편적인 진리와 일시적으로 특정된 경우에만 합당하도록 나타낸 진리.
真価(しんか) 진가.
真個(しんこ) 진실. 참됨. 진짜.   「진지.
真剣(しんけん) 진검. ① 진짜 칼. ② 진심.
∥〜味(み) 진지함. 진지한 마음.
〜勝負(しょうぶ) ① 진짜 칼을 쓰는 승부. ② 목숨을 건 승부. 진지한 승부.
真景(しんけい) 진경. 실제의 풍경.
真骨頂(しんこっちょう) 본디의 진짜 모습. 진면목(眞面目).
真空(しんくう) 진공. ♣〜計(けい) 진공계. 〜管(かん) 진공관.
∥〜放電(ほうでん) 〖理〗 진공 방전.
〜掃除機(そうじき) 진공 청소기.
〜蒸着(じょうちゃく) 〖理〗 진공 증착.
〜地帯(ちたい) 진공 지대.
〜包装(ほうそう) 진공 포장.
真果(しんか) 〖植〗 진과.

真菌(しんきん) 진균. 미생물의 하나로 병을 일으키는 곰팡이. ♣〜類(るい) 진균류.
∥〜症(しょう) 〖醫〗 진균증. 사상균증.
真金 ㊀(しんきん) 진금. 순금.
㊁(まがね)〖雅〗 철. 무쇠.
真塗り(しんぬり) 검은 옻을 칠하는 일.
真読(しんどく) 〖佛〗 진독. 경문을 생략하지 않고 전문을 읽음.   「치.
真理(しんり) 진리. ♣〜値(ち) 〖論〗 진리
∥〜条件(じょうけん) 〖論〗 진리 조건.
〜表(ひょう) 〖論〗 (기호 논리학에서) 진리
真妄(しんもう) 진실과 허망.   ⌞표.
真文(しんもん) 〖佛〗 진문. 부처・보살이 설교한 문구.
真物(まもの) 진품. *しんぶつ으로도 읽음.
真味(しんみ) 진미. 참다운 〔본래의〕 맛.
真壁(しんかべ) 기둥을 그냥 둔 채, 기둥과 기둥 사이에 쌓는 벽.   「용구.
真棒(しんぼう) 달구. 땅을 고르는 데 쓰는
真否(しんぴ) 진부. 사실 여부.
真分数(しんぶんすう) 〖数〗 진분수.
真写(しんしゃ) 있는 그대로 묘사하는 일.
真相(しんそう) 진상.
真像(しんぞう) 진상. ① 사람이나 물체의 실제의 모습. ② 진실의 모습.
真書(しんしょ) ① 진서. 해서(楷書). ② 진실을 적은 서적.
真書き(しんかき) 초필(抄筆). 해서(楷書)의 잔 글씨를 쓰는 가는 붓.
真善美(しんぜんび) 진선미.
真説(しんせつ) 진설. 올바른 학설・의견.
真成(しんせい) 진성. ⇨ 真誠(しんせい).
真性(しんせい) 진성.
∥〜包茎(ほうけい) 〖生〗 진성 포경.
真誠(しんせい) 진성. 거짓 없이 참됨.
真俗(しんぞく) 〖佛〗 ① 승려와 속인. ② 진제(眞諦)와 속제(俗諦).
真率(しんそつ) 진솔. 정직하고 가식이 없음.
真数(しんすう) 〖数〗 진수.
真髄(しんずい) 진수. 사물의 참뜻.
真矢(しんや) 말뚝을 박는 기계의 일종.
真実(しんじつ) 진실. ♣〜味(み) 진실미
〔성〕.   「아감.
∥〜一路(いちろ) 오직 진실을 추구하여 나
真贋(しんがん) 진안. 진짜와 가짜. 진위(眞偽).   「진언종.
真言(しんごん) 진언. ♣〜宗(しゅう) 〖佛〗
∥〜秘密(ひみつ) 진언 비밀. 다라니(陀羅尼)의 비밀.   「실(如實).
真如(しんにょ) 〖佛〗 진여. 실상(實相). 여
∥〜縁起(えんぎ) 〖佛〗 진여 연기.
真影(しんえい) 진영. 사진. 초상화.
真勇(しんゆう) 진용. 참된 용기.
真友(しんゆう) 참된 친구〔벗〕.
真猿類(しんえんるい) 〖動〗 진원류. 유인원〔類人猿〕.
真偽(しんぎ) 진위.
真儒(しんじゅ) 진유. 유교의 도를 참되게 체득한 유학자.

真鍮(しんちゅう) 진유. 놋쇠.
真意(しんい) 진의. 참뜻.
真義(しんぎ) 진의. 참뜻.
真人 ㊀(しんじん) 진인. ① 득도한 사람. ② '仙人(せんにん)(=신선)'의 별칭.
㊁(まうと) 귀인. 신분이 높은 사람.
㊂(まひと) 일본 상고(上古) 시대의 팔성(八姓)의 첫째.
㊃(またうど) 순박하고 정직한 사람. *まうどとも 읽음.
真因(しんいん) 진인. 참된 원인.
真姿(しんし) 참모습. 진짜 모습[모양].
真作(しんさく) 그 작자(作者)가 만든 진짜 작품.
真底 ㊀(しんそこ) 심저(心底). 마음속.
㊁(しんてい) 맨 밑바닥.
真跡(しんせき) 진적. 진필.
真蹟(しんせき) ⇨ 真跡(しんせき).
真電荷(しんでんか)〖電〗진전하.
真正(しんせい) 진정. 참됨. *しんしょうろとも 읽음.
‖~蜘蛛目(くももく)〖動〗거미목.
真情(しんじょう) 진정. 진심.
真諦(しんたい)〖佛〗진제. 평등 무차별을 설법하는 불교의 최고 원리. *しんていとも 읽음.
真宗(しんしゅう)〖佛〗진종 '浄土真宗(じょうどしんしゅう)(=정토 진종)'의 준말].
真柱(しんばしら) ① 건축물, 특히 불탑 따위의 중심이 되는 기둥. ② 天理教(てんりきょう) 의 통솔자.
真珠(しんじゅ) 진주. ♣~色(いろ) 진주빛 / ~岩(がん)〖鑛〗진주암 / ~層(そう) 진주층 / ~貝(がい)〖貝〗진주조개.
‖~雲(ぐも) 진주모운(母雲). 자개구름.
珠湾(しんじゅわん)〖地〗진주만.
‖~攻擊(こうげき)〖史〗진주만 공격.
真症(しんしょう) 진증. 진성(眞性).
真知(しんち) 진지. 진리를 깨닫고 얻은 참된 지혜.
真智(しんち) ⇨ 真知(しんち).
真摯(しんし) 진지.
真直 ㊀(しんちょく) 똑바름. 쪽 곧은 모양.
㊁(まなお) 거짓이 없이 마음이 바른 모양. 곧은 모양.
真真(しんしん) 기둥의 중심에서 중심까지의 거리.
真札(しんさつ) 진짜 지폐.
真槍(しんそう) (실전용의) 진짜 창.
真草(しんそう) 진초. 진서. 곧 해서(楷書)와 초서.
真打ち(しんうち) ① 寄席(よせ)에서 맨 나중에 출연하는 인기 있는 출연자. ② 비장해 두었던 최후의 출연자.
真太陽(しんたいよう)〖天〗진태양. ♣~時(じ) 진태양시 / ~日(じつ) 진태양일.
真皮(しんぴ)〖生〗(피부의) 진피.
真筆(しんぴつ) 진필.
真割引(しんわりびき) 어음 등을 기일 전에 지급할 때, 기일까지의 이자를 할인하는 일.

真核生物(しんかくせいぶつ) 진핵 생물.
真行草(しんぎょうそう) 진행초. 한자의 서체인 진서·행서·초서의 총칭. 「이는 솥.
真形釜(しんなりがま) 가장 기본적인 차 끓
真紅(しんく) 진홍. 진홍색. 짙은 붉은빛.
真確(しんかく) 올바르고 정확한 일.
[訓読]
真し(まことし) 참말이다. 진실이다.
真しやか(まことしやか) 참말[진짜] 같음. 그럴듯한.
真に(まことに) 참으로. 정말로. 대단히.
真仮名(まがな) 한자의 음훈(音訓)을 빌려 일본어의 음을 적은 문자.
真葛 ㊀(まくず) 'くず(=칡)'의 미칭.
‖~原(はら) 칡이 우거진 들판.
㊁(さねかずら)〖植〗남오미자.
真岡(もおか) 栃木(とちぎ)현 真岡지방에서 나는 무명. *もうか・まおかとも 읽음.
真結び(まむすび) 옭매는 일. 옭매듭.
真菰(まこも)〖植〗진고. 줄. 줄풀.
真菅(ますげ)〖植〗사초(莎草)의 미칭.
真広げ姿(まひろげすがた) 편안한 모습. 난잡한 모습.
真具(まつぶさ) 충분함. 모두 갖추어졌음.
真弓(まゆみ) ① 활의 미칭. ② 참빗살나무로 만든 통나무 활.
真巻き弓(ままきゆみ) 나무와 대나무를 잇대어 만든 활. 전투나 사냥에는 쓰지 못함.
真巻き矢(ままきや) 真巻き弓(ままきゆみ) 에 쓰는 화살.
真旗魚(まかじき)〖魚〗청새치.
真南(まみなみ) 정남.
真冬(まふゆ) 한 겨울. 엄동.
‖~日(び) 한창 추운 날.
真東(まひがし) 정동.
真裸(まはだか) ⇨ 真っ裸(まっぱだか).
真旅(またび) 본격적인 여행. 긴 여행.
真艫(まとも) ① 배의 고물의 정면. ② 배의 고물 정면 쪽에서 불어오는 바람.
真屡に(しばしばに) 종종. 여러 번. 자주.
真裏(まうら) 바로 뒤[안]쪽.
真鯉(まごい)〖魚〗(빛깔이 검은) 보통 잉어.
真麻木綿(まそゆう) 삼의 섬유로 짠 무명.
真麦(むぎ) 밀. (지방에 따라선) 보리.
真面(まとも) ①정면. ② 착실. 건실. 성실. 정상적임.
㊁(まおもて) 정면. 바로 맞은편.
㊂(まほ) ⇨ 真秀(まほ).
真綿(まわた) 풀솜. 설면자(雪綿子).
真面目 ㊀(まじめ) ① 진지함. 진실함. 진심임. 정색. ② 착실함. 성실함. 「하다.
‖~腐る(くさる) 진지한[자못 심각한] 체
㊁(しんめんぼく) ① 진면목. 진가. ② 성실. 진실. 착실. *しんめんもくとも 읽음.
真名(まな) (仮名(かな)에 대하여 정식 글자란 뜻에서) 한자(漢字).
真名暦(まなごよみ) 한자로 쓴 달력.
真名鹿(まなか) 사슴의 미칭.

真名本(まなぼん) 한자만으로 쓴 책.
真名序(まなじょ) 한자로 쓴 서문.
真名書き(まなかき) 한자로 씀. 또, 한자로 쓴 것.
真名鶴(まなづる) ⇨ 真鶴(まなづる).
真牡蠣(まかき) 〖貝〗 굴조개.
真木(まき) (훌륭한 나무라는 뜻으로) 노송나무·삼목(杉木) 등의 총칭.
∥**~柱**(ばしら) 노송나무나 삼나무로 세운 기둥.
真白(ましろ) ⇨ 真っ白(まっしろ).
真白い(ましろい) ⇨ 真っ白い(まっしろい).
真帆(まほ) 돛에 바람을 가득 받음. 순풍에 단 돛.
真北(まきた) 정북(향).
真悲し(まかなし) 대단히 귀엽다.
真似(まね) ①흉내. 시늉. ②〈俗〉(바보 같은) 짓·동작.
∥**~事**(ごと) ①흉내내어 함. ②(그저) …시늉에 지나지 않는 일.
真似る(まねる) 흉내내다. 모방하다.
真砂(まさご) 〈雅〉 고운 모래. 잔모래.
真四角(ましかく) 정사각형.
真上(まうえ) 바로 위.
真桑爪(まくわうり) 참외.
真西(まにし) 정서. 또, 정서쪽에서 불어오는 바람.
真黍(まきび) 〖植〗 옥수수의 딴이름.
真鉏(まさい) 예리한 칼.
真鱈(まだら) 〖魚〗 대구.
真盛り(まさかり) ⇨ 真っ盛り(まっさかり).
真鯵(まあじ) 〖魚〗 전갱이.
真水 ㊀(まみず) ①진수. 담수(淡水). ②정부의 경제 대책 중 외관상의 사업 규모와는 달리, 실제 경기를 부양하고 국내 총생산을 확대하는 효과가 있는 부분.
㊁(さみず) 혼합물이 섞이지 않은 물.
真手(まて) 좌우 양손.
真秀(まほ) 〈古〉 ① 잘 갖춰짐. 완전함. ②충분함.
真受け(まうけ) 참말이라고 믿음.
真に受ける(まにうける) 곧이듣다. 참말로 듣다.
真袖(まそで) 좌우의 소매. 양 소매.
真柴(ましば) 땔나무의 미칭.
真神(まかみ) 〖動〗 이리의 옛 이름.
真新しい(まあたらしい) 아주 새롭다.
真心(まごころ) 진심. 참마음. 정성. 성심.
*しんしん으로도 읽음.
真顔(まがお) 진지한 얼굴. 정색(正色).
真鴨(まがも) 〖鳥〗 물오리.
真愛し(まかなし) ⇨ 真悲し(まかなし).
真夜(まよ) 한밤중.
真夜中(まよなか) 한밤중. 심야.
真鰯(まいわし) 〖魚〗 정어리.
真魚(まな) ①식용 생선. ②真魚の祝い(まなのいわい)의 준말.
真魚鰹(まながつお) 〖魚〗 병어.
真魚咋(まなぐい) ⇨ 真魚食(まなぐい).
真魚始め(まなはじめ) 어린이가 처음으로 생선을 먹는 의식.
真魚食(まなぐい) 〖料〗 생선 요리.

真魚箸(まなばし) 생선 요리할 때 쓰는 긴 젓가락.
真魚の祝い(まなのいわい) ⇨ 真魚始め(まなはじめ).
真魚板(まないた) 도마.
真逆(まさか) 《보통, 뒤에 否定語가 따름》 설마. 아무리 그렇더라도 …(않다). 만일.
~の時(とき) 만일의 경우. 여차하면.
真逆様(まさかさま) ⇨ 真っ逆様(まっさかさま).
真塩(ましお) 정제한 상질(上質)의 소금.
真ん円(まんまる) ⇨ 真ん丸(まんまる).
真ん円い(まんまるい) ⇨ 真ん丸い(まんまるい).
真二つ(まふたつ) 딱 절반. 딱 두 동강.
真人間(まにんげん) 참사람. 성실한 사람.
真一文字(まいちもんじ) 일직선. 한일자처럼 똑바름.
真日(まひ) (短歌(たんか) 등에서) 태양.
真日長し(まけながし) 많은 날짜를 보냄. 오래간만임.
真子(まこ) 처자를 친밀하게 이르는 말.
真字(まな) ⇨ 真名(まな).
∥**~本**(ぼん) ⇨ 真名本(まなぼん).
真子鰈(まこがれい) 〖魚〗 문치가자미.
真章魚(まだこ) 〖魚〗 낙지의 일종.
真赤(まあか) 순수한 빨간색.
真ん前(まんまえ) 〈口〉 정면. 바로 앞.
真正面(ましょうめん) 바로 정면.
真正直(ましょうじき) ⇨ 真っ正直(まっしょうじき).
真鰈(まがれい) 〖魚〗 참가자미.
真際(まぎわ) (바로) 직전. 막 …하려는 찰나. 「는 말.
真鳥(まとり) 새의 미칭. 주로 독수리를 일컬
真潮(ましお) 조수. 바닷물.
真鯛(まだい) 〖魚〗 참돔.
真昼(まひる) 한낮. 대낮. 백주.
真竹(まだけ) 〖植〗 참대. 왕대.
真中(まなか) ⇨ 真ん中(まんなか).
真ん中(まんなか) 한가운데.
真櫛(まくし) 빗의 미칭.
真楫(まかじ) 좌우 한쌍의 노. 또, 노의 미칭.
真蒸し(まむし) 〈関西方〉 장어구이. 또, 장어덮밥.
真砥(まと) 마무리용의 고운 숫돌.
真直ぐ(ますぐ) ⇨ 真っ直ぐ(まっすぐ).
真榛(まはり) 〖植〗 오리나무의 미칭.
真ん真ん中(まんまんなか) '真ん中(まんなか)(=한가운데)'의 힘줌말.
真澄み(ますみ) 맑디맑음. 아주 맑음.
∥**~の鏡**(かがみ) 맑고 깨끗한 거울.
真青(まさお) ⇨ 真っ青(まっさお).
真清水(ましみず) 맑은 샘물.
真蛸(まだこ) 〖魚〗 낙지의 일종.
真探る(まさぐる) 만지작거리다. 또, 손끝으로 더듬다.
真土(まつち) 경작에 썩 좋은 흙. 상토(上土).
真平(まひら) ⇨ 真っ平(まっぴら).
真鉋(まかな) 대패.

眞表(まおもて) ⇨ 真面(まおもて).
眞風(まじ) 남풍. 마파람.
眞下(ました) 직하. 바로 밑〔아래〕.
眞夏(まなつ) 한여름. 성하(盛夏). ♣~日(び) 한여름 날.
眞鶴(まなづる)『鳥』재두루미.
眞幸く(まさきく) 무사히. 탈없이.
眞向かい(まむかい) 바로 맞은편. 정면.
眞向う(まむき) (바로) 정면을 향함. 정면.
眞穴子(まあなご)『魚』붕장어.
眞ん丸(まんまる) 아주 동그람.
眞ん丸い(まんまるい) 아주 둥글다.
眞横(まよこ) 바로 옆.
眞後ろ(まうしろ) 바로 뒤.
眞黒(まくろ) ☞ 真っ黒(まっくろ).
ど眞ん中(どまんなか) 〈俗〉한복판. 중앙. 중심부.
❖眞っ(まっ) 《名詞・形容(動)詞 등에 붙어》어세를 강조함. 아주. 완전히. 정(正)…
眞っ当(まっとう)〈俗〉① 정직. 진지. 성실. ② 정통에 따르는 모양.
眞っ裸(まっぱだか) 발가벗음. 알몸.
眞っ返様(まっかえさま) 겉과 안, 앞과 뒤가 정반대로 됨.
眞っ白(まっしろ) 새하얌. 「다.
眞っ白い(まっしろい) 새하얗다. 눈부시게 희
眞っ白け(まっしろけ) 새하얌 모양.
眞っ斯う(まっこう) 전적으로 이렇게.
眞っ先(まっさき) 맨 앞. 맨 먼저.
眞っ盛り(まっさかり) 한창(때).
眞っ新(まっさら) 전적으로 새로운 일.
眞っ心(まっしん) (물건의) 딱(가장) 중심.
眞っ芯(まっしん) ⇨ 真っ心(まっしん).
眞っ暗(まっくら) 아주 컴컴함. 암흑.
∥~闇(やみ) 칠흑 같은 어둠〔밤〕.
眞っ暗がり(まっくらがり)〈俗〉아주 캄캄함. 또, 그 곳.
眞っ逆様(まっさかさま) 완전히 거꾸로 됨. 곤두박이.
眞っ二つ(まっぷたつ) 딱 절반. 딱 두 동강.
眞っ赤(まっか) 새빨감. ① 진한 빨강. ② 완전함. 순(純).
眞っ赤い(まっかい) 아주 새빨간 모양.
眞っ正面(まっしょうめん) 眞正面(ましょうめん)의 힘줌말. 바로 정면.
眞っ正直(まっしょうじき) 참으로〔아주〕정직함. 곧이곧대로임.
眞っ昼間(まっぴるま) 대낮. 한낮. 백주.
眞っ只中(まったゞなか) ① 한가운데. 한복판. ② 한창 …할 때. 고비.
眞っ直ぐ(まっすぐ) ① 쭉 곧음. 똑바로. 곧장. ② 숨김이 없음. 정직함. 올곧음.
眞っ直中(まったゞなか) ⇨ 真っ只中(まったゞなか).
眞っ青(まっさお) 새파람.
眞っ最中(まっさいちゅう) 한창 …할 때.
眞っ平(まっぴら)〈俗〉전적으로. 오로지. 제발. 절대로.

∥~御免(ごめん) ① 딱 질색임. 절대로 싫음. ② 참으로 죄송합니다. 실례합니다.
眞っ平ら(まったいら) 아주 평평함. 요철이 전혀 없는 일. 또, 그 모양.
眞っ向(まっこう) ① (바로) 정면. ② 이마 한가운데.
眞っ黒(まっくろ) 새까맘. 시커멈.
眞っ黒い(まっくろい) 새까맣다. 시커멓다.
其他⸣
眞田(さなだ) ① 真田紐의 준말. ② 真田紐처럼 엮은 것. 또, 그렇게 엮는 방식. ♣~虫(むし)『蟲』촌충.
∥~紐(ひも) 넓적하고 두껍게 엮은 무명 끈.

10
禾
(人)
秦

진나라 진
シン
はた

音読⸣
秦(しん) 중국의 진나라.
其他⸣
秦皮(とねりこ)『植』물푸레나무.

11
辶
(教)
進(進)

나아갈 진
シン・ジン
すすむ・すすめる

音読⸣
進じる(しんじる) ☞ 進ずる(しんずる).
進ずる(しんずる) 바치다. 진상하다.
進講(しんこう) 진강. 임금이나 귀인 앞에 나아가 강론함.
進擊(しんげき) 진격.
進境(しんきょう) 진보(해서 도달)한 경지. 향상된 모양·정도.
進攻(しんこう) 진공.
進貢(しんこう) 진공. 조공을 바침.
進軍(しんぐん) 진군.
進級(しんきゅう) 진급.
進納(しんのう) 진납. 나아가 바침.
進達(しんたつ) 진달. 상신(上申) 서류를 관청 등에 보냄. ♣~書(しょ) 상신서.
進度(しんど) 진도.
進路(しんろ) 진로.
∥~変更(へんこう) 진로 변경.
~指導(しどう) 진로 지도.
進壘(しんるい)『野』진루.
進物(しんもつ) 진상물. 선물.
進発(しんぱつ) 진발. (부대 등이) 출발함.
進步(しんぽ) 진보. ♣~的(てき) 진보적.
∥~主義(しゅぎ) 진보주의.
進奉(しんぽう) 진상(進上). 헌상.
進士(しんし) 진사. 옛날 중국에서 행한 과거(科擧)의 과목. 또, 그 합격자.
進仕(しんし) 출사(出仕)함. 관리가 됨.
進上(しんじょう) 진상. 드림. 진정(進呈).
♣~台(だい) 진상대 / ~物(もの) 진상물 / ~書(しょ) 진상서.

進水(しんすい) 진수. ♣~式(しき) 진수식.
進言(しんげん) 진언.
進運(しんうん) 진운. 진보·향상의 기운.
進入(しんにゅう) 진입. ♣~路(ろ) 진입로.
進展(しんてん) 진전.
進転(しんてん) 진전. 앞으로 옮겨 나아감.
進呈(しんてい) 진정. 진상(進上).
進奏(しんそう) 진주. 임금에게 아룀.
進駐(しんちゅう) 진주.
進止(しんし) 진지. ①전진과 정지. ②기거 동작. 행동거지. ③진퇴의 지시. ④마음대로 행동함.
進捗(しんちょく) 진척.
進出(しんしゅつ) 진출. ♣~色(しょく) 진출색.
進取(しんしゅ) 진취. ♣~的(てき) 진취적.
進退(しんたい) 진퇴. 거취.
~窮(きわ)まる 진퇴유곡.
∥~伺(うかが)い 직무상 과실이 있을 때 거취 문제를 상사에게 물어봄. 또, 그 문서.
~両難(りょうなん) 진퇴양난.
進学(しんがく) 진학. ♣~難(なん) 진학난.
∥~適性検査(てきせいけんさ) 진학 적성검사.
~指導(しどう) 진학 지도.
進航(しんこう) 진항. 배가 앞으로 나아감.
進行(しんこう) ①진행. ②진척. ♣~態(たい) 진행형/~波(は) 진행파/~形(けい)《文法》진행형.
∥~係(がかり) 진행자. 진행 담당자.
~麻痺(まひ) 진행 마비.
~性筋萎縮症(せいきんいしゅくしょう) 신경성 근위축증.
~性筋ジストロフィー(せいきんジストロフィー) 신경성 근디스트로피.
~波管(はかん)《電》진행파관.
進献(しんけん) 진헌. 예물을 바치는 일.
進化(しんか) 진화. ♣~論(ろん)《生》진화론.
∥~主義(しゅぎ) 진화주의.

訓読
進める(すすめる) ①앞으로 나아가게 하다. ②(시계를) 더 가게 하다. ③진척시키다. ④진보〔향상〕시키다.
進んで(すすんで) 스스로 나서서. 자진하여. 기꺼이.
進まぬ顔(すすまぬかお) 내키지 않는 얼굴.
❖進む(すすむ) ①(앞으로) 나아가다. 전진하다. ②나아지다. 증진하다. ③오르다. 승급〔진급〕하다. 진학하다 ④(마음이) 내키다.
進み(すすみ) 나아감. 진행. 진도.
進み出る(すすみでる) (앞으로) 나아가다〔나오다〕.

| 11
阝
常 | 陳 | 늘어놓을 진·말할 진
チン
つらねる·のべる·ふるい·ひねる |

音読
陳じる(ちんじる) ☞陳ずる(ちんずる).
陳ずる(ちんずる) 말하다. ①진술하다. ②

주장하다. 변명하다. 「변명함.
陳弁(ちんべん) 진변(陳辯). 사정을 말하고
陳腐(ちんぷ) 진부. ♣~化(か) 진부화.
陳謝(ちんしゃ) 진사. 해명하고 사과함.
陳述(ちんじゅつ) 진술. ♣~書(しょ) 진술서.
陳列(ちんれつ) 진열. ♣~棚(だな) 진열장/~窓(まど) 진열창. 「그 문서.
陳状(ちんじょう) 진장. 상황을 설명함. 또,
陳情(ちんじょう) 진정. ♣~書(しょ) 진정
陳套(ちんとう) 진부(陳腐). 「서.
陳皮(ちんぴ) 진피. 귤 껍질을 말린 한약제.

訓読
陳 ㊀(ひね) 묵은 곡식. 묵은 것.
㊁(ちん) 진. 중국 왕조명. 「다.
陳くれる(ひねくれる) 묵다. 오래되다. 낡
陳こびる(ひねこびる) 자깝스럽다. 깜찍스럽다. 되바라지다.
陳べる(のべる) 진술하다. 말하다.
❖陳ねる(ひねる) ①낡아지다. 묵다. ②자깝〔깜찍〕스러워지다. 「자.
陳男(ひねおとこ) 나이 먹은 남자. 늙은 남
陳物(ひねもの) 신선미를 잃은 것.
陳米(ひねごめ) 묵은 쌀. *ひねまいろも 읽음. 「람.
陳者(ひねもの) ㊀ 경험이 많아 교활한 사
㊁(のぶれば) 候文(そうろうぶん)의 서한문 첫머리에 쓰는 말. 말씀드리자면.
陳臭い(ひねくさい) ①묵은 냄새가 나다. ②낡아빠지다.

| 12
言
常 | 診 | 볼 진
シン
みる |

音読
診断(しんだん) 진단. ♣~書(しょ) 진단서.
診療(しんりょう) 진료. ♣~所(じょ) 진료소.
∥~放射線技師(ほうしゃせんぎし) 방사선사(士)《의료 기사(技士)의 하나》
~報酬明細書(ほうしゅうめいさいしょ) 진료 보수 명세서.
診脈(しんみゃく) 진맥.
診腹(しんぷく)《漢醫》진복. 「실.
診察(しんさつ) 진찰. ♣~室(しつ) 진찰

訓読
診る(みる) 진찰하다.

逆音
検診(けんしん) 검진.
往診(おうしん) 왕진.

| 12
車 | 軫 | 마음아파할 진
シン
いたむ |

音読
軫念(しんねん) 진념. 임금이 마음을 쓰며 걱정함.

13 扌	摺	꽂을 진 シン さしはさむ・はさむ

音読
摺紳(しんしん) 진신. 벼슬이 높은 사람.

14 土	塵	티끌 진 ジン ちり

音読
塵芥 ㊀(じんかい) 진개. 먼지. 티끌.
∥~処理場(しょりば) 쓰레기 처리장.
㊁(ごみあくた) 진개. ①티끌. 먼지. 쓰레기. ②허섭스레기. *ちりあくたろも 읽음.
塵劫(じんこう) 〖佛〗진겁. 매우 긴 기간.
塵境(じんきょう) 진경. 티끌 세상. 속세.
塵界(じんかい) 진계. 속세.
塵垢(じんこう) 진구. 먼지와 때.
塵慮(じんりょ) 진려. 명리(名利)를 바라는 속세의 마음.
塵労(じんろう) 진로. ①속세의 번거로운 고생. ②〖佛〗번뇌.
塵務(じんむ) 진무. 속세의 번잡한 일.
塵霧(じんむ) 진무. 짙은 연무.
塵事(じんじ) 진사. 세상의 속된 일.
塵俗(じんぞく) 진속. 더럽혀진 세상.
塵埃 ㊀(じんあい) 진애. ①티끌. 먼지. ②속세(俗世). 세속.
㊁(ちりほこり) 쓰레기. ①진개. 먼지. 무가치한 것.
塵煙(じんえん) 진연. 먼지와 연기.
塵穢(じんえ) 진예. 먼지투성이가 되는 일.
塵外(じんがい) 진외. 속세와 떨어진 곳.
塵滓(じんし) 진재. 티끌과 찌꺼기.
塵中(じんちゅう) 진중. ①먼지 속. ②속.
塵土(じんど) 진토. 먼지와 흙.
塵肺(じんはい) 〖醫〗진폐. 갱부[광부] 등의 직업병의 하나. *じんぱい로도 읽음.
塵風(じんぷう) 진풍. 먼지를 몰아오는 바람.
塵灰(じんかい) 재와 먼지《하잘것없는 것》.
塵囂(じんごう) 진효. 속세의 번거로운 일.

訓読
塵 ㊀(ちり) 티끌. ①먼지. 쓰레기. ②(번거롭고 더러운) 속세. 티끌 세상.
㊁(ごみ) 쓰레기. 먼지.
㊂(じん) 진. ①〖佛〗마음을 더럽히는 것. 번뇌. ②〖數〗소수의 단위. 사(沙)의 10 분의 1. 즉 1의 10억분의 1.
塵っぽ(ちりっぽ) 〈東文方〉쓰레기. 먼지.
塵籠(ちりかご) 휴지통.
塵払い(ちりはらい) 먼지떨이. 총채.
塵の身(ちりのみ) 티끌같은[하찮은] 몸.
塵除け(ちりよけ) ①먼지 제거 장치[제거기]. ②〈俗〉인버네스. 남자 외투의 하나.
塵紙(ちりがみ) 휴지.
塵塚(ちりづか) ①쓰레기터. ②쓰레기 더미.
塵取り(ちりとり) 쓰레받기.

其他
塵捨て場(ごみすてば) 쓰레기장.
塵箱(ごみばこ) 쓰레기통. *ちりばこ로도 읽음.
塵芥虫(ごみむし) 〖蟲〗먼지벌레.

逆音
微塵(みじん) 미진.

14 木 (入)	榛	개암나무 진 シン はしばみ・はり・ はんのき

音読
榛莽(しんぼう) 진망. 초목이 무성한 곳. 또, 그 초목.

訓読
榛 ㊀(はり) 〖植〗榛の木(はんのき)의 딴이름.
㊁(はしばみ) 〖植〗개암나무.
榛の木(はんのき) 〖植〗오리나무. *はりのき로도 읽음.

14 貝	賑	넉넉할 진 シン にぎやか・にぎわう

音読
賑救(しんきゅう) 진구. 재물을 내놓아 기근과 재해를 구제함.
賑給(しんきゅう) 베풀어 주는 일.
賑恤(しんじゅつ) 진휼. 가난한 사람이나 이재민을 구하기 위해 금전이나 물품을 줌.

訓読
賑う(にぎおう) 번창하게 하다.
賑やか(にぎやか) 진야. ①번화함. 북적임. ②명랑하게 떠드는 모양.
賑やかす(にぎやかす) 〈俗〉활기차게 하다. ①북적이게 하다. ②푸짐하게 하다.
賑わしい(にぎわしい) 떠들썩하다. 활기차다.
賑わす(にぎわす) ①흥청거리게 하다. 활기차게 하다. ②〈古〉베풀다.
賑賑しい(にぎにぎしい) 매우 번성[번화]하다. 떠들썩[명랑]하다.
❖賑わう(にぎわう) ①활기차다. ②〈古〉풍요롭다. 풍성하다.
賑わい(にぎわい) 흥청거림. 번화함.

15 目	瞋	부릅뜰 진 シン いかる・いからす

音読
瞋(しん) 〖佛〗진. 십계(十戒)의 하나로, 노하고 원망함.
瞋恚(しんい) 진에. ①분노. ②〖佛〗십악(十惡)의 하나. 자기 뜻에 거역하는 자를 성내며 미워함.

15 震 [雨/常]
천둥소리 진·흔들릴 진
シン
ふるう・ふるえる

音読
- 震撼(しんかん) 진감. 흔들려 움직임. 흔들어 움직임.
- 震恐(しんきょう) 진공. 떨면서 무서워함.
- 震怒(しんど) 진노.
- 震旦(しんたん) 진단. 고대 중국의 딴이름.
- 震度(しんど) 〖地〗진도. 지진의 강도.
  ‖~階級(かいきゅう) 진도 계급.
- 震動(しんどう) 진동.
  ‖~雷電(らいでん) 진동 뇌전.
- 震死(しんし) 진사. 벼락에 맞아 죽음.
- 震慴(しんしょう) 진섭. 떨며 두려워하는 일.
- 震懾(しんしょう) ⇨ 震慴(しんしょう).
- 震央(しんおう) 〖地〗진앙. 진원(震源)의 바로 윗지점.
  ‖~距離(きょり) 진앙 거리.
- 震域(しんいき) 진역. 지진의 진동을 느낄 수 있는 지역.
- 震源(しんげん) 〖地〗진원. ♣~時(じ) 진원시/~域(いき) 진원역/~地(ち) 진원지.
  ‖~距離(きょり) 진원 거리.
- 震慄(しんりつ) 진율. 두려워서 떨림.
- 震音(しんおん) 〖樂〗진음. 트레몰로.
- 震災(しんさい) 진재. 지진에 의한 재해.
- 震戦(しんせん) 무서워 떪. 「는 현상.
- 震顫(しんせん) 진전. 무의식중에 몸이 떨리
- 震天(しんてん) 진천. 천지를 울릴 만큼 기세를 떨침.
  ‖~動地(どうち) 진천동지. 천지를 뒤흔듦.
- 震盪(しんとう) 진탕. 흔들(리)어 움직임.
- 震幅(しんぷく) (지진파의)진폭.
- 震害(しんがい) 지진의 피해.
- 震駭(しんがい) 진해. 두려워서 떪. 몹시 놀「람.

訓読
- 震る(ふる) 〈古〉흔들거리다. 지진이 일다.
- 震わす(ふるわす) 떨게 하다.
- 震わせる(ふるわせる) ① 몸이 떨(게 하)다. ② 물건을 진동시키다.
- ❖震う(ふるう) ① 흔들리다. 떨리다. ② 놀라서 두려워하다. ③ 진동(震動)하다.
- 震い(ふるい) ① 떨리는 일. 떨림. ② 학질에 걸려 떨림.
- 震い付く(ふるいつく) ① 덤벼들어 껴앉다. ② 몸이 몹시 떨리다. 「다.
- 震い戦く(ふるいおののく) 두려움으로 몸시 놀
- ❖震える(ふるえる) ① 흔들리다. 진동하다. ② 공포·추위로 떨다.
- 震え(ふるえ) 떨림.
- 震え上がる(ふるえあがる) 공포·추위 따위로 부들부들 떨다.
- 震え声(ふるえごえ) 떨리는 목소리.
- 震え筆(ふるえふで) 글을 쓰는데 손이 떨림. 또, 그 필적.

16 儘 [イ]
다할 진
ジン
まま

訓読
- 儘(まま) ① 되는 대로 맡김. …대로. ② (그 상태) 그대로. …채. ③ 뜻대로. 생각대로. *口語로는 まんまさに도 함.
- 儘ならぬ(ままならぬ) 뜻대로 안 되는.
- 儘よ(ままよ) 멋대로 되라. 될 대로 되라.
- 儘の皮(ままのかわ) 될 대로 되라는 뜻의 말.

16 縉 [糸]
꽂을 진
シン
さしはさむ

音読
- 縉紳(しんしん) 진신. 벼슬이 높은 사람.

18 鎮(鎭) [金/常]
누를 진
チン
しずめる・しずまる

音読
- 鎮痙剤(ちんけいざい) 진경제. 경련 진정제.
- 鎮台(ちんだい) 옛날 그 지방을 지키기 위해 두었던 군대. 또, 그 장(長).
- 鎮撫(ちんぶ) 진무. 진압하고 선무함.
- 鎮西(ちんぜい) 〖地〗九州(きゅうしゅう)의 딴이름.
- 鎮星(ちんせい) 토성(土星)의 딴이름.
- 鎮守(ちんじゅ) ① 진수. 군사를 주재시켜 그 지방을 진호함. ② (그 고장·절·씨족 등을) 진호하는 신. 또, 그 신을 모신 사당.
  ‖~府(ふ) 전에, 군항에 두어 한 해군구(區)를 관할하던 기관.
  ~の森(もり) 고장의 수호신을 모신 숲.
- 鎮圧(ちんあつ) ① 진압. 소란을 진정시킴. ② 밭을 갈고 흙을 고르게 누름.
- 鎮子(ちんし) 실내의 깔개를 눌러 놓거나 족자(簇子)에 달아매어 바람에 날리지 않게 하는 추. *ちんすいろ도 읽음.
- 鎮定(ちんてい) 진정. 진압.
- 鎮静(ちんせい) 진정. ♣~剤(ざい) 진정제.
- 鎮座(ちんざ) 진좌. ① 신령이 그 자리에 임함. ② 뜸직하게 자리 잡고 있음.
- 鎮痛(ちんつう) 진통. ♣~剤(ざい) 진통제.
- 鎮咳剤(ちんがいざい) 진해제.
- 鎮護(ちんご) 진호. 외적이나 재난으로부터 나라를 지킴.
  ‖~国家(こっか) 〖佛〗나라의 무사함을 빌어 독경(讀經)·수도를 함.
- 鎮魂 ⊟(ちんこん) 진혼. 위령. ♣~歌(か) 진혼가. 「엠.
  ‖~曲(きょく) 진혼곡. 위령 미사곡. 레퀴~祭(さい) 진혼제. 위령제. *ちんごんさいろ도 읽음.

㊂(たましずめ) ① ☞㊁. ② 鎮魂の祭りの　‖〜の歌(うた) 진혼가.　　　　ㄴ준말.
〜の祭り(まつり) ① 진혼제. ② 옛날, 궁중에서 음력 11월의 인일(寅日)에 天皇(てんのう) 내외의 장수를 기원하던 의식.
鎮火 ㊀(ちんか) 진화. 소화.
㊁(ひしずめ) 진화함.

訓読▶
鎮まる(しずまる) ① (신이) 진좌하다. ② 난리 등이 진정되다.
鎮もる(しずもる) ☞鎮まる(しずまる).
❖鎮める(しずめる) 가라앉히다. 진압하다. 진정하다. 「는 물건.
鎮め(しずめ) ① 진정시킴. ② 누름. 눌러 놓

질

5 口	叱	꾸짖을 질 シツ しかる

音読▶
叱する(しっする) 꾸짖다.
叱罵(しつば) 질매. 꾸짖고 욕함.
叱声(しっせい) 꾸짖는 소리〔말〕.
叱正(しっせい) 질정. 꾸짖어 바로잡음.
叱責(しっせき) 질책.
叱咤(しった) 질타.

訓読▶
❖叱る(しかる) 꾸짖다. 야단 치다.
叱り(しかり) ① 꾸짖음. 꾸중. ② 江戸(えど) 시대 서민에게 과한 가장 가벼운 형벌・힐책.　　　　　　　　　　　　　「짓다.
叱り付ける(しかりつける) 몹시〔엄하게〕 꾸
叱り飛ばす(しかりとばす) 호되게 꾸짖다.
叱り散らす(しかりちらす) 이 사람 저 사람 가리지 않고 마구 꾸짖다.

8 巾	帙	책 질 チツ ふまき

音読▶
帙(ちつ) 질. 책이 상하지 않도록 싸는 책갑.

其他▶
帙簀(ちす) 질책. 경권(經卷) 따위를 싸는 질.
＊じす로도 읽음.

8 辶 常	迭 (迭)	갈마들 질・번갈아 질 テツ かわる・たがいに

音読▶
迭立(てつりつ) 교대로 서 있는 일.

逆音▶
更迭(こうてつ) 경질.

叱・帙・迭・姪・桎・疾　　　1387

9 女	姪	조카 질 テツ めい

訓読▶
姪孫(てっそん) 질손. 형제・자매의 손자. 종손(從孫).
姪(めい) 질녀. 조카딸.
姪御(めいご) 남의 조카딸의 높임말.

10 木	桎	차꼬 질 シツ あしかせ

音読▶
桎梏(しっこく) 질곡. 속박.

10 疒 常	疾	병 질・근심 질 シツ とう・とく・とっく・ やまい・はやい

音読▶
疾駆(しっく) 질구. 질주.　　　　「렬한 번개.
疾雷(しつらい) 질뢰. 갑자기 울려 퍼지는 격
疾病(しっぺい) 질병.
‖〜保険(ほけん) 질병 보험.
疾速(しっそく) 질속. 재빠름.
疾視(しっし) 질시. 밉게 봄.
疾言(しつげん) 질언. 빠른 말로 이야기함.
疾疫(しつえき) 질역. 유행병.
疾悪(しつお) 질오. 증오.
疾走(しっそう) 질주.
疾痛(しっつう) 질통. 아파 괴로워함.
疾風 ㊀(しっぷう) 질풍.
‖〜怒濤(どとう) 질풍 도도. ♣〜時代(じだい) 질풍 노도 시대.
〜迅雷(じんらい) 질풍 신뢰.
㊁(はやて) ① 질풍. ＊はやちとも 읽음. ② '疫痢(えきり)'(=이질)'의 딴이름.
疾行(しっこう) 질행. 빨리 감. 빨리 걸음.
疾呼(しっこ) 질호. 급하게 부름.
疾患(しっかん) 질환.

訓読▶
疾い(はやい) ① (동작・속도가) 빠르다. ② 세차다. 거칠다.
疾う(とう) 훨씬 이전. 벌써.
疾うから(とうから) 일찍부터. 벌써.
‖〜疾うから(とうから) 어서 옵쇼, 어서 옵쇼. 江戸(えど) 시대에 손님을 끌기 위해 쓰
疾うに(とうに) 벌써. 이미.　　　　「던 말.
疾く(とく) 〈雅〉 빨리. 급히.
疾しい(やましい) 꺼림칙하다. 양심의 가책을 느끼다.
疾っく(とっく) 아주 이전. 훨씬 전. 벌써.
疾っくに(とっくに) 훨씬 전에. 벌써.
疾うの昔(とうのむかし) 훨씬 전. 오래 전.

疾う疾う(とうとう)〈文〉빨리빨리.
疾く疾く(とくとく) '疾く(とく)(=빨리・급히)'의 힘줌말. 빨리빨리.
其他➔
疾し(はし) 빠르다. 기세가 좋다. *古語로는 とし로도 읽음.

10 禾 常	秩	차례 **질** チツ ついで

音読➔
秩禄(ちつろく) 질록. 녹봉. 세습적인 녹봉.
秩満(ちつまん) 질만. 관의 임기가 끝남.
秩序(ちつじょ) 질서. ♣~罰(ばつ)〖法〗 질서벌.
秩然(ちつぜん) 사물이 질서 정연하게 있음.
其他➔
秩父(ちちぶ) ①〖地〗埼玉(さいたま) 현 서부에 있는 도시. ②秩父絹(ちちぶぎぬ)의 준말. 안감으로 쓰는 질이 안 좋은 명주.

11 穴 常	窒	막을 **질** チツ ふさぐ

音読➔
窒死(ちっし) 질사. 질식사.
窒素(ちっそ) 질소.
∥~固定(こてい)〖化〗질소 고정.
~工業(こうぎょう) 질소 공업.
~代謝(たいしゃ) 질소 대사.
~同化作用(どうかさよう) 질소 동화 작용.
~肥料(ひりょう)〖化〗질소 비료.
~酸化物(さんかぶつ)〖化〗질소 산화물.
~循環(じゅんかん)〖化〗질소 순환.
~族元素(ぞくげんそ)〖化〗질소족 원소.
窒息(ちっそく) 질식.
窒化物(ちっかぶつ)〖化〗질화물. 질소화물.

12 虫	蛭	거머리 **질** シツ・シチ ひる

訓読➔
蛭(ひる)〖動〗거머리.
蛭巻き(ひるまき) 칼자루나 칼집 따위를 등(籐) 또는 가느다란 은판(銀板)으로 감은 것.
蛭飼い(ひるかい) 종기의 나쁜 피를 거머리에게 빨리는 치료법.
蛭蓆(ひるむしろ)〖植〗가래.
蛭藻(ひるも)〖植〗'蛭蓆(ひるむしろ)(=가래)'의 딴이름.

12 足	跌	넘어질 **질** テツ つまずく

跌宕(てっとう) 질탕. 행동이 단정하지 못하고 제멋대로임.
跌蕩(てっとう) ⇨ 跌宕(てっとう).

13 女	嫉	투기할 **질** シツ そねむ・そねみ・ねたむ

音読➔
嫉視(しっし) 질시. 질투하는 눈으로 봄.
嫉妬(しっと) 질투.
∥~妄想(もうそう) 질투 망상.
訓読➔
嫉し(ねたし)〈文〉①질투심이 나다. ②원망스럽다. 밉다. 분하다.
嫉ましい(そねましい) 샘나다. 질투 나다. *ねたましいし로도 읽음.
❖嫉む(そねむ) 질투(시기)하다. 샘내다. *ねたむし로도 읽음. 「みし로 읽음.
嫉み(そねみ) 질투. 시샘. 시기(심). *ねた
其他➔
嫉く(やく) 질투하다. 시새우다.
嫉ける(やける) 질투 나다. 샘나다.

15 月	膣	보지 **질** チツ

音読➔
膣(ちつ) 질. 여자 생식기의 일부.
膣痙攣(ちつけいれん) 질경련.
膣炎(ちつえん)〖醫〗질염.
膣前庭(ちつぜんてい)〖生〗질전정.

15 貝 教	質	모양 **질** シツ・シチ・チ ただす・たち

音読➔
質 ㊀(しち) ①전당물. ②담보물. 볼모.
㊁(たち)〈口〉질. 타고난 성질・체질.
㊂(しつ) 품질.
質感(しつかん) 질감. 「약.
質契約(しちけいやく) 질계약. 질권 설정 계
質券(しちけん) 전당표.
質権(しちけん) 질권. 담보 물권(物權)의 하나. ♣~者(しゃ) 질권자.
∥~設定者(せっていしゃ) 질권 설정자.
質量(しつりょう) 질량. ♣~数(すう)〖理〗질량수.
∥~不変(ふへん) 질량 불변. ♣~の法則(ほうそく)〖理〗질량 불변의 법칙. 질량 보전의 법칙. 「중심.
~中心(ちゅうしん)〖理〗질량 중심. 무게
質料(しつりょう)〖哲〗질료. 형식에 대한 내용. 실질.
質流れ(しちながれ) 유질(流質). 유전(流

典). 또, 유질된 것.
質問(しつもん) 질문.
質物(しちもつ) 질물. 전당물.
質朴(しつぼく) 질박. 순박. 소박.
質樸(しつぼく) ⇨ 質朴(しつぼく).
質素(しっそ) 질소. 검소.
質実(しつじつ) 질실. 꾸밈없이 진실함.
質屋(しちや) 전당포. ♣~**業**(ぎょう) 전당포업.
質疑(しつぎ) 질의.
‖~**応答**(おうとう) 질의 응답.
質人(しちにん) 인질.
質入れ(しちいれ) 입질(入質). 전당 잡힘.
‖~**裏書**(うらがき)『經』입질 배서.
質的(しつてき) 질적.
質店(しちみせ) 전당포.
質点(しつてん)『理』질점.
質種(しちぐさ) ⇨ 質草(しちぐさ). 「땅.
質地(しっち) 땅을 저당 잡힘. 또, 저당 잡힌
‖~**小作**(こさく) 저당 잡힌 땅을 소작함.
質直(しっちょく) 허식이 없고 성실함.
質札(しちふだ) 전당표.
質請け(しちうけ) 채권자, 특히 전당포에 맡긴 것을 차입금과 이자를 치르고 되찾는 일.
質草(しちぐさ) 전당 잡힐 물건. 전당물.
[訓読]
質す(ただす) (모르는 점을) 묻다. 질문하다.
[其他]
質ねる(たずねる) ① (소재·발자취를) 찾다. 더듬다. ② 묻다.

짐

| 10
月
常 | 朕 (朕) | 나 **짐**
チン
われ |

[音読]
朕(ちん) 짐. 제왕의 자칭.

| 13
斗 | 斟 | 짐작할 **짐**
シン
くむ |

[音読]
斟量(しんりょう) 짐량. 헤아림. 짐작.
斟酌(しんしゃく) ① 짐작. 참작(參酌). 적절히 고려함. ② 거리낌. 사양.

| 15
鳥 | 鴆 | 짐새 **짐**
チン |

[音読]
鴆(ちん) ① 짐(새). 중국산의 독조(毒鳥)〔그 날개를 담근 술을 먹으면 죽는다고 함〕. ②
鴆毒(ちんどく) 짐독. 맹독. 「짐독.

집

| 11
土
常 | 執 | 잡을 **집**
シツ·シュウ
とる |

[音読]
執す(しっす) ① 깊이 마음에 새기다. 집착하다. ② 존중하다. ③ 경의를 표하다.
執する(しゅうする) 집착하다.
執権(しっけん) ① 집권. ② 鎌倉(かまくら) 시대의, 将軍(しょうぐん)의 보좌역. ③ 室町(むろまち) 시대의 管領(かんれい)의 딴이름.
執金剛神(しゅこんごうじん)『佛』집금강신. 금강역사. *しっこんごうじん으로도 읽음.
執念(しゅうねん) 집념.
‖~**深い**(ぶかい) 집념이 강하다. 성질이 깐깐하다.
執念い(しゅうねい) ☞ 執念深い(しゅうねんぶかい)
執念く(しゅうねく) 끈질기게. 깐질기게.
執達(しったつ) 집달.
‖~**吏**(り) 집달리. '執行官(しっこうかん) (=집행관)'의 구칭.
執刀(しっとう) (수술에서) 집도.
執務(しつむ) 집무.
執縛(しつばく) 붙잡아 묶음. 죄인을 포승으로 묶음.
執柄(しっぺい) ① 집병. 권력을 잡음. ② 摂政(せっしょう)·関白(かんぱく)의 딴이름.
執事(しつじ) 집사. 가령(家令).
執心(しゅうしん) 집심. 집착심. 미련.
執拗(しつよう) 집요. 끈질김.
執意(しつい) 집의. 자기 의견·기분에 집착함.
執者(しゅうじゃく) ⇨ 執着(しゅうじゃく).
執政(しっせい) ① 집정. 정무를 관장함. ② 徳川(とくがわ) 시대의 老中(ろうじゅう)·家老(かろう). ♣~**官**(かん) 집정관.
執奏(しっそう) (시종(侍従) 등이) 전갈하여 상주함. 또, 그 사람.
執持(しゅうじ) 단단히 가짐(보지(保持)함). *しつじ로도 읽음.
執着 ㊀(しゅうちゃく) 집착.
㊁(しゅうじゃく) ①<老> ☞ ㊀. ②『佛』득도를 방해하는 것에 마음이 강하게 사로잡힘.
執筆(しっぴつ) 집필.
執行(しっこう) 집행. ♣~**官**(かん)『法』집행관 /~**吏**(り) 집행리 /~**部**(ぶ) 집행부.
‖~**機関**(きかん) 집행 기관.
~**命令**(めいれい) 집행 명령.
~**委員**(いいん) 집행 위원.
~**猶予**(ゆうよ) 집행 유예.
~**裁判所**(さいばんしょ) 집행 법원.
~**停止**(ていし)『法』집행 정지.
~**処分**(しょぶん)『法』집행 처분.
~**判決**(はんけつ)『法』집행 판결.
~**行為**(こうい)『法』집행 행위.

訓読
❖執る(とる)(직무로서) 취급하다. 맡다.
執り見る(とりみる) 시중 들다. 병구완하다. 간호하다.
執り成し(とりなし) 중재. 조정. 주선.
‖～顔(がお) 그 자리를 어색하게 하지 않으려는 표정.
執り成す(とりなす) ①중재하다. 화해시키다. ②(서먹한 분위기를) 잘 수습하다.
執り申す(とりもうす) ①잘 되게 말하다. 아뢰다. ②전달하여 아뢰다.
執り行なう(とりおこなう) 거행하다. 집행하다.

集 모을 집·모일 집
12 佳 (教)
シュウ・ジュウ・シッ
あつまる・あつめる・つどう・すだく・たかる

音読
集(しゅう) 집. 시가·문장 등을 모은 서책.
集改札スト(しゅうかいさつスト) 교통수송 기관에서 매표(賣票)·검표(檢票) 부문의 근로자만이 하는 제한적인 파업.
集結(しゅうけつ) 집결.
集計(しゅうけい) 집계.
集古(しゅうこ) 집고. 옛 것을 모음.
集光(しゅうこう) 집광. 빛을 한곳으로 모음. ♣～鏡(きょう)〖理〗집광경 / ～器(き) 집광기.
集塊(しゅうかい) 집괴. 모여서 된 덩어리.
♣～岩(がん)〖鑛〗집괴암.
集権(しゅうけん) 집권.
集金(しゅうきん) 집금. 수금.
集団(しゅうだん) 집단. ♣～犯(はん) 집단범 / ～婚(こん) 집단혼.
‖～検診(けんしん) 집단 검진.
～農場(のうじょう) 집단 농장.
～犯罪(はんざい) 집단 범죄.
～保育(ほいく)(가정 보육에 대해서) 집단 보육.
～保障(ほしょう) 집단 보장.
～本能(ほんのう)〖心〗집단 본능.
～思考(しこう) 집단 사고.
～状況(じょうきょう) 집단 상황.
～訴訟(そしょう) 집단 소송.
～安全保障(あんぜんほしょう) 집단 안전 보장.
～療法(りょうほう) 집단 요법.
～遺伝学(いでんがく)〖生〗집단 유전학.
～意識(いしき) 집단 의식.
～的自衛権(てきじえいけん) 집단적 자위권.
～指導(しどう) 집단 지도.
～就職(しゅうしょく) 집단 취직.
～下痢症(げりしょう) 집단 설사증.
～学習(がくしゅう) 집단 학습.
集大成(しゅうたいせい) 집대성.
集落(しゅうらく) 취락(聚落). ①〖地〗인가가 모여 있는 곳. 촌락. ②〖植〗콜로니.
‖～遺跡(いせき) 취락 유적.
集録(しゅうろく) 집록. 모아서 기록함. 또, 기록한 것.
集配(しゅうはい) 집배. ♣～員(いん) 집배원 / ～人(にん) 집배원.
‖～郵便局(ゆうびんきょく) 집배 우편국. 우편물을 집배하는 규모가 큰 우체국.
集散(しゅうさん) 집산. ♣～地(ち) 집산지.
集産主義(しゅうさんしゅぎ)〖政〗집산주의. 컬렉티비즘.
集書(しゅうしょ) 집서. 연구 자료로서 참고 문헌을 모음. 또, 그 책.
集成(しゅうせい) 집성. 집대성(集大成).
♣～材(ざい)〖建〗집성재.
束束(しゅうそく) 집속. ①〖理〗수렴(收斂). 광속(光束)이 한 점에 모이는 일. ②(추수한 벼를) 단으로 묶음.
集水(しゅうすい) 집수. 물을 모음.
‖～溝(こう) 집수구. 빗물이나 생활 배수를 모아 흐르게 하는 도랑.
集眼(しゅうがん)〖動〗집안. 다수의 단안(單眼)이 모여 하나의 눈을 형성한 것.
集約(しゅうやく) 집약.
‖～農業(のうぎょう) 집약 농업.
集葯雄蕊(しゅうやくゆうずい)〖植〗집약 웅예.
集魚灯(しゅうぎょとう) 집어등. 밤에 물고기를 유인하는 등불.
集英(しゅうえい) 집영. 영재를 모음.
集乳(しゅうにゅう) 집유.
集音(しゅうおん) 집음. 소리를 모음. ♣～機(き) 집음기.
集印(しゅういん) 기념 스탬프를 모으는 일.
‖～帳(ちょう) ☞集印帖.
～帖(じょう) 기념 스탬프장〔첩〕.
集材(しゅうざい) 집재. 벌목한 재목을 한곳으로 모음.
‖～機(き) 집재기. 재목을 한곳에 모으는 기계.
集積(しゅうせき) 집적. 다량으로 모임〔모음〕. ♣～点(てん)〖數〗적점점.
‖～回路(かいろ)〖理〗집적 회로.
集電子(しゅうでんし)〖理〗집전자.
集電装置(しゅうでんそうち)〖理〗집전 장치.
集族(しゅうぞく) 떼지어 모여 있음. 「치.
集注(しゅうちゅう) 집주. ①집중(集中). ②서책의 주석을 모은 것. *②는 しっちゅう로도 읽음.
集註(しゅうちゅう) ⇨ 集注(しゅうちゅう) ②. *しっちゅう로도 읽음.
集中(しゅうちゅう) 집중.
‖～攻撃(こうげき) 집중 공격.
～登山(とざん) 집중 등산. 각기 다른 루트로 올라가, 산정에서 만나는 등산 방법.
～生産(せいさん) 집중 생산.
～神経系(しんけいけい) 집중 신경계.
～審理(しんり) 집중 심리.
～処理システム(しょりシステム) 집중 처리 시스템.
～砲火(ほうか) 집중 포화.
～豪雪(ごうせつ) 집중 호설. 집중 폭설.

〜豪雨(ごうう) 집중 호우.
集塵(しゅうじん) 집진. 먼지〔쓰레기〕를 모음. ♣〜機(き) 집진기.
‖〜袋(ぶくろ) 쓰레기 모으는 봉지.
〜裝置(そうち) 집진 장치.
集輯(しゅうしゅう) 집적. 그러모음.
集札(しゅうさつ) 집찰. 승객의 차표를 모음. ♣〜係(がかり) 집찰계(원).
集村(しゅうそん) 집촌. 밀집된 부락.
集取(しゅうしゅう) 사물을 한데 모음.
集治監(しゅうじかん) 2차 대전 전, 도형(徒刑)·유형(流刑)·종신형의 죄수를 수감했던 감옥의 일종. *しゅうちかん으로도 읽음.
集票(しゅうひょう) (선거 등의) 집표.
集荷(しゅうか) 집하. ♣〜場(じょう) 집하장.
集学療法(しゅうがくりょうほう)〖醫〗암 치료 등에서, 각 과의 전문 의학을 결집하여 임상 치료 효과를 높이려는 방식.
集学治療(しゅうがくちりょう) ☞集学療法(しゅうがくりょうほう)
集合(しゅうごう) ①집합. 한자리에 모음〔모임〕.〖數〗집합. ♣〜果(か)〖植〗집과 /〜論(ろん)〖數〗집합론 /〜物(ぶつ) 집합물 /〜犯(はん) 집합범 /〜語(ご)〖言〗집합어 /〜罪(ざい) 집합죄.
‖〜概念(がいねん) 집합 개념.
〜名詞(めいし) 집합 명사.
〜意志(いし) 집합 의지.
〜財産(ざいさん) 집합 재산.
〜的無意識(てきむいしき) 집합적 무의식.
〜住宅(じゅうたく) 집합 주택. 「상.
〜表象(ひょうしょう)〖哲〗집합(집단) 표
集解(しゅうげ) 집해. 각종 해석을 모은 책.
集貨(しゅうか) 집화. 화물·상품 등이〔을〕 모임〔모음〕. 또, 그 화물·상품.
集会(しゅうかい) 집회.
‖〜の自由(じゆう) 집회의 자유.

訓読
集く(すだく) ①많이 모여서 떠들다. ②모여들다. ③벌레가 울다.
❖集う(つどう) 모이다. 회합하다. 집회하다.
集い(つどい) 모임. 회합.
集える(つどえる) 모으다.
❖集まる(あつまる) 모이다. 집중하다.
集まり(あつまり) 모임. 회합.
‖〜勢(ぜい) 그러모은 집단. 오합지중.
❖集める(あつめる) 〔一〕 모으다. 집중시키다.
〔二〕(まつめる) 하나로 모으다.
集め(あつめ) 모으기. 수집.
❖集る(たかる) ①꾀(어들)다. 모여들다. ②〈俗〉등치다. ③한턱 쓰게 하다.
集り(たかり) ①꾐. 한 군데로 모임. ②〈俗〉등치는 일. 또, 등치기.

其他
集べる(まつべる) 정리하여 하나로 하다. 모으다.
集銭(しゅせん) 돈을 추렴함. 또, 그 돈.

‖〜酒(ざけ) 추렴하여 사는 술.
〜出し(だし) 추렴하여 먹고 마심.

16 車 **輯** 모을 **집**
シュウ
あつめる

参考 현대 표기로는 '集'으로 대용함.

音読
輯録(しゅうろく) 집록. 수록(收錄).
輯睦(しゅうぼく) 집목. 화목.

징

14 彳 常 **徴**(徵) 부를 **징**·조짐 **징**
チョウ·チ
きざし·しるし·めす

音読
徴する(ちょうする) ①…에 비추어 보다. 증거를 구하다. ②구하다. ③불러모으다. ④징수하다.
徴求(ちょうきゅう) 징구.
徴募(ちょうぼ) 징모.
徴発(ちょうはつ) 징발. 징용.
徴辟(ちょうへき) 징벽. 조정에 불러서 벼슬을 시킴. 「제.
徴兵(ちょうへい) 징병. ♣〜制(せい) 징병
‖〜検査(けんさ)〖軍〗징병 검사.
〜忌避(きひ) 징병 기피. 병역 기피.
〜適齢(てきれい) 징병 적령.
徴符(ちょうふ) 중세에 장원 영주가 농민에게 연공(年貢) 상납을 명한 명령서.
徴聘(ちょうへい) 징빙. 초빙(招聘).
徴憑(ちょうひょう) 징빙.
徴士(ちょうし) 조정(정부)에서 불러낸 사람.
徴税(ちょうぜい) 징세.
徴収(ちょうしゅう) 징수.
徴用(ちょうよう) 징용. 징발.
徴証(ちょうしょう) 징증. 증거.
徴集(ちょうしゅう) 징집.
徴逐(ちょうちく) 징축. 초대하기도 하고 초대받기도 함.
懲治(ちょうじ) 징치.
徴表(ちょうひょう)〖哲〗징표.
徴候(ちょうこう) 징후. 징조. 조짐.

訓読
徴 〔一〕(しるし) ①효능. 효과. ②징조. ③영험.
〔二〕(しるまし) 불길한 징조.
〔三〕(ちょう) ①징후. 전조. ②호출함.

其他
徴る(はたる)〈雅〉재촉하다. 채치다.

15 氵 常 **澄** 맑을 **징**
チョウ
すむ·すます

澄

音読
澄明(ちょうめい) 징명. (물이나 공기 따위가) 맑음.
澄心(ちょうしん) 징심. 평온하고 깨끗한 마음.
澄徹(ちょうてつ) 징철. 맑고 투명함.
澄清(ちょうせい) 정청. ① 맑고 깨끗함. ② 세상이 평온하게 다스려짐.

訓読
澄みやか(すみやか) 맑고 아름다운 모양. 명료한 모양.
❖澄ます(すます) ① 깨끗이 하다. 맑게 하다. ② 칼날을 갈아 시퍼렇게 하다. ③ 맑은 소리를 내다. ④ 마음을 가라앉히다. ⑤ …체하다.
澄まし(すまし) ① 맑게 함. ② 새치름함. ③ (술자리에서) 술잔 씻는 물. ④ 澄まし汁의 준말. ♣～屋(や) 새침데기.
‖～汁(じる) (소금・간장으로 간을 한) 맑은 장국.
❖澄む(すむ) ① 맑잖다. 투명하다. ② 청명하다. ③ (소리가) 맑다. ④ 깨끗하다. ⑤ 뗏물을 벗다.
澄み渡る(すみわたる) 맑게 개다.
澄み切る(すみきる) 아주 맑아지다. 아주 맑게 트이다.
澄み透る(すみとおる) 색이나 소리 등이 맑고 투명하게 보이거나 들리다.

懲

18 心 常

懲(懲)
징계할 **징**
チョウ
こりる・こらす・こらしめる

音読
懲戒(ちょうかい) 징계. ♣～権(けん) 징계권.
‖～免職(めんしょく) 징계 면직.
～処分(しょぶん) 징계 처분.
～解雇(かいこ) 징계 해고.
懲罰(ちょうばつ) 징벌.
‖～委員会(いいんかい) 징벌 위원회.
懲悪(ちょうあく) 징악. 악한 사람을 징계함.
懲役(ちょうえき) 징역.
‖～監(かん) 형무소(刑務所). 감옥.
～囚(しゅう) 징역수. 복역수.

訓読
懲らす(こらす) 〈老〉 ☞懲らしめる(こらしめる).
❖懲らしめる(こらしめる) 징계〔응징〕하다.
懲らしめ(こらしめ) 징벌. 징계.
❖懲りる(こりる) 넌더리 나다. 데다.
懲りずまに(こりずまに) 〈雅〉 싫증도 내지 않고. 「내는 성질.
懲り性(こりしょう) 〈俗〉 넌더리〔진저리〕를
懲り懲り(こりごり) 지긋지긋함.

차

| 3 又 | 叉 | 깍지낄 **차**·가장귀 **차**
サ・シャ
また |

音読
叉状(さじょう) 차상. 서로 엇갈려 있는 꼴.
‖**~脈**(みゃく)〖植〗두 갈래로 갈라진 잎맥《은행잎 따위》.
叉手(さしゅ) 차수. 두 손을 어긋매껴 마주 잡〔음〕.
叉手網(さであみ) 어구(漁具)의 일종. 족대.
叉銃(さじゅう) 차총. 야외에서 군대가 휴식할 때 걸어총을 한 상태.

訓読
叉(また) 끝이 두 갈래로 갈라진 모양〔곳〕. 아귀. 갈래.
叉木(またぎ) 두 갈래로 갈라진 나무.

| 5 一 常 | 且 | 또 **차**·우선 **차**
シャ・ショ・ソ
かつ・しばらく・まさに |

訓読
且つ(かつ) ① 동시에. 또한. 한편(으로는). ② 또. 그 위에.
且つは(かつは) 한편으로는. 그 위에.
且つ又(かつまた) 또한. 그 위에 또. 더구나.
且且(かつがつ) ① 하나씩. 조금씩.②〈古〉그런대로. 그럭저럭.

| 6 欠 教 | 次 (次) | 버금 **차**·차례 **차**
ジ・シ
つぐ・つぎ・ついず・やどる |

音読
次(じ) 차. ①《接頭語로》다음. ②《接尾語로》단계. 횟수.
次客(じきゃく) (다도에서) 주빈 다음에 앉 「는 손님.
次稿(じこう) 차고. 다음 원고.
次高音(じこうおん)〖樂〗차고음. 메조 소프 「라노.
次官(じかん) 차관.
次期(じき) 차기. 다음(번).
次男(じなん) 차남. 둘째 아들.
次女(じじょ) 차녀. 둘째 딸.
次代(じだい) 차대. 다음 세대.
次郎(じろう) ① 차남(次男)《인명으로도 흔히 쓰임》. ② 같은 물건 중에서 두 번째의 것.
次序(じじょ) 차서. 순서.
次席(じせき) 차석.
次善(じぜん) 차선. 최선의 다음 (방법).
次世代(じせだい) 차세대.
次数(じすう)〖數〗차수. 각(各) 인수(因數)의 멱을 표시하는 수.
次葉(じよう) 다음 페이지. 차면.
次韻(じいん) 차운. 남이 사용한 운자를 같은 순서로 써서 한시(漢詩)를 지음. 또, 그 시.
次元(じげん) 차원. ①〖數〗사물의 크기를 재는 기준. ② 사물을 생각하는 입장. 레벨.
‖**~解析**(かいせき)〖理〗차원 해석.
次位(じい) 차위.
次子(じし) 차자. 차남·차녀.
次作(じさく) 다음 작품.
次長(じちょう) 차장.
‖**~検事**(けんじ) 대검찰청 차장 검사.
次章(じしょう) 차장. 다음 장.
次節(じせつ) 차절. 다음 절.
次点(じてん) 차점.
次第(しだい) ① 순서. ② 경과. 사정. ③ 차차로. 점점.
‖**~不同**(ふどう) 순서 부동.
~書き(がき) 내력이나 순서를 적은 문서.
次条(じじょう) 차조. 다음 조목(條目).
次週(じしゅう) 차주. 다음 주.
次便(じびん) 차편. ① 다음 편지. ② 다음 비행기〔배〕편.
次表(じひょう) 다음의 표.
次行(じぎょう) 차행. 다음 행〔줄〕.
次兄(じけい) 차형. 둘째 형.
次号(じごう) 차호. 다음 호.
次回(じかい) 차회. 다음 회〔번〕.

訓読
次(つぎ) ① 다음. 버금. ②〈古〉역참(驛站).
次いで(ついで) ① 뒤이어. 잇따라서. 계속하여. ② 그 다음에.
次なる(つぎなる) 다음의.
次に(つぎに) 다음에. 그리고 나서.
次の間(つぎのま) 곁방. ① 큰방 옆에 붙은 작은 방. 협실. ② 주군의 거실 옆방.
次様(つぎさま) 차석(次席).
次次(つぎつぎ) 차례차례. 계속함. 잇닮.
❖**次ぐ**(つぐ) ① 뒤를 잇다. ② 버금가다. 다음 「가다.
次ぐ日(つぐひ) 다음날.

其他
次妻(うわなり) ① 후처. ② 질투.

逆音
席次(せきじ) 석차. 석순(席順).

扨

6 才 집을 **차**·작살 **차**
サ
さて

訓読▶

扨(さて) ① 막상 (하려고 하면). ② 다른 화제로 바꿀 때 쓰는 말. 그런데. 그럼. 각설하고. 그건 그렇고. ③ 다음 행동으로 옮기려 할 때 하는 말. 자 (이제). 「또.
扨又(さてまた) 그리고〔게다가〕또. 그 위에
扨措(さておく) ⇨ 扨置く(さておく).
扨置く(さておく) (어떤 일·화제 등을) 일단 그대로 두다. (일단) 차치(且置)하다.

此

6 止 이 **차**·이에 **차**
シ
ここ·この·これ

音読▶

此岸(しがん) 차안. ① 이쪽 둔덕. ②『佛』이승. 이 세상.

訓読▶

此 ㊀(ここ) ① 여기. 이곳. ② 요. 요새.
㊁(こ) 〈雅〉이것. 이.
此の(この) 이《자기로부터 가까운 것》.
此は(こは) 〈雅〉'이것은 어찌 된 일인가'의 뜻을 나타내는 말.
∥〜**如何に**(いかに) 이건 또 어찌된 일인가.
此れ(これ) ① 이것. 이제. 지금. 여기. ② 이 사람. 이 분. ③ 이 일.
此れから(これから) 이제부터. 금후.
此れぞ(これぞ) 이 외에 최상의 것은 없음. 이것이다. 이렇다.
此れは(これは) 아이구. 아니. 이런《놀람·감탄을 나타냄》.
∥〜**是**(これ) 이것이 바로. 「이야.
〜**為たり**(したり) 이거 도대체. 이게 웬일
〜**此れは**(これは) 이런. 아니 이거. 이것 참《此れは의 힘줌말》.
此の間(このあいだ) 전날. 일전. 요전.
此れ見よがし(これみよがし) 여봐라는듯이.
此の頃(このごろ) 요사이. 이즘. 최근.
㊁(このころ) 문제가 된 그 시대·시기.
此の故に(このゆえに) 이러므로. 이런 까닭에. 이 때문에.
此の君(このきみ) '竹(たけ)(=대)'의 미칭.
此の期(このご) 막판〔최후의 단계〕인 지금.
此の段(このだん) (앞서 말한 내용을 받아서) 위에서 말한 것(은). 이 일.
此の度(このたび) 이번. 금번.
此れ等(これら) 이(것)들.
此の面(このも) 이쪽.
∥〜**彼の面**(かのも) 이쪽과 저쪽. 여기저기.
此方 ㊀(こなた) ① 주로 손아랫사람에 대해 쓰는 자칭. 나. ② 이쪽. 이편.
㊁(このかた) ① (그때) 이래. 이후. ② 이 분. 此の人(このひと)의 높임말.

此の辺(このへん) ① 이 근처〔주변〕. 이 일대. ② 이 정도. 이것.
此の分(このぶん) 이 상태. 이 모양.
此の上(このうえ) ① 이 이상. ② 이렇게 된 바에는.
∥〜**無い**(ない) 더(할 나위) 없는. 무상(無上)의. 「후.
此の先(このさき) 앞(으로). ① 이 앞. ② 금
此の世(このよ) ① 이승. 현세. ② 이 세상.
∥〜**の外**(ほか) 저승. 내세.
此の所(このところ) ① 요즈음. 최근. ② 이 곳. 이 장소.
此れ式(これしき) 〈俗〉이까짓. 이쯤.
此の様(このよう) 이 모양. 이와 같음.
此れ様(これさま) 그대. 당신.
此の外(このほか) 이 밖(에). 이 이외(에).
此の位(このくらい) 이 정도. 이쯤. *このぐらい로도 읽음.
此の人(このひと) 이 사람.
此の伝(このでん) 이 방법〔수법〕
此の前(このまえ) 전번. 일전. 요전. 이전.
此れ切り(これきり) 이것 뿐〔밖엔〕. 이것뿐.
此の節(このせつ) 요즈음. 근래. 「부.
此の程(このほど) 일전. 이번. 최근. 지
此れ程(これほど) ① 이 정도. ② 이렇게나
此の際(このさい) 차제. 이 기회. 이런 경우.
此の中 ㊀(このじゅう) 〈老〉이 동안 죽〔내내〕. 수일래. 요즘.
㊁(このなか) 이 가운데.
此の儘(このまま) 이대로. 현재대로.
此れ此れ(これこれ) 이러이러(함). 여차여차(함). 「것.
此れや此の(これやこの) 〈雅〉이것이 바로
此の他(このほか) 이 밖(에). 이 이외(에).
此の土(このど) 이 장소〔곳〕. 자기가 있는 곳. 또 이 세상.
此れ彼れ(これかれ) 이것과 그것. 갖가지.
此れ限り(これかぎり) 이것으로. 이것뿐.
此許(ここもと) 〈雅〉① 여기. 지금. ② 나. 내가 있는 곳.
此れ許り(こればかり) ① 이것만. ② 〈老〉이정도. 요만큼. 조금.
此の後(このあと) ① 이후. 금후(今後). ② 일전. 지난 날. *このちで로도 읽음.
此れ迄(これまで) ① 지금까지. ② 이곳〔여기〕까지. ③ 이렇게 되기까지.

其他▶

此間(こないだ) 〈口〉 ☞ 此の間(このあいだ).
此奴(こいつ) 〈俗〉이놈. 이녀석. 이것. *こやつ로도 읽음.
此度(こたび) 〈雅〉 ☞ 此の度(このたび).
此方 ㊀(こちら) ① 이쪽. 여기. ② 이 사람. 우리(들).
㊁(こなた) 〈雅〉① 이쪽. 이쪽 편. ② 이분. 나. ③ 이후. 현재까지. 「음.
㊂(こち) 〈雅〉여기. 이쪽. *こっちで로도 읽
㊃(こちゃ) 〈古·女〉이쪽은. 우리는. 나는.

此方等(こちとら)〈俗〉나. 우리(들).
此方で(こなたざま) ① 이쪽. ② 자기 쪽.
此方様(こなさん)〈古·女〉이분. 당신.
此方の人(こちのひと)〈古〉아내가 남편을 부르는 말. 여보. 당신.
此方彼方(こなたかなた)〈雅〉이쪽저쪽. 여기저기.
此所(ここ) ⇨ 此処(ここ).
此処(ここ) ① 여기. ② 이(것). 이제.
此処いら(ここいら)〈口〉이 근처. 이쯤.
此処な(ここな) ① 여기 있는. 이. ② 뜻밖에 놀라서 하는 말. 이거 참. 저런.
此処に(ここに) ① 그런데. 그래서. ②〈雅〉이곳·이때·이 경우에. 이에. 자에.
‖ **~於て**(おいて) ① 이때에. ② 이 때문에. **~至って**(いたって) 이에 이르러(서는).
此処から(ここから) 이 근처. 이 근방. 이쯤.
此処の所(ここのところ) ① 지금 현재로서는. ② 이 일. 이 점. *口語的으로는 ここんとこ라고도 함.
此処彼処(ここかしこ) 여기저기. 이곳저곳.
此畜生(こんちくしょう) 화가 나거나 분할 때 내뱉는 말. 젠장. 제기랄.

7 車 教	車	수레 차·수레 거 シャ くるま

音読→
車間距離(しゃかんきょり) 차간 거리.
車蓋(しゃがい) 차개. 차의 덮개(지붕).
車検(しゃけん) 차량 검사. ♣ **~証**(しょう) 차량 검사증.
車高(しゃこう) 차고. 자동차의 높이.
車庫(しゃこ) 차고.
‖ **~証明**(しょうめい) 차고 증명.
車券(しゃけん) 차권. 경륜(競輪)에서 우승자에게 돈을 걸기 위하여 사는 표.
車扱い(しゃあつかい) (철도에서) 대량 화물을 화차 1량(輛) 단위로 하는 취급.
車内(しゃない) 차내. ♣ **~灯**(とう) 차내등.
車台(しゃだい) ① 차대. 차체(車體)를 받치는 틀. ② 차량의 수.
車道(しゃどう) 차도.
車両(しゃりょう) 차량.
車輛(しゃりょう) ⇨ 車両(しゃりょう).
車力(しゃりき) ① 수레꾼. ② 사람이 끄는 짐수레.
車輪(しゃりん) 차륜. 차바퀴. 수레바퀴.
‖ **~石**(せき)『考』차륜석. 고대 석기(石器)의 하나.
車紋(しゃもん) 차문. 교통 사고 현장에 남는 브레이크를 건 타이어의 자국.
車盤(しゃばん) ☞ 車地(しゃち).
車夫(しゃふ) 차부. 인력거꾼.
車師(しゃし)『史』차사. 한대(漢代)에서 북위(北魏) 시대에 걸쳐 서역에 있던 나라.
車上(しゃじょう) 차 위. 차에 타고 있음.

車線(しゃせん) 차선.
車首(しゃしゅ) 차수. 자동차의 앞 부분.
車身(しゃしん)《接尾語적으로》(자동차 경주 등에서) 자동차 한 대분의 길이.
車室(しゃしつ) 차실. (전차·열차 등의) 사람이 타는 차량 안.
車影(しゃえい) 차 모습〔자취〕.
車螯(しゃごう)『貝』차오. 거거과(車渠科)의 이매패(二枚貝).
車外(しゃがい) 차외.
車掌(しゃしょう) 차장.
車前子(しゃぜんし)『漢醫』차전자. 질경이의 씨를 써서 만든 생약.
車前草(しゃぜんそう)『植』차전초. 질경이. *おおばこ로도 읽음.
車種(しゃしゅ) 차종.
車中(しゃちゅう) 차중. 차내.
車地(しゃち) (무거운 것을 옮기는 데 쓰는) 큰 활차〔고패〕. 「나는 먼지.
車塵(しゃじん) 차진. 차가 지나간 뒤에 일어
車窓(しゃそう) 차창.
車体(しゃたい) 차체. 보디.
車軸(しゃじく) 차축. 차의 굴대. ♣ **~草**(そう)『植』달구지풀.
‖ **~藻植物**(もしょくぶつ)『植』차축조 식물. 민물에 사는 조류(藻類)의 한 무리.
車幅(しゃはば) 차폭. 자동차의 폭. *しゃふく로도 읽음. ♣ **~灯**(とう) 차폭등. *しゃふくとう로도 읽음. 「행.
車行(しゃこう) ① 차를 타고 감. ② 차의 진
⬇ 이하 음은 '거'.
車駕(しゃが) ① 어가(御駕). ② 천자(天子)의 높임말. ③ 탈것.
車馬(しゃば) 거마. 차마. 탈것. ♣ **~代**(だい) 거마비. 교통비.
車載(しゃさい) 거재. 차재. 수레에 짐을 실음.
‖ **~斗量**(とりょう) 거재두량. 수량이 많아 아주 흔함의 비유.
車轍(しゃてつ) 거철. 수레바퀴 자국.
‖ **~馬跡**(ばせき) 거철마적. 거마가 지나간 자국. 곧, 임금이 순유(巡遊)한 자취.

訓読→
車 ㊀(くるま) ① 수레 바퀴. ② 수레의 총칭. 특히, 자동차를 말함.
㊁(しゃ) ① 차. 수레. ② 일본 장기에서 飛車(ひしゃ)의 준말.
車寄せ(くるまよせ) 현관 앞의 차 대는 곳.
車代(くるまだい) ① 차비. 찻삯. ② 교통비 (명목으로 지불하는 사례금). ③ 자동차 값.
車返し(くるまがえし) 산길 따위가 험해, 그 이상 차가 통행할 수 없는 곳.
車宿(くるまやど) 차부(車夫)를 고용해, 인력거·짐수레 따위로 운송업을 하던 집.
車曳き(くるまひき) ⇨ 車引き(くるまひき).
車屋(くるまや) ① 수레를 만드는 집〔사람〕. ② ☞ 車宿(くるまやど). ③ 인력거꾼.
車椅子(くるまいす) 휠체어.
車引き(くるまひき) 인력거나 수레를 끄는

車賃(くるまちん) 찻삯.
車井戸(くるまいど) (고패를 이용한) 두레우물.
車座(くるまざ) 둥그렇게 둘러 앉음.
車止め(くるまどめ) ①차의 통행 금지. 또, 그 표지. ②차량의 궤도 이탈을 방지하는 장치《선로의 맨 끝 부분에 설치함》.
車偏(くるまへん) 한자 부수의 하나: 수레거변.
車蝦(くるまえび) ⇨ 車海老(くるまえび).
車海老(くるまえび) 〚動〛중하(中蝦).
車戸(くるまど) 호차(戸車)를 단 여닫이.

8 イ	侘	낙망할 차 タ わび・わびしい

▶訓読◀
侘しい(わびしい) ①쓸쓸하다. 외롭다. ②초라하다.
侘びしむ(わびしむ) 쓸쓸하다고 생각하다. 쓸쓸해 하다.
侘びしらに(わびしらに) 〚雅〛쓸쓸히. 고적(孤寂)하게.
侘助(わびすけ) 〚植〛동백의 일종《겨울에서 봄에 걸쳐 붉고 작은 꽃이 핌》.
❖侘びる(わびる) ①슬퍼하다. ②쓸쓸히 또 조용히 살다. ③…에 지치다.
侘び(わび) ①한거(閑居)를 즐김. ②(다도(茶道)·俳句(はいく)의 극치로서) 간소하고도 차분한 아취.
侘び鳴き(わびなき) 쓸쓸히〔슬피〕우는 일.
侘び言(わびごと) 푸념. 원망하는 말.
侘び人(わびびと) ①속세를 떠난 사람. 쓸쓸히 지내는 사람. ②실의(失意)에 빠진 사람.
侘び住まい(わびずまい) ①속세를 떠나 한적하게 삶. 또, 그 집. ②초라한 살림〔집〕.
侘び寝(わびね) 혼자 쓸쓸히 잠. 원망스럽게 생각하며 자는 일.

9 艹 教	茶 차 ⇨ 茶 다 (p. 270)

10 イ 教	借	빌릴 차·가령 차 シャク・シャ かりる

▶音読◀
借家(しゃくや) 차가. 셋집. *しゃっか로도 읽음. ♣~人(にん) 세든 사람.
借間(しゃくま) 방을 빌려 씀. 셋방.
借景(しゃっけい) 차경. 먼 산 따위의 경치를 정원의 일부처럼 이용하는 일. *しゃくけい.
借款(しゃっかん) 차관. 〔로도 읽음.
借券(しゃっけん) 차권. 차용 증서.
借金(しゃっきん) 차금. 돈을 꿈. 또, 꾼 돈.
‖~取り(とり) 빚을 거둬들임. 또, 그 사람. 빚쟁이.
借銀(しゃくぎん) 차금. 돈을 빌림. 또, 빌린 돈.
借貸(しゃくたい) 차대. 대차(貸借).
借覧(しゃくらん) 차람. 빌려 봄.
借料(しゃくりょう) 임차료. 세.
借馬(しゃくば) 말을 빌림. 또, 그 말. 세마(貰馬).
‖~屋(や) 세마방(房). 세를 받고 말을 빌려 주는 집〔사람〕.
借名(しゃくめい) 차명.
‖~口座(こうざ) 차명 계좌.
借問(しゃくもん) 차문. 물어 봄. *바르게는 しゃもん.
借米(しゃくまい) 차미. 쌀을 꿈. 또, 꾼 쌀.
借本(しゃくほん) 책을 빌림. 대본(貸本).
借書(しゃくしょ) 차서. 차용 증서.
借用(しゃくよう) 차용. ♣~語(ご) 차용어.
借音(しゃくおん) 취음(取音).
借入(しゃくにゅう) 차입.
借字(しゃくじ) 차자. 취음자(取音字).
借状(しゃくじょう) 차장. 차용 증서.
借財(しゃくざい) 빚.
借銭(しゃくせん) 차전. 돈을 꿈. 빚. 부채.
借地(しゃくち) 차지. ♣~権(けん) 차지권.
‖~料(りょう) 토지 임대〔임차〕료.
借債(しゃくさい) 차채. 부채. 〔집.
借宅(しゃくたく) 차택. 집을 빌림. 또, 셋

▶訓読◀
借る(かる) 〈関西方〉빌리다.
❖借りる(かりる) 빌리다. 꾸다.
借り(かり) ①빌림. 빌린 것. 빚. ②장부상의 '借り方(かりかた)'(=차변)'의 준말.
借り家(かりや) 차가. 셋집. *かりいえ로도 읽음.
借り貸し(かりかし) 대차(貸借).
借り倒す(かりたおす) 떼어먹다.
借り物(かりもの) 빌려 쓰는 물건. 차용물.
借り方(かりかた) ①금품을 꾸는 사람〔방식·태도〕. ②(복식 부기에서) 차변.
借りっ放し(かりっぱなし) 빌린〔꾼〕채 갚지 않음.
借り上げ(かりあげ) ①정부가 민간으로부터 물건을 빌림. ②〚史〛江戸(えど) 시대에, 제후가 재정 궁핍 방지를 위해 가신에 대하여 빌려 쓰는 형식으로 행한 감봉(減俸).
借り上げる(かりあげる) 정부가 윗사람이 민간이나 아랫사람으로부터 물건을 빌리다.
借り手(かりて) 차주. 차용인.
借り受ける(かりうける) 빌리다. 빌려 받다.
借り越し(かりこし) ①차월. 일정한 한도를 넘어서 꾸어온 것. 또, 그 꾸어온 것. ②빌려 준 것보다 꾸어온 것이 많음.
借り越す(かりこす) 한도 이상으로 빌리다.
借り賃(かりちん) 임차료.
借り入れ(かりいれ) 꾸어 들임. ♣入金(かりいれきん) 차입금.
‖借入資本(かりいれしほん) 차입 자본. 타인 자본. 〔이다.
借り入れる(かりいれる) 차입하다. 꾸어오
借り字(かりじ) 차자. 취음자(取音字).
借り切る(かりきる) 전세로〔몽땅〕빌리다.

借り店(かりだな) 임차한 가게〔집〕.
借り主(かりぬし) 차주(借主).
借り住まい(かりずまい) 셋집살이. 또, 셋「집.
借り地(かりち) 차지. 빌려 쓰는 땅.「옷.
借り着(かりぎ) 옷을 빌려 입음. 빌려 입은
借り出す(かりだす) ① 빌려 내가다. ② 빌리기 시작하다.
借り取り(かりどり) (남에게) 빌린 것을 제것으로 만들어 버림.
借り換え(かりかえ) 빚을 갚고 다시 빌림.
∥借換債(かりかえさい) 차환채. 만기 채권을 갚기 위한 신규 발행 채권. *しゃっかんさいにも 읽음.
借り換える(かりかえる) (빚을 갚고) 다시 빌리다.

10 工 教	差	틀림 차·부릴 차 サ·シ さす·たがう·つかわす

音読
差(さ) 차. 차이.
差遣(さけん) 차견. 사람을 보냄. 차송(差送). 파견.
差金(さきん) 차액금. 잔금.
∥〜決済(けっさい)『經』차금 결제.
〜取引(とりひき)『經』차금 거래.
差等(さとう) 차등. 등차.
差配(さはい) (세준 집·땅의) 대리 관리(인).
差別 ㈠(さべつ) 차별.
∥〜関税(かんぜい)『法』차별 관세.
〜料金(りょうきん) 차별 요금.
〜主義(しゅぎ) 차별주의.
㈡(しゃべつ)〈老〉차별.
∥〜界(かい)『佛』차별계. 차별이 있는 이
差分(さぶん) 차분. 「세상.
差損(さそん) 차손.
差圧計(さあつけい)『理』차압계. 시차(示差) 압력계.
差額(さがく) 차액.
差違(さい) ⇨ 差異(さい).
差異(さい) 차이.
差益(さえき) 차익.
差合い(さあい) 시세와 시세의 차액.

訓読
差っ引く(さっぴく)〈俗〉공제(控除)하다. 제하다.
❖差す(さす) ①(빛·그림자가) 비치다. ②(조수가) 밀려오다. ③ 나타내다. ④(자물쇠를) 잠그다. ⑤(물을) 붓다. 따르다. 끼얹다.
差し ㈠(さし) ① 두 사람이 맞대어 함. 마주 앉음. ② 둘이서 마주 멤. ③『名詞에 붙어』넣는 것. 꽂이.
㈡(ざし)《接尾語로》…모양. 「하다.
差し加える(さしくわえる) 덧붙이다. 첨가
差し竿(さしざお) 새를 잡기 위해 끝에 끈끈이를 바른 낚싯대처럼 가는 대. 「탬.
差し糠(さしぬか) 겨된장에 (쌀)겨를 더 보

差し肩(さしかた) 모가 진 어깨. 딱 바라지고 올라간 어깨.
差し遣る(さしやる)〈老〉① 앞으로 밀어주다. ② 밀어 붙이다.
差し遣わす(さしつかわす) 파견하다.
差し固める(さしかためる) ①(문 따위를) 꼭 잠그다. ② 엄중히 경계하다. ③ 옷차림을 단단히 하다.
差し控える(さしひかえる) 하려던 일을 그만두다. 삼가다.
差し掛かる(さしかかる) ① 다다르다. 당도하다. ② 접어들다.
差し掛け(さしかけ) ① 우산 따위를 받음. ② 본채에서 달아 낸 달개집.
∥〜傘(がさ) 종자가 주인 뒷쪽에서 받쳐 드는 자루가 긴 일산.
差し掛ける(さしかける) ① 받치다. ②(어떤 부분에) 빛이 닿다.
差し交じる(さしまじる) 남과 교제하다. 사귀다.
差し交わす(さしかわす) 양쪽에서 교차하
差し口(さしくち) ①『建』장부를 꽂게 된 구멍. ② 장기(將棋)의 수. ③ 신고. 고발. *さしぐちにも 읽음.
差し構い(さしかまい) 방해가 됨. 지장을
差し金 ㈠(さしがね) ① 곱척. 곱자. ② 뒤에서 조종함〔부추김〕. 「돈.
㈡(さしきん) ① 선불금. ② 부족을 메우는
差し寄る(さしよる) 곁에 다가오다. 가까이오다. 「사람이 뱀.
差し担い(さしにない) (짐을 앞뒤에서) 두
差し当たって(さしあたって) 당장. 우선.
差し当たり(さしあたり) 당장(은). 당분간. 목하(目下). 우선.
差し当たる(さしあたる) ① 당면하다. 직면하다. ②(햇빛 등이) 직접 닿다.
差し当てる(さしあてる) ①(가져다) 대다. ② 돌리다. 충당하다.
差し代わる(さしかわる) 교대하다. 교체함.
差し渡し(さしわたし) 지름. 직경(直徑).
差し渡す(さしわたす) ① 이쪽에서 저쪽으로 걸치다. ② 배를 건너편으로 보내다.
差銅(さしどう) 江戸(えど) 시대에, 금화·은화를 주조할 때 섞어 넣은 구리.
差し登る(さしのぼる) ⇨ 差し昇る(さしのぼる).
差し戻し(さしもどし) ① 환송. 반려. ② ☞ 差し戻し判決.
∥〜判決(はんけつ)『法』환송 판결.
差し戻す(さしもどす)『法』환송(還送)하다. 되돌려 보내다. 반려하다.
差し縺れる(さしもつれる) 엉클어지다. 분규가 생기다.
差し料(さしりょう) 자기가 차기 위한 칼. 대검. 패도(佩刀).
差し柳(さしやなぎ) 꺾꽂이한 버드나무.
差裏(さしうら) 허리에 찬 칼집의 안쪽.
差し立て(さしたて) 보냄. 발송.

∥〜局(きょく) (우편물의) 발송국.
差し立てる(さしたてる) ① (꽂아) 세우다. ② 보내다.
差し毛(さしげ) ① 색다른 털이 섞임. 또, 그 털. ② 모자 따위에 꽂은 깃털.
差し目(さしめ) 자의 눈금.
差し迫る(さしせまる) 박두하다. 절박〔임박〕하다. 닥치다.
差し放つ(さしはなつ) ① 놓아주다. ② 멀리하다. 버려두다.
差し付けに(さしつけに) 갑자기. 돌연히.
差し付ける(さしつける) ① 갖다 대다. ② 눈앞에 디밀다. ③ 빗대다. 빈정대다.
差し俯く(さしうつむく) 고개를 숙이다.
差し肥え(さしごえ) 골풀・벼 따위에 주는 비료.
差し捨て(さしすて) 술자리에서, 남에게 술잔을 건네주고 돌아오는 술잔을 받지 않음.
差し覗く(さしのぞく) (좁은 틈으로) 들여다보다. 엿보다.
差し傘(さしがさ) (받는) 우산.
差し上げる(さしあげる) ① 들어올리다. ② 드리다. 바치다. ③ …해 드리다.
差し上る(さしのぼる) ⇨ 差し昇る(さしのぼる).
差し汐(さししお) ⇨ 差し潮(さししお).
差扇(さしおうぎ) 부채를 들어 얼굴을 가림. 또, 그 부채.
差し送る(さしおくる) 보내(주)다.
差し手(さして) (씨름에서) 상대방의 겨드랑이 밑으로 손을 찔러 넣고 등뒤로 샅바를 잡음. 또, 그런 수법.
差す手(さすて) (춤에서) 앞으로 내미는 손.
差し水(さしみず) ① 물을 더 부음. 또, 그 물. ② 냇물이 불음. ③ 우물에 군물이 스며듦. 또, 그 물.
差し昇る(さしのぼる) (태양 따위가) 떠오르다.
差し矢(さしや) 근세의 경기용 화살.
差し伸べる(さしのべる) 내밀다. 내뻗(치)다.
差し身(さしみ) (씨름에서) 자기의 장기인 差し手(さして)를 재빨리 상대방의 겨드랑이 밑으로 찔러 넣음.
差し押さえ(さしおさえ) 압류.
∥差押禁止財産(さしおさえきんしざいさん) 〖法〗 압류 금지 재산.
差し押さえる(さしおさえる) ① 눌러서 못하게 막다. ② 누르다. ③ 압류하다.
差鴨居(さしかもい) 보통보다 높은 상인방. *さしがもい로도 읽음.
差し薬(さしぐすり) ① 눈약. 점안약. 또, 귀약. ② 피하(皮下) 주사약.
差し延べる(さしのべる) ⇨ 差し伸べる(さしのべる).
差し塩(さししお) 쓴맛이 도는 품질이 낮은 소금.
差し翳す(さしかざす) 손에 들고 머리 위에서 가리다(위에 대다).
差羽(さしば) 〖鳥〗 왕새매.
差し越える(さしこえる) 주제넘게〔중뿔나게〕 나서다.
差し越す(さしこす) ① 넘어서 앞으로 나가다. ② 일정한 순서・절차를 밟지 않고 행하다. ③ 〈老〉 (보내어) 주다.
差し越し願い(さしこしねがい) 규정된 순서를 밟지 않고 직접 상관이나 상사에게 출원(出願)함.
差し違える(さしちがえる) (씨름에서) 판정을 잘못 내리다.
差し乳(さしちち) ① 양이 지나치게 많아 저절로 나오는 젖. ② 젖꼭지가 유달리 튀어나온 유방. *さしぢち로 읽음.
差し油(さしあぶら) 주유(注油). 기계에 기름을 침. 또, 그 기름.
差し乳母(さしうば) 정규의 유모 대신에 젖만 주는 유모.
差し隠す(さしかくす) 덮어서 숨기다〔가리다〕.
差し引き(さしひき) ① 공제. 정산. ② 조수의 간만.
∥差引勘定(さしひきかんじょう) 차감 잔액 계산.
差し引く(さしひく) 공제하다. 빼다. 제하다.
差し入り(さしいり) ① 계절이나 달에 들어선 바로 그 무렵. ② 들어선 바로 그 곳.
差し入る(さしいる) (광선이) 비쳐서 들어오다. 들이비치다.
差し入れ(さしいれ) ① (수감자에 대한) 차입. 차입물. ② 일에 수고하고 있는 사람을 위로하기 위해 보내는 음식물.
差し入れる(さしいれる) ① 안으로 들여보내다. 속(안)에 넣다. ② 차입하다.
差し込み(さしこみ) ① 찔러 넣음. 꽂음. 꽂는 물건. 콘센트. ③ 〖醫〗 산통(疝痛).
差し込む(さしこむ) ① 찔러〔끼워〕 넣다. ② 갑자기 배・가슴 따위가 쿡쿡 찌르듯이 아프다. ③ 조수가 밀려오다.
差し障り(さしさわり) 지장(支障).
差し障る(さしさわる) 지장이 되다〔있다〕.
差し前(さしまえ) ☞ 差し料(さしりょう).
差し切る(さしきる) (경마에서) 다른 말을 앞지르고 이기다.
差し潮(さししお) 밀물.
差し繰る(さしくる) 변통하다.
差し足(さしあし) ① 소리가 나지 않게 발끝으로 가만가만 걸음. ② (경마에서) 전력을 다해 앞선 말을 뒤쫓아 앞지르려는 주법(走法).
差し樽(さしだる) 상자형의 술통.
差し支え(さしつかえ) 지장. 지장되는 일.
差し支える(さしつかえる) 지장이 있다.
差し止め(さしとめ) 말림. 금제(禁制). 못하게 함.
差し止める(さしとめる) ① 금지하다. ② 못하게 하다.
差し紙(さしがみ) 江戸(えど) 시대에, 관청에서 보내 온 호출장.
差し集う(さしつどう) 한데 모이다.
差し次(さしつぎ) 다음. 다음 위치.
差し添え(さしぞえ) ① 큰 칼에 곁들여 차는

작은 칼. ②곁에 따름. 수종(隨從).
差し添える(さしそえる) 덧붙이다. 딸리다.
差し替え(さしかえ) ①바꿔 꽂음〔끼움〕. 또, 그 물건. ②바꿈. ③따로 준비해 두는 예비의 칼.
差し替える(さしかえる) ①바꿔 꽂다〔끼워 넣다〕. ②바꾸(어 놓)다. (차 따위를) 새로 갈아 넣다.
差し初め(さしぞめ) 성인이 된 무가(武家)의 남자가 칼을 처음 차는 일. 또, 그 의식.
差し招く(さしまねく) ①손짓해서 부르다. ②지휘하다.
差し出(さしで) ①(앞으로) 나아감. ②差し出口의 준말.
‖〜口(ぐち) 주제넘은 말. 말참견.
〜者(もの) 주제넘은 자. 건방진 놈.
差し出し(さしだし) ①제출함. 발송함. ②본채에서 내어 단 가게.
‖**差出人**(さしだしにん) 발신인. 발송인.
差し出す(さしだす) ①내밀다. ②제출하다. ③(우편물 따위를) 발송하다. ④바치다.
差し出づ(さしいづ) 〈古〉①나오다. 나타나다. ②주제넘게 나서다. ③내밀다. 내놓다.
差し出る(さしでる) ①앞으로 나서다. ②주제넘게 나서다.
差し歯(さしば) ①왜나막신 바닥에 굽을 댐. 또, 그 굽. ②뿌리만 남겨 놓고 거기에 인공의 이를 이어 붙임. 또, 그 의치(義齒).
差し置く(さしおく) ①그대로〔내버려〕 두다. ②(남을) 무시하다. 제쳐놓다.
差し枕(さしまくら) ①상자 모양으로 만든 베개.②남녀가 함께 자는 일.
差し湯(さしゆ) ①더운 물을 더 타서 식지 않도록 함. 또, 그 더운 물. ②달인 차가 진하거나 해서 한번 더운 물을 탐.
差し土(さしつち) 꽃밭 같은 곳에 흙을 북주는 일. 배토(培土).
差表(さしおもて) 허리에 찬 칼집의 바깥쪽.
差し下ろす(さしおろす) 내리다. 어떤 쪽으로 내리다.
差し含む(さしぐむ) 〈雅〉눈물짓다. 눈물을 머금다.
差し合い(さしあい) ①지장. 장애. ②남 앞에서 삼가야 할 언동.
差し合う(さしあう) ①(다른 사물과 겹쳐서) 지장이 있다. ②만나다. 마주치다. ③서로 술을 따르다. 대작(對酌)하다.
差し向かい(さしむかい) 두 사람이 마주 봄.
差し向き(さしむき) ①우선. 당분간. 당장. ②결국.
差し向ける(さしむける) ①보내다. 파견하다. ②그 쪽으로 향하게 하다. 그 쪽으로 돌리다.
差し響く(さしひびく) 영향이 미치다.
差し許す(さしゆるす) (윗사람이) 허락하다. 허가하다.
差し挟む(さしはさむ) ①끼우다. 끼워 넣다. ②(마음에) 품다.
差し換え(さしかえ) ⇨差し替え(さしかえ).

差し換える(さしかえる) ⇨差し替える(さしかえる).
差し回す(さしまわす) (그리로) 보내다. 돌리다.
差し詰まる(さしつまる) ①절박하다. 박두하다. ②막히다. 궁하다.
差し詰め(さしづめ) ①막다른 곳. 막바지. ②결국. ③당장. *さしづめ로도 읽음.
差し詰め引き詰め(さしつめひきつめ) 연해 화살을 메기고 활을 당기면서 계속 공격하는 모양.

11 イ	偖	뜯을 **차**·젖을 **차** シャ さて

訓読
偖(さて) ①막상. ②그런데. 그리고.
偖又(さてまた) 그리고. 또. 게다가 또. 그 위에 다시.

11 金	釵	비녀 **차** サイ かんざし

音読
釵子(さいし) 옛날, 궁녀가 머리 올리는 데 썼던 U자형의 도구.

12 石	硨	옥돌 **차** シャ

参考 '조개이름 거'로도 읽음.

音読
硨磲(しゃこ) 硨磲貝의 준말.
‖〜盃(はい) 거거로 만든 잔.
〜貝(がい) 〖貝〗거거《쌍각류(雙殻類) 중 최대종임》.

13 口	嗟	탄식할 **차** サ ああ・なげく

音読
嗟嘆(さたん) ①차탄. 탄식. ②감탄. 탄복.
嗟歎(さたん) ⇨嗟嘆(さたん).
訓読
嗟(ああ) 오호(嗚呼)라. 아《감탄하는 소리》.
其他
嗟畏(あなかしこ) ①황송함. ②《뒤에 금지하는 말을 수반하여》결코. ③여자가 편지 끝에 쓰는 경어.
嗟哉(あなや) 아!. 어!.

13 山 (入)	嗟	산높을 **차** サ けわしい

嵯峨(さが) 차아. 산 따위가 높고 험함.
嵯嵯(ささ) 차차. 산이 높고 험함.

| 13 虫 | 蝲 | 차오 **차**
シャ |

其他
蝲(いとど)〈雅〉『蟲』① 곱등이. ② 귀뚜라미.

| 14 辶 常 | 遮 (遮) | 가릴 **차**·막을 **차**
シャ
さえぎる |

音読
遮光(しゃこう) 차광. 빛을 가림.
∥~栽培(さいばい) 『農』차광 재배.
~板(ばん) (자동차의 헤드라이트를 차단하기 위해 도로 연변에 설치한) 차광판.
遮断(しゃだん) 차단.
∥~器(き) (전기 회로의) 차단기.
~機(き) (건널목의) 차단기. 「かく).
遮眼帯(しゃがんたい) ☞遮眼革(しゃがん
遮眼灯(しゃがんとう) 구리나 생철로 종 모양의 울을 만들고 속의 촛대가 자유롭게 회전하도록 만들었으며, 반사경이 있어 앞쪽만 비추는 초롱.
遮眼革(しゃがんかく) (말의) 곁눈 가리개. 블링커(blinker).
遮煙(しゃえん) 연기를 차단함.
遮音(しゃおん) 차음.
遮二無二(しゃにむに) 마구. 무턱대고. 앞뒤 생각없이. 「차폐물.
遮蔽(しゃへい) 차폐. 가림. ♣~物(ぶつ)

訓読
遮る(さえぎる) (안 보이게) 가리다. (가로) 막다. 차단하다.

其他
遮莫(さもあらばあれ)〈文〉 그렇다면 그런대로 하는 수 없다. 어떻더라도. *さばれ로도 읽음.

| 14 王 人 | 瑳 | 고울 **차**
サ
みがく |

音読
瑳瑳(ささ) 차차. 옥 같은 것의 빛이 희고 고운 모양.

逆音
切瑳(せっさ) 절차. 학문·수양을 닦음.

| 14 竹 | 箚 | 찌를 **차**·적을 **차**
トウ·サツ
さす·しるす |

参考 劄는 異體字.

音読
箚記(さっき) 차기. 견문한 것에 대한 의견·감상을 씀. 또, 그 쓴 것. 수상록.
箚青(さっせい) 차청. 문신.

| 17 足 | 蹉 | 넘어질 **차**·지날 **차**
サ
つまずく |

音読
蹉跌(さてつ) 차질.
蹉躓(さち) 차질.
蹉跎(さだ) 차타. ① 발이 무엇에 채여서 넘어짐. ② 기회를 놓침. ③ 영락함.

착

| 10 扌 | 捉 | 잡을 **착**
ソク
つかまる·とらえる·とる |

訓読
捉える(とらえる) 잡다. 붙잡다. 붙들다.
捉まえる(つかまえる) 붙잡다. 붙들다.
　*とらまえる로도 읽음.
捉まる ㊀(つかまる) (붙)잡히다.
　㊁(つらまる)〈俗〉① 붙잡히다. ② 매달리다. 의지하다.
捉われる(とらわれる) (선입관·생각에) 사로잡히다. 구애되다. 얽매이다.

| 10 穴 | 窄 | 좁을 **착**
サク
すぼまる·つぼまる·せまい |

訓読
窄まる ㊀(すぼまる) 오므라지다.
　㊁(つぼまる) 움츠러들다. 움츠러지다. 오므라지다. 「쇠하다.
窄む ㊀(すぼむ) 오므라지다. 오므라들다.
　㊁(つぼむ) ① 오므라지다. (끝이) 좁아지다. ② ☞窄める(つぼめる).
窄める ㊀(すぼめる) 오므라뜨리다. 오므리다. 움츠리다.
　㊁(つぼめる) 움츠리다. 오므라지다.

| 12 目 教 | 着 (着) | 입을 **착**·붙을 **착**
チャク·ジャク
きる·きせる·つく·つける |

音読
着 ㊀(ちゃく) ① 착. 도착함. ②《接尾語로》…착. 옷을 세거나 도착 순서를 나타내는
　㊁(ぎ)《接尾語로》…옷. 복(服). 「말.
着する(ちゃくする) ① 도착하다. ② 달라붙

다. ③ 집착하다. ④ 착용하다.
着剣(ちゃっけん) 착검. 총끝에 칼을 꽂음.
着京(ちゃっきょう) 착경. ① 서울에 도착함. ② 東京(とうきょう) 또는 京都(きょう と)에 도착함.
着袴(ちゃっこ) 袴(はかま)를 입음.
着工(ちゃっこう) 착공. 공사를 시작함.
着金(ちゃっきん) 착금. 송금이 도착함.
着帯(ちゃくたい) 임신 5 개월이 되어 복대를 두름. 또, 그것을 축하하는 의식.
着到(ちゃくとう) ① 도착. ② 출진 때에 무사들의 이름을 적어 두던 일. 또, 그 서장.
着料(ちゃくりょう) ① 의복의 재료. ② 옷의 비용. *①②는 きりょう로도 읽음. ③ 옷을 지급하는 대신에 주는 돈.
着陸(ちゃくりく) 착륙.
着帽(ちゃくぼう) 착모.
着目(ちゃくもく) 착목. 주목. 착안.
着発(ちゃくはつ) 착발. ① 도착과 출발. ② 〖軍〗어떤 물체에 닿는 순간 폭발함.
着服(ちゃくふく) 착복. ① 옷을 입음. 또, 그 옷. ② 몰래 제 것으로 함.
着府(ちゃくふ) 착부. 수도에 도착함.
着払い(ちゃくばらい) (우편물 등의) 수취인 지불.
着氷(ちゃくひょう) 착빙. 지상 또는 공중·수면상의 물체에 얼음이 얼어붙는 현상.
着床(ちゃくしょう)〖生〗착상.
着相(ちゃくそう) 착상. 사물에 집착하고 있
着想(ちゃくそう) 착상.   └는 상태.
着色(ちゃくしょく) 착색.
∥~料(りょう) 의복의 착색제.
着生(ちゃくせい)〖植〗착생.
∥~植物(しょくぶつ) 착생 식물.
着席(ちゃくせき) 착석.
着船(ちゃくせん) 착선. 배가 (항구에) 닿음. 또, 그 배.
着雪(ちゃくせつ) 착설. 수분이 많은 눈이 전선 따위에 붙는 일. 또, 그 눈.
着手 ㊀(ちゃくしゅ) 착수.
∥~未遂(みすい)〖法〗착수 미수.
㊁(きて) 입을 사람.
着水(ちゃくすい) 착수. 물위에 내림.
着順(ちゃくじゅん) 도착순.   「즉시.
着時(ちゃくじ) 착시. ① 도착하는 시각. ②
着信(ちゃくしん) 착신. 편지 등이 닿음.
着実(ちゃくじつ) 착실.
着心 ㊀(ちゃくしん) 착심. 집착심. 집념.
㊁(きごころ) 의복의 착용감.
着岸(ちゃくがん) 착안. 배가 강 언덕〔해안〕에 닿음.   「점.
着眼(ちゃくがん) 착안. ♣~点(てん) 착안
着御(ちゃくぎょ) 착어. 天皇(てんのう)나 귀인이 도착·착석함.
着駅(ちゃくえき) 도착역.
着用(ちゃくよう) 착용.
着衣(ちゃくい) 착의.
着意(ちゃくい) 착의. ① 주의. ② 착상.

着任(ちゃくにん) 착임. 새 임지에 도착함. 새 임무를 맡음.
着装(ちゃくそう) ① 몸에 붙임〔입음〕. ② 기계 따위의 부분을 본체에 부착시킴.
着電(ちゃくでん) 착전. 전신이 도착함. 또, 그 전신.
着座(ちゃくざ) 착좌. 착석.
着地(ちゃくち) 착지.
着陣(ちゃくじん) 착진. ① 진지에 도착함. ② 公卿(くぎょう)가 관청의 열좌에 앉음.
着着(ちゃくちゃく) 착착. 한걸음 한걸음.
着札(ちゃくさつ) 역에 도착한 손님으로부터 회수한 승차권류.
着彩(ちゃくさい) 밑그림에 그림 물감 따위로 색을 칠함.
着枷(ちゃくだ) 옛날에, 죄수에게 차꼬를 채우고 서너명을 한데 묶어 노역을 시킴.
着臭(ちゃくしゅう) 착취. (냄새가 없는 가스 따위에) 냄새를 첨가함.
着弾(ちゃくだん) 착탄. 발사된 총알이 적중함. 또, 그 총알.
着脱(ちゃくだつ) 착탈. 붙였다 떼었다 함.
着筆(ちゃくひつ) 글을 쓰기 시작함.
着荷(ちゃっか) 착하. *ちゃくに로도 읽음.
着艦(ちゃっかん) 착함. ① 군함에 도착함. ② 비행기가 항공 모함의 갑판에 내려앉음.
着港(ちゃっこう) 착항. 배가 항구에 도착함. 입항.
着香料(ちゃっこうりょう) 착향료. 향료.
着火(ちゃっか) 착화. ♣~点(てん) 착화점.

訓読

着く(つく) ① 닿다. 도착하다. ② 접촉하다. ③ 자리를 잡다. 앉다.
着ける(つける) ① 대다. 닿게 하다. ② (자리 등에) 앉히다. ③ (몸에) 걸치다. 입다.
❖着せる(きせる) ① 입히다. ② (죄·책임 따위를) 남에게 전가하다. ③ 베풀다.
着せ掛ける(きせかける) 상대가 입기 쉽도록 뒤에서 어깨에 옷을 걸쳐 주다.
着せ綿(きせわた) ① 물건 위에 입힌 솜. ② 서리를 막기 위해 국화꽃 위에 씌운 솜.
着せ長(きせなが) ⇨ 着背長(きせなが).
着せ替える(きせかえる) 입고 있는 옷을 다른 옷으로 갈아 입히다.
❖着る(きる) ① 옷을 입다. ② (허물을) 뒤집어쓰다. ③ (은혜 등을) 입다.
着こなす(きこなす) 옷을 몸에 어울리게 입다. 맵시 있게 입다.   「옷.
着古し(きふるし) 오래 입어서 낡음. 또, 그
着古す(きふるす) 오래 입어서 낡게 하다.
着旧し(きふるし) ⇨ 着古し(きふるし).
着旧す(きふるす) ⇨ 着古す(きふるす).
着棄てる(きすてる) ⇨ 着捨てる(きすてる).
着逃げ(きにげ) 남의 옷을 입고 도망침.
着倒れ(きだおれ) 옷치장으로 재산을 탕진함. 또, 그 사람.   「사람.
着道楽(きどうらく) 옷치레를 즐김. 또, 그

着籠み(きこみ) ⇨ 着込み(きこみ).
着籠む(きこむ) ⇨ 着込む(きこむ).
着流し(きながし) (남자의 일본 옷 차림에서) 하카마를 입지 않은 평소의 약식 복장.
着流す(きながす) (남자가 일본 옷을 입을 때) 하카마를 입지 않고 약식 차림을 하다.
着類(きるい) 〈老〉 의류.
着物(きもの) ① 옷. 의복. ② 일본 옷.
着り物(きりもの) 의복.
着背長(きせなが) 장수(將帥)의 갑옷.
着癖(きぐせ) 옷을 입는 방식에 보이는, 그 사람 특유의 버릇.
着付け(きつけ) ① 옷을 (법식에 따라) 잘 차려 줌. 또, 그 매무새. ② (늘 입어서) 몸에 뱀.
着付ける(きつける) 늘 입어서 몸에 익다.
着崩れ(きくずれ) 옷매무새가 흐트러짐.
着肥え(きぶとえ) ⇨ 着太り(きぶとり).
着捨て(きすて) 옷을 입을 수 있을 만큼 입고 버림. *きずてろ도 읽음.
着捨る(きすてる) ① 벗은 옷을 정돈하지 않고 그대로 두다. ② 옷을 헤질 때까지 입고 버리다. 「보임.
着瘦せ(きやせ) 옷을 입으면 도리어 여위어
着襲(きそう) 옷을 겹쳐 입다.
着襲狩り(きそいがり) 옛날, 음력 5월 5일에 약초를 채집하던 행사.
着飾る(きかざる) 몸치장을 하다. 성장하다.
着の身着の儘(きのみきのまま) 입은 옷밖에는 아무것도 갖지 않음.
着心地(きごこち) 옷의 착용감.
着映え(きばえ) 입어서 훌륭하게 보임. 옷 입은 태(맵시).
着栄え(きばえ) ⇨ 着映え(きばえ).
着衣始め(きそはじめ) 江戸(えど) 시대, 정초 길일에 새옷을 입기 시작함. 또, 그 의식.
着込み(きこみ) 호신용으로 속에 받쳐 입는 갑옷. *きごみ로도 읽음.
着込む(きこむ) ① 껴입다. ② '着る(きる)(=입다)'의 힘줌말.
着丈(きたけ) (키에 맞춘) 옷길이. 옷기장.
着た切り(きたきり) 입은 옷뿐이. 단벌.
‖〜雀(すずめ) 〈俗〉 단벌 신사.
着直す(きなおす) 옷을 고쳐 입다. 갈아입다.
着振り(きぶり) 옷 입은 맵시. 옷거리.
着脹れ(きぶくれ) ⇨ 着膨れ(きぶくれ).
着脹れる(きぶくれる) ⇨ 着膨れる(きぶくれる). 「폭.
着尺(きじゃく) 어른 옷 한 벌 감의 길이와
‖〜地(じ) 한 벌의 옷감.
着替え(きがえ) 옷을 갈아입음. 또, 갈아입을 옷.
着替える(きかえる) (옷을) 갈아입다.
着初め(きぞめ) 새 옷을 처음으로 입음.
着太り(きぶとり) ① 옷을 껴입어서 살이 쪄 보임. ② 옷을 입으면 의외로 살이 쪄 보임.
着通し(きどおし) 늘 같은 옷을 입음.
着通す(きとおす) 늘 같은 옷을 입다.
着膨れ(きぶくれ) 옷을 껴입어 뚱뚱해짐.

着膨れる(きぶくれる) (겨울에) 옷을 많이 입어서 뚱뚱해지다.
着回し(きまわし) 한 벌의 의상을 여러 가지로 배합해서 입음. 또, 그런 모양.

其他
着す(けす) 〈古〉 着る(きる)의 높임말. 입으시다.

| 13 す 常 | **搾** | 짤 착
サク
しぼる |

音読
搾乳(さくにゅう) 착유. 젖을 짬. 또, 짜낸 젖. ◆〜機(き) 착유기.
‖〜施設(しせつ) 착유 시설.
搾油(さくゆ) 착유. 기름을 짜냄.
搾汁(さくじゅう) 착즙.
搾取(さくしゅ) 착취.

訓読
❖搾る(しぼる) ① (눌러) 짜내다. ② 착취하다.
搾り(しぼり) (눌러) 짬.
搾り滓(しぼりかす) 짜고 남은 찌꺼기.
搾り汁(しぼりじゅう) 짜낸 물·액체.
搾り出し(しぼりだし) 튜브.

其他
搾め木(しめぎ) 기름틀.
搾め滓(しめかす) 깻묵. (생선이나 콩 따위의) 기름을 짜낸 찌끼.

| 16 金 常 | **錯** | 꾸밀 착·섞일 착
サク
あやまる·おく·まじる |

音読
錯角(さっかく) 〖數〗 착각. 엇각.
錯覚(さっかく) 착각.
錯簡(さっかん) 착간. 책의 페이지 등이 뒤바뀌어 순서가 틀림. *さくかん으로도 읽음.
錯交(さっこう) 이리저리 엇갈려 뒤섞임.
錯落(さくらく) 착락. 뒤섞임.
錯乱(さくらん) 착란.
錯列(さくれつ) 착렬.
錯謬(さくびょう) 착류. 착오.
錯迷(さくめい) 지성이 흐려져 올바른 판단을 하지 못함.
錯視(さくし) 착시.
錯愕(さくがく) 착악. 놀라 당황함.
錯語(さくご) 착어. 틀리는 말.
錯塩(さくえん) 〖化〗 착염.
錯誤(さくご) 착오.
錯雑(さくざつ) 착잡. 뒤섞여 복잡함.
錯節(さくせつ) 착절. ① 얼기설기한 마디. ② 뒤얽혀 복잡한 사건.
錯綜(さくそう) 착종. 뒤섞임. 착잡(錯雑).
錯体(さくたい) 〖化〗 착체.
錯行(さっこう) 사계절이 번갈아 돌아옴. 번갈아 옮겨감.
錯化合物(さくかごうぶつ) 〖化〗 착화합물.

錯る(あやまる) ① 실패하다. 틀리다. ② (남을) 그르치다.

| 17 竹 | 簎 | 작살 착·찌를 착
サク
やす |

訓読▶
簎(やす) 작살.

| 20 齒 | 齣 | 일절 착·일회 착
セキ
こま |

訓読▶
齣 ㊀(こま) 영화 필름의 한 화면. 소설 따위의 한 구분[장면].
㊁(くさり) 《接尾語로》 (이야기·음곡 등의) 한 단락. 「그 필름.
齣落し(こまおとし) 『映』 저속도 촬영. 또,

| 22 竹 | 籗 | 가리 착
タク |

其他▶
籗(ひじ) (물고기를 절러서 잡는) 작살 비슷한 도구.

| 28 金 | 鑿 | 뚫을 착·구멍 조
サク
うがつ・のみ |

音読▶
鑿開(さっかい) 착개. 파서 넓힘. 개착.
鑿空(さっくう) 착공.
鑿岩(さくがん) 착암. 바위에 구멍을 뚫음. ♣~機(き) 착암기.
鑿井(さくせい) 착정. (지하수나 석유를 얻기 위하여) 우물을 팜. ♣~機(き) 착정기.
鑿鑿(さくさく) 착착. 말이나 일이 조리에 맞는 모양.
訓読▶
鑿(のみ) 끌. 정.

찬

| 15 扌 | 撰 | 지을 찬·가릴 선
セン
えらぶ |

音読▶
撰(せん) 찬. 시가(詩歌)·문장을 골라내어 편집함.
撰する(せんする) 찬하다. 저술하다.
撰録(せんろく) 찬록. 찬술하고 기록함.
撰文(せんぶん) 찬문. (비문(碑文) 따위의) 문장을 지음. 또, 그 문장.
撰修(せんしゅう) 찬수. 편수.
撰述(せんじゅつ) 찬술. 저술.
撰者(せんじゃ) 찬자. 작자. 편자.
撰定(せんてい) 찬정. 시문을 지어서 정함.
撰進(せんしん) 찬진. 임금에게 글을 지어 올림. 「읽음.
撰集(せんしゅう) 찬집. ＊せんじゅうろも
訓読▶
撰ぶ(えらぶ) 편찬하다.
撰む(えらむ) 〈古〉 ☞ 撰ぶ(えらぶ).

| 15 貝 敎 | 賛 (贊) | 도울 찬·기릴 찬
サン
たたえる・ほめる |

音読▶
賛(さん) 찬. ① 서화(書畫)에 붙이는 제문(題文). ② 사람이나 물건 따위를 칭송하는 한문의 한 체. 「다.
賛する(さんする) 돕다. 찬성하다. 칭찬하
賛歌(さんか) 찬가.
賛同(さんどう) 찬동. 「송가.
賛美(さんび) 찬미. ♣~歌(か) 찬미가. 찬
賛否(さんぴ) 찬부.
賛仏(さんぶつ) 찬불. ♣~会(え) 찬불회.
∥~乗(じょう) 『佛』 불법을 찬미해서 교화하는 일.
賛詞(さんし) 찬사. 칭찬하는 말.
賛辞(さんじ) 찬사.
賛賞(さんしょう) 찬상. 상찬.
賛成(さんせい) 찬성.
賛頌(さんしょう) 찬송.
賛仰(さんぎょう) 찬앙. 성인의 학덕을 우러러 송송함. ＊さんごうろも 읽음.
賛意(さんい) 찬의.
賛助(さんじょ) 찬조.
∥~出演(しゅつえん) 찬조 출연.
~会員(かいいん) 찬조 회원.
賛称(さんしょう) 찬칭. 칭찬.
賛歎(さんたん) 찬탄.
賛評(さんぴょう) 찬평. 칭찬의 비평을 함.
訓読▶
賛める(ほめる) ① 칭찬하다. 찬양하다. ② 〈古〉 축하하다.

| 16 竹 | 簒 | 빼앗을 찬
サン
うばう |

音読▶
簒立(さんりつ) 찬립. 찬탈.
簒弑(さんし) 찬시. 임금을 죽이고 그 자리를 빼앗음. ＊さんしいろも 읽음.
簒位(さんい) 찬위.
簒奪(さんだつ) 찬탈.

| 16 食 | 餐 | 먹을 찬·음식 찬
サン |

逆音
加餐(かさん) 몸조리. 양생(養生). 섭생.
晩餐(ばんさん) 만찬.
粗餐(そさん) 조찬. 남을 식사에 초대할 때 쓰는 겸사말.

| 17 火 [人] | 燦 | 빛날 찬
サン
あきらか・きらめく |

音読
燦(さん) 빛나고 아름다운 모양.
燦爛(さんらん) 찬란.   「양.
燦然(さんぜん) 찬연. 반짝반짝 빛나는 모
燦燦(さんさん) 찬찬. (태양 따위의) 빛이 눈부시게 빛나는 모양.
訓読
燦かす(きらめかす) 빛나게 하다. 눈에 띄게 빛내다.
燦く(きらめく) ① (아름답게) 반짝이다. 빛나다. ② 화려하게 눈에 띄다.

| 18 穴 | 竄 | 숨을 찬·내칠 찬
ザン
かくれる・のがれる |

音読
竄する(ざんする) 유배하다.
竄匿(ざんとく) 찬닉. 도망쳐 숨음.
竄流(ざんりゅう) 찬류. 유배(流配).
竄伏(ざんぷく) 찬복. 도망해 숨음.
竄入(ざんにゅう) 찬입. ① 잘못하여 섞여 들어감. ② 도망쳐 들어감.
竄定(ざんてい) 찬정. 시문(詩文) 따위의 잘못된 것을 고침.

| 20 竹 | 纂 | 모을 찬·편찬할 찬
サン
あつめる |

音読
纂録(さんろく) 찬록. 모아 기록함.
纂修(さんしゅう) 찬수.   「함.
纂述(さんじゅつ) 찬술. 재료를 모아 저술
纂訳(さんやく) 찬역. (갖가지 책을) 번역하여 편집하고 하나의 책으로 모아 정리함.
纂要(さんよう) 요점을 뽑아 내어 표시하는 일. 또, 그 책.
纂輯(さんしゅう) 찬집. 재료를 모아 책을 만듦. 편찬.
逆音
論纂(ろんさん) 논찬. 논문을 모은 책.
編纂(へんさん) 편찬.

| 21 食 | 饌 | 차려낼 찬·음식 찬
セン
そなえる |

音読
饌米(せんまい) 신전(神前)에 공양할 세미(洗米).

| 22 山 | 巑 | 높이솟을 찬
サン |

音読
巑岏(さんがん) 찬완. 산이 날카롭게 우뚝 솟은 모양.

| 22 言 | 讃 | 기릴 찬·도울 찬
サン
ほめる・たたえる |

参考 현대 표기로는 '賛'으로 대용함.

音読
讃する(さんする) 돕다. 찬성하다. 칭찬하다.
讃歌(さんか) 찬가.
讃詞(さんし) 찬사. 칭찬하는 말.
讃賞(さんしょう) 찬상. 상찬.
讃頌(さんしょう) 찬송.
讃州(さんしゅう) 讃岐国(さぬきのくに)의 딴
讃称(さんしょう) 찬칭. 칭찬.   「이름.
訓読
讃える(たたえる) 칭찬하다. 찬양하다. 기리다. 칭송하다.
其他
讃岐(さぬき)〚地〛 옛 지방의 이름. 지금의 香川(かがわ) 현.

| 27 金 | 鑽 | 끌 찬·뚫을 찬
サン
きり・きる・たがね |

音読
鑽孔(さんこう) 찬공. 천공(穿孔). 구멍을 뚫음. ♣~機(き) 천공기.
鑽仰(さんぎょう) 찬앙. 성인의 학덕을 우러러 칭송함. ＊さんごう로도 읽음.
鑽井盆地(さんせいぼんち)〚地〛 찬정 분지.
鑽鉄(さんてつ)〚鑛〛 찬철. 금강사(金剛砂).
訓読
鑽(たがね) (금속 가공용의) 정. 강철끌.
鑽る(きる) 부시를 치다. 마찰시켜 불을 일으키다.   「시켜서 내는 불.
鑽り火(きりび) 부시를 치거나 나무를 마찰

| 29 火 | 爨 | 부뚜막 찬·밥지을 찬
サン
かしぐ |

訓読
爨ぐ(かしぐ)〈雅〉(밥을) 짓다.

찰

| 5 木 教 | 札 | 패 찰·편지 찰
サツ
ふだ·さね |

音読
札 ㊀(さつ) 지폐.
㊁(ふだ) ① 표(標). 팻말. ② (화투 등의) 패. ③ 표. 입장권.
㊂(さね) 찰. (쇠나 가죽으로 만든) 갑옷 미늘.
札記(さっき) 차기(箚記). 견문한 것에 대한 의견·감상을 쓴 책.
札束(さつたば) 지폐 뭉치.
札入れ(さついれ) 지갑.
札片(さつびら)〈俗〉지폐《몇 장의》.
〜を切(き)る 큰돈을 보란 듯이 마구 쓰다.

訓読
札納め(ふだおさめ) 그 해에 받은 호부(護符)를 연말에 신사 등에 반납함.
札筥(ふだばこ) ⇨ 札箱(ふだばこ).
札物(ふだもの) 대소 두 자루의 칼로서 품질을 보증하는 표가 붙은 것.
札付き(ふだつき) ① 표나 정찰이 붙어 있음. 또, 그런 것. ② (나쁘다는) 정평이 있음. 또, 그런 사람〔물건〕.
札箱(ふだばこ) 부적을 넣어 두는 상자.
札所(ふだしょ) 불교의 영장(靈場)에서, 참배의 표시로 호부(護符)를 받거나 바치는 곳.
札守り(ふだまもり) 부적.
札の辻(ふだのつじ) 江戸(えど) 시대에, 규정·금지 등을 고시하던 게시장.
札場(ふだば) ① 극장의 매표소. ② 금령(禁令) 등의 팻말을 세우는 곳.
札銭(ふだせん) 입장료.
札止め(ふだどめ) ① 만원으로 입장권의 발매를 중지함. ② 출입 금지의 팻말을 세움.
札差(ふださし) ① 江戸(えど) 시대에, 역참에서 화물의 중량을 검사하던 사람. ② 江戸시대에, 旗本(はたもと)·御家人(ごけにん)의 대리로서, 녹미(祿米) 수령을 청부 맡고 돈돌이 등을 업으로 삼던 상인.「판.
札板(ふだいた) 호부(護符) 등을 붙인 나무

| 8 刂 | 刹 | 절 찰·짧은시간 찰
セツ·サツ |

音読
刹(さつ) 불탑의 중심이 되는 기둥.
刹那(せつな) 찰나. 순간. *せちなとも 읽음. ♣〜的(てき) 찰나적.
∥〜主義(しゅぎ) 찰나주의.

其他
刹帝利(クシャトリヤ) 크샤트리아. 고대 인도의 사회 계급의 둘째.

| 9 扌 | 拶 | 닥칠 찰·손가락쥘 찰
サツ
せまる |

逆音
挨拶(あいさつ) ① 인사. ② (의식·이취임·감사 따위의) 인사말.

| 11 糸 | 紮 | 묶을 찰
サツ
からげる |

訓読
紮げる(からげる) ① 얽다. 매다. ② 걷어 올리다.

| 14 宀 教 | 察 | 살필 찰
サツ·セチ
みる·おしはかる |

音読
察(さつ)〈俗〉경찰. 불량배들이 쓰는 은어.
察し(さっし) 추찰(推察). 이해.
察しる(さっしる) ▷察する(さっする).
察する(さっする) 헤아리다. 살피다.
察度(さっと) 비난. 책망.
察知(さっち) 찰지. 헤아려 앎.
察察(さっさつ) 찰찰. ① 미련없이 맑고 깨끗함. ② 너무 자세하는 모양.
察化(さっか) '盗人(ねすびと)(=도둑)' '詐欺師(きぎし)(=사기꾼)'의 딴이름.
察回り(さつまわり) 보도 기관의 기자나 카메라맨이 사건이나 정보를 얻기 위해 경찰서 등을 정기적으로 도는 일.

| 17 扌 常 | 擦 | 비빌 찰
サツ
する·すれる·かする·こする·なする |

音読
擦過(さっか) 찰과. ♣〜傷(しょう) 찰과상.
擦傷(さっしょう) 찰상. 찰과상.
擦剤(さつざい) 찰제. 도찰제(塗擦劑).
擦奏楽器(さっそうがっき)〖樂〗찰주 악기.
擦弦楽器(さつげんがっき)〖樂〗찰현 악기.
擦痕(さっこん) 찰흔.

訓読
擦った揉んだ(すったもんだ)〈俗〉옥신각신. 분쟁. 복잡한 일.
❖擦る ㊀(する) ① 문지르다. 비비다. 쓸다. ② 탕진하다.
㊁(こする) 문지르다. 비비다.
㊂(なする) ① 문지르듯이 바르다. 칠하다. ② (죄·책임을) 남에게 덮어 씌우다.

擦る 四(さする) 가볍게 문지르다. 어루만지다.
 五(かする) ①스치다. ②슬쩍 가로채다.
擦り(かすり) ①스침. ②(남의 몫의 일부를) 가로챔. ③긁힌 상처.
擦り寄る(すりよる) ①바짝 다가서다. ②무릎 걸음으로 다가오다.
擦り剝く(すりむく) ①스쳐서 껍질을 벗기다. ②스쳐서 벗겨지다. 까지다.
擦り剝ける(すりむける) 스쳐서 벗겨지다. 까지다.
擦り半(すりばん) 화재를 알리는 종소리.
擦り半鐘(すりばんしょう) ☞擦り半(すりばん).
擦り抜ける(すりぬける) ①(사람들 틈을) 빠져 나가다. ②(꾸며 대어) 용케 피하다〔면하다〕.
擦り付ける 目(すりつける) 문질러〔비벼〕대다. 비벼서〔그어서〕(불을) 켜다〔붙이다〕.
 三(こすりつける) ①문질러 바르다. ②(책임・죄 따위를) 남에게 전가하다.
 四(なすりつける) ①칠하다. 문질러 바르다. ②(죄・책임 등을) 남에게 덮어 씌우다.
擦り傷 目(かすりきず) ①찰과상. ②가벼운 손실.
 三(すりきず) 찰상.
擦り膝(すりひざ) 무릎걸음. 앉은걸음.
擦り込む(すりこむ) ①(약 따위를) 문질러 바르다. ②아첨하여 환심을 사다.
擦り疵(すりきず) 찰상.
擦り場(すりば) 연어・은어・황어 등이 강바닥에 배를 비비대듯 하여 산란하는 장소.
擦り淬(すりかす) 불 꺼진 성냥개비.
擦り切り(すりきり) ①평미레질함. ②재산 등을 다 써버림.
擦り切る(すりきる) ①비벼서 끊다. ②돈을 다 써버리다.
擦り鉦(すりがね) (歌舞伎(かぶき) 등에서 쓰는) 작은 정.
擦り合い(なすりあい) (책임・죄 등을) 서로 떠맡기심.
擦り火(すりび) 부시를 쳐서 붙인 불.
∥〜打ち(うち) 부싯돌을 부시로 쳐서 불을 일으키는 일. 또, 그 도구.
❖擦れる 目(すれる) ①스치다. 비비어지다. 닳다. *こすれる로도 읽음. ②(사람이) 가스러지다. 닳고 닳다.
 三(かすれる) ①(가볍게) 긁히다. ②(목이) 쉬다.
擦れ 目(かすれ) (가볍게) 긁힘.
 三(ずれ) 까지는 일. 닳는 일.
擦れ枯らし(すれからし) ☞擦れっ枯らし(すれっからし).
擦れっ枯らし(すれっからし) ①(사람이) 가스러짐. 닳고 닳음. 굴러먹음. 또, 그런 사람. ②무일푼이 됨. 빈털터리.
擦れ傷(かすれきず) ☞擦り傷(かすりきず).
擦れ違い(すれちがい) 스치듯 지나감. 엇갈림.

擦れ違う(すれちがう) ①스치듯 지나가다. ②(俗) 엇갈리다.
擦れ者(すれもの) ①세파에 시달려 세태・인정에 통한 사람. ②세상의 갖은 고초를 겪어 닳고 닳은 사람.
擦れ擦れ(すれすれ) 스칠 듯 가까운 모양. 거의 한계에 이른 모양. 아슬아슬한 모양.
擦れ合う(すれあう) ①맞스치다. ②서로 으르렁대다. 으드등거리다.

참

参(參) 참여할 참・석 삼
8 ム 教
サン・シン
まいる・みつ・まいらす

音読
参(さん) ①삼. 셋. ②참가함.
参じる(さんじる) ☞参ずる.
参する(さんする) 참여하다. 관계하다.
参ずる(さんずる) ①찾아가 뵙다. 참배하다. ②〖佛〗참선하다. ③참가하다.
参加(さんか) 참가.
参稼(さんか) 단체에 참가한 사람이 특수한 기능을 살려 활동하는 일.
∥〜報酬(ほうしゅう)《野》프로 야구에서, 연간 계약과 함께 결정되는 선수의 연봉.
参看(さんかん) 참간. 참조.
参考(さんこう) 참고. ♣〜書(しょ) 참고서／〜人(にん) 참고인.
∥〜文献(ぶんけん) 참고 문헌.
参観(さんかん) 참관.
参究(さんぎゅう) 참구. 참선(參禪)하여 진리를 탐구함.
参宮(さんぐう) 신궁(神宮)에 참배함.
参勤(さんきん)《史》江戸(えど) 시대에, 大名(だいみょう)가 江戸에 가서 幕府(ばくふ)에 근무하던 일.
参覲(さんきん) ⇨参勤(さんきん).
参内(さんだい) 참내. 참조(參朝).
参堂(さんどう) 참당. ①불당에 참배함. ②방문의 높임말.
参道(さんどう) 신전・불당에 이르는 길.
参洛(さんらく) 상락(上洛). 서울로 올라감.
参列(さんれつ) 참렬. 참례.
参籠(さんろう) 신사・절 등에 일정 기간 머물며 기도함.
参謀(さんぼう) 참모.
∥〜本部(ほんぶ) 참모 본부.
〜総長(そうちょう) 참모 총장.
参拝(さんぱい) 참배.
参府(さんぷ) 江戸(えど) 시대에, 여러 지방의 大名(だいみょう)가 江戸에 가서 근무하던 일.
参仕(さんし) 출사(出仕)함.
参事(さんじ) 참사. ♣〜官(かん) 참사관.
参上(さんじょう) 뵈러 감. 찾아 뵘.

参禅(さんぜん)〖佛〗참선. ♣**~者**(しゃ) 참선자.
参謁(さんえつ)〖史〗참알.
参与(さんよ) ① 참여. ② 학식·경험이 있는 사람을 행정 사무 등에 참여시키기 위한 직위.
参詣(さんけい) 참예. 신불(神佛)에 참배함.
参院(さんいん) '参議院(さんぎいん)(=참의원)'의 준말.
参議(さんぎ) 참의. ① 정치에 참여함. 또, 그 사람. ② 太政官(だいじょうかん)의 중직.
‖**~院**(いん) 참의원(일본의 상원). ♣**~議員**(ぎいん) 참의원 의원.
参入(さんにゅう) ① 입궐. 알현. ② 정성스럽게 연구함. ③ 새로운 역할을 가지고 참가함.
参酌(さんしゃく) 참작.
参戦(さんせん) 참전.
参殿(さんでん) 참내(参内). 진현(進見).
参政(さんせい) 참정. ♣**~権**(けん) 참정권.
参朝(さんちょう) 참조. 조정에 들어감.
参照(さんしょう) 참조.
参座(さんざ) 참좌. 출석함.
参州(さんしゅう) 三河国(みかわのくに)의 딴이름.
参知(さんち) 그 일에 참여해 알게 됨. 종사함.
参進(さんしん) 신전(神前)이나 귀인 앞에 나아감.
参集(さんしゅう) 참집. 모여듦.
参着(さんちゃく) ① 도착함. ② 어음 지참자의 요구에 즉시 지불하는 일.
参差(しんし) 참치. 참치 부제(参差不齊). 뒤섞여 가지런하지 못한 모양. 「모양.
‖**~錯落**(さくらく) 균일하지 않고 뒤섞인
参賀(さんが) 참하. 궁중에 가서 축하의 뜻을 표함. 「닦음.
参学(さんがく) 참학. 학문(특히, 불교학)을
参向(さんこう) (찾아)가 봄.
参会(さんかい) 참회. 모임에 나감.
参画(さんかく) 참획. 계획에 참여함.
参候(さんこう) 참후. 고귀한 사람을 찾아 문안을 드림.

訓読
参らす(まいらす) ① 드리다. ② 행복하게 하다. ③…해 올리다.
参らせる(まいらせる) ⇨ **参らす**(まいらす)
❖**参る**(まいる) ①'行(ゆ)く(=가다)''来(く)る(=오다)'의 겸사말. ② (승부에) 지다. 손들다.
参った(まいった) 유도·검도 등에서 패자가 승자에게 졌다는 신호로 쓰는 말.
参り(まいり) (신사·절 등에) 참배하는 일.
‖**~墓**(ばか) 성묘. 「일.
~下向(げこう) 신불에 참배하고 돌아오는

```
10
立   站    역마을 참
          タン
          たつ
```

逆音
兵站(へいたん) 병참.

駅站(えきたん) 역참.

```
11
小   惨(慘)  아플 참
常           サン・ザン
             みじめ・いたましい・むごい
```

音読
惨(さん) 참혹[비참]한 모양. 애처로운 모양.
惨苦(さんく) 참고. 참혹한 고통.
惨劇(さんげき) 참극.
惨憺(さんたん) 참담.
惨澹(さんたん) 참담.
惨毒(さんどく) 참독. 몹시 참혹함.
惨落(さんらく) 참락. 폭락.
惨烈(さんれつ) 참렬. 몹시 참혹함.
惨聞(さんぶん) 참문. 참혹한 소문.
惨鼻(さんび) ① 아주 무참함. ② 코로 크게 숨쉼. 또, 그 같이 흐느낌.
惨死(ざんし) 참사. 무참한 죽음.
惨事(さんじ) 참사.
惨殺(ざんさつ) 참살. 끔찍하게 죽임.
惨状(さんじょう) 참상.
惨然(さんぜん) 참연. 슬프고 참혹한 모양.
惨絶(さんぜつ) 참절. 매우 처참함.
惨痛(さんつう) 몹시 마음 아파하고 괴로워함. 또, 괴로움.
惨敗(さんぱい) 참패. *ざんぱい로도 읽음.
惨害(さんがい) 참해.
惨刑(さんけい) 참형. 참혹한 형벌.
惨酷(ざんこく) 참혹. 잔혹. 흑독.
惨禍(さんか) 참화.
惨況(さんきょう) 참황. 참혹한 상황.

訓読
惨め(みじめ) 비참함. 참혹함.
❖**惨い**(むごい) 비참[잔혹]하다. 무자비하다.
惨たらしい(むごたらしい) 끔찍하다. 무자비하다. 잔혹하다.

```
11
斤   斬    벨 참
          ザン
          きる
```

音読
斬(ざん) 참수형에 처함.
斬奸(ざんかん) 참간. 간악한 놈을 자름. 나쁜 놈을 죽임.
‖**~状**(じょう) 참간장. 간악한 자를 베어 죽일 때 그 이유를 적은 문서.
斬髪(ざんぱつ) 참발. 상투를 틀지 않고 머리를 짧게 자름.
斬伐(ざんばつ) 참벌. ① 나무를 벰. ② 쳐서 멸망시킴.
斬殺(ざんさつ) 참살. 베어 죽임.
斬首(ざんしゅ) 참수. 참두(斬頭).
斬新(ざんしん) 참신.
斬罪(ざんざい) 참죄. 참수형(斬首刑).
斬刑(ざんけい) 참형. 「함.
斬獲(ざんかく) 참획. 잘라 죽이거나 생포

訓読
❖ **斬る**(きる) (사람을) 칼로 치다〔베다〕.
斬り苛む(きりさいなむ) ① 토막 치듯 무참하게 자르다〔베다〕. ② 몹시 괴롭히다.
斬り結ぶ(きりむすぶ) 칼날을 맞부딪치며 맹렬히 싸우다.
斬り掛かる(きりかかる) (칼로 치려고) 달려들다. 치려고 하다.
斬り掛ける(きりかける) ① (칼로) 내려치려 하다. ② 칼로 들이치다.
斬り捲る(きりまくる) ① 마구 베다. ② 호되게 논박하여 상대를 누르다.
斬り方(きりかた) (칼로) 치는 법.
斬り伏せる(きりふせる) ① 베어 쓰러뜨리다. ② 정복하다.
斬り死に(きりじに) 적의 칼에 베이어 죽음.
斬り捨て御免(きりすてごめん) 江戸(えど) 시대에 무사가 무례한 짓을 한 양민을 쳐 죽여도 죄가 안 되었던 일.
斬り殺す(きりころす) 칼로 쳐죽이다.
斬り傷(きりきず) ⇨ 斬り疵(きりきず).
斬り首(きりくび) 참수. 잘라낸 머리.
斬り入る(きりいる) 칼을 휘두르며 쳐들어가다.
斬り疵(きりきず) 칼로 베인 상처.
斬り組み(きりくみ) 목재·철재 등을 기둥 따위에 조립하기 위해 필요한 형으로 만듦.
斬り合い(きりあい) 서로 칼을 가지고 싸움. 서로 칼부림함.

14 イ	僭	참람할 **참** セン おごる

音読
僭する(せんする) 참람한 짓을 하다.
僭上(せんじょう) 참상. 참람(僭濫). 분수에 맞지 않게 주제넘음.
僭王(せんおう) 참왕. 왕을 참칭함.
僭用(せんよう) 참용. 일정한 신분의 사람이 쓰는 물건을 다른 사람이 씀.
僭越(せんえつ) 참월. 분수에 넘침. 주제넘음.
僭位(せんい) 참위. 외람됨.
僭踰(せんゆ) 참유. 분수에 넘친 짓을 함.
僭窃(せんせつ) 참절. 분수에 넘치는 높은 지위에 있음.
僭主(せんしゅ) 참주. ① 폭력으로 군주의 지위를 빼앗은 자. 군주의 이름을 참칭하는 자. ② 고대 그리스 도시 국가의 독재자.
僭称(せんしょう) 참칭. 신분에 넘치는 칭호를 자칭(自稱)함.

14 土	塹	구덩이 **참**·해자 **참** ザン ほり

音読
塹壕(ざんごう) 참호.

訓読
塹(ほり) 해자(垓字).

14 山	嶄	가파를 **참** ザン けわしい

音読
嶄然(ざんぜん) 참연. 한층 뚜렷이 뛰어난 모양.
嶄絶(ざんぜつ) 참절. 산이 높고 험준함.

14 忄	慚	부끄러워할 **참** ザン はじる

参考 慙의 異體字.

音読
慚愧(ざんき) 참괴. 부끄럽게 여김. *ざんぎ로도 읽음.
慚死(ざんし) 참사. 죽고 싶도록 부끄러움.
慚羞(ざんしゅう) 참수. 부끄러워 얼굴을 붉힘.
慚恚(ざんい) 부끄러이 여기며 화냄.
慚汗(ざんかん) 참한. 몹시 부끄러워서 흘리는 땀.
慚悔(ざんかい) 참회. 부끄러워서 뉘우침.

15 心	慙	부끄러워할 **참** ザン はじる

参考 慚의 本字.

音読
慙愧(ざんき) 참괴.
慙死(ざんし) 참사. 죽고 싶도록 부끄러움.

15 木	槧	분판 **참** ザン ふだ

音読
槧本(ざんぽん) 참본. 각판본(刻版本).

19 金	鏨	새길 **참**·끌 **참** ザン たがね·ほる

訓読
鏨(たがね) (금속 가공용의) 정. 강철끌.

20 山	巉	가파를 **참** ザン けわしい

音読
巉巌(ざんがん) 참암. 높고 험한 암산.
巉絶(ざんぜつ) 참절(嶄絶). 산이 높고 험준함.

20 亻	懺	뉘우칠 참 ザン・サン くいる

音読
懺悔 ㊀(ざんげ) 참회. ♣~**録**(ろく)〚册〛 참회록.
㊁(さんげ)〚佛〛 ☞㊀. ♣~**文**(もん)〚佛〛 참회문.
‖~**滅罪**(めつざい)〚佛〛 참회 멸죄.

其他
懺法(せんぼう)〚佛〛 참법. 지은 죄과를 참회하기 위해 닦는 법.

20 扌	攙	찌를 참 サン・ざん

音読
攙入(ざんにゅう) 찬입(竄入). ①잘못하여 섞여 들어감. ②도망쳐 들어감.

21 馬	驂	곁말 참 サン そえうま

音読
驂乗(さんじょう) 참승. 귀인을 모시고 수레에 탐.

24 言	譛	헐뜯을 참 ザン そしる

音読
譛(ざん) 참언.
譛する(ざんする) 참언하다. 무고하다.
譛口(ざんこう) 참구. 참언.
譛構(ざんこう) 참구. 참소하는 말로 남을 못된 곳에 얽어 넣음.
譛佞(ざんねい) 참녕. 참소하고 아첨함.
譛誣(ざんぶ) 참무. 거짓으로 남의 허물을 말함.
譛謗(ざんぼう) 참방. 남을 비방함.
譛舌(さんぜつ) ☞**譛言**(さんげん).
譛説(さんせつ) ☞**譛言**(さんげん).
譛訴(ざんそ) 참소. 윗사람에게 남을 중상해서 고해 바침.
譛臣(ざんしん) 참신. 참소(譛訴)를 잘 하는 신하.
譛言(ざんげん) 참언. 윗사람에게 남을 중상모략함.
譛諛(ざんゆ) 사실을 왜곡하여 남을 헐뜯고 윗사람에게 아첨하는 일.
譛者(ざんしゃ) 참자. 남을 중상하는 자.
譛奏(ざんそう) 참주. 군주에게 참언함.
譛陷(ざんかん) 참함. 참소하여 남을 죄에 빠뜨림.
譛毀(ざんき) 참훼. 참소하여 헐뜯음.

24 言	讖	조짐 참·참서 참 シン しるし

音読
讖(しん) 예언(의 기록).
讖文(しんもん) 참문. 미래를 예언한 문서.
讖書(しんしょ) 참서. 미래를 예언하여 기록해 놓은 문서.
讖語(しんご) 참어. 예언(豫言).

창

8 日 ㊘	昌	창성할 창 ショウ さかん・まさ

音読
昌慶(しょうけい) 창경.
昌盛(しょうせい) 창성. 번영. 번성.
昌運(しょううん) 창운. 번영할 운명.
昌平(しょうへい) 창평. 국운이 융성하고 세상이 태평함.

10 亻	倡	여광대 창·부를 창 ショウ わざおぎ・となえる

音読
倡伎(しょうぎ) 창기.
倡女(しょうじょ) 창녀.
倡優(しょうゆう) 창우. 광대. 배우.

10 人 ㊘	倉	곳집 창 ソウ くら

音読
倉庫(そうこ) 창고. ♣~**業**(ぎょう) 창고업.
‖~**信用**(しんよう) 창고 신용.
~**営業**(えいぎょう) 창고 영업.
~**証券**(しょうけん) 창고 증권.
~**会社**(がいしゃ) 창고 회사.
倉廩(そうりん) 창름. (쌀) 창고. 곳집.
倉卒(そうそつ) 창졸. 급작스러움.
倉皇(そうこう) 창황. 허둥댐.

訓読
倉(くら) 곳간(間). 곳집. 창고.
倉渡し(くらわたし) 창고 인도(倉庫引渡).
‖~**値段**(ねだん) 창고 인도 가격.
倉敷料(くらしきりょう) 창고료. 창고 보관
倉入り(くらいり) (물건을) 곳간에 넣어 두는 일. 또, 그 물건.
倉入れ(くらいれ) 곳간에 넣음. 입고(入庫).
倉主(くらぬし) 창고주.

倉持ち(くらもち) ① 창고를 소유함. 또, 소유주. ② 부자. 재산가. 「세.
倉出し(くらだし) 출고. ♣〜税(ぜい) 출고
倉荷(くらに) 입고(入庫) 화물. 창고에 넣어둔 화물.
∥〜証券(しょうけん) 창하〔창고〕 증권.

10 鬯

술이름 창·자랄 창
チョウ
においざけ

音読
鬯明(ちょうめい) 마음이 편하고 밝음.

11 唱 口 教

부를 창·노래 창
ショウ
となえる・うたう

音読
唱(しょう)《接尾語로》…창.
唱歌(しょうか) 창가〔구제(舊制) 초등 학교 교과의 하나〕. 또, 그것을 위한 가곡.
唱曲(しょうきょく) 창곡.
唱道(しょうどう) 창도. 앞장 서서 주장함.
唱導(しょうどう) 창도. ①⇨唱道(しょうどう). ②『佛』 설법(說法)하여 불도에 끌어들임.
唱名(しょうみょう) 『佛』 창명. 부처님의 이름을 욈.
唱門師(しょうもんじ) 중세에, 축복하는 염불을 외면서 문전에서 금품을 얻어가던 민간인 음양가(결립꾼). *ともじ로도 읽음.
唱法(しょうほう) 창법.
唱首(しょうしゅ) 수창(首唱).
唱食(しょうじき) 『佛』 선종(禪宗)에서 식사할 때 주원(呪願)을 외는 일. 또, 그 주원.
唱衣(しょうえ) 『佛』 창의. 중이 죽은 후, 그 소지품을 동학(同學)의 중에게 균분할 수 없을 때, 이를 팔아 얻은 돈으로 나눠 주는 일.
唱題(しょうだい) 『佛』 창제. 경(經)의 제목
唱和(しょうわ) 창화.
訓読
唱う(うたう) 노래 부르다. 새가 지저귀다.
❖唱える(となえる) ① 소리 내어 읽다〔외다〕. ② 주창(主唱)하다. 「文」
唱え言(となえごと) ① 외는 말. ② 주문(呪

11 娼 女

창녀 창
ショウ
あそびめ

音読
娼家(しょうか) 창가. 유곽. 청루(青樓).
娼館(しょうかん) 창관. 청루.
娼妓(しょうぎ) 창기. 창녀. 공창(公娼).
∥〜解放令(かいほうれい) 창기 해방령《1872년 창기 등을 해방하고, 인신 매매를 금
娼女(しょうじょ) 창녀. 　　　└한 규정》.
娼楼(しょうろう) 창루. 유곽.
娼婦(しょうふ) 창부. 창녀.
其他
娼(よね) 창녀. 기녀. 갈보.

11 悵 忄

원망할 창
チョウ
うらむ・いたむ

音読
悵望(ちょうぼう) 창망. 원망스레 바라봄.
悵然(ちょうぜん) 창연. 한탄하고 원망하는 모양.

11 惝 忄

경황없을 창
ショウ

音読
惝怳(しょうきょう) 창황. 경황없는 모양.

11 猖 犭

미칠 창
ショウ
くるう

音読
猖狂(しょうきょう) 창광. 미친 듯이 날뜀.
猖獗(しょうけつ) 창궐.

11 菖 艹 人

창포 창
ショウ
しょうぶ・あやめ

音読
菖蒲 ㊀(しょうぶ) 『植』 ① 창포. *そうぶ로도 읽음. ♣〜酒(ざけ) 창포주／〜湯(ゆ) 창포탕〔물〕.
∥〜の節句(せっく) 단오절. *あやめのせっく로도 읽음.
〜形(がた) 창포잎 모양.
㊁(あやめ) 『植』 ① 붓꽃. ② 창포의 옛이름.

11 窓 穴 教

창 창
ソウ
まど

音読
窓外(そうがい) 창외. 창 밖.
窓牖(そうゆう) 창유. 창문.
窓前(そうぜん) 창전. 창 앞. 창가.
窓下(そうか) ① 창 밑. ② 편지에서 상대방 이름 밑에 붙여 써서 경의를 표하는 말.
訓読
窓(まど) ① 창. 창문. ② 학창. 「비유.
∥〜の雪(ゆき) ☞窓の蛍.
〜の蛍(ほたる) 학문에 힘씀. 고학(苦學)의
窓蓋(まどふた) 지붕 같은 곳에 설치한 밀어올리는 창문.
窓框(まどかまち) ☞窓枠(まどわく).

窓掛け(まどかけ) 창을 가리는 천. 커튼.
窓口(まどぐち) 창구.
‖~規制(きせい) ☞窓口指導.
~指導(しどう) 창구 지도. (일본 중앙 은행이 시중 은행에 대해 하는)'대출 증가액 규제'의 통칭.
窓明かり(まどあかり) 창문으로 비쳐 드는 빛.
窓辺(まどべ) 창변. 창가.
窓越し(まどごし) 창 너머.
窓障子(まどしょうじ) 창에 단 미닫이.
窓銭(まどせん) 옛날, 창의 수에 따라 매기던 세금.
窓際(まどぎわ) 창가.
‖~族(ぞく) 일다운 일을 맡지 못하는 중간 관리자를 비웃는 속칭.
窓枠(まどわく) 창틀.
窓硝子(まどガラス) 창 유리.

| 12
획
教 | 創 | 비롯할 창
ソウ
きず・はじめる・つくる |

音読
創刊(そうかん) 창간. ♣~号(ごう) 창간호.
創開(そうかい) 창개. 창시.
創建(そうけん) 창건.
創見(そうけん) 창견. 처음 생각해 낸 의견.
創起(そうき) 사업 따위를 처음 시작함.
創立(そうりつ) 창립.
創面(そうめん) 상처의 표면.
創部(そうぶ) 창부. 부(部)를 만듦.
創傷(そうしょう) 창상. 칼 상처.
創生(そうせい) 창생. 만들어 내는 일.
創設(そうせつ) 창설.
創成(そうせい) 창성. 처음으로 이루어짐.
創世(そうせい) 창세.
‖~記(き)〖基〗(구약 성서의) 창세기.
~神話(しんわ) 창세 신화. 세계·인류·문화 등의 기원에 관한 신화.
創始(そうし) 창시. ♣~者(しゃ) 창시자.
創氏改名(そうしかいめい)〖史〗1940년 일제(日帝)가 한국인의 성명을 일본식 씨명(氏名)으로 강제 변경시킨 일.
創案(そうあん) 창안.
創業(そうぎょう) 창업. ♣~費(ひ) 창업비 / ~者(しゃ) 창업자.
創意(そうい) 창의.
‖~工夫(くふう) 창의 연구.
創痍(そうい) ①창이. 칼 상처. ②격심하게 입은 손해.
創作(そうさく) 창작. ♣~劇(げき) 창작극 / ~物(ぶつ) 창작물.
‖~家(か) 창작가. (특히) 소설가.
~意図(いと) 창작 의도.
~活動(かつどう) 창작 활동.
創製(そうせい) 창제.
創造(そうぞう) 창조. ♣~性(せい) 창조성 / ~主(しゅ)〖基〗창조주.
‖~的(てき) 창조적. ♣~進化(しんか) 창

조적 진화 / ~破壊(はかい) 창조적 파괴.
創唱(そうしょう) ①맨 처음 제창함. ②맨 처음에 노래 부름.
創出(そうしゅつ) 창출.
創痕(そうこん) 창흔. 베인 상처.
訓読
創(きず) ①상처. ②(알리기 싫은) 비밀. ③흠. 결점. 티.
創める(はじめる) 창시(創始)하다.

| 12
月
常 | 脹 | 부를 창·부풀 창
チョウ
はれる・ふくらす・ふくらむ・ふくれる |

音読
脹満(ちょうまん)〖醫〗창만. 장만(腸滿).
訓読
脹よか(ふくよか) 부드럽게 부풀어 있는 모양. 포동포동. 몽실몽실. 「게 하다.
脹らます(ふくらます) 부풀게 하다. 불룩하
脹れる(ふくれる) ①부풀다. 불룩해지다. ②뾰로통해지다.
脹ら脛(ふくらはぎ) 장딴지.
脹ら雀(ふくらすずめ) 살찐 새끼 참새. 또, 추위 때문에 깃털을 세운 참새. 「다.
❖脹らす(ふくらす) 부풀리다. 불룩하게 하
脹らし粉(ふくらしこ) 베이킹 파우더(baking powder).
❖脹らむ(ふくらむ) 부풀어오르다. 불룩해지
脹らみ(ふくらみ) 부푼 곳〔정도〕.

| 12
木
日 | 椙 | 삼나무 (창)
すぎ |

訓読
椙(すぎ)〖植〗삼목(杉木).

| 13
忄 | 愴 | 슬퍼할 창
ソウ
いたむ |

音読
愴然(そうぜん) 창연. 몹시 슬퍼하는 모양.

| 13
氵 | 滄 | 찰 창·푸를 창
ソウ
あおい |

音読
滄浪(そうろう) 창랑. 창파.
滄溟(そうめい) 창명. 대해(大海). 대양.
滄桑の変(そうそうのへん) 창상지변. 상전벽해(桑田碧海). 세상이 덧없이 빨리 변함.
滄州(そうしゅう) 창주. ①푸른 물에 둘러싸인 모래섬이나 바닷가. ②은자(隱者)가 사는 곳.
滄海(そうかい) 창해. 푸른 바다.

13 ⾋ 入	蒼	푸를 창 ソウ あおい

音読
蒼古(そうこ) 창고. 고색창연함.
蒼枯(そうこ) ⇨ 蒼古(そうこ).
蒼空(そうくう) 창공.
蒼穹(そうきゅう) 창궁. 창공(蒼空).
蒼頭(そうとう) 창두. ① 병졸. ② 노복.
蒼竜(そうりょう) 창룡. ① 푸른 용. ② 푸른 말. 청마.
蒼茫(そうぼう) 창망. 넓고 멀어서 아득함.
蒼氓(そうぼう) 창맹. 창생(蒼生). 백성.
蒼白(そうはく) 창백.
蒼柏(そうはく) 울창한 떡갈나무.
蒼生(そうせい) 창생. 백성. *雅語로는 あおひとぐさ라고도 함.
蒼松寿古(そうしょうじゅこ) 창송 수고. 동양화에서 장수를 축하하는 화제(畫題).
蒼顔(そうがん) 창안. 노쇠하여 창백해진 얼굴.
蒼然(そうぜん) 창연. ① 색깔이 푸른 모양. ② 오래된 모양. 예스러운 모양. ③ 저녁 때의 어둑어둑한 모양.
蒼鉛(そうえん) 【化】 창연. 비스무트. ♣~剤(ざい) 창연제.
蒼梧(そうご) 【植】 벽오동.
蒼鷹(そうよう) 창응. ① 흰 매. ② 전하여, 무자비한 관리의 비유.
蒼苔(そうたい) 창태.
蒼天(そうてん) 창천. ① 푸른 하늘. 창공. ② 봄 하늘. ③ 상제(上帝). 천제(天帝).
蒼朮(そうじゅつ) 【漢醫】 창출.
蒼翠(そうすい) 창취. ① 청록색. ② 나무가 무성함.
蒼波(そうは) 창파. 푸른 물결.
蒼海(そうかい) 창해. 푸른 바다.
蒼昊(そうこう) 창호. 푸른 하늘. 넓은 하늘.
蒼惶(そうこう) 창황. 허둥댐.
蒼黒(そうこく) 창흑. 푸르고 검은 빛.

訓読
❖蒼い(あおい) (얼굴이) 창백하다.
蒼白い(あおじろい) 창백하다.
蒼蠅 ㊀ (あおばえ) ①【蟲】 쉬파리. ② 귀찮게 달라붙는 사람을 욕하는 말.
㊁ (そうよう) ①【蟲】 ☞ ㊀. ② 중상하는 사람. 모략꾼. ③ 시시한 사람.
蒼褪める(あおざめる) 새파래지다. (안색이) 핼쑥해지다.

14 彡 常	彰	밝을 창·드러낼 창 ショウ あきらか・あらわす

音読
彰顕(しょうげん) 창현.

14 氵	漲	찰 창·불을 창 チョウ みなぎる

音読
漲落(ちょうらく) 세력 따위가 성해지거나 쇠해지거나 함.
漲溢(ちょういつ) 창일. 물이 넘침.

訓読
漲る(みなぎる) ① 물이 가득 차다. 흐르는 물의 기세가 왕성하다. ② 힘·의지 등이 넘쳐나다.

14 日 人	暢	화창할 창 チョウ のびる

音読
暢達(ちょうたつ) 창달.
暢茂(ちょうも) 창무. 초목이 무성하게 자람.
暢月(ちょうげつ) 창월. 음력 11월의 딴이름.

其他
暢気(のんき) 만사 태평.

14 木	槍	창 창 ソウ やり

音読
槍騎兵(そうきへい) 창기병. 긴 창을 가진 기병.
槍法(そうほう) 창법. 창을 쓰는 법.
槍術(そうじゅつ) 창술. 창을 쓰는 무술.

訓読
槍(やり) ① 창. ② 창술(槍術). ③ 일본 장기에서, 香車(きょうしゃ)의 일컬음.
槍衾(やりぶすま) 여러 사람이 창을 겨누어 빈틈없는 태세를 취하는 일.
槍傷(やりきず) 창에 찔린 상처.
槍先(やりさき) 창 끝.
槍烏賊(やりいか) 【動】 오징어의 일종.
槍玉(やりだま) ① 창을 공 다루듯이 잘 다룸. ② 사람을 창 끝으로 찌름. ③ (비난이나 공격·희생의) 대상.
槍持ち(やりもち) 옛날, 창을 들고 주인을 모시고 다니던 종자(從者).
槍投げ(やりなげ) (육상 경기의) 창던지기. 투창(投槍).
たんぼ槍(たんぼやり) 끝에 솜 방망이를 단 연습용 창.

15 广	廠	헛간 창 ショウ うまや・かりや

音読
廠舎(しょうしゃ) 창사. (군대가) 연습지에 세운 임시 막사.

工廠(こうしょう) 공창.
被服廠(ひふくしょう) 피복창.

15 疒	瘡	부스럼 **창** ソウ かさ

音読
瘡毒(そうどく) 창독. 매독.
瘡瘢(そうはん) 창반. 부스럼 자국.
瘡痕(そうこん) 창흔. 베인 상처.

訓読
瘡 ㊀(かさ) 〖醫〗 ① 부스럼. 종기. ②〈俗〉 창병. 매독. 「진.
㊁(くさ) ① 태독(胎毒). ② ☞㊀①. ③ 습
瘡蓋(かさぶた) (부스럼) 딱지.
瘡気(かさけ) 〈老〉 창기. 매독 기운. 난봉기 《비유적》.
瘡掻き(かさかき) 〈俗〉 담쟁이. 매독 환자.

16 舟	艙	선창 **창** ソウ ふなぐら

音読
艙口(そうこう) 창구. 해치(hatch). *にごりぐちろも 읽음.

16 金	錆	정할 **창** セイ・ショウ さび

訓読
錆(さび) ① 녹. ② 나쁜 결과[응보].
錆びる(さびる) 녹나다. 녹슬다.
錆刀(さびがたな) 녹슨 칼.
錆付く(さびつく) ① 녹슬어 엉겨 붙다. ② 잔뜩 녹슬다.
錆色(さびいろ) 녹빛. 적갈색.
錆声(さびごえ) 목이 쉰 듯 낮고 아취가 있는 목소리.
錆鮎(さびあゆ) 산란하러 (강에서) 하류로 내려가는 가을철 은어. 「色).
錆朱(さびしゅ) 쇠 녹처럼 칙칙한 주색(朱
錆竹(さびだけ) 말라죽어 표면에 녹빛 반점이 생긴 대나무.
錆止め(さびどめ) 녹슬지 않게 표면에 도료나 기름을 바름. 또, 그 도료나 기름. 방수제(防錆劑).
錆浅葱(さびあさぎ) '浅葱色(あさぎいろ)(=연두색)'보다 채도가 낮은, 약간 녹색을 띤 회청색.

17 足	蹌	추창할 **창**·비틀거릴 **창** ソウ よろめく

音読
蹌踉 ㊀(そうろう) 창랑. 비틀거리는 모양.
㊁(よろけ) ① ☞㊀. ②〈俗〉 규폐(珪肺). 탄폐(炭肺). 「모양.
蹌蹌(そうそう) 창창. 비틀거리며 움직이는
∥~踉踉(ろうろう) 창창 낭랑. 몹시 비틀거리는 모양.

其他
蹌う(よろぼう) 〈雅〉 비틀비틀 걷다. 비슬거리다.
蹌蹌ける(よろける) 허든거리다. 비틀거리다. 비슬거리다.
蹌蹌めく(よろめく) ① 허든거리다. 비슬거리다. ②〈俗〉 유혹에 넘어가다. 바람이 나다.
蹌踉縞(よろけじま) 물결 모양의 줄무늬.

18 金	鎗	창 **창**·금속소리 **쟁** ソウ やり

音読
鎗金(そうきん) 창금. 중국의 조칠(彫漆)의 하나.

訓読
鎗(やり) ① 창. ② 창술(槍術). ③ 일본 장기에서 香車(きょうしゃ)의 일컬음.

채

8 木 ㊈	采 (采)	캘 **채**·주사위 **채** サイ とる・うね

音読
采(さい) ① 주사위. ②〈古〉 采配(さいはい)의 준말.
~は投(な)げられた 주사위는 던져졌다 《일을 단행할 뿐이라는 뜻》.
采六(さいろく) 'でっち(=가게에서 일보는 소년)'의 은어.
采目(さいめ) 주사위의 눈.
采の目(さいのめ) ① 주사위면에 새겨진 수. ② 주사위 모양.
采配(さいはい) ① (옛날 전쟁터에서 대장이 쓰던) 지휘채. ② 총채. 먼지떨이.
采柄(さいづか) 采配(さいはい)의 자루 부
采色(さいしょく) 채색.
采薪(さいしん) 채신(採薪). 나무를 함.
∥~の憂(のうれい) 채신지우.
采邑(さいゆう) 채읍. 식읍(食邑).
采地(さいち) 채지. 식읍. 영지(領地).
采樵(さいしょう) 채초(採樵). 땔나무를 베어 거둠.

訓読
采女(うねめ) 〖史〗 옛적, 주로 天皇(てんのう)의 식사 시중을 들던 하급 궁녀.

彩 (彩)

11 彡 常

무늬 채・채색 채
サイ
いろどる・あや

音読

彩管(さいかん) 채관. 화필(畫筆).
彩光(さいこう) 아름답게 채색된 빛.
‖**～弾**(だん)〖軍〗채광탄. 갖가지 빛을 내는 신호탄.
彩度(さいど) 채도.
彩陶(さいとう) 채도. 채색하여 구운 도자기.
彩文(さいもん) 채문.
‖**～土器**(どき)〖考〗채문 토기. 칠무늬 토기.
彩紋(さいもん) ⇨ 彩文(さいもん).
彩色(さいしき) 채색. *さいしょくとも 읽음.
‖**～土器**(どき)〖考〗채색 토기. 채문 토기. 칠무늬 토기.
～筆(ふで) (털이 부드럽고 붓끝이 뾰족하지 않은) 채색할 때 쓰는 붓.
彩飾(さいしょく) 채식. 색칠을 하고 꾸미는 일.
彩雲(さいうん) 채운. 채색 구름.
彩釉(さいゆう) 광택을 주고 내구성도 뛰어나게 하기 위해 표면에 유약(釉藥)을 바르는 일.
彩衣(さいい) 채의.
彩層(さいそう)〖天〗채층. 채구(彩球).
彩筆(さいひつ) 채필. ① 예쁜 붓. ② 채색하는 데 쓰는 붓.
彩虹(さいこう) 채홍. 아름다운 무지개.

訓読

彩なす(あやなす) 아름다운 무늬를 이루다.
❖**彩る**(いろどる) ① 색칠하다. 채색하다. ② 화장하다. 얼굴을 꾸미다. ③ (색을 배합하여) 장식하다. 꾸미다.
彩り(いろどり) ① 채색. ② 배색(配色). ③ 구색(具色). 사물의 배합.

其他

彩漆(いろうるし) 안료(顔料)를 섞어 조합(調合)한 옻칠. *さいしつとも 읽음.
彩画(だみえ) ⇨ 彩絵(だみえ).
彩絵(だみえ) (진하게) 채색한 그림.

採 (採)

11 扌 教

캘 채・딸 채
サイ
とる

音読

採決(さいけつ) 채결.
採光(さいこう) 채광.
採鉱(さいこう) 채광.
採掘(さいくつ) 채굴. ♣**～権**(けん) 채굴권.
採金(さいきん) 채금.
採暖(さいだん) 채난.
採納(さいのう) 채납. 채용. 채택.
採泥ロケット(さいでいロケット) 해저 지진 탐사용 로켓.
採卵(さいらん) 채란. 알을 낳게 해서 꺼냄〔거두어 가짐〕. ‖**～鶏**(けい) 알을 낳게 하기 위해 개량된 닭.
採録(さいろく) 채록. 뽑아내어 기록함. 또, 그 기록.
採毛(さいもう) 채모. 동물의 털을 깎음.
採苗(さいびょう) 종묘(種苗)를 채취함.
採訪(さいほう) 채방. 타지방을 방문하여 연구 자료를 채집함.
採伐(さいばつ) 벌채.
採譜(さいふ) 채보. 민요 등을 악보로 적음.
採否(さいひ) 채용〔채택〕 여부.
採氷(さいひょう) 채빙.
採算(さいさん) 채산.
‖**～買い**(がい) 단순한 인기나 재료에 좌우되지 않고 이익률이나 주가 수익률 등을 기준 삼아 주식을 사들임.
～株(かぶ) 채산주. 시가(時價)로 배당 이율을 계산하여 일반 금리보다 유리한 주식.
～割れ(われ) 채산이 맞지 않음.
採石(さいせき) 채석. ♣**～場**(ば) 채석장.
採薬(さいやく) 채약.
採用(さいよう) 채용.
‖**～銘柄**(めいがら) 채용 품목.
採油(さいゆ) 채유.
採長補短(さいちょうほたん) 남의 장점을 본받아서 자기 결점을 메움.
採点(さいてん) 채점.
採種(さいしゅ) 채종.
採集(さいしゅう) 채집.
‖**～狩猟民**(しゅりょうみん) 채집 수렵민. 생업을 주로 식물 채집이나 수렵・어로(漁撈)에 의존하고 있는 사람들.
採草(さいそう) ① 채초. 가축 사료용으로 잡초를 벰. ② 바다에서 해초류를 따냄.
採寸(さいすん) 양복 등의 치수를 잼. 치수 재기.
採取(さいしゅ) 채취.
採炭(さいたん) 채탄.
採択(さいたく) 채택.
採捕(さいほ) 채포.
採血(さいけつ) 채혈.
採火(さいか) 채화.

訓読

採れる(とれる) 채취되다.
❖**採る**(とる) ① 채집하다. ② 채용하다. 채택하다. 정하다.
採り物(とりもの) 神楽(かぐら)를 출 때 손에 드는 것《비쭈기나무・조릿대 따위》.
採り上げる(とりあげる) 채택하다.
採り入れる(とりいれる) 채용하다.

菜 (菜)

11 艹 教

나물 채
サイ
な

音読

菜骨(さいこつ) 육류는 먹지 않고 채식만 해 여윈 몸. 승려 등에 대해 말함.
菜果(さいか) 채과. 채소와 과실.

菜館(さいかん) 채관. (중국) 요릿집의 옥호에 붙이는 말.
菜根(さいこん) 채근. ① 뿌리 부분을 먹는 야채. ② 조식(粗食).
菜根譚(さいこんたん)『冊』채근담.
菜単(さいたん) 채단. 중국 요리의 메뉴.
菜代(さいだい) 부식비. 반찬값.
菜料(さいりょう) ① 반찬. 또, 그 재료. ② 부식 구입비.
菜蔬(さいそ) 채소. 야채.
菜食(さいしょく) 채식.
∥~主義(しゅぎ) 채식주의.
菜園(さいえん) 채원. 채소밭.
菜越し(さいごし) 자기 앞의 요리를 놓아두고 건너편의 요리에 젓가락을 댐.
菜箸(さいばし) ① 조리용의 긴 젓가락. ② 반찬이나 과자를 도르는 데 쓰는 젓가락.
菜圃(さいほ)『農』채포.
菜好み(さいごのみ) 반찬을 가려 먹음.

[訓読]
菜 ㊀(な) ① 야채. 푸성귀. ②『植』평지.
㊁(さい) 부식물. 반찬.
菜刀(ながたな) 채소 다루는 데 쓰는 날이 넓은 칼. ＊さいとうに도 읽음.
菜類(なるい) 잎과 줄기를 식용하는 야채.
菜飯(なめし) 나물밥.
菜っ葉(なっぱ) 푸성귀의 잎. 잎을 먹는 푸성귀(야채).
∥~服(ふく) 청색의 작업복.
菜畑(なばたけ) ① 유채 밭. ② 푸성귀 밭.
菜切り(なきり) 菜切り包丁의 준말.
∥~包丁(ぼうちょう) 야채를 써는 데 날이 얇고 넓은 식칼.
菜種(なたね) 평지의 씨. 유채(油菜)의 씨.
♣~油(あぶら) 유채 기름.
∥~梅雨(づゆ) (평지꽃이 필 무렵의) 봄 장마. 이른봄의 불순한 날씨.
菜粥(ながゆ) 야채죽.
菜漬け(なづけ) 야채 잎의 소금 절이.
菜虫(なむし) 배추·무 등의 잎을 먹어치우는 벌레의 총칭.
菜の花(なのはな) 평지(꽃). 유채(꽃).

| 11 石 | 砦 | 울 채·진터 채
サイ
とりで |

[参考] 寨의 異體字.

[音読]
砦柵(さいさく) 적의 침입을 막기 위해 성채를 둘러싼 목책.

[訓読]
砦(とりで) 성채(城砦). 보루(堡壘). 요새.

| 12 革 | 靫 | 전동 채·전동 차
サイ
うつぼ·ゆぎ |

[訓読]
靫(うつぼ) 전동(箭筒). 허리에 차는 화살통. ＊ゆぎろ도 읽음.
靫葛(うつぼかずら) ⇨ 靫蔓(うつぼかずら).
靫蔓(うつぼかずら)『植』열대 지방에 자생하는 벌레잡이식물.

[其他]
靫負(ゆげい) 전동(箭筒)을 메고 궁중을 지키던 六衛府(ろくえふ)의 무관. ＊ゆぎおい의 전와(轉訛).

| 13 イ 常 | 債 | 빚 채
サイ
かり·はたる |

[音読]
債(さい) 채. 빚돈. 부채.
債券(さいけん) 채권.
債権(さいけん) 채권.
∥~国(こく)『經』채권국. ♣~会議(かいぎ) 채권국 회의.
~者(しゃ) 채권자. ♣~代位権(だいいけん)『法』채권자 대위권. /~遅滞(ちたい)『法』채권자 지체. /~取消権(とりけしけん)『法』채권자 취소권.
~証券(しょうけん) 채권 증권.
~行為(こうい)『法』채권 행위.
債鬼(さいき) 채귀. 빚쟁이.
債務(さいむ) 채무. ♣~国(こく) 채무국.
∥~名義(めいぎ)『法』채무 명의.
~返済(へんさい) 채무 변제.
~保証(ほしょう) 채무 보증.
~不履行(ふりこう)『法』채무 불이행.
~危機(きき) 채무 위기. 「자 지체.
~者(しゃ) 채무자. ♣~遅滞(ちたい) 채무
~超過(ちょうか)『法』채무 초과.
債主(さいしゅ) 채주. 채권자.

[逆音]
公債(こうさい) 공채.
負債(ふさい) 부채.

| 14 宀 | 寨 | 나무우리 채
サイ
とりで |

[訓読]
寨(とりで) 성채(城砦). 보루. 요새.

| 14 糸 | 綵 | 비단 채
サイ
あや·あやぎぬ |

[音読]
綵衣(さいい) 채의.

책

| 5
冂
教 | 冊(册) | 책 **책**
サツ・サク
ふみ |

音読
- **冊**(さつ) 책・잡지 따위를 세는 말. 권.
- **冊す**(さくす) 칙명에 따라 황태자・황후 등을 봉하여 세움.
- **冊立**(さくりつ) 책립. 책봉(冊封). ＊さくりゅう로도 읽음.
- **冊命**(さくめい) 책명.
- **冊封**(さくほう) 책봉. ＊さっぽう로도 읽음. ♣~**使**(し)〖史〗책봉사.
- **冊数**(さっすう) 책수. 권수.
- **冊子** ㊀(さっし) 책자. ㊁(そうし) ⇨ 冊紙(そうし).

其他
- **冊紙**(そうし) ①맨 책. ②江戸(えど) 시대의 대중 소설.

| 9
木 | 柵 | 울짱 **책**
サク
しがらみ |

音読
- **柵** ㊀(さく) ①목책(木柵). 울짱. ②성채(城砦). 녹채(鹿砦). ③☞㊀①. ㊁(しがらみ) ①책. 편비내. 수책(水柵). ②굴레. 속박.
- **柵門**(さくもん) 책문. 「직.
- **柵状組織**(さくじょうそしき)〖植〗책상 조
- **柵矢来**(さくやらい) 나무로 성기게 짠 울짱.
- **柵址**(さくし) 고대 성책(城柵)의 유적.
- **柵板塀**(さくいたべい) 목책 안에 널빤지를 댄 울(담).

| 11
竹 | 箞 | 대쪽 **책**・문서 **책**
サク
しがらみ |

参考 冊・策과 同字.

訓読
- **箞**(しがらみ) ①책(柵). 편비내. 수책(水柵). ②굴레. 속박.

| 11
虫 | 蚱 | 말매미 **책**
サク |

其他
- **蚱蟬**(なわせみ) 암컷 매미. 울지 않는 매미. ＊さくぜん으로도 읽음.

| 11
貝
教 | 責 | 꾸짖을 **책**
セキ
せめる |

音読
- **責**(せき) 꾸짖음. 죄를 물음.
- **責了**(せきりょう)〖印〗'**責任校了**(せきにんこうりょう)(=책임 교료)'의 준말. 책임 오케이〔교정필〕.
- **責務**(せきむ) 책무.
- **責問**(せきもん) 책문. ♣~**権**(けん) 책문권.
- **責罰**(せきばつ) 책벌.
- **責任**(せきにん) 책임. ♣~**感**(かん) 책임감 / ~**者**(しゃ) 책임자.
- ‖~**内閣**(ないかく) 책임 내각.
- ~**能力**(のうりょく) 책임 능력.
- ~**年齢**(ねんれい)〖法〗책임 연령.
- ~**保険**(ほけん) 책임 보험.
- ~**条件**(じょうけん)〖法〗책임 조건.
- ~**準備金**(じゅんびきん) 책임 준비금.

訓読
- ❖**責める**(せめる) ①(잘못 등을) 책하다. 나무라다. ②심하게 재촉하다〔조르다〕. ③고통을 주어 괴롭히다.
- **責め**(せめ) ①(벌로 주는) 육체적・정신적 고통. 고문. ②책임. 임무.
- **責め苛む**(せめさいなむ) 심하게 괴롭히다.
- **責め苦**(せめく) 심한 괴로움. 모진 고문.
- **責め掛ける**(せめかける) 재촉〔독촉〕하다.
- **責め具**(せめぐ) ☞**責め道具**(せめどうぐ).
- **責め道具**(せめどうぐ) 고문 용구(用具).
- **責め落とす**(せめおとす) ①(책(責)하여) 굴복시키다. ②닦달하여 자백시키다.
- **責め立てる**(せめたてる) ①몹시 책하다〔비난하다〕. ②심하게 독촉하다. 「말.
- **責め馬**(せめうま) 말을 타서 길들임. 또, 그
- **責め問う**(せめとう) 힐문하다. 고문하여 책문하다. 「다〕.
- **責め抜く**(せめぬく) 끝까지 책하다〔괴롭히
- **責め伏す**(せめふす) ①설득하여 좇게 하다. ②힐문하다.
- **責め付ける**(せめつける) 호되게 책하다.
- **責め塞ぎ**(せめふさぎ) (미흡하나) 그런대로 책임만은 다함.
- **責め手**(せめて) 책망하는 사람. 책하는 쪽.
- **責め折檻**(せめせっかん) 엄히 책(責)하여 괴롭힘. 「따지다.
- **責め合う**(せめあう) 서로 비난하다.
- **責め詰る**(せめなじる) 힐문하다.

其他
- **責る**(しおる) 몹시 꾸짖다. 야단 치다.
- **責付く**(せつく)〈俗〉재촉하다. 독촉하다. ＊せっつく로도 읽음.

逆音
- **譴責**(けんせき) 견책.
- **重責**(じゅうせき) 중책.
- **叱責**(しっせき) 질책.

| 12
竹
教 | 策 | 꾀 **책**・계책 **책**
サク
つえ・はかりごと・むち |

策

音読
策 ㈠ (さく) 계획. 계략. 대책.
㈡ (はかりごと) 꾀. 계략. 일을 꾀함.
㈢ (むち) ① 채찍. ② 지시봉. 지휘봉.
策する (さくする) 획책하다. 꾀하다.
策動 (さくどう) 책동. 남몰래 계획을 세워 행
策略 (さくりゃく) 책략. 계략.　└동함.
策励 (さくれい) 책려.
策謀 (さくぼう) 책모. 계략. 책략.
策士 (さくし) 책사. 모사(謀士).
策書 (さくしょ) 책서. ① 죽간(竹簡)에 쓴 문서. ②〖史〗 임관의 사령서.
策源地 (さくげんち) 책원지. 근거지. 작전계획을 세우는 곳. 「밈.
策応 (さくおう) 책응. 서로 짜고 책략을 꾸
策戦 (さくせん) 작전(作戦).
策定 (さくてい) 책정.

嘖

14 口 **嘖** 떠들썩할 **책**
サク
さいなむ

音読
嘖嘖 (さくさく) 책책. (여러 사람이) 칭찬하는 모양.

訓読
嘖む (さいなむ) ① 들볶다. 괴롭히다. ② 꾸짖다. 책망하다.

磔

15 石 **磔** 찢을 **책**・능지할 **책**
タク
はりつけ

音読
磔する (たくする) 책형(磔刑)에 처하다.
磔殺 (たくさつ) 책살. 기둥에 결박하여 찔러 죽임.
磔刑 (たっけい) 책형. 기둥에 결박하고 찔러 죽이는 형벌. ＊たくけい로도 읽음.

訓読
磔 (はりつけ) 책형(磔刑).
磔ける (はりつける) 책형에 처하다.

簀

17 竹 **簀** 마루 **책**・대자리 **책**
サク
す・すのこ

音読
簀 (さく) 대나무로 발처럼 엮은 것. 침대나 부엌・욕탕에 깔아 사용함. ＊す로도 읽음.

訓読
簀巻き (すまき) ① 대발로 감음. ② 江戸(え
ど) 시대에 있었던 사형(私刑)의 하나. 사람을 대 거적에 말아서 물에 던졌음.
簀立て (すだて) ① 고기잡이 발. ② 간장・된장 전국에 박아 국물을 뜨는 용구.
簀搔き (すがき) 판자나 대로 틈새가 성기게 마루를 놓는 일. 또, 그 마루.

簀の子 (すのこ) ① 대나 띠로 발처럼 엮은 것. ② 簀の子縁의 준말.
‖～縁 (えん) 대 또는 판자를 조금씩 사이가 벌어지게 만든 툇마루.
簀薦 (すごも) 대나무를 성기게 엮어서 안에 흰 생사로 짠 비단을 댄 깔개. 「립」문.
簀戸 (すど) 대나 나무오리로 엮어 만든 (사

처

5 几 **処** (處) 곳 처・머무를 처
ショ
おく・おる・ところ
🎓

音読
処する (しょする) ① 처(處)하다. ② 처리하다. ③ 대처하다.
処決 (しょけつ) 처결.
処女 (しょじょ) 처녀. ♣～宮 (きゅう)〖天〗 처녀궁 /～林 (りん) 처녀림 /～膜 (まく) 처녀막 /～峰 (ほう) 처녀봉 /～作 (さく) 처녀작 /～地 (ち) 처녀지.
‖～降誕 (こうたん) 처녀 강탄.
～生殖 (せいしょく) 처녀 생식.
～航海 (こうかい) 처녀 항해.
処断 (しょだん) 처단. 재결(裁決). ♣～刑 (けい)〖法〗 처단형.
処理 (しょり) 처리. 조처. 처분.
処務 (しょむ) 사무 처리.
処方 (しょほう) 처방.
‖～箋 (せん) 처방전. 약방문.
処罰 (しょばつ) 처벌.
処弁 (しょべん) 처리하는 일. 처분.
処分 ㈠ (しょぶん) ① 처분. ② 처벌.
‖～権主義 (けんしゅぎ) 처분권주의.
～保留 (ほりゅう) 처벌 보류.
～行為 (こうい) 처분 행위.
㈡ (そぶん) 유산을 분배하는 일. 또, 그 유산. ＊そうぶん으로도 읽음.
処士 (しょし) 처사. 거사(居士).
処暑 (しょしょ) 처서.
処世 (しょせい) 처세. ♣～術 (じゅつ) 처세술 /～訓 (くん) 처세훈.
処遇 (しょぐう) 처우.
処子 (しょし) 처자. ① 처녀. ② 처사. 거사.
処処 (しょしょ) 처처. 여기저기. 곳곳.
‖～方方 (ほうぼう) 방방곡곡. 여기저기.
処置 (しょち) 처치. 조처. 조치.
処刑 (しょけい) 처형. 사형 집행.

訓読
処 ㈠ (ところ) ① 곳. ② 고장. ③ 주소. ④ 부분. ⑤ 정도.
㈡ (か)《接尾語으로》 곳. 데.
㈢ (ど)《接尾語으로》 곳. 장소.
処る (おる) 있다. 「짐」.
処斑 (ところまだら) 군데군데 얼룩짐〔어룽

8 女 教	妻	아내 처 サイ つま

音読

妻君(さいくん) 남의 아내.
妻女(さいじょ) ①아내. ②아내와 딸.
妻孥(さいど) 처노. 처자. 가족.
妻帯(さいたい) 아내를 취함. 대처.
∥~者(しゃ) 아내가 있는 사람.
妻鈍(さいのろ) 아내에게 무름. 또, 그런 사람.
妻室(さいしつ) 처실. 처. 아내. └람.
妻縁(さいえん) 아내를 맞아들임으로써 생기는 인연.
妻子(さいし) 처자. *つまこ로도 읽음.
㊁(めこ) ①처자. ②아내.
妻妾(さいしょう) 처첩.

訓読

妻(つま) ①처. 아내. 마누라. *さい로도 읽음. ②〖建〗박공(벽).
妻琴(つまごと) 거문고. 어디선지 모르게 들려오는 거문고 소리.
妻恋い(つまごい) 별거하는 부부[암수]가 상대를 그리워함.
妻問い(つまどい) 〈雅〉연모하여 구애함. 남자가 여자에게 구혼함.
∥~婚(こん) 부부가 동거하지 않고 남편이 아내를 찾아가는 옛 결혼 형태의 하나.
妻訪い(つまどい) ⇨ 妻問い(つまどい).
妻廂(つまびさし) 문·창문에 단 차양.
妻飾り(つまかざり) 〖建〗맞배지붕의 측면에 생기는 삼각형 부분에 하는 장식.
妻屋(つまや) 부부의 침실.
妻入り(つまいり) 〖建〗건물 측면(側面)의 양단 중 어느 한끝에 문을 내고 정면으로 하는 건축 양식.
妻定め(つまさだめ) 결혼해 아내를 정함.
妻板(つまいた) 건물 측면의 판자.
妻戸(つまど) 寝殿造り(しんでんづくり)에서 건물 네 귀퉁이에 설치한 양 여닫이문.

其他

妻わせる(めあわせる) 결혼시키다.
妻夫(みょうと) 〈老〉부부.
妻敵(めがたき) 아내의 간부(姦夫).

10 冫	凄	쓸쓸할 처 セイ すごい・すごむ・すさまじい

音読

凄気(せいき) 무시무시한 기세.
凄涼(せいりょう) 처량. 호젓한 모양.
凄寧(せいりょう) 호젓한 모양.
凄然(せいぜん) 처연.
凄烈(せいれつ) 격렬한 모양.
凄艶(せいえん) 처염. 가슴이 설렐만큼 아리따운 모양.
凄切(せいぜつ) 처절. 몹시 쓸쓸함.
凄絶(せいぜつ) 처절. 몹시 처참함.
凄惨(せいさん) 처참.
凄凄(せいせい) 처처. 싸늘하고 쓸쓸한 모양.
凄楚(せいそ) 처초. 매우 슬프게 생각함.
凄惻(せいそく) 몹시 슬퍼함.
凄風(せいふう) 처풍. 맹렬하게 부는 바람.

訓読

凄まじい(すさまじい) ①무섭다. 무시무시하다. ②굉장하다. 대단하다.
❖凄い(すごい) ①무섭다. 무시무시하다. ②굉장하다. 지독하다. 대단하다. ③오싹하리만큼 쓸쓸하다.
凄く(すごく) 〈俗〉굉장히. 몹시. 되게.
凄文句(すごもんく) 위협하는[겁주는] 말.
凄腕(すごうで) 민완(敏腕). 놀라운 솜씨.
❖凄む(すごむ) 무시무시한 태도로 위협하다.
凄み(すごみ) ①무시무시한 모양[정도]. ②위협적인 모양. 무시무시한 말. 으름장.

11 忄	悽	슬퍼할 처 セイ いたむ

音読

悽然(せいぜん) 처연. 애처로운 모양.
悽愴(せいそう) 처창. ①처참한 모양. ②쓸쓸한 모양.
悽惻(せいそく) 몹시 슬퍼함.

12 艹	萋	우거질 처 セイ・サイ

音読

萋萋(せいせい) 처처. 초목(草木)이 무성한 모양.

13 ネ 日	褄	옷자락 (처) つま

訓読

褄(つま) 긴 옷의 아랫단 좌우 끝. 긴 옷의 섶단.
褄高(つまだか) 의복의 아랫단 좌우 끝을 높이 울림.
褄模様(つまもよう) 여성복의 아랫자락에 있는 무늬. 또, 그 옷.
褄先(つまさき) 일본 옷의 아랫단 좌우 끝.
褄取む(つまどる) ①옷자락 단을 걷어 들다[올리다]. ②기생이 되다.
褄黄蝶(つまきちょう) 〖蟲〗갈고리나비.
褄黒横這(つまぐろよこばい) 〖蟲〗풀멸구.

척

3 イ	彳	조금걸을 **척** テキ

音読
彳亍(てきちょく) 척촉. 조금 걷고는 섬. 잠시 멈춰 섬.

4 尸 教	尺	자 **척**·짧을 **척** シャク・セキ ものさし

音読
尺 ㊀(しゃく) ①길이. 기장. ②자.
㊁(さか) 고대(古代)의 길이의 단위(그 실제 길이는 불명). 「인 재목」
尺角(しゃっかく) 척각. 단면이 한 자 사방
尺骨(しゃっこつ) 〖生〗 척골.
尺貫法(しゃっかんほう) 척관법.
尺度(しゃくど) 척도. ①물건을 재는 자. ②기준. 표준. ③치수.
尺牘(せきとく) 척독. 편지. 서한. *しゃくとく로도 읽음.
尺書(せきしょ) 척서. 간단한 문서. 편지.
尺蛾(しゃくが) 〖蟲〗 척아. 자벌레나방.
尺余(しゃくよ) 일 척 남짓.
尺一(しゃくいち) 한 자 한 치.
尺地(せきち) 척지. 매우 좁은 땅. 촌토. *しゃくち라고도 함.
尺鉄(しゃくてつ) 짧은 날붙이. 촌철(寸鐵).
尺寸(せきすん) 척촌. 얼마 안 되는 길이·넓이. *しゃくすん으로도 읽음.
尺取(しゃくとり) 〖蟲〗 '尺取虫(しゃくとりむし)(=자벌레)'의 준말.
∥~蛾(が) ☞尺蛾(しゃくが).
尺土(せきど) 척토. 척지.
尺八(しゃくはち) ①〖樂〗 퉁소. ②폭이 한 자 여덟 치의 서화용 종이나 비단. ③〈俗〉 펠라티오.
尺蠖(しゃっかく) 〖蟲〗 척확. 자벌레.
尺〆(しゃくじめ) (척관법에 의한) 목재의 부피 단위.

其他
尺目(さしめ) 자의 눈금.

5 斤 常	斥	물리칠 **척** セキ うかがう・しりぞける

音読
斥力(せきりょく) 〖理〗 척력.
斥罵(せきば) 배척하고 매도함.
斥候(せっこう) 척후.
訓読
斥ける(しりぞける) 거절하다. 물리치다.
逆音
排斥(はいせき) 배척.

7 口 日	呎	피트 (척) セキ・シャク フィート

訓読
呎(フィート) 피트.

8 扌 常	拓	열 **척**·박을 **탁** タク ひらく

音読
拓落(たくらく) 척락. 불우한 환경에 빠짐.
拓植(たくしょく) ⇨ 拓殖(たくしょく).
拓殖(たくしょく) 척식. 개척과 식민.
拓銀(たくぎん) '拓殖銀行(たくしょくぎんこう)(=척식 은행)'의 준말.
拓地(たくち) 척지. 땅을 개척함.
拓本(たくほん) 탁본. 탑본.

10 刂	剔	뼈바를 **척** テキ えぐる

音読
剔抉(てっけつ) 척결. (결점·부정 따위를) 도려냄. 폭로[제거]함. 「도려냄.
剔除(てきじょ) 척제. 수술로 내장의 환부를
剔出(てきしゅつ) 척출. 도려냄. 후벼냄.
剔紅(てっこう) 척홍. 퇴주(堆朱)를 중국에서 일컫는 말.

10 扌	捗	칠 **척**·거둘 **보** チョク はか・はかどる

訓読
捗(はか) 일이 되어가는 정도. 일의 진도.
捗る(はかどる) 순조롭게 되어가다.
捗捗しい(はかばかしい) ①잘 진척되다. (병이) 호전되다. ②신통하다. 대견하다.
逆音
進捗(しんちょく) 진척.

10 月	脊	등성마루 **척** セキ せ・せい

音読
脊梁(せきりょう) 〖生〗 척량. 척추. 등뼈.
∥~山脈(さんみゃく) 척량 산맥.
脊索(せきさく) 〖生〗 척색.
∥~動物(どうぶつ) 척색 동물.
脊髄(せきずい) 〖生〗 척수. 등골. ♣~癆(ろう) 척수로 / ~膜(まく) 척수막 / ~炎(えん) 척수염.
∥~反射(はんしゃ) 척수 반사.

~損傷(そんしょう) 척수 손상.
~神経(しんけい) 척수 신경.
脊柱(せきちゅう) 척주. 등뼈.
‖~管狭窄症(かんきょうさくしょう) 척주관 협착증.
~湾曲(わんきょく) 척주 만곡.
脊椎(せきつい) 척추. ♣~骨(こつ) 척추골./~炎(えん) 척추염.
‖~動物(どうぶつ) 척추 동물.
~湾曲(わんきょく) 척추 만곡.「증.
~分離症(ぶんりしょう)〖醫〗 척추 분리
脊黄青鸚哥(せきせいいんこ)〖鳥〗 사랑새.
訓読
脊骨(せぼね) 척골. 척추골.

隹10 常 隻
짝 척·하나 척
セキ
ひとつ

音読
隻(せき)《接尾語적으로》…척. 배의 수효를 세는 말.
隻脚(せっきゃく) 한쪽 다리(밖에 없음).
隻句(せっく) 척구. 짤막한 문구(文句).
隻手(せきしゅ) 척수. 한쪽 손.
隻眼(せきがん) 척안. ① 외눈. ② 일가견.
隻語(せきご) 척어. ① 짤막한 말. ② 아이들의 떠듬거리는 말.「영(片影).
隻影(せきえい) 척영. 단 하나의 그림자. 편
隻腕(せきわん) 한쪽 팔(밖에 없음).

忄11 惕
두려워할 척
テキ

音読
惕然(てきぜん) 척연. 두려워하는 모양.

戈11 戚
겨레 척·슬퍼할 척·도끼 척
セキ
いたむ・うれえる

音読
戚揚(せきよう) 척양. 큰 도끼와 작은 도끼. 부월. 전하여, 무기.「양.
戚然(せきぜん) 척연. 근심하고 슬퍼하는 모
戚戚(せきせき) 척척. 근심 걱정하는 모양.

氵14 滌
씻을 척
デキ・テキ・ジョウ
すすぐ

音読
滌浄(てきじょう) 척정. 씻어서 깨끗이 함.
滌除(てきじょ) 척제. 씻어 없앰.「림.
滌蕩(てきとう) 척탕. 더러운 것을 씻어 버
訓読
❖滌ぐ(すすぐ) 씻다. ① 헹구다. ②(누명·

불명예 등을) 씻어 없애다.
滌ぎ(すすぎ) ① 헹굼(질). ② 발을 씻는 물. ③ 세탁.

疒15 瘠
파리할 척
セキ
やせる

音読
瘠地(せきち) 척지. 척박한 땅.
瘠土(せきど) 척토. 척지.
訓読
❖瘠せる(やせる) ① 여위다. ②(땅이) 메마르게 되다. 토박해지다.「른 사람.
瘠せ(やせ) ① 마름. 여윔. 또, 그 정도. ② 마

扌18 擲
던질 척
テキ・チャク
なげうつ・なぐる

音読
擲弾筒(てきだんとう) 척탄통.
訓読
擲つ(なげうつ) 내던지다. 팽개치다.
❖擲る(なぐる) ① 세게 때리다. 세게 치다. ② 일을 겉날리다.
擲り(なぐり) 구타. 세게 때림.
擲り付ける(なぐりつける) 후려갈기다.
擲り飛ばす(なぐりとばす) 힘껏 후려치다.
擲り書き(なぐりがき) 난필. 갈겨씀. 또, 그렇게 쓴 것.
擲り込み(なぐりこみ) 작당하여 남의 집으로 몰려감. 몰려가서 행패 부림.
擲り込む(なぐりこむ) ① 남의 집에 뛰어들어 때리다. ② 작당하여 난입·습격하다.
其他
擲石(いしなご) 돌을 바닥에 깔고 집어 던져 올리고 받는 여자 아이들의 놀이. 공기.

足18 蹠
밟을 척·발바닥 척
セキ・ショ
あしうら

音読
蹠骨(しょこつ)〖生〗 척골.
蹠行性(しょこうせい) 척행성. 포유류의 걷는 방법의 하나로, 발가락 끝에서 발뒤꿈치까지 발바닥 전체를 땅에 대고 걷는 법.
訓読
蹠(あしうら) 발바닥.

鳥21 鶺
할미새 척
セキ

音読
鶺鴒(せきれい)〖鳥〗 척령. 할미새. *예전에는 まなばしら라고 했음.

22 足	躑	머뭇거릴 척 テキ

其他
躑躅 ㊀(つつじ)〖植〗척촉. 철쭉. 진달래.
‖~色(いろ) 엷은 분홍빛.
㊁(てきちょく) 척촉. ①머뭇거림. 주저.
②☞㊀.

천

3 十 (教)	千	일천 천 セン ち

音読
千 ㊀(せん) 천. 수많음의 비유.
㊁(ち)〈雅〉천. 또, 다른 말과 복합해서 수가 많음을 나타냄.
千客万来(せんきゃくばんらい) 천객만래. 많은 손님이 잇따라 찾아옴. *せんかくばんらいで도 읽음.
千景万色(せんけいばんしょく) 많은 경치. 여러 가지 조망.
千古(せんこ) 천고.
‖~不易(ふえき) 천고불역〔불변〕.
千顆万顆(せんかばんか) 지극히 수가 많음.
千貫(せんがん) 천관. ①1관의 천 배. ②중량·금액이 많음.
千句(せんく) 천구. 천 개의 어귀.
千軍万馬(せんぐんばんば) ①천군만마. 대군. ②(실전) 경험이 풍부함.
~の間(かん) 싸울터.
千鈞(せんきん) 천균. 아주 무거움.
千筋 ㊀(せんすじ) 가느다란 세로줄 무늬(의 직물).
㊁(ちすじ) ①가늘고 긴 실 모양의 것이 많이 있음. ②머리털.
千金(せんきん) 천금.
千両(せんりょう) ①천냥. 많은 금액. ②매우 가치가 높음.
‖~道具(どうぐ) 대단히 가치가 있는 것.
~箱(ばこ) 小判(こばん) 일천 냥을 넣은 노송나무 상자.
~役者(やくしゃ) ①뛰어난 배우. ②눈부신 활약으로 주목받는 사람.
千年 ㊀(せんねん) 천년.
‖~紀(き)〖考〗천년기. 천년을 단위로 서력(西暦)을 세는 법.
~王国(おうこく)〖宗〗천년 왕국. ♣~説(せつ)〖宗〗천년 왕국설.
㊁(ちとせ) 천년. 천세. 또, 길고 긴 세월.
‖~飴(あめ) 세 살·다섯 살·일곱 살 난 아이들의 성장 축하용으로 판매되는 홍백으로 염색한 가래엿.
千段巻き(せんだんまき) ①창의 자루 따위를 등(籐)이나 삼으로 칭칭 감는 일. ②활에 등을 감는 방식의 하나.
千慮(せんりょ) 천려.
~の一失(いっしつ) 천려일실.
千六本(せんろっぽん) 무채. 또, 무채로 써는 일.
千里(せんり) 천리. ♣~眼(がん) 천리안.
~の馬(うま) 천리마.
㊁(ちさと) ①많은 촌락. ②많은 이수(里).
千万 ㊀(せんまん) 천만. 〔數〕
‖~無量(むりょう) 수없이 많음.
~言(げん) 매우 많은 말.
㊁(せんばん) ①《接尾語적으로》…천만. 더할 수 없음의 뜻. ②《副詞적으로》여러 가지
㊂(ちよろず)〈雅〉한없이 많음. 〔로.
千枚張り(せんまいばり) ①(종이 따위를) 여러 겹 발라 두껍게 함. ②아주 뻔뻔스러움.
千枚漬け(せんまいづけ) 순무를 얇게 썰어 미림·누룩 등에 담근 김치.
千枚通し(せんまいどおし) 송곳의 하나.
千門万戸(せんもんばんこ) 천문만호. 수많은 집.
千般(せんぱん) 갖가지. 여러 가지.
千倍(せんばい) ①천 배. ②매우 기쁨. 대만족. 〔수.
千百(せんひゃく) 천백. 수천 수백의 많은
千番(せんばん) 천번. ①천회. ②번호의 일천번.
千変万化(せんぺんばんか) 천변만화.
千本湿地(せんぼんしめじ)〖植〗‘湿地(しめじ)(=송이과에 속하는 버섯의 하나)'의 딴 이름.
千分比(せんぶんひ) 천분비.
千分率(せんぶんりつ) 천분율. 〔각.
千思(せんし) 여러 가지로 생각함. 또, 그 생
‖~万考(ばんこう) 천사 만고. 여러 가지로 생각함.
千社札(せんじゃふだ) 千社参り(せんしゃまいり)를 하는 사람이 가져다가 참배 기념으로 각 신사의 사전(社殿)에 붙이는 종이 쪽.
千社参り(せんじゃまいり) 신사 천 곳을 참배하고 기도드리는 일〔사람〕.
千山万水(せんざんばんすい) 천산만수. 많은 산과 많은 강.
千三つ(せんみつ) ①거짓말쟁이. ②복덕방. 거간꾼.
千状万態(せんじょうばんたい) 천상만태. 천태만상. 천차만별의 상태.
千生り(せんなり) 조롱조롱 열매가 열림.
‖~瓢箪(びょうたん) 호리병박의 일종.
千石筵(せんごくどおし) ⇨千石通し(せんごくどおし).
千石船(せんごくぶね) 江戸(えど) 시대에 쌀 천 섬을 실을 수 있었던 큰 배.
千石通し(せんごくどおし) 낟알 선별에 쓰이는 농구(農具).

千成り(せんなり) ⇨ 千生り(せんなり).
千手(せんじゅ)〖佛〗천수. 千手観音의 준말.
∥~**観音**(かんのん)〖佛〗천수관음.
千首(せんしゅ) 어떤 표제 아래 한 사람 또는 여러 사람이 천 수의 和歌(わか)를 읊을 것. 또, 한 사람이나 여러 사람의 和歌를 천 수 모은 것.
千乗(せんじょう) 천승. 수레 천 대.
∥~**の国**(くに) 천승지국. 큰 제후의 나라.
千辛万苦(せんしんばんく) 천신만고.
千尋(せんじん) 천심. 천길. *雅語로는 ちひろ라고도 함.
千夜一夜物語(せんやいちやものがたり) 천일야화. 아라비안나이트.
千億(せんおく) 천억. 대단히 많은 수.
千言(せんげん) 천언.
∥~**万語**(ばんご) 천언만어.
千羽鶴(せんばづる) 종이로 접은 학을 많이 이어 단 것.
千人(せんにん) ① 천 사람. ② 많은 사람.
∥~**力**(りき) 천 사람의 힘이 있음. 굉장히 힘셈.
~**切り**(ぎり) 어떤 소원을 이루기 위해 천 명의 사람을 베어 죽임.
千仞(せんじん) 천인. 천길.
千日(せんにち) ① 천 일. ② 많은 날. ♣~**草**(そう)〖植〗천일초.
∥~**手**(て) (장기에서) 비김수. 또, 그 상태.
~**詣で**(もうで) ☞ 千日参り.
~**参り**(まいり) 천일 동안 신사(神社)·절에 참배함.
~**紅**(こう)〖植〗천일초의 딴이름.
千一夜(せんいちや) 천일야. 오래 끌고 나가는 읽을거리나, 방송 프로의 제목 등에 붙이 ┗는 말.
千字文(せんじもん) 천자문.
千姿万態(せんしばんたい) 천자만태. 온갖 자태.
千紫万紅(せんしばんこう) 천자만홍.
千丈(せんじょう) 천장. 천길.
千載(せんさい) 천재. 천세. 천년.
∥~**一遇**(いちぐう) 천재일우.
千切り ㊀(せんぎり) 채침. 또, 그 채친 것. ㊁(ちぎり) 양끝은 굵고 중앙은 약간 가늘게 깎은 막대기.
千摺り(せんずべり) 수음. 자위.
千種万様(せんしゅばんよう) 천차만별.
千振り(せんぶり) ①〖植〗용담과의 월년초. ②〖蟲〗시베리아잠자리.
千差万別(せんさばんべつ) 천차만별.
千畳(せんじょう) ① 산 따위가 몹시 깊음. ② 천 장의 다다미.
千秋(せんしゅう) 천추.
∥~**楽**(らく) ① 아악(雅樂)의 한 곡명. ② (연극·씨름 따위의) 흥행의 최종일.
千秋万歳㊀(せんしゅうばんざい) 천추만세. 영원. 또, 장수를 비는 말.
㊁(せんずまんざい) 정월에, 남의 집 문전에서 그 집의 번영을 비는 춤의 하나.
千朶積み(せんだつみ) 상품을 높이 쌓아올림. 또, 그것을 짊어지고 팔러다니는 상인.
千態(せんたい) 천태. 여러 가지 형태.
∥~**万状**(ばんじょう) 천태만상.
千駄櫃(せんだびつ) 방물장수 등이 지고 다니는 많은 서랍이 달린 궤.
千波万波(せんぱばんぱ) 천파만파. 잇따라 밀려오는 물결.
千篇一律(せんぺんいちりつ) 천편 일률.
千行(せんこう) 여러 줄기가 이어짐. 계속 눈물이 흐르는 모양.

訓読

千巻き(ちまき) 직기의 부품의 하나. 날실을 팽팽하게 하기 위한 막대.
千代(ちよ)〈雅〉천년. 영구. 영원.
∥~**紙**(がみ) 색무늬가 있는 수공용 종이.
千度(ちたび)〈雅〉천 번. 여러 번. 몇번이고 되풀이함.
千島(ちしま)〖地〗☞ 千島列島.
∥~**列島**(れっとう)〖地〗쿠릴 열도.
~**海流**(かいりゅう) 쿠릴 해류.
千名(ちな) 여러 가지 평판〔소문〕.
千木(ちぎ) 고대 건축에서 지붕 위의 양끝에 ×자 형으로 교차시킨 길다란 목재.
千歳(ちとせ) 천세. 천년. 오랜 세월. *せんざい로도 읽음.
千束(ちづか) ① 천〔여러〕 다발. ② 매우 깊. *ちつか로도 읽음.
千葉(ちば)〖地〗関東(かんとう) 지방에 있는 현. 또, 그 현청 소재지.
千五百(ちいお)〈雅〉① 물건의 수효가 매우 많음. ② 수가 한이 없음.
∥~**秋**(あき) 끝없이 긴 세월. 영원.
千引き(ちびき) 많은 사람이 끌어야 할 만큼 무거운 것.
千入(ちしお) 여러 번 염료에 담가 염색함.
千切る(ちぎる) ① 갈기갈기 찢다. ② 비틀어 뜯다. ┗리 찢어지다.
千切れる(ちぎれる) 끊기어 떨어지다. 갈가
千切れ雲(ちぎれぐも) 조각 구름.
千切れ千切れ(ちぎれちぎれ) 갈기갈기.
千鳥(ちどり)〖鳥〗물떼새.
∥~**格子**(ごうし) 새발자국 무늬를 교차시킨 격자 무늬.
~**掛け**(がけ) 엇비슷하게 교차시키는 일. 특히, 실을 갈짓자형으로 훑침. 새발뜨기.
~**足**(あし) 술취해서 비틀거림. 또, 그 걸음. 갈지(之)자 걸음.
千足る(ちたる) 충분히 만족하다. 흡족하다.
千種(ちくさ)〈雅〉종류가 많음. 가지각색.
千座(ちくら) 많은 대(臺).
∥~**の置き戸**(おきど) 먼 옛날, 불제(祓除) 때 속죄하기 위해 내놓았던 많은 물품.
千重(ちえ)〈雅〉아주 많이 겹침.
∥~**波**(なみ) 아주 많이 겹쳐서 밀려오는 파 ┗지.
千枝(ちえ) 천지. 여러 갈래로 나뉘어진 가
千千(ちぢ) ① 수가 많음. ② 여러 가지.

千千分くに(ちちわくに)〈古〉이래저래 귀찮게. 시끄럽게.
千草(ちぐさ) ① 여러 가지 풀. ②〈雅〉千草色의 준말. ＊ちくさろとも 읽음.
∥**〜色**(いろ) 약간 녹색을 띤 엷은 청색.
〜木綿(もめん) 千草色으로 실을 염색하여 짠 면직물.
[其他]
千屈菜(みそはぎ)〚植〛부처꽃. ＊みぞはぎ로도 읽음.

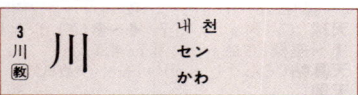

[音読]
川垢離(せんごり) 신불에게 빌기 위해 강물에 들어가 심신을 깨끗이 하는 일. ＊かわごり로도 읽음.
川苔(せんきゅう)〚植〛천궁이.
川柳 ㊀(せんりゅう) 江戸(えど) 시대 중기에 前句付け(まえくづけ)에서 독립된, 5·7·5의 3귀 17음으로 된 짧은 시.
[訓読]
㊁(かわやなぎ) 냇가의 버들.
川(かわ) 하천. 강. 시내.
川干し(かわぼし) ☞ 川狩り(かわがり).
川開き ㊀(かわあき) 도강(渡江) 금지가 해제됨.
㊁(かわびらき) 그 해의 강놀이 개시를 축하하여 강가에서 불꽃놀이를 하는 연중 행사.
川裾(かわすそ)〚川尻(かわじり)〛.
川尻(かわじり) ① 하류. ② 강어귀.
川股(かわまた) 강물이 갈라져 흐르는 아귀.
川骨(かわほね)〚植〛개연꽃.
川亀(かわかめ) 자라의 옛 이름.
川蜷(かわにな)〚貝〛다슬기.
川筋(かわすじ) ① 강줄기. ② 강가 일대의 땅.
川崎病(かわさきびょう)〚醫〛가와사키 병.
川崎船(かわさきぶね) 江戸(えど) 시대부터 東北(とうほく)·北海道(ほっかいどう) 지방에서, 연어·송어·대구 등의 어로에 종사하던 비교적 큰 어선.
川端(かわばた) 강가. 냇가.
∥**〜柳**(やなぎ) 냇가의 버드나무.
川獺(かわうそ)〚動〛수달.
川島(かわしま) 강(江) 섬.
川浪(かわなみ) ☞ 川波(かわなみ).
川涼み(かわすずみ) 여름에 강가나 배를 타고 강바람을 쐬는 일.
川猟(かわりょう) ☞ 川狩り(かわがり).
川路(かわじ) 강줄기.
川瀬(かわせ) 강의 여울.
川流れ(かわながれ) 강물에 떠내려감. 강에 빠져 죽음.
川立ち(かわだち) 강가에서 태어나 자람. 또, 그 사람.
川面(かわづら) 강의 수면. ＊かわもろとも 읽음.

川明かり(かわあかり) 강의 수면이 어슴푸레하게 밝음.
川明き(かわあき) ① 도강(渡江) 금지가 해제되는 일. 또, 그 날. ② (강에서) 금어(禁漁)가 해제됨.
川霧(かわぎり) 강가에 낀 안개.
川辺(かわべり) 강변. 강가. ＊かわべ로도 읽음.
川普請(かわぶしん) 하천의 개수(改修) 공사.
川並(かわなみ) ① 강물이 흐르는 상태. ② 저목장(貯木場)에서 뗏목을 부리는 사람.
川砂(かわすな) 강(江) 모래.
川蛇(かわへび)〚魚〛두렁허리.
川上(かわかみ) ① (강의) 상류. 물위. ②〈古〉강가. 냇가.
∥**〜産業**(さんぎょう) 소비자 단계에서 먼 곳에 위치하는 소재 메이커 등을, 강의 흐름에 비유해서 일컫는 말.
川床(かわどこ) ★ 강바닥. 하상(河床).
川鼠(かわねずみ)〚動〛물쥐.
川船(かわぶね) 강이나 호수 위를 다니는 배.
川蟬(かわせみ)〚鳥〛물총새.
川水(かわみず) 강물.
川狩り(かわがり) 천렵(川獵).
川施餓鬼(かわせがき)〚佛〛익사자의 명복을 빌기 위해 강가나 배에서 드리는 불공.
川岸(かわぎし) 강변. 강가. 냇가.
川揚げ(かわあげ) ① 강에서 뱃짐을 양륙함. ② 강물을 뭍으로 퍼 올림.
川魚(かわうお) 민물고기. ＊かわざかなろと 읽음.
川漁(かわりょう) 천렵.
川沿い(かわぞい) 강가.
川縁(かわぶち)〈口〉강가. 강변. ＊かわべり로도 읽음.
川っ縁(かわっぷち) ☞ 川縁(かわぶち).
川烏(かわがらす)〚鳥〛물까마귀.
川原(かわら) 강가 모래[자갈]밭. ♣**〜鳩**(ばと)〚鳥〛양(洋)비둘기. /**〜艾**(よもぎ)〚植〛사철쑥.
∥**〜乞食**(こじき) 江戸(えど) 시대에, 광대·연극 배우의 낮춤말.
〜撫子(なでしこ)〚植〛'ナデシコ(＝패랭이꽃)'의 딴이름.
〜者(もの) ① 천한 인부. ② 거지·천인(賤人)의 낮춤말. ③ 江戸(えど) 시대에, 연극 배우의 낮춤말.
〜蝗虫(ばった)〚蟲〛냇물의 뚜기. 모래메뚜기.
川越し(かわごし) ① 강 건너. ② 걸어서 강을 건념. 월천(越川). ③ 川越し人足의 준말.
∥**〜人足**(にんそく) 월천꾼.
川遊び(かわあそび) 강에서 놂. 특히, 뱃놀이.
川音(かわおと) 강물〔냇물〕 소리.
川底(かわぞこ) 강바닥.
川伝い(かわづたい) 강을 따라감.
川淀(かわよど)〈雅〉냇물이 괸 곳.
川除け(かわよけ) 제방 등의 하천 범람 방지 시설.
川堤(かわづつみ) 강둑.
川釣り(かわづり) 강낚시.

川州(かわす) 강 가운데 생긴 모래톱.
川洲(かわす) ⇨ 川州(かわす).
川竹(かわたけ) ①강가에 나는 대나무. ②『植』참대.
川浚え(かわざらえ) (강바닥의) 준설.
川中(かわなか) 강의 중앙. 강 복판.
川蒸気(かわじょうき) 강을 오르내리는 통통배.
川止め(かわどめ) 江戸(えど) 시대, 큰물이 났을 때 도강(渡江)을 금지하던 일.
川蜘蛛(かわぐも) 'あめんぼ(=소금쟁이)'의 딴이름.
川津(かわず) (강) 나루터. 선착장.
川次(かわなみ) ⇨ 川並(かわなみ).
川千鳥(かわちどり) (강가에 사는) 물떼새.
川太郎(かわたろう) 河童(かっぱ)의 딴이름.
川波(かわなみ) 강에 이는 물결.
川幅(かわはば) 강폭. 하폭(河幅).
川風(かわかぜ) 강풍. 강바람.
川下(かわしも) 하류. 물아래.
‖〜産業(さんぎょう) 소비자 단계에 가장 가까운 곳에 위치하는 유통・판매업이나 서비스업을, 강의 흐름에 비유해서 일컫는 말.
川下り(かわくだり) 배・뗏목을 타고 강을 내려감.
川海老(かわえび) 강에 사는 새우.
川向かい(かわむかい) 강 건너편.
川向こう(かわむこう) 강 건너 저쪽.
〜の火事(かじ) 강 건너 불. 대안(對岸)의 불 (보듯 함).

4 大 教 天 하늘 천
テン
あめ・あま・そら

音読

天(てん) ①하늘. 천. *あめ 또는 あまろども 읽음. ②물건의 위쪽. ③『基』천국. ④《接尾語に》…천.
〜高(たか)く馬(うま)肥(こ)ゆ 천고마비.
〜の濃漿(こんず) 하늘이 내려준 음료.
〜の美禄(びろく) 술의 미칭.
〜の配剤(はいざい) 하늘의 배제. 하늘은 선악에 대해서 그에 상응하는 보답을 내림.
天から(てんから) ①처음부터. ②아예.
天蝎宮(てんかつきゅう) 『天』천갈궁.
天蓋(てんがい) 천개. ♣〜屋(や) 장의사.
天譴(てんけん) 천견. 천벌.
天界(てんかい) 천계.
天啓(てんけい) 천계. 신의 계시.
天鼓(てんこ) 천고. 천둥. ②『佛』도리천(切利天)에 있다는 북.
天骨(てんこつ) 천골. 천성. 타고난 기골.
天工(てんこう) 천공. 하늘의 조화. 자연의
天空(てんくう) 천공. └섭리.
‖〜海闊(かいかつ) 천공해활.
天功(てんこう) ⇨ 天工(てんこう).
天瓜粉(てんかふん) ⇨ 天花粉(てんかふん).

天冠(てんかん) 천관. *てんがん으로도 읽음.
天光(てんこう) 천광.
天巧(てんこう) 천교. 하늘의 조화(造化).
天狗(てんぐ) ①상상의 괴물. ②자랑하며 으쓱하는 사람. 〜風(かぜ) 돌풍.
‖〜倒し(だおし) 산속에서 들리는, 원인 모르는 큰소리.
〜礫(つぶて) 산속에서 어딘지 모르게 날아오는 돌멩이.
〜連(れん) 거만한 사람들.
〜鼻(ばな) ①높은 코. ②자랑하는 사람.
天球(てんきゅう) 천구. ♣〜儀(ぎ) 천구의.
座標(ざひょう) 천구 좌표.
天具帖(てんぐじょう) 미농지(美濃紙).
天国(てんごく) 천국.
天弓(てんきゅう) 천궁. 무지개.
天穹(てんきゅう) 천궁. 넓은 하늘.
天眷(てんけん) 천권. 하늘의 보살핌.
天金(てんきん) 천금. (제본(製本) 양식의) 길트톰(gilt-top).
天気(てんき) ①날씨. *ていけろ도 읽음. ②(날씨가) 개임. ♣〜図(ず) 일기도/〜雨(あめ) 여우비.
‖〜概況(がいきょう) 일기 개황.
〜予報(よほう) 일기 예보.
〜俚諺(りげん) 날씨에 관해 예로부터 전해
〜合い(あい) 날씨. └오는 말.
天機(てんき) 천기.
天南蛮(てんなんばん) 『料』메밀국수나 가락국수에 튀김을 얹고 국물을 부은 뒤 파를 곁들인 것.
天南星(てんなんしょう) 『植』천남성.
天女(てんにょ) 천녀. 선녀.
天年(てんねん) 천수(天壽).
天壇(てんだん) 『史』천단.
天堂(てんどう) 천당. 천국.
天袋(てんぶくろ) 『建』반침 안 상부에 설치
天徳(てんとく) 천덕. └한 선반.
天道(てんどう) ①천지를 지배하는 신. ②태양. ③천체가 운행하는 길.
‖〜干し(ぼし) ①볕에 넒. ②노점(露店).
〜任せ(まかせ) 자연의 추세에 맡김.
㊂〜(てんとう) ①천지 자연의 법칙. ②천체의 운행. ♣〜教(きょう) (한국의) 천도교.
天道虫(てんとうむし) 『蟲』무당벌레.
天動説(てんどうせつ) 천동설.
天覧(てんらん) 천람. 어람(御覽).
天狼星(てんろうせい) 『天』천랑성. 시리우
天来(てんらい) 천래. └스.
天領(てんりょう) ①天皇(てんのう) 직할의 영지. ②『史』江戸(えど) 시대, 将軍(しょうぐん) 직할의 영지.
天籟(てんらい) 천뢰. ①바람 소리. ②훌륭
天利(てんり) 선(先)이자. └한 시문.
天理(てんり) 천리. 천지 자연의 이치.
‖〜教(きょう) 천리교/『宗』천리교《神道(しんとう)
天馬(てんば) 천마. └의 한 파》.
天魔(てんま) 『佛』천마.

‖~波旬(はじゅん)『佛』천마 파순.
天幕(てんまく) 천막. 텐트.
天満宮(てんまんぐう) '菅原道真(すがわらのみちざね)(=平安(へいあん) 시대의 학자)'의 신령을 모신 신사(神社).
天網(てんもう) 천망. 하늘의 법망.
天明(てんめい) 천명. 새벽. 여명.
天命(てんめい) 천명. ① 천운. ② 천수. ③ 하늘의 명령.
天目(てんもく) ① 말차(抹茶)를 마시는 막자사발 모양의 찻잔. ②〈関西方〉 공기.
‖~茶碗(ぢゃわん) ☞ 天目 ①.
~山(ざん) 승부의 갈림길. 최후의 결전.
天文(てんもん) 천문. ♣~台(だい) 천문대 / ~時(じ)『天』천문시.
~単位(たんい)『天』천문 단위.
~時計(どけい)『天』천문 시계.
~学(がく) 천문학. ♣~的数字(てきすうじ) 천문학적 숫자.
~航法(こうほう)『海』천문 항법.
天聞(てんぶん) 천문. 천자가 듣는 일.
天物(てんぶつ) 천물. 자연 산물.
天杯(てんぱい) 천배. 임금이 내린 술잔.
天盃(てんぱい) ⇨ 天杯(てんぱい).
天罰(てんばつ) 천벌.
‖~覿面(てきめん) 천벌이 당장에 내림.
天辺 ㊀(てんぺん) 천변. 하늘 가〔끝〕.
㊁(てっぺん)〈口〉꼭대기. 정상. 극(極).
天変(てんぺん) 천변.
‖~地異(ちい) 천변지이.
天保銭(てんぽうせん)『史』江戸幕府(えどばくふ)가 天保(てんぽう) 연간에 만든 타원형의 동전.
天福(てんぷく) 천복.
天父(てんぷ)『基』하늘에 계신 아버지. 신.
天府 ㊀(てんぷ) 천부. 땅이 비옥하여 산출이 많은 땅.
㊁(テンプ) 손목시계 따위의 유사(遊絲)의 속도를 조절하는 톱니바퀴.
天賦(てんぷ) 천부.
‖~人権説(じんけんせつ) 천부 인권설.
天婦羅(てんぷら) ⇨ 天麩羅(てんぷら).
天麩羅(てんぷら) ①『料』튀김. ②〈俗〉엉터리. 가짜.
‖~蕎麦(そば) 튀김을 얹은 메밀국수.
~時計(とけい) 고물에 도금한 시계.
天分(てんぶん) 천분. 타고난 재질·분수.
天使(てんし) 천사.
天賜(てんし) 천사. 하늘이〔천자가〕내려줌.
天社日(てんしゃにち) ⇨ 天赦日(てんしゃにち).
天赦日(てんしゃにち) (음력에서) 가장 좋은 길일(吉日).
天産(てんさん) 천산. 천연으로 남. ♣~物(ぶつ) 천산물.
天上(てんじょう) 천상. 하늘. ♣~界(かい) 천상계.
‖~天下唯我独尊(てんげゆいがどくそん) 천상천하 유아독존.

天象(てんしょう) 천상. 천체의 현상. ♣~儀(ぎ) 천상의.
天色(てんしょく) 천색.
天鼠(てんそ)『動』박쥐의 딴이름.
天錫(てんしゃく) 천석. 하늘이 내려 줌.
天仙(てんせん) 천선. 하늘에 있다는 신선.
天成(てんせい) 천성.
天声(てんせい) 천성.
天性(てんせい) 천성.
天孫(てんそん) 천신(天神)의 자손.
天水(てんすい) 빗물.
‖~田(でん) 천수답. 천둥지기.
~桶(おけ) 빗물 받는 통.
天守(てんしゅ) 天守閣의 준말.
‖~閣(かく) 성(城) 중심부에 있는 제일 높은 망루.
天寿(てんじゅ) 천수. 수명.
天授(てんじゅ) 천수.
~の才(さい) 타고난 재주.
天手古舞い(てんてこまい) (몹시 바빠서) 이리 뛰고 저리 뜀.
天神(てんじん) 천신. *てんしんで으로도 읽음.
‖~髷(まげ) 여성 머리형의 하나.
~髭(ひげ) 양끝이 아래쪽 처진 입수염.
~地祇(ちぎ) 천신지기.
天心(てんしん) 천심.
天眼(てんがん) 천안. *てんげん으로도 읽음. ♣~通(つう)『佛』천안통. 「보기.
‖~鏡(きょう) (관상쟁이 등이 쓰는) 큰 돋
天顔(てんがん) 천안. 용안.
天涯(てんがい) 천애.
~の孤児(こじ) 천애의 고아.
‖~孤独(こどく) 천애 고독.
~万里(ばんり) 천애 만리.
~地角(ちかく) 천애지각.
天壌(てんじょう) 천양. 하늘과 땅.
‖~無窮(むきゅう) 천양무궁.
天業(てんぎょう) 천업. 제왕〔천자〕의 사업.
天与(てんよ) 천여. 천부.
天然(てんねん) 천연. 자연. ♣~橋(きょう) 천연교 / ~痘(とう)『醫』천연두 / ~林(りん) 천연림 / ~木(ぼく) 천연목 / ~美(び) 천연미 / ~石(せき) 천연석 / ~港(こう) 천연항.
~乾燥(かんそう) 천연 건조.
~更新(こうしん) 천연 경신. 천연 조림.
~果実(かじつ)『法』천연 과실.
~果汁(かじゅう) 천연 과즙.
~記念物(きねんぶつ) 천연 기념물.
~放射能(ほうしゃのう) (우라늄·라듐 등이 내는) 천연 방사능.
~肥料(ひりょう) 천연 비료.
~色(しょく) 천연색. ♣~映画(えいが) 천연색 영화.
~色素(しきそ) 천연 색소.
~繊維(せんい) 천연 섬유.
~樹脂(じゅし) 천연 수지.
~崇拝(すうはい) 천연 숭배. 자연 숭배.
~染料(せんりょう) 천연 염료.

~資源(しげん) 천연 자원.
~現象(げんしょう) 천연 현상.
天淵(てんえん) 천연. 하늘과 못. 전하여, 위와 아래.
天王(てんのう)〖佛〗천왕.
天王星(てんのうせい)〖天〗천왕성. *てんおうせいろも 읽음.
天外(てんがい) 천외.
天佑(てんゆう) 천우. 하늘의 도움.
‖~**神助**(しんじょ) 천우신조.
天祐(てんゆう) ⇨ 天佑(てんゆう)
天運(てんうん) 천운.
天元(てんげん) 천원. ♣~**術**(じゅつ) 천원술.
天位(てんい) 천위. 천자의 자리.
天為(てんい) 천위. 하늘이 하는 바.
天威(てんい) 천위. 제왕의 위엄.
天恩(てんおん) 천은.
天衣 ㊀(てんえ) 천의. 제천(諸天)·여러 보살이 걸치고 있는 옷. *てんねろも 읽음.
㊁(てんい) 천의. 선녀가 입는 옷.
‖~**無縫**(むほう) 천의무봉.
天意(てんい) 천의.
天人 ㊀(てんにん) 천인.〖佛〗천상계(天上界)에 사는 사람.
㊁(てんじん) 천인. 하늘과 사람.
天引き(てんぴき) (임금에서) 지급 전에 미리 일정액을 제함. 공제(控除).
‖~**貯金**(ちょきん) 공제 저금.
天日 ㊀(てんじつ) 천일. 태양.
㊁(てんぴ) 천일. 햇빛. 햇볕.
‖~**塩**(じお) 천일염. *てんじつえんでろも 읽음.
~**製塩**(せいえん) 천일 제염.
天一神(てんいちじん) 음양도에서 말하는 신의 하나. *なかがみろも 읽음.
天子(てんし) 천자. 임금.
天姿(てんし) 천자. 선천적인 모습.
天資(てんし) 천품.
天作(てんさく) 천작. 저절로 됨. 「德).
天爵(てんしゃく) 천작. 선천적으로 갖춘 덕
天蚕(てんさん) やままゆ의 딴이름.
‖~**糸**(し) やままゆ에서 채취한 견사.
㊁(やままゆ)〖蟲〗천잠. 멧누에.
天葬(てんそう) 천장. 풍장(風葬)이나 조장(鳥葬) 등의 총칭.
天長節(てんちょうせつ) '天皇誕生日(てんのうたんじょうび)(=天皇 탄생일)'의 구칭.
天長地久(てんちょうちきゅう) 천장지구.
天才(てんさい) ♣~**的**(てき) 천재적.
‖~**教育**(きょういく) 천재 교육.
天災(てんさい) 천재.
‖~**地変**(ちへん) 천재지변.
天裁(てんさい) 천재. 천자의 재결.
天底(てんてい)〖天〗천저.
天敵(てんてき)〖生〗천적.
天井(てんじょう) ♣~**裏**(うら) 다락방. /~**値**(ね) 상한가. /~**画**(が) 천정화.
‖~**価格**(かかく) 최고 가격.
~**桟敷**(さじき) 극장의 제일 높고 뒤에 있는 저렴한 자리.
~**走行起重機**(そうこうきじゅうき) 천장 주행 기중기. 「은 하천.
~**川**(がわ) 하상(河床)이 주위의 땅보다 높
天丼(てんどん)〖料〗튀김덮밥. てんぷらどんぶり의 준말.
天庭(てんてい) 천정. 양미간(兩眉間).
天頂(てんちょう)〖天〗천정. ♣~**点**(てん)
天帝(てんてい) 천제. └〖天〗천정점.
天際(てんさい) 천체. 하늘 끝.
天助(てんじょ) 천조. 하늘의 도움.
天祚(てんそ) 천조. 천자의 지위.
天造(てんぞう) 천조.
天朝(てんちょう) 천조.
‖~**様**(さま) 임금의 높임말. 상감.
天主(てんしゅ)〖가톨릭〗천주. 하느님.
♣~**教**(きょう) 천주교. /~**堂**(どう) 성당.
‖~**教徒**(きょうと) 천주교도.
~**教会**(きょうかい) 천주 교회.
天誅(てんちゅう) 천주.
天汁(てんつゆ) 튀김을 찍어 먹는 국물.
天地 ㊀(てんち) ① 천지. ② (책·물건의) 상
‖~**開闢**(かいびゃく) 천지 개벽. └하.
~**無用**(むよう) '화물의 위아래를 거꾸로 하지 말라'는 뜻.
~**返し**(がえし) 경작할 땅을 갈아엎는 일.
~**神明**(しんめい) 천지신명.
~**創造**(そうぞう) 천지 창조.
~**玄黄**(げんこう) 천지 현황.
㊁(あめつち) ①☞㊀①. ② 천신(天神)과 지신(地神).
~**の道**(みち) 천지·자연의 도리.
天枝(てんし) 천자의 자손.
天地人(てんちじん) 천지인. 하늘과 땅과 사
天職(てんしょく) 천직. └람.
天真(てんしん) 천진.
‖~**爛漫**(らんまん) 천진난만.
天質(てんしつ) 천질. 천품. 「읽음.
天窓(てんそう)〖建〗천창. *てんまどでろも
天(てん)〖兄〗① 머리. ② 수건.
天綴じ(てんとじ)〖料〗가락국수나 메밀국수를 장국에 만 후 튀김을 얹은 요리.
天聴(てんちょう) 천청. 임금이 듣는 일.
天体(てんたい) ♣~**暦**(れき) 천체력.
‖~**観測**(かんそく) 천체 관측.
~**望遠鏡**(ぼうえんきょう) 천체 망원경.
~**物理学**(ぶつりがく) 천체 물리학.
~**分光学**(ぶんこうがく) 천체 분광학.
~**写真**(しゃしん) 천체 사진.
~**力学**(りきがく) 천체 역학.
~**座標**(ざひょう) 천체 좌표. 천구(天球)
天草(てんぐさ)〖植〗우뭇가사리. └좌표.
天寵(てんちょう) 천총. 하늘의 은총.
天枢(てんすう)〖天〗천추. ① 하늘의 중심. ② 북두칠성의 첫째 별.
天竺(てんじく) 천축. 인도(印度)의 고칭(古稱). ♣~**葵**(あおい)〖植〗양미욱 /~**鼠**(ねずみ)〖動〗기니픽.

‖~浪人(ろうにん) 주소 부정의 떠돌이.
~牡丹(ぼたん) 〖植〗 달리아의 딴이름.
~木綿(もめん) 바탕이 두꺼운 무명.
~菩提樹(ぼだいじゅ) 〖植〗 인도보리수의 딴이름.
天測(てんそく) 천측. 천체 관측.
‖~器械(きかい) 천측 기계.
天則(てんそく) 천칙. 천리(天理).
天秤(てんびん) 천평. 천칭. 천평칭. ♣~棒(ぼう) 멜대.
天台(てんだい) 〖佛〗 天台宗의 준말.
‖~座主(ざす) 〖佛〗 天台宗의 종정.
~宗(しゅう) 〖佛〗 천태종.
天板(てんいた) 천판. 책상 따위의 맨 위에 깐 큰 널빤지.
天平時代(てんぴょうじだい) 일본 미술사의 한 시대. 奈良(なら) 문화의 황금 시대.
天稟(てんぴん) 천품. 천성.
天下(てんか) 천하. ♣~様(さま) 将軍(しょうぐん)님 / ~一(いち) 천하제일.
‖~国家(こっか) 천하와 국가.
~分け目(わけめ) 천하를 겨루는 판국. 승패의 갈림길.
~御免(ごめん) 누구에게나 거리끼지 않고 당당하게 그것을 해도 무방함. 공인받음.
~人(びと) 천하를 얻은 사람.
~一統(いっとう) 천하를 하나로 통일함.
~一品(いっぴん) 천하일품.
~取り(とり) ① 천하의 정권을 잡음. 또, 그 사람. ② 전쟁놀이.
~太平(たいへい) 천하태평.
天河(てんが) 〖天〗 천하. 은하(銀河).
天漢(てんかん) 천한. 은하(銀河).
天幸(てんこう) 천행.
天陰(てんいん) 천험.
天刑(てんけい) 천형. 「던 말.
‖~病(びょう) 천형병. 나병(癩病)을 이르
天恵(てんけい) 천혜. 하늘이 베푸는 은혜.
天糊(てんのり) 전표장・편지지철과 같이 위쪽만 풀칠을 하는 제책 형식.
天火(てんか) ㊀ 천화. 벼락으로 일어나는 천재(天災).
㊁(てんぴ) (요리에 쓰는) 오븐.
天花(てんげ) 천화. 천상의 영묘한 꽃.
天花粉(てんかふん) 〖漢醫〗 천화분. 하늘타리 뿌리의 가루.
天皇(てんのう) 천황. ♣~旗(き) 天皇旗 / ~制(せい) 天皇制.
‖~機関説(きかんせつ) 天皇 기관설.
~人間宣言(にんげんせんげん) 天皇 인간선언.
~誕生日(たんじょうび) 天皇 탄생일.
~陛下(へいか) 天皇의 높임말. 천황 폐하.
㊂(すめらみこと) 天皇의 경칭.
天候(てんこう) 천후. 기후.
訓読➡
天降り(あまくだり) ⇨ 天下り(あまくだり).
天降る(あまくだる) ⇨ 天下る(あまくだる).

天路(あまじ) ① 하늘에 오르는 길. ② 천상에 있는 길.
天の邪鬼(あまのじゃく) ① 심술꾸러기. 심통사나운 사람. ② 〖佛〗 인왕(仁王)의 상이 밟고 있는 악귀. ③ 옛날 이야기에 나오는 악인.
天上がり(てんあまがり) 민간에서 관청으로 나감.
天翔ける(あまがける) 하늘을 날다.
天の岩戸(あめのいわと) (일본 신화에서) 천상에 있다는 암굴의 문.
天の羽衣(あめのはごろも) 천녀(天女)의 날개옷.
天が原(あまがはら) ☞ 天の原(あまのはら).
天の原(あまのはら) 〖雅〗 ① 하늘. ② (일본 신화에서) 하늘에 있는 신들이 산다는 나라.
天照らす(あまてらす) 〖雅〗 하늘에 빛나다. 천하여, 천하를 다스리다.
天津(あまつ) 〖雅〗 ① 하늘의. 하늘에 있는. ② 天皇(てんのう)의. ♣~日(ひ) 태양.
‖~国(くに) (일본 신화에서) 하늘 위에 있으며, 신들이 산다는 나라.
~神(かみ) 천신(天神). 천제(天帝).
~乙女(おとめ) ① 천녀(天女). ② 五節(ごせち)의 무희(舞姬).
~日嗣(ひつぎ) 天皇의 후계자.
~風(かぜ) 하늘에 부는 바람.
天の川(あまのがわ) 은하수.
天の叢雲の剣(あめのむらくものつるぎ) 일본 황실의 세 가지 신기(神器)의 하나인 칼의 이름.
天が下(あめがした) 하늘 아래. 천하.
天下り(あまくだり) ① 강림(降臨). ② 전하여, 관청・상관 등으로부터의 강압(적 명령).
天下る(あまくだる) ① 강림(降臨)하다. ② 강제적인 명령이 떨어지다. 「름.
天が紅(あまがべに) 저녁놀에 붉게 물든 구
其他➡
天牛(かみきりむし) 〖蟲〗 천우. 하늘소.
天爾遠波(てにをは) ① 일본어의 조사・조동사의 총칭. ② 말의 조리・앞뒤 관계.
~が合(あ)わない 말의 앞뒤가 맞지 않다.
天柱(ちりけ) ① 뜸자리의 이름. 천주. ② 어린아이의 감기(疳氣).
天晴れ(あっぱれ) 매우 훌륭함. 눈부심.

| 6 阝 | 阡 | 길 천
セン
みち |

音読➡
阡陌(せんぱく) 논두렁길. 밭두렁길.

| 7 王 | 玔 | 옥팔찌 천
セン |

其他➡
玔(くしろ) 옛날의 팔찌.

辿

> 천천히걸을 **천**
> テン
> たどる

訓読

辿辿しい(たどたどしい) 더듬거리다. 뒤뚝거리다. 위태롭다. 불안하다.
❖辿る(たどる) ① 더듬다. 더듬어 가다. ② (목적지까지) 가다. 걷다.
辿り読み(たどりよみ) 떠듬떠듬 읽음.
辿り着く(たどりつく) 길을 묻고 물어〔고생 끝에〕겨우 다다르다. 〔신히〕
辿り辿り(たどりたどり) 고생고생하여. 간신히.

浅 (淺)

> 얕을 **천**
> セン
> あさい

音読

浅見(せんけん) 천견. 천박한 소견.
∥~短慮(たんりょ) 천견 단려.
浅近(せんきん) 천박함.
浅短(せんたん) 천단. 소견이 짧고 미숙함.
浅慮(せんりょ) 천려. 얕은 생각.
浅緑(せんりょく) 천록. 엷은 녹색. *あさみどり로도 읽음.
浅陋(せんろう) 천루. 견식·학문이 얕음.
浅聞(せんぶん) 천문. 견문이 좁음.
浅薄(せんぱく) 천박.
浅発地震(せんぱつじしん) 『地』 천발 지진.
浅膚(せんぷ) 천박.
浅識(せんしき) 천식.
浅深(せんしん) 천심.
浅劣(せんれつ) 천열. 학식이나 사려가 낮고 용렬함.
浅裂(せんれつ) 『植』 천열.
浅酌(せんしゃく) 천작. 조용히 알맞게 술을 마심.
∥~低唱(ていしょう) 천작저창. 술을 가볍게 마시고 낮은 소리로 흥얼거림.
浅才(せんさい) 천재. 비재(菲才).
浅知(せんち) 얕은꾀.
∥~短才(たんさい) 얕은꾀와 하찮은 재능.
浅智(せんち) ⇨ 浅知(せんち).
浅春(せんしゅん) 천춘. 초봄.
浅堆(せんたい) 『地』 천퇴.
浅学(せんがく) 천학.
∥~非才(ひさい) 천학비재.
浅海(せんかい) 천해. 얕은 바다.
浅紅(せんこう) 천홍. 분홍. 핑크. 엷은 홍색. ♣~色(しょく) 담홍색. 분홍색.
浅黄 ㊀(せんこう) 천황. 연노랑.
 ㊁(あさぎ) ① ☞ ㊀. ② ⇨ 浅葱(あさぎ).

訓読

浅はか(あさはか) 천박함. 어리석음.
浅ましい(あさましい) ① 한심스럽다. ② 비열하다. 비참하다.
❖浅い(あさい) ① 얕다. ② (정도가) 덜하다.
浅み(あさみ) 물이 얕은 곳.
浅沓(あさぐつ) 오동나무를 파서 검은 칠을 한 나막신《신관(神官) 등이 신음》.
浅瀬(あさせ) 여울.
浅蜊(あさり) 『貝』 모시조개.
浅茅(あさじ) 〈雅〉① 드문드문 난 띠. ② 키가 작은 띠. *あさぢろに로도 읽음.
∥~生(う) 〈雅〉 키작은 띠가 난 곳.
~が宿(やど) 〈雅〉 띠가 뒤덮인 황폐한 집.
~が原(はら) 〈雅〉 온통 띠로 뒤덮인 들판.
浅傷(あさで) ⇨ 浅手(あさで).
浅手(あさで) 경상(軽傷).
浅紫(あさむらさき) 엷은 보라색.
浅場(あさば) ① 낮은 곳. ② 『魚』 술봉가자미.
浅漬け(あさづけ) 열절이 채소.
浅知恵(あさぢえ) 얕은꾀. 잔꾀.
浅浅しい(あさあさしい) 생각이 얕다. 경박하다.
浅草海苔(あさくさのり) ① 일본 내해(内海)에서 나는 홍조류(紅藻類)의 바닷말. ② ①로 만든 말린 김.
浅葱 ㊀(あさぎ) 연두색. ♣~色(いろ) 연두색.
∥~裏(うら) 江戸(えど)에서 근무한 어수룩한 시골 무사를 경멸하여 일컫던 말.
~幕(まく) 歌舞伎(かぶき)에 쓰이는 엷은 남빛 무지(無地) 천의 막.
~桜(ざくら) 『植』 노랑을 띤 녹색 꽃이 피는 벚꽃의 한 품종.
~椀(わん) 검은 옻칠 바탕에 연두색 및 적백의 옻칠로 꽃·새의 무늬를 그려넣은 공기.
~縅(おどし) 연두색 실이나 가죽으로 미늘을 얽어맨 갑옷.
~縞(じま) 연두색의 줄무늬 직물.
 ㊁(あさつき) 『植』 실파. 몸이 가느다란 파.
浅黒い(あさぐろい) 살갗이 거무스름하다.

其他

浅甕(さらけ) 밑이 얕은 항아리.

茜

> 꼭두서니 **천**
> セン
> あかね

訓読

茜(あかね) ① 『植』 꼭두서니. ② 꼭두서니 뿌리에서 채취한 물감. 좀 검붉은 빛.
∥~色(いろ) 꼭두서니색.
~染め(ぞめ) 꼭두서니로 붉게 물들임. 또, 물들인 천.
~雲(ぐも) 햇빛을 받아 벌겋게 물든 구름.

泉

> 샘 **천**
> セン
> いずみ

音読

泉界(せんかい) 황천 세계. 저승.
泉都(せんと) 온천 도시.
泉門(せんもん) 숫구멍. 정문.
泉石(せんせき) 천석. 뜰에 있는 연못과 돌.

穿・粁・釧・喘・踐・遷

泉水(せんすい) ① 뜰에 만든 연못. ② 천수. 샘.
泉塩(せんえん) 천염. 염분을 함유한 광천에서 추출한 소금.
泉源(せんげん) 천원. ① 샘이 솟는 수원(水源). ② 사물의 근원.
泉州(せんしゅう) 和泉(いずみ) 지방의 일컬음.
泉地(せんち) 천지. 오아시스.
泉質(せんしつ) 천질. 온천수의 화학적 성질.
泉布(せんぷ) 천포. 돈.
泉下(せんか) 천하. 황천. 구천. 저승.
泉貨紙(せんかし) 선화지(仙花紙).

訓読
泉(いずみ) 샘(물).
泉熱(いずみねつ) 『醫』 성홍열 비슷한 유행성 열병.
泉殿(いずみどの) ① 平安(へいあん) 시대에, 샘가에 세운 저택. ② 室町(むろまち) 시대에, 뜰에 면한 작은 건축물.
泉の下(いずみのした) 황천. 저승.

| 9
穴 | 穿 | 뚫을 천
セン
うがつ・はく・ほじくる |

音読
穿孔(せんこう) 천공. 구멍을 뚫음. 또, 그 구멍. ♣~機(き) 천공기.
穿甲(せんこうこう) 『動』 천산갑.
穿入(せんにゅう) 파고들어감.
穿刺(せんし) 『醫』 천자.
穿井(せんせい) 천정. 우물을 팜.
穿鑿(せんさく) 천착. ① 구멍을 뚫음. ② 세세한 점까지 깊이 파고듦.

訓読
穿く(はく) ① (바지 등을) 입다. ② (양말・足袋(たび) 등을) 신다.
穿る(ほじくる) 후비다. 쑤시다. (시시콜콜히) 캐다. *ほじるᄅ도 읽음.
♣穿つ(うがつ) ① 『雅』 (구멍을) 뚫다. 꿰뚫다. 파고들다. ② 『老』 신다. 입다. ③ 핵심을 찌르다. 〔음〔잘 쩌름〕.
穿ち(うがち) ① 구멍을 뚫음. ② 핵심을 꿰뚫음.
穿ち過ぎ(うがちすぎ) 너무 파고들어 도리어 진상과는 멀어짐.

| 9
米
日 | 粁 | 킬로미터 (천)

キロメートル |

逆訓
万粁(まんキロメートル) 1만 킬로미터.

| 11
金 | 釧 | 팔가락지 천
セン
くしろ |

訓読
釧(くしろ) 〈雅〉 옛날의 팔찌.

| 12
口 | 喘 | 헐떡일 천
ゼン・セン
あえぐ |

音読
喘鳴(ぜんめい) 천명. 호흡할 때 목에서 가르랑거림. 또, 그 소리.
喘息(ぜんそく) 『醫』 천식.
∥~持ち(もち) 천식 환자.

訓読
喘ぐ(あえぐ) ① 헐떡이다. ② 괴로워하다. 허덕이다.

| 13
足
常 | 践 (踐) | 밟을 천
セン
ふむ |

音読
踐祚(せんそ) 천조. 세자가 왕위를 계승함.
踐行(せんこう) 천행. 실지로 행함.

| 15
辶
常 | 遷 (遷) | 옮길 천・천도 천
セン
うつす・うつる |

音読
遷客(せんかく) 천객. 귀양살이하는 사람.
遷宮(せんぐう) 신전(神殿)을 고쳐 지을 때 신령(神靈)을 옮기는 일〔의식〕.
遷代(せんたい) 옛날, 벼슬아치의 임기가 끝나 다른 관직으로 옮겨가는 일.
遷都(せんと) 천도. 도읍을 옮김.
遷仏(せんぶつ) 『佛』 천불.
遷徙(せんし) 천사. 옮김.
遷延(せんえん) 천연. 지연. 시일을 끎.
遷音速流(せんおんそくりゅう) 『理』 천음속류.
遷移(せんい) 천이. 『理』 천이〔전이〕.
∥~元素(げんそ) 천이〔전이〕 원소.
遷任(せんにん) 천임. 전임(轉任).
遷謫(せんたく) 천적. 벼슬을 깎아 내리고 벽지로 보냄.
遷座(せんざ) 천좌. 天皇(てんのう) 또는 신체(神體)의 자리를 다른 곳으로 옮김.
遷替(せんたい) ⇨ 遷代(せんたい).
遷幸(せんこう) 천행. 天皇(てんのう)가 도읍을 타처로 옮김.
遷化(せんげ) 『佛』 천화. 고승이 죽음.

訓読
♣遷る(うつる) ① (도읍 등을) 옮기다. ② 지위가 바뀌다.
遷り変わり(うつりかわり) 추이. 변천.
遷り変わる(うつりかわる) 세월따라 변해 가다. 변천하다.

逆音
変遷(へんせん) 변천.
三遷(さんせん) 삼천. 세 번 옮김.
左遷(させん) 좌천.

15 貝	賤	천할 천 セン いやしい・しず

音読
賤女(せんじょ) 천녀.
賤奴(せんど) 천노. 노예.　　　　　「음.
賤陋(せんろう) 천루. 천박하고 품위가 없
賤吏(せんり) 천리. 신분이 낮은 관리.
賤蔑(せんべつ) 깔보고 멸시함.
賤民(せんみん) 천민.
賤夫(せんぷ) 천부.
賤婦(せんぷ) 천부.
賤婢(せんぴ) 천비.
賤視(せんし) 천시.
賤臣(せんしん) 천신. ①신분이 천한 신하.
 ②군주에 대한 신하의 겸칭.
賤業(せんぎょう) 천업. ♣~婦(ふ) 매춘부.
賤役(せんえき) 천역.
賤劣(せんれつ) 천열. 천하고 용렬함.
賤称(せんしょう) 천칭. 천한 호칭.

訓読
賤(しず)〈雅〉미천함. 미천한 사람. ＊しづと
 도 읽음.
賤しい(いやしい) ①천하다. ②지나치게 욕
 심부리다. 쩨쩨하다. ③초라하다.
賤しむ(いやしむ) ☞賤しめる(いやしめる).
賤しめる(いやしめる) 경멸하다. 깔보다.
賤の男(しずのお)〈雅〉신분이 낮은 사나이.
賤の女(しずのめ)〈雅〉신분이 낮은 여자.

16 扌	擅	천단할 천 セン・ダン ほしいまま

音読
擅権(せんけん) 천권. 전권(專權).
擅断(せんだん) 천단. 전단(專斷).

16 艹 常	薦	천거할 천 セン すすめる・こも

音読
薦骨(せんこつ)〖生〗천골. 광둥뼈. 엉덩이
薦席(せんせき) 천석. 거적자리.　　「뼈.
薦椎(せんつい)〖生〗천추.

訓読
薦(こも) ①거적. ②《'お~'의 꼴로》거지.
薦垂れ(こもだれ) ①출입구에 거적문을 침.
 ②더럽고 비좁은 집.
薦簾(こもすだれ) 볏과 식물인 줄로 엮은 발.
薦張り(こもばり) ①거적을 둘러침. 또, 그
 런 집. ②芝居(こもばりしばい)의 준
 말. 거적을 둘러친 가건물에서 하는 격이 낮
 은 연극.　　　　　　　　　　　　「것.
薦包み(こもづつみ) 거적으로 쌈. 또, 그 싼

薦被り(こもかぶり) ①거적으로 싼 너 말들
 이 술통. ②거지.　　　　　　　「하다.
❖薦める(すすめる) 추천하다. 천거하다. 권유
薦め(すすめ) 추천(함). 천거.

20 門	闡	밝힐 천・열 천 セン ひらく・あきらか

音読
闡明(せんめい) 천명. 분명하게 밝힘.

철

5 凵 常	凸	볼록한 철 トツ でこ

音読
凸角(とっかく)〖数〗철각. 2직각보다 작은
　각.　　　　　　　　　　　　　　「수.
凸関数(とつかんすう)〖数〗철함수. 볼록 함
凸起(とっき) 철기. 중앙이 볼록하게 솟아남.
 또, 그런 것.　　　　　　　　　　　「형.
凸多角形(とつたかくけい)〖数〗볼록 다각
凸面(とつめん) 철면. 볼록면. ♣~鏡(きょ
 う) 볼록거울.
凸状(とつじょう) 철상. 가운데가 볼록 솟아
 있음. 또, 그 모양.
凸集合(とつしゅうごう)〖数〗철집합. 볼록
 집합.
凸版(とっぱん)〖印〗철판. 볼록판.
‖凸~印刷(いんさつ) 볼록판 인쇄.
凸形(とっけい) 철형. 볼록형.
凸型(とつがた) 철형. 볼록형.
凸レンズ(とつレンズ) 볼록렌즈.

訓読
凸(でこ) ①튀어남. 불거진 것. ②튀어나온
 이마.
凸坊(でこぼう) ①짱구. ②개구쟁이.
凸凹(でこぼこ) ①요철. 울퉁불퉁. 들쭉날
 쭉. ＊とつおうとも 읽음. ②불균형.
凸助(でこすけ) ①이마. 또, 이마가 나온 사
 람. ②사람을 욕하는 말. 짱구새끼.

10 口 常	哲	밝을 철 テツ あきらか・さとい

音読
哲利(てつり) 머리 회전이 빠르고 슬기로움.
哲理(てつり) 철리.
哲夫(てっぷ) 철부. 어질고 현명한 남자.
哲婦(てっぷ) 철부. 어질고 현명한 부인.
哲人(てつじん) 철인. 철학자.
‖~政治家(せいじか) 철인 정치가.

哲学(てつがく) 철학. ♣〜史(し) 철학사 / 〜者(しゃ) 철학자 / 〜的(てき) 철학적.

11 口	啜	훌쩍거릴 철 セツ・テツ すする

訓読
❖啜る(すする) ①훌쩍훌쩍 마시다. 후루룩거리다. ②콧물을 훌쩍거리다.
啜り上げる(すすりあげる) ①콧물을 훌쩍거리다. ②훌쩍거리며 울다. 흐느껴 울다.
啜り泣き(すすりなき) 훌쩍이며 욺. 흐느껴 욺. 「울다.
啜り泣く(すすりなく) 훌쩍거리며〔흐느껴〕

12 手	掣	당길 철·끌 체 セイ ひく

音読
掣肘(せいちゅう) 철주. 곁에서 간섭하여 마음대로 못하게 함. 견제.

13 田	畷	두둑길 철 テツ なわて

訓読
畷(なわて) ①논길. 논두렁길. ②길게 뻗은 곧은길. ♣〜道(みち) 논두렁길.

13 金 教	鉄(鐵)	쇠 철 テツ くろがね・かな・かね

音読
鉄 ㊀(てつ) 철. 쇠. *雅語로는 くろがね라고도 함.
㊁(かね) ①금속. 특히, 쇠. 또, 쇠로 만든 물건. ②금돈. 돈.
鉄ちり(てっちり) 〖料〗복국.
鉄のカーテン(てつのカーテン) 철의 장막.
鉄脚(てっきゃく) 철각. 쇠같이 튼튼하고 굳센 다리. 「기.
鉄幹(てっかん)〈雅〉고목이 된 매화나무 줄기.
鉄鋼(てっこう) 철강. 강철.
‖〜労連(ろうれん) '日本鉄鋼産業(にほんてっこうさんぎょう)労働組合(ろうどうくみあい)連合会(れんごうかい)(=일본 철강 산업 노동 조합 연합회)'의 준말.
鉄紺(てっこん) 쇳빛이 짙은 감색. 「감옥.
鉄格子(てつごうし) 쇠로 된 격자. 쇠창살.
鉄欠乏性貧血(てつけつぼうせいひんけつ)〖醫〗철결핍성 빈혈.
鉄骨(てっこつ) 철골.
‖〜構造(こうぞう) 철골 구조.
鉄工(てっこう) 철공. ♣〜所(じょ) 철공소 /

〜場(じょう) 철공장.
鉄管(てっかん) 철관.
鉄鉱(てっこう)〖鑛〗철광.
鉄枴(てっかい) 철패. 쇠지팡이.
鉄橋(てっきょう) 철교.
鉄灸(てっきゅう) ⇨鉄弓(てっきゅう).
鉄弓(てっきゅう) 쇠로 만든 석쇠.
鉄拳(てっけん) 철권. (무쇠) 주먹.
‖〜制裁(せいさい) 철권 제재.
鉄軌(てっき) 철궤. 철도의 궤도.
鉄筋(てっきん) 철근. ♣〜工(こう) 철근공.
鉄琴(てっきん)〖樂〗철금. 타악기의 하나.
鉄器(てっき) 철기.
‖〜時代(じだい) 철기 시대.
鉄騎(てっき) 철기. ①갑옷을 입은 기마병. ②용감한 기병.
鉄道(てつどう) 철도. ♣〜橋(きょう) 철도교 / 〜網(もう) 철도망 / 〜便(びん) 철도편.
‖〜警察隊(けいさつたい) 철도 경찰대.
〜公安職員(こうあんしょくいん) 철도 공안 직원.
〜踏切(ふみきり) 철도 건널목.
〜馬車(ばしゃ) 철도 마차. 철도 위를 달리던 합승 마차.
〜営業法(えいぎょうほう) 철도 영업법.
〜運賃(うんちん) 철도 운임.
〜車両(しゃりょう) 철도 차량.
〜弘済会(こうさいかい) 철도 홍제회《한국의 홍익회 같은 기구》.
鉄兜(てつかぶと) 철모. 투구.
鉄労(てつろう) '鉄道(てつどう)労働組合(ろうどうくみあい)(=철도 노동 조합)'의 준말.
鉄炉(てつろ) 쇠로 만든 화로·난로.
鉄路(てつろ) 철로. 철길. 철도.
鉄輪 ㊀(てつりん) 철륜. ①쇠바퀴. ②철도의 차바퀴.
㊁(かなわ) ①쇠고리. ②(화로에 박아 놓고 주전자 따위를 얹는) 삼발이.
鉄菱(てつびし) 능철(菱鐵). 마름쇠.
鉄馬(てつば) 철마. ①갑옷을 입힌 말. 또, 강한 말. ②풍경의 딴이름.
鉄媒染剤(てつばいせんざい) 철매염제.
鉄面(てつめん) 철면. 쇠로 만든 탈.
鉄面皮(てつめんぴ) 철면피.
鉄明礬(てつみょうばん)〖化〗철명반.
鉄帽(てつぼう) 철모. 「른 직물.
鉄無地(てつむじ) 무늬가 없는 쇠처럼 검푸른 직물.
鉄門(てつもん) 철문. 쇠문.
鉄礬土(てつばんど) 철반토. 보크사이트.
鉄壁(てっぺき) 철벽. (탁발승의) 쇠로 만든 바리때.
鉄瓶(てつびん) 쇠 주전자.
鉄棒(てつぼう) 철봉. ①쇠뭉치. *かなぼう로도 읽음. ②철봉대. 또, 그것을 사용하는 체조 종목.
鉄分(てつぶん) 철분.
鉄粉(てっぷん) 철분. 쇳가루.
鉄扉(てっぴ) 철비. 쇠문짝. 철문.

鉄砂(てっしゃ) 철사. 사철(砂鐵).
鉄索(てっさく) ① 철삭. 굵은 쇠줄. ② 가공삭도(架空索道).
鉄山(てつざん) 철산. 철광을 캐내는 광산.
鉄傘(てっさん) (경기장의) 철근으로 만든 둥근 지붕.
鉄色(てついろ) 철색. 검푸르죽죽한 빛깔.
鉄石(てっせき) 철석. 매우 단단함.
∥~心(しん) 철석 같은 마음.
鉄石英(てっせきえい) 〖鑛〗 철석영.
鉄屑(てっせん) 쇠살 부채.
鉄線(てっせん) ① 철선. 철사(鐵絲). ②〖植〗위령선.
∥~花(か) 위령선 꽃무늬의 가문(家紋).
鉄屑(てつくず) 철설. 쇠똥. 쇠부스러기.
鉄細菌(てつさいきん) 철세균.
鉄損(てっそん) 철손.
鉄鎖(てっさ) 철쇄. 쇠사슬. 심한 속박(굴레).
鉄銹(てっしゅう) 철수. 쇠에 슨 녹.
鉄鏽(てっしゅう) ⇨ 鉄銹(てっしゅう).
鉄心(てっしん) 철심. ① 쇠로 심을 넣은 것. 또, 그 쇠. ② 철석 같은 마음.
∥~石腸(せきちょう) 철심석장. 철석간장.
鉄亜鈴(てつあれい) 철아령. 철제 아령.
鉄案(てつあん) 철안. 움직일 수 없는 결론. 단안.
鉄御納戸(てつおなんど) 검푸르죽죽한 감색. 군청색.
鉄腕(てつわん) 철완. 무쇠 (같은) 팔.
∥~投手(とうしゅ) 철완 투수.
鉄衣(てつい) ① 철갑. 갑옷. ② 쇠에 슨 녹.
鉄人(てつじん) 철인.
鉄杖(てつじょう) 철장. 쇠 지팡이.
鉄腸(てっちょう) 철장. 철석같이 굳은 결심.
鉄材(てつざい) 철재.
鉄銭(てっせん) 철전. 쇠로 주조한 돈.
鉄剤(てつざい) 〖醫〗 철제. 철을 주성분으로 한 약제(보혈제 따위).
鉄製(てっせい) 철제. ♣~品(ひん) 철제품.
鉄蹄(てってい) 철제. ① 편자. ② 준마(駿馬)의 발굽.
鉄条(てつじょう) 철조. 굵은 철사. ♣~網(もう) 철조망.
鉄族元素(てつぞくげんそ) 〖化〗 철족 원소.
鉄舟(てっしゅう) 철주. 쇠로 만든 작은 배.
鉄柱(てっちゅう) 철주. 쇠기둥.
鉄重石(てつじゅうせき) 〖鑛〗 철중석.
鉄札(てっさつ) 철찰. 쇠로 만든 표찰.
鉄窓(てっそう) 철창. 유치장. 감옥.
鉄錆(てっさび) 쇠 표면에 스는 녹.
鉄柵(てっさく) 철책.
鉄尺(てっしゃく) 철척. 곱자의 딴이름.
鉄泉(てっせん) 철천. 탄산철·황산철이 함유된 광천.
鉄鏃(てつぞく) 철촉. 쇠로 만든 화살촉.
鉄則(てっそく) 철칙.
鉄砧(てっちん) 철침. 모루. *かなところども 読み.
鉄塔(てっとう) 철탑.

鉄桶(てっとう) 철통(같이 견고한 것).
鉄槌(てっつい) 철퇴. ① 쇠망치. ② 호된 훈계·제재. ③ 육상 경기에서 투해머용 철퇴.
鉄板(てっぱん) 철판.
∥~写真(しゃしん) 광택 사진.
~焼き(やき) 철판구이. 번철구이.
鉄片(てっぺん) 철편. 쇳조각.
鉄鞭(てっべん) 철편. 쇠로 만든 채찍.
鉄肺(てっはい) 〖醫〗 ☞ 鉄の肺(てつのはい).
鉄の肺(てつのはい) 〖醫〗 철폐. 인공 호흡기.
鉄砲(てっぽう) ① 총. 총포류. 소총(小銃). ② 씨름에서 밀어내기. ③〈俗〉복어(魚).
♣~傷(きず) 총상 / ~薬(ぐすり) 화약 / ~雨(あめ) 억수 / ~組(ぐみ) 소총 부대 / ~衆(しゅう) 소총 부대원 / ~汁(じる) 복어국 / ~話(ばなし) 허풍.
∥~絞り(しぼり) 탄알 같은 둥근 무늬.
~軍(いくさ) 총을 이용한 전투.
~巻き(まき) 호박고지를 소로 박고 만든 초밥.
~鍛冶(かじ) 총포 제조공.
~流し(ながし) 하천에 봇둑을 쌓고 물을 저수한 다음, 목재를 띄우고 단숨에 봇둑을 헐어 목재를 흘려보내 운송하는 방법.
~百合(ゆり) 〖植〗 나팔나리. 백향나리.
~腹(ばら) 총으로 자기 배를 쏘아 죽는 일.
~奉行(ぶぎょう) 江戸幕府(えどばくふ)의 직명. 총포에 관한 업무를 관장했음.
~焼き(やき) 생선·조류(鳥類)에 고추장을 발라 구운 요리.
~水(みず) 소나기 끝에 갑자기 밀어닥치는 홍수.
~袖垣(そでがき) 태운 통나무·대나무를 대문에 붙여 만든 낮은 울타리.
~手形(てがた) 江戸(えど) 시대에 총기를 운반하는 데 필요했던 통행증.
~堰(ぜき) 鉄砲流(てっぽうながし)를 위해 설치한 봇둑.
~玉(だま) ① 총알. ②〈俗〉한번 가면 다시 돌아오지 않음. 또, 그 사람.
~店(みせ) 총포점. 최하급 갈봇집.
~笊(ざる) 길쭉한 통모양의 소쿠리.
~虫(むし) 〖蟲〗 하늘소벌레의 유충.
~打ち(うち) 사수. 명사수.
~狭間(ざま) 총을 쏘기 위한 성가퀴.
~和え(あえ) 잘게 썰어 간 파를 섞은 초장으로 어패류를 무친 요리.
鉄筆(てっぴつ) ① 철필. 골필. ② 도장 새기는 작은 칼. ♣~家(か) 도장장이 / ~版(ばん) 등사판.
鉄血(てっけつ) 철혈. 군비와 병사.
∥~宰相(さいしょう) 철혈 재상(독일 제국 비스마르크 재상의 별명).
鉄火(てっか) ① 새빨갛게 달군 쇠. ② 칼과 총. ③ '鉄火うち(=노름꾼)'의 준말. ④ 성질이 과격함. ♣~場(ば) 노름판.
∥~巻き(まき) 속에 다랑어를 넣은 김초밥.
~肌(はだ) 과격한 기질.
~味噌(みそ) 볶은 콩·우엉 등을 섞어 참기름에 볶은 된장.

鉄丸(てつがん) 철환. 탄알.
鉄環(てっかん) 쇠로 만든 고리.
鉄絵(てつえ) 도기(陶器)에서 철단(鐵丹)과 같은 산화철로 그린 그림.

訓読
鉄気(かなけ) ① 철분. 쇳내. ② 쇳녹.
鉄沓(かなぐつ) (말)편자.
鉄敷(かなしき) 모루.
鉄渋(かなしぶ) 쇳녹물.
鉄床(かなとこ) 모루.
鉄梃(かなてこ) ① 철정. 쇠지렛대. ② 모루.
*てってい로도 읽음.
∥ ~棒(ぼう) ☞ 鉄梃.
~親父(おやじ) 고집불통인 아버지.

其他
鉄漿(かね) 철장. (이를 물들이거나 옷을 염색하는) 흑갈색의 액체. *てっしょう・おはぐろ로도 읽음.
鉄漿染め(かねぞめ) 이를 '御歯黒(おはぐろ)(=이에 칠하는 흑갈색 액체)'로 물들임.
鉄漿筆(かねふで) 철장(鐵漿)으로 이를 까맣게 칠하는 데 쓰는 붓.

| 14 糸 | 綴 | 이을 철 · 맬 철
テイ・テツ
つづる・とじる |

音読
綴音(ていおん) 〖言〗 철음.
綴字(ていじ) 철자. *てつじ로도 읽음.
♣ ~法(ほう) 〖言〗 철자법.

訓読
綴れ(つづれ) ① 잇대고 기운 옷. 누더기 옷. ② 綴れ織り(つづれおり)의 준말.
∥ ~衣(ごろも) 조각을 잇대고 기운 옷.
綴れ錦(つづれにしき) 화조(花鳥)·인물 등을 수놓은 비단《京都(きょうと)西陣(にしじん)의 특산물》.
綴れ織り(つづれおり) 몇 가지 색실로 무늬를 짜 넣은 직물.
❖綴じる(とじる) ① 철하다. ② 꿰매다. ③ 〖料〗 달걀 등을 풀어 재료를 덮다.
綴じ(とじ) 철하는 일[방법, 상태].
綴じ蓋(とじぶた) (망그러진 것을) 수선하여 고친 뚜껑.
綴じ金(とじがね) 철하는 데 쓰는 쇠부속품.
綴じ紐(とじひも) 철끈.
綴じ代(とじしろ) 철하기 위해 남겨둔 종이의 여백. 꿰맬 몫.
綴じ暦(とじごよみ) 책력. 역서(曆書).
綴じ目(とじめ) ① 철한 곳. 꿰맨 자리. ② 끝남. 마침.
綴じ本(とじほん) 철한 책. 꿰맨 책.
綴じ付ける(とじつける) 하나로 철하다.
綴じ糸(とじいと) 철하는 실.
綴じ込み(とじこみ) (신문 따위를) 철하는 일. 또, 그 철한 것. 철.
綴じ込む(とじこむ) 철하다. 철해서 넣다.
綴じ針(とじばり) 물건을 꿰매는 굵고 긴 바늘.　　　　　　　　「나로 하다.
綴じ合わせる(とじあわせる) 함께 철해 하
❖綴る(つづる) ① 철하다. ② 깁다. ③ (글을) 짓다.
綴字(つづりじ) 철자(綴字)하다.
綴り(つづり) ① 철(綴)함. 철한 것. ② 글을 지음. 또, 지은 글. ③ 綴り字(じ)의 준말.
綴り方(つづりかた) ① 글짓기. 작문. ② 철
綴り字(つづりじ) 철자. 스펠링.　　　「자법.
綴り合わせる(つづりあわせる) 하나로 철하다. 엮어매어 하나로 만들다.

| 15 イ 常 | 徹 | 뚫을 철 · 통할 철
テツ
とおる・とおす |

音読
徹する(てっする) ① 사무치다. ② 철저하다. ③ (밤을) 새우다.　　　　　　「탄.
徹甲弾(てっこうだん) 〖軍〗 철갑탄. 파갑
徹骨(てっこつ) 철골. 뼈에 사무침.
徹頭徹尾(てっとうてつび) 철두철미.
徹宵(てっしょう) 철소. 밤을 새움.
徹夜(てつや) 철야. 밤새움.
徹底(てってい) 철저. ♣ ~的(てき) 철저함.

訓読
徹す(とおす) ① 꿰뚫다. 스며들다. ② (끝까지) 계속하다. ③ 대충 훑어보다.
徹る(とおる) (꿰뚫고) 들어가다. 스며들다.

逆音
貫徹(かんてつ) 관철.
冷徹(れいてつ) 냉철.
透徹(とうてつ) 투철.

| 15 扌 常 | 撤 | 거둘 철 · 치울 철
テツ
のぞく |

音読
撤する(てっする) ① 철거하다. ② 철수하다.
撤却(てっきゃく) 철수. 퇴각.
撤去(てっきょ) 철거.
撤兵(てっぺい) 철병. 철군(撤軍).
撤収(てっしゅう) 철수. 철거하여 거둠.
撤除(てつじょ) 철제. 제거하는 일.
撤饌(てっせん) 철찬. 제사상을 물림.
撤廃(てっぱい) 철폐.
撤退(てったい) 철퇴.
撤回(てっかい) 철회.

| 16 金 | 錣 | 바늘 철
テツ
しころ |

訓読
錣(しころ) 투구나 두건의 좌우와 뒤에 늘어뜨려 목덜미를 덮는 드림.　　「로 잡아 둠.
錣引き(しころびき) 떠나가려는 사람을 억지

19 車	轍	바퀴자국 철 テツ わだち

音読
轍 ㊀(てつ) ① 수레바퀴 자국. ② 전하여, 선례(先例). 전철. ㊁(わだち) ☞㊀①. ② 차바퀴.
轍鮒(てつぶ) 철부. 확철지어(涸轍之魚). 수레바퀴 자국에 괸 물 속에 있는 붕어.
〜の急(きゅう) 철부지급. 사람이 매우 위급한 상태를 당함.

첨

6 小	尖	뾰족할 첨 セン とがる・こすむ

音読
尖端(せんたん) 첨단.
尖頭(せんとう) 첨두. ① 뾰족한 머리. ② 뾰족한 끝. 첨단.
尖兵(せんぺい) 첨병.
尖峰(せんぽう) 첨봉.
尖鋭(せんえい) 첨예. ♣〜化(か) 첨예화.
∥〜分子(ぶんし) 첨예(급진) 분자.
尖頂(せんちょう) 첨정. 뾰족한 꼭대기.
尖足(せんそく) 〖醫〗첨족.
尖塔(せんとう) 첨탑. 뾰족탑.
尖形(せんけい) 첨형. 끝이 뾰족한 형상.

訓読
尖らかす(とがらかす) ☞尖らす(とがらす).
尖らす(とがらす) 뾰족하게 하다. 날카롭게 하다.
❖**尖む**(こすむ) (바둑에서) 마늘모로 두다.
尖み(こすみ) (바둑에서) 마늘모 둠.
❖**尖る** ㊀(とがる) ① 뾰족해지다. ② 예민해지다. ③ 골내다.
㊁(とんがる) 〈俗〉 지르퉁하다. 부루퉁하다.
尖り(とがり) ① 뾰족함. ② 뾰족한 끝.
㊁(とんがり) ① ☞㊀①. ② 뾰족한 물건.
尖り帽子(とんがりぼうし) 끝이 뾰족한 원뿔형의 모자.
尖り声(とがりごえ) 성난 목소리. 거친 목소리. *とんがりごえ로도 읽음.
尖り顔(とがりがお) 입을 뾰족이 내밀면서 성낸 얼굴. *とんがりがお로도 읽음.

8 小	忝	욕될 첨 テン かたじけない

訓読
❖**忝ない**(かたじけない) 고맙다. 송구스럽다. 황공하다.
忝なくする(かたじけなくする) …을 받아〔입어〕대단히 고맙다. 고맙게도 …해 주시다.
忝くも(かたじけなくも) 황공하옵게도.
忝涙(かたじけなみだ) 감루(感淚). 고마운 눈물.

11 常	添 (添)	더할 첨・덧붙일 첨 テン そえる・そう・そわせる・そわる

音読
添加(てんか) 첨가. ♣〜物(ぶつ) 첨가물.
添景(てんけい) 〖美〗점경(點景).
∥〜人物(じんぶつ) 〖美〗점경 인물.
添付(てんぷ) 첨부.
∥〜書類(しょるい) 첨부 서류.
添削(てんさく) 첨삭.
添書(てんしょ) ① 첨서. 심부름꾼을 시켜서 또는 선물과 함께 보내는 서신. ② 소개장.
添乗(てんじょう) 남의 시중을 들며 함께 타는 일. 「행사 직원」
∥〜員(いん) 단체 여행에 동행・안내하는 여

訓読
添わせる(そわせる) 곁에 따르게 하다. 짝을 지어 주다.
添わる(そわる) 〈俗〉 붙다. 첨가되다.
添水(そうず) 물받이 대통합의 한쪽에 물이 쏟아지면 반동으로 다른 쪽이 튀겨져서 돌을 때려 큰소리를 내게 만든 장치.
❖**添う**(そう) ① 첨가하다. 더하다. ② 부부로서 함께 살다. ③ (기대・목적에) 부합되다.
添い(ぞい) …에 따라서. …연도(연변).
添い嫁(そいよめ) 시집갈 때, 신부를 따라가는 여성.
添え肩(そえかた) 가마꾼 곁에서 가마 메는 것을 도와주는 인부. 「방수(房宿)」
添い星(そいぼし) 〖天〗 28수(宿)의 하나.
添い遂げる(そいとげる) ① 백년해로하다. ② (소원대로) 부부가 되다.
添い臥し(そいぶし) ① 곁잠자기. ② 여자가 남자와 동침하기. 「싹 붙어 눕다.
添い臥す(そいふす) (물건・사람 따위에) 바
添い寝(そいね) ① 곁잠. 곁에 붙어 잠. ② 곁잠자기. 여자가 남자와 동침하기.
❖**添える**(そえる) ① 첨부하다. 붙이다. 딸리다. ② 곁들이다. ③ 더하다. 거들다. 돕다.
添え(そえ) ① 곁들임. 첨부. 첨가. ② 곁에 따르게 함. 또, 따르는 사람. ③ 부축. 보좌.
添え歌(そえうた) 육의(六義)의 하나로, 사물을 비유하여 생각하는 바를 읊은 노래.
添え木(そえぎ) 받침대. 덧나무기. 특히, 부목(副木).
添え文(そえぶみ) ☞添え状(そえじょう).
添え物(そえもの) ① 첨물(添物). 곁들인 물건. 전하여 아무래도 좋은〔있으나 마나 한〕 존재. ② 경품. ③ 반찬. 부식.
添え髪(そえがみ) 다리. 머리숱을 많아 보

이게 덧넣는 딴 머리. 「(助詞)」
添え詞(そえことば) ①덧붙여 말함. ②조언
添え書(そえしょ) ☞添え状(そえじょう).
添え書き(そえがき) 첨서. ①(서화(書畵) 등에 그 유래 따위를) 곁들여 넣음. 또, 그 글. ②추신(追伸)
添え石(そえいし) 바람에 지붕이 날아가지 않게 얹어 놓은 돌.
添え手紙(そえてがみ) 첨부하는 편지. 사람 또는 물건을 보낼 때 곁들이는 편지. 「ば」
添え言葉(そえことば) ⇨ 添え詞(そえこと
添え役(そえやく) 주된 사람을 보좌(補佐)하거나 돋보이게 하는 역할. 또, 그런 역할을 맡은 사람.
添え乳(そえぢ) 아기 옆에 누워서 젖을 먹임.
添え字(そえじ) 본문의 글자 옆에 붙인 작은 글자. 送り仮名(おくりがな) 따위.
添え状(そえじょう) 첨장(添狀). 첨부하는 편지. 사람 또는 물건을 보낼 때 곁들이는 편지. 「둥.
添え柱(そえばしら) 곁(에 붙여서 세운) 기
添え竹(そえだけ) 초목이 쓰러지지 않게 버티어 주는 대나무.
添え鉄物(そえがなもの) 목재의 이음매 등을 보강하기 위해 대는 철판 따위.

11 甘	甜	달 **첨** テン あまい

音読➤
甜言蜜語(てんげんみつご) 첨언밀어. 달콤한 말.
甜菜(てんさい)〖植〗첨채. 사탕무. ♣~糖(とう)〖化〗첨채당.

13 人	僉	다 **첨**·모두 **첨** セン みな

音読➤
僉議(せんぎ) 첨의. 여러 사람이 토의함.

15 言	諂	아첨할 **첨** テン へつらう

音読➤
諂巧(てんこう) 첨교. 능란하게 아첨함. 또, 그 사람.
諂諛(てんゆ) 첨유. 알랑거리며 아첨함.
訓読➤
諂う(へつらう) 아첨하다.

18 目	瞻	볼 **첨**·쳐다볼 **첨** セン みる

瞻望(せんぼう) 첨망. ①멀리 바라다봄. ②
瞻視(せんし) 첨시. └우러러봄.
瞻仰(せんぎょう) 첨앙. 우러러 사모함.

23 竹	籤	제비 **첨** セン くじ

訓読➤
籤㊀(くじ) 제비. 추첨.
㊁(ひご) 대오리.
籤逃れ(くじのがれ) 제비를 뽑아 일·당번 등을 면함.
籤運(くじうん) (제비뽑기의) 당첨운.
籤引き(くじびき) 제비뽑기. 추첨.
籤札(くじふだ) 제비딱지.

첩

8 女	妾	첩 **첩** ショウ わらわ·めかけ

音読➤
妾宅(しょうたく) 첩댁. 첩의 집.
妾腹(しょうふく) 첩복. 첩의 소생. *めかけばらロも 읽음.
妾婦(しょうふ) 첩부. 소실. 첩.
妾出(しょうしゅつ) 첩출. 첩의 소생. 서출.
訓読➤
妾㊀(めかけ) 첩. *てかけ 또는 そばめロも 읽음.
㊁(わらわ) 여인의 자칭. 소첩(小妾). *わらは 또는 しょうロ도 읽음.

8 巾	帖	문서 **첩**·장부 **첩** チョウ·ジョウ

音読➤
帖(じょう) ①첩책(摺册). ②《接尾語ロ》畳(たたみ)·병풍 등을 세는 말.
帖子(じょうし) 첩책. 첩장(帖裝)한 책.

11 才 ⋏	捷	빠를 **첩**·이길 **첩** ショウ かつ·はやい

音読➤
捷径(しょうけい) 첩경. 지름길.
捷勁(しょうけい) 첩경. 민첩하고 강함.
捷路(しょうろ) 첩로. 첩경.
捷利(しょうり) 승리.
捷報(しょうほう) 첩보. 승보.
捷速(しょうそく) 첩속. 민첩하고 빠름.

訓読

捷つ(かつ) ① 이기다. ② (다른 것보다) 더…하다. ③ 쟁취하다.

其他

捷い(はしこい) ①(동작이) 재빠르다. 민첩하다. ② 약빠르다. 영리하다. *はしっこい로도 읽음.
捷し(とし) 〈古〉 ① 민첩하다. ② 예민하다. 날카롭다.

---

12 口 喋 재재거릴 첩
チョウ
しゃべる

音読

喋喋(ちょうちょう) 첩첩. 재잘거리는 모양. ∥〜喃喃(なんなん) 첩첩남남. 남녀가 속닥거림. 또, 그 모양.

訓読

喋くる(しゃべくる) ☞喋る(しゃべる).
❖**喋る**(しゃべる)〈俗〉재잘거리다. 지껄이다.
喋り(しゃべり) 지껄임. 수다(쟁이).
喋り捲る(しゃべりまくる) 마구〔연해〕 지껄여대다.
喋り付ける(しゃべりつける) 마구 지껄이다. 늘 재잘거리다.
喋り散らす(しゃべりちらす) (생각나는 대로) 이것저것 재잘거리다.

---

12 田 常 畳(疊) 겹쳐질 첩·포갤 첩
ジョウ
たたむ・たたみ

音読

畳句(じょうく) 같은 어구를 겹쳐서 구사하는 일. 「어.
畳語(じょうご) 첩어. 같은 단어를 겹친 복합
畳韻(じょういん) 첩운. 한자 숙어로서 같은 운을 겹친 것.
畳音(じょうおん)〖言〗첩음.
畳字(じょうじ) 첩자. 같은 한자를 겹친 말.
畳畳(じょうじょう) 첩첩.

訓読

畳 ㊀(たたみ) 다다미. 일본식 돗자리.
㊁(じょう)《接尾語로》畳(たたみ)의 수를 세는 말. …장.
㊂(たとう) 畳紙(たとうがみ)의 준말.
畳まる(たたまる) 접어지다. 겹쳐지다.
畳水練(たたみすいれん) 다다미 위에서 수영 연습하듯, 방법·이론만 알 뿐 실제 연습이 없기 때문에 실제로는 아무 구실을 못함.
畳鰯(たたみいわし) 정어리 새끼를 통째로 김처럼 붙여서 말린 포. 「형겊.
畳縁(たたみべり) 다다미의 가두리(에 두른
畳替え(たたみがえ) 다다미의 겉자리를 갈아대는 일.
畳表(たたみおもて) 골풀 돗자리로 다다미의 거죽에 대는 것.

❖**畳む**(たたむ) ① 접(치)다. 개다. ② 걷어치우다. ③ 간직하다. ④〈俗〉죽이다.
畳み掛ける(たたみかける) (상대방에게 여유를 주지 않고) 다그쳐 말을 붙이거나 행동을 하다.
畳み込む(たたみこむ) ① 접어 넣다. 접치다. ② 마음속 깊이 간직하다.

其他

畳紙(たとうがみ) ①(일본 옷을 간수하는 데 쓰는) 넷으로 접은, 옷 따위를 입은 두꺼운 포장지. ② 접어서 품에 지녔다가 휴지나 시가(詩歌)의 용지로 쓰는 종이.

---

12 貝 貼 붙일 첩
チョウ・テン
はる

音読

貼(ちょう)《接尾語로》…첩. 종이에 싼 산약 등을 세는 말.
貼付(ちょうふ) 첩부. *てんぷ로도 읽음.
貼示(ちょうじ) 붙여서 보임〔나타냄〕.
貼用(ちょうよう) 첩용. (약을) 몸에 붙여 사용함.

訓読

❖**貼る**(はる) (풀 따위로) 붙이다. 바르다.
貼り壁(はりかべ) 표면에 종이나 천을 발라 마무리한 벽.
貼り付く(はりつく) ① 붙다. 붙여지다. ②〈文〉☞貼り付ける(はりつける). 「그것.
貼り付け(はりつけ) 물건을 풀로 붙임. 또,
貼り付ける(はりつける) (접착제·핀 따위로) 붙이다.
貼り雜ぜ(はりまぜ) 여러 가지 글씨와 그림을 섞어서 붙이는 일. 또, 그 글씨나 그림.
貼り紙(はりがみ) ① 종이를 바름. 또, 붙인 종이. ② 벽보. ③ 부전(附箋). 부전지.
貼り札(はりふだ) 벽보.
貼り替え(はりかえ) ① 새로 바름〔갈아댐〕. ② 옷을 뜯어서 빨아 말림. 재양(載陽)침.
貼り替える(はりかえる) ① 새로〔다시〕 바르다. ② 옷을 뜯어 빨아 말리다. 재양(載陽)치다.
貼り出し(はりだし) 게시함. 또, 게시한 것.

---

13 片 牒 서찰 첩·문서 첩
チョウ
ふだ

音読

牒送(ちょうそう) 첩장(牒狀)을 보내어 알림. 통첩.
牒状(ちょうじょう) ① 첩장. 회장(回章). ② 소장(訴狀).
牒奏(ちょうそう) ⇨ 牒送(ちょうそう).

逆音

符牒(ふちょう) 부첩. 암호.
通牒(つうちょう) 통첩.

13 目	睫	속눈썹 첩 ショウ まつげ

音読
睫眉(しょうび) 첩미. 속눈썹과 눈썹.
訓読
睫(まつげ) 속눈썹. 「도 읽음.
睫毛(まつげ) 첩모. 속눈썹. *しょうもうろ

16 言	諜	염탐할 첩 チョウ さぐる

音読
諜報(ちょうほう) 첩보.
‖~機関(きかん) 첩보 기관.
諜者(ちょうじゃ) 첩자. 간첩. 스파이.
諜知(ちょうち) 첩지. 간첩을 놓아 적정을 염탐함.

청

5 广 教	庁 (廳)	관청 청·마루 청 チョウ·テイ

音読
庁(ちょう) 청. ①관청. ②《接尾語로》관청을 나타내는 말.
庁内(ちょうない) 청내.
庁堂(ちょうどう) ①넓은 방. ②관청.
庁務(ちょうむ) 청무. 관청의 사무.
庁舎(ちょうしゃ) 청사.
庁始め(ちょうはじめ) (연초 같은 때에 행하는) 관청의 시무식.
庁の屋(ちょうのや) 신사에서, 신관(神官)이 사무를 보는 곳.
庁員(ちょういん) 청원. 관청의 직원.
庁有(ちょうゆう) 관청이 소유하고 있음.
庁長(ちょうちょう) 청장.

8 青 教	青 (青)	푸를 청 セイ·ショウ あお·あおい あおむ

音読
青果(せいか) 청과. ♣~物(ぶつ) 청과물/~商(しょう) 청과상.
青女(せいじょ) 청녀. ①눈·서리를 내리게 하는 여신. ②서리·눈.
青年(せいねん) 청년. ♣~期(き) 청년기/~団(だん) 청년단.
‖~の家(いえ) 청년의 집《여러 가지 연수·스포츠·야외 활동을 통해 건전한 청년을 육성할 것을 목적으로 세운 공공 시설》.
~文法学派(ぶんぽうがくは) 『文法』 청년 문법학파.
~の船(ふね) 청년의 배《선박 여행을 통해서 국제 친선을 꾀하고자 마련된 사업》.
~学級(がっきゅう) 청년 학급.
~ヘーゲル学派(がくは) 청년 헤겔 학파.
~海外協力隊(かいがいきょうりょくたい) 청년 해외 협력대《발전 도상국 개발 원조를 위한 청년 자원 봉사 기관》.
青黛(せいたい) 청대. ①짙은 청색. ②검푸른 눈썹먹. 또, 그것으로 그린 눈썹.
青銅(せいどう)『化』청동.
‖~器(き) 청동기. ♣~時代(じだい) 청동기 시대.
~貨(か) 청동화. 청동으로 주조한 화폐.
青嵐(せいらん) ①신록의 계절에 부는 상쾌한 바람. ②신선한 산(山) 공기. *あおあらしろも 읽음.
青緑山水(せいりょくさんすい) 청록산수. 산수 수석(樹石)을 녹청·군청 등을 써서 채색한 그림.
青竜(せいりょう) 청룡. 사신(四神)의 하나. *せいりゅうろ도 읽음. ♣~旗(き) 청룡기.
青竜刀(せいりゅうとう) 청룡도. 청룡 언월도. *せいりょうとうろ도 읽음.
青楼(せいろう) 청루. 유곽.
青白色(せいはくしょく) 청백색.
青白眼(せいはくがん) 사람을 맞이할 때의 친숙한 눈매와 증오의 눈매.
青白磁(せいはくじ) 청백자.
青史(せいし) 청사. 역사(서).
青山(せいざん) 청산. ①나무가 푸르고 무성한 산. *あおやまろ도 읽음. ②뼈를 묻을 곳. 묘지.
青酸(せいさん) 청산. ♣~塩(えん) 청산염.
‖~加里(カリ) 청산칼리. 시안화칼륨.
青色 ㊀(せいしょく) 청색.
㊁(あおいろ) ㊀. ☞㊀. ②염색 물감의 이름.
‖~申告(しんこく) 청색 신고.
青書(せいしょ) 청서. 영국 의회 등이 제출하는 보고서.
青少年(せいしょうねん) 청소년.
青松(せいしょう) 청송.
青蛾(せいが) 청아. 미인의 형용.
青眼(せいがん) ①칼끝이 상대의 눈을 향하는 검도 자세의 하나. ②청안. 방문자를 환영하는 마음을 나타내는 눈매.
青玉(せいぎょく) 청옥. 사파이어.
青雨(せいう) 청우. 취우. 녹우.
青瓷(せいじ) ⇨ 青磁(せいじ).
青磁(せいじ) 청자. *あおじろ도 읽음.
青壮年(せいそうねん) 청장년.
青青(せいせい) 청청. 싱싱하고 푸른 모양. *あおあおろ도 읽음.
青春(せいしゅん) 청춘. ♣~期(き) 청춘기.
青翠(せいすい) ①청색과 녹색. ②초목이 싱싱한 녹색을 띰.

青鞳派(せいとうは) 청탑파. 18세기 영국 런던에서 일어난 여성 참정 운동을 추진한 한 파.
青苔(せいたい) 〖植〗 청태. *あおごけ로도 읽음.
青票(せいひょう) 국회 표결에서 반대를 나타내는 청색표. *あおひょう로도 읽음.
青函トンネル(せいかんトンネル) 本州(ほんしゅう)와 北海道(ほっかいどう)를 연결하는 세계에서 가장 긴 철도 터널.
青化物(せいかぶつ) 〖化〗 시안화물.

訓読▶
青ざめる(あおざめる) 새파래지다. (특히, 안색이) 창백해지다.
青ずむ(あおずむ) 푸르스름해지다. 푸르러지다.
青ばむ(あおばむ) 푸른 기를 띠다. 파래지다.
青びる(あおびる) 푸른 빛을 띠다. 창백(蒼白)해지다.
青やか(あおやか) 싱싱하게〔선명하게〕 푸른 모양. 푸릇푸릇한 모양.
❖**青い**(あおい) ① 파랗다. 푸르다. ② 창백하다. ③ 덜 익다. ④ 미숙하다.
‖~鳥(とり) 파랑새〔행복의 상징〕.
青(あお) ① 파란색. 파랑. 청색. ② 신호. ③ 〈接頭語로〉 푸른. 젊은. 미숙한.
青さ(あおさ) 푸름. 푸르름.
青っぽい(あおっぽい) ① 푸르스름하다. ② ☞ 青臭い(あおくさい).
青み(あおみ) ① 푸른 기(氣). 청색. ② 푸른 정도. ③ 풋내(가 남). 또, 그 맛.
青葛(あおつづら) 〖植〗 댕댕이덩굴.
青裾濃(あおすそご) 청색으로, 위쪽은 엷고 옷자락 쪽으로 갈수록 짙게 물들인 것.
青頸(あおくび) ⇨ 青首(あおくび).
青枯れ病(あおがれびょう) (토마토 • 가지 등 채소의) 풋마름병. 시들병. 청고병.
青空(あおぞら) ① 파랗게 갠 하늘. 창공. ② 노천. 야외.
青光り(あおびかり) 청록색(으로 빛남).
青鮫(あおざめ) 〖魚〗 청상아리.
青鬼(あおおに) 온몸이 파란 도깨비〔귀신〕.
青筋(あおすじ) 푸른 줄기. 특히, 살갗 위로 비쳐 보이는 핏대.
~を立(た)てる 핏대를 올리다.
青金(あおきん) ① 금과 쇠의 합금. ② 금과 은의 합금.
青肌(あおはだ) ① 털을 민 다음의 파란 살갗. ② 식물의 줄기 • 가지의 푸르스름한 표면. ③ 〖植〗 대팻집나무. 〔전 신호.
青旗(あおはた) ① 푸른 깃발. ② 녹색기. 안
青丹(あおに) 〈雅〉 ① 검푸른 흙. ② 짙은 청색에 황색을 섞은 물감.
青唐辛子(あおとうがらし) 초록빛의 풋고 「추.
青大将(あおだいしょう) 〖動〗 구렁이.
青道心(あおどうしん) 풋내기 중. 사미승.
青桐(あおぎり) 〖植〗 청동. 벽오동.
青豆(あおまめ) ① 〖植〗 푸르대콩. ② 〈俗〉 청완두. 그린 피스. ③ 〈俗〉 (가짜예의) 풋콩.
青鈍(あおにび) ① 푸르스름한 남빛. ② 안

이 모두 진한 남빛.
青簾(あおすだれ) 청죽 발.
青鷺(あおさぎ) 〖鳥〗 왜가리.
青緑(あおみどり) ① 청록색. 진초록. 짙은 녹색. ② 〖植〗 해감. 수면(水綿). *あおみどろ로도 읽음.
青柳(あおやぎ) ① 〈雅〉 파릇파릇하게 휘늘어진 버들. ② 개량조개의 살. ③ 안팎이 짙은 청색인 봄옷 빛깔의 배색.
青立ち(あおだち) 날씨 불순이나 병충해 따위로 벼가 익지 않고 시드는 현상.
青馬(あおうま) ① 청가라말. ② 〈雅〉 흰 말. 부루말. 청부루.
青梅(あおうめ) 청매. 풋매실.
青梅綿(あおうめわた) 석 장 가지고 한 벌의 옷에 둘 수 있도록 얇게 편 솜.
青毛(あおげ) ① 청색을 띤 검은색 말의 털빛. 또, 그런 말. 청가라말. ② 풋벼. 덜 익은 벼.
青木(あおき) ① 푸른 나무. ② 상록수. ③ 〖植〗 식나무.
青物(あおもの) ① 야채류의 총칭. 푸성귀. ② 껍질이 푸른 생선. ♣ ~屋(や) 청과물상.
青味(あおみ) 국 • 생선 구이 등에 곁들이는 파란 채소.
青黴(あおかび) 푸른곰팡이.
青味泥(あおみどろ) 〖植〗 해감. 수면(水綿).
青縞(あおじま) 푸르게 염색한 삼노로 만든 돈꿰미. 또, 그 돈.
青反吐(あおへど) 뱃멀미 따위로 토해 놓은 구토물.
青房(あおぶさ) 씨름판 위의 가설 지붕 동북쪽 귀퉁이에 늘어뜨린 파란 술.
青白い(あおじろい) 파르께하다. 얼굴이 핏기가 없다. 해쓱하다. 창백하다.
青蕃椒(あおとうがらし) ⇨ 青唐辛子(あおとうがらし).
青服(あおふく) ① 청색 노동복〔작업복〕. ② 공업 노동자.
青本(あおほん) 〖文〗 江戸(えど) 시대의 草双紙(くさぞうし)의 일종.
青膚(あおはだ) ⇨ 青肌(あおはだ).
青粉(あおこ) ① 푸른 김 가루. ② 식품 등에 물을 들이기 위한 푸른 갓 가루.
青氷(あおごおり) 푸르게 보이는 얼음.
青写真(あおじゃしん) 청사진.
青森(あおもり) 〖地〗 東北(とうほく) 지방 북쪽 끝의 현. 또, 그 현청 소재지.
青書生(あおしょせい) 백면서생.
青焼き(あおやき) '青写真(あおじゃしん)(=청사진)'의 속칭.
青首(あおくび) ① 푸른 김. ② '真鴨(まがも)(=물오리)'의 딴이름.
青水引(あおみずひき) 반은 흑색〔감색〕, 반은 흰색의 포장용 끈〔흉사 등에 씀〕.
青蠅(あおばえ) 청승. ① 쉬파리. ② 귀찮게 달라붙는 사람을 욕하는 말.
青侍(あおざむらい) ① 젊은 풋내기 무사. ② 하급 무사.

青息(あおいき) 한숨. 탄식. 탄식이 나올 만한 상태.
∥**〜吐息**(といき) 몹시 난감한 상태. 또, 그 때의 탄식.
青身(あおみ) (고등어 같은) 푸른 생선의 살.
青信号(あおしんごう) 청신호.
青芽(あおめ) 파란 싹.
青魚(あおざかな) 등이 푸른 물고기.
青葉(あおば) ① (새로 돋은) 푸른 잎. 싱싱한 새잎. 신록. ② 초록색 나뭇잎.
∥**〜木菟**(ずく)〖鳥〗솔부엉이.
青刈り(あおがり) ① 열매가 채 익기 전에 거두어들임. ② 풋바심.
∥**〜大豆**(だいず) 줄기나 잎을 풋거름이나 사료로 쓰기 위한 콩.   「작물.
〜飼料(しりょう) 풋바심하여 사료로 쓰는
青蛙(あおがえる)〖動〗청와. 청개구리.
青豌豆(あおえんどう) 청완두. 완두의 한 품종. 그린 피스(green peas).
青雲㊀(あおぐも) 파랗게 갠 하늘. 창공. ㊁(せいうん) 청운. ① ☞ ㊀. ② 지위・학덕이 높음. ③ 세상을 피해 사는 초연한 생활.
〜の交わり(まじわり) 입신 출세를 지향하며 함께 벼슬길에 올라 동료가 된 사이.
〜の志(こころざし) 청운의 뜻.
青垣(あおかき) 푸른 산이 둘러싸고 있는 것을 울타리에 비유한 말.
青洟(あおばな) ☞ 青っ洟(あおっぱな).
青っ洟(あおっぱな) 아이들이 흘리는 싯누런
青二才(あおにさい) 풋내기.   「콧물.
青人草(あおひとぐさ)〈雅〉 백성. 민초(民草). 창생. 국민.
青煮(あおに) 푸른 빛을 살려 데친 야채.
青紫蘇(あおじそ)〖植〗 푸른차조기.
青底翳(あおそこひ) 녹내장(綠內障).
青田(あおた) 벼가 푸릇푸릇한 논.
∥**〜売り**(うり) 입도 선매(立稻先賣). 선벼 팔기.
〜買い(がい) ① 입도 선매(先買). ② 〈俗〉 졸업 전의 학생과 미리 입사 계약을 맺음.
〜売買(ばいばい) 입도 선매매(先買賣).
青電話(あおでんわ) 거리에 설치한 파랗게 칠한 공중 전화.   「차표.
青切符(あおきっぷ) (이전에, 기차의) 2등
青潮(あおしお) 연안 해수(海水) 중의 황화수소로 자외선과 반응하여 파르께한 띠 모양으로 떠다니는 현상.
青竹(あおだけ) ① 청죽. ②〈古〉'笛(ふえ)(=피리)'의 딴이름. ③ 산뜻한 청록색의 염기성 물감. *あおだけいろ도 읽음.
青汁(あおじる) 야채즙.   「건.
青地(あおじ) 푸른 바탕. 푸른 바탕색의 물
青砥(あおと) 청회색의 돌로 만든 고운 숫돌.
青痣(あおあざ) 시퍼런 멍. (피부의) 부은점.
青漬け(あおづけ) 채소의 푸른 빛이 가시지 않도록 절인 것.

青札(あおふだ) ① 푸른 표찰(팻말). ② 주식에서, 매기(買氣)를 부추기기 위해 붙이는 표.
青脹れ(あおぶくれ) ☞ 青膨れ(あおぶくれ).
青菜(あおな) 푸성귀. 푸른 채소.
〜に塩(しお) 풀이 죽은 모양.
青天井(あおてんじょう) ① 푸른 하늘. 창공. ②〈俗〉(가격・시세 등이) 가파르게 계속 상승하는 상태.   「미.
青畳(あおたたみ) 거죽이 파르께한 새 다다
青草(あおくさ) 청초. 푸른 풀. 싱싱한 풀.
青虫(あおむし)〖蟲〗① 나비・나방의 애벌레로, 가시나 털이 없고 초록색인 것. ② 배추흰나비・검은줄횐나비의 애벌레.
青臭い(あおくさい) 풋내 나다. ① 풀냄새가 나다. ② 미숙하다. 유치하다.
青貝(あおがい) 자개의 재료가 되는 진주 광택을 띤 조개.
∥**〜細工**(ざいく) 자개 세공.
青膨れ(あおぶくれ) (얼굴・피부가) 푸르퉁퉁한 모양. 또, 그런 사람.
青葡萄(あおぶどう) 청포도.
青瓢箪(あおびょうたん) ① 덜 익은 푸른 호리병박. ② 야위고 안색이 핼쑥한 사람을 비웃는 말.
青表紙(あおびょうし) ① 청색 표지.〈古〉유교의 경전. ③ 浄瑠璃(じょうるり)의 연습용 대본.
青海(あおうみ) 푸른 바다. 벽해. 창해.
青海亀(あおうみがめ)〖動〗 바다거북. 푸른 거북.   「창해.
青海原(あおうなばら)〈雅〉 넓고 푸른 바다.
青海苔(あおのり)〖植〗 파래.
青紅葉(あおもみじ) ① 아직 붉게 물들기 전의 단풍. ② 겉은 청색, 안은 감색인 옷 빛깔의 색조(色調).
青火(あおび) 도깨비불.   「콩가루.
青黄粉(あおぎなこ) 연둣빛을 띤 질이 좋은
青絵(あおえ) 도자기에 그려진 쪽빛 그림. 또, 그 도자기.
青朽ち葉(あおくちば) ① 물빛의 하나. 푸르스름한 갈색(고동색). ② 겉은 연둣빛이나 청색, 안은 노란빛 옷 빛깔의 색조.
青黒い(あおぐろい) 검푸르다.
青鱚(あおぎす)〖魚〗 청보리멸.
❖**青む**(あおむ) ① 푸르러지다. 파래지다. ② (안색이) 파래지다.
青みばしる(あおみばしる) 푸르게 되다. 푸른 기를 띠다.
青み渡る(あおみわたる) 온통 파래지다.

其他▶
青島(チンタオ)〖地〗 청도. 칭다오.

| 11획 氵 教 | 清 (淸) | 맑을 청・깨끗할 청
セイ・ショウ・シン
きよい・きよまる・きよめる・すむ・きよらか・すます・すがやか |

音読▶
清㊀(せい) 맑음. 투명함. 깨끗함.

三(しん)〚史〛중국의 청나라.
清歌(せいか) ① 청가. 맑은 목소리로 노래함. ② 관현의 반주 없이 노래함.
清鑑(せいかん) 뛰어난 감식. 남의 감식을 높여서 일컫는 말.
清康(せいこう) 기분이 상쾌하고 건강함.
清介(せいかい) 청개. ① 지나치게 결백하여 도량이 좁음. ② 지나치게 청렴하여 고립함.
清客(せいかく) 청아한 객인. ②'梅(うめ)(=매화나무)'의 딴이름.
清潔(せいけつ) 청결. ♣〜**感**(かん) 청결감 / 〜**法**(ほう) 청결법.
清高(せいこう) 청고. 사람됨이 맑고 고결함. 또, 그 모양.
清光(せいこう) 청광. 맑은 빛. 특히, 달빛.
清教徒(せいきょうと) 청교도.
∥〜**革命**(かくめい)〚史〛청교도 혁명.
清国(しんこく)〚史〛청국. 청나라.
清規 一(しんぎ) 청규. 선종(禪宗)에서, 지켜야 할 규칙.
二(せいき) 회칙 따위의 미칭.
清気(せいき) 청기. 맑은 기운〔분위기〕.
清奇(せいき) 청신하고 진기함.
清談(せいだん) 청담. 세속적이 아닌 풍류·고상한 이야기〔를 함〕.
清覧(せいらん) 고람(高覽). 편지 등에서, 상대방이 봄을 높여서 하는 말.
清冷(せいれい) 맑고 깨끗하여 차가움. 깨끗하여 더러움이 없음.
清涼 一(せいりょう) 청량. ♣〜**剤**(ざい) 청량제.
∥〜**掛け**(がけ) 얇은 여름 이불.
〜**飲料水**(いんりょうすい) 청량 음료수.
二(しょうりょう)〚佛〛정토나 깨달음의 경지가 황홀함을 형용한 말.
清麗(せいれい) 청려. 맑고 고움.
清洌(せいれつ) 청렬. 물이 맑고 차가움.
清冽(せいれつ) ⇨ 清洌(せいれつ).
清廉(せいれん) 청렴.
∥〜**潔白**(けっぱく) 청렴 결백.
清籟(せいらい) 청뢰. 상쾌한 바람 소리.
清流(せいりゅう) 청류. 맑게 흐르는 물.
清明(せいめい) 청명. ① 맑고 밝음. ② 24 절기의 하나.
清穆(せいぼく) 청목. 깨끗하고 온화함.
清美(せいび) 청미. 맑고 아름다움.
清白 一(せいはく) 청백.
二(すずしろ)〚植〛'大根(だいこん)(=무)'의 옛 이름.
清福(せいふく) 청복. ① 정신적 행복. ② 편지에서, 상대의 행복을 축원하여 쓰는 말.
清貧(せいひん) 청빈.
清算(せいさん) 청산. ♣〜**所**(じょ) 청산소 / 〜**人**(にん) 청산인.
∥〜**勘定**(かんじょう) 청산 계정.
〜**法人**(ほうじん) 청산 법인.
〜**所得**(しょとく) 청산 소득.
〜**市場**(しじょう) 청산 시장.
〜**取引**(とりひき) 청산 거래.
〜**会社**(がいしゃ) 청산 회사.
清祥(せいしょう) 편지에서, 상대의 건강과 만복을 축하하는 인사말.
清爽(せいそう) 청상. 맑고 상쾌함.
清書(せいしょ) 청서.
清世(せいせい) 잘 다스려지고 있는 세상.
清宵(せいしょう) 청소. 상쾌한 초저녁.
清掃(せいそう) 청소.   「수함.
清秀(せいしゅう) 청수. 용모가 깨끗하고 준
清純(せいじゅん) 청순.
清勝(せいしょう) 편지에서, 상대의 건승을 기뻐할 때 쓰는 말.   「히 함.
清拭(せいしき) 병자 등의 몸을 닦아서 청결
清晨(せいしん) 청신. 상쾌한 아침.
清新(せいしん) 청신.
清心(せいしん) 청심. 깨끗한 마음.
清雅(せいが) 청아.   「악.
清楽(しんがく)〚樂〛청악. 중국 청대의 음
清夜(せいや) 청야. 맑고 시원한 밤.
清宴(せいえん) 청연. 조출하고 풍아한 주
清然(せいぜん) 깨끗한 모양.   「연.
清栄(せいえい) 청영. 편지에서, 상대의 생활·건강·번영 등을 축원하는 인사말.
清婉(せいえん) 청완. 깨끗하고 품위 있게 아리따움.   「벗.
清友(せいゆう) 청우. 깨끗한 우정을 나누는
清幽(せいゆう) 청유. 세속을 떠나 깨끗하고 조용함.
清遊(せいゆう) 청유. 풍류적인 놀이.
清吟(せいぎん) 맑고 아름다운 목소리로 읊음. 또, 그 음영(吟詠).
清音(せいおん) ① 청음. 맑은 음색. ② 일본 仮名(かな)에 濁点(だくてん)·半濁点(はんだくてん)을 붙이지 않고 나타내는 음절.
清陰(せいいん) 청음. 시원한 그늘.
清笛(しんてき) 청악(清樂)에 사용하는, 대로 만든 저.
清適(せいてき) 청적. 심신이 상쾌하고 편안함(편지에서, 상대의 무사·건강을 기원하는 말).
清節(せいせつ) 청절. 깨끗한 절조.   「씀.
清絶(せいぜつ) 청절. 더없이 깨끗함.
清浄 一(しょうじょう) 청정. ① 맑고 깨끗함. ②〚佛〛번뇌나 죄가 없음.
∥〜**界**(かい) 극락 정토.
二(せいじょう) ☞ 一①.
∥〜**野菜**(やさい) 청정 야채.
清静(せいせい) 청정. 깨끗하고 조용함.
清朝 一(しんちょう) 청조.
二(せいちょう) 清朝活字의 준말.
∥〜**活字**(かつじ) 청조체의 활자.
〜**体**(たい) 청조체. 한자 해서체의 하나.
清酒(せいしゅ) ① 청주. 맑은 술. ② 일본 술. 정종(正宗).   「음.
清真(せいしん) 청진. 깨끗하고 꾸밈이 없
清澄(せいちょう) 청징. 맑고 깨끗한 모양.
清泉(せいせん) 청천. 맑은 샘(물).
清清(せいせい) (기분 따위가) 상쾌한 모양.

清聴(せいちょう) 혜청(惠聽). 남이 자기 말을 들어줌의 공대말.
清楚(せいそ) 청초.
清秋(せいしゅう) 청추. 하늘이 맑게 개인 가을.
清濁(せいだく) 청탁.
～併(あわ)せ呑(の)む 청탁병탄. 도량이 넓다.
清平(せいへい) 청평. 세상이 잘 다스려지고 있음.
清風(せいふう) 청풍.
清閑(せいかん) 청한. 맑고 한적함.
清香(せいこう) 청향. 맑은 향기.
清虚(せいきょ) 청허. 청백하고 사욕이 없음. 마음가짐이나 언행이 분명함.
清和(せいわ) 청화. ①세상이 평온함. ②봄의 계절. ③음력 4월 초하루의 딴이름.
清興(せいきょう) 청흥. 고상한 취미〔흥미〕.

訓読

清まる(きまる) 맑아지다.
清やか(すがやか) ①(대개 和歌(わか)・短歌(たんか)・俳句(はいく) 따위에서) 상쾌한 모양. ②막힘 없는 모양.
清ら(きよら) 맑음. 청아함.
清らか(きよらか) 맑은〔청아한〕모양. 깨끗한 모양.
❖清い(きよい) 깨끗하다. ①맑다. ②(성품이) 청렴 결백하다. ③(태도가) 시원스럽다.
清き明き心(きよきあかきこころ) ①충성심. ②깨끗하고 명랑한 마음.
清祓(きよはらい) 신에게 제사지내기 전후에 부정을 금기하는 일.
清所(きよどころ) '御厨子所(みずしどころ)(=수라간)'의 딴이름.
清刷り(きよずり)〖印〗교정이 끝난 활판을 사진 제판 따위를 위해 깨끗이 찍어내는 일. 또, 그 찍어낸 인쇄물.
清水焼(きよみずやき) 京都(きょうと) 清水寺(きよみずでら) 부근에서 구워내는 도자기.
清拭き(きよぶき) 마른 걸레질.
清元(きよもと) 清元節(ぶし)의 준말. 江戸(えど) 시대 후기, 浄瑠璃(じょうるり)로부터 나온 三味線(しゃみせん) 음악의 일종.
清貼り(きよばり) 벽지를 바를 때, 가장자리에만 풀칠한 종이를 바르고 그 위에 덧발라서 마무리함. 「스레 깎음.
清剝り(きよずり) 한번 깎은 곳을 다시 정성
清鉋(きがんな) 가공한 목재에 마무리 대패질을 하는 의식. 「火).
清火(きよび) 부싯돌을 쳐서 내는 정화(淨
❖清ます(すます) ①깨끗이 하다. 맑게 하다. ②(칼날 따위를 갈아) 시퍼렇게 하다. ③마음을 진정시키다.
清まし(すまし) ①맑게 함. ②새치름함.
清し汁(すましじる) 간장이나 소금으로 간을 맞춘 맑은장국.
❖清む(すむ) ①투명하다. ②청명하다. ③(소리가) 맑다.
清み酒(すみざけ) 청주.
❖清める(きよめる) 맑게 하다. 정하게 하다.
清め(きよめ) 맑게 함. 정하게 함.

‖～書き(がき) 정서.
～紙(がみ) 용변 후에 쓰는 종이.

其他

清か(さやか)〈雅〉잘 보이는〔들리는〕모양.
清けし(さやけし)〈雅〉맑고 또렷하다.
清掻き(すががき) ①거문고로 노래 없이 타는 곡. ②三味線(しゃみせん)을 노래 없이 탐. 「읽음.
清水(しみず) 청수. 맑은 물. *せいすいで로
❖清しい(すがしい) 상쾌하다. 시원하다. 기분이 좋다. 「인.
清し女(すがしめ) 아름다운 여인. 청아한 여
清しい(すがすがしい) ①상쾌하다. 시원하다. ②〈古〉산뜻하다. 깨끗하다.

| 12
日
教 | 晴 (晴) | 갤 청
セイ
はれる・はらす |

音読

晴耕雨読(せいこううどく) 청경우독.
晴曇(せいどん) 청담.
晴嵐(せいらん) 청람. 갠 여름날 산(山)에서 이는 아지랑이.
晴朗(せいろう) 청랑. 맑고 명랑함〔화창함〕.
晴明(せいめい) 청명. 하늘이 맑게 갬.
晴眼(せいがん) 장님이 아닌 사람의 눈. 잘 보이는 눈.
晴夜(せいや) 맑게 갠 밤.
晴雨(せいう) 청우. ♣～計(けい) 청우계.
晴陰(せいいん) 청담(晴曇).
晴天(せいてん) 청천.
～の霹靂(へきれき) 청천 벽력.
‖～気流(きりゅう)〖氣〗청천 (난)기류.
～白日(はくじつ) 청천 백일.
晴好(せいこう) 청호. 하늘이 맑게 개어 조망이 좋음.
‖～雨奇(うき) 청호우기. 맑은 날이나 비오는 날이나 산수의 경치는 나름대로 그 정취를 달리해 조망이 좋음.

訓読

晴らす(はらす)(불쾌한 기분 등을) 풀다.
晴れがましい(はれがましい) ①드러나게 화려하다. ②너무나 드러나서 쑥스럽다.
晴れやか(はれやか) ①마음이 명랑한 모양. ②쾌청한 모양. ③화려한 모양.
❖晴れる(はれる) ①(하늘이) 개다. ②(괴로움 등이) 사라지다. ③(혐의 등이) 풀리다.
晴れ(はれ) ①하늘이 갬. 날씨가 좋음. ②혐의 등을 벗음. ③공식적인 자리. 경사스러움.
‖～の場所(ばしょ) 정식 장소. 공식 장소. 명예로운 장면.
晴れて(はれて) 거리낌없이. 공공연하게.
晴れ間(はれま) ①비・눈이 개인 사이. ②구름 사이로 보이는 푸른 하늘. ③마음이 상쾌한 때.
晴れ渡る(はれわたる) ①(하늘이) 활짝 개다. ②마음이 밝아지다.

晴れ舞台(はれぶたい) 여러 사람 앞에서 뭔가를 하는 명예스런 장면.
晴れ上がる(はれあがる) 맑게 개다.
晴れ衣裳(はれいしょう) ⇨ 晴れ衣裳(はれいしょう).
晴れ衣装(はれいしょう) 나들이옷.
晴れ姿(はれすがた) ① 화려하게 차려 입은 모습. ② 장한 (자리에 나간) 모습.
晴れ着(はれぎ) 나들이옷. 외출복.
晴れ晴れ(はればれ) 상쾌함. 시원함. 후련.
晴れ晴れしい(はればれしい) ① 하늘이 맑게 개어 있다. ② 마음이 후련하다〔상쾌하다〕. ③ 화려하다.

| 12
艹 | 菁 | 우거질 **청**・순무 **정**
セイ
かぶら |

参考 '순무 정'도 俗音은 '청'.

音読
菁菁(せいせい) 청청. 초목이 무성하게 자람. 인재를 육성함.

| 14
虫 | 蜻 | 잠자리 **청**
セイ |

音読
蜻蛉 ㊀(せいれい) 〖蟲〗 청령. 'とんぼ(=잠자리)'의 딴이름.
㊁(とんぼ) 〖蟲〗 잠자리. *あきつ로도 읽음. ② 蜻蛉返り의 준말.
‖**~返り**(がえり) 재주넘기. 공중제비.
其他
蜻蜓 ㊀(やんま) 〖蟲〗 왕잠자리.
㊁(とんぼ) ⇨ 蜻蛉(とんぼ).

| 15
言
常 | 請 (請) | 청할 **청**
セイ・シン・ショウ
こう・うける |

音読
請じる(しょうじる) ☞ 請ずる(しょうずる).
請ずる(しょうずる) 청하다. 초대하다.
請暇(せいか) 청가. 휴가를 신청함.
請求(せいきゅう) 청구. ♣ **~権**(けん) 청구권. / **~書**(しょ) 청구서.
請来(しょうらい) 청래. 외국에서 불상・경전 등을 얻어 가지고 돌아옴.
請問(せいもん) 캐물음.
請謁(せいえつ) 청알. 뵙기를 청함.
請雨(しょうう) 청우. 기우(祈雨).
‖**~法**(ほう) 〖佛〗 청우법. 기우법(法).
請願(せいがん) 청원. ♣ **~権**(けん) 청원권.
請じ入れる(しょうじいれる) 청해 들이다. 맞아들이다.
請託(せいたく) 청탁.
請罷(せいひ) 군주에게 사직을 출원함.
請訓(せいくん) 청훈. 재외 외교 사절이 본국 정부의 훈령을 청함.

訓読
❖**請う**(こう) 청하다. 원하다. 바라다.
請い(こい) 청(함).
請い受ける(こいうける) (임자에게) 사정하여 물건을 얻어내다.
請い取る(こいとる) 사정해서 얻다〔얻어내다〕.
❖**請ける**(うける) ① (돈을 치르고) 도로 찾다. ② (도급) 맡다. 떠맡다.
請け(うけ) 請け人(うけにん)의 준말. 보증인.
請け戻し(うけもどし) 돈을 갚고 전당 잡힌 것을 찾음.
請け戻す(うけもどす) 돈을 갚고 전당 잡힌 것을 찾다.
請け売り(うけうり) 남의 말을 자기 생각인 것처럼 (그대로) 받아 옮김.
請け文(うけぶみ) ☞ 請け書(うけしょ).
請負(うけおい) 청부. 도급. ♣ **~業**(ぎょう) 청부업. / **~人**(にん) 청부인.
‖**~耕作**(こうさく) 〖農〗 청부 경작.
~師(し) 청부업자. 도급업자.
~賃金(ちんぎん) 청부 임금.
請け負う(うけおう) 청부 맡다. 도급 맡다.
請け書(うけしょ) 승낙서.
請け人(うけにん) 보증인.
請け状(うけじょう) (江戸(えど) 시대의) 고용인 등에 대한 신원 보증서.
請け出す(うけだす) ① (전당 잡힌 것을) 돈을 치르고 찾다. ② (창녀의) 몸값을 치르고 빼내다.
請け判(うけはん) 보증한 증표로 찍는 도장.
請け合い(うけあい) 보증. 전하여, 절대 틀림이 없음.
請け合う(うけあう) 책임 지고 맡다. 보증하다.

| 17
耳
常 | 聴 (聽) | 들을 **청**
チョウ・テイ
きく・ゆるす |

音読
聴(ちょう) 들음.
聴覚(ちょうかく) 청각. ♣ **~器**(き) 청각기.
‖**~障害者**(しょうがいしゃ) 청각 장애인.
~中枢(ちゅうすう) 청각 중추.
聴講(ちょうこう) 청강. ♣ **~生**(せい) 청강생.
聴骨(ちょうこつ) 〖生〗 청골.
聴空間(ちょうくうかん) 청공간. 청각에 의해 구성되는 공간.
聴官(ちょうかん) 〖生〗 청관. 청각기.
聴器(ちょうき) 〖生〗 청기. 청각 기관.
聴納(ちょうのう) 청납. 남의 청을 들어 줌.
聴力(ちょうりょく) 청력. 듣는 힘.
聞聞(ちょうもん) 청문.
‖**~会**(かい) 청문회. 공청회.
聴視(ちょうし) 시청. ♣ **~率**(りつ) 시청률.
‖**~覚**(かく) 시청각. ♣ **~教育**(きょういく) 시청각 교육.

聴神経(ちょうしんけい)『生』청신경.
聴啞(ちょうあ) 청각에는 이상이 없으나, 거의 말을 못하는 상태. 또, 그런 사람.
聴容(ていよう) 청용. 들어줌. 허락함.
　＊ちょうようろも 읽음.
聴音(ちょうおん) 청음. ① 소리를 듣고 분간함. ② 악음(樂音)을 듣고 악보에 기입함.
　♣ ～機(き) 청음기.
聴者(ちょうしゃ) 청자. 듣는 사람.
聴従(ちょうじゅう) 청종. 그 말에 좇음. 다소곳함.
聴罪(ちょうざい) (가톨릭에서) 죄의 고백을 듣는 일. ♣ ～師(し) 고해 신부.
聴衆(ちょうしゅう) 청중.
聴診(ちょうしん) 청진. ♣ ～器(き) 청진기.
聴取(ちょうしゅ) 청취. ① (사정을 잘) 들음. ② 라디오 방송을 들음. ♣ ～料(りょう) 청취료 / ～率(りつ) 청취율 / ～者(しゃ) 청취자.
聴香(ちょうこう) 청향. 향내를 맡아 분간함.
聴許(ちょうきょ) 청허.
聴話器(ちょうわき) 청화기. 보청기.

訓読
❖聴く(きく) ① 귀 기울여 듣다. ② 승낙하다.
聴き方(ききかた) ① 듣는 법(태도). 듣기. ② 듣는 편.
聴き手(ききて) 듣는 사람.
聴き取り(ききとり) ① 듣(고 이해하)기. ② 조사하기 위해 사정을 들음. 청취.

| 19魚 | 鯖 | 청어 청
セイ
さば |

訓読
鯖(さば)『魚』고등어.
鯖読み(さばよみ) 수를 속임.
鯖雲(さばぐも) 조개구름. 권적운.
鯖折り(さばおり) (씨름에서) 양손으로 상대의 샅바를 힘껏 잡아당기면서 턱으로 어깨를 눌러 무릎을 꿇게 하는 기법.
鯖節(さばぶし) 고등어를 쪄서 말려 가쓰오부시처럼 만든 조미료.
鯖河豚(さばふぐ)『魚』밀복.

체

| 7イ敎 | 体(體) | 몸 체・바탕 체
タイ・テイ
からだ |

音読
体する(たいする) 명심하여 지키다.
体たらく(ていたらく) 보기에 딱한 모양. 꼴.
体幹(たいかん) 체간. 인간의 몸통 부분.
体感(たいかん) 체감.
‖～温度(おんど) 체감 온도.
体腔(たいこう)『生』체강.
‖～動物(どうぶつ) 체강 동물. 체강을 갖는 동물의 총칭.
体検(たいけん) '身体検査(しんたいけんさ)(=신체 검사)'의 준말.
体格(たいかく) 체격.
体系(たいけい) 체계. ♣ ～的(てき) 체계적 / ～化(か) 체계화.
体固め(たいがため) (레슬링・유도 등에서) 굳히기 수의 하나《조르기・누르기・꺾기 등》.
体高(たいこう) 체고.
体軀(たいく) 체구. 체격.
体技(たいぎ) 체기. 투기 종목 경기의 총칭.
体内(たいない) 체내.
‖～受精(じゅせい) 체내 수정.
～時計(どけい)『生』체내 시계. 생물 시계.
体当たり(たいあたり) ① 자기 몸을 힘껏 상대방에게 부딪쳐 타격을 줌. ② 기를 쓰고 덤빔.
体得(たいとく) 체득. 터득.
体落とし(たいおとし) 빗당겨치기《유도 기술의 하나》.
体良く(ていよく) 그럴듯하게 외관을 꾸미는 모양. 보기 좋게.
体量(たいりょう) 체량. 체중. ♣ ～器(き)
‖～秤(ばかり) ☞体量器. 체중계.
体力(たいりょく) 체력.
体練(たいれん) 체련. 몸을 단련함.
体面(たいめん) 체면.
体毛(たいもう) 체모. 몸에 난 털.
体貌(たいぼう) 체모. 용모. 모습.
体配り(たいくばり) (어떤 공격에도 대처할 수 있게) 몸의 자세를 취하는 일.
体罰(たいばつ) 체벌.
体状(たいじょう) 체상. 모습. 모양.
体相用(たいそうゆう)『佛』만물의 본체와 그 겉모습 그리고 작용의 세 가지.
体色(たいしょく) 체색. 몸빛.
‖～変化(へんか)『生』체색 변화.
体勢(たいせい) 몸의 자세.
体細胞(たいさいぼう)『生』체세포.
‖～分裂(ぶんれつ) 체세포 분열.
体循環(たいじゅんかん)『生』체순환. 대(大)순환. 큰피돌기.
体液(たいえき)『生』체액.
‖～性免疫(せいめんえき) 체액성 면역.
体様(たいよう) 양태. 모양.
体言(たいげん)『文法』체언.
‖～止め(どめ) 和歌(わか)・俳諧(はいかい) 등에서, 마지막 구를 체언으로 맺는 수사법.
体温(たいおん) 체온. ♣ ～計(けい) 체온계.
‖～調節(ちょうせつ) 체온 조절.
体外(たいがい) 체외.
‖～受精(じゅせい) 체외 수정.
～診断薬(しんだんやく) 체외 진단약.
～衝撃波結石破壊術(しょうげきはけっせきはかいじゅつ)『醫』체외 충격파 결석 파괴술.

体用 ㈠(たいよう) 체용. ①(사물의) 본체와 그 작용. ②《文法》체언과 용언. ㈡(たいゆう) ☞体相用(たいそうゆう).
体位(たいい) 체위. ①체격·건강·체능의 정도. ②몸의 위치. 자세.
体育(たいいく) 체육. ♣~館(かん) 체육관.
‖~の日(ひ) 체육의 날《국경일의 하나로 10월 10일》.
体認(たいにん) 체인. 체험으로 인식함.
体長(たいちょう) 체장. (동물의) 몸길이.
体裁(ていさい) 체재. ①겉모양. ②일정한 형식. ③체면.
体裁振る(ていさいぶる) 거드름 피우다.
体積(たいせき) 체적. 부피.
‖~弾性率(だんせいりつ)《理》체적 탄성률. 부피 탄성 계수.
体節(たいせつ)《動》체절. 몸마디. ♣~器(き)《動》체절기.
‖~動物(どうぶつ)《動》체절 동물. 환형동물.
体制(たいせい) 체제.
‖~側(がわ) 체제측. 정부·여당측. 여권.
体調(たいちょう) 몸의 컨디션[상태].
体操(たいそう) 체조.
‖~競技(きょうぎ) 체조 경기.
体中(たいちゅう) 체중. 몸 속.
体重(たいじゅう) 체중. ♣~計(けい) 체중계.
体質(たいしつ) 체질. ♣~的(てき) 체질적.
‖~改善(かいぜん) 체질 개선.
‖~顔料(がんりょう) 체질 안료.
体菜(たいさい)《植》(평짓과의) 배추의 일종.
体臭(たいしゅう) 체취.
体側(たいそく) 체측. 몸의 측면.
体捌き(たいさばき) 체사배키, 상대방의 자세를 흐트러뜨리며, 자신의 자세가 흐트러지지 않게 재빨리 움직여 공방에 대비하는 일.
体膨張(たいぼうちょう)《理》체팽창. 부피 [적] 팽창.
‖~率(りつ)《理》체팽창률. 부피 팽창 계수.
体表(たいひょう) 체표. 몸의 표면.
‖~面積(めんせき)《生》체표 면적. 몸의 표면적.
体験(たいけん) 체험.
体現(たいげん) 체현. 구현.
体協(たいきょう) '体育協会(たいいくきょうかい)(=체육 협회)'의 준말.
体刑(たいけい) 체형.
体形(たいけい) 체형. 몸매.
体型(たいけい) 체형. 체격의 형《비만형·척신형(瘠身型) 등》.

訓読
体 ㈠(からだ) ①신체. 육체. ②몸통. 몸체. 체격. ③몸의 상태. 건강.
㈡(たい) ①몸. 모습. ②본질. 실체. ③신불(神佛)의 상(像)을 세는 말. 개. 좌(座).
㈢(てい) ①겉모양. 모습. ②태도. 겉치레. ③상태.
体倒し(からだたおし) 덩치만 크고 기개가 없는 사람. *からだおしろ도 읽음.
体付き(からだつき) 몸매.

剃

9 ㅣ
머리깎을 **체**
テイ
そる

音読
剃頭(ていとう) 체두. 머리를 깎는 일.
剃毛(ていもう) 음모를 깎음.
剃髪(ていはつ) 체발. 머리를 깎고 불문에 들어가는 일.
‖~式(しき)《佛》머리를 깎고 스님이 되는 의식.
~染衣(ぜんえ)《佛》체발 염의. 머리를 깎고 검정 승복을 입는 일.

訓読
❖ **剃る**(そる) 깎다. 면도하다. *方言으로는 する라고도 함.
剃(そり) ①(면도로) 깎음. 밂. ②'剃刀(かみそり)(=면도칼)'의 준말.
剃り落とす(そりおとす) 수염을 깎아 버리다.
剃り立て(そりたて) (머리·수염 따위를) 갓 깎음.
剃り味(そりあじ) 면도날이 살갗에 닿는 감촉.
剃り上げる(そりあげる) ①(면도칼을) 위쪽으로 밀다. ②면도를 끝내다.
剃り刃(そりば) 안전 면도기의 날.
剃り込む(そりこむ) 바짝 깎다[면도하다].
剃り跡(そりあと) 면도 자국.
剃り下げる(そりさげる) 머리 꼭대기에서 아래쪽으로 밀어 내리다.
剃り下ろす(そりおろす) (면도를) 아래쪽으로 밀다.

其他
剃刀(かみそり) 면도칼.
~の刃(は)を渡(わた)る 면도날을 밟듯, 아주 위험한 짓을 하다. 살얼음을 밟다.
‖~気触れ(かぶれ) 면도 독(毒).
‖~負け(まけ) (면도칼로 민 자국으로) 면도 독이 오름.
~貝(がい)《貝》'馬刀貝(まてがい)(=긴맛)'의 딴이름.

砌

9 石
섬돌 **체**
セイ
みぎり

音読
砌下(せいか) ①낙숫물을 받기 위해 돌을 깔아 놓은 곳. ②편지에서, 상대방 이름 밑에 존경의 뜻으로 붙여 쓰는 말.

訓読
砌(みぎり) ①때. 시절. ②〈古〉섬돌. 뜰.

涕

10
눈물 **체**·울 **체**
テイ
なみだ

音読
涕涙(ているい) 체루. 눈물.

涕洟(ていい) 체이. 눈물과 콧물.
訓読
涕(なみだ) 눈물.

10 遞(遞) 갈마들 체·역말 체
テイ
かわる

音読
遞加(ていか) 체가. 체증.
遞減(ていげん) 체감.
遞送(ていそう) 체송. 차례로 여러 사람〔역참〕을 거쳐 보냄.
遞信(ていしん) 체신. ①여러 곳을 거쳐 소식을 전함. ②우편·전신 등의 업무.
遞伝(ていでん) 체전. 차례로 전해 보냄.
遞増(ていぞう) 체증. 점차 늚.
遞次(ていじ) 체차. 순차.

11 逮(逮) 쫓을 체·잡을 체
タイ
および

音読
逮夜(たいや)〚佛〛 체야. 장례 또는 기일(忌日)의 전날 밤.
逮捕(たいほ) 체포.
‖~監禁罪(かんきんざい) 체포 감금죄.
~状(じょう) 체포장. 구속 영장.
~許諾請求(きょだくせいきゅう)〚法〛 체포 동의 요청.

12 替 바꿀 체
タイ
かえる・かわる

訓読
❖替える(かえる) 바꾸다. 교환〔교체〕하다. 갈다.
替え(かえ) ①대체. 교환. ②대리. 대신(할).
替えズボン(かえズボン) 저고리와 따로 만든 바지. 여벌 바지.
替え歌(かえうた) 곡조는 같고 가사만 바꾼 노래.
替え蓋(かえぶた) 예비용 뚜껑.
替え句(かえく) 원 구(句)의 말을 바꾼 구.
替え名(かえな) ①별명. 이명(異名). ②〚劇〛 배우가 맡은 역의 이름.
替え紋(かえもん) 정식 가문(家紋) 대신에 쓰는 약식 문장.
替え手(かえて) ①교체하는 사람. ②일본 음악, 특히 地唄(じうた)·長唄(ながうた)에서, 三味線(しゃみせん) 등이 둘 이상일 때, 기본 선율인 本手(ほんて)에 맞추어 합주하도록 편곡한 선율. ＊かえで로도 읽음.
替え劣り(かえおとり) 물건을 교체했으나 전보다 더 나쁜 것을 얻는 일.
替え玉(かえだま) (진짜 대신에 쓰는) 가짜. 대역. 대리(代理).
替え優り(かえまさり) 물건을 바꾸어 전보다 좋은 것을 얻는 일.
替え刃(かえば) 갈아 끼우는 면도날.
替え字(かえじ) 음이 같은 다른 글자로 바꿔쓰는 일. 또, 그 글자《吉野(よしの)를 芳野로 쓰는 따위》.
替え銭(かえせん) 중세의 환전(換錢)의 하나. ＊かえぜに로도 읽음.
替え地(かえち) 환토(換土). 환지.
替え着(かえぎ) 갈아입을 옷. 여벌 옷.
替え替え(かえがえ) 교환.
替え弦(かえづる) 교환용의 활시위.
❖替わる(かわる) ①바뀌다. 갈리다. 교체되다. ②대리〔대신〕하다. 대표하다.
替わり(かわり) ①교체. ②대리. 대신. ③한 그릇을 먹고 다시 한 그릇을 먹는 일.
替わり狂言(かわりきょうげん) 歌舞伎(かぶき)에서, 새로 상연되는 별개의 狂言.

12 躰 몸 체
タイ
からだ

参考 体의 異體字.

訓読
躰(からだ) ①신체. 육체. ②체격. 몸통.

13 滞(滯) 막힐 체·머무를 체
タイ・テイ
とどこおる

音読
滞京(たいきょう) 체경.
滞空(たいくう) 체공.
滞欧(たいおう) 체구. 유럽에 체류함.
滞納(たいのう) 체납.
‖~処分(しょぶん) 체납 처분.
滞留(たいりゅう) 체류. 체재.
滞水(たいすい) 체수. 흐르지 않고 고여 있는 물.
滞日(たいにち) 체일. 일본에 머무름.
滞在(たいざい) 체재. 체류.
滞積(たいせき) 적체. 밀려 쌓임.
滞陣(たいじん) 체진. 한곳에 오래 진을 치고 머무름.
滞貨(たいか) 체화. 운반치 못해 밀린 화물. 또, 팔리지 않아 쌓인 상품.
‖~金融(きんゆう) 체화 금융〔융자〕. 체화 때문에 발생한 필요 자금을 대출하는 일.

訓読
❖滞る(とどこおる) ①정체하다. 막히다. ②(일 등이) 밀리다.
滞り(とどこおり) 정체함. 막힘. 밀림.

13 髢 다리 체
テイ
かもじ

訓読

蔕

15 艹 **蔕**
꼭지 **체**
タイ・テイ
うてな・へた・ほぞ

訓読
蔕(へた) (감・가지 따위의) 열매의 꼭지.
  *ほぞろも 읽음.
蔕落ち(ほぞおち) ① 갓난아이의 탯줄이 떨어짐. ② 납득함. 알아들음. ③ (과일이 익어서) 꼭지가 떨어짐. 또, 그 과일.

締

15 糸 常 **締**
맺을 **체**
テイ
しまる・しめる・むすぶ

音読
締する(ていする) 맺다.
締結(ていけつ) 체결.
締盟(ていめい) 체맹. 맹약을 맺음.
締約(ていやく) 체약. 조약・계약 등을 맺음.
‖〜強制(きょうせい)〖法〗체약 강제.

訓読
❖**締まる**(しまる) ① 단단히 죄이다〔졸라지다〕. 단단히 매어지다. ② 긴장하다. 야무지다. ③ 견실하다. 잠기다. ④ 닫히다. 잠기다.
締まらない(しまらない) 〈俗〉시르죽다. 맺힌 데가 없다.
締まり(しまり) ① 느슨하지 않고 꼭 죄어 있음. ② 긴장. 맺힌 데. 야무짐. ③ 감독. 단속. ④ 절약. 검약. ⑤문단속. 「람.
締まり屋(しまりや) 절약가. 또, 인색한 사
❖**締める**(しめる) ① 죄다. 매다. ② 닫다. 잠그다. ③ 마감하다.
締め(しめ) ① 쥠. 조름. ② 합계. ③ (편지를 봉한다는 뜻의) 함(緘) 표.
締めて(しめて) 합계하여. 전부해서.
締め高(しめだか) 총액. 합계.
締め括り(しめくくり) 아퀴. 결말. 매듭.
締め括る(しめくくる) ① 꼭 묶다. ② 단속〔감독〕하다. 매듭 짓다.
締め具(しめぐ) 꽉 죄어서 고정시키는 도구.
締め金(しめがね) 죔쇠.
締め技(しめわざ) 유도에서, 조르기 (기술).
締め付け(しめつけ) ① 세게 죔. ② 말・태도로 기죽임.
締め付ける(しめつける) ① 단단히 죄다〔조르다〕. ② 엄격히 관리・감독하다.
締め殺す(しめころす) (목을) 졸라 죽이다.
締め上げる(しめあげる) ① (몸을) 세게 죄다. 조르다. ② (강하게) 추궁하다.
締め緒(しめお) 물건을 죄기 위한 끈.
締め笑い(しめわらい) 소리를 죽이고 웃음.
締め込み(しめこみ) 씨름할 때 차는 샅바.
締め切り(しめきり) ①마감. 마감 날짜. ② 늘 닫혀 있음.
締め切る(しめきる) ① 전부 닫아 두다. 오랫동안 닫아 둔 채로 두다. ② 마감하다.
締め鯖(しめさば) 고등어를 크게 두 조각으로 내어 소금과 식초로 간한 것.
締め出し(しめだし) ① 문을 닫고 들이지 않음. 쫓아냄. ② (경영자 측의) 공장 폐쇄.
締め出す(しめだす) ① 문을 열어 주지 않다. 내쫓다. ② 배제하다.

諦

16 言 **諦**
살필 **체**
テイ
あきらめる

音読
諦観(ていかん) 체관. ① 전체를 관망하여 사물의 본질을 꿰뚫어 봄. ② 깨닫고 체념함.
諦念(ていねん) 체념.
諦視(ていし) 체시. 눈을 가늘게 뜨고 봄.

訓読
❖**諦める**(あきらめる) 체념하다. 단념하다.
諦め(あきらめ) 체념. 단념.

嚔

17 口 **嚔**
재채기할 **체**
テイ
くさめ・くしゃみ・はなひる

訓読
嚔(くさめ) ① 재채기. ② 재채기를 했을 때 소리 내어 외는 말. *くしゃみ로도 읽음.
嚔ひる(はなひる) 재채기를 하다.

薙

17 艹 **薙**
깎을 **체**・깎을 **치**
チ・テイ
なぐ

音読
薙髪(ちはつ) 치발. (불문에 들어가) 삭발함. 출가함. *ていはつ로도 읽음.

訓読
薙(なぎ) 산사태가 난 곳.
薙刀(なぎなた) 언월도. 왜장도. 또, 그것을 사용하는 무술.
‖〜酸漿(ほおずき) 참고등의 알 주머니.
〜草履(ぞうり) 오래 신어서 언월도처럼 굽은 짚신.
〜香薷(こうじゅ) 〖植〗향유.
❖**薙ぐ**(なぐ) (칼 따위를) 옆으로 후려쳐 쓰러뜨리다.
薙ぎ倒す(なぎたおす) ① 가로 후려쳐 베어 넘기다. ② 많은 상대를 차례로 쓰러뜨리다.
薙ぎ立てる(なぎたてる) 칼 따위로 세차게 옆으로 베어 제치다.
薙ぎ面(なぎづら) 재목을 자귀로 거칠게 다듬은 면. 또, 그렇게 다듬는 방법.
薙ぎ伏せる(なぎふせる) 가로 쳐서〔베어서〕 쓰러뜨리다.
薙ぎ払う(なぎはらう) (칼로) 가로 쳐 쓰러뜨리다. 가로 후려쳐〔베어서〕 넘기다.

초

6 艸	艸	풀 초 ソウ くさ

参考 草와 同字.

其他 艸(くさかんむり) 한자 부수의 하나: 초두. 약자로는 艹·⺿를 씀.

7 才 常	抄	베낄 초·빼앗을 초 ショウ かすめる·すく

音読
抄(しょう) 초. ① 발초(拔抄). 초록. ② 고전의 주석서.
抄する(しょうする) ① 베끼다. ② 뽑아 쓰다. ③ (종이를) 뜨다.
抄記(しょうき) 초기. 초록.
抄録(しょうろく) 초록.
抄物(しょうもつ) 和歌(わか)·한시문(漢詩文) 등의 주석서.
抄本(しょうほん) ① 초본. ② 사본.
抄写(しょうしゃ) 초사. 발췌하여 베낌.
抄書(しょうしょ) 초서. 뽑아서 씀. 또, 그 책.
抄訳(しょうやく) 초역.
抄造(しょうぞう) 종이를 뜸.
抄紙(しょうし) 초지. 종이를 뜨는 일.
抄出(しょうしゅつ) 초출. 발췌함.

訓読
抄い(すくい) 떠냄. 떠올림.
抄く(すく) (종이·김 따위를) 뜨다.

7 月 常	肖 (省)	닮을 초 ショウ にる·あやかる

音読
肖似(しょうじ) 혹사(酷似).
肖像(しょうぞう) 초상. ♣〜権(けん) 초상권 / 〜画(が) 초상화.

訓読
❖肖る ㈂(あやかる) ① 감화되어 닮다. ② 행복한 사람의 영향으로 덕을 입다.
㈁(にる) 닮다. 비슷하다. 「행운아.
肖り者(あやかりもの) 선망의 대상이 되는

7 木 教	初	처음 초 ショ はじめ·はじめて·はつ·うい·そめる·うぶ

音読
初刊(しょかん) 초간. 첫 간행.
初感(しょかん) ☞ 初感染(しょかんせん).
初感染(しょかんせん) 초감염. (특히, 폐결핵에) 처음 걸림.
初見(しょけん) 초견. 처음 봄[만남].
初更(しょこう) 초경.
初経(しょけい) 초경. 첫 월경.
初交(しょこう) 첫 성교.
初校(しょこう) 〖印〗 초교.
初口(しょくち) 〈老〉처음. 시작.
初句(しょく) 초구. 첫 구절. 기구(起句)
初球(しょきゅう) 〖野〗초구. 투수가 최초로 던진 공.
初巻(しょかん) 초권. 첫째 권. 제1권.
初級(しょきゅう) 초급. 최초의 등급.
初給(しょきゅう) 초급. 초봉.
初期(しょき) 초기.
∥〜微動(びどう) (지진의) 초기 미동.
〜条件(じょうけん) 〖理·数〗초기 조건.
〜化(か) 〖컴〗(기존 자료의) 초기화.
初年(しょねん) ① 초년. 첫해. ② 초기. 처음 몇 해 동안. ♣〜兵(へい) 초년병. 신병.
初年度(しょねんど) 초년도. 최초의 연도.
初念(しょねん) 초념. 초지. 처음 생각.
初段(しょだん) 초단. 첫째 단. 「부분.
初っ端(しょっぱな) 〈俗〉일의 실마리. 처음
初唐(しょとう) 〖史〗초당. 중국 문학사상 당(唐)을 4기로 나눈 중 그 제1기.
初代(しょだい) 초대.
初対面(しょたいめん) 초대면.
初度(しょど) 초도. 첫 번째.
初冬(しょとう) ① 초동. 초겨울. ② 음력 10월. *はつふゆ로도 읽음.
初動(しょどう) 초동. 조기(早期).
∥〜分布(ぶんぷ) (지진파의) 초동 분포.
〜捜査(そうさ) 초동 수사.
初頭(しょとう) 초두. 첫머리.
初登(しょとう) 첫 등반.
初等(しょとう) 초등.
∥〜教育(きょういく) 초등 교육.
〜数学(すうがく) 초등 수학.
〜中等教育局(ちゅうとうきょういくきょく) 초등 중등 교육국.
初涼(しょりょう) 초량. 초가을의 선선한 기운. 신량(新涼).
初列風切(しょれつかざきり) 새 날개 끝에 있는 튼튼한 깃털.
初老(しょろう) 초로. 「첫 막.
初幕(しょまく) 여러 막으로 구성된 연극의
初鳴日(しょめいび) 곤충·새 따위가 그 계절에 처음 울기 시작한 날. 「취입된 것.
初盤(しょばん) (레코드의) 첫 취입. 또,
初発(しょはつ) ① 시초. 처음. ② (전차·기차의) 첫 출발. 시발(始發). ③ 처음 발생함. *しょほつ로도 읽음.
初発心(しょほっしん) 〖佛〗초발심.
初配(しょはい) 최초의 배당. 첫 배당.
初犯(しょはん) 〖法〗초범.
初歩(しょほ) 초보. 초학(初學). 초심.

初伏(しょふく) 초복.
初産(しょさん) 초산. 처음으로 한 출산. *はつざん・しょざん・ういざん으로도 읽음.
♣~児(じ) 초산아.
初三(しょさん) 초사흗날. 또, 그 달의 첫 사흘간.
初生(しょせい) 초생. 갓 태어남. 갓 생김.
♣~児(じ) 초생아.
‖~雛(ひな) 갓 깐 병아리.
初選(しょせん) 초선.
初世(しょせい) ☞初代(しょだい).
初速(しょそく) 『理』초속.
初速度(しょそくど) 『理』초속도.
初刷(しょさつ) 초쇄. 최초의 인쇄. 초판.
初手(しょて) 최초. 처음. 초장.
初旬(しょじゅん) 초순. 상순.
初心(しょしん) ① 초심. 처음으로 배움. ② 초지(初志). ③ 숫보기.
㊁(うぶ) ⇨ 初(うぶ).
初審(しょしん) 초심. 제일심.
初心者 ㊀(しょしんしゃ) 초심자. 일에 미숙한 사람.
㊁(しょしんもの) 숫된 사람. 숫보기.
初夜(しょや) ① 첫날밤. ② 초경. 초저녁. ♣~権(けん) 『史』초야권.
初陽(しょよう) 초양. 아침 해. 해돋이.
初訳(しょやく) 초역. 첫 번역.
初演(しょえん) 초연. 최초의 상연・연주.
初縁(しょえん) 초연. 초혼(初婚).
初葉(しょよう) ① 초엽. 초기. ② 책의 첫장.
初映(しょえい) 초영. 어떤 영화를 그 나라에서 처음으로 상영하는 일.
初位(しょい) 옛날의 최하급 위계(位階). *そい로도 읽음.
初乳(しょにゅう) 초유.
初意(しょい) 초의. 초지(初志).
初日(しょにち) (영화・연극 등 흥행의) 일. 첫날. *しょじつ로도 읽음.
初一念(しょいちねん) 초지(初志).
初任(しょにん) 초임. 첫 임관. ♣~給(きゅう) 초임급.
‖~者研修制度(しゃけんしゅうせいど) 초임자 연수 제도.
初入り(しょいり) 다도에서, 손님이 처음 다회(茶會) 자리에 들어감.
初伝(しょでん) 최저 단계의 전수(傳授). 어느 정도 수련을 쌓은 사람에게 첫번째로 주는 비법(祕法).
初電(しょでん) ① 시발 전차. ② (어떤 일에 대한) 첫 전보.
初戦(しょせん) 초전. 서전.
初っ切り(しょっきり) ① (흥행 씨름에서) 쇼적인 막전(幕前) 경기(오픈 게임). ② 시초. 시작. 첫판.
初点(しょてん) 등대에 처음으로 불을 켬.
初祖(しょそ) 초조. ① 가계나 유파(流派)의 초대(初代). ② 선종(禪宗)에서, 달마 대사를 일컫는 말.

初潮 ㊀(しょちょう) 초조. 초경(初經). 첫 월경.
㊁(はつしお) ① 제염을 위해 그 해 처음 푸는 바닷물. ② 음력 8월 보름의 한사리.
初足(しょそく) 병을 앓고 난 후 처음 걷는 일.
初中後(しょちゅうご) 처음과 중간과 끝.
初志(しょし) 초지.
初診(しょしん) 『醫』초진.
初参(しょさん) 신참(新參).
初天辺(しょてっぺん) 처음. 최초.
初秋(しょしゅう) ① 초추. 초가을. ② 맹추. 음력 7월. *はつあき로도 읽음.
初春(しょしゅん) ① 초춘. 이른 봄. 초봄. ② 맹춘. 음력 정월. *はつはる로도 읽음.
初出(しょしゅつ) 초출. 처음으로 나옴〔나타남〕. *はつで로도 읽음.
初七日(しょしちにち) 처음 이렛동안. *しょなのか로도 읽음.
初弾(しょだん) 초탄. 제일탄.
初太刀(しょだち) 첫칼. 최초로 내리치는 칼.
初版(しょはん) 초판. ♣~権(けん) 초판권.
初便(しょびん) ① 처음으로 보낸[받은] 편지. ② 항로에 첫 취항하는 항공기[배].
初篇(しょへん) ⇨ 初編(しょへん).
初編(しょへん) 초편. 제1편.
初筆(しょひつ) 초필. 처음으로 씀. *はつで로도 읽음. 「읽음.
初夏(しょか) 초하. 초여름. *はつなつ로도
初学(しょがく) 초학. ♣~者(しゃ) 초학자.
初弦(しょげん) 초현. 상현.
初号(しょごう) ① 창간호. ② 초호 활자.
初婚(しょこん) 초혼. 첫 결혼.
初回(しょかい) 초회. 첫번. 제1회.
初会(しょかい) ① 첫 회합. ② 처음 만남.

[訓読]

初 ㊀(はつ) ① 처음. 최초. ②《接頭語로》 처음의. 첫…. ③ 정월. 신춘.
㊁(うぶ) ① 순진함. ② 남녀 관계에 경험이 없음. 또, 숫총각. 숫처녀.
㊂(しょ)《接頭語로》 초…. 처음의.
㊃(うい)《接頭語로》 초…. 처음의. 첫.

初(はつ) 신선하다.
初繭(はつまゆ) 그 해 들어 처음 나온 누에고
初鰹(はつがつお) 『魚』초여름에 처음 잡히는 가다랑어.
初見世(はつみせ) ⇨ 初店(はつみせ). 「함.
初見参(ういげんざん) 첫 대면. 처음 대면
初鏡(はつかがみ) 새해 들어 처음으로 거울을 보고 화장하는 일. 「申日).
初庚申(はつこうしん) 그 해의 첫 경신일(庚
初鶏(はつとり) ① 설날 아침 일찍 듣는 닭의 울음소리. ② 첫닭이 우는 소리.
初稽古(はつげいこ) ① 입문하여 첫 연습. ② 새해 들어 하는 첫 연습.
初空(はつぞら) 정월 초하루의 아침 하늘.
初冠(ういこうぶり) 옛날, 관례 후 처음 관을 쓰던 일.

初冠雪(はつかんせつ) 여름이 지나 처음으로 산꼭대기에 눈이 덮임.
初狂言(はつきょうげん) 새해 들어 처음 공연하는 歌舞伎(かぶき).
初国(はつくに) 처음 생긴 상태의 나라. 국가의 최초의 단계.
初渡御(はつとぎょ) 새로 만든 神輿(みこし)의 첫나들이.
初東雲(はつしののめ) 설날의 새벽녘.
初登攀(はつとうはん) 첫 등반. 등산에서, 아무도 오른 적이 없는 산의 정상에 서는 일.
初嵐(はつあらし) 초가을에 부는 강풍.
初旅(はつたび) 처음 여행. 그 해의 첫 여행.
初暦(はつごよみ) 새해가 밝아 처음으로 그 해 달력을 씀. 또, 그 달력.
初恋(はつこい) 초련. 첫사랑.
初老い(はつおい) 40세의 별칭.
初雷(はつがみなり) 그 해의 첫 천둥. *はつらいろも 읽음.
初売り(はつうり) ☞初商い(はつあきない).
初買い(はつがい) (새해 들어) 처음으로 물건을 사는 일.
初明り(はつあかり) 설날 아침 동쪽 하늘이 밝아 오는 일. 또, 설녘에 비쳐 오는 빛.
初明月(はつめいげつ) 음력 8월 15일 밤의 달.
初名草(はつなぐさ) '寒梅(かんばい)(=한매)'의 딴이름.
初夢(はつゆめ) (새해) 첫 꿈.
初卯(はつう) 정월의 첫 묘일(卯日).
初苗(ほつなえ) 처음 심는 모.
初舞台(はつぶたい) 첫무대. 첫 출연.
初物(はつもの) 맏물. 햇것.
‖~食い(ぐい) 맏물 또는 새것을 즐겨 먹거나 입수하는 일. 또, 그 사람.
初尾(はつお) ☞初穂(はつほ).
初尾花(はつおばな) 〖植〗'薄(すすき)(=참억새)'의 딴이름.
初髪(はつかみ) 새해가 되어 여자가 처음으로 머리를 매만지는 일. 또, 그 머리.
初訪問(はつほうもん) 첫 방문.
初釜(はつがま) 새해 처음으로 차(茶) 솥을 걸어 놓고 차를 끓이는 일. 또, 그 날의 다회(茶會). 「じ)산.
初富士(はつふじ) 설날에 바라보는 富士(ふ
初盆(はつぼん) 고인(故人)이 처음 맞는 우란분(盂蘭盆).
初氷(はつごおり) 초빙. 첫 얼음.
初巳(はつみ) 새해 첫 사일(巳日). 「함.
初事(ういごと) 처음으로 하는 일. 막 시작
初仕事(はつしごと) ① 새해 들어 처음으로 하는 일. ② 새 직장에서 처음으로 하는 일.
初朔日(はつついたち) 2월 1일의 딴이름.
初山(はつやま) 그 해 처음으로 영산(靈山)에 참배하는 일. 「라기눈.
初霰(はつあられ) 그 해 처음으로 내리는 싸
初山入り(はつやまいり) 정월에 첫 입산하여 나무를 하든가 작업을 하는 일.

初上り(はつのぼり) ① 첫 상경(上京). ② 그 해의 첫 등산.
初商い(はつあきない) 새해 들어 처음으로 하는 장사. 마수걸이.
初霜(はつしも) 초상. 첫서리.
‖~月(づき) 음력 10월의 딴이름.
初生り(はつなり) ① 맏물. ② 과실이 처음으로 나무에 열림. 또, 그 과실.
初汐(はつしお) ☞初潮(はつしお)
初昔(はつむかし) 설날에 지난해를 일컬음.
初席(はつせき) 새해 들어 처음 열리는 '寄席(よせ)(=연예장)'의 흥행.
初蟬(はつぜみ) 그 해 처음으로 우는 매미.
初雪(はつゆき) 초설. 첫눈.
初声(はつこえ) ☞初音(はつね).
初聖体(はつせいたい)〖가톨릭〗첫 영성체.
初咲き(はつざき) 정원수 등에 처음으로 꽃이 핌. 또, 계절 초에 다른 꽃에 앞서 피는 일.
初笑い(はつわらい) 새해 들어 처음 웃음.
初孫(はつまご) 첫 손자(孫子). *ういまごろも 읽음.
初刷り(はつずり) 초쇄. ① 새해 첫 인쇄물. ② (출판물의) 초판. *しょずりろも 읽음.
初狩り(はつかり) 그 해 처음으로 하는 사냥.
初穂(はつほ) ① 그 해에 처음으로 익은 벼이삭. 전하여, 곡식이나 과일의 맏물. ② 추수한 농작물 중에서 먼저 신불(神佛)이나 조정에 바치는 것. *はつおにも 읽음.
初乗り(はつのり) ① 버스 등의 개통 첫날에 타는 일. ② 버스·택시 등의 최초 구간.
初市(はついち) 새해가 되어 처음으로 여는 저자(市場).
初時雨(はつしぐれ) 첫 가을비. 「러기.
初雁(はつかり) 가을에 최초로 날아오는 기
初顔(はつがお) ① ☞初顔合せ(はつかおあわせ). ② 회합 등에 처음 참가한 사람.
初顔合わせ(はつかおあわせ) ① 씨름 등에서, 처음 대전(對戰)하는 일. ② 관계자 등이 전원 처음으로 모이는 일.
初桜(はつざくら) 그 해 맨 먼저 핀 벚꽃.
初鶯(はつうぐいす) 그 해 봄에 처음 우는 휘파람새. 또, 그 소리.
初御空(はつみそら) ☞初空(はつぞら).
初役(はつやく) 초역. (배우가) 처음 맡는 역〔배역〕. 「씀.
初硯(はつすずり) 새해 첫 벼루를 써서 글을
初刈り(はつかり) ① 그 해 처음으로 벼 따위를 벰. ② 그 해 처음으로 머리를 깎음.
初詣で(はつもうで) 정월에 절이나 신사(神社)에 처음으로 참배하는 일.
初午(はつうま) 2월의 첫 오일(午日).
初烏(はつがらす) 설날, 특히 아침 일찍 우는 또는 보는 까마귀.
初茸(はつたけ)〖植〗나팔버섯.
初元結(はつもとゆい) 奈良(なら) 시대, 성인식을 거행할 때 머리를 틀어 매는 일. 또, 그 끈.
初月 □(はつつき) 정월의 딴이름.

㊁(はつづき) 신월(新月). 특히, 음력 8월 초의 달.
㊂(しょげつ) ①첫 달. 정월. ②초월. 초승달.
初酉(はつとり) 11월의 첫째 유일(酉日).
初音(はつね) 새(특히, 휘파람새)가 그 해 들어 처음으로 우는 소리.
初耳(はつみみ) 초문(初聞). 처음 듣는 일.
初寅(はつとら) 새해의 첫 인일(寅日).
初日 ㊀(はつひ) 설날의 아침 해.
㊁(はつび) 초일. 첫날.
初日影(はつひかげ) 〈雅〉설날의 아침 햇빛.
初日の出(はつひので) 설날의 아침 해.
初子 ㊀(はつご) 첫아이. *ういごろ로도 읽음.
㊁(はつね) 그 달의 첫 자일(子日). 특히, 정월의 첫 자일.
初姿(はつすがた) 설빔한 모습.
初雀(はつすずめ) 새해에 처음 보인 참새. 또, 그 울음소리. 「씨름 대회.
初場所(はつばしょ) 매년 정월에 열리는 큰
初田植(はつたうえ) 본격적인 모내기에 앞서 논의 신(神)에게 지내는 의식.
初電話(はつでんわ) 새해 들어 처음 거는 또는 걸려 오는 전화.
初節句(はつぜっく) 나서 처음 맞는 명절. 남아는 5월 5일, 여아는 3월 3일.
初店(はつみせ) 창녀가 처음 손님을 받음.
初蝶(はつちょう) 봄이 되어 처음 보는 나비.
初鳥(はつとり) 그 계절이 되어 처음 우는 새.
初朝(はつあさ) 설날 아침. 원단(元旦).
初竈(はつかまど) 새해 들어 처음으로 아궁이에 불을 지핌. 「잔함.
初凪(はつなぎ) 설날, 바람 없이 물결이 잔
初陣(ういじん) 첫 출진(出陣).
初着(はつぎ) ①(새해 들어) 처음으로 입는 외출복. ②처음 입는 새 옷.
初参り(はつまいり) ☞初詣(はつもうで).
初茜(はつあかね) 설날의 해돋이 직전의 '茜色(あかねいろ)(=꼭두서니 빛)'의 하늘.
初体験(はつたいけん) ①첫 체험. ②특히, 첫 성체험. *しょたいけん으로도 읽음.
初初しい(ういういしい) 때묻지 않아 싱싱하고 순진하다. 어리고 숫되다.
初雛(はつひな) 여자 아이가 첫 節句(せっく)의 축하. 또, 그때 장식하는 雛人形(ひなにんぎょう).
初丑(はつうし) 여름의 '土用(どよう)(=토왕(土旺))'의 첫 축일(丑日).
初値(はつね) 주식에서, 그 해 처음으로 거래
初幟(はつのぼり) 사내아이의 첫 節句(せっく)에 세우는 のぼり. 또, 그 첫 節句의 축하.
初枕(はつまくら) 남녀가 처음으로 같이 자는 일.
初湯(はつゆ) ①새해 들어 처음으로 하는 목욕. ②어린아이의 첫 목욕(물).
初便り(はつだより) ①계절의 도래를 알리는 첫 소식. ②그 해의 첫 편지.
初風(はつかぜ) ①계절 초에 부는 바람. ②설날에 부는 바람.

初風呂(はつぶろ) 새해 들어 처음 하는 목욕.
初荷(はつに) 새해 들어 마수로 거래선에 배달하는 일. 또, 그 짐. 「개.
初霞(はつがすみ) 초봄에 끼는 안개. 봄안
初学び(ういまなび) 〈雅〉①초학(자). ②미숙한 학문.
初亥(はつい) 정월의 첫 해일(亥日).
初許し(はつゆるし) 거문고·꽃꽂이 등에서 초보 면허. *しょゆるし로도 읽음.
初紅葉(はつもみじ) 가을에 맨 먼저 눈에 띈 물들기 시작한 단풍.
初花(はつはな) ①봄에 처음 피는 꽃. ②그 해에 처음 핀 꽃. ③첫 월경.
初化粧(はつげしょう) ①새해 들어 처음으로 화장함. ②산 따위에 그 겨울 처음으로 눈이 쌓여 산이 화장한 것처럼 아름답게 보임.
❖**初める** ㊀(はじめる) ①시작〔개시〕하다. ②《接尾적으로》…하기 시작하다.
㊁(そめる) 《動詞連用形에 붙어》…하기 시작하다.
初め ㊀(はじめ) ①(시간적으로) 처음. 최초. ②앞. 이전.
㊁(ぞめ) 《接尾로》①처음으로 …하기. 새해 들어 첫번째로 하는 일. ②난지 또는 생겨난 지 처음.
初めて(はじめて) 처음(으로). 비로소.
初めまして(はじめまして) 처음 뵙겠습니다《초대면의 인사》.

8	招	부를 초
才		ショウ
敎		まねく

音読▷
招じる(しょうじる) ☞招ずる(しょうずる).
招ずる(しょうずる) 초청〔초대〕하다.
招客(しょうきゃく) 초객.
招待(しょうたい) 초대. 초청.
招来(しょうらい) 초래.
招募(しょうぼ) 불러모음.
招福(しょうふく) 초복. 복을 부름.
招聘(しょうへい) 초빙.
招婿婚(しょうせいこん) 초서혼. 데릴사위로 맞아들이는 혼인. 「그 연회.
招宴(しょうえん) 초연. 연회에 초대함. 또,
招引(しょういん) 초인. 사람을 초대함.
招じ入れる(しょうじいれる) 청해 들이다. 맞아들이다. 「도.
招電(しょうでん) 초전. 사람을 초대하는 전
招集(しょうしゅう) 초집. 불러서 모음. 소집. ♣~権(けん) 소집권.
招請(しょうせい) 초청.
招致(しょうち) 초치. 초청하여 오게 함.
招牌(しょうはい) 가게의 간판.
招降(しょうこう) 초항. 적에게 항복하도록 타이르는 일.
招呼(しょうこ) 초대하여 부름. 「제.
招魂(しょうこん) 초혼. ♣~祭(さい) 초혼

‖**~社**(しゃ) 나라를 위해 죽은 사람의 영혼을 모신 신사(神社).
招喚(しょうかん) 초환. 청해 불러옴.
❖**招く**(まねく) ① 손짓하여 부르다. ② 불러오다. ③ 초대(招賓)하다. ④ 초래하다.
招き(まねき) 초대. 초청.
招き看板(まねきかんばん) 江戸(えど) 시대의 歌舞伎(かぶき) 극장 간판.
招き寄せる(まねきよせる) 손짓으로 불러 가까이 오게 하다.
招き猫(まねきねこ) 앞발로 사람을 부르는 시늉을 하고 있는 고양이 장식물(손님과 재물을 부른다고 하여 상가에서 선호함).
招き入れる(まねきいれる) 손짓으로 불러 맞아들이다.

杪
木 / 나무끝 초·끝 초 / ショウ·ビョウ / こずえ

訓読➡
杪(こずえ) 나뭇가지 끝. 우듬지.

炒
火 / 볶을 초 / ショウ / いる·いためる

訓読➡
炒まる(いたまる) 기름에 볶아지다.
炒れる(いれる) 볶아지다. 볶을 수 있다.
❖**炒める**(いためる) 기름에 볶다. 지지다.
炒め(いため) 볶음. 지짐.
❖**炒る**(いる) ① 볶다. ② (달걀·두부 따위를 물기가 없어질 때까지) 지지다.
炒り干し(いりぼし) ☞**炒り子**(いりこ).
炒り鍋(いりなべ) 콩·쌀·고기·야채 따위를 볶는 데 사용하는 운두가 낮은 냄비.
炒り豆(いりまめ) ① 볶은 콩. ② 볶은 콩과 볶은 쌀에 설탕을 넣고 섞은 식품.
炒り麦(いりむぎ) 보리 미숫가루.
炒り米(いりごめ) 볶은 쌀.
炒り飯(いりめし)〔料〕볶은 밥.
炒り付ける(いりつける) 볶다. 지지다.
炒り粉(いりこ) ① 미숫가루. 과자의 재료. ②(보리로 만든) 미숫가루.
炒り子(いりこ) 쪄서 말린 잔 멸치.
炒り種(いりだね) 쌀·차조 따위를 쪄서 말린 후 볶은 것. 과자의 재료.

俏
イ / 닮을 초 / ショウ / にる·やつす

訓読➡
❖**俏す**(やつす) ① 변장하다. ② 애태우다.
俏し方(やつしがた) 歌舞伎(かぶき)에서, 난봉꾼 역(役).

草
艹 / 풀 초·초할 초 / ソウ / くさ

音読➡
草する(そうする) 초잡다. 초고를 쓰다. 기초(起草)하다.
草仮名(そうがな) 한자 초서체에서 생긴 仮名(かな) 《変体(へんたい)がな와 平(ひら)がな의 총칭》.
草芥(そうかい) 초개. 풀과 쓰레기.
草径(そうけい) 풀이 무성하게 좁은 길.
草稿(そうこう) 초고. ♣**~本**(ぼん) 초고본.
草根(そうこん) 초근. 풀 뿌리.
‖**~木皮**(もくひ) ① 초근목피. ② 한약재.
草堂(そうどう) 초당. 「② 벽촌.
草莱(そうらい) 초래. ① 잡초가 우거진 땅.
草廬(そうろ) 초려. 초암(草庵). 초가집.
草露(そうろ) 초로.
草履(ぞうり) (일본) 짚신. ♣**~虫**(むし)〔蟲〕짚신벌레.
‖**~食い**(くい) 짚신 끈에 쓸려서 발이 아픔.
~取り(とり) 무가(武家) 등에서 주인의 짚신을 들고 다니던 하인.
~海老(えび)〔動〕바다에 사는 새우.
草莽(そうもう) 초망. 민간. 재야(在野).
‖**~の臣**(しん) 초야지신. 민간인. 야인.
草昧(そうまい) 초매. 미개(未開).
草名(そうみょう) 초명. 초체(草體)로 흘려 쓴 서명(署名). *そうなろ도 읽음.
草茅(そうぼう) 초모. 풀과 띠. 시골.
草文字(そうもじ) 초서체 글씨.
草本(そうほん) 초본. ① 풀. ② 초고(草稿). 초안. ♣**~帯**(たい)〔植〕초본대.
草扉(そうひ) 초비. 풀로 엮은 문. 전하여, 보잘것없는 허술한 오두막집.
草生栽培(そうせいさいばい) 초생 재배.
草書(そうしょ) 초서. 한자 서체의 하나.
草食(そうしょく) 초식.
‖**~動物**(どうぶつ) 초식 동물.
草案(そうあん) 초안. 초고.
草庵(そうあん) 초암. 초가집.
草薬(そうやく) 초약. 한방에서 풀잎이나 뿌리를 재료로 한 약.
草魚(そうぎょ)〔魚〕초어.
草隷(そうれい) 초예. ① 초서(草書)와 예서(隷書). ② 서도(書道).
草屋㊀(そうおく) 초옥. ① 초가집. ② 누추한 집《자기 집의 겸사말》.「헛간.
㊁(くさや) ①☞㊀①. ② 꿀을 넣어 두는
草原(そうげん) 초원. ②〔地〕스텝. *くさはら로도 읽음.「않은 옷.
草衣(そうえ) 초의. 풀 따위로 엮은 변변치
草子(そうし) ⇨ 草紙(そうし).
草字(そうじ) 초자. 초서체의 글자.
草賊(そうぞく) ① 초적. 노상 강도, 좀도둑. ② 지배자에 대한 농민 봉기(폭동).

草亭(そうてい) 초정. 풀로 지붕을 인 정자.
草卒(そうそつ) 급작스러움.
草地(そうち) 초지. 초원. 스템. *くさち로도 읽음.
‖~利用權(りようけん) 초지 이용권.
草紙(そうし) ① 맨 책. ② 仮名(かな)로 쓴 소설·일기·노래 등의 총칭. ③ 습자 연습장. ④ 초고(草稿).
草創(そうそう) 초창. ① (사업 등의) 시작. ② 절이나 신사(神社) 따위를 처음으로 세움.
草体(そうたい) 초체. 초서체.
草草(そうそう) 초초. 총총. ① 간략한 모양. ② 바쁜 모양. ③ 편지 끝에 바삐 썼다는 뜻을 나타내는 인사말.
‖~不一(ふいつ) 편지 끝에 써서 간략함을 사과하는 말.
草叢(そうそう) 풀숲. *くさむら로도 읽음.
草沢(そうたく) 초택. 초원이나 수택(水澤). 전하여, 민간(民間). 재야(在野).
草筆(そうひつ) 초서(草書)로 씀.
草鞋(そうかい) 짚신. 짚신.
草画(そうが) 초화. 약필(略筆)의 묵화.
訓読→
草 ㊀(くさ) ① 풀. 잡초. 꼴. ② 이엉. ③ '草色(くさいろ)(=초록색)'의 준말. ④《接頭語로》본격적이 아닌. 정식이 아닌.
 ㊁(そう) 초. ① 기초(起草). 초안. ② 초서.
草結び(くさむすび) ① 허술한 암자를 짓고 삶. ② 남보다 앞서서 어떤 일을 시작함. 선도(先導). 초창(草創).
草競馬(くさけいば) 농촌 등에서 행하는 소규모 경마. 시골 경마.
草枯れ(くさがれ) 풀이 서리·눈을 맞아 마름. 또, 그 계절.
草藁(くさわら) 말에 먹이는 꼴. 여물.
草冠(くさかんむり) 한자 부수의 하나: 초두. *そうこう로도 읽음.
草亀(くさがめ) 〖動〗 남생이.
草の根(くさのね) ① 풀뿌리. 묻혀서 보이지 않는 곳. ② 일반 시민. 민중. 서민.
~を分(わ)けて探(さが)す 온갖 수단을 다하여 철저하게 찾다. 「주주의.
‖~民主主義(みんしゅしゅぎ) 풀뿌리 민
草団子(くさだんご) 멥쌀 가루로 만든 쑥경
草籠(くさかご) 꼴망태. 「단.
草苺(くさいちご) 〖植〗 장딸기.
草萌え(くさもえ) 봄이 되어 풀잎이 싹틈.
草毟り(くさむしり) 풀을 뜯음〔뽑음〕. 제초.
草牡丹(くさぼたん) 〖植〗 종덩굴.
草木 ㊀(くさき) 나무와 풀. 식물의 총칭.
‖~染め(ぞめ) 초목에서 추출한 색소를 쓰는 재래식 염색법.
 ㊁(そうもく) 초목. *そうぼく로도 읽음.
‖~成仏(じょうぶつ) 풀이나 나무처럼 생각하는 마음이 없는 것이 부처가 되는 일. 또, 그 가능성을 개방한 것.
~灰(ばい) 초목회. 재거름.
草木瓜(くさぼけ) 〖植〗 풀명자나무.

草物(くさもの) (꽃꽂이에서) 키가 작은 풀.
草餠(くさもち) 쑥떡. 「초류.
草付き(くさつき) 〖登山〗 험준한 바위산에서 풀이나 관목이 나 있는 곳.
草蜉蝣(くさかげろう) 〖蟲〗 풀잠자리.
草分け(くさわけ) ① 황무지를 개간함. 또, 그 사람. ② 창시함. 창시자.
草肥え(くさごえ) 풋거름.
草の扉(くさのとびら) 풀로 엮은 문짝. 사립문. 초라한 집.
草削り(くさけずり) 고무래 비슷한 농구. 바탕이 날붙이로 되어 있으며, 풀을 베거나 흙을 고르는 데 씀.
草山(くさやま) 풀이 나 있는 낮은 산.
草相撲(くさずもう) (시골에서 하는) 풋내기
草色(くさいろ) 초록색. 풀빛. 「씨름.
草生(くさお) 풀이 난 곳. 초원.
草生す(くさむす)〈雅〉 풀이 나다.
草藪(くさやぶ) 풀숲. 무더기.
草市(くさいち) (음력 7월 12일부터 이틀날 아침에 걸쳐) 우란분(盂蘭盆)의 부전에 올릴 화초나 물품을 파는 장.
草深い(くさぶかい) ① 풀이 우거지다. ② 벽지다. 궁벽하다.
草双紙(くさぞうし) 江戸(えど) 시대의 삽화가 든 통속 소설의 총칭.
草の庵(くさのいおり)〈雅〉 초암. 풀막. 초가 지붕의 오두막집.
草野球(くさやきゅう) (들판이나 빈터 같은 데서 하는) 동네 야구.
草若葉(くさわかば) 새로 돋아난 풀잎.
草の筵(くさのむしろ) ① 초방석. ② 잔디를 깐 듯 풀이 덮여 있는 모양.
草熱れ(くさいきれ) (여름철에) 풀숲에서 풍기는 훗훗한 열기.
草葉(くさば) 초엽. 풀잎.
草刈り(くさかり) 풀베기. 풀 베는 사람.
‖~鎌(がま) 풀베기용 낫.
草屋根(くさやね) 초가 지붕.
草雲雀(くさひばり) 풀종다리. 「울.
草垣(くさがき) 풀을 엮어 만든 울타리. 바자
草つ月(くさつづき) 음력 8월의 딴이름.
草隠れ(くさがくれ) ① 풀숲 그늘에 숨음. 또, 그 곳. ② 궁박하다 곳.
草陰(くさかげ) 우거진 풀숲의 그늘.
草入り水晶(くさいりずいしょう) 속에 풀이 들어 있는 것처럼 보이는 수정.
草丈(くさたけ) 풀이 자란 키. 특히, 농작물이 자란 키.
草笛(くさぶえ) 초적. 풀(잎)피리.
草摘み(くさつみ) 이른 봄, 들판에 나가서 풀을 뜯으며 소일함. 「우거진 논.
草田(くさだ) ① 잡초가 우거진 논. ② 벼가
草切り(くさきり) ① 꼴 베는 도구. ② 처음 논밭을 개간한 사람.
草摺り(くさずり) ① 갑옷의 몸통 아래로 이어 허리께까지 가리는 것. ② 소매나 옷자락 등을, 풀을 문질러 염색함.

草葺き(くさぶき) 띠·짚 등으로 지붕을 임. 또, 초가 지붕.
∥~屋根(やね) 띠·짚 따위로 인 지붕.
草芝居(くさしばい) 농촌이나 지방 소도시에서 하는 아마추어 연극.
草蜻蛉(くさかげろう) ⇨ 草蜉蝣(くさかげろう)
草箒(くさぼうき) ⇨ 草箒(くさぼうき).
草箒(くさぼうき) 싸리비.
取取り(くさとり) 김매기. 제초 기구.
草薙(くさなぎ) 날붙이로 풀을 쳐서 베는 일.
∥~の剣(つるぎ) 일본 황실의 세 가지 신기(神器)의 하나인 검.
草枕(くさまくら) 풀베개. 나그네의 노숙. 여행중의 잠자리.
草の枕(くさのまくら) ☞ 草枕(くさまくら).
草紅葉(くさもみじ) 가을에 풀이 단풍 드는 일.
草花(くさばな) 화초. *そうかとも 읽음.

[其他]
草石蚕(ちょろぎ)〖植〗두루미냉이.
草鞋(わらじ) 짚신. *わらんじ로도 읽음.
♣~虫(むし)〖動〗쥐며느리.
∥~掛け(がけ) 짚신을 신음.
~履き(ばき) ☞ 草鞋掛け. 「는 일.
~食い(くい) 짚신 끈에 닿아 살갗이 벗겨지
~銭(せん) 짚신이나 살 정도의 푼돈. 몇 푼 안 되는 노자.
❖草臥れる(くたびれる) ①피로해지다. 지치다. ②〈俗〉낡다. 헐다.
草臥れ(くたびれ) 지침. 피로.
草臥れ儲け(くたびれもうけ) 헛수고.

| 9
辶 | 迢 | 멀 **초**·높을 **초**
チョウ
はるか |

[音読]
迢迢(ちょうちょう) 초초. 멀리 떨어져 있는 모양.

| 9
禾
[教] | 秒 | 초 **초**·까끄라기 **묘**
ビョウ |

[音読]
秒(びょう) 시간의 단위. 초.
秒読み(びょうよみ) 초읽기. 시간을 초 단위
秒速(びょうそく) 초속.   「로 잼.
秒差(びょうさ) 1초, 또는 그 이하의 차. 약
秒針(びょうしん) (시계의) 초침.「간의 차.

| 10
口 | 哨 | 보초설 **초**
ショウ
みはり |

[音読]
哨戒(しょうかい) 초계. 망보며 경계함.
♣~機(き) 초계기 / ~艇(てい) 초계정.

哨務(しょうむ) 초무. 초계 임무. 경비 근무.
哨兵(しょうへい) 초병.
哨舎(しょうしゃ) 초사. 초소.
哨船(しょうせん) 초선. 초계(哨戒)하는 배.
哨所(しょうしょ) 초소.
哨艦(しょうかん)〖軍〗초계함.

| 10
山 | 峭 | 가파를 **초**·급할 **초**
ショウ
きびしい·けわしい |

[音読]
峭刻(しょうこく) ①〖美〗초각. 돋을새김. ②냉혹하고 잔인한 모양.
峭立(しょうりつ) 초립. 산 따위가 깎아지른 듯이 높이 솟음.
峭壁(しょうへき) 초벽. 험준한 낭떠러지.
峭厳(しょうげん) 초엄. 준엄한 모양.
峭絶(しょうぜつ) 초절.
峻峭(しょうしゅん) 초준. 험준.
峭寒(しょうかん) 초한. 혹한.

| 10
忄 | 悄 | 근심할 **초**
ショウ
うれえる |

[音読]
悄然(しょうぜん) 초연.
悄愴(しょうそう) 초창.

[其他]
悄悄(しおしお) ①(꾸중을 듣거나 실망 따위로) 풀이 죽은 모양. 맥없이. *しょうしょう·すごすごとも 읽음. ②시들은 모양. 시들시들.
❖悄気る(しょげる)〈俗〉기죽다. 풀이 죽다.
悄気返る(しょげかえる)〈俗〉몹시 기죽다. 풀이 죽다.
悄気込む(しょげこむ) 기가 죽어버리다. 풀이 죽어버리다.

| 10
耒 | 耖 | 써레 **초**
ショウ |

[音読]
耖耙(しょうは) 초파. 파종하기 위해 밭을 갈거나 논을 써레질하는 일.

| 11
木
[人] | 梢 (捎) | 나무끝 **초**
ショウ
こずえ |

[音読]
梢頭(しょうとう) 초두. 우듬지. 나무의 잔가지 끝.

[訓読]
梢(こずえ) 나뭇가지 끝. 우듬지. *うれ로도 읽음.

12 忄	愀	핼쑥할 초 シュウ・ショウ うれえる

音読
愀然(しゅうぜん) 초연. (수심에 잠기거나 발끈하여) 안색이 변하는 모양.

12 木	椒	산초나무 초 ショウ はじかみ

音読
椒魚(しょうぎょ) 【動】도롱뇽.
椒酒(しょうしゅ) 초주. 산초나무 열매를 넣은 술.

訓読
椒(はじかみ) 산초(山椒)의 옛 이름.

12 灬 常	焦	그슬릴 초·탈 초 ショウ こげる·こがす·こがれる·あせる·じらす·じれる

音読
焦爛(しょうらん) 초란. 타서 문드러짐.
焦慮(しょうりょ) 초려. 애태움.
焦螟(しょうめい) 초명. (모기 속눈썹에 둥지를 틀고 산다는 뜻에서) 매우 작음.
焦尾(しょうび) 【樂】焦尾琴의 준말. 또, 그 악기의 끝부분.
‖〜琴(きん) 【樂】초미금.
焦眉(しょうび) 초미.
〜の急(きゅう) 초미지급.
焦思(しょうし) 초사.
焦性(しょうせい) 【化】초성.
‖〜没食子酸(もっしょくしさん) 【化】초성 몰식자산. 피로갈룰.
〜葡萄酸(ぶどうさん) 【化】초성 포도산. 피루브산(酸).
焦心(しょうしん) 초심. 초조해 함.
焦熱(しょうねつ) 초열. 타는 듯한 더위.
焦電気(しょうでんき) 【理】초전기.
焦電効果(しょうでんこうか) 【理】초전 효과.
焦点(しょうてん) 초점.
‖〜距離(きょり) 초점 거리.
〜深度(しんど) 초점 심도.
焦燥(しょうそう) 초조.
焦躁(しょうそう) ⇨焦燥(しょうそう).
憔悴(しょうすい) 초췌.
焦土(しょうど) 초토.
‖〜外交(がいこう) 초토 외교.
〜戦術(せんじゅつ) 초토 전술.

訓読
焦がる(こがる) 〈文〉①불에 그슬려지다. 검게 눋다. ②(햇볕에) 타다. 바래다. ③동경하다. 애태우다.
焦らす(じらす) 애태우다. 약올리다. 초조하게 하다.
❖焦がす(こがす) ①눌리다. 태우다. ②애태우다. ③〈古〉(냄새가 배도록) 향을 태우다.
焦がし(こがし) ①눌림. ②미숫가루.
❖焦がれる(こがれる) 연모하다. 몹시 동경하다. 애태우다.
焦がれ死に(こがれじに) 안타까이 그리다 죽음. 상사병(相思病)으로 죽음.
❖焦げる(こげる) 눋다. 타다.
焦げ(こげ) (타서) 눋음. 눋은 것.
焦げ目(こげめ) (타서) 검게 눋은 자리.
焦げ飯(こげめし) ①누룽지. ②잘못 지어 놓은 밥.
焦げ付き(こげつき) ①눌어붙음. 눌어붙은 것. ②빌려 준 돈의 회수 불능.
焦げ付く(こげつく) ①눌어붙다. ②〈俗〉(빌려 준 돈이) 회수할 수 없게 되다.
焦げ茶(こげちゃ) 짙은 갈색.
焦げ臭い(こげくさい) 단내 나다. 눋는 냄새가 나다.
❖焦る(あせる) 안달〔애타〕하다. 초조하게 굴다.
焦り(あせり) 초조해 함.
❖焦れる(じれる) 초조해지다. 안달이 나다. 몸이 달다.
焦れったい(じれったい) 안타깝다. 애타다. 애달다. 속이 상하다. 감질 나다.
焦れ付く(じれつく) 속이 타서〔애가 달아〕화를 내다.
焦れ込む(じれこむ) 〈俗〉애가 타다. 초조해하다. 속상하다. 속을 태우다.

其他
焦臭い(きなくさい) ①(헝겊 등이 눋는) 단내가 나다. ②화약 냄새가 나다. ③어쩐지 수상쩍다.

12 石 常	硝(硝)	초석 초 ショウ

音読
硝酸(しょうさん) 【化】질산(窒酸). ♣〜銅(どう) 【化】질산구리 / 〜塩(えん) 【化】질산염 / 〜銀(ぎん) 【化】질산은 / 〜鉄(てつ) 【化】질산철.
硝石(しょうせき) 【化】초석.
硝安(しょうあん) 초안. '硝酸(しょうさん)アンモニウム(=질산 암모늄)'의 준말.
‖〜爆薬(ばくやく) 【化】질산 암모늄 폭약《탄광에서 흔히 씀》.
硝薬(しょうやく) 초약. 화약.
硝煙(しょうえん) 초연.
‖〜反応検査(はんのうけんさ) 초연 반응 검사. 범죄 감식의 하나.
〜弾雨(だんう) 초연탄우.
硝化(しょうか) 【化】질화. 질소화.
‖〜綿(めん) 질산 셀룰로오스.
〜細菌(さいきん) 질화 세균.

其他
硝子(ガラス) 초자. 유리. ♣〜瓶(びん) 유리병 / 〜質(しつ) 유리질 / 〜窓(まど) 유리창 / 〜体(たい) 【生】유리체 / 〜板(いた) 유리

판/〜戸(と) 유리문.
∥〜工芸(こうげい) 유리 공예.
〜綿(めん) 유리면(솜). 글라스 울.
〜繊維(せんい) 유리 섬유.
〜張り(ばり) ①유리를 끼움. 또, 끼운 것. ②내부가 잘 보임. 투명성이 있음. 공명정대하여 숨김이 없음.
〜障子(しょうじ) 유리 장지.
〜電極(でんきょく)〖理〗유리 전극.
〜切り(きり) 유리칼.
〜紙(がみ) ①유리 가루 사포(砂布). ②투명지. 글라신지(紙).

稍

12 禾 / 점점 **초**·적을 **초** / ショウ / すえ·やや·ようやく

〖訓読〗
稍(やや) ①약간. 얼마쯤. 좀. ②〈古〉점점.
稍稍(やや) ⇨ 稍(やや). ┗차차로.

酢

12 酉 常 / 초 **초**·잔돌릴 **작** / サク·ソ / す·すい

〖音読〗
酢母(さくぼ) 초모(醋母). 초산균.
酢酸(さくさん)〖化〗'아세트산(酸)'의 구칭.
♣〜菌(きん) 아세트산균/〜鉛(なまり) 아세트산납.
∥〜絹糸(けんし) 아세테이트 견사.
〜発酵(はっこう)〖化〗아세트산 발효.

〖訓読〗
酢(す) 초. 식초.
酢だち(すだち)〖植〗초를 짜내는 데 쓰는 귤의 한 가지.
酢豚(すぶた) 중국 요리의 한 가지. 탕수육.
酢豆腐(すどうふ) 아는 체하는 사람.
酢牡蠣(すがき) 초친 굴. 굴회.
酢物(すもの) ☞ 酢の物(すのもの)
酢の物(すのもの) 어육이나 채소에 식초를 친 요리.
酢味噌(すみそ) 초된장.
酢洗い(すあらい) 요리할 재료를 식초에 담그는 일. 주로 어개류에 씀.
酢蓮(すばす) 단 식초에 담근 연근.
酢蓮根(すれんこん) 연근을 살짝 데쳐 식초에 담근 것.
酢甕(すがめ) 식초를 담는 항아리.
酢油ソース(すあぶらソース)〖料〗프렌치 드레싱.
酢入り(すいり)〖料〗기름기가 많은 생선을 조릴 때 초를 쳐서 맛을 담백하게 하고 비린내를 없앰. 또, 그 요리.
酢煮(すに) 초를 넣고 끓임.
酢煎り(すいり)⇨ 酢入り(すいり).
酢蕃え(すあえ)⇨ 酢和え(すあえ). 「품.
酢漬け(すづけ) 식초에 담그는 일. 또, 그 식
酢締め(すじめ) 생선의 등뼈 양쪽의 살을 크

게 떠서 소금을 뿌린 후 물로 씻어내 초에 담근 것. 「리.
酢蛸(すだこ) (잘게 썰어 초에 담근) 문어 요
酢取る(すどる) 식품을 식초에 담금.
酢取り生姜(すどりしょうが) 생강을 식초에 담근 것. 초밥 따위에 곁들여 내놓음.
酢貝(すがい) ①조개. 특히, 전복을 초에 절인 음식. ②〖貝〗눈알고동.
酢和え(すあえ) (야채) 초무침.
酢肴(すざかな) 식초에 담근 안주.
〖其他〗
酢漿草(かたばみ)〖植〗괭이밥.

貂

12 豸 / 담비 **초** / チョウ / てん

〖訓読〗
貂(てん)〖動〗담비.

超

12 走 常 / 뛰어넘을 **초**·뛰어날 **초** / **チョウ** / こえる·こす

〖音読〗
超(ちょう) 초…. 뛰어난 모양.
超硬合金(ちょうこうごうきん) 초경합금.
超高速度(ちょうこうそくど) 초고속도.
∥〜撮影(さつえい) 초고속도 촬영.
超高圧加工食品(ちょうこうあつかこうしょくひん) 열 대신 수천 기압의 고압을 가해 살균한 식품. 「고압 송전.
超高圧送電(ちょうこうあつそうでん) 초
超高真空(ちょうこうしんくう) 초고진공.
超高層(ちょうこうそう) 초고층.
∥〜建築物(けんちくぶつ) 초고층 건축물.
〜大気(たいき) 초고층 대기.
〜ビル病(ビルびょう) 초고층 (건물)병.
超過(ちょうか) 초과.
∥〜勤務(きんむ) 초과 근무. ♣〜手当(てあて) 초과 근무 수당.
〜保険(ほけん) 초과 보험.
〜需要(じゅよう) 초과 수요.
〜利潤(りじゅん) 초과 이윤.
超国家機構(ちょうこっかきこう) 초국가 기구. 국제 조직. 「의.
超国家主義(ちょうこっかしゅぎ) 초국가주
超克(ちょうこく) 초극. 곤란을 극복함.
超勤(ちょうきん) '超過勤務(ちょうかきんむ)(=초과 근무)'의 준말.
∥〜手当(てあて) '超過勤務手当(=초과 근무 수당)'의 준말.
超弩級(ちょうどきゅう) ①초대형. 최대급. ②월등하게 뛰어남.
超紐理論(ちょうひもりろん)〖理〗초(超)끈이론. 초현(超弦) 이론.
超能力(ちょうのうりょく)〖心〗초능력.
超短波(ちょうたんぱ) 초단파.

超党派(ちょうとうは) 초당파.
超大国(ちょうたいこく) 초(강)대국.
超対称性(ちょうたいしょうせい)〖化〗초대칭성.
超満員(ちょうまんいん) 초만원.
超邁(ちょうまい) 초매. 뛰어나게 훌륭함.
超抜(ちょうばつ) ① 다른 것보다 뛰어남. ② 발탁.
超凡(ちょうぼん) 초범. 비범.
超法規的行動(ちょうほうきてきこうどう) 초법규적 행동.
超不変鋼(ちょうふへんこう)〖化〗초불변강.
超常(ちょうじょう) 정상적인 상태를 초월해 있음.
超世(ちょうせい)〖佛〗초세.
超俗(ちょうぞく) 초속. 세속을 초월함.
超純水(ちょうじゅんすい) 순수에서 다시 불순물을 제거한 물.
超乗(ちょうじょう) 초승. ① 시류(時流)를 탐. ② 타고 넘음.
超新星(ちょうしんせい)〖天〗초신성.
超実定法的措置(ちょうじっていほうてきそち) 초실정법적 조치. 인간이 만든 법률인 초실정법을 우선하는 조치.
超心理学(ちょうしんりがく)〖心〗초심리학.
超然(ちょうぜん) 초연.
超ウラン元素(ちょうウランげんそ) 초우라늄 원소. 초우란 원소.
超遠心機(ちょうえんしんき)〖理〗초원심기. 한외 원심기.
超越(ちょうえつ) 초월. ♣〜性(せい) 초월성/〜的(てき) 초월적.
‖〜関数(かんすう)〖數〗초월 함수.
〜論的(ろんてき)〖哲〗초월론적.
〜主義(しゅぎ) 초월주의.
超音速(ちょうおんそく) 초음속.
‖〜旅客機(りょかっき) 초음속 제트 여객.
超音波(ちょうおんぱ) 초음파.
‖〜内視鏡(ないしきょう) 초음파 내시경.
〜洗浄(せんじょう) 초음파 세척. 「장치.
〜診断装置(しんだんそうち) 초음파 진단
〜測深機(そくしんき) 초음파 측심의,(儀).
〜探傷器(たんしょうき) 초음파 탐상기.
〜風速計(ふうそくけい) 초음파 풍속계.
超人(ちょうじん) 초인. ♣〜的(てき) 초인적.
‖〜主義(しゅぎ)〖哲〗초인주의.
超自我(ちょうじが)〖心〗초자아.
超自然(ちょうしぜん) 초자연.
‖〜主義(しゅぎ) 초자연주의.
超長期国債(ちょうちょうきこくさい) 초장기 국채. 상환 기간이 10년이 넘는 국채.
超伝導(ちょうでんどう)〖理〗초전도.
‖〜磁石(じしゃく) 초전도 자석.
超電導(ちょうでんどう) ⇨超伝導(ちょうでんどう).
超絶(ちょうぜつ) ① 초절. 다른 것보다 월등히 뛰어남. ②〖哲〗초절. 초월.
超出(ちょうしゅつ) 초출함. 뛰어남.
超卓(ちょうたく) 초탁. 월등하게 뛰어남.
超脱(ちょうだつ) 초탈.

超特級(ちょうとっきゅう) 초특급 (열차). 또, 일을 아주 빨리 처리함에도 비유함.
超合金(ちょうごうきん) 초합금.
超弦理論(ちょうげんりろん)〖理〗초현 이론. 초(超)끈 이론.
超現実(ちょうげんじつ) 초현실. ♣〜的(てき) 초현실적.
‖〜主義(しゅぎ) 초현실주의.
超回復(ちょうかいふく) 힘든 운동 후, 근육이 휴양으로 운동 전보다 높은 근력을 얻음.
超LSI(ちょうエルエスアイ) 초엘에스아이. 초대 규모 집적 회로.

【訓読】
超える(こえる) ① (때가) 지나다. ② 기준을 넘다. ③ 보다 낫다. ④ 초월하다.
超す(こす) 넘다. 초과하다.

| 12 金 | 鈔 | 노략질할 초·베낄 초
ショウ
かすめる・うつす |

【音読】
鈔(しょう) ① (많은 가운데서) 뽑아 냄. ② 발초(拔抄)함.
鈔する(しょうする) ① 베끼다. ② 뽑아 쓰다. ③ (종이를) 뜨다.
鈔本(しょうほん) ① 초본(抄本). ② 사본.

| 13 刂 | 剿 | 끊을 초·죽일 초
ソウ |

【音読】
剿滅(そうめつ) 초멸. 도둑을 쳐서 무찌름.

| 13 力 | 勦 | 수고로울 초·빼앗을 초
ソウ・ショウ |

【音読】
勦窃(そうせつ) 초절. 남의 것을 빼앗음.
勦絶(そうぜつ) 초절. 절멸시킴.
勦討(そうとう) 초토. 쳐서 멸망시킴.

| 13 木 | 楚 | 초나라 초·아플 초
ソ
いばら・すわえ |

【音読】
楚 ㊀(そ)〖史〗(옛 중국의) 초나라.
㊁(すわえ) ① 가늘고 길게 뻗은 어린 나뭇가지. ② 회초리. 매.
楚歌(そか) 초가. 사면초가.
楚辞(そじ)〖册〗초사. 중국 초(楚)나라 굴원(屈原)의 사부(辭賦)와 그의 문하생 및 후인(後人)의 작품을 모은 책.
楚囚(そしゅう) 초수. 포로.
楚然(そぜん) 선명하게 보이는 모양.

楚腰(そよう) 초요. 여자의 가는 허리.
楚楚(そそ) 초초. 청초. 맑고 고운 모양.
訓読▶
楚割(すわやり) 옛날, 연어 등의 어육을 잘게 찢어 말린 식품. ＊さわり로도 읽음.

| 13 虫 | 蛸 | 갈거미 초·오징어 초
ショウ
たこ |

訓読▶
蛸(たこ)〖動〗① 낙지. ② 문어.
蛸鉤(たこかぎ) 낙지 잡는 데 쓰는 갈고리.
蛸突き(たこつき) 달구. 「록 교목」.
蛸の木(たこのき)〖植〗판다누스《열대성 상
蛸坊主(たこぼうず)〈俗〉중대가리. 「말.
蛸配(たこはい) 蛸配当(たこはいとう)의 준
蛸配当(たこはいとう) 주식 회사에서 배당할 이익도 없는데 배당을 함.
蛸部屋(たこべや) 北海道(ほっかいどう)에 있던 노동자·인부의 열악한 합숙소.
蛸焼き(たこやき) 낙지구이.
蛸入道(たこにゅうどう)〈俗〉① 낙지. ② 중대가리. 뭉구리.
蛸釣り(たこつり) ① 낙지를 잡음. ②〈俗〉장대 도둑질. 「짐.
蛸足(たこあし) 문어발처럼 여기저기 흩어
蛸壺(たこつぼ) 낙지 잡는 데 쓰는 단지.
蛸会社(たこがいしゃ) 이익이 없어도 주주에게 배당을 하는 회사.

| 15 忄 | 憔 | 파리할 초
ショウ
やつれる |

音読▶
憔悴(しょうすい) 초췌.

| 15 艹(八) | 蕉 | 파초 초·야윌 초
ショウ |

音読▶
蕉門(しょうもん) 俳句(はいく) 시인 松尾芭蕉(まつおばしょう)의 문인.
∥~十哲(じってつ) 芭蕉 문하생 중 빼어난 10명의 俳句 작가.
蕉葉(しょうよう) 초엽. 파초의 잎.
蕉翁(しょうおう) 芭蕉(ばしょう)(＝江戸(えど) 시대 전기(前期)의 俳句(はいく) 시인)의 높임말. 「작품.
蕉風(しょうふう) 松尾芭蕉 및 그 문하생의

| 15 酉 | 醋 | 초 초·잔돌릴 작
サク·ソ
す·すい |

参考 酢의 異體字.

音読▶
醋母(さくぼ) 초모. 초산균.
醋酸(さくさん)〖化〗아세트산(酸).
訓読▶
醋(す) 초. 식초.
醋貝(すがい) ① 조개《특히, 전복을 초에 절인 것》. ②〖貝〗눈알고둥.

| 15 麥 | 麨 | 보릿가루 초
ショウ |

其他▶
麨(はったい) 미숫가루.

| 16 木 | 樵 | 나무할 초
ショウ
きこり |

音読▶
樵歌(しょうか) 초가. 나무꾼들이 부르는 노
樵路(しょうろ) 나무꾼이 다니는 길. 「래.
樵夫(しょうふ) 초부. 나무꾼.
訓読▶
樵(きこり) 나무를 벰. 나무꾼. 벌목꾼.
樵る(きこる) 나무를 베다. 땔나무를 하다. ＊こる로도 읽음.

| 16 火 | 燋 | 해 초
ショウ
こがす |

音読▶
燋爛(しょうらん) 초란. 타서 문드러짐.
燋心(しょうしん) 초심. 마음을 태움.

| 16 革 | 鞘 | 칼집 초
ショウ
さや |

音読▶
鞘翅類(しょうしるい)〖蟲〗초시류. 딱정벌레 무리.
訓読▶
鞘(さや) ① 칼집. ② 붓두껍.
鞘尻(さやじり) 칼집의 맨 끝.
鞘管(さやかん) 각종 배관이나 배선을 통하게 하기 위해 설치한 한층 큰 관(管)
鞘巻(さやまき) 짧은 칼. 요도.
鞘寄せ(さやよせ) (증권에서) 시세 변동으로 가격차가 줄어서 매매 차익금이 적어짐.
鞘当て(さやあて) ① 한 여자를 두고 두 남자가 서로 싸움. ② 대단치 않은 일을 꼬투리 잡아 붙는 싸움.
鞘堂(さやどう) 당을 보호하기 위하여 그 위를 덮어 가리게 지은 건물.
鞘袋(さやぶくろ) 칼집에 넣은 칼을 집어 넣는 주머니.

鞘師(さやし) 칼집을 만드는 장인.
鞘走る(さやばしる) 칼이 (칼집에서) 저절로 빠져 나오다.
鞘取り(さやとり) 차익금을 바라고 하는 상거래.

| 17
石
常 | 礁 | 숨은바윗돌 초
ショウ |

音読
岩礁(がんしょう) 암초.
暗礁(あんしょう) 암초.
環礁(かんしょう) 환초.

| 17
金 | 鍬 | 가래 초
シュウ・ショウ
くわ |

訓読
鍬(くわ) 괭이.
～を入(い)れる 땅을 갈다. 개척하다.
鍬焼き(くわやき) 오리 등의 고기를 철판에 굽는 요리.
鍬始め(くわはじめ) 농가에서 정월달 길일(吉日)에 밭에 나가 떡 따위를 차리고 풍작을 축원하는 일.
鍬入れ(くわいれ) ① ☞鍬始め(くわはじめ). ② (건축・토목 공사 등의) 첫 삽질. 기공식.
鍬下(くわした) 황무지를 개간하여 논밭을 만들기까지의 기간.
鍬形(くわがた) ① 투구뿔. 투구의 챙 위에 사슴 뿔처럼 두 가랑이지게 세운 쇠장식. ② 칼자루 끝이나 칼집 끝에 만든 투구뿔 모양의 장식. ③ 鍬形虫의 준말.
∥～草(そう) 〖植〗 현삼과의 다년초.
～虫(むし) 〖動〗 하늘가재.

| 18
石
常 | 礎 | 주춧돌 초
ソ
いしずえ |

音読
礎稿(そこう) 초고. 퇴고(推敲)의 바탕이 된 원고.
礎盤(そばん) 초반. 주춧돌. 초석.
礎石(そせき) 초석.
礎業(そぎょう) 초업. 기초가 되는 사업.
礎材(そざい) 초재. 기초 재료.
訓読
礎(いしずえ) 주춧돌. 초석.

| 23
鳥 | 鷦 | 뱁새 초
ショウ |

其他
鷦鷯(みそさざい) 〖鳥〗 굴뚝새. ＊しょうりょうろう로 읽음.

촉

| 9
イ
常 | 促 | 재촉할 촉
ソク・ショク
うながす |

音読
促迫(そくはく) 재촉하고 강박〔핍박〕함.
促声(そくせい) ☞促音(そくおん).
促成(そくせい) 촉성.
∥～栽培(さいばい) 촉성 재배.
促染剤(そくせんざい) 〖化〗 촉염제.
促音(そくおん) 〖文法〗 촉음. 두 음 사이에 끼어, 막히는 듯한 느낌을 주는 소리《きって(切手)・ラッパ 따위의 っ・ッ로서 작게 써서 나타냄》. 「('っ'의 이름).
∥～仮名(がな) 촉음(促音)을 나타내는 かな
促音便(そくおんびん) 〖文法〗 ち・ひ・り 따위가 促音(そくおん)으로 변하는 음편.
促進(そくしん) 촉진.
∥～学級(がっきゅう) 촉진 학급. 「양.
促々(そくそく) 촉촉. 마음에 여유가 없는 모
訓読
促す(うながす) 재촉〔촉구〕하다. 독촉하다.

| 13
虫 | 蜀 | 나라이름 촉
ショク
いもむし |

音読
蜀(しょく) 〖史〗 (옛 중국의) 촉나라.
蜀江の錦(しょっこうのにしき) 촉강의 (물로 곱게 손질한 실로 짠, 아름다운) 비단.
蜀錦(しょっきん) 촉금. 촉강(蜀江)의 비단.
蜀漢(しょっかん) 〖史〗 촉한. 촉나라.
蜀魂 ㊀(しょっこん) 촉혼. 두견의 이칭.
㊁(ほととぎす) 〖鳥〗 불여귀. 두견. 자규.
蜀葵(からあおい) '立葵(たちあおい)(=접시꽃)'의 옛 이름.
蜀黍(もろこし) 〖植〗 수수.

| 13
角
常 | 触(觸) | 닿을 촉・범할 촉
ショク・ソク
ふれる・さわる・
ふらす |

音読
触(そく) 〖佛〗 촉. 12 인연의 여섯째.
触角(しょっかく) 〖動〗 촉각. 더듬이.
触覚(しょっかく) 〖生〗 촉각.
∥～器官(きかん) 〖生〗 촉각 기관.
触感(しょっかん) 촉감.
触激(しょくげき) 심하게 맞는〔부딪는〕 일.
触境(そっきょう) 〖佛〗 촉경.
触空間(しょっくうかん) 촉공간.

触官(しょっかん) 촉관. 触覚器官(しょっかくきかん)의 준말.
触読(しょくどく) 독촉. 점자 따위를 손가락 끝으로 만지며 읽는 일.
触雷(しょくらい) 기뢰에 닿는 일.
触媒(しょくばい)〖化〗촉매. ♣~毒(どく) 촉매독.
触発(しょくはつ) 촉발. ①물건에 닿아서 폭발함. ②자극을 받음. 유발함.
触法(しょくほう) 법률에 저촉됨.
‖~少年(しょうねん) 촉법 소년. 소년법의 대상이 되는 범죄 소년.
触手(しょくしゅ) 촉수.
‖~動物(どうぶつ) 촉수 동물.
触鬚(しょくしゅ)〖動〗촉수. 곤충·물고기 따위의 입가에 나 있는 수염.
触穢(しょくえ) 촉예. 병·죽음 따위 부정한 것에 접촉·접근함.
触点(しょくてん) 촉점. 압점(壓點).
触接(しょくせつ) 접촉. ②적 가까이 있으면서 그 행동을 확인함. 「진찰함.
触診(しょくしん)〖醫〗촉진. 손으로 만져서

【訓読】
触らす(ふらす) 널리 사람들에게 알리다.
触り合う(ふりあう) 서로 스치다. 맞닿다.
❖触る(さわる) ①(가볍게) 만지다. 손을 대다. ②기분을 상하게 하다.
触り(さわり) ①닿음. 닿는 느낌. 촉감. ②(이야기 등의) 감동적인 부분.
❖触れる(ふれる) ①접촉하다. 닿다. ②맞닥뜨리다. ③눈·귀로 지각하다. ④저촉되다. 어긋나다.
触れ(ふれ) ①널리 알림. 고시. 또, 그 사람. ②포고(布告).
触れ文(ふれぶみ) ☞触れ書き(ふれがき).
触れ歩く(ふれあるく) 알리며 다니다.
触れ散らす(ふれちらす) 마구 퍼뜨리며 다니다.
触れ書き(ふれがき) 공고문. 일반에게 널리 알리기 위한 문서. 「전.
触れ込み(ふれこみ) 미리 알려 둠. 사전 선
触れ込む(ふれこむ) 미리 알려 두다.
触れ状(ふれじょう) 사전 공고 문서.
触れ出し(ふれだし) 미리 선전하는 일. 또, 그 선전. 「는 북.
触れ太鼓(ふれだいこ) 광고하기 위해서 치
触れ合う(ふれあう) 접촉하다.
触れ回る(ふれまわる) ①널리 알리며 다니다. ②공고문을 전하며 돌아다니다.

| 15
口
常 | 嘱(囑) | 부탁할 촉
ショク
たのむ |

【音読】
嘱する(しょくする) 부탁하다. 기대하다. 위촉하다. *ぞくする로도 읽음.
嘱望(しょくぼう) 촉망.

嘱目(しょくもく) ①촉목. 관심을 갖고 봄. ②눈에 띔.
嘱言(しょくげん) ①촉언. 뒷일을 부탁함. 또, 그 말. ②전갈. 전언(傳言).
嘱託(しょくたく) 촉탁. ②임시로 일을 의뢰함. 또, 의뢰받은 사람. *そくたくで로 읽음. ♣~医(い) 촉탁의.
‖~殺人(さつじん)〖法〗청부 살인.
~尋問(じんもん) 촉탁 심문(審問). 국경·관할 등을 초월하여, 사건 관계자의 증언을 의뢰함.

| 17
火 | 燭 | 촛불 촉·등불 촉
ショク·ソク
ともしび |

【音読】
燭(しょく) ①촉《광도의 단위》. ②(등)불.
燭光(しょっこう) ①등불의 빛. ②〖理〗촉광. 《광도의 단위》.
燭台(しょくだい) 촉대. 촉가(燭架). 촛대.
燭涙(しょくるい) 촉루. 촛농.
燭影(しょくえい) 촉영. (등)불빛.

| 23
骨 | 髑 | 해골 촉
ドク |

【音読】
髑髏(どくろ) 촉루. 해골. *されこうべ로도 읽음.

| 24
目 | 矗 | 곧을 촉
チク |

【音読】
矗立(ちくりゅう) 촉립. 우뚝 솟음.
矗然(ちくぜん) 촉연. 쪽 곧은 모양.

촌

| 3
寸
教 | 寸 | 치 촌
スン
わずか |

【音読】
寸 ㊀(すん) ①촌. 치. ②길이. 치수.
㊁(き) 말의 키를 재는 말. 4척(尺)을 표준으로 하여 그 이상을 한 치마다 '히토키·후타키'라고 세었음.
寸暇(すんか) 촌가. 잠시의 틈.
寸刻(すんこく) 촌각.
寸間(すんかん) 약간의 겨를. 촌가.
寸の間(すんのま) 순(식)간.
寸簡(すんかん) 촌간. 짧은 편지. 또, 자기

편지의 겸칭.
寸感(すんかん) 촌감. 잠깐 느낀 감상.
寸見(すんけん) 촌견. 잠깐 들여다봄.
寸頃(すんころ) 길이의 상태. 적당한[알맞은] 길이.
寸口(すんこう) 한방(漢方)에서, 손목의 맥을 짚는 곳.
寸隙(すんげき) 촌극. 짧은 겨를. 약간의 틈.
寸劇(すんげき) 촌극.
寸断(すんだん) 촌단. 짤막하게 끊음.
寸端物(すんばもの) 무사의 칼보다 짧은 칼.
寸德(すんとく) 촌독. 짧은 편지. 촌간.
寸胴(ずんどう) ① 寸胴切り(ずんどぎり)의 준말. ②〈俗〉아래위의 굵기가 같은 모양. 뚱뚱해서 보기 흉함.
寸胴切り(ずんどぎり) ① 대로 만든 꽃꽂이통. ② 토막자름. ③ 정원의 고목 줄기를 적당한 높이에서 자르고 그 밑동치를 관상하는 일.
寸胴斬り(ずんどぎり) ⇨ 寸胴切り(ずんどぎり).
寸馬豆人(すんばとうじん) 촌마두인. 먼 곳에 있는 말과 사람이 썩 작게 보임.
寸眸(すんぼう) 촌모. 작은 눈동자.
寸描(すんびょう) 촌묘. 스케치.
寸法(すんぼう) ① 길이. 치수. 척도(尺度). ②〈俗〉작정. 순서. 계획.
寸步(すんぽ) 촌보.
寸分(すんぶん) 조금. 극소.
寸書(すんしょ) 촌서. 짧은 편지. 또, 자기 편지의 겸칭.
寸善尺魔(すんぜんしゃくま) 촌선척마. (세상에는) 좋은 일은 적고 나쁜 일이 많음.
寸時(すんじ) 촌시. 촌각. 「사말.
寸心(すんしん) 촌심. 자기의 품은 뜻의 겸
寸言(すんげん) 촌언. ① 짧은 말. ② 짧고 날카로운 비평의 말.
寸余(すんよ) 한 치 남짓.
寸延び(すんのび) 조금씩 연기함. 「짐.
寸裂(すんれつ) 촌열. 갈기갈기 찢거나 찢어
寸恩(すんおん) 촌은. 매우 적은 은혜.
寸陰(すんいん) 촌음.
寸意(すんい) 촌의. 촌지(寸志).
寸楮(すんちょ) 촌저. 썩 짧은 편지. 촌간.
寸前(すんぜん) 촌전. 직전.
寸切り(ずんぎり) ① 토막침. ② 대롱 모양을 한 공기의 푸른 줄이 있는 곳.
寸節(すんせつ) 촌절.
寸足らず(すんたらず) ① 치수가 모자람. 키가 작음. 또, 그런 사람. ② 보통보다 어느 정도 못함[뒤떨어짐]. 또, 그런 것.
寸止め(すんどめ) 唐手(からて) 시합에서 공격하는 부위에 주먹이나 발길질이 닿기 직전에 멈추는 일.
寸地(すんち) 촌지. 촌토. 척토.
寸志(すんし) 촌지. 약간 나아감.
寸進(すんしん) 촌진. 약간 나아감.
∥~尺退(しゃくたい) 촌진척퇴. 「림.
寸借(すんしゃく) 잠깐 빌림. 약간의 돈을 빌

∥~詐欺(さぎ) 금방 갚겠다며 금품을 사취하는 일.
寸借り(すんがり) ☞寸借(すんしゃく).
寸尺(すんしゃく) 촌척. 치수. (약간의) 길
寸鉄(すんてつ) 촌철. 「이.
~人(ひと)を殺(ころ)す 촌철살인.
寸秒(すんびょう) 촌초.
寸寸(すんずん) 조각조각. 토막토막. 갈가리.
寸忠(すんちゅう) 촌충. 약간의 충성. 또, 자기 충성의 겸사말.
寸衷(すんちゅう) 촌충.
寸取り虫(すんとりむし)〖蟲〗자벌레.
寸土(すんど) 촌토. 척토(尺土).
寸退(すんたい) 촌퇴. 약간 물러섬.
∥~尺進(しゃくしん) 촌퇴척진. 일보 후퇴이보 전진.
寸評(すんびょう) 촌평.
寸閑(すんかん) 촌한. 약간의 겨를. 촌가.
寸毫(すんごう) 극히 조금. 추호(秋毫).
寸話(すんわ) 짧은 이야기.
寸詰まり(すんづまり) (규정보다) 치수가 짧음. 길이가 모자람. 덜름함.
其他
寸莎(すさ) (벽토(壁土)에 섞어 넣는) 여물.
*つたろも 읽음.

| 6 口 | 吋 | 인치 촌·꾸짖을 두
トウ
インチ |

訓読
吋(インチ) 인치.

| 6 イ | 忖 | 헤아릴 촌
ソン
はかる |

音読
忖度(そんたく) 촌탁. (남의 마음을) 미루어 헤아림.

| 7 阝 | 邨 | 마을 촌
ソン
むら |

参考 村의 異體字.
音読
邨(そん) 시골.

| 7 木 教 | 村 | 마을 촌
ソン
むら |

音読
村家(そんか) 촌가.
村居(そんきょ) 촌거. 시골 마을에서 삶.
村郊(そんこう) 촌교. 시골.
村内(そんない) 村(そん)의 안. 면내.

村女(そんじょ) 시골 여자. 촌부.
村道(そんどう) 村(そん)의 비용으로 만들고 유지하는 길.
村童(そんどう) 촌동. 농촌 아이.
村落(そんらく) 촌락. 마을.
‖~共同体(きょうどうたい) 촌락 공동체.
村老(そんろう) ① 촌로. 시골 노인. ② 村役人(むらやくにん)의 장(長).
村吏(そんり) 村(そん)의 관리.
村立(そんりつ) 村(そん)이 설립함.
村名(そんめい) 村(そん)의 이름.
村民(そんみん) 村(そん)의 주민.
‖~税(ぜい) 村이 부과하는 주민세.
村夫(そんぷ) 촌부. 시골 남자.
村婦(そんぷ) 촌부. 시골 여자.
村夫子(そんぷうし) 촌부자. 시골 선비〔신사〕. ♣~然(ぜん) 촌부자연.
村費(そんぴ) 村(そん)의 경비.
村史(そんし) 村(そん)의 역사〔책〕.
村社(そんしゃ) 마을 수호신을 모신 신사(神社). 서낭당.
村舎(そんしゃ) 촌사. 촌가(村家).
村墅(そんしょ) 촌서. 시골의 별장.
村税(そんぜい) 村(そん)에서 받아들이는 지방세.
村勢(そんせい) 村(そん)의 인구·산업·경제·교육 시설 따위의 종합적 상태.
村叟(そんそう) 촌수. 촌옹(村翁).
村塾(そんじゅく) 서당(書堂).
村醸(そんじょう) 시골에서 만든 술.
村営(そんえい) 村(そん)에서 경영함.
村媼(そんおん) 촌온. 시골에 사는 할머니.
村翁(そんおう) 촌옹. 시골에 사는 노인.
村有(そんゆう) 村(そん) 소유.
村儒(そんじゅ) 촌유. 시골에 사는 학자.
村邑(そんゆう) 촌읍. 마을.
村議(そんぎ) 村議会議員(そんぎかいぎいん)의 준말.
村議会(そんぎかい) 村(そん)의회.
‖~議員(ぎいん) 村議会를 구성하는 의원.
村長(そんちょう) 村(そん)의 장. ＊むらおさ로도 읽음.
村荘(そんそう) 촌장. 촌에 있는 별장.
村政(そんせい) 村(そん)의 행정.
村酒(そんしゅ) 촌주. 시골에서 만든 술.
村学究(そんがっきゅう) 촌학구. 시골에 살고 있는 견식이 좁은 학자.
村巷(そんこう) 촌항. 먼 시골의 궁벽한 길거리.
村会(そんかい) 村議会(そんぎかい)의 구칭.
訓読
村 ㊀(むら) ① 촌. 마을. ② 행정 구역으로서 郡(ぐん)의 하부 단위.
㊁(そん) ① ☞㊀. ② 촌. 시골. ③《接頭語 적으로》촌…. 촌스러운. 시골풍인.
村鑑(むらかがみ) 江戸(えど) 시대에, 마을의 개황을 기재한 장부.
村開き(むらびらき) 선수촌 따위 '村'자가 붙은 시설을 쓰기 시작함.

村極め(むらぎめ) 옛날에, 마을의 농민이 스스로 정한 규약.
村起こし(むらおこし) 마을을 활성화하여 발전시킴.
村路(むらじ) 촌로. 시골 길. 마을 길.
村里(むらざと) 촌리. 마을. 촌. ＊そんり로 읽음.
村方(むらかた) ① 마을 쪽. ② 村方三役의 준말.
‖~三役(さんやく) 江戸(えど) 시대에, 郡代(ぐんだい)·代官(だいかん) 밑에서 민정에 종사하던 구실아치.
村払い(むらばらい) 마을에서 추방하는 형벌.
村社会(むらしゃかい) 폐쇄적이고 인습에 사로잡힌 사회를 마을에 비유해서 한 말.
村時雨(むらしぐれ) 가을 소나기.
村役(むらやく) ① ☞村方三役(むらかたさんやく). ② 江戸(えど) 시대에, 마을 주민에게 부담시킨 노역.
村役人(むらやくにん) 江戸(えど) 시대에, 마을의 공무를 맡아보던 사람.
村役場(むらやくば) '村(そん)'의 행정 사무를 관장하는 곳.
村外れ(むらはずれ) 마을 변두리. 동구밖.
村雨(むらさめ) 소나기.
村人(むらびと) 촌인. 마을 사람.
村入用(むらにゅうよう) 江戸(えど) 시대에, 마을의 운용 등에 필요로 했던 비용.
村祭り(むらまつり) 마을에서 지내는 제사.
村芝居(むらしばい) 촌〔마을〕사람들이 하는 연극.
村請(むらうけ) 江戸(えど) 시대에, 촌민이 공동 책임으로 납세·부역 등을 떠맡은 일.
村八分(むらはちぶ) 한패〔마을〕에서 따돌림.
其他
村主(すぐり) 大和(やまと)·奈良(なら) 시대의 씨족 칭호인 姓(かばね)의 하나. 도래인(渡來人) 부락의 장(長)에게 이것을 주었음.

총

| 5 ク | 匆 | 바쁠 총
ソウ |

参考 悤의 俗字.
音読
匆匆(そうそう) 총총. ① 바쁜〔분주한〕 모양. ② 편지 끝의 인사말.

| 8 心 | 悤 | 바쁠 총
ソウ |

参考 怱의 異體字.
音読
悤劇(そうげき) 총극(怱劇). 매우 급하고 바

쁨. 총망함.
悤悤(そうそう) 총총. ① 바쁜 모양. ② 편지 끝에 쓰는 인사말. (이만) 총총.

| 9
心 | 忩 | 바쁠 **총**
ソウ
にわか・あわてる |

音読

忩劇(そうげき) 총극. 매우 급하고 바쁨. 총
忩忙(そうぼう) 총망. 매우 바쁨. └망함.
忩卒(そうそつ) 급작스러움.
忩忩(そうそう) ① 바쁜 모양. ② 편지 끝에 쓰는 인사말. (이만) 총총.

| 10
冖 | 冢 | 클 **총**·무덤 **총**
チョウ
つか |

音読

冢中(ちょうちゅう) 총중. 무덤 속.
～の枯骨(ここつ) 총중고골. 죽은 사람. 또, 무능한 사람을 조롱하여 이르는 말.

| 12
土
常 | 塚 (塚) | 무덤 **총**
チョウ
つか |

訓読

塚(つか) 총. ① 흙 무더기. 둔덕. ② 무덤.
塚穴(つかあな) 시체를 묻는 구덩이. 무덤 구덩이. 묘혈.

| 12
心
人 | 惣 | 합칠 **총**
ソウ
すべる |

参考 総의 異體字로서, 현대 표기로는 '総'으로 대용(代用)함.

音読

惣じて(そうじて) 대개. 일반적으로. 원래.
惣領(そうりょう) 장남. 맏자식.
惣菜(そうざい) 반찬. 부식물. 나물.
惣惣(そうぞう) 모두. 전원. 전부.
惣太鰹(そうだがつお)〖魚〗물치다랑어.

其他

惣暗(つつくら) 칠흑 같은 어둠.
惣闇(つつやみ) 칠흑 같은 어둠.

| 13
木 | 楤 | 두릅나무 **총**
ソウ
たら・たらのき |

訓読

楤(たら) ☞ 楤の木(たらのき).
楤の木(たらのき)〖植〗두릅나무.
楤穂(たらぼ) 두릅. 두릅나무의 순.
楤の芽(たらのめ) 두릅. 두릅나무의 순.

| 13
艹 | 葱 | 파 **총**·푸를 **총**
ソウ
ねぎ |

音読

葱花(そうか)〖植〗총화. 파꽃.

訓読

葱(ねぎ)〖植〗파.
葱坊主(ねぎぼうず) 파의 둥근 꽃.
葱鮪(ねぎま)〖料〗파와 다랑어를 냄비에 함께 끓여서 먹는 요리.

| 14
糸
教 | 総 (總) | 거느릴 **총**·합칠 **총**
ソウ
すべて・すべる・
ふさ |

音読

総 ㈠(そう)《接頭語로》총…. 「송이.
㈡(ふさ) ① (실로 만든) 술. 삭모(槊毛). ②
総ぐるみ(そうぐるみ) 전부가 달려듦.
総じて(そうじて) 대개. 일반적으로. 원래.
総すかん(そうすかん)〈俗〉어떤 사람을 관계자 전원이 싫어함.
総〆(そうじめ) ① 총계산. 총계. ② 총감독.
総仮名(そうがな) かな로만 씀. 또, 그 문장.
総監(そうかん) 총감.
総監督(そうかんとく) 총감독.
総勘定(そうかんじょう)〖經〗총계정.
‖**～元帳**(もとちょう)〖經〗총계정 원장.
総見(そうけん) (후원하는 뜻에서) 단체 전원이 구경함.
総決算(そうけっさん) 총결산.
総計(そうけい) 총계.
総稽古(そうげいこ) 총연습. 예행 연습.
総高(そうだか) (수량·금액의) 총액.
総攻め(そうぜめ) 총공격.
総攻撃(そうこうげき) 총공격.
総管(そうかん) 총관. 전체를 총할 관리함.
総観(そうかん) 총관. 전체를 대충 살펴봄.
‖**～気象学**(きしょうがく) 총관(綜觀) 기상학. 기상학의 한 분야.
～気候学(きこうがく) 종관(綜觀) 기후학.
～解析(かいせき)〖氣〗종관(綜觀) 해석. 종관 분석.
総括(そうかつ) 총괄. ♣**～的**(てき) 총괄적.
‖**～原価主義**(げんかしゅぎ) 총괄 원가주의
～質問(しつもん) 총괄 질문. └의.
総括り(そうぐくり) 총괄.
総掛かり(そうがかり) ① 전원이 달려들어함. ② 총공격. ③ 총경비.
総局(そうきょく) 총국. 몇 개의 국(局)을 총괄하는 큰 국.
総国分寺(そうこくぶんじ) 전국의 国分寺를 감독하는 절.
総軍(そうぐん) 총군. 전군(全軍).
総掘り(そうぼり)〖建〗온통 파기. 건축의 기초 공사로, 건평 전면에 걸쳐 파는 일.

総捲り(そうまくり) ① 전부 걷어 젖힘. ② 모조리 비평을 가함. ③ 모두 기재함.
総記(そうき) 총기. ① 전체를 통틀어서 씀. 또, 그런 기사. ② 도서 10 진 분류법의 분류목의 하나.
総鰭類(そうきるい) 〖魚〗 총기류. 데번기(Devon紀)에 번성했던 경골(硬骨) 어류.
総路線(そうろせん) 기본 노선. 기본 방침 《중국 공산당의 말》.
総胆管(そうたんかん) 〖生〗 총담관.
総当たり(そうあたり) ① 참가자 전원과 시합을 함. ② 전원이 당첨되는 제비 뽑기. ♣~**制**(せい) 전원 시합제.
総代(そうだい) 총대. 대표. ‖~**会**(かい) 총대회《일본 보험 회사의 보험 계약자 대표들로 구성된 의사 결정 기관》.
総代理店制(そうだいりてんせい) 《상품 수입·수출의》 총대리점제.
総大将(そうだいしょう) 총대장. 전군을 지휘하는 대장. 총지휘관.
総督(そうとく) 총독. ♣~**府**(ふ) 총독부.
総噸数(そうトンすう) 총톤수《선체 내의 선실 등 둘러싸인 부분의 전체 용적을 100 입방 피트으로 하여 산출한 톤수》.
総桐(そうぎり) 오동나무만으로 만듦. 또, 그 만든 것.
総同盟(そうどうめい) '日本(にほん)勞働組合(ろうどうくみあい)總同盟(=일본 노동 조합 총동맹)'의 준말. 「파업.
総同盟罷業(そうどうめいひぎょう) 총동맹
総動員(そうどういん) 총동원.
総覧(そうらん) 총람. ① 전체에 걸쳐 훑어 봄. ② 어느 사물에 관계되는 것을 망라한 책.
総攬(そうらん) 총람. 통합하여 장악함.
総量(そうりょう) 총량. ‖~**規制**(きせい) 총량 규제. 기업체에서 배출하는 공해 물질의 총량을 일정 수치 이하로 규제하는 일.   「전.
総力(そうりょく) 총력. ♣~**戦**(せん)
総領(そうりょう) ① 한 집안의 계승자. 장남. 전하여 맏자식. ② 총령. 전체를 통틀어 관리함. 또, 그 사람. ③ 고대의 지방 행정관.
‖~**嫁**(よめ) 맏아들의 아내.
~**娘**(むすめ) 장녀. 맏딸.   「유지.
~**分**(ぶん) 総領制에서 総領가 지배하는 소
~**息子**(むすこ) 가독을 상속할 장남.
~**制**(せい) 鎌倉(かまくら) 시대의 무가(武家) 사회에서, 가독을 상속한 総領가 그 일족을 통할하던 일.
~**除**(のき) 江戸(えど) 시대에, 가독 상속자를 장남에서 다른 아들로 변경하던 일.
~**地頭**(じとう) 総領이면서 地頭인 사람.
総論(そうろん) 총론.
総理(そうり) 총리. ① 사무를 통일 관리함. ② 内閣(ないかく)総理大臣(そうりだいじん)(=내각 총리 대신)'의 준말.
‖~**府**(ふ) 총리부《내각 총리 대신 관할하에 연금·통계·상전(賞典) 등의 사무와 일반 행정 기관의 시책 사무를 종합 조정함》.
~**府令**(ふれい) 총리부령《총리부의 행정 사무에 관해서 내리는 명령》.   「일.
総裏(そううら) 윗도리 전체에 안감을 대는
総立ち(そうだち) 《모인 사람들》 전부 일어섬. 총기립.
総名(そうみょう) 총칭(総称). 「대표.
総名代(そうみょうだい) 총대(総代). 전체의
総毛立つ(そうけだつ) 오싹 소름이 끼치다.
総模様(そうもよう) 전체에 무늬가 있음. 또, 그 무늬.
総目(そうもく) 총목. 총목록.
総目録(そうもくろく) 총목록.
総目次(そうもくじ) 총목차. 잡지·총서 등의 전체 목차.
総務(そうむ) 총무.
‖~**庁**(ちょう) 총무청《각 성청(省廳)의 시책 및 인사·조직 등에 관하여 종합 조정을 행하는 행정 기관》.
総門(そうもん) 《바깥》 대문. 《특히, 선종(禪宗)에서》 절의 정문(正門).
総尾類(そうびるい) 〖蟲〗 총미류. 좀목(目).
総髪 ㊀(そうはつ) 머리털을 빗어 넘겨 뒤통수에서 묶은 남자의 머리형《江戸(えど) 시대에 의사·수도승·노인 등이 매었음》. *そうごうろ도 읽음.
㊁(そうがみ) ① ☞ ㊀. ② 머리를 땋는 데 다리를 짓지 않고 모두 제머리로 땋는 것.
総別(そうべつ) 대체로. 모두.
総兵(そうへい) 모든 군사. 총군.
総柄(そうがら) 온 무늬. 옷 전체에 무늬가 있는 것.
総譜(そうふ) 총보. ①〖樂〗모음 악보. 스코어(score). ② 처음부터 끝까지의 경과를 알수 있게 표시한 기보(棋譜).
総本家(そうほんけ) 대종가(大宗家).
総本山(そうほんざん) 총본산. ①〖佛〗총본사. ② 사물의 중심·근원이 되는 곳. 사물을 총괄하는 곳.   「배함.
総崩れ(そうくずれ) 전부 붕괴함. 완전히 패
総社(そうしゃ) 지방관이 편의상 임지 안의 제신(祭神)을 한 곳에 모아 일괄적으로 참배하던 신사(神社).
総司令官(そうしれいかん) 총사령관.
総仕舞い(そうじまい) ① 모두 끝냄. ② 몽땅 팔거나 사버림.
総辞職(そうじしょく) 총사직.
総状(そうじょう) 총상. 술 모양임.
‖~**花序**(かじょ) 〖植〗총상꽃차례.
総嘗め(そうなめ) ① 모조리 《핥듯이》 휩쏢. ② 《대항하는 상대를》 모조리 이김.
総索引(そうさくいん) 총색인.
総選挙(そうせんきょ) 총선거.
総説(そうせつ) 총설.
総勢(そうぜい) 총세. 전체의 인원수. 총원.
総収(そうしゅう) 총수. '総収入(そうしゅうにゅう)(=총수입)'의 준말.
総帥(そうすい) 총수. 총대장.

総数(そうすう) 총수.
総需要管理政策(そうじゅようかんりせいさく)〖經〗총수요 관리 정책.
総水銀(そうすいぎん) 유기(有機) 수은·무기(無機) 수은·금속 수은을 합친 수은 및 그 화합물의 전체를 일컬음.
総収入(そうしゅうにゅう) 총수입.
総穂花序(そうすいかじょ)〖植〗무한(無限) 꽃차례.
総翅目(そうしもく)〖蟲〗총시목. 털날개목.
総身(そうしん) 전신. 온몸. *そうみ로도 읽음.
総圧(そうあつ)〖理〗총압. 유체(流體)의 정압과 동압의 총합(總合).
総額(そうがく) 총액. 「고 놂.
総揚げ(そうあげ) 있는 기생을 모두 모아 놓
総熱量不変の法則(そうねつりょうふへんのほうそく)〖化〗총열량 불변의 법칙. 헤스의 법칙.
総領事(そうりょうじ) 총영사.
総予算(そうよさん) 총예산.
総隈(そうぐま) 일본화(畵)에서 주된 형태의 주변을 담묵(淡墨) 등으로 엷게 칠하는 일.
総員(そういん) 총원. 전원.
総元締め(そうもとじめ) 일이나 인원의 전체를 관리하는 중심 인물.
総有(そうゆう)〖法〗총유. 각자의 지분(持分)을 정하지 않고 공동으로 소유하는 일.
総意(そうい) 총의.
総二階(そうにかい) 1층 위에 같은 크기의 2층 부분이 있는 건물.
総入れ歯(そういれば) 자신의 이는 하나도 없는 총(總)의치. 틀니.
総髭(そうひげ) 얼굴 전체에 자란 수염.
総長(そうちょう) 총장.
総裁(そうさい) 총재.
∥**~政府**(せいふ)〖史〗총재 정부. 프랑스 혁명 종말기의 정권(1795~99).
総点(そうてん) 총점. 총득점.
総奏(そうそう)〖樂〗총주. 투티(tutti).
総浚い(そうざらい) 전체적인 복습. 총예행
総重量(そうじゅうりょう) 총중량. 「연습.
総持(そうじ)〖佛〗총지(摠持). 기억하여 잊지 않음.
総支配人(そうしはいにん) 총지배인.
総指揮(そうしき) 총지휘. ♣**~官**(かん) 총 지휘관.
総集(そうしゅう) 총집. ①모두 모으는 일. 또, 모두 모이는 일. ②많은 사람의 시문(詩文)을 하나로 모은 것.
総参り(そうまいり) 氏子(うじこ)나 신자가 모두 함께 참배하는 일.
総菜(そうざい) 반찬. 부식물. 나물.
∥**~料理**(りょうり) 나물 반찬.
総体(そうたい) ①통째. 전체. 또, 총체적으로. 남김없이. 모두. 전부. 「독.
総締め(そうじめ) ①총계산. 총계. ②총감
総総(そうそう) 모두. 전원. 전부.

総追捕使(そうついぶし) ①平安(へいあん) 시대 말기에 장원(莊園) 안의 군사·경찰을 담당하던 벼슬. ②鎌倉(かまくら) 시대에 각지방에 둔 守護(しゅご).
総出(そうで) 총출동.
総則(そうそく) 총칙.
総称(そうしょう) 총칭.
総湯(そうゆ) 온천지의 공동 목욕탕.
総統(そうとう) 총통.
総退却(そうたいきゃく) 총퇴각.
総罷業(そうひぎょう) 총파업.
総評(そうひょう) 총평. ①전체에 대한 비평. ②'日本(にほん)労働組合(ろうどうくみあい)総評議会(そうひょうぎかい)(=일본 노동 조합 총평의회)'의 준말.
総包(そうほう)〖植〗총포(總苞).
総苞(そうほう)〖植〗➪総包(そうほう).
総皮(そうがわ) ➪総革(そうがわ).
総轄(そうかつ) 총할.
総合(そうごう) 종합. ♣**~的**(てき) 종합적 / **~職**(しょく) 종합직.
∥**~開発**(かいはつ) 종합 개발.
~工事業者(こうじぎょうしゃ) 종합 공사.
~課税(かぜい) 종합 과세. 업자.
~農協(のうきょう) 종합 농협. 신용 사업을 병행하는 농협.
~大学(だいがく) 종합 대학.
馬術(ばじゅつ) 종합 마술.
~社会学(しゃかいがく) 종합 사회학.
~商社(しょうしゃ) 종합 상사.
~設計制度(せっけいせいど) 종합 설계 제
~収支(しゅうし) 종합 수지. 「도.
~安全保障(あんぜんほしょう) 종합 안전
~芸術(げいじゅつ) 종합 예술. 「보장.
~雑誌(ざっし) 종합 잡지.
~指数(しすう) 종합 지수.
~判断(はんだん) 종합 판단.
~編集(へんしゅう) 종합 편집.
~評価(ひょうか) 종합 평가.
~学習(がくしゅう) 종합 학습. 「싼 것.
総革(そうがわ) 전체를 가죽으로 만들거나
総懸かり(そうがかり) ➪総掛かり(そうがかり).
総和(そうわ) 총화. 총계.
総花(そうばな) (요릿집 등에서) 손님이 종업원 전원에게 주는 팁. 전하여 당사자 전원에게 이익·혜택을 고루 주는 일.
∥**~式**(しき) 전원에게 혜택이 돌아가도록 하는 방식. 「는 모양.
~的(てき) 전원에게 혜택이 돌아가도록 하
総会(そうかい) 총회. ♣**~屋**(や) 총회꾼.
総画(そうかく) 한자(漢字)의 총획.
∥**~索引**(さくいん) 총획 색인.
総後架(そうこうか) 江戸(えど) 시대, 연립 주택 주민이 사용하는 공동 변소.

訓読

総て(すべて) 전부. 모두. 전체. 모조리.
総べる(すべる) ①총괄하다. 통합하다. ②전하여, 통솔·지배하다.

総国(ふさのくに) 上総(かずさ)・下総(しもうさ)・安房(あわ) 지역의 옛 이름.
総飾り(ふさかざり) 술 장식.
総楊枝(ふさようじ) 끝을 술처럼 쪼갠 이쑤시개.
其他
総角 ㊀(あげまき) 옛날, 아이들 머리를 두 갈래로 갈라 양쪽 귀 위에서 동여맨 쌍상투.
㊁(チョンガー) 총각. 미혼 청년.

| 14 耳 入 | 聡 (聰) | 밝을 총·총명할 총
ソウ
さとい・さとし |

音読
聡敏(そうびん) 총민. 총명하고 민첩함.
聡悟(そうご) 총오. 이해가 빠르고 영리함.
聡耳(そうじ) 총이. 잘 이해하는 능력.
聡知(そうち) 총지. 총명하고 지혜가 있음.
聡智(そうち) ⇨ 聡知(そうち).
聡察(そうさつ) 총찰.
聡慧(そうけい) 총혜. 총명하고 슬기로움.
訓読
聡い(さとい) 총명하다. 재치 있다.
聡し(さとし) 〈文〉 ☞聡い(さとい).

| 14 金 常 | 銃 | 총 총
ジュウ
つつ |

音読
銃(じゅう) 총. 총기.
銃架(じゅうか) 총가. 총대(銃臺).
銃剣(じゅうけん) 총검. ①총과 칼. ②소총 끝에 꽂는 대검(帯剣). ♣~術(じゅつ) 총검술.
銃撃(じゅうげき) 총격.
銃口(じゅうこう) 총구. 총부리.
銃器(じゅうき) 총기. 「대.
銃隊(じゅうたい) 총대. 총을 가진 병사의 부
銃刀法(じゅうとうほう) 총포·도검류의 개인 소지 단속법.
銃猟(じゅうりょう) 총렵. 총사냥.
銃尾(じゅうび) 총미. 총신의 뒷부분.
銃殺(じゅうさつ) 총살.
銃床(じゅうしょう) 총상. 총대.
銃傷(じゅうしょう) 총상.
銃声(じゅうせい) 총성. 총소리.
銃身(じゅうしん) 총신. 총열.
銃眼(じゅうがん) 총안.
銃座(じゅうざ) 총좌.
銃創(じゅうそう) 총창. 총상(銃傷).
銃槍(じゅうそう) 총과 창.
銃弾(じゅうだん) 총탄. 총알.
銃把(じゅうは) 총목《개머리의 일부분》.
銃砲(じゅうほう) 총포.
銃刑(じゅうけい) 총형. 총살형.
銃火(じゅうか) 총화. 총기에 의한 사격.
銃丸(じゅうがん) 총환. 총알. 탄환.
銃後(じゅうご) (전쟁터의) 후방(의 국민).

訓読
銃音(つつおと) 총포를 쏘는 소리.

| 18 又 | 叢 | 모을 총·떨기 총
ソウ
くさむら・むら・むらがる |

音読
叢記(そうき) 총기. 여러 가지를 모아서 기록함. 「은 책.
叢談(そうだん) 총담. 여러 가지 이야기를 모
叢蘭(そうらん) 군생(群生)한 난초.
叢林(そうりん) 총림. ①잡목이 우거진 숲. ②《佛》승려가 모여 사는 큰 절.
叢祠(そうし) 총사. 초목이 무성한 곳에 있는 사당.
叢生(そうせい) 총생. 족생.
叢書(そうしょ) 총서.
叢説(そうせつ) 총설.
叢樹(そうじゅ) 총수. 무더기로 일어선 나무.
叢誌(そうし) 총지. 여러 가지 일을 모은 기록. 「어선 모양.
叢叢(そうそう) 총총. 많은 물건이 빽빽이 들
叢話(そうわ) 총화. 이야기를 모은 것.
訓読
叢 ㊀(くさむら) 풀숲.
㊁(むら) 무리. 떼. 숲.
叢菊(むらぎく) 무리 지어 피어 있는 국화.
叢濃(むらご) 같은 빛깔에서 여기저기 농담이 지게 한 염색.
叢立つ(むらだつ) 〈雅〉 떼지어 날다[서다].
叢時雨(むらしぐれ) 가을 소나기.
叢雨(むらさめ) 소나기.
叢雲(むらくも) 총운. 떼구름. *そううんへ로도 읽음. 「(나무).
叢竹(むらたけ) 총죽. 숲을 이루고 있는 대
叢草(むらくさ) 무리지어 나 있는 풀.
❖叢る(むらがる) 떼지어 모이다.
叢り(むらがり) 떼를 지음. 떼. 무리.

| 19 宀 | 寵 | 괼 총·굄 총
チョウ
めぐむ |

音読
寵(ちょう) 사랑함. 마음에 듦.
寵する(ちょうする) 괴다. 총애하다.
寵眷(ちょうけん) 총애하여 특별히 대우함.
寵臣(ちょうしん) 총신. 사랑받는 신하.
寵児(ちょうじ) 총아.
寵愛(ちょうあい) 총애. 특별히 귀여워함.
寵栄(ちょうえい) 총영. 군주로부터 총애를 받아 영화를 누림.
寵辱(ちょうじょく) 총욕. 영욕.
寵遇(ちょうぐう) 총우. 총애하여 특별히 대우함. 「웃함.
寵恩(ちょうおん) 총은.
寵妾(ちょうしょう) 총첩. 애첩.
寵幸(ちょうこう) 총행. 특별히 사랑함.
寵姫(ちょうき) 총희. 사랑하는 시녀. 애첩.

촬

| 15 才 常 | 撮 | 찍을 촬·취할 촬
サツ
とる·つまむ |

音読
撮記(さっき) 요점을 간추려서 씀. 또, 그기록.
撮像管(さつぞうかん) (TV 카메라의) 촬상관.
撮像板(さつぞうばん) 촬상판. 촬상관과 같은 기능을 가진 반도체 소자. 「영소.
撮影(さつえい) 촬영. ♣~所(じょ) 영화 촬
撮要(さつよう) 촬요. 요점을 추려 적음. 또, 그렇게 적은 책.

訓読
撮まれる(つままれる) (무엇엔가) 홀리다.
撮れる(とれる) (사진이) 찍히다.
❖**撮む**(つまむ) ① (손가락으로) 집다. 집어먹다. ② 요약〔발췌〕하다.
撮み(つまみ) ① 손끝으로 집음. ② (기구 따위의) 손잡이.
撮み物(つまみもの) 마른 안주.
撮み洗い(つまみあらい) 지르잡음.
撮み食い(つまみぐい) ① 손가락으로 집어 먹음. ② 몰래 집어 먹음.
撮み菜(つまみな) 솎아 낸 채소.
撮み出す(つまみだす) 집어내다. ① 골라내다. ② 쫓아내다. 끌어내다.
❖**撮る**(とる) 사진을 찍다.
撮り落とす(とりおとす) (사진에서) 빠뜨리고 찍다.

최

| 11 山 | 崔 | 높을 최
サイ
たかい |

音読
崔嵬(さいかい) 산이 험하고 높음.

| 12 日 教 | 最 | 가장 최·제일 최
サイ
もっとも·も |

音読
最 ㈠(さい) ① 최상. 제일. 으뜸임. ②《接頭語로》최…. '가장'의 뜻.
㈡(も) 《接頭語로》'가장·정말' 등의 뜻을 나타냄. 「장 두드러진.
最たる(さいたる) 무리 중에서 그 경향이 가
最強(さいきょう) 최강.
最敬礼(さいけいれい) 최경례. 허리를 많이 굽혀서 하는 가장 공손한 경례.
最古(さいこ) 최고. 가장 오래됨.
最高(さいこう) 최고. ♣~級(きゅう) 최고급 / ~峰(ほう) 최고봉 / ~神(しん) 최고신 / ~限(げん) 최고 한도.
‖~検(けん) 最高検察庁의 준말.
~検察庁(けんさつちょう) 최고 검찰청. 대검찰청.
~法規(ほうき) 최고 법규.
~善(ぜん) 최고선. 지선(至善).
~速度(そくど) 최고 속도.
~温度計(おんどけい) 최고 온도계.
~裁(さい) 最高裁判所의 준말. 「법원.
~裁判所(さいばんしょ) 최고 재판소. 대
~最低温度計(さいていおんどけい)〖理〗최고 최저 온도계.
~学府(がくふ) 최고 학부.
最高潮(さいこうちょう) 최고조.
最高値(さいたかね) 최고치. 최고가. 거래가로 가장 높은 값.
最果て(さいはて) 맨 끝(인 장소). 땅 끝.
最近(さいきん) 최근.
最期(さいご) 최후. 죽음. 임종.
‖~場(ば) 임종의 장소.
最南(さいなん) 가장 남쪽에 위치해 있음.
最多(さいた) 최다.
最短(さいたん) 최단.
‖~距離(きょり) 최단 거리.
最大(さいだい) 최대. ♣~級(きゅう) 최대급 / ~値(ち) 최대값 / ~限(げん) 최대한.
‖~公約数(こうやくすう)〖數〗최대 공약수.
~多数(たすう) 최대 다수.
~摩擦力(まさつりょく)〖理〗최대 마찰력.
~瞬間風速(しゅんかんふうそく)〖氣〗최대 순간 풍속.
~離角(りかく)〖天〗최대 이각.
~蒸気圧(じょうきあつ)〖理〗최대 증기압.
~限度(げんど) 최대 한도.
~許容量(きょようりょう) 최대 허용량.
最良(さいりょう) 최량. 최선.
最尾(さいび) 최미. 맨끝.
最美(さいび) 가장 아름다운 일〔모양〕.
最北(さいほく) 가장 북쪽에 위치해 있음.
最貧国(さいひんこく) 최빈국.
最頻値(さいひんち)〖數〗최대 빈수. 모드.
最上(さいじょう) 최상. ♣~級(きゅう) 상급.
最先(さいさき) 최선.
最善(さいぜん) 최선.
最先端(さいせんたん) 최첨단(最尖端).
最盛(さいせい) 최성. 가장 한창임.
‖~期(き) 최성기. 전성기.
最小(さいしょう) 최소. ♣~値(ち) 최소값 / ~限(げん) 최소한. 「수.
‖~公倍数(こうばいすう)〖數〗최소 공배
~二乗法(にじょうほう)〖數〗최소 제곱법.
~限度(げんど) 최소 한도.

最少(さいしょう) 최소. 가장 적음. 가장 젊
最速(さいそく) 제일 빠름.
最純(さいじゅん) 가장 순수함. 또, 그 모양.
最勝(さいしょう) 최승. 가장 뛰어남.
最勝会(さいしょうえ) 매년 3월, 국가 안온을 기원하여 금광명 최승왕경(金光明最勝王經)을 외는 법회.
最新(さいしん) 최신. ♣~式(しき) 최신식.
最深(さいしん) 최심. 가장 깊음.
最悪(さいあく) 최악. 　　　　「싼 값.
最安値(さいやすね) 최저가. 거래액에서 가장
最愛(さいあい) 최애. 가장 사랑함.
最年少(さいねんしょう) 최연소.
最年長(さいねんちょう) 최연장.
最奥(さいおう) 가장 깊숙한 곳.
最外殻(さいがいかく) 〖理〗 최외각.
最要(さいよう) 최요. 가장 중요함.
最優先(さいゆうせん) 최우선.
最優秀選手(さいゆうしゅうせんしゅ) 최우수 선수.
最右翼(さいうよく) 경쟁자 중에서 가장 앞
最長(さいちょう) 최장. ① 가장 긺. ② 가장 우수함. ③ 최연장.
最低(さいてい) 최저. ♣~限(げん) 최저한.
∥~生活費(せいかつひ) 최저 생활비.
～温度計(おんどけい) 〖理〗 최저 온도계.
～賃金(ちんぎん) 최저 임금.
最適(さいてき) 최적. ♣~解(かい) 최적 해답/～化(か) 최적화.
∥~制御(せいぎょ) 〖컴〗 최적 제어.
最前(さいぜん) ① 최전. 맨 앞. ② 조금 전. 아까.
最前線(さいぜんせん) 최전선. 최전방.
最前列(さいぜんれつ) 최전열. 맨 앞줄.
最終(さいしゅう) 최종. ♣~的(てき) 최종적/～回(かい) 최종 회.
∥~弁論(べんろん) 〖法〗 최종 변론.
～効用(こうよう) 〖經〗 최종 효용. 한계 효용.
最左翼(さいさよく) 동료 중에서 가장 뒤떨
最中(さいちゅう) 한창(인 때). 한중간. *さなかとも 읽음.
㊁(もなか) ① 찹쌀 가루 반죽을 얇게 밀어 구운 것에 팥소를 넣은 과자. ② 〈雅〉 한복판. 한창. 　　　　　　　　　「ん).
最尖端(さいせんたん) ⇨ 最先端(さいせんた
最初(さいしょ) 최초.
～の最後(さいご) 처음이자 마지막.
最下(さいか) 최하.
最恵国(さいけいこく) 최혜국.
∥~待遇(たいぐう) 최혜국 대우.
～約款(やっかん) 최혜국 약관.
最好(さいこう) 최호.
最後(さいご) 최후. 마지막. 맨 뒤. ♣~的(てき) 궁극적.
∥~の晩餐(ばんさん) 〖基〗 최후의 만찬.
～の審判(しんぱん) 〖基〗 최후의 심판.
～の助(すけ) 최후. 끝장. 마지막.

～通牒(つうちょう) 최후 통첩.
最後尾(さいこうび) 최후미.
最後っ屁(さいごっぺ) 궁여지책.
最後列(さいこうれつ) 최후열.

〖訓読〗

最も(もっとも) (무엇보다도) 가장. *雅語로는 いとも라고도 함.
最寄り(もより) 가장 가까움. 근처.
∥~船(ぶね) 기슭 근처에 정박하고 있는 배.
～品(ひん) 소비자가 가까운 소매점에서 쉽게 구입할 수 있는 일용품·식료품 등.
最早(もはや) 벌써. 이미. 어느새.

〖其他〗

最手(ほつて) 뛰어난 기술. 능숙함.

13 イ 常	催	재촉할 최·열 최 サイ もよおす

〖音読〗

催告(さいこく) 〖法〗 최고.
催奇形試験(さいきけいしけん) 약물이 기형 발생을 일으키는 위험성을 실험 동물을 이용해 시험하는 일.
催涙(さいるい) 최루. ♣~弾(だん) 최루탄.
催馬楽(さいばら) 〖樂〗 奈良(なら) 시대의 속요(俗謠)를 平安(へいあん) 시대에 아악으로 작곡한 곡.
催眠(さいみん) 최면. ♣~術(じゅつ) 최면술/～剤(ざい) 최면제.
∥~療法(りょうほう) 최면 요법. 　「사.
催事(さいじ) 백화점의 특별 전시나 특매 행
催色(さいしょく) 인위적으로 대사를 변조시켜 과일의 발색(發色)을 촉진시키는 일.
催乳薬(さいにゅうやく) 〖藥〗 최유제.
催淫剤(さいいんざい) 최음제.
催主(さいしゅ) 모임 따위를 주관하는 사람.
催青(さいせい) 최청. 부화(孵化) 전에 누에 알을 적당한 온도·습기·공기가 있는 곳에 두어 충실한 누에가 나오도록 조절하는 일.
催促(さいそく) 재촉. 독촉. ♣~状(じょう) 독촉장. 　　　　　　　　　　「함.
∥~振舞い(ぶるまい) 향응(술대접)을 재촉
催事薬(さいとやく) ☞ 催吐剤(さいとざい).
催吐剤(さいとざい) 〖藥〗 최토제.
催花雨(さいかう) 봄에 꽃이 피는 것을 재촉하듯이 오는 비.

〖訓読〗

催い(もよい) …낌새. …기미.
❖催す(もよおす) ① 개최하다. 열다. ② 어떤 기분을 느끼다.
催し(もよおし) 주최. 개최. 모임. 회합.
催し物(もよおしもの) (사람을 많이 모아서 여는) 행사.
催し勢(もよおしぜい) 끌어 모은 군세(軍勢). 징집한 군사들.
催し顔(もよおしがお) 권유하는 듯한 느낌. 재촉하는 듯한 태도.

催合い(もやい) 공동으로 일을 함. 공동으로 소유(사용)함.
催合う(もやう) 공동으로 일을 하다.

14 扌	摧	껶을 **최** サイ くだく

音読→
摧伏(さいふく) 기세를 꺾어 굴복시킴.
摧破(さいは) 최파. 쇄파(碎破). 파쇄.

16 艹	藂	작을 **최**·모일 **최** サイ・セツ

音読→
藂爾(さいじ) 최이. 작은 모양.

추

8 巾	帚	비 **추** ソウ ほうき

참고 箒의 異體字.

訓読→
帚(ほうき) 비. *ははきろ도 읽음.
帚木(ほうき) [植] 댑싸리의 딴이름. *ははきぎ로도 읽음.
帚星(ほうきぼし) [天] 혜성(彗星). *ははきぼし로도 읽음.
帚草(ほうきぐさ) [植] 댑싸리. *ははきぐさ로도 읽음.

8 扌 常	抽	뺄 **추**·당길 **추** チュウ ぬく・ひく

音読→
抽分(ちゅうぶん) 상품의 일부를 세금으로 징수했던 일. 세(금).
抽象(ちゅうしょう) 추상. ♣~論(ろん) 추상론. / ~性(せい) 추상성. / ~的(てき) 추상적. / ~化(か) 추상화. / ~画(が) 추상화.
‖ ~概念(がいねん) 추상 개념.
~名詞(めいし) [言] 추상 명사.
~芸術(げいじゅつ) [美] 추상 예술.
~表現主義(ひょうげんしゅぎ) [美] 추상 표현주의.
抽賞(ちゅうしょう) 추상. 많은 사람 중에서 뽑아내어 상을 줌.
抽選(ちゅうせん) 추첨.
抽水植物(ちゅうすいしょくぶつ) [植] 추수 식물.
抽籤(ちゅうせん) ⇨ 抽選(ちゅうせん).
抽出(ちゅうしゅつ) 추출. 빼냄. ♣~物(ぶつ) 추출물. / ~法(ほう) 샘플링.

其他→
抽んでる(ぬきんでる) 뛰어나게 우수하다. 뛰어나다.

8 木 常	枢 (樞)	지도리 **추** スウ とぼそ・くるる

音読→
枢機(すうき) 추기. ① 사물의 긴하고 중요한 곳. 사북. ② 중요한 정무(政務).
‖ ~卿(きょう) 추기경. 로마 교황의 최고 고문. *すうききょう로도 읽음.
~官(かん) ☞ 枢機卿.
枢務(すうむ) 추무. 중요한 정무(政務).
枢密(すうみつ) 추밀. 추요(樞要)한 (중요한) 기밀. 정치의 기밀.
‖ ~顧問官(こもんかん) 추밀 고문관. 추밀원의 구성원.
~院(いん) 추밀원. 구헌법 시대에 24명으로 구성된 天皇(てんのう)의 자문 기관. 「름.
枢府(すうふ) 枢密院(すうみついん)의 딴이
枢要(すうよう) 추요. 가장 요긴하고 중요함. 또, 그런 부분.
枢軸(すうじく) 추축.
‖ ~国(こく) 추축국. 2차 대전중, 일본·독일·이탈리아의 삼국 동맹에 속한 나라.

訓読→
枢 ㈠ (くるる) ① 문지도리. 문장부[돌쩌귀]를 문문에 구멍에 끼워 여닫게 만든 장치. ② 문얼굴의 아래위 테에 절러서 문이 열리지 않게 하는 비녀장. 「문짝.
㈡ (とぼそ) ① 문문에 구멍. 문동개. ② 문.
㈢ (とまら) 문장부.
枢戸(くるるど) 문지도리로 여닫는 문.

8 隹	隹	새 **추** スイ

其他→
隹(ふるとり) 한자 부수의 하나: 새추.

9 辶 教	追 (追)	쫓을 **추**·따를 **추** ツイ おう

音読→
追加(ついか) 추가.
‖ ~配当(はいとう) 추가 배당.
~負担(ふたん) 추가 부담.
~予算(よさん) 추가 예산.
~判決(はんけつ) 추가 판결.
追刊(ついかん) 추간. 속간(續刊).
追撃(ついげき) 추격.
追啓(ついけい) 추계. 추신(追伸).

追考(ついこう) 추고. 전에 있었던 일을 나중에 다시 생각함.
追求(ついきゅう) ① 추구. ②'追加請求(ついかせいきゅう)(=추가 청구)'의 준말. ③추
追究(ついきゅう) 추구.   └궁.
追咎(ついきゅう) 추구. 일이 끝난 다음에 책임 추궁을 하는 일.
追窮(ついきゅう) 추궁. 추구.
追及(ついきゅう) ①추급. (도망치는 적을) 뒤쫓음. ②(책임 등을) 추궁함.
追給(ついきゅう) 추급. 추가해서 지급함. 또, 그 급여.
追記(ついき) 추기. 덧붙여 씀. 또, 그 글.
追起訴(ついきそ) 『法』 추가 기소.
追儺(ついな) 입춘 전날 밤 볶은 콩을 집안에 뿌려 악귀를 내쫓는 행사.
追納(ついのう) 추납.
追年(ついねん) 매년. 해마다.
追悼(ついとう) 추도. ♣~**文**(ぶん) 추도문/~**式**(しき) 추도식.
追突(ついとつ) 추돌. (자동차 등이) 뒤에서
追録(ついろく) 추록. 추가해서 기록함.
追慕(ついぼ) 추모.
追尾(ついび) 추미. 뒤를 쫓음. 추적.
追放(ついほう) 추방.
追陪(ついばい) 추배. 배행(陪行).
追白(ついはく) 추백. 추신(追伸).
追補(ついほ) 추가 보충.
追福(ついふく) 『佛』 추복. 죽은 이의 명복을 빌기 위해 불사를 행함.   「(fuga).
追復曲(ついふくきょく) 『樂』 둔주곡. 푸가
追肥(ついひ) 『農』 추비.   「함.
追思(ついし) 추사. 지나간 일을 돌이켜 생각
追賜(ついし) 추사. 죽은 후에 위계(位階)를
追想(ついそう) 추상. 회고.   └내림.
追賞(ついしょう) 추상. 후에 공적을 상찬
追叙(ついじょ) 추서.   └함.
追惜(ついせき) 추석. 사후에 그 사람을 그리
追善(ついぜん) 『佛』 추선.   └워함.
‖~**供養**(くよう) 추선 공양.
~**興行**(こうぎょう) 추선 흥행. 歌舞伎(かぶき) 등에서, 고인의 명복을 빌며 하는 흥행.
追随(ついずい) 추십. 뒤쫓음. 추적.
追訴(ついそ) 추소. 추가 제소.
追送(ついそう) 추송. ①뒤미처 물건을 보냄. ②배웅.
追頌(ついしょう) 추송. 후에 생전의 공적・선행 등을 칭송함. 또, 그런 말.
追修(ついしゅ) 『佛』 망자(亡者)의 명복을 기원하며 불공을 드리는 일. 「따라감.
追随(ついずい) 추수. 남이 한 일을 뒤좇아
追熟(ついじゅく) 추숙. 덜 익은 과실을 수확, 일정 기간 저장하여 완숙시킴.
追崇(ついすう) 추숭. 그 사람의 신분에 걸맞게 그의 망조(亡祖)에게 존칭을 주는 일.
追試(ついし) 추시. '追試験(ついしけん)(=추가 시험)'의 준말.   「또, 그 이름.
追諡(ついし) 추시. 죽은 뒤에 시호를 내림.

追試験(ついしけん) 추가 시험.
追伸(ついしん) 추신. 추백(追白).
追尋(ついじん) 추심. 나중에 찾아 조사함.
追憶(ついおく) 추억.
追完(ついかん) 추완.
追願(ついがん) 추원. 먼저 제출한 청원(請願)에 다시 추가하여 제출한 청원.
追認(ついにん) 추인.
追跡(ついせき) 추적.
追弔(ついちょう) 추조. 추도(追悼). ♣~**会**(え) 추도회.
追従 囗(ついしょう) 아부. 아첨. 빌붙음.
 ‖~**口**(ぐち) (겉)발림말. 아첨하는 말.
 ~**笑い**(わらい) 아첨하는 웃음. 비굴한 웃
 囗(ついじゅう) 추종.   └음.
追蹤(ついしょう) 추종. ①뒤를 밟아 쫓아감. 추적. ②옛날을 상기함.
追走(ついそう) 뒤쫓아 달려감.
 ‖~**曲**(きょく) 『樂』 전칙곡(典則曲). 카논
追贈(ついぞう) 추증.   (canon).
追徴(ついちょう) 추징. ♣~**金**(きん) 추징금.   「처분.
 ‖~**課税処分**(かぜいしょぶん) 추징 과세
追体験(ついたいけん) 추체험. 남이 체험한 것을 자기의 체험으로 받아들임.
追出(ついしゅつ) 추출. 추방.
追奪(ついだつ) 『史』 추탈. 추삭(追削).
追討(ついとう) 추토. 적도(賊徒) 등을 뒤쫓아가 무찌름.
追捕(ついぶ) 추포. 뒤쫓아가서 잡음. *ついほ로도 읽음.
 ‖~**使**(し) 平安(へいあん) 시대에, 범인이나 흉도를 체포・진압하도록 조정에서 임명한 임시 관리.
追号(ついごう) 추호. 시호(諡號). 죽은 뒤에 내리는 칭호.   「리와함.
追懐(ついかい) 추회. 지난 일을 생각하며 그
追孝(ついこう) 추효. 돌아간 부모 영전에 공양을 게을리 하지 않고 효도를 다함.

訓読

❖**追う**(おう) ①따르다. (뒤)따르다. 추구하다. ②쫓다. 물리치다. 추방하다. 「말.
追い(おい) ①뒤쫓음. (뒤)追い銭(せん)의 준
追い擊ち(おいうち) ⇨ 追い打ち(おいうち).
追い擊つ(おいうつ) ⇨ 追い討つ(おいうつ).
追い遣る(おいやる) ①쫓아 보내다. ②(싫은 곳으로) 몰아넣다.
追い掛ける(おいかける) ①뒤쫓(아 가)다. 추적하다. ②뒤미처 딴 일이 일어나다.
追い口(おいぐち) 나무를 벨 때 베는 쪽이 아닌 반대쪽.
追い求める(おいもとめる) 추구하다.
追い捲る(おいまくる) ①몰아내다. 내쫓다. 쫓아 버리다. ②줄곧 뒤쫓다.
追い落とし(おいおとし) ①(어느 지위에서) 내쫓음. 실각시킴. ②노상 강도. ③(바둑에서) 몰아떨구기.
追い落とす(おいおとす) ①쫓아 버리다.

追い立て(おいたて) (내) 쫓음.
追い立てる(おいたてる) ① 몰아〔쫓아〕내다. 내쫓다. 내몰다. ②(…쪽으로) 몰다. 몰아내다.
追い剥ぎ(おいはぎ) 노상 강도. 「내다.
追い返す(おいかえす) 물리치다. 되쫓아 보
追い抜き(おいぬき) 앞지르기. (특히, 차선을 바꾸지 않고 하는) 추월.
追い抜く(おいぬく) 앞지르다. ①(쫓아가) 따라잡다. 추월하다. ②(능력 등이) 앞서다.
追い腹(おいばら) 옛날에, 신하가 주군을 따라 할복하여 죽음. 할복 순사(殉死).
追い付く(おいつく) ①(뒤쫓아) 따라붙다. 따라잡다. ②(수준에) 달하다.
追い分け(おいわけ) ①길이 두 갈래로 갈라지는 곳. 갈림길. 분기점. ②追分節의 준말.
▮**追分節**(おいわけぶし) 민요의 하나. 역참에서 불렀던 애조를 띤 마부 노래. 「임.
追い焚き(おいだき) 식은 목욕물을 다시 끓
追い払い(おいばらい) (값을) 나중에 (추가로) 치름. 추가 지불.
追い払う(おいはらう) 쫓아 버리다. 내쫓
追い肥(おいごえ) 추비. 뒷거름. 「다.
追い使う(おいつかう) (마소 부리듯) 마구 부리다. 혹사하다.
追い散らす(おいちらす) 쫓아 헤어지게 하다〔해산시키다〕.
追い上げる(おいあげる) ①바싹 뒤쫓다. 육박하다. ②위쪽으로 몰다〔쫓다〕.
追い書き(おいがき) (편지의) 추신(追伸).
追い刷り(おいずり) 추가 인쇄(물). 증쇄.
追手(おうて) ①성(城)의 정면 출입구. ②적의 정면을 공격하는 부대.
追い手(おいて) 뒤쫓는 사람. 추격자.
追い羽根(おいばね) 계집아이들의 설놀이의 하나. 두 사람 이상이 羽子(はご)를 서로 치고 받음.
追い羽子(おいはご) ☞ 追い羽根(おいばね).
追い越し(おいこし) 추월. 앞지르기.
追い越す(おいこす) 앞지르다. 추월하다.
追い込み(おいこみ) ①몰아넣음. ②일의 막판에 총력을 집중시킴. ③〖印〗(행·페이지를 바꾸지 않고) 잇달아 식자(植字)하기.
追い込む(おいこむ) ①몰아넣다. ②(곤경에) 빠뜨리다. ③경주 등에서 막판에 총력을 다하다.
追い銭(おいせん) 추가금. 가욋돈.
追い切り(おいきり) (경마에서) 경주 수일 전에 최후적으로 행하는 경주마의 조련.
追い丁(おいちょう) 2권 이상으로 된 책에서 전권(全卷)을 통하여 연속하는 쪽수를 매기는 일.
追い潮(おいしお) 배 뒤쪽에서 진행 방향으로 흐르는 조류.
追証(おいしょう) 〖經〗(신용 거래나 청산 거래에서) 추가 증거금이나 추가 보증금.

追証拠金(おいしょうこきん) ☞ 追証(おいしょう).
追川(おいかわ) 〖魚〗피라미.
追い追い(おいおい) 차차. 차츰차츰. 점차.
追いつ追われつ(おいつおわれつ) (서로 앞을 다툴 때) 쫓고 쫓기며.
追い縋る(おいすがる) ①바싹 뒤따르다. 뒤따라가 매달리다. ②매달려 졸라대다.
追い出し(おいだし) 내쫓음. 추방함.
追い出す(おいだす) 내쫓다. 몰아내다.
追い炊き(おいだき) 지은 밥이 모자라 다시 더 지음. 덧짓는 밥.
追い打ち(おいうち) ①추격. ②(물리고 있는 상대에게) 재차 타격을 줌. 더욱 몰아붙임. 치명타(致命打)(를 가함).
追い討ち(おいうち) ⇨ 追い打ち(おいうち).
追い討つ(おいうつ) 추격하다.
追い退ける(おいのける) 물리치다.
追い風(おいかぜ) 뒤에서 불어오는 바람. 순풍. ＊おいてとも 읽음.
追い回す(おいまわす) ①쫓아다니다. (뒤를) 따라다니다. ②몹시 일시키다〔부리다〕. 혹사하다.
追い詰める(おいつめる) 막다른 곳까지〔궁지에〕 몰아넣다. 바싹 추궁〔추적〕하다.

❖**追っ**(おっ) 《주로 動詞 앞에 붙어》쫓는 뜻을 강조한 말.
追って(おって) ①추후에. 곧. 머지않아. ②'다음 사항을 첨가해서 씁니다'의 뜻. 추이(追而). 추신(追申).
▮**―書き**(がき) ⇨ 追而書き(おってがき)
追っ掛け(おっかけ) ①뒤미처. 잇달아. 곧. ②〖映〗추적하는 장면.
▮**―引っ掛け**(ひっかけ) 계속 뒤를 이어.
追っ掛ける(おっかける) ☞ 追い掛ける(おいかける). ＊俗語로는 ぼっかける 라고도 함.
追っ立てる ㊀(おったてる) 쫓아내다. (급히)
㊁(ぼったてる) ①내몰다. 몰아대다. …으로 몰다. ②기세좋게 세우다.
追っ付く(おっつく) ⇨ 追い着く(おっつく).
追っ付け(おっつけ) 머지않아. 이제 곧.
追っ払う(おっぱらう) 〈俗〉쫓아 버리다. 쫓아내다.
追っ手(おって) 추적자. 추격대.
追而書き(おってがき) (편지의) 추신.
追っ着く(おっつく) 〈俗〉뒤쫓아가 닿다. (뒤쫓아가) 따라붙다〔잡다〕.

其他
追ん出す(おんだす) 〈俗〉쫓아내다.
追ん出る(おんでる) 〈俗〉 (자진하여) 뛰쳐나가다.

9禾 教	秋	가을 추·때 추 シュウ あき・とき

秋

音読

秋稼(しゅうか) 추가. 가을걷이.
秋耕(しゅうこう) 추경. 가을갈이.
秋景(しゅうけい) 추경. 추색. 가을 경치.
秋季(しゅうき) 추계.
∥~**皇靈祭**(こうれいさい) 춘분(秋分)날에 일본 황실에서 지내는 제사. 「름.
秋蛩(しゅうきょう) 추공. 귀뚜라미의 딴이
秋光(しゅうこう) 추광. 가을빛. 가을 경치.
秋郊(しゅうこう) 가을(철)의 교외·들판.
秋気(しゅうき) 추기. 가을의 기운. 가을다운 느낌〔경치〕.
秋期(しゅうき) 추기.
秋冷(しゅうれい) 추랭. 가을의 찬기운.
秋涼(しゅうりょう) 추량. 가을의 서늘함〔서늘한 바람〕.
秋霖(しゅうりん) 추림. 가을 장마.
∥~**前線**(ぜんせん) ☞秋雨(あきさめ)前線.
秋明菊(しゅうめいぎく)〖植〗추모란. 「꽃.
秋分(しゅうぶん) 추분. ♣~**点**(てん)〖天〗 추분점.
∥~**の日**(ひ) 추분 날《국민 축일의 하나》.
秋思(しゅうし) 추사. 가을에 느끼는 쓸쓸한 생각.
秋爽(しゅうそう) 가을 공기의 상쾌함.
秋霜(しゅうそう) 추상. ① 가을의 찬서리. *あきしもとも 읽음. ② 엄한 형벌의 비유. ③ 날카롭게 번쩍이는 칼 또는 백발(白髪)의 비유.
∥~**烈日**(れつじつ) 추상열일. 「비유.
秋色(しゅうしょく) 추색. 추광(秋光). 가을빛. 또, 가을 경치.
秋暑(しゅうしょ) 추서. 잔서(殘暑).
秋夕(しゅうせき) 가을 저녁.
秋扇(しゅうせん) 추선. 추풍선(秋風扇). ① 가을 부채. ② 전하여, 버림받은 여자.
秋蟬(しゅうせん) 추선. 가을에 우는 매미.
秋雪(しゅうせつ) 추설. 가을에 내리는 눈.
秋声(しゅうせい) 추성. 가을의 벌레나 바람 소리.
秋宵(しゅうしょう) 추소. 추야(秋夜). 가을밤.
秋水(しゅうすい) 추수. ① 가을철의 맑은 물. ② 비유적으로, 날이 시퍼런 칼.
秋収(しゅうしゅう) 추수. 가을걷이.
秋雁(しゅうがん) 추안. 가을에 날아오는 기러기.
秋夜(しゅうや) 추야. 가을밤.
秋陽(しゅうよう) 추양. 가을 햇볕.
秋雲(しゅううん) 추운. 가을 하늘의 구름.
秋月(しゅうげつ) 추월. 가을밤의 달.
秋陰(しゅういん) 추음. 가을의 구름 낀 하늘.
秋意(しゅうい) 추의. 가을다운 멋〔느낌〕.
秋日(しゅうじつ) 추일. 가을날. 가을볕.
秋蚕(しゅうさん) 추잠. 가을에 치는 누에. *あきごとも 읽음.
秋材(しゅうざい)〖植〗추재. 여름부터 가을에 걸쳐 형성되는 목질 부분.
秋天(しゅうてん) 추천. 가을 하늘. 「씨.
秋晴(しゅうせい) 추청. 가을의 쾌청한 날
秋闘(しゅうとう) '秋季闘争(しゅうきとうそう)'(=추계 투쟁)'의 준말. 가을의 임금 인
秋波(しゅうは) 추파. └상 투쟁.
∥~**を送**(おく)**る** 추파를 보내다.
秋海棠(しゅうかいどう)〖植〗추해당.
秋刑(しゅうけい) 추형. 형벌.
秋毫(しゅうごう) 추호. 털끝만큼. 조금.
秋穫(しゅうかく) 추확. 가을철 수확.
秋興(しゅうきょう) 추흥. 가을 흥취.

訓読

秋(あき) 가을.
秋めく(あきめく) 가을다워지다.
秋茄子(あきなすび) 늦가을에 익는 가지《씨가 적고 맛이 있음》. *あきなすびろとも 읽음.
秋高(あきだか) ① 추수가 예상보다 많이 나는 일. ② 秋高相場(そうば)의 준말. 추수가 예상보다 적어 가을철 쌀값이 오르는 일.
秋空(あきぞら) 가을 하늘.
秋の空(あきのそら) 가을 하늘. 가을 날씨.
秋口(あきぐち) 초가을. 첫가을.
秋落ち(あきおち) ① 추수가 예상보다 주는 일. ② 秋落ち相場(そうば)의 준말. 예상외의 풍작으로 가을 쌀값이 떨어지는 일.
秋冷え(あきびえ) 가을이 되어 날씨가 싸늘해지는 일.
秋立つ(あきたつ) 〈雅〉가을이 되다.
秋末(あきずえ) 만추. 늦가을.
秋毛(あきげ) 짐승의 가을 털. 특히 여름 털보다 빛깔이 짙어진 사슴털.
秋の暮(あきのくれ) ① 가을 하늘의 황혼. ② 가을이 끝날 무렵. 만추.
秋霧(あきぎり) 가을 안개.
秋味(あきあじ)〈方〉(가을에 잡히는) 연어.
秋付く(あきづく) 가을이 되다. 가을다워지다.
秋肥(あきごえ) 8월부터 10월에 주는 비료.
秋山(あきやま) 추산. 가을 산.
秋の霜(あきのしも) ① 늦가을의 서리. ② 백발(白髪).
秋蟬(あきぜみ)〖蟲〗유지매미. 기름매미.
秋成り(あきなり) 가을에 바치는 소작료.
秋の声(あきのこえ) 가을 분위기. 바람 소리·물 소리·새 소리 따위에서 느끼는 쓸쓸한 가을 기분.
秋鯵(あきあじ) 가을에 잡히는 전갱이.
秋収め(あきおさめ) 가을걷이.
秋蒔き(あきまき) 가을 파종.
秋植え(あきうえ) (모종이나 알뿌리를) 가을에 심는 일. 또, 그 품종.
秋雨(あきさめ) 추우. 가을 비. *しゅうう 로도 읽음.
∥~**前線**(ぜんせん)〖氣〗9월 중순에서 10월 중순에 걸쳐 일본 남해안에 정체하는 장마 전선. *しゅううぜんせん으로도 읽음.
秋日和(あきびより) 가을다운 좋은 날씨.
秋作(あきさく) 가을(에 재배하는) 작물.
秋場所(あきばしょ) 大相撲(おおずもう)의 하나《9월에 행해짐》.

秋田(あきた) ①〖地〗東北(とうほく) 지방 서부의 동해에 면한 현. 또, 그 현청 소재지. ② 秋田犬의 준말.
‖~犬(いぬ) 〖動〗秋田 현 특산의 대형 개. *あきたけん으로도 읽음.　　　　　「칭.
~織(おり) 秋田 지방에서 나는 비단의 총
秋祭り(あきまつり) (추수를 감사하는) 신사(神社)의 가을 제사(축제).
秋津(あきず) 〖蟲〗잠자리의 옛 이름. *あきつ로도 읽음.
‖~島(しま) 일본의 딴이름.
秋晴れ(あきばれ) 가을의 쾌청한 날씨.
秋草(あきくさ) 가을(에 꽃이 피는) 풀.
秋出水(あきでみず) 태풍이나 장마로 일어나는 가을 홍수.
秋虫(あきむし) 가을(에 우는) 벌레(방울벌레·귀뚜라미 등).
秋の七草(あきのななくさ) 가을에 꽃이 피는 대표적인 일곱 가지 풀. 곧, 싸리·억새·칡·패랭이꽃·마타리·등골나무·도라지.
秋風(あきかぜ) ①추풍. 가을 바람. ②남녀간의 애정이 식음('秋'를 '厭き(あき)(=싫증)'에 빗댄 말).
㊁(しゅうふう) ☞ 秋風(しゅうふう).
‖~索漠(さくばく) 추풍삭막. 옛날 권세는 간 곳 없고 초라한 모양.
秋の香(あきのか) 가을을 느끼게 하는 냄새. 또, 그것. 특히 송이(松茸).
秋の花(あきのはな) 가을 꽃.
其他➡
秋刀魚(さんま) 〖魚〗꽁치.
秋沙(あいさ) 〖鳥〗비오리.

酋 9 酉

우두머리 추
シュウ
おさ

音読➡
酋帥(しゅうすい) 추장. 오랑캐의 우두머리.
酋長(しゅうちょう) 추장.

芻 10 勹

꼴 추
スウ
まぐさ

音読➡
芻糧(すうりょう) 추량. 인마(人馬)의 식량.
芻言(すうげん) 추언. 비천한 사람의 말.
芻蕘(すうじょう) 추요. 풀 베는 사람과 나무하는 사람. 미천한 사람.　　　「장.
芻場(すうじょう) ①꼴을 베는 곳. ②목

娵 11 女

별이름 추·미녀 추
シュ
よめ

音読➡
娵訾(しゅし) 추자. 성수(星宿)의 이름.

惆 11 忄

실심할 추
チュウ
うらむ

音読➡
惆悵(ちゅうちょう) 추창. 애통해 함. 한탄하며 원망함.

推 11 扌 教

밀 추·밀 퇴
スイ
おす

音読➡
推(すい) 미루어 헤아림. 추량.
推する(すいする) 추측[짐작]하다.
推挙(すいきょ) 추거. 추천.
推計(すいけい) 추계. ♣~学(がく) 추계학.
推古(すいこ) 추고.
推考(すいこう) 추고. 추측하여 생각함.
推古時代(すいこじだい) (미술사에서) 飛鳥(あすか) 시대.　　　　　「잘되게 함.
推穀(すいこく) 추곡. 남의 뒤를 밀어 주어
推窮(すいきゅう) 추구.
推鞠(すいきく) ⇨ 推鞫(すいきく).
推鞫(すいきく) 〖史〗추국. 죄인을 문초함.
推及(すいきゅう) 추급. 미루어 생각이 미침.
推断(すいだん) 추단. 추리하여 단정함.
推当て(すいあて) 억측. 멋대로 짐작함.
推戴(すいたい) 추대.
推度(すいたく) 추측함. 추량함.
推倒(すいとう) 밀어 넘어뜨림. 압도함.
推量(すいりょう) 추량. 추측.
推力(すいりょく) 〖理〗추력. 추진력.
推論(すいろん) 추론. ♣~式(しき) 추론식.
推理(すいり) 추리.
‖~小説(しょうせつ) 추리 소설.
推輓(すいばん) ⇨ 推挽(すいばん).
推挽(すいばん) 추만. 추거(推擧).
推問(すいもん) 추문. 물어 밝힘. 추궁함.
推歩(すいほ) 추보. 천체의 운행을 관측함.
推服(すいふく) 추복. 추앙하여 복종함.
推辞(すいじ) 추사. 남에게 사양하고 자기는 사양함.
推算(すいさん) 추산.　　　　　「물러남.
推賞(すいしょう) 좋다고 칭찬함.
推選(すいせん) 추선. 추천하여 뽑음.
推頌(すいしょう) 존경하며 그 덕을 칭송함.
推譲(すいじょう) 추양. 남을 추천하고 자기는 사양함.　　　　　「률(移動律).
推移(すいい) 추이. ♣~律(りつ) 〖数〗이동
推認(すいにん) 추인. 이미 알고 있는 것을 기초 삼아 추측하여 인정함.
推奨(すいしょう) 추장. 추천하여 장려함.
推定(すいてい) 추정.
‖~相続人(そうぞくにん) 추정 상속인.
~全損(ぜんそん) (해상 보험의) 추정 전손.
推尊(すいそん) 추존. 추앙하여 존경함.
推重(すいちょう) 추중. 추대하여 존중함.

推知(すいち) 추지. 추리하여 앎.
推進(すいしん) 추진. ♣~器(き) 추진기 / ~力(りょく) 추진력 / ~剤(ざい) (로켓의) 추진제.
推讚(すいさん) 칭찬하여 천거함.
推察(すいさつ) 추찰. 미루어 살핌.
推参(すいさん) ① 청하지 않았는데 스스로 방문함. ② 무례한 행위. 당돌한 짓. ‖~者(もの) 무례한 자. 주제넘은 놈.
推遷(すいせん) 추이(推移).
推薦(すいせん) 추천.
推測(すいそく) 추측. ‖~統計学(とうけいがく) 추측 통계학. ~航法(こうほう) 추측 항법.
推称(すいしょう) ⇨ 推賞(すいしょう).
推脱(すいだつ) 사퇴함. 거절함.
推覈(すいかく) 추핵. 죄를 문초함.
推敲(すいこう) 퇴고.

训读
♣推す(おす) ① 미루어 알다. 헤아리다. ② 밀다. ③ (장으로) 추대하다. 추천하다.
推して(おして)《文》 미루어. 헤아려서.
推し及ぼす(おしおよぼす) 미치게 하다. 들어맞게 하다.
推し当て(おしあて) 추측. 짐작.
推し当てる(おしあてる) 추측하다.
推し量る(おしはかる) 헤아리다. 추량하다.
推し移る(おしうつる) 변천하다.
推して知るべし(おしてしるべし) 미루어 알 수 있다.
推し進める(おしすすめる) 추진하다.
推し薦める(おしすすめる) 추천하다.
推し測る(おしはかる) 추측하다.
推し弘める(おしひろめる) ① 널리 퍼뜨리다. ② 범위를 넓히다. 널리 미치게 하다.

11 阝	陬	구석 추 スウ・ソウ すみ

音読
陬遠(すうえん) 추원. 먼 촌. 벽지.
陬月(そうげつ) 음력 1월의 딴이름.

12 口	啾	울 추 シュウ なく

音読
啾啾(しゅうしゅう) 추추. 작은 소리로 훌쩍이며 우는 모양.

12 艹(人)	萩	쑥 추 シュウ はぎ

训读
萩(はぎ)《植》싸리.

萩の餅(はぎのもち) 찹쌀과 멥쌀을 섞어 고물을 묻혀 만든 떡.
萩垣(はぎがき) 싸리 울타리.
萩原(はぎはら) 싸리나무가 우거진 들판. *はぎわらと도 읽음.
萩の花(はぎのはな)《植》싸리꽃.

12 木	桵	매 추 スイ たるき

桵(たるき)《建》서까래.

12 木(人)	椎	뭉치 추・등뼈 추 ツイ・スイ しい・つち

音読
椎間板(ついかんばん)《生》추간판. 척추 간판(間板). 추간(椎間) 연골.
椎骨(ついこつ)《生》추골. 척추골.
椎弓(ついきゅう)《生》추궁.
椎輪(ついりん) 대나무 또는 나무로 된 옛 날 수레. 전하여, 일의 시초 단계.
椎体(ついたい) 추체. 추골의 주요부.

训读
椎(しい)《植》모밀잣밤나무.
椎茸(しいたけ)《植》표고(버섯).

13 木	楸	개오동나무 추 シュウ ひさぎ

训读
楸 ㈠(ひさぎ)《植》개오동나무 또는 예덕나무의 옛 이름.
㈡(きささげ)《植》개오동나무.

13 鹿	麁	거칠 추 ソ あらい

参考 麤의 異體字.

音読
麁(そ) ① 거칢. ② 변변치 아니함.
麁鹵(そろ) 변변치 않아 쓸모가 없음. 또, 그런 모양.
麁文(そぶん) 한문에서, 주석(註釋)에 대하여 본문을 이름.
麁本(そほん) 한문 책으로, 주석 따위가 없는 백문(白文). *すほん으로도 읽음.
麁細(そさい) 조세(粗細). 거친 것과 고운 것. 조잡함과 세밀함.
麁食(そしょく) 조식(粗食). 검소한 음식. *そしょく로도 읽음.
麁言(そげん) 추언. 조언(粗言). 거친 말. 난폭한 말. *そごん으로도 읽음.

14 木	槌	망치 추·망치 퇴 ツイ つち

訓読
- 槌(つち) 망치. 마치.
- 槌骨(つちこつ) 〚生〛 추골. 망치뼈. *ついこつ·つちぼね로도 읽음.
- 槌引き(つちひき) 한해에 한 집안에서 두 사람이 죽었을 때 세 번째 희생자가 나지 않도록 하기 위해 하는 액막이. 나무 망치나 인형을 세 번째 사자(死者)를 대신하여 장송함.

14 瓦	甃	벽돌 추 シュウ いしだたみ

訓読
- 甃 ㊀(いしだたみ) ①납작한 돌을 깐 길. ②〈雅〉돌층계. ③바둑(판) 무늬. ㊁(しきがわら) 지면에 까는 납작한 기와.

其他
- 甃石(しきいし) (길에 깐) 납작한 돌. 포석(鋪石).

14 竹	箒	비 추 ソウ ほうき

訓読
- 箒(ほうき) 비.
- 箒木(ほうきぎ) 〚植〛 ☞ 箒草(ほうきぐさ).
- 箒目(ほうきめ) 비질을 한 자국.
- 箒星(ほうきぼし) 〚天〛 추성. 혜성(彗星).
- 箒草(ほうきぐさ) 〚植〛 댑싸리.

15 土 常	墜 (隊)	떨어질 추 ツイ おちる

音読
- 墜落(ついらく) 추락.
- 墜死(ついし) 추사. 추락사.
- 墜緒(ついしょ) 사양길에 들어선 사업. 실패할 것 같은 일.

訓読
- 墜ちる(おちる) ①떨어지다. ②빠지다. (책략 등에) 걸리다.
- 墜つ(おつ) ☞ 墜ちる(おちる).

15 皮	皺	주름 추 シュウ·スウ しわ

音読
- 皺曲(しゅうきょく) 〚地〛 습곡(褶曲). 횡압(橫壓)으로 지층에 주름이 생기는 현상.

訓読
- 皺 ㊀(しわ) ①주름. 구김살. ②파문. ㊁(しぼ) (가죽이나 천의) 오글쪼글한 잔주
- 皺ばむ(しわばむ) 주름살이 지다.
- 皺む(しわむ) 구겨지다. 주름이 잡히다.
- 皺める(しわめる) 주름을 잡다.
- 皺苦茶(しわくちゃ) 주름이 많은 모양. 몹시 구겨진 모양.
- 皺寄せ(しわよせ) ①주름을 잡음. ②잘못된 일의 악영향이 딴곳[말단]에 미치게 함.
- 皺寄る(しわよる) 주름지다. 주름살 잡히다.
- 皺腹(しわばら) 주름살진 배. 노인의 배.
- 皺首(しわくび) 주름살진 (노인의) 목.
- 皺伸ばし(しわのばし) ①주름(살)을 폄. ②노인들의 기분 전환.
- 皺紙(しわがみ) 바탕이 오글쪼글한 종이《냅킨·수예용》.
- 皺皺(しわしわ) 구김살이 많은 모양. 오글쪼

15 虫	蝤	꽃게 추·꽃게 유 シュウ·ユウ

其他
- 蝤蛑(かざみ) 〚動〛 유모. 꽃게.

15 言	諏	물을 추 シュウ·シュ·ス·ソウ はかる

音読
- 諏謀(しゅぼう) 일을 물어 의논함.

16 糸	縋	매달릴 추 ツイ すがる

訓読
- ❖縋る(すがる) ①매달리다. ②의지하다. 기대다.
- 縋り付く(すがりつく) 매달리다. 달라붙다.

16 金 常	錘	저울추 추 スイ·ツイ つむ·おもり

音読
- 錘鉛(すいえん) 추연. 측심기(測深機)에 사용하는 납으로 만든 추.
- 錘子(すいし) 추. 분동(分銅).
- 錘重(すいじゅう) 다림추.

訓読
- 錘 ㊀(おもり) ①추. 분동. ②낚싯봉. ㊁(いわ) 어망에 다는 추. ㊂(つむ) 방추. 물레의 가락북. ㊃(すい) 《接尾語로》…추. 방추를 세는 말.

逆音
- 円錘(えんすい) 〚數〛 원추. 원뿔.

16 金	錐	송곳 추 スイ きり

音読➡
錐刀(すいとう) 추도. ①송곳과 작은 칼. 또, 끝이 뾰족한 소도(小刀). ②사소한 일. ∥~の利(り) 추도지리. 사소한 이익.
錐面(すいめん)〚數〛추면. 뿔면.
錐状体(すいじょうたい)〚生〛추상체. 척추 동물의 망막에 있는 시세포(視細胞)의 하나.
錐状火山(すいじょうかざん)〚地〛추상 화산.
錐体(すいたい) 추체. ①〚數〛뿔꼴. ②〚生〛연수(延髓) 앞면에 있는 운동 신경의 다발. ♣~路(ろ)〚生〛추체로. ∥~外路(がいろ)〚生〛추체 외로.

訓読➡
錐 ㊀(きり) 송곳.
㊁(-) ① 추. ② 뿔 모양.
錐揉み(きりもみ) ①송곳을 두 손으로 비비어 구멍을 뚫음. ②(비행기) 기체를 나선형으로 빙글빙글 돌리며 급강하하는 일.

17 走	趨	추창할 추 スウ おもむく・はしる

音読➡
趨光性(すうこうせい)〚生〛추광성. 생물이 빛의 자극에 대하여 쏠리는 성질.
趨舎(すうしゃ) 추사. 나아감과 물러섬. 진퇴.
趨性(すうせい)〚動・植〛추성.
趨勢(すうせい) 추세. 형세. 동향.
∥~法(ほう) 추세법. 재무 분석법의 하나.
趨走(すうそう) 추주. 뛰어 (돌아)다님.
趨向(すうこう) 추향. 경향. 동향. ♣~性(せい) 추향성.

訓読➡
趨る(はしる) ①(길・산맥 등이) 뻗다. 통하다. ②달아나다. 도망치다. ③기울다. 치우치다.

17 鬼 常	醜	못생길 추・추할 추 シュウ みにくい・しこ

音読➡
醜 ㊀(しゅう) 추함. ①더러움. 추악(醜惡)함. ②수치.
㊁(しこ)〈雅〉①추악함. ②적으로부터 미움을 받을 정도로 강한 자.
醜怪(しゅうかい) 추괴. 추하고 괴이함.
醜虜(しゅうりょ) 추로. ①더럽고 보기 흉한 이국인. ②포로를 천하게 일컫는 말. ③함.
醜陋(しゅうろう) 추루. 용모가 못생기고 천함.
醜類(しゅうるい) 추류. 추잡한 무리.

醜面(しゅうめん) 추면. 못생긴 얼굴.
醜名 ㊀(しゅうめい) 추명. 오명. 추문.
㊁(しこな) ①씨름꾼의 호칭《柏戸(かしわど)・曙(あけぼの)・貴の花(たかのはな) 따위》. ②별명. ③자기 이름의 겸칭.
醜貌(しゅうぼう) 추모. 추한 얼굴.
醜聞(しゅうぶん) 추문. 스캔들.
醜美(しゅうび) 추미. 추함과 아름다움. 또, 추녀와 미녀.
醜夫(しゅうふ) 추부. 추남.
醜婦(しゅうふ) 추부. 추녀.
醜状(しゅうじょう) ①추태. ②(상처 따위의) 보기 흉한 곳. 흉터.
醜声(しゅうせい) 추성. (남녀간의) 추문.
醜悪(しゅうあく) 추악.
醜業(しゅうぎょう) 추업. 추하고 천한 직업. 특히, 매춘업. ♣~婦(ふ) 매춘부.
醜劣(しゅうれつ) 추하고 천함.
醜穢(しゅうわい) ⇨ 醜猥(しゅうわい).
*しゅうかいろ도 읽음.
醜汚(しゅうお) 추오. 못생기고 더러움.
醜猥(しゅうわい) 추하고 음란함. 추잡함.
醜容(しゅうよう) 추용. 추한 용모.
醜態(しゅうたい) 추태.
醜漢(しゅうかん) 추한. ①용모가 못생긴 사내. ②부끄러운 행위를 서슴없이 하는 사내.
醜行(しゅうこう) 추행.
醜好(しゅうこう) 추함과 아름다움.

訓読➡
醜い(みにくい) 추하다. 보기 흉하다.

其他➡
醜女 ㊀(ぶおんな) 추녀. *しゅうじょ로도 읽음. 「녀(鬼女).
㊁(しこめ) ① ☞ ㊀. ②(저승에 있다는) 귀
醜男(ぶおとこ) 추남.

18 金	鎚	철추 추 ツイ つち

音読➡
鎚金(ついきん) 금속판 부조(浮彫)법의 하나. 금속판을 가열한 후 형판(型板)에 대고 정으로 형을 떠서 모양을 돋을새김하는 방법.
鎚起(ついき) 금속판을 망치로 두들겨 늘이는 단금(鍛金)의 한 방법.

訓読➡
鎚(つち) 망치. 마치.

18 隹 入	雛	병아리 추・새새끼 추 スウ ひな

音読➡
雛妓(すうぎ) 아직 미숙한 어린 기생.
雛僧(すうそう) 동자중. 동승.

訓読➡
雛 ㊀(ひな) ①(갓 깬) 새 새끼. 병아리. ②

☞雛人形(ひなにんぎょう). ③《名詞 앞에서》'작은·귀여운' 등의 뜻을 나타냄.
㊁(ひいな) ☞㊀目. ⓐ〈雅〉雛祭り(ひなまつり)에 쓰이는 작은 인형.
㊂(ひよこ) 병아리.
雛菓子(ひながし) 雛祭り(ひなまつり)에서 제단에 올리는 과자.
雛菊(ひなぎく)〖植〗데이지.
雛桔梗(ひなぎきょう)〖植〗애기도라지.
雛男(ひなおとこ) 雛人形(ひなにんぎょう)처럼 살갗이 흰 남자.
雛壇(ひなだん) 雛祭り(ひなまつり)에서 인형을 진열하는 단.
雛蘭(ひならん)〖植〗병아리난초.
雛事(ひなごと) ☞雛遊び(ひなあそび).
雛霰(ひなあられ) 雛人形(ひなにんぎょう) 앞에 차려 놓는 霰餅(あられもち).
雛送り(ひなおくり) 3월 3일 雛祭り(ひなまつり) 날 저녁 때, 강이나 바다에 띄워 보내는 雛人形(ひなにんぎょう).
雛市(ひないち) 雛人形(ひなにんぎょう)나, 雛祭り(まつり)에 쓰는 도구 따위를 파는 장.
雛飾り(ひなかざり) 雛祭り(ひなまつり) 때 인형 등을 장식함. 또, 그 장식물.
雛罌粟(ひなげし)〖植〗개양귀비.
雛遊び(ひなあそび) 雛人形(ひなにんぎょう)를 꾸미며 놂. 또, 그 놀이. *ひいなあそび로도 읽음.
雛人形(ひなにんぎょう) 雛祭り(ひなまつり)에 진열하는 작은 인형〖15개 한 세트〗.
雛の節句(ひなのせっく) 3월 3일 여자 어린이의 명절《雛祭り(ひなまつり)가 있음》.
雛祭り(ひなまつり) 3월 3일 여자 어린이의 명절에 지내는 행사. *ひいなまつり로도 읽음.
雛鳥(ひなどり) ① 날짐승의 새끼. ② 병아리
雛尖(ひなさき) ① 烏帽子(えぼし)의 앞 중앙의 오목이 들어간 부분의 한복판에 뾰죽 내민 턱. ② 음핵의 딴이름.
雛形(ひながた) ⇨ 雛型(ひながた).
雛型(ひながた) ①〖작은〗모형. ② 양식. 서
其他
雛子(ひよこ) 병아리.

18 革	鞦	밀치 추·그네 추 シュウ しりがい

音読
鞦韆(しゅうせん) 추천. 그네. *ゆきわり·ぶらんこ로도 읽음.
訓読
鞦(しりがい) 껑거리끈. 밀치끈.

20 魚	鰌	미꾸라지 추 シュウ どじょう

訓読
鰌(どじょう)〖魚〗미꾸라지.

20 魚	鰍	미꾸라지 추 シュウ かじか

訓読
鰍(かじか)〖魚〗둑중개.

33 鹿	麤	거칠 추 ソ あらい

音読
麤(そ) ① 거침. ② 변변치 아니함.

축

4 一〈八〉	丑	둘째지지 축 チュウ うし

訓読
丑(うし) 축. 소. 지지(地支)의 둘째.
丑の刻参り(うしのこくまいり) ☞丑の時参り(うしのときまいり).
丑満(うしみつ) ⇨ 丑三つ(うしみつ).
丑三つ(うしみつ) 축시를 넷으로 나눈 셋째 시각《오전 2시에서 2시 반》. 야밤중.
丑の時参り(うしのときまいり) 새벽 2시경에 몰래 신사에 참배하여 자기가 증오하는 사람의 제웅을 못으로 신목(神木)에 박아 넣고 저주하는 일.
丑寅(うしとら)〈老〉간방(艮方). 북동《귀문(鬼門)에 해당한다 하여 꺼림》.　　「날.
丑の日(うしのひ) 축일. 일진이 소가 되는

9 礻 教	祝(祝)	하례할 축·빌 축 シュク·シュウ いわう·のる·はふり

音読
祝 ㊀(しゅく) 축.
㊁(はふり)〈雅〉① 신을 섬기는 일을 직업으로 하는 사람의 총칭. ② 禰宜(ねぎ)의 차위(次位)로 주로 축문을 외던 사람.
祝す(しゅくす) 축하하다.
祝歌(しゅくか) 축가.
祝禱(しゅくとう) 축도.
祝文(しゅくぶん) ① 축문. 신에게 기원하는 글. ② 축하하는 글.　　「들어감.
祝髪(しゅくはつ) 축발. 머리를 깎고 불문에
祝杯(しゅくはい) 축배.
祝盃(しゅくはい) ⇨ 祝杯(しゅくはい).
祝福(しゅくふく) 축복.

祝詞 ㊀(しゅくし) 축사(祝辭).
㊁(のりと) 신관(神官)이 신 앞에 고하여 비는 축문.
祝辞(しゅくじ) 축사.
祝聖(しゅくせい) 『가톨릭』 축성.
祝勝(しゅくしょう) 승리의 축하.
祝言(しゅうげん) ① 축언. 축사. ② 경사. 특히, 혼례.
∥~能(のう) 축하하기 위해 공연하는 能.
祝宴(しゅくえん) 축연.
祝筵(しゅくえん) 축연. 축연의 자리.
祝融(しゅくゆう) 축융. 화재.
祝意(しゅくい) 축의.
祝儀(しゅうぎ) ① 축의. 축하식. ② 혼례. ③ 축의금. 축하 선물. ④ 팁. 정표. 행하.
∥~袋(ぶくろ) 축의금〔축하 선물〕 봉투.
~唄(うた) ①축가. 축하하는 노래. ②연회석에 불려 나간 기생이 맨 처음에 부르는 노래.
祝日(しゅくじつ) 국경일.
祝典(しゅくてん) 축전.
祝電(しゅくでん) 축전.
祝節(しゅくせつ) 축절. 경축일. 「일.
祝祭(しゅくさい) 축제. ♣~日(じつ) 축제
祝着(しゅうちゃく)〈老〉경축. 경하.
祝捷(しゅくしょう) ⇨ 祝勝(しゅくしょう).
祝砲(しゅくほう) 축포.
祝賀(しゅくが) 축하.
祝婚(しゅくこん) 축혼.
訓読
祝る(のる)〈古〉선언하다. 말하다. 고지(告知)하다.
❖祝う(いわう) ①축하하다. 축복하다. ②축복의 선물을 하다. ③행운을 기원하다.
祝い(いわい) 축하. 축하 행사. 축하 선물. *雅語로는 ほがい라고도 함. ♣~状(じょう) 축하장.
祝い歌(いわいうた) 축가.
祝い木(いわいぎ) 신년 축하에 쓰이는 나무《버드나무·노송나무의 가지로 만듦》.
祝い物(いわいもの) 축하의 뜻으로 보내는 물품. 축하 선물.
祝い返し(いわいがえし) 답례(품).
祝い事(いわいごと) 축하할 일. 경사. 「상.
祝いの膳(いわいのぜん) 경사에 차려 내는 밥
祝い日(いわいび) 경축일. 경사가 있는 날.
祝い箸(いわいばし) 축하연에 쓰이는 (둥근 버드나무) 젓가락.
祝い殿(いわいでん) 일족(一族)만이 모시는 신. 동족신(同族神).
祝い酒(いわいざけ) 축하 술. 축하주.
祝い樽(いわいだる) 축하의 뜻으로 보내는 술통.
其他
祝女(のろ) 沖縄(おきなわ)의 세습 무당.

10
辶
常
逐(逐)
쫓을 축
チク
おう

音読
逐年(ちくねん) 축년. 해가 갈수록. 매해.
逐鹿(ちくろく) 축록. ①정권이나 지위를 얻으려고 다툼. ②의원 선거 등에서 입후보하여 다툼. 「맞춰 감.
逐語(ちくご) 축어. 글자 하나하나를 충실히
∥~訳(やく) 축어역. 원문에 의거하여 하나하나 충실히 번역하는 일.
~霊感説(れいかんせつ)『宗』축어 영감설. 성서의 글자 하나, 구절 하나가 모두 신의 영감에 의해 쓰여졌다는 설.
逐一(ちくいち) 축일. ①하나하나. 차례대로. ②하나하나 자세히. 「이 갈수록.
逐日(ちくじつ) 축일. 날이 지남에 따라. 날
逐字(ちくじ) ☞ 逐語(ちくご).
逐電(ちくでん) 도망쳐 행방을 감춤. *ちくてん으로도 읽음.
逐条(ちくじょう) 축조. 한 조목 한 조목씩 쫓아감. 조목마다 깡그리. 「次」.
~審議(しんぎ) 축조 심의.
逐次(ちくじ) 축차. 순서를 따라서. 순차(順
∥~刊行物(かんこうぶつ) 신문·잡지 등 호수를 더해 가며 발행되는 간행물의 총칭.
~反応(はんのう) 축차 반응. 연쇄 반응.
訓読
逐う(おう) ①따르다. ②쫓다.
逐って(おって) 추후에. 곧. 머지않아.

10
田
常
畜
가축 축·기를 축
チク·キク
たくわえる·やしなう

音読
畜犬(ちくけん) 축견. 가축으로 기르는 개.
畜力(ちくりょく) 축력. 가축의 노동력.
畜類(ちくるい) 축류. 짐승. 또, 가축.
畜舎(ちくしゃ) 축사.
畜産(ちくさん) 축산. ♣~物(ぶつ) 축산물.
∥~試験場(しけんじょう) 축산 시험장.
畜殺(ちくさつ)〈卑〉축살. 도살.
畜生(ちくしょう) ①축생. 짐승. ②남을 욕할 때 쓰는 말. 빌어먹을.
∥~道(どう) ①『佛』축생도. ②인륜을 저버린 상간(相姦).
~面(づら) 짐승 같은 얼굴 표정. 의리나 인정을 모르는 사람을 빗대어 하는 말.
~腹(ばら) ①여자가 한 번에 둘 이상의 애를 낳음. 또, 그 여자. ②남녀 쌍둥이.
~孕み(ばらみ) ☞ 畜生腹①.
~残害(ざんがい) 짐승이 물어뜯고 싸우다 서로 상처를 입는 일.
畜養(ちくよう) 축양. ①가축 따위를 기름. ②봉록(俸祿)을 줌. ③잡은 물고기를 길러 값이 오른 다음에 팖.
畜肉(ちくにく) 축육. 가축의 고기. 쇠고기·돼지고기 따위.
畜積(ちくせき) 저축함. 저장함.
畜種(ちくしゅ) 축종. 가축의 종류.

舳

| 11 舟 | 舳 | 고물 축
ジク
へさき |

音読

舳(じく) ① 뱃머리. 이물. *みよし・へろど 읽음. ② 선미(船尾). 고물.
舳艫(じくろ) 축로. (배의) 이물과 고물.
〜相銜(あいふく)**む** 축로 상함. (앞뒤 배가 맞닿을 정도로) 많은 배가 열지어 감.

其他

舳先(へさき) 이물. 뱃머리.
舳乗り(へのり) 배의 이물에 타는 사람.

筑

| 12 竹 | 筑 | 악기이름 축
チク |

音読

筑(ちく) 축. 중국 고대의 현악기《서양의 류트와 비슷함》.
筑前(ちくぜん)〖地〗옛 지방 이름. 현재의 福岡(ふくおか) 현의 북서부.
‖**〜琵琶**(びわ)〖樂〗비파의 한 종류. 또, 그 곡.
筑後(ちくご)〖地〗옛 지방 이름. 지금의 福岡(ふくおか) 현의 남부.

其他

筑紫(つくし)〖地〗① 九州(きゅうしゅう)의 筑前(ちくぜん)・筑後(ちくご)를 합한 이름. ② 九州의 딴이름.
‖**〜琴**(ごと)〖樂〗① 속곡(俗曲) 연주용의 13 현(絃) 거문고. ② 쟁(箏). 「화살통.
〜箙(えびら) 나무를 얇게 켜서 구부려 만든
筑波(つくば)〖地〗옛 지방 이름. 현재의 茨城(いばらき) 현 筑波 군 지방.
‖**〜の道**(みち) ① 連歌(れんが)의 딴이름. ② 連歌를 배우는 방법・태도. 「람.
〜颪(おろし) 筑波 산에서 불어 내려오는 바

軸

| 12 車 常 | 軸 | 굴대 축
ジク |

音読

軸(じく) 축. ① 굴대. 심대. ② 활동의 중심. ③ 족자. ④ (붓・펜 등의) 대. (성냥의) 개비.
軸継ぎ手(じくつぎて)〖機〗연결기. 커플링 (coupling).
軸流(じくりゅう)〖理〗축류.
‖**〜送風機**(そうふうき) 축류 송풍기.
〜水車(すいしゃ) 축류 수차.
軸率(じくりつ)〖鑛〗축률.
軸馬力(じくばりき)〖機〗축마력.
軸木(じくぎ) ① 두루마리 등의 축으로 쓰는 나무. ② 성냥개비.
軸物(じくもの) ① 족자. ② 두루마리 모양의
軸索(じくさく)〖生〗축색. └책〔그림〕.

軸受け(じくうけ) ① 축받이. 베어링. ② 축을 받치는 부분. 암톨쩌귀. 「축.
軸心(じくしん) 축의 중심. 또, 중심이 되는
軸装(じくそう) 그림을 족자 따위로 표구함.
軸足(じくあし) 동작할때, 자기 몸의 중심축이 되는 다리.
軸重(じくじゅう) 축중. 차축에 걸리는 무게.

蓄

| 13 艹 常 | 蓄 | 쌓을 축・모을 축
チク
たくわえる |

音読

蓄念(ちくねん) 축념. 이전부터의 염원.
蓄膿症(ちくのうしょう)〖醫〗축농증.
蓄冷(ちくれい) 찬 온도 그대로임.
蓄髮(ちくはつ) 축발. 박박 깎은 머리를 다시
蓄熱器(ちくねつき) 축열기. └기름.
蓄熱式空調機器(ちくねつしきくうちょうき) 축열식 공조 기기.
蓄髯(ちくぜん) 축염. 수염을 기르고 있음.
蓄音器(ちくおんき) ⇨蓄音機(ちくおんき).
蓄音機(ちくおんき) 축음기.
蓄蔵(ちくぞう) 축장. 모아 둠.
‖**〜貨幣**(かへい)〖經〗축장 화폐. 퇴장 화
蓄財(ちくざい) 축재. └폐.
蓄積(ちくせき) 축적. ♣**〜管**(かん)〖電〗
‖**〜作用**(さよう) 축적 작용. └적관.
蓄電(ちくでん) 축전. ♣**〜器**(き) 축전기 / **〜池**(ち) 축전지.
蓄銭(ちくせん) 축전. 금전을 저축함. 또, 돈.
蓄妾(ちくしょう) 축첩.

訓読

❖**蓄える**(たくわえる) (금전이나 물품 등을) 비축하다. 저축하다.
蓄え(たくわえ) 비축. 여축. 모아 놓은 것. 특히, 저금.

築

| 16 竹 教 | 築 (築) | 쌓을 축・지을 축
チク
きずく・つく |

音読

築城(ちくじょう) 축성. 성을 쌓음.
築庭(ちくてい) 축정. 정원을 쌓고 꾸밈.
築堤(ちくてい) 축제. 둑을 쌓음. 또, 그 둑.
築造(ちくぞう) 축조.
築港(ちっこう) 축항.

訓読

築磯(つきいそ) 암석・패선 등을 바다에 가라앉혀 만든 인공초(人工礁).
築山(つきやま) 석가산(石假山).
築石(つきいし) 돌담을 쌓는 데 쓰이는 돌.
❖**築く**(きずく) 쌓다. 쌓아 올리다. 구축하다. *「く로도 읽음.
築き上げる(きずきあげる) 쌓아 올리다.

其他

築垣(ついがき) ⇨築地(ついじ).

縮・蹙・蹴

築地 ㊀(ついじ) (널빤지로 심을 댄 위에 진 흙을 발라 굳힌 후 그 위에 기와를 올린) 토
‖~塀(べい) ☞築地㊀. 　　　　　└담.
㊁(つきじ)〈雅〉매축지(埋築地). 매립지.

17 糸(敎) 縮 줄 축・오그라들 축
シュク
ちぢむ・ちぢまる・ちぢめる・ちぢれる・ちぢらす

音読
縮減(しゅくげん) 감축.
縮景(しゅくけい) (명소 등의) 자연 경치를 본떠 정원 안에 꾸민 풍경.
縮図(しゅくず) 축도. ♣~器(き) 축도기.
　~法(ほう) 축도법.
縮瞳(しゅくどう)〖生〗축동. 동공 축소 (현[상].
縮率(しゅくりつ) 축소율. 축소 비율.
縮毛(しゅくもう) 축모. 곱슬곱슬한 털.
縮写(しゅくしゃ) 축사. 축소하여 적음.
縮砂(しゅくしゃ)〖植〗축사. 축사밀(蕃).
縮小(しゅくしょう) 축소.
‖~均衡(きんこう) 축소 균형.
　~再生産(さいせいさん) 축소 재생산.
　~解釈(かいしゃく) (뜻의) 축소 해석.
縮刷(しゅくさつ)〖印〗축쇄. ♣~版(ばん) 축쇄판.　　　　　　　　　　　　　└함.
縮約(しゅくやく) 축약. 줄여서 간결하게
縮絨(しゅくじゅう) 축융. 모직물의 마무리 공정의 하나. 　　　　　　　　└조본.
縮照本(しゅくしょうぼん) (탐본 등의) 축
縮重合(しゅくじゅうごう)〖化〗축중합. 축[합 중합.
縮地(しゅくち)〖民〗축지.
縮尺(しゅくしゃく) 축척.
縮退(しゅくたい) 축퇴.
縮版(しゅくはん)〖印〗축쇄판.
縮閉線(しゅくへいせん)〖數〗축폐선. 에벌루트 곡선.
縮合(しゅくごう)〖化〗축합.
‖~重合(じゅうごう)〖化〗축합 중합.

訓読
縮かむ(ちぢかむ) 오그라들다. (추위서 손 따위가) 곱다.
縮くれる(ちぢくれる)〈俗〉고불고불해지다. 쪼글쪼글해지다.
縮ける(ちぢける) 줄어들다. 작아지다.
縮こまる(ちぢこまる) 움츠리다. 앙당그리다. 오그라들다.
縮まる(ちぢまる) ①오그라들다. 줄어들다. ②시간・거리 따위가 짧아지다.
縮める(ちぢめる) 줄어지도록 하다. ①줄이다. 단축하다. ②움츠리다. ③쩌푸리다.
縮らす(ちぢらす) 오그라들게 하다. 곱슬하게 만들다.
縮らせる(ちぢらせる) ☞縮らす(ちぢらす).
❖縮む(ちぢむ) ①주름이 지다. 쪼글쪼글해진다. ②줄어들다. ③두려워서 움츠러들다. 위축되다. 　　　　　　　　　└말.
縮み(ちぢみ) ①오그라듦. ②縮み織り의 준

‖~織り(おり) 바닥에 잔주름이 생기도록 짠 옷감. 또, 그렇게 짜는 법.
縮み上がる(ちぢみあがる) ①바싹 오그라들다. ②(몹시 두렵거나 추워서) 움츠러들다.
❖縮れる(ちぢれる) ①주름이 져서 오그라지다. ②작아지다. 좁아지다.
縮れ(ちぢれ) 주름져 오그라듦. 줄어듦.
縮れ毛(ちぢれげ) 고수머리. 곱슬머리.

其他
縮緬(ちりめん) 견직물의 일종. 바탕이 오글쪼글한 비단. ♣~皺(じわ) 잔주름.
‖~雑魚(じゃこ) 뱅어포. ＊ちりめんざこ로도 읽음.
　~紙(がみ) (쪼글쪼글) 주름진 종이.

18 足 蹙 닥칠 축・찡그릴 축
シュク
せまる・しかめる・しじかむ

訓読
蹙む(しじかむ) 주름이 지다. 오그라들다. 줄어들다.

19 足 蹴 찰 축
シュウ・シュク
ける

音読
蹴球(しゅうきゅう) 축구.
蹴然(しゅくぜん) 축연. 삼가는 모양.

訓読
蹴鞠(けまり) 축국. 옛날, 귀족들의 공차기 놀이. 또, 그 가죽공. ＊しゅうきく로도 읽음.
蹴倒す(けたおす) ①차서 쓰러뜨리다. ②(빚 등을) 떼어먹다.
蹴落とす(けおとす) ①차서 떨어뜨리다. ②(남을) 밀어내다. 실각시키다.
蹴立てる(けたてる) ①차서 (물결・먼지 등을) 일으키다. ②박차고 일어서다.
蹴返し(けかえし) (씨름에서) 안다리후리기.
蹴返す(けかえす) ①차서 제자리로 보내다. ②되받아 차다. 재차 차다.
蹴放し(けはなし) ①(발로) 차서 엶. ②홈이 있는 문지방.
蹴放す(けはなす) ①차서 떨어져 나가게 하다. ②차서 문 따위를 열다.
蹴飛ばす(けとばす) ①〈俗〉내차다. 차 내던지다. ②차버리다. 밀어젖히다. 일축하다. 물리치다.
蹴っ飛ばす(けっとばす)〈俗〉蹴飛ばす(けとばす)의 힘줌말.
蹴散らかす(けちらかす) 차서 흩뜨리다. 쫓아 흩뜨리다. 쫓아버리다. 　　　　└기.
蹴上がり(けあがり) (기계 체조에서) 차오르
蹴上げ(けあげ) ①차올림. ②계단 한 단의
蹴上げる(けあげる) 차올리다. 　　└높이.
蹴手繰り(けたぐり) (씨름에서) 상대방의 발을 차면서 끌어당겨 쓰러뜨리는 수.

蹴違える(けちがえる) 잘못 차다. 방향이 틀리게 차다.
蹴込み(けこみ) ① 현관 마루의 쳇면. 현관 바닥과 마루 사이의 수직면. ② (층계의) 층(層) 뒤판.
蹴込む(けこむ) ① 차 넣다. ② (장사에서) 본전까지 까먹어 들어가다. 손해를 보다.
蹴転ばす(けころばす) 차서 넘어뜨리다.
蹴爪(けづめ)『動・鳥』며느리발톱.
蹴躓く(けつまずく) 躓く(つまずく)의 힘줌.
蹴出し(けだし) '腰巻(こしまき)(=속치마)' 위에 두르는 천.
蹴出す(けだす) ① (발로) 차 내다. ② (비용을 줄여) 예산을 남기다.
蹴破る(けやぶる) 차서 부수다. 격파하다.
蹴合い(けあい) ① 서로 발길질하기. ② 닭싸
❖蹴る(ける) 차다.   움.
蹴り上げる(けりあげる) 차올리다. 밑에서 위로 차다.
蹴り込む(けりこむ) 차 넣다.
蹴り出す(けりだす) 차 내다.

| 22 魚 | 鰌 | 창난젓 축 チク |

其他▶

鰌鮧(うるか) 은어 알이나 창자로 만든 젓갈.

춘

| 9 日 ㉓ | 春 | 봄 춘 シュン はる |

音読▶

春歌(しゅんか) 춘가. 외설적인 노래.
春耕(しゅんこう) 춘경. 봄갈이.
春景(しゅんけい) 춘경. 봄 경치.
春慶(しゅんけい) 春慶塗・春慶焼의 준말.
∥~塗(ぬり) 노송나무・전나무 바탕에 붉게 애벌칠을 한 다음 그 위에 투명한 옻칠을 해서 나뭇결이 보이도록 마무리함. 또, 그렇게 만든 칠기.
~焼(やき) 갈색 표면에 노란 유약(釉藥)을 띄엄띄엄 뿌린 도자기.
春季(しゅんき) 춘계.
∥~皇霊祭(こうれいさい) 춘분에 황실에서 지내는 제례.   「봄볕.
春光(しゅんこう) 춘광. ① 봄 경치. 춘색. ②
春郊(しゅんこう) 춘교. 봄의 들판[교외].
春菊(しゅんぎく)『植』쑥갓.
春窮(しゅんきゅう) 춘궁.
∥~期(き) 춘궁기. 보릿고개.
春閨(しゅんけい) 춘규. 여인의 침실. 전하여, 처첩(妻妾).
春気(しゅんき) 춘기. ① 봄 경치. ② 봄 기운. 봄 기분.
春期(しゅんき) 춘기. 봄철.
春機(しゅんき) 춘기. 색욕. 색정.   「기.
∥~発動期(はつどうき) 춘기 발동기. 사춘
春暖(しゅんだん) 춘난. 봄날의 따뜻함.
春泥(しゅんでい) 춘니. 봄철의 진창.
春灯(しゅんとう) 봄밤의 등불.
春蘭(しゅんらん)『植』① 보춘화. ② 봄에 꽃피는 난초의 총칭.
春嵐(しゅんらん) 춘람. ① 봄의 광풍. *はるあらし로도 읽음. ② 봄의 아지랑이.
春聯(しゅんれん)『民』춘련. 입춘 때 문・기둥 등에 써 붙이는 주련(柱聯).
春雷(しゅんらい) 춘뢰. 봄날의 천둥.
春霖(しゅんりん) 춘림. 봄 장마.
春望(しゅんぼう) 춘망. 봄의 경치.
春眠(しゅんみん) 춘면.
春夢(しゅんむ) 춘몽. ① 봄날의 꿈. ② 덧없는 인생.
春服(しゅんぷく) 춘복. 봄옷.
春本(しゅんぽん) 남녀의 정사 장면을 흥미 본위로 쓴 책.
春婦(しゅんぷ) (매)춘부. 창녀.
春分(しゅんぶん) 춘분. ♣~点(てん)『天』춘분점.
∥~の日(ひ) 춘분 날. 국경일의 하나.
春社(しゅんしゃ) 춘사. 춘분에 가장 가까운 무일(戊日).
春思(しゅんし) 춘사. 춘심(春心).
春霰(しゅんさん) 봄에 내리는 싸라기눈.
春霜(しゅんそう) 봄(에 내리는) 서리.
春色(しゅんしょく) 춘색. ① 춘경. 봄 경치. ② 요염한 모양.
春雪(しゅんせつ) 춘설. 봄눈.
春宵(しゅんしょう) 춘소. 봄밤.
春水(しゅんすい) 춘수. 봄철에 흐르는 물.
春愁(しゅんしゅう) 춘수. 봄철에 일어나는 뒤숭숭한 생각.
春樹暮雲(しゅんじゅぼうん) 춘수모운. 멀리 있는 벗을 그리워할 때에 쓰는 말.
春信(しゅんしん) 춘신. 봄 소식.
春心(しゅんしん) 춘심. 춘사(春思). 춘정.
春鶯(しゅんおう) 춘앵. 봄에 우는 휘파람새 [꾀꼬리]. *しゅんおう로도 읽음. ♣~囀(てん)『樂』춘앵전.
春夜(しゅんや) 춘야. 봄밤.
春陽(しゅんよう) 춘양. 봄의 햇살.
春容(しゅんよう) 춘용. 봄의 경치.
春雲(しゅんうん) 춘운. ① 봄 하늘의 구름. ② 차(茶)의 딴이름.
春月(しゅんげつ) 춘월. 봄밤의 으스름 달. 봄철.
春陰(しゅんいん) 춘음. 벚꽃이 필 무렵에 날씨가 흐림. 또, 그런 날씨.
春衣(しゅんい) 춘의. 봄옷.
春意(しゅんい) 춘의. 봄철의 편안하고 한가로운 기분.
春蚓秋蛇(しゅんいんしゅうだ) 춘인추사.

(봄철의 지렁이와 가을철의 뱀이라는 뜻으로) 글씨가 서툴고 필세가 약함의 형용.
春節(しゅんせつ) 중국의 구정.
春情(しゅんじょう) ① 춘정. ② 춘색. 봄의 경치.
春鳥(しゅんちょう) 'うぐいす(=휘파람새)'의 딴이름.
春潮(しゅんちょう) 춘조. 조수(潮水).
春昼(しゅんちゅう) 춘주. 한가롭고 께느른한 봄의 낮 때.
春尽(しゅんじん) 춘진. 봄의 끝.
春塵(しゅんじん) 춘진. 봄바람에 날리는 먼지. 「首.
春初(しゅんしょ) 춘초. 봄의 초기. 춘수(春
春秋(しゅんじゅう) 춘추. ① 봄과 가을. ② 세월. *はるあき로도 읽음. ③ 나이. ④ 중국의 역사서.
　～**に富**(と)**む** 앞길이 창창하다.
　～**の筆法**(ひっぽう) 춘추 필법.
‖～**時代**(じだい)『史』 춘추 시대.
━**戦国時代**(せんごくじだい)『史』 춘추 전국 시대.
春闘(しゅんとう) '春季闘争(しゅんきとうそう)(=춘계 (임금 인상) 투쟁)'의 준말.
春風(しゅんぷう) 춘풍. 봄바람. *はるかぜ로도 읽음.
‖～**秋雨**(しゅうう) 춘풍추우. (긴) 세월.
━**駘蕩**(たいとう) 춘풍 태탕.
春夏秋冬(しゅんかしゅうとう) 춘하추동. 사계(四季).
春化(しゅんか) ☞春化処理. 「농법.
‖～**処理**(しょり)『農』 춘화 처리. 야로비
春花(しゅんか) 춘화. 봄에 피는 꽃. *はるはな로도 읽음.
春画(しゅんが) 춘화. 춘화도.
春花秋月(しゅんかしゅうげつ) 춘화추월. 봄철의 꽃과 가을철의 달. 자연의 미.
春暁(しゅんぎょう) 춘효. 봄날의 새벽.
春興(しゅんきょう) 춘흥. 봄의 흥취.
[訓読]
春(はる) ① 봄. ② 새해. ③ 전성기. 한창때. ④ 청춘.
春めく(はるめく) 봄다워지다.
春炬燵(はるごたつ) 봄이 되어도 치우지 않고 쓰는 炬燵(こたつ).
春告げ魚(はるつげうお) 봄을 알리는 고기. 좁은 뜻으로는 청어의 딴이름.
春告げ鳥(はるつげどり) 휘파람새의 딴이름.
春駒(はるごま) ① 봄의, 들에 나와 있는 말. ② 예전, 정초에 말머리 모양을 한 것을 들고 노래하거나 춤추며 집집마다 돌아다니던 걸립꾼. 또, 그 노래.
春の宮(はるのみや) 황태자. 또, 동궁.
春巻き(はるまき) 중국 요리의 하나. 잘게 썬 돼지고기 따위를 살짝 구운 밀전병으로 싸서 기름에 튀긴 것.
春女郎花(はるおみなえし)『植』'鹿の子草(かのこそう)(=쥐오줌풀)'의 딴이름.

春　1481

春曇り(はるぐもり) 봄에 흔히 있는 흐릿한 날씨. 「음.
春待ち月(はるまちづき) 음력 12월의 일컬
春隣(はるどなり) 봄이 바로 이웃에까지 와 있음. 「(晩春).
春の暮(はるのくれ) ① 봄의 해질녘. ② 만춘
春物(はるもの) ① 봄에 입는 옷. 또, 그 감이나 무늬. ② 봄에 볼 만한 꽃이나 먹을 만한 야채. 또, 봄에 심어야 할 나무나 풀.
春肥(はるごえ)『農』 봄비료. *しゅんぴ로도 읽음.
春山(はるやま) 춘산. 봄철의 산.
春三番(はるさんばん) 벚꽃이 질 무렵에 부는 강한 남풍.
春の色(はるのいろ) 춘색. 봄빛. 봄 경치.
春先(はるさき) 초봄.
春蟬(はるぜみ) 이른 매미. 산 매미.
春の水(はるのみず) 수량이 풍부해진 봄의 강이나 호수의 물.
春小麦(はるこむぎ) 봄에 씨를 뿌려 가을에 수확하는 밀.
春蒔き(はるまき) 봄에 식물의 씨를 뿌림.
春時雨(はるしぐれ) 봄에 갑자기 오는 비.
春の心(はるのこころ) 춘심. ① 봄철의 사랑 마음. ② 연정(戀情). 춘정.
春野(はるの) 춘야. 봄의 들판.
春の夜の夢(はるのよのゆめ) 봄밤에 꾸는 꿈. 짧은 것, 헛된 것을 비유해서 하는 말.
春永(はるなが) 봄날이 길게 느껴지는 일. 또, 축하하는 뜻을 담고 신춘·정월을 일컬음.
春雨(はるさめ) ① 춘우. 봄비. *しゅんう로도 읽음. ② 녹두가루로 만든 가늘고 투명한 국수. 「국수.
春楡(はるにれ)『植』 당느릅나무.
春日 ㊀(はるび) 춘일. 봄날. 봄의 햇살. *はるひ로도 읽음.
　㊁(しゅんじつ) 화창한 봄의 하루.
‖～**遅遅**(ちち) 춘일 지지. 봄날이 화창하고 한가로움. 「봄날.
春の日(はるのひ) 봄의 태양. 또, 봄의 하루.
春一番(はるいちばん) (2월 말에서 3월 무렵에) 그 해 처음으로 부는 강한 남풍.
春日影(はるひかげ) 봄의 햇빛.
春子(はるご) ① 봄에 나는 표고버섯. ② 봄에 태어난 동물 새끼. *はるごで로도 읽음.
春作(はるさく) 봄에 수확하는 작물.
春蚕(はるご) 춘잠. 봄누에. *しゅんさんで로도 읽음.
春場所(はるばしょ) 매년 3월달에 大阪(おおさか)에서 열리는 정기 씨름 대회.
春田(はるた) 춘전. 벼를 벤 후 봄까지 그대로 둔 논. 또, 봄에 갈아엎은 논. 「총칭.
春祭り(はるまつり) 봄에 행해지는 축제일의
春支度(はるじたく) 새봄을 맞는 준비.
春疾風(はるはやて) 봄에 갑자기 세게 부는 바람.
春着(はるぎ) ① 봄옷. ② 설빔. 새해에 입는 옷. 「풀.
春菜(はるな) 봄에 따다가 식용으로 하는 들

春茜(はるあかね) 봄날 해질녘의 검붉게 빛나는 하늘.
春草 ㊀(はるくさ) 춘초. 봄에 싹이 트는 풀. ㊁(しゅんそう) ① ☞㊀. ②〈隱〉젊은 여성의 거웃.
春の七草(はるのななくさ) 봄의 일곱 가지 나물. 미나리·냉이·떡쑥·별꽃·광대나물·순무·무 등.
春霞(はるがすみ) 춘하. 봄안개. *しゅんか 로도 읽음.
春寒(はるさむ) 춘한. 봄추위. *しゅんかん 으로도 읽음.
春荒(はるあれ) 봄철에 닥치는 폭풍우.
春休み(はるやすみ) 봄방학.
〔其他〕
春宮(とうぐう) ①춘궁. 동궁(東宮). 황태자. *しゅんきゅう로도 읽음. ②황태자궁.
春日造り(かすがづくり) 신사(神社) 건축 양식의 하나. 박공 지붕의 박공 있는 쪽에 차양을 달아 정면으로 함.

| 13 木 ㊅ | 椿 | 참죽나무 춘
チン・チュン
つばき |

〔音讀〕
椿事(ちんじ) 춘사. 뜻밖의 큰 사건〔사고〕.
〔訓讀〕
椿(つばき)〖植〗동백나무.
椿油(つばきあぶら) 동백기름.
〔其他〕
椿餅(つばいもちい) 찹쌀가루에 감미료를 섞어 둥글 납작하게 만들어 동백나무 잎 두 장으로 싸서 찐 떡.
椿象(かめむし)〖蟲〗노린재.

| 20 魚 | 鰆 | 삼치 춘
シュン
さわら |

〔訓讀〕
鰆(さわら)〖魚〗삼치.

출

| 5 口 ㊍ | 出 | 날 출·나갈 출
シュツ・スイ
でる・だす・いだす |

〔音讀〕
出(しゅつ) 출신.
出家 ㊀(しゅっけ)〖佛〗출가. 승려가 됨.
‖**~得度**(とくど) 출가 득도(승적에 오름).
~得度田(とくどでん) 平安(へいあん) 시대에, 소유주가 출가하여 관(官)에서 거두어들인 전답.
~落ち(おち) 타락하여 환속한 중.
㊁(でいえ) 분가(分家).
出駕(しゅつが) 출가. 가마를 타고 나감.
出監(しゅっかん) 출감. 출옥.
出講(しゅっこう) 출강.
出擧(すいこ) 출거. 고대에, 이자를 붙여 벼나 재물을 빌려 주던 제도.
出格(しゅっかく) 출격. 파격.
出撃(しゅつげき) 출격.
出欠(しゅっけつ) 출결. 출석과 결석. 출근과 결근.
出京(しゅっきょう) 출경. ①도회지에서 시골로 내려감. ②시골에서 도회지〔특히 東京(とうきょう)〕로 나감.
出庫(しゅっこ) 출고.
出稿(しゅっこう) 신문·잡지 등에 광고를 냄.
出棺(しゅっかん) 출관.
出校(しゅっこう) 출교. ①학교에 나감. 등교. ②〖印〗교정쇄가 나옴.
出国(しゅっこく) 출국.
‖**~管理**(かんり) 출국 관리.
出軍(しゅつぐん) 출군. 출병.
出群(しゅつぐん) 출군. 출중.
出勤(しゅっきん) 출근. ♣**~簿**(ぼ) 출근부.
出金(しゅっきん) 출금.
‖**~伝票**(でんぴょう) 출금 전표.
出エジプト記(しゅつエジプトき)〖聖〗출애굽기.
出納 ㊀(すいとう) 출납. ♣**~簿**(ぼ) 출납부.
‖**~責任者**(せきにんしゃ) (공직 선거 입후보자의) 금전 출납 책임자.
㊁(しゅつのう) 옛날, 藏人所(くろうどどころ) 등에서 물건의 출납이나 잡일을 관장하던 직책.
出途(しゅっと) ①출발. 여행을 떠남. ②경비나 비용의 출처〔용도〕.
出動(しゅつどう) 출동.
出頭(しゅっとう) ①출두. (소환되어) 관청 등에 나감. ②출중(出衆).
‖**~家老**(がろう) 권세가 있는 家老(かろう). 첫째 家老.
~命令(めいれい) 출두 명령.
~人(にん) ①출두인. ②무가(武家) 시대에 주군의 측근에서 중요한 정무를 본 사람.
~第一(だいいち) 가장 권세 있는 가신.
出藍(しゅつらん) 출람.
出廬(しゅつろ) 출려. 은둔했던 사람이 다시 세상에 나가 활동함.
出力(しゅつりょく)〖理〗〖컴〗출력. 아웃풋.
‖**~媒体**(ばいたい) 출력 매체. 컴퓨터에서 출력하는 정보를 기록하기 위한 매체.
~装置(そうち)〖컴〗출력 장치.
出輦(しゅつれん) 출련. 임금의 행차.
出猟(しゅつりょう) 출렵. 사냥하러 나감.
出牢(しゅつろう) 출뢰. 출감(出監).
出塁(しゅつるい)〖野〗출루. ♣**~率**(りつ) 출루율.
出離(しゅつり)〖佛〗출리. 속되고 번거로운 세상을 떠남. 출가(出家)함.
‖**~生死**(しょうじ)〖佛〗출리 생사. 생사

의 고계(苦界)를 떠나 안락 세계로 감.
出立(しゅったつ) 길을 떠남. 출발. ♣~点(てん) 출발점.
出馬(しゅつば) ① 말을 타고 나감. 출마. ② (간부 등이) 몸소 현장에 나감. ③ (선거에) 입후보함. 출마.
出梅(しゅつばい) 출매. 장마가 끝남〔갬〕.
出没(しゅつぼつ) 출몰.
出務(しゅつむ) 출근하여 근무함.
出門(しゅつもん) 출문. 문 밖으로 나감.
出問(しゅつもん) 시험 문제를 냄. 출제.
出発(しゅっぱつ) 출발. ♣~点(てん) 출발점.
出帆(しゅっぱん) 출범.
出兵(しゅっぺい) 출병.
出府(しゅっぷ) 서울에 감. 특히, 江戸(えど) 시대에, 무사가 幕府(ばくふ)가 있는 江戸에 가는 일.
出奔(しゅっぽん) 출분. 도망쳐 행방을 감춤.
出費(しゅっぴ) 출비. 지출.
出仕(しゅっし) 출사. 관공서에 출근함.
出社(しゅっしゃ) 출사. 회사 등에 출근함.
出師(すいし) 출사. 출병.
∥~の**表**(ひょう) 출사표.
出糸突起(しゅっしとっき)〖動〗출사 돌기. 방적(紡績) 돌기.
出糸腺(しゅっしせん)〖動〗출사선. 방적선(紡績腺).
出山(しゅっさん) 출산. ① 산에서 나옴. 특히, 승려가 살고 있는 절에서 다른 절로 옮김. ② 석가모니가 설산(雪山)에서 고행 후 산속에서 나온 일. *しゅつざん으로도 읽음.
出産(しゅっさん) 출산. ♣~率(りつ) 출산율.
∥~**休暇**(きゅうか) 출산 휴가.
出色(しゅっしょく) 출색. 출중(함).
出生(しゅっしょう) 출생. *しゅっせい로도 읽음. ♣~率(りつ) 출생률 / ~地(ち) 출생지.
∥~**届け**(とどけ) 출생 신고.
~**外傷**(がいしょう) 출생 외상.
~**前診断**(ぜんしんだん) 출생 전 진단.
出席(しゅっせき) 출석. ♣~簿(ぼ) 출석부.
∥~**停止**(ていし)〖法〗출석 정지. 국회 의원에 대한 징계의 하나.
出世(しゅっせ) 출세. ① 입신 출세. ②〖佛〗출가(出家). 세상에 태어남. ♣~作(さく) 출세작.
∥~**頭**(がしら) (일족이나 동기생 등 중에서) 가장 빨리 출세한 사람.
~**払い**(ばらい)〖法〗출세급(給).
~**魚**(うお) ① 성장함에 따라서 이름이 바뀌는 물고기《숭어 따위》. ② '鯉(こい)(=잉어)'의 딴이름.
~**力士**(りきし) (씨름에서) 첫 공식 대전을 갖는 씨름꾼.
~**証文**(しょうもん) 빌린 금품을, 출세한 후 갚기로 약속하고 작성한 증서.
出世間(しゅっせけん)〖佛〗출세간. ① 속세를 떠나 승려가 됨. ② 속세의 모든 번뇌를 떠남.
∥~**的**(てき) 세상의 번거로움에서 초연한 모양.

出所 ㊀(しゅっしょ) ① 출처. ② 출생지. ③ 교도소에서 나옴. 출감.
㊁(でどころ) ① ☞㊀①. ② (기회를 보다가) 나설 곳《때》. ③ 출구(出口). *でどころ로도 읽음.
出訴(しゅっそ) 출소. 소송을 제기함.
出俗(しゅつぞく) 속세를 떠남. 탈속.
出水(しゅっすい) 출수. ① 나가는 물. ② 큰물. 홍수. *②는 でみず로도 읽음. ♣~管(かん)〖動〗출수관.
出穂(しゅっすい) 출수. (벼·보리 등의) 이삭이 나옴. *でほ로도 읽음. ♣~期(き) 출수기.
出身(しゅっしん) 출신. ♣~校(こう) 출신교 / ~地(ち) 출신지.
芽(しゅつが) 출아.
出液(しゅつえき)〖植〗출액.
出御(しゅつぎょ) 天皇(てんのう)·황후·황태후·将軍(しょうぐん)이 행차함.
出漁(しゅつりょう) 출어. *しゅつぎょ로도 읽음.
出役(しゅつやく) ① 직무 수행차 출장감. 또, 그 관리. ② 江戸(えど) 시대, 관리가 임시 직무를 겸임함.
出域(しゅついき) 출역. 그 구역·수역에서 나옴.
出捐(しゅつえん) 출연. 금품을 기부함.
出演(しゅつえん) 출연.
出獄(しゅつごく) 출옥.
出院(しゅついん) 출원. ① 등원(登院). ② 퇴원(退院).
出願(しゅつがん) 출원.
出遊(しゅつゆう) 출유.
出入(しゅつにゅう) 출입.
∥~**国**(こく) 출입국. ♣~**管理事務所**(かんりじむしょ) 출입국 관리 사무소.
出自(しゅつじ) 출신. 출생.
出資(しゅっし) 출자.
出張(しゅっちょう) 출장. ♣~所(じょ) 출장소.
出場 ㊀(しゅつじょう) ① 출장. 경기장에 나감. ② 역 구내 등에서 밖으로 나옴〔나감〕.
㊁(でば) 나갈 장소〔장면〕.
出典(しゅってん) 출전.
出展(しゅってん) 전시회 등에 출품함.
出定(しゅつじょう) 출정. 승려가 선정(禪定)으로부터 나옴.
出廷(しゅってい) 출정.
出征(しゅっせい) 출정.
出精(しゅっせい)〈老〉정성껏〔열심히〕 일을 함.
出題(しゅつだい) 출제. ♣~者(しゃ) 출제자.
出座(しゅつざ) 출좌. 귀인이 그 자리에 나옴.
出走(しゅっそう) ① 출주. 출분(出奔). ② 경주에 나감. ♣~馬(ば) 출주마.
出陣 ㊀(しゅつじん) 출진. ♣~式(しき) 출진식.
㊁(しゅっちん) 출진. (전람회 등에) 출품함.
出塵(しゅつじん) 출진. ① 세속을 벗어남. ② 승려가 됨.

出車(しゅっしゃ) 출차. 차고 등에서 차가 나
出差(しゅっさ) 〖天〗 출차.
出札(しゅっさつ) 출찰. (역에서) 표를 팖.
∥~口(ぐち) 출찰구. 매표(賣票) 창구.
出処 ㊀(しゅっしょ) ① ⇨出所. ②나아가 벼슬하는 일과, 물러나 집에 있는 일.
∥~進退(しんたい) 출처 진퇴. ① ☞出処 ②. ② (일을 당했을 때의) 처신. 거취.
㊁(でどころ) ⇨出所(でどころ).
出超(しゅっちょう) 출초. '輸出超過(ゆしゅつちょうか)(=수출 초과)'의 준말.
出炭(しゅったん) 출탄. ① 석탄을 파냄. ② 목탄(炭)을 생산함.
出土(しゅつど) 출토. ♣~品(ひん) 출토품.
出投資(しゅっとうし) 〖經〗 출투자. 출자와 투자.
出版(しゅっぱん) 출판. ♣~権(けん)(出) 판권/~物(ぶつ) 출판물/~社(しゃ) 출판사/~者(しゃ) 출판인.
∥~契約(けいやく) 출판 계약.
~の自由(じゆう) 출판의 자유.
出品(しゅっぴん) 출품.
出荷(しゅっか) 출하. 상품을 시장에 냄.
∥~組合(くみあい) (농림・어업 생산자의) 출하 조합.　　　　　　　　「함.
出航(しゅっこう) 출항. 배나 비행기가 출발
出港(しゅっこう) 출항.
出向(しゅっこう) ①…로 떠나감. ②명령으로 다른 곳에 감.
出郷(しゅっきょう) ①출향. 고향을 떠남. ②〖佛〗승려가 절을 나와 부처의 가르침을 알리면서 돌아다님.
出現(しゅつげん) 출현.　　　　　　　　　「독.
出血(しゅっけつ) 출혈. ♣~毒(どく) 출혈
∥~性敗血症(せいはいけつしょう) 〖動〗출혈성 패혈증(가축 법정 전염병).
~受注(じゅちゅう) 출혈 수주.
出火(しゅっか) 출화. 불이 남.
出会(しゅっかい) 우연히 만남. 해후(邂逅).

[訓読]
出し衣(いだしぎぬ) 〈古〉直衣(のうし)・狩衣(かりぎぬ) 등의 아래로 속옷 자락이 조금 보이게 입는 일.
❖出す(だす) ①(속에서) 꺼내다. ②(다른 곳으로) 내보내다. (특정 목적을 위해서) 보내다. ③(안에 있던 것 등을) 밖으로 내다. (책・편지 등을) 내다. *文語로는 いだすする고도 한다.　　　　　　　　　「る)의 준말.
出し(だし) ①냄. 낸 것. ②出し汁(だしじ
出し昆布(だしこんぶ) 국물(맛)을 우려내는 데 쓰는 다시마. *だしこぶ로도 읽음.
出し物(だしもの) 상연물. 상연하는 작품(의 종류).　　　　　　　　　　　　　「け」
出し抜き(だしぬき) ☞出し抜け
出し抜く(だしぬく) (속이거나 허점을 이용하여) 상대를 알지르다. 따돌리다.
出し抜け(だしぬけ) 불의. 불쑥. 느닷없음.

出し塀(だしべい) 적의 감시나 사격을 위해 성벽의 일부를 바깥쪽으로 돌출시킨 것.
出し山(だしやま) 산에서 벌채한 나무를 벌출함.
出し渋る(だししぶる) (내야 할 금품 따위를) 내기를 꺼리다. 내지 않으려고 하다.
出し惜しみ(だしおしみ) 내기를 아까워(싫어)함.
出し惜しむ(だしおしむ) (인색해서) 내기를 아까워(싫어)하다.
出し入れ(だしいれ) 출납. 내고 들임. 특히, 금전・물품의 출납.
出し子(だしこ) 끓여서 국물을 우려내기 위해 쓰는 잔 물고기.
出し雑魚(だしじゃこ) 국물을 우려내는 데 쓰는 쪄서 말린 잔 물고기.
出し前(だしまえ) 몇 사람이 비용을 분담할 때, 그 사람이 부담해야 할 비용.
出し切る(だしきる) (있는 것을) 전부 내다.
出し汁(だしじる) 다시마・가다랑어포・멸치 등을 끓여서 우린 국물.
出し遅れる(だしおくれる) 내놓을 기회를 놓치다. 뒤늦게 내다.
出し茶(だしちゃ) 달여서 마시는 차.
出し置き(だしおき) 꺼내어 (오래) 둠. 또, 그렇게 한 것.
出し投げ(だしなげ) (씨름에서) 상대가 밀려고 또는 붙으려고 할 때 자기 몸을 빼고 상대의 샅바를 잡아 앞으로 넘어뜨리는 수.
出し風(だしかぜ) 뭍에서 바다로 부는 바람.
出し合う(だしあう) (금품・지혜・의견 따위를) 서로 내놓다.
❖出る(でる) ①나가다. ②전진(진출)하다. ③나오다. 졸업하다. ④나다. 생기다. ⑤서다. ⑥나타나다.
出しな(でしな) 막 나가(나오)려고 할 때.
出しゃばる(でしゃばる) 〈俗〉주제넘게 나서다(참견하다).
出稼ぎ(でかせぎ) 일정 기간 타관에 가서 일(벌이)함.
出角(ですみ) ⇨出隅(ですみ).
出開帳(でがいちょう) 절의 본존불을 그 절 밖의 다른 곳으로 옮겨 공개하는 일.
出格子(でごうし) 밖으로 내서 만든 격자창.
出遣い(でづかい) 꼭두 놀리는 이가 무대 위에 모습을 드러내고 꼭두를 놀리는 일.
出稽古(でげいこ) 출장 지도(교습).
出尻(でじり) ①궁둥이가 유난히 튀어나옴. ②밖으로 나가려 할 때.
出っ尻(でっちり) 〈俗〉궁둥이가 (커서) 유난히 튀어나옴. 또, 그 궁둥이.
出庫物(でこもの) 재고 정리로 싸게 파는 물품.
出涸らし(でがらし) 차 따위를 여러 번 끓여 맛과 향이 엷어짐. 또, 그런 차.
出過ぎ(ですぎ) 주제넘음.
出過ぎる(ですぎる) ①지나치다. 정도를 넘다. ②너무 많이 나오다. ③주제넘다.

出掛かる(でかかる) 막 나가려 하다.
出掛け(でがけ) 외출하려고 할 때.
‖～姿(すがた) 외출 때 복장.
出掛ける(でかける) ① 외출하다. 나가다. ② 나가려 하다. 나서다.
出教授(でぎょうじゅ) 출장 교수.
出口(でぐち) 출구.
‖～調査(ちょうさ) (투표소에서의) 출구조사
出帰り(でがえり) ① 갔던 데서 나갔다가 다시 돌아옴. ② 출가한 여성이 남편과 사별하고 친정으로 돌아옴.
出機(でばた) 직물 업자가 실을 하청 업자에게 제공해서 짜게 하는 일.
出寄留(できりゅう) 본적지를 떠나 다른 곳에 기류함.
出女(でおんな) ① 江戸(えど) 시대에, 각지 역참에 있던 창녀. ② 江戸 시대에, 江戸에서 지방으로 나가던 여자.
出端 ㊀(でばな) 나오는 순간. 하려는 찰나. * 데바나로도 읽음.
㊁(では) ① 나갈 기회. ② 나가려는 때.
出っ端(でっぱな) 〈口〉 ☞出端(でばな).
出突っ張り(でづっぱり) 〈俗〉 ① 같은 배우가 어느 장면(영화)에나 나옴. ② 어느 기간 중 계속해서 출석 또는 출장함.
出来 ㊀(でき) ① 할 수 있음. ② 완성됨. 이루어짐. ③ 만듦새. ④ 수확. 작황.
㊁(しゅったい) (사건 등의) 발생. ② 완성. *しゅつらいとも 読음. 「의 말.
出来した(でかした) 잘했다. 훌륭했다(칭찬
出来す(でかす) ① 나와서 오게 하다. 만들다. ② 좋지 않은 일을 일으키다. 저지르다. ③ 훌륭히 해내다.
出来ない(できない) 할 수 없다. 불가능하다. 성립 안되다.
出来る(できる) ① 일어나다. 생기다. 이루어지다. ② 능력·인품이 훌륭하다. 능력·가능성이 있다. 할 수 있다. ③ 남녀가 은밀히 정을 통하고 친해지다. 「면.
出来れば(できれば) 가능하면. 될 수 있으
出来高(できだか) ① 생산량. 수확량. ② 거래소에서 매매가 성립된 주식수. ♣～払い(ばらい) 성과급. 「잘됨.
出来過ぎ(できすぎ) 만듦새·됨됨이가 너무
出来具合(できぐあい) 완성된 모양. 됨됨이. 만듦새.
出来立て(できたて) (음식 등이) 금방〔이제막〕 만들어짐. 또, 그것.
出来物 ㊀(できもの) ① 부스럼. 종기. ② 잘난 것. 훌륭한 인물.
㊁(できびと) 인격·재능이 훌륭한 인물.
出来分別(できふんべつ) 갑자기 떠오른 생각.
出来分限(できぶげん) 갑자기 부자가 되는 일. 또, 그 사람.
出来不出来(できふでき) 잘되고 못됨.
出来事(できごと) 발생한 사건·사고.
出来上がり(できあがり) ① 물건이 완성됨. ② 됨됨이. 만듦새.
‖～寸法(すんぽう) 완성 치수.
出来上がる(できあがる) ① 완성되다. 만들어지다. ② 거나하게 취하다.
出来商人(できあきんど) 갑자기 부자가 된 상인. 「부자.
出来星(できぼし) 벼락 출세(한 사람). 벼락
出来損ない(できそこない) ① 잘못됨. 또, 그 잘못된 것. ② 능력이 뒤진 사람을 얕보고 하는 말. 바보. 병신.
出来損なう(できそこなう) 제대로 되지 못하다. 불안전하게 되다.
出来申さず(できもうさず) 거래소에서, 거래가 성립하지 않아 주가(株價)가 형성되지 못하는 일.
出来心(できごころ) 우발적으로 일어난 나쁜 생각.
出来映え(できばえ) ⇨ 出来栄え(できばえ).
出来栄え(できばえ) 만듦새. 됨됨이. 완성도. 성과. 「기.
出来魚(できうお) 〖魚〗 그 해에 태어난 물고
出来る丈(できるだけ) 가능한 한. 되도록.
出来次第(できしだい) ① 끝이 나는 대로 다음 일에 착수함. ② 됨됨이 여하에 따름. 결과에 따라 좌우됨. 되어가는 대로 방임함.
出来秋(できあき) 가을 벼가 무르익는 무렵.
出来出頭(できしゅっとう) 갑자기 주군의 총애를 받아 권세를 휘두르는 신하.
出来値(できね) (거래소에서) 매매가 성립된 가격.
出来合い(できあい) ① 이미 되어 있음. 또, 그 물건. 기성품. ② 갑작스럽게 만듦. 즉석. ③ 出来合い夫婦의 준말.
‖～夫婦(ふうふ) 밀통하여 맺어진 부부.
出来合う(できあう) ① 〈俗〉 남녀가 밀통하다. ② 제때에 만들어지다〔되다〕.
出戻り(でもどり) ① 이혼하고 친정으로 돌아오는 일. 또, 그 여자. ② 도중에서 집으로 되돌아옴.
出離れる(でばなれる) 그 구역에서 나오다.
出立ち(でたち) ① 여행길에 오름. 출발. ② 시작. 발단(發端).
出立て(でたて) 갓 나옴. 또, 그것.
出買い(でかい) 살 사람이 파는 곳에 가서 사들이는 일.
出面(でづら) ① 얼굴을 내밂. ② 날품팔이의 날삯. *ㄹ는 でめん으로도 읽음.
出目(でめ) 툭 튀어나온 눈. 퉁방울이.
‖～金(きん) 눈이 튀어나온 금붕어의 일종.
出無精(でぶしょう) ⇨ 出不精(でぶしょう).
出物(でもの) ① (부동산 등의) 매물(賣物). ② 부스럼. ③ 〈俗〉 방귀.
出抜ける(でぬける) 통과하다. 빠져나가다.
出方(でかた) ① 나오는 모양. 교섭 등에 나서는 태도·방침. ② 극장 등의 잡역부.
出っ放し(でっぱなし) 나오는 대로 내버려두는 일. 계속 나오고 있는 상태.
出放題(でほうだい) 입에서 나오는 대로 아

무렇게나 지껄여 댐.
出番(でばん) ① 나갈 차례. 든번. ② 근무로부터 퇴출함. 난번.
出癖(でぐせ) 외출하고 싶은 경향.
出歩く(であるく) 나돌아다니다. 싸다니다.
出保管(でほかん) 창고 업자가 다른 업자나 생산자의 창고에 있는 화물 보관을 인수하는 일. 「사람.
出腹(でばら) 뚱뚱해서 배가 나옴. 또, 그런
出っ腹(でっぱら) 出腹(でばら)의 힘줌말.
出払う(ではらう) 다 나가고 없다.
出不精(でぶしょう) 외출을 싫어함. 또, 그런 성질의 사람.
出鼻(でばな) 〈口〉 ⇨ 出端(でばな).
出渋る(でしぶる) 외출하기를 꺼리다.
出先(でさき) ① 나가 있는 곳. ② 出先機関의 준말.
∥**~機関**(きかん) 중앙 관서나 본사 등이 외국이나 지방에 둔 출장소・지사 등의 기관.
出船 ㊀(でね)(배의) 출범. 또, 그 배.
∥**~繋ぎ**(つなぎ) 배의 이물을 바다쪽을 향하게 매어 두는 법. 「범.
㊁(しゅっせん) 출선. 배가 항구를 나감. 출
出鱈目(でたらめ) 엉터리. 함부로 함. 또, 그런 언행.
出城(でじろ) 외성. 나성(羅城).
出盛り(でさかり) ① 사람이 가장 많이 나오는 시작・시기. ② 채소・과일 등이 가장 많이 출하하는 일〔시기〕.
出盛る(でさかる) ① 사람이 자꾸 나오다. ② 계절 농산물이 한창 쏟아져 나오다.
出る所(でるところ) 시비곡직을 가리는 곳.
出ん所(でんど) ① 공중이 모이는 곳. 공공장소. ② 법정.
出た所勝負(でたとこしょうぶ) 계획이나 준비없이 그때그때 형편에 따라 일을 처리함.
出小作(でこさく) 다른 마을의 농지를 소작함. 또, 그 사람.
出始め(ではじめ) ① (푸성귀 따위) 제철의 것이 갓 나옴. ② 시작.
出時(でどき) ① 나가는 때. ② 사람이 많이 왕래할 때.
出額(でびたい) 짱구. 이마가 앞쪽으로 나옴. 또, 그런 사람.
出様(でよう) (나오는) 태도. 하는 짓.
出養生(でようじょう) (온천 등에) 전지 요양함. 비첩.
出語り(でがたり) 歌舞伎(かぶき)에서, 浄瑠璃(じょうるり)를 하는 사람과 三味線(しゃみせん)을 켜는 사람이 관객 앞에 나와서 연주하는 일.
出迎い(でむかい) ⇨ 出迎え(でむかえ).
出迎え(でむかえ) 출영. 마중. 「다.
出迎える(でむかえる) 출영하다. 마중 나가
出玉(でだま) 빠찡꼬에서, 당첨 구멍으로 들어갔다가 나온 구슬.
出外れ(ではずれ) 변두리. 교외.
出外れる(ではずれる) 변두리로 나가다.

出隅(ですみ) 〖建〗 벽과 벽이 만나서 각을 이루는 모서리의 외부. 「나가다.
出違う(でちがう) ① 엇갈려 나가다. ② 잘못
出刃(でば) ☞ 出刃包丁.
∥**~包丁**(ぼうちょう) 날이 두껍고 폭이 넓으며 끝이 뾰족한 식칼.
出任せ(でまかせ) 입에서 말이 나오는 대로 아무렇게나 말하는 모양.
出入り(でいり) ① 출입. 드나듦. 단골. ② (수량의) 증감. ③ 금전 출납. 셈. *①②③ 은 ではいリ로도 읽음. ④ 싸움. 시비. 송사.
♣**~口**(ぐち) 출입구 / **~先**(さき) 단골집.
∥**~筋**(すじ) 江戸(えど) 시대 소송 절차의 하나 〔원고와 피고를 대질 심문한 다음 판결함〕. 「며 일을 봄.
~奉公(ぼうこう) 입주하지 않고 출퇴근하
~場(ば) ① 단골집. ② (연극에서) 싸우하는 장면. 「맞음.
出ず入らず(でずいらず) 과부족이 없이 알
出者(でもの) ① 뻔뻔스러운 사람. ② 따돌림을 받은 자.
出囃子(でばやし) ① 歌舞伎(かぶき)에서 음악 반주자들이 무대 위의 雛段(ひなだん)에 나란히 앉아 연주하는 음악. ② 寄席(よせ)에서, 연기자가 연기할 단 높은 자리에 오를 때 연주하는 음악.
出張る(でばる) ① 튀어나오다. ② 〈方〉 (일하러) 다른 곳으로 가다. 「〔곳.
出っ張り(でっぱり) 쑥 내민 모양. 또, 그런
出っ張る(でっぱる) 〈口〉 쑥 내밀다. 나오다. 돌출하다.
出場所(でばしょ) ① 나갈 장면. ② 나는 곳. 산지(産地).
出前(でまえ) 주문한 음식을 배달하는 일. 또, 그 배달한 요리나 배달원.
∥**~弁当**(べんとう) 주문한 도시락.
出揃う(でそろう) 나오게 되어 있는 것이 모두〔빠짐없이〕나오다.
出銭(でせん) 지출되는 돈.
出切る(できる) (안의 것이) 전부 나오다〔나가다〕. 완전히 밖으로 나오다.
出切れ(できれ) 재단하고 남은 천.
出店 ㊀(でみせ) ① 지점. 분점. ② 노점.
㊁(しゅってん) 출점. 새로 가게를 냄.
出際(でぎわ) 밖으로 나가려고 할 때〔찰나〕.
出臍(でべそ) 불쑥 나온 배꼽.
出爪(でつめ) 외출하려 할 때 손톱을 깎는 일.
出潮(でしお) 달이 뜰 때의 밀물.
出足(であし) ① 출발(의 상태). 첫 출발. ② (출발의) 속도나 기세・상태. ③ (손님이) 드나드는 정도.
∥**~払い**(ばらい) 유도에서, 상대의 체중이 한쪽 발에 실리려는 순간 그 발을 걸어차는 발재간. 「늦다.
出遅れる(おくれる) 출발(착수)하는 것이
出直し(でなおし) 처음부터〔다시 함.
出直す(でなおす) ① 일단 되돌아갔다가 다시 나오다. ② (처음부터) 다시 하다.

出直り(でなおり) 증권 거래에서, 시세가 바닥세에서 오름세로 돌아서는 일.
出職(でしょく) (미장공·정원사처럼) 출장 나가서 일하는 작업.
出尽くす(でつくす) (나올 것이) 남김없이 다 나오다.
出振る舞い(でぶるまい) 손님을 요릿집으로 초대하여 대접하는 일.
出窓(でまど) 출창. 바람벽 밖으로 내민 창.
出替わり(でがわり) ①갈마듦. 교대. ②出替わり奉公하는 사람이 기한이 되어 교체되는 일. 또, 그 날.
∥~奉公(ほうこう) 江戸(えど) 시대, 일년 또는 반년 기한으로 고용살이하는 일.
出初め ㊀(でぞめ) (새해) 첫나들이. 신년 첫 소방 연습.
∥~式(しき) 신년 첫 소방 연습.
㊁(ではじめ) ⇨ 出始め(ではじめ).
出村(でむら) 새로운 논·밭의 개간으로 원마을에서 떨어진 곳에 새로 생긴 마을.
出出し(でだし) 시초. 시작.
出歯(でば) 뻐드렁니.
出っ歯(でっぱ) 〈口〉 뻐드렁니.
出歯亀(でばかめ) (여탕(女湯)을 들여다보는 등의) 변태적인 짓을 하는 치한.
出湯(でゆ) 온천수. 땅속에서 솟아오르는 뜨거운 물.
出合い(であい) ⇨ 出会い(であい).
出合う(であう) ⇨ 出会う(であう).
出向く(でむく) (목적한 장소로) 나가다.
出嫌い(できらい) 외출을 싫어하는 성질.
出好き(でずき) 외출을 좋아함. 또, 그 사람.
出花(でばな) ①갓 달인 향기로운 차. ②한창때.
出丸(でまる) 외성(外城). 나성(羅城).
出会い(であい) ①우연한 만남. 마주침. ②(강·골짜기 등의) 합류점.
∥~頭(がしら) 만나자마자. 마주치는 순간. 나서자마자 마주침.
出会う(であう) ①우연히 만나다. 마주치다. ②나가서 상대가 되다. ③우연히 목격하다. 사건을 겪다. ④남녀가 밀회하다.
出会す(でくわす) 맞닥뜨리다.
出回り(でまわり) 출회.
∥~米(まい) 생산지에서 집산지 또는 시장으로 보내온 쌀.
出回る(でまわる) 출회하다. 나돌다.
其他
出ず(いず) 나가다. ①안에서 밖으로 나가다. ②소속된 집이나 단체에서 떠나다.
出づ(いづ) ☞ 出る(でる).
出雲(いずも) 〖地〗 옛 지방 이름. 지금의 島根(しまね) 현의 동부.
出雲の神(いずものかみ) ①'出雲大社(いずもたいしゃ)(=島根(しまね) 현에 있는 신사)'의 제신(祭神). ②남녀의 인연을 맺어주는 신.
❖出でる(いでる) 〈文〉 나오다.
出で居(いでい) 〈古〉 출타. 나가 있음.

出で来(いでく) 〈古〉 ①나오다. 나타나다. ②나다. 생기다.
出で立ち(いでたち) ①여행을 떠남. 출발. ②몸차림. 복장. ③〈古〉출세. 입신(立身).
出で立つ(いでたつ) ①〈文〉①길을 떠나다. 출발하다. ②몸치장하다. ③출세하다.
出で潮(いでしお) 밀려드는 조수.
出で座し(いでまし) 天皇(てんのう)의 행차. 행행(行幸). 행어(行御).
出で湯(いでゆ) 온천.

| 5
木 | 朮 | 삽주 출
ジュツ
おけら |

訓読
朮(おけら) 〖植〗 삽주. *옛날에는 うけら라고 했음.

| 8
忄 | 怵 | 두려워할 출
ジュツ
おそれる |

音読
怵惕(じゅってき) 출척. 두려워서 조심함.

| 10
禾 | 秫 | 차조 출
ジュツ·シュツ
もちあわ |

訓読
秫(もちあわ) 차조.

| 17
黑 | 黜 | 물리칠 출
チュツ
しりぞける |

音読
黜罰(ちゅつばつ) 출벌. (무능한 관리 따위를) 면직하고 벌함.
黜陟(ちゅっちょく) 출척. 공적에 따라 지위를 올리고 내림.

충

| 6
儿
常 | 充 | 채울 충
ジュウ
あてる·みちる |

音読
充当(じゅうとう) 충당.
充棟(じゅうとう) 충동. (쌓은 것이 마룻대에 닿을 정도로) 장서가 많음.
充満(じゅうまん) 충만. 가득 참.
充補(じゅうほ) 충보. 보충.
充分(じゅうぶん) 충분(함).

充備(じゅうび) 충비. 넉넉하게 준비함.
充塞(じゅうそく) 충색. 가득히 참〔채움〕.
充実(じゅうじつ) 충실.
充用(じゅうよう) 충용. 충당.
充員(じゅういん) 충원. 인원을 보충함.
充溢(じゅういつ) 충일. 차고 넘침.
充填(じゅうてん) 충전. 채워 넣음. ♣~室
(しつ) 충전실/~材(ざい) 충전재.
∥~鉱床(こうしょう)〚鑛〛충전 광상.
充電(じゅうでん) 충전.
充足(じゅうそく) 충족.
∥~律(りつ) 충족률. 充足理由律의 준말.
~理由律(りゆうりつ)〚哲〛충족 이유율.
充血(じゅうけつ) 충혈.

訓読▶
充す(みたす) 채우다. 충족〔만족〕시키다.
充ちる(みちる) ① 차다. ② (달이) 둥글어지다. ③ 충족되다.
充つ(みつ) ☞充ちる(みちる).
❖充てる(あてる) ① 할당하다. 충당하다. ② 맡기다. 시키다.
充て(あて) 《接尾語로》① …에 대해서〔의 할당·평균〕. …당. ② …앞〔수신인〔처〕 따위〕.
充て書き(あてがき) 봉투 따위 표면의 받는 사람 이름·주소.

| 6
虫
教 | 虫 (蟲) | 벌레 충
チュウ
むし |

音読▶
虫卵(ちゅうらん) 회충 알.
虫媒花(ちゅうばいか)〚植〛충매화.
虫垂(ちゅうすい)〚生〛충수.
∥~炎(えん)〚醫〛충수염. 맹장염.
虫様突起(ちゅうようとっき) '虫垂(ちゅうすい)'의 구칭.
虫魚(ちゅうぎょ) 충어. 벌레와 물고기.
虫癭(ちゅうえい)〚植〛충영.
害(ちゅうがい) 충해.

訓読▶
虫(むし) ① 벌레. ② 예감. ③ 어린아이의 경
~が納(おさ)まる 화가 가라앉는 기. ㄴ다.
虫干し(むしぼし) 좀먹거나 곰팡이 피는 것을 막기 위해 볕에 쬠.
虫強い(むしづよい) 참을성이 많다.
虫見板(むしみばん) 농작물의 해충을 관찰할 때 쓰는 판.
虫篝(むしかがり) 여름에, 전답의 해충을 끌어 모아 태워 죽이기 위해 피우는 불.
虫拳(むしけん) 손가락으로 하는 가위바위보의 한 가지.
虫気(むしけ) ① 어린아이가 기생충 등으로 복통·경기 등을 일으키는 일. ② 산기(産氣).
虫の卵(むしのこ) 서캐.
虫籠(むしかご) 우는 벌레를 기르는 벌레장.
*むしころ로 읽음.
虫螻(むしけら) ① 벌레의 낮춤말. ② 쓸모없는 인간을 낮추어 이르는 말.
虫売り(むしうり) 여치 따위 우는 벌레를 파는 상인.
虫腹(むしばら) 거위배. ㄴ는 상인.
虫封じ(むしふうじ) 어린아이에게 경기가 일어나지 않도록 액막이함. 또, 그 부적.
虫酸(むしず) 신물.
~が走(はし)る 역겨도록 불쾌하다.
虫送り(むしおくり) 벼농사의 해충을 몰아내는 행사.
虫の垂衣(むしのたれぎぬ) 옛날, 여인이 외출할 때 방갓 둘레에 드리워 얼굴을 가리던 천.
虫時雨(むししぐれ) 소나기가 내리듯 많은 벌레가 한꺼번에 우는 소리.
虫食い(むしくい) ① 벌레 먹음. ② 도자기에서 유약이 떨어져 나간 자리. ♣~歯(ば) 충
虫食む(むしばむ) 좀먹다. 해치다. ㄴ치.
虫の息(むしのいき) 다 죽어 가는 숨.
虫眼鏡(むしめがね) ① 확대경. ② (일본 씨름의) 최하위급 씨름꾼의 속칭.
虫押さえ(むしおさえ) ① 어린아이의 경기에 먹이는 약. ② 요기. 또, 그 음식.
虫薬(むしぐすり) 어린아이의 경기를 고치는 약.   「채움.
虫養い(むしやしない) 일시적으로 공복을
虫の音(むしのね) 벌레의 울음소리.
虫入り(むしいり) 동면을 위해 벌레가 땅속에 들어감.
虫刺され(むしさされ) 벌레에 쏘이거나 물림. 또, 그 상처.
虫笛(むしぶえ) 벌레의 울음소리를 내는 대나무 피리.
虫鰈(むしがれい)〚魚〛물가자미.
虫除け(むしよけ) ① 방충. 구충. 또, 그 기구나 약제. ② 독충의 해를 막는다는 부적.
虫持ち(むしもち) ① 기생충 등으로 복통·탈이 있음. 또, 그런 사람. ② 걸핏하면 화를 내는 사람.
虫尽くし(むしづくし) 노래 따위에 벌레 이름을 많이 열거함.
出出しの雷(むしだしのかみなり) 입춘 후 처음으로 울리는 천둥.
虫取り菫(むしとりすみれ)〚植〛벌레잡이제비꽃.   「대나물.
虫取り撫子(むしとりなでしこ)〚植〛끈끈이
虫歯(むしば) 충치.
虫唾(むしず) ⇨ 虫酸(むしず).
虫偏(むしへん) 한자 부수의 하나: 벌레充
虫下し(むしくだし) 구충제.   ㄴ변.
虫合わせ(むしあわせ) 우는 벌레 소리의 우열을 겨루는 일.

| 7
忄 | 忡 | 근심할 충
チュウ
うれえる |

音読▶
忡忡(ちゅうちゅう) 충충. 몹시 근심하는 모양.

沖

깊을 **충**
チュウ
おき

音読

沖する(ちゅうする) 높이 올라가다.
沖積(ちゅうせき) 충적. 흐르는 물에 의하여 토사가 쌓임. ♣~世(せい) 충적세 / ~層(そう) 충적층.
‖~錐(すい) 〖地〗충적추. 좀 급경사진 선상지(扇狀地).
~土(ど) 충적토. 물에 의해 운반된 흙·모래가 점차 가라앉고 쌓여 생긴 것.
~平野(へいや) 충적 평야. 퇴적 평야.
沖天(ちゅうてん) 충천.
沖虚(ちゅうきょ) 충허. ① 속이 텅 비었음. 공허. ② 넓은 하늘.

訓読

沖(おき) ① 난〔앞〕바다. ② 〈方〉(논밭·벌판에서) 앞에 멀리 트인 곳.
沖繋り(おきがかり) 난바다에 배가 정박함.
沖渡し(おきわたし) 〖經〗매주(買主)가 거룻배를 본선에 대고 화물을 인도 받는 일.
沖上がり(おきあがり) 대어(大漁) 축하 행사.
沖縄(おきなわ) 〖地〗일본 최남단에 있는 열도 현.
沖魚(おきうお) 난바다에서 잡히는 물고기.
沖醤蝦(おきあみ) 〖動〗크릴(krill).
沖釣り(おきづり) 바다낚시.
沖仲仕(おきなかし) 항만 노동자. 하역 인부.
沖取り漁業(おきとりぎょぎょう) 난바다에서 행하는 어업. 특히, 모천(母川)에 회귀하기 전의 연어·송어를 난바다에서 잡는 어업.
沖漬け(おきづけ) 술에 식초나 소금을 넣어 끓여서 식힌 후, 등줄기에서 두 쪽으로 베어 가른 잔 물고기를 담근 식품.
沖津(おきつ) 〈雅〉난바다의.
‖~波(なみ) 난바다에서 밀려오는 물결.
~風(かぜ) 난바다에서 불어오는 바람.
沖浅蜊(おきあさり) 〖貝〗샙조개.
沖荷役(おきにやく) 앞바다에 계류 중인 배의 짐을 싣고 푸는 일을 함. 또, 그 사람.
沖合い(おきあい) ① 난바다 쪽. ② 고기잡이배의 사공.
‖~漁業(ぎょぎょう) 근해 어업.

其他

沖る(ひひる) (높이) 날아오르다.

狆

오랑캐이름 **충**
チュウ
ちん

訓読

狆(ちん) 〖動〗일본 개의 일종. 몸집이 작고 털이 긴 애완용 개.
狆くしゃ(ちんくしゃ) 〈俗〉(재채기를 한 발바리처럼) 못생긴 얼굴. 추녀(醜女).

狆ころ(ちんころ) ① ☞ 狆(ちん). ② 강아지(의 애칭).

忠

정성 **충**
チュウ
まごころ

音読

忠(ちゅう) ① 충실. ② 군주를 섬기는 정성.
忠肝(ちゅうかん) 충간. 꿋꿋한 충의의 마음. 충혼.
忠諫(ちゅうかん) 충간.
忠犬(ちゅうけん) 충견.
忠告(ちゅうこく) 충고. 충언.
忠君(ちゅうくん) 충군. 임금에게 충성을 다함.
忠勤(ちゅうきん) 충근. 충실히 근무함.
忠胆(ちゅうたん) 충담. 충의를 지키는 마음. 충간(忠肝).
忠良(ちゅうりょう) 충량.
忠烈(ちゅうれつ) 충렬.
忠霊(ちゅうれい) 충령. ♣~塔(とう) 충령탑.
忠僕(ちゅうぼく) 충복.
忠憤(ちゅうふん) 충분. 충성심으로 생기는 분한 마음.
忠士(ちゅうし) 충사. 충성스러운 무사.
忠死(ちゅうし) 충사. 충의를 위해서 죽음.
忠恕(ちゅうじょ) 충서. 충실하고 인정이 많음.
忠誠(ちゅうせい) 충성.
忠順(ちゅうじゅん) 충순. 충실하고 온순함.
忠臣(ちゅうしん) 충신.
忠信(ちゅうしん) 충신. 충의와 신실.
忠実 ㊀(ちゅうじつ) 충실.
㊁(まめ) ① 진실. 성실. ② 부지런함. 충실함. ③ (몸이) 건강함.
忠心(ちゅうしん) 충심.
忠愛(ちゅうあい) 충애. ① 충실하고 인애가 있음. ② 진심으로 사랑함.
忠言(ちゅうげん) 충언. 충고.
忠勇(ちゅうゆう) 충용.
忠義(ちゅうぎ) 충의. 충절. 충의를 다함.
‖~立て(だて) ① 끝까지 충의를 다함. ② 충성스러운 듯이 행동함.
~顔(がお) 충성스러운 듯한 표정.
忠節(ちゅうせつ) 충절.
忠貞(ちゅうてい) 충정. 충의와 정절.
忠直(ちゅうちょく) 충직.
忠魂(ちゅうこん) 충혼. ♣~碑(ひ) 충혼비.
忠孝(ちゅうこう) 충효.
忠厚(ちゅうこう) 충후. 충실하고 인정이 두터움.

其他

忠実し(まめし) 성실함. 근면함.
忠実忠実しい(まめまめしい) (귀찮아하지 않고) 충실하고 부지런함.
忠実やか(まめやか) ① 진실함. 성실함. ② 부지런함. 충실함.
忠実男(まめおとこ) 성실한 사나이.
忠実文(まめぶみ) 진심 어린 편지.
忠実事(まめわざ) 실용적인 일. 재봉과 같은 일상적인 일.

10 衣 常	衷	참마음 충 チュウ まこと

音訓
衷心(ちゅうしん) 충심. 충정.
衷情(ちゅうじょう) 충정. 진정. 「진심.
衷懷(ちゅうかい) 충회. ①마음속. 생각. ②

15 イ 常	衝	찌를 충 ショウ つく

音訓
衝(しょう) 중요한 곳. 요소(要所). 사북.
衝角(しょうかく) 뱃머리의 수선(水線) 밑으로 툭 튀어나오게 만든 뿔 모양의 것《적선과 충돌하여 구멍을 냄》.
衝擊(しょうげき) 충격. ♣~波(は) 충격파.
‖~療法(りょうほう)〚醫〛충격 요법.
~吸收ステアリング(きゅうしゅうステアリング) 충격 흡수 스티어링.
衝突(しょうとつ) 충돌.
衝動(しょうどう) 충동.
‖~買い(がい) 충동 구매.
~水車(すいしゃ) 충동 수차.
衝路(しょうろ) 충로. ①적이 쳐들어오는 길. ②사물의 요체가 되는 곳. 요충지.
衝迫(しょうはく) 마음속에서 치밀어 오르는 욕구·충동.
衝上斷層(しょうじょうだんそう)〚地〛충상 단층.
衝心(しょうしん)〚漢醫〛'脚気衝心(かっけしょうしん)(=각기 충심)'의 준말. 각기가 더하여 심장을 침해함.
衝天(しょうてん) 충천.

其他
衝立(ついたて) ①'衝立障子(ついたてしょうじ)(=장지)'의 준말. ②(방의) 칸막이. 가리개. 「깃털공.
衝羽根(つくばね) 追い羽根(おいばね)용의
‖~草(そう) 백합과에 속하는 다년생 초목.
衝重ね(ついがさね) 노송나무의 백골(白骨)로 만든 '折敷き(おしき)(=네모난 쟁반)'에 받침을 댄 것.

췌

11 忄	悴	파리할 췌 スイ やつれる・せがれ

音訓
悴容(すいよう) 쇠약한 모습. 몹시 야윈 모습〔얼굴〕.

訓読
悴(せがれ) 息子(むすこ)의 구어적인 표현.

其他
悴ける(かじける) (추위서) 곱다.
悴む(かじかむ) (추위서 손·발이) 곱다.
悴首(かせくび) 바싹 마른 목. 가는 목.
悴侍(かせざむらい) 하급 무사.

12 忄	惴	두려워할 췌 ズイ おそれる

音訓
惴惴(ずいずい) 췌췌. 무서워 벌벌 떠는 모양.

12 扌	揣	헤아릴 췌 シ はかる

音訓
揣摩憶測(しまおくそく) ⇨ 揣摩臆測(しまおくそく).
揣摩臆測(しまおくそく) 췌마억측. 근거도 없이 이것저것 억측해서 상상함.

12 艹	萃	모을 췌 スイ あつまる・あつめる

逆音
拔萃(ばっすい) 발췌.

16 月 日	膵	이자 (췌) スイ

参考 日本国字이지만, 한국·중국에서도 씀.

音訓
膵(すい)〚生〛췌장. 이자.
膵壞死(すいえし) ☞ 膵臟壞死(すいぞうえし).
膵液(すいえき)〚生〛췌액. 「し).
膵炎(すいえん)〚醫〛췌염. 췌장염.
膵臟(すいぞう)〚生〛췌장. ♣~炎(えん) 췌
‖~壞死(えし) 췌장 괴사. └장염.

18 貝	贅	군더더기 췌 ゼイ むだ・いぼ

音訓
贅(ぜい) 사치.
~を尽(つ)くす 온갖 사치를 다하다.
贅する(ぜいする) 필요 이상의 말을 하다. 장황하게 되풀이하다.
贅句(ぜいく) 췌구. 필요없는 글귀.
贅論(ぜいろん) 췌론.
贅六(ぜいろく) 빈틈이 없는 깍쟁이란 뜻으로, 東京(とうきょう) 지방 사람이 京都(きょ

うと)・大阪(おおさか) 지방 사람을 비웃는 말. 「치품.
贅物(ぜいぶつ) 췌물. ① 쓸데없는 것. ② 사
贅弁(ぜいべん) 군소리. 무익한 말.
贅費(ぜいひ) 췌비. 무익한 지출. 용비.
贅語(ぜいご) 췌어. 군말.
贅言(ぜいげん) 췌언. 군말.
贅疣(ぜいゆう) ① 군더더기. ② 무용지물.
贅肉(ぜいにく) 췌육. 군살.
贅沢(ぜいたく) 사치. 필요 이상으로 돈이나 물품을 사용함. ♣~**品**(ひん) 사치품.
∥~**三昧**(ざんまい) 사치를 다함.
~**屋**(や) 사치를 일삼는 사람.

취

| 7口常 | 吹 | 불 취
スイ
ふく |

[音読]

吹挙(すいきょ) 추거(推擧). 추천.
吹管(すいかん) 〖化〗 취관.
∥~**分析**(ぶんせき) 〖化〗 취관 분석.
吹鳴(すいめい) 취명. 불어서 울림.
吹毛(すいもう) 취모. ① 취모 구자(求疵). 억지로 남의 작은 허물을 찾아냄. ② 잘 드는 칼. 이검(利劍). 「류(風成流).
吹送流(すいそうりゅう) 〖地〗 취송류. 풍성
吹笛(すいてき) 취적. 피리를 붊.
吹奏(すいそう) 취주. ♣~**楽**(がく) 취주악.
∥~**楽器**(がっき) 취주 악기. 관악기.
吹青(すいせい) 취청. 청나라 강희제(康熙帝) 때에 구워낸 자기의 한 가지.
吹弾(すいだん) 취탄. 피리 등의 관악기를 불고, 바이올린 등의 현악기를 켬.
吹嘘(すいきょ) 취허. ① 숨을 내쉼. ② 추거(推擧)함.

[訓読]

吹かす(ふかす) ① (담배를) 피우다. ② 티를 내다.
吹け(ふけ) (엔진의) 고속 회전 상태.
❖**吹く**(ふく) ① 바람이 불다. ② (입으로) 불다. ③ 내솟다.
吹き降り(ふきぶり) 폭풍우. 거센 비바람.
吹き降ろす(ふきおろす) ⇨ 吹き下ろす(ふきおろす).
吹き結ぶ(ふきむすぶ) ① 바람이 불어서 엉키게 하다. ② 바람이 불어서 이슬을 맺게 하다.
吹き掛ける(ふきかける) ① 세차게 내뿜다. ②(俗) 세차게 뿌리다.
吹き口(ふきぐち) (피리 따위의) 입을 대고 부는 숨구멍. 「어대다.
吹き捲る(ふきまくる) (바람이) 세차게 불
吹き寄せ(ふきよせ) ① (휘파람 따위) 불

어서 새를 모음. ② 여러 가지 것을 그러모음.
吹き寄せる(ふきよせる) ① 바람이 불어 한 군데에 그러모으다. ② 바람이 불어 한 구석으로 밀어 보내다. 「뜨리다.
吹き倒す(ふきたおす) 바람이 불어 물건을 넘어
吹き渡る(ふきわたる) 바람이 어떤 곳을 불어 가다. 「히다.
吹き乱す(ふきみだす) 바람이 불어 어지럽
吹き冷ます(ふきさます) 불어서 식히다.
吹き零れる(ふきこぼれる) (물 따위가) 끓어 넘치다.
吹き溜まり(ふきだまり) 바람에 날려 눈이나 나뭇잎 등이 쌓인 곳.
吹き流し(ふきながし) ① 기(旗)드림. ② 단오절에 잉어깃발과 함께 장대 끝에 매다는 것.
吹き鳴らす(ふきならす) 불어서 울리다.
吹き募る(ふきつのる) 바람이 점차 세차게 불다.
吹き物(ふきもの) 불어서 소리를 내는 악기.
吹き返し(ふきかえし) 투구의 차양 좌우에 귀처럼 나온 것을 뒤로 젖힌 것.
吹き返す(ふきかえす) ① 반대 방향으로 바람이 불다. ② 화폐・쇠붙이를 녹여 다시 만들다. ③ 숨을 되돌리다. 소생하다.
吹き抜き(ふきぬき) ① 기(旗)드림. ② 막히는 것 없이 바람이 통하는 곳.
吹き抜ける(ふきぬける) ① 바람이 지나가다. ② 불이 치올라 위로 빠지다.
吹き放ち(ふきはなち) 〖建〗 벽이 없는 건축 양식. 또, 중간에 천장・마루를 두지 않고 2층 이상의 높이로 짓는 양식.
吹き付ける(ふきつける) ① 내뿜다. ② 뿜어서 부착시키다.
吹き付け物(ふきつけもの) 도료(塗料)로 착색한 꽃꽂이 재료.
吹き分ける(ふきわける) ① (바람이 불어서 물건을) 여기저기 흩뜨리다. ② (광물을 녹여서) 함유물을 가려내다. 「버리다.
吹き払う(ふきはらう) 바람이 (불어) 날려
吹き飛ばす(ふきとばす) ① 불어 날려 버리다. ② 큰소리 따위로 놀래다.
吹き飛ぶ(ふきとぶ) 불려서 날아가다. 「다.
吹き頻る(ふきしきる) 바람이 끊임없이 불
吹き散らす(ふきちらす) ① 불어 흩뜨리다. ② 말을 크게 퍼뜨리다. ③ 몹시 풍을 치다.
吹き上がる(ふきあがる) 바람이 위쪽으로 불다.
吹き上げ(ふきあげ) (바닷바람이나 강바람이) 불어치는 곳.
吹き上げる(ふきあげる) ① (물 등을) 위쪽으로 뿜어 올리다. ② 바람이 불어서 날아오르게 하다. 「불을 끄다.
吹き消す(ふきけす) 입으로〔바람이〕 불어서
吹き矢(ふきや) 바람총. 또, 그 화살.
吹き玉(ふきだま) 유리구슬.
吹き屋(ふきや) 금속을 제련 또는 주조하는 집. 또, 그 사람.

吹き遊ぶ(ふきすさぶ) (피리 따위를) 재미로 불다.
吹き溢れる(ふきこぼれる) ⇨ 吹き零れる(ふきこぼれる).
吹き入れる(ふきいれる) 불어서 안으로 들어가게 하다.
吹き込み(ふきこみ) ① 바람이 불어 들어옴. ② (레코드·테이프에) 녹음〔취입〕함.
吹き込む(ふきこむ) ① (바람 등이) 불어 들어오다. ② 녹음〔취입〕하다.
吹き切る(ふききる) ① 종기가 터져 고름이 나오다. ② 바람이 완전히 멎다.
吹き井戸(ふきいど) 물을 뿜어 내는 우물.
吹き竹(ふきだけ) 불어서 불을 피우는 대통.
吹き止む(ふきやむ) 바람이 멎다.
吹き替え(ふきかえ) ① 개주(改鑄). ② 외국 영화의 대사를 자국어로 녹음함.
吹き出す(ふきだす) ① 바람이 불기 시작하다. ② (피리 따위를) 불기 시작하다.
吹き出る(ふきでる) ① 부스러기〔뾰루지가〕 나다. ② 뿜어 나오다.   「종기.
吹き出物(ふきでもの) 부스럼·여드름 따위
吹き値(ふきね) 시세가 급등해서 붙인 가격.
吹き通し(ふきとおし) 바람이 불어 빠져나감. 또, 그 곳.
吹き曝し(ふきさらし) (한데에 버려 두어) 비바람을 그대로 맞음.
吹き曝す(ふきさらす) 드러내놓고 바람에
吹き下ろす(ふきおろす) 내리 불다.
吹き革(ふきがわ) 풀무.
吹き荒ぶ(ふきすさぶ) (바람이) 휘몰아치다.
吹き荒れる(ふきあれる) (바람이) 마구 불어대다.
吹き回し(ふきまわし) 바람이 부는 상태. 그때의 형편.
吹き絵(ふきえ) 형지(型紙)를 놓고 그림 물감 등을 뿜어 오려 내는 그림이나 무늬.
❖吹っ(ふっ)《動詞 앞에 붙어서》세차게 …함을 나타내는 말.
吹っ掛ける(ふっかける) ① 세차게 내뿜다. ② 과장해서 말하다. 터무니없는 요구를 하다. ③ (싸움을) 걸다.
吹っ飛ばす(ふっとばす) ① 세차게 날려 버리다. ② (슬픔·불안을) 말끔히 없애다.
吹っ飛ぶ(ふっとぶ)〈俗〉휙 날아가다. ① 갑자기 날아가다. ② 갑자기 없어지다.
吹っ切る(ふっきる) ① 종기에서 고름을 말끔히 짜내다. ② (미련 등을) 깨끗이 끊어버리다.
吹っ切れる(ふっきれる) ① 종기가 곪아터져서 고름이 나오다. ② 꺼림칙하던 것이 싹 가시어 개운해지다.

其他▶
吹雪(ふぶき) 취설. 눈보라.
吹雪く(ふぶく) 눈보라가 치다.
吹聴(ふいちょう) (말을) 퍼뜨림. 선전함.

逆音▶
鼓吹(こすい) 고취.

| 8 火 常 | 炊 | 불땔 취
スイ
たく·かしぐ |

音読▶
炊具(すいぐ) 취사 도구.
炊飯(すいはん) 취반. 밥을 지음.
‖〜器(き) 취반기. 전기 밥솥.
炊夫(すいふ) 취부. 취사 일을 하는 남자.
炊婦(すいふ) 취부. 취사 일을 하는 여자. 취사부.
炊事(すいじ) 「사부.
炊煙(すいえん) 취연. 밥짓는 연기.
炊爨(すいさん) 취찬. 밥짓는 일.

訓読▶
炊(かしき) ① 취사(炊事)를 하는 일. 밥을 짓는 일. ② 취사 당번.
‖〜屋(や) ① 취사장. ② 신불에게 공양할 음식을 만드는 곳.
炊(かしぐ)〈雅〉(밥을) 짓다.
炊ける(たける) 밥이 지어지다〔되다〕.
❖炊く(たく) ① 밥을 짓다. ②〈方〉익히다.
炊立て(たきたて) 갓 지은 밥. 막 다된 요리.   「(되다).
炊き上がる(たきあがる) (밥 따위가) 다 끓다
炊き殖える(たきふえる) (익히거나 해서) 밥이 퍼짐.
炊き込む(たきこむ) 쌀과 함께 고기·생선·야채 따위를 섞어 밥을 짓다.
炊き込み御飯(たきこみごはん) 고기·생선·야채 따위를 섞어 넣어 지은 밥.
炊き出し(たきだし) (화재 따위 비상시에 사람들에게) 밥을 지어 도름.
炊き合わせ(たきあわせ) 따로 익힌 생선과 야채를 한 그릇에 담은 음식.

| 8 耳 教 | 取 | 취할 취
シュ·シュウ
とる |

音読▶
取得(しゅとく) 취득. ♣〜税(ぜい) 취득세.
‖〜時効(じこう)《法》취득 시효.
〜原価(げんか) 취득 원가.
取捨(しゅしゃ) 취사.
‖〜選択(せんたく) 취사 선택.
取水(しゅすい) 취수. 수원지에서 물을 끎.
♣〜口(こう) 취수구 / 〜塔(とう) 취수탑.
取材(しゅざい) 취재.

訓読▶
取らす(とらす) ☞取らせる(とらせる).
取らせる(とらせる) ① 받(아들이)게 하다. ② (윗사람이 아랫사람에게) 주다. 내리다.
取られん坊(とられんぼう) 기생 등에게 속아 금품을 빼앗기는 손님. ＊とられんぼうろ 읽음.
❖取っ(とっ)《接頭語로》名詞·動詞 앞에 붙여 뜻이나 어조를 강하게 함.

取って(とって) ① 금년까지 쳐서. ②《…に ~の 꼴로》…로서. …의 관계로 보아.
取ったか見たか(とったかみたか) ① 금방. 즉시. ② 들어온 돈을 금방 써버리는 모양. ③ 탁 털어놓고 숨김이 없는 모양.
取っ掛かり(とっかかり) 손잡을 것[곳]. 단서. 실마리.
取っ掛かる(とっかかる) ☞ 取り掛かる(とりかかる).
取っ摑まえる(とっつかまえる) 꽉 잡다. 붙들다. 「꽉 쥐이다.
取っ摑まる(とっつかまる) 〈俗〉 꽉 잡히다.
取って代わる(とってかわる) 대신하다.
取って返し(とってかえし) 되돌아옴. 원상태로 되돌아옴.
取って返す(とってかえす) 되돌아오다.
取っ付き(とっつき) ① 첫인상. ② 일의 시초. ③ 맨 첫째. ④ 실마리. 단서.
取っ付く(とっつく) 〈俗〉 ☞ 取り付く(とりつく).
取っ付き難い(とっつきにくい) 붙임성이 없다. 사귀기 어렵다.
取っ付けた様(とってつけたよう) (연행이) 부자연스러움. 앞뒤가 맞지 않음.
取っ払う(とっぱらう) 〈俗〉 ☞ 取り払う(とりはらう).
取っ手(とって) 손잡이. 「ずす).
取っ外す(とっぱずす) ☞ 取り外す(とりは
取っ組む(とっくむ) ☞ 取り組む(とりくむ).
取っ組み合い(とっくみあい) 〈俗〉 맞달라 붙음.
取っ組み合う(とっくみあう) 맞달라붙다. 맞붙어 싸우다. 「りかえる).
取っ替える(とっかえる) ☞ 取り替える(と
取っ締める(とっちめる) 〈俗〉 혼내다. 몰아세우다. 호통 치다.
取っ替え引っ替え(とっかえひっかえ) 이것저것으로[여러 가지로] 바꾸어. 번갈아.
取っ置き(とっとき) 〈口〉 ☞ 取って置き(とっておき).
取って置き(とっておき) 소중히[따로] 간 「직해 둠.
取っ捕まえる(とっつかまえる) 〈俗〉 (범인 등을) 붙잡다. 「잡히다.
取っ捕まる(とっつかまる) (범인 등이) 붙
取っ換え引っ換え(とっかえひっかえ) ⇨ 取っ替え引っ替え(とっかえひっかえ).
❖**取る**(とる) ①(손에) 잡다. 들다. 쥐다. ② 취하다. 해석하다. 받아들이다. ③ 먹다. ④ 떼다. 벗다. ⑤ 빼다. 공제하다. (사무 등을) 보다. ⑥ 빼앗다.
取り(とり) ① 얻음. 취득. ② 어세(語勢)를 세게 하는 말. 충분히. 신중히. 확실히.
取りっこ(とりっこ) 다투어 잡음.
取り敢えず(とりあえず) ① 부랴부랴. 급히. 즉각. ② 우선.
取箇(とりか) 江戸(えど) 시대에, 논밭에 과(課)한 조세.
取り去る(とりさる) 없애다. 제거하다.
取り見る(とりみる) ① 돌보다. 돌보아 주다. ② 병구완하다.

取り遣り(とりやり) 주고받음. 교환함.
取り決め(とりきめ) 결정. 약속.
取り決める(とりきめる) ①(결)정하다. ② 약속하다.
取り結ぶ(とりむすぶ) ①(약속 따위를) 맺다. ② 주선하다. 중재하다. ③ 비위를 맞추어 기분을 풀게 하다.
取り計らい(とりはからい) ① 조처. 처리. 배려. ② 재량. 처분.
取り計らう(とりはからう) ① 처리[선처]하다. 조처하다. 배려하다. ② 재량하다.
取り固める(とりかためる) 엄중히 지키다.
取り高(とりだか) ① 수확량. 수입액. 소득. 몫. ② 봉급 액수.
取り広げる(とりひろげる) ① 넓히다. ② 늘여 놓다. 벌여 놓다.
取り掛かる(とりかかる) 착수하다. 시작하다.
取り壊す(とりこわす) (건물 따위를) 헐다.
取り交わし(とりかわし) 주고받음. 교환.
取り交わす(とりかわす) 주고받다. 교환(交換)하다.
取り口(とりくち) 씨름하는 솜씨[수법·품].
取り巻き(とりまき) (권세 있는 사람의) 곁을 항시 떠나지 않는 사람.
取り巻く(とりまく) ① 둘러[에워]싸다. ② (이익이 있을 만한 사람에게) 들러붙어 그 비위를 맞추다. 빌붙다.
取り潰す(とりつぶす) 조직 따위를 없애다.
取り糺す(とりただす) ☞ 取り調べる(とりしらべる).
取り極め(とりきめ) ⇨ 取り決め(とりきめ).
取り極める(とりきめる) ⇨ 取り決める(とりきめる).
取り扱い(とりあつかい) 취급. 다룸. ＊取扱으로도 씀. ◆**取扱所**(とりあつかいじょ) 취급소. 「주의.
∥**取扱注意**(とりあつかいちゅうい) 취급
取り扱う(とりあつかう) 다루다.
取り急ぎ(とりいそぎ) 급히《편지 등에 쓰는 인사말》.
取り急ぐ(とりいそぐ) '急(いそ)ぐ(=서두르다)'의 힘줌말.
取り寄せる(とりよせる) ① 가까이 끌어당기다. ②(주문하거나 말하여) 가져오게 하다.
取り寄る(とりよる) ① 다가가다. 가까이 가다. ② 근거로 삼다.
取り納める(とりおさめる) ① 치우다. 정돈하다. ② 수납하다. 매장하다.
取り得(とりどく) ⇨ 取り得(とりどく).
取り逃がす(とりにがす) 놓치다.
取り読み(とりよみ) 먼저 읽던 사람이 틀리게 읽으면, 곧 다른 사람이 그 뒤를 이어 차례로 읽어 내려가는 방법.
取り得 ㊀(とりえ) ⇨ 取り柄(とりえ).
㊁(とりえ) 얻으면 얻은 만큼 이득이 됨.
取り落とす(とりおとす) (손에서) 떨어뜨리다. 놓치다.
取り乱す(とりみだす) ① 어지르다. 흩뜨리

다. ② 흐트러진 모습을 보이다. 자제를〔평정을〕잃다. 당황하다. 「러지다.
取り乱れる(とりみだれる) 흩어지다. 어질
取り拉ぐ(とりひしぐ) ① (짓눌러) 찌부러〔으스러〕뜨리다. ② (기세를) 꺾다.
取り娘(とりむすめ) 양녀(養女).
取り戻す(とりもどす) 되찾다. 회복〔만회, 회수〕하다.
取り零し(とりこぼし) 예상 밖에 짐.
取り零す(とりこぼす) (씨름 따위에서) 예상 밖의 상대에게 지다.
取り籠める(とりこめる) ① 가두다. 감금하다. ② 포위하다.
取り留め(とりとめ) ① (잡아) 멈춤. 붙듦. 말림. ② (목숨 따위를) 건짐. ③ 요점. 두서. 동닿음.
取り留める(とりとめる) ① (잡아) 멈추다〔붙들다〕. 말리다. ② 목숨을 건지다.
取り離す(とりはなす) ① 떼(내)다. ② (손에 쥐었던 것을 무심코) 놓(치)다.
取り立て(とりたて) ① 거둠. 징수. ② 금방 잡음〔딴〕. ③ 등용. 발탁.
取り立てて(とりたてて) 각별히.
取り立てる(とりたてる) ① 거두다. 징수하다. ② 초들어(말하)다. 특별히 내세우다. ③ 발탁하다. 등용하다.
取り売り(とりうり) 고물상(古物商).
取り皿(とりざら) 요리를 덜어 담는 작은 접시.
取り木(とりき) 〖農〗 취목. 휘묻이.
取米(とりまい) 江戸(えど) 시대에, 미곡(米穀)으로 바친 조도.
取り縛る(とりしばる) 꽉 쥐다. 꽉 잡다.
取り返し(とりかえし) ① 되찾음. ② 다시.
取り返す(とりかえす) ① 되찾다. ② 복원〔회복·복구〕하다.
取り方(とりかた) 잡는 법·솜씨.
取りん坊(とりんぼう) ① 기생 등에게서 금품을 빼앗아 갖는 손님. ② ☞ 取られん坊(とられんぼ).
取り放く(とりさく) 제거하다.
取り放す(とりはなす) ⇨ 取り離す(とりはなす).
取り放つ(とりはなつ) ① 따로 갈라놓다. ② ☞ 取り外す(とりはずす).
取り放題(とりほうだい) 갖고 싶은 만큼 얼마든지 마음대로 가짐. 마음대로 갖게 함.
取り柄(とりえ) 취할 점. 쓸모. 장점.
取り瓶(とりべ) 녹은 금속을 용광로에서 꺼내 거푸집에 부어 넣을 때 쓰는 용기.
取り付き(とりつき) ① 맨 앞 끝. ② 시작. 최초. ③ 장사 밑천.
‖~所(どころ) 기댈 곳. 손볼일 곳.
~身上(しんしょう) 신접 살림. 신혼 가정.
取り付く(とりつく) ① 매달리다. 붙들다. ② 착수하다. ③ (귀신이) 쐬다. 들리다. 홀리다. ④ 〈文〉 취り付ける(とりつける).
取り付け(とりつけ) ① 단골임. 단골 가게. ② 장치(裝置). 설치함.
‖~工事(こうじ) 설비〔가설〕 공사.

取り付ける(とりつける) ① 대놓고 사다. 단골로 사다. ② 장치〔설비〕하다.
取り分(とりぶん) 몫.
取り分け(とりわけ) ① 특히. 그 중에서도. ② 씨름에서, 비김.
取り分けて(とりわけて) 특히. 유달리.
取り分ける(とりわける) ① 따로따로 나누다. 갈라놓다. 갈라내다. ② 각자에게 나누다. 벼르다.
取り粉(とりこ) 찰떡을 만들 때 다루기 쉽도록 거죽에 묻히는 쌀가루 따위.
取り紛れる(とりまぎれる) ① 뒤섞이다. 혼입(混入)하다. ② (바쁜 일 따위에) 쫓기다. 정신이 없다.
取り払い(とりはらい) 걷어치움. 철거.
取り払う(とりはらう) 걷어치우다. (모조리) 치우다. 헐다. 철거하다. 없애다.
取り崩し(とりくずし) 허는 일. 철거.
取り崩す(とりくずす) ① 헐다. 무너뜨리다. ② 야금야금 없애다.
取り憑く(とりつく) (귀신이) 쐬다. 들리다. 홀리다.
取り憑かれる(とりつかれる) ① (귀신 따위에) 들리다. 홀리다. 쐬다. ② (망상·고정 관념 따위에) 사로잡히다.
取り捨てる(とりすてる) 내버리다. 없애다. 제거하다.
取り仕切る(とりしきる) 혼자 도맡아 하다. 책임지고 관리하다.
取り沙汰(とりざた) 평판. 소문. 세평.
取り散らかす(とりちらかす) 어지르다. 흩뜨리다. 「흩어지다.
取り散らかる(とりちらかる) 어질러지다.
取り散らす(とりちらす) 흩뜨리다. 어지르다. 「하다.
取り殺す(とりころす) 앙얼을 입어서 죽게
取り上げ(とりあげ) 집어듦. 들어 올림.
‖~髪(がみ) 아무렇게나 되는대로 묶은 머리 모양.
~親(おや) 출산 때, 아기를 받아 준 사람.
~婆(ばば) 〈老〉 조산원. 산파.
取り上げる(とりあげる) ① 집어들다. ② 빼앗다. 몰수하다. ③ (신청·의견 따위를) 받아들이다. 들어 주다.
取り上せる(とりのぼせる) 울컥하다. 흥분하다. 상기(上氣)하다.
取り膳(とりぜん) 겸상(兼床).
取り繕う(とりつくろう) ① 겉꾸리다. 겉꾸미다. ② (일시적으로) 잘못을 어름어름 숨겨 넘기다. 감싸 주다. 「선.
取り成し(とりなし) 중재. 조정(調停). 주
取り成す(とりなす) ① 중재하다. 조정하다. 화해 붙이다. ② 수습하다.
取り所(とりどころ) 취할 점〔데〕. 장점.
取り消し(とりけし) 취소. ♣~権(けん) 〖法〗 취소권.
‖~記事(きじ) 취소 기사.
取り消す(とりけす) 취소하다.

取り束(とりづか) 채쪽·절긋공이 등의 잡는 곳.
取り続く(とりつづく) 계속되다.
取り損なう(とりそこなう) 잡지 못하다. 잘못 잡다.
取り手(とりて) ①받는 사람. ②'歌(うた)がるた'에서 딱지를 집는 쪽의 사람. ③씨름·유도 등을 하는 사람. 또, 그 기술이 뛰어난 사람.
取り熟す(とりこなす) 교묘히 처리하다.
取り縄(とりなわ) 일본도의 칼집에 달려 있는 끈《칼을 찰 때 허리에 맴》.
取り食み(とりばみ) 연회 때, 먹다 남은 요리를 마당에 던져 거지들이 먹게 한 일. 또, 그것을 먹는 거지 등.
取り申す(とりもうす) 조정에 주상(奏上)하다.
取り押さえる(とりおさえる) ①억누르다. 움쭉 못하게 잡다. ②붙잡다. 붙들다.
取り抑える(とりおさえる) ⇨ 取り押さえる(とりおさえる).
取り外し(とりはずし) (맞추어 붙인 것을) 떼어냄. 또, 그 장치.
取り外す(とりはずす) ①(맞춘 것·장치한 것을) 떼다. (낀 것을) 빼다. 벗기다. ②놓치다. 못잡다. 떨어뜨리다.
取り運び(とりはこび) 일을 진행시킬 순서·방도. 절차.
取り運ぶ(とりはこぶ) ①막힘없이 진행시키다. ②진행하다. 진척되다.
取り越す(とりこす) ①앞당기다. ②앞일을 예측하다.
取り越し苦労(とりこしぐろう) 쓸데없는 걱정(근심). 기우(杞憂). *とりこしくろう로도 읽음.
取り囲む(とりかこむ) 둘러싸다. 에워싸다.
取り違える(とりちがえる) ①잘못해서 다른 것과 바꾸다. ②잘못 알다(듣다). 잘못 이해(해석)하다.
取り引き(とりひき) ①거래. 흥정. ②상행위(商行爲). *取引로도 씀. ♣取引先(とりひきさき) 거래처 / 取引所(とりひきじょ)《經》거래소.
∥取引高税(とりひきだかぜい) 제조·도매·소매의 각 단계의 거래액을 과세 표준으로 하는 간접세의 일종.
　取引証憑書(とりひきしょうひょうしょ)《經》거래증빙서.
取り逸れる(とりはぐれる) 잡아야 할 것을 잡지 못하다.
取り入る(とりいる) 환심을 사다. 비위 맞추다. 빌붙다. 아첨하다.
取り入れ(とりいれ) ①들여옴. 도입. ②(농산물을) 거두어들임. 수확.
∥~口(ぐち) 취수구(取水口).
取り入れる(とりいれる) ①안에 넣다. ②(곡식 따위를) 거두어들이다. ③받아들이다. 도입(導入)하다.
取り込み(とりこみ) ①거둬들임. 수확. ②어수선함. 혼잡. 복잡. 다망(多忙).

∥~詐欺(さぎ) 대금을 치르지 않고 물건을 먹어치우는 사기.
取り込む(とりこむ) ①어수선(뒤숭숭)하다. 혼잡(복잡)하다. ②거두어들이다.
取り子(とりこ) 얻어 기르는 자식. 양자.
取り残し(とりのこし) (일부를) 남겨(떼어) 둠. 또, 그것.
取り残す(とりのこす) (일부를) 남겨 두다.
取り箸(とりばし) 반찬이나 과자 따위를 분배할 때 쓰는 젓가락.
取り的(とりてき) 하급 씨름꾼의 속칭.
取り前(とりまえ) ☞ 取り分(とりぶん).
取り揃える(とりそろえる) 모두(골고루) 갖추다.
取り纏める(とりまとめる) ①정리하다. 한데 모으다. 뭉뚱그리다. ②매듭 짓다. 결말(해결) 짓다.
取り切る(とりきる) ①모조리 잡다(따다, 뜯다). ② ☞ 取り仕切る(とりしきる). ③차단하다.
取り除く(とりのぞく) 없애다. 제거하다.
取り除ける(とりのける) 치우다. 제거하다.
取り組み(とりくみ) ①맞붙음. ②대전(對戰). 대진(표).
取り組む(とりくむ) ①맞붙다. ②싸우다. ③(비유적으로)…과 씨름하다. 몰두하다.
取り調べ(とりしらべ) 조사. 문초. 신문.
取り調べる(とりしらべる) ①조사하다. ②문초하다. 신문하다.
取り葺き(とりぶき) 지붕을 이는 방식. 얇게 켠 작은 판자를 깔아 놓고, 바람에 날아가지 않게 돌이나 통나무 등으로 눌러 놓은 것. 또, 그런 지붕.
∥~屋根(やね) 取り葺き를 한 허술한 지붕.
取り止め ㊀(とりやめ) 중지. 중단. 취소.
　㊁(とりとめ) ⇨ 取り留め(とりとめ).
取り止める ㊀(とりやめる) (예정했던 일을) 그만두다. 중지하다. 취소하다.
　㊁(とりとめる) ⇨ 取り留める(とりとめる).
取り持ち(とりもち) ①주선. 알선. 매개. 중개. ②(손님 등을) 다룸. 접대. 응대.
取り持つ(とりもつ) ①손에 쥐다(가지다). ②중개(주선, 중재)하다. ③접대하다. 응대하다. ④떠맡다.
取りも直さず(とりもなおさず) 곧. 즉. 바꿔 말하면. 단적으로 말해서.
取り直し(とりなおし) (씨름에서) 다시 하기.
取り直す(とりなおす) ①새로이 하다. ②(씨름에서) 다시 하다. ③고쳐 잡다(쥐다).
取り尽くす(とりつくす) 모조리 떼어(뽑아, 따서) 내다.
取り鎮める(とりしずめる) (소동·난동 따위를) 가라앉히다. 진정시키다.
取り集める(とりあつめる) (한데) 모으다.
取り澄ます(とりすます) ①(짐짓) 점잔(얌전) 빼다. 새침 떨다. ②시치미 떼다.
取り次ぎ(とりつぎ) ①중개(인). ②(손님의 말을) 주인에게 전하는 일. 또, 그 사람.

＊取로도 씀.
▮**取次商**(とりつぎしょう) 중개상.
取次所(とりつぎじょ) 중개소.
取次店(とりつぎてん) 중개점. 대리점.
取り次ぐ(とりつぐ) ① 한 쪽의 의사를 다른 편에 전하다. ② 손님이 왔음〔손님의 말〕을 주인에게 전하다. ③ 중개하다. 「쪽의 딱지.
取り札(とりふだ) 歌(うた)がるた에서 집는
取り替え(とりかえ) 교체. 대체(代替)
取り替えっこ(とりかえっこ) 서로 바꿈.
取り替える(とりかえる) 바꾸다. 교환하다. 갈다.
取り締まり(とりしまり) ① 다잡음. 단속함. 또, 그 사람. ② 取締役의 준말. ＊取締로도 씀. ♣**取締役**(とりしまりやく) 이사(理事) / **取締会**(とりしまりかい) 이사회.
取り締まる(とりしまる) 다잡다. 잡죄다. 단속하다. 관리〔감독〕하다. 「다.
取り縋る(とりすがる) 매달리다. 다왕귀 뛰
取り出す(とりだす) 꺼내다. (끄)집어 내다. 빼내다. 「だす)
取り出だす(とりいだす) ☞ 取り出す(とり
取り出づ(とりいず) ☞ 取り出す(とりだす).
取り取り(とりどり) 제각각. 갖가지. 가지각색. 각양각색.
取り置き(とりおき) ① 처분. 조처. 처리. ② 시체(屍體) 처리.
取り置く(とりおく) 남겨 두다. 따로 떼어 두다. 보관하다.
取り親(とりおや) 길러 준 어버이.
取り舵(とりかじ) ① 뱃머리를 왼쪽으로 돌리기 위한 키 꺾기. ② 좌현(左舷).
取り退き無尽(とりのきむじん) 당첨자는 그 후의 계금(契金)을 내지 않는 頼母子講(たのもしこう).
取り捌く(とりさばく) (분쟁·소송 등을) 처리하다. 가리다. 판가름하다.
取り片付く(とりかたづく) 치워지다. 정돈〔정리〕되다. 「리.
取り片付け(とりかたづけ) 치움. 정돈. 정
取り片付ける(とりかたづける) 치우다. 정돈하다. 정리하다.
取り下げ(とりさげ) 취하. 철회. 「다.
取り下げる(とりさげる) 취하하다. 철회하
取り下ろす(とりおろす) ① 위에 있는 것을 내려 놓다. ② 긴머리 따위를 자르다. ③ 윗사람 앞에 있는 것을 자기 앞에 놓다. 또, 그런 곳으로 물리다. 「탈(奪).
取り合い(とりあい) 서로 다투어 빼앗음. 쟁
取り合う(とりあう) ① 서로 (붙)잡다. 맞잡다. ② 서로 다투어 빼앗다. 쟁탈하다.
取り合わせ(とりあわせ) 배합〔배열〕함. (이것저것) 그러모음. 섞음. 구색.
取り合わせる(とりあわせる) (적절히) 배합〔구색〕하다. (이것저것) 그러모으다.
取り混ぜる(とりまぜる) 한데 섞다. 뒤섞다. 「을 태운 재.
取り灰(とりばい) 아궁이에서 긁어 낸 재. 짚

取り回し(とりまわし) ① 차례로 집고 돌림. ② 처리. 다루기. ③ (일본 씨름에서) 샅바.
取り回す(とりまわす) ① 집어서 (다음으로) 돌리다. ② (일·사람을) 잘 다루다. 잘 처리하다.
取り賄う(とりまかなう) 처리하다. 처분하다.
取り肴(とりざかな) ① 한 그릇에 담아 놓고 각자가 덜어 먹는 술안주. ② 일본 요리에서 맨 마지막에 나오는 요리. 「わす).
取り毀す(とりこわす) ⇨ 取り壊す(とりこ
取り詰める(とりつめる) ① 옥박지르다. 호되게 책하다. ② 상기(上氣)하다. ③ 골똘히 걱정하다.
❖**取れる**(とれる) ① (붙어 있던 것이) 떨어지다. 빠지다. ② 해석되다. ③ 없어지다. 가시다. ④ 손을 잡을〔잴〕 수 있다. ⑤ 산출되다. 나다. 「어획고.
取れ高(とれだか) (곡식·어물 등의) 수확고.
取れ立て(とれたて) (생선·야채·과일 따위가) 갓 잡은〔딴〕 것임. 또, 그 물건.

▮其他▮
取柄(とつか) 활·채찍 따위의 잡는 곳.

| 9 自 常 | 臭 (臭) | 구린내 취·맡을 후
シュウ
くさい・におい |

▮音読▮
臭(しゅう) 《接尾語로》 나쁜 냄새. 척하는 느낌. …티. 「칼륨.
臭ポツ(しゅうポツ) 〖化〗 취화칼륨. 브롬화
臭気(しゅうき) 취기. 악취.
▮~**抜き**(ぬき) (화장실 등의) 악취 제거기구〔장치〕. 「은 장치.
臭突(しゅうとつ) 냄새 따위를 빼는 연통 같
臭名(しゅうめい) 추명(醜名). 오명. 추문.
臭味(しゅうみ) ① 나쁜〔썩은, 역겨운〕 냄새. ② (어떤 부류의 사람에게 몸에 밴) 좋지 않은 버릇·티·냄새.
臭腐(しゅうふ) 썩어서 냄새가 남.
臭腺(しゅうせん) 〖生〗 취선. 취액선(臭液腺). 냄새샘.
臭素(しゅうそ) 〖化〗 취소. '브롬'의 구용어.
▮~**紙**(し) 브롬지. 브로마이드지.
臭敗(しゅうはい) 취패. 부패함.
臭汗症(しゅうかんしょう) 〖醫〗 취한증.
臭化(しゅうか) 〖化〗 취화. 브롬화(化).
♣~**物**(ぶつ) 〖化〗 브롬화물 / ~**銀**(ぎん) 〖化〗 브롬화은.
▮~**水素**(すいそ) 〖化〗 브롬화수소.
臭覚(しゅうかく) 후각.

▮訓読▮
臭う(におう) ① 냄새가 나다. 악취가 나다. ② 〈俗〉 (범죄의) 껌새가 풍기다. 「기다.
臭わす(におわす) (나쁜) 냄새를 피우다〔풍
❖**臭い** 🗖 (くさい) ① 구리다. 고약한 냄새가 나다. ② 《接尾語로》 …한 데가 있다. ③ 수상하다. ④ 세련되어 있지 않다.

~物(もの)に蠅(はえ)がたかる 구린 것에 파리가 꾀듯이 나쁜 놈끼리 모인다는 말.
~飯(めし)を食(く)う 콩밥 먹다. 교도소에 수감되다.
㊂(におい) 냄새. ① 악취. ② 나쁜 일을 저지른 듯한 기미. 낌새.
臭み(くさみ) ① 나쁜 냄새. 구림. 또, 그 정도. ② 불쾌감. 역겨움.
臭亀(くさがめ) 〖動〗 남생이.
臭物(くさもの) 파·마늘 따위를 일컫는 말.
バタ臭い(バタくさい) 버터 냄새가 나다. 서양 냄새가 풍기다. 서양 티가 나다.

10 月	脆	무를 취·연할 취 ゼイ もろい

音読
脆性(ぜいせい) 〖理〗 취성.
脆弱(ぜいじゃく) 취약.
脆化(ぜいか) 금속이나 플라스틱이 그 소성(塑性)이나 연성(延性)을 상실하는 일.

訓読
脆い(もろい) 무르다. ① 부서지기〔깨지기〕쉽다. ② (마음이) 여리다. 약하다.
脆くも(もろくも) 맥없이. 간단히.

11 女	娶	장가들 취 シュ めとる

訓読
娶る(めとる) 장가 들다. 아내로 맞아들이다.
娶わせる(めあわせる) 결혼시키다.

11 酉 常	酔 (醉)	취할 취 スイ よう

音読
酔歌(すいか) 취가. 술에 취해 노래를 부름. 또, 그 노래.
酔客(すいかく) 취객. *すいきゃくろも 읽음.
酔狂(すいきょう) 색다른 것을 좋아함. 별남. 또, 그런 사람.
酔気(すいき) 취기.
酔倒(すいとう) 취도. 대취하여 넘어짐.
酔裡(すいり) ⇨ 酔裏(すいり).
酔裏(すいり) 취리. 취중. 「함.
酔罵(すいば) 취매. 술취하여 남을 꾸짖고 욕
酔眸(すいすい) 취안(醉眼).
酔夢(すいむ) 취몽. 술에 취하여 자면서 꾸는
酔歩(すいほ) 취보. 술에 취하여 비틀거리는 걸음걸이. 「生.
酔生夢死(すいせいむし) 취생몽사. 헛된 인
酔眼(すいがん) 취안. 술에 취해 몽롱한 눈.
‖~朦朧(もうろう) 취안 몽롱.
酔顔(すいがん) 취안. 취한 얼굴.

酔語(すいご) ☞ 酔言(すいげん).
酔言(すいげん) 취언.
酔余(すいよ) 취한 뒤. 술취한 끝〔나머지〕.
酔臥(すいが) 취와. 술에 취해 누움.
酔吟(すいぎん) 취음. 술에 취하여 시가를
酔人(すいじん) 취객.   「읊음.
酔態(すいたい) 취태.
酔飽(すいほう) 취포. 술을 취하도록 마시고 음식을 배부르도록 먹음. *すいぼうろも 읽
酔筆(すいひつ) 취필.   「음.
酔漢(すいかん) 취한. 취객.
酔郷(すいきょう) ① 술꾼의 이상향. ② 술이 거나하여 즐기는 별천지.
酔話(すいわ) 취중에 하는 이야기.
酔興(すいきょう) 취흥.

❖酔う(よう) ① 술에 취하다. ② (배나 차에) 멀미하다. ③ 황홀해지다. 도취하다. 「함.
酔い(よい) (술에) 취함. 취기. *えいらごも
酔いどれ(よいどれ) 만취한 사람. 주정꾼.
酔い覚まし(よいざまし) 취기를 빨리 가시도록 함.   「신 때.
酔い覚め(よいざめ) 술이 깸. 또, 취기가 가
酔い狂い(よいぐるい) 대취하여 분별력도 잃고 난폭한 짓을 함. 또, 그런 사람. *えいぐるいろも 읽음.
酔い潰れる(よいつぶれる) 만취해서 곤드레만드레가 되다. 술에 취해서 곤드라지다.
酔い倒れ(よいだおれ) 술에 취해 한데서 쓰러져 잔 사람.
酔い醒まし(よいざまし) ⇨ 酔い覚まし(よいざまし).
酔い醒め(よいざめ) ⇨ 酔い覚め(よいざめ).
酔い心地(よいごこち) 술 취한 때의 기분. 얼근한 기분. 또, 황홀하고 좋은 기분.
酔い止め(よいどめ) 차멀미·배멀미 따위를 예방함. 또, 그 약.
酔い痴れる(よいしれる) ① 술 취해 정신을 잃다. 고주망태가 되다. ② 황홀경에 잠기다.
❖酔っ払う(よっぱらう) 몹시 취하다.
酔っ払い(よっぱらい) 술취한 사람. 술주정꾼. 취한(醉漢).

12 尢 教	就	이룰 취·좇을 취 シュウ·ジュ つく·つける·すなわち·なす·なる

音読
就農(しゅうのう) 취농.
‖~人口(じんこう) 취농 인구.
就働(しゅうろう) 취로(就労). 출근하여 일
就労(しゅうろう) 취로.   「을 함.
就眠(しゅうみん) 취면. 잠이 듦. ♣~薬(やく)·~運動. 「運動.
‖~運動(うんどう) 〖植〗 취면 운동. ~睡眠
~儀式(ぎしき) 취면 의식. 일정한 순서로 어떤 동작을 되풀이해야만 잠이 오는 강박 관념의 하나.

就縛(しゅうばく) 취박. (죄인이) 포박됨. 전하여, 어떤 사물에 사로잡힘. 「듦.
就床(しゅうしょう) 취상. 취침. 잠자리에
就巣(しゅうそう) 취소. 새가 알을 까기 위해 둥지에 들어가 알을 품음. ♣~性(せい) 취소성.
就業(しゅうぎょう) 취업.
‖~構造(こうぞう) 취업 구조.
~規則(きそく) 취업 규칙.
~時間(じかん) 취업 시간.
~人口(じんこう) 취업 인구.
就役(しゅうえき) 취역. 역무에 종사함.
就蓐(しゅうじょく) ⇨ 就褥(しゅうじょく)
就褥(しゅうじょく) 취욕. ①취침. ②병으로 자리에 누움.
就園(しゅうえん) 취원. 유치원에 들어감. ♣~率(りつ) 취원율.
就任(しゅうにん) 취임.
就籍(しゅうせき) 취적. 호적에 없던 사람이 입적함.
就職(しゅうしょく) 취직. ♣~口(ぐち) 취직처[자리] / ~難(なん) 취직난.
‖~浪人(ろうにん) 〈俗〉 대학을 나오고도 취직을 못하여 빈둥거리고 있는 사람.
就寝(しゅうしん) 취침.
就学(しゅうがく) 취학. ♣~率(りつ) 취학
‖~免除(めんじょ) 취학 면제. 「률.
~児童(じどう) 취학 아동.
~義務(ぎむ) 취학 의무.
就航(しゅうこう) 취항.

訓読➡
就いて(ついて) ①《'…に~'의 꼴로》…에 관〔대〕해서. ②《'~は'의 꼴로》(그 일에) 관해서(는). 그런고로.
就き(つき) 《'に~'의 꼴로》 ①…에 관〔대〕하여. ②…때문에, …으로 인해.
就きましては(つきましては) '就(つ)いては (=그에 관해서. 그런고로)'의 공손한 말씨.
就く(つく) ①(잠자리에) 들다. ②취임하다. 취업하다. ③(길에) 오르다.
就け(つけ) 《'…に~'의 꼴로》…에 관련하여.
就ける(つける) ①지위〔자리〕에 앉히다. 자리에 오르게 하다. ②(일을) 하게 하다.

其他➡
就中(なかんずく) 그중에서도. 특히.

逆音➡
成就(じょうじゅ) 성취.

---

12 毛 毳

솜털 취
ゼイ
けば・むくげ

訓読➡
毳(けば) ①보풀. ②지도에서, 등고선 따위를 나타내는 가는 선.
毳焼き(けばやき) 천의 표면을 불에 쬐어 보풀을 제거하는 일. 「한〕 모양.
毳毳(けばけば) ①괴불. 보풀. ②야한〔현
毳しい(けばけばしい) 야하다. 현란하다.

---

14 羽 翠(翠)

물총새 취·비취색 취
スイ
かわせみ・みどり

音読➡
翠(すい) 녹색.
翠黛(すいたい) 취대. ①눈썹 그리는 푸른 먹. ②멀리 보이는 푸른 산.
翠巒(すいらん) 취란. 푸른 산봉우리. 푸른 연산(連山). 「氣.
翠嵐(すいらん) 취람. 푸른 색의 산기(山
翠簾(すいれん) 취렴. 푸른 색깔의 발. 청죽(青竹)발.
翠嶺(すいれい) 푸른 산봉우리.
翠緑(すいりょく) 취록. 녹색.
‖~玉(ぎょく) 취록옥. 에메랄드.
翠楼(すいろう) 취루. 청루(青楼). 기루(妓
翠柳(すいりゅう) 푸른 버들.   「楼).
翠眉(すいび) 취미. ①(미인의) 푸른 눈썹. ②버들잎이 푸른 모양.
翠微(すいび) 취미. ①산의 중허리. ②멀리 푸르게 보이는 산.
翠色(すいしょく) 취색. 비취색. 녹색.
翠松(すいしょう) 취송. 짙푸른 소나무.
翠烟(すいえん) ⇨ 翠煙(すいえん).
翠煙(すいえん) 취연. ①녹색의 연기. ②멀리 푸른 나무에 걸린 놀.   「늘.
翠影(すいえい) 취영. 푸르게 무성한 나무 그
翠玉(すいぎょく) 취옥. 에메랄드.
翠雨(すいう) 취우. 여름비. 녹우(緑雨).
翠陰(すいいん) 취음. 녹음(緑陰).
翠帳紅閨(すいちょうこうけい) 취장 홍규. 귀부인의 침실.
翠苔(すいたい) 취태. 푸른 이끼.
翠霞(すいか) 취하. 푸른 안개나 이내.
翠花(すいか) 취화(翠華). (옛날 중국에서) 천자의 기(旗)를 일컫는 말.
翠華(すいか) ⇨ 翠花(すいか).

其他➡
翠菊(えぞぎく) 『植』 과꽃.

---

14 耳 聚

모일 취
シュウ
あつまる・あつめる

音読➡
聚光(しゅうこう) 집광(集光). 빛을 한곳으로 모음.   「도 읽음.
聚落(しゅうらく) 『地』 취락. *じゅらく로
聚斂(しゅうれん) 취렴. ①모아 거둬들임. ②가혹하게 세금을 거둬들임.
聚散(しゅうさん) 취산. 집산(集散).
聚繖花序(しゅうさんかじょ) 『植』 취산 화서. 원심꽃차례.
聚珍版(しゅうちんばん) 활자판의 옛 이름.
聚村(しゅうそん) 밀집된 부락. 「함〕.
聚合(しゅうごう) 취합. 모여 뭉침〔뭉치게

趣・嘴・橇・鷲・驟・仄・側

| 15 走 常 | 趣 | 뜻 취·향할 취
シュ
おもむき・おもむく |

音読
趣味(しゅみ) 취미. ① 멋. 정취. ② 취향.
趣舍(しゅしゃ) 취사. 나아감과 머무름.
趣意(しゅい) 취의. 취지. ♣=書(しょ) 취지서.
趣旨(しゅし) 취지.
趣致(しゅち) 취치. 운치.
趣向(しゅこう) 취향.
趣好(しゅこう) ⇨ 趣向(しゅこう).

訓読
趣(おもむき) ① 정취. 아취. ② 느낌새. 취향. ③ (말하려는) 의도. 취지.
趣く(おもむく) ① 향하여 가다. ② (어떠한 경향·상태로) 향하다.

| 16 口 | 嘴 | 부리 취
シ
くちばし・はし |

訓読
嘴(くちばし) 부리. 주둥이. *はし라고도 함.
~を容(い)れる〔挟(はさ)む〕말참견하다. 용훼하다.
嘴広鴨(はしびろがも) 〖鳥〗넓적부리.
嘴細鴉(はしぼそがらす) 〖鳥〗까마귀. 「귀.
嘴太鴉(はしぶとがらす) 〖鳥〗큰부리까마

其他
嘴子(さいし) 노즐(nozzle).

| 16 木 | 橇 | 썰매 취·썰매 교
キョウ
そり |

訓読
橇(そり) 썰매.

| 23 鳥 | 鷲 | 수리 취
ジュ・シュウ
わし |

訓読
鷲(わし) 〖鳥〗독수리.
鷲摑み(わしづかみ) (난폭하게) 움켜쥠.
鷲木菟(わしみみずく) 〖鳥〗수리부엉이.
鷲鼻(わしばな) 매부리코.
鷲座(わしざ) 〖天〗독수리자리.

| 24 馬 | 驟 | 갑작스러울 취
シュウ
にわか・はしる |

音読
驟然(しゅうぜん) 비 따위가 갑자기 내리는
驟雨(しゅうう) 취우. 소나기. 「모양.

측

| 4 厂 | 仄 | 기울 측·어렴풋할 측
ソク
かたむく・ほのか・ほのめかす |

音読
仄(そく) 측. 한시(漢詩)에서 평성(平聲) 이외의 상성·거성·입성의 일컬음.
仄起(そっき) ☞仄起こり(そくおこり).
仄起こり(そくおこり) 측기(仄起). 한시(漢詩)의 기구(起句)의 제이자(第二字)에 仄자를 쓰는 일. 또, 그 시.
仄陋(そくろう) 측루. 비천한 신분.
仄聞(そくぶん) 측문. 어렴풋이 들음.
仄声(そくせい) 측성. 한자의 사성 중 상성·거성·입성의 총칭.
仄韻(そくいん) 측운. 한자의 사성 가운데 상성·거성·입성의 운.
仄日(そくじつ) 측일. 사양(斜陽).
仄字(そくじ) 측자. 사성(四聲) 가운데 상성·거성·입성에 속하는 한자.

訓読
仄か(ほのか) 아련한 모양. 어렴풋한 모양.
仄めかす(ほのめかす) 암시하다. 넌지시 말하다. 「에 나타나다.
仄めく(ほのめく) 희미하게 보이다. 은연중
仄見える(ほのみえる) 흘끗 보이다. 언뜻 보이다. 어슴푸레 보이다.
仄明かり(ほのあかり) 어슴푸레한 불빛.
仄暮れ(ほのぐれ) 해질 무렵. 해질녘.
仄白い(ほのじろい) 어렴풋하게 회다. 희읍스름하다.
仄白む(ほのじろむ) 회읍스름해지다. 어슴푸레 밝아오다(밝아지다). 「레하다.
仄暗い(ほのぐらい) 어두컴컴하다. 어슴푸
仄仄(ほのぼの) ① 어렴풋한 모양. 약간 밝은 모양. ② 따스하게 느껴지는 모양.
仄仄明け(ほのぼのあけ) 날이 어슴푸레하게 밝아옴.

| 11 イ 教 | 側 | 곁 측·옆 측
ソク・ショク
かわ・がわ・そば |

音読
側溝(そっこう) 측구. 가거(街渠). 도로나 철도에 따라 설치한 도랑.
側屈(そっくつ) 몸을 옆으로 구부리는 일.
側近(そっきん) 측근.
∥~政治(せいじ) 측근 정치.
側根(そっこん) 〖植〗측근. 곁뿌리.
側端(そくたん) 물건의 끝에 가까운 곳.
側頭(そくとう) 측두. 머리 양측.
∥~骨(こつ) 〖生〗측두골. 두개골의 측면을

厠·廁·惻·測

이루는 뼈의 총칭.   「일부.
~葉(よう)〖生〗측두엽. 대뇌 반구(半球)의
側廊(そくろう)〖建〗측랑. 교회당 건축에서, 네이브(nave)의 바깥쪽에 있는 그보다 폭이 좁은 공간.
側量(そくりょう) 측량. ♣**~法**(ほう) 측량법 / **~士**(し) 측량사〔기사〕/ **~船**(せん) 측
‖**~器械**(きかい) 측량 기계.   「량선.
~標(ひょう) 측량표. 측량을 위해 일정한 지점에 설치한 표지.
側稜(そくりょう)〖數〗측릉. 옆모서리.
側湾症(そくわんしょう)〖醫〗측만증. 척추가 옆으로 만곡되는 증세.
側脈(そくみゃく)〖植〗측맥.
側面(そくめん) 측면. ♣**~観**(かん) 프로필 / **~図**(ず) 측면도 / **~音**(おん)〖言〗측면음.
‖**~攻撃**(こうげき) 측면 공격.
側面積(そくめんせき) 측면적. 옆넓이.
側聞(そくぶん) 측문.
側方(そくほう) 좌우의 방향. 옆쪽.
㊁(そばざま) 측방. 옆쪽. 측면.
側背(そくはい) 측면(側面)과 배면(背面). 옆과 등쪽.
側壁(そくへき) 측벽. 측면의 벽.
側辺(そくへん) 측변. 옆 변두리.
側生(そくせい)〖植〗측생.
‖**~動物**(どうぶつ)〖動〗측생 동물.
側線(そくせん) 측선. ①철도 선로의 본선 이외의 대피선(待避線) 따위의 선로. ②〖動〗옆줄. 어류·양서류(兩棲類)의 몸 양옆에 줄지어 있는 감각기(器).   「기구.
側鎖(そくさ) 측쇄. 거리를 측정하는 데 쓰는
側室(そくしつ) 측실. 귀인의 첩.
側芽(そくが)〖植〗측아. 곁눈.
側圧(そくあつ)〖理〗측압. 가로 압력. 유체(流體)가 물체나 그릇 측면에 미치는 압력.
側臥(そくが) 측와. ①모로 누움. ②〔누군가의〕곁에 누움.
側転(そくてん) 側方転回(そくほうてんかい)의 준말. 체조에서 손을 옆에다 짚고 그 손을 지점(支點)으로 다리가 반원(半圓)을 그리듯이 옆쪽으로 회전하기.
側車(そくしゃ) 측차. 자전거나 오토바이의 옆에 단 차. 사이드카.
側側(そくそく) 측연(惻然)한 모양. 사무치게 느끼는 모양.
側堆石(そくたいせき)〖地〗측퇴석. 측빙퇴석(側氷堆石).
側波(そくは)〖理〗측파대(帶).   「음.
側扁(そくへん) 측편. 두께가 얇고 폭이 넓
側画面(そくがめん)〖數〗측화면.   「산.
側火山(そっかざん)〖地〗측화산. 기생 화

▶訓読◀
側㊀(かわ) ①쪽. 측. ②줄.
㊁(がわ) ①옆. 곁. ②쪽. 측. ③주위. 둘
㊂(そば) 곁. 옆.   └레. 테.
㊃(はた) 옆(사람). 곁의 사람.

側だてる(そばだてる)〔귀를〕쫑긋 세우다. 기울이다.
側める(そばめる) ①〈雅〉〔옆으로〕돌리다. 외면하다. ②〈古〉㉠거들떠보지도 않다. ㉡옆으로 밀어붙이다.
側勤め(そばづとめ) ☞側仕え(そばづかえ).
側女(そばめ)〈雅〉첩. 소실.
側女房(そばにょうぼう) 첩〔妾〕.   「길.
側道(そばみち) 간선 도로의 곁을 지나는 샛
側目(そばめ) ①곁눈으로 봄. 곁눈질. ✱そくもくと로도 읽음. ②제삼자의 눈. 「생.
側腹(そばはら) ①옆구리. ②서자. 첩의 소
側付き(そばつき) 곁에서 본 모양. 외관.
側仕え(そばづかえ) 곁에서 시중 듦〔모심〕. 또, 그 사람. 근시(近侍).
側顔(そばがお) 옆을 향한 얼굴. 옆얼굴.
側役(そばやく) 곁에서 시중 드는〔모시는〕역. 측근. 근시(近侍).
側用人(そばようにん) 江戸幕府(えどばくふ)의 직명의 하나.
側杖(そばづえ) 후림불.
側妻(そばめ) ⇨ 側女(そばめ).
側板(がわいた) 측판. 옆널.

11 厂	厠	뒷간 **측** シ かわや

▶訓読◀
厠(かわや)〈老〉뒷간. 변소.

12 广	廁	뒷간 **측** シ かわや

参考 厠의 異體字.

▶訓読◀
廁(かわや)〈老〉뒷간. 변소.

12 忄	惻	슬퍼할 **측** ソク いたむ

▶音読◀
惻怛(そくだつ) 가엾게 여기어 슬퍼함.
惻然(そくぜん) 측연. 남을 가엾게 여기는 모
惻隠(そくいん) 측은.   「양.
惻惻(そくそく) 측연(惻然)한 모양. 사무치게 느끼는 모양.

12 氵 **教**	測	잴 **측** ソク はかる

▶音読◀
測角器(そっかくき)〖理〗측각기.
測桿(そっかん) 측간. 측량(測量)대.
測距儀(そっきょぎ) 측거의. 거리 측정에 쓰

이는 광학 기계.
測高器(そっこうき) 측고기. 나무나 건물 따위의 높이를 재는 기구.
測光(そっこう)〖理〗측광. 빛의 강도를 잼.
測器(そっき) 측기.
測度 ㊀(そくど) 측도.
㊁(そくたく) 측탁. 헤아림. 추측함.
測微計(そくびけい) 측미계. 마이크로미터.
測微尺(そくびしゃく) 측미척. 마이크로미터. 「미터(clinometer).
測斜計(そくしゃけい)〖理〗측사기. 클리노
測索(そくさく) 측삭. 측심연(測深鉛)을 매단 굵은 줄.
測算(そくさん) 측산. 헤아려서 셈함.
測色計(そくしょくけい)〖理〗측색계.
測深(そくしん) 측심. ♣~器(き) 측심기 / ~錘(すい) 측심추.
測鉛(そくえん) 측(심)연.
測点(そくてん) 측점. 측량의 기준이 되는
測定(そくてい) 측정.   └점.
測程器(そくていき)〖海〗측정기.
測地(そくち) 측지. ♣~学(がく) 측지학.
∥~線(せん) 측지선. 곡면 위의 두 점을 최단 거리로 맺는 선.
測錘(そくすい) 측추. 다림추. 측량할 때 수직 방향을 알기 위해 쓰는 추.
測風気球(そくふうききゅう)〖気〗측풍 기구. 바람을 측정하기 위한 작은 기구.
測候(そっこう) 측후. 기상의 관측. ♣~所(じょ) 측후소.

❖**測る**(はかる) ① 무게·길이·깊이·넓이 등을 재다. ② 헤아리다. 가늠하다.
測り(はかり) ① 저울질(한 양). ② 달아서 팖. ③ 끝. 한량.
測り兼ねる(はかりかねる) ① 추측할 수 없다. ② 무게·길이·깊이를 잴 수 없다.

츤

21 ネ **襯** 속옷 **츤**
シン
はだぎ

音読
襯殿(しんでん) 츤전. 天皇(てんのう)·황족이 죽었을 때 관을 안치하는 곳.

층

14 尸 **層**(層) 층 **층**
ソウ
かさなる

襯・層・侈・治 **1501**

音読
層 ㊀(そう) 층. ① 켜. ② 지층(地層). ③ 계 ㊁(こし) 건물의 층.   └층.
層楼(そうろう) 층루. 고루(高楼).
層流(そうりゅう)〖理〗층류. 층흐름.
層理(そうり)〖地〗층리. ♣~面(めん) 층리면.
層巒(そうらん) 층만. 여러 층이 진 멧부리.
層面(そうめん)〖地〗층면. 층리(層理)면.
層倍(そうばい)《수를 나타내는 한자어 등의 밑에 붙어서》…배(倍). …곱.
層別(そうべつ) 층별. 조사·판매 등의 대상으로 하는 전체를 거의 같은 계층의 집단으로 나누는 일.
層別サンプリング(そうべつサンプリング) ☞層化抽出法(そうかちゅうしゅつほう).
層状(そうじょう) 층상.
∥~含銅硫化鉄鉱床(がんどうりゅうかてっこうしょう) 층상 함동 황화철 광상.
層相(そうそう)〖地〗층상. 지층의 성질을 종합적으로 포착한 양상.
層序(そうじょ)〖地〗층서. 지층의 겹친 순서. ♣~学(がく)〖地〗층서학.   「름.
層雲(そううん)〖気〗층운. 층구름. 안개구
層位(そうい) 층위. ① 사물이 층을 이룸. 또, 그 위치 관계. ② 지층의 상하 관계.
層一層(そういっそう) 가일층. 더욱더.
層積雲(そうせきうん)〖気〗층적운. 두루마리구름. 층쌘구름.
層畳(そうじょう) 층첩.
層層(そうそう) 층층.
層塔(そうとう) 층탑. 지붕이 여러 겹으로 되어 층이 진 탑.
層向(そうこう)〖地〗층향. 주향(走向).
層化抽出法(そうかちゅうしゅつほう) 층화 추출법. 표본 조사에서, 우선 모집단(母集團)을 특성에 따라 몇 개의 층으로 나누고, 각 층에서 표본을 추출하는 방법.

치

8 イ **侈** 사치할 **치**
シ
おごる・ほしいまま

逆音
驕侈(きょうし) 교치. 교만하고 사치함.
奢侈(しゃし) 사치.
豪侈(ごうし) 호치. 호화(豪華).

8 氵 **治** 다스릴 **치**
ジ・チ
おさめる・おさまる・なおる・なおす

音読
治(ち) ① 세상이 잘 다스려짐. ② 정치. 정사.

治する 🖾 (ちする) ① 통치하다. ② 병을 고치다.
🖾 (じする) ① 병이 낫다. ② 치료하다.
治国 (ちこく) 치국. 나라를 다스림.
‖ ~平天下 (へいてんか) 치국 평천하.
治権 (ちけん) 치권. 나라를 다스리는 권리.
治道 (ちどう) 나라를 다스리는 방법.
治乱 (ちらん) 치란. 치세와 난세.
治略 (ちりゃく) 치략. 치세의 방책.
治療 (ちりょう) 치료.
治民 (ちみん) 〖雅〗 치민. 백성을 다스림.
治罰 (じばつ) 치벌. 징계하여 바로잡음.
治法 (ちほう) 치법. ① 나라를 다스리는 방법. ② 요법.
治部 (じぶ) 치부성의 준말. 또, 그 곳의 벼슬아치.
‖ ~省 (しょう) '大宝令 (たいほうりょう)' 가 정한 팔성 (八省)의 하나로, 성씨 (姓氏)・아악 (雅楽)・장의 (葬儀) 등을 다루었음.
治山 (ちさん) 치산.
治産 (ちさん) 치산. ① 살림살이를 다스림. ②〖法〗 재산의 관리 처분.
治世 (ちせい) 치세. ① 잘 다스려진 세상. ② 군주로서 통치함. 또, 그 기간.
水 (ちすい) 치수.　　　　　　「방법.
治術 (ちじゅつ) 치술. 나라나 병을 다스리는
治安 (ちあん) 치안.
‖ ~警察法 (けいさつほう) 치안 경찰법.
~維持法 (いじほう) 치안 유지법.
~立法 (りっぽう) 치안 입법.
~出動 (しゅつどう) 치안 출동. 폭동 등의 진압을 위해 수상의 명령으로 자위대가 출동하는 행동.
治外法権 (ちがいほうけん) 〖法〗 치외법권.
治要 (ちよう) 치요. 나라를 다스리는 데에 중
治癒 (ちゆ)　　　　　　　　　 「요한 사람.
治者 (ちしゃ) ① 치자. 통치자. ② 주권자.
治装 (ちそう) 치장. 행장 (行裝)을 차림.
治績 (ちせき) 치적.
治定 (じじょう) 치정. ① 일이 정해짐. ② 결
治政 (ちせい) 치정. 정치.　　 └심. 작오.
治罪 (ちざい) 치죄.　　　　　　　　「온함.
治平 (ちへい) 치평. 세상이 잘 다스려져서 평
治下 (ちか) 치하.
治験 (ちけん) 〖醫〗 치료의 효력이 있음.
‖ ~薬 (やく) 厚生省 (こうせいしょう)의 제조 승인을 얻기 위하여 임상 시험에 이용하는
治効 (ちこう) 치료의 효과.　　　　└약.
訓読
治す (なおす) 치료하다.
治める (おさめる) ① 다스리다.　 지배하다. ② 수습하다. 가라앉히다.
治る (なおる) (병이) 치유되다. 낫다.
❖治まる (おさまる) ① 다스려지다. ② 잠잠해지다. 진정되다.
治まり (おさまり) 다스려짐. 평정 (진정)됨.
其他
治具 (ジグ) 〖機〗 지그 (jig).

| 9 山 | 峙 | 우뚝솟을 **치** ジ そばだつ |

訓読
峙つ (そばだつ) 높이 (우뚝) 솟다.

| 10 イ 教 | 値 | 값 **치** チ ね・あたい |

音読
値域 (ちいき) 〖數〗 치역.
値遇 (ちぐう) ① 해후함. ② 인격이나 식견을 인정받아 후대를 받음.
訓読
値 🖾 (ね) (팔고 사는) 값. 가격.
🖾 (あたい) 값. ① 가치. ②〖數〗 수치.
値する (あたいする) 가치가 있다. 상당하다.
値開き (ねびらき) 판매 가격과 구매 가격 사이에 차이가 있음. 또, 그 차액.
値頃 (ねごろ) (사기에) 알맞은 금새. 합당한
値段 (ねだん) 가격. 금새.　　　　　　 └값.
値踏み (ねぶみ) 〖商〗 짐작으로 물건 값을 매김. 평가 (評價).
値待ち (ねまち) 거래에서 가격이 매매 양쪽에 알맞게 될 때까지 기다림.
値動き (ねうごき) 〖經〗 시세의 변동.
値売り (ねうり) (산 값보다) 비싼 값으로 팖.
値付き (ねつき) 값이 결정되어 거래가 이루어짐.
値崩れ (ねくずれ) 공급이 수요를 웃돌아 갑자기 값이 내리는 일.
値上がり (ねあがり) 값이 오름.
値上げ (ねあげ) 값을 올림. 가격 인상.
値洗い (ねあらい) 〖經〗 청산 거래에서, 계산 구역 안의 모든 거래의 종목 가격을 단일 가격으로 수정하는 일.
値嵩 (ねがさ) 〖經〗 값이 비쌈.
‖ ~株 (かぶ) 값이 비싼 주 (株).
値安 (ねやす) 값이 쌈.
値引き (ねびき) 값을 깎음. 깎아 줌.
値積もり (ねづもり) 값을 매김.
値切り (ねぎり) 값을 깎음.
値切る (ねぎる) 값을 깎다.
値札 (ねふだ) 정가표. 정찰.
値千金 (あたいせんきん) 천금의 값어치.
値鞘 (ねざや) 〖商〗 두 시세의 차 (差). 시세 (가격) 폭.
値打ち (ねうち) ① 가치. 값어치. ② (사고 파는) 값. 가격.
値幅 (ねはば) 매주 (賣主)가 제시한 값과 매주 (買主)가 제시한 값과의 차. 그날의 가장 높은 시세와 낮은 시세의 차. 시세폭.
値下がり (ねさがり) 값이 내림.
値下げ (ねさげ) 가격 인하.　　　「맛에 홀림.
値惚れ (ねぼれ) 값이 싸서 마음이 끌림. 싼

10 耳 常	**恥**	부끄러워할 **치** チ　はじる・はじ・ はじらう・はずかし い・はずかしめる

音読
- 恥骨(ちこつ)〖生〗치골.
- 恥丘(ちきゅう)〖生〗치구. 음부(陰阜).
- 恥垢(ちこう) 외부 생식기의 주름 부분에 고이는, 때와 같은 저저분한 분비물.
- 恥毛(ちもう) 치모. 거웃. 음모.
- 恥部(ちぶ) 치부.
- 恥辱(ちじょく) 치욕.

訓読
- 恥(はじ) 부끄러움. 수치. 치욕.
- 恥ずべき(はずべき) (마땅히) 부끄럽게 여겨야 할. 「함.
- 恥掻き(はじかき) 수치를 당함. 창피를 당
- 恥知らず(はじしらず) 수치를 모름. 또, 그런 사람. 철면피.
- 恥曝し(はじさらし) 망신(시킴). 수치. 창피. 또, 그 사람. 「하다.
- ❖恥じらう(はじらう) 부끄러워하다. 수줍어
- 恥じらい(はじらい) 수줍음. 부끄러움.
- ❖恥じる(はじる) ① 부끄러이 여기다. ② 《'…に恥じない'의 꼴로》…에 부끄럽지 않다.
- 恥じ入る(はじいる) 크게 부끄러워하다.
- ❖恥ずかしい(はずかしい) 부끄럽다. 면목없다. 창피하다. 「다.
- 恥ずかしがる(はずかしがる) 부끄러워하
- 恥かし乍ら(はずかしながら) 부끄러운 일이나. 창피한 일이지만.

10 至 常	**致**(致)	이를 **치** チ いたす

音読
- 致景(ちけい) 치경. 좋은 경치.
- 致命(ちめい) 치명. ♣～傷(しょう) 치명상. ～率(りつ) 치사율 / ～的(てき) 치명적.
- 致仕(ちし) 치사. ① (나이가 많아) 관직을 사직함. ② 70세의 딴이름.
- 致死(ちし) 치사. ♣～量(りょう) 치사량.
 ‖ ～突然変異(とつぜんへんい)〖生〗치사 돌연 변이.
 ～遺伝子(いでんし)〖生〗치사 유전자.
- 致事(ちじ) ☞致仕(ちし).
- 致傷(ちしょう) 치상.
- 致誠(ちせい) 치성.
- 致知(ちち) 치지. 주자학에서, 사물의 도리를 연구하여 밝힘.

訓読
- ❖致す(いたす) ① 가져오다. 일으키다. ② 보내다. ③ 'する(=하다)'의 겸사말.
- 致し方(いたしかた) 'しかた・しよう(=하는 수)'의 겸사말.
- 致し様(いたしよう) ☞致し方(いたしかた).

11 土	**埴**	찰흙 **치**・찰흙 **식** ショク はに・へな

音読
- 埴壌土(しょくじょうど) 치양토.
- 埴土(しょくど) 치토. 식토. 점토질(粘土質)의 흙. ＊へなつちろとも 읽음.

訓読
- 埴(はに)〈雅〉치토. 식토. 기와나 도자기 따위의 원료로 쓰는 황적색의 찰흙.
- 埴輪(はにわ) 고분(古墳) 주위에 세운 점토로 만든 토기.
- 埴物(はにもの) 식토(埴土)로 만든 물건.
- 埴瓮(はにべ) ⇨埴瓮(はにべ).
- 埴生(はにゅう)〈雅〉찰흙 땅.
 ‖ ～の宿(やど) 흙벽의 초라한 집.
- 埴瓮(はにべ) 식토(埴土)로 만든 그릇.
- 埴猪口(へなちょこ) ① 풋내기. ② 겉에는 마귀, 안에는 복신을 그린 막찍 사기 술잔.

11 木	**梔**	치자나무 **치** シ くちなし

訓読
- 梔(くちなし)〖植〗치자나무. ♣～色(いろ) 치자색.
- 梔子(くちなし) ⇨梔(くちなし).

11 疒	**痔**	치질 **치** ジ

音読
- 痔(じ) 치질.
- 痔瘻(じろう) 치루.
- 痔疾(じしつ)〖醫〗치질.
- 痔核(じかく)〖醫〗치핵. 수치질.

12 歯 教	**歯**(齒)	이 **치** シ は・よわい

音読
- 歯間音(しかんおん)〖言〗치간음.
- 歯腔(しこう)〖生〗치강. 치수(歯髄)가 들어 있는 잇속의 빈 구멍.
- 歯骨(しこつ)〖生〗치골. 이틀을 이루는 뼈.
- 歯科(しか) 치과. ♣～医(い) 치과의.
 ‖ ～技工士(ぎこうし) 치과 기공사.
 ～技工所(ぎこうしょ) 치과 기공소.
 ～医師(いし) 치과 의사.
- 歯冠(しかん) 치관.
- 歯垢(しこう) 치구. 이똥.
- 歯根(しこん)〖生〗치근. 이촉.
- 歯輪(しりん) 톱니바퀴.

齒序(しじょ) 치서. 나이 차례.
齒石(しせき) 치석. 치구.
齒髓(しずい) 『生』치수. 치아 수질. 치강 속의 연한 조직.
齒唇音(ししんおん) 치순음. 순치음.
式(しき) 『動』치식. 이의 모양과 수를 나타낸 식.
齒牙(しが) ①치아. 이. ②말(끝).
齒列(しれつ) 치열. 잇바디.
齒肉(しにく) 『生』☞齒茎(はぐき). *はにく・はじし로도 읽음. 「은염.
齒齦(しぎん) 치은. 잇몸. ♣~炎(えん) 치
齒音(しおん) 『言』치음.
齒槽(しそう) 『生』치조. 이뿌리가 박혀 있는 턱뼈의 구멍. 이틀.
‖~膿漏(のうろう) 『醫』치조 농루.
~膿瘍(のうよう) 『醫』치조 농양.
齒周炎(ししゅうえん) 『醫』치주염.
齒質(ししつ) 치질.
齒朶(しだ) 『植』①양치 (식물). ②풀고사리. ♣~類(るい) 양치류.
‖~植物(しょくぶつ) 양치 식물.

訓読➡
齒(は) ①이. 치아. ②치아 모양 나란히 선 것. 빗살 따위. ③톱니.
㊁(よわい) 나이. 연령. 연배(年輩).
齒する ㊀(よわいする) 한패로 사귀다. 한패로서 대우하다.
㊁(しする) 동료[동아리]에 끼다.
齒欠け(はかけ) 이가 빠졌거나 결함이 있음. 또, 그 사람.
齒っ欠け(はっかけ) 이가 빠져 없음.
齒茎(はぐき) 잇몸.
‖~音(おん) 『言』치경음. 혀끝소리.
齒固め(はがため) ①예전에, 장수를 빌어 정초 3일간 鏡餅(かがみもち)·은어·무·멧돼지 고기를 먹던 일. ②아직 이가 나지 않은 젖먹이에게 빨리는 장난감.
齒当たり(はあたり) 음식을 씹을 때의 느낌.
齒代(はだい) 찻삯. 인력거 빌리는 삯.
齒磨き(はみがき) ①이닦기. ②치약. ③칫
‖~楊枝(ようじ) 칫솔. 「솔.
齒抜け(はぬけ) 이가 빠짐[빠진 사람].
齒並び(はならび) ☞齒並み(はなみ).
齒並み(はなみ) 잇바디. 치열(齒列).
齒釜(はがま) 전이 달린 솥.
齒糞(はくそ) ☞齒屎(はくそ).
齒刷子(はブラシ) 칫솔.
齒屎(はくそ) 이똥.
齒軋り(はぎしり) 이를 갊.
齒痒い(はがゆい) 성에 차지 않다. 속이 타다. 안타깝다. 답답하다.
齒元(はもと) 이의 뿌리.
齒応え(はごたえ) ①씹었을 때 이에 느끼어지는 감촉. 씹(히)는 맛. ②비유하여, 반응(보람)이 있음.
齒医者(はいしゃ) 치과 의사(의원). 「댐.
齒入れ(はいれ) (왜나막신의) 굽을 (갈아)

齒滓(はかす) 이 사이에 낀 음식 쩌꺼기.
齒切り(はぎり) ①이를 갊. ②톱니를 내어 톱니바퀴를 만듦. 또, 그 기계. *はきり로도 읽음.
齒切れ(はぎれ) ①이로 물어 끊을 때의 느낌. 섬을 때의 느낌. ②말씨·발음이 분명함.
齒節(はぶし) 이. 잇몸.
齒止め(はどめ) ①바퀴의 회전을 제어하는 장치. ②사태의 진전을 막는 수단이나 방법.
齒車(はぐるま) 톱니바퀴.
齒触り(はざわり) 무엇을 씹었을 때의 느낌.
齒脱け(はぬけ) ⇨ 齒抜け(はぬけ).
齒痛(はいた) 치통. *しつうで도 읽음.
齒偏(はへん) 한자 부수의 하나: 이치변.
齒向かい(はむかい) 맞섬. 반항. 적대. 저항.
齒向かう(はむかう) 거슬리다. 맞서다. 반항하다. 덤벼들다.
齒形(はがた) ①(깨문) 잇자국. ②이빨(모양)을 본뜬 것. 톱니꼴.
齒型(はがた) ⇨ 齒形(はがた).
齒黒(はぐろ) (옛날에 기혼 여성이) 이를 검게 물들임.
齒黒め(はぐろめ) ①이를 검게 물들임. ②이를 물들이는 흑갈색의 액체.

13 口 嗤 웃을 **치**
シ
わらう

音読➡
嗤笑(ししょう) 치소. 냉소. 조소.

13 扩 常 痴(癡) 어리석을 **치**
チ
おろか・しれる・おこ

音読➡
痴鈍(ちどん) 치둔. 어리석고 머리의 회전이 둔함.
痴呆(ちほう) 치매. 백치. 천치.
‖~性老人(せいろうじん) 치매(성)노인. 노년 치매 상태인 고령자.
痴夢(ちむ) 『雅』치몽. 덧없는 꿈.
痴騃(ちがい) 치애. 어리석은 일[모양].
痴頑(ちがん) 어리석고 완고함.
痴愚(ちぐ) 치우. ①바보. 천치. ②『心』정신 박약의 정도를 나타내는 말.
痴人(ちじん) 치인. 바보.
痴者(ちしゃ) 치자. 바보.
痴情(ちじょう) 치정.
痴重(ちちょう) 치중. 어리석고 아둔한 양.
痴態(ちたい) 치태. 추태.
痴漢(ちかん) 치한.
痴話(ちわ) 치화. 남녀간의 정담. 전하여, 남녀의 경우.
‖~狂い(ぐるい) 정사에 빠짐.
~喧嘩(げんか) 치정 싸움. 사랑 싸움.
痴戯(ちぎ) 치희. 색정에 빠져서 하는 행위.

痴・置　1505

訓読
痴(おこ) 〈雅〉 어리석음. 미친 짓.
痴がましい(おこがましい) ①우습다. 어리석다. ②주제넘다. ③화가 나다.
❖痴れる(しれる) 정신을 잃다. 얼이 빠지다. 멍청하게 되다. 「은 일.
痴れ事(しれごと) 〈老〉 바보 같은 짓. 어리석
痴れ言(しれごと) 〈老〉 바보 같은 소리.
痴れ人(しれびと) 어리석은 사람. 바보.
痴れ者(しれもの) ①천치. 바보. 또, 난폭자. ②어떤 일에 마음을 빼앗긴 사람. 심취(心醉)한 사람.

| 13
禾
常 | 稚 | 어릴 치・어린애 치
チ
おさない・わかい・いとけない |

音読
稚気(ちき) 치기. (어른에게 남아 있는) 어린애 같은 기분.
稚蒙(ちもう) 치몽. 어린 사람.
稚樹(ちじゅ) 어린 나무.
稚児(ちご) ①신사(神社)나 절의 축제 때에 행렬에 참가하는 어린이. ②남색(男色)대의 소년. ③〈古〉고관의 집이나 절에서 심부름하는 소년.
∥～喝食(かっしき) 남자 아이의 결발법의 하나. 머리를 묶어 뒤로 길게 늘어뜨림.
～輪(わ) 옛날 어린이들의 결발 양식으로, 머리 위에 두 개의 고리를 만들어 묶은 것.
～若衆(わかしゅ) 고관 집・사찰 따위에서 심부름하던 소년.
～姿(すがた) ①아이 때의 모습. ②옛날에, 어린이가 여자처럼 머리를 뒤로 늘어뜨린 모습.
稚魚(ちぎょ) 치어.
稚子(ちし) 어린아이. 유아.
㊂(みずご) ①태어난 지 얼마 안 되는 아기. ②태아. 특히, 유산・낙태시킨 태아.
稚蚕(ちさん) 누에의 유충. 어린 누에.
稚鮎(ちあゆ) 『魚』은어의 치어.
稚拙(ちせつ) 치졸. 서투름.
稚貝(ちがい) 패류에서, 유생의 시기를 거쳐 조개의 형태를 막 갖추기 시작한 것.

訓読
稚い(いとけない) 〈雅〉 어리다. 순진하다.
＊いわけない로도 읽음.

其他
稚歯(みずば) 〈古〉 서치. 경사스러운 이. 노인이 되어 다시 나는 이.

| 13
四
教 | 置 | 둘 치・놓을 치
チ
おく |

音読
置酒(ちしゅ) 주연.
置換(ちかん) 치환. 바꾸어 놓음.

訓読
❖置く(おく) ①두다. ②거르다. ③셈하다. ④(전당) 잡히다. ⑤그냥 두다.
置いて(おいて) (시간・거리) 걸러서.
置いてきぼり(おいてきぼり) 내버려두고 가버림. 따돌림.
置き(おき) 《接尾語로》 간격. 걸러.
置き去り(おきざり) 내버려두고 가버림.
置き据える(おきすえる) (일정한 위치에) 움직이지 않게 놓다. 「たつ.
置き炬燵(おきごたつ) 옮겨 놓을 수 있는こ
置いてけ堀(おいてけぼり) ☞置いてきぼり(おいてきぼり).
置き碁(おきご) 접바둑.
置き忘れ(おきわすれ) (물건을) 둔 곳을 잊음. 또, 물건을 둔 채 잊고 옴〔감〕.
置き忘れる(おきわすれる) (물건을) 둔 곳을 잊다. 또, 가지고 오는 것을 잊다.
置き舞台(おきぶたい) 歌舞伎(かぶき) 무대에서, 발소리가 잘 울리도록 노송 나무판을 덧댄 무대.
置物(おきもの) ①객실 등에 두는 장식물. ②허수아비. 꼭두각시. 「둠.
置きっ放し(おきっぱなし) 방치함. 내버려
置き捨て(おきずて) ①내버려둠. ②내버려두고 가버림.
置き傘(おきがさ) 불시의 비에 대비하여 근무처 등에 항상 비치해 두는 우산.
置き床(おきどこ) 床の間(とこのま)처럼 만든 이동할 수 있는 대(臺).
置き石(おきいし) ①정원석. ②(바둑에서) 하수가 치수에 따라 미리 돌을 화점에 놓음. 또, 그 돌. ③철로 위에 고의로 돌을 놓음.
置き所(おきどころ) ①두는 장소. 둘 곳. ②(놓아) 둔 곳.
置き手拭(おきてぬぐい) 수건을 접어 머리나 어깨에 얹음. 또, 그 수건.
置き手紙(おきてがみ) ①(외출할 때 또는 방문해서) 써 놓는 편지. ②(가출하는 사람이) 적어 놓은 편지.
置き時計(おきどけい) 탁상시계.
置き薬(おきぐすり) 사용한 분량만큼 대금을 차후 수금하러 온다는 약속하에 행상인이 두고 가는 가정 상비약.
置屋(おきや) 포주집.
∥～町(まち) 홍등가. 환락가.
置き引き(おきびき) 대합실 등에서, 남의 짐을 자기 것과 바꿔치기해서 훔쳐 감. 또, 그 사람.
置き字(おきじ) ①어조사(語助辭). ②일본 편지 글에서 부사・접속사로 쓰이는 글자.
置き場(おきば) 물건을 두는〔둘〕곳.
置き尺(おきじゃく) 피륙 따위를 대(臺) 위에 놓고 자로 잼.
置き土(おきつち) (낮은 땅을 메우는) 객토.
置き土産(おきみやげ) ①떠날 때 남겨 놓고 가는 선물. ②사후(死後)에 남겨 두고 가는 것《업적・부채 등》. 「たつ.
置き火燵(おきごたつ) ⇒ 置き炬燵(おきご

13 雉 佳 / 꿩 치 / チ / きじ

音読
- 雉兎(ちと) ① 꿩과 토끼. ② 사냥꾼.
- 雉兎芻蕘(ちとすうじょう) 사냥꾼·나무꾼·풀 베는 사람 따위의 인간 군상.

訓読
- 雉(きじ) 『鳥』 꿩.
- 雉鳩(きじばと) 『鳥』 호도애.
- 雉子(きじ) ☞雉(きじ). *雅語로는 きぎす라고도 함.
- 雉笛(きじぶえ) 꿩소리를 내는 우레 《꿩 유인하는 것》.
- 雉車(きじぐるま) 소나무·삼나무 따위의 재목으로 꿩 모양을 만들어 채색하고 밑에 수레를 단 완구.

13 馳 馬 / 달릴 치 / チ / はせる

音読
- 馳駆(ちく) 치구. 말을 달리게 함. 남을 위하여 분주하게 돌아다님.
- 馳道(ちどう) 치도. 천자나 귀인이 다니는 길.
- 馳突(ちとつ) 치돌. 세차게 돌진함.
- 馳騁(ちへい) 치빙. 분방하게 활동함. *ちていろ로도 읽음.
- 馳走(ちそう) ① 손을 대접함. ② 맛있는 요리. 성찬.
  ∥～答拝(たっぱい) 손님 등에게 정중하게 대접하는 일.
  ～人(にん) 보살펴 주는 사람. 아다님.
- 馳驟(ちしゅう) 치취. (말·마차를 타고) 돌

訓読
- ❖馳せる(はせる) ① 달리다. ② (이름 등을) 떨치다.
- 馳せ(はせ) 《接頭語적으로》 달려서 (…함).
- 馳せ戻る(はせもどる) 급히 (말을 몰아) 돌아오다. 다(지나가다).
- 馳せ越える(はせこえる) 말을 달려 뛰어넘
- 馳せ集まる(はせあつまる) ① 달려와 모이다. ② 급히 모이다.
- 馳せ着ける(はせつける) 달려서 다다르다. 급히 달려오다.
- 馳せ参じる(はせさんじる) ☞馳せ参ずる(はせさんずる).
- 馳せ参ずる(はせさんずる) (자기가 섬기는 군주·영주·웃어른에게) 급히 달려가다.
- 馳せ下る(はせくだる) ① 높은 곳에서 낮은 곳으로 달려 내려가다. ② 서울(도시)에서 지방으로 급히 가다.
- 馳せ向う(はせむかう) 급히 달려가다.
- 馳せ回る(はせまわる) 이곳저곳 뛰어다니다. 여기저기 말을 달려 다니다.

14 緇 糸 / 검을 치 / シ / くろ・くろむ

音読
- 緇流(しりゅう) 치류(緇類). 승도(僧徒). 중의 무리.
- 緇素(しそ) 치소. ① 검은 옷과 흰옷. ② 승려와 속인.
- 緇衣(しえ) 『佛』 치의. 승려가 입는 검은 옷. 중. *しいろも로 읽음.

15 幟 巾 / 표기 치 / シ / のぼり

訓読
- 幟(のぼり) ① 좁고 긴 천의 한 끝을 장대에 매달아 세운 기치. ② (단오절에 올리는, 천 또는 종이로 만든) 잉어 드림.
- 幟旗(のぼりばた) 좁고 긴 천의 한 끝을 장대에 매달아 세운 기치.

15 褫 ネ / 옷벗길 치 / チ / はぐ

音読
- 褫奪(ちだつ) 치탈. 삭탈.

15 輜 車 / 짐수레 치 / シ / ほろぐるま

音読
- 輜重(しちょう) 『軍』 치중. ① 군수품의 총칭. ② 輜重兵의 준말. ③ 탄약·식량 따위의 병참 물자의 운반·보급을 담당하는 구(舊)육군의 병과.
  ∥～兵(へい) 치중병. 병참병.

16 熾 火 / 성할 치 / シ / さかん・おき・おこす

音読
- 熾烈(しれつ) 치열. 격렬(激烈).
- 熾熱(しねつ) 치열. 열도(熱度)가 매우 높음.

訓読
- 熾(おき) ① 빨갛게 핀 숯불. ② (장작 등이) 타다 남아 뜬숯같이 된 것.
- 熾す(おこす) 불을 피우다. 불기운을 돋우다.
- 熾る(おこる) 불이 활활 피어 오르다.
- ❖熾きる(おきる) 숯불이 벌겋게 피다.
- 熾火(おきび) 빨갛게 핀 숯불. 잉걸불.

16 糸	縒	가지런하지않을 **치** シ よる

訓読
縒れる(よれる) ①꼬이다. 엉클어지다. ②구기다.
❖**縒る**(よる) ①(실·끈 따위를) 꼬다. ②〈文〉☞ 縒れる(よれる).
縒り(より) 꼼. 꼰 것.
〜を戻(もど)**す** ①꼰것을 되풀다. ②본디로 되돌리다. 특히, 헤어졌던 남녀가 다시 합치다.
縒り金(よりきん) 금박(金箔)을 실처럼 가늘게 잘라 비단실과 함께 꼰 것.
縒り糸(よりいと) 연사. 꼰 실.
縒り合わせる(よりあわせる) (몇 가닥을) 합쳐서 꼬다. 꼬아 합치다.

16 糸	緻	고울 **치** チ こまかい

音読
緻密(ちみつ) 치밀.

16 鳥	鴟	올빼미 **치** シ とび

音読
鴟尾(しび) 치미. 망새.

17 禾	穉	어릴 **치** チ おさない·わかい

参考 稚의 異體字.

音読
穉気(ちき) 치기. (어른에게 남아 있는) 어린애 같은 기분.

17 鳥	鵄	올빼미 **치** シ とび

訓読
鵄(とび) 솔개.

19 魚	鯔	숭어 **치** シ ぼら·いな

訓読
鯔 ㊀(ぼら)〖魚〗숭어.
㊁(いな)〖魚〗모쟁이.
㊂(とど) ①〖魚〗성장한 숭어. ②결국.

鯔背(いなせ) (젊은이가) 멋있고 위세 당당하며 사나이다운 모양.

칙

9 刂 教	則	법칙 **칙**·본받을 **칙** ソク すなわち·のっとる·のり

音読
則する(そくする) (그것을 기준으로 하여) 따르다. 준거하다.
則闕の官(そっけつのかん) (적임자가 없으면 결원으로 둔 데서) 太政大臣(だじょうだいじん)의 딴이름.
則天去私(そくてんきょし) 칙천 거사. 하늘의 뜻을 따르고 사심을 버림.

訓読
則 ㊀(のり) ①규범. ②모범. 본. ③지름. ④불법(佛法).
㊁(そく)《接尾語的으로》항목·개조(個條)를 세는 말.
則ち(すなわち)《…すれば형의 句를 받아서》그때는, …할 때는 (언제든지). …하면 곧.
則る(のっとる) 기준·규범으로 삼다. 준거하다.

9 力 常	勅 (敕)	조서 **칙** チョク みことのり

音読
勅 ㊀(ちょく) 칙. 천자의 말〔명령〕. 조칙.
㊁(みことのり) 조칙(詔勅). 임금의 말씀 (을 쓴 문서). 「책망.
勅勘(ちょっかん) 天皇(てんのう)〔천자〕의
勅答(ちょくとう) 칙답. ①天皇(てんのう)가 신하에게 답함. 비답(批答). ②天皇의 질문에 대한 대답.
勅令(ちょくれい) 칙령. 일본 구(舊)헌법에서 天皇(てんのう)가 의회의 심의를 거치지 않고 내린 명령.
勅禄(ちょくろく) 칙명으로 물품을 하사함.
勅免(ちょくめん) 칙명에 의한 면허·사면.
勅命(ちょくめい) 칙명.
勅問(ちょくもん) 天皇(てんのう)의 질문.
勅封(ちょくふう) 칙봉. 天皇(てんのう)의 명으로 봉인함.
勅使(ちょくし) 칙사.
勅書(ちょくしょ) 칙서.
勅宣(ちょくせん) 칙명의 선지(宣旨).
勅選(ちょくせん) 칙선. 天皇(てんのう)가 (사람)몸소 뽑음. 「그 시호.
勅諡(ちょくし) 칙명으로 시호를 내림. 또,
勅額(ちょくがく) 칙액. 天皇(てんのう)가 친히 쓴 액자.

勅語(ちょくご) 칙어. 칙서. 조칙.
勅願(ちょくがん) 칙원. 칙명에 의한 기원.
‖〜寺(じ) 칙원에 의해 세워진 절.
勅諭(ちょくゆ) 칙유. 天皇(てんのう)가 내린 가르침. 칙교.
勅意(ちょくい) 천자의 의향.
勅任(ちょくにん) 칙임.
‖〜官(かん) 칙임관. 전에 天皇(てんのう)의 명령으로 임명되던 관리.
勅裁(ちょくさい) 칙재. 왕의 재결.
勅定(ちょくじょう) 천자가 스스로 정함.
勅証(ちょくじょう) 조칙. 조서. 「사.
勅祭(ちょくさい) 칙제. 칙명으로 지내는 제
勅題(ちょくだい) ① 칙제. 天皇(てんのう)가 내리는 시가의 제목. ② 天皇 친필의 액자.
勅詔(ちょくしょう) 조칙. 天皇(てんのう)의 말(을 쓴 문서). 「취지.
勅旨(ちょくし) 칙지. 천자의 의사. 칙명의
勅撰(ちょくせん) 칙찬. 칙명으로 시가나 문장 따위를 추려서 책을 만듦. 「집.
‖〜和歌集(わかしゅう) 칙찬 和歌(わか)
勅版(ちょくはん) 칙명으로 출판된 서적.
勅筆(ちょくひつ) 칙필. 天皇(てんのう)의 필적.
勅許(ちょっきょ) 칙허. 天皇(てんのう)〔천자〕의 허가. 「칭호.
勅号(ちょくごう) 조정에서 고승에게 내린

친

| 16 見 教 | 親 | 어버이 친·친할 친
シン
おや·したしい·したしむ·みずから |

音読
親懇(しんこん) 친하고 사이가 좋음.
親見(しんけん) 친견. 친히 봄.
親系(しんけい) 친계. 친족 계통.
親告(しんこく) 친고. ♣〜罪(ざい) 『法』 친고죄. 「바치는 일.
親供(しんく) 임금 스스로 신에게 공양물을
親交(しんこう) 친교. 친(밀)한 교제.
親旧(しんきゅう) 친척과 오래 사귄 벗.
親軍(しんぐん) 친군. 임금이 친히 거느리는
親眷(しんけん) 가까운 권속. 「군사.
親権(しんけん) 친권. ♣〜者(しゃ) 친권자.
親近(しんきん) ① 친근. 친밀함. ② 측근. 친척. ♣〜感(かん) 친근감.
親気元素(しんきげんそ) 『化』 친기 원소.
親昵(しんじつ) 친숙. 친함.
親銅元素(しんどうげんそ) 『化』 친동 원소.
親等(しんとう) (친족 관계의) 촌수.
親類(しんるい) 친척. 일가.
‖〜筋(すじ) 친척 관계(에 있는 사람).
〜付き合い(づきあい) ① 친척간의 교제. ② 친척과 같은 친밀한 교제.

〜書き(がき) 친척의 성명·관계·직업 등을 기록한 서류. 「계의 총칭.
〜縁者(えんじゃ) 혈족·인척·수양(收養)
〜預け(あずけ) 江戸(えど) 시대에, 연소하거나 병이 있는 범죄자를 성장 또는 치유될 때까지 친척에게 맡겨 두던 일. 「석함.
親臨(しんりん) 친림. 임금·왕족이 친히 임
親睦(しんぼく) 친목.
親米(しんべい) 친미(親美).
親味(しんみ) ⇨ 親身(しんみ).
親密(しんみつ) 친밀.
親拝(しんぱい) 임금이 친히 참배함.
親藩(しんぱん) 江戸(えど) 시대, 将軍(しょうぐん)의 근친인 제후의 藩(はん).
親兵(しんぺい) ① 친위대. ② 임금의 호위
親朋(しんぽう) 친붕. 친한 벗. └병.
親生元素(しんせいげんそ) 『化』 친생 원소.
親書(しんしょ) 친서.
親署(しんしょ) 친서. 국가 원수나 귀인이 손수 서명함. 또, 그 서명.
親石元素(しんせきげんそ) 『化』 친석 원소.
親善(しんぜん) 친선.
親疎(しんそ) 친소. 친밀함과 소원함.
親水(しんすい) 친수. 물과 친화성(親和性)이 있는 일.
‖〜権(けん) 친수권. 환경권의 하나로, 주민이 물과 친화할 수 있는 권리.
〜性(せい) 친수성. 물에 잘 녹는 성질. 물에 대하여 친화력이 있는 성질.
親受(しんじゅ) 친수. 친히 받음. 「수여함.
親授(しんじゅ) 친수. 귀인, 특히 왕이 손수
親熟(しんじゅく) 친숙. 극히 친함.
親試(しんし) 친시.
親身(しんみ) 육친. 근친.
親狎(しんこう) 친압. 친하여 허물없이 됨.
親愛(しんあい) 친애. ♣〜感(かん) 친애감.
親縁(しんえん) 친연. ① 친척의 인연. ② 가까운 혈통. 「열·열병함.
親閲(しんえつ) 친열. 최고 상관이 직접 검
親迎(しんげい) 친영. 친히 나가 맞음.
親王(しんのう) 친왕. 적출(嫡出)의 황자·황손의 칭호. ♣〜妃(ひ) 친왕비.
‖〜家(け) 친왕의 가계(家系).
親友(しんゆう) 친우. 친한 벗.
親衛(しんえい) 친위. ♣〜隊(たい) 친위대.
親油性(しんゆせい) 『化』 친유성. 지방이나 기름에 녹기 쉬운 성질.
親日(しんにち) 친일.
‖〜家(か) 친일파 (사람).
親任(しんにん) 친임. 옛날에, 天皇(てんのう)가 친히 임명하던 일.
‖〜官(かん) 친임관. 옛날, 天皇가 친서(親署)해서 임명한 고급 관리.
親炙(しんしゃ) 친자. 친히 접하여 그 감화를 받음. 「결함.
親裁(しんさい) 친재. 천자나 귀인이 친히 재
親電(しんでん) 친전. 국가 원수가 자기 이름으로 치는 전보.

親展(しんてん) 친전.
親切(しんせつ) 친절.
‖~気(ぎ) 친절심. 친절히 하고자 하는 마음.
親接(しんせつ) 친접. 친히 나와서 접대함.
親征(しんせい) 친정. 천자가 친히 정벌함.
親政(しんせい) 친정.
親情(しんじょう) 친숙한 마음.
親祭(しんさい) 친제. 천자나 귀인이 친히 신에게 제사지냄.
親族(しんぞく) 친족. 친척. *雅語로는 うから라고도 함. ♣~権(けん) 〖法〗친족권 / ~法(ほう) 친족법.
~結婚(けっこん) 친족 결혼.
~会議(かいぎ) 친족 회의.
親戚(しんせき) 친척.
親鉄元素(しんてつげんそ) 〖化〗친철 원소.
親筆(しんぴつ) 친필.
親翰(しんかん) 임금의 친필 문서.
親好(しんこう) 친호. 서로 친해 사이가 좋음.
親和(しんわ) 친화. ♣~力(りょく) 친화력.

訓読→

親 ㊀(おや) ①부모. 어버이. ②(카드놀이 등에서) 게임을 리드하는 사람.
㊁(しん) 육친. 근친.
親甲斐(おやがい) 부모로서의 능력〔위광〕威〕
親見出し(おやみだし) ①(기사의) 주되는 표제. ②(사전의) 독립 표제어.
親骨(おやぼね) 겉살. 부채 양끝의 굵은 살.
親掛かり(おやがかり) 다 큰 자식이 자립하지 못하고 부모 신세를 지고 있음. 또, 그것.
親亀(おやがめ) 어미 거북.
親局(おやきょく) (라디오·텔레비전 방송망의) 키 스테이션. 본국.
親代わり(おやがわり) 친부모 대신 돌봐 주고 양육하는 일. 또, 그 사람. 〔생가.
親里(おやざと) 그 사람이 태어난 집. 친가.
親馬鹿(おやばか) 자식이 귀여운 나머지 부모로서 저지르는 어리석은 짓.
親木(おやき) (접목에서) 접본(椄本). 대목(臺木). *おやぎ라고도 함.
親無し(おやなし) 부모가 없음. 고아.
親文字(おやもじ) ①(로마자의) 머리글자. ②(한자 자전에서) 숙어의 근본이 되는 표제 글자.
親方(おやかた) (씨름이나 장인(匠人) 사회에서) 지도적인 위치의 사람.
親父(おやじ) ㊀남자가 자기 아버지에 대해 친근히 일컫는 말. 아버지. ㊁직장의 책임자·가게 주인 등을 일컫는 말.
‖~方(がた) (歌舞伎(かぶき)에서) 노인역.
㊁(しんぷ) 〘老〙친부. 친아버지.
親分(おやぶん) 두목. 우두머리.
親不孝(おやふこう) ①불효(자식). ②親不孝相場의 준말.
‖~相場(そうば) 〖經〗증자로 발행된 신주가 구주보다 더 높은 시세.
親思い(おやおもい) 부모를 소중히 여기는 효성. 또, 그 사람.

親船(おやぶね) 모선(母船). 본선(本船).
親勝り(おやまさり) 자식이 부모보다 잘남. 또, 그런 자식.
親心(おやごころ) (자식을 사랑하는) 부모의 마음. 또, 그와 같이 손아랫사람을 사랑하는 마음.
親御(おやご) 양당(兩堂). 남의 부모의 경칭.
親譲り(おやゆずり) 대(代)물림.
親睨(おやにらみ) 〖魚〗껄저기.
親玉(おやだま) 〘俗〙우두머리. 두목.
親芋(おやいも) 토란의 어미 줄기.
親元(おやもと) 부모 슬하. 부모가 (살고) 계신 곳.
親子(おやこ) ①부모와 자식. *しんし로도 읽음. ②부모와 자식 관계와 같은 모양의 것.
‖~鑑別(かんべつ) 〖醫〗천자 확인. 혈액형·지문 등에 의한 혈연 관계 판단.
~電話(でんわ) 한 선으로 같이 쓰는 두 대 이상의 전화.
~丼(どんぶり) 닭고기 계란덮밥.
親字(おやじ) ☞親文字(おやもじ)②.
親潮(おやしお) 〖地〗일본 열도의 태평양 연안을 남쪽으로 흐르는 한류. 쿠릴 해류.
親柱(おやばしら) 난간 따위의 끝에 있는 굵은 기둥. 〔구주(舊株〕〕
親株(おやかぶ) 〖經〗 (신주(新株)에 대한)
親重代(おやじゅうだい) 조상 대대로 전해 내려옴. 또, 그것.
親知らず(おやしらず) ①친부모의 얼굴을 모름. 또, 그런 자식. ②'親知らず歯(おやしらずば)(=사랑니)'의 준말.
親指(おやゆび) 엄지손가락. 엄지발가락.
親出し(おやだし) 표제어. 표제자.
親項目(おやこうもく) ☞親見出し(おやみだし)
親許(おやもと) ⇒親元(おやもと).
親兄弟(おやきょうだい) 부모 형제. 가족.
親会社(おやがいしゃ) 모(母)회사.
親孝行(おやこうこう) 효도. 또, 효도하는 사람.
❖親しい ㊀(したしい) ①친하다. 사이좋다. ②(혈연이) 가깝다. ③낯익다. 친숙하다.
㊁(ちかしい) 친하다. 친밀하다.
親しく(したしく) 몸소. 친히.
❖親しむ(したしむ) ①친하게 하다. 친하게 지내다. ②늘 접촉해서 익숙하다. ③즐기다.
親しみ(したしみ) 친숙. 친밀감. 애정.
親しみ深い(したしみぶかい) 몹시 친근〔친숙〕하다.

칠

| 2 一 教 | 七 | 일곱 칠
シチ・シツ
なな・ななつ・なの |

音読

七(しち) 칠. 일곱. *ななろも 읽음.
七去(しちきょ) 칠거지악.
七難(しちなん) 칠난. ①(이승에서 일어나는) 여러 가지 재난. ②많은 결점.
‖**~九厄**(くやく) 일곱 수와 아홉 수에 해당되는 행년(行年)에는 남녀 모두 액이 낀다는 속신(俗信).
七年忌(しちねんき) ☞ 七回忌(しちかいき).
七堂(しちどう) 〖佛〗 칠당. 절에 있는 완비된 온갖 당우(堂宇). 보통, 법당・강당・탑・종루・경장(經藏)・승방・식당을 말함.
‖**~伽藍**(がらん) 〖佛〗 칠당 가람.
七道(しちどう) 칠도. 일본의 일곱 개 지방구분. 東海(とうかい)・東山(とうさん)・北陸(ほくりく)・山陰(さんいん)・山陽(さんよう)・南海(なんかい)・西海(さいかい).
七郎鼠(しちろうねずみ) 시궁쥐의 딴이름.
七輪(しちりん) (흙으로 만든) 풍로.
七律(しちりつ) 七言律詩(しちごんりっし)의 준말.
七厘(しちりん) ⇨ 七輪(しちりん).
七里結界(しちりけっかい) ①〖佛〗(마장(魔障)이 들어오지 못하게) 70리 사방에 경계를 설정함. ②남을 꺼려서 가까이 하지 않음.
七面倒(しちめんどう) 매우 귀찮음. 몹시 번거로움《面倒(めんどう)의 힘줌말》.
‖**~臭い**(くさい) 매우 귀찮다. 몹시 번거롭다. *しちめんどくさいにも 읽음.
七面鳥(しちめんちょう) 칠면조. 흔히, 변덕쟁이에 비유됨. 「がらし」.
七味(しちみ) ☞ 七色唐辛子(なないろとう).
七変化(しちへんげ) ①〖植〗紫陽花(あじさい)의 딴이름. ②〖植〗 ランタナ(Lantana)의 딴이름. ③무용의 한 형식.
七宝(しっぽう) 칠보. *しちほうにも 읽음.
‖**~繋ぎ**(つなぎ) 양쪽에 뾰족한 타원형을 이어 맞춘 무늬.
~焼(やき) 칠보 세공. 「런 것.
~荘厳(しょうごん) 칠보로 장식함. 또, 그
七歩の才(しちほのさい) 칠보재. 아주 뛰어난 시문(詩文)의 재주를 일컫는 말.
七福神(しちふくじん) 복덕을 준다는 일곱 신. 恵比須(えびす)・大黑天(だいこくてん)・昆沙門天(びしゃもんてん)・弁財天(べんざいてん)・福禄寿(ふくろくじゅ)・寿老人(じゅろうじん)・布袋(ほてい)의 총칭.
七分(しちぶ) 칠분. (전체의) 칠할.
‖**~搗き**(づき) 칠분도(미).
~袖(そで) 칠분 기장 소매.
~身(しん) (사진 따위에서) 얼굴에서 무릎 언저리까지의 범위.
七三(しちさん) 전체를 7과 3의 비례로 나눔. 특히, 여성의 가르마를 타는 모양의 하나.
七生(しちしょう) 칠생. 불교 특유의 사고 방식으로 일곱 번 환생(幻生)함. ②(전하여) 칠대(七代).
‖**~報国**(ほうこく) 칠생 보국. 일곱 번 환생하여 나라를 위해 충성을 다함.
七旬(しちじゅん) 칠순. ①70세. ②70일.
七十二候(しちじゅうにこう) 칠십이후. 24 절기의 각 15일을 닷새씩 셋으로 나눈 것.
七夜(しちや) 이레 동안의 밤. (출생 후) 이 레째의 밤.
‖**~の祝い**(いわい) 이렛날 잔치〔축하〕.
七言(しちごん) 칠언. 한 구(句)가 7자로 되는 한시(漢詩)의 한 형식.
‖**~律**(りつ) ☞ 七言律詩.
~律詩(りっし) 칠언 율시《칠언 팔구(七言八句)로 이루어진 율시》.
~絶句(ぜっく) 칠언 절구. 칠절(七絶).
七洋(しちよう) 칠대양(七大洋).
七五三(しちごさん) ①아이들 성장의 축하행사. 남자는 3세・5세, 여자는 3세・7세 되는 해 11월 15일에 비숍을 입고 氏神(うじがみ) 따위에 참배함. ②경사에 쓰는 길한 수.
七五調(しちごちょう) 칠오조. 운문(韻文)에서 7음・5음의 가락을 반복하는 형식.
七曜(しちよう) 칠요. ①일주일의 요일. ②일・월과 화수목금토의 오성(五星). ♣~表(ひょう) 칠요표. 「한 옛 달력.
‖**~暦**(れき) 칠요 요력. 七曜②의 위치를 기재
~星(せい) 칠요성(군). (음양도(陰陽道)나 불교에서의) 북두칠성.
七月(しちがつ) 칠월.
七赤(しちせき) 칠적《구성(九星)의 하나로 금성에 해당되며 방위는 서(西)》.
七転八起(しちてんはっき) 칠전팔기.
七顛八起(しちてんはっき) ⇨ 七転八起(しちてんはっき).
七転八倒(しちてんはっとう) 칠전팔도. *しちてんばっとう・しってんばっとうにも 읽음.
七絶(しちぜつ) 七言絶句(しちごんぜっく)의 준말. 「き」.
七周忌(しちしゅうき) ☞ 七回忌(しちかい)
七珍(しっちん) 〖佛〗 칠진. 칠보. *しちちん으로도 읽음.
‖**~万宝**(まんぽう) 칠진만보. 온갖 보물.
~八宝(はっぽう) 칠진팔보.
七彩(しちさい) 일곱 가지 빛깔. 전하여, 아름다운 색채.
七七(しちしち) 칠칠. 사십구일.
七弦琴(しちげんきん) 〖樂〗 칠현금. 일곱 줄로 된 중국 거문고의 속칭.
七絃琴(しちげんきん) ⇨ 七弦琴(しちげん)
七花八裂(しちかはちれつ) 사분오열(四分五裂). 지리멸렬.
七回忌(しちかいき) 칠주기(七週忌). 사람이 죽어서 6년째의 기일(忌日)에 지내는 제사.

訓読

七つ(ななつ) ①일곱. ②일곱 살〔개〕.
七曲がり(ななまがり) (길 따위가) 꼬불꼬불함. 또, 그런 길. 「餘德」.
七光(ななひかり) 부모나 군주의 위광. 여덕
七度(ななたび) 일곱 번. 여러 번.

七つ道具(ななつどうぐ) 필요할 때에 즉시 쓸 수 있도록 몸에 지니는 일습의 연장.
七つ立ち(ななつだち) (여행 따위를) 오전 4시경에 출발함.
七癖(ななくせ) 사람이 지닌 일곱 가지 버릇.
無(な)くて〜 누구에게나 (적어도) 몇 가지 버릇은 있다는 뜻.
七不思議(ななふしぎ) 일곱 가지 불가사의(한 일).
七色 ㊀(なないろ) ① 일곱 가지 색. ② 여러 「가지 색.
∥**〜唐辛子**(とうがらし) 일곱 가지 양념(고추·깨·진피·앵속·평지·삼씨·산초를 빻아서 섞은 향신료).
㊁(しちしょく) 칠색(빨강·파랑·노랑·초록·자주·남·주황).
七夕(たなばた) ① 베틀. 직기(織機). ② 七夕祭り의 준말. ③ 七夕津女의 준말.
∥**〜祭り**(まつり) 칠석제(祭). 칠석.
〜津女(つめ)〚雅〛① 베를 짜는 여자. ② 직녀성(織女星).
㊁(しちせき) 칠석. *しっせき로도 읽음.
七つ星(ななつぼし) 북두칠성.
七星瓢虫(ななほしてんとう)〚蟲〛무당벌레의 한 가지.
七所借り(ななとこがり) 여기저기서 금품을
七十 ㊀(ななじゅう) 칠십.   일흔. *しちじゅう・ななそじ로도 읽음. 「십 년.
㊁(しちじゅう) ① 일흔. ② 일흔 살. 칠
七十路(ななそじ) ⇨ 七十(ななそじ).
七つ屋(ななつや) 전당포.
七日(なのか) ① 초이렛날. ② 7일간. *なぬか로도 읽음.
∥**〜正月**(しょうがつ) 정월 초이레. *なぬかしょうがつ로도 읽음.
〜七日(なのか) ① 이레마다. ② 이레마다 죽은 이를 위해 불공 드리는 날. *なぬかなぬか로도 읽음.
七転び八起き(ななころびやおき) 칠전팔기.
七竈(ななかまど)〚植〛마가목.
七種(ななくさ) ⇨ 七草(ななくさ).
七種競技(ななしゅきょうぎ) (여자 육상) 칠종 경기.
七重 ㊀(ななえ) 일곱 겹. 전하여, 여러 겹.
∥**〜八重**(やえ) 여러 겹으로 겹침.
㊁(しちじゅう) 칠중. 일곱 겹.
七草(ななくさ) ① 일곱 가지. ② 春(はる)の 七草의 준말. 봄의 대표적인 일곱 가지 푸성귀.
〜の節句(せっく) 七草粥을 쑤어 먹고 축복하는 다섯 명절의 하나(음력 1월 7일).
∥**〜粥**(がゆ) 음력 1월 7일에 春의 七草를 넣어서 쑨 죽.
七七日(ななぬか) 칠칠일. 49일(재(齋)). *なななのか・しちしちにちろも 읽음.
七つ下がり(ななつさがり) ① 오후 4시가 지난 무렵. ② 한창 때가 지남. 배가 고픔. ③ (오래 입어) 옷이 퇴색함. 또, 그 옷.
七つの海(ななつのうみ) 7대양.

七桁(ななけた)〈俗〉 일곱 자릿수. 백만 엔 단위.

14획 / 常 **漆**
옻칠 **칠** · 옻나무 **칠**
シツ・シチ
うるし

▶**音読**
漆工(しっこう) 칠공. 칠로 장식 가공한 것. 또, 그것을 만드는 사람.
漆器(しっき) 칠기. 옻칠을 한 그릇.
漆食(しっくい) 회반죽.
漆喰(しっくい) ⇨ 漆食(しっくい).
漆匠(しっしょう) 칠장. 칠공.
漆皮(しっぴ) 칠피.
漆黒(しっこく) 칠흑.

▶**訓読**
漆(うるし) ①〚植〛옻나무. ② 옻(칠). ③ 옻칠로 가공한 실을 섞어 짠 피륙.
漆工芸(うるしこうげい) 칠공예.
漆科(うるしか)〚植〛옻나뭇과. 쌍자엽 식물 이판 화류(離瓣花類)에 속하는 한 과.
漆塗り(うるしぬり) ① 그릇에 옻칠을 함. ② 칠기.
漆負け(うるしまけ) 옻이 오름. 옻을 탐.
漆石(うるしいし) ① 흑요석(黑曜石). ② 석탄(石炭).
漆掻き(うるしかき) 옻나무에서 옻을 채취함. 또, 채취하는 사람.
漆刷毛(うるしばけ) 옻칠하는 데 쓰는 솔.
漆室(うるしむろ) 적당한 온도와 습도를 유지하여 옻칠한 기물을 건조시키는 방.
漆瘡(うるしかぶれ) 옻이 오름. 옻을 탐.
漆紅葉(うるしもみじ) 늦가을에 옻나무가 단풍으로 물듦.
漆絵(うるしえ) 먹에 아교를 섞은 것으로 주위를 빛나게 하고, 채색을 한 풍속도 판화.

침

7획 / 常 **沈**
가라앉을 **침**·성 **심**
チン・シン・ジン
しずむ・しずめる

▶**音読**
沈(じん) '沈香(じんこう)(=침향나무)'의 준말.
沈降(ちんこう) 침강. 침하.
∥**〜反応**(はんのう)〚醫〛침강 반응.
〜海岸(かいがん)〚地〛침강 해안.
沈金(ちんきん) 蒔絵(まきえ) 세공의 한 가지. 칠기에 조각하여 금분(金粉)을 박은 것.
沈溺(ちんでき)〚雅〛침닉. ① 물에 빠짐. ② 탐닉.
沈落(ちんらく) 영락함. 몰락.
沈淪(ちんりん) 침륜. 몰락함.
沈湎(ちんめん) 침면. (정신적 고민 등으로) 주색에 빠져 거친 생활을 함.

沈没(ちんぼつ) 침몰.
沈黙(ちんもく) 침묵.
∥~交易(こうえき)〖經〗침묵 교역. 무언(無言) 교역.
沈思(ちんし) 침사. 생각에 잠김.
沈砂池(ちんしゃち)〖土〗침사지.
沈箱(じんばこ) 침향(沈香)을 넣어 두는 상자.
沈船(ちんせん) 침선. 침몰선.
沈水(ちんすい) 침수. ①물에 잠김. ②〖植〗침향(沈香). 침향나무.
∥~植物(しょくぶつ)〖植〗침수 식물.
~海岸(かいがん)〖地〗침수 해안.
沈深(ちんしん) 침심. 침착하고 생각이 깊음. 또, 그 모양.
沈魚落雁(ちんぎょらくがん) 침어 낙안. (물고기와 새도 피한다는) 기막힌 미인.
沈勇(ちんゆう) 침용. 침착하고 용기가 있음.
沈鬱(ちんうつ) 침울.
沈吟(ちんぎん) 침음. ①깊이 생각함. ②중얼거리듯이 읊조림.
沈毅(ちんき) 침의. 침착하고 의젓함.
沈子(ちんし) (어망 또는 낚시에 다는) 추. *いわろ도 읽음.
沈潜(ちんせん) 침잠. ①물 속 깊이 가라앉음. ②깊이 몰두함.
沈積(ちんせき) 침적. 가라앉아 쌓임.
∥~岩(がん)〖鑛〗침적암. 퇴적암.
沈殿(ちんでん) 침전. ♣~剤(ざい) 침전제.
∥~鉱物(こうぶつ)〖鑛〗침전 광물.
~池(ち) 침전지. 정수장에서 물을 맑게 만들기 위하여 만든 못.
沈澱(ちんでん) ⇨ 沈殿(ちんでん).「용해짐.
沈静(ちんせい) 침정. 마음 등이 가라앉고 조
沈丁花(じんちょうげ)〖植〗서향(瑞香). *ちんちょうげ도 읽음.
沈枠(ちんわく)〖土〗목공 침상(木工沈床). 제방·해안 축조용의 수중 구조물.
沈鐘(ちんしょう) 침종. 늪 따위의 물 밑에 있다는 전설의 종.
沈着(ちんちゃく) 침착.
沈滞(ちんたい) 침체.
沈酔(ちんすい) 침취. 술에 만취함.
沈沈(ちんちん) ①밤이 깊어 조용한 모양. ②쥐죽은 듯 고요한 모양.
沈痛(ちんつう) 침통.
沈下(ちんか) ①침하. ②물 속에 가라앉음.
沈香(ちんこう) 침향. ①〖植〗침향나무. ②향료(香料)의 일종.

❖沈む(しずむ) ①가라앉다. ②(해·달이) 지다. ③(불행에) 빠지다. ④침울하다.
沈み(しずみ) ①가라앉음. ②어망추. 낚싯봉.「치 따위).
沈み魚(しずみうお) 물 바닥에 사는 어류(넙
沈み込む(しずみこむ) ①아래로 깊이 들어감. ②어두운 기분에 빠지다.
❖沈める(しずめる) ①가라앉히다. ②영락시키다.
沈め(しずめ) 가라앉힘.

8木 **枕** 베개 **침**
チン
まくら

音読
枕頭(ちんとう) 침두. 베갯머리. 머리맡.
枕席(ちんせき) 침석. 잠자리.
枕腕(ちんわん) 침완. (서예에서) 왼손을 오른손 팔꿈치에 받치고 글씨를 쓰는 일.

訓読
枕(まくら) ①베개. ②落語(らくご) 등에서 서두에 하는 짤막한 이야기.
枕する(まくらする) 베개로 하다. 베개로 삼고 자다.
枕経(まくらぎょう) 입관하기 전 죽은 사람의 머리맡에서 하는 독경.
枕金(まくらがね) ①(창녀 등을) 낙적할 때 (몸값으로) 치르는 계약금. ②(기생의) 해웃값. *まくらきん으로도 읽음.
枕当て(まくらあて) 베개가 더럽히지 않도록 덧대는 천이나 종이.「칼.
枕刀(まくらがたな) 머리맡에 두는 호신용
枕木(まくらぎ) (철도의) 침목.
枕物語(まくらものがたり) 남녀가 잠자리에서 하는 이야기.
枕飯(まくらめし) 죽은 뒤 바로 사자(死者)의 머리맡에 놓는 밥. 사잣(使者)밥.
枕辺(まくらべ) ☞ 枕元(まくらもと).
枕屏風(まくらびょうぶ) 머릿병풍.
枕詞(まくらことば) (和歌(わか)에서) 습관적으로 특정한 말 앞에 놓는 일정한 수식어.
枕上(まくらがみ)〖雅〗☞ 枕元(まくらもと).
枕箱(まくらばこ) ①상자꼴의 목침. ②베개를 넣어 두는 상자.
枕状溶岩(まくらじょうようがん)〖地〗침상용암.「돌.
枕石(まくらいし) 죽은 사람 머리맡에 두는
枕搜し(まくらさがし) ⇨ 枕探し(まくらさがし).「종.
枕時計(まくらどけい) 머리맡에 놓는 자명
枕元(まくらもと) 머리맡. 베갯머리.
枕直し(まくらなおし) 산모가 완전히 몸을 추스름. 또, 그 축하 행사.
枕草子(まくらぞうし) ①수필. 메모장. ②춘화본(春畫本).
枕探し(まくらさがし) 자고 있는 나그네의 (머리맡에서) 금품을 훔침. 또, 그 도둑.
枕香(まくらが) 베개에 남아 있는 그 사람의 향기.
枕許(まくらもと) ⇨ 枕元(まくらもと).
枕絵(まくらえ) 춘화(春畫).

9イ常 **侵**(侵) 침노할 **침**
シン
おかす

音読

侵撃(しんげき) 침격. 침입하여 공격함.
侵攻(しんこう) 침공. 쳐들어 감.
侵寇(しんこう) 침구. 침범해서 노략질함.
侵掠(しんりゃく) ⇨ 侵略(しんりゃく).
侵略(しんりゃく) 침략.
∥～主義(しゅぎ) 침략주의.
侵凌(しんりょう) 침릉. 침범.
侵伐(しんばつ) 침벌. 다른 땅에 쳐들어가는 일.
侵犯(しんぱん) 침범.
侵食(しんしょく) 침식. 잠식.
侵蝕(しんしょく) ⇨ 侵食(しんしょく).
侵漁(しんぎょ) 침어. 탈취하는 일.
侵擾(しんじょう) 침요. 침공하여 소란을 일으킴.
侵入(しんにゅう) 침입.
侵出(しんしゅつ) 침출. 침범하여 나감.
侵奪(しんだつ) 침탈. 침범하여 빼앗음.
侵害(しんがい) 침해. 침범. ♣～犯(はん) 〖法〗침해범.

訓読

侵す(おかす) 침범하다. 침해하다.

| 10
氵
常 | 浸(浸) | 담글 **침**·적실 **침**
シン
ひたす・ひたる・つかる |

音読

浸礼(しんれい) 〖基〗 침례.
∥～教会(きょうかい) 침례 교회.
浸水(しんすい) 침수.
浸食(しんしょく) 침식. 지표가 깎임. ♣～谷(こく) 침식곡.
∥～作用(さよう)〖地〗침식 작용.
～平野(へいや) 침식 평야.
浸蝕(しんしょく) ⇨ 浸食(しんしょく).
浸染(しんぜん) 침염. 액체가 스며들어서 물이 듦. *しんせん으로도 읽음.
浸潤(しんじゅん) 침윤. 침투.
浸淫(しんいん) 침음. (어떤 풍습 등에) 점점 젖어 들어감.
浸入(しんにゅう) 침입. 물 등에 잠기는 일.
浸漸(しんぜん) 침점. 점점 스며듦.
浸剤(しんざい) 침제. 잘게 썬 약물에 끓인 물을 부어 약용 성분을 우려낸 것.
浸種(しんしゅ) 침종. 씨담그기.
浸漬(しんせき) 침지. 액체에 담그는 일.
浸出(しんしゅつ) 우려냄.
∥～液(えき) (약 따위를 물이나 알코올 등에) 우려낸 액체. 침출액.
浸炭(しんたん) 삼탄(滲炭). ♣～鉱(こう) 〖化〗～＋圧(あつ) 삼투압.
浸透(しんとう) ①침투. 젖어 들어감.

訓読

浸かる(つかる) (액체에) 잠기다. 침수되다.
浸く(つく) (물에) 잠기다. 침수되다.
浸ける(つける) (물에) 잠그다. 담그다. 축이다. 들다. 젖다.
浸る(ひたる) 잠기다. ①침수되다. ②빠져

❖浸す(ひたす) (물·액체에) 담그다. 잠그다. 흠뻑 적시다.
浸し物(ひたしもの) 데친 푸성귀.

| 10
石 | 砧 | 다듬잇돌 **침**
チン
きぬた |

訓読

砧(きぬた) 다듬잇돌. 또, 다듬이질.

| 10
金
教 | 針 | 바늘 **침**
シン
はり |

音読

針灸(しんきゅう) 침구. 침과 뜸.
針路(しんろ) 침로. 나아갈 길.
針妙(しんみょう) ①궁중에서 바느질을 하던 하녀. ②침모(針母).
針盤(しんばん) 침반. 나침반. 침형(針形)의 자석을 이용한 나침반.
針峰(しんぼう) 침봉. 바늘같이 날카로운 봉우리.
針状(しんじょう) 침상. 바늘처럼 가늘고 끝이 뾰족함.
針線(しんせん) 침선. ①바늘과 실. ②바느질.
針小棒大(しんしょうぼうだい) 침소봉대.
針術(しんじゅつ) 침술.
針圧(しんあつ) 동맥에서 출혈했을 때, 동맥의 하부 조직에 침을 놓아 피를 멈추게 함.
針葉(しんよう) 침엽. ♣～林(りん) 침엽수림.
∥～樹(じゅ) 침엽수.
針音(しんおん) 침음. 전축 따위의 바늘이 레코드 판에 닿아 회전하는 소리.
針鉄鉱(しんてっこう)〖鑛〗침철광.
針布(しんぷ) 방적 공정에서, 금속성 바늘을 기포(基布)에 꽂은 것.
針形(しんけい) 침형. 바늘처럼 가늘고 끝이 뾰족한 모양.

訓読

針(はり) ①바늘. ②(벌 따위의) 침. ③작은 가시. ④바느질.
針孔(はりあな) ⇨ 針穴(はりあな). *はりめど・めど・みず・みぞ로도 읽음.
針供養(はりくよう) 2월 8일에 바느질을 쉬고, 부러진 바늘을 모아 제사 지내는 행사.
針槐(はりえんじゅ)〖植〗아카시아.
針金(はりがね) 철사. ♣～虫(むし)〖動〗선충류(線蟲類).
針桐(はりぎり)〖植〗엄나무.
針立て(はりたて) 바늘겨레.
針麻酔(はりますい)〖漢醫〗침 마취.
針鰻(はりうなぎ)〖魚〗뱀장어의 치어.
針目(はりめ) 땀. (뜨개질의) 코.
針坊主(はりぼうず) 바늘겨레. 「사람.
針師(はりし) 바늘 만드는 것을 업으로 삼은
針仕事(はりしごと) 바느질. 재봉.
針山(はりやま) ☞ 針刺し(はりさし).

針の山(はりのやま) 바늘 산. 지옥에 있다는 온통 바늘로 덮인 산.
針桑(はりぐわ) 〖植〗 꾸지뽕나무.
針箱(はりばこ) 반짇고리. 바느질 그릇.
針鼠(はりねずみ) 〖動〗 고슴도치.
針鼴鼠(はりもぐら) ⇨ 針土竜(はりもぐら).
針の筵(はりのむしろ) 바늘방석.
針烏賊(はりいか) 〖動〗 뼈오징어.
針医(はりい) 침의. 침술가. 침쟁이.
針の耳(はりのみみ) 바늘귀.
針子(はりこ) (양복점・양장점 등에서) 바느질하는 처녀. 바늘(針女).
針刺し(はりさし) 바늘겨레.
針樅(はりもみ) 〖植〗 종비나무.
針千本(はりせんぼん) 〖魚〗 가시복.
針土竜(はりもぐら) 〖動〗 가시두더지. 바늘두더지.
針河豚(はりふぐ) 〖魚〗 '針千本(はりせんぼん)(=가시복)'의 딴이름.
針穴(はりあな) 바늘구멍. 바늘로 찌른 듯한 작은 구멍.
其他
針魚 ㊀(さより) 〖魚〗 침어. 공미리. 침구어. ㊁(はりお) ㊀의 옛 이름.

| 11 木 | 梣 | 구주물푸레나무 침
シン
とねりこ |

訓読
梣(とねりこ) 〖植〗 물푸레나무.

| 13 宀 常 | 寝(寢) | 잘 침・누울 침
シン
ねる・ねかす |

音読
寝 ㊀(しん) 잠. 잠자리.
㊁(ね) 잠. 자는 일.
㊂(や)〖雅〗 잠을 잠.
寝具(しんぐ) 침구.
寝台(しんだい) 침대. *ねだい로도 읽음.
♣〜車(しゃ) 침대차.
寝房(しんぼう) 침방. 침실.
寝膳(しんぜん) 침실. 잠자는 일과 먹는 일.
寝食(しんしょく) 침식.
寝室(しんしつ) 침실.
寝衣(しんい) 침의. 잘 때 입는 옷. 잠옷.
寝装(しんそう) 침장. 침구와 그 부속품.
‖〜品(ひん) 침장품. 이불・베개・잠옷 등의 총칭.
寝殿(しんでん) 침전. ①옛날 天皇(てんのう)가 일상 기거하던 전각. ②寝殿造り에서 주가 되는 건물.
‖〜造り(づくり) 平安(へいあん) 시대, 귀족들의 대표적인 주택 양식.
訓読
寝かす(ねかす) ①누이다. ②팔리지 않아 묵히다. 놀리다. ③발효시키다.

寝かせる(ねかせる) ☞ 寝かす(ねかす).
寝せる(ねせる) 재우다. 자게 하다.
❖寝る(ねる) ①자다. ②(드러)눕다. ③(자본・상품이) 놀다. 묵다. 사장되다. ④(누룩이) 뜨다. 발효하다.
寝しな(ねしな) 자려고 할 때. 「는.
寝ずの(ねずの) 밤을 새우는. 자지 않고 깨다.
寝そびれる(ねそびれる) 잠을 설치다. 잠들지 못하고 깨다.
寝そべる(ねそべる) 엎드려 눕다.
寝たきり(ねたきり) 노쇠하거나 병들어 죽 누워 있음.
‖〜老人(ろうじん) 노쇠하거나 병들어 거동하지 못하고 누워만 있는 고령자.
寝はぐれる(ねはぐれる) ☞ 寝そびれる(ねそびれる).
寝覚め(ねざめ) 잠에서 깨어남.
‖〜月(づき) 음력 9월의 딴이름.
〜提げ重(さげじゅう) 안주를 넣어 가지고 들놀이 등을 갈 때 들고 가는 찬합.
寝覚める(ねざめる) 잠에서 깨어나다.
寝ても覚めても(ねてもさめても) 자나깨나. 항상. 언제나.
寝間(ねま) 침실.
‖〜着(ぎ) 잠옷. *ねまぎ로도 읽음.
寝撃ち(ねうち) 엎드려 쏨.
寝苦しい(ねぐるしい) (고통・더위 따위로) 잠들기 어렵다. 잠을 잘 못 자다.
寝藁(ねわら) 깔갯짚. 깔짚.
寝過ぎる(ねすぎる) ①지나치게 자다. ②늦잠 자다.
寝過ごす(ねすごす) 시간이 지나도록 자다.
寝棺(ねかん) 시체를 누인 채로 넣는 관.
寝巻き(ねまき) 잠옷.
寝技(ねわざ) (유도・레슬링에서) 누운 자세에서 상대방에게 거는 수의 총칭.
寝起き(ねおき) ①기상과 취침. 일상 생활. ②잠에서 깨어남. 또, 그때의 기분[상태].
寝待ち(ねまち) ①자면서 일의 성취를 기다림. ②寝待ちの月의 준말.
‖〜月(づき) ☞ 寝待ちの月.
〜の月(つき) 음력 19일 밤의 달. 달이 늦게 떠오르므로 누워서 기다린다는 뜻.
寝袋(ねぶくろ) 침낭.
寝倒れる(ねたおれる) 아무렇게나 드러눕다. 쓰러지듯 드러눕다.
寝道具(ねどうぐ) 침구.
寝乱れる(ねみだれる) 입은 채로 자서 복장 따위가 흐트러지다. 「머리.
寝乱れ髪(ねみだれがみ) 잠자서 흐트러진
寝冷え(ねびえ) (특히, 여름에) 차게 자서 배탈이나 감기에 걸리는 일.
‖〜知らず(しらず) 어린이가 배탈이 나지 않도록 고안해서 만든 잠옷. 「해 둠.
寝溜め(ねだめ) 미리 많이 자서 활력을 축적
寝忘れる(ねわすれる) 지나치게 잠을 자다. 늦잠을 자다.
寝かし物(ねかしもの) ①팔리지 않아 묵힌

상품. 재고품. ② 사용하지 않고 놀려 두는 물건. 「야기.
寝物語(ねものがたり) 잠자리에서 하는 이
寝泊まり(ねとまり) 숙박. 그곳에 머뭄.
寝返り(ねがえり) ① 자다가 몸을 뒤침. ② (자기편을 배반하고) 적에 붙음.
寝返る(ねがえる) ① (자다가) 돌아눕다. ② (도중에 자기편을 배반하고) 적에게 붙다.
寝方(ねかた) 잠자는 자세. 방법.
寝坊(ねぼう) 늦잠을 잠. 잠꾸러기.
寝坊助(ねぼすけ) 〈俗〉 잠꾸러기. 잠충이.
寝白粉(ねおしろい) ☞寝化粧(ねげしょう).
寝ず番(ねずばん) ☞寝ずの番(ねずのばん).
寝ずの番(ねずのばん) 불침번.
寝癖(ねぐせ) ① 잠버릇. ② (할 일이 많은데도) 잠만 자는 못된 버릇.
寝付き(ねつき) 잠듦.
寝付く(ねつく) ① 잠들다. ② (병으로) 앓아눕다. 몸져 눕다.
寝敷き(ねじき) ☞寝押し(ねおし)
寝腐る(ねくさる) ① 언제까지고 흐게늦게 잠만 자다. ② 자빠져 자다.
寝腐れる(ねくたれる) 잠자서 머리나 옷이 흐트러지다. 「れがみ).
寝腐れ髪(ねくたれがみ) ☞寝乱れ髪(ねみ
寝部屋(ねべや) 침실.
寝不足(ねぶそく) 수면 부족.
寝粉(ねこ) 묵어서 벌레가 슨 곡물 가루.
寝憤り(ねむつかり) 어린아이의 잠투정.
寝射ち(ねうち) 엎드려 쏨.
寝床(ねどこ) ① 침상. 잠자리. ② 침실.
寝相(ねぞう) 잠자는 모습.
寝所(ねどころ) 침소. 침상. *ねどこ・ねど・しんじょろも 읽음.
寝小便(ねしょうべん) 자면서 오줌 싸는 일.
寝水(ねみず) 밤参水.
寝首(ねくび) ① 자(고 있)는 사람의 목. ② 자는 사람을 습격해서 베어 낸 머리.
寝宿(ねやど) 근세 이후, 결혼 전의 남녀가 통제하에 숙박하던 공동 숙사.
寝息(ねいき) 자고 있을 때의 숨결.
寝食い(ねぐい) 놀고 먹는 일. 무위도식.
寝心地(ねごこち) 잘 때의 기분.
寝顔(ねがお) 잠자는 얼굴.
寝押し(ねおし) (바지·스커트 따위를) 요 밑에 깔고 자서 주름을 잡음.
寝様(ねざま) 잠자는 모습. 잠버릇.
寝言(ねごと) 잠꼬대.
寝業(ねわざ) 〈俗〉 (정치 등에서) 이면 공작 (裏面工作). 막후 공작.
‖~師(し) 막후〔이면〕 공작에 능한 사람.
寝煙草(ねたばこ) 잠자리에서 담배를 피움. 또, 그 담배.
寝穢い(ねぎたない) 잠귀가 질기다. 잠이 몹시 많다. *ねぎたなし로도 읽음.
寝茣蓙(ねござ) 깔고 자는 돗자리.
寝屋処(ねやど) 침소. 잠자리.
寝越し(ねごし) 미리 충분히 잠을 자 둠.
寝違える(ねちがえる) 잠을 잘못 자서 목이나 어깻죽지에 통증이 생기다.
寝椅子(ねいす) 누워 잘 수 있게 만든 의자.
寝耳(ねみみ) 잠결. 잠귀. 「소파.
~に水(みず) 아닌 밤중에 홍두깨.
寝刃(ねたば) 무디어진 칼날.
寝入る(ねいる) ① 자기 시작하다. 잠들다. 또, 깊이 잠들다. ② 활기〔인기〕가 없어지다.
寝込み(ねこみ) 한참 자고 있는 동안.
寝込む(ねこむ) ① 푹 잠들다. 깊은 잠이 들다. ② (병으로) 자리에 오래 눕다.
寝入り端(ねいりばな) 갓 잠이 들 때.
寝た子(ねたこ) 자고 있는 아이.
寝姿(ねすがた) 잠자는 모습.
寝転がる(ねころがる) ① 뒹굴고 있다. ② (아무 일도 하지 않고) 뒹굴다.
寝転し(ねこかし) 유곽 등에서 상대가 자고 있는 사이 슬그머니 자리를 뜨는 일. *ねごかしろも 읽음.
寝転ぶ(ねころぶ) 아무렇게나 드러눕다. 뒹굴다. 「지다.
寝静まる(ねしずまる) 모두 잠들어 고요해
寝正月(ねしょうがつ) ① 남들이 휴가를 즐기는 설에, 감기 따위로 그냥 (집에서) 자리 보전만 함. ② 설에 외출하지 않고 집에서 느긋하게 휴식하는 일.
寝際(ねぎわ) 막 자려고 할 때.
寝鳥(ねとり) 보금자리에 자고 있는 새.
寝腫れ(ねばれ) 〈俗〉 너무 자서 얼굴이 부석 부석함.
寝酒(ねざけ) 자기 전에 마시는 술.
寝支度(ねじたく) 잠잘 준비. 잠자리 준비.
寝直す(ねなおす) 일어났다가 다시 자다. 자세를 바꾸어 자다.
寝聡い(ねざとい) 잠귀 밝다.
寝取る(ねとる) 〈俗〉 남의 배우자나 애인과 정을 통하여 빼앗다.
寝臭し(ねぐさし) ① 잠잔 흔적이 있다. ② 오래되어 퀴퀴한 냄새가 나다.
寝飽きる(ねあきる) 허리가 저리도록 자다.
寝疲れる(ねづかれる) 잠을 너무 많이 자서 몸이 나른하고 피곤함.
寝汗(ねあせ) (잠잘 때의) 식은땀.
寝惚け(ねぼけ) 잠에 취한 것 같이 멍청함. 잠은 깨었으나 머리가 흐리멍텅함.
‖~面(づら) ☞寝惚け顔. 「는 상태.
~色(いろ) 바래서 본래의 빛깔을 알 수 없
~眼(まなこ) 잠에서 취한〔멍한〕 눈.
~顔(がお) 잠에서 덜 깬 멍한 표정의 얼굴.
寝惚ける(ねぼける) 잠이 덜 깨어 어리둥절하다. 잠에 취해 멍하다. *ねとぼけるろも 읽음.
寝化粧(ねげしょう) 잠자리에 들기 전에 하 「는 엷은 화장.

| 17 金 | 鍼 | 바늘 침·침 침 シン はり |

音読
鍼灸(しんきゅう) 침구. 침과 뜸. ♣〜師(し) 침구사. 침사(鍼師).
鍼術(しんじゅつ) 침술.
鍼治(しんじ) 침치. 침으로 병을 치료함.
訓読
鍼(はり) ①침. 의료 기구의 하나. ②침술.
鍼麻酔(はりますい) 〖漢醫〗 침 마취.
鍼師(はりし) 침사(針士).
鍼医(はりい) 침의. 침술가. 침쟁이.
鍼医者(はりいしゃ) ☞ 鍼医(はりい).
鍼筒(はりづつ) 침통. 침을 넣어 두는 통.

| 17 馬 | 駸 | 달릴 **침** · 빠를 **침**
シン |

音読
駸駸(しんしん) 침침. ①말이 빨리 달리는 모양. ②일의 진척이 빠른 모양.

| 26 魚 | 鱵 | 공미리 **침**
シン
さより |

訓読
鱵(さより) 〖魚〗 공미리. 침어. 침구어.

칩

| 17 虫 | 蟄 | 숨을 **칩**
チツ
かくれる |

音読
蟄する(ちっする) 〈雅〉 ①벌레가 땅속에 들어박히다. ②(집안에) 틀어박히다. 칩거하다.
蟄居(ちっきょ) ①칩거. ②江戸(えど) 시대에, 무사에게 가하던 근신형. ③벌레 등이 땅속에 들어가 있음.
蟄伏(ちっぷく) 칩복. ①동면. ②집안에 틀어박혀 있음.
蟄虫(ちっちゅう) 칩충. 땅속에서 월동하는 「벌레.

칭

| 10 禾 常 | 称(稱) | 일컬을 **칭** · 칭찬할 **칭**
ショウ
たたえる・となえる |

音読
称(しょう) ①칭호. 이름. 호칭. ②칭찬. 칭송. 평(판).
称す(しょうす) ☞ 称する(しょうする).
称する(しょうする) ①일컫다. 칭하다. ②칭찬하다.
称念(しょうねん) 〖佛〗 칭명(称名)과 염불. ②☞ 称名念仏(しょうみょうねんぶつ).
称徳(しょうとく) 칭덕.
称道(しょうどう) 칭도. 칭찬하여 말함.
称量(しょうりょう) 칭량. 저울로 무게를 닮.
称名(しょうみょう) 〖佛〗 칭명. 부처님의 이름을 욈. 창명(唱名).
‖〜念仏(ねんぶつ) 〖佛〗 칭명 염불.
称美(しょうび) 칭미. 칭찬함.
称述(しょうじゅつ) 칭술. 칭찬하여 말함.
称揚(しょうよう) 칭양. 칭찬.
称誉(しょうよ) 칭예. 칭찬.
称謂(しょうい) 칭위. 칭호. 명칭.
称賛(しょうさん) 칭찬. 상찬.
称讃(しょうさん) ⇨ 称賛(しょうさん).
称嘆(しょうたん) 칭탄.
称歎(しょうたん) ⇨ 称嘆(しょうたん).
称号(しょうごう) 칭호.
称呼(しょうこ) 칭호. 호칭. 부르는 이름.
訓読
❖称える ㊀(たたえる) 칭찬하다. 찬양하다. ㊁(となえる) 호칭하다. …라 부르다.
称え(となえ) 호칭. 명칭.
称え辞(たたえごと) 〈古〉 ⇨ 称え言(たたえごと).
称え言(たたえごと) 칭사. 칭찬하는 말.
其他
称揚す(はやす) ①(소리나 박수로) 장단을 맞추다. ②(야유나 칭찬하기 위해서) 큰소리를 지르다.

| 10 禾 | 秤 | 저울 **칭**
ショウ・ヒョウ・ビン
はかり |

音読
秤動(ひょうどう) 〖理〗 칭동.
秤量(ひょうりょう) 칭량. ①무게를 닮. ②시비를 가림. ③그 저울로 달 수 있는 최대한의 무게. *しょうりょう로도 읽음.
‖〜貨幣(かへい) 칭량 화폐.
訓読
秤(はかり) 저울.
秤竿(はかりざお) 저울대.
秤皿(はかりざら) 저울판(板).
秤目(はかりめ) ①저울눈. ②근량(斤量).
秤の目(はかりのめ) 〖植〗 팥배나무의 딴이름.

ㅋ

쾌

| 7 小 教 | 快 | 쾌할 쾌·빠를 쾌
カイ
こころよい |

音読

快(かい) 유쾌함. 기분이 좋음.
快感(かいかん) 쾌감.
‖〜原則(げんそく)『心』 쾌감 원칙.
快挙(かいきょ) 쾌거.
快傑(かいけつ) 통쾌한 호걸.
快気(かいき) ① 상쾌한 기분. ② 쾌차(快
‖〜祝い(いわい) 쾌유 축하.   └差).
快技(かいぎ) 묘기.
快男子(かいだんし) 쾌남아.
快談(かいだん) 쾌담. 쾌론(快論).
快刀(かいとう) 쾌도. 썩 잘 드는 칼. 「く.
快楽(かいらく) 쾌락. *불교 용어로는 けら
‖〜計算(けいさん) 쾌락 계산. 쾌락을 양적
  으로 측정하여 즐거움의 총합이 늘고, 고통의
  총합이 줄어드는 것을 목표로 함.
  〜原則(げんそく) 쾌락 원칙.
  〜主義(しゅぎ) 쾌락주의.
快諾(かいだく) 쾌히 승낙함.
快眠(かいみん) 쾌면.
快夢(かいむ) 쾌몽. 기분 좋은 꿈.
快味(かいみ) 쾌미. 상쾌한 맛.
快方(かいほう) (병의) 차도.   「변.
快弁(かいべん) 쾌변. 막힘없이 잘하는 언
快便(かいべん) 쾌변. 변이 순조로움.
快報(かいほう) 쾌보. 좋은 소식.
快復(かいふく) 쾌복. 쾌유. 쾌차.
快事(かいじ) 쾌사. 시원스러운 일.   「철.
快削鋼(かいさくこう) 쾌삭강. 잘 깎이는 강

快爽(かいそう) 상쾌함.
快翔(かいしょう) 쾌상. 상쾌하게 낢.
快速(かいそく) 쾌속. 매우 빠름.
‖〜電車(でんしゃ) 쾌속 전차.   「일.
快食(かいしょく) 쾌식. 맛있게 식사하는
快心(かいしん) 쾌심. 마음이 유쾌함.
快勝(かいしょう) 쾌승.
快然(かいぜん) 쾌연. 상쾌한 모양.
快腕(かいわん) (야구 투수 등의) 남달리 뛰
  어난 솜씨.
快雨(かいう) 쾌우. 소나기같이 시원스레 내
  리는 비.
快癒(かいゆ) 쾌유.
快音(かいおん) 쾌음.
快意(かいい) 쾌의. 시원한 마음. 유쾌한 뜻.
快作(かいさく) 쾌작. 통쾌한 작품.
快哉(かいさい) 쾌재.
快適(かいてき) 쾌적.   「싸움.
快戦(かいせん) 쾌전. 통쾌하게 싸움. 또, 그
快絶(かいぜつ) 매우 유쾌함.
快調(かいちょう) 쾌조. 호조.
快足(かいそく) 걸음이 빠름. 빠른 걸음.
快走(かいそう) 쾌주. 쾌속으로 달림. ♣〜
  艇(てい) 쾌주정.
快捷(かいしょう) 쾌첩. 썩 민첩함.
快晴(かいせい) 쾌청.
快打(かいだ)『野』 클린 히트.
快投(かいとう)『野』 쾌투. 멋지게 공을 던
快漢(かいかん) 쾌한. 쾌남아.   └짐.
快活(かいかつ) 쾌활.
快闊(かいかつ) ⇨ 快活(かいかつ).

訓読

❖**快い**(こころよい) ① 상쾌〔유쾌〕하다. 기분
  좋다. 시원하다. 즐겁다. ② 남의 행위에 대해
  호의적이다. ③ (병세가) 좋다.
快し(こころよし) ① 즐겁다. 기쁘다. 유쾌
  하다. ② 병이 낫다. ③『〜としない』…하기
  를 좋아하지 않다. 떳떳치 않게 여기다.

타

| 5 イ 敎 | 他 | 다를 타·남 타
タ
ほか・あだ・ひと |

音読
他家(たけ) 타가. 다른 집. 남의 집.
他家受精(たかじゅせい) 〖生〗 타가 수정.
他覚(たかく) 타각. (증상이) 남에게도 알 수 있음.
‖~**症状**(しょうじょう) 〖醫〗 타각 증상.
他見(たけん) 타견. 남이 봄. 남에게 보임.
他界(たかい) 타계. 죽음.
他科(たか) 타과. 다른 (학)과.
他課(たか) 타과. 다른 과(課).
他校(たこう) 타교.
他国(たこく) 타국. ① 남의 나라. 다른 지방. ② 외국. 이국(異國).
他年(たねん) 타년. 다른 해. 장래.
他念(たねん) 타념. 다른 생각. 딴마음.
他端(たたん) 타단. 다른 한쪽의 끝.
他動(たどう) 타동. ♣~**詞**(し) 〖文法〗 타동사 / ~**的**(てき) 타동적.
他力(たりき) 타력. ① 남의 조력. ②〖佛〗他力本願의 준말. ♣~**教**(きょう) 타력교 / ~**宗**(しゅう) 타력종.
‖~**本願**(ほんがん) 〖佛〗 타력 본원.
他領(たりょう) 타령. 남의 영지.
他流(たりゅう) 타류. 다른 유파.
‖~**試合**(じあい) 다른 유파 사람과의 무술 시합.
他面(ためん) ① 타면. 다른 면. ② 한편(으로).
他門(たもん) ①〖佛〗 타문. 다른 종파〔종문〕. ② 남의 집안. 타족(他族).
他聞(たぶん) 타문. 남이 들음.
他物(たぶつ) 타물. 다른 물건. 남의 물건.
他方(たほう) ① 타방. 다른 방향〔쪽, 방면〕. ② 한편(으로 보면).
他邦(たほう) 타방. 다른 나라. 이방.
他部(たぶ) 타부. 다른 부처.
他社(たしゃ) 타사. 다른 회사.
他事(たじ) 타사. 딴 일. *古語로는 ことご と라고도 함.   「없다.
~**無**(な)**し** 딴 일은 돌아보지 않다. 여념이
他山(たざん) 타산. ① 다른 산. ② 다른 절.
‖~**の石**(いし) 타산지석.

他殺(たさつ) 타살.
他生(たしょう) 〖佛〗 타생. 전생과 내세.
他序(たじょ) 타천(他薦) 서문(序文). 남이 추천의 뜻을 가지고 쓰는 서문.
他説(たせつ) 타설. 다른 사람의 설.
他姓(たせい) 타성. 남의 성. 이성(異姓).
他室(たしつ) 타실. 다른 방.
他心(たしん) 타심. ① 다른 생각. ② 두〔딴〕 마음. 다른 뜻.
他我(たが) 〖哲〗 타아.
他愛 ㊀(たあい) ① 타애. 이타(利他). 남을 위함. ② ☞㊁.   「응. 본능적.
㊁(たわい) ① 제 정신. ② 사려 분별. ③ 반
‖~**無い**(ない) ① 정신없다. ② 사려 분별이 없다. ③ 맥없다. 철맞이 없다.
他言(たごん) (누설해서는 안 될 것을) 다른 사람에게 말함. *たげんで로도 읽음.
他用(たよう) ① 타용. 다른 용도. ② 다른 사람이 씀. ③ 다른 볼일.
他律(たりつ) 타율. ♣~**的**(てき) 타율적.
他意(たい) 타의. (숨기고 있는) 다른 생각. 다른 뜻.
他人(たにん) 타인. 남. *文語로는 あだびと 라고도 함.
‖~**扱い**(あつかい) 남처럼 대함.
~**行儀**(ぎょうぎ) (남남처럼) 서먹서먹하 게 행동함. 또, 그 행동.
他日(たじつ) 타일. 훗날.
他者(たしゃ) 타자. 딴사람.
他店(たてん) 타점. 다른 상점〔지점〕.
他宗(たしゅう) 타종. 다른 종파.
他地(たち) 타지. 다른 지방.
他紙(たし) 타지. 다른 신문.
他誌(たし) 타지. 다른 잡지.
他薦(たせん) 타천. 남이 추천함.
他村(たそん) 타촌. 다른 마을.
他出(たしゅつ) 〈老〉 출타. 외출.
他称(たしょう) 〖文法〗 제 3 인칭.
他派(たは) 타파. 다른 파〔당파〕.
他品(たひん) 다른 물건.
他筆(たひつ) 타필. 남의 필적.
他行 (たぎょう) 〈老〉 ① 외출. 출타. ② 이향 (離鄕). 고향을 떠남. *たこうろで로도 읽음.
他郷(たきょう) 타향. *たごうろで로도 읽음.
他県(たけん) 다른 현(縣).
他花受粉(たかじゅふん) 〖植〗 타화 수분. 딴꽃가루받이.

 訓読
他 ㊀(ほか) ① 다른 것. 딴 곳. ② 바깥. (어 느 범위의) 밖. 외(外). *あだ로도 읽음.

㊂(た) ① 다른. 딴(남의) 일. 딴것. ② 다른 사람. 남. ③ 다른 곳.
他し(あだし)〈雅〉《接頭語로》딴. 다른.
他でもない(ほかでもない) 다른 것이 아니다(다음 말을 특히 강조하는 경우에 씀).
他ならない(ほかならない) ① 다른 것이 아니다. 바로 …이다. 틀림없다. ② 남과 달리 특별한 관계에 있다.
他ならぬ(ほかならぬ) ☞**他ならない**(ほかならない).
他に(ほかに) 딴 곳에. 이외에. (그)밖에. 따.
他夫(ひとづま) 남의 남편.
其他➡
他所 ㊀(よそ) ① 타처. 다른 곳. ② 자기와 관계없는 사물·사람·장소.
㊁(たしょ) ☞㊀. 타관. 다른 고장.
他所見(よそみ) ① 한눈 팖. 곁눈질. ② 남이 봄. 남 보기.
他所目(よそめ) ① 남의 눈. 남이 봄. ② ☞他所見(よそみ).
他所聞き(よそぎき) 평판. 소문.
他所乍ら(よそながら) ① 멀리서나마. ② 슬며시. 간접적으로. 은연중.
他所事(よそごと) 남의 일. 자기(와) 관계없는 일.
他所耳(よそみみ) 우연히 들음.
他所者(よそもの) 타관 사람.
他所行き(よそゆき) ① 외출. ② 나들이옷.
他人事(ひとごと) 남의 일. 자기와 관계없는 일. ＊たにんごと로도 읽음.
他人様(ひとさま) '他人(たにん)(＝타인)'의 높임말.

| 5
才
㉑ | 打 | 칠 타·다스 타
ダ·チョウ
うつ·ぶつ·ダース |

音読➡
打 ㊀(だ) 〖野〗타. 타격.
㊁(ダース) 다스. 12개로 한 조를 이루는 것.
打開(だかい) 타개.
打鍵(だけん) (피아노 등의) 타전. 건반을 침.
打撃(だげき) 타격. ♣~**率**(りつ) 〖野〗타격률. 타율.
打鼓(だこ) 타고. ·북을 침.
打球(だきゅう) 〖野〗타구. 공을 침. 또, 친 공.
打毬(だきゅう) 타구. ① 공을 침. ② 격구
打倒(だとう) 타도.
打力(だりょく) 〖野〗타력. 타격의 힘.
打綿(だめん) 타면. 탄면(彈綿).
打撲(だぼく) 타박. ♣~**傷**(しょう) 타박상.
打飯(たはん) 〖佛〗중이 식사를 함. 또, 그 식사. ＊だはん으로도 읽음.
打法(だほう) 〖野〗타법.
打棒(だぼう) 〖野〗타봉. 배트. 타격.
打拓(だたく) 타비. 비면(碑面)의 문자를 탁본(拓本)함.
打算(ださん) 타산. ♣~**的**(てき) 타산적.
打席(だせき) 〖野〗타석. 배터 박스(에 섬).
♣~**数**(すう) 타석수.
打線(だせん) 〖野〗타선. 타자의 진용.
打設(だせつ) 타설. 콘크리트를 부어 넣음.
打数(だすう) 〖野〗타수. 타자로서 타석에 선 횟수.
打順(だじゅん) 〖野〗타순. 타자가 공을 치는 순서.
打楽器(だがっき) 〖樂〗타악기.
打率(だりつ) 〖野〗타율. 타격률.
打者(だしゃ) 〖野〗타자.
打電(だでん) 타전. 전보·무전을 침.
打点(だてん) 〖野〗타점.
打製(だせい) 〖史〗타제. (돌을) 두드려 쳐서 기구를 만듦.
‖~**石器**(せっき) 타제 석기. 뗀석기.
打陣(だじん) 〖野〗타(격)진.
打診(だしん) 타진. ① (의사의) 진찰. ② (상대방 의사를) 떠봄.
打擲(ちょうちゃく) 타척. 후려 때림. 후려침.
打打(ちょうちょう) 칼 따위가 계속 쨍강거리며 맞부딪는 소리.
打破(だは) 타파.
打弦楽器(だげんがっき) 타현 악기.

訓読➡
打たせる(うたせる) (타고 있는 말을) 나아가게 하다.
打つかり稽古(ぶつかりげいこ) (씨름에서) 실전과 같이 서로 부딪치며 하는 격렬한 연습.
打付ける(ぶつける) ① 부딪다. ② 던지다. 던져서 맞히다. ③ 맞부딪치다. 대전시키다.
❖**打つ** ㊀(うつ) ① 치다. 때리다. 부딪치다. ② 두드려 일을 하거나 만들다. ③ 박아 넣다. ④ 표시하다. ⑤ 감동을 주다.
㊁(ぶつ) ① 치다. 때리다. 두들기다. ② 〈俗〉 연설하다. 담판하다.
打ち ㊀(うち)《動詞 앞에서》① 동작이 가벼움을 나타냄. 좀[가볍게] …하다. ② 뜻을 세게 함. 잘. 완전히.
㊁(ぶち)《動詞 앞에 붙어서》 뒤에 붙는 動詞의 뜻을 강조하는 말.
打ちのめす(うちのめす) 때려눕히다. 박살내다. ＊ぶちのめす로도 읽음.
打ちまける(ぶちまける)〈俗〉① 모조리 털어[쏟아] 내다. ② 숨김없이 털어놓다.
打ち開く(うちひらく) ① 기세 좋게 (문을) 열다. ② 널찍하다. 트여 있다.
打ち開ける(ぶちあける) ⇨ **打ち明ける**(ぶちあける).
打ち据える(うちすえる) ①〈老〉(일어서지 못할 정도로) 때려눕히다. ② 꼼짝 못 하게 하다.
打ち見(うちみ) 힐끗[언뜻] 봄.
打ち見る(うちみる) 훌끗[얼핏] 보다.
打ち遣る(うちやる) 방치하다.
打ち頃(うちごろ) 〖野〗타자가 치기 좋은 정도.
打ち継ぎ(うちつぎ) 중단한 바둑을 다시 둠.
打ち過ぎる(うちすぎる) ① 지나치게 때리다. ② (편지 인사말에서) 시일이 너무 지났음을 이르는 말.
打ち貫き(うちぬき) ⇨ **打ち抜き**(うちぬき).

打ち貫く(うちぬく) ⇨ 打ち抜く(うちぬく).
打ち寛ぐ(うちつろぐ) 긴장을 풀다. 편안한 마음을 갖다.
打ち掛け(うちかけ) ① 일본 여자 옷의 띠를 두른 위에 걸쳐 입는 긴 옷. ② 옷 위에 걸쳐 입는 의복. ③ (바둑에서) 쌍방의 합의로 대국 중에 잠시 중단하는 일.
打ち壊し ㊀(うちこわし) ① 때려부숨. 파괴. ② 江戸(えど) 시대 흉년 때 빈민들이 관아・부잣집을 때려부수고 약탈한 소동. ㊁(ぶちこわし) ① 쳐부숨. 때려부숨. ② 망침. 깨뜨림.
打ち壊す ㊀(うちこわす) 때려부수다. ㊁(ぶちこわす) 〈俗〉 ① 때려부수다. 박살내다. ② 깨(뜨리)다. 망치다.
打ち交わす(うちかわす) 서로 치다〔쏘다〕. ② 교환하다.
打ち橋(うちはし) 양안(兩岸)에 널빤지만을 걸친 다리.
打ち嚙まし(ぶちかまし) (일본 씨름에서) 자기 몸을 힘껏 상대방에게 부딪침.
打ち嚙ます(ぶちかます) (일본 씨름에서) 상대방에게 힘껏 부딪치다.
打ち捲る(うちまくる) (총을) 마구 쏘아 대다.
打ち克つ(うちかつ) ⇨ 打ち勝つ(うちかつ).
打ち金(うちきん) 거래에서, 값이 다른 두 물품을 교환할 때, 부족한 만큼을 벌충하여 지불하는 돈.
打ち気(うちき) 〖野〗 투수의 공을 적극적으로 치려고 하는 마음의 자세.
打ち寄せる(うちよせる) ① 밀어닥치다. 밀려오다. ② 들이닥치다. 접근하다. ③ 밀어붙이다.
打ち紐(うちひも) 여러 가닥으로 꼰 끈.
打ち当たる(ぶちあたる) ① 힘껏 부딪다. ② 곤란에 직면하다.
打ち当てる(うちあてる) 맞부딪치게 하다.
打ち倒す(うちたおす) ① 때려눕히다. 타도하다. ② 힘차게 넘어뜨리다〔쓰러뜨리다〕.
打ち渡す(うちわたす) ① 쭉 멀리까지 한번에 보다. ② 건너지르다. 놓다.
打ち豆(うちまめ) 콩을 물에 불려 찧은 것(국에 넣어 먹음).
打ち落とす(うちおとす) ① 쳐서〔쏘아〕 떨어뜨리다. ② 두들겨 떨어뜨리다.
打ち拉ぐ(うちひしぐ) ① 심한 타격・충격 등으로 기력이나 의욕을 잃게 되다. ② 단숨에 상대를 쳐부수다.
打ち連れる(うちつれる) 함께 가다. 같이 가다.
打ち留め(うちどめ) ⇨ 打ち止め(うちどめ).
打ち留める(うちとめる) ⇨ 打ち止める(うちとめる).
打ち立てる(うちたてる) ① 세우다. 수립하다. ② 박아 세우다.
打ち振るれる(うちふすれる) 깨끗이 잊다.
打ち網(うちあみ) 투망.
打ち綿(うちわた) ① 무명활로 탄 솜. ② (특히, 활로 탄) 헌솜.

打ち明ける ㊀(うちあける) 털어놓고 이야기하다. 「어놓다. ㊁(ぶちあける) ① 죄다 꺼내다. ② 모두
打ち明け話(うちあけばなし) 숨김없이 털어놓는 이야기.
打ち鳴らす(うちならす) 두드려 소리나게 하다.
打ち聞き(うちぎき) ① 얼핏 들은 말. ② 들은 대로 쓴 것.
打ち物(うちもの) ① 두드려 만든 금속 기구《특히, 창・칼 등》. ② 판(틀)에 넣어 굳힌 마른 과자. ③ 타악기《종・북 따위》. ④ 다듬이 질하여 윤을 낸 견직물. ∥~師(し) 대장장이. ∥~業(わざ) 칼・창 따위로 싸우는 기술.
打ち返し(うちかえし) ① 헌솜을 타는 일. 또, 그 탄 것. ② 〖劇〗 무대 배경을 뒤집어 다른 배경으로 하는 일.
打ち返す(うちかえす) ① 반격하다. 되받아치다. ② (논밭을) 갈아엎다. ③ 되풀이하다. ④ 헌솜을 타다.
打ち抜き(うちぬき) ① 쳐서 구멍을 냄. 또, 그 구멍. ② 본을 대고 구멍을 뚫는 일. ③ 큰 구멍을 내는 끌.
打ち抜く ㊀(うちぬく) ① (본을 대고) 구멍을 뚫다. ② 우물을 파다. ㊁(ぶちぬく) ① 뚫어 구멍을 내다. ② 칸막이 등을 터서 통하게 하다.
打ち方(うちかた) ① 사격. ② 총・바둑 등을 쏘는〔두는〕 법. 또, 쏘는〔두는〕 사람.
打ち歩(うちぶ) 〖經〗 할증금. 프리미엄.
打ち付け(うちつけ) 〈雅〉 ① 갑작스러움. 돌연. ② 노골적임. ③ 경솔한 모양. ∥~事(ごと) 생각지도 않았던 사건.
~書き(がき) 편지 서두의 인사를 생략하고 바로 용건을 씀.
~心(ごころ) 문득 떠오른 착상.
~言(ごと) 무례한 언사.
~懸想(げそう) 느닷없이 사모하는 정을 밝히는 일.
打ち付ける(うちつける) ① 부딪치다. ② 박아 고정시키다. ③ 내던지다.
打ち負かす(うちまかす) ① 쳐서 지게 하다. 쳐서 이기다. ② 완전히 지게 하다. 완전히 이기다.
打ち負ける(うちまける) 〖野〗 타법・타력이 상대편보다 못하다. 상대편에 뒤지다.
打ち粉(うちこ) ① (칼을 손질할 때) 칼에 뿌리는 숯돌 가루. ② 땀띠약.
打ち紛れる(うちまぎれる) ① 딴것에 정신이 팔려 있다. ② 딴것과 섞여 알 수 없게 되다.
打ち払う(うちはらう) ① 털다. 떨다. ② 쫓아 버리다. ③ 총포 따위를 쏘아 쫓아 버리다.
打ち崩す(うちくずす) 쳐서 (상대의 기를) 꺾다. 부수다.
打ち捨てる(うちすてる) 방치하다.
打ち散らす(うちちらす) ① 막대기 따위로 쳐서 쫓아 버리다. ② 적을 공격해 쫓아내다.

打ち殺す ㊀(うちころす) ①〈口〉타살하다. ②학살하다. ③쏘아 죽이다.
㊁(ぶちころす)〈俗〉①쳐죽이다. 때려죽이다. ②죽여 버리다.
打ち撒き(うちまき) ①액막이로 뿌리는 쌀. ②신전(神前)에 뿌리는 쌀.
打ち上げ(うちあげ) ①쏘아 올림. 발사. ②(흥행을) 끝마침. 「불.
‖~**花火**(はなび) 하늘 높이 쏘아 올리는 꽃
打ち上げる ㊀(うちあげる) ①쳐올리다. 쏘아 올리다. ②흥행·일 등을 끝마치다. ③(바둑에서) 상대의 돌을 따내다. 승부를 끝내다. ④파도가 물건을 물가에 밀어 올리다.
㊁(ぶちあげる) 큰소리치다. 호언장담하다.
打ち傷(うちきず) 타박상. 「끈.
打ち緒(うちお)〈雅〉두 가닥 이상의 실로 꼰
打ち所(うちどころ) ①(몸 따위의) 부딪친 데〔곳〕. ②(문제 삼아서) 시비할 데.
打ち消し(うちけし) 취소. 부정.
打ち消す(うちけす) 취소하다. 부정하다.
打ち続く(うちつづく) 죽 계속되다.
打ち続ける(うちつづける) 계속 치다.
打ち損じる(うちそんじる) 치는〔때리는〕것을 실패하다. 실수하여 치지 못하다.
打ち砕く(うちくだく) ①때려부수다. 쳐부수다. ②곱게 빻다. ③알기 쉽게 설명하다.
打ち手(うちて) ①토벌하는 사람. 총포를 쏘는 사람. ③도박을 잘하는 사람.
打つ手(うつて) 정세에 대응하여 취해야 할 수단〔방법〕.
打ち水(うちみず) (먼지나 더위를 막기 위해) 길이나 뜰에 물을 뿌림. 또, 그 물.
打ち首(うちくび) 참수(斬首).
打ち勝つ(うちかつ) ①이기다. 이겨 내다.
打ち身(うちみ) 타박상. 「②극복하다.
打ち萎れる(うちしおれる) ①풀죽다. ②초목이 시들다.
打ち違い(うちちがい) ①잘못 침〔때림〕. 잘못 친 것. ②열십자로 교차됨.
打ち違える(うちちがえる) ①잘못 치다. ②교차시키다.
打ち衣(うちぎぬ) ①풀먹여서 윤나게 다듬이질할 천. ②平安(へいあん) 시대, 귀부인 등이 五衣(いつつぎぬ) 위에 입던 옷.
打ち任す(うちまかす) 맡기다. 위임하다.
打ち込む ㊀(うちこむ) ①박아 넣다. 쳐서 박다. ②때리다. ③기세 좋게 내던지다. ④집중시키다. ⑤물을 세게 치다. ⑥몰두하다.
㊁(ぶちこむ)〈俗〉처넣다.
打ち囃す(うちはやす) ①(북·징·피리 등으로) 반주하다. ②소란하게 떠들다《囃す의 힘줌말》.
打ち揃う(うちそろう) 전원이 모두 모이다.
打ち切り(うちきり) ①자름. 벰. ②중단.
打ち切る(うちきる) ①중단하다. ②(힘주어) 자르다. ③바둑 따위를 끝까지 두다.
打ち絶えて(うちたえて) 전연. 완전히.
打ち絶える(うちたえる) 아주 끊어지다.

打ち眺める(うちながめる) ①먼 곳의 경치를 바라보다. ②골똘히 생각에 잠겨 멍하니 바라보다.
打ち重なる(うちかさなる) (여러 겹으로) 「겹치다.
打ち止め(うちどめ) ①최후. 마지막. 특히, 흥행·상연의 끝. ②(슬롯 머신 등에서) 기계의 사용 정지.
打ち止める(うちとめる) ①박아서 떨어지지 않게 하다. ②흥행을 끝내다.
打ち枝(うちえだ) 나무 밑가지를 자르는 일.
打ち直す(うちなおす) ①다시 치다. ②헌 솜을 다시 타다.
打ち振る(うちふる) 세게 흔들다《振る(ふる)의 힘줌말》.
打ち集う(うちつどう) (사람들이) 모여들다.
打ち着(うちぎ) ①평상복. ②속옷.
打ち出し(うちだし) ①쳐서 냄. ②(금속판 등을 두들겨서) 도드라지게 한 무늬. ③그 날 흥행의 종막. 「는 북.
‖~**太鼓**(だいこ) 연극 등에서, 종연을 알리
打ち出す(うちだす) ①두드려 내다. ②금속판 등을 두드려서 무늬를 도드라지게 하다. ③주의·주장을 명확히 내세우다. ④치기 시작하다. ⑤하루의 흥행을 끝내는 북을 치다.
打ち出の小槌(うちでのこづち) (동화에서) 요술 방망이.
打ち取る(うちとる) ①공격하여 빼앗다. ②(무기로) 죽이다. (칼로) 쳐죽이다.
打ち沈む(うちしずむ) ①풀죽다. 맥빠지다. ②완전히 가라앉다.
打ち打擲(うちちょうちゃく) 세게 때림《打擲의 힘줌말》.
打ち破る(うちやぶる) ①완전히 깨다〔부수다〕. 타파하다. ②(적을) 쳐부수다. 격파하다.
打ち下ろす(うちおろす) ①치켜든 것을 냅다 내리다. ②쳐서 떨어드리다.
打ち荷(うちに) 투하(投荷).
打ち合い(うちあい) ①서로 침. ②시합.
打ち合わせ(うちあわせ) 타합. 협의.
打ち合わせる(うちあわせる) ①미리 의논하다. ②맞부딪치다. ③악기로 합주하다.
打ち割る(うちわる) ①쳐서 깨뜨리다. ②숨김없이 전부 분명히 말하다.
打ち解ける(うちとける) 마음을 터놓다. 격의〔허물〕없이 사귀다.
打ち火(うちび) 부싯돌로 쳐내는 불.
打ち毀し ㊀(うちこわし) ⇨打ち壊し(うちこわし).
㊁(ぶちこわし) ⇨打ち壊し(ぶちこわし).
打ち毀す ㊀(うちこわす) ⇨打ち壊す(うちこわす).
㊁(ぶちこわす) ⇨打ち壊す(ぶちこわす).
打ち興ずる(うちきょうずる) 그 일에 열중하여 매우 재미있어 하다.
❖**打っ** ㊀(ぶっ)〈俗〉《動詞 앞에 붙어서》난폭하게 함을 나타내는 말. 마구. 힘껏.
㊁(うっ)《動詞 앞에 붙어서》힘있게〔과감하게〕함을 나타내는 말.

打っ遣らかす(うっちゃらかす)〈俗〉팽개치다. 내동댕이치다.
打っ遣り(うっちゃり) ①(씨름에서) 씨름판 가에까지 밀린 씨름꾼이 반대로 상대방을 씨름판 밖으로 내동댕이치는 기술. ②최후 순간에 형세를 역전시키는 일.
打っ遣る(うっちゃる)〈俗·口〉①던져 버리다. 내던지다. ②방임하다. 내동댕이치다. ③막판에 형세를 역전시키다.
打っ欠き(ぶっかき)〈俗〉잘게 쪼갠 (식용) 얼음덩이. 「다.
打っ欠く(ぶっかく)〈俗〉잘게 깨다〔부수
打っ叩く(ぶったたく)〈俗〉마구 때리다〔두드리다〕. 「다.
打っ掛ける(ぶっかける) 세차게[마구] 끼얹
打っ潰す(ぶっつぶす) 세차게[마구] 으스러뜨리다. 마구 부수다.
打っ倒す(ぶったおす)〈俗〉냅다 쓰러뜨리
打っ倒れる(ぶったおれる)〈俗〉갑자기 쓰
打っ裂く(ぶっさく) 좍 찢다. 「러지다.
打って返し(うってがえし)(바둑에서) 환격 (還撃).
打っこ抜く(ぶっこぬく) ①뽑다. ②구멍을 파다. 칸막이를 제거해 버리고 있다.
打っ放す(ぶっぱなす) ①세차게 쏘다. 냅다 발사하다. ②세차게 떼어 버리다.
打って変わる(うってかわる) 갑자기 변하다. 돌변하다.
打っ付かる(ぶっつかる) 냅다 부딪치다.
打っ付け(ぶっつけ) ①별안간. 다짜고짜. 최초. 처음. ②사양하지 않음. 노골적임.
‖~本番(ほんばん) 사전 연습이나 준비도 없이 바로 시작[촬영·상연]함.
~書き(がき) 초안도 없이 곧바로 적음. 또, 그렇게 적은 것.
打って付け(うってつけ) 꼭 알맞음. 최적.
打っ付ける(ぶっつける) 냅다 부딪(치)다.
打っ払う(ぶっぱらう)〈俗〉내쫓다. 쳐서 몰아내다〔물리치다〕.
打っ飛ぶ(ぶっとぶ) 세차게 날아가다.
打っ飛ばす(ぶっとばす)〈俗〉①힘차게 내던지다〔날려보내다〕. ②마구〔냅다〕 몰다.
打っ散らかす(ぶっちらかす)〈俗〉마구 흩뜨리다. 「다.
打っ散らかる(ぶっちらかる) 마구 흩어지
打っ殺す(ぶっころす) 때려죽이다. 「함.
打っ続く(ぶっつづく)〈俗〉계속함. 잇달아
打っ手繰る(ぶったくる)〈俗〉①강탈[탈취]하다. ②바가지 씌우다.
打裂羽織(ぶっさきばおり) 등솔 아래쪽을 터놓은 羽織(はおり).
打っ違い(ぶっちがい)〈俗〉(비스듬히) 교차시킨 모양. 「がい).
打っ違え(ぶっちがえ) ☞ 打っ違い(ぶっち
打っ込み(ぶっこみ) 쳐박음.
‖~釣り(づり) 낚시질의 한 가지. 찌를 달지 않고, 미끼를 바닥에 가라앉혀 낚음.
打っ込む(ぶっこむ) ①처박다. 처넣다. ②마구 집어넣다.

打っ切り(ぶっきり) ①마구 자름[벰]. 또, 그런 것. ②打っ切り飴의 준말. ♣~棒(ぼう) 가래엿.
‖~飴(あめ) 짤막하게 토막낸 가래엿.
打っ切る(ぶっきる) 힘껏 쳐서 자르다.
打った切る(ぶったぎる)〈俗〉마구 자르다〔베다〕. 힘껏 내리쳐 끊다. 「이김.
打っ千切り(ぶっちぎり) 경주에서 큰 차로
打っ千切る(ぶっちぎる) ①힘껏 잘라 떼다. ②(경마 등에서) 큰 차이로 이기다. 대승하다.
打っ締める(ぶっちめる) ①억누르다. ②빼앗다. 제것으로 만들다. ③혼내(주)다.
打って出る(うってでる) ①(입후보 등을 하여) 자진해서 나가다. 진출하다. ②(존재를 인정받아) 화려하게 나서다. 활동하다.
打っ通し(ぶっとおし) 죽 계속함.
打っ通す(ぶっとおす)〈俗〉①죽 계속하다. ②세게 꿰뚫다. 「하다.
打っ魂消る(ぶったまげる)〈俗〉몹시 질겁

|其他|
打ん殴る(ぶんなぐる)〈俗〉후려갈기다.
打ん擲る(ぶんなぐる) ⇨ 打ん殴る(ぶんなぐる).
打ん投げる(ぶんなげる)〈俗〉냅다 던지다.

| 6
木 | 朶 | 늘어질 타·가지 타
ダ
えだ |

|音読|
朶(だ)《接尾語로》(꽃의) …송이.
朶雲(だうん)〈古〉타운. 귀서(貴書)(상대방 편지의 높임말).

| 7
イ | 佗 | 다를 타·짊어질 타
ダ
ほか·わびる·わび·
わびしい |

|訓読|
佗び茶(わびちゃ) 다도에서, 다구(茶具)나 예법보다는 화경 청적(和敬清寂)의 경지를 중시하는 일.

| 7
女
常 | 妥 (妥) | 온당할 타·평온할 타
ダ
やすらか |

|音読|
妥結(だけつ) 타결. 타협.
妥当(だとう) 타당. ♣~性(せい) 타당성.
妥協(だきょう) 타협. ♣~点(てん) 타협점.

| 8
阝 | 陀 | 비탈질 타
ダ |

陀羅尼(だらに)〖佛〗다라니. ♣~呪(じゅ)〖佛〗다라니주.
‖~助(すけ) 황벽(黃蘗)의 껍질과 당약(當藥)을 바짝 졸여 만든 약.

11 口	唾	침 타·침뱉을 타 ダ つば

音読
唾棄(だき) 타기. 혐오하고 경멸함.
唾罵(だば) 타매. 침을 뱉으며 욕함.
唾腺(だせん)〖生〗타선. 침샘.
唾液(だえき) 타액. 침.
‖~腺(せん)〖生〗타액선. 침샘. ♣~染色体(せんしょくたい) 타액선[침샘] 염색체.

訓読
唾(つば) 〈口〉침. *つばきろも 읽음.
唾(つばき) 〈古〉침을 뱉다.
唾する(つばする) 침을 뱉다.

11 糸	綛	타래 타 ダ·タ ひびろ

訓読
綛(ひびろ) 실 한 타래. 물레로 일정한 길이의 실을 감아 놓은 것 한 개.

11 舟	舵	키 타 ダ かじ

音読
舵機(だき) 타기. 배의 키. 조타기.
舵輪(だりん) 타륜. 조타륜(操舵輪).
舵手(だしゅ) 타수. 키잡이.

訓読
舵(かじ) ①(배의) 키. ②(글라이더의) 조종
舵柄(かじづか) 키의 손잡이. └간.
舵取り(かじとり) ①조타(操舵). 키잡이. 조타수(手). ②한 단체의 지도자. 리더.
舵枕(かじまくら) 배 안에서 잠. 또, 배를 타고 하는 여행.

12 土 常	堕 (墮)	떨어질 타·떨어뜨릴 타 ダ おちる·おろす

音読
堕す(だす) ☞堕する(だする).
堕する(だする) (좋지 않은 상태·경향으로)빠지다.
堕れる(だれる) ①긴장이 풀리다. 해이해지다. ②주식 시세 등이 내리다.
堕落(だらく) 타락.
‖~者(もの) 타락자. 타락한 사람.

堕罪(だざい) 타죄. 죄에 빠짐. 죄인이 됨.
堕胎(だたい) 타태. 낙태(시킴).
‖~罪(ざい) 타태죄. 낙태죄.

訓読
堕ちる(おちる) 야비[저속]해지다.

12 忄 常	惰	게으를 타 ダ おこたる

音読
惰気(だき) 타기. 게으른 마음. 긴장이 풀리어 느즈러진 기분.
惰農(だのう) 타농. 게으른 농군.
惰力(だりょく) 타력. 타성의 힘.
惰眠(だみん) 타면. 게을러서 잠을 잠.
惰性(だせい) 타성. ①관성. ②오래되어 굳어진 좋지 않은 버릇[경향]. ♣~的(てき) 타성적. └
惰弱(だじゃく) 나약(懦弱).
惰走(だそう) 타주. 타성으로 계속 달림.

訓読
惰り(おこたり) 태만.

13 木	椿	둥글고길쭉할 타 ダ

参考 楕의 異體字.

音読
椿円(だえん) 타원. ♣~面(めん) 타원면/~体(たい) 타원체/~形(けい) 타원형.
‖~運動(うんどう) 타원 운동.
~銀河(ぎんが)〖天〗타원 은하.

13 言	詫	자랑할 타·속일 타 ダ わびる

訓読
❖詫びる(わびる) 사죄하다. 사과하다.
詫び(わび) 사죄. 사과.
詫び言(わびごと) 사죄[사과]의 말.
詫び入る(わびいる) 공손[정중]히 사과하다.
詫び状(わびじょう) 사과장. 사죄 편지.

13 身	躱	몸 타·피할 타 ダ かわす

訓読
躱す(かわす) 몸을 획 돌려 피하다.

15 馬	駝	곱사등이 타·약대 타 ダ

音読
駝鳥(だちょう)〖鳥〗타조.

16 木	橢	둥글고길쭉할 **타** ダ

参考 楕의 本字.

音読
橢円形(だえんけい) 타원형.

20 魚	鰖	물고기알 **타** タ たかべ

訓読
鰖(たかべ)〖魚〗 황조어.

탁

6 扌	托	받칠 **탁**・의지할 **탁** タク

音読
托す(たくす) ☞托する(たくする).
托する(たくする) ①(남에게) 맡기다. 부탁하다. ②어떤 형식을 빌려 나타내다.
托鉢(たくはつ) 탁발.
托生(たくしょう)〖佛〗 일련탁생(一蓮托生).
托葉(たくよう)〖植〗 탁엽. 턱잎.

8 十 常	卓	뛰어날 **탁**・책상 **탁** タク すぐれる

音読
卓 ㊀(たく) 탁자. 테이블.　　　　「탁자.
㊁(しょく)〖佛〗 향탁(香卓). 불전에 놓는
卓見(たっけん) 탁견. *たくけん으로도 읽음.
卓球(たっきゅう) 탁구.
卓論(たくろん) 탁론. 탁설.
卓立(たくりつ) 탁립. 우뚝 솟아 있음. 두드러지게 뛰어남.
卓抜(たくばつ) 탁발. 탁월.
卓上(たくじょう) 탁상.
‖**~演説**(えんぜつ) 탁상 연설.
~電子計算機(でんしけいさんき) 탁상전자 계산기.
卓状氷山(たくじょうひょうざん) 탁상 빙산. 표면이 평탄한 빙산.
卓説(たくせつ) 탁설. 뛰어난 설(說).
卓識(たくしき) 탁식. 탁견.　　　　「모양.
卓然(たくぜん) 탁연. 탁월한[한결 두드러진]
卓越(たくえつ) 탁월.
‖**~風**(ふう)〖氣〗 탁월풍. 항풍(恒風).
卓偉(たくい) 탁위. 뛰어나게 훌륭함.
卓子(たくし) 탁자. 책상.
卓才(たくさい) 탁재. 탁월한 재능.
卓絶(たくぜつ) 탁절. 견줄 데 없이 뛰어남.
卓出(たくしゅつ) 탁출. 뛰어남. 걸출.
卓布(たくふ) 상보.
卓筆(たくひつ) 탁필. 뛰어난 필적・문장.
卓効(たっこう) 탁효. 뛰어난 효능.

其他
卓袱 ㊀(ちゃぶ) 식사.
‖**~台**(だい) 접었다 폈다 할 수 있는 식탁.
~屋(や) 선원・외국인 상대의 요릿집.
㊁(しっぽく) ①중국식 식탁(보). ②국수나 메밀국수에 송이버섯・표고버섯・생선묵・야채 등의 고명을 얹은 음식.
‖**~料理**(りょうり) 일본화된 중국 요리.

8 扌	拆	터질 **탁**・쪼갤 **탁** タク さく・ひらく

訓読
拆釧(さくしろ) 방울이 달린 고대의 팔찌.

9 木	柝	딱딱이 **탁** タク き

訓読
柝(き) (극장에서 치는) 딱딱이.
~が入(はい)**る** 딱딱이를 치다. 무대의 막이 오르다.

10 口 人	啄(啄)	쪼을 **탁**・똑똑두드릴 **탁** タク ついばむ・つつく

音読
啄木(たくぼく)〖鳥〗 탁목. 딱따구리.
‖**~鳥**(ちょう) 탁목조. 딱따구리의 딴이름.
*きつつき・けらとも読む.

訓読
啄む(ついばむ) (새가) 쪼다. 쪼아먹다.

10 言 常	託	부탁할 **탁**・의지할 **탁** タク かこつける・かこつ・ことづかる

音読
託す(たくす) ☞託する(たくする).
託する(たくする) ①(남에게) 맡기다. 부탁하다. ②어떤 형식을 빌려 나타내다.
託生(たくしょう) 탁생. 남에게 몸을 의탁하고 살아가는 일.
託宣(たくせん) 탁선. 신탁.
託送(たくそう) 탁송.
託児(たくじ) 탁아. ♣**~所**(しょ) 탁아소.
託言 ㊀(たくげん) 탁언. ①핑계. 구실. *かごととも読む. ②칭탁. 남에게 부탁하여 전하는 말.

㈢(かずけごと) 핑계. 구실. 속임수.
託葉(たくよう) 〖植〗 탁엽. 턱잎.

訓読

❖託かる(ことづかる) 의탁받다. 부탁받다. 전갈을 부탁받다.
託かり(ことづかり) 부탁받음. 부탁받은 것.
❖託ける ㈠(かこつける) 핑계삼다. 구실 삼 다. 칭탁하다.
㈡(ことづける) 전갈하다. 전언〔전달〕을 부 탁하다.
託け ㈠(かこつけ) 변명.
㈡(ことづけ) 전언. 전갈.
❖託つ(かこつ) ① 핑계〔구실〕 삼다. 칭탁하다. ② 탄식하여 말하다. 탓하다. 푸념하다.
託ち顔(かこちがお) 원망스러운 얼굴.

其他

託言がましい(かごとがましい) 〈文〉 푸념 〔불평〕하는 것처럼 들리다.

---

11 王㈧ 琢 (琢) 쫄 **탁**·옥다듬을 **탁**
タク
みがく

音読

琢磨(たくま) 탁마.

---

16 氵常 濁 흐릴 **탁**·더러울 **탁**
ダク·ジョク
にごる·にごす

音読

濁浪(だくろう) 탁랑. 흙탕물.
濁流(だくりゅう) 탁류.
濁富(だくふ) 탁부. 부정하게 얻은 부.
濁声 ㈠(だくせい) 탁성. 탁한 목소리.
㈡(だみごえ) ① ☞ ㈠. ② 사투리가 섞인 발음.
濁世(だくせい) 〖佛〗 탁세. 혼탁한 이 세상. 현세. *だくせ·じょくせ로도 읽음.
濁水(だくすい) 탁수. 흐린 물.
濁悪(じょくあく) 〖佛〗 탁악. 말세에 일어나 는 오탁(五濁)과 인간의 악행인 십악(十惡).
濁音(だくおん) 탁음.
‖〜符(ふ) 탁음(을 표시하는) 부호. 「호.
濁点(だくてん) 탁점. 탁음을 나타내는 부

訓読

濁らす(にごらす) 흐리게〔탁하게〕 하다.
❖濁す(にごす) ① 흐리게 하다. ② (말을) 얼 버무리다.
濁し(にごし) 개천물을 들쑤시어 물고기를 뜨 게 하여 잡는 어로법(漁撈法).
❖濁る(にごる) ① 탁하게 되다. 흐려지다. ② 탁음이 되다.
濁り(にごり) ① 탁함. 더러움. ② 탁음 부호. 탁음점. ③〖佛〗 번뇌.
濁り江(にごりえ) 〈雅〉 물이 흐린 강〔후미〕.
濁り鮒(にごりぶな) 장마철 물이 불었을 때 잡는 붕어.
濁り声(にごりごえ) 탁성. 탁한 목소리.
濁り水(にごりみず) 탁수. 탁한〔더러운〕 물.
濁り酒(にごりざけ) 탁주. 막걸리.

其他

濁醪(どぶろく) ⇨ 濁酒(どぶろく).
濁酒(どぶろく) 탁주. 막걸리. *だくしゅ로 도 읽음.

---

16 木 橐 전대 **탁**
タク
つわぶき

訓読

橐吾(つわぶき) 〖植〗 털머위.

---

17 氵常 濯 (濯) 빨 **탁**·씻을 **탁**
タク
あらう·すすぐ· そそぐ·ゆすぐ

訓読

❖濯ぐ ㈠(すすぐ) 씻다. ① 헹구다. ② (누명· 오명 등을) 씻어 없애다. *ゆすぐ로도 읽음.
㈡(そそぐ) ① (오명을) 씻다. 설욕하다. ② 물로 헹구다. 씻다. 가시다.
濯ぎ(すすぎ) ① 헹굼(질). ② 발을 씻는 (더 운) 물. ③ 세탁. 빨래.
‖〜物(もの) 빨래하는 일. 또, 빨래할 옷.
〜洗濯(せんたく) 빨래하는 일.

---

17 扌 擢 뽑을 **탁**·빼낼 **탁**
テキ
ぬきんでる·ぬく

音読

擢用(てきよう) 탁용. 발탁하여 등용함.

訓読

擢んでる(ぬきんでる) 뛰어나게 우수하다. 뛰어나다.

---

21 金 鐸 방울 **탁**
タク
おおすず

音読

鐸(たく) ① 동탁(銅鐸). 종 모양의 청동제 방 울. ② 풍경(風磬). *さなき로도 읽음.

탄

7 口 呑 삼킬 **탄**
ドン
のむ

音読

呑併(どんぺい) 탄병. 병탄.
呑噬(どんぜい) ① 물어뜯음. ② 탄서. 타국 의 영토를 빼앗음.

呑舟(どんしゅう) 탄주. 탄주지어(呑舟之魚). 큰 인물의 비유.
呑吐(どんと) 탄토. 삼키고 토해 냄.

訓読
呑ます(のます) 마시게 하다. 먹이다.
呑ませる(のませる) 마시게 하다.
呑まれる(のまれる) ①먹히다. ②휩쓸리다.
❖呑む(のむ) ①마시다. 먹다. (담배를) 피우다. ②감추다. 품다. ③얕보다. 압도하다.
呑み(のみ) ①술을 마심. ②呑み口(のみぐち)・呑み行為(のみこうい)의 준말.
呑み干す(のみほす) 다 마셔 버리다.
呑み口(のみぐち) 액체를 따르는 주둥이.
呑み潰す(のみつぶす) 술로 재산을 탕진하다.
呑み潰れる(のみつぶれる) 고주망태가 되다.
呑み代(のみしろ) 술값.
呑み倒す(のみたおす) ①술 마시고 술값을 떼먹다. ②술로 재산을 날리다.
呑み料(のみりょう) ①음료. ②술값.
呑み明かす(のみあかす) 밤새도록 술을 마시다.
呑み物(のみもの) 음료.
呑み手(のみて) 술꾼.
呑み水(のみみず) 음료수.
呑み喰い(のみくい) 마시고 먹고 함.
呑み薬(のみぐすり) 먹는 약. 내복약.
呑み屋(のみや) ①呑み行為(のみこうい)를 하는 사람. ②선술집.
呑み込み(のみこみ) 납득. 이해.
呑み込む(のみこむ) ①삼키다. ②이해하다.
呑み助(のみすけ) (俗) 술꾼.
呑み止し(のみさし) 마시다 맒. 또, 그 남은 것.
呑み止す(のみさす) 마시다 말다.
呑み出(のみで) 마시기에 흡족한 분량.
呑み行為(のみこうい) ①증권업자가 거래소를 통하지 않고 자기 매매함. ②경마 등에서, 사설 마권을 판매함.

其他
呑気(のんき) 만사 태평.
呑兵衛(のんべえ) 모주꾼.
呑ん太郎(のんたろう) ①술고래. ②연극 따위의, 공짜 구경꾼.

⁸ 土 **坦** 평탄할 탄・너그러울 탄
タン
たいら

音読
坦路(たんろ) 탄로. 탄탄 대로.
坦坦(たんたん) 탄탄. ①땅 등이 평탄한 모양. ②탄탄함. 순탄함.
坦懐(たんかい) 탄회. 거리낌이 없는 마음.

⁹ 火 教 **炭**(炭) 숯 탄・석탄 탄
タン
すみ

音読
炭カル(たんカル) '炭化カルシウム(たんかカルシウム)(=탄화칼슘)'의 준말.
炭価(たんか) 탄가. 석탄 가격.
炭殻(たんがら) 석탄이 타고 남은 찌꺼기.
炭坑(たんこう) ①탄갱. ②⇨ 炭鉱(たんこう). ♣~夫(ふ) 광부. 광원(鑛員).
炭庫(たんこ) 탄고. 석탄 창고.
炭鉱(たんこう) 탄광.
炭礦(たんこう) ⇨ 炭鉱(たんこう).
炭都(たんと) 탄도. 탄광 도시.
炭労(たんろう) '日本炭鉱労働組合(にほんたんこうろうどうくみあい)(=일본 탄광 노동 조합)'의 준말.
炭山(たんざん) 탄산. 탄광.
炭酸(たんさん) 〖化〗 탄산. ♣~水(すい) 탄산수. 소다수 / ~塩(えん) 탄산염 / ~紙(し) 탄산지. 복사지 / ~泉(せん) 〖地〗 탄산천.
‖~同化作用(どうかさよう) 탄산 동화 작용.
~飲料(いんりょう) 탄산 음료.
~鉄鉱(てっこう) 탄산철광. 능철광.
炭素(たんそ) 〖理〗 탄소. ♣~鋼(こう) 탄소강 / ~紙(し) 탄소지. 탄산지.
‖~同化作用(どうかさよう) 탄소 동화 작용.
~繊維(せんい) 탄소 섬유.
~税(ぜい) 탄소세(환경세의 하나).
~一四(じゅうし) 〖化〗 탄소 14.
炭水(たんすい) 탄수. ①석탄과 물. ②탄소와 수소.
‖~車(しゃ) (증기 기관차 바로 뒤의) 탄수차.
~化物(かぶつ) 탄수화물.
炭材(たんざい) 탄재. 숯을 만들 재목.
炭疽(たんそ) 〖醫〗 탄저. ♣~菌(きん) 탄저균 / ~病(びょう) 탄저병.
炭田(たんでん) 탄전.
炭種(たんしゅ) 탄종. 석탄의 종류.
炭住(たんじゅう) '炭鉱従業員住宅(たんこうじゅうぎょういんじゅうたく)(=탄광 종업원 주택)'의 준말.
炭塵(たんじん) 탄진.
炭質(たんしつ) 탄질. 석탄이나 숯의 질.
炭車(たんしゃ) 탄차. 탄광의 석탄 운반차.
炭層(たんそう) 탄층.
炭肺(たんぱい) 탄폐. 진폐(塵肺)의 하나.
*たんぱいろ도 읽음.
炭化(たんか) 〖化〗 탄화. ♣~物(ぶつ) 탄화물 / ~法(ほう) 탄화법.
‖~珪素(けいそ) 탄화규소. 카보런덤.
~石灰(せっかい) 탄화석회. 탄화칼슘.
~水素(すいそ) 탄화수소.

訓読
炭(すみ) 숯. 목탄.
炭籠(すみかご) 숯 바구니.
炭木(すみぎ) 숯을 굽는 나무.
炭掻き(すみかき) 숯을 긁어모으는 쇠갈고랑이.
焼炭き(すみやき) ①숯을 굽는 일[사람]. ②〖料〗숯불구이. ♣~窯(がま) 숯가마.
炭手前(すみてまえ) 다도(茶道)에서, 화로의 숯불을 다루는 법식.

炭屋(すみや) 숯을 파는 가게. 또, 그 사람.
炭窯(すみがま) 숯가마.
炭竈(すみがま) ⇨ 炭窯(すみがま).
炭取り(すみとり) 숯을 나누어 담아 놓고 쓰는 그릇.
炭俵(すみだわら) 숯섬. 숯 가마니.
炭壺(すみつぼ) 숯불 따위를 넣고 뚜껑을 덮어 끄는 단지.
炭火(すみび) 숯불.
[其他]
炭櫃(すびつ) 〈雅〉 ① 방바닥을 사각으로 파서 만든 난로. ② 나무로 만든 화로.
炭団(たどん) (숯가루를 뭉쳐 만든) 조개탄.

| 12 획 常 | 弾 (彈) | 탄알 탄·튀길 탄·
탈 탄
ダン・タン　ひく
はずむ・たま・はじく |

[音読]
弾じる(だんじる) ☞ 弾ずる(だんずる).
弾ずる(だんずる) ① (현악기를) 타다. 켜다. ② 규탄하다. 지탄하다.
弾琴(だんきん) 탄금. 거문고를 탐.
弾帯(だんたい) 탄대. 탄띠.
弾道(だんどう) 탄도. ♣~弾(だん) 탄도탄 / ~学(がく) 탄도학.
∥~兵器(へいき) 탄도 무기.
弾頭(だんとう) 탄두.
弾(だんながり) 탄궁.
弾力(だんりょく) 탄력. ♣~性(せい) 탄력성 / ~的(てき) 탄력적.
弾幕(だんまく) 탄막.
弾性(だんせい) 『理』 탄성. ♣~力(りょく) 탄성력 / ~率(りつ) 탄성률 / ~体(たい) 탄성체 / ~波(は) 탄성파.
∥~変形(へんけい) 탄성 변형.
~繊維(せんい) 탄성 섬유.
~外交(がいこう) 탄성 외교.
~組織(そしき) 탄성 조직.
~衝突(しょうとつ) 탄성 충돌.
~限界(げんかい) 탄성 한계.
~限度(げんど) 탄성 한도.
弾圧(だんあつ) 탄압.
弾薬(だんやく) 탄약. *たまぐすりろも 읽음.
弾雨(だんう) 탄우.
弾正(だんじょう) 『史』 弾正台의 관리.
∥~台(だい) 律令(りつりょう) 시대에, 관리의 죄악 규탄과 풍속 단속을 하던 관청.
弾奏(だんそう) 탄주. ① 현악기를 연주함. ② 탄핵하여 상주함.
弾指(だんし) 탄지. ① 지탄. ②『佛』 극히 짧은 시간.
∥~の間(かん) 탄지지간(弾指之間). *だんしのあいだろも 읽음.
~頃(きょう) 탄지경. 극히 짧은 시간.
弾着(だんちゃく) 탄착. ♣~点(てん) 탄착점.
∥~距離(きょり) 탄착 거리.
弾倉(だんそう) 탄창.
弾唱(だんしょう) 악기를 켜며 노래함.
弾創(だんそう) 탄창. 총탄을 맞고 생긴 상처.
弾劾(だんがい) 탄핵.
∥~裁判所(さいばんしょ) 탄핵 재판소.
~主義(しゅぎ) 『法』 탄핵주의.
弾丸(だんがん) 탄환.
∥~道路(どうろ) 고속 자동차 도로《1955년 전후에 쓰던 말》.
~列車(れっしゃ) 탄환처럼 빠른 열차.
~黒子の地(こくしのち) 탄환이나 사마귀처럼 극히 좁은 땅.
弾痕(だんこん) 탄흔. 탄알을 맞은 자국.
ダムダム弾(ダムダムだん) 덤덤탄.

[訓読]
弾 ㊀(たま) 총알. 탄알.
㊁(だん) 《接尾語로》 …탄(弾).
弾ます(はずます) ☞ 弾ませる(はずませる).
弾ませる(はずませる) ① (반동으로) 튀게 하다. ② 기세가 오르게 하다. 신바람이 나게 하다. ③ (돈을) 호기 있게 내게 하다.
弾傷(たまきず) 총상(銃傷). 「(具).
弾除け(たまよけ) 방탄(防弾). 또, 방탄구
❖弾く ㊀(はじく) ① (용수철 따위가) 튕겨 나오다. ② (손가락 끝으로 기타를) 치다. (거문고 따위를) 타다. 「다.
㊁(ひく) 악기를 연주하다. 켜다. 타다. 치
弾き歌い(ひきうたい) (노래와 반주를 분담하지 않고) 동일인이 악기를 반주하며 노래함.
弾き流す(ひきながす) ① 三味線(しゃみせん) 따위를 타며 걸립(乞粒)하고 다님. ② 악기를 가볍게 탐.
弾き鳴らす(ひきならす) 현악기나 건반 악기를 타다.
弾き物(ひきもの) 『楽』 현(絃)으로 음을 내게 하는 악기의 총칭. 현악기.
弾き手(ひきて) 거문고·피아노·바이올린 등을 연주하는 사람.
弾き熟す(ひきこなす) 악기를 잘 타다.
弾き語り(ひきがたり) ① 손수 三味線(しゃみせん)을 타면서 浄瑠璃(じょうるり)를 이야기조로 읊는 일. ② 손수 피아노를 치거나 바이올린 따위를 켜면서 노래하는 일.
弾き初め(ひきぞめ) ① 새해 흔히, 정월 초이틀에 처음으로 거문고나 三味線(しゃみせん) 따위를 타는 일. ② 새로운 악기를 처음으로 타는 일.
弾き出す(はじきだす) ① 튀겨서 밖으로 내놓다. ② (동아리에서) 내쫓다. 따돌리다.
❖弾ける(はじける) ① 여물어서 터지다. 터다. ② 세게 튀다.
弾け豆(はじけまめ) 볶아서 튀어 나간 콩. 전하여, 잠두콩의 딴이름.
弾け飛ぶ(はじけとぶ) 튀어 날아가다《없어지다》.
❖弾む(はずむ) ① (반동으로) 튀다. ② 기세가 오르다. 신바람이 나다. ③ (돈을) 호기 있게 내다.
弾み(はずみ) ① 튐. 탄력. ② 여세. 힘. ③ (그 때의) 추세. 상황. ④ 그 순간. 그 찰나.
弾み車(はずみぐるま) 플라이휠. 관성 바퀴.

嘆 (嘆)

13 口 常 탄식할 탄・한숨쉴 탄
タン
なげく・なげかわしい

音読

嘆(たん) 탄. ① 탄식(함). ② 칭찬함. 감탄함. 탄성.
嘆じる(たんじる) ☞ 嘆ずる(たんずる).
嘆ずる(たんずる) ① 한탄하다. 개탄하다. ② 감탄하다.
嘆美(たんび) 탄미. 감탄하여 칭찬함.
嘆服(たんぷく) 탄복.
嘆辞(たんじ) 탄사. ① 탄식의 말. ② 감탄의 말.
嘆傷(たんしょう) 탄상. 한탄하여 마음이 상「함.
嘆賞(たんしょう) 탄상. 감탄하여 칭찬함.
嘆声(たんせい) 탄성.
嘆訴(たんそ) 탄소. 한탄하여 하소연함.
嘆息(たんそく) 탄식. 한탄. 한숨.
嘆願(たんがん) 탄원. ♣~書(しょ) 탄원서.
嘆嗟(たんさ) 한탄함. 한숨지어 탄식함.

訓読

嘆かわしい(なげかわしい) 한심스럽다.
❖嘆く(なげく) 한탄하다. 탄식하다.
嘆き(なげき) ① 탄식. 한탄. 비탄. ② 분개.
∥~の壁(かべ) 통곡의 벽.   └분개.
嘆き明かす(なげきあかす) 비탄(슬픔)으로 밤을 지새우다.
嘆き暮らす(なげきくらす) 탄식〔한탄〕으로 지내다.
嘆き死に(なげきじに) 한탄 속에 죽음. 비탄으로 죽음.

綻

14 糸 솔기터질 탄
タン
ほころびる

訓読

綻ばかす(ほころばかす) ☞ 綻ばせる(ほころばせる).
綻ばす(ほころばす) ① (실밥을) 뜯다. ② 입을 벌리다. 파안(破顔)하다.
綻ばせる(ほころばせる) 풀리게 하다. 벌어지게 하다.
綻ぶ(ほころぶ) ☞ 綻びる(ほころびる).
❖綻びる(ほころびる) ① (실밥이) 풀리다. (꿰맨 자리가) 터지다. ② 조금 벌어지다. (꽃이) 피기 시작하다.
綻び(ほころび) 터짐. 벌어짐. 또, 그 자리.

憚

15 忄 꺼릴 탄・두려워할 탄
タン
はばかる

訓読

❖憚る(はばかる) ① 꺼리다. 거리다. 삼가다. ② 위세를 부리다.

憚り(はばかり) ① 거리낌. 조심. ② 변소.
憚りながら(はばかりながら) 죄송합니다만. 송구스럽습니다만.
憚り様(はばかりさま) ① 남에게 신세 졌을 때의 인사말. 감사합니다. ② 상대의 말에 좀 빈정대며 하는 말. 유감이군요. 안됐군요.

歎

15 欠 탄식할 탄・칭찬할 탄
タン
なげく

참고 현대 표기로는 '嘆'으로 대용함.

音読

歎じる(たんじる) ☞ 歎ずる(たんずる).
歎ずる(たんずる) ① 한탄하다. 개탄하다. ② 감탄하다. 칭찬하다.
歎美(たんび) 탄미. 감탄하여 칭찬함.
歎服(たんぷく) 탄복.   「말.
歎辞(たんじ) 탄사. ① 탄식의 말. ② 감탄의
歎賞(たんしょう) 탄상. 감탄하여 칭찬함.
歎声(たんせい) 탄성.
歎訴(たんそ) 탄소. 한탄하며 하소연함.
歎息(たんそく) 탄식. 한탄. 한숨.
歎願(たんがん) 탄원.
歎異抄(たんにしょう) 『册』 13세기의 승려 親鸞(しんらん; 1173~1262)의 법어를 기술한 책. 제자 唯円(ゆいえん)(생몰년 미상)이 기술하였다고 함. *たんいしょう로도 읽음.
歎嗟(たんさ) 한탄함. 한숨지어 탄식함.
歎称(たんしょう) ⇨ 歎賞(たんしょう).

訓読

歎かわしい(なげかわしい) 한심〔통탄〕스럽「다.
❖歎く(なげく) 한탄하다. 탄식하다.
歎き(なげき) ① 탄식. 한탄. 비탄. ② 분개.
歎き明かす(なげきあかす) 비탄(슬픔)으로 밤을 지새우다.
歎き暮らす(なげきくらす) 탄식〔한탄〕으로 지내다.

誕 (誕)

15 言 教 날 탄・속일 탄
タン
うまれる・いつわる

音読

誕生(たんじょう) 탄생. ♣~仏(ぶつ) 탄생불 / ~石(せき) 탄생석 / ~日(び) 생일 / ~会(え) 『佛』 관불회(灌佛會).
∥~祝い(いわい) 생일 축하 (선물).
誕辰(たんしん) 탄신. 생일.

灘

22 氵 여울 탄
ダン・タン
なだ

訓読

灘(なだ) 파도가 센 바다. 여울.
灘酒(なだざけ) 兵庫(ひょうご) 현 灘(なだ) 일대에서 나는 양질의 청주.

22 馬	驒	연전총 탄·가리온 탄 タン・ダ

音読
驒州(たんしゅう) '飛驒国(ひだのくに)(=지금의 岐阜(ぎふ)현의 북부)'의 딴이름.

탈

11月 常	脱 (脱)	벗을 탈·벗어날 탈 ダツ ぬぐ·ぬげる· ぬける

音読
脱(だつ) 《接頭語로》 탈….
脱する(だっする) ① 벗어나다. 탈출하다. ② 제거하다. 없애다. ③ 넘다. 벗어나다.
脱サラ(だつサラ) 탈샐러리 맨.
脱却(だっきゃく) 탈각. 벗어남.
脱監(だっかん) 탈감.
脱去(だっきょ) 탈거. ① 벗어남. 도망침. ② 벗어버림.
脱剣(だっけん) 허리에 찬 검을 뺌.
脱稿(だっこう) 탈고.
脱穀(だっこく) 탈곡. ♣~機(き) 탈곡기.
脱工業化社会(だつこうぎょうかしゃかい) 탈공업화 사회.
脱臼(だっきゅう) 〖醫〗 탈구. (뼈마디가) 통
脱党(だっとう) 탈당.
脱落(だつらく) 탈락. ♣~者(しゃ) 탈락자.
脱力(だつりょく) 탈력. 탈진. ♣~感(かん) 탈력감. 허탈감.
脱牢(だつろう) ☞ 脱獄(だつごく).
脱漏(だつろう) 탈루. 빠짐. 「거함.
脱硫(だつりゅう) 〖化〗 탈황. 황 성분을 제
脱離(だつり) 탈리. 이탈.
脱毛(だつもう) 탈모. ♣~剤(ざい) 탈모제 / ~症(しょう) 탈모증.
脱帽(だつぼう) ① 탈모. ② 경의를 표함. 항「복함.
脱文(だつぶん) 탈문. 빠진 글귀.
脱配線(だつはいせん) 라디오 등에서 배선을 빠뜨린 곳.
脱藩(だっぱん) 무사가 자기가 속했던 藩(はん)을 뛰쳐나와 낭인(浪人)이 됨.
脱法(だっぽう) 탈법.
‖~行為(こうい) 탈법 행위.
脱糞(だっぷん) 탈분. 똥을 눔.
脱酸(だっさん) 〖化〗 탈산. 화합물 속의 산소를 빼냄. 「산업 사회.
脱産業社会(だつさんぎょうしゃかい) 탈
脱渋(だつじゅう) 탈삽. 감의 떫은맛을 뺌.
脱色(だっしょく) 탈색. ♣~剤(ざい) 탈색
脱船(だっせん) 탈선. 배를 빠져 나감. 」제.
脱線(だっせん) 탈선.

脱税(だつぜい) 탈세. 세금 포탈. ♣~犯(はん) 탈세범.
‖~行為(こうい) 탈세 행위.
脱俗(だつぞく) 탈속.
脱水(だっすい) 탈수. ♣~機(き) 탈수기.
‖~症状(しょうじょう) 탈수 증상.
脱語(だつご) 탈어. 빠진 말.
脱営(だつえい) 탈영. ♣~兵(へい) 탈영병.
脱誤(だつご) 탈오. 탈자(脱字)와 오자(誤字). 「수.
脱獄(だつごく) 탈옥. ♣~囚(しゅう) 탈옥
脱衣(だつい) 탈의. ♣~所(じょ) 탈의장.
脱字(だつじ) 탈자.
脱腸(だっちょう) 〖醫〗 탈장. ♣~帯(たい) 탈장대.
脱疽(だっそ) 〖醫〗 탈저.
脱政党(だつせいとう) 탈정당. 정당 지지 태도를 안 보이는 유권자의 정치 의식.
脱走(だっそう) 탈주. ♣~兵(へい) 탈주병.
脱脂(だっし) 탈지. 지방을 제거함. ♣~綿(めん) 탈지면 / ~乳(にゅう) 탈지유.
‖~粉乳(ふんにゅう) 탈지 분유.
脱塵(だつじん) 탈진. 탈속(脱俗).
脱柵(だっさく) 탈책. ①(말 따위가) 울을 부수고 도망침. ② 탈영.
脱出(だっしゅつ) 탈출.
脱臭(だっしゅう) 탈취. 냄새를 없앰. ♣~剤(ざい) 탈취제.
脱胎(だったい) 태태. 남의 시문(詩文)의 취의를 취하되 형식만을 바꾸어 자작처럼 꾸밈.
脱兎(だっと) 탈토.
脱退(だったい) 탈퇴.
脱皮(だっぴ) 탈피. 허물을 벗음.
脱肛(だっこう) 〖醫〗 탈항. 밑이 빠짐.
脱化(だっか) ① 허물을 벗음. ② 다른 것을 본떠 모양만을 바꿈.
脱会(だっかい) 탈회.

訓読
脱がす(ぬがす) 다른 사람의 옷을 벗게 하다.
脱げる(ぬげる) ①(모자·구두 등이) 벗겨지다. ② 벗을 수 있다. 「げる)①.
❖**脱ぐ**(ぬぐ) ① 벗다. ②〈文〉 ☞ 脱げる(ぬ
脱ぎ掛ける(ぬぎかける) 벗기 시작하다. 일부를 벗다. 「채로 두다.
脱ぎ捨てる(ぬぎすてる) 벗어 던지다. 벗은
脱ぎ散らす(ぬぎちらす) 옷을 아무렇게나 벗어 던지다.
脱ぎ着(ぬぎき) 옷을 입었다 벗었다 함.
脱ぎ換える(ぬぎかえる) 옷을 갈아입다.
❖**脱ける**(ぬける) ① 빠지다. 누락되다. ② 이 탈하다. 물러나다.
脱け殻(ぬけがら) 빈 껍질. ①(뱀·매미 등의) 허물. 벗은 껍질. ② 얼빠진 사람이나 힘과 의욕을 잃은 사람.
脱け毛(ぬけげ) 빠진 머리털. 빠진 털.
脱け字(ぬけじ) 탈자.
脱け出す(ぬけだす) ①(몰래) 빠져 나가다. 살짝 도망 치다. ② 빠지기 시작하다.

14 大 常	奪	빼앗을 **탈**・잃을 **탈** **ダツ** **うばう**

音読

奪格(だっかく)〖言〗탈격.
奪権(だっけん) 탈권. 잃었던 권리・권력을 되찾음.
奪掠(だつりゃく) ⇨ 奪略(だつりゃく).
奪略(だつりゃく) 약탈.
奪取(だっしゅ) 탈취.
奪胎(だったい) 탈태. 남의 시문(詩文)의 취의를 취하되 형식만을 바꾸어 자작처럼 꾸밈.
奪還(だっかん) 탈환. 도로 빼앗음.
奪回(だっかい) 탈회. 탈환.

訓読

❖**奪う**(うばう) ① 빼앗다. 빼앗아 가다. (마음을) 끌다. ② 없애다. 제거하다. ③ (경기 등에서) 득점을 하다.
奪い去る(うばいさる) 빼앗아 가다.
奪い返す(うばいかえす) (빼앗긴 것을) 다시 빼앗다. 탈환하다.
奪い取る(うばいとる) 강제로 빼앗다. 탈취〔강탈〕하다.
奪い合い(うばいあい) 서로 쟁탈함. 「다.
奪い合う(うばいあう) 서로 빼앗다. 쟁탈하

탐

9 目	眈	노려볼 **탐**・으늑할 **탐** タン にらむ

音読

眈眈(たんたん) 탐탐. 날카로운 눈초리로 노려보는 모양.

10 耳	耽	즐길 **탐**・빠질 **탐** タン ふける

音読

耽奇(たんき) 이상한 것을 좋아하고 그것에
耽溺(たんでき) 탐닉. ㄴ푹 빠짐.
耽読(たんどく) 탐독.
耽美(たんび) 탐미. ♣～派(は) 탐미파.
‖～主義(しゅぎ) 탐미주의.

訓読

耽る(ふける) 열중하다. 골몰하다.

11 扌 教	探	찾을 **탐**・더듬을 **탐** **タン** **さぐる・さがす**

音読

探検(たんけん) 탐험. ♣～隊(たい) 탐험대.
探見灯(たんけんとう) 막대 모양의 회중 전
探鉱(たんこう) 탐광. ㄴ등.
探求(たんきゅう) 탐구.
探究(たんきゅう) 탐구.
探梅(たんばい) 탐매. 매화꽃을 찾아 감상
探問(たんもん) 탐문. ㄴ함.
探聞(たんぶん) 탐문.
探訪(たんぼう) 탐방. ＊たんぼう로도 읽음.
♣～記(き) 탐방기.
探査(たんさ) 탐사.
探傷(たんしょう) 탐상. 구조물에 초음파를 투사(投射)하여 속의 흠집을 찾아내는 일.
探索(たんさく) 탐색.
探書(たんしょ) 책을 찾음〔구함〕.
探勝(たんしょう) 탐승. 명승지를 찾아다니며 구경함.
探偵(たんてい) 탐정.
‖～小説(しょうせつ) 탐정〔추리〕 소설.
探題(たんだい) ①〖佛〗 경전을 논할 때, 논제를 선정하고 문답의 가부를 판정하는 승려. ②〖文〗 옛날, 시가(詩歌) 짓기에서, 각자의 제목을 제비 뽑아 정하는 일.
探鳥(たんちょう) 탐조. 야외에서 들새를 관찰・감상하는 일.
探照灯(たんしょうとう) 탐조등.
探知(たんち) 탐지.
探察(たんさつ) 탐찰. 탐색. 탐정.
探春(たんしゅん) 탐춘. 봄의 경치나 정취를 찾아 교외로 나감.
探測(たんそく) 탐측.
‖～気球(ききゅう)〖氣〗 탐측〔관측〕 기구.
探海灯(たんかいとう) 탐해등. 해상 탐조등.
探険(たんけん) ⇨ 探検(たんけん).

訓読

❖**探す**(さがす) 찾다.
探し(さがし) 찾음.
探し当てる(さがしあてる) 찾아내다.
探し物(さがしもの) 물건을 찾음. 또, 그 물
探し絵(さがしえ) 숨은 그림 찾기. ㄴ건.
❖**探る**(さぐる) ① 뒤지다. 더듬어 찾다. ② 탐지〔탐색, 정탐〕하다. 살피다. ③ 찾다. (아름다운 풍경 등을) 찾아다니다. 탐방하다.
探り(さぐり) ① 탐색함. 탐지. 속〔의중〕을 떠봄. ② 첩자. 스파이.
‖～杖(づえ) 장님이 지팡이로 앞을 살피며 가는 일. 또, 그 지팡이.
～足(あし) (어두운 곳이나 보이지 않는 곳을) 발로 더듬어 가면서 걸음. 「을 살핌.
～合い(あい) 서로 상대의 생각이나 사정
探り当てる(さぐりあてる) (손으로 더듬어) 찾아내다. 탐지해 내다.
探り出す(さぐりだす) ① 알아내다. 비밀 따위를 알아내다. ② 찾아내다.

其他

探湯(くかだち) 옛날에, 정사(正邪)를 가리기 위하여 신에게 맹세시킨 다음 끓는 물에 손을 담그게 한 일. ＊くかたち로도 읽음.

貪・塔・搭・搨・榻・帑・湯

| 11 貝 | 貪 | 탐할 **탐** タン・ドン・トン むさぼる |

音読
貪官(どんかん) 탐관.
∥〜**汚吏**(おり) 탐관오리.
貪婪(どんらん) 탐람. 너무 탐함. *とんらん・たんらん으로도 읽음.
貪吏(どんり) 탐리. 탐관오리.
貪利(どんり) 탐리. 이익을 탐함.
貪吝(どんりん) 탐린. 욕심이 많고 인색함. *たんりん으로도 읽음.
貪色(たんしょく) 탐색. 호색.
貪食(どんしょく) 탐식. 게걸스럽게 먹음. *たんしょく로도 읽음.
貪心(たんしん) 탐심.
貪愛(とんあい) 탐애. ①몹시 탐냄. ②〖佛〗몹시 집착(執着)함. *どんあい로도 읽음. ②는 とんない라고도 함.
貪汚(たんお) 탐오. 욕심이 많고 마음이 더러움.
貪欲(どんよく) 탐욕. *たんよく로도 읽음.
貪慾(どんよく) ⇨ 貪欲(どんよく).
貪淫(たんいん) 탐음. 지나치게 색을 탐함.
貪瞋痴(とんじんち) 〖佛〗탐진치. 삼독.
貪着(とんじゃく) 〖佛〗탐착. 만족할 줄 모르고 더욱 집착함.

訓読
❖**貪る**(むさぼる) 탐하다. 욕심 부리다.
貪り食う(むさぼりくう) 탐식하다. 걸신들린 것처럼 먹다.

탑

| 12 土 常 | 塔 | 탑 **탑** トウ・タツ |

音読
塔 ㊀(とう) 탑.
㊁(あららぎ) 탑(塔)의 딴이름.
塔頭(たっちゅう) 〖佛〗탑두.
塔状雲(とうじょううん) 〖氣〗탑상운.
塔屋(とうや) 옥탑. (빌딩의) 옥상 시설물. *とうおく로도 읽음.
塔婆(とうば) 〖佛〗탑파. 솔도파(率堵婆).
塔形クレーン(とうがたクレーン) 타워 크레인(tower crane).
バベルの塔(バベルのとう) 〖聖〗바벨탑.

| 12 扌 常 | 搭 | 탈 **탑** トウ のる |

音読
搭ずる(とうずる) 탑승하다.
搭乗(とうじょう) 탑승. ♣〜**券**(けん) 탑승권 / 〜**員**(いん) 탑승원.
∥〜**橋**(きょう) 탑승교. 보딩 브리지.
搭載(とうさい) 탑재. ♣〜**砲**(ほう) 탑재포.

| 13 扌 | 搨 | 베낄 **탑** トウ する |

音読
搨本(とうほん) 탑본. 탁본(拓本).

| 14 木 | 榻 | 걸상 **탑** トウ こしかけ・しじ |

訓読
榻(しじ) 우차(牛車)의 끌채 받침.

탕

| 8 巾 | 帑 | 나라금고 **탕** ド かねぐら |

音読
帑幣(どへい) 탕폐. 금고 속의 금은보화.

| 12 氵 教 | 湯 | 끓일 **탕**・끓인물 **탕** トウ ゆ |

音読
湯液(とうえき) 탕액. 탕약(湯藥).
湯薬(とうやく) 탕약.
湯治(とうじ) 탕치. 온천에서 요양함. ♣〜**場**(ば) 온천장.
湯婆(とうば) 탕파. 각파(脚婆). *たんぽ로도 읽음.

訓読
湯(ゆ) ①뜨거운 물. ②목욕물. 온천(물). ③대중 목욕탕. ④쇳물. 「온도.
湯加減(ゆかげん) 차나 탕약 따위의 적당한
湯灌(ゆかん) (불교식 장례에서) 입관하기 전에 시체를 더운물로 깨끗이 씻는 일.
湯口(ゆぐち) ①더운물이〔온천수가〕 나오는 구멍. ②목욕탕의 출입구. ③쇳물을 거푸집에 붓는 구멍.
湯具(ゆぐ) ①목욕옷. ② ☞**湯巻き**(ゆまき).
湯垢(ゆあか) (주전자나 욕조 따위의 안에 끼는) 물때.
湯巻き(ゆまき) ① (여자의) 허리에 두르는 천. ②옛날에, 귀인(貴人)이 목욕할 때 입던 홑옷. 또, 그때에 시중 들던 여자가 옷 위에 걸쳐 입던 옷.
湯帰り(ゆがえり) 목욕하고 돌아오는 길.

湯気(ゆげ) ① 김. 수증기. ② 목욕하다 일어나는 뇌빈혈. *②는 ゆけろど로 읽음.
‖〜立て(たて) 실내의 건조를 막기 위해 수증기를 내는 일.
湯女(ゆな) ① 온천 여관의 하녀(下女). ② 江戸(えど) 시대, 대중탕에 있던 창녀.
‖〜風呂(ぶろ) 江戸(えど) 시대에 창녀가 있던 대중 목욕탕.
湯奴(ゆやっこ) ⇨湯豆腐(ゆどうふ).
湯当たり(ゆあたり) 너무 오랜 시간 온천이나 목욕탕 속에 들어가 있어서 몸에 탈이 남.
湯道(ゆみち) 주조할 때, 구멍에서 거푸집으로 쇳물을 유도하는 길.
湯道具(ゆどうぐ) 목욕할 때 쓰는 도구.
湯豆腐(ゆどうふ) 물두부. 두부를 다시마 국물에 살짝 데쳐서 양념장을 찍어 먹는 요리.
湯冷まし(ゆざまし) ① 끓여 식힌 물. ② 끓인 물을 식히는 데 쓰는 그릇.
湯冷め(ゆざめ) 목욕 후 한기를 느낌.
湯量(ゆりょう) 탕량. 온천수의 양.
湯零し(ゆこぼし) 찻종의 마시다 남은 물·차 따위를 버리는 그릇.
湯鏝(ゆごて) 끓는 물에 데워서 쓰는 인두.
湯母(ゆおも) 유아에게 더운물 먹이는 일을 맡은 여성.
湯文字(ゆもじ) ① 옛날에 여자들이 목욕할 때 허리에 걸치던 옷. ② 여자들이 속치마처럼 허리에 감는 천.
湯剝き(ゆむき) (토마토 따위를) 뜨거운 물에 넣었다가 꺼내 껍질을 벗기는 일.
湯番(ゆばん) 목욕물을 데우거나 물의 온도를 살피는 사람.
湯腹(ゆばら) 물배.
湯本(ゆもと) ⇨ 湯元(ゆもと).
湯釜(ゆがま) 목욕물을 끓이는 솥.
湯沸かし(ゆわかし) 물을 끓이는 주전자.
湯上がり(ゆあがり) ① 목욕을 마치고 막 나옴. ② 목욕 후 쓰는 커다란 타월. ③ 목욕 후에 입는 홑옷.
湯船(ゆぶね) ① 목욕통. 욕조(浴槽). ② 옛날에, 목욕탕을 만들어 놓고 요금을 받고 목욕을 시키던 배.
湯洗い(ゆあらい) 어개류나 고기를 열탕에 넣었다가 냉수에 담가 탄력을 주는 일.
湯搔く(ゆがく) (야채 따위를) 살짝 데치다.
湯手(ゆて) 수건. 또, 때를 미는 수건.
湯水(ゆみず) ① 더운물과 찬물. ② 흔한 것. 아무데나 많이 있는 것의 비유.
湯瘦せ(ゆやせ) (지나치게) 목욕을 하여 몸이 여윔.
湯宿(ゆやど) 온천장의 여관. 온천 여관.
湯茹で(ゆゆで) 탕치(湯治).
湯烟(ゆけむり) ⇨ 湯煙(ゆけむり).
湯煙(ゆけむり) 뜨거운 목욕물·온천 등에서 오르는 김.
湯葉(ゆば) 두유(豆乳)에 콩가루를 섞어 넣고 끓여서 그 표면에 엉긴 얇은 막을 걷어 말린 식품. 맑은장국에 씀.

湯玉(ゆだま) 끓는 물의 거품. 방울 져서 튀어 흩어지는 끓는 물.
湯屋(ゆや) ① 공중 목욕탕. ②〈古〉욕실.
‖〜泥棒(どろぼう) 목욕하는 손님의 옷과 금품을 훔치는 도둑.   「기.
湯浴(ゆよく) 구리로 만든 실험실용 가열 기.
湯浴み(ゆあみ)〈雅〉목욕.
湯浴む(ゆあむ) 목욕하다.
湯元(ゆもと) 온천이 솟아나는 곳.
湯熨(ゆのし) 김을 쐬어서 천의 주름을 폄.
湯帷子(ゆかたびら) 입욕(入浴) 때 또는 목욕 후에 입는 홑옷.
湯飲み(ゆのみ) 湯飲み茶碗(ぢゃわん)의 준말. (작은) 찻잔. 찻종.
湯引き(ゆびき) 끓는 물에 살짝 데침.
湯引く(ゆびく) 살짝 데치다.
湯入り(ゆいり) ① 목욕을 함. ② 배 밑의 물 때 때문에 뱃짐이 손상을 입는 일. 또, 그 짐.
湯煮(ゆに) 음식을 더운물에 익힘〔삶음〕. 또, 그 음식.
湯場(ゆば) 온천이 있는 곳. 온천장.
湯張り(ゆばり) 목욕할 수 있게 욕조에 데운 물을 담는 일.
湯煎(ゆせん) 중탕(重湯).
湯殿(ゆどの)〈老〉욕실(浴室). 목욕탕.
湯銭(ゆせん) (공중 목욕탕의) 목욕료.
湯槽(ゆぶね) ⇨湯船(ゆぶね)①.
湯坐(ゆえ) 출산한 아기를 씻기 위해 더운물을 준비하는 사람.
湯走り(ゆばしり) 금속이 녹기 시작함.
湯中り(ゆあたり) ⇨ 湯当たり(ゆあたり).
湯漬け(ゆづけ) 밥을 더운물에 말아 먹음. 또, 더운물에 만 밥.
湯茶(ゆちゃ) (마시기 위한) 더운물과 차.
湯炊き(ゆたき) ① 끓는 물에 쌀을 안쳐 밥을 지음. ② 더운물에 끓임〔익힘〕.
湯湯婆(ゆたんぽ) 탕파(湯婆).
湯通し(ゆどおし) 피륙을 미지근한 물에 담그는 일.
湯桶 ㊀(ゆおけ) 목욕물 통. 목욕용 통.
㊁(ゆとう) 더운물을 넣어 두는, 옻칠을 한 주전자 모양의 나무통.
‖〜読み(よみ) 두 자로된 한자 숙어의 윗 글자는 훈(訓)으로, 아래 글자는 음(音)으로 읽는 방식.
湯の泡(ゆのあわ)《化》황(黄).
湯疲れ(ゆづかれ) 목욕탕 등에 너무 오래 들어가 있어서 나른해지는 일.
湯桁(ゆげた) ① (온천에서) 테를 두른 욕조. ② 욕조 둘레의 전.
湯壺(ゆつぼ) 끓는 물(온천 등)에 더운물을 담아 두는 곳[통]. 욕조.
湯花(ゆばな) ① ⇨湯の花(ゆのはな). ② ⇨湯玉(ゆだま).
湯の花(ゆのはな) ① 탕화. ② 물때.
湯華(ゆばな) ⇨ 湯花(ゆばな).
湯の華(ゆのはな) ⇨ 湯の花(ゆのはな).
湯化粧(ゆげしょう) 목욕을 한 후의 화장.

湯麵(タンメン) 기름에 볶은 야채를 얹은, 소금국에 만 중국 국수.

| 16 艹 | 蕩 | 방자할 **탕** · 움직일 **탕**
トウ
うごく |

音読

蕩産(とうさん) 탕산. 재산을 탕진함.
蕩散(とうさん) 탕산. 사람의 마음을 어수선하게 함.
蕩心(とうしん) 탕심. 방탕한 마음.
蕩児(とうじ) 탕아. 탕자.
蕩然(とうぜん) 탕연. ① 널쩍한 모양. ② 흔적도 없는 모양.
蕩搖(とうよう) 탕요. 흔들림.
蕩子(とうし) 탕자. ☞蕩児(とうじ).
蕩尽(とうじん) 탕진.　　　「화한 모양.
蕩蕩(とうとう) 탕탕. ① 넓고 큰 모양. ② 온

其他
蕩かす(とろかす) ① (금속 따위를) 녹이다. ② 황홀케 (도취케) 하다. 넋을 빼앗다. ＊とかす로도 읽음.　　　「빼앗기다.
蕩ける(とろける) 녹다. 황홀해지다. 넋을

| 17 皿 | 盪 | 셋을 **탕** · 움직일 **탕**
トウ
あらう · うごく |

其他
盪かす(とろかす) ① 녹이다. ② 황홀케 하다. 넋을 빼앗다. ＊とかす로도 읽음.
盪ける(とろける) 녹다. 황홀해지다. 넋을 빼앗기다.

태

| 4 大 教 | 太 | 클 **태** · 심할 **태**
タイ · タ · ダイ · ダ
ふとい · ふとる ·
はなはだ |

音読

太古(たいこ) 태고.　　　「대(代).
‖～**代**(だい) 〖地〗태고대. 선(先)캄브리아
太鼓(たいこ) ① 북. ② 太鼓持ち의 준말.
‖～**結び**(むすび) 뒤를 북통 모양으로 불룩하게 매는 여자 옷의 띠 매는 법.
～**叩き**(たたき) 남의 말에 맞장구 치며 비위를 맞춤. 또, 그런 사람.
～**橋**(ばし) 가운데가 반원형으로 불룩한 다리. 홍예다리.
～**腹**(ばら) 올챙이배. 똥배.
～**焼き**(やき) 물에 갠 밀가루를 틀에 붓고 팥소를 넣어 구운 과자〔붕어빵 따위〕.
～**医者**(いしゃ) 말만 그럴듯하고 의술은 시원찮은 의사.
～**持ち**(もち) ① 연회석에 나가 자리를 흥겹게 하는 것을 업으로 삼는 남자. 남자 기생. ② 알랑쇠. 아첨꾼.　　　「보증.
～**判**(ばん) 큼직한 도장. 전하여, 확실한
太公望(たいこうぼう) 태공망. 강태공. 낚시꾼의 딴이름.
太極(たいきょく) (중국 철학에서) 태극. 만물이 태어나는 우주의 근원. ♣～**拳**(けん) 태
太刀(たち) 〈雅〉허리에 차는 칼.　　　「극권.
太刀筋(たちすじ) 칼쓰는 솜씨〔소질〕.
太刀先(たちさき) ① 칼끝. ② 적에게 칼을 휘두르는 기세. ③ 논쟁〔토론〕할 때의 기세.
太刀魚(たちうお) 〖魚〗갈치.
太刀持ち(たちもち) 일본 씨름에서, 横綱 (よこづな)가 씨름판에 등장할 때, 칼을 들고 뒤따르는 씨름꾼.
太刀取り(たちとり) ① 할복 자살할 때에 뒤에서 목을 치는 사람. ② 사형수의 목을 베는 사람. ＊たちどり로도 읽음.
太刀打ち(たちうち) 칼싸움. (실력으로) 맞섬. 맞붙음. 맞겨룸.
太刀捌き(たちさばき) 칼쓰는 솜씨.
太刀風(たちかぜ) ① 칼을 휘두를 때 이는 바람. ② 세차게 베어 들어가는 칼의 기세.
太郎(たろう) ① 맏아들에게 붙이는 이름. 또, 장남. ② 으뜸을 나타내는 말. 가장 큰 것.
‖～**冠者**(かじゃ) ① 〖狂言(きょうげん) 등에서〗大名(だいみょう)의 하인 중 최고참자. ② 익살스럽고 멍청한 자.　　　「름.
～**月**(づき) '正月(しょうがつ)(=정월)'의 딴
太郎兵衛(たろべえ) 어물어물 우물쭈물함. 또, 그 사람.
太白(たいはく) ① 태백. 太白星의 준말. ② 太白飴의 준말. ③ 太白砂糖의 준말.
‖～**砂糖**(ざとう) 정제한 백설탕.
～**星**(せい) 〖天〗태백성. 개밥바라기. 금성.
～**神**(じん) 음양도에서 받드는 신.
～**飴**(あめ) 정제한 백설탕을 넣고 개어 만든 하얀 엿.
太夫(たゆう) ① 能(のう) · 歌舞伎(かぶき) · 浄瑠璃(じょうるり)의 상급 연예인. ② 歌舞伎에서, 여성 역의 남자 배우. ③ 신관(神官).
‖～**元**(もと) 연예의 흥행주.　　　「(泰
太山(たいざん) 대산(大山). 큰 산. 태산
太上天皇(だじょうてんのう) 상황(上皇).
太歳(たいさい) 태세.
太孫(たいそん) 태손. 황태손(皇太孫).
太守(たいしゅ) 태수. 옛 중국의 지방 장관.
太始(たいし) 태시. ① 근본. ② 태초.
太神楽(だいかぐら) ① 皇大神宮(こうたいじんぐう)에서 행하는 무악(舞樂). ② 잡예(雜藝)의 하나.
太陽(たいよう) 태양. 해. ♣～**系**(けい) 태양계 / ～**年**(ねん) 태양년 / ～**暦**(れき) 태양력 / ～**時**(じ) 태양시 / ～**神**(しん) 태양신 / ～**日**(じつ) 태양일 / ～**虫**(ちゅう) 〖動〗태양충 / ～**風**(ふう) 〖天〗태양풍.

‖~灯(とう) 태양등. 수은등.
~炉(ろ) 태양로. 태양 고온로.
~放射(ほうしゃ) 태양 방사.
~崇拝(すうはい) 태양 숭배.
~熱発電(ねつはつでん) 태양열 발전.
~運動(うんどう) 태양 운동.
~電池(でんち) 태양 전지.
~電波(でんぱ) 태양 전파.
~定数(ていすう) 〖天〗 태양 상수(常數).
~族(ぞく) 기성 도덕을 무시하고 자유 분방한 행동을 하는 젊은이. 또, 그 무리.
~黒点(こくてん) 태양 흑점. ♣~説(せつ) 태양 흑점설.
太枘(だぼ) 나무나 석재를 이을 때, 두 재료가 어긋나지 않도록 박는, 조금 길고 가는 부재(部材). 장부.
太乙(たいいつ) ⇨ 太一(たいいつ).
太陰(たいいん) 태음. 달. ♣~年(ねん) 〖天〗 태음년 / ~暦(れき) (태)음력 / ~月(げつ) 〖天〗 태음월 / ~日(じつ) 〖天〗 태음일.
‖~崇拝(すうはい) 태음 숭배.
~潮(ちょう) 〖天〗 태음조. 달의 인력에 의해 일어나는 조석(潮汐).
~太陽暦(たいようれき) 태음 태양력.
~表(ひょう) 〖天〗 태음표. 천구(天球)상의 달의 장래 위치를 추산한 표.
太一(たいいつ) 태일. ① 중국 철학에서, 우주의 본체. ② 太一星의 준말. ③ 별의 이름.
‖~星(せい) 태일성. 음양도에서 말하는 별
~占(せん) 태일점. 태일성의 운행으로 길흉을 점치는 일.
太子(たいし) 태자. 특히, 聖徳(しょうとく) 태자의 일컬음.
‖~堂(どう) 聖徳 태자를 모신 사당.
太政官 ㊀(だいじょうかん) 大宝令(たいほうりょう)로 정해진, 국정의 최고 기관.
㊁(だじょうかん) ① 同㊀. ② 明治(めいじ) 전기(前期)의 최고 관청.
太政大臣(だいじょうだいじん) 太政官(だいじょうかん)의 최고 장관. * だじょうだいじん이라고도 함.
太祖(たいそ) 태조.
太宗(たいそう) 태종.
太初(たいしょ) 태초.
太太神楽(だいだいかぐら) 伊勢(いせ) 신궁에 참배하는 자가 봉납하는 무악(舞楽).
太平(たいへい) 태평.
‖~楽(らく) ①〈俗〉태평스럽게 제멋대로 지껄임. ② 무악의 하나.
太平洋(たいへいよう) 태평양.
‖~安全保障条約(あんぜんほしょうじょうやく) 〖政〗 태평양 안전 보장 조약. 앤저스 (ANZUS) 조약.
~戦争(せんそう) 태평양 전쟁.
太布(たふ) 닥나무 등의 껍질 섬유로 짠 투박한 직물.
太閤(たいこう) 関白(かんぱく)을 아들에게 물려준《특히, 豊臣秀吉(とよとみひでよし)를 일컬을 때가 많음》.
‖~検地(けんち) 1582년 이후, 豊臣秀吉가 전국적으로 실시한 통일적인 検地.
~記(き) 豊臣秀吉의 일대기의 총칭.
太虚(たいきょ) 태허. ① 하늘. 허공. ②〈한 계도 형상도 없고, 인간의 감각을 초월한〉 우주의 본체・근원.
太皇太后(たいこうたいこう) 태황태후. 天皇(てんのう)의 조모. * たいこうたいごうけ라고도 함.
太后(たいこう) 태후. ① 황태후. ② 태황태후.

[訓読]
太っちょ(ふとっちょ)〈俗〉뚱뚱이.
太やか(ふとやか) 굵직한〔살찐〕모양.
太っ腹(ふとっぱら) 도량〔배짱〕이 큼.
❖太い(ふとい) ① 굵다. ② 크다. ③ 넉살 좋다. 굵직하다.
太め(ふとめ) 굵은 편임. 굵직함.
太絹(ふとぎぬ) ☞ 太織り(ふとおり).
太股(ふともも) 넓적다리.
太巻き(ふとまき) 굵게 맒. 또, 그런 것.
太根(ふとね) 굵은 뿌리.
太棹(ふとざお) 義太夫(ぎだゆう)용의 자루가 굵은 三味線(しゃみせん).
太蘭(ふとい)〖植〗큰고랭이.
太目(ふとめ) 터물에서) 굵게 짠〔뜬〕코. (직물에서) 굵은 발.
太物(ふともの) ① '呉服(ごふく)(=견직물)'에 대한 면직물・마(麻)직물의 총칭. ② 옷감. 피륙. 천.
‖~屋(や) ☞ 太物店.
~店(だな) 면직물・마직물 가게.
太糸(ふといと) 굵은 실.
太書き(ふとがき) 굵게 씀. 또, 굵게 쓰는 붓 따위.
太緒(ふとお) 굵은 끈.
太息(ふといき) 큰 숨. 한숨.
太身(ふとみ) 칼 따위의 만듦새가 굵은 것.
太字(ふとじ) ① 굵은 글씨. ②〖印〗고딕체.
太材(ふとざい) 굵은 재목.
太箸(ふとばし) 설에 떡국 먹을 때 쓰는 굵은 젓가락.
太前(ふとまえ) '神のお前(かみのおまえ)(=신전(神前))'의 미칭.
太織り(ふとおり) 굵은 실을 써서 짠 견직물.
太太(ふとぶと) 매우 굵은 모양. 굵직굵직.
太股(ふともも) 넓적다리. 대퇴(大腿).
❖太る(ふとる) ① 살찌다. ② 재산 등이 늘어나다.
太り肉(ふとりじし) 살집이 좋음.

[其他]
太太しい(ふてぶてしい) 뻔뻔스럽다.

7 儿	兌	바꿀 **태・태패 태** ダ・タイ かえる

[音読]
兌(だ)〖民〗태. 주역의 팔괘(八卦)의 하나.
兌換(だかん) 태환. ♣~券(けん) 태환권.
‖~準備(じゅんび) 태환 준비.
~紙幣(しへい) 태환 지폐.

汰・怠・胎・殆・苔・泰

汰
7획 氵 (人)
셋을 태·일 태
タ・タイ
よなげる

訓読
汰ぐ(よなぐ) 일다. (물에 일어서) 가려 내다.
其他
汰る(ゆる) (쌀·사금 따위를) 일다.

怠
9획 心 (常)
게으를 태
タイ・ダイ
おこたる・なまける

音読
怠納(たいのう) 태납. 체납.
怠慢(たいまん) 태만.
怠業(たいぎょう) 태업.
∥~的行爲(てきこうい) 태업적 행위.
怠惰(たいだ) 태타. 나태. 게으름.
訓読
❖怠る(おこたる) ① 태만히 하다. ② 방심하다. 소홀히 하다. ③〈雅〉(병이) 좀 나아지다.
怠り(おこたり) 태만.
❖怠ける(なまける) 게으름 피우다.
怠け癖(なまけぐせ) 게으른 버릇.
怠け者(なまけもの) 게으름뱅이.

胎
9획 月 (常)
아이밸 태·태 태
タイ
はらむ

音読
胎(たい)〚生〛 태. 자궁(子宮).
胎教(たいきょう) 태교.
胎内(たいない) 태내.
∥~仏(ぶつ)〚佛〛 태내불. 큰 불상의 뱃속에 넣은 작은 불상.
~潜(くぐり) 사람이 겨우 빠져 나갈 만한 산속의 동굴이나 석실(石室). 또, 그곳을 빠져 나가는 일.
胎毒(たいどく)〚醫〛 태독.
胎動(たいどう) 태동.
胎膜(たいまく)〚生〛 태막.
胎盤(たいばん)〚生〛 태반.
胎便(たいべん) 태변. 배내똥.
胎生(たいせい)〚生〛 태생. *佛敎에서는 たいしょう라고도 함.
∥~動物(どうぶつ) 태생 동물.
~魚(ぎょ) 태생어. 태생의 어류.
~種子(しゅし)〚生〛 태생 종자.
胎児(たいじ) 태아.
胎芽(たいが) 태아. 수정 후 8주간 미만의 발육 중인 생체. 태아(胎兒)가 되기 전을 말함.
胎位(たいい) 태위. 자궁 내의 태아의 위치.
胎衣(たいい) 태의. 태의 껍질.
胎蔵界(たいぞうかい)〚佛〛 태장계.
胎中(たいちゅう) 태중. 태내(胎內).

殆
9획 歹
위태할 태·거의 태
タイ
あやうい・ほとんど

訓読
殆ど(ほとんど) 대부분. 거의. 대략.
其他
殆(ほとほと) ① 정나미가 떨어진 모양. 몹시. 되게. ②〈古〉 거의. 하마터면.
殆し(ほとほとし)〈古〉 ① 대단히 긴박하다. ② 위독하다.

苔
9획 艹
이끼 태
タイ
こけ

音読
苔類(たいるい)〚植〛 태류. 선태(蘚苔)식물의 한 부문.
苔蘚虫類(たいせんちゅうるい)〚動〛 태선충류.
訓読
苔(こけ) 이끼.
苔桃(こけもも)〚植〛 월귤. 월귤나무.
苔色(こけいろ) 이끼와 같은 희미한 황록색.
苔生す(こけむす)〈雅〉(세월이 흘러) 이끼가 끼다.
苔植物(こけしょくぶつ)〚植〛 선태(蘚苔)식물. 이끼식물.
苔筵(こけむしろ) ① 멍석처럼 전면(全面)에 난 이끼. ② 나그네·은둔자의 외로운 잠자리.
苔衣(こけごろも) ① 옷처럼 땅 위를 덮은 이끼. ② 중·은둔자가 입는 옷.
苔忍(こけしのぶ)〚植〛 처녀이끼.
苔庭(こけにわ) 이끼로 아름답게 꾸민 정원.
苔錆(こけさび) 이끼가 끼어 오래된 느낌임.
苔清水(こけしみず) 이끼 낀 바위 사이를 흐르는 맑은 물. 석간수.
苔虫類(こけむしるい)〚動〛 태충류. 태선충류(苔蘚虫類).

泰
10획 氺 (常)
클 태·편안할 태
タイ
やすい・やすらか

音読
泰東(たいとう) 태동. 동양의 미칭.
泰斗(たいと) 태두. 권위자. 대가.
泰山(たいざん) 태산. 크고 높은 산.
∥~北斗(ほくと) 태산북두. 태두(泰斗).
泰山木(たいさんぼく)〚植〛 양옥란(洋玉蘭).
泰西(たいせい) 태서. 서양(西洋).
泰安(たいあん) 태안. 태평하고 편안함.
泰然(たいぜん) 태연.
∥~自若(じじゃく) 태연 자약.
泰一(たいいつ) 태일. 태일(太一).
泰平(たいへい) 태평. 몸·마음·집안이 편안함.

11 竹	答	볼기칠 태·태형 태 チ むち

音読

笞撻(ちたつ) 태달. 채찍으로 침. 편달.
笞杖(ちじょう) 태장. 태형과 장형.
笞罪(ちざい) 태죄. 5죄의 하나. 태형.
笞刑(ちけい) 태형.

訓読

笞 ㊀(むち) ① 채찍. ② 지시봉. 지휘봉.
㊁(ち) 오형(五刑)의 하나. 태형(笞刑).
㊂(しもと) 〈雅〉태장(笞杖)에 쓰던, 나무로 만든 매.

14 心 教	態	태도 태·모양 태 タイ さま・わざと

音読

態 ㊀(たい) 모양. 상태. 형태.
㊁(てい) ① 겉모양. 모습. ② 태도. 걸치레. 상태. 「차림.
㊂(なり) ① 모양. 꼴. 형상. ② 몸매. ③ 옷
㊃(ざま) 〈俗〉 모양이나 차림을 조소하는 말. 꼴. 꼬락서니.
態度(たいど) 태도.
態勢(たいせい) 태세.
態様(たいよう) 태양. 양태. 모양.

訓読

態と(わざと) 일부러. 고의로.
態とらしい(わざとらしい) 부자연스럽다. 고의적인 듯하다.
態態(わざわざ) 특별히. 일부러. 고의로.

14 風	颱	태풍 태 タイ

音読

颱風(たいふう) 〖氣〗 태풍.

14 馬 常	駄	실을 태 ダ

音読

駄(だ) ① 말에 짐을 실어 보냄. 또, 그 말. ② 말 한 필에 실을 수 있는 중량. 바리.
駄犬(だけん) 잡종 개. 똥개.
駄菓子(だがし) 막과자.
駄句(だく) 서투른〔시시한〕俳句(はいく).
駄句る(だくる) 〈俗〉 시시한〔서투른〕 俳句(はいく)를 짓다.
駄馬(だば) ① 핫길의 말. ② 태마. 짐말. 복마(卜馬). *だうまろ도 읽음.
駄目(だめ) ①(해도) 소용없음. ② 도저히 안됨. 불가능함. ③ 해서는 안 됨. 못씀. ④ (바둑의) 공배(空排).
~を押(お)**す** (바둑에서) 공배를 메우다. 전하여, 거의 틀림없는 것을 재차 확인하다. 재다짐하다.
∥**~押し**(おし) ① 확실을 기하기 위하여 다짐함. ② 스포츠 경기 등에서, 대세가 결정된 뒤에도 더 득점하여 승리를 굳힘.
駄文(だぶん) ① 신통치 못한 문장. 시시한 문장. ② 자기 글의 겸칭.
駄物(だもの) 시시한〔질이 나쁜〕 물건. *だぶつロも 읽음. 「풍.
駄法螺(だぼら) 〈俗〉 터무니없는 거짓말. 허
駄弁(だべん) 쓸데없는 잡담.
駄弁る(だべる) 쓸데없는 잡담을 하다. 수다떨다.
駄本(だほん) 시시한 책.
駄洒落(だじゃれ) 서투른〔시시한〕 익살.
駄市(だいち) 소·말 따위의 가축을 매매하는 시장.
駄柄(だぼ) 나무나 석재(石材)를 이을 때 쓰는, 조금 길고 가는 장부.
駄賃(だちん) 심부름 삯.
駄作(ださく) 태작. 졸작(拙作).
駄酒(だしゅ) 맛없고 질이 나쁜 술.
駄駄(だだ) 응석. 떼.
駄駄ける(だだける) 떼를 쓰다.
駄駄っ子(だだっこ) 떼를 쓰는 아이.
駄荷(だに) 짐말에 실은 짐.

15 馬	駘	둔마 태·벗을 태 タイ

音読

駘蕩(たいとう) 태탕. 화창한 모양.

택

6 宀 教	宅	집 택·댁 댁 タク いえ・やけ

参考 '댁'은 俗音.

音読

宅(たく) ① 자기 집. ② 아내가 남에게 자기 남편을 일컫는 말.
宅扱い(たくあつかい) 택송(宅送).
宅料(たくりょう) ① 집세. ② 주택 수당.
宅配(たくはい) 택배.
宅調(たくちょう) '自宅調査(じたくちょうさ)(=자택 조사)'의 준말. 대학 교수들이 출근치 않고 자기 집에서 연구 조사하는 일.
宅地(たくち) 택지. 주택용의 터(땅).
∥**~造成**(ぞうせい) 택지 조성.
宅診(たくしん) 택진. 의사가 자택에서 환자를 진찰함.

7 氵 常	沢 (澤)	늪 택·윤 택·은혜 택 タク さわ・つや

音読
沢瀉 ㊀(たくしゃ)〖植〗〖漢醫〗택사.
　㊁(おもだか)〖植〗벗풀.
‖〜慈姑(くわい) 벗풀의 덩이뿌리.
沢山 ㊀(たくさん) ① (수나 분량이) 많음.
② 충분함. 더 필요 없음.
　㊁(さわやま) 수가 많음(江戸(えど) 시대에 여성이 쓰던 말. 沢山(たくさん)의 훈독).
沢色(たくしょく) 윤기. 광택.
沢庵(たくあん) 沢庵漬(たくあんづけ)의 준말. 단무지. 왜(倭)무짠지. ＊たくわん으로도 읽음.

訓読
沢(さわ) 풀이 나 있는 저습지(低濕地).
沢蓋木(さわふたぎ)〖植〗노린재나무.
沢桔梗(さわぎきょう)〖植〗숫잔대.
沢登り(さわのぼり) 계류를 따라서 등산함. 또, 그 기술.
沢蘭(さわあららぎ)〖植〗沢鵯(さわひよどり)의 옛 이름.
沢辺(さわべ)〈雅〉못가. 늪가.
沢鵯(さわひよどり)〖植〗골등골나물.
沢小車(さわおぐるま)〖植〗솜방망이.
沢柴(さわしば)〖植〗까치박달.
沢煮(さわに)〖料〗국물을 많이 부어서 삼삼하게 끓인 음식.
‖〜椀(わん)〖料〗돼지고기와 야채를 채쳐서 만든 잡탕국.
沢紫苑(さわしおん)〖植〗'蛸の足(たこのあし)(=낙지 다리)'의 옛 이름.
沢蟹(さわがに)〖動〗민물게의 일종.

7 扌 常	択 (擇)	가릴 택·뽑을 택 タク えらぶ

音読
択抜(たくばつ) 택발. 선발.
択一(たくいつ) 택일.

訓読
択ぶ(えらぶ) ① 고르다. 뽑다. ② 편찬하다.
択む(えらむ)〈古〉☞択ぶ(えらぶ).

토

3 土 教	土	흙 토·땅 토 ド・ト つち

音読
土間(どま) ① 봉당. 토방. ② 옛날 歌舞伎(かぶき) 극장에서, 무대 정면의 아래층 관람석.
土芥(どかい) 토개. 흙이나 쓰레기처럼 하찮은 것.
土居(どい) ① 성 둘레의 흙담. ② (강)둑.
土建(どけん) 토건. ♣〜業(ぎょう) 토건업.
土鼓(どこ)〖樂〗토고. 중국 주(周)나라 때의 타악기.
土工(どこう)〈卑〉토공. 토목 공사. 토목 공사장 인부.
土鍋(どなべ) 질냄비.
土管(どかん) 토관. 노깡.
土壙墓(どこうぼ)〖考〗토광묘. 널무덤.
土塊(どかい) 토괴. 흙덩이.
　㊁(つちくれ) ① ☞㊀. ② '墓(はか)(=무덤)'을 기(忌)하는 말.
‖〜鳩(ばと)〖鳥〗'雉鳩(きじばと)(=호도애)'의 딴이름.
土橋(どばし) 토교. 흙다리.
土寇(どこう)☞土匪(どひ).
土鳩(どばと)〖鳥〗참비둘기.
土窟(どくつ) 토굴.
土器 ㊀(どき) 토기.
　㊁(かわらけ) ① ☞㊀. ② 막자사발.
‖〜投げ(なげ) 질그릇 던지기 놀이《높은 곳에서 질그릇 잔을 내리 던져 그 떨어지는 광경을 보고 즐김》.
土嚢(どのう) 토낭. 흙부대.
土壇場(どたんば) ① 옛날, 목을 베던 형장. ② 막다른 판. 마지막 순간. 고빗사위.
土代(どだい) 문서의 초안(草案).
土台(どだい) ① 토대. 기초. ② 〈俗〉본시. 원래. 근본적으로. ③ 〈俗〉전혀.
土突き(どづき) 달구질. 터 다지기.
土鈴(どれい) 흙을 구워 만든 방울.
土塁(どるい) 토루. 흙으로 쌓아올린 성채(城砦). 〈속〉
土類金属(どるいきんぞく)〖理〗토류 금속.
土饅頭(どまんじゅう) 봉분을 한 무덤. 뫼.
土木(どぼく) 토목.
‖〜工事(こうじ) 토목 공사.
〜工学(こうがく) 토목 공학.
土民(どみん) 토민. 토착 주민.
土方(どかた)〈卑〉공사장의 막벌이꾼. 노가다.
土百姓(どびゃくしょう)〈蔑〉농사꾼.
土蕃(どばん) 토번. 미개한 토착민.
土壁(どへき) 토벽. 흙벽. ＊つちかべ로도 읽음.
土甁(どびん) 질주전자.
‖〜蒸し(むし) 질주전자에 송이버섯·생선·닭고기·채소 따위를 넣어 찐 요리.
土塀(どべい) 토담.
土蜂(どほう)〖蟲〗토봉. 땅벌.
土釜(どがま) 오지 밥솥.
土符(どふ) 토부. 음양가(陰陽家)에서, 땅을 파거나 담을 세우는 등의 토목 공사를 피해야 한다는 날.
土墳(どふん) 토분. 봉분한 무덤.
土仏(どぶつ) 토불. 흙부처. ＊つちぼとけ로도 읽음.

土崩(どほう) 토붕. ① 흙이 무너짐. ② 흙이 무너지듯이 사물이 무너져 버림.
土匪(どひ) 토비. 토착의 비적. 토구(土寇).
土砂(どしゃ) 토사.
∥~降り(ぶり) (비가) 억수같이 쏟아짐.
~崩れ(くずれ) 사태.
土石(どせき) 토석. ♣~流(りゅう) 토석류.
土性(どせい) 토성. 토질. ♣~図(ず) 토성
土星(どせい) 《天》 토성.
土城(どじょう) 토성. 「올림.
土盛り(どもり) (공사 따위에서) 흙을 쌓아
土性骨(どしょうぼね) 타고난 성질. 근성.
土性っ骨(どしょっぽね) ☞土性骨(どしょうぼね). 「ね).
土性根(どしょうね) ☞土性骨(どしょうぼ
土焼き(どやき) 질그릇. 토기(土器).
土俗(どぞく) 토속. 민속의 구칭.
∥~学(がく) 토속학. 인류 문화학·민족학 관계 학문의 구칭.
土手(どて) ①둑. 제방. ②(가다랑어 등 큰 생선의) 등살 덩이(횟감). ③(노인의) 이빠진 잇몸.
土手鍋(どてなべ) 〈料〉 굴 냄비 요리의 하나. 운두가 낮은 냄비 안쪽에 빙 둘러 된장을 바르고 안에 굴이나 야채를 넣어 끓인 음식.
土手っ腹(どてっぱら) 〈俗〉 ① 둑처럼 불거진 부분〔곳〕. ② (미운 놈의) 배때기.
土圧(どあつ) 《土》 토압. 지하 구조물이나 매설물이 지반(地盤)으로부터 받는 땅의 압력.
土壌(どじょう) 토양. ♣~図(ず) 토양도 /
~学(がく) 토양학.
∥~改良剤(かいりょうざい) 토양 개량제.
~微生物(びせいぶつ) 토양 미생물.
~復元(ふくげん) 토양 복원.
~消毒(しょうどく) 토양 소독.
~汚染(おせん) 토양 오염. ♣~防止法(ぼうしほう) 토양 오염 방지법.
~浄化法(じょうかほう) 토양 정화법.
~浸食(しんしょく) 토양 침식. 「말.
土語(どご) 토어. 그 지방의 토박이가 쓰는
土瀝青(どれきせい) 토역청. 아스팔트.
土窯(どがま) (흙으로 만든) 숯가마. 「일.
土曜(どよう) 토요. 토요일(土曜日)〔入下(立夏)·入秋·入冬·入春 전의 18일간. 흔히, 여름 토왕을 가리킴〕.
∥~干し(ぼし) 삼복 때, 곰팡이나 좀을 막기 위해 옷·책 따위를 햇볕에 쬐고 바람에 쐼.
~三郎(さぶろう) 여름 토왕의 사흘째 날 《고래로 이 날의 날씨 여하로 그 해 농사의 풍흉을 점친다 함》. 「놀이〔물결〕.
~波(なみ) 여름 토왕 무렵이면 일어나는 큰
~休み(やすみ) 〈老〉 여름 방학(휴가).
土佑(どゆう) 토우.
土運(どうん) 토운. 토사(土砂)를 나름.
土人(どじん) 토인. 원주민. 미개인. 토착민.
土場(どば) 땅바닥을 그대로 자리로 한 곳.
♣~店(てん) 노점(露店).

∥~芸(げい) 길거리에서 하는 연예.
土葬(どそう) 토장. 매장. 「광.
土蔵(どぞう) 벽을 흙이나 회로 두껍게 바른
∥~造り(づくり) 벽을 흙이나 회로 바른 구조물. 또, 그런 집. 「破り(やぶり) 광을 부수고 재물을 훔침.
土賊(どぞく) 토적. 토비(土匪).
土製(どせい) 토제.
∥~模造品(もぞうひん) 토제 모조품. 고분 시대의 제기(祭具).
土竈(どがま) ⇒ 土窯(どがま).
土足(どそく) 토족. ① 신발을 신은 채로의 발. ② 흙이 묻은 발. 흙발.
土佐(とさ) 《地》 옛 지방 이름. 지금의 高知(こうち) 현. ♣~犬(いぬ) 도사견. 「지.
∥~半紙(ばんし) 土佐에서 나는 질이 좋은 반
~醬油(じょうゆ) 간장에 미림(味淋)·술을 타고 가다랑어포를 넣어 약간 끓인 조미료.
~節(ぶし) ① 土佐에서 나는 가다랑어포. ② 江戸(えど)에서 시작된 浄瑠璃(じょうるり)의 한 파.
~酢(ず) 식초에 가다랑어포·다시마·설탕·간장을 넣고 약간 끓인 조미료.
~派(は) 중세에서 근세에 걸쳐 활약한 일본 화(畫)의 대표적인 한 파.
~絵(え) 土佐派의 화풍〔그림〕.
土左衛門(どざえもん) 익사자. 익사체.
土州(どしゅう) 土佐(とさ)의 딴이름.
土柱(どちゅう) 《地》 토주. 사력층(砂礫層)이 빗물에 침식되어 생긴 토사의 기둥.
土中(どちゅう) 토중. 흙 속. 땅 속.
土地(とち) ①토지. 땅. ②그 지방〔고장〕.
∥~鑑(かん) 그 지방의 사정을 잘 앎.
~改良(かいりょう) 토지 개량. 「격.
~公示価格(こうじかかく) 토지 공시 가
~管轄(かんかつ) 토지 관할.
~区画整理(くかくせいり) 토지 구획 정리.
~国有論(こくゆうろん) 토지 국유론.
~基本調査(きほんちょうさ) 토지 기본 조사. 「장.
~台帳(だいちょう) (구제도하의) 토지 대
~登記簿(とうきぼ) 토지 등기부.
~柄(がら) 그 고장의 풍속·습관·인정 등. 그 고장의 상태.
~所有権(しょゆうけん) 토지 소유권.
~収用(しゅうよう) 토지 수용. ♣~権(けん) 토지 수용권.
~信託(しんたく) 토지 신탁.
~言葉(ことば) 사투리. 방언.
~訛り(なまり) 그 지방 사투리〔말투〕.
~っ子(こ) 〈俗〉 토박이.
~転がし(ころがし) (업자 간의) 토지 전매.
土質(どしつ) 토질.
土着(どちゃく) 토착. ♣~民(みん) 토착민.
∥~主義運動(しゅぎうんどう) 《社》 토착주의 운동. 토착 문화 보호주의 운동.
土倉 ㊀(どそう) 중세의 전당포〔술집을 겸한 고리 대금업〕. *どくらろ도 읽음.

㊁(つちぐら) ① ☞㊀. ② 벽을 흙으로 바른 광〔곳간〕.
土塔(どとう) ☞土柱(どちゅう).
土樋(どひ) 토관(土管)으로 만든 홈통.
土俵(どひょう) ① 흙을 담은 가마니〔섬〕. ② 씨름판.
‖**～堰**(せき) 흙섬을 쌓아 만든 보. 봇둑.
～入り(いり) 씨름꾼이 성장(盛裝)하고 씨름판에 등장하는 의식. 「막 순간.
～際(ぎわ) ① 씨름판의 경계. ② 막판. 마지
土下座(どげざ) ①(옛날, 귀인 행차 때) 땅에 조아려 엎드림. ② 진심을 나타내기 위해 머리를 땅에 대고 절함.
土豪(どごう) 토호. 그 지방의 호족(豪族).
‖**～劣紳**(れっしん) 토호 열신.
土侯(どこう) 토후. 그 고장의 봉건 영주.
♣**～国**(こく) 토후국.

訓読

土 ㊀(つち) 땅. ① 흙. 토양. ② 육지. 대지.
～一升金一升(いっしょうかねいっしょう) 흙 한 되에 금 한 되《땅값이 매우 비쌈의 비유》.
㊁(ど) 토. ① ☞㊀①. ② 토지. 나라. 세계. 또, 불토(佛土). ③ (오행(五行)의) 셋째. (방위로) 중앙. ④ 土曜日(どようび)의 준말.
土見(つちみ) 찻잔이나 차를 넣어두는 용기에서 소태(素胎)로 되어 있는 부분. 보통 바닥 부분임.
土均し(つちならし) 〔農〕 논이나 밭의 땅을 고르는 일. 또, 그를 위해 쓰는 도구.
土気 ㊀(つちけ) 흙내 나는 모양. 시골티 나는 모양.
‖**～色**(いろ) 흙 빛. 사색(死色).
㊁(どき) ① 토기. 흙의 기(氣). ② 흙냄새.
土忌み(つちいみ) 음양도에서 토공신(土公神)이 있는 방위를 꺼리어 공사·여행을 하지 않는 일. 「土).
土寄せ(つちよせ) (농작물에) 북줌. 배토(培
土捏ね(つちこね) ① 흙을 이김. ② 벽토를 이기는 장색. ③ 흙을 이기는 도구.
土踏まず(つちふまず) ① 발바닥의 장심(掌心). ②〈俗〉 차만 타고 조금도 걷지 않음.
土稲子(つちいなご) 〔蟲〕 송장메뚜기.
土弄り(つちいじり) ① 어린이의 흙장난. ② 취미로 원예나 전답의 경작을 함.
土牢(つちろう) 지하 감옥.
土留め(つちどめ) 방토(防土)《흙이 무너져 내리는 것을 방지하는 시설》. *どどめ라고도 함.
土木通(つちあけび) 〔植〕 으름난초.
土門(つちもん) 토담에 세운 지붕없는 문.
土蜂(つちばち) 〔蟲〕 배벌과 곤충의 총칭《애벌레·노랑띠배벌 등》.
土付かず(つちつかず) ① 씨름에서, 전승함. 또, 그 씨름꾼. ② ☞土踏まず(つちふまず).
土篩(つちふるい) 흙이나 모래에 섞인 크고 작은 자갈을 걸러내는 눈이 굵은 채.
土色(つちいろ) 토색. 흙빛. 사색(死色).
土細工(つちざいく) 흙을 구워서 만든 세공물.
土焼き(つちやき) 질그릇. 잿물을 올리지 않고 약한 불에 구워 낸 토기. 「막.
土室(つちむろ) 토담집. 또는 땅속에 만든 움
土埃(つちぼこり) 흙먼지.
土煙(つちけむり) 흙먼지.
土蛙(つちがえる) 〔動〕 옴개구리.
土遊び(つちあそび) 흙장난.
土栗(つちぐり) 〔植〕 먼지버섯.
土人形(つちにんぎょう) 토우(土偶).
土一揆(つちいっき) 室町(むろまち) 시대에 농민이 일으킨 폭동. *どいっき라고도 함.
土入れ(つちいれ) 〔農〕 북돋우는 일. 북주기. 「던 가옥(假屋).
土殿(つちどの) 귀인이 상중(喪中)에 기거하
土蜘蛛(つちぐも) 〔動〕 땅거미.
土臭い(つちくさい) ① 흙내 나다. ② 시골티가 나다. 촌스럽다.
土偏(つちへん) 한자 부수의 하나: 흙토변.
土割り(つちわり) 〔農〕 흙덩어리를 부수는데 쓰는 자루가 긴 쇠스랑 또는 망치 모양의 농기구.
土型(つちがた) 흙으로 만든 거푸집.
土蛍(つちぼたる) 〔蟲〕 반딧불이의 유충. 또 날개가 퇴화한 암반딧불이.
土蝗(つちいなご) 〔蟲〕 송장메뚜기.

其他

土当帰 ㊀(うど) 〔植〕 땅두릅.
㊁(のだけ) 〔植〕 바디나물.
土竜 ㊀(もぐら) 〔動〕 두더지. *もぐらもち·むぐら(もち)라고도 함.
‖**～叩き**(たたき) 두더지 잡기. 어린이 놀이〔행사〕의 하나. 「용마.
㊁(どりゅう) ①〔動〕 ☞㊀. ② 명마(名馬).
土物(はにもの) 埴(はに)로 만든 물건.
土産 ㊀(みやげ) ① 토산. 여행지 등에서 사가지고 가는 그 고장 토산물. ② 방문시 가지고 가는 선물. ③ 土産金의 준말.
‖**～金**(がね) 지참금.
～物(もの) 선물로서 가지고 가는 물품.
～話(ばなし) 여행 중에 견문(見聞)하고 체험한 이야기.
㊁(どさん) ① 토산. 토산물. ② 선물. *とさん으로도 읽음.
土筆(つくし) 〔植〕 토필. 뱀밥. *どひつ로도 읽음.
土黒し(にぐろし) 〈文〉 흙처럼 검다.

6 口 常	吐	토할 **토** · 게울 **토** **ト** **は**く

音読

吐す(とす) 토하다.
吐却(ときゃく) 토해 냄. 뱉어 냄.
吐根(とこん) 〔植〕 토근.
吐金草(ときんそう) 〔植〕 중대가리풀.

吐露(とろ) 토로.
吐物(とぶつ) 토물. 토한 것.
吐蕃(とばん)〖史〗토번. 7세기경 티베트에 있던 왕국.
吐糞(とふん)〖醫〗토분. 똥냄새가 나는 내용물을 토하는 일. ♣~症(しょう) 토분증.
吐瀉(としゃ) 토사.
吐息(といき) 한숨.
吐逆(とぎゃく) 토역. 욕지기.
吐乳(とにゅう) 토유. 갓난아기가 젖을 토함.
吐劑(とざい) 토제. 토약(吐藥).
吐酒石(としゅせき) 토주석《약제》.
吐出(としゅつ) 토출. 뱉어 냄.
吐呑(とどん) 토탄. 뱉거나 마심.
吐哺握髮(とほあくはつ) 토포악발. 정치에 관여하는 사람이 올바른 정치를 위해 애를 쓰며, 어진 사람의 조언을 듣기 위해 잠시도 쉬지 않는 일.
吐哺捉髮(とほそくはつ) 토포착발. ☞吐哺握髮(とほあくはつ).
吐血(とけつ) 토혈.

訓読

❖吐く ㊀(はく) ①토하다. (내)뱉다. 내뿜다. ②토로하다. 말하다.
㊁(つく) ①숨을 쉬다. ② ☞ ㊀.
吐き口(はきぐち) 수챗구멍.
吐き気(はきけ) 구역질. 욕지기.
吐き捨てる(はきすてる) 뱉어 버리다.
吐き散らす(はきちらす) ①여기저기 토해 내다. 토해 내서 더럽히다. ②상스러운 말을 마구 지껄이다.
吐き薬(はきぐすり)〖藥〗토제(吐劑).
吐き出す(はきだす) 토해 내다. 내뱉다.
*方言으로는 ほきだす라고도 함.
吐き下し(はきくだし) 토하고 설사함. 토사.

其他

吐かす(ぬかす)〈俗〉말하다. 지껄이다.

8
儿

兎

토끼 토·달 토
ト
うさぎ·う

参考 兔의 異體字.

音読

兎角(とかく) ①이것저것. 이럭저럭. *とこうろ도 읽음. ②자칫(하면). ③어쨌든. 하여튼. 아무튼. ④토각. 토끼의 뿔처럼 절대로 있을 수 없는 일.
兎に角(とにかく) 하여간. 어쨌든. 좌우간.
兎にも角にも(とにもかくにも) 하여간. 어쨌든.
兎も角(ともかく) 하여간. 어쨌든. 여하튼.
兎や角(とやかく) 이러니저러니. 이러쿵저러쿵.
兎眼(とがん)〖醫〗토안. 눈을 감아도 안구(眼球)의 일부가 노출된 상태.
兎影(とえい) 토영. 달빛.

訓読

兎(うさぎ) 토끼. *うろ도 읽음. ♣~座(ざ)〖天〗토끼자리.
∥~跳び(とび) 토끼뜀뛰기.
~馬(うま) '驢馬(ろば)(=당나귀)'의 딴이름.
~網(あみ) 토끼를 잡기 위해 치는 그물.
~兵法(へいほう) 실제로는 쓸모없는 책략.
~小屋(ごや) 토끼장.
~狩り(がり) 산토끼 사냥.
~耳(みみ) ①토끼 귀처럼 긴 귀. ②남의 비밀을 잘 알아냄. 또, 그런 사람.
兎欠(うぐち) ⇨ 兎口(うぐち).
兎口(うぐち) 언청이. *すぐち도 읽음.
兎の毛(うのけ) ①토끼털. ②아주 미소함. 극히 조금.

其他

兎脣(みつくち) 언청이. *いぐち·としんㅇ로도 읽음.

10
言 教

討

칠 토·찾을 토
トウ
うつ·たずねる

音読

討求(とうきゅう) ⇨ 討究(とうきゅう).
討究(とうきゅう) 토구. 깊이 연구함.
討論(とうろん) 토론.
討幕(とうばく) 幕府(ばくふ)를 토벌함.
討滅(とうめつ) 토멸.
討伐(とうばつ) 토벌.
討匪(とうひ) 토비. 비적을 토벌함.
討尋(とうじん) 토심. 물어서 밝혀 냄.
討議(とうぎ) 토의. 토론.

訓読

❖討つ(うつ) ①베어 죽이다. ②토벌하다.
討ち果たす(うちはたす) ①(원수 등을) 죽이다. (칼로) 쳐죽이다. ②(적을) 완전히 쳐 이기다.
討ち漏らす(うちもらす) 적을 다 죽이지 못하고 일부를 놓치다.
討ち滅ぼす(うちほろぼす) 토멸하다.
討ち死に(うちじに) 적과 싸우다가 죽음.
討ち散らす(うちちらす) 적을 공격하여 쫓아내다.
討ち手(うちて) ①토벌하는 사람. ②총포를 쏘는 사람. 「격자(들).
討っ手(うって) ①자객. ②토벌자(들). 추
討ち入り(うちいり) 쳐들어감. 습격.
討ち止める(うちとめる) 칼로 쳐죽이다.
討ち取る(うちとる) ①공격하여 빼앗다. ②(무기로) 죽이다. (칼로) 쳐죽이다.
討ち破る(うちやぶる) ①(구습 등을) 타파하다. ②(적을) 쳐부수다. 격파하다.

12
艹

菟

새삼 토
ト

菟裘(ときゅう) 토구. 벼슬을 그만두고 숨어 사는 곳.
菟糸子(としし) 토사자. 새삼의 씨《한방에서 강장약으로 씀》.

통

恫 상심할 **통**·으를 통
ドウ·トウ
いたむ

音読

恫喝(どうかつ) 통갈. 공갈.
恫愒(どうかつ) ⇨ 恫喝(どうかつ).

通(通) 통할 통·통 통
ツウ·ツ
とおる·とおす·かよう

音読

通(つう) ①통. 어느 방면에 정통함. 특히, 남녀 관계에 훤히 트임. 또, 그 사람. ②《接尾語로》편지·문서 등을 세는 말. …통.
通がる(つうがる) (그 방면에)…통인 체하다. 정통한 체하다.
通じ(つうじ) 통함. ①막힘이 없도록 함. ②통변. 변통(便通). ③납득. 이해.
∥~薬(ぐすり) 변통을 잘 되게 하는 약.
通じて(つうじて) 통하여. 통틀어. 일반적으로. 대체로.
通じる(つうじる) 통하다. ①연결되다. 다니다. ②정통하다. ③(상대에게) 잘 이해되다. ④통용되다.
通ずる(つうずる) ☞通じる(つうじる).
通ぶる(つうぶる) ☞通がる(つうがる).
通家(つうか) ①통가. 선조 때부터 친하게 지내는 집. ②☞通人(つうじん).
通経(つうけい)〖醫〗통경. ♣~剤(ざい) 통경제〔약〕.
通計(つうけい) 통계. 총계.
通告(つうこく) 통고. 통지.
∥~処分(しょぶん) 통고 처분.
通過(つうか) 통과.
∥~貿易(ぼうえき) 통과 무역.
~儀礼(ぎれい)〖社〗통과 의례.
~通航権(つうこうけん) 통과 통항권.
~貨物(かぶつ) 통과 화물.
通貫(つうかん) 통관. 관통.
通関(つうかん) 통관. ♣~士(し) 통관〔관세〕사.
∥~統計(とうけい) 통관 통계.
通観(つうかん) 통관. 전체를 널리 내다봄.
通交(つうこう) ①통교. 나라끼리 친교를 맺음. ②☞通好(つうこう).
∥~条約(じょうやく) 통교 조약.
通教(つうきょう)〖佛〗통교.
通巻(つうかん) 통권.

通勤(つうきん) 통근. ♣~圏(けん) 통근권.
∥~手当(てあて) 통근 수당.
~災害(さいがい) 통근 재해.
通気(つうき) 통기. 환기. 통풍. ♣~孔(こう) 환기공 / ~性(せい) 통기성. 통풍성.
∥~組織(そしき)〖植〗통기 조직.
通年(つうねん) 연중. 일년 내내.
通念(つうねん) 통념.
通尿(つうにょう) 통뇨.
通達(つうたつ) 통달. ①통지. 통고. ②(사물에) 깊이 통함. 정통.
通道(つうどう) 통도. ①다니는 길. 통로. ②사람이 마땅히 행할 도리.
通読(つうどく) 통독.
通洞(つうどう)〖鑛〗통동. 지표에서 광상(鑛床)에 이르는 갱도. 주요 갱도.
通覧(つうらん) 통람. 전부 죽 훑어 봄.
通力(つうりき)〖佛〗통력. 신통력.
通例(つうれい) ①통례. 관례. ②일반적으로. 보통.
通路(つうろ) 통로. 보도. 길.
通論(つうろん) 통론.
通理(つうり) 통리. ①일반에 통하는 도리. ②자리에 맞음. 또, 그 도리.
通名(つうめい) 통명. 일반에게 통하는 이름.
通謀(つうぼう) 통모. 공모(共謀).
通門証(つうもんしょう) 출입증.
通弁(つうべん) 통변. '通訳(つうやく)(=통역)'의 옛 말.
∥~人(にん) 통변하는 사람. 통역.
通辯(つうべん) ⇨ 通弁(つうべん).
通宝(つうほう) 통보. ①옛날 화폐 표면에 새긴 글. ②통화.
通報(つうほう) 통보.
通分(つうぶん)〖數〗통분.
通憤(つうふん) 통분.
通史(つうし) 통사.
通事(つうじ) 통사. ①통역. 특히, 江戸幕府(えどばくふ)의 통역관. ②중간에서 말을 전함.
通辞(つうじ) ⇨ 通事(つうじ).
通詞(つうじ) ⇨ 通事(つうじ).
通産(つうさん) '通商産業(つうしょうさんぎょう)(=통상 산업)'의 준말.
∥~相(しょう) 통상 산업대신.
~省(しょう) 통산성. 通商産業省(つうしょうさんぎょうしょう)의 준말.
通算(つうさん) 통산. 총계. 「가지 일.
通三(つうさん) 통삼. 군주가 능통해야 할 세
通商(つうしょう) 통상.
∥~代表部(だいひょうぶ) 통상 대표부.
~摩擦(まさつ) 통상 마찰.
~産業省(さんぎょうしょう) 통상 산업성.
~条約(じょうやく) 통상 조약.
~航海条約(こうかいじょうやく) 통상 항해 조약.
~協定(きょうてい) 통상 협정.
通常(つうじょう) 통상. 보통.
∥~決議(けつぎ) 통상 결의.

~国会(こっかい) 정기 국회.
~兵器(へいき) 통상 무기.
~選挙(せんきょ) 통상 선거.
~葉書(はがき) 통상(보통) 엽서.
~戦力(せんりょく) 통상 전력.
~総会(そうかい) 통상 총회.
通釈(つうしゃく) 통석. 문장 전체의 뜻을 해석함. 또, 그 해석. 통해(通解).
通船(つうせん) 통선. ① (정박한 배와 부두 사이를) 왕래하는 배. ② 배를 통과시킴.
通説(つうせつ) 통설.
通性(つうせい) 통성. 공통된 성질.
通宵(つうしょう) 통소. 철야. 밤새(도록).
通俗(つうぞく) 통속. ♣**~性**(せい) 통속성 / **~的**(てき) 통속적 / **~化**(か) 통속화.
‖**~文**(ぶん) ① 통속문. ② 서간문.
~小説(しょうせつ) 통속 소설.
通水(つうすい) 통수. 수로나 관(管)에 물이 흐르게 함(흐름).
通式(つうしき) 통식. 일반적으로 통하는 방식.
通信(つうしん) 통신. ♣**~網**(もう) 통신망 / **~社**(しゃ) 통신사 / **~員**(いん) 통신원.
‖**~工学**(こうがく) 통신 공학.
~教育(きょういく) 통신 교육.
~機関(きかん) 통신 기관.
~機器(きき) 통신 기기.
~簿(ぼ) 통신부. 성적표.
~事業(じぎょう) 통신 사업.
~衛星(えいせい) 통신 위성.
~理論(りろん) 통신 이론.
~制御装置(せいぎょそうち) 통신 제어 장치.
~添削(てんさく) 통신 첨삭.
~販売(はんばい) 통신 판매.
~回線(かいせん) 통신 회선.
通夜 ㊀ (つうや) ① 철야(徹夜). ② ☞㊁.
㊁ (つや) ① (죽은 사람의 유해 곁에서) 하룻밤을 샘. ② (불당에서) 밤새 기원함.
通約(つうやく) 〖数〗통약. 약분(約分).
通語(つうご) 통어. ① 통용어. ② 그 전문 분야에서 통용되는 직업어.
通言(つうげん) 통언. ① (일반의) 통용어. ② 특히, 화류계 등에서 쓰는 멋있는 말.
通訳(つうやく) 통역. ♣**~人**(にん) 통역. 통역원.
‖**~案内業**(あんないぎょう) 통역 안내업.
通用(つうよう) 통용. ♣**~口**(ぐち) 통용 출입구 / **~金**(きん) 통용금 / **~門**(もん) 통용문.
‖**~期間**(きかん) 통용 기간.
~音(おん) 〖言〗통용음. 관용음.
~字体(じたい) 통용 자체.
通運(つううん) 통운. 운송.
通韻(つういん) 통운. 한시(漢詩)에서 둘 또는 그 이상의 운이 서로 통용되는 일.
通院(つういん) 통원.
通有(つうゆう) 통유. 공통으로 지님. ♣**~性**(せい) 통유성.
通音(つうおん) 통음. 소식을 통함.
通義(つうぎ) 통의. 세상에 널리 통용되는 도리.

通人(つうじん) ① 통인. 어떤 일에 통달한 사람. ② 물정 특히, 화류계 사정에 밝고 잘 노는 (멋있는) 사람.
通日(つうじつ) 통일. 정월 초하루부터 통산한 일수.
通底(つうてい) 둘 이상의 내용・생각이 기초 부분에서 서로 공통성을 가짐.
通電(つうでん) 통전. ① (중국에서) 각지의 관청에 보내는 동문(同文)의 전보. ② 전류를 통함.
通情(つうじょう) 통정.
通知(つうち) 통지. 알림.
‖**~簿**(ぼ) ☞通知表.
~預金(よきん) 통지 예금.
~表(ひょう) 〖教〗(생활) 통지표.
通察(つうさつ) 통찰.
通添(つうてん) '通信添削(つうしんてんさく)(=통신 첨삭)'의 준말.
通牒(つうちょう) 통첩. 서면으로 통지함.
通則(つうそく) 통칙. 또, 그 서면.
通称(つうしょう) 통칭.
通販(つうはん) '通信販売(つうしんはんばい)(=통신 판매)'의 준말.
通弊(つうへい) 통폐. 공통된 폐해.
通票(つうひょう) 통표. 단선 철도에서, 역장이 기관사에게 주는 통행표.
通風(つうふう) 통풍. 환기. ♣**~機**(き) 통풍기 / **~筒**(とう) 통풍통.
‖**~権**(けん) 통풍권. 통풍을 확보하는 권리.
通学(つうがく) 통학. ♣**~路**(ろ) 통학로 / **~生**(せい) 통학생.
‖**~区域**(くいき) 통학 구역.
通じ合い(つうじあい) 의사 소통.
通じ合う(つうじあう) (의사・감정이) 서로 통하다. 서로 짜다.
通航(つうこう) 통항. 배의 통행.
通解(つうかい) 통해. 문장 전체를 해석함. 또, 그 서적. 통석(通釋).
通行(つうこう) 통행. ① 왕래. ② 통용. ♣**~権**(けん) 통행권 / **~税**(ぜい) 통행세 / **~人**(にん) 통행인.
‖**~手形**(てがた) 통행 증명서. 통행권(券).
通好(つうこう) 통호. 친분을(친교를) 맺음.
通婚(つうこん) 통혼.
通化(つうけ) 〖佛〗통화.
通貨(つうか) 통화.
‖**~供給量**(きょうきゅうりょう) 통화 공급량.
~同盟(どうめい) 통화 동맹.
~収縮(しゅうしゅく) 통화 수축.
~危機(きき) 통화 위기.
~偽造罪(ぎぞうざい) 통화(화폐) 위조죄.
~政策(せいさく) 통화 정책.
~調節(ちょうせつ) 통화 조절.
~膨脹(ぼうちょう) 통화 팽창.
通話(つうわ) 통화.
通患(つうかん) 통환. ① 일반에게 공통된 염려. ② 통폐.
通暁(つうぎょう) 통효. ① 정통. 환하게 앎. ② 철야(徹夜). 밤새움.

訓読

通わす(かよわす) ① 다니게 하다. 왕래하게 하다. ② 통하게 하다.
通わせる(かよわせる) ☞ 通わす(かよわす)
通せん坊(とおせんぼう) ① 양 팔을 벌려 지나가지 못하게 하는 놀이. ② 통행 금지.
❖**通う**(かよう) ① 다니다. 왕래하다. 자주 가다. ② 통하다. 상통하다. 유통하다. ③ 닮다.
通い ㊀(かよい) ① 왕래. 교통. ② 통근. 근무. ③ 通い帳(ちょう)의 준말.
㊁(がよい) 《接尾語로》 늘 거기에 감. 왕래 함.
通い稽古(かよいげいこ) 스승의 집으로 다니며 기예를 배움.
通い路(かよいじ) 〈雅〉 통로. 다니는 길.
通い商い(かよいあきない) 행상. 도붓장사 〔장수〕.
通い箱(かよいばこ) 상품 배달용 상자.
通い船(かよいぶね) (강·항만 등에서, 본선과 육지 사이의) 연락용 작은 배.
通い帳(かよいちょう) 외상 통장. 예금 통 장.
通い婚(かよいこん) 결혼 후에도 부부가 동거 못하고 남편 또는 아내가 배우자 있는 데로 찾아갔다 다니는 혼인 형태.
通い詰め(かよいづめ) (같은 곳에) 자주〔늘〕 다님.
通い詰める(かよいつめる) 늘〔자주〕 다니 다.
❖**通す**(とおす) ① 통하게 하다. (길을) 트다. ② 통과시키다. ③ 투과하다. ④ 꿰뚫다. 스며들다.
通し ㊀(とおし) ① 안내. ② 처음부터 끝까지 이어짐. ③ 通し狂言(とおしきょうげん)의 준말. ④ (일본식 요리나 술집에서 처음에 나오는 간단한 안주.
㊁(どおし) 《動詞連用形에 붙어서》 줄곧…. 내내….
通し狂言(とおしきょうげん) 서막부터 끝까지 쉬지 않고 하는 '狂言(=일본의 옛 희곡)'.
通し馬(とおしうま) 역참에서 줄곧 같은 말로 목적지까지 감. 또, 그 말.
通し番号(とおしばんごう) 일련 번호.
通し矢(とおしや) 먼 거리의 과녁을 쏨. 또, 그 화살. 활쏘기.
通し切符(とおしきっぷ) ① 한장으로 여러 교통 기관을 갈아타며 목적지까지 갈 수 있는 표. 통용표. 연극 등에서 밤과 낮 또는 일정 흥행 기간 중 내리 통용되는 표.
❖**通る**(とおる) ① 지나가다. 뚫리다. ② 잘 들리다. ③ (뜻이) 통하다. 통과하다. ④ (꿰뚫고) 들어가다.
通り ㊀(とおり) ① 큰 도로. 대로. ② 통함. 지나감. ③ 널리 일반에게 알려짐. 또, 그 정도. ④ …대로임. ⑤ 《接尾語로》 …종류.
㊁(どおり) 《接尾語로》 ① 가로(街路)의 이름. ② 정도.
通りすがり(とおりすがり) 지나가는 길.
通りすがる(とおりすがる) 우연히 그곳을 지나가다.
通り過ぎる(とおりすぎる) 지나쳐 가다. 통과하다.
通り掛かり(とおりがかり) 지나가는 길. 지나가는 도중임.
通り掛かる(とおりかかる) (우연히) 지나가다. 마침 지나다다.
通り掛け(とおりがけ) 지나가는 길.
通り道(とおりみち) ① 다니는 길. ② 지나가는 길. 통로.
通り路(とおりみち) ⇨ 通り道(とおりみち).
通り魔(とおりま) ① 지나가면서 순식간에 집이나 사람을 해친다는 마물(魔物). ② 지나치는 사람을 까닭없이 해치는 자.
通り名(とおりな) ① 통칭. ② 그 가문에서 대대로 이어가는 이름.
通り抜け(とおりぬけ) (골목 등을) 빠져 나감. 또, 그 통로.
通り抜ける(とおりぬける) (좁은 곳을) 빠져 나가다.
通り詞(とおりことば) ⇨ 通り言葉(とおりことば)
通り相場(とおりそうば) ① 일반적으로 통용되는 시세. 보통 시세. ② 일반적으로 알려진 평가.
通り手形(とおりてがた) 江戸(えど) 시대의 관문(關門) 통과증.
通り言葉(とおりことば) ① 통용어. 널리 일반이 쓰는 말. ② 특정 집단에 통용되는 말. 은어.
通り雨(とおりあめ) 지나가는 비.
通り越す(とおりこす) 지나쳐 앞지르다. 통과하다. 넘기다.
通り一遍(とおりいっぺん) ① 지나는 길에 들렀을 뿐임. ② 표면상. 피상(皮相).
通り者(とおりもの) ① 이름이 널리 알려져 있는 사람. ② 세상 물정에 통하여 이해성이 있는 사람. ③ 난봉꾼. ④ 노름꾼.
通り合わせる(とおりあわせる) 때마침 (그곳을) 지나다.

其他

通宵(よもすがら) 밤새. 밤새도록.
通草(あけび) 〖植〗 으름덩굴.

11 木	桶	통 桶 トウ おけ

訓読

桶(おけ) 통.
桶屋(おけや) 통장수.
桶側(おけがわ) 통널.

12 疒 教	痛	아플 통·상할 통 ツウ いたい·いたむ· いためる

音読

痛覚(つうかく) 〖生〗 통각. 아픔을 느끼는 감각.
痛諫(つうかん) 통간.
痛感(つうかん) 통감.
痛撃(つうげき) 통격.
痛苦(つうく) 통고. 매우 큰 괴로움.

痛哭(つうこく) 통곡.
痛悼(つうとう) 통도. 남의 죽음을 몹시 슬퍼함. 상도(傷悼). 「동통(疼痛).
痛疼(つうとう) 쑤시고 아픔. 또, 그 통증.
痛烈(つうれつ) 통렬. 호됨.
痛論(つうろん) 통론. 준엄하게 논하고 비판함. 또, 그 논(論).
痛罵(つうば) 통매. 몹시 욕을 퍼부음. 통렬히 비난함. 「(꾸짖음).
痛棒(つうぼう) ①〖佛〗통봉. ②호된 질책
痛憤(つうふん) 통분.
痛惜(つうせき) 통석. 매우 애석해함.
痛心(つうしん) 통심. 마음 아프게 생각함. 몹시 섭섭함.
痛痒(つうよう) 통양. 아픔과 가려움.
痛言(つうげん) 통언. 호되게 말함. 또, 그 말. 극언.
痛飲(つういん) 통음.
痛切(つうせつ) 통절.
痛点(つうてん) 〖生〗통점. 피부 감각 중 아픔을 느끼는 곳.
痛楚(つうそ) 통초. 아프고 괴로움.
痛快(つうかい) 통쾌.
痛打(つうだ) 통타. 통렬한 타격(을 가함).
痛嘆(つうたん) 통탄.
痛歎(つうたん) ⇨ 痛嘆(つうたん).
痛爆(つうばく) 통폭. 맹폭. 호된 폭격.
痛風(つうふう) 〖醫〗통풍.
痛恨(つうこん) 통한. ♣~事(じ) 통한사.
痛悔(つうかい) 〖가톨릭〗통회.

训読
痛がる(いたがる) 아파하다.
痛し(いたし) 〈文〉①아프다. ②괴롭다. ③애처롭다. 가엾다.
痛ましい(いたましい) 가엾다. 참혹하다.
痛し痒し(いたしかゆし) (가려워 긁으면 아프고 안 긁으면 가려운 것과 같이) 어쩌해야 좋을지 진퇴양난임. 이러지도 저러지도 못함.
❖痛い(いたい) ①아프다. ②(마음이) 쓰리
痛く(いたく) 〈雅〉대단히. 몹시. │다.
痛さ(いたさ) 아픔. 아픈 정도.
痛事(いたごと) 〈老〉(비용 등이 많이 들어) 괴로운 일. 타격.
痛手(いたで) ①깊은 상처. 중상(重傷). ②심한 타격(손해).
痛痛しい(いたいたしい) 애처롭다. 딱하다.
❖痛む(いたむ) ①아프다. 괴롭다. ②상하다. 파손되다.
痛み(いたみ) ①아픔. 통증. ②쓰라림. ③(과일 등이) 상함. ④(기물의) 파손. 손상.
痛み分け(いたみわけ) (씨름 등에서) 한쪽의 부상으로 경기를 중단하는 일.
痛み入る(いたみいる) 황송해 하다.
痛み止め(いたみどめ) 진통제.
❖痛める ㊀(いためる) ①아프게 하다. 다치다. ②흠내다. (손)상하다. 파손되다.
㊁(やめる) ①아프다. ②괴로워하다. 「다.
痛めつける(いためつける) 혼내 주다. 훌닦

12 竹 常 筒
통 筒·대통 筒
トウ·ドウ
つつ

音読
筒状花(とうじょうか) 〖植〗통상화. 관상화(管狀花).
筒元(どうもと) 노름판의 주인.
筒取り(どうとり) 노름판을 빌려 주고 자릿세를 뗌[떼는 사람].
筒親(どうおや) ☞筒元(どうもと).

训読
筒 ㊀(つつ) ①통. 속이 비고 긴 관(管). ②총신. 포신. ③우물 안 둘레의 벽.
㊁(どう) ①주사위 통. ②筒親(どうおや)의 준말.
筒っぽ(つつっぽ) ☞筒袖(つつそで).
筒口(つつぐち) ☞筒先(つつさき).
筒茶碗(つつぢゃわん) 보통 찻잔보다 속이 깊은 통형의 찻잔.
筒抜け(つつぬけ) ①(비밀 등이) 곧바로 누설됨. ②마이동풍. ③(옆에서) 말소리가 환히 들리는 일.
筒払い(つつはらい) 총포(銃砲)의 몸통을 손질하는 일. 또, 그때 사용하는 도구.
筒先(つつさき) ①호스의 끝. 또, 그것을 잡는 소방수. ②포신(砲身)의 부리. 총부리.
筒咲き(つつざき) 꽃잎이 대롱 모양으로 핌. 또, 그 꽃. 관상화(管狀花).
筒守り(つつまもり) 작은 대나무통에 부적을 넣어 호부(護符)로 한 것.
筒袖(つつそで) 통소매.
筒音(つつおと) 〈文〉총소리. 포성.
筒切り(つつぎり) 긴 관이나 통 따위를 가로로 동강을 침.
筒井(つつい) 〈雅〉관(管)우물.
‖~筒(づつ) 〈雅〉관우물의 안벽.
筒鳥(つつどり) 〖鳥〗벙어리뻐꾸기.

12 糸 教 統
거느릴 統·계통 統
トウ
すべる

音読
統(とう) 〖地〗통. 지질 시대 구분의 '세(世)' 기간에 형성된 지층.
統覚(とうかく) 〖哲〗통각. 대상에 대한 다양한 경험을 종합 통일하는 작용.
統監(とうかん) 통감. (정치·군사 등을) 통할 감독함.
統計(とうけい) 통계. ♣~的(てき) 통계적 / ~表(ひょう) 통계표 / ~学(がく) 통계학.
‖~力学(りきがく) 〖理〗통계 역학.
~年鑑(ねんかん) 통계 연감.
統管(とうかん) 통관. 통합 관리.
統括(とうかつ) 통괄.
統督(とうとく) 통독. 통할(하여 단속함).

統領(とうりょう) 통령. 통할하여 다스림. 또, 그 사람.
統理(とうり) 통리. 통할하여 다스림.
統辞論(とうじろん) 〖言〗통사론. 구문론.
統辞法(とうじほう) 〖言〗통사법. 구문법.
統率(とうそつ) 통솔.
統帥(とうすい) 통수. ♣~権(けん) 통수권.
統御(とうぎょ) 통어.
統馭(とうぎょ) ⇨ 統御(とうぎょ)
統語論(とうごろん) 〖言〗통어론. 통사론.
統一(とういつ) 통일. ♣~的(てき) 통일적 / ~体(たい) 통일체.
‖~公判(こうはん) 한 사건에서, 다수의 피고인을 동시에 같은 법정에서 심리하는 일.
~手形用紙(てがたようし) 〖經〗통일 어음 용지.
~場理論(ばりろん) 〖理〗통일장 이론.
~戦線(せんせん) 〖社〗통일 전선.
~行動(こうどう) 통일된 행동.
統裁(とうさい) 통재. 통솔하고 재킴.
統制(とうせい) 통제.
‖~経済(けいざい) 통제 경제.
統治(とうち) 통치. *とうじ로도 읽음. ♣~権(けん) 통치권 / ~者(しゃ) 통치자.
‖~機関(きかん) 통치 기관.
~行為(こうい) 〖政〗통치 행위. ♣~論(ろん) 통치 행위론.
統廃合(とうはいごう) 통폐합.
統轄(とうかつ) 통할.
統合(とうごう) 통합.
‖~教育(きょういく) 심신 장애아를 정상아와 함께 교육하는 일.
~幕僚会議(ばくりょうかいぎ) 통합 막료 회의《한국의 합동 참모 회의에 해당》.

訓読
❖統べる(すべる) ①총괄하다. 통합하다. ②전하여, 통솔·지배하다. 「하다.
統べ括る(すべくくる) 통괄(총괄)하다. 단속

| 14 忄 | 慟 | 서러워할 **통** ドウ なげく |

音読
慟哭(どうこく) 통곡.

| 15 木 | 樋 | 나무이름 **통** トウ とい·ひ |

訓読
樋 ㊀(とい) 홈통. 물받이.
㊁(ひ) ①홈통. ②(칼 따위 표면에 만든) 홈. ③가두어 놓은 물의 출구. 수문(水門).
樋口(ひぐち) 물통이나 하수의 출구.
樋の口(ひのくち) 수량(水量)을 조절하기 위한 수문.
樋門(ひもん) 제방 밑을 지나는, 배수·관개 용의 수로(水路).
樋殿(ひどの) 뒷간. 변소.
樋竹(といだけ) 물받이 홈통으로 건너지르는 대통. 대로 만든 홈통.

| 18 魚 日 | 鯒 | 바다메기 (**통**) こち |

訓読
鯒(こち) 〖魚〗양태.

퇴

| 9 辶 教 | 退(退) | 물러날 **퇴**·물리칠 **퇴** タイ しりぞく·しりぞける·のく·そく·ひく·どく |

音読
退却(たいきゃく) 퇴각.
退去(たいきょ) 퇴거.
退京(たいきょう) 퇴경. 이경(離京).
退耕(たいこう) 퇴경. 벼슬을 내놓고 농사를 지으며 유유자적함.
退官(たいかん) 퇴관.
退館(たいかん) 퇴관. 도서관 등에서 나옴.
退校(たいこう) 퇴교.
退軍(たいぐん) 퇴군. 군대를 후퇴시킴.
退屈(たいくつ) 지루함. 심심하고 따분함. 무료함. 「이.
‖~凌ぎ(しのぎ) 무료함을 달램. 심심풀
退勤(たいきん) 퇴근. 「러남.
退団(たいだん) 퇴단. 소속한 단체에서 물
退路(たいろ) 퇴로. 「옴.
退寮(たいりょう) 퇴료. 기숙사 등에서 나
退歩(たいほ) 퇴보.
退部(たいぶ) 퇴부. (야구부 등) '부'의 이름이 붙은 단체에서 물러나 그만둠.
退社(たいしゃ) 퇴사. ①퇴직. ②퇴근.
退散(たいさん) 퇴산. ①피하여 달아남. ②흩어져 돌아감.
退色(たいしょく) 퇴색.
退席(たいせき) 퇴석. 자리를 뜸.
退城(たいじょう) 퇴성. 성에서 물러남.
退勢(たいせい) 퇴세. 쇠퇴하는 형세.
退所(たいしょ) 퇴소. (연구소 등) '소'가 붙은 이름의 조직에서 나오는 일.
退水(たいすい) 퇴수. 물이 빠짐.
退身(たいしん) 퇴신. 퇴관(退官).
退室(たいしつ) 퇴실.
退譲(たいじょう) 퇴양. 사양하고 물러남.
退役(たいえき) 〖軍〗퇴역.
退嬰(たいえい) 퇴영. 보수(保守). ♣~的(てき) 퇴영적.
退院(たいいん) 퇴원.
退園(たいえん) 퇴원. ①동물원이나 공원 등

에서 밖에 나옴. ② 유치원 등에서 돌아옴.
退位(たいい) 퇴위.
退隠(たいいん) 퇴은. 은퇴.
退任(たいにん) 퇴임.
退場(たいじょう) 퇴장.
退蔵(たいぞう) 퇴장. 감추고 소지함.
‖~貨幣(かへい) 〖經〗 퇴장 화폐.
退転(たいてん) 퇴전. 전보다 나빠짐.
退廷(たいてい) 퇴정.
退朝(たいちょう) 퇴조. 조정에서 물러나옴.
退潮(たいちょう) 퇴조. ① 썰물. ② 쇠퇴.
退座(たいざ) 퇴좌. 퇴석. 자리에서 물러남.
退職(たいしょく) 퇴직. ♣~金(きん) 퇴직금.
‖~所得(しょとく) 퇴직 소득.
 ~年金(ねんきん) 퇴직 연금.
 ~慰労金(いろうきん) 퇴직 위로금.
 ~者医療制度(しゃいりょうせいど) 퇴직자 의료 제도.
 ~被保険者(ひほけんしゃ) 퇴직 피보험자.
退陣(たいじん) 퇴진.
退庁(たいちょう) 퇴청.
退縮(たいしゅく) 퇴축.
退出(たいしゅつ) 퇴출. 물러남.
退治(たいじ) 퇴치.
退治る(たいじる) 〈俗〉 퇴치하다.
退敗(たいはい) 퇴패. 패배.
退廃(たいはい) 퇴폐. ♣~的(てき) 퇴폐적.
‖~派(は) 〖藝〗 퇴폐파. 데카당스.
退避(たいひ) 퇴피. 그 자리를 떠나 위험을 피함.
退学(たいがく) 퇴학.
退行(たいこう) 퇴행. 퇴화.
‖~的進化(てきしんか) 〖生〗 퇴행적 진화.
退紅(たいこう) 퇴홍. (엷은) 분홍색.
‖~色(しょく) 퇴홍색. 담홍색.
退化(たいか) 퇴화.
‖~器官(きかん) 퇴화 기관.
退会(たいかい) 퇴회. 탈퇴.

[訓読]
退かす(どかす) 퇴거시키다. 치우다. 비키다.
❖退く ㊀(しりぞく) ① (뒤로) 물러나다. ② 후퇴하다. ③ (관직 따위를) 그만두다.
㊁(ひく) ① 관계를 끊다. 손을 떼다. ② 빠지다.
㊂(のく) ① 비키다. ② 빠지다.
㊃(どく) ① 물러나다. ② 비키다.
㊄(そく) 〈雅〉 물러나다.
退き(そき) 가장 먼 곳. 변경. 떠남.
退き去り(のきざり) 사람을 그 자리에 두고 떠남.
退き方(そきえ) 멀리 떨어진 곳.
退き時(ひきどき) 물러날 시기(때). 전하여, 은퇴할 시기. 피함.
退っ引き(のっぴき) 뒤로 물러섬. 몸을 빼어 피함.
退き状(のきじょう) 이혼(절교)장.
❖退ける ㊀(しりぞける) 물리치다. ① 멀리하다. ② 격퇴하다. ③ 거절하다. ④ 면직(免職)시키다.
㊁(ひける) (그날 일이) 파하다. 끝나다.
㊂(のける) ① 옮기다. 비키다. 물리다. ② 《動詞連用形＋ての 꼴로》 …하다. 해치우다.

㊃(どける) 치우다. 비키다. 물리치다.
退け時(ひけどき) 파할 시각.
退け者(のけもの) 따돌림을 당하는 사람.
退け際(ひけぎわ) ① 퇴직(퇴근)할 무렵. ② 마지막 거래가 끝날 무렵.

[其他]
退る(すさる) 〈老〉 뒤로 물러나다. *すぎる・しさる로도 읽음.

| 11 土 | 堆 | 쌓을 퇴・쌓일 퇴
タイ・ツイ
うずたかい |

[音読]
堆 ㊀(たい) 퇴. ① 높이 쌓임. ② 〖地〗 대륙붕 등에 있는 해저의 융기(隆起).
㊁(にお) 볏가리.
堆肥(たいひ) 퇴비. 두엄. *つみごえ로도 읽음.
堆石(たいせき) 퇴석.
堆積(たいせき) 퇴적.
‖~鉱床(こうしょう) 〖鑛〗 퇴적 광상.
 ~岩(がん) 퇴적암. 수성암.
 ~作用(さよう) 〖地〗 퇴적 작용.
 ~平野(へいや) 퇴적 평야.
堆朱(ついしゅ) 퇴주. 붉은 옻칠을 두껍게 하고 거기다 무늬를 새긴 것.
堆彫(ついちょう) 퇴조. 조칠(彫漆). 퇴주(堆朱)・퇴황(堆黄) 등 옻칠을 두껍게 겹겹이 칠한 후 무늬・글자 따위를 돋을새김하는 칠기(漆器)・부조(浮彫)의 총칭.
堆土(たいど) 퇴토. 퇴적토.
堆黄(ついおう) 〖美〗 퇴황. 조칠(彫漆)의 한 가지. 퇴주(堆朱)와 같은 기법이지만 특히 표면을 황색 칠로 처리한 것.

[訓読]
堆い(うずたかい) 쌓여서 높다.

| 14 月 | 腿 | 다리 퇴
タイ
もも |

[訓読]
腿 ㊀(もも) 넓적다리. 대퇴.
㊁(つぶし) 〖生〗 ① ☞㊀. ② 무릎. ③ 복사뼈.
腿上げ(ももあげ) (주력 향상을 위한) 무릎 높이 들어 발구르기.
腿肉(ももにく) 넓적다리 살.

| 15 ネ | 褪 | 바랠 퇴・옷벗을 퇴
タイ
あせる |

[音読]
褪色(たいしょく) 퇴색.
褪紅(たいこう) 퇴홍. 담홍색. (엷은) 분홍색.
[訓読]
褪せる(あせる) ① 퇴색하다. ② 쇠약해지다.

頹

16頁 **頹** 무너질 **퇴**·질풍 **퇴**
タイ
くずれる·くずおれる

音読
- **頹唐**(たいとう) 퇴당. 퇴폐.
- **頹齢**(たいれい) 퇴령. 노년. 노령.
- **頹勢**(たいせい) 퇴세. 쇠퇴하는 형세.
- **頹屋**(たいおく) 퇴옥. 낡아서 허물어진 가옥.
- **頹運**(たいうん) 퇴운. 기울어진 운.
- **頹廃**(たいはい) 퇴폐.
- **頹弊**(たいへい) 퇴폐.

訓読
- **頹れる**(くずおれる) ①《무너지듯》 맥없이 쓰러지다. ②기력을 잃다. 낙심하다.

투

7才 教 **投** 던질 **투**·버릴 **투**
トウ
なげる

音読
- **投**(とう) 투. ①〖野〗투수력(力). ②《接尾語로》던진 횟수.
- **投じる**(とうじる) ☞投ずる(とうずる)
- **投ずる**(とうずる) ①던지다. 투신하다. ②집어넣다. ③주다. 투여하다. ④(기회를) 타다. 편승하다. ⑤투항하다.
- **投稿**(とうこう) 투고.
- **投光**(とうこう) 투광. ♣~器(き) 투광기.
  ‖~照明(しょうめい) 투광 조명.
- **投句**(とうく) (자작의) 俳句(はいく)를 투고함. 또, 그 俳句.
- **投球**(とうきゅう) 〖野〗투구.
- **投企**(とうき) 투기. 투입하여 시험함.
- **投棄**(とうき) 투기. 내버림.
- **投機**(とうき) 투기. ♣~心(しん) 투기심 / ~的(てき) 투기적 / ~株(かぶ) 투기주.
  ‖~買い(がい) 투기 구매.
  ~取引(とりひき) 투기 거래[매매].
- **投力**(とうりょく) 투력. 던지는 능력.
- **投了**(とうりょう) 투료. (바둑·장기에서) 한 쪽이 진 것을 자인하고 대국을 끝냄.
- **投錨**(とうびょう) 투묘. 닻을 내림.
- **投法**(とうほう) 〖野〗투법. 투구법.
- **投射**(とうしゃ) 투사. 투영.
  ‖~法(ほう) 〖心〗투사법. 투영법.
- **投書**(とうしょ) 투서.
  ‖~欄(らん) 투서란. 투고란.
- **投石**(とうせき) 투석.
- **投扇興**(とうせんきょう) 높이 20 cm 가량의 나무상자 위의 표적을 약 1.8 m 떨어진 곳에서 부채를 던져 떨어뜨리는 놀이.
- **投手**(とうしゅ) 〖野〗투수. 피처. ♣~戦(せん) 투수전 / ~板(ばん) 마운드.
- **投宿**(とうしゅく) 투숙.
- **投身**(とうしん) 투신.
- **投信**(とうしん) 〖經〗투신. '投資信託(とうししんたく)(=투자 신탁)'의 준말.
- **投薬**(とうやく) 투약.
- **投与**(とうよ) 투여. 투약.
- **投映**(とうえい) (슬라이드 따위의) 투영.
- **投影**(とうえい) 투영. ♣~図(ず) 투영도.
  ‖~図法(ずほう) 투영도법.
  ~法(ほう) 〖心〗투영법. 투사(投射)법《인격 진단법의 하나》.
- **投獄**(とうごく) 투옥.
- **投融資**(とうゆうじ) 투융자. 투자와 융자.
- **投入**(とうにゅう) 투입.
- **投資**(とうし) 투자. ♣~家(か) 투자가.
  ‖~減税(げんぜい) 〖經〗투자 감세.
  ~乗数(じょうすう) 〖經〗투자 승수.
  ~市場(しじょう) 투자 시장.
  ~信託(しんたく) 〖經〗(증권) 투자 신탁.
  ~銀行(ぎんこう) 〖經〗투자 은행. 인베스트먼트 뱅크.
  ~財(ざい) 〖經〗투자재. 생산재.
- **投擲**(とうてき) 투척.
  ‖~競技(きょうぎ) 투척 경기.
- **投出**(とうしゅつ) 〖心〗투출. 마음 속에 있는 기분·경향·성질을 무의식중에 행동으로 나타냄.
- **投打**(とうだ) 〖野〗투타. 투수력과 타력.
- **投票**(とうひょう) 투표. ♣~区(く) 투표구 / ~率(りつ) 투표율.
- **投下**(とうか) 투하. ①떨어뜨림. ②투자.
  ‖~資本(しほん) 투하 자본.
  ~筒(とう) 더스트 슈트. (아파트 등의) 쓰레기 투하 장치.
- **投函**(とうかん) 투함. 「맞음.
- **投合**(とうごう) 투합. (마음 등이) 서로 딱
- **投降**(とうこう) 투항. 「놀이.
- **投壺**(とうこ) 투호. 화살을 단지에 던져 넣는

訓読
- ❖**投げる**(なげる) ①던지다. ②(씨름이나 유도 등에서) 상대를 메치다. ③단념하다.
- **投げ**(なげ) ①던짐. ②(씨름에서) 메치기. ③(바둑·장기에서) 승부를 포기함. 던짐.
- **投げキッス**(なげキッス) 입술에 손을 대었다가 상대방에게 던지는 시늉을 하는 키스.
- **投げ遣り**(なげやり) 일을 중도에서 팽개쳐 둠. 일을 아무렇게나 함.
- **投げ遣る**(なげやる) ①던져 주다. ②아무렇게나 하다.
- **投げ掛ける**(なげかける) ①던지다. ②아무렇게나 걸치다. ③(몸을) 기대다.
- **投げ技**(なげわざ) (씨름·유도 등에서) 상대방을 메치는 기술.
- **投げ棄てる**(なげすてる) 내던지다. 내버리다. 방치하다.

投

投げ倒す(なげたおす) 내던져 쓰러뜨리다.
投げ渡す(なげわたす) ① 던져 주다. ② 건너편에 아무렇게나 던져서 걸치다.
投げ島田(なげしまだ) 일본 여자 머리의 쪽찌는 방식의 하나. 뒤꼭지를 처지게 해서 쪽 찐 島田(しまだ)まげ.
投げ網(なげあみ) ☞投網(とあみ).
投げ売り(なげうり) 투매. 덤핑.
投げ文(なげぶみ) ① 밖에서 (남의) 집 안으로 던져 넣는 편지. ② 투서(投書).
投げ物(なげもの) (거래에서) 투매품. 떨이.
投げ返す(なげかえす) 던져서 돌려보내다.
投げ餅(なげもち) 상량식에서 떡을 던짐. 또, 그 떡.
投げ棒(なげぼう) 도망자의 발에 막대를 던져 쓰러뜨림. 또, 그 막대.
投げ付ける(なげつける) 내던지다. ① 냅다 던지다. 메어치다. 내동댕이치다. ② (말·욕 따위를) 쏘아붙이다. 「내던지다.
投げ飛ばす(なげとばす) 냅다 던지다. 휙
投げ捨てる(なげすてる) 내던지다. 내버리다. 방치하다.
投げ算(なげざん) 산가지나 돈을 던져 그 표리에 의해 길흉을 점침. 「김.
投げ首(なげくび) 고개를 숙이고 생각에 잠
投げ勝つ(なげかつ) 〖野〗 ① 투수가 타자를 제압하다. ② 팀의 투수가 상대의 투수보다 좋은 성적으로 이기다.
投げ縄(なげなわ) 올가미. 올무.
投げ矢(なげや) 던지는 화살.
投げ業(なげわざ) ⇨ 投げ技(なげわざ).
投げ入れ(なげいれ) 아무렇게나 던져 넣는 것 같이 꽂는, 꽃꽂이의 한 형식.
投げ入れる(なげいれる) (아무렇게나) 던져 넣다. 처넣다.
投げ込み(なげこみ) ① (아무렇게나) 처넣음. 던져 넣음. ② ☞投げ入れ(なげいれ).
投げ込む(なげこむ) (아무렇게나) 처넣다.
投げ銭(なげせん) 거지 등에게 던져 주는 돈.
投げ節(なげぶし) 낮은 가락의 三味線(しゃみせん)에 맞춰서, 노래의 끝을 내뱉듯이 부르는 江戸(えど) 시대의 유행가.
投げ釣(なげづり) 던질낚시.
投げ釣瓶(なげつるべ) 두레박.
投げ足(なげあし) 발을 뻗고 앉음. 또, 그렇게 앉는 법.
投げ槍(なげやり) 던지는 창. 투창(投槍).
投げ出す(なげだす) 내던지다. 팽개치다. 포기하다.
投げ下ろす(なげおろす) 아래로 던지다.
投げ合う(なげあう) 서로 던지다.

其他
投網(とあみ) 투망. 쟁이.

| 8 女 | 妬 | 투기할 투
ト
ねたむ・やく・やける |

音読
妬婦(とふ) 투부. 질투심이 많은 여자.
妬視(とし) 투시. 질시(嫉視).
妬心(としん) 투심. 질투심.

訓読
妬がる(ねたがる) ① 미워하다. 원망하다. ② 분해하다. 분하게 생각하다.
妬く(やく) 질투하다. 시새우다.
妬ける(やける) 질투나다. 샘나다.
妬し(ねたし) 〈文〉① 질투심이 나다. ② 원망스럽다. 밉다. 분하다.
妬ましい(ねたましい) 질투심(샘)이 나다.
❖**妬む**(ねたむ) 질투〔시기〕하다. 샘내다. 시새우다.
妬み(ねたみ) 시샘. 질투. 시기(심).

| 10 大 |  | 씌우개 투·버릇 투
トウ
かさねる |

音読
套語(とうご) ☞套言(とうげん).
套言(とうげん) 투어(套語). 버릇이 된 예사로운 말. 상투어.

逆音
常套(じょうとう) 상투.
外套(がいとう) 외투.

| 10 辶 常 | 透(透) | 환할 투
トウ
すく・すかす・すける・とおる |

音読
透過(とうか) 투과. ♣~色(しょく) 투과색. 투명색. / ~性(せい) 투과성.
‖~型電子顕微鏡(かたでんしけんびきょう) 투과형 전자 현미경《초기에 개발된 전자 현미경》.
透関(とうかん) 〖佛〗 수행의 장애가 되는 것을 뚫고 나아가는 일.
透明(とうめい) 투명. ♣~度(ど) 투명도 / ~体(たい) 투명체.
‖~人間(にんげん) 투명 인간.
透写(とうしゃ) 투사.
‖~台(だい) 투사대. 투사 도판(圖板). 라이트 테이블.
~紙(し) 투사지. 트레이싱 페이퍼.
透析(とうせき) 〖理〗 투석. 「쓰임.
透石膏(とうせっこう) 투석고《광학 기재로
透閃石(とうせんせき) 〖鑛〗 투섬석. 투각섬석(透角閃石).
透水(とうすい) 투수. 물이 스며듦. ♣~層(そう) 투수층.
‖~性舗装(せいほそう) 투수성 포장《빗물이 땅속에 스며들 수 있는 포장》.
透視(とうし) 투시. ♣~図(ず) 투시도.
‖~図法(ずほう) 투시 도법.
~画法(がほう) 투시 화법.

透磁率(とうじりつ)〖理〗투자율.
透察(とうさつ) 투찰. 꿰뚫어 살핌.
透徹(とうてつ) 투철. 투명.
透化(とうか)〖理〗투화. 결정성(結晶性) 물질을 유리질(質)로 만드는 일.

訓読

透ける(すける) ①틈이 생기다(벌어지다). ②〈俗〉들여다 보이다. 비쳐 보이다. ③틈사이를 지나가다.
透す(とおす) 투과시키다.
透る(とおる) ①(소리가) 잘 들리다. ②비쳐 보이다. 투명하다. 투과하다.
❖**透かす**(すかす) ①틈새를 만들다. 성기게 하다. ②(통해서) 보다. ③틈새로 내보내다. ④빛에 비추어 훤히 보이게 하다. ⑤〈俗〉소리 안 나게 방귀뀌다.
透かさず(すかさず)《副詞的으로》 사이를 두지 않고. 기회를 놓치지 않고. 곧. 즉각. 빈틈없이.
透かし(すかし) ①틈을 만듦. 성기게 만듦. 틈을 만들어 놓은 곳. ②종이를 빛에 비출 때 보이는 무늬·글자《지폐에 넣은 은화(隱畵) 따위》. ③〈俗〉소리없이 뀌는 방귀.
透かし見る(すかしみる) ①어둠이나 안개 따위에 가려 잘 보이지 않는 것을 응시하여 확인하듯이 보다. ②사물의 틈새로 보다.
透かし欄間(すかしらんま) 투조(透彫)로 만들어진 교창(交窓).
透かし伐り(すかしぎり) 간벌(間伐). 나무(가지)를 솎아 베어냄.
透かし屁(すかしっぺ) ☞透かし(すかし)③.
透かし彫り(すかしぼり)〖美〗투각(透刻). 섭새김. 투조(透彫). 또, 그 세공품.
透かし織り(すかしおり) 무늬를 넣고 속이 비치게 짠 깁.
透かし絵(すかしえ) 은화(隱畵). 빛에 비추어 보면 나타나는 그림이나 무늬.
❖**透く**(すく) ①틈이 나다. ②성기다. ③들여다보이다. ④〈俗〉이 후련해지다.
透き(すき) ①빈틈. 빈 곳. ②겨를. 짬. ③허술함. 허점. 틈탈 기회.
透き間(すきま) ①(빈)틈. ②겨를. 짬.
‖〜**風**(かぜ) (문·창문 등의) 틈새기 바람. 외풍.
透き見(すきみ) 틈으로 들여다봄.
透き膠(すきにかわ) 중국산의 투명한 아교.
透綾(すきや) 매우 얇은 견직물. ＊すきあやろ도 읽음.
透き目(すきめ) (빈)틈.
透き写し(すきうつし) 투명한 종이 밑에 대고 복사함.
透き色(すきいろ) 피륙을 햇빛에 비쳐 보았을 때의 색조(色調).
透き影(すきかげ) ①틈새로 보이는 모습·그림자. ②어두운 쪽에서 밝은 쪽으로 보았을 때 보이는 그림자.
透き字(すきじ) 종이를 빛에 비쳐 보면 글자가 나타나 보이게 한 것. 또, 그 글자.

透き織り(すきおり) 비쳐 보이도록 설피고 성기게 짬. 또, 그 직물.
透き徹る(すきとおる) ⇨ 透き通る(すきとおる).
透き歯(すきば) 이와 이 사이에 틈새가 있는 「이.
透き通る(すきとおる) ①비쳐 보이다. 투명하다. ②소리가 맑다.

其他

透い垣(すいがい) 널빤지나 대나무로 사이를 띄워서 친 울타리. ＊すいがきろ도 읽음.

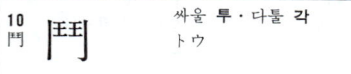

| 10 鬥 | 鬥 | 싸울 **투**·다툴 각 トウ |

音読

鬥構え(とうがまえ) 한자 부수(部首)의 하나: 싸울투.

其他

鬥(たたかいがまえ) ☞鬥構え(とうがまえ).

| 11 イ | 偸 | 훔칠 **투**·구차할 투 トウ·チュウ ぬすむ |

音読

偸盗(ちゅうとう) 투도. ①〖佛〗도둑질. ②도둑. ＊とうとうの 관용음. 「(情).
偸薄(とうはく) 투박. 인정이 없음. 박정(薄
偸食(とうしょく) 투식. 일하지 않고 놀고 지냄. 「탐함.
偸安(とうあん)〈雅〉투안. 목전의 안락을

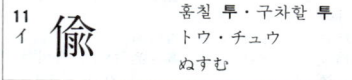

| 14 骨 | 骰 | 주사위 **투** トウ さい·さいころ |

訓読

骰子(さいころ) 투자. 주사위. ＊さいろ도 읽음.

| 18 鬥 常 | 鬪 (鬪) | 싸움 **투** トウ たたかう |

音読

鬪犬(とうけん) 투견.
鬪鷄(とうけい) 투계. ①닭싸움. ②싸움닭.
鬪構え(とうがまえ) 한자 부수의 하나: 싸울투.
鬪球盤(とうきゅうばん) 투구반《둥글넓적한 공을 손으로 튀겨 구멍에 넣는 놀이 (용
鬪技(とうぎ) 투기.   「구)》.
鬪病(とうびょう) 투병.
鬪士(とうし) 투사. ♣〜型(がた) 투사형.
鬪詩(とうし) 투시. 시를 지어 서로 겨룸.
鬪心(とうしん) 투심. 투지.
鬪魚(とうぎょ)〖魚〗투어. 버들붕어.

鬪牛(とうぎゅう) 투우. ♣~士(し) 투우사.
鬪将(とうしょう) 투장.
鬪争(とうそう) 투쟁. ♣~的(てき) 투쟁적.
∥~理論(りろん)〚社〛투쟁 이론.
鬪諍(とうじょう) 투쟁(鬪爭).
鬪志(とうし) 투지.
鬪魂(とうこん) 투혼. 투지.

訓読
❖鬪う(たたかう) 싸우다. (곤란 따위를) 극복하려고 애쓰다.
鬪い(たたかい) 투쟁. 싸움.
鬪い取る(たたかいとる) 쟁취하다.

특

特 유다를 특·홀로 특
10 牛 トク
教

音読
特に(とくに) 특히. 각별히.
特価(とっか) 특가. ♣~品(ひん) 특가품.
特講(とっこう) 특강. 특별 강의(강습).
特掲(とっけい) 특별히 게시함.
特高(とっこう) 특고. '特別高等警察(とくつこうとうけいさつ)(=특별 고등 경찰)'의 준말〚일본의 구제도하에서의 정치·사상 관계 담당 경찰〛.
特功(とっこう) 특공. 특별한 공로.
特攻(とっこう) 특공. '特別攻撃(とくべつこうげき)(=특별 공격)'의 준말.
∥~隊(たい) (제2차 세계 대전 당시 일본의) 특공대.
特科(とっか) 특과. 특수 과목.
∥~部隊(ぶたい) 일본 육상 자위대의 포병
特権(とっけん) 특권. 「대.
∥~階級(かいきゅう) 특권 계급.
特金(とっきん) '特別金銭信託(とくべつきんせんしんたく)(=특별 금전 신탁)'의 준말.
特急(とっきゅう) 특급. 특별 급행.
特級(とっきゅう) 특급.
特技(とくぎ) 특기.
特記(とっき) 특기.
特段(とくだん)〈老〉특단(의). 특별(한).
特大(とくだい) 특대.
特待(とくたい) 특대. 특별 대우. ♣~生(せい) 특대생.
特等(とくとう) 특등.
特落ち(とくおち) (신문·잡지 등에서) 특종 기사를 놓침.
特例(とくれい) 특례. ♣~法(ほう) 특례법.
特漉き(とくすき) 종이를 특별히 뜸. 또, 그렇게 뜬 좋은 종이.
特利(とくり) 특리. 특별히 높은 이자.
特立(とくりつ) 특립. ①특출함. ②독립. ③특별히 세움.

特売(とくばい) 특매.
特免(とくめん) 특면. 특별히 면제함.
特命(とくめい) 특명.
∥~全権公使(ぜんけんこうし) 특명 전권 공사. 「사.
~全権大使(ぜんけんたいし) 특명 전권 대
特務(とくむ) 특무. ♣~艦(かん) 특무함.
∥~機関(きかん) 특무 기관.
特発(とくはつ) 특발.
∥~性(せい) 특발성. ♣~心筋症(しんきんしょう) 특발성 심근증 / ~疾患(しっかん) 특발성 질환.
特配(とくはい) 특배. ①물품의 특별 배급. ②'特別配当(とくべつはいとう)(=특별 배당)'의 준말.
特番(とくばん) '特別番組(とくべつばんぐみ)(=특별 (방송) 프로그램)'의 준말.
特別(とくべつ) 특별. ♣~法(ほう) 특별법 / ~職(しょく) 특정직.
∥~決議(けつぎ) (주주 총회의) 특별 결의.
~高圧(こうあつ) 특별 고압〚일본은 7,000볼트 이상〛. 「공대.
~攻撃隊(こうげきたい) 특별 공격대. 특
~交付税(こうふぜい) 특별 교부세.
~教書(きょうしょ) 특별 교서.
~教室(きょうしつ) 특별 교실.
~区(く) 특별구. 東京都(とうきょうと) 23구〚시(市) 취급을 받음〛.
~国会(こっかい) 특별 국회. 일본 중의원 총선거 후, 30일 이내에 소집되는 국회.
~規定(きてい) 특별 규정.
~扱い(あつかい) 특별 취급.
~急行(きゅうこう) 특별 급행 (열차).
~担保(たんぽ) 특별 담보.
~配当(はいとう) 특별 배당.
~背任罪(はいにんざい) 특별 배임죄.
~弁護人(べんごにん) 특별 변호인.
~償却(しょうきゃく) 특별 상각.
~上告(じょうこく) 특별 상고.
~予防(よぼう)〚法〛특별 예방. 「회.
~委員会(いいんかい) (국회의) 특별 위원
~引き出し権(ひきだしけん)〚經〛특별 인출권. SDR.
~任用(にんよう) 특별 임용.
~栽培米(さいばいまい) 특별 재배미〚생산자와 소비자가 직거래함〛.
~裁判所(さいばんしょ) 특별 법원.
~徴収(ちょうしゅう) 특별 징수.
~抗告(こうこく) 특별 항고.
~刑法(けいほう) 특별 형법.
~活動(かつどう) 특별 활동.
~会計(かいけい) 특별 회계.
特報(とくほう) 특보.
特写(とくしゃ) 특사. 사진을 특별히 찍음.
特使(とくし) 특사.
特赦(とくしゃ) 특사.
特賜(とくし) 특사. 특별히 내려 주심.
特産(とくさん) 특산.

特上(とくじょう) 특상(품).
特賞(とくしょう) 특상.
特色(とくしょく) 특색.
‖~付ける(づける) 특색 있게 하다.
特書(とくしょ) 특서. 특필(特筆).
特選(とくせん) 특선. ①(미술전 등에서) 특별히 우수하다고 인정됨. 또, 그것. ②특히 우수한 것을 골라 뽑음. 또, 그 것.
特設(とくせつ) 특설.
特性(とくせい) 특성.
‖~曲線(きょくせん) 『理』 특성 곡선.
~X線(エックスせん) 『理』 특성 엑스선.
特小(とくしょう) 특소. 특별히 작음〔작은 것〕.
特殊(とくしゅ) 특수. ♣~鋼(こう) 특수강/~性(せい) 특수성/~的(てき) 특수적/~債(さい) 특수 채권/~化(か) 특수화.
‖~教育(きょういく) 특수 교육.
~毒性(どくせい) 특수 독성《발암성·항원성 등》.
~法人(ほうじん) 특수 법인.
~相対性理論(そうたいせいりろん) 특수 상대성 이론.
~栄養食品(えいようしょくひん) 특수 영양 식품《강화 식품 등》.
~銀行(ぎんこう) 특수 은행.
~飲食店(いんしょくてん) 공창(公娼) 폐지 후의 색주가(色酒家).
~裏書(うらがき) 특수 배서(背書).
~印刷(いんさつ) 특수 인쇄. 「차.
~自動車(じどうしゃ) 특수 자동차. 특수
~条約(じょうやく) 특수 조약.
~株主(かぶぬし) 총회(總會)꾼.
~疾患(しっかん) 특수 질환.
~撮影(さつえい) 특수 촬영.
~取扱郵便物(とりあつかいゆうびんぶつ) 특수 취급 우편물.
~学級(がっきゅう) 특수 학급.
~会社(がいしゃ) 특수 회사.
特捜(とくそう) '特別捜査(とくべつそうさ)(=특별 수사)'의 준말.
特需(とくじゅ) 특수. 특별 수요.
‖~景気(けいき) 특별 대우.
特約(とくやく) 특약. ♣~店(てん) 특약점.
‖~館(かん) 특약관. 특정한 영화사의 작품만을 상영하는 영화관.
特養(とくよう) '特別養護老人ホーム(とくべつようごろうじんホーム)(=특별 보호 양로원)'의 준말. 「물.
特用作物(とくようさくもつ) 『農』 특용 작
特遇(とくぐう) 특우. 특별 대우.
特有(とくゆう) 특유. ♣~性(せい) 특유성.
‖~財産(ざいさん) (부부간의) 특유 재산.
特融(とくゆう) 특융. 특별히 융자함.
特飲街(とくいんがい) 색주가(色酒家) 거리 《特飲는 特殊飲食店(とくしゅいんしょくてん)의 준말》.
特異(とくい) 특이. ♣~性(せい) 특이성/

~点(てん) 『数』 특이점.
‖~児童(じどう) 특이 아동.
~日(び) 『氣』 특이일. 특정한 기상 상태의
~体質(たいしつ) 특이 체질. 「날.
特認(とくにん) 특인. 특별히 승인함.
特任(とくにん) 특임. 특별히 임명함. 또, 그 임무.
特長(とくちょう) 특장. 특징을 이루는 장점. 특별한 장점. 또, 장기.
特装(とくそう) 특장. 특별한 장정〔장비〕.
♣~版(ばん) 특장판.
特栽米(とくさいまい) 特別栽培米(とくべつさいばいまい)의 준말.
特典(とくてん) 특전.
特電(とくでん) (통신사 등의) 특전. 「점.
特点(とくてん) 특점. 다른 것과 특별히 다른
特定(とくてい) 특정. ♣~物(ぶつ) 특정물.
‖~局(きょく) 特定郵便局의 준말.
~金銭信託(きんせんしんたく) 특정 금전 신탁. 「특정주.
~銘柄(めいがら) (주식 거래의) 특정 종목.
~物債券(ぶっさいけん) 특정물 채권.
~線引小切手(せんびきこぎって) 특정 횡선 수표.
~承継(しょうけい) 특정 승계.
~郵便局(ゆうびんきょく) 특정 우체국. 일반 우체국보다 소규모의 우체국.
~遺贈(いぞう) 특정 유증.
~疾患(しっかん) 특정 질환.
特製(とくせい) 특제.
特種 ㊀(とくしゅ) 특종. 특별한 종류.
㊁(とくだね) (신문의) 특종.
特注(とくちゅう) '特別注文(とくべつちゅうもん)(=특별 주문)·特別発注(はっちゅう)(=특별 발주)'의 준말.
特旨(とくし) 특지. 天皇(てんのう)의 특별한 생각〔배려〕.
特進(とくしん) 특진.
特診(とくしん) 특진.
特質(とくしつ) 특질. 특성.
特集(とくしゅう) 특집(特輯).
‖~記事(きじ) 특집 기사.
特輯(とくしゅう) ⇨ 特集(とくしゅう).
特徴(とくちょう) 특징.
‖~付ける(づける) 특징짓다.
特車(とくしゃ) 전에, 일본 육상 자위대에서 전차(戰車)를 일컫던 말.
特撰(とくせん) ①특별히 공들여 만듦. ② ⇨ 特選(とくせん).
特薦(とくせん) 특천. 특별히 추천함.
特撮(とくさつ) '特殊撮影(とくしゅさつえい)(=특수 촬영)'의 준말.
特出(とくしゅつ) 특출. 걸출.
特称(とくしょう) 특칭.
特快(とくかい) '特別快速電車(とくべつかいそくでんしゃ)(=특별 쾌속 전차)'의 준말.
特派(とくは) 특파. ♣~員(いん) 특파원.
‖~大使(たいし) 특파 대사.

特筆(とくひつ) 특필.
∥**~大書**(たいしょ) 대서특필.
特許(とっきょ) 특허. ♣**~権**(けん)〖法〗특허권／**~料**(りょう)〖法〗특허료／**~法**(ほう) 특허법／**~庁**(ちょう) 특허청／**~品**(ひん) 특허품.
∥**~企業**(きぎょう) 특허 기업.
~代理業(だいりぎょう) 특허 대리업.
~事務所(じむしょ) 특허 사무소. 변리사 사무소.
~審判(しんぱん) 특허 심판.
~原簿(げんぼ) 특허 원부.
~会社(がいしゃ) 특허 회사.
特恵(とっけい) 특혜.
∥**~関税**(かんぜい) 특별 관세.
~国待遇(こくたいぐう) 특혜국 대우.
特化(とっか) 특화. ①특수화함. 특별히 취급함. ②〖經〗국제 분업의 결과로, 한 나라가 비교 우위에 있는 산업 분야를 전문화하는 일.
特火点(とっかてん)〖軍〗특화점. 토치카.
特活(とっかつ)〖文法〗조동사에서, 특수한 활용을 하는 일.
特効(とっこう) 특효. ♣**~薬**(やく) 특효약.
特訓(とっくん) '**特別訓練**(とくべつくんれん)(=특별 훈련)'의 준말.

其他
特牛 ㈠(ことい) こというし의 준말.
㈡(こというし) 튼튼하고 힘센 황소. *こっとい・こってい・こっていうし로도 읽음.
特牛肥やし(こっといごやし)〖植〗클로버.

틈

| 18
門 | 闖 | 엿볼 **틈**·쑥내밀 **틈**
チン
うかがう |

音読
闖然(ちんぜん) 틈연. 불쑥 머리를 내미는 모양.
闖王(ちんおう) 틈왕. 명(明)나라 말기의 유적(流賊) 이백성(李白成)의 칭호.
闖入(ちんにゅう) 틈입. 느닷없이 불쑥 들어감. ♣**~者**(しゃ) 틈입자.

파

巴 4획 己부 땅이름 파·성 파 / ハ / ともえ

音読
- 巴旦杏(はたんきょう)〖植〗편도(扁桃).
- 巴豆(はず)〖植〗파두.
- 巴豆油(はずゆ)〖漢醫〗파두유.
- 巴鼻(はび) ① 사물의 요점. ② 유래(由來).

訓読
- 巴(ともえ) ① 소용돌이치는 모양. ② 물건이 원형을 그리며 도는 모양.
- 巴投げ(ともえなげ) (유도에서) 배대되치기.
- 巴板額(ともえはんがく) 용맹한 여성.

其他
- 巴里(パリ)〖地〗파리. 「호칭.
- ‖~祭(さい) 프랑스 혁명 기념일의 일본식
- 巴利語(パーリご) 팔리어. 고대 인도 언어.
- 巴布(パップ) 파프. 연고처럼 생긴 점질약.

把 7획 扌부 常 잡을 파·묶음 파 / ハ / とる·にぎる·たば

音読
- 把(は) 다발·묶음을 세는 말. *숫자에 따라 わ・ば・ぱ로도 읽음《一把(いちわ・いっぱ)(=한 다발), 三把(さんば)(=세 다발), 六把(ろくわ・ろっぱ)(=여섯 다발), 八把(はちわ・はっぱ)(=여덟 다발), 十把(じゅうわ・じっぱ)(=열 다발) 따위》.
- 把鼻(はび) ① 사물의 요점. ② 유래(由來).
- 把手(はしゅ) ☞ 把っ手(とって).
- 把握(はあく) 파악. 「붙잡음.
- 把住(はじゅう) 파주. 마음속에 간직해 둠.
- 把持(はじ) 파지. ① 꽉 쥠. 꼭 붙잡음. ② 마음속에 간직함.
- 把捉(はそく) 파착. 파악(把握). 포착.

訓読
- 把っ手(とって) 손잡이.
- 把る(とる) 들다. 쥐다.

逆音
- 刀把(とうは) 도파. 칼자루.
- 銃把(じゅうは) 총파. 총상(銃床)의 일부로 방아쇠를 잡아당길 때 손가락으로 쥐는 부분.

波 8획 氵부 教 물결 파 / ハ / なみ

音読
- 波羅蜜(はらみつ)〖佛〗바라밀. 바라밀다. 부처가 되기 위한 보살의 수행.
- 波羅蜜多(はらみった)〖佛〗바라밀다. ☞ 波羅蜜(はらみつ).
- 波高(はこう) 파고. 물결의 높이.
- 波及(はきゅう) 파급.
- 波濤(はとう) 파도. 「설.
- 波動(はどう) 파동. ♣~説(せつ)〖理〗파동 ‖~関数(かんすう)〖理〗파동 함수.
- ~光学(こうがく)〖理〗파동 광학.
- ~力学(りきがく)〖理〗파동 역학.
- 波羅葦僧(はらいそ)〖基〗천국.
- 波乱(はらん) 파란.
- ‖~万丈(ばんじょう) 파란만장.
- 波瀾(はらん) ⇨ 波乱(はらん).
- 波浪(はろう) 파랑. 파도. 물결.
- 波力発電(はりょくはつでん) 파력 발전.
- 波面(はめん) 파면. ① 물결의 표면. ②〖理〗파동이 일면서 생기는 면.
- 波紋(はもん) 파문.
- 波上(はじょう) 파상. 물결 위.
- 波状(はじょう) 파상. ① 물결 모양. ② 파도처럼 거듭되는 모양. ♣~熱(ねつ) 파상열.
- ‖~攻撃(こうげき) 파상 공격.
- 波線(はせん) 파선. 물결 모양의 선.
- 波束(はそく)〖理〗파속.
- 波数(はすう)〖理〗파수.
- 波旬(はじゅん)〖佛〗파순. 불도 수행을 방해하는 흉악한 악마. 「용.
- 波食(はしょく) 파식. 파도에 의한 침식 작
- 波蝕(はしょく) ⇨ 波食(はしょく).
- 波長(はちょう)〖理〗파장. ♣~計(けい)〖機〗파장계.
- 波頂(はちょう) 파정. 파도의 가장 높은 부
- 波止(はと) ⇨ 波止(はと).
- 波止場(はとば) 선창. 부두.
- 波布(はぶ)〖動〗반시뱀.
- 波布茶(はぶちゃ) 석결명(石決明)의 씨를 볶아서 말린 차.
- 波布草(はぶそう)〖植〗석결명(石決明).
- 波戸(はと) ⇨ 波止(はと).
- 波戸場(はとば) ⇨ 波止場(はとば).

訓読
- 波 ㊀(なみ) ① 파도. 물결. ② 고저. 기복.

③『理』파동.
㊂(は) 《接尾語로》…파. 파도처럼 되풀이해서 움직이는 것을 세는 말.
波しぶき(なみしぶき) (파도의) 물보라.
波間(なみま) 파도와 파도 사이. 물결 이랑.
*なみあい・はかん으로도 읽음.
‖**~柏**(がしわ)『貝』바다에서 나는 쌍각류 조개의 하나.
波罫(なみけい)『印』파도 모양의 괘선.
波頭 ㊀(なみがしら) 파두. 물마루. *はとうろ도 읽음.
㊁(はとう) ① ☞㊀. ② 파도 위. 해상.
波路(なみじ)〈雅〉뱃길. 항로.
波立つ(なみだつ) ① 파도가 일다. 물결 치다. ② 두근거리다. 울렁거리다.
波の穂(なみのほ)〈雅〉물마루.
波乗り(なみのり) ① 물결을 탐. ② 파도타기.
波音(なみおと) 파도 소리. 「간 항적.
波跡(なみあと) ① 파도 자국. ② 배가 지나
波除け(なみよけ) ① 파도를 막음. 파도를 막는 것. ② 방파제.
波際(なみぎわ) 파도가 밀어닥치는 물가.
波枕(なみまくら) ①〈雅〉뱃길 (여행). 뱃속에서 잠. ② 파도 소리가 베갯머리에 들려옴.
波打つ(なみうつ) ① 물결 치다. ② 물결처럼 굽이치다. 울렁거리다.
波打ち際(なみうちぎわ) 파도가 밀어닥치는 곳. 물가.
波板(なみいた) 골판석.
波風(なみかぜ) 풍파. 바람과 파도.
波形(なみがた) 파형. 물결 모양. *はけい로도 읽음.
波の花(なみのはな) ① 물마루의 하얗게 부서지는 모양을 꽃에 비유한 말. ② 소금. 특히, 씨름판에서 뿌리는 소금.

其他
波斯(ペルシア)『地』파사. 페르시아.

8	爬	긁을 파・잡을 파
爪		ハ
		かく

音読
爬具(はぐ) 갯벌에서 조개를 캐내는 갈고랑이 모양의 어구(漁具).
爬羅剔抉(はらてっけつ) 파라척결. 남의 흠을 들추어냄.
爬掻(はそう) 파소. 손톱으로 긁음.
爬虫類(はちゅうるい)『動』파충류.
爬行(はこう) 파행. 벌레・짐승 따위가 땅 위를 기어다님.

8	芭	파초 파
艹		バ・ハ

音読
芭蕉(ばしょう)『植』파초.
‖**~布**(ふ) 파초 섬유로 짠 천.

9	派(派)	갈래 파・가를 파
氵		ハ
教		わかれる

音読
派(は) 파. 분파.
派する(はする) 파견하다. 보내다.
派遣(はけん) 파견.
‖**~労働者**(ろうどうしゃ) 파견 노동자.
~店員(てんいん) 파견 점원. 제조업자가 자사 제품을 우선적으로 판매할 목적으로 소매점에 파견한 점원. 「데.
派内(はない) 파내. 파벌 중. 같은 파벌 가운
派略(はりゃく) 파략. 자신의 파벌에 유리하게 하기 위한 계략.
‖**~抗争**(こうそう) 파벌 항쟁.
派別(はべつ) 파별. 당파・유파에 따라 나눔.
派兵(はへい) 파병.
派生(はせい) 파생. ♣**~語**(ご) 파생어 /**~音**(おん) 파생음 /**~的**(てき) 파생적.
‖**~需要**(じゅよう)『經』파생 수요.
派手(はで) ① 화려한 모양. ②〈俗〉사람을 끌 정도로 심하게 무엇을 하는 모양.
‖**~者**(もの) 화려한 것을 좋아하는 사람.
*はでもの로도 읽음.
~姿(すがた) 화려하게 차린 모습.
~派手しい(はでしい) 매우 화려한 느낌이다.
~好き(ずき) 화려한 것을 좋아함.
派出(はしゅつ) 파출. 출장시킴. ♣**~婦**(ふ) 파출부.
‖**~所**(じょ) 파출소. ① 출장소. ②'巡査(じゅんさ)派出所'(=경찰관 파출소)'의 준말.

9	玻	유리 파
王		ハ

音読
玻璃 ㊀(はり) 파리. ① 수정. ② 유리.
㊁(ビードロ) 비드로. 유리의 옛 이름.
玻璃鏡(はりきょう) 파리경. (금속제 거울에 대하여) 유리 거울.
玻璃器(はりき) 유리그릇.
玻璃長石(はりちょうせき)『鑛』파리 장석.
玻璃質(はりしつ) 유리질(瑠璃質).
玻璃窓(はりまど) 유리창.

10	破	깨뜨릴 파・깨어질 파
石		ハ
教		やぶる・やぶれる・やる・わる

音読
破(は) (아악・能楽(のうがく) 등에서) 序破急(じょはきゅう)의 제2구분. 중간쯤 지나서

점점 박자가 바뀌고 빨라지는 부분.
破却(はきゃく) 파각. 깨뜨림.
破甲弾(はこうだん) 〖軍〗 파갑탄. 철갑탄〔徹甲弾〕.
破格(はかく) 파격.
破鏡(はきょう) 파경. 이혼.
破戒(はかい) 파계. ♣~**僧**(そう) 파계승.
‖~**無慚**(むざん) 〖佛〗 파계 무참.
破瓜(はか) 파과. ① 여자의 16세. 사춘기. ② 처녀막이 파열되는 일. ③ 남자의 64세.
‖~**期**(き) 파과기. 여자의 사춘기.
~**病**(びょう) 파과병. 정신 분열증의 하나.
破壊(はかい) 파괴. ♣~**力**(りょく) 파괴력. ~**者**(しゃ) 파괴자. ~**的**(てき) 파괴적. ~**点**(てん) 〖理〗 파괴점.
‖~**分子**(ぶんし) 파괴 분자.
~**試験**(しけん) 파괴 시험.
~**応力**(おうりょく) 파괴 응력. 파괴 변형력.
~**主義**(しゅぎ) 파괴주의.
~**活動防止法**(かつどうぼうしほう) 파괴 활동 방지법. 우리 나라의 폭력 행위 등 처벌에 관한 특별법에 해당.
破局(はきょく) 파국.
破軍星(はぐんせい) 〖天〗 파군성. 북두칠성의 일곱째 별.   「무너뜨림.
破潰(はかい) 파궤. 부서져 무너짐. 또, 부숴
破棄(はき) 파기.
‖~**移送**(いそう) 〖法〗 파기 이송.
~**自判**(じはん) 〖法〗 파기 자판.
~**差し戻し**(さしもどし) 〖法〗 파기 환송.
破断(はだん) 파단. 둘 이상으로 떨어져 나가는 것.
破談(はだん) 파담. ① 일단 정한 의논이나 약속을 깸. ② 파혼(破婚).   「렴치죄.
破廉恥(はれんち) 파렴치. ♣~**罪**(ざい) 파
破牢(はろう) 파뢰. 탈옥〔脱獄〕.
破倫(はりん) 파륜. 패륜.
破笠(はりつ) 파립. 찢어진 삿갓. ✽はりゅう로도 읽음.
破魔(はま) 새끼줄로 만든 破魔弓의 표적.
‖~**弓**(ゆみ) ① 옛날, 잡신을 쫓기 위해 설에 사내아이가 쏘며 놀던 활. ② 상량식(上樑式) 때 지붕에 장식하는 활 모양의 물건.
~**矢**(や) 잡신을 쫓기 위하여 쏘는 화살.
破面(はめん) 돌과 같은 재료 등이 갈라졌을 때 생기는 면. 또, 그 갈라진 면.
破滅(はめつ) 파멸. 멸망.
破帽(はぼう) 찢어진 모자.
破墨(はぼく) 파묵. 수묵화에서 먼저 엷게 먹을 칠하고 그 위에 점점 진하게 칠하는 화법.
破門(はもん) 파문.
破防法(はぼうほう) 破壊活動(はかいかつどう)防止法(ぼうしほう)의 준말.   「함.
破邪(はじゃ) 〖佛〗 파사. 사도(邪道)를 타파
‖~**顕正**(けんしょう) 〖佛〗 파사현정.
破産(はさん) ♣~**法**(ほう) 〖法〗 파산법.
‖~**管財人**(かんざいにん) 〖法〗 파산 관재
~**宣告**(せんこく) 〖法〗 파산 선고.   ᒫ인.
~**財団**(ざいだん) 〖法〗 파산 재단.

~**債権**(さいけん) 〖法〗 파산 채권.
破算(はさん) 파산. ① (주산에서) 떨기. ② 일을 백지화함.
破傷風(はしょうふう) 〖醫〗 파상풍. ♣~**菌**(きん) 파상풍균.
‖~**血清**(けっせい) 파상풍 혈청.
破色(はしょく) 파색. 원색에 흰색 또는 검은색을 약간 섞은 빛깔.
破船(はせん) 파선. 난파선.
破線(はせん) 파선. 같은 간격으로 띄어 놓은
破損(はそん) 파손.   ᒫ선(---).
破砕(はさい) 파쇄. 깨어져 부서짐. 깨뜨려〔쇄〕 부숨. ♣~**機**(き) 파쇄기.
‖~**工程**(こうてい) 파쇄 공정.
~**帯**(たい) 〖地〗 파쇄대. 단층을 따라 암석이 부스러져 나간 부분.
~**処理**(しょり) 파쇄 처리.
破水(はすい) 파수. 분만할 때 양막이 터져서 양수가 배출되는 일. 또, 그 양수.
破顔(はがん) 파안.
‖~**一笑**(いっしょう) 파안일소.   「어김.
破約(はやく) 파약. 계약을 취소함. 약속을
破裂(はれつ) 파열. ♣~**音**(おん) 〖言〗 파열
破屋(はおく) 파옥.   ᒫ음.
破獄(はごく) 파옥. 탈옥.
破題(はだい) 파제. 시부(試賦)의 첫 구(句).
破調(はちょう) ① 가락이〔상태가〕 정상이 아님. ② 일정한 리듬을 깨뜨리는 일.
破竹(はちく) ① 대를 쪼갬. ② 破竹의 勢이.
~**の勢い**(いきおい) 파죽지세.   ᒫ준말.
破擦音(はさつおん) 〖言〗 파찰음.
破窓(はそう) 파창. 깨진 창.
破天荒(はてんこう) 파천황. 전대미문(前代未聞). 미증유.
破綻(はたん) 파탄.
破敗(ははい) ① 싸움에 짐. ② 부수고 상처를
破片(はへん) 파편.   ᒫ입힘.
破風(はふ) (일본 건축에서) 박공(牔栱). 박풍(牔風).
破夏(はか) 〖佛〗 파하. 하안거(夏安居)의 중도에 하산(下山)하는 일.
破婚(はこん) 파혼.
破毀(はき) ⇨破棄(はき).

[訓読]
破く(やぶく) 〈俗〉 찢다.
破ける(やぶける) ☞破れる(やぶれる).
破れ間(やれま) 찢어진 데. 터진 데.
破れ垣(やれがき) 파손된 울타리.
破れ衣(やれごろも) 해진 옷.
❖**破る** ㊀(やぶる) ① 찢다. ② 깨다. ③ 어기다. ④ 무찌르다.
㊁(わる) ① 나누다. ② 쪼개다. 가르다.
㊂(やる) 잡아 찢다.
破り(やぶり) 《接尾語로》 ‥을 부숨〔깸〕.
破籠(わりご) ⇨破子(わりご).
破子(わりご) 노송나무 따위의 박판(薄板)으로 만든 용기. 가운데 칸막이가 있고 뚜껑이 있음. ② 이런 용기에 담은 도시락.

▮~蕎麦(そば) 破子 같은 용기에 메밀국수를 담고, 양념 국물을 쳐서 먹는 음식.
❖破れる 日(やぶれる) ① 찢어지다. 터지다. ② 깨지다. ③ 패하다.
日(われる) 갈라지다. 쪼개지다. 깨지다.
破れ 日(やぶれ) 깨짐. 찢어짐. 찢어진 곳〔정도〕.「편.
日(われ) ① 깨어짐. ② 조각. 부스러기. 파
日(やれ) ① ☞日. ②《俗》《印》잘못 인쇄된 종이. 「는 마음.
破れかぶれ(やぶれかぶれ) 〈俗〉 자포자기한
破れて(われて) 무리하게. 억지로.
破れ鍋(われなべ) ① 깨진 냄비. ② 굵고 탁한 음성.
破れ目 日(やぶれめ) 갈라진 금〔틈〕. 균열.
日(われめ) 깨진〔찢어진〕 데.
▮~噴火(ふんか) 〖地〗 열식(裂線) 분화.
破れ物(われもの) 깨지기 쉬운 물건.
破れ声(われごえ) 굵고 탁한 목소리.
破れ僧(やぶれそう) 유발승(有髮僧). 파계승(破戒僧).
破れ屋(やぶれや) ☞破屋(はおく).
破れ銭(われぜに) 깨어진〔조각난〕 돈.
破れ鐘(われがね) 금이 간 종. 깨진 종.
破れ舟(われぶね) (풍파를 만나) 깨어진 배.
破れ穴(やぶれあな) 터져서〔깨져서, 찢어져서〕생긴 구멍.
|其他→|
破落戸(ならずもの) 파락호. 불량배. 무뢰한. *ごろつき로도 읽음.

| 10
耒 | 耙 | 써래 파
ハ
まぐわ |

|其他→|
耙耬(ハロー) 해로. 갈고 난 뒤에 흙덩이를 잘게 부수어 고르는 농기구의 하나.

| 11
女
常 | 婆 | 할미 파
バ
ばば・ばあ |

|音読→|
婆娑(ばさ) 파사. ① 춤추는 사람의 소매가 너울너울하는 모양. ② 대나무 잎이 바람결에 내는 소리의 형용. 바삭.
婆娑羅(ばさら) ① 막되게 구는 모양. ② 화려하게 꾸미고 멋부리는 모양. ③ 어지간히 흐트러진 모양.
▮~髪(がみ) 헝클어진 머리.
婆娑者(ばしゃれもの) 야한 옷차림에 단정하지 못한 자.
婆心(ばしん) 노파심.
|訓読→|
婆(ばば) ① 노파. *ばばあ로도 읽음. ② 유모(乳母). ③ (카드놀이의) 조커.
婆さん(ばあさん) 할머니. ① お祖母さん(おばあさん)의 스스럼없는 말. ② 늙은 여자.
婆そぶ(ばあそぶ) 〖植〗 소경불알.
婆や(ばあや) 나이 많은 가정부나 유모를 친근하게 부르는 말. 할멈. 유모.
婆抜き(ばばぬき) 카드놀이에서, 마지막에 조커(joker)를 가진 사람이 지는 놀이.
|其他→|
婆羅門(バラモン) 브라만. ① 인도의 사종성(四種姓) 중 최고의 계급. ② 브라만교(의 승려). ▮~教(きょう) 〖宗〗 브라만교.

| 12
艹 | 菠 | 시금치 파
ハ・ホ |

|其他→|
菠薐草(ほうれんそう) 〖植〗 시금치.

| 12
足 | 跛 | 절뚝발 파
ハ
あしなえ・ちんば
びっこ |

|音読→|
跛説(はせつ) 모순된 설(說). 편파적인 설.
跛者(はしゃ) 다리가 불편한 사람. 절름발이.
跛行(はこう) 파행. ① 균형이 안 잡힘. ② 절름거리며 걸음.
|訓読→|
跛 日(あしなえ) 절름거림. 절름발이.
日(ちんば) 〈卑〉 ① ☞日. ② 짝짝이.
*日日 모두 びっこ로도 읽음.

| 14
頁 | 頗 | 치우칠 파・자못 파
ハ
かたよる・すこぶる |

|訓読→|
頗る(すこぶる) ① 대단히. 매우. 몹시. ② 〈古〉 조금(은). 제법. 어지간히. 꽤.
頗る付き(すこぶるつき) 〈俗〉 (すこぶる라는 말을 붙여 말할 정도로) 대단히 뛰어남.

| 15
扌 | 播 | 뿌릴 파・펼 파
ハ・バン
まく |

|音読→|
播植(はしょく) 파식. 씨앗을 뿌리어 심음.
播殖(はしょく) ⇒ 播植(はしょく). *はんしょく로도 읽음.
播種(はしゅ) 〖農〗 파종. 씨뿌리기.
播州(ばんしゅう) 〖地〗 播磨の国(はりまのくに)의 딴이름.
播遷(はせん) 파천. 먼 곳을 방황하며 다님.
播布(はんぷ) 널리 퍼지게 함.
|訓読→|
❖播く(まく) ① 파종하다. ② (칠기 표면에 무늬를 넣기 위해) 금・은 가루를 뿌리다.

播き付け(まきつけ) 파종(播種).
播き肥(まきごえ) 기비(基肥). 밑거름.
[其他]
播磨(はりま) 〖地〗 옛 지방 이름. 현재의 兵庫(ひょうご) 현의 서남쪽.

| 15 四 常 | 罷 | 파할 파·그만둘 파
ヒ·ハイ
まかる·やめる |

[音読]
罷工(ひこう) 파업. 스트라이크.
罷免(ひめん) 파면. ♣~権(けん) 파면권.
罷市(ひし) 파시.
罷業(ひぎょう) 파업. ① 일을 그만둠. ②'同盟(どうめい)罷業(=동맹 파업)'의 준말.
罷職(ひしょく) 파직. 파면.
[訓読]
罷む(やむ) 그만두다. 멈추다.
❖罷める(やめる) (관직 따위를) 그만두다. 사직하다.
罷め(やめ) 그만둠. 중지. 끝남.
❖罷る(まかる) ① (귀인 앞에서) 물러나다. 퇴출하다. ② 行く(ゆく)·来る(くる)의 겸손한 말씨.
罷り(まかり) ① 귀인 앞에서 물러남. ② 귀인의 밥상을 물림. 또, 그 밥상.
罷り間違う(まかりまちがう) 자칫〔까딱〕 잘못되다. 어쩌다 실수〔실패〕하다.
罷り道(まかりじ) 죽은 사람이 저승으로 가는 길.
罷り成らぬ(まかりならぬ) 안 되는. 힘줌말. (절대로) 안 된다. 용서할 수 없다.
罷り申し(まかりもうし) 작별 인사.
罷り越す(まかりこす) 行く(ゆく)의 겸사말. 가다. 찾아뵙다.
罷り出る(まかりでる) (귀인 앞에서) 물러나다. 퇴출하다.
罷り通る(まかりとおる) 당당하게 지나가다. 버젓이 통용되다〔행세하다〕.

| 18 扌 | 擺 | 열 파·흔들 파
ハイ
ひらく |

[音読]
擺脱(はいだつ) 파탈. 제거(除去)함.

| 19 竹 | 簸 | 까부를 파
ハ
ひる |

[音読]
簸却(はきゃく) 키로 까불어 날려보냄.
[訓読]
❖簸る(ひる) 키질하다. 까부르다.
簸屑(ひくず) 차나 곡식을 키로 까불고 남은 찌꺼기.

판

| 7 刂 教 | 判 (判) | 판단할 판·판결할 판
ハン·バン
わかる |

[音読]
判(はん) ① 도장. ② 《接尾語로》 …판. 인쇄용지나 책의 크기. *②는 ばん으로도 읽음.
判じる(はんじる) ☞判ずる(はんずる).
判ずる(はんずる) ① 분별하다. 판단하다. ② 추측하다. 헤아리다. ③ 풀다. 해석하다.
判検事(はんけんじ) 판검사.
判決(はんけつ) 판결.
‖~文(ぶん) 〖法〗 ☞判決書.
~書(しょ) 〖法〗 판결서. 판결문.
~理由(りゆう) 〖法〗 판결 이유.
~主文(しゅぶん) 〖法〗 판결 주문. 판결의 결론 부분.
~請求権(せいきゅうけん) 〖法〗 판결 청구권. 소송을 제기할 권리.
判官 ㊀(はんがん) ① 옛날 관제로서 사등관(四等官) 중 셋째 계급. ② 판관. 재판관.
㊁(じょう) 〖史〗 太政官(だいじょうかん) 제(制)의 제 3 등관〔次官 아래〕.
㊂(ほうがん) ① ☞㊀. ② 특히, 検非違使(けんびいし)의 尉(じょう). ③ 源義経(みなもとのよしつね)의 특칭.
‖~代(だい) ① 옛날, 院(いん)의 庁(ちょう)에 나가던 判官. ② 荘園(しょうえん)의 사무를 보던 직.
~贔屓(びいき) 약자나 패자를 동정하는 심리. *はんがんびいき로도 읽음. 「화.
~説話(せつわ) 源義経를 주인공으로 한 설
判断(はんだん) ① 판단. ② 점(占). ♣~力(りょく) 판단력.
‖~中止(ちゅうし) 판단 중지.
判読(はんどく) 판독.
判例(はんれい) 판례. ♣~法(ほう) 판례법.
判明(はんめい) 판명.
判文(はんもん) 판결을 쓴 문서. 판결문.
判じ物(はんじもの) 문자나 그림으로 어떤 뜻을 알아맞히기. 수수께끼. 퀴즈.
判別(はんべつ) 판별. ♣~式(しき) 〖数〗 판별식.
判士(はんし) ① 심판하는 사람. 유도·검도 따위의 심판자. ② 구(舊) 육군 군법 회의에서 심리(審理)·재판을 행한 사람.
判事(はんじ) 판사.
‖~補(ほ) 판사보. 사법 수습을 끝낸 사람 중 지방 법원·가정 법원에 배속된 재판관.
判示(はんじ) 판시. 판결하여 보임.
判然(はんぜん) 판연.
判人(はんにん) ① 증인으로서 도장을 찍는 사람. ② 江戸(えど) 시대, 유녀〔창녀〕의 몸값의 보증인이 된 사람.
判印(はんいん) 판인. 인장(印章). 도장.
判任官(はんにんかん) 판임관. 구 제도하에서, 최하급의 관리 계급.
判子(はんこ) 〈俗〉 도장.
判者(はんじゃ) ① 사물의 우열이나 가부를 판정하는 사람. ② 歌合(うだあ)わせ 등에서 작품의 우열을 판정하는 사람.
判定(はんてい) 판정.
‖**〜勝ち**(がち) 판정승.
判取り(はんとり) ① 승인의 증거로 도장을 받음. ② ☞判取り帳.
〜帳(ちょう) 금전이나 물건을 수취한 증인(證印)을 받아 두는 장부.
判形 ㊀(はんがた) ⇨ 判型(はんがた).
㊁(はんぎょう) 인장(印章). 도장.
判型(はんがた) 판형. 책의 형태나 크기.
*はんけいろ도 읽음.
判じ絵(はんじえ) 수수께끼 그림.

〖訓読〗
❖**判る**(わかる) 알다. ① 판명되다. ② 헤아리다. 알아듣다.
判り(わかり) 이해. 납득. 깨달음.

| 7 土 ㉂ | 坂 | 고개 판·산비탈 판
ハン·バン
さか |

〖音読〗
坂東(ばんどう) '関東(かんとう)(=箱根(はこね) 이동의 지방)'의 옛 이름.   「사.
‖**武者**(むしゃ) 関東에서 자란 용맹한 무
〜声(ごえ) 関東 사람 특유의 음성.
〜言葉(ことば) 関東 지방의 사투리.
〜太郎(たろう) ① 여름의 구름 봉우리. ② '利根川(とねがわ)(=関東 평야를 종단하는 큰 강)'의 딴이름.
坂路(はんろ) ① 언덕길. ② 경마에서, 언덕을 이용한 조교(調敎) 코스.

〖訓読〗
坂(さか) 비탈길. 고개.
坂道(さかみち) 비탈길. 언덕길.
坂本(さかもと) 고개 밑.
坂上(さかうえ) 고갯마루. 고개 위.
坂迎え(さかむかえ) ① 고향으로 돌아오는 사람을 마을 어귀까지 마중을 나감. 또, 거기서 주연을 베풂. ② 사람을 마중 나가 술 따위로 대접함.
坂下(さかもと) 고개를 오르는 초입. 고개 밑. *さかしたの로도 읽음.

| 7 阝 | 阪 | 비탈 판
ハン·バン
さか |

〖音読〗
阪路(はんろ) ① 언덕길. ② 경마에서, 언덕을 이용한 조교(調敎) 코스.

阪神(はんしん) ① 大阪(おおさか) 부와 神戸(こうべ) 시 (사이의 지방). ② '阪神電氣鉄道(でんきてつどう)株式会社(かぶしきがいしゃ)(=阪神 전기 철도 주식 회사)'의 준말.
‖**〜工業地帯**(こうぎょうちたい) 神戸·西宮(にしのみや)·大阪를 중심으로 한 일본 4대 공업 지대의 하나.

〖訓読〗
阪(さか) 고개. 비탈길.

| 8 木 ㉂ | 板 | 널조각 판
ハン·バン
いた |

〖音読〗
板刻(はんこく) 〖印〗 판각. 그림이나 글씨를 나뭇조각에 새김.
板金 ㊀(ばんきん) (양철 따위의) 판금.
㊁(いたがね) ① ☞㊀. ② 판형(板形)의 금화·은화.
板面(ばんめん) 판면. ① 널빤지의 표면. ② 칠판의 표면.
板木 ㊀(はんぎ) 판목(版木). 인쇄를 하기 위하여 문자나 그림을 새긴 나무.
㊁(ばんぎ) (江戸(えど) 시대에 화재 경보로 두들기던) 딱따기.
板本(はんぽん) 판본(版本). 판각본.
板状(はんじょう) 판상. 널조각 같은 형상.
板鰓類(ばんさいるい) 〖魚〗 판새류.
板書(ばんしょ) 판서. (교실에서) 칠판에 씀. 또, 그 쓴〔그린〕 것.
板魚(はんぎょう) 〖魚〗 '平目(ひらめ)(=넙치)'의 딴이름.
板元(はんもと) (출판물의) 발행소.
板画(はんが) 판화(版畵).

〖訓読〗
板(いた) 판자. 널(빤지).
板ガラス(いたガラス) 판유리.   「릿.
板チョコ(いたチョコ) 판초콜. 납작한 초콜
板間(いたま) ① ☞板の間(いたのま). ② 판자 지붕의 틈새기.
板の間(いたのま) 마루방.
‖**〜稼ぎ**(かせぎ) 목욕탕·온천장 전문 들
板橋(いたばし) 판교. 널다리.   「치기.
板笈(いたおい) 얇은 판자로 된 직사각형의 짊어지는 상자《수도자가 여행에 씀》.
板裏草履(いたうらぞうり) ☞板草履(いたぞうり).   「람.
板挽き(いたひき) 판자 켜기. 또, 널 켜는 사
板目(いため) ① 판자와 판자의 이음매. ② (널빤지의) 엇결.
‖**〜紙**(がみ) 미농지·반지 등을 여러 겹으로 배접한 종이《책 표지 따위로 씀》.
板壁(いたかべ) 판벽. 판자벽.
板塀(いたべい) 판장(板墻). 판자울.
板付き(いたつき) (꼬치 생선묵에 대해) 널
板敷(いたじき) 마루. 마루방.   └생선묵.
板蔀(いたじとみ) 널빈지.

板庇(いたびさし) 판자 차양.
板碑(いたび)〖佛〗편평한 돌로 만든 솔도파(率堵婆).
板山葵(いたわさ) 얇게 썬 생선묵에 강판에 간 고추냉이를 곁들인 것. 「ま」.
板床(いたどこ) 널빤지를 깐 床の間(とこのま).
板石(いたいし) 판(板) 모양의 석재(石材).
板船(いたふね) (어시장에서) 생선을 벌려놓고 파는 목판. ＊いたぶねにも 읽음.
板輿(いたごし) 판자(板子)로 둘러막고 발을 늘인 가마.
板縁(いたえん) 판자를 깐 툇마루.
板屋(いたや) 판자로 인 지붕. 판잣집.
♣～貝(がい)〖貝〗국자가리비 / ～楓(かえで)〖植〗고로쇠나무.
㊁(はんや) 판목(板木)을 조각하는 것을 업으로 하고 있는 점포. 또, 그 사람.
板屋根(いたやね) 판자 지붕.
板垣(いたがき) 판장. 판자 울타리.
板囲い(いたごい) (공사장 등에 임시로 친) 판자 울타리.
板引き(いたびき) 풀 먹인 명주를 옻칠한 판에 펴 말려 윤내는 일. 재양(載陽)치기.
板子(いたご) 배 밑에 까는 뚜껑널.
板場(いたば) ① 주방. 조리장(調理場). ② 조리사. 요리사.
板張り(いたばり) ① 판자를 댐〔붙임〕. ② 재양(載陽). 재양치기.
板材(いたざい) 판재. 널로 켠 목재.
板前(いたまえ) (일본 요리의) 요리사. 숙수. 또, 주방.
板切れ(いたきれ) 널조각.
板摺り(いたずり)〖料〗녹색을 선명하게 하기 위해 오이 따위를 도마 위에 놓고 소금을 뿌리면서 굴림.
板柾(いたまさ) 결이 쪽 곧은 판자.
板葺き(いたぶき) 판자로 지붕을 이는 일. 또, 그 지붕.
板紙(いたがみ) 판지.
板畳(いただたみ) ① 판자를 심으로 넣은 다다미. ② 마루. 마루방.
板締め(いたじめ) 협힐(夾纈). 무늬를 새긴 요철(凹凸) 두 장의 널빤지 사이에 실을 끼워 물들이는 방법. 또, 그렇게 염색한 무명. 「댄 짚신.
板草履(いたぞうり) 바닥에 작은 널조각을
板表紙(いたびょうし) (접책으로 된 서첩(書帖)・법첩(法帖)의) 판자 표지.
板割り(いたわり) 판자를 쪼갬.
板挟み(いたばさみ) ① 널과 널 사이에 끼임. ② 대립하고 있는 두 사람 사이에서 어느 쪽에도 가담할 수가 없어 괴로워함.
板戸(いたど) 널문. 판자문.

8 片 教	版	판목 판・홀 판 ハン・バン ふだ

音読→
版 ㊀(はん) (인쇄하기 위한) 판.
㊁(ばん)《接尾語ㇿ》…판. ① 출판. 출판물. ② 제판(製版). 인쇄판.
版権(はんけん) 판권. '著作権(ちょさくけん)(＝저작권)'의 구칭.
版図(はんと) 판도. 일국의 영역. 영토.
版面(はんづら) 판면. (책 따위의) 인쇄면. 그 크기・위치・마무리의 느낌 따위를 이를 때도 있음. ＊はんめんのㇿ도 읽음.
版木(はんぎ) 판목. 인쇄하기 위하여 문자나 그림을 새긴 나무.
版本(はんぽん) 판본. 판각본.
版式(はんしき) 판식. 인쇄판의 양식.
版屋(はんや) 판목(版木)을 조각하는 것을 업으로 하고 있는 점포. 또, 그 사람.
版元(はんもと) (출판물의) 발행소.
版籍(はんせき) 판도(版圖)와 호적. 영토와 백성.
∥～奉還(ほうかん) 明治(めいじ) 2년, 일본의 각 영주들이 그들의 영지와 백성을 조정에 반환한 일.
版組み(はんぐみ)〖印〗판짜기. 식자한 활자를 페이지로 짬.
版彫り(はんほり) 인감이나 판목에 조각함. 또, 그 사람.
版築(はんちく)〖考〗판축. 다져쌓기.
版下(はんした) ① 판목(版木)을 뜨기 위한 밑글씨. ② 철판(凸版)・망판(網版) 따위의 제판용으로 정서(淨書)한 원고.
版行(はんこう) ① 판행. 출판물을 인쇄하여 발행함. ② 인감. 도장.
版画(はんが) 판화.
がり版(がりばん)〈俗〉등사판.

11 貝 常	販	팔 판・장사 판 ハン ひさぐ

音読→
販価(はんか) 판가. 판매 가격.
販路(はんろ) 판로.
販売(はんばい) 판매.
∥～競争(きょうそう) 판매 경쟁.
～管理(かんり) 판매 관리.
～電力量(でんりょくりょう) 판매 전력량《일본의 전력 회사 10사가 이용자에게 판매[한 전력]》.
～組合(くみあい) 판매 조합.
～促進(そくしん) 판매 촉진.
～協定(きょうてい) 판매 협정.
販社(はんしゃ) '販売会社(はんばいがいしゃ)(＝판매 회사)'의 준말.
販促(はんそく) 판촉. '販売促進(はんばいそくしん)(＝판매 촉진)'의 준말.
訓読→
販ぐ(ひさぐ)〈雅〉팔다.
逆音→
市販(しはん) 시판.

12 金	鈑	금화 **판**·널조각 **판** ハン·バン いたがね

音読
鈑金(ばんきん) (양철 따위의) 판금(板金).

16 辛	辨	갖출 **판**·분별할 **변** ベン わきまえる

参考 弁의 舊字體.

音読
辨務官(べんむかん) 판무관.

19 瓜	瓣	외씨 **판**·꽃잎 **판** ベン

参考 弁의 舊字體.

音読
瓣膜(べんまく)〖生〗 판막.

팔

2 八 **教**	八	여덟 **팔** ハチ や·やつ·やっつ·よう

音読
八 ㊀(はち) 여덟. 여덟째.
　㊁(や) ① ☞㊀. ② 수가 많은 뜻으로도 씀.
八ミリ(はちミリ) 'ハミリ映画(えいが)(=8 mm 영화)' 'ハミリ撮影機(さつえいき)(=8 mm 촬영기)'의 준말. 필름 폭이 8 mm인 것.
八角(はっかく) 팔각. 팔각형.　「(佛堂)
‖～円堂(えんどう) 팔각형으로 지은 불당
八間(はちけん) 넓은 천장에 매단 사방등(四
八景(はっけい) 팔경.　　　　　　└方燈)
八戒(はっかい)〖佛〗 팔계. *はちかいろと
八苦(はっく)〖佛〗 팔고.　　　　　└읽음.
八股文(はっこぶん) 팔고문. 중국 명대(明初)부터 청말(清末)에 이르기까지 과거 시험의 답안에 쓰이던 문체.
八穀(はちこく) 팔곡. *はっこくろも 읽음.
八公(はちこう) 落語(らくご) 따위에서 아주 서민적인 남자의 호칭.
八供(はっく)〖佛〗 팔공. 팔공보살.
八功徳水(はっくどくすい)〖佛〗 팔공덕수.
* はっくどくすいろも 읽음.
八卦(はっけ) 팔괘. 전하여, 역(易). 점. ♣～見(み) 점쟁이.
八掛け ㊀(はちがけ) 8할. 2할 할인.
　㊁(はっかけ) 겹옷·솜옷의 아랫단 안쪽에 대는 천.

八紘(はっこう) 팔굉. 전세계. 천하.
‖～一宇(いちう) 팔굉 일우. 2차 대전 때 일본이 자국의 해외 진출을 정당화시키던 표
八極(はっきょく) 팔극. 팔굉(八紘).　└어.
八難(はちなん)〖佛〗 팔난.
八端(はったん) 八端織りの準말.
‖～織り(おり) 가로세로로 갈색과 황색의 줄무늬가 있는 견직물.　　　　　　「함.
八達(はったつ) 팔달. 도로가 팔방으로 통
八大奈落(はちだいならく) ☞八大地獄(はちだいじごく).　　　　　　　　　　　　「명왕.
八大明王(はちだいみょうおう)〖佛〗 팔대
八大菩薩(はちだいぼさつ)〖佛〗 팔대보살.
八大夜叉(はちだいやしゃ)〖佛〗 팔대야차.
八大竜王(はちだいりゅうおう)〖佛〗 팔대용왕.
八大地獄(はちだいじごく)〖佛〗 팔대 지옥.
八代集(はちだいしゅう)〖文〗 和歌(わか)를 905-1205년에 칙찬(勅撰)한 8권의 책.
八徳(はっとく) 팔덕. 여덟 가지 덕.
八度 ㊀(はちど)〖樂〗 8도 음정(音程).
　㊁(やたび) 8회. 여덟 번. 많은 횟수.
八道(はちどう) ① 일본의 여덟 지역. ② 팔도. 조선 때의 여덟 행정 구역.　　　「팔.
八頭(はちがしら) 한자 부수의 하나: 여덟
八頭身(はっとうしん) 팔두신. 팔등신.
八等身(はっとうしん) ⇨八頭身(はっとうしん).
八郎潟(はちろうがた)〖地〗 秋田(あきた)현의 중서부에 있는 호수.
八路軍(はちろぐん)〖史〗 팔로군. 항일(抗日) 전쟁 때에 활약한 중국 공산당군.
八里半(はちりはん) 군고구마.　　　　「말.
八万(はちまん)〖佛〗 팔만. 八万四千의 준
‖～四千(しせん)〖佛〗 팔만사천. 불교에서 매우 수가 많은 것의 과대적 표현.
～地獄(じごく)〖佛〗 팔만 지옥.
八面(はちめん) 팔면. ① 여덟 개의 평면. ② 모든 방면(방향). ♣～体(たい) 팔면체.
～玲瓏(れいろう) 팔면영롱.
～六臂(ろっぴ) 팔면육비. 모든 일을 혼자 처리하는 수완·능력이 있음.
八木(はちぼく) ① 여덟 가지의 나무. ② '米(こめ)(=쌀)'의 딴이름.
八文字(はちもんじ) ① 'ハ'자 모양. ② 유녀(遊女)가 '揚屋(あげや)(=유곽)'에 출입하며 하는 걸음걸이. 팔자걸음.
八方(はっぽう) 팔방. 다방면.
‖～無碍(むげ) 팔방 무애. 어느 방면으로나 구애됨이 없이 자유자재로움.
～美人(びじん) 팔방미인.
～塞がり(ふさがり) 팔방색. (음양도에서) 어느 쪽으로 가도 불길할 일. 운수가 꽉 막힘.
～睨み(にらみ) ① 사방으로 눈을 돌려 살핌. ② 어느 쪽에서 보나 보는 사람을 노려보는 것처럼 보이는 일.
～汁(じる) 한번 우려낸 건더기에 술과 간장을 넣고 조린 음식.

~出し(だし) ☞八方汁.
~破れ(やぶれ) 어디로 보나 허점투성이인 한심한 모양이나 태도.
行灯(あんどん) 곁에 된 초롱.
八放珊瑚(はっぽうさんご)〖動〗팔방산호.
八白(はっぱく) 팔백. 구성(九星)의 하나.
八百八町(はっぴゃくやちょう) 옛날 江戸(えど)의 거리가 많았음을 일컬음.
八幡 ㊀(はちまん) ①'八幡宮''八幡神'의 준말. ②맹세코. 단연코. 정말로. ③아깝게 실패했을 때 내는 말. 아뿔싸.
∥**~宮**(ぐう) 八幡神을 모신 신사. 「體」
~大菩薩(だいぼさつ) 八幡宮의 신체(神
~神(じん) 応神天皇(おうじんてんのう)를 주신(主神)으로 하는 궁시(弓矢)의 신.
~造り(づくり) 신사 건축 양식의 하나.
~座(ざ) 투구의 머리 중앙의 구멍.
㊁(ばはん) ①왜구(倭寇). ②八幡船의 준말. ③남의 나라 상품을 약탈하는 일.
∥**~船**(せん) (왜구의) 해적선. *ばはんぶね로도 읽음. 「팔보채.
八宝菜(はっぽうさい)〖料〗(중국 요리의)
八分 ㊀(はちぶ) ①열 가운데 여덟. 8할. 대부분. ②'村(むら)八分(=따돌림)'의 준말.
㊁(はっぷん) 팔푼. 한자 서체의 하나.
八分目(はちぶんめ) ①10분의 8. 8할. ②약간 삼가는 것.
八分音符(はちぶんおんぷ)〖樂〗8분음표.
八分儀(はちぶんぎ) 팔분의. 항해에 사용하는 간이 천문 측량 기계.
八朔(はっさく) ①팔삭. 음력 8월 1일. ②〖植〗귤의 일종.
八相(はっそう) 팔상. ①〖佛〗석가가 그 일생에 경과한 여덟 가지 변상(變相). ②관상에서의 여덟 가지.
八省(はっしょう)〖史〗율령제(律令制)에서, 大政官(だいじょうかん)의 관할에 둔 여덟 중앙 행정 관청.
八升芋(はっしょういも) '馬鈴薯(じゃがいも)=감자'의 딴이름.
八時間労働制(はちじかんろうどうせい) 8시간 노동제.
八識(はっしき)〖佛〗팔식.
八十 ㊀(はちじゅう) 팔십. 여든.
㊁(やそ) 〈雅〉 ① ☞㊀. ②수가 많음.
∥**~島**(しま) 〈雅〉많은 섬.
~路(じ) 〈雅〉여든. 여든 살.
~氏(うじ) 많은 씨족.
八十欄カード(はちじゅうらんカード) IBM계(系)의 펀치 카드.
八十の三つ児(はちじゅうのみつご) 사람은 늙으면 어린애가 된다는 것.
八十八(はちじゅうはち) 팔십팔. 88세.
~の祝(いわい) 88세의 축하. 미수(米壽).
八十八箇所(はちじゅうはっかしょ)〖佛〗(진언종(眞言宗)에서) 四国(しこく) 지방에 있는 고승 弘法(こうぼう) 대사의 영지(靈地) 88 개소.

八十八夜(はちじゅうはちや) 입춘으로부터 88일째《5월 1, 2일경으로 파종의 적기》.
八双(はっそう) 검·언월도(偃月刀) 따위를 쥐는 자세의 하나.
八熱地獄(はちねつじごく)〖佛〗팔열 지옥. 여덟 가지의 열기로 고통을 주는 지옥.
八葉(はちよう) 팔엽. ①여덟 장의 잎. 또는 종이. ②여덟 개의 꽃잎. 특히 연꽃잎 모양.
八隅説(はちぐうせつ)〖理〗팔우설.
八月(はちがつ) 8월. *はづき로도 읽음.
八人芸(はちにんげい) 한 사람이 여러 사람의 목소리를 흉내내거나, 여러 악기를 연주하는 연기.
八日 ㊀(はちにち) 팔일. 초여드렛날.
㊁(ようか) ① ☞㊀. ②팔일간.
八字(はちじ) 팔자. 여덟 팔자의 모양. ♣
~髭(ひげ) 팔자 수염.
八の字(はちのじ) 여덟 팔자.
八丈(はちじょう) ①8장(丈). 80척(尺). ②八丈絹의 준말. ③八丈絹 비슷이 짠 직물.
∥**~絹**(ぎぬ) 東京(とうきょう)도 八丈섬에서 나는 평직의 명주.
~縞(じま) 줄무늬를 넣은 八丈絹.
八将神(はちしょうじん)〖民〗팔장신. 음양가(陰陽家)에서 말하는 길흉의 방위를 맡은 여덟 신.
八災(はっさい)〖佛〗팔재.
八斎戒(はっさいかい)〖佛〗팔재계.
八専(はっせん) 팔전. 음력으로 임자(壬子)로부터 계해(癸亥)까지의 12일. 「候.
八節(はっせつ) 팔절. 1년의 여덟 절후(節
八丁(はっちょう)『口(くち)も~, 手(て)も ~』말도 잘하고 일 솜씨도 좋은. 입도 싸고 손도 재다.
∥**~味噌**(みそ)〖商標名〗愛知(あいち) 현 岡崎(おかざき) 지방 특산의 검붉고 짠 된장.
八挺(はっちょう) ⇨八丁(はっちょう).
八宗(はっしゅう)〖佛〗팔종. 平安(へいあん) 시대 일본 불교의 여덟 종파.
∥**~兼学**(けんがく) 8종의 교의를 다 배움. 전하여, 박학 다식함.
八州 ㊀(はっしゅう) ①일본의 딴이름. ②関東八州(かんとうはっしゅう)의 준말. 箱根(はこね) 동쪽의 여덟 지방의 총칭.
㊁(やしま) ⇨八洲(やしま).
八柱(はっちゅう) 팔주. 옛날, 중국에서 하늘을 받치고 있다고 하는 상상의 여덟 기둥.
八珍(はっちん) 팔진. 8가지 진귀한 요리.
八珍果(はっちんか) 팔진과. 예로부터 귀하게 여겨 왔던 여덟 가지 과일.
八体(はったい) 팔체. 한자의 8종의 서체.
八草(はっそう)〖漢醫〗팔초. 「팔체서.
八寸(はっすん) ①높이 여덟 치의 다리가 붙은 상. ②일본 요리에서, 그 날의 중심 요리.
八八(はちはち) 화투놀이[도박]의 하나.
八品詞(はちひんし)〖言〗(유럽어의) 팔품사.
八寒地獄(はっかんじごく)〖佛〗팔한 지옥. *はちかんじごく로도 읽음.
八荒(はっこう) 팔황. 전세계.

訓読

八つ(やっつ) 여덟. *やつろも 읽음.
八つさがり(やつさがり) 지금의 오전 또는 오후 2시가 지난 시각.
八つ橋(やつはし) 시내 같은 데 몇 장의 좁은 판자를 이어서 놓은 다리.
八つ当たり(やつあたり) 아무에게나 무턱대고 분풀이함. 엉뚱한 화풀이.
八つ頭(やつがしら) 〖植〗토란의 한 품종.
八つ裂き(やつざき) 갈가리 찢음.
八つ目鰻(やつめうなぎ) 〖動〗칠성장어.
八つ峰(やつお) 수많은 봉우리. 많은 산들.
八つ手(やつで) 〖植〗팔손이나무.
八つ時(やつどき) 〖古〗옛 시각의 이름. 지금의 오전〔오후〕2시경.
八つ切り(やつぎり) ①〖寫〗8절판. ②여덟 개로 끎음.
❖**八**(や) → **音読** 八〓.
八街(やちまた) 길이 여덟〔여러〕갈래로 갈라진 곳.
八衢(やちまた) ⇨ 八街(やちまた).
八岐の大蛇(やまたのおろち) 일본 신화에 나오는 여덟 개의 머리와 여덟 개의 꼬리가 달린 뱀.
八木節(やぎぶし) 群馬(ぐんま) 현의 八木(やぎ) 지방에서 시작된 민요.
八百(やお) 팔백. 또, 다수(多數).
‖ ~**万**(よろず) 〈雅〉수가 아주 많음.
~**屋**(や) ① 야채 장수〔가게〕. ② 깊게는 몰라도 두루 조금씩 아는 사람.
~**長**(ちょう) 짬짜미. 미리 짜고서 하는 엉터리 시합.
八幡の薮知らず(やわたのやぶしらず) ① 한 번 들어가면 나갈 곳을 모르게 됨. ② 복잡하여 갈피를 못 잡음.
八少女(やおとめ) ⇨ 八乙女(やおとめ).
八尋(やひろ) 대단히 긺. 대단히 넓음.
‖ ~**殿**(どの) 광대한 대궐.
八雲(やくも) 여러 겹으로 겹친 구름.
~**の道**(みち) 和歌(わか)를 짓거나 연구하는 일.
八乙女(やおとめ) 신을 섬기며 神楽(かぐら) 따위를 추는 소녀.
八潮路(やしおじ) 〈雅〉긴 항로(航路).
八洲(やしま) 일본의 옛 이름.
八重(やえ) ① 여덟 겹으로 겹침. ② 수없이 겹침. 여러 겹. ♣~**歯**(ば) 덧니.
‖ ~**葎**(むぐら) ① 〈雅〉얼키어 뻗은 덩굴풀. ② 갈퀴덩굴. ③ 한삼덩굴의 딴이름.
~**山**(やま) 첩첩이 겹친 산. 「런 초목.
~**生り**(なり) 열매가 다닥다닥 열림. 또, 그
~**咲き**(ざき) (꽃의) 천엽(千葉).
~**十文字**(じゅうもんじ) 가로세로 여러 겹으로 얽어 묶음.
~**桜**(ざくら) 〖植〗천엽 벚나무.
~**垣**(がき) 여러 겹으로 만든 울타리.
~**霞**(がすみ) 첩첩이 낀 안개.
八咫の鏡(やたのかがみ) 일본 황실에 전하는 세 가지 신기(神器)의 하나인 거울.
八尺瓊の曲玉(やさかにのまがたま) ⇨ 八尺瓊の勾玉(やさかにのまがたま).
八尺瓊の勾玉(やさかにのまがたま) 일본 황실에 전하는 세 가지 신기(神器)의 하나인 곡옥(曲玉).
八千代(やちよ) 〈雅〉오랜 세월.
八千種(やちぐさ) ⇨ 八千草(やちぐさ).
八千草(やちぐさ) 〈雅〉많은 풀. 또, 그 종류. *やちくさ로도 읽음.

| 10 才 | **捌** | 깨뜨릴 팔・나눌 팔
ハツ・ヘツ・ハチ
さばく・さばける・はける・はかす |

訓読

捌かす(はかす) ① 막히지 않고 흐르게 하다. ② 죄다 팔아 치우다.
❖**捌く**(さばく) ① (엉킨 것을) 잘 풀다. 솜씨 있게 처리〔수습〕하다. ② (상품을) 팔아 치우다. 처분하다.
捌き(さばき) ① 처리. 다룸. 수습. ② 판매.
捌き髪(さばきがみ) 풀어 헤친 머리. 산발.
捌き手(さばきて) ① 처리하는 사람. ② 판매하는 사람.
❖**捌ける** ㊀(さばける) ① (물건이) 잘 팔리다. ② 세상 물정에 밝다. 「㊀ ☞ ㊁.
㊁(はける) ① (물이) 잘 빠지다. ②
捌け(はけ) ① (물이) 흘러 괴지 않고 빠짐. ② (상품이) 팔려 나감.
捌け口(さばけぐち) 판로. 팔 곳.
(はけぐち) ① 배수구. 배출구. ② ☞ ㊁.
捌籠(はけご) 허리에 차고 사용하는 대나무 짚으로 만든 바구니.
捌け場(はけば) 배설할 곳. 배출구.

패

| 7 氵 | **沛** | 늪 패・비올 패
ハイ |

音読

沛公(はいこう) 〖史〗패공. 중국, 전한(前漢)의 초대 황제 유방(劉邦)을 일컫는 말.
沛艾(はいがい) 패애. 강포한 말이 날뜀.
沛然(はいぜん) 패연. 비가 억수로 쏟아지는 모양.
沛雨(はいう) 패우. 억수로 쏟아지는 비.

| 7 貝 教 | **貝** | 조개 패
バイ
かい |

音読

貝器(ばいき) 패기. 조개 껍질로 만든 도구류.

貝独楽(ばいごま) 쇠고둥의 조가비에 납을 채워 만든 팽이.
貝母(ばいも)〘植〙패모.
貝葉(ばいよう) 패엽. '貝多羅葉(ばいたらよう)(=패다라엽)'의 준말. 다라수의 잎.
貝貨(ばいか) 패화. 옛날, 화폐 등으로 씀.

【訓読】
貝 ㊀(かい) ①조개. ②조가비. ③소라. ④자개. 「삶.
  ㊁(ばい) 고둥의 일종. 얕은 바다 모래땅에
貝殻(かいがら) 패각. ♣~骨(ぼね) 견갑골(肩甲骨) /~虫(むし) 개각충(介殻蟲).
貝の口(かいのくち) 남자들의 角帶(かくおび)나 여자의 반폭 떠는 매는 방법.
貝毒(かいどく) 패독. 가리비 등 식용 패류(貝類)에 내포된 독소.
貝楼(かいろう) 신기루(蜃氣樓). *かいやぐらろ도 읽음.
貝輪(かいわ) 조가비로 만든 팔찌.
貝磨り(かいすり) 나전(螺鈿) 세공. 또, 그 세공물. 「세.
貝覆い(かいおおい) ☞貝合わせ(かいあわ
貝状(かいなり) 貝狀形의 준말.「의 비녀.
∥~形(がた) 조가비 모양. 또, 그런 모양
貝石(かいいし) 패석. ♣~灰(ばい) 패석회.
貝細工(かいざいく) 조가비 세공.
貝焼き(かいやき) ①조개를 껍질째 굽는 조리 방법. ②(냄비 대신) 조가비에 넣어서 요리를 만드는 일.
貝匙(かいさじ) 조가비로 만든 숟가락.
貝鞍(かいぐら) 안장 표면에 자개로 무늬를 새긴 것.
貝杓子(かいじゃくし) 가리비 국자(가리비에 자루를 단 것).
貝摺り(かいすり) ⇨貝磨り(かいすり).
貝爪(かいづめ) 짧고 납작한 손톱〔발톱〕.
貝鐘(かいがね)〘樂〙법라(法螺)·종·징 따위의 악기.
貝柱(かいばしら) ①조개관자. ②가리비 따위의 조개관자를 삶아서 말린 것〔식용〕.
貝の珠(かいのたま) 진주.
貝尽くし(かいづくし) ①여러 가지 조가비를 모은 그림 무늬. ②조가비 모으기(놀이).
貝塚(かいづか) 패총. 조개무지.
貝桶(かいおけ) 貝合わせ(かいあわせ)의 조가비를 넣어 두는 6각형의 통. 「변.
貝偏(かいへん) 한자 부수의 하나: 조개 패
貝割り(かいわり) 자엽(子葉). 떡잎. ♣~菜(な) 떡잎 채소.
貝合わせ(かいあわせ) ①진기한 조가비에 和歌(わか)를 곁들여, 그 우열을 겨루는 놀이. ②360 개의 조가비를 좌우 쪽으로 갈라, 짝짝을 찾아 맞추는 놀이.
貝香(かいこう) 피뿔고둥의 딱지. 그것을 가루로 만들어 이겨서 보향제(保香劑)의 향료(香料)로 씀.
貝灰(かいばい) 조개 따위의 조가비를 태워서 소화(消和)시켜 만든 소석회(消石灰).

佩·唄·悖·敗 1563

8 イ 佩 찰 패·패물 패
ハイ
おびる・はく

【音読】
佩(はい) 고대 장신구의 하나. 요대(腰帶)와 거기에 매단 구슬·금속기 따위의 총칭.
佩する(はいする) 칼을 차다.
佩剣(はいけん) 패검. 대검(帶劍). 「참.
佩帯(はいたい) 패대. 몸에 두르거나 허리에
佩刀 ㊀(はいとう) 패도. 대검(帶劍).
  ㊁(はかせ) 패도. 귀인이 차는 칼.
佩玉(はいぎょく) 패옥.
佩用(はいよう) (훈장 등의) 패용.

【訓読】
佩かす(はかす) (칼을) 허리에 차시다.
佩びる(おびる) (허리에) 차다.
佩籠(はけご) 허리에 차고 사용하는 대나무나 짚으로 만든 바구니.
❖佩く(はく) (칼 따위를) 차다. 「끈.
佩き緒(はきお) 칼을 허리에 차는 데 쓰는

10 口 唄 염불소리 패
〘人〙
バイ
うた

【訓読】
唄う(うたう) 노래 부르다. 새가 지저귀다.
唄者(うたしゃ) 가수.

10 忄 悖 어그러질 패·우쩍일어날 발
ハイ・ボツ
もとる

【音読】
悖徳(はいとく) 패덕.
悖戻 ㊀(はいれい) 패려. 도리에 어긋남.
  ㊁(ぼつれい) 반역. 저항. 반항.
悖礼(はいれい) 패례. 예의에 어긋남.
悖理(はいり) 패리. 배리(背理).
悖反(はいはん) 배반(背反). 양립할 수 없음.
悖逆(はいぎゃく) 패역. 도리를 어김.

【訓読】
悖る(もとる) 사리에 어긋나다. 어그러지다.

11 攵 敗 패할 패
〘教〙
ハイ
やぶれる

【音読】
敗(はい) 패. ①짐. 패배. ②《接尾語로》 진 횟수를 세는 말.
敗家(はいか) 패가.
敗壊(はいかい) 패괴. 부서지고 무너짐.
敗局(はいきょく) (바둑·장기에서) 패국.
敗軍(はいぐん) 패군. 싸움에 짐. 또, 그 군
敗潰(はいかい) ⇨敗壊(はいかい). 「대.

敗根(はいこん)〖佛〗패근.
敗北(はいじく)패뉵. 싸움에 짐.
敗衄(はいぼう)패망. *はいもうろも 읽음.
敗滅(はいめつ)패멸.
敗北(はいぼく)패배. 패주.
∥~主義(しゅぎ)패배주의.
敗兵(はいへい)패병. 패배한 병사.
敗報(はいほう)패보.
敗死(はいし)패사. 싸움에 져서 죽음.
敗散(はいさん)패산. 싸움에 져서 뿔뿔이 흩어짐.
敗色(はいしょく)패색.
敗勢(はいせい)패세. 패색.
敗訴(はいそ)패소.
敗余(はいよ)패여. 싸움에 패한 뒤.
敗肉(はいにく)패육. 부패한 고기.
敗因(はいいん)패인.
敗者(はいしゃ)패자.
∥~復活戰(ふっかつせん)패자 부활전.
敗殘(はいざん)패잔. ♣~兵(へい)패잔병.
敗將(はいしょう)패장.
敗醬(はいしょう)〖植〗패장. 마타리.
敗敵(はいてき)패적. 패전한 적.
敗績(はいせき)패적. 자기 나라의 패전을 일컫는 말.
敗戰(はいせん)패전.
∥~投手(とうしゅ)〖野〗패전 투수.
敗兆(はいちょう)패조. 싸움에 질 징조.
敗種(はいしゅ)패종. ☞敗根(はいこん).
敗走(はいそう)패주.
敗着(はいちゃく)(바둑에서)패착.
敗退(はいたい)패퇴.
敗頹(はいたい)패퇴. 「연꽃」
敗荷(はいか)가을이 되어 바람에 찢긴 연꽃.
敗血症(はいけつしょう)패혈증.
敗毀(はいき)깨뜨림. 훼패(毀敗).
訓読
敗る(やぶる)〈文〉☞敗れる(やぶれる).
敗れる(やぶれる)지다. 패배하다.
其他
❖敗ける(まける)지다. 패(敗)하다.
敗け(まけ)짐. 패배.
逆音
勝敗(しょうはい)승패.

| 12 片 | 牌 | 패 패・간판 패
ハイ
ふだ |

音読
牌 ㊀(はい)패. ①팻말. ②메달. ③죽은 사람의 법명(法名)을 쓴 패.
　㊁(パイ)마작의 패.

| 13 禾 | 稗 | 피 패
ハイ
ひえ |

音読
稗官(はいかん)패관. ①옛날, 민정을 왕에게 상주하던 관리. 또, 낮은 관직. ②전설. 소설. 「설.
稗史(はいし)①패사. 소설로 쓴 역사. ②~
訓読
稗(ひえ)〖植〗피.
稗飯(ひえめし)피로 지은 밥. 또는 피를 쌀에 섞어 지은 밥.
稗草(ひえぐさ)〖植〗피.

| 13 虫 | 蜆 | 조개 패
バイ・ハイ
かい |

参考 貝의 異體字.
音読
蜆(ばい)고둥의 일종.

| 19 西 常 | 覇(霸) | 두목 패・으뜸갈 패
ハ・ハク
はたがしら |

参考 霸는 異體字.
音読
覇(は)패권. 패자. 또, 경기 등에서 우승함.
覇權(はけん)패권. 지배권.
覇氣(はき)패기. 야망.
覇道(はどう)패도. 패자(覇者)가 권모나 위력으로 천하를 지배하는 방법.
覇府(はふ)패자(覇者)가 정사를 보는 관청.
覇業(はぎょう)패업. 제패함.
覇王(はおう)패왕.
覇者(はしゃ)패자. ①무력・권력으로 천하를 정복한 사람. ②(경기의)우승자.
其他
覇王樹(サボテン)〖植〗패왕수. 사보텐. 선인장. *シャボテン・はおうじゅろも 읽음.
逆音
争覇(そうは)쟁패.
制覇(せいは)제패.

팽

| 10 石 | 硼 | 돌구르는소리 팽
ホウ・ヒョウ
ずり |

訓読
硼(ずり)파서 갱(坑)밖으로 실어 내는 폐석(廢石)이나 가치없는 광석.

| 11 灬 | 烹 | 삶을 팽
ホウ
にる |

訓読
烹る(にる)익히다. 삶다. 끓이다. 조리다.

12 扌	撐	부딪칠 팽 ホウ・ビョウ

其他
撐(はえ) 목재나 쌀섬 따위를 산더미처럼 쌓아 올린 것. *はいろも 읽음.

15 氵	澎	물부딪는소리 팽 ホウ

音読
澎湃(ほうはい) 팽배.

16 月 常	膨	부풀 팽 ボウ ふくらむ・ふくれる・ ふくよか・ふくらす

音読
膨大(ぼうだい) ① 팽대. 부풀어 커짐. ② 방대(厖大).
膨満(ぼうまん) 팽만.
膨圧(ぼうあつ)〚植〛팽압.
‖~運動(うんどう)〚植〛팽압 운동.
膨潤(ぼうじゅん)〚化〛팽윤.
膨張(ぼうちょう) 팽창. ♣~率(りつ)〚理〛팽창률 / ~弁(べん) 팽창 밸브 / ~剤(ざい) 팽창제.
‖~係数(けいすう) ☞ 膨張率
~宇宙(うちゅう)〚天〛팽창 우주.
膨脹(ぼうちょう) ⇨ 膨張(ぼうちょう).

訓読
膨よか(ふくよか) 부드럽게 부풀어 있는 모양. 포동포동. 몽실몽실.
膨らます(ふくらます) 부풀게 하다. 불룩하게 하다.
❖膨らす(ふくらす) 부풀리다. 부풀게 하다. 불룩하게 하다.
膨らし粉(ふくらしこ) 베이킹 파우더(baking powder).
❖膨らむ(ふくらむ) 부풀어오르다. (희망에) 부풀다. 불룩해지다.
膨らみ(ふくらみ) 부푼 곳〔정도〕.
❖膨れる(ふくれる) ① 부풀다. 불룩해지다. ② 뾰로통해지다.
膨れっ面(ふくれっつら) (불평・불만으로) 뾰로통한〔불멘〕얼굴.
膨れ上がる(ふくれあがる) 부풀어오르다.

其他
膨ら脛(ふくらはぎ) 장딴지.
膨ら雀(ふくらすずめ) 살찐 새끼 참새. 또, 추위 때문에 깃털을 세운 참새.

편

4 片 教	片	조각 편・한쪽 편 ヘン かた・きれ・ペンス・ ひら

音読
片脳(へんのう) 편뇌. 장뇌. ♣~油(ゆ) 편뇌유.
片乱雲(へんらんうん)〚氣〛편난운.
片頭痛(へんずつう) 편두통. *へんとうつう・かたずつうろも 읽음.
片理(へんり)〚鑛〛편리.
片利共生(へんりきょうせい)〚生〛편리공생.
片鱗(へんりん) 편린.
片麻痺(へんまひ)〚醫〛편마비. 편측 마비. 반신불수. *かたまひろも 읽음.
片麻岩(へんまがん)〚鑛〛편마암.
片面 ㊀(へんめん) 편면. 한쪽 면. *かためんのろも 읽음.
㊁(かたつら) 사물의 한쪽. 또, 얼굴의 한쪽.
片務契約(へんむけいやく) 편무 계약.
片思(へんし) 한쪽만이 사모함. 짝사랑.
片岩(へんがん)〚鑛〛편암.
片語(へんご) 편어. 단지 한 마디.
片言隻語(へんげんせきご) 편언 척어. 짧은 말.
片雲(へんうん) 편운. 조각 구름.
片月(へんげつ) 편월. 조각달.
片志(へんし) 편지. 촌지.
片紙(へんし) 편지. 종이 조각.
片層雲(へんそううん)〚氣〛편층운.

訓読
片 ㊀(ひら)《接尾語로》…편. 조각. 얇고 평평한 것의 수를 나타낼 때 붙이는 말.
㊁(へん)《接尾語로》…편. 조각・토막을 세거나 나타내는 말.
㊂(かた) ① (둘 중의) 한쪽. ② 결말. 처리.
片す(かたす) 치우다. 정리하다.
片歌(かたうた) 옛 가요에서, 5・7・7 또는 7・5・7의 세 구로 한 수(首)를 이루는 노래.
片仮名(かたかな) 가나의 하나.
片減り(かたべり) 한쪽만이 줄어듦.
片岡(かたおか) ⇨ 片丘(かたおか).
片降り(かたぶり) 연일 비가 계속되는 날씨.
片開き(かたびらき) 외짝이.
片蓋柱(かたふたばしら) 장식하기 위해 벽면에 부착시킨 기둥. 「어매는 일.
片襷(かただすき) 일본 옷의 한쪽 소매만 걷어
片見世(かたみせ) ⇨ 片店(かたみせ).
片結び(かたむすび) 한 끝은 그대로 두고, 한 끝만 둥근 고리를 만들어 감아서 매는 매듭.
片鎌槍(かたかまやり) 날의 한쪽에만 가지가 돋친 미늘창.
片苦し(かたぐるし) 짝사랑으로 괴로운 모양.
片肱(かたひじ) ⇨ 片肘(かたひじ).
片口(かたくち) ① 한쪽에 귀때가 있는 바리때〔술병〕. ② 한쪽 (사람만의) 말.
片丘(かたおか) 앞은 높고, 뒤쪽은 평평하고 낮은 언덕.

片口鰯(かたくちいわし)〖魚〗멸치.
片肌(かたはだ) 한쪽 어깨의 살갗.
~を脱(ぬ)ぐ ①한쪽 어깨만 벗다. ②발벗고 나서(서 도와 주)다. 「우다).
‖~脱(ぬ)ぎ 한쪽 어깨의 살갗을 드러낸 모습.
片寄せる(かたよせる) 한쪽으로 모으다〔치
片寄り(かたより) 치우침.
片寄る(かたよる) ①치우치다. 기울다. ②불공평하다.
片男波(かたおなみ) 높낮이가 있는 파도 중에서 높은 편의 파도.
片端 ㊀(かたはし) ①한쪽 끝〔가〕. ②일부분. 약소한 것.
㊁(かたわ) ①〈卑〉불구자. 병신. ②불균형. 비정상. 「말.
片っ端(かたっぱし) 片端(かたはし)의 힘줌
~から 닥치는 대로 (모조리).
片待つ(かたまつ) 그저 기다림.
片対数回帰(かたたいすうかいき) 〖數〗편대수 회귀.
片道(かたみち) 편도. 한쪽. 일방.
‖~切符(きっぷ) 편도표.
片落ち(かたおち) ①사물의 한쪽이 떨어져 나간 부분. ②일변(日邊)으로 이자를 셈할 때, 예입 또는 대출 기간의 첫날이나 마지막 날에는 이자를 계산하지 않는 일.
片落とし(かたおとし) ①한쪽만을 절단하는 일. ②한쪽만을 편들어 주는 일.
片廊下(かたろうか) 집합 주택에서, 방이나 각 호(戶)를 한쪽에만 배치한 낭하.
片旅籠(かたはたご) 여관에 묵을 때 아침·저녁 중 한끼만을 먹는 숙박 방법.
片恋(かたこい) 짝사랑.
片路(かたみち) ⇨ 片道(かたみち).
片罫(かたつんぼ) 한쪽 귀가 들리지 않음.
片籠手(かたこて) 한쪽 팔(왼팔)에만 호완(護腕)을 낌.
片流れ(かたながれ) 〖建〗용마루에서 추녀까지 한쪽으로만 기운 지붕.
‖~造(づく)り 지붕을 한쪽으로 기울게 만든 건축 양식.
片輪(かたわ) ①〈卑〉불구자. ②수레의 한쪽 바퀴. ♣~車(ぐるま) 일륜차.
片麻布(かたあさ) 가로로 베실, 세로로 면사를 써서 짠 천.
片幕(かたまく) 한 폭으로 된 막(幕).
片毛作(かたけさく) 〖農〗편모작. 일모작.
片目(かため) ①한쪽 눈. ②〈卑〉애꾸눈.
片貿易(かたぼうえき) 편무역.
片泊り(かたどまり) ☞片旅籠(かたはたご).
片方(かたほう) ①한 쌍을 이루는 것의 한쪽(한짝). ②한편.
㊁(かたえ) ①☞㊀①. ②반. ③한 옆. ④곁에 있는 사람.
片っ方 ㊀(かたっぽう) 片方(かたほう)의 힘줌말.
㊁(かたっかた) ☞片方㊀①. 「분.
片傍(かたそば) 한쪽 끝. ②사물의 일부.
片白(かたしろ) 일부분만 흰색임. 「술.
㊁(かたはく) 백미와 검정 누룩으로 빚은
片帆(かたほ) ①편범. 돛을 한쪽으로 기울여 올림. 또, 그 돛. ②주된 돛에 다는 작은 돛.
片辺(かたほとり) 〈雅〉①두메. ②한쪽 구
片腹(かたはら) 한쪽 배. 옆구리. 「석.
‖~痛(いた)い 가소롭다.
片棒(かたぼう) 두 교군꾼 중의 한 사람.
片付かない(かたづかない) ①정리되지 않다. ②엉거주춤하다.
片付く(かたづく) ①정리〔정돈〕되다. ②처리〔해결〕되다. ③시집 가다.
片付け(かたづけ) 치움. 정리. 정돈.
片付ける(かたづける) ①정리〔정돈〕하다. ②결말 내다. ③〈俗〉방해자를 처치하다. ④시집 보내다. 「자 잠.
片敷き(かたしき) 한쪽 소맷자락을 깔고 혼
片敷く(かたしく) ①〈雅〉한쪽 소맷자락을 깔고 홀로 자다. ②〈古〉기울다. 쏠리다.
片膚(かたはだ) ⇨ 片肌(かたはだ).
片庇(かたひさし) ①한쪽에만 있는 차양. ②허술한 지붕(의 집).
片贔屓(かたひいき) 한쪽으로 호의를 모아 힘을 보태주는 일. *かたびいきろ도 읽음.
片鬢(かたびん) 한쪽 살쩍.
片糸(かたいと) 단사(單絲).
片思い(かたおもい) 짝사랑. 「그것.
片削ぎ(かたそぎ) 한쪽을 뾰족하게 자름. 또,
片山里(かたやまざと) 〈雅〉두메 산골.
片商売(かたしょうばい) (본업은 따로 있어) 부업으로 하는 장사.
片色(かたいろ) 씨실과 날실의 빛깔이 다른 것으로 짠 비단. 「양.
片生い(かたおい) 충분히 성장하지 못한 모
片生り(かたなり) 〈古〉미숙함.
片設く(かたまく) 때가 흘러 그 시기가 되다.
片笑くぼ(かたえくぼ) 한쪽 보조개. 「일.
片笑み(かたえみ) 한쪽 볼에만 웃음을 띠는
片手(かたて) ①한(쪽) 손. ②외팔. ③한쪽(상대). ④여가. 짬.
‖~上段(じょうだん) 검도에서, 한 손으로 검을 높이 든 자세.
~業(わざ) ①한 손으로 하는 일. ②부업.
~正眼(せいがん) 검도에서, 한 손으로 검을 들고 상대의 눈을 겨냥하는 자세.
~桶(おけ) 손잡이가 한쪽에만 있는 통.
片袖(かたそで) ①한쪽 소매. ②쪽소매 책상. ♣~机(づくえ) 쪽소매 책상.
片手間(かたてま) 여가. 짬. 틈.
‖~仕事(しごと) 본업의 여가에 하는 일.
片手落ち(かたておち) 배려나 주의가 일방으로 치우쳐 판단이 불공평한 일.
片膝(かたひざ) 한쪽 무릎.
片矢(かたや) 한 쌍으로 된 화살 중의 하나.
片時(かたとき) 편시. 한시. 잠시. *へんじ로도 읽음.

片時雨(かたしぐれ) 어떤 데서는 지나가는 비가 오고 다른 데는 개어 있는 상태.
片食(かたけ) ①끼니. ②하루 식사 중의 한 끼. 또, 그 양.
片息(かたいき) 할딱거리는 숨.
片身(かたみ) ①몸의 반. 특히, 등뼈를 중심으로 가른 생선의 반쪽. ②(옷의) 길의 반쪽.
‖〜替わり(がわり) 반쪽 또는 소매 하나를 무늬가 다르게 한 일본 옷.
〜恨み(うらみ) 불공평에서 생긴 원한.
片袗(かたみごろ) ⇨ 片身頃(かたみごろ).
片身頃(かたみごろ) (옷의) 길의 반쪽.
片心(かたごころ) 편심. 조금 마음에 둠. 약간의 관심.
片岸(かたぎし) ①강기슭의 한쪽. ②한쪽이 벼랑으로 된 곳.
片顔(かたかお) 얼굴의 반쪽.
‖〜無し(なし) 마음이 한결같아 한눈을 팔지 않음. 또, 그런 사람.
片言(かたこと) ①서투른 말씨. 더듬거리는 말씨. ②편언. 한마디 말. *へんげんで로도 읽음. ③방언이나 속어.
‖〜交じり(まじり) 더듬으며 하는 말.
片葉(かたは) 한쪽의 잎.
片靨(かたえくぼ) ⇨ 片笑くぼ(かたえくぼ).
片屋(かたや) 빗물이 한쪽으로만 흐르게 지은 지붕.
片埦(かたもい) 뚜껑이 없는 오지 그릇의 공기.
片腕(かたうで) ①외팔. ②가장 신임하는 사람.
片羽(かたは) (새의) 한쪽 날개.   └조력자.
片隅(かたすみ) 한쪽 구석.
片月見(かたつきみ) 8월 15일 밤이나 9월 13일 밤 중 어느 한쪽만 달구경을 하는 일.
片違い(かたちがい) 사물의 순서·높낮이·방향 등이 고르지 않음.
片為替(かたかわせ) (특정국과의 무역 불균형 때문에) 환(換)의 수불(受拂)이 한쪽으로 치우친 상태.   └녹말.
片栗(かたくり)〖植〗얼레지. ♣〜粉(こ)
片陰(かたかげ) (구석진) 그늘.
片泣き(かたなき) ①홀로 우는 일. ②새의 울음소리가 미숙하여 고르지 않은 일.
片意地(かたいじ) 외고집.
片刃(かたは) 한쪽 날.
片引く(かたひく) 한쪽만 편들다.
片一方(かたいっぽう)〈口〉(둘 중의) 한쪽.
片字(かたじ) ①성명 중의 한 자. ②서도에서 자음만으로 된 사람을 생각한 서체.
片積み(かたづみ) 짐을 한쪽으로만 쌓은 상태.
片前(かたまえ) 외자락. 싱글.
片田舎(かたいなか) 벽촌.
片切彫り(かたきりぼり) 조금법(彫金法)의 하나〈선의 한쪽은 금속면에 수직으로 파고, 다른 한쪽은 경사지게 파는 조각법〉.
片折り戸(かたおりど) 가운데를 접게 되어 있는 외짝문.
片店(かたみせ) 상점 한쪽 구석에서 본업과 관계없는 상품을 파는 일. 또, 그 상점.

片町(かたまち) 길 한쪽에만 집이 들어서 있는 거리.   └철시킴.
片情張り(かたじょうばり) 고집을 세워 관
片釣り(かたづり) 불균형. 한쪽으로 치우침.
片照り(かたでり) 연일(連日) 쾌청한 날씨.
片足(かたあし) ①한(쪽) 발. ②외발.
━(かたし) ① ☞ ㊀-①. ②쌍으로 된 것 중의 한쪽.
片肘(かたひじ) 한쪽 팔꿈치.
片地(かたち) 약간의 땅. 얼마 안되는 땅.
片持ち梁(かたもちばり)〖建〗한쪽 끝을 고정시키고 다른쪽 끝은 자유로이 움직이게 한 들보.
片趣(かたおもむき) 외짝.
片側(かたがわ) 편측. 한쪽 편.
‖〜町(まち) 한쪽에만 집이 있는 거리.
〜破り(やぶり) (분별없이) 밀어붙이려는 성질. 또, 그런 사람.
━(かたそば) ⇨ 片傍(かたそば).
片親(かたおや) 편친(偏親).   └개.
片貝(かたがい) 조가비가 한쪽에만 있는 조
片片(かたかた) ① ☞ 片方(かたっぽう).
━(へんぺん) ①얄팍함. ②조각조각 가볍게 흩날리는 모양. 편편.
片便り(かただより) ①편지를 내도 회신이 없음. ②한편에서는 소식을 전할 수 있으나 다른 한편에서는 그럴 수 없음.
片偏(かたへん) 한자 부수(部首)의 하나: 조각편.
片便宜(かたびんぎ) ☞ 片便り(かただより).
片肺(かたはい) 한쪽 폐.
片跛(かたちんば)〈卑〉①절름발이. *かたびっこ로도 읽음. ②짝짝이.
片荷(かたに) (멜대의) 한쪽 짐.
片恨み(かたうらみ) 일방적인 원망.
片割れ(かたわれ) ①깨진 조각. ②갖추어진 것의 일부분. ③〈俗〉한 패거리 중의
‖〜月(づき) 반달. 조각달.
片合掌(かたがっしょう) 한쪽 손으로만 합장하는 자세를 취함.
片桁(かたゆき) 좌우 화장 중의 한 화장.
片脇(かたわき) 한옆. 한구석.
片頰(かたほお) 한쪽 볼. *かたほろ로도 읽
片頰笑む(かたほえむ) 한쪽 볼에만 웃음을
片戸(かたど) 외짝문. 한짝 문.   └띠다.
其他
片木(へぎ) ①얇게 벗김. ②片木板의 준말. ③네모진 쟁반.   └어낸 판자.
‖〜板(いた) 삼목이나 노송나무를 얇게 밀

9 戸	扁	편편할 편·작을 편 ヘン ひらたい

首読

扁球(へんきゅう) 편구. ①공을 상하에서 누른 모양. ②〖數〗넓적구 면.
扁桃(へんとう) ①〖植〗편도. ②〖生〗편도. 인두에 있는 림프 조직. ♣〜腺(せん)

〖生〗 편도선 / ~炎(えん) 〖醫〗 편도염.
~肥大(ひだい) 편도 비대.
扁額(へんがく) 편액. 가로로 긴 액자.
扁円形(へんえんけい) 편원형. 납작한 원형.
扁舟(へんしゅう) 편주. 쪽배.
扁平(へんぺい) 편평. 평평함. 납작함. ♣~足(そく) 편평족.
‖~率(りつ) 〖天〗 편평률. 편율.
~苔癬(たいせん) 〖醫〗 편평 태선.
扁形(へんけい) 편형. 평평한 모양.
‖~動物(どうぶつ) 〖動〗 편형 동물.

訓読
扁虫(ひらむし) 편충. 몸이 편평한 벌레의 총칭.

其他
扁柏(このてがしわ) 〖植〗 측백나무.

편할 편・소식 편・오줌 변・똥 변
9 イ 教 便
ベン・ビン
たより・すなわち

音読
便 ㊀(べん) ① 편. 편리. ② 변. 대소변.
㊁(びん) ① 편지. 소식. ② 형편. 편의. ③ 《接尾語로》 우편. 운송. 운편.
㊂(よすが) ① 연고. ② 한 식구. ③ 방법.
便する(べんする) 편리하게 하다. 유용하게 하다.
便ずる(べんずる) 충족하다. 충족시키다.
便巧(べんこう) 비위를 잘 맞추며 아첨함.
便佞(べんねい) 편녕. 마음이 바르지 않고 말로만 간살 부림. 또, 그런 사람.
便覧(べんらん) 편람.
便路(びんろ) 편로. 편리한 길.
便利(べんり) 편리.
‖~屋(や) 심부름 센터.
便蒙(べんもう) 편몽. 초보자가 알기 쉽게 쓴 책.
便無し(びんなし) 〈古〉 ① 형편이 나쁘다. 기회가 나쁘다. ② 괘씸하다. 발칙하다.
便法(べんぽう) 편법.
便服(べんぷく) 편복. 평상복. 평복.
便腹(べんぷく) 편복. 올챙이배. 뚱뚱한 배.
便船(びんせん) 때마침 타고 갈 수 있는 배.
便乗(びんじょう) 편승. ‖배편.
便衣(べんい) 편의. 편복(便服). ♣~隊(たい)〖軍〗편의대. 「의상.
便宜 ㊀(べんぎ) 편의. ♣~上(じょう) 편
‖~裁量(さいりょう) 편의 재량.
~主義(しゅぎ) 편의주의.
~置籍船(ちせきせん) 편의 치적선. 선적을 제3국에 둔 선박.
㊁(びんぎ) ①⇨㊀. ② 좋은 기회.
便益(べんえき) 편익.
便殿(べんでん) 편전. 왕・왕후의 휴식실. *びんでん으로도 읽음.
便箋(びんせん) 편전지. 편지지.
便風(びんぷう) ① 순풍. ② 편지.
バイク便(バイクびん) 모터바이크로 서류 등을 신속 배달하는 서비스업.
◘ 이하 音은 '변'.
便器(べんき) 변기. 요강.
便秘(べんぴ)〖醫〗변비.
便所 ㊀(べんじょ) 변소. 뒷간.
㊁(びんしょ) 적당한 곳.
便意(べんい) 변의. 용변을 보고 싶은 생각.
便槽(べんそう) 대소변을 받아 두는 항아리.
便座(べんざ) 양식 변기의 앉는 자리.
便通(べんつう) 변통. 용변.
便筒(べんづつ) 옛날에, 남자가 여행할 때 휴대했던 원통형의 변기.
便便(べんべん) ① 배가 뚱뚱한 모양. ② 빈둥빈둥 허송세월하는 모양.
便壺(べんつぼ) 대소변을 받아두는 항아리.

訓読
便り(たより) ① 소식. 편지. ② 편리. 편의.
♣~事(ごと) 소식.

치우칠 편・기울 편
11 イ 常 偏(偏)
ヘン
かたよる・ひとえに・かたほ・こずむ

音読
偏 ㊀(へん) (한자의) 변.
㊁(かたほ) ① 결점이 있고 불완전한 모양. ② 용모가 추한 모양.
偏する(へんする) 치우치다. 기울다.
偏角(へんかく)〖數・地〗편각. ♣~計(けい)〖地〗편각계.
偏見(へんけん) 편견.
偏継ぎ(へんつぎ) 글자 놀이의 하나. 한자의 방(旁)만을 보이고 그것에 붙는 여러 변(邊)을 알아맞히게 함.
偏固(へんこ) 생각이 치우치고 완고함.
偏曲(へんきょく) 편곡. 치우쳐 굽음.
偏光(へんこう)〖理〗편광. ♣~計(けい) 편광계 / ~子(し) 편광자 / ~板(ばん) 편광판.
‖~顕微鏡(けんびきょう) 편광 현미경.
偏狂(へんきょう) 편광. 편집광.
偏屈(へんくつ) 편굴. 편벽. 성질이 솔직하지 못하고 비뚤어짐.
偏窟(へんくつ) ⇨ 偏屈(へんくつ).
偏気(へんき) 조화가 잡히지 않은 천지의 기.
偏奇(へんき) 한쪽으로 치우치고 색다름.
偏袒(へんたん) 편단. 한쪽 소매를 벗음. *へんだん으로도 읽음.
偏導関数(へんどうかんすう)〖數〗편도함.
偏東風(へんとうふう)〖氣〗편동풍. 「수.
偏頭痛(へんずつう)〖醫〗편두통. *へんとうつう로도 읽음.
偏流(へんりゅう)〖空〗편류.
偏物(へんぶつ) 괴짜. 괴상한 사람.
偏微分(へんびぶん)〖數〗편미분.
偏旁(へんぼう) 편방. (한자의) 변과 방.
‖~冠脚(かんきゃく) 편방관각. 한자의 변・방・머리・받침 따위의 총칭.
偏僻(へんぺき) 편벽. 마음이 비뚤어짐.

偏私(へんし) 편사. 한쪽으로 치우쳐 공평하지 못함.
偏衫(へんさん) 〖佛〗편삼.
偏西風(へんせいふう) 〖氣〗편서풍.
偏析(へんせき) 편석.
偏小(へんしょう) 편소. 좁고 작음.
偏勝(へんしょう) 어느 부분만이 뛰어남.
偏食(へんしょく) 편식.
偏信(へんしん) 편신. 한편만을 믿음.
偏愛(へんあい) 편애.
偏倚(へんい) 편의. ① 한쪽으로 치우침. ② 〖數〗편차.
偏人(へんじん) 괴짜. 좀 색다른 사람.
偏在(へんざい) 편재. 한곳으로 치우쳐 있음.
偏重(へんちょう) 편중.
偏執(へんしゅう) 편집. 외고집. ♣〜狂(きょう) 편집광. 〜病(びょう) 〖醫〗편집병.
偏差(へんさ) 〖數〗편차. ♣〜値(ち) 〖數〗편차치.
偏頗(へんぱ) 편파.
偏平(へんぺい) 편평. 평평함. 납작함.
偏向(へんこう) 편향. 한쪽으로 치우친 경향.
偏狹(へんきょう) 편협. (토지나 사람의 도량이) 좁음.
偏好(へんこう) 기호(嗜好)가 치우쳐 있음.
偏諱(へんき) 편휘. 옛날, 귀인 등의 두 자 이름 중에서 한 자만을 쓰던 일.
〜を賜(たま)う 옛날, 大名(だいみょう) 등이 공신에게 이름 중의 한 자를 내려주던 일.

音読>

偏に(ひとえに) 오로지. 그저. 전적으로.
偏む ㊀(こずむ) ① 마음이 우울해지다. 비뚤어지다. ② 기울다. 기울어지다.
㊁(かたずむ) 한쪽으로 치우치다〔기울다〕.
❖偏る(かたよる) ① 치우치다. 기울다. ② 불공평하다.
偏り(かたより) 치우침.

其他>

偏降り(かたぶり) 연일 비가 계속되는 날씨.
偏照り(かたでり) 연일 쾌청한 날씨.

```
12    遍(遍)     두루 편
辶                ヘン
常                あまねく・あまねし
```

音読>

遍(へん) …번. …회. 횟수·도수를 나타내는 말.
遍照(へんじょう) 〖佛〗변조. 두루 비춤.
‖〜金剛(こんごう) 〖佛〗변조 금강.
〜如来(にょらい) 〖佛〗변조여래. 대일여래.
遍歷(へんれき) 편력.
遍路(へんろ) 순례.
遍滿(へんまん) 편만. 널리 꽉 참.
遍身(へんしん) 편신. 온몸.
遍遊(へんゆう) 각지를 돌아다님.
遍在(へんざい) 편재. 두루 퍼져 있음.

訓読>

遍く(あまねく) 널리. 보편적으로. 골고루.
遍し(あまねし) 〈雅〉골고루〔널리〕 미치다.

其他>

遍羅(べら) 〖魚〗놀래기.

```
14    褊        좁을 편
衤              ヘン
                せまい
```

音読>

褊衫(へんさん) 〖佛〗편삼.
褊少(へんしょう) 편소. 좁고 작음.
褊狹(へんきょう) 편협. (토지나 사람의 도량이) 좁음.

其他>

褊す(さみす) 경멸함. 깔봄.

```
15    篇        책 편·편 편
竹              ヘン
                ふみ
```

参考 현대 표기로는 '編'으로 대용함.

音読>

篇(へん) ① 편집. ② 작품. ③《接尾語로》…편. 시문을 세는 말.
篇目(へんもく) 편목. ① 옥편에서, 부수의 목록. ② 편장(編章)에 붙인 제목과 그 순서.
篇尾(へんび) 편미. 한 편의 끝(부분).
篇首(へんしゅ) 편수. 문장·시가의 첫부분.
篇章(へんしょう) 문장의 편과 장. 문장. 서적.
篇中(へんちゅう) 편중. 문장 속. 책적.
篇帙(へんちつ) 편질. ① 책을 덮어 싸는 표지. ② 서적. 책.
篇什(へんじゅう) 편집. 시(詩). 시집.

```
15    篅        가마 편
竹              ベン・ヘン
```

其他>

篅(はんだ) 부상자나 죄인을 태우는 보잘것없는 가마〔들것〕.

```
15    編(編)    엮을 편·지을 편
糸               ヘン
敎               あむ
```

音読>

編(へん) ① 편집. ② 작품. ③《接尾語로》…편. 시문을 세는 말.
編曲(へんきょく) 〖樂〗편곡.
編年史(へんねんし) 편년사.
編年體(へんねんたい) 편년체.
編隊(へんたい) 편대.
編目(へんもく) 편목. 편장(編章)에 붙인 제목과 그 순서.
編尾(へんび) 편미(篇尾).
編成(へんせい) 편성.
‖〜原(げん) 〖生〗편성원. 형성체.
編首(へんしゅ) 편수(篇首).
編修(へんしゅう) 편수.
編述(へんじゅつ) 편술. 문서를 모아 엮음.

編訳(へんやく) 편역.
編入(へんにゅう) 편입.
編者(へんしゃ) 편자.
編章(へんしょう) 문장의 편과 장. 문장. 서
編著(へんちょ) 편저.   └적.
編籍(へんせき) 호적을 만듦.
編制(へんせい) 편제. ♣~権(けん) 편제권.
編製(へんせい) 편제. 명부 따위를 작성함.
編組(へんそ) 부대·함대를 적절히 편제함.
編鐘(へんしょう) 편종. 옛 중국의 타악기.
編中(へんちゅう) 편중. 문장 속.
編集(へんしゅう) 편집. ♣~権(けん) 편집권 / ~人(にん) 편집인 / ~者(しゃ) 편집자 / ~長(ちょう) 편집장.
‖~著作権(ちょさくけん) 편집 저작권.
~後記(こうき) 편집 후기.
編輯(へんしゅう) ⇨ 編集(へんしゅう).
編次(へんじ) 편차. 순서를 따라 편찬함. 또, 그 순차.
編纂(へんさん) 편찬. 편집.
編綴(へんてつ) 편철.

[訓読]
❖編む(あむ) ① 엮다. 곁다. 뜨다. ② 편찬하다. ③ (계획을) 짜다.
編み機(あみき) 편물(編物) 기계.
編み笠(あみがさ) (골풀·띠·볏짚 따위로 엮은) 삿갓.
編み目(あみめ) (뜨개질의) 코.
編み物(あみもの) 편물. 뜨개질한 것.
編み棒(あみぼう) (막대 모양의) 긴 뜨개바늘.
編み上げ(あみあげ) 편상화.   └늘.
編み上げる(あみあげる) ① 짜〔엮어〕 올라가다. ② 다 짜〔엮, 곁〕다. └짜내다.
編み出す(あみだす) ① 짜기 시작하다. ②
編み針(あみばり) 뜨개질 바늘.   「립」문.
編み戸(あみど) 대나 나무 오리로 엮은 (사
[其他]
編木(びんざさら) 농악이나 민속 무용 따위에 쓰이는 타악기의 하나.

15 羽 翩   나부낄 편
          ヘン
          ひるがえる

[音読]
翩翻(へんぽん) 편번. 나부끼는 모양.
翩翩(へんぺん) 편편. ① 나부끼는 모양. 가볍게 날거나 반짝이는 모양. ② 침착하지 못한 모양.

15 虫 蝙   박쥐 편
          ヘン

[其他]
蝙蝠 ㈠(こうもり) ①『動』박쥐. ② 蝙蝠傘(こうもりがさ)의 준말.
㈡(かわほり) ① 박쥐의 옛 이름. ② 부채.
蝙蝠葛(こうもりかずら) 『植』새모래덩굴.

蝙蝠傘(こうもりがさ) 박쥐 우산. 양산.
蝙蝠族(こうもりぞく) 〈俗〉박쥐족. 낮에는 쉬고 밤에는 활동하는 사람들.

18 革 鞭   채찍 편
          ベン
          むち·むちうつ

[音読]
鞭撻(べんたつ) 편달.
鞭毛(べんもう) 『生』편모.   「류.
‖~植物(しょくぶつ) 편모 식물. 편모 조
~運動(うんどう) 편모 운동.
~藻類(そうるい) 편모 조류.
~虫(ちゅう) 『動』편모충. ♣~類(るい) 편모류.
鞭声(べんせい) 편성. 채찍질하는 소리.
鞭策(べんさく) 편책. ① 채찍. ② 편달.
鞭虫(べんちゅう) 『動』편충.
鞭笞(べんたい) 편태. ① 채찍. ② 편달.
鞭刑(べんけい) 편형. 태형.

[訓読]
鞭(むち) ① 채찍. ② 지시봉. 지휘봉.
鞭つ(むちうつ) ⇨ 鞭打つ(むちうつ).
❖鞭打つ(むちうつ) 채찍질하다. 격려하다.
鞭打ち症(むちうちしょう) 『醫』자동차의 충돌·추돌 때 강한 충격에 의해 목이 앞뒤로 세게 흔들려 생기는 장애. 편타성 손상.

[逆音]
教鞭(きょうべん) 교편.
先鞭(せんべん) 선편.

19 馬 騙   속일 편
          ヘン
          かたる·だます

[音読]
騙詐(へんさ) 편사. 거짓말로 속임.
騙取(へんしゅ) 편취. 속여서 뺏음.

[訓読]
騙かす(だまかす) 속이다.
騙くらかす(だまくらかす) 〈俗〉속이다.
❖騙す(だます) ① 속이다. ② 달래다. (울음을) 그치게 하다. ③ 호리다.
騙し(だまし) 속임.
騙し込む(だましこむ) 감쪽같이 속이다.
騙し討ち(だましうち) 속여서 불시에 침. 속여서 가혹한 짓을 함.
騙し騙し(だましだまし) ① 속이면서. ② 상태를 보면서. 어르면서.
騙し絵(だましえ) 보는 사람의 착각에 따라 여러 가지로 보이는 그림.
❖騙る(かたる) ① 편취하다. ② 사칭하다.
騙り(かたり) 편취. 사기. 또, 사기꾼.

편

11 貝	貶	덜 폄 ヘン おとす・おとしめる・ けなす・さげすむ

音読
貶する(へんする) 폄하다. ① 헐뜯다. ② 좌천하다.
貶謫(へんたく) 폄적. 관직을 낮추어 멀리 유배함.
貶竄(へんざん) 폄찬. 관위를 내려 멀리 유배
貶黜(へんちゅつ) 폄출. 관위를 떨어뜨려 물리침. *へんちつ로도 읽음.

訓読
貶す(けなす) 깎아 내리다. 헐뜯다. 욕하다. 폄하다.
貶める(おとしめる) ① 폄하다. 깎아 내리다. 명예를 손상하다. ② 얕보다.
❖貶む(さげすむ) 깔보다. 업신여기다. 얕보다.
貶み(さげすみ) 업신여김. 멸시.

평

5 干 教	平(平)	평평할 평・화평할 평 ヘイ・ビョウ・ヒョウ たいら・ひら

音読
平価(へいか) 평가.
∥～切り上げ(きりあげ)〖經〗평가 절상.
／～切り下げ(きりさげ)〖經〗평가 절하.
平家 ㊀(へいけ) ① 平(たいら) 성(姓)을 가진 족벌. ② 平家物語・平家琵琶의 준말.
♣～蟹(がに)〖動〗조개치레 / ～蛍(ぼたる)〖蟲〗쇠개똥벌레.
∥～物語(ものがたり) 平(たいら) 일문의 흥망을 기술한 군담 소설.
～琵琶(びわ) 平曲(へいきょく)의 반주에 쓰이는 발현 악기.
～星(ぼし)〖天〗오리온자리의 α성 베텔게우스의 일본 이름.
㊁(ひらや) ＝平屋(ひらや).
平角(へいかく)〖數〗평각.
平居(へいきょ) 평거. 항상 있는 곳. 평소.
平曲(へいきょく) 비파 반주에 맞추어 平家物語(へいけものがたり)를 노래로 표현한 것.
平均(へいきん) 평균. ♣～台(だい) 평균대 / ～時(じ) 평균시 / ～律(りつ)〖樂〗평균율 / ～率(りつ) 평균율 / ～的(てき) 평균적 / ～点(てん) 평균점 / ～値(ち) 평균치.
∥～課税(かぜい) 평균 과세.
～気温(きおん) 평균 기온.
～分子量(ぶんしりょう)〖理〗평균 분자량.
～寿命(じゅみょう) 평균 수명.
～余命(よめい) 평균 여명.
～運動(うんどう) 평균 운동.
～利潤率(りじゅんりつ)〖經〗평균 이윤율.
～賃金(ちんぎん) 평균 임금.
～自由行程(じゆうこうてい)〖理〗평균 자유 행로.
～株価(かぶか) 평균 주가.
～太陽(たいよう)〖天〗평균 태양.
～海面(かいめん)〖地〗평균 해면.
平気(へいき) 태연함.
∥～の平左(へいざ)〈俗〉태연함을 사람 이름처럼 일컫는 말.
平年(へいねん) 평년. ♣～作(さく) 평년작 / ～差(さ)〖氣〗평년차 / ～値(ち)〖氣〗평년치.
平旦(へいたん) 평단. 새벽.
平淡(へいたん) 평담. 담박함. 산뜻함.
平談俗話(へいだんぞくわ) 일상 대화에 쓰이는 보통 말씨.
平等(びょうどう) 평등. ♣～観(かん) 평등관 / ～権(けん) 평등권.
平炉(へいろ) 평로. 납작한 반사형(反射型) 노(爐).
平路(へいろ) 평탄한 길.
平脈(へいみゃく) 평맥.
平面(へいめん) 평면. ♣～角(かく)〖數〗평면각 / ～鏡(きょう) 평면경 / ～図(ず) 평면도 / ～波(は) 평면파.
∥～計画(けいかく) 평면 계획.
～曲線(きょくせん) 평면 곡선.
～幾何学(きかがく) 평면 기하학.
～図形(ずけい) 평면 도형.
～描写(びょうしゃ) 평면 묘사.
～三角法(さんかくほう) 평면 삼각법.
平明(へいめい) 평명.
平蕪(へいぶ) 평무. 잡초가 무성한 들판.
平米(へいべい) 평방 미터.
平民(へいみん) 평민.
∥～会(かい)〖史〗평민회. 고대 로마의 민회의 하나.
平方(へいほう)〖數〗평방. 제곱.
～根(こん)〖數〗평방근. 제곱근.
～数(すう) 평방수. 제곱수.
平凡(へいぼん) 평범.
平伏(へいふく) 두 손을 짚고 머리를 땅에 닿게 절함.
平服(へいふく) 평(상)복.
平復(へいふく) 평복. 병이 나아 건강을 회복함.
平分(へいぶん) 평분. 평등하게 나눔. ♣～時(じ)〖天〗평분시.
平射(へいしゃ) 평사. ♣～砲(ほう) 평사포.
∥～図法(ずほう)〖地〗평사 도법.
平常(へいじょう) 평상.
∥～心(しん)〖佛〗평상시의 마음. *びょうじょうしん으로도 읽음.
平上去入(ひょうじょうきょにゅう) 평상거입. 한자 사성(四聲)의 평성・상성・거성・입성.
平生(へいせい) 평소.
平叙(へいじょ) 평서. 있는 그대로 말함.
♣～文(ぶん) 평서문.
平声(ひょうしょう) 평성. 한자 사성의 하나.
平城京(へいじょうきょう) 710년부터 784년까지의 일본의 수도.
平素(へいそ) 평소.

平俗(へいぞく) ① 평속. 범속. ② 문장이 평이함.
平水(へいすい) 평수.
∥~区域(くいき) 평수 구역.
平時(へいじ) 평시. 「봄.
平視(へいし) 얼굴을 들고 상대를 똑바로
平信(へいしん) 평신. 일상의 보통 서신.
平身低頭(へいしんていとう) 평신 저두. 저두 평신.
平心(へいしん) 평심. 평온한 마음.
平氏(へいし) 平(たいら) 성을 가진 일족.
平安(へいあん) 평안.
平野(へいや) 평야. *ひらの로도 읽음.
平語(へいご) 일상 쓰는 말. 일상어.
平然(へいぜん) 평연. 침착한 모양.
平熱(へいねつ) 평열. 보통 체온.
平泳(へいえい) ☞ 平泳ぎ(ひらおよぎ).
平温(へいおん) 평온.
平穏(へいおん) 평안.
∥~無事(ぶじ) 평온 무사.
平臥(へいが) ① (가로) 누움. ② 몸져누움.
平凹版(へいおうはん) 〖印〗 평요판.
平韻(ひょういん) 평운. 한자의 사성(四聲) 중, 평성에 따른 상하(上下)의 30운.
平原(へいげん) 평원. 「져 있음.
平遠(へいえん) 평원. 땅이 평탄하고 널리 퍼
平月(へいげつ) 보통 달.
平癒(へいゆ) 평유. 병이 나음.
平夷(へいい) ① 평이. 평탄함. ② 알기 쉬움.
平易(へいい) 평이. 쉬움.
平人(へいじん) 평인. 평민.
平作(へいさく) 평(년)작.
平定(へいてい) 평정.
平静(へいせい) 평정.
平調(へいちょう) 온건한 기색[태도].
平坐(へいざ) ⇨ 平座(へいざ). 「음.
平座(へいざ) 편하게 앉음. 책상다리하고 앉
平準(へいじゅん) 평준.
∥~相場(そうば) 〖經〗 재정 환율 시세.
平蹲る(へいつくばる) 바짝 엎드리다. 엎드려 절하다.
平地(へいち) 평지. *ひらち로도 읽음.
♣~林(りん) 평지림.
~に波瀾(はらん)を起(お)こす 평지풍파를 일으키다.
㊁(ひらじ) 평직(平織)의 천. 「(仄).
平仄(ひょうそく) 평측. 한자의 평(平)과 측
平他(ひょうた) 평타. 한자의 사성(四聲). 평성과 타성(他聲).
平坦(へいたん) 평탄.
平版(へいはん) 〖印〗 평판.
∥~印刷(いんさつ) 평판 인쇄.
平平(へいへい) ① 평평함. 평탄함. ② 평범함.
∥~凡凡(ぼんぼん) 아주 평범함.
~坦坦(たんたん) 평평탄탄.
平行(へいこう) 평행. ♣~力(りょく) 〖理〗 평행력 / ~脈(みゃく) 〖植〗 평행맥 / ~線(せん) 평행선.
∥~四辺形(しへんけい) 〖數〗 평행 사변형.

~六面体(ろくめんたい) 〖數〗 평행 육면체.
~移動(いどう) 평행 이동. 병행조
~調(ちょう) 〖樂〗 평행조.
~進化(しんか) 〖生〗 평행 진화.
平衡(へいこう) 평형. ♣~嚢(のう) 〖生〗 평형낭 / ~石(せき) 〖生〗 평형석 / ~舵(だ) 평형키.
∥~感覚(かんかく) 〖生〗 평형 감각.
~器官(きかん) 〖地〗 평형 기관.
~移動の法則(いどうのほうそく) 〖化〗 평형 이동의 법칙. 르 샤틀리에의 원리.
~定数(ていすう) 〖化〗 평형 상수.
~河川(かせん) 〖地〗 평형 하천.
平和(へいわ) 평화.
∥~共存(きょうそん) 평화 공존.
~部隊(ぶたい) 평화 부대.
~産業(さんぎょう) 평화 산업.
~研究(けんきゅう) 평화 연구. 평화의 조건·과정을 과학적으로 탐구하는 학문.
~五原則(ごげんそく) 평화 오원칙.
~運動(うんどう) 평화 운동.
~義務(ぎむ) 평화 의무.
~議定書(ぎていしょ) 평화 의정서.
~条約(じょうやく) 평화 조약.
~条項(じょうこう) 평화 조항.
~主義(しゅぎ) 평화주의.
~革命(かくめい) 평화 혁명.
~会議(かいぎ) 평화 회의.
平話(へいわ) ① 일상의 이야기. ② 평화. (중국에서) 백화 문체(白話文體).
平画面(へいがめん) 〖數〗 평화면.
平滑(へいかつ) 평활.
∥~筋(きん) 〖生〗 평활근. 민무늬근.
~回路(かいろ) 〖電〗 평활 회로.
平闊(へいかつ) 평활.
平懐(へいかい) 평소의 생각(을 말함). *へいろ로도 읽음.

訓読

平 ㊀(ひら) ① 평평함. 또, 평평한 것. ② 평. 보통. 직책이 없음.
㊁(ひょう) 평. 한자의 사성(四聲)의 하나.
平たい(ひらたい) ① 평평하다. 평탄하다. 넓적하다. ② (알기) 쉽다. 「たい).
平ったい(ひらったい) 〈俗〉 ☞ 平たい(ひら
平に(ひらに) 〈老〉 제발. 아무쪼록. 부디.
平べったい(ひらべったい) 〈俗〉 납작하다.
平める(ひらめる) 평평하게 하다.
平ら ㊀(たいら) 평평함. 평탄함.
㊁(だいら) 《接尾語적으로 지명에 붙여》 산간의 평지.
平らか(たいらか) ① 평평함. 평탄함. ② (세상이) 평온함. (마음이) 편안함.
平らぐ(たいらぐ) 평온해지다. 가라앉다.
平らげる(たいらげる) ① 평정하다. ② 〈俗〉 다 먹어 치우다.
平仮名(ひらがな) 한자의 초서체에서 만들어낸 일본의 음절 문자.
平絹(ひらぎぬ) 평견. 평직으로 된 비단.

平稽古(ひらげいこ) 배우가 의상·악기를 쓰지 않고 하는 연습.
平骨(ひらぼね) 가슴 뼈. 흉골(胸骨).
平鍋(ひらなべ) 납작하고 운두가 낮은 냄비.
平根(ひらね) 화살촉의 하나. 납작하고 평평한 형태의 것.
平紐(ひらひも) 꼰 실을 여러 개 나란히 하여 풀로 굳힌 끈.
平台(ひらだい) 평대 인쇄기.
平幕(ひらまく) 横綱(よこづな)나 三役(さんやく)에 들지 않는 幕内(まくうち)의 씨름꾼.
平麦(ひらむぎ) 납작보리. 압맥.
平皿(ひらざら) 넓적하고 얕은 접시.
平目(ひらめ)〖魚〗넙치.
平舞台(ひらぶたい) 입체적인 장치 등이 없는 무대. 「로도 읽음.
平文(ひらぶみ) 평문. 보통문. *へいぶんと
平門(ひらもん) 기둥을 2개 세우고 그 위에 평평한 지붕을 덮은 문. *ひらかどとも 읽음.
平伏す(ひれふす) 부복하다. 납죽 엎드리다.
平釜(ひらがま) 차를 끓이는 납작하고 운두가 낮은 솥.
平糸(ひらいと) 꼬지 않고 합사(合絲)한, 보드라운 비단실(자수용).
平社員(ひらしゃいん) 평사원.
平飼い(ひらがい) 닭 따위를 지면이나 봉당에서 사육함.
平謝り(ひらあやまり) (변명하지 않고) 진심으로 사과·사죄함.
平削り盤(ひらけずりばん) 평삭반《평면을 깎아 내는 공작 기계》.
平象眼(ひらぞうがん) 상감(象嵌)의 하나. 바탕의 표면을 파서, 금속을 채우고 바탕면과 같이 판판하게 한 것.
平石(ひらいし) 납작한 돌.
平城(ひらじろ) 평지에 쌓은 성.
平手(ひらて) ① 편 손바닥. ② (장기에서) 맞둠. 맞장기.
平首(ひらくび) 말 목의 갈기 양쪽 측면.
平袖(ひらそで) 일본 옷에서 소맷부리의 아래쪽을 꿰매지 않은 소매.
平手前(ひらでまえ) 다도(茶道)에서 기본이 되는 차 끓이기.
平侍(ひらざむらい) 직책이 없고 신분이 낮은 무사. 「감.
平押し(ひらおし) 단숨에〔그저〕 밀고 나아
平野水(ひらのすい) 탄산수(炭酸水).
平泳ぎ(ひらおよぎ) 평영. 개구리헤엄.
平屋(ひらや) 단층집. ♣~建(だて) 단층집 구조. 또, 그 집. 「에 담는 요리.
平椀(ひらわん) 운두가 낮은 공기. 또, 그것
平珧(たいらぎ)〖貝〗키조개
平茸(ひらたけ)〖植〗느타리.
平日(ひらび) 평일. *へいじつ로도 읽음.
平張り(ひらばり) 가옥을 지을 때, 마룻대와 대들보를 세우지 않고 그냥 평평하게 씌워 지붕 또는 차양으로 이용하는 막. 「ま).
平場(ひらば) ① 평지. ② ☞ 平土間(ひらど

平底(ひらぞこ) 평저. 평평한 밑바닥.
平田(ひらた) 평전. 평평하고 넓은 논.
∥~舟(ぶね) 바닥이 평평하고 긴 작은 배.
平折敷(ひらおしき) 네 귀의 모를 죽이지 않은 네모 반듯한 쟁반.
平点前(ひらでまえ) ⇨ 平手前(ひらまえ).
平政(ひらまさ)〖魚〗부시리.
平庭(ひらにわ) 석가산(石假山) 따위를 만들지 않은 평지의 정원.
平鉦(ひらがね) 불구(佛具)의 하나. 염불할 때 엎어 놓고 당목(撞木)으로 치는 징.
平爪(ひらづめ) 동물의 손톱 중, 영장류가 갖는, 손가락 끝의 상부를 덮는 손톱.
平調子(ひらぢょうし) 쟁(箏)의 조현법의 하나. 가장 기본적인 것.
平樽(ひらだる) 손잡이가 없는, 평평한 나무통《축하 의식에 쓰임》.
平蜘蛛(ひらぐも)〖動〗납거미. *ひらたぐも라고도 함.
平織り(ひらおり) 평직(물).
平歯車(ひらはぐるま) 평치차. 평(平)톱니바퀴. 스퍼 기어(spur gear).
平針(ひらばり) ① 납작한 바늘. ② 양날이 있는 수술용의 납작한 나이프. 랜싯(lancet).
平打ち(ひらうち) ① 끈을 납작하게 짬. 또, 그 것. ② (금속 등을) 두드려서 납작하게 폄. 또, 그 물건.
平土間(ひらどま) (옛날 극장 등에서) 무대 정면 바닥에 바둑판 모양으로 간지른 관람석.
平板 ㊀(ひらいた) 평판. 얇고 편편한 널조각. 「조로움.
㊁(へいばん) ① ☞㊀. ② 변화가 없고 단
∥~測量(そくりょう) 평판 측량.
平貝(たいらがい)〖貝〗'平珧(たいらぎ)(= 키조개)'의 속칭.
平坪(ひらつぼ) 1칸 사방(四方)의 평면적.
平鉋(ひらがんな) 손대패.
平絎(ひらぐけ) (바느질에서) 공그르기.
∥~帯(おび) 심지를 넣지 않고 헝겊을 접어 공글러서 만든 폭이 좁은 帯.

8 土 ㊟ **坪** (坪) 평 평·땅평평할 평
ヘイ
つぼ

訓読
坪(つぼ) 평. 토지 넓이의 단위.
坪菫(つぼすみれ)〖植〗콩제비꽃.
坪当り(つぼあたり) 평당.
坪量(つぼりょう)〖印〗종이의 두께·품질을 나타내는 단위. 1m² 당 무게를 그램으로 나타낸 것.
坪網(つぼあみ) 건착망(巾着網).
坪抜き(つぼぬき) 물고기의 아감딱지 밑으로 긴 젓가락을 넣어 내장을 뽑아내는 일.
坪数(つぼすう) 평수.
坪刈り(つぼがり)〖農〗평애법(坪刈法).
坪庭(つぼにわ) 안뜰.

| 9 艹 | 萃 | 쑥 평·풀무성할 평
ヘイ・ヒョウ
うきくさ |

音読
苹果(ひょうか) 평과. 사과.
　㊁(りんご)〘植〙① 사과나무. ② ☞㊀.

| 12 艹 | 萍 | 개구리밥 평
ヘイ
うきくさ |

音読
萍水(へいすい) 평수. 부평초와 물. 유랑자.

| 12 言 教 | 評(評) | 품평 평
ヒョウ
はかる |

音読
評(ひょう) 평. 세평. 논평.
評する(ひょうする) 평(가)하다. 비평하다.
評価(ひょうか) 평가. ♣~額(がく) 평가액 / ~益(えき)〘經〙평가 이익.
評家(ひょうか) 비평가.
評決(ひょうけつ) 평결. 평의[논의]해서 결정함.
評壇(ひょうだん) 평단. 비평가·평론가의 사회.
評論(ひょうろん) 평론. ♣~家(か) 평론가.
評釈(ひょうしゃく) 평석. 해석하여 비평을 가함. 또, 그렇게 한 것.
評説(ひょうせつ) 평설. ① 비평을 가한 해설. ② 소문. 평판.
評語(ひょうご) 평어. ① 평언(評言). 비평의 말. ② 학교에서, 성적 등급을 나타내는 말.
評言(ひょうげん) 평언. 비평의 말.
評議(ひょうぎ) 평의. 의논(함). ♣~員(いん) 평의원 / ~会(かい) 평의회.
評者(ひょうしゃ) 평자. 비평하는 사람.
評伝(ひょうでん) 평전. 평론이 섞인 전기.
評点(ひょうてん) 평점.
評定 ㊀(ひょうてい) 평정.
　㊁(ひょうじょう) ① ☞㊀. ② 가치나 품질을 조사하여 평가함.
‖~衆(しゅう) 鎌倉(かまくら)·室町(むろまち) 幕府(ばくふ)의 직명.
評注(ひょうちゅう) 평주. 평석. 비평을 가한 주석(을 달아 놓음).
評註(ひょうちゅう) ⇨評注(ひょうちゅう).
評判(ひょうばん) 평판.
‖~記(き) 평판기. 어떤 사물의 세평이나 소문 따위를 쓴 책.

| 16 魚 | 鮃 | 넙치 평
ヘイ
ひらめ |

訓読
鮃(ひらめ)〘魚〙넙치.

❖ **폐**

| 7 口 | 吠 | 짖을 폐
ハイ・ベイ
ほえる |

訓読
❖**吠える**(ほえる) ①〈개·짐승 따위가〉 짖다. ②〈俗〉사람이 큰소리로 울다. 고함 지르다.
吠え面(ほえづら)〈俗〉우는 얼굴. 울상.

| 8 木 | 柿 | 대팻밥 폐
ハイ
こけら |

参考 柿(감나무 '시')와는 딴 자.

訓読
柿(こけら) ① 지저깨비. ② 柿板(こけらいた)의 준말.
柿落とし(こけらおとし) (극장 등을 신축한 다음의) 첫 흥행.
柿屑(こけらくず) 대팻밥. 톱밥. 또, 값어치 없는 것의 비유.
柿葺き(こけらぶき) 널조각으로 인 지붕.
柿鮨(こけらずし) 얇게 저민 어육·야채를 밥 위에 놓고 누른 다음 네모지게 썬 초밥.
柿板(こけらいた) 너와. 노송나무 따위를 얇게 켠 널《지붕널로 씀》.

| 9 月 教 | 肺(肺) | 허파 폐
ハイ |

音読
肺(はい) 폐. 폐장.
肺肝(はいかん) 폐간. ① 폐와 간. ② 마음.
肺結核(はいけっかく)〘醫〙폐결핵. ┌속.
肺空洞(はいくうどう)〘醫〙폐공동.
肺壊疽(はいえそ)〘醫〙폐괴저.
肺気腫(はいきしゅ)〘醫〙폐기종.
肺膿瘍(はいのうよう)〘醫〙폐농양.
肺動脈(はいどうみゃく)〘生〙폐동맥.
肺炎(はいえん)〘醫〙폐렴.
‖~双球菌(そうきゅうきん) 폐렴 쌍구균. 폐렴 구균.
　~球菌(きゅうきん) ☞肺炎双球菌.
肺癆(はいろう) 폐로. 폐결핵의 구칭.
肺門(はいもん)〘生〙폐문.
‖~リンパ腺(せん) 폐문 림프선. ♣~炎(えん) 폐문 림프선염 / ~腫脹(しゅちょう) 폐문 림프선 종창. ┌선.
　~リンパ節(せつ) 폐문 림프절. 폐문 림프
肺病(はいびょう) 폐병.

肺腑(はいふ) 폐부.
肺塞栓(はいそくせん) 〚醫〛 폐색전.
肺書(はいしょ) 〚動〛 폐서. 폐낭(肺囊).
肺纖維症(はいせんいしょう) 〚醫〛 폐섬유
肺性心(はいせいしん) 〚醫〛 폐성심.
肺水腫(はいすいしゅ) 〚醫〛 폐수종.
肺循環(はいじゅんかん) 〚生〛 폐순환.
肺癌(はいがん) 〚醫〛 폐암.
肺魚(はいぎょ) 〚魚〛 폐어.
肺疫(はいえき) 〚動〛 (소의) 폐역. 우(牛)폐
肺葉(はいよう) 〚生〛 폐엽.
肺癰(はいよう) ☞肺膿瘍(はいのうよう).
肺癰(はいよう) ☞肺膿瘍(はいのうよう).
肺臓(はいぞう) 폐장. 폐.
肺静脈(はいじょうみゃく) 〚生〛 폐정맥.
肺真菌症(はいしんきんしょう) 〚醫〛 폐진
균증. 애증. 진폐.
肺塵埃症(はいじんあいしょう) 〚醫〛 폐진
肺疾(はいしつ) 폐질. 폐병.
肺尖(はいせん) 〚生〛 폐첨.
肺浸潤(はいしんじゅん) 〚醫〛 폐침윤.
肺胞(はいほう) 〚生〛 폐포. 허파꽈리.
肺呼吸(はいこきゅう) 폐호흡.
肺患(はいかん) 폐환. 폐병.
肺活量(はいかつりょう) 폐활량. ♣〜計(け
い) 폐활량계.   「디스토마.
肺吸虫(はいきゅうちゅう) 〚動〛 폐흡충.

陛 섬돌 폐
ヘイ
きざはし

【音読】
陛下(へいか) 폐하.
陛見(へいけん) 폐현. 천자(天子)를 배알함.

閉 닫을 폐·막을 폐
ヘイ
とじる・とざす・しめ
る・しまる・たてる

【音読】
閉架(へいか) 폐가. 도서관에서, 읽고 싶은
책을 청구해서 받음.
閉殻(へいかく) 〚理〛 폐각.
‖〜筋(きん) 〚動〛 폐각근. 조개 관자.
閉脚(へいきゃく) 체조에서, 두 다리를 뻗어
서 붙인 자세.
閉刊(へいかん) 폐간.
閉講(へいこう) 폐강.
閉居(へいきょ) 폐거. 칩거.
閉経(へいけい) 폐경. ♣〜期(き) 폐경기.
閉曲面(へいきょくめん) 〚數〛 폐곡면.
閉曲線(へいきょくせん) 〚數〛 폐곡선.
閉果(へいか) 폐과. 익어도 터지지 않는 열
閉管(へいかん) 폐관.   「매.
閉館(へいかん) 폐관.
閉校(へいこう) 폐교.
閉口(へいこう) ① 몹시 난처해 함. ② 폐구.
입을 다물고 말하지 않음.
‖〜頓首(とんしゅ) 몹시 난처함.
閉区間(へいくかん) 〚數〛 폐구간.
閉局(へいきょく) 우체국 등에서 업무를 마
치거나 그만두거나 함.
閉幕(へいまく) 폐막.
閉門(へいもん) 폐문.
閉山(へいざん) 폐산.
閉塞(へいそく) 폐색. ♣〜感(かん) 폐색
감 / 〜音(おん) 〚言〛 파열음 / 〜湖(こ) 〚地〛
폐색호.
‖〜区間(くかん) 철도에서 일개 열차만이
운행할 수 있는 구역.   「는 함선.
〜船(せん) 항구를 봉쇄하기 위해 가라앉히
〜前線(ぜんせん) 〚氣〛 폐색 전선.
閉所(へいしょ) ① 폐쇄된 장소. ② 연구소
따위가 업무를 그만둠.
閉鎖(へいさ) 폐쇄. ♣〜系(けい) 〚化〛 닫힌
계 / 〜音(おん) 폐쇄음 / 〜的(てき) 폐쇄적 /
〜花(か) 〚植〛 폐쇄화.   「핵.
‖〜性結核(せいけっかく) 〚醫〛 폐쇄성 결
〜性水域(せいすいいき) 〚地〛 폐쇄성 수
역.   「환계.
〜循環系(じゅんかんけい) 〚生〛 폐쇄 순
〜血管系(けっかんけい) 〚生〛 폐쇄 혈관
계. 폐쇄 순환계.
閉式(へいしき) 폐(회)식.
閉息(へいそく) 폐식. 숨을 죽임.
閉業(へいぎょう) 폐업.
閉院(へいいん) 폐원.
閉園(へいえん) 폐원.
閉音節(へいおんせつ) 〚言〛 폐음절.
閉場(へいじょう) 폐장.
閉蔵(へいぞう) 폐장. 거두어서 간직함.
閉店(へいてん) 폐점.
閉廷(へいてい) 폐정.
閉止(へいし) 폐지.
閉集合(へいしゅうごう) 〚數〛 폐집합.
閉庁(へいちょう) 폐청. 관청이 사무를 마침.
閉蟄(へいちつ) 폐칩.
閉戸(へいこ) 폐호. 문을 닫음.
‖〜先生(せんせい) 집안에 틀어박혀 독서
만 하는 사람.
閉会(へいかい) 폐회.
閉回路(へいかいろ) 〚電〛 폐회로.

【訓読】
❖閉ざす(とざす) ① (문을) 닫다. 잠그다. ②
길·통행을 막다. ③ 가두다.
❖閉じる(とじる) ① 닫히다. ② (회의 등이)
끝나다. ③ 닫다. ④ (눈을) 감다. ⑤ 덮다. ⑥
끝내다. ⑦ (입을) 다물다.
閉じ籠る(とじこもる) 틀어박혀 나오지 않
다. 두문불출하다.
閉じ込める(とじこめる) 가두다. 감금하다.
❖閉てる(たてる) (미닫이·문 따위를) 닫다.
閉て籠める(たてこめる) ⇨ 閉て込める(た
てこめる).
閉て込める(たてこめる) (문·미닫이 따위

를) 꼭 닫다. 모두 닫다.
閉て切る(たてきる) ① (장지문 따위를) 꽉 닫아 버리다. ② 시종일관하다.
❖**閉まる**(しまる) 꼭 닫히다.
閉まり(しまり) 문단속.
❖**閉める**(しめる) (문 따위를) 닫다.
閉め切る(しめきる) 꼭 닫다. 닫아 둔 채로 두다. 「않다.
閉め出す(しめだす) 문을 닫고 안에 들이지

12 广 常 **廃**(廢) 폐할 폐
ハイ
すたれる・すたる

音読▷
廃する(はいする) ① 폐하다. 폐위하다. ② 지위에서 물러나게 하다.
廃家(はいか) 폐가. ① 폐옥(廢屋). ② (구민법에서) 호주가 딴 집에 입적하기 위해 자기 집을 폐하는 일. ＊はいけろも 읽음.
廃却(はいきゃく) 폐각. 폐지.
廃刊(はいかん) 폐간.
廃坑(はいこう) 폐갱.
廃曲(はいきょく) 연주하지 않게 된 곡.
廃官(はいかん) 폐관. 관직을 없앰. 또, 그 관직.
廃鉱(はいこう) 폐광. ㄴ관직.
廃壊(はいかい) 폐괴. 낡아 부서짐.
廃校(はいこう) 폐교.
廃潰(はいかい) ⇨ 廃壊(はいかい).
廃棄(はいき) 폐기. ♣〜物(ぶつ) 폐기물.
 ‖〜問題(もんだい) 폐기 문제.
 〜処分(しょぶん) 폐기 처분.
廃糖蜜(はいとうみつ) 폐당밀.
廃都(はいと) 폐도. 폐허가 된 도시.
廃道(はいどう) 폐도. ① 폐지된 길. ② 황폐 한 길.
廃炉(はいろ) 폐로. 수명이 다한 원자로.
廃立(はいりつ) 폐립. 신하가 왕을 폐위하고 다른 왕을 세움.
廃滅(はいめつ) 폐멸.
廃務(はいむ) 폐무. 관청에서 사무를 보지 아
廃物(はいぶつ) 폐물. 폐품. ㄴ니함.
廃盤(はいばん) 폐반. 제조가 중지된 음반.
廃藩置県(はいはんちけん) 1871년, 明治(めいじ) 정부가 전국의 '藩(はん)(＝봉토)'을 폐지하고 '県(けん)(＝현)'을 설치한 일.
廃兵(はいへい) 폐병. 부상하여 불구가 된 병
廃部(はいぶ) 폐부. 부를 폐지함. ㄴ사.
廃寺(はいじ) 폐사. 황폐한 절.
廃祠(はいし) 폐사. 황폐한 사당.
廃山(はいざん) 폐산.
廃石(はいせき)『鑛』폐석. 버력.
廃船(はいせん) 폐선. 폐기하거나 선적(船籍)에서 뺀 배.
廃線(はいせん) 폐선. 교통 노선이나 통신선의 영업을 폐지함. 또, 그 노선이나 통신선.
廃城(はいじょう) 폐성. 황폐한 성.
廃水(はいすい) 폐수.

廃市(はいし) 폐시. 사람이 살지 않게 되어 황폐한 도시.
廃食用油(はいしょくようゆ) 폐식용유.
廃案(はいあん) 폐안. 폐기된 의안(안건).
廃液(はいえき) 폐액. 폐수.
廃語(はいご) 폐어. 사어(死語).
廃業(はいぎょう) 폐업.
廃駅(はいえき) 폐역. 폐지된 역.
廃熱(はいねつ) 폐열. 여열(餘熱).
廃屋(はいおく) 폐옥. 폐가.
廃園(はいえん) 폐원. ① 황폐한 정원. ② 유원지・유치원 등의 경영을 그만둠.
廃位(はいい) 폐위.
廃油(はいゆ) 폐유.
廃弛(はいし) 폐이. 피폐하고 해이함.
廃人(はいじん) 폐인. 「함.
廃残(はいざん) 폐잔. 인생에 실패하여 영락
廃材(はいざい) 폐재. 쓸모 없는 재목.
廃嫡(はいちゃく) 폐적. (구민법에서) 적자(嫡子)의 호주 상속권을 없앰.
廃典(はいてん) 폐전. 폐지된 의식.
廃絶(はいぜつ) 폐절. ① 전폐. ② 대가 끊
廃帝(はいてい) 폐제. 쫓겨난 제왕. ㄴ김.
廃除(はいじょ) 폐제. ① 버려 없앰. ②『法』추정 상속인의 상속권을 박탈함.
廃朝(はいちょう) 폐조. 천자가 이변 등으로 정무를 보지 않던 일.
廃止(はいし) 폐지.
廃地(はいち) 폐지. 이용 가치가 없는 땅.
廃址(はいし) 폐지. 성이나 건물 등의 허물어진 황폐한 터.
廃疾(はいしつ) 폐질. ① 불치의 병. ② 신체
廃車(はいしゃ) 폐차. ㄴ장애.
廃娼(はいしょう) 폐창. 공창(公娼) 폐지.
 ‖〜運動(うんどう) 폐창 운동.
廃村(はいそん) 폐촌. 황폐한 마을.
廃置(はいち) 폐치. 폐지와 설치.
廃太子(はいたいし) 폐태자. 황태자를 폐위시킴. 또, 그 황태자.
廃宅(はいたく) 폐택. 황폐하여 빈 집.
廃退(はいたい) 폐퇴. 퇴폐.
廃頽(はいたい) 폐퇴. 퇴폐.
廃罷(はいひ) 폐파. 버리고 그만둠.
廃品(はいひん) 폐품. 「중도 퇴학.
廃学(はいがく) 폐학. 학업을 중도에 그만둠.
廃艦(はいかん) 폐함.
廃合(はいごう) 폐합. 폐지와 합병.
廃虚(はいきょ) ⇨ 廃墟(はいきょ).
廃墟(はいきょ) 폐허.
廃戸(はいこ) ☞ 廃家(はいか)②. 「폐.
廃貨(はいか) 폐화. 발행・통용이 금지된 화
廃休(はいきゅう) 폐휴. 일요일에도 근무함.
廃興(はいこう) 폐흥. 흥폐(興廢).

訓読▷
❖**廃る**(すたる)〈方・雅〉☞ 廃れる(すたれる).
廃り(すたり) 쇠퇴함. 스러짐. 폐물이 됨.
廃り物(すたりもの) ☞ 廃れ物(すたれもの).

❖**廃れる**(すたれる) ① 쓰이지 않게 되다. 소용없게 되다. ② 스러지다. 유행하지 않게 되다. 쇠퇴하다. 떨어지다.
廃れ物(すたれもの) 폐물. 못쓰게 된 것. 남은 것. 유행이 지난 것.

【其他】
廃す(よす) 중지하다. 그만두다.

| 12 攵 | 敝 | 해진옷 폐
ヘイ
やぶる・やぶれる |

【音読】
敝履(へいり) 폐리. 헌신짝.

| 15 巾 【常】 | 幣 (幤) | 비단 폐・돈 폐
ヘイ
ぬさ |

幣 ㊀(へい) 신전에 바치는 모시 등의 천. ㊁(ぬさ) 신에게 기도할 때 종이・삼 따위를 오려서 드리운 오리. ㊂(みてぐら)〖雅〗신에게 바치는 제물의 총칭. ‖**~代**(しろ) 제물로 삼는 것.
幣串(へいぐし) 신관이 불제할 때 쓰는 무명・종이 따위를 매단 비쭈기나무의 가지.
幣帛(へいはく) 폐백.
幣制(へいせい) 폐제. 화폐 제도.

| 15 廾 【常】 | 弊 (弊) | 해질 폐・곤할 폐
ヘイ
つかれる・やぶれる |

【音読】
弊(へい) 폐. 나쁜 짓.
弊館(へいかん) 폐관. 자기 관의 겸칭.
弊国(へいこく) 폐국. 자기 나라의 겸칭.
弊廬(へいろ) 폐려. ① 부서진 집. ② 자기 집.
弊履(へいり) 폐리. 헌신짝.
‖**~の如**(ごと)**く捨**(す)**てる** 헌신짝처럼 버리다.
弊服(へいふく) 찢어진 의복.
弊社(へいしゃ) 폐사.
弊俗(へいぞく) 폐습. 폐풍.
弊習(へいしゅう) 폐습.
弊屋(へいおく) 폐옥. ① 황폐한 집. ② 자기 집의 겸칭.
弊衣(へいい) 폐의. 해어진 옷.
‖**~破帽**(はぼう) 폐의 파모.
弊店(へいてん) 폐점. 자기 가게의 겸칭.
弊政(へいせい) 폐정. 악정.
弊紙(へいし) 폐지. 자기 회사 신문의 겸칭.
弊誌(へいし) 폐지. 자기 회사 잡지의 겸칭.
弊村(へいそん) 폐촌. 황폐한 마을.
弊宅(へいたく) 폐택. 자기 집의 겸칭.
弊店(へいてん) 폐점. 자기 점포의 겸칭.
弊舗(へいほ) ⇨ **弊舖**(へいほ).
弊風(へいふう) 폐풍.

弊害(へいがい) 폐해.

| 16 女 | 嬖 | 사랑할 폐
ヘイ |

【音読】
嬖臣(へいしん) 폐신. 총신.
嬖妾(へいしょう) 폐첩. 애첩.

| 16 艹 | 蔽 | 가릴 폐
ヘイ
おおい・おおう |

【訓読】
蔽う(おおう) ① 덮다. 가리다. ② 숨기다.

| 17 疒 | 癈 | 폐질 폐
ハイ |

【音読】
癈兵(はいへい) 폐병. 부상하여 불구가 된 병사.
癈用(はいよう) 폐용.
癈人(はいじん) 폐인. 「장애.
癈疾(はいしつ) 폐질. ① 불치의 병. ② 신체
癈黜(はいちゅつ) 폐출. 벼슬을 떼고 내침.

【其他】
癈いる(しいる) 눈이나 귀의 감각을 잃다.

| 18 攵 | 斃 | 넘어져죽을 폐
ヘイ
たおれる |

【音読】
斃仆(へいふ) 폐부. 쓰러져 죽음.
斃死(へいし) 폐사. 쓰러져 죽음.

【訓読】
斃す(たおす) (동물 등을) 죽이다. 잡다.
斃れる(たおれる) (사고 따위로 갑자기) 죽다. 죽음을 당하다.

포

| 5 勹 【教】 | 包 (包) | 쌀 포
ホウ
つつむ・くるむ |

【音読】
包茎(ほうけい)〖生〗포경. 우멍거지.
‖**~手術**(しゅじゅつ)〖醫〗포경 수술.
包括(ほうかつ) 포괄.
‖**~交渉**(こうしょう) 남북 문제를 각 국가별로 다루지 않고 UN에서 일괄하여 교섭하는 방식.
~根抵当(ねていとう) 포괄 근저당.

~貿易交渉(ぼうえきこうしょう) 포괄 무역 교섭.
~承継(しょうけい) 포괄 승계.
~遺贈(いぞう) 포괄 유증.
~財産(ざいさん) 포괄 재산.
~的(てき) 포괄적. ♣~核実験禁止条約(かくじっけんきんしじょうやく) 포괄적 핵실험 금지 조약.
包帯(ほうたい) 붕대.
包絡線(ほうらくせん) 〖数〗 포락선.
包膜(ほうまく) 〖植〗 포막.
包摂(ほうせつ) 포섭.
包容(ほうよう) 포용. ♣~力(りょく) 포용력.
包囲(ほうい) 포위.
包有(ほうゆう) 포유.
包装(ほうそう) 포장. ♣~紙(し) 포장지.
‖~資材(しざい) 포장 자재.
包蔵(ほうぞう) 포장.
包接化合物(ほうせつかごうぶつ) 〖化〗 포위 화합물. 어떤 화합물 결정의 3차원 그물 구조 속에 생긴 틈새에 다른 화합물이 들어가 생기는 일종의 부가 화합물.
包丁(ほうちょう) ① 식칼. ② 요리(인). 또, 그 솜씨.
包皮(ほうひ) 포피. 겉가죽.
包含(ほうがん) 포함.

[訓読]
包まる(くるまる) 휩싸이다. 몸을 휩싸다. 뒤집어[둘러]쓰다.
包める(くるめる) ① 하나로 뭉뚱그리다. 한데 합치다. ② 교묘하게 속이다. 살살 구슬리다. ③ 휩싸다. 감싸다. 둘러싸다.
❖包む ㊀(つつむ) ① 싸다. 포장하다. ② 감추다. 숨기다. ③ 에워싸다.
㊁(くるむ) ① 휩싸다. 감싸다. 둘러싸다. ② ☞ 包める(くるめる).
包み ㊀(つつみ) ① 싸는 일. 싼 물건. 보따리. ② 숨기는 일.
㊁(くるみ) ① ☞ ㊀①. ② 포대기. 강보.
㊂(ぐるみ) 《接尾語로》 …까지 몽땅. …까지 합쳐서. 「추.
包みボタン(つつみボタン) 헝겊으로 싼 단
包み構え(つつみがまえ) 한자 부수(部首)의 하나 : 쌀모몸.
包み金(つつみがね) 종이에 싸서 (정표로) 주는 돈. 금일봉.
包み文(つつみぶみ) 얇은 안피지(雁皮紙)로 싼 서장[편지].
包み飯(つつみいい) 팥을 둔 찰밥을 나뭇잎에 싼 것.
包み焼き(つつみやき) 생선·고기·야채 등을 종이나 포일 등에 싸서 구운 것.
包み隠す(つつみかくす) ① 싸서 안 보이게 하다. 싸 감추다. ② 숨기다. 「물.
包み井(つつみい) 둘레 벽을 돌로 쌓은 우
包み紙(つつみがみ) 싸는 종이. 포장지.
包み表紙(くるみひょうし) 한 장의 표지로 앞뒤를 싼 제본 양식.

[其他]
包(パオ) 파오. 몽골인의 천막집.
包子(パオズ) 파오쯔. 중국식 고기 만두.

---

5 巾 教 **布** 베 포·베풀 포
フ·ホ
ぬの·しく

[音読]
布巾(ふきん) 행주.
布告(ふこく) 포고.
布教(ふきょう) 포교.
‖~師(し) 포교사. 선교사. 「국면.
布局(ふきょく) (바둑 따위의) 포석(布石).
布団(ふとん) ① 이부자리. 이불. 요. ② 부들
‖~綿(わた) 이부자리에 두는 솜. 「방석.
~蒸し(むし) 사형(私刑)의 하나로, 이불을 뒤집어씌워서 괴롭히는 일.
~皮(かわ) 이부자리의 솜싸개.
布達(ふたつ) (관청 등의) 고시(告示).
布袋 ㊀(ふたい) 포대. 천으로 만든 자루.
㊁(ほてい) 포대《중국 후량(後梁)의 고승(高僧)인데, 일본에서는 七福神(しちふくじん)의 하나로 칭》. ♣~腹(ばら) 배불뚝이.
‖~葵(あおい) ☞ 布袋草.
~草(そう) 〖植〗 물옥잠.
布令(ふれい) ① 멀리 알림. 고시. 또, 그 사람. ② 포고(布告). *ふれ로도 읽음.
布帛(ふはく) 포백. 직물.
布石(ふせき) 포석.
布設(ふせつ) 부설(敷設).
布施(ふせ) 〖佛〗 보시.
‖~物(もつ) 보시(물). *ふせものろも 읽
布衍(ふえん) 부연(敷衍). 「음.
布衣 ㊀(ふい) ① 포의. ② 관복이 아닌 사복. ② 평민. *ほい·ほうい로도 읽음.
㊁(ぬのぎぬ) 삼베·모시로 만든 옷.
布銭(ふせん) 포전. 옛 중국의 청동 화폐.
布陣(ふじん) 포진.
布置(ふち) 포치. 배치.
布片(ふへん) 천조각.
布海苔(ふのり) 〖植〗 청각채.

[訓読]
布(ぬの) ① 직물의 총칭. ② 포목. 삼베와 무명. ③《接頭語로》〖建〗 수평·가로·평행의 뜻을 나타내는 말.
布く(しく) ① 부설하다. ② (진(陣) 따위를) 치다. 배치하다. ③ 널리 시행하다.
布掘り(ぬのぼり) 〖建〗 기초 공사에서 벽이나 토대의 밑부분에 가늘고 긴 도랑을 내는 일.
布面(ぬのめん) 천의 표면.
布目(ぬのめ) ① 천의 발. 옷감의 결. ② 기와·도기(陶器) 등을 만들 때 천을 눌러서 그 자국을 나타내게 한 무늬.
‖~瓦(がわら) 천의 자국을 낸 기와.
~紙(がみ) 천무늬가 있는 종이[판지].
布屏風(ぬのびょうぶ) 비단 아닌 보통 천으로 만든 병풍.
布晒し(ぬのざらし) ① 천을 세탁하여 햇볕에 말림. ② 일본 춤에서 양손에 긴 천조각을 들고 빨아 너는 몸짓을 하는 춤.

布引き(ぬのびき) ①(바래기 위해서) 천을 팽팽하게 펴는[당기는] 일. ②(고무 제품 따위에) 천을 입힌 것.
布子(ぬのこ) 솜을 둔 무명옷. 「幀」.
布装(ぬのそう) 천으로 표지를 싼 장정(裝
布障子(ぬのそうじ) 창호지 대신 천을 바른 미닫이(문). *ぬのしょうじ로도 읽음.
布切れ(ぬのぎれ) 천 조각. 헝겊.
布地 ㊀(ぬのじ) ㊁
㊁(きれじ) 옷감. 피륙. (옷감의) 자투리.
布着せ(ぬのきせ) 칠기(漆器)에서 바탕을 고르게 하기 위해 헝겊을 바르는 일.
布丸太(ぬのまるた)【建】건축 현장에서 발판의 기둥을 잇기 위해 가로지른 통나무.
其他>
布の子(めのこ) 다시마를 잘게 썬 것.

8口 **咆** 으르렁거릴 포
ホウ
ほえる

音読>
咆哮(ほうこう) 포효. 짐승이 으르렁거림.

8广 **庖** 부엌 포·푸줏간 포
ホウ
くりや

音読>
庖人(ほうじん) 요리사. 숙수.
庖丁(ほうちょう) ①식칼. ②요리(인). 또, 그 솜씨.
庖厨(ほうちゅう) 포주. 주방. 부엌.

8忄常 **怖** 두려워할 포
フ こわい·おそれる·おめる·おじける·おそろしい

音読>
怖畏(ふい) 포외. 외포.
訓読>
怖がらせ(こわがらせ) 위협.
怖がらせる(こわがらせる) 무서워[두려워]하게 하다.
❖怖い(こわい)〈口〉①무섭다. 두렵다. ②위험하다. ③격렬하다.
怖がり(こわがり) 겁쟁이.
怖がる(こわがる) 무서워하다.
怖持て(こわもて) 두려워하는 존재이기 때문에 남에게서 우대를 받음.
怖怖(こわごわ) 두려워하는[겁내는] 모양.
❖怖じる(おじる)〈雅〉무서워하다. 겁내다. 낯설어하다.
怖じける(おじける) 무서워서 사리다.
怖じ気(おじけ) 공포심. *おぞけ로도 읽음.
‖~立つ(だつ) 섬뜩해지다.
～付く(づく) 겁나다.
❖怖める(おめる)〈古〉겁먹다. 기죽다.

怖めず臆せず(おめずおくせず) 주눅들지 않고. 당당히.
❖怖れる(おそれる) 겁내다. 무서워하다.
怖れ(おそれ) 두려워하는 마음.
❖怖ろしい(おそろしい) 두렵다. 겁나다.
怖しがる(おそろしがる) 무서워[두려워]하다. 겁내다.
其他>
怖ず怖ず(おずおず)〈雅〉주뼛주뼛. 머뭇머뭇. 조심조심.

8扌 **抛** 던질 포·버릴 포
ホウ
なげうつ·ほうる·ほる

音読>
抛棄(ほうき) 포기.
抛物線(ほうぶつせん)【數】포물선.
抛擲(ほうてき) 포척. 던져 버림. 팽개침.
訓読>
抛つ(なげうつ) 내던지다. 팽개치다.
❖抛る ㊀(ほうる) ①멀리 던지다. ②집어치우다. 단념하다.
㊁(ほる) 내버려두다. 방치하다.
抛り込む(ほうりこむ) (아무렇게나) 넣다.
抛り出す(ほうりだす) ①밖으로 내팽개치다. ②추방하다. ③중도에서 단념하다.
抛り投げる(ほうりなげる) '抛る(ほうる)'의 힘줌말.

8扌常 **抱**(抱) 안을 포·품을 포
ホウ
だく·いだく·かかえる

音読>
抱卵(ほうらん)【鳥】포란.
抱腹(ほうふく) 포복. 배를 움켜쥐고 크게 웃음.
‖~絶倒(ぜっとう) 포복절도. 「음.
抱負(ほうふ) 포부.
抱擁(ほうよう) 포옹. 얼싸안음.
抱囲(ほうい) 두 팔로 껴안음. 또, 그 길이.
抱接(ほうせつ)【動】포접.
抱合(ほうごう) 포합. ①서로 껴안음. ②화합(化合). ♣~語(ご)【言】포합어.
抱懐(ほうかい) 포회. 생각을 품음.
訓読>
❖抱える(かかえる) ①(껴)안다. ②책임지다. 떠맡다. ③고용하다.
抱え(かかえ) ①고용. ②기한을 정해서 고용한 기생·창녀. ③아름.
‖~田地(でんじ) 江戸(えど) 시대, 그 마을 농민 이외의 사람이 소유한 논.
～主(ぬし) 사람을 거느리고 부리는 사람. 특히, 기생을 거느린 사람. 포주.
～地(ち) 江戸 시대, 무사나 町人(ちょうにん)이 농민에게서 사들여 소유한 땅.
抱え込む(かかえこむ) ①(양손으로) 껴안다. 안다. 부둥키다. ②(많은 것을) 도맡다.

떠맡다.
❖**抱く** ㊀(だく) ①(팔·가슴에) 안다. ②전하여, 마음속에 품다.
㊁(いだく)〈雅〉(껴)안다.
抱き起こす(だきおこす) 안아 일으키다.
抱き寄せる(だきよせる) 끌어당겨 안다.
抱き籠(だきかご) 죽부인.
抱き留める(だきとめる) 꽉 껴안아 움쭉 못 하게 하다〔말리다〕.
抱き付く(だきつく) 달려들어 안기다. 달라붙다. 부둥켜 안다.
抱き竦める(だきすくめる) 꼼짝 못하게 껴안다.
抱き入れる(だきいれる) ①안아 들이다. ②자기편에 끌어넣다. 포섭하다.
抱き込む(だきこむ) ①껴안다. 끌어안다. ②(자기편에) 끌어넣다. 포섭하다. ③말려들게 하다.
抱き着く(だきつく) 달려들어 안기다. 달라붙다. 부둥켜 안다.
抱き締める(だきしめる) 꽉 껴안다. 부둥켜 안다.
抱き取る(だきとる) ①받아 안다. ②꽉 안아 움쭉 못 하게 하다.
抱き寝(だきね) 안고 자다. 또, 끼고 잠.
抱き抱える(だきかかえる) 껴〔끌어〕안다.
抱き下ろす(だきおろす) 안아 내리다.
抱き合う(だきあう) 서로 껴안다.
抱き合わせ(だきあわせ) ①서로 껴안게 함. ②'抱き合わせ販売(はんばい)(=끼워 팔기)'의 준말.
抱き合わせる(だきあわせる) ①서로 껴안게 하다. ②(잘 안 팔리는 것을 인기 상품에) 끼워서 팔다.

其他▶
抱っこ(だっこ)〈兒〉안음. 안김.

| 8
氵
常 | 泡(泡) | 거품 포
ホウ
あわ・あぶく |

音読▶
泡沫(ほうまつ) 포말. 물거품. *うたかた로도 읽음.
‖**~会社**(がいしゃ) 포말 회사.
~候補(こうほ) 선거에서 당선될 가망이 전혀 없는 입후보자.
泡影(ほうえい) 물거품과 그림자. 덧없는 인간사를 비유한 말.

訓読▶
泡(あわ) ①(물)거품. ②(입아귀의) 게거품.
*あぶく로도 읽음.
~を食(く)**う** 몹시 놀라 당황하다. 허둥거리다.
泡ぶく(あわぶく)〈俗〉거품.
泡立ち(あわだち) 거품이 읾.
泡立つ(あわだつ) 거품이 일다.
泡立てる(あわだてる) 거품을 일게 하다.
泡立て器(あわだてき) 달걀 따위를 저어서 거품을 일게 하는 요리 기구. 거품기.
泡箱(あわばこ)〖理〗기포 상자. 거품 상자.
泡雪(あわゆき) 가랑눈.
‖**~羹**(かん) 거품을 일게 한 달걀 흰자를 한천으로 굳힌 과자.
泡盛り(あわもり) 琉球(りゅうきゅう) 특산의 좁쌀 또는 쌀로 담근 (독한) 소주의 한 가지.
泡銭(あぶくぜに) 악전(惡錢). 부정하게 얻은 돈.

| 9
勹 | 匍 | 길 포
ホ
はう |

音読▶
匍球(ほきゅう)〖野〗포구. 땅볼.
匍匐(ほふく) 포복.
‖**~茎**(けい)〖植〗기는줄기. 포복경.
匍行(ほこう)〖地〗포행.

| 9
月
常 | 胞(胞) | 태의 포·배 포
ホウ
えな |

音読▶
胞胚(ほうはい)〖動〗포배.
胞状鬼胎(ほうじょうきたい) ⇨ 胞状奇胎(ほうじょうきたい).
胞状奇胎(ほうじょうきたい)〖醫〗포도상귀태(鬼胎).
胞子(ほうし)〖植〗포자. ♣**~囊**(のう)〖生〗포자낭 / **~葉**(よう)〖植〗포자엽 / **~体**(たい)〖生〗포자체.
‖**~植物**(しょくぶつ)〖植〗포자 식물.

訓読▶
胞衣(えな)〖生〗포의. 태의(胎衣).
‖**~笑い**(わらい) 갓난아이의 아무 뜻없는 웃음. 배냇짓.

| 9
艹 | 苞 | 쌀 포
ホウ
つつむ・つと |

音読▶
苞 ㊀(ほう)〖植〗포. 꽃턱잎. 화포(花苞).
㊁(つと) ①짚 따위로 싼 것. ②〈雅〉(집에 갖고 가는) 선물. 토산물.
苞苴(ほうしょう) ①생선·과일들을 안에 넣고 짚으로 정성들여 싼 것. ②선물. 포저. 뇌물.

| 10
口 | 哺 | 먹일 포·기를 포
ホ
ふくむ |

音読▶
哺(ほ) 포. 씹거나 먹지 않고 다만 음식물을 입 안에 물고 있는 일. 또, 입속의 음식물.

圃・捕・浦・疱・砲　1581

哺乳(ほにゅう) 포유. ♣〜類(るい) 포유류／〜瓶(びん) 포유병. 젖병.
∥〜動物(どうぶつ) 포유 동물.
哺育(ほいく) 포육. 특히 동물의 어미가 젖을 먹여 새끼를 기르는 일.

10 口	圃	채마밭 포 ホ はたけ

音読
圃(ほ) 포. 밭. 전원(田園).
圃場(ほじょう) 〖農〗 포장. 밭. 농포(農圃).

10 扌 常	捕	잡을 포 ホ　とらえる・とらわれる・とる・つかまえる・つかまる

音読
捕鯨(ほげい) 포경. 고래잡이. ♣〜船(せん) 포경선／〜業(ぎょう) 포경업／〜砲(ほう) 포경포.
∥〜母船(ぼせん) 포경 모선.
捕球(ほきゅう) 〖野〗 포구.
捕拿(ほだ) 〖法〗 나포(拿捕).
捕虜(ほりょ) 포로.
∥〜交換(こうかん) 포로 교환.
〜虐待(ぎゃくたい) 포로 학대.
捕吏(ほり) 포리. 포졸.
捕縛(ほばく) 포박.
捕殺(ほさつ) 포살. 잡아 죽임.
捕手(ほしゅ) 〖野〗 포수. 캐처.
捕囚(ほしゅう) 포수. 잡혀 갇힘.
捕縄(ほじょう) 포승. 오라.
捕食(ほしょく) 포식. 잡아먹음. ♣〜者(しゃ) 포식자.
∥〜連鎖(れんさ) 포식 연쇄. 먹이 연쇄 가운데 살아 있는 생물을 죽여 먹는 연쇄.
捕逸(ほいつ) 〖野〗 캐처가 피처의 공을 받지 못하고 놓침.
捕捉(ほそく) 포착. 붙잡음.
捕虫網(ほちゅうあみ) 포충망. 곤충망.
捕虫葉(ほちゅうよう) 〖植〗 포충엽.
捕獲(ほかく) 포획. ① 잡음. ② 노획함. ♣〜品(ひん) 포획품.

訓読
捕まえる(つかまえる) 붙잡다. 붙들다.
捕まる(つかまる) 〈닫〉잡히다.
捕らう(とらう) 〈文〉☞捕らえる(とらえる).
捕らえる(とらえる) 붙잡다. 붙들다.
捕らわれる(とらわれる) 〈닫〉잡히다. 잡히다.
捕れる(とれる) (사냥감・물고기 따위가) 잡히다.
❖捕らえる(とらえる) 〈닫〉잡다. 붙들다.
捕らえ所(とらえどころ) ① 붙잡을 데. ② (가치를 평가할 때의) 기준점.
❖捕る(とる) 잡다. 체포하다.
捕り物(とりもの) 죄인을 잡는 일. 또, 그 잡

기 위한 행동.
∥〜帳(ちょう) ① 江戸(えど) 시대에 目明かし(めあかし)가 죄인 체포를 위해 적어두던 기록(부). ② 범죄 사건을 제재로 한 역사물의 추리 소설.
捕り方(とりかた) 죄인을 잡는 사람. 포리 「(捕吏).
捕り手(とりて) 포리(捕吏).
捕り縄(とりなわ) 오라. 포승.

10 氵 常	浦	개 포 ホ うら

訓読
浦(うら) ① 후미. ②〈雅〉해변.
浦曲(うらわ) 〈雅〉바다가 육지 깊숙이 들어간 곳. 만. 「이름.
浦島太郎(うらしまたろう) 전설 속의 주인공
浦里(うらざと) 갯마을. 어촌.
浦辺(うらべ) 바닷가. 해변.
浦浜(うらはま) 바닷가. 해변.
浦山(うらやま) ① 해변과 산. ② 바닷가의 산. 「는 바람.
∥〜風(かぜ) 해변에 가까운 산에서 불어오
浦西(うらにし) 가을・겨울의 북서풍.
浦安の国(うらやすのくに) 일본의 딴이름.
浦遊び(うらあそび) 갯가에 나와 고기나 조개를 잡으면서 놂.
浦人(うらびと) 바닷가에 사는 사람. 어민.
浦伝い(うらづたい) 해변을 따라서 감.
浦凪(うらなぎ) 해안에 밀려오는 파도가 바람이 자서 잔잔함.
浦千鳥(うらちどり) 갯가에 사는 물떼새.
浦波(うらなみ) 〈雅〉바닷가에 밀려오는 파 「도.
浦風(うらかぜ) 〈雅〉갯바람.
浦和ぎ(うらなぎ) ⇨ 浦凪(うらなぎ).

10 疒	疱	마마 포 ホウ もがさ

音読
疱疹(ほうしん) 포진.
疱瘡(ほうそう) 〈老〉포창. 천연두.

10 石 常	砲 (砲)	대포 포 ホウ つつ

音読
砲(ほう) ① 대포. 화포. ② 포병(砲兵).
砲架(ほうか) 〖軍〗 포가. 포신을 올려놓는 받침.
砲撃(ほうげき) 〖軍〗 포격.
砲口(ほうこう) 포구. 포문.
砲金(ほうきん) 포금. 청동(青銅)의 한 종류 《동 90% 주석 10%의 합금》.
砲台(ほうだい) 포대.
砲隊(ほうたい) 〖軍〗 포병대.

砲門(ほうもん) 포문. ① 포구(砲口). ② 포안(砲眼). 총안.
砲兵(ほうへい) 포병.
砲声(ほうせい) 포성. 대포 소리.
砲手(ほうしゅ) 포수.
砲術(ほうじゅつ) 포술. ♣~家(か) 포술가.
砲身(ほうしん) 포신. 대포의 몸통.
砲眼(ほうがん)〖軍〗 포안.
砲煙(ほうえん) 포연.
∥~弾雨(だんう) 포연탄우.
砲列(ほうれつ)〖軍〗 방렬(放列).
砲音(ほうおん) 포음. 대포 소리.
砲戦(ほうせん) 포전. 포격전.
砲座(ほうざ) 포좌. 포자리.
砲陣(ほうじん) 포진.
砲車(ほうしゃ) 포차.
砲創(ほうそう) 총포에 의한 상처.
砲瘡(ほうそう) ⇨ 砲創(ほうそう).
砲弾(ほうだん) 포탄.
砲塔(ほうとう) 포탑. 「ret」 선반.
∥~旋盤(せんばん) 포탑 선반. 터릿(tur-
砲艦(ほうかん) 포함.
砲火(ほうか) 포화.
砲丸(ほうがん) 포환. ① 포탄(砲彈). ② 투포환에 쓰는 쇠공.
∥~投げ(なげ) 투포환.

| 10 ネ | 袍 | 두루마기 포
ホウ |

音読
袍 ㊀(ほう) 옛 조정에서 공사를 볼 때 관복(官服) 위에 입었던 조복(朝服).
　㊁(うえのきぬ) 속대(束帶)용의 윗도리.

| 11 勹 | 匏 | 박 포
ホウ
ひさご |

訓読
匏(ひさご) ①〖植〗 호리병박. ② 호리병.
*ふくべ로도 읽음.

| 11 日 | 晡 | 저녁 포
ホ
ひぐれ |

音読
晡(ほ) 포. 저녁. 신시(申時) 무렵.

| 11 月 | 脯 | 포 포
ホ
ほじし |

音読
脯肉(ほにく) 포육. 포(脯).
脯資(ほし) ① 말린 고기와 양식. ② 여비(旅費).

| 11 辶 | 逋 | 달아날 포·포탈할 포
ホ
にげる・のがれる |

音読
逋税(ほぜい) 포세. 세금 포탈. 탈세.
逋脱(ほだつ) 포탈. ① 도망해 면함. ② 조세(租税)를 피해 면함. ♣~犯(はん) 포탈범.

| 12 足 | 跑 | 허비적거릴 포
ホウ
あがく・だく |

訓読
跑(だく) 말의 구보.
跑足(だくあし) (승마에서) 약간 빠르게 달림. 말의 구보.

| 13 艹 | 葡 | 포도 포
ブ・ホ |

音読
葡(ほ)〖地〗 포르투갈(葡萄牙(ポルトガル)의 준말).
葡萄(ぶどう) 포도(나무). ♣~糖(とう) 포도당 / ~石(せき)〖鑛〗 포도석 / ~酒(しゅ) 포도주.
∥~球菌(きゅうきん)〖生〗 포도상 구균.
　~唐草文(からくさもん) 포도 당초문.
　~膜(まく)〖生〗 포도막. 안구 혈관막.
　~棚(だな) 포도 시렁. 포도 덩굴이 뻗도록 만들어 놓은 시렁.
　~状(じょう) 포도상. ♣~鬼胎(きたい)〖醫〗 포도상 귀태.
　~色(いろ) 포도색. 잘 익은 포돗빛. 검붉은 색. *えびいろ로도 읽음.
　~鼠(ねずみ) 불그스레한 쥐색.

其他
葡萄牙(ポルトガル)〖地〗 포르투갈. ♣~語(ご) 포르투갈어.
葡萄染(えびぞめ) ① 연보랏빛. ② 썬 빨강. 낡은 연보랏빛으로 짠 피륙의 배색.
葡萄蔓 ㊀(えびかづら) ① 葡萄(ぶどう)의 옛 이름. ② ㊁의 옛 이름.
　㊁(えびづる)〖植〗 까마귀머루.
葡萄茶(えびちゃ) 거무스름한 적갈색.

| 13 金 | 鉋 | 대패 포
ホウ
かんな |

訓読
鉋(かんな) 대패. ♣~屑(くず) 대팻밥.
∥~掛け(かけ) 대패질.
鉋目(かんなめ) ① 대패로 민 자리. ② 대패질한 자리를 남기고 칠한 것.

13 食 常	飽 (飽)	배부를 포 ホウ あきる・あかす・あく

音読
飽満(ほうまん) 포만. 배불리 먹음.
飽食(ほうしょく) 포식.
‖~暖衣(だんい) 포식난의.
飽和(ほうわ) 포화. ♣~度(ど) 포화도.
‖~溶液(ようえき)〖化〗 포화 용액.
　~人口(じんこう) 포화 인구.
　~蒸気(じょうき)〖理〗 포화 증기.
　~脂肪酸(しぼうさん)〖化〗 포화 지방산.
　~化合物(かごうぶつ)〖化〗 포화 화합물.

訓読
飽かす(あかす) ①물리게 하다. 싫증나게 하다. 실컷 …하다. ②듬뿍 쓰다.
飽かず(あかず) ①싫증내지 않고. 끈기 있게. ②성이 차지 않아.
飽かせる(あかせる) ☞飽かす(あかす).
❖飽きる(あきる) 싫증나다. 물리다.
飽き(あき) 물림. 싫증. 싫어짐.
~が来(く)る 싫증이 나다.
飽きっぽい(あきっぽい)〈俗〉싫증을 잘 내다. 이내 물리다.　　　「물리는 성질.
飽き性(あきしょう) 싫증을 잘 내는 성질. 곧
飽き易い(あきやすい) 금방 싫증을 내다.
飽き足らない(あきたらない) ☞飽き足りない(あきたりない).
飽き足りない(あきたりない) 성에 차지 않다. 불만족하다. 시원치 않다.
飽き足りる(あきたりる) 만족하다. 흡족하다.
飽き足る(あきたる) ☞飽き足りる(あきたりる).
飽き飽きする(あきあきする) 아주 싫증이 나다. 물리다. 신물이 나다.
❖飽く(あく)〈雅・方〉①만족하다. ②싫증나다. 지치다.
飽く無き(あくなき) 만족할[물릴] 줄 모르　　　　　　　　　　　　　　　「는.
飽く迄(あくまで) 어디까지나. 끝까지.

14 艹	蒲	부들 포・창포 포 ホ・ブ・フ がま・かば

音読
蒲団(ふとん) ①이부자리. 이불. 요. ②부들 방석.
蒲柳(ほりゅう) 포류. ①체질이 약함. ②'川柳(かわやなぎ)=냇버들'의 딴이름.
蒲鞭(ほべん)〖史〗 포편. 옛 중국에서 죄수에게 육체적 고통보다 사회적 모욕을 주는 관대한 형벌. 관대한 정치.

訓読
蒲 ㊀(がま)〖植〗 부들.　　　　「의 준말.
　㊁(かば) ①〖植〗 ☞㊀. ②蒲色(かばいろ)
蒲脚絆(がまはばき) 부들잎으로 짠 각반.

蒲鉾(かまぼこ) ①어묵. ②보석을 박지 않은, 가운데가 볼록한 금반지. ③〖植〗 부들꽃의 이삭.
‖~小屋(ごや) 대나무 따위를 휘어 반원형으로 지은 작은 오두막.
　~屋根(やね) (체육관 등의) 반원형 지붕.
　~板(いた) 어묵판. 어묵을 붙이는 나무판.
　~形(がた) 목판에 붙인 어묵으로 가운데가 볼록 솟은 꼴. 반원형. *かまぼこなり
蒲色(かばいろ) 주황색.　　　　　「로도 읽음.
蒲蓆(がまむしろ) 부들자리《깔개용》.
蒲焼き(かばやき)〖料〗(뱀)장어구이.
蒲魚(かまとと)〈俗〉새침데기(짓). 음흉스러움.
‖~令嬢(れいじょう) 새침데기 아가씨.

其他
蒲公英(たんぽぽ)〖植〗 민들레.
‖~色(いろ) 선명한 황색.
蒲葵(びろう)〖植〗 야자과의 상록 교목. 재목은 세공물에, 잎은 삿갓・부채용으로 씀.

14 革	鞄	혁공 포 ホウ かばん

訓読
鞄(かばん) 가방.
鞄持ち(かばんもち) ①상사의 가방을 들고 따라다니며 시중을 듦. 또, 그 사람. 비서. ②전하여, 상사의 비위를 맞추며 따라붙는 사람.

15 口 常	舖 (舗)	펼 포・가게 포 ホ みせ・しく

音読
舗(ほ) 포. 점포. 상점.
舗道(ほどう) 포도. 포장 도로.
舗木道(ほぼくどう) 나무를 벽돌 모양으로 만들어 그것으로 포장한 도로.
舗石(ほせき) 포석.
舗装(ほそう) 포장.

15 日 教	暴 포 ⇨ 暴 폭 (p. 1584)

15 衣 常	褒 (褒)	기릴 포・칭찬할 포 ホウ ほめる

音読
褒美(ほうび) 포상《褒賞》.
褒辞(ほうじ) 칭찬하는 말.
褒詞(ほうし) 포사. 칭찬하는 말.
褒賜(ほうし) 포사. 칭찬하고 상품을 주는
褒賞(ほうしょう) 포상.　　　　　　「일.
褒揚(ほうよう) 포양. 칭찬.

襃状(ほうじょう) 포장.
襃章(ほうしょう) 포장.
襃称(ほうしょう) 포칭. 칭찬. 칭송.
襃貶(ほうへん) 포폄. ① 칭찬과 비난. ② 일의 옳고 그름을 논함.

訓読
襃めそやす(ほめそやす) 격찬하다. 높이 칭찬하다.
襃めちぎる(ほめちぎる) (본인이 부끄러울 정도로) 극구 칭찬하다.
❖襃める(ほめる) ① 칭찬하다. 찬양하다. ② 〈古〉축하하다.
襃め言葉(ほめことば) 칭찬의 말.
襃め者(ほめもの) 칭찬 받는 사람.
襃め囃す(ほめはやす) 입을 모아 칭찬하다.
襃め称える(ほめたたえる) 극구 칭찬하다.

15 金	鋪	펼 포·가게 포 ホ みせ・しく

참고 舗의 異體字.

音読
鋪道(ほどう) 포도. 포장 도로.
鋪装(ほそう) 포장.
訓読
鋪(しき) (광산의) 갱도.
鋪内(しきない) (광산의) 갱도 내부. 갱내.
鋪石(しきいし) 포석. (길에 깐) 납작한 돌.

15 髟	髱	수염많을 포 ホウ たぼ

髱(たぼ) ① 일본식 머리의 뒤쪽으로 나온 부분. ② 〈俗〉(특히) 젊은 여자. ③ 작부(酌婦). *つと로도 읽음.

16 魚	鮑	절인어물 포 ホウ あわび

訓読
鮑(あわび)『貝』전복.

폭

12 巾 常	幅	폭 폭·넓이 폭 フク はば

音読
幅射(ふくしゃ)『理』복사(輻射). ♣〜線(せん)『理』복사선 / 〜熱(ねつ)『理』복사열.
幅員(ふくいん) 폭. 나비.

訓読
幅 ㊀(はば) ①폭. ②여유. 여지. ③(두 수량 사이의) 폭. 간격. 차.
㊁(ふく) ①족자. ②『接尾語로』…폭. 족자를 세는 수.
㊂(の)《수를 나타내는 순 일본어에 붙여서》천의 너비를 나타낼 때 첨가하는 말.
幅ったい(はばったい) ① 폭이 넓다. ② 입찬소리를 하다. 건방지다.
幅広(はばひろ) (보통보다) 폭이 넓음. 또, 그러한 것. *はばびろ로도 읽음.
‖〜帯(おび) 보통보다 폭이 넓게 지은 帯
幅広い(はばひろい) 폭이 넓다.
幅寄せ(はばよせ) ① 자동차를 도로변에 붙이거나 차간 거리를 좁혀 주차시키는 일. ② 달릴때 차의 진로를 길가로 잡는 일.
幅跳び(はばとび) 넓이뛰기. 멀리뛰기.
幅利き(はばきき) 세력이 있음. 세력이 있는 사람.
幅物(はばもの) 너비 72cm 이상의 피륙.
幅出し(はばだし) 정련(精練)·표백·염색에 의해 줄어든 직물을 잡아늘여 일정한 폭으로 마무리하는 처리.
幅狭(はばせま) 보통보다 폭이 좁음. 또, 그 모양. *はばぜま로도 읽음.

15 日 教	暴	사나울 폭·포·쬘 폭 ボウ・バク あばく・あばれる・あらい・さらす

참고 '사나울 폭'은 俗音.

音読
暴挙(ぼうきょ) 폭거. ① 무모한 계획. 난폭한 행동. ② 폭동.
暴君(ぼうくん) 폭군. 비유적으로, 멋대로 행동하는 횡포한 사람. 못된 주인〔사람〕.
暴怒(ぼうど) 폭노. 격노(激怒).
暴徒(ぼうと) 폭도.
暴動(ぼうどう) 폭동. ♣〜罪(ざい) 폭동죄.
暴騰(ぼうとう) 폭등.
暴落(ぼうらく) 폭락.
暴乱(ぼうらん) 난폭한 행동.
掠(りゃく) 폭략. 폭력으로 탈취함.
暴戾(ぼうれい) 폭려. ① 난폭하게 백성을 괴롭힘. ② 포악하게 행동함.
暴力(ぼうりょく) 폭력. ♣〜団(だん) 폭력단.
‖〜政治(せいじ) 폭력 정치.
〜組織(そしき) 폭력 조직.
〜革命(かくめい) 폭력 혁명.
暴露(ばくろ) 폭로.
‖〜戦術(せんじゅつ) 폭로 전술.
暴論(ぼうろん) 폭론. 도리에 벗어난 난폭한 의론.
暴吏(ぼうり) 폭리. 백성을 괴롭히는 악독한 관리.
暴利屋(ぼうりや) 폭리점. 폭리꾼.
暴民(ぼうみん) 폭민. 도당을 꾸미어 폭동을 일으킨 백성.

暴発(ぼうはつ) 폭발. ① 돌발. ② 오발.
暴富(ぼうふ) 폭부. 벼락 부자. 졸부(猝富).
暴死(ぼうし) 폭사. 급사(急死).
暴瀉(ぼうしゃ) 심한 설사.
暴状(ぼうじょう) 난폭한 상태〔행동〕.
暴説(ぼうせつ) 폭설. 논리·사실을 무시한 억지 주장.
暴食(ぼうしょく) 폭식.
暴圧(ぼうあつ) 폭압. (난폭하게) 억누름.
暴言(ぼうげん) 폭언.
暴勇(ぼうゆう) 만용. 무모한 용기.
暴雨(ぼうう) 폭우. *はやさめとも読む.
暴威(ぼうい) 폭위. 맹위.
暴淫(ぼういん) 폭음. 방사(房事)를 지나치게 함.
暴飲(ぼういん) 폭음.   ┗게 함.
‖~暴食(ぼうしょく) 폭음 폭식.
暴政(ぼうせい) 폭정.
暴帝(ぼうてい) 폭제. 폭군.
暴走(ぼうそう) 폭주. ♣~族(ぞく) 폭주족.
暴投(ぼうとう)〖野〗폭투.
暴評(ぼうひょう) 혹평(酷評).
暴風(ぼうふう) 폭풍. ♣~圏(けん) 폭풍권 / ~雨(う) 폭풍우.
暴漢(ぼうかん) 폭한.
暴行(ぼうこう) 폭행. 강간. 난폭한 행위. 폭력을 가함. ♣~罪(ざい) 폭행죄.
▶ 이하 음은 '포'.
暴慢(ぼうまん) 포만. 난폭하고 방자함.
暴悪(ぼうあく) 포악.
暴虐(ぼうぎゃく) 포학.
暴虎(ぼうこ) 포호. 무모한 행동을 빗대어 이
‖~馮河(ひょうが) 포호빙하.   ┗른 말.
暴横(ぼうおう) 포횡. 횡포.
▶訓読▶
❖暴く(あばく) ① 파헤치다. ② (비밀을) 폭로하다.
暴き立てる(あばきたてる) 마구 폭로하다.
❖暴れる(あばれる) 난폭하게 굴다. 날뛰다.
暴れ馬(あばれうま) 거칠게 날뛰는 말.
暴れん坊(あばれんぼう) 난폭자. 망나니.
暴れ者(あばれもの) 난폭한 사람.
暴れ川(あばれがわ) 툭하면 넘치는 강.

18 氵	瀑	폭포 폭 バク たき

▶音読▶
瀑布(ばくふ) 폭포. 폭포수.
瀑声(ばくせい) 폭포 소리.

19 日	曝	쬘 폭 バク さらす·さらける·される

▶音読▶
曝気(ばっき) 하수(下水) 속에 공기를 넣어 배수 정화를 도움.
曝涼(ばくりょう) 책이나 의복 등을 널어 말
曝露(ばくろ) 폭로.   ┗림.
曝書(ばくしょ) 폭서. 책을 볕을 쬐고 바람에
曝葬(ばくそう) 폭장. 풍장(風葬).   ┗쐼.
▶訓読▶
❖曝ける(さらける) 속속들이 드러내다.
曝け出す(さらけだす) 속속들이 드러내다.
❖曝す(さらす) ① 비바람·햇볕에 쐬다. ② 바래다. ③ (치부를) 드러내게 하다. *さばすとも読む.
曝し(さらし) 바램. 바래서 희게 한 물건. 마전. 또, 표백한 무명.   「한 고래 고기.
曝し鯨(さらしくじら) 기름기를 뺀 희고 연
曝し木綿(さらしもめん) 희게 바랜 무명.
曝し粉(さらしこ) 표백분.
曝し首(さらしくび) 江戸(えど) 시대에, 죄인의 머리를 옥문에 내걸어 사람들에게 보였던 일. 또, 그 머리.   「당한 사람.
曝し者(さらしもの) 뭇사람 앞에서 창피를
❖曝れる(される) 오랫동안 비바람이나 햇볕을 쐬어 빛이 바래거나 썩거나 하다.
曝れ首(されこうべ) 촉루. 비바람을 맞아 뼈만 남은 해골. *しゃれこうべとも読む.

19 火 常	爆	터질 폭 バク はぜる

▶音読▶
爆撃(ばくげき) 폭격. ♣~機(き) 폭격기.
爆管(ばっかん) 폭관.
爆轟(ばくごう)〖化〗니트로글리세린 따위가 폭발할 때 화염이 초음속으로 퍼지는 현상. 데토네이션(detonation).
爆裂(ばくれつ) 폭렬. 폭발하여 파열함.
‖~弾(だん) 폭렬탄. 폭탄의 옛 이름.
爆雷(ばくらい)〖軍〗폭뢰.
爆鳴(ばくめい) 폭명. 폭발할 때 소리가 남. 또, 그 소리.
‖~気(き)〖化〗폭발성 기체.
爆発(ばくはつ) 폭발. ♣~力(りょく) 폭발력 / ~物(ぶつ) 폭발물 / ~薬(やく) 폭발약 / ~的(てき) 폭발적.
‖~範囲(はんい) 폭발 범위.
爆死(ばくし) 폭사.
爆殺(ばくさつ) 폭살. 폭발시켜 죽임.
爆傷(ばくしょう) 폭상. 폭발·폭격 등으로 부상당함. 또, 그 상처.
爆笑(ばくしょう) 폭소.
爆砕(ばくさい) 폭쇄. 폭발하여 부숨.
爆心(ばくしん) 폭심. 폭발의 중심.
爆圧(ばくあつ) 폭압. 폭발 때 폭풍의 압력.
爆薬(ばくやく) 폭약.
爆然(ばくぜん) 큰소리로 폭발하는 모양.
爆煙(ばくえん) 폭연.
爆燃(ばくねん)〖化〗폭연.
爆音(ばくおん) 폭음.
爆走(ばくそう) 폭주. 자동차·오토바이 등

이 큰소리를 내며 달림.
爆竹 ㊀(ばくちく) ① 폭죽. ② 정월 보름날에, 설날에 썼던 門松(かどまつ) 등 장식물을 태우는 불.
㊁(どんど) 정월 보름날, 설날에 썼던 門松·しめなわ 등을 모아 불태워 버리는 행사. 또, 그 불로 구운 떡을 먹는 일.
‖ **～焼き**(やき) ☞爆竹(どんど).
爆沈(ばくちん) 폭침. 폭발시켜 가라앉힘.
爆弾(ばくだん) ㉠ 폭탄. ㉡〈俗〉㉠ 밀조 소주. ㉡ 강냉이 튀김.
‖ **～霰**(あられ) ☞爆弾 ②㉡.
爆破(ばくは) 폭파.
爆風(ばくふう) 폭풍.

[訓読]
爆ぜる(はぜる) (열매가) 터져 벌어지다. 터지다. 튀다.

[其他]
爆米(はぜ) 찹쌀을 볶아 튀긴 것.

표

| 8 衣 教 | 表 | 겉 표・나타낼 표
ヒョウ
おもて・あらわす・あらわれる |

[音読]
表す(ひょうす) ☞表する(ひょうする).
表する(ひょうする) ① 나타내다. 표하다. ② 표창(表彰)하다.
表掲(ひょうけい) 게시(掲示)함.
表見代理(ひょうけんだいり)〖法〗표견 대리. 표현 대리. 대리권이 없는 사람이 외견상 대리권이 있는 것처럼 행한 법률 행위.
表決(ひょうけつ) 표결. 의안에 대한 가부의 의사를 표시함.
表敬(ひょうけい) 경의를 표함.
‖ **～訪問**(ほうもん) 그 나라 원수·수상에게 경의를 표하기 위한 공식 방문. 예방(禮訪).
表慶(ひょうけい) 표경. 축하의 뜻을 나타냄.
表具(ひょうぐ) 표구. 장황(粧潢). ♣**～師**(し) 표구사.
表記(ひょうき) 표기. ♣**～法**(ほう) 표기법.
表徳(ひょうとく) 표덕. 덕행이나 선행을 세상에 알림. ♣**～碑**(ひ) 표덕비. 송덕비.
表六玉(ひょうろくだま)〈俗〉얼간이. 멍텅구리.
表裏(ひょうり) 표리. ① 겉과 속. 안팎. ② 겉과 속이 다름. ♣**～者**(もの) 배반자.
‖ **～一体**(いったい) 표리 일체.
表面(ひょうめん) 표면. 겉. ♣**～的**(てき) 표면적 / **～化**(か) 표면화.
‖ **～金利**(きんり)〖經〗표면 금리.
～立って(だって) 일부러. 두드러지게.
～張力(ちょうりょく)〖理〗표면 장력.

～処理(しょり) 표면 처리.
～活性剤(かっせいざい)〖化〗표면 활성제. 계면(界面) 활성제.
表面積(ひょうめんせき) 표면적.
表明(ひょうめい) 표명.
表褙(ひょうはい) 표구(表具).　　「명함.
表白 ㊀(ひょうはく) 표백. (문서·말로)
㊁(ひょうびゃく)〖佛〗법회 때, 승려가 법회의 취지를 기록한 글을 읽는 일.「표상형.
表象(ひょうしょう) 표상. ♣**～型**(がた)〖心〗
‖ **～主義**(しゅぎ) 표상주의. 상징주의.
表書(ひょうしょ) 표서. 겉에 씀.
表示(ひょうじ) 표시. 밖으로 나타냄.
‖ **～主義**(しゅぎ)〖法〗표시주의.
表式(ひょうしき) 표식. 형태로 나타내 보이는 일정한 방식.
表語文字(ひょうごもじ)〖言〗표어 문자. 표의(表意) 문자.
表外漢字(ひょうがいかんじ) 상용 한자표에 없는 한자.　　　　　　「식.
表音(ひょうおん) 표음. ♣**～式**(しき) 표음
‖ **～文字**(もんじ) 표음 문자. 소리글자.
～的仮名遣い(てきかなづかい) 현재 쓰이는 발음을 그대로 규준으로 삼은 かな 표기법.
表衣(ひょうい) 표의. 겉에 입는 옷.
表意(ひょうい)〖言〗표의.
‖ **～文字**(もんじ)〖言〗표의 문자. 뜻글자. ＊ひょういもじ로도 읽음.
表状(ひょうじょう) ① 군주(君主)에게 올리는 문서. ② 표창장.
表章(ひょうしょう) 표장. 표창(表彰).
表装(ひょうそう) 표장.
表情(ひょうじょう) 표정. ♣**～筋**(きん) 표정근 / **～術**(じゅつ) 표정술.
表旌(ひょうせい) 표정. 선행을 칭송하고 널리 세상에 알림. 표창함.
表題(ひょうだい) 표제.
表奏(ひょうそう) 표주. 문서로 군주에게 상주함. 또, 그 문서.
表紙(ひょうし) 표지.
表徴(ひょうちょう) 표징. ① 외부에 나타난 표적. ② 상징.
表札(ひょうさつ) 표찰. 문패.
表彰(ひょうしょう) 표창.
表出(ひょうしゅつ) 표출. 마음속의 느낌이나 생각 따위를 밖으로 나타냄.
表層(ひょうそう) 표층. 표면의 층. ♣**～魚**(ぎょ)〖魚〗표층어.
表土(ひょうど) 표토. 갈아 일군 땅의 맨 윗부분. 경토(耕土).
表皮(ひょうひ)〖生〗표피. 껍질.
‖ **～効果**(こうか)〖電〗표피 효과.　　「割).
表割(ひょうかつ)〖生〗표할. 표면 난할(卵
表現(ひょうげん) 표현.
‖ **～主義**(しゅぎ) 표현주의.　　　「알림.
表顕(ひょうけん) 세상 사람에게 널리 밝혀
表号(ひょうごう) ① 표지(標識). ② 드러내어 말함. 일컬음. 칭함.

表 ㈠(おもて) ① 겉. 표면. ②(밖에서 보이는) 사물의 겉. ③ 공식상. 표면상. ④ 집의 바깥. ⑤〖野〗매회의 선공(先攻). …초(初).
㈡(ひょう) 표.

表わす(あらわす) ① 나타내다. 표현하다. ② 발휘하다.

表われる(あらわれる) 나타나다. 드러나다.

表街道(おもてかいどう) ① 정식 가도. 주요 가로. ② 올바른〔화려한〕인생.

表看板(おもてかんばん) ① 극장의 정면에 내거는 간판. ② 표면상의 명목.

表高(おもてだか) 江戸(えど) 시대에, 무가(武家)의 공식적인 녹봉.

表罫(おもてけい)〖印〗가는 괘(罫).

表口(おもてぐち) ① 정면 출입구. ② 토지・가옥 등의 정면의 폭. ③ 비유적으로, 지식・연구 영역의 넓이.

表構え(おもてがまえ) 집 정면의 꾸밈새.

表道具(おもてどうぐ) 신분・격식・직업을 나타내기 위한 도구.

表立つ(おもてだつ) 표면화하다. 세상에 공공연하게 알려지다.

表立てる(おもてだてる) 공공연하게 알리다.

表舞台(おもてぶたい) 정식 무대.

表門(おもてもん) 대문. 정문.

表紋(おもてもん) 가문의 문장(紋章).

表方(おもてかた) (극장 같은 곳에서) 관람자에 관한 사무를 보는 사람들.

表付き(おもてつき) ① 겉보기. ② 건물 정면의 꾸밈새. ③ 바닥에 돗자리 조각을 깐 下駄(げた).

表沙汰(おもてざた) ① 세상에 공공연하게 알려짐. ② 소송.

表書き(おもてがき) 편지 겉봉에 주소나 이름을 씀. 또, 그 주소나 이름.

表御殿(おもてごてん) 天皇(てんのう)가 공식 행사로 출석하거나 집무하는 궁전.

表芸(おもてげい) ① 전문가로서 알아 두어야 할 기예. ② 교양의 하나로 배워야 할 예능.

表日本(おもてにほん) 일본 열도 중 本州(ほんしゅう)의 태평양에 면한 지방.

表作(おもてさく) 그루갈이한 땅의 처음에 경작하는 주된 농작물.

表店(おもてだな) 한길에 면한 집.

表潮(おもてしお) 달을 향하고 있는 지구 쪽에 생기는 만조.

表座敷(おもてざしき) 큰 집의 입구 가까이 있는 객실로 쓰이는 방.

表地(おもてじ) (옷・주머니의) 겉감.

表替え(おもてがえ) 畳(たたみ)의 겉돗자리를 새것으로 갈아댐.

表側(おもてがわ) 겉쪽. 정면 쪽.

表通り(おもてどおり) ① 한길. 큰길. ② 집 바깥의 길.

表編み(おもてあみ) (편물의) 겉뜨기.

表布(おもてぎれ) 의복의 겉감.

表向き(おもてむき) ① 공공연함. 공식(公式)상. ② 표면상.

表玄関(おもてげんかん) 집 정면의 정식 현관.

表戸(おもてど) 정문.

| 10
イ
〖教〗 | 俵 | 나누어줄 표
ヒョウ
たわら |

俵 ㈠(たわら) (쌀・숯 등을 담는) 섬.
㈡(ひょう) 가마에 든 것을 세는 말. …섬. …가마.

俵物(たわらもの) ① 섬에 들어 있는 것. ② 근세, 長崎(ながさき)의 대(對)중국 수출품 중, 마른 해삼・마른 전복・상어 지느러미의 세 가지 중요품. ＊ひょうものろも 읽음.

俵腰(たわらごし) 몹시 굵은 허리.

| 10
豸 | 豹 | 표범 표
ヒョウ |

豹(ひょう)〖動〗표범.

豹文(ひょうもん) 표문. 표범 무늬.

豹紋(ひょうもん) ⇨ 豹文(ひょうもん).

豹変(ひょうへん) 표변. (태도・의견 등이) 싹 바뀜.

| 11
彡
〖人〗 | 彪 | 범 표・문채날 표
ヒョウ |

彪炳(ひょうへい) 호랑이 가죽의 무늬.

| 11
示
〖教〗 | 票 | 쪽지 표・표 표
ヒョウ
ふだ |

票(ひょう) 표.

票決(ひょうけつ) 표결. 투표로써 결정함.

票固め(ひょうがため) 표 굳히기. 표 확보 공작.

票読み(ひょうよみ) ① (투표 전에) 득표수를 예측하는 일. ② (개표시에) 표를 세는 일.

票数(ひょうすう) 표수. 투표에 의한 득표수.

票田(ひょうでん) 표밭. 선거에서 그 후보자나 그 정당에게 대량 득표가 기대되는 지역.

票差(ひょうさ) 표차. 선거에서 득표수의 차.

票割れ(ひょうわれ) 선거에서, 복수의 입후보자에게 표가 분산됨.

| 13
リ | 剽 | 표독할 표・빠를 표
ヒョウ
おびやかす |

音読

剽軽 〓(ひょうきん) 소탈하고 익살스러움.
♣〜者(もの) 익살꾼.
〓(ひょうけい) 표경. ①경솔함. ②몸이 날렵함.
剽軽る(ひょうげる)〈俗〉익살스럽게 굴다. 웃기는 짓을 하다. 까불다.
剽盗(ひょうとう) 노상 강도.
剽掠(ひょうりゃく) 표략. 협박하여 남의 물건을 강탈함.
剽略(ひょうりゃく) ⇨剽掠(ひょうりゃく).
剽賊(ひょうぞく) 표적. ①표절. ②노상 강도.
剽窃(ひょうせつ) 표절.
剽疾(ひょうしつ) 날램. 민첩함.
剽悍(ひょうかん) 표한. 날렵하고 사나움.

13 木	裱	장황 표 ヒョウ

音読

裱褙(ひょうはい) 표구(表具).
裱装(ひょうそう) 표장.

14 女	嫖	날랠 표·음탕할 표 ヒョウ かるい

音読

嫖客(ひょうきゃく) 표객. 화류계에서 노는 남자. 오입쟁이. *ひょうかく로도 읽음.

14 氵 常	漂	떠다닐 표·빨래할 표 ヒョウ ただよう・さらす

音読

漂客(ひょうかく) 표객. 유랑하는 사람. 떠도는 사람.
漂壜(ひょうびん) ⇨漂瓶(ひょうびん).
漂落(ひょうらく) 표락. 바람에 날려 떨어짐.
漂浪(ひょうろう) 표랑. 방랑. 떠돌아다님.
漂零(ひょうれい) 표령. 나뭇잎·꽃잎이 바람에 날리어 떨어짐.
漂流(ひょうりゅう) 표류.
漂母(ひょうぼ) 표모. (굶주린 한신(韓信)에게 먹을 것을 주었다는) 빨래하는 노파.
漂民(ひょうみん) 표착(漂着)한 사람.
漂泊(ひょうはく) 표박. 흘러 떠돎. 유랑. *さすらい로도 읽음.
漂白(ひょうはく) 표백. ♣〜剤(ざい) 표백제.
漂瓶(ひょうびん) 해류병. 해류의 방향이나 속도를 조사하기 위해서 바다에 띄우는 병.
漂砂(ひょうさ) 표사. 파랑(波浪)·조류 등에 의해 유동하는 토사.
∥〜鉱床(こうしょう)『地』표사 광상.
漂石(ひょうせき) 표석.
漂船(ひょうせん) 표선. 표류하는 배.
漂失(ひょうしつ) 표실. 유실. 물결에 휩쓸려가[떠내려가] 없어짐.
漂然(ひょうぜん) 표연.
漂鳥(ひょうちょう) 표조. 떠돌이새.
漂着(ひょうちゃく) 표착.
漂蕩(ひょうとう) 표탕. ①물에 떠돎. ②정처없이 헤매어 떠돎.
漂海民(ひょうかいみん) 배를 주거로 삼고 해상을 이동하며 어로(漁撈)를 하는 사람들.

訓読

漂う(ただよう) ①표류하다. ②유랑하다. ③감돌다. ④자욱이 끼다.
漂わす(ただよわす) ①떠돌게 하다. ②감돌게 하다. ③띄우다. 「わす).
漂わせる(ただよわせる) ☞漂わす(ただよ
漂泊う(さすらう) 방랑하다. 유랑하다.
漂泊人(さすらいびと) 방랑자. 유랑민.

15 木 教	標	표시 표·표할 표 ヒョウ しめ・しるし・しるべ

音読

標高(ひょうこう) 표고. 해발(海拔).
標記(ひょうき) 표기.
標旗(ひょうき) 표기. 표지가 되는 기. 또, (내건) 목표. 기치.
標灯(ひょうとう) 표등. 표지가 되는 등불.
標木(ひょうぼく) 표목. 푯말.
標目(ひょうもく) ①표지. ②'目録(もくろく)(=목록)'·'目次(もくじ)(=차례)'의 예스러운 말씨.
標榜(ひょうぼう) 표방.
標本(ひょうほん) 표본.
∥〜調査(ちょうさ) 표본 조사.
〜抽出(ちゅうしゅつ) 표본 추출.
標石(ひょうせき) 표석. 푯돌.
標示(ひょうじ) 표시. 표지를 하여 나타냄.
標語(ひょうご) 표어.
標章(ひょうしょう) 표장. 단체나 특수한 행사 따위의 상징(이 되는 기호).
標的(ひょうてき) 표적. 목표. 과녁.
標点(ひょうてん) 표점. 표적으로 삼은 점.
標題(ひょうだい) 표제. 「목표제.
∥〜音楽(おんがく) 표제 음악.
標注(ひょうちゅう) 표주. 난외(欄外)에 다는 주석.
標柱(ひょうちゅう) 표주. 푯대. 안표가 되는 가늘고 긴 기둥.
標註(ひょうちゅう) ⇨標注(ひょうちゅう).
標準(ひょうじゅん) 표준. ♣〜時(じ) 표준시 /〜語(ご) 표준어 /〜的(てき) 표준적 /〜化(か) 표준화.
∥〜価格(かかく) 표준 가격.
〜規格(きかく) 표준 규격.
〜金利(きんり) 표준 금리.
〜気圧(きあつ) 표준 기압.
〜時計(どけい) 표준 시계.
〜試薬(しやく) 표준 시약.

~式(しき) 표준식. 일본어를 로마자로 표기하는 한 방식.
~字体(じたい) 표준 자체. 일본에서 초등학교 학년별 배당 한자의 본보기가 되는 자
~電波(でんぱ) 표준 전파.
~体重(たいじゅう) 표준 체중. 「체
~偏差(へんさ)〖統計〗표준 편차.
~化石(かせき)〖地〗표준 화석. 지층의 지질 시대를 결정하는 데 기준이 되는 화석.
標識(ひょうしき) 표지. ♣**~灯**(とう) 표지등 / **~鳥**(ちょう) 표지조.
‖**~的擬態**(てきぎたい)〖生〗표지적 의태.
標札(ひょうさつ) 표찰. 문패.
標尺(ひょうしゃく) 표척. 수준(水準) 측량 때 쓰이는 자.
標置(ひょうち) 눈에 뜨이게 놓아 둠.
標治法(ひょうちほう)〖漢醫〗침구 요법의 하나. 표면적인 여러 증상에 대하여 행하는 대증 요법.
標号(ひょうごう) ① 표지(標識). ② 분명히 〔드러내어〕 말함.

▶**訓読**◀
標 ㊀(しるべ) 길 안내. 길잡이. 도표.
㊁(ひょう) ① 목표. 안표(眼標). ②《接尾語로》표. 표지.
㊂(しるし) ① 표(시). ② 표지. ③ 기색. 낌새.
㊃(しめ) ① 금줄. ② 길 표지. ③〈雅〉장소를 한정하는 표지. ④ 출입을 금함.
標す(しるす) ① 표시하다. ② 자취를 남기다.
標縄(しめなわ) 금줄. 인줄.
標半纏(しるしばんてん) 등이나 깃에 가게 이름·성명 따위를 염색한 半纏(はんてん).
標針(しるしばり) 가봉할 때 표시로 질러 두는 바늘.
標許り(しるしばかり) 명색뿐임. 약간.

▶**逆音**◀
浮標(ふひょう) 부표.
商標(しょうひょう) 상표.
里程標(りていひょう) 이정표.
指標(しひょう) 지표.

---

16 瓜 瓢
바가지 표
ヒョウ
ひさご・ふくべ

▶**音読**◀
瓢箪(ひょうたん) ①〖植〗호리병박. ② 표주박.
‖**~鯰**(なまず) ①(표주박으로 메기를 눌러 잡듯이) 잡을 수 없는 모양. ② 도무지 종잡을 수가 없음. 요령 부득인 모양.
瓢瓠(ひょうこ) ① 호리병박. ② 표주박.
▶**訓読**◀
瓢 ㊀(ひさご) ①〖植〗호리병박. ② 호리병.
㊁(ふくべ) 〈雅〉〖植〗① 박의 한 변종. ② 호리병박.
▶**其他**◀
瓢虫(てんとうむし)〖蟲〗무당벌레.

---

16 疒 瘭
생인손 표
ヒョウ
はれもの

▶**音読**◀
瘭疽(ひょうそ) 표저. 생인손. *ひょうそうで 읽음.

---

17 糸 縹
옥색 표·휘날릴 표
ヒョウ
はなだ

▶**音読**◀
縹渺(ひょうびょう) 표묘. 아득하고 어렴풋함.
縹緲(ひょうびょう) ⇨ 縹渺(ひょうびょう).
▶**訓読**◀
縹(はなだ) ☞ 縹色(はなだいろ).
縹色(はなだいろ) 엷은 남색(藍色). *ひょうしきろ로도 읽음.

---

19 金 鏢
칼집끝장식 표
ヒョウ
こじり

▶**音読**◀
鏢客(ひょうかく) 표국(鏢局)의 장사.
鏢局(ひょうきょく) 표국. 여행인의 보호를 업으로 하는 일종의 회사.

---

20 風 飄
나부낄 표·방랑할 표
ヒョウ
つむじかぜ・ひるがえる

▶**音読**◀
飄客(ひょうきゃく) 표객. 화류계에서 노는 남자. 오입쟁이. *ひょうかくで로도 읽음.
飄落(ひょうらく) 표락. 바람에 날려 떨어짐.
飄零(ひょうれい) 표령. 나뭇잎·꽃잎이 바람에 날리어 떨어짐.
飄揚(ひょうよう) 표양. 바람에 날려 떠오름. 하늘 높이 날아 올라감.
飄颺(ひょうよう) ⇨ 飄揚(ひょうよう).
飄然(ひょうぜん) 표연. ① 아무 목적도 없이 불쑥 오는 모양. 또, 훌쩍 떠나는 모양. ② 사물에 구애되지 않는 모양.
飄揺(ひょうよう) 표요. 나부끼어 움직임.
飄逸(ひょういつ) 표일. 탈속(脫俗).
飄飄(ひょうひょう) 표표. ① 바람에 날려 휘날리는 모양. ② 사물에 매이지 않고 태연함. 구애됨이 없이 태평스런 모양.
飄風(ひょうふう) 표풍. 회오리바람.
飄乎(ひょうこ) ☞ 飄然(ひょうぜん).
飄忽(ひょうこつ) 표홀. 분주한 모양.
▶**訓読**◀
飄(つむじ) '旋風(つむじかぜ)(=선풍・회오리바람)'의 준말.

21 風	飆	폭풍 표 ヒョウ つむじかぜ

音読
飆風(ひょうふう) 표풍. 회오리바람.

21 風	颮	폭풍 표 ヒョウ つむじかぜ

参考 飆의 異體字.

音読
颮颮(ひょうひょう) 표표. 바람이 불어치는 모양. 또, 그 소리.

21 馬	驃	황부루 표 ヒョウ しらかげ

音読
驃騎兵(ひょうきへい) 표기병. 경장비(輕裝備)를 한 기마병.

22 魚	鰾	부레 표 ヒョウ うきぶくろ・ふえ

訓読
鰾(ふえ) 〖魚〗부레. *うきぶくろ로도 읽음.

其他
鰾膠(にべ) ①민어 부레로 만든 아교. ②붙임성.

品

9 口 教	品	물건 品·품계 品 ヒン·ホン しな

音読
品価(ひんか) 물건의 값. 값어치.
品格(ひんかく) 품격. 품위. 기품.
品等(ひんとう) 품등.
品類(ひんるい) 품류. 종류.
品名(ひんめい) 품명.
品目(ひんもく) 품목.
品番(ひんばん) 상품의 종류·색깔·형식 등을 구별하여, 정리·관리하기 위해 매긴 번호.
品詞(ひんし) 〖文法〗품사. ♣~論(ろん) 품사론.
品性(ひんせい) 품성.
品位(ひんい) 품위.
品題(ひんだい) ①품평(品評). ②제목.
品藻(ひんそう) 품평. 사물의 우열을 논함.
品種(ひんしゅ) 품종.
‖~改良(かいりょう) 품종 개량.
品隲(ひんしつ) 품평(品評).
品質(ひんしつ) 품질.
‖~管理(かんり) 품질 관리.
品茶(ひんちゃ) 여러 종류의 차를 마시고, 그 종류를 맞추는 놀이.
品致(ひんち) 품질(品質).
品胎(ひんたい) 삼태(三胎). 세쌍둥이.
品評(ひんぴょう) 품평. ♣~会(かい) 품평회.
品行(ひんこう) 품행.
‖~方正(ほうせい) 품행 방정.
品彙(ひんい) 품휘. 품류. 분류.

訓読
品 ㊀(しな) 물건. ①물품. ②상품. ③물건의 좋고 나쁨. 품질. ④…가지.
㊁(ひん) (그 사물·사람에게) 갖추어진 성질. 품질. 품위.
㊂(ほん) ①예전, 친왕(親王)의 품계. ②〖佛〗불경의 장(章)·편(編)·절(節).
品枯れ(しながれ) 품귀(品貴).
品貸し料(しながしりょう) 〖經〗증권 회사 등이 증권 금융 회사에 유가 증권을 대출할 때의 요금.
品掠れ(しながすれ) 품귀.
品物(しなもの) 물품. 물건.
品薄(しなうす) 품귀(品貴).
‖~株(かぶ) 〖經〗품귀주. 유통 시장에 나와 있는 부동주(浮動株)가 적은 주식.
品別け(しなわけ) ⇨ 品分け(しなわけ).
品柄(しながら) 품질.
品付け(しなづけ) ☞品書き(しながき).
品部(しなべ) 옛날, 조정의 필요에 따라 특정한 산업이나 업무에 종사하며 부락 생활을 영위했던 예속민.
品分け(しなわけ) 품별. 물건의 구별〔구분〕.
品箱(しなばこ) 낚시 도구 상자.
品書き(しながき) 물품 목록.
品数(しなかず) 물품의 종류〔수〕.
品玉(しなだま) ①공던지기 곡예. ②요술. ③공기(놀이). ④손목에 차는 장식 구슬.
品揃え(しなぞろえ) 상품을 구비함. 또, 그 상품의 종류.
品切れ(しなぎれ) 품절. 절품.
品定め(しなさだめ) 품평(品評). 작품평.
品持ち(しなもち) (야채 따위가) 신선한 상태를 유지함.
品借り料(しながりりょう) 〖經〗유가 증권을 차용하는 경우의 요금.
品触れ(しなぶれ) 분실물이나 은닉물을 찾기 위해 경찰이 전당포 같은 데에 물건의 이름과 특징을 제시하는 일.
品品(しなじな) ①여러 가지 물품 (종류). ②각각 특색과 차등이 있음. ③각각의 계급.
品形(しなかたち) 인품과 용모.

13 禾	稟	받을 품·바탕 품 ヒン·リン うける

音読

稟賦(ひんぷ) 품부. 품성. 타고난 성질.
稟性(ひんせい) 품성. 천성.
稟申(ひんしん) 품신. 윗사람에게 여쭘.
稟議(りんぎ) 품의. *ひんぎ로도 읽음. ♣〜書(しょ) 품의서.
稟質(ひんしつ) 품질. 품성. 자질.
稟請(りんせい) 품청. 품하여 청구함. *ひんせい로도 읽음.

풍

| 9 風 教 | 風 | 바람 풍
フウ・フ
かぜ・かざ |

音読

風鑑(ふうかん) 풍감. ① 사물을 변별하는 힘. ② 용모·풍채 등을 통해 그 사람의 성질을 추정함. 「광.
風概(ふうがい) ① 풍개. 뛰어난 인품. ② 풍
風格(ふうかく) 풍격. 풍채와 품격.
風景(ふうけい) ① 풍경. ② 정경. ♣〜画(が) 풍경화.
‖〜資源(しげん) 풍광 자원《관광지의 아름다운 경치를 자원에 비유한 말》.
風系(ふうけい) 〖氣〗 풍계.
風骨(ふうこつ) 풍골. 풍채와 골격.
風光(ふうこう) 풍광. 경치.
‖〜明媚(めいび) 풍광명미.
風狂(ふうきょう) 풍광. ① 미친 사람. ② 풍류에 빠져듦.
風教(ふうきょう) 풍교. ① 덕으로써 교화함. ② 풍속과 교화. 「성 병례.
風棘(ふうきょく) 손가락·발가락 등의 결핵
風琴(ふうきん) ① 풍금. ② 手風琴(てふうきん)의 준말. 아코디언.
風級(ふうきゅう) ☞ 風力階級(ふうりょくかいきゅう).
風気 ㊀(ふうき) ① 풍토와 기후. ② 바람. ③ 감기. ④ 풍기. 풍속.
㊁(かぜけ) 감기 기운. *かぜけ로도 읽음.
風紀(ふうき) 풍기.
風難(ふうなん) 풍난. 풍해.
風帯(ふうたい) ① (휘장의) 느림. ② 족자의 위쪽에서 내려뜨린 두 줄의 끈.
風袋(ふうたい) ① (겉)포장의 중량. ② 외관
風度(ふうど) 풍도. 풍격(風格). 「(外觀).
風道(ふうどう) 풍도. 광산·탄갱 등에서, 공기를 통하게 하는 갱도.
風濤(ふうとう) 풍도. ① 바람과 파도. ② 바람이 불어 파도가 읾.
風倒木(ふうとうぼく) 바람에 쓰러진 나무.
風毒(ふうどく) 〖漢醫〗 풍독. 풍습(風濕).
風洞(ふうどう) 〖理〗 풍동. 바람굴.
風動(ふうどう) 풍동. 바람에 불려 움직이듯이 좋음. 또, 감화시킴.
風痘(ふうとう) '水痘(すいとう)(=수두)'의
風蘭(ふうらん) 〖植〗 풍란. 「별명.
風浪(ふうろう) 풍랑.
風来(ふうらい) 바람처럼 어디선가 흘러 들어옴. 거처도 일정도 없이 빈둥빈둥함.
‖〜坊(ぼう) 떠돌이. 방랑객.
風呂(ふろ) (대중) 목욕탕. 목욕통.
風呂釜(ふろがま) 가마로 된 목욕통의 불을 지피는 아궁이.
風呂敷(ふろしき) 보자기.
〜を広(ひろ)げる 허풍 떨다.
‖〜包み(づつみ) 보자기에 싼 것. 「사람.
風呂焚き(ふろたき) 목욕물을 데움. 또, 그
風呂屋(ふろや) ① 대중 목욕탕. ② 욕실.
風呂場(ふろば) 욕실. 목욕탕.
風呂銭(ふろせん) 목욕료.
風呂吹き(ふろふき) 무나 당근을 데쳐서 된장을 찍어 먹는 요리. 「야.
風呂桶(ふろおけ) ① 목욕통. ② 목욕탕 대
風力(ふうりょく) 〖氣〗 풍력.
‖〜階級(かいきゅう) 풍력 계급《육상에서 12계급, 해상에서 17계급으로 구분》.
〜発電(はつでん) 풍력 발전.
風鈴(ふうりん) 풍경(風磬).
風炉(ふうろ) 풍로. ① (다도(茶道)에서) 물을 끓이는 풍로. *ふろ라고도 함. ② 자연 통풍을 이용한 시금(試金)용 작은 도가니.
風露(ふうろ) 풍로. 바람과 이슬.
風炉点前(ふろてまえ) 다도(茶道)에서, 풍로를 사용할 때 지켜야 하는 예법·양식.
風籟(ふうらい) 풍뢰. 바람이 물체에 부딪쳐 나는 소리.
風流(ふうりゅう) 풍류. *ふりゅう라고도 함. ♣〜人(じん) 풍류인. 풍류객.
‖〜韻事(いんじ) 풍류놀이.
風馬牛(ふうばぎゅう) 풍마우. 불상급(不相及). 자기와는 아무런 관계가 없음.
風媒花(ふうばいか) 〖植〗 풍매화.
風貌(ふうぼう) 풍모. 풍채와 용모.
風紋(ふうもん) 풍문. 바람에 의해 모래 위에 생기는 무늬.
風聞(ふうぶん) 풍문.
風物(ふうぶつ) 풍물. ♣〜詩(し) 풍물시.
風味(ふうみ) 풍미.
風靡(ふうび) 풍미. 휩쓺.
風発(ふうはつ) 풍발. (바람이 부는 것처럼) 말이 거침없이 터져 나옴.
風防(ふうぼう) 바람막이. 방풍.
風配図(ふうはいず) 〖氣〗 풍배도. 바람장미.
風伯(ふうはく) 풍백. 풍신. ♣〜祭(さい) 풍백제.
‖〜雨師(うし) 풍신 우사. 풍우신.
風帆(ふうはん) 풍범. 바람을 받아 부푼 돛.
‖〜船(せん) 풍범선. 서양식 돛배.
風範(ふうはん) 풍범. 모범 삼을 풍격.
風変わり(ふうがわり) 색다른 모양.
風柄(ふうがら) ① 풍채. ② 인품.
風丰(ふうぼう) ⇨ 風貌(ふうぼう).

風付き(ふうつき) 모양. 옷차림. 풍채.
風師(ふうし) 풍사. 풍신. 풍백.
風尚(ふうしょう) 풍상. 고상함.
風霜(ふうそう) 풍상. ① 바람과 서리. 세상 고초. ② 세월.
風色(ふうしょく) 풍색. ① 경치. 풍광. ② 날씨.
風船(ふうせん) 풍선. 기구(氣球).
∥~玉(だま) ① 고무풍선. ② 항상 들떠서 침착하지 못한 사람.
風選(ふうせん) 풍선. 풍구 등을 사용해 바람으로 가볍고 불량한 씨앗을 가려내는 방법.
風雪(ふうせつ) 풍설. ① 바람과 눈. ② 쓰라린 시련.
風説(ふうせつ) 풍설. 소문.
風食(ふうしょく) 바람의 작용으로 되는 일. ♣~層(そう)〖地〗풍식층.
風声(ふうせい) 풍성. ① 바람 소리. ② 소식. 소문.
風勢(ふうせい) 풍세. 바람의 세력.
風騷(ふうそう) 풍소. 풍류를 즐겨 시가(詩歌)를 읊는 일.
風俗(ふうぞく) 풍속. ♣~劇(げき) 풍속극 / ~画(が) 풍속화.
∥~警察(けいさつ) 풍속 경찰.
~関連営業(かんれんえいぎょう) 풍속 관련 영업.
~犯(はん) 풍속범. 풍속 사범.
~小説(しょうせつ) 풍속 소설.
~営業(えいぎょう) 풍속 영업.
風速(ふうそく) 풍속. ♣~計(けい) 풍속계.
風水(ふうすい) ① 바람과 물. ② (음양 오행설에 따른) 풍수.
風樹(ふうじゅ) 풍수. 바람에 흔들리는 나무.
~の嘆(たん) 풍수지탄(之嘆).
風水害(ふうすいがい) 풍수해.
風習(ふうしゅう) 풍습.
風湿(ふうしつ)〖漢醫〗풍습.
風食(ふうしょく)〖地〗풍식.
∥~作用(さよう) 풍식 작용.
風蝕(ふうしょく) ⇨ 風食(ふうしょく).
風信(ふうしん) 풍신. ① 풍향. ② 소식.
∥~器(き) 풍신기. 풍향계.
風神(ふうじん) 풍신. 풍백.
風雅(ふうが) 풍아.
風眼(ふうがん)〖醫〗풍안. 농루안(膿漏眼).
風圧(ふうあつ)〖理〗풍압. ♣~計(けい) 풍압계.
風熱(ふうねつ) 감기로 열과 함께 오한・기침・콧물 등이 나는 증상.
風営法(ふうえいほう) '風俗営業(ふうぞくえいぎょう) 適正化法(てきせいかほう)(=풍속 영업 적정화법)'의 준말.
風雨(ふうう) 풍우. ① 바람과 비. ② 폭풍우.
∥~注意報(ちゅういほう) 풍우 주의보.
風雲 ㊀(ふううん) 풍운. ♣~児(じ) 풍운아.
~の志(こころざし) 풍운의 뜻.
㊁(かざぐも) 바람이 불기 시작할 전조로 나타나는 구름.
風韻(ふういん) 풍운. 풍취. 아치(雅致).
風月(ふうげつ) 풍월.

風位(ふうい) 풍위. 풍향.
風諭(ふうゆ) 풍유. 넌지시 말하여 깨닫게 함.
風儀(ふうぎ) ① 예의 범절. ② 풍기. ③ 풍습.
風人(ふうじん) 풍인. 풍류인.
風刺(ふうし) 풍자.
∥~小説(しょうせつ) 풍자 소설.
風姿(ふうし) 풍자. 풍채.
風葬(ふうそう) 풍장.
風災(ふうさい) 풍재.
風積土(ふうせきど)〖地〗풍적토. 풍성토.
風伝(ふうでん) 어디선지 모르게 전해 옴.
風前(ふうぜん) 풍전. 바람 앞.
~の灯(ともしび) 풍전등화(風前燈火).
風程(ふうてい) 일정 시간 안에 바람이 불어 간 거리.
風情 ㊀(ふぜい) ① 풍정. ㉠ 풍치. 운치. ㉡ 모양. 모습. ②《接尾語로》…같은 것.
㊁(ふうじょう) 풍정. 정황.
風鳥(ふうちょう)〖鳥〗풍조. 극락조.
風潮 ㊀(ふうちょう) 풍조.
㊁(かぜしお) 뭍으로 향해 불어오는 강풍으로 바닷물의 수위가 높아지는 현상.
風疹(ふうしん)〖醫〗풍진.
風塵(ふうじん) 풍진. ① 바람에 날리는 먼지. ② 번거로운 속세의 일. ③ 극히 가벼운 것.
風鎮(ふうちん) 풍진. 족자의 축 양끝에 다는 옥・돌 따위의 추.
風疾(ふうしつ) 풍질(통풍・중풍 따위).
風車(ふうしゃ) 풍차.
∥~小屋(ごや) 풍차간.
㊁(かざぐるま) ① ☞ ㊀. ② 팔랑개비.
風餐露宿(ふうさんろしゅく) 풍찬노숙. 한데서 먹고 자고 함.
風采(ふうさい) 풍채.
風体(ふうてい) 풍체. 외양. 옷차림. *ふうたい라고도 함.
風趣(ふうしゅ) 풍취.
風致(ふうち) 풍치. ♣~林(りん) 풍치림.
∥~地区(ちく) 풍치 지구.
風鐸(ふうたく) 풍탁. ① 불당이나 탑 추녀의 네 귀에 단 풍경. ② ☞ 風鈴(ふうりん).
風土(ふうど) 풍토. ♣~病(びょう) 풍토병 / ~色(しょく) 풍토색. 지방색.
風土記(ふどき) 풍토기.
風波(ふうは) 풍파. ① 바람과 파도. ② 다툼질. 내분.
㊁(かざなみ) 바람으로 일어나는 파도. *かぜなみ로도 읽음.
風評(ふうひょう) 풍평. 뜬소문. 풍문.
風寒(ふうかん) 바람과 추위.
風合い(ふうあい) 피륙 따위의 감촉이나 눈으로 본 느낌.
風害(ふうがい) 풍해.
風解(ふうかい)〖化〗풍해.
風向(ふうこう) 풍향. ♣~計(けい) 풍향계.
∥~速計(ふうそくけい) 풍향 풍속계.
風化(ふうか) ①〖地〗풍화. ②〖化〗풍해.
∥~石灰(せっかい) 풍화 석회.

〜作用(さよう)〖地〗풍화 작용.
風懐(ふうかい) 풍회. 풍정. 마음속.
風候(ふうこう) 풍후. ① 바람이 부는 상태. ② 기후.

訓読→

風 ㊀(かぜ) 바람.
㊁(ふう) ① 풍습. ② 모양. ③ 상태. 식.
㊂(ふり) ① 모습. 꼴. 차림새. ② …체.
風脚(かざあし) ⇨ 風足(かざあし).
風干し(かざほし) 풍건(風乾). 통풍이 좋은 곳에서 물건을 말리는 일. 「때.
風間(かざま) ① 바람이 잔 동안. ② 바람 불
風乾し(かざほし) ⇨ 風干し(かざほし).
風見(かざみ) ① 바람의 방향·세기 등을 봄. ② 바람개비. 풍향계(風向計).
‖**〜鶏**(どり) 닭 모양의 풍향계.
〜安定(あんてい) 비행기가 역풍 때에 기수(機首)를 쳐드는 성질《수직 미익(尾翼)의 작용으로 안정을 유지함》.
〜の烏(からす) 까마귀 모양을 본뜬 금속제 또는 목제 풍향계. 「눈.
風交じり(かぜまじり) 바람을 수반한 비나
風口(かざくち) (난로·아궁이 따위의) 바람 구멍. 「궤두.
風構え(かぜがまえ) 한자 부수의 하나: 안석
風当たり(かぜあたり) ① 바람받이. ② 비난. 공격.
風待ち(かざまち) 돛배가 출범하려고 순풍을 기다림. *かぜまち로도 읽음.
‖**〜月**(づき) 음력 6월의 딴이름.
風面(かざおもて) 바람이 불어오는 쪽.
風日草(かぜきぎぐさ) '萩(おぎ)〈=물억새〉'의 딴이름.
風抜き(かぜぬき) 통풍구. 환기·통풍을 위해 설치한 구멍.
風負け(かぜまけ) 바람으로 나무가 부러지거나 쓰러지는 일.
風上(かざかみ) ① 바람이 불어오는 쪽. ② 위쪽. 윗자리. *かぜうえ라고도 함.
風先(かざさき) ☞風下(かざしも).
風守り(かぜまもり) 바람의 상태를 지켜보며 순풍을 기다리는 일.
風の神(かぜのかみ) ① 풍신. 바람의 신. ② 감기를 퍼뜨리는 신.
風音(かぜおと) 바람 소리. *かざおとろ도 읽음. 「り).
風日待ち(かぜひまち) ☞風祭り(かざまつ
風任せ(かぜまかせ) 그때그때 형편에 따라 맡기는 일.
風入れ(かざいれ) 바람을 통하게 하여 습기를 없애는 일. *かぜいれ라고도 함.
風の子(かぜのこ) 『子供(こども)は〜』 어린이는 바람의 아들이다《아이들은 찬바람 속에서도 잘 뛰어다니며 논다는 뜻에서》.
風切り(かざきり) ① 배 위에 세워 바람의 방향을 보는 기(旗). ② 너새기와《합각머리의 양쪽으로 용마루에서 처마 끝까지 덮는 기와》. ③〖鳥〗칼깃.

‖**〜羽**(ば) 새의 양 날개 뒤쪽 끝에 있으며 바람을 가르는 깃털. 「지는 일.
風折れ(かざおれ) 나무 따위가 바람에 부러
風折り烏帽子(かざおりえぼし) 立(た)て え ぼし 의 꼭대기를 꺾어 구부린 것.
風定め(かぜさだめ) ① 어느 정해진 날의 풍향을 보고 1년의 바람과 기후를 점치는 일. ② 음력 10월 10일.
風除け(かぜよけ) 바람을 막음. 바람막이. 방풍(防風). *かぜよけ라고도 함.
風祭り(かざまつり) 농작물을 풍해로부터 지키기 위해 신불에게 제사지내는 일.
風早(かざはや) 바람이 세차게 부는 일.
風足(かざあし) 바람의 속도.
風知草(かぜしりぐさ) 〖植〗지풍초.
風窓(かざまど) ① 통풍 창. ② 마루 밑의 바람구멍.
風招き(かぜおき) 바람을 불러일으키는 일. *かぜおきろろ도 읽음.
風草(かぜくさ) 〖植〗암크령.
風台風(かぜたいふう) 비보다 바람으로 피해가 큰 태풍.
風通し(かぜとおし) 통풍. 환기. *かぜとおしろ도 읽음.
風の便り(かぜのたより) 풍편. 풍문.
風標(かざしるし) 불어오는 바람을 받아 풍향을 가리키는 풍향계의 하나.
風下(かざしも) 바람이 불어가는 쪽. *かざしたろ도 읽음.
風荷重(かぜかじゅう) 바람에 의해 구조물이 받는 힘.
風向き(かざむき) ① 풍향. ② 대체의 경향. ③ 기분. 상태. *かぜむきろ도 읽음.
風穴 ㊀(かぜあな) ① 바람구멍. ② ☞㊁.
㊁(ふうけつ) 〖地〗풍혈.
風戸(かざど) ① 연도(煙道)에 설치한 간단한 칸막이 판(瓣). ② 바람이 들어오는 출입구.
風花(かざばな) ① 바람에 날리는 눈. ② 갠 날, 눈발이 바람에 날리며 조금씩 내리는 일. 또, 그 눈.
そよとの風(そよとのかぜ) 〈雅〉약간의 바
トルコ風呂(トルコぶろ) 증기탕(蒸氣湯).

其他→

風巻く(しまく) 바람이 아주 세게 불다.
風邪(かぜ) 감기. 고뿔. *老人語로는 ふうじゃ라고도 함. 「함.
風邪気(かざけ) 감기 기운. *かぜけ라고도
風邪気味(かぜぎみ) 감기 기운. 감기기.
風邪声(かざごえ) 감기 든 목소리. *かぜごえ라고도 함.
風邪心地(かぜごこち) 〈老〉감기 기운.
風邪薬(かぜぐすり) 감기약. *かざぐすり로도 읽음. 「람.
風邪引き(かぜひき) 감기 걸림. 또, 그 사
風信子(ヒヤシンス) 〖植〗히아신스. 백합과의 다년생 식물.
風太郎(ぷうたろう) ① 일용(日傭) 항만 근로자. ② 떠돌이. *ふうたろうろ도 읽음.

12 風 日	颪	내려지르는바람〔풍〕 おろし

訓読
颪(おろし) 산에서 불어오는 바람. 재넘이.

13 木 人	楓	단풍나무 풍 フウ かえで

音読
楓糖(ふうとう) 단풍당(丹楓糖). 메이플 슈거(maple sugar).
楓林(ふうりん) 풍림. 단풍나무 숲.
楓樹(ふうじゅ) 〖植〗 풍수. 단풍나무.
楓葉(ふうよう) 풍엽. 단풍나무잎.

訓読
楓(かえで) 〖植〗 단풍나무.

13 豆 教	豊(豐)	성할 풍·풍년들 풍 ホウ・ブ ゆたか・とよ

音読
豊年(ほうねん) 풍년.
‖〜飢饉(ききん) 풍년 기근《값 폭락으로》.
〜虫(むし) 〖蟲〗 풍년충. 논·연못·늪에 사는 곤충《많이 생기면 풍년이 든다고 함》.
豊楽(ほうらく) 풍락. 인심이 순후하여 사람들이 생활을 즐김.
豊麗(ほうれい) 풍려. 풍만하고 아름다움.
豊満(ほうまん) 풍만. 풍성.
豊富(ほうふ) 풍부.
豊歳(ほうさい) 풍세. 풍년.
豊水(ほうすい) 풍수. (하천의) 수량이 많음.
♣〜期(き) 풍수기.   「음.
豊熟(ほうじゅく) 풍숙. 오곡이 풍성하게 익음.
豊壌(ほうじょう) 비옥한 땅. 옥토.
豊穣(ほうじょう) 풍양. 오곡이 풍성하게 익음.
豊漁(ほうりょう) 풍어.   「음.
豊艶(ほうえん) 풍염. 풍만하고 아름다움.
豊沃(ほうよく) 풍옥. 비옥(肥沃).
豊饒(ほうじょう) 풍요.
豊潤(ほうじゅん) 풍윤. 풍부하고 윤택함.
豊日(ぶにち) 〖地〗 豊前(ぶぜん)·豊後(ぶんご)·日向(ひゅうが)의 세 지방명.
豊作(ほうさく) 풍작.
‖〜飢饉(ききん) 풍년 기근《값 폭락으로》. 〜貧乏(びんぼう) 〘反〙豊作飢饉.
豊前(ぶぜん) 〖地〗 옛 지방의 이름. 지금의 福岡(ふくおか)·大分(おおいた) 두 현에 걸친 지역.   「양.
豊沢(ほうたく) 풍성하고 윤택함. 또, 그런 모양.
豊頬(ほうきょう) 풍협. 예쁘고 통통한 뺨.
豊凶(ほうきょう) 풍흉. 풍년과 흉년.
豊胸(ほうきょう) 풍만한 여성의 가슴.

‖〜術(じゅつ) 풍흉술. 유방 융기술.

訓読
豊か(ゆたか) ①풍족함. 풍부함. ②좋이 … 은 더 됨. 넉넉함. ③여유 있는 모양.
豊げ(ゆたげ) 풍부한 모양. 넉넉한 모양.
豊けし(ゆたけし) 〈文〉풍부하다. 넉넉하다.
豊やか(ゆたやか) 풍부한〔넉넉한〕 모양.
豊国(とよくに) ①풍국. 풍요로운 나라. ②한국(韓國).
豊の国(とよのくに) 豊前(ぶぜん)·豊後(ぶんご)《옛 지방명》의 고칭(古稱).
豊旗雲(とよはたぐも) 깃발이 나부끼듯이 넓게 뻗어 있는 구름.
豊の年(とよのとし) 풍년.
豊の明かり(とよのあかり) 〈古〉음력 11월 중의 진일(辰日)에 행해지던, 궁중에서의 큰 잔치.
豊御酒(とよみき) 술의 높임말.
豊葦原(とよあしはら) 일본의 미칭.   「칭.
‖〜の瑞穂の国(みずほのくに) 일본의 미칭. 〜の中つ国(なかつくに) 일본의 미칭.
豊の秋(とよのあき) 오곡, 특히 벼가 잘 여문 가을.   「칭.
豊秋津島(とよあきつしま) 〈雅〉일본의 미칭.

其他
豊後(ぶんご) 〖地〗 옛 지방 이름. 지금의 大分(おおいた) 현의 대부분.
‖〜水道(すいどう) 〖地〗 愛媛(えひめ) 현과 大分 현 사이에 있는 해협.   「나.
〜節(ぶし) 浄瑠璃(じょうるり) 유파의 하나.

14 疒	瘋	두통 풍·광증 풍 フウ

音読
瘋癲(ふうてん) 〈俗〉①풍전. 정신병. ②가출하여 번화가에서 어정거리는 부랑배들.
‖〜病院(びょういん) 정신 병원.

16 言	諷	욀 풍·변죽울릴 풍 フウ・フ そらんじる

音読
諷する(ふうする) 풍자하다. 빗대어 꼬집다.
諷諫(ふうかん) 풍간. 넌지시 에둘러 간함.
諷経(ふぎん) 〖佛〗 풍경. 독경.
諷誦(ふうじゅ) 풍송. (특히, 경문을) 소리 높여 읽음. *ふじゅろも 읽음.
諷示(ふうじ) 풍시. 암시. *ふしろも 읽음.
諷言(ふうげん) 에둘러 간함.
諷詠(ふうえい) 풍영. 시가(詩歌)를 읊음.
諷喩(ふうゆ) 풍유. 넌지시 말하여 깨단게 함.
諷諭(ふうゆ) ⇨ 諷喩(ふうゆ).   「함.
諷意(ふうい) 풍의. 에둘러 넌지시 뜻을 나타냄. 또, 그 뜻.
諷刺(ふうし) 풍자. ♣〜画(が) 풍자화.
‖〜小説(しょうせつ) 풍자 소설.

피

皮 5획 / 皮 / 教
가죽 피·껍질 피
ヒ
かわ

音読

皮角(ひかく)〚醫〛피각. 피부에 생기는 각질의 돌기물.
皮殼(ひかく) 피각. 가죽과 껍데기.
皮内(ひない) 피내. 피부의 안.
∥~縫合(ほうごう)〚醫〛피내 봉함. 피하(皮下) 봉함.
~注射(ちゅうしゃ)〚醫〛피내 주사.
皮裏(ひり) 피리. (피부의 안쪽의 뜻) 마음. 마음 속. 「속껍질.
皮膜(ひまく) 피막. 피부와 점막. 겉껍질과
皮毛(ひもう) 피모. (동물의) 가죽과 털.
皮目(ひもく)〚植〛피목.
皮膚(ひふ) 피부. 살갗. ♣~科(か) 피부과 / ~病(びょう) 피부병 / ~癌(がん) 피부암 / ~炎(えん) 피부염
∥~感覚(かんかく)〚生〛피부 감각.
~描画症(びょうがしょう)〚醫〛피부 문화증(紋畫症).
~紋画症(もんがしょう) ☞皮膚描画症.
~腺(せん)〚生〛피부선. 살갗샘. ♣~病(びょう)〚醫〛피부선병. 「양증.
~瘙痒症(そうようしょう)〚醫〛피부 소
~呼吸(こきゅう)〚生〛피부 호흡.
皮相(ひそう) 피상. ① (사물의) 겉. 거죽. 표면. ② (생각 등이) 깊이가 없음. ♣~的(てき) 피상적.
皮癬(ひぜん)〚醫〛피선. 옴. 개선(疥癬).
∥~壁蝨(だに) 옴벌레. 개선충.
皮肉(ひにく) ① 가죽과 살. ② 빈정거림. 비꼼. 야유. ③ 빈정거리는 투. 얄궂음. 짓궂음.
∥~屋(や) 잘 빈정대는 사람. 비꼬길 좋아하는 사람.
皮肉る(ひにくる)〈俗〉빈정[비아냥]거리다. 비꼬아 말하다. 풍자하다.
皮脂(ひし) 피지. 피지선의 분비물. ♣~漏(ろう)〚醫〛피지루 / ~腺(せん)〚生〛피지(지방)선.
皮疹(ひしん)〚醫〛피진. 피부에 나는 발진.
皮質(ひしつ)〚生〛피질.
皮層(ひそう)〚生〛피층. 식물의 표피와 중심주(柱) 사이의 세포층.
皮下(ひか)〚生〛피하.
∥~溢血(いっけつ) 피하 일혈.
~組織(そしき) 피하 조직.
~注射(ちゅうしゃ) 피하 주사.
~脂肪(しぼう) 피하 지방.
~出血(しゅっけつ) 피하 출혈.
皮革(ひかく) 피혁. 가죽.

訓読

皮 ㊀(かわ) ① 가죽. 껍질. ② 털가죽. ③ 표면. 겉면. ④ 껍데기.
㊁(けがわ) 한자 부수의 하나: 가죽피.
皮鯨(かわくじら) 고래의 피하 지방 부분을 소금에 절인 식품.
皮具(かわぐ) 가죽으로 만든 도구.
皮囊(かわぶくろ) ⇨ 皮袋(かわぶくろ).
皮紐(かわひも) 가죽 끈.
皮帯(かわおび) 혁대. 가죽띠.
皮袋(かわぶくろ) 가죽 부대.
皮籠(かわご) 피롱. 가죽을 씌운 함〔바구니〕.
皮剝き(かわむき) 껍질을 벗기는 일. 또, 그 도구. 「박피장이.
皮剝ぎ(かわはぎ) 짐승의 가죽을 벗김. 또,
皮薄(かわうす) ① 가죽이 얇음. ② 살결이 곱고 매끄러움.
皮付き(かわつき) 가죽이 붙어 있음.
皮算用(かわざんよう) 독장수셈.
皮船(かわぶね) 혁선. 가죽 배(카약 따위).
皮細工(かわざいく) 가죽 세공.
皮屋(かわや) 피혁 가공업자. 피혁상.
皮鞣し(かわなめし) 가죽을 무두질함. 또,
皮衣(かわごろも) 가죽옷.
皮一重(かわひとえ) 꺼풀 한 겹의 두께. 아주 작은 차이. 「생선회.
皮作り(かわづくり) 껍질이 붙은 채로 만든
皮張り(かわばり) 가죽을 씌움〔씌운 것〕.
皮装(かわそう) 가죽 장정.
皮笛(かわぶえ) 휘파람.
皮切り(かわきり) ① 맨 처음 뜨는 뜸. ② 최초. 시초. 개시.
皮砥(かわと) 혁지(革砥).
皮綴じ(かわとじ) 가죽 장정.
皮草履(かわぞうり) 가죽으로 만든 草履(ぞうり). 죽피(竹皮)로 만든 草履.
皮針(かわばり) 가죽 바느질용 바늘.
皮被り(かわかぶり)〈俗〉우멍거지. 포경.
皮靴(かわぐつ) 가죽 구두〔신〕.

彼 8획 / 彳 / 常
저 피·그 피
ヒ
かれ·かの·あ·
あれ·か

音読

彼我(ひが) 피아. 그와 나. 저편과 우리편.
彼岸(ひがん)〚佛〛피안. ② 건너편. ③ 춘분이나 추분의 전후 각 3일간을 합한 7일간. ④ 彼岸会의 준말. ⑤ 도달해야 할 목적지.
♣~花(ばな)〚植〛석산(石蒜).
∥~桜(ざくら)〚植〛벚나무의 일종(봄의 춘분 무렵에 홀꽃이 핌).
~参り(まいり) 彼岸 동안에 절이나 조상의 묘를 찾는 일.
~会(え)〚佛〛춘분이나 추분 전후의 7일간에 행하는 불교 행사.

訓読

彼 ㊀(かれ) 그 (사람). 그이. 저이.

㊂(あれ) ①저것. 그것. 그 일. ②☞㊀.
㊃(か) ㊀〈雅〉☞㊁. ②「何(なに)」와 함께 써서 막연히 무엇을 가리키는 말.
彼の(かの) 저. 그《약간 文語적임. 오늘날에는 '*あの*'의 뜻으로 쓰는 경우가 많음》.
彼女(かのじょ) ①그 여자. 그녀. 저 여자. ②〈俗〉(어느 남자의) 애인. 아내.
彼奴(あいつ) 〈俗〉그놈. ①저놈. 그 녀석. *あやつ・きゃつ라고도 하며, 古語로는 かやつ라고도 함. ②그것. 저것.
彼等(かれら) 그들. 그 사람들.
彼の面(かのも) 〈古〉저쪽〔편〕.
彼方(かなた) ①저쪽. 저편. 저기. *あっち로도 읽으며, 古語로는 あちら고도 함.
㊀(あちら) 저쪽. 저것.
㊁(あなた) 〈雅〉①☞㊀. ②먼 저쪽. 옛날. 먼 먼 옛날.
彼方ざま(あなたざま) 저쪽편. 「말」.
彼の方(あのかた) 저분《3인칭에 대한 높임
彼方此方(あちこち) 여기저기. 이곳 저곳. *かなたこなた로도 읽음.
彼の辺(あのへん) 저 근처. 저 정도.
彼の世(あのよ) 저승. 저 세상.
彼所(あそこ) 저기. 거기. 저쪽. 그쪽.
彼は誰(かはたれ) 〈古〉☞彼者誰(かわたれ). 「수.
彼の手此の手(あのてこのて) 이런 수 저런
彼是(あれは) ①이것저것. ②이리저리. 여러 가지로.
彼れ式(あれしき) 〈俗〉겨우 그까짓〔그쯤〕.
彼氏(かれし) 그이. 그분. 그 사람.
彼の児(あのこ) ☞彼の子(あのこ).
彼の岸(かのきし) 『佛』피안《彼岸(ひがん)을 훈독한 말》.
彼の様(あのよう) 저〔그〕와 같음.
彼の人(あのひと) 그〔그 이〕 사람.
彼の子(あのこ) 저 애《자기 자식 또는 그 또래의 아이를 가리키는 말》.
彼者誰(かわたれ) 어슴새벽. ♣~星(ぼし) 샛별. 명성. ♣~時(どき) 어슴새벽녘.
彼れ切り(あれきり) 그 때를 마지막으로. 그 후. 그 때뿐.
彼程(あれほど) 저렇게. 그토록.
彼此 ㊀(かれこれ) ①이것저것. ②이러쿵 저러쿵. ③그럭저럭.
∥~屋(や) ①일정한 직업이 없이 돈벌이가 될 만한 일이라면 이것저것 손을 대는 사람. ②중개〔알선〕업자.
㊁(あれこれ) ①☞㊀①. ②여러 가지로.
㊂(おちこち) 〈雅〉여기저기.
㊃(ひし) 피차.
彼処(あそこ) 저기. 거기. 저쪽. 그쪽. *口語로는 あすこ, 雅語로는 かしこ라고도 함.

8 巾	帔	치마 피 ヒ むしのたれぎぬ

訓読
帔(むしのたれぎぬ) 옛날, 여자가 외출할 때 방갓 둘레에 드리워 얼굴을 가리던 천.

8 扌 常	披	펼 피・열 피 ヒ ひらく

音読
披講(ひこう) 피강. 시가(詩歌) 등의 모임에서 시가를 낭독함. 또, 그 사람.
披見(ひけん) 피견. (서류 등을) 펴 봄.
披読(ひどく) 피독. 책 따위를 펼쳐 읽음.
披覧(ひらん) 피람. 편지 따위를 뜯어서 봄.
披歴(ひれき) ⇨ 披瀝(ひれき).
披瀝(ひれき) 피력.
披露(ひろう) 피로. 널리 알림. 발표함. ♣~宴(えん) 피로연. 「광고.
披露目(ひろめ) ①널리 알리는 일. 선전. ②∥~屋(や) 광고쟁이. 샌드위치 맨.
披閲(ひえつ) 피열. 펼쳐 조사해 봄.
披裂軟骨(ひれつなんこつ) 『醫』피열 연골《후두부(喉頭部)를 형성하는 연골의 하나》.
披展(ひてん) 피전. 편지 따위를 펴 봄.
披陳(ひちん) 피진. 피력. 개진. 「침.
披針(ひしん) 피침. 바소. ♣~形(けい) 피침

10 疒 常	疲	고달플 피・지칠 피 ヒ つかれる・つからす

音読
疲倦(ひけん) 피권. 피로하여 싫증이 남.
疲労(ひろう) 피로.
∥~困憊(こんぱい) 피로곤비. 기진맥진.
~性骨折(せいこっせつ) 피로성 골절.
~試験(しけん) 『理』피로 시험.
疲馬(ひば) 지친 말. 「로함.
疲憊(ひはい) 피비. 움직일 수 없을 정도로 피
疲弊(ひへい) 피폐.

訓読
疲らす(つからす) ☞疲らせる(つからせる).
疲らせる(つからせる) 지치게 하다.
❖疲れる(つかれる) ①지치다. 피로해지다. ②오래 사용해서 약해지다. 진이 빠지다.
疲れ ㊀(つかれ) 피로. 「는 상태.
∥~目(め) 눈이 피로해서 아프거나 침침해지
~試験(しけん) 『理』피로 시험.
~限度(げんど) 『理』피로 한도〔한계〕.
㊁(づかれ) 《接尾語로》…의 피로.

10 衤 常	被	이불 피・덮을 피 ヒ こうむる・おおう かぶる・かずく

音読
被 ㊀(ひ) 《接頭語로》피…. 수동(受動)을 나타내는 말.

㊂(かぶり) ① 덮어쓰는 것. 뒤집어쓰는 일. ② 사진 현상 때의 화면의 바램〔흐림〕.
㊂(ふすま)〈雅〉이불.
被加数(ひかすう)〖數〗피가수.
被減数(ひげんすう)〖數〗피감수. 빼임수.
被検者(ひけんしゃ) 피검사자.
被告(ひこく)〖法〗피고. ♣~人(にん) 피고인.
被雇用者(ひこようしゃ) 피고용자.
被官(ひかん) ① 律令(りつりょう)제(制)에서, 상급 관청에 직속하는 관청(의 관리). ② (중세의) 守護(しゅご)·御家人(ごけにん) 따위에 직속한 하급 무사.
‖~百姓(ひゃくしょう) 영주에 예속된 농민.
被管(ひかん) ⇨ 被官(ひかん).
被教育者(ひきょういくしゃ) 피교육자.
被嚢類(ひのうるい)〖動〗피낭류. 미색류(尾索類)〔하는 비율.
被度(ひど)〖植〗피도. 식물이 지표면을 차지
被膜(ひまく) 피막. 둘러싸고 있는 막.
被髪(ひはつ) 피발. 머리를 묶지 않고, 그대로 늘어뜨림.
被保険物(ひほけんぶつ) 피보험물. 손해 보험의 목적물.
被保険者(ひほけんしゃ) 피보험자.
被保護国(ひほごこく) 피보호국.
被服(ひふく) 피복. 의복.
被覆(ひふく) 피복. 덮어씌움. ♣~船(せん) 피복선.
‖~線(せん) 피복선. 절연선(絶緣線).
被扶養者(ひふようしゃ) 피부양자.
被写界(ひしゃかい) 피사계. 사진에 찍히는〔범위.
被写体(ひしゃたい) 피사체.
被相続人(ひそうぞくにん)〖法〗피상속인.
被選(ひせん) 피선. 선출됨.
被選挙権(ひせんきょけん) 피선거권.
被選挙人(ひせんきょにん) 피선거인.
被修飾語(ひしゅうしょくご)〖言〗피수식어.〔수.
被乗数(ひじょうすう)〖數〗피승수. 곱하임
被昇天(ひしょうてん)〖가톨릭〗성모 승천.
被食者(ひしょくしゃ)〖生〗피식자.〔람.
被審人(ひしんにん) 심판·심문을 받는 사
被圧地下水(ひあつちかすい) 피압 지하수.
被用者(ひようしゃ) 피용자. 고용된 사람.
被傭者(ひようしゃ) ⇨ 被用者(ひようしゃ).
被疑者(ひぎしゃ) 피의자. 용의자.
被子植物(ひししょくぶつ)〖植〗피자 식물. 속씨식물.〔사람.
被葬者(ひそうしゃ) 고분이나 묘지에 묻힌
被災(ひさい) 피재. 재해를 입음. ♣~者(しゃ) 이재민.
被除数(ひじょすう)〖數〗피제수. 나뉨수.
被造物(ひぞうぶつ) 피조물.
被差別部落(ひさべつぶらく) 천민(賤民) 부락〔마을〕.
被治者(ひちしゃ) 피치자.
被弾(ひだん) 피탄. 탄환에 맞음.
被布(ひふ) 두루마기 비슷한 겉옷《지금은 여성·어린이용의 외출복》.

被曝(ひばく) 피폭. 방사능을 쐼.〔자.
被爆(ひばく) 피폭. 폭격을 받음.
‖~者(しゃ) (특히, 원자 폭탄에 의한) 피폭
被風(ひふ) ⇨ 被布(ひふ).
被虐(ひぎゃく) 피학. 잔학한 대접을 받음.
被害(ひがい) 피해. ♣~届(とどけ) 피해 신고 / ~地(ち) 피해지.
‖~妄想(もうそう) 피해 망상.
~者(しゃ) 피해자. ♣~補償(ほしょう) 피해자 보상.
被験者(ひけんしゃ) 피험자. 실험 따위의 대상자.
被後見人(ひこうけんにん)〖法〗피후견인.

[訓読]
被ける(かずける) ① (죄 따위를) 씌우다. 뒤집어씌우다. ② 핑계하다.
被さる(かぶさる) ① 덮이다. 씌워지다. ② (책임·부담 등이) 덮어 씌워지다. 자기에게 돌아오다〔미치다〕.
❖被う(おおう) ① 덮다. 가리다. ② 숨기다.
被い(おおい) 씌움. 씌우개. 덮개.
❖被く(かずく)〈雅〉① 머리에 뒤집어쓰다. ② (상으로 받은 옷 따위를 왼쪽 어깨에 걸치다. ③ (책임 등을) 짊어지다.
被衣(かずき) (平安(へいあん) 시대 이후, 귀부인이 머리부터 덮어쓰던) 장옷. *かつぎ라고도 함.
‖~初め(ぞめ) 江戸(えど) 시대, 京都(きょうと)에서 여자 어린이가 被衣를 입기 시작하는 식.
❖被せる ㊀(かぶせる) ① 덮다. 씌우다. ② (위에서) 끼얹다. ③ 넘겨 씌우다. 덮어씌우다. 전가(轉嫁)하다. ④ 다른 사람이 끝나기 전에 곧 시작하다.
㊁(きせる) ① (옷 따위를) 입히다. ② (겉을) 싸다. 도금하다. ③ ☞㊁③.
被せ蓋(かぶせぶた) 용기(容器)의 전에 맞도록 만든 뚜껑.
被せ網(かぶせあみ) 배 위 또는 물가에서 물위로 던져 물고기를 잡는 그물《투망 따위》.
被せ物(かぶせもの) (겉만 그럴듯한) 가짜. 위조품.
❖被る ㊀(かぶる) ① (들)쓰다. 뒤집어쓰다. ② (연극이) 끝나다. 파하다. ③ (노출 과다로) 건판·필름이 흐려지다.
㊁(こうむる) (피해 등을) 입다. 받다.
被り笠(かぶりがさ) 머리에 쓰는 삿갓.
被り物(かぶりもの) 쓰개《모자·삿갓 등의 총칭》.

14
艹
蓖

아주까리 **피**·피마자
피
ヒ·**ヘイ**

参考 本音은 '비'.

[音読]
蓖麻(ひま)〖植〗피마자. 아주까리.
蓖麻子(ひまし) ① 피마자. ② 아주까리씨.
‖~油(ゆ) 피마자유. 아주까리 기름.

避

16 辶 常 **避**(避) 피할 피 / ヒ / さける·よける·さる

音読
避難(ひなん) 피난. ♣〜民(みん) 피난민 / 〜港(こう) 피난항.
避雷針(ひらいしん) 피뢰침.
避泊(ひはく) 배가 비바람을 피해 항구에 들어가 정박함.
避病院(ひびょういん) 피병원. 격리 병원.
避暑(ひしょ) 피서. ♣〜地(ち) 피서지.
避妊(ひにん) 피임. ♣〜具(ぐ) 피임구 / 〜薬(やく) 피임약.
避姙(ひにん) ⇨ 避妊(ひにん).
避退(ひたい) 위험한 장소에서 물러감.
避寒(ひかん) 피한. ♣〜地(ち) 피한지.

訓読
避らず(さらず) ①피할 수가 없어서. 할 수 없이. ②떠나지 못하게.
避らぬ(さらぬ) 〈古〉피하려야 피할 수 없는. 피치 못할.
避り難い(さりがたい) ①떠나기 어렵다. ②거절하기 어렵다. ③피하기 어렵다.
避り文(さりぶみ) ①(중세에 남편이 아내에게 주는) 이혼장. ②자기 권익의 양도를 명시한 문서.
❖**避ける** ㊀(さける) 피하다. 꺼리다.
㊁(よける) 피하다. 옆으로 비키다. (피해를) 방지하다.
避け道(よけみち) 샛길. 옆길.

필

4 匚 常 **匹**(匹) 필 필·짝 필 / ヒツ·ヒキ / ひき·たぐい

音読
匹 ㊀(ひき) ①《数詞 뒤에 붙어서》마리. 짐승·물고기·벌레 따위를 세는 말. ②필. 피륙 세는 단위.
㊁(たぐい) 같은 부류(무리). 유(類). 유례.
匹練(ひつれん) 필련. ①한 필의 누인 비단. ②폭포·호수의 표면을 누인 비단에 비유한 말.
匹馬(ひつば) 필마. 한 필의 말.
匹物(ひきもの) 한 필 길이의 직물.
匹夫(ひっぷ) 필부.
〜の勇(ゆう) 필부지용. 만용.
∥〜婦(ふ) 필부필부. 지체 낮은 사람들.
匹婦(ひっぷ) 필부.
匹偶(ひつぐう) 필우. ①배필. 부부. ②한패. 동아리.
匹耦(ひつぐう) ⇨ 匹偶(ひつぐう).
匹敵(ひってき) 필적.
匹儔(ひっちゅう) 필주. 필적함. 또, 동류들. 동아리.

其他
匹如身(するすみ) 가족도 없고 무일푼임.
*するつみ로도 읽음.

5 心 教 **必** 반드시 필 / ヒツ / かならず

音読
必する(ひっする) ①꼭〔반드시〕 그렇게 되다. ②굳게 결심하다.
必見(ひっけん) 필견. 꼭 봐야 함.
必読(ひつどく) 필독.
必滅(ひつめつ) 필멸.
必無(ひつむ) 필무. 틀림없이〔절대로〕 없음.
必罰(ひつばつ) 필벌. 「가 있음.
必備(ひつび) 반드시 갖추어야 함. 갖출 필요
必死(ひっし) 필사. ①죽기를 각오함. ②반드시 죽음. ③(장기에서) 단 한 수면 외통수가 되는 형세.
必殺(ひっさつ) 필살.
必衰(ひっすい) 반드시 쇠퇴함.
必修(ひっしゅう) 필수.
∥〜科目(かもく) 필수 과목.
必須(ひっす) 필수. *ひっしゅ로도 읽음.
∥〜微量元素(びりょうげんそ) 〖生〗필수 미량 원소.
〜アミノ酸(さん) 필수 아미노산.
〜脂肪酸(しぼうさん) 필수 지방산.
必需(ひつじゅ) 필수. ♣〜品(ひん) 필수품.
必勝(ひっしょう) 필승.
必然(ひつぜん) 필연. ♣〜論(ろん) 필연론 / 〜性(せい) 필연성.
∥〜命題(めいだい) 〖論〗필연 명제. 「단.
〜的判断(てきはんだん) 〖論〗필연적 판
必要(ひつよう) 필요. ♣〜費(ひ) 필요비 / 〜性(せい) 필요성 / 〜悪(あく) 필요악.
∥〜経費(けいひ) 필요 경비. 「간.
〜労働時間(ろうどうじかん) 필요 노동 시
〜十分条件(じゅうぶんじょうけん) 필요충분 조건. 「강제 조건.
〜的弁護(てきべんご) 〖法〗필요적 변호.
〜条件(じょうけん) 필요 조건.
必用(ひつよう) 필용. 꼭 써야 함.
必定(ひつじょう) 〈老〉①필정. 꼭 그리 될 것으로 정해져 있음. ②반드시. 필시.
必従河川(ひつじゅうかせん) 〖地〗필종천.
必中(ひっちゅう) 필중. 반드시 명중함.
必至(ひっし) ①필지. 불가피. 필연적임. ②⇨ 必死(ひっし)②.
必着(ひっちゃく) 필착. 꼭 도착함.
必出(ひっしゅつ) (시험에) 반드시 출제됨.
必携(ひっけい) 필휴. 꼭 휴대해야 함.

訓読
必ず(かならず) 반드시. 꼭.
必ずしも(かならずしも) 《뒤에 부정의 말이

붙어》반드시〔꼭〕…인 것은 (아니다).
必ずや(かならずや)《뒤에 推測의 말이 붙어》필시. 반드시.

| 5
疋 | 疋 | 필 필·피륙 필
ショ·ヒキ·ヒツ
ひき |

音読
疋(ひき) ①《數詞 뒤에 붙어》짐승·물고기·벌레 따위를 세는 말. 마리. ②피륙 세는 단위. 필.
疋田(ひった) 疋田絞り의 준말.
∥**〜鹿の子**(かのこ) ☞疋田絞り.
〜絞り(しぼり) 홀치기 무늬의 하나. 보통의 鹿の子絞り(かのこしぼり)보다 약간 큰 네모진 무늬.
訓読
疋絹(ひきぎぬ) 한 필의 비단.
疋物(ひきもの) 한 필 길이의 직물.
疋布(ひきぬの) 필로 된 포목. 포목 한 필.

| 9
艹 | 苾 | 향내 필
ヒツ |

音読
苾芻(びっしゅ) 〖佛〗⇨苾蒭(びっしゅ).
*ひっしゅ로도 읽음.
苾蒭(びっしゅ) 〖佛〗필추. 비구(比丘).

| 11
田 | 畢 | 마칠·다할 필
ヒツ
おわる·ことごとく |

音読
畢(ひつ) 〖天〗필. 필성《28 수의 하나》.
畢竟(ひっきょう) 필경. 결국.   「애.
畢命(ひつみょう) 필명. 목숨이 다함. 또, 생
畢生(ひっせい) 필생. 일생.

| 12
弓 | 弼 | 도울 필
ヒツ
すけ·たすける |

音読
弼成(ひっせい) 필성. 도와서 이루게 함.
訓読
弼(すけ) 律令(りつりょう) 시대의 弾正台(だんじょうだい)의 차관(次官).
逆音
輔弼(ほひつ) 보필.
良弼(りょうひつ) 양필. 보좌를 잘하는 신하.

| 12
竹
教 | 筆 | 붓 필·글 필
ヒツ
ふで |

音読
筆する(ひっする) 붓으로 쓰다.
筆架(ひっか) 필가. 붓을 걸어 두는 기구.
筆健(ひっけん) 필건. 시문(詩文)에 뛰어남.
筆耕(ひっこう) 필경. ♣〜料(りょう) 필경료.
∥**〜硯田**(けんでん) 필경 연전. 문필로 생활
筆工(ひっこう) 필공. 붓을 만드는 사람.
筆管(ひっかん) 필관. 붓대.
筆記(ひっき) 필기. ♣〜帳(ちょう) 필기장 / 〜体(たい) 필기체.
∥**〜試験**(しけん) 필기 시험.
筆端(ひったん) 필단. 붓끝.
筆談(ひつだん) 필담.
筆答(ひっとう) 필답.
筆台(ひつだい) 붓을 올려놓는 대.
筆道(ひつどう) 필도. 서도(書道).
筆頭(ひっとう) 필두. ①연명한 것의 첫째 (사람). ②붓끝. *ふでがしら로도 읽음.
∥**〜人**(にん) 연명·연서(連署)의 경우에, 첫번째 사람.
〜者(しゃ) ①〖法〗호적의 첫번째에 기재되어 있는 사람《호주의 고친 이름》. ② ☞筆頭
筆力(ひつりょく) 필력. 필세.   「人.
筆路(ひつろ) 필로. ①붓의 운용(運用). ②문맥(文脈).
筆録(ひつろく) 글자로 적음. 또, 그 쓴 것.
筆料(ひつりょう) 윤필료(潤筆料). 서화·문장을 쓴 보수.
筆名(ひつめい) 필명.
筆墨(ひつぼく) 필묵. 붓과 먹.
筆問筆答(ひつもんひっとう) 필문필답.
筆法(ひっぽう) 필법.
筆鋒(ひっぽう) 필봉.
筆写(ひっしゃ) 필사. ♣〜体(たい) 필사체.
筆削(ひっさく) 필삭. 첨삭.
筆算(ひっさん) 필산.
筆生(ひっせい) 필생. 필사생.
筆舌(ひつぜつ) 필설.
筆洗(ひっせん) 필세. 붓을 씻는 그릇.
筆勢(ひっせい) 필세. 글씨에 드러난 힘.
筆受(ひつじゅ) 〖佛〗필수. 불경을 한역(漢譯)할 때, 역어(譯語)를 구술(口述)로 받아 필기함. 또, 그 사람.
筆授(ひつじゅ) 필수. 비전(祕傳) 등을 써서 전수함.
筆順(ひつじゅん) 필순.   「냄.
筆述(ひつじゅつ) 필술. 생각을 글로 나타
筆圧(ひつあつ) 글씨를 쓸 때, 펜이나 붓끝에 가해지는 힘.
筆研(ひっけん) ⇨筆硯(ひっけん).
筆硯(ひっけん) 필연. 붓과 벼루. 전하여, 문필(文筆) 생활.
筆意(ひつい) 필의. ①시나 문장에서 나타내려고 하는 것. ②붓놀림. 필세. ③서화의 취
筆者(ひっしゃ) 필자.   「향.
筆才(ひっさい) 필재. 문재(文才).
筆跡(ひっせき) 필적. *ふであとろも 읽음.

♣〜学(がく) 필적〔서상(書相)〕학.
♣〜鑑定(かんてい) 필적 감정.
筆蹟(ひっせき) ⇨ 筆跡(ひっせき).
筆戦(ひっせん) 필전. 글로 논쟁함.
筆硯(ひってん) 붓에 먹을 묻히기 전, 붓끝을 적셔 부드럽게 하기 위해 물을 담아 두는 그릇. 「致」.
筆調(ひっちょう) 붓의 상태〔기세〕. 필치(筆致).
筆誅(ひっちゅう) 필주. (죄악·과실 등을) 글로 써서 호되게 침.
筆池(ひっち) ☞筆洗(ひっせん).
筆紙(ひっし) 필지. 붓과 종이.
筆陣(ひつじん) 필진. 필자 진용.
筆札(ひっさつ) 필찰. 붓과 종이.
筆触(ひっしょく) 필촉. 붓놀림(에서 오는 느낌). 터치.
筆致(ひっち) 필치.
筆海(ひっかい) 필해. ①벼루의 딴이름. ②시·문장. 「문장.
筆華(ひっか) 필화. 아름다운 시가(詩歌)나
筆禍(ひっか) 필화.
筆画(ひっかく) 필획. 자획.

訓読
筆 ㊀(ふで) ①붓. ②글〔그림〕을 쓰는〔그리는〕일. 또, 쓴〔그린〕것. ③《接尾語로》…붓. ㉠붓을 쓰는 횟수. ㉡대지·임야 등의 한 자리. 필지.
㊁(ひつ) ①붓. ②필. 쓴 것. 글씨. 필적.
筆ペン(ふでペン) 붓펜.
筆遣い(ふでづかい) 붓 다루는 방법. 필법 (筆法). 필치.
筆結い(ふでゆい) 붓을 만듦. 또, 그 사람.
筆の尻(ふでのしり) 붓대의 뒤끝.
筆句(ふでく) 대작(代作)한 俳句(はいく).
筆巻(ふでまき) 붓을 감아 두는, 작은 대나무 발.
筆の流れ(ふでのながれ) 붓을 놀리는 법.
筆立て(ふでたて) 필기구를 세워 두는 필통.
筆無精(ふでぶしょう) ⇨筆不精(ふでぶしょう).
筆返し(ふでがえし) 文机(ふづくえ)나 違い棚(ちがいだな) 등의 가에 붓이 굴러 떨어지지 않도록 댄 나무.
筆旁(ふでづくり) 한자 부수의 하나: 붓율 부. *ふでづくりだけ로도 읽음.
筆癖(ふでくせ) 필적〔문장〕에 나타나는 버릇이나 특징. *ふでぐせ로도 읽음.
筆別け(ふでわけ) 한 건마다 구별해서 씀.
筆柄(ふでがら) 붓대. 「림의 모양.
筆付き(ふでつき) 필치. 필적. 쓴 글씨나 그
筆不精(ふでぶしょう) 편지나 글 쓰기를 싫어함. 또, 그런 사람.
筆師(ふでし) 필장(筆匠). 붓을 매는 장색.
筆箱(ふでばこ) 붓을 넣는 상자. 필통.
筆生姜(ふでしょうが) 어린 생강 뿌리를 붓 끝 모양으로 다듬어 살짝 데치고 단 식초에 담근 것《생선구이 등에 곁들임》.
筆書き(ふでがき) 붓으로 씀. 또, 붓으로 쓴 것. 「의 하나.
筆石(ふでいし)〖生〗필석. 표준 화석(化石)

筆先(ふでさき) 붓끝. 또, 운필. 문필.
筆洗い(ふであらい) ☞筆洗(ひっせん).
筆馴らし(ふでならし) 새 붓을 써서 길들임.
筆様(ふでざま) 글씨를 쓰는 품.
筆屋(ふでや) 붓을 매어 파는 가게·사람.
筆竜胆(ふでりんどう)〖植〗큰구슬붕어.
筆の運び(ふでのはこび) 운필. 붓의 사용법.
筆慰み(ふでなぐさみ) 심심풀이로 글씨를 쓰거나 그림을 그림.
筆印(ふでいん) 수결(手決) 대신에 붓대의 머리 부분에 먹을 묻혀 찍은 도장.
筆入れ(ふでいれ) 필갑. 필통.
筆字(ふでじ) 붓글씨.
筆匠(ふでしょう) ☞筆師(ふでし).
筆の跡(ふでのあと) ①필적. ②서풍(書風).
筆執り(ふでとり) 붓을 쥐고 씀.
筆塚(ふでづか) 못쓰게 된 붓을 공양하기 위하여 묻어 쌓아올린 무덤.
筆軸(ふでじく) 필축. 붓대.
筆つ虫(ふでつむし) '蟋蟀(こおろぎ)(=귀뚜라미)'의 딴이름.
筆忠実(ふでまめ) (싫어하지 않고) 글이나 편지를 부지런히 잘 씀. 또, 그런 사람.
筆太(ふでぶと) 쓴 글씨가 굵음. 또, 굵게 쓴 글씨. 「도 읽음.
筆筒(ふでづつ) 필통. 붓꽂이. *ひっとうろ
筆貝(ふでがい)〖貝〗붓고둥. 「함.
筆の便り(ふでのたより) 편지로 소식을 전
筆下ろし(ふでおろし) ①새 붓을 처음 씀. ②처음으로 어떤 일을 함. ③남자가 동정(童貞)을 깸.
筆の海(ふでのうみ) 벼루의 딴이름.
筆懸け(ふでかけ) ☞筆架(ひっか).
筆荒び(ふですさび) ☞筆の荒び(ふでのすさび).
筆の荒び(ふでのすさび) 생각이 떠오르는 대로 씀. 심심풀이로 씀.

其他
筆頭菜(つくし)〖植〗뱀밥. 토필(土筆).

| 17 竹 | 筆 | 사립짝 **필** ヒツ・ヒチ まがき |

音読
篳篥(ひちりき)〖樂〗필률. 피리.

| 20 食 | 饆 | 떡 **필** ヒツ・ヒチ |

音読
饆饠(ひちら) 중국 과자의 하나. 밀가루를 반죽하여, 안에 소를 넣고 익힌 것.

핍

乏

4 ノ
常

떨어질 핍·모자랄 핍
ボウ
とぼしい

音読
乏尿(ぼうにょう)〖醫〗핍뇨. 이뇨 부전.
乏少(ぼうしょう) 핍소. 부족함. 적음. 가난함. 또, 그런 상태.
乏月(ぼうげつ) 핍월. (보릿고개의 달이라는 뜻의) 음력 4월의 딴이름.

訓読
乏し(ともし)〈雅〉①모자라다. 부족하다. ②진기하다.
乏しい(とぼしい) 모자라다. 부족하다. *ともしい로도 읽음.

逆音
欠乏(けつぼう) 결핍.
窮乏(きゅうぼう) 궁핍.
耐乏(たいぼう) 내핍.
貧乏(びんぼう) 빈핍. 가난함.

逼

13 辶

닥칠 핍
ヒツ・ヒョク
せまる

音読
逼迫(ひっぱく) 핍박.
逼塞(ひっそく) ①핍색. 꽉 막혀 몹시 군색함. ②영락하여 숨어 삶.

訓読
逼る(せまる) ①다가오다〔가다〕. ②좁혀지다. ③막히다. ④부대끼다. ⑤강요하다. 핍박하다.
逼める(せめる) 좁아지다. 막히다. 옹색해지다. 바싹 다가오다.

하

| 3 一 教 | 下 | 아래 하·내려갈 하
カ·ゲ
した·しも·もと·さげる·
さがる·くだる·くだす·く
ださる·おろす·おりる |

音読

下刻(㊀)(げこく) 일각(一刻). 곧 지금의 2시간을 상·중·하로 3분한 마지막 40분간.
 ㊁(かこく) 하각 작용. 강물 따위가 강바닥의 암반을 깎아 하상을 낮추는 작용.
下疳(げかん) 〖醫〗 하감. 음부에 궤양이 생기
下瞰(かかん) 하감. 내려다봄. └는 성병.
下甲板(かかんぱん) 하갑판.
下降(かこう) 하강. 내려옴. ♣~**線**(せん) 하강선.
‖~**気流**(きりゅう) 〖氣〗 하강 기류.
下揭(かけい) 하게. 아래에 게시함. 다음에 보임. └㊁지상.
下界(げかい) 하계. ① 인간 세계. ② 이세상.
下高音(げこうおん) 〖樂〗 하고음. 알토.
下官(かかん) 하관. ① 하급의 관직·관리. ② 관리의 자기 겸칭.
下校(げこう) 하교. 하학(下學).
下矩(かく) 〖天〗 하구.
下卷(げかん) (책의) 하권.
下克上(げこくじょう) 하극상.   └う.
下剋上(げこくじょう) ⇨ 下克上(げこくじょ
下根(げこん) 〖佛〗 하근. 천한 근성. 불도를 수행하는 힘이 부족한 사람.
下級(かきゅう) 하급. ♣~**生**(せい) 하급생 / ~**審**(しん) 〖法〗 하급심.
‖~**官吏**(かんり) 하급 관리.
 ~**官庁**(かんちょう) 하급 관청.
 ~**裁判所**(さいばんしょ) 하급 법원.
下給(かきゅう) 손아랫사람에게 물건을 주는
下記(かき) 하기.   └일.
下男(げなん) 남자 하인. 머슴. *しもおとこ 로도 읽음.
下女(げじょ) 하녀. 가정부. *しもおんなにも로도 읽음.
下段(げだん) 하단. ① 아랫단. ② (검도 따위에서) 칼끝을 수평보다 낮게 하고 겨루는 자세. *かだんの로도 읽음.
下端(㊀)(かたん) 하단. 아래쪽 끝.
 ㊁(したば) 아랫면. 아랫부분.
下達(かたつ) 하달.

下大静脈(かだいじょうみゃく) 〖生〗 하대
下等(かとう) 하등.   └정맥.
‖~**動物**(どうぶつ) 하등 동물.
 ~**植物**(しょくぶつ) 하등 식물.
下落(げらく) 하락.
下欄(からん) 하란. 아래 난.
下﨟(げろう) ① 연공(年功)을 덜 쌓은 승려. ② 지위가 낮은 사람. ③ 천인. 쌍놈.
下郎(げろう) ① 하인. 신분이 낮고 천한 사나이. ② 남자를 욕하는 말. 놈. 자식.
下略(げりゃく) 하략. 이하 생략. *かりゃくろも 읽음.
下路橋(かろきょう) 〖土〗 하로교.
下僚(かりょう) 하료. 하급 관리.
下流(かりゅう) 하류. ① 하천의 아래쪽. ②
下痢(げり) 하리. 설사.   └하층 계급.
下痢便(げりべん) 설사.   「그 약.
下痢止め(げりどめ) 설사를 멈추게 함. 또,
下馬(げば) ① 하마. 귀인·신사·사찰에 경의를 표하기 위해 말에서 내림. ② 下馬先의 준말. ③ 하등마. 나쁜 말.
‖~**先**(さき) (성문·사찰의) 하마해야 할
 ~**雀**(すずめ) 하마평을 하는 사람. └곳.
 ~**札**(ふだ) 신사·사찰의 경내에 있는 하마하라는 푯말.
 ~**評**(ひょう) 하마평. 세상의 평판.
下面(かめん) 하면. 아래쪽 면.
下名(かめい) ① (본문) 아래에 적은 이름. ② (편지에서) 자기를 낮추는 말. 불초(不肖).
下命(かめい) 하명.
‖~**処分**(しょぶん) 〖法〗 하명 처분.
下問(かもん) 하문. 아랫사람에게 물음.
下聞(かぶん) ☞ 下問(かもん).
下物(㊀)(げぶつ) 술안주. *かぶつ로도 읽
 ㊁(したもの) 하치.   └음.
下民(げみん) 하민. 세상 사람.
下膊(かはく) 하박. 팔뚝. ♣~**骨**(こつ) 하
下半(かはん) 하반.   └박골.
下半身(かはんしん) 하반신. *しもはんしんん으로도 읽음.
下方(㊀)(かほう) 하방. 아래쪽.
‖~**硬直性**(こうちょくせい) 하방 경직성. 상품 가격·임금 수준이 올라가기는 하나 내려가지 않는 성질.
 ~**置換**(ちかん) 〖化〗 하방 치환.
 ㊁(したかた) ① ☞ ㊀. ② 도시 서민과 농민. 또, 그 계층. ③ 은 사람.
 ㊂(しもざま) ① ☞ ㊀. ② 신분·교양이 낮
下放運動(かほううんどう) ☞ 下郷運動(かきょううんどう).

下輩(げはい) 하배. ① 아랫것. ② 아랫사람. *かはいरो도 읽음.
下番(かばん) 하번. 난번. 번(番)이 남.
下僕(げぼく) 하복. 하인.
下付(かふ) 하부. 관청에서 내려 줌.
下附(かふ) ⇨ 下付(かふ).
下部 ㊀(かぶ) 하부.
∥～構造(こうぞう) 하부 구조.
㊁(しもべ)〈雅〉① 하인. 종. ② 신분이 낮은 사람.
下卑(げび) 하비. 상스럽고 천박함.
下卑る(げびる) 천하게 보이다. 상스럽다.
下婢(かひ) 하비. 하녀.
下士(かし) ①《江戸(えど) 시대의》하급 무사. ② 교양・품성(品性)이 낮은 사람.
下司(げす) 신분이 낮은 관리. 하리(下吏).
下賜(かし) 하사.
下士官(かしかん)『軍』하사관. 사관・준사관 밑의 계급인 무관.
下山(げざん) 하산. 산을 내려옴.
下生(げしょう) 하생. ①『佛』극락 정토에 왕생할 때의 등급의 하나. ② 신불이 현세에 몸을 나타내는 일.
下船(げせん) 하선.
下姓(げしょう) 태생이 미천함. 또, 그런 사람.
下城(げじょう) 하성. 성에서 물러나와 집으로 돌아감.
下世話(げせわ) 항간에서 흔히 하는 말[이야기]. 상(常)말.
下属音(かぞくおん)『樂』하속음. 버금딸림음.
下属和音(かぞくわおん)『樂』하속화음. 버금딸림화음.
下水(げすい) ① 하수. 수챗물. ② 下水道의 준말. ♣～管(かん) 하수관/～道(どう) 하수도. 수채.
∥～処理(しょり) 하수 처리.
下寿(かじゅ) 하수. 60세 또는 80세. *げじゅ로도 읽음.
下垂(かすい) 하수. (아래로) 늘어짐.
∥～体(たい)『生』하수체. 뇌하수체.
下手物(げてもの) ① 보통[조잡한] 물건. ② 색다른 것.
∥～食い(ぐい) ① 색다른 것을 잘 먹는 사람. ② 보통 사람들이 좋아하지 않는 것을 애호하는 사람.
下手人(げしゅにん) 하수인.
下宿(げしゅく) ① 하숙. ② 싸구려 여인숙.
下旬(げじゅん) 하순.
下乗(げじょう) ① 탈것에서 내림. ② 수레나 말을 타고 들어가는 것을 금함.
下僧(げそう) 하승. 하급 승려. 수행을 쌓지 않은 승려.
下視(かし) 하시.
下臣(かしん) 하신. ① 지위가 낮은 신하. ② 신하가 자기를 낮추어 일컫는 말.
下顎骨(かがくこつ) 하악골. 아래턱뼈.
下野 ㊀(げや) 하야.
㊁(しもつけ)『地』옛 지방의 이름. 지금의 栃木(とちぎ) 현.

下魚(げうお) 하치 물고기.
下御(かぎょ) 天皇(てんのう) 등이 탈것에서 내림의 경칭.
下縁(かえん) 아래쪽 가장자리.
下劣(げれつ) ① 하열. 비열. 용렬(庸劣). ② 남 앞에서 못할 말을 예사로 지껄이는 모양.
下熱(げねつ) 열이 내림.
下午(かご) 하오.
下獄(げごく) 하옥.
下浣(げかん) 하완. 하순(下旬). *かかんで로도 읽음.
下腕(かわん) 팔뚝. 하박(下膊).
下愚(かぐ) 하우. 아주 어리석고 못난. 또, 그 사람.
下元(かげん) 하원《음력 10월 15일》.
下院(かいん) 하원.
下位(かい) 하위.
～概念(がいねん)『論』하위 개념.
～分類(ぶんるい) 하위 분류.
～子房(しぼう)『植』하위 자방.
下意(かい) 하의.
～上達(じょうたつ) 하의 상달.
下人(げにん)〈老〉아랫것. 하인.
下日(かじつ) 하일. 근무하지 않는 날.
下作 ㊀(げさく) ① 조잡한 제작(품). 졸작. ② 품위가 없음. 천함.
㊁(したさく) 소작(小作).
下田 ㊀(げでん) 하전. 메마른 하치 전답.
㊁(しもだ)『地』静岡(しずおか) 현 伊豆(いず) 반도의 동남단에 있는 항구.
下情(かじょう) 하정. (서민이 아닌 사람이 본) 민간의 실정.
下剤(げざい) 하제. 설사약.
下足(げそく) (모인 사람들이) 벗어 놓은 신. ♣～番(ばん) 신발지기.
∥～料(りょう) 신발을 맡기는 삯.
下拙(げせつ) 하졸(愚生). 불초《자기의 겸칭》.
㊁(かせつ) 하졸. 서투름.
下種(げす) ① 신분이 매우 낮은 사람. 상놈. ② (근성이) 비열함. 상스러움. 또, 그 사람.
～根性(こんじょう) 하성[아비]의 하치.
～張る(ばる) 천박하게 굴다.
～下種し(げすし) 보기에 아주 천하다.
下衆(げす) ⇨ 下種(げす).
下肢(かし) 하지. 다리. 동물의 뒷다리.
下知(げじ) ① 지시(함). 분부. ②『史』《鎌倉(かまくら)・室町(むろまち) 시대에》재판의 판결을 말함. *げちな로도 읽음.
∥～状(じょう) 鎌倉 시대에 奉行(ぶぎょう)가 将軍(しょうぐん)의 명령을 전달한 문서.
下直(げじき) ① 값이 쌈. ② 가치가 없음.
下塵(かじん) 인마(人馬)가 지나간 뒤에 일어나는 먼지.
下車(げしゃ) 하차.
下策(げさく) 하책. 하계(下計). 졸책.
下賤(げせん) 하천. 미천.
下層(かそう) 하층. ♣～雲(うん) 하층운. 밑털구름.
∥～階級(かいきゅう) 하층 계급.

〜社会(しゃかい) 하층 사회.
下駄(げた) ①왜나막신. ②『印』('=' 모양의) 복자(伏字).
下駄掛け(げたがけ) 왜나막신을 신음.
下駄履き(げたばき) ①왜나막신을 신음. ②下駄履き住宅의 준말.
∥**〜住宅**(じゅうたく) 아래층은 점포나 사무실이고 2층 이상은 주택으로 되어 있는 건물. 주상 복합 건물.
下駄箱(げたばこ) 신발장.
下駄直し(げたなおし) 下駄의 끈을 갈거나 굽을 가는 일. 또, 그것을 업으로 하는 사람.
下土(かど) 하토. 하계(下界).
下腿(かたい) 『生』 하퇴. 종아리. ♣**〜骨**(こつ) 하퇴골.
下阪(げはん) 東京(とうきょう)에서 大阪(おおさか)로 내려감.
下版(げはん) 『印』 하판. 교정이 끝난 조판을 인쇄 공정으로 옮김.
下篇(げへん) ⇨ 下編(げへん).
下編(げへん) 하편.
下表(かひょう) 하표. 아래 표.
下品 ㊀(げひん) ①하품. 하치(물건). ②인품이 천함. 상스러움.
㊁(げぼん) 『佛』 제일 밑의 극락 정토.
下の下(げのげ) 하지하(下之下).
下学(かがく) ①주변의 가까운 데서부터 배움. ②정도가 낮은 학문.
∥**〜上達**(じょうたつ) 하학 상달.
下限(かげん) 하한. ①(수나 값 따위의) 아래쪽 한계. ②(시대의) 새로운 쪽의 한계.
下澣(げかん) ⇨ 下浣(げかん). *かかんっ로도 읽음.
下向 ㊀(げこう) ①하향. 아래로 내려감. ②하향(下郷). 시골로 내려감.
㊁(かこう) (경기가) 쇠퇴해 감.
下郷運動(かきょううんどう) 하향 운동. 중국에서, 당간부·학생 등을 농촌·공장 등에 보내어 노동에 참가시키던, 대중을 위한 문화운동.
下弦(かげん) 『天』 하현.
下血(げけつ) 하혈.
下戸(げこ) 술을 못하는 사람.
下化冥闇(げけみょうあん) 『佛』 ☞ 下化衆生(げけしゅじょう).
下化衆生(げけしゅじょう) 『佛』 하화중생. 보살이 중생을 교화 제도함.

🔲**訓読**
下 ㊀(した) ①아래. 밑. ②하위. 아랫사람. 아랫자리. ③안. 속. ④직후. 바로 뒤. ⑤《接頭語로》 준비함의 뜻. 예비의.
㊁(しも) ① ☞ ㊀①. ②아랫도리. ③하류. ④신분이 낮은 사람. 신하. 백성. 하인. ⑤대소변. 월경.
㊂(もと) ① ☞ ㊀①. ②곁. 슬하.
㊃(か) 《接頭語로》 하. '아래·밑'의 뜻.
㊄(げ) ① ☞ ㊀①. ②열등. 떨어짐. 낮음. ③(책의) 하권.
下家(したや) ⇨ 下屋(したや).

下検分(したけんぶん) 미리 검사하는 일.
下見(したみ) ①예비 조사. ②미리 읽어 둠. ③집 외벽(外壁)에 가로댄 미늘판자벽.
∥**〜板**(いた) 下見③에 대한 판자.
下稽古(したげいこ) 예행 연습. 예비 연습.
下慣らし(したならし) 미리 익혀 놓음. 「야.
下盥(しもだらい) 아랫도리 속옷을 빠는 대
下掛かる(しもがかる) 이야기가 외람하게 되다. 얘기가 상스러워지다.
下掛け(したがけ) 'こたつ(=이불 속에 넣는 화로)' 바로 위에 덮는 얇은 천.
下の句(しものく) 短歌(たんか)의 넷째와 다섯째 구.
下つ国(したつくに) 〈古〉저승. 저 세상.
下の弓張り(しものゆみはり) 하현달.
下金(したがね) ①바탕으로 쓰는 금속. ②오래 써서 닳은 쇠붙이. 고철.
下期(しもき) '下半期(しもはんき)(=하반기)'의 준말.
下女中(しもじょちゅう) 하녀. 부엌데기. 식「모.
下紐(したひも) ☞ 下帯(したおび).
下っ端(したっぱ) (신분이나 지위가) 낮은 사람. 졸자.
下待つ(したまつ) 내심 은근히 기대하다.
下帯(したおび) ①음부를 가리는 천. 남자의 ふんどし, 여자의 腰巻(こしまき). ②옛날 예복 밑에 입는, 짧은 소매 속옷 위로 매는 띠.
下図 ㊀(したず) 밑그림. 초벌 그림.
㊁(かず) 아랫그림.
下塗り(したぬり) 밑칠. 초벌〔애벌〕칠.
下読み(したよみ) 미리 읽어 둠. 예습.
下働き(したばたらき) ①남의 부하가 되어서 일함. 또, 그 사람. ②부엌일·허드렛일을 함. 또, 그 사람.
下冷え(したびえ) 뼛속까지 추위가 스며듦.
下涼み(したすずみ) 나무 그늘 따위에서 바람을 쐬며 쉼.
下簾(したすだれ) 牛車(ぎっしゃ)의 발 안쪽에 쳐진 장막.
下露(したつゆ) 산의 웅달, 나무 밑 등에 있는 이슬. 나무에서 떨어지는 이슬.
下履き(したばき) 밖에서 신는 신.
下萌え(したもえ) (땅속에서) 움틈. 또, 그 움.
下毛(したげ) (짐승의) 잔 털. 솜털.
下木(したき) ①숲속에서 자라는 키작은 나무. ②정원의 큰 나무에 대해 비교적 키작은 나무의 총칭.
下目(しため) 내리뜨는 눈. 전하여, 경멸함.
下聞き(したぎき) 미리 들어둠. 예비 지식.
下味(したあじ) ①『料』(요리하기 전에) 소금·간장 따위에 담가 맛을 들임. ②『經』시세가 떨어지기 시작함.
下半期(しもはんき) 하반기.
下つ方(しもつかた) 〈雅〉①아랫사람. ②아랫도리. ③아래쪽.
下辺(しもべ) 아래쪽. 강의 하류.
下腹 ㊀(したはら) ①아랫배. ②(말의) 살

젼배. *したばらろも 읽음.　　　　　「부.
㈡(かふく) 하복. 아랫배. ♣~部(ぶ) 하복
下っ腹(したっぱら)〈口〉下腹(したはら)의
힘줌말.　　　　　　　　　　　　「느질.
下縫い(したぬい)〖裁〗가봉(假縫). 시침바
下敷き(したじき) ① 깔개. 받침. 책받침. ②
물건 밑에 깔림. ③ 본보기. 모범. 표준.
下肥(しもごえ) 똥거름.
下仕え(しもづかえ) ① 옛날에, 귀족 집에서
잡일을 하던 여자. ② 하녀. 부엌데기.
下思い(したおもい) ① 부하를 극진히 사랑
함. ②〈古〉내색하지 않는 마음속의 생각.
*②는 したもいにも 읽음.　　　　 「준비.
下仕事(したしごと) ① 도급받은 일. ② 사전
下相談(したそうだん) 예비 상담[상의]. 미
리 해 두는 의논.
下色(したいろ) ① 바탕 빛깔. ② 차차 쇠퇴
해 가는 모양.　　　　　　　　　　「초.
下生え(したばえ) 숲속 나무 그늘에 돋는 잡
下書き(したがき) 초(草)를 잡음. 또, 그 글.
초고. 초안.
下席(しもせき) 寄席(よせ)에서 그 달 하순
에 하는 흥행.　　　　　　　　 「벌빨래.
下洗い(したあらい) 처음 대강하는 빨래. 애
下梳き(したすき) 머리를 땋기 위해 머리를
잘 빗어둠. 또, 그 사람.
下掃除(しもそうじ) 변소 청소.
下刷り(したずり) 조판 후 처음 시험 인쇄하
는 일. 또, 그 인쇄물.
下手投げ(したてなげ)(씨름에서) 상대방
팔 밑으로 손을 질러 샅바를 잡고 던지는 수.
下手回し(したてまわし)(씨름에서) 상대방
팔 밑으로 손을 질러 잡은 샅바.
下唇(したくちびる) 하순. 아랫입술. *かし
んにろも 읽음.
下襲(したがさね) 옛 관리의 정장에서 半臂
(はんぴ) 밑에 받쳐 입는 옷.
下侍(しもざむらい) 하급 무사.
下身(したみ) 생선을 도마 위에 올려 놓았을
때 아래쪽의 살.
下心(したごころ) ① 속마음. 속셈. 본심. 특
히, 악한 음모. ② 한자 부수의 하나: 마심심.
下の十日(しものとおか) 그 달의 하순.
下顎(したあご) 하악. 아래턱. *かがく로도
읽음.
下闇(したやみ) 그늘져서 나무 밑이 어두움.
下つ闇(しもつやみ) 음력으로 그 달 하순의
캄캄한 밤.
下押し(したおし) ① 밑으로 누름. ② 시세가
차츰차츰 하락함.
下様(しもざま)⇨下方(しもがま).
下役(したやく)(자기보다) 지위가 낮은 사
람. 부하. 말단.
下訳(したやく) 외국어 번역의 초고.
下恋(したごい) 마음속으로 남몰래 사모함.
下燃え(したもえ) 마음속 깊이 연모함.
下染め(したぞめ) 두 가지 이상으로 염색할
때, 처음 물감으로 염색하는 공정.

下葉(したば)(나무나 풀의) 밑줄기에 난 잎.
下刈り(したがり)(어린 묘목을 보호하기 위
하여) 잡초를 베거나 뿌아 없앰.
下五(しもご) 俳句(はいく)의 끝의 다섯 글자.
下屋 ㈠(したや) 아래채. 母家(おもや)에 딸
린 작은 집.
㈡(げや) 본채에 붙여 단 작은 날개 지붕. 또,
그 아래부분[밑의 방].
下屋敷(しもやしき) 大名(だいみょう)·상급
무사들의 교외에 지은 별저(別邸). *したや
しきろも 읽음.
下臥し(したぶし)〈古〉 ① 엎드림. ② 물건
아래에 누움.
下原稿(したげんこう) 초벌 원고. 초교.
下陰(したかげ) 나무 밑의 응달진 곳.
下蔭(したかげ) ⇨ 下陰(したかげ).
下二段活用(しもにだんかつよう) 〖文法〗
문어 동사의 어미가 五十音図(ごじゅうおん
ず) 중의 'う·え' 2단으로 활용하는 일.
下一段活用(しもいちだんかつよう)〖文法〗
동사의 어미가 五十音図(ごじゅうおんず)의
'え'단으로만 활용하는 일.
下煮(したに) 단단해서 잘 익지 않는 것을 미
리 익혀 둠.
下張り(したばり) 초배(初褙). 또, 초배지.
下積み(したづみ) ① 다른 짐 밑에 쌓음[쌓
임]. 또, 그 짐. ②㉠ 늘 남의 밑에만 있고 출
세 못 함. 또, 그런 사람. ㉡ 밑바닥(생활 따
위).　　　　　　　　　　　　　　「위).
下前(したまえ) 옷의 안자락.
下折れ(したおれ) 꺾여서 늘어짐.
下町(したまち) 도심의 상업 지역. 번화가.
다운타운.
‖~言葉(ことば) 東京(とうきょう) 방언의
하나로 下町에서 자란 사람이 쓰는 말.
~風(ふう) ① 江戸(えど)의 상가에서 볼 수
있었던 은근하고 결기 있는 기풍(취미). ② 下
町 풍속.
下組み(したぐみ) 미리 해두는 준비.
下調べ(したしらべ) ① 예비 조사. ② 예습.
下拵え(したごしらえ) ① 사전 준비. ②(본
격적으로 하기 전에) 대충 준비[장만]함.
下座 ㈠(しもざ) 아랫자리. 말석.
㈡(げざ) ①〈老〉 ②. ② 무대를 향해 왼
쪽 자리. 전하여, 반주하는 사람들(의 자리).
③(귀인 앞에서) 엎드려 절함. 부복(俯伏).
‖~音楽(おんがく) 下座 ㈡②에서 연주하
는 歌舞伎(かぶき) 반주 음악.
下準備(したじゅんび) 사전 준비.
下支え(したささえ) 금액이 그 이하로 떨어
지지 않도록 막음.
下地(したじ) ① 밑바탕. 기초. ② 소질. 본래
의 성질. ③〖料〗간장. ④ 그 위에 바르거나
그리거나 해서 마무리하는 바탕이 되는 것.
下地っ子(したじっこ) 芸者(げいしゃ)로 키
우기 위하여 유예(遊藝)를 배우게 하는 소녀.
동기(童妓).　　　　　　　　　　　 「도 함.
下枝(したえだ) 하지. 밑가지. *しずえ라고
下職(したしょく) ① 하도급업. ② 하도급업

자. *したじょくロもと 읽음.
下着(したぎ) 속옷. 내의.
下脹れ(しもぶくれ) 아랫볼이 불룩함. 또, 그런 얼굴.
下穿き(したばき) 아랫도리 속옷. 속바지.
下貼り(したばり) ⇨ 下張り(したばり)
下請け(したうけ) 하도급. ♣〜人(にん) 하도급인. 「たうけ).
下請け負い(したうけおい) ☞下請け(し
下剃り(したぞり) 면도를 할때, 수염 따위를 애벌 깎는 일.
下締め(したじめ) 여자 옷 밑에 매는 끈.
下草(したくさ) 숲속 나무 그늘에 돋는 잡초.
下鞘(したざや)『經』어떤 종목의 시세가 다른 동일 업종 종목의 시세보다 싸거나 다른 거래소의 시세보다 싼 일.
下取り(したどり) 상품 매매에서, 매도측이 매수인의 중고품을 인수하고 그 대금만큼 상품 가격을 할인해 주는 일.
下側(したがわ) 하측. 아래쪽.
下値(したね) ①(지금까지의 시세보다) 싼 값. 염가. ②신품 대금의 일부로서 인수하는 중고품의 가격.
下歯(したば) 아랫니.
下打ち合わせ(したうちあわせ) 사전 협의.
下土器(したかわらけ) 용기에서 넘쳐흐르는 술 따위 액체를 받기 위한 잔받침.
下投げ(したなげ) 차(茶)를 먼저 넣은 다음 끓는 물을 붓는다.
下風 ㊀(したかぜ) 지면(地面) 가까이서 부는 바람.
㊁(かふう) 남의 밑. 낮은 지위.
下下 ㊀(しもじも) 신분·지위가 낮은 일반 시민. 「위.
㊁(げげ) ①☞㊀. ②하지하(下之下). 최하
下荷(したに) 밑에 쌓인 짐.
下向き(したむき) 하향. ①아래를 향함. ②쇠퇴하기 시작함. ③(시세·물가 따위가) 하락하기 시작함.
下向く(したむく) ①밑을 향하다. ②쇠퇴하다. ③시세·물가 등이 내림세로 돌다.
下火(したび) ①불기운이 약해짐. 전하여, 한고비 지남. 기운이 꺾임. ②『料』밑불. ③다도에서, 미리 풍로나 화로에 넣어 두는 불.
下回り(したまわり) ①잡역부. 허드레꾼. ②최하급의 歌舞伎 배우.
下回る(したまわる) 하회하다. 밑돌다.
下繪(したえ) ①밑[초벌]그림. ②(자수·조각 등에서) 재료에 미리 그리는 그림.
❖下がる(さがる) ①내리다. ㉠(기온 등이) 내려가다. ㉡(값·가치 등이) 떨어지다. ㉢(허가·허락이) 나오다. 발부되다. ③(바지·양말 등이) 흘러내리다.
下がり(さがり) ①(위치·정도·가치·값 등이) 내려감. 낮아짐. 또, 내려간 것. ②(그 시각이) 조금 지남. 또, 그때.
下がり目(さがりめ) ①눈초리가 처진 눈. ②(물가가) 하락할 무렵. 내림세. 또, 그런 경

향. ③쇠퇴할 무렵. 내리막. 또, 그런 경향.
ぶら下がる(ぶらさがる) 축 늘어지다. 매달리다. 눈앞에 어른거리다.
❖下げる(さげる) ①(위치·값·지위 등을) 내리다. 낮추다. ②드리우다. 달다. ③(허리 따위에) 차다. 달다. ④되돌려 보내다. 물리다.
下げ(さげ) ①내림. 내린 것. ②재담이나 만담 등에서 사람을 웃겨 놓고 끝맺음으로 하는 부분. ③(가락의 (さげ)의) 준말.
下げびら(さげびら) 상품의 이름이나 가격 등을 써서 가게에 매달아 두는 종이.
下げ帶(さげおび) 여성의 띠를 등 뒤로 매고 양끝을 늘어뜨림. 또, 그 띠.
下げ渡す(さげわたす) (아랫사람에게 또는 민간에게) 주다. 내리다.
下げ戻し(さげもどし) 관청이나 상사에게 제출한 것을 본인에게 되돌림. 반려. 각하.
下げ幕(さげまく) 현수막.
下げ墨(さげすみ) 목수가 먹줄을 늘어뜨려 기둥이 곧바로인지 재보는 일. 다림을 봄.
下げ尾垂れ(さげおだれ) (집 처마에 달린) 차양.
下げ髮(さげがみ) ①머리를 뒤로 늘어드리는 여자 머리형의 하나. ②お下げ(おさげ). ③江戸(えど) 시대에 귀부인이나 궁녀 등이 머리를 뒤로 묶어 늘어뜨린 것.
下げタバコ盆(さげタバコぼん) 손잡이가 달려 있는 담배합(盒).
下げ棚(さげだな) (줄로) 매어 단 선반.
下げ緖(さげお) 칼집에 달린 끈《칼을 허리띠에 매는 데 씀》.
下げ汐(さげしお) ⇨ 下げ潮(さげしお).
下げ膳(さげぜん) 상을 물림[치움].
下げ繩(さげなわ) 손에 들기 쉽게 상자 따위에 맨 노끈[줄]. 「는 가마.
下げ輿(さげごし) 채를 허리께에 얹고 나르
下げ翼(さげよく) 하익(下翼). 「푼돈.
下げ錢(さげぜに) 날품팔이가 가지고 있는
下げ前髪(さげまえがみ) 앞머리를 늘어뜨린 소녀들의 머리 모양.
下げ潮(さげしお) 썰물.
下げ足(さげあし) 내림세.
下げ重(さげじゅう) 들고 다니도록 된 찬합.
下げ紙(さげがみ) 관공서에서 상사가 공문서에 의견이나 이유 등을 써서 덧붙이는 쪽지. 부전지.
下げ振り(さげふり) ①추. 진자(振子). 흔들이. ②다림추. *さげぶり라고도 함.
下げ札(さげふだ) ①이름을 써 물건에 붙인 쪽지. ②부전지.
下げ針(さげばり) ①실로 바늘을 늘어뜨림. ②매우 작은 과녁의 비유.
下げ幅(さげはば) 시세의 내림폭.
下げ舵(さげかじ) 비행기나 잠수함을 아래로 향하게 하는 키의 조종.
お下げ(おさげ) 머리를 땋아 늘인 머리형.
ぶら下げる(ぶらさげる) ①축 늘어뜨리다. 매달다. ②손에 들다.

❖下さる(くださる) ①주시다《존경어》. ②…
하여 주시다. 「십시오.
下さい(ください) ①주십시오. ②…하여 주
下される(くだされる) 주시다. 「사품.
下されもの(くだされもの) 주신 것〔물건〕. 하
❖下す(くだす) ①(높은 곳에서) 내리다.
②(명령 등을) 내리다. ③(자기 책임으로) 어떤
일을 하다. ④(몸 안에서) 밖으로 내다.
下し(くだし) ①내림. ②下し薬(くだし ぐす
り)의 준말.
下し薬(くだしぐすり) 설사약. 하제.
❖下りる(おりる) ①내리다. 내려다보다〔가다〕.
(결정 등이) 나오다. ②물러나다. (벼슬 등
을) 그만두다. ③(자물쇠가) 채워지다.
下り立つ(おりたつ) ①내려 서다. ②〈古〉
자진해서 하다.
下り物(おりもの) ①대하(帯下). ②후산
(後産). ③월경.
下り乗り(おりのり) 내리고 탐.
❖下る(くだる) ①(지방으로) 내려가다. ②
(명령·판정 따위가) 내려지다. ③항복하다.
下って(くだって) ①(편지 등에서) 불초(不
肖). ②시대가 흘러서.
下らない(くだらない) ①하찮다. 시시하
다. ②(수량을) 밑돌지 않다. 「い).
下らぬ(くだらぬ) ☞下らない(くだらな
下り(くだり) ①(낮은 곳으로) 내려감. ②중
앙에서 지방으로 감.
下り簗(くだりやな) 下り鮎(くだりあゆ)를
잡기 위해 여울에 놓는 통발.
下り腹(くだりばら) 설사(함).
下り船(くだりぶね) ①강 하류로 가는 배.
②(서울에서) 지방으로 가는 배.
下り列車(くだりれっしゃ) 하행 열차.
下り鮎(くだりあゆ) (산란기가 되어) 강을
내려가는 은어.
下り坂(くだりざか) ①내리막길. ②(세력·
시세 등의) 내리막. 쇠퇴.
❖下ろす(おろす) ①내리다. 깎아 내리다. ②
(기생충을) 구제하다. 낙태하다. ③자르거나
하여 없애다. ④강판에 갈다.
下ろし(おろし) ①내리는 일. 짐을 부림. ②
(무 따위 야채를) 강판에 갊. 또, 그것. ③下
ろし大根(おろしだいこん)・下ろし金(おろ
しがね) 따위의 준말.
下ろし金(おろしがね) 강판.
下ろし大根(おろしだいこん) ①무즙. ②
무즙을 만들기에 적합한 무. 「물건.
下ろし立て(おろしたて) 갓 쓰기 시작한 새
下ろし薬(おろしぐすり) 낙태약.
下ろし和え(おろしあえ) 『料』 강판에 간 무
즙을 섞어 조미한 요리.

其他

下手 ㈠(へた) ①(솜씨가) 서투름. 잘못함.
②아주 잔잔함.
㈡(したて) ①아래쪽. (강의) 하류. ②직위
가 낮음. ③(바둑·장기 등의) 하수. ④겸손
〔공손〕한 태도. ＊는 したでとも 읽음.

㈢(しもて) ①☞㈡①. ②무대를 향해 왼
下手糞(へたくそ) 〈俗〉아주 서투름. 「쪽.
下総(しもうさ) 『地』 옛 지방 이름. 지금의
千葉(ちば) 현 북부 및 茨城(いばらき) 현의
일부.

| 7
イ
敎 | 何 | 어찌 하·무슨 하
カ
なに・なん・いずくに
か・いずれ・なんぞ |

音読

何首鳥(かしゅう) 『漢醫』 하수오. 새박뿌리
《견위·강장제》. ＊つるどくだみ로도 읽음.
♣〜芋(いも) 『植』 둥근마.

訓読

何 ㈠(なに) ①무엇. ②아니. ③왜.
㈡(なん) ①☞㈠①. ②《接頭語로》몇….
㈢(など) 〈雅〉왜. 어째서. 무엇 때문에.
何か(なにか) 뭔가. ①무엇인가. ＊口語로는
なんか라고도 함. ②왜. 어쩐지. 어쩐지.
何がさて(なにがさて) 하여간. 어쨌든.
何かしら(なにかしら) 무엇인지. 어쩐지.
왜 그런지.
何がな(なにがな) 〈老〉무엇인가를.
何がなし(なにがなし) ①어쩐지. ②〈古〉
하여튼. 무엇이야 어찌됐건.
何かは(なにかは) 〈雅〉무엇이 …한가. 어쩌
서 …한가. 어찌 …하는가.
何くれ(なにくれ) 이것저것. 여러 가지로.
〜と無(な)く 여러 가지로. 이것저것.
何ざ(なんざ) 〈俗〉등은. 따위는.
何しに(なにしに) 무엇하러. 무슨 목적으로.
何しろ(なにしろ) ①어쨌든. 여하튼. ②워
낙. 원체.
何する(なにする) ①뭣하다. ②『～ものぞ』
무엇을 할 수 있겠는가〔별수없다〕.
何せ(なにせ) ☞何しろ(なにしろ). ＊方言
으로는 なんせ라고도 함.
何せんに(なにせんに) 〈古〉무엇하랴.
何ぞ(なんぞ) ①어째서. 어찌. 왜. ②무엇인
가. 뭔가. 뭐냐. ＊①②는 なぞ라고도 함. ③
〈俗·老〉따위. 등. ④얼마나.
何だか(なんだか) ①왜 그런지. 어쩐지. ②
무엇인지.
何たって(なんたって) 〈俗〉무어라고〔뭐니
뭐니〕 해도. 아무튼.
何だって(なんだって) ①왜. 어째서. 뭐.
②무엇이든. 뭐든지.
何たる(なんたる) ①무엇인가. 뭐라는. ②
무슨. 어찌된.
何て(なんて) ①〈口〉㉠얼마나. 참. ㉡어찌
면(그토록). ㉢이렇다 할. ㉣뭐니 뭐니 해도.
②〈俗〉㉠…라고(하)는. ㉡…이라니. ㉢
따위(는). …하다니.
何で(なんで) 무엇으로. 왜.
何でも(なんでも) ①무엇이든지. 모두. ②
여하튼. ③어쩌면.
何と(なんと) ①뭐라고. ②어떻게. ③어쩐

지. ④ 얼마나. 참.
何という(なんという) ① 어쩌면 (그렇게). ② 이렇다 할.
何とか(なんとか) ① 뭐라고. ② 어떻게든.
何とて(なにとて) ① 어찌. ② 그렇다고 (해서).
何となく(なにとなく) ① ☞ 何と無く(なんとなく). ② 기회 있을 때마다. 모든 면(面)에 걸쳐. 닥치는 대로.
何となれば(なんとなれば) 왜냐하면.
何とやら(なんとやら) ① 뭐라든가. ② 웬지. 어쩐지.
何なら(なんなら) 뭣하면. 형편에 따라서는.
何なりと(なんなりと) 무엇이든(지). 무엇이건.
何にしても(なにしても) 어쨌든. 여하튼.
何にも(なんにも) ① 아무것도. ② 조금도. 전혀.
何の ㊀(なんの) ① 무슨. 어떤. 무엇. ② 별다른. 별로. 아무런. ③ 이것저것. ㊁(どの) ① 어느. 어떤. ②《'〜も'의 꼴로》어느것이나 모두. 전부.
何のその(なんのその) 상관[걱정]없다. 아무것도 아니다.
何はさておき(なにはさておき) 다른 일은 제쳐놓고라도 이것만은. 우선 먼저.
何はともあれ(なにはともあれ) 무엇이 어떻든 간에. 여하튼.
何も(なにも) ① 아무것도. 뭐고. ② 조금도. 전혀. ③ 별로. 일부러.
何やら(なにやら) 무엇인지. 무엇인가.
何より(なにより) 무엇보다도 (좋은). 최상의.
何を(なにを) 뭐. 뭐야.
何をか(なにをか) 무엇을 …하리오.
何個(なんこ) 몇 개. 얼마.
何共(なんとも) ① 정말. 참으로. ② 뭐라고. ③《'〜なり'의 꼴로》…도 않다. 괜찮다.
何気無い(なにげない) 아무 별다른 뜻[느낌]도 없다. 어떻게든.
何其れ彼其れ(なんぞれかぞれ) 이것저것.
何年(なんねん) 몇 년. 몇 해. 몇 살.
何度(なんど) 몇 번. 여러 번.
何等(なんら) ① 아무런. 어떤. ② 조금도. *文語로는 なにら라고도 함.
何某(なにぼう) 모씨(某氏). 어떤 사람. 아무개.
何の某(なんのなにがし) 아무개.
何と無く(なんとなく) ① 어쩐지. 웬일인지. ② 무심코. 아무 생각없이.
何とは無しに(なんとはなしに) 왠지 모르게. 왜 그런지.
何は無くとも(なにはなくとも) 무엇은 없어도.
何物(なにもの) 어떠한 물건. 무엇.
何番(なんばん) 몇 번. 몇 째.
何かに付け(なにかにつけ) 기회 있을 때마다. 여러 가지 점에서.
何分(なにぶん) ① 다소간. ② 부디. 아무쪼록. ③ 아무래도.
何糞(なにくそ)〈俗〉(요)까짓 것. 에잇.

何事(なにごと) ① 어떤 일. 무슨 일. ② 모든 일. 만사. ③ 색다른 일. 아무[별] 일.
何の事は無い(なんのことはない) ① 대단치 않다. ② 생각과 다르다.
何食わぬ顔(なにくわぬかお) 모르는 체하는 모양. 시치미를 떼는 모양[얼굴].
何心無い(なにごころない) 특히 이렇다 할 생각도 없다.
何様(なにさま) ①(신분이 높은) 어떤 이[분]. 누구. 〈老〉 정말. 하여튼.
何れ様(いずれさま) 어느분. 누구.
何れも様(いずれもさま)〈老〉여러분. 「도.
何と言っても(なんといっても) 뭐니뭐니해도
何でも屋(なんでもや) ① 아무것에나 손대기를 좋아하는 사람. ② 만능꾼. ③ 만물상(萬物商).
何の様(なにのよう) 어떤 일[용건]. 「物商).
何為れぞ(なにすれぞ)〈古〉어째서. 왜. *なんすれぞ로도 읽음.
何人 ㊀(なんにん) 몇 사람. ㊁(なにびと) 하인(何人). 어떠한 사람. 누구. *なんびと・なんぴと로도 읽음.
何一つ(なにひとつ) 무엇하나. 아무것도. 하나도.
何日(なんにち) 며칠. 며칠날.
何者(なにもの) 어떤 사람. 누구. 어떤 자.
何程(なにほど) 어느 만큼. 얼마쯤.
何条(なんじょう)〈老〉어찌. 어째서. 왜.
何遍(なんべん) 몇 번. 여러 번.
何彼(なにか) 이것저것. 여러 가지.
何彼と(なにかと) 이것저것. 여러 가지로.
何だ彼んだ(なんだかんだ) 이것저것. 어쩌니저쩌니. 이러니저러니.
何でも彼でも(なんでもかでも) ① ☞ 何も彼もかも(なにもかも). ② 반드시. 기어코.
何の彼のと(なんのかのと) 이러니저러니. 이래저래. 「두.
何も彼も(なにもかも) 무엇이든. 일체.
何や彼や(なにやかや) 이것저것. 여러 가지로.
何何(なになに) 무엇무엇. 뭐뭐. 운운(云云).
何から何まで(なにからなにまで) 이것저것 모두. 죄다. 하나에서 열까지.
何が何でも(なにがなんでも) ① 누가 뭐래도. 아무래도. ② 어떻게 해서라도.
何回(なんかい) 몇 번. 여러 번.

其他
何うせ(どうせ) 어차피. 어떻든. 하여간.
何ら(いずら) ①〈雅〉어디. ②〈古〉자《재촉하는 말》.
何れ ㊀(どれ) ① 어느것. 어떤 것. 무엇. ② 어디. 이제. 자. ㊁(いずれ) ① 어느(것). ② 어디. ③ 어떠함. ④ 어쨌든. ⑤ 얼마 안 있어.
何れか ㊀(どれか) 어떤 것인지. ㊁(いずれか) ① 어느 것이 …인지. ② 도대체 어느 것. 「읽음.
何れも(どれも) 모두가. 다. *いずれもとも도
何んぞ(いずくんぞ) 어찌. 어찌하여. 「음.
何故(なぜ) 왜. 어째서. *なにゆえとも도 읽

何故か(なぜか) 웬일인지. 어쩐지. 왠지.
何故なら(なぜなら) ☞何故ならば(なぜならば).
何故ならば(なぜならば) 왜냐하면. 그 이유는.
何故に(なぜに) 어째서. 무슨 이유로.
何奴(どいつ) ①어느 놈. *どやつ・なにやつ라고도 함. ②어느것.
何の道(どのみち) 어쨌든. 결국. 어차피.
何方 ㊀(どちら) ①〈老〉어느 방향. ②어느 것. ③어디. ④어느분. 누구.
㊁(どっち) ①어디. 어느쪽. ②어느것. *古語로는 どちら고도 함.
㊂(どなた) 어느분. 누구.
㊃(いずかた)〈雅〉①어느쪽. *いずちろ도 읽음. ②어디. ③누구. 어느분.
何の方(どのかた) 어느분.
何の方(どのほう) 어느 방향.
何方道(どっちみち) 어떻든. 결국은. 어차피.
何方付かず(どっちつかず) 애매함. 모호함.
何の辺(どのへん) 어디쯤.
何所(どこ) 어디. 어느 곳.
何所ぞ(どこぞ) 어딘가.
何所も(どこも) 어디나 (다).
何所迄も(どこまでも) ⇨ 何処迄も(どこまでも).
何時 ㊀(いつ) 언제. 어느 때.
㊁(なんじ) 하시. 몇 시. *㊀㊁ 모두 老人語로는 なんどきで라고도 함.
何時か(いつか) ①언젠가. 전하여, 이전에. ②조만간에. 언젠가는. ③어느 사이에.
何時かしら(いつかしら) ①어느 결에. 모르는 사이에. ②언제일까.
何時しか(いつしか)〈雅〉①어느덧. 어느 사이에. ②언젠가는. 조만간에.
何時ぞや(いつぞや) ①언제였던가. 2 요전에. 전날에.
何時だって(いつだって) 언제고. 언제든.
何時も(いつも) ①언제나. 늘. ②여느 때. 보통 때.
何時やら(いつやら) ① ☞何時ぞや(いつぞや). ②언제인지.
何時の間(いつのま) 어느덧. 어느새.
何時頃(いつごろ) 언제쯤.
何時とは無く(いつとはなく) 어느 사이 〔결〕에. 언젠지도 모르게.
何時に無い(いつにない) 평소〔여느 때〕와 다른. 이례적(異例的)인.
何時時分(いつじぶん) 언제쯤. 언제.
何時何時(いつなんどき) 언제 어느 때.
何時何時まで(いついつまで) ①언제까지 ('何時迄(いつまで)'의 힘줌말). ②어느 달 어느 날까지.
何時迄(いつまで) 언제까지.
何時迄も(いつまでも) 언제까지나. 영원히.
何様(どんな) 어떠한. 어떤.
何の様(どのよう) 어떠함.
何の位(どのくらい) 어느 정도. 얼마쯤. 얼마만큼.
何の人(どのひと) 어떤 사람.

何れ丈(どれだけ) 얼마만큼. 얼마나.
何れ程(どれほど) 얼마만큼. 얼마나. 어느 정도.
何卒 ㊀(どうぞ) 제발. 아무쪼록. 부디. 어서.
㊁(なにとぞ) どうぞ보다 정중한 말씨.
何処 ㊀(どこ) 어디. 어느 곳. *雅語로는 いずこ・いずく라고도 함.
㊁(いずち)〈雅〉어느쪽.
何処いら(どこいら)〈口〉어딘지. 어디쯤.
何処か(どこか) 어딘가(에). 어딘지. *俗語로는 どっかとも 함.
何処かしら(どこかしら) 어딘지 모르게.
何処ぞ(どこぞ) 어딘가.
何処でも(どこでも) 어디든(지).
何処も(どこも) 어디나 (모두).
何処やら(どこやら) ①어딘지. ②어딘지 모르게.
何処ら(どこら) 어디(쯤).
何処其処(どこそこ) (구체적으로 밝히지 않은) 어디어디(에).
何処と無く(どことなく) ①어딘지 (모르게). ②어디론지. 도. 모두.
何処も彼処も(どこもかしこも) 여기도 저기도.
何処許(どこもと) 어느쪽. 어느 근방.
何処迄(どこまで) ①어디까지. ②어느 정도까지.
何処迄も(どこまでも) ①끝없이. 한없이. ②어디까지나. 끝까지.
何れ何れ(どれどれ) '어느'의 겹친 말.

8 / 氵 / 教 河
물 하·내 하
カ·が
かわ

音読
河渠(かきょう) 하거.
河系(かけい) 하계.
河谷(かこく) 하곡. 하천의 흐름으로 생긴 골짜기.
河口(かこう) 하구. ♣~堰(ぜき) 하구언 / ~港(こう) 하구항.
河梁(かりょう) 하량. 하천에 놓은 (조그마한) 다리.
河鹿(かじか)【動】河鹿蛙의 준말. ♣~蛙(がえる)【動】기생개구리.
河流(かりゅう) 하류. 강의 흐름.
河馬(かば)【動】하마.
河畔(かはん) 하반. 강가.
河伯 ㊀(かはく) 하백. ①강의 신. ② ☞河童(かわろう).
㊁(かわろう) ⇨ 河郎(かわろう).
河上(かじょう) 하상. ①강물 위. ②강의 상류. ③강가.
河床(かしょう) 하상. 하천의 바닥.
河船(かせん) 하선. 강배.
河水(かすい) 하수. 강물.
河食(かしょく)【地】하식. 강의 침식 작용.
河蝕(かしょく) ⇨ 河食(かしょく).
河心(かしん) 하심. 강심(江心).

‖~揚げ(あげ) 양륙(揚陸). 배의 짐을 뭍으로 옮김.

河岸段丘(かがんだんきゅう) 하안 단구.
河域(かいき) 하천에 따른 지역.
河底(かてい) 하저. 강바닥.
河跡湖(かせきこ) 〖地〗하적호.
河堤(かてい) 하제. 하천에 만든 제방.
河州(かしゅう) 河内国(かわうちのくに)의 딴이름.
河津(かしん) 하진. 강나루.
河川(かせん) 하천. ♣~法(ほう) 하천법 / ~敷(しき) 하천 부지.
∥~工学(こうがく) 하천 공학.
河清(かせい) 중국의 황하 물이 맑아지기를 기다림. 전하여, 기다려도 실현성이 없음.
河漢(かかん) 하한. 은하(銀河).
河港(かこう) 하항.
河海(かかい) 하해. 큰 강과 바다.
河峡(かきょう) 하협.
河況係数(かきょうけいすう) 하황 계수. 하천의 어느 지점에서의 연간 최대 유량(流量)과 최소 유량의 비(比).

訓読▶

河(かわ) 하천. 강. 시내.
河内(かわち) 〖地〗옛 지방 이름. 지금의 大阪(おおさか) 부(府)의 동부.
河郎(かわろう) 河童(かっぱ)의 딴이름.
河霧(かわぎり) 강가에 낀 안개.
河の神(かわのかみ) 강의 신. 물을 맡은 신.
河岸 ㊀(かわぎし) 강안. 강가. 냇가. *かがん으로도 읽음.
㊁(かし) ①하안. 특히, 배를 대는 물가. ②강가에 서는 (어)시장.
河原(かわら) 강가 모래〔자갈〕밭.
河烏(かわがらす) 〖鳥〗물까마귀. 「통배.
河蒸気(かわじょうき) 강을 오르내리는 통
河津掛け(かわづがけ) 씨름 수의 하나. 한 팔로 상대의 목을 감고, 다리를 걸어 상대를 넘어뜨림.
河蜻蛉(かわとんぼ) 〖蟲〗담색(淡色)물잠자리.
河太郎(かわたろう) 河童(かっぱ)의 딴이
河幅(かわはば) 하폭. 강폭.

其他▶

河骨(こうほね) 〖植〗개연꽃.
河豚(ふぐ) 〖魚〗복. 복어. ♣~毒(どく) 복어독 / ~汁(じる) 복국.
∥~料理(りょうり) 복요리.
~中毒(ちゅうどく) 복어 중독.
河童(かっぱ) ①물 속에 산다는 상상의 동물. ②〈俗〉헤엄 잘 치는 사람. ③계집아이의 단발머리.

| 10 夂 教 | 夏 (夏) | 여름 하
カ·ゲ
なつ |

音読▶

夏季(かき) 하계. 여름철.
夏季熱(かきねつ) 〖醫〗하계열.

夏期(かき) 하기.
∥~大学(だいがく) 하기 대학.
~学校(がっこう) 하기 학교.
~休暇(きゅうか) 하기 휴가.
夏炉冬扇(かろとうせん) 하로동선.
夏緑林(かりょくりん) 낙엽 활엽 수림.
夏籠り(げごもり) 〖佛〗☞夏安居(げあんご).
夏眠(かみん) (동물의) 하면. 여름잠.
夏時(かじ) 하시. 여름철. 하계.
夏芽(かが) 〖植〗하아.
夏安居(げあんご) 〖佛〗하안거.
夏至(げし) 하지. ♣~点(てん) 〖天〗하지점.
∥~線(せん) 〖天〗하지선. 북회귀선의 딴이름〔북위 23°27′을 연결한 선〕.
夏下冬上(かかとうじょう) 숯불을 피울 때, 여름에는 불씨를 숯 밑에 넣고, 겨울에는 숯 위에 놓는 것이 좋다는 뜻.
夏畦(かけい) 하휴. 여름에 논을 갊. 노고가 크다는 것에 비유한 말.

訓読▶

夏 ㊀(なつ) 여름.
㊁(か) (중국 고대의) 하(夏)나라.
夏めく(なつめく) 여름다워지다.
夏ばて(なつばて) ☞夏負け(なつまけ).
夏柑(なつかん) 여름 밀감·귤의 총칭.
夏枯れ(なつがれ) 여름철 불경기.
夏空(なつぞら) 여름 하늘.
夏掛け(なつがけ) 여름에 덮는 얇은 이불.
夏菊(なつぎく) 여름에 피는 국화의 총칭.
夏大根(なつだいこん) 〖植〗여름 무.
夏帯(なつおび) 여름철에 여성이 매는 얇고 좁은 띠. 「산길.
夏道(なつみち) (등산에서) 적설기 이외의 등
夏豆(なつまめ) 누에콩의 딴이름.
夏橙(なつだいだい) 夏密柑(なつみかん)의 딴이름. 「春.
夏隣(なつどなり) 여름에 가까움. 만춘(晩
夏梅(なつうめ) 〖植〗개다래나무의 별명.
夏毛(なつげ) 하모. ①여름에 나는 짐승털. ②여름이 지난 후 흰 반점이 생긴 사슴 털.
夏木立(なつこだち) 여름철의 무성한 나무
夏霧(なつぎり) 여름 안개. 「숲.
夏物(なつもの) 여름옷 물품. 특히, 여름옷.
夏密柑(なつみかん) 〖植〗여름밀감.
夏白菊(なつしろぎく) 〖植〗국화과 다년초의
夏服(なつふく) 하복. 「하나.
夏負け(なつまけ) 여름을 탐.
夏山(なつやま) (등산의 대상이 되는) 여름철의 산. 여름 산.
夏蟬(なつぜみ) 여름에 우는 매미의 총칭.
夏成り(なつなり) 여름에 과일이 익음. 또, 그것.
夏瘦せ(なつやせ) 여름을 탐.
夏時刻(なつじこく) ☞夏時間(なつじかん).
夏時間(なつじかん) 여름시간. 하계 일광절약 시간. 서머 타임.
夏野(なつの) 여름 들판.

夏陽(なつび) ⇨ 夏日(なつび).
夏羽織(なつばおり) 여름에 옷 위에 걸쳐 입는 홑겹의 羽織(はおり).
夏雲(なつぐも) 여름 구름.
夏越(なごし) 夏越의 祓え의 준말.
∥～の祓え(はらえ) 음력 6월 그믐날, 신사(神社)에서 행해지는 액막이 행사.
夏衣(なつごろも)〈雅〉여름옷. ＊なつぎぬ 로도 읽음. 「뛰약별.
夏日 ㊀(なつび) 강렬한 여름 태양. 여름철 ㊁(かじつ) 하일. 더운 여름날.
夏子(なつご) 여름 새끼. 여름철에 낳은 동물의 새끼.
夏仔(なつご) ⇨ 夏子(なつご).
夏姿(なつすがた) 여름에 어울리는 (시원한) 옷차림. 또, 주위의 모양.
夏作(なつさく) 여름 작물《벼・가지 따위》.
夏作物(なつさくもつ) 여름 작물.
夏蚕(なつご) 하잠. 여름누에. ＊かさんで으로도 읽음. 「도 읽음.
夏場(なつば) 여름철.
夏場所(なつばしょ) 매년 5월에 열리는 정규 씨름 대회.
夏祭り(なつまつり) 여름철에 올리는 신사(神社)의 제사.
夏鳥(なつどり) 여름철새.
夏潮(なつしお) 여름 바닷물. 여름 바다.
夏座敷(なつざしき) 여름에, 문마다 열어놓고 서늘하게 하여 놓은 응접실.
夏座布団(なつざぶとん) 여름 방석.
夏芝居(なつしばい) 괴담물 등 여름에 흥행하는 연극.
夏着(なつぎ) 여름옷.
夏茜(なつあかね) 고추잠자리의 한 가지.
夏草(なつくさ) 여름에 무성한 풀. 여름풀.
夏虫(なつむし) 여름에 나오는 벌레의 총칭.
夏便り(なつだより) 여름 문안 편지.
夏風邪(なつかぜ) 여름 감기.
夏向き(なつむき) 여름철에 적합함.
夏休み(なつやすみ) 여름 방학. 여름 휴가.

| 10
艹
教 | 荷 | 멜 하・짐 하
カ
に・になう・はす |

音読▷
荷担(かたん) ① 짐을 짐. ② 가담(加擔).
荷葉(かよう) 하엽. 연잎.
荷電(かでん)〖理〗하전.
∥～粒子(りゅうし)〖理〗하전 입자.
荷重 ㊀(かじゅう)〖理〗하중.
∥～検査器(けんさき) 하중 검사기.
～試験(しけん) 하중 시험.
㊁(におも) 짐(부담)이 너무 무거움.
荷風(かふう) 연꽃에 부는 바람.

訓読▷
荷 ㊀(に) 짐. ① 화물. ② 부담. 책임.
～が重(おも)い 짐(책임)이 무겁다.
㊁(か)《接尾語로》…짐《어깨에 짊어지는 물건을 세는 말》.
荷扱い(にあつかい) ① 화물 취급. ②(노동자의) 화물〔짐〕다루기.
荷担ぎ(にかつぎ) 짐을 짐(멤). 또, 짐꾼.
荷台(にだい) 짐받이. (트럭이나 자전거의) 짐을 싣는 곳.
荷動き(にうごき) (거래의 결과로 이루어지는) 화물의 이동.
荷留(にどめ)〖史〗중세 때, 영주가 영내의 물자 확보, 산업 보호를 위해 물자의 이출입(移出入)을 금지・제한하던 일.
荷馬(にうま) 짐말.
荷馬車(にばしゃ) 짐마차.
荷物(にもつ) 화물. 짐.
∥～電車(でんしゃ) 철도 소화물 전용차.
荷抜き(にぬき) 짐짝에서 내용물 일부를 몰래 빼내는 일. 「물어짐.
荷崩れ(にくずれ) 운반 중인 적화(積貨)가 허
荷凭れ(にもたれ) 상품의 재고가 많아 시세가 하락함.
荷卸し(におろし) ⇨ 荷下ろし(におろし).
荷船(にぶね) 화물선. 짐배.
荷送り(におくり) 화물 발송. ♣～人(にん) 화물 발송인.
荷受け(にうけ) ① 보내온 화물을 수취함. 수화. ② 도매업자.
荷嵩(にがさ) 짐의 부피가 큼〔커짐〕.
荷縄(になわ) 짐 묶는 밧줄.
荷鞍(にぐら) 길마. 짐안장.
荷厄介(にやっかい) 짐이 되어 귀찮음.
荷揚げ(にあげ) 뱃짐을 부림. 또, 그 노동자.
∥～人足(にんそく) 뱃짐을 부리는 노동자.
荷役(にやく) 하역. 뱃짐 다루기.
∥～人夫(にんぷ) 하역 인부.
荷為替(にがわせ) 화물환(貨物換).
荷印(にじるし) 꼬리표.
荷引き(にびき) 상품(의 화물)을 그 생산지에서 가져옴.
荷作り(にづくり) ⇨ 荷造り(にづくり).
荷積み(にづみ) 짐싣기. 짐쌓기.
荷造り(にづくり) 짐을 쌈. 짐꾸리기.
∥～人(にん) 짐꾸리는 인부.
荷足 ㊀(にあし) ① (배의 안정을 유지하기 위한) 바닥짐. ② 상품의 팔림새(매상).
㊁(にたり) 荷足船(にたりぶね)의 준말. 짐 싣는 거룻배.
荷拵え(にごしらえ) 짐을 쌈〔꾸림〕.
荷主(にぬし) 하주. 화주.
荷持ち(にもち) ① 짐을 나르는 사람. ② 가재 도구를 많이 가진 사람. ③ 건축에서 하중을 받는 부재.
荷車(にぐるま) 짐수레.
荷札(にふだ) 꼬리표.
荷倉(にぐら) 짐 창고.
荷出し(にだし) 짐을 거래처로 발송하는 일.
荷駄(にだ) 말로 나르는 짐. 마바리.
荷捌き(にさばき) ① 짐의 처리. ② 입하한 물건의 매각.

荷下ろし(におろし) 짐 부리기. 책임·의무 등을 다함.

12 貝 教	賀	하례할 하 ガ よろこぶ

音読
賀する(がする) 축하하다.
賀客(がきゃく) 하객.
賀慶(がけい) 경하. 경사스러운 일.
賀茂祭(かもまつり) 京都(きょうと)에 있는 賀茂(かも) 신사(神社)의 제사.
賀詞(がし) 하사. 축사.
賀書(がしょ) 하서. 축하하는 글.
賀席(がせき) 축하의 자리.
賀頌(がしょう) 하송. 축하하여 칭송하는 말.
賀寿(がじゅ) 하수. 장수의 축하.
賀宴(がえん) 하연. 축하연.
賀筵(がえん) 하연. 축하연의 자리.
賀意(がい) 하의.
賀儀(がぎ) 하의. 하례(賀禮).
賀状(がじょう) 하장. 축하의 편지. 특히, 연하장.
賀節(がせつ) 경사가 있는 날. 경축일.
賀正(がしょう) 하정(연하장에 쓰는 말).
*がせい로도 읽음.
賀の祝い(がのいわい) 장수 축하(환갑·고희·희수·미수(米壽) 등이 있음).
賀春(がしゅん) 하정(賀正).
賀表(がひょう) 하표. 황실에 올리는 축하의 글.

13 广	廈	큰집 하 カ いえ

其他
廈門(アモイ) 〚地〛 샤먼.

13 火	煆	데울 하 カ·ケ

音読
煆焼(かしょう) 〚化〛 하소.

13 王	瑕	티 하·허물 하 カ きず

音読
瑕瑾(かきん) 하근. 흠. 결점.
瑕疵(かし) 하자. 결점. 흠.
‖～担保責任(たんぽせきにん) 〚法〛 하자담보 책임.
訓読
瑕(きず) ①상처. ②(알리기 싫은) 비밀. ③흠. 결점. 티.

13 辶	遐	멀 하 カ とおい·はるか

音読
遐齢(かれい) 하령. 오래 삶. 장수.
遐福(かふく) 하복. 아주 큰 행복.
遐陬(かすう) 하추. 수도(首都)에서 멀리 떨어진 곳. 벽지.

15 虫	蝦	새우 하·두꺼비 하 カ·ガ えび

音読
蝦蟇(がま) 'ひきがえる(=두꺼비)'의 딴이름.
蝦蟆(がま) ⇨ 蝦蟇(がま).
蝦蟇口(がまぐち) 물림쇠가 달린 돈지갑.
訓読
蝦(えび) ①〚動〛 새우. ②蝦錠(えびじょう)의 준말.
蝦殻天蛾(えびがらすずめ) 〚蟲〛 박각시.
蝦固め(えびがため) (레슬링에서) 상대의 목과 발을 감아 새우처럼 만들어 풀시키는 수.
蝦根(えびね) 〚植〛 새우난초.
蝦蔓(えびづる) 〚植〛 까마귀머루.
蝦上がり(えびあがり) 철봉에 매달렸다가 몸을 새우처럼 하고 발을 차며 철봉 위에 오르는 수.
蝦蟋蟀(えびこおろぎ) 〚蟲〛 '竈馬(かまどうま)(=꼽등이)'의 딴이름.
蝦腰(えびごし) 새우등.
蝦錠(えびじょう) ①문빗장에 채우는 새우 모양의 반월형 자물쇠. ②맹꽁이자물쇠.
蝦藻(えびも) 〚植〛 말즘.
蝦責め(えびぜめ) 江戸(えど) 시대의 고문의 하나. 죄인을 책상다리로 앉게 하고, 몸을 새우처럼 꺾어 두 손을 뒤로 묶은 것.
蝦蟹(えびがに) 〚動〛 '蜊蛄(ざりがに)(=가재)'의 딴이름.

其他
蝦蛄(しゃこ) 〚動〛 갯가재.
‖～万力(まんりき) 〚機·工〛 시-클램프(C-clamp).
蝦夷(えぞ) ①関東(かんとう) 이북 北海道(ほっかいどう)·東北(とうほく)에 살던 일본의 선주(先住) 민족. *古語로는 えみし라고도 함. ②北海道의 옛 이름.
蝦夷菊(えぞぎく) 〚植〛 과꽃.
蝦夷雷鳥(えぞらいちょう) 〚鳥〛 들꿩.
蝦夷仙入(えぞせんにゅう) 〚鳥〛 붉은허리개개비.
蝦夷松(えぞまつ) 〚植〛 가문비나무.
蝦夷鶲(えぞびたき) 〚鳥〛 제비딱새.
蝦夷潜入(えぞせんにゅう) ⇨ 蝦夷仙入(えぞせんにゅう).

15 革 日	鞐	딱지 (하) こはぜ

訓読
鞐(こはぜ) (서질(書帙)·각반 등을 죄는) 메뚜기.

17 口 常	嚇	위험할 하·성낼 혁 カク おどす·おどかす

音読
嚇怒(かくど) 혁노. 격노.
訓読
❖嚇かす(おどかす) ① 으르다. 위험하다. 협박하다. ② 깜짝 놀라게 하다.
嚇かし(おどかし) 위험. 협박.
❖嚇す(おどす) 으르다. 위협하다. 협박하다. 등치다. ＊かくすろ도 읽음.
嚇し(おどし) ① 위협. 협박. 으름. ② 허수아비.
嚇し文句(おどしもんく) 위협하는 말. 으름장.
嚇し付ける(おどしつける) 몹시 위협하다. 으르대다.

逆音
威嚇(いかく) 위하. 위협. ♣~的(てき) 위협적.

17 缶	罅	틈 하·갈라질 하 カ ひび

訓読
罅(ひび) 금. ① (벽이나 그릇 따위에 생기는) 잔금. ＊ひびれ로도 읽음. ② (몸·대인 관계 등에) 이상이 생김.
罅塗り(ひびぬり) 칠기(漆器)에 칠을 할 때, 겉에 잔금이 도드라지게 칠하는 방법.
罅焼き(ひびやき) 겉에 잔금이 나게 구운 도자기.
罅割れる(ひびわれる) 금이 가다.
其他
罅隙(こげき) ①『地』크레바스(crevasse). ② 하극. 갈라진 틈.

17 雨 人	霞	놀 하 カ かすみ·かすむ

訓読
霞(かすみ) 안개.
霞む(かすむ) ① 안개가 끼다. ② 희미하게 보이다. ③ 눈이 침침하다.
霞が関(かすみがせき)『地』東京(とうきょう) 도 千代田(ちよだ) 구 남부 일대의 관청 거리.
霞渡る(かすみわたる) 안개가 온통 뿌옇게 끼다.
霞網(かすみあみ) 새그물. 「눈.
霞目(かすみめ) 침침한 눈. 시력이 희미한

학

8 子 教	学 (學)	배울 학·공부할 학 ガク まなぶ

音読
学(がく) 학문. 학술.
学す(がくす) 학문을 하다. 배우다.
学する(がくする) 배우다.
学監(がっかん) 학감. ＊がくかんで로도 읽음.
学界(がっかい) 학계.
学階(がっかい)『佛』학계. 승려의 학식에 따라 주어지는 위계. ＊がくかいで로도 읽음.
学科(がっか) 학과.
学課(がっか) 학과. 학문의 과정.
学館(がっかん) 학관. 학교. ＊がくかんで로도 읽음.
学校(がっこう) 학교. ♣~医(い) (학)교의. ‖~開放(かいほう) 학교 개방.
~教育(きょういく) 학교 교육.
~群(ぐん) 학교군. 학군. ♣~制度(せいど) 학(교)군 제도.
~給食(きゅうしょく) 학교 급식.
~図書館(としょかん) 학교 도서관.
~放送(ほうそう) 학교 방송.
~法人(ほうじん) 학교 법인.
~保健法(ほけんほう) 학교 보건법.
~新聞(しんぶん) 학교 신문. 「농원」.
~園(えん) 학교원〔학교 안에 마련된 화원·
~伝染病(でんせんびょう) 학교 전염병《학교에서 예방해야 할 전염병》.
~主任制(しゅにんせい) 학교 주임제.
~行事(ぎょうじ) 학교 행사.
学区(がっく) 학구. (공립 학교의) 통학 구역. ♣~制(せい) 학구제. 「적.
学究(がっきゅう) 학구. ♣~的(てき) 학구
学窮(がっきゅう) 학궁. ① 학문에만 열중하여 세상을 모르는〔쓸모없는〕학자. ② 학자가 자신을 겸손하여 일컫는 말.
学級(がっきゅう) 학급. 반.
‖~経営(けいえい)『教』학급 경영.
~担任(たんにん) 학급 담임.
学期(がっき) 학기.
学内(がくない) 학내. 대학 내부.
学年(がくねん) 학년.
‖~別漢字配当表(べつかんじはいとうひょう) (초등 학교의) 학년별 한자 배당표《1989
~試験(しけん) 학년 시험. 「년 고시》.
学堂(がくどう) 학당.
学大(がくだい) '学芸大学(がくげいだいが

学徳(がくとく) 학덕.
学徒(がくと) 학도. ♣~**兵**(へい) 학도병.
学都(がくと) 학도. 학원 도시.
学道(がくどう) ① 학문의 길. ② 불도(佛道)의 수행.
学童(がくどう) 학동. 초등 학교 학생.
∥~**保育**(ほいく) 학동 보육. 부모가 맞벌이 등으로 보호자가 없을 때, 방과 후 일정 시간 동안 대신 돌봐 주는 일.
学頭(がくとう) ① 학교장 또는 수석 교사. ② 절에서 학사(學事)를 통괄하는 승려.
学侶(がくりょ) 학려. 학승(學僧).
学力(がくりょく) 학력. *がくりき로도 읽음.
∥~**検査**(けんさ) 학력 검사.
学歴(がくれき) 학력.
∥~**工場**(こうじょう) 학력 공장. 학력 소지자 배출이 목적처럼 된 대학의 현상을 비판한 말.
~**社会**(しゃかい) 학력 사회.
学連(がくれん) '学生社会科学連合会(がくせいしゃかいかがくれんごうかい)(=학생 사회 과학 연합회)'의 준말.
学齢(がくれい) 학령. ① 초등 학교에 취학할 연령. ② 의무 교육을 수학 기간(6 세에서 15 세까지).
∥~**人口**(じんこう) 학령 인구.
学労(がくろう) 학로. 학문과 근로.
学料(がくりょう) ☞**学問料**(がくもんりょう).
学寮(がくりょう) ① 학교 기숙사. ② 江戸(えど) 시대에 공자를 모신 江戸의 湯島聖堂(ゆしませいどう)에 부속된 학생 기숙사.
学理(がくり) 학리. ♣~**的**(てき) 학리적.
学林(がくりん) 학림. ① 종교적 학문을 가르치는 학교. ② 학교. ③ 학교 부속 임야. ④ 학자가 모이는 곳.
学名(がくめい) 학명. ① 동식물의 학술상 명칭. ② 학자로서의 명성·평판.
学帽(がくぼう) 학모. 교모. 학교의 제모.
学務(がくむ) 학무.
∥~**委員**(いいん) 학무 위원. 교육 위원.
学問(がくもん) 학문. ♣~**的**(てき) 학문적.
~**の自由**(じゆう) 학문의 자유.
∥~**料**(りょう) 平安(へいあん) 시대, 大学寮(だいがくりょう)의 학생 중에서 희망자에게 지급되는 학자금.
~**所**(じょ) 학문하는 곳.
学閥(がくばつ) 학벌.
学法(がくほう) '学校法人(がっこうほうじん)(=학교 법인)'의 준말.
学報(がくほう) 학보.
学僕(がくぼく) 학복. 스승의 집이나 글방의 심부름을 하면서 공부하는 사람.
学府(がくふ) 학부.
学部(がくぶ) (종합 대학의) 학부.
学費(がくひ) 학비.
学士(がくし) 학사. ♣~**院**(いん) 학사원.
学事(がくじ) 학사. ♣~**課**(か) 학사과.
∥~**報告**(ほうこく) 학사 보고.
学舎(がくしゃ) 학사. 학교 (건물).

学生 〓 (がくせい) 학생. 특히, 대학생.
♣~**服**(ふく) 학생복.
∥~**時代**(じだい) 학생 시절.
~**言葉**(ことば) 학생어.
~**運動**(うんどう) 학생 운동.
~**割引**(わりびき) 학생 할인.
〓 (がくしょう) ① 옛날, 大学寮(だいがくりょう)·国学(こくがく)에서 수학하던 사람. ② 큰 사찰에서 일반 학문을 닦던 사람.
学説(がくせつ) 학설.
学聖(がくせい) 학문의 세계에서 위대한 업적을 남긴 사람.
学修(がくしゅう) 수학. 학문을 닦음.
学術(がくじゅつ) 학술.
∥~**団体**(だんたい) 학술 단체.
~**用語**(ようご) 학술 용어.
~**雑誌**(ざっし) 학술 잡지.
~**情報センター**(じょうほうセンター) 학술 정보 센터.
~**会議**(かいぎ) 학술 회의.
学習(がくしゅう) 학습. ♣~**権**(けん) 학습권.
∥~**曲線**(きょくせん) 학습 곡선.
~**機能**(きのう) 학습 기능.
~**障害**(しょうがい) 학습 장애.
~**指導要領**(しどうようりょう) 학습 지도 요령.
~**参考書**(さんこうしょ) 학습 참고서.
~**漢字**(かんじ) 학습 한자.
~**活動**(かつどう) 학습 활동.
~**効果**(こうか) 학습 효과.
学僧(がくそう) 학승.
学殖(がくしょく) 학식. 학문의 소양.
学識(がくしき) 학식.
∥~**経験者**(けいけんしゃ) 학식 경험자.
学業(がくぎょう) 학업.
∥~**優秀**(ゆうしゅう) 학업 (성적) 우수.
学芸(がくげい) 학예. ♣~**欄**(らん) 학예란.
~**会**(かい) 학예회.
∥~**大学**(だいがく) 학예 대학(지금의 교육 대학).
学外(がくがい) 학외. 학교, 특히 대학의 외부.
学用(がくよう) 학용.
∥~**患者**(かんじゃ) 학용 환자. 의학 연구용으로 등록을 마친 환자.
学庸(がくよう) 학용. 사서(四書) 중 대학(大學)과 중용(中庸).
学用品(がくようひん) 학용품.
学友(がくゆう) 학우.
学院(がくいん) 학원.
学園(がくえん) 학원. 학교.
∥~**都市**(とし) 학원 도시.
学位(がくい) 학위.
∥~**論文**(ろんぶん) 학위 논문.
~**授与機関**(じゅよきかん) 학위 수여 기관.
学育(がくいく) 학육. 학생 스스로 배우고 자람.
学恩(がくおん) 학문적으로 배움을 받은 은혜.
学者(がくしゃ) 학자. ♣~**肌**(はだ) 학자 기질.
学資(がくし) 학자. 학비.
∥~**保険**(ほけん) 학자 보험.

学匠(がくしょう) 학장. ① 학자. ②〖佛〗불도를 닦아 스승이 될 자격을 갖춘 중.
学長(がくちょう) 학장.
学才(がくさい) 학재. 학문을 하는 재능.
学災(がくさい) 학재('学校災害(がっこうさいがい)'(=학교 재해)'의 준말).
学的(がくてき) 학적. 학문적('学問的(がくもんてき)'(=학문적)'의 준말).
∥~根拠(こんきょ) 학문적 근거.
 ~良心(りょうしん) 학문적 양심.
学績(がくせき) ① 학문상의 업적. ② 학업 성적.
学籍(がくせき) 학적. ♣~簿(ぼ) 학적부.
学政(がくせい) ① 학정. 교육 행정. ② 중국, 청(清)나라 때의 교육 행정관.
学制(がくせい) 학제.
∥~改編(かいへん) 학제 개편.
学際(がくさい) 분야가 다른 전문가의 협업.
∥~的研究(てきけんきゅう) 여러 과학에 의한 협동적·종합적 연구.
学卒(がくそつ) ① '大学卒業(だいがくそつぎょう)(=대학 졸업)'의 준말. ② (일반적으로) 학교 졸업자. 「과 지식.
学知(がくち) 학지. ① 배워서 이해함. ② 학문
学参(がくさん) '学習参考書(がくしゅうさんこうしょ)(= 학습 참고서)'의 준말.
学窓(がくそう) 학창.
学債(がくさい) 학교가 발행하는 채권.
学則(がくそく) 학칙.
学統(がくとう) 학통.
学派(がくは) 학파.
学風(がくふう) 학풍.
学割り(がくわり) '学生割引(がくせいわりびき)(=학생 할인)'의 준말.
学海(がっかい) 학해. 학문의 세계. *がくかいでも 읽음.
学兄(がっけい) 학형. (편지 따위에서) 동배·후배를 부르는 말. *がくけいでも 읽음.
学会(がっかい) 학회.

〖訓読〗
❖学ぶ(まなぶ) 배우다. ① (지식·기술 등을) 익히다. ② 공부하다. ③ 경험하여 알다.
学び(まなび) 〈雅〉 배움. 학문.
 ~の道(みち) 〈雅〉 학문의 길.
 ~の園(その) 배움터. 학원. 학교.
 ~の庭(にわ) ☞ 学びの園.
 ~の窓(まど) 학창. 학교.   「교.
学び舎(まなびや) 〈雅〉 배움의 집. 학사. 학

| 9
犭 | 狢 | 오소리 학
カク
むじな |

〖参考〗 貉의 異體字.

〖訓読〗
狢(むじな) 〖動〗 ① '穴熊(あなぐま)(=오소리)'의 딴이름. ② '狸(たぬき)(=너구리)'의 딴이름.

狢・虐・涸・貉・瘧　**1615**

狢藻(むじなも) 〖植〗 끈끈이귀갯과(科)의 식충 식물.

| 9
虍
〖常〗 | 虐 (虐) | 사나울 학·혹독할 학
ギャク
しいたげる |

〖音読〗
虐待(ぎゃくたい) 학대.
虐使(ぎゃくし) 학사. 학대하여 부림.
虐殺(ぎゃくさつ) 학살.
虐遇(ぎゃくぐう) 학우. 잔혹하게 다룸. 잔학한 대우.
虐政(ぎゃくせい) 학정. 폭정.
虐刑(ぎゃくけい) 학형. 잔학한 형벌.

〖訓読〗
虐げる ㊀ (しいたげる) ① 학대하다. ② 억울한 죄를 씌우다.
 ㊁ (せたげる) ① 학대하다. 못살게 굴다. ② 심하게 꾸짖다. ③ 재촉하다. 다그치다.

| 11
氵 | 涸 | 마를 학·말릴 학
コ
かれる |

〖音読〗
涸渇(こかつ) 고갈.
涸竭(こけつ) 고갈. 물이 마름.

〖訓読〗
涸らす(からす) (물을) 말리다. 고갈시키다.
❖涸れる(かれる) (물이) 마르다.
涸れ(かれ) 마름.   「계곡.
涸れ谷(かれだに) 비가 올 때만 물이 흐르는
涸れ滝(かれたき) 물이 마른 폭포.
涸れ池(かれいけ) 바싹 마른 못.   「강.
涸れ川(かれかわ) 비가 올 때만 물이 흐르는
涸れ涸れ(かれがれ) (시내·샘 등의) 물이 고갈되는 모양.

| 13
豸 | 貉 | 오소리 학
カク・ガク
むじな |

〖訓読〗
貉(むじな) 〖動〗 ① '穴熊(あなぐま)(=오소리)'의 딴이름. ② '狸(たぬき)(=너구리)'의 딴이름.   「식물.
貉藻(むじなも) 〖植〗 끈끈이귀갯과의 식충
貉偏(むじなへん) 한자 부수(部首)의 하나; 갖은돼지시.

| 14
疒 | 瘧 | 학질 학
ギャク・ガク
おこり・わらわやみ |

〖訓読〗
瘧 ㊀ (おこり) 〖醫〗 학질.
 ㊁ (わらわやみ) 〈雅〉 학질 (같은 열병).

16 言	謔	농할 **학** ギャク たわむれる

逆音▶
笑謔(しょうぎゃく) 소학. 웃으며 농을 함.
諧謔(かいぎゃく) 해학.

21 鳥 (人)	鶴	두루미 **학** カク つる

音読▶
鶴駕(かくが) 학가. 황태자의 수레.
鶴頭(かくとう) 주둥이가 가늘고 긴 병.
鶴唳(かくれい) 학려. 학이 욺. 또, 그 울음 소리.
鶴林(かくりん)〖佛〗학림. ①사라쌍수의 숲. ②석가의 입멸(入滅).
鶴望(かくぼう) 학망. 학수고대함.
鶴髮(かくはつ) 학발. (학의 깃털처럼 하얀) 노인의 백발.
‖~童顔(どうがん) 학발 동안.
鶴寿(かくじゅ) 학수. 명이 긺.
鶴首(かくしゅ) 학수(고대).
鶴膝(かくしつ) 학슬.
鶴翼(かくよく) 학익. 학이 날개를 펼친 것 같은 진형(陣形).
鶴氅(かくしょう) 학창. 학의 깃털로 만든 옷. ♣~衣(い) 학창의.

訓読▶
鶴(つる) 학. 두루미.
  ~の一声(ひとこえ) 권위자의 한 마디.
鶴脛(つるはぎ)〈古〉①학의 다리. ②바지가 짧아 정강이가 드러나는 모양.
鶴頸(つるくび) ①술병·꽃병 따위의 잘쏙한 목. ②목이 긴 사람.
鶴亀(つるかめ) ①학과 거북. ②좋은 운세를 축하하거나 비는 말.
‖~算(ざん)〖數〗학거북산(算). 학·거북의 합계 마리수와 그 발의 합계 수로 각기 몇 마리인가를 계산하여 내는 따위의 산수셈.
鶴斑(つるぶち)〖動〗얼룩빼기말.
鶴の子(つるのこ) 잔치에 쓰이는 달걀 모양을 한 붉은 빛깔·흰 빛깔의 떡.
鶴嘴(つるはし) 곡괭이.

24 鳥	鷽	피리새 **학**·비둘기 **학** カク うそ

訓読▶
鷽(うそ)〖鳥〗피리새.

한

6 扌	扞	막을 **한** カン ふせぐ

音読▶
扞格(かんかく) 한격. 서로 상대를 받아들이지 않음.

6 氵 常	汗	땀 **한** カン あせ

音読▶
汗国(かんこく)〖史〗한국. 칸(Khan)이 통치할 나라.   「준마.
汗馬(かんば) 한마. ①말을 달려 땀을 냄. ②~の労(ろう) 한마지로.
汗腺(かんせん) 한선. 땀샘.
汗顔(かんがん) 한안. 부끄러워 얼굴에 땀남.
汗牛充棟(かんぎゅうじゅうとう) 한우충동. 장서(藏書)가 대단히 많음.
汗瘡(かんそう)〖漢醫〗한창. 땀띠.
汗青(かんせい) 한청. 역사. 기록. 문서.
汗疱(かんぼう) 한포. 손바닥·발바닥에 나는 작은 물집.   「은 땀.
汗血(かんけつ) 한혈. 피와 땀. 또, 피와 같은 ~の馬(ば) 汗血馬.
‖~馬(ば) 한혈마. 옛날, 서역(西域)의 대원국(大宛國)에서 산출된 명마.

訓読▶
汗 ㊀(あせ) ①땀. ②〔표면에 서린〕물방울. ㊁(カン) 한. 칸(Khan). 중세 몽고·투르크 족의 왕.
汗する(あせする) 땀을 내다〔흘리다〕.
汗だく(あせだく)〈俗〉땀투성이.
汗ばむ(あせばむ) 땀이 나다. 땀이 배다.
汗みどろ(あせみどろ) ☞汗水漬く(あせみずく).
汗雫(あせしずく) ⇨ 汗滴(あせしずく).
汗塗れ(あせまみれ) 땀투성이.
汗掻き(あせかき) 땀을 흘리기 쉬운 체질. 또, 그런 사람.
汗水(あせみず) 물처럼 흐르는 땀.
  ~を流(なが)す 땀 흘리며 열심히 일하다.
汗水漬く(あせみずく) 땀투성이가 된 모양.
汗拭き(あせふき) 땀 닦는 수건.   「다.
汗染みる(あせじみる) 땀이 배(어 얼룩지)
汗疣(あせも) 땀띠.
汗襦袢(あせジュバン) 땀받이.
汗涵(あせしずく) 땀방울.   「억제함.
汗止め(あせどめ) 땀을 들임. 땀이 나는 것을
汗知らず(あせしらず) 땀띠약(상표명).
汗疹(あせも) 땀띠. *かんしん으로도 읽음.
汗取り(あせとり) ①땀받이. ②땀을 닦아 내는 종이.

其他▶
汗衫(かざみ) ①고대의 땀받이 옷. ②平安

(へいあん) 시대에, 상류 계층의 소녀들이 초여름에 상의 위에 입던 옷. ＊かんさん으로도 읽음.

7 日	旱	가물 **한** カン ひでり

音読
旱魃(かんばつ) 한발.
旱損(かんそん) 한손. 한해(旱害).
旱水(かんすい) 한수. 가뭄과 홍수. 한해(旱害)와 수해(水害).
旱雲(かんうん) 한운. 가물 때의 구름.
旱災(かんさい) 한재.
旱天(かんてん) 한천. 가무는 날씨.
旱害(かんがい) 한해.
訓読
旱(ひでり) 가뭄. 한발.

8 阝	邯	조나라서울 **한** カン

音読
邯鄲(かんたん) ① 한단《옛 중국의 지명》. ②《蟲》긴꼬리《방울벌레 비슷한 곤충》.
∥**~の夢**(ゆめ) 한단지몽. 노생지몽(盧生之夢). 황량몽(黃粱夢).
~の歩み(あゆみ) 한단지보(邯鄲之步).
~師(し) 자고 있는 나그네의 (머리맡에서) 금품을 훔침. 또, 그 도둑.
~の枕(まくら) ☞邯鄲의 꿈.

9 小 常	恨	한할 **한**·뉘우칠 **한** コン うらむ·うらめしい

音読
恨事(こんじ) 한사. 한스러운 일.
訓読
恨めしい(うらめしい) ① 원망스럽다. ② 유감스럽다.
❖**恨む**(うらむ) ① 원망하다. 분하게 여기다. ②〈古〉원한을 풀다.
恨み(うらみ) 원한. 앙심.
恨みがましい(うらみがましい) 원망하는 듯하다.
恨みっこ(うらみっこ) 서로가 원망함.
恨みつらみ(うらみつらみ) (여러 가지) 원통한 일.
恨みる(うらみる) ☞恨む(うらむ).
恨むらくは(うらむらくは) ① 원망스럽게도. ② 유감스럽게도. 애석하게도.
恨み死に(うらみじに) 원망하면서 죽음. 원사(怨死). 한사(恨死).
恨み顔(うらみがお) 원한을 품고 있는 얼굴.
恨み言(うらみごと) 원망하는 말.

9 阝 教	限	한정 **한** ゲン かぎる·きり

音読
限界(げんかい) 한계.
∥**~費用**(ひよう) 한계 비용.
~状況(じょうきょう) 한계 상황. 극한 상황.
~生産費(せいさんひ) 한계 생산비.
~税率(ぜいりつ) 한계 세율.
~消費性向(しょうひせいこう) 한계 소비 성향.
~効用(こうよう)〖經〗한계 효용.
限局(げんきょく) 국한.
限度(げんど) 한도. 한계.
限性遺伝(げんせいいでん)〖生〗한성 유전.
限時法(げんじほう) 한시법.
限外(げんがい) 한외. 한계 밖.
∥**~発行**(はっこう) 한외 발행.
~濾過(ろか) 한외 여과.
~顕微鏡(けんびきょう) 한외 현미경. 보통 현미경으로는 보이지 않는 작은 것을 볼 수 있도록 특수 장치를 설치한 현미경.
限月(げんげつ) 선물(先物) 거래에서, 상품의 수도(受渡) 기한.
限定(げんてい) 한정. ♣**~的**(てき) 한정적 / **~版**(ばん) 한정판.
~能力(のうりょく)〖法〗한정 능력.
~承認(しょうにん) 한정 승인.
~戦争(せんそう) 한정 전쟁. 제한 전쟁.
~出版(しゅっぱん) 한정 출판.
限制(げんせい) 범위를 정함. 제한.
訓読
限無し(きりなし) ① 한이 없음. 끝이 없음. ② 끊임없음.
❖**限る**(かぎる) ① 경계·범위를 짓다. ② 제한〔한정〕하다. ③ …에 한해서. ④ …만이 아니다.
限って(かぎって) …만은. …에 한해서. …따라.
限り ㊀(かぎり) ① 끝. 한계. ② 동안. …의 범위 내. ③ 마지막. 뿐.
~ある世(よ) 언젠가는 죽어야 할 이 세상. 현세(現世).
~の月(つき) 1년 중의 마지막 달.
~なき位(くらい) 천자의 지위.
~なき人(ひと) 더없이 존귀한 사람.
㊁(きり) ① 뿐. ②〖經〗청산 거래에서, 수도(受渡) 기한.
限りない(かぎりない) 무한하다. 한없다. 끝없다.

10 小	悍	사나울 **한**·날랠 **한** カン あらい·あらあらしい·おぞましい

音読
悍馬(かんば) 한마. 사나운 말.
悍婦(かんぷ) 한부. 성질이 사나운 여자.

訓読

悍し(おぞし) 〈文〉 ① 무섭다. 고집 세다. ② 교활(狡猾)하다.
悍ましい(おぞましい) ① 싫은 생각이 들다. ② 〈古〉 무섭다. ③ 〈古〉 교활하다.

12획 教	**寒**(寒)	찰 한·가난할 한 カン さむい

音読

寒(かん) 소한에서 입춘까지의 약 30일간.
~が明(あ)**ける** 절기상 대한이 끝나다. 입춘(立春)이 되다.
~に入(い)**る** 소한에 접어들다.
寒じる(かんじる) 추위를 느끼다.
寒見舞い(かんみまい) 한중(寒中) 문안.
寒季(かんき) 추운 계절.
寒稽古(かんげいこ) 한중(寒中)에 추위를 무릅쓰고 무예·음곡 등을 연습함. 「통.
寒苦(かんく) 한고. 추위로 인하여 받는 고 ∥**~鳥**(ちょう) 〖佛〗 한고조. 인도의 히말라야 산에 산다는 상상의 새. *かんくどり로도 읽음.
寒九(かんく) 소한(小寒)에서 9일째.
∥**~の水**(みず) 소한 뒤 9일째 되는 날에 길은 물(특효가 있다 함).
~の雨(あめ) 소한 뒤 9일째에 내리는 비 《풍년의 조짐이라 함》.
寒垢離(かんごり) 한중(寒中)에 냉수욕하면서 신불에게 기원하는 일.
寒国(かんこく) 한국. 추운 나라(지방).
寒菊(かんぎく) 〖植〗 한국. 국화의 한 품종.
寒閨(かんけい) 한규. 공규(空閨).
寒極(かんきょく) 〖地〗 한극. 지구상에서 가장 추운 지점. 남극 대륙과 시베리아에 있음.
寒の内(かんのうち) ☞寒中(かんちゅう).
寒帯(かんたい) 한대. ♣**~林**(りん) 한대림.
∥**~気団**(きだん) 〖氣〗 한대 기단.
~気候(きこう) 한대 기후.
~植物(しょくぶつ) 한대 식물.
~前線(ぜんせん) 〖氣〗 한대 전선.
寒冬(かんとう) 한동. 특히 추운 겨울.
寒灯(かんとう) 한등. 추운 밤의 쓸쓸한 등불. 「갈.
寒卵(かんたまご) 한란. 추운 겨울에 낳은 달
寒暖(かんだん) 한란. 추위와 따뜻함. ♣**~計**(けい) 한란계.
寒蘭(かんらん) 〖植〗 한란.
寒冷(かんれい) 한랭.
∥**~紗**(しゃ) 한랭사. 발이 거칠고 얇은 질긴 무명(장식·모기장용).
~前線(ぜんせん) 〖氣〗 한랭 전선.
寒露(かんろ) 한로. ① 24절기의 하나. 양력 10월 8,9일경. ② 찬이슬.
寒雷(かんらい) 한뢰. 겨울 한랭 전선이 통과함에 따라서 발생하는 우레.
寒流(かんりゅう) 한류.

寒林(かんりん) 한림. 잎 떨어진 겨울 숲.
寒立馬(かんだちめ) 일본 青森(あおもり)현 東通村(ひがしどおりむら)에서 방목되는 반야생의 말.
寒梅(かんばい) 한매. 겨울에 피는 매화.
寒明け(かんあけ) 대한이 지나고 입춘이 되는 일.
寒の明け(かんのあけ) ☞寒明け(かんあけ). 「란.
寒牡丹(かんぼたん) 〖植〗 한모란. 동(冬)모
寒餅(かんもち) 한중(寒中)에 만든 떡.
寒復習(かんざらい) ☞寒稽古(かんげいこ).
寒鮒(かんぶな) 추운 때에 잡히는 붕어.
寒肥(かんごえ) 한비. 겨울에 주는 비료.
寒貧(かんぴん) 한빈. 썩 가난함.
寒士(かんし) 한사. 가난한 선비.
寒鰤(かんぶり) 겨울(에 잡히는) 방어.
寒山(かんざん) 한산. 겨울의 (초목이 시든) 썰렁한 산.
寒色(かんしょく) 한색. 추운 느낌의 색.
寒生(かんせい) ① 한생. 빈한한 서생(書生). ② 자기의 겸칭.
寒暑(かんしょ) 한서. 추위와 더위. ♣**~計**(けい) 한란계.
寒蟬(かんぜみ) 가을(에 우는) 매미. *かんせん으로도 읽음.
寒声(かんごえ) 추운 데서 하는 발성 연습. 또, 그 목소리.
寒素(かんそ) 한소. 가난하고 검소함.
寒晒し(かんざらし) ① 식품·천 따위를 한중(寒中)에 말림. 또, 그렇게 만든 것. ② 寒晒し粉의 준말.
∥**~粉**(こ) 겨울에 물에 불렸다가 그늘에 말려 빻은 찹쌀 가루(과자의 재료).
寒水(かんすい) 한수. ① 냉수. ② 겨울의 물. ③ 寒水石의 준말.
∥**~石**(せき) 〖鑛〗 한수석. 茨城(いばらき)현 북부 산지에서 나는 대리석의 하나. 백색 바탕에 회색 줄무늬가 있으며, 장식과 조각 등에 쓰임.
寒食(かんしょく) 한식.
寒心(かんしん) 한심하게 여김. 걱정·두려움으로 오싹함.
寒鴉(かんあ) 한아. 겨울 까마귀.
寒桜(かんざくら) 〖植〗 벚나무의 일종.
寒夜(かんや) 한야. 몹시 추운 겨울밤. *さむよ로도 읽음.
寒烈(かんれつ) 한열. 추위가 몹시 심함.
寒熱(かんねつ) 한열. ① 추위와 더위. ② 오한과 열기.
∥**~往来**(おうらい) (병으로) 오한과 열이 번갈아듦.
寒念仏(かんねんぶつ) 한겨울 새벽에 꽹과리 따위를 치고 큰소리로 염불하면서 절에 참배하는 일.
寒詣で(かんもうで) ☞寒参り(かんまいり).
寒烏(かんがらす) 한오. 겨울 까마귀.
寒雨(かんう) 한우. 겨울의 찬비.

寒の雨(かんのあめ) 한겨울에 내리는 비.
寒雲(かんうん) 한운. 겨울 하늘의 구름.
寒月(かんげつ) 한월. 맑고 차가움을 느끼게 하는 겨울 달.
寒威(かんい) 한위. 추위의 위세.
寒日照り(かんひでり) 한중(寒中) (계속되는) 가뭄.
寒の入り(かんのいり) 한중(寒中)철로 접어듦. 또, 소한(小寒)날(양력 1월 6-7일)
寒点(かんてん) 〖生〗 한점. 냉점(冷點).
寒剤(かんざい) 한제. 온도를 내리기 위해서 쓰는 혼합제.
寒製(かんせい) 추운 때에 만듦.
寒造り(かんづくり) 한중(寒中)에 만듦. 또, 그 만든 것《주로 술을 일컬음》.
寒釣り(かんづり) 겨울 낚시.
寒竹(かんちく) 〖植〗 한죽. 설죽(雪竹).
寒中(かんちゅう) 한중. 절기상으로 소한(小寒)에서 대한(大寒)까지의 사이. 또, 겨울 추위가 심한 기간. 한겨울.
寒地(かんち) ① 한지. 추운 땅. ② 가난한 지방.
‖～植物(しょくぶつ) 한지 식물.
寒漬け(かんづけ) 늦가을에 담가 한겨울에 먹는 단무지.
寒参り(かんまいり) (치성을 드리려고) 한중(寒中) 30일 동안 밤마다 신불에게 참배함. 또, 그 사람.
寒天(かんてん) 한천. ① 겨울 하늘. ② 우무. ♣～質(しつ) 한천질.
‖～培地(ばいち) 〖生〗 한천 배지. 한천 배~紙(し) 한천지. 우무 종이. 〔양기(基).~版(ばん) 한천판. 곤약판.
寒村(かんそん) 한촌. 가난하고 쓸쓸한 마을. 「꽃.
寒椿(かんつばき) 〖植〗 겨울철에 피는 동백
寒弾き(かんびき) 한중(寒中)에 三味線(しゃみせん) 등 음곡(音曲)을 연습함.
寒土(かんど) 한토. 추운 곳. 쓸쓸한 곳. 벽
寒波(かんぱ) 한파. 　　　　　　　　 〔지.
寒風(かんぷう) 한풍. 찬바람. *さむかぜ로도 읽음. 　　　　　　　　 「害).
寒害(かんがい) 한해. 상해(霜害). 동해(凍
寒海性魚類(かんかいせいぎょるい) 한해〔한류〕성 어류.
寒行(かんぎょう) 〖佛〗 한행. 소한・대한의 추위 속에서 하는 수행・고행.
寒郷(かんきょう) 한향. ① 쓸쓸한 시골. ② 자기의 고향・거주지의 겸양어.
寒紅(かんべに) 추운 때에 만든 연지.
寒紅梅(かんこうばい) 〖植〗 한홍매.
寒花(かんか) 한화. ① 겨울에 피는 꽃. ② 설화(雪花).
寒喧(かんけん) 한훤. 날씨의 춥고 더움.

訓読➡
❖寒い(さむい) 춥다. 차다.
寒がり(さむがり) 몹시 추위를 탐. 또, 그 사람.
寒がる(さむがる) 추위하다.
寒さ(さむさ) 추위.

‖～凌ぎ(しのぎ) 추위를 어떻게든 극복해 나가는 일. 또, 그 수단.
～負け(まけ) 추위에 져 감기에 걸림.
寒空(さむぞら) 차가운 겨울 하늘. 한천(寒
寒むけ(さむけ) 한기. 추위. 　　　　 〔天).
㊀(かんき) 한기. 추위.
‖～団(だん) 〖氣〗 한랭 기단. 북극 지방의 커다란 찬 공기의 덩어리.
寒気立つ(さむけだつ) ① 오한이 나다. 한기가 들다. ② (두려움으로) 소름이 끼치다. *②는 そうけだつ로도 읽음.
寒疣(さむいぼ) (추위 때문에 생기는) 소름.
寒寒(さむざむ) ① 몹시 추운 모양. ② 매우 살풍경한 모양.
寒寒しい(さむざむしい) ① 몹시 추운 듯한 느낌이다. ② 매우 살풍경한 느낌을 주다.

| 12
門
常 | 閑 | 한가할 한
カン
しずか・ひま |

音読➡
閑暇(かんか) 한가. 한가한 틈.
閑却(かんきゃく) 한각. 등한시함. 무심히 버려 둠.
閑居(かんきょ) 한거. ① 조용한 거처〔집〕. ② 한가로이 지냄.
閑古鳥(かんこどり) 〖鳥〗 뻐꾸기.
～が鳴(な)く 장사가 안 되어 쓸쓸한 모양.
閑官(かんかん) 한관. 한가한 벼슬〔관리〕. 한직(閑職).
閑談(かんだん) 한담.
閑文字(かんもじ) 한문자. 군 글자나 문장. 쓸데없는 말. *かんもんじ로도 읽음.
閑歩(かんぽ) 한보. 한가로이 거닒.
閑事(かんじ) 한사. 쓸데없는 일.
閑事業(かんじぎょう) 한사업. 급하지 않은
閑散(かんさん) 한산. 　　　　　　　〔사업.
閑所(かんしょ) ① 한소. 조용한 곳. ② 한가한 지위. ③〈古〉변소.
閑心(かんしん) 한심. 한아(閑雅)한 마음.
閑雅(かんが) 한아. 조용하고 우아함.
閑語(かんご) ① 조용히 이야기함. ② 한담(閑談).
閑言(かんげん) 한언. 한담.
閑雲野鶴(かんうんやかく) 한운야학. 아무런 속박도 받지 않고 유유히 자연을 즐기며 지내는 경지.
閑月(かんげつ) 한월. 농사가 한가한 달.
閑吟(かんぎん) 한음. 조용히〔한가로이〕 시가(詩歌)를 읊음.
閑日(かんじつ) 한일. 한가한 날.
閑日月(かんじつげつ) 한일월. ① 한가한 세월. ② 여유 있는 마음.
閑子鳥(かんこどり) ⇒ 閑古鳥(かんこどり).
閑寂(かんじゃく) 한적.
閑適(かんてき) 한적. 마음 편히 자적(自適)
閑庭(かんてい) 한정. 조용한 뜰. 　〔함.

閑静(かんせい) 한정. 조용함.
閑中(かんちゅう) 한중. 한가한 동안.
閑地(かんち) 한지. ① 한적한 땅. ② 비어 있는 땅. 공지.
閑職(かんしょく) 한직. 중요하지 않는 직무.
閑閑(かんかん) 조용한 모양. 한가로운 모양.
閑話(かんわ) 한화. 한담.
∥~休題(きゅうだい) 한화 휴제. 그건 그렇다 치고. 여담은 그만하고.

訓読
閑 ㊀(ひま) ① 자유로운 시간. 여가. 짬. 틈. ② (무엇에 필요한) 시간. ③ 한가한 상태.
㊁(のどか) ① 날씨가 화창한 모양. ② 마음이 느긋한 모양.
㊂(かん) 한가함.
閑か(しずか) 조용〔고요〕한 모양·상태.
閑人(ひまじん) 한인. 한가한 사람. *かんじんとも読む.

漢(漢) 한나라 한·사나이 / 한 / カン / から
13획 氵 ⑧教

音読
漢 ㊀(かん) ① 옛 중국의 왕조. 한나라. ② 《接尾語적으로》사나이의 뜻. …한.
㊁(あや) 옛날에, 일본에 귀화한 중국 사람.
㊂(とう) 당(唐).
漢テレ(かんテレ) '漢字(かんじ)テレタイプ(= 한자 텔레타이프)'의 준말.
漢奸(かんかん) 한간. (중국에서) 매국노.
漢鏡(かんきょう) 한경. 중국 한나라 때의 거울.
漢国(かんこく) 한(漢)나라.
漢名(かんめい) 한명. 중국에서의 명칭.
漢文 ㊀(かんぶん) 한문. ♣~調(ちょう) 한문조 / ~体(たい) 한문체 / ~学(がく) 한문학.
∥~書き下し(かきくだし) 한문을 한자와 가나가 섞인 보통 문장으로 고쳐 씀. 또, 그렇게 된 것.
~直訳体(ちょくやくたい) 한문 직역체.
~訓読(くんどく) 한문을 일본어 문맥으로 고쳐 읽는 일.
㊁(からぶみ) ⇨ 漢書(からぶみ).
漢民族(かんみんぞく) 한민족.
漢方(かんぽう) 한방.
∥~薬(やく) 한방약. 한약
~医(い) 한방의. 한의사.
漢俳(かんぱい) 중국인이 일본의 俳句(はいく)를 모방하여 지은 단시(短詩).
漢書 ㊀(かんしょ) 한서.
∥~読み(よみ) ☞ 漢籍読み(かんせきよみ)
㊁(かんじょ) 『史』후한(後漢)의 반고(班固)가 지은 역사책. 전한서(前漢書). 한문(漢文).
漢数字(かんすうじ) 한숫자(一·二·三·十·百 따위).

漢詩(かんし) 한시. *からうたとも読む.
漢薬(かんやく) 한약.
漢語(かんご) 한어.
漢訳(かんやく) 한역.
漢月(かんげつ) 한월. 은하수(銀河水)와 명월(明月).
漢音(かんおん) 한음. 장안(長安)·낙양(洛陽) 등 중국의 북쪽에서 사용되던 음(音)이 수(隋)·당(唐) 이후에 일본에 전해진 한자의 음.
漢医(かんい) 한의(사).
漢人(かんじん) 한인. 한민족 사람. 널리 중국 사람을 일컫는 말.
漢字(かんじ) 한자. ♣~母(ぼ) 한자모 / ~音(おん) 한자음.
∥~仮名交じり文(かなまじりぶん) 한자에 가나가 섞인 문장.   「력 검정.
~能力検定(のうりょくけんてい) 한자 능~制限(せいげん) 한자 제한.
~処理(しょり) 한자와 가나로 쓰인 일본어 정보를 컴퓨터 시스템으로 처리하는 일.
~廃止論(はいしろん) 한자 폐지론.
漢才(かんざい) 한재. 한학에 뛰어난 재능. *かんさいとも読む.
漢籍(かんせき) 한적. 중국 책. 한문 서적. ♣~家(か) 한학자.
∥~国字解(こくじかい) 중국 서적을 일본어로 주석한 것.
~読み(よみ) 返り点(かえりてん)·送り仮名(おくりがな) 등을 달아 한문을 읽는 방법.
漢朝(かんちょう) 한조. ① 중국, 한나라 조정. 한나라 시대. ② 중국.
漢族(かんぞく) 한족. 한민족.
漢竹(かんちく) 중국에서 들여온 대. 주로 피리를 만듦.
漢讃(かんさん) 『佛』한찬. 한문으로 번역하거나 한문으로 지은 찬불가.
漢土(かんど) 한토. 중국.   「자.
漢学(かんがく) 한학. ♣~者(しゃ) 한학
漢画(かんが) 한화. ① 중국의 회화. 특히, 한대(漢代)의 회화. ② 송(宋)·원(元)풍의 수묵화.
漢和(かんわ) 한화. ① 중국과 일본. ② 중국어와 일본어.
∥~辞典(じてん) 한화〔한일(漢日)〕사전.
~字典(じてん) 한화〔한일〕 자전.

訓読
漢声(からごえ) 한자의 한음(漢音).
漢心(からごころ) 한서(漢書), 특히 유교에 감화되어 중국에 심취하는 마음.
漢意(からごころ) ⇨ 漢心(からごころ).

澣 빨 한·씻을 한 / カン / すすぐ·あらう
16획 氵

音読
澣衣(かんい) 한의. 옷을 빪.
澣濯(かんたく) 한탁. 세탁.

16羽	翰	붓 한·편지 한 カン ふで・ふみ

音読
翰林(かんりん) 한림. ①문서를 모아 두는 곳. ②학자나 문인들의 사회. ♣~院(いん) 한림원.
翰墨(かんぼく) 한묵. ①붓과 먹. ②시문(詩文). 또, 그것을 짓는 일.
‖~場(じょう) 한묵장. 문장을 짓는 자리. 또, 그러한 모임 또는 벗. 곧 문단을 일컬음.
翰長(かんちょう) '内閣(ないかく)官房長官(かんぼうちょうかん)(=내각 관방 장관)' 또는 '内閣書記官長(しょきかんちょう)(=내각 서기관장)'의 속칭.

17韋	韓	나라이름 한 カン から

音読
韓 ㈠(かん) ①대한 민국. 한국. ②대한 제국의 국호. ③삼한(三韓).
㈡(から) 한국의 옛 이름.
韓国 ㈠(かんこく) 한국. ♣~語(ご) 한국어.
㈡(からくに) 한국의 옛 이름.
韓語(かんご) 한어. 한국 말.
韓人(かんじん) 한인. 한국 사람.
訓読
韓紅(からくれない) 당홍(唐紅). 진홍색. 짙은 다홍빛.

17馬	駻	한마 한 カン あらうま

音読
駻馬(かんば) 한마. 사나운 말.

17鼻	鼾	코고는소리 한 カン いびき

音読
鼾声(かんせい) 한성. 코고는 소리.
訓読
鼾(いびき) 코고는 소리.

할

12刂 教	割 (割)	나눌 할·가를 할 カツ わる・わり・われる・さく

音読
割拠(かっきょ) 할거.
割球(かっきゅう) 〖生〗할구.
割礼(かつれい) 할례.
割腹(かっぷく) 할복.
割賦(かっぷ) 할부. *わっぷろ도 읽음.
‖~償還(しょうかん) 할부 상환.
~販売(はんばい) 할부 판매.
割線(かっせん) 〖數〗할선. 원주 또는 곡선을 둘 이상의 점에서 자르는 직선.
割愛(かつあい) 할애.
割譲(かつじょう) 할양. 토지·물건 등을 쪼개서 양도함.
割創(かっそう) 〖醫〗할창. 도끼·식칼 같은 둔기로 내리쳐 생긴 창상.
割烹(かっぽう) 〖料〗할팽. (일본식) 요리.
‖~料理(りょうり) 요리되는 대로 한 가지씩 내어 놓는 일본 요리.
~店(てん) 일본 요리집.
~着(ぎ) 소매 있는 앞치마.
訓読
割(わり) 비율의 단위. 할. 십분의 일.
割と(わりと) 의외로. 비교적. 「는.
割に(わりに) ①비교적. ②생각한 것보다
割りかし(わりかし) 〈俗〉비교적.
❖割く(さく) ①가르다. ㉠사이를 갈라놓다. 떼다. ㉡베어 쪼개다. ②(일부를) 나눠 주다. 다른 데 쓰다. 또 쓰다.
割き竹(さきたけ) 쪼갠 대나무.
❖割る(わる) ①나누다. ②쪼개다. ③깨뜨리다. 깨다. ④비집다. 끼어들다.
割り(わり) ①나눔. 제합. ②손득의 비율. 수지. 비례. ③물을 타는 일. ④할당. 배당.
割り干し(わりぼし) 割り干し大根의 준말.
‖~大根(だいこん) 쪼개서 말린 무.
割り勘(わりかん) 각추렴. 각자 부담.
割高(わりだか) (품질·분량 따위에 비해서) 값이 비쌈.
割り句(わりく) 낱말을 둘로 나누어서 5·7·5 형식의 윗구의 첫머리와 아랫구의 끝에 붙여 읊는 川柳(せんりゅう) 비슷한 놀이.
割り金(わりきん) 할당금.
割農(わりのう) 〖經〗'割引(わりびき)農業債券(のうぎょうさいけん)(=할인 농업 채권)'의 준말.
割り当て(わりあて) 할당. 배당. ♣~額(がく) 할당액.
割り当てる(わりあてる) 할당하다. 분배하다. 배당하다.
割台詞(わりぜりふ) 歌舞伎(かぶき)에서 하나의 긴 대사를 두 배우가 나누어서 말함. 또, 그 대사.
割り戻し(わりもどし) 받은 돈의 얼마를 되돌려 줌. 또, 그 돈. 리베이트(rebate).
割り戻す(わりもどす) 일단 받은 금액 중에서 얼마를 되돌려 주다.
割り栗(わりぐり) 割り栗石의 준말.
‖~石(いし) (도로 기초 공사 등에 쓰이기 위

해서) 큰 돌을 아무렇게나 잘게 깬 돌. 쇄석. 밤자갈.
할り麦(わりむぎ) (맷돌에) 탄 보리. 할맥.
할り木(わりき) 잘게 빠갠 나무 장작.
할り飯(わりめし) (맷돌에) 탄 보리를 섞어 지은 밥.
할り方(わりかた) ① 나누는〔쪼개는〕 방법. ②〈俗〉비교적.
할普請(わりぶしん) 몇 부분으로 나누어 분담하여 건축함.
할り付け(わりつけ) ① 할당. 배당. ②『印』 편집 배정.
할り付ける(わりつける) ① 할당하다. ② 편집 배정을 하다.
할り符(わりふ) 부절(符節).
할り氷(わりひ) 〈俗〉잘게 쪼갠 (식용의) 얼음.
할り算(わりざん) 나눗셈. 除법.
할り床(わりどこ) 한 방을 병풍이나 가리개로 칸막아서 몇 사람이 잠. 또, 그 잠자리.
할り書き(わりがき) 본문에 주(註) 따위를 달 때 잔 글씨로 본문의 일행분 간격에 두 줄로 나누어서 써 넣는 일. 할주를 다는 일. 또, 그 할주. 「한 돌.
할り石(わりいし) 쪼개어 일정한 모양으로 만든 돌.
할り声(わりごえ) 수판으로 나눗셈을 할 때의 구귀가(九歸歌)를 부르는 목소리.
할り松(わりまつ) 잘게 팬 소나무 장작.
할手(わりて) '手形割引(てがたわりびき)(=어음 할인)'의 준말.
할り膝(わりひざ) 양쪽 무릎을 조금 벌리고 앉는 앉음새. 또, 그 무릎. 「쌈.
할安(わりやす) (품질・분량에 비해) 값이
할引(わりびき) ① 할인. ② 줄잡음. 에누리함. ♣〜債(さい) 할인채.
‖〜発行(はっこう) 할인 발행.
〜手形(てがた) 할인 어음.
〜銀行(ぎんこう) 할인 은행.
할り引く(わりびく) 할인하다. ① 값을 깎다. ② 에누리하다. 줄잡다.
할り印(わりいん) 계인. 간인(間印).
할り入る(わりいる) 억지로 사람들 틈에 끼여들다〔비집고 들어가다〕.
할り込み(わりこみ) ① 비집고 들어감. 끼여듦. ② (교차점 부근에서) 정거했거나 정거하려는 남의 차 앞에 나옴.
할り込む(わりこむ) ① 비집고 들어가다. 끼여들다. ② 시세가 어떤 값보다도 떨어지다.
할り箸(わりばし) 소독저.
할り前(わりまえ) 몫. 할당〔분배〕액. 배당액. 배당량. 「ん).
‖〜勘定(かんじょう) ⇨ 할り勘(わりかん).
할り切る(わりきる) ① (논리적으로) 또렷하게 결론 짓다. ② (나눗셈에서) 우수리가 없이 나누다. 정제하다.
할り切れる(わりきれる) ① 우수리 없이 딱 나뉘어 떨어지다. ② 납득이〔이해가〕 잘 되다. (의문이 풀려) 속시원하다.
할り接ぎ(わりつぎ) 『農』짜개접.

할り注(わりちゅう) 할주.
할り註(わりちゅう) ⇨ 할り注(わりちゅう).
할り増し(わりまし) 할증. 더 얹음. 또, 그 돈. ♣〜金(きん) 할증금. 「행.
할増発行(わりましはっこう) 『經』할증 발
할り振り(わりふり) 할당. 배당.
할り振る(わりふる) 할당하다. 배당하다. 분담시키다.
할り札(わりふだ) ① ⇨ 할り符(わりふ). ② 할인권.
할り酢(わりす) 식초에, 멸치 등을 끓여 우린 국물이나 술・미림 따위를 넣어 식초의 맛을 순하게 한 것.
할り出す(わりだす) ① (비용・단가 따위를) 계산해 내다. 산출해 내다. ② 어떤 근거에 의해서 결론을 (생각해) 내다.
할り判(わりはん) 계인(契印).
할り下(わりした) 전골・냄비 요리 따위에 쓰기 위하여, 미리 간장・멸치 국물・설탕・미림 따위를 섞어 끓여 놓은 국물.
할り下水(わりげすい) 도랑으로 된 하수도.
할合(わりあい) ① 비율. ②《〈に〉를 동반하여》치고는. …에 비해. 비교적.
할賦(わりこう) 『經』'할引(わりびき)' 興業債券(こうぎょうさいけん)(=할인 흥업 채권)'의 준말.
할り ピン(わりピン) 분할핀. 구멍에 덴 다음 다리의 양끝을 벌려 빠지지 않게 만든 핀.
❖**할れる**(われる) 갈라지다. 쪼개지다. 깨지다. ② (숨긴 것이) 드러나다.
할れ(われ) ① 깨어짐. 사이가 벌어짐. ② 조각. 부스러기. 파편. ③ 시세가 어떤 값 이하로 떨어짐.
할殻(われから) 해산(海産) 절지 동물(節肢動物)의 총칭.
할れ目(われめ) 갈라진 금〔틈〕. 균열.
할れ物(われもの) 깨지기 쉬운 물건.
할れ返る(われかえる) 산산조각이 나다. 터질 듯이 법석을 떨다.
할れ鐘(われがね) 금이 간 종. 깨진 종.

其他
割符(わっぷ) ⇨ 할り符(わりふ).
割出(さいで) 천을 마름질하여 남은 조각.

| 14
木 | 榾 | 덧댄나무 할
カツ |

其他
榾(ころ) ① 산륜(散輪). ② 주사위.

| 17
車
常 | 轄 (轄) | 비녀장 할
カツ
くさび |

逆音
管轄(かんかつ) 관할.
分轄(ぶんかつ) 분할.

함

| 7
口
常 | 含 | 품을 함·머금을 함
ガン
ふくむ·ふくめる |

音読

含量(がんりょう) 함량. 함유량.
含味(がんみ) ① 음식물을 잘 씹어 맛봄. ② 음미.
含蜜糖(がんみつとう) 함밀당.
含羞(がんしゅう) 함수. 부끄러워함.
含嗽(がんそう) 함수. 양치질함. ＊うがいにも 두는 말. ♣〜剤(ざい) 함수제〔약〕.
含水炭素(がんすいたんそ) 〖化〗함수 탄소《탄수화물의 구칭》.
含水爆薬(がんすいばくやく) 함수 폭약. 슬러리(slurry) 폭약.
含水化合物(がんすいかごうぶつ) 〖化〗함수 화합물.
含有(がんゆう) 함유. ♣〜量(りょう) 함유량
含油層(がんゆそう) 함유층. 석유를 함유하고 있는 지층.
含意(がんい) 함의. 어떤 말에 특별한 뜻을 가지게 함.
含蓄(がんちく) 함축.
含糊(がんこ) 함호. (말이나 태도가) 분명치 않고 흐리멍덩함.

訓読

含まる(ふくまる) 포함되다.
❖含む(ふくむ) ① 포함〔함유〕하다. ② 머금다. ③ (마음속에) 품다. 「뜻. 함축.
含み(ふくみ) ① 포함함. 품음. ② (속에 든)
含み綿(ふくみわた) ① 소매 끝이나 옷단 등에 두는 솜. ② 홀쭉한 볼을 불룩하게 보이기 위해 어금니와 볼 사이에 넣는 솜.
含み声(ふくみごえ) 입 속에서 우물거리는 소리. 「음.
含み笑い(ふくみわらい) 소리 없이 웃는 웃
含み資産(ふくみしさん) 비밀 적립금. 실제 가액이 장부상의 가액보다 많은 기업의 자산.
❖含める(ふくめる) 포함시키다. 품게 하다. 납득시키다.
含め煮(ふくめに) 국물을 많이 부어, 맛이 배어들도록 푹 끓임. 또, 그 요리.

其他

含羞む(はにかむ) 부끄러워〔수줍어〕하다.
含羞草(おじぎそう) 〖植〗함수초. 미모사. ＊がんしゅうそうろも 읽음.

| 8
口 | 函 | 함 함·편지 함
カン
はこ |

音読

函谷関(かんこくかん) 〖地〗함곡관. 한구관《중국 허난 성(河南省)에 있는 요지임》.

函嶺(かんれい) 〖地〗箱根山(はこねやま)의 딴이름.
函数(かんすう) 〖數〗함수.
函丈(かんじょう) 함장. ① 스승(의 자리). ② (편지에서) 스승·손윗사람 이름 밑에 곁들이는 공대말.

訓読

函(はこ) ① 상자. 궤짝. 함. ② 〈俗〉 철도 차량. ③ 상자 수효를 세는 말. …상자.
函折り(はこおり) 판지로 상자를 만듦.
函樋(はこひ) 네모난 상자 모양의 홈통〔물받이〕.

| 9
口 | 咸 | 다 함
カン
ことごとく·みな |

音読

咸宜(かんぎ) 함의. 다 마땅함.

| 10
阝
常 | 陷 (陷) | 빠질 함·함정 함
カン
おちいる·おとしいれる |

音読

陥欠(かんけつ) 결함. 결점.
陥溺(かんでき) 함닉. ① 물에 빠져 들어감. ② 주색 따위에 깊이 빠져듦.
陥落(かんらく) ① (땅이) 꺼짐. 함몰. ② 공략(攻落). ③〈俗〉 설득당함.
陥没(かんぼつ) 함몰. 땅이 꺼짐. 빠짐.
♣〜湖(こ) 〖地〗함몰호.
陥入(かんにゅう) 함입. 빠져듦. 푹 패임.
陥穽(かんせい) 함정. 「힘.
陥害(かんがい) 함해. 남을 모함하여 해를 입

訓読

陥る(おちいる) ① 빠지다. 빠져들다. ② (못된 상태·환경에서) 헤어나지 못하게 되다. ③ 계략에 걸리다. ④ 함몰하다. ⑤ 함락하다.
陥れる(おとしいれる) ① 빠뜨리다. 어쩔 수 없는〔절박한〕 상태에 빠지게 하다. ② 계략에 걸리게 하다. ③ 함락시키다.

| 11
氵 | 涵 | 적실 함·잠길 함
カン
ひたす |

音読

涵養(かんよう) 함양.

| 11
艹 | 菡 | 꽃술 함·꽃봉오리 함
ガン
つぼみ |

訓読

菡(つぼみ) ① 꽃봉오리. ② (촉망되나 아직 성숙지 못한) 젊은이. ③ 여성이 편지의 봉한 자리를 나타내는 표시.
菡む(つぼむ) 꽃봉오리 지다.

| 12 口 喊 | 고함지를 **함**
カン
さけぶ |

音読
喊声(かんせい) 함성. 고함 소리.

| 12 口 啣 | 재갈 **함**
カン・ガン
くつわ・ふくむ |

参考 銜의 異體字.

音読
啣える(くわえる) ①(입에) 물다. ②거느리다. 데리고 있다. 동반하다.

| 14 金 銜 | 재갈 **함**·직함 **함**
カン・ガン
くつわ・くわえる・ふくむ・くくむ・くくめる |

音読
銜枚(かんばい) 함매. 소리 내지 않도록 하무를 물림.

訓読
銜む(くくむ) ①(입에) 머금다. 마음속에 품(어 한으로 여기)다. ②속에 넣다.
銜める(くくめる) ①(입에) 머금게 하다. ②타일러 납득시키다.
❖銜える(くわえる) ①(입에) 물다. ②거느리다. 데리고 있다. 동반하다.
銜え込む(くわえこむ) ①단단히 물다. ②(음란한 관계를 맺기 위해) 끌어들이다.

| 15 糸 緘 | 봉할 **함**·묶을 **함**
カン
とじる |

音読
緘(かん) ①봉(封)함. 봉함(封緘). ②막음.
緘する(かんする) ①봉(封)하다. ②입을 다물다.
緘口(かんこう) 함구. 입을 다뭄.
緘黙(かんもく) 함묵. 침묵. ♣~症(しょう)〚醫〛함묵증. 함구증. 무언증(無言症).

| 16 頁 頷 | 턱 **함**·끄덕일 **암**
カン・ガン
あご・うなずく |

音読
頷下(がんか) 함하. 턱밑.
　～の珠(たま) 함하지주. 용의 턱밑에 있다는 구슬〘아주 귀한 보물의 비유〙.

訓読
頷く(うなずく) 수긍(首肯)하다. (고개를) 끄덕이다.
頷ける(うなずける) 납득이 가다. 수긍되다.

| 17 食 餡 | 소 **함**
アン・カン |

音読
餡(あん) ①팥소. 고물. ②걸쭉한 녹말 국물.
餡こ(あんこ)〈俗〉①팥소. ②속을 채우는 물건.
餡ころ(あんころ) ①둥글게 빚은 팥소. ②餡ころ餠의 준말.
‖～餠(もち) 팥고물을 묻힌 찰떡.
餡パン(あんパン) 팥(소를 넣은) 빵.
餡掛け(あんかけ) 조미한 갈분물을 얹은 요리.
餡饅(あんまん) 팥만두.
餡蜜(あんみつ) 蜜豆(みつまめ) 위에 단 팥고물을 얹은 식품. 「넣은 떡.
餡餠(あんもち) 고물을 묻힌 떡. 또, 팥소를

| 19 木 檻 | 우리 **함**
カン
おり |

音読
檻車(かんしゃ) 함거. 죄인 호송 수레.
檻送(かんそう) 함송. 죄인을 함거(檻車)에 넣어 호송함.
檻穽(かんせい) 함정. 우리와 허방다리.

訓読
檻(おり) 우리. 감방.

| 20 鹵 鹹 | 짤 **함**
カン
しおからい・からい |

音読
鹹苦(かんく) 함고. 짜고 쏨.
鹹味(かんみ) 함미. 짠맛(의 음식).
鹹水(かんすい) 함수. 바닷물.
‖～魚(ぎょ) 함수어. 바닷물고기.
　～湖(こ) 함수호. 염호(塩湖).
鹹魚(かんぎょ) 함어. 소금에 절인 어물.
鹹湖(かんこ) 함호. 염수호.

訓読
鹹い(からい) (맛이) 짜다.

其他
鹹し(しわはゆし) 짜다.
鹹気(しおけ) 소금기. 짠맛. 염분. 간.

| 21 舟 艦 常 | 싸움배 **함**
カン
いくさぶね |

音読
艦(かん) 함. 군함.
艦橋(かんきょう) 함교.
艦内(かんない) 함내.
艦隊(かんたい) 함대.

艦列(かんれつ) 함렬. 줄진 군함의 열.
艦齢(かんれい) 함령. 군함의 사용 연수.
艦名(かんめい) 함명. 군함 이름.
艦尾(かんび) 함미. 군함의 뒤쪽 부분.
艦上(かんじょう)
‖~機(き)〖軍〗함상기. 함재기.
艦船(かんせん) 함선.
艦首(かんしゅ) 함수. ♣~旗(き) 함수기.
艦影(かんえい) 함영. 군함의 모습〔그림자〕.
艦長(かんちょう) 함장.
艦載(かんさい)〖軍〗함재. 군함에 실음.
♣~機(き) 함재기.
艦籍(かんせき) 함적. 군함이 소속하는 적「籍」.
艦艇(かんてい) 함정.
艦砲(かんぽう)〖軍〗함포.
‖~射撃(しゃげき) 함포 사격.
艦爆(かんばく)〖軍〗'艦上爆撃機(かんじょうばくげきき)(=함상 폭격기)'의 준말.
艦型(かんけい) 함형. 군함의 형(型).

합

| 6 口 教 | 合 | 합할 합·흡 흡
ゴウ·ガッ·カッ
あう·あわす·あわせる |

音読▶

合(ごう) ① 합. ㉠〖哲〗종합. ㉡〖天〗내합과 외합. ㉢합계. ② 척관법에서, 홉.
合コン(ごうコン) '合同コンパ(ごうどうコンパ)의 준말. 남학생과 여학생 등 둘 이상의 그룹이 행하는 친목회.
合する(がっする) ① 합쳐지다. 일치하다. ② 합치다. 합하다.
合刻(ごうこく) 합각. 합본 간행.
合格(ごうかく) 합격.
合計(ごうけい) 합계.
合谷(ごうこく) (침구술(鍼灸術)에서) 곡.
合科学習(ごうかがくしゅう) 합과 학습. 합과 교수.
合口音(ごうこうおん)〖言〗(중국어의) 합구음.
合巻(ごうかん) 江戸(えど) 시대 후기에 간행된, 그림이 있는 장편 소설.
合巹(ごうきん) 합근. 혼례.
合金(ごうきん) 합금.
‖~鋼(こう) 합금강. 특수강.
~鉄(てつ) 합금철. 페로알로이(ferroalloy).
合衾(ごうきん) 합금. 동침. 결혼.
合器(ごうき) 뚜껑이 달린 밥 공기.
合器蔓(ごきづる)〖植〗뚜껑덩굴.
合同(ごうどう) 합동.
‖~労働組合(ろうどうくみあい) 둘 이상의 중소 기업간에 조직되는 노동 조합.
~行為(こうい)〖法〗합동 행위.
合力 ㊀(ごうりき) ① 합력. 힘을 합침. ② 금품을 베풀어 줌. 또, (그것을 받는) 거지.
㊁(ごうりょく) ① ☞㊀. ②〖理〗합력. 합성력(合成力).
合流(ごうりゅう) 합류.
合理(ごうり) 합리. ♣~論(ろん) 합리론 / ~性(せい) 합리성 / ~化(か) 합리화.
‖~的(てき) 합리적. ♣~期待仮説(きたいかせつ)〖經〗합리적 기대 가설.
~主義(しゅぎ) 합리주의.
合名(ごうめい) 합명. 연명.
‖~会社(がいしゃ) 합명 회사.
合目石(ごうめいし) 등산길에 놓인, 정상까지의 거리를 표시한 돌《一合目(いちごうめ)는 정상까지의 10분의 1》.
合目的(ごうもくてき) 합목적. ♣~性(せい) 합목적성 / ~的(てき) 합목적적.
合文(ごうぶん)〖文法〗복문(複文).
合邦(がっぽう) 합방.
合百(ごうひゃく) 주가(株價)의 등락에 대해 내기를 거는 도박.
‖~師(し) 合百 도박사.
合法(ごうほう) 합법. ♣~性(せい) 합법성 / ~的(てき) 합법적 / ~化(か) 합법화.
‖~主義(しゅぎ) 합법주의.
合法則性(ごうほうそくせい) 합법칙성.
合壁(がっぺき) 벽 하나 사이의 이웃집.
合併(がっぺい) 합병. ♣~症(しょう)〖醫〗합병증.
‖~浄化槽(じょうかそう) (배설물과 생활 하수를 같이 처리하는) 합동 정화조.
合本(がっぽん) 합본. *ごうほん으로도 읽음.
合否(ごうひ) 합격 여부.
合比の理(ごうひのり)〖數〗합비의 이.
合祀(ごうし) 합사.
合算(がっさん) 합산. 합계.
‖~課税(かぜい) 합산 과세.
合繊(ごうせん) 합섬.
合成(ごうせい) 합성. ♣~力(りょく) 합성력 / ~物(ぶつ) 합성물 / ~数(すう)〖數〗합성수. 비소수(非素数) / ~語(ご) 합성어 / ~肉(にく) 합성육 / ~酒(しゅ) 합성(청)주 / ~紙(し) 합성지 / ~酢(す) 합성초.
‖~関数(かんすう) 합성 함수.
~写真(しゃしん) 합성 사진.
~繊維(せんい) 합성 섬유.
~樹脂(じゅし) 합성 수지.
~染料(せんりょう) 합성 염료.
~皮革(ひかく) 합성 피혁.
~護謨(ゴム) 합성 고무.
~酵素(こうそ) 합성 효소.
合宿(がっしゅく) 합숙. ♣~所(しょ) 합숙소.
‖~練習(れんしゅう) 합숙 연습.
合薬(ごうやく) 합약. ① 조제약. ② 화약.
合拗音(ごうようおん)〖言〗한 음절로서, 'きゃ·しょ·にゅ·くゎ' 따위와 같이 'や·ゆ·よ' 또는 'わ'를 다른 かな에 첨가해서 쓰는 음절.
合囲(ごうい) 합위. 포위.
合有(ごうゆう)〖法〗합유.

合音(ごうおん)〖理〗합음. 결합음.
合意(ごうい) 합의.
合議(ごうぎ) 합의. ♣~体(たい) 합의체.
‖~機関(きかん) 합의 기관.
~制(せい) 합의제. ♣~官庁(かんちょう)/~裁判所(さいばんしょ) 합의제 관청/~제 법원.
合一(ごういつ) 합일.
合子(ごうし) 합자(盒子). 뚜껑이 있는 그릇.
合字(ごうじ) 합자.
合資(ごうし) 합자.
‖~会社(がいしゃ) 합자 회사.
合作(がっさく) 합작.
‖~社(しゃ) 중국의 지역 협동 조합《1958년 인민 공사로 조직 개편》.
合掌(がっしょう) ① 합장. ② 〖建〗재목에 못을 안 쓰고 합각(合閣)으로 어긋매낌.
‖~造り(づくり) 〖建〗재목을 합각으로 어긋매낀 건축 양식.
~組み(ぐみ) 〖建〗목재를 합각 모양으로 짜맞춤. 「鳥居」
~鳥居(とりい) 합각으로 어긋매낀 신사의 일.
合葬(がっそう) 합장.
合装(ごうそう) 하나로 합쳐 표장(表裝)하는.
合財(ごうざい) ⇨ 합切(がっさい).
合著(ごうちょ) 합저. 공저.
合戦(かっせん) 합전. 전투. 접전.
合切(がっさい) 남김없이. 모두. 「루.
‖~袋(ぶくろ) 자지레한 휴대품을 넣는 자루.
合点(がてん)〈老〉승낙. 수긍함. *がってん으로도 읽음.
合剤(ごうざい) 합제. 두 가지 이상의 약물을 물에 녹인 약.
合祭(ごうさい) 함께 제사 지냄.
合除比の理(ごうじょひのり)〖數〗합제비의 이. 제비(除比)의 이.
合調(ごうちょう) (라디오의) 동조.
合従連衡(がっしょうれんこう)〖史〗합종연횡《권력을 둘러싼 각 파벌의 이합(離合)에 비유》.
合奏(がっそう) 합주.
‖~協奏曲(きょうそうきょく) 합주 협주곡.
合衆国(がっしゅうこく) 합중국. ① 연방. ② 미국.
合着(ごうちゃく) 합착. 한데 합쳐서 붙음.
合唱(がっしょう) 합창. ♣~曲(きょく) 합창곡.
合冊(ごうさつ) 합책. 합본(合本). *がっさつ로도 읽음.
合綴(がってつ) 합철. 몇 책을 한데 묶는 일. 또, 그렇게 한 책.
合体(がったい) 합체. *ごうたい로도 읽음.
♣~字(じ) 합자(合字).
合致(がっち) 합치. 일치.
合則(ごうそく) 규칙·법칙에 맞음. 「장.
合判(ごうはん) 공문서에 날인함. 또, 그 인
合板(ごうはん) 합판. *ごうばん으로도 읽음.
合弁(ごうべん) 합판(合辦).
‖~会社(がいしゃ) 합판 회사.
合辦(ごうべん) ⇨ 合弁(ごうべん).

合弁花(ごうべんか)〖植〗합판화. 통꽃.
‖~類(るい) 합판화류. 통꽃류.
合瓣花(ごうべんか) ⇨ 合弁花(ごうべんか).
合弁花冠(ごうべんかかん)〖植〗합판화관. 통꽃부리.
合瓣花冠(ごうべんかかん) ⇨ 合弁花冠(ごうべんかかん).
合評(がっぴょう) 합평. 합동 비평.
合抱(ごうほう) 한 아름되는 크기.
合筆(がっぴつ)〖法〗합필.
合憲(ごうけん) 합헌.
合歓 🈩(ごうかん) 합환. 환락을 같이함.
‖~木(ぼく)〖植〗합환목. 자귀나무.
🈔(ねむ)〖植〗☞ 合歓の木(ねむのき).
 *ねぶ·ごうかん으로도 읽음.
‖~の木(き)〖植〗자귀나무. 합환목. *ごうかんのきろも 읽음.

[訓読]
合わさる(あわさる)〈俗〉① 합쳐지다. ② 어울리다. 「혼시키다.
合わす(あわす) ① 맞추다. ② 짝지우다. 결
❖**合う**(あう) ① 맞다. 일치하다. ② 합쳐지다. ③ 어울리다. 결맞다.
合い(あい) ① 간복(間服). 합이 복(あいふく)의 준말. ②《名詞 뒤에 붙어》…모양·…정도의 뜻을 나타냄.
合間(あいま) 틈. 짬. 사이.
合い鍵(あいかぎ) 여벌쇠.
合い見積もり(あいみつもり) 하나의 공사에 복수의 업자로부터 견적서를 받아 비교함. 또, 그 견적.
合決り(あいじゃくり) 널빤지를 접합하는 방법의 하나. 두께의 반반을 조금씩 잘라 내고 맞붙임.
合い口(あいくち) ① 비수(匕首). ② 이야기가〈뜻이〉통하는 일. 또, 그 사람. ③ 물건과 물건의 이음매.
合拳(あいけん) ① 가위바위보에서, 같은 모양의 손을 내는 일. ② 합의를 보고 일을 함.
合気道(あいきどう) 합기도.
合図(あいず) 신호《눈짓·몸짓·소리 등》.
合い挽き(あいびき) 쇠고기·돼지고기를 섞어서 갊. 또, 그 고기.
合物(あいもの) 자반.
合い方(あいかた) ① 三味線(しゃみせん)을 타는 사람. ② 연극 중간에 연주하는 三味線. ③ 長唄(ながうた)에서 三味線만의 긴 간주(間奏). ④ 謡曲(ようきょく)의 반주자.
合い服(あいふく) 간복(間服). 춘추복.
合い符(あいふ) (수화물의) 짐표. 물표.
合い席(あいせき) 합석.
合い性(あいしょう) ① 궁합이 맞음. ② 성격이 잘 맞음.
合いの手(あいのて) ① (일본 전통 음악에서) 노래와 노래 사이의 三味線만의 간주(間奏). ② 대화 등의 진행 중에 동조하는 말이나 소리. 「잡종.
合鴨(あいがも)〖鳥〗청둥오리와 집오리의

合い言葉(あいことば) ① 암호(말). 변말. ② 표어(標語).
合い縁奇縁(あいえんきえん) 사람 사이에 화합이 잘 되고 안 되는 것은 모두 인연에 달렸다는 말.
合い縁機縁(あいえんきえん) ⇨ 合い縁奇縁(あいえんきえん). 「② 계인(契印).
合い印 ㊀(あいいん) ① (서류의) 대조인. ㊁(あいじるし) ① (전투에서) 자기편임을 나타내는 표지. ② 바느질에서, 두 폭 이상의 천을 바로 맞추기 위한 맞춤표. ③ ☞㊀.
合いの子(あいのこ) ①〈卑〉튀기. 잡종. 혼혈아. ② 얼치기. 중간치.
合い釘(あいくぎ) 은혈못.
合い着(あいぎ) ① 춘추복. ② 겉옷과 내의 사이에 입는 옷. 「부절(符節).
合い札(あいふだ) ① 물품 보관표. 물표. ②
合い判 ㊀(あいばん) 종이 치수의 하나. ① 노트 등에서, 21×15 cm. ② 사진 건판에서, 13×10 cm.
㊁(あいはん) ① (서류의) 대조인(印). ② 연대하여 찍는 도장. 연판(連判).
合い火(あいび) 상가(喪家) 등 부정(不淨) 탄 집의 불로 조리하는 일. 또, 그 조리한 음식.
❖合わせる(あわせる) ① 맞추다. ② 합주하다. ③ 합치다. ④ 여미다. ⑤ 섞다.
合わせ(あわせ) ① 맞춤. 맞대게 함. ② 두 개의 우열을 정함. ③ 반찬.
合わせて(あわせて) 합해서. 모두.
合わせ鏡(あわせかがみ) 뒷모습을 보기 위해 앞뒤에서 거울을 비춤. 맞거울질.
合わせ目(あわせめ) 이음매.
合わせ味噌(あわせみそ) 두 가지 이상의 된장을 섞은 된장.
合わせ糸(あわせいと) 합사. 겹실.
合わせ薬(あわせぐすり) 조제약.
合わせ持つ(あわせもつ) (좋은 성질·속성 등을) 겸비하다.
合わせ砥(あわせど) ① 결이 고운 단단한 숫돌. ② 면도칼용 숫돌을 가는 작은 점판암(粘板岩)의 돌.
合わせ酢(あわせず) 술과 소금을 탄 식초.
合羽(カッパ) 가빠. ① 소매 없는 비옷. ② 비올 때 짐같은 것을 덮는 동유지(桐油紙).

8 口	呷	울 합·마실 합 コウ あおる

訓読▶
呷る(あおる) (술 따위를) 고개를 젖히고 단숨에 들이켜다.

12 虫	蛤	조개 합·대합조개 합 コウ はまぐり

訓読▶
蛤(はまぐり)『貝』대합.
蛤鍋(はまなべ) 대합조개의 조갯살을 된장국에 끓인 냄비요리. ＊はまぐりなべ로도 읽음.

13 氵	溘	갑자기 합 コウ にわかに

音読▶
溘焉として(こうえんとして) 갑자기 죽음이 찾아오는 모양. 갑자기. 돌연. 덜컥. 별안간에.

14 門	閤	협문 합 コウ くぐりど

音読▶
閤門(こうもん) 궁성 내곽의 여러 문.
閤下(こうか) 합하. 신분이 높은 사람에 대한 경칭.

17 鳥	鴿	비둘기 합 コウ はと

其他▶
鴿(どばと)『鳥』참비둘기.

항

4 亠	亢	올라갈 항·목 항 コウ たかぶる・のど

音読▶
亢じる(こうじる) ☞亢ずる(こうずる).
亢ずる(こうずる) ① 더해지다. 정도가 심해지다. ② 버릇이 나빠지다. 거만해지다.
亢礼(こうれい) 항례. 대등한 자격으로 절함.
亢竜(こうりゅう) 항룡. 하늘에 오른 용. ＊こうりょう로도 읽음.
亢奮(こうふん) 흥분(興奮).
亢顔(こうがん) 항안. 거만한 얼굴.
亢直(こうちょく) 항직. 강직하여 남에게 굽히지 않음.
亢進(こうしん) 항진.

6 イ	伉	짝 항·굳셀 항 コウ たぐい

音読▶
伉儷(こうれい) 항려. 부부. 배우(配偶).
伉配(こうはい) 항배. 부부.

7 口	吭	목 항·목소리낼 항 コウ のど

其他➜
吭(ふえ)〈雅〉숨통.

7 扌 常	抗	대항할 항·막을 항 コウ あげる・あたる・あらがう・さからう・ふせぐ

音読➜
抗する(こうする) 항거하다. 저항하다.
抗拒(こうきょ) 항거. ♣〜罪(ざい) 항거죄.
抗告(こうこく)〚法〛항고. ♣〜審(しん) 항고심.
‖〜訴訟(そしょう) 항고 소송.
　〜裁判所(さいばんしょ) 항고 법원.
抗高血圧薬(こうこうけつあつやく)〚薬〛항고혈압약. 혈압 강하제.
抗菌(こうきん) 항균. ♣〜剤(ざい) 항균제.
‖〜性(せい) 항균성. ♣〜物質(ぶっしつ) 항균성 물질.
　〜効果(こうか) 항균 효과.
抗毒素(こうどくそ) 항독소.
抗力(こうりょく)〚理〛항력.
抗論(こうろん) 항론. 항변. 반론.
抗命(こうめい) 항명.
抗弁(こうべん) 항변. ♣〜権(けん) 항변권.
抗病力(こうびょうりょく) 항병력.
抗酸性菌(こうさんせいきん) 항산성균.
抗酸化剤(こうさんかざい) 항산화제.
抗生(こうせい) 항생.
‖〜物質(ぶっしつ) 항생 물질.
抗声(こうせい) 목소리를 높임. 또, 그 목소리.
抗癌剤(こうがんざい)〚薬〛항암제.
抗言(こうげん) 항언. 항변.
抗鬱薬(こううつやく)〚薬〛울병(鬱病) 치료제.
抗元(こうげん) ⇨ 抗原(こうげん).
抗原(こうげん)〚醫〛항원.
‖〜抗体反応(こうたいはんのう) 항원 항체 반응.
抗議(こうぎ) 항의.
抗日(こうにち) 항일.
‖〜運動(うんどう) 항일 운동.
抗張力(こうちょうりょく)〚理〛항장력.
抗争(こうそう) 항쟁.
抗抵(こうてい) 저항.
抗敵(こうてき) 항적. 적에 대항함.
抗戦(こうせん) 항전.
抗コリン剤(こうコリンざい)〚薬〛항콜린제.
抗ヒスタミン剤(こうヒスタミンざい)〚薬〛항히스타민제.
抗リューマチ剤(こうリューマチざい)〚薬〛항류머티즘제.
抗真菌剤(こうしんきんざい)〚薬〛항진균제.
抗体(こうたい)〚醫〛항체.
抗血清(こうけっせい) 항혈청. 면역 혈청.

訓読➜
❖抗う(あらがう) 다투다. 언쟁하다. 항거하다.
抗い(あらがい) 논쟁. 항변.

7 氵	沆	넓을 항 コウ・ゴウ

音読➜
沆瀣(こうがい) 항해. 북쪽 야반(夜半)의 공기. 이슬기(氣).

7 月	肛	똥구멍 항 コウ

音読➜
肛門(こうもん) 항문.
‖〜括約筋(かつやくきん)〚生〛항문 괄약근.
　〜裂創(れっそう)〚醫〛항문 열상(裂傷).

8 木	杭	건널 항 コウ くい

訓読➜
杭(くい) 말뚝. *くいぜろも 읽음.
　〜を守(まも)る 한 가지 일에 집착하여 새로운 사태에 대처하지 못함의 비유.
杭止め(くいどめ) 말뚝을 박아 토사가 무너지는 것을 막음.
杭打ち(くいうち) 건축·토목 공사 따위를 하기 전에 지반을 다지기 위해 철근 콘크리트제의 큰 말뚝을 박는 일.
‖〜機(き) 항타기. 말뚝을 박는 토목 기계.
　〜地形(じぎょう) 말뚝을 박아 지반을 다지는 일.

9 女	姮	항아 항 コウ

音読➜
姮娥(こうが) 항아. 달의 딴이름.

9 巳	巷	거리 항 コウ ちまた

音読➜
巷間(こうかん) 항간. 세상.
巷談(こうだん) 항담. 항설(巷說).
巷説(こうせつ) 항설. 풍문.
巷議(こうぎ) 항의. 항간의 논의〔소문〕.
巷塵(こうじん) 항진. 세상의 번거로움.
訓読➜
巷(ちまた) ① 길이 갈리는 곳. 번화한 거리.
② 사람이 많이 모이는 장소.

9 亻 常	恒(恆)	항상 항 コウ つね・つねに

音読
恒久(こうきゅう) 항구. 영구. ♣~的(てき) 항구적.
‖~平和(へいわ) 항구 평화.
恒等式(こうとうしき)〖數〗항등식.
恒例(こうれい) 항례.
恒沙(こうしゃ)〖佛〗항사. 항하사.
恒産(こうさん) 항산. 일정하게 안정된 재산·생업.
恒常(こうじょう) 항상. ♣~性(せい)〖生〗항상성 /~心(しん) 항상심.
‖~仮定(かてい)〖心〗항상 가정.
~所得(しょとく)〖經〗항상 소득. ♣~仮説(かせつ) 항상 소득 가설.
~現象(げんしょう)〖心〗항상 현상.
恒星(こうせい)〖天〗항성. ♣~年(ねん) 항성년 /~時(じ) 항성시 /~月(げつ) 항성월 /~日(じつ)〖天〗항성일 /~天(てん) 항성천 /~表(ひょう) 항성표.
~状天体(じょうてんたい) 항성상 천체.
~天文学(てんもんがく) 항성 천문학.
恒数(こうすう)〖化·數〗항수. 상수.
恒信風(こうしんふう) 항신풍. 무역풍.
恒心(こうしん) 항심.
恒温(こうおん) 항온. ♣~槽(そう) 항온조.
‖~動物(どうぶつ) 항온 동물. 정온 동물.
恒風(こうふう) 항풍. 풍향이 거의 바뀌지 않는 바람.
恒河沙(ごうがしゃ)〖佛〗항하사. 무한한 수량.

10 阝 教	降 항 ⇨ 降 강(p. 33)

10 舟 教	航	건널 항·날 항 コウ わたる

音読
航する(こうする) 항해〔항공〕하다.
航空(こうくう) 항공. ♣~券(けん) 항공권 /~図(ず) 항공 지도 /~路(ろ) 항공로 /~法(ほう) 항공법 /~病(びょう) 항공병 /~士(し) 항법사 /~便(びん) 항공편.
‖~管制塔(かんせいとう) 항공 관제탑.
~交通管制(こうつうかんせい) 항공 교통 관제.
~機(き) 항공기. ♣~強取(ごうしゅ) 항공기 탈취. 공중 납치. 하이잭.
~気象(きしょう) 항공 기상.
~母艦(ぼかん) 항공 모함.
~保険(ほけん) 항공 보험.
~写真(しゃしん) 항공 사진.
~書簡(しょかん) 항공 봉함 엽서.
~税関(ぜいかん) 항공 세관. 공항 세관.
~輸送(ゆそう) 항공 수송.
~燃料(ねんりょう) 항공 연료.
~郵便(ゆうびん) 항공 우편.
~医学(いがく) 항공 의학.
~自衛隊(じえいたい) (일본 방위청의) 항공 자위대.
~障害灯(しょうがいとう) 항공 장애등.
~標識(ひょうしき) 항공 표지.
航路(こうろ) 항로.
‖~信号(しんごう) 항로 신호.
~標識(ひょうしき) 항로 표지.
航法(こうほう) 항법. ♣~士(し) 항법사.
航続(こうぞく) 항속. ♣~力(りょく) 항속력.
‖~距離(きょり) 항속 거리.
航送(こうそう) 항송. 배·항공기로 수송함.
航洋図(こうようず) 항양도. 항해용 해도(海圖)의 하나.
航跡(こうせき) 항적.
航程(こうてい) (선박·비행기의) 항정.
航走(こうそう) 항주. 항행.
‖~沈下(ちんか) 항주 침하. 선체가 깊이 가라앉는 대형선이 얕은 수역을 항행하면 배 밑이 해저에 빨려드는 현상.
航進(こうしん) 항진.
航海(こうかい) 항해. ♣~図(ず) 항해도 /~灯(とう) 항해등 /~暦(れき) 항해력 /~法(ほう) 항해법 /~士(し) 항해사 /~術(じゅつ) 항해술 /~表(ひょう) 항해표.
‖~保険(ほけん) 항해 보험.
~衛星(えいせい) 항해 위성.
~日誌(にっし) 항해 일지.
~天文学(てんもんがく) 항해 천문학.
航行(こうこう) 항행.
‖~区域(くいき) 항행 구역.
~衛星(えいせい) 항행 위성. 항해 위성.

12 氵 教	港(港)	항구 항 コウ みなと

音読
港界(こうかい) 항계. 항구〔항만〕의 경계.
港口(こうこう) 항구. 항구의 출입구.
港内(こうない) 항내.
港図(こうず)〖地〗항도. 항만 안의 항해용 해도.
港頭(こうとう) 항구 근처. 부둣가.
港湾(こうわん) 항만.
‖~都市(とし) 항만 도시.
港務(こうむ) 항무. 항만에 관한 행정 사무.
港泊図(こうはくず) ☞港図(こうず).
港市(こうし) 항시. 항만 도시. 항도.
港外(こうがい) 항외. 항구 밖.
港津(こうしん) 항진. 항구.
港則(こうそく) 항칙. 항만의 규칙.

訓読
港 ㊀(みなと) 항구.

□(こう)《接尾語的으로》…항. 항구.
港町(みなとまち) 항구 도시.

12 頁 常	項	목덜미 항·항 항 コウ うなじ

音読
項 □(こう) ① 항목. 사항(事項). 조항. 개조(個條). ②〖數〗항.
□(うなじ)〈雅〉목덜미.
項目(こうもく) 항목.
項背(こうはい) 항배. 목과 등.
項辞(こうじ)〖論〗명사(名辞).

訓読
項垂れる(うなだれる) 고개를 숙이다〔떨구다〕. 머리를 숙이다.

14 女	嫦	항아 항 コウ・ジョウ

音読
嫦娥(じょうが) 항아. 달의 딴이름.

해

6 亠 人	亥	돼지 해 ガイ い

訓読
亥(い) 해. ① 지지(地支)의 열두째. 돼지. ② 옛 방향의 이름. 북북서. ③ 옛 시각의 이름.
亥年(いどし) 해년.
亥の子(いのこ) 음력 10월의 첫째 해일(亥日).

9 口	咳	기침 해 ガイ せき・しわぶく

音読
咳気(がいき) 해기. 기침 기운. *がいけ로도 읽음. 「질병.
咳病(がいびょう)〖醫〗해병. 기침을 하는
咳嗽(がいそう) 해소. 기침.
咳唾(がいだ) 해타. 어른의 말씀. 남의 말을 높여 일컫는 말.

訓読
咳(せき) 기침. *しわぶき로도 읽음.
咳払い(せきばらい) 헛기침을 함.
咳き上げる(せきあげる) ① 콜록거리다. ②〈老〉목메어 울다. 「다.
咳き入る(せきいる) 기침이 심하게 발작하
咳き込む(せきこむ) 심한 기침이 계속해서 나다. 콜록거리다.

咳止め(せきどめ) 기침을 멎게 함. 또, 그 약. 진해약.
❖咳く(しわぶく) 기침하다. 「헛기침.
咳き(しわぶき) ① 기침. ② (신호로 하는)
咳き病み(しわぶきやみ) 기침이 나는 병.

9 土	垓	지경 해·땅가장자리 해 ガイ さかい

音読
垓(がい) 해. ① 수(數)의 단위. 경(京)의 1만배(10^{20}). ② 옛날에는 경의 10배.
垓下(がいか)〖地〗해하. 가이샤. 중국, 안후이(安徽) 성에 있는 옛 싸움터.

9 子	孩	아이 해·어릴 해 ガイ あかご・ちのみご

音読
孩児(がいじ) 해아. 유아. 어린아이.
孩提(がいてい) 해제. 젖먹이. 유아.

9 氵 敎	海 (海)	바다 해 カイ うみ

音読
海角(かいかく) 해각. 갑(岬).
海渠(かいきょ) 해거. 해안선과 거의 직각을 이루며 뻗어가는 해저의 열구(裂溝).
海景(かいけい) 해경. 바다의 경치·풍경.
海関(かいかん) 해관.
海区(かいく) 해구.
海寇(かいこう) 해구. 해적.
海溝(かいこう) 해구.
海国(かいこく) 해국. 해양국.
海軍(かいぐん) 해군. ♣〜省(しょう) 해군성 / 〜砲(ほう)〖軍〗함포.
‖〜軍縮条約(ぐんしゅくじょうやく) 해군 군축 조약.
〜大臣(だいじん) 해군 대신〔장관〕.
海権(かいけん) 해권. 해상권.
海禁(かいきん) 해금. 옛날 중국에서, 해외 항해나 무역을 금지시킨 정책.
海技(かいぎ) 해기. 해원(海員)으로서 갖추어야 할 기술. ♣〜士(し) 해원 기사.
‖〜大学校(だいがっこう) 해기 대학교.
〜従事者(じゅうじしゃ) 선박 직원이 될 수 있는 자격 소유자. 「주실로 짠 깁.
海気(かいき) ① 해기. 해변의 공기. ② 생명
海難(かいなん) 해난.
‖〜救助(きゅうじょ) 해난 구조.
〜審判(しんぱん) 해난 심판.
〜審判庁(しんぱんちょう) 해난 심판청.
海南島(かいなんとう)〖地〗(중국의) 해남도. 하이난 섬.

海内(かいだい) ① 해내. 국내. ② 천하.
海棠(かいどう) 【植】해당화. 때찔레꽃.
海台(かいだい) 【地】대대. 윗부분이 약간 평평한 바다 밑의 도도록한 곳.
海図(かいず) 해도.
海道(かいどう) ① 바다에 연한 가도(街道). ② 특히, 東海道(とうかいどう)의 일컬음.
‖~筋(すじ) 해변을 따라 있는 길.
~下り(くだり) 京都(きょうと)에서 東海道를 따라 東国(とうごく)에 여행하는 일.
海濤(かいとう) 해도. 바다의 큰 물결.
海島綿(かいとうめん) 해도면. 서인도 제도를 주산지로 삼는 상등품 솜.   「젓갈류.
海藤花(かいとうげ) 낙지 알을 소금에 담근
海嶺(かいれい) 【地】해령. 해저 산맥.
海路(かいろ) 해로. 뱃길. ＊うみじ・うなじ로도 읽음.
海緑石(かいりょくせき) 【鑛】해록석.
海竜神(かいりゅうじん) ☞ 海竜王(かいりゅうおう).   「신.
海竜王(かいりゅうおう) 바닷속에 사는 용
海楼(かいろう) 해루. 해변에 있는 누각.
海流(かいりゅう) 해류. ♣~図(ず) 【地】해류도 / ~瓶(びん) 해류병.
海陸(かいりく) 해륙. 바다와 육지. ♣~風(ふう) 해륙풍.
海里(かいり) 해리《1 해리는 1,852 m》.
海狸(かいり) 【動】해리. 바다삵. ＊うみだぬき로도 읽음.
海馬(かいば) 해마. ①【魚】해마(海馬). ＊うみうま로도 읽음. ②【動】해상(海象)・듀공 등의 별칭.
海湾(かいわん) 해만. 만.
海漫(かいまん) 넓고 큰 바다.
海面 ㊀(かいめん) 해면. 해상.
‖~更生(こうせい) 【氣】해면 경정(更正).
~変化(へんか) 해면 변화.
~漁業(ぎょぎょう) 해면 어업.
㊁(うみづら) ① ☞ ㊀. ②〈古〉해변.
海綿(かいめん) ① ＊うみわた로도 읽음. ② 해면 동물의 총칭. ♣~質(しつ) 해면질 / ~鉄(てつ) 해면철 / ~体(たい) 해면체.
‖~動物(どうぶつ) 해면 동물.
~状組織(じょうそしき) 해면상 조직.
海獏(かいめい) 【動】'モルモット(=모르모트)'의 딴이름《의학계에서 일컫는 말》.
海鳴(かいめい) 해명.
海没(かいぼつ) 해몰. 바닷속에 가라앉음.
海錨(かいびょう) 해묘. 물닻. 시 앵커(sea anchor).   「도 읽음.
海霧(かいむ) 해무. 해상 안개. ＊うみぎり로
海門(かいもん) 해협(海峽).
海舶(かいはく) 바다를 항행하는 선박.
海抜(かいばつ) 해발. 표고.
海防(かいぼう) 바다[해안]의 방비.
♣~論(ろん) 해방론 / ~艦(かん) 해방함.
海法(かいほう) 해법. 항해에 관한 사항을 규정한 모든 법규.

海壁(かいへき) 파도를 막기 위해 해변에 돌로 쌓은 벽 따위.
海辺(かいへん) 해변. 바닷가. ＊うみべ・うみばた・うみべたろ로 읽음.
海兵(かいへい) ① 해병. ㉠ 해군의 하사관・병사. ㉡ 해병대의 사병. ② '海軍(かいぐん)兵学校(へいがっこう)(=해군 사관 양성 기관)'의 준말. ♣~団(だん) 해병단 / ~隊(たい) 해병대.
海堡(かいほう) 해보. 해안에 설치한 보루나 포대.
海夫(かいふ) 어부(漁夫).
海部(かいぶ) 직물이나 칠기의 표면 등에 놀이나 해변의 소나무・조개 따위를 그린 무늬.
海盆(かいぼん) 【地】해분.
海浜(かいひん) 해빈. 해변. 바닷가.
‖~植物(しょくぶつ) 해변 식물.
海氷(かいひょう) 해빙. 바닷물이 얼 얼음.
海士(かいし) 【軍】해상 자위대의 최하위 계급《海曹(かいそう)의 아래로 海士長(ちょう)와 1・2・3등(等)의 등급이 있음》.
‖~長(ちょう) 海士의 위, 海曹의 아래 계급.
海事(かいじ) 해사.
‖~公法(こうほう) 【法】해사 공법.
~代理士(だいりし) 해사 대리사.
~私法(しほう) 【法】해사 사법.
~衛星(えいせい) 해사 위성.   「물.
海産(かいさん) 해산. ♣~物(ぶつ) 해산
‖~肥料(ひりょう) 해산 비료.
海上(かいじょう) 해상. ♣~権(けん) 해상권.
‖~トラック 한 사람의 선원이 운전하도록 된 소형 화물선.
~都市(とし) 해상 도시.   「선 통신사.
~無線通信士(むせんつうしんし) 해상 무
~保安大学校(ほあんだいがっこう) 해상 보안 대학교.
~保安庁(ほあんちょう) 해상 보안청.
~保険(ほけん) 해상 보험.
~封鎖(ふうさ) 해상 봉쇄.
~自衛隊(じえいたい) 해상 자위대.
~衝突予防法(しょうとつよぼうほう) 해상 충돌 예방법.
海床(かいしょう) 해상.
海相(かいしょう) 해상. 해군 대신[장관].
海商(かいしょう) 【法】해상. 해상에 있어서의 상행위《해상 운송업・해상 보험업 따위》.
♣~法(ほう) 해상법.
海象 ㊀(かいぞう) 【動】해상. 바다코끼리.
㊁(かいしょう) 해상. 해양에 있어서의 자연 과학적 현상의 총칭.
海鮮料理(かいせんりょうり) 신선한 어패류를 이용한 요리.
海雪(かいせつ) 해설. 심해(深海)로 침하해 가는 각종 플랑크톤의 사체(死體)가 눈처럼 보이는 것. 머린 스노(marine snow).
海成層(かいせいそう) 【地】해성층. 해저에 퇴적(堆積)하여 이루어진 지층.
海嘯(かいしょう) 【地】① 해소. ② 해일.
＊②는 つなみ로도 읽음.

海損(かいそん) 해손. 해상 사고에 의하여 생긴 배나 화물의 손해.
海送(かいそう) 해송. 해운.
海水(かいすい) 해수. 바닷물. ♣~浴(よく) 해수욕 / ~着(ぎ) 해수욕복.
∥~石鹸(せっけん) 해수욕 비누.
~魚(ぎょ) 해수어. 바닷물고기.
~汚濁防止条約(おだくぼうしじょうやく) 해수 오염 방지 조약.
海獣(かいじゅう) 해수. 바다 짐승.
海市(かいし) 해시. 신기루.
海食(かいしょく) 해식(海蝕). ♣~台(だい)〘地〙해식대 / ~洞(どう)〘地〙~棚(だな)〘地〙해식붕 / ~崖(がい)〘地〙해식애.
海蝕(かいしょく) ⇨ 海食(かいしょく).
海神(かいしん) 해신. 바다의 신. ＊かいじん, 雅語로는 わたつみ라고도 함.
海深(かいしん) 해심. 바다의 깊이.
海岳(かいがく) 해악. 바다와 산.
海岸(かいがん) 해안.
∥~工学(こうがく) 해안 공학.
~段丘(だんきゅう) 해안 단구.
~砂丘(さきゅう) 해안 사구.
~植物(しょくぶつ) 해안 식물.
~平野(へいや) 해안 평야.
海若(かいじゃく) 바다의 신.
海洋(かいよう) 해양. ♣~国(こく) 해양국 / ~法(ほう) 해양법.
∥~開発(かいはつ) 해양 개발.
~気団(きだん) 해양 기단.
~気象台(きしょうだい) 해양 기상대.
~牧場(ぼくじょう) 해양 목장.
~物理学(ぶつりがく) 해양 물리학.
~生態学(せいたいがく) 해양 생태학.
~性気候(せいきこう) 해양성 기후.
~汚染防止法(おせんぼうしほう) 해양 오염 방지법.
~温度差発電(おんどさはつでん) 해양 온도차 발전.
~自由(じゆう) 해양 자유.
~底拡大説(ていかくだいせつ) 해저 확대설.
海魚(かいぎょ) 해어. ＊うみうお로도 읽음.
海域(かいいき) 해역.
海淵(かいえん)〘地〙해연.
海軟風(かいなんぷう) 해연풍.
海塩(かいえん) 해염. 바닷물로 만든 소금.
海王星(かいおうせい)〘天〙해왕성.
海外(かいがい) 해외.
∥~経常余剰(けいじょうよじょう) 해외 경상 잉여.
~経済協力基金(けいざいきょうりょくききん) 해외 경제 협력 기금.
~貿易(ぼうえき) 해외 무역.
~放送(ほうそう) 해외 방송.
~投資保険(とうしほけん) 해외 투자 보험.
海容(かいよう) 해용. 해서(海恕).
海牛(かいぎゅう)〘動〙해우. ＊うみうし로도 읽음.

海宇(かいう) 해우. 한 나라의 안.
海芋(かいう)〘植〙칼라.
海雲(かいうん) 바다와 구름. 또, 바다 위의 구름.
海運(かいうん) 해운.
海員(かいいん) 해원.
∥~組合(くみあい) 全日本(ぜんにっぽん)海員組合의 준말.
海月(かいげつ) 해월. ①바다 위에 뜬 달. ②〘動〙해파리. ♣~を くらげ로도 읽음.
海尉(かいい)〘軍〙일본 해상 자위대의 위관(尉官)(1·2·3등의 3등급이 있음).
海人(かいじん) 해인. 보자기. 어부. ＊あま로도 읽음.
海印(かいいん)〘佛〙해인.
∥~三昧(ざんまい)〘佛〙해인 삼매.
海自(かいじ) '海上自衛隊(かいじょうじえいたい)'(=해상 자위대)의 준말.
海将(かいしょう)〘軍〙해상 자위대의 계급명(전(前) 해군의 중장·대장에 해당).
海底(かいてい) 해저. 바다 밑.
∥~非核化条約(ひかくかじょうやく) 해저 비핵화 조약.
~山脈(さんみゃく) 해저 산맥.
~油田(ゆでん) 해저 유전.
~電線(でんせん) 해저 전선.
~電信(でんしん) 해저 전신.
~地震(じしん) 해저 지진.
~火山(かざん) 해저 화산.
~拡大説(かくだいせつ) 해저 확대설.
海賊(かいぞく) 해적. ♣~船(せん) 해적선 / ~版(ばん) 해적판.
海跡湖(かいせきこ) 해적호.
海戦(かいせん) 해전.
海程(かいてい) 해정. 해상의 거리.
海租(かいそ) 해산물에 부과되는 세금.
海鳥(かいちょう) 해조. 바다새. ＊うみどり로도 읽음.
海曹(かいそう)〘軍〙해상 자위대의 계급의 하나(海尉(かいい)의 아래, 海士(かいし)의 위. 1·2·3등의 3등급이 있음).
海潮(かいちょう) 해조. 조수. ♣~音(おん) 해조음.
海藻(かいそう) 해조. ＊めまる고도 함.
海佐(かいさ) 일본 해상 자위대의 영관급 계급(1·2·3등의 3등급이 있음).
海中(かいちゅう) 해중. 바닷속. ＊雅語로는 わたなか라고도 함. ~林(りん) 해중림.
∥~公園(こうえん) 해중 공원.
~飼育法(しいくほう) 해중 사육법. 부화한 물고기를 한 달 동안 부화장이나 해안의 활어조(活魚槽)에서 기른 뒤 바다에 방류함.
海進(かいしん) 해진. 육지의 침강(沈降) 또는 해수면의 상승 등으로 바닷물이 육지로 침입하는 일.
海草(かいそう) 해초. ＊うみくさ·うみぐさ로도 읽음.
海村(かいそん) 어촌. 바닷가 마을.
海退(かいたい)〘地〙해퇴.
海波(かいは) 해파. 바다의 파도.

海泡石(かいほうせき) 【鑛】해포석. 결이 고운 점토 모양의 회백색 광물.
海風(かいふう) 해풍. ① 바닷바람. ② 해연풍(海軟風). *うみかぜ로도 읽음.
海彼(かいひ) 바다 저쪽. 해외.
海港(かいこう) 해항.
海峡(かいきょう) 해협.
∥～植民地(しょくみんち) 해협 식민지.
海況(かいきょう) 해황.

【訓読】
海 ㊀(うみ) ① 바다. 호수. ② 널리 퍼져 있는 것.
㊁(かい) 《接尾語적으로》 …해.
海の家(うみのいえ) 바다의 집. 바닷가에 세운 숙박 시설 따위.
海開き(うみびらき) 해수욕장의 개장.
海開け(うみあけ) 북쪽 지방에서, 봄에 항구의 유빙(流氷)이 스러져 출항할 수 있음. 또, 그 날.
海亀(うみがめ) 【動】 바다거북의 총칭.
海龜(うみがめ) ⇨ 海亀(うみがめ).
海の気(うみのき) 바다에서 불어오는 소금기가 있는 바람.
海端(うみばた) 해변.
海獺(うみうそ) 【動】 '海驢(あしか)(= 강치)'의 딴이름. *うみおそ로도 읽음.
海鰻(うみうなぎ) 【魚】 체형이 뱀장어를 닮은 바다뱀·붕장어·곰치 따위의 속칭.
海鳴り(うみなり) 해명.
海猫(うみねこ) 【鳥】 괭이갈매기.
坊主(うみぼうず) ① 배 가는 길목에 나타난다는 허깨비. ② '青海亀(あおうみがめ)(= 푸른바다거북)'의 딴이름.
海百合(うみゆり) 【動】 갯나리.
海蛇(うみへび) ① 바다뱀. ②【魚】 곰치.
∥～座(ざ) 【天】 바다뱀자리. 히드라자리.
海山(うみやま) 바다와 산.
海酸漿(うみほおずき) 소라의 알주머니.
海鯉(うみこい) 【魚】 망성어.
海松 ㊀(うみまつ) 해송.
㊁(みる) 【植】 청각채.
海手(うみて) (해변에 면한 시가지 등에서) 바다 쪽.
海水母(うみくらげ) 【動】 해파리.
海鴨(うみがも) 【鳥】 바다오리류.
海燕 ㊀(うみつばめ) 【鳥】 바다제비.
㊁(かいえん) ② 얕은 바다에서 서식하는 왜형류(歪形類)의 동물.
海雀(うみすずめ) ①【鳥】 바다쇠오리. ②【魚】 뿔복어.
海際(うみぎわ) 해변. 바닷가.
海釣り(うみづり) 바다낚시.
海千山千(うみせんやません) 산전수전을 다 겪어 교활하며, 또, 그 사람(바다에서 천 년, 산에서 천 년을 산 뱀은 용이 된다는 전설에서).
海幸(うみさち) 해산물.
海の幸(うみのさち) ☞海幸(うみさち).
海蛍(うみほたる) 【動】 갯반디.

其他
海女(あま) 해녀. 비바리.
海胆(うに) 【動】 성게.
海豚(いるか) 【動】 해돈. 돌고래. ♣～座(ざ) 【天】 돌고래자리.
海蠃(ばい) 고둥의 일종. 얕은 바다 모래땅에.
海蘿(ふのり) 【植】 청각채. └슴.
海驢(あしか) 【動】 강치.
海老(えび) ①【動】 새우. *かいろう로도 읽음. ② 海老錠(えびじょう)의 준말.
海老固め(えびがため) (레슬링에서) 상대의 목과 발을 감아 새우처럼 만들어 꼼짝 못하게 하는 수.
海老根(えびね) 【植】 새우난초.
海老蟋蟀(えびこおろぎ) 【蟲】 '竃馬(かまどうま)(=꼼등이)'의 딴이름.
海老腰(えびごし) 새우등.
海老雑魚(えびじゃこ) 【動】 자주새우.
海老煎餅(えびせんべい) 마른 새우의 가루를 섞어 구운 煎餅.
海老錠(えびじょう) ① 문 빗장에 채우는 새우 모양의 반월형 자물쇠. ② 맹꽁이자물쇠.
海老藻(えびも) 【植】 말즘.
海老茶(えびちゃ) 거무스름한 적갈색.
海老責め(えびぜめ) 江戸(えど) 시대의 고문의 하나. 양팔을 뒤로 묶고, 몸을 새우처럼 꺾어 턱이 발에 닿게 함.
海老蟹(えびがに) 【動】 '蝲蛄(ざりがに)(= 가재)'의 딴이름.
海盤車(ひとで) ⇨ 海星(ひとで).
海髮 ㊀(おごのり) 【植】 강리(江籬). *おご·うご로도 읽음.
㊁(いぎす) 【植】 비단풀. 바다풀.
海髮海苔(おごのり) 【植】 ⇨ 海髮(おごのり).
海参(いりこ) 전해삼. └り).
海鼠(なまこ) ①【動】 해삼(海蔘). *かいそ로도 읽음. ② 거푸집에 부은 선철(銑鐵)·동(銅). ③ '海鼠壁·海鼠餅·海鼠板·海鼠形'의 준말.
∥～壁(かべ) 흙벽돌로 된 창고 등의 외벽에 네모진 평평한 기와를 붙이고, 그 이은 틈을 석회로 불룩하게 만든 벽. 「의 떡.
～餅(もち) (해삼 모양으로 만든) 반원통형
～板(いた) 골함석. 골진 양철판.
～形(がた) 반원통형. 반달형.
海鼠子(このこ) 해삼의 알집(식용함).
海鼠腸(このわた) 해삼 창자로 담근 젓.
海星(ひとで) 【動】 해성. 불가사리.
海松茶(みるちゃ) 녹색을 띤 갈색.
海の神(わたのかみ) 해신(海神).
海蘊(もずく) 【植】 큰실말(식용).
海原(うなばら) 〈雅〉 넓고 넓은 바다. 창해.
海の原(わたのはら) 〈雅〉 대해. 넓은 바다.
海人小舟(あまおぶね) 〈雅〉 작은 고깃배.
海人草(まくり) ①【植】 해인초. *かいにんそう로도 읽음. ② 해인초로 만든 회충약.
海蜇(ハイチェ) 해파리의 소금절이. 중국 요리용.
海鞘(ほや) 【動】 우렁쉥이. 멍게.
海苔(のり) 【植】 해태. 김.

海苔巻き(のりまき) 김초밥.
海苔漁(のりりょう) 김 양식.
海苔作(のりさく) 김의 작황.
海苔粗朶(のりそだ) 김을 부착시켜 양식하기 위해 바다에 세우는 나뭇가지나 대.
海苔茶(のりちゃ) 구운 김을 뿌린 茶漬け(ちゃづけ).
海苔簀(のりす) 김을 널어 말리는, 대로 엮은 발.
海布(め) 〖植〗해조. 바닷말.
海豹(あざらし) 〖動〗해표. 바다표범. *かいひょう로도 읽음.
海豹肢症(あざらししょう) 〖醫〗손발이 짧은 기형으로 태어나는 병.

| 10 大 | 奚 | 어찌 해·종 해
ケイ
なんぞ |

音読

奚琴(けいきん) 〖樂〗해금.

| 10 宀 教 | 害(害) | 해칠 해·손해 해
ガイ
そこなう・わざわい |

音読

害す(がいす) ☞害する(がいする).
害する(がいする) ① 해치다. ㉠상하게 하다. ㉡죽이다. 살해하다. ② 방해하다.
害毒(がいどく) 해독.
害獣(がいじゅう) 인축(人畜)에 해를 끼치는 짐승.
害心(がいしん) 해심.
害悪(がいあく) 해악.
害意(がいい) 해의. 해치려는 생각〔마음〕.
害者(がいしゃ) 살인 사건 등의 피해자.
害敵(がいてき) 해적.
害鳥(がいちょう) 해조.
害虫(がいちゅう) 해충.

| 11 イ | 偕 | 함께 해
カイ
ともに |

音読

偕楽(かいらく) 해락.
偕老(かいろう) 해로.
‖~同穴(どうけつ) 해로동혈. ① 생사를 같이하는 부부의 사랑의 맹세. ②〖動〗오웨니바다수세미.

| 13 木 | 楷 | 해서 해·본보기 해
カイ |

音読

楷(かい) 楷書(かいしょ)의 준말.
楷書(かいしょ) 해서.
楷体(かいたい) 해체. 해서체.

| 13 角 教 | 解 | 풀 해·흩어질 해
カイ·ゲ
とく·とかす·とける·ほつれる·ほどく·わかる |

音読

解 ㈠(かい) 풀이. 해답.
㈡(げ) ① 깨달음. ② 설명함.
解す(かいす) ☞解する(かいする).
㈡(げす) 알다. 이해하다.
㈢(ほぐす) (얽히거나 굳어진 것을) 풀다. *ほごす・ほつす로도 읽음.
解する(かいする) ① 풀다. 해석하다. 답을 내다. ② 알다. 이해하다.
解せない(げせない) 이해할 수 없다. 알 수 없다.
解せる(げせる) 이해되다. 이해할 수 있다.
解決(かいけつ) 해결.
解雇(かいこ) 해고.
‖~予告(よこく) 해고 예고.
解官(かいかん) 해관. 면관(免官). *げかん으로도 읽음.
解禁(かいきん) 해금.
解団(かいだん) 해단.
解答(かいとう) 해답.
解党(かいとう) 해당. 당을 해체함.
解糖(かいとう) 〖生〗해당.
‖~作用(さよう) 〖生〗해당 작용.
解毒(げどく) 해독. ♣~剤(ざい) 해독제.
解読(かいどく) 해독. ♣~器(き) 해독기.
解凍(かいとう) 해동. 냉동 식품을 소금물 등을 부어 녹임.
解纜(かいらん) 해람. 출범(出帆).
解離(かいり) 〖理〗해리. ♣~度(ど) 〖理〗해리도 / ~熱(ねつ) 〖理〗해리열.
解明(かいめい) 해명.
解発(かいはつ) 같은 종(種)의 동물 사이에서 일정한 요인(要因)이 특정한 반응이나 행동을 유발하는 일.
解放(かいほう) 해방. ♣~感(かん) 해방감 / ~区(く) 해방구 / ~軍(ぐん) 해방군.
‖~の神学(しんがく) 해방 신학.
~戦争(せんそう) 해방 전쟁.
解帆(かいはん) 범선에서, 묶인 돛을 푸는 일.
解法(かいほう) 해법.
解剖(かいぼう) 해부. ♣~学(がく) 해부학.
‖~祭(さい) 해부제. 해부에 쓰이는 송장의 영혼을 위로하기 위해 지내는 제사.
解氷(かいひょう) ① 해빙. ② ☞解凍(かいとう).
解散(かいさん) 해산. ♣~権(けん) 해산권.
‖~請求(せいきゅう) 해산 청구.
解像(かいぞう) 〖理〗해상. 렌즈가 세밀한 부분까지 똑똑히 형태를 비추는 일.
‖~管(かん) 해상관〈텔레비전 카메라용 진공관의 하나〉.
~度(ど) 해상도. 컴퓨터·텔레비전 화면의 선명도.
~力(りょく) 해상력. 광학 기계의 분해 능

解舒(かいじょ) 누에고치에서 실을 자아냄.
解析(かいせき) 해석. ① 사물을 요소별로 나눔. ②〖數〗수학의 한 분야. ♣~学(がく) 해석학.
∥~幾何学(きかがく) 해석 기하학.
~力学(りきがく) 해석 역학.
解釈(かいしゃく) 해석. ♣~論(ろん) 해석론 / ~学(がく) 해석학.
∥~的全損(てきぜんそん)〖經〗해석적 전손. 추정(推定) 전손.
解説(かいせつ) 해설.
解消(かいしょう) 해소.
解綬(かいじゅ) 관직을 사임함.
解詩(かいし) 송나라 때, 관리 등용 시험의 하나.
解式(かいしき)〖數〗해식. 운산(運算)의 순서를 일정한 기호와 방법으로 적는 일. 또, 그 식(式).
解顔(かいがん) 해안. 파안(破顔).
解約(かいやく) 해약.
∥~返戻金(へんれいきん) 해약 반려금. 생명 보험 계약자가 중도에 보험 계약을 해약했을 때 보험 회사가 돌려 주는 돈.
~手付け(てつけ) (계약 이행에 착수하기 이전의 경우) 일정한 방법에 따라 계약 해제를 보증하는 보증금.
解語(かいご) 해어.
解熱(げねつ)〖醫〗해열. ♣~剤(ざい) 해열제.
解悟(かいご) 해오. 깨달음.
解傭(かいよう) 해용. 해고(解雇).
解義(かいぎ) 해의. 해석.
解頤(かいい) 해이. 입을 크게 벌리고 웃음.
解任(かいにん) 해임. 면직. *口語로는 げにん이라고도 함. ♣~権(けん) 해임권 / ~状(じょう) 해임장.
解字(かいじ) 해자. 문자, 특히 한자의 자원(字源) 설명.
解錠(かいじょう) 잠긴 자물쇠를 엶.
解除(かいじょ) 해제. ♣~権(けん) 해제권.
∥~反応(はんのう) 해제 반응.
~条件(じょうけん) 해제 조건.
解題(かいだい) 해제.
解嘲(かいとう) 남의 비웃음에 대하여 변명하는 일. *かいちょう로도 읽음.
解重合(かいじゅうごう)〖化〗해중합.
解職(かいしょく) 해직.
∥~請求(せいきゅう) 해직 청구.
解集合(かいしゅうごう)〖數〗해집합.
解撤(かいてつ) 해체하여 철거하는 일.
解体(かいたい) ① 해체. ②〈老〉해부.
∥~工法(こうほう) 해체 공법.
解脱(げだつ)〖佛〗해탈.
解版(かいはん)〖印〗(활자판의) 해판.
解行(げぎょう)〖佛〗해행. 교리의 이해와 실천적 수행.
[訓読]
解かす(とかす) ①(눈 따위를) 녹이다. ②(머리 따위를) 빗다.
❖解く ㊀(とく) ①(매듭·문제·의심 등을) 풀다. ②꿰맨 것을 뜯다. ③물에 풀다.
㊁(ほどく) ①풀다. 뜯다. ②알기 쉽게 풀이하다. ③(신불(神佛)에 대한) 기원(祈願)의 기간이 끝나서 그만두다.
解きほぐす(ときほぐす) ①(얽힌 것을) 풀(어 헤치)다. ②응어리진 것을 풀다.
解き難い(ときがたい) 풀기 어렵다.
解き離す(ときはなす) ⇨ 解き放す(ときはなす).
解き明かす(ときあかす) 해명하다.
解き明け物(ときあけもの) 솜옷에서 솜을 빼내고 다시 지은 옷.
解き物(ときもの) 옷의 솔기를 뜯음. 또, 그 뜯을 옷. *ほどきものとも 읽음.
解き方(ときかた) ①문제·사건의 해결법. ②〖數〗해법.
解き放く(ときさく) 풀다. 풀어 놓다.
解き放す(ときはなす) 해방하다. 풀어 놓다.
解き放つ(ときはなつ) ☞ 解き放す(ときはなす).
解き分ける(ときわける) 구별하여 해명하다.
解き洗い(ときあらい) 옷의 솔기를 뜯어서 빠는 일.
解き衣(ときぎぬ)〈雅〉솔기를 뜯어 놓은 옷.
解き櫛(ときぐし) 얼레빗.
❖解ける ㊀(とける) 풀리다. ①끌러지다. ②해제되다. 해임되다. ③없어지다.
㊁(ほどける) (저절로) 풀어지다.
解け合う(とけあう) ①마음을 터놓아 격의 없이 어울리다. 융화[화합]하다. ②의논하여 계약을 해소하다.
❖解る(わかる) 알다. 이해하다.
解り(わかり) 이해. 납득. 깨달음.
㊁(はつり) 견적물을 풀어서 얻은 실.
❖解れる ㊀(ほつれる) (가지런한 것이) 풀리다. 흐트러지다.
㊁(ほぐれる) 풀리다.
解れ(ほつれ) 풀림. 흐트러짐.
[逆音]
分解(ぶんかい) 분해.
了解(りょうかい) 요해.

13
言
常
該

갖출 해·그 해
ガイ
あたる·あてる·かねる

[音読]
該当(がいとう) 해당.
該博(がいはく) 해박.

16
忄
懈

게으를 해
カイ·ケ·ゲ
おこたる

[音読]
懈慢(けまん) 해만. 태만.
懈惰(かいだ) 해타. 게으름을 핌.
懈怠(かいたい) 해태. 게으름.

其他
懈い(だるい) 나른하다. 께느른하다.
懈し(たゆし)〈文〉① 나른하다. ② 둔하다. 눈치가 없다.

16 言	諧	어울릴 해·고를 해 カイ かなう・ととのう・やわらぐ

音読
諧声(かいせい) ① 조화(調和)하는 소리. ② 육서(六書)의 하나. 형성(形聲).
諧調(かいちょう)〖樂〗해조. 조화가 된 가락.
諧謔㊀(かいぎゃく) 해학. ♣〜曲(きょく)〖樂〗해학곡 / 〜味(み) 해학미.
∥〜小説(しょうせつ) 해학 소설.
㊁(おどけ) ① 장난기. 익살맞음. 패사. ② 농담. 익살.
諧和(かいわ) 해화.

16 馬	駭	놀랄 해 ガイ おどろく

音読
駭魄(がいはく) 해백. 깜짝 놀람.
駭世(がいせい) 해세. 세상을 놀라게 할 만큼 기풍·성질·규모 등이 크게 뛰어남.
駭然(がいぜん) 해연. 크게 놀라는 모양. 악연(愕然).

訓読
駭く(おどろく) 놀라다. 경악하다.

16 骨	骸	뼈 해 ガイ むくろ

音読
骸骨(がいこつ) 해골.
骸炭(がいたん) 해탄. 코크스.

訓読
骸(むくろ) ① 몸. 신체. ② 시체. 특히, 머리가 없는 동체.

17 木	檞	송진 해 カイ かしわ

訓読
檞(かしわ)〖植〗떡갈나무.

17 艹	薤	염교 해· カイ にら・らっきょう

訓読
薤(らっきょう)〖植〗염교. 채지(菜芝).

17 辶	邂	만날 해 カイ めぐりあう

音読
邂逅(かいこう) 해후.

17 酉	醢	육장 해 カイ ひしお

音読
醢醬品(かいしょうひん) 해장품. 젓갈류와 어장(魚醬)의 총칭.

訓読
醢(ひしお) 육류의 소금절이. 젓갈. 장조림.

19 虫	蟹	게 해 カイ かに

音読
蟹甲(かいこう) 해갑. 게딱지.
蟹足腫(かいそくしゅ)〖醫〗해족종. 켈로이.
蟹行(かいこう) 해행. 게걸음.
∥〜文字(もじ) 해행 문자. 가로 글자.

訓読
蟹(かに)〖動〗게.
蟹股(がにまた)〈俗〉안짱다리.
蟹工船(かにこうせん) 게 공모선(工母船).
蟹文字(かにもじ) 가로 (쓰는) 글씨. 서양 문자를 익살스럽게 이르던 말.
蟹星雲(かにせいうん)〖天〗게성운. 황소자리에 있는 가스 성운.
蟹屎(かにばば) ① 배내똥. 태변(胎便). ② 호수의 갈대 따위에 붙는 어란(魚卵). *① 은 かにくそ라고도 함.
蟹玉(かにたま) 중국 요리의 하나. 게와 야채를 넣은 달걀부침. 부용해(芙蓉蟹).
蟹座(かにざ)〖天〗게자리.

핵

8 力 [常]	劾	캐물을 핵 ガイ

音読
劾奏(がいそう) 핵주. 벼슬아치의 허물을 임금에게 주상함.

10 木 [常]	核	씨 핵·핵심 핵 カク さね

🔊 **音読**

核 ㊀(かく) ① 핵. ② 核兵器(かくへいき)의 준말.
㊁(きね) (과실·열매 등의) 핵. 씨. 종자.
核ジャック(かくジャック) 핵재킹. 원자력시설이나 핵연료를 점거하고 요구 조건을 관철하고자 하는 행위.
‖**～防止条約**(ぼうしじょうやく) 핵재킹 방지 조약.
核家族(かくかぞく) 핵가족.
核果(かっか)〖植〗핵과(매화·복숭아 따위의 열매). *かくかろとも 읽음.　　　「금지.
核禁(かくきん) 핵금지. 핵무기 제조·사용의
‖**～条約**(じょうやく) 핵금지 조약.
～会議(かいぎ) 핵금지 회의.
核蛋白質(かくたんぱくしつ)〖生〗핵단백질.
核の冬(かくのふゆ) 핵겨울.
核力(かくりょく) 핵력. 원자력.
核膜(かくまく)〖生〗핵막.
核武装(かくぶそう) 핵무장.
核物理学(かくぶつりがく) 핵물리학.
核反応(かくはんのう)〖理〗핵반응.
核防条約(かくぼうじょうやく) 핵무기 확산 방지 조약.
核変換(かくへんかん)〖理〗핵변환.
核兵器(かくへいき) 핵무기.
‖**～保有国**(ほゆうこく) 핵무기 보유국.
核分裂(かくぶんれつ) 핵분열.
‖**～反応**(はんのう) 핵분열 반응.
核不拡散条約(かくふかくさんじょうやく) 핵불확산 조약.
核糸(かくし)〖生〗핵사. 염색사(染色絲).
核査察(かくささつ) 핵사찰.
核の傘(かくのかさ) 핵우산.
核酸(かくさん)〖化〗핵산.
‖**～発酵**(はっこう)〖化〗핵산 발효.
核相(かくそう)〖生〗핵상.
‖**～交代**(こうたい)〖生〗핵상 교대.
核石器(かくせっき)〖史〗석핵(石核) 석기.
核施設(かくしせつ) 핵시설.
核実験(かくじっけん) 핵실험.
‖**～探知**(たんち) 핵실험 탐지.
核心(かくしん) 핵심.
核液(かくえき)〖生〗핵액.
核抑止(かくよくし) 핵억지.
核燃料(かくねんりょう) 핵연료.
‖**～物質**(ぶっしつ) 핵연료 물질.
核外遺伝子(かくがいいでんし)〖生〗핵외 유전자.
核外電子(かくがいでんし)〖理〗핵외 전자.
核融合(かくゆうごう)〖理〗핵융합.
‖**～科学研究所**(かがくけんきゅうじょ) 핵융합 과학 연구소.
～反応(はんのう) 핵융합 반응.
核医学(かくいがく) 핵의학.
核疑惑(かくぎわく) 핵의혹. 핵무기 소유에 대한 의혹.　　　　　　　　　　「체.
核異性体(かくいせいたい)〖理〗핵이성질

核子㊀(かくし) 핵자.
㊁(さなご) ①(참) 외씨. ② 쌀가루 찌꺼기. 가루를 체로 쳐 남은 찌꺼기.
核磁気共鳴(かくじききょうめい)〖理〗핵자기 공명.
‖**～映像法**(えいぞうほう)〖醫〗핵자기 공명 영상법. MRI.
核戦略(かくせんりゃく) 핵전략.
核戦力(かくせんりょく) 핵전력.
核戦争(かくせんそう) 핵전쟁.
核停(かくてい) '核実験停止(かくじっけんていし)(=핵실험 정지)'의 준말.
核種(かくしゅ) 핵종.
核質(かくしつ) (세포의) 핵질.
核弾頭(かくだんとう) 핵탄두.　　　　「클럽.
核探知クラブ(かくたんちクラブ) 핵탐지
核廃棄物(かくはいきぶつ) 핵폐기물.
核廃絶(かくはいぜつ) 핵무기 폐기.
核爆発(かくばくはつ) 핵폭발.
核解体(かくかいたい) 핵해체.
核型(かくがた)〖生〗핵형.
核拡散(かくかくさん) 핵확산. '核兵器拡散(かくへいきかくさん)(=핵무기 확산)'의 준말.　　　　　　　　　　　　「방지 조약.
‖**～防止条約**(ぼうしじょうやく) 핵확산
核黄疸(かくおうだん)〖醫〗핵황달.

행

| 6 イ 教 | 行 | 다닐 행·행실 행·항렬 항
コウ·ギョウ·アン
いく·ゆく·おこなう |

🔊 **音読**

行 ㊀(ぎょう) 행. ① 글자의 가로·세로의 줄. ② 행서. ③〖佛〗불도 수행. ④《接尾語로》…행.　　　　　　　　　　　　　「퇴.
㊁(こう) ① 여행(길에 오름). ② 행동. 진
行ずる(ぎょうずる) 행하다. 수행하다. 하다.
行伍(こうご) 항오. 군대. 대열.
行脚(あんぎゃ) (중의) 행각. 도보 여행.
行間(ぎょうかん) (글의) 행간.
～を読(よ)**む** 글 속의 참뜻을 알아내다.
行客(こうかく) 행객. 길손.　　　「함. 탁발.
行乞(ぎょうこつ)〖佛〗행걸. 승려가 걸식을
行啓(ぎょうけい) 행계. 태황태후·태황후·황후·황태자·황태자비·황손 등의 행차.
行管(ぎょうかん) '行政管理庁(ぎょうせいかんりちょう)(=행정 관리청)'의 준말.
行軍(こうぐん) 행군.　　　　　　　「이.
‖**～将棋**(しょうぎ) 장기 비슷한 어린이 놀
行宮(あんぐう) 행궁.
行金(こうきん) 은행이 보유하고 있는 돈.
行囊(こうのう) 행낭. '郵袋(ゆうたい)(=우편 행낭)'의 구칭.
行内(こうない) 행내. 은행 안.

行年(こうねん) 향년(享年). *きょうねん・ぎょうねん으로도 읽음.
行徳(ぎょうとく) 【佛】행덕. 불교 수행으로 몸에 갖춰지는 덕.
行道(ぎょうどう) 【佛】행도. 불도를 수행함.
行動(こうどう) 행동. ♣〜性(せい) 행동성/〜的(てき) 행동적/〜派(は) 행동파/〜化(か) 행동화.
∥〜科学(かがく) 행동 과학.
〜半径(はんけい) 행동 반경.
〜生物学(せいぶつがく) 행동 생물학.
〜療法(りょうほう) 【醫】행동 요법.
〜主義(しゅぎ) 【心】행동주의.
〜形成(けいせい) 【心】행동 형성.
行頭(ぎょうとう) 행두. 문장 따위에서 행의 첫머리.
行灯(あんどん) ① 사방등(四方燈). *あんどうろ도 읽음. ② 화분에 심은 나팔꽃 덩굴을 올리는 둥근 테.
∥〜袴(ばかま) 가랑이가 없이 치마 모양으로 된 남자용 고의.
〜部屋(べや) ① 사방등을 넣어 두는 방. ② 유곽에서 유흥비를 치르지 못하는 손님을 일시 붙들어 두는 골방.
〜水母(くらげ) 【動】해파리의 하나. 전체 모양이 行灯 비슷하며 촉수에는 강한 독이 있어 쏘이면 열알하고 아픔.
行楽(こうらく) 행락. ♣〜地(ち) 행락지.
行旅(こうりょ) 행려. 여행. 여행자.
∥〜病者(びょうしゃ) 행려 병자.
行力(ぎょうりき) 【佛】행력. 도를 닦아 얻은 공덕의 힘.
行列(ぎょうれつ) 행렬. ♣〜式(しき) 【數】행렬식.
行路(こうろ) 행로. ① 길을 걸어감. 또, 그 사람. ② 세상살이.
∥〜難(なん) 행로난. 세상살이의 어려움.
〜病者(びょうしゃ) 행로〔려〕병자.
行李(こうり) ① 고리. 고리짝. ② 군대에서 전투・숙영(宿營)에 필요한 물품을 운반하는 부대.
行履(あんり) 행밍.
行李柳(こりやなぎ) 【植】고리버들.
行末(ぎょうまつ) 행말. (글)줄의 끝.
行務(こうむ) 행무. ① 사무의 집행. ② 은행 업무.
行文(こうぶん) 글을 써 나갈 때의, 어구의 배치나 문자의 사용법.
∥〜流麗(りゅうれい) 글솜씨가 유려함.
行法(ぎょうほう) 행법. 불도를 닦는 방법.
行歩(ぎょうぶ) 행보. 걸음. 보행. *ぎょうほろ도 읽음.
行仏性(ぎょうぶっしょう) 【佛】행불성. 수행에 의해 부처의 본성을 얻는 일.
行司(ぎょうじ) 씨름판의 심판원.
∥〜溜まり(だまり) 심판원 대기실.
行事(ぎょうじ) ① 행사. ② 일을 집행함.
行使(こうし) 행사.
行状(ぎょうじょう) ① 행상. 품행. 행적. ② 행장. 죽은 사람의 평생 경력을 쓴 기록.

♣〜記(き) 행장기.
行商(ぎょうしょう) 행상. 도붓장사〔장수〕.
〜人(にん) 행상인.
行像(ぎょうぞう) 차 따위에 불상을 싣고 행진하는 법회(法會).
行賞(こうしょう) 행상. 상을 줌.
行色(こうしょく) 길을 떠나려고 함. 또, 그 기색.
行書(ぎょうしょ) 행서. 한자 서체의 하나.
行星(こうせい) 행성. '惑星(わくせい)(=혹성)'의 한국・중국명.
行水(ぎょうずい) 목욕.
行屎送尿(こうしそうにょう) 변소에서 용변을 본다는 뜻으로, 흔히 있는 일상 생활를 비유하는 말.
行屎走尿(こうしそうにょう) ⇨ 行屎送尿(こうしそうにょう).
行尸走肉(こうしそうにく) 행시주육. 무식하고 미련한 사람.
行実(ぎょうじつ) 행실. 행적. 행한 일.
行業(ぎょうごう) 【佛】행업. ① 하는 일. ② 수행.
行屋(ぎょうや) 수행승・수도자 등이 수행함.
行用(こうよう) 은행 용무.
行雲(こううん) 행운. 떠가는 구름. 열구름.
∥〜流水(りゅうすい) 행운유수.
行員(こういん) 행원. 은행원.
行為(こうい) 행위. ♣〜法(ほう) 행위법/〜税(ぜい) 행위세.
∥〜規範(きはん) 행위 규범.
〜能力(のうりょく) 【法】행위 능력.
〜理論(りろん) 【社】행위 이론.
〜障害(しょうがい) 행위 장애. 남의 인권이나 나이에 걸맞는 사회 규범을 반복하여 침해하는 행동 형태.
行吟(こうぎん) 행음. ① 거닐며 글을 읊음. ② 산이나 들에 나가 시를 지음. 「흰 옷.
行衣(ぎょうい) 【佛】행의. 행자 등이 입는
行儀(ぎょうぎ) ① 예의 범절. 예절. 행동거지. ② 순서.
∥〜作(づよい) 예의 범절을 잘 지키다.
〜作法(さほう) 예의 범절.
行人 ㊀(ぎょうにん) 【佛】행인. 불법을 수행하는 사람.
㊁(こうじん) 행인. 길가는 사람.
行印(こういん) 행인. 은행의 공식 도장.
行人偏(ぎょうにんべん) 한자 부수의 하나: 두인변. 중인변.
行者(ぎょうじゃ) ① 행자. 불도를 닦는 사람. ② 修験道(しゅげんどう)를 수행하는 사람.
行章(こうしょう) 은행 기장(記章).
行粧(ぎょうそう) ☞ 行装(こうそう).
行装(こうそう) 행장. 여장(旅装). *ぎょうそうろ도 읽음.
行蔵(こうぞう) 행장. 세상에 나서는 일과 집에 들어앉는 일.
行在所(あんざいしょ) 행재소. 행궁(行宮).
行跡(こうせき) 행적. 몸가짐. 품행.
行政(ぎょうせい) 행정. ♣〜官(かん) 행정관/

~權(けん) 행정권 / ~罰(ばつ) 행정벌 / ~法(ほう) 행정법 / ~府(ふ) 행정부.
‖~監査(かんさ) 행정 감사.
~監察(かんさつ) 행정 감찰.
~改革(かいかく) 행정 개혁.
~警察(けいさつ) 행정 경찰.
~契約(けいやく) 행정 계약.
~管理庁(かんりちょう) 행정 관리청.
~官庁(かんちょう) 행정 관청.
~救済(きゅうさい) 행정 구제.
~区画(くかく) 행정 구획.
~国家(こっか) 행정 국가.
~規則(きそく) 행정 규칙.
~機関(きかん) 행정 기관.
~代執行法(だいしっこうほう) 행정 대집
~命令(めいれい) 행정 명령.   「행.
~不服審査法(ふふくしんさほう) 행정 불복 심사법.
~事件(じけん) 행정 사건. ♣~訴訟(そしょう) 행정 사건 소송.
~事務(じむ) 행정 사무.
~書士(しょし) 행정 서사.
~訴訟(そしょう) 행정 소송.
~手続き(てつづき) 행정 절차.
~審判(しんぱん) 행정 심판.
~委員会(いいんかい) 행정 위원회.
~立法(りっぽう) 행정 입법.
~財産(ざいさん) 행정 재산.
~裁判(さいばん) 행정 재판.
~争訟(そうしょう) 행정 쟁송.
~整理(せいり) 행정 정리.
~組織(そしき) 행정 조직.
~指導(しどう) 행정 지도.
~処分(しょぶん) 행정 처분.
~解剖(かいぼう) 행정 해부.
~行為(こうい) 행정 행위.
~協定(きょうてい) 행정 협정.
行程(こうてい) 행정.
‖~一体積(たいせき) 〖機〗 행정 부피〔체적〕.
行厨(こうちゅう) 행주. 도시락.
行住坐臥(ぎょうじゅうざが) ⇨ 行住座臥(ぎょうじゅうざが).
行住座臥(ぎょうじゅうざが) ① 행주좌와. 일상의 기거 동작. ② 일상. 늘. 항상.
行持(ぎょうじ) 〖佛〗 행지. 불도(佛道)를 닦아 지님.   「곡.
行進(こうしん) 행진. ♣~曲(きょく) 행진
行体(ぎょうたい) ① 행체. 행서로 쓴 글씨. ② 몸차림. 옷차림.   「꾸는 일.
行替え(ぎょうがえ) 행바꿈. 문장의 행을 바
行草(ぎょうそう) 행초. 행서와 초서(의 중간 자체).
行筆(こうひつ) 행필. 운필(運筆).
行学(ぎょうがく) 〖佛〗 행학. 수행과 학문.
行行(こうこう) 행행. 점차 나아가는 모양.
行幸(ぎょうこう) 행행. *雅語로는 みゆき 라고도 함.
行行子(ぎょうぎょうし) 〖鳥〗 개개비.

行革(ぎょうかく) '行政改革(ぎょうせいかいかく)(=행정 개혁)'의 준말.
行刑(ぎょうけい) 행형. 형벌을 집행함.
行火(あんか) 일종의 휴대용 화로.
か行(かぎょう) 五十音図(ごじゅうおんず) 의 둘째 줄.
‖~変格活用(へんかくかつよう) 〖文法〗 동사의 변격 활용의 하나.
訓読▶
行かす(いかす)〈俗〉멋지다. 근사하다. 상당히 좋다.
行かない(いかない) ① (일이) 잘 되지 않다. ②『~わけには~』(무조건) …할 수는 없다. *ゆかない로도 읽음.
行かぬ(いかぬ) 좋지 않다. 안 되다.
行かれ坊んち(いかれぼんち) 분별없는〔얼빠진〕 사나이.
❖行く(ゆく) ① 가다. ② (목적지로·목표로) 향하다. ③ (그곳으로) 통하다. ④ 되다. 진척되다. 어떤 상태가 되다. *いく로도 읽음.
行き(ゆき) 감. 목적지를 향해 감. 또, 그도중. *いき로도 읽음.   「때.
行きしな(ゆきしな) 가는 김〔길〕. 막 출발할
行きずり(ゆきずり) ① (길을 가다가) 스침. 지나가는 길. ② 일시적.
行きそびれる(ゆきそびれる) 갈 기회를 잃다. 가기 어렵게 되다.
行き脚(ゆきあし) ⇨ 行き足(ゆきあし).
行き去る(ゆきさる) 사라져 가다.
行き届く(ゆきとどく) (마음씨나 주의가) 구석구석까지 미치다. 자상하다. *いきとどく로도 읽음.
行き過ぎ(ゆきすぎ) ① 목적지를 지나침. 더 지나감. ② 도를 넘음. 지나친 행위. *いきすぎ로도 읽음.
行き過ぎる(ゆきすぎる) 지나치다. *いきすぎる로도 읽음.
行き掛かり(ゆきがかり) ① 내친 걸음. 이미 진행되고 있는 상태. ② ☞ 行き掛け(ゆきがけ).
行き掛かる(ゆきかかる) ① 출발하다. 막 출발하려 하다. ② 때마침 지나가다.
行き掛け(ゆきがけ) 막 출발할 때. 가는 김. 도중.
‖~の駄賃(だちん) 어떤 일을 하는 김에 다른 일을 곁들여 함.
行き掛ける(ゆきかける) ① 가려고 하다. ② 마침 지나려고 하다. *いきかける로도 읽음.
行き交い(ゆきかい) 오감. 왕래.
行き交う(ゆきかう) 오가다. 왕래하다. 엇갈리다. *いきかう로도 읽음.
行き構え(ゆきがまえ) 한자 부수의 하나: 다닐행변.
行き帰り(ゆきかえり) ① 오감. 왕복. ② 갔다가 되돌아옴. *いきかえり로도 읽음.
行き互る(ゆきわたる) ⇨ 行き渡る(ゆきわたる).   「읽음.
行く年(ゆくとし) 가는 해. *いくとし로도

行き悩む(ゆきなやむ) ① (앞으로) 나아가는 데 곤란을 느끼다. ② (일이) 잘 진척되지 않다. *いきなやむ로도 읽음.
行き当たり(ゆきあたり) 맞닥뜨림. 막다른 데. *いきあたり로도 읽음.
行き当たる(ゆきあたる) 맞닥뜨리다. 막다르다. *いきあたる로도 읽음.
行き道(ゆきみち) ① 갈 때 지나는 길. ② 어디로 가는 경로. 노정(路程).
行き渡り(ゆきわたり) 사소한 점에까지 배려되어 있는 일.
行き渡る(ゆきわたる) 골고루 미치다. 널리 퍼지다. *いきわたる로도 읽음.
行き倒れ(ゆきだおれ) 추위·질병 따위로 길가에 쓰러짐[쓰러져 죽음]. 또, 그 사람. *いきだおれ로도 읽음.
行き来(ゆきき) 왕래. ① 오감. ② 교제. *いきき로도 읽음.
行くさ来さ(ゆくさくさ) 갈 때와 올 때.
行き戻り(ゆきもどり) ① 가는 일과 되돌아오는 일. 왕래. ② 갔다가 되돌아옴. 또, 그런 사람. *いきもどり로도 읽음.
行きつ戻りつ(ゆきつもどりつ) 왔다갔다 (하는 일). *いきつもどりつ로도 읽음.
行き連れる(ゆきつれる) 같이 가다.
行き立つ(ゆきたつ) 생활할 수 있다. 되어 나가다. *いきたつ로도 읽음.
行く立て(ゆくたて) 일이 되어가는 형편. 경위.
行く末(ゆくすえ) 장래. 전도(前途). 앞날.「미래.
行き暮らす(ゆきくらす) 종일 걸으며 그 날을 보내다. 해가 질 때까지 걷다.「다.
行き暮れる(ゆきくれる) 가다가 해가 저물
行き迷う(ゆきまよう) 어떻게 가는지 모르다. 길을 잘못 들다.
行き抜け(ゆきぬけ) (통과하여) 빠져 나감. 또, 그 곳. *いきぬけ로도 읽음.
∥~路地(ろじ) 빠져 나가는 골목길.
行方(ゆくえ) 행방.
∥~不明(ふめい) 행방 불명.
行き方㊀(ゆきかた) ① 하는 방식. ② 도정(道程). *いきかた로도 읽음.
㊁(ゆきがた)〈雅〉간 곳. 행방. *いきがた로도 읽음.
行く方(ゆくかた) ① 행방. 행선지. ② 기분을 푸는 방법[길].
行き別れ(ゆきわかれ) 헤어져 각각 다른 쪽으로 감. *いきわかれ로도 읽음.
行き別れる(ゆきわかれる) 헤어져 각기 다른 쪽으로 가다. *いきわかれる로도 읽음.
行き付け(ゆきつけ) 자주 다녀 얼굴이 익음. 단골. *いきつけ로도 읽음.
行き付ける(ゆきつける) 가는 것에 익숙해지다. 가는 것이 버릇하다.
行き先(ゆきさき) ① 행선지. 목적지. ② 간 곳. *いきさき로도 읽음.
行く先(ゆくさき) ① 행선지. 목적지. ② 전도. 장래. *いくさき로도 읽음.

∥~先(ざき) 가는 곳마다[어디서나].
行き成り(いきなり) ① 갑자기. 느닷없이. ② (충분히 생각하지 않고) 일이 되어가는 대로 행동함. 또, 그 상태.「람.
行き手(ゆきて) 가는 사람. 가고 싶어하는 사
行く手(ゆくて) 가는 곳[쪽]. 전방. 전도. 앞길. *いくて로도 읽음.
行く水(ゆくみず) 유수. 흘러가는 강물.
行き巡る(ゆきめぐる) 여기저기 돌아다니다.
行き違い(ゆきちがい) ① 길이 엇갈림. ② (반대 방향으로 가는 열차·버스 등이) 서로 획 지나침. ③ 일치하지 않음. (서로의) 오해. *いきちがい로도 읽음.
行き違う(ゆきちがう) ① 길이 어긋나다. ② (의견이) 서로 맞지 않다. 엇갈리다. *いきちがう로도 읽음.
行き場(ゆきば) 갈 곳[데]. (달리) 갈 수 있는 장소. *いきば로도 읽음.
行き足(ゆきあし) (선박 등이) 그때까지의 속력으로 계속 달리는 일.
行き止まり(ゆきどまり) ① (길 따위가) 그 이상 더 갈 수 없음. 또, 그 곳. ② (사물의) 종말. *いきどまり로도 읽음.
行き着く(ゆきつく) ① (목적지에) 다다르다. ② 정력·자력(資力) 따위가 다하다. *いきつく로도 읽음.
行く秋(ゆくあき) 저물어 가는 가을. 만추(晩
行く春(ゆくはる) 가는 봄. 「는 일.
行き通い(ゆきかよい) 가고 오는 일. 왕래하
行き通う(ゆきかよう) ① 오고 가고 하다. ② 서로 방문하면서 가까이 지내다. *いきかよう로도 읽음.
行平(ゆきひら) 行平鍋(ゆきひらなべ)의 준말. 손잡이·뚜껑 및 귀때가 달리고 운두가 낮은 오지 냄비.
行き合い(ゆきあい) ⇨ 行き会い(ゆきあい).
行き合う(ゆきあう) ⇨ 行き会う(ゆきあう).
行き合わす(ゆきあわす) 마침 그 곳에 가다.
行く行く(ゆくゆく) ① 장래(언젠가)는. 끝내는. ② 가는 도중. 가면서.「르다.
行き惑う(ゆきまどう) 어찌 가야 좋을지 모
行き会い(ゆきあい) ① 마주침. ② 여름에서 가을로 바뀌는 환절기.
行き会う(ゆきあう) 가다가 만나다. 마주치다. *いきあう로도 읽음.「ぐる.
行き回る(ゆきめぐる) ⇨ 行き巡る(ゆきめ
行き詰まり(ゆきづまり) 막다름. 막다른 곳. *いきづまり로도 읽음.
行き詰まる(ゆきづまる) 막다르다. (앞이) 막히다. 전하여, 정돈 상태에 빠지다. *いきづまる로도 읽음.
❖行なう(おこなう) ① 하다. 행하다. 처리하다.「불도 수행.
行な う㊁〈雅〉불도를 닦다.
行ない(おこない) 행실. 행위. 동작.
行なわれる(おこなわれる) ① 행해지다. 실시[시행]되다. ② 널리 쓰이다. 유행하다.
行ない人(おこないびと) 승려.

行ない澄ます(おこないすます) ① 계율 지켜 불도를 닦다. ② 얌전한 체 행동하다.

其他

行縢(むかばき) 승마·사냥할 때에 다리를 감싸는 천 또는 가죽.
行潦(にわたずみ) 〈古〉 비가 내려서 갑자기 지상에 괴어 흐르는 물. 「의」각반.
行纏(はばき) 〈雅·方〉 행전. 발감개. (후세

| 7
木
人 | 杏 | 살구 행·은행 행
キョウ·アン
あんず |

音読

杏壇(きょうだん) 행단. 공자가 학문을 가르친 단. 「의사(醫師).
杏林(きょうりん) 행림. ① 살구나무 숲. ②
杏仁(きょうにん) 〖漢醫〗 행인. 살구씨.
  *あんにん으로도 읽음. 「약.
  ‖~水(すい) 행인수. 행인에서 뽑아낸 물

訓読

杏(あんず) 〖植〗 살구.
  ‖~色(いろ) 칙칙한 적갈색.
  ~茸(たけ) 담자균류에 속하는 버섯의 하나. 가을, 숲속에 나며 식용함.
杏子(あんず) ⇨ 杏(あんず).

其他

杏葉(ぎょうよう) 행엽. 마구(馬具) 장식의 하나.

| 8
土
教 | 幸 | 다행 행·거둥 행
コウ
さいわい·さち·しあわ
せ·みゆき |

音読

幸 ㊀(こう) 행. 행복. *さきわい로도 읽으며, 文語로는 さきら고도 함. 「은 음식.
  ㊁(さち) 〈雅〉 ① ☞㊀. ② 자연계에서 얻
幸す(こうす) 〈古〉 거둥하다.
幸福(こうふく) 행복.
  ‖~主義(しゅぎ) 〖倫〗 행복주의. 「구권.
  ~追求権(ついきゅうけん) 〖法〗 행복 추
幸水(こうすい) 〖植〗 배의 한 품종.
幸臣(こうしん) 행신. 총신(寵臣).
幸甚(こうじん) 행심. 다행《편지 등에 씀》.
幸若舞(こうわかまい) 무사에 관한 노래를 부르며 부채로 장단을 맞추어 추는 춤.
幸運(こううん) 행운. ♣~児(じ) 행운아.
幸便(こうびん) ① 알맞은 인편〔차편〕. ② 편지를 인편에 부탁할 때 곁봉에 쓰는 말.

訓読

幸い(さいわい) ① 다행. 행복. ② 다행히. ③ 좋은 결과가 되도록 작용함. 「게.
幸いにして(さいわいにして) 다행히. 운종
幸せ(しあわせ) ① 운(수). ② 운이 좋음. 「운. 행복.
幸せと(しあわせと) 다행히.
幸鉤(さちじ) 고기가 잘 잡히는 낚싯바늘.
幸せ者(しあわせもの) 행운아.

其他

幸う(さきわう) 〈古〉 운을 만나다. 행복해지다. 번성하다. 번영하다.
幸先(さいさき) 좋은 전조(前兆).
幸御魂(さきみたま) 사람에게 행복을 주는 신(神)의 영혼.

| 10
イ
人 | 倖 | 요행 행
コウ
さいわい |

参考 현대 표기로는 '幸'으로 대용함.

逆音

薄倖(はっこう) 박행. 박명.
射倖(しゃこう) 사행. ♣~心(しん) 사행
僥倖(ぎょうこう) 요행. 「심.

| 10
艹 | 荇 | 노랑어리연꽃 행
コウ
あさざ |

訓読

荇菜(あさざ) 〖植〗 노랑어리연꽃.

| 11
艹 | 莕 | 노랑어리연꽃 행
コウ
あさざ |

参考 荇의 異體字.

訓読

莕菜(あさざ) 〖植〗 노랑어리연꽃.

| 12
糸 | 絎 | 바느질할 행
コウ
くける |

訓読

❖絎ける(くける) 공그르다. 실땀이 겉으로 나오지 않게 꿰매다.
絎け口(くけぐち) (바느질의) 공그른 곳.
絎台(くけだい) 옷 등을 공글를 때 천이 늘어지지 않게 한끝을 실로 매달아 두는 대(臺).
絎縫い(くけぬい) (바느질의) 공그름.
絎針(くけばり) 공그르는 데 쓰는 바늘.

향

| 6
口
教 | 向 | 향할 향·나아갈 향
コウ·キョウ
むく·むける·むかう·
むこう·さきに |

音読

向光性(こうこうせい) 〖植〗 향광성.
向来(きょうらい) 향래. 이전부터. 지금까지. 종래. 「태.
向背(こうはい) 향배. ① 거취. ② 동정. 동

向斜(こうしゃ)〖地〗향사. ♣~谷(こく)〖地〗향사곡.
向上(こうじょう) 향상. ♣~心(しん) 향상「심.
向暑(こうしょ) 향서. 이제부터 더워짐.
向性(こうせい)〖生·心〗향성.
‖~検査(けんさ)〖心〗향성 검사.
向勢(こうせい) 마주 대하는 두 세로획이 서로 바깥쪽으로 볼록하게 된 서체.
向心力(こうしんりょく) 求心力(きゅうしんりょく)의 고친 이름.「라기성.
向日性(こうじつせい)〖植〗향일성. 해바
向自(こうじ)〖哲〗향자. 대자(對自).
向点(こうてん)〖天〗향점.「품.
向精神薬(こうせいしんやく) 향정신성 의약
向地性(こうちせい)〖植〗향지성.
向学(こうがく) 향학. ♣~心(しん) 향학
向寒(こうかん) 이제부터 추워짐.「심.
向後(こうご) 향후. 금후. *きょうこう·きょうごろ도 읽음.

〖訓読〗
向かはぎ(むかはぎ) 정강이.
向か股(むかもも) (다리) 가랑이.「다.
向か伏す(むかぶす) 멀리 저쪽에 엎드려 있
向かっ腹(むかっぱら) 몹시 노여운 기분.
向かっ歯(むかば) 위쪽 앞니.
❖向かう(むかう) 향하다. 면하다. 마주 보다. 맞서다. 거슬러 가다.
向かい(むかい) 마주 봄. 정면. 맞은편. ♣~側(がわ) 맞은편 / ~火(び) 맞불.
‖~隣(どなり) 길 건너 마주 보는 이웃집.
~腹(ばら) 본처에서 태어남. 또, 그 자식.
~座(ざ) 마주하고 자리함.
~風(かぜ) 맞바람. 역풍.「다).
向かい合う(むかいあう) 마주 보다(대하
向かい合わせ(むかいあわせ) 마주 봄.
❖向く(むく) ① 향하다. 면하다. ②(마음이) 쏠리다. ③ 적합하다.
向き(むき) ① 방향. 방면. ② 취지. 경향. 도
向き変わる(むきかわる) 방향을 바꾸다.「음.
向き不向き(むきふむき) 알맞음과 알맞지 않
向き直る(むきなおる) 다른 방향으로 몸을 돌리다.
向き合う(むきあう) 서로 마주 보다.
向き向き(むきむき) ① 각각의 방향·방면. ② 각자의 취향과 적성.
❖向ける(むける) ① 돌리다. ②(마음을) 쏟다. ③ 보내다.
向け直す(むけなおす) 방향을 바꾸다.
向け替える(むけかえる) 방향을 바꾸다. 향하게 하다.
❖向こう(むこう) ① 저쪽. 맞은편. ② 이후. ③ 상대(방). ♣~岸(ぎし) 대안 / ~側(がわ) 건너편 / ~歯(ば) 위 앞니.
~を張(は)る 대항하다.
向こう見ず(むこうみず) 무모. 경솔.
向こう脛(むこうずね) 정강이.「얼굴.
向こう面(むこうづら)〈俗〉마주 본 상대의

向こう鉢巻き(むこうはちまき) 머리에 수건을 두르는 방법의 하나.
向こう付け(むこうづけ) 정식 일본 요리에서, 상 맞은편에 놓는 요리.
向こう三軒両隣(むこうさんげんりょうどなり) 평소의 친근한 이웃.
向こう傷(むこうきず) 적과 싸우다가 전면에 입은 상처. 특히, 이마·미간의 상처.
向こう様(むこうさま) 정면으로 마주 대함.
向こう揚げ幕(むこうあげまく) 극장에서, 배우들이 등장하는 통로의 출입구에 단 장막.
向こう意気(むこういき) 경쟁심.
向こう前(むこうまえ) 맞섬. 대립 관계.
向こう正面(むこうじょうめん) (일본 씨름판에서) 정면[북쪽]에 대한 남쪽.
向こう鎚(むこうづち) (대장간의) 앞메. 또, 앞메꾼.

〖其他〗
向日葵(ひまわり)〖植〗해바라기.

| 8 ㅗ 常 | 享 | 누릴 향·드릴 향
キョウ
うける·すすめる |

〖音読〗
享年(きょうねん) 향년. 죽었을 때의 나이.
享得(きょうとく) 은혜 따위를 이어받아 제 것으로 함.「적.
享楽(きょうらく) 향락. ♣~的(てき) 향락
享受(きょうじゅ) 향수.
享用(きょうよう) 받아들여서 씀.
享有(きょうゆう) 향유. (권리·능력 따위를) 태어나면서 가지고 있음.
享益(きょうえき) 향익. 이익을 향수함.
享持(きょうじ) 향지. 권리 따위를 받아서 지님. 향유.

| 9 常 | 香 | 향기 향
コウ·キョウ
か·かおり·かおる |

〖音読〗
香 ㊀(こう) ① 향. ② 향을 피워 그 냄새를 즐기는 일.
㊁(きょう) (일본 장기에서) 香車(きょうしゃ)의 준말.
㊂(か) 향기. 냄새. *かざ로도 읽음.
香ばしい(こうばしい) 향기롭다. (냄새가) 구수하다.「기구.
香具(こうぐ) 축제 때 번화한 길가에서 싸구려
‖~師(し) 축제 때 번화한 길가에서 싸구려 물건을 소리쳐 파는 사람. *やし로도 읽음.
香気(こうき) 향기.
香囊(こうのう) 향낭. 향주머니. *こうぶくろ로도 읽음.
香頭(こうとう) 향신료. 고명. *こうと로도 읽음.
香落ち(きょうおち) (일본 장기에서) 상수가 왼쪽 香車(きょうしゃ)를 떼고 두는 일.

香炉(こうろ) 향로.
香料(こうりょう) ① 향료. 양념. ②'香典(こうでん)(＝부의)'의 딴이름.
∥~植物(しょくぶつ) 향료 식물.
香木(こうぼく) 향목. 좋은 향내가 나는 나무.
香聞き(こうぎき) 향을 피워 그 냄새를 가려내는 놀이.
香の物(こうのもの) 야채를 소금·겨에 절인 것.
香味(こうみ) 향미. ♣~料(りょう) 향미료.
∥~野菜(やさい) 향미 야채. 향미를 첨가하는 조리용 야채.
香盤(こうばん) ① 향로. ② 歌舞伎(かぶき)에서, 배역 일람표.
香付子(こうぶし)〖漢醫〗향부자.
香箱(こうばこ) 향 상자. 향합.
香色(こういろ) 주황빛.
香水 ㊀(こうすい) 향수.
㊁(こうずい)〖佛〗향수. 알가(關伽).
香匙(きょうじ) 향료를 떠내는 숟가락. *こうさじ·こうすくいにも 읽음.
香辛料(こうしんりょう) 향신료.
香案(こうあん) 향안. 향탁(香卓).
香魚(こうぎょ)〖魚〗'鮎(あゆ)(＝은어)'의 딴이름.
香烟(こうえん) 『기.
香煙(こうえん) 향연. (장례식 등의) 향의 연기.
香雲(こううん) 향운. ① 피어 오르는 향불 연기. ② 한창 만발한 꽃의 비유.
香油(こうゆ) 향유. 화장용 기름. *においあぶらにも 읽음.
香薷(こうじゅ)〖植〗향유.
香餌(こうじ) 향이. 좋은 미끼.
香子(きょうし) ☞香車(きょうしゃ)①.
香資(こうし) 향전(香奠).
香箸(きょうじ) 향을 집는 젓가락. *こうばしにも 읽음.
香奠(こうでん) 향전(香奠). 부의(賻儀).
∥~返し(がえし) 부의를 받은 답례를 함. 또, 그 물품.
香莫(こうでん) ⇨香典(こうでん).
香煎(こうせん) (보리) 미숫가루.
香錢(こうせん)〖佛〗불전(佛錢). 부처 앞에 바치는 돈.
香車(きょうしゃ) ① 장기 말의 하나. ② 유곽에서 창녀를 감독하던 사람.
香饌(こうせん) 중이나 빈민에게 베풀어 주는 물건.
香草(こうそう) 향초. 향기가 좋은〔나는〕풀.
香合(こうごう) 향합. 향그릇.
香合わせ(こうあわせ) ① 몇 사람이 좌우로 갈리어 여러 가지 향을 피우면서 냄새로 그 종류를 가려내기를 겨루는 놀이. ② 각종 향료를 섞어 복잡한 향을 만들기.
香盒(こうごう) ⇨香合(こうごう).
香香(こうこう) 야채를 소금·겨에 절인 것.
香壺(こうご) 향호. 향을 넣어 두는 단지.
香魂(こうこん) 향혼. ① 꽃의 정기. ② 미인의 혼.
香火(こうか) 향화. 향불. 또, 그 향기.

香花(こうげ) ⇨香華(こうげ). *口語로는 こうばなラにも 함.
香華(こうげ) 향화. 부처 앞에 바치는 향과 꽃.
香会(こうえ) 향을 피워, 그 향기를 감상하는 모임. *こうかいにも 읽음.

▶訓読◀
香川(かがわ)〖地〗四国(しこく) 지방 동부의 현.
❖香る(かおる) 향기가 나다. 좋은 냄새가 풍기다.
香り(かおり) 향기. 좋은 냄새.
香り高い(かおりたかい) ① 향기 높다. ② 가락이 고상하다. 격조 높다.

▶其他◀
香しい(かぐわしい) 향기롭다.
香港(ホンコン)〖地〗홍콩.
❖香う(におう) ① (좋은) 냄새가 나다. ② 〈雅〉색이 아름답게 빛나다. ③ 운치가 있다.
香い(におい) ① 냄새. ② 〈雅〉광택. 화려함. ③ 정취.
香い袋(においぶくろ) 향낭(香囊). 향주머니.
香い紙(においがみ) ① 향료 등의 냄새가 배게 한 화장지. ② 향수를 묻힌 견본지.

| 11 B 教 | 郷(鄕) | 시골 향·고향 향
キョウ·ゴウ
さと |

▶音読◀
郷 ㊀(きょう) ①〈文〉고향. ② 마을. 촌락. 시골. *さとにも 읽음. ③《接尾語로》'…지대'의 뜻. …향.
㊁(ごう) ☞㊀①②. 고대 행정 구역의 하나. 군(郡) 안의 수개 村(むら)를 합친 것.
郷家(ごうか) 시골집. 고향집.
郷曲(きょうきょく) 향곡. 시골 구석.
郷貢(きょうこう)〖歷〗중국 당대(唐代)의 과거에서, 주현(州縣)의 장관이 선발한 사람.
郷貫(きょうかん) ⇨郷関(きょうかん).
郷関(きょうかん) ① 향관. 고향. ② 고향의 경계.
郷校 ㊀(きょうこう) 향교.
㊁(ごうこう) 江戸(えど) 시대에, 大名(だいみょう)나 代官(だいかん)이 세운 교육 기관.
郷国(きょうこく) 향국. 고향.
郷軍(ごうぐん) 향군. '在郷軍人(ざいごうぐんじん)(＝재향 군인)'의 준말.
郷党(きょうとう) 향당. 향토 사람들.
郷閭(きょうりょ) 향려. 고향.
郷里(きょうり) 향리. 고향.
郷民(ごうみん) 향민. 촌민(村民). 시골에 사는 백성.
郷兵(きょうへい) 향병. 지방 사람을 그 고장에서 훈련시켜 조직한 병정.
郷士(ごうし) 향사. 옛날 농촌에 토착한 무사.
郷社(ごうしゃ) 신사(神社)의 품격의 하나.
郷書(きょうしょ) 향서. 고향에서 온 편지.
郷愁(きょうしゅう) 향수. 『교.
郷塾(きょうじゅく) 향숙. 시골에 있는 학

鄕侍(ごうざむらい) ①옛날, 농촌의 토착 무사. ②시골 무지렁이.
鄕信(きょうしん) 향신. 고향에서 온 편지.
鄕紳(ごうしん) (중국의) 향신. 지방에 사는 신사. *きょうしん으로도 읽음.
鄕勇(きょうゆう) 향용. 중국, 청나라 말기에 지방 관료가 조직한 임시 군대.
鄕友 ㊀(きょうゆう) 향우.
㊁(ごうゆう) 제대한 전우 관계의 친우.
鄕原(きょうげん) 향원. 마을의 신망을 얻기 위해 덕이 높은 사람처럼 가장하는 자.
鄕愿(きょうげん) ⇨ 鄕原(きょうげん).
鄕音(きょうおん) 향음. ①자기 고향의 사투리. ②고향으로부터의 편지.
鄕邑(きょうゆう) 향읍. 시골. 향리(鄕里).
鄕人(きょうじん) 향인. 고향〔마을〕사람.
鄕倉(ごうぐら) 江戶(えど) 시대 이래, 흉작 등에 대비할 곡물을 저장하기 위해 농촌에 둔 창고.
鄕村制(ごうそんせい) 南北朝(なんぼくちょう) 시대부터 근세에 이르는 촌락 형태.
鄕土(きょうど) 향토. ♣~誌(し) 향토지.
‖~文学(ぶんがく) 향토 문학.
~色(しょく) 향토색. 지방색.
~芸能(げいのう) 향토 예능. 민속 예능.
~芸術(げいじゅつ) 향토 예술.
~玩具(がんぐ) 향토 완구.
~料理(りょうり) 향토 요리.
【逆音】
帰郷(ききょう) 귀향.

15 食 餉

건량 향·군량 향
ショウ
かれい

【音読】
餉給(しょうきゅう) 향급. 식량 또는 군량을 공급함.
餉道(しょうどう) 향도. 군량을 운반하는 길. 양도(糧道).
【訓読】
餉(かれい) 말린 밥.
【逆訓】
朝餉 ㊀(あさがれい) 天皇(てんのう)의 식사.
㊁(あさげ) 〈雅〉조반. 아침밥.

19 口 嚮

향할 향·대할 향
キョウ・コウ
さき・さきに・むかう

【音読】
嚮導(きょうどう) 향도. 선도. 앞서서 안내함. ♣~艦(かん) 향도함.
嚮日(きょうじつ) 향일. 요전. 전날.
嚮後(きょうこう) 향후(向後). 이후. *きょうごろ도 읽음.
【訓読】
嚮に(さきに) 전에. 이전에. 먼저. 앞서.

19 虫 蠁

번데기 향·성할 향
キョウ・コウ

【其他】
蠁子(さし) ①(미끼로 쓰기 위해) 생선 대가리에 번식시킨 구더기. ②된장 따위에 끼는 가시.

20 音 響 (響)

울릴 향
キョウ
ひびく

【音読】
響胴(きょうどう) 〖樂〗향동. 울림통. 현악기의 몸통 부분.
響岩(きょうがん) 향암. 화산암의 하나.
響板(きょうばん) 〖樂〗향판. 현악기 몸통의 울림판.
【訓読】
響かす(ひびかす) ☞ 響かせる(ひびかせる).
響かせる(ひびかせる) ①울리(게 하)다. (영향이) 미치게 하다. ②세상에 떨치다. 들날리다.
❖響く(ひびく) ①울리다. 울려 퍼지다. ②반향하다. 메아리치다. ③(나쁜) 영향을 미치다. 반응을 주다. ④유명해지다. 들날리다.
響き ㊀(ひびき) ①울림. 그 소리. ②반향. ㉠반응. (미치는) 영향. ㉡메아리. ③여운. 진동. ④평판. (귀에 들리는) 음감.
㊁(どよめき) ①소리가 울려 퍼짐. 또, 그 소리. ②떠들썩함. 또, 그 소리.
響き渡る(ひびきわたる) ①(소리가) 울려 퍼지다. ②(명성 등이) 널리 퍼지다.
【其他】
響銅(さはり) 동·주석·납의 합금. 또, 그것으로 만든 불구(佛具)나 기물.
❖響む(どよむ) ①여러 사람이 큰소리로 떠들다. ②큰소리 따위가 울려 퍼지다.
響み(どよみ) 떠들썩하게 큰소리를 지름.
響もす(どよもす) 울려 퍼지게 하다.
【逆音】
反響(はんきょう) 반향.

22 食 饗

대접할 향
キョウ
あえ·もてなす

【音読】
饗する(きょうする) 대접하다.
饗膳(きょうぜん) 향선. 진수성찬을 차린 상.
饗宴(きょうえん) 향연. 주연. 연회.
饗筵(きょうえん) 향연. 잔치 마당.
饗応(きょうおう) 향응.
饗饌(きょうせん) 향찬. 손님 대접을 위한 잘 차린 음식.

허

| 11 虍 常 | 虚 (虛) | 빌 허·헛될 허
キョ·コ　むなし
い·うつける·うろ·
うつろ·から·うつせ |

音読

虚 ㊀ (きょ) 허. ① 허점. ② 공허.
~を衝(つ)く 상대의 허를 찌르다.
㊁ (うつろ) ① 속이 텅 빔. 또, 그런 곳. *うろども 읽음. ② 얼빠진[멍한] 모양.
虚仮(こけ) ①〖佛〗거짓. 허구. ② 생각이 모자람. 어리석음. 바보.
∥~猿(ざる) ① 따돌림을 받은 원숭이. ② 바보 원숭이.
~威し(おどし) (속이 빤히 보이는) 공갈. 엄포. 허세.
~虚仮(こけ) 바보처럼 보이는 모양.
虚喝(きょかつ) 허갈. 허세를 부려 공갈함.
虚空 ㊀ (こくう) 허공. 공중.
㊁ (きょくう) 허공. 가공. 헛됨.
虚空蔵菩薩(こくうぞうぼさつ)〖佛〗허공장보살. 한없는 지혜와 자비를 베푸는 보살. *こくぞうぼさつ로도 읽음.
虚構(きょこう) 허구. ♣~性(せい) 허구성.
虚根(きょこん)〖数〗허근.
虚器(きょき) 허기. ① 쓸모 없는 기물. ② 실권 없는 지위.
虚霊不昧(きょれいふまい) 허령불매. 사심이 없고 영묘해서 무엇이나 명백히 알 수 있음.
虚礼(きょれい) 허례.
虚労(きょろう) 허로. 병 따위에 의한 피로 또는 체력·기력의 쇠약.
虚妄(こもう) 허망. ① 거짓. *きょもうろも 읽음. ② 미망(迷妄).
虚名(きょめい) 허명. ① 실제의 가치와 맞지 않는 명성. ② 가명. ③ 허위의 명목.
虚謀(きぼう) 허모. 나쁜 계략. 흉계.
虚無(きょむ) 허무. ♣~的(てき) 허무적.
∥~主義(しゅぎ) 허무주의.
虚無僧(こむそう) 보화종(普化宗)의 중.
虚文(きょぶん) 허문. 내용이 결여된 문장.
虚聞(きょぶん) 허문. 헛소문. 헛된 명성.
虚白(きょはく) 허백. 허전한 모양.
虚病(きょびょう) 허병. 꾀병.
虚報(きょほう) 허보. 허위의 보도〔보고〕.
虚浮(きょふ) 행동 따위가 들떠 있음.
虚士(きょし) 허사. 헛된 명성의 선비.
虚辞(きょじ) 허사. 거짓말. 실없는 말.
虚像(きょぞう)〖理〗허상.
虚線(きょせん) (제도 따위에서) 점을 연결해 만든 선. 점선.
虚説(きょせつ) 허설. 낭설. 뜬소문. 헛말.
虚声(きょせい) 허성. 헛소문.
虚勢(きょせい) 허세.

~を張(は)る 허세를 부리다.
虚受(きょじゅ) 허수. 역량이 없는 자가 헛되이 관직을 맡음.
虚数(きょすう)〖数〗허수. ♣~解(かい)〖数〗허근(虚根).
∥~単位(たんい)〖数〗허수 단위.
虚飾(きょしょく) 허식. 겉치레.
虚実(きょじつ) 허실. ① 없음과 있음. 거짓과 참. ② 방비의 유무. ③ 허허실실.
∥~皮膜論(ひまくろん) 연극의 재미는 허(虚)도 실(実)도 아닌 데에 있다는 설(説).
虚室(きょしつ) 허실. ① 아무도 없는 방. ② 아무런 사념이 없는 마음.
虚心(きょしん) 허심. 사념이 없는 마음. 선입감을 안 가진 순수한 태도.
∥~坦懐(たんかい) 허심탄회.
~平気(へいき) ☞虚心坦懐.
虚弱(きょじゃく) 허약. ♣~児(じ) 허약아.
虚語(きょご) 허어. 거짓말.
虚言(きょげん) 허언. 거짓말. *きょごん·そらごとでも 읽음.
虚業(きょぎょう) 허업. 견실하지 못한 사업.
虚栄(きょえい) 허영. ♣~心(しん) 허영심.
虚位(きょい) 허위. ① 실권없는 이름만의 지위. ② 빈자리.
虚威(きょい) 허위. 허세.
虚偽(きょぎ) 허위. 거짓. 가짜.
虚日(きょじつ) 허일. 한가한 날.
虚字(きょじ) 허자. (한문에서) 실자(実字)·조자(助字) 이외의 한자. 동사·형용사에 해당하는 글자.
虚伝(きょでん) 허전. 헛소문.
虚足(きょそく)〖動〗허족. 헛발. 위족(偽足).
虚舟(きょしゅう) 허주. ① 빈 배. ② 아무런 속박이 없는 마음.
虚症(きょしょう)〖漢醫〗허증.
虚焦点(きょしょうてん)〖理〗허초점.
虚軸(きょじく)〖数〗허축. 허수축.
虚誕(きょたん) 허탄. 황탄(荒誕).
虚脱(きょだつ) 허탈.
虚虚実実(きょきょじつじつ) 허허실실. 서로 허실의 계책을 써서 힘껏 싸우는 모양.
虚血(きょけつ)〖醫〗허혈.
∥~性心疾患(せいしんしっかん)〖醫〗허혈성 심질환.

訓読

虚しい(むなしい) ① 허무하다. ② 헛되다.
虚ける(うつける) 얼이 빠지다. 멍청해 있다.
虚辞儀(からじぎ) 겉치레로 머리 숙여 인사함.
虚貝(うつせがい) ①〈雅〉(바닷가에 밀린) 속이 빈 조가비. ②〖貝〗'つめたがい(=말구슬우렁이)' 따위의 딴이름.
虚咳(からせき) ① 마른기침. ② 헛기침.

其他

虚口(すぐち) 아무것도 먹지 않음. 공복.
虚宿(とみてぼし)〖天〗허수《28수의 하나》.

許

11 言㉚ 許 허락할 허·쯤 허
キョ
ゆるす・ばかり・もと

音読
許可(きょか) 허가.
∥〜**漁業**(ぎょぎょう) 허가 어업.
〜**営業**(えいぎょう) 허가 영업.
許多 ㊀(きょた) 허다. 수가 많음.
㊁(あまた) ① ☞ ㊀. ②〈雅〉무수히. 허다하게.
許諾(きょだく) 허락.
許否(きょひ) 허부. 허락 여부.
許与(きょよ) 허여.
許容(きょよう) 허용. ♣〜**量**(りょう) 허용량.
∥〜**濃度**(のうど) 허용 농도.
〜**事項**(じこう) 허용 사항.
〜**線量**(せんりょう) 허용 선량.
〜**応力**(おうりょく) 허용 응력.
許認可(きょにんか) 인허가. 허가·인가·검사·인증 따위 행정 행위의 하나.
∥〜**行政**(ぎょうせい) 인허가 행정.
許状(きょじょう) 허장. ① 사면장. ② 청원을 들어 준다는 뜻을 적은 문서.
許准(きょじゅん) 허준. 허가.

訓読
許 ㊀(もと) 밑. ① 곁. 슬하. ② 아래.
㊁(がり)〈雅〉그 사람이 있는 곳(에).
許り(ばかり) ①…정도. ②…만. ③ 막. 방금. ④…하기만 하면. ⑤…때문만으로.
許りか(ばかりか) 그뿐만 아니라.
許りに(ばかりに)…할 듯이. …탓으로.
❖**許す**(ゆるす) ① 허가(허용)하다. ② 용서하다. 면하게 하다. ③ 멋대로 하게 하다. ④ 인정하다.
許し ㊀(ゆるし) ① 허가. 용서. ② 예도(藝道)에서 스승이 연수를 끝낸 제자에게 주는 면허 등급의 하나.
∥〜**色**(いろ) 平安(へいあん) 시대에, 아무나 마음대로 이용할 수 있었던 의복의 빛깔.
㊁(ばかし)〈俗〉☞ **許り**(ばかり).

其他
許りる(ゆりる) 허가받다. 사면되다.
許れる(ゆれる) 사면되다.
許嫁(いいなずけ) ⇨ **許婚**(いいなずけ).
許婚 ㊀(いいなずけ) ① 약혼자. ② 어렸을 때 부모끼리 정한 혼약(자). ♣〜**者**(しゃ) 약혼자.
㊁(きょこん) 허혼. 약혼.

嘘

15 口 嘘 풍칠 허·거짓말할 허
キョ
ふく・うそ

訓読
嘘(うそ) ① 거짓말. ② 틀림. 잘못.
嘘っぱち(うそっぱち)〈俗〉'うそ(=거짓말)'의 힘줌말.
嘘発見器(うそはっけんき) 거짓말 탐지기.
嘘偽り(うそいつわり) 'うそ(うそ)(=거짓말)'을 강조한 말.
嘘泣き(うそなき) 거짓 울음. 우는 시늉.
嘘字(うそじ) 오자(誤字).
嘘吐き(うそつき) 거짓말쟁이.
嘘八百(うそはっぴゃく) 거짓말투성이.
嘘の皮(うそのかわ)〈俗〉새빨간 거짓말.

歔

16 欠 歔 흐느낄 허
キョ
すすりなく

音読
歔欷(きょき) 허희. 흐느낌. 흐느껴 욺.

헌

軒

10 車㊖ 軒 처마 현·초헌 헌
ケン
のき

音読
軒高(けんこう) 헌앙(軒昂). 의기(意氣)가 높은 모양.
軒灯(けんとう) 헌등. 처마에 다는 (전)등.
軒別(けんべつ) 헌별. 집마다. 호별(戶別).
軒数(けんすう) 호수(戶數).
軒昂(けんこう) ⇨ **軒高**(けんこう).
軒輊(けんち) 헌지. 올라감과 내려감. 높낮이. 우열(優劣).

訓読
軒 ㊀(のき) 처마.
〜**を並**(なら)**べる** 집이 꽉 들어차다.
㊁(けん)〈接尾語로〉…채. 집을 세는 말.
軒端(のきば)〈雅〉처마끝. 처마 근처.
軒並(のきなみ) 많은 집이 늘어서 있음. 또, 그 늘어선 집.
軒並び(のきならび) ☞ **軒並**(のきなみ).
軒先(のきさき) ① 처마끝. ② 처마 근처. 집 앞.
軒忍(のきしのぶ)〈植〉다시마일엽초.〔앞.
軒丈(のきたけ) 처마 높이.
軒長(のきたけ) ⇨ **軒丈**(のきたけ).
軒店(のきみせ) 한길가 처마 밑에 낸 가게.
軒樋(のきどい) 낙수받이.
軒板(のきいた) 처마 뒷면에 붙이는 판자.
軒下(のきした) 처마 밑.
軒割り(のきわり) 기부금 등의 부담액을 가구수로 나누어 할당함.

献

13 犬㊖ 献(獻) 드릴 헌·권할 헌
ケン・コン
たてまつる・ささげる

音読
献じる(けんじる) ☞ **献ずる**(けんずる).
献ずる(けんずる) 바치다. 진상하다.

獻金(けんきん) 헌금.
獻納(けんのう) 헌납.
獻茶(けんちゃ) 헌다. 신불에 묶은 차 따위를 올림. 또, 그 행사[차].
獻灯(けんとう) 헌등. 신불에게 등을 바침.
献立(こんだて) ①식단. 메뉴. ②준비.
♣~表(ひょう) 식단(표).
獻物(けんもつ) ①헌물. 헌상품(獻上品). ②공물(供物). 신불에 바치는 물건.
獻杯(けんぱい) 헌배. 잔을 올림.
獻盃(けんぱい) ⇨ 獻杯(けんぱい). 「본.
獻本(けんぽん) 헌본. 서적을 증정함. 증정
獻詞(けんし) 헌사. 저자 또는 발행자가 그 책을 증정하기 위해 쓴 말.
獻辞(けんじ) 헌사.
獻上(けんじょう) ①헌상. ②献上博多의 준말. ♣~物(もの) 헌상물.
‖~博多(はかた) 독고(獨鈷) 모양의 솟을무늬를 넣어 짠 띠감용의 직물.
獻酬(けんしゅう) 헌수. 수작(酬酌). 술잔을 주고 받음.
獻身(けんしん) 헌신. ♣~的(てき) 헌신적.
獻眼(けんがん) 헌안. 안구(眼球) 은행에 눈을 제공함.
獻言(けんげん) 헌언. 의견을 말씀드림.
獻詠(けんえい) 헌영. 시가(詩歌)를 지어 궁중·신사(神社) 등에 바침. 또, 그 시가.
獻酌(けんしゃく) 헌작. 잔을 올리고 술을
獻呈(けんてい) 헌정. └따름.
獻題(けんだい) 헌제. 헌사(獻詞).
獻奏(けんそう) 헌주. 신에게 주악을 올림.
獻進(けんしん) 헌진. 헌상(獻上).
獻饌(けんせん) (神道(しんとう) 제식에서) 축문을 외기 전에 신전에 음식물을 바치는
獻策(けんさく) 헌책. 상신(上申). └일.
献体(けんたい) 헌체. 의학의 해부 실습에 쓰이기 위해, 자기가 죽은 후 유체를 제공함.
獻香(けんこう) 헌향. 신불께 향을 올림.
獻獻(こんこん) 술잔을 여러 번 주고 받음.
獻血(けんけつ) 헌혈.
獻花(けんか) 헌화.
[其他]
献ぐ(みつぐ) ①공물[조공]을 바치다. ②금품을 보내다.

| 16 心 教 | 憲(憲) | 법 헌·모범 헌
ケン
のり |

[音読]
憲法(けんぽう) 헌법.
‖~改正(かいせい) 헌법 개정.
~記念日(きねんび) (일본의) 헌법 기념일《5월 3일》.
~違反(いはん) 헌법 위반.
~裁判(さいばん) 헌법 재판.
憲兵(けんぺい)〖軍〗헌병.
憲章(けんしょう) 헌장.
憲政(けんせい) 헌정. 입헌 정치.
‖~擁護(ようご) 헌정 옹호.
[訓読]
憲(のり) ①규범. ②모범. 본.

험

| 8 木 | 枚 | 가래 험
ケン
くわ·こすき·すき |

[訓読]
枚(こすき) 나무로 만든 가래.

| 11 阝 教 | 険(險) | 험할 험·음흉할 험
ケン
けわしい |

[音読]
険(けん) ①험한 곳. ②얼굴이 험상궂음.
険句(けんく) 어려운 글귀.
険難 ㊀(けんなん) 험난. ①위험하고 어려움. ②괴로워 고민함[하는 모양].
㊁(けんのん) 〈俗〉위태로움. 위험함.
険路(けんろ) 험로. 험한 길.
険峰(けんぼう) 험봉. 가파르고 험한 봉우
険山(けんざん) 험산. 험준한 산. └리.
険相(けんそう) ①험상. 험악한 인상(人相). ②성난 얼굴[태도]. ③기세.
険所(けんしょ) 험소. 험(준)한 곳.
険悪(けんあく) 험악.
険隘(けんあい) 험애. 험하고 좁음. 험조(險
険要(けんよう) 험요. 지세가 험하여 방비하기에 좋음.
険阻(けんそ) 험조. 지세가 거칠고 험함.
険峻(けんしゅん) 험준(한 곳). 「해침.
険害(けんがい) 험해. 마음이 사나워 사람을
[訓読]
険しい(けわしい) 험(악)하다. 험상궂다.
[其他]
険し(さがし)〈文〉①험하다. ②위험하다.
険険し(さがさがし)〈文〉매우 험하다.

| 16 山 | 嶮 | 험할 험
ケン
けわしい |

[参考] 険과 同字.

[音読]
嶮難(けんなん) 험난. ①위험하고 어려움. 또, 그런 곳. ②괴로워 고민함[하는 모양].
嶮路(けんろ) 험로. 험한 길.
嶮所(けんしょ) 험소. 험(준)한 곳.
嶮崖(けんがい) 험준한 낭떠러지.
嶮岨(けんそ) 험조. 지세가 거칠고 험함.
嶮峻(けんしゅん) 험준(한 곳).

験(驗)

訓読
嶮し(けわし)〈文〉험하다. 험악하다. *さがしろも 읽음.

| 18 馬 教 | 験(驗) | 시험 험·증험할 험
ケン·ゲン
しるし·ためす |

音読
験(げん) ①〈雅〉영검. 효험. 효과. ②조짐. 전조. *しるしろも 읽음.
験する(けんする) 시험하다. 또, 검사하다.
験気(けんき) 혐기. 병이 쾌차함. 치료 효과가 나타나 기분이 좋음.
験仏(げんぶつ) 혐불. 영검이 있는 부처.
験算(けんざん)『數』험산. 검산.
験者(げんじゃ) 修験道(しゅげんどう)의 수도자. *げんじゃろも 읽음.
験電器(けんでんき) 검전기(檢電器).
験直し(げんなおし) 조짐이 나쁜 것을 좋아지도록 빌어서 고침.

訓読
❖験す(ためす) 시험해 보다.
験し(ためし) 시험. 시도.

혁

| 9 大 | 奕 | 클 혁·겹칠 혁·바둑 혁
エキ
かさなる |

音読
奕棋(えきき) 혁기. 바둑.
奕世(えきせい) 혁세. 누대(累代). 여러 대(代).
奕葉(えきよう) ☞ 奕世(えきせい).
奕者(えきしゃ) 혁자. 바둑 두는 사람.
奕奕(えきえき) 혁혁. ①큰 모양. ②아름다운 모양. ③빛나는 모양.

逆音
博奕(ばくえき) 박혁. 장기나 바둑 같은 오락. 전하여, 노름. 도박.

| 9 革 教 | 革 | 가죽 혁·고칠 혁
カク
かわ·あらたまる·あらためる |

音読
革命(かくめい) 혁명. ♣~家(か) 혁명가/~的(てき) 혁명적.
‖~文学(ぶんがく) 혁명 문학.
 ~政府(せいふ) 혁명 정부.
革翅目(かくしもく)『蟲』혁시목. 곤충의 분류상의 한 목.
革新(かくしん) 혁신. ♣~党(とう) 혁신당/~的(てき) 혁신적.
‖~官僚(かんりょう) 혁신 관료.

~政党(せいとう) 혁신 정당.
革正(かくせい) 혁정.
革職(かくしょく) 혁직. 면직(免職).
革進(かくしん) 혁진.
革質(かくしつ) 혁질. 가죽 같은 성질.
革マル派(かくマルは) '革命的(かくめいてき)マルクス主義派(しゅぎは)(=혁명적 마르크스주의파)'의 준말.

訓読
革(かわ) (무두질한) 가죽.
革ジャン(かわジャン) 가죽 점퍼.
革まる(あらたまる) 병세 따위가 갑자기 악화되다. 위독해지다.
革める(あらためる) 고치다. 변경하다. 개선하다.
革鎧(かわよろい) 가죽(으로 만든) 갑옷.
革具(かわぐ) 가죽으로 만든 도구.
革具足(かわぐそく) 가죽(으로 만든) 갑옷.
革嚢(かわぶくろ) ⇨ 革袋(かわぶくろ).
革紐(かわひも) 가죽 끈.
革沓(かわぐつ) ⇨ 革靴(かわぐつ).
革帯(かわおび) 혁대. 가죽띠. *かくたいろも 읽음.
革袋(かわぶくろ) 가죽 부대.
革籠(かわご) 피룡. 가죽을 씌운 함.
革鯉(かわごい) 독일산 양식용 잉어의 한 가지.
革柄(かわつか) 가죽으로 감은 칼자루. *かわづかろも 읽음.
革色(かわいろ) 가죽색. 녹색을 띤 감색(紺色).
革緒(かわお) 가죽 끈.
革船(かわぶね) 혁선. 가죽 배(카약 따위).
革細工(かわざいく) 가죽 세공.
革衣(かわごろも) 가죽옷.
革張り(かわばり) 가죽을 씌움(씌운 것).
革装(かわそう) 가죽 장정.
革足袋(かわたび) 가죽으로 만든 '足袋(たび)(=일본식 버선)'.
革砥(かわと) 혁지.
革綴じ(かわとじ) 가죽 장정.
革針(かわばり) 가죽 바느질용 바늘.
革偏(かわへん) 한자 부수의 하나: 가죽변.
革布団(かわぶとん) 가죽 방석.
革表紙(かわびょうし) 혁표지. 가죽 표지.
革靴(かわぐつ) 가죽 구두(신).
セーム革(セームがわ) 섀미 가죽.

| 14 赤 | 赫 | 붉을 혁·빛날 혁
カク
あかい·かがやく |

音読
赫怒(かくど) 혁노. 격노.
赫焉(かくえん) 불꽃이 훨훨 타오르는 모양. 빛나는 모양.
赫然(かくぜん) 혁연. 빛나는 모양.
赫灼(かくしゃく) 혁작. ①빛나고 반짝임. ②뜨거움.
赫奕(かくえき) 혁혁. 빛나는 모양.
赫赫(かっかく) 혁혁. ①(발갛게) 빛나는 모

関·玄·呟·弦·泫·炫

양. ②공적이 뚜렷한 모양. *かくかくろも 읽음.

訓読
❖赫く(かがやく)(눈부시게) 빛나다.
赫き(かがやき) 빛나는 모양. 화려한 모양.

| 18
鬥 | 鬨 | 다툴 혁
ゲキ
せめぐ |

音読
鬩牆(げきしょう) 혁장. 울타리 안에서 싸움. 형제끼리 다툼.
鬩鬪(げきとう) 혁투. 싸움. 다툼.

訓読
❖鬩ぐ(せめぐ) 원한을 품고 서로 싸우다.
鬩ぎ合い(せめぎあい) 대항하여 싸움.
鬩ぎ合う(せめぎあう) 대항하여 싸우다.

현

| 5
玄
常 | 玄 | 검을 현·깊을 현
ゲン
くろ·くろい |

音読
玄界灘(げんかいなだ)〖地〗 현해탄.
玄関(げんかん) 현관. ①건물의 정면 입구. ②〖佛〗 선사(禪寺)의 작은 문. ♣~子(し) 문지기.
‖~番(ばん) ①문지기. ②서생(書生).
～払い(ばらい) 방문객을 문전에서 돌려보냄.
玄機(げんき) 현기. 심오한 도리.
玄能(げんのう) ⇨ 玄翁(げんのう).
玄冬(げんとう) 현동. '冬(ふゆ)(=겨울)'의 딴이름.
玄麦(げんばく) 현맥. 매조미 보리.
玄妙(げんみょう) 현묘.
玄武(げんぶ) 현무. ♣~岩(がん) 현무암.
玄門(げんもん) 〖佛〗 현문. 불법.
玄米(げんまい) 현미. *くろごめ로도 읽음.
♣~茶(ちゃ) 현미차.
玄蕃寮(げんばりょう) 옛날, 治部省(じぶしょう)에 속하여 외교 사무나 절·승니(僧尼)의 명부 등을 다룬 관청.
玄蕃石(げんばいし) 포석(鋪石)이나 뚜껑으로 쓰는 사각형의 납작한 돌.
玄孫(げんそん) 현손. 고손자. *やしゃご로도 읽음.
玄室(げんしつ) 현실. 고분 내부의 관을 넣는 광(壙).
玄奥(げんおう) 현오. 심오함. 오묘함.
玄翁(げんのう) (돌을 깰 때 쓰는) 큰 쇠망치.
玄義(げんぎ) 현의. ①〖佛〗 심오한 교의(教義). ②〖가톨릭〗 인간의 지식만으로는 이해하기 어려운 신앙의 오의(奧義).
玄鳥(げんちょう) 현조. '燕(つばめ)(=제비)'의 별칭.
玄圃梨(げんぽなし)〖植〗 호깨나무.
玄風(げんぷう) 현풍. 그윽한 풍취.
玄海灘(げんかいなだ) ⇨ 玄界灘(げんかいなだ).
玄玄(げんげん) 현현. 매우 심오함.
玄黄(げんこう) 현황. 천지. 하늘과 땅.

訓読
玄人(くろうと) ①익수. 전문가. 숙련자. 구군(舊軍). ②기생·접대부 등 접객(接客)을 직업으로 하는 여자. *くろとろも 읽음.
‖~筋(すじ) 어떤 분야의 전문가들.
～跣(はだし) 비전문가이면서 전문가를 뺨치게 잘함. 또, 그 사람.

| 8
口 | 呟 | 소리 현
ケン
つぶやく |

訓読
❖呟く(つぶやく) 중얼거리다. 투덜대다.
呟き(つぶやき) 중얼댐. 군소리.

| 8
弓
常 | 弦 | 시위 현·악기줄 현
ゲン
つる |

音読
弦(げん) 현. ①활시위. ②현악기의 줄. *②는 つる라고도 함. ③〖數〗 원주상의 두 점을 맺는 직선.
弦歌(げんか) 현가. 三味線(しゃみせん) 소리와 노랫소리. 三味線도 노래도 부름.
弦鳴楽器(げんめいがっき) 〖樂〗 현명 악기.
弦楽(げんがく) 현악.
‖~四重奏(しじゅうそう) 현악 4중주.
弦楽器(げんがっき) 현악기.
弦月(げんげつ) 현월. 초승달.

訓読
弦巻き(つるまき) 예비 활줄을 감아두는 도구.
弦音(つるおと) 활시위 소리.
弦打ち(つるうち) 옛날, 병에 걸렸을 때 활을 퉁겨서 마귀를 쫓던 일.

| 8
氵 | 泫 | 이슬빛날 현·눈물흘릴 현
ケン·ゲン |

音読
泫然(げんぜん) 현연. ①눈물 흘리며 우는 모양. ②이슬이 빛나는 모양.

| 9
火 | 炫 | 빛날 현
ケン·ゲン
かがやく·てらう |

音読
炫耀(げんよう) 현요. 빛남.

祆

9 示 祆 하늘 현 ケン

音読
祆教(けんきょう) 현교. 조로아스터교(教)를 중국에서 일컫는 말.

県

9 目[教] 県(縣) 매달 현·고을 현 ケン あがた

音読
県㊀(けん) 현. 일본에서 市町村(しちょうそん)을 포괄하는 지방 자치 단체. ㊁(あがた) 〈雅〉(大化改新(たいかのかいしん) 이전의) 황실의 직할 영지.
県境(けんきょう) 현경. 현의 경계.
県警(けんけい) 현경. 현의 경찰 (본부).
県内(けんない) 현내. 현의 행정 구역 내.
県道(けんどう) 현도. 현(縣)의 비용으로 만든 도로.
県令(けんれい) 현령. 현이 세워 운영함.
県立(けんりつ) 현립. 현이 세워 운영함.
県木(けんぼく) ☞ 県の木(けんのき).
県の木(けんのき) 현나무. 각 都道府県(とうふけん)을 대표하는 나무.
県民(けんみん) 현민. 현의 주민.
県北(けんほく) 현(縣)의 북부.
県費(けんぴ) 현비. 현(縣)의 비용.
県税(けんぜい) 현세. 현이 부과 징수하는 세금.
県勢(けんせい) 현세. 현의 형세.
∥〜要覧(ようらん) 현세 요람.
〜一覧(いちらん) 현세 일람.
県営(けんえい) 현영. 현(縣)이 경영함.
県有(けんゆう) 현유. 현(縣)의 소유.
県議(けんぎ) '県議会(けんぎかい)議員(ぎいん)(=현의회 의원)'의 준말.
県議会(けんぎかい) 현의회.
県人(けんじん) 같은 현 출신의 사람. ♣〜会(かい) 현민회(縣民會).
県政(けんせい) 현정. 현의 행정.
県鳥(けんちょう) 그 현(縣)을 상징하는 새.
県知事(けんちじ) 현지사(도지사에 해당).
県庁(けんちょう) 현청(도청에 해당함).
∥〜所在地(しょざいち) 현청 소재지.
県治(けんち) 현(縣)을 다스리는 정치.
県下(けんか) 현하. 현내. 현 안의 지역.
県花(けんか) 그 현을 상징하는 꽃. 「칭.
県会(けんかい) 県議会(けんぎかい)의 구

唄

10 口 唄 아이젖토할 현 ケン はく

其他
唄吐(つだみ) 젖먹이가 한번 삼킨 젖을 도로 토해 내는 일.

痃

10 疒 痃 현벽 현·가래톳 현 ケン・ゲン

音読
痃癖(けんぺき) 현벽. ① 목에서 어깨에 걸쳐 근육이 땅기는 증세. ② 안마술.
痃引き(けんびき) ☞ 痃癖(けんぺき).

眩

10 目 眩 아찔할 현 ゲン くらむ・くるめく・めまい・まばゆい・まぶしい

音読
眩する(げんする) 현혹되다. 현기증이 나다. 현혹하다.
眩迷(げんめい) 현혹.
眩然(げんぜん) 현연. 눈이 캄캄한 모양.
眩耀(げんよう) 현요. 눈부시게 빛남.
眩惑(げんわく) 현혹. 「읽음.
眩暈(げんうん) 현훈. 현기증. *めまい로도

訓読
眩い(まばゆい) 〈雅〉① 눈부시다. ② 눈부시게 아름답다.
眩かす(くるめかす) ① 빙빙 돌리다. 또, 돌게 하다. ② 현기증이 나게 하다.
眩く(くるめく) 빙빙 돌다. 특히, 눈이 핑핑 돌다. 현기증이 나다. 어지럽다.
眩しい(まぶしい) 눈부시다.
眩ます(くらます) ① 감추다. ② 속이다.
眩む(くらむ) 눈앞이 캄캄해지다.

其他
眩(みげ) ① 소·사슴·양 따위의 위(胃). ② 소·사슴·양 따위의 똥.
眩う(まう) 현기증이 나다.
眩れる(くれる) ① 눈이 부시다. ② 어지럽다. ③ (욕심 따위로) 눈이 어두워지다(멀다).

逆読
目眩む(めくらむ) 어지럽다. 현기증이 나다. (눈앞이) 팽팽 돌다.

衒

11 彳 衒 자랑할 현 ゲン てらう

音読
衒気(げんき) 현기. 자기 재능을 자랑해 보이고 싶은 마음.
衒示的消費(げんじてきしょうひ) 자기가 부자임을 자랑해 보이는 호화로운 소비.
衒耀(げんよう) 현요. 재능을 과장함.
衒学(げんがく) 현학. 학식이 있음을 자랑해 보임(과시함). ♣〜的(てき) 현학적.

訓読
❖衒う(てらう) (학문·재능 따위를) 자랑하여 일부러 보이다.
衒い(てらい) 태깔 부림.

| 11 艹 | 莧 | 비름 현·자리공 현
カン·ゲン
ひゆ |

訓読
莧(ひゆ)〖植〗비름.

| 11 王 教 | 現 | 나타날 현·지금 현
ゲン
あらわれる·あらわす·うつつ |

音読
現じる(げんじる) ☞ 現ずる(げんずる).
現ずる(げんずる) 나타나다. 나타내다.
現なま(げんなま)〈俗〉맞돈. 현금. 현찰.
現に(げんに) 현실적으로. 실제로.
現高(げんだか) 현고. 현금고. 현재 있는 수량.
現官(げんかん) 현관. 현재의 관직.
現今(げんこん) 현금. 현재.
現金(げんきん) ① 현금. ② 타산적임.
∥~勘定(かんじょう)〖經〗현금 계정.
~売り(うり) 현금 판매.
~買い(がい) 현금 구매.
~商い(あきない) 현금 매매〔장사〕.
~書留(かきとめ) 현금 등기 우편.
~自動支払機(じどうしはらいき) 현금 자동 지급기.
~出納帳(すいとうちょう) 현금 출납장.
~取引(とりひき) 현금 거래.
~割引(わりびき) 현금 할인.
現段階(げんだんかい) 현단계.
現当(げんとう)〖佛〗현당. 「두 세상.
∥~二世(にせい) 현당 이세. 현세와 내세의
現代(げんだい) 현대. ♣~劇(げき) 현대극 / ~文(ぶん) 현대문 / ~物(もの) 현대물 / ~語(ご) 현대어 / ~的(てき) 현대적 / ~版(ばん) 현대판 / ~化(か) 현대화.
∥~音楽(おんがく) 현대 음악.
現代っ子(げんだいっこ) 현대아(兒).
現図(げんず) 선체(船體)의 설계도.
現務(げんむ) 현무. 현재 취급하는 사무.
現物(げんぶつ) 현물. ♣~株(かぶ) 현물주.
∥~経済(けいざい) 현물 경제.
~給付(きゅうふ) 현물 급부.
~給与(きゅうよ) 현물 급여.
~小作料(こさくりょう) 현물 소작료.
~為替(かわせ) 현물환.
~出資(しゅっし) 현물 출자.
~取引(とりひき) 현물 거래.
現法(げんぽう) '現地法人(げんちほうじん)(=현지 법인)'의 준말.
現報(げんぽう)〖佛〗현보.
現俸(げんぽう) 현봉. 현재의 봉급.
現払い(げんばらい) (요금 등의) 현금 지급.
現状(げんじょう) 현상.
∥~維持(いじ) 현상 유지. 「책.
~打破政策(だはせいさく) 현상 타파 정

現象(げんしょう) 현상. ♣~界(かい)〖哲〗현상계 / ~論(ろん)〖哲〗현상론 / ~的(てき) 현상적 / ~学(がく) 현상학.
現像(げんぞう) 현상. ♣~液(えき) 현상액 / ~薬(やく) 현상약.
現生(げんせい) 현생.
∥~人類(じんるい) 현생 인류.
現成(げんじょう)〖佛〗현성.
現姓(げんせい) (개성(改姓)한 후의) 현재의 성.
現世 ㊀(げんせ) 현세. 이승. 「성.
∥~利益(りやく) 신앙으로 얻는 이승의 복. ㊁(げんせい) ① ☞ ㊀. ② 현대.
現勢(げんせい) 현세. 현재의 정세·세력.
現世代(げんせだい) 현세대.
現送(げんそう) 현송. 현금·현물을 수송함.
現収(げんしゅう) 현수. 현재의 수입.
現数(げんすう) 현수. 현재의 수량.
現示(げんじ) 현시. 계시(啓示).
現時(げんじ) 현시. 현재. 지금.
現時点(げんじてん) 현시점.
現身(げんしん) 현신. 현세의 몸. *うつせみ로도 읽음.
現実(げんじつ) 현실. ♣~感(かん) 현실감 / ~論(ろん) 현실론 / ~性(せい) 현실성 / ~的(てき) 현실적.
∥~売買(ばいばい)〖法〗현실 매매.
~主義(しゅぎ) 현실주의.
現業(げんぎょう) 현업. 실지의 일. 특히, 공장·작업장 등 현장에서의 업무나 노동. ♣~員(いん) 현업원 / ~庁(ちょう) 현업청.
現役(げんえき) 현역.
現然(げんぜん) 현연. 뚜렷한 모양.
現年度(げんねんど) 현연도. 현 회계 연도.
現員(げんいん) 현원. 현재의 인원.
現有(げんゆう) 현유.
現益(げんやく)〖佛〗현익.
現認(げんにん) 실제로 있던 사실로 인정함.
現任(げんにん) 현임. 현재 그 직위에 있음.
∥~訓練(くんれん) 현장 연수.
現場(げんば) 현장. *げんじょう로도 읽음.
∥~監督(かんとく) 현장 감독.
~検証(けんしょう) 현장 검증.
~不在証明(ふざいしょうめい) 현장 부재 증명. 알리바이.
~打ち(うち)〖建〗① 현장에서 리벳 박기. ② 공사 현장에서 콘크리트 치기.
現在(げんざい) ① 현재. 지금. ② 현존함.
∥~高(だか) 현재고. 현재 수량(금액).
~物(もの) 能(のう)의 일종. 주역이 현존하는 인물로 등장하여 탈을 쓰지 않음.
~分詞(ぶんし)〖文法〗현재 분사.
~完了(かんりょう)〖文法〗현재 완료.
~地(ち) 현재지. 현재 있는 장소.
現前(げんぜん) 현전. 목전에 있음.
現制(げんせい) 현제. 현재의 제도.
現存(げんそん) 현존.
現存在(げんそんざい)〖哲〗현존재.

現住(げんじゅう) ①〖佛〗현재의 주지(住持). ②현주. 현재 거주하고 있음. ♣~所(しょ) 현주소／~地(ち) 현주지.
現株(げんかぶ) 현주. 주식 현물. 실물 주
現症(げんしょう) 현증. 환자의 현재 상태.
現の証拠(げんのしょうこ)〖植〗이질풀.
現地(げんち) 현지. ①어떤 일의 현장. ②현재 살고 있는[앞으로 살 예정인] 곳. ♣~妻(づま) 현지처.
‖~法人(ほうじん) 현지 법인.
~報告(ほうこく) 현지 보고.
~受付(うけつけ) 현지 접수.
~調査(ちょうさ) 현지 조사.
~闘争(とうそう) 현지 투쟁.
現職(げんしょく) 현직.
‖~教育(きょういく) 현직 교육.
現尺(げんしゃく) 현척. 실지 크기 그대로를 나타낸 치수.
現出(げんしゅつ) 현출. 나타남. 드러남. 나타냄. 드러냄.
現品(げんぴん) 현품.
現下(げんか) 현하.
現行(げんこう) 현행. ♣~犯(はん) 현행범／~法(ほう) 현행법.
現形 ㊀(げんけい) 현형. 현재의 모양.
㊁(げんぎょう) 현형. ①신불(神佛) 따위가 형체를 드러냄. 또, 그 형체. ②☞㊀.
現況(げんきょう) 현황.

[訓読]
現(うつつ) ①현실. 생시. ②제정신. ③비몽사몽간.
現わす(あらわす) ①드러내다. ②나타내다.
現無し(うつつなし) 정신을 잃고 있는 모양. 멍하니 방심하고 있는 모양.
現心(うつつごころ) 제정신.
現人(うつつびと) 이 세상에 사는 사람. 또, 출가(出家)하지 않고 속세에 있는 사람.
❖現われる(あらわれる) 나타나다. 드러나다. 출현하다.
現われ(あらわれ) ①현상. 발로. ②결과.

[其他]
現し世(うつしよ)〈雅〉현세. 이승.
現身(うつせみ) 이승 사람. 이승.
現し身(うつしみ)〈古〉이승 사람. 이승.
現つ神(あきつかみ)〈雅〉현세에 살아 있는 신《본디 天皇(てんのう)의 존칭》.
現つ御神(あきつみかみ) ☞現つ神(あきつかみ)「에 나타난 신.
現人神(あらひとがみ) 사람 모습으로 이승

| 11 糸 ㊈ | 絃 | 줄 현·탈 현
ゲン
いと・つる |

[参考] 현대 표기로는 '弦'으로 대용함.

[音読]
絃歌(げんか) 현가. 三味線(しゃみせん) 소리와 노랫소리. 三味線도 타고 노래도 부름.

絃楽器(げんがっき) 현악기.

[訓読]
絃(つる) 현악기의 줄.

| 11 舟 | 舷 | 뱃전 현
ゲン
ふなばた |

[音読]
舷 ㊀(げん) 뱃전.
㊁(ふなばた) ①☞㊀. ②덕판. 뱃전 양측으로 건너 댄 널빤지.
舷頭(げんとう) 현두. 뱃전.
舷灯(げんとう) 현등. 뱃전에 단 등불.
舷門(げんもん)〖海〗현문. 뱃전의 출입구.
舷墻(げんしょう) 현장. 뱃전에 둘러친 바람·파도막이.
舷梯(げんてい) 현제. 배의 바깥쪽에 설치한 승강용 사다리.
舷窓(げんそう) 현창. 선복(船腹)에 낸 창.
舷側(げんそく) 현측. 뱃전.
舷舷(げんげん) 뱃전과 뱃전.
~相摩(あいま)す 뱃전이 서로 부딪치다. 격렬한 해상 전투를 이르는 말.

| 12 糸 ㊈ | 絢 | 무늬 현·고울 현
ケン
あや |

[音読]
絢爛(けんらん) 현란. 휘황찬란한 모양.

| 13 虫 | 蜆 | 도롱이벌레 현·바지라기 현
ケン
しじみ |

[訓読]
蜆(しじみ)〖貝〗가막조개. 바지라기.
蜆汁(しじみじる) 바지라기 된장국.
蜆花(しじみばな)〖植〗조팝나무.

| 13 金 | 鉉 | 솥귀고리 현
ゲン
つる |

[訓読]
鉉(つる) (냄비·주전자 등의) 활시위 모양의 손잡이.

| 16 貝 ㊀ | 賢 | 어질 현
ケン
かしこい・さかしい |

[音読]
賢なる(けんなる) 현명한.
賢君(けんくん) 현군. 어진[현명한] 군주.
賢女(けんじょ) 현녀. 어진 여자.
賢能(けんのう) 현능. 어질고 재능이 있음.

賢答(けんとう) 현답.
賢台(けんだい) 현대. 동배(이상의 사람)에 대한 경칭. 현형(賢兄).
賢覧(けんらん) 현람. 고람(高覽).
賢良(けんりょう) 현량. 어질고 착함.
賢路(けんろ) 현로. 현인(賢人)을 등용하는 길.
賢明(けんめい) 현명.
賢母(けんぼ) 현모.
賢父(けんぷ) 현부. 현명한 아버지.
賢婦(けんぷ) 현부. 현명한 부인.
賢夫人(けんぷじん) 현부인. 어진 아내.
賢婦人(けんぷじん) 현명한[어진] 여성.
賢士(けんし) 현사. 현인.
賢相(けんしょう) 현상. 현명한 재상.
賢聖(けんせい) ① 현성. 현인과 성인. ② 탁주와 청주.
賢息(けんそく) 현식. 상대를 존경하여 그 자식을 일컫는 말.
賢臣(けんしん) 현신. 어진 신하.
賢王(けんおう) 현왕. 현명한 왕.
賢友(けんゆう) 현우. 어진 벗.
賢愚(けんぐ) 현우. 어짊과 어리석음.
賢人(けんじん) ① 현인. 현자(賢者). ②'濁り酒(にごりざけ) (=탁주)'의 딴이름.
賢者(けんじゃ) 현자. 현인.
賢将(けんしょう) 현장. 현명한 장군.
賢才(けんさい) 현재.
賢弟(けんてい) 현제. 상대방의 아우나 아우뻘이 되는 사람에 대한 경칭.
賢主(けんしゅ) 현주. 현군(賢君).
賢智(けんち) 현지. 어질고 슬기로움. 또, 그 사람.
賢察(けんさつ) 현찰. 남의 추찰(推察)의 존칭.
賢妻(けんさい) 현처.
賢哲(けんてつ) 현철. 현인과 철인.
賢兄(けんけい) ① 현명한 형. ②(편지 따위에서) 동배에 대한 경칭으로 쓰임.

[訓読]
❖賢い(かしこい) 현명하다. 슬기롭다. 영리하다. 어질다.
賢し ㊀(かしこし) 〈文〉 ☞賢い(かしこい).
㊁(さかし) 〈文〉 ☞賢しい(さかしい).
賢立て(かしこだて) 약은 체함. 영리한 듯이 행동함.
賢所(かしこどころ) ① 神殿(しんでん)·皇霊殿(こうれいでん)과 함께 궁중 삼전(三殿)의 하나 《신경(神鏡)을 모심》. *けんしょどころ로 읽음. ②'八咫の鏡(やたのかがみ)(=신경)'의 딴이름.
賢顔(かしこがお) 똑똑한 체하는 표정.
❖賢しい(さかしい) 〈方〉 ① 영리하다. 약삭빠르다. 잔꾀가 많다. ② 건방지다.
賢しげ(さかしげ) 영리한[약은] 듯한 모양.
賢しら(さかしら) 영리한[약은] 체함.
‖〜口(ぐち) 영리한 체하는 말투.
〜人(びと) 난 체하는 사람.
賢し(さかさかし) 기지(機智)가 있음. 똑똑함. *さかざかし로도 읽음.

顯 1653

18頁 常 **顕(顯)** 나타날 현·밝을 현
ケン
あきらか·あらわれる

[音読]
顕界(けんかい) 현계. 세세.
顕官(けんかん) 현관. 고관.
顕教(けんぎょう) 《佛》 현교. 밀교(密教)에서 다른 종파를 가리키는 말.
顕貴(けんき) 현귀. 높은 지위에 있음.
顕達(けんたつ) 현달. 입신 출세.
顕露(けんろ) 현로. 노현(露顕).
顕明(けんめい) 현명. 분명함.
顕名主義(けんめいしゅぎ) 《法》 현명주의.
顕門(けんもん) 권문(權門). 권문 세가.
顕微(けんび) 현미.
‖〜手術(しゅじゅつ) 《醫》 현미 수술.
〜操作(そうさ) 《生》 현미 조작.
〜解剖(かいぼう) 《生》 현미 해부.
顕微鏡(けんびきょう) 현미경. ♣〜座(ざ) 《天》 현미경자리.
顕密(けんみつ) 현밀. ① 뚜렷함과 은밀함. ②《佛》 현교와 밀교.
顕賞(けんしょう) 현상. 공적을 밝히어 표창함.
顕性(けんせい) 《生》 현성. 우성(優性).
顕示(けんじ) 현시. 분명히 나타내 보임.
顕揚(けんよう) 현양. 선양.
顕然(けんぜん) 현연. 똑똑히 나타나는 모양.
顕熱(けんねつ) 《理》 현열.
顕栄(けんえい) 현영.
顕要(けんよう) 현요. 현귀하고 중요함.
顕位(けんい) 현위. 높은 지위.
顕幽(けんゆう) 현유. 나타났다 사라졌다 함.
顕爵(けんしゃく) 현작. 영작(榮爵). 높은 작위.
顕在(けんざい) 현재. (모양으로) 나타나 있음.
‖〜失業者(しつぎょうしゃ) 현재 실업자. 직업 보도소 등에 실업자로 등록된 사람.
顕察(けんちょ) 현저. 명시함.
顕正(けんしょう) 《佛》 현정. 올바른 법리를 밝힘.
顕宗(けんしゅう) 《佛》 현종. 현교. 밀교(密教)에서 다른 종파를 가리키는 말.
顕証(けんしょう) 현증. 뚜렷이 드러남.
顕職(けんしょく) 현직. 높은 벼슬.
顕彰(けんしょう) 현창. (숨어 있는 선행을) 밝히어 알림. ♣〜会(かい) 현창회.
顕学(けんがく) 현학. 유명한 학문. 고명한 학자.
顕現(けんげん) 현현. 모습을 뚜렷이 나타냄.
顕花植物(けんかしょくぶつ) 《植》 현화 식물('種子植物(しゅししょくぶつ)(=종자 식물)'의 구칭).

[訓読]
顕(あらわ) ① 드러남. 노출함. ② 공공연. 노골적임.
顕わす(あらわす) (선행 등을) 널리 세상에 드러냄.
顕われる(あらわれる) 나타나다. 드러나다.

20 心 常	懸	달 현·멀 현 ケン·ケ かける·かかる

音読
懸架(けんか) 현가. 매달아 지탱함.
‖〜装置(そうち) 현가 장치.
懸隔(けんかく) 현격. 동떨어져 있음.
懸谷(けんこく)『地』현곡. 걸린곡(谷).
懸軍(けんぐん) 현군. 군대가 적지에 깊이 들어감. 또, 그 원정군.
‖〜万里(ばんり) 현군 만리.
懸念(けんねん) 현념. ① 괘념(掛念). 걱정. 불안. *けんねろに도 읽음. ②『佛』집념. 집착.
懸命(けんめい) 현명. 힘껏[열심히] 함.
懸氷(けんぴょう) 현빙. 고드름.
懸想(けそう) 이성을 그리워함. 사모. 연모.
♣〜文(ぶみ) 연애 편지.
‖〜立(だつ) 연모하는 마음이 드러나다.
懸賞(けんしょう) 현상. ♣〜金(きん) 현상금.
‖〜募集(ぼしゅう) 현상 모집.
〜小説(しょうせつ) 현상 소설.
懸垂(けんすい) 현수. ① 매달림. 매어닮. ② 턱걸이. 현수 운동. ♣〜幕(まく) 현수막.
懸案(けんあん) 현안.
懸崖(けんがい) 현애. ① 낭떠러지. 단애(斷崖). ② 분재(盆栽)에서, 가지가 뿌리보다 아래로 처지게 가꾼 것.
懸壅垂(けんようすい)『生』현옹수. 목젖.
懸腕(けんわん) 현완. 글씨를 쓸 때 팔꿈치를 옆으로 벌려 종이 따위에 대지 않는 일.
‖〜直筆(ちょくひつ) 현완직필.
懸絶(けんぜつ) 현절. 아주 동떨어짐.
懸吊(けんちょう) 현조. 달아맴.
懸濁液(けんだくえき) 현탁액.
懸河(けんが) 현하. 세차게 흐르는 강.
〜の弁(べん) 현하지변. 현하구변(懸河口辯). 유창한 말솜씨.

訓読
懸かる(かかる) 걸리다. ①(허공에) 멈춰 있다. ②(현상 등이) 붙다.
懸く(かく)〈文〉① 걸다. 매다. 묶다. ② 태세[자세]를 취하다.
❖懸ける(かける) 걸다. ① 늘어뜨리다. 달다. ② 내던지다. ③ (상으로) 약속하다.
懸け(がけ)『接尾語적으로』…을 겸.
懸けタバコ(かけタバコ) 담배잎을 한 장색 새끼로 엮어서 걸어 말림. 또, 그 담배잎.
懸けまくも(かけまくも)〈雅〉입 밖에 내어 말하는 것도.
懸け隔たり(かけへだたり)☞懸け隔て(かけへだて).
懸け隔たる(かけへだたる) ① 멀리 떨어져 있다. ② 큰 차이가 나다.
懸け隔つ(かけへだつ)〈文〉☞懸け隔たる(かけへだたる).
懸け隔て(かけへだて) 양자 사이에 거리감이나 격차가 있는 일.
懸け隔てる(かけへだてる) ① 멀리 떨어지게 하다. ② 현격한 차이가 나게 하다.
懸け橋(かけはし)①〈雅〉사다리. ②〈雅〉가교(假橋). ③ 잔교(棧橋). ④〈老〉매개.
懸け大根(かけだいこん) 단무지를 담그려고 무를 나무 위에 매달아 말리는 일.
懸け道(かけみち)☞懸け路(かけじ).
懸け路(かけじ) ① 벼랑과 벼랑 사이에 놓은 다릿길. 잔도(棧道). ② 험한 산길.
懸け離れる(かけはなれる) ① 멀리 떨어지다. 동떨어지다. ② 소원해지다. ③ 차이가 크게 나다.
懸け詞(かけことば) 한 말에 둘 이상의 뜻을 갖게 하는 수사법(修辭法).
懸け緒(かけお) 족자 따위를 걸기 위해 그 윗부분에 단 끈.
懸巣(かけす)『鳥』어치. 언치새.
懸けの魚(かけのうお) ① 첫 어로(漁撈)에서 잡은 고기를 신에게 바치는 일. ② 설날에 장식하는 건어물.
懸け硯(かけすずり) 懸け硯箱(かけすずりばこ)의 준말. 懸け子(かけご)식으로 된 벼루 상자.
懸け子(かけご) 다른 상자의 전에 걸쳐서 그 안에 끼워 넣게 만든 상자.
懸け字(かけじ) 글씨(가 쓰인) 족자.
懸け造り(かけづくり) 경사지나 물 위에 돌출되게 건물을 지음. 또, 그 집.
懸け紙(かけがみ) 선물 포장지. 「기.
懸け菜(かけな) 처마 끝에 매달아 말린 시래
懸け筒(かけづつ) 벽이나 기둥에 걸게 된 통 모양의 화기(花器).
懸け樋(かけひ) 물을 끌기 위해 지상에 설치해 놓은 홈통. *かけいろ도 읽음.

혈

3 子	孑	고단할 혈 ゲツ·ケツ ひとり

音読
孑孑 ㊀(けつけつ) 혈혈. ① 고립한 모양. ② 우뚝한 모양. ③ 작은 모양.
㊁(ぼうふら)『虫』장구벌레.

5 穴 教	穴	구멍 혈 ケツ あな

音読
穴居(けっきょ) 혈거.
穴隙(けつげき) 혈극. 구멍. 틈새.
訓読
穴 ㊀(あな) ① 구멍. ② 구멍 비슷한 것. ③

穴의 굴. ④ 은신처. ⑤ (낚시터나 놀이터 중) 일반에게 알려지지 않은 곳.
〜を開(あ)ける ① 금전상 결손을 발생시키다. ② 공백을 초래하다.
㊂(けつ) ☞ ㊀①. ②〈俗〉엉덩이. 볼기. ③『漢醫』혈.
穴ぼこ(あなぼこ)〈俗〉지면에 생긴 구멍.
穴冠(あなかんむり) 한자 부수(部首)의 하나: 구멍혈밑.
穴掘り(あなほり) ① 구멍을 팜. ② 묘지에서 구덩이를 팜.
穴臊り(あなかがり) 사뜨기.
穴籠り(あなごもり) 동물이 땅속 구멍 등에서 겨울을 나는 일. 「승한 말.
穴馬(あなうま) (경마에서) 예상 밖으로 우
穴埋め(あなうめ) 구멍을 메움. 전하여, 결손을 보충함.
穴蜂(あなばち)『蟲』땅벌.
穴塞ぎ(あなふさぎ) ① 구멍을 메움. ② 결손을 보충함.
穴窯(あながま) 언덕의 사면을 파고 그 위를 흙으로 덮은 터널형의 도자기 가마.
穴熊(あなぐま)『動』오소리.
穴子(あなご)『魚』붕장어.
穴場(あなば) ① 남이 모르는 좋은 낚시터. ② (경마·경륜(競輪)에서) 매표소. ③ (연극에서) 출연자의 사고로 갑자기 생긴 공백.
穴蔵(あなぐら) 움. 움막.
穴狙い(あなねらい) 경마 등에서 예상 밖의 당첨을 노리고 돈을 태우는 일. 또, 그렇게 하는 사람.
穴釣り(あなづり) 구멍 낚시질.
穴株(あなかぶ) 싸게 산 주식.
穴穿る(あなぐる)〈雅〉찾다. 뒤져보다.
穴痔(あなじ)『醫』치루(痔瘻).
穴布(あなめ)『植』갈조류(褐藻類) 다시마의 하나(몸에 많은 구멍이 나 있음).
穴賢(あなかしこ) ① 황송함. ② (뒤에 금지하는 말을 수반하여) 결코. ③ 여자가 편지 끝에 쓰는 경어.

| 6 血 ㊂ | 血 | 피 혈
ケツ・ケチ
ち |

音読→

血管(けっかん) 혈관. ♣**〜系**(けい)『生』혈관계 / **〜腫**(しゅ)『醫』혈관종. 「법.
‖**〜造影法**(ぞうえいほう)『醫』혈관 조영
〜拡張薬(かくちょうやく) 혈관 확장약.
血塊(けっかい) 혈괴. 핏덩어리.
血球(けっきゅう) 혈구.
‖**〜凝集反応**(ぎょうしゅうはんのう) 혈구
血気(けっき) 혈기. 「응집 반응.
‖**〜盛り**(ざかり) 혈기왕성한 때. 한창때.
血尿(けつにょう) 혈뇨.
血痰(けったん) 혈담. 「당치.
血糖(けっとう)『生』혈당. ♣**〜値**(ち) 혈

‖**〜降下剤**(こうかざい) 혈당 강하제.
血路(けつろ) 혈로. 활로.
血涙(けつるい) 혈루. 피눈물.
血流(けつりゅう) 혈류.
血脈(けつみゃく) 혈맥.
㊁(けちみゃく)『佛』혈맥. 스승이 제자에게 전수하는 법통(法統)
血盟(けつめい) 혈맹.
血斑(けっぱん)『醫』혈반.
血便(けつべん) 혈변. 피똥.
血餅(けっぺい) 혈병. 응고된 피.
血粉(けっぷん)『農』혈분. 짐승의 피를 말려 굳힌 질소 비료.
血相(けっそう) 혈상. 안색.
血色素(けっしきそ)『生』혈색소. ♣**〜尿**(にょう)『醫』혈색소뇨.
血書(けっしょ) 혈서.
血石(けっせき)『鑛』혈석.
血税(けつぜい) 혈세. 병역 의무.
血小板(けっしょうばん)『生』혈소판.
血髄(けつずい) 혈수. 피와 골수.
血食(けっしょく) ① 혈식. 피 흐르는 제물을 바치고 조상을 제사함. ② 후손이 조상의 제사를 단절하지 않음. 「계.
血圧(けつあつ) 혈압. ♣**〜計**(けい) 혈압
‖**〜不安症**(ふあんしょう) 혈압 불안증.
血液(けつえき) 혈액. ♣**〜型**(がた) 혈액
‖**〜検査**(けんさ) 혈액 검사. 「형.
〜循環(じゅんかん) 혈액 순환.
〜銀行(ぎんこう) 혈액 은행.
〜製剤(せいざい) 혈액 제제.
〜透析(とうせき) 혈액 투석.
血縁(けつえん) 혈연. 혈족. 혈육.
‖**〜関係**(かんけい) 혈연 관계.
〜淘汰(とうた) 혈연 도태. 혈연 선택.
〜集団(しゅうだん) 혈연 집단.
血友病(けつゆうびょう)『醫』혈우병.
血肉(けつにく) 혈육. 혈연. 골육.
血漿(けっしょう)『生』혈장.
‖**〜交換療法**(こうかんりょうほう)『醫』혈장 교환 요법.
血栓(けっせん)『生』혈전. ♣**〜症**(しょう) 혈
血戦(けっせん) 혈전. 「전증.
血族(けつぞく) 혈족.
‖**〜結婚**(けっこん) 혈족 결혼.
血腫(けっしゅ)『醫』혈종.
血中アルコール濃度(けっちゅうアルコールのうど) 혈중 알코올 농도.
血債(けっさい) 혈채.
血清(けっせい)『生』혈청. ♣**〜病**(びょう) 혈청병.
‖**〜肝炎**(かんえん) 혈청 간염.
〜検査(けんさ) 혈청 검사.
〜療法(りょうほう) 혈청 요법.
〜注射(ちゅうしゃ) 혈청 주사.
血青素(けっせいそ) 혈청소.
血沈(けっちん)『醫』혈침. 「서.
血統(けっとう) 혈통. ♣**〜書**(しょ) 혈통

血 ∥~主義(しゅぎ) 혈통주의.
血判(けっぱん) 혈판. ♣~状(じょう) 혈관.
血行(けっこう) 혈행. 혈액 순환. 「장.
∥~感染(かんせん) 〖醫〗혈행 감염.
血紅素(けっこうそ) 〖生〗혈홍소. 혈색소. 헤모글로빈.
血痕(けっこん) 혈흔. 핏자국.

[訓読]
血(ち) 피. ① 혈액. ② 혈통. 핏줄.
~の出(で)るよう 피나는 고생의 비유.
血だらけ(ちだらけ) 피투성이.
血肝(ちぎも) 닭의 간장.
血筋(ちすじ) 핏줄. ① 혈통. ② 혈관.
血の気(ちのけ) ① 핏기. ② 혈기. 원기.
血忌み(ちいみ) ① 출산의 금기. ② 血忌み日의 준말.
∥~日(び) 침구(鍼灸)·출혈(出血)·고기잡이 따위를 피하는 날.
血膿(ちうみ) 혈농. 피고름.
血達磨(ちだるま) 피투성이.
血刀(ちがたな) 피묻은 칼.
血道(ちみち) 혈맥. 혈관.
血の道(ちのみち) ① 혈맥. ② '婦人病(ふじんびょう)'(=부인병)의 딴이름.
血塗る(ちぬる) ① 희생의 피를 제기(祭器)에 발라 신에게 제사 지내다. ② 전투·살상으로 피를 흘리다.
血塗れ(ちまみれ) 피투성이가 됨.
血塗ろ(ちみどろ) 피투성이가 됨.
血豆(ちまめ) 피가 섞인 물집.
血の涙(ちのなみだ) 피눈물. 혈루.
血流し(ちながし) 칼의 표면에 있는 가느다란 홈.
血目(ちめ) 충혈된 눈.
血文(ちぶみ) 피로 쓴 문서. 혈서. 「다.
血迷う(ちまよう) 너무 흥분해서 이성을 잃
血反吐(ちへど) 위(胃)에서 토하는 피.
血方(ちかた) 핏줄을 이어받은 사람.
血の病(ちのやまい) 부인병.
血不浄(ちふじょう) 출산의 부정. 또, 그에 대한 금기. 「는 피.
血飛沫(ちしぶき) 칼에 베었을 때 따위에 튀
血鰤(ちぶり) 방부를 위해 내장을 빼고 그 피를 몸에 바른 방어.
血色(ちいろ) 혈색. 핏빛.
㊁(けっしょく) 혈색. (얼굴의) 핏기.
血書き(ちがき) 혈서.
血汐(ちしお) ⇨ 血潮(ちしお).
血声(ちごえ) 필사적인 목소리.
血腥い(ちなまぐさい) 피비린내 나다. 또, 피를 보는 듯한 참혹한 모양.
血続き(ちつづき) 혈연.
血の巡り(ちのめぐり) ① 피의 순환. ② 두뇌의 작용.
血眼 ㊀(ちまなこ) 혈안. ① 기를 쓰고 덤벼 충혈된 눈. ② 어떤 일에 광분함.
㊁(ちめ) (병이나 화 때문에) 충혈된 눈.
血の余り(ちのあまり) 막내동이. 막내.
血逆せ(ちのぼせ) 흥분하여 머리에 피가 오름. 특히, 부인병인 경우의 그것.
血煙(ちけむり) 피보라. 내뿜는 피를 연기에 비유한 말.
血染め(ちぞめ) 피로 물듦.
血の雨(ちのあめ) 혈우. 큰 유혈 사건.
血引(ちびき) 〖魚〗선홍치.
血祭り(ちまつり) 출전할 때, 적의 스파이 혹은 포로 따위를 죽여, 사기를 북돋우는 일.
血潮(ちしお) (흘러나오는) 피.
血鯛(ちだい) 〖魚〗붉돔. 「서다.
血走る(ちばしる) ① 피가 내뻗다. ② 핏발이
血酒(ちざけ) 서로 피를 잔에 떨어뜨려 마시며 맹세(서약)하는 일.
血珠(ちだま) 혈주구. 붉은 색의 산호주.
血汁(ちしる) 피. 혈액.
血止め(ちどめ) 지혈. 또, 그 약. ♣~薬(ぐすり) /~草(ぐさ) 〖植〗피막이풀.
血の池(ちのいけ) 혈지. 지옥에 있다는 피가 괸 연못.
血振るい(ちぶるい) ① 사람을 벤 뒤, 칼에 묻은 피를 흔들어 떨어뜨림. ② 산후에 부인병으로 몸이 떨림.
血槍(ちやり) 혈창. 피투성이가 된 창.
血臭い(ちくさい) 피비린내가 나다.
血太り(ちぶとり) 혈색이 좋고 뚱뚱함.
血下ろし(ちおろし) 낙태시킴.
血の汗(ちのあせ) 피땀.
血合い(ちあい) 가다랑어·방어 따위의 생선살의 거무스름한 부분.
血の海(ちのうみ) 피바다.
血糊(ちのり) 끈적끈적한 피. 선지피.
血惑し(ちまどう) 흥분해서 이성을 잃다.
血荒れ(ちあれ) '流産(りゅうざん)'(=유산)의 옛날 말씨.

[逆音]
輸血(ゆけつ) 수혈.
献血(けんけつ) 헌혈.

| 9 頁 | 頁 | 머리 혈·책면 엽
ケツ・ヨウ
かしら・ページ |

[音読]
頁岩(けつがん) 〖鑛〗혈암. 셰일.
[訓読]
頁 ㊀(ページ) 페이지.
㊁(おおがい) 한자 부수의 하나: 머리혈.

| 12 糸 | 絜 | 잴 혈·깨끗할 결
ケツ・ケイ |

[音読]
絜矩(けっく) 혈구. 척도에 맞추어 잼.

혐

嫌

| 13 女 常 | 嫌 (嫌) | 싫어할 혐
ケン・ゲン
きらう・いや |

音読
嫌忌(けんき) 혐기. 꺼리고 싫어함.
嫌老感(けんろうかん) 혐로감. 노인을 싫어하는 느낌.
嫌煙(けんえん) 혐연.
‖**～権**(けん) 혐연권. 담배를 안 피우는 사람이 담배 연기를 싫어할 권리.
嫌厭(けんえん) 혐염.
嫌悪(けんお) 혐오.
嫌疑(けんぎ) 혐의.
嫌酒薬(けんしゅやく) 혐주약. 만성 알코올 중독 치료약의 하나.

訓読
嫌 ㊀(いや) ①싫음. 바라지 않음. ②《'～に'의 꼴로》대단히. 몹시. 이상하게. 「詑」
㊁(や) 〈口〉'嫌(いや)(＝싫음)'의 전와(轉
嫌がらせ(いやがらせ) 남이 싫어하는 짓을 굳이 함. 또, 그런 언행.
嫌がる(いやがる) 싫어하다.
嫌らしい(いやらしい) ①불쾌한 느낌이 든다. ②추잡하다. ③기분 나쁘다.
嫌気 ㊀(いやき) 싫어하는 마음. ＊いやけ로도 읽음. ②《經》시세가 뜻대로 되지 않아 인기가 떨어짐.
㊁(けんき)《生》혐기. 공기를 싫어함.
‖**～性細菌**(せいさいきん) 혐기성 세균. 무(無)산소 상태에서 자라는 세균.
嫌味(いやみ) 일부러 남에게 불쾌감을 주는 말이나 행동을 함. 「음.
嫌持て(いやもて) 속 다른 겉대접만 좋게 받
嫌嫌(いやいや) ①싫지만 할 수 없이. 마지못해서. ②아기가 싫다고 도리질함.
❖**嫌う**(きらう) ①싫어하다. ②〈古〉빼버리다. 제거하다.
嫌い ㊀(きらい) ①싫음. ②《～の〔する〕～がある의 꼴로》…한 경향이 있다. …한 혐의가 있다. ③차별. 구별.
㊁(ぎらい)《接尾語로》…을 싫어함. …을 싫어하는 사람.

협

| 5 口 人 | 叶 | 화합할 협
キョウ
かなう・かなえる |

訓読
叶う(かなう) 희망대로 되다. 이루어지다. 할 수 있다.
叶える(かなえる) 뜻대로 하게 하다. 이루어 주다. 들어주다.

| 7 大 | 夾 | 낄 협
キョウ
はさむ |

音読
夾角(きょうかく)《數》협각. 끼인각.
夾撃(きょうげき) 협격. 협공.
夾攻(きょうこう) 협공(挾攻).
夾竿(きょうさん) 책갈피에 끼우는 대쪽 서
夾算(きょうさん) ⇨ 夾竿(きょうさん). 「표.
夾侍(きょうじ)《佛》협시. (불상 좌우의)
夾雑(きょうざつ) 불순물이 뒤섞임. ♣**～物**(ぶつ) 불순물. 협잡물.
夾貯(きょうちょ) ⇨ 夾紵(きょうちょ).
夾紵(きょうちょ) 중국 당(唐)나라에서 전래한 칠공 기술. 삼베를 옷으로 배접하여 붙인 위에 옻칠을 함.
夾鍾(きょうしょう) ⇨ 夾鐘(きょうしょう).
夾鐘(きょうしょう)《樂》협종. 중국 음악의 음이름.
夾竹桃(きょうちくとう)《植》협죽도.
夾炭層(きょうたんそう)《地》협탄층.
夾纈(きょうけつ) 협힐. 무늬를 새긴 판 사이에 비단을 끼워 염색해 내는 방법.

| 8 十 教 | 協 | 합할 협
キョウ
あわせる・かなう |

音読
協同(きょうどう) 협동. ♣**～体**(たい) 협동
‖**～組合**(くみあい) 협동 조합. └체.
協力(きょうりょく) 협력.
協商(きょうしょう) 협상.
協心(きょうしん) 협심.
協約(きょうやく) 협약.
協業(きょうぎょう) 협업.
協応(きょうおう) 협응. 복수의 기관(器官)이나 기능이 서로 얽혀서 작용함.
協議(きょうぎ) 협의.
‖**～事項**(じこう) 협의 사항.
～離縁(りえん) 협의 이연. 협의하여 부부・양자의 관계를 끊음.
～離婚(りこん) 협의 이혼.
協定(きょうてい) 협정.
‖**～価格**(かかく) 협정 가격.
～関税率制度(かんぜいりつせいど) 협정 관세율 제도.
～貿易(ぼうえき) 협정 무역.
～世界時(せかいじ) 협정 세계시.
～円(えん) 국내에서 쓰는 엔화와는 별도로 무역 결제에만 쓰는 엔화.
憲法(けんぽう) 협정 헌법. 「조적.
協調(きょうちょう) 협조. ♣**～的**(てき) 협
‖**～介入**(かいにゅう)《經》협조 개입.
～融資(ゆうし) 협조 융자.
協奏曲(きょうそうきょく)《樂》협주곡.

協奏交響曲(きょうそうこうきょうきょく)〖樂〗협주 교향곡.
協賛(きょうさん) 협찬.
協合(きょうごう) 협합. 서로 다른 의견·입장이 하나가 됨.
協和(きょうわ) 협화. ♣~音(おん)〖樂〗 협화음. 어울림음. 「음정.
‖~音程(おんてい)〖樂〗 협화 음정. 어울림
協会(きょうかい) 협회.

〖訓読〗
協う(かなう) 들어맞다. 꼭 맞다. 적합하다.

| 9 イ | 侠 | 호협할 협
キョウ |

〖音読〗
侠客(きょうかく) 협객. 협기 있는 남자.
侠骨(きょうこつ) 협골. 장부다운 기상.
侠気(きょうき) 협기. 호협한 기상. 의협심. *おとこぎ로도 읽음.
侠女(きょうじょ) 협녀. 의협심이 있는 여
侠盗(きょうとう) 협도. 의적. 「자.
侠心(きょうしん) 협심. 의협심.
侠勇(きょうゆう) 협용. 의협심과 용기가 있음. 또, 그 사람.
侠者(きょうしゃ) 협자. 협객.

〖其他〗
侠(きゃん) ① 호협한 사람. ② 말괄량이.

| 9 山 常 | 峡(峽) | 골짜기 협
キョウ
はざま・かい |

〖音読〗
峡間(きょうかん) 협간. 골짜기.
峡江(きょうこう) ☞峡湾(きょうわん).
峡谷(きょうこく) 협곡. 「좁고 긴 만.
峡湾(きょうわん) 협만. 육지로 쑥 들어온

〖訓読〗
峡(かい) 산골짜기.
峡路(かいじ) 협로. 산골짜기의 좁은 길.

| 9 忄 | 恊 | 합할 협
キョウ
あわせる・かなう |

〖参考〗 協의 異體字.

〖音読〗
恊和(きょうわ) 협화(協和).

| 9 扌 常 | 挟(挾) | 낄 협
キョウ
はさむ・はさまる |

〖音読〗
挟撃(きょうげき) 협격. 협공.
挟攻(きょうこう) 협공.

挟殺(きょうさつ)〖野〗협살.
挟書(きょうしょ) 협서. 책을 소장함.
‖~の禁(きん) 진시황 때, 민간에서 책을 소장하지 못하게 한 일. 「侍」
挟侍(きょうじ)〖佛〗(불상 좌우의) 협시(夾
挟雑(きょうざつ) 불순물이 뒤섞임.
挟紵(きょうちょ) 중국 당(唐)나라에서 전래된 칠공 기술. 「품目.
挟持(きょうじ) 협지. ① 휴대함. ② 마음에

〖訓読〗
挟まる(はさまる) 틈(새)에 끼이다.
❖**挟む**(はさむ) ① 끼(우)다. 사이에 두다. (끼워서) 집다. ② (마음에) 품다. ③ 말참견하다. *さしはさむ로도 읽음.
挟み撃ち(はさみうち) 협격. 협공.
挟み詞(はさみことば) 삽어. ① 말 사이에 여러 가지 음절을 끼워서 은어(隱語)같이 쓰는 말. ② 삽입어. 삽입구.
挟み箱(はさみばこ) 옛날, 의복 등을 들어 나르기 위한 장방형의 함《하인에게 지웠음》.
挟み込み(はさみこみ) 글 사이에 삽입된 어구(語句).
挟み込む(はさみこむ) 끼워 넣다.
挟み将棋(はさみしょうぎ) 상대방의 장기짝을 양쪽에서 끼워 따먹는 놀이.
挟み切る(はさみきる) 가위로 자르다.
挟み紙(はさみがみ) ① 서표(書標). ② 물건이 서로 스치지 않게 새에 끼워 두는 종이.

〖其他〗
挟間(はざま) ① 틈새기. ② 골짜기. ③ (성벽의) 총안(銃眼).

| 9 犭 常 | 狭(狹) | 좁을 협·좁힐 협
キョウ
せまい・せばめる・せばまる |

〖音読〗
狭軌(きょうき) (철도의) 협궤.
狭頭症(きょうとうしょう)〖醫〗협두증.
狭量(きょうりょう) 협량. 도량이 좁음.
狭鼻猿類(きょうびえんるい)〖動〗협비원류. 긴꼬리원숭잇과(科) 원숭이류의 별명.
狭小(きょうしょう) 협소.
狭心症(きょうしんしょう)〖醫〗협심증.
狭隘(きょうあい) 협애. 좁음.
狭義(きょうぎ) 협의. 좁은 뜻.
狭長(きょうちょう) 협장. 좁고 긺.
狭窄(きょうさく) 협착.

〖訓読〗
狭まる(せばまる) 좁아지다. 좁혀지다.
狭める(せばめる) 좁히다.
❖**狭い**(せまい) 좁다.
狭さ(せまさ) 좁음. 또, 그 정도.
狭苦しい(せまくるしい) 비좁아 답답하다. 옹색하다.
狭母音(せまぼいん)〖言〗아래턱이 조금 열리는 모음. 일본어에서는 イ와 ウ가 전형적임.
狭き門(せまきもん) 좁은 문. 난관.

其他
狭し(さし) 좁음.
狭みす(さみす) 경멸함. 깔봄.
狭間(さま) ①틈. ②성가퀴.
狭霧(さぎり)〈雅〉안개.
狭山(さやま) 작은 산.
狭筵(さむしろ)〈雅〉폭이 좁은 거적. 깔개.

10月 常
脅
으를 **협**
キョウ
おびやかす・おどす・おどかす

音読
脅喝(きょうかつ) 협갈. 공갈(恐喝).
脅迫(きょうはく) 협박. 위협함. ♣~罪(ざい) 협박죄.
脅威(きょうい) 협위. 위협.
脅従(きょうしょう) 협종. 위협하여 복종시킴.
脅嚇(きょうかく) 협하. 위협.

訓読
脅える(おびえる) ①무서워하다. 겁내다. ②가위 눌리다.
❖**脅かす** ㊀(おどかす) ①으르다. 협박하다. ②깜짝 놀라게 하다.
㊁(おびやかす) ① ☞㊀①. ②(지위나 신분 따위를) 위태롭게 하다.
脅かし(おどかし) 위협. 협박. 「등치다.
❖**脅す**(おどす) 으르다. 위협하다. 협박하다.
脅し(おどし) ①위협. 협박. 으름. ②새・짐승에게 겁을 주는 것. 허수아비 따위.
脅し文句(おどしもんく) 위협하는 말. 으름장.
脅し取る(おどしとる) 협박하여 금품을 빼앗다.

10月
脇
겨드랑이 **협**
キョウ
わき

音読
脇侍(きょうじ)『佛』협시. 본존불(本尊佛) 좌우에 시립한 형태로 서 있는 부처. *わきじ로도 읽음. 「床).
脇息(きょうそく) 사방침(四方枕). 궤상(几

訓読
脇 ㊀(わき) ①겨드랑이. 옷의 겨드랑이 부분. ②옆. 곁.
㊁(ワキ) 能(のう)에서 シテ의 상대역.
脇街道(わきかいどう) 江戸(えど) 시대의, '五街道(ごかいどう)'(=江戸를 기점으로 한 다섯 가도)'의 지선(支線) 도로나 연결 도로.
脇見(わきみ) 한눈팔기.
脇見出し(わきみだし) (신문 등의) 본제(本題) 곁에 다는 부제(副題).
脇骨(わきぼね) 갈비뼈. 늑골(肋骨).
脇句(わきく) 連歌(れんが)・俳諧(はいかい)에서, 기구(起句)에 붙는 둘째 구(句).
脇机(わきづくえ) 책상 옆에 놓는 보조 책상.
脇能(わきのう) (能(のう)에서) 최초로 연주하는 곡(曲).
脇刀(わきがたな) 허리에 차는 단도(短刀).
脇道(わきみち) ①곁길. 옆길. ②못된 길. ③주제에서 벗어남.
脇連(わきつれ) (能(のう)에서) ワキ에 딸린 조연역. *わきづれロも 읽음.
脇櫓(わきろ) ①'艫艪(ともろ)'(=고물 쪽의 노)'의 보조로서 뱃전에 단 노. ②도움.
脇艪(わきろ) ☞脇櫓(わきろ).
脇立(わきだち) ☞脇侍(きょうじ).
脇明け(わきあけ) ①일본옷에서, 소매의 겨드랑이에서 아래쪽으로 터진 부분. ②일본의 옛 무관 정장(正装)의 겉옷. ③양복 옆에 터놓은 아귀.
脇毛(わきげ) 액모. 겨드랑이털.
脇目(わきめ) ①한눈(팔기). ②남의 눈.
脇門(わきもん) 협문(夾門). 쪽문.
脇方(わきかた) (能(のう)에서) ワキ와 그 한 패의 총칭.
脇百姓(わきびゃくしょう) 중세에, 名主(なぬし)보다 훨씬 신분이 낮은 농민.
脇腹(わきばら) 옆구리. 허구리.
脇本陣(わきほんじん) 江戸(えど) 시대, 가도(街道)의 역참에 두었던 '本陣(ほんじん)(=고관이 숙박하던 여관)'의 보조 숙사.
脇付け(わきづけ) (서간문에서) 상대방 이름 밑에 붙여 써서 경의를 표하는 말.
脇備え(わきぞなえ) 본진(本陣) 좌우에 배치한 군대.
脇士(わきじ)『佛』☞脇侍(きょうじ).
脇寺(わきでら) 본사(本寺)에 부속된 절. 본사 경내의 작은 절.
脇師(わきし) (能楽(のうがく)에서) ワキ역(役)을 하는 사람.
脇書き(わきがき) ①옆에 첨서(添書)함. 또, 그 쓴 것. 협서. ② ☞脇付け(わきづけ).
脇線(わきせん) 진동에서 옷단까지의 선.
脇手(わきて) 측면. 옆쪽.
脇心(わきごころ) 다른 남자나 여자에게 마음을 씀. 또, 그 마음.
脇役(わきやく) (연극・영화에서) 조연.
脇往還(わきおうかん) ☞脇街道(わきかいどう).
脇丈(わきたけ) 진동에서 옷단까지의 치수.
脇正面(わきじょうめん) 能(のう) 무대의 관람석 가운데서 무대를 향하여 왼쪽 자리《비스듬히 구경하게 됨》.
脇座(わきざ) 能(のう) 무대의 정면 우측. ワキ가 앉는 곳.
脇注(わきちゅう) 방주(旁註).
脇指(わきざし) ⇨脇差(わきざし).
脇差(わきざし) (옛날에 무사가) 긴 칼과 함께 차는 호신용의 작은 칼.
脇下(わきした) 진동에서 옷단까지의 부분.
脇のした(わきのした) 겨드랑이.
脇挟む(わきばさむ) 겨드랑이에 끼다.
脇戸(わきど) 협문(夾門). 옆문.
脇壺(わきつぼ) 액와(腋窩).

11 艹	茨	꼬투리 **협** キョウ さや

音読
茨膜(きょうまく)〚生〛협막.

訓読
茨(さや) 꼬투리. 콩깍지.
茨豆(さやまめ)〚植〛꼬투리째 먹는 콩.
茨豌豆(さやえんどう)〚植〛꼬투리째 먹는 청대 완두.
茨隠元(さやいんげん)〚植〛꼬투리째 먹는 강낭콩.

15 竹	篋	상자 **협** キョウ はこ

音読
篋底(きょうてい) 손궤 밑바닥.

15 金	鋏	부젓가락 **협** キョウ はさみ・はさむ

音読
鋏状価格差(きょうじょうかかくさ)〚經〛협상 가격차. 가위다리 값차.

訓読
鋏 ㊀(はさみ) ① 가위. ② 표찰은 가위. 펀치. ③ (가위바위보의) 가위.
㊁(やっとこ) 철사나 판금(板金)을 꾸부리거나 불에 단 쇠를 집는 데 쓰는 공구(工具). 집게.
鋏む(はさむ) 가위로 자르다.
鋏虫(はさみむし)〚蟲〛집게벌레.

16 頁	頬	뺨 **협** キョウ ほお・ほほ

音読
頬骨(きょうこつ) 협골. 광대뼈. ＊ほおぼね로도 읽음.
頬筋(きょうきん) 협근. 뺨 부분의 근육.

訓読
頬 ㊀(ほお) 볼. 뺨.
㊁(ほほ) 'ほお(=볼)'의 새로운 말씨.
頬当て(ほおあて) (검도에서) 얼굴을 보호하는 보호구.
頬袋(ほおぶくろ) 원숭이의 볼 안에 있는 음식물을 저장하는 주머니.
頬返し(ほおがえし) 한쪽 볼에 미어지게 넣은 음식을 다른 쪽으로 옮겨 씹음.
頬白(ほおじろ)〚鳥〛멧새.
頬辺(ほおべた) 뺨.
頬笑ましい(ほほえましい) 호감이 가다. 흐뭇하다.
頬笑み(ほほえみ) 미소. ＊ほおえみ로도 읽음.
頬笑む(ほほえむ) 미소짓다. 꽃망울이 좀 벌어지다. ＊ほおえむ로도 읽음.
頬鬚(ほおひげ) ⇨ 頬髯(ほおひげ).
頬刺し(ほおざし) 소금을 뿌린 정어리 대가리를 꼬챙이에 여러 개 꿰어서 말린 식품.
頬髯(ほおひげ) 구레나룻.
頬杖(ほおづえ) 팔꿈치를 세우고 손으로 턱을 괴는 일.
頬張る(ほおばる) 볼이 미어지게 음식을 입에 넣다〔넣고 먹다〕.
頬擦り(ほおずり) (애정의 표시로) 자기의 볼을 상대방의 볼에 대고 비빔.
頬被り(ほおかぶり) ① 수건 따위로 뺨을 폭 쌈. ② 모르는 체함. ③ 비난・충고 따위를 못들은 체함. ＊ほっかむり로도 읽음.
頬桁(ほおげた) 광대뼈. 관골(顴骨).
頬紅(ほおべに) 볼에 바르는 연지.

其他
頬っ辺(ほっぺた)〈俗〉귀싸대기. 뺨.

형

5 儿	兄	맏 **형**・형 **형** ケイ・キョウ あに・え・せ

音読
兄 ㊀(けい) 형.
~たり難(がた)く弟(てい)たり難し 난형난제. 장자.
㊁(このかみ)〈古〉① 형. 누님. 언니. ② 연
‖~心(ごころ) 연장자다운 마음.
兄妹(けいまい) 형・오빠와 여동생.
兄事(けいじ) 형으로 모심〔섬김〕.
兄姉(けいし) 형자. 형과 누이. 오빠와 언니.
兄弟(きょうだい) 형제. ＊けいてい로도 읽음. ♣~分(ぶん) 의형제.
‖~弟子(でし) 동문 제자.

訓読
兄嫁(あによめ) 형수.
兄鼓(えつづみ) 能楽(のうがく) 등에서, 왼쪽 무릎에 올려놓고 손으로 두드리는 북.
兄の君(せのきみ)〈雅〉① 남편. 낭군(郞君). ② 남의 남편의 높임말.
兄貴(あにき) ① 형에 대한 높임말. ② (젊은 이들 사이에서) 선배. 형님.
兄分(あにぶん) 의형제 등의 약속에 의해 형으로 모시는 사람.
兄山(せやま) 마주하는 두 개의 산을 남녀로 비유하는 경우, 남성에 해당하는 산.
兄上(あにうえ) 형님.
兄人(せうと)〈古〉① (여자 쪽에서) 오빠와 남동생. ② 남자를 친근하게 부르는 말.
兄子(せこ)〈雅〉여자가 남편・오빠・동생 등 남자를 정답게 부르는 말.
兄弟子(あにでし) 동문(同門)의 선배.

其他

兄さん(にいさん) 형님.
兄ちゃん(あんちゃん) 〈俗〉 ① 형님. 친형이나 젊은 남자를 친하게 부르는 말. ② (젊은) 불량배.
兄矢(はや) (한 쌍의 화살 중) 먼저 쏘는 화살.
兄様(にいさま) 형님.
兄鷹(しょう) 수컷 매.

刑 〔형벌 형〕 ケイ・ギョウ

音読

刑(けい) 형. 형벌.
刑する(けいする) 형벌을 과하다. 특히, 사형에 처하다.
刑具(けいぐ) 형구.
刑期(けいき) 형기.
刑徒(けいと) 형도. 형을 받은 사람.
刑戮(けいりく) 형륙. 사형.
刑律(けいりつ) 형률. 형법.
刑吏(けいり) 형리.
刑名(けいめい) 형명. 형벌의 명칭.
刑務所(けいむしょ) 형무소. 교도소.
刑罰(けいばつ) 형벌. ♣〜**権**(けん) 형벌권.
‖〜**不遡及の原則**(ふそきゅうのげんそく)〖法〗형벌 불소급의 원칙.
刑法(けいほう) 형법.
刑辟(けいへき) 형벽. 형벌. 형법.
刑部省(ぎょうぶしょう) 옛날 형벌·소송을 취급하던 관청.
刑死(けいし) 형사. 형을 받아 죽음.
刑事(けいじ) 형사. ①〖法〗형법에 저촉되는 사건. ② 범죄 수사 담당 경찰관. ♣〜**罰**(ばつ) 형사벌 / 〜**犯**(はん) 형사범.
‖〜**警察**(けいさつ) 형사 경찰.
〜**免責**(めんせき) 형사 면책.
〜**補償**(ほしょう) 형사 보상.
〜**事件**(じけん) 형사 사건.
〜**訴訟**(そしょう) 형사 소송.
〜**裁判**(さいばん) 형사 재판.
〜**政策**(せいさく) 형사 정책.
〜**責任**(せきにん) 형사 책임.
〜**処分**(しょぶん) 형사 처분.
〜**被告人**(ひこくにん) 형사 피고인.
刑殺(けいさつ) 형살. 사형에 처함.
刑訴(けいそ) 형소. 刑事訴訟(けいじそしょう)의 준말.
刑屍(けいし) 형사자의 시체.
刑余(けいよ) 형여. 전과(前科)가 있음. 또, 그 사람.
刑人(けいじん) 형인. 전과자.
刑場(けいじょう) 형장.
刑典(けいてん) 형법전.
刑政(けいせい) 형정. ① 형벌과 정치. ②〖法〗형사 정책.
刑罪(けいざい) 형죄. 형법.

亨 〔형통할 형〕 コウ・ホウ・キョウ とおる・にる

音読

亨嘉(こうか) 형가. 좋은 때를 만남.
亨途(こうと) 형도. 평탄한 길.
亨運(こううん) 순조로운 운명.

形 〔형상 형〕 ケイ・ギョウ かた・かたち・なり

音読

形臨(けいりん) 서도에서, 글씨본의 글씨를 배우고 베낌.
形貌(けいぼう) 형모. 용모.
形状(けいじょう) 형상. 모양.
‖〜**記憶合金**(きおくごうきん) 형상 기억 합금〔티타늄 니켈 합금 따위〕.
形相 〓(けいそう) ① 형상. ②〖哲〗서양 중세 철학의 중요 개념으로, 대체로 형식(形式)과 비슷한 뜻.
〓(ぎょうそう) (무서운) 안색. 얼굴 표정.
形象(けいしょう) 형상. ♣〜**化**(か) 형상화.
‖〜**文字**(もじ) 상형 문자.
形像(けいぞう) 형상. 본떠 만든 상(像).
形声(けいせい) 형성. 육서(六書)의 하나.
形成(けいせい) 형성. ♣〜**体**(たい)〖生〗형성체 / 〜**層**(そう)〖植〗형성층.
‖〜**外科**(げか) 성형 외과.
〜**判決**(はんけつ)〖法〗형성 판결.
形勢(けいせい) 형세.
形勝(けいしょう) 형승. 지세·지형이 좋음.
形式(けいしき) 형식. ♣〜**美**(び) 형식미 / 〜**犯**(はん)〖法〗형식범 / 〜**法**(ほう) 형식법 / 〜**的**(てき) 형식적.
‖〜**論理学**(ろんりがく) 형식 논리학.
〜**名詞**(めいし)〖文法〗형식 명사.
〜**張る**(ばる) 형식을 중시하다. 형식〔격식〕을 차리다.
〜**主義**(しゅぎ) 형식주의.
形影(けいえい) 형영. 형체와 그 그림자.
〜**相伴**(あいともな)**う** 형영 상반하다. (부부 등이) 늘 사이 좋게 함께 있는 모양.
形容(けいよう) ① 형용. ② 얼굴 모습. 자태. 모양. ♣〜**詞**(し) 형용사.
‖〜**動詞**(どうし)〖文法〗형용 동사.
〜**矛盾**(むじゅん)〖論〗형용 모순. 서로 모순된 두 개의 개념을 연결하는 일.
形而上(けいじじょう) 형이상. ♣〜**的**(てき) 형이상적 / 〜**学**(がく) 형이상학.
形而下(けいじか) 형이하. ♣〜**的**(てき) 형이하적 / 〜**学**(がく) 형이하학.
形跡(けいせき) 형적. 흔적. 자취.
形質(けいしつ) 형질. ① 형태와 성질. ②〖生〗생물의 형태로서의 특징.

‖ ~導入(どうにゅう)〖生〗형질 도입.
~発現(はつげん)〖生〗형질 발현.
~細胞(さいぼう)〖生〗형질 세포.
~転換(てんかん)〖生〗형질 전환.
形体(けいたい) 형체.
形態(けいたい) 형태. ①형체. 모양. 생김새. ②〖心〗게슈탈트. ♣~論(ろん) 형태론／~素(そ)〖言〗형태소. 「론.
‖ ~音韻論(おんいんろん)〖言〗형태 음운 ~形成(けいせい)〖生〗형태 형성.
形骸(けいがい) 형해. (건물 따위의) 뼈대. ♣~化(か) 형해화.

訓読

形 ㊀(かたち) ①모양. 형상. 형체. 자세. ②(사물의) 형식. 형태. ③용모.
㊁(かた) ①모양. 형상. 꼴. ②무늬. ③자국. 저당. 담보.
㊂(がた)《接尾語로》…형. 모양. 꼴.
㊃(なり) ①모양. 꼴. ②몸매. ③옷차림.
形どる(かたどる) 본뜨다. 모방하다.
形鋼(かたこう) 형강.
形見(かたみ) 기념물. 유품.
~の衣(ころも) ①죽은 사람 또는 멀리 떨어진 사람의 기념적인 옷. ②상복. 「어 줌.
‖ ~分け(わけ) 유품을 친척・친지에 나누
形代(かたしろ) ①신주(神主). 위패. ②부적으로 쓰는 종이 인형.
形木(かたぎ) ①(날염(捺染) 등에 쓰이는) 무늬를 새긴 판자. ②판목.
形無し(かたなし) 형편[면목]없음.
形削り盤(かたけずりばん)〖機〗형삭반.
形見(かたみ) ⇨ 形見(かたみ).
形姿(なりかたち)〈老〉몸차림. 복장. 몸맵
形作る(かたちづくる) ①만들다. 구성〔형성〕하다. ②치장하다. 「る).
形造る(かたちづくる) ⇨ 形作る(かたちづく
形族(かたちぞう) 용모가 아름다운 가계(家系).
形振り(なりふり) ①옷차림. 외양. ②모양. 형세. 형편. 「자.
形板(かたいた) 형판. 물건의 모양을 본뜬 판
形許り(かたばかり) 명색뿐이. ＊かたばかりロ도 읽음.

9 土 教	型	거푸집 **형**・본보기 **형** ケイ かた

音読

型式(けいしき) 형식. (자동차・항공기・기계 따위의) 구조・외형상의 특정한 형. 모델. ＊かたしき로도 읽음.

訓読

型 ㊀(かた) ①본. 골. 거푸집. ②(습관으로 정해진) 전통적인 형식. 틀. ③(무도・스포츠 등에서 본보기가 되는) 형. 품. ④유형.
㊁(がた)《接尾語로》…형. …타입.
型鋼(かたこう) 형강.

型付き(かたつき) ①본을 대고 찍은 무늬가 있음. 또, 그것. ②사라사.
型付け(かたつけ) 형지(型紙)를 대고 무늬를 찍음. 또, 그 장색. 「색물.
‖ ~染め(ぞめ) 형지를 대고 무늬를 찍은 염
型崩れ(かたくずれ) (양복・구두 따위의) 형이 변하는 일.
型押し(かたおし) 판자 따위에 무늬를 새긴 후 종이 등에 찍어 무늬를 나타내는 일.
型の如く(かたのごとく) 정해진 대로.
型染め(かたぞめ) 형지 따위를 사용하여 무늬를 염색하는 염색법.
型枠(かたわく) 소정의 형태로 콘크리트를 굳히기 위해 가설해 놓은 테두리.
型紙(かたがみ) 형지.
型吹き(かたぶき) 유리 기물(器物)을 만드는 방법의 하나. 금형 속에 녹은 유리를 불어넣어 성형시키는 방법.
型置き(かたおき) 본을 놓고 그 위에 색칠하여 무늬를 내는 일. 또, 그 일을 하는 장색.
型打ち作業(かたうちさぎょう) (금속 제품의 대량 생산의 수단으로) 프레스에 의한 절단 작업 또는 성형 작업.
型通り(かたどおり) 정식(定式)대로.
型破り(かたやぶり) (관행으로서의) 형식을 깸. 파격적임.
型板(かたいた) 형판.
‖ ~ガラス(がらす) 한쪽 면 또는 양면에 여러 가지 문양을 새긴 판유리.
型絵染め(かたえぞめ) 형지를 이용하여 회화적인 문양을 염색하는 일. 또, 그 염색한 것.
A型肝炎(エーがたかんえん) A형 간염.
ハムレット型(ハムレットがた) 햄릿형. 우유부단한 성격〔인간형〕.

其他

型録(カタログ) 카달로그.

9 火	炯	밝을 **형** ケイ あきらか

音読

炯眼(けいがん) 형안. 날카로운 눈매〔안력〕.
炯然(けいぜん) ①명백한 모양. ②빛나는 모양. ③눈빛이 날카로운 모양.
炯炯(けいけい) 형형. (눈이) 번쩍이는〔날카로운〕모양.

10 木	桁	도리 **형** コウ かせ・けた

訓読

桁(けた) ①〖建〗도리. ②(숫자의) 자릿수. 전하여, 격차. 수준. 틀. ③(수판의) 뗄대.
桁送り(けたおくり) 자리 옮김. 한 줄로 된 문자나 숫자를 좌 또는 우로 움직임.
桁受け(けたうけ) 도리를 받치는 지지대.

桁縁(けたえん) 뒷마루의 가로대.
桁外れ(けたはずれ) 표준·규격과 훨씬 틀림. 월등함.
桁違い(けたちがい) 현격한 차이. 단위가 「림.
桁行き(けたゆき)〖建〗도리 칸수.

10 艹	荊	가시나무 형·아내 형 ケイ いばら

参考 荊의 異體字.

音読
荊冠(けいかん) 형관. 가시(면류)관.
荊棘 ㊀(けいきょく) ①형극. ②장애·방해가 되는 것. 곤란. 「시나무.
㊁(ばら)〖植〗가시가 있는 나무의 총칭. 가
荊婦(けいふ) 형부. 형처.
荊妻(けいさい) 형처. 우처(愚妻). 자기 처의 낮춤말.

訓読
荊(いばら) ①〖植〗가시나무. ②〖植〗찔레나무. ③〈方〉식물의 가시.

11 ネ 日	裄	화장 (형) ゆき

訓読
裄(ゆき) 화장. 옷의 등솔기부터 소매 끝까지의 길이.
裄丈(ゆきたけ) ①옷의 화장과 길이. ②일의 형편. 전후의 관계. *いきたけ로도 읽음.

11 虫 常	蛍 (螢)	개똥벌레 형 ケイ ほたる

音読
蛍光(けいこう) 형광. ♣~灯(とう) 형광등 / ~体(たい) 형광체 / ~板(ばん) 형광판.
∥~塗料(とりょう) 형광 도료.
~物質(ぶっしつ) 형광 물질.
~分析(ぶんせき)〖化〗형광 분석.
~顔料(がんりょう) 형광 안료.
~染料(せんりょう) 형광 염료.
蛍雪(けいせつ) 형설. 「다.
~の功(こう)を積(つ)む 형설의 공을 쌓
蛍窓(けいそう) 형창. ①서재. ②형설.

訓読
蛍(ほたる)〖蟲〗개똥벌레. 반딧불이.
蛍籠(ほたるかご) 개똥벌레〔반딧불이〕를 잡아 넣는 바구니.
蛍石(ほたるいし)〖鑛〗형석. *けいせきで로도 읽음.
蛍船(ほたるぶね) '蛍狩り(ほたるがり)(=개똥벌레 잡기 놀이)'할 때 타는 배.
蛍狩り(ほたるがり) 개똥벌레 잡기 놀이.
蛍烏賊(ほたるいか)〖魚〗불똥꼴뚜기.

蛍草(ほたるぐさ)〖植〗닭의장풀.
蛍合戦(ほたるがっせん) 많은 개똥벌레가 어지러이 나는 일.
蛍火(ほたるび) 반딧불. 또, 약간 남은 불.
*けいかで로도 읽음.

14 火	熒	등불 형·빛날 형 ケイ·エイ ひかり

音読
熒熒(けいけい) 형형. 반딧불 같은 작은 빛이 반짝이는 모양.
熒惑星(けいこくせい)〖天〗화성(火星)의 딴이름. *ひなつぼしで로도 읽음.

16 イ 常	衡	저울대 형·달 형 コウ はかり·はかる

音読
衡器(こうき) 형기. 저울.
衡平(こうへい) 형평. 공평.

訓読
衡 ㊀(はかり) 저울.
㊁(こう) ①저울대. ②무게. 중량.

17 扌	擤	코풀 형 コウ かむ

訓読
擤む(かむ) (코를) 풀다.

20 香 人	馨	향내날 형 ケイ かおり·かおる

音読
馨香(けいこう) 형향. ①향기로운 좋은 냄새. ②멀리까지 미치는 덕(德)의 비유.

訓読
馨る(かおる) 상쾌하게 느껴지다.

其他
馨しい(かんばしい) 향기롭다. *かぐわしい·こうばしい로도 읽음.

혜

2 匸	匸	감출 혜 ケイ かくす

訓読
匸構(かくしがまえ) 한자 부수의 하나: 터진에운담.

10 心 常	恵(惠)	은혜 혜・베풀 혜 ケイ・エ めぐむ

【音読】
恵撫(けいぶ) 혜무. 인정을 베풀고 사랑함.
恵方(えほう) 길방. 음양도에서, 그 해의 간지에 따라 길한 방위라고 정해진 방향.
‖〜棚(だな) 그 해의 年徳神(としとくじん)을 모셔둔 감실(龕室).
〜参(まい)り 정월 초하룻날 길방에 있는 신사・불당(佛堂) 등에 참배하여 그 해의 복을 비는 일.
恵比須(えびす) 칠복신(七福神)의 하나. 상가(商家)의 수호신으로서, 오른손에 낚싯대, 왼손에 도미를 들고 있음.
‖〜講(こう) 상가(商家)에서 恵比須에게 지내는 제사.
〜顔(がお) (恵比須처럼) 싱글벙글 웃는 얼굴.
〜草(ぐさ) 〔植〕 결명차.
〜歯(ば) 〔俗〕 (사람의) 위쪽 앞니 중 오른쪽 것.
恵比寿(えびす) ⇨ 恵比須(えびす).
恵賜(けいし) 혜사. 손아랫사람에게 금품을 줌. 余위 어른으로부터 받음.
恵送(けいそう) 혜송. 보내 주심.
恵与(けいよ) 혜여. ① 혜증(惠贈). 혜사(惠賜). ② 받은 일에 대해 감사한다는 뜻의 높임말.
恵雨(けいう) 혜우. 가뭄 때 오는 단비.
恵存(けいぞん) 혜존. *けいそん으로도 읽음.
恵贈(けいぞう) 혜증. 보내 주심.
恵沢(けいたく) 혜택.
恵投(けいとう) ☞恵贈(けいぞう).
恵胡海苔(えごのり) 〔植〕 석목. 우무의 원료.

【訓読】
恵まれる(めぐまれる) ① 혜택을 받다. ② 많다. 행복하다.
❖**恵む**(めぐむ) ① 은혜를 베풀다. ② 금품을 주다.
恵み(めぐみ) 은혜. ① 은총. 자비. ② 동냥.
〜の雨(あめ) ① 자우(慈雨). 초목을 적셔 주는 단비. ② 신불 등의 자비가 널리 미침.

11 彐 人	彗	비 혜・살별 혜 スイ ほうき

【音読】
彗星(すいせい) 〔天〕 혜성.
ハレー彗星(ハレーすいせい) 〔天〕 헬리 혜성.

15 心 人	慧(慧)	슬기로울 혜 ケイ・エ さとい・さかしい

【音読】
慧敏(けいびん) 혜민. 슬기롭고 날램.
慧眼(けいがん) 혜안. 사물을 통찰하는 안력.
慧悟(けいご) 혜오. 슬기가 있어 깨우침이 빠름.
慧知(けいち) 혜지. 슬기.

15 革	鞋	신 혜 アイ・カイ くつ

【其他】
草鞋(わらじ) 초혜. 짚신. *わらんじ라고도 함.

17 疋	蹊	좁은길 혜 ケイ こみち

【音読】
蹊径(けいけい) 혜경. 좁은 길. 지름길.
蹊要(けいよう) 혜요. 요해처인 좁은 길목.

18 虫	蟪	쓰르매미 혜 ケイ

【其他】
蟪蟪(つくつくぼうし) 〔蟲〕 애매미.

호

4 二 常	互	서로 호 ゴ たがい・かたみ

【音読】
互角(ごかく) 호각. 백중함.
互変(ごへん) 〔化〕 호변.
‖〜異性(いせい) 호변 이성.
互生(ごせい) 〔植〕 호생. 어긋나기.
互選(ごせん) 호선.
互酬性(ごしゅうせい) 개인 또는 집단 간에 서로 물품이나 역무(役務)를 교환하여 상호 관계가 갱신・지속되는 일.
互市(ごし) 호시. 무역. 교역(交易).
互市場(ごしじょう) 호시장. 교역이 허가된 곳. 무역항.
互譲(ごじょう) 호양. 서로 사양함.
互有権(ごゆうけん) 〔法〕 호유권.
互除法(ごじょほう) 〔數〕 호제법. 서로나눗셈.
互助(ごじょ) 호조. 상조(相助). 서로 도움.
♣〜会(かい) 상조회.
互恵(ごけい) 호혜.
‖〜関税(かんぜい) 호혜 관세.
〜貿易(ぼうえき) 호혜 무역.
〜条約(じょうやく) 호혜 조약.
互換(ごかん) 호환. 맞바꿀 수 있음. ♣〜性

戸・乎・号・冱　1665

（せい）호환성.
‖～機(き) 호환성이 있는 컴퓨터.

訓読

互い(たがい) ①서로. 교대로. 쌍방. 상호. ②《お～(さま) 등의 꼴로》피차 마찬가지임.
互に(かたみに)〈雅〉서로서로. 번갈아. 다 같이.
互代り(かたみがわり) ⇒ 互替わり(かたみがわり).
互い先(たがいせん)(바둑·장기에서) 호선(互先). 맞바둑. 맞수.
互い為(たがいだめ) 서로 이익이 됨.
互い違い(たがいちがい) 엇갈림. 번갈아 (함). 「교대.
互替わり(かたみがわり)〈老〉번갈아 함.

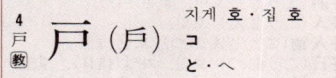

音読

戸建て(こだて) 단독 주택.
戸口 ㊀(ここう) 호구. 호수와 인구.
‖～調査(ちょうさ) 호구 조사.
　㊁(とぐち)(건물의) 출입구.
戸隙(こげき) 문의 틈새.
戸内(こない) 집 안. 집 속.
戸毎(こごと) 집집마다. 매호.
戸別(こべつ) 호별.
‖～訪問(ほうもん) 호별 방문.
～割り(わり)(세금·기부 등의) 호별 할당.
戸扉(こひ) ①문이나 문짝. 비호(扉戸). ②(戸数(こすう) 호수.　　　　　　「입구.
‖～割り(わり)(종전의) 호세세(稅).
戸外(こがい) 호외. 집 밖. 옥외(屋外).
戸長(こちょう) 明治(めいじ) 시대 초기에 町村(ちょうそん)의 행정 사무를 맡아보던 관.
戸籍(こせき) 호적. ♣～法(ほう) 호적법/～簿(ぼ) 호적부.
‖～謄本(とうほん) 호적 등본.
～原本(げんぽん) 호적 원본.
～抄本(しょうほん) 호적 초본.
～筆頭者(ひっとうしゃ) 호적에 첫번째로 기재된 사람.
戸田(こでん) 호전. 가옥과 전답.
戸主(こしゅ) 호주. ♣～権(けん) 호주권.
戸戸(ここ) 호호. 집집마다. 한 집 한 집.

訓読

戸 ㊀(と) 문. 대문.(집의) 출입구.
　㊁(こ)《接尾語로》…호.　　　　　「호.
戸冠(とかんむり) 한자 부수의 하나 : 지게
戸当たり(とあたり) 문을 열거나 닫을 때 멈추도록 테두리나 끝부분에 덧댄 쇠장식.
戸袋(とぶくろ) (덧문이나 빈지의) 두껍단
戸明け(とあけ) 문을 엶.　　　　　「이.
戸棚(とだな) 찬장.
戸閾(ときみ) ①문지방. 문턱. ②'牛車(ぎっしゃ)(=옛날, 소가 끄는 탈것)'의 앞뒤 입구 아래쪽에 건너지른 낮은 칸막이 판자.
戸襖(とぶすま) 종이 또는 천을 발라 맹장지처럼 만든 널문.
戸帳(とちょう) 두장(斗帳). 귀인의 침소나 불단 앞 등에 치는 휘장.
戸障子(としょうじ) 문과 미닫이.
戸前(とまえ) 땅광(지하실) 입구. 또, 그 문.
戸田芝(とだしば)〖植〗야로초.
戸車(とぐるま)(문짝의) 호차. 문바퀴.
戸の札(へのふだ) 고대의 양민의 호적.
戸締まり(とじまり) ⇒ 戸閉まり(とじまり).
戸締め(とじめ) 문을 닫음.
戸板(といた) 덧문짝.
‖～返し(がえし)((일의) 형세나 사람의 태도 등이) 급변함. 돌변함.
戸閉まり(とじまり) 문단속.
戸惑い(とまどい) 수단이나 방법을 몰라서 갈피를 잡지 못함. 사정을 몰라 망설임.
戸惑う(とまどう) 어리둥절해 하다. 망설이다. 당황하다.

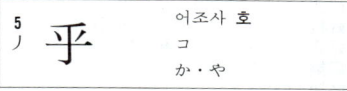

其他

乎古止点(をことてん) 한문 훈독을 위해 한자의 네 귀퉁이에 점·선 등으로로 읽는 법을 표시한 부호. ＊おことてん으로도 씀.

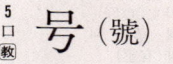

音読

号(ごう) 호. ①학자·문인·화가 등의 본명 이외에 붙이는 이름. 아호(雅號). ②(잡지·신문 등의) 발행 순위.
号ずる(ごうずる) ①일컫다. (사)칭하다. ②이름을 붙이다[부르다].
号哭(ごうこく) 호곡. 목놓아 욺.
号叫(ごうきゅう) 호규. 크게 울부짖음.
号令(ごうれい) 호령. 구령(口令). 명령.
号俸(ごうほう) (급료의) 호봉.
号数(ごうすう) 호수.
‖～活字(かつじ)〖印〗호수 활자.
号外(ごうがい) 호외.
号音(ごうおん) 호음. 신호 소리.
号泣(ごうきゅう) 호읍. 소리 높여 욺.
号笛(ごうてき) 호적. 신호로 부는 피리.
号鐘(ごうしょう) 호종. 신호로 치는 종.
号砲(ごうほう) 호포. 신호용 총포.
号火(ごうか) 호화. 신호의 불.

6 冫	冱	얼 호 ゴ いてる

訓読

冴え返る(いてかえる) 봄이 되어 따뜻해지다가 다시 갑자기 추워지다.

| 6 女 教 | 好 | 좋아할 호·잘 호
コウ
いい·このむ·すく·
よい·よしみ |

音読

好(こう)《接頭語로》호…. 좋다는 뜻.
好角家(こうかくか) 씨름(구경)을 좋아하는 사람.
好感(こうかん) 호감.
好個(こうこ) 적당함. 알맞음.
好箇(こうこ) ⇨ 好個(こうこ).
好景気(こうけいき) 〖經〗 호경기.
好季(こうき) 호계. 좋은 계절.
好古(こうこ) 호고. 옛것을 좋아함.
好球(こうきゅう) 〖野〗 치기 좋은 공.
好逑(こうきゅう) 호구. 좋은 배필.
好局(こうきょく) (바둑·장기의) 좋은 대국.
好劇(こうげき) 연극을 좋아함.
好技(こうぎ) 호기. 좋은 연기〔기술〕.
好奇(こうき) 호기. ♣~**心**(しん) 호기심.
好期(こうき) 호기.
好機(こうき) 호기.
好気性細菌(こうきせいさいきん) 호기성 세균.
好機会(こうきかい) 호기회. 좋은 기회.
好男子(こうだんし) 호남아.
好冷菌(こうれいきん) 〖醫〗 호냉균.
好都合(こうつごう) 형편이 좋음. 안성맞춤.
好良(こうりょう) 양호(良好).
好例(こうれい) 호례. 좋은 예.
好望(こうぼう) 유망(有望).
好文木(こうぶんぼく) 〖植〗'梅(うめ)(=매화나무)'의 딴이름.
好物(こうぶつ) 호물. 즐기는 음식. 좋아하는 물건.
好味(こうみ) 호미. 맛있음. 또, 그런 음식.
好発(こうはつ) 빈발(頻發).
‖~**年齢**(ねんれい) 어떤 질병이 발생하기 쉬운 나이.
好防(こうぼう) 호방. 선방. 공격을 잘 막음.
好配(こうはい) ① 호배. 어울리는 배필. ②'高配当(こうはいとう(=높은 배당)'의 준말.
好士(こうし) 호사. ① 훌륭한 사람. ② 문아(文雅)한 사람.
好事 ㊀(こうじ) 호사. 좋은 일.
㊁(こうず) 호사. 색다른 것을 좋아함. ♣~**家**(か) 호사가.
好辞(こうじ) 좋은 말〔언사〕.
好酸球(こうさんきゅう) 〖生〗 호산구.
好尚(こうしょう) ① 취미. 기호. ② 유행.
好色(こうしょく) 호색. ♣~**家**(か) 호색가/~**漢**(かん) 호색한.
好成績(こうせいせき) 좋은 성적.
好訴妄想(こうそもうそう) 호소 망상.
好手(こうしゅ) 호수. ① 기술이 뛰어남. 또, 그런 사람. ② (바둑 등에서) 잘 두는 수.
好守(こうしゅ) (야구 등에서) 호수비.
好楽(こうがく) 음악을 좋아함. ♣~**家**(か) 음악 애호가.
好漁(こうりょう) (낚시·고기잡이에서) 물고기가 잘 잡힘. 풍어.
好演(こうえん) 호연. 훌륭한 연기·연주.
好塩菌(こうえんきん) 〖醫〗 호염균.
好塩基球(こうえんききゅう) 〖生〗 호염기성 백혈구.
好悪(こうお) 호오. 좋아함과 싫어함.
好運(こううん) 호운. 행운.
好宜(こうぎ) ⇨ 好誼(こうぎ).
好意(こうい) 호의. ♣~**的**(てき) 호의적.
‖~**手形**(てがた) 호의 어음. 융통 어음.
好誼(こうぎ) 호의. 친절.
好餌(こうじ) 호이. 좋은 미끼.
好人(こうじん) 호인.
好人物(こうじんぶつ) 호인(물).
好日(こうじつ) 가일(佳日). 길일.
好一対(こういっつい) 걸맞은 한쌍.
好字(こうじ) 호자.〔상서로운〕글자.
好材(こうざい) 호재. 좋은 재료.
好材料(こうざいりょう) 호재료. 호재.
好著(こうちょ) 호저. 좋은 저서.
好適(こうてき) 호적. 썩 알맞음.
好敵手(こうてきしゅ) 호적수. 맞수.
好転(こうてん) 호전.
好戦(こうせん) 호전. ♣~**的**(てき) 호전적.
好情(こうじょう) 호정. 호감.
好調(こうちょう) 호조.
好条件(こうじょうけん) 호조건.
好走(こうそう) (야구 따위에서) 잘 뜀.
好中球(こうちゅうきゅう) 〖生〗 호중성(好中性) 백혈구.
好処(こうしょ) 장점(長點).
好天(こうてん) 호천. 날씨가 좋음.
好天気(こうてんき) 호천후. 좋은 날씨.
好晴(こうせい) 호청. 쾌청.
好打(こうだ) 〖野〗 호타.
好打者(こうだしゃ) 〖野〗 타격에 익숙한 자.
好投(こうとう) 〖野〗 (투수의) 호투.
好篇(こうへん) ⇨ 好編(こうへん).
好編(こうへん) 좋은 작품.
好評(こうひょう) 호평.
好捕(こうほ) 〖野〗 타자가 친 공을 수비수가 잘 받음. 나이스 캐치.
好風(こうふう) ① 좋은 경치. ② 상쾌한 바람.
好下物(こうかぶつ) 좋은 술안주. 가효(佳肴).
好学(こうがく) 호학. 학문을 좋아함.
好漢(こうかん) 호한. 쾌남아.
好好爺(こうこうや) 마음씨 좋은 할아버지.
好況(こうきょう) 호황.

訓読

好いた(すいた) (이성으로서) 마음이 끌리는. 반한.
好いたらしい(すいたらしい) (이성으로서) 마음이 끌리다. 호감이 가다.
好かない(すかない) 싫다. 마음에 들지 않다. 좋아하지 않다.

好かんたらしい(すかんたらしい) 불쾌한 느낌이 들다. 마음에 들지 않다. 싫다.
好くも(よくも) 용케도. 감히.
好し(よし)〈雅〉좋다.
好しみ(よしみ) 친분. 정의(情誼). 인연.
好ましい(このましい) ①마음에 들다. 호감이 가다. ②바람직하다.
好もしい(このもしい) ☞好ましい(このま
好んで(このんで) ①기꺼이. 즐겨. ②곧잘.
❖**好い**(いい) ①〈口〉좋다. ②…하기 좋
㊀(よい) 좋다.   └다. 쉽다.
好い加減(いいかげん) ①적당함. 알맞음. ②꽤. 상당히. ③무책임한 모양. 엉터리. ④미적지근한. 불철저한.
好い気(いいき) 혼자 좋아하는 모양.
好い気味(いいきみ) 통쾌함. 고소함.
好い男(いいおとこ) 미남. 호남(好男).
好い面の皮(いいつらのかわ) (창피한 일을 당했을 때 비웃는 말로) 꼴좋음.
好い目(いいめ) 행운.
好い物(いいもの) ①좋은 것. ②좋은 소질.
好い事(いいこと) 좋은 일. 사정〔형편〕이 좋은 상태.
好い歳(いいとし) ①세상 물정에 익숙하고 분별 있는 나이. 지긋한 나이. ②행복한 새해.
好い芽(いいめ) ⇨好い目(いいめ).
好い顔(いいかお) ①얼굴이 알려짐. ②기분이 좋은 얼굴.
好い様(いいざま) 형편없는〔비참한〕꼴.
好い様に(いいように) 불편이 없도록. 잘어울리게.   「사람.
好い人(いいひと) ①좋은 사람. ②좋아하는
好い子(いいこ) 착한 아이.
好い仲(いいなか) ①친한 사이. ②〈俗〉(남녀의) 사랑하는 사이.
好い態(いいざま) ⇨好い様(いいざま).
❖**好く**(すく) ①좋아하다〔현대어에서는 주로 受動・否定形으로 씀〕. ②〈古〉풍류를 즐기다. ③호색(好色)하다.
好き ㊀(すき) ①좋아함. ②호색(好色). ③호기심. ④내키는 대로. 제 마음대로.
㊁(ずき)《名詞 뒤에 붙어》그것이 좋음. 또, 그 사람을 나타냄.
好き放題(すきほうだい) 자기 좋을 대로 하는 모양.
好き不好き(すきぶすき) 호불호(好不好). 좋아함과 싫어함.
好き事(すきごと) ①호색(好色)스런 행동. ②색다른 것을 좋아하는 행동.
好き勝手(すきかって) (제각기) 자기 좋을 대로만 하는 모양.
好き心(すきごころ) ①호색(好色)한 마음. ②호기심. 호사심(好事心).
好き者(すきもの) ①호색가. ②호사가. 호기심이 많은 사람. *すきしゃ로도 읽음.
好き合う(すきあう) 서로 좋아하다.
好き嫌い(すききらい) 호불호(好不好). 좋아함과 싫어함.

好き好き(すきずき) 각자의 기호(嗜好).
好き好きし(すきずきし)〈古〉무엇에 마음이 끌려 집착하는 모양. ①유별난 것을 좋아하다. ②풍류가 있다. 풍아하다. ③호색하다.
好き好み(すきこのみ) 취미. 기호(嗜好).
好き好む(すきこのむ) 특히 좋아하다〔'好(す)き'와 '好(この)む'를 겹친 힘줌말〕.
❖**好む**(このむ) ①좋아하다. ②바라다.
好み(このみ) ①좋아함. 취미. 기호(嗜好). ②주문. ③유행.   「심.
┃**~心**(ごころ) 호색(好色)하는 마음. 호기
其他▶
好様(よさま) 보기좋은 모양〔상태〕.

| 6 虍 | 虍 | 범의문채 호
コ |

其他▶
虍(とらかんむり) 한자 부수(部首)의 하나: 범호밑.

| 7
冫
入 | 冴(冱) | 얼 호
ゴ
さえる |

訓読▶
❖**冴える**(さえる) ①(빛·색깔·소리 등이) 선명하다. 산뜻하다. ②(머릿속이) 맑아지다. ③(솜씨가) 뛰어나다. 훌륭하다. ④몹시 춥다. 냉랭하다. ⑤《冴えないの 꼴로》(기분이) 개운찮다. 신통치 않다.
冴え(さえ) ①(빛·색깔·음 따위가) 산뜻함. 아주 맑음. ②(솜씨 등이) 훌륭하고 뛰어남.
冴え渡る(さえわたる) (일대가 온통) 맑아지다. 맑게 개다.
冴え返る(さえかえる) ①매우 맑다. ②살을 에듯 무섭게 춥다. ③여한(餘寒)이 되추워지다.
冴え行く(さえゆく) ①차차 맑아지다. ②점점 추워지다.
冴え冴え(さえざえ) 몹시 맑은 모양.
冴え冴えしい(さえざえしい) ①무척 맑아 상쾌하다. ②맑디맑다.

| 7
冫 | 冱 | 얼 호
ゴ・カク |

音読▶
冱寒(ごかん) 호한. 극심한 추위.

| 8
口
㊍ | 呼 | 부를 호·숨내쉴 호
コ
よぶ・よばう・よばわる |

音読▶
呼格(こかく)〖言〗호격.

呼気(こき) 호기. 내쉬는 숨.
呼気音(こきおん) 〖言〗호기음.
呼量(こりょう) 통신 회선을 점유하는 단위 시간당의 소통량.
呼買(こばい) 시장에서 살 사람과 팔 사람이 서로 값을 부르면서 매매하는 일.
呼名(こめい) 호명.
呼損(こそん) 전화 등에서, 상대방을 불렀을 때 회선이 사용중이어서 통화 불능임.
呼応(こおう) 호응.
呼集(こしゅう) 호집. 소집.
呼称(こしょう) 호칭.
呼号(こごう) 호호. 불러 외침. 큰소리를 침. 전하여, 크게 선전함.
呼吸(こきゅう) 호흡. ♣〜根(こん) 〖植〗호흡근 /〜筋(きん) 〖生〗호흡근. 숨근 /〜商(しょう) 〖生〗호흡률(率) /〜式(しき) 호흡식 /〜熱(ねつ) 호흡열 /〜音(おん) 호흡음.
‖〜困難(こんなん) 호흡 곤란.
〜器(き) 호흡기. ♣〜系統(けいとう) 호흡기 계통 /〜病(びょう) 호흡기병.
〜色素(しきそ) 〖生〗호흡 색소.
〜樹(じゅ) 〖生〗호흡수. 수폐(水肺).
〜運動(うんどう) 호흡 운동.
〜中枢(ちゅうすう) 호흡 중추.
〜酵素(こうそ) 〖生〗호흡 효소.

訓読

呼ばる(よばる) 〈方〉부르다.
呼ばれる(よばれる) 불리다. ①일컬어지다. …라고 하다. ②초청받다.
❖呼ばう(よばう) ①부르다. 소리치다. ②〈古〉청혼하다.
呼ばい(よばい) ①부름. ②청혼함.
❖呼ばわる(よばわる) 큰 소리로 부르다. 외치다.
呼ばわり(よばわり) 부름. 부르는 일.
❖呼ぶ(よぶ) ①부르다. 초대하다. ②이름 짓다. 일컫다. ③불러 일으키다.
呼びつけ(よびつけ) ①불러오게 함. ②이름 막 부름.
呼び覚ます(よびさます) ①불러 깨우다. ②상기시키다.
呼び慣れる(よびなれる) 늘 불러서 익숙해지다.
呼び掛け(よびかけ) ①〖소리 질러〗부름. ②호소(함). 또, 그 형식의 낭독극.
呼び掛ける(よびかける) ①부르다. ②의견의 찬동을 구하다. 호소하다.
呼び交わす(よびかわす) 서로 부르다.
呼び求める(よびもとめる) 갈구(渴求)하다.
呼び起こす(よびおこす) ①불러서 깨우다. ②환기(喚起)하다.
呼び寄せる(よびよせる) 불러오다.
呼び塗り(よびぬり) 〖建〗외(椳)를 얽어 벽체를 꾸민 후 한쪽 면에 흙을 바르고 그 흙이 마르기 전에 바로 뒤쪽에 다시 흙을 바르는 일.
呼び戻し(よびもどし) ①부름. ②(씨름에서) 상대방이 지른 손을 겨드랑이에 낀 채 상대의 몸을 당겼다가, 다른 손으로 세게 밀쳐 자빠뜨리는 재주.
呼び戻す(よびもどす) 불러서 되돌아오게 하다. 귀환시키다.
呼び連れる(よびつれる) 불러내어 함께 가다.
呼び鈴(よびりん) 초인종.
呼び立てる(よびたてる) ①소리 높여 부르다. ②일부러 불러내다.
呼び売り(よびうり) 물건 이름을 크게 외치면서 파는 일. 또, 그런 장사꾼.
呼び名(よびな) ①보통 불리고 있는 이름. 통명(通名). ②平安(へいあん)시대, 궁녀들에게 관명이나 출신지명을 붙여 부르던 이름.
呼び物(よびもの) (모임이나 연예에서) 인기 끄는 것. 평판이 좋은 것.
呼び返す(よびかえす) ①불러서 되돌아오게 하다. ②(기억 등을) 상기(想起)하다.
呼び付ける(よびつける) ①불러 (그곳에) 오게 하다. ②늘 불러서 입에 익다.
呼び捨て(よびすて) 경칭을 붙이지 않고 이름을 막 부름. *よびずて로도 읽음.
呼び捨てる(よびすてる) 경칭을 붙이지 않고 성명을 막 부르다.
呼び上げる(よびあげる) ①큰소리로 부르다. ②사물의 이름을 차례로 말하다.
呼び声(よびごえ) ①부르는〔외치는〕소리. ②평판. 소문.
呼び醒す(よびさます) ⇨呼び覚ます(よびさます).
呼び水(よびみず) ①(펌프의) 마중물(을 붓는 일). ②실마리.
呼び馴れる(よびなれる) ⇨呼び慣れる(よびなれる).
呼び塩(よびじお) ①소금절이 등의 짠맛을 덜기 위해 묽은 소금물에 담금. ②음식의 단맛을 돋우기 위해 약간의 소금을 침. 또, 그 소금.
呼び屋(よびや) ①〈俗〉외국에서 연예인 등을 초청하여 흥행하는 직업. 또, 그 흥행사. ②江戸(えど)시대, 京都(きょうと)·大坂(おおさか)의 하급 갈봇집.
呼び入れる(よびいれる) ①불러들이다. ②(물을) 대다.
呼び込む(よびこむ) ①불러들이다. ②끌어 들이다.
呼び子(よびこ) 호루라기. 호각.
‖〜の笛(ふえ) ☞呼び子.
〜鳥(どり) 'かっこう(=뻐꾸기)'의 딴이름.
呼び鐘(よびがね) ①머슴·하녀 등을 부를 때 치는 종. ②〖佛〗법회(法會)·예불 시간을 알리는 작은 범종.
呼び止める(よびとめる) 불러서 멈춰 세우다.
呼び集める(よびあつめる) 불러모으다.
呼び出し(よびだし) ①호출. 소환. ②씨름판에서, 씨름꾼을 호출하여 등장시키는 사람. ③呼び出し電話의 준말. ♣〜状(じょう) 소환장.
‖〜時間(じかん) 도달 시간. 호출 시간.
〜電話(でんわ) 호출 전화.
呼び出す(よびだす) ①호출하다. 불러내

다. ②부르기 시작하다. *よびいだす로도 읽음.
呼び値(よびね) (거래에서) 매매 물건의 단위 수량의 가격. 부르는 값. 호가(呼價).

8 弓 常	弧	활 호 コ

音読⇒
弧(こ) 〖數〗호.
弧度(こど) 〖數〗호도. 라디안.
弧度法(こどほう) 〖數〗호도법.
弧状(こじょう) 호상. 궁형. 반달 모양.
∥~列島(れっとう) 〖地〗호상 열도.
弧線(こせん) 호선. 호상(弧狀)의 선. 반달 모양의 선.

8 忄	怙	믿을 호 コ たのむ

音読⇒
怙恃(こじ) 호시. ①믿고 의지함. ②양친. 부모.

8 犭	狐	여우 호 コ きつね

音読⇒
狐裘(こきゅう) 호구. 여우 겨드랑이의 흰 털로 만든 옷.
狐狗狸さん(こっくりさん) 3개의 대나무나 젓가락의 중간을 묶어서 사이를 벌려 만든 삼각가(架) 위에 쟁반을 놓고 2, 3명이 오른손으로 살짝 눌러 그 움직임을 보고 점을 침.
狐狼(ころう) 호랑. 범과 이리.
狐狸(こり) 호리. 늙은 여우나 너구리.
狐媚(こび) 호미. ①여우가 사람을 호림. ②아양을 떨고 호림.
狐疑(こぎ) 호의. 의심하여 망설임.

訓読⇒
狐(きつね) ①〖動〗여우. ②〈俗〉여우같이 간사한 사람. ③狐鮨(きつねずし)의 준말. ④狐色(きつねいろ)의 준말. ⑤狐饂飩(きつねうどん)의 준말.
狐の嫁入り(きつねのよめいり) ①초롱불 행렬같이 줄지어 늘어선 도깨비불. ②여우비.
狐格子(きつねごうし) 가로세로로 짠 격자.
狐蕎麦(きつねそば) 양념을 하여 졸인 유부와 파를 넣어서 만든 메밀 국수장국. 메밀 유부국수.
狐拳(きつねけん) 가위바위보의 한 가지.
狐飯(きつねめし) 유부밥.
狐付き(きつねつき) 여우에게 홀려서 난다는 정신병. 또, 그 병에 걸린 사람.
狐憑き(きつねつき) ⇨ 狐付き(きつねつき).
狐色(きつねいろ) 엷은 갈색.
狐饂飩(きつねうどん) 유부국수.
狐鮨(きつねずし) 유부 초밥.
狐火(きつねび) 도깨비불.

其他⇒
狐臭(わきが) 액취. 암내. 곁땀내.

8 虍 人	虎	범 호 コ とら

音読⇒
虎骨酒(ここつしゅ) 호골주. 증류주에 호랑이 뼈와 여러 가지 생약재를 넣어 만든 중국의 약용주.
虎口 ㊀(こぐち) ①성곽·진영의 요소에 있는 문. ②☞.
㊁(ここう) 호구. 매우 위험한 장소나 상태.
虎斑 ㊀(こはん) 호랑이 가죽과 같은 무늬.
㊁(とらふ) 호랑이 가죽과 같은 털색.
虎榜(こぼう) 호방. 과거 급제자의 이름을 적은 방.
虎嘯(こしょう) 호소. ①범이 욺. ②영웅이 나와 활약함.
虎視(こし) 호시. 범처럼 날카로운 눈초리로 ∥~眈眈(たんたん) 호시탐탐. 「봄.
虎牙(こが) 호아. ①호랑이의 이. ②장수·将軍(しょうぐん)의 딴이름.
虎児(こじ) ①범의 새끼. ②매우 귀중한 것.
虎疫(こえき) 호역. 콜레라.
虎髯(こぜん) 호염. ①범의 수염. ②호걸 등의 위엄 있는 수염.
虎威(こい) 호위. 호랑이의 위력. 권세의 힘.
虎子 ㊀(こし) 호자. ①범의 새끼. ②변기. 요강.
㊁(まる) 환자나 어린이가 쓰는 변기.
虎豹(こひょう) 호표. 범과 표범. 용맹한〔사나운〕자.
虎皮下(こひか) 편지에서, 학자·군인인 수신자의 이름 밑에 쓰는 말.
虎穴(こけつ) 호혈. ①호랑이 굴. ②매우 위험한 곳.

訓読⇒
虎(とら) 〖動〗호랑이. 범. 「티.
虎鶫(とらつぐみ) 〖鳥〗호랑지빠귀. 호랑**虎冠**(とらかんむり) 한자 부수의 하나: 범호 밑.
虎の口(とらのくち) 호구(虎口). 호랑이 아가리.
虎の巻(とらのまき) ①강의(講義) 따위의 기초 자료가 되는 책. ②교과서의 자습서.
虎毛(とらげ) ①황색 바탕에 굵고 검은 줄무늬가 있는 것. ②엷은 흑색으로 범얼룩이 있는, 말의 털색.
虎猫(とらねこ) 호랑이 같은 얼룩 고양이.
虎の尾(とらのお) 〖植〗큰까치수염.
虎狩り(とらがり) 범사냥.
虎髯 ㊀(とらひげ) 뻣뻣한 수염.
㊁(こしゅ) 호수. 범의 수염.

虎蛾(とらが)〖蟲〗얼룩나방.
虎眼石(とらめいし)〖鑛〗호안석. *こがんせきろとも 읽음.
虎刈り(とらがり) 이발이 서툴러 층이 지고 어룽지게 깎은 머리. 또, 그 솜씨.
虎の子(とらのこ) 장중(掌中)의 보옥(寶玉). 끔찍이 아끼는 것. 애지중지하는 것.
虎天牛(とらかみきり)〖蟲〗호랑하늘소.
虎の皮(とらのかわ) 호피(虎皮).
虎河豚(とらふぐ)〖魚〗자지복.
虎海老(とらえび)〖動〗범새우.
虎挟み(とらばさみ) 덫.
虎鱚(とらぎす)〖魚〗눈동미리.
其他➡
虎落(もがり)〈雅〉① 대를 어긋매껴서 결어 만든 울타리. ② 빨래를 너는 가지 달린 장대. ③ 남의 욕을 치는 일. 또, 그 사람. 갈취.
∥~笛(ぶえ) 겨울바람이 대나무로 만든 울타리 등에 부딪쳐 내는 피리 같은 소리.
虎狼痢(ころり) 콜레라.
虎魚(おこぜ) ①〖魚〗쑤기미. ②〈俗〉못생긴 사람의 비유.
虎列剌(コレラ)〖醫〗호열자. 콜레라. ♣~菌(きん) 콜레라균.
虎杖(いたどり)〖植〗호장. 감제풀.

胡

9月 ㋐
오랑캐 호·어찌 호
コ·ゴ·ウ
えびす·なんぞ

音読➡
胡(こ) 호. ① 중국에서, 이민족(異民族)의 일컬음. ② 외국에서 온 것이라는 뜻.
胡笳(こか) 호가. ① 날라리. ② 풀잎피리.
胡歌(こか) 호가. 호인(胡人)의 노래.
胡角(こかく) 호각. 호인이 불던 뿔피리.
胡国(ここく) 호국. ① 옛날 중국 북방의 오랑캐 나라. ② 야만족. 되.
胡弓(こきゅう) 호궁. 깡깡이 비슷한 동양 악기.
胡鬼の子(こぎのこ) 모감주나무 열매에 새 털을 꿰운 제기 비슷한 것.
胡鬼板(こぎいた) 羽子(はご)를 치는 나무 채.
胡琴(こきん)〖樂〗호금. 비파의 딴이름.
胡錦鳥(こきんちょう)〖鳥〗호금조.
胡銅(こどう) 청동. 청동기(器). *옛날에는 ことう라고도 했음. 「의 딴이름.
胡豆(こず)〖植〗'豌豆(えんどう)(=완두)'
胡乱(うろん) ① 수상쩍음. ② 난잡함.
∥~者(もの) 수상한 자.
胡虜(こりょ) 호로. 중국에서 북방 또는 서방 이민족을 얕잡아 이르는 말.
胡露柿(ころがき) 곶감.
胡簶(ころく) ⇨ 胡籙(ころく). 「읽음.
胡籙(ころく) 전동(箭筒). *やなぐい로도
胡馬(こば) 호마. 중국 북방에서 나는 말.
胡麻(ごま)〖植〗호마. 참깨. 「줄기.
胡麻幹(ごまがら) 씨를 떤 참깨의 대. 참깨
∥~決り(じゃくり) 기둥 따위의 겉에 세로

로 평행이 되게 홈 모양의 조각을 한 것.
胡麻胴乱(ごまどうらん) ① 밀가루에 참깨를 섞어서 구워 부풀린 막과자. ② 겉보기만 번드르르한 것.
胡麻豆腐(ごまどうふ) 볶은 흰깨를 빻아 갈분을 섞어 반죽하여 틀에 넣어서 굳힌 요리.
胡麻擂り(ごますり) 아첨함. 알랑거림. 또, 그 사람.
胡麻味噌(ごまみそ) 볶은 참깨를 된장·설탕에 버무려 으깬 식품.
胡麻斑天牛(ごまだらかみきり)〖蟲〗알락하늘소. 「범.
胡麻斑海豹(ごまふあざらし)〖動〗바다표
胡麻焼き(ごまやき) 참깨를 묻혀서 구운 식품. 「물.
胡麻垂れ(ごまだれ) 깨소금을 넣은 조미 국
胡麻の蠅(ごまのはえ) 여행자를 가장하여 길손의 물건을 훔치는 도둑.
胡麻塩(ごましお) ① 깨소금. ② 희끗희끗 센 머리. 반백. ♣~頭(あたま) 반백의 머리.
胡麻の葉草(ごまのはぐさ)〖植〗현삼(玄蔘). ♣~科(か) 현삼과. 「え).
胡麻汚し(ごまよごし) ☞胡麻和え(ごまあ
胡麻油(ごまあぶら) 호마유. 참기름.
胡麻竹(ごまだけ)〖植〗반죽(斑竹).
胡麻鯖(ごまさば)〖魚〗망치고등어.
胡麻酢(ごまず) 호마초. 볶은 참깨를 으깨어 섞은 향神 초간장. 「〖식.
胡麻和え(ごまあえ) 깨소금을 넣고 무친 음
胡兵(こへい) 호병. 이민족의 병정.
胡服(こふく) 호복. 호인(胡人)의 옷.
胡粉(ごふん) 백색 안료. 「막.
胡沙(こさ) 중국, 서북방의 호국(胡國)의 사
胡散(うさん) 수상함. 의심스러움.
∥~臭い(くさい) 어쩐지 수상쩍다.
胡床 ㊀(こしょう) 들고 다닐 수 있는 걸상의 일종.
㊁(あぐら)〈古〉① 높게 만든 좌석. ② 등널이 크고 높은 의자.
胡牀(こしょう) ⇨ 胡床(こしょう)㊀.
胡楽(こがく) 호악. 중국 당나라 때, 주변 민족에 기원을 둔 음악.
胡雁(こがん) 호안. 기러기.
胡髥(こぜん) 호염. 턱수염. 「이민족.
胡人(こじん) 호인. 옛날, 중국 북쪽·서쪽의
胡狄(こてき) 호적. 오랑캐.
胡蝶(こちょう)〈雅〉호접. 나비.
∥~骨(こつ)〖生〗접형골(蝶形骨).
~菫(すみれ)〖植〗'三色菫(さんしきすみれ)(=팬지)'의 딴이름.
~裘(きゅう)〈서적 장정에서〉호접장.
胡地(こち) 호지. 오랑캐 땅. 전하여, 미개지.
胡椒(こしょう) 후춧가루. ♣~鯛(だい)〖魚〗어름돔.

胡瓜 ㊀(きゅうり)〖植〗호과. 오이.
∥~揉み(もみ) 오이를 얇게 썰어 소금에 버무린 다음 초간장에 담근 음식.

三(そばうり)【植】胡瓜의 옛 이름.
胡桃(くるみ)【植】호두. ＊ことうろとも 읽음.
∥**〜割り**(わり) 호두 까는 도구.
胡銅器(さはり) 구리를 주성분으로 하고 납·주석을 첨가한 합금.
胡錄(やなぐい) ☞胡籙(ころく).
胡蜂(くまんばち)【蟲】호봉. 말벌.
胡蝶花(しゃが)【植】붓꽃과의 상록 다년초.
胡坐(あぐら) 책상다리(를 하고 있음). ＊ごさろにも 읽음.
〜をかく ① 책상다리를 하고 앉다. ② 현상에 안주하여 노력을 하지 않다.
∥**〜鼻**(ばな) 넓적코. 사자코.
胡頽子(ぐみ)【植】수유나무.

| 10
氵
人 | 浩 (浩) | 넓을 호·넉넉할 호
コウ
ひろい |

音読➡
浩歌(こうか) 호가. 목소리를 크게 질러 노래 부름. 또, 그 노래.
浩然(こうぜん) 호연.
〜の気(き) 호연지기.
浩嘆(こうたん) 호탄. 몹시 슬퍼함.
浩歎(こうたん) ⇨ 浩嘆(こうたん).
浩蕩(こうとう) 호탕. 넓은 모양.
浩瀚(こうかん) 호한. ① 넓고 큼. ② 책의 권수가 많음.
浩浩(こうこう) 호호. ① 물이 넓게 퍼져 있는 모양. ② 넓고 큰 모양.

| 11
戶 | 扈 | 따를 호
コ
つきそう |

音読➡
扈從(こじゅう) 호종. 모시고 수행함. 또, 그 사람. ＊こしょうとも 읽음.

| 11
毛 | 毫 | 잔털 호·조금 호
ゴウ
ほそげ·わずか |

音読➡
毫も(ごうも) 조금도. 추호도.
毫光(ごうこう) 호광. (부처 미간의 백호에서) 가늘게 사방으로 비치는 광선.
毫端(ごうたん) 호단. 붓끝.
毫厘(ごうり) ⇨ 毫釐(ごうり).
毫釐(ごうり) 호리. 매우 적음. ＊ごうりんとも 로도 읽음.
毫末(ごうまつ) 호말. 추호. 털끝만큼.
毫毛(ごうもう) 호모. ① 극히 가는 털이나 머리. ② 극히 조금. 「조
毫髮(ごうはつ) 호발. ① 가는 털. ② 극히
逆音➡
秋毫(しゅうごう) 추호. 몹시 적음.

| 11
瓜 | 瓠 | 박 호
コ
ひさご·ふくべ |

訓読➡
瓠 ㊀(ひさご) ① 夕顔(ゆうがお)(=박)·瓢簞(ひょうたん)(=호리병박)·冬瓜(とうが)(=동아)' 등의 총칭. ② 호리병.
㊁(ふくべ) 〈雅〉①【植】박의 한 변종. ② 호리병박.

| 12
士 | 壺 | 병 호·투호 호
コ
つぼ |

音読➡
壺觴(こしょう) 호상. 술병과 술잔.
壺酒(こしゅ) 호주. 단지에 담은 술.
壺中(こちゅう) 호중. 단지 속.
訓読➡
壺(つぼ) ① 단지. 항아리. ② 보시기. 종지. ③ 급소. 요점. 예상. ④ 뜸자리.
壺口(つぼくち) ① 단지 아가리. ② 단지 아가리처럼 입을 오므림. 또, 오므린 입.
壺菫(つぼすみれ)【植】콩제비꽃.
壺金(つぼがね) 문을 여닫는 데 쓰는 금속 장식의 하나. 암톨쩌귀.
壺網(つぼあみ) 건착망(巾着網).
壺皿(つぼざら) ① 단지 모양의 식탁용 종지. ② 주사위 종지.
壺焼き(つぼやき) ① 소라를 잘게 썰어 양념한 다음 그 껍데기에 넣고 구운 것. ② 항아리에 넣어 구운 고구마.
壺屋(つぼや) 본채에서 떨어져서 세운 곳간 모양의 건물. 또는 헛간·개인용 방으로 쓰는 가건물.
壺入り(つぼいり) ① 선경(仙境)에서 노니는 것. ② 옛날, 직접 기녀의 포주집에 술을 사들고 가서 유흥하는 것.
壺裝束(つぼそうぞく) 平安(へいあん) 시대, 여성이 도보로 외출할 때의 복장으로, 삿갓을 쓰고 겉옷의 아랫단을 허리에 쩌른 모양.
壺前栽(つぼせんざい) ① 안뜰. ② 안뜰의 나무를 많이 심은 곳.
壺振り(つぼふり) 주사위 놀음에서 주사위를 넣은 종지를 흔듦. 또, 흔드는 사람.
壺草(つぼくさ)【植】병풀.
壺投げ(つぼなげ) 투호(投壺).

| 12
氵
敎 | 湖 | 호수 호
コ
みずうみ·うみ |

音読➡
湖尻(こじり) 호수 끝의 좁은 부분.
湖南(こなん) ① '琵琶湖(びわこ)(= 滋賀(しが) 현에 있는 일본 최대의 호수)' 남쪽 지

방. ② 중국 퉁팅 호(洞庭湖) 남쪽 성(省)의 이
湖都(こと) 호숫가의 도시. 　　　　　　└름.
湖頭(ことう) ① 호수에서 하천이 흘러드는
　쪽. ② 호수 가장자리.
湖面(こめん) 호면. 호수의 표면.
湖畔(こはん) 호반. 호숫가.
　‖～詩人(しじん) 〖文〗 호반 시인.
湖辺(こへん) 호변. 호숫가.
湖上(こじょう) 호상. 호수 위.
湖沼(こしょう) 호소. 호수와 늪. ♣～学(が
　く) 호소학 / ～型(がた) 호소형.
湖水(こすい) 호수.
湖心(こしん) 호심. 호수의 한복판.
湖岸(こがん) 호안. 호반(湖畔).
湖月(こげつ) 호월. 호수에 비친 달.
湖底(こてい) 호저. 호수 바닥.
湖中(こちゅう) 호중. 호수 속.
湖川(こせん) 호수와 하천.　　　　「水).
　‖～港湾(こうわん) 하천과 항만. 내수(內
湖港(ここう) 호항. 호숫가의 항구.
湖海(こかい) 호해. ① 호수와 바다. 또, 호
　수. ② 강호(江湖). 세상.

〖訓読〗
湖 ㊀(みずうみ) 호수.
　㊁(こ) 《接尾語로》 …호.

〖逆音〗
淡水湖(たんすいこ) 담수호.
洞庭湖(どうていこ) 〖地〗 동정호. 퉁팅 호.

| 12
王 | 琥 | 호박 호
コ |

〖音読〗
琥珀(こはく) ①〖鑛〗 호박. ② 琥珀色의 준
　말. ♣～糖(とう) 호박당 / ～色(いろ) 호박
　색 / ～油(ゆ) 〖化〗 호박유.
　‖～酸(さん) 〖化〗 호박산. 숙신산.

| 12
白
㊅ | 皓 (皜) | 흴 호
コウ
しろい |

〖音読〗
皓白(こうはく) 호백. 순백.
皓首(こうしゅ) 호수. 흰머리. 노인의 뜻.
皓然(こうぜん) 호연. 희고 밝게 빛나는 뜻.
皓月(こうげつ) 호월. 밝은 달.　　　└양.
皓歯(こうし) 호치. 희고 가지런한 이빨.
皓皓(こうこう) 호호. ① 빛나고 밝은 모양.
　② 비어서 넓은 모양.

| 13
王
㊅ | 瑚 | 산호 호
コ・ゴ |

〖逆音〗
珊瑚(さんご) 산호.

| 13
艹 | 葫 | 마늘 호
コ |

〖其他〗
葫(にんにく) 〖植〗 마늘.

| 14
牛 | 犒 | 호궤할 호
コウ
ねぎらう |

〖訓読〗
犒う(ねぎらう) (수고를) 위로하다. 어루만
지다.

| 14
艹 | 蒿 | 쑥 호
コウ
よもぎ |

〖其他〗
蒿雀(あおじ) 〖鳥〗 호작. 섬촉새.

| 14
豕
常 | 豪 | 굳셀 호・뛰어날 호
ゴウ
つよい・えらい |

〖音読〗
豪(ごう) ① 뛰어남. 뛰어난 것. ② 오스트레
　일리아. 豪州(ごうしゅう)의 준말.
豪家 ㊀(ごうけ) 호가. 권세 있는 집(안). 유
　서 있는 집안. *こうけ로도 읽음.
　㊁(ごうか) 세력과 재산이 있는 집.
豪傑(ごうけつ) ① 호걸. 〈俗〉 대담한 사
　‖～笑い(わらい) 호탕한 웃음.　└람.
豪球(ごうきゅう) 〖野〗 강속구.
豪気(ごうき) ① 호기. 장한 의지. ② 굉장한
　모양. 멋진 모양.
豪農(ごうのう) 호농.
豪胆(ごうたん) 호담. 대담함.
豪邁(ごうまい) 호매. 호탕하고 영매함.
豪猛(ごうもう) 강맹(剛猛). 굳세고 사나움.
豪放(ごうほう) 호방.
　‖～磊落(らいらく) 호방뇌락.
豪富(ごうふ) 호부. 부호. 부자.
豪奢(ごうしゃ) 호사.
豪商(ごうしょう) 호상.
豪爽(ごうそう) 호상. 호탕하고 시원시원함.
豪雪(ごうせつ) 대설. 큰 눈.
豪勢(ごうせい) 굉장함. 호사스러움.
豪速球(ごうそっきゅう) 〖野〗 강속구.
豪語(ごうご) 호어. 호언장담.
豪然(ごうぜん) 힘찬 모양. 또, 거만한 모양.
豪腕(ごうわん) 뛰어난 솜씨. 강한 완력.
豪勇(ごうゆう) 호용. 굳세고 용맹스러움.
豪雨(ごうう) 호우.
豪遊(ごうゆう) 호유. 호화롭게 놂.　　「양.
豪儀(ごうぎ) 기세가 세찬 모양. 굉장한 모

豪壮(ごうそう) 호장. 세력이 강하고 왕성
豪邸(ごうてい) 호화 저택. 대저택. 「함.
豪的(ごうてき) 훌륭함. 멋있음.
豪族(ごうぞく) 호족. 지방의 권세가.
豪州(ごうしゅう) 〖地〗 호주. 오스트레일리
豪酒(ごうしゅ) 호주. 주호. 「아.
豪俊(ごうしゅん) 호준. 재능이 뛰어남. 또, 그런 사람.
豪快(ごうかい) 호쾌.
豪宕(ごうとう) 호탕.
豪侠(ごうきょう) 호협.
豪華(ごうか) 호화. ♣~版(ばん) 호화판.
  ‖ ~絢爛(けんらん) 호화현란. 호화찬란.
[訓読→]
豪がる(えらがる) 뽐내다. 잘난 체하다.
❖豪い(えらい) ①위대하다. 훌륭하다. ②신분이 높다. ③대단하다. 심하다. 「사람.
豪物(えらぶつ)〖俗〗훌륭한 사람. 뛰어난
豪者(えらもの) ☞豪物(えらぶつ).
[其他]
豪猪(やまあらし)〖動〗호저.

| 15
白 | 皞 | 밝을 호
コウ
あきらか |

[音読→]
皞皞(こうこう) 호호. 마음이 넓고 의젓함.

| 15
米 | 糊 | 풀 호
コ
のり |

[音読→]
糊口(ここう) 호구. 입에 풀칠함.
糊塗(こと) 호도. 어물어물 덮어 버림.
糊料(こりょう) 식품에 부드러움과 끈기를 더해 주는 첨가물. 「립.
糊粉粒(こふんりゅう)〖生〗호분립. 단백
糊粉層(こふんそう)〖生〗호분층.
糊熟(こじゅく) 열매 따위가 익어서 노랗게
糊精(こせい) 호정. 덱스트린. └됨.
糊化(こか) (녹말의) 호화. 알파화.
[訓読→]
糊(のり) 풀.
糊する ㊀(のりする) ①풀칠하다. ②『口(くち)を~』근근이 살아가다.
  ㊁(こする) 풀칠하다.
糊気(のりけ) 풀기.
糊代(のりしろ) 종이를 잇대어 붙일 때, 풀칠하기 위해 남겨 두는 부분.
糊目(のりめ) 풀칠한 자리.
糊抜き(のりぬき) (천을 빨아) 풀기를 뺌.
糊付け(のりづけ) ①풀로 붙임. 또, 그것. ②풀 먹이는 일.
糊刷毛(のりはけ) 귀얄. 「임.
糊張り(のりばり) ①풀로 붙임. ②풀을 먹
糊貼り(のりばり) ⇨ 糊張り(のりばり).

[逆音→]
模糊(もこ) 모호. 희미하게 보이는 모양.

| 15
虫 | 蝴 | 나비 호
コ |

[音読→]
蝴蝶(こちょう)〈雅〉호접. 나비.

| 16
糸 | 縞 | 명주 호·흴 호
コウ
しま |

[訓読→]
縞(しま) 줄무늬.
縞絹(しまぎぬ) 줄무늬가 있는 사(紗).
縞馬(しまうま) 얼룩말.
縞瑪瑙(しまめのう) 줄무늬가 뚜렷한 마노.
縞目(しまめ) 줄무늬의 색과 색 사이.
縞蚊(しまか)〖蟲〗줄무늬모기.
縞物(しまもの) 줄무늬가 있는 천.
縞柄(しまがら) (옷감 따위의) 줄무늬.
縞蛇(しまへび)〖動〗산무애뱀의 하나.
縞染め(しまぞめ) 흰 바탕에 줄무늬를 염색해 넣은 천. 「름병.
縞葉枯れ病(しまはがれびょう) 줄무늬잎마
縞鯛(しまだい)〖魚〗돌돔의 새끼 때 이름.
縞織り(しまおり) 줄무늬 직물을 짜냄. 또, 그 천.
縞織物(しまおりもの) 줄무늬 천.
縞帖(しまちょう) 줄무늬가 든 천 조각을 가지런히 붙인 견본첩.
縞合い(しまあい) 줄무늬의 색조(色調).

| 16
酉 | 醐 | 우락더껑이 호
ゴ |

[音読→]
醐汁(ごじる) 물에 불린 콩을 갈아서 넣은 된장국.

| 17
土 | 壕 | 해자 호
ゴウ
ほり |

[音読→]
壕 ㊀(ごう) 호. 물이 없는 해자(垓字).
  ㊁(ほり) ①땅을 파서 만든 수로. ②해자(垓
壕舎(ごうしゃ) 지하 대피호. └字).
[逆音→]
塹壕(ざんごう) 참호.

| 17
氵 | 濠 | 해자 호
ゴウ
ほり |

音読

濠 ㊀(ごう) 호. 해자(垓字).
㊁(ほり) ① 땅을 파서 만든 수로(水路). ② (성 둘레에 판) 해자(垓字).
濠洲(ごうしゅう) 〖地〗 호주. 오스트레일리아.

其他

濠太剌利(オーストラリア) 〖地〗 오스트레일리아.
‖～連邦(れんぽう) 오스트레일리아 연방.

18 金	鎬	냄비 호 コウ しのぎ

訓読

鎬(しのぎ) (칼이나 창 따위의) 날과 등 사이의 조금 볼록한 부분.
  ～を削(けず)る 격전을 벌이다.

18 食	餬	죽 호 コ かゆ

音読

餬する(こする) 입에 풀칠하다. 호구하다.
餬口(ここう) 호구. 입에 풀칠함.

19 魚 日	鯱	물호랑이 (호) しゃち・しゃちほこ

訓読

鯱 ㊀(しゃち) 범고래.
㊁(しゃちほこ) 머리는 호랑이 같고, 등에는 가시가 돋친 물고기 모양의 장식물《성곽 등의 용마루 양끝에 장식됨》.
鯱立ち(しゃちほこだち) ① 곤두섬. 물구나무서기. ② 용을 씀. *口語的인 말씨로는 しゃっこだち.
鯱瓦(しゃちほこがわら) 鯱(しゃちほこ) 모양의 용마루 기와. *しゃちがわらくも 읽음.
鯱張る(しゃちほこばる) ① (범고래처럼) 위엄 있게 도사리다. ② 긴장하여 몸이 굳어지다. *しゃちこばる・しゃちばる・しゃっちょこばる로도 읽음.

20 言 教	護	지킬 호 ゴ まもる

音読

護教論(ごきょうろん) 〖基〗 호교론. 호교학.
護国(ごこく) 호국.
‖～神社(じんじゃ) 호국 신사. 국가를 위해 전사한 사람을 모신 신사.
護摩(ごま) 호마. 밀교(密敎)의 비법의 하나.
護摩壇(ごまだん) 호마단. 호마할 때 유목(乳木)을 태우기 위한 화로를 설치한 단.
護摩の灰(ごまのはい) 여행자를 가장하여 길손의 물건을 훔치는 도둑.
護民官(ごみんかん) 〖史〗 호민관.
護法(ごほう) 호법. ① 법률을 옹호함. ② 〖佛〗 귀신·병을 물리치는 법력.
護符(ごふ) 호부. 부적. *ごふうろ도 읽음.
護送(ごそう) 호송.
‖～船団(せんだん) 호송 선단.
護身(ごしん) 호신. ♣～術(じゅつ) 호신술 / ～用(よう) 호신용.
‖～刀(とう) 호신용 칼.
護岸(ごがん) 호안.
‖～工事(こうじ) 호안 공사.
護衛(ごえい) 호위. ♣～艦(かん) 호위함.
護照(ごしょう) 호조. (중국에서) 외국인의 국내 여행을 허가하는 여행 허가증.
護持(ごじ) 호지. 수호.
‖～僧(そう) 옛날, 天皇(てんのう)를 위험이나 병에서 수호하기 위해 빌던 승려.
護憲(ごけん) 호헌.
‖～運動(うんどう) 호헌 운동.

訓読

❖護る(まもる) 지키다. 수호하다.
護り(まもり) 방비. 수비.

其他

護謨(ゴム) ① 고무. ② (고무) 지우개.
♣～毬(まり) 고무공 / ～紐(ひも) 고무줄 / ～印(いん) 고무 도장 / ～長(なが) 고무 장화 / ～底(ぞこ) 고무창 / ～糊(のり) 고무풀 / ～靴(ぐつ) 고무신.
‖～段(だん) ☞護謨跳び.
～跳び(とび) 고무줄넘기.
～輪(わ) ① 고무테. ② 고무 바퀴.
～の木(き) 〖植〗 고무나무.
～消し(けし) (고무) 지우개.
～植物(しょくぶつ) ☞護謨の木.
～引き(びき) 표면에 고무를 입혀 방수(防水)한 것.
～編み(あみ) (편물에서) 겉뜨기와 안뜨기를 교대로 짜는 법.
～風船(ふうせん) 고무풍선.

혹

8 戈	或	혹 혹 ワク ある・あるいは

音読

或問(わくもん) 설문에 대답하는 형식으로 자기 의견을 말하는 문장 형식.

訓読

或いは(あるいは) ① 혹은. 또는. ② 어쩌면. 혹. 혹시.
或は(あるは) 〈雅〉 ☞或いは(あるいは).
或る(ある) 어떤. 어느.

惑・熇・酷・昏・婚

12 心 常	惑	미혹할 혹 ワク まどう

音読
惑溺(わくでき) 혹닉. 제정신을 잃고 빠짐.
惑乱(わくらん) 혹란.
惑星(わくせい) 『天』 행성(行星).
∥～空間(くうかん)『天』행성 공간. 지상 800 km 이상의 외기권 밖으로, 지구 중력이 미치지 않는 공간.
～状星雲(じょうせいうん)『天』행성상성운. 은하계 안에 있는 타원형·원반 모양 등으로 보이는 가스(gas) 성운.

訓読
惑わす(まどわす) ① 생각을 헷갈리게 하다. 현혹시키다. ② 유혹하다. 속이다.
❖惑う(まどう) ① 갈피를 못잡다. 망설이다. ② 혹하다. 마음을 빼앗기다.
惑い(まどい) 미혹.
惑い者(まどいもの) ① 거처를 떠나 방황하는 자. ② 인도에서 벗어난 행위를 하는 자.
惑い箸(まどいばし) 식사 때, 젓가락으로 어떤 반찬을 집을까 이쪽저쪽 망설임.

14 火	熇	뜨거울 혹 コク・カク

音読
熇暑(こくしょ) 혹서. 몹시 심한 더위. 혹서(酷暑).

其他
熇尾蛇(ひばかり)『動』대륙율모기.

14 酉 常	酷 (酷)	독할 혹 コク ひどい・むごい

音読
酷(こく) 가혹한 모양. 심한 모양.
酷烈(こくれつ) 혹렬. 매우 혹독함.
酷吏(こくり) 혹리. 가혹한 관리.
酷薄(こくはく) 혹박. 혹독하고 박정함.
酷似(こくじ) 혹사. 매우 닮음.
酷使(こくし) 혹사.
酷暑(こくしょ) 혹서.
酷税(こくぜい) 혹세. 가혹한 세금.
酷悪(こくあく) 혹악. 잔인하고 포악함.
酷熱(こくねつ) 혹열. 혹서.
酷遇(こくぐう) 혹우. 가혹한 대우.
酷評(こくひょう) 혹평.
酷寒(こっかん) 혹한. ＊こくかん으로도 읽음.
酷刑(こっけい) 혹형. 가혹한 형벌.

訓読
酷たらしい(むごたらしい) 끔찍하다. 무자비하다. 잔혹하다.

❖酷い 囗(ひどい) (정도가) 심하다. ① 가혹하다. 혹되다. ② 지독하다. 엄청나다. ③ 형편없다.
囗(むごい) 비참하다. 잔혹하다. 무자비하다.
酷く(ひどく) 몹시. 심히. 매우.
酷工面(ひどくめん) 무리를 하여 돈·물품을 마련함.
酷算段(ひどさんだん) ☞酷工面(ひどくめん).
こっ酷い(こっぴどい)〈俗〉혹되다. 지독하다.

其他
❖酷しい(きびしい) 엄하다. (혹)심하다. 냉엄하다. 지독하다.
酷しさ(きびしさ) 엄함. 심함. 냉엄함. 지독함.

혼

8 日	昏	어두울 혼 コン くらい

音読
昏倒(こんとう) 혼도. 졸도.
昏昧(こんまい) 혼매. ① 어두움. ② 어리석어 사리에 어두움.
昏眠(こんみん)『醫』혼면. 혼수와 혼몽의 중간 정도 되는 의식 혼탁.
昏冥(こんめい) 혼명. 어둠. 캄캄함.
昏暮(こんぼ) 혼모. 황혼.
昏夢(こんむ) 혼몽. 흐리멍덩한 꿈.
昏蒙(こんもう) 혼몽. ① 어두워서 분간을 못함. ② 가벼운 의식 저하 상태.
昏濛(こんもう) ⇨ 昏蒙(こんもう).
昏朦(こんもう) ⇨ 昏蒙(こんもう).
昏睡(こんすい) 혼수.
昏絶(こんぜつ) 혼절.
昏酔(こんすい) 혼취. 술에 취하여 의식을 잃음.
∥～強盗(ごうとう) 남을 혼취·혼수 상태에 빠뜨려 물건을 훔치는 일.
昏惑(こんわく) 혼혹. 혼미함.
昏昏と(こんこんと) ① 의식이 없는 모양. ② 사리에 어두운 모양.
昏黒(こんこく) 혼흑. 날이 저물어 어두워짐.

11 女 常	婚	혼인할 혼 コン

音読
婚(こん) 부부 사이가 됨.
～を結(むす)ぶ 결혼하다.
婚する(こんする) 혼인하다.
婚家(こんか) 혼가. 시가.
婚嫁(こんか) 혼가. 시집감.
婚期(こんき) 혼기.
婚礼(こんれい) 혼례. ♣～式(しき) 혼례식.

婚約(こんやく) 혼약. 약혼. ♣~者(しゃ) 약혼자.
婚外子(こんがいし) 비적출자(非嫡出子).
婚衣(こんい) 〖鳥〗혼의.
婚儀(こんぎ) 혼의. 혼례.
婚姻(こんいん) 혼인. 결혼. ♣~届(とどけ) 혼인 신고/~色(しょく)〖動〗혼인색.
‖~能力(のうりょく) 혼인 능력.
~予約(よやく) 혼인 예약.
~適齢(てきれい) 결혼 적령.
婚資(こんし) 성혼(成婚)을 위하여 신랑 쪽에서 신부 쪽에 보내는 재산이나 금품.
婚前(こんぜん) 혼전.
‖~交渉(こうしょう) 혼전 교섭. 혼전 성교.

其他▶
婚い(よばい) ①부름. ②청혼함.

| 11
氵
教 | 混 | 섞일 혼·합할 혼
コン
まじる·まざる·まぜる |

音読▶
混ずる(こんずる) 섞다.
混交(こんこう) 혼효(混淆). ♣~林(りん) 혼효림.
混農林業(こんのうりんぎょう) 혼농임업. 삼림의 벌채지를 농경에 일시 이용하는 일.
混堂(こんとう) 혼당. 목욕탕. 욕실.
混沌(こんとん) 혼돈.
混同(こんどう) 혼동.
混乱(こんらん) 혼란.
混林(こんりん) 혼림. ☞混交林(こんこうりん).
混綿(こんめん) 혼면.
混牧林(こんぼくりん) 혼목림. 목재 생산과 함께 목축도 하는 삼림.
混米(こんまい) 품종이 다른 쌀이 섞여 있음.
混迷(こんめい) 혼미. 또, 그 쌀.
混紡(こんぼう) 혼방. ♣~糸(し) 혼방사.
混酸(こんさん)〖化〗혼합산.
混色(こんしょく) 혼색.
混生(こんせい) 혼생. 섞여 자람.
混線(こんせん) 혼선.
混成(こんせい) 혼성. ♣~岩(がん) 혼성암/~酒(しゅ) 혼성주.
‖~競技(きょうぎ) 혼성 경기.
~旅団(りょだん)〖軍〗혼성 여단.
~作用(さよう)〖鑛〗혼성 작용.
混声(こんせい) 혼성.
‖~合唱(がっしょう) 혼성 합창.
混食(こんしょく) 혼식.
混信(こんしん) 혼신.
混然(こんぜん) 혼연(渾然).
混浴(こんよく) 혼욕.
混用(こんよう) 혼용. 섞어서 씀.
混一(こんいつ) 혼일. 섞어서 하나로 함.
混入(こんにゅう) 혼입. 섞어 넣음. 섞여짐.
混作(こんさく)〖農〗혼작.

混雑(こんざつ) 혼잡.
混在(こんざい) 혼재.
混載(こんさい) 종류가 다른 것을 함께 적재함.
混戦(こんせん) 혼전.
混晶(こんしょう)〖化·鑛〗혼정.
混種語(こんしゅご)〖言〗혼종어.
混織(こんしょく) 혼직. 혼방.
混濁(こんだく) 혼탁.
混播(こんぱ)〖農〗혼파.
混合(こんごう) 혼합. ♣~気(き) 혼합 기체/~機(き) 믹서/~物(ぶつ) 혼합물/~語(ご) 혼합어/~株(かぶ) 혼합주.
‖~感染(かんせん) 혼합 감염.
~経済(けいざい) 혼합 경제.
~契約(けいやく) 혼합 계약.
~農業(のうぎょう) 혼합 농업.
~保険(ほけん) 혼합 보험.
~栄養(えいよう) 혼합 영양.
~政体(せいたい) 혼합 정체.
混血(こんけつ) 혼혈. ♣~児(じ) 혼혈아.
混汞法(こんこうほう)〖化〗혼홍법. 아말감법(amalgam法).
混和(こんわ) 혼화. 섞여 잘 어울림. ♣~剤(ざい) 혼화제.
‖~池(ち) 정수(淨水) 공정의 하나로, 원수(原水)에 약품을 혼화시키는 못.
混獲(こんかく) 대형 유망(流網) 어업 등에서, 목적하는 어종 이외의 동물이 잡히는 일.
混淆(こんこう) ⇨混交(こんこう).

訓読▶
❖混ざる(まざる) 섞이다.   「もの).
混ざり物(まざりもの) ☞混じり物(まじり
❖混じる(まじる) 섞이다. 혼입(混入)하다.
混じり(まじり) ①섞임. 또, 섞인 것. ②멀건 죽. 되직한 미음.
混じり気(まじりけ) 섞임. 섞인 것. 불순물.
混じり物(まじりもの) 섞인 물건. 섞음질한 것. 혼합물.
❖混ぜる(まぜる) ①(뒤)섞다. ②남의 말머리를 꺾어 혼란시키다.   「の).
混ぜ物(まぜもの) ☞混じり物(まじりも
混ぜ返し(まぜかえし) ☞混ぜっ返し(まぜっかえし).
混ぜっ返し(まぜっかえし) 말참견을 하여 상대의 말뜻을 흐리게 하는 일.
混ぜ返す(まぜかえす) ☞混ぜっ返す(まぜっかえす).
混ぜっ返す(まぜっかえす) ①몇 번이고 뒤섞다. ②농담이나 말참견을 하여 남의 (진지한) 말을 방해하다. 말허리를 꺾다.
混ぜ飯(まぜめし) 비빔밥.
混ぜ書き(まぜがき) 한자로 쓸 수 있는 말을 한자와 仮名(かな)로 섞어 씀.   「し).
混ぜ御飯(まぜごはん) ☞混ぜ飯(まぜめ
混ぜ垣(まぜがき) 많은 종류의 식물을 이용한 생울타리.
混ぜ合わせる(まぜあわせる) 혼합하다. 한 데 섞다.
ごた混ぜ(ごたまぜ) 뒤섞임. 뒤범벅.

12 氵	渾	모두 혼・흐릴 혼 コン すべて・にごる

音読
渾沌(こんとん) 혼돈.
渾身(こんしん) 혼신.
渾然(こんぜん) 혼연.
渾円(こんえん) 혼원. 아주 둥긂. ♣~球(きゅう) 혼원구.
渾融(こんゆう) 혼융. 잘 녹아 섞임.
渾一(こんいつ) 혼일. 섞어서 하나로 함.
渾天(こんてん) 혼천. ♣~説(せつ)〖天〗혼천설 / ~儀(ぎ) 혼천의.
渾渾と(こんこんと) 곤곤(히). 물 따위가 세차게 흘러 나오는 모양.

其他
渾名(あだな) 별명. 애칭. *こんめいろ도 읽음.

12 火	焜	빛날 혼 コン かがやく

音読
焜炉(こんろ) 풍로.

13 氵	溷	흐릴 혼 コン にごる

音読
溷濁(こんだく) 혼탁(混濁).

14 鬼 常	魂	넋 혼 コン たましい・たま

音読
魂胆(こんたん) ①혼담. 넋. ②책략. 속셈. 꿍꿍이속.
∥~話(ばなし) 복잡한 비밀 이야기.
魂魄(こんぱく) 혼백.

訓読
魂(たましい) 혼. ①영혼. 넋. *たまろ도 읽음. ②정신. 기력. 마음. 얼.
魂結び(たまむすび) 떠도는 영혼을 위로하여 머물게 하는 주술(呪術).
魂消る(たまげる) 〈俗〉깜짝 놀라다. 혼비백산하다. *たまぎる로도 읽음.
魂送り(たまおくり) 〖佛〗백중날 혼령을 배웅하는 불사(佛事).
魂迎え(たまむかえ) 음력 7월 13일, 영혼을 집에 맞아들임. 또, 그 의식.
魂屋(たまや) 사당. 영묘(靈廟).
魂祭り(たままつり) 백중(百中)날, 조상의 영혼을 집에 맞이하여 지내는 불사(佛事).
魂呼ばい(たまよばい) ☞魂呼び(たまよび)
魂呼び(たまよび) 초혼(招魂)《의식》.

17 食	餛	만두 혼 コン

音読
餛飩(こんとん) 혼돈. 밀가루를 반죽하여 고기 등의 소를 넣어 삶거나 찐 음식.

18 魚	鮌	완어 혼 カン あめのうお・あめ

訓読
鮌(あめ) 〖魚〗(琵琶湖(びわこ)에서 나는) 산천어. *あめのうお로도 읽음.

홀

8 心	忽	홀연 홀 コツ たちまち・ゆるがせにする

音読
忽(こつ) 홀. 수(數)의 단위로서, 1의 10만분의 1. 「함.
忽略(こつりゃく) 홀략. 소홀히 함. 등한히
忽微(こつび) 홀미. 아주 작음.
忽焉(こつえん) 홀연(히). 갑자기.
忽如(こつじょ) 홀여. 갑자기. 홀연(忽然).
忽然(こつぜん) 홀연. 갑자기. 별안간. *こつねん으로도 읽음.
忽諸(こっしょ) 홀저. ①곧 다함〔없어짐〕. ②소홀〔등한〕히 함.
忽忽(こつこつ) ①홀홀. 빠른 모양. ②마음이 공허한 모양.

訓読
忽ち(たちまち) 홀연. 곧. 금세. 갑자기.
忽せ(ゆるがせ) 소홀함. 허술함.

其他
忽布(ホップ) 〖植〗홉《맥주의 향미제(香味劑)로 쓰임》.

10 竹	笏	홀 홀 コツ・シャク

笏(しゃく)〖史〗홀. 수판(手板). *こつ으로도 읽음.

| 11
忄 | 惚 | 황홀할 **홀**
コツ
ほれる・ぼける・
とぼける |

訓読
❖惚ける ㊀(とぼける) ① 얼빠지다. 정신 나가다. ② 짐짓 시치미 떼다. ③ 얼빠진 모양으로 우스운 짓을 하다.
㊁(ほうける) ① 멍해지다. ② 열중하다. *ほおける・ぼけるとも 읽음.
㊂(ぼける) (감각・의식 따위가) 흐려지다.
惚け ㊀(とぼけ) 얼빠짐. 또, 그런 사람.
∥〜顔(がお) 얼빠진 얼굴・표정.
〜者(もの) ① 얼빠진〔멍청한〕사람. *ほうけもの로도 읽음. ② 짐짓 시치미떼는 사람. ③ 얼빠진 모양으로 우스운 짓을 하는 사람.
㊁(ぼけ) ① 지각이 둔해짐. 멍청함. 노망함. ② 어떤 상태가 오래 계속된 후, 한동안은 머리가 원상대로 되지 않음.
∥〜茄子(なす)〈俗〉멍청한 사람을 조롱하여 이르는 말. 열간이.
❖惚れる(ほれる) ① (이성에) 반하다. ② 마음에 들다. ③《동사의 連用形에 붙어서》 넋을 잃다. 열중하다.
惚れっぽい(ほれっぽい) 간단히〔쉽게〕반하는 모양. 금방 반하는 모양.
惚れ薬(ほれぐすり) 미약(媚藥).
惚れ込む(ほれこむ) 홀딱 반하다. 매우 호의를 갖다.
惚れ惚れ(ほれぼれ) ① 홀딱 반한 모양. ②〈古〉실심한〔멍한〕모양.
其他
惚け土(ほけつち) 부식토. 노토(壚土).
❖惚気る(のろける) 부부〔연인〕 사이의 정사를 자랑삼아 이야기하다.
惚気(のろけ) 부부〔연인〕 사이의 정사를 자랑삼아 이야기함.

홍

| 5
弓
入 | 弘 | 넓을 **홍**
コウ・グ
ひろい・ひろめる |

音読
弘大(こうだい) 홍대. 광대.
弘法 ㊀(ぐほう)〖佛〗홍법. 불법을 널리 폄.
㊁(こうぼう) 平安(へいあん) 초기의 승려 空海(くうかい)의 시호(諡號)의 준말. ♣〜麦(むぎ)〖植〗보리수라. /〜芝(しば)〖植〗좀보리수라.
弘報(こうほう) 홍보.
弘誓(ぐぜい)〖佛〗홍서. 중생을 제도하여 불과(佛果)를 얻게 하려는 불・보살의 큰 서원.
弘願(ぐがん)〖佛〗홍원. 광대한 서원(誓願).
弘張(こうちょう) 세력 등을 넓혀 성하게 함.
弘通(ぐづう)〖佛〗홍통. 교법(教法)이 널리 퍼짐.
弘布(こうふ) 홍포. 널리 알림.
訓読
弘まる(ひろまる) ① 넓어지다. ② 널리 퍼지다. 널리 알려지다.
弘める(ひろめる) ① 넓히다. ② 널리 퍼지게 하다. 보급시키다.
其他
弘徽殿(こきでん) 옛날, 平安内裏(へいあんだいり)의 후궁의 하나로, 황후의 거처.

| 9
口 | 哄 | 떠들썩할 **홍**
コウ
どよめく |

音読
哄笑(こうしょう) 홍소.
哄然(こうぜん) 홍연. 떠들썩하게 웃는 모양.

| 9
氵
常 | 洪 | 큰물 **홍**
コウ
おおみず |

音読
洪基(こうき) 홍기. 큰 사업의 기초.
洪大(こうだい) 홍대. 매우 큰 모양.
洪図(こうと) 홍도(鴻圖). 큰 계획・계략.
洪濤(こうとう) 홍도. 큰 파도.
洪謨(こうぼ) 홍모. 큰 계획.
洪繊(こうせん) 홍섬. 큰 것과 작은 것. 대소.
洪水(こうずい) 홍수. 　　　　└(大小).
∥〜神話(しんわ) 홍수 신화.
洪恩(こうおん) 홍은(鴻恩). 고은(高恩). 높고 큰 은혜.
洪才(こうさい) 홍재. 큰 재능. 　　　「지.
洪積台地(こうせきだいち)〖地〗홍적 대
洪積世(こうせきせい)〖地〗홍적세.
洪積層(こうせきそう)〖地〗홍적층.
洪波(こうは) 홍파. 큰 파도.
洪化(こうか) 홍화. 크나큰 덕화.

| 9
糸
教 | 紅 | 붉을 **홍**
コウ・ク・グ
べに・くれない・あかい |

音読
紅鏡(こうきょう) 홍경. 태양.
紅教(こうきょう) 홍교. 라마교의 구파.
紅裙(こうくん) 홍군. 미인. 기생.
紅閨(こうけい) 홍규. 여인의 침실.
紅灯(こうとう) 홍등. 붉은 등불(등롱).
紅梁(こうりょう)〖建〗사찰・신사(神社)에 쓰이는 활 모양으로 약간 굽은 들보.
∥〜鼻(ばな) 위쪽으로 휜 코. 들창코.
紅蓮(ぐれん) 홍련. ① 벌겋게 타오르는 불빛

의 비유. 진홍(眞紅). ② 새빨간 연꽃. ③『佛』紅蓮地獄의 준말.
‖～地獄(じごく)『佛』홍련 지옥. 팔한 지옥(八寒地獄)의 하나《여기에 떨어지면 심한 추위로 피부가 터져서 새빨갛게 된다고 함》.
紅簾石(こうれんせき)『鑛』홍렴석.
‖～片岩(へんがん)『鑛』홍렴 편암.
紅炉(こうろ) 홍로. 달아오른 화로.
～上一点の雪(じょういってんのゆき) 홍로상 일점설.
紅緑色盲(こうりょくしきもう) 홍록 색맹.
紅涙(こうるい) 홍루. ① 혈루(血淚). 피눈물. ② 미녀가 흘리는 눈물.
紅楼(こうろう) 홍루.
紅梅(こうばい) ①『植』홍매. ☞紅梅色.
‖～焼き(やき) 밀가루와 쌀가루에 계란·설탕을 섞어서 반죽하여 얇게 밀어 매화 모양으로 구운 煎餠(せんべい).
～色(いろ) 적자색.
～織り(おり) 굵기가 다른 씨실과 날실을 섞어서 골이 지게 짠 천.
紅毛(こうもう) 홍모. ① 붉은 머리털. ② ☞紅毛人.
～碧眼(へきがん) 홍모 벽안. 서양 사람.
～船(せん) 네덜란드 배. 외국 배. 「인.
～人(じん) 홍모인. ① 네덜란드인. ② 서양
紅斑(こうはん) 홍반.
紅白(こうはく) 홍백. 붉은색과 흰색.
‖～試合(じあい) 홍백 경기. 청백전.
紅樹(こうじゅ) 홍수. ① 단풍이 든 나무. ② 봄에 붉은 꽃이 핀 나무.
‖～林(りん) 홍수림. 맹그로브.
紅綬褒章(こうじゅほうしょう) 홍수 포장.
紅熟(こうじゅく) 홍숙. 빨갛게 익음.
紅唇(こうしん) 홍순. 단순(丹脣).
紅十字(こうじゅうじ) 〈중국의〉 적십자.
紅顔(こうがん) 홍안. 「가열함.
紅熱(こうねつ) 홍열. 물체가 빨개질 때까지
紅炎(こうえん) 홍염. ① 붉은 불꽃. ②『天』태양 표면에서 나는 불길 모양의 가스.
紅焰(こうえん) ⇨紅炎(こうえん). 「인.
紅髯(こうぜん) 홍염. ① 붉은 수염. ② 서양
紅玉(こうぎょく) 홍옥.
紅雨(こうう) 홍우. 붉은 꽃이 지는 모양.
紅衛兵(こうえいへい) 〈중국의〉 홍위병.
紅日(こうじつ) 홍일. 아침의 붉은 태양.
紅一点(こういってん) 홍일점.
紅紫(こうし) 홍자. ① 홍색과 보라색. ② 여러 가지 고운 빛깔. 또, 미인.
紅潮(こうちょう) 홍조.
紅藻(こうそう)『植』홍조. ♣～類(るい) 홍조류 /～素(そ) 홍조소.
‖～植物(しょくぶつ) 홍조 식물.
紅柱石(こうちゅうせき)『鑛』홍주석.
紅脂(こうじ) 홍지. 입술 연지.
紅塵(こうじん) 홍진.
紅茶(こうちゃ) 홍차. 「おい).
紅蜀葵(こうしょっき) ☞紅葉葵(もみじあ

紅土(こうど)『地』홍토. 열대·아열대의 붉
‖～鉱(こう)『鑛』紅土. 「은 흙.
紅皮症(こうひしょう)『醫』홍피증.
紅霞(こうか) 홍하. 석양빛에 붉게 물든 구
紅海(こうかい)『地』홍해. 「름.
紅血(こうけつ) 홍혈. [붉은] 피.
紅花 ㊀(こうか) 홍화. ① 붉은 꽃. ②『植』☞㊁.
‖～緑葉(りょくよう) 홍화 녹엽.
㊁(にばな)『植』잇꽃.

訓読
紅 ㊀(べに) ①『植』잇꽃. ② 잇꽃의 꽃잎 따위로 만든 적색 안료. ③ 연지. ④ 주홍색.
㊁(くれない) ① 다홍. 주홍색. ②〈古〉『植』
㊂(もみ) ⇨紅絹(もみ). 「잇꽃.
紅絞り(べにしぼり) 연짓빛의 홀치기 염색.
紅鮭(べにざけ)『魚』'紅鱒(べにます)(=홍송어)'의 딴이름.
紅の涙(くれないのなみだ) 홍루. 비탄의 눈물. 피눈물.
紅皿(べにざら) 적색 안료를 녹이는 데 쓰는 작은 접시. 「장.
紅白粉(べにおしろい) 연지와 가루분. 화
紅粉(べにこ) 중국에서 온 연짓빛 물감. 당홍(唐紅).
‖～染め(ぞめ) 당홍으로 물들임. 또, 그것.
㊁(こうふん) 홍분. 연지와 분. 화장.
紅色(べにいろ) 홍색. 주홍색. *くれないいろ·こうしょく로도 읽음. 「うが).
紅生姜(べにしょうが) ⇨紅生薑(べにしょ
紅生薑(べにしょうが) 매실초에 넣어서 빨갛게 물들인 생강.
紅緒(べにお) 홍색의 끈.
紅染め ㊀(べにぞめ) 붉게 물들임. 또, 물들인 것.
㊁(もみぞめ) 잇꽃으로 염색함.
紅鬱金(べにうこん) 홍색에 가까운 짙은 황색.
紅雀(べにすずめ)『鳥』단풍새.
紅猪口(べにちょく) 연지를 넣어 두는 술잔 같은 그릇. *べにちょこ로도 읽음.
紅赤(べにあか) 선명한 황색을 띤 적색.
紅鱒(べにます)『魚』홍송어.
紅差し指(べにさしゆび)〈雅·方〉약손가락.
紅天狗茸(べにてんぐたけ)『植』광대버섯.
紅天蛾(べにすずめ)『蟲』주홍 박각시.
紅鉄漿(べにかね) 연지와 'おはぐろ(=이를 까맣게 칠하는 액체)'. 화장.
紅筆(べにふで) 입술 연지 바르는 붓.
紅鶴(べにづる)『鳥』홍학. 플라밍고.
紅絵(べにえ) 浮世絵(うきよえ) 판화의 일종. 주홍·초록·노랑의 단순색으로 박아낸 것.

其他
紅殻(ベンガラ)『化』철단(鐵丹). *べにがらろ도 읽음.
紅絹(もみ) 홍견. 여성옷의 안감.
‖～裏(うら) 홍견의 안감(을 씀).
紅裏(もみうら) ⇨紅絹裏(もみうら).
紅葉 ㊀(もみじ) ① 단풍. ②'楓(かえで)(=

단풍나무'의 딴이름. ♣～葵(あおい) 〖植〗접시꽃 ♣～月(づき) 음력 9월.
‖～見(み) ☞紅葉狩り(もみじがり).
～唐松(からまつ) 〖植〗미나리아재빗과의 다년초(多年草).
～鮒(ぶな) 가을에 지느러미가 붉게 된 琵琶湖(びわこ) 산의 붕어.
～卸し(おろし) ⇨ 紅葉下ろし(もみじおろし)
～傘(がさ) ① 복판은 둥글게 푸른 종이를 붙이고 바깥쪽은 흰 종이를 바른 우산. ② 양산.
～狩り(がり) 단풍놀이.
～羽熊(はぐま) 〖植〗단풍취.
～鳥(どり) '鹿(しか)(=사슴)'의 딴이름.
～下ろし(おろし) 홍당무나 고추를 강판에 간 것(을 넣은 무즙).
～の賀(が) 옛날에, 단풍철에 베풀던 축하연. 단풍.
㊁(こうよう) 홍엽. 단풍이 듦. 또, 그 잎.
‖～前線(ぜんせん) 〖氣〗단풍 전선. *もみじぜんせん으로도 읽음.
㊂(もみじば) 단풍잎.
紅型(びんがた) 沖縄(おきなわ)에서 나는 다채로운 무늬의 염색 천.

| 9
虫
人 | 虹 | 무지개 홍
コウ
にじ |

音読→
虹橋(こうきょう) 홍교. 무지개. 또, 아름다운 다리.
虹蜺(こうげい) ⇨ 虹霓(こうげい).
虹霓(こうげい) 홍예. 무지개.
虹彩(こうさい) 홍채. ♣～炎(えん) 〖醫〗홍채염.
‖～絞り(しぼり) (카메라 등의) 조리개.
～毛樣体炎(もうようたいえん) 〖醫〗홍채 모양체염. 홍채염.
訓読→
虹(にじ) 무지개.
虹鱒(にじます) 〖魚〗옥새송어.

| 10
言 | 訌 | 어지러울 홍
コウ
みだれる |

音読→
訌爭(こうそう) 홍쟁. 내홍(内訌). 내분.
逆音→
内訌(ないこう) 내홍.

| 15
竹 | 箯 | 통발 홍
コウ
ひび |

訓読→
箯(ひび) ① (김·굴 등을 양식하기 위해) 바닷속에 세우는 대나 나뭇가지. ② 어살.

| 16
鬥 | 鬨 | 싸울 홍
コウ
とき・たたかう |

訓読→
鬨 ㊀(とき) (옛날에 싸움터에서, 많은 병가가 일제히 지르는) 함성.
㊁(かちどき) 승리의 함성. 개가.
鬨の声(ときのこえ) 함성. 고함 소리.

| 17
鳥
人 | 鴻 | 큰기러기 홍
コウ
おおとり |

音読→
鴻鵠(こうこく) 홍곡. 큰 기러기와 고니. 곧 큰 인물의 비유.
鴻溝(こうこう) 홍구. 큰 도랑. 또, 차별. 구별.
鴻基(こうき) 홍기. 큰 사업의 기초.
鴻図(こうと) 홍도. 큰 계획·계략.
鴻臚館(こうろかん) 〖史〗奈良(なら)·平安(へいあん) 시대, 京都(きょうと)·難波(なにわ)·大宰府(だざいふ)·博多(はかた) 등지에 설치한 외국 사신의 숙사(宿舍).
鴻名(こうめい) 홍명. 큰 명예. 명성.
鴻毛(こうもう) 홍모. 매우 가벼운 것.
鴻緒(こうしょ) 홍서. 임금이 국가를 통치하는 대업(大業).
鴻業(こうぎょう) 홍업. 큰 사업.
鴻儒(こうじゅ) 홍유. 대유(大儒).
鴻恩(こうおん) 홍은. 고은(高恩). 높고 큰 은혜.
鴻才(こうさい) 홍재. 큰 재능.
鴻爪(こうそう) 홍조. 행적이 남지 않음.
鴻学(こうがく) 홍학. 학문에 깊이 통달함.
鴻化(こうか) 홍화. 크나큰 덕화.
訓読→
鴻 ㊀(おおとり) (학·황새와 같은) 큰 새.
㊁(ひしくい) 〖鳥〗큰기러기.

화

| 4
イ
教 | 化(化) | 요술 화·변화 화
カ·ケ
ばける·ばかす·かわる |

音読→
化(か) 《接尾語로》…화. …이 되다. …로 하다.
化す(かす) ☞化する(かする).
化する(かする) ① 화하다. 변하다. ② 동화(同化)하다. ③ 둔갑하다.
化骨(かこつ) 화골.
化内(けない) 왕화(王化)에 순복한 곳.
化膿(かのう) 화농. ♣～菌(きん) 화농균.
化度(けど) 〖佛〗화도. 중생을 교화·제도함.
化仏(けぶつ) 화불. ① 부처의 화신(化身).

② 부처의 머리 위에 얹어 두는 작은 불상.
化肥(かひ) 비화. 化学肥料(かがくひりょう)의 준말.
化生 ㊀(かせい) 화생. ①〖生〗생물의 기관(器官)의 형상·기능이 보통과 크게 달라지는 일. ②자람. 생김.
㊁(けしょう) 화생. ①〖佛〗사생(四生)의 하나. 자연히 생겨남. ②〖佛〗부처가 모습을 바꾸어 나타남. ③유령. 도깨비.
化石(かせき) 화석. ♣~林(りん) 화석림.
‖~時代(じだい) 화석 시대. 화석을 통해 알 수 있는 시대.
~燃料(ねんりょう) 화석 연료.
~人類(じんるい) 화석 인류.
~現生人類(げんせいじんるい) 화석 현세(現世) 인류.
化繊(かせん) 화섬. '化学繊維(かがくせんい)(=화학 섬유)'의 준말.
化成(かせい) 화성. ①육성함. ②모양이 바뀌어 딴 물건이 됨.
‖~肥料(ひりょう) 화성 비료.
化性(かせい) 화성. 곤충이 1년에 몇 번씩 세대를 거듭 바꾸는 성질.
化身(けしん) 화신. ＊かしん으로도 읽음.
化外(けがい) 화외. 왕화(王化)가 미치지 않는 곳. 국가의 통치가 미치지 않는 곳.
化育(かいく) 화육.
化人(けにん) ①화인. 신·불·귀신 등이 인간의 모습으로 나타남. ②도깨비. 괴물.
化粧(けしょう) 화장. 단장. ＊古語로는 けわい라고도 함. ♣~台(だい) 화장대 / ~品(ひん) 화장품.
‖~掛(が)け 갯물의 발색을 아름답게 하는 등의 이유로 질그릇의 표면에 백색 도토(陶土)를 입히는 일.
~断(だ)ち ①화장을 끊음. ②제본한 뒤의 마무리 도련.
~料(りょう) 화장료. 여성의 용돈.
~立(た)ち (씨름에서) 정작 맞붙기는 않고 곧 달라붙을 듯이 엉거주춤 일어서 보이는 자세. 「짓.
~崩(くず)れ (땀 등으로) 화장이 지워
~棚(だな) ①화장실 선반. ②장식 선반.
~箱(ばこ) ①화장 도구 상자. ②선물용으로 겉을 예쁘게 꾸민 상자.
~石鹸(せっけん) 화장 비누.
~水(みず) ①화장수. ＊けしょうすい로도 읽음. ②(씨름할 때) 씨름꾼이 입안을 가시는 물.
~室(しつ) 화장실. ①화장·몸치장을 하는 방. ②변소. 세면소.
~漬(づみ)〖建〗건물의 외면을 화장 벽돌로 마무리하는 일.
~紙(がみ) ①씨름꾼이 몸을 닦는 데 쓰는 종이. ②(화장할 때 쓰는) 화장지. 「일.
~直(なお)し 흐트러진 화장을 매만지는
~板(いた) 화장판. 대패로 깨끗이 민 널판.
~下(した) 크림·로션 따위 기초 화장품.

~合板(ごうはん) 미장 합판.
~回(まわ)し 十両(じゅうりょう) 이상의 씨름꾼이 씨름판 의식 따위에 두르는 아름답게 수놓은 앞치마 모양의 드림.
化装(けそう) 가장(假裝).
化政(かせい)〖史〗文化(ぶんか)(1804-18)와 文政(ぶんせい)(1818-30) 시대.
化体 ㊀(かたい) 화체. 기술·아이디어·역사 등을 현실적인 형태로 나타냄.
㊁(けたい) 모습·형태를 바꿈.
化土層(けどそう)〖地〗식물이 오랫동안 묻혀 있어서 생긴 탄력성 있는 지층.
化学 ㊀(かがく) 화학. ♣~圏(けん) 화학권 / ~式(しき) 화학식 / ~戦(せん) 화학전.
‖~感覚(かんかく) 화학 감각.
~結合(けつごう) 화학 결합.
~工業(こうぎょう) 화학 공업.
~機械(きかい) 화학 기계.
~記号(きごう) 화학 기호.
~当量(とうりょう) 화학 당량.
~量論(りょうろん) 화학량론.
~物理学(ぶつりがく) 화학 물리학.
~反応(はんのう) 화학 반응.
~方程式(ほうていしき) 화학 방정식.
~変化(へんか) 화학 변화.
~兵器(へいき) 화학 무기.
~分析(ぶんせき) 화학 분석.
~肥料(ひりょう) 화학 비료.
~生物兵器(せいぶつへいき) 화학 생물 무
~繊維(せんい) 화학 섬유. 「기.
~受容器(じゅようき) 화학 수용기.
~薬品(やくひん) 화학 약품.
~熱力学(ねつりきがく) 화학 열역학.
~療法(りょうほう) 화학 요법.
~用体積計(ようたいせきけい) 화학용 체
~元素(げんそ) 화학 원소. 「적계.
~擬体(ぎたい) 화학 의체. 어떤 곤충이 다른 곤충과의 접촉으로 그 곤충의 체표(體表) 성분을 자기 몸에 발라 화를 면하는 의체.
~作用(さよう) 화학 작용.
~的(てき) 화학적. ♣~性質(せいしつ) 화학적 성질. 「물질.
~伝達物質(でんたつぶっしつ) 화학 전달
~調味料(ちょうみりょう) 화학 조미료.
~進化(しんか) 화학 진화.
~天秤(てんびん) 화학 천칭.
~親和力(しんわりょく) 화학 친화력.
~探鉱(たんこう) 화학 탐광.
~合成(ごうせい) 화학 합성.
㊁(ばけがく) 化学(かがく)를 발음이 같은 科学(かがく)와 구별하기 위해 쓰는 말.
化合(かごう)〖化〗
‖~物(ぶつ) 화합물. ♣~半導体(はんどうたい)〖電〗화합물 반도체.
化現(けげん) 화현. 신불(神佛)이 모습을 바꾸어 이 세상에 나타남.
シアン化合物(シアンかごうぶつ)〖化〗시안 화합물.

訓読

化かす(ばかす) 속이다. (정신을) 호리다.
❖化ける ㊀(ばける) ① 모습이 딴판으로 바뀌다. 둔갑하다. ②〈俗〉예상외로 변하다. ㊁(ふける) ① 오래 되어 변질하다. ② 풍화하여 가루가 되다.
化け(ばけ)〈俗〉① 제물낚시. 미끼처럼 보이게 만든 낚싯바늘. ② 잘못(된 것). 엉뚱한 변종.
化け猫(ばけねこ) 사람으로 둔갑하는 마력을 지닌 고양이. 고양이의 요괴(妖怪).
化け物(ばけもの) 도깨비. 요괴. 전하여, 정체 모를 사람.
~屋敷(やしき) 도깨비가 나오는 집.
化けの皮(ばけのかわ) 가면(假面). 위장.

| 4 火 㪤 | 火 | 불 화
カ
ひ・ほ |

音読

火坑(かきょう)〖佛〗 불꽃이 피어오르는 구덩. 특히, 지옥의 불구덩이.
火車(かしゃ) ①〖佛〗화거. 지옥으로 데려가는 불이 타오르는 수레. ② (중국어에서) 기차. ③ 火車婆의 준말.
∥~婆(ばば) 심보가 나쁜 노파.
火工(かこう) 화공. 화약을 다루는 일. 또, 그 일을 하는 사람. ♣~品(ひん) 화공품.
火光 ㊀(かこう) 화광. 불빛.
㊁(かぎろい)〈雅〉① 불꽃. ② 빛나는 햇빛. ③ 아지랑이.
火口 ㊀(かこう) 화구. ①〖地〗 화산의 분화구. ② 아궁이. ♣~谷(こく) 화구곡 / ~丘(きゅう) 화구구 / ~壁(へき) 화구벽 / ~湖(こ) 화구호.
∥~原(げん) 화구원. 화구구(丘)와 외륜산(外輪山) 사이에 생긴 평지.
~原湖(げんこ) 화구원호. 화구원에 생긴 호수.
㊁(かこう) 화구. 점화구(點火口). ② 처음 불이 난 곳. 화재의 발단.
㊂(ほくち) 부싯깃. ♣~金(がね) 부시.
火急(かきゅう) 화급.
火気 ㊀(かき) 화기. 불기(운). ② 화력. *口語로는 かっきョクキ라고도 함.
㊁(ほけ) ① 불기운. 또, 연기. ② 수증기.
火技(かぎ) 화기. 총포를 다루는 기술.
火器(かき) 화기. ① 불을 담는 그릇. ② 총포(銃砲)류의 총칭.
火難(かなん) 화난. 화재.
火途(かず) 화도. 삼악도의 하나로 지옥도를 이르는 말.
火遁(かとん) 화둔. 불 속에 들어가서 몸을 숨기는 술법.
火灯(かとう) (종을 엎은 모양의 사기) 등잔.
∥~口(ぐち) 벽 따위에 낸 아치형 출입구.
火力(かりょく) 화력.
∥~発電(はつでん) 화력 발전.
火炉(かろ) 화로. ① 불을 땔 때 온기를 얻는 난로 따위. ② 보일러의 노(爐).
火輪(かりん) 화륜. 태양의 딴이름.
∥~車(しゃ) 화륜거(기차의 구칭).
~船(せん) 화륜선(기선의 구칭).
火門(かもん) 화문. 포구. 또는 총구.
火防(かぼう) 화방. 화재 예방.
火兵戦(かへいせん) 화병전. 화전.
火保(かほ) '火災保険(かさいほけん)'(=화재보험)의 준말.
火夫(かふ) 화부.
火舎(かしゃ) (불사에 쓰는) 뚜껑 있는 향로.
火事(かじ)〈口〉화재. 불.
∥~見舞い(みまい) 화재를 당한 집이나 근화(近火)의 피해를 입은 집을 위문하는 일.
~泥(どろ)〈俗〉火事場泥棒(かじばどろぼう)의 준말.
~場(ば) 화재 현장. ♣~泥棒(どろぼう) 화재 현장 도둑. 「방북.
~装束(しょうぞく) 江戸(えど) 시대의 소
火山(かざん)〖地〗 화산. ♣~群(ぐん) 화산군 / ~帯(たい) 화산대 / ~島(とう) 화산도 / ~礫(れき) 화산력 / ~脈(みゃく) 화산맥 / ~砂(さ) 화산사 / ~岩(がん) 화산암 / ~塵(じん) 화산진.
∥~性地震(せいじしん) 화산성 지진.
~列島(れっとう) 화산 열도.
~泥流(でいりゅう)〖地〗 화산 이류. 크고 작은 화쇄물(火砕物)이 대량의 물과 혼합하여 고속으로 흘러내리는 현상.
~作用(さよう) 화산 작용.
~前線(ぜんせん) 화산 전선.
~弾(だん) 화산탄. 분출된 용암이 공중에서 식어 굳은 것.
~灰(ばい) 화산회〔재〕. ♣~地(ち) 화산재로 뒤덮인 땅.
火生(かしょう)〖佛〗 화생.
火船(かせん) ① 화선. ② 화륜선. 기선.
火線(かせん) 화선. 총격전이 이루어지는 전투의 최전선. 「암.
火成(かせい) 화성. ♣~岩(がん)〖鑛〗화성
∥~鉱物(こうぶつ) 화성 광물.
~鉱床(こうしょう) 화성 광상.
~活動(かつどう) 화성 활동.
火星(かせい)〖天〗 화성.
∥~植物園(しょくぶつえん) 화성 식물원. 화성 표면과 똑같은 조건을 지상에 소규모로 만들어 어떤 식물이 자라는가를 연구하는 곳.
火勢(かせい) 화세. 불기운.
火砕丘(かさいきゅう)〖地〗 화쇄구. 화쇄물이 분화구 둘레에 쌓여 소형의 화산체를 이룬 것.
火砕流(かさいりゅう) 화쇄류. 「것.
火砕物(かさいぶつ) 화쇄물. 화산에서 분출된 파편 모양의 고체의 총칭.
火砕岩(かさいがん)〖鑛〗 화쇄암.
火手(かしゅ) 화수. 보일러의 화부(火夫).
火食(かしょく) 화식. 익혀서 먹음.
火室(かしつ) 화실. 보일러실(室).
火蛾(かが)〖蟲〗 불나방.

火薬(かやく) 화약. ♣~庫(こ) 화약고.
火煙(かえん) 화염과 연기. *ひけむりロど
火熱(かねつ) 화열. 불의 열.　　　└읽음.
火炎(かえん) 화염. 불길. 불꽃. ♣~瓶(びん) 화염병.
∥~光背(こうはい)【佛】화염 광배. 불상 뒤의 불길 모양의 장식.
~放射器(ほうしゃき) 화염 방사기.
~式(しき) 화염과 비슷한 모양의 장식을 한 승문(繩文) 토기의 일종.
~太鼓(だいこ) 둘레에 불길 모양의 장식이 있는 큰북《아악에 씀》.
火焰(かえん) ⇨ 火炎(かえん).　　「화용 천.
火映現象(かえいげんしょう)【地】화영 현상. 분화에 앞서 지하의 마그마가 화구(火口) 밑 부분까지 상승하며 대기를 붉게 물들이는 현상.
火浣布(かかんぷ) 화완포. 석면으로 만든 방
火印(かいん) 화인.
火葬(かそう) 화장. ♣~場(ば) 화장터.
火災(かさい) 화재.
∥~感知器(かんちき) 화재 감지기.
~警報(けいほう) 화재 경보.
~気象(きしょう) 화재 기상.
~報知機(ほうちき) 화재 경보기.
~保険(ほけん) 화재 보험.
火田(かでん) 화전. ♣~民(みん) 화전민.
火戦(かせん) 화전. 총격전.
火箭 ㊀(かせん) 화전. 불을 붙이거나 폭발물을 장치하여 쏘는 화살.
㊁(ひや) ⇨ 火矢(ひや).
火点(かてん) ①【軍】자동 화기(火器)를 주로 하는 진지. ②발화점.
火定(かじょう)【佛】화정. 불도를 닦는 사람이 열반(涅槃)할 때에 스스로 불 속으로 들어가 죽는 일.
火罪(かざい) 江戸(えど) 시대에, 주로 방화범에게 과한 형벌. 화형.
火酒(かしゅ) 화주. 독주. 증류주《위스키·소주 따위》.
火中 ㊀(かちゅう) ①화중. 불속. ②불속에 넣어 태움.
㊁(ほなか) 불길속.
火宅(かたく)【佛】화택.
火片(かへん) 불티. 불똥.
火砲(かほう) 화포. 대로.
∥~射撃(しゃげき) 화포 사격.
火血刀(かけつとう)【佛】화혈도. 지옥·축생(畜生)·아귀(餓鬼) 등 삼악도를 이르는 말.
火刑(かけい) 화형.

訓読▶
火(ひ) 불(빛).
火加減(ひかげん) ①화력의 세기. 불기운. ②화력의 조절. ⇨ 足足(あし). 　　「린 것.
火脚(ひあし) 불에 쬐어 말림. 또, 불에 말
火干し(ひぼし) 불에 쬐어 말림. 또, 불에 말
火蓋(ひぶた) 화승총의 화약을 넣는 곳의 뚜껑. 화문(火門) 뚜껑.

火襷(ひだすき) 도자기에 나타난 불규칙한 주홍색 줄〔선〕.
火乾し(ひぼし) ⇨ 火干し(ひぼし).
火格子(ひごうし) 보일러 따위의 아궁이 안에 있는, 고체 연료를 얹는 쇠정그레.
火の見(ひのみ) 火の見櫓의 준말.
∥~櫓(やぐら) 화재 감시용(用) 망대. 소방서의 망루.
~番(ばん) 망루에서 화재를 감시함. 또, 화재 감시 당번.
火攻め(ひぜめ) 화공.　　「의 옛 이름.
火の国(ひのくに) 肥前(ひぜん)·肥後(ひご)
火櫃(ひびつ) 네모난 나무로 만든 화로.
火の気(ひのけ) ①불기(운). 불. ②(화재의 원인이 되는) 불씨.
火達磨(ひだるま) 불덩이. 불덩어리.
火袋(ひぶくろ) ①석등롱의 불을 켜는 곳. ②난로의 땔감 지피는 곳.
火道具(ひどうぐ) 화기. 총 따위로 화약으로 발사하는 무기.
火燗(ひがん) 직접 불 위에서 술을 데움.
火挵り(ひぜせり) 심심풀이로 숯불을 가지고 놂.　　　「우는 우레.
火雷(ひかみなり) 낙뢰(落雷)하여 사물을 태
火末(ひずえ) 피우고 상당 시간이 지난 향(香). 또, 그 냄새.
火網(ひあみ) 풍로 속의 연료를 놓기 위한 (철사) 그물.
火皿(ひざら) (담배를 쟁이는) 담배통. 대통.
火明かり(ほあかり) 횃불이나 등불의 불빛.
火の物(ひのもの) 불에 익힌 음식.
火の物断ち(ひのものだち) 기원(祈願)을 위해 또는 계율로서 익힌 음식을 먹지 않음.
火味(ひあじ) ①향로의 불기운. ②향로의 잿속에 있는 불의 깊이를 보는 도구.
火斑(ひだこ) 불을 오래 쬐어서 피부에 생기
火鉢(ひばち) 화로.　　　　「는 반점.
火焙り(ひあぶり) ⇨ 火炙り(ひあぶり).
火の番(ひのばん) 화재를 감시하는 사람.
火変わり(ひがわり)【窯業】. 도자기를 구울 때, 유약이 예기치 않은 색깔이나 무늬로 변하는 일.
火胼胝(ひだこ) ⇨ 火斑(ひだこ).
火保ち(ひもち) ⇨ 火持ち(ひもち).
火伏せ(ひぶせ) 화재를 막는 신불(神佛)의
火付き(ひつき) 불이 댕김(붙음). 　　└힘.
火付け(ひつけ) 방화(범). 불을 지름.
∥~役(やく) 불지르는 사람. (문제·사건 등의) 계기를 만드는 사람. 주동자.
火敷(ひしき) 향을 피울 때, 불을 묻은 재 위에 놓는 금속·도기(陶器)·옥(玉) 따위의 얇은 조각.
火の粉(ひのこ) 불똥. 불티.
火焚き(ひたき) ①불을 땜. 또, 그 작업. ②옛날, 집 안팎을 밝히거나 경호를 위해, 화톳불 따위를 놓음. 또, 그 사람.
火糞(ほくそ) ①양초의 불똥. ②☞火口(ほくち).

火床 ㊀(ひどこ) (난로 따위의) 쇠살대. (쇠로 된) 불겅그레.
㊁(かしょう) 화상. 보일러의 불을 때는 곳.
㊂(ほど) ①囲炉裏(いろり) 안 중앙의 불을 피우는 곳. ②대장간의 간단한 노(爐).
火相(ひあい) ①다도(茶道)・향을 피우는 자리에서, 풍로・향료 등의 불의 상태. ②화인(火因). 방화(防火). 불조심.
火箱(ひばこ) 노(爐) 바닥에 놓는 상자.
火色(ひいろ) ①불빛. ②불이 벌겋게 단 물체의 빛나는 빛깔. ②불꽃 같은 주홍색.
火先(ほさき) 불꽃〔불길〕의 끝.
火鼠(ひねずみ) 화서. 중국의 상상의 동물.
火消し(ひけし) ①불을 끔. ②江戸(えど)시대의 소방 조직. 또, 소방수.
‖~役(やく) ①불을 끄는 소임. ②분쟁의 조정자・해결사.
~壺(つぼ) 든 숯을 만들 때 쓰는 항아리.
火燒き(ひたき) ⇨ 火焚き(ひたき).
火燒け(ほやけ) ①화재. ②불에 덴 듯한 검
火搔き(ひかき) 잿고무래. └붉은 반점.
火小屋(ひごや) 여성이 월경・출산 때에, 따로 불을 피우고 사는 임시 거처.
火の手(ひのて) 화세.
火水(ひみず) 수화. 불과 물.
火縄(ひなわ) 화승. ♣~銃(じゅう) 화승
‖~筒(づつ) ☞ 火縄銃. └총.
火矢(ひや) 화전. 불을 붙여 쏘는 활.
火時計(ひどけい) 불시계. 선향(線香)이나 화승(火縄)이 탄 길이로 시간을 잼.
火食い鳥(ひくいどり) 〖鳥〗화식조.
火の神(ひのかみ) 화신. 불의 신.
火神鳴り(ひかみなり) ⇨ 火雷(ひかみなり).
火悪戯(ひいたずら) 불장난.
火堰(ひぜき) 보일러 따위의, 내부의 불받이 뒤에 연료가 뒤로 떨어지지 않도록 내화 벽돌로 만든 돌기(突起).
火映り(ひうつり) 등불이 사물에 비침.
火影(ほかげ) ①등불. 등불. 등불 빛. *ひかげ로도 읽음. ②등영. 등불에 비치는 그림자.
火玉(ひだま) (공중을 날아가는) 이상한 불똥. 불덩이. 불덩어리.
火の玉(ひのたま) ①불덩어리. ②(비유적으로) 세찬 기세.
火屋 ㊀(ほや) ①(남포의) 등피. ②향로나 작은 화로 등의 뚜껑.
㊁(かしゃ) 화장터. 화장장.
火曜(かよう) 화요. ♣~日(び) 화요일.
火の用心(ひのようじん) 불조심.
火の雨(ひのあめ) 비오듯이 떨어지는 불똥.
火元(ひもと) ①화재가 난 곳. 화재를 낸 집. ②평소에 불을 잘 쓰는 곳.
火の元(ひのもと) ①화인(火因). 또, 처음 발화한 곳. ②불기가 있는 곳.
火熨斗(ひのし) 다리미.
火遊び(ひあそび) 불장난. ①불을 가지고 장난함. ②(남녀간의) 무분별한 일시적인 연애・정사(情事).

火移り(ひうつり) 불길이 옮아감.
火入れ(ひいれ) ①담뱃불 따위의 불씨를 넣는 조그만 그릇. ②(용광로・원자로 따위에 처음으로) 불을 지핌. ③술이나 간장을 썩지 않게 열을 가함.
火炙り(ひあぶり) ①불에 태우는〔굽는〕일. ②옛적의, 화형(火刑).
火箸(ひばし) 화저. 부젓가락.
火切り(ひきり) 노송나무 널빤지에 부싯막대를 비벼서 불을 일으키는 일.
火点し(ひともし) 불을 켬〔붙임〕. 점화.
‖~頃(ごろ) 불을 켤 무렵. 땅거미 질 무렵.
火除かけ(ひよけ) 불 번짐을 막음. 또, 그 설비.
火祭り(ひまつり) 진화제(鎭火祭).
火造り(ひづくり) 금속을 가열하여 가공하기 쉬운 상태로 하고, 원하는 모양으로 만들어 내는 작업. 단조.
火照り(ほてり) ①흥분・분노 등으로 얼굴이 화끈거리거나 빨개지는 일. ②저녁놀로 하늘이 붉게 물드는 일. └아오르다.
火照る(ほてる) (몸・얼굴이) 화끈해지다. 달
火足(ひあし) 불길. 불이 번지는 속도.
火種(ひだね) 불씨.
火柱(ひばしら) 불기둥.
火止め(ひどめ) 원유에서 인화하기 쉬운 휘발성을 빼내고 정제해서 등유로 만드는 일.
火持ち(ひもち) 불이 오래 가는 정도.
火振り(ひぶり) 밤에, 횃불을 밝히고 물고기를 잡음.
火の車(ひのくるま) 살림이 매우 쪼들리는 모양. 경제 상태가 몹시 궁한 모양.
火鑽り(ひきり) ⇨ 火切り(ひきり). 「장.
火の札(ひのふだ) 방화(放火)를 예고한 협박
火脹れ(ひぶくれ) ⇨ 火膨れ(ひぶくれ).
火採り(ひとり) ⇨ 火取り(ひとり).
火責め(ひぜめ) 불고문.
火取り(ひとり) 부삽.
‖~虫(むし) 여름밤, 등불에 모여드는 나방. 나방이.
火取る(ひどる) 〖雅〗(먹을 것을) 불에 그을리다. 불에 쬐다.
火取蛾(ひとりが) 〖蟲〗불나방. 「대통.
火吹き竹(ひふきだけ) 불을 일으킬 때 부는
火打ち(ひうち) 부싯돌로 불을 일으키는 일. 또, 그 도구. ♣~金(がね) 부시 /~石(いし) 부싯돌.
‖~袋(ぶくろ) 부싯돌 등 불붙이는 데 쓰는 도구를 넣고 다니는 주머니.
~道具(どうぐ) 불을 붙이는 데 사용한 도구. 부싯돌・부시・부싯깃 따위.
~箱(ばこ) ①불 붙이는 도구들을 넣어두는 상자. ②비좁고 옹색한 집을 비웃는 말.
火筒 ㊀(ひづつ) 화통. ①'鉄砲(てっぽう) (=총)'의 구칭. ②'ボイラー(=보일러)'의 구
㊁(ほづつ) 총포(銃砲). └칭.
火桶(ひおけ) 나무로 만든 둥근 화로.
火膨れ(ひぶくれ) 화상으로 살이 부풀어 오름. 또, 그로 인한 물집.

火偏(ひへん) 한자 부수의 하나: 불화변.
火夏星(ひなつぼし) 火星(かせい)의 딴이름.
火の海(ひのうみ) 불바다.
火穴(ひあな) 봉당에 판, 불을 피우는 구멍.
火花(ひばな) ① 불똥. 불티. 불꽃. ② 방전할 때 나오는 불빛. 스파크.
∥～放電(ほうでん) 〖理〗 불꽃 방전.
火活け(ひいけ) 숯불이 꺼지지 않도록 잿속에 넣어 불씨를 보전함.
火の回り(ひのまわり) 불이 타들어가는 범위가 넓어짐.

其他
火燵(こたつ) 이불속에 넣는 화로. 각로.
火傷(やけど) 화상. 뎀. 또, 그 상처. *かしょう로도 읽음.

5
禾 **禾** 벼 화
カ
のぎ

音読
禾稼(かか) 곡물(穀物).
禾穀類(かこくるい) 화곡류(벼・보리 따위).
禾本科(かほんか) 〖植〗 화본과.

訓読
禾偏(のぎへん) 한자 부수의 하나: 벼화변.

7
艹 教 **花**(花) 꽃 화
カ・ケ
はな

音読
花間(かかん) 화간. 꽃과 꽃 사이.
花崗斑岩(かこうはんがん) 〖鑛〗 화강 반암.
花崗閃緑岩(かこうせんりょくがん) 〖鑛〗 화강 섬록암.
花崗岩(かこうがん) 〖鑛〗 화강암. 쑥돌.
花蓋(かがい) 〖植〗 화피(花被). 꽃덮이.
花客 ㊀(かきゃく) 단골 손님.
㊁(かかく) ① 화객. 꽃구경(꽃놀이)꾼. ② ☞㊁.
花瞼(かけん) (꽃처럼 아름다운) 미인의 눈꺼풀.
花茎(かけい) 화경. 꽃대.
花梗(かこう) 화경. 꽃자루. 꽃꼭지.
花果(かか) 화과. 꽃과 열매.
花冠(かかん) 〖植〗 화관. 꽃부리.
花期(かき) 화기. 꽃이 피는 시기[기간].
花器(かき) 화기. 꽃을 꽂는 그릇.
花壇(かだん) 화단.
花台(かだい) 화대. 꽃병・화분을 놓는 받침.
花柳(かりゅう) 화류. 화류계. 유곽. ♣～界(かい) 화류계 / ～病(びょう) 화류병. 성병.
～の巷(ちまた) 화류계. 홍등가.
花梨(かりん) 〖植〗 화리. 모과(나무).
花林糖(かりんとう) 막과자의 한 가지.
花木(かぼく) 화목. 꽃나무. 또, 꽃나무.
花紋(かもん) 화문. 꽃무늬.
花美(かび) 화미(華美). 화려(함).
花蜜(かみつ) 화밀. 「지.
花柄 ㊀(かへい) 〖植〗 화경. 꽃자루. 꽃꼭
㊁(はながら) (의복 따위의) 꽃무늬.
花瓶(かびん) 화병. 꽃병. *はながめ로도 읽음.
花譜(かふ) 화보. 여러 가지 꽃 그림을 피는 계절순으로 실은 책.
花粉(かふん) 〖植〗 화분. 꽃가루.
∥～管(かん) 〖植〗 화분관. 꽃가루관.
～培養(ばいよう) 〖植〗 화분 배양.
～分析(ぶんせき) 〖氣・植〗 꽃가루 분석.
～症(しょう) 〖醫〗 화분증. 꽃가루병.
花糸(かし) 〖植〗 꽃실.
花床(かしょう) 〖植〗 화상. 꽃받침.
花序(かじょ) 〖植〗 화서. 꽃차례.
花書(かしょ) 화압(花押).
花仙(かせん) 화선. 해당화의 딴이름.
花穂(かすい) 〖植〗 화수. 이삭으로 된 꽃.
花樹(かじゅ) 화수. 꽃이 피는 나무.
花唇(かしん) 화순. ① 꽃잎. ② 미인의 입술.
花時(かじ) 화시. 꽃이 피는 시기. *はなどき로도 읽음. 「화식도.
花式(かしき) 〖植〗 화식. ♣～図(ず) 〖植〗
花信(かしん) 화신. 꽃소식.
花神(かしん) 화신.
花実 ㊀(かじつ) 화실. ① 꽃과 열매. ② 외관과 실질. 형식과 내용.
㊁(はなみ) 꽃과 열매. 전하여, 이름과 실속.
花心 ㊀(かしん) 화심.
㊁(はなごころ) ① 꽃의 마음. 꽃을 피우게 하려는 마음. ② 들뜬 마음. ③ 풍류를 즐기는
花芽(かが) 〖植〗 꽃눈. 「마음.
花顔(かがん) 화안. 꽃처럼 고운 얼굴.
花押(かおう) 화압. 수결(手決).
花筵(かえん) ① 화문석. ② 화려한 향연. 주연(酒宴).
花葉(かよう) 〖植〗 화엽. 겉씨식물의 꽃을 이루는 특수한 변태엽. 「자.
花影(かえい) 화영. 달빛 등에 의한 꽃그림
花蕊(はなしべ) 〖植〗 화예. 꽃술. *かずいろ도 읽음.
花王(かおう) 모란꽃의 딴이름.
花月(かげつ) 화월. ① 꽃과 달. ② 풍류.
花陰(かいん) 화음.
花材(かざい) 꽃꽂이의 재료.
花朝(かちょう) 화조. 음력 2월의 딴이름.
花鳥 ㊀(かちょう) 화조. ① 꽃과 새. ② 花鳥画의 준말. ♣～画(が) 〖美〗 화조화.
∥～風月(ふうげつ) 화조풍월.
㊁(はなとり) 화조. 꽃과 새.
花柱(かちゅう) 〖植〗 화주. 암술대.
花菜(はな) 〖植〗 ① 꽃이 핀 상태의 유채(油菜). ② 화채. 꽃을 식용으로 하는 야채류. *②는 かさい로도 읽음.
∥～漬(づけ) 봉오리가 약간 노랗게 된 정도의 유채꽃을 따다 소금에 절인 것.
花綵列島(かさいれっとう) 호상(弧狀) 열
花青素(かせいそ) 〖植〗 화청소. 「도.

花軸(かじく)〖植〗화축. 꽃대.
花虫類(かちゅうるい)〖動〗화충류.
花托(かたく)〖植〗화탁.
花弁(かべん)〖植〗꽃잎. 화판(花瓣). *はなびらとも 읽음.
∥~雪(ゆき) 눈송이가 꽃잎처럼 큰 눈. 함박눈.
花片(かへん) 화편. 하나하나의 꽃잎.
花圃(かほ) 화포. 꽃밭. 화원.
花被(かひ) 화피. 꽃덮이.
花下(かか) 꽃 아래. 꽃이 피고 있는 나무 둘.
花香 ㊀(かこう) 화향. 꽃향기.
㊁(はなが) 화향. 꽃의 향기. 또, 갓 달인 향기 좋은 차.
花兄(かけい) '梅(うめ)(=매화)'의 딴이름.
花形(かけい) 화형. 화관(花冠)의 모양.
花会(かかい) 꽃꽂이 모임.
花候(かこう) 꽃이 피는 시기.
花薫(かくん) 꽃을 넣어 향기를 음미하는, 투각(透刻)된 향로형 용기.
花卉(かき) 화훼. 화초.
∥~園芸(えんげい) 화훼 원예.
[訓読]
花(はな) ①꽃. ②꽃과 같이 아름다운 것. ③절정기.
花キャベツ(はなキャベツ)〖植〗모란채.
花やか(はなやか) 화려한 모양.
花やぐ(はなやぐ) ①화려하고 아름답게 되다. ②유쾌해지다. ③번영하다.
花街(はなまち) ①기생들이 살고 있는 거리. ②유곽(遊廓).
花嫁(はなよめ) 신부(新婦). 새색시.
∥~御寮(ごりょう) 花嫁의 미칭.
花紺(はなこん) 화려한 감색.
花見(はなみ) 꽃구경. 꽃놀이. ♣~時(どき) 꽃놀이 철 / ~月(づき) 음력 3월.
花鰹(はながつお) 가다랑어포를 잘고 얇게 썬 것.
花結び(はなむすび) ①장식으로 꽃이나 나비 모양으로 맺 것. ②끝을 당기면 곧 풀리도록 끈을 매는 법.
花骨牌(はなガルタ) 화투.
花空木(はなうつぎ) ⇨ 花卯木(はなうつぎ).
花供養(はなくよう)〖佛〗관불회(灌佛會).
花菅(はなすげ)〖植〗지모(知母).
花筐(はながたみ)〈雅〉꽃바구니.
花掛け水(はなかけみず) 벼이삭이 나올 무렵에 필요한 물.
花の魁(はなのさきがけ) 다른 꽃에 앞서 피는 일. 또, 그 꽃. 특히, 매화꽃.
花篝(はなかがり) 밤의 벚꽃에 풍취를 더하기 위하여 피우는 화톳불.
花軍(はないくさ) ⇨ 花戦(はないくさ).
花の君子(はなのくんし) 연꽃의 딴이름.
花巻蕎麦(はなまきそば) 김을 불에 살짝 구워 잘게 부수어서 메밀국수에 뿌린 것.
花蕨(はなわらび)〖植〗'冬の花蕨(ふゆのはなわらび)(=고사리삼)'의 딴이름.
花橘(はなたちばな)〈雅〉꽃이 핀 탱자나무. ②여름철의 귤.
花金(はなきん) 월급쟁이가 일주일의 근무를 끝내고 해방감에 넘치는 금요일을 일컬음.
花暖簾(はなのれん) 선명한 색을 배합한 꽃무늬를 바림으로 염색한 포렴(布簾).
花冷え(はなびえ) 꽃샘(추위).
花曇り(はなぐもり) 벚꽃이 필 무렵에 날씨가 흐림. 또, 그런 날씨.
∥~景気(けいき) 불황도 활황도 아닌, 앞날이 불안스러운 경기.
花代(はなだい) 화대. 해웃값. 화채(花債).
花大根(はなだいこん) ①무에 꽃이 핌. 또, 무꽃. ②순무의 속칭.
花道 ㊀(はなみち) ①歌舞伎(かぶき)에서 관람석을 건너 질러 만든 배우들의 통로. ②씨름판에서 씨름꾼이 출입하는 길.
㊁(かどう) 화도. 꽃꽂이의 도(道).
花の都(はなのみやこ) 화려한 도시(수도). 또, 꽃이 한창인 도시(수도). 도시(수도)의 미칭.
花盗人(はなぬすびと) 꽃도둑. 꽃구경의 귀로에 벚꽃가지 등을 꺾어 가는 사람.
花独活(はなうど)〖植〗어수리.
花鯔(はなおこぜ)〖魚〗노랑선뱅이.
花灯籠(はなどうろう) 연꽃무늬 등으로 장식한 등롱.
花落ち(はなおち) 풋 열매. 애호박 따위.
花嵐(はなあらし) ①꽃잎이 폭풍우처럼 바람에 떨어지는 일. ②꽃샘바람.
花蠟燭(はなろうそく) 꽃이나 새의 무늬를 그려 채색한 초.
花暦(はなごよみ) 꽃달력. 철 따라서 피는 꽃과 그 명소를 나타낸 달력. 「읽음.
花鹿(はなじか)〖動〗꽃사슴. *かろくとも
花籠(はなかご) ①화롱. 꽃바구니. ②〖佛〗산화(散華)에 쓰일 꽃을 넣은 바구니.
花輪(はなわ) 화환.
花立て(はなたて) 꽃병. 꽃을 꽂는 통.
花笠(はながさ) 꽃・조화(造花) 등으로 꾸민 삿갓.
花の幕(はなのまく) 꽃놀이 연회장에 치는 장막.
花鬘(はなかずら) ①그 철의 꽃을 비녀로 삼아 꽂은 것. ②조화로 꾸민 머리 장식품.
花売り(はなうり) 꽃을 팖. 또, 그 사람.
花虻(はなあぶ)〖蟲〗꽃등에.
花明かり(はなあかり) 벚꽃이 만발하여 밤에도 주위가 조금 환하게 보이는 일. 「꽃.
花茗荷(はなみょうが)〖植〗두약. 또, 그
花模様(はなもよう) 꽃무늬. 「탄자.
花毛氈(はなもうせん) 꽃무늬를 수놓은 양
花の木(はなのき) ①꽃이 피는 나무. ②꽃단풍.
花卯木(はなうつぎ) 꽃이 핀 병꽃나무.
花撫子(はななでしこ) '襲(かさね)(=관복(官服)안에 겹쳐 입었던 옷)'의 색조의 이름. 겉은 보라색이고 안은 빨간색.
花文字(はなもじ) ①(로마자의) 장식적인 대문자(大文字). ②꽃을 글자 형상(形狀)으

花物(はなもの) ① 원예나 꽃꽂이에서 꽃을 주로 하여 관상하는 화초. ② 꽃처럼 아름다우나 변하기 쉬운 것.
花薄(はなすすき) 꽃이 핀 억새.
花房(はなぶさ) ① 꽃송이. ② 꽃받침.
花筏(はないかだ) 벚꽃이 져 물위에 떠 모양으로 떠내려 가는 것을 뗏목에 비유해서 한 말.
花の本(はなのもと) 꽃이 피고 있는 나무 밑.
花付き(はなつき) ① 꽃이 붙어 있음. ② 꽃이 붙어 있는 상태.　　　　　　　　「음.
花氷(はなごおり) 속에 꽃을 넣어서 얼린 얼
花詞(はなことば) ⇨ 花言葉(はなことば).
花霰(はなあられ) 눈·달·꽃 모양을 한 떡을 구워 설탕·간장 등으로 맛을 낸 것.
花山椒(はなざんしょう) 〖植〗 산초(山椒)나무의 꽃.
花相撲(はなずもう) (본 씨름 대회 이외에) 임시로 흥행하는 씨름 (대회).
花色(はないろ) ① 꽃의 색깔. ② 엷은 남색. ∥~衣(ごろも) ① 엷은 남빛으로 물들인 옷. ② 만발한 꽃을 옷에 비유한 말.
花の色(はなのいろ) 꽃의 색조. 전하여, 여성의 아름다운 얼굴.
花生け(はないけ) 꽃병. 생화를 꽂는 그릇.
花壻(はなむこ) ⇨ 花婿(はなむこ).
花婿(はなむこ) 신랑(新郎).
花聟(はなむこ) ⇨ 花婿(はなむこ).
花席(はなむしろ) ① ☞花茣蓙(はなござ). ② (벚꽃이 온통 흩어져 있어) 꽃방석을 깐 것 같음. 또, 그런 곳.
花屑(はなくず) 흩어져 떨어진 벚꽃잎.
花盛り(はなざかり) ① 꽃이 한창임. 또, 그 시기. ② (사물의) 절정기. 한창 때.
花咲み(はなえみ) ⇨ 花笑み(はなえみ).
花笑み(はなえみ) 꽃이 핌. 또, 사람이 웃고 있는 것을 꽃에 비유해서 하는 말.
花蘇芳(はなずおう) 〖植〗 박태기나무.
花逍遥(はなしょうよう) 꽃구경을 하면서 산책함.
花束 ㊀(はなたば) 꽃다발.
㊁(けそく) 책상·대(臺)의, 다리가 꽃·구름 모양으로 구부러진 것.
花水(はなみず) ① 불전에 꽃을 바칠 때의 물. 또, 불전에 바치는 꽃과 물. ② 벼의 개화기에 논에 대는 물.　　　　　　　　「지기.
花守り(はなもり) (벚)꽃을 지키는 사람. 꽃
花首(はなくび) 줄기 끝의, 꽃이 달린 부분.
花水木(はなみずき) 〖植〗 미국산말나무.
花蓴菜(はなじゅんさい) 〖植〗 '荇菜(あさぎ)(=노랭어리연꽃)'의 딴이름.
花蠅(はなばえ) 〖蟲〗 꽃파리.
花市(はないち) 생화를 매매하는 시장.
花時計(はなどけい) 꽃시계.
花喰鳥(はなくいどり) 장식 무늬의 하나. 봉황이나 학 따위의 서조(瑞鳥)가 꽃가지나 솔가지를 물고 있는 모습을 그린 무늬.
花の顔(はなのかお) ① 꽃이 피고 있는 모습. ② 꽃처럼 아름다운 얼굴. *②는 はなのかんばせ로도 읽음.
花桜(はなざくら) ① 벚꽃. ② 襲(かさね)의 색조의 한 가지. 겉은 백색이고, 안은 청색 또는 홍색임.
花野(はなの) 〈雅〉 꽃이 핀 (가을) 들판.
花野菜(はなやさい) 〖植〗 화야채. 모란채.
花椰菜(はなやさい) ⇨ 花野菜(はなやさい).
花御堂(はなみどう) 꽃으로 장식한 작은 사당(祠堂).
花言葉(はなことば) 꽃말.　　　　　　「회.
花の宴(はなのえん) (벚)꽃구경을 하는 연
花筵(はなむしろ) ⇨ 花蓆(はなむしろ).
花染め(はなぞめ) ① 닭의장풀 꽃으로 물들임. 또, 그 물들인 빛. ② 벚꽃 빛으로 물들임. 또, 그 물들인 빛.
花塩(はなじお) 틀에 넣어 꽃모양으로 굳힌 볶은 소금.
花烏賊(はないか) 소형의 오징어.
花莫蓙(はなござ) 꽃돗자리. 화문석.　　「람.
花屋(はなや) 꽃집. 꽃을 파는 집. 또, 그 사
花屋敷(はなやしき) 꽃을 많이 심어서 사람들에게 널리 관상시키는 정원.
花の王(はなのおう) ① 모란의 일컬음. ② 벚꽃의 일컬음.
花の雨(はなのあめ) 벚꽃에 내리는 비. 벚꽃이 필 무렵에 내리는 비.
花の雲(はなのくも) 벚꽃이 일대에 피고 있는 모양을 구름에 견준 말.　　　　「오이.
花円(はなまる) 애오이. 꽃이 달려 있는 작은
花垣(はながき) 꽃이 피는 나무로 만든 생울
花園(はなぞの) 화원. 꽃동산.　　　　「타리.
花陰(はなかげ) 꽃그늘. 꽃나무의 그늘.
花衣(はなごろも) ① 화려한 옷. ② 꽃구경 갈 때 입고 갈 나들이 옷.
花の衣(はなのころも) ① 꽃처럼 화려한 옷. ② 꽃을 옷에 비기어 한 말.
花人(はなびと) (벚)꽃구경 온 사람.
花忍(はなしのぶ) 〖植〗 꽃고비.
花入れ(はないれ) ☞花生け(はないけ).
花茨(はないばら) 꽃이 핀 가시나무.
花慈姑(はなくわい) 〖植〗 '沢瀉(おもだか)(=택사)'의 딴이름.
花自動車(はなじどうしゃ) 꽃자동차.
花作り(はなつくり) 화초를 재배함. 또, 그 사람.
花潜(はなむぐり) 〖蟲〗 꽃무지.
花簪(はなかんざし) ① 꽃비녀. ② 〖植〗 에 르메리아.　　　　　　　　　「일컫는 말.
花の宰相(はなのさいしょう) 작약(芍藥)을
花摘み(はなつみ) 꽃을 땀. 또, 그 사람.
花畑(はなばたけ) ⇨ 花畑(はなばたけ).
花畠(はなばたけ) ⇨ 花畑(はなばたけ).
花戦(はないくさ) ① 옛날, 궁중에서 벚꽃이 달린 꽃가지로 서로 때리면서 놀던 놀이. ② ☞花合わせ(はなあわせ).
花氈(はなせん) ☞花毛氈(はなもうせん).
花前線(はなぜんせん) 개화(開花) 전선.
花電車(はなでんしゃ) 꽃전차.

花摺り (はなずり) 싸리나 닭의장풀의 꽃즙을 문질러 염색함.
∥～衣(ごろも) 花摺り를 한 아름다운 옷.
花町 (はなまち) ① 기생들이 살고 있는 거리. ② 유곽(遊廓).
花独活 (はないかり) 『植』 닻꽃.
花の弟 (はなのおとと) 국화(菊花)의 딴이름.
花祭り (はなまつり) ①『佛』 관불회(灌佛會). ② 풍년 기원제.
花蚤 (はなのみ) 『蟲』 꽃벼룩.
花鯛 (はなだい) 〈東京方〉붉돔. 꽃도미.
花種 (はなだね) 가정에서 키우기 위한 화훼류(花卉類)의 씨.
花櫛 (はなぐし) 조화로 장식한 빗.
花持ち (はなもち) (꽃꽂이에서) 꽃이 오래가는 정도.
花紙 (はながみ) 코푸는 종이. 휴지.
花蜘蛛 (はなぐも) 『動』 꽃게거미.
花尽くし (はなづくし) ① 여러 가지 꽃을 무늬로 그린 것. ② 여러 가지 꽃이름을 드는〔말하는〕일.
花車 ㊀(はなぐるま) ① 꽃으로 장식한 수레〔차〕. ② 꽃을 실은 수레〔차〕.
㊁(きゃしゃ) ① 형태는 고상하고 아름다우나 연약하게 느껴지는 모양. ②〈古〉풍류.
㊂(かしゃ) ① 창녀를 감독·지휘하는 여자. ② 술집·요릿집의 안주인. ☞花車方.
∥～方(がた) 歌舞伎(かぶき)에서, 늙은 여자로 분장하는 남자 배우.
花札 (はなふだ) 화투.
花菖蒲 ㊀(はなしょうぶ)『植』 꽃창포.
㊁(はなあやめ)『植』 (꽃이 핀) 붓꽃.
襲(かさね)의 색조의 하나로, 겉은 백색이고 안은 연두색.
花妻 (はなづま) ① 꽃처럼 아름다운 아내. 또, 새색시. ② 꽃을 친밀감을 가지고 이르는 말.
花浅葱 (はなあさぎ) 약간 녹색을 띤 푸른 색.
花籤 (はなくじ) (무진이나 계 등에서) 본제비 외에 약간의 돈을 나누기 위한 제비.
花催い (はなもよい) 벚꽃이 필 듯한 기미.
花縮砂 (はなしゅくしゃ) 『植』 진저(ginger). 생강과에 속하는 다년초.
花椿 (はなつばき) 꽃이 피고 있는 동백나무. 또, 동백꽃.
花吹雪 (はなふぶき) 꽃보라. 벚꽃이 바람에 날리는 것을 눈보라에 비유한 말.
花恥ずかしい (はなはずかしい) 꽃도 무색할 만큼 아름답다.
花筒 (はなづつ) 꽃꽂는 통. 꽃병.
花桶 (はなおけ) 꽃을 꽂는 통. 또, 성묘 때 꽃이나 물을 담아 가지고 가는 통.
花貝 (はながい) 『貝』 꽃조개.
花便り (はなだより) 꽃소식. 화신(花信).
花の便り (はなのたより) 꽃소식.
花布 (はなぎれ) 『印』 머리띠. 헤드 밴드. 책 속장의 등 아래위 양끝에 붙인 천.
花楓 (はなかえで) ① 단풍나무의 꽃. ② '花の木(はなのき)(=꽃단풍)'의 딴이름. 「짐.
花疲れ (はなづかれ) 꽃구경을 갔다가 피로해
花の下 (はなのもと) ⇨花の本(はなのもと).
花霞 (はながすみ) (벚)꽃이 피어 안개처럼 보임. 꽃안개.
花下陰 (はなしたかげ) 꽃이 피어 있는 나무 아래. 꽃그늘.
花合わせ (はなあわせ) ① 화투놀이. ② 옛날, 벚꽃을 가지고 모인 사람들이 양편으로 갈라져 꽃을 노래로 읊으면서 그 우열을 겨루던 놀이.
花鋏 (はなばさみ) 전정(剪定) 가위.
花の兄 (はなのあに) 매화(梅花)의 딴이름.
花形 (はながた) ① 인기 있는 화려한 존재. ② 꽃모양. 꽃무늬. ♣～株(かぶ) 인기주.
∥～役者 (やくしゃ) 인기 배우. 스타.
花紅葉 (はなもみじ) ① 봄꽃과 가을 단풍. 벚꽃이나 단풍. ② 꽃처럼 선명한 단풍.
花火 (はなび) 불꽃. 폭죽.
∥～師 (し) 불꽃을 제작·쏘아 올리는 것을 업(業)으로 하는 사람.
～線香 (せんこう) 〈関西〉지노 끝에 화약을 비벼 넣은 작은 불꽃.
花花しい (はなばなしい) 눈부시다. 매우 화려하다. 「게.
花花と (はなばなと) ① 화려하게. ② 선명하
花の丸 (はなのまる) 둥글게 도안화(圖案化)한 꽃무늬.
花環 (はなわ) ⇨花輪(はなわ).
花活け (はないけ) ⇨花生け(はないけ).
あだ花 (あだばな) ① 수꽃. 결실치 않는 꽃. ② 가지 수꽃의 딴이름. ③ 겉은 화려하나 실질이 따르지 않는 것.

〘其他〙
花鶏 (あとり) 『鳥』 되새.
花魁 (おいらん) 유곽에서, 언니뻘의 창녀. 전하여, 유녀. 창녀. ♣～草(そう) 『植』 풀유엽도(柳葉桃).
∥～道中 (どうちゅう) 창녀들이 특정한 날에 곱게 몸치장하고 열을 지어 유곽 거리를 누비고 다님.

画(畫) ガ・カク
8口 教
え・えがく・かぎる
그림 화·가를 획

〘音読〙
画架 (がか) 화가. 이젤.
画家 (がか) 화가.
画角 (がかく) 화각. 카메라 렌즈로 촬영할 수 있는 범위의 각도.
画境 (がきょう) 화경. ① 그림을 그릴 때의 심경. ② 그림으로 그려진 경지·분위기.
画稿 (がこう) 화고. 초벌로 그려 보는 그림의 초고.
画工 (がこう) 화공.
画具 (がぐ) 『美』 화구.
画劇 (がげき) 그림 연극《여러 장의 그림으로 구성한 극》.

画技(がぎ) 화기. 그림 그리는 기법.
画嚢(がのう) 화낭. 그림 도구를 넣는 주머니.
画壇(がだん) 화단. 화가들의 사회.
画談(がだん) 회화에 대한 담화.
画堂(がどう) 화당. 그림을 보관하거나 전시하는 건물.
画道(がどう) 화도. 그림을 그리는 방법과 정신.
画廊(がろう) 화랑.
画歴(がれき) 화력. 그림 그린 경력.
画論(がろん) 화론.
画料(がりょう) ① 그림의 제재(題材). 화재(畫材). ② 그림값. 화고료(畫稿料).
画竜(がりょう) 화룡. *がりゅう로도 읽음.
∥〜点睛(てんせい) 화룡점정.
画面(がめん) 화면.
画名(がめい) 화명. 그림의 이름. 화가로서의 명성.
画舫(がぼう) 화방. 아름답게 장식한 놀잇배〔유람선〕.
画伯(がはく) 화백. 화가의 높임말.
画法(がほう) 화법.
∥〜幾何学(きかがく)〖數〗화법 기하학.
画鋲(がびょう) 압정(押釘). 압핀.
画餅(がべい) 화병. 그림의 떡.
 〜に帰(き)す 계획이 틀어지다.
画報(がほう) 화보.
画譜(がふ) 화보. 그림책.
画本(がほん) ① 화본. 그림본. ② 화첩. 화집.
画師(がし)〈雅〉화가. *えし로도 읽음.
画山水(がさんすい)〖美〗산수화.
画商(がしょう) 화상.
画像 ㊀(がぞう) ① 초상화. ② 영상.
∥〜工学(こうがく) 화상 공학.
 〜応答システム(おうとうシステム) 화상 응답 시스템.
 〜認識(にんしき) 화상 인식.
 〜診断(しんだん) 화상 진단.
 〜処理(しょり) 화상 처리.
 〜通信(つうしん) 화상 통신.
㊁(えぞう) ① 초상화. ② 그림으로 그린 불상.
画仙(がせん) 화선. ♣〜紙(し) 화선지.
画線(がせん) 화선부(部).
画聖(がせい) 화성. 아주 뛰어난 화가.
画素(がそ) 화소. 화상을 구성하는 최소의 단위 요소.
画僧(がそう) 승려 화가. 그림을 잘 그리는 승려.
画室(がしつ) 화실. 아틀리에.
画業(がぎょう) ① 그림을 그리는 일. ② 화가로서의 업적.
画用紙(がようし) 도화지.
画院(がいん) 화원.
画意(がい) 화의. 그림의 의미.
画人(がじん) 화가.
画因(がいん) 화인. 그림의 동기.
画匠(がしょう) 화장. 화가.
画帳(がちょう) 화첩 ☞画帖(がじょう).
画障(がしょう) 그림이 있는 미닫이문.
画才(がさい) 화재. 그림을 그리는 재능.
画材(がざい) 화재. ① 그림의 소재. ② 그림을 그리기 위한 도구와 재료. 화구(畫具).
画展(がてん) (회)화전. 그림 전람회.
画箋紙(がせんし) ⇨ 画仙紙(がせんし).
画題(がだい) 화제. 전체의 상태.
画調(がちょう) 화조. (그림·사진 등에서) 화면.
画紙(がし) 도화지.
画質(がしつ) 화질. 텔레비전 영상(映像)의 질.
画集(がしゅう) 화집.
画賛(がさん) 화찬. 그림 위나 여백에 써 넣는 문장이나 글귀.
画讃(がさん) ⇨ 画賛(がさん).
画帖(がじょう) 화첩. ① 그림을 모아 엮은 책. ② 그림을 그리는 공책.
画趣(がしゅ) 화취. 그림과 같은 정취.
画派(がは) 화파. 회화의 유파.
画板(がばん) 화판.
画布(がふ) 화포.
画幅(がふく) 화폭. (그림의) 족자.
画風(がふう) 화풍.
画筆(がひつ)〖美〗화필.
画学(ががく) 화학. ♣〜生(せい) 화학생. 미술학도.
画会(がかい) ① 화회. 그림 전시회. ② 그림을 그리고 서로 비평하는 모임.

◪ 이하 音은 '획'.
画す(かくす) ☞ 画する(かくする).
画する(かくする) ① 선을 긋다. ② 구획하다. ③ 계획하다.
画期(かっき) 획기. 새로운 기원을 여는 시기. ♣〜的(てき) 획기적.
画伐(かくばつ) 획벌(劃伐).
画数(かくすう) 획수.
画時代的(かくじだいてき) 획시대적. 획기적.
画然(かくぜん) 획연. 구별을 명확히 짓는 모양.
画引き(かくびき) 획인. 한자를 획수를 따라 찾는 일.
画一(かくいつ) 획일. ♣〜的(てき) 획일적.
画定(かくてい) 획정.
画地(かくち) 획지(劃地).
画策(かくさく) 획책.

訓読
画 ㊀(え) 그림. *が로도 읽음.
 ㊁(かく) 획(畫).
画く ㊀(かく) (그림을) 그리다.
 ㊁(えがく) ① ☞㊀. ② 묘사〔표현〕하다.
画描き(えかき) ① 그림쟁이. 특히, 직업적 화가. ②〈古〉그림을 그리는 기술.

| 8 禾 教 | 和 | 온화할 화·고를 화 ワ·オ·カ やわらぐ· やわらげる·なごむ·な ごやか·あえる·にぎ |

音読
和 ㊀(わ) ① 화목. ② 화해. ③〖數〗합(合). 합계. ④ 왜(倭). 일본.
 ㊁(にぎ)《接頭語적으로》'부드러운·고운·상세한·잔' 등의 뜻. *にこ라고도 함.

和す ㊀(わす) ☞和する(わする).
㊁(かす) ① 다른 것과 융합한 상태로 만들다. ② 조화시키다. ③ 누그러지게 하다.
㊂(なごす) 부드럽게 하다. 온건하게 하다. 달래다.
和する(わする) ① 화합하다. 사이좋게 지내다. ② 동조하다. ③ (남의 노래 따위에) 맞추어 부르다.
和歌(わか) 일본 고유 형식의 시. ①長歌(ちょうか)·短歌(たんか)·旋頭歌(せどうか) 따위의 총칭. ② 특히, 단가(短歌)《5·7·5·7·7의 5구 31음의 단시》.
‖～所(どころ)〖史〗平安(へいあん) 시대 칙찬(勅撰) 和歌집의 편찬을 맡은 임시 관청.
和歌山(わかやま)〖地〗近畿(きんき) 지방 남부의 한 현. 또, 그 현의 현청 소재지로 시 [市].
和姦(わかん) 화간. 합의 간통.
和犬(わけん) (재래종) 일본 개.
和敬(わけい) 화경. 온화하고 조심함.
‖～清寂(せいじゃく) 다도(茶道)에서 유의해야 하는 말로, 남에게는 화경으로 대하고 다실이나 다구는 조심스럽고 깨끗이 하는 일.
和菓子(わがし) 왜과자. 일본식 과자.
和光(わこう) 화광.
‖～同塵(どうじん) 화광동진. 지덕을 감추고 속세에 숨어 삶.
和寇(わこう) 왜구.
和国(わこく) 왜국. 일본국.
和机(わづくえ) 일본식 책상《畳(たたみ)나 마루에 앉아서 씀》.
和金(わきん)〖魚〗화금《금붕어의 한 품종》.
和琴(わごん)〖樂〗(아악에 쓰이는) 일본 고유의 6현금.
和気(わき) 화기. ＊かきろも 읽음.
‖～藹藹(あいあい) 화기애애.
和女(わじょ) 여성에 대하여 친근감을 가지고 쓰는 말.
和女郎(わじょろう) ☞和女(わじょ).
和簞笥(わだんす) 일본옷을 개켜 넣어 두는 장롱.
和談(わだん) 화담. 화의(和議).
和陶(わとう) 일본식 도자기.
和独(わどく) 일독. ① 일본과 독일. ② 和独辞典의 준말.
‖～辞典(じてん) 일독 사전.
和読(わどく) 한문을 일역하여 읽음.
和同開宝(わどうかいほう) ☞和銅開珎(わどうかいちん).
和銅開珎(わどうかいちん) 和銅(わどう) 원년(元年)(=708년)에 주조된 일본 최고(最古)의 은화와 동화.
和楽(わらく) 화락. 여러 사람이 화목하게 즐김.
㊁(わがく) 일본 고유의 음악.
和郎(わろ) ① 손아래 남자나 하인 등을 부르는 말. ② 매도하는 말.
和露(われい) 일본과 러시아. ②'和露辞典(じてん)(=일로 사전)'의 준말.
和名 ㊀(わみょう) 일본에서 부르는 이름. 일본명.
㊁(わめい) ① 동식물의 학명(學名)에 대하여, 흔히 쓰는 일본 이름. ② ☞㊀.
和睦(わぼく) 화목.
和文(わぶん) 일문(日文).
‖～英訳(えいやく) 일문 영역.
～調(ちょう) 平安(へいあん) 시대의 かな文(ぶん)의 문체.
和服(わふく) 일본옷.
和本(わほん) 일본식으로 장정한 책.
和仏(わふつ) ① 일본과 프랑스. ②'和仏辞典(じてん)(=일불 사전)'의 준말.
和事(わごと) 歌舞伎(かぶき)에서, 연애·정사 장면.
‖～師(し) 주로 和事를 연기하는 배우.
和産(わさん) 일본산. 왜산(倭産).
和傘(わがさ) 일본 우산《대오리에 일본 종이나 명주 등을 풀로 발랐음》.
和算(わさん) 일본 고래(古來)의 수학.
和三盆(わさんぼん) 일본제의 고급 백설탕.
和上(わじょう)〖佛〗화상. 스님.
和尚(おしょう) 화상. 스님. 수행을 쌓은 스님의 존칭. ＊わじょう·かしょう로도 읽음.
和上﨟(わじょうろう) 신분이 높은 여성에 대하여 친근감을 가지고 쓰는 말.
和生(わせい) 和生菓子(わなまがし)의 준말. 일본식 생과자.
和書(わしょ) ① 일본어로 쓴 책. ② 일본식으로 맨(장정한) 책.
和船(わせん) 일본의 재래식 목조선.
和声(わせい) 화성. ＊かせいろも 읽음. ♣～法(ほう)〖樂〗화성법.
和俗(わぞく) 일본 풍속(습관). 왜속.
和熟(わじゅく) ① 친숙하고 화목하게 지냄. ② 곡식이 잘 여묾.
和順(わじゅん) 화순.
和習(わしゅう) 일본 풍습(습관).
和僧(わそう) 승려를 친하게 부르는 말.
和市(わし) 고대·중세 시장에서, 쌍방 합의로 하는 매매 행위. 또, 그 가격.
和詩(わし) ① 한시(漢詩)를 흉내낸 かな가 섞인 시. ② 일본인이 만든 한시.
和時計(わどけい) 江戸(えど) 시대에, 서양 시계를 모방해서 만든 시계.
和式(わしき) 일본식. 일본풍.
和食(わしょく) 왜식. 일식(日食).
和室(わしつ) 일본식 방. 다다미방.
和氏の璧(かしのたま) 화씨지벽. 대단한 보물.
和薬(わやく) (재래의) 일본약. 일제 약.
和洋(わよう) 일본과 서양.
‖～折衷(せっちゅう) 일본식과 서양식의 절충.
和様(わよう) 일본풍. 일본 양식.
和語(わご) 일본어. 일본 고유의 말.
和御女(わごじょ) 친근감을 가지고 여성을 부르는 말.
和御房(わごぼう) 친근감을 가지고 승려를 부르는 말.
和御前(わごぜ) (재래의) 친근감을 가지고 여성을 부르는 말.
和訳(わやく) 일역(日譯).
和悦(わえつ) 화열. 마음을 편안히 하고 기뻐함.

和英(わえい) 일영. 일본어와 영어.
‖**~辞典**(じてん) 일영 사전.
和牛(わぎゅう) (재래의) 일본 소.
和韻(わいん) 화운. 한시(漢詩)에서 남의 시와 같은 운자(韻字)를 써서 시를 짓는 일.
和音(わおん) ①〖樂〗화음. ②(한자음의) 漢音(かんおん)·呉音(ごおん). 唐音(とうおん)에 대하여 일본식으로 변한 관용음(慣用音).
~平安(へいあん) 平安시대에 正音(せいおん) 곧, 漢音에 대한 呉音의 통칭.
和議(わぎ) 화의. 화해. 협상.
和人(わじん) 왜인. 일본인.
和林檎(わりんご)〖植〗일본 토산(土産)의 사과(나무).
和子 ㊀(わこ) 신분이 높은 사람의 아들. 도령. 도련님.
‖**~様**(さま) 和子의 경칭.
㊁(おす) 화상(和尙). 스님.
和字(わじ) ①일본 仮名(かな). ②일본에서 만든 한자.
和雑膾(かぞうなます) 여러 가지 생선회를 식초와 소금으로 조미한 여름 회요리.
和裝(わそう) ①일본옷을 입음. 또, 그 옷. ②일본식 장정(裝幀).
和裁(わさい) 일본옷의 재봉〔바느질〕.
和戰(わせん) 화전. ①평화와 전쟁. ②전쟁을 종결시키기 위해서 화해함.
和殿(わどの)〈古〉대등한 상대〔남자〕를 가리키는 말. 귀하. 당신.
和田草(わだそう)〖植〗개별꽃.
和釘(わくぎ) 일본 못〔단면이 4 각형임〕.
和製(わせい) 일제. 일본제(日本製).
‖**~洋語**(ようご) 일제 외래어.
~語(ご) 일제어. 일본에서 만든 한자어 또는 외국어 비슷한 말.
~英語(えいご) 일제 영어.
和朝(わちょう) 일본의 조정.
和主(わぬし)〈古〉동배(同輩) 이하의 상대를 부르던 말. 너. 자네. 그대.
和州(わしゅう) 옛 땅이름으로 지금의 奈良(なら) 현.
和酒(わしゅ) 일본술.
和紙(わし) 일본 종이.
和茶(わちゃ) 일본 녹차(綠茶).
和讚(わさん)〖佛〗일본말로 된 경문의 게(偈)(7·5조의 긴 노래).
和讒(わざん) ①한쪽에 빌붙기 위해 다른쪽을 비방함. ②조언(助言). 중재(仲介).
和妻(わづま) 일본 독자적인 요술.
和綴じ(わとじ) 일본 재래식으로 책을 매는 방법.
和衷(わちゅう) 화충. 모두가 합심함.
‖**~協同**(きょうどう) 화충 협동. 합심 협동.
和臭(わしゅう) (한시문(漢詩文) 따위에서) 일본 냄새.
和親(わしん) 화친. 친화.
和版(わはん) 일본판(日本版). 일본에서 조각한 판. 또, 그 판으로 인쇄한 책.
和平(わへい) 화평.
和布(わかめ)〖植〗미역. *にきめ로도 읽음.
和風(わふう) 일본풍〔식〕.
和学(わがく) ①江戸(えど) 시대에, 일본 고래의 문학·역사·예식·전고(典故) 따위에 관해서 연구한 학문. ♣**~者**(しゃ) 和学을 연구하는 사람.
‖**~講談所**(こうだんしょ) 1793년에 설립한 和学의 교수나 문헌 사료의 수집 정리를 하던 연구 기관. 1868년 폐쇄.
和漢(わかん) 일한(日漢).
‖**~書**(しょ) 일한서《도서관 따위의 서적 분류에서 한자나 かな로 쓰어진 책》. 「서양.
~洋(よう) 일한양(日漢洋). 일본·중국·
~混交文(こんこうぶん) 일본 혼합문《문어에서 순일본말의 글체와 한문 훈독체를 어우른 문체》.
~混淆文(こんこうぶん) ⇨和漢混交文.
和合 ㊀(わごう) 화합. 사이좋게 지냄.
和解 ㊀(わげ) ①외국어를 일본어로 해석함. 또, 어려운 문구(文句)를 쉽게 설명함. ②화해.
㊁(わかい) 화해. 「해.
和諧(わかい) 화목함. *かかい로도 읽음.
和弦(わげん)〖樂〗화음. 「협력함.
和協(わきょう) 화협. 협화. 서로 화목하고
和魂(わこん) 일본 고유의 정신.
‖**~洋才**(ようさい) 일본 고유의 정신과 서양 도래의 학문(을 갖춤).
~漢才(かんさい) 일본 고유의 정신과 중국 전래의 학문·지식(을 갖춤).
㊁(にきなま) ☞和御魂(にきみたま)
和訓(わくん) 한자를 고유의 일본어로 새겨서 읽는 일. 또, 그 훈.

〖訓読〗
和む(なごむ) 누그러지다. 온화해지다.
和める(なごめる) 누그러지게 하다. 부드럽게 하다.
和やか ㊀(なごやか) (기색·공기가) 부드러움. 온화함.
㊁(のどやか)〈古〉①날씨가 화창한 모양. ②동작이 침착한 모양.
和やぐ(なごやぐ) 화기애애해지다.
和らぐ(やわらぐ) ①누그러지다. 풀리다. 온화해지다. ②부드러워지다. 완화(緩和)되다. ③딱딱한〔뭉친〕것이 풀리다.
和らげる(やわらげる) 부드럽게 하다. 진정시키다. 완화시키다.
❖**和える**(あえる) (야채·생선 등을 된장·식초·깨 등을 섞어) 무치다. 버무리다.
和え物(あえもの) 무침〔요리〕.

〖其他〗
和ぐ(なぐ) 평온해지다. 가라앉다.
和し(にこし) 부드러운. 온순한.
和ぶ(にこぶ) 편안히 허물없이 사귀다.
和稲(にきしね) 겨를 벗겨낸 쌀.
和蘭(オランダ)〖地〗네덜란드. 홀란드.
‖**~芥子**(がらし)〖植〗논냉이.
~芹(ぜり)〖植〗파슬리. 양미나리.
~苺(いちご)〖植〗양딸기의 일종.
~三葉(みつば)〖植〗셀러리.
~石竹(せきちく)〖植〗카네이션.

~紫雲英(げんげ)『植』 토끼풀. 클로버.
~正月(しょうがつ) 양력설.
~雉隠(きじかくし)『植』 아스파라거스.
和蘭陀(オランダ) ⇨ 和蘭(オランダ)
和毛(にこげ) 부드러운 털. 솜털.
和膚(にきはだ) 부드러운 살갗.
和手(にこで) 섬섬옥수.
和御魂(にきみたま) 유화(柔和) 따위의 덕을 갖춘 신령・영혼. ＊にぎみたまに도 읽음.
和泉(いずみ)『地』 옛 지방의 이름. 지금의 大阪(おおさか) 부 남부.

| 10
十
常 | 華 | 꽃 화・빛날 화
カ・ケ・ゲ
はな・はなやか |

音読→

華 ㊀(か) 화. 겉꾸밈. 허식.
㊁(はな) ① 꽃. ② 꽃과 같이 아름다운 것. ③ 절정기.
華甲(かこう) 화갑. 회갑. 환갑.
華蓋(かがい) ① 꽃처럼 아름다운 비단 일산(日傘). ② 연꽃 모양을 한 천개(天蓋).
華客(かきゃく) 단골 손님. ＊かかく로도 읽음.
華僑(かきょう) 화교.
華南(かなん)『地』 화남. 중국의 남부 지방.
華年(かねん) 화년. ☞華甲(かこう).
華壇(かだん) 꽃꽂이하는 사람들의 사회.
華道(かどう) 화도. 꽃꽂이의 도(道).
華麗(かれい) 화려.
華鬘(けまん)『佛』 화만. 불당 안쪽 난간 등을 치장하는 식.
華鬘草(けまんそう)『植』 금낭화.
華墨(かぼく) 화묵. 남의 서한의 높임말.
華美(かび) 화미(華美).
華府(かふ) 화부《미국의 수도 워싱턴》.
華北(かほく)『地』 화북. 중국의 북부 지방.
華奢 ㊀(かしゃ) 화사. 화려하고 사치함.
㊁(きゃしゃ) ① 형태는 고상하되 가냘프나 연약하게 느껴지는 모양. ②〈古〉풍류.
華商(かしょう) 화상. 화교(華僑).
華胥(かしょ) 화서. 『~の国(くに)に遊(あそ)ぶ』 화서의 나라에서 놀다《기분 좋게 낮잠을 자다》. 화서지몽(華胥之夢).
華寿(かじゅ) 61세의 축하. 화갑. 환갑.
華飾(かしょく) 화식. 화려하게 꾸밈.
華氏(かし)《기호: F, 일반적으로 'カ氏'로 표기함》.
‖~温度計(おんどけい) 화씨 온도계.
華押(かおう) 화압. 수결(手決).
華語(かご) 화어. 중국어.
華厳(けごん)『佛』 화엄. ① 수행을 쌓아 도달한 득도의 경지. ② 華嚴宗의 준말. ③ 華嚴経의 준말.
‖~経(きょう)『佛』 화엄경.
~宗(しゅう)『佛』 화엄종.   「세대.
華裔(かえい) 외국에서 태어난 화교의 후계
華音(かいん) 화음. 한자의 중국음(音).

華人(かじん) 화인. 중국인.
‖~経済圏(けいざいけん) 중국인 경제권.
華字(かじ) 화자. 중국의 문자. 한자(漢字).
‖~紙(し) 화자지《중국어 신문》.
華箋(かせん) 화전.
華足(けそく) ① 책상・대(臺)의 다리가 꽃구름 모양으로 구부러진 것. ②『佛』부처에게 바치는 물건을 담는 기구. 또, 그 공물(供物).
華族(かぞく) 화족. 일본 구헌법하에서 작위를 가진 사람과 그 가족.
華主(かしゅ) 화주. 고객. 상가의 단골.
華胄(かちゅう) 화주. 명문. 귀족.
華中(かちゅう)『地』 화중. 중국의 중부 지방.
華燭(かしょく) 화촉.   「방.
華侈(かし) 치치. 화려하고 사치함.
華下(かか) 꽃 아래. 꽃이 핀 나무 옆(곁).
華夏(かか) ① 중국 사람이 자기 나라를 자랑 삼아 일컫는 말. ② 문화가 발전한 지역.
華翰(かかん) 화한.   「수레.
華軒(かけん) 화헌. 화려하게 장식한 귀인의

訓読→

華やか(はなやか) 화려한 모양.
華やぐ(はなやぐ) ① 화려하고 아름답게 되다. ② 유쾌해지다. ③ 번영하다.
華華しい(はなばなしい) 눈부시다. 매우 화려하다.   「게.
華華と(はなばなと) ① 화려하게. ② 선명하

| 11
貝
教 | 貨(貨) | 재화 화・화폐 화
カ
たから |

音読→

貨(か)《接尾語로》…화. 돈.
貨客(かきゃく) 화객. 화물과 승객.
貨客船(かきゃくせん) 화객선. ＊かかくせん으로도 읽음.
貨物(かもつ) ① 화물. 물품. ② 貨物列車의 준말. ~船(せん) 화물선 / ~駅(えき) 화물역.
‖~列車(れっしゃ) 화물 열차.
~引換証(ひきかえしょう) 화물 상환증.
~自動車(じどうしゃ) 화물 자동차.
貨保(かほ) '貨物保険(かもつほけん)(＝화물 보험)'의 준말.
貨殖(かしょく) 화식. 재산을 늘림.
貨財(かざい) 재화. 돈과 가재(家財).
貨車(かしゃ) 화차.
‖~渡し(わたし) 화차 인도《물건을 화차에 실으면 매주(買主)에게 인도한 것으로 되는 거
~操り(ぐり) 화차의 배차(配車).   「래.
貨幣(かへい) 화폐. ~石(せき) 화폐석.
‖~価値(かち) 화폐 가치.
~改革(かいかく) 화폐 개혁.
~経済(けいざい) 화폐 경제.
~恐慌(きょうこう) 화폐 공황.
~同盟(どうめい)『經』 화폐 동맹.
~数量説(すうりょうせつ)『經』 화폐 수
~制度(せいど) 화폐 제도.   「량설.

嘩

13 口 嘩
떠들썩할 화
カ
かまびすしい

參考 譁의 異體字.

音讀
嘩然(かぜん) 여러 사람이 떠들썩하게 웃거나 지껄임.

禍

13 ネ 常 禍(禍)
재화 화·재앙 화
カ
わざわい・まが

音讀
禍根(かこん) 화근.
禍難(かなん) 화난. 재난.
禍乱(からん) 화란. 난리. 소동.
禍福(かふく) 화복.
禍心(かしん) 화심. 남을 해치려는 마음.
禍因(かいん) 화인. 화근.
禍災(かさい) 재화. 재앙. 재난.
禍害(かがい) 재난. 화난.
禍患(かかん) 화환. 화난.

訓讀
禍 ㊀(わざわい) 화. 재앙. 재난.
㊂(か)《接尾語로》①…화. …화. ㊁(まが)〈古〉①화. ②불길(不吉).
禍する(わざわいする) 그것이 원인으로 불행을 초래하다. 재난이 되다.
禍事(まがごと) 흉사(凶事). 재앙.
禍神(まがかみ) 화신(禍神). 액신(厄神).
禍禍しい(まがまがしい) 꺼림칙하다. 화가 미칠 것 같다. 불길하다.

話

13 言 敎 話
이야기할 화
ワ
はなす・はなし

音讀
話劇(わげき) 화극. 중국 연극에서, 대화를 중심으로 하는 신극(新劇).
話頭(わとう) 화두. 말머리. 화제(話題).
話法(わほう) 화법. ① 말하는 기술. 화술. ② (자신의 말이나 글 속에서) 남의 말의 재현
話柄(わへい) 화병. 이야깃거리.
話本 ㊀(わほん) 화본. 이야기책.
㊁(はなしぼん) 만담책. 재담책.
話線(わせん) 이야기의 줄거리. 이야기의 문
話術(わじゅつ) 화술.   ﹃맥.
話芸(わげい) 만담·야담 등 능란한 화술로 사람들을 즐겁게 하는 예능.
話者(わしゃ) 화자. 말하는 사람.
話題(わだい) 화제.
話調(わちょう) 화조. 말투〔말씨〕의 특색.

訓讀
話(はなし) ① 이야기. 말. ② 상의. 의논. 교섭. ③ 소문. 풍문. ④ 옛이야기. 만담.

話せる(はなせる) ① 말할 수 있다. ② 이야기를 잘 알아듣다.
話家(はなしか) 만담가.
話甲斐(はなしがい) 말한 만큼의 보람.
話半分(はなしはんぶん) 이야기의 반 정도는 거짓임.
話の種(はなしのたね) 이야깃거리.
話尽く(はなしずく) 충분히 이야기를 나눈 끝에 일을 도모함.
話振り(はなしぶり) 말하는 모양.
❖話す(はなす) 이야기하다. ① 말하다. ② 상담[의논]하다.
話し掛ける(はなしかける) ① 이야기를[말을] 걸다. ② 이야기를 시작하다.   ﹃말투.
話し方(はなしかた) 이야기하는 방식·태도.
話し上手(はなしじょうず) 이야기를 잘함. 또, 그 사람.   ﹃상대.
話し相手(はなしあいて) 이야기 상대. 의논
話し声(はなしごえ) 이야기하는 소리.
話し手(はなして) 이야기하는 사람. ﹃다.
話し辛い(はなしづらい) 이야기하기 어렵
話し言葉(はなしことば) ① 구어(口語). 보통 쓰는 말. ② 음성 언어.   ﹃열중하다.
話し込む(はなしこむ) (장시간) 이야기에
話し中(はなしちゅう) ① 한창 이야기하고 있는 중. 면담중. ② (전화의) 통화중.
話し下手(はなしべた) 말재주가 없음. 또, 그 사람.
話し合い(はなしあい) 의논. 교섭. 서로 이
話し合う(はなしあう) 서로 이야기하다.
話し好き(はなしずき) 이야기하기를 좋아함. 또, 그런 사람.

逆音
対話(たいわ) 대화.
神話(しんわ) 신화.
会話(かいわ) 회화.

靴

13 革 常 靴(靴)
신 화
カ
くつ

音讀
靴傷(かしょう) 구두에 쓸려서 생긴 상처.

訓讀
靴(くつ) 구두. 신발.
靴工(くつこう) 제화공.
靴紐(くつひも) 구두끈.
靴磨き(くつみがき) 구두닦이.
靴墨(くつずみ) 구두약.
靴敷き(くつしき) 구두의 안창.
靴箆(くつべら) 구둣주걱.   ﹃깔개.
靴拭い(くつぬぐい) 구두의 흙을 털기 위한
靴屋(くつや) 구둣방. 양화점.
靴音(くつおと) 구두 소리.
靴底(くつぞこ) ① 구두창. ②《魚》혀가자
靴跡(くつあと) 구두 자국.   ﹃미.
靴足袋(くつたび) 양말.
靴直し(くつなおし) 신기료장수.

靴擦れ(くつずれ) 구두에 쓸리어 까짐. 또, 그 상처.
靴下(くつした) 양말.
∥~止め(どめ) 양말대님.
靴型(くつがた) 신골.

14 木 人	樺	자작나무 화 カ かば

訓読→
樺(かば) ①『植』자작나무. *かんばら고도 함. ②樺色(かばいろ)의 준말.
樺の木(かばのき)『植』자작나무(과의 낙엽식물의 총칭).
樺色(かばいろ) 주황색.
樺染(かばぞめ) 주황색 염색(물).

其他
樺太(からふと)『地』화태. 사할린.
∥~犬(けん)『動』사할린 원산의 대형 개. 북방계의 혼혈종. *からふといぬ로도 읽음.

14 米 日	糀	누룩(화) こうじ

訓読→
糀(こうじ) 누룩. 곡자.

16 金 日	鑈	칼날번쩍거릴 (화) にえ

訓読→
鑈(にえ) 칼날에 은(銀) 모래를 뿌린 것 같이 빛나 보이는 잔 무늬.

19 魚 日	𩵚	임연수어 (화) ほっけ

訓読→
𩵚(ほっけ)『魚』임연수어.

확

8 才 教	拡 (擴)	넓힐 확 カク ひろがる・ひろげる

音読→
拡大(かくだい) 확대. ♣~鏡(きょう) 확대경.
∥~家族(かぞく) 확대 가족.
~均衡(きんこう)『經』확대 균형.
~再生産(さいせいさん) 확대 재생산.
~造林(ぞうりん) 확대 조림.
~解釈(かいしゃく) 확대 해석.
拡散(かくさん) 확산.
∥~現象(げんしょう) 확산 현상.
拡声器(かくせいき) 확성기.
拡延(かくえん)『哲』『數』시간・공간 등의 연속적인 연장・확대.
拡張(かくちょう) 확장.
∥~解釈(かいしゃく) 확장 해석. 확대 해석.
~型心筋症(がたしんきんしょう)『醫』확장형 심근증.
拡材(かくざい) 판매 확장을 위한 기구・경품 따위('拡張材料(かくちょうざいりょう)(=확장 재료)'의 준말).
拡充(かくじゅう) 확충.
拡販(かくはん) '拡大販売(かくだいはんばい)(=확대 판매)'의 준말.
拡幅(かくふく) 확폭. 도로・통로 등의 폭을 넓히다. 넓히다.

訓読→
拡げる(ひろげる) ①(접은 것을) 펴다. 펼치다. ②(면적・범위・규모를) 키우다. 확장(확대)하다. 넓히다.
❖拡がる(ひろがる) ①(접었던 것이) 펼쳐지다. 벌어지다. ②(면적・범위・규모 등이) 커지다. 확대(확장)되다.
拡がり(ひろがり) (폭・면적・공간이나 사물의 범위 따위가) 넓어짐. 퍼짐. 또, 그 정도.

15 石 教	確	확실할 확・단단할 확 カク たしか・たしかめる・かたい・しかと・しっかり

音読→
確たる(かくたる) 확고한. 틀림없는.
確とした(かくとした)〈口〉확실한.
確固(かっこ) 확고.
∥~不動(ふどう) 확고부동.
~不抜(ふばつ) 확고불발. 확고부동.
確答(かくとう) 확답.
確当(かくとう) 확실하여 틀림없음.
確度(かくど) 확실도.
確例(かくれい) 확례. 확실한 실례.
確論(かくろん) 확론. 확설(確説).
確率(かくりつ) 확률. ♣~論(ろん) 확률론.
∥~過程(かてい) 확률 과정.
~変数(へんすう) 확률 변수.
~分布(ぶんぷ) 확률 분포.
~予報(よほう) 확률 예보.
確立(かくりつ) 확립.
確聞(かくぶん) 확문. 확실히 들음.
確保(かくほ) 확보.
確報(かくほう) 확보. 확실한 보도[소식].
確説(かくせつ) 확설. 확실한 설.
確守(かくしゅ) 확수. 굳게 지킴.
確信(かくしん) 확신. ♣~犯(はん) 확신범.
確実(かくじつ) 확실. ♣~性(せい) 확실성.
確約(かくやく) 확약.
確言(かくげん) 확언.
確然(かくぜん) 확연.
確認(かくにん) 확인.

‖ ~訴訟(そしょう)〖法〗확인 소송.
~信用狀(しんようじょう)〖經〗확인 신용
~判決(はんけつ)〖法〗확인 판결.　└장.
~行爲(こうい)〖法〗확인 행위.
確切(かくせつ) 확실하고 적절함.
確定(かくてい) 확정.
‖ ~拠出型年金(きょしゅつがたねんきん) 확정 거출형 연금(기업 연금의 하나).
~給付型年金(きゅうふがたねんきん) 확정 급부형 연금(기업 연금의 하나).
~期売買(きばいばい) 확정기 매매.
~期限(きげん)〖法〗확정 기한.
~申告(しんこく) 확정 신고.
~年金(ねんきん) 확정 연금.
~利付証券(りつきしょうけん) 확정 이자부 증권.
~日付(ひづけ) 확정 일부.
~裁判(さいばん)〖法〗확정 재판.
~条件(じょうけん) 확정 조건.
~債権(さいけん) 확정 채권.
~判決(はんけつ)〖法〗확정 판결.
確証(かくしょう) 확증.
確知(かくち) 확지. 확실히 앎.
確執(かくしつ) 확집. 서로가 자기 의견이나 이익을 주장하여 양보하지 않음. 또, 그로 인해 생기는 불화(不和).
確乎(かくこ) ⇨ 確固(かっこ).

〖訓読〗
確か(たしか) ① 확실함. 틀림없음. 분명함. ② 든든함. 안전함.　「확인하다.
確かめる(たしかめる) 확실(분명)히 하다.
確と(しかと) 확실히. 틀림없이. 분명히. ① 단단히. 확고하게. 꼭. 꽉. *②는 しっかと라고도 함.
確り(しっかり) ① 단단히. 꼭. 꽉. 튼튼히. ② 똑똑히. 정신 차려서. ③ 확고히. 견실하게. ④〈方〉잔뜩. ⑤〖經〗(시세의) 오름세.
確り者(しっかりもの) ① 견실한 사람. 착실한 사람. ② 절약가.

〖逆音〗
明確(めいかく) 명확.
正確(せいかく) 정확.

| 18
禾
常 | 穫 | 벨 확・거둘 확
カク
かる・とりいれる |

〖逆音〗
收穫(しゅうかく) 수확.
刈穫(がいかく) 곡물을 거두어들임.

| 20
目 | 矍 | 석석할 확
カク |

〖音読〗
矍鑠(かくしゃく) 확삭. 늙어도 기력(氣力)이 정정함.

| 23
扌 | 攫 | 움킬 확
カク
つかむ・さらう |

〖音読〗
攫取(かくしゅ) 확취. 움켜잡음. 움켜쥠.
〖訓読〗
攫う(さらう) ① 채다. 날치기하다. ② 휩쓸다. 독차지하다.

| 26
竹 | 籆 | 얼레 확
ワク |

〖音読〗
籆(わく) 실패. 얼레.

환

| 3
乙
教 | 丸 | 둥글게할 환・알 환
ガン
まる・まるい・まるめる・たま・まろい |

〖音読〗
丸薬(がんやく) 환약.
丸剤(がんざい) 환제. 환약.
〖訓読〗
丸かし(まろかし) 둥글게 뭉친 것. *まろがしろ도 읽음.
丸臥し(まろぶし)〈古〉옷을 입은 채로 잠.
丸虫(まろむし)〖蟲〗풍뎅이의 딴이름.
❖丸い(まるい) ① 둥글다. ② 포동포동 살찌다. ③ 원만하다.
丸 ㊀(まる) ① 동그라미. 공. ② 전체. 만(滿). ③ 배・칼 따위의 이름에 붙이는 말. ㊁(がん) 환(환약에 붙이는 말).
丸ごと(まるごと) 통째로. 통거리로.
丸さ(まるさ) 둥긂. 또, 그 정도.
丸っこい(まるっこい) 둥긂. 둥근 모양을 하고 있음.
丸で(まるで) ① 마치. 꼭. ② 전혀. 통.
丸ぽちゃ(まるぽちゃ)〈俗〉(여자 얼굴이) 오동통하고 귀여움.
丸まる(まるまる) 둥글게 되다.
丸み(まるみ) 둥그스름한 모양〔느낌〕.
丸干し(まるぼし) (생선・고구마・무 따위를) 통째로 말림〔말린 것〕.
丸鋼(まるこう) 단면이 둥근 봉강(棒鋼).
丸鋸(まるのこ) 원반 모양의 동력(動力) 톱.
丸見え(まるみえ) 죄다 보임. 환히 다 보임.
丸鏡(まるかがみ) ① 동근 거울. ② 동그런 鏡餅(かがみもち).　「하나.
丸髷(まるまげ) 시집간 일본 여성의 머리형의
丸括弧(まるかっこ) '( )・《 》'따위의 둥근 괄호.

丸潰れ(まるつぶれ) ①완전히 부서짐〔잃어 버림〕. ②뜻하지 않은 일로 시간이 없어짐.
丸根(まるね) 한 끝을 날카롭게 벼리어 만든 원통형의 화살촉.
丸衿(まるえり) ⇨ 丸襟(まるえり).
丸襟(まるえり) 둥글게 한 깃.
丸紐(まるひも) 보통 쓰는 단면이 둥근 끈.
丸帯(まるおび) 천의 폭을 두 겹으로 접어 만든 (여자 옷의) 폭이 넓은 띠.
丸禿げ(まるはげ) 머리가 거의 없는 대머리.
丸頭巾(まるずきん) 둥글게 만든 두건.
丸裸(まるはだか) ①맨몸. 발가숭이. ②무일푼. 빈털터리.
丸麦(まるむぎ) 통보리.
丸綿(まるわた) 풀솜을 평평하게 원형으로 펴서 만든 모자.
丸明き(まるあき) 완전히 비어 있음.
丸木(まるき) 통나무. ♣~橋(ばし) 외나무다리 / ~舟(ぶね) 통나무 배.
丸物(まるもの) ①빠짐없이 모두 갖추어진 것. ②돈. 금전. ③활쏘기 경기의 과녁.
丸坊主(まるぼうず) ①빡빡 깎은 머리. ②대머리. ③민둥산.
丸背(まるせ) 책의 등을 둥글게 한 고급 제책 (製册) 방식.
丸餅(まるもち) 둥글게 만든 떡.
丸本(まるほん) ①전질(全帙). ②전편이 하나로 수록된 浄瑠璃(じょうるり)의 대본.
丸負け(まるまけ) 전패(全敗). 완패.
丸盆(まるぼん) 둥근 쟁반.
丸備え(まるそなえ) 원형으로 진(陣)을 침.
丸写し(まるうつし) 그대로〔통째로〕 베낌.
丸齧り(まるかじり) 통째로 베어먹음.
丸洗い(まるあらい) 옷을 뜯지 않고 그대로 세탁함.   「것.
丸焼き(まるやき) 통구이. 또, 그렇게 구운
丸焼け(まるやけ) 전소. 몽땅 타버림.
丸損(まるぞん) 전손(全損). 손해만 봄.
丸首(まるくび) 셔츠 따위의 목을 둥글게 판 것.
丸袖(まるそで) 둥근 배래의 소매.   「것.
丸勝ち(まるがち) 완승. 일방적인 승리.
丸鍔(まるつば) 칼의 둥근 날밑.
丸顔(まるがお) 둥근 얼굴.
丸暗記(まるあんき) (내용을 잘 이해하지 않고) 남김없이 전부 욈.   「그것.
丸揚げ(まるあげ) 통째로 기름에 튀김. 또,
丸染め(まるぞめ) 옷 따위를 뜯지 않고 그대로 염색함. 또, 그렇게 염색한 것.
丸葉(まるば) 둥근 잎.
丸刈り(まるがり) 막깎기. 머리를 짧게 깎음.   「붕.
丸屋根(まるやね) 반구형(半球形)으로 된 지
丸瓦(まるがわら) 반원통형의 기와.
丸腰(まるごし) ①무사가 칼을 차지 않고 있음. ②무방비.
丸椅子(まるいす) 둥근 의자.
丸子(まるこ) 〖魚〗 '蘭鋳(らんちゅう)(=난금붕어)'의 딴이름.

丸煮(まるに) 〖料〗자르지 않고 통째로 익히는 일. 또, 그렇게 익힌 음식.
丸材(まるざい) 껍질만 벗긴 통나무 재목.
丸儲け(まるもうけ) 깡그리 이득을 봄. 고스란히 벎.
丸切り(まるきり) 모두. 전혀. 아주.
丸っ切り(まるっきり) 丸切り(まるきり)의 힘줌말.
丸提灯(まるちょうちん) 둥근 제등.
丸爪(まるづめ) 둥근 가조각(假爪角).
丸彫り(まるぼり) ①한 재료에 실물 그대로 전부를 조각함. 또, 그 작품. ②단면이 U형이 되게 하는 조각.
丸柱(まるばしら) 단면이 둥근 기둥.
丸竹(まるたけ) 베어내기만 하고 다듬지 않은 대나무.
丸持ち(まるもち) 부자.
丸漬け(まるづけ) (무・배추 따위를) 통째로 담금. 또, 그렇게 한 것.
丸窓(まるまど) 원창. 둥근창.   「늘.
丸天井(まるてんじょう) ①둥근 천장. ②하
丸出し(まるだし) 숨김없이 노출함. 본래 그대로 드러냄.   「짐.
丸取り(まるどり) 전부 차지함. 통째로 가
丸針(まるばり) 보통 쓰는 바느질 바늘.
丸寝(まるね) 옷을 입은 채로 잠.
丸打ち(まるうち) 실 따위를 꼬아 단면이 둥글게 되는 끈을 만드는 일. 또, 그 끈.
丸呑み(まるのみ) ①씹지 않고 삼킴. ②이해하지 못한 채 욈.
丸太(まるた) (껍질만 벗긴) 통나무.
∥~洗い(あらい) 저수지나 오수(汚水)의 배수구 밑바닥이 파이는 것을 막기 위해 깔아 놓은 통나무.
~小屋(ごや) 통나무 오두막집.
丸太ん棒(まるたんぼう) ①통나무. ②아무 쓸모도 없는 사람.
丸抱え(まるがかえ) ①기생의 생활비를 포주가 전부 부담함. ②비용을 전부 대줌.
丸鉋(まるがんな) 곡면을 만들기 위한 대패.
丸幅(まるはば) 짠 그대로의 천의 폭.
丸合羽(まるガッパ) 소매가 없고 통이 넓은 비옷.   「놓는 등.
丸行灯(まるあんどん) 원통형으로 된 세워
丸絎け(まるぐけ) ①끈 따위를 둥글게 공그름. 또, 그것. ②'丸絎け帯(おび)(=안에 솜을 넣고 둥글게 공그른 띠)'의 준말.
丸丸(まるまる) ①전부. 모조리. ②통통하게 살찐 모양.
❖丸める(まるめる) ①둥글게 하다. 뭉치다. ②머리를 깎다. 삭발하다. ③(남을) 잘 구슬리다. 구워삶다.
丸め込む(まるめこむ) ①말아〔뭉쳐〕 넣다. 구워삶다.

4 ⺎ 常	幻	허깨비 환・미혹할 환 ゲン まぼろし

音読▶
幻覚(げんかく)〖心〗환각.
幻怪(げんかい) 환괴. 이상하고 괴이함.
幻灯(げんとう) 환등. ♣~機(き) 환등기.
幻滅(げんめつ) 환멸.
幻夢(げんむ) 환몽. 허황된 꿈.
幻法(げんぽう) 환법. 마술. 요술.
幻想(げんそう) 환상. 환각. ♣~家(か) 환상가 / ~曲(きょく)〖樂〗 환상곡 / ~的(てき) 환상적.
幻像(げんぞう) 환상. 환영(幻影).
幻術(げんじゅつ) 환술. 요술. 기술(奇術).
幻視(げんし)〖心〗환시. 실제로는 없는 것이 있는 것처럼 보임.
幻影(げんえい) 환영. 환각.
幻妖(げんよう) 정체를 알 수 없는 괴물. 도깨비.
幻日(げんじつ)〖氣〗환일. 대기 중의 물방울·얼음 등으로 태양의 광선이 굴절, 반사되어 나타나는 태양 모양의 광상(光像).
幻肢痛(げんしつう)〖醫〗환지통.
幻聴(げんちょう)〖心〗환청. 헛들림.
幻出(げんしゅつ) 환출. 환상처럼 어렴풋이 나타남.
幻惑(げんわく) 환혹. 눈을 어리게 하여 미혹시킴.
訓読▶
幻(まぼろし) ①환상. 환영. ②덧없는 것. 곧 사라지는 것.
‖~の世(よ) 덧없는 세상.

| 10
宀 | 宦 | 벼슬살이 환·내시 환
カン
つかえる |

音読▶
宦官(かんがん) 환관. 내시.
宦者(かんじゃ) 환자. 내시.

| 11
心
常 | 患 | 앓을 환·근심할 환
カン
わずらう・うれえる |

音読▶
患家(かんか) 환가. 환자의 집.
患苦(かんく) 환고. 근심 때문에 생기는 고통.
患難(かんなん) 환난. 근심과 재난.
患部(かんぶ) 환부.
患者(かんじゃ) 환자.
患禍(かんか) 환화. 재난. 재앙.
訓読▶
❖患う ㊀(わずらう)〈老〉(병을) 앓다. 병이 나다.
㊁(うれう)〈古〉 '憂う(うりょう)(=걱정하다)'의 새로운 문어(文語)형.
患い ㊀(わずらい)〈雅〉병. 병고.
㊁(うれい) ①근심. 걱정. ②기중(忌中). ③〈古〉한탄하여 호소함.
患い付く(わずらいつく) 병들다.
患い事(うれいごと) 슬픈 일. 근심스러운 일.
❖患える(うれえる) 걱정하다. 근심하다.
患え(うれえ) ☞患い(うれい).

| 12
口
常 | 喚 | 부를 환
カン
よぶ・わめく・よばう |

音読▶
喚起(かんき) 환기.
喚問(かんもん) 환문.
喚想(かんそう) 환상. 상기.
喚声(かんせい) 환성. 고함. 아우성 소리.
喚呼(かんこ) 환호. 철도원이 신호를 확인해서 소리침.
訓読▶
喚う(よばう) ①부르다. 소리치다. ②〈古〉청혼하다.
❖喚く(わめく) 큰소리로 외치다. 크게 떠들다. 아우성치다. *おめく로도 읽음.
喚き声(わめきごえ) 아우성치는 소리.

| 12
扌
常 | 換 | 바꿀 환
カン
かえる・かわる |

音読▶
換価(かんか) 환가. 값으로 환산함.
‖~株(かぶ)〖經〗환가주. 저장주.
換骨奪胎(かんこつだったい) 환골 탈태.
換金(かんきん) 환금. 돈으로 바꿈.
‖~作物(さくもつ) 환금 작물.
換気(かんき) 환기. ♣~口(こう) 환기공 / ~口(こう) 환기구 / ~扇(せん) 환기 팬 / ~窓(まど) 환기창 / ~搭(とう) 환기탑.
‖~装置(そうち) 환기 장치.
換毛(かんもう) (포유 동물의) 환모. 털갈이.
換物(かんぶつ) 환물. 돈을 물건으로 바꿈.
換算(かんさん) 환산.
換言(かんげん) 환언.
換羽(かんう) 환우. (날짐승의) 털갈이. ♣~期(き)〖鳥〗환우기.
換位(かんい)〖論〗환위법.
換喩(かんゆ) 환유. 비유법의 하나.
換地(かんち) 환지. 대토. 환토.
‖~処分(しょぶん)〖法〗환지 처분.
換質(かんしつ)〖論〗환질. 환질법을 쓰는 일.
‖~換位法(かんいほう)〖論〗환질 환위법.
換置(かんち) 환치. 바꿔 놓음. ♣~法(ほう)〖文〗환치법.
換刑(かんけい) 환형. 재산형 대신 금고(禁錮)·노역형(刑)을 과함.
訓読▶
❖換える(かえる) 바꾸다. 교환(교체)하다. 갈다.
換え(かえ) ①대체. 교환. ②대리. 대신(할 것).
換え換え(かえがえ) 교환.
❖換わる(かわる) ①대리(대신)하다. 대표하다. ②바뀌다. 갈리다. 교체되다.

換わり(かわり) ① 교체. ② 대리. 대용. ③ 대신(보상의 뜻). ④ 교대(자).

12 渙

흩어질 환
カン

音読
渙発(かんぱつ) 환발. 조칙(詔勅)을 천하에 널리 발포함.

13 煥

빛날 환
カン
あきらか

音読
煥発(かんぱつ) 환발. 빛나게 나타남.

15 歡(歓)

기뻐할 환
カン
よろこぶ

音読
歓(かん) 기쁨. 즐거움.
〜を尽(つ)くす 마음껏 즐기다.
歓談(かんだん) 환담.
歓待(かんたい) 환대.
歓楽(かんらく) 환락. ♣〜街(がい) 환락가 / 〜境(きょう) 환락경.
歓声(かんせい) 환성. 환호성.
歓送(かんそう) 환송.
歓心(かんしん) 환심.
歓迎(かんげい) 환영.
歓接(かんせつ) 환대. 「뻐함.
歓天喜地(かんてんきち) 환천희지. 크게 기
歓呼(かんこ) 환호.
歓会(かんかい) ① 즐거운 모임. ② 모여서 즐김.
歓喜 ㊀(かんき) 환희. 즐겁고 기쁨.
∥〜雀躍(じゃくやく) 환희작약〔흔희(欣喜)〕. ㊁(かんぎ)〖佛〗환희. 「약.
∥〜天(てん)〖佛〗환희천《불교의 수호신》.

訓読
❖歓ぶ(よろこぶ) 기뻐하다. 즐거워하다. 기꺼이〔달갑게〕받아들이다.
歓び(よろこび) 기쁨. 경사. 축하함.

16 還

돌아올 환·다시 환
カン·ゲン
かえす·かえる·また

音読
還啓(かんけい) 외출했던 태황태후·황태후·황후·황태자가 돌아옴.
還納(かんのう) 환납. 되돌려 바침.
還都(かんと) 환도.
還暦(かんれき) 환력. 환갑.
還流(かんりゅう) 환류. 흐름이 되돌아 옴.
還付(かんぷ) 환부. 환급. 되돌려 줌. ♣〜金(きん) 환급금.
∥〜申告(しんこく) 환급 신고.
還城楽(げんじょうらく) ① 아악(雅樂)의 곡명. ② 還城楽을 출 때에 쓰는 탈.
還俗(げんぞく) 환속. 퇴속(退俗).
還送(かんそう) 환송. 송환.
還収(かんしゅう) 환수.
還御(かんぎょ) 환어. 환궁. 환행(還幸).
還元(かんげん) 환원. ♣〜糖(とう)〖化〗환원당 / 〜剤(ざい) 환원제 / 〜地(ち) 환원지 / 〜鉄(てつ) 환원철.
∥〜米(まい) 환원미. 자가 보유미까지 공출한 농가에 대하여 정부가 배급하는 쌀.
〜分裂(ぶんれつ)〖生〗환원 분열. 감수(減數) 분열.
〜炎(えん)〖化〗환원염. 환원성 불꽃.
〜牛乳(ぎゅうにゅう) 환원 우유.
〜漂白剤(ひょうはくざい) 환원 표백제.
還任(げんにん) 환임. 퇴직했던 사람이 다시 전 관직에 임용됨.
還幸(かんこう) 환행. 天皇(てんのう)의 환「궁.
還魂(かんこん) 환혼. 죽은 이의 넋이 살아 돌아옴. ♣〜紙(し) 환혼지. 재생지.

訓読
還す(かえす) 돌려 보내다. 돌아가게 하다.
❖還る(かえる) (되)돌아가다. (되)돌아오다.
還り(かえり) 돌아옴. 귀로. 돌아오는 길.

17 環

옥 환·두를 환·고리 환
カン
たまき·めぐる·わ

音読
環境(かんきょう) 환경. ♣〜権(けん) 환경권 / 〜論(ろん) 환경론 / 〜法(ほう) 환경법 / 〜税(ぜい) 환경세 / 〜庁(ちょう) 환경청.
∥〜監査(かんさ) 환경 감사.
〜管理(かんり) 환경 관리.
〜教育(きょういく) 환경 교육.
〜基本法(きほんほう) 환경 기본법.
〜基準(きじゅん) 환경 기준.
〜白書(はくしょ) 환경 백서.
〜変異(へんい)〖生〗환경 변이. 방황(彷徨) 변이. 「주의자.
〜保護主義者(ほごしゅぎしゃ) 환경 보호
〜心理学(しんりがく) 환경 심리학.
〜映像(えいぞう) 환경 영상.
〜影響評価(えいきょうひょうか) 환경 영향 평가.
〜芸術(げいじゅつ) 환경 예술.
〜汚染(おせん) 환경 오염.
〜要因(よういん) 환경 요인.
〜容量(ようりょう) 환경 용량.
〜衛生(えいせい) 환경 위생.
〜倫理(りんり) 환경 윤리.
〜音楽(おんがく) 환경 음악.
〜人種差別(じんしゅさべつ) 환경 인종 차별. 환경 레이시즘.
〜破壊(はかい) 환경 파괴.

環帯(かんたい)〘動〙환대.
環堵(かんと) 환도. ① 담. 울타리. ② 10 자 사방의 작은 방.
環状(かんじょう) 환상. ♣~筋(きん)〘生〙환상근.
∥~石斧(せきふ)〘考〙환상 석부. 바퀴날 도끼.
~線(せん) ① (철도·도로의) 환상선. 순환선. ② 東京(とうきょう)의 山手線(やまのてせん)의 딴이름.
~星雲(せいうん)〘天〙환상 성운. 「클.
~列石(れっせき)〘考〙환상 열석. 스톤 서
環石(かんせき) 환석. 環状石斧(かんじょうせきふ)의 준말.
環視(かんし) 환시.
環式化合物(かんしきかごうぶつ)〘化〙환식〔환상〕화합물. 고리 모양 화합물.
環節(かんせつ)〘動〙환절.
∥~動物(どうぶつ) 환절 동물. 환형 동물.
環座(かんざ) 환좌. 여러 사람이 빙 둘러앉
環礁(かんしょう)〘地〙환초.   「음.
環村(かんそん) 환촌. 광장을 중심으로 원형을 이루고 있는 취락.
環虫類(かんちゅうるい) ☞環形動物(かんけいどうぶつ).
環太平洋(かんたいへいよう) 환태평양.
∥~造山帯(ぞうざんたい)〘地〙환태평양 조산대. 「대.
~火山帯(かざんたい)〘地〙환태평양 화산
環海(かんかい) 환해. 사방을 둘러싸고 있는 바다.
環形動物(かんけいどうぶつ)〘動〙환형 동물.
環濠(かんごう) 주위를 둘러친 해자.
環濠集落(かんごうしゅうらく)〘地〙환호 취락. 주위에 호(濠)를 두른 취락.

〚訓読〛
環 ㊀(わ) ① 고리. 원형. *かん으로도 읽음.
② 바퀴. ③ 테. 테두리.   「지.
㊁(たまき) 〈雅〉 환. 고리 모양의 옥(玉). 반
∥~貝(がい)〘貝〙밤색무늬조개.

| 17 金 | 鐶 | 고리 환
カン
からみ |

〚訓読〛
鐶(からみ) 물기가 묻어 녹녹한 철설(鐵屑).

| 21 金 | 鐶 | 고리 환
カン
かなわ |

〚音読〛
鐶(かん) (금속제의) 고리.

| 21 魚 | 鰥 | 홀아비 환
カン
やもお・やもめ |

〚音読〛
鰥寡(かんか) 환과. 홀아비와 과부.
∥~孤独(こどく) 환과 고독. 홀아비·과부·고아·자식 없는 늙은이 등.

〚訓読〛
鰥(やもめ) ⇨ 鰥夫(やもめ).
鰥夫(やもめ) 홀아비. *やもお로도 읽음.

| 25 豸 | 貛 | 오소리 환
カン
あなぐま・まみ |

〚訓読〛
貛(あなぐま)〘動〙오소리.

활

| 9 氵 | 活 | 살 활·응용할 활
カツ
いかす・いきる・はたらく・いける |
〚敎〛

〚音読〛
活(かつ) ① 삶. 살림. ② 생동함.
活計 ㊀(かっけい) ① 〈老〉 생계. ② 살기가 풍족함.   「지할 데.
㊁(たつき) ① 수단. 방법. 특히, 생계. ② 의
活劇(かつげき) 활극.
活気(かっき) 활기.
活断層(かつだんそう)〘地〙활단층.
活達(かったつ) 활달.
活動(かつどう) 활동. ♣~家(か) 활동가 /
~度(ど)〘理〙활동도 /~的(てき) 활동적.
∥~口座(こうざ) 활동 계좌.
~写真(しゃしん) 활동 사진. 영화의 구칭.
~性(せい) 활동성. ♣~肥大(ひだい)〘醫〙활동성〔작업성〕비대.
~小屋(ごや) 영화관의 구칭.
~電流(でんりゅう) 활동 전류.
活量(かつりょう)〘理〙활량. 활동도.
活力(かつりょく) 활력.
活歷(かつれき) 明治(めいじ) 시대 초기의 歌舞伎(かぶき) 연출 양식.
活路(かつろ) 활로.
活物(かつぶつ) 활물.
∥~寄生(きせい)〘生〙활물 기생.
活発(かっぱつ) 활발.
活潑(かっぱつ) ⇨ 活発(かっぱつ).
活弁(かつべん) 活動弁士(かつどうべんし)의 준말. 무성 영화의 변사.
活歩(かっぽ) 활보.
活仏(かつぶつ) 활불. ① 생불. ② 라마교의 수장(首長).
活写(かっしゃ) 활사. 생생하게 베낌.
活社会(かっしゃかい) 실제 사회.
活殺(かっさつ) 활살. 생살(生殺).
∥~自在(じざい) 활살〔생살〕자재. 남을 자

기 마음대로 다룸.
活塞(かっそく)〖工〗활색. 피스톤.
活性(かっせい)〖化〗활성. ♣**~炭**(たん) 활성탄.
‖**~酸素**(さんそ)〖化〗활성 산소.
~汚泥(おでい) 활성 오니〔슬러지〕.
~汚泥法(おでいほう) 활성 오니법. 미생물을 이용하여 폐수나 강물을 처리하는 방법.
~化(か) 활성화. ♣**~剤**(ざい)〖化〗활성화제.
活眼(かつがん) 활안. 사물의 이치. 본질을 식별하는 안식.
活躍(かつやく) 활약.
活魚(かつぎょ) 활어. ♣**~車**(しゃ) 활어(수송)차 / **~艚**(そう) 활어조(槽).
活語(かつご) 활어. 일상 쓰는 말.
活用(かつよう) ① 활용. ②〖文法〗용언·조동사의 어미 변화. ♣**~語**(ご) 활용어 / **~形**(けい) 활용형.
‖**~語尾**(ごび)〖文法〗활용 어미.
~連語(れんご)〖文法〗활용 연어《용언·체언에 조동사가 붙은 것》.
活喩法(かつゆほう) 활유법. 의인법.
活人剣(かつじんけん) 활인검《남에게 도움이 되는 강력한 수단이란 뜻》.
活人画(かつじんが) 활인화.
活字(かつじ) 활자. ♣**~本**(ぼん) 활자본 / **~体**(たい) 활자체 / **~版**(ばん) 활자판.
‖**~人間**(にんげん) 활자 시대의 사람. 곧, 문장·문학 등으로 육성된 사람. 「(金).
~合金(ごうきん)〖印〗활자 합금. 활자금
活栓(かっせん) 활전. ① 밸브. (수도 등의) 고동. ② 피스톤.
活着(かっちゃく)〖植〗활착. 「본.
活版(かっぱん) 활판. ♣**~本**(ぼん) 활판
‖**~刷り**(ずり) 활판 인쇄.
~印刷(いんさつ) 활판 인쇄.
活火山(かっかざん)〖地〗활화산.
活況(かっきょう) 활황.
シク活用(しくかつよう)〖文法〗文語형용사의 어미 활용의 한 가지.

訓読▷
活かす(いかす) ① 살려 두다. ② 활용하다. 소생시키다.
活かる(いかる) 꽂꽂이의 꽃이 물에 꽂히다.
活く(はたらく)〖文法〗활용(活用)하다.
❖**活きる**(いきる) 살다. 생존하다. 죽지 않다.
活き ㊀(いき) 생. 삶. 생기.
 ㊁(はたらき)〖文法〗활용.
活き魚(いきうお) 활어.
活き餌(いきえ) 산 미끼. 산 먹이.
活き人形(いきにんぎょう) 산 사람처럼 만든 등신대의 인형. 「くり).
活き作り(いきづくり) ☞**活け作り**(いけづ
活き活き(いきいき) 싱싱한〔싱그러운〕 모양. 생기가 넘치는 모양.
❖**活ける**(いける) ①〈老〉살리다. ② 꽂꽂이
活け物(いけもの) ① 꽂꽂이. ② 실제로 쓸모

가 있는 물건. 도움이 되는 물건.
活け魚(いけうお) 활어.
活け作り(いけづくり) ① 싱싱한 붕어·도미 따위로 회를 쳐서 다시 본 모양새로 꾸민 요리. ② 신선한 생선회.
活け花(いけばな) 꽂꽂이. 또, 그 꽃.

逆音▷
復活(ふっかつ) 부활.
死活(しかつ) 사활.
生活(せいかつ) 생활.

| 12 虫 | 蛞 | 올챙이 활·괄태충 활 カツ |

其他▷
蛞蝓(なめくじ)〖蟲〗활유. 괄태충.

| 13 氵 常 | 滑 | 반드러울 활·어지러울 골 カツ・コツ すべる・なめらか・ぬめる |

音読▷
滑稽(こっけい) 골계. ① 해학. 익살. ② 우스팡스러움.
‖**~本**(ぼん) 江戸(えど) 시대 후기의 익살스러운 통속 소설.
滑降(かっこう) 활강.
‖**~競技**(きょうぎ) (스키의) 활강 경기.
~風(ふう)〖氣〗활강 바람. 카타바 바람.
滑空(かっくう) 활공. ♣**~機**(き) 활공기. 글라이더 / **~比**(ひ) 활공비.
滑断層(かつだんそう)〖地〗활단층.
滑落(かつらく) (등산에서) 실족하여 미끄러져 떨어짐.
滑翔(かっしょう) 활상. 하늘을 미끄러지듯이 수평으로 또는 상승하여 낢.
滑石(かっせき) 활석. 곱돌. 「연습.
滑舌(かつぜつ) (말을 빨리하게 하는) 발음
滑昇風(かっしょうふう)〖氣〗활승풍.
滑液(かつえき)〖生〗활액. 관절의 운동을 원활하게 하는 점액. ♣**~膜**(まく) 활액막.
滑剤(かつざい) 활제. 윤활제.
滑走(かっそう) 활주. ♣**~路**(ろ) 활주로.
滑車(かっしゃ) 활차. 도르래. 「신경.
‖**~神経**(しんけい)〖生〗활차 신경. 제 4 뇌
滑尺(かっしゃく) (계산자의) 아들자.
滑脱(かつだつ) 자유자재로 변화함.
滑沢(かったく) 활택. 반드럽고 윤이 남.
‖**~剤**(ざい) 활택제. 정제를 만들 때 첨가되는 물질《활석 따위》.

訓読▷
滑 ㊀(なめ)〖登山〗반반한 바위 위로 약간의 물이 흐르는 곳.
㊁(ぬめ) ① 동전의 글자가 없는 뒷면쪽. ② 흠이 없는 문지방·상인방(上引枋). ③ 무늬가 없고 우들두들하지 않는 면.
滑やか(すべやか) 매끈매끈한 모양.

滑らか(なめらか) ① 매끄러운 모양. ② 거침이 없음. 순조로움.
滑らす(すべらす) ① 미끄러지게 하다. ② 낙제시키다.
滑らせる(すべらせる) ☞ 滑らす(すべらす).
滑ら河豚(なめらふぐ) 〖魚〗 검복.
❖滑る ㊀(すべる) ① 미끄러지다. ② 무심코 입을 잘못 놀리다. ③ 함부로 말하다.
㊁(ぬめる) ① 미끈미끈하다. 미끄럽다. ② 요염하다. 모양을 내다.
㊂(なめる) 〈古〉 매끄럽다. 반들반들하다.
滑っこい(すべっこい) 매끄럽다.
滑り ㊀(すべり) ① 미끄러짐. ② 이불.
㊁(ぬめり) 매끄러움. 미끈미끈한 액체. 점액.
滑り台(すべりだい) 미끄럼대.
滑り入る(すべりいる) 미끄러져〔살짝〕 들어가다.
滑り込む(すべりこむ) ① (야구 따위에서 주자(走者)가 베이스에) 미끄러져 들어가다. ② 겨우 (시간에) 대가다. ③ (미끄러져 들어가듯) 살짝 들어가다.
滑子(なめこ) 〖植〗 담자균류에 속하는 버섯.
滑り止め(すべりどめ) ① 미끄러지지 않도록 괸) 굄돌. 굄목. ② 실패할 경우를 생각해 다른 학교에도 시험을 치러 두는 일.
滑り出し(すべりだし) 미끄러지기 시작함. 전하여, 첫 출발. 첫 시작.
滑り出す(すべりだす) ① 미끄러지기 시작하다. ② 미끄러져 나오다. ③ 일이 시작되다.
滑革(ぬめかわ) 탄닌산으로 무두질한 부드러운 가죽《구두·가방의 재료로 씀》.
滑莧(すべりひゆ) 〖植〗 쇠비름.
滑滑(すべすべ) 사람의 피부나 물건 표면에 손을 댔을 때의 매끈매끈한 감촉.

| 13 犭 | 猾 | 교활할 **활**
カツ
みだれる・わるがしこい |

逆音
狡猾(こうかつ) 교활.

| 17 氵 | 濶 | 넓을 **활**
カツ
ひろい |

参考 闊의 異體字.

音読
濶歩(かっぽ) 활보.
濶葉樹(かつようじゅ) 〖植〗 활엽수.

| 17 谷 | 豁 | 소통할 **활**
カツ
ひろい |

音読
豁達(かったつ) 활달.
豁如(かつじょ) 활여. ① 마음이 후련한 모양. ② 도량이 넓은 모양.
豁然(かつぜん) 활연. ① 환하게 트인 모양. ② 돌연히 깨닫는 모양.

| 17 門 | 闊 | 넓을 **활**
カツ
ひろい |

音読
闊達(かったつ) 활달.
闊大(かつだい) 활대. 넓고 큰 모양.
闊歩(かっぽ) 활보.
闊葉樹(かつようじゅ) 활엽수. 広葉樹(こうようじゅ)의 구칭.

황

| 8 氵 常 | 況 | 하물며 **황**
キョウ
いわんや・まして |

訓読
況して(まして) 더구나. 하물며. 황차(況且).
況してや(ましてや) 況して(まして)의 힘줌말.
況や(いわんや) 말할 것도 없이. 물론. 하물며. 더군다나.

| 9 忄 | 恍 | 황홀할 **황**
コウ
ほのか・とぼける |

音読
恍然(こうぜん) 황연. 마음이 팔려 정신이 멍한 모양.
恍乎(こうこ) 황홀함.
恍惚(こうこつ) ① 황홀. ② '耄碌(もうろく)(=망령)'의 완곡한 표현. ♣〜境(きょう) 황홀경.

訓読
❖恍ける(とぼける) ① 얼빠지다. ② 짐짓 시치미떼다. 뭉때리다.
恍け(とぼけ) 얼빠짐. 또, 그런 사람.

| 9 艹 常 | 荒 (荒) | 거칠 **황**
コウ　あらい・あれる・あらす・すさぶ・すさむ |

音読
荒年(こうねん) 황년. 흉년.
荒唐(こうとう) 황당.
‖〜無稽(むけい) 황당무계.
荒都(こうと) 황폐한 도읍.
荒涼(こうりょう) 황량.
荒寥(こうりょう) ⇨ 荒涼(こうりょう).
荒漠(こうばく) 황막.

荒亡(こうぼう) 황망. 사냥이나 주색에 빠짐.
荒蕪(こうぶ) 황무. (땅이) 거칢. ♣〜地(ち)「황무지.
荒城 ㊀(こうじょう) 황성. 황폐한 성.
㊁(あらき) 옛날, 귀인(貴人)의 관을 매장 전에 임시로 안치하던 곳. 또, 그 의식.
‖〜の宮(みや) 빈소(殯所).
荒歳(こうさい) 황세. 흉년.
荒損(こうそん) 황손. 논밭이 거칠고 메마름. ♣〜田(でん) 황손전.
荒神(こうじん) ①조왕신. ②뒤에서 수호해 주는 신(神).
荒野(こうや) 황야. *あらの로도 읽음.
荒言(こうげん) 광언(廣言). 방언(放言).
荒原(こうげん) 황원. 거친 들판.
荒淫(こういん) 황음. 지나치게 색에 빠짐.
荒田(こうでん) 황전. 거칠어진 논밭.
荒地(こうち) 황무지.「씨.
荒天(こうてん) 황천. 비바람이 치는 거친 날
荒村(こうそん) 황촌. 황폐한 촌락.
荒誕(こうたん) 황탄. 황당무계.
荒土(こうど) 황토. 황폐한 땅.
荒廃(こうはい) 황폐.
荒凶(こうきょう) 황흉. 흉작. 기근.

訓読
荒び(すさび) 위안거리. 소일거리.
荒びる(あらびる) ①거칠어지다. ②황폐하다. ③난폭한 짓을 하다.
荒ぶ ㊀(あらぶ) 〈古〉①거칠게 굴다. 황폐하다. 마음이 거칠어지다. ②소원해지다.
㊁(すさぶ) ☞荒む(すさむ).「다.
㊂(さぶ) 〈古〉거칠어지다. 거칠어져 쇠퇴하
荒む(すさむ) ①거칠어지다. ②(자포자기하여) 생활이 무절제해지다. ③〈古〉격렬해지다. 사나워지다.
荒らか(あららか) 거친 모양. 사나움.
荒らげる(あららげる) 거칠게 하다.
❖**荒い**(あらい) ①거칠다. 난폭하다. ②난폭하고 절도가 없다.「폐함.
荒(あら)《接頭語로》①거침. 난폭함. ②황
荒ごなし(あらごなし) 애벌로 대충 손을 댐.
荒っぽい(あらっぽい) 난폭하다. 거칠다.
荒稼ぎ(あらかせぎ) ①막일. 막벌이. ②수단을 가리지 않고 돈벌이를 함.
荒肝(あらぎも) 담력. 두둑한 배짱.
荒薦(あらごも) 거친 줄 거적.
荒巻き(あらまき) ①열간 연어. ②짚・갈대 또는 대껍질 따위로 싼 생선.
荒筋(あらすじ) 대충의 줄거리. 개요.
荒気なし(あらけなし) 〈文〉매우 우락부락하고 난폭하다.
荒肌(あらはだ) 거친 살갗.
荒技(あらわざ) 유도・씨름・무술 등에서 격렬하고 동작이 큰 기술.
荒起こし(あらおこし) 경작의 준비 작업으로서 논밭을 대충 갈아 엎는 일.
荒磯(あらいそ) 파도가 거친 해안. 바위가 많은 바닷가. *雅語로는 ありそ라고도 함.

荒代(あらしろ) 모내기를 위한 최초의 물갈이.「의) 초벽.
荒塗り(あらぬり) 초벌질. 바닥칠. (미장이
荒道具(あらどうぐ) ①잡다한 도구. ②대형의 칼붙이.
荒鑢(あらやすり) 이가 거친 줄.
荒療治(あらりょうじ) ①거칠게 치료함. ②(비유적으로) 과감한 개혁. ③참혹한 살상.
荒立つ(あらだつ) ①거칠어지다. 거칠어지기 시작하다. ②사태가 거칠어져 악화되다.
荒立てる(あらだてる) ①거칠게 하다. ②착잡하게〔시끄럽게〕 만들다.
荒馬(あらうま) 사나운 말. 길들지 않은 말.
荒木(あらき) 원목(原木).
荒目(あらめ) 거칠게 짜기〔엮기〕. 또, 그렇게 짠〔엮은〕 것.
荒木田土(あらきだつち) (늪・수렁에서 나오는) 붉고 차진 흙(화초 재배 등에 쓰임).
荒武者(あらむしゃ) ①예의와 멋을 모르는 무사. ②난폭한 사람.
荒物(あらもの) 초물(草物). 통・조리・비 따위 잡화류.
荒粕(あらかす) 물고기의 머리・내장 등으로 만드는 비료.
荒法師(あらほうし) ①우악스런 중. 무예에 뛰어난 중. ②승병(僧兵).
荒壁(あらかべ) 초벽질만 한 벽.
荒事(あらごと) 歌舞伎(かぶき)에서 용맹스러운 동작. 또, 그런 성격의 인물을 주인공으로 한 연극.
‖〜師(し) ①荒事를 장기로 하는 배우. ②우악스럽고 거친 짓을 하는 사람.
荒仕事(あらしごと) ①막일. 중노동. ②〈俗〉강도. 살인.
荒削り(あらけずり) ①(나무 따위를) 거칠게 깎음. ②조잡함. 거칢.
荒山(あらやま) 험한 산.「별.
荒星(あらぼし) 초겨울 찬바람이 부는 밤의
荒聖(あらひじり) ①우악스런 중. 무예에 뛰어난 중. ②승병(僧兵).
荒縄(あらなわ) 굵은 새끼. 밧줄. 동앗줄.
荒御魂(あらみたま) 〈古〉용맹한〔사나운〕 신령(神靈).
荒業(あらわざ) 힘으로 하는 일.
荒研ぎ(あらとぎ) 날붙이를 애벌 갊. 거칠숫돌로 갊.
荒筵(あらむしろ) 거칠게 짠 거적.
荒夷(あらえびす) 성질이 거친 사람.
荒者(あらもの) 사나운 사람.
荒切り(あらぎり) ①거칠게 대충대충 자름. 조잡하게 자름. ②막 썬 담배.
荒彫り(あらぼり) 대체적인 조각. 또, 그런 조각물.
荒潮(あらしお) 거친 조류.
荒砥(あらと) 거칠숫돌. 거센 숫돌.
荒薦(あらごも) 거친 줄 거적.
荒鷲(あらわし) ①사나운 독수리. ②군용기나 그 승무원의 비유.
荒波(あらなみ) 거센 파도.

荒布(あらめ)〖植〗대황.
荒荷(あらに) 목재・철재・토석(土石) 등 무거운 짐.
荒海(あらうみ) 파도가 사나운 바다.
荒行(あらぎょう) 고행. 괴로움을 참고 하는 엄한 수행(修行).
荒血(あらち) ①출산 때의 출혈. ②칼붙이 등으로 인한 출혈.
荒荒しい(あらあらしい) 몹시 거칠다. 매우 난폭하다.
❖荒くれる(あらくれる) 거칠게 굴다. 거친 느낌이 들다.
荒くれ(あらくれ) 우락부락함. 사나움. 난폭.
荒くれた(あらくれた) 우락부락하고 난폭한. 거칠고 사나운.
荒くれ者(あらくれもの) 난폭한 사나이.
❖荒らす(あらす) ①황폐케 하다. ②휩쓸다. ⓒ망치다. ⓓ(피부를) 거칠게 만들다. ③(남의 영역 등을) 침범하다. ④도둑질하다.
荒らし(あらし) 《接尾語로》 황폐케 함. 휩쓸…. …를 턺. 또, 터는 사람.
❖荒れる ㊀(あれる) ①거칠어지다. ②(날씨 따위가) 사나워지다. ③황폐해지다.
㊁(さびれる) (번창하던 곳이) 쇠퇴하다. 쓸쓸해지다. 황폐해지다.
荒れ(あれ) ①거칢. ②풍파. ③황폐.
荒れ果てる(あれはてる) 몹시 황폐해지다. 몹시 거칠어지다.
荒れ狂う(あれくるう) ①미친 듯이 날뛰다. ②(물결・바람이) 거칠어지다.
荒れ肌(あれはだ) 건성 피부. 꺼칠꺼칠한 살갗.
荒れ模様(あれもよう) ①(날씨가) 거칠어질 모양. ②기분이 나쁜 상태.
荒れ放題(あれほうだい) 황폐한 채 방치함. 또, 그 모양.
荒れ膚(あれはだ) ⇨ 荒れ肌(あれはだ).
荒れ性(あれしょう) (기름기가 적어서) 살갗이 거칠어지기 쉬운 체질.
荒れ野(あれの) 황야. 거친 들.
荒れ田(あれた) 황폐해진 논〔밭〕.
荒れ地(あれち) 황무지. 거친 땅.
〖其他〗
荒ら(あばら) ①황폐한 모양. ②틈새가 많고 문단속이 허술한 모양. ③荒ら屋(や)의 준말.
荒ら家(あばらや) ⇨ 荒ら屋(あばらや).
荒磯海(ありそうみ) 파도가 거친 바다.
荒ら屋(あばらや) 황폐한 집. 쓰러져 가는 집 《자기집의 겸사말로도 씀》.
荒鮎(さびあゆ) 산란하러 (강에서) 바다로 내려가는 가을철 은어.

9 白 教	皇	임금 황・클 황 コウ・オウ きみ・すめらぎ

〖音読〗
皇居(こうきょ) 황거. 天皇(てんのう)가 사는 거소(居所).
皇考(こうこう) 황고. 天皇(てんのう)가 죽은 자기 아버지를 가리키는 말.
皇国(こうこく) 황국. ①황제가 다스리는 나라. ②天皇(てんのう)가 다스리는 나라. 곧,
‖~史観(しかん) 황국 사관. 〔일본.
皇軍(こうぐん) 황군.
皇宮(こうぐう) 황궁.
‖~警察(けいさつ) 황궁 경찰.
皇闕(こうけつ) 황궐. 황궁.
皇紀(こうき) 神武天皇(じんむてんのう)가 즉위한 해를 원년으로 하는 일본의 기원.
皇女(こうじょ) 황녀. 공주. ∗おうじょ・みこ로도 읽음.
皇大神宮(こうたいじんぐう) 일본 전국신사를 모신 伊勢(いせ) 신궁의 내궁(內宮).
皇都(こうと) 황도. 황성(皇城). 황제・天皇(てんのう)가 있는 도읍.
皇道(こうどう) 황도. 황제・天皇(てんのう)의 정도(政道).
皇霊(こうれい) 역대 天皇(てんのう)・황후의 신령. ♣~殿(でん) 종묘(宗廟). 〔능.
皇陵(こうりょう) 황제・天皇(てんのう)의 능.
皇民(こうみん) 황민. 皇国(こうこく) 곧, 일본의 백성으로, 일본인이란 뜻.
‖~化政策(かせいさく) 〖史〗황민화 정책. 일제 강점기에, 일본이 한민족에게 강행한 일본인화(化) 정책.
皇別(こうべつ) 옛날 씨족 분류의 하나로, 황족에서 갈라진 가계(家系).
皇妃(こうひ) 황비.
皇妣(こうひ) 황비. 돌아간 황태후.
皇嗣(こうし) 황사. 황태자.
皇上(こうじょう) 황상. 현재의 황제.
皇城(こうじょう) 황성. 궁성.
皇孫 ㊀(こうそん) 황손. 〔んのう).
㊁(すめみま) 황통(皇統)의 자손. 天皇(て
皇寿(こうじゅ) 황수. 천자의 수명.
皇室(こうしつ) 황실. 天皇(てんのう) 및 그
‖~御料(ごりょう) 황실 재산. 〔일족.
~典範(てんぱん) 황실 전범. 황실에 관한 규정.
~会議(かいぎ) 황실 회의.
皇位(こうい) 황위. 天皇(てんのう)의 지위.
皇威(こうい) 황위. 天皇(てんのう)의 위광(威光).
皇猶子(こうゆうし) 天皇(てんのう) 형제의 아들. 〔헤.
皇恩(こうおん) 황은. 天皇(てんのう)의 은
皇子(こうし) 天皇(てんのう)의 아들. ∗みこ・すめみこ로도 읽음.
皇儲(こうちょ) 황저. 天皇(てんのう)의 후사(後嗣). 〔의 동생.
皇弟(こうてい) 황제. 황제・天皇(てんのう)
皇帝(こうてい) 황제.
皇祖(こうそ) 황조. 황제・天皇(てんのう)의 선조(先祖).
‖~皇宗(こうそう) 天皇(てんのう)의 역대 조상.
皇祚(こうそ) 황조. 황위(皇位).
皇朝(こうちょう) 황조. 황제・天皇(てんのう)의 조정.

皇祖考(こうそこう) 사망한 전전대(前前代)의 天皇(てんのう).
皇族(こうぞく) 황족.
皇宗(こうそう) 天皇(てんのう)의 역대 선조.
皇天后土(こうてんこうど) 황천 후토. 하늘의 신과 땅의 신.
皇親(こうしん) 황친. 황족.
皇太妃(こうたいひ) 天皇(てんのう)의 생모로, 선황(先皇)의 비.
皇太孫(こうたいそん) 황태손.
皇太子(こうたいし) 황태자. ♣~妃(ひ) 황태자비.
皇太后(こうたいごう) 황태후.
‖~宮(ぐう) ① 황태후가 거처하는 궁. ② 황태후.
皇統(こうとう) 황통. 황제·天皇(てんのう)의 계통.
皇漢(こうかん) (일본의 입장에서) 일본과 중국. ♣~薬(やく) 한(방)약.
皇后(こうごう) 황후.
‖~宮(ぐう) ① 황후궁. ② 황후.
其他
皇(すめら) 《接頭語》 신이나 天皇(てんのう)에 관한 사물 앞에 붙이는 말. *すべら・すめらにも 읽음.
皇御国(すめらみくに) 天皇(てんのう)가 통치하는 나라.
皇御軍(すめらみくさ) 天皇(てんのう)가 통솔하는 군대.
皇子の尊(みこのみこと) '皇太子(こうたいし)(=황태자)'의 높임말.
皇尊(すめらみこと) 天皇(てんのう)의 경칭. *すべらみことろも 읽음.

10 日 人	晃	밝을 황 コウ あきらか・ひかる

音読
晃晃(こうこう) 황황. 번쩍번쩍 빛나는 모양.

11 几	凰	봉새 황 オウ おおとり

訓読
凰(おおとり) 봉황의 암컷. 옛날, 중국에서 태평한 세상에 나타난다는 상상의 영조.

11 黄 教	黄 (黃)	누를 황 コウ・オウ き・こ

音読
黄褐色(おうかっしょく) 황갈색.
黄犬契約(おうけんけいやく) 《經》 황견 계약. 엘로 도그 콘트랙트(yellow dog contract). *こうけんけいやくろも 읽음.
黄繭(こうけん) 황견. 누런 고치.
黄経(こうけい) 《天》 황경.
黄光(おうこう) 성상(聖像) 주위에 나타낸 후광(後光).
黄教(こうきょう) 황교. 라마교의 신파.
黄口(こうこう) 황구. ① 병아리의 부리가 노란 모양. ② 풋내기. ♣~児(じ) 풋내기.
黄巻(こうかん) 황권. 책.
黄巻赤軸(こうかんせきじく) 《佛》 황권 적축. 불경. *こうかんせきじくろも 읽음.
黄疸(おうだん) 《醫》 황달.
黄桃(おうとう) 《植》 황도.
黄道(こうどう) 황도. ② ☞黄道吉日. ♣~光(こう) 《天》 황도광. /~帯(たい) 황도대. /~面(めん) 황도면.
‖~傾斜(けいしゃ) 황도 경사.
~吉日(きちにち) 황도 길일. (음양으로 따져) 무엇을 해도 잘 된다는 길일.
~十二宮(じゅうにきゅう) 황도 십이궁.
~座標(ざひょう) 황도 좌표.
黄銅(おうどう) 황동. 놋쇠. *こうどうろも 읽음. ♣~鉱(こう) 황동광.
黄落(こうらく) 황락. 나뭇잎이나 과실이 누렇게 되어 떨어짐.
黄梁(こうりょう) 황량. 메조.
~一炊(いっすい)の夢(ゆめ) 황량 일취몽. 황량몽.
黄櫨染(こうろぜん) 天皇(てんのう)가 입는 용포 빛깔. 황갈색.
黄老(こうろう) 황로. ① 중국의 황제(黄帝)와 노자(老子). ② 도교의 교조.
黄緑色(おうりょくしょく) 황록색.
黄燐(おうりん) 《化》 황린. 백린(白燐). 흰인.
黄麻(おうま) 《植》 황마. *こうま・つなそ로도 읽음. ♣~紙(し) 황마지.
‖~布(ふ) 헤시언 클로스(Hessian cloth). 황마로 짠 평직.
黄梅 ㊀(こうばい) 황매. 누렇게 익은 매실.
㊁(おうばい) 《植》 영춘화(迎春花).
黄門(こうもん) 中納言(ちゅうなごん)의 당명(唐名).
黄斑(おうはん) 《生》 황반. 또, 노인.
黄髪(おうはつ) 황발. 노인의 누런 머리털.
黄白(こうはく) 《老》 황백. 금과 은. 돈.
黄檗料理(おうばくりょうり) 중국식의 소찬(素饌) 요리.
黄檗宗(おうばくしゅう) 《佛》 江戸(えど) 시대에, 京都(きょうと)의 黄檗山(おうばくさん) 万福寺(まんぷくじ)에서 시작된, 일본 선종(禪宗)의 일파.
黄沙(こうさ) ⇨ 黄砂(こうさ).
黄砂(こうさ) 황사.
黄舌(こうぜつ) 말하는 투가 어림.
黄水(おうすい) 토할 때 나오는 누런 똥물.
黄綬褒章(おうじゅほうしょう) 황수 포장. 오랫동안 열심히 근무한 공적이 있는 사람에게 주는 노란 리본이 달린 포장.

黃 1705

黃熟(こうじゅく) 황숙. 누렇게 익음. ＊おうじゅくろも 읽음.
黃氏体(おうしたい)〖美〗황씨체. 화조화(花鳥畫)의 한 기법.
黃壤(こうじょう) 황양. ①황토. ②황천.
黃鉛(おうえん) 황연. 크롬산납.
黃熱病(おうねつびょう) (열대 지방의) 황열병. ＊こうねつびょうろも 읽음.
黃葉(こうよう) 황엽. 가을철에 나뭇잎이 누렇게 됨. 또, 그 잎. 단풍.
黃玉(おうぎょく) 황옥. 보석의 하나.
黃雲(こううん) 황운. ①황금빛 구름. ②넓은 논에 누렇게 익은 벼.
黃緯(こうい)〖天〗황위.
黃雀風(こうじゃくふう) 황작풍. 훈풍.
黃長石(おうちょうせき)〖鑛〗황장석. 멜릴라이트(melilite).
黃帝(こうてい) (중국의) 황제.
黃鳥(こうちょう)〖鳥〗황조. 꾀꼬리.
黃鐘(こうしょう) 황종. ①〖樂〗12율(律)의 하나. ②음력 11월.
黃朱(こうしゅ) 누런 빛을 띤 주홍색.
黃酒(おうしゅ) (중국의) 황주.
黃塵(こうじん) 황진.
‖〜**万丈**(ばんじょう) 황진 만장.
黃鉄鉱(おうてっこう)〖鑛〗황철광.
黃濁(こうだく) 황탁.
黃土 ㊀(おうど) 황토. ①노란색 안료. ②(특히, 중국 화베이(華北) 일대의) 누런 흙. ♣〜**色**(いろ) 황토색.
㊁(こうど) ①흙. ②저승. 황천.
黃河(こうが)〖地〗(중국의) 황하. 황허.
黃海(こうかい)〖地〗황해. 서해.
黃化(おうか)〖植〗(녹색 식물의) 황화.
黃花(こうか) 황화. ①황색의 꽃. ＊きばなろも 읽음. ②국화.
黃禍(こうか) 황화. ♣〜**論**(ろん) 황화론.

訓読
黃(き) 황. 노랑.
黃ばむ(きばむ) 노래지다. 노란빛을 띠다.
黃枯茶(きがらちゃ) ①남빛을 조금 띤 갈색. ②☞黃枯茶飯.
‖〜**飯**(めし) 간장과 술을 약간 가미하여 지은 밥.
黃菊(きぎく) 황국. 노란 국화.
黃金 ㊀(こがね) 황금. ①금. 돈. 금전. ②황금빛. ③금화. ＊古語로는 くがねろも고도 함. ♣〜**色**(いろ) 황금빛 / 〜**虫**(むし)〖蟲〗풍뎅이 / 〜**花**(ばな)〖植〗황금(黃芩).
〜の波(なみ) (누렇게 익은 벼이삭의) 황금빛 물결.
‖〜**羹**(かん) 심황 뿌리의 가루를 섞은 노란 양갱.
〜造り(づくり) 금으로 만들거나 장식함. 또, 그런 것.
〜蜘蛛(ぐも)〖動〗색동호랑거미.
㊁(おうごん) ①황금. ②매우 가치 있는 것. ♣〜**律**(りつ) 황금률.
‖〜**分割**(ぶんかつ) 황금 분할.
〜色藻類(しょくそうるい)〖植〗황색 편

모조류(鞭毛藻類).
〜時代(じだい) 황금 시대.
黃肌(きわだ) ☞黃肌鮪. ＊きはだろも 읽음.
‖**〜鮪**(まぐろ)〖魚〗황다랑어.
黃緑(きみどり) 황색을 띤 녹색.
黃味(きみ) 노랑. 노란 기운.
黃蘗 ㊀(きはだ)〖植〗황벽나무. ＊きわだろも 읽음. ♣〜**色**(いろ) 황벽색.
㊁(おうばく) ㊀. ②황벽나무 껍질로 만든 가루약《물감》.
黃な粉(きなこ) (볶은) 콩가루.
‖**〜餅**(もち) 콩고물을 묻힌 떡.
黃橡(きつるばみ) 염색한 빛깔의 이름. 회색을 띤 황적색. 목련색.
黃色 ㊀(きいろ) 황색. 노랑.
㊁(おうしょく) ㊀. ②약간 붉은 기를 띤 선명한 노랑.
‖**〜植物**(しょくぶつ) 황색 식물.
〜新聞(しんぶん) 황색 신문.
〜人種(じんしゅ) 황색 인종.
〜組合(くみあい) 황색 조합.
〜火薬(かやく) 황색 화약.
黃色い(きいろい) ①노랗다. ②목소리가 새되다《날카롭다》.
‖**〜声**(こえ) 새된 목소리.
黃水仙(きずいせん) 황수선.
黃水晶(きずいしょう)〖鑛〗황수정.
黃身(きみ) 노른자위. 난황.
黃雁皮(きがんぴ)〖植〗산닥나무.
黃烏瓜(きからすうり)〖植〗하눌타리.
黃鶲(きびたき)〖鳥〗황웅. 노랑딱새.
黃葦毛(きあしげ) 말의 털빛의 일종. 황색을 띤 葦毛(あしげ).
黃粗(きざら) 흑설탕.
黃貂(きてん)〖動〗담비의 일종《겨울엔 털이 아름다운 황색임》.
黃漆(きうるし) 황색의 안료를 더한 옻《독성이 강함》.
黃八丈(きはちじょう) 노란 바탕에 줄무늬가 있는 비단.
黃表紙(きびょうし) ①노란빛의 표지. ②江戸(えど) 시대 중엽에 간행된 소설책《표지가 노라 빛깔인 데서》.

其他
黃絹(ほっけん) 室町(むろまち) 시대에 중국에서 수입된 견포(絹布).
黃鶏(かしわ) ①황계. ②닭고기.
黃鯛魚(わたか)〖魚〗황고어. 참마자.
黃槿(はまぼう)〖植〗황근.
黃櫨(はぜのき)〖植〗황로. 거먕옻나무. ＊はじ・はじのき・はぜ・はにし・こうろろも 읽음.
黃櫨弓(はじゆみ) 거먕옻나무로 만든 활.
黃櫨蠟(はぜろう) 목랍(木蠟). 거먕옻나무 열매에서 채취한 납.
黃櫨色(はじいろ) 불그스름한 황색. 치자색.
黃櫨漆(はじうるし) '櫨の木(はぜのき)(=거먕옻나무)'의 딴이름.

黃櫨紅葉(はじもみじ) 붉게 물든 거먕옻나무의 잎. *はぜもみじ로도 읽음.
黃心樹(おがたまのき) 〖植〗 초령목(招靈木). 귀신나무.
黃楊(つげ) 〖植〗 회양목.
黃牛(あめうし) 황소. 누른빛의 황소.
黃泉(よみ) 황천. 저승. 저 세상. *こうせん으로도 읽음. ♣〜門(ど) 저승문.
∥〜の国(くに) 황천. 저승.
〜路(じ) 황천길. 저승길.
黃蜀葵(とろろあおい) 〖植〗 황촉규. 닥풀. *おうしょっき로도 읽음. 「음.
黃昏(たそがれ) 황혼. *こうこん으로도 읽
∥〜時(どき) 황혼 때. (땅거미가 질) 저물녘. 또, (인생의) 황혼기.
黃昏れる(たそがれる) 황혼때가 되다. 저녁이 되다.

[逆音→]
卵黃(らんおう) 난황.
牛黃(ごおう) 〖漢醫〗 우황.

| 12
彳 | 徨 | 배회할 황
コウ
さまよう |

[逆音→]
彷徨(ほうこう) 방황. 헤맴.

| 12
忄
常 | 慌 (慌) | 허겁지겁할 황
コウ
あわてる・あわただしい |

[音読→]
慌惚(こうこつ) 황홀(恍惚).
[訓読→]
慌ただしい(あわただしい) 어수선하다. 분주하다. 「허둥대다.
❖慌てる(あわてる) ①(놀라서) 당황하다. ②
慌てふためく(あわてふためく) 매우 당황하다. 쩔쩔매다.
慌て者(あわてもの) 덜렁이. 촐랑이.

| 12
忄 | 惶 | 두려워할 황
コウ
おそれる |

[音読→]
惶懼(こうく) 황구. 공구(恐懼). 「모름.
惶惑(こうわく) 황혹. 황송하여 어쩔 바를

| 13
巾 | 幌 | 휘장 황
コウ
ほろ |

[訓読→]
幌(ほろ) (마차·인력거 등의) 포장. 덮개.
幌馬車(ほろばしゃ) 포장(을 씌운) 마차.
幌向草(ほろむいそう) 〖植〗 장지채.

| 13
氵
入 | 滉 | 깊을 황
コウ
ひろい |

[音読→]
滉漾(こうよう) 황양. 황양(滉瀁).
滉瀁(こうよう) 황양. 물이 깊고 넓은 모양.

| 13
火 | 煌 | 빛날 황
コウ
かがやく・きらめく |

[音読→]
煌然(こうぜん) 황연. 빛나는 모양. 「양.
煌煌(こうこう) 황황. 번쩍번쩍 빛나는 모
[訓読→]
煌かす(きらめかす) 빛나게 하다. 눈에 띄게 빛내다.
煌く(きらめく) ①빛나다. 번쩍이다. ②화려하게 눈에 띄다. ③〈古〉 성장(盛裝)하다.
煌びやか(きらびやか) ①눈부시게 아름다운 모양. ②〈古〉 분명한 모양.
煌らか(きらゝか) 눈부시게 아름다움.
煌星(きらぼし) 기라성.
煌煌し(きらきらし) ①빛나고 있다. ②아름답다. ③위용이 있다.

| 13
辶 | 遑 | 한가할 황·허둥지둥할 황
コウ
いとま |

[音読→]
遑遑(こうこう) 황황. 침착하지 못한 모양.

| 15
氵 | 潢 | 못 황
コウ・オウ
みずたまり |

[音読→]
潢洋(こうよう) 황양. 물이 깊고 넓음.

| 15
竹 | 篁 | 대숲 황·대이름 황
コウ
たかむら・たけ |

[音読→]
篁竹(こうちく) 황죽. 대숲.
[訓読→]
篁(たかむら) 대나무 숲. 대밭.

| 15
虫 | 蝗 | 누리 황
コウ
いなご |

[音読→]
蝗虫(こうちゅう) 황충. 메뚜기. *ばった로도 읽음.

蝗害(こうがい) 황해. 누리나 메뚜기류로 인한 피해.

訓読
蝗(いなご)〚蟲〛메뚜기. *ばった로도 읽음.

| 20 魚 | 鰉 | 철갑상어 황
コウ
ひがい |

訓読
鰉(ひがい)〚魚〛중고기.

회

| 6 人 教 | 会 (會) | 모을 회·마침 회
カイ·エ
あう·たまたま |

音読
会(かい) 회. ① 모임. ② 단체.
会す(かいす) ☞会する(かいする).
会する(かいする) ① 모이다. 회합하다. 만나다. 마주치다. ② (사람을) 모으다.
会歌(かいか) 회가.
会見(かいけん) 회견.
会計(かいけい) 회계. ♣~士(し) 회계사/ ~学(がく) 회계학.
‖~監査(かんさ) 회계 감사.
~検査院(けんさいん) 회계 감사원.
~年度(ねんど) 회계 연도.
会館(かいかん) 회관.
会券(かいけん) 회원권.
会規(かいき) 회규.
会記(かいき) 다과회의 기록.
会期(かいき) 회기.
‖~不継続の原則(ふけいぞくのげんそく) 회기 불계속의 원칙.
会党(かいとう) 중국에서, 민간 사이에 조직된 비밀 결사.
会堂(かいどう) 회당. (기독교의) 교회당.
会読(かいどく) 회독.
会同(かいどう) 회동.
会頭(かいとう) (상공 회의소 따위의) 회장.
会得(えとく) 터득.
会流(かいりゅう) 회류.
会盟(かいめい) 회맹. 모여 서로 맹세함.
会名(かいめい) 회명. 会(會)의 명칭.
会務(かいむ) 회무. 会(會)의 사무.
会報(かいほう) 회보.
会符(えふ) 소화물에 붙이는 꼬리표.
会費(かいひ) 회비.
会社(かいしゃ) 회사. ♣~法(ほう) 회사법/~員(いん) 회사원.
‖~更生法(こうせいほう) 회사 정리법.
~代表(だいひょう) 회사 대표.

~犯罪(はんざい) 회사 범죄.
~組合(くみあい) 회사 조합.
会商(かいしょう) 회상. 외교 교섭. 회담.
会席(かいせき) ① 連歌(れんが)·俳諧(はいかい) 따위를 짓는 자리〔모임〕. ② 会席料理의 준말.
‖~茶屋(ぢゃや) 会席料理를 전문으로 하는 고급 식당.
~膳(ぜん) 회소. 집회소. ② 江戸(えど) 시대에, 상업 거래를 위하여 사람이 모였던 거래소.
~料理(りょうり) 본디, 정식 일본 요리를 간략하게 한 요리. 현재는 연회에 내놓는 고급 요리를 일컬음.
会釈(えしゃく) ① (끄덕이며) 가볍게 인사함. ②〈古〉애교가 있음. ③ 헤아려 줌. 사정.
会所(かいしょ) 회소. 집회소. ② 江戸(えど) 시대에, 상업 거래를 위하여 사람이 모였던 거래소.
会所めく(かいしょめく) (모임에 참석한 듯이) 예의 바르게 행동함.
会試(かいし) 중국의 관리 등용 시험의 하나.
会式(えしき)〚佛〛① 법회(法會)의 의식. ② 日蓮宗(にちれんしゅう)에서, 종조(宗祖) 日蓮이 죽은 10월 13일에 올리는 법회.
会食(かいしょく) 회식.
会心(かいしん) 회심. 마음에 듦〔맞음〕.
~の笑(え)み 회심의 미소.
~の作(さく) 회심의 작품.
会厭(ええん)〚生〛회염. 후두개(喉頭蓋).
会友(かいゆう) 회우. 회원 상호간의 호칭.
会遇(かいぐう) 회우. 만남. 마주침.
会員(かいいん) 회원.
会陰(えいん)〚生〛회음.
‖~裂傷(れっしょう) 회음 열상.
~切開(せっかい) 회음 절개.
会飲(かいいん) 회음. 사람과 만나서 술을 마심.
会意(かいい) 회의. ① 이해. 마음에 듦. ② 둘 이상의 한자를 결합하여 한 글자를 합성하는 한자 구성법.
会議(かいぎ) 회의. ♣~録(ろく) 회의록/~所(しょ) 회의소.
会日(かいじつ) 회합이 있는 날.
会者定離(えしゃじょうり) 회자정리. 만난 사람은 반드시 헤어짐.
会長(かいちょう) 회장.
会場(かいじょう) 회장.
‖~芸術(げいじゅつ) 회장 예술. 전람회 출품을 목적으로 하는 예술 작품.
会葬(かいそう) 회장. 장례식에 모임.
会戦(かいせん) 회전. 대병력끼리의 전투.
会典則令(かいてんそくれい) 회전 칙령.
会座(えざ)〚佛〛회좌. 법회 참가자의 자리. 또, 법회.
会主(かいしゅ) 회주. 모임의 주최자.
会衆(かいしゅう) 회중. 회합에 모인 사람들.
会誌(かいし) 회지. 회의 기관지.
会集(かいしゅう) 회집. 회합.

会則(かいそく) 회칙.
会通(かいつう) 물건이 모이는 일과 변하는 일.
会派(かいは) 회파. 정당 따위, 큰 단체 중의 파벌.
会下(えげ) 〖佛〗회하. ① (선종(禪宗)·정토종(淨土宗)에서) 한 사승(師僧) 밑에 모여 수도하는 곳. ② 절에 소속되지 않고 학료(學寮)에 있는 중.
会合(かいごう) 회합.
‖**~犯**(はん)〖法〗회합범. 대향범(對向犯).
会話(かいわ) 회화. ♣**~文**(ぶん) 회화문 / **~語**(ご) 회화어 / **~体**(たい) 회화체.
~分析(ぶんせき) 회화 분석.
~型言語(がたげんご)〖컴〗회화형 언어.
~型処理(がたしょり)〖컴〗회화형 처리.

<訓読>
会う(あう) ① (우연히) 만나다. ② 우연히 겪다.
会わす(あわす) 만나게 하다.
会わせる(あわせる) 만나게〔만나 보게〕하다. 대면시키다.
会津(あいづ)〖地〗일본 本州(ほんしゅう) 동북 지방 福島(ふくしま) 현 안의 한 지역.
‖**~塗**(ぬり) 会津에서 제작되는 칠기.
~焼(やき) 会津 지방에서 나는 자기.

| 6 口 教 | 回 | 돌 회·돌아올 회
カイ·エ·ウイ
まわる·まわす·かえる·めぐらす·めぐる |

<音読>
回 ㊀(かい) 회. 횟수.
㊁(わ)《接尾語적으로》휘어져 들어간 곳. 둘러싸인 곳.
回顧(かいこ) 회고. ♣**~録**(ろく) 회고록 / **~的**(てき) 회고적.
回鶻(かいこつ)〖史〗회골. 회흘. 위구르.
回教(かいきょう) 회교. ♣**~暦**(れき) 회교력〔달력〕.
‖**~紀元**(きげん) 회교 기원.
~徒(と) 회교도. ♣**~連盟**(れんめい) 회교도 연맹.
回国(かいこく) 회국. 여러 지방을 돌아다님.
‖**~巡礼**(じゅんれい) 여러 지방을 순례하는 일〔사람〕.
回帰(かいき) 회귀. ♣**~年**(ねん) 회귀년 / **~線**(せん) 회귀선 / **~性**(せい) 회귀성 / **~式**(しき) 회귀식 / **~熱**(ねつ) 회귀열 / **~率**(りつ) 회귀율 / **~形**(けい) 회귀형.
‖**~本能**(ほんのう) 회귀 본능.
~的定義(てきていぎ) 회귀적 정의.
回忌(かいき) '年回忌(ねんかいき)(=주기)'의 준말.
回答(かいとう) 회답. ♣**~旗**(き) 회답기.
回読(かいどく) 회독. 윤독(輪讀).
回瀾(かいらん) 회란. 놓치는 파도.
回覧(かいらん) ① 회람. 돌려봄. ② 유람.
♣**~状**(じょう) 회람장 / **~板**(ばん) 회람판.
‖**~雑誌**(ざっし) 회람 잡지.

回廊(かいろう) 회랑. 꺾여져 있는 긴 복도.
‖**~墓地**(ぼち) 회랑 묘지. 회랑식의 건물 속에 로커(locker)식으로 된 납골당.
~地帯(ちたい)〖地〗회랑 지대.
回暦(かいれき) 회력. 새해. 신년.
回礼(かいれい) 회례. 돌아다니며 인사를 함.
回路(かいろ)〖理〗회로. ♣**~計**(けい) 회로계.
‖**~素子**(そし) 회로 소자.
回禄(かいろく) 회록. 화재.
回流(かいりゅう) 회류. 돌아서 흐름. 또, 그 흐름.
回盲部(かいもうぶ)〖生〗회맹부.
回文(かいぶん) ① 〖老〗회장(回章). 회람장. ② 내리읽으나 치읽으나 같은 말이 되는 문자. *かいもんLiteral으로도 읽음.
‖**~歌**(か) 回文으로 된 和歌(わか).
~印(いん) 도장에서 문자 배치법의 하나.
回米(かいまい)〖史〗江戸(えど) 시대에 지방에서 모은 쌀을 江戸·大坂(おおさか)로 수송하던 일. 또, 그 쌀.
回報(かいほう) 회보. ① (문서에 의한 정식) 회답. ② 〈口〉회장(回章).
回復(かいふく) 회복.
‖**~登記**(とうき)〖法〗회복 등기. 화재나 불법 행위 등으로 일단 소멸된 등기를 회복시키는 등기.
回付(かいふ) 회부.
回想(かいそう) 회상. ♣**~録**(ろく) 회상록.
回生(かいせい) 회생.
回書(かいしょ) ☞回章(かいしょう).
回旋(かいせん) 회선. 선회. ♣**~橋**(きょう) 회선교.
‖**~曲**(きょく)〖樂〗회선곡. 윤무곡. 론도.
~塔(とう) 회선탑. 기둥머리에서 늘어뜨린 몇 가닥의 쇠줄 끝에 매달려 돌게 만든 유희 기계.
回船(かいせん) 회선. 운송선. 회조선(回漕船).
‖**~問屋**(どんや) 근세, 화물 운송업자를 알선해 준 해운업자.
~式目(しきもく) 일본 室町(むろまち) 말기, 해운업자들의 관습법을 성문화한 일본 최고(最古)의 해상법을, 明治(めいじ) 이후에 일컫던 말.
回線(かいせん)〖電〗회선.
‖**~交換**(こうかん)〖電〗회선 교환.
回雪(かいせつ) ① 바람에 눈이 날림. ② 소매를 휘날리며 춤을 춤.
回送(かいそう) 회송. ① 우편물 등을 보내온 곳으로 다시 보냄. ② 전차·자동차 등을 빈 차로 되보냄.
‖**~電車**(でんしゃ) 회송 전(동)차.
収(かいしゅう) 회수.
回数(かいすう) 횟수. ♣**~券**(けん) 회수권.
回示(かいじ) 회시.
回視(かいし) ① 과거를 되돌아봄. 회고. ② 주위를 둘러봄.
回申(かいしん) 회신. 웃어른께 답서를 보냄.
回信(かいしん) 회신. 답서. 회답.
回心(えしん)〖佛〗회심. 종교적 자각에 의해

서, 개심 입정(改心入正)하는 일. *かいしん으로도 읽음.
回雁(かいがん) 회안. ① 북으로 돌아가는 기러기. ② 답장 편지.
腕法(かいわんほう) 회완법.
回游(かいゆう) ⇨ 回遊(かいゆう)②.
回遊(かいゆう) 회유. ① 유람. ② 어류(魚類)가 떼를 지어 계절적으로 이동함.
回音(かいおん) 〖樂〗 회음. 돈꾸밈음.
回議(かいぎ) 회의.
回状(かいじょう) ☞回章(かいしょう).
回章(かいしょう) 〈老〉 회장. ① 회람 문서. ② 답장.
回腸(かいちょう) 〖生〗 회장. 대장(大腸)에 잇닿은 소장의 일부.
回転(かいてん) 회전. ♣～角(かく) 회전각 / ～計(けい) 회전계 / ～機(き) 회전기 / ～炉(ろ) 회전로 / ～面(めん) 회전면 / ～率(りつ) 회전율 / ～儀(ぎ) 〖理〗 회전의 / ～翼(よく) 회전익 / ～子(し) 〖理〗 회전자 / ～窓(まど) 회전창 / ～体(たい) 회전체 / ～軸(じく) 〖理〗 회전축.
‖～競技(きょうぎ) (스키에서) 회전 경기.
～木馬(もくば) 회전 목마.
～半径(はんけい) 회전 반경.
～放物面(ほうぶつめん) 회전 포물면.
～変流機(へんりゅうき) 회전 변류기.
～速度計(そくどけい) 회전 속도계.
～式発動機(しきはつどうき) 회전식 발동기.
～圧縮機(あっしゅくき) 회전 압축기.
～運動(うんどう) 회전 운동.
～遊具(ゆうぐ) 회전 놀이 기구.
～椅子(いす) 회전 의자.
～異性(いせい) 〖理〗 회전 이성.
～磁界(じかい) 회전 자계.
～資金(しきん) 회전 자금. 운전 자금.
～座標系(ざひょうけい) 회전 좌표계.
～楕円体(だえんたい) 회전 타원체.
～偏光(へんこう) 회전 편광.
回折(かいせつ) ① 굽어 꺾임. ② 〖理〗 회절. ♣～波(は) 〖理〗 회절파.
‖～格子(こうし) 〖理〗 회절 격자.
漕(かいそう) 회조. 배에 의한 운송.
‖～店(てん) 해운업자와 하송인(荷送人) 사이에서 해상 운송을 다루는 업자.
回族(かいぞく) 회족. 중국 소수 민족의 하나. 이슬람교도로 중국 각지에 거주함.
回診(かいしん) 회진.
回着米(かいちゃくまい) 〖經〗 철도 수송에 의해 산지에서 집산 시장으로 운반된 쌀.
回天(かいてん) 회천. 천하의 형세를 일변시킴. 퇴세(頹勢)를 만회함.
回青(かいせい) 안료의 하나. 회교권에서 중국 명조(明朝) 때 수입한 것으로, 주로 자기(瓷器)를 그릴 때 썼다.
回春(かいしゅん) 회춘. ① 해가 바뀌어 봄이 됨. ② 다시 젊어짐. ③ 병이 나음.
回虫(かいちゅう) 회충.

回勅(かいちょく) 회칙.
回風(かいふう) 회풍. 회오리바람.
回避(かいひ) 회피.
‖～学習(がくしゅう) 회피 학습.
回航(かいこう) 회항.
回向(えこう) 〖佛〗 회향. 불공을 드려 죽은 사람의 명복을 빎. ♣～文(もん) 회향문 / ～帳(ちょう) 회향장.
回護(かいご) 회호. 비호(庇護). 엄호.
回訓(かいくん) (본국 정부로부터의) 회훈.
回紇(かいこつ) 〖史〗 회흘. 위구르.
訓読
回らす(めぐらす) ① 돌리다. ② 두르다. ③ 이리저리 두루 생각하다.
❖回す(まわす) ① 돌리다. 회전시키다. ② 두르다. ③ 차례로 돌리다.
回し(まわし) ① 몸에 둘러서 입는 것. ② 돌려 가면서 함.
回し飲み(まわしのみ) 큰 그릇의 것을 돌려가며 마심 《담배 따위에도 말함》.
回し者(まわしもの) 염탐꾼. 첩자. 간첩.
❖回る ㊀(まわる) ① 돌다. 회전하다. ② 차례로 돌(아가)다. ③ 들르다.「다.
㊁(めぐる) ① 돌다. 돌아다니다. ② 둘러싸
回り ㊀(まわり) ① 돎. 회전. ② 주변. 둘레.
㊁(めぐり) ① 돎. 순회. ② ☞㊀②.
㊂(かえり) ① 돌아옴. 귀로. 돌아오는 길. ②《接尾語적으로》〈雅〉 횟수를 나타내는 말. 번. 차례.
回りくどい(まわりくどい) (말 따위를) 빙 둘러서 하다. 에두르다.
回り階段(まわりかいだん) 나선형 계단.
回り気(まわりぎ) 이것저것 재는 성질. 의심 많은 성질.
回り廊下(まわりろうか) 회랑.「길.
回り道(まわりみち) 길을 돌아서 감. 또, 그
回り灯籠(まわりどうろう) 회전등(롱). 주마등.
回り路(まわりみち) ⇨ 回り道(まわりみち).
回り舞台(まわりぶたい) 회전 무대.
回り番(まわりばん) ① 순번. ② 번들 차례.
回り双六(まわりすごろく) 주사위 눈금의 숫자를 따라 나아가는 주사위 놀이.
回り縁(まわりえん) 바깥 툇마루.
回れ右(まわれみぎ) 뒤로돌아《구령》.
回り遠い(まわりどおい) ① 길이 빙 돌아서 멀다. ② (수단 따위가) 번거롭다.
回り込む(まわりこむ) 돌아서 (들어)가다.
回り梯子(まわりばしご) 나선형 계단.
回り持ち(まわりもち) 차례로 담당함〔맡음〕.
回り合わせ(まわりあわせ) 운수. 자연히 돌아오는 운명.

6火 教 灰(灰) 재 회 カイ はい

音読

灰綠色(かいりょくしょく) 회록색.
灰白(かいはく) 회백. *はいじろ로도 읽음.
♣~色(しょく) 회백색 /~質(しつ)〖生〗회백질 /~土(ど) 회백토.
灰分(かいぶん) 회분. 재.
灰燼(かいじん) 회신.
～に帰(き)す ① 흔적도 없이 다 타버리다. ② 이제까지의 고생이 아주 헛일이 되다.
灰長石(かいちょうせき)〖鑛〗회장석.
灰重石(かいじゅうせき)〖鑛〗회중석. 텅스텐이 주성분인 광석.
灰塵(かいじん) 회진. 재와 먼지《하잘것없는 것. 흔적도 없이 소멸〔멸망〕함의 비유》.
灰土(かいど) ① 회토. 재와 흙. ② 화산회(火山灰) 따위가 섞인 흙.
灰黃色(かいこうしょく) 회황색.

[訓読]
灰(はい) 재.
灰褐色(はいかっしょく) 회갈색.
灰均し(はいならし) (화로의) 부젓가락. 부삽.
灰寄せ(はいよせ) 수골(收骨). 화장 후 재를 모아 유골을 수습하는 일.
灰塗れ(はいまみれ) 재투성이가 됨.
灰落とし(はいおとし) 재떨이.
灰擂り(はいせせり) 부젓가락 따위로 재를 뒤적거림.
灰皿(はいざら) 재떨이.
灰猫(はいねこ) ① 잿빛 고양이. ② 아궁이에 들어가 재투성이가 된 고양이.
灰墨(はいずみ) 참기름·평지 기름 등의 철매를 쓸어 모은 것. 먹·칠의 재료.
灰篩(はいふるい) 재를 치는 체.
灰色(はいいろ) ① 회색. 잿빛. *かいしょく로도 읽음. ② 침울함. 쓸쓸함.
灰石(はいいし)〖鑛〗회석.
灰搔き(はいかき) ① 화로의 부젓가락. ② 난로의 부삽. 부지깽이.
灰神楽(はいかぐら) (화로 등 불기 있는 재에 물을 쏟았을 때 일어나는) 재 연기. 재티.
灰押し(はいおし) ☞灰搔き.
灰釉(はいぐすり) 회유. 식물의 재를 용매로 하여 만든 유약. *かいゆう로도 읽음.
灰占(はいうら) 옛날에 화롯불의 재를 휘저어 길흉을 점침.
灰吹き(はいふき) ① 담배합에 붙어 있는, 대나무로 만든 재떨이 통. ② 灰吹銀(はいふきぎん)의 준말. 일본 고유의 금은 정련법으로 채취한 은.
灰貝(はいがい)〖貝〗안다미조개. 꼬막.

[其他]
灰汁(あく) ① 회즙. 잿물. ② (식물에 함유된) 떫은 액체. 떫은 맛. ③ 집요한 개성.
∥~抜き(ぬき) (야채 따위의) 떫고 쓴맛을 우려냄.
～抜け(ぬけ) (야채 등의) 쓰고 떫은 맛이 빠짐. ② 땟물을 벗고 산뜻해짐. ③ (주식에서) 악재(惡材)가 사라져 내림세가 멈춤.
～洗い(あらい) (낡은 집의 기둥·마루 등을) 잿물(세제)로 닦아 냄.

| 9 | 廴 | 廻 | 돌 회·돌릴 회 エ·カイ まわす·まわる· めぐる |

[参考] 현대 표기로는 '回'로 대용함.

[音読]
廻瀾(かいらん) 회란. 놀치는 파도.
廻覧(かいらん) 회람. 돌려봄.
廻廊(かいろう) 회랑. 꺾여져 있는 긴 복도.
廻流(かいりゅう) 회류. 돌아서 흐름. 또, 그 흐름.
廻米(かいまい)〖史〗江戸(えど) 시대에 각 지방에서 모은 쌀을 江戸·大坂(おおさか)로 수송한 일. 또, 그 쌀.
廻報(かいほう) 회보. ① (문서에 의한 정식) 회답. ② 〈口〉회장(回章).
廻旋(かいせん) 회선. 선회. 「船」
廻船(かいせん) 회선. 운송선. 회조선(回漕船).
廻遊(かいゆう) 회유. ① 유람. ② 어류(魚類)가 떼를 지어 계절적으로 이동함.
廻章(かいしょう) 회장. 여러 사람이 돌려보도록 쓴 글.
廻折(かいせつ)〖理〗회절.
廻航(かいこう) 회항. 「명복을 빎.
廻向(えこう) 회향. 불공을 드려 죽은 사람의

[訓読]
廻らす(めぐらす) ① 돌리다. ② 두르다. ③ 이리저리 두루 생각하다.
❖廻す(まわす) ① 돌리다. 회전시키다. ② 두르다. ③ 차례로 돌리다.
廻し(まわし) ① 몸에 둘러서 입는 것. ② 돌려 가면서 함.
廻し飲み(まわしのみ) 큰 그릇의 것을 돌려가며 마심《담배 따위에도 말함》.
❖廻る ㊀(まわる) ① 돌다. 회전하다. ② 차례로 돌(아가)다. ③ 들르다. 「다.
㊁(めぐる) ① 돌다. 돌아다니다. ② 둘러싸廻り ㊀(まわり) ① 돎. 회전. ② 주변. 둘레. 근처.
㊁(めぐり) ① 돎. 순회. ② ☞㊀②.

| 9 イ | 徊 | 노닐 회 カイ さまよう |

[逆音]
徘徊(はいかい) 배회.
低徊(ていかい) 저회. 사색에 잠기면서 천천히 거닒.

| 9 忄 常 | 悔(悔) | 뉘우칠 회 カイ·ゲ くいる·くやむ· くやしい |

[音読]
悔悟(かいご) 회오.
悔悛(かいしゅん) 회전. 개전(改悛).

悔恨(かいこん) 회한.

<訓読>
❖悔いる(くいる) 후회하다. 뉘우치다.
悔い(くい) 뉘우침. 후회.
悔い改め(くいあらため) 회개.
悔い改める(くいあらためる) 회개하다. 뉘우쳐 고치다.
❖悔しい(くやしい) 분하다.
悔しがる(くやしがる) 분해 하다.
悔し涙(くやしなみだ) 분해서 흘리는 눈물.
悔し紛れ(くやしまぎれ) 분한 김. 홧김.
悔し泣き(くやしなき) 분해서 욺.
❖悔やむ(くやむ) ①후회하다. 애석하게 여기다. ②조상하다. 애도하다.
悔やみ(くやみ) ①뉘우침. 후회. ②문상. 조상(弔喪).
‖～言(ごと) 문상하는 말.
　～状(じょう) 문상하는 편지.

<逆音>
懺悔(ざんげ) 참회. *さんげ로도 읽음.
後悔(こうかい) 후회.

9	恢	클 회 · 넓을 회
忄		カイ
		おおきい · ひろい

<音読>
恢復(かいふく) 회복. 이전 상태로 돌아감.
恢弘(かいこう) 회홍. ①넓고도 큼. ②널리 폄.
恢恢(かいかい) 회회. ①넓고 큰 모양. ②유한 모양.

9	栃	상수리나무 (회)
木		
日		とち

<訓読>
栃(とち) ☞栃の木(とちのき).
栃麺(とちめん) 칠엽수(七葉樹) 열매의 가루에 쌀가루나 밀가루를 섞어 반죽하여 만든 메밀국수 비슷한 식품.
‖～棒(ぼう) 〈俗〉①栃麺을 얇게 펴는 막대. ②당황함. 허둥댐. 또, 그런 사람.
栃木(とちぎ) 『地』関東(かんとう) 지방 북쪽에 있는 현.
栃の木(とちのき) 『植』칠엽수(七葉樹).
栃餅(とちもち) 칠엽수(七葉樹) 씨를 섞어 빻아서 만든 떡.
栃粉(とちこ) 칠엽수 씨를 가루로 만든 것.
栃粥(とちがゆ) 칠엽수 씨를 넣은 죽.

| 10 | 茴 | 회향풀 회 |
| 艹 | | ウイ · カイ |

<音読>
茴香(ういきょう) 『植』회향. 회향풀. ♣～精(せい) 회향정.

恢·栃·茴·晦·絵　**1711**

11	晦	그믐 회 · 어두울 회
日		カイ
		みそか · つごもり · くらます

<音読>
晦(かい) ①그믐. ②어두움. ③영문을 모름.
晦冥(かいめい) 회명. 어두컴컴해짐.
晦朔(かいさく) 회삭. 그믐날과 초하룻날.
晦渋(かいじゅう) 회삽. 난해.
晦日 ㊀(かいじつ) 회일. 그믐날.
　㊁(みそか) 그믐날. 말일. *つごもり, 또, 関西方言으로는 つもごり라고도 함.
‖～払い(ばらい) 금전 지불을 월말에 함. 월말 계산.
晦蔵(かいぞう) 회장.
晦迹(かいせき) ⇨ 晦跡(かいせき).
晦跡(かいせき) 회적(晦迹). 자취를 감추어 숨음.

<訓読>
晦(つごもり) 〈雅〉월말. 그믐. *関西方言으로는 つもごり라고도 함.
‖～方(がた) 그믐께. 월말경.
晦ます(くらます) ①감추다. ②속이다.

12	絵 (繪)	그림 회 · 그릴 회
糸		カイ · エ
教		えがく

<音読>
絵(え) 그림.
絵グラフ(えグラフ) 그림 그래프.
絵看板(えかんばん) 극장 등에서 상연물의 장면을 그려서 건 간판.
絵絹(えぎぬ) 동양화용의 생견(生絹).
絵鏡(えかがみ) 감정용의 고화첩(古畫帖).
絵空事(えそらごと) ①상상화(畫). ②새빨간 거짓. 허풍.
絵の具(えのぐ) 그림 물감.
‖～皿(ざら) 그림 물감을 풀거나 녹이는 데 쓰는 접시.
絵巻(えまき) 그림 두루마리.
絵巻物(えまきもの) ☞絵巻(えまき).
絵代(えだい) 그림이 들어 있는 연.
絵肌(えはだ) 그림의 화면에서 받는 느낌. 화면의 재질감.
絵難坊(えなんぼう) 남이 그린 그림을 보고 비난하는 사람.
絵蠟燭(えろうそく) 그림을 그려 채색을 한 양초.
絵端書(えはがき) ⇨ 絵葉書(えはがき).
絵踏み(えぶみ) 江戸(えど) 시대에, 기독교도를 색출하기 위해 그리스도나 마리아 상을 새긴 널쪽을 밟게 한 일. 또, 그 널쪽.
絵図(えず) ①그림. ②(주택·정원 등의) 평면도.
絵図面(えずめん) 〈老〉(가옥·정원 등의) 평면도.
絵暦(えごよみ) ①그림 달력. ②글자를 모르는 사람을 위하여 그림으로 연중 행사 등을

絵馬(えま) 신사나 절에 봉납하는 말 그림 액.
絵面(えづら) 그림의 표면.
絵皿(えざら) ① 정물·풍경 등의 그림을 그린 실내 장식용 접시. ② 일본 고유의 그림에서, 그림 물감을 푸는 접시.
絵模様(えもよう) 그림이라고 할 수 있는 무늬. 아름다운 무늬.
絵描き(えかき) ① 그림쟁이. 특히, 직업적인 화가. ②〈古〉그림을 그리는 기술.
絵文字(えもじ) 그림 글자.
絵物語(えものがたり) 그림이 들어 있는 이야기책.
絵柄(えがら) (공예품 따위의) 그림이나 도안. 또, 거기에서 느끼는 인상.
絵本(えほん) 그림책.
絵付け(えつけ) 도자기에 그림·무늬를 그려 다시 굽는 일.
絵符(えふ) 소화물에 붙이는 꼬리표.
絵膚(えはだ) ⇨ 絵肌(えはだ).
絵仏師(えぶっし) 전문적으로 불상(佛像)을 그리던 승려.
絵事(かいじ) 그림을 그리는 일.
絵師(えし) 〈雅〉화가.
絵詞(えことば) 그림 두루마리에 써 넣은 글.
絵像(えぞう) 화상(畫像).
絵所(えどころ) 그림을 맡아보던 관청.
絵素 ㊀(かいそ) 그림. 회화.
㊁(えそ) 화상을 구성하는 최소 단위 요소.
絵捜し(えさがし) ⇨ 絵探し(えさがし).
絵手本(えてほん) 그림본(本).
絵心(えごころ) ① 그림(회화)의 재능. 또, 그림의 감상력·기호. ② 그림을 그리고자 하는 마음.
絵双紙(えぞうし) ⇨ 絵草紙(えぞうし).
絵様(えよう) ① 사물을 그림으로 그림. 가옥이나 토지의 평면도. ②『建』대들보 등에 하는 조각·도안.
絵言葉(えことば) ⇨ 絵詞(えことば).
絵葉書(えはがき) 그림 엽서.
絵羽(えば) ① 絵羽模様의 준말. ② 絵羽羽織의 준말.
‖～模様(もよう) (일본 옷에서) 솔기에 걸쳐서 있는 큼직한 그림 무늬.
～羽織(はおり) 큼직한 그림 무늬가 있는 여자용 덧옷. ＊えばはおりろも 읽음.
絵印(えいん) 그림의 낙관에 쓰이는 도장.
絵日記(えにっき) 그림 일기.
絵日傘(えひがさ) 그림 무늬가 있는 양산.
絵入り(えいり) (책·신문 따위에) 그림·삽화가 들어 있음. 또, 그런 책이나 신문.
‖～本(ぼん) 그림이 들어 있는 책.
絵姿(えすがた) 화상(畫像). 초상.
絵組み(えぐみ) ① 도안. ② 책·문서에 그림을 넣음. 또, 그 그림.
絵紙(えがみ) 여러 가지 그림·도안이 인쇄된 종이.
絵札(えふだ) ① 그림이 있는 놀이딱지. ② 트럼프에서, 잭·퀸·킹의 패.
絵草紙(えぞうし) ① 江戸(えど) 시대에 회

한한 사건 등을 그림으로 그려, 한두 장의 종이에 인쇄한 흥미 본위의 읽을거리. ② 매장마다 그림이 들어 있는 목판본의 소책자. ③ 풍속화를 색도 인쇄한 목판화.
絵取る(えどる) ① 채색하다. ② 개칠(改漆) 하다.
絵漆(えうるし) (蒔絵(まきえ)에 쓰는) 그림용 옻칠.
絵探し(えさがし) 그림 찾기(놀이). 그림 찾기 퀴즈.
絵筆(えふで) 그림 붓. 화필.
絵合わせ(えあわせ) (좌우로 편을 갈라서 하는) 그림딱지 맞추기 놀이.
絵合子(えごうし) 금니(金泥) 등의 그림이 들어 있는 뚜껑 달린 (밥)〔국〕공기.
絵解き(えとき) ① 그림 풀이. 그림으로 설명을 보충함. ② 수수께끼를 풀어 밝힘.
絵画(かいが) 회화. ♣～的(てき) 회화적.

| 12 虫 | **蛔** | 거위 회
カイ |

音読➔
蛔虫(かいちゅう) 회충.

| 13 言 | **詼** | 농지거리할 회
カイ |

音読➔
詼詼(かいかい) 농담. 장난기. 익살맞음.

| 13 貝 常 | **賄** | 뇌물 회
ワイ
まかなう・まいなう |

音読➔
賄賂(わいろ) 회뢰. 뇌물.
‖～罪(ざい)『法』회뢰죄. 뇌물죄. 수뢰죄.
訓読➔
❖賄う(まかなう) ① 조달하다. ② 밥을 먹게 하다. ③ 경비(經費)를 맡아 처리하다.
賄い(まかない) 식사를 준비하고 시중을 듦. 또, 그 사람(식모·요리사).
賄い方(まかないかた) 식사를 준비·제공하는 사람. 숙수.
賄い付き(まかないつき) (하숙 등에서) 식사가 나옴. 식사 제공.
其他➔
賄(まいない) ① 사례로 선사함. 또, 그 선물. ② 뇌물(賂物).

| 14 言 | **誨** | 가르칠 회
カイ
おしえる |

音読➔
誨諭(かいゆ) 회유. 가르쳐서 깨우침.
誨淫(かいいん) 회음.

| 16 亻 常 | 懷(懷) | 품을 회·생각할 회
カイ·エ
ふところ·なつかしい·
なつかしむ·なつく·な
つける·いだく·おもう |

音読→
懷劍(かいけん) 비수(匕首).
懷古(かいこ) 회고. ♣~的(てき) 회고적.
懷旧(かいきゅう) 회구. 회고. ♣~談(だん) 회고담.
懷炉(かいろ) 회로. 품속에 지니고 다니는 작은 화로. ♣~灰(ばい) 회로용 연료. 「속.
懷裡(かいり) 회리. ①주머니 속. ②마음
懷生(かいせい) 회생. ①생물. ②중생.
懷石(かいせき) 다도(茶道)에서 차를 대접하기 전에 내는 간단한 요리.
∥~料理(りょうり) 요리를 만드는 대로 한 가지석 손님에게 내어 놓는 懷石식의 고급 요
懷柔(かいじゅう) 회유. 「리.
懷疑(かいぎ) 회의. ♣~論(ろん) 회의론/~的(てき) 회의적/~派(は) 〖哲〗회의파.
∥~主義(しゅぎ) 회의주의.
懷妊(かいにん) 회임. 임신.
懷孕(かいよう) 회잉. 회임(懷妊).
懷中(かいちゅう) 회중. 호주머니 속. 포켓이나 품속에 넣어 가지고 있음. ♣~鏡(かがみ) 회중 거울. ♣~物(もの) 회중물〖품〗.
∥~時計(どけい) 회중 시계.
~日記(にっき) 일기장 형식의 소형 수첩.
~電灯(でんとう) 회중 전등.
~汁粉(じるこ) 인스턴트 단팥죽.
懷紙 ㊀(かいし) ①접어서 품에 지니는 종이. ②和歌(わか)·連歌(れんが)를 정식으로 쓸 때 쓰는 종이.
㊁(ふところがみ) ①휴지. ② ☞㊀①.
懷春(かいしゅん) 회춘.
懷胎(かいたい) 회태. 잉태. 임신.
懷抱(かいほう) 회포. ①마음속에 품음. ②품속에 지님.
懷郷(かいきょう) 회향. ♣~病(びょう) 「향병.

訓読→
懷(ふところ) ①품. ②호주머니(에 가지고 있는 것). *ほほろ로 읽음. ③가슴 (속). 내막.
懷かし(なつかし) ①그립다. ②〈古〉㉠반갑다. ㉡귀엽다.
懷かしい(なつかしい) 그립다. 「하다.
懷かしむ(なつかしむ) 그리워하다. 반가워
懷く ㊀(いだく) (마음에) 품다.
㊁(なつく) 따르다.
懷ける(なつける) 따르게 하다. 길들이다.
懷こい(なつこい) 붙임성이 있다. 상냥하다. 낯가림을 안 하다.
懷っこい(なつっこい) 懷こい(なつこい)의 힘줌말.
懷勘定(ふところかんじょう) 속셈. 자기 주머니 사정을 속으로 계산함.

懷鏡(ふところかがみ) 휴대용 작은 손거울.
懷具合(ふところぐあい) 주머니 사정.
懷刀(ふところがたな) ①(지니고 다니는) 비수. ②비밀 계획에 참여하는 심복 부하.
懷都合(ふところつごう) ☞懷具合(ふところぐあい).
懷手(ふところで) ①양손을 품에 넣고 있음. ②남에게 맡기고 아무것도 하지 않음.
懷時計(ふところどけい) ☞懷中時計(かいちゅうどけい).
懷硯(ふところすずり) 휴대용의 작은 벼루.
懷育ち(ふところそだち) 부모 곁에서 소중히 키우는 일.
懷子(ふところご) ①부모 곁에서 소중히 자란 아이. 또, 철부지 아이. ②젖먹이.

其他→
懷しい(ゆかしい) ①아취가 있어 그윽함. ②어쩐지 그리운. ③〈古〉호기심이 생김. (어쩐지) 알고〔보고, 듣고〕싶음.

逆音→
本懷(ほんかい) 본회. 본마음.
述懷(じゅっかい) 술회.

| 17 月 | 膾 | 회칠 회
カイ
なます |

音読→
膾炙(かいしゃ) 회자.

訓読→
膾(なます) 회. 생선회 또는 무·당근 따위를 썰어 초에 무친 것.

| 17 木 | 檜 | 노송나무 회
カイ
ひ·ひのき |

訓読→
檜(ひのき) 〖植〗노송나무. *ひろど로 읽음.
∥~笠(がさ) ☞檜笠(ひがさ). 「갓.
檜笠(ひがさ) 노송나무를 얇게 떠서 만든 삿
檜舞台(ひのきぶたい) 노송나무 판자를 깐 무대. 전하여, (자기의 솜씨를 보일) 영광스러운 무대.
檜物(ひもの) 노송나무의 얇은 판자를 구부려 만든 그릇.
檜扇(ひおうぎ) ①노송나무의 얇은 오리로 엮어 만든 쥘부채. ②〖植〗범부채.
檜葉(ひば) 〖植〗노송나무의 잎. 또, 노송나무의 딴이름.
檜垣(ひがき) ①노송나무의 얇은 오리를 삿자리처럼 결어서 친 울타리. ②①비슷한 모양의 무늬.
檜皮(ひわだ) 회피. 노송나무 껍질. *ひはだ로도 읽음. 「또, 그 지붕.
∥~葺き(ぶき) 노송나무 껍질로 지붕을 임.

其他→
檜柏(いぶき) 〖植〗향나뭇과의 상록 교목.

24 魚	鱠	회 회 カイ なます

참고 膾의 異體字.

其他▶

鱠(えそ)〖魚〗매통이.

획

14 刂	劃	쪼갤 획·그을 획 カク

참고 현대 표기에서는 '画'으로 대용함.

音読▶

劃す(かくす) ☞ 劃する(かくする).
劃する(かくする) ① 선을 긋다. ② 구획하다. ③ 계획하다.
劃期(かっき) 획기.
劃数(かくすう) (한자의) 획수.
劃時代的(かくじだいてき) 획시대적.
劃然(かくぜん) 획연. 구별이 명확한 모양.
劃一(かくいつ) 획일. ♣~的(てき) 획일적.
劃定(かくてい) 획정.

16 犭 常	獲	얻을 획 カク える

音読▶

獲得(かくとく) 획득.
‖~免疫(めんえき)〖生〗획득 면역.
~形質(けいしつ)〖生〗획득 형질.
獲麟(かくりん) 획린. ① 절필(絶筆). ② 사물의 종말. ③ (잘못 쓰여) 공자의 죽음. 전하여, 임종.
獲取(かくしゅ) 획취. 손에 넣음.

訓読▶

❖獲る(える) ① 사냥해서 동물을 잡다. ② 쟁취하다. 「빼앗을 것.
獲物(えもの) ① 사냥감. ② 전리품(戰利品).

횡

15 木 教	横(橫)	가로 횡·옆 횡 オウ よこ

音読▶

横架材(おうかざい)〖建〗횡가재. 건물의 수평 방향 구조재(材).
横隔膜(おうかくまく)〖生〗횡격막.
横谷(おうこく)〖地〗횡곡. 산맥을 가로지르는 방향으로 생긴 골짜기.
横貫(おうかん) 횡관. 가로 꿰뚫음.
横断(おうだん) 횡단. 가로지름.
‖~橋(きょう) 横断歩道橋(ほどうきょう)의 준말. 육교(陸橋).
~幕(まく) (가로로 긴) 현수막.
~面(めん) 횡단면. ♣~分析(ぶんせき) 횡단면 분석.
~歩道(ほどう) 횡단 보도.
~賃金(ちんぎん) 횡단 임금.
~組合(くみあい)〖社〗횡단 조합.
横隊(おうたい) 횡대.
横列(おうれつ) 횡렬. 「죄.
横領(おうりょう) 횡령. ♣~罪(ざい) 횡령
横文(おうぶん) 횡문. 가로 쓰는 글자. 서양 글자(문장).
横紋筋(おうもんきん)〖生〗횡문근. 가로무
横柄(おうへい) 건방짐.
横死(おうし) 횡사. 변사.
横線(おうせん) 횡선. 가로줄.
‖~小切手(こぎって) 횡선 수표.
横説竪説(おうせつじゅせつ) 종횡으로 [자유자재로] 논함.
横説縦説(おうせつじゅうせつ) ☞ 横説竪説(おうせつじゅせつ). 「세움.
横逆(おうぎゃく) 횡역. 제멋대로 굶. 억지로
横臥(おうが) 횡와. 모로 누움.
‖~褶曲(しゅうきょく)〖地〗횡와 습곡.
横議(おうぎ) 횡의. 제멋대로 토론함.
横溢(おういつ) 횡일. 넘쳐 흐름.
横日性(おうじつせい)〖植〗횡일성.
横恣(おうし) 횡자. 방자함.
横災(おうさい) 횡재. 뜻밖의 재난. *おうざい로도 읽음.
横転(おうてん) 횡전. ① 뒹굶. 옆으로 넘어짐. ② (비행기가) 좌우로 회전함.
横堤(おうてい)〖土〗횡제.
横地性(おうちせい)〖植〗횡지성.
横着(おうちゃく) ① 뻔뻔스러움. 교활함. ② 무례함. ③ 태만함. 뺀들거림.
横舵(おうだ) 횡타. 잠수함이나 어뢰의 수평
横奪(おうだつ) 횡탈. 강탈. 「타(기).
横暴(おうぼう) 횡포. 난폭.
横風 ㊀(おうふう) ① 으스댐. 건방짐. ② 활달함.
㊁(よこかぜ) 옆에서 불어오는 바람.
横行(おうこう) 횡행. ① 멋대로 다님. ② (악이) 활개침. 멋대로 설침. 「함.
‖~闊歩(かっぽ) 횡행 활보. 자유로이 활보
横禍(おうか) 횡화. 뜻하지 않은 재난.

訓読▶

横(よこ) ① 옆. ② 곁. ③ '横糸(よこいと)(=씨실)'의 준말. ④ 부정(不正).
~を向(む)く 못마땅해 하다. 무시하다.
横たえる(よこたえる) ① 가로놓다. 가로누이다. ② (칼 따위를) 옆으로 차다.
横たわる(よこたわる) ① 길게 (가로)눕다.

10 口 哮

으르렁거릴 효
コウ
ほえる・たける

訓読
❖哮る(たける) 포효하다. 사납게 울부짖다.
哮り立つ(たけりたつ) ① 흥분해서 고함을 지르다. ② 사납게 울다〔짖다〕.

11 木 梟

올빼미 효・효용할 효
キョウ
さらす・ふくろう

音読
梟する(きょうする) 죄인의 목을 높은 곳에 매달다. 효수하다.
梟木(きょうぼく) 효목. 옥문대.
梟首(きょうしゅ) 효수.
梟悪(きょうあく) 효악. 사납고 모짊.
梟勇(きょうゆう) 효용. 사납고 날쌤.
梟雄(きょうゆう) 효웅. 사납고 용맹한 사람.
梟将(きょうしょう) 효장. 사납고 날랜 장수.

訓読
梟(ふくろう)〔鳥〕올빼미.
梟部隊(ふくろうぶたい) 경찰의 야간 순찰대.

12 日 暁 (曉) 常

새벽 효・깨달을 효
ギョウ
あかつき・さとる

音読
暁角(ぎょうかく) 효각. 새벽을 알리는 뿔피리 소리.
暁更(ぎょうこう) 새벽녘. 새벽.
暁鶏(ぎょうけい) 효계.
暁光(ぎょうこう) 효광. 새벽녘의 하늘빛.
暁起(ぎょうき) 효기. 일찍 일어남.
暁旦(ぎょうたん) 효단. 새벽.
暁達(ぎょうたつ) 효달. 세상일과 도리에 잘 통함.
暁露(ぎょうろ) 효로. 새벽〔아침〕이슬.
暁色(ぎょうしょく) 효색. 새벽 빛.
暁夕(ぎょうせき) 효석. 아침과 저녁. 조석.
暁星(ぎょうせい) 효성. 샛별.
暁新世(ぎょうしんせい)〔地〕효신세. '팔레오세(世)'의 구칭.
暁闇(ぎょうあん) 효암. 새벽 어둠. 어두운 새벽. *あかつきやみ로도 읽음.
暁雨(ぎょうう) 효우. 새벽에 오는 비.
暁雲(ぎょううん) 효운. 새벽녘의 구름.
暁諭(ぎょうゆ) 효유. 알아듣게 타이름.
暁日(ぎょうじつ) 효일. 새벽. 아침해.
暁鐘(ぎょうしょう) 효종. 새벽에 치는 종(소리).
暁知(ぎょうち) 효지. 깨달아서 앎.
暁智(ぎょうち) ⇨ 暁知(ぎょうち).
暁天(ぎょうてん) 효천. 새벽 하늘. 새벽녘.
暁通(ぎょうつう) 효통. 환히 깨달아 앎.
暁紅(ぎょうこう) 효홍. 새벽의 빛이 동쪽 하늘을 홍색으로 물들임. 또, 그 하늘.

訓読
暁(あかつき)〈雅〉① 새벽〔녘〕. ② (장래 어떤 일이 실현되는) (그) 때. (그) 날.
～の別(わか)れ 외박한 남자가 새벽에 여자집에서 나오는 일.
暁方(あかつきがた) 새벽녘.
暁月夜(あかつきづくよ) 새벽달.

其他
暁の明星(あけのみょうじょう) 샛별.

逆音
今暁(こんぎょう) 금효. 오늘 새벽.
通暁(つうぎょう) 통효.

14 酉 酵 常

술밑 효・술괼 효
コウ

音読
酵母(こうぼ) 효모. ♣～菌(きん) 효모균.
酵素(こうそ)〔化〕효소. ♣～剤(ざい)〔藥〕효소제.
∥～製剤(せいざい)〔藥〕효소 제제.
～化学(かがく) 효소 화학.

逆音
発酵(はっこう) 발효.

17 口 嚆

울릴 효・외칠 효
コウ
さけぶ

音読
嚆矢(こうし) 효시. ① 우는 살. ② 최초.

21 口 囂

시끄러울 효
ゴウ
かまびすしい

音読
囂然(ごうぜん) 효연. 시끄러운 모양.
囂譟(ごうそう) 시끄럽고 어수선함.
囂囂(ごうごう) 효효. 떠들썩한 모양.

訓読
囂しい(かまびすしい)〈雅〉시끄럽다. 떠들썩하다. *かしがましい로도 읽음.

22 馬 驍

굳셀 효・날랠 효
ギョウ

音読
驍猛(ぎょうもう) 효맹. 뛰어나게 강하고 사나움.
驍名(ぎょうめい) 효명. 강하고 용감하다는 평판.
驍勇(ぎょうゆう) 효용. 사납고 날쌘 용기. 또, 그런 용기를 가진 사람.
驍将(ぎょうしょう) 효장. 용장.

髐

22 骨	髐	백골모양 **효** コウ・キョウ

音読
髐骨(ぎょうこつ) 효골. ①백골. ②해골처럼 여위어 쇠약해짐.

후

6 口 教	后	황후 **후**・뒤 **후** コウ・ゴ・ゴウ きさき・きみ・のち

音読
后妃(こうひ) 후비. 왕비.
后土(こうど) 후토. 지신(地神).
訓読
后 ㊀(きさき) ①황후. 중전. 중궁. ②〈古〉天皇(てんのう)의 침전에서 시중 들던 궁녀. ㊁(きさい) 后(きさき)의 음편(音便).
其他
后の宮(きさいのみや) 황후.

6 木 常	朽	썩을 **후** キュウ くちる

音読
朽壊(きゅうかい) 후괴. 썩어서 무너짐. 「파괴
朽木(きゅうぼく) 후목. 썩은 나무. └됨.
朽腐(きゅうふ) 후부. 쇠하여 썩음.
朽索(きゅうさく) 후삭. 썩은 새끼나 밧줄.
朽敗(きゅうはい) ⇨ 朽廃(きゅうはい).
朽廃(きゅうはい) 후폐. 낡아 못쓰게 됨.
訓読
❖**朽ちる**(くちる) ①(목재나 집이) 썩다. ②헛되이 죽다.
朽ち果てる(くちはてる) ①완전히 썩어 버리다. ②세상에 알려지지 않은 채 보람없이〔허무하게〕죽다.
朽ち木(くちき) ①썩은 나무. ②빛을 보지 못한 채 일생을 마치는 사람.
朽ち葉(くちば) ①썩은 낙엽. ②朽ち葉色의 준말.
‖**~色**(いろ) 적갈색.

7 口	吼	사나운짐승울 **후** コウ・ク ほえる

訓読
吼える(ほえる) ①(짐승 따위가) 짖다. ②(사람이) 큰소리로 울다. 고함지르다.
其他
吼噦(こんかい) 여우가 우는 소리의 형용. 또, 여우.

9 イ 常	侯	제후 **후**・후작 **후** コウ

音読
侯(こう) ①제후(諸侯). ②侯爵(こうしゃく)의 준말.
侯国(こうこく) (중세 유럽의) 후국.
侯伯(こうはく) 후백. 후작과 백작. 제후.
侯爵(こうしゃく) 후작.

9 厂 教	厚	두터울 **후** コウ あつい

音読
厚角細胞(こうかくさいぼう)〖植〗후각 세포.
厚角組織(こうかくそしき)〖植〗후각 조직.
厚徳(こうとく) 후덕. 넓고 큰 덕.
厚禄(こうろく) 후록. 후한 급료. 「포.
厚膜細胞(こうまくさいぼう)〖植〗후막 세
厚膜組織(こうまくそしき)〖植〗후막 조직.
厚味(こうみ) 후미. 짙은 맛. 또, 맛있는 음
厚朴(こうぼく)〖植〗후박. 후박나무. └식.
厚薄(こうはく) 후박. 후함과 박함.
厚壁細胞(こうへきさいぼう) ☞ 厚膜細胞(こうまくさいぼう).
厚壁組織(こうへきそしき) ☞ 厚膜組織(こうまくそしき).
厚謝(こうしゃ) 후사.
厚相(こうしょう) 후생상. 후생 대신.
厚生(こうせい) 후생.
‖**~経済学**(けいざいがく) 후생 경제학.
~大臣(だいじん) 후생 대신.
~省(しょう) 후생성(보건 복지부에 해당).
~年金(ねんきん) 후생 연금.
厚顔(こうがん) 후안. 뻔뻔스러움.
‖**~無恥**(むち) 후안무치.
厚遇(こうぐう) 후우. 후대.
厚恩(こうおん) 후은. 도타운 은혜.
厚意(こうい) 후의.
厚誼(こうぎ) 후의. 두터운 정의.
厚葬(こうそう) 후장. 후하게 장사지냄.
厚情(こうじょう) 후정. 두터운 정.
厚志(こうし) 후지. 후한 마음씨.
訓読
厚かましい(あつかましい) 뻔뻔스럽다.
厚ぼったい(あつぼったい) 두툼하다.
厚らか(あつらか) 두툼한 모양.
❖**厚い**(あつい) ①두껍다. ②두텁다.
厚さ(あつさ) 두께.
厚み(あつみ) 두께.
‖**~計**(けい) 두께를 재는 계기.
厚め(あつめ) 두께가 비교적 두꺼움.
厚物(あつもの) 꽃잎이 많고 송이를 이루어

피는 국화의 품종.
厚氷(あつごおり) 두껍게 얼어붙은 얼음.
厚司(あつし) 아이누 사람이 옷감으로 쓰는 난티나무 껍질의 섬유로 짠 두꺼운 천.
厚焼き(あつやき) 두껍게 구운〔지진〕음식.
厚手(あつで) (종이·도자기·천 등의) 바탕이 두꺼운 것.
厚揚げ(あつあげ) '厚揚げ豆腐(とうふ)(=두껍게 썰어서 기름에 튀긴 두부)'의 준말.
厚様(あつよう) 일본 종이의 일종.
厚葉(あつよう) ⇨ 厚様(あつよう).
厚衣(あつぎぬ) 솜옷.
厚子(あつし) ⇨ 厚司(あつし).
厚作り(あつづくり) 두툼하게 저며 낸 생선회.
厚切り(あつぎり) 두껍게 썲〔벰〕.
厚地(あつじ) 두꺼운 천.
厚紙(あつがみ) 판지.
厚着(あつぎ) 옷을 많이 껴입음.
厚板(あついた) ①두꺼운 판자. ②두꺼운 바탕의 천.
厚表紙(あつびょうし) 두꺼운 표지(의 책).
厚皮(あつがわ) ①두꺼운 가죽〔껍질〕. ②낯가죽이 두꺼움. 뻔뻔스러움. 후안(厚顔).
厚化粧(あつげしょう) 짙은 화장.

後 9 イ 敎
뒤 후
ゴ·コウ
のち·うしろ·あと·おくれる·しり

【音読】
後架(こうか)〖老〗가. 변소(본디, 선사〔禪寺〕의 승당 뒤에 있는 세면장의 뜻).
後家(ごけ) 홀어미. 과부. 미망인.
後家蓋(ごけぶた) 원 그릇은 깨어지고 뚜껑만 남은 것. 또, 임시 변통으로 쓰는 뚜껑.
後家茶碗(ごけぢゃわん) 쌍으로 된 공기〔찻잔〕중 한짝이 깨어져 하나만 남은 것.
後家倒し(ごけだおし)〖農〗벼훑이.
後家入り(ごけいり) ①과부의 사위가 됨. ②후처로서 재혼함.
後家鞘(ごけざや) 임시 변통으로 다른 칼의 칼집을 이용한 것. 또, 도신이 없는 칼집.
後刻(ごこく)〖老〗후각. 나중. 얼마 후.
後覚(こうかく) 후각. 후학(後學).
後勘(こうかん) 후감. 뒷일을 생각함.
後件(こうけん)〖論〗후건.
後見(こうけん) 후견. ♣~役(やく) 후견역/~人(にん)〖法〗후견인.
‖~監督人(かんとくにん)〖法〗후견 감독인.
後景(こうけい) 후경. 배경.
後勁(こうけい) 후경. 후방을 방비하는 군대.
後継(こうけい) 후계. 뒤를 이음.
後考(こうこう) 후고. 나중에 생각함.
後顧(こうこ) 후고.
後昆(こうこん) 후곤. 자손. 후예.
後攻(こうこう) 후공. 나중에 공격함.
後光(ごこう) 후광. 광배(光背).
‖~効果(こうか)〖心〗후광 효과.

後口動物(こうこうどうぶつ)〖生〗후구 동물.
後軍(こうぐん) 후군.
後屈(こうくつ) 후굴.
後宮(こうきゅう) 후궁.
後根(こうこん)〖生〗후근. 감각근.
後記(こうき) 후기.
後期(こうき) 후기.
‖~印象主義(いんしょうしゅぎ)〖美〗후기 인상주의.「본주의.
~資本主義(しほんしゅぎ)〖經〗후기 자~中等教育(ちゅうとうきょういく) 후기 중등 교육. 고등 학교 단계의 교육.
後難(こうなん) 후난. 후환. 뒤탈.
後年(こうねん) 후년. 후일. 만년.
‖~度負担(どふたん) (정부 물품 조달에서) 후년도 부담.「頭部.
後脳(こうのう) ①〖生〗후뇌. ②후두부(後
後段(こうだん) 후단. 뒤의 단. *ごだん으로도 읽음.
後端(こうたん) 후단. 뒤끝.
後代(こうだい) 후대.「검정.
‖~検定(けんてい) (가축·농작물의) 후대
後図(こうと) 후도. 장래를 위한 계획.
後度(ごど) 나중. 후일(後日).
後頭(こうとう) 후두. ♣~部(ぶ) 후두부.
後藤蔓(ごとうづる)〖植〗'蔓紫陽花(つるあじさい)(=등수국)'의 딴이름.
後藤味噌(ごとみそ) ①콩과 겨에 소금을 쳐서 숙성시킨 된장. ②간장을 담그고 난 찌꺼기로 만든 된장.
後楽(こうらく) 후락. 세상 사람들이 즐기고 나서 나중에 즐김.
後来(こうらい) 금후. 장래.
後略(こうりゃく) 후략.「〔頸聯〕.
後聯(こうれん) (한시〔漢詩〕의) 후련. 경련
後流(こうりゅう)〖理〗후류.
後輪 ㊀(こうりん) 후륜. 자동차 뒷바퀴.
‖~駆動(くどう) 후륜 구동.
㊁(あとわ) ①후륜. 뒷바퀴. ②☞㊂.
㊂(しずわ) 마구(馬具)의 하나. 안장의 뒷부
後面(こうめん) 후면. 뒷면.「분.
後門(こうもん) 후문. 뒷문.
後尾(こうび) 후미.
後半(こうはん) 후반. ♣~戦(せん) 후반전.
後半期(こうはんき) 후반기.
後半生(こうはんせい) 후반생.
後発(こうはつ) 후발.
‖~発展途上国(はってんとじょうこく) 후발 발전 도상국.
~的不能(てきふのう)〖法〗후발적 불능.
後方(こうほう) 후방. 뒤쪽.
‖~勤務(きんむ) 후방 근무.
㊁(のちかた) 나중에. 조금 뒤.
㊂(しりえ) ①〈雅〉☞㊀. ②좌우로 나누어 경기를 할 때 오른쪽 편.「방.
後房(こうぼう) 후방. 처첩 등이 기거하는 뒷
後背(こうはい) 후배. 배후. 뒤. ♣~地(ち) 배후지.

‖〜湿地(しっち) 후배 습지.
後輩(こうはい) 후배.
後配株(こうはいかぶ)〖經〗후배주.
後壁(こうへき) 후벽. 뒷벽.
後報 ㊀(こうほう) 후보. 나중에 알림.
　㊁(ごほう) ①후보. 나중에 알리는 소식. ②〖佛〗인과 응보(因果應報).
後腹膜(こうふくまく)〖生〗후복막.
後夫(ごふ) 후부. 후살이의 남편.
後部(こうぶ) 후부. 후방.
後備(こうび) 후비.
‖〜役(えき)〖軍〗후비역. 후비 병역.
後氷期(こうひょうき)〖地〗후빙기.
後氷河期(こうひょうがき)〖地〗후빙하기.　　　　└후빙기.
後事(こうじ) 후사. 뒷일.
後嗣(こうし) 후사.
後写鏡(こうしゃきょう) 후사경. 백미러.
後鰓類(こうさいるい)〖動〗후새류.
後生 ㊀(こうせい) 후생. ①뒤에 태어남. 또, 그 사람. ②후배. 후진. ♣〜説(せつ)〖生〗후생설.
‖〜動物(どうぶつ) 후생 동물.
〜質(しつ)〖生〗후생질. 후형질(後形質).
　㊁(こうしょう)〖佛〗후생. 내생. 극락왕생. ②남에게 애원할 때 쓰는 말. 제발.
‖〜気(き) 내세의 안락을 바라는 마음.
〜大事(だいじ) 후생의 안락을 소중히 여겨 생전에 열심히 일함.
〜楽(らく) 내생은 안락하다고 믿고 안심함.
〜一生(いっしょう) 일생에 딱 한 번.
〜嫌い(ぎらい) 부처의 가르침을 경멸하는. 또, 그 사람.
後序(こうじょ) 후서. 발문(跋文).
後舌母音(こうぜつぼいん)〖言〗후설 모음. *うしろじたぼいん으로도 읽음.
後世 ㊀(こうせい) 후세. 다음 세상(시대).
　㊁(ごせ)〖佛〗후세. 내세. 내생(來生). 사후(死後) 세상. *ごせい로도 읽음.
後素(こうそ) 후소. 회화. 그림.
後続(こうぞく) 후속.
後送(こうそう) 후송.
後手 ㊀(ごて) ①(상대에게) 선수를 빼앗김. ②(장기・바둑에서) 후수. 뒤에 두는 수. ③후방 부대.
　㊁(しりて) 뒤쪽. 뒷부분.
後述(こうじゅつ) 후술.
後翅(こうし)〖蟲〗후시. 뒷날개.
後身(こうしん) 후신. ①다시 태어남. ②(신분・처지 등이) 아주 달라진 몸.
後信(こうしん) 나중에 내는 편지.
後腎(こうじん)〖生〗후신.
後室(こうしつ) ①〈老〉(신분이 높은 이의) 미망인. 과부. ②뒷방.
‖〜模様(もよう) 흰색 또는 검정색 바탕에 흩뜨린 수수한 느낌의 화초 무늬.
後夜(ごや) ①후야. 야반부터 새벽까지. ②〖佛〗야밤에서 새벽녘까지 행하는 근행(勤行).
後夜祭(こうやさい) 학교 축제 등에서, 마지막날 밤에 여는 행사(모닥불 피우기 등).
後言 ㊀(こうげん) ①일이 끝난 다음 이러니 저러니 하는 말. ②뒤에서 하는 험담. *しりうごとろ도 읽음.
　㊁(のちごと) 유언.
後宴(ごえん) 큰 연회 뒤에 여는 소규모 연회.
後列(こうれつ) 후열. 뒷줄.
後葉(こうよう) 후엽. ①후대(後代). ②자손. ③〖生〗뇌하수체의 후부.
後裔(こうえい) 후예. 후손.
後援(こうえん) ①후원. 응원. 원조함. ②후속의 원군. ♣〜会(かい) 후원회.
後園(こうえん) 후원.
後衛(こうえい) 후위.
後遺症(こういしょう)〖醫〗후유증.
後胤(こういん) 후윤. 자손. 후손.
後議(こうぎ) 후의. 양원제 의회에서, 나중에 심의함.
後人(こうじん) 후인. 후세 사람.
後日(ごじつ) ①후일. 장래. ②어떤 사건 등이 있는 그 후. *㊁는 ごにち로도 읽음.
♣〜談(だん) 후일담.
‖〜物語(ものがたり) 후일담.
後逸(こういつ)〖野〗수비 선수가 공을 못 잡고 뒤로 놓침.
後任(こうにん) 후임.
後者(こうしゃ) 후자.
後章(こうしょう) 후장.
後場(ごば) (거래소에서) 후장.
後装(こうそう)〖軍〗(총포의) 후장.
後障害(こうしょうがい)〖醫〗원폭・피폭 등에 의한 후유증.
後節(こうせつ) 후절. 후반의 절《단행본・논문・시가 등의 단락》.
後庭(こうてい) 후정. ①뒤뜰. ②후궁.
後凋(こうちょう) 후조. 어려움을 견디고 절조를 지킴.
後朝 ㊀(こうちょう) 후조. ①다음날 아침. ②〖ZZ〗. *ごちょう로도 읽음.
　㊁(きぬぎぬ)〈雅〉①동침한 남녀가 아침에 헤어짐. 또, 그 아침. ②남녀가 헤어짐.
後座 ㊀(こうざ)〖軍〗후좌. ♣〜砲(ほう) 후좌포.
　㊁(ござ) 설교・야담 등에서, 나중에 나오는 사람.
後主(こうしゅ) 후주. 뒤를 이을 군주.
後住(ごじゅう)〖佛〗뒤에 온 주지. *こうじゅう로도 읽음.
後注(こうちゅう) 모아서 뒷부분에 실은 주기(註記).　　　　　　　└후주곡.
後奏(こうそう)〖樂〗후주. ♣〜曲(きょく)
後証(ごしょう) 후증. 뒷날의 증거. *こしょう로도 읽음.
後陣(こうじん) 후진. *ごじん으로도 읽음.
後進(こうしん) 후진. ♣〜国(こく) 후진국/〜的(てき) 후진적.
後塵(こうじん) 후진. 사람・가마 등이 지나간 다음에 일어나는 먼지.
後集(こうしゅう) (문집 등의) 후집.

後車(こうしゃ) 뒷차.
後妻 ㊀(ごさい) 후처. 후취.
㊁(うわなり)〈雅〉① ☞ ㊀. ② 전처나 본처가 후처를 질투하는 일.
‖~打ち(うち) 室町(むろまち)시대부터 江戸(えど) 초기에 걸쳐, 이혼당한 아내쪽에서 남편이 재혼하였을 때, 전처가 친지들과 같이 미리 예고하고 후처의 집을 습격, 살림살이를 때려 부수던 풍습.
後天(こうてん) 후천. ✿~説(せつ) 후천설 /~的(てき) 후천적.
‖~性(せい) 후천성. ✿~免疫(めんえき) 후천성 면역/~免疫不全症候群(ふぜんしょうこうぐん) 후천성 면역 결핍 증후군. 에이즈(AIDS). 「면 암시.
後催眠暗示(ごさいみんあんじ)〖心〗 후최
後出(こうしゅつ) (논문 등에서) 나중 부분에 나옴.
後打音(こうだおん)〖樂〗 후타음. 뒤꾸밈음.
後退(こうたい) 후퇴. ✿~色(しょく) 후퇴색/~翼(よく)〖空〗후퇴익. 「논증.
‖~的論証(てきろんしょう)〖論〗후퇴적
後便(こうびん) 다음 소식[편지].
後篇(こうへん) ⇨ 後編(こうへん).
後編(こうへん) 후편.
後圃(こうほ) 후원(後園).
後学(こうがく) 후학.
後漢(ごかん)〖史〗후한. 동한(東漢).
後項(こうこう) 후항. 뒤 조항.
後害(こうがい) 후해. 후환.
後行(こうこう) ① 후행. 後行. ② 나중에 행함.
後賢(こうけん) 후현. 후세의 현인.
後形質(こうけいしつ)〖生〗후형질.
後患(こうかん) 후환. 뒷근심.
後会(こうかい) 후회. 후에 만남.
後悔(こうかい) 후회.
後喜の祝い(こうきのいわい) 출산 축하.
後詰め(ごづめ) ① 후방 부대. ② 적 배후를 치는 군대.

訓読

後 ㊀(あと) ① 뒤. 뒤쪽. ② 다음. 후. ③ 후임자. 후손. ④ 그 이외의 일. 나머지.
㊁(のち) ① ☞ ㊀②. ② 미래. 장래. ③ 사후. 자손.
㊂(ご) 후. ① 뒤. ② 오후.
㊃(こう)《接頭語적으로》후…. 뒤.
㊄(しり) ① 엉덩이. ② 뒤쪽. ③ 꼴찌. ④ (냄비 따위의) 밑바닥.
後らす(おくらす) ☞ 後らせる(おくらせる).
後らせる(おくらせる) 늦추다. 늦게 하다.
後干(しりび) 끝 무렵에서 세력이 없어지는 일.
後講釈(あとこうしゃく) 뒷북치는 일.
後肩(あとかた) (가마 따위의) 뒤쪽을 메는 사람. 뒷 교군.
後継ぎ(あとつぎ) ①(가문의) 대를 이음. 또, 그 사람. ②(전임자·스승 등의) 후계자.
後攻め ㊀(あとぜめ) '後攻(こうこう)(=후공)'의 풀어쓴 말씨.
㊁(ごぜめ) 적 배후를 찌르는 군대.
後口 ㊀(あとくち) ① 뒷맛. ② 일을 끝낸 뒤의 느낌. ③ (신청 등에서) 뒤에 온 차례.
㊁(しりくち) ① 귀인이 타는 牛車(ぎっしゃ)의 뒷문. ② 처음과 끝.
後の葵(のちのあおい) 葵祭(あおいまつり) 때 처마에 걸었던 제비꽃을 축제가 지나서도 그대로 둔 것.
後金(あときん) 후불금(後拂金). 잔금(殘金). 「후퇴.
後戻り(あともどり) ① 되돌아옴. ② 퇴보.
後連れ(あとづれ) 후처(後妻).
後の名(のちのな) 죽은 후에 전해지는 이름.
後目(しりめ) 곁눈[질]. 「의 느낌.
後味(あとあじ) ① 뒷맛. ② 일을 끝낸 다음
後返り(あとがえり) 뒤쪽으로 하는 공중 회전[재주넘기]. 「み).
後白浪(あとしらなみ) ⇨ 後白波(あとしらな
後白波(あとしらなみ) 간 곳을 모름. 행방불명.
後腹(あとばら) ① 훗배앓이. ② 뒷고생. 뒤탈. ③ 후처 소생.
後棒(あとぼう) (가마 따위의) 뒤채를 메는 사람. 뒷 교군. 「여하다.
~を担(かつ)ぐ 주모자의 보조로서 일에 참
後付け(あとづけ) (책의) 권말에 붙이는 부록·후기·찾아보기 따위.
後釜(あとがま) 후임자. 후처.
後腐れ(あとくされ) 일이 끝난 뒤의 말썽. 뒤탈.
後払い(あとばらい) 후불. * ごばらい로도 읽
後備え(あとぞなえ) 행군하는 부대의 맨 뒤에서 적의 추격에 대비하는 경비대.
後仕舞い(あとじまい) 뒤처리. 마무리.
後仕手(あとじて) 能(のう)에서, 중간 휴식 시간 이후에 나오는 주역(主役). *のちじて로도 읽음.
後山(あとやま) (광산 등에서) 파는 사람을 돕고, 파낸 석탄·광석 따위를 운반하는 인부.
後産(あとざん) 후산. 해산한 뒤에 태(胎)를 낳음. *のちざん으로도 읽음.
語上がり(しりあがり) ① 사물의 상태가 갈수록 좋아짐. ② 말끝의 어조(語調)가 높아짐. 끝을 올림. ③〈俗〉(기계 체조에서) 거꾸로 오르기.
後箱(あとばこ) 일본 大名(だいみょう) 행렬의 뒤쪽에서 의류 등을 넣어 메고 가던 궤짝.
後生い(のちおい) 나중에 태어난 사람.
後書き(あとがき) ①〔편지의〕 뒷말. 후기(後記). ②〔편지의〕 추신(追伸).
後先(あとさき) ① 선후. 전후. ② 순서가 바뀜. *こうせん으로도 읽음.
後の世(のちのよ)〈雅〉후세. 미래. 내세.
後刷り(のちずり) (목판본에서) 초판 뒤에 다시 박음.
後乗り(あとのり) ① 말을 타고 행렬의 맨 끝에서 따름. 또, 그 사람. ② 후진(後陣)으로서

성에 입성함.
後始末(あとしまつ) 뒤처리. 마무리.
後押さえ(あとおさえ) 군대 대열의 맨 뒤에 있어 뒤에서 쫓아오는 적을 막음.
後押し(あとおし) ①뒷밀이. 수레 따위를 뒤에서 밂. ②뒤에서 밀어줌. 후원(자).
後厄(あとやく) 액년(厄年) 다음 해에 오는 재난. 〔일〕.
後薬(のちぐすり) 장례에 도움이 될 만한 것.
後の業(のちのわざ) 사후(死後)의 불사(佛事)나 재(齋).
後役(あとやく) 후임자. 후계자.
後染め(あとぞめ) (직물에서) 짠 다음에 염색하는 일.
後月(あとげつ) 지난 달. 전 달.
後の月(のちのつき) 전달.
後引き ㊀(あとひき) 먹을수록 음식, 특히 술을 탐내는 일. 「술꾼.
‖〜上戸(じょうご) 인음증(引飮症)이 있는
㊁(しりびき) ①말이나 배를 뒤로 물러나게 하는 일. ②먼 후까지 영향이 미치는 일.
後込み(しりごみ) 뒷걸음질. ①후퇴. 뒤로 물러남. ②망설임. 꽁무니 뺌.
後作(あとさく) 〖農〗그루갈이.
後前(しりさき) 전후(前後). 앞뒤.
後程(のちほど) 나중에.
後の祭り(あとのまつり) ①때를 놓쳐 보람이 없음. 행차 후의 나팔. ②제사 이튿날.
後早(しりばや) 뒤에서 누가 쫓아오듯 빠른 걸음으로 걷는 일.
後の朝(のちのあした) 남녀가 만나 동침한 이튿날 아침. 「도 읽음.
後足(あとあし) 뒷발. 뒷다리. *しりあしろ
〜で砂(すな)をかける 떠나는 마당에 은혜 입은 자로 갚는 행동을 함.
後肢 ㊀(あとあし) ⇨ 後足(あとあし).
㊁(こうし) (네발 짐승의) 뒷다리.
後振り(しりぶり) 뒷모습.
後添い(のちぞい) 후처. 재취.
後追い(あとおい) 뒤따름.
後れ馳せ(おくればせ) 뒤늦음.
後歯(あとば) 왜나막신의 뒷굽.
後の親(のちのおや) 친부모가 죽은 뒤, 부모로 의지하는 사람.
後退り(あとずさり) 뒷걸음질치기. *あとしざり・あとじさりろも 읽음.
後退る(あとずさる) 뒷걸음질치다.
後片付け(あとかたづけ) 뒤처리. 마무리.
後の彼岸(のちのひがん) 가을의 불교 행사.
後下がり(しりさがり) ①뒷쪽이 처짐. ②뒤로 갈수록 나빠짐.
後火 ㊀(あとび) 상가에서 출상(出喪)한 다음 문 앞에 피워 놓는 불.
㊁(しりび) 화재의 바람이 불어오는 쪽으로 불길이 옮아가는 일.
後回し(あとまわし) 순서를 바꾸어 뒤로 미룸. 뒷전.
後絵(あとえ) 낡은 도자기류에 채색하여 지워

진 그림 따위를 보완함.
後後(あとあと) 아주 뒤. 훨씬 훗날. *のちのちろ도 읽음.
後の諱(のちのいみな) 시호(諡號).
❖**後れる**(おくれる) ①(남보다) 뒤지다. 뒤떨어지다. ②여의다. ③주눅들다.
後れ(おくれ) ①뒤짐. ②겁냄. 주눅.
後れ毛(おくれげ) (여자의) 살쩍. 귀밑머리.
後れ先立つ(おくれさきだつ) 한쪽이 먼저 죽고 한쪽은 살아 남다.
❖**後ろ**(うしろ) ①뒤. 뒤쪽. ②등. 뒷모습.
後ろつき(うしろつき) 뒷모습. 뒷모양.
後ろめたい(うしろめたい) 떳떳하지 못하다. 뒤가 켕기다. 「를 함.
後ろ返り(うしろがえり) 뒤쪽으로 공중제비
後ろ髪(うしろがみ) 뒷머리(털). 「리대.
後ろ鉢巻き(うしろはちまき) 뒤에서 맨 머
後ろ弁天(うしろべんてん) 뒷모습만 아름다움.
後ろ歩み(うしろあゆみ) 앞을 본 체 뒷걸음질함. 「음.
後ろ上がり(うしろあがり) 뒤쪽이 들려 있
後ろ傷(うしろきず) 도망칠 때 등뒤로 입은 상처. 「(背面).
後ろ手(うしろで) ①뒷짐. ②뒤(쪽). 배면
後ろ首(うしろくび) 목 뒷부분. 목덜미.
後ろ盾(うしろだて) 후원. 뒷배. 후원자.
後ろ楯(うしろだて) ⇨ 後ろ盾(うしろだて).
後ろ矢(うしろや) 적과 내통하여 아군 뒤쪽에서 활을 쏨.
後ろ身(うしろみ) ①後ろ身ごろ의 준말. 의복의 뒷길. ②후견(인). 후원.
後ろ安し(うしろやすし) 뒷일이 걱정되지 않는다. 장래의 일이 안심이다.
後ろ暗い(うしろぐらい) 떳떳치 못하다. 뒤가 구리다〔켕기다〕.
後ろ押し(うしろおし) ①뒤를 밂. 뒷밀이. ②후원(자).
後ろ影(うしろかげ) 뒷모습.
後ろ穢い(うしろぎたない) 하는 짓이 더럽다〔비열하다〕.
後ろ姿(うしろすがた) 뒷모습.
後ろ疵(うしろきず) ⇨ 後ろ傷(うしろきず).
後ろ前(うしろまえ) 앞뒤가 바뀜.
後ろ足(うしろあし) (네발 짐승의) 뒷다리.
後ろ指(うしろゆび) 뒷손가락질.
後ろ抱き(うしろだき) 뒤에서 두팔로 안음.
後ろ幅(うしろはば) 옷의 뒷품. 뒤폭.
後ろ下がり(うしろさがり) 뒤쪽이 내려앉아 있음. 「②반대.
後ろ合わせ(うしろあわせ) ①등을 맞댐.
後ろ向き(うしろむき) ①등을 돌림. ②(발전・진보 등에) 역행함. 퇴보적임.

10 イ 教	候	철 후・염탐할 후
		コウ
		そうろう・うかがう

喉・嗅・煦・訓

音読
候補(こうほ) 후보. ♣**~生**(せい) 후보생 / **~者**(しゃ) 후보자.
候鳥(こうちょう)〖鳥〗후조. 철새.

訓読
候 ㊀(そうろう)〈雅〉①'あり(=있다)' '오리(=있다)'의 공손한 말씨. ②《助動詞적으로》…입니다. …습니다. ③《動詞的 活用語에 붙어서》…ㅂ니다.
∥**~間**(あいだ) …이므로. …이니까.
~由(よし)〈雅〉…하오니. …었다고 하오니. …라는 바.
~哉(や)〈雅〉…ㅂ니까. …겠습니까.
㊁(こう) 시후. 계절.
候文(そうろうぶん) 候(そうろう)라는 말을 사용하는 문어문(文語文)의 일종.

其他
候いしも(そうらいしも)〈雅〉…었으나. …었습니다만.
候えども(そうらえども)〈雅〉…ㅂ니다만. …었습니다만.
候えば(そうらえば)〈雅〉①…으니까. …므로. ②…었으니까. …었으므로. 「ㅂ니다.
候わず(そうらわず)〈雅〉…않습니다. …아
候わば(そうらわば)〈雅〉…면. …시면.
候わん(そうらわん)〈雅〉…ㅂ시다. …ㅂ니다. …겠지요. 「함.
候べく候(そろべくそろ) 일을 아무렇게나

| 12
口 | 喉 | 목구멍 후
コウ
のど |

音読
喉頭(こうとう)〖生〗후두. ♣**~蓋**(がい)〖生〗후두개 / **~鏡**(きょう)〖醫〗후두경 / **~癌**(がん) 후두암 / **~炎**(えん) 후두염 / **~音**(おん)〖言〗후두음.
∥**~結核**(けっかく) 후두 결핵.
~隆起(りゅうき) 후두 융기. 결후(結喉).
~化音(かおん) 후두화음.
喉舌(こうぜつ) 후설. 목구멍과 혀.
喉音(こうおん) 후(두)음.

訓読
喉(のど) ①목구멍. 멱. ②노랫소리. ③책의 철하는 부분. 「소.
喉頸(のどくび) ①멱. 숨통 언저리. ②급
喉輪(のどわ) 목언저리에 대는 갑옷의 부속
喉仏(のどぼとけ)〖生〗결후(結喉). 「품.
喉彦(のどびこ) 목젖.
喉元(のどもと) ①목구멍 맨 안쪽. ②요소.
~過(す)**ぎれば熱**(あつ)**さを忘**(わす)**れる** 괴로움도 지나가면 잊어버린다는 비유.
∥**~思案**(じあん) 얕은 생각.
喉越し(のどごし) 음식물이 목구멍을 넘어갈 때의 감촉.
喉自慢(のどじまん) ①목청이 좋음을 자랑함. ②노래자랑.

喉笛(のどぶえ) 숨통. 또, 결후(結喉).
喉っ節(のどっぷし) ⇨喉仏(のどぼとけ).
喉風邪(のどかぜ) 목에 불쾌감이나 통증이 있는 감기. 목감기.
喉吭(のどぶえ) ⇨喉笛(のどぶえ).

| 13
口 | 嗅 | 냄새맡을 후
キュウ
かぐ |

音読
嗅覚(きゅうかく) 후각.
∥**~器官**(きかん) 후각 기관.
~障害(しょうがい) 후각 장애.
嗅感(きゅうかん) 후감. 후각.
嗅官(きゅうかん)〖生〗후관. 후각 기관.
嗅脳(きゅうのう)〖生〗후뇌.
嗅細胞(きゅうさいぼう)〖生〗후세포.
嗅神経(きゅうしんけい) 후신경. 냄새 신경.
嗅剤(きゅうざい) 실신・협심증 등의 치료를 위해 비강을 통해 흡입시키는 휘발성 약제《암모니아수(水) 따위》.

訓読
嗅がせる(かがせる) 냄새를 맡게 하다.
❖**嗅ぐ**(かぐ) ①냄새 맡다. ②탐지하다.
嗅ぎ当てる(かぎあてる) 물건의 냄새를 맡아 알아 맞추다. 비유적으로, 찾아내다.
嗅ぎ付ける(かぎつける) ①냄새를 맡아서 찾아내다. ②(우연한 일로) 탐지해 내다.
嗅ぎ分ける(かぎわける) 냄새를 맡으며 물건을 식별하다.
嗅ぎ薬(かぎぐすり) 훈약(薫藥).
嗅ぎ煙草(かぎタバコ) 코담배.
嗅ぎ込む(かぎこむ) 냄새를 맡다.
嗅ぎ茶(かぎちゃ) 향기를 맡으며 차의 품질이나 산출을 판단하는 일.
嗅ぎ出す(かぎだす) ①냄새를 맡아서 알아내다. ②숨겨진 것을 찾아내다.
嗅ぎ取る(かぎとる) ①냄새를 맡다. ②상황이나 분위기에서 비밀을 알아내다.
嗅ぎ回る(かぎまわる) 냄새를 맡고 다니다. 또, 숨겨진 일을 알려고 찾아다니다.

| 13
灬 | 煦 | 따뜻하게할 후
ク
あたためる |

音読
煦煦(くく) 은혜를 베푸는 모양.

훈

| 10
言 | 訓 | 가르칠 훈・새길 훈
クン・キン
おしえる・よむ |

訓(くん) ① 훈. 자훈(字訓). ② 가르침. 훈계.
訓ずる(くんずる) 훈독(訓讀)하다.
訓戒(くんかい) 훈계.
訓誡(くんかい) ⇨ 訓戒(くんかい).
訓告(くんこく) ① 훈고. 훈계하여 타이름.
② 공무원 등에게 과하는 징계의 하나.
訓詁(くんこ) 훈고. 자구 해석. ♣~学(がく) 훈고학.
訓導(くんどう) ① 훈도. 초등 학교 교사의 구칭. ② 神道(しんとう) 교단의 직명.
訓読(くんどく) 훈독. ♣~文(ぶん) 훈독문. ‖~語(ご) 奈良(なら) 시대 말기부터 한문 훈독에 쓰이던 어휘・어법.
訓読み(くんよみ) 훈독.
訓練(くんれん) 훈련.
訓令(くんれい) 훈령.
訓蒙(くんもう) 훈몽. 어린이・초학자를 가르쳐 깨우침. 또, 그러기 위해 쓴 책.
訓民正音(くんみんせいおん) 훈민정음.
訓辞(くんじ) 훈사. 훈화.
訓釈(くんしゃく) 훈석. 훈고(訓詁)와 주석.
訓示(くんじ) 훈시.
訓諭(くんゆ) 훈유. 가르쳐 타이름.
訓育(くんいく) 훈육.
訓義(くんぎ) 훈의. 한자・한문을 읽는 법과 뜻.
訓電(くんでん) 훈전. 전보로 훈령을 내림.
訓点(くんてん) 한문을 훈독하기 위해 찍는 부호.
訓注(くんちゅう) 훈주. 훈석.
訓化(くんか) 훈화. 교화(教化).
訓話(くんわ) 훈화.
訓読
訓み替える(よみかえる) 하나의 한자를 다른 음으로 읽다.

| 13
日 | 暈 | 무리 훈
ウン
かさ・ぼかす・ぼける |

音読
暈繝(うんげん) 햇무리・달무리를 본떠서 염색한 무늬.
暈光(うんこう) 글로(glow) 방전(放電) 때 나는 빛.
暈色(うんしょく) (광학의) 훈색.
暈渲(うんせん) 운선. 바림. ‖~式(しき) (지도의) 운선식.
暈滃(うんおう) 운옹. (그림의) 바림. ‖~式(しき) 〖地〗 (지도 표현의) 운옹식.
訓読
暈 一(かさ) 〖天〗 무리. *ひがさ로도 읽음.
二(ぼける) 영상(映像)・색조(色調)가 흐릿해지다. 바래다.
❖**暈す**(ぼかす) ① 바림하다. 선염(渲染)하다. ② 얼버무리다. 애매하게 말하다.
暈し(ぼかし) 바림. 선염(渲染).
‖~染め(ぞめ) 옷의 단은 그냥 흰 바탕에 友禅(ゆうぜん) 무늬를 그리고 위쪽을 주홍・보랏빛 등으로 바림한 것.

| 13
艹 | 葷 | 훈채 훈
クン
なまぐさ |

音読
葷酒(くんしゅ) 훈주. 훈채와 술.

| 14
灬 | 熏 | 연기낄 훈・태울 훈
クン
くすぶる・ふすべる・いぶす |

音読
熏灼(くんしゃく) ① 훈작. 그을림. 불에 태움. ② 세력이 왕성함.

| 15
灬
常 | 勲 (勳) | 공 훈
クン
いさお・いさおし |

音読
勲功(くんこう) 훈공.
勲記(くんき) 훈기. 훈장과 함께 주는 증서.
勲等(くんとう) 훈등. 훈장의 등급.
勲労(くんろう) 훈공(勳功).
勲閥(くんばつ) 훈벌. 공이 있는 문벌.
勲臣(くんしん) 훈신. 공신.
勲位(くんい) 훈위. 훈공의 등급과 위계.
勲爵(くんしゃく) 훈작.
勲状(くんじょう) 훈장. 훈공을 기리며 주는 상장.
勲章(くんしょう) 훈장.
勲績(くんせき) 훈적. 공적. 훈공.
訓読
勲 一(いさお) 〈雅〉 공(훈). *いさおし로도 읽음.
二(くん) 훈위. 훈등.

| 16
艹
常 | 薫 (薰) | 향내 훈・훈할 훈
クン
かおる・たく |

音読
薫(くん) 향기가 좋은 초목.
薫ずる(くんずる) ① 향기가 나다. 향을 피우다. ② 훈풍이 불다.
薫陶(くんとう) 훈도. 자신의 덕으로 남을 감화함.
薫沐(くんもく) 훈목. 향료를 몸에 바르고 목욕함. 몸을 깨끗히 함.
薫然(くんぜん) 향기나 화기(和氣)에 도취함.
薫煙(くんえん) 훈연.
薫染(くんせん) 훈염. ① 향기가 옮겨 뱀. ② 좋은 감화를 줌(받음).
薫蕕(くんゆう) 훈유. ① 선행과 악행. ② 군자와 소인.
薫育(くんいく) 훈육. 덕육(德育).
薫製(くんせい) 훈제.
薫蒸(くんじょう) 훈증.
薫風(くんぷう) 훈풍.

薰香(くんこう) 훈향.
薰化(くんか) 훈화.
訓読
薰物(たきもの) 여러 가지 향을 합쳐서 개어 만든 향. 그것을 피우는 일.
❖薰る(かおる) 향기가 나다[풍기다].
薰り(かおり) 향기. 좋은 냄새.
薰り高い(かおりたかい) ① 향기 높다. ② 가락이 고상하다. 격조 높다.

18 火	燻	연기낄 훈·태울 훈 クン　いぶす・いぶる・くすぶる・くすべる・ふすべる・くゆらす

音読
燻室(くんしつ) 고기 따위를 훈제하는 방.
燻煙(くんえん) 훈연. 살충제에 불을 붙여 연기와 함께 성분을 날려보냄. ♣~劑(ざい) 훈연제.
燻肉(くんにく) 훈육. 훈제한 고기.
燻製(くんせい) 훈제.
燻蒸(くんじょう) 훈증.

訓読
燻ぶる(ふすぶる) ☞ 燻る(くすぶる).
燻らす(くゆらす) (천천히) 연기를 피우다.
燻る ㊀(くすぶる) ①(불이 잘 타지 않고) 연기만 내다. ② 문제가 해결되지 않고 제자리에서 맴돌다. ③(집·시골에) 틀어 박히다. 죽치다.
㊁(いぶる) 연기가 나다. 그을다. ＊くゆる로도 읽음.
❖燻す(いぶす) ① 물건을 태워 연기를 내다. ② 모깃불을 피우다. ③ 연기로 그슬리다.
燻し(いぶし) ① 그슬림. ② 모깃불.
燻し銀(いぶしぎん) 황으로 표면을 그슬린 은. 또, 그런 빛.
❖燻べる(ふすべる) ①(태워서) 연기나 냄새가 나게 하다. ＊くすべる로도 읽음. ② 그스르다. ③ 모닥불을 놓다.
燻べ顔(ふすべがお) 암상 부린 얼굴.

훙

17 艹	薨	훙서 훙 コウ しぬ・みまかる

音読
薨ずる(こうずる) 훙서(薨逝)하다.
薨去(こうきょ) 훙거. 황족·삼품(三品) 이상의 사람이 죽음.
薨逝(こうせい) 훙서. 훙거(薨去).

훤

12 口	喧	시끄러울 훤 ケン かまびすしい・やかましい

音読
喧鬧(けんとう) 훤뇨. 시끄러움. 훤소.
喧騷(けんそう) 훤소. 떠들썩함.
喧然(けんぜん) 훤연. 몹시 시끄러운 모양.
喧擾(けんじょう) 훤요. 시끄럽게 떠듦.
喧伝(けんでん) 훤전. 세상이 떠들썩하게 이야기함(퍼뜨림).
喧噪(けんそう) 훤조. 떠들썩함.
喧嘩(けんか) 다툼. 싸움. 분쟁.
‖〜仕掛け(じかけ) 일부러 싸움을 걺.
〜両成敗(りょうせいばい) 싸웠을 경우 그 시비를 불문하고 쌍방을 처벌함.
〜腰(ごし) 당장 싸울 듯이 덤벼드는 태도. 시비조(是非調).
喧譁(けんごう) 훤효. 시끄러움.
喧喧(けんけん) 왁자지껄함. 떠들썩함.
‖〜囂囂(ごうごう) (많은 사람이) 시끄럽게 제멋대로 떠드는 모양.
❖喧しい(やかましい) ① 시끄럽다. 요란하다. ② 까다롭다. 성가시다. 잔소리가 심하다.
＊かまびすしいろも 읽음.
喧し屋(やかましや) 잔소리가 심한 사람. 까다로운 사람.

13 艹	萱	원추리 훤 ケン かや・わすれぐさ

訓読
萱(かや)〖植〗새.　「을 베는 곳.
萱場(かやば) ① 지붕감의 띠를 베는 곳. ②
其他
萱草(かんぞう)〖植〗훤초. 원추리.

훼

9 虫	虺	살무사 훼 キ

音読
虺竜文(きりゅうもん) 훼룡문. 고대 중국의 청동기에 쓰였던 무늬.

12 口	喙	부리 훼·주둥이 훼 カイ くちばし

訓読
喙(くちばし) 부리. 주둥이.

13 殳	헐 훼·비방할 훼 キ こわす・こわれる・こぼつ・そしる

音読
毀棄(きき) 훼기. 부수어 버림.
毀謗(きぼう) 훼방. 남을 헐뜯어 비방함.
毀傷(きしょう) 훼상. 손상.
毀損(きそん) 훼손.
毀誉(きよ) 훼예. 비방함과 칭찬함. 「판.
‖〜褒貶(ほうへん) 훼예 포폄. 세상의 평

訓読
毀す(こわす) ①파괴하다. 부수다. ②고장〔탈〕내다. ③(약속・계획 등을) 망치다.
毀つ(こぼつ)〈雅〉부수다. 깨뜨리다. 헐다.
❖毀れる ㊀(こわれる) ①깨지다. 파손되다. ②(계획 등이) 틀어지다. ③고장나다. ㊁(こぼれる) 망가지다.
毀れ物(こわれもの) ①파손된 물건. ②파손되기 쉬운 물건.

휘

12 才 教	휘두를 휘·지휘할 휘 キ ふるう

音読
揮発(きはつ) ①휘발. ②揮発油(きはつゆ)의 준말. ♣〜性(せい) 휘발성.
‖〜油(ゆ) 휘발유. 가솔린.
揮手(きしゅ) 휘수. 거수(擧手).
揮毫(きごう) 휘호.

訓読
揮う(ふるう) 휘두르다.

13 彑	모을 휘·고슴도치 휘 イ あつめる・はりねずみ

音読
彙類(いるい) 휘류. 동류(同類).
彙報(いほう) 휘보.

13 日 人	빛 휘·빛날 휘 キ かがやく・ひかる

音読
暉暉(きき) 휘휘. 햇빛이 밝게 빛나는 모양.

15 車 常	빛날 휘 キ かがやく

音読
輝度(きど)〖理〗휘도. 밝기.
‖〜温度(おんど)〖理〗휘도 온도.
輝銅鉱(きどうこう)〖鑛〗휘동광. 황동광.
輝緑岩(きりょくがん)〖鑛〗휘록암.
輝緑凝灰岩(きりょくぎょうかいがん)〖鑛〗
휘록 응회암.
輝石(きせき)〖鑛〗휘석.
輝線(きせん)〖理〗휘선. 물질의 스펙트럼 중에 나타나는 빛나는 선.
輝安鉱(きあんこう)〖鑛〗휘안광.
輝岩(きがん) 휘암. 화성암(火成岩)의 일종.
輝銀鉱(きぎんこう)〖鑛〗휘은광. 황은광.
輝点(きてん) 휘점. 작게 빛나는 점.
輝煌(きこう) 휘황. 휘황 찬란함.
輝輝(きき) 휘휘. 아름답게 빛나는 모양.

訓読
輝かしい(かがやかしい) 빛나다. 훌륭하다.
輝かす(かがやかす) 빛내다.
❖輝く(かがやく) ①반짝반짝 빛나다. ②(명예・기쁨 따위로) 눈부시게 느끼다.
輝き(かがやき) (눈부시게) 빛나는 일.
輝き渡る(かがやきわたる) 온통 반짝반짝 빛나다.

15 麻	대장기 휘·가리킬 휘 キ さしまねく

音読
麾下(きか) 휘하. 예하.

訓読
麾く(さしまねく) ①손짓해서 부르다. ②지휘하다.

16 言	꺼릴 휘·숨길 휘 キ・イ いみな・いむ

訓読
諱(いみな) ①휘. 시호. ②죽은이의 생전 이름. ③신분이 높은 사람의 실명(實名).

17 糸	아름다울 휘 キ よい

音読
徽章(きしょう) 휘장. 배지.

휴

6 イ 教	쉴 휴·그칠 휴 キュウ やすむ・やすまる・やすめる・やすらう・やむ

音読

休す(きゅうす) ①끝(장)나다. ②쉬다. 휴식하다.
休する(きゅうする) ☞休す(きゅうす).
休暇(きゅうか) 휴가. ♣~日(び) 휴가일.
休刊(きゅうかん) 휴간.
休講(きゅうこう) 휴강.
休憩(きゅうけい) 휴게. 휴식.
休耕(きゅうこう) 휴경.
休館(きゅうかん) 휴관.
休校(きゅうこう) 휴교.
休猟区(きゅうりょうく) 휴렵구. 일정 기간 사냥을 금지하는 구역.
休眠(きゅうみん) 휴면.
‖~法人(ほうじん) 휴면 법인.
~会社(がいしゃ) 휴면 회사.
休配(きゅうはい) 휴배. 우편 따위, 정기적으로 행해지고 있는 배달을 쉼.
休符(きゅうふ) ☞休止符(きゅうしふ).
休山(きゅうざん) 광산에서 조업을 일시 중단함.
休祥(きゅうしょう) 휴상. 길조(吉兆).
休息(きゅうそく) 휴식.
休神(きゅうしん) 휴신. (편지에서) 방념(放念). 안심.
休心(きゅうしん) ⇨ 休神(きゅうしん).
休養(きゅうよう) 휴양.
休漁(きゅうりょう) 휴어. 고기잡이를 쉼.
休業(きゅうぎょう) 휴업.
‖~補償(ほしょう) 휴업 보상.
~手当(てあて) 휴업 수당.
休演(きゅうえん) 휴연. 공연·출연을 쉼.
休院(きゅういん) 휴원. 병원 등이 쉼.
休園(きゅうえん) 휴원. 동물원 등이 쉼.
休意(きゅうい) 휴의. 마음을 편안히 하는 일.
休日(きゅうじつ) 휴일. 「일. 안심.
休作(きゅうさく) 휴작. 경작을 쉼.
休場(きゅうじょう) 휴장. ①경기장·흥행장·거래소 등이 휴업함. ②(씨름꾼·선수 등이) 쉬어 출장(出場)하지 아니함.
休載(きゅうさい) 휴재. (신문·잡지 등에서) 연재하던 것을 쉼. 「논.
休田(きゅうでん) 휴전. 경작을 쉬고 있는
休電(きゅうでん) 휴전. 송전을 일시 중단
休戦(きゅうせん) 휴전. 「함.
休店(きゅうてん) 휴점. 가게가 영업을 쉼.
休廷(きゅうてい) 휴정.
休題(きゅうだい) 휴제. 그 때까지의 화제를 중지함. 「쉼표.
休止(きゅうし) 휴지. 중지. ♣~符(ふ)〖樂〗
休職(きゅうしょく) 휴직.
休診(きゅうしん) 휴진.
休徴(きゅうちょう) 휴징. 좋은 징조. 길조.
休戚(きゅうせき) 휴척. 기쁨과 슬픔. 행복과 불행.
休錘(きゅうすい) 휴추. 방적 회사의 조업 단축으로 방추(紡錘) 운전을 쉼.
休学(きゅうがく) 휴학.

休閑(きゅうかん) 휴한. ♣~地(ち) 휴한
休航(きゅうこう) 휴항. 운항을 쉼. 「지.
休火山(きゅうかざん) 휴화산.
休会(きゅうかい) 휴회.

訓読

休ませる(やすませる) 쉬게 하다. 휴식시키다. 놀리다.
休まる(やすまる) (심신이) 편안해지다.
❖**休む**(やすむ) ①휴식하다. ②(계속하던 것을) 일시 그만두다. ③결석〔결근〕하다. ④자다.
休み(やすみ) 쉼. 휴식. ♣~所(ところ) 휴게소/~日(び) 휴일.
休み休み(やすみやすみ) 쉬엄쉬엄. 작작.
❖**休める**(やすめる) ①쉬(게 하)다. 휴식시키다. ②(심신을) 편안히 하다.
休め(やすめ) ①쉬게 함. 휴식시킴. ②쉬어《구령》.
❖**休らう**(やすらう) ①〈雅〉쉬다. 휴식하다. ②〈古〉망설이다.
休らい(やすらい) ①쉼. 휴식. ②망설임.

```
11     畦      두둑 휴
田             ケイ
               あぜ・うね
```

音読

畦畔(けいはん) 휴반. 두둑.

訓読

畦 ㊀(あぜ) ①두렁. ②(상인방과 문지방의) 개탕과 개탕 사이의 턱.
㊁(うね) 밭이랑. 또, 그와 비슷한 것.
畦道(あぜみち) 논두렁 길.
畦塗り(あぜぬり) 봄갈이한 후, 물이 새나지 않도록 논두렁을 진흙으로 바름.
畦織り(あぜおり) 직물을 굵은 실과 가는 실을 섞어서 골지게 짜는 방식.
畦編み(あぜあみ) (뜨개질의) 고무뜨기.
畦火(あぜび) 해충 구제를 위해 논두렁의 마른 풀을 태우는 불.

```
13     携      가질 휴·들 휴
扌             ケイ
常             たずさえる・たずさわる
```

音読

携帯(けいたい) 휴대.
‖~手荷物(てにもつ) 휴대 수화물.
~電話(でんわ) 휴대 전화. 「보 단말.
~情報端末(じょうほうたんまつ) 휴대 정
~核爆弾(かくばくだん) 휴대 핵폭탄.
携持(けいじ) 휴지. 몸에 지님.
携行(けいこう) 휴행. 휴대.

訓読

携える(たずさえる) ①휴대하다. 지니다. ②함께 손을 잡다. 제휴하다.
携わる(たずさわる) (어떤 일에) 관계하다. 종사하다.

虧

| 17 虍 | 虧 | 이지러질 휴
キ
かける |

音読
虧盈(きえい) 휴영. (달이) 이지러짐과 꽉.
虧月(きげつ) 휴월. 이지러진 달. └참.

恤

| 9 忄 | 恤 | 기민먹일 휼
ジュツ
あわれむ・めぐむ |

音読
恤救(じゅっきゅう) 휼구. 구휼(救恤).
恤問(じゅつもん) 휼문. 가엾이 여겨 문안함. 「금품을 베풂.
恤民(じゅつみん) 휼민. 백성을 가엾이 여겨
恤兵(じゅっぺい) 휼병. 금품을 보내어 전쟁터에 있는 병사를 위로함.

訓読
恤む(めぐむ) ① 은혜를 베풀다. ② (가엾게 여겨) 금품을 주다. 구제하다.

| 19 言 | 譎 | 속일 휼・거짓 휼
ケツ
いつわる |

其他
譎詐(きっさ) 휼사. 속임. 기만. *けっさ의 관용음.

| 23 鳥 | 鷸 | 도요새 휼
イツ
しぎ |

音読
鷸蚌(いつぼう) 휼방. 도요새와 대합.
〜の争(あらそ)い 휼방지쟁. 쌍방이 싸우는 틈을 타서 제삼자가 가로챈다는 뜻.

訓読
鷸(しぎ) 〖鳥〗 도요새.

흉

| 4 凵 常 | 凶 | 흉할 흉
キョウ
わるい |

音読
凶(きょう) 흉함. 불길.
凶饉(きょうきん) 흉근. 흉작. 기근.
凶器(きょうき) 흉기.
∥〜準備集合罪(じゅんびしゅうごうざい) 흉기 준비 집합죄. 「작.
凶冷(きょうれい) 냉해. 또, 냉해로 인한 흉
凶年(きょうねん) 흉년. 재년(災年).
凶宅(きょうたく) 흉가. 흉갓집.
凶徒(きょうと) 흉도. 흉악한 무리. 폭도.
凶乱(きょうらん) 흉란. 흉악한 반란.
凶猛(きょうもう) 흉맹. 거칠고 흉악한 모
凶夢(きょうむ) 흉몽. 불길한 꿈. └양.
凶聞(きょうぶん) 흉문. 흉보.
凶犯(きょうはん) 흉범. 흉악범.
凶変(きょうへん) 흉변. 불길한 변사.
凶報(きょうほう) 흉보.
凶事(きょうじ) 흉사. 불길한 일.
凶殺(きょうさつ) 흉살. 살인.
凶状(きょうじょう) 죄죄. 죄상.
∥〜持ち(もち) 전과자. 범죄자.
凶相(きょうそう) 흉상. ① 좋지 못한 상격(相格). ② 나쁜 인상.
凶星(きょうせい) 흉성. 불길한 별.
凶歳(きょうさい) 흉세. 흉년.
凶手(きょうしゅ) 흉수. 흉한의 독수.
凶悪(きょうあく) 흉악.
凶漁(きょうりょう) 흉어.
凶音(きょういん) 흉음. 나쁜 소식. 부음.
  *きょうおんで로도 읽음.
凶人(きょうじん) 흉한. 악한. 「진」칼.
凶刃(きょうじん) 흉인. 살인에 쓰는[쓰여
凶日(きょうじつ) 흉일. 불길한 날.
凶作(きょうさく) 흉작.
凶賊(きょうぞく) 흉적. 흉악한 도적.
凶兆(きょうちょう) 흉조. 불길한 징조.
凶弾(きょうだん) 흉탄.
凶暴(きょうぼう) 흉포. 흉악하고 난폭함.
♣〜性(せい) 흉포성.
凶漢(きょうかん) 흉한.
凶行(きょうこう) 흉행.
凶険(きょうけん) 흉험. 마음이 음험함.
凶禍(きょうか) 흉화. 재앙. 재난. 「근.
凶荒(きょうこう) 흉황. 흉작(으로 인한 기

逆音
吉凶(きっきょう) 길흉.
元凶(げんきょう) 원흉.
豊凶(ほうきょう) 풍흉. 풍년과 흉년.

| 6 儿 | 兇 | 흉악할 흉
キョウ
わるい |

参考 현대 표기에서는 '凶'으로 대용함.

音読
兇器(きょうき) 흉기.
兇徒(きょうと) 흉도. 흉악한 무리. 폭도.
兇乱(きょうらん) 흉란. 흉악한 반란.
兇猛(きょうもう) 흉맹. 거칠고 흉악한 모양.
兇変(きょうへん) 흉변. 불길한 변사.
兇殺(きょうさつ) 흉살. 살인.

兇状(きょうじょう) 범죄.
∥~持ち(もち) 전과자. 범죄자.
兇手(きょうしゅ) 흉수. 흉한의 독수.
兇悪(きょうあく) 흉악.
兇人(きょうじん) 흉인. 흉한. 악한.
兇刃(きょうじん) 흉인. 살인에 쓰는[쓰여진] 칼.
兇賊(きょうぞく) 흉적. 흉악한 도적.
兇弾(きょうだん) 흉탄.
兇暴(きょうぼう) 흉포. 흉악하고 난폭함.
♣~性(せい) 흉포성.
兇漢(きょうかん) 흉한.
兇行(きょうこう) 흉행.
兇険(きょうけん) 흉험. 마음이 음험함.

| 6 勹 | 匈 | 오랑캐 흉
キョウ |

[音読]
匈奴 ㈠(きょうど) 흉노(족).
　　 ㈡(フンヌ)〖史〗 훈족.
[其他]
匈族(フンぞく)〖史〗 훈족.

| 9 忄 | 恟 | 두려워할 흉
キョウ
おそれる |

[音読]
恟然(きょうぜん) 두려워서 떠는 모양. 두근두근.
恟恟(きょうきょう) 흉흉. 두려워서 떠는 모양.

| 9 氵 | 洶 | 용솟음할 흉
キョウ |

[音読]
洶涌(きょうゆう) ⇨ 洶湧(きょうゆう).
洶湧(きょうゆう) 흉용. 물이 세차게 솟아남. 파도가 치솟음. *きょうよう로도 읽음.
洶洶(きょうきょう) 흉흉. ①물이 용솟음치는 모양. ②시끄럽게 떠드는 모양.

| 10 月 [教] | 胸 | 가슴 흉·마음 흉
キョウ
むね·むな |

[音読]
胸間(きょうかん) 흉간. 가슴팍. 마음속.
胸腔(きょうこう) 흉강. *きょうくうろも 읽음.　　　　　　　「②마음속.
胸膈(きょうかく) 흉격. ①가슴과 배 사이.
胸骨(きょうこつ) 흉골. 복장뼈.
胸郭(きょうかく) 흉곽.
∥~成形術(せいけいじゅつ) 흉곽 성형술.
　~呼吸(こきゅう) 흉곽 호흡.
胸廓(きょうかく) ⇨ 胸郭(きょうかく).
胸筋(きょうきん)〖生〗 흉근.
胸襟(きょうきん) 흉금. 가슴속.
　~を開(ひら)く 흉금을 터놓다.
胸図(きょうと) 가슴[마음]속의 생각.
胸裡(きょうり) ⇨ 胸裏(きょうり).
胸裏(きょうり) 흉리. 가슴속. 마음속.
胸膜(きょうまく) 흉막.
∥~炎(えん)〖醫〗 흉막염. 늑막염.
胸背(きょうはい) 흉배. 가슴과 등. 앞과 뒤.
胸壁(きょうへき) 흉벽.
胸腹(きょうふく) 흉복. 가슴과 배.
胸部(きょうぶ) 흉부. 흉강.
∥~大動脈(だいどうみゃく)〖醫〗 흉부 대동맥.
　~疾患(しっかん) 흉부 질환.
胸算(きょうさん) 흉산. 속셈.
胸像(きょうぞう) 흉상. 상반신의 초상·조각.
胸腺(きょうせん)〖生〗 흉선.
胸声(きょうせい) 흉성. 흉강에 공명시키어 내는 비교적 낮은 음역의 소리.　　「절.
胸鎖関節(きょうさかんせつ)〖生〗 흉쇄 관
胸水(きょうすい)〖醫〗 흉수. 늑막강 속에 괴는 물.　　　　　　　　「가슴 숨쉬기.
胸式呼吸(きょうしきこきゅう) 흉식 호흡.
胸液(きょうえき)〖生〗 흉액. 흉막강 내에 있는 소량의 액체.
胸臆(きょうおく) 흉억. 가슴. 심정.
胸泳(きょうえい) 평영.
胸奥(きょうおう) 흉오. 가슴속. 심중.
胸宇(きょうう) 흉우. 흉중.
胸囲(きょうい) 흉위. 가슴둘레.　　　　「장.
胸章(きょうしょう) 흉장. 가슴에 다는 표
胸墻(きょうしょう) 흉장. 가슴높이 만큼 쌓아 올린 담.
胸牆(きょうしょう) ⇨ 胸墻(きょうしょう).
胸中(きょうちゅう) 흉중. 가슴속. 심정.
胸椎(きょうつい)〖生〗 흉추.
胸痛(きょうつう) 흉통.
胸脇苦満(きょうきょうくまん)〖漢醫〗 흉협고만. 늑골 밑이 답답하고 압통이 있음.
胸懐(きょうかい) 흉회. 흉중. 심정.

[訓読]
胸 ㈠(むね) ①가슴. ②마음. ③폐.
　 ㈡(むな)《接頭語로》가슴의. 가슴이.
胸繋(むながい) 말의 가슴에서 안장에 거는 가죽끈. 가슴걸이.
胸苦しい(むなぐるしい) 가슴이 답답하다.
胸高(むなだか) 허리띠를 가슴 가까이 올려 맴. 또, 그 허리띠.
胸鰭(むなびれ)〖魚〗 가슴지느러미.
胸紐(むなひも) ①일본 옷의 가슴 부분에 단 끈. ②어린 시절. *むねひも로도 읽음.
胸当て(むなあて) ①가슴에 대는 호구(護具). 흉갑(胸甲). ②가슴에 대어 더러움을 막는 첫. *むねあて로도 읽음.
胸突き八丁(むなつきはっちょう) 정상에 가까운 급경사의 고갯길.
胸落ち(むなおち) (명치 부근의) 앞가슴.

胸簾(むなすだれ) 늑골. 또, 몸이 말랐음.
胸毛(むなげ) 흉모. 가슴털.
胸糞(むなくそ) 〈俗〉가슴의 경멸어. *むねくそとも 읽음.
胸算用(むなざんよう) 흉산. 속셈. 꿍꿍이셈. *むねざんようとも 읽음.
胸先(むなさき) 앞가슴. 가슴패기.
胸焼け(むねやけ) 명치 언저리가 쓰리고 아픔.
胸騒ぎ(むなさわぎ) 가슴이 두근거림. 설렘.
胸鬚(むなひげ) 가슴털.
胸元(むなもと) 앞가슴. 가슴.
胸乳(むなち) 유방. *むなちとも 읽음.
胸底(むなそこ) 흉저. 마음속. *きょうていとも 읽음.
胸積り(むなづもり) ☞ 胸算用(むなざんよう).
胸尽くし(むなづくし) 멱살.
胸倉(むなぐら) 멱살.
胸板(むないた) 가슴통. 앞가슴.
胸幅(むねはば) 가슴의 폭[너비].
胸許(むなもと) 앞가슴. 가슴.
胸黒(むなぐろ) 〖鳥〗검은가슴물떼새.

흑

11 黒 教
黒 (黑)
검은빛 흑
コク
くろ・くろい・くろむ・くろめる

音読

黒褐色(こっかっしょく) 흑갈색. *こくかっしょくとも 읽음.
黒鍵(こっけん) 〖樂〗흑건. 검은 건반.
黒塊(こっかい) 흑괴. 검은 덩어리.
黒圏(こっけん) 흑점 권점(圏點).
黒旗(こっき) 흑기. 검은 빛의 기.
黒器(こっき) 검게 칠한 그릇.
黒内障(こくないしょう) 〖醫〗흑내장. 청맹과니. *くろそこひとも 읽음.
黒奴(こくど) 흑노. 흑인 노예.
黒檀(こくたん) 〖植〗흑단.
黒胆汁質(こくたんじゅうしつ) 〖心〗흑담즙질. 우울질.
黒糖(こくとう) 흑당. 흑설탕.
黒陶(こくとう) 〖考〗흑도. 검은 토기(土器). 흑색 토기.
黒癩(こくらい) 피부가 검게 되는 나병(癩).
黒燐(こくりん) 〖化〗흑린.
黒牡丹(こくぼたん) 흑모란. 자흑색의 모란.
黒斑(こくはん) 〖植〗흑반. 검은 반점[얼룩].
‖~病(びょう) 〖農〗흑반병. 검은별무늬병(病).
黒髪(こくはつ) 흑발. *くろかみとも 읽음.
黒変(こくへん) 흑변. 검게 변함.
黒餅(こくもち) ① 가문(家紋)을 넣을 곳을 염색하지 않고 희게 남겨 둔 옷. ② 둥근 흑색 또는 백색의 가문.

黒死病(こくしびょう) 흑사병.
黒色(こくしょく) 흑색. ♣~土(ど) 흑색토.
‖~素胞(そほう) 〖生〗흑색소포.
~人種(じんしゅ) 흑색 인종.
~火薬(かやく) 흑색 화약.
黒書(こくしょ) 민간 기관 등이 고발·지적하는 보고서.
黒線(こくせん) 흑선. 검은 선.
黒縄地獄(こくじょうじごく) 〖佛〗흑승지옥. 팔대 지옥의 하나.
黒暗(こくあん) 흑암. 암흑.
黒闇(こくあん) ⇨ 黒暗(こくあん).
黒暗暗(こくあんあん) 매우 캄캄한 모양.
黒鉛(こくえん) 〖鑛〗흑연.
‖~型原子炉(がたげんしろ) 흑연형 원자로.
黒煙(こくえん) 흑연. 검은 연기. *くろけむりとも 읽음.
黒熱病(こくねつびょう) 〖醫〗흑열병.
黒影(こくえい) 흑영. 검은 그림자.
黒曜石(こくようせき) 〖鑛〗흑요석.
黒雲(こくうん) 흑운. 검은 구름. 먹구름.
*くろくもとも 읽음.
黒月(こくげつ) 흑월. 고대 인도의 달력에서, 만월부터 신월까지의 15일간.
黒衣 ㊀(こくい) 흑의. 검은 옷. 특히, 검은 승복. *こくえとも 읽음.
㊁(くろご) ⇨ 黒子(くろご).
黒人(こくじん) 흑인.
‖~霊歌(れいか) 흑인 영가.
黒障眼(こくしょうがん) ☞ 黒内障(こくないしょう).
黒点(こくてん) 흑점.
‖~周期(しゅうき) 〖天〗흑점 주기.
黒鳥(こくちょう) 〖鳥〗흑조. 흑고니.
黒体(こくたい) 〖理〗흑체.
‖~放射(ほうしゃ) 흑체 복사.
黒漆(こくしつ) 흑칠. 검은 빛의 옻. 또, 그 옻을 칠한 것.
黒炭(こくたん) 〖鑛〗흑탄.
黒板(こくばん) 흑판. 칠판.
黒表(こくひょう) 흑표. 블랙리스트.
黒風(こくふう) 흑풍. 검은 구름과 흙먼지를 동반한 강풍.
‖~白雲(はくうん) 흑풍백운. 폭풍우.
黒皮症(こくひしょう) 〖醫〗흑피증.
黒花(こっか) 흑화. 도자기의 소태(素胎)에 검정으로 묘화(描畫)한 것.

訓読

黒がる(くろがる) 전문가인 체하다.
黒ずむ(くろずむ) 거무스름해지다. 검은 빛 띠다.
黒ばむ(くろばむ) 거무스름해지다. 거메지다.
❖黒い(くろい) ① 검다. 까맣다. ② (속이) 엉큼하다. ③ (범죄 등의) 혐의가 짙다.
黒(くろ) ① 검은 빛깔. ② 검은 색과 관계 있는 것. 검은 바둑돌. 검음 상복. 검은 개. ③ 우익(右翼)의 속칭. ④ 무정부주의(자)의 속칭. ⑤ 〈俗〉범죄 혐의가 뚜렷함. 또, 그 사람.

黒ダイヤ(くろダイヤ) ① 흑다이아. 검은 다이아몬드. ②《俗》석탄의 미칭.

黒っぽい(くろっぽい) ① 거뭇하다. 거무스름하다. ②《俗》전문가〔구군(舊軍)〕 티가 나다. 생무지 같지가 않다.

黒パン(くろパン) 흑빵. 호밀가루로 만든 흑갈색의 빵.

黒ビール(くろビール) 흑맥주.

黒巾(くろご) ⇨ 黒子(くろこ).

黒光り(くろびかり) 검고 윤이 남.

黒框(くろわく) ⇨ 黒枠(くろわく).

黒南風(くろはえ) 장마 때 부는 마파람.

黒茶色(くろちゃいろ) 흑갈색.

黒帯(くろおび) (태권도·유도 등의) 검은 띠. 유단자.

黒塗り(くろぬり) 검은 칠을 하는 일. 검은 칠을 한 물건.

黒豆(くろまめ) 흑두. 흑태(黒太). 검은콩.

黒幕(くろまく) 흑막. ① (무대에서 장면이 바뀔 때 사용하는) 검은 무대막. ② 뒤에서 조종하는 사람. 막후의 인물.

黒麺麭(くろパン) ⇨ 黒パン(くろパン).

黒毛(くろげ) ① 검은 빛깔의 털. ② 가라말. 털빛이 검은 말.

黒木(くろき) ① 껍질을 벗기지 않은 통나무. ② 나무를 30cm 정도로 토막쳐 가마에 넣어 검게 그을린 장작. ③《植》흑단(黒檀).

黒目(くろめ) (눈의) 검은자위.

∥**〜勝ち**(がち) 검은자위가 크고 눈이 부리부리한 모양.

黒猫(くろねこ) 검은 고양이.

黒い霧(くろいきり) 검은 안개. 정계·관계·재계 등에 파급되는 직권 남용·부정(不正)·이권 추구 따위를 이르는 말.

黒文字(くろもじ) ①'小楊枝(こようじ)(=이쑤시개)'의 별명. ②《植》녹나뭇과의 관목《방향(芳香)이 있으므로 이쑤시개·한약재·향수의 재료가 됨》.

黒物(くろもの) 검은 바탕에 색무늬가 없는 여성 예복.

黒米(くろごめ) 현미. *こくまい로도 읽음.

黒味(くろみ) ⇨ 黒み(くろみ).

黒黴(くろかび) 검은곰팡이.

黒蜜(くろみつ) 흑밀. 흑설탕을 졸인 조청.

黒房(くろぶさ) (일본 씨름에서) 씨름판 위에 설치된 사각 지붕의 북서쪽 구석에서 늘어뜨린 검은 술.

黒白(くろしろ) 흑백. ① 흑과 백. ②(일의) 선악. 정사(正邪). 유죄와 무죄. *①②는 こくびゃく·こくはく로도 읽음. ③ 사진·영화에서 화면이 흑과 백으로 되어 있는 것.

黒百合(くろゆり)《植》패모속(貝母屬) 백합의 일종.

黒本(くろほん) 江戸(えど) 시대의 草双紙(くさぞうし)의 일종으로 검은 표지의 것.

黒糸(くろいと) ① 검은 실. ② 黒糸縅의 준말.

∥**〜縅**(おどし) 검은 실로 갑옷의 미늘을 얽어맨 것.

黒砂糖(くろざとう) 흑사탕. 흑설탕.

黒山(くろやま) 사람이 많이 모인 것을 형용하는 말.

黒珊瑚(くろさんご)《動》흑산호.

黒鼠(くろねずみ) ① 주인집의 금품을 축내는 고용인. ② 거무스름한 잿빛〔회색〕.

黒石(くろいし) 흑석. ① 검은 돌. ② 검은 바둑돌. 흑지.

黒船(くろふね) 江戸(えど) 시대 말기에 서양배를 부른 이름.

黒星(くろぼし) 검은 점. ①(씨름에서) 졌음을 나타내는 표(●). 전하여, 패배. 실패. ② 과녁 중앙의 검은 동그라미. 흑점. 전하여, 정곡(正鵠). ③ 눈동자.

黒猩猩(くろしょうじょう)《動》'침팬지(=침팬지)'의 딴이름.

黒焼き(くろやき) 동식물을 질그릇 등에 넣어 검게 구움〔구운 것〕《민간약으로 씀》.

黒松(くろまつ)《植》흑송. 곰솔. 해송(海松). 소나뭇과에 속하는 상록 침엽 교목.

黒穂(くろほ) 흑수. 깜부기. *くろぼ·くろんぼう로도 읽음.

∥**〜病**(びょう)《植》깜부기(병).

黒水引(くろみずひき) 반은 흑색〔감색〕, 반은 흰색의 포장용의 끈〔궂은일에 쓰임〕.

黒水晶(くろずいしょう) 흑수정. 흑색 또는 갈색 수정.

黒柿(くろがき)《植》먹감나무.

黒身(くろみ) (가다랑어·방어 따위의) 껍질 바로 밑의 검붉은 부분. 벌건 살.

黒眼(くろめ) ⇨ 黒目(くろめ).

黒玉(くろだま) ① 검은 구슬〔알〕. ② 흑점. ③ 검은자위. 눈동자. ④ 폭발하지 않은 화포(花砲)의 알.

黒熊 ㊀(くろくま) 흑곰.

㊁(こぐま) 야크(yak)의 검은 꼬리털.

黒蟻(くろあり) 검은개미의 총칭.

黒日(くろび) (음양도(陰陽道)에서 말하는) 불길한 날.

黒子(くろご)(歌舞伎(かぶき)에서) 배우의 시중을 드는 사람. 또, 그 사람이 입는 검은 옷. *くろこ로도 읽음.

㊁(ほくろ) 흑자. 검은 사마귀. *こくし로도 읽음.

黒字(くろじ) 흑자. 이익.

∥**〜倒産**(とうさん) 흑자 도산.

黒慈姑(くろぐわい)《植》올방개.

黒作り(くろづくり) ① 고락째 담근 오징어 젓. ② (칼집이나 칼날〔따위를) 까맣게 옻칠하여 만드는 일.

黒装束(くろしょうぞく) 검정 일색의 복장. 또, 그런 복장을 한 사람.

黒底翳(くろそこひ) ☞黒内障(こくないしょう)

黒田(くろた) 모내기를 하기 전의 논.

∥**〜売買**(ばいばい) 모내기 전에 그 해의 수확을 예상하고 쌀을 선매매함.

黒潮(くろしお)《地》흑조. 쿠로시오. 일본 열도를 따라 태평양을 흐르는 난류.

黒藻(くろも)〖植〗검정말.
黒鯛(くろだい)〖魚〗감성돔. 먹도미.
黒枠(くろわく) 까만 테. 특히, 부고장(訃告狀)·사망 광고의 가장자리에 두른 검은 줄. 또, 그 통지나 광고.
黒酒(くろき) 天皇(てんのう)가 즉위해서 처음으로 지내는 大嘗祭(だいじょうさい)에 쓰는 검은 빛깔의 술. 「파.
黒住教(くろずみきょう) 신도(神道)의 한
黒竹(くろちく)〖植〗오죽(烏竹).
黒地(くろじ) 바탕이 검음. 또, 검은 바탕의
黒貂(くろてん)〖動〗검은담비. └천.
黒焦げ(くろこげ) 검게 눌음〔탐〕.
黒土(くろつち) 흑토. 다량의 부식질을 함유한 검은 흙.
㊂(こくど)〖地〗① ☞㊀. ②체르노젬(chernozem).
‖~地帯(ちたい)〖地〗흑토 지대.
黒八丈(くろはちじょう) 흑색 무지의 두꺼운 명주.
黒革(くろかわ) 쪽으로 진하게 염색한 가죽. 또, 검은 색으로 염색한 가죽.
‖~縅(おどし) 감색으로 진하게 염색한 가죽으로 갑옷의 미늘을 얽어맨 것.
黒血(くろち) 검붉은 피. 먹피. 「子」
黒胡麻(くろごま)〖植〗검은깨. 흑임자(黒荏
黒胡椒(くろこしょう) 검은 후추. 덜 익은 후추를 검은 외피째로 말린 것.
黒和え(くろあえ) 검은깨로 무침. 또, 그음식.
黒黒(くろぐろ) 아주 새까만 모양. 「다.
❖黒む(くろむ) 검은 빛을 띠다. 거메〔검어〕지
黒み(くろみ) 검은 정도. 또, 검은 빛. 검은 부분. 칙칙한 느낌.
黒み渡る(くろみわたる) ① 온통 검게 되다. ② 모두가 검은 상복을 입다.
❖黒める(くろめる) 검게 하다. 검게 물들이
黒め(くろめ) 검은 편임. └다.
黒め漆(くろめうるし) (수분을 제거하여) 흑갈색이 된 생칠(生漆).

흔

| 7
忄 | 忻 | 기뻐할 **흔**
キン
よろこぶ |

音読
忻然(きんぜん) 흔연(히).

| 8
欠
[入] | 欣 | 기뻐할 **흔**
キン·ゴン
よろこぶ |

音読
欣求(ごんぐ)〖佛〗흔구. 기꺼이 자진해서 구도(求道)함.
‖~浄土(じょうど) 흔구정토. 극락에서 왕생(往生)할 것을 기꺼이 바라는 일.
欣諾(きんだく) 흔낙. 흔쾌히 승낙함.
欣慕(きんぼ) 흔모. 공경하여 사모함.
欣躍(きんやく) 흔약. 덩실거리며 기뻐함.
欣然(きんぜん) 흔연(히).
欣悦(きんえつ) 흔열. 기뻐함. 기쁨.
欣栄(きんえい) 흔영. 기쁨과 광영. 기뻐할
欣快(きんかい) 흔쾌. 「광영.
欣幸(きんこう) 다행하게 여겨 기뻐함.
欣懐(きんかい) 흔회. 기쁘게 생각함. 기쁜 생각.
欣欣(きんきん) 흔흔. 기뻐하는 모양.
‖~然(ぜん) 흔흔연. 매우 기뻐하는 모양.
欣喜(きんき) 흔희. 환희.
‖~雀躍(じゃくやく) 흔희작약.

訓読
欣び(よろこび) 기쁨.

| 11
疒 | 痕 | 흉터 **흔**·자취 **흔**
コン
あと |

音読
痕跡(こんせき) 흔적.
‖~器官(きかん)〖生〗흔적 기관.

| 12
火 | 焮 | 태울 **흔**
キン·コン |

音読
焮衝(きんしょう)〖醫〗흔충. 염증.

| 25
酉 | 釁 | 틈 **흔**·허물 **흔**
キン
きず·ちぬる |

音読
釁隙(きんげき) 흔극. 틈. 불화.
釁端(きんたん) 흔단. 싸움의 시초〔계기〕.
訓読
釁る(ちぬる) ① 희생의 피를 제기(祭器)에 발라 신에게 제사 지내다. ② 전투·살상으로 피를 흘리다.

흘

| 6
口 | 吃 | 말더듬을 **흘**
キツ
どもる |

音読
吃緊(きっきん) 중요함.
吃水(きっすい) 흘수. 배의 아랫부분이 물에 잠기는 깊이. ♣~線(せん) 흘수선.

吃語(きつご) 홀어. 더듬어 가며 하는 말.
吃音(きつおん) 홀음. 더듬는 말소리. 말더듬이.
吃吃(きつきつ) 웃음소리를 나타내는 말.

訓読
❖吃る(どもる) 말을 더듬(거리)다.
吃 ㊀(ども) 〈俗〉吃り(どもり)의 준말.
 ㊁(ままなき) 말더듬이.
吃り(どもり) 〈卑〉말을 더듬음. 말더듬이.

其他
吃驚(びっくり) 깜짝 놀람.
‖〜仰天(ぎょうてん) 깜짝 〔기겁을 하게〕 놀람. 기절 초풍.
〜箱(ばこ) 깜짝 상자. 도깨비 상자.
吃逆(しゃっくり) 딸꾹질. *きつぎゃく・さくり・しゃっくり로도 읽음.

| 6
山 | 屹 | 주뼛할 흘
キツ
そばだつ |

音読
屹度(きっと) 꼭. 반드시.
屹立(きつりつ) 흘립. 깎아지른 듯이 우뚝 솟아 있음.
屹然(きつぜん) ① 흘연. 산이 우뚝 솟은 모양. ② 고고하여 남에게 굽히지 않는 모양.
屹屹(きつきつ) 흘흘. 산이 높이 솟은 모양. 태도가 엄숙한 모양. 흘연(屹然).

| 7
辶 | 迄 | 이를 흘·마침내 흘
キツ
まで |

訓読
迄(まで) ① 사물의 한도나 한계 등을 나타냄. …까지. ② (…에게) 까지도〔조차〕. ③ …만. 따름. 뿐.

欽

| 12
金
人 | 欽 | 공경할 흠
キン
つつしむ・うやまう |

音読
欽命(きんめい) 흠명. 군주의 명령. 대명.
欽慕(きんぼ) 흠모. 공경하여 사모함.
欽羨(きんせん) 흠선. 부러워함.
欽仰(きんぎょう) 흠앙. 흠모. *きんこうろ도 읽음. 「하는 일.
欽定(きんてい) 흠정. 군주의 명에 의해 찬정
‖〜憲法(けんぽう) 흠정 헌법.
欽差大臣(きんさだいじん) 흠차 대신. 중국 청대(清代)에, 유사시 특정 사항을 처리하는 임시 관직의 하나.

欽天監(きんてんかん) 흠천감. 중국의 명·청대에, 천체 관측 따위를 관장했던 관청.

吸

| 6
口
教 | 吸 (吸) | 숨들이쉴 흡·빨 흡
キュウ
すう |

音読
吸角(きゅうかく) 〔醫〕흡각. 피부에 대고 고름 따위를 빨아내는 기구.
吸気(きゅうき) 흡기. ① 들이마시는 숨. ②
吸引(きゅうき) 〔植〕흡기. 「흡입.
吸盤(きゅうばん) 〔生〕흡반. 빨판.
吸収(きゅうしゅう) 흡수. ♣〜線(せん) 흡수선 /〜剤(ざい) 흡수제.
‖〜線量(せんりょう) 흡수선량.
〜合併(がっぺい) 흡수 합병.
吸湿(きゅうしつ) 흡습. 수분·습기를 빨아들임. ♣〜性(せい) 흡습성.
吸煙(きゅうえん) 흡연.
吸熱反応(きゅうねつはんのう) 〔化〕흡열 반응. 주위의 열을 흡수하며 진행하는 화학 반
吸音(きゅうおん) 흡음. 「응.
吸飲(きゅういん) 빨아 마심.
吸引(きゅういん) 흡인.
‖〜分娩(ぶんべん) 흡인 분만.
吸入(きゅうにゅう) 흡입. 빨아들임. ♣〜器(き) 흡입기/〜薬(やく) 흡입제.
‖〜麻酔(ますい) 〔醫〕흡입 마취.
吸蔵(きゅうぞう) 〔理〕흡장. 기체가 고체에 흡수되어 내부에 스며듦.
吸集(きゅうしゅう) 끌어모아서 안으로 거둬들임. 「착제.
吸着(きゅうちゃく) 흡착. ♣〜剤(ざい) 흡
吸虫(きゅうちゅう) 〔動〕흡충. ♣〜類(るい) 흡충류.
吸血(きゅうけつ) 흡혈. ♣〜鬼(き) 흡혈귀.
‖〜動物(どうぶつ) 흡혈 동물.

訓読
❖吸う(すう) ① (공기 따위를) 들이마시다. (담배를) 피우다. ② (유동식을) 마시다. 먹다. ③ 빨아들이다. 흡수하다. ④ 빨다. 빨아 먹다.
吸い殻(すいがら) ① (담배) 꽁초. ② 주성분을 짜내고 남은 찌꺼기.
吸い膏薬(すいごうやく) ☞吸い出し膏薬 (すいだしごうやく)
吸い口(すいくち) ① 물부리 등 입에 대고 빠는 부분. ② 국에 넣는 향미료.
吸い寄せる(すいよせる) 빨아당기다《비유적으로, 사람의 마음을 끄는 일에도 쓰임》.
吸い物(すいもの) (식사 때에 내는) 맑은 국.
‖〜膳(ぜん) 국그릇을 올려 손님에게 내놓는 (밥)상.

~椀(わん) 국을 담는 그릇〔공기〕《보통, 뚜껑이 있음》.
吸い付く(すいつく) 흡착하다. 달라붙다.
吸い付ける(すいつける) ①흡착시키다. 빨듯이 끌어당기다. ②빨아서 담뱃불을 붙이다. ③늘 피우다. 늘 같은 담배를 피우다.
吸い付け煙草(すいつけたばこ) 담배에 불을 붙여서 권함. 또, 그 담배.
吸い上げポンプ(すいあげポンプ) 흡입 펌프. 빨펌프.
吸い上げる(すいあげる) ①빨아올리다. ②남의 이익을 가로채다.
吸い玉(すいだま) 흡각(吸角). 흡종(吸鐘).
吸い飲み(すいのみ) (환자가 누운 채로 물이나 약을 마실 수 있게 만든) 긴 부리가 달린 그릇.
吸い入れる(すいいれる) 빨아들이다. 「하다.
吸い込み(すいこみ) ①흡입. 빨아들임. ②배수(排水)를 흡입하는 구멍.
∥~弁(べん) 흡입 밸브. 흡기관(吸氣管).
吸い込む(すいこむ) ①빨아들이다. 흡입하다. ②들이쉬다.
吸茶(すいちゃ) 한 잔의 차를 여럿이서 돌아가며 마시는 일.
吸い出し(すいだし) ①빨아냄. ②吸い出し膏薬의 준말.
∥~膏薬(ごうやく) 고름을 빨아내는 고약.
吸い出す(すいだす) 빨아내다.
吸い取る(すいとる) ①흡수하다. 빨아들이다. 빨아내다. ②착취하다. 졸라대어 빼내다. 등치다.
吸い取り紙(すいとりがみ) 압지(押紙). 흡묵지(吸墨紙).
吸い筒(すいづつ) (옛날의) 빨병. 수통.
吸い瓢(すいふくべ) ☞吸い玉(すいだま).

| 9 忄 | 恰 | 흡사할 흡
コウ・チョウ
あたかも |

音読
恰度(ちょうど) ①꼭. 정확히. 마치. ②마침. 알맞게. ③방금. 바로. 막.
訓読
恰も(あたかも) 마치. 흡사. 「도.
恰も好し(あたかもよし) 때마침. 공교롭게
其他
恰幅(かっぷく) (드레진) 풍채. 몸매.
恰好(かっこう) ①모습. 모양. 몰품. ②체면치레. ③알맞음.

| 9 氵 | 洽 | 젖을 흡·두루미칠 흡
コウ
あまねし |

音読
洽聞(こうぶん) 흡문. 지식과 견문의 범위가 넓음.
洽汗(こうかん) 흠뻑 흘린 땀.

訓読
洽く(あまねく) 널리. 보편적으로. 골고루.
洽し(あまねし) 〈雅〉골고루〔널리〕 미치다.

| 12 羽 | 翕 | 모일 흡·모을 흡
キュウ
あつまる・あつめる |

音読
翕如(きゅうじょ) 음악의 성조(聲調)나 악기의 음이 잘 맞음.
翕然(きゅうぜん) 흡연. 많은 것이 합하여 한 곳으로 향하는 모양.

흥

| 16 臼 教 | 興 | 일어날 흥·흥겨울 흥
コウ・キョウ
おこる・おこす |

音読
興(きょう) 흥. ①흥취. 흥겨움. 재미. 흥미. ②장난.
興がる(きょうがる) ①〈老〉흥겨워하다. ②〈古〉색다르다.
興じる(きょうじる) ☞興ずる(きょうずる).
興ずる(きょうずる) 흥겨워하다.
興国(こうこく) 흥국. 나라를 흥하게 함.
興起(こうき) 흥기. ①성(盛)해짐. ②떨치고 일어남.
興隆(こうりゅう) 흥륭. 융성함.
興亡(こうぼう) 흥망.
興味(きょうみ) 흥미.
∥~本位(ほんい) 흥미 본위.
~津津(しんしん) 흥미진진.
興味深い(きょうみぶかい) 매우 흥미롭다. 무척 재미가 있어서 마음이 끌리다. *きょうみふかい로도 읽음.
興復(こうふく) 흥복. 부흥.
興奮(こうふん) 흥분. ♣~剤(ざい) 흥분제. 「포.
∥~性細胞(せいさいぼう)〖生〗흥분성 세
~伝導(でんどう)〖生〗흥분 전도.
興盛(こうせい) 흥성.
興醒まし(きょうざまし) 파흥. 흥을 깨뜨림. 기분을 잡침.
興醒め(きょうざめ) 파흥. 흥이 깨짐.
興醒める(きょうざめる) 흥이 깨지다. 기분 잡치다.
興衰(こうすい) 성쇠(盛衰).
興信録(こうしんろく) 흥신록. 신용 조사 기
興信所(こうしんじょ) 흥신소. 「록.
興言(こうげん) 흥언. 흥에 겨워 하는 말. 또, 좌중의 흥취를 북돋우는 말.
∥~利口(りこう) 즉흥적인 말과 능란한 말주변.

興業(こうぎょう) 흥업. 새로 사업을 일으
興宴(きょうえん) 흥연. 흥겨운 연회. 「킴.
興銀(こうぎん) '興業銀行(こうぎょうぎんこう)(=흥업 은행)'의 준말.
興趣(きょうしゅ) 흥취.
興致(きょうち) 흥치. 흥과 운치(韻致).
興敗(こうはい) 흥패. 흥망.
興廃(こうはい) 흥폐. 흥망.
興行(こうぎょう) 흥행. ♣~**権**(けん) 흥행권 / ~**場**(じょう) 흥행장.
∥~**師**(し) 흥행사. 프로모터. 「음.
興懐(きょうかい) 흥회. 흥취를 느끼는 마
【訓読】
興す(おこす) 일으키다. ①흥하게〔성하게〕하다. ②시작하다. 일어나게 하다.
興る(おこる) 흥하다. 일어나다.

희

| 7巾教 | 希 | 바랄 희·드물 희
キ・ケ
こいねがう・まれ |

【音読】
希求(ききゅう) 희구.
希覯(きこう) 희구. 희귀. 드물게 보임. ♣~**本**(ぼん) 희구본 / ~**書**(しょ) 희구서.
希代 ㊀(きたい) ①희대. 세상에 드묾. ②불가사의함. 기괴함. 또, 그러한 모양. ∗きだいとも 읽음.
∥~**未聞**(みもん) 희대 미문. 지극히 드물어 좀처럼 듣지 못함.
㊁(けったい) 기묘한〔이상야릇한〕 모양.
希図(きと) 희도하여 계획함. 「황산.
希硫酸(きりゅうさん) 《化》 희황산. 묽은
希望(きぼう) 희망. ♣~**的**(てき) 희망적.
希薄(きはく) 희박.
希書(きしょ) 희서. 희귀한 책.
希釈(きしゃく) 《化》 희석. ♣~**度**(ど) 희석도 / ~**熱**(ねつ) 《化》 희석열.
希世(きせい) 희세. 세상에 드묾. 희대.
希少(きしょう) 희소.
∥~**価値**(かち) 희소 가치.
~**金属**(きんぞく) 희소 금속.
希塩酸(きえんさん) 희염산. 묽은 염산.
希瓦斯類(きガスるい) 《化》 희가스류.
希元素(きげんそ) 《化》 희원소. 희유 원소.
希有(きゆう) 희유. ∗けうろとも 읽음.
希土類元素(きどるいげんそ) 《化》 희토류원소.
【訓読】
希 ㊀(まれ) 드묾. 희소(稀少)함.
㊁《接頭語로》 희…. 희소. 희박한.
希希(まれまれ) 극히 드문 모양. 「다.
❖**希う**(こいねがう) 간절히 바라다. 열망하
希くは(こいねがわくは) 바라건대. 부디.

| 10女常 | 姬(姫) | 계집 희
キ
ひめ |

【訓読】
姫(ひめ) ①《雅》 여성에 대한 미칭. ②귀인의 딸로 미혼녀. ③《名詞 앞에 붙어서》 작고 귀여움.
姫鑑(ひめかがみ) ①모범이 되는 여성. ②《植》 산해박의 옛이름.
姫鏡台(ひめきょうだい) 보통보다 약간 작고 귀여운 경대.
姫君(ひめぎみ) 귀인(貴人)의 딸의 높임말. 아가씨.
姫宮(ひめみや) 황녀(皇女). 공주.
姫橘(ひめたちばな) '金柑(きんかん)(=금귤)'의 딴이름.
姫女菀(ひめじょおん) 《植》 개망초. 「놃.
姫買い(ひめかい) 유곽에서 창녀를 불러오
姫飯(ひめいい) 솥에서 푹 퍼지게 지은 밥.
姫百合(ひめゆり) 《植》 산단(山丹).
姫莎草(ひめくぐ) 《植》 파대가리.
姫昔蓬(ひめむかしよもぎ) 《植》 망초.
姫小松(ひめこまつ) ①《植》 섬잣나무. ②작은 소나무.
姫小判草(ひめこばんそう) 《植》 방울새풀.
姫松(ひめまつ) 작은 소나무.
姫始め(ひめはじめ) 새해 들어 처음으로 하는 부부의 성교.
姫神(ひめがみ) 여신(女神).
姫児(ひめこ) ①어린 여자아이. ②누에. 또는 작은 누에.
姫御前(ひめごぜ) 《雅》 귀인의 딸의 존칭. ∗ひめごぜんで로도 읽음.
姫垣(ひめがき) 낮은 울타리.
姫墻(ひめがき) ⇨ 姫垣(ひめがき).
姫寂び(ひめさび) 다도구(茶道具) 감상 용어로, 화려하면서 아취가 있음.
姫鱒(ひめます) 《魚》 각시송어.
姫萩(ひめはぎ) 《植》 애기풀.
姫雛鳥(ひめひなどり) 종다리의 딴 이름.
姫椿(ひめつばき) 《植》 '山茶花(さざんか)(=산다화)'의 딴이름.
姫貝(ひめがい) 《貝》 '貽貝(いがい)(=홍합)'의 딴이름.
姫皮(ひめかわ) 죽순 끝의, 안쪽에 있는 얇고 부드러운 껍질.
姫海棠(ひめかいどう) 《植》 '棠梨(ずみ)(=팥배)'의 딴이름.
姫蛍(ひめぼたる) 《蟲》 반딧불이〔개똥벌레〕의 일종.
姫糊(ひめのり) 밥을 뭉갠 풀.
姫檜葉(ひめひば) 《植》 바위손.
【其他】
姫部志(おみなえし) 《古》 《植》 마타리. 万葉集(まんようしゅう)에 '秋(あき)の七草(ななくさ)'의 하나로 실려 있음.

11 欠	欷	흐느낄 희 キ すすりなく

音読
欷泣(ききゅう) 희읍. 흐느껴 욺. 훌쩍거리며 욺.
欷歔(ききょ) 희허. 희읍(稀泣).

12 口 㪅	喜	기쁠 희・즐거울 희 キ よろこぶ

音読
喜歌劇(きかげき) 희가극.
喜懼(きく) 희구. 기쁨과 두려움.
喜劇(きげき) 희극(비유적으로도 씀). ♣~的(てき) 희극적.
喜楽(きらく) 희락. 기뻐 즐거워함. 기쁨과 즐거움.
喜怒(きど) 희로.
‖~哀楽(あいらく) 희로애락.
喜捨(きしゃ) 희사.
喜色(きしょく) 희색.
‖~満面(まんめん) 희색만면.
喜寿(きじゅ) 희수. 77세(의 잔치).
喜悦(きえつ) 희열. 기쁨.
喜雨(きう) 희우. 반가운 비.
喜憂(きゆう) 희우. 기쁨과 걱정.
喜の字(きのじ) 희수. 77세의 잔치.
喜知次(きちじ) 『魚』 홍살치.
喜の祝い(きのいわい) 희수. 77세의 축하.
喜喜(きき) 희희.
喜戯(きぎ) 희희. 즐겁게 장난하며 놂.

訓読
喜ばしい(よろこばしい) 경사스럽다. 기쁘다. 즐겁다. ┗게 하다.
喜ばせる(よろこばせる) 기쁘게 하다. 즐겁게 하다.
❖喜ぶ(よろこぶ) ① 기뻐하다. 즐거워하다. ② 경하하다. ③ 기꺼이 받아들이다.
喜び(よろこび) ① 기쁨. ② 경사. 기뻐할 만한 일. ③ 축하함. 또, 그 말. ④ 흡족히 여김.
喜んで(よろこんで) 상대의 말을 흔쾌히 받아들이는 모양. 기꺼이.
喜び勇む(よろこびいさむ) 너무 기뻐 적극적으로 행동하려 들다.

12 禾 㪅	稀	드물 희 キ・ケ まれ

参考 현대 표기로는 '希'로 대용함.

音読
稀覯(きこう) 희구. 희귀. 드물게 보임. ♣~本(ぼん) 희구본.
稀代(きたい) ① 희대. 세상에 드물음. ② 불가사의한 모양. ┗산.
稀硫酸(きりゅうさん) 『化』 희황산. 묽은 황

稀薄(きはく) 희박.
稀書(きしょ) 희서. 희귀한 책.
稀釈(きしゃく) 『化』 희석.
稀世(きせい) 희세. 세상에 드물음. 희대.
稀少(きしょう) 희소. 적음.
‖~価値(かち) 희소 가치. ┗闊.
稀疎(きそ) 희소. 사이나 틈이 성김. 희활(稀闊).
稀塩酸(きえんさん) 희염산. 묽은 염산.
稀瓦斯元素(きガスげんそ) 희가스 원소.
稀元素(きげんそ) 『化』 희원소. 희유 원소.
稀有(きゆう) 희유. *けうろも 읽음.
‖~元素(げんそ) ☞稀元素(きげんそ).
稀土類元素(きどるいげんそ) 『化』 희토류 원소.

訓読
稀 ㈠ (まれ) 드묾. 희소(稀少)함.
㈡ (き) 《接頭語로》 묽은. 희박한.
稀男(まれおとこ) 보기 드문 미남.
稀物(まれもの) 진품(珍品). 보기 드문 것.
稀者(まれもの) 유례없이 뛰어난 사람.
稀稀(まれまれ) 극히 드문 모양.

15 口	嘻	탄식하는소리 희 キ ああ

音読
嘻嘻(きき) 희희. 기뻐하며 즐기는 모양.

15 女 ㈄	嬉	즐길 희 キ うれしい・たのしむ

音読
嬉遊(きゆう) 희유. 즐겁게 놂.
‖~曲(きょく) 『樂』 희유곡. 디베르티멘토(divertimento).
嬉嬉(きき) 희희. 기뻐하며 즐기는 모양.
嬉戯(きぎ) 희희. 즐거이 장난하며 놂.

訓読
嬉しがらせ(うれしがらせ) 남을 기쁘게 하는 언행이나 태도. ┗다.
嬉しがらせる(うれしがらせる) 기쁘게 하다.
嬉しがる(うれしがる) 기뻐하다.
❖嬉しい(うれしい) ① 즐겁고 기쁘다. ② 고맙다. 감사하다. ┗물.
嬉し涙(うれしなみだ) 너무 기뻐 흘리는 눈
嬉し紛れ(うれしまぎれ) 기쁜 나머지.
嬉し顔(うれしがお) 기쁜 듯한 표정・모양.
嬉し泣き(うれしなき) 너무 기뻐 욺.

15 戈 常	戯 (戲)	희롱할 희 ギ・ゲ たわむれる・ざれる・じゃれる・おどける

音読
戯曲(ぎきょく) 희곡.
戯具(ぎぐ) 희구. 유희의 도구. 장난감.

戯論(ぎろん)〖佛〗회론. 의론(議論)을 위한 의론. 무의미하고 무익한 의론.
戯弄(ぎろう) 희롱.
戯文(ぎぶん) 희문. 장난삼아 쓴 글.
戯書(ぎしょ) 회서. 낙서.
戯笑(ぎしょう) 회소. 희롱하며 웃음. 패사 돼. 익살맞음.
戯作(げさく) ①희작. 실없이 지은 글. ② 江戸(えど) 시대 후기의 통속 오락 소설. *ぎさくろとも 읽음.
┃〜本(ぼん) 江戸 시대 후기의 통속 소설. 〜者(しゃ) 희작을 하는 사람. 특히, 江戸 시대 후기의 통속 문학 작자.
戯場(ぎじょう) 연극 무대. 극장.
戯称(ぎしょう) 희칭. 실없이 희롱으로 일컬.
戯評(ぎひょう) 희평. 만평. 는 이름.
戯号(ぎごう) '戯作者(げさくしゃ)(=통속 소설가)' 등이 쓰는 호.   「회화화.
戯画(ぎが) 회화. 익살맞은 그림. ♣〜化(か)
戯訓(ぎくん) 한자 지식에 능숙해진 단계에서 행하는 일종의 유희적인 용자법(用字法).

訓読

戯らける(じゃらける) 해롱거리다. 까불다. 장난치다.
戯らす(じゃらす) (짐승 등을) 장난치게 하다. 재롱부리게 하다
❖戯ける ㊀(おどける) 패사멸다. 익살맞은 짓을 하다.
㊁(たわける)〈雅〉①까불다. 회롱거리다. ②음란한 언동을 하다.
戯け ㊀(おどけ) ①장난기. 익살맞음. 패사. ②농담. 익살.
㊁(たわけ) ①희롱. 까붊. 회롱거리는 언동. ②戯け者(たわけもの)의 준말.
戯け歌(おどけうた) 가사가 익살맞은 노래.
戯け口(おどけぐち) 농담. 농지거리.
戯け者 ㊀(おどけもの) ①익살꾼. 패사스런 사람. ②명청이.
㊁(たわけもの) 바보. 천치.
戯け芝居(おどけしばい) 희극. 소극(笑劇).
戯け話(おどけばなし) 익살스런 이야기.
戯け絵(おどけえ) 회화(戯畫).
❖戯れる ㊀(たわむれる) ①까불다. 장난하다. ②노닥거리다. 농(담)을 하다. ③희롱하다. 놀리다.
㊁(じゃれる) (아이나 개·고양이 따위가 달라붙어서) 재롱부리다. 장난하다.
㊂(ざれる) ①〈雅〉까불다. 장난치다. ②〈古〉정취가 있다.   「읽음.
戯れ(たわむれ) 장난. 농. 농담. *ざれろとも
戯れ歌(ざれうた) 우스꽝스러운 노래.
戯れ事(たわむれごと) 장난(으로 하는 일). *ざれごととも 읽음.
戯れ書き(ざれがき) 장난으로 쓴 글이나 그림. *たわむれがきろとも 읽음.
戯れ言(たわむれごと) 농담. 허튼소리. *たわれごと・ざれごととも 읽음.
戯れ絵(ざれえ) 희화(戯畫).

其他

戯(あじゃら) 장난. 농담.
戯え(そばえ)〈方〉여우비.
戯える(そばえる) ①미풍이 살랑살랑 불다. ②(친숙해져) 버릇없이 굴다. 응석부리다.
戯れ男(たわれお)〈雅〉호색한. 탕아(湯兒).
戯れ女(たわれめ)〈雅〉창녀. 노는 계집. 바람난 여자.
戯言(たわごと) 농담. 허튼소리. 잠꼬대.
*たわこと・ぎげん으로도 읽음.

15 灬 人	熙	빛날 **희** · 화락할 **희** **キ** ひかる・やわらぐ

音読

熙熙(きき) 회회. ①조용히 즐기는 모양. ②널쩍한 모양.

16 口	噫	탄식할 **희** · 트림할 **애** **アイ・イ** ああ・おくび

訓読

噫(ああ) 오호(嗚呼)라. 아. 감탄하는 소리.

其他

噫気(おくび) 트림.

17 牛 常	犠 (犧)	희생 **희** **ギ** いけにえ

音読

犠牲(ぎせい) 희생. ♣〜者(しゃ) 희생자 / 〜的(てき) 희생적 / 〜打(だ)〖野〗희생타.
犠打(ぎだ)〖野〗희생타.

訓読

犠(いけにえ) 희생. 희생물.

23 魚 日	鱚	서두어 (희) きす

訓読

鱚(きす)〖魚〗보리멸. 서두어(鼠頭魚).

힐

13 言 常	詰	꾸짖을 **힐** **キツ** つめる・つまる・つむ・なじる

音読

詰屈(きっくつ) 힐굴. (길 따위가 비좁고) 꼬불꼬불함. 글씨나 글이 어려워서 이해하기가 곤란함.

‖ ~繁牙(ごうが) 힐굴 오아. 글이 몹시 어려움.
詰難(きつなん) 힐난.
詰問(きつもん) 힐문. 나무라고 따짐.
詰責(きっせき) 힐책.

<u>訓読</u>
詰まらない(つまらない) ① 하찮다. 시시하다. ② 보람이 없다. 소용없다. ③ 흥미〔재미〕가 없다. 「ない」.
詰まらぬ(つまらぬ) ☞ 詰まらない(つまらない).
詰る(なじる) 힐책하다. 힐문하다. 따지다.
❖詰まる(つまる) ① 가득 차다. 잔뜩 쌓이다. ② 막히다. 메다. 궁하다. ③ 막다르다.
詰まり(つまり) ① 막힘. 막다른 곳. 끝장. ②〈俗〉결국. 요컨대. 다시 말하면.
詰まりは(つまりは) 결국은. 요컨대.
詰まる所(つまるところ) 요컨대. 결국.
❖詰む(つむ) ① 막히다. 궁하다. ② 쫀쫀하다. ③〔장기에서〕외통수에 몰리다.
詰み(つみ) ① 막힘. ② 몰림. ③〔장기에서〕궁이 몰려서 지게 됨.
❖詰める(つめる) ① 채우다. 틀어막다. ② 〔간격을〕좁히다. ③ 근무하다. ④ 추궁하다. ⑤ 줄이다. 절약하다. ⑥《接尾語로》계속〔끝까지〕…하다.
詰め ㊀(つめ) 잔뜩 채움. 또, 그 채운 것. ㊁(づめ)《接尾語로》① 채워 넣음. 또, 넣은 그 물건. …들이. ② 그것만을 내세움. …투성이. ③ 내리 …함.
詰め開く(つめひらく) 담판하다. 흥정하다.
詰め掛ける(つめかける) ① 몰려〔밀려〕들다. ② 바싹 다가서다.
詰め襟(つめえり) 목닫이. 또, 그런 모양의 양복.
詰め寄せる(つめよせる) 몰려들다. 밀려들다. 바싹 다가서다.
詰め寄る(つめよる) ① 바싹 다가서다. ② 따지고 덤비다. 대들다.
詰め碁(つめご) (바둑에서 사활 문제만을 다룬) 묘수풀이.
詰め牢(つめろう) 겨우 사람이 서 있을 수 있는 정도의 좁은 감방.
詰物(つめもの) ① 조류·생선 등을 통째로 요리할 때 내장에 넣는 조리품〔소〕. 또, 그렇게 만든 요리. ②〔충치 등의〕충전물. 봉. ③〔포장할 때의〕패킹.
詰め番(つめばん) 당직. 당번.
詰め伏す(つめふす) 설복하다.
詰め腹(つめばら) 할 수 없이 하는 할복. 전하여, 강제로 사직당함.
詰め所 ㊀(つめしょ) (근무하기 위해서 나가) 모여 있는 장소. 대기소.
㊁(つめどころ) 가장 중요한 곳. 급소. 볼만한 장소.
詰め込む(つめこむ) 가득 처넣다〔담다, 채우다〕. 주입하다. 밀어 넣다.
詰め込み教育(つめこみきょういく) 주입식 교육.
詰め込み主義(つめこみしゅぎ) (기억 또는 암기를 중시하는) 주입식 교육 방법.
詰め将棋(つめしょうぎ) 외통 장기.
詰め切る(つめきる) ① 쭉〔내내〕붙어 있다〔대기하다〕. ② 가득〔꽉〕채우다.
詰め替える(つめかえる) 새로〔다시〕채워 넣다.
詰草(つめくさ)『植』클로버.
詰め合わせ(つめあわせ) (여러 가지를) 한데 섞어 담음〔넣음〕. 또, 그렇게 한 것.
詰め合わせる(つめあわせる) 여러 가지를 한데 섞어 담다.
ぎゅう詰め(ぎゅうづめ) 억지로 마구 쑤셔 넣은 상태.
どん詰まり(どんづまり) ① 마지막. 막판. ② 막다름. 막다른 곳.

| 15
頁 | 頡 | 날아올라갈 **힐**
キツ・ケツ |

<u>音読</u>
頡頏(きっこう) 힐항. 맞버팀.

| 21
糸 | 纈 | 홀치기염색 **힐**
ケツ・ケチ
しぼり |

<u>其他</u>
纈(ゆはた) 홀치기 염색.

부 록

차 례

部首 索引 ················· *1740*

總畫 索引 ················· *1770*

日本地名 읽기 ············ *1798*

人名用 漢字表 ············ *1898*

常用・人名用 漢字
新舊 字體表 ·············· *1906*

日本国字 일람 ············ *1914*

日本語 音訓 索引 ········ *1916*

部 首 索 引

1. 部首 배열은 원칙적으로 '康熙字典'을 따랐다. 다만 部首 검색의 편의를 위해 실제 字形에 따라 部首를 분리(衣와 衤 등) 및 신설(丷 등)·합병(匚과 匸)하여 간명화하였음.
2. 같은 部首에서 획수가 같은 字는 가나다順으로 나열하였음.
3. 漢字 왼편의 숫자는 그 部首에서의 획수를, 오른편 숫자는 실린 페이지를 가리킴.
4. 붉은 글자와 艹(초두)部首에 대한 설명은 字音索引(색인 7페이지)의 3, 4項과 같음.

1 획		ノ部		2 五	1010	今	208	伝	1230
		1 乃	248	云	1060	仒	607	仲	1344
一部		2 及	217	井	1258	仏	636	优	1627
一	1146	3 乏	1601	互	1664	什	909	会	1707
1 丁	1257	4 乍	659	3 井	1258	仁	1137	休	1726
七	1509	乎	1665	4 亙	220	仍	1170	5 伽	5
2 万	443	7 乖	146	亘	220	化	1680	佝	164
三	699	8 乘	862	5 亜	912	3 代	303	倭	260
上	709	乙(乚)部		6 些	674	令	388	但	274
与	975	乙	1107	亠部		付	608	伶	389
丈	1193	1 九	156	1 亡	452	仕	659	伴	538
下	1602	2 乞	55	2 亢	1627	仙	752	伯	569
3 不	629	也	939	4 交	149	以	1125	伺	669
丑	1476	丸	1695	亦	979	仞	1143	似	669
4 丘	162	6 乱	358	亥	1630	仔	1172	伸	883
丙	584	7 乳	1088	5 亨	1661	仗	1194	余	977
丕	640	10 乾	53	6 京	73	他	1518	佑	1054
世	777	亅部		夜	939	4 仮	3	位	1077
且	1393	1 了	406	卒	1311	件	52	佚	1163
5 両	368	2 久	158	享	1642	企	221	作	1184
丞	861	3 予	976	7 亮	371	伎	221	佇	1211
7 並	585	予	1005	亭	1265	伐	573	低	1211
丨部		5 争	1210	9 率	420	伏	594	佃	1231
3 中	1339	7 事	673	商	719	伜	858	佐	1318
6 串	132			19 亹	525	仰	932	住	1325
丶部		**2 획**		人(亻·入)部		伍	1013	体	1443
2 之	1354	二部		人	1131	伊	1125	佗	1522
3 丹	273	二	1120	2 介	38	任	1165	何	1607
4 主	1321	1 于	1050	仇	161	全	1227	6 価	5

佳	5	侵	1512	偶	1056	懺	1408	八 部	
侃	18	便	1568	偽	1080	13 億	263	八	1560
供	119	俠	1658	停	1268	僻	578	2 公	113
佶	241	侯	1718	偵	1269	億	968	六	416
例	392	8 個	40	偖	1399	儀	1118	4 共	117
命	472	倨	49	側	1499	14 儂	464	5 兵	584
侮	479	倹	55	偸	1549	儒	1098	6 具	165
併	585	倥	124	偏	1568	儕	1283	其	226
使	674	俱	167	偕	1634	儘	1386	典	1231
舍	675	倦	189	10 傀	146	15 償	727	8 兼	72
侍	868	倒	315	傍	554	優	1058	14 冀	237
佯	948	倫	418	傅	617	16 儲	1217	冂 部	
侑	1089	倣	553	備	648	20 儼	974	2 內	248
依	1115	俳	558	傘	694	儿 部		円	1065
侏	1327	倍	559	偉	1081	儿	1137	3 冉	995
佗	1396	俸	604	11 傑	55	1 兀	1023	冊	1416
侈	1501	俯	613	傾	80	2 元	1064	4 同	335
佩	1563	倘	719	區	169	允	1101	再	1205
7 俥	49	修	837	僅	207	3 兄	1660	7 冑	1329
係	85	倅	858	働	342	4 光	140	9 冕	467
侗	181	俺	927	僂	409	先	752	冖 部	
侶	373	倭	1031	傷	724	兆	1286	2 冗	1044
俚	424	倚	1116	僧	864	充	1487	3 写	661
保	590	借	1396	傲	1016	兇	1728	7 冠	133
俘	612	倡	1409	傭	1047	5 克	200	8 冥	474
俟	676	倉	1409	條	1299	禿	326	冤	1067
俗	809	値	1502	債	1415	兒	913	冢	1462
信	886	俵	1587	僉	1435	兌	1534	14 冪	465
俄	915	倖	1641	催	1467	6 免	465	冫 部	
俁	1014	候	1722	12 僑	154	兔	1038	4 冱	1665
俑	1045	9 健	54	僮	343	兎	1540	5 冷	366
俤	1277	脩	840	僚	406	8 党	288	冶	939
俎	1290	候	849	僕	598	9 兜	345	冴	1667
俊	1336	偲	873	像	725	12 兢	221	8 凍	339
俏	1451	偓	917	儀	1042	入 部		涼	371
促	1458	偃	973	僞	1338	入	1166	凌	421

凋	1291	刎	508	13 劇	202	4 旬	852	卜(⺊)部	
淮	1336	刑	1661	14 劗	1118	匈	1729	卜	593
凄	1418	5 別	582	力部		7 匍	1580	3 占	1253
13 凜	421	删	692	力	376	8 匏	1472	6 卦	143
14 凝	1113	判	1557	3 加	1	9 匐	595	卩(㔾)部	
几部		6 刻	14	功	117	匏	1582	3 卯	492
几	192	剈	95	4 劣	386	匕部		4 危	1077
1 凡	573	刮	139	5 劫	57	匕	639	印	1143
3 凧	192	到	313	努	261	3 北	621	5 却	12
处	1417	刷	816	励	373	9 匙	873	卵	359
4 凩	489	刺	1177	劳	395	匚(匸)部		即	1348
凤	849	制	1276	助	1288	匚	547	7 卻	15
凪	1355	刹	1405	6 劾	1636	匸	1663	卸	676
6 凭	658	7 剋	200	效	1716	2 区	161	10 卿	77
9 凰	1704	剌	361	7 勁	75	匹	1598	厂部	
10 凱	41	削	688	勃	543	3 巨	46	2 厄	936
凵部		前	1231	勇	1046	4 匡	141	仄	1499
凵	24	剄	1319	勅	1507	匠	1194	6 厓	933
2 凶	1728	剃	1444	8 勉	467	匣	31	7 厘	424
3 凹	1037	則	1507	9 勘	25	医	1115	厖	553
凸	1430	8 剛	32	動	341	8 匿	268	厚	1718
出	1482	剣	55	務	497	匪	647	8 原	1067
6 函	1623	剖	230	10 勤	206	12 匱	193	9 厠	1500
画	1688	剝	530	募	480	十部		10 厨	1333
刀部		剖	613	11 勸	190	十	906	11 厩	169
刀	312	剗	1188	勢	783	1 千	1421	12 厭	998
1 刃	1137	剤	1277	勳	1456	2 午	1013	13 厲	375
2 分	622	剔	1419	勹部		廿	1169	厶部	
切	1245	9 副	616	1 勺	1184	3 半	535	3 去	47
6 券	188	剩	1170	2 勾	161	卍	445	6 参	1406
9 剪	1236	10 劃	41	包	252	4 卆	445	又部	
13 劈	578	創	1411	匁	506	6 卓	1524	又	1049
刂部		割	1621	勿	513	協	1657	1 叉	1393
2 刈	1006	11 劌	1456	3 匈	162	7 南	245	2 反	533
3 刊	17	剽	1587	匋	1461	卑	644	収	818
4 列	385	12 劃	1714	包	1577	10 博	530	双	909

部首索引 **1743**

友	1050	吃	1732	咬	150	啜	1431	嘩	1693
6 受	834	吸	1733	咲	795	唾	1523	嗅	1723
叔	849	4 告	95	哀	933	9 喀	45	11 嘉	10
7 叛	539	君	182	咽	1145	喬	153	嘔	171
叙	739	吶	266	咨	1179	喫	241	嘗	725
14 叡	1009	呂	373	哉	1208	喃	247	嗽	844
16 叢	1465	咎	430	咫	1364	喇	352	嗾	844
		呆	455	品	1590	嘵	371	嗷	1017
3 획		吻	509	咸	1623	喪	723	嘈	1300
		否	610	咳	1630	善	758	嘖	1417
口 部		吳	1014	哄	1678	喑	874	12 器	237
口	158	吾	1014	7 哥	6	喰	880	噱	503
2 可	2	吟	1107	哭	109	喁	1023	噴	628
古	91	呈	1262	哩	424	喟	1081	嘶	876
叩	93	呎	1419	唆	679	喩	1093	噎	992
台	305	吹	1491	唇	853	啼	1280	噌	1211
史	662	吞	1525	唉	934	喞	1349	嘲	1301
司	662	含	1623	員	1069	喘	1429	噂	1338
召	793	吭	1628	哲	1430	喋	1436	嘱	1459
右	1051	吼	1718	哨	1453	啾	1473	舖	1583
叺	1170	5 呵	5	啄	1524	喊	1624	噓	1646
叮	1259	呱	96	唄	1563	喞	1624	嘻	1736
只	1355	咎	165	哺	1580	喚	1697	13 噬	216
叱	1387	呶	261	呪	1650	喉	1723	噸	332
叶	1657	咄	332	哮	1717	喧	1725	噬	746
号	1665	咀	1212	8 喝	23	啄	1725	嘯	807
3 各	12	呪	1327	啓	87	喜	1736	噺	896
叫	197	周	1327	唸	259	10 嗜	236	噯	936
吉	240	咆	1579	啖	282	嗄	684	噦	973
吏	422	呷	1627	唳	374	嗣	685	噪	1304
名	469	呪	1327	售	840	嗇	730	嘴	1499
吊	1286	周	1327	啞	915	嗉	804	噫	1737
吋	1460	咆	1579	唯	1092	嗚	1016	14 噸	653
吐	1539	呷	1627	唯	934	嗟	1399	嚀	1446
合	1625	呟	1649	唯	1092	嗤	1504	嚇	1613
向	1641	呼	1667	啐	1339	嘆	1528		
后	1718	6 咯	15	唱	1410			嚔	1717

부록

15 嚕	155	坑	45	堆	1546	墜	1474	1 夫	607
嚠	415	均	199	9 堪	26	13 墾	21	夭	1037
16 嚩	656	坊	549	堅	65	壞	147	天	1424
嚥	992	坏	556	堺	88	壇	280	太	1533
嚮	1644	坌	625	堝	128	壁	579	2 失	896
18 嚚	769	坐	1318	堵	319	壤	952	央	932
嚼	1188	址	1362	垦	409	墺	1017	3 夷	1125
囉	1193	坂	1558	塀	588	壅	1024	4 夾	1657
囀	1245	5 坩	25	堡	591	墻	1203	5 奇	228
囂	1717	坤	110	報	591	14 壕	1673	奈	252
19 囊	248	垂	835	堰	973	15 壙	143	奉	603
囈	1010	坦	1526	堙	1145	16 壤	284	奔	625
口 部		坪	1573	場	1200	壚	397	奄	973
2 四	663	幸	1641	堤	1280	壟	402	6 契	86
囚	832	6 垢	166	塚	1462	士 部		奎	197
3 団	273	城	773	堕	1523	士	659	奏	1329
因	1144	垣	1067	塔	1531	1 壬	1165	奕	1648
回	1708	垓	1630	10 塙	16	3 壮	1194	7 套	1548
4 困	110	型	1662	塊	147	4 売	456	奚	1634
図	312	7 埆	15	塗	322	声	771	9 奢	683
囮	1024	埒	244	墓	494	壱	1163	奥	1016
囲	1078	埋	458	塞	728	9 壻	743	奠	1238
5 固	96	埃	934	塑	805	壺	1671	10 奬	1201
国	175	8 堀	185	塒	874	夂(夊)部		11 奪	1530
圀	389	基	232	塩	996	2 冬	334	13 奮	628
6 圏	181	埼	233	埜	1004	6 変	580	女 部	
7 圃	1581	涇	268	塡	1238	7 夏	1610	女	253
9 圈	190	堂	290	11 境	81	17 夔	239	2 奴	260
10 園	1070	培	560	墨	505	夕 部		3 奸	17
土 部		埠	616	塾	851	夕	746	妄	452
土	1537	埤	648	墫	1243	2 外	1032	妃	640
2 圧	929	聖	917	増	1352	3 多	269	如	976
3 圭	197	域	983	塵	1385	10 夢	491	好	1666
在	1206	埦	1027	塹	1408	11 夥	130	4 妓	225
地	1356	執	1389	12 墳	628	大 部		妙	492
4 坎	25	埴	1503	墝	1042	大	292	妨	549

字	頁	字	頁	字	頁	字	頁	字	頁
妣	641	婁	409	嬰	1005	宗	1312	寸部	
妖	1037	婦	616	嬬	1099	宙	1328	寸	1459
妊	1165	婢	648	孀	1304	6 客	44	3 寺	666
妥	1522	婀	915	16 孋	360	宣	755	4 対	306
5 姑	96	婉	1027	17 孎	727	室	899	寿	833
姐	281	婬	1109	子部		宥	1091	6 耐	253
妹	457	婥	1187	子	1171	7 家	7	封	604
姓	771	娟	1410	子	1654	宮	187	専	1234
始	869	嫩	1472	1 孔	117	宵	796	7 射	679
委	1078	娶	1497	2 孕	1170	宸	890	将	1198
姉	1178	婆	1556	3 存	1309	宴	986	8 尉	1081
姐	1212	婚	1675	5 季	85	容	1046	9 尋	905
妻	1418	9 媒	459	孤	97	宰	1208	尊	1310
妾	1435	媚	523	孟	463	害	1634	12 導	325
妬	1548	婿	743	学	1613	宦	1697	小(⺌)部	
6 姦	18	媛	1070	6 孩	1630	8 寇	167	小	784
姧	18	10 嫁	9	7 孫	812	寄	233	1 少	792
姥	479	媾	169	8 孰	849	宿	849	3 当	286
妍	985	媼	265	11 孵	619	寅	1145	尖	1434
威	1078	嫂	842	14 孺	1099	寂	1221	5 尚	715
姨	1127	媪	1022	宀部		9 寐	459	10 尠	759
姻	1145	媒	1388	3 守	832	富	618	尣部	
姙	1165	嫌	1657	安	921	寓	1056	6 単	274
姿	1179	11 嫗	171	宇	1052	寒	1618	8 巣	800
姪	1387	嫩	265	字	1172	10 寛	135	9 営	1003
姮	1628	嫣	973	宅	1536	寝	1514	14 厳	974
7 娘	248	嫡	1222	4 宏	148	11 寡	130	尢(允·兀)部	
娩	445	嫖	1588	宋	813	寧	260	尢	1029
娌	523	嫦	1630	完	1026	寥	406	1 尤	1050
娑	679	12 嬌	154	宍	1101	寬	443	4 尨	549
娠	890	嬋	760	5 官	132	寤	1017	5 尩	1031
娥	915	嬉	1736	宝	588	察	1405	9 就	1497
娟	986	13 嬢	952	実	897	寨	1415	尸部	
娯	1014	嬖	1577	宛	1026	12 寮	406	尸	866
姫	1735	14 嬲	265	宜	1116	審	906	1 尺	1419
8 婪	361	嬪	653	定	1263	16 寵	1465	2 尻	94

尼	267	6 峠	716	工部		崛	920	7 庫	100
3 尽	1376	峙	1502	工	112	幅	1584	唐	288
4 局	174	峡	1658	2 巧	149	10 幕	442	席	750
尿	264	7 島	315	左	1317	幌	1706	庭	1268
尾	519	峰	604	4 巫	495	11 幔	448	座	1319
屁	641	峯	604	7 差	1397	幣	784	8 康	34
5 居	47	峨	915	己(已・巳)部		12 幢	291	庶	742
届	85	峻	1336	己	221	幡	571	庵	927
屈	185	峭	1453	已	659	幟	1506	庸	1047
6 屎	869	8 崎	234	巳	1124	幤	1577	9 廊	364
屍	869	崙	418	1 巴	1553	干部		廂	723
屋	1020	崚	421	6 巻	188	干	16	廁	1500
7 履	200	密	527	巷	1628	2 平	1571	廃	1576
屑	764	崩	638	9 巽	812	3 年	256	10 廉	387
展	1235	崇	857	巾部		5 幷	586	廈	1612
8 屛	587	崖	934	巾	52	10 幹	21	11 廓	131
9 屠	319	崢	1211	2 市	866	幺部		12 慶	81
属	810	崔	1466	布	1578	1 幻	1696	廟	495
屝	1189	9 嵌	26	3 帆	574	2 幼	1084	塵	1243
11 屢	409	嵐	361	希	1735	6 幽	1091	廚	1333
層	1501	10 嵩	858	5 帛	569	9 幾	234	廠	1412
12 履	427	嵯	1399	帙	1387	广部		13 廩	421
屮(屮)部		11 嶄	1408	帖	1435	2 広	139	16 廬	375
1 屯	347	13 嶼	746	帚	1468	庁	1437	廴部	
山部		嶮	1647	帑	1531	3 庄	1194	廴	1137
山	689	14 嶺	392	帔	1596	4 庇	641	4 廷	1262
3 屹	1733	嶽	920	6 帥	836	床	714	5 延	984
4 岌	218	巍	968	帝	1277	序	738	6 建	52
岐	225	17 巖	929	7 帰	193	応	1112	廻	1710
岑	1190	巉	1408	帯	308	5 庚	74	廾部	
5 岬	31	18 巍	1037	師	680	府	611	1 升	860
岡	32	19 巑	1404	8 常	721	底	1213	2 弁	579
岳	917			帷	1092	店	1253	4 弄	402
岸	922	巛(川)部		帳	1198	庖	1579	12 弊	1577
岩	926	川	1423	9 帽	480	6 度	313	弋部	
岨	1213	3 州	1323	幇	555	庠	716	3 式	876

部首索引 1747

弐	1126	彳部		衝	1490	7 悩	264	愷	43	
9 弑	874	彳	1419	13 衛	1083	悧	425	慊	72	
弓部		3 行	1637	衡	1663	恪	430	愧	147	
弓	186	4 彷	549	21 衢	174	悚	815	慄	420	
1 引	1138	役	979	忄部		悦	992	慎	891	
弔	1285	5 徑	74	2 忉	312	悟	1015	愴	1411	
2 弗	637	往	1030	3 忙	453	悒	1112	11 慷	36	
弘	1678	征	1265	忖	1460	悛	1235	慣	135	
3 弛	1126	徂	1290	4 忸	266	悌	1277	慢	448	
4 弟	1275	彼	1595	忡	1488	悄	1453	慴	860	
5 弩	261	6 待	307	快	1517	悖	1563	慥	1301	
弥	520	律	419	忻	1732	悍	1617	憎	1353	
弦	1649	衎	985	5 怯	57	8 悸	88	慙	1408	
弧	1669	徊	1710	怪	146	悼	317	慟	1545	
7 弱	946	後	1719	恰	389	惇	331	12 慳	21	
8 強	34	7 徒	315	佛	638	惘	454	憬	81	
張	1199	徐	739	性	772	惜	751	憍	154	
9 弾	1527	從	1312	怏	933	惟	1092	憧	343	
弼	1599	8 得	348	怺	1002	情	1269	憐	384	
13 彊	37	徠	366	怡	1127	惨	1407	憫	527	
14 彌	524	徘	560	怵	1487	悵	1410	憤	628	
19 彎	450	徙	681	怖	1579	惱	1410	憔	1457	
彑(彐)部		徜	723	怙	1669	悽	1418	憚	1528	
彑	84	術	857	6 恪	15	惕	1420	13 憾	30	
8 彗	1664	衒	1650	恬	259	惆	1472	憶	968	
10 彙	1726	9 街	9	恃	869	悴	1490	懊	1017	
彡部		復	595	恫	1541	惚	1678	懈	1635	
彡	706	循	854	恨	1617	9 愕	920	懐	1713	
4 形	1661	御	955	恒	1629	愉	1093	14 懦	242	
6 彦	972	徨	1706	恊	1658	愀	1454	16 懶	353	
8 彬	655	10 微	523	恍	1701	愒	1490	17 懺	1409	
彫	1292	衙	916	悔	1710	惻	1500	18 懼	174	
彩	1414	徭	1040	恢	1711	惰	1523	儡	769	
彪	1587	11 德	311	恤	1728	慌	1706	扌部		
11 彰	1412	徴	1391	恂	1729	惶	1706	才	1204	
12 影	1004	12 徹	1433	恰	1734	10 慨	43	2 払	637	

	打	1519	拍	529	搜	839	捷	1435	撞	291
3	扛	32	拜	556	挨	934	推	1472	撈	397
	扣	164	押	930	捐	986	探	1530	撩	407
	扱	217	拗	1038	挺	1268	9 揆	198	撫	503
	扔	1144	抵	1214	挫	1320	握	920	撲	531
	扠	1394	拙	1311	振	1378	挪	943	撥	547
	托	1524	拄	1328	捉	1400	揚	950	撒	698
	扞	1616	拓	1419	挪	1419	搖	1039	撰	1403
4	抉	69	招	1450	捌	1562	援	1070	撤	1433
	技	225	抽	1468	捕	1581	揉	1093	撮	1466
	抖	344	拆	1524	8 据	50	揖	1112	播	1556
	拔	542	抛	1579	揭	57	揃	1238	13 撿	57
	抔	580	抱	1579	控	125	提	1281	擒	216
	扶	610	披	1596	掛	144	揣	1490	擂	404
	抔	610	拡	1694	掬	181	搭	1531	擁	1024
	扮	625	6 挌	58	掘	185	挫	1565	操	1304
	批	641	拷	99	捲	190	換	1697	擅	1430
	抒	739	拱	124	捺	244	揮	1726	14 擱	16
	扼	937	括	139	捻	259	10 搦	268	擅	311
	抑	968	挂	144	掉	317	搞	323	擣	326
	折	1249	拮	241	掏	317	搏	531	擯	656
	抓	1289	挑	314	掠	367	搬	541	擬	1118
	抄	1447	拯	386	振	386	摂	769	擦	1405
	択	1537	拾	859	描	493	搔	805	擢	1525
	投	1547	拭	877	排	560	損	812	擤	1663
	把	1553	按	923	捧	604	搢	1385	15 擽	368
	抗	1628	拵	1309	捨	681	搾	1402	擾	1042
5	拒	49	指	1364	掃	801	搨	1531	擲	1420
	拠	49	持	1366	授	840	携	1727	擺	1557
	拐	146	挲	1405	掖	937	11 摑	148	17 攘	953
	拘	166	挾	1658	掩	974	摸	480	攏	1409
	拈	259	7 捃	184	捥	1027	摘	1222	20 攪	156
	担	281	捏	244	接	1256	摺	1257	攫	292
	拉	363	捄	402	掟	1270	摧	1468	攬	1695
	抹	451	挽	445	措	1293	12 撚	258	氵 部	
	拇	495	挿	708	採	1414	撓	265	2 氾	574

汀	1259	泄	763	淚	408	淹	974	湯	1531
計	1350	沼	794	流	411	淫	1109	港	1629
3 江	32	沿	985	浬	425	渚	1215	湖	1671
氾	574	泳	1001	浮	613	淀	1236	渾	1677
汐	750	油	1089	浜	654	済	1278	渙	1698
汝	977	泣	1111	消	796	淙	1313	10 溝	170
汚	1013	沮	1214	涎	986	添	1434	溺	268
池	1360	注	1328	涓	986	清	1439	滔	324
汗	1616	治	1501	浣	1027	涸	1615	滝	402
4 決	69	波	1553	浴	1043	涵	1623	溜	414
汲	218	泡	1580	涌	1046	混	1676	漠	443
汽	226	河	1609	涅	1112	9 減	27	滅	468
沐	489	泫	1649	涔	1190	渠	50	溟	475
没	490	況	1701	浙	1251	湛	283	滂	555
泛	575	6 泊	86	酒	1330	渡	321	溯	806
沙	670	洗	142	浚	1337	満	446	溲	842
沁	904	洞	339	涕	1444	湾	447	潯	1044
沃	1020	洛	354	浸	1513	渺	494	溶	1047
汪	1030	洩	764	浦	1581	渤	546	源	1070
沖	1489	洗	779	浩	1671	渣	683	溢	1164
沈	1511	洒	816	8 渴	23	湘	723	滓	1210
汰	1535	洵	853	淦	26	渭	743	準	1337
沢	1537	洋	948	渓	88	渫	766	滄	1411
沛	1562	洟	1127	淡	282	湿	859	滞	1445
沆	1628	浄	1265	淘	317	渥	920	漢	1620
洹	1667	洲	1329	涼	371	淵	987	溘	1627
5 泔	25	津	1377	淪	418	温	1021	漚	1677
沽	97	浅	1428	淋	432	渦	1025	滑	1700
泥	267	派	1554	渋	708	湧	1047	溷	1706
泪	408	海	1630	淅	751	渭	1081	11 滾	111
沫	451	洪	1678	渉	768	游	1094	漣	383
泯	526	活	1699	淑	851	湮	1145	瀝	399
泊	529	洶	1729	淳	854	滋	1179	漏	410
法	575	洽	1734	深	904	渟	1271	漫	448
泌	641	7 涅	258	涯	934	湊	1333	滲	707
沸	641	浪	364	液	937	測	1500	漱	844

漁	966	澣	1620	6 狡	150	4 芡	25	芯	1599
演	990	14 濤	326	独	327	芥	39	6 茶	270
漪	1118	濛	491	狩	836	芹	204	荔	374
滴	1223	濡	1099	狢	1615	芦	396	茫	454
漸	1255	濯	1525	狭	1658	芳	549	茗	475
漕	1301	濠	1673	7 狷	65	芙	611	茱	839
漬	1371	潤	1701	狼	364	芬	626	茹	979
漲	1412	15 瀆	331	狸	425	芝	707	茸	1047
滌	1420	濫	362	8 獵	388	芯	904	茵	1145
漆	1511	濾	375	猛	464	芸	1007	荏	1166
漂	1588	瀏	415	猫	493	苅	1007	茨	1179
12 澗	21	瀉	687	猜	873	芸	1060	茲	1179
潔	72	瀑	1585	猊	1008	芫	1067	莊	1197
潰	193	16 瀝	378	猗	1116	芭	1554	茜	1428
潭	283	瀨	405	猪	1215	花	1685	草	1451
潦	407	瀕	656	猖	1410	5 茄	6	荇	1641
潑	547	瀦	1217	9 猯	277	苟	6	荊	1663
潸	697	瀞	1275	猩	775	莖	74	荒	1701
潟	752	17 瀾	360	猥	1036	苦	97	茴	1711
澆	1042	瀲	387	猶	1094	苟	167	7 莾	319
潤	1102	瀰	525	10 獅	685	茉	451	莨	364
潺	1189	瀟	808	猿	1071	莓	458	莉	425
潛	1190	瀼	953	猾	1701	茅	479	莫	442
潴	1217	18 灌	138	11 獏	462	苜	490	茵	475
潮	1302	19 灘	1528	獄	1021	苗	492	莎	683
澄	1391			獐	1202	茂	496	莫	953
澎	1565	犭部		13 獲	1714	芽	914	莞	1027
潢	1706	2 犯	574	14 獰	260	若	944	莠	1093
13 激	59	4 狂	141	16 獵	281	英	1001	荻	1221
濃	263	狄	1217	17 獼	525	苑	1066	荷	1611
澪	391	狆	1489			苴	1215	荅	1623
濊	1009	5 狗	166	艹(艹·艸)部		苧	1215	莟	1641
澳	1018	狛	529	2 艾	933	苦	1255	莧	1651
澱	1244	狒	642	3 芒	453	苔	1535	莢	1660
澡	1304	狎	932	芋	1052	萃	1574	華	1692
濁	1525	狙	1214	芍	1186	苞	1580	8 菰	104
		狐	1669	芝	1361				

莧	111	蒿	1025	蓬	606	蘊	1023	蘘	953
菓	127	葦	1082	蔀	620	蘭	1073	蘖	973
菅	134	蓇	1182	蓼	707	薏	1119	藝	1005
菊	181	葬	1200	萩	812	薔	1204	19 蘿	353
菌	199	葺	1350	尊	856	截	1350	阝(右)部	
菫	206	蔥	1462	蔚	1063	薦	1430	4 那	242
萄	322	萩	1473	蔭	1111	薙	1446	邦	550
萊	366	葡	1582	蔗	1183	薤	1636	邨	1460
菱	421	葫	1672	蔦	1301	薰	1724	5 邪	675
荞	454	葷	1724	蔟	1308	薨	1725	邱	1214
萌	464	萱	1725	蔕	1446	14 薬	106	邯	1617
菝	546	10 蓋	43	12 蕎	155	臺	311	6 郊	151
菩	592	蒟	172	蕨	191	薮	443	郎	363
菲	650	蓮	382	蕁	284	薩	698	郁	1060
菽	851	蒙	491	蕉	504	薯	746	7 郡	184
菘	858	蓑	686	蕃	571	藉	1184	郢	1003
菴	927	萠	688	蔬	807	齏	1284	8 郭	131
萎	1081	蒜	696	蕈	906	15 藤	351	郯	283
著	1215	蓆	752	蕊	1009	藍	362	都	318
菖	1410	蒐	844	蕋	1009	藜	375	部	617
菜	1414	蓚	844	蕓	1062	藩	572	郵	1056
萋	1418	蒔	874	蕆	1203	藪	848	鄕	1643
菁	1442	蓍	876	蕉	1457	藕	1059	11 鄙	651
萃	1490	蔘	1044	蕞	1468	16 蘭	360	12 鄰	430
菟	1540	蓉	1048	蕩	1533	蘆	397	鄭	1274
菠	1556	蓙	1320	蔽	1577	蘭	431	阝(左)部	
萍	1574	蒸	1351	13 薑	37	蘇	808	3 阡	1427
9 葭	10	蒼	1412	薊	90	藷	936	4 防	550
葛	23	蕃	1478	薦	363	藥	1010	阮	1026
葵	198	蒲	1583	蕗	397	蘊	1023	阪	1558
董	342	蓖	1597	蕾	405	諸	1217	5 附	611
落	354	蒿	1672	薇	524	藻	1305	阿	914
葎	420	11 蓼	407	薄	532	17 蘧	51	阻	1290
葶	920	蔓	449	蕭	807	蘞	387	陀	1522
葯	946	蔑	469	薪	896	蘩	573	6 陋	408
葉	999	蔤	528	薬	946	蘚	762	陌	462

	限	1617	**4 획**		8 悲	649	戎	1102	支 部
7	降	33			惣	1462	3 戒	84	支 1354
	陸	863	心(忄)部		惑	1675	我	913	支(攵)部
	院	1069	心	900	9 感	28	4 或	1674	支 594
	除	1277	1 必	1598	憨	527	7 戛	926	3 改 39
	陣	1379	3 忌	226	想	724	戚	1420	攻 119
	陸	1575	忘	453	愁	842	8 戟	200	孜 1177
	陷	1623	忍	1144	愛	934	9 戡	29	4 放 551
8	陶	317	志	1362	惹	943	戰	1238	5 故 99
	陸	417	4 念	259	愚	1057	10 截	1253	政 1266
	隆	420	忿	626	愈	1096	11 戮	418	6 敏 526
	陵	421	忝	1434	意	1116	戲	1736	7 教 151
	陪	561	忩	1461	慈	1181	13 戴	311	救 168
	陰	1109	忠	1489	10 慕	481	戶(戸)部		敎 682
	陳	1384	忽	1677	慇	1105	戶	1665	敫 1015
	陬	1473	5 急	218	態	1536	3 戾	373	敗 1563
	險	1647	怒	261	11 慮	375	4 房	551	8 敢 28
9	階	88	思	676	慾	1044	所	794	敬 78
	隊	310	怨	1067	憂	1058	5 扁	1567	敦 331
	隨	841	怎	1350	慰	1083	6 扇	756	散 694
	隋	842	怱	1462	慫	1315	7 扈	1671	敵 1577
	陽	950	怠	1535	憋	1408	8 扉	649	9 數 843
	隈	1036	6 恐	124	慧	1664	手 部		10 敲 105
	隅	1057	恭	125	12 憩	57	手	819	11 敷 619
	隧	1281	戀	381	憑	658	4 承	861	敵 1224
10	隔	58	恕	739	憗	1106	6 擧	49	12 整 1275
	隙	202	息	880	憲	1647	拳	189	13 斂 387
	隘	934	羞	949	13 懇	21	拿	242	14 斃 1577
	隗	1037	恩	1103	14 懲	1392	8 掌	1201	文 部
	隕	1062	恁	1166	16 懸	1654	掣	1431	文 506
11	隱	1103	恣	1179	18 懿	1120	11 擊	59	8 斑 540
	障	1202	惠	1664	戈 部		摩	440	斐 649
	際	1281	7 悉	899	戈	126	摹	482	斗 部
13	隣	430	惡	917	1 戊	495	摯	1372	斗 344
	隧	846	悠	1093	2 戌	769	15 攀	542	6 料 406
16	隴	402	患	1697	戌	857	19 攣	385	7 斛 109

斜	682	旻	526	智	1371	有	1085	朕	1389
9 斟	1389	昔	750	晴	1441	3 肝	17	脊	1419
10 斡	926	昇	861	暁	1717	肚	344	脆	1497
斤部		昂	933	9 暇	10	肘	1326	勢	1659
斤	202	易	980	暖	242	肖	1447	脇	1659
1 斥	1419	旺	1031	暗	927	肛	1628	胸	1729
4 斧	611	昌	1409	暈	1724	4 肩	64	7 脚	15
7 断	276	昏	1675	暉	1726	股	98	脛	75
斬	1407	5 昵	268	10 暦	378	肱	148	脳	264
8 斯	683	昧	458	暮	481	肯	220	豚	331
9 新	891	冒	479	暢	1412	肪	553	望	454
方部		昴	493	11 暫	1191	服	594	脣	854
方	547	星	773	暴	1584	朋	638	脱	1529
4 於	953	昭	796	12 曇	283	肥	642	脯	1582
5 施	869	是	870	13 曙	746	育	1101	8 腔	36
6 旅	373	映	1002	曖	936	肢	1362	期	235
旁	553	昨	1186	14 朦	492	肴	1716	胼	582
旆	1236	昼	1329	曜	1042	5 胛	31	腑	618
7 旋	756	春	1480	15 曠	143	胆	282	腓	650
旌	1270	6 晟	774	曝	1585	背	557	脾	650
族	1308	晒	817	17 曩	248	胚	558	腊	751
9 旒	414	時	870	曰部		胥	739	勝	863
10 旗	236	晏	923	曰	1029	胃	1079	腋	937
无(旡·无)部		晃	1291	2 曲	107	胤	1102	腕	1027
5 既	230	晋	1380	曳	1007	胝	1368	朝	1298
日部		晁	1704	3 更	45	胎	1535	脹	1411
日	1159	7 晨	891	6 書	739	肺	1574	9 腱	54
1 旧	162	晤	1016	7 曼	446	胞	1580	腹	596
旦	273	晡	1582	曹	1293	胡	1670	腺	759
2 旭	1059	晦	1711	8 曾	1351	6 胯	127	腥	775
早	1287	8 景	77	替	1445	能	266	腮	874
旨	1361	晩	447	最	1466	胴	340	腎	895
3 旱	1617	普	591	月(月·月)部		朗	364	腭	920
4 昆	110	暑	743	月	1074	脈	462	腰	1040
明	472	晢	751	2 肌	221	朔	688	腴	1096
杳	493	晶	1271	肋	420	脂	1368	腸	1202

	腫	1314	**木部**		枌	626	染	995	梅	1236
10	膈	59	木	482	枇	642	栄	1002	株	1332
	膏	105	1 末	450	析	750	柔	1091	桎	1387
	膂	375	未	517	松	813	柚	1092	核	1636
	膜	443	本	600	枡	862	柘	1179	桁	1662
	膊	531	札	1405	柄	1007	柞	1187	7 桷	15
	膀	555	朮	1487	柾	1031	柾	1267	桿	19
	膃	1023	2 机	192	杵	1214	柊	1312	梲	65
	腿	1546	朷	377	籽	1214	柱	1330	梗	75
11	膕	148	朴	529	桙	1311	枳	1368	械	88
	膠	154	朱	1323	枝	1362	柵	1416	桔	109
	膚	620	朶	1522	采	1413	柝	1524	梱	110
	膝	858	朽	1718	杪	1451	枥	1711	梛	242
	膣	1388	3 杠	32	枢	1468	6 栞	19	梁	371
12	滕	351	杞	226	枕	1512	桀	55	梨	425
	膳	762	杜	344	板	1558	格	58	梶	523
	膵	1490	来	365	柿	1574	桂	87	梵	575
	膨	1565	李	422	杭	1628	栲	100	桴	617
13	膿	263	杢	489	欣	1647	框	142	梻	638
	臀	348	杣	692	5 架	6	校	151	梭	682
	膽	351	杉	706	枷	6	根	204	梳	801
	臈	363	束	808	柑	25	桔	241	梧	1016
	臂	653	杙	1131	枯	99	桃	317	梓	1209
	臆	969	杓	1186	柧	100	桐	340	梲	1251
	膺	1114	杖	1194	枢	167	栗	420	梃	1270
	膾	1713	材	1208	枸	167	梅	458	梯	1278
14	臑	262	条	1289	柃	389	桙	480	梢	1453
	朦	492	村	1460	柳	410	桑	719	梔	1503
	臍	1284	杏	1641	某	480	桒	719	梻	1514
15	臏	138	4 杲	99	栂	480	栖	742	桶	1543
	臙	363	果	126	柏	569	柴	872	梟	1717
	臟	1204	東	337	柄	586	案	923	8 検	56
16	騰	351	枓	345	抱	612	桜	938	棍	111
	朧	402	林	431	査	678	桟	1188	棺	134
	臘	992	枚	457	相	716	栽	1208	極	200
17	臙	351	杯	556	柿	870	栓	1236	棘	202

棋	235	楊	951	榛	1385	櫜	1525	止(止)部	
棊	235	業	975	槍	1412	13 檀	37	止	1355
棠	290	椽	988	槌	1474	橄	60	1 正	1259
棹	322	械	1082	楊	1531	檀	280	2 此	1394
棟	342	楡	1096	椿	1622	檔	291	4 武	496
椋	371	楢	1096	樺	1694	檣	1204	歩	589
椚	421	楮	1216	11 槨	131	檉	1275	5 歪	1031
棉	467	楪	1257	權	191	檞	1636	9 歳	783
棒	605	楫	1350	槻	199	檜	1713	10 歴	378
椣	618	楚	1456	槿	207	14 櫃	193	歹 部	
棚	639	楤	1462	樏	414	櫂	326	歹	926
森	707	楸	1473	樒	528	檳	656	2 死	666
棲	743	椿	1482	樊	571	檸	1005	4 歿	490
植	881	楕	1523	樟	1203	15 櫟	379	5 殃	933
椀	1028	楓	1594	樗	1217	樐	397	俎	1290
椅	1116	楷	1634	槽	1303	櫛	1349	殆	1535
棗	1299	10 榎	10	樅	1316	檻	1624	6 殊	839
椋	1314	概	43	槧	1408	16 欄	360	殉	853
椙	1411	槁	106	樋	1545	櫨	397	残	1188
椒	1454	榾	112	標	1588	17 欅	51	8 殖	881
棰	1473	槙	126	横	1714	櫺	392	10 殞	1062
椎	1473	槐	147	12 橄	30	欠 部		12 殪	975
9 棄	236	構	171	樫	68			14 殯	656
楠	247	榴	414	橋	154	欠	68	17 殲	768
椴	279	槇	475	橘	200	2 次	1393	殳 部	
楽	356	模	481	機	237	4 欧	166	殳	826
楝	382	槃	541	橙	351	欣	1732	4 殴	166
楼	409	榜	555	橅	504	7 欲	1044	5 段	276
楞	422	榑	619	樸	533	欷	1736	6 殺	698
楳	461	榁	651	橡	726	8 款	134	殷	1103
楣	524	槎	686	樹	846	欹	235	7 殻	15
楔	766	槊	688	橈	1042	欺	235	9 殿	1240
楯	855	榊	896	樽	1338	10 歌	10	毀	1726
楳	906	様	951	樵	1457	11 歎	1528	10 穀	109
椰	943	榕	1048	櫧	1499	歓	1698	11 毅	1118
楮	946	榠	1243	橢	1524	12 歔	1646	12 毈	280

13 穀	109	灰	1709	煥	1698	烝	1350	片 部	
穀	109	*3* 灸	164	煌	1706	*7* 焉	973	片	1565
母 部		灼	1186	*10* 煽	760	烹	1564	*4* 版	1559
母	495	災	1208	熄	882	*8* 無	497	*8* 牌	1564
1 母	477	炉	396	熅	1022	然	987	*9* 牒	1436
2 每	455	炎	995	熔	1048	煮	1180	*10* 牓	555
4 毒	326	炙	1178	熒	1663	焦	1454	牙(牙)部	
比 部		炒	1451	熇	1675	*9* 煎	1240	牙	912
比	639	炊	1492	*11* 熨	1083	照	1299	牛(牜)部	
毛 部		*5* 炬	49	*12* 燉	332	煦	1723	牛	1050
毛	476	炳	586	燗	360	*10* 熊	1064	*2* 牝	654
4 毟	479	炻	750	燎	407	熏	1724	*3* 牢	403
7 毯	168	炸	1187	燐	430	*11* 黙	505	牡	478
毫	1671	炷	1330	燔	571	熟	851	*4* 牧	489
8 毳	1498	炭	1526	燃	991	熱	993	物	513
11 氀	707	炫	1649	燄	998	熬	1017	*5* 牲	736
13 氈	1244	炯	1662	燉	1457	勲	1724	牴	1214
氏 部		*6* 烙	354	熾	1506	熙	1737	*6* 特	1550
氏	910	烟	986	*13* 燮	769	*12* 燕	992	*7* 牽	65
1 民	525	*7* 烽	605	燧	848	爪(爫·爫)部		*8* 犁	374
气 部		*8* 焙	561	燠	1060	爪	1285	犇	628
2 気	222	焚	627	燥	1304	*4* 爬	1554	犀	743
6 氤	1145	焼	801	燦	1404	*5* 爰	1067	*10* 犒	1672
水(氵)部		焠	858	燭	1459	*13* 爵	1187	*11* 犛	428
水	826	焰	996	*14* 燼	896	父 部		*13* 犠	1737
1 氷	657	焱	996	燿	1043	父	607	*15* 犢	331
永	1000	焜	1677	燻	1725	*9* 爺	943	犬 部	
3 求	164	焌	1732	*15* 爍	689	爻(爻)部		犬	60
4 沓	284	*9* 煖	243	爆	1585	爻	1716	*3* 状	715
5 泉	1428	煉	382	*17* 爛	361	*7* 爽	723	*9* 献	1646
6 泰	1535	煤	461	*25* 爨	1404	*10* 爾	1130	*12* 獣	847
8 森	494	煩	570	灬 部		爿 部		礻(示)部	
11 漿	1203	煬	951	*5* 為	1079	爿	1193	*1* 礼	392
火 部		煙	988	点	1254	*4* 牀	716	*3* 社	670
火	1682	煠	1191	*6* 烈	386	*13* 牆	1204		
2 灯	349	煆	1612	烏	1015				

4 祈	229	迷	520	遇	1057	**5 획**		瑟	858
祉	1363	送	814	運	1060			瑤	1041
5 神	887	逆	980	遊	1094	玄部		瑜	1096
祐	1055	迹	1220	逾	1096	玄	1649	瑕	1612
祖	1290	追	1468	遉	1271	玉(王·玊)部		瑚	1672
祝	1476	退	1545	適	1333	王	1029	*10* 瑰	147
6 祥	719	*7* 逞	75	遅	1370	玊	1018	瑠	414
7 視	873	途	316	遍	1569	*3* 玖	165	瑪	440
8 祿	399	逗	345	逼	1601	玔	1427	瑣	817
9 福	597	連	379	遐	1612	*4* 玫	457	瑳	1400
禪	759	逞	389	遑	1706	玢	654	*11* 璆	172
禎	1271	逢	605	*10* 遣	66	玩	1027	璃	428
禍	1693	逝	739	遡	806	*5* 珈	6	璞	533
辶(辶·辵)部		逍	801	遜	813	玳	308	*13* 璧	579
		速	810	遠	1071	玲	389	環	1698
1 辷	1163	這	1215	違	1082	珊	693	*14* 瓊	82
2 辺	580	逖	1221	*11* 遯	348	珍	1377	璽	728
辻	909	造	1291	遨	1017	玻	1554	*17* 瓔	1005
込	1170	逡	1337	適	1223	*6* 珪	197	瓜部	
3 巡	852	逓	1445	遭	1301	班	539	瓜	126
迅	883	逐	1477	遮	1400	珠	1332	*6* 瓠	1671
迂	1054	通	1541	*12* 遼	407	*7* 球	168	*11* 瓢	1589
迆	1428	透	1548	選	760	琅	364	*14* 瓣	1560
迄	1733	逋	1582	遲	768	琉	413	瓦部	
4 近	202	*8* 逬	588	遺	1097	理	425	瓦	1024
返	538	逸	1164	遵	1338	琢	1525	*4* 甕	1023
迎	1001	週	1332	遷	1429	現	1651	*6* 瓶	587
迪	1345	進	1383	*13* 遽	51	*8* 琴	215	瓷	1179
5 迦	6	逮	1445	邁	461	琳	432	*9* 甄	68
迯	314	*9* 過	128	邀	1042	琺	578	甌	427
迫	529	遏	247	避	1598	琵	650	甓	1474
述	857	達	281	邂	1636	琰	996	*11* 甌	173
迪	1220	道	320	還	1698	瑛	1004	甕	464
迭	1387	遁	348	*14* 邋	443	琥	1672	甑	1244
迢	1453	遂	841	*15* 邃	375	*9* 瑁	311	*12* 甒	1353
6 逃	314	遥	1040	*19* 邏	354	瑞	744	*13* 甕	1024

甘部		暇	1431	痢	426	15 癬	1253	益	1131
甘	24	10 畿	237	痞	650	16 癲	353	6 盜	319
4 甚	904	14 疆	38	痾	804	癩	1226	盛	774
6 甜	1435	疇	1334	痤	1320	17 癖	763	8 盟	464
生部		疋(正)部		痣	1371	癭	1005	盞	1189
生	730	疋	1599	痛	1543	18 癰	1024	10 監	29
6 産	693	7 疎	803	8 痼	105	19 癲	1245	盤	541
7 甥	737	疏	804	痰	283	癶部		11 鹽	137
甦	803	9 疑	1118	痲	432	4 癸	86	盧	397
用部		疒部		痳	440	発	544	12 盪	1533
用	1045	2 疔	1263	痺	650	7 登	349	目部	
2 甫	588	3 疚	166	痾	916	白部		目	486
田部		疝	692	痰	966	白	561	3 盲	463
甲	30	4 疥	40	痴	1504	1 百	567	直	1372
申	882	疫	983	9 瘍	952	2 皁	1290	4 看	18
由	1085	疣	1055	瘖	1111	3 的	1220	眇	493
田	1226	5 痂	9	瘋	1594	4 皆	40	眉	521
2 男	244	疳	25	瘠	1615	皇	1703	省	774
町	1262	疴	167	10 瘤	414	6 皋	104	盾	853
4 界	86	疼	341	瘢	541	皎	153	眈	1530
毘	645	病	586	瘦	845	7 皓	1672	県	1650
畏	1036	痺	647	瘡	1413	10 皚	936	5 眠	467
畑	1235	疽	1215	瘠	1420	皞	1673	真	1380
5 留	413	症	1351	11 瘰	352	皮部		眩	1650
畝	493	痕	1369	瘦	410	皮	1595	6 眶	142
畔	540	疹	1380	瘴	1203	7 皴	1337	眷	190
畚	626	疾	1387	瘭	1589	9 皷	185	眸	480
畠	1236	疱	1581	12 癇	22	皹	185	眴	854
畜	1477	疲	1596	癆	397	10 皺	1474	眼	923
6 略	367	痃	1650	療	407	皿部		眥	1278
異	1127	6 痒	949	癌	928	皿	469	眦	1279
畢	1599	疵	1179	癈	1577	3 盂	1054	眺	1293
畦	1727	痔	1503	13 癘	375	4 盃	558	7 睇	1281
7 番	570	痕	1732	癖	579	盆	626	着	1400
畳	1436	7 痙	78	癒	1100	盈	1003	8 督	329
8 畸	236	痘	345	癥	1244	5 盌	1027	睦	490

睥	650	3	矻	185	磔	1417	禾部		稿	106
睡	844	4	砒	645	確	1694	禾	1685	穗	845
睨	936		砂	678	11 磬	81	2 利	422	稷	1375
睨	1008		砕	817	磨	441	私	671	11 穆	490
睛	1271		研	985	磚	1244	秀	833	穆	707
睫	1437		砌	1444	12 磽	155	3 和	1689	穎	1005
10 瞑	476	5	砥	1369	磯	239	4 科	127	穏	1022
瞋	1385		砧	1513	磷	431	秕	645	積	1224
11 瞠	291		破	1554	礁	1458	秒	1453	12 穉	1507
瞞	449		砰	1564	13 礒	291	秋	1470	13 穣	952
12 瞰	30		砲	1581	礦	1119	5 秣	451	穢	1009
瞳	343	6	硅	198	礎	1458	秘	647	穫	1695
瞭	407		砦	1415	14 礐	979	秧	933	15 穰	376
瞥	583	7	确	15	15 礦	143	租	1292	穴部	
13 瞼	57		硬	78	礪	376	秦	1383	穴	1654
瞽	107		硫	414	礫	379	秩	1388	2 究	165
瞿	174		硯	988	攀	542	秕	1487	3 空	120
瞬	856		硨	1399	示(礻)部		称	1516	穹	187
瞻	1435		硝	1454	示	867	秤	1516	突	332
15 矍	1695	8	碁	236	3 祁	229	6 移	1129	4 窈	1250
19 蠱	1459		碓	311	祀	675	7 程	19	窕	1267
矛部			碌	399	4 祇	229	税	782	穿	1429
矛	478		碰	639	袄	1650	程	1271	5 窖	1039
4 矜	220		碍	936	5 祓	638	稍	1455	窈	1039
8 矠	730		碗	1028	祠	681	稀	1736	窄	1400
矢部			碇	1271	祟	839	8 稜	422	6 窒	1388
矢	867	9	碧	578	祇	1369	稔	1166	窓	1410
2 矣	1115		碑	651	6 祭	1279	稠	1300	7 窘	153
3 知	1363		碩	752	票	1587	稚	1505	窗	184
4 矧	887		磁	1182	8 禁	215	稗	1564	8 窟	186
5 矩	167	10	碾	258	9 禊	89	稟	1590	9 窩	1025
7 短	277		磊	404	12 禦	968	9 楷	23	窪	1025
8 矮	1031		碼	441	14 禰	260	稲	324	10 窮	187
12 矯	155		磐	541	禱	326	種	1314	窯	1042
石部			磅	555	内部		10 稼	11	11 竇	173
石	747		磴	936	8 禽	216	稽	89	窺	199

13 竄	1404	衲	247	*11* 襁	37	筍	855	*10* 簹	173
16 竈	1306	袂	476	褶	860	筌	1238	篤	330
立部		袒	1164	*13* 襟	217	策	1416	篦	653
立	433	衽	1166	襠	291	筑	1478	篩	687
5 站	1407	*5* 袪	50	襖	1018	筒	1544	篡	1403
6 竟	75	袢	570	*14* 襦	1100	筆	1599	築	1478
章	1199	袖	839	*15* 襤	362	*7* 筥	51	*11* 簗	372
7 童	342	袍	1127	*16* 襯	1501	筧	67	篷	687
竦	815	袛	1179	*17* 襶	51	筰	744	篠	807
竣	1337	袍	1582	襴	361	筬	776	篪	1305
8 靖	1271	被	1596			筳	989	簇	1308
9 竭	23	*6* 袷	73	**6 획**		節	1252	簪	1403
端	279	袴	104	竹部		*8* 箇	44	簣	1417
竪	845	桂	198	竹	1335	箝	72	篳	1600
15 競	83	袱	595	*3* 竿	19	箍	106	*12* 簡	22
罒部		袴	723	*4* 笈	219	箜	126	簞	280
5 罡	526	裌	1166	笑	797	管	135	簪	1191
8 罪	145	衍	1663	笋	853	箕	237	*13* 簳	22
署	744	*7* 裡	426	笕	1292	箔	531	簾	387
罨	974	補	592	笏	1677	簸	599	簿	621
罪	1320	裮	891	*5* 笠	436	算	696	簫	808
置	1505	裕	1095	符	617	箏	1211	簥	1334
9 睾	106	*8* 褐	23	笥	683	箋	1243	簸	1557
罰	573	裾	50	笙	737	箚	1400	*14* 籍	1225
10 罵	461	裸	352	笹	780	箒	1474	籌	1334
罷	1557	裲	372	笛	1221	*9* 範	575	籑	1404
11 羅	428	裨	650	第	1279	箱	725	*15* 籐	351
13 羂	68	褄	1418	笳	1416	箴	1191	籃	362
14 羅	353	裳	1588	答	1536	箸	1217	*16* 籠	403
羈	465	*9* 禪	111	*6* 筓	88	箭	1243	籞	1403
羆	653	複	598	筈	139	篆	1243	*17* 籤	1435
17 羇	240	褊	1569	筐	143	篇	1569	*19* 籬	429
19 羈	240	*10* 褞	1022	筋	206	篌	1569	*20* 籱	1695
衤部		褥	1044	筈	284	簀	1660	米部	
2 初	1447	襁	1506	等	350	篊	1680	米	518
4 衿	215	褪	1546	筏	573	篁	1706	*3* 籵	1145

部首索引 **1761**

籽	1429	糟	1305	組	1294	綸	418	縦	1316
4 粍	480	12 糧	372	終	1313	綾	422	縉	1386
粉	626	14 糯	242	紬	1333	網	454	縋	1474
粃	648	19 糴	1306	紮	1405	綿	467	縒	1507
粋	840	糸部		紽	1523	緋	651	緞	1507
5 粨	50	糸	668	絃	1652	緒	745	縞	1673
粒	437	1 系	85	6 絳	36	綏	845	11 縱	37
粕	530	糺	197	結	70	維	1096	縺	384
粘	1255	3 糾	197	絖	142	綽	1187	縷	410
粗	1293	級	219	絓	145	綜	1315	縲	415
6 粟	811	紀	229	絞	153	綢	1333	繃	639
粢	1180	約	945	給	219	綵	1415	纖	768
粧	1201	紆	1056	絡	356	綴	1433	績	1225
粥	1336	紂	1330	絣	639	総	1462	縮	1479
7 粳	46	紅	1678	絮	743	緇	1506	縹	1589
粱	372	4 紘	148	絨	1102	綻	1528	徽	1726
粮	372	納	247	紫	1181	9 緊	240	12 繭	68
8 粿	130	紐	266	絶	1251	緞	280	繚	407
粽	400	紊	510	統	1544	緬	468	繙	572
粼	430	紋	510	絎	1641	緝	527	繖	697
精	1272	紡	553	絢	1652	線	761	繕	762
粽	1315	紛	627	絜	1656	縄	865	繞	1043
糀	1694	紕	648	絵	1711	緣	990	繧	1062
9 糎	428	紗	681	7 絹	67	綬	1029	織	1375
糒	582	索	688	継	88	緘	1083	13 繫	90
糀	707	素	798	絽	374	締	1446	繡	848
糈	745	純	853	続	811	編	1569	繹	984
糅	1098	紙	1369	綏	844	緘	1624	繰	1305
糊	1673	5 紺	26	綟	1130	10 縠	109	14 纉	656
10 糢	173	経	75	8 綱	36	縛	533	繻	848
糖	291	累	409	綰	136	繁	571	15 纏	1245
糒	653	絆	540	綺	237	縫	606	纐	1738
11 糠	37	紲	764	絢	325	縕	1023	17 纓	1005
糜	524	細	780	緄	375	縟	1044	纔	1210
糞	629	紹	801	練	383	緯	1084	18 纛	326
糝	708	紳	891	緑	400	縊	1118	22 纜	362

缶部		翼	1131	睦	1274	8 舞	503	5 虛	1645
缶	132	12 翶	107	聡	1465	舟部		7 虞	396
11 罐	1613	翹	156	聚	1498	舟	1324	虞	1058
14 罍	938	翻	572	11 聯	384	3 舢	693	11 虧	1728
网(罒·罓)部		14 耀	1043	聱	1018	4 般	540	虫部	
网	453	老(耂)部		聳	1049	舫	554	虫	1488
3 罔	453	老	393	聴	1442	航	1629	1 虬	197
羊(䒑·𦍌)部		2 考	95	12 職	1376	5 舶	530	2 虱	858
羊	948	3 孝	1716	16 聾	403	船	756	3 虻	463
3 美	521	4 耆	230	聿部		舳	1478	虹	1680
4 羔	100	耄	480	聿	1102	舵	1523	虺	1725
5 羚	389	者	1178	5 肅	851	舷	1652	4 蚊	510
羞	841	而部		7 肆	685	7 艀	619	蚍	648
羝	1216	而	1126	8 肇	1301	艇	1271	蚜	915
7 群	184	耒(耒)部		肉部		10 艘	807	蚋	1007
羨	759	耒	403	肉	1100	艙	1413	蚕	1190
義	1117	4 耕	75	8 腐	619	12 艟	343	蚤	1292
9 羯	24	耗	480	19 臠	385	13 艤	1119	5 蚯	169
13 羹	46	耘	1060	自部		14 艨	492	蛋	277
羸	428	耖	1453	自	1173	15 艪	397	蛇	683
羶	1244	耙	1556	3 臭	1496	艦	1624	蚰	1093
羽(羽·羽)部		7 耡	744	至部		16 艫	398	蛆	1216
羽	1053	9 耦	1058	至	1361	艮部		蚱	1416
4 翅	873	10 耨	265	4 致	1503	艮	17	蛍	1663
翁	1023	耳部		臼(臼)部		1 良	370	6 蛟	153
5 習	859	耳	1126	臼	164	11 艱	22	蛮	448
翌	1131	2 取	1492	3 舁	979	色部		蛙	1025
6 翔	723	3 耶	941	5 舂	1047	色	728	蛭	1388
翕	1734	4 耿	75	7 舅	170	13 艶	998	蛤	1627
8 翡	651	恥	1503	10 與	1734	艸(艹·⺿)部		蛞	1700
翟	1224	耽	1530	舌(舌)部		艸	1447	蛔	1712
翠	1498	5 聆	389	舌	763	虍部		7 蜊	426
9 翫	1029	聊	406	4 舐	1370	虍	1667	蜂	605
翩	1570	7 聘	658	6 舒	744	2 虎	1669	蜉	619
10 翰	1621	聖	776	舛(舛)部		3 虐	1615	蛻	784
11 翳	1009	8 聟	745	6 舜	856	4 虔	53	蜑	896

部首索引 1763

蛾	916	螭	428	5 袈	9	覽	361	詛	1216
蜓	989	蟇	441	袞	110	11 觀	137	詆	1216
蜈	1017	蟀	813	袋	309	15 觀	1226	詔	1299
蛹	1048	蟋	899	6 裂	387	角部		註	1333
蜱	1400	鰲	1018	裝	1201	角	13	証	1351
蛸	1457	螽	1316	裁	1210	2 觔	204	診	1384
蜀	1458	蟄	1516	7 裘	170	5 觗	1216	評	1574
蜈	1564	12 蟒	455	裏	426	6 觜	1182	6 誇	129
蜆	1652	蟠	542	裟	685	觸	1458	詭	192
8 蜾	130	蟬	762	裔	1008	解	1634	誅	404
蜷	191	蟯	1043	8 裹	130	11 觴	727	詳	725
蜜	528	螺	1664	裳	725	言部		誠	777
蜚	651	13 蠍	24	製	1281	言	969	詢	856
蜥	752	蟷	291	9 褒	1583	2 計	87	詩	874
蜿	1073	蟾	768	11 襞	767	訃	612	試	875
蜩	1301	蠅	865	13 襞	579	訂	1267	詣	1008
蜘	1371	蟻	1119	16 襲	860	3 記	230	譽	1008
蜻	1442	蝗	1275	西(襾)部		訕	693	詮	1240
9 蝌	130	蟹	1636	西	737	訊	891	誂	1300
蝲	361	蠁	1644	3 要	1038	託	1524	誅	1333
蝮	599	14 蠕	992	12 覆	599	討	1540	詫	1523
蝨	859	蠂	1005	13 覇	1564	訌	1680	該	1635
蝕	882	15 蠟	363			訓	1723	話	1693
蝸	1026	蠢	1339	**7 획**		4 訣	70	詠	1712
蝟	1083	17 蠱	107	臣部		訥	266	詰	1737
蝶	1257	18 蠹	347	臣	883	訪	554	7 誡	89
蝍	1349	血部		2 臥	1024	設	764	誥	106
蟠	1474	血	1655	11 臨	432	訟	815	誕	143
蝙	1570	6 衆	1348	見部		訝	916	讀	329
蝦	1612	衣部		見	60	訳	983	誣	503
蝴	1673	衣	1114	4 規	198	訛	1025	誓	745
蝗	1706	2 表	1586	5 覺	15	許	1646	說	766
10 螟	476	4 衾	215	覗	684	5 詐	684	誦	816
11 螳	291	衰	818	覘	1255	詞	684	語	967
螺	352	袁	1070	9 親	1508	訴	804	誤	1017
螻	410	衷	1490	10 覬	239	詠	1004	誘	1096

認	1146	譃	1616	3 豇	34	貿	503	14 贔	654
誌	1372	諧	1636	豈	231	費	650	贐	896
誨	1712	諱	1726	6 豐	1594	貰	782	15 贖	812
8 課	130	10 講	38	8 豌	1029	貽	1130	臟	1204
諾	242	謙	72	9 豎	847	貯	1216	赤部	
談	283	謹	208	豕部		貼	1436	赤	1218
諒	372	謎	524	豕	868	賀	1612	7 赫	1648
論	401	謗	555	5 象	724	6 賈	105	9 赭	1183
誹	653	謝	687	7 豪	1672	賂	404	走部	
誰	846	11 謦	82	豸部		賣	651	走	1326
諄	856	謳	174	3 豺	873	賃	1166	2 赴	612
謁	926	謬	415	豹	1587	資	1182	3 赳	197
誼	1118	謫	1225	4 貂	648	賊	1221	起	231
諍	1211	12 警	82	5 貊	1455	賄	1712	5 越	1076
諚	1275	譏	239	6 貉	1615	7 賒	686	超	1455
諸	1282	譚	284	7 貌	482	賑	1385	7 趙	1301
調	1303	譜	593	9 貒	280	8 賽	404	8 趣	1499
諂	1435	識	882	10 貔	653	賠	561	10 趨	1475
請	1442	譎	1728	11 貘	462	賦	620	12 趣	156
諏	1474	13 譽	654	18 玀	1699	賓	655	足(⻊)部	
誕	1528	譫	768	貝部		賜	686	足	1306
9 諫	21	讓	953	貝	1562	賞	726	4 趺	234
謀	482	議	1120	2 負	612	質	1388	趺	617
諡	876	護	1674	貞	1267	贊	1403	趾	1370
諤	920	14 譴	68	3 貢	125	賤	1430	5 跏	9
諳	928	15 讚	1404	財	1208	9 賭	325	距	50
諺	973	16 讎	849	4 貫	134	賢	1652	跋	546
謠	1042	讌	992	貧	655	10 購	173	跗	618
諢	1073	17 讒	1409	責	1416	賺	387	跌	1388
謂	1084	讖	1409	貪	1531	賽	728	跛	1556
諭	1099	谷部		販	1559	11 贈	1353	跑	1582
諜	1099	谷	108	貶	1571	贅	1372	6 跫	126
諮	1183	10 谿	90	貨	1692	贄	1490	跨	129
諜	1437	豁	1701	5 貴	196	12 贋	925	跪	193
諦	1446	豆部		貸	310	13 贍	768	跟	207
諷	1594	豆	344	買	459	贏	1005	跳	324

部首索引 *1765*

路	396	*15* 躓	1372	輸	847	醉	1497	*5* 量	371
跳	760	躑	1421	轅	1334	*5* 酣	28	*11* 釐	428
跡	1221	*16* 躙	431	輯	1391	酥	842	麦(麥)部	
踐	1429	*20* 躡	431	*10* 輿	979	酢	1455	麦	461
7 踢	181	身部		轅	1073	*6* 酪	358	**8 획**	
踉	372	身	884	輾	1244	酩	475		
踊	1049	*3* 躬	187	轄	1622	酬	844	金部	
8 踞	51	*5* 躰	1445	*11* 轆	401	*7* 醱	325	金	209
踝	131	*6* 躱	1523	*12* 轎	156	酸	697	*2* 釜	615
踏	284	*9* 躾	524	轍	431	酷	1675	釘	1268
踧	1073	*11* 軀	174	轍	1434	酵	1717	針	1513
踪	1316	*17* 軈	1114	*13* 轗	30	*8* 醂	432	*3* 釦	169
踟	1372	車部		*14* 轟	148	醇	856	釣	1295
9 蹂	1099	車	1395	*15* 轢	379	醋	1457	釵	1399
蹄	1099	*1* 軋	926	轡	654	*9* 醒	777	釧	1429
蹄	1284	*2* 軍	182	*16* 轤	379	醍	1284	*4* 鈎	169
踵	1316	軌	192	辛(辛)部		醐	1673	鈞	199
10 蹇	54	*3* 軒	1646	辛	885	*10* 醞	1023	鈕	266
蹋	286	*4* 軛	937	*6* 辟	578	醢	1636	鈍	347
蹈	326	軟	986	辭	685	*11* 醪	407	鈔	1456
蹉	1400	転	1236	*7* 辣	361	醐	428	鈑	1560
蹌	1413	*5* 軽	79	*9* 辨	1560	醬	1204	欽	1733
蹊	1664	軫	1384	辰部		*12* 醱	547	*5* 鉅	51
11 蹣	449	軸	1478	辰	1377	*13* 醸	46	鉗	72
蹟	1225	*6* 較	153	*3* 辱	1043	醴	393	鉱	143
蹤	1317	軾	881	*6* 農	262	醸	953	鉤	170
蹠	1420	載	1210	邑(阝)部		*18* 釁	1732	鈴	389
蹙	1479	*7* 鞍	449	邑	1111	*19* 釀	876	鉢	546
12 蹶	192	輔	593	酉部		采部		鉞	546
蹼	599	*8* 輛	372	酉	1088	采	580	鉈	685
蹲	1339	輦	384	*2* 酊	1268	*4* 釈	751	鉛	989
蹴	1479	輪	418	酋	1472	*5* 釉	1096	鉞	1077
13 蹶	579	輩	561	*3* 配	559	里部		鉦	1272
躁	1306	輜	1506	酌	1187	里	424	鉄	1431
14 躍	948	輝	1726	酎	1332	*2* 重	1345	鉋	1582
躊	1334	*9* 輟	599	*4* 酘	345	*4* 野	941	鉉	1652

6 鉸	154	錯	1402	鏨	1408	6 閑	16	雉	1506
銅	343	錆	1413	鏢	1589	関	136	6 雌	1183
銘	475	綴	1433	12 鏗	46	閏	198	雑	1191
銬	482	錘	1474	鐃	265	閒	511	8 雕	1304
銃	760	錐	1475	鐙	351	閩	527	9 雖	848
銛	768	錗	1694	鐔	906	閔	573	10 難	243
銚	1042	9 鍵	55	鐐	917	閣	1627	雛	1475
銀	1105	鍋	131	鐫	1245	7 閫	375	11 離	428
銭	1243	鍛	280	鐘	1317	閱	994	雨(⻗)部	
銓	1243	鍍	326	13 鐺	292	8 關	926	雨	1054
銑	1465	錨	495	鐸	1525	閣	974	3 雩	264
銜	1624	鍑	599	鐶	1699	閫	984	雪	764
7 鋩	455	鍔	920	14 鑑	68	閻	998	4 雰	628
銶	588	鍮	1100	15 鑑	30	9 関	60	雲	1061
鋒	606	鍾	1317	鑒	30	闌	360	5 零	389
鋤	746	鍬	1458	鑞	363	闇	929	雷	404
銷	806	鍼	1515	鑢	376	闊	1701	雹	531
銹	846	鍰	1699	18 鑵	138	10 闕	192	電	1241
銳	1009	10 鎧	44	19 鑽	1404	闘	1549	6 需	845
鑄	1334	鎌	73	20 鑿	1403	闐	1552	7 霊	390
鋪	1584	鎹	816	長部		12 闌	1430	霄	807
鋏	1660	鎖	817	長	1194	阜(阝)部		震	1386
8 鋼	37	鎔	1049	門部		阜	612	8 霍	131
鋸	51	鎮	1386	門	509	隶部		霖	432
錮	106	鎗	1413	1 閂	693	8 隷	393	霏	653
錦	216	鎚	1475	2 閃	767	隹部		霓	1009
錏	366	鎬	1674	3 閉	510	隹	1468	9 霜	727
錬	384	11 鏡	82	問	694	2 隼	1337	霙	1005
錄	401	鏜	291	閇	1575	隻	1420	霞	1613
鍼	504	鏈	385	4 間	19	3 雀	1187	11 霧	504
錺	555	鏤	410	開	41	4 雇	105	12 霰	697
錫	752	鏝	449	閔	526	雁	924	13 露	398
錏	917	鏖	1018	悶	526	雄	1063	霹	579
鋺	1073	鏘	1204	閨	1102	集	1390	14 霾	461
錚	1211	鏑	1225	閑	1619	5 雅	916	霽	1285
錠	1275	鏃	1309	5 閨	32	雎	1217	16 靄	936

部首索引 1767

17 鬱	936	鞭	1570	領	1624	5 飼	686	2 馮	658
青(靑)部		10 韉	654	頰	1660	飾	881	馭	966
青	1437	11 鞺	291	8 顆	131	飽	1583	3 馴	856
6 静	1274	13 韃	281	頻	656	飴	1130	馳	1506
非部		韋(韋)部		9 類	415	6 餃	154	4 駆	172
非	642	韋	1080	顋	876	餅	588	駁	531
7 靠	106	8 韓	1621	顎	921	養	952	駅	983
11 靡	525	10 韜	326	顔	925	餌	1130	駄	1536
斉(齊)部		韤	561	額	937	餉	1644	5 駕	12
斉	1276	韭部		題	1284	7 餓	916	駒	173
3 斎	1209	4 韭	170	顕	1653	餐	1404	駝	173
		10 韲	1285	10 願	1073	8 館	137	駑	262
9 획		音部		顚	1244	餞	1244	駙	620
面部		音	1108	12 顧	107	餡	1624	駛	686
面	465	10 韻	1062	13 顫	1245	餛	1677	駟	686
7 靦	1244	11 響	1644	15 顰	656	9 餬	1674	駐	1334
14 靨	1000	頁部		16 顱	399	10 饂	1023	駝	1523
革部		頁	1656	18 顴	138	11 饉	208	駘	1536
革	1648	2 頃	77	顳	769	饅	449	6 駱	358
2 勒	421	頂	1270	風部		餺	1600	駭	1636
3 靱	1145	3 須	842	風	1591	12 饑	239	7 駿	1338
靫	1415	順	855	3 颪	1594	饒	1043	駸	1516
4 靴	1693	項	1630	5 颯	708	饐	1120	騂	1621
5 靺	452	4 頓	331	颱	1536	饌	1404	8 騎	239
鞅	588	頒	541	8 颶	174	13 饗	1644	騏	239
鞅	933	頌	815	11 飄	1589	首部		騈	582
鞄	1583	預	1008	12 飆	1590	首	836	騒	807
6 鞏	126	頑	1028	颺	1590	8 馘	148	験	1648
鞍	924	5 領	390	飛部		香部		9 騙	1570
鞐	1613	頗	1556	飛	645	香	1642	10 騾	762
鞋	1664	6 頡	1738	12 飜	573	9 馥	599	11 驟	353
7 鞘	1457	7 頸	81	食(飠·𩙿)部		11 馨	1663	驚	463
8 鞠	182	頭	346	食	877			驂	1409
9 鞨	182	頼	405	2 飢	232	**10 획**		驃	1590
鞣	1100	頤	1130	4 飯	540	馬部		12 驚	84
鞦	1476	頽	1547	飲	1110	馬	438	驕	156

字	頁	字	頁	字	頁	字	頁	字	頁
驛	1529	鬯部		鮃	1574	鰈	1257	鱲	1516
驍	1717	鬯	1410	鮑	1584	鯤	1285	16 鱸	399
14 驟	1499	19 鬱	1063	6 鮫	155	鰌	1476	鳥部	
16 驢	376	鬲部		鮭	199	鰍	1476	鳥	1296
17 驥	240	鬲	378	鮚	593	鰆	1482	2 鳩	170
骨部		6 融	1103	鮏	599	鯖	1524	鳬	619
骨	111	12 鬻	1336	鮮	762	鍠	1707	鳲	1170
4 骰	1549	鬼部		鮟	925	10 鰭	240	3 鳴	475
6 骸	1636	鬼	194	鮠	1037	鰤	687	鳳	606
8 髀	653	4 魁	147	鮪	1100	鮋	876	鳶	990
9 髓	848	魂	1677	鮞	1130	鰰	896	4 鴃	59
12 髐	1718	5 魅	461	鮨	1372	鰯	948	鴇	593
13 髑	1459	魄	569	7 鯁	82	鰈	1699	鴉	916
15 髖	138	7 魍	1475	鯉	428	11 鰻	450	鴈	925
高部		8 魉	455	鮸	468	鱈	767	鴆	1389
高	100	魏	1084	鯊	687	鰺	808	5 鴣	437
髟部		11 魑	429	鈂	777	鰷	1285	鴨	932
3 髡	1445	魔	442	鯆	1545	鰰	1306	鴛	1073
4 髮	546	14 魘	999	鈚	1677	鰹	1480	鴟	1244
髯	555	竜(龍)部		8 鯨	83	鰾	1590	鷗	1507
5 髯	998	竜	407	鯤	111	12 鰹	68	6 鴣	482
髱	1584			鯥	418	鱗	431	鴰	1372
6 髻	90	**11 획**		鯡	654	鱓	763	鴬	1507
髷	109	魚部		鯣	984	鱔	906	鴿	1627
髭	1183	魚	953	鯰	999	鱒	906	鴻	1680
8 鬆	816	2 魞	1170	鯏	1285	鱘	1339	7 鵁	60
11 鬘	450	4 魯	397	鯛	1306	鱚	1737	鵠	110
12 鬚	849	魴	542	鯖	1443	13 鱧	393	鷲	917
14 鬢	657	魸	555	鯔	1507	鱸	406	鵜	1284
15 鬣	388	魦	687	鯱	1674	鱠	629	8 鷄	90
鬥部		魳	687	鯢	1694	鰻	936	鵡	126
鬥	1549	魣	746	9 鰊	385	鱠	1714	鵬	639
6 鬨	1680	5 鮐	343	鰒	600	14 鱮	746	鵯	654
8 鬩	1649	鮒	621	鰓	728	鱰	746	鷁	857
16 鬪	174	鮓	1184	鰐	921	15 鱲	388	鵺	943
		鮎	1256	鮗	947	鱸	728	鵙	1130

鵲	1187	22 䴊	1476	**13 획**		
9 鶒	22	麥(麦)部		黽部		
鴨	921	4 麹	468	黽	527	
10 鶯	938	麩	620	11 鼇	1018	
鵰	948	麨	1457	12 鼈	583	
鴿	1043	6 麵	182	鼎部		
鵠	1420	8 麴	182	鼎	1272	
鶴	1616	9 麪	468	鼓部		
11 鷗	174	麻(麻)部		鼓	105	
鷉	1184	麻	440	5 鼙	344	
12 鷸	573	4 麾	1726	鼠部		
鷓	1458	7 麿	442	鼠	744	
鶯	1499	黃(黄)部		5 鼬	1100	
鷦	1728	黃	1704	7 鼯	1018	
13 鷺	398	黑(黒)部		10 鼴	973	
鷴	579	黑	1730			
鷹	1114	5 黛	311	**14 획**		
鷳	1245	龜(亀)部		鼻(鼻)部		
鷥	1616	龜	195	鼻	651	
17 鸚	938			3 鼾	1621	
18 鸛	139	**12 획**		齊(斉)部		
19 鸞	361	黍部		7 齋	1210	
鹵部		黍	744			
鹵	396	3 黎	375	**15 획**		
9 鹹	1624	11 黐	429	齒(歯)部		
13 鹽	30	黑(黒)部		4 齗	1107	
鹿部		5 黜	1487	5 齟	746	
鹿	399	8 黥	84	齠	1403	
2 麁	1473	9 黯	929	6 齧	767	
6 麋	525	11 黴	525	9 齷	921	
8 麒	239	齒(歯)部		齬	1059	
麗	376					
麓	401	齒	1503	**16 획**		
10 麝	687	5 齡	392	龍(竜)部		
11 麞	1204			6 龕	30	
13 麟	431					

總 畫 索 引

1. 본문에 있는 모든 標題漢字를 총획수순으로 싣되, 같은 획수 안에서는 部首별로, 部首도 같을 때는 가나다순으로 배열하였음.
2. 漢字 왼편의 小字는 部首를, 오른편 숫자는 실린 페이지를 가리킴.
3. 붉은 글자와 艹(초두)部首에 대한 설명은 字音索引(색인 7 페이지)의 3, 4 項과 같음.

1 획

一 一	1146
乙 乙	1107

2 획

一 丁	1257
七	1509
丿 乃	248
乙 九	156
亅 了	406
二 二	1120
人 人	1131
儿 儿	1137
入 入	1166
八 八	1560
几 几	192
凵 凵	24
刀 刀	312
力 力	376
匕 匕	639
匚 匚	547
匸	1663
十 十	906
卜 卜	593
又 又	1049

3 획

一 万	443
三	699
上	709
与	975
丈	1193
下	1602
丶 之	1354
丿 久	158
及	217
乙 乞	55
也	939
丸	1695
二 于	1050
亠 亡	452
儿 兀	1023
几 凡	573
刀 刃	1137
勹 勺	1184
十 千	1421
又 叉	1393
口 口	158
土 土	1537
士 士	659
夕 夕	746
大 大	292
女 女	253
子 子	1171
子	1654
寸 寸	1459
小 小	784
尢 尢	1029
尸 尸	866
山 山	689
川 川	1423
工 工	112
己 己	221
巳	659
已	1124
巾 巾	52
干 干	16
幺 幺	1137
弓 弓	186
彑 彑	84
彡 彡	706
彳 彳	1419
扌 才	1204

4 획

一 不	629
丑	1476
丨 中	1339
丶 丹	273
丿 乏	1601
亅 予	976
予	1005
二 五	1010
云	1060
井	1258
互	1664
亠 亢	1627
人 介	38
仇	161
今	208
仆	607
仏	636
什	909
仁	1137
仍	1170
化	1680
儿 元	1064
允	1101
八 公	113
六	416
冂 内	248
円	1065
冖 冗	1044
凵 凶	1728
刀 分	622
切	1245
刂 刈	1006
勹 勾	161
匂	252
匆	506
勿	513
匚 区	161
匹	1598
十 午	1013
廿	1169
厂 厄	936
仄	1499
又 反	533
収	818
双	909
友	1050
土 壬	1165
大 夫	607
天	1037
夭	1424
太	1533
子 孔	117
小 少	792
尢 尤	1050
尸 尺	1419
屮 屯	347
巳 巴	1553
幺 幻	1696
廾 升	860
弓 引	1138
弔	1285
心 心	900
戈 戈	126
戶 戶	1665
手 手	819
支 支	1354
攴 攴	594
文 文	506
斗 斗	344
斤 斤	202
方 方	547
日 日	1159
曰	1029
月 月	1074

總畫索引(5획 — 6획)

木	木	482	仞	1143	叶	1657	未	517	**6 획**		
欠	欠	68	仔	1172	号	1665	本	600			
止	止	1355	仗	1194	口 四	663	札	1405	一 両	368
歹	歹	926	他	1518	囚	832	朮	1487	丞	861
殳	殳	826	儿 兄	1660	土 圧	929	止 正	1259	丨 争	1210
母	母	495	冂 冉	995	夂 冬	334	母 母	477	二 互	220
比	比	639	冊	1416	夕 外	1032	氏 民	525	亘	220
毛	毛	476	冖 写	661	大 失	896	水 氷	657	亠 交	149
氏	氏	910	几 凧	192	央	932	永	1000	亦	979
水	水	826	処	1417	女 奴	260	礻 礼	392	亥	1630
火	火	1682	凵 凹	1037	子 孕	1170	辶 辺	580	人 仮	3
爪	爪	1285	凸	1430	尸 尻	94	込	1163	件	52
父	父	607	出	1482	尼	267	込	1170	企	221
爻	爻	1716	刂 刊	17	工 巧	149	玄 玄	1649	伎	221
爿	爿	1193	力 加	1	左	1317	玉 玉	1018	伐	573
片	片	1565	功	117	巾 市	866	瓜 瓜	126	伏	594
牙	牙	912	勹 句	162	布	1578	瓦 瓦	1024	伜	858
牛	牛	1050	匆	1461	干 平	1571	甘 甘	24	仰	932
犬	犬	60	包	1577	幺 幼	1084	生 生	730	伍	1013
王	王	1029	匕 北	621	广 広	139	用 用	1045	伊	1125
			匚 巨	46	庁	1437	田 甲	30	任	1165
5 획			十 半	535	廾 弁	579	申	882	全	1227
一 丘	162		卜 占	1253	弓 弗	637	由	1085	伝	1230
丙	584		卩 卯	492	弘	1678	田	1226	仲	1344
丕	640		厶 去	47	忄 忉	312	疋 疋	1599	伉	1627
世	777		口 可	2	扌 払	637	白 白	561	会	1707
且	1393		古	91	打	1519	皮 皮	1595	休	1726
丶 主	1321		叩	93	氵 氾	574	皿 皿	469	儿 光	140
丿 乍	659		台	305	汀	1259	目 目	486	先	752
乎	1665		司	662	汁	1350	矛 矛	478	兆	1286
二 井	1258		史	662	犭 犯	574	矢 矢	867	充	1487
人 代	303		召	793	心 必	1598	石 石	747	兇	1728
令	388		右	1051	戈 戊	495	示 示	867	八 共	117
付	608		叺	1170	斤 斥	1419	禾 禾	1685	冂 同	335
仕	659		叮	1259	日 旧	162	穴 穴	1654	再	1205
仙	752		只	1355	旦	273	立 立	433	冫 冱	1665
以	1125		叱	1387	木 末	450			几 凩	489

	夙	849		妄	452		污	1013	白 百	567
	凪	1355		妃	640		池	1360	竹 竹	1335
刂	列	385		如	976		汗	1616	米 米	518
	刎	508		好	1666	艹	艾	933	糸 糸	668
	刑	1661	子	存	1309		芋	1052	缶 缶	132
力	劣	386	宀	守	832		芝	1361	网 网	453
勹	旬	852		安	921	阝(邑)	阡	1427	羊 羊	948
	匈	1729		宇	1052	戈	成	769	羽 羽	1053
匚	匡	141		字	1172		戍	857	老 老	393
	匠	1194		宅	1536		戎	1102	而 而	1126
十	卍	445	寸	寺	666	日	曲	107	耒 耒	403
卩	危	1077	小	当	286		曳	1007	耳 耳	1126
	印	1143	小	尖	1434		旭	1059	聿 聿	1102
口	各	12	尸	尽	1376		早	1287	肉 肉	1100
	叫	197	山	屹	1733		旨	1361	自 自	1173
	吉	240	川	州	1323	月	肌	221	至 至	1361
	吏	422	巾	帆	574		肋	420	臼 臼	164
	名	469	干	年	256		有	1085	舌 舌	763
	吊	1286	广	庄	1194	木	机	192	舟 舟	1324
	吋	1460	弋	式	876		朹	377	艮 艮	17
	吐	1539		弌	1126		朴	529	色 色	728
	合	1625	弓	弛	1126		朱	1323	艸 艸	1447
	向	1641	彳	行	1637		朶	1522	虍 虍	1667
	后	1718	忄	忙	453		朽	1718	虫 虫	1488
	吃	1732		忖	1460	欠	次	1393	血 血	1655
	吸	1733	扌	扛	32	止	此	1394	衣 衣	1114
囗	团	273		扣	164	歹	死	666	西 西	737
	因	1144		扱	217	母	每	455		
	回	1708		扨	1144	气	气	222	**7 획**	
土	圭	197		扠	1394	火	灯	349	丨 串	132
	在	1206		托	1524		灰	1709	乚 乱	358
	地	1356		扦	1616	牛	牝	654	二 亜	912
士	壮	1194	氵	江	32	耂	考	95	亠 亨	1661
夕	多	269		汎	574	辶	巡	852	人 伽	5
大	夷	1125		汐	750		迅	883	佝	164
女	奸	17		汝	977		辻	909	倭	260
									但	274
									伶	389
									伴	538
									伯	569
									伺	669
									似	669
									伸	883
									余	977
									佑	1054
									位	1077
									佚	1163
									作	1184
									佇	1211
									低	1211
									佃	1231
									佐	1318
									住	1325
									体	1443
									佗	1522
									何	1607
									儿 克	200
									禿	326
									児	913
									兌	1534
									八 兵	584
									冫 冷	366
									冶	939
									冴	1667
									刂 別	582
									刪	692
									判	1557
									力 劫	57
									努	261
									励	373
									労	395
									助	1288

總畫索引 (7획)

匸	匣	31	坂	1558	彳 彷	549	沈	1511	肘	1326
	医	1115	士 売	456	役	979	汰	1535	肖	1447
卩	却	12	声	771	忄 忸	266	沢	1537	肛	1628
	卵	359	壱	1163	忡	1488	沛	1562	木 杠	32
	即	1348	大 夾	1657	快	1517	沉	1628	杞	226
口	告	95	女 妓	225	忻	1732	沤	1667	杜	344
	君	182	妙	492	扌 抉	69	犭 狂	141	来	365
	吶	266	妨	549	技	225	狄	1217	李	422
	呂	373	妣	641	抖	344	狆	1489	杢	489
	咯	430	妖	1037	抜	542	艹 芹	204	杣	692
	呆	455	妊	1165	扑	580	芒	453	杉	706
	吻	509	妥	1522	扶	610	芳	549	束	808
	否	610	宀 宏	148	抔	610	芙	611	杙	1131
	吳	1014	宋	813	扮	625	芸	1007	杓	1186
	吾	1014	完	1026	批	641	芍	1186	杖	1194
	吟	1107	宍	1101	抒	739	花	1685	材	1208
	呈	1262	寸 対	306	扼	937	阝阜 那	242	条	1289
	呎	1419	寿	833	抑	968	邦	550	村	1460
	吹	1491	尢 尨	549	折	1249	邨	1460	杏	1641
	吞	1525	尸 局	174	抓	1289	阝阜 防	550	水 求	164
	吠	1574	尿	264	抄	1447	阮	1026	火 灸	164
	含	1623	尾	519	択	1537	阪	1558	灼	1186
	吭	1628	屁	641	投	1547	心 忌	226	災	1208
	吼	1718	山 岌	218	把	1553	忘	453	牛 牢	403
囗	困	110	岐	225	抗	1628	忍	1144	牡	478
	図	312	岑	1190	氵 決	69	志	1362	犬 状	715
	囮	1024	工 巫	495	汲	218	戈 戒	84	王 玖	165
	囲	1078	巾 希	1735	汽	226	我	913	玔	1427
土	坎	25	广 庇	641	沐	489	戶 戻	373	礻 社	670
	坑	45	床	714	没	490	攵 改	39	耂 孝	1716
	均	199	序	738	泛	575	攻	119	辶 近	202
	坊	549	応	1112	沙	670	孜	1177	返	538
	坏	556	廴 廷	1262	沁	904	日 更	45	迎	1001
	坌	625	廾 弄	402	沃	1020	旱	1617	迂	1054
	坐	1318	弓 弟	1275	汪	1030	月 肝	17	迪	1428
	址	1362	彡 形	1661	沖	1489	肚	344	迄	1733

用 甫	588	8 획		几 凭	658	国	175	小 尚	715
田 男	244			口 函	1623	囷	389	尢 尨	1031
町	1262	一 並	585	画	1688	土 坩	25	尸 居	47
广 疗	1263	丿 乖	146	刀 券	188	坤	110	届	85
白 阜	1290	し 乳	1088	刂 刻	14	垂	835	屈	185
矢 矣	1115	亅 事	673	刳	95	坦	1526	山 岬	31
禾 利	422	二 些	674	刮	139	坪	1573	岡	32
私	671	亠 京	73	到	313	幸	1641	岳	917
秀	833	夜	939	刷	816	大 奇	228	岸	922
穴 究	165	卒	1311	刺	1177	奈	252	岩	926
衤 初	1447	享	1642	制	1276	奉	603	岨	1213
糸 系	85	人 価	5	刹	1405	奔	625	巾 帛	569
紏	197	佳	5	力 劼	1636	奄	973	帙	1387
艮 良	370	侃	18	効	1716	女 姑	96	帖	1435
虫 虬	197	供	119	十 卓	1524	姐	281	帚	1468
臣 臣	883	佶	241	協	1657	妹	457	帑	1531
見 見	60	例	392	卜 卦	143	姓	771	帔	1596
角 角	13	侮	479	厂 厓	933	始	869	干 幷	586
言 言	969	命	472	ム 参	1406	委	1078	广 庚	74
谷 谷	108	併	585	又 受	834	姉	1178	府	611
豆 豆	344	使	674	叔	849	姐	1212	底	1213
豕 豖	868	舍	675	口 呵	5	妻	1418	店	1253
貝 貝	1562	侍	868	呱	96	姜	1435	庖	1579
赤 赤	1218	伴	948	咎	165	妬	1548	廴 延	984
走 走	1326	侑	1089	呶	261	子 季	85	弓 弩	261
足 足	1306	依	1115	咄	332	孤	97	弥	520
身 身	884	侏	1327	味	519	孟	463	弦	1649
車 車	1395	侘	1396	呻	886	学	1613	弧	1669
辛 辛	885	侈	1501	咀	1212	宀 官	132	彳 径	74
辰 辰	1377	佩	1563	呪	1327	宝	588	往	1030
邑 邑	1111	儿 免	465	周	1327	実	897	征	1265
酉 酉	1088	尭	1038	咆	1579	宛	1026	徂	1290
釆 釆	580	兎	1540	呷	1627	宜	1116	彼	1595
里 里	424	八 具	165	呟	1649	定	1263	忄 怯	57
麦 麦	461	其	226	呼	1667	宗	1312	怪	146
		典	1231	口 固	96	宙	1328	怜	389

總畫索引 (8획)

怫	638	沫	451	芬	626	昇	861	杪	1451
性	772	泯	526	芝	707	昂	933	枢	1468
快	933	泊	529	芯	904	易	980	枕	1512
怷	1002	法	575	芽	914	旺	1031	板	1558
怡	1127	泌	641	若	944	昌	1409	柿	1574
怳	1487	沸	641	英	1001	昏	1675	杭	1628
怖	1579	泄	763	苅	1007	月 肩	64	枕	1647
怙	1669	沼	794	芸	1060	股	98	欠 欧	166
扌 拒	49	沿	985	苑	1066	肱	148	欣	1732
拁	49	泳	1001	芫	1067	肯	220	止 武	496
拐	146	油	1089	芭	1554	肪	553	步	589
拘	166	泣	1111	阝(邑) 邪	675	服	594	歹 殁	490
拈	259	沮	1214	邸	1214	朋	638	殳 殴	166
担	281	注	1328	邯	1617	肥	642	毋 毒	326
拉	363	治	1501	阝(阜) 附	611	育	1101	毛 毡	479
抹	451	波	1553	阿	914	肢	1362	水 沓	284
拇	495	泡	1580	阻	1290	肴	1716	火 炉	396
拍	529	河	1609	陀	1522	木 果	126	炎	995
拜	556	泫	1649	心 念	259	東	337	炙	1178
押	930	況	1701	忿	626	枓	345	炒	1451
拗	1038	犭 狗	166	枀	1434	林	431	炊	1492
抵	1214	狛	529	念	1461	枚	457	爪 爬	1554
拙	1311	狒	642	忠	1489	杳	493	爿 牀	716
拄	1328	狎	932	忽	1677	杯	556	片 版	1559
拓	1419	狙	1214	戈 或	1674	枌	626	牛 牧	489
招	1450	狐	1669	戶 房	551	枇	642	物	513
抽	1468	艹 茄	6	所	794	析	750	王 玫	457
拆	1524	茨	25	手 承	861	松	813	玢	654
抛	1579	芥	39	攵 放	551	枏	862	玩	1027
抱	1579	茎	74	斤 斧	611	柄	1007	礻 祈	229
披	1596	苦	97	方 於	953	柱	1031	祉	1363
拡	1694	芦	396	日 昊	99	杵	1214	耂 者	1178
氵 泔	25	茉	451	昆	110	杼	1214	辶 迫	529
沽	97	茅	479	明	472	桮	1311	述	857
泥	267	苗	492	旻	526	枝	1362	迪	1220
泪	408	茂	496	昔	750	采	1413	迤	1345

總畫索引 (9획)

	迭	1387		係	85		卑	644		姨	1127		後	1719
疒	疢	166		侗	181	卩	卻	15		姻	1145	忄	恪	15
	疝	692		侶	373		卸	676		姙	1165		恬	259
白	的	1220		俚	424	厂	厘	424		姿	1179		恃	869
皿	盂	1054		便	1568		厖	553		姪	1387		恫	1541
目	盲	463		保	590		厚	1718		姮	1628		恨	1617
	直	1372		俘	612	又	叛	539	子	孩	1630		恒	1629
矢	知	1363		侯	676		叙	739	宀	客	44		恊	1658
石	砬	185		俗	809	口	咯	15		宣	755		恍	1701
示	祁	229		信	886		咬	150		室	899		悔	1710
	祀	675		俄	915		咲	795		宥	1091		恢	1711
禾	和	1689		俁	1014		哀	933	寸	耐	253		恤	1728
穴	空	120		俑	1045		咽	1145		封	604		恟	1729
	穹	187		俤	1277		咨	1179		專	1234		恰	1734
	突	332		俎	1290		哉	1208	⺍	単	274	扌	挌	58
门	罔	453		俊	1336		哏	1364	尸	屎	869		拷	99
耳	取	1492		俏	1451		品	1590		屍	869		拱	124
虍	虎	1669		促	1458		咸	1623		屋	1020		括	139
虫	虱	858		侵	1512		咳	1630	山	峠	716		挂	144
衣	表	1586		俠	1658		哄	1678		峙	1502		拮	241
車	軋	926		侯	1718	口	圀	181		峡	1658		挑	314
金	金	209	冂	冑	1329	土	垢	166	己	卷	188		拶	386
長	長	1194	冖	冠	133		城	773		巷	1628		拾	859
門	門	509	刂	剋	200		垣	1067	巾	帥	836		拭	877
阜	阜	612		刺	361		垓	1630		帝	1277		按	923
隹	佳	1468		削	688		型	1662	幺	幽	1091		拵	1309
雨	雨	1054		前	1231	夂	変	580	广	度	313		指	1364
青	青	1437		剄	1319	大	契	86		庠	716		持	1366
非	非	642		剃	1444		奎	197	廴	建	52		拶	1405
齊	斉	1276		則	1507		奏	1329		廻	1710		挾	1658
9 획			力	勁	75		奕	1648	彡	彦	972	氵	泊	86
				勃	543	女	姦	18	彳	待	307		洸	142
丿	乘	862		勇	1046		姧	18		律	419		洞	339
亠	亮	371		勅	1507		姥	479		衍	985		洛	354
	亭	1265	勹	匍	1580		妍	985		徨	1706		洩	764
人	俥	49	十	南	245		威	1078		徊	1710		洗	779

總畫索引 (9획)

洒	816	郎	363	肺	1574	殂	1290	瓦 瓮	1023
洵	853	郁	1060	胞	1580	殆	1535	甘 甚	904
洋	948	阝(阜) 陋	408	胡	1670	殳 段	276	田 界	86
浹	1127	陌	462	木 架	6	水 泉	1428	毘	645
净	1265	限	1617	枷	6	火 炬	49	畏	1036
洲	1329	心 急	218	柑	25	炳	586	畑	1235
津	1377	怒	261	枯	99	炤	750	疒 疥	40
浅	1428	思	676	柧	100	炸	1187	疫	983
派	1554	怨	1067	柩	167	炷	1330	疣	1055
海	1630	怎	1350	枸	167	炭	1526	癶 癸	86
洪	1678	恕	1462	柃	389	炫	1649	発	544
活	1699	怠	1535	柳	410	炯	1662	白 皆	40
洶	1729	戶 扁	1567	某	480	灬 点	1254	皇	1703
洽	1734	攵 故	99	栂	480	為	1079	皿 盃	558
犭 狡	150	政	1266	柏	569	爪 爰	1067	盆	626
独	327	方 施	869	柄	586	牛 牲	736	盈	1003
狩	836	日 昵	268	枹	612	牴	1214	目 看	18
狢	1615	昧	458	査	678	王 珈	6	眇	493
狭	1658	冒	479	相	716	珙	308	眉	521
艹 苛	6	昴	493	柿	870	玲	389	省	774
苟	167	星	773	染	995	珊	693	盾	853
茶	270	昭	796	栄	1002	珍	1377	眈	1530
苺	458	是	870	柔	1091	玻	1554	県	1650
苜	490	映	1002	柚	1092	礻 神	887	矛 矜	220
荘	1197	昨	1186	柘	1179	祐	1055	矢 矧	887
苴	1215	昼	1329	柞	1187	祖	1290	石 砒	645
苧	1215	春	1480	柾	1267	祝	1476	砂	678
苦	1255	月 胛	31	柊	1312	辶 迦	6	砕	817
茜	1428	胆	282	柱	1330	逃	314	研	985
草	1451	背	557	枳	1368	迯	314	砌	1444
苔	1535	胚	558	柵	1416	迷	520	示 祇	229
苹	1574	胥	739	柝	1524	送	814	祆	1650
苞	1580	胃	1079	枹	612	逆	980	禾 科	127
芯	1599	胤	1102	栃	1711	迢	1453	秕	645
荒	1701	胝	1368	止 歪	1031	追	1468	秒	1453
阝(邑) 郊	151	胎	1535	歹 殃	933	退	1545	秋	1470

部首	字	頁	部首	字	頁	字	頁	字	頁	部首	字	頁
穴	窈	1250		軌	192	借	1396	員	1069	尸	展	200
	窄	1267	酉	酊	1268	倡	1409	哲	1430		屑	764
	穿	1429		酋	1472	倉	1409	哨	1453		展	1235
衤	衿	215	里	重	1345	值	1502	啄	1524	山	島	315
	衲	247	門	閂	693	俵	1587	唄	1563		峰	604
	袂	476	面	面	465	倬	1641	哺	1580		峯	604
	袓	1164	革	革	1648	候	1722	唲	1650		峨	915
	袪	1166	韋	韋	1080	儿	党	288	唗	1717		峻	1336
竹	竿	19	音	音	1108	八	兼	72	口	圃	1581		峭	1453
米	籺	1145	頁	頁	1656	冖	冥	474	土	垍	15	工	差	1397
	粁	1429	風	風	1591		冤	1067		埒	244	巾	帰	193
糸	糾	197	飛	飛	645		冢	1462		埋	458		帶	308
	級	219	食	食	877	冫	凍	339		埃	934		師	680
	紀	229	首	首	836		凉	371	夂	夏	1610	广	庫	100
	約	945	香	香	1642		凌	421	大	套	1548		唐	288
	紆	1056					凋	1291		奚	1634		席	750
	紂	1330	**10 획**			准	1336	女	娘	248		庭	1268
	紅	1678				凄	1418		娩	445		座	1319
羊	美	521	人	個	40	刂	剛	32		娌	523	弓	弱	946
耳	耶	941		倨	49		剣	55		姿	679	彳	徒	315
自	臭	1496		俴	55		剞	230		娠	890		徐	739
曰	昇	979		倥	124		剝	530		娥	915		従	1312
舟	舢	693		俱	167		剖	613		娟	986	忄	惱	264
虍	虐	1615		倦	189		剗	1188		娛	1014		悧	425
虫	虹	463		倒	315		剤	1277		姬	1735		恪	430
	虹	1680		倫	418		剔	1419	子	孫	812		悚	815
	虺	1725		倣	553	力	勉	467	宀	家	7		悦	992
西	要	1038		俳	558	勹	匆	1472		宮	187		悟	1015
臣	臥	1024		倍	559	匚	匪	268		宵	796		悒	1112
角	觓	204		俸	604		匪	647		宸	890		悛	1235
言	計	87		俯	613	厂	原	1067		宴	986		悌	1277
	訃	612		倘	719	口	哥	6		容	1046		悄	1453
	訂	1267		修	837		哭	109		宰	1208		悖	1563
貝	負	612		倅	858		哩	424		害	1634		悍	1617
	貞	1267		俺	927		唆	679		宦	1697	扌	捃	184
走	赴	612		倭	1031		唇	853	寸	射	679		捏	244
車	軍	182		倚	1116		唉	934		將	1198		拵	402

總畫索引(10획)

	挽	445	艹	荔	374	手	挙	49		根	204	礻	祥	719
	挿	708		莉	425		拳	189		桔	241	辶	途	316
	捜	839		茫	454		拿	242		桃	317		連	379
	挨	934		茗	475	攵	敏	526		桐	340		逝	739
	捐	986		茱	839	斗	料	406		栗	420		速	810
	挺	1268		茹	979	方	旅	373		梅	458		迹	1220
	挫	1320		莞	1027		旁	553		桦	480		造	1291
	振	1378		茸	1047		旆	1236		桑	719		逓	1445
	捉	1400		茵	1145	旡	既	230		桂	719		逐	1477
	挹	1419		荏	1166	日	書	739		栖	742		通	1541
	捌	1562		茨	1179		晟	774		柴	872		透	1548
	捕	1581		茲	1179		晒	817		案	923	田	留	413
氵	涅	258		荷	1611		時	870		桜	938		畝	493
	浪	364		荇	1641		晏	923		栈	1188		畔	540
	涙	408		荊	1663		晃	1291		栽	1208		畚	626
	流	411		華	1692		晋	1380		栓	1236		畠	1236
	浬	425		茴	1711		晄	1704		梅	1236		畜	1477
	浮	613	阝(邑)	郡	184	月	胯	127		株	1332	疒	痂	9
	浜	654		郢	1003		能	266		桎	1387		疳	25
	消	796	阝(阜)	降	33		胴	340		核	1636		痀	167
	涎	986		陞	863		朗	364		桁	1662		疼	341
	涓	986		院	1069		脈	462	歹	殊	839		病	586
	浣	1027		除	1277		朔	688		殉	853		痡	647
	浴	1043		陣	1379		脂	1368		残	1188		疽	1215
	涌	1046		陛	1575		朕	1389	殳	殺	698		症	1351
	浥	1112		陥	1623		脊	1419		殷	1103		痕	1369
	涔	1190	心	恐	124		脆	1497	气	氤	1145		疹	1380
	浙	1251		恭	125		脅	1659	水	泰	1535		疾	1387
	酒	1330		恋	381		脇	1659	火	烙	354		疱	1581
	浚	1337		恕	739		胸	1729		烟	986		疲	1596
	涕	1444		息	880	木	栞	19	灬	烈	386		痃	1650
	浸	1513		恙	949		桀	55		烏	1015	皿	盍	1027
	浦	1581		恩	1103		格	58		烝	1350		益	1131
	浩	1671		恁	1166		桂	87	牛	特	1550	目	眠	467
犭	狷	65		恣	1179		栲	100	王	珪	197		真	1380
	狼	364		恵	1664		框	142		班	539		眩	1650
	狸	425	戶	扇	756		校	151		珠	1332	矢	矩	167

石	砥	1369	粉	626	蚍	648	食 飢	232	動	341
	砧	1513	粃	648	蚜	915	馬 馬	438	務	497
	破	1554	粋	840	蚋	1007	骨 骨	111	勹 匐	595
	砰	1564	糸 紘	148	蚕	1190	高 高	100	匏	1582
	砲	1581	納	247	蚤	1292	鬥 鬥	1549	匕 匙	873
示 祓	638	紐	266	衣 衾	215	鬯 鬯	1410	厂 厠	1500
	祠	681	紊	510	衰	818	鬲 鬲	378	口 喝	23
	祟	839	紋	510	袁	1070	鬼 鬼	194	啓	87
	祇	1369	紡	553	袤	1490	竜 竜	407	唸	259
禾 秫	451	紛	627	言 記	230	**11 획**		啖	282
	秘	647	紕	648	訕	693			唳	374
	秧	933	紗	681	訊	891	乙 乾	53	售	840
	租	1292	索	688	託	1524	亠 率	420	啞	915
	秦	1383	素	798	討	1540	商	719	啀	934
	秩	1388	純	853	訌	1680	人 健	54	唯	1092
	秬	1487	紙	1369	訓	1723	脩	840	啐	1339
	稱	1516	羊 羔	100	豆 豇	34	倏	849	唱	1410
	秤	1516	羽 翅	873	豈	231	偲	873	啜	1431
穴 窅	1039	翁	1023	豸 豽	873	偓	917	唾	1523
	窈	1039	老 耆	230	豹	1587	偃	973	土 堀	185
	窄	1400	耄	480	貝 貢	125	偶	1056	基	232
立 站	1407	耒 耕	75	財	1208	偽	1080	埼	233
罒 罠	526	耗	480	走 赴	197	停	1268	埕	268
衤 袪	50	耘	1060	起	231	偵	1269	堂	290
	袢	570	秒	1453	身 躬	187	偖	1399	培	560
	袖	839	耙	1556	車 軒	1646	側	1499	埠	616
	袍	1127	耳 耿	75	辰 辱	1043	偸	1549	埤	648
	袘	1179	恥	1503	酉 配	559	偏	1568	埕	917
	袍	1582	耽	1530	酌	1187	偕	1634	域	983
	被	1596	至 致	1503	酎	1332	儿 兜	345	埦	1027
竹 笭	219	舌 舐	1370	金 釜	615	冂 冕	467	執	1389
	笑	797	舟 般	540	釘	1268	几 凰	1704	埴	1503
	笋	853	舫	554	針	1513	刀 剪	1236	堆	1546
	笳	1292	航	1629	門 閃	767	刂 副	616	女 婪	361
	笏	1677	虍 虚	53	隹 隼	1337	剩	1170	婁	409
米 耗	480	虫 蚊	510	隻	1420	力 勘	25	婦	616

總畫索引(11획)

	婢	648	張	1199	捻	259	液	937	萇	1623
	婀	915	ㅋ 彗	1664	掉	317	淹	974	萏	1641
	婉	1027	彡 彬	655	掏	317	淫	1109	莧	1651
	婬	1109	彫	1292	掠	367	渚	1215	莢	1660
	婥	1187	彩	1414	捩	386	淀	1236	⻏(阜) 郭	131
	娼	1410	彪	1587	描	493	濟	1278	鄭	283
	婕	1472	彳 得	348	排	560	淙	1313	都	318
	娶	1497	徠	366	捧	604	添	1434	部	617
	婆	1556	徘	560	捨	681	清	1439	郵	1056
	婚	1675	徙	681	掃	801	涸	1615	鄕	1643
子	孰	849	徜	723	授	840	涵	1623	⻏(阜) 陶	317
宀	寇	167	術	857	掖	937	混	1676	陸	417
	寄	233	衒	1650	掩	974	犭 猊	388	隆	420
	宿	849	忄 悾	88	捥	1027	猛	464	陵	421
	寅	1145	悼	317	接	1256	猫	493	陪	561
	寂	1221	惇	331	掟	1270	猜	873	陰	1109
寸	尉	1081	悶	454	措	1293	猊	1008	陳	1384
尚	巢	800	惜	751	採	1414	猗	1116	陝	1473
尸	屛	587	惟	1092	捷	1435	猪	1215	險	1647
山	崎	234	情	1269	推	1472	猖	1410	心 悉	899
	崙	418	慘	1407	探	1530	艹 菓	127	惡	917
	崚	421	悵	1410	氵 渴	23	菊	181	悠	1093
	密	527	惆	1410	淦	26	菌	199	患	1697
	崩	638	悽	1418	淣	88	董	206	戈 戛	926
	崇	857	惕	1420	淡	282	茶	319	戚	1420
	崖	934	惘	1472	淘	317	萇	364	戶 扈	1671
	崢	1211	悴	1490	涼	371	莫	442	攵 教	151
	崔	1466	惚	1678	淪	418	萌	464	救	168
巾	常	721	扌 据	50	淋	432	茜	475	敍	682
	帷	1092	揭	57	涉	708	莎	683	敎	1015
	帳	1198	控	125	淅	751	莫	953	敗	1563
广	康	34	掛	144	涉	768	莠	1093	斗 斛	109
	庶	742	掬	181	淑	851	著	1215	斜	682
	庵	927	掘	185	淳	854	荻	1221	斤 斷	276
	庸	1047	捲	190	深	904	菖	1410	斬	1407
弓	強	34	捺	244	涯	934	菜	1414	方 旋	756

總畫索引(11획)

	旌	1270	梯	1278	瓜瓠	1671	桂	198	羽習	859
	族	1308	梢	1453	瓦瓶	587	袄	595	翌	1131
日 曼		446	椏	1503	瓷	1179	袴	723	耳聆	389
晨		891	桴	1514	甘甜	1435	袛	1166	聊	406
晤		1016	桶	1543	生産	693	衒	1663	聿肅	851
曹		1293	梟	1717	田略	367	竹笠	436	曰春	1047
晡		1582	欠欲	1044	異	1127	符	617	舟舶	530
晦		1711	欷	1736	畢	1599	笥	683	船	756
月脚		15	殳殺	15	畦	1727	笙	737	舳	1478
脛		75	毛毬	168	疒痒	949	笹	780	舵	1523
腦		264	毫	1671	疵	1179	笛	1221	舷	1652
豚		331	火烽	605	痔	1503	第	1279	虍虛	1645
望		454	灬焉	973	痕	1732	笧	1416	虫蚯	169
脣		854	烹	1564	白皐	104	答	1536	蛋	277
脫		1529	爻爽	723	皎	153	米粔	50	蛇	683
脯		1582	牛牽	65	皿盜	319	粒	437	蚰	1093
木桸		15	王球	168	盛	774	粕	530	蛆	1216
桿		19	琅	364	目眶	142	粘	1255	蚱	1416
梘		65	琉	413	眷	190	粗	1293	螢	1663
梗		75	理	425	眸	480	糸紺	26	衣袈	9
械		88	琢	1525	眴	854	経	75	袞	110
梧		109	現	1651	眼	923	累	409	袋	309
梱		110	礻視	873	皆	1278	絆	540	見規	198
梛		242	辶逕	75	眦	1279	維	764	言訣	70
梁		371	逗	345	眺	1293	細	780	訥	266
梨		425	逞	389	石硅	198	紹	801	訪	554
梶		523	逢	605	砦	1415	紳	891	設	764
梵		575	逌	801	示祭	1279	組	1294	訟	815
桴		617	逸	1164	票	1587	終	1313	訝	916
梛		638	這	1215	禾移	1129	紬	1333	訳	983
梭		682	逑	1221	穴窒	1388	紫	1405	訛	1025
梳		801	週	1332	窓	1410	紵	1523	許	1646
梧		1016	逡	1337	立竟	75	絃	1652	豸貀	648
梓		1209	進	1383	章	1199	羊羚	389	貝貫	134
梲		1251	逮	1445	衤袷	73	羞	841	貧	655
梃		1270	逋	1582	袴	104	羝	1216	責	1416

總畫索引(12획)

	貪	1531	**12 획**		喚	1697	⺌ 営	1003	揺	1039
	販	1559			喉	1723	尢 就	1497	援	1070
	貶	1571	亻傀	146	喧	1725	尸 屠	319	揉	1093
	貨	1692	傍	554	喙	1725	属	810	揖	1112
足 跂	234	傅	617	喜	1736	屛	1189	揃	1238
跌	617	備	648	口 圏	190	山 嵌	26	提	1281
趾	1370	傘	694	土 堪	26	嵐	361	揣	1490
車 軻	937	偉	1081	堅	65	己 巽	812	搭	1531
軼	986	几 凱	41	堺	88	巾 帽	480	搥	1565
転	1236	刂 剴	41	堝	128	幇	555	換	1697
酉 酘	345	創	1411	堵	319	幄	920	揮	1726
酔	1497	割	1621	垦	409	幅	1584	氵減	27
采 釈	751	力 勤	206	塀	588	幺 幾	234	渠	50
里 野	941	募	480	堡	591	广 廊	364	湛	283
金 釦	169	十 博	530	報	591	廂	723	渡	321
釣	1295	卩 卿	77	堰	973	廁	1500	満	446
釵	1399	厂 厨	1333	堙	1145	廃	1576	湾	447
釧	1429	口 喀	45	場	1200	弋 弑	874	渺	494
門 問	510	喬	153	堤	1280	弓 弾	1527	渤	546
閔	694	喫	241	塚	1462	弼	1599	渣	683
閉	1575	喃	247	堕	1523	彳 街	9	湘	723
隹 雀	1187	喇	352	塔	1531	復	595	渭	743
雨 零	264	嘵	371	士 堉	743	循	854	渫	766
雪	764	喪	723	壷	1671	御	955	湿	859
斉 斎	1209	善	758	大 奢	683	徨	1706	渥	920
革 勒	421	嗇	874	奥	1016	忄愕	920	淵	987
頁 頃	77	喰	880	奠	1238	愉	1093	温	1021
頂	1270	喁	1023	女 媒	459	愀	1454	渦	1025
魚 魚	953	喟	1081	媚	523	愃	1490	湧	1047
鳥 鳥	1296	喩	1093	婿	743	惻	1500	渭	1081
鹵 鹵	396	啼	1280	媛	1070	惰	1523	游	1094
鹿 鹿	399	喞	1349	宀 寐	459	慌	1706	湮	1145
麻 麻	440	喘	1429	富	618	惶	1706	滋	1179
黄 黄	1704	喋	1436	寓	1056	扌揆	198	淳	1271
黒 黒	1730	啾	1473	寒	1618	握	920	湊	1333
亀 亀	195	喊	1624	寸 尋	905	揶	943	測	1500
			啣	1624	尊	1310	揚	950	湯	1531

	港	1629		陽	950	腊	751	毛 毳	1498	生 甥	737
	湖	1671		隁	1036	勝	863	水 淼	494	甦	803
	渾	1677		隅	1057	腋	937	火 焙	561	田 番	570
	渙	1698		隉	1281	腕	1027	焚	627	畳	1436
犭	猥	277	心	悲	649	朝	1298	燒	801	疋 疎	803
	猩	775		惣	1462	脹	1411	焠	858	疏	804
	猥	1036		惑	1675	木 檢	56	焰	996	疒 痙	78
	猶	1094	戈	戟	200	棍	111	焱	996	痘	345
艹	菰	104	戶	扉	649	棺	134	焜	1677	痢	426
	菫	111	手	掌	1201	極	200	焮	1732	痞	650
	菅	134		掣	1431	棘	202	灬 無	497	痟	804
	葵	198	攵	敢	28	棋	235	然	987	痤	1320
	萄	322		敬	78	棊	235	煮	1180	痣	1371
	落	354		敦	331	棠	290	焦	1454	痛	1543
	萊	366		散	694	棹	322	片 牌	1564	癶 登	349
	菱	421		敝	1577	棟	342	牛 犂	374	白 皓	1672
	荓	454	文	斑	540	椋	371	犇	628	皮 皴	1337
	菝	546		斐	649	椚	421	犀	743	目 睇	1281
	菩	592	斤	斯	683	棉	467	王 琴	215	着	1400
	菲	650	日	景	77	棒	605	琳	432	矢 短	277
	菽	851		晚	447	棷	618	琺	578	石 确	15
	菘	858		普	591	棚	639	琶	650	硬	78
	菴	927		暑	743	森	707	琰	996	硫	414
	葉	999		晳	751	棲	743	瑛	1004	硯	988
	萎	1081		晶	1271	植	881	琥	1672	碑	1399
	葬	1200		曾	1351	椀	1028	礻 祿	399	硝	1454
	萋	1418		智	1371	椅	1116	辶 過	128	禾 程	19
	菁	1442		晴	1441	棗	1299	達	281	稅	782
	萩	1473		替	1445	棕	1314	道	320	程	1271
	萃	1490		最	1466	棓	1411	逬	588	稍	1455
	菟	1540		曉	1717	椒	1454	遂	841	稀	1736
	菠	1556	月	腔	36	棰	1473	遙	1040	穴 窖	153
	萍	1574		期	235	椎	1473	遇	1057	窘	184
阝(右)	階	88		胼	582	欠 款	134	運	1060	立 童	342
	隊	310		腑	618	歆	235	遊	1094	竦	815
	隨	841		腓	650	欹	235	遲	1370	竣	1337
	隋	842		脾	650	歹 殖	881	遍	1569	衤 裡	426

總畫索引 (13획)

	補	592	羽	翔	723		貽	1130		雄	1063	厂	厫	169
	褋	891		翕	1734		貯	1216		集	1390	口	嗜	236
	裕	1095	舌	舒	744		貼	1436	雨	零	628		嗄	684
竹	筭	88	虫	蛟	153		賀	1612		雲	1061		嗣	685
	筼	139		蛮	448	走	越	1076	食	飯	540		嗇	730
	筐	143		蛙	1025		超	1455		飮	1110		嗦	804
	筋	206		蛭	1388	足	跏	9	革	靭	1145		嗚	1016
	答	284		蛤	1627		距	50		靴	1415		嗟	1399
	等	350		蛞	1700		跋	546	頁	須	842		嗤	1504
	筏	573		蜖	1712		跗	618		順	855		嘆	1528
	筍	855	血	衆	1348		跌	1388		項	1630		嘩	1693
	筌	1238	衣	裂	387		跛	1556	風	颪	1594		嗅	1723
	策	1416		裝	1201		跑	1582	馬	馮	658	口	園	1070
	筑	1478		裁	1210	身	軆	1445		馭	966	土	塙	16
	筒	1544	見	覚	15	車	軽	79	黍	黍	744		塊	147
	筆	1599		覗	684		軫	1384	齒	歯	1503		塗	322
米	粟	811		覘	1255		軸	1478	**13 획**				墓	494
	粢	1180	角	觚	1216	酉	酖	28					塞	728
	粧	1201	言	詐	684		酥	842	人	傑	55		塑	805
	粥	1336		詞	684		酢	1455		傾	80		塒	874
糸	絳	36		訴	804	采	釉	1096		傴	169		塩	996
	結	70		詠	1004	里	量	371		僅	207		塋	1004
	絋	142		詛	1216	金	鈞	169		働	342		塡	1238
	絓	145		詆	1216		鈎	199		僂	409	夕	夢	491
	絞	153		詔	1299		鈕	266		傷	724	大	奬	1201
	給	219		註	1333		鈍	347		僧	864	女	嫁	9
	絡	356		証	1351		鈔	1456		傲	1016		媾	169
	絣	639		診	1384		鈑	1560		傭	1047		媷	265
	絮	743		評	1574		欽	1733		條	1299		嫂	842
	絨	1102	豕	象	724	門	閒	19		債	1415		媼	1022
	紫	1181	豸	貂	1455		開	41		僉	1435		嫉	1388
	絶	1251	貝	貴	196		閔	526		催	1467		嫌	1657
	統	1544		貸	310		悶	526	刂	剿	1456	宀	寬	135
	絎	1641		買	459		閏	1102		剽	1587		寝	1514
	絢	1652		貿	503		閑	1619	力	勧	190	小	尠	759
	絜	1656		費	650	隹	雇	105		勢	783	山	嵩	858
	絵	1711		貰	782		雁	924		勤	1456		嵯	1399

巾	幕	442	溲	842	萱	1725	腫	1314	煩 570
	幌	1706	溽	1044	阝囧 隔	58	木 棄	236	煬 951
干	幹	21	溶	1047	隙	202	楠	247	煙 988
广	廉	387	源	1070	臨	934	椴	279	煤 1191
	廈	1612	溢	1164	隗	1037	樂	356	煅 1612
彑	彙	1726	滓	1210	隕	1062	棟	382	煥 1698
彳	微	523	準	1337	心 感	28	楼	409	煌 1706
	衙	916	滄	1411	慇	527	楞	422	灬 煎 1240
	徭	1040	滯	1445	想	724	楳	461	照 1299
忄	慨	43	漢	1620	愁	842	楣	524	煦 1723
	愷	43	滔	1627	愛	934	楔	766	父 爺 943
	慊	72	溜	1677	惹	943	楯	855	片 牒 1436
	愧	147	滑	1700	愚	1057	椹	906	犬 獻 1646
	慄	420	滉	1706	愈	1096	椰	943	王 瑃 311
	慎	891	犭 獅	685	意	1116	椿	946	瑞 744
	愴	1411	猿	1071	慈	1181	楊	951	瑟 858
扌	搦	268	猾	1701	戈 戡	29	業	975	瑤 1041
	搗	323	艹 葭	10	戰	1238	橡	988	瑜 1096
	搏	531	葛	23	攵 數	843	槭	1082	瑕 1612
	搬	541	董	342	斗 斟	1389	楡	1096	瑚 1672
	摂	769	蓮	382	斤 新	891	楢	1096	礻 福 597
	搔	805	葎	420	方 旒	414	楮	1216	禅 759
	損	812	蒔	874	日 暇	10	楪	1257	禎 1271
	搢	1385	蕚	920	暖	242	楫	1350	禍 1693
	搾	1402	葯	946	暗	927	楚	1456	辶 遣 66
	摚	1531	蒿	1025	暈	1724	楤	1462	遒 247
	携	1727	蓉	1048	暉	1726	楸	1473	遁 348
氵	溝	170	葦	1082	月 腱	54	椿	1482	遠 1071
	溺	268	葶	1182	腹	596	楕	1523	違 1082
	滔	324	葺	1350	腺	759	楓	1594	逾 1096
	滝	402	蒸	1351	腥	775	楷	1634	遺 1271
	溜	414	蒼	1412	腮	874	止 歲	783	適 1333
	漠	443	葱	1462	腎	895	殳 殿	1240	逼 1601
	滅	468	蓄	1478	腭	920	毁	1726	遐 1612
	溟	475	葡	1582	腰	1040	火 煖	243	違 1706
	滂	555	葫	1672	腴	1096	煉	382	田 畸 236
	溯	806	葷	1724	腸	1202	煤	461	畷 1431

疒	瘤	105	罒	罫	145	虍	虜	396	該	1635	鈴	389
	痰	283		署	744		虞	1058	話	1693	鉢	546
	痲	432		罨	974	虫	蜊	426	詼	1712	鈸	546
	瘝	440		罪	1320		蜂	605	詰	1737	鉈	685
	痺	650		置	1505		蜉	619	豆	豊	1594	鉛	989
	痾	916	衤	褐	23		蛻	784	豸	貊	1615	鉞	1077
	瘀	966		裾	50		蜃	896	貝	賈	105	鉦	1272
	痴	1504		裸	352		蛾	916	賂	404	鉄	1431
皿	盟	464		補	372		蜒	989	賁	651	鉋	1582
	盞	1189		裨	650		蜈	1017	賃	1166	鉉	1652
目	督	329		褄	1418		蛹	1048	資	1182	門	閘	32
	睦	490		褓	1588		蜆	1400	賊	1221	隹	雅	916
	睥	650	竹	筥	51		蛸	1457	賄	1712	睢	1217
	睡	844		筧	67		蜀	1458	足	跫	126	雉	1506
	睚	936		筰	744		蜈	1564	跨	129	雨	零	389
	睨	1008		筴	776		蜆	1652	跪	193	雷	404
	睛	1271		筵	989	衣	裘	170	跟	207	電	531
	睫	1437		節	1252		裏	426	跳	324	電	1241
矛	稚	730	米	粳	46		裟	685	路	396	革	靴	1693
矢	矮	1031		梁	372		裔	1008	跣	760	韭	韮	170
石	碁	236		粮	372	角	觜	1182	跡	1221	頁	頓	331
	碓	311	糸	絹	67		触	1458	踐	1429	頒	541
	碌	399		継	88		解	1634	身	躱	1523	頌	815
	硼	639		紹	374	言	誇	129	車	較	153	預	1008
	碍	936		続	811		詭	192	軾	881	頑	1028
	碗	1028		綏	844		誅	404	載	1210	食	飼	686
	碇	1271		絰	1130		詳	725	辛	辟	578	飾	881
示	禁	215	羊	群	184		誠	777	辞	685	飽	1583
内	禽	216		羨	759		詢	856	辰	農	262	馬	馴	856
禾	稜	422		義	1117		詩	874	酉	酩	358	馳	1506
	稔	1166	耒	耡	744		試	875	酪	475	彡	髢	1445
	稠	1300	耳	聘	658		詣	1008	酬	844	魚	魝	1170
	稚	1505		聖	776		誉	1008	舛	舜	856	鳥	鳩	170
	稗	1564	聿	肆	685		詮	1240	金	鉅	51	鳧	619
	稟	1590	臼	舅	170		誂	1300	鉗	72	鳰	1170
穴	窟	186	舟	艀	619		誅	1333	鉱	143	鹿	麂	1473
立	靖	1271		艇	1271		詫	1523	鉤	170	黽	黿	527

鼎	鼎	1272		嫣	973	漏	410	際	1281		榕	1048
鼓	鼓	105		嫡	1222	漫	448	心 慕	481		槓	1243
鼠	鼠	744		嫖	1588	滲	707	慇	1105		榛	1385
				嫦	1630	漱	844	態	1536		槍	1412
14 획				孵	619	漁	966	戈 截	1253		槌	1474
人	僑	154	宀	寡	130	演	990	攴 敲	105		榻	1531
	僅	343		寧	260	漪	1118	斗 斡	926		槢	1622
	僚	406		寥	406	滴	1223	方 旗	236		樺	1694
	僕	598		寬	443	漸	1255	日 曆	378	欠	歌	10
	像	725		寤	1017	漕	1301	暮	481	止	歷	378
	僥	1042		察	1405	漬	1371	暢	1412	歹	殞	1062
	僭	1338		寨	1415	漲	1412	月 膈	59	殳	穀	109
	僣	1408	尸	屢	409	滌	1420	膏	105	火	煽	760
儿	兢	221		層	1501	漆	1511	瞀	375		熄	882
刂	劃	1714	山	嶄	1408	漂	1588	膜	443		熅	1022
匚	匱	193	巾	幔	448	扌 摸	462	膊	531		熔	1048
厂	厭	998		幘	784	獄	1021	勝	555		熒	1663
口	嘉	10	广	廓	131	獐	1202	膃	1023		熇	1675
	嘔	171	彡	彰	1412	艹 蓋	43	腿	1546	灬	熊	1064
	鳴	475	彳	德	311	蒟	172	木 榎	10		熏	1724
	嘗	725		徵	1391	蒙	491	概	43	爻	爾	1130
	嗾	844	忄	慷	36	蓑	686	槁	106	片	牓	555
	嗽	844		慣	135	蒴	688	榾	112	牛	犒	1672
	嗷	1017		慢	448	蒜	696	槇	126	王	瑰	147
	嘈	1300		慴	860	蓆	752	槐	147		瑠	414
	嘖	1417		愾	1301	蒐	844	構	171		瑪	440
土	境	81		憎	1353	蓚	844	榴	414		瑣	817
	墨	505		慚	1408	蓍	876	榠	475		瑳	1400
	塾	851		慟	1545	蓐	1044	模	481	辶	遡	806
	塼	1243	扌	摑	148	蔦	1301	槃	541		遜	813
	增	1352		摸	480	蓙	1320	榜	555		適	1223
	塵	1385		摘	1222	蒲	1583	榑	619		遭	1301
	塹	1408		摺	1257	蓖	1597	榧	651		遮	1400
夕	夥	130		摧	1468	蒿	1672	槎	686	瓦	甄	68
大	奪	1530	氵	滾	111	阝 鄙	651	槊	688		甌	427
女	嫗	171		漣	383	阝 隱	1103	榊	896		甃	1474
	嫩	265		漉	399	障	1202	樣	951	疋	疑	1118

總畫索引 (15획)

部	字	頁	部	字	頁	部	字	頁	部	字	頁	部	字	頁
疒	瘍	952	米	糇	130	肉	腐	619		輔	593	食	飴	1130
	瘖	1111		糅	400	虫	蝶	130	辛	辣	361	馬	駆	172
	瘋	1594		粼	430		蜷	191	酉	酸	325		駁	531
	瘥	1615		精	1272		蜜	528		酸	697		駅	983
皮	皸	185		粽	1315		蜚	651		酷	1675		駄	1536
	皹	185		糀	1694		蜥	752		酵	1717	骨	骸	1549
石	碧	578	糸	綱	36		蜿	1073	金	銨	154	髟	髮	546
	碑	651		縞	136		蜩	1301		銅	343		髴	555
	碩	752		綺	237		蜘	1371		銘	475	鬼	魁	147
	磁	1182		綯	325		蜻	1442		鋒	482		魂	1677
示	禊	89		綟	375	衣	裹	130		銑	760	鳥	鳴	475
禾	稭	23		練	383		裳	725		銛	768		鳳	606
	稻	324		綠	400		製	1281		銚	1042		鳶	990
	種	1314		綸	418	言	誡	89		銀	1105	鼻	鼻	651
穴	窩	1025		綾	422		誥	106		錢	1243			
	窪	1025		網	454		誑	143		銓	1243	**15 획**		
立	竭	23		綿	467		読	329		銃	1465	人	儂	263
	端	279		緋	651		誣	503		銜	1624		僻	578
	竪	845		緒	745		誓	745	門	閣	16		億	968
四	睾	106		綏	845		説	766		関	136		儀	1118
	罰	573		維	1096		誦	816		閨	198	冫	凜	421
衤	禪	111		綽	1187		語	967		聞	511	刀	劈	578
	複	598		綜	1315		誤	1017		閩	527	刂	劇	202
	褊	1569		綢	1333		誘	1096		閥	573	厂	厲	375
竹	箇	44		綵	1415		認	1146		閣	1627	口	器	237
	箝	72		綴	1433		誌	1372	隹	雌	1183		噓	503
	籠	106		総	1462		誨	1712		雜	1191		噴	628
	箜	126		緇	1506	豕	豪	1672	雨	需	845		嘶	876
	管	135		綻	1528	豸	貌	482	青	静	1274		噎	992
	箕	237	羽	翡	651	貝	賖	686	革	鞏	452		噌	1211
	箔	531		翟	1224		賑	1385		鞘	588		嘲	1301
	籠	599		翠	1498	赤	赫	1648		鞅	933		噂	1338
	算	696	耳	聟	745	走	趙	1301		鞄	1583		囑	1459
	箏	1211		聢	1274	足	踢	181	頁	領	390		舖	1583
	箋	1243		聡	1465		踉	372		頗	1556		噓	1646
	箇	1400		聚	1498		踊	1049	風	颯	708		嘻	1736
	箒	1474	聿	肇	1301	車	鞍	449		颱	1536	土	墳	628

總畫索引 (15획)

	境	1042		撲	531		蔟	1308		樅	1316		盤	541
	墜	1474		撥	547		蔕	1446		槼	1408	目	瞑	476
女	嬌	154		撒	698		蕉	1457		樋	1545		瞋	1385
	嬋	760		撰	1403	阝	鄧	430		標	1588	石	碾	258
	嬉	1736		撤	1433		鄭	1274		横	1714		磊	404
宀	寮	406		撮	1466	心	慮	375	欠	歎	1528		碼	441
	審	906		播	1556		慾	1044		歐	1698		磐	541
寸	導	325	氵	澗	21		憂	1058	殳	毅	1118		磅	555
尸	履	427		潔	72		慰	1083	毛	氄	707		磋	936
巾	幢	291		潰	193		慫	1315	水	漿	1203		磔	1417
	幡	571		潭	283		憨	1408	火	熨	1083		確	1694
	幟	1506		潦	407		慧	1664	灬	黑	505	禾	稼	11
	幣	1577		潑	547	戈	戮	418		熟	851		稽	89
广	慶	81		潸	697		戲	1736		熱	993		稿	106
	廟	495		潟	752	手	擊	59		熬	1017		穂	845
	廛	1243		澆	1042		摩	440		勲	1724		稷	1375
	廚	1333		潤	1102		摹	482		熙	1737	穴	窮	187
	廠	1412		潺	1189		摯	1372	牛	犛	428		窯	1042
廾	弊	1577		潛	1190	攵	敷	619	王	璆	172	罒	罵	461
彡	影	1004		潞	1217		敵	1224		璃	428		罷	1557
彳	徹	1433		潮	1302	日	暫	1191	辶	遯	348	衤	褞	1022
	衝	1490		澄	1391		暴	1584		遼	407		褥	1044
忄	慳	21		澎	1565	月	膕	148		選	760		褪	1506
	憬	81		潢	1706		膠	154		遨	1017		褐	1546
	憍	154	艹	蓼	407		膚	620		遺	1097	竹	範	575
	憧	343		蔓	449		膝	858		遵	1338		箱	725
	憐	384		蔑	469		膣	1388		遷	1429		篋	1191
	憫	527		蓿	528	木	樃	131	田	畿	237		箸	1217
	憤	628		蓬	606		權	191	疒	瘤	414		箭	1243
	憔	1457		蔀	620		槻	199		瘢	541		篆	1243
	憚	1528		蓼	707		槿	207		瘦	845		篇	1569
扌	撚	258		萩	812		槹	414		瘡	1413		筱	1569
	撓	265		蓴	856		樌	528		瘠	1420		篋	1660
	撞	291		蔚	1063		樊	571	白	皚	936		潷	1680
	撈	397		蔭	1111		樟	1203		皞	1673		篁	1706
	撩	407		蔗	1183		樗	1217	皮	皺	1474	米	糊	428
	撫	503		藏	1203		槽	1303	皿	監	29		糒	582

	糗	707		談	283		輻	1506		駙	620	口	噤	216
	糒	745		諒	372		輝	1726		駛	686		噺	332
	糅	1098		論	401	酉	酳	432		駟	686		噬	746
	糊	1673		誹	653		醇	856		駐	1334		嘯	807
糸	緊	240		誰	846		醋	1457		駝	1523		噺	896
	緞	280		諄	856	舛	舞	503		駘	1536		嗳	936
	緬	468		謁	926	金	鋩	455	髟	髻	998		噦	973
	緰	527		誼	1118		鋏	588		髶	1584		噪	1304
	線	761		諍	1211		鋒	606	鬼	魅	461		嘴	1499
	繩	865		諚	1275		鋤	746		魄	569		噫	1737
	緣	990		諸	1282		銷	806	魚	魯	397	土	墾	21
	緩	1029		調	1303		銹	846		魬	542		壞	147
	緘	1083		諂	1435		銳	1009		魴	555		壇	280
	締	1446		請	1442		鑄	1334		魦	687		壁	579
	編	1569		諏	1474		鋪	1584		魳	687		壤	952
	緻	1624		誕	1528		鋏	1660		魣	746		墺	1017
羊	羯	24	豆	豌	1029	門	閭	375	鳥	鴃	59		甕	1024
羽	翫	1029	貝	賫	404		閱	994		鴇	593		墻	1203
	翩	1570		賠	561	雨	霊	390		鴉	916	大	奮	628
耒	耨	1058		賦	620		霄	807		鷹	925	女	嬢	952
虫	蝌	130		賓	655		震	1386		鳩	1389		嬖	1577
	蝲	361		賜	686	非	靠	106	麥	麩	468	山	嶼	746
	蝮	599		賞	726	革	鞏	126		麸	620		嶮	1647
	蝨	859		質	1388		鞍	924		麨	1457	广	廩	421
	蝕	882		贊	1403		鞋	1613	麻	麼	1726	弓	彊	37
	蝸	1026		賤	1430		鞋	1664	黍	黎	375	彳	衞	1083
	蜎	1083	走	趣	1499	頁	頡	1738					衡	1663
	蝶	1257	足	踞	51	食	餃	154	**16 획**			忄	憾	30
	蠍	1349		踝	131		餠	588					憶	968
	螨	1474		踏	284		餓	916	人	儆	464		懊	1017
	蝙	1570		跪	1073		養	952		儒	1098		懈	1635
	蝦	1612		踪	1316		餌	1130		僑	1283		懷	1713
	蝴	1673		踟	1372		餉	1644		儘	1386	扌	撿	57
	蝗	1706	車	輗	372	馬	駕	12	八	冀	237		擒	216
衣	褒	1583		輦	384		駒	173	冖	冪	465		擂	404
言	課	130		輪	418		駐	173	冫	凝	1113		擁	1024
	諾	242		輩	561		駑	262	又	叡	1009		操	1304

總畫索引(16획)

擅	1430	日 曇	283	避	1598	縛	533	諱	1726
氵激	59	月 朣	351	還	1698	繁	571	豸 貒	280
濃	263	膳	762	瓜 瓢	1589	縫	606	貝 賭	325
澩	391	膵	1490	瓦 甌	173	縕	1023	賢	1652
澾	1009	膨	1565	甍	464	縟	1044	豆 豐	847
澳	1018	木 橄	30	甑	1244	緯	1084	赤 赭	1183
澱	1244	樫	68	疒 瘵	352	縊	1118	足 蹂	1099
澡	1304	橋	154	瘦	410	縱	1316	踰	1099
濁	1525	橘	200	瘴	1203	縉	1386	蹄	1284
澼	1620	機	237	瘰	1589	縋	1474	踵	1316
犭獲	1714	橙	351	皿 盥	137	縒	1507	身 躴	524
艹 蕎	155	橅	504	盧	397	緻	1507	車 輻	599
蕨	191	樸	533	目 瞠	291	縞	1673	輸	847
蕁	284	橡	726	瞞	449	羽 翰	1621	轅	1334
蕗	397	樹	846	石 磬	81	耒 耨	265	輯	1391
蕉	504	橈	1042	磨	441	臼 興	1734	辛 辨	1560
薄	532	樽	1338	磚	1244	舟 艘	807	酉 醒	777
蕃	571	樵	1457	禾 穆	490	艙	1413	醍	1284
蔬	807	橇	1499	穋	707	虫 螟	476	醐	1673
薪	896	橢	1524	穎	1005	見 親	1508	金 鋼	37
蕈	906	橐	1525	穩	1022	言 諫	21	鋸	51
藥	946	欠 歔	1646	積	1224	謀	482	鋼	106
蕊	1009	歹 殪	975	穴 竂	173	諡	876	錦	216
蕋	1009	殳 瞋	280	窺	199	諤	920	鋷	366
蕘	1062	火 燉	332	罒 罹	428	諝	928	錬	384
薦	1430	燗	360	衤 襁	37	諺	973	錄	401
蕞	1468	燎	407	褶	860	謠	1042	鉞	504
蕩	1533	燐	430	竹 篝	173	諢	1073	錺	555
蔽	1577	燔	571	篤	330	謂	1084	錫	752
薰	1724	燃	991	筤	653	諭	1099	錏	917
阝(阜) 隣	430	燄	998	篩	687	諛	1099	錵	1073
隧	846	燋	1457	篆	1403	諮	1183	錚	1211
心 憩	57	熾	1506	築	1478	諜	1437	錠	1275
憑	658	灬 燕	992	米 糒	173	諦	1446	錯	1402
憨	1106	犬 獣	847	糖	291	諷	1594	錆	1413
憲	1647	王 璞	533	糒	653	諿	1616	錣	1433
攴 整	1275	辶 遒	768	糸 縠	109	諧	1636	錘	1474

總畫索引(17획) 1793

17 획

錐	1475	鳥 鴻	437	濡	1099	檉	1275	禾 穉	1507
鍫	1694	鴨	932	濯	1525	檞	1636	竹 築	372
門 闋	926	駕	1073	濠	1673	檜	1713	篖	687
闍	974	鴝	1244	濶	1701	殳 縠	109	篠	807
闍	984	鷗	1507	犭 獰	260	縠	109	篩	1305
闊	998	黑 黛	311	艹 薑	37	毛 氈	1244	簇	1308
隶 隸	393			薊	90	火 爕	769	箝	1403
佳 雕	1304			薦	363	燧	848	簪	1417
雨 霍	131	人 償	727	蕾	405	燠	1060	篳	1600
霖	432	優	1058	薇	524	燥	1304	米 糠	37
霏	653	口 嚋	653	蕭	807	燦	1404	糜	524
霓	1009	嚏	1446	蘊	1023	燭	1459	糞	629
面 靦	1244	嚇	1613	薗	1073	爫 爵	1187	糁	708
革 鞠	1457	嚌	1717	薏	1119	爿 牆	1204	糟	1305
頁 頸	81	土 壕	1673	薔	1204	牛 犧	1737	糸 縩	37
頭	346	女 嬲	265	薿	1350	王 環	1698	縺	384
頼	405	嬪	653	薙	1446	辶 遽	51	縷	410
頤	1130	嬰	1005	薤	1636	邁	461	縲	415
頷	1547	孺	1099	薹	1725	邀	1042	繃	639
領	1624	燿	1304	心 懇	21	邂	1636	纖	768
頰	1660	子 孺	1099	戈 戴	311	瓦 甑	1353	績	1225
食 館	137	⺍ 嚴	974	攵 斂	387	疒 癇	22	縮	1479
餐	1404	山 嶺	392	日 曙	746	癆	397	標	1589
馬 駱	358	嶽	920	曖	936	療	407	徽	1726
駭	1636	嶷	968	月 朦	263	癌	928	缶 罅	1613
骨 骸	1636	弓 彌	524	臀	348	癈	1577	羽 翳	1009
髟 髻	90	忄 懦	242	膽	351	皿 盪	1533	翼	1131
髶	109	扌 擱	16	萬	363	目 瞰	30	耳 聯	384
髭	1183	擡	311	臂	653	瞳	343	聱	1018
鬥 鬨	1680	擣	326	臆	969	瞭	407	聳	1049
鬲 融	1103	擯	656	膺	1114	瞥	583	聰	1442
魚 鮥	343	擬	1118	膾	1713	矢 矯	155	艮 艱	22
鮒	621	擦	1405	木 檟	37	石 磽	155	虍 虧	1728
鮓	1184	擢	1525	檄	60	磯	239	虫 螳	291
鮎	1256	擤	1663	檀	280	磷	431	螺	352
鮮	1574	氵 濤	326	檔	291	礁	1458	螻	410
鮑	1584	濛	491	檣	1204	示 禦	968	螨	428

總畫索引(18획)

	鞏	441		鍍	326		鮪	1100	薯	746
	蟀	813		錨	495		鰤	1130	藉	1184
	蟋	899		鎹	599		鮨	1372	薺	1284
	蟄	1018		鍔	920	鳥	鞅	482	心 懲	1392
	螽	1316		鎔	1100		鵠	1372	攵 斃	1577
	蟲	1516		鍾	1317		鵝	1507	日 曚	492
衣	藝	767		鍬	1458		鴿	1627	曜	1042
見	覬	239		鍼	1515		鴻	1680	月 臑	262
	覧	361		鍐	1699	鹿	麋	525	朦	492
言	講	38	門	閶	60	麥	麨	182	臍	1284
	謙	72		闌	360	黑	黜	1487	木 櫃	193
	謹	208		闇	929	齒	齡	392	欋	326
	謎	524		闊	1701	鼻	鼾	1621	檳	656
	謗	555	隹	雖	848				檸	1005
	謝	687	雨	霜	727	**18 획**			歹 殯	656
谷	豁	90		霙	1005	人	儲	1217	火 燾	896
	谿	1701		霞	1613	又	叢	1465	燿	1043
豸	貌	653	革	鞫	182	口	嚙	155	燻	1725
貝	購	173	頁	顆	131		嚠	415	王 瓊	82
	賺	387		頻	656	土	壙	143	辶 邈	443
	賽	728	風	颶	174	扌	擽	368	玉 璧	579
走	趨	1475	食	餞	1244		擾	1042	瓦 甕	1024
足	蹇	54		餡	1624		擲	1420	疒 癘	375
	蹋	286		餛	1677		擺	1557	癖	579
	蹈	326	首	馘	148	氵	濆	331	癒	1100
	蹉	1400	韋	韓	1621		濫	362	癜	1244
	蹌	1413	馬	駿	1338		濾	375	目 瞼	57
	蹊	1664		駸	1516		瀏	415	瞥	107
車	輿	979		騂	1621		瀉	687	瞿	174
	轅	1073	鬼	醜	1475		瀑	1585	瞬	856
	輾	1244	魚	鮫	155	艹	薐	106	瞻	1435
	轄	1622		鮭	199		薹	311	石 磴	291
酉	醞	1023		鯌	593		藤	351	礒	1119
	醪	1636		鮴	599		藍	362	礎	1458
金	鍵	55		鮮	762		蕺	443	禾 穡	952
	鍋	131		鮟	925		藩	572	穢	1009
	鍛	280		鮑	1037		薩	698	穫	1695

穴	竄	1404		
	竅	68		
衤	襟	217		
	襠	291		
	襖	1018		
竹	簡	22		
	簞	280		
	簣	1191		
米	糧	372		
糹	繭	68		
	繚	407		
	繙	572		
	繖	697		
	繕	762		
	繞	1043		
	繪	1062		
	織	1375		
羽	翺	107		
	翹	156		
	翻	572		
耳	職	1376		
舟	艟	343		
虫	蟒	455		
	蟠	542		
	蟬	762		
	蟯	1043		
	蟪	1664		
襾	覆	599		
臣	臨	432		
見	観	137		
角	觴	727		
言	謦	82		
	謳	174		
	謬	415		
	謫	1225		
豸	貘	462		
貝	贈	1353		

總畫索引(19획) **1795**

	贅	1372		顖	1653	广	廬	375		羆	653		蹲	1339
	贇	1490	食	餻	1674	忄	懶	353	衤	襦	1100		蹴	1479
足	蹣	449	香	馥	599	氵	瀝	378	竹	簳	22	車	轎	156
	蹟	1225	馬	騎	239		瀨	405		簾	387		轔	431
	蹤	1317		騏	239		瀬	656		簿	621		轍	1434
	蹠	1420		駢	582		瀦	1217		簫	808	酉	醮	547
	蹩	1479		騷	807		瀞	1275		籀	1334	金	鏡	82
身	軀	174		驗	1648	犭	獺	281		簸	1557		鏜	291
車	轆	401	骨	髀	653	艹	蘭	360	糸	繫	90		鏈	385
酉	醱	407	髟	鬆	816		藜	375		繡	848		鏤	410
	醯	428	門	閲	1649		藪	848		繹	984		鏝	449
	醬	1204	鬼	魁	455		藕	1059		繰	1305		鏖	1018
里	釐	428		魏	1084		藻	1305	羊	羹	46		鏘	1204
金	鎧	44	魚	鯁	82	阝	隴	402		贏	428		鏑	1225
	鎌	73		鯉	428	手	攀	542		羶	1244		鏃	1309
	鎈	816		鮸	468	日	曠	143	舟	艤	1119		鏨	1408
	鎖	817		鯊	687		曝	1585	色	艶	998		鏢	1589
	鎔	1049		鹹	777	月	臆	138	虫	蠍	24	隹	離	428
	鎭	1386		鯒	1545		臘	363		蠐	291	雨	霧	504
	鎗	1413		鮸	1677		臟	1204		蟾	768	非	靡	525
	鎚	1475	鳥	鵙	60	木	櫟	379		蠅	865	革	鞴	654
	鎬	1674		鵠	110		櫓	397		蟻	1119	韋	韜	326
門	闕	192		鶩	917		櫛	1349		蟶	1275		韛	561
	關	1549		鵝	1284		檻	1624		蟹	1636	韭	韰	1285
	闚	1552	麻	麿	442	火	爍	689		蠁	1644	音	韻	1062
隹	難	243	鼓	鼕	344		爆	1585	衣	襞	579	頁	願	1073
	難	1475	鼠	鼬	1100	牛	犢	331	西	覇	1564		顚	1244
革	鞫	182				辶	邋	375	言	警	82	食	饂	1023
	鞣	1100		**19 획**		玉	璽	728		譏	239	馬	騙	1570
	鞦	1476	口	嚫	656	瓜	瓣	1560		譚	284	骨	髓	848
	鞭	1570		嚥	992	田	疆	38		譜	593	魚	鯨	83
頁	類	415		嚮	1644		疇	1334		識	882		鯤	111
	顗	876	土	壞	284	石	礜	979		譎	1728		鯰	418
	顎	921		壚	397	示	禰	260	貝	贋	925		鯡	654
	顔	925		壢	402		禱	326	走	趨	156		鯣	984
	額	937	女	孀	360	罒	羅	353	足	蹶	192		鯰	999
	題	1284	宀	寵	1465		羃	465		蹼	599		鯛	1285

總畫索引 (20 — 21획)

鯛	1306	藥	1010	躁	1306	麥 麵	468	糸 纏	1245
鯖	1443	蘊	1023	車 轍	30	黑 黥	84	繽	1738
鰡	1507	藷	1217	酉 釀	46	鼠 鼯	1018	舟 艢	397
鯢	1674	心 懸	1654	醴	393	齒 齟	746	艦	1624
鮐	1694	月 騰	351	釀	953	齠	1403	虫 蠟	363
鳥 鷄	90	朧	402	金 鏗	46			蠢	1339
鵡	126	臟	992	鐃	265	**21 획**		言 譴	68
鵬	639	木 欄	360	鐘	906	土 壘	525	貝 贔	654
鶉	654	櫨	397	鐙	351	口 囁	769	贐	896
鶚	857	广 癩	1253	鏴	917	嚼	1188	足 躍	948
鵲	943	目 矍	1695	鐋	1245	囉	1193	躊	1334
鷃	1130	石 礦	143	鐘	1317	囀	1245	車 轟	148
鵠	1187	礪	376	門 闡	1430	囂	1717	金 鐺	292
鹿 麒	239	礫	379	雨 霰	697	山 巍	1037	鐸	1525
麗	376	攀	542	革 韉	291	忄 懼	174	鐶	1699
麓	401	禾 穡	376	音 響	1644	儸	769	雨 露	398
麥 麴	182	立 競	83	風 飄	1589	氵 灌	138	霹	579
齒 齗	1107	衤 襤	362	食 饉	208	艹 蓬	51	頁 顧	107
		竹 籍	1225	饅	449	薇	387	風 飆	1590
20 획		籌	1334	饓	1600	繫	573	飇	1590
攵 夔	239	簒	1404	香 馨	1663	蘚	762	飛 飜	573
女 孀	727	米 糯	242	馬 騙	762	蘘	953	食 饑	239
山 巖	929	糸 繽	656	魚 鰊	385	蘖	973	饒	1043
嶧	1408	繻	848	鰒	600	蔞	1005	饐	1120
忄 懺	1409	缶 罌	938	鰓	728	日 曩	248	饌	1404
扌 攘	953	羽 耀	1043	鱷	921	月 騰	351	馬 騾	353
攙	1409	舟 艨	492	鮓	947	木 櫸	51	驁	463
氵 瀾	360	虫 蠕	992	鰈	1257	櫺	392	驂	1409
激	387	蠑	1005	鰻	1285	歹 殲	768	驃	1590
瀰	525	言 譬	654	鯔	1476	火 爛	361	彡 鬘	450
瀟	808	譖	768	鰍	1476	王 瓔	1005	鬼 魈	429
瀼	953	讓	953	鰭	1482	广 癩	353	魔	442
犭 獼	525	議	1120	鯖	1524	癰	1226	魚 鰭	240
艹 蘆	397	護	1674	鰉	1707	穴 竈	1306	鰤	687
蘭	431	貝 贍	768	鳥 鷂	22	衤 襯	1501	鯡	876
蘇	808	贏	1005	鶪	921	竹 籐	351	鰰	896
藺	936	足 躄	579	齒 鹹	1624	籃	362	鰯	948

	鱫	1699	金	鑑	68	言	讎	849	馬	驟	1499	馬	驢	376
鳥	鷟	938	雨	靇	461		讖	992	髟	鬚	657	門	闥	174
	鷞	948		霽	1285	足	躏	431	鬼	魘	999	魚	鱲	388
	鷚	1043	革	韃	281	車	轢	379	魚	鱧	393		鱶	728
	鷸	1420	頁	顥	1245	金	鑑	30		鱸	406		鱲	1516
	鶴	1616	食	饗	1644		鑒	30		鱵	629	**27 획**		
鹿	麝	687	馬	驚	84		鑛	363		鰻	936			
黑	黯	929		驕	156		鑢	376		鱠	1714	足	躪	431
齊	齋	1210		驛	1529	面	靨	1000	鳥	鷺	398	金	鑽	1404
齒	齧	767		驍	1717	骨	髑	1459		鷦	579	頁	顴	138
22 획			骨	髐	1718	魚	鱇	68		鷹	1114		顳	769
			髟	鬃	849		鱗	431		鸋	1245	馬	驥	240
人	儺	974	高	鬻	1336		鱧	763		鷥	1616	魚	鱸	399
口	囊	248	魚	鰻	450		鱣	906	鹵	鹼	30	**28 획**		
	嘁	1010		鱈	767		鱓	906	鹿	麟	431			
山	巑	1404		鰺	808		鱒	1339	黽	鼉	1018	糸	纜	362
弓	彎	450		鱷	1285		鱘	1737	齒	齷	921	金	鑿	1403
氵	灘	1528		鱢	1306	鳥	鷯	573		齲	1059	鳥	鸚	938
心	懿	1120		鱖	1480		鶴	1458	**25 획**			**29 획**		
疒	癬	763		鱇	1590		鶯	1499						
	癭	1005	鳥	鷗	174		鷁	1728	竹	籬	429	火	爩	1404
罒	羈	240		鷃	1184	黍	黏	429	米	糶	1306	鬯	鬱	1063
衤	襻	51	鹿	麞	1204	黑	黴	525	肉	臠	385	鳥	鸛	139
	襴	361	龍	龕	30	鼠	鼴	973	彡	饕	1699	**30 획**		
竹	籠	403	**23 획**			**24 획**			酉	釁	1732			
	籤	1403							雨	靉	936	鳥	鸞	361
耳	聾	403	扌	攪	156	彳	衢	174	頁	顱	399	**33 획**		
舟	艫	398		攦	292	疒	癲	1245	骨	髖	138			
衣	襲	860		攫	1695	目	矗	1459	髟	鬢	388	鹿	麤	1476
見	覿	1226	艹	蘿	353	罒	羈	240	魚	鱮	746			
言	讀	1404	手	攣	385	糸	纛	326		鱲	746			
貝	贖	812	辶	邏	354	虫	蠧	347	黽	鼇	583			
	贓	1204	疒	癱	1024	言	讒	1409	**26 획**					
足	躓	1372	竹	籤	1435		讕	1409						
	躑	1421	糸	纓	1005	身	軀	1114	竹	籩	1695			
車	轢	379		纔	1210	雨	霹	936	酉	釃	876			
	轡	654	虫	蠱	107	頁	顰	656	金	鑼	138			

日本地名 읽기

1. 각 지명은 가나다順으로 排列하였음《면적과 인구는 1995년 10월 1일 기준》.
2. 주요 지명 위주로 싣되 난독(難讀) 지명도 함께 실었음.
3. 市·区·山·河川·산맥·온천·호수 등이 붙은 지명은 그 대표적인 것만 실었음.
4. 일본 열도 4대 섬 및 8개 地方·都道府県 및 東京都의 特別区는 본란에서 설명하였음.
5. 주석에서 東京·北海道·京都·大阪·町(まち)는 ふりがな를 생략하였음.
6. 대응어가 있는 都·道·府·県·支庁·市·区는 우리말로 나타내었음.

1. 4대 섬 및 8개 지방

일본 국토는 크게 다음 4개의 섬으로 구성되어 있으며, 전국적으로는 8개의 지방으로 나뉘어져 있음.

(日本列島) 4대 섬

※ 면적은 본섬에 한함.

1) **九州** [きゅうしゅう] 本州(ほんしゅう)의 서남쪽에 있는 섬. [36,721 km²]
2) **本州** [ほんしゅう] 일본 열도 가운데 가장 큰 섬으로, 東北(とうほく)·関東(かんとう)·中部(ちゅうぶ)·近畿(きんき)·中国(ちゅうごく)의 5개 지방으로 이루어짐. [227,414 km²]
3) **北海道** [ほっかいどう] 本州 북쪽에 있는 큰 섬. [77,979 km²]
4) **四国** [しこく] 本州 남서쪽, 瀬戸内海(せとないかい)를 사이에 두고 있는 섬. [18,295 km²]

8개 地方

1) **関東地方** [かんとうちほう] 本州(ほんしゅう)의 거의 중앙에 위치하는 지방. 東京都와 茨城(いばらき)·栃木(とちぎ)·群馬(ぐんま)·埼玉(さいたま)·千葉(ちば)·神奈川(かながわ)의 1都 6현으로 이루어짐.
2) **九州地方** [きゅうしゅうちほう] 일본 열도의 남서단, 九州와 그 부속 도서로 이루어진 지방. 福岡(ふくおか)·佐賀(さが)·長崎(ながさき)·熊本(くまもと)·大分(おおいた)·宮崎(みやざき)·鹿児島(かごしま)·沖縄(おきなわ)의 8현이 있음.
3) **近畿地方** [きんきちほう] 本州의 중서부에 있는 지방. 京都·大阪의 2부(府)와 三重(みえ)·滋賀(しが)·兵庫(ひょうご)·奈良(なら)·和歌山(わかやま)의 5현이 있음. 関西地方(かんさいちほう)라고도 함.
4) **東北地方** [とうほくちほう] 本州 동북부의 지방. 青森(あおもり)·岩手(いわて)·宮城(みやぎ)·秋田(あきた)·山形(やまがた)·福島(ふくしま)의 6현으로 이루어짐.
5) **北海道地方** [ほっかいどうちほう] 일본 열도의 가장 북쪽 지역인 北海道 본섬을 중심으로 하는 지방.
6) **四国地方** [しこくちほう] 일본 남서부, 四国 섬과 그 부속 도서로 이루어지는 지방. 徳島(とくしま)·香川(かがわ)·愛媛(えひめ)·高知(こうち)의 4현이 있음.
7) **中国地方** [ちゅうごくちほう] 本州 서부, 동해와 瀬戸内海(せとないかい) 사이에 있는 지방. 岡山(おかやま)·広島(ひろしま)·山口(やまぐち)·島根(しまね)·鳥取(とっとり)의 5현으로 이루어짐.
8) **中部地方** [ちゅうぶちほう] 本州의 중앙부, 関東 지방과 近畿 지방의 중간에 있는 지방. 新潟(にいがた)·富山(とやま)·石川(いしかわ)·福井(ふくい)·山梨(やまなし)·長野(ながの)·岐阜(ぎふ)·静岡(しずおか)·愛知(あいち)의 9현이 있음.

2. 都·道·府·県

都道府県(とどうふけん)은 市町村(しちょうそん)(=우리 나라의 시·읍·면에 해당)과 特別区를 통괄하는 최상급의 지방 자치 단체의 총칭으로, 현재 1都(東京都)·1道(北海道)·2府(京都府·大阪府) 및 43개의 현으로 되어 있으며, 그 내용은 다음과 같음.

1) **東京(都)** [とうきょう(と)] 関東 지방 남서부에 있으며, 남동은 東京 만에 면한 일본의 수도. 도청(都廳) 소재지는 新宿(しんじゅく) 구. 23구 27시 5町 8村으로 이루어짐. [2,186.6 km²; 11,774,000 명]
2) **北海道** [ほっかいどう] 일본 열도 최북단에 있는 본섬과, 북방 영토를 포함한 주변의 여러 섬으로 구성되어 있는 최대의 자치체. 도청(道廳) 소재지는 札幌(さっぽろ) 시. 14支庁 34市 154町 24村으로 이루어짐. [83,451.6 km²; 5,692,000 명]
3) **京都(府)** [きょうと(ふ)] 近畿(きんき)

지방 중북부에 있는 부(府)로, 북은 동해에 면함. 부청(府廳) 소재지는 京都 시. 12 市 31 町 1 村으로 이루어짐.
[4,612.4 km²; 2,630,000 명]

4) **大阪(府)** [おおさか(ふ)] 近畿(きんき) 지방의 중앙부에 있는 부(府). 부청(府廳) 소재지는 大阪 시. 33 市 10 町 1 村으로 이루어짐. [1,892.1 km²; 8,797,000 명]

3. 43 개의 縣 및 縣勢 일람

1) **岡山(県)** [おかやま(けん)] 中国(ちゅうごく) 지방 남동부에 있으며, 남은 瀬戸内海(せとないかい)에 면한 현. 현청 소재지는 岡山 시. 10 市 56 町 12 村으로 이루어짐.
[7,111.1 km²; 1,951,000 명]

2) **高知(県)** [こうち(けん)] 四国(しこく)의 남반부를 차지하며, 남쪽은 태평양에 면한 현. 현청 소재지는 高知 시. 9 市 25 町 19 村으로 이루어짐.
[7,104.1 km²; 817,000 명]

3) **広島(県)** [ひろしま(けん)] 中国(ちゅうごく) 지방 중남부에 있으며, 남은 瀬戸内海(せとないかい)에 면한 현. 현청 소재지는 広島 시. 13 市 67 町 6 村으로 이루어짐.
[8,474.8 km²; 2,882,000 명]

4) **群馬(県)** [ぐんま(けん)] 関東(かんとう) 지방의 북서부에 있는 내륙 현. 현청 소재지는 前橋(まえばし) 시. 11 市 32 町 27 村으로 이루어짐.
[6,363.2 km²; 2,004,000 명]

5) **宮崎(県)** [みやざき(けん)] 九州 남동부에 있으며, 동은 日向灘(ひゅうがなだ)에 면한 현. 현청 소재지는 宮崎 시. 9 市 28 町 7 村으로 이루어짐.
[7,733.7 km²; 1,176,000 명]

6) **宮城(県)** [みやぎ(けん)] 東北(とうほく) 지방의 중앙부에 있으며, 서는 태평양에 면한 현. 현청 소재지는 仙台(せんだい) 시. 10 市 59 町 2 村으로 이루어짐.
[7,284.6 km²; 2,329,000 명]

7) **岐阜(県)** [ぎふ(けん)] 中部(ちゅうぶ) 지방의 중서부에 있는 현. 현청 소재지는 岐阜 시. 14 市 55 町 30 村으로 이루어짐.
[10,598.2 km²; 2,100,000 명]

8) **埼玉(県)** [さいたま(けん)] 関東(かんとう) 지방의 중서부에 있는 현. 현청 소재지는 浦和(うらわ) 시. 43 市 38 町 11 村으로 이루어짐.
[3,797.3 km²; 6,759,000 명]

9) **奈良(県)** [なら(けん)] 近畿(きんき) 지방의 중앙부에 있는 내륙(内陸) 현. 현청 소재지는 奈良 시. 10 市 20 町 17 村으로 이루어짐. [3,691.1 km²; 1,431,000 명]

10) **大分(県)** [おおいた(けん)] 九州의 북동부에 있는 현. 현청 소재지는 大分 시. 11 市 36 町 11 村으로 이루어짐.
[6,337.3 km²; 1,231,000 명]

11) **徳島(県)** [とくしま(けん)] 四国(しこく) 동부에 있는 현. 현청 소재지는 徳島 시. 4 市 38 町 8 村으로 이루어짐.
[4,144.4 km²; 832,000 명]

12) **島根(県)** [しまね(けん)] 中国(ちゅうごく) 지방 서북부에 있으며, 북은 동해에 면한 현. 현청 소재지는 松江(まつえ) 시. 8 市 41 町 10 村으로 이루어짐.
[6,706.7 km²; 771,000 명]

13) **鹿児島(県)** [かごしま(けん)] 九州(きゅうしゅう)의 남단부와 南西(なんせい) 제도의 북쪽 반을 차지하는 현. 현청 소재지는 鹿児島 시. 14 市 73 町 9 村으로 이루어짐. [9,186.0 km²; 1,794,000 명]

14) **兵庫(県)** [ひょうご(けん)] 近畿(きんき) 지방의 서부에 있으며, 북은 동해(東海), 남은 瀬戸内海(せとないかい)에 면한 현. 현청 소재지는 神戸(こうべ) 시. 21 市 70 町 70 村으로 이루어짐.
[8,386.6 km²; 5,402,000 명]

15) **福岡(県)** [ふくおか(けん)] 九州의 최북단에 있으며, 북은 玄界灘(げんかいなだ), 동은 周防灘(すおうなだ)에 면한 현. 현청 소재지는 福岡 시. 24 市 65 町 8 村으로 이루어짐.
[4,967.6 km²; 4,933,000 명]

16) **福島(県)** [ふくしま(けん)] 東北(とうほく) 지방의 최남부에 있으며, 동쪽은 태평양에 면한 현. 현청 소재지는 福島 시. 10 市 52 町 28 村으로 이루어짐.
[13,782.5 km²; 2,134,000 명]

17) **福井(県)** [ふくい(けん)] 中部(ちゅうぶ) 지방의 서단(西端)에 위치하며, 서는 동해에 면한 현. 현청 소재지는 福井 시. 7 市 22 町 6 村으로 이루어짐.
[4,188.4 km²; 827,000 명]

18) **富山(県)** [とやま(けん)] 中部(ちゅうぶ) 지방 북부에 있으며, 북은 동해에 면한 현. 현청 소재지는 富山 시. 9 市 18 町 8 村으로 이루어짐.
[4,246.5 km²; 1,123,000 명]

19) **山口(県)** [やまぐち(けん)] 中国(ちゅうごく) 지방 서부, 本州의 최남단에 있는 현. 현청 소재지는 山口 시. 14 市 37 町 5 村으로 이루어짐.
[6,110.1 km²; 1,556,000 명]

20) **山梨(県)** [やまなし(けん)] 中部(ちゅうぶ) 지방의 남동부에 있는 내륙(内陸)현. 현청 소재지는 甲府(こうふ) 시. 7 市 37 町 20 村으로 이루어짐.

[4,465.4 km²; 882,000 명]

21) **山形(県)**[やまがた(けん)] 東北(とうほく) 지방의 남서부에 있으며, 북서는 동해에 면한 현. 현청 소재지는 山形 시. 13市 27町 4村으로 이루어짐.
[9,323.3 km²; 1,257,000 명]

22) **三重(県)**[みえ(けん)] 近畿(きんき) 지방 동부, 紀伊(きい) 반도 동안(東岸)에 있는 현. 현청 소재지는 津(つ) 시. 13市 47町 9村으로 이루어짐.
[5,773.7 km²; 1,841,000 명]

23) **石川(県)**[いしかわ(けん)] 本州 중앙부의 동해 쪽, 中部(ちゅうぶ) 지방의 북서부에 있는 현. 현청 소재지는 金沢(かなざわ) 시. 8市 27町 6村으로 이루어짐.
[4,184.8 km²; 1,180,000 명]

24) **神奈川(県)**[かながわ(けん)] 関東(かんとう) 지방의 남부에 있는 현. 현청 소재지는 横浜(よこはま) 시. 19市 17町 1村으로 이루어짐.
[2,413.6 km²; 8,246,000 명]

25) **新潟(県)**[にいがた(けん)] 中部(ちゅうぶ) 지방의 북동단에 있으며, 서는 동해에 면한 현. 현청 소재지는 新潟 시. 20市 57町 35村으로 이루어짐.
[12,581.8 km²; 2,488,000 명]

26) **岩手(県)**[いわて(けん)] 東北(とうほく) 지방의 동부, 동은 태평양에 면한 현. 현청 소재지는 盛岡(もりおか) 시. 13市 30町 16村으로 이루어짐.
[15,277.8 km²; 1,420,000 명]

27) **愛媛(県)**[えひめ(けん)] 四国(しこく)의 남서부에 있는 현. 현청 소재지는 松山(まつやま) 시. 12市 44町 14村으로 이루어짐.
[5,675.2 km²; 1,507,000 명]

28) **愛知(県)**[あいち(けん)] 中部(ちゅうぶ) 지방의 남부, 남은 태평양에 면한 현. 현청 소재지는 名古屋(なごや) 시. 31市 47町 10村으로 이루어짐.
[5,150.0 km²; 6,868,000 명]

29) **熊本(県)**[くまもと(けん)] 九州의 중앙부에 있는 현. 현청 소재지는 熊本 시. 11市 62町 21村으로 이루어짐.
[7,402.3 km²; 1,860,000 명]

30) **滋賀(県)**[しが(けん)] 近畿(きんき) 지방 북동부에 있는 현. 현청 소재지는 大津(おおつ) 시. 7市 42町 1村으로 이루어짐.
[4,017.4 km²; 1,287,000 명]

31) **茨城(県)**[いばらき(けん)] 関東(かんとう) 지방 북동부, 동은 태평양에 면한 현. 현청 소재지는 水戸(みと) 시. 20市 47町 18村으로 이루어짐.
[6,093.8 km²; 2,956,000 명]

32) **長崎(県)**[ながさき(けん)] 九州(きゅうしゅう) 북서부, 일본 열도(列島) 서쪽 끝에 있는 현. 현청 소재지는 長崎 시. 8市 70町 1村으로 이루어짐.
[4,091.7 km²; 1,545,000 명]

33) **長野(県)**[ながの(けん)] 中部(ちゅうぶ) 지방의 중동부에 있는 현. 현청 소재지는 長野 시. 17市 36町 67村으로 이루어짐.
[13,585.2 km²; 2,194,000 명]

34) **静岡(県)**[しずおか(けん)] 中部(ちゅうぶ) 지방의 남동부에 있으며, 남은 태평양에 면한 현. 현청 소재지는 静岡 시. 21市 49町 4村으로 이루어짐.
[7,779.0 km²; 3,738,000 명]

35) **鳥取(県)**[とっとり(けん)] 中国(ちゅうごく) 지방의 북동부에 있으며, 북은 동해에 면한 현. 현청 소재지는 鳥取 시. 4市 31町 4村으로 이루어짐.
[3,507.0 km²; 615,000 명]

36) **佐賀(県)**[さが(けん)] 九州 북서부에 있는 현. 현청 소재지는 佐賀 시. 7市 37町 5村으로 이루어짐.
[2,439.0 km²; 884,000 명]

37) **千葉(県)**[ちば(けん)] 関東(かんとう) 지방 남동부, 房総(ぼうそう) 반도에 있는 현. 현청 소재지는 千葉 시. 31市 44町 5村으로 이루어짐.
[5,156.0 km²; 5,798,000 명]

38) **青森(県)**[あおもり(けん)] 東北(とうほく) 지방 북서부, 本州 최북단에 있는 현. 현청 소재지는 青森 시. 8市 34町 25村으로 이루어짐.
[9,605.6 km²; 1,482,000 명]

39) **秋田(県)**[あきた(けん)] 東北(とうほく) 지방의 북서부에 있으며, 서는 동해에 면한 현. 현청 소재지는 秋田 시. 9市 50町 10村으로 이루어짐.
[11,611.7 km²; 1,214,000 명]

40) **沖縄(県)**[おきなわ(けん)] 일본 열도의 최남서단, 南西(なんせい) 제도의 남쪽 반을 차지하는 160개의 섬으로 이루어진 도서(島嶼) 현. 현청 소재지는 那覇(なは) 시. 10市 16町 27村으로 이루어짐.
[2,266.0 km²; 1,273,000 명]

41) **香川(県)**[かがわ(けん)] 四国(しこく) 지방의 북동부에 있는 현. 현청 소재지는 高松(たかまつ) 시. 5市 38町으로 이루어짐.
[1,875.2 km²; 1,027,000 명]

42) **和歌山(県)**[わかやま(けん)] 近畿(きんき) 지방 남부, 紀伊(きい) 반도의 남서안(岸)에 있는 현. 현청 소재지는 和歌山 시. 7市 36町 7村으로 이루어짐.
[4,724.3 km²; 1,080,000 명]

43) **栃木(県)**[とちぎ(けん)] 関東(かんとう) 지방의 북부에 있는 현. 현청 소재지는 宇都宮(うつのみや) 시. 12市 35町 2村으로 이루어짐. [6,408.3 km²; 1,984,000 명]

4. 東京都의 23개 特別区

1) **葛飾(区)**[かつしか(く)] 東京都 북동단, 埼玉(さいたま) 현과 千葉(ちば) 현에 접한 구.
2) **江東(区)**[こうとう(く)] 東京都 남동부, 東京 만(灣)에 면한 구.
3) **江戸川(区)**[えどがわ(く)] 東京都 동부, 江戸(えど) 강을 경계로 千葉(ちば) 현과 접한 구.
4) **台東(区)**[たいとう(く)] 東京都 동부, 隅田(すみだ) 강 우안(右岸)에 있는 구.
5) **大田(区)**[おおた(く)] 東京都 남동 끝, 多摩(たま) 강을 경계로 神奈川(かながわ) 현 川崎(かわさき) 시와 접한 구.
6) **練馬(区)**[ねりま(く)] 東京都 북동부에 있는 구.
7) **目黒(区)**[めぐろ(く)] 東京都 남동부, 山手(やまのて) 지역의 남부를 차지하는 구.
8) **墨田(区)**[すみだ(く)] 東京都 동부, 隅田(すみだ) 강 동안(東岸)에 있는 구.
9) **文京(区)**[ぶんきょう(く)] 東京都 동부에 있는 구로, 남쪽은 神田(かんだ) 강을 경계로 千代田(ちよだ) 구와 접해 있음.
10) **北(区)**[きた(く)] 東京都 북동부, 북쪽은 荒川(あらかわ) 강을 경계로 埼玉(さいたま) 현과 접한 구.
11) **杉並(区)**[すぎなみ(く)] 東京都 중동부에 있는 구.
12) **渋谷(区)**[しぶや(く)] 東京都(都) 중동부, 도심 주변의 山手(やまのて) 지역에 있는 구.
13) **世田谷(区)**[せたがや(く)] 東京都 남동단, 多摩(たま) 강을 경계로 神奈川(かながわ) 현과 인접한 구.
14) **新宿(区)**[しんじゅく(く)] 東京都 중동부에 있는 구.
15) **足立(区)**[あだち(く)] 東京都 북동부, 埼玉(さいたま) 현에 인접한 구.
16) **中央(区)**[ちゅうおう(く)] 東京都 동부에 있는 구.
17) **中野(区)**[なかの(く)] 東京都 서부에 있는 구. 杉並(すぎなみ) 구, 世田谷(せたがや) 구와 함께 東京 서부의 대표적인 교외 주택지임.
18) **千代田(区)**[ちよだ(く)] 東京都 동부에 있는 구.
19) **板橋(区)**[いたばし(く)] 東京都 북동부, 埼玉(さいたま) 현에 인접한 구.
20) **品川(区)**[しながわ(く)] 東京都 남동부, 東京 만에 면한 구.
21) **豊島(区)**[としま(く)] 東京都 북동부에 있는 구.
22) **港(区)**[みなと(く)] 千代田(ちよだ) 구·中央(ちゅうおう) 구와 함께 東京 도심을 형성하는 구.
23) **荒川(区)**[あらかわ(く)] 東京都 북동부 隅田(すみだ) 강 우안(右岸)에 있는 구.

【가】

加計(町) [かけ(ちょう)] 広島(ひろしま) 현 서부, 太田(おおた) 강 중류 산간에 있는 町.
加計呂麻島 [かけろまじま] 鹿児島(かごしま) 현 奄美大島(あまみおおしま)의 남서쪽 해양상에 있는 섬.
加古川 [かこがわ] 兵庫(ひょうご) 현 남부에서 播磨灘(はりまなだ)로 흐르는 강.
加古川(市) [かこがわ(し)] 兵庫(ひょうご) 현 남부에 있는 시.
加久藤盆地 [かくとうぼんち] 宮崎(みやざき) 현 서부, えびの 시 중앙부에 있는 칼데라 분지.
加島 [かしま] 広島(ひろしま) 현 남동부, 松永(まつなが) 만의 남쪽 입구 앞바다에 있는 작은 섬.
嘉島(町) [かしま(まち)] 熊本(くまもと) 현 중앙부, 熊本 시 남부에 인접한 町.
家島諸島 [いえしましょとう] 瀬戸内海(せとないかい) 동부, 播磨灘(はりまなだ)에 있는, 兵庫(ひょうご) 현의 제도. *えじましょとう라고도 함.
歌登(町) [うたのぼり(ちょう)] 北海道의 북부, 오호츠크 해 쪽 내륙에 있는 관광지로 알려진 町.
嘉瀬川 [かせがわ] 佐賀(さが) 현의 중앙부를 흐르는 강.
加茂(市) [かも(し)] 新潟(にいがた) 현 중앙부, 新潟 시와 長岡(ながおか) 시 중간에 있는 시.
加茂(町) [かも(ちょう)] 京都 부 남부에 있는 町.
加茂(町) [かも(まち)] 島根(しまね) 현 동부에 있는 町.
歌舞伎町 [かぶきちょう] 東京 도 JR新宿(しんじゅく) 역 북동에 있는 지구.
加無山 [かぶやま] 山形(やまがた) 현 북부에 있는 산.
加茂川(町) [かもがわ(ちょう)] 岡山(おかやま) 현 중앙부에 있는 町.
加茂湖 [かもこ] 新潟(にいがた) 현 佐渡(さどが) 섬 国中(くになか) 평야의 북부에 있는 현 최대의 호수.
加美(町) [かみ(ちょう)] 兵庫(ひょうご) 현 중앙부에 있는 町.
加部島 [かべしま] 佐賀(さが) 현 북서부, 東松浦(ひがしまつうら) 반도 북쪽에 있는 섬.
加西(市) [かさい(し)] 兵庫(ひょうご) 현 중남부, 播磨(はりま) 평야의 중앙부에 있는 시.
加世田(市) [かせだ(し)] 鹿児島(かごしま) 현 서남부, 薩摩(さつま) 반도 남서부에 있는 시.
嘉手納(町) [かでな(ちょう)] 沖縄(おきなわ) 현 沖縄 섬 중부 서안(西岸)에 있는 町.

加須(市) [かぞ(し)] 埼玉(さいたま) 현 북동부에 있는 시.
嘉穂(町) [かほ(まち)] 福岡(ふくおか) 현 중앙부, 遠賀(おんが) 강 상류에 있는 町.
可児(市) [かに(し)] 岐阜(ぎふ) 현 남부에 있는 시.
可愛岳 [えのだけ] 宮崎(みやざき) 현 북부, 延岡(のべおか) 시와 그 북방의 北川町(きたがわちょう) 사이에 있는 산.
迦葉山 [かしょうざん] 群馬(ぐんま) 현 북부, 沼田(ぬまた) 시 북단에 있는 산.
加悦(町) [かや(ちょう)] 京都 부 북서부, 大江(おおえ) 산의 북쪽에 이어지는 加悦 계곡 남부 절반을 차지하는 町.
加越台地 [かえつだいち] 福井(ふくい) 현 북부에 있으나 일부가 石川(いしかわ) 현에 걸쳐 있는 융기성(隆起性) 홍적 대지.
加仁湯 [かにゆ] 栃木(とちぎ) 현 북서부, 栗山村(くりやまむら)의 서단에 있는 온천.
加積 [かづみ] 富山(とやま) 현 동부, 早月(はやつき) 강·片貝(かたかい) 강의 선상지(扇状地) 일대에 붙여진 지명.
加住丘陵 [かすみきゅうりょう] 東京 도 서부, 秋川(あきがわ) 강의 남쪽, 関東(かんとう) 산지의 동쪽에 이어진 구릉.
歌志内(市) [うたしない(し)] 北海道 중앙부, 夕張(ゆうばり) 산지 북부에 있는 시.
歌津(町) [うたつ(ちょう)] 宮城(みやぎ) 현 북동부, 三陸(さんりく) 해안에 있는 町.
加津佐(町) [かづさ(まち)] 長崎(ながさき) 현 남동부, 島原(しまばら) 반도 남서부에 있는 町.
加治木(町) [かじき(ちょう)] 鹿児島(かごしま) 현 중앙부, 鹿児島 만에 면한 町.
加治川 [かじがわ] 新潟(にいがた) 현 북부를 흐르는 강.
加太峠 [かぶととうげ] 三重(みえ) 현 북서부에 있는 고개.
加波山 [かばさん] 茨城(いばらき) 현 중서부에 있는 산.
葭ヶ浦温泉 [よしがうらおんせん] 石川(いしかわ) 현 북부, 珠洲(すず) 시에 있는 광천(鑛泉).
加賀(市) [かが(し)] 石川(いしかわ) 현 남서부에 있는 加賀 지방 남부의 중심 도시.

【각】

塙(町) [はなわ(まち)] 福島(ふくしま) 현 남동부, 八溝(やみぞ) 산지 내에 있는 町.
角館(町) [かくのだて(まち)] 秋田(あきた) 현 중동부, 横手(よこて) 분지 북쪽 檜木内(ひのきない) 강과 玉川(たまがわ) 강의 합류점에 있는 町.
各務原(市) [かかみがはら(し)] 岐阜(ぎふ) 현 남단(南端), 濃尾(のうび) 평야 북부에 있는 시.

角田(市)[かくだ(し)] 宮城(みやぎ) 현 남부, 阿武隈(あぶくま) 강 하류에 있는 시.

【간】

間々田[ままだ] 栃木(とちぎ) 현 남부, 思川(おもいかわ) 강 동안에 있는 지구.
間宮海峽[まみやかいきょう] 北海道 북쪽의 사할린과 시베리아 대륙 사이의 해협.
干潟(町)[ひかた(まち)] 千葉(ちば) 현 북동부, 下総(しもうさ) 대지와 九十九里(くじゅうくり) 평야에 걸쳐 있는 町.
肝属川[きもつきがわ] 鹿児島(かごしま) 현 大隅(おおすみ) 반도 북부를 동류하는 강.
間ノ岳[あいのだけ] 静岡(しずおか) 현 최북단, 山梨(やまなし) 현과의 경계에 있는 높은 산.
間人[たいざ] 京都 부 북단, 丹後町(たんごちょう) 북서부에 있는 지구.
諫早(市)[いさはや(し)] 長崎(ながさき) 현 남부에 있는 시.

【갈】

葛巻(町)[くずまき(ちょう)] 岩手(いわて) 현 북부에 있는, 낙농과 임업이 발달한 町.
葛根田渓谷[かっこんだけいこく] 岩手(いわて) 현 중서부, 雫石町(しずくいしちょう)에 있는 계곡.
葛生(町)[くずう(まち)] 栃木(とちぎ) 현 남서부의, 석회 산지로 유명한 町.
葛西[かさい] 東京 도 江戸川(えどがわ) 구 남부, 江戸(えど) 강을 경계로 하여 千葉(ちば) 현에 접한 지구.
葛城山[かつらぎさん] 大阪 부와 奈良(なら) 현의 경계를 이루는 金剛(こんごう) 산지 북부의 주봉.
葛温泉[くずおんせん] 長野(ながの) 현 大町(おおまち) 시에 있는 온천.
葛下川[かつげがわ] 奈良(なら) 현 북서부의 강으로 大和(やまと) 강의 지류.

【감】

甘樫丘[あまかしのおか] 奈良(なら) 현 奈良 분지 豊浦(とゆら) 산 일대 구릉의 총칭.
甘楽(町)[かんら(まち)] 群馬(ぐんま) 현 남서부, 鏑川(かぶらがわ) 강 중류역 남안(南岸)에 있는 町.
甘利山[あまりやま] 山梨(やまなし) 현 巨摩(こま) 산지 북부에 있는 산.
甘木(市)[あまぎ(し)] 福岡(ふくおか) 현 筑紫(つくし) 평야 북동부에 있는 시.
紺屋町[こんやちょう] 東京 도 千代田(ちよだ) 구 북동부, JR 神田(かんだ) 역 동부에 있는 지구.
勘八峡[かんぱちきょう] 愛知(あいち) 현 중북부, 矢作(やはぎ) 강 중류에서 越戸(こしど) 댐까지의 계곡.

【갑】

岬(町)[みさき(ちょう)] 大阪 부의 남서단에 있는 町.
岬(町)[みさき(まち)] 千葉(ちば) 현 중동부, 태평양에 면한 町.
甲南(町)[こうなん(ちょう)] 滋賀(しが) 현 남부 구릉 지대에 있는 町.
甲奴(町)[こうぬ(ちょう)] 広島(ひろしま) 현 동부, 吉備(きび) 고원에 있는 町.
甲良(町)[こうら(ちょう)] 滋賀(しが) 현 동부, 犬上(いぬかみ) 강 남쪽 기슭에 있는 町.
甲武信ヶ岳[こぶしがたけ] 秩父(ちちぶ) 산지의 거의 중앙부에 있는 산. 千曲(ちくま)·荒川(あらかわ)·笛吹(ふえふき) 등 세 강의 발원지.
甲府(市)[こうふ(し)] 山梨(やまなし) 현 중앙부에 있는 도시. 현청 소재지.
甲山[かぶとやま] 兵庫(ひょうご) 현 西宮(にしのみや) 시의 북부에 있는 산.
甲山(町)[こうざん(ちょう)] 広島(ひろしま) 현 중동부에 있는 町.
甲西(町)[こうせい(ちょう)] 滋賀(しが) 현 남동부에 있는 町.
甲西(町)[こうさい(ちょう)] 山梨(やまなし) 현 서부에 있는 町.
甲子温泉[かしおんせん] 福島(ふくしま) 현 남부, 西郷村(にしごうむら)에 있는 온천.
甲子園[こうしえん] 兵庫(ひょうご) 현 남동부, 武庫(むこ) 강 서쪽 기슭에 있는 주택·오락 지구.
甲田(町)[こうだ(ちょう)] 広島(ひろしま) 현 중앙부, 작은 분지 안에 있는 町.
甲佐(町)[こうさ(まち)] 熊本(くまもと) 현 중앙부에 있는 町.
甲賀(町)[こうか(ちょう)] 滋賀(しが) 현 남동쪽 끝자락에 있는 町.

【강】

江古田[えごた] 東京 도 中野(なかの) 구 북동부의 江原町(えはらちょう), 江古田, 松が丘(まつがおか)와 練馬(ねりま) 구 남동부의 旭丘(あさひがおか)에 있는 지구.
岡谷(市)[おかや(し)] 長野(ながの) 현 중앙부, 諏訪(すわ) 호 북서쪽 기슭에 있는 공업 도시.
江口[えぐち] 大阪 시 東淀川(ひがしよどがわ) 구 동부, 淀川 강과 神崎(かんざき) 강의 분기점 부근의 지구.
岡崎(市)[おかざき(し)] 愛知(あいち) 현 중앙부, 矢作(やはぎ) 강 중류에 있는 西三河(にしみかわ) 지방의 중심 도시.

江南(市) [こうなん(し)] 愛知(あいち) 현 북서부에 있는 시. 名古屋(なごや) 시의 위성 도시.

江島 [えのしま] 宮城(みやぎ) 현 동부, 牡鹿(おしか) 반도 동쪽 약 4.5 km에 있는 섬.

江の島 [えのしま] 神奈川(かながわ) 현 남동부, 藤沢(ふじさわ) 시 남부의 相模(さがみ) 만으로 흘러드는 境川(さかいがわ) 강 하구에 있는 섬.

綱島温泉 [つなしまおんせん] 横浜(よこはま) 시 북동부, 鶴見(つるみ) 강 좌안에 있는 온천.

江別(市) [えべつ(し)] 北海道 중앙부, 札幌(さっぽろ) 시 동쪽으로 이웃한 시.

江府(町) [こうふ(ちょう)] 鳥取(とっとり) 현 서부, 산기슭에 자리잡은 町.

岡部(町) [おかべ(ちょう)] 静岡(しずおか) 현 중앙부, 静岡 시 남서와 이웃해 있는 町.

江北(町) [こうほく(まち)] 佐賀(さが) 현 중앙부에 있는 町.

岡山(市) [おかやま(し)] 岡山 현 남부, 岡山 평야 중앙에 있는 현청 소재지.

江迎(町) [えむかえ(ちょう)] 長崎(ながさき) 현 북부, 北松浦(きたまつうら) 반도에 있는 町.

橿原(市) [かしはら(し)] 奈良(なら) 현 북서부, 奈良 분지 남부에 있는 시.

江刺(市) [えさし(し)] 岩手(いわて) 현 중남부, 北上(きたかみ) 강 중류 좌안의 시.

江田島 [えたじま] 広島(ひろしま) 현 남서부, 広島 만의 남동쪽에 있는 섬.

江田島(町) [えたじま(ちょう)] 広島(ひろしま) 현 남서부, 能美(のうみ) 섬 북동부를 차지하고 있는 町.

江津(市) [こうつ(し)] 島根(しまね) 현 중북부, 東海에 면한 공업 도시.

江津湖 [えづこ] 熊本(くまもと) 시 남동부, 託麻原(たくまばる) 대지의 끝쪽 용수(湧水) 지대에 있는 호수.

江差(町) [えさし(ちょう)] 北海道 남서부에 있는 渡島(おしま) 반도 서부, 東海에 면한 町.

糠平温泉 [ぬかびらおんせん] 北海道 남동부, ウペペサンケ 산 동쪽 기슭에 있는 온천.

江合川 [えあいがわ] 宮城(みやぎ) 현 북부를 흐르는 北上(きたかみ) 강의 한 지류.

江戸 [えど] 江戸 시대의 막부(幕府) 가 있던 곳. 현 東京 도 중심부를 이루는 中央(ちゅうおう)・千代田(ちよだ)・港(みなと) 등 6개 구가 이에 해당함.

江戸崎(町) [えどさき(まち)] 茨城(いばらき) 현 남부, 稲敷(いなしき) 군 중앙부를 차지한 町.

江戸川 [えどがわ] 茨城(いばらき) 현 境町(さかいまち)에서 利根(とね) 강 본류와 갈라져 千葉(ちば) 현과 東京 도의 경계를 이루며 東京 만으로 흘러드는 강.

【개】

開聞(町) [かいもん(ちょう)] 鹿児島(かごしま) 현 남부, 薩摩(さつま) 반도의 남단에 있는 町.

開成(町) [かいせい(まち)] 神奈川(かながわ) 현 남서부, 足柄(あしがら) 평야의 중심에 있는 町.

皆野(町) [みなの(まち)] 埼玉(さいたま) 현 서부, 秩父(ちちぶ) 분지 북동부에 있는 町.

芥川 [あくたがわ] 大阪 부 高規(たかつき) 시에 있는 淀川(よどがわ) 강의 지류.

【거】

鋸南(町) [きょなん(まち)] 千葉(ちば) 현 남서부, 内房(うちぼう) 해안에 면한 町.

鋸山 [のこぎりやま] 千葉(ちば) 현 남부, 富津(ふっつ) 시와 鋸南町(きょなんまち) 경계에 있는 산.

裾野(市) [すその(し)] 静岡(しずおか) 현 동부에 있는 시.

【건】

建部(町) [たけべ(ちょう)] 岡山(おかやま) 현 중앙부, 旭川(あさひかわ) 강 중류부에 있는 町.

【검】

剣崎 [つるぎざき] 神奈川(かながわ) 현 남동부, 浦賀(うらが) 수도(水道) 입구에 있는 곳.

剣山 [つるぎさん] 徳島(とくしま) 현 남서부에 있는 산.

剱岳 [つるぎだけ] 富山(とやま) 현 동부, 飛騨(ひだ) 산맥 立山(たてやま) 연봉 중의 산.

剣淵(町) [けんぶち(ちょう)] 北海道 중앙부에 있는 町.

【견】

犬島諸島 [いぬじましょとう] 岡山(おかやま) 현 남동부, 吉井(よしい) 강 하구(河口) 해상에 있는, 犬島 섬을 중심으로 한 제도.

犬鳴山 [いぬなきやま] 大阪 부 泉佐野(いずみさの) 시 남부에 있는 여러 산의 총칭.

見附(市) [みつけ(し)] 新潟(にいがた) 현 중앙부에 있는 시.

犬飼(町) [いぬかい(まち)] 大分(おおいた) 현 남부, 大野(おおの) 강 유역에 있는 町.

犬山(市) [いぬやま(し)] 愛知(あいち) 현 북서부에 있는 관광 도시. 국보인 犬山 성(城) 이 있음.

樫野崎 [かしのざき] 和歌山(わかやま) 현

남단, 潮岬(しおのみさき) 곶 앞바다의 大島(おおしま) 동단에 있는 곶.
犬吠埼[いぬぼうさき] 千葉(ちば) 현 銚子(ちょうし) 반도에 있는 곶.
犬挾峠[いぬばさりとうげ] 岡山(おかやま) 현 중북부와 鳥取(とっとり) 현 중남부 경계에 있는 고개.

【결】

結城(市)[ゆうき(し)] 茨城(いばらき) 현 서부, 栃木(とちぎ) 현과 접해 있는 시.

【겸】

鎌ヶ谷(市)[かまがや(し)] 千葉(ちば) 현 북서부에 있는 주택 도시.
鎌北湖[かまきたこ] 埼玉(さいたま) 현 남부에 있는 호수.
兼山(町)[かねやま(ちょう)] 岐阜(ぎふ) 현 남부에 있는 町.
鎌先温泉[かまさきおんせん] 宮城(みやぎ) 현 남부, 白石(しろいし) 시 북부에 있는 온천.
鎌倉(市)[かまくら(し)] 神奈川(かながわ) 현 남동부, 三浦(みうら) 반도 북단부의 相模(さがみ) 만에 면한 시.

【경】

境(町) [さかい(まち)] 茨城(いばらき) 현 남서부에 있는 町.
鏡(町) [かがみ(まち)] 熊本(くまもと) 현 남부, 八代(やつしろ) 평야 중앙부에 있는 町.
軽岡峠[かるおかとうげ] 岐阜(ぎふ) 현 북서부에 있는 고개.
京橋 [きょうばし] 東京 도 中央(ちゅうおう) 구 중서부에 있는 지구.
京極(町) [きょうごく(ちょう)] 北海道 서부, 羊蹄(ようてい) 산 동쪽 기슭에 있는 町.
茎崎(町)[くきざき(まち)] 茨城(いばらき) 현 남부에 있는 町.
京都(市)[きょうと(し)] 京都 부 남동부, 京都 분지 북반부에 있는 시.
慶良間諸島[けらましょとう] 沖縄(おきなわ) 섬 서쪽 해상에 있는 여러 섬.
軽米(町) [かるまい(まち)] 岩手(いわて) 현 최북부에 있는 町.
京北(町) [けいほく(ちょう)] 京都 부 중부, 丹波(たんば) 고원에 있는 町.
京浜工業地帯[けいひんこうぎょうちたい] 東京 만 서쪽 기슭 東京에서 川崎(かわさき)・横浜(よこはま)에 이르는 일본 최대의 공업 지대.
傾山 [かたむきやま] 大分(おおいた)・宮崎(みやざき) 현의 경계에 있는 九州(きゅうしゅう) 산지의 한 주봉.

鏡石(町)[かがみいし(まち)] 福島(ふくしま) 현 남부, 須賀川(すかがわ) 시에 인접한 町.
頸城(村)[くびき(むら)] 新潟(にいがた) 현 남서부에 있는 村.
更埴(市)[こうしょく(し)] 長野(ながの) 현 북부, 長野 분지 남단에 있는 시. 사원과 고분 등 사적이 많음.
庚申山[こうしんざん] 栃木(とちぎ) 현 서북 끝자락에 있는 산.
景信山[かげのぶやま] 東京 도 八王子(はちおうじ) 시 남서부와 神奈川(かながわ) 현의 경계에 있는 산.
経ヶ岳[きょうがたけ] 福井(ふくい) 현 동부에 있는 산.
鏡野(町)[かがみの(ちょう)] 岡山(おかやま) 현 북부, 津山(つやま) 분지 북서부를 흐르는 吉井(よしい) 강 강변에 있는 町.
京葉工業地域[けいようこうぎょうちいき] 千葉(ちば) 현 浦安(うらやす) 시에서 富津(ふっつ) 시에 이르는 공업 지대.
京田辺(市)[きょうたなべ(し)] 京都 부 남부, 大阪 부와 인접한 시.
京町温泉[きょうまちおんせん] 宮崎(みやざき) 현 서부, えびの 시 向江(むかえ)에 있는 온천.
軽井沢(町)[かるいざわ(まち)] 長野(ながの) 현 동단에 있는 町.
京終[きょうばて] 奈良(なら) 현 奈良 시가지 남쪽 끝자락에 있는 지구.
境港(市)[さかいみなと(し)] 鳥取(とっとり) 현 북서부에 있는 시.

【계】

堺(市)[さかい(し)] 大阪 부 중서부에 있는 공업 도시.
階上(町)[はしかみ(ちょう)] 青森(あおもり) 현 남동단에 있는 町.
繋温泉[つなぎおんせん] 岩手(いわて) 현 盛岡(もりおか) 시에 있는 온천.
桂川[かつらがわ] 京都 부 남서부의 강.
桂川(町)[けいせん(まち)] 福岡(ふくおか) 현 중앙부, 嘉穂(かほ) 분지 중부에 있는 町.
桂沢湖[かつらざわこ] 北海道 중앙부, 三笠(みかさ) 시 동부에 있는 호수.

【고】

高岡(市) [たかおか(し)] 富山(とやま) 현 북서부, 富山 만에 면한 시.
高岡(町) [たかおか(ちょう)] 宮崎(みやざき) 현 중부, 宮崎 시 서쪽에 인접한 町.
高鍋(町) [たかなべ(ちょう)] 宮崎(みやざき) 현 중앙부, 宮崎 평야 북부에 있는 町.
高宮(町) [たかみや(ちょう)] 広島(ひろしま) 현과 島根(しまね) 현 경계에 있는 町.

高槻(市)[たかつき(し)] 大阪 부 북부에 있는 주택 위성 도시.

高根(町)[たかね(ちょう)] 山梨(やまなし) 현 북부, 八ヶ岳(やつがたけ) 산의 남쪽 기슭에 있는 町.

高根沢(町)[たかねざわ(まち)] 栃木(とちぎ) 현 중앙부를 흐르는, 鬼怒(きぬ) 강 동안(東岸)에 있는 町.

高崎(市)[たかさき(し)] 群馬(ぐんま) 현 남부, 利根(とね) 강과 烏川(からすがわ) 강 사이에 있는 시.

高島[たかしま] 長野(ながの) 현 중앙부, 諏訪(すわ) 시의 중심 지구.

高島(町)[たかしま(ちょう)] 滋賀(しが) 현 서부, 比良(ひら) 산지(山地) 동쪽 기슭에 있는 町.

高島平[たかしまだいら] 東京 도 板橋(いたばし) 구 북부, 북단(北端)을 新河岸(しんがし) 강이 흐르는 지구.

高来(町)[たかき(ちょう)] 長崎(ながさき) 현 남동부, 諫早(いさはや) 만에 면한 町.

高梁(市)[たかはし(し)] 岡山(おかやま) 현 중서부, 高梁 강 유역에 있는 시.

高麗[こま] 埼玉(さいたま) 현 日高(ひだか) 시 중서부에 있는 한 지구. 한반도로부터 도래한 고구려인 집단 이주지로 개설됨.

高瀬(町)[たかせ(ちょう)] 香川(かがわ) 현 서부에 있는 町.

高柳(町)[たかやなぎ(まち)] 新潟(にいがた) 현 중서부에 있는 町.

高輪[たかなわ] 東京 도 港(みなと) 구 남부, 山手(やまのて) 대지 남부의 高輪台(だい)에 있는 지구.

古里温泉[ふるさとおんせん] 鹿児島(かごしま) 현 남부, 桜島(さくらじま) 섬 남쪽 鹿児島 만에 면한 온천.

高尾山[たかおさん] 東京 도 남서부, 八王子(はちおうじ) 시 남서부에 있는 산.

高尾野(町)[たかおの(ちょう)] 鹿児島(かごしま) 현 북서부, 八代(やつしろ) 해에 면한 町.

高幡[たかはた] 東京 도 중서부, 日野(ひの) 시 동부, 京王(けいおう) 선 高幡不動(ふどう) 역 주변 지구.

古峰ヶ原高原[こぶがはらこうげん] 栃木(とちぎ) 현 서부에 있는 파상(波状) 고원.

高浜(市)[たかはま(し)] 愛知(あいち) 현 남서부에 있는 시.

高砂(市)[たかさご(し)] 兵庫(ひょうご) 현 남부, 播磨灘(はりまなだ)에 면한 시.

高山(市)[たかやま(し)] 岐阜(ぎふ) 현 북동부, 高山 분지에 있는 시.

高山(町)[こうやま(ちょう)] 鹿児島(かごしま) 현 동부, 大隅(おおすみ) 반도 남부에 있는 町.

高森(町)[たかもり(まち)] 長野(ながの) 현 남부, 天竜(てんりゅう) 강 중류 우안(右岸)

에 있는 町.

高石(市)[たかいし(し)] 大阪 부 중서부, 大阪 만에 면한 시.

高城[たき] 鹿児島(かごしま) 현 북서부, 川内(せんだい) 시 북서부에 있는 지구.

高城(町)[たかじょう(ちょう)] 宮崎(みやざき) 현 남서부, 都城(みやこのじょう) 시의 북동부에 인접한 町.

尻焼温泉[しりやきおんせん] 群馬(ぐんま) 현(縣) 서부, 白砂(しらすな) 강 상류에 있는 온천.

高松(市)[たかまつ(し)] 香川(かがわ) 현 중앙부, 瀬戸内海(せとないかい)에 면한 시.

高松(町)[たかまつ(まち)] 石川(いしかわ) 현 중앙부, 河北(かほく) 군 북쪽에 있는 町.

高水山[たかみずやま] 東京 도 북서부, 青梅(おうめ) 시 북서부에 있는 산.

高野(町)[こうや(ちょう)] 和歌山(わかやま) 현 북동부에서 奈良(なら) 현과 접하고 있는 町.

高野(町)[たかの(ちょう)] 広島(ひろしま) 현 최북부, 島根(しまね) 현 경계에 있는 町.

菰野(町)[こもの(ちょう)] 三重(みえ) 현 북부에 있는 町.

高野口(町)[こうやぐち(ちょう)] 和歌山(わかやま) 현 북동부, 紀ノ川(きのかわ) 강 북쪽 기슭에 있는 町.

高雄[たかお] 京都 시 북서부, 清滝(きよたき) 강가의 산간부에 있는 지구.

高原(町)[たかはる(ちょう)] 宮崎(みやざき) 현 남서부에 있는 町.

高遠(町)[たかとお(まち)] 長野(ながの) 현 중앙부에 있는 町.

高円寺[こうえんじ] 東京 도 杉並(すぎなみ) 구 북동부에 있는 한 지구. 주택지로 인구 밀집 지역.

高月(町)[たかつき(ちょう)] 滋賀(しが) 현 북동부, 琵琶(びわ) 호 북동안에 있는 町.

高遊原[たかゆうばる] 熊本(くまもと) 현 중앙부, 阿蘇(あそ) 산의 용암 대지.

高田[たかだ] 東京 도 豊島(としま) 구 남단, 神田(かんだ) 강 북안의 저지대(低地帯)에 있는 지구.

高田(町)[たかた(まち)] 福岡(ふくおか) 현 남부, 筑後(ちくご) 평야의 남부에 있는 町.

高畠(町)[たかはた(まち)] 山形(やまがた) 현 남동부, 米沢(よねざわ) 분지의 동부에 있는 町.

古殿(町)[ふるどの(まち)] 福島(ふくしま) 현 남동부에 있는 町.

高田馬場[たかだのばば] 東京 도 新宿(しんじゅく) 구 북부, 神田(かんだ) 강에 의해 서쪽과 북쪽으로 나뉜 지구.

高井戸[たかいど] 東京 도 杉並(すぎなみ) 구 남부, 高井戸 역 주변의 주택 지구.

古座(町)[こざ(ちょう)] 和歌山(わかやま) 현 남동부, 熊野灘(くまのなだ)에 면한 町.

古座川(町)[こざがわ(ちょう)] 和歌山(わかやま)현 남동부에 있는 町.
高知(市)[こうち(し)] 高知현 중앙부, 浦戸(うらど) 만에 면한 시. 현의 정치·경제·문화의 중심지.
高津(区)[たかつ(く)] 川崎(かわさき) 시 중앙부, 북부와 多摩(たま) 강 우안(右岸)에 면한 구.
古川(市)[ふるかわ(し)] 宮城(みやぎ) 현 북부에 있는 시.
高千穂(町)[たかちほ(ちょう)] 宮崎(みやざき) 현 북서단에 있는 町.
高清水(町)[たかしみず(まち)] 宮城(みやぎ) 현 북부, 古川(ふるかわ) 시 북쪽에 위치하는 町.
高萩(市)[たかはぎ(し)] 茨城(いばらき) 현 북동부에 있는 시.
高取(町)[たかとり(ちょう)] 奈良(なら) 현 중앙부, 奈良 분지 최남단에 있는 町.
高鷲(村)[たかす(むら)] 岐阜(ぎふ) 현 북서부, 長良(ながら) 강 상류에 있는 村.
高宕山[たかごやま] 千葉(ちば) 현 남서부, 君津(きみつ) 시와 富津(ふっつ) 시 경계에 있는 산.
古湯·熊の川温泉[ふるゆ·くまのかわおんせん] 佐賀(さが) 현 북부, 富士町(ふじちょう) 남부에 있는 온천.
古平(町)[ふるびら(ちょう)] 北海道 서부, 積丹(しゃこたん) 반도 동쪽에 있는 동해에 인접한 町.
古河(市)[こが(し)] 茨城(いばらき) 현 서쪽 끝, 埼玉(さいたま)·栃木(とちぎ) 현에 접하는 시.
古賀(市)[こが(し)] 福岡(ふくおか) 현 북서부, 현해탄에 면한 시.

【곡】

谷峠[たにとうげ] 石川(いしかわ) 현과 福井(ふくい) 현 경계에 있는 고개. 大杉峠(おおすぎとうげ)라고도 함.
谷田部[やたべ] 茨城(いばらき) 현 남서부, 筑波(つくば) 시 남서부에 있는 지구.
谷田峠[たんだとうげ] 鳥取(とっとり) 현과 岡山(おかやま) 현 경계에 있는 고개.
谷津温泉[やつおんせん] 静岡(しずおか) 현 伊豆(いず) 동해안의 河津(かわづ) 강 하구에 가까운 온천.
谷川岳[たにがわたけ] 群馬(ぐんま) 현과 新潟(にいがた) 현 사이의 三国(みくに) 산맥에 있는 산.

【공】

共和(町)[きょうわ(ちょう)] 北海道 서부, 積丹(しゃこたん) 반도 기부(基部)의 서쪽이 동해(東海)에 접한 町.

【곶】

串間(市)[くしま(し)] 宮崎(みやざき) 현 최남단에 있는 시.
串良(町)[くしら(ちょう)] 鹿児島(かごしま) 현 동부, 大隅(おおすみ) 반도 중앙부에 있는 町.
串木野(市)[くしきの(し)] 鹿児島(かごしま) 현의 서부, 薩摩(さつま) 반도 북부에 있는 시.
串本(町)[くしもと(ちょう)] 和歌山(わかやま) 현 남동부, 本州 최남단에 있는 町.

【과】

瓜連(町)[うりづら(まち)] 茨城(いばらき) 현 중북부, 久慈(くじ) 강 우안에 있는 町.
果無山脈[はてなしさんみゃく] 紀伊(きい) 반도 중부, 奈良(なら) 현과 和歌山(わかやま) 현의 경계를 동서로 뻗은 산맥.
鍋割山[なべわりやま] 神奈川(かながわ) 현 서부, 秦野(はだの) 시와 松田(まつだ)·山北(やまきた) 두 町의 경계에 있는 산.

【관】

関(市)[せき(し)] 岐阜(ぎふ) 현 남부에 있는 시.
関(町)[せき(ちょう)] 三重(みえ) 현 북서부, 鈴鹿(すずか) 산맥 남단에 있는 町.
関口台[せきぐちだい] 東京 도 文京(ぶんきょう) 구 남서단, 山手(やまのて) 대지에 속하는 目白台(めじろだい)에 있는 문교·상업지구.
関宮(町)[せきのみや(ちょう)] 兵庫(ひょうご) 현 북서부에 있는 町.
関金(町)[せきがね(ちょう)] 鳥取(とっとり) 현 중부, 倉吉(くらよし) 시의 남쪽에 인접한 町.
館林(市)[たてばやし(し)] 群馬(ぐんま) 현 남동부에 있는 시.
館山(市)[たてやま(し)] 千葉(ちば) 현 남부, 館山 만에 면한 시.
冠山山地[かんむりやまさんち] 広島(ひろしま)·山口(やまぐち)·島根(しまね)의 현 경계 부근에 있는 산괴(山塊).
関城(町)[せきじょう(まち)] 茨城(いばらき) 현 서부, 鬼怒(きぬ) 강과 小貝(こかい) 강 사이에 있는 町.
関宿(町)[せきやど(まち)] 千葉(ちば) 현 북서부에 있는 町.
関屋[せきや] 東京 도 足立(あだち) 구 남단, 荒川(あらかわ) 강과 隅田(すみだ) 강 사이에 있는 지구.
関ヶ原[せきがはら] 岐阜(ぎふ) 현 남서단, 伊吹(いぶき) 산지 남단의 단층애(斷層崖)와

鈴鹿(すずか) 산맥 북단 단층애 사이의 평지.
関ヶ原(町)[せきがはら(ちょう)] 岐阜(ぎふ) 현 남서단, 滋賀(しが) 현에 인접한 町.
観音崎[かんのんざき] 神奈川(かながわ) 현 남동부, 横須賀(よこすか) 시 북동의 三浦(みうら) 반도 동단에 있는 곶.
観音寺[かんおんじ(し)] 香川(かがわ) 현 서부, 燧灘(ひうちなだ)에 면한 시.
関町[せきまち] 東京 都 練馬(ねりま) 구 남서부의 교외 주택지.
冠着山[かむりきやま] 長野(ながの) 현 북부에 있는 산.
関戸[せきど] 東京 都 중남부, 多摩(たま) 시 북부에 있는 주택 지구.

【광】

光(市)[ひかり(し)] 山口(やまぐち) 현 남동부, 周防灘(すおうなだ)에 면한 공업 도시.
広見(町)[ひろみ(ちょう)] 愛媛(えひめ) 현 남서부, 北宇和(きたうわ) 군의 산간부 鬼北(きほく) 지방 중앙에 있는 町.
広島(市)[ひろしま(し)] 広島 현 남서부, 広島 평야에 자리잡고 広島 만에 인접하고 있는 현청 소재지.
広瀬(町)[ひろせ(まち)] 島根(しまね) 현 동부, 安来(やすぎ) 시 남부에 있는 町.
広隆寺[こうりゅうじ] 京都 부 右京(うきょう) 구에 있는 真言宗(しんごんしゅう) 소속의 절. 国宝·중요 문화재를 다수 소장함.
広陵(町)[こうりょう(ちょう)] 奈良(なら) 현 북서부에 있는 町.
広尾(町)[ひろお(ちょう)] 北海道 남동부, 十勝(とかち) 지청(支廳) 남단에 있는 町.
光岳[てかりだけ] 長野(ながの)·静岡(しずおか) 현 경계에 있는 赤石(あかいし) 산맥의 주봉.
広野(町)[ひろの(まち)] 福島(ふくしま) 현 해안 지역 남부에 있는 町.
広川(町)[ひろかわ(まち)] 福岡(ふくおか) 현 남부, 筑紫(つくし) 평야 남동부의 町.

【괘】

掛川(市)[かけがわ(し)] 静岡(しずおか) 현 중서부, 太田(おおた) 강의 지류인 逆川(さかがわ) 강 유역에 있는 시.
掛合(町)[かけや(まち)] 島根(しまね) 현 남동부의 出雲(いずも) 지방 남부 산간에 있는 町.

【굉】

轟温泉[とどろきおんせん] 宮城(みやぎ) 현 북서부, 鳴子(なるこ) 북부에 있는 온천.
肱川(町)[ひじかわ(ちょう)] 愛媛(えひめ) 현 중앙부, 肱川 강 중류에 있는 町.

【교】

喬木(村)[たかぎ(むら)] 長野(ながの) 현 남부, 天竜(てんりゅう) 강 좌안에 있는 村.
橋本(市)[はしもと(し)] 和歌山(わかやま) 현 북동단, 奈良(なら) 현 五條(ごじょう) 시에 인접한 시.
交野(市)[かたの(し)] 大阪 부 북동부에 있는 시.

【구】

玖珂(町)[くが(ちょう)] 山口(やまぐち) 현 남동부, 玖珂 분지 동부의 반을 차지한 町.
鳩ヶ谷(市)[はとがや(し)] 埼玉(さいたま) 현 남동부, 川口(かわぐち) 시에 둘러 싸여 있는 시.
久居(市)[ひさい(し)] 三重(みえ) 현 중부에 있는 시.
区界高原[くざかいこうげん] 岩手(いわて) 현 중앙부에 있는 고원.
久高島[くだかじま] 沖縄(おきなわ) 섬 남부에 있는, 석회암(石灰岩)으로 이루어진 낮고 평평한 섬.
厩橋[うまやばし] 東京 都 墨田(すみだ) 구에 있는 隅田(すみだ) 강에 가설한 隅田 16 교(橋) 중의 하나.
溝口(町)[みぞくち(ちょう)] 鳥取(とっとり) 현 서부, 大山(だいせん) 산 서쪽 기슭에 있는 町.
久々野(町)[くぐの(ちょう)] 岐阜(ぎふ) 현 북부, 高山(たかやま) 시의 남쪽에 있는 町.
駒ヶ根(市)[こまがね(し)] 長野(ながの) 현 남부에 있는 시.
韮崎(市)[にらさき(し)] 山梨(やまなし) 현 북서부, 峡北(きょうほく) 지방의 중심 도시.
俱多楽湖[くったらこ] 北海道 남부, 白老(しらおいちょう)의 남서쪽 끝자락에 있는 원형의 칼데라 호.
九段[くだん] 東京 도내의 한 지구. 靖国(やすくに) 신사를 비롯해 많은 명소가 있음.
九島[くしま] 愛媛(えひめ) 현 남부, 宇和島(うわじま) 시가지 서쪽 3 km의 宇和島 만에 있는 섬.
九度山(町)[くどやま(ちょう)] 和歌山(わかやま) 현내 高野(こうや) 산 북쪽 산기슭에 있는 町.
九頭竜川[くずりゅうがわ] 福井(ふくい) 현 북부를 흘러 동해로 흘러 들어가는 현내 최대의 강.
久瀬(村)[くぜ(むら)] 岐阜(ぎふ) 현 남부, 산지에 발달한 村.
久留米(市)[くるめ(し)] 福岡(ふくおか) 현 남부에 있는 상공업 도시.
狗留孫峡[くるそんきょう] 宮崎(みやぎ

き) 현 서부, 川内(せんだい) 강 상류에 있는 계곡.
倶留尊山 [くろそやま] 三重(みえ) 현과 奈良(なら) 현 경계에 있는 室生(むろう) 산지 중 최고봉.
九六島 [きゅうろくじま] 青森(あおもり) 현 남서부 동해상의 암초로 이루어진 섬의 총칭.
倶利伽羅峠 [くりからとうげ] 富山(とやま) 현과 石川(いしかわ) 현의 경계에 있는 고개.
球磨(村) [くま(むら)] 熊本(くまもと) 현 남부, 九州 산지 내에 있는 村.
球磨川 [くまがわ] 熊本(くまもと) 현 남부를 흐르는 九州 지방 제 3의 강.
久万高原 [くまこうげん] 愛媛(えひめ) 현 중앙부, 石鎚(いしづち) 산지의 남서쪽에 있는 고원.
久米(町) [くめ(ちょう)] 岡山(おかやま) 현 중앙부, 津山(つやま) 시 서쪽에 있는 町.
久米南(町) [くめなん(ちょう)] 岡山(おかやま) 현 중앙부, 吉備(きび) 고원에 있는 町.
久美浜(町) [くみはま(ちょう)] 京都 부 북서쪽 久美浜 만을 둘러싸고 전개되는 町.
溝辺(町) [みぞべ(ちょう)] 鹿児島(かごしま) 현 중앙부에 있는 町.
久保田(町) [くぼた(ちょう)] 佐賀(さが) 현 중앙부에 있는 町.
久山(町) [ひさやま(まち)] 福岡(ふくおか) 현 북서부, 福岡 시 東(ひがし) 구에 인접하는 町.
韮山(町) [にらやま(ちょう)] 静岡(しずおか) 현 동부, 伊豆(いず) 반도 북부, 狩野(かの) 강 중류 동안에 있는 町.
鳩山(町) [はとやま(まち)] 埼玉(さいたま) 현 중앙부에 있는 町.
久世(町) [くせ(ちょう)] 岡山(おかやま) 현 중북부, 勝山(かつやま) 분지 중앙부에 위치하는 町.
九十九里(町) [くじゅうくり(まち)] 千葉(ちば) 현 중동부, 九十九里浜(はま) 중부에 있는 町.
九十九湾 [つくもわん] 石川(いしかわ) 현 북부, 能登(のと) 반도 북동부에 있는 작은 만. 전형적인 리아스식 해안이 발달함.
駒ヶ岳 [こまがたけ] 神奈川(かながわ) 현 箱根町(はこねまち) 중앙에 있는 산.
久御山(町) [くみやま(ちょう)] 京都 부 남동부 전원 지대에 있는 町.
口永良部島 [くちのえらぶしま] 鹿児島(かごしま) 현내 屋久(やく) 섬 북서쪽에 있는 신생대 제 4 기 생성의 화산섬. *くちえらぶじま라고도 함.
久が原 [くがはら] 東京 도 大田(おおた) 구 중서부에 있는 지구.
駒込 [こまごめ] 東京 도 文京(ぶんきょう) 구와 豊島(としま) 구에 걸쳐 있는 주택지.

久慈(市) [くじ(し)] 岩手(いわて) 현 북동부, 태평양에 면한 시.
久慈湾 [くじわん] 岩手(いわて) 현 북동부에 있는 반원형의 만.
駒場 [こまば] 東京 도 目黒(めぐろ) 구 북서쪽에 있는 교육·주택 지구.
臼杵(市) [うすき(し)] 大分(おおいた) 현 남동부, 豊後(ぶんご) 수도(水道) 서안에 있는 臼杵 만에 인접한 시.
臼田(町) [うすだ(まち)] 長野(ながの) 현 동쪽 끝에 있는 町. 문부성 우주 공간 관측소와 동양 제 1 의 파라볼라 안테나가 있음.
久井(町) [くい(ちょう)] 広島(ひろしま) 현 남동부, 三原(みはら) 시 북방에 있는 町.
久住(町) [くじゅう(まち)] 大分(おおいた) 현 북서부, 九重(くじゅう) 산의 남쪽 기슭에 있는 町.
玖珠(町) [くす(まち)] 大分(おおいた) 현 중서부, 玖珠 분지에 발달한 町.
九州山地 [きゅうしゅうさんち] 九州 중앙부를 북동에서 남서로 뻗은 척량(脊梁) 산지.
九重(町) [ここのえ(まち)] 大分(おおいた) 현 중서부, 九重(くじゅう) 산 북부에 있는 町.
九重山 [くじゅうさん] 大分(おおいた) 현의 중서부, 熊本(くまもと) 현 경계 가까이에 있는 화산군.
口之島 [くちのしま] 鹿児島(かごしま) 현 내 屋久(やく) 섬 남서쪽에 있는 화산섬.
具志頭(村) [ぐしかみ(そん)] 沖縄(おきなわ) 현 沖縄 섬 최남부의 村.
倶知安(町) [くっちゃん(ちょう)] 北海道 서부, 後志(しりべし) 지청 중앙부에 있는 관내 행정 중심지.
口之津(町) [くちのつ(ちょう)] 長崎(ながさき) 현 남동부에 있는 島原(しまばら) 반도 남단의 町.
具志川(市) [ぐしかわ(し)] 沖縄(おきなわ) 현의 沖縄 섬 중부 동해안, 勝連(かつれん) 반도의 기부(基部)에 자리잡은 시.
九酔渓 [きゅうすいけい] 大分(おおいた) 현 중부, 玖珠(くす) 강과 鳴子(なるこ) 강의 합류점 부근에 있는 계곡.
久七峠 [きゅうしちとうげ] 熊本(くまもと) 현 人吉(ひとよし) 시와 鹿児島 현 大口(おおくち) 시의 경계에 있는 고개.
鳩ノ湯温泉 [はとのゆおんせん] 群馬(ぐんま) 현 북서부, 吾妻町(あがつままち) 서부에 있는 온천.
駒沢 [こまざわ] 東京 도 世田谷(せたがや) 구 동부에 있는 한 지구.
久賀(町) [くか(ちょう)] 山口(やまぐち) 현 남동부, 大島(おおしま) 섬의 북부에 있는 町.
久賀島 [ひさかじま] 長崎(ながさき) 현 五島(ごとう) 열도 남부, 福江(ふくえ) 섬과 奈留(なる) 섬 사이에 있는 섬.
駒形 [こまがた] 東京 도 台東(たいとう) 구 남동부, 隅田(すみだ) 강 서안에 있는 지구.

九戸(村) [くのへ(むら)] 岩手(いわて) 현 북부, 北上(きたかみ) 고지 북단의 산골 村.
口和(町) [くちわ(ちょう)] 広島(ひろしま) 현 북부, 中国(ちゅうごく) 산지에 자리잡고 있는 町.
久喜(市) [くき(し)] 埼玉(さいたま) 현 동부에 있는 시.

【국】

菊間(町) [きくま(ちょう)] 愛媛(えひめ) 현 북부, 高縄(たかなわ) 반도 북서부에 있는 町.
国見(町) [くにみ(ちょう)] 大分(おおいた) 현 国東(くにさき) 반도 북부에 있는 町.
国境峠 [くにざかいとうげ] 岩手(いわて) 현 중북부에 있는 고개.
国東(町) [くにさき(ちょう)] 大分(おおいた) 현 북동부, 国東 반도 동쪽 끝에 있는 町.
国東半島 [くにさきはんとう] 大分(おおいた) 현 북동부, 周防灘(すおうなだ)에 돌출한 원형의 반도.
菊鹿(町) [きくか(まち)] 熊本(くまもと) 현 북부, 筑肥(ちくひ) 산지(山地)의 산간에 있는 町.
国立(市) [くにたち(し)] 東京 도의 거의 중앙, 武蔵野(むさしの) 대지 남서부에 있는 교육 도시.
国府 [こう] 愛知(あいち) 현 豊川(とよかわ) 시내의 한 지구.
国府(町) [こくふ(ちょう)] 岐阜(ぎふ) 현 북부에 있는 町. 飛騨(ひだ) 지방 최대의 전방후원분(前方後圓墳) 등 사적(史蹟)과 문화재가 많음.
国富(町) [くにとみ(ちょう)] 宮崎(みやざき) 현 중앙부에 있는 町.
国分(市) [こくぶ(し)] 鹿児島(かごしま) 현내 鹿児島 만 북쪽 기슭에 있는 역사가 오래고 전설이 많은 시.
国分寺(市) [こくぶんじ(し)] 東京 도 중앙부, 武蔵野(むさしの) 대지 남서부에 있는 시.
国師ヶ岳 [こくしがたけ] 山梨(やまなし) 현과 長野(ながの) 현 경계에 있는 산.
国上山 [くがみやま] 新潟(にいがた) 현 중부에 있는 산.
菊水(町) [きくすい(まち)] 熊本(くまもと) 현 북부, 菊池(きくち) 강 중류에 있는 町.
菊陽(町) [きくよう(まち)] 熊本(くまもと) 현 중부, 菊池(きくち) 군 남부에 있는 町.
菊屋橋 [きくやばし] 東京 도 台東(たいとう) 구 중앙부에 있는 지구.
麹町 [こうじまち] 東京 도 千代田(ちよだ) 구에 있는 한 지구.
国中平野 [くになかへいや] 新潟(にいがた) 현 서쪽 약 35 km 해상에 있는 佐渡(さど) 섬의 중앙부를 차지하는 평야.
菊池(市) [きくち(し)] 熊本(くまもと) 현 북부, 菊池 강 상류에 있는 시.

菊川(町) [きくがわ(ちょう)] 静岡(しずおか) 현 남서부, 菊川 강 중류 지역에 있는 町.
菊坂 [きくざか] 東京 도 文京(ぶんきょう) 구 남동부에 있는 지구.
国賀海岸 [くにがかいがん] 島根(しまね) 현 북동부, 隠岐(おき) 제도 西ノ島(にしのしま) 서해안에 있는 경승지.
国後島 [くなしり(とう)] 北海道 동부, 根室(ねむろ) 해협 북동쪽에 있는 섬.

【군】

郡家(町) [こおげ(ちょう)] 鳥取(とっとり) 현 남부, 中国(ちゅうごく) 산지 동부에 있는 町. 고분군 등 유적이 많음.
群馬(町) [ぐんま(まち)] 群馬 현 중앙부, 榛名(はるな) 산 남동쪽 기슭에 있는 町.
郡山(市) [こおりやま(し)] 福島(ふくしま) 현 중앙부에 있는 시.
軍畑 [いくさばた] 東京 도 青梅(おうめ) 시 서부에 있는 지구.
君津(市) [きみつ(し)] 千葉(ちば) 현 남서부, 東京 만에 면한 공업 도시.

【굴】

屈斜路湖 [くっしゃろこ] 北海道 동부, 屈斜路 칼데라에 형성된 호수. 阿寒(あかん) 국립공원의 일부를 이룸.
堀越峠 [ほりこしとうげ] 福井(ふくい) 현 名田庄(なたしょう)와 京都 부 美山町(みやまちょう) 경계에 있는 고개.
堀切峠 [ほりきりとうげ] 宮崎(みやざき) 시 남동부의 折生迫(おりうざこ)와 内海(うちうみ)를 잇는 고개.
堀之内(町) [ほりのうち(まち)] 新潟(にいがた) 현 중남부, 魚野(うおの) 강 일대에 자리잡고 있는 町.
堀川通 [ほりかわどおり] 京都 시 중앙부를 남북으로 지나가는 간선 도로.

【궁】

宮古(市) [みやこ(し)] 岩手(いわて) 현 중동부, 宮古 만에 인접한 수산 도시.
宮古湾 [みやこわん] 岩手(いわて) 현 동부, 重茂(おもえ) 반도에 있는 만.
宮古諸島 [みやこしょとう] 琉球(りゅうきゅう) 제도 남부, 宮古 섬을 주도(主島)로 8개의 섬으로 이루어진 제도.
宮崎(市) [みやざき(し)] 宮崎 현 중앙부, 日向灘(ひゅうがなだ)에 면한 시.
宮崎(町) [みやぎ(ちょう)] 宮城(みやぎ) 현 북서부, 山形(やまがた) 현에 인접한 町.
宮代(町) [みやしろ(まち)] 埼玉(さいたま) 현 동부, 古利根(ふるとね) 강 우안(右岸)에 있는 町.

남서쪽 동해에 면한 町.
琴海(町) [きんかい(ちょう)] 長崎(ながさき) 현 중앙부, 西彼杵(にしそのぎ) 반도 동안(東岸) 중앙에 있는 町.
今戸 [いまど] 東京 도 台東(たいとう) 구 동부, 隅田(すみだ) 강 서안에 있는 지구.
金華山 [きんかざん] 岐阜(ぎふ) 시를 관류하는 長良(ながら) 강의 남안에 있는 산.

【금】

亘理(町) [わたり(ちょう)] 宮城(みやぎ) 현 남부, 阿武隈(あぶくま) 강 하구(河口)에 있는 町.

【기】

寄居(町) [よりい(まち)] 埼玉(さいたま) 현 북서부에 있는 町.
紀見峠 [きみとうげ] 和歌山(わかやま) 현 橋本(はしもと) 시와 大阪 부 河内長野(かわちながの) 시를 잇는 고개.
気高(町) [けたか(ちょう)] 鳥取(とっとり) 현 동부, 동해에 면한 町.
企救半島 [きくはんとう] 九州 북동단의 북동 방향으로 돌출한 반도.
岐南(町) [ぎなん(ちょう)] 岐阜(ぎふ) 현 남부에 있는 町.
紀淡海峡 [きたんかいきょう] 和歌山(わかやま) 현 북서쪽에 있는 해협.
祁答院(町) [けどういん(ちょう)] 鹿児島(かごしま) 현 중북부에 있는 町.
寄島(町) [よりしま(ちょう)] 岡山(おかやま) 현 남서부, 水島灘(みずしまなだ)에 면한 町. 농업과 어업이 활발함.
箕輪(町) [みのわ(まち)] 長野(ながの) 현 중앙부, 伊那(いな) 시 북쪽에 인접한 町.
麒麟山温泉 [きりんざんおんせん] 新潟(にいがた) 현 중동부, 阿賀野(あがの) 강 중류의 麒麟 산 기슭에 있는 온천.
箕面(市) [みのお(し)] 大阪 부 북부에 있는 주택 위성 도시.
紀尾井町 [きおいちょう] 東京 도 千代田(ちよだ) 구 남서부에 있는 지구.
紀宝(町) [きほう(ちょう)] 三重(みえ) 현 남단, 熊野(くまの) 강을 사이에 두고 和歌山(わかやま) 현 新宮(しんぐう) 시와 접하고 있는 町.
岐阜(市) [ぎふ(し)] 岐阜(ぎふ) 현 남서부에 있는 시로, 현청 소재지.
磯部(町) [いそべ(ちょう)] 三重(みえ) 현 志摩(しま) 반도 중앙부에 있는 町.
気比の松原 [けひのまつばら] 福井(ふくい) 현 敦賀(つるが) 시에 있는, 백사 청송(白砂青松)으로 유명한 해안.
基山 [きざん] 福岡(ふくおか) 현 筑紫野(ちくしの) 시와 佐賀(さが) 현 동단에 있는 基

山町(きやまちょう)에 걸쳐 있는 산.
基山(町) [きやま(ちょう)] 佐賀(さが) 현 동부, 福岡(ふくおか) 현과 접하고 있는 町.
騎西(町) [きさい(まち)] 埼玉(さいたま) 현 북동부에 있는 町.
気仙沼(市) [けせんぬま(し)] 宮城(みやぎ) 현 동북 끝에 있는 일본 굴지의 수산 도시.
紀勢(町) [きせい(ちょう)] 三重(みえ) 현 남부에 있는 町.
紀ノ松島 [きのまつしま] 和歌山(わかやま) 현 남동부, 那智勝浦町(なちかつうらちょう)의 해안에 있는 섬들.
岐宿(町) [きしく(ちょう)] 長崎(ながさき) 현에 있는 五島(ごとう) 열도의 福江(ふくえ) 섬 중심부에 있는 町.
祇園 [ぎおん] 京都 시가지 동부의 환락가.
紀伊国坂 [きのくにざか] 東京 도 港(みなと) 구 북단, 千代田(ちよだ) 구 紀尾井町(きおいちょう) 경계에 있는 고개.
紀伊水道 [きいすいどう] 和歌山(わかやま) 현 서부의 日ノ御埼(ひのみさき)와 徳島(とくしま) 현 동부의 蒲生田(かもだ) 곶을 맺는 선에서 淡路(あわじ) 섬 남안까지의 해역.
紀伊長島(町) [きいながしま(ちょう)] 三重(みえ) 현 남부, 熊野灘(くまのなだ)에 면한 町.
磯子(区) [いそご(く)] 横浜(よこはま) 시 남동부, 根岸(ねぎし) 만을 따라 발달한 구.
紀ノ川 [きのかわ] 奈良(なら) 현의 大台ヶ原(おおだいがはら)에서 발원하여 和歌山(わかやま) 시에서 紀伊水道(きいすいどう)로 흘러드는 강. 상류의 강은 吉野 강, 和歌山 현내를 흐르는 강을 紀ノ川 강이라 칭함.
幾春別川 [いくしゅんべつがわ] 北海道 중서부 空知(そらち) 지청 내를 흐르는 강.
箕郷(町) [みさと(まち)] 群馬(ぐんま) 현 중앙부, 榛名(はるな) 산 남쪽 기슭에 있는 町. 과수 재배가 활발함.
崎戸(町) [さきと(ちょう)] 長崎(ながさき) 현 서부에 있는 여러 섬으로 이루어진 町.
紀和(町) [きわ(ちょう)] 三重(みえ) 현 남단, 和歌山(わかやま)와 奈良(なら)의 두 현이 접하고 있는 町.

【길】

吉岡(町) [よしおか(まち)] 群馬(ぐんま) 현의 거의 중앙부, 榛名(はるな) 산 동쪽 기슭에 있는 町.
吉見(町) [よしみ(まち)] 埼玉(さいたま) 현 중앙부, 比企(ひき) 구릉 동쪽 끝에 있는 町.
桔梗ヶ原 [ききょうがはら] 長野(ながの) 현 중앙부, 塩尻(しおじり) 시 중부에 있는 대지(臺地).
吉奈温泉 [よしなおんせん] 静岡(しずおか) 현 伊豆(いず) 반도 중부, 天城(あまぎ) 온천

마을에 있는 온천.

吉良(町) [きら(ちょう)] 愛知(あいち) 현 남부, 三河(みかわ) 만에 면한 町.

吉富(町) [よしとみ(まち)] 福岡(ふくおか) 현 동쪽 끝에 있는 町.

吉備(町) [きび(ちょう)] 和歌山(わかやま) 현 북서부, 有田(ありだ) 강 중류에 있는 町.

吉舎(町) [きさ(ちょう)] 広島(ひろしま) 현 중북부에 있는 町.

吉祥寺 [きちじょうじ] 東京 도 중앙부, 武蔵野(むさしの) 시의 동쪽 반을 차지하는 주택 지구.

吉松(町) [よしまつ(ちょう)] 鹿児島(かごしま) 현 북부, 宮崎(みやざき) 현 えびの 시(市)에 인접한 町.

吉野(町) [よしの(ちょう)] 奈良(なら) 현 중앙부에 있는 町.

吉野山 [よしのやま] 奈良(なら) 현 남부, 青根ケ峰(あおねがみね) 부근에서 吉野 좌 안에 이르는 능선 일대.

吉永(町) [よしなが(ちょう)] 岡山(おかやま) 현 남동부, 金剛(こんごう) 강 유역에 있는 町.

吉田(町) [よしだ(ちょう)] 静岡(しずおか) 현 중부, 駿河(するが) 만에 면한 町.

吉田(町) [よしだ(まち)] 埼玉(さいたま) 현 서부, 秩父(ちちぶ) 산지 북부에 있는 町.

吉井(町) [よしい(ちょう)] 岡山(おかやま) 현 중동부, 吉備(きび) 고원 동부에 있는 町.

吉井(町) [よしい(まち)] 群馬(ぐんま) 현 남서부, 鏑川(かぶらがわ) 강 상류 지역에 있는 町.

吉川(市) [よしかわ(し)] 埼玉(さいたま) 현 동부에 있는 町.

吉川(町) [よかわ(ちょう)] 兵庫(ひょうご) 현 남동부에 있는 町.

吉川(町) [よしかわ(ちょう)] 新潟(にいがた) 현 남서부에 있는 町.

吉坂峠 [きっさかとうげ] 福井(ふくい) 현 高浜町(たかはまちょう)와 京都 부 舞鶴(まいづる) 시 경계에 있는 고개.

吉海(町) [よしうみ(ちょう)] 愛媛(えひめ) 현 북부에 있는 町.

ㄴ 【나】

那珂(町) [なか(まち)] 茨城(いばらき) 현 중앙 북부에 있는 町.

那珂川(町) [なかがわ(まち)] 福岡(ふくおか) 현 서부에 있는 町.

奈古谷温泉 [なごやおんせん] 静岡(しずおか) 현 동부, 韮山町(にらやまちょう) 북부에 있는 온천.

那岐山 [なぎさん] 鳥取(とっとり) 현 智頭町(ちづちょう)와 岡山(おかやま) 현 奈義町(なぎちょう)의 경계에 있는 산.

奈女沢温泉 [なめざわおんせん] 群馬(ぐんま) 현 북동부, 奈女沢 강의 원류부(源流部)에 있는 온천.

奈良(市) [なら(し)] 奈良 현 북부에 있는 시. 현청 소재지. 많은 문화 유적이 있음.

奈良尾(町) [ならお(ちょう)] 長崎(ながさき) 현, 五島(ごとう) 열도 中通(なかどおり) 섬 남부에 있는 町.

奈留(町) [なる(ちょう)] 長崎(ながさき) 현 五島(ごとう) 열도의 중앙, 奈留 섬과 부속 도서로 이루어진 어업 町.

奈半利(町) [なはり(ちょう)] 高知(こうち) 현 남동부, 奈半利 강 하구에 있는 町.

那須(町) [なす(まち)] 栃木(とちぎ) 현 북동, 那須 산 남동 기슭에 있는 町.

奈義(町) [なぎ(ちょう)] 岡山(おかやま) 현 북동부에 있는 町.

奈井江(町) [ないえ(ちょう)] 北海道 중앙부에 있는 町.

那智勝浦(町) [なちかつうら(ちょう)] 和歌山(わかやま) 현 남동부, 熊野灘(くまのなだ)에 면한 町.

那覇(市) [なは(し)] 沖縄(おきなわ) 현, 沖縄 섬 남부의 서안(西岸)에 있는 시.

那賀(町) [なが(ちょう)] 和歌山(わかやま) 현 북부에 있는 町.

那賀川(町) [なかがわ(ちょう)] 徳島(とくしま) 현 동부에 있는 町.

【남】

楠(町) [くす(ちょう)] 三重(みえ) 현 북부, 伊勢(いせ) 만에 면한 町.

楠(町) [くすのき(ちょう)] 山口(やまぐち) 현 남서부, 내륙에 있는 町.

南串山(町) [みなみくしやま(ちょう)] 長崎(ながさき) 현 남동부, 島原(しまばら) 반도의 橘(たちばな) 만에 면한 町.

南関(町) [なんかん(まち)] 熊本(くまもと) 현 북부, 福岡(ふくおか) 현 경계에 있는 町. 산간에 있어 교통의 요지.

南光(町) [なんこう(ちょう)] 兵庫(ひょうご) 현 남서부에 있는 町.

南国(市) [なんこく(し)] 高知(こうち) 현 중앙 동부, 土佐(とさ) 만에 면한 시.

南那須(町) [みなみなす(まち)] 栃木(とちぎ) 현 남동부, 塩那(えんな) 구릉에 있는 町.

男女群島 [だんじょぐんとう] 長崎(ながさき) 현 五島(ごとう) 열도 남서쪽, 동중국해에 있는 도서군.

南濃(町) [なんのう(ちょう)] 岐阜(ぎふ) 현 남서쪽 끝에 있는 町.

南淡(町) [なんだん(ちょう)] 兵庫(ひょうご) 현 남부, 淡路(あわじ) 섬 남단의 町.

南大東島 [みなみだいとうじま] 沖縄(おきなわ) 섬 那覇(なは) 시 동쪽에 있는 大東 제도의 주도(主島).

南島(町)[なんとう(ちょう)] 三重(みえ)현 남부, 熊野灘(くまのなだ)에 면한 어업 町.
男鹿(市)[おが(し)] 秋田(あきた)현 중서부, 동해로 돌출한 男鹿 반도의 대부분을 차지하는 市.
男鹿島[たんがしま] 兵庫(ひょうご)현 家島(いえしま) 제도 동부에 있는 섬.
南茅部(町)[みなみかやべ(ちょう)] 北海道 남서부, 亀田(かめだ) 반도 중부 동쪽에 있는 町.
男木島[おぎしま] 香川(かがわ)현 북부, 高松(たかまつ) 시 북방 8 km에 있는 섬.
南木曽(町)[なぎそ(まち)] 長野(ながの)현 남서쪽 끝에 있는 町.
南方(町)[みなみかた(まち)] 宮城(みやぎ)현 북부, 迫川(はさまがわ) 강에 둘러싸인 町.
南部(町)[みなべ(ちょう)] 和歌山(わかやま)현 중서부, 南部 만에 면한 町.
南部(町)[なんぶ(まち)] 青森(あおもり)현 남동부, 馬淵(まべち) 강 중류역에 있는 町.
南富良野(町)[みなみふらの(ちょう)] 北海道 중앙부, 石狩(いしかり) 산지와 日高(ひだか) 산맥 중간에 있는 町.
南西諸島[なんせいしょとう] 鹿児島(かごしま)현의 薩摩(さつま)・大隅(おおすみ) 양 반도의 남방 해상에 있는 도서군.
南勢(町)[なんせい(ちょう)] 三重(みえ)현 남동부, 伊勢(いせ) 시 남쪽에 있는, 어업이 활발한 町.
南小国(町)[みなみおぐに(まち)] 阿蘇(あそ) 외륜산 북쪽 기슭에 있는 町.
南陽(市)[なんよう(し)] 山形(やまがた)현, 남동부에 있는 市.
南有馬(町)[みなみありま(ちょう)] 島原(しまばら) 반도 남부, 有明(ありあけ) 해에 면한 町.
南伊豆(町)[みなみいず(ちょう)] 伊豆 반도 최남단에 있는 町.
南条(町)[なんじょう(ちょう)] 福井(ふくい)현 중앙부, 日野(ひの) 강 중류 지역에 있는 町.
南足柄(市)[みなみあしがら(し)] 神奈川(かながわ)현 남서쪽 끝에서 静岡(しずおか)현과 접하는 市.
南種子(町)[みなみたね(ちょう)] 鹿児島(かごしま) 시 남쪽, 種子(たねが) 섬 남부를 차지하는 町.
南知多(町)[みなみちた(ちょう)] 愛知(あいち)현 남서부, 知多 반도 남단에 있는 町.
男体山[なんたいさん] 栃木(とちぎ)현 서부, 日光(にっこう) 산계(山系)의 중심이 되는 산.
南風原(町)[はえばる(ちょう)] 沖縄(おきなわ)현, 沖縄 섬 남부, 那覇(なは) 시의 남동부와 접하는 町.
南河内(町)[みなみかわち(まち)] 栃木(とちぎ)현 남부, 鬼怒(きぬ) 강 서안(西岸)에 있는, 역사가 오랜 町.
南郷(町)[なんごう(ちょう)] 宮城(みやぎ)현 중앙부, 大崎(おおさき) 평야 남동쪽 끝에 있는 町.
南幌(町)[なんぽろ(ちょう)] 北海道 중앙부, 石狩(いしかり) 평야 중부에 있는 町.

【납】

納沙布岬[のさっぷみさき] 北海道 동부, 根室(ねむろ) 반도 끝의 곶. ＊ノシャップ岬 로도 씀.

【내】

内牧温泉[うちのまきおんせん] 熊本(くまもと)현 북동부, 阿蘇(あそ) 산 화구원(火口原)에 있는 온천. ＊阿蘇 온천이라고도 함.
内山峠[うちやまとうげ] 群馬(ぐんま)현 下仁田町(しまにたちょう)와 長野(ながの)현 佐久(さく) 시의 경계를 이루는 고개. 信濃(し)의 강과 利根(とね) 강 지류의 분수령을 이룸.
内原(町)[うちはら(まち)] 茨城(いばらき)현 중앙부, 水戸(みと) 시 서쪽에 인접한 町.
内子(町)[うちこ(ちょう)] 愛媛(えひめ)현 중서부, 内山(うちやま) 분지의 한가운데에 있는 町.
内之浦(町)[うちのうら(ちょう)] 鹿児島(かごしま)현 동부, 大隅(おおすみ) 반도 동쪽에 있는 町.
内村温泉郷[うちむらおんせんきょう] 長野(ながの)현 중부, 千曲(ちくま) 강의 지류인 内村 강 상류에 있는 온천 마을.
内灘(町)[うちなだ(まち)] 石川(いしかわ)현 중앙부, 金沢(かなざわ) 시 북쪽에 있는 町.
内浦(町)[うちうら(ちょう)] 石川(いしかわ)현 북부, 能登(のと) 반도 북동부에 있는 町.
内浦湾[うちうらわん] 北海道 남서부, 渡島(おしま) 반도 동쪽에 있는 분화만(噴火湾)의 딴이름.
内海(町)[うちのみ(ちょう)] 香川(かがわ)현 북부, 小豆(しょうど) 섬의 동부를 차지하는 町.
内海(町)[うつみ(ちょう)] 広島(ひろしま)현 남동부, 沼隈(ぬまくま) 반도 앞바다에 있는 田島(たじま) 섬과 横島(よこしま) 섬을 중심으로 한 町.
内幸町[うちさいわいちょう] 東京 도 千代田(ちよだ) 구 남단, 日比谷(ひびや) 공원의 남쪽과 동쪽으로 이어진 지구.

【녀】

女満別(町)[めまんべつ(ちょう)] 北海道 북동부, 網走(あばしり) 호(湖) 남쪽의 町.
女木島[めぎしま] 香川(かがわ)현 중북부,

高松(たかまつ)港北쪽에 있는 섬.
女峰山 [にょほうさん] 栃木(とちぎ) 현 서부, 日光(にっこう) 시와 栗山村(くりやまむら) 경계에 있는 산.
女釜・男釜間欠泉 [めがま・おがまかんけつせん] 宮城(みやぎ) 현 북서단, 鬼首(おにこうべ) 칼데라 내(內)에 있는 간헐천이다.
女夫淵温泉 [めおとぶちおんせん] 栃木(とちぎ) 현 북서부, 鬼怒(きぬ) 강 최상류부에 있는 온천.

【농】

濃尾平野 [のうびへいや] 岐阜(ぎふ) 현 남서부에서 愛知(あいち) 현 북서부에 걸쳐 펼쳐진 평야.
農鳥岳 [のうとりだけ] 南(みなみ)アルプス 북부, 山梨(やまなし) 현과 静岡(しずおか) 현 경계에 있는 산.

【놔】

雫石(町) [しずくいし(ちょう)] 岩手(いわて) 현 중서부, 盛岡(もりおか) 시 서쪽에 있는 町.

【능】

能代(市) [のしろ(し)] 秋田(あきた) 현 서부, 米代(よねしろ) 강 하구에 펼쳐진 시.
能都(町) [のと(まち)] 石川(いしかわ) 현 북부, 能登(のと) 반도 동부, 富士(ふじ) 만에 면한 町.
能登島(町) [のとじま(まち)] 石川(いしかわ) 현 북부, 能登 반도의 내만(內灣), 七尾(ななお) 만 내에 있는 町.
能登半島 [のとはんとう] 本州 중앙부에 있는 동해쪽 최대의 반도. 대부분은 石川(いしかわ) 현에, 기부(基部) 동쪽 편은 富山(とやま) 현에 속함.
能登川(町) [のとがわ(ちょう)] 滋賀(しが) 현, 琵琶(びわ) 호 동안에 있는 町.
能美(町) [のうみ(ちょう)] 広島(ひろしま) 현 남서부에 있는 町.
能生(町) [のう(まち)] 新潟(にいがた) 현 남서부, 동해에 면한 町.
能勢(町) [のせ(ちょう)] 大阪 부 북서단, 丹波(たんば) 고지에 있는 町.
能取湖 [のとろこ] 北海道 북동부, 網走(あばしり) 시 북서부에 있는 석호(潟湖).
能郷白山 [のうごはくさん] 福井(ふくい) 현과 岐阜(ぎふ) 현 경계에 있는 美濃越前(みのえちぜん) 산지의 주봉.

【니】

尼崎(市) [あまがさき(し)] 兵庫(ひょうご) 현 남동단에 있는 공업 도시.
尼ケ辻 [あまがつじ] 奈良(なら) 시 서부, 秋篠(あきしの) 강 중류 유역 지구.
泥湯温泉 [どろゆおんせん] 秋田(あきた) 현 남부 湯沢(ゆざわ) 시에 있는 온천.

【ㄷ】 【다】

多景島 [たけしま] 滋賀(しが) 현 중동부, 彦根(ひこね) 시에서 북서 쪽으로 약 6 km, 琵琶(びわ) 호 안에 있는 작은 섬.
多久(市) [たく(し)] 佐賀(さが) 현 중앙부, 牛津(うしづ) 강 중・상류 유역의 분지에 있는 시.
茶臼山 [ちゃうすやま] 長野(ながの) 현과 愛知(あいち) 현 경계에 있는 산.
多気(町) [たき(ちょう)] 三重(みえ) 현 중부에 있는 町.
多度山 [たどさん] 三重(みえ) 현 북부, 多度町(たどちょう)에 있는 산.
多度津(町) [たどつ(ちょう)] 香川(かがわ) 현 서부, 備讃(びさん) 해협에 면한 町.
多楽島 [たらくじま] 北海道 동부, 歯舞(はぼまい) 제도 북동단에 있는 섬.
多良間島 [たらまじま] 沖縄(おきなわ) 현 琉球(りゅうきゅう) 제도에 있는 섬.
多良見(町) [たらみ(ちょう)] 長崎(ながさき) 현 남부에 있는 町.
多良木(町) [たらぎ(まち)] 熊本(くまもと) 현 남부에 있는 町.
多良岳 [たらだけ] 佐賀(さが)・長崎(ながさき) 2 현에 걸쳐 있는 화산.
多摩(市) [たま(し)] 東京 도 남서부에 있는 시.
茶の木平 [ちゃのきだいら] 栃木(とちぎ) 현 日光(にっこう)에 있는 산.
多比良 [たいら] 長崎(ながさき) 현 남서부, 国見町(くにみちょう)의 북동 지구.
多治見(市) [たじみ(し)] 岐阜(ぎふ) 현 남동부에 있는 시.
多賀(町) [たが(ちょう)] 滋賀(しが) 현 동부, 鈴鹿(すずか) 산맥 서쪽에 있는 町.
多賀城(市) [たがじょう(し)] 宮城(みやぎ) 현 중부, 仙台(せんだい) 시의 북동쪽에 인접한 시.

【단】

単冠湾 [ひとかっぷわん] 北海道 동부, 択捉(えとろふ) 섬 중부, 태평양쪽의 만.
丹南(町) [たんなん(ちょう)] 兵庫(ひょうご) 현 북동부에 있는 町.
但東(町) [たんとう(ちょう)] 兵庫(ひょうご) 현 북동부, 京都 부에 인접한 町.
端野(町) [たんの(ちょう)] 北海道 북동부에 있는 町.

鍛冶町 [かじちょう] 東京 도 千代田(ちよだ) 구 북동부에 있는 지구.
断魚渓 [だんぎょけい] 島根(しまね) 현 중앙부 石見町(いわみちょう)에 있는 계곡.
丹原(町) [たんばら(ちょう)] 愛媛(えひめ) 현 동부에 있는 町.
丹沢湖 [たんざわこ] 神奈川(かながわ) 현 서부, 山北町(やまきたまち)에 있는 인공호.
丹波(町) [たんば(ちょう)] 京都 부 중부에 있는 町.
段戸山 [だんどさん] 愛知(あいち) 현 북동부에 있는 산.
丹後(町) [たんご(ちょう)] 京都 부 북단, 奥丹後(おくたんご) 반도 북부에 있는 町.

【담】

淡路(町) [あわじ(ちょう)] 淡路 섬 북쪽 끝에 있는 町.
淡路島 [あわじしま] 兵庫(ひょうご) 현 남쪽, 瀬戸内海(せとないかい) 최대의 섬.
淡路町 [あわじまち] 大阪 시 중앙(ちゅうおう) 구 북부에 있는 비즈니스 타운.
胆振(支庁) [いぶり(しちょう)] 北海道 남부, 태평양 연안에 있는 지청.
胆沢(町) [いさわ(ちょう)] 岩手(いわて) 현 남서부, 胆沢 선상지(扇狀地)에 자리 잡고 있는 町.

【답】

沓掛温泉 [くつかけおんせん] 長野(ながの) 현 중앙부, 夫神(おがみ) 산 서쪽 기슭에 있는 온천.
答志島 [とうしじま] 三重(みえ) 현 중동부, 鳥羽(とば) 시에 속하는 섬.

【당】

唐丹湾 [とうにわん] 岩手(いわて) 현 남동부, 釜石(かまいし) 시 남쪽에 있는 만.
堂ヶ島温泉 [どうがしまおんせん] 静岡(しずおか) 현 伊豆(いず) 반도 서해안에 있는 온천 관광지.
当麻(町) [とうま(ちょう)] 北海道 중앙부, 旭川(あさひかわ) 시에 인접한 町.
當麻(町) [たいま(ちょう)] 奈良(なら) 현 북서부에 있는 町.
当別(町) [とうべつ(ちょう)] 北海道 서부, 札幌(さっぽろ) 시에 인접한 町.
唐桑(町) [からくわ(ちょう)] 宮城(みやぎ) 현 북동단에 있으며 唐桑 반도를 포함한 町.
唐津(市) [からつ(し)] 佐賀(さが) 현 북서부에 있는 현 제2의 도시.
堂平山 [どうだいらやま] 埼玉(さいたま) 현 중서부에 있는 산. 정상에 국립 천문대 堂平 관측소가 있음.

【대】

大間(町) [おおま(まち)] 青森(あおもり) 현 북부, 下北(しもきた) 반도 북쪽 끝 津軽(つがる) 해협에 인접한 町.
大間々(町) [おおまま(まち)] 群馬(ぐんま) 현 동부, 渡良瀬(わたらせ) 강 선상지(扇狀地)에 형성된 町.
大江(町) [おおえ(ちょう)] 京都 부 북서부에 있는 町.
大岡山 [おおおかやま] 東京 도 目黒(めぐろ) 구 남부, 대지(臺地) 위에 건설된 주택 지구.
大曲(市) [おおまがり(し)] 秋田(あきた) 현 남부, 横手(よこて) 분지의 중앙부에서 雄物(おもの) 강에 玉川(たまかわ) 강과 丸子(まるこ) 강이 합류하는 지점에 있는 시.
大谷川 [だいやがわ] 栃木(とちぎ) 현 북서부, 日光(にっこう) 시의 華嚴(けごん) 폭포에서 흘러내리는 강.
大館(市) [おおだて(し)] 秋田(あきた) 현 북동부에 있는 현 제2의 도시.
代官山 [だいかんやま] 東京 도 渋谷(しぶや) 구 남부에 있는 지구.
帯広(市) [おびひろ(し)] 北海道 남부, 十勝(とかち) 평야 중앙부에 있는 시.
大口(市) [おおくち(し)] 鹿児島(かごしま) 현의 북단, 동은 宮崎(みやざき) 현과 북은 熊本(くまもと) 현과 접하고 있는 시.
大久保 [おおくぼ] 東京 도 新宿(しんじゅく) 구의 중앙부를 이루는 지구.
大久野島 [おおくのじま] 広島(ひろしま) 현 남부, 竹原(たけはら) 시의 忠海(ただのうみ)와 愛媛(えひめ) 현 大三(おおみ) 섬 사이에 있는 섬.
大宮(市) [おおみや(し)] 埼玉(さいたま) 현 남동부에 있는 시로, 현 제1의 상공업 도시.
大宮台地 [おおみやだいち] 埼玉(さいたま) 현 동부, 荒川(あらかわ) 강과 구 荒川 강 사이에 있는 대지.
大根占(町) [おおねじめ(ちょう)] 鹿児島(かごしま) 현 남부, 大隅(おおすみ) 반도 서부의 鹿児島 만에 인접한 町.
大崎 [おおさき] 東京 도 品川(しながわ) 구 북부, JR 山手(やまのて) 선 大崎 역 주변 지구. 사무실과 호텔 등이 들어섬.
大磯(町) [おおいそ(まち)] 神奈川(かながわ) 현 중남부, 相模(さがみ) 만에 인접한 大磯 구릉 해안 단구(段丘)에 있는 町.
大内(町) [おおち(ちょう)] 香川(かがわ) 현 동부, 播磨灘(はりまなだ)에 인접한 町.
大内(町) [おおうち(まち)] 秋田(あきた) 현 중서부에 있는 町.
大多喜(町) [おおたき(まち)] 千葉(ちば) 현 남동부, 房総(ぼうそう) 구릉 산간부에 있는 町.

大台(町) [おおだい(ちょう)] 三重(みえ) 현 중남부, 宮川(みやかわ) 강 중류 지역에 있는 町.

代々木 [よよぎ] 東京 도 渋谷(しぶや) 구, JR 山手(やまのて) 선 代々木 역 남서 쪽에 있는 지구.

大台ヶ原山 [おおだいがはらざん] 奈良(なら)・三重(みえ)・和歌山(わかやま) 등 3현의 경계를 이루며 남북으로 뻗친 산들의 총칭.

大島 [おおしま] 伊豆(いず) 반도의 동쪽, 東京에서 약 120km 떨어진 곳에 있는 伊豆 제도 중 최대의 섬.

大刀洗(町) [たちあらい(まち)] 福岡(ふくおか) 현 중남부, 筑後(ちくご) 강 중류 북안(北岸)에 있는 町.

大東(市) [だいとう(し)] 大阪 부(府) 동부에 있는 시.

大東(町) [だいとう(ちょう)] 岩手(いわて) 현 남부, 北上(きたかみ) 고지 남단부(南端部)에 있는 町.

大滝温泉 [おおたきおんせん] 秋田(あきた) 현 북동부, 大館(おおだて) 시 남동쪽 米代(よねしろ) 강 좌안에 있는 온천.

大瀬戸(町) [おおせと(ちょう)] 長崎(ながさき) 현 서부, 西彼杵(にしそのぎ) 반도 서안 중앙부에 있는 町.

大利根(町) [おおとね(まち)] 埼玉(さいたま) 현 북동부, 利根 강 남안의 곡창 지대에 있는 町.

対馬 [つしま] 九州와 한반도 사이에 있는, 長崎(ながさき) 현의 섬.

対馬海峡 [つしまかいきょう] 九州와 対馬 사이에 있는 해협.

大万木山 [おおよろぎさん] 中国(ちゅうごく) 산지의 척량부(脊梁部)를 이루는 산.

大網白里(町) [おおあみしらさと(まち)] 千葉(ちば) 현 중동부, 太平洋 연안 九十九里(くじゅうくり) 평야로 뻗어나간 町.

岱明(町) [たいめい(まち)] 熊本(くまもと) 현 북부, 有明(ありあけ) 해에 면한 町.

大牟田(市) [おおむた(し)] 福岡(ふくおか) 현 남서부에 있는 광공업 도시.

大木(町) [おおき(まち)] 福岡(ふくおか) 현 남부, 筑後(ちくご) 평야 중앙에 있는 농업이 발달한 町.

大無間山 [だいむげんざん] 静岡(しずおか) 현 북부, 静岡 시와 本川根町(ほんかわねちょう) 경계에 있는 산.

大門 [だいもん] 東京 도 港(みなと) 구 북동부, 芝(しば) 공원 부근의 통칭이었으나, 현재는 芝大門 지구를 말함.

大門(町) [だいもん(まち)] 富山(とやま) 현 북서부, 庄川(しょうがわ) 강을 따라 성장・발달한 町.

大文字山 [だいもんじやま] 京都 시 동부, 東山(あずまやま) 산의 주봉 如意ヶ岳(にょいがたけ) 서쪽 산허리로 돌출한 산.

大物 [だいもつ] 兵庫(ひょうご) 현 남동단, 尼崎(あまがさき) 시 남부에 있는 지구.

大迫(町) [おおはさま(まち)] 岩手(いわて) 현 중앙부, 稗貫(ひえぬき) 군 동쪽에 있는, 포도 재배가 활발한 町.

大飯(町) [おおい(ちょう)] 福井(ふくい) 현 서부, 佐分利(さぶり) 강 유역과 大島(おおしま) 반도의 대부분을 차지한 町.

大方(町) [おおがた(ちょう)] 高知(こうち) 현 남서부, 土佐(とさ) 만 기슭에 있는 町.

大菩薩峠 [だいぼさつとうげ] 山梨(やまなし) 현 북동부, 塩山(えんざん) 시와 小菅村(こすげむら) 경계에 있는 산.

大府 [おおぶ] 愛知(あいち) 현 중앙부, 名古屋(なごや) 시 남쪽에 있는 시.

大分(市) [おおいた(し)] 大分 현의 중앙부, 別府(べっぷ) 만에 인접해 있는 현청 소재지로, 이 고장 행정・경제의 중심지.

大分臨海工業地域 [おおいたりんかいこうぎょうちいき] 大分 현청 소재지인 大分 시의 근교를 매립하여 조성한 공업 지역.

大崩山 [おおくえやま] 宮崎(みやざき) 현 북부, 北方町(きたかたちょう)와 北川町(きたがわちょう)의 경계에 있는 산.

碓氷峠 [うすいとうげ] 群馬(ぐんま) 현 松井田町(まついだちょう)와 長野(ながの) 현 軽井沢町(かるいざわちょう)의 경계를 이루고 있는 고개.

大社(町) [たいしゃ(まち)] 島根(しまね) 현 북부, 島根 반도 서쪽 끝에 있는 町.

大師河原 [だいしがわら] 川崎(かわさき) 시 최동단, 多摩 강 하구 남쪽에 있는 지구.

大山 [だいせん] 鳥取(とっとり) 현 서부, 大山隠岐(おき) 국립 공원의 중심을 이루는 화산. 서쪽에서 바라본 모습이 富士(ふじ) 산 비슷하여 出雲(いずも) 富士 등으로 부름.

大山(町) [だいせん(ちょう)] 鳥取(とっとり) 현 서부, 大山 북쪽 기슭에서 해안쪽으로 발달한 농・목축업의 町.

大山(町) [おおやま(まち)] 富山(とやま) 현 남부에 있는 町.

大山崎(町) [おおやまざき(ちょう)] 京都 부 남부, 京都 분지 남서부에 있는 町.

大山寺 [だいせんじ] 鳥取(とっとり) 현 서부, 大山町(だいせんちょう) 남동부에 있는 지구.

大森(町) [おおもり(まち)] 秋田(あきた) 현 남부에 있는 町.

大杉谷 [おおすぎだに] 三重(みえ) 현 남서부, 紀伊(きい) 산지의 大台ヶ原(おおだいがはら)에서 북동으로 흐르는 宮川(みやかわ) 강 상류부의 협곡.

大三島(町) [おおみしま(ちょう)] 愛媛(えひめ) 현 북부, 越智(おち) 군 북부에 있는 町.

大峠 [おおとうげ] 山形(やまがた) 현 米沢(よねざわ) 시에서 福島(ふくしま) 현 喜多方(きたかた) 시로 통하는 구(舊)국도 121호의

경계선에 있는 고개.
大西(町)[おおにし(ちょう)] 愛媛(えひめ) 현 高縄(たかなわ) 반도 북쪽에 있으며 북쪽으로 斎灘(いつきなだ)에 면한 町.
大潟(町)[おおがた(まち)] 新潟(にいがた) 현 남서부, 高田(たかだ) 평야의 북동부에 있는 町.
大石田(町)[おおいしだ(まち)] 山形(やまがた) 현 북동부, 尾花沢(おばなざわ) 분지 서부에 있는 町.
大船渡(市)[おおふなと(し)] 岩手(いわて) 현 남동부, 陸中(りくちゅう) 해안의 大船渡만에 인접한 市.
大雪山[だいせつざん] 北海道 중앙부에 있는 화산군(火山群)의 총칭.
大成(町)[たいせい(ちょう)] 北海道 남서부, 동해에 면한 町.
大洗(町)[おおあらい(まち)] 茨城(いばらき) 현 동부에 있으며 鹿島灘(かしまなだ)에 인접한 町.
大樹(町)[たいき(ちょう)] 北海道 남동부에 있는 町.
大手町[おおてまち] 東京都 千代田(ちよだ)구 동부, 궁성(宮城)의 大手門(もん) 동쪽 일대에 걸친 지구.
大須賀(町)[おおすか(ちょう)] 静岡(しずおか) 현 서부, 小笠(おがさ) 산 구릉 남쪽 遠州灘(えんしゅうなだ)에 인접한 町.
大柿(町)[おおがき(ちょう)] 広島(ひろしま) 현 남서부, 東能美(ひがしのうみ) 섬에 있는 町.
大矢野(町)[おおやの(まち)] 熊本(くまもと) 현 남서부, 天草(あまくさ) 제도의 북부에 있는 町.
大室山[おおむろやま] 神奈川(かながわ) 현 山北町(やまきたちょう)・津久井町(つくいちょう)와 山梨(やまなし) 현 道志村(どうしむら)의 경계에 있는 산.
大鰐(町)[おおわに(まち)] 青森(あおもり) 현 남부, 북으로는 弘前(ひろさき) 시, 남으로는 秋田(あきた) 현과 접한 온천과 스키 리조트가 있는 町.
大岳温泉[おおたけおんせん] 大分(おおいた) 현 중부, 飯田(はんだ) 고원 서쪽 泉水(せんすい) 산 기슭에 있는 온천.
大安(町)[だいあん(ちょう)] 三重(みえ) 현 북부, 鈴鹿(すずか) 산맥 동쪽 기슭에 있는 町.
大野(市)[おおの(し)] 福井(ふくい) 현 동부, 九頭竜(くずりゅう) 강과 真名(まな) 강이 흐르는 大野 분지에 있는 市.
大野城(市)[おおのじょう(し)] 福岡(ふくおか) 현 중앙부, 福岡 시에 인접한 市.
大野原(町)[おおのはら(まち)] 香川(かがわ) 현 남서쪽 끝, 徳島(とくしま), 愛媛(えひめ) 두 현과 접하고 있는 町.
大堰川[おおいがわ] 京都 시 左京(さきょう) 구 広河原(ひろがわら)에서 발원하여 京都 부 중부를 흐르는 강.
大栄(町)[だいえい(ちょう)] 鳥取(とっとり) 현 중부, 동해에 면한 町.
大栄(町)[たいえい(まち)] 千葉(ちば) 현 북동부, 下総(しもうさ) 대지 위에 있는 町.
大屋(町)[おおや(ちょう)] 兵庫(ひょうご) 현 북서부에 있는 町.
大王(町)[だいおう(ちょう)] 三重(みえ) 현 동부, 志摩(しま) 반도 남동 끝에 있는 町.
大隅(町)[おおすみ(ちょう)] 鹿児(かごしま) 현 동부, 大隅 반도 북쪽에 있는 町.
大宇陀(町)[おおうだ(ちょう)] 奈良(なら) 현 북동부, 宇陀(うだ) 분지에 있는 町.
大熊(町)[おおくま(まち)] 福島(ふくしま) 현 해안 지방 중부, 태평양 연안에 있는 町.
大垣(市)[おおがき(し)] 岐阜(ぎふ) 현 남서부, 西美濃(にしみの) 지방의 중심으로 상공업 도시.
大原(町)[おおはら(まち)] 千葉(ちば) 현 남동부, 外房(そとぼう) 해안에 인접한 어항으로 번성한 町.
大月(市)[おおつき(し)] 山梨(やまなし) 현 동부에 있는 市.
大越(町)[おおごえ(まち)] 福島(ふくしま) 현 중부, 阿武隈(あぶくま) 고지의 거의 중앙부에 있는 町.
大仁(町)[おおひと(ちょう)] 福岡(ふくおか) 현 남동부, 伊豆(いず) 반도 북쪽의 狩野(かの) 강 중류 지역에 있는 町.
大日岳[だいにちだけ] 新潟(にいがた) 현 북동부, 新発田(しばた) 시와 鹿瀬町(かのせまち)의 경계에 있는 산.
大任(町)[おおとう(まち)] 福岡(ふくおか) 현 동부, 田川(たがわ) 분지 중앙에 있는 町.
大入島[おおにゅうじま] 大分(おおいた) 현 남동부, 佐伯(さいき) 만에 있는 섬.
大子(町)[だいご(まち)] 茨城(いばらき) 현 북단, 북쪽은 福島(ふくしま) 현, 서쪽은 栃木(とちぎ) 현과 인접한 町.
台場[だいば] 東京 도 港(みなと) 구 남동, 東京 만 안에 축조된 포대(砲臺)가 있던 자리.
大田(市)[おおだ(し)] 島根(しまね) 현 중북부에 있는 市.
大畑(町)[おおはた(まち)] 青森(あおもり) 현 북동부, 下北(しもきた) 반도 북쪽에 있는 津軽(つがる) 해협에 인접한 町.
大畠(町)[おおばたけ(ちょう)] 山口(やまぐち) 현 남동부. 大畠 해협에 인접한 町.
大淀(町)[おおよど(ちょう)] 奈良(なら) 현 중서부, 竜門(りゅうもん) 산지와 吉野(よしの) 강 사이에 있는 동서로 긴 町.
大伝馬町[おおでんまちょう] 東京 도 中央(ちゅうおう) 구의 舊町 지구.
袋田温泉[ふくろだおんせん] 茨城(いばらき) 현 북서부, 大子町(だいごちょう)의 袋田에 있는 온천.

大田原(市)[おおたわら(し)] 栃木(とちぎ) 현 북부의 행정의 중심 도시.
大井[おおい] 東京 도 品川(しながわ) 구 남단, 大田(おおた) 구와 접하는 지구.
大井(町)[おおい(ちょう)] 埼玉(さいたま) 현 남부, 武蔵野(むさしの) 대지 북동부에 있는 町.
大正(区)[たいしょう(く)] 大阪 시 남서부에 있는 구.
大正(町)[たいしょう(ちょう)] 高知(こうち) 현 서부, 四万十(しまんと) 강 유역에 있는 町.
大町(市)[おおまち(し)] 長野(ながの) 현 북서부, 松本(まつもと) 분지 북단에 있는 시.
袋井(市)[ふくろい(し)] 静岡(しずおか) 현 서부, 太田(おおた) 강과 原野谷(はらのや) 강의 합류부 북부를 차지한 시.
碓井(町)[うすい(まち)] 福岡(ふくおか) 현 중앙부, 嘉穂(かほ) 분지 중부에 있는 町.
大井川(町)[おおいがわ(ちょう)] 静岡(しずおか) 현 중부, 駿河(するが) 만에 인접한 町.
大朝(町)[おおあさ(ちょう)] 広島(ひろしま) 현의 북서부, 島根(しまね) 현과 경계를 이루고 있는 町.
大佐(町)[おおさ(ちょう)] 岡山(おかやま) 현 북서부, 高梁(たかはし) 강 상류인 小坂部(おさかべ) 강 유역에 있는 町.
大佐渡山地[おおさどさんち] 新潟(にいがた) 현 佐渡島(さどがしま) 섬의 북반부를, 북동에서 남서로 뻗친 산지.
大洲(市)[おおず(し)] 愛媛(えひめ) 현 중서부, 肱川(ひじかわ) 강 중류 大洲 분지에 있는 시.
大竹(市)[おおたけ(し)] 広島(ひろしま) 현 남서쪽 끝에 있는 임해 공업 도시.
大津(市)[おおつ(し)] 滋賀(しが) 현 남부, 琵琶(びわ) 호 남서쪽 기슭에 있는 현청 소재지.
大川(市)[おおかわ(し)] 福岡(ふくおか) 현 남서부, 筑後(ちくご) 강 하구 좌안(左岸)에 있는 시.
大泉(町)[おおいずみ(まち)] 群馬(ぐんま) 현 동남부에 있는 町.
大天井岳[だいてんじょうだけ] 長野(ながの) 현의 북부, 飛驒(ひだ) 산맥 남부에 있는 常念(じょうねん) 산맥의 최고봉.
大村(市)[おおむら(し)] 長崎(ながさき) 현 중앙부, 大村 만(灣) 동안에 있는 시.
大塚[おおつか] 東京 도 文京(ぶんきょう) 구 북서부, 大塚 일대와 豊島(としま) 구 北(きた)大塚와 南(みなみ)大塚를 이루는 지구.
大槌(町)[おおつち(ちょう)] 岩手(いわて) 현 중동부, 釜石(かまいし) 시 북쪽에 자리잡고, 동쪽은 태평양에 접한 주산업이 어업인 町. 동부 연안 지역의 행정 중심지.
大治(町)[おおはる(ちょう)] 愛知(あいち) 현 서부, 名古屋(なごや) 시 서쪽 교외에 있는 町.
大湯温泉[おおゆおんせん] 新潟(にいがた) 현 남동부, 越後(えちご) 삼산(三山) 중의 하나인 駒ヶ岳(こまがだけ) 산 기슭에 있는 온천.
大沢野(町)[おおさわの(まち)] 富山(とやま) 현 남부, 神通(じんづう) 강 우안 일대를 차지한 町.
大阪(市)[おおさか(し)] 大阪 부의 중심부, 淀川(よどがわ) 강 하구에 자리잡은 부청(府廳) 소재지이자 서(西)일본의 중심 도시.
大阪狭山(市)[おおさかさやま(し)] 大阪 부 남동부에 있는 시.
大平(町)[おおひら(まち)] 栃木(とちぎ) 현 남부에 있는 포도 단지의 관광 농원으로 알려진 町.
大平峠[おおだいらとうげ] 長野(ながの) 현 중부, 飯田(いいだ) 시와 南木曽町(なぎそちょう)의 경계를 이루는 고개.
大浦(町)[おおうら(ちょう)] 鹿児島(かごしま) 현 남서부, 薩摩(さつま) 반도 남서부에 있는 町.
大豊(町)[おおとよ(ちょう)] 高知(こうち) 현 북동부, 愛媛(えひめ)・徳島(とくしま) 두 현에 접하고 있는 町.
大河内(町)[おおかわち(ちょう)] 兵庫(ひょうご) 현 중앙부, 市川(いちかわ) 강 상류 고원 지대에 있는 町.
大河原(町)[おおがわら(まち)] 宮城(みやぎ) 현 남부에 있는, 仙南(せんなん) 지방의 행정 중심지로 자리잡은 町.
大郷(町)[おおさと(ちょう)] 宮城(みやぎ) 현 중부에 있는 町.
大胡(町)[おおご(まち)] 群馬(ぐんま) 현 중부, 赤城(あかぎ) 산 남쪽 荒砥(あらと) 강 유역에 있는 町.
大和(市)[やまと(し)] 神奈川(かながわ) 현 중앙부, 相模原(さがみはら) 대지(臺地)의 동단에 있고 横浜(よこはま) 시와 접한 시.
大和(町)[たいわ(ちょう)] 宮城(みやぎ) 현 중부, 仙台(せんだい) 시 북쪽에 있는 町.
大和(町)[やまと(ちょう)] 山口(やまぐち) 현 남동부, 田布施(たぶせ) 강 유역의 구릉지에 있는 町.
大和(町)[やまと(まち)] 新潟(にいがた) 현 남동부에 있는 町.
大和高田(市)[やまとたかだ(し)] 奈良(なら) 현 북서부에 있는 시.
大和郡山(市)[やまとこおりやま(し)] 奈良(なら) 현 북서부, 奈良 분지(盆地) 북부에 있는 시.

【덕】

徳島(市)[とくしま(し)] 徳島 현 동부, 吉野(よしの) 강 하구에 있는 시.

徳本峠[とくごうとうげ] 長野(ながの) 현 서부에 있는 고개.
徳山(市)[とくやま(し)] 山口(やまぐち) 현 남동부, 瀬戸内海(せとないかい)에 면한 시.
徳地(町)[とくじ(ちょう)] 山口(やまぐち) 현 중앙부에 있는 町.
徳之島[とくのしま] 鹿児島(かごしま) 현 남부, 奄美(あまみ) 제도 중앙부에 있는 섬.

【도】

渡嘉敷島[とかしきじま] 沖縄(おきなわ) 현 那覇(なは) 시 서쪽, 동중국해상에 있는 慶良間(けらま) 제도 중 최대의 섬.
島根(町)[しまね(ちょう)] 島根 현 북동부, 島根 반도 북안에 있는 町.
都農(町)[つの(ちょう)] 宮崎(みやざき) 현 중앙부에 있는 町.
稲団[いなだ] 川崎(かわさき) 시 북서부, 多摩(たま) 강 중류에 있는 지구.
度島[たくしま] 長崎(ながさき) 현 북서부, 平戸(ひらど) 섬 북방에 있는 섬.
道頓堀[どうとんぼり] 大阪 시 中央(ちゅうおう) 구에 있는 번화가.
渡良瀬川[わたらせがわ] 関東(かんとう) 지방 북서부의 강으로, 利根(とね) 강의 한 지류. 농업・공업・생활 용수로 이용됨.
都留(市)[つる(し)] 山梨(やまなし) 현 동부, 桂川(かつらがわ) 강 상류 연안의 시.
渡名喜島[となきじま] 沖縄(おきなわ) 현 那覇(なは) 시 북서쪽 동중국해상에 있는 섬.
稲武(町)[いなぶ(ちょう)] 愛知(あいち) 현 북부, 岐阜(ぎふ)・長野(ながの) 2 현에 접해 있는 町.
稲美(町)[いなみ(ちょう)] 兵庫(ひょうご) 현 중남부에 있는 町.
島本(町)[しまもと(ちょう)] 大阪 부 북동부, 京都에 인접한 町.
道北[どうほく] 北海道 중앙부에서 북부에 걸친 광역 명칭.
濤沸湖[とうふつこ] 北海道 북동부, 오호츠크 해 연안에 있는 석호(潟湖).
桃山(町)[ももやま(ちょう)] 和歌山(わかやま) 현 북부, 紀ノ川(きのかわ) 강과 貴志(きし) 강의 합류부에 있는 町.
桃生(町)[ものう(ちょう)] 宮城(みやぎ) 현 북동부, 北上(きたかみ) 강과 新北上(しんきたかみ) 강 사이에 있는 町.
都城(市)[みやこのじょう(し)] 宮崎(みやざき) 현 남부, 鹿児島(かごしま) 현 경계에 있는 시.
稲城(市)[いなぎ(し)] 東京 도 중남부, 多摩(たま) 강 중류 남안(南岸)에 있는 시.
稲葉山[いなばやま] 鳥取(とっとり) 현 동부, 扇ノ山(おうぎのせん) 산 북서쪽에 있는 산. *因幡山로도 씀.
島原[しまばら] 京都 시가지의 남서부에 있는 옛 유곽(遊郭) 지대.
島原(市)[しまばら(し)] 長崎(ながさき) 현 남동부, 島原 반도 동부에 있는 시.
檮原(町)[ゆすはら(ちょう)] 高知(こうち) 현 서부, 愛媛(えひめ) 현의 경계에 있는, 임업・농업 등이 활발한 町.
島前[どうぜん] 島根(しまね) 현 북동부, 隠岐(おき) 제도 남서부에 있는 군도.
島田(市)[しまだ(し)] 静岡(しずおか) 현 중부에 있는 시.
都井岬[といみさき] 宮崎(みやざき) 현 최남단, 志布志(しぶし) 만에 있는 곶.
稲佐浜[いなさのはま] 島根(しまね) 현 出雲(いずも) 평야 북서부에 있는 해안.
島之内[しまのうち] 大阪 시 中央(ちゅうおう) 구 남서부에 있는 지역.
稲川(町)[いなかわ(まち)] 秋田(あきた) 현 남동부에 있는 町.
稲村ヶ崎[いなむらがさき] 神奈川(かながわ) 현 鎌倉(かまくら) 시 남부의 곶.
稲築(町)[いなつき(まち)] 福岡(ふくおか) 현 嘉穂(かほ) 분지 중앙부에 있는 町.
稲沢(市)[いなざわ(し)] 愛知(あいち) 현 濃尾(のうび) 평야 중앙부에 있는 시.
島浦島[しまうらとう] 宮崎(みやざき) 현 북동부, 延岡(のべおか) 시 북동쪽에 있는 섬.
都賀(町)[つが(まち)] 栃木(とちぎ) 현 남부에 있는 町.
稲荷山[いなりやま] 京都 시 東山(ひがしやま) 連峰(れんぽう) 중 남쪽 끝에 있는 산.
稲荷町[いなりちょう] 東京 도 台東(たいとう) 구 중서부에 있는 상업 지구.
度会(町)[わたらい(ちょう)] 三重(みえ) 현 남동부, 度会 군(郡)의 중앙부에 있는 町.
島後[どうご] 島根(しまね) 현 북동부에 는 隠岐(おき) 제도 중 최대의 섬.
道後温泉[どうごおんせん] 愛媛(えひめ) 현 松山(まつやま) 시에 있는 온천.

【돈】

頓原(町)[とんばら(ちょう)] 島根(しまね) 현 중동부에 있는 町.
敦賀(市)[つるが(し)] 福井(ふくい) 현 중부, 敦賀 만에 면한 시.

【동】

東(町)[あずま(ちょう)] 鹿児島(かごしま) 현 長島(ながしま)의 동반부와 獅子(しし)・伊唐(いから)・諸浦(しょうら)의 4섬으로 이루어진 町.
東(町)[あずま(まち)] 茨城(いばらき) 현 남부에 있는 町.
東串良(町)[ひがしくしら(ちょう)] 鹿児島(かごしま) 현 남동부, 大隅(おおすみ) 반도 동부의 志布志(しぶし) 만에 면한 町.

東広島(市)[ひがしひろしま(し)] 広島 현 중남부, 西条(さいじょう) 분지의 중심을 이루는 시.

東久留米(市)[ひがしくるめ(し)] 東京 도 중북부, 武蔵野(むさしの) 대지에 있는 시.

東根(市)[ひがしね(し)] 山形(やまがた) 현 중동부, 奥羽(おうう) 산맥 서쪽 기슭의 시.

東金(市)[とうがね(し)] 千葉(ちば) 현 서부에 있는 시.

東大阪(市)[ひがしおおさか(し)] 大阪 부 중남부, 生駒(いこま) 산 서쪽 기슭에 자리잡은 시.

東大和(市)[ひがしやまと(し)] 東京 도 북부, 狭山(さやま) 구릉 남부에 있는 시.

東鳴子温泉[ひがしなるごおんせん] 宮城(みやぎ) 현, 鳴子町(なるこちょう) 남동부에 있는 온천.

東伯(町)[とうはく(ちょう)] 鳥取(とっとり) 현 중부, 동해에 면한 町.

東部(町)[とうぶ(まち)] 長野(ながの) 현 동부에 있는 町.

東北(町)[とうほく(まち)] 青森(あおもり) 현 동부에 있는 町.

東北地方[とうほくちほう] 本州의 북동부를 점하는 지방.

東寺[とうじ] 京都 시 南(みなみ) 구에 있는 진언종(眞言宗)의 절.

東山(町)[ひがしやま(ちょう)] 岩手(いわて) 현 남부에 있는 町.

洞ヶ峠[ほらがとうげ] 京都 부 八幡(やわた) 시와 大阪 부 枚方(ひらかた) 시 경계에 있는 고개.

桐生(市)[きりゅう(し)] 群馬(ぐんま) 현 동부의 공업 도시. *きりう라고도 함.

東城(町)[とうじょう(ちょう)] 広島(ひろしま) 현 북동단에 있는 町.

東松山(市)[ひがしまつやま(し)] 埼玉(さいたま) 현의 중앙부에 있는 시.

東松浦半島[ひがしまつうらはんとう] 佐賀(さが) 현 북서부, 玄界灘(げんかいなだ)에 돌출한 반도.

東市来(町)[ひがしいちき(ちょう)] 鹿児島(かごしま) 현 서부, 동중국해에 면한 町.

東神楽(町)[ひがしかぐら(ちょう)] 北海道 중앙부, 上川(かみかわ) 분지 북부의 町.

東野(町)[ひがしの(ちょう)] 広島(ひろしま) 현 남부, 大崎上島(おおざきかみしま) 섬 북동부와 주변의 많은 섬들로 이루어진 町.

洞爺湖[とうやこ] 北海道 남서부에 있는 칼데라 호수.

東洋(町)[とうよう(ちょう)] 高知(こうち) 현 동단, 태평양에 면한 町.

東与賀(町)[ひがしよか(ちょう)] 佐賀(さが) 현 중앙부에 있는 町.

東栄(町)[とうえい(ちょう)] 愛知(あいち) 현 동부에 있는 町.

東予(市)[とうよ(し)] 愛媛(えひめ) 현 동부, 高縄(たかなわ) 반도에 있는 시.

東員(町)[とういん(ちょう)] 三重(みえ) 현 북부에 있는 町.

洞元湖[どうげんこ] 群馬(ぐんま) 현 북부, 水上町(みなかみまち)에 있는 인공호.

東由利(町)[ひがしゆり(まち)] 秋田(あきた) 현 남부에 있는 町.

東伊豆(町)[ひがしいず(ちょう)] 静岡(しずおか) 현 동부, 伊豆(いず) 반도 동안(東岸)에 있으며 相模灘(さがみなだ)에 면한 町.

東庄(町)[とうのしょう(まち)] 千葉(ちば) 현 북동단에 있는 町.

東条(町)[とうじょう(ちょう)] 兵庫(ひょうご) 현 남동부에 있는 町.

東川(町)[ひがしかわ(ちょう)] 北海道 중앙부, 上川(かみかわ) 분지 남동부의 町.

東村山(市)[ひがしむらやま(し)] 東京 도 북단, 埼玉(さいたま) 현 所沢(ところざわ) 시에 접하는 시.

東出雲(町)[ひがしいずも(ちょう)] 島根(しまね) 현 동부, 中海(なかうみ) 남해안에 있는 町.

東平安名岬[ひがしへんなざき] 沖縄(おきなわ) 현 琉球(りゅうきゅう) 제도 남부, 宮古(みやこ) 섬의 남동단에 있는 곳.

東浦(町)[ひがしうら(ちょう)] 愛知(あいち) 현 서부, 知多(ちた) 반도 북부 해안의 町.

東風平(町)[こちんだ(ちょう)] 沖縄(おきなわ) 현 남부의 섬에 있는 町.

東彼杵(町)[ひがしそのぎ(ちょう)] 長崎(ながさき) 현 중앙부, 大村(おおむら) 만(灣)에 면한 町.

東海(市)[とうかい(し)] 愛知(あいち) 현 서부에 있는 시.

東海工業地帯[とうかいこうぎょうちたい] 静岡(しずおか) 현의 東海道(とうかいどう) 본선(本線)을 따라 형성된 공업 지대.

東海道[とうかいどう] 江戸(えど)와 京都를 잇는 근세 5가도의 하나.

洞海湾[どうかいわん] 福岡(ふくおか) 현 北九州(きたきゅうしゅう) 시에 있는 만.

東郷(町)[とうごう(ちょう)] 愛知(あいち) 현 서부에 있는 町.

東和(町)[とうわ(ちょう)] 宮城(みやぎ) 현 북동부에 있는 町.

【두】

頭島[かしらじま] 岡山(おかやま) 현 남부, 日生(ひなせ) 제도 중앙부에 있는 섬.

逗子(市)[ずし(し)] 神奈川(かながわ) 현 남동부, 三浦(みうら) 반도 북서부의 相模(さがみ) 만에 면한 시.

豆田町[まめだまち] 大分(おおいた) 현 서부, 日田(ひた) 시 중심부에 있는 한 지구.

兜町[かぶとちょう] 東京 도 中央(ちゅうおう) 구 중북부에 있는 지구.

【둔】

鈍川温泉 [にぶかわおんせん] 愛媛(えひめ) 현 동부, 高縄(たかなわ) 반도 중앙부에 있는 온천.

【등】

藤岡(市) [ふじおか(し)] 群馬(ぐんま) 현 남서부, 烏川(からすがわ) 강 지류인 神流(かんな) 강 및 鮎川(あゆかわ) 강 사이에 끼여 있는 시.

藤崎(町) [ふじさき(まち)] 青森(あおもり) 현 서부에 있는 町.

藤代(町) [ふじしろ(まち)] 茨城(いばらき) 현 남부, 小貝(こかい) 강 만곡부의 충적 저지대에 있는 町.

藤島(町) [ふじしま(まち)] 山形(やまがた) 현 북서부, 最上(もがみ) 강 좌안 庄内(しょうない) 평야 중앙부에 있는 町.

等々力渓谷 [とどろきけいこく] 東京 도 世田谷(せたがや) 구 남동부, 谷沢(やざわ) 강에 있는 계곡.

藤里(町) [ふじさと(まち)] 秋田(あきた) 현 북서부, 白神(しらかみ) 산지를 경계로 青森(あおもり) 현과 인접하는 町.

登米(町) [とよま(まち)] 宮城(みやぎ) 현 북동부에 있는 町.

登別(市) [のぼりべつ(し)] 北海道 남부, 태평양에 면한 관광・공업 도시. 시 동부에 登別 온천이 있음.

藤野(町) [ふじの(まち)] 神奈川(かながわ) 현 북서부, 関東(かんとう) 산지의 남부에서 道志(どうし) 강까지 남북으로 뻗은 町.

藤原(町) [ふじわら(ちょう)] 三重(みえ) 현 최북부에 있는 町.

藤原(町) [ふじはら(まち)] 栃木(とちぎ) 현 북서부 산간에 있는 町.

鐙摺 [あぶずる] 神奈川(かながわ) 현 葉山(はやままち) 북서부에 있는 한 지구.

藤井寺(市) [ふじいでら(し)] 大阪(おおさか) 부 남동부에 있는 주택 도시.

藤枝(市) [ふじえだ(し)] 静岡(しずおか) 현 중부에 있는 市.

藤七温泉 [とうしちおんせん] 岩手(いわて) 현 북서부, 秋田(あきた) 현 경계 부근에 있는 온천.

藤沢(市) [ふじさわ(し)] 神奈川(かながわ) 현 남동부에 있는 주택・관광・보양 도시.

ㄹ

【라】

羅臼(町) [らうす(ちょう)] 北海道 동부, 知床(しれとこ) 반도 남동쪽에 있는 町.

【락】

落合 [おちあい] 東京 도 新宿(しんじゅく) 구 북서단에 있는 지구.

【란】

蘭越(町) [らんこし(ちょう)] 北海道 서부, 尻別(しりべつ) 강 하류 유역에 있는 町.

【람】

藍島 [あいのしま] 北九州(きたきゅうしゅう) 시 북쪽 響灘(ひびきなだ)에 있는 작은 섬.

嵐山 [あらしやま] 京都 시 북서부 西京(にしきょう) 구에 있는 낮은 산으로 경승지.

嵐山(町) [らんざん(まち)] 埼玉(さいたま) 현 중앙부에 있는 町.

藍住(町) [あいずみ(ちょう)] 徳島(とくしま) 현 吉野(よしの) 강안(江岸)에 있는 町.

【랑】

浪江(町) [なみえ(まち)] 福島(ふくしま) 현의 태평양 연안 지역 중부에 있는 町.

浪岡(町) [なみおか(まち)] 青森(あおもり) 현 중앙부, 青森 시와 접하는 町.

浪打峠 [なみうちとうげ] 岩手(いわて) 현 북서부, 二戸(にのへ) 시와 一戸町(いちのへまち)의 경계에 있는 고개.

【래】

来島 [くるしま] 愛媛(えひめ) 현 북부, 来島 해협에 있는 작은 섬.

【랭】

冷水峠 [ひやみずとうげ] 福岡(ふくおか) 현 중앙부, 筑紫野(ちくしの) 시와 筑穂町(ちくほまち)를 잇는 고개.

【량】

両白山地 [りょうはくさんち] 富山(とやま)・石川(いしかわ)・福井(ふくい)・岐阜(ぎふ)의 4현에 걸쳐 있는, 남쪽의 越美(えつみ) 산지와 북쪽의 白山(はくさん) 산지의 총칭.

両神山 [りょうかみさん] 埼玉(さいたま) 현 서부, 両神村(むら)와 大滝村(おおたきむら) 경계에 있는 산.

両津(市) [りょうつ(し)] 新潟(にいがた) 현 佐渡(さど) 섬 동부, 両津 만에 면한 시.

梁川(町) [やながわ(まち)] 福島(ふくしま) 현 북동단, 阿武隈(あぶくま) 강을 따라 宮城

【려】

礪殼町 [かきがらちょう] 東京 도 中央(ちゅうおう) 구에 있는 지구.
砺波(市) [となみ(し)] 富山(とやま) 현 서부, 砺波 평야 중앙부에 있는 시.

【력】

櫟本 [いちのもと] 奈良(なら) 현 북부, 天理(てんり) 시 북부에 있는 지구.

【련】

蓮台寺温泉 [れんだいじおんせん] 静岡(しずおか) 현 伊豆(いず) 반도 남동부, 稲生沢(いのうざわ) 강 지류 연변에 있는 온천.
蓮田(市) [はすだ(し)] 埼玉(さいたま) 현 동부, 大宮(おおみや) 대지 중앙부에 있는 시.
蓮太郎温泉 [はすたろうおんせん] 宮崎(みやざき) 현 남서부, 高原町(たかはるちょう) 의 辻之堂(つじのどう) 강 연변에 있는 온천.
蓮華温泉 [れんげおんせん] 新潟(にいがた) 현 남서단, 白馬(しろうま) 산 북쪽 사면에 있는 온천.

【령】

鈴鹿(市) [すずか(し)] 三重(みえ) 현 북동부에 있는 시.
苓北(町) [れいほく(まち)] 熊本(くまもと) 현 남서부, 天草下(あまくさしも) 섬 북서부에 있는 町.
霊山(町) [りょうぜん(まち)] 福島(ふくしま) 현 북동부, 명승지인 霊山의 서쪽 구릉지에 있는 町.
霊仙山 [りょうぜんざん] 滋賀(しが) 현 중동부, 多賀町(たがちょう)와 米原町(まいはらちょう) 경계에 있는 산.
霊泉寺温泉 [れいせんじおんせん] 長野(ながの) 현 중앙부, 千曲(ちくま) 강 지류인 内村(うちむら) 강 강변에 있는 온천.

【례】

礼文(町) [れぶん(ちょう)] 北海道 북부, 동해의 礼文 섬과 부속 도서들로 된 町.

【로】

芦ノ牧温泉 [あしのまきおんせん] 福島(ふくしま) 현 阿賀(あが) 강 협곡에 있는 온천.
芦辺(町) [あしべ(ちょう)] 長崎(ながさき) 현 壱岐(いき) 섬 동부에 있는 町.
芦別(市) [あしべつ(し)] 北海道 중앙부, 空知(そらち) 강변에 있는 시.
芦別岳 [あしべつだけ] 北海道 중앙부 夕張(ゆうばり) 산지의 최고봉.
芦北(町) [あしきた(まち)] 熊本(くまもと) 현 남부에 있는 町.
老神温泉 [おいがみおんせん] 群馬(ぐんま) 현 남부, 片品(かたしな) 강의 계곡 薗原(そのはら) 댐 상류에 있는 온천.
芦刈(町) [あしかり(ちょう)] 佐賀(さが) 현 佐賀 평야 남서부에 있는 町.
芦屋(市) [あしや(し)] 兵庫(ひょうご) 현 남동부의 주택 도시.
芦屋(町) [あしや(まち)] 福岡(ふくおか) 현 북부, 遠賀(おんが) 강 하구의 町.
芦原(町) [あわら(ちょう)] 福井(ふくい) 현 동부의 온천 마을.
芦原峠 [あしはらとうげ] 奈良(なら) 현 竜門(りゅうもん) 산지에 있는 고개.
芦田川 [あしだがわ] 広島(ひろしま) 현 동부를 남동으로 흐르는 강.
芦川(村) [あしがわ(むら)] 富士(ふじ) 산과 甲府(こうふ) 시 중간에 있는 村.
芦ノ湯温泉 [あしのゆおんせん] 神奈川(かながわ) 현 駒ケ岳(こまがたけ) 산 남동 기슭에 있는 온천.
老ノ坂 [おいのさか] 京都 부 남서부에 있는 산지(山地)로, 고개의 이름으로 유명. *老ノ阪로도 씀.
芦ノ湖 [あしのこ] 神奈川(かながわ) 현 箱根(はこね) 산중에 있는 호수.
芦峅寺 [あしくらじ] 富山(とやま) 현 중부, 常願寺(じょうがんじ) 강 우안(右岸)에 있는 취락.

【록】

緑(町) [みどり(ちょう)] 兵庫(ひょうご) 현 남부, 淡路(あわじ) 섬 중남부에 있는 町.
鹿角(市) [かづの(し)] 秋田(あきた) 현 북동단에 있는 시.
鹿教湯温泉 [かけゆおんせん] 長野(ながの) 현 중앙부, 千曲(ちくま) 강의 지류인 内村(うちむら) 강가에 있는 온천 마을의 하나.
鹿久居島 [かくいじま] 岡山(おかやま) 현 남동부, 日生(ひなせ) 제도의 북단에 있는, 온 섬이 유문암(流紋岩)으로 가득 찬 섬.
鹿島(市) [かしま(し)] 佐賀(さが) 현 남서부, 有明(ありあけ) 해(海)에 면한 시.
鹿島(町) [かしま(まち)] 福島(ふくしま) 현 북부 해변에 있는 町.
鹿島(町) [かしま(ちょう)] 島根(しまね) 현 북동부, 島根 반도(半島) 중앙부의 동해 쪽에 있는 町.
鹿嶋(市) [かしま(し)] 茨城(いばらき) 현 남동부, 鹿島(かしま) 대지(臺地)의 최남단에 있는 시.
鹿島台(町) [かしまだい(まち)] 宮城(みや

ぎ) 현 중부, 鳴瀬(なるせ) 강과 吉田(よしだ) 강 사이에 있는 町.
鹿島槍ヶ岳 [かしまやりがたけ] 長野(ながの) 현과 富山(とやま) 현에 걸친 飛驒(ひだ) 산맥의 後立山(うしろたてやま) 산 연봉(連峰)의 한 봉우리.
鹿島灘 [かしまなだ] 茨城(いばらき) 현 동부의 大洗(おおあらい) 곶과 千葉(ちば) 현의 犬吠(いぬぼう) 곶 사이의 태평양 연안 해역.
鹿瀬 [かのせ(まち)] 新潟(にいがた) 현 북동부에 있는 町.
鹿本(町) [かもと(まち)] 熊本(くまもと) 현 북부에 있는 町.
鹿部(町) [しかべ(ちょう)] 北海道 남서부, 駒ヶ岳(こまがたけ) 산 남동쪽, 태평양 연안에 있는 町.
鹿北(町) [かほく(まち)] 熊本(くまもと) 현 북단에 있는 町.
鹿西(町) [ろくせい(まち)] 石川(いしかわ) 현 북부에 있는 町.
鹿沼(市) [かぬま(し)] 栃木(とちぎ) 현 중서부에 있는 시.
鹿児島(市) [かごしま(し)] 鹿児島(かごしま) 현의 중앙, 鹿児島 만에 면한 시.
鹿央(町) [かおう(まち)] 熊本(くまもと) 현, 鹿本(かもと) 군 중앙부에 있는 町.
鹿野(町) [かの(ちょう)] 山口(やまぐち) 현 북동부, 中国(ちゅうごく) 산지의 남서쪽 기슭에 있는 町.
鹿野(町) [しかの(ちょう)] 鳥取(とっとり) 현 동부, 鳥取 시 서쪽에 있는 町.
鹿野山 [かのうざん] 千葉(ちば) 현 남부, 君津(きみつ) 시와 富津(ふっつ) 시의 경계에 있는 산.
鹿野川湖 [かのがわこ] 愛媛(えひめ) 현 남서부, 肱川(ひじかわ) 강 상류의 인공 호수.
鹿塩温泉 [かしおおんせん] 長野(ながの) 현 남부, 天竜(てんりゅう) 강 지류인 塩川(しおかわ) 강에 따라 있는 온천.
鹿屋(市) [かのや(し)] 鹿児島(かごしま) 현 남동부, 大隅(おおすみ) 반도 중앙부, 鹿児島 만에 면한 시.
鹿忍 [かしの] 岡山(おかやま) 현 남동부, 牛窓町(うしまどちょう) 남서부의 지구.
鹿町(町) [しかまち(ちょう)] 長崎(ながさき) 현 북부, 北松浦(きたまつうら) 반도 서부에 있는 町.
鹿追(町) [しかおい(ちょう)] 北海道 남동부, 十勝(とかち) 평야 북서쪽에 있는 町.

【롱】

滝根(町) [たきね(まち)] 福島(ふくしま) 현 동부에 있는 町.
籠坊温泉 [かごぼうおんせん] 兵庫(ひょうご) 현 남동부, 羽束(はつか) 강 상류에 있는 온천.

滝上(町) [たきのうえ(ちょう)] 北海道 북동부, 北見(きたみ) 산지 북부에 있는 町.
滝野(町) [たきの(ちょう)] 兵庫(ひょうご) 현 중남부, 姫路(ひめじ) 평야 북부에 있는 町.
滝川(市) [たきかわ(し)] 北海道 중앙부, 石狩(いしかり) 강과 空知(そらち) 강의 합류점에 있는 시.
籠坂峠 [かごさかとうげ] 山梨(やまなし) 현과 静岡(しずおか) 현의 경계를 이룬 고개.

【뢰】

瀬高(町) [せたか(まち)] 福岡(ふくおか) 현 남서부, 筑後(ちくご) 평야의 중앙에 있는 町.
雷門 [かみなりもん] 東京 도 台東(たいとう) 구 동부, 浅草(あさくさ) 남쪽 일대의 지구 이름.
瀬峰(町) [せみね(ちょう)] 宮城(みやぎ) 현 북부, 栗原(くりはら) 군의 남동단 小山田(おやまだ) 강가에 있는 町.
瀬棚(町) [せたな(ちょう)] 北海道 남서부, 渡島(おしま) 반도 북부의 동해에 면한 町.
瀬田 [せた] 東京 도 世田谷(せたがや) 구 남부, 玉川(たまがわ) 거리와 環八(かんぱち) 거리가 교차하는 지구.
雷電温泉 [らいでんおんせん] 北海道 서부, 岩内町(いわないちょう) 서단의 雷電 지구에 있는 온천.
瀬戸(市) [せと(し)] 愛知(あいち) 현 북서부에 있는 시.
瀬戸(町) [せと(ちょう)] 岡山(おかやま) 현 남동부, 岡山 시 북동쪽에 인접한 町.
瀬戸内(町) [せとうち(ちょう)] 鹿児島(かごしま) 현 奄美大島(あまみおおしま) 남서단부와, 加計呂麻(かけろま)・請島(うけじま)・与路(よろ) 섬으로 이루어진 町.
瀬戸内海 [せとないかい] 本州 서부, 四国(しこく)・九州로 둘러싸인 내해.
瀬戸田(町) [せとだ(ちょう)] 広島(ひろしま) 현 남부, 生口(いくち) 섬의 대부분과 高根(こうね) 섬으로 이루어진 町.

【료】

蓼科温泉郷 [たてしなおんせんきょう] 長野(ながの) 현 중앙부 蓼科 고원에 흩어져 있는 온천 마을의 총칭.

【룡】

竜串 [たつくし] 高知(こうち) 현 足摺(あしずり) 곶 서쪽, 三崎(みさき) 서부 해안에 있는 경승지.
竜ノ口渓谷 [たつのくちけいこく] 宮城(みやぎ) 현 仙台(せんだい) 시의 시가지 서쪽, 옛 성터 남쪽에 있는 계곡.

龍ヶ崎(市)[りゅうがさき(し)] 茨城(いばらき)県 南부, 牛久(うしく)市 南쪽 이웃에 있는 市.

竜北(町)[りゅうほく(まち)] 熊本(くまもと)현 中部, 八代(やつしろ)평야 中央에 있는 町.

龍ヶ岳(町)[りゅうがたけ(まち)] 熊本(くまもと)현 西部, 天草上(あまくさかみ)섬 南東部에 있는 町.

龍野(市)[たつの(し)] 兵庫(ひょうご) 현 南西部, 姫路(ひめじ) 평야 西쪽 끝에 있는 시.

竜洋(町)[りゅうよう(ちょう)] 静岡(しずおか)현 西部, 天竜(てんりゅう) 강 左岸 下구부에 있는 町.

竜王(町)[りゅうおう(ちょう)] 山梨(やまなし)현 中央부, 甲府(こうふ) 분지 中央에 있는 町.

竜田[たった] 奈良(なら)현 北西부, 斑鳩町(いかるがちょう) 東部에 있는 지구.

龍郷(町)[たつごう(ちょう)] 鹿児島(かごしま)현 奄美大島(あまみおおしま) 北부에 있는 町.

【류】

柳橋[やなぎばし] 東京 都 台東(たいとう)구 南단, 隅田(すみだ) 강 右岸(うがん)에 있는 지구.

琉球諸島[りゅうきゅうしょとう] 南西(なんせい) 제도의 南쪽 반으로 沖縄(おきなわ)현에 속하는 섬들의 総称.

柳ヶ瀬[やながせ] 岐阜(ぎふ)현 岐阜 시의, 상가와 환락가가 두루 갖춰진 시 최대의 상업 지구.

留萌(市)[るもい(し)] 北海道 北西부의 동해에 면한 시.

留辺蘂(町)[るべしべ(ちょう)] 北海道 北東부, オホーツク해(海) 쪽 內陸에 있는 町.

流山(市)[ながれやま(し)] 千葉(ちば)현 北西부 埼玉(さいたま) 현과 접해 있는 시.

柳井(市)[やない(し)] 山口(やまぐち)현 南東부, 瀨戸内海(せとないかい)에 면한 상공업 都市.

柳津(町)[やないづ(ちょう)] 岐阜(ぎふ)현 南西부, 岐阜 시와 羽島(はしま) 시 사이에 있는 町.

柳津(町)[やないづ(まち)] 福島(ふくしま)현 西부, 柳津 허공장보살(虚空藏菩薩)로 알려진 町.

柳川(市)[やながわ(し)] 福岡(ふくおか)현 南西부, 有明(ありあけ) 해에 면한 시.

柳沢峠[やなぎさわとうげ] 山梨(やまなし)현 北부, 塩山(えんざん) 시 北東부에 있는 고개.

硫黄島[いおうじま] 東京 都 南쪽 小笠原(おがさわら) 제도 南쪽에 있는 화산 열도(火山列島)의 주도(主島).

硫黄山 [いおうざん] 北海道 知床(しれとこ) 반도에 있는 화산.

【륙】

六甲山地[ろっこうさんち] 兵庫(ひょうご)현 南東부, 神戸(こうべ) 시가지 배후에 동서로 뻗은 산지.

六口島[むくちじま] 岡山(おかやま)현 南부, 児島(こじま) 반도 지청 북동쪽에 있는 塩飽(しわく) 제도 중의 한 섬.

六島[むしま] 岡山(おかやま)현 南西부, 笠岡(かさおか) 제도의 최남단에 있는 섬.

六連島[むつれじま] 山口(やまぐち)현 남서단, 下関(しものせき) 시 서쪽 해상에 있는 섬.

陸別(町)[りくべつ(ちょう)] 北海道 南東부, 十勝(とかち) 지청 북동단의 町.

六本木 [ろっぽんぎ] 東京 도 港(みなと) 구 北西부・中央부에 있는 지구. 외국 공관 등이 많음.

陸奥湾[むつわん] 青森(あおもり)현 中央부, 下北(しもきた) 반도와 津軽(つがる) 반도에 둘러싸인 만.

六日(町)[むいか(まち)] 新潟(にいがた)현 南東부, 魚沼(うおの) 강 연변의 六日町 분지의 중심을 이루는 町.

六日市(町)[むいかいち(まち)] 島根(しまね) 현) 南西부에 있는 町.

陸前高田(市)[りくぜんたかた(し)] 岩手(いわて)현 南部, 三陸(さんりく) 연안 최南단의 시.

六合(村)[くに(むら)] 群馬(ぐんま)현 上信越(じょうしんえつ) 고원 南쪽에 있는 村.

六郷(町)[ろくごう(ちょう)] 山梨(やまなし) 현 西부, 富士(ふじ) 강 東岸의 町.

六郷(町)[ろくごう(まち)] 秋田(あきた)현 南東부, 横手(よこて) 분지(盆地) 東부에 있는 町.

六戸(町)[ろくのへ(まち)] 青森(あおもり)현 南東부에 있는 町.

【륜】

輪島(市)[わじま(し)] 石川(いしかわ) 현 北단, 能登(のと) 반도 北岸에 있는 시.

輪之内(町)[わのうち(ちょう)] 岐阜(ぎふ)현 南西부에 있는 町.

【률】

栗橋(町)[くりはし(まち)] 埼玉(さいたま)현 南東부, 利根(とね) 강을 경계로 茨城(いばらき) 현과 접하는 町.

栗駒(町)[くりこま(まち)] 宮城(みやぎ)현 北西부, 栗駒 산자락에 자리잡은 町.

栗東(町)[りっとう(ちょう)] 滋賀(しが) 현

남부에 있는 町.
栗山(町) [くりやま(ちょう)] 北海道 중앙부 空知(そらち) 지청 남동부의 町.
栗野(町) [くりの(ちょう)] 鹿児島(かごしま) 현 북부, 栗野 산 서쪽 기슭에 있는 町.
栗源(町) [くりもと(まち)] 千葉(ちば) 현 북동부, 下総(しもうさ) 대지 중앙부에 있는 町.
栗沢(町) [くりさわ(ちょう)] 北海道 중앙부, 石狩(いしかり) 평야 동부에 동서로 길게 뻗은 町.

【릉】

綾(町) [あや(ちょう)] 宮崎(みやざき) 현 중부에 있는 町.
綾歌(町) [あやうた(ちょう)] 香川(かがわ) 현 丸亀(まるがめ) 평야 동부에 있는 町.
綾南(町) [りょうなん(ちょう)] 香川(かがわ) 현 중앙부에 있는 町.
綾瀬(市) [あやせ(し)] 神奈川(かながわ) 현 相模原(さがみはら) 대지 남부에 있는 시.
綾部(市) [あやべ(し)] 京都 부 북부, 由良(ゆら) 강 중류에 있는 시.
綾上(町) [あやかみ(ちょう)] 香川(かがわ) 현 중앙부에 있는 町.
菱野薬師温泉 [ひしのやくしおんせん] 長野(ながの) 현 동부, 小諸(こもろ) 시 중앙부에 있는 온천.
菱刈(町) [ひしかり(ちょう)] 鹿児島(かごしま) 현 북부, 川内(せんだい) 강 상류 지역에 있는 町.
綾川 [あやがわ] 香川(かがわ) 현 중부에 있는 강.

【리】

利尻(町) [りしり(ちょう)] 北海道 북부의 동해에 있는 利尻 섬 서반부를 차지하는 町.
利尻富士(町) [りしりふじ(ちょう)] 北海道 북부의 동해쪽 利尻 섬 동반부에 있는 町.
利根(町) [とね(まち)] 茨城(いばらき) 현 남단에 있는 町.
利島 [としま] 東京 남쪽, 伊豆(いず) 제도에 속하는 섬.
梨木温泉 [なしきおんせん] 群馬(ぐんま) 현 동부, 赤城(あかぎ) 산 남동 기슭에 있는 온천.
裏磐梯 [うらばんだい] 福島(ふくしま) 현 북부, 磐梯 산 북쪽 기슭에 펼쳐진 磐梯 고원의 딴이름.
利別川 [としべつがわ] 北海道 남동부를 흘러 十勝(とかち) 강으로 들어가는 강.
利府(町) [りふ(ちょう)] 宮城(みやぎ) 현 중앙부, 松島(まつしま) 만에 면한 町.
里庄(町) [さとしょう(ちょう)] 岡山(おかやま) 현 남서부, 笠岡(かさおか) 시 동쪽에

인접한 町.
狸穴 [まみあな] 東京 도 港(みなと) 구의 중앙부, 麻布台(あざぶだい) 남단에 있는 지구.
離湖 [はなれこ] 京都 부 북서부 奥丹後(おくたんご) 반도에 있는 담수호.

【린】

藺牟田池 [いむたいけ] 鹿児島(かごしま) 현 중앙부, 祁答院町(けどういんちょう) 남서부에 있는 화구호(火口湖).

【림】

林道温泉 [りんどうおんせん] 富山(とやま) 현 남서부, 高清水(たかしょうず) 산 북쪽 기슭에 있는 온천.
林田温泉 [はやしだおんせん] 鹿児島(かごしま) 현 북부, 霧島(きりしま) 산 서쪽 사면에 있는 온천.

【립】

笠間(市) [かさま(し)] 茨城(いばらき) 현 중앙부, 涸沼(ひぬま) 강이 남류하는 笠間 분지에 있는 시.
笠岡(市) [かさおか(し)] 岡山(おかやま) 현 남서단, 瀬戸内海(せとないかい)에 면한 시.
立待岬 [たちまちみさき] 北海道 남서부, 函館(はこだて) 시 남단의 函館 산 남동 기슭에 있는 곶.
笠利(町) [かさり(ちょう)] 鹿児島(かごしま) 현의 奄美大島(あまみおおしま) 북동단에 있는 町.
立売堀 [いたちぼり] 大阪 시 西(にし) 구 중동부에 있는 지구.
笠沙(町) [かささ(ちょう)] 鹿児島(かごしま) 현 남서부, 薩摩(さつま) 반도 남서단에 있는 町.
笠松(町) [かさまつ(ちょう)] 岐阜(ぎふ) 현 남부에 있는 町.
笠ヶ岳 [かさがたけ] 岐阜(ぎふ) 현 북동부, 上宝村(かみたからむら)에 있는 산.
笠原(町) [かさはら(ちょう)] 岐阜(ぎふ) 현 남부에 있는 町.
立田(村) [たつた(むら)] 愛知(あいち) 현 서단, 濃尾(のうび) 평야 남서부에 있는 村.
立川(市) [たちかわ(し)] 東京 도의 중앙부, 武蔵野(むさしの) 대지 남단에 있는 시.
立川(町) [たちかわ(まち)] 山形(やまがた) 현 북서부에 있는 町.
笠取峠 [かさとりとうげ] 長野(ながの) 현 동부, 立科町(たてしなまち)와 長門町(ながとまち)의 경계에 있는 고개.
笠置(町) [かさぎ(ちょう)] 京都 부 남동단 木津(きづ) 강가에 있는 町.
笠懸(町) [かさかけ(まち)] 群馬(ぐんま)

현 남동부, 大間間(おおまま) 선상지(扇状地)의 중앙부에 있는 町.

笠戸島 [かさどしま] 山口(やまぐち) 현 남동부, 周防灘(すおうなだ)에 있는 섬.

笠戸湾 [かさどわん] 山口(やまぐち) 현 남동부, 周防灘(すおうなだ) 북동쪽에 있는 만.

立花(町) [たちばな(まち)] 福岡(ふくおか) 현 남부, 熊本(くまもと) 현 가까이 있는 町.

ロ 【마】

馬見丘陵 [うまみきゅうりょう] 奈良(なら) 현 奈良 분지 서부에 있는 홍적(洪積) 대지.

馬島 [うましま] 北九州(きたきゅうしゅう) 시 小倉(こくら) 항구에서 북북서로 약 9 km 떨어진 響灘(ひびきなだ)에 있는 섬.

馬渡島 [まだらしま] 佐賀(さが) 현 북서단 波戸(はど) 곶 북쪽에 있는 섬.

馬頭(町) [ばとう(まち)] 栃木(とちぎ) 현 동쪽 끝, 八溝(やみぞ) 산지 서쪽 기슭에 있는 町.

馬籠峠 [まごめとうげ] 長野(ながの) 현 남서부, 木曽(きそ) 산맥 남부에 있는 고개.

馬瀬川 [まぜがわ] 岐阜(ぎふ) 현 동부를 흐르는 飛驒(ひだ) 강의 지류.

麻綿原高原 [まめんばらこうげん] 千葉(ちば) 현 남부, 大多喜町(おおたきまち) 남동부에 있는 고원.

馬門温泉 [まかどおんせん] 青森(あおもり) 현 중북부, 土場(どば) 강 상류(上流)에 있는 온천.

麻生(区) [あさお(く)] 神奈川(かながわ) 현 川崎(かわさき) 시 북서부에 있는 구.

麻生(町) [あそう(まち)] 茨城(いばらき) 현 霞ヶ浦(かすみがうら) 호 남동부에 있는 町.

馬淵川 [まべちがわ] 岩手(いわて) 현의 袖山(そでやま) 산에서 발원, 青森(あおもり) 현 八戸(はちのへ) 시에서 태평양으로 흘러드는 강.

摩周湖 [ましゅうこ] 北海道 동부, 弟子屈町(てしかがちょう) 북동부에 있는 칼데라 호.

馬追丘陵 [まおいきゅうりょう] 北海道 중앙부에서 남부에 걸쳐 있는 구릉.

麻布 [あざぶ] 東京 도 港(みなと) 구 중서부에 있는 지구 이름.

【막】

幕別(町) [まくべつ(ちょう)] 北海道 남동부, 帯広(おびひろ) 시 동쪽에 있는 町.

【만】

万年山 [はねやま] 大分(おおいた) 현 서부, 玖珠(くす) 분지 남쪽에 솟은 산.

満濃(町) [まんのう(ちょう)] 香川(かがわ) 현 중앙부, 土器(どき) 강 중류에 있는 町.

万世橋 [まんせいばし] 東京 도 千代田(ちよだ) 구 북동부, 神田(かんだ) 강에 있는 다리. 또, 그 부근의 통칭.

鰻温泉 [うなぎおんせん] 鹿児島(かごしま) 현 薩摩(さつま) 반도 남부, 鰻池(うなぎいけ) 화구호(火口湖) 북동쪽 기슭에 있는 온천.

万場(町) [まんば(まち)] 群馬(ぐんま) 현 남서부, 神流(かんな) 강 중류에 있는 町.

万座温泉 [まんざおんせん] 群馬(ぐんま) 현 북서부, 嬬恋村(つまごいむら) 북단에 있는 온천.

万之瀬川 [まのせがわ] 鹿児島(かごしま) 현 남서부, 錫山(すずやま) 산에서 발원, 동중국해에 흘러드는 강.

【말】

末吉(町) [すえよし(ちょう)] 鹿児島(かごしま) 현 북동부, 宮崎(みやざき) 현 都城(みやこのじょう) 시에 인접한 町.

【망】

網代 [あじろ] 静岡(しずおか) 현 熱海(あたみ) 시의 한 지구.

網野(町) [あみの(ちょう)] 京都 부 북부, 奥丹後(おくたんご) 반도에 있는 町.

望月(町) [もちづき(まち)] 長野(ながの) 현 동부, 蓼科(たてしな) 산 북쪽 기슭에 있는 町.

網走(市) [あばしり(し)] 北海道 북동부, 오호츠크 해에 면한 항구 도시.

網地島 [あじしま] 宮城(みやぎ) 현 牧鹿(おじか) 반도 서쪽에 있는 섬.

【매】

梅島 [うめじま] 東京 도 足立(あだち) 구 중앙부를 차지한 지구.

梅ヶ島温泉 [うめがしまおんせん] 静岡(しずおか) 시 북동부 安倍(あべ) 강 상류 지역에 있는 온천.

妹尾 [せのお] 岡山(おかやま) 현 남부, 岡山 시 남서부에 있는 지구.

枚方(市) [ひらかた(し)] 大阪(おおさか) 부 북동부에 있는 시.

妹背山 [いもせやま] 和歌山(わかやま) 현 북부, かつらぎ町(ちょう) 서쪽 끝에 있는 산. 북쪽의 背山(せやま)와 남쪽의 妹山(いもやま)의 합칭.

妹背牛(町) [もせうし(ちょう)] 北海道 중앙부, 石狩(いしかり) 강과 雨竜(うりゅう) 강의 합류점 근처의 충적지를 차지하는 町.

梅田 [うめだ] JR 大阪(おおさか) 역 주변 일대의 지구.

【맹】

虻田(町)[あぶた(ちょう)] 北海道 남서부, 태평양에 면한 町.

【면】

面白山[おもしろやま] 宮城(みやぎ)·山形(やまがた) 두 현의 경계를 이루는 산.
免田(町)[めんだ(まち)] 熊本(くまもと) 현 남부, 人吉(ひとよし) 분지 중앙부에 있는 町.

【명】

名剣温泉[めいけんおんせん] 富山(とやま) 현 동부, 黒部(くろべ) 협곡에 있는 온천.
名古屋(市)[なごや(し)] 愛知(あいち) 현 북서쪽에 있는 시. 현청 소재지.
明科(町)[あかしな(まち)] 長野(ながの) 현 중부에 있는 町.
名久井岳[なくいだけ] 青森(あおもり) 현 남동부에 있는 산.
名寄(市)[なよろ(し)] 北海道 중앙부, 名寄 분지 중앙부에 있는 시.
名瀬(市)[なぜ(し)] 鹿児島(かごしま) 현 奄美大島(あまみおおしま) 섬의 중앙부에 있는 시.
鳴瀬(町)[なるせ(ちょう)] 宮城(みやぎ) 현 중부, 松島(まつしま) 만 동부에 있는 町.
名栗川[なぐりがわ] 埼玉(さいたま) 현 남서부, 入間(いるま) 강 상류부의 강.
名立(町)[なだち(まち)] 新潟(にいがた) 현 남서부, 동해에 면한 町.
鳴門(市)[なると(し)] 徳島(とくしま) 현 북동부에 있는 시.
明礬温泉[みょうばんおんせん] 大分(おおいた) 현 別府(べっぷ) 시에 있는 別府 8 온천의 하나.
明浜(町)[あけはま(ちょう)] 愛媛(えひめ) 현 서부, 宇和(うわ) 해(海) 연안에 있는 町.
明石(市)[あかし(し)] 兵庫(ひょうご) 현 남부에 있는 상공업 도시.
明石海峡[あかしかいきょう] 兵庫(ひょうご) 현 明石 시와 淡路(あわじ) 섬 사이에 있는 해협.
明星ヶ岳[みょうじょうがたけ] 神奈川(かながわ) 현 남서부, 小田原(おだわら) 시와 箱根町(はこねまち)의 경계에 있는 산.
明神ヶ岳[みょうじんがたけ] 神奈川(かながわ) 현 남서부, 箱根町(はこねまち)와 南足柄(みなみあしがら) 시의 경계에 있는 산.
明野(町)[あけの(まち)] 茨城(いばらき) 현 서부, 筑波(つくば) 산 북서쪽에 있는 町.
明野台地[あけのだいち] 大分(おおいた) 현 大分 시 중앙을 흐르는 大野(おおの) 강과 大分 강 사이에 있는 대지.
明野ヶ原[あけのがはら] 三重(みえ) 현의 宮川(みやがわ) 강 하구에 있는 들.
明日香(村)[あすか(むら)] 奈良(なら) 현 奈良 분지 남쪽에 있는 村. 飛鳥(あすか) 지방을 포함함.
鳴子(町)[なるこ(ちょう)] 宮城(みやぎ) 현 북서단, 奥羽(おうう) 산맥 동쪽 기슭에 있는 町.
名張(市)[なばり(し)] 三重(みえ) 현 중서부, 上野(うえの) 분지 남서부에 있는 시.
明智(町)[あけち(ちょう)] 岐阜(ぎふ) 현 남동부에 있는 町.
明地峠[あけちとうげ] 鳥取(とっとり) 현과 岡山(おかやま) 현 경계, 中国(ちゅうごく) 산지(山地) 동쪽에 있는 고개.
明智平[あけちだいら] 栃木(とちぎ) 현 서부, 日光(にっこう) 국립 공원 안에 있는 대지(臺地).
名川(町)[ながわ(まち)] 青森(あおもり) 현 남동부, 岩手(いわて) 현과 접해 있는 町.
名草山[なぐさやま] 和歌山(わかやま) 현 和歌山 시 남부에 있는 산.
名取(市)[なとり(し)] 宮城(みやぎ) 현 중남부, 仙台(せんだい) 시와 접해 있는 시.
名護(市)[なご(し)] 沖縄(おきなわ) 섬 북부에 있는 시.
名護湾[なごわん] 沖縄(おきなわ) 섬 북부, 서해안에 있는 만.
名和(町)[なわ(ちょう)] 鳥取(とっとり) 현 서부, 大山(だいせん) 산 북쪽 기슭에 있는 町.
明和(町)[めいわ(ちょう)] 三重(みえ) 현 중동부, 伊勢(いせ) 만에 면한 町.

【모】

牟岐(町)[むぎ(ちょう)] 徳島(とくしま) 현 남부, 태평양에 면한 町.
茅ヶ崎(市)[ちがさき(し)] 神奈川(かながわ) 현 남부에 있는 시.
鮹ヶ崎[とどがさき] 岩手(いわて) 현 동부, 宮古(みやこ) 시에 있는 重茂(おもえ) 반도 동단에 있는 곶.
毛呂山(町)[もろやま(まち)] 埼玉(さいたま) 현 남서부, 秩父(ちちぶ) 산지의 동쪽 가장자리에 있는 町.
牟礼(町)[むれ(ちょう)] 香川(かがわ) 현 중동부, 高松(たかまつ) 시 동부와 인접해 있는 町.
牡鹿(町)[おしか(ちょう)] 宮城(みやぎ) 현 북동부, 牡鹿 반도 남쪽 끝에 있는 町.
牡鹿半島[おしかはんとう] 宮城(みやぎ) 현 石巻(いしまき) 만의 동쪽, 태평양으로 돌출한 반도.
母成峠[ぼなりとうげ] 福島(ふくしま) 현 중앙부에 있는 고개.
茅ヶ岳[かやがたけ] 山梨(やまなし) 현 서

茅野(市) [ちの(し)] 長野(ながの) 현 중동부에 있는 시.

姥子温泉 [うばこおんせん] 神奈川(かながわ) 현 남서부, 箱根町(はこねちょう) 大涌谷(おおわくだに) 계곡에 있는 온천.

茅場町 [かやばちょう] 東京 도 中央(ちゅうおう) 구에 있는 지구.

鉾田(町) [ほこた(まち)] 茨城(いばらき) 현 중동부에 있는 町.

母畑温泉 [ぼばたおんせん] 福島(ふくしま) 현 남동부, 北須(きたす) 강 우안(右岸)에 있는 온천.

栂池高原 [つがいけこうげん] 長野(ながの) 현 북서부, 乗鞍(のりくら) 산 남동 기슭에 있는 고원.

姥湯温泉 [うばゆおんせん] 山形(やまがた) 현 남부, 吾妻(あづま) 연봉(連峰)의 북동쪽 前川(まえかわ) 계곡에 있는 비탕(祕湯).

【목】

木江(町) [きのえ(ちょう)] 広島(ひろしま) 현 남부, 芸予(げいよ) 제도 중앙부의 大崎上(おおさきかみ) 섬 남동부에 있는 町.

木更津(市) [きさらづ(し)] 千葉(ちば) 현 남서부, 房総(ぼうそう) 반도 서안부(西岸部)에 있는 상업 도시.

木古内(町) [きこない(ちょう)] 北海道 남서부, 松前(まつまえ) 반도 동부의 津軽(つがる) 해협에 면한 町.

牧丘(町) [まきおか(ちょう)] 山梨(やまなし) 현 북부에 있는 町.

木崎湖 [きざきこ] 長野(ながの) 현 북부, 大町(おおまち) 시 북부에 있는 호수.

目白 [めじろ] 東京 도 豊島(としま) 구 남부, 目白 역을 중심으로 동서로 길게 뻗친 지구.

目白台 [めじろだい] 東京 도 文京(ぶんきょう) 구 서쪽에 있는 지구.

木城(町) [きじょう(ちょう)] 宮崎(みやざき) 현 중앙부에 있는 町.

牧園(町) [まきぞの(ちょう)] 鹿児島(かごしま) 현 북동부에 있는 町.

睦月島 [むづきじま] 愛媛(えひめ) 현 서부, 松山(まつやま) 시 앞바다에 있는 한 섬.

木場 [きば] 東京 도 江東(こうとう) 구 중서부에 있는 지구.

木賊温泉 [とくさおんせん] 福島(ふくしま) 현 舘岩(たていわ) 서부에 있는 온천.

木造(町) [きづくり(まち)] 青森(あおもり) 현 북서부, 津軽(つがる) 평야의 중앙부에 있는 町.

木曽岬(町) [きそさき(ちょう)] 三重(みえ) 현 북동단, 愛知(あいち) 현과 접한 町.

木曽福島(町) [きそふくしま(まち)] 長野(ながの) 현 서부, 木曽 계곡에 있는 町.

木曽町 [きそまち] 東京 도 중남부, 町田(まちだ) 시 서부에 있는 지구.

木曽川(町) [きそがわ(ちょう)] 愛知(あいち) 현 북서부, 木曽 강 좌안(左岸)에 있는, 모직물 공업이 발달한 町.

木之本(町) [きのもと(ちょう)] 滋賀(しが) 현 북동부, 琵琶(びわ) 호 북동안(北東岸)에 있는 町.

木地山高原 [きじやまこうげん] 秋田(あきた) 현 남동부에 있는 고원.

木津(町) [きづ(ちょう)] 京都 부 최남단에 있는 町.

木次(町) [きすき(ちょう)] 島根(しまね) 현 중동부, 出雲(いずも) 지방 중앙에 있는 町.

睦沢(町) [むつざわ(まち)] 千葉(ちば) 현 중부, 房総(ぼうそう) 구릉의 산간 지역과 一宮(いちのみや) 강 유역의 평야에 걸친 町.

木賀温泉 [きがおんせん] 神奈川(かながわ) 현 남서부, 箱根町(はこねまち) 중앙에 있는 온천.

牧ノ戸峠 [まきのととうげ] 大分(おおいた) 현 서부, 九重町(ここのえまち) 남단에 있는 고개.

【묘】

妙見浦 [みょうけんうら] 熊本(くまもと) 현 남서부, 天草下(あまくさしも) 섬 서해안의 경승지.

妙高高原 [みょうこうこうげん] 新潟(にいがた) 현 남서부, 妙高 화산의 북동·동·남쪽 기슭에 펼쳐진 지역의 총칭.

妙高山 [みょうこうさん] 新潟(にいがた) 현 남서부, 妙高 화산군의 중심을 이루는 복식 화산.

猫魔ヶ岳 [ねこまがだけ] 福島(ふくしま) 현 중앙부, 磐梯(ばんだい) 산 서쪽에 있는 산.

畝傍山 [うねびやま] 奈良(なら) 현 중서부, 橿原(かしはら) 시에 있는 산. 大和(やまと) 삼산(三山)의 하나.

妙義(町) [みょうぎ(まち)] 群馬(ぐんま) 현 남서부, 妙義 산 동쪽 기슭에 있는 町.

苗場山 [なえばさん] 新潟(にいがた)·長野(ながの) 현 경계에 있는 산.

猫啼温泉 [ねこなきおんせん] 福島(ふくしま) 현 남동부, 石川町(いしかわまち) 남서부, 北須(きたす) 강에 면해 있는 온천.

【무】

霧降高原 [きりふりこうげん] 栃木(とちぎ) 현 북서부, 日光(にっこう) 시 북동부와 今市(いまいち) 시 북서부에 걸친 고원.

武庫川 [むこがわ] 兵庫(ひょうご) 현 남동부를 남류하는 강.

無垢島 [むくしま] 大分(おおいた) 현 남동부, 関崎(せきざき) 남동쪽에 있는 섬.

霧多布 [きりたっぷ] 北海道 동부, 浜中町

(はまなかちょう)의 중심 지구.
舞台峠 [ぶたいとうげ] 岐阜(ぎふ) 현 동부, 下呂町(げろちょう)와 加子母村(かしもむら) 경계에 있는 고개.
霧島(町) [きりしま(ちょう)] 鹿児島(かごしま) 현 북동부, 宮崎(みやざき) 현에 인접한 町.
茂木 [もぎ] 長崎(ながさき) 현 남부, 長崎 시 남부의 지구.
茂木(町) [もてぎ(まち)] 栃木(とちぎ) 현 남동단, 八溝(やみぞ) 산지(山地) 서쪽 기슭에 있는 町.
武生(市) [たけふ(し)] 福井(ふくい) 현 중부, 日野(ひの) 강 중류부의 武生 분지를 중심으로 한 시.
撫養街道 [むやかいどう] 徳島(とくしま) 현 북부, 吉野(よしの) 강 북안을 따라 동서로 뻗은 간선 도로.
武芸川(町) [むげがわ(ちょう)] 岐阜(ぎふ) 현 중앙부, 中濃(ちゅうのう) 지방 서부에 있는 町.
武隈 [たけくま] 宮城(みやぎ) 현 남동부, 岩沼(いわぬま) 시 중앙부에 있는 지구.
武雄(市) [たけお(し)] 佐賀(さが) 현 서부, 武雄 분지에 있는 시.
茂原(市) [もばら(し)] 千葉(ちば) 현 중부, 房総(ぼうそう) 구릉 북동부와 九十九里(くじゅうくり) 평야에 걸쳐 있는 시.
霧越峠 [きりごえとうげ] 徳島(とくしま) 현 남부, 那賀(なか) 강과 海部(かいふ) 강의 분수령에 있는 고개.
蕪栗沼 [かぶくりぬま] 宮城(みやぎ) 현 중북부에 있는 소택지.
無意根山 [むいねやま] 北海道 서부, 石狩(いしかり) 지방과 後志(しりべし) 지방의 경계를 남북으로 뻗은 無意根 산 연봉의 주봉.
武儀(町) [むぎ(ちょう)] 岐阜(ぎふ) 현 중남부, 津保(つぼ) 강의 상류 지역에 있는 町.
舞子の浜 [まいこのはま] 神戸(こうべ) 시 남서부, 明石(あかし) 해협에 면한 해안.
武蔵(町) [むさし(まち)] 大分(おおいた) 현 북동부, 国東(くにさき) 반도 동부에 있는 町.
武蔵境 [むさしさかい] 東京 도 중앙부, 武蔵野(むさしの) 시 남서단의 구청.
武蔵嵐山 [むさしらんざん] 埼玉(さいたま) 현 중앙부, 嵐山町(まち) 남부의 比企(ひき) 구릉에 있는 명승지.
武蔵野 [むさしの] 埼玉(さいたま) 현 서부와 東京 도에 펼쳐진 홍적 대지(洪積臺地). 일반적으로는 関東(かんとう) 평야의 남서부에 펼쳐진 武蔵野 대지를 가리킴.
武蔵野(市) [むさしの(し)] 東京 도의 거의 중앙부, 杉並(すぎなみ) 구와 練馬(ねりま) 구에 접하는 시.
武蔵野台地 [むさしのだいち] ⇨ 武蔵野(むさしの).
武蔵村山(市) [むさしむらやま(し)] 東京 도 북서부, 狭山(さやま) 구릉 남부에 있는 시.
無尊山 [ほたかやま] 群馬(ぐんま) 현 북부, 水上町(みなかみまち)에 있는 산.
茂倉岳 [しげくらだけ] 群馬(ぐんま) 현과 新潟(にいがた) 현의 경계에 있는 산.
鵡川(町) [むかわ(ちょう)] 北海道 남부, 태평양에 면한 町.
舞阪(町) [まいさか(ちょう)] 静岡(しずおか) 현 남서부에 있는 町.
武豊(町) [たけとよ(ちょう)] 愛知(あいち) 현 남서부, 知多(ちた) 반도 중부 동쪽 해안에 있는 町.
舞鶴(市) [まいづる(し)] 京都 부(府) 북부, 舞鶴 만에 면한 항만 도시.

【묵】

墨俣(町) [すのまた(ちょう)] 岐阜(ぎふ) 현 남서부에 있는 町.

【문】

紋別(市) [もんべつ(し)] 北海道 북동부 오호츠크 해에 면한 도시.
門別(町) [もんべつ(ちょう)] 北海道 남부, 日高(ひだか) 지청 서쪽 끝에 있는, 태평양에 면한 町.
門司 [もじ] 北九州(きたきゅうしゅう) 시 북동부, 関門(かんもん) 해협에 면한 지역.
門前(町) [もんぜん(まち)] 石川(いしかわ) 현 북서부, 能登(のと) 반도 북서부에 있는 町.
門前仲町 [もんぜんなかちょう] 東京 도 江東(こうとう) 구 서부의 한 지구. 구내 제일 가는 번화가가 있음.
門真(市) [かどま(し)] 大阪 부 중앙부에 있는 시.
門倉岬 [かどくらみさき] 鹿児島(かごしま) 현의 種子(たねが) 섬 최남단의 곶.
門川(町) [かどがわ(ちょう)] 宮崎(みやざき) 현 중북부에 있는 町.

【물】

物部川 [ものべがわ] 高知(こうち) 현 북동부, 白髪(しらが) 산에서 발원하여 土佐(とさ) 만으로 흘러드는 강.

【미】

尾高高原 [おだかこうげん] 三重(みえ) 현 북서부, 鈴鹿(すずか) 산맥 북부 釈迦ヶ岳(しゃかがだけ) 산 북쪽의 고원.
美女谷温泉 [びじょだにおんせん] 神奈川(かながわ) 현 북서부, 相模湖町(さがみこまち)의 美女谷 강 연변에 있는 온천.
美祢(市) [みね(し)] 山口(やまぐち) 현 서

美濃(市) [みの(し)] 岐阜(ぎふ) 현 중앙부에 있는 시. 이른바 '미농지'의 산지.

美濃加茂(市) [みのかも(し)] 岐阜(ぎふ) 현 남부에 있는 시.

米代川 [よねしろがわ] 秋田(あきた) 현 북부를 동서로 흐르는 강.

尾島(町) [おじま(まち)] 群馬(ぐんま) 현 남동부에 있는 町.

尾道(市) [おのみち(し)] 広島(ひろしま) 현 남동부, 瀬戸内海(せとないかい)의 尾道 수도(水道)에 인접한 시.

美都(町) [みと(ちょう)] 島根(しまね) 현 남서부에 있는 町.

美東(町) [みとう(ちょう)] 山口(やまぐち) 현 중서부에서 서쪽으로 山口 시와 접하는 町.

尾鈴山 [おすずやま] 宮崎(みやざき) 현 중앙부, 宮崎 평야 木城(きじょう)・都農(つの) 두 町 경계에 있는 산.

美里(町) [みさと(ちょう)] 和歌山(わかやま) 현 북부, 貴志(きし) 강 상류에 있는 町.

美馬(町) [みま(まち)] 徳島(とくしま) 현 북부, 吉野(よしの) 강 중류 북쪽 기슭에 있는 町.

美方(町) [みかた(ちょう)] 兵庫(ひょうご) 현 북서부, 鳥取(とっとり) 현에 인접한 町.

美浜(町) [みはま(ちょう)] 福井(ふくい) 현 서부, 若狭(わかさ) 만에 면한 町.

美保関(町) [みほのせき(ちょう)] 島根(しまね) 현 동부, 島根 반도 동쪽 끝에 있는 町.

弥富(町) [やとみ(ちょう)] 愛知(あいち) 현 서부, 木曽(きそ) 강 좌안에 있는 町.

米山(町) [よねやま(ちょう)] 宮城(みやぎ) 현 북부, 迫川(はさまがわ) 강 중류에 있는 町.

弥山 [みせん] 奈良(なら) 현 중앙부, 天川村(てんかわむら)과 上北山村(かみきたやまむら) 경계에 있는 산.

美山(町) [みやま(ちょう)] 福井(ふくい) 현 중북부에 있는 町.

美山湖 [みやまこ] 青森(あおもり) 현 남서부, 岩木(いわき) 강 상류에 건설된 目屋(めや) 댐 때문에 생긴 인공호.

美し森 [うつくしもり] 山梨(やまなし) 현 북부, 八ヶ岳(やつがだけ) 산의 주봉인 赤岳(あかだけ) 봉의 남동쪽 기슭에 있는 작은 구릉(丘陵).

尾上(町) [おのえ(まち)] 青森(あおもり) 현 중앙부, 津軽(つがる) 평야 남쪽에 있는 町.

弥生 [やよい] 東京 도 文京(ぶんきょう) 구 동부, 本郷(ほんごう) 대지(臺地)에 있는 지구.

弥生(町) [やよい(まち)] 大分(おおいた) 현 남동부, 番匠(ばんじょう) 강 중류역에 있는 町.

尾西(市) [びさい(し)] 愛知(あいち) 현 서단, 木曽(きそ) 강 좌안에 있는 시.

美星(町) [びせい(ちょう)] 岡山(おかやま) 현 남서부, 吉備(きび) 고원 최남단에 있는 町.

美深(町) [びふか(ちょう)] 北海道 중앙 북부, 天塩(てしお) 산지와 北見(きたみ) 산지 사이에 있는 町.

美野里(町) [みのり(まち)] 茨城(いばらき) 현 중앙부, 石岡(いしおか) 시 북동쪽에 인접한 町.

弥彦山 [やひこやま] 新潟(にいがた) 현 중앙부의 해안선 가까이에 있는 弥彦 산지의 주봉. *やひこさん이라고도 함.

弥栄(町) [やさか(ちょう)] 京都 부 북부, 奥丹後(おくたんご) 반도 중앙부에 있는 町.

美瑛(町) [びえい(ちょう)] 北海道 중앙부, 上川(かみかわ) 지방 남부의 町.

米原(町) [まいはら(ちょう)] 滋賀(しが) 현 동부에 있는 町.

美ヶ原 [うつくしがはら] 長野(ながの) 현 중앙부의 松本(もつもと) 시, 武石村(たけしむら), 和田村(わだそん) 등에 걸쳐 있는 완만한 고원 지대.

美原(町) [みはら(ちょう)] 大阪 부 중앙부, 松原(まつばら) 시 남쪽에 있는 町.

米子(市) [よなご(し)] 鳥取(とっとり) 현 서쪽 끝에 있는 시.

美作(町) [みまさか(ちょう)] 岡山(おかやま) 현 북동부, 吉野(よしの) 강변에 있는 町.

尾張旭(市) [おわりあさひ(し)] 愛知(あいち) 현 북서부, 名古屋(なごや) 시 동쪽에 인접한 주택 도시.

尾之間温泉 [おのあいだおんせん] 鹿児島(かごしま) 현 屋久(やく) 섬 남부, 本富岳(もつちむだけ) 산록에 있는 온천.

美津島(町) [みつしま(ちょう)] 対馬(つしま) 중앙, 浅茅(あそう) 만에 면한 町.

味真野 [あじまの] 福井(ふくい) 현 중부, 武生(たけふ) 시 남동부에 있는 지구.

美川(町) [みかわ(まち)] 石川(いしかわ) 현 서부, 手取(てどり) 강 하구에 있는 町.

尾鷲(市) [おわせ(し)] 三重(みえ) 현 남부, 熊野灘(くまのなだ)에 인접한 東紀州(ひがしきしゅう) 지구의 중심 도시.

梶取崎 [かんどりざき] 和歌山(わかやま) 현 남동부, 熊野灘(くまのなだ)에 면한 곳.

米沢(市) [よねざわ(し)] 山形(やまがた) 현 남동부에 있는 시.

美土里(町) [みどり(ちょう)] 広島(ひろしま) 현 북부, 島根(しまね) 현과의 경계에 있는 산골 마을.

美唄(市) [びばい(し)] 北海道 중앙부, 石狩(いしかり) 강 중류 지역에 있는 시.

美和(町) [みわ(ちょう)] 愛知(あいち) 현 서부, 濃尾(のうび) 평야 남부에 있는 町.

尾花沢(市) [おばなざわ(し)] 山形(やまがた) 현 북동부에 있는 시.

美幌(町)[びほろ(ちょう)] 北海道 북동부, 北見(きたみ) 산지 북쪽 기슭에 있는 町.

【박】

狛江(市)[こまえ(し)] 東京 도 중남부 川崎(かわさき)시와 인접한 시. 시명은 한반도에서 도래한 고구려인이 개발한 데서 유래.
博多湾[はかたわん] 福岡(ふくおか) 현 서부, 福岡 시역으로 둘러싸인 玄界灘(げんかいなだ)에 면한 만.
薄野[すすきの] 北海道 札幌(さっぽろ) 시 中央(ちゅうおう) 구 동부, 札幌 역 남쪽에 있는 환락가.
粕淵[かすぶち] 島根(しまね) 현 중앙부, 邑智町(おおちちょう)의 중심 지구의 하나.
粕屋(町)[かすや(まち)] 福岡(ふくおか) 현 북서부, 福岡 시에 인접한 町.

【반】

飯岡(町)[いいおか(まち)] 千葉(ちば) 현 九十九里(くじゅうくり) 해변에 있는 町.
蟠渓温泉[ばんけいおんせん] 北海道 남부, 長流(おさる) 강 연변에 있는 온천.
飯高(町)[いいたか(ちょう)] 三重(みえ) 현 櫛田(くしだ) 강 상류에 있는 町.
斑鳩(町)[いかるが(ちょう)] 奈良(なら) 현 矢田(やた) 구릉 남쪽에 있는 町.
磐窟谷[いわやだに] 岡山(おかやま) 현 중서부, 川上(かわかみ)・備中(びっちゅう) 두 町의 경계를 이루는 협곡.
飯南(町)[いいなん(ちょう)] 三重(みえ) 현 서부, 櫛田(くしだ) 강 중류에 있는 町.
飯能(市)[はんのう(し)] 埼玉(さいたま) 현 남부, 秩父(ちちぶ) 산지의 名栗(なぐり) 강이 흘러나오는 곳에 있는 시.
飯島(町)[いいじま(まち)] 長野(ながの) 현 남부, 天竜(てんりゅう) 강변에 있는 町.
蟠竜湖[ばんりゅうこ] 島根(しまね) 현 서부, 益田(ますだ) 시 高津(たかつ) 지구에 있는 호수.
飯梨川[いいなしがわ] 島根(しまね) 현 동부를 흐르는 강.
斑尾山[まだらおやま] 長野(ながの) 현 북부, 新潟(にいがた) 현 경계 부근에 있는 산.
飯山(市)[いいやま(し)] 長野(ながの) 현 최북단에 있는 시.
飯山(町)[はんざん(ちょう)] 香川(かがわ) 현 중앙부, 丸亀(まるがめ) 평야 남동부에 있는 町.
飯盛(町)[いいもり(ちょう)] 長崎(ながさき) 현 남부 橘(たちばな) 만에 면한 町.
磐城街道[いわきかいどう] 福島(ふくしま) 현 중앙부 郡山(こおりやま) 시에서 남동부에 있는 磐城 시에 이르는 가도.

飯縄山[いいづなやま] 長野(ながの) 현 長野 시 북단에 있는 산. *飯綱山로도 씀.
飯野(町)[いいの(まち)] 福島(ふくしま) 현 福島 시 남동쪽에 있는 町.
半田(市)[はんだ(し)] 愛知(あいち) 현 남서부, 知多(ちた) 반도 중부 동안에 있는 시.
飯田(市)[いいだ(し)] 長野(ながの) 현 伊那(いな) 분지 남단에 있는 시.
磐田(市)[いわた(し)] 静岡(しずおか) 현 서부, 天竜(てんりゅう) 강 좌안에 있는 시.
磐田原台地[いわたばらだいち] 静岡(しずおか) 현 서부, 天竜(てんりゅう) 강 하류의 좌안에 있는 홍적(洪積) 대지.
飯田川(町)[いいたがわ(まち)] 秋田(あきた) 현 중서부에 있는 町.
磐井川[いわいがわ] 岩手(いわて)・秋田(あきた) 현 부근의 栗駒(くりこま) 산에서 발원하여 北上(きたかみ) 강으로 합류하는 강.
磐梯(町)[ばんだい(まち)] 福島(ふくしま) 현 중북부, 磐梯 산 猫魔ヶ岳(ねこまがたけ) 산 남서쪽 기슭에 있는 町.
飯倉[いいぐら] 東京 도 港(みなと) 구 芝(しば) 공원 서쪽에 있는 상업 주택 지구.
飯塚(市)[いいづか(し)] 福岡(ふくおか) 현, 遠賀(おんが) 강과 穂波(ほなみ) 강 합류점에 있는 시.
飯坂[いいざか] 福島(ふくしま) 현 福島 시 북부에 있는 지구.
飯豊(町)[いいで(まち)] 山形(やまがた) 현 飯豊 산지 북동부에 있는 町.

【발】

鉢伏山[はちぶせやま] 兵庫(ひょうご) 현 북서부, 関宮(せきのみや)・村岡(むらおか)・美方(みかた)의 3町에 걸친 산.
発荷峠[はっかとうげ] 秋田(あきた) 현 북동부, 鹿角(かづの) 시와 小坂町(こさかまち) 경계에 있는 고개.

【방】

防府(市)[ほうふ(し)] 山口(やまぐち) 현 중남부에 있는 시.
方城(町)[ほうじょう(まち)] 福岡(ふくおか) 현 북동부에 있는 町.
防予諸島[ほうよしょとう] 山口(やまぐち)・愛媛(えひめ) 2현 사이 瀬戸内海(せとないかい)에 있는 제도.
芳井(町)[よしい(ちょう)] 岡山(おかやま) 현 남서부, 広島(ひろしま) 현 福山(ふくやま)시와 접하고 있는 町.
坊津(町)[ぼうのつ(ちょう)] 鹿児島(かごしま) 현 남서부에 있는 町.
房総半島[ぼうそうはんとう] 関東(かんとう) 지방 남동부에 있는 반도.
坊平高原[ぼうだいらこうげん] 山形(やま

芳賀(町) [はが(まち)] 栃木(とちぎ)県東部、宇都宮(うつのみや)市東部近くにある町。

【배】

背炙山 [せあぶりやま] 福島(ふくしま)県中央部、会津(あいづ)盆地と猪苗代(いなわしろ)盆地を分ける分水嶺となる山。

【백】

柏(市) [かしわ(し)] 千葉(ちば)県北西部にある住宅都市。
百間谷 [ひゃっけんだに] 和歌山(わかやま)県南部、大塔(おおとう)山地の百間山にある渓谷。
白岡(町) [しらおか(まち)] 埼玉(さいたま)県東部にある町。
白糠(町) [しらぬか(ちょう)] 北海道 釧路(くしろ)支庁南西部、太平洋に面する町。
白駒池 [しらこまいけ] 長野(ながの)県東部にある湖水。
白根(市) [しろね(し)] 新潟(にいがた)県中央部にある中心都市。
白根(町) [しらね(まち)] 山梨(やまなし)県中央部、甲府(こうふ)盆地西端部、御勅使(みだい)川扇状地に広がっている町。
白金 [しろがね] 東京都 港(みなと)区南西端、品川(しながわ)・目黒(めぐろ)区と隣接した地区。
柏崎(市) [かしわざき(し)] 新潟(にいがた)県中部、刈羽(かりわ)地方の中心都市。
柏島 [かしわじま] 高知(こうち)県南端、宿毛(すくも)湾口部にある島。
白老(町) [しらおい(ちょう)] 北海道 南部、支笏洞爺(しこつとうや)山地を背に、太平洋に面する町。
白馬温泉 [はくばおんせん] 新潟(にいがた)県南西部、姫川(ひめかわ)川左岸にある温泉。
伯母峰峠 [おばみねとうげ] 奈良(なら)県南東部、上北山村(かみきたやまむら)と川上村(かわかみむら)境界にある峠。
伯母子岳 [おばこだけ] 奈良(なら)県南部、和歌山(わかやま)県との境界線付近にある伯母子山地の主峰(主峰)。
白米 [しろよね] 石川(いしかわ)県北部、輪島(わじま)市北東部の東海に面する地区。
白髪山 [しらがやま] 高知(こうち)県中北部、本山町(もとやまちょう)北部にある四国(しこく)山地の一峰。
伯方(町) [はかた(ちょう)] 愛媛(えひめ)県北東部、瀬戸内海(せとないかい)にある芸予(げいよ)諸島(諸島)中伯方島を占める町.

白浜(町) [しらはま(まち)] 千葉(ちば)県南部、房総(ぼうそう)半島の最南端にある町.
白山(町) [はくさん(ちょう)] 三重(みえ)県中部、布引(ぬのびき)山地の東側麓にある町.
白石(市) [しろいし(し)] 宮城(みやぎ)県南西部にある市.
百石(町) [ももいし(まち)] 青森(あおもり)県東部、太平洋に面する町.
白石島 [しらいしじま] 岡山(おかやま)県南西部、笠岡(かさおか)諸島北部の島.
百舌鳥 [もず] 大阪(おおさか)府中西部、堺(さかい)市北部の地区.
白須賀 [しらすか] 静岡(しずおか)県西端、湖西(こさい)市南西部にある地区.
白神岳 [しらかみだけ] 青森(あおもり)県南西部、秋田(あきた)県境界にある白神山地第2の高峰.
柏原(市) [かしわら(し)] 大阪府南東部にある市.
柏原(町) [かいばら(ちょう)] 兵庫(ひょうご)県中東部にある町.
白鷹(町) [しらたか(まち)] 山形(やまがた)県南部、最上(もがみ)川中流域にある町.
百人町 [ひゃくにんちょう] 東京都 新宿(しんじゅく)区西部、JR中央線の大久保(おおくぼ)駅と新(しん)大久保駅一帯の地区.
白子(町) [しらこ(まち)] 千葉(ちば)県中東部、九十九里(くじゅうくり)平野南部にある町.
白井(町) [しろい(まち)] 千葉(ちば)県北西部、神崎(かんざき)川流域にある町.
百済 [くだら] 奈良(なら)県北西部の一地区. 한반도에서 온 백제인 거주지로 알려짐.
白鳥(町) [しろとり(ちょう)] 香川(かがわ)県東部にある町.
白州(町) [はくしゅう(ちょう)] 山梨(やまなし)県北西部にある町.
白倉山 [しらくらやま] 静岡(しずおか)県北東部、佐久間町(さくまちょう)と龍山村(たつやまむら)の間にある山.
白川(町) [しらかわ(ちょう)] 岐阜(ぎふ)県南東部、飛騨(ひだ)山脈南側山間にある町.
白川郷 [しらかわごう] 岐阜(ぎふ)県北部、飛騨(ひだ)地方の白川村(しらかわむら)と荘川村(しょうかわむら)の総称.
伯太(町) [はくた(ちょう)] 島根(しまね)県東部、伯太川沿岸にある山間町.
白布温泉 [しらぶおんせん] 山形(やまがた)県南端、吾妻(あづま)連峰(連峰)の北部にある温泉.
白河(市) [しらかわ(し)] 福島(ふくしま)県南部にある中心都市.
白樺湖 [しらかばこ] 長野(ながの)県中央

부, 茅野(ちの) 시와 立科町(たてしなまち)에 걸쳐 있는 인공호.

【벌】

幡豆(町) [はず(ちょう)] 愛知(あいち) 현 남부, 三河(みかわ) 만에 면한 町.

【법】

法師温泉 [ほうしおんせん] 群馬(ぐんま) 현 북부, 三国(みくに) 고개 남쪽에 있는 온천.
法華津峠 [ほけつとうげ] 愛媛(えひめ) 현 남서부에 있는 고개.

【벽】

碧南(市) [へきなん(し)] 愛知(あいち) 현 중남부, 矢作(やはぎ) 강 우안에 자리잡은 공업 도시.
壁湯温泉 [かべゆおんせん] 大分(おおいた) 현 중부에 있는 온천.

【변】

弁慶岬 [べんけいみさき] 北海道 서부, 寿都(すっつ) 만 서쪽 어귀에 있는 곳.
弁天島 [べんてんじま] 北海道 북단, 宗谷(そうや) 곶 북서쪽에 있는 섬.
弁天温泉 [べんてんおんせん] 栃木(とちぎ) 현 북동부, 那須町(なすちょう) 북서부에 있는 온천.
辺戸岬 [へどみさき] 沖縄(おきなわ) 섬 최북단에 있는 곳.

【별】

別府(市) [べっぷ(し)] 大分(おおいた) 현 중부, 別府 만에 면한 온천 관광 도시.
別海(町) [べっかい(ちょう)] 北海道 동부, 根室(ねむろ) 만에 인접한 町.

【병】

兵庫(区) [ひょうご(く)] 神戸(こうべ) 시 중남부에 있는 구.
瓶原 [みかのはら] 京都 부 남부, 加茂町(かもちょう)의 木津(きづ) 강 북안에 있는 지구.
屏風ヶ浦 [びょうぶがうら] 千葉(ちば) 현 북동단, 銚子(ちょうし) 시 해안의 해식애(海蝕崖).

【보】

保谷(市) [ほうや(し)] 東京 도 북부, 練馬(ねりま) 구에 인접한 시.

保内(町) [ほない(ちょう)] 愛媛(えひめ) 현 서부에 있는 町.
宝達丘陵 [ほうだつきゅうりょう] 富山(とやま) 현과 石川(いしかわ) 현 경계에 있는 구릉.
保呂羽山 [ほろはさん] 秋田(あきた) 현 남부, 大森町(おおもりまち) 동단에 있는 산.
保福寺峠 [ほふくじとうげ] 長野(ながの) 현 중앙부, 筑摩(ちくま) 산지 남부에 있는 고개.
宝永山 [ほうえいざん] 静岡(しずおか) 현 富士(ふじ) 산의 남동쪽 사면(斜面)에 있는 기생 화산(寄生火山).
保原(町) [ほばら(まち)] 福島(ふくしま) 현 북동부에 있는 町.
保津川 [ほづがわ] 京都 부 남서부를 흐르는 강.
宝泉寺温泉 [ほうせんじおんせん] 大分(おおいた) 현 서부, 九重町(ここのえまち)에 있는 온천.
宝塚(市) [たからづか(し)] 兵庫(ひょうご) 현 남동부, 武庫(むこ) 강 중류에 있는 시.
普賢岳 [ふげんだけ] 長崎(ながさき) 현 남동부, 島原(しまばら) 반도 중앙부에 있는 雲仙(うんぜん) 화산군의 주봉.

【복】

福間(町) [ふくま(まち)] 福岡(ふくおか) 현 북서부, 福岡 시와 北九州(きたきゅうしゅう) 시 중간에 있는 町.
福江(市) [ふくえ(し)] 長崎(ながさき) 현 五島(ごとう) 열도 남쪽 福江 섬의 동부와 久賀(ひさか) 섬 등으로 이루어진 시.
福岡(市) [ふくおか(し)] 福岡 현 북서부에 있는 현청 소재지.
伏古 [ふしこ] 北海道 남동부, 帯広(おびひろ) 시 북서부의 옛 지명.
福光(町) [ふくみつ(まち)] 富山(とやま) 현 남서부, 小矢部(おやべ) 강 상류로 医王山(いおうぜん) 산 기슭에 있는 町.
福崎(町) [ふくさき(ちょう)] 兵庫(ひょうご) 현 중남부에 있는 町.
福島(市) [ふくしま(し)] 福島 현 중앙 지역 북부에 있는 시로 현청 소재지.
福富(町) [ふくとみ(ちょう)] 広島(ひろしま) 현 중부, 東広島(ひがしひろしま) 시 북쪽에 인접하고 있는 町.
福山(市) [ふくやま(し)] 広島(ひろしま) 현 남동부에 있는 상공업 도시.
福生(市) [ふっさ(し)] 東京 도 중서부, 多摩(たま) 강 북동쪽에 있는 시.
福野(町) [ふくの(まち)] 富山(とやま) 현 서부, 砺波(となみ) 평야 서쪽에 있는 町.
福田(町) [ふくで(ちょう)] 静岡(しずおか) 현 남서부, 遠州灘(えんしゅうなだ)에 인접한 町.

福井(市)[ふくい(し)] 福井 현 북부에 있는 시로 현청 소재지.
福住[ふくずみ] 東京 도 江東(こうとう) 구 서부, 深川(ふかがわ) 강 서쪽과 이웃하고 있는 지구.
福知山(市)[ふくちやま(し)] 京都 부 북서부에 있는 상공업 도시.
福地温泉[ふくじおんせん] 岐阜(ぎふ) 현 북동부, 上宝村(かみたからむら)를 흐르는 高原(たかはら) 강 좌안에 있는 온천.
福浦八景[ふくうらはっけい] 新潟(にいがた) 현 남서부, 柏崎(かしわざき) 시 서부에 있는 암석 해안의 총칭.

【본】

本宮(町)[ほんぐう(ちょう)] 和歌山(わかやま) 현 남동부에 있는 町.
本宮(町)[もとみや(まち)] 福島(ふくしま) 현 중앙부, 本宮 분지 남동부에 있는 町.
本吉(町)[もとよし(ちょう)] 宮城(みやぎ) 현 북동부, 태평양에 면한 町.
本能寺[ほんのうじ] 京都 시 中京(なかぎょう) 구에 있는 法華宗(ほっけしゅう) 本門流(ほんもんりゅう)의 총본산.
本島[ほんじま] 香川(かがわ) 현 서부, 塩飽(しわく) 제도의 중심 섬.
本渡(市)[ほんど(し)] 熊本(くまもと) 현 남서부, 天草(あまくさ) 제도 중앙부에 있는, 天草 지방의 중심 도시.
本別(町)[ほんべつ(ちょう)] 北海道 남동부, 利別(としべつ) 강 중류에 있는 町.
本部(町)[もとぶ(ちょう)] 沖縄(おきなわ) 섬 북부, 本部 반도 서부 및 그 인근 섬으로 이루어진 町.
本山(町)[もとやま(ちょう)] 高知(こうち) 현 중북부, 愛媛(えひめ) 현과의 경계(境界)에 있는 町.
本栖湖[もとすこ] 山梨(やまなし) 현 남부, 富士(ふじ) 산 북서쪽 기슭에 있는 호수.
本巣(町)[もとす(ちょう)] 岐阜(ぎふ) 현 서부, 根尾(ねお) 강 연안에 있는 町.
本耶馬渓(町)[ほんやばけい(まち)] 大分(おおいた) 현 북부에 있는 町.
本庄(市)[ほんじょう(し)] 埼玉(さいたま) 현 북서부, 利根(とね) 강을 끼고 群馬(ぐんま) 현과 접하고 있는 시.
本荘(市)[ほんじょう(し)] 秋田(あきた) 현 남서부, 子吉(こよし) 강 하류에 걸쳐 있는 시.
本川根(町)[ほんかわね(ちょう)] 静岡(しずおか) 현 서부에 있는 町.
本坂峠[ほんざかとうげ] 静岡(しずおか) 현 三ヶ日町(みつがびちょう)과 愛知(あいち) 현 豊橋(とよはし) 시 경계에 있는 고개.
本郷(町)[ほんごう(ちょう)] 広島(ひろしま) 현 중남부에 있는 町.

【봉】

峰(町)[みね(ちょう)] 長崎(ながさき) 현 対馬(つしま) 중앙부에 있는 町.
鳳来(町)[ほうらい(ちょう)] 愛知(あいち) 현 동부, 静岡(しずおか) 현에 인접한 町.
蓬莱峡[ほうらいきょう] 兵庫(ひょうご) 현 남동부, 太多田(おおただ) 강 중류에 있는 협곡.
峰山(町)[みねやま(ちょう)] 京都 부 북부, 奥丹後(おくたんご) 반도에 있는 町.
逢坂山[おうさかやま] 滋賀(しが) 현 남서부, 大津(おおつ) 시와 京都 시 경계선 부근에 있는 산.
鳳翩山[ほうべんざん] 山口(やまぐち) 시 북쪽에 있는 東(ひがし)鳳翩 산과 西(にし)鳳翩 산의 총칭.
鳳凰山[ほうおうざん] 山梨(やまなし) 현 서부, 남(南)알프스 북부에 있는 3명산(名山)의 총칭.

【부】

富加(町)[とみか(ちょう)] 岐阜(ぎふ) 현 중남부에 있는 町.
浮間[うきま] 東京 도 北(きた) 구 북서부, 荒川(あらかわ) 강과 新河岸(しんがし) 강 사이에 끼어 있는 지구.
富江(町)[とみえ(ちょう)] 長崎(ながさき) 현, 五島(ごとう) 열도 福江(ふくえ) 섬 남부에 있는 町.
富岡(市)[とみおか(し)] 群馬(ぐんま) 현 서부에 있는 시.
富谷(町)[とみや(まち)] 宮城(みやぎ) 현 중부에 있는 町.
父島[ちちじま] 東京 도에 속하는 小笠原(おがさわら) 제도의 주도(主島).
浮島[うかしま] 山口(やまぐち) 현 남동부, 屋代(やしろ) 섬 북방에 있는 섬.
敷島(町)[しきしま(ちょう)] 山梨(やまなし) 현 중부, 荒川(あらかわ) 강을 끼고 甲府(こうふ) 시와 접함.
富来(町)[とぎ(まち)] 石川(いしかわ) 현 북서부, 동해에 면한 町.
富良野(市)[ふらの(し)] 北海道 중앙부, 富良野 분지 중남부를 차지한 시.
富里(町)[とみさと(まち)] 千葉(ちば) 현 중북부에 있는 町.
釜無川[かまなしがわ] 山梨(やまなし) 현 서부, 甲府(こうふ) 분지 서쪽을 남류하는 강.
富士(市)[ふじ(し)] 静岡(しずおか) 현 동부, 岳南(がくなん) 지역의 중심 도시.
富士見(町)[ふじみ(まち)] 埼玉(さいたま) 현 동부, 동쪽에서 大宮(おおみや)・浦和(うらわ) 두 시와 접하고 있는 시.
富士宮(市)[ふじのみや(し)] 静岡(しずお

か) 현 동부, 富士(ふじ) 산 서쪽 기슭에 있는 시.
富士吉田(市)[ふじよしだ(し)] 山梨(やまなし) 현 남부, 富士(ふじ) 산 산정에서 북쪽으로 뻗어 静岡(しずおか) 시와 인접하고 있는 시.
富士山[ふじさん] 本州의 거의 중앙부, 태평양 쪽에 위치하는, 일본에서 가장 높은 성층 화산.
富士五湖[ふじごこ] 富士 산 북쪽 기슭에 있는 호수의 총칭. 동에서부터 山中(やまなか) 호, 河口(かわぐち) 호, 西湖(さいこ) 호, 精進(しょうじ) 호, 本栖(もとす) 호의 5호.
富士川[ふじかわ] 山梨(やまなし) 현 북서부, 駒ヶ岳(こまがたけ) 산 서쪽 釜無(かまなし) 강 원류부에서 남류(南流)하여 駿河(するが) 만으로 흐르는 강.
富山(市)[とやま(し)] 富山 현 중앙부에 있는 시로 시청 소재지.
富山(町)[とみやま(まち)] 千葉(ちば) 현 남서부에 있는 町.
扶桑(町)[ふそう(ちょう)] 愛知(あいち) 현 북서단, 木曽(きそ) 강 좌안에 있는, 근교(近郊) 농업을 하는 町.
釜石(市)[かまいし(し)] 岩手(いわて) 현 남동부, 釜石 만에 면한 시.
釜臥山[かまふせやま] 青森(あおもり) 현 북동부, 下北(しもきた) 반도에 있는 산.
浮羽(町)[うきは(まち)] 福岡(ふくおか) 현 남동부, 筑紫(つくし) 평야 동쪽 끝에 있는 町.
富田林(市)[とんだばやし(し)] 大阪 부 남동부에 있는 시.
富田川[とんだがわ] 和歌山(わかやま) 현 남서부를 흐르는 강.
府中[こう] 徳島(とくしま) 현 徳島 시내의 한 지구.
府中(市)[ふちゅう(し)] 東京 도 중앙부, 多摩(たま) 강 좌안에 있는 시.
婦中(町)[ふちゅう(まち)] 富山(とやま) 현 중앙부, 富山 평야 중앙부의 神通(じんつう) 강 좌안에 있는 町.
付知(町)[つけち(ちょう)] 岐阜(ぎふ) 현 남동부에 있는 町.
不知火(町)[しらぬひ(まち)] 熊本(くまもと) 현의 중앙부, 宇土(うと) 반도 남동부에 있는 町.
富津(市)[ふっつ(し)] 千葉(ちば) 현 남서부, 東京 만에 인접하고, 내륙으로 房総(ぼうそう) 구릉까지 뻗은 시.
富倉峠[とみくらとうげ] 長野(ながの) 현 북부, 飯山(いいやま) 시에 있는 고개.
富沢(町)[とみざわ(ちょう)] 山梨(やまなし) 현 최남서단에 있는 町.
富浦(町)[とみうら(まち)] 千葉(ちば) 현 남서부에 있는 町.
富合(町)[とみあい(まち)] 熊本(くまもと) 현 중앙부에 있는 町.

釜戸温泉[かまどおんせん] 岐阜(ぎふ) 현 남동부, 瑞浪(みずなみ) 시 釜戸에 있는 온천.

【북】

北見(市)[きたみ(し)] 北海道 북동부, 北見 분지에 있는 시.
北谷(町)[ちゃたん(ちょう)] 沖縄(おきなわ) 섬 중부 서해안에 있는 町.
北広島(市)[きたひろしま(し)] 北海道 중앙부, 札幌(さっぽろ) 시 동부에 인접한 시.
北九州(市)[きたきゅうしゅう(し)] 福岡(ふくおか) 현 북동단의 상공업 도시.
北淡(町)[ほくだん(ちょう)] 兵庫(ひょうご) 현 남부에 있는 町.
北大東島[きただいとうじま] 沖縄(おきなわ) 현 那覇(なは) 시의 동쪽 해상에 있는 大東 제도 북단에 있는 융기 환초(隆起環礁).
北島(町)[きたじま(ちょう)] 徳島(とくしま) 현 북동부, 徳島 시와 鳴門(なると) 시의 중간에 있는 町.
北竜(町)[ほくりゅう(ちょう)] 北海道 중앙 북서부에 있는 町.
北木島[きたぎしま] 岡山(おかやま) 현 서부에 있는 笠岡(かさおか) 제도 최대의 섬.
北茂安(町)[きたしげやす(ちょう)] 佐賀(さが) 현 동부, 佐賀 평야에 있는 町.
北方(町)[きたかた(ちょう)] 宮崎(みやざき) 현 북부에 있는 町.
北方(町)[きたがた(まち)] 佐賀(さが) 현 서부, 六角(ろっかく) 강 유역에 있는 町.
北房(町)[ほくぼう(ちょう)] 岡山(おかやま) 현 중앙부에 있는 町.
北白川[きたしらかわ] 京都 시가지 북동부에 있는 지구.
北本(市)[きたもと(し)] 埼玉(さいたま) 현 중동부에 있는 시.
北潟湖[きたがたこ] 福井(ふくい) 현 북단에 있는 반담수의 기수호(汽水湖).
北上(市)[きたかみ(し)] 岩手(いわて) 현 중남부, 北上 분지 중앙부에 있는 현에서 둘째가는 시.
北勢(町)[ほくせい(ちょう)] 三重(みえ) 현 최북서에 있는 町.
北松浦半島[きたまつうらはんとう] 九州 본도(本島) 북서부에 돌출한 반도.
北岳[きただけ] 山梨(やまなし) 현 서부, 赤石(あかいし) 산맥 북부에 있는 일본 제2위의 고봉.
北野(町)[きたの(まち)] 福岡(ふくおか) 현 중남부, 筑後(ちくご) 강 중류역에 있는 町.
北御牧(村)[きたみまき(むら)] 長野(ながの) 현 동부, 千曲(ちくま) 강 중류의 남안(南岸)에 있는 村.
北塩原(村)[きたしおばら(むら)] 福島(ふくしま) 현 중북부, 磐梯(ばんだい) 산 북쪽

北ノ俣岳[きたのまただけ] 富山(とやま) 현과 岐阜(ぎふ) 현의 경계에 있는 산.

北奥千丈岳[きたおくせんじょうだけ] 山梨(やまなし) 현 북부에 있는 산.

北有馬(町)[きたありま(ちょう)] 長崎(ながさき) 현 남동부, 島原(しまばら) 반도 남부에 있는 町.

北茨城(市)[きたいばらき(し)] 茨城(いばらき) 현 북동단, 福島(ふくしま) 현과 접하고 있는 시.

北条(市)[ほうじょう(し)] 愛媛(えひめ) 현 중북부에 있는 시.

北中城(村)[きたなかぐすく(そん)] 沖縄(おきなわ) 현의 沖縄 섬 중부에 있는 村.

北川(町)[きたがわ(ちょう)] 宮崎(みやぎ) 현 최북단에 있는 町.

北川温泉[ほっかわおんせん] 静岡(しずおか) 현 동부, 伊豆(いず) 반도 동해안에 있는 온천.

北千住[きたせんじゅ] 東京 도 足立(あだち) 구 남부, 荒川(あらかわ) 강과 隅田(すみだ) 강에 에워싸인 지구.

北湯沢温泉[きたゆざわおんせん] 北海道 남부, 洞爺(とうや) 호(湖)의 동쪽, 長流(おさる) 강 중류에 있는 온천.

北浦(町)[きたうら(まち)] 茨城(いばらき) 현 남부에 있는 町.

北河辺(町)[きたかべ(まち)] 埼玉(さいたま) 현 북동부에 있는 町.

北郷(町)[きたごう(ちょう)] 宮崎(みやぎ) 현 남부에 있는 町.

北檜山(町)[きたひやま(まち)] 北海道 남서부, 渡島(おしま) 반도 북부의 동해(東海) 측에 있는 町.

【분】

分倍河原[ぶばいがわら] 東京 도 중남부, 府中(ふちゅう) 시 남서부를 가리키는 통칭.

分水(町)[ぶんすい(まち)] 新潟(にいがた) 현 중서부, 信濃(しなの) 강과 大河津(おおこうづ) 분수로(分水路)의 분기점에 있는 町.

粉河(町)[こかわ(ちょう)] 和歌山(わかやま) 현 북부에 있는 町.

噴火湾[ふんかわん] 北海道 남부, 渡島(おしま) 반도 동쪽의 태평양으로 벌어진 만. *内浦湾(うちうらわん)이라고도 함.

【불】

仏経ヶ岳[ぶっきょうがたけ] 奈良(なら) 현 남서부, 天川(てんかわ)와 上北山(かみきたやま) 두 村의 경계에 있는 大峰(おおみね) 산맥의 주봉.

不忘山[ふぼうさん] 宮城(みやぎ) 현 남부, 白石(しらいし) 시와 七ヶ宿町(しちがしゅく ちょう) 경계에 있는 산.

不忍池[しのばずのいけ] 東京 도 台東(たいとう) 구 서부, 上野(うえの) 공원 안에 있는 연못.

仏ヶ浦[ほとけがうら] 青森(あおもり) 현 북부, 津軽(つがる) 해협에 면해 있는 암석(岩石) 해안.

【붕】

棚山高原[たなやまこうげん] 愛知(あいち) 현 동부, 鳳来寺(ほうらいじ) 산 북쪽에 펼쳐진 고원.

棚倉(町)[たなぐら(まち)] 福島(ふくしま) 현 남동부에 있는 町.

【비】

鼻曲山[はなまがりやま] 群馬(ぐんま) 현 長野原町(ながのはらまち)와 長野(ながの) 현 軽井沢町(かるいざわまち) 경계에 있는 옛 화산.

比内(町)[ひない(まち)] 秋田(あきた) 현 북부, 米代(よねしろ) 강 좌안의 犀川(さいがわ) 강 유역에 있는 町.

比羅夫温泉[ひらふおんせん] 北海道 서부, ニセコアンヌプリ 산 동쪽 기슭에 있는 온천.

比良山地[ひらさんち] 滋賀(しが) 현 서부, 琵琶(びわ) 호 서안을 남북으로 뻗어 있는 산지.

碑文谷[ひもんや] 東京 도 目黒(めぐろ) 구 남부에 있는 주택 지구.

比叡山[ひえいざん] 滋賀(しが) 현 大津(おおつ) 시와 京都(きょうと) 시 左京(さきょう) 구의 경계를 이루는 산.

扉温泉[とびらおんせん] 長野(ながの) 현 중앙부, 薄川(すすきがわ) 강 상류에 있는 온천.

斐伊川[ひいかわ] 島根(しまね) 현 동부를 북서쪽으로 흘러 宍道(しんじ) 호수로 흘러드는 강.

備前(市)[びぜん(し)] 岡山(おかやま) 현 남동부에 있는 시.

飛鳥[あすか] 奈良(なら) 현 奈良 분지의 飛鳥 강 유역에서 橿原(かしはら) 시의 大和(やまと) 삼산(三山)에 이르는 고대 문화 지역.

飛鳥川[あすかがわ] 奈良(なら) 현 飛鳥 고대 문화 지역을 흐르는 大和(やまと) 강의 지류(支流).

備中(町)[びっちゅう(ちょう)] 岡山(おかやま) 현 서부, 広島(ひろしま) 현에 접하는 吉備(きび) 고원에 있는 町.

備讃諸島[びさんしょとう] 瀬戸内海(せとないかい) 중앙부에 있는 도서군(群).

斐川(町)[ひかわ(ちょう)] 島根(しまね) 현 동부, 斐伊(ひい) 강 하구의 町.

飛驒山脈[ひださんみゃく] 新潟(にいが

飛驒川 [ひだがわ] 岐阜(ぎふ)현 북동부, 木曽(きそ) 강 수계(水系) 최대의 지류.
比婆山 [ひばやま] 広島(ひろしま) 현 북동부, 島根(しまね) 현 접경 부근에 있는 산.
琵琶湖 [びわこ] 滋賀(しが)현 중앙부에 있는 단층 함몰호(陥没湖)로, 현 면적의 약 17%를 차지하는 일본 제1의 호수.
琵琶湖疎水 [びわこそすい] 琵琶湖 남서안의 大津(おおつ) 시에서 京都 시 左京(さきょう) 구에 이르는 수로.
比布(町) [ぴっぷ(ちょう)] 北海道 중앙부, 上川(かみかわ) 분지 북동부에 있는 町.
比和(町) [ひわ(ちょう)] 広島(ひろしま) 현 최북부, 中国(ちゅうごく) 산지(山地) 산간에 있는 町.
備後灘 [びんごなだ] 広島(ひろしま) 현 남동부, 瀬戸内海(せとないかい) 중앙부에 있는 해역.

【빈】

浜岡(町) [はまおか(ちょう)] 静岡(しずおか) 현 남서부에 있는 町.
浜島(町) [はまじま(ちょう)] 三重(みえ) 현 중앙부, 志摩(しま) 반도 남부에 있는 어업 및 관광업이 발달한 町.
浜頓別(町) [はまとんべつ(ちょう)] 北海道 북부, 頓別 평야 남부에 있는 오호츠크 해에 면한 町.
浜名湖 [はまなこ] 静岡(しずおか) 현 남서단, 遠州灘(えんしゅうなだ)에 접한 호수.
浜北(市) [はまきた(し)] 静岡(しずおか) 현 남서부, 天竜(てんりゅう) 강 하류 우안에 있는 町.
浜松(市) [はままつ(し)] 静岡(しずおか) 현 서부, 天竜(てんりゅう) 강과 浜名(はまな) 호 사이에 있는 상공업 도시.
浜玉(町) [はまたま(ちょう)] 佐賀(さが) 현 북서부, 玉島(たましま) 강 하류역과 지류인 横田(よこだ) 강 유역에 있는 町.
浜田(市) [はまだ(し)] 島根(しまね) 현 북서부에 있는 수산 도시.
浜町 [はままち] 熊本(くまもと) 현 동부, 矢部町(やべまち)의 중심 지구.
浜中(町) [はまなか(ちょう)] 北海道 동부, 根室(ねむろ) 시에 인접하고 태평양에 면한 町.
浜村温泉 [はまむらおんせん] 鳥取(とっとり) 현 동부, 気高町(けたかちょう)에 있는 온천.
浜坂(町) [はまさか(ちょう)] 兵庫(ひょうご) 현 북서단, 동해에 면한 町.
浜脇温泉 [はまわきおんせん] 大分(おおいた) 현 중부, 別府(べっぷ) 시 남단의 朝見(あさみ) 강 하구 부근에 있는 온천.

【빙】

氷見(市) [ひみ(し)] 富山(とやま) 현 북서단, 能登(のと) 반도의 富山 만에 면한 시.
氷ノ山 [ひょうのせん] 兵庫(ひょうご) 현 関宮町(せきのみやまち)와 鳥取(とっとり) 현 若桜町(わかさちょう)에서 현 경계를 이루고 있는 산.
氷上(町) [ひかみ(ちょう)] 兵庫(ひょうご) 현 중동부에 있는 町.

人

【사】

社(町) [やしろ(ちょう)] 兵庫(ひょうご) 현 남동부, 姫路(ひめじ) 평야 북동부에 있는 町.
四街道(市) [よつかいどう(し)] 千葉(ちば) 현(縣) 중북부, 千葉 시 북동부와 인접하는 주택 도시.
糸貫(町) [いとぬき(ちょう)] 岐阜(ぎふ) 현 남서부, 岐阜 시 북서쪽에 있는 町.
糸島半島 [いとしまはんとう] 福岡(ふくおか) 현 서부, 玄界灘(げんかいなだ)로 돌출한 반도.
沙流川 [さるがわ] 北海道 남부, 日高(ひだか) 산맥 중의 熊見(くまみ) 산에서 발원하여 태평양쪽으로 흐르는 강.
斜里(町) [しゃり(ちょう)] 北海道 북동부, 知床(しれとこ) 반도의 서쪽에 있는 町.
糸満(市) [いとまん(し)] 沖縄(おきなわ) 섬 남단에 있는 시.
四万十川 [しまんとがわ] 高知(こうち) 현 남서부에서 태평양으로 흘러드는 하천.
四万温泉 [しまおんせん] 群馬(ぐんま) 현 북서부, 三国(みくに) 산맥 남쪽 기슭에 있는 온천.
四尾連湖 [しびれこ] 山梨(やまなし) 현 서부에 있는 호수.
寺泊(町) [てらどまり(まち)] 新潟(にいがた) 현 중서부, 동해에 면한 町.
士別(市) [しべつ(し)] 北海道 중앙부, 上川(かみかわ) 지방 중앙부에 있는 시.
泗水(町) [しすい(まち)] 熊本(くまもと) 현 북부, 肥後(ひご) 대지 북서쪽에 있는 町.
射水平野 [いみずへいや] 富山(とやま) 현 북부, 富山 만에 인접한 평야.
師勝(町) [しかつ(ちょう)] 愛知(あいち) 현 서부, 名古屋(なごや) 시와 인접해 근교 농업이 발달한 町.
私市 [きさいち] 大阪 부 북동부, 交野(かたの) 시 남동부에 있는 町.
四十曲峠 [しじゅうまがりとうげ] 鳥取(とっとり) 현과 岡山(おかやま) 현 경계에 있는 고개.
糸我 [いとが] 和歌山(わかやま) 현 북서부의 有田(ありだ) 시 남동부 지구.

四阿山 [あずまやさん] 群馬(ぐんま)・長野(ながの) 두 현의 경계에 있는 산.

糸魚川(市) [いといがわ(し)] 新潟(にいがた) 현 姫川(ひめかわ) 강 유역 西頸城(にしくびき) 지방에 있는 시.

砂原(町) [さわら(ちょう)] 北海道 남서부, 태평양에 면한 町.

四日市 [よっかいち(し)] 三重(みえ) 현 북부에 있는 현내 최대의 시.

糸田(町) [いとだ(まち)] 福岡(ふくおか) 현 중앙부, 田川(たがわ) 분지 서부에 있는 町.

寺井(町) [てらい(まち)] 石川(いしかわ) 현 남서부에 있는 町.

砂町 [すなまち] 東京 도 江東(こうとう) 구 동쪽, 荒川(あらかわ) 하구 서안에 있는 지구.

四條畷(市) [しじょうなわて(し)] 大阪(おおさか) 부 중동부에 있는 시.

砂川 [すながわ] 東京 도의 중앙부, 立川(たちかわ) 시 북쪽부에 있는 지구.

砂川(市) [すながわ(し)] 北海道 중앙부, 石狩(いしかり) 강 중류 동쪽에 있는 시.

士幌(町) [しほろ(ちょう)] 北海道 남동부, 十勝(とかち) 평야 북부에 있는 町.

【산】

山岡(町) [やまおか(ちょう)] 岐阜(ぎふ) 현 남동부, 庄内(しょうない) 강의 지류인 小里(おり) 강 상류 지역에 있는 町.

山科(区) [やましな(く)] 京都 시의 남동부에 자리잡은 구.

山口(市) [やまぐち(し)] 山口 현 중앙부에 있는 현청 소재지.

山国(町) [やまくに(まち)] 大分(おおいた) 현 북서단에 위치한 山国 강 상류에 있는 町.

山崎(町) [やまさき(ちょう)] 兵庫(ひょうご) 현 남서부에 있는 町.

山南(町) [さんなん(ちょう)] 兵庫(ひょうご) 현 중남부에 있는 町.

山内(町) [やまうち(ちょう)] 佐賀(さが) 현 서부, 松浦(まつうら) 강 상류 지역에 있는 町.

山ノ内(町) [やまのうち(まち)] 長野(ながの) 현 북동부에 있는 町.

山代 [やましろ] 佐賀(さが) 현 서부, 伊万里(いまり) 시 서부의 지구.

山都(町) [やまと(まち)] 福島(ふくしま) 현 북서부에 있는 町.

山刀伐峠 [なたぎりとうげ] 山形(やまがた) 현 북동부, 尾花沢(おばなざわ) 시와 最上町(もがみまち)와의 경계에 있는 고개.

山東(町) [さんとう(ちょう)] 滋賀(しが) 현 북동부, 伊吹(いぶき) 산 남서쪽 기슭에 있는 町.

山鹿(市) [やまが(し)] 熊本(くまもと) 현 북부, 菊池(きくち) 강 중부 유역 부근에 있는 시.

山梨(市) [やまなし(し)] 山梨(やまなし) 현 중부, 甲府(こうふ) 분지의 동부에 있는 시.

山武(町) [さんぶ(まち)] 千葉(ちば) 현 중북부, 下総(しもうさ) 대지에 있는 町.

山方(町) [やまがた(まち)] 茨城(いばらき) 현 북부, 八溝(やみぞ) 산지와 久慈(くじ) 산지 사이에 있는 町.

山辺(町) [やまのべ(まち)] 山形(やまがた) 현 중앙부에 있는 町.

山伏峠 [やまぶしとうげ] 岩手(いわて) 현 중서부, 雫石町(しずくいしちょう)와 沢内村(さわうちむら)의 경계에 있는 고개.

山本(町) [やまもと(ちょう)] 香川(かがわ) 현 서부에 있는 町.

山本(町) [やまもと(まち)] 秋田(あきた) 현 북서부에 있는 町.

山北(町) [さんぽく(まち)] 新潟(にいがた) 현에서 가장 북쪽에 있는 町.

山北(町) [やまきた(まち)] 神奈川(かながわ) 현 서단, 山梨(やまなし)・静岡(しずおか) 현과 접하는 町.

蒜山 [ひるぜん] 鳥取(とっとり) 현 関金町(せきがねちょう)와 岡山(おかやま) 현 八東(やつか)・川上(かわかみ) 두 村과의 경계를 이루는 산.

山城(町) [やましろ(ちょう)] 京都 부 남부, 木津(きづ) 강 동안(東岸)에 있는 町.

山手 [やまのて] 東京 도 文京(ぶんきょう)・新宿(しんじゅく) 구 인근 일대의 고대(高臺) 지역을 일컬음. *やまて라고도 함.

山野峡 [やまのきょう] 広島(ひろしま) 현 동부, 高梁(たかはし) 강의 지류인 小田(おだ) 강에 있는 협곡.

山陽(町) [さんよう(ちょう)] 岡山(おかやま) 현 중동부, 岡山 시 북쪽에 인접한 町.

山陽道 [さんようどう] 下関(しものせき)에서 小郡(おごおり)・広島(ひろしま)・岡山(おかやま)・姫路(ひめじ)를 거쳐 大阪에 이르는 가도.

山王峠 [さんのうとうげ] 福島(ふくしま) 현과 栃木(とちぎ) 현의 접경, 帝釈(たいしゃく) 산지에 있는 고개.

山元(町) [やまもと(ちょう)] 宮城(みやぎ) 현 남부, 남쪽은 福島(ふくしま) 현에 접하고, 동쪽은 태평양에 면한 町.

山陰街道 [さんいんかいどう] 京都와 山陰 지방을 연결하는 가도.

山田(市) [やまだ(し)] 福岡(ふくおか) 현 중앙부, 遠賀(おんが) 강 지류인 山田(やまだ) 강 상류역에 있는 시.

山田(町) [やまだ(ちょう)] 宮崎(みやざき) 현 남서부, 都城(みやこのじょう) 시와 인접한 町.

山田(町) [やまだ(まち)] 岩手(いわて) 현 중부, 陸中(りくちゅう) 해안 중앙부에 있고, 동쪽은 태평양에 면한 町.

山中(町) [やまなか(まち)] 石川(いしかわ)

生駒山地［いこまさんち］大阪부와 奈良(나라) 현 경계에 있는 산지.

生名島［いきなじま］愛媛(えひめ) 현 芸予(げいよ) 제도 중부의 섬.

生山峠［なまやまとうげ］広島(ひろしま) 현 佐伯町(さいきちょう)에서 山口(やまぐち) 현 錦町(にしきちょう)로 통하는 고개.

生の松原［いきのまつばら］福岡(ふくおか) 시 今津(いまづ) 만에 연한 해안 솔밭.

生野(区)［いくの(く)］大阪 시 동쪽, 東(ひがし)大阪 시에 접한 구.

生月(町)［いきつき(ちょう)］長崎(ながさき) 현 북부 平戸(ひらど) 섬 북서에 있는 生月 섬으로 이루어진 町.

生田原(町)［いくたはら(ちょう)］北海道 동부, 網走(あばしり) 지청 중앙에 있는 町.

【서】

西頸城山地［にしくびきさんち］新潟(にいがた) 현 남서부의 구릉성(丘陵性) 산지.

西桂(町)［にしかつら(ちょう)］山梨(やまなし) 현 남동부의 町.

西宮(市)［にしのみや(し)］兵庫(ひょうご) 현 남동부의 시.

西根(町)［にしね(まち)］岩手(いわて) 현 북서부에 있는 町.

西紀(町)［にしき(ちょう)］兵庫(ひょうご) 현 동부, 京都 부와 접하는 町.

西吉野温泉［にしよしのおんせん］奈良(なら) 현 중서부, 西吉野村(むら)의 丹生(にう) 강 연변에 있는 온천.

西那須野(町)［にしなすの(まち)］栃木(とちぎ) 현 북동부의 町.

西淡(町)［せいだん(ちょう)］兵庫(ひょうご) 현 淡路(あわじ) 섬 남서부에 있는 町.

西ノ島［にしのしま］島根(しまね) 현 북동부, 隠岐(おき) 제도 북서부에 위치한 島前(どうぜん) 군도 서부에 있는 섬.

西都(市)［さいと(し)］宮崎(みやざき) 현 중부에 있는 시.

瑞浪(市)［みずなみ(し)］岐阜(ぎふ) 현 남동부, 東濃(とうのう) 지방에 있는 시.

西目(町)［にしめ(まち)］秋田(あきた) 현 남서부, 북쪽은 本荘(ほんじょう) 시와 접하고, 서쪽은 동해에 면한 町.

西尾(市)［にしお(し)］愛知(あいち) 현 중남부, 矢作(やはぎ) 강 하류에 있는 시.

西方(町)［にしかた(まち)］栃木(とちぎ) 현 남서부, 思川(おもいがわ) 강의 선상지(扇状地)를 차지한 町.

緒方(町)［おがた(まち)］大分(おおいた) 현 중부, 大野(おおの) 강 중류에 있는 町.

西伯(町)［さいはく(ちょう)］鳥取(とっとり) 현 서부, 島根(しまね) 현과 접하는 町.

栖本(町)［おもと(まち)］熊本(くまもと) 현 남서부, 天草上(あまくさかみ) 섬에 있는 町.

西枇杷島(町)［にしびわじま(ちょう)］愛知(あいち) 현 북서부의 주택・공업 도시.

書写山［しょしゃざん］兵庫(ひょうご) 현 중남부, 姫路(ひめじ) 시 북서부에 있는 산.

西山(町)［にしやま(まち)］新潟(にいがた) 현 중앙부, 동해에 면한 町.

西仙北(町)［にしせんほく(まち)］秋田(あきた) 현 중앙부, 雄物(おもの) 강 중류역에 있는 町.

西城(町)［さいじょう(ちょう)］広島(ひろしま) 현 동쪽, 鳥取(とっとり)・島根(しまね) 두 현과 인접하는 町.

瑞穂(町)［みずほ(ちょう)］京都 부 중서부, 남쪽이 兵庫(ひょうご) 현과 인접한 町.

瑞穂(町)［みずほ(まち)］東京 도 북서부, 狭山(さやま) 구릉의 서쪽 끝에 있는 町.

西吾妻山［にしあづまやま］山形(やまがた) 현(縣) 米沢(よねざわ) 시와 福島(ふくしま) 현 北塩原村(きたしおばらむら)의 경계에 있는 산.

西原(町)［にしはら(ちょう)］沖縄(おきなわ) 현 沖縄 섬 남부, 那覇(なは) 시와 접하는 町.

西有家(町)［にしありえ(ちょう)］長崎(ながさき) 현 남동부, 島原(しまばら) 반도 남부에 있는 町.

西有田(町)［にしありた(ちょう)］佐賀(さが) 현 서부, 有田 강 중류 유역에 있는 町.

西伊豆(町)［にしいず(ちょう)］静岡(しずおか) 현 동부에 있는 町.

瑞牆山［みずがきやま］山梨(やまなし) 현 북서부, 甲府(こうふ) 시의 북쪽에 있는 산.

西条(市)［さいじょう(し)］愛媛(えひめ) 현 동부에 있는 시.

西之表(市)［にしのおもて(し)］鹿児島(かごしま) 현 種子(たねが) 섬 북부에 있는 시.

西川(町)［にしかわ(まち)］山形(やまがた) 현 중앙부, 村山(むらやま) 지방 북서부에 있는 町.

犀川(町)［さいがわ(まち)］福岡(ふくおか) 현 동부에 있는 町.

西浅井(町)［にしあざい(ちょう)］滋賀(しが) 현 북부, 琵琶(びわ) 호 북안의 町.

西春(町)［にしはる(ちょう)］愛知(あいち) 현 서북부, 名古屋(なごや) 시와 접하는 町.

西表島［いりおもてじま］沖縄(おきなわ) 현 琉球(りゅうきゅう) 제도 남부, 八重山(やえやま) 제도 중앙에 있는 섬.

西彼(町)［せいひ(ちょう)］長崎(ながさき) 현 서부, 西彼杵(にしそのぎ) 반도의 북동, 大村(おおむら) 만에 면한 町.

西彼杵半島［にしそのぎはんとう］長崎(ながさき) 현 서부, 大村 만과 五島灘(ごとうなだ) 사이에 있는 반도.

暑寒別岳［しょかんべつだけ］北海道 북서부, 増毛(ましけ) 산지의 중앙에 있는 최고봉.

西合志(町)［にしごうし(まち)］熊本(くまも

と) 현 북부, 熊本 시와 인접하는 町.
西海(町) [さいかい(ちょう)] 長崎(ながさき) 현 서부, 西彼杵(にしそのぎ) 반도 북단에 있는 町.
西海(町) [にしうみ(ちょう)] 愛媛(えひめ) 현 서남단의 町.
西郷(町) [さいごう(ちょう)] 島根(しまね) 현 북부, 隠岐(おき) 제도 중 島後(どうご) 섬의 동쪽 반을 차지하는 町.
西脇(市) [にしわき(し)] 兵庫(ひょうご) 현 중앙부의 시.
西会津(町) [にしあいづ(まち)] 福島(ふくしま) 현 북서쪽 끝에서 新潟(にいがた) 현과 접하는 町.

【석】

釈迦ヶ岳 [しゃかがたけ] 福岡(ふくおか)・大分(おおいた) 현의 경계를 이루는 산.
石岡(市) [いしおか(し)] 茨城(いばらき) 현 중앙부, 霞ヶ浦(かすみがうら) 호 북서쪽에 있는 시.
石見(町) [いわみ(ちょう)] 島根(しまね) 현 중부에 있는 町.
石橋(町) [いしばし(まち)] 栃木(とちぎ) 현, 宇都宮(うつのみや) 시와 小山(おやま) 시 사이에 있는 町.
石巻(市) [いしまき(し)] 宮城(みやぎ) 현 중동부, 仙台(せんだい) 시 북동쪽에 있는 시.
石動 [いするぎ] 富山(とやま) 현 서부, 小矢部(おやべ) 시의 중심 지구.
石廊崎 [いろうざき] 静岡(しずおか) 현 伊豆(いず) 반도 최남단에 있는 곳.
石部(町) [いしべ(ちょう)] 滋賀(しが) 현 남동부, 野洲(やす) 강변에 있는 町.
石城山 [いわきさん] 山口(やまぐち) 현 남동부, 大和町(やまとまち) 와 田布施町(たぶせちょう) 의 경계 부근에 있는 산.
潟沼 [かたぬま] 宮城(みやぎ) 현 북서부, 鳴子(なるご) 온천의 남쪽에 있는 호소.
石狩 [いしかり(し)] 北海道(ほっかいどう) 札幌(さっぽろ) 시 북쪽, 동해에 면한 시.
石狩川 [いしかりがわ] 北海道 중앙부에 있는 강.
石神井 [しゃくじい] 東京 도 練馬(ねりま) 구 남서부에 있는 교외의 주택 지구.
石垣(市) [いしがき(し)] 沖縄(おきなわ) 현 남서 끝쪽에 있는 石垣 섬 등으로 이루어진 시.
石垣島 [いしがきじま] 琉球(りゅうきゅう) 열도 남부, 八重山(やえやま) 제도의 주도.
石越(町) [いしこし(まち)] 宮城(みやぎ) 현 북부, 岩手(いわて) 현에 인접한 町.
夕張 [ゆうばり(し)] 北海道 중앙부, 夕張 산지의 서쪽 기슭에 있는 시.
石田(町) [いしだ(ちょう)] 長崎(ながさき) 현 壱岐(いき) 섬 남부의 町.
石井(町) [いしい(ちょう)] 徳島(とくしま) 현 북동부, 吉野(よしの) 강 하류에 있는 町.
潟町 [かたまち] 新潟(にいがた) 현 남서부, 大潟町(おおがたまち) 의 중심 지구.
石鳥谷(町) [いしどりや(ちょう)] 岩手(いわて) 현 중앙부, 花巻(はなまき) 시 북쪽에 있는 町.
石川(市) [いしかわ(し)] 沖縄(おきなわ) 섬 중부 金武(きん) 만에 면한 시.
石川(町) [いしかわ(まち)] 福島(ふくしま) 현 중남부에 있는 町.
石鎚山脈 [いしづちさんみゃく] 四国 산지 서반부를 동서로 뻗어 나간 험한 산맥.
石下(町) [いしげ(まち)] 茨城(いばらき) 현 남서부 つくば 시 서쪽에 있는 町.
石和(町) [いさわ(ちょう)] 山梨(やまなし) 현, 甲府(こうふ) 분지 북부에 있는 町.

【선】

船岡(町) [ふなおか(ちょう)] 鳥取(とっとり) 현 동부에 있는 町.
船橋(市) [ふなばし(し)] 千葉(ちば) 현 북서부, 下総(しもうさ) 대지와 東京 만 연안 매립지로 이루어진 시.
仙崎 [せんざき] 山口(やまぐち) 현 북부, 長門(ながと) 시 북부에 있는 지구.
仙台(市) [せんだい(し)] 宮城(みやぎ) 현 중앙부의 남쪽에 있는 현청 소재지.
仙北(町) [せんぼく(まち)] 秋田(あきた) 현 남동부, 横手(よこて) 분지(盆地) 중앙부에 있는 町.
扇山 [おうぎやま] 山梨(やまなし) 현 동부, 秩父(ちちぶ) 산지의 남부, 大月(おおつき) 시와 上野原町(うえのはらちょう) 의 경계에 있는 산.
扇ノ山 [おうぎのせん] 鳥取(とっとり) 현 동부, 兵庫(ひょうご) 현과의 경계선 부근에 있는 산.
仙石原温泉 [せんごくはらおんせん] 神奈川(かながわ) 현 남서부, 箱根(はこね) 온천군(群)의 최북단에 있는 온천.
船小屋温泉 [ふなごやおんせん] 福岡(ふくおか) 현 남부, 筑後(ちくご) 시 남쪽 矢部(やべ) 강 북안에 있는 온천.
船穂(町) [ふなお(ちょう)] 岡山(おかやま) 현 남서부, 高梁(たかはし) 강 하류 우안에 있는 町.
船原温泉 [ふなばらおんせん] 静岡(しずおか) 현 伊豆(いず) 반도 중부, 狩野(かの) 강의 지류 船原 강 근처에 있는 온천.
船越半島 [ふなこしはんとう] 岩手(いわて) 현 동부, 山田町(やまだちょう) 에 있는, 경관이 빼어난 반도.
船引(町) [ふねひき(まち)] 福島(ふくしま) 현 중동부, 郡山(こおりやま) 시의 동쪽 阿武隈(あぶくま) 고지에 있는 町.
船場 [せんば] 大阪 시 중앙(ちゅうおう) 구

의 북서부, 남북은 長堀(ながぼり) 거리가, 동서는 阪神(はんしん) 고속 환상선이 둘러싼 지역.

仙丈ヶ岳 [せんじょうがたけ] 山梨(やまなし) 현 북서부의 芦安村(あしやすむら)와 長野(ながの) 현 남동부의 長谷村(はせむら)에 걸친 산.

善通寺(市) [ぜんつうじ(し)] 香川(かがわ) 현 서부에 있는 시.

【설】

設楽(町) [したら(ちょう)] 愛知(あいち) 현 북동부에 있는 町.

雪彦山 [せっぴこざん] 兵庫(ひょうご) 현 중앙부, 夢前(ゆめさき) 강 상류에 있는 산.

【섭】

摂津(市) [せっつ(し)] 大阪 부 북부에 있는 주택·공업 도시.

【성】

盛岡(市) [もりおか(し)] 岩手(いわて) 현 중앙부에 있는 시. 현청 소재지.

聖高原 [ひじりこうげん] 長野(ながの) 현 북부, 更埴(こうしょく) 시와 大岡村(おおおかむら) 麻績村(おみむら) 등지에 걸친 고원.

城崎(町) [きのさき(ちょう)] 兵庫(ひょうご) 현 북동부에 있는 町.

城南(町) [じょうなん(まち)] 熊本(くまもと) 현 중앙부, 熊本 평야 남부에 있는 町.

城端(町) [じょうはな(まち)] 富山(とやま) 현 서부, 砺波(となみ) 평야 남단에 있는 町.

城島(町) [じょうじま(まち)] 福岡(ふくおか) 현 남서부, 筑紫(つくし) 평야 중앙부에 있는 町.

城島高原 [きじまこうげん] 大分(おおいた) 현 중부에 있는 고원.

成東(町) [なるとう(まち)] 千葉(ちば) 현 중동부에 있는 町.

城東(区) [じょうとう(く)] 大阪 시 동부에 있는 구.

聖籠(町) [せいろう(まち)] 新潟(にいがた) 현 북부, 新発田(しばた) 시 북서에 인접한 町.

城辺(町) [ぐすくべ(ちょう)] 沖縄(おきなわ) 현에 속하는 琉球(りゅうきゅう) 제도 남부의 宮古(みやこ) 섬 동부에 있는 町.

城辺(町) [じょうへん(ちょう)] 愛媛(えひめ) 현 남단, 宿毛(すくも) 만에 면한 町.

城峰山 [じょうみねさん] 埼玉(さいたま) 현 북서부, 皆野町(みなのまち)와 吉田町(よしだまち), 神泉村(かみいずみむら)의 경계에 있는 산.

城山 [きやま] 香川(かがわ) 현 중북부에 있는 산.

城山(町) [しろやま(まち)] 神奈川(かながわ) 현 북부, 相模(さがみ) 강이 산지를 지나 평지로 나오는 유역 양안에 있는 町.

成生岬 [なりゅうざき] 京都 부(府) 북동부, 若狭(わかさ) 만으로 뻗어나간 곶.

成城 [せいじょう] 東京 도 世田谷(せたがや) 구 남서부에 있는 고급 주택지.

聖岳 [ひじりだけ] 長野(ながの) 현 南信濃村(みなみしののむら)와 静岡 시에 걸친 산.

城陽(市) [じょうよう(し)] 京都 부 남부, 京都 시와 奈良(なら) 시의 중간에 있는 시.

成羽(町) [なりわ(ちょう)] 岡山(おかやま) 현 서부, 吉備(きび) 고원에 있는 町.

成田(市) [なりた(し)] 千葉(ちば) 현 중북부에 있는 新東京 국제 공항이 있는 도시.

城川(町) [しろかわ(ちょう)] 愛媛(えひめ) 현 남부, 肱川(ひじかわ) 강 상류 유역에 있는 町.

成川温泉 [なりかわおんせん] 鹿児島(かごしま) 현 남부, 薩摩(さつま) 반도 남동부에 있는 온천.

【세】

細江(町) [ほそえ(ちょう)] 静岡(しずおか) 현 서부에 있는 町.

世羅(町) [せら(ちょう)] 広島(ひろしま) 현 중동부, 世羅 대지에 있는 町.

世羅西(町) [せらにし(ちょう)] 広島(ひろしま) 현 중앙부, 世羅 대지 서쪽에 있는 町.

洗馬 [せば] 長野(ながの) 현 중앙부, 塩尻(しおじり) 시 중부에 있는 町.

細尾峠 [ほそおとうげ] 栃木(とちぎ) 현 서부, 日光(にっこう) 시와 足尾町(あしおまち) 사이에 있는 고개.

世田米 [せたまい] 岩手(いわて) 현 남동부, 住田町(すみたちょう)의 중심 지구.

洗足 [せんぞく] 東京 도 目黒(めぐろ) 구 남동단에 있는 지구.

世知原(町) [せちばる(ちょう)] 長崎(ながさき) 현 북부, 佐々(さざ) 강 상류에 있는 町.

【소】

小見川(町) [おみがわ(まち)] 千葉(ちば) 현 북동부, 利根(とね) 강에 인접한 町.

小高(町) [おだか(まち)] 福島(ふくしま) 현 해안 지역 북부에 있는 町.

沼尻温泉 [ぬまじりおんせん] 鹿児島(かごしま) 현 중북부 猪苗代町(いなわしろまち) 북동부에 있는 온천.

小谷温泉 [おたりおんせん] 長野(ながの) 현 북서단, 小谷村(むら)의 북동쪽 中谷(なかや) 강 상류에 있는 온천.

小国(町) [おぐに(まち)] 山形(やまがた) 현 남서단, 북은 朝日(あさひ) 연봉, 남은 飯豊

小郡(市)[おごおり(し)] 福岡(ふくおか) 현 중서부, 筑紫(つくし) 평야 북부에 있는 시.
小金井(市)[こがねい(し)] 東京 도 武蔵野(むさしの) 대지 남서쪽에 있는 시.
篠崎[しのざき] 東京 도 江戸川(えどがわ) 서안(西岸)에 있는 지구.
沼南(町)[しょうなん(まち)] 千葉(ちば) 현 북서부에 있는 町.
巣南(町)[すなみ(ちょう)] 岐阜(ぎふ) 현.
昭島(市)[あきしま(し)] 東京 도 武蔵野(むさしの) 대지 남서부에 있는 시.
小渡温泉[おどおんせん] 愛知(あいち) 현 북동부, 矢作(やはぎ) 강 상류 東加茂(ひがしかも) 군(郡) 旭町(あさひまち) 小渡에 있는 온천.
蘇洞門[そとも] 福井(ふくい) 현 서부, 内外海(うちとみ) 반도 북쪽에 있는 대단애(大斷崖).
小豆島[しょうどしま] 香川(かがわ) 현 북동부에 있는 瀬戸内海(せとないかい) 제2의 섬.
小豆坂[あずきざか] 愛知(あいち) 현 岡崎(おかざき) 시에 있는 옛 전쟁터.
小鹿渓[おしかけい] 鳥取(とっとり) 현 중부, 三朝(みささ) 강 상류에 있는 협곡.
小鹿野(町)[おがの(まち)] 埼玉(さいたま) 현 서부, 秩父(ちちぶ) 분지의 북서에 있는 町.
小林(市)[こばやし(し)] 宮崎(みやざき) 현 서부, 熊本(くまもと) 현과 鹿児島(かごしま) 현에 접하는 시.
小笠(町)[おがさ(ちょう)] 静岡(しずおか) 현 남서부, 牧ノ原(まきのはら) 대지 남부에 있는 町.
小笠原諸島[おがさわらしょとう] 東京에서 남쪽으로 약 930～1880 km 떨어진 태평양 상에 있는, 30여개 섬으로 이루어진 제도.
小名木川[おなぎがわ] 東京 도 江東(こうとう) 구 북부, 隅田(すみだ) 강과 中川(なかがわ) 강을 연결한 4.6 km의 인공 하천.
小鳴門海峡[こなるとかいきょう] 徳島(とくしま) 현 북동부, 四国와 島田(しまだ)・大毛(おおげ) 섬 사이의 해협.
小木(町)[おぎ(まち)] 新潟(にいがた) 현 佐渡(さど) 섬의 남단, 小木 반도에 있는 町.
小牧(市)[こまき(し)] 愛知(あいち) 현 북서부에 있는 시. 3개 고속도로의 분기점으로 교통・수송의 중심지.
小浜(市)[おばま(し)] 福井(ふくい) 현 若狭(わかさ) 만 중앙에 있는 小浜 만에 면한 시.
小山[こやま] 東京 도 品川(しながわ) 구 서쪽 目黒(めぐろ) 구와 접한 지구.
小山(市)[おやま(し)] 栃木(とちぎ) 현 남부에 있는, 금속・기계 등의 중공업을 주산업으로 하는 시.
焼山[やけやま] 新潟(にいがた) 현 남서부, 糸魚川(いといがわ) 시와 妙高高原町(みょうこうこうげんまち)의 경계에 있는 산.
篠山(町)[ささやま(ちょう)] 兵庫(ひょうご) 현 중동부 끝자락에 있는 町.
篠山街道[ささやまかいどう] 京都에서 丹波(たんば) 篠山에 이르는 가도.
小杉(町)[こすぎ(まち)] 富山(とやま) 현 중부에 있는 町.
焼石岳[やけいしだけ] 岩手(いわて) 현 남서부, 胆沢(いさわ) 군과 和賀(わが) 군의 경계에 있는 산.
小石川[こいしかわ] 東京 도 文京(ぶんきょう) 구내의 한 지구.
小城(町)[おぎ(まち)] 佐賀(さが) 현 중앙부, 佐賀 평야 북서부에 있는 町.
小松(市)[こまつ(し)] 石川(いしかわ) 현 남서부에 있는 시. 북서부는 동해에 접함.
小松島(市)[こまつしま(し)] 徳島(とくしま) 현 동부, 小松島 만에 면한 항만 도시.
小松川[こまつがわ] 東京 도 江戸川(えどがわ) 구 서부에 있는 공업 지구.
小須戸(町)[こすど(まち)] 新潟(にいがた) 현 중앙부에 있는 町.
小矢部(市)[おやべ(し)] 富山(とやま) 현 서단, 石川(いしかわ) 현과 인접한 시.
蘇我[そが] 千葉(ちば) 시 남서부, 袖ヶ浦(そでがうら)의 해안 평지에 있는 지구.
焼岳[やけだけ] 飛驒(ひだ) 산맥(북알프스) 남부, 槍(やり)・穂高(ほたか) 연봉 남서쪽에 있는 활화산.
小安温泉[おやすおんせん] 秋田(あきた) 현 남동부, 皆瀬(みなせ) 강 계곡 서안에 있는 온천.
小岩[こいわ] 東京 도 江戸川(えどがわ) 구내의 町.
巣鴨[すがも] 東京 도 豊島(としま) 구 북동부에 있는 상업과 주택 지구.
小野(市)[おの(し)] 兵庫(ひょうご) 현 중남부, 姫路(ひめじ) 평야의 동쪽에 있는 시.
小野田(市)[おのだ(し)] 山口(やまぐち) 현 남서부, 周防灘(すおうなだ)에 인접한 공업 도시.
小野川温泉[おのがわおんせん] 山形(やまがた) 현 남부, 吾妻(あづま) 산지의 북방 大樽(おおたる) 강 연변에 있는 온천.
蘇陽(町)[そよう(まち)] 熊本(くまもと) 현 북동부, 阿蘇(あそ) 산지 남동부에 있는 町.
小淵沢(町)[こぶちざわ(ちょう)] 山梨(やまなし) 현 북서부에 있는 町.
小俣(町)[おばた(ちょう)] 三重(みえ) 현 남부, 伊勢(いせ) 시의 북서에 인접한 농・공업이 성한 町.
沼隈(町)[ぬまくま(ちょう)] 広島(ひろしま) 현 남동부, 瀬戸内海(せとないかい)에 돌출한 沼隈 반도 남부에 있는 町.

小牛田(町)[こごた(ちょう)] 宮城(みやぎ) 현 중북부, 古川(ふるかわ) 시에 인접한 町.
蘇原[そはら] 岐阜(ぎふ) 현 남부, 各務原(かかみがはら) 시 중앙부의 지구.
小原温泉 [おばらおんせん] 宮城(みやぎ) 현 남부, 白石(しらいし) 시 白石 강 오른쪽 기슭에 있는 온천.
篠栗(町)[ささぐり(まち)] 福岡(ふくおか) 현 북서부에 있는 町.
小日向 [こひなた] 東京 도 文京(ぶんきょう) 구에 있는 한 지구. *こびなた라고도 함.
小長井(町)[こながい(ちょう)] 長崎(ながさき) 현 동부, 有明(ありあけ) 해에 면한 町.
小田(町)[おだ(ちょう)] 愛媛(えひめ) 현 중남부, 上浮穴(かみうけな) 군(郡) 서쪽에 있는 町.
沼田(市)[ぬまた(し)] 群馬(ぐんま) 현 북부, 奥利根(おくとね) 지역의 중핵 도시.
小伝馬町 [こでんまちょう] 東京 도 中央(ちゅうおう) 구 북부에 있는 한 지대.
小田原(市)[おだわら(し)] 神奈川(かながわ) 현 남서부에 있는 시.
小諸(市)[こもろ(し)] 長野(ながの) 현 동부, 浅間(あさま) 산 남서쪽 기슭에 있는 시.
小佐々(町)[こさざ(ちょう)] 長崎(ながさき) 현 북부, 北松浦(きたまつうら) 반도 서부에 있는 町.
小竹(町)[こたけ(まち)] 福岡(ふくおか) 현 북부에 있는 町.
小樽(市)[おたる(し)] 北海道 남서부, 동해 연안의 後志(しりべし) 지방 북부에 있는 시.
沼津(市)[ぬまづ(し)] 静岡(しずおか) 현 동부, 伊豆(いず) 반도 북쪽에 있는 시.
焼津(市)[やいづ(し)] 静岡(しずおか) 현 중앙부, 駿河(するが) 만 서안에 있는 전국 굴지의 수산 도시.
小川(町)[おがわ(まち)] 埼玉(さいたま) 현 중서부, 外秩父(がいちちぶ) 산지 동쪽 기슭에 있는 町.
小千谷(市)[おぢや(し)] 新潟(にいがた) 현 중앙부, 信濃(しなの) 강이 新潟 평야로 흐르는 지점에 있는 상공업 도시.
小天温泉[おあまおんせん] 熊本(くまもと) 현 중부, 有明(ありあけ) 해에 인접한 金峰(きんぼう) 산 서쪽 기슭에 있는 온천.
小清水(町)[こしみず(ちょう)] 北海道 동부, 오호츠크 해에 면한 町.
小出(町)[こいで(まち)] 新潟(にいがた) 현 중앙부에 있는 町.
小値賀(町)[おぢか(ちょう)] 長崎(ながさき) 五島(ごとう) 열도 북부, 小値賀 섬과 대소 16개의 부속 섬들로 이루어진 町.
所沢(市)[ところざわ(し)] 埼玉(さいたま) 현 남단에 있는 시.
鰺ヶ沢(町)[あじがさわ(まち)] 青森(あおもり) 현 서부, 동해에 면한 町.
小坂(町)[おさか(ちょう)] 岐阜(ぎふ) 현 동부, 동쪽에서 長野(ながの) 현 木曽(きそ) 군(郡)과 인접하고 있는 町.
小坂(町)[こさか(まち)] 秋田(あきた) 현 북동쪽에 있는 町.
小坂井(町)[こざかい(ちょう)] 愛知(あいち) 현 남동부, 豊川(とよがわ) 강 하류 지역에 있는 町.
小平(市)[こだいら(し)] 東京 도 중앙부, 武蔵野(むさしの) 대지에 있는 시.
小平(町)[こびら(ちょう)] 北海道 북서부, 동해에 면하고 있는 町.
小布施(町)[おぶせ(まち)] 長野(ながの) 현 북동부, 千曲(ちくま) 강 동안에 있는 松川(まつがわ) 강 선상지(扇狀地)에 있는 町.
小海(町)[こうみ(まち)] 長野(ながの) 현 동부, 千曲(ちくま) 강 상류에 있는 町.
昭和(区)[しょうわ(く)] 名古屋(なごや) 시의 중앙에 있는 구.
昭和(町)[しょうわ(ちょう)] 山梨(やまなし) 현 중앙부에 있는 町.
昭和(町)[しょうわ(まち)] 秋田(あきた) 현 서부, 秋田 시와 인접한 町.

【속】

粟国島 [あぐにじま] 沖縄(おきなわ) 那覇(なは) 시 북서쪽 해상에 있는 섬.
粟島 [あわしま] 新潟(にいがた) 현 村上(むらかみ) 시 북서쪽, 동해에 있는 섬.
粟石峠 [あわいしとうげ] 広島(ひろしま) 현 庄原(しょうばら) 시에 있는 고개.
粟野(町)[あわの(まち)] 栃木(とちぎ) 현 足尾(あしお) 산지 동쪽 사면에 있는 町.
粟津温泉[あわづおんせん] 石川(いしかわ) 현 남부 小松(こまつ) 시에 있는 온천.

【송】

松江(市)[まつえ(し)] 島根(しまね) 현 북동부에 있는 시.
松岡(町)[まつおか(ちょう)] 福井(ふくい) 현 북부에 있는 시.
松橋(町)[まつばせ(まち)] 熊本(くまもと) 현 중부, 八代(やつしろ) 평야 북쪽 끝에 있는 町.
松崎(町)[まつざき(ちょう)] 静岡(しずおか) 현 동부, 伊豆(いず) 반도의 남서부, 駿河(するが) 만에 면한 町.
松代(町)[まつだい(まち)] 新潟(にいがた) 현 남서부에 있는 町.
松島(町)[まつしま(まち)] 熊本(くまもと) 현 남서부, 天草上(あまくさかみ) 섬의 북동부에 있는 町.
松茂(町)[まつしげ(ちょう)] 徳島(とくしま) 현 북동부에 있는 町.
松尾(町)[まつお(まち)] 千葉(ちば) 현 북동부에 있는 町.

松尾峠[まつおとうげ] 富山(とやま)県東部, 立山(たて やま)山にある峠.

松帆の浦[まつほのうら] 兵庫(ひょうご)県南部, 淡路(あわじ)島北端の明石(あかし)海峡に面した景勝地.

松伏(町)[まつぶし(まち)] 埼玉(さいたま)県南部, 古利根(ふるとね)川と江戸(えど)川の間にある町.

松本(市)[まつもと(し)] 長野(ながの)県の中央部にある市.

松山(市)[まつやま(し)] 愛媛(えひめ)県中央部, 松山平野北部にある市.

松山(町)[まつやま(ちょう)] 鹿児島(かごしま)県東部, 大隅(おおすみ)半島北東部にある町.

松山(町)[まつやま(まち)] 宮城(みやぎ)県中央部, 北側境界を鳴瀬(なるせ)川が流れる町.

松野(町)[まつの(ちょう)] 愛媛(えひめ)県南西部, 高知(こうち)県の境界にある町.

松屋町筋[まっちゃまちすじ] 大阪(おおさか)市中部, 天神(てんじん)橋から天王寺(てんのうじ)公園(こうえん)まで延びる南北幹線道路の一つ.

松元(町)[まつもと(ちょう)] 鹿児島(かごしま)県西部, 薩摩(さつま)半島の中部にある町.

松原(市)[まつばら(し)] 大阪(おおさか)府中部にある市.

松任(市)[まっとう(し)] 石川(いしかわ)県中南部, 手取(てどり)川の中央部にある市.

松田(町)[まつだ(まち)] 神奈川(かながわ)県西部, 丹沢(たんざわ)山地の山かけ部と酒匂(さかわ)川左岸の平野で成り立つ町.

松前(町)[まさき(ちょう)] 愛媛(えひめ)県中部にある町.

松前(町)[まつまえ(ちょう)] 北海道南西部, 津軽(つがる)海峡に面した町.

松井田(町)[まついだ(まち)] 群馬(ぐんま)県西部にある町.

松之山(町)[まつのやま(まち)] 新潟(にいがた)県中南部, 長野(ながの)県と接する町.

松川(町)[まつかわ(まち)] 長野(ながの)県南部にある町.

松阪(市)[まつさか(し)] 三重(みえ)県中央部にある市.

松浦(市)[まつうら(し)] 長崎(ながさき)県北部にある市.

松戸(市)[まつど(し)] 千葉(ちば)県北西部にある市.

【ス】

穂高(町)[ほたか(まち)] 長野(ながの)県中西部にある町.

守谷(町)[もりや(まち)] 茨城(いばらき)県南部, 利根(とね)川を挟んで千葉(ちば)県と向かい合っている町.

水口(町)[みなくち(ちょう)] 滋賀(しが)県南部, 野洲(やす)川中流地域にある町.

守口(市)[もりぐち(し)] 大阪(おおさか)府中央部, 大阪市北東部に隣接する市.

水巻(町)[みずまき(まち)] 福岡(ふくおか)県北部, 遠賀(おんが)川下流近くにある町.

須崎(市)[すさき(し)] 高知(こうち)県中西部, 須崎湾に面した市.

数寄屋橋[すきやばし] 東京(とうきょう)都千代田(ちよだ)区南東, 中央(ちゅうおう)区との境界をなす所にある橋.

水納島[みんなじま] 沖縄(おきなわ)県島尻本部(もとぶ)半島西方海上にある島.

寿都(町)[すっつ(ちょう)] 北海道西部, 日本海側寿都湾沿岸にある町.

手稲山[ていねやま] 北海道西部(西部), 札幌(さっぽろ)市北部にある山.

須磨(区)[すま(く)] 神戸(こうべ)市西部にある区.

守門(村)[すもん(むら)] 新潟(にいがた)県中央部, 守門山南西側にある村.

守門岳[すもんだけ] 新潟(にいがた)県東部, 福島(ふくしま)県境界にある山.

穂別(町)[ほべつ(ちょう)] 北海道南部にある町.

袖師[そでし] 静岡(しずおか)県中央部, 清水(しみず)市北東部にある地区.

守山(市)[もりやま(し)] 滋賀(しが)県南部, 琵琶(びわ)湖の東岸(東岸), 野洲(やす)川下流地域を占めている市.

水上(町)[みなかみ(まち)] 群馬(ぐんま)県北端にあり, 新潟(にいがた)県と福島(ふくしま)県に接する町.

修善寺(町)[しゅうぜんじ(ちょう)] 静岡(しずおか)県南東部, 狩野(かの)川流域にある町.

水城[みずき] 静岡(しずおか)県西部, 太宰府(だざいふ)市の西部にある地区.

垂水(市)[たるみず(し)] 鹿児島(かごしま)県南東部, 大隅(おおすみ)半島北西部にある市.

守実温泉[もりざねおんせん] 大分(おおいた)県北西部, 山国(やまぐに)川南岸にある温泉.

燧ヶ岳[ひうちがたけ] 福島(ふくしま)県南西端の檜枝岐村(ひのえまたむら)にある火山.

狩野川[かのがわ] 静岡(しずおか)県伊豆(いず)半島中央部を北流して沼津(ぬまづ)市から駿河(するが)湾に流れ出る川.

水俣(市)[みなまた(し)] 熊本(くまもと)県南部から鹿児島(かごしま)県に接して八代(やつしろ)海に面する市.

須玉(町)[すたま(ちょう)] 山梨(やまなし)県北部, 秩父(ちちぶ)山地(山地)南西部に

垂玉温泉 [たるたまおんせん] 熊本(くまもと) 현 북동부에 있는 온천.
水窪(町) [みさくぼ(ちょう)] 静岡(しずおか) 현 북서부, 遠州(えんしゅう) 최북단에 있는 町.
水元 [みずもと] 東京 도 葛飾(かつしか) 구 북단, 中川(なかがわ) 강과 大場(おおば) 강으로 둘러싸인 저습(低湿)한 지구.
水原(町) [すいばら(まち)] 新潟(にいがた) 현 북부, 新発田(しばた) 시와 新津(にいつ) 시 사이에 있는 町.
穂積(町) [ほづみ(ちょう)] 岐阜(ぎふ) 현 남서부에 있는 町.
須佐(町) [すさ(ちょう)] 山口(やまぐち) 현 북부, 동해에 면한 町.
狩川 [かりかわ] 山形(やまがた) 현 북서부, 立川町(たちかわまち)의 중심 지구.
藪塚本(町) [やぶづかほん(まち)] 群馬(ぐんま) 현 남동부, 渡良瀬(わたらせ) 강의 大間々(おおまま) 선상지 중앙부에 있는 町.
手取湖 [てどりこ] 石川(いしかわ) 현 남부, 手取 강 상류에 있는 인공호.
水沢(市) [みずさわ(し)] 岩手(いわて) 현 중남부, 北上(きたかみ) 분지의 중앙부에 있는 市.
穂波(町) [ほなみ(まち)] 福岡(ふくおか) 현 중앙부에 있는 町.
須坂(市) [すざか(し)] 長野(ながの) 현 북동부, 千曲(ちくま) 강을 끼고 長野 시와 인접한 市.
袖ヶ浦(市) [そでがうら(し)] 千葉(ちば) 현 중서부, 東京 만에 면한 市.
須賀川(市) [すかがわ(し)] 福島(ふくしま) 현 남부에 있는 市.
水海道(市) [みつかいどう(し)] 茨城(いばらき) 현 남서부에서 동쪽으로 小貝(こかい) 강을 경계로 筑波(つくば) 시와 접하는 市.
須恵(町) [すえ(まち)] 福岡(ふくおか) 현 북서부에 있는 町.
水戸(市) [みと(し)] 茨城(いばらき) 현 중앙부에 자리잡은 현청 소재지.

【숙】

宿根木 [しゅくねぎ] 新潟(にいがた) 현 북서부, 佐渡(さどが) 섬 남단, 小木町(おぎまち)에 있는 한 지구.
宿毛(市) [すくも(し)] 高知(こうち) 현 남서부, 宿毛 만에 면한 市.
夙川 [しゅくがわ] 兵庫(ひょうご) 현 西宮(にしのみや) 시 서부를 남류하는 강.

【숭】

嵩山 [すせ] 愛知(あいち) 현 남동부, 豊橋(とよはし) 시 북동부에 있는 지구.

【습】

習志野(市) [ならしの(し)] 千葉(ちば) 현 북서부, 東京 만에 면한 市.

【승】

勝どき [かちどき] 東京 도 中央(ちゅうおう) 구 남부, 통칭 月島(つきしま) 내에 있는 지구.
勝連(町) [かつれん(ちょう)] 沖縄(おきなわ) 현 沖縄 섬 중앙부, 中城(なかぐすく) 만에 면한 町.
勝本(町) [かつもと(ちょう)] 長崎(ながさき) 현 壱岐(いき) 북서부에 있는 町.
勝北(町) [しょうぼく(ちょう)] 岡山(おかやま) 현 북동부, 津山(つやま) 분지 북동단에 있는 町.
勝山(市) [かつやま(し)] 福井(ふくい) 현 북동부의 상・공업 도시.
勝山(町) [かつやま(ちょう)] 岡山(おかやま) 현 북서부, 中国(ちゅうごく) 산지 남쪽 旭川(あさひがわ) 강 상류에 이르는 町.
昇仙峡 [しょうせんきょう] 山梨(やまなし) 현 북부, 笛吹(ふえふき) 강 지류의 계곡.
勝沼(町) [かつぬま(ちょう)] 山梨(やまなし) 현 중앙부, 甲府(こうふ) 분지 동단의 町.
桝水高原 [ますみずこうげん] 鳥取(とっとり) 현 서부, 大山(だいせん) 산 서쪽 사면의 고원.
乗鞍高原 [のりくらこうげん] 長野(ながの) 현 서부, 安曇村(あづみむら)의 남서부를 차지하는 고원.
勝央(町) [しょうおう(ちょう)] 岡山(おかやま) 현 동부, 津山(つやま) 분지 동쪽에 있는 町.
勝田(町) [かつた(ちょう)] 岡山(おかやま) 현 북동부, 梶並(かじなみ) 강 유역의 町.
勝浦(市) [かつうら(し)] 千葉(ちば) 현 남동부, 外房(そとぼう) 해안에 있는 도시.
勝浦(町) [かつうら(ちょう)] 徳島(とくしま) 현 동부, 勝浦 강의 중류에 있는 町.

【시】

矢巾(町) [やはば(ちょう)] 岩手(いわて) 현 중앙부, 盛岡(もりおか) 시(市) 남쪽에 있는 町.
市谷 [いちがや] 東京 도 新宿(しんじゅく) 구 북동부, 千代田(ちよだ) 구와 인접한 지구.
矢掛(町) [やかげ(ちょう)] 岡山(おかやま) 현 남서부, 小田(おだ) 강 중류에 있는 町.
矢口 [やぐち] 東京 도 大田(おおた) 구 남서부, 多摩(たま) 강을 끼고 川崎(かわさき) 시와 접하는 지구.
柿崎(町) [かきざき(まち)] 新潟(にいがた)

현 남서부, 頸城(くびき) 사구(砂丘)의 북단에 있는 町.

市島(町)［いちじま(ちょう)］兵庫(ひょうご) 현 북동부, 京都 부에 인접한 町.

矢島(町)［やしま(まち)］秋田(あきた) 현 남서부, 鳥海(ちょうかい) 산 북쪽 기슭에 있는 町.

市来(町)［いちき(ちょう)］鹿児島(かごしま) 현 서부(西部), 薩摩(さつま) 반도 북서부에 있는 町.

市来知［いちきしり］北海道 중앙부 三笠(みかさ) 시 서부의 지구.

柿の木坂［かきのきざか］東京 도 目黒(めぐろ) 구 북서부에 있는 지구.

市房山［いちふさやま］熊本(くまもと)・宮崎(みやざき) 두 현의 경계, 人吉(ひとよし) 분지 동쪽의 높은 봉우리.

矢本(町)［やもと(まち)］宮城(みやぎ) 현 중동부, 石巻(いしまき) 만에 면한 町.

矢部(町)［やべ(まち)］熊本(くまもと) 현 중동부, 緑川(みどりがわ) 강 상류에 있는 町.

柴山潟［しばやまがた］石川(いしかわ) 현 남서부에 있는 석호(潟湖).

矢上［やかみ］島根(しまね) 현 중부, 石見町(いわみちょう)의 중심 지구.

柴石温泉［しばせきおんせん］大分(おおいた) 현 別府(べっぷ) 시 북부에 있는 온천.

矢野口［やのくち］東京 도 중남부, 稲城(いなぎ) 시 동부, JR南武(なんぶ) 선 矢野口 역 주변의 주택・공업 지구.

柿野温泉［かきのおんせん］岐阜(ぎふ) 현 남동부, 土岐(とき) 시 남부에 있는 온천.

柴又［しばまた］東京 도 동부, 江戸(えど) 강 서안에 있는 지구.

市原(市)［いちはら(し)］千葉(ちば) 현 중앙부, 東京 만안(灣岸)에 있는 시.

柴垣海岸［しばがきかいがん］石川(いしかわ) 현 중북부, 羽咋(はくい) 시에 있는 해안.

矢作［やはぎ］愛知(あいち) 현 중앙부 岡崎(おかざき) 시 서부, 矢作 강 중류 우안의 충적 저지(沖積低地)를 차지하는 지구.

市場(町)［いちば(ちょう)］徳島(とくしま) 현 북부, 吉野(よしの) 강 중류에 있는 町.

柴田(町)［しばた(まち)］宮城(みやぎ) 현 남부, 阿武隈(あぶくま) 강과 白石(しらいし) 강의 합류점에 있는 町.

矢田川［やだがわ］兵庫(ひょうご) 현 북서부를 북류하는 강.

矢祭(町)［やまつり(まち)］福島(ふくしま) 현 남동단, 茨城(いばらき) 현과 접한 町.

時津(町)［とぎつ(ちょう)］長崎(ながさき) 현 남부, 長崎 시에 인접한 町.

市川(町)［いちかわ(し)］千葉(ちば) 현 북서부, 江戸(えど) 강을 사이에 두고 東京 도와 인접한 시.

市川大門(町)［いちかわだいもん(ちょう)］山梨(やまなし) 현 甲府(こうふ) 분지 남쪽 끝에 있는 町.

矢ノ川峠［やのことうげ］三重(みえ) 현 남부, 尾鷲(おわせ)・熊野(くまの) 양시의 경계에 있는 고개.

矢吹(町)［やぶき(まち)］福島(ふくしま) 현 中通川(なかどおり) 지방 남부, 阿武隈(あぶくま) 강 서안에 있는 町.

矢板(市)［やいた(し)］栃木(とちぎ) 현 북부, 高原(たかはら) 산 동쪽 기슭에서 塩那(えんな) 구릉 북단으로 펼쳐진 시.

市貝(町)［いちかい(ちょう)］栃木(とちぎ) 현 남동부, 喜連(きつれ) 강 구릉지 남서쪽에 있는 町.

【식】

植木(町)［うえき(まち)］熊本(くまもと) 현 북부, 肥後(ひご) 대지의 서쪽 끝에 있는 町.

植木温泉［うえきおんせん］熊本(くまもと) 현 북부, 植木町(まち)의 田底(たそこ)・米塚(よねつか)에 있는 온천. ＊平島(ひらじま) 온천이라고도 함.

【신】

新(町)［しん(まち)］群馬(ぐんま) 현 남부, 埼玉(さいたま) 현에 인접한 町.

新甲子温泉［しんかしおんせん］福島(ふくしま) 현 남부에 있는 온천.

神岡(町)［かみおか(ちょう)］岐阜(ぎふ) 현의 최북단에 있는 町.

神岡(町)［かみおか(まち)］秋田(あきた) 현 중남부, 仙北(せんぼく) 평야 서부에 있는 町.

新居(町)［あらい(ちょう)］静岡(しずおか) 현 浜名(はまな) 호 남단에 있는 町.

神居古潭［かむいこたん］北海道 중앙부, 石狩(いしかり) 평야와 上川(かみかわ) 분지 사이에 있는 石狩 강의 협곡.

新居関［あらいせき］静岡(しずおか) 현 서부 新居町(あらいちょう)에 남아 있는 東海道(とうかいどう) 관문(關門). 국가 지정 특별 사적임.

新居浜(市)［にいはま(し)］愛媛(えひめ) 현 동부, 赤石(あかいし) 산맥의 북쪽, 燧灘(ひうちなだ) 에 면한 시.

新見(市)［にいみ(し)］岡山(おかやま) 현 북서부 新見 분지의 중심 도시.

新京極［しんきょうごく］京都 시 중심의, 河原町(かわらちょう) 상가 서쪽에 있는 번화가.

神鍋山［かんなべやま］兵庫(ひょうご) 현 북부에 있는 산.

新冠(町)［にいかっぷ(ちょう)］北海道 남부, 日高(ひだか) 산맥 남동 기슭의 태평양에 면한 町.

新橋［しんばし］東京 도 港(みなと) 구의 북동단, 中央(ちゅうおう) 구와 접하는 지구.

新宮(市)[しんぐう(し)] 和歌山(わかやま) 현 남동부에 있는 시.

神埼(町)[かんざき(まち)] 佐賀(さが) 현 동부에 있는 町.

神崎(町)[かんざき(ちょう)] 兵庫(ひょうご) 현 중앙부에 있는 町.

神崎(町)[こうざき(まち)] 千葉(ちば) 현 북부에 있는 町.

新南陽(市)[しんなんよう(し)] 山口(やまぐち) 현 남부, 瀬戸内海(せとないかい) 연안에 있는 시.

信濃(町)[しなの(まち)] 長野(ながの) 현 북쪽 끝에 있는 町.

信濃川[しなのがわ] 長野(ながの)・新潟(にいがた) 두 현에 걸쳐 흐르는 강.

信達[しんだち] 大阪 부의 남서부, 泉南(せんなん) 시 중남부에 있는 지구.

神島[かしま] 和歌山(わかやま) 현 중남부, 田辺(たなべ) 만 동남부에 있는 작은 섬.

新島[にいじま] 東京 都, 伊豆(いず) 제도에 속하며, 大島(おおしま) 섬의 남서 44km에 있는 활화산 섬.

新得(町)[しんとく(ちょう)] 北海道 남동부, 大雪(だいせつ) 산 국립 공원의 서부에 있는 町.

信楽(町)[しがらき(ちょう)] 滋賀(しが) 현 남단의 고원에 있는 町.

神楽坂[かぐらざか] 東京 都 新宿(しんじゅく) 구 북동부에 있는 지구.

神流川[かんながわ] 群馬(ぐんま) 현 남서부의 강으로 烏川(からすがわ) 강의 지류.

新利根(町)[しんとね(まち)] 茨城(いばらき) 현 남부, 小野(おの) 강과 新利根 강 중류 유역에 있는 町.

新木場[しんきば] 東京 都 江東(こうとう) 구 남동부, 東京 만안(灣岸)을 매립한 곳으로, 夢の島(ゆめのしま) 섬에 인접한 지구.

新発田[しばた] 新潟(にいがた) 현 북중부, 蒲原(かんばら) 평야(平野)의 중심에 있는 시.

神辺(町)[かんなべ(ちょう)] 広島(ひろしま) 현 동부, 岡山(おかやま) 현과의 경계에 있는 町.

神保町[じんぼうちょう] 東京 都 千代田(ちよだ) 구 북부에 있는 町.

新富[しんとみ] 東京 都 中央(ちゅうおう) 구 중앙부, 隅田(すみだ) 강 서안에 있는 지구.

新富(町)[しんとみ(ちょう)] 宮崎(みやざき) 현 중부, 一ツ瀬(ひとつせ) 강 좌안 日向灘(ひゅうがなだ)에 면한 町.

信夫山[しのぶやま] 福島(ふくしま) 현 북부, 福島 시가지 북쪽에 있는 산.

神山(町)[かみやま(ちょう)] 徳島(とくしま) 현 중앙부에 있는 町.

神栖(町)[かみす(まち)] 茨城(いばらき) 현 남부에 있는 町.

神石(町)[じんせき(ちょう)] 広島(ひろしま) 현 북동부, 吉備(きび) 고원(高原) 깊숙한 곳에 있는 町.

新潟(市)[にいがた(し)] 新潟 현 중북부, 信濃(しなの) 강 하구에 있는 시. 현청 소재지.

新城(市)[しんしろ(し)] 愛知(あいち) 현 동쪽 끝에 있는 시.

新世界[しんせかい] 大阪 시 浪速(なにわ) 구 남동쪽에 있는 환락가.

新篠津(村)[しんしのつ(むら)] 北海道 중앙부, 石狩(いしかり) 강 하류에 있는 村.

幸手[さって(し)] 埼玉(さいたま) 현 동쪽 끝 충적(沖積) 저지에 자리잡은 시.

新市(町)[しんいち(ちょう)] 広島(ひろしま) 현 남동부, 福山(ふくやま) 시와 府中(ふちゅう) 시 사이에 있는 町.

神室山地[かむろさんち] 宮城(みやぎ)・秋田(あきた)・山形(やまがた)의 3 현에 걸쳐 있는 奥羽(おうう) 산맥 중앙부에 있는 산지.

新十津川(町)[しんとつかわ(ちょう)] 北海道 중앙부, 増毛(ましけ) 산지의 동쪽에 있는 町.

新野峠[にいのとうげ] 長野(ながの) 현 阿南町(あなんちょう)와 愛知(あいち) 현 豊根村(とよねむら) 경계에 있는 고개.

新魚目(町)[しんうおのめ(ちょう)] 長崎(ながさき) 현 五島(ごとう) 열도 북부, 中通(なかどおり) 섬 북쪽 끝에 있는 町.

身延(町)[みのぶ(ちょう)] 山梨(やまなし) 현 남서부, 富士(ふじ) 강 유역에 있는 町.

新燃岳[しんもえだけ] 宮崎(みやざき) 현 小林(こばやし) 시와 鹿児島(かごしま) 현 霧島町(きりしまちょう) 경계에 있는 화산군의 한 봉우리.

新旭(町)[しんあさひ(ちょう)] 滋賀(しが) 현 북서부, 琵琶(びわ) 호 서안에 있는 町.

榊原温泉[さかきばらおんせん] 三重(みえ) 현 중부, 久居(ひさい) 시에 있는 온천.

神威岬[かむいみさき] 北海道 서부, 積丹(しゃこたん) 반도 북서쪽 동해로 돌출한 곳.

新庄(市)[しんじょう(し)] 山形(やまがた) 현 북부, 最上(もがみ) 지방의 중앙부에 있는 시.

新庄(町)[しんじょう(ちょう)] 奈良(なら) 현 북서부, 大阪 부와 인접한 町.

神田[かんだ] 東京 都 千代田(ちよだ) 구 북동부 일대의 지구.

新田(町)[にった(まち)] 群馬(ぐんま) 현 남동부, 利根(とね) 강 북안에 있는 町.

神前湾[かみざきわん] 三重(みえ) 현 남부에 있는 만.

新井(市)[あらい(し)] 新潟(にいがた) 현 남서부에 있는 공업 도시.

神庭ノ滝[かんばのたき] 岡山(おかやま) 현 북서부에 있는 폭포.

新座(市)[にいざ(し)] 埼玉(さいたま) 현 남단, 東京 도에 접하는 시.

新湊(市)[しんみなと(し)] 富山(とやま)

현 북서부, 富山 만에 면한 시.
信州新(町)[しんしゅうしん(まち)] 長野(ながの) 현 북부에 있으며, 동쪽 끝이 長野 시와 잇닿은 町.
新津(市)[にいつ(し)] 新潟(にいがた) 현 중부, 信濃(しなの) 강과 阿賀野(あがの) 강 사이의 주택도시.
神集島[かしわじま] 佐賀(さが) 현 북서부, 東松浦(ひがしまつうら) 반도 북동의 玄界灘(げんかいなだ)에 있는 섬.
新川[しんかわ] 東京 도 中央(ちゅうおう) 구 중동부에 있는 상업 지구.
神川(町)[かみかわ(まち)] 埼玉(さいたま) 현 북서단, 群馬(ぐんま) 현과 접한 町.
新川(町)[しんかわ(ちょう)] 愛知(あいち) 현 서부에 있는 町.
新湯温泉[あらゆおんせん] 栃木(とちぎ) 현 북부 塩原(しおばら) 온천 마을에 있는 온천.
信太山[しのだやま] 大阪 부 남쪽, 泉北(せんぼく) 구릉 서쪽의 대지(臺地).
神通川[じんづうがわ] 岐阜(ぎふ) 현 大野(おおの) 군 川上(かおれ) 산에서 발원하여, 富山(とやま) 만으로 흘러드는 강.
神坂峠[みさかとうげ] 長野(ながの) 현 阿智村(あちむら)와 岐阜(ぎふ) 현 中津川(なかつがわ) 시의 경계, 恵那(えな) 산 북동쪽에 있는 고개.
神郷(町)[しんごう(ちょう)] 岡山(おかやま) 현 북서단, 中国(ちゅうごく) 산지 위에 있는 町.
神恵内(村)[かもえない(むら)] 北海道 서부, 積丹(しゃこたん) 반도 서안(西岸)에 있는 村.
神戸(市)[こうべ(し)] 兵庫(ひょうご) 현 남동부, 大阪(おおさか) 만에 면한 시. 현청 소재지.
神戸(町)[こうど(ちょう)] 岐阜(ぎふ) 현 남부, 濃尾(のうび) 평야 북부부에 있는 町.
神戸川[かんどがわ] 島根(しまね) 현 동부, 出雲(いずも) 지방 서부를 북류하는 강.
新和(町)[しんわ(まち)] 熊本(くまもと) 현 남서부, 天草下(あまくさしも) 섬 남동부에 있는 町.

【실】

室根山[むろねさん] 岩手(いわて) 현 남동부, 大東町(だいとうちょう)와 室根村(むろねむら) 경계에 있는 산.
室堂平[むろどうだいら] 富山(とやま) 현 남동부, 立山(たてやま) 산 주봉인 雄山(おやま) 산 부근에 있는 용암 대지.
室蘭(市)[むろらん(し)] 北海道 남부, 噴火(ふんか) 만 동안(東岸)의 도시.
室生(村)[むろう(むら)] 奈良(なら) 북동부에 있으며, 三重(みえ) 현 名張(なばり) 시와 접한 산간에 있는 村.

室積半島[むろづみはんとう] 山口(やまぐち) 현 남동부, 光(ひかり) 시의 남동쪽으로 튀어나온 작은 반도.
室町通[むろまちどおり] 京都 시가지 중앙부의 남북로(路).
室津[むろつ] 高知(こうち) 현 남동부, 室戸(むろと) 시 남부의 지구.
室戸(市)[むろと(し)] 高知(こうち) 현 남동쪽 끝에 있는 시.
室戸岬[むろとみさき] 高知(こうち) 현 남동부의 태평양에 돌출한 곶.
室戸岬町[むろとみさきちょう] 高知(こうち) 현 남동부, 室戸(むろと) 시 남부의 지구.

【심】

深江(町)[ふかえ(ちょう)] 長崎(ながさき) 현 남동부, 有明(ありあけ) 해에 인접하고 있는 町.
深谷(市)[ふかや(し)] 埼玉(さいたま) 현 북부에 있는 시.
甚目寺[じもくじ(ちょう)] 愛知(あいち) 현 서부(西部), 名古屋(なごや) 시 서쪽 교외의 町.
深津市[ふかつのいち] 広島(ひろしま) 현 남동부, 福山(ふくやま) 시에 있던 奈良(なら) 시대의 시.
深川(市)[ふかがわ(し)] 北海道 중앙부, 石狩(いしかり) 평야 최북부에 있는 시.
深川湾[ふかわわん] 山口(やまぐち) 현 북부, 長門(ながと) 시의 青海(おうみ) 섬에서 日置町(へきちょう)의 今岬(いまみさき) 곶까지의 만(灣入).
深浦(町)[ふかうら(まち)] 青森(あおもり) 현 남서부, 동해에 면하고 있는 町.

【십】

十六島鼻[うっぷるいのはな] 島根(しまね) 현 북동부, 島根 반도의 북서부에 있는 곶.
十里木高原[じゅうりぎこうげん] 富士(ふじ) 산 남동 사면과 愛鷹(あしたか) 산 일대의 고원.
十文字(町)[じゅうもんじ(まち)] 秋田(あきた) 현 남부에 있는 町.
十三[じゅうそう] 大阪 시 淀川(よどがわ) 구 중앙부, 阪急(はんきゅう) 전철 十三 역을 중심으로 하는 지구.
十三本木峠[じゅうさんぼんぎとうげ] 岩手(いわて) 현 북부, 국도 4호에 있는 고개. *中山(なかやま)峠라고도 함.
十三湊[じゅうさんみなと] 青森(あおもり) 현 북서부, 津軽(つがる) 반도 서부의 十三湖(じゅうさんこ) 호수에 있던 항구.
十三塚原[じゅうさんつかばら] 鹿児島(かごしま) 만의 溝辺町(みぞべちょう)와 隼人町(はやとちょう)에 걸쳐 있는 대지.

十三湖 [じゅうさんこ] 青森(あおもり) 현 서부, 津軽(つがる) 평야 북단의 석호.
十勝川 [とかちがわ] 北海道 중앙부에서 남부로 흐르는 강.
十王(町) [じゅうおう(まち)] 茨城(いばらき) 현 북동부, 태평양에 면한 町.
十二社 [じゅうにそう] 東京 도 新宿(しんじゅく) 구 남서단에 있는 지구.
十二町潟 [じゅうにちょうがた] 富山(とやま) 현 서부, 万尾(もお) 강에 연한 석호.
十二湖 [じゅうにこ] 青森(あおもり) 현 남서부, 岩崎村(いわさきむら)에 있는 호소군(湖沼群).
十一カ寺 [じゅういっかじ] 東京 도 練馬(ねりま) 구 남동부에 있는 사원군(寺院群)과 그 구역의 통칭.
十日町(市) [とおかまち(し)] 新潟(にいがた) 현 중남부에 있는 시.
十種ヶ峰 [とくさがみね] 島根(しまね)・山口(やまぐち) 현 경계에 있는 산.
十津川 [とつがわ] 奈良(なら) 현 중남부에서 和歌山(わかやま) 현 남동부에 걸쳐 흐르는 강.
十和田(市) [とわだ(し)] 青森(あおもり) 현 동부에 있는 시.

【쌍】

双葉(町) [ふたば(まち)] 福島(ふくしま) 현 해안 지역 중부의 농업을 중심으로 하는 町.
双海(町) [ふたみ(ちょう)] 愛媛(えひめ) 현 중서부, 伊予灘(いよなだ)에 인접한 町.

【씨】

氏家(町) [うじいえ(まち)] 栃木(とちぎ) 현 중앙부, 鬼怒(きぬ) 강 동쪽 기슭 충적지(沖積地)에 있는 町.

 【아】

阿嘉島 [あかじま] 沖縄(おきなわ) 현 慶良間(けらま) 제도의 한 섬.
阿見(町) [あみ(まち)] 茨城(いばらき) 현 남부의 町.
阿久根(市) [あくね(し)] 鹿児島(かごしま) 현 북서부에 있는 해안 도시.
阿久比(町) [あぐい(ちょう)] 愛知(あいち) 현 남서부, 知多(ちた) 반도 중앙부에 있는 町.
阿南(市) [あなん(し)] 紀伊(きい) 수도(水道)에 면한, 徳島(とくしま) 현 남부의 중심 도시.
阿南(町) [あなん(ちょう)] 長野(ながの) 현 최남단에 있는 町.
阿多田島 [あたたじま] 瀬戸内海(せとないかい) 厳島(いつくしま) 남쪽에 있는 작은 섬.
阿闍羅山 [あじゃらやま] 青森(あおもり) 현 남서부, 大鰐町(おおわにまち)에 있는 산.
児島半島 [こじまはんとう] 岡山(おかやま) 현 중남부, 瀬戸内海(せとないかい)에 돌출한 반도.
阿東(町) [あとう(ちょう)] 山口(やまぐち) 현 북동부, 島根(しまね) 현에 인접한 町.
阿登佐岳 [あとさだけ] 北海道 북부, 択捉(えとろふ) 섬 서쪽에 있는 산.
阿武(町) [あぶ(ちょう)] 山口(やまぐち) 현 북동부, 동해에 면한 町.
阿武隈川 [あぶくまがわ] 福島(ふくしま) 현을 거쳐 宮城(みやぎ) 현에서 태평양으로 흘러들어가는 東北(とうほく) 지방 제2의 강.
阿倍野(区) [あべの(く)] 大阪 시 남부에 있는 구.
阿伏兎岬 [あぶとみさき] 広島(ひろしま) 현 남동부, 沼隈(ぬまくま) 반도 남단에 있는 곶.
阿寺の七滝 [あてらのななたき] 愛知(あいち) 현 동부, 阿寺 강 상류에 있는 일곱 단(段)의 단층애를 흘러내리는 폭포.
阿山(町) [あやま(ちょう)] 三重(みえ) 현 伊賀(いが) 지방 북부의 町.
阿蘇(町) [あそ(まち)] 熊本(くまもと) 현 북동부, 阿蘇(あそ) 칼데라 안에 형성된 町.
阿蘇山 [あそさん] 熊本(くまもと) 현 霧島(きりしま) 화산대(火山帯) 북단에 있는 이중식 활화산(二重式活火山).
阿蘇海 [あそかい] 京都 부 북서부, 宮津(みやづ) 만 안쪽에 있는 내해(內海).
我孫子(市) [あびこ(し)] 千葉(ちば) 현 북서부에 있는 시.
芽室(町) [めむろ(ちょう)] 北海道 남동부, 帯広(おびひろ) 시 서부에 인접한 町.
阿児(町) [あご(ちょう)] 三重(みえ) 현 志摩(しま) 반도에 있는 町.
児玉(町) [こだま(まち)] 埼玉(さいたま) 현 북서부에 있는 町.
阿仁(町) [あに(まち)] 秋田(あきた) 현 북부, 森吉(もりよし) 산 서쪽에 있는 町.
阿字ヶ浦 [あじがうら] 茨城(いばらき) 현 ひたちなか 시 북동부의 해안.
阿漕浦 [あこぎがうら] 三重(みえ) 현 津(つ) 시 남부, 伊勢(いせ) 만에 면한 해안.
阿佐谷 [あさがや] 東京 도 杉並(すぎなみ) 구 북동부의 지구.
阿曽温泉 [あそおんせん] 三重(みえ) 현 중부 大宮町(おおみやちょう) 남쪽에 있는 온천.
阿知須(町) [あじす(ちょう)] 山口(やまぐち) 현 중남부, 瀬戸内海(せとないかい) 연안에 있는 町.
阿哲台 [あてつだい] 岡山(おかやま) 현 서부, 吉備(きび) 고원(高原) 중앙부에 있는 석회암 대지.

阿波(町)[あわ(ちょう)] 徳島(とくしま) 북부, 吉野(よしの) 강 주류에 있는 町.
阿波(村)[あば(そん)] 岡山(おかやま) 현 북동부, 中国(ちゅうごく) 산지에 있는 村.
阿賀野川[あがのがわ] 福島(ふくしま)・新潟(にいがた)의 2현을 흘러 동해로 흘러드는 강.
阿賀川[あががわ] 福島(ふくしま) 현 阿賀野(あがの) 강의 지류.
阿寒(町)[あかん(ちょう)] 北海道 釧路(くしろ) 지청 중서부의, 阿寒 호 남쪽에 있는 町.
阿寒富士[あかんふじ] 北海道 동쪽, 雌阿寒(めあかん) 산의 기생 화산(寄生火山).
阿寒川[あかんがわ] 北海道 동쪽, 阿寒町(あかんちょう)를 지나 태평양으로 흐르는 강.
阿寒湖[あかんこ] 北海道 동쪽 釧路(くしろ) 지청 북쪽에 있는 호수.
阿寒湖畔温泉[あかんこはんおんせん] 北海道 동쪽, 阿寒(あかん) 호 남쪽 기슭에 있는 온천.

【악】

渥美(町)[あつみ(ちょう)] 愛知(あいち) 현 남부, 渥美 반도 끝에 있는 町.
岳温泉[だけおんせん] 福島(ふくしま) 현 중북부, 安達太良(あだたら) 산 중턱에 있는 온천.
鰐塚山地[わにつかさんち] 宮崎(みやざき) 현 남부의, 남북으로 길게 뻗은 산지.

【안】

安家洞[あっかどう] 岩手(いわて) 현 북동부, 岩泉町(いわいずみちょう)에 있는 종유굴(鍾乳窟).
安居島[あいじま] 愛媛(えひめ) 현 북부, 瀬戸内海(せとないかい)의 斎灘(いつきなだ)에 있는 작은 섬.
鞍掛峠[くらかけとうげ] 三重(みえ) 현 북단과 滋賀(しが) 현 동부 경계에 있는 고개.
安岐(町)[あき(まち)] 大分(おおいた) 현 북동부, 国東(くにさき) 반도 남쪽에 있는 町.
安濃(町)[あのう(ちょう)] 三重(みえ) 현 중부에 있는 町.
安達(町)[あだち(まち)] 福島(ふくしま) 현 북부, 福島 시와 二本松(にほんまつ) 시 사이에 있는 町.
安達ヶ原[あだちがはら] 福島(ふくしま) 현 중동부의 二本松(にほんまつ) 시에 있는 구릉성 대지(臺地).
安達太良山[あだたらやま] 福島(ふくしま) 현 중북부에 있는 화산.
安曇野[あずみの] 長野(ながの) 현 중앙부, 松本(まつもと) 분지 북반부의 총칭.
安曇川(町)[あどがわ(ちょう)] 滋賀(しが) 현 북서부, 琵琶(びわ) 호 북서안의 町.

安代(町)[あしろ(ちょう)] 岩手(いわて) 현 북서단에 있는 町.
安代温泉[あんだいおんせん] 長野(ながの) 현 북부 山ノ内(やまのうち) 온천 마을에 있는 온천.
安塔(町)[あんど(ちょう)] 奈良(なら) 현 奈良 분지 북서부에 있는 町.
安楽島[あらしま] 三重(みえ) 현 鳥羽(とば) 시 중앙부의 지구.
安楽川[あらかわ] 和歌山(わかやま) 현 북서부, 桃山町(ももやまちょう) 북부 지구.
安来(市)[やすぎ(し)] 島根(しまね) 현 동쪽 끝에 있는 시.
鞍馬[くらま] 京都(きょうと) 시가지 북부 산간지에 있는 지구.
安房峠[あぼうとうげ] 長野(ながの) 현 서부와 岐阜(ぎふ) 현 북동부를 연결하는 고개.
安倍峠[あべとうげ] 山梨(やまなし) 현 身延町(みのぶちょう)와 静岡(しずおか) 시 북부, 安倍 강 상류를 연결하는 고개.
安倍川[あべかわ] 山梨(やまなし) 현 安倍峠에서 발원하여 静岡(しずおか) 현 駿河(するが) 만에 흘러들어가는 강.
岸本(町)[きしもと(ちょう)] 鳥取(とっとり) 현 서부, 大山(だいせん) 산의 서쪽 기슭에 있는 町.
安富(町)[やすとみ(ちょう)] 兵庫(ひょうご) 현 남서부에 있는 町.
安比高原[あっぴこうげん] 岩手(いわて) 현 북서부, 八幡平(はちまんたい) 동쪽에 있는 여러 화산들의 북쪽 기슭에 펼쳐진 고원.
安城(市)[あんじょう(し)] 愛知(あいち) 현 중부의 安城ヶ原(あんじょうがはら)에 있는 시.
安城ヶ原[あんじょうがはら] 愛知(あいち) 현 중부에 있는 홍적 대지(洪積臺地).
鞍手(町)[くらて(まち)] 福岡(ふくおか) 현 북부, 直方(のおがた) 평야의 곡창 지대에 있는 町.
安乗崎[あのりざき] 三重(みえ) 현 志摩(しま) 반도의 的矢(まとや) 만 끝에 있는 곶.
安食[あじき] 千葉(ちば) 현 북부, 栄町(さかえまち) 서부의 지구.
安心院(町)[あじむ(まち)] 大分(おおいた) 현 중부에 있는 町.
安芸(市)[あき(し)] 高知(こうち) 현 남동부, 土佐(とさ) 만에 면한 도시.
安芸津(町)[あきつ(ちょう)] 広島(ひろしま) 현 남부, 瀬戸内海(せとないかい)에 면한 町.
安芸灘[あきなだ] 瀬戸内海(せとないかい) 서부, 広島(ひろしま) 현과 山口(やまぐち) 현에 걸쳐 있는 해역.
安芸平野[あきへいや] 高知(こうち) 현 남동부, 安芸 강・伊尾木(いおき) 강이 형성한 충적 평야.
安積[あさか] 福島(ふくしま) 현 郡山(こう

安積山 [あさかやま] 福島(ふくしま) 현 郡山(こおりやま) 시에 있는 산.
安田(町) [やすだ(ちょう)] 高知(こうち) 현 남부, 土佐(とさ) 만 연안에 있는 町.
安田(町) [やすだ(ちょう)] 新潟(にいがた) 현 북동부, 阿賀野(あがの) 강 우안 선상지(扇狀地)에 있는 町.
岸田川 [きしだがわ] 兵庫(ひょうご) 현 북서부, 中国(ちゅうごく) 산지의 扇ノ山(おうぎのせん) 산에서 발원하여, 거의 북류하여 동해에 흘러드는 강.
安佐 [あさ] 栃木(とちぎ) 현 남서부의 安蘇(あそ) 군과 佐野(さの) 시 일대의 지역 이름.
安佐南(区) [あさみなみ(く)] 広島(ひろしま) 중서부에 있는 구.
安佐北(区) [あさきた(く)] 広島(ひろしま) 시 북반부를 차지하는 구.
安中(市) [あんなか(し)] 群馬(ぐんま) 현 남서부의 시.
安塚(町) [やすづか(まち)] 新潟(にいがた) 현 남서부, 長野(ながの) 현에 인접한 町.
安治川 [あじがわ] 大阪 시 서부, 전의 淀川(よどがわ) 강 하류의 분류(分流).
安土 [あづち(ちょう)] 滋賀(しが) 현 중앙부, 琵琶(びわ) 호 남동부에 있는 町.
雁坂峠 [かりさかとうげ] 山梨(やまなし) 현 북동부와 埼玉(さいたま) 현의 경계에 있는 고개.
安八(町) [あんぱち(ちょう)] 岐阜(ぎふ) 현 濃尾(のうび) 평야 북서부에 있는 町.
安浦(町) [やすうら(ちょう)] 広島(ひろしま) 현 남부, 瀬戸内海(せとないかい) 연안에 있는 町.
安戸池 [あどいけ] 香川(かがわ) 현 동부, 引田町(ひけたちょう)에 있는 석호(潟湖).
岸和田(市) [きしわだ(し)] 大阪 부 남부의 공업 도시.

【알】

閼伽流山 [あかるさん] 長野(ながの) 현 佐久(さく) 시 북동부의 산.
閼伽井岳 [あかいだけ] 福島(ふくしま) 현 동부에 있는 산. *赤井岳(あかいだけ)로도 씀.

【암】

岩間(町) [いわま(まち)] 茨城(いばらき) 현 중앙부에 있는 涸沼(ひぬま) 강 우안에 위치한 町.
岩見沢(市) [いわみざわ(し)] 北海道 중앙부, 石狩(いしかり) 평야 동쪽 내륙에 있는 시.
岩菅山 [いわすげやま] 長野(ながの) 현 북동부 끝에 있는 산.
岩館海岸 [いわだてかいがん] 秋田(あきた) 현 북서단에 있는 경승지(景勝地).
岩国(市) [いわくに(し)] 山口(やまぐち) 현 최동단, 広島(ひろしま) 만에 인접한 시.
岩槻(市) [いわつき(し)] 埼玉(さいたま) 현 동부, 大宮(おおみや) 시 동쪽에 이웃하고 있는 시.
岩内(町) [いわない(ちょう)] 北海道 남서부, 積丹(しゃこたん) 반도 남서안에 있는 町.
岩代(町) [いわしろ(まち)] 福島(ふくしま) 현 중부, 阿武隈(あぶくま) 고지 서쪽 끝에 있는 구릉 일부에 조성한 町.
岩洞湖 [がんどうこ] 岩手(いわて) 현 중앙부, 丹藤(たんどう) 강 상류에 있는 인공호.
岩滝(町) [いわたき(ちょう)] 京都 부 북부, 宮津(みやづ) 만이 天ノ橋立(あまのはしだて)로 막혀 생긴, 阿蘇(あそ) 해에 면한 町.
岩瀬(町) [いわせ(まち)] 茨城(いばらき) 현 서단, 筑波(つくば) 산 북방의 岩瀬 분지에 있는 町.
岩木(町) [いわき(まち)] 青森(あおもり) 현 서남부에 있는 岩木산 명산이 있는 町.
岩美(町) [いわみ(まち)] 鳥取(とっとり) 현 북동부, 兵庫(ひょうご) 현과의 접경지에 있는 町.
暗峠 [くらがりとうげ] 大阪(おおさか) 부와 奈良(なら) 현의 경계에 있는 고개.
岩城(町) [いわき(まち)] 秋田(あきた) 현 중서부, 秋田 시와 本庄(ほんじょう) 시 사이에 있는 동해에 인접한 町.
岩沼(市) [いわぬま(し)] 宮城(みやぎ) 현 남부, 태평양에 면한 시.
岩手(町) [いわて(まち)] 岩手 현 북부, 岩手 군 북쪽에 있는 町.
岩室温泉 [いわむろおんせん] 新潟(にいがた) 현 중서부, 佐渡弥彦米山(さどやひこよねやま) 국립 공원 안의 多宝(たほう) 산 동쪽 기슭에 있는 온천.
庵原 [いはら] 静岡(しずおか) 현 清水(しみず) 시 중부의 지구.
岩殿山 [いわとのさん] 山梨(やまなし) 현 동부, JR 大月(おおつき) 역에서 북동으로 약 1.1 킬로미터 되는 곳에 있는 산.
岩井(市) [いわい(し)] 茨城(いばらき) 현 남서부, 利根(とね) 강을 경계로 千葉(ちば) 현 野田(のだ) 시와 인접한 시.
岩舟(町) [いわふね(まち)] 栃木(とちぎ) 현 남부, 栃木 시와 佐野(さの) 시(市) 사이에 있는 町.
岩倉(市) [いわくら(し)] 愛知(あいち) 현 서부, 名古屋(なごや) 시 북방 교외에 있는 위성 도시.
岩泉(町) [いわいずみ(ちょう)] 岩手(いわて) 현 북동부, 北上(きたかみ) 고지 북부에 있는 관광과 낙농을 주산업으로 하는 町.

岩村(町) [いわむら(ちょう)] 岐阜(ぎふ)현 남동부에 있는 町.

岩出(市) [いわで(ちょう)] 和歌山(わかやま)현 북부, 和歌山시와 접하고 있는 시.

岩出山(町) [いわでやま(まち)] 宮城(みやぎ)현 북서부, 大崎(おおさき) 평야의 서쪽 끝을 이루는 町.

庵治(町) [あじ(ちょう)] 香川(かがわ)현 高松(たかまつ) 시 북동쪽에 있는 町.

【압】

鴨島(町) [かもじま(ちょう)] 徳島(とくしま)현 동부, 吉野(よしの) 강 하류 남안(南岸)에 있는 町.

姶良(町) [あいら(ちょう)] 鹿児島(かごしま)현 鹿児島 시 근처에 있는 町.

鴨方(町) [かもがた(ちょう)] 岡山(おかやま)현 남서부에 있는 町.

押水(町) [おしみず(まち)] 石川(いしかわ)현 중앙부, 能登(のと) 반도 중심부에 있는 町.

鴨川(市) [かもがわ(し)] 千葉(ちば)현 남부, 外房(そとぼう) 해안에 있는 시.

【애】

愛東(町) [あいとう(ちょう)] 滋賀(しが)현 중남부, 愛知(えち) 강 북안에 있는 町.

愛発関 [あらちのせき] 福井(ふくい)현 敦賀市(つるが) 시에 있는, 고대 3관문(關門)의 하나.

愛別(町) [あいべつ(ちょう)] 北海道 중부 上川(かみかわ) 분지 북동쪽에 있는 町.

愛山渓温泉 [あいざんけいおんせん] 北海道 중앙부, 石狩(いしかり) 강의 지류인 安足間(あんたろま) 강 상류에 있는 온천.

愛野(町) [あいの(まち)] 長崎(ながさき)현 남동부, 島原(しまはら) 반도 북서부의 반도 입구에 있는 町.

愛鷹山 [あしたかやま] 静岡(しずおか)현 富士(ふじ) 산 남동쪽에 있는 산.

愛子 [あやし] 仙台(せんだい) 시 青葉(あおば) 구 동부의 지구.

愛知川(町) [えちがわ(ちょう)] 滋賀(しが)현 중앙부, 愛知 강 북동쪽 기슭에 있는 町.

愛川(町) [あいかわ(まち)] 神奈川(かながわ)현 북중부에 있는 町.

愛宕山 [あたごやま] 東京 도 港(みなと) 구 북동부, 山手(やまて) 대지 동쪽 끝에 있는 작은 언덕.

【액】

額田(町) [ぬかた(ちょう)] 愛知(あいち)현 동부, 矢作(やはぎ) 강 지류인 男川(おとがわ) 강 상류에 있는 町.

【앵】

桜江(町) [さくらえ(ちょう)] 島根(しまね)현 중앙부, 江の川(ごうのかわ) 강 유역에 있는 町.

鶯谷 [うぐいすだに] 東京 도 台東(たいとう) 구 북서부, 上野(うえの) 공원 북단에 있는 鶯谷 철도역을 중심으로 한 지구의 통칭.

桜島(町) [さくらじま(ちょう)] 鹿児島(かごしま)현 거의 중앙에 있는 町.

鶯宿温泉 [おうしゅくおんせん] 岩手(いわて)현 중서부, 雫石町(しずくいしちょう) 남부를 흐르는 雫石 강의 지류인 鶯宿 강에 인접한 온천.

桜井(市) [さくらい(し)] 奈良(なら)현 중북부에 있는 시.

鶯沢(町) [うぐいすざわ(ちょう)] 宮城(みやぎ)현 북서부, 栗駒(くりこま) 산 동쪽 기슭에 있는 町.

【야】

あきる野(市) [あきるの(し)] 東京 도 서부에 있는 시.

野間半島 [のまはんとう] 鹿児島(かごしま)현 남서부, 薩摩(さつま) 반도 최서단에 돌출한 반도.

野尻(町) [のじり(ちょう)] 宮崎(みやざき)현 남서부에 있는 町.

夜久野(町) [やくの(ちょう)] 京都 부 북서부, 북・서・남쪽으로 兵庫(ひょうご) 현과 접하는 町.

野口五郎岳 [のぐちごろうだけ] 富山(とやま)현 大山町(おおやままち)와 長野(ながの)현 大町(おおまち) 시에 걸쳐 있는, 飛騨(ひだ) 산맥 중앙부의 산.

野島崎 [のじまざき] 千葉(ちば)현 남부, 房総(ぼうそう) 반도 최남단, 白浜町(しらはま) 에 있는 岬.

耶馬渓(町) [やばけい(まち)] 大分(おおいた)현 북서부, 耶馬(やば) 계곡의 중심에 있는 町.

野麦峠 [のむぎとうげ] 長野(ながの)현 奈川(ながわ)・岐阜(ぎふ)현 高根(たかね) 두 村의 경계에 있는 고개.

野母崎(町) [のもざき(ちょう)] 長崎(ながさき)현 남부, 長崎 반도 남단과 남해상에 있는 樺島(かばしま) 섬을 차지한 町.

野木(町) [のぎ(まち)] 栃木(とちぎ)현 남단에 있는 町.

野反湖 [のぞりこ] 群馬(ぐんま)현 북서부, 中津(なかつ) 강 상류인 魚野(うお) 강에 있는 인공 호수.

野辺山高原 [のべやまこうげん] 長野(ながの)현 동부, 南牧村(みなみまきむら)의 거의 동쪽 반을 차지하는 고원.

野辺地(町)[のへじ(まち)] 青森(あおもり)현 중동부, 下北(しもきた) 반도 기부(基部)에 있는 町.

野付水道 [のつけすいどう] 北海道 동부, 野付 곶과 国後(くなしり) 섬 ノツエト 곶 사이의 수도.

野上(町) [のかみ(ちょう)] 和歌山(わかやま)현 서부, 海南(かいなん) 시의 동쪽과 접하는 町.

夜須(町) [やす(ちょう)] 高知(こうち)현 남동부, 土佐(とさ) 만 연안에 있는 町.

夜須(町) [やす(まち)] 福岡(ふくおか)현 중앙부, 筑紫(つくし) 평야 북부에 있는 町.

野市(町) [のいち(ちょう)] 高知(こうち)현 중앙, 香長(かちょう) 평야 동부, 物部(ものべ) 강 하류에 있는 町.

野々市(町) [ののいち(まち)] 石川(いしかわ)현 중앙부, 手取(てどり) 강 선상지(扇狀地) 동부에 있는 町.

爺爺岳 [ちゃちゃだけ] 北海道 동부, 国後(くなしり) 섬 북동부에 있는 2중식 원추 화산.

野栄(町) [のさか(まち)] 千葉(ちば)현 북동부, 下総(しもうさ) 대지의 남부에 있는 町.

野田(市) [のだ(し)] 千葉(ちば)현 북서단, 下総(しもうさ) 대지에 있는 시.

野田川(町) [のだがわ(ちょう)] 京都 부 북부의 町.

野洲(町) [やす(ちょう)] 滋賀(しが)현 중남부, 野洲 강 동쪽 연안에 있는 町.

野地温泉 [のじおんせん] 福島(ふくしま)현 북동부, 福島 시 남서쪽 끝에 있는 온천.

野津(町) [のつ(まち)] 大分(おおいた)현 남동부에 있는 町. 북부는 大分 시와 접함.

野津原(町) [のつはる(まち)] 大分(おおいた)현 중앙부, 大分 시 남서부와 인접한 町.

夜叉神峠 [やしゃじんとうげ] 山梨(やまなし)현 서부, 甲府(こうふ) 분지 서부에 있는 고개.

野村(町) [のむら(ちょう)] 愛媛(えひめ)현 남부, 肱川(ひじかわ) 강 상류의 町.

野沢温泉 [のざわおんせん] 長野(ながの)현 북동부에 있는 온천.

野寒布岬 [のしゃっぷみさき] 北海道 북부, 稚内(わっかない) 시 북서단에 있는 곶. ＊ノサップ岬로도 씀.

【약】

若宮(町) [わかみや(まち)] 福岡(ふくおか)현 북부, 犬鳴(いぬなき) 강 상류에 있는 町.

若柳(町) [わかやなぎ(ちょう)] 宮城(みやぎ)현 북부, 岩手(いわて)현과 접하는 町.

若美(町) [わかみ(まち)] 秋田(あきた)현 서부, 男鹿(おが) 반도의 기부(基部)에 있는 町.

若松(町) [わかまつ(ちょう)] 長崎(ながさき)현(縣) 五島(ごとう) 열도(列島)의 중앙부에 있는 町.

若桜(町) [わかさ(ちょう)] 鳥取(とっとり)현 남동부에 있는 町.

薬研温泉 [やげんおんせん] 青森(あおもり)현 북부, 下北(しもきた) 반도의 북부 산록에 있는 온천.

若草(町) [わかくさ(ちょう)] 山梨(やまなし)현 서부, 甲府(こうふ) 분지 서쪽 가에 있는 町.

若狭湾 [わかさわん] 本州의 동해쪽 중앙부에 있는 만.

【양】

養老(町) [ようろう(ちょう)] 岐阜(ぎふ)현 남서부, 濃尾(のうび) 평야 서쪽 끝 牧田(まきだ) 강 기슭에 있는 町.

養老ノ滝 [ようろうのたき] 岐阜(ぎふ)현 남서부와 三重(みえ)현 경계에 걸쳐 있는 養老 산지의 북동쪽 산기슭에 있는 폭포.

養父(町) [やぶ(ちょう)] 兵庫(ひょうご)현 중북부에 있는 町.

様似(町) [さまに(ちょう)] 北海道 남부, 日高(ひだか) 산맥 서쪽 태평양에 면한 町.

羊蹄山 [ようていざん] 北海道 서부, 後志(しりべし) 산지 중앙의 화산.

【어】

御代田(町) [みよた(まち)] 長野(ながの)현 동부(東部), 浅間(あさま) 산 남쪽 기슭에 있는 町.

魚島 [うおしま] 愛媛(えひめ)현 동부, 燧灘(ひうちなだ) 중앙부에 있는 섬.

御徒町 [おかちまち] 東京도 台東(たいとう)구 남서부, 上野(うえの)역 남쪽에 있는 지구.

御来屋 [みくりや] 鳥取(とっとり)현 서부, 名和町(なわちょう)의 중심 지구.

魚梁瀬 [やなせ] 高知(こうち)현 동부, 奈半利(なはり) 강 상류의 임업 취락.

御坊(市) [ごぼう(し)] 和歌山(わかやま)현 서부, 日高(ひだか) 강 어귀에 있는 시.

御浜(町) [みはま(ちょう)] 三重(みえ)현 남부에 있는 町.

御船(町) [みふね(まち)] 熊本(くまもと)현 중부, 熊本 평야 동부에 있는 町.

御所(市) [ごせ(し)] 奈良(なら)현 서부에 있는 시. 서쪽으로 大阪 부와 접함. 역사가 오랜 도시로 고분과 유적·사원이 많음.

魚沼丘陵 [うおぬまきゅうりょう] 新潟(にいがた)현 남부에 비스듬히 펼쳐지고 있는 구릉의 하나.

御巣鷹山 [おすたかやま] 群馬(ぐんま)현 남서단, 関東(かんとう) 산지의 안쪽 神流(かんな) 강 발원지에 있는 산.

御所浦(町) [ごしょうら(まち)] 熊本(くま

もと) 현 남서부, 御所浦 섬 등 18개 섬으로 이루어진 町.
御宿(町) [おんじゅく(まち)] 千葉(ちば) 현 남중부, 外房(そとぼう) 해안에 인접한 어업과 관광의 町.
御嵩(町) [みたけ(ちょう)] 岐阜(ぎふ) 현 남중부, 可児(かに) 시와 瑞浪(みずなみ) 시 사이에 있는 町.
御神楽岳 [みかぐらだけ] 新潟(にいがた) 현 동부, 上川村(かみかわむら)에 있는 산.
御岳渓谷 [みたけけいこく] 東京 도 북서부, 青梅(おうめ) 시 서부에 있는 多摩(たま) 강 계곡.
御嶽山 [おんたけさん] 長野(ながの)・岐阜(ぎふ) 두 현의 경계에 있는 산.
御荘(町) [みしょう(ちょう)] 愛媛(えひめ) 현 남서부, 豊後(ぶんご) 수도(水道)의 내해(內海)에 면한 町.
御蔵島(村) [みくらじま(むら)] 東京 도 伊豆(いず) 제도의 御蔵 섬 전역을 차지하고 있는 村.
御在所山 [ございしょやま] 三重(みえ) 현과 滋賀(しが) 현의 경계에 있는 산.
御前崎(町) [おまえざき(ちょう)] 静岡(しずおか) 현 최남단, 御前崎 일대를 차지한 町.
御殿山 [ごてんやま] 東京 도 品川(しながわ) 구에 있는 한 지구. 고급 맨션 지대.
御殿場(市) [ごてんば(し)] 静岡(しずおか) 현 북동부에 있는 시. 富士(ふじ) 산 분화로 인한 재해가 컸던 고장.
御井 [みい] 福岡(ふくおか) 현 남서부, 久留米(くるめ) 시 동부에 있는 지구.
御調(町) [みつぎ(ちょう)] 広島(ひろしま) 현 남동부, 尾道(おのみち) 시 북쪽에 접하는 町.
魚釣島 [うおつりじま] 沖縄(おきなわ) 현 琉球(りゅうきゅう) 제도 서부에 있는 무인도.
御厨 [みくりや] 長崎(ながさき) 현 북부, 松浦(まつうら) 시 서부에 있는 지구.
御池 [みいけ] 宮崎(みやざき) 현 남서부, 都城(みやこのじょう) 시와 高原町(たかはるちょう) 경계에 있는 화구호.
魚津(市) [うおづ(し)] 富山(とやま) 현 북동부, 富山 만에 접하고 있는 시.
御津(町) [みつ(ちょう)] 兵庫(ひょうご) 현 남서부에 있는 町.
御津(町) [みと(ちょう)] 愛知(あいち) 현 남동부, 三河(みかわ) 만에 면한 町.
御茶ノ水 [おちゃのみず] 東京 도 千代田(ちよだ) 구 북동부, JR 中央(ちゅうおう) 선 御茶ノ水 역을 중심으로 하는 神田(かんだ) 강 일대의 통칭.
魚取沼 [ゆとりぬま] 宮城(みやぎ) 현 중서부, 宮崎町(みやざきちょう)와 小野田町(おのだまち)의 경계에 있는 늪.
御坂(町) [みさか(ちょう)] 山梨(やまなし) 현 중앙부, 甲府(こうふ) 분지(盆地)의 남부에 있는 町.

御荷鉾山 [みかぼやま] 群馬(ぐんま) 현 남서부, 藤岡(ふじおか) 시와 万場(まんば)・鬼石(おにし) 두 町의 경계에 있는 산.

【억】

憶原 [あわきがはら] 宮崎(みやざき) 현 宮崎 시 북동부 지구.

【언】

彦根(市) [ひこね(し)] 滋賀(しが) 현 중동부, 琵琶(びわ) 호 동안에 있는 시.
彦島 [ひこしま] 山口(やまぐち) 현 남서단, 関門(かんもん) 해협의 서쪽 입구에 있는 섬.
言問橋 [こといばし] 東京 도내 隅田(すみだ) 13개 다리 중의 하나.

【엄】

厳島 [いつくしま] 広島(ひろしま) 현 広島 만 서쪽에 있는 섬.
厳木(町) [きゅうらぎ(まち)] 佐賀(さが) 현 중앙부, 厳木 강 유역에 있는 町.
奄美大島 [あまみおおしま] 鹿児島(かごしま) 현 庵美 제도 중 가장 큰 섬. ＊大島(おおしま)라고도 함.
厳原(町) [いづはら(まち)] 長崎(ながさき) 현 対馬(つしま) 섬 남단에 있는 町.

【여】

与那国(町) [よなぐに(ちょう)] 琉球(りゅうきゅう) 제도 남부의 与那国 섬을 차지하는 町.
与那城(町) [よなしろ(ちょう)] 沖縄(おきなわ) 현 沖縄 섬 중남부 勝連(かつれん) 반도 북반부와 몇 개의 섬으로 형성된 町.
与那原(町) [よなばる(ちょう)] 沖縄(おきなわ) 섬 남부, 中城(なかぐすく) 만에 면한 町.
与那覇岳 [よなはだけ] 沖縄(おきなわ) 섬 북부, 国頭(くにがみ) 산지 북부의 산.
与論(町) [よろん(ちょう)] 鹿児島(かごしま) 현 奄美(あまみ) 제도의 최남단, 与論 섬 전역을 차지한 町.
余目(町) [あまるめ(まち)] 山形(やまがた) 현 북서부, 庄内(しょうない) 평야 중앙부에 있는 町.
与勝諸島 [よかつしょとう] 沖縄(おきなわ) 현의 沖縄 섬 중남부, 勝連(かつれん) 반도에 가까운 해상에 있는 도서(島嶼)群). 8개 섬으로 이루어짐.
余市(町) [よいち(ちょう)] 北海道 서부, 積丹(しゃこたん) 반도 동쪽 기부(基部)에 있으며, 동해에 면한 町.

与野(市)[よの(し)] 埼玉(さいたま) 현 남동부에 있는 시.
余呉(町)[よご(ちょう)] 滋賀(しが) 현 최북단에 있는 町.
如意ヶ岳[にょいがたけ] 京都 시 북동부에 있는 東山(ひがしやま) 연봉의 주봉.
与板(町)[よいた(まち)] 新潟(にいがた) 현 중서부에 있는 町.

【역】

駅館川 [やっかんがわ] 大分(おおいた) 현 북부를 북류하는 강.

【연】

燕(市)[つばめ(し)] 新潟(にいがた) 현 중앙부에 있는 시.
延岡(市)[のべおか(し)] 宮崎(みやざき) 현 북부, 五ヶ瀬(ごかせ) 강 하류에 있는 시.
煙樹ヶ浜[えんじゅがはま] 和歌山(わかやま) 현 중부를 흐르는 日高(ひだか) 강 하구에서 북으로 뻗친 사력(沙礫) 해안.
燕岳[つばくろだけ] 長野(ながの) 현 서부, 常念(じょうねん) 산맥 북부의 산.
鉛温泉[なまりおんせん] 岩手(いわて) 현 중서부, 花巻(はなまき) 시 북부, 豊沢(とよさわ) 강 상류 산간에 있는 온천.

【열】

熱塩温泉 [あつしおおんせん] 福島(ふくしま) 현 북부에 있는, 옛날부터 있던 온천.
熱川温泉 [あたがわおんせん] 静岡(しずおか) 현 東伊豆(ひがしいず) 온천 마을의 대표적 온천.
熱海(市) [あたみ(し)] 静岡(しずおか) 현 동부의 온천 관광 도시.
熱海温泉 [あたみおんせん] 熱海 시내에 있는 온천.

【염】

塩江(町)[しおのえ(ちょう)] 香川(かがわ) 현 중남부, 香東(こうとう) 강 상류 지역에 있는 町.
塩見岳[しおみだけ] 長野(ながの) 현 남부 長谷村(はせむら)와 静岡(しずおか) 시 경계에 있는 고개.
塩尻(市) [しおじり(し)] 長野(ながの) 현 중앙부, 松本(まつもと) 분지(盆地) 남단에 있는 도시.
塩谷(町)[しおや(まち)] 栃木(とちぎ) 현 중앙부, 高原(たかはら) 산 남쪽 기슭에 있는 町.
塩山(市) [えんざん(し)] 山梨(やまなし) 현 동부에 있는 시.
塩原(町)[しおばら(まち)] 栃木(とちぎ) 현 북부, 수많은 온천으로 유명한 町.
塩田(町)[しおだ(ちょう)] 佐賀(さが) 현 남서부, 塩田 강 유역에 있는 町.
染井[そめい] 東京 도 豊島(としま) 구 북동단, 駒込(こまごめ)・巣鴨(すがも) 역 부근의 옛 지명.
塩竈(市) [しおがま(し)] 宮城(みやぎ) 현 중앙부에 있는 항만 도시. 역 이름이나 항구 이름으로는 塩釜로 씀.
塩川(町)[しおかわ(まち)] 福島(ふくしま) 현 북서부, 会津(あいづ) 분지(盆地) 중앙부에 있는 町.
塩沢(町)[しおざわ(まち)] 新潟(にいがた) 현 남부에 있는 町.
塩飽諸島 [しわくしょとう] 瀬戸内海(せとないかい)에 있는 28개의 섬.

【엽】

葉山(町)[はやま(まち)] 神奈川(かながわ) 현 남동부, 三浦(みうら) 반도(半島) 서부에 있는 町.

【영】

栄(町) [さかえ(まち)] 千葉(ちば) 현 북부에 있는 町.
永福 [えいふく] 東京 도 杉並(すぎなみ) 구 남서부, 甲州(こうしゅう) 가도를 경계로 世田谷(せたがや) 구와 접하고 있는 지구.
英彦山 [ひこさん] 福岡(ふくおか) 현 添田町(そえだまち)와 大分(おおいた) 현 山国町(やまくにまち) 경계에 있는 英彦 산지의 주봉.
穎娃(町) [えい(ちょう)] 鹿児島(かごしま) 현 남부에 있는 薩摩(さつま) 반도의 남부, 동중국해에 인접한 町.
英虞湾 [あごわん] 三重(みえ) 현 志摩(しま) 반도 남부에 있는 만.
永源寺(町) [えいげんじ(ちょう)] 滋賀(しが) 현 중동부, 愛知(えち) 강 상류에 있는 町.
英田(町) [あいだ(ちょう)] 岡山(おかやま) 현 吉備(きび) 고원 남동부에 있는 町.
穎田(町) [かいた(まち)] 福岡(ふくおか) 현 중앙부, 嘉穂(かほ) 분지 북단에 있는 町.
永田岳 [ながただけ] 鹿児島(かごしま) 현 熊毛(くまげ) 군 屋久(やく) 섬 중앙부에 있는 산.
永平寺(町) [えいへいじ(ちょう)] 福井(ふくい) 현 북부, 九頭竜(くずりゅう) 강을 따라 형성된 町.

【예】

刈谷(市) [かりや(し)] 愛知(あいち) 현 중앙부, 岡崎(おかざき) 평야 서부에 자리한 공

업 도시.
刈谷田川 [かりやたがわ] 新潟(にいがた) 현 중앙부를 흐르는 信濃(しなの) 강의 지류.
芸濃(町) [げいのう(ちょう)] 三重(みえ) 현 중북부, 安濃(あのう) 강 상류 지역에 있는 町.
芸北(町) [げいほく(ちょう)] 広島(ひろしま) 현 북서부, 島根(しまね) 현과 경계를 이루는 고원 지대에 있는 町.
猊鼻渓 [げいびけい] 岩手(いわて) 현 남부에 있는 砂鉄(さてつ) 강 계곡.
苅田(町) [かんだ(まち)] 福岡(ふくおか) 현 북동부, 北九州(きたきゅうしゅう) 시의 남동부와 접하고 있는 町.
蘂取(村) [しべとろ(むら)] 北海道 동쪽 끝, 択捉(えとろふ) 섬 최동단(最東端)의 村.

【오】

呉(市) [くれ(し)] 広島(ひろしま) 현 남서부에 있는 중공업 도시.
五個荘(町) [ごかしょう(ちょう)] 滋賀(しが) 현 중앙부, 愛知(えち) 강 남서쪽 기슭 선상지에 있는 町.
奥尻(町) [おくしり(ちょう)] 北海道 남서부, 渡島(おしま) 반도 서안의 동해상에 있는 奥尻 섬을 중심으로 한 町.
奥能登 [おくのと] 石川(いしかわ) 현 북부, 能登(のと) 반도의 선단부로, 관광 자원이 풍부.
奥多摩(町) [おくたま(まち)] 東京 도의 최서부, 関東(かんとう) 산지 안에 있는 町.
奥丹後半島 [おくたんごはんとう] 京都 부 북서부의 동해로 돌출한 반도. ＊丹後半島 · 与謝(よさ) 半島라고도 함.
五島列島 [ごとうれっとう] 長崎(ながさき) 현 서부 동중국해상에 있는 141개의 섬. 사람이 사는 섬은 50개.
奥道後温泉 [おくどうごおんせん] 愛媛(えひめ) 현 중북부, 道後 온천의 북동쪽 약 4 km 지점에 있는 온천.
五ヶ瀬(町) [ごかせ(ちょう)] 宮崎(みやざき) 현 북서부에 있는 町.
奥蓼科温泉郷 [おくたてしなおんせんきょう] 長野(ながの) 현 중앙부, 茅野(ちの) 시 동부에 있는 온천 마을.
五龍岳 [ごりゅうだけ] 長野(ながの) 현 북서부에 있는 산.
烏帽子岳 [えぼしだけ] 岩手(いわて) 현 雫石(しずくいしちょう)와 秋田(あきた) 현 田沢湖町(たざわこまち) 사이에 있어 두 현의 경계를 이루는 산.
五木(村) [いつき(むら)] 熊本(くまもと) 현 九州 산지 중앙부에 있는 村.
奥武島 [おうじま] 沖縄(おきなわ) 현 沖縄 섬 서방 약 100 km, 久米(くめ) 섬 동쪽에 있는 섬.

奥武蔵 [おくむさし] 埼玉(さいたま) 현 남서부, 飯能(はんのう) 시와 日高(ひだか) 시에 걸친 武蔵野 대지 안쪽 깊숙이 있는 산지의 총칭.
五反田 [ごはんだ] 東京 도 品川(しながわ) 구 북동부에 있는 한 지구. 철도 · 지하철역을 중심으로 환락가 · 상점이 이를 겸비함.
烏山(町) [からすやま(まち)] 栃木(とちぎ) 현 동단에 있는 町.
烏森 [からすもり] 東京 도 港(みなと) 구 북동부에 있는 한 지구.
五色(町) [ごしき(ちょう)] 兵庫(ひょうご) 현 淡路(あわじ) 섬 서부에 있는 町.
五色台 [ごしきだい] 香川(かがわ) 현 중북부, 3개의 市 · 町에 걸치는 산지.
五城目(町) [ごじょうめ(まち)] 秋田(あきた) 현 중부에 있는 町.
五所川原 [ごしょがわら(し)] 青森(あおもり) 현 북서부에 있는 시. 津軽(つがる) 북서 지방의 정치 · 경제의 중심지.
五十公野 [いじみの] 新潟(にいがた) 현 북부, 新発田(しばた) 시의 한 지구.
五十崎(町) [いかざき(ちょう)] 愛媛(えひめ) 현 중서부 산간(山間)에 있는 町.
五十嵐川 [いからしがわ] 新潟(にいがた) 현 중앙부를 흐르는 信濃(しなの) 강의 지류.
五十鈴川 [いすずがわ] 三重(みえ) 현 神路(かみじ) 산에서 발원, 伊勢(いせ) 시를 흐르는 강.
五十里湖 [いかりこ] 栃木(とちぎ) 현 鬼怒(きぬ) 강 지류에 있는 인공호.
五十猛 [いそたけ] 島根(しまね) 현 중북부, 大田(おおだ) 시 서부의 한 지구.
奥羽山脈 [おううさんみゃく] 일본 동북 지방의 중앙을 남북으로 뻗쳐 있는 일본 제1의 산맥.
奥日光 [おくにっこう] 栃木(とちぎ) 현 북서부, 群馬(ぐんま) 현과 인접한 日光(にっこう) 국립 공원의 중심 지역.
五日市 [いつかいち] 東京 도 서부, あきる野(の) 시 서부에 있는 町.
奥入瀬川 [おいらせがわ] 青森(あおもり) 현 十和田(とわだ) 호를 수원지로 하는 강.
五條(市) [ごじょう(し)] 奈良(なら) 현 서부에 있는 시. 유서 깊은 고장으로 吉野(よしの) 강변에는 고대 유적이 분포함.
奥州街道 [おうしゅうかいどう] 東京 도 足立(あだち) 구 千住(せんじゅ)에서 동북 지방을 거쳐 青森(あおもり) 현 津軽(つがる)에 이르는 가도.
奥只見湖 [おくただみこ] 福島(ふくしま) · 新潟(にいがた) 현 경계에 있는 奥只見 댐의 건설로 이루어진 인공호. ＊銀山湖(ぎんざんこ)라고도 함.
奥津(町) [おくつ(ちょう)] 岡山(おかやま) 현 북부, 中国(ちゅうごく) 산지를 흐르는 吉井(よしい) 강 상류에 있는 町.

吾妻(町) [あづま(ちょう)] 長崎(ながさき) 현 남동부, 諫早(いさはや) 만 안의 町.

吾妻(町) [あがつま(まち)] 群馬(ぐんま) 현 북서부에 있는 町.

吾妻川 [あがつまがわ] 群馬(ぐんま) 현 서부에 있는 강. 利根(とね) 강에 합류됨.

五泉(市) [ごせん(し)] 新潟(にいがた) 현 중앙부에 있는 직조업을 주로 하는 시.

吾平(町) [あいら(ちょう)] 鹿児島(かごしま) 현 大隅(おおすみ) 반도 중남부에 있는 町.

五霞(町) [ごか(まち)] 茨城(いばらき) 현 남서부, 利根(とね) 강 남쪽에 있는 町.

五戸(町) [ごのへ(まち)] 青森(あおもり) 현 남동부에 있는 町.

五和(町) [いつわ(まち)] 熊本(くまもと) 현 남서부, 天草(あまくさ)의 下島(しもじま) 섬 북부에 있는 町.

烏丸通 [からすまどおり] 京都 시가지 중부의 남북 간선 도로.

【옥】

屋久(町) [やく(ちょう)] 鹿児島(かごしま) 현 屋久(やく) 섬의 남부에 있는 町.

屋久島 [やくしま] 鹿児島(かごしま) 현 薩摩(さつま) 반도 開聞(かいもん) 곶의 남쪽 약 80 km에 있는 섬.

屋代 [やしろ] 長野(ながの) 현 북부, 更埴(こうしょく) 시의 중심 지구.

玉島川 [たましまがわ] 佐賀(さが) 현의 북서부를 서류하는 강.

玉東(町) [ぎょくとう(まち)] 熊本(くまもと) 현 북부, 玉名(たまな) 군 동부에 있는 町.

玉名(市) [たまな(し)] 熊本(くまもと) 현 북부에 있는 시.

玉城(町) [たまき(ちょう)] 三重(みえ) 현 중동부에 있는 町.

玉穂(町) [たまほ(ちょう)] 山梨(やまなし) 현 중앙부에 있는 町.

玉野(市) [たまの(し)] 岡山(おかやま) 현 남부에 있는 시.

玉造(町) [たまつくり(まち)] 茨城(いばらき) 현 남동부에 있는 町.

玉之浦(町) [たまのうら(ちょう)] 長崎(ながさき) 현 福江(ふくえ) 섬 서부의 町.

玉川(町) [たまがわ(ちょう)] 愛媛(えひめ) 현 북부에 있는 町.

玉村(町) [たまむら(まち)] 群馬(ぐんま) 현 남부에 있는 町.

玉湯(町) [たまゆ(ちょう)] 島根(しまね) 현 동부에 있는 町.

【온】

温見峠 [ぬくみとうげ] 福井(ふくい) 현 大野(おおの) 시 温見와 岐阜(ぎふ) 현 根尾村(ねおむら) 경계에 있는 고개.

温根湯温泉 [おんねゆおんせん] 北海道 북동부, 留辺蘂町(るべしべちょう) 서쪽에 있는 온천.

温泉(町) [おんせん(ちょう)] 兵庫(ひょうご) 현 북서단, 鳥取(とっとり) 현과 인접하고 있는 町.

温川温泉 [ぬるかわおんせん] 青森(あおもり) 현 중남부, 浅瀬石(あせいし) 강 상류에 있는 온천.

温泉津(町) [ゆのつ(まち)] 島根(しまね) 현 중북부, 동해안(東海岸)에 있는 町.

温湯温泉 [ぬるゆおんせん] 青森(あおもり) 현 중부, 黒石(くろいし) 시 중앙부, 浅瀬石(あせいし) 강 연변에 있는 온천.

温海(町) [あつみ(まち)] 山形(やまがた) 현 서부, 庄内(しょうない) 지방 남단에 있는 町.

【와】

臥蛇島 [がじゃじま] 鹿児島(かごしま) 현의 吐噶喇(とから) 열도 중부에 있는 신생대 제 3 기(紀)의 화산섬.

窪川(町) [くぼかわ(ちょう)] 高知(こうち) 현 중서부에 있는 町.

【왕】

王貫峠 [おうぬきだわ] 島根(しまね) 현의 仁多町(にたまち)와 広島(ひろしま) 현 高野町(たかのちょう)와의 경계를 이루는 고개.

王寺(町) [おうじ(ちょう)] 奈良(なら) 현 북서부, 大和(やまと) 강과 葛下(かつげ) 강의 합류점 부근에 있는 町.

王子 [おうじ] 東京 도 北(きた) 구 중앙부, JR 京浜(けいひん) 동북선 王子역을 중심으로 하는 상공업 지구.

【외】

外浪逆浦 [そとなさかうら] 茨城(いばらき) 현 남동부, 北浦(きたうら)의 남쪽으로 연이어 있는 호수.

外泊 [そとどまり] 愛媛(えひめ) 현 남서단, 西海町(にしうみちょう) 서부의 지구.

外海(町) [そとめ(ちょう)] 長崎(ながさき) 현 서부, 西彼杵(にしそのぎ) 반도 서안에 있는 町.

【요】

要害山 [ようがいざん] 山梨(やまなし) 현 중앙부, 甲府(こうふ) 시 북동부에 있는 산.

【용】

涌蓋山 [わいたざん] 熊本(くまもと) 현 小

涌谷(町) [わくや(ちょう)] 宮城(みやぎ) 현 중부, 大崎(おおさき) 평야 동부에 있는 町.

勇駒別温泉 [ゆこまんべつおんせん] 北海道 중앙부, 旭岳(あさひだけ) 산의 서쪽 기슭에 있는 旭岳 온천의 구칭.

用瀬(町) [もちがせ(ちょう)] 鳥取(とっとり) 현 동부, 千代(せんだい) 강과 그 지류 연안에 있는 町.

勇留島 [ゆりとう] 北海道 동부, 根室(ねむろ) 반도의 동쪽에 있는 섬.

湧別(町) [ゆうべつ(ちょう)] 北海道 북동부, 오호츠크해에 면한 町.

勇払平野 [ゆうふつへいや] 北海道 남부, 태평양에 면한 해안 평야.

用賀 [ようが] 東京 도 世田谷(せたがや) 구 남부에 있는 지구.

国町(おぐにまち)와 大分(おおいた) 현 九重(ここのえまち)의 경계에 있는 화산.

【우】

右京(区) [うきょう(く)] 京都 시의 북서부를 차지하는 구.

牛ノ谷峠 [うしのやとうげ] 石川(いしかわ) 현 加賀(かが) 시와 福井(ふくい) 현 金津町(かなづちょう) 경계에 있는 고개.

牛久(市) [うしく(し)] 茨城(いばらき) 현 남부, 牛久 호수에 인접하고 있는 시.

宇久(町) [うく(まち)] 長崎(ながさき) 현 五島(ごとう) 열도의 북단에 있는 町.

宇久島 [うくじま] 長崎(ながさき) 현 五島(ごとう) 열도 최북단에 있는 섬.

牛堀(町) [うしぼり(まち)] 茨城(いばらき) 현 남부, 霞ヶ浦(かすみがうら) 호수 호구(湖口)에 있는 町.

宇ノ気(町) [うのけ(まち)] 石川(いしかわ) 현 중앙부, 能登(のと) 반도 河北(かほく) 만으로 흐르는 宇ノ気 강 하류에 있는 町.

宇奈月(町) [うなづき(まち)] 富山(とやま) 현 북동부에 있는 고산 식물지대로 지정된 町.

宇多津(町) [うたづ(ちょう)] 香川(かがわ) 현 중부, 坂出(さかいで) 시와 丸亀(まるがめ) 시 사이에 있는 町.

友ヶ島 [ともがしま] 和歌山(わかやま) 현 북서부, 紀淡(きたん) 해협에 있는 섬.

羽島(市) [はしま(し)] 岐阜(ぎふ) 현 남서단에 있는 시.

宇都宮(市) [うつのみや(し)] 栃木(とちぎ) 현 중앙부에 있는 도시로 현청 소재지.

羽豆岬 [はずみさき] 愛知(あいち) 현 남부, 知多(ちた) 반도 끝에 있는 곶.

雨竜(町) [うりゅう(ちょう)] 北海道 중앙부, 暑寒別岳(しょかんべつだけ) 동쪽 기슭에 있는 町.

宇利峠 [うりとうげ] 静岡(しずおか) 현의 三ヶ日町(みっかびちょう)와 愛知(あいち) 현의 新城(しんしろ) 시의 경계에 있는 고개.

宇目(町) [うめ(まち)] 大分(おおいた) 현 남부의 산악 지대에 있는, 宮崎(みやざき) 현과의 경계를 이루는 町.

羽茂(町) [はもち(まち)] 新潟(にいがた) 현 佐渡(さど) 섬 남단, 小木(おぎ) 반도의 기부에 있는 町.

宇美(町) [うみ(まち)] 福岡(ふくおか) 현 북서부, 糟屋(かすや) 군 남단에 있는 町.

宇部(市) [うべ(し)] 山口(やまぐち) 현 남서부, 厚東(ことう) 강 하류에 있는 周防灘(すおうなだ)에 인접한 화학 공업 도시.

友部(町) [ともべ(まち)] 茨城(いばらき) 현 중앙부에 있는 町.

牛浜 [うしはま] 東京 도 북서부, 福生(ふっさ) 시 중앙부의 武蔵野(むさしの) 단구(段丘) 아래에 있는 상업·주택 지구.

羽咋(市) [はくい(し)] 石川(いしかわ) 현 북부, 能登(のと) 반도 口能登(くちのと) 지방의 중심 도시.

羽生(市) [はにゅう(し)] 埼玉(さいたま) 현 북동부, 利根(とね) 강을 경계로 群馬(ぐんま) 현과 접하는 시.

雨飾山 [あまかざりやま] 新潟(にいがた) 현 糸魚川(いといがわ) 시와 長野(ながの) 현 小谷村(おたりむら) 경계에 있는 산.

牛深(市) [うしぶか(し)] 熊本(くまもと) 현 남서부, 天草下島(あまくさしもじま) 섬 남단에 있는 항구 도시.

羽曳野(市) [はびきの(し)] 大阪 부 남동부의 주택 위성 도시.

牛込 [うしごめ] 東京 도 新宿(しんじゅく) 구 북동쪽을 차지하고 있는 지구.

隅田川 [すみだがわ] 東京 도 동부를 흐르는 하천.

宇佐(市) [うさ(し)] 大分(おおいた) 현 북부, 周防灘(すおうなだ)에 면한 시.

右左口街道 [うばぐちかいどう] 静岡(しずおか) 현 富士(ふじ) 시에서 山梨(やまなし) 현 甲府(こうふ)에 이르는 가도.

羽州街道 [うしゅうかいどう] 福島(ふくしま) 현 桑折(こおり)에서 青森(あおもり) 현의 青森에 이르는 가도.

宇曽利山湖 [うそりやまこ] 青森(あおもり) 현 북동부, 下北(しもきた) 반도의 恐山(おそれざん) 산지 宇曽利 칼데라 안 북동쪽에 있는 화산호(火山湖).

牛津(町) [うしづ(ちょう)] 佐賀(さが) 현 중앙부, 佐賀 평야 북서쪽에 있는 町.

宇津江四十八滝 [うつえしじゅうはったき] 岐阜(ぎふ) 현 북부, 宮川(みやがわ) 강의 지류인 宇津江 강 상류에 있는 폭포.

宇津ノ谷峠 [うつのやとうげ] 静岡(しずおか) 현 서쪽에 이웃한 岡部町(おかべちょう) 사이에 있는 고개.

宇津峰 [うつみね] 福島(ふくしま) 현 중부, 須賀川(すかがわ) 시와 郡山(こうりやま) 시 경계에 있는 산. *雲水峰으로도 씀.

牛津川 [うしづがわ] 佐賀(さが) 현 중앙부를 흐르고 있는 강으로, 有明(ありあけ) 해로 흘러드는 六角(ろっかく) 강의 지류.
牛窓(町) [うしまど(ちょう)] 岡山(おかやま) 현 남동부, 瀬戸内海(せとないかい)에 면하고 있는 작은 町.
雨晴海岸 [あまはらしかいがん] 富山(とやま) 현 高岡(たかおか) 시와 氷見(ひみ) 시 경계 부근의 해안.
羽村(市) [はむら(し)] 東京 도 북서부, 武蔵野(むさしの) 대지 서단에 있는 시.
宇治(市) [うじ(し)] 京都 부 남부, 京都 시 남동부에 인접한 시.
宇治群島 [うじぐんとう] 鹿児島(かごしま) 현 薩摩(さつま) 반도의 枕崎(まくらざき) 시 서쪽 약 80 km 해상에 있는 군도.
宇治山田 [うじやまだ] 三重(みえ) 현 남동부에 있는 伊勢(いせ) 시의 옛 명칭.
宇治田原(町) [うじたわら(ちょう)] 京都 부 남부에 있는 宇治 차(茶)의 산지로 알려진 町.
宇治川 [うじがわ] 琵琶(びわ) 호에서 발원하는 瀬田(せた) 강을 원류로 하여 京都 부 남부를 흐르는 강.
宇陀山地 [うださんち] 奈良(なら) 현 중동부에 있는 산지. *高見(たかみ) 산지라고도 함.
宇太 [うた] 奈良(なら) 현 북동부, 菟田野町(うたのちょう)의 중심 지구를 차지한 옛 町.
宇土(市) [うと(し)] 熊本(くまもと) 현 중부, 宇土 반도의 중심부에 있는 시.
宇土半島 [うとはんとう] 熊本(くまもと) 현 중부, 熊本 평야와 八代(やつしろ) 평야 사이에 있는 반도.
羽ノ浦(町) [はのうら(ちょう)] 徳島(とくしま) 현 동부, 那賀(なか) 강 하류의 町.
宇賀渓 [うがけい] 三重(みえ) 현 북부에 있는 鈴鹿(すずか) 국립 공원의 하나로 폭포가 많고 단풍이 아름다운 경승지.
羽合(町) [はわい(ちょう)] 鳥取(とっとり) 현 중부, 북쪽은 동해에 면하고, 남동쪽은 東郷(とうごう) 연못에 면하는 町.
宇戸崎 [うどざき] 大分(おおいた) 현 남단, 蒲江町(かまえちょう) 波当津浦(はとうづうら) 후미에 있는 곶. *宇土崎로도 씀.
宇和(町) [うわ(ちょう)] 愛媛(えひめ) 현 남서부에 있는, 南予(なんよ)의 곡창 지대로 알려진 町.
宇和島(市) [うわじま(し)] 愛媛(えひめ) 현 서부, 宇和(うわ) 해 연안에 있는 시.
羽幌(町) [はぼろ(ちょう)] 北海道 북서부, 天塩(てしお) 산지 서쪽 기슭에 있는 동해에 면한 町.
羽後(町) [うご(まち)] 秋田(あきた) 현 남부에 있는 농축산업을 주산업으로 하는 町.
羽黒(町) [はぐろ(まち)] 山形(やまがた) 현 서부, 庄内(しょうない) 평야 중앙에서 남동부에 걸쳐 있는 町.

【욱】

旭(市) [あさひ(し)] 千葉(ちば) 현 북동부, 九十九里(くじゅうくり) 평야 북단에 있는 시.
旭(区) [あさひ(く)] 横浜(よこはま) 시 서부에 있는 구.
旭(町) [あさひ(ちょう)] 愛知(あいち) 현 矢作(やはぎ) 강 상류에 있는 町.
旭岳 [あさひだけ] 北海道 중앙부, 大雪(だいせつ) 산 연봉(連峰)의 주봉(主峰).
旭温泉 [あさひおんせん] 栃木(とちぎ) 현 북부 那須(なす) 산 중턱에 있는 온천.
旭川 [あさひがわ] 岡山(おかやま) 현 북부에서 발원, 岡山 시를 지나 児島(こじま) 만으로 흘러들어가는 강.
旭川(市) [あさひかわ(し)] 北海道 중앙부에 있는 도 제 2 의 도시.

【운】

雲見温泉 [くもみおんせん] 伊豆(いず) 반도 赤井(あかい) 해안 松崎(まつざき)에 있는 온천.
雲母温泉 [きらおんせん] 新潟(にいがた) 현 북부에 있는 온천.
雲母坂 [きららざか] 京都 시가지 북동부의 比叡(ひえい) 산으로 오르는 등산길.
雲辺寺山 [うんぺんじさん] 讃岐(さぬき) 산맥 서부에 있는 산맥 중 제 3 의 고봉(高峰).
雲仙温泉 [うんぜんおんせん] 長崎(ながさき) 현 남동부, 島原(しまばら) 반도의 雲仙 산 남서쪽에 있는 온천.
雲の平 [くものたいら] 富山(とやま) 현 남동부에 있는 일본 최고위의 용암 대지. *奥の平(おくのたいら)라고도 함.

【웅】

熊谷(市) [くまがや(し)] 埼玉(さいたま) 현 북부의 중심시로 공업 도시.
雄踏(町) [ゆうとう(ちょう)] 静岡(しずおか) 현 서부, 浜名(はまな) 호(湖)의 동안(東岸)에 있는 町.
雄島 [おしま] 宮城(みやぎ) 현 중부, 일본 삼경(三景)의 하나인 松島(まつしま) 섬 중의 대표적인 섬.
雄冬岬 [おふゆみさき] 北海道 서부, 동해안 연변에 있는 浜益村(はままますむら)와 増毛町(ましけちょう)의 경계 부근에 있는 곶.
熊毛(町) [くまげ(ちょう)] 山口(やまぐち) 현 남동부, 내륙에 있는 町. 本州에서 단 하나의 두루미 도래지.
雄武(町) [おうむ(ちょう)] 北海道 북동부, 오호츠크 해에 면한 町.
雄物川 [おものがわ] 秋田(あきた) 현 중앙

부를 흐르고 있는 현 최대의 강.

熊本(市) [くまもと(し)] 熊本 현 중앙부에 있는 시로, 현청 소재지.

雄山 [おやま] 東京 도 伊豆(いず) 7 도 중의 하나인 三宅(みやけ) 섬 중앙에 있는 현무암질의 성층 화산.

熊山(町) [くまやま(ちょう)] 岡山(おかやま) 현 남동부에 있는 농업 중심의 町.

熊石(町) [くまいし(ちょう)] 北海道 남서부, 동해에 면한 어촌.

雄勝(町) [おがつ(ちょう)] 宮城(みやぎ) 현 북동부, 三陸(さんりく) 해안에 있는 町.

雄勝(町) [おがち(まち)] 秋田(あきた) 현 남부에 있는 町.

雄阿寒岳 [おあかんだけ] 北海道 동부, 阿寒町(あかんちょう) 북동쪽에 있는 화산.

熊野(市) [くまの(し)] 三重(みえ) 현 남부, 紀州(きしゅう) 지방 동부의 중심 도시.

熊取(町) [くまとり(ちょう)] 大阪(おおさか) 부 남서부에 있는 町.

雄和(町) [ゆうわ(まち)] 秋田(あきた) 현 중서부, 雄物(おもの) 강 하류역에 있는 町.

【원】

遠軽(町) [えんがる(ちょう)] 北海道 북부에 있는 町.

院内(町) [いんない(ちょう)] 大分(おおいた) 현의 북부, 駅館(やっかん) 강 상류에 있는 町.

猿島(町) [さしま(まち)] 茨城(いばらき) 현 남서부에 있는 町.

遠笠山 [とおかさやま] 静岡(しずおか) 현 남동부에 있는 산.

猿ヶ馬場峠 [さるがばんばとうげ] 長野(ながの) 현 북부, 更埴(こうしょく) 시와 麻績村(おみむら) 경계에 있는 고개.

員弁(町) [いなべ(ちょう)] 三重(みえ) 현 桑名(くわな) 시 북서쪽에 있는 町.

遠別(町) [えんべつ(ちょう)] 北海道 북서부, 동해에 면한 町.

遠別岳 [とおべつだけ] 岩手(いわて) 현 북동부에 있는 산.

園部(町) [そのべ(ちょう)] 京都 부의 중서부, 丹波(たんば) 고원에 있는 町.

遠山川 [とおやまがわ] 長野(ながの) 현 남단 聖岳(ひじりたけ) 산에서 발원한 天竜(てんりゅう) 강 수계의 강.

遠野(市) [とおの(し)] 岩手(いわて) 현 남부에 있는 시.

遠刈田温泉 [とおがったおんせん] 宮城(みやぎ) 현 蔵王(ざおう)에 있는 온천.

元町 [もとまち] 東京 남쪽 약 120 km, 伊豆(いず) 제도의 大島(おおしま) 섬 서부에 있는 지구.

原町(市) [はらまち(し)] 福島(ふくしま) 현 북동부, 阿武隈(あぶくま) 고지 북부, 태평양에 면한 시.

遠州街道 [えんしゅうかいどう] 長野(ながの) 현 飯田(いいだ) 시에서 静岡(しずおか) 현 引佐町(いなさちょう)에 이르는 가도.

遠阪峠 [とおさかとうげ] 兵庫(ひょうご) 현 青垣町(あおがきちょう)와 山東町(さんとうちょう) 사이에 있는 고개.

遠賀(町) [おんが(ちょう)] 福岡(ふくおか) 현 북부, 遠賀 강 하류 좌안에 있는 町.

原鶴温泉 [はらづるおんせん] 福岡(ふくおか) 현 중동부, 筑後(ちくご) 강 북안의 온천.

【월】

月岡温泉 [つきおかおんせん] 新潟(にいがた) 현 중북부, 豊浦町(とようらまち)에 있는 온천.

越谷(市) [こしがや(し)] 埼玉(さいたま) 현 남동부에 있는 시.

月舘(町) [つきだて(まち)] 福島(ふくしま) 현 중동부에 있는 町.

月島 [つきしま] 東京 도 中央(ちゅうおう) 구 남부에 있는 인공섬.

越路(町) [こしじ(まち)] 新潟(にいがた) 현 중앙부, 新潟 평야 남서부에 있는 町.

月ヶ瀬温泉 [つきがせおんせん] 静岡(しずおか) 현 伊豆(いず) 반도 중앙부에 있는 天城(あまぎ) 온천 마을의 하나.

月山 [がっさん] 山形(やまがた) 현 중앙부에 있는 산.

越生(町) [おごせ(まち)] 埼玉(さいたま) 현 남서부, 秩父(ちちぶ) 산지로부터 흘러나오는 越辺(おつべ) 강 계곡 어귀에 있는 町.

月潟(村) [つきがた(むら)] 新潟(にいがた) 현 중서부 中ノ口(なかのくち) 강 좌안(左岸)에 있는 村.

月夜野(町) [つきよの(まち)] 群馬(ぐんま) 현 북부 산간에 있는 町.

越前(町) [えちぜん(ちょう)] 福井(ふくい) 현 중서부, 동해에 면한 町.

越前国 [えちぜんのくに] 福井(ふくい) 현, 敦賀(つるが) 시 이북 지역의 옛 이름.

越中国 [えっちゅうのくに] 현재의 富山(とやま) 현 전역의 옛 이름.

越中島 [えっちゅうじま] 東京 도 江東(こうとう) 구 남서부, 隅田(すみだ) 강 하구 동안(東岸)을 차지하는 지구.

越知(町) [おち(ちょう)] 高知(こうち) 현 중서부, 仁淀(によど) 강 중류에 있는 町.

月形(町) [つきがた(ちょう)] 北海道 중앙부에 있는 町.

越後街道 [えちごかいどう] 福島(ふくしま) 현(県) 会津若松(あいづわかまつ) 시(市)에서 新潟(にいがた) 현 新発田(しばた) 시에 이르는 가도.

越後国 [えちごのくに] 지금의 新潟(にいがた) 현(県) 지역의 옛 명칭.

【위】

渭南海岸 [いなんかいがん] 高知(こうち) 현 남서부 태평양에 면한 해안의 총칭.
位山 [くらいやま] 岐阜(ぎふ) 현 중북부에 있는 산. 동해와 태평양으로 흐르는 물줄기의 분수령.
葦嶽山 [あしたけやま] 広島(ひろしま) 현 북부, 中国(ちゅうごく) 산지에 있는 피라미드형의 산.
囲町 [かこいちょう] 東京 도 中野(なかの) 구 중앙부에 있는 지구.

【유】

有家(町) [ありえ(ちょう)] 長崎(ながさき) 현 島原(しまばら) 반도 남동부에 있는 町.
由加山 [ゆがさん] 岡山(おかやま) 현 남부, 児島(こじま) 반도의 중부에 있는 산.
油谷(町) [ゆや(ちょう)] 山口(やまぐち) 현 북서단, 東海(東海)에 면한 町.
油谷湾 [ゆやわん] 山口(やまぐち) 현 북서단에 있는, 東海(東海)에 면한 만.
由岐(町) [ゆき(ちょう)] 徳島(とくしま) 현 남동부, 태평양에 면한 町.
有磯海 [ありそうみ] 富山(とやま) 현 高岡(たかおか) 시와 氷見(ひみ) 시 사이의 해역(海域).
有度浜 [うどはま] 静岡(しずおか) 시의 大谷(おおや)에서 清水(しみず) 시의 三保(みほ)에 걸친 駿河(するが) 만에 있는 해안.
＊有渡浜로도 씀.
乳頭温泉郷 [にゅうとうおんせんきょう] 秋田(あきた) 현 동부, 田沢湖町(たざわこまち) 동부에 있는 온천들의 총칭.
有楽町 [ゆうらくちょう] 東京 도 千代田(ちよだ) 구 남동단에 있는 지구.
由良(町) [ゆら(ちょう)] 和歌山(わかやま) 현 중부, 由良 만에 면한 町.
嬬恋(村) [つまごい(むら)] 群馬(ぐんま) 현 서단, 吾妻(あがつま) 강변에 있는 村.
由利(町) [ゆり(まち)] 秋田(あきた) 현 남서부에 있는 町.
有馬 [ありま] 神戸(こうべ) 시 北(きた) 구 북부, 六甲(ろっこう) 산지 북쪽에 있는 지구. 온천이 유명함.
有馬富士 [ありまふじ] 兵庫(ひょうご) 현 三田(さんだ) 시에 있는 산.
有明(町) [ありあけ(ちょう)] 佐賀(さが) 현 남서부, 有明 해에 면한 町.
有明(町) [ありあけ(まち)] 熊本(くまもと) 현 남서부 天草(あまくさ) 제도 上島(かみしま) 섬에 있는 町.
有明海 [ありあけかい] 九州 서부 島原(しまばら) 만 안쪽의 해역(海域).
油木(町) [ゆき(ちょう)] 広島(ひろしま) 현 동부에 있는 町.
有福温泉 [ありふくおんせん] 島根(しまね) 현 江津(ごうつ) 시 서부에 있는 온천.
有峰湖 [ありみねこ] 富山(とやま) 현 남동부 常願寺(じょうがんじ) 강 지류의 상류에 있는 인공호.
由比(町) [ゆい(ちょう)] 静岡(しずおか) 현 중부에 있는 町.
乳岩峡 [ちいわきょう] 愛知(あいち) 현 동부, 乳岩 강에 있는 계곡.
楢葉(町) [ならは(まち)] 福島(ふくしま) 현 태평양 연안 지역 중부에 있는 町.
由宇(町) [ゆう(ちょう)] 山口(やまぐち) 현 남동부, 岩国(いわくに) 시와 접하고, 広島(ひろしま) 만에 면한 町.
由仁(町) [ゆに(ちょう)] 北海道 중앙부, 馬追(まおい) 구릉과 夕張(ゆうばり) 강 사이에 있는 町.
有田(市) [ありだ(し)] 和歌山(わかやま) 현 남부, 有田 강 하구에 있는 시.
有田(町) [ありた(まち)] 佐賀(さが) 서부의, 長崎(ながさき) 현에 접한 町.
有田川 [ありだがわ] 和歌山(わかやま) 현 高野(こうや) 산 동지에서 발원하여 有田 시에 이르러 紀伊水道(きいすいどう)로 흘러 어가는 강.
遊佐(町) [ゆざ(まち)] 山形(やまがた) 현 북서단, 秋田(あきた) 현과 접하고, 동해에 면한 町.
有川(町) [ありかわ(ちょう)] 長崎(ながさき) 현 五島(ごとう) 열도의 中通(なかどおり) 섬에 있는 町.
有川湾 [ありかわわん] 長崎 현 中通(なかどおり) 섬의, 북동쪽으로 열린 만.
油坂峠 [あぶらさかとうげ] 福井(ふくい) 현과 岐阜(ぎふ) 현의 경계, 越美(えつみ) 산지에 있는 고개.
由布川渓谷 [ゆふがわけいこく] 大分(おおいた) 현 중부, 大分(おおいた) 강 지류, 由布(ゆふ) 강 상류에 있는 계곡.
諭鶴羽山地 [ゆづるはさんち] 兵庫(ひょうご) 현 淡路(あわじ) 섬 남부를 동서로 뻗은 지루 산지(地壘山地).
有漢(町) [うかん(ちょう)] 岡山(おかやま) 현 중서부, 吉備(きび) 고원에 있는 町.
油壺 [あぶらつぼ] 神奈川(かながわ) 현 三浦(みうら) 반도 남부의 油壺 만과 그 주변의 경승지.
維和島 [いわじま] 熊本(くまもと) 현 중서부, 天草(あまくさ) 제도 上島(かみしま) 섬 북동쪽에 있는 섬.

【육】

宍道(町) [しんじ(ちょう)] 島根(しまね) 현 동부, 宍道 호 남안에 있는 町.
宍喰(町) [ししくい(ちょう)] 徳島(とくし

ま) 현 남쪽 끝 高知(こうち) 현과의 경계에 있는 町.

【은】

銀閣寺 [ぎんかくじ] 京都 시 左京(さきょう) 구에 있는 臨済宗(りんざいしゅう)의 慈照寺(じしょうじ)의 딴이름.
隠岐諸島 [おきしょとう] 島根(しまね) 현 북동부, 동해상에 산재해 있는 섬들. ＊隠岐群島(ぐんとう)라고도 함.
恩方 [おんがた] 東京 도 남서부, 八王子(はちおうじ) 시 서부, 北浅(きたあさ) 강 상류에 있는 지구.
銀山湖 [ぎんざんこ] 福島(ふくしま)・新潟(にいがた) 두 현의 경계, 只見(ただみ) 강 최상류의 奥(おく)只見 댐에 의해 생긴 인공호.
銀座 [ぎんざ] 東京 도 中央(ちゅうおう) 구 남서부에 있는 번화가 지구.
隠州 [いんしゅう] 鳥取(とっとり) 현 북동부, 동해에 산재해 있는 隠岐(おき) 제도로 이루어진 지역의 옛 이름.
銀婚湯温泉 [ぎんこんゆおんせん] 北海道 남서부, 八雲町(やくもちょう) 남동부에 있는 온천.

【을】

乙女峠 [おとめとうげ] 神奈川(かながわ) 현 箱根町(はこねちょう)와 静岡(しずおか) 현 御殿場(ごてんば) 시와의 경계에 있는 고개.
乙部(町) [おとべ(ちょう)] 北海道 남서부, 동해에 인접한 町.

【음】

音更(町) [おとふけ(ちょう)] 北海道 남동부, 帯広(おびひろ) 시 북쪽에 있는 町.
音別(町) [おんべつ(ちょう)] 北海道 동부, 태평양에 인접하고 있는 町.
音水湖 [おんずいこ] 兵庫(ひょうご) 현 중서부, 播但(ばんたん) 산지(山地) 서쪽에 있는 인공호.
音羽 [おとわ] 東京 도 文京(ぶんきょう) 구 서부, 神田(かんだ) 강 연안의, 남북으로 긴 지구.
音威子府(村) [おといねっぷ(むら)] 北海道 북부, 川上(かわかみ) 지청(支廳) 북서부에 있는 村.
音戸(町) [おんど(ちょう)] 広島(ひろしま) 현 남서부, 倉橋(くらはし) 섬 북쪽에 있는 町.
音戸ノ瀬戸 [おんどのせと] 広島(ひろしま) 현 남서부 呉(くれ) 시의 警固屋(けごや)와 倉橋(くらはし) 섬의 音戸町(おんどちょう) 사이에 있는 수도(水道).

【읍】

邑久(町) [おく(ちょう)] 岡山(おかやま) 남동부, 邑久 군(郡) 중앙부에 있는 町.
邑楽(町) [おうら(まち)] 群馬(ぐんま) 현 남동부에 있는 町.
揖保川(町) [いぼがわ(ちょう)] 兵庫(ひょうご) 현 남서부에 있는 町.
揖斐川(町) [いびがわ(ちょう)] 岐阜(ぎふ) 현 서부, 濃尾(のうび) 평야의 가장 북서쪽에 있는 町.
邑智(町) [おおち(ちょう)] 島根(しまね) 현의 거의 중앙부에 있는 町.

【응】

鷹番 [たかばん] 東京 도 目黒(めぐろ) 구 중앙부에 있는 지구.
鷹栖(町) [たかす(ちょう)] 北海道 중앙부, 上川(かみかわ) 분지 북서부에 있는 町.
鷹巣(町) [たかのす(まち)] 秋田(あきた) 현 북부, 米代(よねしろ) 강 유역에 있는 町.
鷹ノ湯温泉 [たかのゆおんせん] 秋田(あきた) 현 남부, 秋ノ宮(あきのみや) 온천 마을의 일부를 이루는 온천.

【의】

衣笠山 [きぬがさやま] 京都 시가의 북서단에 있는 작은 구릉.
宜野湾(市) [ぎのわん(し)] 沖縄(おきなわ) 현 沖縄 섬 남부의 서해안에 있는 시.
医王山 [いおうぜん] 富山(とやま) 현과 石川(いしかわ) 현 경계에 있는 산.

【이】

伊江島 [いえじま] 沖縄(おきなわ) 섬 북부, 本部(もとぶ) 반도 서쪽에 있는 섬.
二見(町) [ふたみ(ちょう)] 三重(みえ) 현 중동부, 伊勢(いせ) 시와 鳥羽(とば) 시에 둘러싸인 관광의 町.
二見浦 [ふたみがうら] 三重(みえ) 현 중동부, 伊勢(いせ) 만에 있는 해안.
伊計島 [いけいじま] 沖縄(おきなわ) 섬 중부의 金武(きん) 만 동쪽 끝에 있는 섬.
二口峡谷 [ふたくちきょうこく] 宮城(みやぎ) 현 仙台(せんだい) 시 서부, 名取(なとり) 강 원류부 일대의 협곡.
二宮(町) [にのみや(まち)] 栃木(とちぎ) 현 남쪽 끝에 있는 町.
伊根(町) [いね(ちょう)] 京都 부 북부, 丹後(たんご) 반도 북동부에 있는 町.
二岐温泉 [ふたまたおんせん] 福島(ふくしま) 현 중남부, 天栄村(てんえいむら)에 있는 온천.

伊那(市)[いな(し)] 長野(ながの) 현 남부, 天竜(てんりゅう) 강가에 있는 시.

伊奈(町)[いな(まち)] 埼玉(さいたま) 현 중동부, 蓮田(はすだ) 시와 上尾(かみお) 시 사이에 있는 町.

伊那山地[いなさんち] 長野(ながの) 현 諏訪(すわ) 시에서 静岡(しずおか) 현 佐久間(さくま) 호에 이르는, 남북으로 뻗은 산지.

伊奈ヶ湖[いながこ] 山梨(やまなし) 현 중앙부, 甲府(こうふ) 분지 서쪽 끝에 있는 두 호수의 총칭.

伊南川[いながわ] 福島(ふくしま) 현 남서부, 只見(ただみ) 강의 한 지류.

伊丹(市)[いたみ(し)] 兵庫(ひょうご) 현 武庫(むこ) 평야 중심부에 있는 시.

伊達(市)[だて(し)] 北海道 남부에 있는 시.

伊唐島[いからじま] 鹿児島(かごしま) 현 天草(あまくさ) 제도에 속한 섬.

伊東(市)[いとう(し)] 伊豆(いず) 반도 동쪽 해안에 있는 온천·관광 도시.

伊豆[いず] 静岡(しずおか) 현 남동부, 伊豆 반도 일대의 지역.

伊豆ヶ岳[いずがたけ] 埼玉(さいたま) 현 秩父(ちちぶ) 산지 동부에 있는 산.

伊豆長岡(町)[いずながおか(ちょう)] 静岡(しずおか) 현 동부, 伊豆 반도 북부에 있는 町.

伊良部(町)[いらぶ(ちょう)] 沖縄(おきなわ) 현 琉球(りゅうきゅう) 제도 남부, 宮古(みやこ) 섬 서쪽에 있는 町.

伊良湖水道[いらごすいどう] 愛知(あいち) 현(縣) 渥美(あつみ) 반도 선단의 伊良湖 곶과 三重(みえ) 현 鳥羽(とば) 시 神島(かみしま) 사이에 있는 수도.

伊万里(市)[いまり(し)] 佐賀(さが) 현 서부, 伊万里 만에 인접한 시.

伊方(町)[いかた(まち)] 愛媛(えひめ) 현 서부 佐田岬(さだみさき) 반도에 있는 町.

二本松(市)[にほんまつ(し)] 福島(ふくしま) 현 中通(なかどおり) 지방 북부에 있는 시.

伊仙(町)[いせん(ちょう)] 鹿児島(かごしま) 현 奄美(あまみ) 제도의 徳之(とく の) 섬 남부를 차지하는 町.

伊勢(市)[いせ(し)] 三重(みえ) 현 동부, 伊勢 평야 남단에 있는 시.

伊勢崎(市)[いせさき(し)] 群馬(ぐんま) 현 남부, 利根(とね) 강 북안에 있는 시.

伊勢原(市)[いせはら(し)] 神奈川(かながわ) 현 중앙부, 丹沢(たんざわ) 산지 남부에 있는 시.

夷守岳[ひなもりだけ] 宮崎(みやざき) 현 남서부, 霧島(きりしま) 화산군(群) 북동부에 있는 화산.

伊是名島[いぜなじま] 沖縄(おきなわ) 섬 本部(もとぶ) 반도 북쪽 해상에 있는 섬.

二神島[ふたがみじま] 愛媛(えひめ) 현 중서부, 忽那(くつな) 제도 서부에 있는 섬.

伊野(町)[いの(ちょう)] 高知(こうち) 현 중앙부, 仁淀(によど) 강변에 있는 町.

伊予(市)[いよ(し)] 愛媛(えひめ) 현 중부, 伊予灘(いよなだ)에 면한 시.

伊予三島(市)[いよみしま(し)] 愛媛(えひめ) 현 동부, 燧灘(ひうちなだ)에 인접한 제지 공업 도시.

伊王島(町)[いおうじま(ちょう)] 長崎(ながさき) 시 남서 해상에 있는 伊王 섬과 沖之(おきの) 섬으로 된 町.

夷隅(町)[いすみ(まち)] 千葉(ちば) 현 남동부, 房総(ぼうそう) 구릉 북동부에 있는 町.

二日市温泉[ふつかいちおんせん] 福岡(ふくおか) 현 서부, 天拝(てんぱい) 산 동쪽 기슭에 있는 온천.

伊自良(村)[いじら(むら)] 岐阜(ぎふ) 현 남서부 山県(やまがた) 군에 있는 村.

二丈(町)[にじょう(まち)] 福岡(ふくおか) 현 서쪽 끝에 있는 町.

二ツ井(町)[ふたつい(まち)] 秋田(あきた) 현 부, 能代(のしろ) 평야와 鷹巣(たかのす) 분지 중간에 있는 町.

二井宿峠[にいじゅくとうげ] 宮城(みやぎ) 현 七ヶ宿町(しちがしゅくまち)와 山形(やまがた) 현 高畠町(たかはたまち)의 경계인 奥羽(おうう) 산맥에 있는 고개.

二条城[にじょうじょう] 京都 시 中京(なかぎょう) 구에 있는, 평지에 축조한 성.

伊集院(町)[いじゅういん(ちょう)] 鹿児島(かごしま) 현 薩摩(さつま) 반도 중앙에 있는 町.

伊吹(町)[いぶき(ちょう)] 滋賀(しが) 현 伊吹 산 서쪽에 있는 町.

伊吹山[いぶきやま] 琵琶(びわ) 호 북동쪽 伊吹 산지(山地)의 주봉.

伊平屋伊是名諸島[いへやいぜなしょとう] 沖縄(おきなわ) 현 琉球(りゅうきゅう) 제도 북단에 있는 도서군.

伊賀(町)[いが(ちょう)] 三重(みえ) 현 북서부 柘植(つげ) 강변에 있는 町.

伊香保(町)[いかほ(まち)] 群馬(ぐんま) 현 중앙부 榛名(はるな) 산 북동쪽에 있는 町.

二戸(市)[にのへ(し)] 岩手(いわて) 현 최북단의 시.

【익】

益城(町)[ましき(まち)] 熊本(くまもと) 현 중앙부에 있는 町.

益子(町)[ましこ(まち)] 栃木(とちぎ) 현 남동부에 있는 町.

益田(市)[ますだ(し)] 島根(しまね) 현 서단에 있는 시.

益田川[ましたがわ] 岐阜(ぎふ) 현 동부를 흐르는 飛騨(ひだ) 강의, 金山町(かなやまちょう)에서 상류를 가리키는 명칭.

【인】

人吉(市) [ひとよし(し)] 熊本(くまもと) 현 남단, 人吉 분지 서쪽 끝에 있는 시.

印南(町) [いなみ(ちょう)] 和歌山(わかやま) 현 서부(西部) 紀伊(きい) 수도(水道)에 면한 町.

印南野 [いなみの] 兵庫(ひょうご) 현 중남부, 稲美町(いなみちょう)를 중심으로 하는 대지상(臺地狀)의 지역.

仁多(町) [にた(ちょう)] 島根(しまね) 현 남동부, 斐伊(ひい) 강 상류쪽에 있는 町.

因島 [いんのしま] 広島(ひろしま) 현 남동부, 芸予(げいよ) 제도(諸島)의 북동부에 있는 섬.

因島(市) [いんのしま(し)] 広島(ひろしま) 현 남동부에 있는 因島 섬을 중심으로 한 시.

仁摩(町) [にま(ちょう)] 島根(しまね) 현 중북부에 있는 농어업이 발달한 町.

仁木(町) [にき(ちょう)] 北海道 서부, 積丹(しゃこたん) 반도에 있는 町.

仁尾(町) [にお(ちょう)] 香川(かがわ) 현 서부, 燧灘(ひうちなだ)에 면한 町.

印旛沼 [いんばぬま] 千葉(ちば) 현 북부, 利根(とね) 강 하류 남안의 저지대에 있는 호소(湖沼).

印旛沼放水路 [いんばぬまほうすいろ] 千葉(ちば) 현 북부에 있는 印旛沼의 수계(水系)에 속하는 인공 하천.

仁伏温泉 [にぶしおんせん] 北海道 동부, 屈斜路(くっしゃろ) 호수 동안의 온천.

印西(市) [いんざい(し)] 千葉(ちば) 현 북부, 利根(とね) 강 남안에 있는 시.

引原渓谷 [ひきはらけいこく] 兵庫(ひょうご) 현 중서부, 揖保(いぼ) 강 지류인 引原 강 유역에 있는 계곡.

引田(町) [ひけた(ちょう)] 香川(かがわ) 현 동쪽 끝에 있는 町.

仁田峠 [にたとうげ] 長崎(ながさき) 현 남동부, 島原(しまばら) 반도의 小浜(おばま)·深江(ふかえ) 두 町의 경계에 있는 고개.

仁淀川 [によどがわ] 愛媛(えひめ) 현을 남서로, 高知(こうち) 현을 남동으로 흘러 土佐(とさ) 만으로 흘러드는 강.

引佐(町) [いなさ(ちょう)] 静岡(しずおか) 현 북서부, 浜名(はまな) 호 북쪽에 있는 町.

仁賀保(町) [にかほ(まち)] 秋田(あきた) 현 남서부, 동해에 면한 町.

人形峠 [にんぎょうとうげ] 鳥取(とっとり) 현 三朝町(みささちょう) 와 岡山(おかやま) 현 上斎原村(かみさいばらそん)과의 경계에 있는 고개.

【일】

日景温泉 [ひかげおんせん] 秋田(あきた) 현(縣) 북동부, 大館(おおだて) 시 북부에 있는 온천.

日高(市) [ひだか(し)] 埼玉(さいたま) 현 중남부, 秩父(ちちぶ) 산지에서 高麗(こま) 강이 흘러나오는 골짜기 입구에 있는 시.

一庫温泉 [ひとくらおんせん] 兵庫(ひょうご) 현 남동부, 川西(かわにし) 시 북부에 있는 온천.

一関(市) [いちのせき(し)] 岩手(いわて) 현 남부, 北上(きたかみ) 분지 남쪽 끝에 있는 시.

日光(市) [にっこう(し)] 栃木(とちぎ) 현 서부에 있는 국제적인 관광 도시.

日光沢温泉 [にっこうざわおんせん] 栃木(とちぎ) 현 북서부, 鬼怒(きぬ) 강 본류(本流) 최상류 쪽에 있는 온천.

一ツ橋 [ひとつばし] 東京 도 千代田(ちよだ) 구 중북부의 지구.

日橋川 [にっぱしがわ] 福島(ふくしま) 현 중서부를 흐르는 강.

一口 [いもあらい] 京都 부 남부, 久御山町(くみやまちょう) 북서부에 있는 지구.

一宮 [いっく] 高知(こうち) 현 중앙부 高知 시 북동쪽에 있는 지구.

一宮(市) [いちのみや(し)] 愛知(あいち) 현 북서부, 尾張(おわり) 지방에 있는 시.

一宮(町) [いちのみや(ちょう)] 山梨(やまなし) 현 甲府(こうふ) 분지 남동부에 있는 町.

一宮(町) [いちのみや(まち)] 千葉(ちば) 현 중동부, 九十九里(くじゅうくり) 해변 최남단에 있는 町.

一の宮(町) [いちのみや(まち)] 熊本(くまもと) 현 阿蘇(あそ) 산 북동쪽에 있는 町.

壱岐 [いき] 長崎(ながさき) 현 북쪽 玄界灘(げんかいなだ), 対馬(つしま) 해협, 壱岐 수도(水道)에 면한 섬.

壱岐水道 [いきすいどう] 佐賀(さが) 현 東松浦(ひがしまつうら) 반도와 長崎(ながさき) 현 壱岐 섬 사이의 해역(海域).

日吉(町) [ひよし(ちょう)] 京都 부 중부, 丹波(たんば) 고원 동부에 있는 町.

日奈久温泉 [ひなぐおんせん] 熊本(くまもと) 현 중남부, 八代(やつしろ) 시 남부 八代 해(海)에 면한 온천.

日南(市) [にちなん(し)] 宮崎(みやざき) 현 남부의 시.

一ツ瀬川 [ひとつせがわ] 宮崎(みやざき) 현 북서부, 九州 산지에서 발원, 동쪽으로 흘러 日向灘(ひゅうがなだ)에 흘러드는 강.

日立(市) [ひたち(し)] 茨城(いばらき) 현 북동부, 태평양에 면한 시.

一ノ目潟 [いちのめがた] 秋田(あきた) 현 男鹿(おが) 반도 북서쪽에 있는 화구호(火口湖).

一迫(町) [いちはさま(ちょう)] 宮城(みやぎ) 현 북서부, 栗原(くりはら) 군에 있는 町.

一碧湖 [いっぺきこ] 静岡(しずおか) 현 伊豆(いず) 반도에 있는 호수.
一本松(町) [いっぽんまつ(ちょう)] 愛媛(えひめ) 현 남단, 高知(こうち) 현과의 경계에 있는 町.
日比谷 [ひびや] 東京 도 千代田(ちよだ) 구 남부, 日比谷 공원이 있는 지구.
一色(町) [いっしき(ちょう)] 愛知(あいち) 현 남부, 岡崎(おかざき) 평야 남단의 三河(みかわ) 만에 면한 町.
日生(町) [ひなせ(ちょう)] 岡山(おかやま) 현 남동단에 있는 어업이 성한 町.
一乗寺 [いちじょうじ] 京都 시 북동부, 比叡(ひえい) 산 서쪽의 지구.
日勝峠 [にっしょうとうげ] 北海道 남부, 日高町(ひだかちょう)와 清水町(しみずちょう) 경계에 있는 고개.
一身田 [いしんでん] 三重(みえ) 현 중부, 津(つ) 시 북부에 있는 지구.
日野(市) [ひの(し)] 東京 도 남서부, 多摩(たま) 강의 충적(沖積) 저지와 日野 대지, 多摩 구릉으로 이루어진 시.
日野川 [ひのがわ] 福井(ふくい) 현 북부를 흐르는 강. 九頭竜(くずりゅう) 강 제1의 지류(支流)임.
日ノ御埼 [ひのみさき] 和歌山(わかやま) 현 중서부, 美浜町(みはまちょう) 서단에 있는 곶.
日田(市) [ひた(し)] 大分(おおいた) 현 서부, 日田 분지와 주변의 산지를 차지하는 시. 서쪽은 福岡(ふくおか) 시와 접함.
一切経山 [いっさいきょうやま] 福島(ふくしま) 현 福島 시와 猪苗代町(いなわしろまち) 경계에 있는 산.
一重ヶ根温泉 [ひとえがねおんせん] 岐阜(ぎふ) 현 북동부, 高原(たかはら) 강 상류에 있는 新平湯(しんひらゆ) 온천의 구칭.
一志(町) [いちし(ちょう)] 三重(みえ) 현 중부에 있는 町.
一之江 [いちのえ] 東京 도 중앙부, 江戸川(えどがわ) 구, 新中(しんなか) 강 좌안에 있는 지구.
日之影(町) [ひのかげ(ちょう)] 宮崎(みやざき) 현 북부, 大分(おおいた) 현과의 경계에 있는 町.
日進(市) [にっしん(し)] 愛知(あいち) 현 북서부, 名古屋(なごや) 시의 동부와 접하는 주택 도시.
日出(町) [ひじ(まち)] 大分(おおいた) 현 중북부, 別府(べっぷ) 만에 면한 町.
日の出(町) [ひので(まち)] 東京 도 서부, 多摩(たま) 강의 지류인 平井(ひらい) 강 계곡에 있는 町.
日置(町) [へき(ちょう)] 山口(やまぐち) 현 북서부, 동해에 면한 농어업을 주로 하는 町.
日置川(町) [ひきがわ(ちょう)] 和歌山(わかやま) 현 남서부, 日置 강 중·하류 유역을 차지하는 町.
日下 [くさか] 大阪 부 東(ひがし) 大阪 시의 북동구, 生駒(いこま) 산지 서쪽 기슭에 있는 지구.
日下部 [くさかべ] 山梨(やまなし) 현 중앙부, 山梨 시 동부의 옛 지명.
日向(市) [ひゅうが(し)] 宮崎(みやざき) 현 중북부, 日向灘(なだ)에 면한 시.
一戸(町) [いちのへ(まち)] 岩手(いわて) 현 북부, 二戸(にのへ) 시 남쪽에 있는 町.
日和佐(町) [ひわさ(ちょう)] 徳島(とくしま) 현 남동부, 태평양에 면한 町.

【임】

壬生(町) [みぶ(まち)] 栃木(とちぎ) 현 중남부, 思川(おもいかわ) 강과 黒川(くろかわ) 강 합류점 북쪽에 있는 町.
荏原 [えばら] 東京 도 남동부, 品川(しながわ) 구 서쪽에 있는 지구.

【입】

入間(市) [いるま(し)] 埼玉(さいたま) 현 남부, 武蔵野(むさしの) 대지의 서부에 있는 시.
入谷 [いりや] 東京 도 台東(たいとう) 구 북부, JR 鴬谷(うぐいすだに) 역 동쪽 일대를 가리키는 지구.
入道崎 [にゅうどうさき] 秋田(あきた) 현 男鹿(おが) 반도 북서단에 있는 곶.
入道ヶ岳 [にゅうどうがたけ] 三重(みえ) 현과 滋賀(しが) 현의 현경을 남북으로 달리는 鈴鹿(すずか) 산맥 남부의 한 봉우리.
入来(町) [いりき(ちょう)] 鹿児島(かごしま) 현 서부, 薩摩(さつま) 반도 북부에 있는 町.
入善(町) [にゅうぜん(まち)] 富山(とやま) 현 북동부, 富山 만에 면한 町.
入水鍾乳洞 [いりみずしょうにゅうどう] 福島(ふくしま) 현 동부, 滝根町(たきねちょう) 菅谷(すがや) 산맥에 있는 석회암(石灰岩)의 용식(溶蝕) 동굴.
廿日市(市) [はつかいち(し)] 広島(ひろしま) 현 남서부, 広島 시의 서부와 인접해 있는 시.

【자】

茨木(市) [いばらき(し)] 大阪 부 북동쪽에 있는 시.
紫尾山 [しびさん] 鹿児島(かごしま) 현 북부, 出水(いずみ) 시와 宮之城町(みやのじょうちょう) 경계에 있는 出水 산지의 주봉.
紫尾温泉 [しびおんせん] 鹿児島(かごしま) 현 북부, 紫尾 산 기슭에 있는 온천.

皆部 [あざえ] 岡山(おかやま) 현 중서부 北房町(ほくぼうちょう)의 중심 지구.
茨城(町) [いばらき(まち)] 茨城 현 水戸(みと) 시 남서쪽에 있는 町.
雌阿寒岳 [めあかんだけ] 北海道 남동부, 阿寒(あかん) 호(湖) 남서쪽에 있는 활화산.
紫雲寺(町) [しうんじ(まち)] 新潟(にいがた) 현 북동부, 紫雲寺潟(がた) 간척지에 있는 町.
自由が丘 [じゆうがおか] 東京 도 目黒(めぐろ) 구 남단부의 주택 지구.
茨田 [まった] 大阪 시 북동부, 鶴見(つるみ) 구에 있는 지구.
姉川 [あねがわ] 滋賀(しが) 현 동부를 남류(南流), 琵琶(びわ) 호로 흘러들어가는 강.
紫波(町) [しわ(ちょう)] 岩手(いわて) 현 중앙부, 北上(きたかみ) 분지 북부에 있는 町.

【작】

作東(町) [さくとう(ちょう)] 岡山(おかやま) 현 동부에 있는, 동쪽은 兵庫(ひょうご) 현과 접한 町.

【잔】

残波岬 [ざんぱみさき] 沖縄(おきなわ) 섬 중부 読谷村(よみたんむら)에 있는 동중국해로 돌출한 곶.

【잡】

雑司が谷 [ぞうしがや] 東京 도 豊島(としま) 구 남부에 있는 지구.

【장】

長岡(市) [ながおか(し)] 新潟(にいがた) 현 중앙부에 있는 시.
長岡京(市) [ながおかきょう(し)] 京都 부 남서부에 있는 시.
長久手(町) [ながくて(ちょう)] 愛知(あいち) 현 서부에 있는 町.
長崎(市) [ながさき(し)] 長崎 현 남부, 長崎만에 면한 시. 현청 소재지임.
長南(町) [ちょうなん(まち)] 千葉(ちば) 현 중앙부에 있는 町.
庄内(町) [しょうない(ちょう)] 大分(おおいた) 현 중부, 大分 시 서쪽 교외에 있는 町.
庄内(町) [しょうない(まち)] 福岡(ふくおか) 현 중앙부, 嘉穂(かほ) 분지 동쪽 끝에 있는 町.
荘内半島 [しょうないはんとう] 香川(かがわ) 현 북서부에 돌출한 반도.
庄内三楽郷 [しょうないさんらくきょう] 山形(やまがた) 현 북서부에 있는 湯野浜(ゆのはま)・湯田川(ゆたがわ)・温海(あつみ) 온천의 총칭.

長島 [ながしま] 鹿児島(かごしま) 현 북서부, 天草(あまくさ) 제도에 속하는 섬.
長島(町) [ながしま(ちょう)] 三重(みえ) 현 북동부, 木曽(きそ) 강 등 세 강이 합류하는 하구 삼각주 지대에 있는 町.
杖突峠 [つえつきとうげ] 長野(ながの) 현 중앙부, 茅野(ちの) 시와 高遠町(たかとおまち) 경계에 있는 고개.
長良川 [ながらがわ] 岐阜(ぎふ) 현 북서부에서 발원(發源)하여, 伊勢(いせ) 만으로 흘러드는 강.
杖立温泉 [つえたておんせん] 熊本(くまもと) 현 북동부에 있는 온천.
長万部(町) [おしゃまんべ(ちょう)] 北海道 남서부, 噴火(ふんか) 만 연안의 渡島(おしま) 지방 북부에 있는 町.
長門(市) [ながと(し)] 山口(やまぐち) 현 북서부, 동해에 면한 시.
長門峡 [ちょうもんきょう] 山口(やまぐち) 현 북부를 흐르는 阿武(あぶ) 강 중류에 형성된 계곡.
長尾(町) [ながお(ちょう)] 香川(かがわ) 현 동부에 있는 町.
壮瞥(町) [そうべつ(ちょう)] 北海道 남부, 洞爺(とうや) 호 남동안에 있는 町.
長柄(町) [ながら(まち)] 千葉(ちば) 현 중부에 있는 町.
長峰峠 [ながみねとうげ] 長野(ながの) 현과 岐阜(ぎふ) 현 접경에 있는 고개.
長浜(市) [ながはま(し)] 滋賀(しが) 현 북동부에 있는 시.
長船(町) [おさふね(ちょう)] 岡山(おかやま) 현 남동부, 吉井(よしい) 강 동안(東岸)에 있는 町.
長沼(町) [ながぬま(ちょう)] 北海道 중앙부, 石狩(いしかり) 평야 남부에 있는 町.
長野(市) [ながの(し)] 長野 현 북부, 長野 분지에 있는 시. 현청 소재지임.
長野原(町) [ながのはら(まち)] 群馬(ぐんま) 현 북서부에 있는 町.
長与(町) [ながよ(ちょう)] 長崎(ながさき) 현 남부, 長崎 시에 인접한 町.
蔵王(町) [ざおう(まち)] 宮城(みやぎ) 현 남서부에 있는 町.
荘原 [しょうばら] 島根(しまね) 현 동부, 斐川町(ひかわちょう)의 중심 지구.
庄原(市) [しょうばら(し)] 広島(ひろしま) 현 북동부에 있는 시.
長者ヶ崎 [ちょうじゃがさき] 神奈川(かながわ) 현 동부, 横須賀(よこすか) 시와 葉山町(はやままち)의 경계에 있는 곶.
蔵前 [くらまえ] 東京 도 台東(たいとう) 구 남부에 있는 지구.
長井(市) [ながい(し)] 山形(やまがた) 현 남서부, 長井 분지 중심부에 있는 시.
長瀞(町) [ながとろ(まち)] 埼玉(さいたま)

현 북서부에 있는 町.
長洲(町)[ながす(まち)] 熊本(くまもと) 현 북서부에 있는 町.
庄川(町)[しょうがわ(まち)] 富山(とやま) 현 서부, 礪波(となみ) 평야의 남쪽 끝에 있는 町.
長泉(町)[ながいずみ(ちょう)] 静岡(しずおか) 현 동부에 있는 町.
長湯温泉[ながゆおんせん] 大分(おおいた) 현 直入町(なおいりまち)에 있는 온천.
長坂(町)[ながさか(ちょう)] 山梨(やまなし) 현 북서부에 있는 町.

【재】

財部(町)[たからべ(ちょう)] 鹿児島(かごしま) 현 북동부, 宮崎(みやざき) 현에 인접한 町.
財田(町)[さいた(ちょう)] 香川(かがわ) 현 서부에 있는 町.
梓川[あずさがわ] 長野(ながの) 현 서부를 흐르는 犀川(さいかわ) 강의 지류.
斎灘[いつきなだ] 瀬戸内海(せとないかい)의 安芸灘(あきなだ) 동쪽 끝의 수역(水域).
梓湖[あずさこ] 長野(ながの) 현 서부를 흐르는 梓川(あずさがわ) 강 중류의 인공호.

【저】

杵島山[きしまやま] 佐賀(さが) 현 남서부에 있는, 남북으로 길게 뻗은 독립 구릉 모양의 산지.
猪名川(町)[いながわ(ちょう)] 兵庫(ひょうご) 현 남동부, 大阪부에 접해 있는 町.
猪苗代(町)[いなわしろ(まち)] 福島(ふくしま) 현 중앙부 猪苗代 호(湖) 북안(北岸)에 있는 町.
猪鼻湖[いのはなこ] 静岡(しずおか) 현 서부, 浜名(はまな) 호 북부에 있는 호수.
杵築(市)[きつき(し)] 大分(おおいた) 현 북동부, 国東(くにさき) 반도의 남쪽에 있는 시.
猪八重峡[いのはえきょう] 宮崎(みやざき) 현 남부, 広渡(ひろと) 강 지류인 猪八重 강 상류에 있는 계곡.
渚滑川[しょこつがわ] 北海道 북동부에 있는 강.

【적】

荻(町)[おぎ(まち)] 大分(おおいた) 현 서부, 阿蘇(あそ) 외륜산(外輪山) 기슭에 있는 町.
赤間関[あかまがせき] 下関(しものせき)의 옛이름.
赤岡(町)[あかおか(まち)] 高知(こうち) 현 중부, 土佐(とさ) 만에 면한 町.
赤堀(町)[あかぼり(まち)] 群馬(ぐんま) 현 赤城(あかぎ) 산 동쪽 기슭에 있는 町.
赤碕(町)[あかさき(ちょう)] 鳥取(とっとり) 현 중서부, 동해에 면한 町.
積丹(町)[しゃこたん(ちょう)] 北海道 서부, 積丹 반도 끝에 있는 町.
赤来(町)[あかぎ(ちょう)] 島根(しまね) 현 중남부, 広島(ひろしま) 현에 인접한 町.
赤名峠[あかなとうげ] 島根(しまね) 현 赤来町(あかぎちょう)에서 広島(ひろしま) 현 布野村(ふのそん)으로 통하는 고개.
赤目四十八滝[あかめしじゅうはったき] 三重(みえ) 현 중서부, 宇陀(うだ) 강의 지류인 滝川(たきがわ) 강 계곡에 있는 폭포들의 총칭.
赤目一志峡[あかめいちしきょう] 三重(みえ) 현 중서부, 雲出(くもず)・名張(なばり) 의 두 강 상류에 있는 협곡의 총칭.
赤石山脈[あかいしさんみゃく] 静岡(しずおか)・長野(ながの)・山梨(やまなし) 3현의 경계를 이루는 산맥. *南(みなみ)アルプス라고도 함.
赤石岳[あかいしだけ] 赤石 산맥 중앙부, 静岡(しずおか) 현과 長野(ながの) 현 경계에 있는 산.
赤城山[あかぎやま] 群馬(ぐんま) 현 중앙부에 있는 활화산(活火山).
赤穂(市)[あこう(し)] 兵庫(ひょうご) 현 남서단, 播磨灘(はりまなだ)에 면한 도시.
赤穂御崎[あこうみさき] 兵庫(ひょうご) 현 赤穂 시에 있는 경승지.
的矢湾[まとやわん] 三重(みえ) 현 동부, 志摩(しま) 반도의 동부에 있는 작은 만.
赤岳[あかだけ] 山梨(やまなし) 현 북서부와 長野(ながの) 현 경계를 이루는 八ヶ岳(やつがたけ) 산의 최고봉.
荻窪[おぎくぼ] 東京 도 杉並(すぎなみ) 구 중앙부, 武蔵野(むさしの) 대지의 지구.
赤羽[あかばね] 東京 도 北(きた) 구 북부, 荒川(あらかわ) 강을 사이에 두고 埼玉(さいたま) 현과 경계를 이루는 지구.
赤羽根(町)[あかばね(ちょう)] 愛知(あいち) 현 渥美(あつみ) 반도 중앙부에 있는 町.
赤引温泉[あかひきおんせん] 愛知(あいち) 현 동쪽, 豊川(とよがわ) 강 지류인 宇連(うれ) 강 좌안에 있는 온천.
赤池(町)[あかいけ(まち)] 福岡(ふくおか) 현 북동부, 彦山(ひこさん) 강 중류에 있는 町.
寂地峡[じゃくちきょう] 山口(やまぐち) 현 동부, 錦川(にしきがわ) 강의 지류인 宇佐(うさ) 강이 침식・조성한 협곡.
赤芝峡[あかしばきょう] 山形(やまがた) 현 남서부, 小国町(おぐにまち)에 있는 협곡.
赤倉温泉[あかくらおんせん] 山形(やまがた) 현 북동부, 小国(おぐに) 강 양안(兩岸)에 있는 온천.

赤川 [あかがわ] 山形(やまがた) 현 서부를 흐르는 강.
鏑川 [かぶらがわ] 群馬(ぐんま) 현 남서부에 있는 강.
赤湯温泉 [あかゆおんせん] 山形(やまがた) 현 米沢(よねざわ) 분지 북부의 南陽(なんよう)시에 있는 온천.
赤坂 [あかさか] 東京 도 港(みなと) 구 북부에 있는 지구.
赤坂(町) [あかさか(ちょう)] 岡山(おかやま) 현 중남부, 砂川(すながわ) 강 유역에 있는 町.
赤平(市) [あかびら(し)] 北海道 중앙부, 空知(そらち) 지청에 있는 시.

【전】

田尻(町) [たじり(ちょう)] 宮城(みやぎ) 현 중북부, 곡창 지대인 大崎(おおさき) 평야 북부에 있는 町.
前橋(市) [まえばし(し)] 群馬(ぐんま) 현 중부에 있는 시. 현청 소재지.
筌ノ口温泉 [うけのくちおんせん] 大分(おおいた) 현 중부, 飯田(はんだ) 고원의 북부에 있는 온천.
田代(町) [たしろ(ちょう)] 鹿児島(かごしま) 현 남동부, 大隅(おおすみ) 반도 남부에 있는 町.
田代(町) [たしろ(まち)] 秋田(あきた) 현 북부, 青森(あおもり) 현에 인접한 町.
田島(町) [たじま(まち)] 福島(ふくしま) 현 남서부에 있는 町.
田老(町) [たろう(ちょう)] 岩手(いわて) 현 중동부에 있는 町.
田万川(町) [たまがわ(ちょう)] 山口(やまぐち) 현 최북단에 있는 町.
田名部 [たなぶ] 青森(あおもり) 현 북동부, むつ시의 중심 지구.
畑毛温泉 [はたけおんせん] 静岡(しずおか) 현 동부, 函南町(かんなみちょう) 남부에 있는 온천.
田無(市) [たなし(し)] 東京 도 중북부, 武蔵野(むさしの) 대지의 중앙부에 있는 시.
槇尾山 [まきのおやま] 大阪 부 남부, 和泉(いずみ) 시 남부에 있는 和泉 산맥 동쪽에 있는 산.
田辺(市) [たなべ(し)] 和歌山(わかやま) 현 남서부, 태평양에 면한 시.
田富(町) [とたみ(ちょう)] 山梨(やまなし) 현 중서부, 甲府(こうふ) 분지 남부에 있는 町.
銭司 [ぜず] 京都 부 남부, 加茂町(かもちょう)의 북동부에 있는 지구.
田上(町) [たがみ(まち)] 新潟(にいがた) 현 중앙부에 있는 町.
田上山 [たなかみやま] 滋賀(しが) 현 大津(おおつ) 시 남부 산지의 총칭.

田沼(町) [たぬま(まち)] 栃木(とちぎ) 현 남서부에 있는 町.
田野(町) [たの(ちょう)] 高知(こうち) 현 남동부에 있는 町.
畑野(町) [はたの(まち)] 新潟(にいがた) 현 佐渡(さど) 섬 중앙부, 国中(くになか) 평야를 중심으로 한 町.
田原(町) [たはら(ちょう)] 愛知(あいち) 현 남동부에 있는 町.
前原(市) [まえばる(し)] 福岡(ふくおか) 현 북서부에 있는 시.
田原本(町) [たわらもと(ちょう)] 奈良(なら) 현 북서부에 있는 町.
田子(町) [たっこ(まち)] 青森(あおもり) 현의 최남단에 있는 町.
田井等 [たいら] 沖縄(おきなわ) 섬 북부, 名護(なご) 시 중앙에 있는 지구.
田主丸(町) [たぬしまる(まち)] 福岡(ふくおか) 현 중남부에 있는 町.
田川(市) [たがわ(し)] 福岡(ふくおか) 현 북동부, 筑豊(ちくほう) 지방 동부에 있는 시.
田村町 [たむらちょう] 東京 도 港(みなと) 구 북부 지구의 구칭.
前沢(町) [まえさわ(ちょう)] 岩手(いわて) 현 남부에 있는 町.
田沢温泉 [たざわおんせん] 長野(ながの) 현 동부, 青木村(あおきむら)에 있는 온천.
田沢湖(町) [たざわこ(まち)] 秋田(あきた) 현 동부, 岩手(いわて) 현에 인접한 町.
田平(町) [たびら(ちょう)] 長崎(ながさき) 현 북부에 있는 町.
田浦(町) [たのうら(まち)] 熊本(くまもと) 현 남부, 八代(やつしろ) 해에 면한 町.
田布施(町) [たぶせ(ちょう)] 山口(やまぐち) 현 남동부에 있는 町.
田鶴浜(町) [たつるはま(まち)] 石川(いしかわ) 현 북부, 能登(のと) 반도 중앙부에 있는 町.
銭函 [ぜにばこ] 北海道 서부, 小樽(おたる) 시 동부의 石狩(いしかり) 만에 면한 지구.

【절】

切支丹坂 [きりしたんざか] 東京 도 文京(ぶんきょう) 구 남부에 있는 고개.

【점】

占冠(村) [しむかっぷ(むら)] 北海道 중앙부, 上川(かみかわ) 지청(支廳) 남단의 村.
苫小牧(市) [とまこまい(し)] 北海道 남부, 태평양에 면한 시.
鮎喰川 [あくいがわ] 徳島(とくしま) 현의 북동부를 흐르는 吉野(よしの) 강의 지류.
苫前(町) [とままえ(ちょう)] 北海道 북부에 있는 町.
鮎川温泉 [あゆかわおんせん] 和歌山(わか

やま) 현의 富田(とんだ) 강 중류 연변에 있는 냉천(冷泉).

【접】

蝶ヶ岳[ちょうがたけ] 長野(ながの) 현 서부, 常念(じょうねん) 산맥 남부에 있는 산.

【정】

鼎[かなえ] 長野(ながの) 현 남부, 飯田(いいだ) 시를 흐르는 天竜(てんりゅう) 강의 지류인 松川(まつかわ) 강의 남쪽 지구.
淀江(町)[よどえ(ちょう)] 鳥取(とっとり) 현 서부, 동해의 美保(みほ) 만에 면한 町.
静岡(市)[しずおか(し)] 静岡 현 중앙부에 있는 현청 소재지.
碇ヶ関(村)[いかりがせき(むら)] 青森(あおもり) 현 十和田(とわだ) 호(湖) 서쪽에 있는 村.
貞光(町)[さだみつ(ちょう)] 徳島(とくしま) 현 북서부, 吉野(よしの) 강 중류 남쪽 기슭에 있는 町.
淀橋[よどばし] 東京 도 新宿(しんじゅく) 구 남서부의 통칭.
静内(町)[しずない(ちょう)] 北海道 남부, 태평양에 면한 町.
井の頭[いのかしら] 東京 도 三鷹(みたか) 시 북동부에 있는 지구. 井の頭 공원이 유명함.
浄法寺(町)[じょうぼうじ(まち)] 岩手(いわて) 현 북서부, 青森(あおもり) 현에 인접한 町.
政所[まんどころ] 滋賀(しが) 현 중동부, 永源寺町(えいげんじちょう) 북부에 있는 지구.
井手(町)[いで(ちょう)] 京都 부 남부, 木津(きづ) 강변에 있는 町.
丁岳山地[ひのとだけさんち] 秋田(あきた)・山形(やまがた) 현경을 이루는 연산(連山).
井原(市)[いばら(し)] 岡山(おかやま) 현 남서부, 広島(ひろしま) 현과 맞닿은 市.
定義温泉[じょうげおんせん] 仙台(せんだい) 시 북서쪽의 산속에 있는 온천.
井荻[いおぎ] 東京 도 杉並(すぎなみ) 구 북서쪽에 있는, 武蔵野(むさしの) 시와 접한 지구.
町田(市)[まちだ(し)] 東京 도 남단, 神奈川(かながわ) 현에 인접한 市.
精進湖[しょうじこ] 山梨(やまなし) 현 남부, 富士(ふじ) 산 북쪽에 있는 호수로 富士 5 호(湖)의 하나.
淀川[よどがわ] 琵琶(びわ) 호에서 발원하여 大阪 만에 흘러드는 강.
井川[いかわ] 徳島(とくしま) 현 북서부, 吉野(よしの) 강가에 있는 町.
井川(町)[いかわ(まち)] 秋田(あきた) 현 중서부 八郎潟(はちろうがた) 유수지(遊水池) 가에 있는 町.

浄土ヶ浦[じょうどがうら] 島根(しまね) 현 북부, 隠岐(おき) 제도 북동부의 해안.
井波(町)[いなみ(まち)] 富山(とやま) 현 砺波(となみ) 평야 남단부에 있는 町.
瀞峡[どろきょう] 奈良(なら) 현 남부에서 발원하여 熊野(くまの) 강으로 흘러드는 北山(きたやま) 강의 협곡.
精華(町)[せいか(ちょう)] 京都 부 남부에 있는 町.
正丸峠[しょうまるとうげ] 埼玉(さいたま) 현 남서부, 飯能(はんのう) 시와 名栗村(なぐりむら) 경계에 있는 고개.

【제】

諸磯[もろいそ] 神奈川(かながわ) 현 남동부, 三浦(みうら) 시 남서부의 相模(さがみ) 만에 면한 지구.
鵜来島[うぐるしま] 四国의 남서부, 宿毛(すくも) 만 어귀에 있는 섬.
諸富(町)[もろとみ(ちょう)] 佐賀(さが) 현 남동부, 佐賀 평야에 있는 町.
鵜ノ浜温泉[うのはまおんせん] 新潟(にいがた) 현 서부, 동해에 인접하고 있는 온천.
帝釈峡[たいしゃくきょう] 広島(ひろしま) 현 북동부, 帝釈 강 중류에 있는 협곡.
弟子屈(町)[てしかが(ちょう)] 北海道 동부에 있는 町.
梯川[かけはしがわ] 石川(いしかわ) 현의 남부를 흐르는 강.
諸塚山[もろつかやま] 宮崎(みやざき) 현 북부, 高千穂町(たかちほちょう)와 諸塚村(もろつかむら)과의 경계에 있는 산.
諸浦島[しょうらじま] 鹿児島(かごしま) 현 서북부에 있는 섬.

【조】

鳥居峠[とりいとうげ] 群馬(ぐんま)・長野(ながの) 현 경계에 있는 고개.
祖谷[いや] 徳島(とくしま) 현 서부, 吉野(よしの) 강 상류의 祖谷 강 및 松尾(まつお) 강 유역의 지역명.
早島(町)[はやしま(ちょう)] 岡山(おかやま) 현 남부, 岡山 시와 倉敷(くらしき) 시 사이에 있는 町.
早来(町)[はやきた(ちょう)] 北海道 남부, 苫小牧(とまこまい) 시의 북동부와 접하고 있는 町.
朝来(町)[あさご(ちょう)] 兵庫(ひょうご) 현 중앙부, 中国(ちゅうごく) 산지 분수령에 있는 町.
潮来(町)[いたこ(まち)] 茨城(いばらき) 현 남동부, 千葉(ちば) 현 佐原(さわら) 시에 인접한 町.
朝来川[あさごがわ] 兵庫(ひょうご) 현 円山(まるやま) 강의 딴이름.

朝里岳 [あさりだけ] 北海道 中央部 後志(しりべし) 산지 서쪽에 있는 산.

朝里川温泉 [あさりがわおんせん] 北海道 小樽(おたる) 시 동쪽 朝里 강 연변에 있는 온천.

朝明渓谷 [あさけけいこく] 三重(みえ) 현 북부의 朝明 강 상류부의 계곡.

祖母谷温泉 [ばばだにおんせん] 富山(とやま) 현 북동부, 黒部(くろべ) 강 지류인 祖母谷와 祖父谷(じじだに)의 합류점에 있는 온천.

祖母山 [そぼさん] 大分(おおいた)・宮崎(みやざき) 현의 경계에 있는 산.

朝霧高原 [あさぎりこうげん] 富士(ふじ) 산 서쪽 기슭에 있는 고원.

慥柄湾 [たしからわん] 三重(みえ) 현 남동부, 熊野灘(くまのなだ)에 면한 贄湾(にえまん)의 딴이름.

祖父江(町) [そぶえ(ちょう)] 愛知(あいち) 현 서단, 木曽(きそ) 강 좌안에 있는 町.

鳥栖(市) [とす(し)] 佐賀(さが) 현 동부, 福岡(ふくおか) 현 경계에 있는 시.

藻岩山 [もいわやま] 札幌(さっぽろ) 시 南(みなみ) 구 북부에 있는 산.

鳥屋(町) [とりや(まち)] 石川(いしかわ) 현 중북부에 있는 町.

蔦温泉 [つたおんせん] 青森(あおもり) 현 중남부, 蔦川(つたがわ) 강 상류부에 있는 온천.

鳥羽(市) [とば(し)] 三重(みえ) 현 중남부에 있는 시.

朝熊ヶ岳 [あさまがたけ] 三重(みえ) 현 志摩(しま) 반도 북부에 있는 산.

朝日(町) [あさひ(ちょう)] 福井(ふくい) 현 鯖江(さばえ) 시 서쪽에 있는 町.

朝日(町) [あさひ(まち)] 富山(とやま) 현 동쪽 끝에 있는 町.

朝日山地 [あさひさんち] 山形(やまがた)・新潟(にいがた) 2현 경계에 있는 산지. ＊朝日連峰(れんぽう)라고도 함.

朝日岳 [あさひだけ] 新潟(にいがた)・富山(とやま)의 2현 경계에 있는 北(きた)アルプス 최북단의 산.

銚子(市) [ちょうし(し)] 千葉(ちば) 현 북동쪽 끝에 있는 시.

朝酌 [あさくみ] 島根(しまね) 현 松江(まつえ) 시 동쪽의 지구 이름.

鳥井峠 [とりいとうげ] 福島(ふくしま)・新潟(にいがた) 현 경계에 있는 고개.

朝地(町) [あさじ(まち)] 大分(おおいた) 현의 중앙부에 있는 町.

早池峰山 [はやちねさん] 岩手(いわて) 현 중앙부에 솟은 北上(きたかみ) 고지(高地)의 최고봉.

朝倉(町) [あさくら(まち)] 福岡(ふくおか) 현 筑紫(つくし) 평야 동부에 있는 町.

朝妻筑摩 [あさづまちくま] 滋賀(しが) 현 동쪽, 米原町(まいはらちょう)의 琵琶(びわ) 호에 면한 지구 이름.

早川(町) [はやかわ(ちょう)] 山梨(やまなし) 현 남서단, 赤石(あかいし) 산맥과 巨摩(こま) 산지 사이의 早川 강 연변에 있는 町.

鳥取(市) [とっとり(し)] 鳥取 현 동부에 있는 시. 현청 소재지임.

調布(市) [ちょうふ(し)] 東京 도 중앙부에 있는 시.

朝霞(市) [あさか(し)] 埼玉(さいたま) 현 남부에 있는 시.

鳥海(町) [ちょうかい(まち)] 秋田(あきた) 현 남단에 있는 町.

早戸温泉 [はやとおんせん] 福島(ふくしま) 현 서부, 三島町(みしままち) 북서부, 只見(ただみ) 강에 면한 단구(段丘) 상에 있는 온천.

【족】

足寄(町) [あしょり(ちょう)] 北海道 동부 내륙에 있는 町.

足利(市) [あしかが(し)] 栃木(とちぎ) 현 남서부에 있는 상공업・문화 도시.

足尾(町) [あしお(まち)] 栃木(とちぎ) 현 서쪽 끝에 있는 町.

足尾山地 [あしおさんち] 栃木(とちぎ) 현 서부에 있는 산지. 최고봉은 夕日岳(ゆうひがたけ).

足柄山地 [あしがらさんち] 神奈川(かながわ) 현과 静岡(しずおか) 현 경계, 箱根(はこね) 화산과 丹沢(たんざわ) 산지 사이의 산지.

足柄平野 [あしがらへいや] 神奈川(かながわ) 현 남서부, 酒匂(さかわ) 강변에 있는 평야. ＊酒匂 평야라고도 함.

足羽山 [あすわやま] 福井(ふくい) 현 福井 시 서쪽에 있는 산.

足羽川 [あすわがわ] 福井(ふくい) 현 북부의 日野(ひの) 강의 지류(支流).

足摺岬 [あしずりみさき] 高知(こうち) 현 남서부, 土佐(とさ) 만 서쪽 끝에 있는 곶.

足助(町) [あすけ(ちょう)] 愛知(あいち) 현 三河(みかわ) 고원의 중앙부에 있는 町.

【종】

鐘ノ岬 [かねのみさき] 福岡(ふくおか) 현 북서부에 있는 곶.

宗谷 [そうや] 北海道 북부, 稚内(わっかない) 시 북동부의 지구.

種山高原 [たねやまこうげん] 岩手(いわて) 현 중남부에 있는 고원.

宗像(市) [むなかた(し)] 福岡(ふくおか) 현 북서부, 福岡 시와 北九州(きたきゅうしゅう) 시의 중간에 있는 시.

種市(町) [たねいち(まち)] 岩手(いわて) 현 북동단, 태평양에 면한 町.

鐘ヶ淵[かねがふち] 東京 도 墨田(すみだ) 구 북단부, 隅田(すみだ) 강 동안(東岸)에 있는 지구.

宗右衛門町[そうえもんちょう] 大阪 시 中央(ちゅうおう) 구에 있는 지구.

種子島[たねがしま] 鹿児島(かごしま) 현 大隅(おおすみ) 반도 남쪽에 있는 섬.

鐘釣温泉[かねつりおんせん] 富山(とやま) 현 동부, 黒部(くろべ) 협곡의 온천장의 하나.

【좌】

座間(市)[ざま(し)] 神奈川(かながわ) 현 중북부, 相模(さがみ) 강 동쪽에 있는 시.

座間味島[ざまみじま] 沖縄(おきなわ) 섬 那覇(なは) 시 서쪽 동중국해상에 있는 작은 섬.

佐久(市)[さく(し)] 長野(ながの) 현 동부, 佐久 분지의 중심 도시.

佐久間(町)[さくま(ちょう)] 静岡(しずおか) 현 북서부, 天竜(てんりゅう) 강 중류에 있는 산간 町.

佐多(町)[さた(ちょう)] 鹿児島(かごしま) 현 남동부, 大隅(おおすみ) 반도 남쪽 끝에 있는 町.

佐渡島[さどがしま] 佐渡 해협을 사이에 두고 新潟(にいがた) 시 서쪽의 동해상에 있는 섬.

佐呂間(町)[さろま(ちょう)] 北海道 북부, サロマ 호 남쪽에 있는 町.

佐伯(市)[さいき(し)] 大分(おおいた) 현 남동부, 佐伯 만에 접한 시.

佐伯(町)[さえき(ちょう)] 岡山(おかやま) 현 남동부, 吉井(よしい) 강 중류 지역에 있는 町.

佐敷(町)[さしき(ちょう)] 沖縄(おきなわ) 섬 남부, 知念(ちねん) 반도 서부에 있는 町.

佐世保(市)[させぼ(し)] 長崎(ながさき) 현 북부, 佐世保 만에 면한 시.

佐野(市)[さの(し)] 栃木(とちぎ) 현 남서부에 있는 시.

佐屋(町)[さや(ちょう)] 愛知(あいち) 현 서부, 濃尾(のうび) 평야의 남부에 있는 町.

佐用(町)[さよう(ちょう)] 兵庫(ひょうご) 현 서쪽 끝에 있는 町.

佐原(市)[さわら(し)] 千葉(ちば) 현 동부에 있으며, 예로부터 利根(とね) 강 수운을 이용해 번창했던 상업 도시.

佐田(町)[さだ(ちょう)] 島根(しまね) 현 동부, 出雲(いずも) 시 남쪽에 있는 町.

佐田岬半島[さだみさきはんとう] 愛媛(えひめ) 현 서부, 豊後(ぶんご) 수도에 돌출한 반도.

佐々(町)[さざ(ちょう)] 長崎(ながさき) 현 북부, 北松浦(きたまつうら) 반도 서부에 있는 町.

佐織(町)[さおり(ちょう)] 愛知(あいち) 현 서부에 있는 町.

佐倉(市)[さくら(し)] 千葉(ちば) 현 북부에 있는 시.

佐川(町)[さかわ(ちょう)] 高知(こうち) 현 중부, 柳瀬(やなせ) 강 유역에 있는 町.

左沢[あてらざわ] 山形(やまがた) 현 중앙부, 大江町(おおえちょう)의 중심 지구.

佐土原(町)[さどわら(ちょう)] 宮崎(みやざき) 현 중앙부에 있는 町.

佐賀(市)[さが(し)] 佐賀 현 중앙부에 있는 현청 소재지.

佐賀関(町)[さがのせき(まち)] 大分(おおいた) 현 동부, 佐賀関 반도에 있는 町.

佐和田(町)[さわだ(まち)] 佐渡(さどが) 섬 중앙 国中(くになか) 평야 서쪽 끝자락에 있는 町.

【주】

朱鞠内湖[しゅまりないこ] 北海道 중앙부, 幌加内町(ほろかないちょう) 북부에 있는 인공 호수.

住吉(区)[すみよし(く)] 大阪 시 남단, 堺(さかい) 시에 인접한 구.

周南工業地域[しゅうなんこうぎょうちいき] 徳山(とくやま)・下松(くだまつ)・光(ひかり)의 3시를 중심으로 한 周防灘(すおうなだ) 연안의 중화학 공업 지역.

住道[すみのどう] 大阪 부 동부, 大東(だいとう) 시에 있는 지구.

周東(町)[しゅうとう(ちょう)] 山口(やまぐち) 현 동부, 玖珂(くが) 분지에 있는 町.

周防山地[すおうさんち] 山口(やまぐち) 현 남동부에 있는 산지.

洲本(市)[すもと(し)] 兵庫(ひょうご) 현 淡路(あわじ) 섬 동부에 있는 시.

周山[しゅうざん] 京都 부 중부, 京北町(けいほくちょう)의 중심 지구.

周船寺[すせんじ] 福岡(ふくおか) 시의 서쪽 끝, 西(にし) 구의 서부에 있는 지구.

朱雀[すじゃく] 京都 시가지 서부 및 남서부의 2개 지구의 명칭.

住田(町)[すみた(ちょう)] 岩手(いわて) 현 남동부, 陸前高田(りくぜんたかた) 시의 북쪽에 있는 町.

酒田(市)[さかた(し)] 山形(やまがた) 현 북서부에 있는 항만·상공업 도시.

鋳銭(町)[いせんば(丁)] 宮城(みやぎ) 현 중동부, 石巻(いしまき) 시 중앙부에 있는 지구.

肘折温泉[ひじおりおんせん] 山形(やまがた) 현 중앙부, 銅山(どうざん) 강 중류에 있는 온천.

珠洲(市)[すず(し)] 石川(いしかわ) 현 북동단, 동해로 돌출한 能登(のと) 반도의 선단부에 있는 시.

酒々井(町)[しすい(まち)] 千葉(ちば) 현

북부에서, 북으로 成田(なりた) 시, 남으로 佐倉(さくら) 시와 접하는 町.
住之江(区) [すみのえ(く)] 大阪 시 남서단 (南西端), 大阪 만에 면한 구.
酒呑童子山 [しゅてんどうじやま] 大分(おおいた) 현 서부, 中津江(なかつえ)・上津江(かみつえ) 2 村의 경계에 있는 산.
舟形(町) [ふながた(まち)] 山形(やまがた) 현 북동부, 最上(もがみ) 강과 그 지류 小国(おぐに) 강 유역의 町.

【죽】

竹富(町) [たけとみ(ちょう)] 琉球(りゅうきゅう) 제도 남부, 八重山(やえやま) 제도의 주도(主島) 등을 차지하는 町.
竹野(町) [たけの(ちょう)] 兵庫(ひょうご) 현 북부에 있는 町.
竹原(市) [たけはら(し)] 広島(ひろしま) 현 남부, 瀬戸内海(せとないかい) 연안에 있는 시.
竹田(市) [たけだ(し)] 大分(おおいた) 현 남서부, 서쪽은 熊本(くまもと) 현과, 남쪽은 宮崎(みやざき) 현과 인접한 시.
竹之内 [たけのうち] 奈良(なら) 현 북부, 天理(てんり) 시 중동부의 지구.

【준】

駿遠 [すんえん] 静岡(しずおか) 현의 駿河(するが)와 遠江(とおとうみ)의 두 지방을 합친 지역.
隼人(町) [はやと(ちょう)] 鹿児島(かごしま) 현의 중앙부, 鹿児島 만(灣)의 가장 안쪽에 있는 町.
樽前山 [たるまえさん] 北海道 남부, 風不死(ふつぶし) 산에 인접한 산.
駿河台 [するがだい] 東京 도 千代田(ちよだ) 구 북쪽, JR 중앙선 御茶ノ水(おちゃのみず) 역 남부 일대의 지구.

【중】

中(町) [なか(ちょう)] 兵庫(ひょうご) 현 중부에 있는 町.
中間(市) [なかま(し)] 福岡(ふくおか) 현 북부에 있는 시.
仲間川 [なかまがわ] 沖縄(おきなわ) 현, 琉球(りゅうきゅう) 제도 남부, 西表(いりおもて) 섬 남동부를 흐르는 강.
中綱湖 [なかつなこ] 長野(ながの) 현 북서부, 大町(おおまち) 시 북부에 있는 호수.
中京工業地帯 [ちゅうきょうこうぎょうちたい] 名古屋(なごや) 시를 중심으로 한 공업 지역.
中京圏 [ちゅうきょうけん] 名古屋(なごや) 시 일대의 경제・문화의 중심적 권역.
中ノ口川 [なかのくちがわ] 新潟(にいがた) 현 중앙부를 흐르는 강.
中国地方 [ちゅうごくちほう] 本州의 남서부 지방.
中宮温泉 [ちゅうぐうおんせん] 石川(いしかわ) 현 남부, 尾添(おぞう) 강 북안에 있는 온천.
仲南(町) [ちゅうなん(ちょう)] 香川(かがわ) 현 남서부에 있는 町.
中ノ島 [なかのしま] 島根(しまね) 현 북동부, 隠岐(おき) 제도 동부에 있는 섬.
中島(町) [なかじま(まち)] 石川(いしかわ) 현 북부에 있는 町.
中道(町) [なかみち(ちょう)] 山梨(やまなし) 현 중앙부에 있는 町.
中頓別(町) [なかとんべつ(ちょう)] 北海道 북부에 있는 町.
中里(町) [なかさと(まち)] 青森(あおもり) 현 북서부에 있는 町.
重茂半島 [おもえはんとう] 岩手(いわて) 현 동부, 宮古(みやこ) 시 남동에 있는 반도.
中尾温泉 [なかおおんせん] 岐阜(ぎふ) 현 북동부, 上宝(かみたから) 동부에 있는 온천.
中房温泉 [なかぶさおんせん] 長野(ながの) 현 서부, 穂高町(ほたかまち)에 있는 온천.
中辺路(町) [なかへち(ちょう)] 和歌山(わかやま) 현 중남부의 산지에 있는 町.
中富(町) [なかとみ(ちょう)] 山梨(やまなし) 현 남서부에 있는 町.
中富良野(町) [なかふらの(ちょう)] 北海道 중앙부에 있는 町.
中山(町) [なかやま(まち)] 山形(やまがた) 현 중앙부, 山形 분지 서부에 있는 町.
中山峠 [なかやまとうげ] 北海道 서부 札幌(さっぽろ) 시와 後志(しりべし) 지청 喜茂別(きもべつちょう) 町과의 경계를 이루는 고개.
中山川 [なかやまがわ] 愛媛(えひめ) 현 중서부를 흐르는 강.
中山平温泉 [なかやまだいらおんせん] 宮城(みやぎ) 현 북서부, 鳴子(なるご) 온천 마을에 있는 온천.
中仙(町) [なかせん(まち)] 秋田(あきた) 현 중동부에 있는 町.
中禅寺温泉 [ちゅうぜんじおんせん] 栃木(とちぎ) 현 日光(にっこう) 시에 있는 온천.
中城湾 [なかぐすくわん] 沖縄(おきなわ) 섬 남부 동안(東岸)에 있는 만.
重信(町) [しげのぶ(ちょう)] 愛媛(えひめ) 현 중부, 重信 강 중류 지역에 있는 町.
中新田(町) [なかにいだ(まち)] 宮城(みやぎ) 현 북부에 있는 町.
中ノ岳 [なかのたけ] 新潟(にいがた) 현 남부에 있는 산.
中野(市) [なかの(し)] 長野(ながの) 현 북동부에 있는 시.
中羽前街道 [なかうぜんかいどう] 宮城(み

やぎ)県 古川(ふるかわ)から 山形(やまがた)県 尾花沢(おばなざわ)に至る街道.
中原(町)[なかばる(ちょう)] 佐賀(さが)県 東部にある町.
中原街道[なかはらかいどう] 東京都 五反田(ごたんだ)から 神奈川(かながわ)県 大磯(おおいそ)に至る街道.
中伊豆(町)[なかいず(ちょう)] 静岡(しずおか)県 東部にある町.
中田(町)[なかだ(ちょう)] 宮城(みやぎ)県 北東部にある町.
中井(町)[なかい(まち)] 神奈川(かながわ)県 西部にある町.
中条(町)[なかじょう(まち)] 新潟(にいがた)県 北部, 東海に面した町.
中種子(町)[なかたね(ちょう)] 鹿児島(かごしま)県 熊毛(くまげ)郡 種子(たねが)島にある町.
中主(町)[ちゅうず(ちょう)] 滋賀(しが)県 中央部にある町.
中之島 [なかのしま] 鹿児島(かごしま)県 南部, 吐噶喇(とから)列島 北部にある島.
中之条(町)[なかのじょう(まち)] 群馬(ぐんま)県 北西部にある町.
中津(市)[なかつ(し)] 大分(おおいた)県 北西部にある市.
中津峰山[なかつみねやま] 徳島(とくしま)県 東部, 剣(つるぎ)山地 東端にある山.
中津川(市)[なかつがわ(し)] 岐阜(ぎふ)県 南東端にある市.
中川根(町)[なかかわね(ちょう)] 静岡(しずおか)県 中部にある町.
中村(市)[なかむら(し)] 高知(こうち)県 南西部にある 幡多(はた)地方の中心都市.
中村平野[なかむらへいや] 高知(こうち)県 南西部にある平野.
中ノ沢温泉[なかノさわおんせん] 福島(ふくしま)県 中東部, 猪苗代町(いなわしろまち)にある温泉.
中土佐(町)[なかとさ(ちょう)] 高知(こうち)県 中部中央にある町.
中通島[なかどおりじま] 長崎(ながさき)県 長崎市 西方にある島.
中標津(町)[なかしべつ(ちょう)] 北海道 東中部にある町.
中海[なかうみ] 鳥取(とっとり)・島根(しまね)県 境界にある湖沼.

【즐】

櫛ヶ浜[くしがはま] 山口(やまぐち)県 中南部, 徳山(とくやま)市 南部にある地区.
櫛引[くしびき(まち)] 山形(やまがた)県 西部, 庄内(しょうない)平野の南部にある町.
櫛形(町)[くしがた(まち)] 山梨(やまなし)県 西部, 甲府(こうふ)盆地 西端にある町.

【증】

曽根[そね] 新潟(にいがた)県 中央西部, 西川町(にしかわまち)中央部の地区.
甑島列島[こしきじまれっとう] 鹿児島(かごしま)県から 約50キロメートル離れた東中国海上にある島々.
増毛(町)[ましけ(ちょう)] 北海道 西部, 東海に面した町.
増富温泉[ますとみおんせん] 山梨(やまなし)県 北部, 須玉町(すたまちょう)にある温泉.
増穂(町)[ますほ(ちょう)] 山梨(やまなし)県 西部にある町.
曽我[そが] 神奈川(かながわ)県 南西部, 小田原(おだわら)市 北東部にある地区.
曽爾(村)[そに(むら)] 奈良(なら)県 北東部, 三重(みえ)県と隣接した村.
増田(町)[ますだ(まち)] 秋田(あきた)県 南東部にある町.
蒸ノ湯温泉[ふけのゆおんせん] 秋田(あきた)県 北東部, 八幡平(はちまんたい)火山 北西側にある温泉.

【지】

芝[しば] 東京都 港(みなと)区 東部地区と 旧 芝区 이름.
池間島 [いけまじま] 琉球(りゅうきゅう)列島 宮古(みやこ)島 北西側にある島.
只見(町)[ただみ(まち)] 福岡(ふくおか)県 西端, 只見 강의 상류 지역을 차지하는 町.
池尻[いけじり] 東京都 世田谷(せたがや)区 東쪽 끝에 있는 주택 지구.
地球岬[ちきゅうみさき] 北海道 南部, 室蘭(むろらん)市 南部에 있는 곶.
知内(町)[しりうち(ちょう)] 北海道 南部, 渡島(おしま)半島 南部에 있는 町.
知念半島[ちねんはんとう] 沖縄(おきなわ)島 南部 동해안, 中城(なかぐすく)만에 돌출한 반도.
知多(市)[ちた(し)] 愛知(あいち)県 西部에 있는 市.
池袋[いけぶくろ] 東京都 豊島(としま)구 중앙부, 新宿(しんじゅく)・渋谷(しぶや)와 함께 東京의 부도심 역할을 하는 지구.
地ノ島[じのしま] 福岡(ふくおか)県 北서부, 響灘(ひびきなだ) 서쪽에 있는 섬.
池島[いけしま] 長崎(ながさき)県 西彼杵(にしそのぎ)반도 서쪽 角力灘(すもうなだ)에 있는 섬.
志度(町)[しど(ちょう)] 香川(かがわ)県 동부, 瀬戸内海(せとないかい)에 면한 町.
智頭(町)[ちず(ちょう)] 鳥取(とっとり)県과 岡山(おかやま)県 경계에 있는 町.
知覧(町) [ちらん(ちょう)] 鹿児島(かごし

ま) 현 남부에 있는 町.
知立(市) [ちりゅう(し)] 愛知(あいち) 현 중앙부에 있는 시.
志摩(町) [しま(ちょう)] 三重(みえ) 현 남동부, 志摩 반도 최남단에 있는 町.
志摩半島 [しまはんとう] 三重(みえ) 현 동부, 伊勢(いせ) 만구(灣口) 남서쪽에 있는 반도.
贄湾 [にえわん] 三重(みえ) 현 남동부, 熊野灘(くまのなだ)에 면한 리아스식 만입(灣入)의 하나.
志免(町) [しめ(まち)] 福岡(ふくおか) 현 서부, 福岡 시 동부에 인접한 町.
知名(町) [ちな(ちょう)] 鹿児島(かごしま) 현 沖永良部(おきのえらぶ) 섬 남서부에 있는 町.
志木(市) [しき(し)] 埼玉(さいたま) 현 남동부, 武蔵野(むさしの) 대지 북동쪽 끝에 있는 시.
志発島 [しぼつとう] 北海道 동부, 根室(ねむろ) 반도 동쪽에 있는 歯舞(はぼまい) 제도 중 최대의 섬.
砥部(町) [とべ(ちょう)] 愛媛(えひめ) 현 중부에 있는 町.
知夫里島 [ちぶりしま] 島根(しまね) 현 북동부에 있는 섬.
至仏山 [しぶつさん] 群馬(ぐんま) 현 북부, 水上町(みなかみまち)와 片品村(かたしなむら)의 경계를 이루는 산.
芝山(町) [しばやま(まち)] 千葉(ちば) 현 중북부, 下総(しもうさ) 대지(臺地) 동부의 중앙에 있는 町.
知床半島 [しれとこはんとう] 北海道 북동부의 오호츠크 해에 돌출한 반도.
指宿(市) [いぶすき(し)] 鹿児島(かごしま) 현 薩摩(さつま) 반도 동남부 鹿児島 만구(灣口)에 있는 관광 온천 도시.
地獄谷 [じごくだに] 北海道 남부, 登別(のぼりべつ) 온천 거리 북쪽에 있는 폭렬 화구(爆裂火口).
地獄温泉 [じごくおんせん] 熊本(くまもと) 현 북동부, 阿蘇(あそ) 중앙 화구 언덕 중턱에 있는 온천.
紙屋川 [かみやがわ] 京都 시 서부를 흐르는 강.
砥用(町) [ともち(まち)] 熊本(くまもと) 현 중앙부에 있는 町.
志雄(町) [しお(まち)] 石川(いしかわ) 현 중부, 能登(のと) 반도 초입 能登 지방에 있는 町.
地蔵埼 [じぞうさき] 島根(しまね) 현 북동부, 島根 반도 동쪽 끝에 있는 곶.
志張温泉 [しばりおんせん] 秋田(あきた) 현 북동부, 鹿角(かづの) 시의 남부에 있는 온천.
池田(市) [いけだ(し)] 大阪 부 북서부 猪名(いな) 강 계곡 입구에 있는 시.

志津川(町) [しづがわ(ちょう)] 宮城(みやぎ) 현 북동부, 志津川 만에 면한 町.
池川(町) [いけがわ(ちょう)] 高知(こうち) 현 仁淀(によど) 강 상류에 있는 町.
芝川(町) [しばかわ(ちょう)] 静岡(しずおか) 현 동부에 있는 町.
志村 [しむら] 東京 도 板橋(いたばし) 구 북부, 그 북단을 中山道(なかせんどう)가 지나는 지구.
志波姫(町) [しわひめ(ちょう)] 宮城(みやぎ) 현 북부, 一迫(いちはさま) 강 우안(右岸)에 있는 町.
池ノ平温泉 [いけのたいらおんせん] 新潟(にいがた) 현 妙高(みょうこう) 산 동쪽 기슭에 있는 온천.
芝浦 [しばうら] 東京 도 港(みなと) 구 남동부에 있는 항만 지구.
志布志(町) [しぶし(ちょう)] 鹿児島(かごしま) 현 동단, 志布志 만에 면한 町.
志賀(町) [しが(ちょう)] 滋賀(しが) 현 남서부, 琵琶(びわ) 호 서쪽 기슭에 있는 町.
志賀(町) [しか(まち)] 石川(いしかわ) 현 북부, 能登(のと) 반도에서 동해로 면한 町.
枝幸(町) [えさし(ちょう)] 北海道 북부, 오호츠크 해 연안에 있는 町.
支笏湖 [しこつこ] 北海道 남부, 千歳(ちとせ) 시 서부에 있는 칼데라 호.
志和 [しわ] 広島(ひろしま) 현 중남부, 東(ひがし)広島 시 북서부의 작은 분지에 있는 농업 지구.

【직】

直島諸島 [なおしましょとう] 瀬戸内海(せとないかい) 중앙부, 香川(かがわ) 현과 岡山(おかやま) 현 사이의 도서군.
直方(市) [のおがた(し)] 福岡(ふくおか) 현 북부, 筑豊(ちくほう) 지방 북부의 중심 도시.
直入(町) [なおいり(まち)] 大分(おおいた) 현 남서부에 있는 町.
織田(町) [おた(ちょう)] 福井(ふくい) 현 중서부에 있는 町.

【진】

津(市) [つ(し)] 三重(みえ) 현 중부에 있는 시.
真岡(市) [もおか(し)] 栃木(とちぎ) 현 남동부의 중심 도시.
津軽 [つがる] 青森(あおもり) 현 서반부의 총칭.
辰口(町) [たつのくち(まち)] 石川(いしかわ) 현 중남부에 있는 町.
津久見(市) [つくみ(し)] 大分(おおいた) 현 남동부, 津久見 만에 면한 시.
津久井(町) [つくい(まち)] 神奈川(かながわ) 현 북서부에 있는 町.

津奈木(町)[つなぎ(まち)] 熊本(くまもと) 현 남부, 八代(やつしろ) 해에 면한 町.
津南(町)[つなん(まち)] 新潟(にいがた) 현 남부에 있는 町.
榛東(村)[しんとう(むら)] 群馬(ぐんま) 현 중앙부에 있는 村.
津名(町)[つな(ちょう)] 兵庫(ひょうご) 현 淡路(あわじ) 섬에 있는 町.
榛名(町)[はるな(まち)] 群馬(ぐんま) 현 서부, 榛名 산 남쪽 기슭의 町.
真名川[まながわ] 福井(ふくい) 현의 동부에 있는 강.
真木渓谷[まきけいこく] 秋田(あきた) 현 중동부, 太田町(おおたまち)에 있는 계곡.
津幡(町)[つばた(まち)] 石川(いしかわ) 현 중앙부에 있는 町.
真壁(町)[まかべ(まち)] 茨城(いばらき) 현 서부에 있는 町.
津別(町)[つべつ(ちょう)] 北海道 북동부, 網走(あばしり) 강 상류에 있는 町.
真備(町)[まび(ちょう)] 岡山(おかやま) 현 남부, 岡山 평야의 북서단에 있는 町.
津山(市)[つやま(し)] 岡山(おかやま) 현 북동부에 있는 시.
陣ヶ森[じんがもり] 高知(こうち) 현 북부, 土佐町(とさちょう)와 吾北村(ごほくそん) 경계에 있는 산.
鎮西(町)[ちんぜい(ちょう)] 佐賀(さが) 현 북서부에 있는 町.
真室川(町)[まむろがわ(まち)] 山形(やまがた) 현 북단, 秋田(あきた) 현과 인접한 町.
辰野(町)[たつの(まち)] 長野(ながの) 현 중앙부, 伊那(いな) 계곡의 북단에 있는 町.
真野(町)[まの(まち)] 新潟(にいがた) 현 佐渡(さど) 섬 중앙 저지(低地)의 남단, 真野 만에 면한 町.
奏野(市)[はだの(し)] 神奈川(かながわ) 현 중서부, 丹沢(たんざわ) 산지의 남쪽에 자리잡은 시.
真玉(町)[またま(まち)] 大分(おおいた) 현 북부에 있는 町.
津屋崎(町)[つやざき(まち)] 福岡(ふくおか) 현 북서부에 있는 町.
榛原(町)[はいばら(ちょう)] 静岡(しずおか) 현 중남부, 駿河(するが) 만에 면한 町.
奏荘(町)[はたしょう(ちょう)] 滋賀(しが) 현 동부의 町.
津田(町)[つだ(ちょう)] 香川(かがわ) 현 동부, 津田 만에 면한 町.
真田(町)[さなだ(まち)] 長野(ながの) 현 동부, 上田(うえだ) 시와 인접해 있는 町.
真正(町)[しんせい(ちょう)] 岐阜(ぎふ) 현 남서부에 있는 町.
津川(町)[つがわ(まち)] 新潟(にいがた) 현 북동부에 있는 町.
振草渓谷[ふりくさけいこく] 愛知(あいち) 현 동부, 天竜(てんりゅう) 강의 지류 大千瀬(おおちせ) 강 중부에 있는 협곡.
真湯温泉[しんゆおんせん] 岩手(いわて) 현 남부, 一関(いちのせき) 시 서부에 있는 온천.
真鶴(町)[まなつる(まち)] 神奈川(かながわ) 현 남서부, 箱根(はこね) 화산의 남동쪽에 있는 町.
津和野(町)[つわの(ちょう)] 島根(しまね) 현 최서단에 있는 町.
真和志[まわし] 沖縄(おきなわ) 섬 남부, 那覇(なは) 시 북부의 지구.

【질】

秩父(市)[ちちぶ(し)] 埼玉(さいたま) 현 서부, 秩父 분지 중심에 있는 시.
秩父別(町)[ちっぷべつ(ちょう)] 北海道 중앙부에 있는 町.
姪浜[めいのはま] 福岡(ふくおか) 시 서부, 博多(はかた) 만에 면한 지구.
蛭ヶ岳[ひるがだけ] 神奈川(かながわ) 현 서부, 津久井町(つくいちょう)와 山北町(やまきたちょう)의 경계에 있는 산.

【차】

車山[くるまやま] 長野(ながの) 현 중앙부에 있는 산.
嵯峨野[さがの] 京都 시가지 서쪽 끝 일대의 지명.

【찰】

札の辻[ふだのつじ] 東京 도 港(みなと) 구 중앙부를 가리키는 속칭.
札幌(市)[さっぽろ(し)] 北海道 중앙부에 있는 北海道 최대의 도시. 도청 소재지.

【창】

倉橋(町)[くらはし(ちょう)] 広島(ひろしま) 현 남서부, 倉橋 섬 남반부를 차지하는 町.
倉吉(市)[くらよし(し)] 鳥取(とっとり) 현 중부에 있는 시.
倉敷(市)[くらしき(し)] 岡山(おかやま) 현 남부, 高梁(たかはし) 강 하류 지역에서 児島(こじま) 반도 서부로 전개되는 상공업・관광 도시.
倉岳(町)[くらたけ(まち)] 熊本(くまもと) 현 남서부에 있는 町.
槍ヶ岳[やりがたけ] 長野(ながの) 현의 飛騨(ひだ) 산맥(=北)アルプス) 남부의 槍・穂高(ほたか) 연봉의 주봉.
菖蒲(町)[しょうぶ(まち)] 埼玉(さいたま) 현 동부, 備前堀(びぜんぼり) 강과 元荒(もとあら) 강 사이에 있는 町.

【책】

柵原(町) [やなはら(ちょう)] 岡山(おかやま) 현 중동부에 있는 町.

【처】

妻鹿 [めが] 兵庫(ひょうご) 현 중남부, 姫路(ひめじ) 시 남동부의 지구.
妻沼(町) [めぬま(まち)] 埼玉(さいたま) 현 북부, 利根(とね) 강 유역(流域)의 저지대에 있는 町.

【척】

脊振(村) [せふり(むら)] 佐賀(さが) 현 북부, 脊振 산 기슭에 있는 村.

【천】

浅間高原 [あさまこうげん] 좁게는 浅間 산 북쪽 기슭, 넓게는 長野(ながの) 현에 속하는 浅間 산 남쪽 기슭을 포함하는 고원.
浅間山 [あさまやま] 群馬(ぐんま) 현 북서부와 長野(ながの) 현 동부의 경계에 있는 성층 화산(成層火山).
浅間温泉 [あさまおんせん] 長野(ながの) 현 松本(まつもと) 시 북동쪽에 있는 온천.
天見温泉 [あまみおんせん] 大阪 부 河内長野(かわちながの) 시 동부에 있는 온천.
川尻(町) [かわじり(ちょう)] 広島(ひろしま) 현 남부, 瀬戸内海(せとないかい) 연안에 있는 町.
千曲川 [ちくまがわ] 信濃(しなの) 강의 長野(ながの) 현내 부분의 명칭.
天ノ橋立 [あまのはしだて] 京都 부 북쪽, 宮津(みやづ) 시에 있는 모래톱. 일본의 세 경승지 중의 하나임.
川口(市) [かわぐち(し)] 埼玉(さいたま) 현 남동부, 荒川(あらかわ) 강을 사이에 두고 東京 도와 접하고 있는 시.
川口(町) [かわぐち(まち)] 新潟(にいがた) 현 중앙부, 信濃(しなの) 강과 魚野(うおの) 강의 합류점에 있는 町.
千廐(町) [せんまや(ちょう)] 岩手(いわて) 현 남부, 北上(きたかみ) 고지 남단부에 있는 町.
泉ヶ丘 [いずみがおか] 大阪 부 堺(さかい) 시 동부의 지구.
川根(町) [かわね(ちょう)] 静岡(しずおか) 현 중부에 있는 町.
川汲温泉 [かっくみおんせん] 北海道 남서부, 南茅部町(みなみかやべちょう) 남부에 있는 온천.
川崎(市) [かわさき(し)] 神奈川(かながわ) 현 북동단 東京 만에 면한 유명한 공업 도시.
川崎(町) [かわさき(まち)] 福岡(ふくおか) 현 동부, 田川(たがわ) 분지 남서부에 자리 잡은 町.
川南(町) [かわみなみ(ちょう)] 宮崎(みやざき) 현 중부, 日向灘(ひゅうがなだ)에 면한 町.
泉南(市) [せんなん(し)] 大阪 부의 남서부, 大阪 만에 면한 시.
川内(市) [せんだい(し)] 鹿児島(かごしま) 현 북서부, 川内 강 하류역에 있는 시.
川内(町) [かわうち(ちょう)] 愛媛(えひめ) 현 중앙부, 松山(まつやま) 평야의 동부에 있는 町.
川内(町) [かわうち(まち)] 青森(あおもり) 현 북부, 下北(しもきた) 반도 남서부에 있는 町.
川内川 [せんだいがわ] 九州의 남서부를 서쪽으로 흐르는 강.
泉大津(市) [いずみおおつ(し)] 大阪 부 남서부, 大阪 만에 면한 시.
千代川 [せんだいがわ] 鳥取(とっとり) 현 남동부의 沖ノ山(おきのやま)에서 발원, 북류하여 동해에 흘러드는 강.
川島(町) [かわしま(ちょう)] 岐阜(ぎふ) 현 남단에 있는 町.
川島(町) [かわじま(まち)] 埼玉(さいたま) 현 중앙부, 川越(かわごえ) 시의 북쪽에 있는 町.
千島列島 [ちしまれっとう] 北海道 본도와 캄차카 반도 사이에 있는 호상(弧狀) 열도.
川渡温泉 [かわたびおんせん] 宮城(みやぎ) 현 북서부, 鳴子(なるご) 온천 마을 입구에 있는 온천.
天童(市) [てんどう(し)] 山形(やまがた) 현 중동부에 있는 시.
釧路(市) [くしろ(し)] 北海道 동부의 최대 수산·공업 도시.
天瀬(町) [あまがせ(まち)] 大分(おおいた) 현 서부의 町.
天ヶ瀬温泉 [あまがせおんせん] 大分(おおいた) 현 天瀬町(あまがせまち)에 있는 온천.
天竜(市) [てんりゅう(し)] 静岡(しずおか) 현 서부에 있는 시.
天理(市) [てんり(し)] 奈良(なら) 현 중앙북부에 있는 시.
浅茅湾 [あそうわん] 対馬(つしま) 섬 중서부에 있는 만.
浅茅浦 [あさぢうら] 対馬(つしま) 섬 중앙부 浅茅(あそう) 만에 있는 후미.
天美 [あまみ] 大阪 부 松原(まつばら) 시 북서부의 지역 이름.
川辺(町) [かわなべ(ちょう)] 鹿児島(かごしま) 현 남서부, 薩摩(さつま) 반도 남부에 있는 町.
川辺(町) [かわべ(ちょう)] 岐阜(ぎふ) 현 중앙부에 있는 町.
川本(町) [かわもと(まち)] 埼玉(さいたま)

현 북부에 있는 町.
川副(町) [かわそえ(まち)] 佐賀(さが) 현 남동단, 有明(ありあけ) 해에 면한 町.
川北(町) [かわきた(まち)] 石川(いしかわ) 현 중남부, 手取(てどり) 강 하류 북안(北岸)에 있는 町.
川棚(町) [かわたな(ちょう)] 長崎(ながさき) 현 중앙부, 大村(おおむら) 만 북안(北岸)에 있는 町.
天山 [てんざん] 佐賀(さが) 현 중앙부, 天山산지의 주봉.
川上(町) [かわかみ(ちょう)] 岡山(おかやま) 현 서부, 吉備(きび) 고원에 있는 町.
天生峠 [あもうとうげ] 岐阜(ぎふ) 현 북부, 庄川(しょうがわ) 강과 宮川(みやがわ) 강의 분수계(分水界)를 이루는 고개.
川西(市) [かわにし(し)] 兵庫(ひょうご) 현 남동부, 猪名(いな) 강 중류역에 있는 大阪의 위성 도시.
川西(町) [かわにし(ちょう)] 奈良(なら) 현 북서부에 있는 町.
川西(町) [かわにし(まち)] 山形(やまがた) 현 남부에 있는 町.
千石 [せんごく] 東京 도 文京(ぶんきょう) 구 북서부, 山手(やまのて) 대지 위에 있는 주택 지구.
天城(町) [あまぎ(ちょう)] 鹿児島(かごしま) 현 奄美(あまみ) 제도 徳之(とくの) 섬 북서부에 있는 町.
天城高原 [あまぎこうげん] 静岡(しずおか) 현 伊豆(いず) 반도 남동부에 있는 고원.
天城山 [あまぎさん] 静岡(しずおか) 현 伊豆(いず) 반도 동부에 있는 화산군(群).
天城峠 [あまぎとうげ] 静岡(しずおか) 현 狩野(かの) 강과 河津(かわづ) 강의 분수계(分水界)를 이루는 고개.
天城湯ヶ島(町) [あまぎゆがしま(ちょう)] 静岡(しずおか) 현 伊豆(いず) 반도 중부에 있는 町.
千歳(市) [ちとせ(し)] 北海道 중앙부에 있는 시.
千束 [せんぞく] 東京 도 台東(たいとう) 구 북부, 浅草(あさくさ)의 북쪽 지구.
千手 [せんじゅ] 新潟(にいがた) 현 중남부, 川西町(かわにしまち)의 중심 지구.
天水(町) [てんすい(まち)] 熊本(くまもと) 현 북서부에 있는 町.
天守山地 [てんしゅさんち] 山梨(やまなし) 현과 静岡(しずおか) 현의 경계를 이루는 산지.
天神崎 [てんじんざき] 和歌山(わかやま) 현 남서부, 田辺(たなべ) 시의 남서부에 있는 곳.
天辻峠 [てんつじとうげ] 奈良(なら) 현 남부, 西吉野(にしよしの)・大塔(おおとう) 두 村의 경계에 있는 고개.
泉ヶ岳 [いずみがたけ] 仙台(せんだい) 시 북서부에 있는 화산.
天野川 [あまのがわ] 大阪 부 동부를 흐르는 淀川(よどがわ) 강의 지류.
浅野川 [あさのがわ] 石川(いしかわ) 현 金沢(かなざわ) 시 서부를 북서로 흐르는 강.
天塩(町) [てしお(ちょう)] 北海道 북부, 天塩 하구 서부에 있는 町.
千葉(市) [ちば(し)] 千葉 현 중서부에 있는 현청 소재지.
千葉幕張新都心 [ちばまくはりしんとしん] 千葉 시 북서부에 있는 '이벤트와 하이테크놀러지'를 테마로 개발된 고도 정보 도시.
川俣(町) [かわまた(まち)] 福島(ふくしま) 현 북동부에 있는 町.
天王(町) [てんのう(まち)] 秋田(あきた) 현 중서부에 있는 町.
浅羽(町) [あさば(ちょう)] 静岡(しずおか) 현 서부, 遠州灘(えんしゅうなだ)에 면한 町.
天元台 [てんげんだい] 山形(やまがた) 현 남동부에 있는 고원.
川越(市) [かわごえ(し)] 埼玉(さいたま) 현 중남부에 있는 시.
川越(町) [かわごえ(ちょう)] 三重(みえ) 현 북부에 있는 町.
天人峡 [てんにんきょう] 北海道 중앙부, 大雪(たいせつ) 산에 있는 협곡.
千日前 [せんにちまえ] 大阪 시 中央(ちゅうおう) 구 남부의 지구.
天子ヶ岳 [てんしがたけ] 山梨(やまなし) 현과 静岡(しずおか) 현의 경계에 있는 산.
川底温泉 [かわそこおんせん] 大分(おおいた) 현 중부, 町田(まちだ) 강의 원류 가까이에 있는 온천.
千畑(町) [せんはた(まち)] 秋田(あきた) 현 남동부, 岩手(いわて) 현에 인접한 町.
千丁(町) [せんちょう(まち)] 熊本(くまもと) 현 남부, 八代(やつしろ) 평야 중앙부에 있는 町.
浅井(町) [あさい(ちょう)] 滋賀(しが) 현 북동부에 있는 町.
千種(町) [ちくさ(ちょう)] 兵庫(ひょうご) 현 중서부에 있는 町.
泉佐野(市) [いずみさの(し)] 大阪 부 남서쪽에 있는 시.
千住 [せんじゅ] 東京 도 足立(あだち) 구 남단과 荒川(あらかわ) 구 중동부에 펼쳐지는 지구.
川中島 [かわなかじま] 長野(ながの) 현 북부, 長野 시 남부에 있는 지구.
川之江(市) [かわのえ(し)] 愛媛(えひめ) 현 동단에 있는 시.
天津小湊(町) [あまつこみなと(まち)] 千葉(ちば) 현 남부, 태평양에 면한 관광 도시.
千倉(町) [ちくら(まち)] 千葉(ちば) 현 남부, 태평양에 면한 町.
天ノ川 [あまのがわ] 北海道 남서부, 渡島(おしま) 반도 남서부에 있는 강.

浅川(町) [あさかわ(まち)] 福島(ふくしま) 현 남부에 있는 町.

千々石(町) [ちぢわ(ちょう)] 長崎(ながさき) 현 서부에 있는 町.

天草(町) [あまくさ(まち)] 熊本(くまもと) 현 天草 제도의 下島(しもしま) 섬에 있는 町.

浅草 [あさくさ] 東京 도 台東(だいとう) 구 동쪽에 있는 지역 이름. 東京의 대표적인 관광지.

天草松島 [あまくさまつしま] 熊本(くまもと) 현 天草 제도의 大矢野(おおやの) 섬과 上島(かみしま) 섬 사이에 있는 도서군.

浅草岳 [あさくさだけ] 福島(ふくしま)·新潟(にいがた) 현 경계에 있는 越後(えちご) 산맥 남부의 산.

天草諸島 [あまくさしょとう] 熊本(くまもと) 현 남서부에 있는 섬들. 下島(しもしま)·上島(かみしま)의 2 섬을 중심으로 120 여 섬으로 이루어짐.

天草灘 [あまくさなだ] 熊本(くまもと) 현 서부, 天草 제도의 下島(しもしま) 섬 서쪽 해역(海域).

浅虫温泉 [あさむしおんせん] 青森(あおもり) 시 동쪽의 夏泊(なつどまり) 반도에 있는 온천.

川治温泉 [かわじおんせん] 栃木(とちぎ) 현 북부, 鬼怒(きぬ) 강과 지류인 男鹿(おが) 강의 합류점에 있는 온천.

川湯温泉 [かわゆおんせん] 北海道 동부, 屈斜路(くっしゃろ) 호 동쪽에 있는 온천.

千駄ヶ谷 [せんだがや] 東京 도 渋谷(しぶや) 구의 북단부, JR 중앙선 千駄ケ谷 역 주변과 代々木(よよぎ) 역 북동쪽의 지구.

千駄木 [せんだぎ] 東京 도 文京(ぶんきょう) 구 북동단, 本郷(ほんごう) 대지 동쪽 사면의 지구.

川平湾 [かびらわん] 沖縄(おきなわ) 현 琉球(りゅうきゅう) 제도 남부에 있는 만.

天香久山 [あめのかぐやま] 奈良(なら) 현 奈良 분지 남쪽, 竜門(りゅうもん) 산지의 끝자락에 있는 산.

天香具山 [あまのかぐやま] 天香久山(あめのかぐやま)의 딴이름.

【철】

哲多(町) [てつた(ちょう)] 岡山(おかやま) 현 북서부에 있는 町.

鉄輪温泉 [かんなわおんせん] 大分(おおいた) 현 別府(べっぷ) 시에 있는 온천.

哲西(町) [てっせい(ちょう)] 岡山(おかやま) 현 북서단에 있는 町.

【첨】

添田(町) [そえだ(まち)] 福岡(ふくおか) 현 동부에 있는 町.

【청】

鯖江(市) [さばえ(し)] 福井(ふくい) 현 중앙부에 있는 시. 일본의 안경테 90%를 생산하는 공업 도시.

青谷(町) [あおや(ちょう)] 鳥取(とっとり) 현 중앙부 鳥取 시 서쪽에 있는 町.

青根温泉 [あおねおんせん] 宮城(みやぎ) 현 남부, 柴田(しばた) 군(郡) 川崎町(かわさきまち) 남서부에 있는 온천.

青島 [あおしま] 宮崎(みやざき) 현 宮崎 시 남부 해안에 있는 섬.

青ヶ島 [あおがしま] 東京 도 남쪽 해상, 伊豆(いず) 제도의 한 화산도(火山島).

青ノ洞門 [あおのどうもん] 大分(おおいた) 현 북부, 本耶馬渓町(ほんやばけいまち) 북부에 있는 터널. 1763년 개통.

清瀬(市) [きよせ(し)] 東京 도 북부에 있는 시.

清里(町) [きよさと(ちょう)] 北海道 북동부, 摩周(ましゅう) 호의 북쪽에 있는 町.

青梅(市) [おうめ(し)] 東京 도 북서부, 多摩(たま) 강이 関東(かんとう) 산지에서 関東 평야로 흘러드는 지역에 있는 시.

青木ヶ原 [あおきがはら] 富士(ふじ) 산 북서쪽 기슭에 있는 들.

青木湖 [あおきこ] 長野(ながの) 현 大町(おおまち) 시 북부에 있는 호수.

清武(町) [きよたけ(ちょう)] 宮崎(みやざき) 현 중남부, 宮崎 시의 남서부에 인접한 町.

青崩峠 [あおくずれとうげ] 長野(ながの) 현과 静岡(しずおか) 현 경계에 있는 고개.

青山 [あおやま] 東京 도 港(みなと) 구의 북서부 지역.

青山(町) [あおやま(ちょう)] 三重(みえ) 현 북서부, 室生赤目青山(むろうあかめあおやま) 국립 공원의 동쪽 끝에 있는 町.

青山高原 [あおやまこうげん] 三重(みえ) 현 布引(ぬのびき) 산지의 주요부를 차지하는 고원.

青森(市) [あおもり(し)] 青森 현 중앙부에 있는 시. 현청 소재지.

清水 [きよみず] 京都 시가지 남동부, 清水(きよみず) 절 주변에 있는 지구.

清水(市) [しみず(し)] 静岡(しずおか) 현 중앙부, 駿河(するが) 만에 면한 시.

清水(町) [しみず(ちょう)] 和歌山(わかやま) 현 북동부, 有田(ありだ) 강 유역을 차지하고 있는 町.

青野山 [あおのやま] 島根(しまね) 현 津和野町(つわのちょう) 동쪽에 있는 화산.

青葉山 [あおばやま] 福井(ふくい) 현 高浜町(たかはまちょう)와 京都 부 舞鶴(まいづる) 시 경계에 있는 산.

青垣(町) [あおがき(ちょう)] 兵庫(ひょうご) 현 북동부에 있는 町.

青潮 [あおしお] 対馬(つしま) 해류(海流)의 딴이름.
清須(町) [きよす(ちょう)] 愛知(あいち) 현 서부에 있는 町.
清津川 [きよつがわ] 新潟(にいがた) 현 남부를 흐르는 信濃(しなの) 강의 한 지류.
清澄山 [きよすみやま] 千葉(ちば) 현 남부, 房総(ぼうそう) 구릉에 있는 산.
清坂峠 [きよさかとうげ] 大阪府 茨木(いばらき) 시와 京都府 亀岡(かめおか) 시의 경계에 있는 고개.
青海(町) [おうみ(まち)] 新潟(にいがた) 현 남서부 끝쪽에 있는 町.

【초】

草加(市) [そうか(し)] 埼玉(さいたま) 현 남동단, 東京都 足立(あだち) 구(区)에 인접한 시.
初島 [はつしま] 静岡(しずおか) 현 동부, 熱海(あたみ) 시의 남동쪽 약 10 km 해상에 있는 섬.
初山別(村) [しょさんべつ(むら)] 北海道 북서부, 留萌(るもい) 지청 중부의 동해에 면한 村.
草津(市) [くさつ(し)] 滋賀(しが) 현 남부, 琵琶(びわ) 호 동안(東岸)에 있는 시.
草津(町) [くさつ(まち)] 群馬(ぐんま) 현 북서부, 草津白根(しらね) 산 동쪽 기슭에 있는 온천 마을.
草薙 [くさなぎ] 静岡(しずおか) 현 중부, 清水(しみず) 시 남서부에 있는 지구.

【촌】

村岡(町) [むらおか(ちょう)] 兵庫(ひょうご) 현 북부에 있는 町.
村山(市) [むらやま(し)] 山形(やまがた) 현 중동부, 山形 분지 북단에 있는 시.
村上(市) [むらかみ(し)] 新潟(にいがた) 현 북부, 서는 동해에 면하고, 동은 山形(やまがた) 현에 접하는 시.
村松(町) [むらまつ(まち)] 新潟(にいがた) 현 중부, 村松 분지의 중심을 이루는 町.
村田(町) [むらた(まち)] 宮城(みやぎ) 현 남부에 있는 町.

【총】

総領(町) [そうりょう(ちょう)] 広島(ひろしま) 현 북부, 吉備(きび) 고원 위에 있는 町.
総社(市) [そうじゃ(し)] 岡山(おかやま) 현 남부에 있는 시.
塚原温泉 [つかはらおんせん] 大分(おおいた) 현 중부, 伽藍(がらん) 산에 있는 온천.
総和(町) [そうわ(まち)] 茨城(いばらき) 현 서부, 古河(こが) 시 동쪽에 있는 町.

【최】

最上(町) [もがみ(まち)] 山形(やまがた) 현 북동단, 宮城(みやぎ)·秋田(あきた) 양현과 접하는 町.
最上川 [もがみがわ] 山形(やまがた) 현 남부, 吾妻(あづま) 화산에서 발원하여 동해로 흘러드는 강.

【추】

萩(市) [はぎ(し)] 山口(やまぐち) 현 북서부, 동해에 면한 역사·관광 도시.
秋ノ宮温泉郷 [あきのみやおんせんきょう] 秋田(あきた) 현 남부의 役内(やくない) 강 골짜기에 있는 온천 마을의 총칭.
秋吉台 [あきよしだい] 山口(やまぐち) 현 중앙부에 있는 일본 최대의 석회암 대지(台地).
秋芳(町) [しゅうほう(ちょう)] 山口(やまぐち) 현 중앙부 내륙에 있는 町.
諏訪(市) [すわ(し)] 長野(ながの) 현 중앙부, 諏訪 호 동남방 일대를 차지하는 시.
秋芳洞 [あきよしどう] 山口(やまぐち) 현 秋吉台(あきよしだい) 지하에 있는 일본 최대의 종유굴(鍾乳窟).
秋保大滝 [あきうおおたき] 仙台(せんだい) 시 서부, 名取(なとり) 강 상류에 있는 폭포.
追分(町) [おいわけ(ちょう)] 北海道 중앙부 남서쪽에 있는 町.
秋穂(町) [あいお(ちょう)] 山口(やまぐち) 현 중남부, 瀬戸内海(せとないかい) 연안에 있는 町.
秋神温泉 [あきがみおんせん] 岐阜(ぎふ) 현 북동부, 秋神 강 기슭에 있는 온천.
秋葉街道 [あきはかいどう] 각지에서 静岡(しずおか) 현의 秋葉 산에 이르는 여러 가도의 총칭.
秋葉山 [あきはさん] 静岡(しずおか) 현 북서부, 天竜(てんりゅう) 강 좌안(左岸)에 있는 산.
秋葉原 [あきはばら] 東京都 千代田(ちよだ) 구 동부의 지구. 세계적인 전자·전기 제품 상가 지대임.
秋葉湖 [あきはこ] 静岡(しずおか) 현 북부, 天竜(てんりゅう) 강 중류에 있는 인공(人工) 호수.
秋勇留島 [あきゆりとう] 北海道 동쪽 해상에 있는 歯舞(はばまい) 제도의 한 섬.
萩原(町) [はぎわら(ちょう)] 岐阜(ぎふ) 현 북부에 있는, 남북으로 길게 뻗은 町.
秋元湖 [あきもとこ] 福島(ふくしま) 현 북부, 猪苗代町(いなわしろまち)와 北塩原村(きたしおばらむら)에 이르는 호수.
秋田(市) [あきた(し)] 秋田 현 중서부, 雄物(おもの) 강 하류에 있는 시로 현청 소재지.

椎田(町)[しいだ(まち)] 福岡(ふくおか) 현 동부, 周防灘(すおうなだ)에 접한 町.

秋田富士[あきたふじ] 秋田(あきた)・山形(やまがた) 두 현의 경계에 있는 鳥海(ちょうかい) 산의 딴이름.

秋川[あきがわ] 東京 도 서부 多摩(たま) 강과 秋川(あきがわ) 강 사이에 있던 옛 町. 지금은 あきる野(の) 시에 포함됨.

鰍沢(町)[かじかざわ(ちょう)] 山梨(やまなし) 현 서부, 甲府(こうふ) 분지 남단에 있는 町.

【축】

築館(町)[つきだて(ちょう)] 宮城(みやぎ) 현 북부에 있는 町.

筑摩山地[ちくまさんち] 長野(ながの) 현 중앙부의 7개 시・8개 군에 걸쳐 있는 산지.

筑肥山地[ちくひさんち] 福岡(ふくおか) 현과 熊本(くまもと) 현의 경계에 있는 산지.

築城(町)[ついき(まち)] 福岡(ふくおか) 현 동부에 있는 町.

筑穂(町)[ちくほ(まち)] 福岡(ふくおか) 현 중앙부에 있는 町.

筑紫野(市)[ちくしの(し)] 福岡(ふくおか) 현 중서부에 있는 시.

祝子川[ほうりがわ] 宮崎(みやざき) 현의 五葉(ごよう) 산에서 발원하여 五ヶ瀬(ごかせ) 강에 합류하는 강.

筑紫平野[つくしへいや] 福岡(ふくおか)・佐賀(さが) 2현의 남부에 펼쳐진 평야.

築地[つきじ] 東京 도 中央(ちゅうおう) 구 중남부, 隅田(すみだ) 강 하구 서안부의 지구.

筑波山[つくばさん] 茨城(いばらき) 현 남서부에 있는 산.

筑後(市)[ちくご(し)] 福岡(ふくおか) 현 남부에 있는 시.

【춘】

春江(町)[はるえ(ちょう)] 福井(ふくい) 현 북부, 福井 시의 북부와 접해 있는 町.

春野(町)[はるの(ちょう)] 高知(こうち) 현 중앙부, 土佐(とさ) 만에 면한 町.

春日(市)[かすが(し)] 福岡(ふくおか) 현 중서부, 福岡 시에 인접한 시.

春日(町)[かすが(ちょう)] 兵庫(ひょうご) 현 중동부에 있는 町.

春日井(町)[はるひ(ちょう)] 愛知(あいち) 현 북서부, 名古屋(なごや) 시의 북서부와 접한 전원 도시.

春日居(町)[かすがい(ちょう)] 山梨(やまなし) 현 중앙부, 甲府(こうふ) 분지 북부에 있는 町.

春日部(市)[かすかべ(し)] 埼玉(さいたま) 현 동부, 東京 도심에서 30 km 권 안에 드는 근교 주택 도시.

春日井(市)[かすがい(し)] 愛知(あいち) 현 북서부, 名古屋(なごや) 시의 북쪽과 접한 주택 도시.

【출】

出島[いずしま] 宮城(みやぎ) 현 동부, 女川(おながわ) 만구(灣口)에 있는 섬.

出流原[いずるはら] 栃木(とちぎ) 현 佐野(さの) 시 북서부의 지구.

出石(町)[いずし(ちょう)] 兵庫(ひょうご) 현 북동부에 있는 町.

出石山[いずしやま] 愛媛(えひめ) 현 북서부에 있는 出石 산지의 주봉.

出水(市)[いずみ(し)] 鹿児島(かごしま) 현 북서단, 熊本(くまもと) 현 경계에 있는 시.

出雲(市)[いずも(し)] 島根(しまね) 현 북동부, 出雲 평야에 있는 시.

出雲崎(町)[いずもざき(まち)] 新潟(にいがた) 현 중부, 東海에 면한 町.

【충】

忠岡(町)[ただおか(ちょう)] 大阪 부의 중서부, 大阪 만에 면한 町.

沖島[おきのしま] 福岡(ふくおか) 현 북단, 玄海灘(げんかいちょう) 북방 약 57 km 해상에 있는 섬. *沖の島(おきのしま)로도 씀.

沖美町[おきみ(ちょう)] 広島(ひろしま) 현 남서부, 能美(のうみ) 섬 서부와 大黒神(おおくろかみ) 섬 등 5개 섬으로 형성된 町.

沖縄(市)[おきなわ(し)] 沖縄 섬 중남부, 中城(なかぐすく) 만에 인접해 있는 시.

沖永良部島[おきのえらぶじま] 鹿児島(かごしま) 현 奄美(あまみ) 제도 남부, 徳之(とくの) 섬과 与論(よろん) 섬 사이에 있는 섬.

沖ノ鳥島[おきのとりしま] 일본 최남단으로, 硫黄(いおう) 열도 남서쪽 약 600 km 해상에 있는 무인도.

【취】

鷲宮(町)[わしみや(まち)] 埼玉(さいたま) 현 북동부, 古利根(ふるとね) 강의 충적(沖積) 저지에 있는 町.

鷲峰山[じゅうぶざん] 京都 부 동부, 鷲峰 산지의 주봉.

鷲敷町[わじき(ちょう)] 徳島(とくしま) 현 남부, 那賀(なか) 강 중류에 있는 町.

吹上(町)[ふきあげ(ちょう)] 鹿児島(かごしま) 현 서부, 薩摩(さつま) 반도 서안에 있는 町.

吹上ノ浜[ふきあげのはま] 静岡(しずおか) 현 중부, 富士(ふじ) 강 하구 서쪽에 있는 사력질(砂礫質)의 해안.

取手(市)[とりで(し)] 茨城(いばらき) 현 남단에 있는 시.

吹田(市)[すいた(し)] 大阪 부 북부의 주택 위성 도시.

【치】

稚内(市)[わっかない(し)] 北海道 최북단의 시.
歯舞諸島[はぼまいしょとう] 北海道 동부, 根室(ねむろ) 반도 동쪽에 있는 제도.
値賀崎[ちかざき] 佐賀(さが) 현 북서부에 있는 리아스식 해안의 곶.
置戸(町)[おけと(ちょう)] 北海道 북동부에 있는 임업(林業)이 주산업인 町.

【친】

親不知・子不知[おやしらず・こしらず] 新潟(にいがた) 현 남서단 해안에 있는 경승지.

【칠】

七面山[しちめんざん] 山梨(やまなし) 현 남서쪽 끝자락 身延(みのぶ) 산지에 있는 산.
七尾(市)[ななお(し)] 石川(いしかわ) 현 북부, 七尾 만에 면한 시.
七飯(町)[ななえ(ちょう)] 北海道 남서부, 駒ヶ岳(こまがたけ) 남쪽 기슭의 町.
七宝(町)[しっぽう(ちょう)] 愛知(あいち) 현 서부, 濃尾(のうび) 평야 남쪽에 있는 町.
七ヶ浜(町)[しちがはま(まち)] 宮城(みやぎ) 현 중앙부, 七ヶ浜 반도에 있는 町.
七城(町)[しちじょう(まち)] 熊本(くまもと) 현 북부, 菊鹿(きくか) 분지 중앙부에 자리잡은 町.
七ヶ宿(町)[しちかしゅく(まち)] 宮城(みやぎ) 현 남서쪽 끝에서 山形(やまがた) 현과 福島(ふくしま) 현에 접하는 町.
七時雨山[ななしぐれやま] 岩手(いわて) 현 북서부, 西根町(にしねちょう)와 安代町(あしろちょう)와의 경계에 있는 화산.
七宗(町)[ひちそう(ちょう)] 岐阜(ぎふ) 현 중부의 町.
七塚(町)[ななつか(まち)] 石川(いしかわ) 현 중앙부, 能登(のと) 반도에 있는 町.
七塚原高原[ななつかはらこうげん] 広島(ひろしま) 현 중북부에 있는 고원.
七戸(町)[しちのへ(まち)] 青森(あおもり) 현 동부, 八甲田(はっこうだ) 산 동쪽 기슭에 있는 町.

【침】

砧[きぬた] 東京 도 世田谷(せたがや) 구 서남부에 있는 주택지.
枕崎(市)[まくらざき(し)] 鹿児島(かごしま) 현 남서부에 있는 시.
針尾島[はりおじま] 長崎(ながさき) 현 북서부, 大村(おおむら) 만 북쪽의 만구(灣口)부에 있는 섬.
寝屋川(市)[ねやがわ(し)] 大阪 부 북동부, 淀川(よどがわ) 강 동안에 있는 시.

【타】

詫間(町)[たくま(ちょう)] 香川(かがわ) 현 서쪽 끝에 있는 町.
打田(町)[うちた(ちょう)] 和歌山(わかやま) 현 북부, 和歌山 시 동쪽에 있는 町.

【탁】

濁川温泉[にごりがわおんせん] 北海道 남서부, 渡島(おしま) 반도 중앙부, 森町(もりまち)의 濁川 분지에 있는 온천.
濁河温泉[にごりごおんせん] 岐阜(ぎふ) 현 동부, 濁河 강 주변에 있는 온천.

【탄】

灘崎(町)[なださき(ちょう)] 岡山(おかやま) 현 남부에 있는 町.

【탑】

塔ノ岳[とうのたけ] 神奈川(かながわ) 현 서부, 秦野(はだの) 시와 山北町(やまきたまち) 경계에 있는 산.
塔ノ沢温泉[とうのさわおんせん] 神奈川(かながわ) 현 남서부, 箱根町(はこねまち)에 있는 온천.

【탕】

湯ノ谷温泉[ゆのたにおんせん] 鹿児島(かごしま) 현 북부, 霧島(きりしま) 산의 남서쪽 기슭에 있는 온천.
湯島[ゆしま] 東京 도 文京(ぶんきょう) 구 남동단에 있는 지구.
湯来(町)[ゆき(ちょう)] 広島(ひろしま) 현 서부, 広島 시의 서쪽과 인접한 산간 村.
湯湾岳[ゆわんだけ] 鹿児島(かごしま) 현 奄美大島(あまみおおしま) 섬 남서부에 있는 이 섬의 최고봉.
湯本温泉[ゆもとおんせん] 神奈川(かながわ) 현 서부 箱根町(はこねまち)에 있는 온천.
湯原(町)[ゆばら(ちょう)] 岡山(おかやま) 현 旭川(あさひがわ) 강 상류에 있는 町.
湯田(町)[ゆだ(まち)] 岩手(いわて) 현 남서부, 奥羽(おうう) 산맥 동쪽 기슭의 沢内(さわうち) 분지 남단에 있는 町.
湯前(町)[ゆのまえ(まち)] 熊本(くまもと) 현 남부, 人吉(ひとよし) 분지의 동단부에 있는 町.

湯ノ釣温泉［ゆのつるおんせん］大分(おおいた) 현 서부, 天瀬町(あませまち) 동부, 玖珠(くす) 강가에 있는 온천.

湯浅(町)［ゆあさ(ちょう)］和歌山(わかやま) 현 중서부에 있는 町.

湯泉地温泉［とうせんじおんせん］奈良(なら) 현 남부, 十津川村(とつかわむら) 武蔵(むさし)에 있는 온천.

湯沢(市)［ゆざわ(し)］秋田(あきた) 현 남부, 横手(よこて) 분지의 남단에 있는 시.

湯沢(町)［ゆざわ(ちょう)］新潟(にいがた) 현 남단, 群馬(ぐんま)・長野(ながの) 두 현과 접해 있는 町.

湯抱温泉［ゆがかいおんせん］島根(しまね) 현 중앙부, 邑智町(おおちちょう) 북부의 산간에 있는 온천.

湯布院(町)［ゆふいん(ちょう)］大分(おおいた) 현 중부, 大分(おおいた) 강 상류역에 있는 町.

湯河原(町)［ゆがわら(まち)］神奈川(かながわ) 현 남서단, 相模(さがみ) 만에 면한 町.

湯ノ湖［ゆのこ］栃木(とちぎ) 현 서부, 奥日光(おくにっこう) 湯元(ゆもと) 온천의 남쪽에 있는 호수.

湯檜曽温泉［ゆびそおんせん］群馬(ぐんま) 현 북부, 利根(とね) 강 상류에 있는 온천.

【태】

太良(町)［たら(ちょう)］佐賀(さが) 현 남단에 있는 町.

太白(区)［たいはく(く)］仙台(せんだい) 시 남부에 있는 구.

泰阜(村)［やすおか(むら)］長野(ながの) 현 남부, 天竜(てんりゅう) 강 중류 좌안에 있는 산간 村.

太子(町)［たいし(ちょう)］大阪 부의 동단, 金剛(こんごう) 산 북부 사면에 있는 町.

太宰府(市)［だざいふ(し)］福岡(ふくおか) 현 북서부에 있는 시.

太田(市)［おおた(し)］群馬(ぐんま) 현 남동부에 있는 공업 도시.

太地(町)［たいじ(ちょう)］和歌山(わかやま) 현 남동부에 있는 町.

太平山地［たいへいさんち］秋田(あきた) 현 중서부, 出羽(でわ) 산지의 중앙부를 점하는 산지.

【택】

択捉海峡［えとろふかいきょう］北海道 동부, 根室(ねむろ) 반도 북동쪽 약 350km, 得撫(うるっぷ)와 択捉 두 섬 사이에 있는 해협.

【토】

吐噶喇海峡［とからかいきょう］鹿児島(かごしま) 현 屋久(やく) 섬과 口之(くちの) 섬 사이에 있는 해협.

土居(町)［どい(ちょう)］愛媛(えひめ) 현 동부에 있는 町.

土岐(市)［とき(し)］岐阜(ぎふ) 현 남동부에 있는 시.

土肥(町)［とい(ちょう)］静岡(しずおか) 현 동부, 伊豆(いず) 반도에 있는 町.

土山(町)［つちやま(ちょう)］滋賀(しが) 현 남동부에 있는 町.

土成(町)［どなり(ちょう)］徳島(とくしま) 현 북동부에 있는 町.

土庄(町)［とのしょう(ちょう)］香川(かがわ) 현 북동부에 있는 町.

菟田野(町)［うたの(ちょう)］奈良(なら) 현 중부, 宇陀(うだ) 분지에 있는 町.

土佐(市)［とさ(し)］高知(こうち) 현 중부에 있는 시.

土佐山田(町)［とさやまだ(ちょう)］高知(こうち) 현 중앙부에 있는 町.

土佐清水(市)［とさしみず(し)］高知(こうち) 현 남부, 태평양에 면한 시.

土浦(市)［つちうら(し)］茨城(いばらき) 현 남부에 있는 시.

【통】

桶川(市)［おけがわ(し)］埼玉(さいたま) 현 중앙부, 大宮(おおみや) 대지 중심부에 있는 시.

樋脇(町)［ひわき(ちょう)］鹿児島(かごしま) 현 중서부, 川内(せんだい) 강 지류인 樋脇 강 유역의 저지와 주위의 白砂(しらす) 대지(臺地)로 이루어진 町.

桶狭間［おけはざま］愛知(あいち) 현 중서부, 豊明(とよあけ) 시 남서쪽에 있는 옛 싸움터.

【파】

波崎(町)［はさき(まち)］茨城(いばらき) 현 남동단, 利根(とね) 강 하구에 있는 町.

播磨(町)［はりま(ちょう)］兵庫(ひょうご) 현 남부, 播磨灘(なだ)에 면한 町.

杷木(町)［はき(まち)］福岡(ふくおか) 현 중동부, 大分(おおいた) 현과의 경계에 있는 町.

波方(町)［なみかた(ちょう)］愛媛(えひめ) 현 북부, 高縄(たかなわ) 반도 북단에 있는 町.

波田(町)［はた(まち)］長野(ながの) 현 중서부, 梓川(あずさがわ) 강 우안에 있는 町.

波照間島［はてるまじま］沖縄(おきなわ) 현 琉球(りゅうきゅう) 제도 남부 西表(いりおもて) 섬 남쪽 25km 해상에 있는 일본 최남단의 유인도.

波佐見(町) [はさみ(ちょう)] 長崎(ながさき) 현 중앙부, 서쪽은 佐世保(させぼ) 시, 북부와 동부는 佐賀(さが) 현과 접하는 町.

波賀(町) [はが(ちょう)] 兵庫(ひょうご) 현 중서부에 있는 町.

【판】

坂(町) [さか(ちょう)] 広島(ひろしま) 현 남부, 広島 만 동쪽 기슭에 있는 町.

板谷峠 [いたやとうげ] 米沢(よねざわ) 시와 福島(ふくしま) 현 福島 시를 연결하며 山形(やまがた) 현과의 경계에 있는 고개.

阪南(市) [はんなん(し)] 大阪 부 남서부에 있는 시.

板柳(町) [いたやなぎ(まち)] 青森(あおもり) 현 津軽(つがる) 평야 중앙부에 있는 町.

坂城(町) [さかき(まち)] 長野(ながの) 현 북부에 있는 町.

板野(町) [いたの(ちょう)] 徳島(とくしま) 현 북동부에 있는 町.

坂井(町) [さかい(ちょう)] 福井(ふくい) 현 북부에 있는 町.

板倉(町) [いたくら(まち)] 群馬(ぐんま) 현 남동부에 있는 町.

坂祝(町) [さかほぎ(ちょう)] 岐阜(ぎふ) 현 남부에 있는 町.

坂出(市) [さかいで(し)] 香川(かがわ) 현 중앙부에 있는 시.

坂下(町) [さかした(ちょう)] 岐阜(ぎふ) 현 남동쪽에 있는 町.

坂戸(市) [さかど(し)] 埼玉(さいたま) 현 중부에 있는 시.

【팔】

八街(市) [やちまた(し)] 千葉(ちば) 현 중북부에 있는 시.

八甲田山 [はっこうださん] 青森(あおもり) 현 중앙부, 八甲田 화산 지역의 총칭.

八箇峠 [はっかとうげ] 新潟(にいがた) 현 남동부, 信濃(しなの) 강과 그 지류인 魚野(うおの) 강 사이, 魚沼(うおぬま) 구릉에 있는 고개.

八溝山 [やみぞさん] 福島(ふくしま) 현과 茨城(いばらき) 현 북단의 경계에 있는 산이며, 栃木(とちぎ) 현에 걸쳐 있는 八溝 산지의 주봉.

八女(市) [やめ(し)] 福岡(ふくおか) 현 남부, 筑紫(つくし) 평야 남동부에 있는 시.

八代(市) [やつしろ(し)] 熊本(くまもと) 현 남서부, 八代 평야 남부의 球磨(くま) 강 하구의 삼각주에 있는 시.

八代(町) [やつしろ(ちょう)] 山梨(やまなし) 현 중부, 甲府(こうふ) 분지에 있는 町.

八代海 [やつしろかい] 熊本(くまもと) 현 남서부에 펼쳐진 내해.

八東(町) [はっとう(ちょう)] 鳥取(とっとり) 현 남동부, 千代(せんだい) 강의 지류인 八東 강 연변에 있는 町.

八郎潟(町) [はちろうがた(まち)] 秋田(あきた) 현 북서부, 八郎潟 간척지의 동쪽과 접하는 町.

八鹿(町) [ようか(ちょう)] 兵庫(ひょうご) 현 중북부에 있는 町.

八瀬 [やせ] 京都 시가지 북동단, 高野(たかの) 강을 따라 형성된 골짜기 지구.

八竜(町) [はちりゅう(まち)] 秋田(あきた) 현 북서부, 동해에 면한 町.

八木(町) [やぎ(ちょう)] 京都 부 중부, 亀岡(かめおか) 분지 북부에 있는 町.

八尾(市) [やお(し)] 大阪 부 중동부에 있는 시.

八尾(町) [やつお(まち)] 富山(とやま) 현 남부, 神通(じんづう) 강 지류의 상류 일대를 차지하고 있는 町.

八百津(町) [やおつ(ちょう)] 岐阜(ぎふ) 현 남동부에 있는 시.

八幡(市) [やわた(し)] 京都 부 남서부에 있는 시.

八幡(町) [はちまん(ちょう)] 岐阜(ぎふ) 현 중앙부에 있는 町.

八幡(町) [はちまん(まち)] 山形(やまがた) 현 북서단, 秋田(あきた) 현과 접한 町.

八幡東(区) [やはたひがし(く)] 北九州(きたきゅうしゅう) 시 중앙부, 洞海(どうかい) 만 남쪽에 있는 구.

八幡浜(市) [やわたはま(し)] 愛媛(えひめ) 현 서부, 佐田岬(さだみさき) 반도의 기부(基部)에 있는 시.

八幡西(区) [やはたにし(く)] 北九洲(きたきゅうしゅう) 시 서부, 洞海(どうかい) 만 안쪽 깊숙이 있는 구.

八幡平温泉郷 [はちまんたいおんせんきょう] 秋田(あきた)・岩手(いわて) 양 현에 걸친 八幡平 산록 일대에 있는 온천의 총칭.

八森(町) [はちもり(まち)] 秋田(あきた) 현 북서단, 북부는 青森(あおもり) 현과 접하고, 서부는 동해에 면한 町.

八束(町) [やつか(ちょう)] 島根(しまね) 현 동부, 中海(なかうみ)에 있는 섬들로 된 町.

八ヶ岳 [やつがたけ] 長野(ながの) 현 동부에서 山梨(やまなし) 현 북부에 이르는 대화산군(大火山群).

八王子(市) [はちおうじ(し)] 東京 도 남서부, 多摩(たま) 지구의 중심적 상공업 도시.

八雲(町) [やくも(ちょう)] 北海道 남서부, 内浦(うちうら) 만에 면한 町.

八日市(市) [ようかいち(し)] 滋賀(しが) 현 중동부에 있는 町.

八日市場(市) [ようかいちば(し)] 千葉(ちば) 현 북동부, 下総(しもうさ) 대지와 九十九里(くじゅうくり) 평야 북부를 차지한 시.

八丈(町) [はちじょう(まち)] 東京 도 伊豆(いず) 제도의 八丈 섬과 八丈 소도(小島)로

이루어진 町.
八潮(市) [やしお(し)] 埼玉(さいたま) 현 남동부, 東京 도와 접하는 시.
八重山諸島 [やえやましょとう] 沖縄(おきなわ) 현 琉球(りゅうきゅう) 제도 남서단에 있는 섬들.
八重洲 [やえす] 東京 도 中央(ちゅうおう) 구 東京 역 동쪽 초입의 남북으로 길게 뻗은 지구.
八千代(市) [やちよ(し)] 千葉(ちば) 현 북서부에 있는 주택 도시.
八千代(町) [やちよ(ちょう)] 兵庫(ひょうご) 현 중남부에 있는 町.
八海山 [はっかいさん] 新潟(にいがた) 현 남동부에 우뚝 솟은 산.
八郷(町) [やさと(まち)] 茨城(いばらき) 현 중앙부, 筑波(つくば) 산·加波(かば) 산 등에 둘러싸인 町.
八戸(市) [はちのへ(し)] 青森(あおもり) 현 남동부의, 태평양 안에 있는 시.

【패】

貝塚(市) [かいづか(し)] 大阪 부 남서부에 있는 시.
貝ヶ平山 [かいがひらやま] 奈良(なら) 현 북부에 있는 大和(やまと) 고원의 최고봉.

【편】

片男波 [かたおなみ] 和歌山(わかやま) 현 和歌浦(うら) 만으로 흐르는 和歌 강의 하구에 있는 사취(砂嘴).
片貝川 [かたかいがわ] 富山(とやま) 현 동부의 강.
片品川 [かたしながわ] 群馬(ぐんま) 현 북동부의 강으로 利根(とね) 강의 지류.

【평】

平舘(村) [たいらだて(むら)] 青森(あおもり) 현 북부, 陸奥(むつ) 만에 면한 村.
平群(町) [へぐり(ちょう)] 奈良(なら) 현 북서부에 있는 町.
平郡島 [へいぐんとう] 山口(やまぐち) 현 남동부, 大島(おおしま)의 남쪽에 있는 섬.
平内(町) [ひらない(まち)] 青森(あおもり) 현 중부, 陸奥(むつ) 만안(灣岸)에 있는 町.
平良(市) [ひらら(し)] 沖縄(おきなわ) 현 琉球(りゅうきゅう) 제도 남부, 宮古(みやこ) 섬의 북부와 池間(いけま)·大神(おおがみ) 두 섬을 차지한 시.
平鹿(町) [ひらか(まち)] 秋田(あきた) 현 남동부, 横手(よこて) 분지의 남부를 차지하고 있는 町.
平尾台 [ひらおだい] 北九州(きたきゅうしゅう) 시 남부, 小倉(こくら) 남구에 있는 석회암 대지.
平砂浦 [へいさうら] 千葉(ちば) 현 남부, 館山(たてやま) 시 남부에 있는 해안.
平生(町) [ひらお(ちょう)] 山口(やまぐち) 현 남동부, 瀬戸内海(せとないかい)에 인접한 熊毛(くまげ) 반도 서부에 있는 町.
平ヶ岳 [ひらがたけ] 群馬(ぐんま)·新潟(にいがた) 두 현의 경계를 이루고 있으며, 越後三山只見(えちごさんざんただみ) 국정 공원에 포함되어 있는 산.
平安古 [ひやこ] 山口(やまぐち) 현 북서부, 萩(はぎ) 시 시가지 남서부에 있는 지구.
平安座島 [へんざじま] 沖縄(おきなわ) 섬 중남부의 동해안, 勝連(かつれん) 반도 북동쪽 4 km에 있는 섬.
平田(市) [ひらた(し)] 島根(しまね) 현 북동부, 동해와 宍道(しんじ) 호 사이의 島根 반도에 있는 시.
平井 [ひらい] 東京 도 江戸川(えどがわ) 구 서단, 구(舊) 中川(なかがわ) 강과 荒川(あらかわ) 강 방수로에 끼어 있는 東京의 해발 0 미터 지대의 지구.
平庭高原 [ひらにわこうげん] 岩手(いわて) 현 북부, 葛巻町(くずまきまち)와 山形村(やまがたむら)의 경계에 있는 고원.
平泉(町) [ひらいずみ(ちょう)] 岩手(いわて) 현 남부에 있는 町.
平塚(市) [ひらつか(し)] 神奈川(かながわ) 현 남부, 相模(さがみ) 만에 인접한 시.
平取(町) [びらとり(ちょう)] 北海道 남부, 日高(ひだか) 지방 북서쪽, 沙流(さる) 강 중류 지역에 있는 町.
平湯峠 [ひらゆとうげ] 岐阜(ぎふ) 현 북동부, 上宝村(かみたからむら)와 丹生川村(にゅうかわむら)의 경계에 있는 고개.
平賀(町) [ひらか(まち)] 青森(あおもり) 현 중남부, 津軽(つがる) 평야에서 十和田(とわだ) 호에 이르는 동서로 발전한 町.
平戸(市) [ひらど(し)] 長崎(ながさき) 현 북부, 平戸 섬, 度島(たくしま) 섬, 高島(かしま) 섬 등을 차지하고 있는 시.
平和(町) [へいわ(ちょう)] 愛知(あいち) 현 북서부, 濃尾(のうび) 평야 중앙부에 있는 町.

【폐】

閉伊川 [へいがわ] 岩手(いわて) 현 중앙부를 동쪽으로 흐르는 강.

【포】

蒲江(町) [かまえ(ちょう)] 大分(おおいた) 현의 최남단, 태평양에 면한 町.
浦臼(町) [うらうす(ちょう)] 北海道 중앙부, 石狩(いしかり) 평야 서부에 있는 町.
蒲郡(市) [がまごおり(し)] 愛知(あいち) 현 남부, 三河(みかわ) 만 북안에 있는 시.

浦内川 [うらうちがわ] 沖縄(おきなわ) 현 琉球(りゅうきゅう) 제도 남부, 西表(いりおもて) 섬 중앙의 일부를 차지한 시.

蒲萄山地 [ぶどうさんち] 新潟(にいがた) 현 북부에 있는 구릉성의 산지.

蒲生(町) [がもう(ちょう)] 滋賀(しが) 현 남동부, 日野(ひの) 강과 佐久良(さくら) 강 유역에 있는 町.

浦安(市) [うらやす(し)] 千葉(ちば) 현 북서부에서, 옛 江戸(えど) 강을 사이에 두고 東京 도와 접해 있는 시.

布野(村) [ふの(そん)] 広島(ひろしま) 현 중북부, 中国(ちゅうごく) 산지에 있는 村.

蒲刈(町) [かまがり(ちょう)] 広島(ひろしま) 현 남부에 있는 芸予(げいよ) 제도의 上(かみ)蒲刈 섬에 있는 町.

蒲原(町) [かんばら(ちょう)] 静岡(しずおか) 현 중동부, 富士(ふじ) 강 하류의 서쪽, 駿河(するが) 만에 면한 町.

布田 [ふだ] 東京 도 중앙부, 調布(ちょうふ) 시 남부에 있는 주택 지구.

蒲田 [かまた] 東京 도 大田(おおた) 구 남부에 있는 지구.

布津(町) [ふつ(ちょう)] 長崎(ながさき) 현 남동부, 島原(しまばら) 반도 동쪽에 있는 有明(ありあけ) 해에 면한 町.

浦添(市) [うらそえ(し)] 沖縄(おきなわ) 현 沖縄 섬 남부, 東(ひがし)중국해에 면한 시.

浦賀 [うらが] 神奈川(かながわ) 현 남동부, 横須賀(よこすか) 시 동부에 있는 浦賀 해안 일대를 차지한 지구.

浦河(町) [うらかわ(ちょう)] 北海道 남부, 日高(ひだか) 산맥의 서쪽에 있는 町.

浦戸湾 [うらどわん] 高知(こうち) 현 중앙부, 高知 시 남부에 있는 후미 모양의 침수성(沈水性) 내만(内灣).

浦和(市) [うらわ(し)] 埼玉(さいたま) 현 중앙부에 있는 시이며 현청 소재지.

浦幌(町) [うらほろ(ちょう)] 北海道 남동부, 태평양에 면한 町.

【표】

標茶(町) [しべちゃ(ちょう)] 北海道 동부, 釧路(くしろ) 강 유역에 있는 町.

俵島 [たわらしま] 山口(やまぐち) 현 向津具(むかつく) 반도의 油谷(ゆや) 섬과 사력주(砂礫洲)로 연결된 바위섬.

標津(町) [しべつ(ちょう)] 北海道 동부, 根室(ねむろ) 해협에 면한 町.

標津川 [しべつがわ] 北海道 동부를 흐르는 강.

表参道 [おもてさんどう] 東京 도 渋谷(しぶや) 구 서부, 지하철 表参道 역에서 明治(めいじ) 신궁으로 가는 약 1 km의 참배로.

瓢湖 [ひょうこ] 新潟(にいがた) 현 북부, 水原町(すいばらちょう)에 있는 인공 호수.

【품】

品川(区) [しながわ(く)] 東京 도 남동부, 東京 만에 면한 구.

【풍】

豊(町) [ゆたか(まち)] 広島(ひろしま) 현 남부, 大崎下(おおさきしも) 섬의 대부분과 三角(みかど) 섬의 일부를 차지한 町.

豊岡(市) [とよおか(し)] 兵庫(ひょうご) 현 북동단에 있는 시.

豊頃(町) [とよころ(ちょう)] 北海道 남동부, 태평양에 면한 町.

豊科(町) [とよしな(まち)] 長野(ながの) 현 중부에 있는 町.

豊橋(市) [とよはし(し)] 愛知(あいち) 현 남동부에 있는 시.

豊能(町) [とよの(ちょう)] 大阪 부 북부에 있는 町.

豊島 [てしま] 香川(かがわ) 현 북부, 小豆(しょうど) 섬과 直島(なおしま) 섬 사이에 있는 섬.

風連(町) [ふうれん(ちょう)] 北海道 중앙 북부, 名寄(なよろ) 분지 중부에 있는 町.

風蓮湖 [ふうれんこ] 北海道 동부, 根室(ねむろ) 만에 인접해 있는 기수성(汽水性)의 해적호(海跡湖).

豊里(町) [とよさと(ちょう)] 宮城(みやぎ) 현 북동부에 있는 町.

豊明(市) [とよあけ(し)] 愛知(あいち) 현 중부에 있는 시.

豊富(町) [とよとみ(ちょう)] 北海道 북부, 동해에 면한 町.

豊北(町) [ほうほく(ちょう)] 山口(やまぐち) 현 북서단에 있는 町.

豊浜(町) [とよはま(ちょう)] 広島(ひろしま) 현 남부에 있는 町.

豊山(町) [とよやま(ちょう)] 愛知(あいち) 현 북서부에 있는 町.

豊野(町) [とよの(まち)] 長野(ながの) 현 북부에 있는 町.

豊栄(市) [とよさか(し)] 新潟(にいがた) 현 북부에 있는 시.

豊予海峡 [ほうよかいきょう] 愛媛(えひめ) 현 佐田(さだ) 곶과 大分(おおいた) 현 佐賀関(さがのせき) 반도 사이의 해협.

豊玉(町) [とよたま(ちょう)] 長崎(ながさき) 현 対島(つしま) 섬 중앙부에 있는 町.

豊田(市) [とよた(し)] 愛知(あいち) 현 중앙부에 있는 시.

豊前(市) [ぶぜん(し)] 福岡(ふくおか) 현 북부, 周防灘(すおうなだ)에 인접한 시.

豊中(市) [とよなか(し)] 大阪 부 북서부, 兵庫(ひょうご) 현에 인접한 시.

豊津(町) [とよつ(まち)] 福岡(ふくおか) 현

동부에 있는 町.
豊川(市) [とよかわ(し)] 愛知(あいち) 현 남동부에 있는 市.
豊浦(町) [とようら(ちょう)] 北海道 남서부에 있는 町.
豊郷(町) [とよさと(ちょう)] 滋賀(しが) 현 동부에 있는 町.
豊後街道 [ぶんごかいどう] 熊本(くまもと) 시에서 大津(おおつ), 内牧(うちのまき), 大分(おおいた) 현의 久住(くじゅう)를 거쳐 大分 시에 이르는 가도.
豊後高田(市) [ぶんごたかだ(し)] 大分(おおいた) 현 북부, 国東(くにさき) 반도 서부에 있는 시.

【피】

彼杵 [そのぎ] 長崎(ながさき) 현 중앙부, 東彼杵町(ひがしそのぎちょう) 북부의 지구.

【필】

匹見(町) [ひきみ(ちょう)] 島根(しまね) 현 남서부의 町.

【하】

霞間ヶ渓 [かまがたに] 岐阜(ぎふ) 현 남서부에 있는 계곡.
下京(区) [しもぎょう(く)] 京都 시가지의 남부를 점하는 구.
下谷 [したや] 東京 도 台東(たいとう) 구 북부, 上野(うえの) 역 동북부에 해당하는 지구.
霞が関 [かすみがせき] 東京 도 千代田(ちよだ) 구 남부에 있는 지구. 중앙 관청이 밀집해 있음.
下関(市) [しものせき(し)] 本州의 가장 서쪽 끝에 있는 시.
下館(市) [しもだて(し)] 茨城(いばらき) 현 서부, 栃木(とちぎ) 현에 인접한 시.
河口湖(町) [かわぐちこ(まち)] 山梨(やまなし) 현 남부, 富士(ふじ) 산록에서 御坂(みさか) 산지에 이르는 町.
河南(町) [かなん(ちょう)] 大阪 부 동부에 있는 町.
河内(町) [かわち(まち)] 栃木(とちぎ) 현 중앙부에 있는 町.
河内(町) [こうち(ちょう)] 広島(ひろしま) 현 중남부, 沼田(ぬた) 강 상류에 있는 町.
河内長野(市) [かわちながの(し)] 大阪 부 남동부, 남쪽은 和歌山(わかやま) 현과 인접한 시.
下島 [しもしま] 熊本(くまもと) 현의 남서부, 天草(あまくさ) 제도의 주도(主島).
河東(町) [かわひがし(まち)] 福島(ふくしま) 현 중서부, 会津若松(あいづわかまつ) 시의 북쪽에 인접한 町.
下呂(町) [げろ(ちょう)] 岐阜(ぎふ) 현 중동부, 飛騨(ひだ) 강 유역에 있는 온천 거리.
下麻生 [しもあそう] 岐阜(ぎふ) 현 중부, 川辺町(かわべちょう) 북단의 지구.
賀名生 [あのう] 奈良(なら) 현 남부, 丹生(にう) 강 유역 지역.
賀茂川 [かもがわ] 京都 시 동부를 남류하는 鴨川(かもがわ) 강의 별칭.
賀茂学園都市 [かもがくえんとし] 広島(ひろしま) 현 중남부, 東(ひがし)広島 시 중부에 있는 국립 広島 대학을 중심으로 건설된 학원 도시.
夏泊半島 [なつどまりはんとう] 青森(あおもり) 현 중앙부, 陸奥(むつ) 만으로 돌출한 반도.
河辺(町) [かわべ(まち)] 秋田(あきた) 현 중앙부, 秋田 시에 인접한 町.
下部(町) [しもべ(まち)] 山梨(やまなし) 현 남부, 天守(てんしゅ) 산지 서쪽에 있는 町.
河北(町) [かほく(ちょう)] 宮城(みやぎ) 현 북동부, 北上(きたかみ) 강 하류에 있는 町.
下北半島 [しもきたはんとう] 青森(あおもり) 현 북동부에 돌출한 반도.
下松(市) [くだまつ(し)] 山口(やまぐち) 현 남부, 瀬戸内海(せとないかい) 연안에 있는 중화학 공업 도시.
下市(町) [しもいち(ちょう)] 奈良(なら) 현 중앙부, 秋田(あきの) 강・丹生(にう) 강 유역에 있는 町.
賀陽(町) [かよう(ちょう)] 岡山(おかやま) 현 중부, 吉備(きび) 고원에 있는 町.
河芸(町) [かわげ(ちょう)] 三重(みえ) 현 중부, 伊勢(いせ) 만에 면한 町.
河原(町) [かわはら(ちょう)] 鳥取(とっとり) 현 동부, 鳥取 시와 남으로 접한 町.
下仁田(町) [しもにた(まち)] 群馬(ぐんま) 현 남서부에 있는 町.
下田(市) [しもだ(し)] 静岡(しずおか) 현 남동부, 伊豆(いず) 반도 남동단에 있는 시.
下田(町) [しもだ(ちょう)] 青森(あおもり) 현 남동부, 奥入瀬(おいらせ) 강 유역에 있는 町.
下甑島 [しもこしきじま] 동중국해에 있는 甑(こしき) 열도 최남단의 섬.
下甑(村) [しもこしき(そん)] 동(東)중국해의 甑(こしき) 열도 남단에 있는 村.
下地(町) [しもじ(ちょう)] 琉球(りゅうきゅう) 제도 남부, 宮古(みやこ) 섬 남서부와 来間(くりま) 섬을 점하는 町.
下地島 [しもじじま] 琉球(りゅうきゅう) 제도 남부, 宮古(みやこ) 섬 서쪽에 있는 섬.
下津(町) [しもつ(ちょう)] 和歌山(わかやま) 현 북서부에 있는 町.
河津(町) [かわづ(ちょう)] 静岡(しずおか) 현 남동부, 伊豆(いず) 반도 남부의 相模灘(さがみなだ)에 면한 町.

서부의 지구.
厚岸(町) [あっけし(ちょう)] 北海道 동부, 태평양 연안에 있는 町.
後志利別川 [しりべしとしべつがわ] 北海道 남서부, 渡島(おしま) 반도 북부를 서쪽으로 흐르는 강.
厚真(町) [あつま(ちょう)] 北海道 남부, 태평양 쪽에 있는 町.
厚沢部(町) [あっさぶ(ちょう)] 北海道 남서부, 渡島(おしま) 반도에 있는 町.
厚狭川 [あさがわ] 山口(やまぐち) 현 서부 長門(ながと) 산지에서 발원, 瀬戸内海(せとないかい)로 흘러 들어가는 강.

【훈】

訓子府(町) [くんねっぷ(ちょう)] 北海道 동부 내륙에 있는 町.

【휘】

輝北(町) [きほく(ちょう)] 鹿児島(かごしま) 현 동부, 大隅(おおすみ) 반도 북서부에 있는 町.

【흑】

黒埼(町) [くろさき(まち)] 新潟(にいがた) 현 중서부, 新潟 시에 인접한 町.
黒磯(市) [くろいそ(し)] 栃木(とちぎ) 현 최북단의 시.
黒滝(村) [くろたき(むら)] 奈良(なら) 현 중앙부에 있는 산촌.
黒瀬(町) [くろせ(ちょう)] 広島(ひろしま) 현 남부, 黒瀬 강 연변 작은 분지에 있는 町.
黒木(町) [くろぎ(まち)] 福岡(ふくおか) 현 남부, 矢部(やべ) 강 상류에 있는 町.
黒法師岳 [くろぼうしだけ] 静岡(しずおか) 현 북서부에 있는 산.
黒部(市) [くろべ(し)] 富山(とやま) 현 동부, 富山 만에 면한 新川(にいかわ) 지방 굴지의 공업 도시.
黒石(市) [くろいし(し)] 青森(あおもり) 현 중앙부에 있는 시.
黒松内(町) [くろまつない(ちょう)] 北海道 서부, 渡島(おしま) 반도 기부(基部)에 있는 町.
黒羽(町) [くろばね(ちょう)] 栃木(とちぎ) 현 동쪽 끝에 있는 町.
黒田庄(町) [くろだしょう(ちょう)] 兵庫(ひょうご) 현 남부에 있는 町.
黒姫山 [くろひめやま] 新潟(にいがた) 현 남서부에 있는 산.

【흥】

興部(町) [おこっぺ(ちょう)] 北海道 북부, 오호츠크 해 연안에 있는 町.

【희】

喜界(町) [きかい(ちょう)] 鹿児島(かごしま) 현 奄美大島(あまみおおしま) 섬의 동쪽 약 25 km 떨어져 있는, 喜界 섬 전역을 차지하는 町.
喜多方(市) [きたかた(し)] 福島(ふくしま) 현 북서부, 会津(あいづ) 분지(盆地) 북부에 있는 시.
喜連川(町) [きつれがわ(まち)] 栃木(とちぎ) 현 동부, 塩那(えんな) 구릉상의 町.
姫路(市) [ひめじ(し)] 兵庫(ひょうご) 현 중남부, 播磨灘(はりまなだ)에 인접한, 옛 성이 있는 것으로 유명한 시.
喜茂別(町) [きもべつ(ちょう)] 北海道 서부, 札幌(さっぽろ) 시 남서부에 있는 町.
嬉野(町) [うれしの(まち)] 佐賀(さが) 현 남서부, 長崎(ながさき) 현에 접해 있는 町.
喜屋武 [きゃん] 沖縄(おきなわ) 현 沖縄 섬 남부, 南風原町(はえばるちょう) 동부에 있는 지구.
喜入(町) [きいれ(ちょう)] 鹿児島(かごしま) 현 남부, 薩摩(さつま) 반도 남동부에 있는 町.
姫川 [ひめかわ] 長野(ながの) 현 青木(あおき) 호 북방에서 발원하여 新潟(にいがた) 현 糸魚川(いといがわ) 시 寺島(てらじま)에서 동해로 흐르는 강.
姫戸(町) [ひめど(まち)] 熊本(くまもと) 현 남서부, 天草上(あまくさかみ) 섬 동부에 있는 町.

人名用 漢字表

1. 이 표는 常用漢字(1945字) 외에 인명으로 쓸 수 있는 한자로서, 1990년 3월에 法務省令으로 새로 제정된 '人名用 漢字別表'에 실린 285字이다. 1981년 10월에 고시된 同別表는 166字였는데 1990년의 개정으로 119字가 추가되었음(*표가 붙은 漢字).
2. 音 訓 人名은 대표적인 것을 보였으며, 숫자는 본문에 실린 페이지를 가리킴.

丑	音 チュウ 訓 うし 人名 ひろ	1476
丞	音 ジョウ 訓 たすける 人名 あきら・すけ・つぐ	861
乃	音 ダイ・ナイ 訓 すなわち・なんじ・の 人名 いまし・おさむ・のぶ	248
之	音 シ 訓 ゆく・この・これ・の 人名 いたる・くに・じ・つな・のぶ・ひさ・ひで・ゆき・よし・より	1354
也	音 ヤ 訓 なり 人名 あり・し・ただ・また	939
亘	音 コウ 訓 わたる 人名 つね・のぶ・ひろ・ひろし	220
亥	音 ガイ 訓 い	1630
亦	音 エキ 訓 また	979
亨	音 コウ・キョウ 訓 とおる 人名 あき・あきら・すすむ・ちか・とし・なお・なが・ゆき・りょう	1661
亮	音 リョウ 訓 あきらか・すけ 人名 あき・あきら・かつ・きよし・すけ・とおる・ふさ・よし・より・ろ	371
伊	音 イ 人名 いさ・これ・ただ・ただし・よし	1125
伍	音 ゴ 人名 あつむ・いつ・くみ・ひとし	1013
*伎	音 キ・ギ 訓 わざ 人名 くれ・し	221
伶	音 レイ 訓 わざおぎ 人名 とし	389
*伽	音 カ・ガ・キャ 訓 とぎ	5
佑	音 ユウ 訓 たすける 人名 すけ・たすく・とも・ゆ	1054
*侃	音 カン 人名 あきら・すなお・ただし・つよし	18
侑	音 ユウ 訓 すすめる 人名 あつむ・すすむ・たすく・ゆき	1089
*倖	音 コウ 訓 さいわい 人名 さち・ゆき	1641
*倭	音 ワ 訓 やまと 人名 かず・しず・やす	1031
*偲	音 シ 訓 しのぶ	873
允	音 イン 訓 まこと・ゆるす 人名 おか・こと・すけ・ただ・ちか・のぶ・まさ・みち・みつ・よし	1101
冴	音 ゴ 訓 さえる 人名 さえ	1667
*冶	音 ヤ 訓 いる	939
*凌	音 リョウ 訓 しのぐ 人名 しのぎ・のぼる	421
*凜	音 リン	421
*凪	(日本国字) 訓 なぎ・なぐ	1355
*凱	音 ガイ 訓 たのしむ・やわらぐ 人名 かつ・たのし・とき・よし	41
*勁	音 ケイ 訓 つよい 人名 つよ・つよし	75
匡	音 キョウ 訓 ただす 人名 たすく・ただ・ただし・まさ・まさし	141

漢字	音・訓・人名	番号
卯	音 ボウ 訓 う 人名 あきら・しげ・はる	492
*叡	音 エイ 訓 さとい 人名 あきら・さとし・とおる・とし	1009
只	音 シ 訓 ただ 人名 これ	1355
*叶	音 キョウ 訓 かなう 人名 かない・かの・かのう・やす	1657
吾	音 ゴ 訓 わが・われ 人名 あ・あき・みち・わが	1014
呂	音 リョ・ロ 人名 おと・とも・なが・ふえ	373
哉	音 サイ 訓 か・かな・や 人名 えい・か・き・すけ・ちか・とし・はじめ	1208
*唄	音 バイ 訓 うた	1563
*啄	音 タク 訓 ついばむ・つつく	1524
喬	音 キョウ 訓 たかい 人名 すけ・たか・たかし・ただ・もと	153
嘉	音 カ 訓 よい・よみする 人名 ひろ・よし・よしみ・よみし	10
圭	音 ケイ 訓 たま 人名 か・かど・きよ・きよし・よし	197
堯	音 ギョウ 訓 たかい 人名 あき・たか・たかし・のり	1038
奈	音 ナ・ダイ 訓 いかん 人名 なに・なん	252
*奎	音 ケイ 人名 あきら・ふみ	197
*媛	音 エン 訓 ひめ	1070
*嬉	音 キ 訓 うれしい・たのしむ 人名 よし	1736
孟	音 モウ 訓 はじめ 人名 おさ・たけ・たけし・つとむ・とも	463
宏	音 コウ 訓 ひろい 人名 あつ・たかし・ひろ・ひろし	148
*宥	音 ユウ 訓 ゆるす・なだめる 人名 ひろ・やす・ゆたか	1091
寅	音 イン 訓 とら 人名 つら・とも・のぶ・ふさ	1145
峻	音 シュン 訓 きびしい・けわしい 人名 たか・たかし・ちか・とし・みち・みね	1336
*崚	音 リョウ 訓 たかい	421
*嵐	音 ラン 訓 あらし	361
嵩	音 スウ 訓 かさ・かさむ 人名 す・たか・たかし・たけ	858
*嵯	音 サ 訓 けわしい	1399
嶺	音 レイ 訓 みね 人名 たかね・ね	392
巌	音 ガン・ゲン 訓 いわ・いわお 人名 お・たけ・みち・みね・よし	929
已	音 シ 訓 み	659
巴	音 ハ 訓 ともえ 人名 とも・わ	1553
*巽	音 ソン 訓 たつみ 人名 はじめ・ゆく	812
庄	音 ショウ 人名 まさ・たいら	1194
弘	音 コウ・グ 訓 ひろい・ひろめる 人名 お・ひろ・ひろし・ひろむ・みつ	1678
弥	音 ビ・ミ 訓 わたる・いや・いよいよ 人名 いよ・ひさ・ひろ・ます・まね・みつ・や・やす・よし・わたり・わたる	520
*彗	音 スイ 訓 ほうき	1664
彦	音 ゲン 訓 ひこ 人名 お・さと・ひろ・やす・よし	972
*彪	音 ヒョウ 人名 あきら・かおる・たけ・たけし・つよし・とら・ひで・よし	1587

漢字	音・訓・人名	番号
彬	音 ヒン 訓 あきらか 人名 あき・あきら・あや・さかえ・しげし・ひとし・もり・よし	655
怜	音 レイ 訓 さとい 人名 さと・さとし・とき	389
*恕	音 ジョ 訓 ゆるす・おもいやり 人名 くに・しのぶ・じょう・ただし・のり・はかる・ひろ・ひろし・ひろむ・みち・ゆき・よし	739
悌	音 テイ 訓 したがう 人名 とも・やす・やすし・よし	1277
惇	音 トン・ジュン 訓 あつい 人名 あつ・あつし・つとむ・とし	331
惟	音 イ 訓 おもう・これ・ただ 人名 これ・ただ・たもつ・のぶ	1092
惣	音 ソウ 注 일본에서는 '総(そう)'와 같이 쓰며, 인명으로 사용할 때는 장남(総領・惣領)의 뜻을 나타냄. 訓 すべる 人名 おさむ・そ・のぶ・ふさ・みな	1462
慧	音 ケイ・エ 訓 さとい 人名 あきら・さと・さとし・さとる・とし	1664
*憧	音 ショウ・ドウ 訓 あこがれる	343
*拳	音 ケン・ゲン 訓 こぶし 人名 かたし・つとむ	189
*捷	音 ショウ 訓 かつ・はやい 人名 かち・さとし・すぐる・とし・はや・はやし・まさる	1435
*捺	音 ナツ・ナ 訓 おす 人名 とし	244
敦	音 トン 訓 あつい 人名 あつ・あつし・おさむ・たい・つとむ・つる・のぶ	331
斐	音 ヒ 訓 あや 人名 あきら・あやる・なが・よし	649
*於	音 オ 訓 おいて・おける 人名 うえ・おうい	953
旦	音 タン・ダン 訓 あした 人名 あき・あきら・あさ・ただし	273
旭	音 キョク 訓 あさひ 人名 あきら・あさ	1059
*旺	音 オウ 訓 さかん 人名 あき・あきら・さかる・ひかる	1031
昂	音 ゴウ・コウ 訓 たかぶる 人名 あき・あきら・たか・たかし・のぼる	933
昌	音 ショウ 訓 さかん 人名 あき・あきら・あつ・さかえ・すけ・ひかる・まさ・まさし・まさる・ます・よ・よし	1409
*昴	音 ボウ 訓 すばる	493
晃	音 コウ 訓 あきらか・ひかる 人名 あき・あきら・きら・てる・ひかる・みつ	1704
晋	音 シン 訓 すすむ 人名 あき・くに・ゆき・ひろし	1380
*晏	音 アン 訓 おそい 人名 はる・やす・やすし	923
*晟	音 セイ 訓 あきらか 人名 あきら・てる・のぼる	774
*晨	音 シン 訓 あした 人名 あき・あきら・てる・とき	891
智	音 チ 訓 さとい・さとる 人名 あきら・さかし・さと・さとし・さとる・とし・とみ・とも・のり・まさる・もと	1371
*暉	音 キ 訓 かがやく・ひかす・てる 人名 あき・あきら・てらす・てる	1726
暢	音 チョウ 訓 のびる 人名 いたる・かど・しょう・とおる・なが・のぶ・のぶる・まさ・みつ・みつる	1412
*曙	音 ショ 訓 あけぼの 人名 あき・あけ・けさ	746

漢字	音訓・人名	番号
靖	音 セイ 訓 やすい・やすんじる 人名 おさむ・きよし・しず・のぶ・やす・やすし	1271
*鞠	音 キク 訓 まり・やしなう 人名 つぐ・みつ	182
須	音 シュ・ス 訓 すべからく・もちいる 人名 まつ・もち・もとむ	842
頌	音 ジュ・ショウ 訓 ほめる 人名 うた・おと・のぶ・よむ	815
*颯	音 サツ	708
馨	音 ケイ 訓 かおり・かおる 人名 いわお・か・きよ・よし	1663
駒	音 ク 訓 こま	173
駿	音 シュン 訓 すぐれる 人名 すすむ・たかし・とし・はやお・はやし	1338
*魁	音 カイ 訓 かしら・さきがけ 人名 いさお・いさむ・お・つとむ	147
鮎	音 デン・ネン 訓 あゆ・なまず	1256
鯉	音 リ 訓 こい	428
鯛	音 チョウ 訓 たい	1306
鳩	音 キュウ 訓 はと・あつまる	170
*鳳	音 ホウ 訓 おおとり 人名 たか・ほ	606
*鴻	音 コウ 訓 おおとり 人名 ひとし・ひろ・ひろし	1680
*鵬	音 ホウ 訓 おおとり 人名 たか・とも・ゆき	639
鶴	音 カク 訓 つる 人名 か・ず・たず・つ	1616
鷹	音 ヨウ 訓 たか	1114
鹿	音 ロク 訓 しか・しし	399
*麟	音 リン	431
麿	(日本国字) 訓 まろ 人名 ま	442
*黎	音 レイ 訓 おおい・くろい 人名 たみ	375
*黛	音 タイ 訓 まゆずみ	311
亀	音 キ 訓 かめ 人名 あま・あや・すすむ・ひさ・ひさし	195

常用·人名用 漢字 新舊 字體表

1. ⺾(초두)部首에서, ⺾(3획)을 ⺾(4획)으로 써서 新舊字로 구별되는 것은 원칙적으로 생략하였음《보기: 英 → 英, 描 → 描로 되는 따위》.
2. 漢字 왼편에 있는 [人]은 人名用 漢字, [日]은 日本國字 표시임.
3. 오른편 숫자는 본문에 실린 페이지를 나타냄.

【ㄱ】		俟(儉)	55	鶏(鷄)	90	欧(歐)	166
가		剣(劍)	55	고		殴(毆)	166
仮(假)	3	検(檢)	56	告(吿)	95	[人] 矩(榘)	167
価(價)	5	게		雇(僱)	105	溝(溝)	170
각		掲(揭)	57	顧(顧)	107	構(構)	171
殻(殼)	15	격		곡		駆(驅)	172
覚(覺)	15	隔(隔)	58	穀(穀)	109	購(購)	173
간		撃(擊)	59	공		국	
間(間)	19	견		空(空)	120	国(國)	175
簡(簡)	22	肩(肩)	64	恐(恐)	124	권	
갈		遣(遣)	66	控(控)	125	券(券)	188
喝(喝)	23	결		과		巻(卷)	188
渇(渴)	23	欠(缺)	68	過(過)	128	[人] 拳(拳)	189
褐(褐)	23	潔(潔)	72	관		圏(圈)	190
강		겸		缶(罐)	132	勧(勸)	190
降(降)	33	兼(兼)	72	寛(寬)	135	権(權)	191
強(強)	34	謙(謙)	72	関(關)	136	귀	
講(講)	38	[人] 鎌(鎌)	73	館(館)	137	帰(歸)	193
개		경		観(觀)	137	[人] 亀(龜)	195
慨(慨)	43	径(徑)	74	광		규	
概(概)	43	茎(莖)	74	広(廣)	139	叫(叫)	197
거		耕(耕)	75	鉱(鑛)	143	糾(糾)	197
巨(巨)	46	経(經)	75	괴		[人] 赳(赳)	197
拒(拒)	49	軽(輕)	79	壊(壞)	147	근	
拠(據)	49	계		교		近(近)	202
挙(擧)	49	届(屆)	85	教(敎)	151	勤(勤)	206
距(距)	50	契(契)	86	구		謹(謹)	208
걸		啓(啓)	87	区(區)	161	급	
傑(傑)	55	渓(溪)	88	旧(舊)	162	及(及)	217
검		継(繼)	88	具(具)	165	扱(扱)	217

常用・人名用 漢字 新舊 字體表

急(急)	218	達(達)	281	囚 藤(藤)	351	(령)	
級(級)	219	(담)		騰(騰)	351	霊(靈)	390
(기)		担(擔)	281	【ㄹ】		齢(齡)	392
気(氣)	222	胆(膽)	282	(락)		(례)	
祈(祈)	229	(당)		楽(樂)	356	礼(禮)	392
既(旣)	230	当(當)	286	(란)		隷(隸)	393
起(起)	231	党(黨)	288	乱(亂)	358	(로)	
飢(飢)	232	唐(唐)	288	囚 蘭(蘭)	360	労(勞)	395
幾(幾)	234	糖(糖)	291	欄(欄)	360	炉(爐)	396
器(器)	237	(대)		(람)		虜(虜)	396
機(機)	237	台(臺)	305	覧(覽)	361	(록)	
(끽)		対(對)	306	(랑)		囚 禄(祿)	399
喫(喫)	241	帯(帶)	308	郎(郞)	363	緑(綠)	400
【ㄴ】		隊(隊)	310	朗(朗)	364	録(錄)	401
(나)		囚 黛(黛)	311	廊(廊)	364	(롱)	
囚 那(那)	242	(덕)		(래)		滝(瀧)	402
(난)		徳(德)	311	来(來)	365	(뢰)	
暖(暖)	242	(도)		(량)		頼(賴)	405
難(難)	243	図(圖)	312	両(兩)	368	瀬(瀨)	405
(납)		逃(逃)	314	(려)		(료)	
納(納)	247	途(途)	316	励(勵)	373	囚 遼(遼)	407
(내)		都(都)	318	戻(戾)	373	(룡)	
内(內)	248	盗(盜)	319	旅(旅)	373	竜(龍)	407
(녕)		道(道)	320	(력)		(루)	
寧(寧)	260	稲(稻)	324	暦(曆)	378	涙(淚)	408
(뇌)		導(導)	325	歴(歷)	378	塁(壘)	409
悩(惱)	264	(독)		(련)		楼(樓)	409
脳(腦)	264	独(獨)	327	連(連)	379	(류)	
(닉)		読(讀)	329	恋(戀)	381	類(類)	415
匿(匿)	268	(돌)		囚 蓮(蓮)	382	(률)	
【ㄷ】		突(突)	332	練(練)	383	率(率)	420
(단)		(동)		錬(鍊)	384	(륭)	
団(團)	273	冬(冬)	334	(렴)		隆(隆)	420
単(單)	274	(등)		廉(廉)	387	(린)	
断(斷)	276	灯(燈)	349	(렵)		隣(隣)	430
(달)		謄(謄)	351	猟(獵)	388	囚 麟(麟)	431

【ㅁ】

(마)
- 麻(麻) 440
- 摩(摩) 440
- 磨(磨) 441
- 人日 麿(麿) 442
- 魔(魔) 442

(만)
- 万(萬) 443
- 満(滿) 446
- 湾(灣) 447
- 晩(晚) 447
- 蛮(蠻) 448

(망)
- 亡(亡) 452
- 妄(妄) 452
- 忙(忙) 453
- 忘(忘) 453
- 望(望) 454
- 網(網) 454

(매)
- 毎(每) 455
- 売(賣) 456
- 梅(梅) 458

(맥)
- 麦(麥) 461
- 脈(脈) 462

(맹)
- 盲(盲) 463

(면)
- 免(免) 465
- 勉(勉) 467

(모)
- 侮(侮) 479
- 冒(冒) 479
- 耗(耗) 480

- 帽(帽) 480

(몰)
- 没(沒) 490

(무)
- 舞(舞) 503

(묵)
- 墨(墨) 505
- 黙(默) 505

(미)
- 人 弥(彌) 520
- 迷(迷) 520
- 微(微) 523

(민)
- 敏(敏) 526

【ㅂ】

(박)
- 迫(迫) 529
- 博(博) 530
- 薄(薄) 532
- 縛(縛) 533

(반)
- 半(半) 535
- 伴(伴) 538
- 返(返) 538
- 畔(畔) 540
- 飯(飯) 540

(발)
- 抜(拔) 542
- 発(發) 544
- 髪(髮) 546

(방)
- 邦(邦) 550
- 房(房) 551

(배)
- 拝(拜) 556

(번)

- 繁(繁) 571
- 翻(翻) 572

(범)
- 凡(凡) 573
- 帆(帆) 574

(변)
- 弁(辨·瓣·辯·辮) 579
- 辺(邊) 580
- 変(變) 580

(병)
- 丙(丙) 584
- 並(竝) 585
- 併(倂) 585
- 柄(柄) 586
- 病(病) 586
- 瓶(甁) 587
- 日 塀(塀) 588

(보)
- 宝(寶) 588
- 歩(步) 589
- 譜(譜) 593

(복)
- 服(服) 594
- 福(福) 597
- 覆(覆) 599

(봉)
- 縫(縫) 606

(부)
- 浮(浮) 613
- 婦(婦) 616
- 敷(敷) 619
- 簿(簿) 621

(분)
- 奔(奔) 625
- 噴(噴) 628

- 墳(墳) 628
- 憤(憤) 628

(불)
- 仏(佛) 636
- 払(拂) 637

(붕)
- 人 朋(朋) 638
- 崩(崩) 638
- 棚(棚) 639
- 人 鵬(鵬) 639

(비)
- 卑(卑) 644
- 秘(祕) 647
- 扉(扉) 649
- 碑(碑) 651
- 鼻(鼻) 651

(빈)
- 浜(濱) 654
- 賓(賓) 655
- 頻(頻) 656

【ㅅ】

(사)
- 写(寫) 661
- 糸(絲) 668
- 社(社) 670
- 舎(舍) 675
- 邪(邪) 675
- 捨(捨) 681
- 辞(辭) 685
- 飼(飼) 686

(삭)
- 削(削) 688

(산)
- 産(產) 693

(살)
- 殺(殺) 698

(삽)		誠(誠)	777	随(隨)	841	(쌍)	
挿(插)	708	(세)		数(數)	843	双(雙)	909
渋(澁)	708	税(稅)	782	穂(穗)	845	【ㅇ】	
(상)		歳(歲)	783	獣(獸)	847	(아)	
状(狀)	715	(소)		輸(輸)	847	亜(亞)	912
尚(尙)	715	所(所)	794	髄(髓)	848	児(兒)	913
祥(祥)	719	咲(咲)	795	(숙)		芽(芽)	914
人 翔(翔)	723	宵(宵)	796	粛(肅)	851	雅(雅)	916
(서)		消(消)	796	(순)		餓(餓)	916
叙(敍)	739	巣(巢)	800	巡(巡)	852	(악)	
逝(逝)	739	掃(掃)	801	人 舜(舜)	856	岳(嶽)	917
暑(暑)	743	焼(燒)	801	瞬(瞬)	856	悪(惡)	917
署(署)	744	騒(騷)	807	(술)		楽(樂)	356
緒(緒)	745	(속)		述(述)	857	(안)	
人 曙(曙)	746	速(速)	810	術(術)	857	顔(顏)	925
(석)		属(屬)	810	(습)		(알)	
釈(釋)	751	続(續)	811	習(習)	859	謁(謁)	926
(선)		(손)		湿(濕)	859	(암)	
扇(扇)	756	人 巽(巽)	812	(승)		人 巌(巖)	929
禅(禪)	759	(솔)		乗(乘)	862	(압)	
選(選)	760	率(率)	420	勝(勝)	863	圧(壓)	929
(설)		(송)		僧(僧)	864	(앵)	
雪(雪)	764	送(送)	814	縄(繩)	865	桜(櫻)	938
説(說)	766	(쇄)		(시)		(약)	
(섬)		砕(碎)	817	視(視)	873	約(約)	945
繊(纖)	768	鎖(鎖)	817	(식)		弱(弱)	946
(섭)		(쇠)		食(食)	877	薬(藥)	946
渉(涉)	768	衰(衰)	818	飾(飾)	881	躍(躍)	948
摂(攝)	769	(수)		(신)		(양)	
(성)		収(收)	818	迅(迅)	883	様(樣)	951
成(成)	769	寿(壽)	833	神(神)	887	養(養)	952
声(聲)	771	受(受)	834	慎(愼)	891	壌(壤)	952
城(城)	773	捜(搜)	839	(실)		嬢(孃)	952
人 晟(晟)	774	粋(粹)	840	実(實)	897	人 穣(穰)	952
盛(盛)	774	授(授)	840	(심)		譲(讓)	953
聖(聖)	776	遂(遂)	841	尋(尋)	905	醸(釀)	953

常用・人名用 漢字 新舊 字體表

(어)		呉(吳)	1014	人 媛(媛)	1070	翼(翼)	1131
御(御)	955	娯(娛)	1014	援(援)	1070	(인)	
(언)		奥(奧)	1016	遠(遠)	1071	刃(刃)	1137
人 彦(彥)	972	誤(誤)	1017	(월)		忍(忍)	1144
(엄)		(온)		月(月)	1074	認(認)	1146
厳(嚴)	974	温(溫)	1021	(위)		(일)	
(여)		穏(穩)	1022	囲(圍)	1078	壱(壹)	1163
与(與)	975	(옹)		為(爲)	1079	逸(逸)	1164
余(餘)	977	翁(翁)	1023	偽(僞)	1080	(입)	
(역)		(완)		偉(偉)	1081	日 込(込)	1170
逆(逆)	980	緩(緩)	1029	違(違)	1082	(잉)	
訳(譯)	983	(왕)		衛(衞)	1083	剰(剩)	1170
駅(驛)	983	往(往)	1030	緯(緯)	1084	【ㅈ】	
(연)		(요)		(유)		(자)	
延(延)	984	人 尭(堯)	1038	乳(乳)	1088	者(者)	1178
沿(沿)	985	要(要)	1038	愉(愉)	1093	姿(姿)	1179
研(硏)	985	揺(搖)	1039	猶(猶)	1094	滋(滋)	1179
煙(煙)	988	人 遥(遙)	1040	遊(遊)	1094	煮(煮)	1180
鉛(鉛)	989	腰(腰)	1040	遺(遺)	1097	慈(慈)	1181
縁(緣)	990	人 瑶(瑤)	1041	諭(諭)	1099	資(資)	1182
(열)		謡(謠)	1042	癒(癒)	1100	磁(磁)	1182
悦(悅)	992	曜(曜)	1042	(육)		諮(諮)	1183
閲(閱)	994	人 燿(燿)	1043	肉(肉)	1100	(작)	
(염)		人 耀(耀)	1043	(은)		勺(勺)	1184
塩(鹽)	996	(용)		隠(隱)	1103	酌(酌)	1187
人 艶(艷)	998	勇(勇)	1046	(음)		爵(爵)	1187
(영)		人 湧(湧)	1047	飲(飮)	1110	(잔)	
迎(迎)	1001	(우)		(응)		桟(棧)	1188
栄(榮)	1002	羽(羽)	1053	応(應)	1112	残(殘)	1188
営(營)	1003	人 祐(祐)	1055	(의)		(잠)	
(예)		遇(遇)	1057	医(醫)	1115	蚕(蠶)	1190
予(豫)	1005	虞(虞)	1058	(이)		潜(潛)	1190
芸(藝)	1007	(운)		弐(貳)	1126	(잡)	
誉(譽)	1008	運(運)	1060	(익)		雑(雜)	1191
鋭(銳)	1009	(원)		益(益)	1131	(장)	
(오)		円(圓)	1065	翌(翌)	1131	壮(壯)	1194

常用・人名用 漢字　新舊 字體表

荘(莊)	1197	(정)		住(住)	1325	遮(遮)	1400
将(將)	1198	呈(呈)	1262	周(周)	1327	(착)	
装(裝)	1201	廷(廷)	1262	注(注)	1328	着(着)	1400
奨(奬)	1201	浄(淨)	1265	昼(晝)	1329	(찬)	
蔵(藏)	1203	情(情)	1269	柱(柱)	1330	賛(贊)	1403
臓(臟)	1204	程(程)	1271	週(週)	1332	(참)	
(재)		囚 禎(禎)	1271	鋳(鑄)	1334	参(參)	1406
斎(齋)	1209	囚 靖(靖)	1271	駐(駐)	1334	惨(慘)	1407
(쟁)		精(精)	1272	(준)		(채)	
争(爭)	1210	静(靜)	1274	遵(遵)	1338	囚 采(采)	1413
(저)		(제)		(즉)		彩(彩)	1414
囚 渚(渚)	1215	斉(齊)	1276	即(卽)	1348	採(採)	1414
囚 猪(猪)	1215	剤(劑)	1277	(증)		菜(菜)	1414
著(著)	1215	済(濟)	1278	証(證)	1351	(책)	
(적)		諸(諸)	1282	増(增)	1352	冊(册)	1416
囚 迪(迪)	1220	(조)		憎(憎)	1353	(처)	
的(的)	1220	条(條)	1289	贈(贈)	1353	処(處)	1417
賊(賊)	1221	祖(祖)	1290	(지)		(천)	
適(適)	1223	造(造)	1291	祉(祉)	1363	浅(淺)	1428
籍(籍)	1225	彫(彫)	1292	遅(遲)	1370	践(踐)	1429
(전)		釣(釣)	1295	(진)		遷(遷)	1429
全(全)	1227	朝(朝)	1298	尽(盡)	1376	(철)	
伝(傳)	1230	遭(遭)	1301	囚 晋(晉)	1380	鉄(鐵)	1431
前(前)	1231	囚 肇(肇)	1301	真(眞)	1380	(첨)	
専(專)	1234	潮(潮)	1302	進(進)	1383	添(添)	1434
栓(栓)	1236	調(調)	1303	鎮(鎭)	1386	(첩)	
転(轉)	1236	囚 鯛(鯛)	1306	(질)		畳(疊)	1436
戦(戰)	1238	(존)		迭(迭)	1387	(청)	
囚 槙(槇)	1243	尊(尊)	1310	(짐)		庁(廳)	1437
銭(錢)	1243	(종)		朕(朕)	1389	青(靑)	1437
(절)		囚 柊(柊)	1312	(징)		清(淸)	1439
窃(竊)	1250	従(從)	1312	徴(徵)	1391	晴(晴)	1441
絶(絕)	1251	終(終)	1313	懲(懲)	1392	請(請)	1442
節(節)	1252	縦(縱)	1316	【ㅊ】		聴(聽)	1442
(점)		(주)		(차)		(체)	
点(點)	1254	主(主)	1321	次(次)	1393	体(體)	1443

逓(遞)	1445	(침)		(패)		(한)	
逮(逮)	1445	侵(侵)	1512	覇(霸)	1564	寒(寒)	1618
滞(滯)	1445	浸(浸)	1513	(편)		漢(漢)	1620
(초)		寝(寢)	1514	偏(偏)	1568	(할)	
肖(肖)	1447	(칭)		遍(遍)	1569	割(割)	1621
시 梢(梢)	1453	称(稱)	1516	編(編)	1569	轄(轄)	1622
硝(硝)	1454	【ㅌ】		(평)		(함)	
(촉)		(타)		平(平)	1571	陥(陷)	1623
触(觸)	1458	妥(妥)	1522	坪(坪)	1573	(항)	
嘱(囑)	1459	堕(墮)	1523	評(評)	1574	恒(恆)	1629
(총)		(탁)		(폐)		降(降)	33
塚(塚)	1462	시 啄(啄)	1524	肺(肺)	1574	港(港)	1629
総(總)	1462	시 琢(琢)	1525	廃(廢)	1576	(해)	
시 聡(聰)	1465	濯(濯)	1525	幣(幣)	1577	海(海)	1630
(추)		(탄)		弊(弊)	1577	害(害)	1634
枢(樞)	1468	炭(炭)	1526	(포)		(향)	
追(追)	1468	弾(彈)	1527	包(包)	1577	郷(鄕)	1643
墜(墜)	1474	嘆(嘆)	1528	抱(抱)	1579	響(響)	1644
(축)		誕(誕)	1528	泡(泡)	1580	(허)	
祝(祝)	1476	(탈)		胞(胞)	1580	虚(虛)	1645
逐(逐)	1477	脱(脫)	1529	砲(砲)	1581	(헌)	
築(築)	1478	(택)		飽(飽)	1583	献(獻)	1646
(충)		沢(澤)	1537	舗(舖)	1583	憲(憲)	1647
虫(蟲)	1488	択(擇)	1537	褒(襃)	1583	(험)	
(취)		(통)		(풍)		険(險)	1647
臭(臭)	1496	通(通)	1541	豊(豐)	1594	験(驗)	1648
酔(醉)	1497	(퇴)		(피)		(현)	
시 翠(翠)	1498	退(退)	1545	避(避)	1598	県(縣)	1650
(층)		(투)		(필)		顕(顯)	1653
層(層)	1501	透(透)	1548	匹(匹)	1598	(혐)	
(치)		闘(鬪)	1549	【ㅎ】		嫌(嫌)	1657
致(致)	1503	【ㅍ】		(하)		(협)	
歯(齒)	1503	(파)		夏(夏)	1610	峡(峽)	1658
痴(癡)	1504	派(派)	1554	(학)		挟(挾)	1658
(칙)		(판)		学(學)	1613	狭(狹)	1658
勅(敕)	1507	判(判)	1557	虐(虐)	1615	(형)	

蛍(螢)	1663	化(化)	1680	荒(荒)	1701	暁(曉)	1717
〔혜〕		花(花)	1685	黄(黃)	1704	〔훈〕	
恵(惠)	1664	画(畫)	1688	慌(慌)	1706	勲(勳)	1724
囚 慧(慧)	1664	貨(貨)	1692	〔회〕		薫(薰)	1724
〔호〕		禍(禍)	1693	会(會)	1707	〔흑〕	
戸(戶)	1665	靴(靴)	1693	灰(灰)	1709	黒(黑)	1730
号(號)	1665	〔확〕		悔(悔)	1710	〔흡〕	
囚 冴(冴)	1667	拡(擴)	1694	絵(繪)	1711	吸(吸)	1733
囚 浩(浩)	1671	〔환〕		懐(懷)	1713	〔희〕	
囚 皓(皓)	1672	歓(歡)	1698	〔횡〕		姫(姬)	1735
〔혹〕		還(還)	1698	横(橫)	1714	戯(戲)	1736
酷(酷)	1675	環(環)	1698	〔효〕		犠(犧)	1737
〔화〕		〔황〕		効(效)	1716		

日本国字 일람

1. 和製漢字(わせいかんじ) 곧, 일본에서 만든 한자는 이 밖에도 많이 있으나, 이 표는 본 사전에 수록된 国字(こくじ)를 部首別로 모아 그 대표적인 音 또는 訓을 보인 것임.
2. 붉은 글자는 常用漢字(教育漢字 포함) 표시이며, 숫자는 본문 페이지를 가리킴.

亻 佛(제) おもかげ	1277	枠(졸) わく	1311
俥(거) くるま	49	枡(승) ます	862
俣(오) また	1014	栂(모) つが	480
働(동) ドウ・はたらく	342	栃(회) とち	1711
几 凧(궤) たこ	192	桛(상) かせ	719
凪(지) なぎ	1355	梻(불) しきみ	638
凩(목) こがらし	489	椚(륵) くぬぎ	421
勹 匁(문) もんめ	506	椙(창) すぎ	1411
匂(내) におう	252	椨(부) たぶ	618
口 叺(입) かます	1170	榊(신) さかき	896
呎(척) セキ	1419	樫(견) かし	68
喰(식) くう・くらう	880	毛 毟(모) むしる	479
噺(신) はなし	896	火 炻(석) セキ	750
土 塀(병) ヘイ	588	艹 蓙(좌) ザ・ござ	1320
女 嬶(비) かかあ	653	辶 迚(일) すべる	1163
山 峠(상) とうげ	716	込(입) こむ・こめる	1170
忄 悴(영) こらえる	1002	辻(십) つじ	909
扌 扨(인) さて	1144	迚(중) とても	1345
捥(렬) むしる	386	遖(남) あっぱれ	247
挊(롱) せせる	402	瓦 甅(리) センチグラム	427
月 腺(선) セン	759	田 畑(전) はた・はたけ	1235
膵(췌) スイ	1490	畠(전) はたけ	1236
木 杣(산) そま	692	疒 癪(적) シャク	1226
杢(목) もく	489	衤 裃(상) かみしも	723
		裄(형) ゆき	1663

日本国字 일람

	棲(처)	つま	1418		鞐(하)	こはぜ	1613
	襷(거)	たすき	51	風	嵐(풍)	おろし	1594
竹	笹(세)	ささ	780	食	饂(온)	ウン	1023
	簓(조)	ささら	1305	魚	魞(입)	えり	1170
	簗(량)	やな	372		鮗(동)	このしろ	343
米	粁(천)	キロメートル	1429		鯎(복)	こち	599
	籾(인)	もみ	1145		鯎(성)	うぐい	777
	粍(모)	ミリメートル	480		鯒(통)	こち	1545
	糀(화)	こうじ	1694		鯱(호)	しゃち	1674
	糎(리)	センチメートル	428		鯰(염)	なまず	999
糸	絣(이)	かすり	1130		𩸽(화)	ほっけ	1694
	縅(위)	おどし	1083		鮨(약)	わかさぎ	947
	纇(운)	ウン	1062		鰯(약)	いわし	948
耳	聢(정)	しかと	1274		鰰(신)	はたはた	896
身	躾(미)	しつけ	524		鱈(설)	たら	767
	軈(응)	やがて	1114		鱚(희)	きす	1737
金	鋲(병)	ビョウ	588		鰻(애)	むつ	936
	錺(방)	かざり	555		鱰(서)	しいら	746
	鈨(화)	にえ	1694		鱩(뢰)	はたはた	406
	鉪(무)	ブリキ	504	鳥	鳰(입)	にお	1170
	鎹(송)	かすがい	816		鴫(전)	しぎ	1244
	鑓(견)	やり	68		鶍(이)	いすか	1130
門	閊(산)	つかえる	694		鶫(간)	つぐみ	22
雨	雫(나)	しずく	264	麻	麿(마)	まろ	442
革	鞆(병)	とも	588				

日本語 音訓 索引

1. 이 색인은 본문에 실린 모든 標題漢字의 일본어 音・訓을 五十音順으로 배열한 것임.
2. 音読은 カタカナ, 訓読은 ひらがな로 썼으며, 다만 外来語(米(メートル), 磅(ポンド) 따위)는 カタカナ로 표기하였음.
3. 漢字 왼편의 숫자는 총획수를, 오른편 숫자는 실린 페이지를 나타냄.
4. 붉은 글씨와 艹(초두) 部首에 대한 설명은 字音索引(색인 7 페이지)의 3, 4 항과 같음.

【あ】					挨	934		14	碧	578
				13	隘	934		18	襖	1018
ア	7	亜	912		愛	934	あおい	8	青	1437
	8	阿	914	15	鞋	1664		12	葵	198
	11	啞	915	16	噯	936		13	滄	1411
		堊	917		噫	1737			蒼	1412
		婀	915	17	曖	936		14	碧	578
	12	蛙	1025	18	穢	1009	あおがえる	13	鼃	527
	13	痾	916	20	譪	936	あおぎり	11	梧	1016
	15	鴉	916	24	靄	936	あおぐ	6	仰	932
	16	錏	917	25	靉	936		10	扇	756
		閼	926	あい	9	相	716		14	煽	760
	20	鐚	917		12	間	19	あおな	15	萩	812
あ	7	吾	1014		18	藍	362	あおのく	6	仰	932
	8	彼	1595	あいだ	12	間	19	あおむ	8	青	1437
ああ	3	于	1050	あう	6	会	1707	あおむく	6	仰	932
	9	吁	1179			合	1625	あおもの	15	萩	812
	10	唉	934		11	晤	1016	あおる	8	呷	1627
	11	啞	915			逢	605		14	煽	760
		猗	1116		12	遇	1057	あか	4	丹	273
	12	欹	235		14	遭	1301		6	朱	1323
	13	鳴	1016		22	覯	1226		7	赤	1218
		嗟	1399	あえ	22	饗	1644		9	垢	166
	15	嘻	1736	あえぐ	12	喘	1429		11	淦	26
	16	噫	1737	あえて	8	肯	220		12	絳	36
アイ	2	乃	248		12	敢	28		14	緋	651
	9	哀	933	あえる	8	和	1689		16	赭	1183
	10	唉	934		19	蠆	1285	あかい	7	赤	1218
		埃	934	あお	8	青	1437		9	紅	1678

	10	殷	1103	あきない	13	賈	105		12	偓	920
	14	赫	1648	あきなう	11	商	719			握	920
あかがね	14	銅	343		12	貿	503			渥	920
あかぎれ	14	皸	185		13	賈	105		24	齷	921
		皹	185	あきらか	8	杲	99	あく	8	明	472
あがく	12	跑	1582			明	472			空	120
あかご	9	孩	1630		9	亮	371		12	開	41
	17	嬰	1005			昭	796		13	飽	1583
あかざ	12	莱	366			炯	1662		24	鹼	30
	19	藜	375			炳	586	あくた	8	芥	39
あかし	12	証	1351		10	哲	1430	あくび	4	欠	68
あかす	8	明	472			晃	1704	あぐむ	10	倦	189
	13	飽	1583			晟	774	あぐら	12	跏	9
あがた	9	県	1650			朗	364	あくる	8	明	472
あかつき	12	暁	1717			耿	75	あけ	6	朱	1323
あかつち	16	赭	1183		11	彬	655	あげつらう	15	論	401
あがなう	17	購	173			章	1199	あけぼの	17	曙	746
	22	贖	812		12	晶	1271	あける	8	明	472
あかね	9	茜	1428			晳	751			空	120
あがめる	11	崇	857		13	煥	1698		12	開	41
あからむ	7	赤	1218		14	彰	1412	あげる	3	上	709
	8	明	472		15	皡	1673		6	扛	32
あからめる	7	赤	1218		17	燦	1404		7	抗	1628
あかり	8	明	472			瞭	407		10	挙	49
あがる	3	上	709		18	顕	1653		12	揚	950
	10	挙	49		20	闌	1430		18	翹	156
	12	揚	950	あきらめる	16	諦	1446		20	騰	351
	20	騰	351	あきる	10	倦	189	あご	13	腮	874
あかるい	8	明	472		13	飽	1583			腭	920
あかるむ	8	明	472		14	厭	998		16	頤	1130
あき	9	秋	1470	あきれる	7	呆	455			頷	1624
あきたらない					11	惘	454		18	顎	921
	13	慊	72	アク	11	偓	917			顋	876
あぎと	13	腮	874			啞	915	あこう	14	榕	1048
	20	鰓	728			埡	917	あこがれる	15	憬	81
あぎとう	12	喁	1023			悪	917			憧	343

あこめ	9	袙	1164	あした	5	旦	273	あたえる	3	与	975
あさ	9	苴	1215		11	晨	891	あたかも	8	宛	1026
	10	晁	1291		12	朝	1298		9	恰	1734
	11	麻	440	あしなえ	12	跛	1556	あだする	11	寇	167
	12	朝	1298		17	蹇	54	あたたか	12	温	1021
あざ	6	字	1172		20	躄	579		13	暖	242
	12	痣	1371	あじわう	8	味	519	あたたかい	12	温	1021
あさい	9	浅	1428	あずかる	3	与	975		13	暖	242
あさがお	15	槿	207			干	16			煖	243
あざける	15	嘲	1301		13	預	1008		17	燠	1060
あさぢ	10	茅	1641	あずける	13	預	1008	あたたまる	12	温	1021
	11	蒼	1641	あずさ	11	梓	1209		13	暖	242
あざな	6	字	1172	あずま	8	東	337	あたためる	12	温	1021
あざなう	7	糺	197	あずまや	9	亭	1265		13	暖	242
	9	糾	197	あせ	6	汗	1616			煖	243
あさひ	6	旭	1059	あぜ	10	畔	540			煦	1723
あざみ	17	薊	90		11	畦	1727	あたま	16	頭	346
あざむく	12	欺	235	あぜみち	9	陌	462	あたらしい	13	新	891
あざやか	17	鮮	762	あせる	12	焦	1454	あたり	5	辺	580
あさり	13	蜊	426		15	褪	1546	あたる	2	丁	1257
あさる	14	漁	966	あそびめ	11	娼	1410		4	中	1339
あし	7	足	1306	あそぶ	11	敖	1015			方	547
	8	芦	396		12	游	1094		6	当	286
	11	悪	917			遊	1094		7	抗	1628
		脚	15		15	遨	1017		8	抵	1214
		趺	617	あだ	4	仇	161		13	該	1635
	13	葦	1082		5	他	1518	アツ	5	圧	929
		葭	10		10	徒	315		8	軋	926
	20	蘆	397		11	寇	167		14	斡	926
あじ	8	味	519		15	敵	1224		16	閼	926
	22	鯵	808		23	讐	849	あつい	9	厚	1718
あしあと	15	踪	1316	あたい	8	価	5		11	惇	331
	18	蹤	1317			直	1372			淳	854
あしうら	18	蹠	1420		10	値	1502		12	敦	331
あしおと	13	跫	126		13	賈	105			暑	743
あしかせ	10	桎	1387	あたう	10	能	266			渥	920

	15	熱	993		10	迹	1220			10	脂	1368
		醇	856		11	痕	1732			14	膏	105
	16	篤	330			趾	1370	あぶらな	18	薹	311
あつかう	6	扱	217		13	跡	1221	あぶらむし	10	蚜	915
あつかましい					15	踪	1316	あぶる	8	炙	1178
	16	覥	1244		18	蹟	1225			12	焙	561
あっぱれ	13	適	247			蹤	1317			13	溢	1164
あつまる	12	翕	1734	あな	4	孔	117				煬	951
		萃	1490		5	穴	1654			16	燔	571
		集	1390		7	坎	25	あふれる	5	氾	574
	13	鳩	170			坑	45			9	衍	985
	14	聚	1498		14	窩	1025			13	溢	1164
	15	簇	1308		18	壙	143			18	濫	362
	16	輳	1334	あながち	11	強	34	あま	4	天	1424
あつめる	12	翕	1734	あなぐま	25	貛	1699			5	尼	267
		萃	1490	あなぐら	12	窖	153			8	雨	1054
		集	1390	あなどる	8	侮	479	あまい	5	甘	24
	13	彙	1726		14	慢	448			11	甜	1435
	14	聚	1498	あに	5	兄	1660	あまえる	5	甘	24
		蒐	844		8	昆	110	あまざけ	20	醴	393
	16	輯	1391		10	豈	231	あます	7	余	977
	17	鍾	1317	あによめ	13	嫂	842	あまつさえ	11	剰	1170
	20	纂	1404	あね	8	姉	1178	あまねく	12	普	591
あつもの	19	羹	46			姐	1212			遍	1569
あつらえる	13	誂	1300	あばく	9	発	544	あまねし	8	周	1327
あて	8	宛	1026		15	暴	1584			9	洽	1734
あで	19	艶	998	あばら	6	肋	420			12	遍	1569
あでやか	14	嫣	973	あばれる	15	暴	1584	あまやかす	5	甘	24
	15	嬋	760	あびせる	10	浴	1043	あまり	20	贏	1005
あてる	4	中	1339	あびる	10	浴	1043	あまる	7	余	977
	6	充	1487	あぶ	9	虻	463			9	衍	985
		当	286	あぶく	8	泡	1580			11	剰	1170
	8	宛	1026	あぶない	6	危	1077			20	贏	1005
	13	該	1635	あぶみ	20	鐙	351	あまんずる	5	甘	24
あと	7	址	1362	あぶら	8	肪	553	あみ	8	罔	453
	9	後	1719			油	1089			10	罠	526

		13	罨	974	あやめ	11	菖	1410	あらたまる	7	改	39
		14	網	454	あやめる	10	殺	698			更	45
		19	羅	353	あゆ	16	鮎	1256		9	革	1648
あむ	15	編	1569	あゆむ	8	歩	589	あらためる	7	改	39
あめ	4	天	1424	あら	13	新	891			更	45
	8	雨	1054	あらあらしい					9	革	1648
	14	飴	1130		10	悍	1617		10	悛	1235
	18	鯇	1677	あらい	9	荒	1701	あららぎ	19	蘭	360
あめのうお	18	鯇	1677		10	悍	1617	あられ	20	霰	697
あや	4	文	506			桀	55	あらわ	21	露	398
	8	玠	654		11	粗	1293	あらわす	7	呈	1262
	10	紋	510		13	麁	1473		8	表	1586
	11	彩	1414		15	暴	1584		11	旌	1270
		章	1199		33	麤	1476			現	1651
	12	斐	649	あらう	7	沐	489			著	1215
		絢	1652		9	洗	779		14	彰	1412
	14	綺	237		10	浣	1027	あらわれる	7	見	60
		綵	1415		16	澡	1304		8	表	1586
		綾	422			澣	1620		11	現	1651
あやうい	6	危	1077		17	濯	1525		18	顕	1653
	9	殆	1535			盥	1533		21	露	398
あやかる	7	肖	1447	あらうま	17	駻	1621	あり	19	蟻	1119
あやぎぬ	14	綵	1415	あらがう	7	抗	1628	ある	6	在	1206
あやしい	7	妖	1037		15	諍	1211			存	1309
	8	奇	228	あらかじめ	4	予	1005			有	1085
		怪	146		13	預	1008		8	或	1674
あやしむ	8	怪	146	あらがね	13	鉱	143	あるいは	8	或	1674
あやつる	12	馭	966	あらき	16	樸	533	あるく	8	歩	589
	16	操	1304	あらし	12	嵐	361	あるじ	5	主	1321
あやぶむ	6	危	1077	あらす	9	荒	1701	あれ	8	彼	1595
あやまち	12	過	128	あらず	8	非	642	あれち	15	墝	1042
あやまつ	12	過	128		10	匪	647	あれる	9	荒	1701
あやまる	14	誤	1017	あらそう	6	争	1210		16	蕪	504
	16	錯	1402	あらた	13	新	891	あわ	8	泡	1580
	17	謝	687	あらたか	7	灼	1186			沫	451
	18	謬	415	あらたま	16	璞	533		12	粟	811

	13	梁	372	16	諳	928		移	1129
あわい	11	淡	282	17	闇	929	12	偉	1081
あわす	6	合	1625		餡	1624		椅	1116
あわせ	11	袷	73		鮟	925		猗	235
あわせる	6	合	1625	21	黯	929		渭	1081
	8	併	585	あんず	7	杏	1641		萎	1081
		協	1657						貽	1130
		并	586	【い】				13	彙	1726
	9	恊	1658	イ	3	已	1124		葦	1082
	15	戮	418		5	以	1125		意	1116
あわただしい					6	伊	1125		椷	1082
	12	慌	1706			夷	1125		違	1082
	17	遽	51			衣	1114	14	漪	1118
あわてる	9	忽	1462		7	位	1077		維	1096
	12	慌	1706			医	1115		飴	1130
あわび	16	鮑	1584			囲	1078	15	蔚	1063
	20	鰒	600			矣	1115		慰	1083
あわれ	9	哀	933		8	依	1115		熨	1083
あわれむ	9	哀	933			委	1078		蝟	1083
		恤	1728			怡	1127		遺	1097
	12	閔	526			易	980	16	噫	1737
	13	愍	527		9	威	1078		緯	1084
	15	憫	527			姨	1127		縊	1118
		憐	384			胃	1079		謂	1084
アン	6	安	921			洟	1127		諱	1726
		行	1637			為	1079		頤	1130
	7	杏	1641			畏	1036	17	薏	1119
	9	按	923			韋	1080		鮪	1100
	10	晏	923		10	倚	1116	21	饐	1120
		案	923			袘	1127	22	懿	1120
		殷	1103		11	唯	1092	い	4	井	1258
	11	庵	927			尉	1081		6	亥	1630
	12	菴	927			帷	1092		7	豕	868
	13	暗	927			惟	1092		9	胆	282
		罨	974			猗	1116		11	猪	1215
	15	鞍	924			異	1127			斎	1209

	20	蘭	431	17	錨	495	いさお 5	功	117
いい 6		好	1666	いかる 8	忿	626		15 勳	1724
	12	善	758		怫	638	いさおし	15 勳	1724
		飯	540	9	怒	261	いさかう	15 諍	1211
	13	槭	1082	15	瞋	1385	いさぎよい	10 屑	764
	16	謂	1084	いかん 7	那	242		13 廉	387
いう 4		云	1060	8	奈	252		15 潔	72
		曰	1029	イキ 11	域	983	いさご	9 砂	678
	7	言	969	16	閾	984	いさざ	15 鮻	687
	12	道	320	いき 6	気	222	いささか 8	些	674
	16	謂	1084	10	息	880		11 聊	406
いえ 6		宇	1052		粋	840	いざなう	14 誘	1096
		宅	1536	いきおい 13	勢	783	いさましい 9	勇	1046
	10	家	7	いきどおる 15	憤	628	いさむ	9 勇	1046
	13	廈	1612	いきる 5	生	730	いさめる	15 諍	1211
いえがら 14		閥	573	9	活	1699		16 諫	21
いえども 17		雖	848	イク 8	育	1101	いさる	14 漁	966
いえる 18		癒	1100	9	郁	1060	いざる	20 躄	579
いお 11		庵	927	12	粥	1336	いし	5 石	747
いおり 11		庵	927	16	澳	1018	いしい	9 美	521
	12	菴	927	17	燠	1060	いしうす	15 磑	936
	19	廬	375	22	鬻	1336	いじくる	7 弄	402
いが 11		毬	168	いく 6	行	1637	いしずえ	18 礎	1458
いかす 5		生	730	12	幾	234	いしだたみ 14	甃	1474
	9	活	1699	いくさ 9	軍	182	いしぶみ 14	碑	651
いかずち 13		雷	404	10	師	680	いしゆみ	8 弩	261
いかだ 11		桴	617	13	戦	1238	いじる	7 弄	402
	12	筏	573	いくさぶね 21	艦	1624	いすか	19 鶍	1130
	14	桴	686	いけ 6	池	1360	いずくに	6 安	921
いがた 18		鎔	1049	いけにえ 9	牲	736		11 焉	973
いかで 9		怎	1350	17	犠	1737	いずくにか 7	何	1607
いかでか 6		争	1210	いける 5	生	730	いずくんぞ	6 安	921
いがむ 11		喎	934	9	活	1699		10 烏	1015
いかめしい 17		厳	974	いこい 16	憩	57		11 焉	973
いからす 15		瞋	1385	いこう 10	息	880		14 寧	260
いかり 13		碇	1271	16	憩	57	いずみ	9 泉	1428

いずれ	7	何	1607	いためる	8	炒	1451		12	詐	684
	11	孰	849		12	痛	1543			陽	950
いずれか	11	孰	849		13	傷	724		13	詭	192
いそ	17	磯	239			煤	1191		15	誕	1528
	18	礒	1119		15	撓	265		19	譎	1728
いそがしい	6	忙	453	いたる	6	至	1361	いてる	6	冱	1665
いそぐ	9	急	218		8	到	313		10	凍	339
いそしむ	12	勤	206		10	格	58	いと	6	糸	668
いた	8	板	1558			造	1291		11	絃	1652
いたい	9	甚	904		13	詣	1008		14	綸	418
	12	痛	1543	いたわる	7	労	395		17	縷	410
いたがね	12	鈑	1560	イチ	1	一	1146	いとう	14	厭	998
いだく	8	抱	1579		7	壱	1163	いとぐち	14	緒	745
	16	懐	1713		11	逸	1164	いとけない	13	稚	1505
		擁	1024	いち	5	市	866	いとしい	13	愛	934
いたす	10	致	1503	いちご	9	苺	458	いとなむ	12	営	1003
いだす	5	出	1482	いちさかき	9	柃	389	いとま	13	暇	10
いたずらに	10	徒	315	いちじるしい						遑	1706
いただき	11	頂	1270		11	著	1215	いどむ	9	挑	314
	19	顚	1244	イツ	1	一	1146		15	撩	407
いただく	11	頂	1270			乙	1107	いな	7	否	610
	17	戴	311		5	失	896		14	稲	324
いたち	18	鼬	1100		6	聿	1102		19	鯔	1507
いたって	6	至	1361		7	佚	1163	いなご	15	蝗	1706
いたましい	11	惨	1407			壱	1163		17	螽	1316
いたむ	9	恫	1541		11	逸	1164	いなす	8	往	1030
	11	悼	317		13	溢	1164	いなずま	13	電	1241
		悵	1410		23	鷸	1728	いななく	15	嘶	876
		悽	1418	いつ	4	五	1010	いなや	4	不	629
		戚	1420	いつく	11	斎	1209	いにし	8	往	1030
	12	惻	1500		12	傅	617	いにしえ	5	古	91
		痛	1543	いつくしむ	13	慈	1181	いぬ	4	犬	60
		軫	1384	いつつ	4	五	1010		5	去	47
	13	傷	724	いつわる	8	佯	948		6	戌	857
		憖	527		11	偽	1080		8	往	1030
		憎	1411			訛	1025			狗	166

いぬい	11	乾	53		20	藷	1217	いれる	2 入 1166
いね	14	稲	324	いもうと	8	妹	457		10 容 1046
いのこ	7	豕	868	いもむし	13	蜀	1458		納 247
いのしし	11	猪	1215	いや	7	否	610		11 淹 974
いのち	8	命	472		8	弥	520	いろ	6 色 728
いのる	8	祈	229		13	嫌	1657	いろこ	23 鱗 431
	19	禱	326		14	厭	998	いろどる	11 彩 1414
いばら	10	荊	1663	いやしい	9	俚	424	いろり	8 炉 396
		茨	1179			卑	644		19 墟 397
	12	棘	202			陋	408	いわ	5 石 747
	13	楚	1456		14	鄙	651		8 岩 926
いばり	7	尿	264		15	賤	1430		15 磐 541
いびき	17	鼾	1621	いやしくも	9	苟	167		20 巌 929
いぶかしい	11	訝	916	いやしむ	9	卑	644	いわう	9 祝 1476
いぶかる	11	訝	916	いやしめる	9	卑	644	いわお	20 巌 929
いぶす	14	薫	1724	いやす	7	医	1115	いわく	4 云 1060
	18	燻	1725		17	療	407		曰 1029
いぶる	18	燻	1725		18	癒	1100	いわし	21 鰯 948
いぼ	9	疣	1055	いよいよ	8	弥	520	いわや	13 窟 186
	18	贅	1490		13	愈	1096	いわれ	16 謂 1084
いま	4	今	208			逾	1096	いわんや	8 況 1701
いましめ	15	箴	1191	いら	8	刺	1177	イン	3 尹 1137
	16	縛	533	いらか	16	甍	464		4 允 1101
いましめる	7	戒	84	いらくさ	16	蕁	284		引 1138
	14	誡	89	いらだつ	9	苛	6		6 印 1143
	19	警	82	いる	2	入	1166		因 1144
います	6	在	1206		4	内	248		9 咽 1145
いまだ	5	未	517		7	冶	939		姻 1145
いまわしい	7	忌	226		8	居	47		胤 1102
いみな	16	諱	1726			炒	1451		音 1108
いむ	7	忌	226		9	要	1038		10 員 1069
	11	斎	1209		10	射	679		院 1069
	16	諱	1726		13	煎	1240		恁 1166
いも	6	芋	1052		15	熬	1017		殷 1103
	8	妹	457			鋳	1334		氤 1145
	18	薯	746	いれずみ	20	黥	84		茵 1145

イン	11	姪	1109		18	鵜	1284	うきくさ	9	苹	1574
		寅	1145	ウイ	5	外	1032		12	萍	1574
		淫	1109		6	回	1708	うきぶくろ	22	鰾	1590
		陰	1109		10	茴	1711	うく	10	浮	613
	12	堙	1145	うい	7	初	1447	うぐい	18	鯎	777
		湮	1145		15	憂	1058	うぐいす	21	鶯	938
		飲	1110	うえ	3	上	709	うけがう	8	肯	220
	13	隕	1062		12	筌	1238	うけたまわる			
	14	慇	1105	うえる	7	芸	1007		8	承	861
		殞	1062		10	栽	1208	うける	8	享	1642
		隠	1103			飢	232			受	834
		瘖	1111		12	植	881			承	861
	15	蔭	1111		14	種	1314		13	稟	1590
	19	韻	1062		15	稼	11		15	請	1442
インチ	6	吋	1460			餓	916	うごかす	11	動	341
【う】					16	樹	846	うごく	11	動	341
					21	饑	239		16	蕩	1533
ウ	3	于	1050	うお	11	魚	953		17	盪	1533
	5	右	1051	うがい	14	嗽	844	うごめく	20	蠕	992
	6	宇	1052	うかがう	5	斥	1419		21	蠢	1339
		有	1085		7	伺	669	うさぎ	8	兎	1540
		芋	1052		10	候	1722	うし	4	丑	1476
		羽	1053		11	偵	1269			牛	1050
	7	迂	1054		12	覗	684	うじ	4	氏	910
	8	盂	1054			覬	1255		11	蛆	1216
		雨	1054		13	遉	1271	うしお	6	汐	750
	9	胡	1670		16	窺	199		15	潮	1302
		紆	1056		18	闚	1552	うしとら	6	艮	17
	10	烏	1015	うがつ	9	穿	1429	うしなう	3	亡	452
	13	傴	169		28	鑿	1403		5	失	896
	14	嫗	171	うかぶ	7	泛	575		12	喪	723
	17	燠	1060		10	浮	613	うしろ	9	後	1719
	24	鱋	1059	うかべる	7	泛	575	うす	6	臼	164
う	5	卯	492		10	浮	613		13	碓	311
	8	兎	1540	うかる	8	受	834	うず	12	渦	1025
	15	諾	242	うかれる	10	浮	613	うすい	12	菲	650

		16 薄	532		18 謳	174		13 愛	934
うすぎぬ	10 紗	681	うたがう	14 疑	1118	うつくしむ	13 慈	1181
	19 羅	353	うたがわしい			うつける	11 虚	1645
	20 繻	848		14 疑	1118	うつす	5 写	661
うずく	10 疼	341	うたぐる	14 疑	1118		9 映	1002
うずくまる	15 踞	51	うたげ	10 宴	986		11 徙	681
	19 蹲	1339	うたた	11 転	1236		移	1129
うずたかい	11 堆	1546	うだち	11 梲	1251		12 鈔	1456
うすづく	11 舂	1047	うだつ	11 梲	1251		15 遷	1429
うすまる	16 薄	532	うち	4 中	1339		17 謄	351
うずみび	14 熅	1022		内	248	うつせ	11 虚	1645
うすめる	16 薄	532		10 家	7	うったえる	11 訟	815
うずめる	10 埋	458		13 裏	426		12 訴	804
	12 堙	1145	うちぎ	11 袿	198	うつつ	11 現	1651
	13 填	1238	ウツ	11 尉	1081	うつばり	11 梁	371
うずもれる	10 埋	458		15 熨	1083	うつぶす	10 俯	613
うずら	19 鶉	857		蔚	1063	うつぼ	12 靫	1415
うすらぐ	16 薄	532		29 鬱	1063		23 鱓	763
うすれる	16 薄	532	うつ	5 打	1519	うつむく	10 俯	613
うせる	5 失	896		6 伐	573	うつる	5 写	661
うそ	15 嘘	1646		7 扑	580		9 映	1002
	16 嘯	807		8 拍	529		11 徙	681
	24 鷽	1616		殴	166		移	1129
うそぶく	16 嘯	807		9 挌	58		15 遷	1429
うた	10 哥	6		拷	99	うつろ	11 虚	1645
	唄	1563		10 射	679		12 腔	36
	13 詩	874		討	1540	うつわ	15 器	237
	14 歌	10		13 搗	323	うで	11 捥	1027
うたい	16 謡	1042		搏	531		12 腕	1027
うたいめ	7 妓	225		誅	1333		14 膊	531
うたう	7 吟	1107		15 撃	59	うてな	5 台	305
	10 哥	6		撲	531		13 萼	920
	11 唱	1410		17 擣	326		15 蔕	1446
	12 詠	1004	うつくしい	9 妍	985	うとい	12 疎	803
	14 歌	10		美	521		疏	804
	16 謡	1042		10 娟	986	うとむ	12 疎	803

うなう	13	勸	744	うみ	9	海	1630		16	憾	30
うながす	9	促	1458			洋	948	うらめしい	9	恨	1617
うなぎ	22	鰻	450		12	湖	1671	うらやましい			
うなされる	24	魘	999		17	膿	263		13	羨	759
うなじ	12	項	1630	うむ	5	生	730	うらやむ	13	羨	759
	14	領	390		10	倦	189	うららか	19	麗	376
うなずく	16	頷	1624			婀	445	うり	5	瓜	126
うなる	11	唸	259		11	産	693	うりよね	25	糶	1306
うぬ	3	己	221		13	孳	1182	うる	7	売	456
うね	8	釆	1413		15	熟	851		8	沽	97
	10	畝	493		17	膿	263		11	售	840
	11	畦	1727			績	1225			得	348
	19	壟	402	うめ	10	梅	458	うるう	12	閏	1102
		隴	402		13	楳	461	うるおう	10	洇	1112
うば	9	姥	479	うめく	7	吟	1107		12	渥	920
うばう	14	奪	1530		8	呻	886			湿	859
	16	簒	1403	うめる	10	埋	458		15	潤	1102
うぶ	5	生	730	うもれる	10	埋	458	うるおす	15	潤	1102
	7	初	1447	うやうやしい				うるさい	13	煩	570
	11	産	693		10	恭	125	うるし	14	漆	1511
うべなう	8	宜	1116	うやまう	12	敬	78	うるち	13	粳	46
		肯	220			欽	1733	うるむ	10	疚	1369
	15	諾	242	うら	4	心	900		15	潤	1102
うま	4	午	1013		5	占	1253	うるわしい			
	5	甘	24		10	浦	1581		19	麗	376
	10	馬	438		13	裏	426	うれい	13	愁	842
うまい	5	巧	149	うらかた	8	卦	143		15	憂	1058
		甘	24	うらなう	2	卜	593	うれえる	5	忉	312
	6	旨	1361		5	占	1253		7	忡	1488
うまや	13	厩	169		13	筮	744		10	悄	1453
	14	駅	983	うらみ	16	憾	30			悒	1112
	15	廠	1412	うらむ	8	怏	933		11	患	1697
うまる	10	埋	458		9	怨	1067			戚	1420
うまれる	5	生	730			恨	1617		12	愀	1454
	11	産	693		11	悒	1472		13	愁	842
	15	誕	1528			悵	1410		15	憂	1058

読み	画	漢字	頁	読み	画	漢字	頁	読み	画	漢字	頁
うれしい	15	嬉	1736		12	絵	1711		17	嬰	1005
うれる	7	売	456		15	慧	1664			翳	1009
	15	熟	851		16	壊	147			甕	1005
うろ	11	虚	1645			衛	1083		20	蠑	1005
うろこ	23	鱗	431			懐	1713			贏	1005
うわ	3	上	709		18	穢	1009		22	癭	1005
うわぐすり					5	兄	1660		23	纓	1005
	12	釉	1096	え	6	江	32	えい	23	鱏	906
うわごと	20	譫	768		8	画	1688		24	鱝	629
	22	囈	1010		9	柄	586	えがく	8	画	1688
うわさ	15	噂	1338			重	1345		11	描	493
うわばみ	18	蟒	455		10	荏	1166		12	絵	1711
うわる	12	植	881		15	餌	1130	エキ	6	亦	979
ウン	4	云	1060	エイ	5	永	1000		7	役	979
	8	芸	1060		6	曳	1007		8	易	980
	10	耘	1060		8	泳	1001		9	奕	1648
	12	運	1060			泄	763			疫	983
		雲	1061			英	1001		10	益	1131
		暈	1724		9	映	1002		11	掖	937
	14	熅	1022			栄	1002			液	937
	15	褞	1022			盈	1003		12	腋	937
	16	縕	1023		9	洩	764		14	駅	983
		薀	1062		10	郢	1003		19	繹	984
	17	蘊	1023		12	営	1003			鯣	984
		醞	1023			景	77	えぐい	21	藪	387
	18	繧	1062			瑛	1004	えくぼ	23	靨	1000
	19	饂	1023			詠	1004	えぐる	7	抉	69
	20	蘊	1023		13	塋	1004		8	刔	95
						裔	1008		10	剔	1419
【え】					14	熒	1663	えごい	21	藪	387
					15	影	1004	えさ	15	餌	1130
エ	6	会	1707			鋭	1009	えそ	21	鱛	876
		回	1708		16	叡	1009	えだ	6	朵	1522
		衣	1114			衛	1083		7	条	1289
	8	依	1115			殪	975		8	枝	1362
	9	廻	1710			穎	1005	えだち	13	徭	1040
	10	恵	1664								

エチ	12	越	1076		11	袵	1166			淵	987
エツ	4	曰	1029		13	鮇	1170			焰	996
	9	咽	1145		14	領	390			焱	996
	10	悦	992		18	襟	217			琰	996
	12	越	1076	える	11	得	348		13	園	1070
	13	鉞	1077		15	選	760			塩	996
	14	説	766		16	獲	1714			煙	988
	15	噎	992		20	鐫	1245			猿	1071
		謁	926	エン	4	円	1065			筵	989
		閲	994		8	奄	973			羨	759
	16	噦	973			宛	1026			蜒	989
えな	9	胞	1580			延	984			遠	1071
えにし	15	縁	990			沿	985			鉛	989
えのき	14	榎	10			炎	995		14	厭	998
えのこ	8	狗	166			苑	1066			嫣	973
えび	15	蝦	1612		9	咽	1145			演	990
えびす	6	夷	1125			垣	1067			蜿	1073
		戎	1102			衍	985			鳶	990
	7	狄	1217			怨	1067		15	縁	990
	9	胡	1670			爰	1067			豌	1029
	12	蛮	448		10	俺	927			踠	1073
	16	蕃	571			冤	1067		16	燕	992
えびら	14	箙	599			娟	986			燄	998
えむ	10	笑	797			宴	986			錏	1073
えやみ	9	疫	983			捐	986			閼	974
	18	癘	375			涎	986			闇	998
えら	13	腮	874			烟	986			鴛	1073
	18	顋	876			袁	1070		17	薗	1073
	20	鰓	728		11	偃	973			轅	1073
えらい	12	偉	1081			婉	1027		19	嚥	992
	14	豪	1672			掩	974			艶	998
えらぶ	7	択	1537			淹	974		20	臙	992
	15	撰	1403			焉	973		23	讌	992
		選	760		12	堰	973			鼴	973
えり	9	衿	215			媛	1070		24	魘	999
		袵	1166			援	1070	えんじゅ	14	槐	147

【お】				殴	166		10	逐	1477
			9	殃	933		13	媾	169
オ	6	汚	1013		瓮	1023	おうぎ	10	扇	756
	8	於	953		皇	1703	おうご	6	朸	377
		和	1689	10	桜	938	おうち	13	楝	382
	10	烏	1015		秧	933		15	樗	1217
	11	悪	917		翁	1023	おうな	13	媼	1022
	13	嗚	1016	11	凰	1704		14	嫗	171
		瘀	966		埡	1027	おえる	8	卒	1311
お	3	小	784		黄	1704		11	終	1313
	7	尾	519	12	奥	1016	おお	3	大	292
		牡	478	13	媼	1022	おおい	6	多	269
		男	244	14	嘔	171		12	衆	1348
	9	苧	1215		嫗	171		13	稠	1300
	12	御	955		鞅	933		15	黎	375
		雄	1063	15	潢	1706		16	蔽	1577
	14	緒	745		横	1714	おおいに	3	大	292
おい	10	笈	219	16	墺	1017	おおう	8	奄	973
	12	甥	737		懊	1017		9	冒	479
おいて	8	於	953		澳	1018		10	被	1596
おいぼれる	10	耄	480		甌	173		11	屛	587
おいる	6	老	393		鴨	932			掩	974
オウ	3	尢	1029	17	燠	1060		13	罨	974
	4	王	1029	18	甕	1024		14	蓋	43
	5	凹	1037		襖	1018		16	冪	465
		圧	929		謳	174			蔽	1577
		央	932	19	鏖	1018		18	覆	599
	7	応	1112	20	罌	938		19	羃	465
		汪	1030	21	藝	1005	おおかみ	10	狼	364
	8	㘴	1031		鶯	938	おおがめ	24	鼇	1018
		往	1030	22	鷗	174	おおきい	3	大	292
		怏	933	24	鷹	1114		5	丕	640
		押	930	28	鸚	938			巨	46
		旺	1031	おう	5	生	730		9	胖	553
		枉	1031		9	負	612			恢	1711
		欧	166			追	1468		13	鉅	51

	14	碩	752	おぎ	11	荻	1221	おこす	9	発	544
おおごと	13	瑟	858	おきて	11	掟	1270		10	起	231
おおざら	15	盤	541	おきな	10	翁	1023		16	熾	1506
おおざる	20	獼	525	おぎなう	12	補	592			興	1734
おおじか	17	麋	525		13	裨	650	おこぜ	21	鰧	351
おおすず	21	鐸	1525	おぎのる	14	賒	686	おごそか	9	荘	1197
おおせ	6	仰	932	おきる	10	起	231		17	厳	974
おおとり	11	凰	1704	オク	9	屋	1020		22	儼	974
	14	鳳	606		15	億	968	おこたる	9	怠	1535
	17	鴻	1680		16	憶	968		12	惰	1523
	19	鵬	639		17	臆	969		14	慢	448
おおぶね	11	舶	530	おく	5	処	1417		16	懈	1635
おおみず	9	洪	1678		8	舎	675		19	嬾	360
おおむね	11	率	420		11	措	1293			懶	353
	14	概	43		12	奥	1016	おこなう	6	行	1637
おおやけ	4	公	113		13	置	1505	おこり	9	疥	40
	8	官	132		16	錯	1402		14	瘧	1615
おおゆみ	8	弩	261		17	擱	16	おごり	12	奢	683
おか	5	丘	162	おくび	16	噯	936	おこる	9	勃	543
	8	岡	32			噫	1737			怒	261
		阜	612	おくみ	9	衽	1166		10	起	231
	11	陸	417		11	袵	1166		16	興	1734
		陵	421	おくらす	12	遲	1370	おごる	8	侈	1501
	16	壠	1017	おくりな	16	諡	876		10	倨	49
	19	隴	402	おくる	9	送	814		11	敖	1015
おかす	3	干	16		12	貽	1130		12	奢	683
	5	犯	574		16	輸	847		13	傲	1016
	6	奸	17		18	贈	1353		14	僭	1408
	9	侵	1512	おくれる	8	怯	57		22	驕	156
		冒	479		9	後	1719	おさ	7	伯	569
	11	略	367		12	遅	1370		8	長	1194
おがむ	8	拝	556	おけ	11	桶	1543		9	曾	1472
おき	7	沖	1489		15	槽	1303		13	筬	776
	16	澳	1018	おけら	5	朮	1487	おさえる	5	圧	929
		熾	1506	おける	8	於	953		7	扼	937
	17	燠	1060	おこ	13	痴	1504			抑	968

	8	押	930	11	惜	751	オチ 12 越	1076
	9	按	923	13	嗇	730	おちいる 10 陥	1623
おさない	5	幼	1084		愛	934	おちる 12 堕	1523
	13	稚	1505	15	慳	21	落	354
	17	穉	1507	おす 5	圧	929	13 隕	1062
		孺	1099	7	牡	478	零	389
おさまる	4	収	818	8	押	930	14 殞	1062
	8	治	1501	10	挨	934	15 墜	1474
	10	修	837	11	推	1472	オツ 1 乙	1107
		納	247		捺	244	12 越	1076
おさめる	4	収	818	12	雄	1063	14 膃	1023
	7	攻	119	おそい 10	晏	923	おっと 4 夫	607
	8	治	1501	12	晩	447	おと 1 乙	1107
	9	紀	229		遅	1370	7 弟	1275
	10	修	837	19	邃	375	9 音	1108
		納	247	おそう 22	襲	860	おとうと 7 弟	1275
	11	脩	840	おぞましい 10	悍	1617	おとがい 16 頤	1130
		理	425	おそれ 13	虞	1058	おどかす 10 脅	1659
	15	蔵	1203	おそれる 8	怖	1487	17 嚇	1613
	17	斂	387		怖	1579	おどける 15 戯	1736
	18	釐	428	9	恂	1729	おとこ 7 男	244
おし	11	啞	915		畏	1036	9 郎	363
おじ	7	伯	569	10	恐	124	おどし 15 縅	1083
	8	叔	849		悚	815	おとしあな 9 穽	1267
おしい	11	惜	751	11	悸	88	おとしいれる	
おしえる	10	訓	1723	12	惶	1706	10 陥	1623
	11	教	151		慴	1490	おとしめる 11 貶	1571
	14	誨	1712		悚	815	おとす 11 貶	1571
おしきうお 15		魳	555	14	兢	221	12 落	354
おじける	8	怖	1579	21	懼	174	13 隕	1062
おしどり	16	鴛	1073		儸	769	おどす 9 威	1078
おしのける	11	排	560	おそろしい 8	怖	1579	10 脅	1659
おしはかる	14	察	1405	10	恐	124	11 喝	23
	17	臆	969	おそわる 11	教	151	15 縅	1083
おしむ	7	吝	430	おだてる 14	煽	760	17 嚇	1613
	10	悋	430	おだやか 16	穏	1022	おとずれる 11 訪	554

おとり	7	囮	1024	おびる	8	佩	1563	おもり	16 錘 1474
おどり	14	踊	1049		10	帯	308	おもんぱかる	
おとる	6	劣	386	おぼえる	12	覚	15		15 慮 375
おどる	14	踊	1049		16	憶	968	おや	9 祖 1290
	21	躍	948	おぼれる	13	溺	268		16 親 1508
おとろえる	10	衰	818	おぼろ	18	朦	492	おやじ	13 爺 943
おどろかす	22	驚	84		20	朧	402	おやゆび	8 拇 495
おどろく	12	愕	920	おみ	7	臣	883	およぐ	8 泳 1001
	16	駭	1636	おめく	6	叫	197		12 游 1094
	22	驚	84	おめる	8	怖	1579	およそ	3 凡 573
おなじ	6	同	335	おも	5	主	1321	および	3 及 217
おなじく	6	同	335			母	477	および	3 及 217
おなじくする					9	面	465		11 逮 1445
	6	同	335	おもい	9	重	1345	およぼす	3 及 217
おに	10	鬼	194	おもいやり	10	恕	739	おり	7 折 1249
おにび	16	燐	430	おもう	5	以	1125		12 渣 683
おの	4	斤	202		8	念	259		13 滓 1210
	6	各	12		9	思	676		16 澱 1244
	8	斧	611		11	惟	1092		19 檻 1624
おのおの	6	各	12		13	意	1116	おりる	3 下 1602
おのこ	7	男	244			想	724		10 降 33
おのずから	6	自	1173		16	憶	968	おる	5 処 1417
おののく	13	慄	420			懐	1713		7 折 1249
		戦	1238			謂	1084		8 居 47
おのれ	3	己	221	おもがい	11	勒	421		18 織 1375
おば	9	姨	1127		24	羈	240	おれ	3 己 221
おばしま	20	欄	360	おもかげ	9	俤	1277		10 俺 927
おび	10	帯	308	おもて	8	表	1586	おれる	7 折 1249
おびえる	8	怯	57		9	面	465	おろか	12 疎 803
おびただしい				おもねる	8	阿	914		13 愚 1057
	14	夥	130	おもむき	15	趣	1499		痴 1504
おひつじ	11	羝	1216	おもむく	9	赴	612	おろし	9 卸 676
おびと	9	首	836		15	趣	1499		12 嵐 1594
おびやかす	7	劫	57		17	趨	1475	おろす	3 下 1602
	10	脅	1659	おもむろ	10	徐	739		9 卸 676
	13	剽	1587		19	邃	375		10 降 33

読み	画	漢字	頁	読み	画	漢字	頁	読み	画	漢字	頁
	12	堕	1523			可	2		12	堝	128
おろそか	12	疎	803			瓜	126			渦	1025
おわす	6	在	1206			禾	1685			過	128
	7	坐	1318		6	仮	3			絓	145
おわる	2	了	406		7	何	1607			跏	9
	8	卒	1311			伽	5		13	嘩	1693
	11	畢	1599			囮	1024			嫁	9
		竟	75			花	1685			廈	1612
		終	1313		8	価	5			暇	10
	12	竣	1337			佳	5			煆	1612
オン	8	苑	1066			卦	143			瑕	1612
	9	怨	1067			呵	5			禍	1693
		音	1108			果	126			葭	10
	10	恩	1103			河	1609			賈	105
	11	陰	1109			和	1689			遐	1612
	12	温	1021			茄	6			靴	1693
		飲	1110		9	架	6		14	嘉	10
	13	園	1070			枷	6			夥	130
		遠	1071			枴	100			寡	130
	14	厭	998			珈	6			樺	1694
		隠	1103			科	127			榎	10
		瘖	1111			苛	6			歌	10
	15	褞	1022			迦	6			窩	1025
	16	穏	1022		10	個	40			箇	44
	17	蘊	1023			哥	6			稞	130
おん	7	牡	478			夏	1610			蝶	130
	12	御	955			家	7			裹	130
おんな	3	女	253			胯	127		15	稼	11
	11	婦	616			痂	9			蝸	1026
						荷	1611			蝌	130
【か】						華	1692			蝦	1612
						蚵	915			課	130
カ	3	下	1602		11	掛	144			踝	131
	4	化	1680			菓	127		17	罅	1613
		戈	126			訛	1025			霞	1613
		火	1682			貨	1692			顆	131
	5	加	1								

	17	鍋	131	7	快	1517	14	槐	147
か	3	与	975		戒	84		瑰	147
	4	曰	1159		改	39		稭	23
	5	乎	1665	8	乖	146		誡	89
	8	彼	1595		届	85		誨	1712
	9	哉	1208		怪	146		魁	147
		耶	941		拐	146	15	潰	193
		香	1642		芥	39		鞋	1664
	10	蚊	510	9	廻	1710	16	噦	973
	11	鹿	399		徊	1710		壞	147
	12	斯	683		悔	1710		懷	1713
ガ	4	牙	912		恢	1711		懈	1635
	5	瓦	1024		挂	144		澥	1009
	7	伽	5		海	1630		諧	1636
		我	913		界	86	17	膾	1713
	8	画	1688		疥	40		檞	1636
		河	1609		皆	40		檜	1713
		芽	914	10	茴	1711		薤	1636
	9	俄	915	11	偕	1634		邂	1636
		臥	1024		掛	144		醢	1636
	10	娥	915		晦	1711		鮭	199
		峨	915		械	88	19	蟹	1636
	11	訝	916	12	傀	146	24	鱠	1714
	12	賀	1612		喙	1725	かい	7	卵	359
	13	街	916		堺	88			貝	1562
		蛾	916		街	9		9	峡	1658
		雅	916		絵	1711		13	蜆	1564
	15	蝦	1612		蛔	1712		16	橈	1042
		餓	916		開	41		18	櫂	326
		駕	12		階	88		21	艠	397
	18	鷲	917	13	塊	147	ガイ	4	刈	1006
かあ	5	母	477		愾	43		5	外	1032
カイ	4	介	38		隗	1037		6	亥	1630
	6	会	1707		楷	1634			艾	933
		回	1708		解	1634		8	劾	1636
		灰	1709		詼	1712			厓	933

ガイ	4	苅	1007		7	返	538		17	嚊	653
	9	咳	1630		10	帰	193			嬶	653
		垓	1630		14	孵	619	かかあ	17	嚊	653
		孩	1630		16	還	1698			嬶	653
	10	害	1634	かえって	7	却	12	かかう	14	縡	784
		豈	231		9	卻	15	かかえる	8	抱	1579
	11	啀	934	かえで	13	楓	1594	かかげる	9	挑	314
		崖	934	かえりみる	9	省	774		11	掲	57
		涯	934		11	眷	190		14	榜	555
	12	凱	41		21	顧	107	かかずらう	9	係	85
		剴	41	かえる	4	反	533	かかと	16	踵	1316
		街	9		5	代	303	かがまる	23	攣	385
	13	慨	43		6	回	1708	かがみ	19	鏡	82
		愾	43		7	兌	1534		23	鑑	30
		睚	936			更	45			鑒	30
		碍	936			返	538	かがむ	8	屈	185
		該	1635		8	易	980		9	侷	181
	14	概	43		9	変	580		13	傴	169
		蓋	43		10	帰	193			僂	409
	15	皚	936		12	復	595		14	跼	181
		磑	936			換	1697	かがめる	8	屈	185
	16	骸	1636			替	1445	かがやく	9	炫	1649
		骼	1636			蛙	1025		12	焜	1677
	17	鮠	1037		13	鼃	527		13	暉	1726
	18	鎧	44		14	孵	619			煌	1706
かいがね	9	胛	31		16	還	1698		14	赫	1648
かいこ	10	蚕	1190	がえんずる	8	肯	220		15	輝	1726
かいご	7	卵	359	かお	18	顔	925		18	曜	1042
かいしき	9	苴	1215	かおり	9	香	1642			燿	1043
かいな	12	腕	1027		18	馥	599		20	耀	1043
カイリ	10	浬	425		20	馨	1663	かかり	9	係	85
かう	6	交	149	かおる	8	芬	626		11	掛	144
	8	沽	97		9	香	1642	かがり	16	篝	173
	12	買	459		16	薫	1724	かがりび	16	燎	407
	13	飼	686		20	馨	1663	かかる	9	係	85
かえす	4	反	533	かか	5	母	477			架	6

		11	掛	144		11	郭	131		11	描	493
		12	斯	683			脚	15		12	斯	683
		16	羅	428			槨	15		13	搔	805
		19	繫	90			殼	15	かぐ	13	嗅	1723
		20	懸	1654		12	喀	45	ガク	8	学	1613
かがる	16	縢	351			确	15			岳	917
かかわる	8	拘	166			覚	15		12	愕	920
	9	係	85		13	隔	58		13	楽	356
	14	関	136			貉	1615			腭	920
かき	9	垣	1067			較	153			貉	1615
		柿	870		14	劃	1714			萼	920
	11	埀	648			廓	131		16	諤	920
	12	堵	319			摑	148		17	嶽	920
	16	墻	1203			熇	1675			鍔	920
	17	牆	1204			膈	59		18	額	937
かぎ	12	鈎	169			赫	1648			顎	921
	13	鉤	170			閣	16		20	鰐	921
	17	鍵	55		15	膕	148			鶚	921
かきね	10	院	1069			槨	131	かくす	2	亡	1663
かぎる	8	画	1688			確	1694		10	匿	268
	9	限	1617		16	獲	1714		14	隠	1103
カク	6	各	12			霍	131		15	蔵	1203
	7	冴	1667		17	嚇	1613		22	贓	1204
		角	13			擱	16	かくまう	10	匿	268
	8	画	1688			觳	109	かくれる	10	匿	268
		拡	1694			馘	148		14	隠	1103
	9	咯	15		18	穫	1695		17	蟄	1516
		客	44		20	矍	1695		18	竄	1404
		恪	15		21	鶴	1616	かぐわしい	9	郁	1060
		挌	58		23	攫	1695	かけ	16	賭	325
		狢	1615			攪	156	かげ	11	陰	1109
		革	1648		24	鸞	1616		12	景	77
	10	埆	15	かく	4	欠	68		15	影	1004
		格	58		8	爬	1554			蔭	1111
		核	1636		9	昇	979		17	翳	1009
		鬲	378		10	書	739	がけ	8	厓	933

	11	崖	934	かざ	9	風	1591	かしましい	9	姦	18
かけい	13	筧	67	かささぎ	19	鵲	1187	かしよね	11	淅	751
かけはし	10	桟	1188	かざす	17	翳	1009	かしら	9	頁	1656
	11	梯	1278		18	簪	1191			首	836
かけひ	13	筧	67	かさなる	9	奕	1648		14	魁	147
かける	4	欠	68			重	1345		16	頭	346
	9	挂	144		11	累	409		25	顱	399
		架	6		14	層	1501	かじる	18	噛	155
	11	掛	144			複	598		21	齧	767
	12	翔	723	かさねる	9	重	1345	かしわ	9	柏	569
	14	駆	172		10	套	1548		16	膳	762
	15	駈	173		11	累	409		17	檞	1636
	16	賭	325		22	襲	860	かす	11	粕	530
	17	駈	1728	かさぶた	10	痂	9			淅	751
	18	翶	107	かさむ	13	嵩	858		12	渣	683
		闘	192	かざり	16	縟	1044			貸	310
	20	懸	1654			錺	555		13	滓	1210
かげる	11	陰	1109	かざる	4	文	506		17	糟	1305
	17	翳	1009		13	貢	651	かず	10	員	1069
かご	12	筐	143			飾	881		13	数	843
	19	轎	156	かし	16	樫	68		14	算	696
	21	籃	362		17	櫃	37	かすか	9	幽	1091
	22	籠	403	かじ	11	梶	523			眇	493
かこい	12	圏	190			舵	1523		13	微	523
かこう	7	囲	1078		13	楫	1350	かすがい	18	鎹	816
かこつ	10	託	1524		18	櫂	326	かずく	10	被	1596
	12	喞	1349	かじか	20	鰍	1476		15	潜	1190
かこつける	10	託	1524	かじき	15	樏	414	かずとり	20	籌	1334
かこむ	7	囲	1078	かしぐ	8	炊	1492	かすみ	17	霞	1613
かさ	11	笠	436		13	傾	80	かすむ	17	霞	1613
	12	傘	694		29	饟	1404	かすめる	7	抄	1447
		量	371	かしげる	13	傾	80		11	掠	367
	13	嵩	858	かしこい	10	俐	425		12	鈔	1456
		暈	1724		16	賢	1652	かずら	13	葛	23
	15	瘡	1413	かしこまる	9	畏	1036		21	鬘	450
	18	轍	697	かしずく	12	傅	617	かすり	12	絣	639

		13	綛	1130	かたしろ	3	尸	866		9	括	139
かする		17	擦	1405	かたち	7	形	1661			活	1699
かせ		9	枷	6			状	715		11	喝	23
		10	桁	1662		10	容	1046			夏	926
			桍	719		12	象	724			渇	23
		11	械	88		14	貌	482		12	割	1621
		13	綛	1130	かたつむり	15	蝸	1026			筈	139
かぜ		9	風	1591	かたどる	12	象	724			蛞	1700
かせぐ		15	稼	11		14	像	725		13	滑	1700
かぞえる		9	計	87			模	481			猾	1701
		13	数	843	かたな	2	刀	312			葛	23
		14	算	696	かたほ	11	偏	1568			褐	23
かた		4	方	547	かだましい	9	奸	18			榾	1622
			片	1565	かたまり	13	塊	147		15	羯	24
		7	形	1661	かたまる	8	固	96		17	濶	1701
		8	肩	64	かたみ	4	互	1664			豁	1701
		9	型	1662		12	筐	143			轄	1622
		14	模	481	かだむ	9	奸	18			闊	1701
		15	潟	752	かたむく	4	仄	1499		19	蠍	24
かたい		7	牢	403		13	傾	80	かつ	5	且	1393
		8	固	96	かたむける	13	傾	80		7	克	200
		12	堅	65	かためる	8	固	96		9	剋	200
			硬	78	かたよる	11	偏	1568		11	捷	1435
		15	確	1694		14	頗	1556		12	勝	863
		17	艱	22	かたらう	14	語	967		13	搗	323
		18	難	243	かたる	8	拐	146			裁	29
かたがた		10	旁	553		14	語	967	ガッ	6	合	1625
かたき		4	仇	161		15	談	283	ガツ	4	月	1074
		15	敵	1224		19	騙	1570			歹	926
かたぎ		14	模	481	かたわら	10	旁	553	かつえる	15	餓	916
かたぐ		8	担	281		12	傍	554	かつお	23	鰹	68
かたくな		13	頑	1028	カチ	13	褐	23	かつぐ	8	担	281
かたげる		8	担	281	かち	10	徒	315		9	昇	979
かたじけない					がちょう	18	鵞	917	かつて	12	曾	1351
		8	忝	1434	カッ	6	合	1625		14	嘗	725
		10	辱	1043	カツ	8	刮	139	かつら	10	桂	87

	21	鬘	450		8	金	209	15	窯	1042
かて	13	粮	372		10	矩	167	17	鍑	599
	15	糈	745		13	鉦	1272	18	鎌	73
	18	糧	372			鉄	1431	がま	14	蒲	1583
かてる	15	糅	1098		14	銭	1243	17	蒲	441
かど	7	角	13		20	鐘	1317	かまう	14	構	171
	8	門	509	かねぐら	8	帑	1531	かまえる	14	構	171
	9	枛	100	かねて	4	予	1005	かます	5	叺	1170
	13	廉	387	かねる	10	兼	72	15	魳	687
		稜	422		13	摂	769		魳	746
かどわかす	8	拐	146			該	1635	かまち	10	框	142
かな	8	金	209	かの	8	彼	1595	17	檣	291
	9	哉	1208	かのえ	8	庚	74	かまど	21	竈	1306
	10	矩	167	かのと	7	辛	885	かまびすしい			
	13	鉄	1431	かば	14	蒲	1583		8	呶	261
	16	縢	351			樺	1694		12	喧	1725
かなう	5	叶	1657	かばう	7	庇	641		13	嘩	1693
	8	協	1657	かばね	8	姓	771		14	嗷	1017
	9	恊	1658	かばん	14	鞄	1583		15	嚕	1211
	14	適	1223	かび	11	菌	199		21	囂	1717
	16	諧	1636		23	黴	525	かみ	3	上	709
かなえ	10	髙	378	かびる	23	黴	525		6	守	832
	13	鼎	1272	かぶ	10	株	1332		9	神	887
かなえる	5	叶	1657		16	蕪	504		10	紙	1369
かなしい	9	哀	933	かぶと	5	甲	30		13	督	329
	12	悲	649		9	冑	1329		14	髪	546
	13	愛	934		11	兜	345		16	頭	346
かなしむ	9	哀	933	かぶら	12	菁	1442	かみしも	11	裃	723
	12	悲	649		16	蕪	504	かみなり	13	雷	404
かなでる	9	奏	1329	かぶらや	19	鏑	1225		21	霹	579
かなまり	16	銚	1073	かぶる	9	冠	133	かむ	8	咀	1212
かなめ	9	要	1038		10	被	1596		9	咬	150
かならず	5	必	1598		21	齧	767		16	噬	746
かなわ	21	鐶	1699	かべ	16	壁	579		17	擤	1663
かに	19	蟹	1636	かま	6	缶	132		18	嚙	155
かね	6	曲	107		10	釜	615		20	齟	746

	21	嚼	1188	20	鹹	1624	かりや 15 廠	1412
		嚙	767	からうし 15 罄		428	かりる 10 借	1396
かむろ	7	禿	326	からうす 13 碓		311	18 藉	1184
かめ	9	瓮	1023	からかう 12 揶		943	かる 4 刈	1006
	11	瓶	587	からくり 11 械		88	8 苅	707
		亀	195	16 機		237	苅	1007
	18	甕	1024	からげる 11 紮		1405	9 狩	836
	20	罌	938	からし 8 芥		39	10 剴	1188
かも	13	鳧	619	からす 9 枯		99	11 猟	388
	16	鴨	932	10 烏		1015	14 駆	172
かもじ	13	髢	1445	13 嗄		684	18 穫	1695
かもしか	11	羚	389	15 鴉		916	かるい 12 軽	79
かもす	17	醞	1023	からすき 12 犂		374	14 嫖	1588
	19	醱	547	からすみ 26 鱲		388	かれ 8 彼	1595
	20	醸	953	からだ 7 体		1443	12 渠	50
かもめ	22	鷗	174	12 躰		1445	かれい 15 鮭	1644
かや	8	茅	479	18 軀		174	20 鰈	1257
	13	萱	1725	19 膣		138	かれる 9 枯	99
	14	榧	651	からたち 9 枳		1368	11 渇	23
かゆ	12	粥	1336	からなし 12 棠		290	涸	1615
	17	糜	524	からまる 12 絡		356	13 嗄	684
	18	餬	1674	からみ 17 鋑		1699	14 槁	106
	22	鬻	1336	からむ 12 絡		356	かろうじて 7 辛	885
かゆい	11	痒	949	からむし 9 苧		1215	かろやか 12 軽	79
かよう	10	通	1541	からめる 13 搦		268	かろんずる 12 軽	79
から	8	空	120	かり 6 仮		3	かわ 3 川	1423
		唐	288	9 狩		836	5 皮	1595
	11	殻	15	11 猟		388	8 河	1609
		乾	53	12 雁		924	9 革	1648
		虚	1645	13 債		1415	11 側	1499
	13	幹	21	15 権		191	がわ 11 側	1499
		漢	1620	鴈		925	かわうそ 19 獺	281
	17	韓	1621	かりがね 12 雁		924	かわかす 11 乾	53
がら	9	柄	586	15 鴈		925	かわく 11 乾	53
からい	7	辛	885	かりそめ 9 苟		167	渇	23
	14	辣	361	かりもがり 18 殯		656	17 燥	1304

かわごろも	13	裘	170		函	1623		敢	28
かわす	6	交	149		坩	25		棺	134
	13	躱	1523		官	132		款	134
かわず	12	蛙	1025		泔	25		渙	1698
かわせみ	14	翠	1498		邯	1617		稈	19
		翡	651	9	冠	133		菅	134
かわや	11	厠	1500		咸	1623		酣	28
	12	廁	1500		姦	18		間	19
かわやなぎ					玕	18		閑	1619
	17	檉	1275		巻	188	13	勧	190
かわら	5	瓦	1024		柑	25		寛	135
かわる	4	化	1680		看	18		幹	21
	5	代	303		竿	19		感	28
	8	易	980	10	宦	1697		戡	29
		迭	1387		悍	1617		漢	1620
	9	変	580		浣	1027		煥	1698
	10	逓	1445		莞	1027		鉗	72
	12	換	1697		陥	1623	14	慣	135
		替	1445		栞	19		管	135
	13	摂	769		疳	25		箍	72
カン	2	凵	24	11	乾	53		銜	1624
	3	干	16		勘	25		関	136
	4	欠	68		涵	1623	15	歓	1698
	5	刊	17		淦	26		澗	21
		甘	24		患	1697		監	29
		甲	30		桿	19		緩	1029
	6	奸	17		梘	65		縅	1624
		扞	1616		莧	1651	16	憾	30
		汗	1616		貫	134		橄	30
		缶	132	12	喚	1697		澣	1620
	7	串	132		喊	1624		盥	137
		坎	25		啣	1624		翰	1621
		完	1026		堪	26		諫	21
		旱	1617		寒	1618		還	1698
		肝	17		嵌	26		館	137
	8	侃	18		換	1697		頷	1624

カン	17	環	1698			玩	1027		3	己	221
		癇	22		11	眼	923		6	企	221
		瞰	30			蒼	1623			伎	221
		艱	22		12	啣	1624			危	1077
		鍰	1699			嵌	26			肌	221
		韓	1621			雁	924			机	192
		餡	1624		13	頑	1028			気	222
		轞	1621		14	銜	1624		7	岐	225
		鼾	1621		15	甑	1029			希	1735
	18	簡	22			鷹	925			忌	226
		観	137		16	頷	1624			杞	226
		鯇	1677		17	癌	928			汽	226
	19	檻	1624		18	顔	925		8	其	226
		臆	138		19	贋	925			奇	228
		簳	22			願	1073			季	85
		羹	46		20	巌	929			祁	229
	20	轗	30		22	龕	30			祈	229
		鹹	1624	かんがえる	6	考	95		9	泊	86
	21	灌	138		11	勘	25			枳	1368
		艦	1624		15	稽	89			癸	86
		鐶	1699	かんがみ	23	鑑	30			紀	229
		鰥	1699	かんがみる	23	鑑	30			廐	1725
	23	鑑	30			鑒	30			軌	192
		鑒	30	かんざし	11	釵	1399		10	剞	230
	25	欟	1699		18	簪	1191			姫	1735
		髖	138	かんじき	15	樏	414			帰	193
	26	鑵	138	かんな	13	鉋	1582			既	230
	27	顴	138	かんなぎ	7	巫	495			耆	230
	29	鸛	139	かんぬき	9	閂	693			記	230
かん	9	神	887	かんばしい	7	芳	549			起	231
	16	燗	360	かんばせ	18	顔	925			飢	232
ガン	3	丸	1695	かんむり	9	冠	133			鬼	194
	4	元	1064		11	冕	467		11	基	232
	7	含	1623							埼	233
	8	岩	926	**【き】**						寄	233
		岸	922	キ	2	几	192			崎	234

キ		悸	88			畿	237		12	棋	235
		歔	1736			輝	1726			萋	235
		規	198			麾	1726			欹	235
		跂	234		16	冀	237		13	義	1117
		亀	195			機	237		14	疑	1118
	12	喜	1736			窺	199		15	儀	1118
		唈	1081			諱	1726			戲	1736
		幾	234		17	磯	239			誼	1118
		揮	1726			徽	1726		16	劓	1118
		揆	198			虧	1728		17	擬	1118
		期	235			覬	239			犠	1737
		棋	235		18	櫃	193		18	礒	1119
		萋	235			騎	239			魏	1084
		欺	235			騏	239		19	蟻	1119
		歆	235		19	譏	239			螘	1119
		稀	1736			麒	239		20	議	1120
		葵	198		20	夔	239		21	巍	1037
		貴	196		21	饑	239	きえる	10	消	796
	13	愧	147			鰭	240	きおい	13	勢	783
		暉	1726		22	羇	240	きおう	20	競	83
		棄	236		24	羈	240	キク	10	畜	1477
		毁	1726		27	驥	240		11	掬	181
		崎	236	き		木	482			菊	181
		碁	236		5	生	730		17	鞫	182
		詭	192		9	城	773		18	鞠	182
		跪	193			析	1524		19	麴	182
	14	匱	193		11	黄	1704	きく	7	利	422
		旗	236		16	樹	846		8	効	1716
		箕	237	ギ	6	伎	221		11	聆	389
		綺	237		7	妓	225		14	聞	511
	15	器	237			岐	225		17	聴	1442
		嘻	1736			技	225	きこえる	14	聞	511
		嬉	1736		8	宜	1116	きこす	14	聞	511
		槻	199		9	祇	229	きこり	16	樵	1457
		毅	1118		10	耆	230	きさき	6	后	1718
		熙	1737		11	偽	1080			妃	640

きざし	6	兆	1286		18	穢	1009			峭	1453
	10	祥	719	きたる	7	来	365		17	厳	974
	12	幾	234		11	徠	366	きびす	16	踵	1316
	14	徴	1391	キチ	6	吉	240	きまる	7	決	69
きざす	6	兆	1286	キツ	3	乞	55		8	定	1263
	11	萌	464		6	吉	240		12	極	200
きざはし	9	段	276			吃	1732	きみ	4	公	113
	10	陛	1575			屹	1733			王	1029
	12	階	88		7	迄	1733		6	后	1718
きざむ	5	刊	17		8	佶	241		7	君	182
	8	刻	14		9	契	86		9	皇	1703
	9	剞	1319			拮	241		12	卿	77
	12	款	134		10	桔	241		13	辟	578
きし	8	岸	922		12	喫	241	きめる	7	決	69
きじ	13	雉	1506		13	詰	1737		12	極	200
	14	翟	1224		15	頡	1738	きも	7	肝	17
きしむ	8	軋	926		16	橘	200		9	胆	282
きしる	8	軋	926	きっさき	15	鋩	455	きもの	8	服	594
	22	轢	379	きつね	8	狐	1669	キャ	7	伽	5
きす	23	鱚	1737	きぬ	6	衣	1114		11	脚	15
きず	11	疵	1179		8	帛	569	キャク	7	却	12
	12	創	1411		13	絹	67		9	卻	15
	13	傷	724	きぬた	10	砧	1513			客	44
		瑕	1612	きね	8	杵	1214		10	格	58
	25	釁	1732	きのう	9	昨	1186		11	脚	15
きずあと	15	瘢	541	きのえ	5	甲	30	ギャク	9	虐	1615
きずく	16	築	1478	きのこ	10	茸	1047			逆	980
きずな	11	絆	540		11	菌	199		14	瘧	1615
		紲	764		16	蕈	906		16	謔	1616
きせる	12	着	1400	きのと	1	乙	1107	キュウ	2	九	156
きそう	20	競	83	きば	4	牙	912		3	久	158
きた	5	北	621	きび	12	粢	1180			及	217
きたい	12	期	751			黍	744			弓	186
きたえる	17	鍛	280		15	稷	1375		4	仇	161
きたす	7	来	365	きびしい	9	苟	6		5	丘	162
きたない	6	汚	1013		10	峻	1336			旧	162

キュウ	6	休	1726			鳩	170	17	嚮	968
		吸	1733		15	璆	172	きよい	9	浄	1265
		扱	217			窮	187		11	清	1439
		朽	1718		16	糗	173		13	聖	776
		臼	164		26	鬮	174		15	潔	72
	7	炎	218	ギュウ	4	牛	1050		18	灑	415
		求	164	キョ	5	巨	46	キョウ	4	凶	1728
		汲	218			去	47		5	兄	1660
		灸	164		8	居	47			叶	1657
		玖	165			拒	49		6	交	149
		究	165			拠	49			兇	1728
		糺	197		9	炬	49			共	117
		虬	197		10	倨	49			匈	1729
	8	咎	165			挙	49			匡	141
		泣	1111			袪	50			叫	197
		疚	166		11	据	50			向	1641
		穹	187			粔	50		7	亨	1661
	9	急	218			虚	1645			劫	57
		柩	167			許	1646			夾	1657
		級	219		12	渠	50			杏	1641
		糾	197			距	50			狂	141
	10	宮	187		13	筥	51			孝	1716
		笈	219			裾	50		8	京	73
		赳	197			鉅	51			享	1642
		躬	187		15	踞	51			供	119
	11	救	168			噓	1646			協	1657
		毬	168		16	歔	1646			怯	57
		球	168			鋸	51			況	1701
		蚯	169		17	遽	51		9	俠	1658
	12	給	219		20	醵	46			峡	1658
		翕	1734		21	欅	51			恟	1729
	13	廐	169			蘧	51			恊	1658
		嗅	1723	ギョ	11	魚	953			挟	1658
		舅	170		12	御	955			拱	124
		韭	170			馭	966			洶	1729
		裘	170		14	漁	966			狭	1658

キョウ		矜	220		羣	126		業	975
		香	1642		餃	154	14	僥	1042
	10	恐	124	16	疆	37	15	澆	1042
		恭	125		橋	154		餃	154
		胸	1729		檋	1499	16	凝	1113
		脅	1659		興	1734	17	螯	1018
		脇	1659		蕎	155	18	翹	156
		框	142		褧	37		蟯	1043
		校	151		頰	1660	22	驍	1717
	11	強	34	17	橿	37	キョク 6	曲	107
		郷	1643		矯	155		旭	1059
		教	151		磽	155	7	局	174
		梟	1717		縫	37	9	侷	181
		梗	75		薑	37	12	極	200
		莢	1660	19	嚮	1644		棘	202
		皎	153		疅	38	14	跼	181
		眶	142		蠁	1644	16	髷	109
		竟	75		警	82	17	麹	182
		経	75		趫	156	ギョク 5	玉	1018
		頃	77		轎	156	17	疑	968
	12	卿	77		鏡	82	きよまる 11	清	1439
		喬	153	20	競	83	きよめる 11	清	1439
		敬	78		響	1644	きよらか 11	清	1439
		筐	143	22	饗	1644	きらう 13	嫌	1657
		軽	79		驚	84	きらめく 13	煌	1706
	13	毀	126		驕	156	17	燦	1404
		較	153		蟯	1718	きり 9	限	1617
	14	僑	154	ギョウ 6	仰	932	10	桐	340
		兢	221		刑	1661	12	雰	628
		境	81		行	1637	16	錐	1475
		誑	143	7	形	1661	19	霧	504
	15	墝	1042		迎	1001	27	鑽	1404
		嬌	154	8	尭	1038	きる 4	切	1245
		憍	154	12	喁	1023	6	伐	573
		篋	1660		暁	1717	9	剄	1319
		鋏	1660	13	楽	356	11	剪	1236

		斬	1407		菌	199		5	丘	162
		著	1215		菫	206			功	117
	12	着	1400		亀	195			句	162
	14	截	1253	12	勤	206			旧	162
	27	鑽	1404		焮	1732		7	佝	164
きれ	3	巾	52		琴	215			吼	1718
	4	片	1565		窘	184			玖	165
	12	裂	387		筋	206			究	165
きれる	4	切	1245		軽	79		8	供	119
キロメートル					欽	1733			狗	166
	9	粁	1429		鈞	199			苦	97
きわ	14	際	1281	13	僅	207		9	枸	167
きわまる	7	究	165		禁	215			紅	1678
		谷	108		禽	216		10	倶	167
	12	極	200	15	槿	207			宮	187
	15	窮	187		緊	240			庫	100
きわみ	12	極	200	16	噤	216			痀	167
きわめる	7	究	165		擒	216			矩	167
	12	極	200		錦	216			貢	125
	15	窮	187	17	謹	208		13	煦	1723
キン	3	巾	52	18	襟	217		14	簼	126
	4	今	208	20	饉	208			蒟	172
		斤	202	25	釁	1732			駆	172
	7	均	199	ギン	7	吟	1107		15	駒	173
		忻	1732	14	銀	1105			駈	173
		芹	204	16	憖	1106		16	甕	173
		近	202	19	齗	1107		18	瞿	174
	8	京	73						軀	174
		欣	1732	**【く】**				21	懼	174
		金	209	ク	2	九	156	24	衢	174
	9	矜	220		3	久	158	グ	5	弘	1678
		衿	215			口	158		7	求	164
		釛	204			工	112		8	供	119
	10	衾	215		4	公	113			具	165
		訓	1723			区	161		9	紅	1678
	11	経	75			孔	117		10	倶	167

	11	偶	1056	くこ	7	杞	226		15	樟	1203
		救	168	くさ	6	艸	1447	くず	10	屑	764
	12	喁	1023		9	草	1451		13	葛	23
	13	愚	1057		14	種	1314	くずおれる	16	頽	1547
		虞	1058	くさい	9	臭	1496	くすぐる	18	擽	368
	17	颶	174	くさぎる	8	芸	1060	くすし	7	医	1115
くい	7	杙	1131		10	耘	1060	くずす	11	崩	638
	8	杭	1628		16	薅	265	くすのき	13	楠	247
くいる	9	悔	1710	くさび	13	楔	766		15	樟	1203
	20	懺	1409		17	轄	1622	くすぶる	14	熏	1724
クウ	8	空	120	くさむら	12	莽	454		18	燻	1725
くう	9	食	877		18	叢	1465	くすべる	18	燻	1725
	11	啖	282	くさめ	17	嚔	1446	くすり	16	薬	946
	12	喫	241	くさらす	14	腐	619	くずれる	11	崩	638
		喰	880	くさり	18	鎖	817		16	頽	1547
グウ	10	宮	187		19	鏈	385	くせ	6	曲	107
	11	偶	1056	くさる	14	腐	619		18	癖	579
	12	喁	1023		19	鏈	385	くそ	9	屎	869
		寓	1056	くされる	14	腐	619		17	糞	629
		遇	1057	くし	7	串	132	くだ	14	管	135
		隅	1057		8	奇	228	くだく	9	砕	817
	15	耦	1058		19	櫛	1349		14	摧	1468
	19	藕	1059	くじ	23	籤	1435	くだける	9	砕	817
くが	11	陸	417		26	鬮	174	くださる	3	下	1602
くき	8	茎	74	くじく	8	拉	363	くだす	3	下	1602
くぎ	10	釘	1268		10	挫	1320		10	降	33
くぎり	5	句	162	くしげ	7	匣	31	くだもの	11	菓	127
くぐい	18	鵠	110	くしけずる	11	梳	801	くだり	6	件	52
くぐつ	14	裏	130	くじける	7	折	1249	くだる	3	下	1602
くくむ	14	衘	1624		9	刔	1319		10	降	33
くくめる	14	衘	1624		10	挫	1320	くだん	6	件	52
くぐりど	14	閤	1627	くしゃみ	17	嚔	1446	くち	3	口	158
くくる	9	括	139	くじら	19	鯨	83	くちすすぐ	14	嗽	844
	16	撿	57	くじる	7	抉	69			漱	844
くぐる	15	潛	1190	くしろ	11	釧	1429	くちなし	11	梔	1503
くける	12	絎	1641	くす	13	楠	247	くちなわ	11	蛇	683

くちばし	12	喙	1725	くびる	16	縊	1118		13 暗 927
	13	觜	1182	くびれる	9	括	139		溟 475
	16	嘴	1499		16	縊	1118		14 蒙 491
くちびる	7	吻	509	くぼ	14	窪	1025		17 曖 936
	10	唇	853	くぼむ	5	凹	1037		濛 491
	11	脣	854		14	窪	1025		闇 929
くちる	6	朽	1718	くま	8	阿	914		18 朦 492
クツ	8	屈	185		12	隈	1057		21 黯 929
	11	堀	185			隈	1036	くらう	9 食 877
		掘	185		14	熊	1064		11 啖 282
	13	窟	186		16	澳	1018		12 喰 880
くつ	8	沓	284	くみ	11	組	1294	くらす	14 暮 481
	13	靴	1693	くみする	3	与	975	くらべる	4 比 639
	15	履	427	くむ	7	汲	218		10 校 151
		鞋	1664		10	酌	1187		13 較 153
くつがえす	18	覆	599		11	組	1294		17 轂 109
くつがえる	18	覆	599		13	斟	1389		20 競 83
くつろぐ	13	寛	135	くも	12	雲	1061	くらます	11 晦 1711
くつわ	12	啣	1624	くもる	16	曇	283		13 暗 927
	14	銜	1624	くやしい	9	悔	1710	くらむ	10 眩 1650
	22	轡	654	くやむ	9	悔	1710	グラム	5 瓦 1024
くに	7	邦	550	くゆらす	18	燻	1725	くり	10 栗 420
	8	国	175	くら	8	府	611	くりや	8 庖 1579
	9	圀	181		10	倉	1409		15 厨 1333
くぬぎ	12	椚	421			庫	100	くる	7 来 365
	19	櫟	379		15	蔵	1203		8 剋 95
くばる	10	配	559			鞍	924		11 徠 366
くび	9	首	836		16	廩	421		19 繰 1305
	16	頸	81	くらい	7	位	1077	くるう	7 狂 141
くびかせ	13	鉗	72		8	昏	1675		11 猖 1410
	14	箝	72			杳	493		24 癲 1245
くびき	11	軛	937			罔	453	くるおしい	7 狂 141
くびきる	17	馘	148		9	幽	1091	くるしい	8 苦 97
くびす	12	跗	618			昧	458	くるしむ	8 苦 97
	13	跟	207		10	冥	474	くるしめる	8 苦 97
	16	踵	1316		11	陰	1109	くるぶし	15 踝 131

くるま	7	車	1395		14	精	1272		20	懸	1654
	9	俥	49	くわす	9	食	877	け	4	毛	476
	15	輛	372	くわだてる	6	企	221		11	笥	683
くるむ	5	包	1577	くわわる	5	加	1		17	藝	767
くるめく	10	眩	1650	クン	7	君	182	ゲ	3	下	1602
くるる	8	枢	1468		10	捃	184		4	牙	912
くるわ	11	郭	131			訓	1723		5	外	1032
	14	廓	131		13	葷	1724		9	悔	1710
くれ	7	呉	1014		14	熏	1724		10	夏	1610
	12	晩	447			皸	185			華	1692
	13	塊	147			輝	185		11	訝	916
	14	榑	619		15	勲	1724		13	解	1634
くれない	9	紅	1678		16	薫	1724		15	戯	1736
くれる	7	呉	1014		18	燻	1725		16	懈	1635
	13	暗	927	グン	9	軍	182	ケイ	2	亠	1663
	14	暮	481		10	郡	184		3	彑	84
くろ	5	玄	1649		13	群	184		5	兄	1660
	10	畔	540						6	刑	1661
	11	黒	1730	**【け】**						圭	197
	14	緇	1506	ケ	4	化	1680		7	形	1661
くろい	5	玄	1649		6	仮	3			系	85
	11	黒	1730			気	222		8	京	73
	15	黎	375		7	希	1735			径	74
くろがね	13	鉄	1431			花	1685			茎	74
くろつち	10	涅	258		8	佳	5		9	係	85
くろむ	11	黒	1730			卦	143			勁	75
	14	緇	1506			怪	146			型	1662
くろめる	11	黒	1730			芥	39			契	86
くわ	8	枌	1647		9	挂	144			奎	197
	10	桑	719		10	家	7			挂	144
	17	鍬	1458			華	1692			炯	1662
くわえる	5	加	1		11	掛	144			計	87
	8	尚	715			袈	9		10	奚	1634
	14	銜	1624		12	稀	1736			恵	1664
くわしい	8	委	1078		13	煆	1612			桂	87
	13	詳	725		16	懈	1635			珪	197

ケイ		荊	1663		17	薊	90	16	激	59
	11	啓	87			谿	90	17	檄	60
		掲	57			蹊	1664		闃	60
		脛	75			鮭	199	18	闋	1649
		渓	88		18	瓊	82	けしかける	14	嗾	844
		畦	1727			蟪	1664	けす	8	抹	451
		硅	198			謦	82		10	消	796
		経	75		19	繫	90		15	銷	806
		蛍	1663			警	82	けずる	5	刊	17
		桂	198			鶏	90		7	刪	692
		逕	75		20	競	83		8	刮	139
		頃	77			馨	1663		9	削	688
	12	卿	77	ゲイ	7	児	913		10	剴	1188
		敬	78			芸	1007	けた	10	桁	1662
		景	77			迎	1001	けだし	14	蓋	43
		痙	78		11	猊	1008	けだもの	16	獣	847
		筓	88		13	睨	1008	ケチ	6	血	1655
		絜	1656		16	霓	1009		12	結	70
		軽	79		19	鯨	83		21	纈	1738
	13	傾	80		20	鯢	84	ケツ	3	孑	1654
		携	1727		22	鱀	1010		4	欠	68
		継	88	けがす	6	汚	1013		5	穴	1654
		罫	145		18	瀆	331		6	血	1655
		詣	1008	けがらわしい					7	抉	69
	14	境	81		6	汚	1013			決	69
		熒	1663		18	穢	1009		9	拮	241
		禊	89	けがれる	6	汚	1013			頁	1656
		閨	198		18	穢	1009		10	桔	241
	15	慶	81	ケキ	18	鵙	60			桀	55
		慧	1664	ゲキ	9	逆	980		11	渇	23
		憬	81		10	屐	200			訣	70
		稽	89		12	戟	200		12	結	70
	16	憩	57		13	隙	202			絜	1656
		磬	81		15	劇	202		13	傑	55
		頸	81			撃	59			楔	766
		謦	90			闃	59		14	竭	23

	15	潔	72		13	嵯	1399			捲	190
		頡	1738			隗	1037			険	1647
	16	蕨	191		14	蔪	1408			梘	65
	18	闕	192		16	嶮	1647			牽	65
	19	譎	1728		20	巗	1408			眷	190
		蹶	192	ケン	4	欠	68			晛	854
	21	蘖	973			犬	60		12	喧	1725
		纈	1738		6	件	52			圏	190
		蠹	767		7	見	60			堅	65
ゲツ	3	孑	1654		8	券	188			検	56
	4	月	1074			呟	1649			硯	988
	21	蘖	973			泫	1649			絢	1652
		蠹	767			芡	25			間	19
けづめ	12	距	50			肩	64		13	勧	190
けなす	11	貶	1571			枚	1647			嫌	1657
げに	8	実	897		9	姸	985			慊	72
けば	12	毳	1498			巻	188			腱	54
けぶり	10	烟	986			建	52			煖	243
けみする	15	閲	994			炫	1649			献	1646
けむい	13	煙	988			県	1650			筧	67
けむしろ	17	氈	1244			研	985			絹	67
けむり	10	烟	986			袄	1650			萱	1725
	13	煙	988		10	倹	55			蜆	1652
けむる	10	烟	986			倦	189			遣	66
	13	煙	988			兼	72			鉗	72
けもの	16	獣	847			剣	55		14	甄	68
けやき	21	欅	51			呟	1650			蜷	191
けら	17	螻	410			娟	986		15	慳	21
けり	13	鳧	619			拳	189			権	191
ける	19	蹴	1479			涓	986			監	29
けわしい	8	阻	1290			狷	65		16	嶮	1647
	10	峨	915			痃	1650			憲	1647
		峻	1336			虔	53			撿	57
		峭	1453			軒	1646			賢	1652
	11	崢	1211		11	乾	53		17	謙	72
		険	1647			健	54			蹇	54

		鍵	55		源	1070	炬	49
	18	瞼	57		鉉	1652	10 個	40
		繭	68	15	監	29	庫	100
		羂	68	16	諺	973	胯	127
		顕	1653		還	1698	袪	50
		験	1648	17	厳	974	11 扈	1671
	20	懸	1654	18	験	1648	涸	1615
	21	譴	68	22	儼	974	瓠	1671
	23	鰹	68				虚	1645
	24	鹸	30		【こ】		袴	104
	27	顴	138	コ 3	己	221	12 壺	1671
ゲン	4	元	1064		巾	52	湖	1671
		幻	1696	4	戸	1665	琥	1672
	5	玄	1649	5	乎	1665	菰	104
	7	阮	1026		巨	46	雇	105
		見	60		去	47	13 瑚	1672
		言	969		古	91	痼	105
	8	弦	1649	6	虍	1667	葫	1672
		泫	1649	7	杞	226	誇	129
		苁	25	8	刳	95	賈	105
		芫	1067		呼	1667	跨	129
	9	彦	972		固	96	鼓	105
		限	1617		姑	96	14 箇	44
		炫	1649		孤	97	箍	106
	10	原	1067		居	47	15 糊	1673
		拳	189		弧	1669	蝴	1673
		痃	1650		怙	1669	16 錮	106
		眩	1650		拠	49	17 鯱	593
	11	衒	1650		股	98	18 瞽	107
		莧	1651		沽	97	餬	1674
		現	1651		狐	1669	21 顧	107
		眼	923		虎	1669	23 蠱	107
		絃	1652	9	故	99	こ 3 子	1171
		舷	1652		胡	1670	小	784
	12	減	27		枯	99	4 木	482
	13	嫌	1657		枴	100	5 仔	1172

	7	児	913			鼯	1018			扣	164
	10	粉	626	こい	10	恋	381			江	32
		蚕	1190		16	濃	263			考	95
	11	黃	1704		18	鯉	428		7	亨	1661
	16	濃	263	こいし	20	礫	379			劫	57
	22	籠	403	こいしい	10	恋	381			匣	31
ゴ	4	五	1010	こいねがう	7	希	1735			告	95
		互	1664		11	庶	742			吭	1628
		午	1013		12	幾	234			吼	1718
		牛	1050		16	冀	237			坑	45
	6	伍	1013	コウ	3	口	158			宏	148
		冱	1665			工	112			抗	1628
		后	1718		4	亢	1627			攻	119
	7	冴	1667			公	113			沆	1628
		呉	1014			勾	161			更	45
		吾	1014			孔	117			肛	1628
		沍	1667			爻	1716			杠	32
	9	後	1719		5	功	117			孝	1716
		胡	1670			句	162		8	効	1716
	10	娯	1014			叩	93			呷	1627
		悟	1015			尻	94			幸	1641
	11	晤	1016			巧	149			岬	31
		梧	1016			広	139			岡	32
		莫	953			弘	1678			庚	74
	12	御	955			甲	30			拘	166
		期	235		6	互	220			昂	933
		棋	235			亘	220			昊	99
		碁	235			交	149			肯	220
	13	瑚	1672			仰	932			肱	148
		碁	236			伉	1627			肴	1716
		蜈	1017			光	140			杭	1628
	14	寤	1017			向	1641			狗	166
		語	967			后	1718			狎	932
		誤	1017			好	1666		9	侯	1718
	16	醐	1673			行	1637			厚	1718
	20	護	1674			扛	32			咬	150

コウ	哄	1678		耗	480	13	墹	16
	垢	166		耿	75		媾	169
	姮	1628		航	1629		幌	1706
	巷	1628		荇	1641		溝	170
	後	1719		訌	1680		滉	1706
	恒	1629		豇	34		滃	1627
	恍	1701		貢	125		煌	1706
	恰	1734		高	100		粳	46
	拱	124	11	寇	167		較	153
	胛	31		康	34		遑	1706
	枸	167		控	125		鉱	143
	洪	1678		梗	75		鉤	170
	洸	142		皐	104		閘	32
	洽	1734		皎	153	14	嫦	1630
	狡	150		袷	73		慷	36
	郊	151		紺	26		敲	105
	皇	1703		蒼	1641		膏	105
	紅	1678		釦	169		構	171
	苟	167		黄	1704		槁	106
	荒	1701	12	喉	1723		槓	126
	虹	1680		徨	1706		犒	1672
	香	1642		慌	1706		綱	36
10	候	1722		惶	1706		睾	106
	倖	1641		腔	36		蒿	1672
	倥	124		港	1629		誥	106
	哮	1717		皓	1672		酵	1717
	降	33		硬	78		鉸	154
	晃	1704		窖	153		閤	1627
	格	58		絞	153	15	墝	1042
	校	151		絖	142		潢	1706
	栲	100		絎	1641		膠	154
	桁	1662		絳	36		皞	1673
	浩	1671		蛟	153		稿	106
	紘	148		蛤	1627		箟	1680
	羔	100		鉤	169		篁	1706
	耕	75		項	1630		蝗	1706

コウ		靠	106	9	神	887	こうし	19	犢	331
		餃	154	10	恋	381	こうじ	9	柑	25
	16	衡	1663	12	斯	683		14	糀	1694
		篝	173	15	請	1442		17	麹	182
		縞	1673	ゴウ	5	号	1665		19	麴	182
		興	1734	6	仰	932	こうぞ	13	楮	1216
		鋼	37		后	1718	こうのとり	29	鸛	139
		闍	1680		合	1625	こうべ	9	首	836
	17	嚆	1717		江	32		16	頭	346
		擤	1663	7	劫	57	こうむる	10	被	1596
		磽	155		沆	1628		14	蒙	491
		糠	37		迎	1001	こえ	7	声	771
		薨	1725	8	昂	933		8	肥	642
		講	38	9	拷	99	こえる	8	肥	642
		購	173	10	剛	32		12	越	1076
		鮫	155		降	33			超	1455
		鴻	1680	11	強	34		13	腴	1096
		鴿	1627		郷	1643			逾	1096
	18	壙	143		敖	1015		16	踰	1099
		藁	106		毫	1671	こおり	5	氷	657
		翺	107	13	傲	1016		10	郡	184
		鎬	1674		業	975	こおる	5	氷	657
		鯁	82	14	嗷	1017		10	凍	339
		鵠	110		豪	1672	こがす	12	焦	1454
	19	嚮	1644	15	熬	1017		16	燋	1457
		曠	143		遨	1017	こがね	8	金	209
		蟹	1644	17	壕	1673	こがらし	6	凩	489
		羹	46		濠	1673	こがれる	12	焦	1454
		鵠	126		聱	1018	コク	5	石	747
	20	礦	143		螯	1018		7	克	200
		鏗	46	18	囓	155			告	95
		鰉	1707		翶	107			谷	108
	22	譊	1718	21	嚻	1717		8	刻	14
	23	攪	156		轟	148			国	175
		攩	292	24	鼇	1018		9	剋	200
こう	3	乞	55	こうがい	12	笄	88			圀	181

読み	画	字	頁	読み	画	字	頁	読み	画	字	頁
コク	10	哭	109	こころざす	7	志	1362		18	鵠	1545
	11	斛	109	こころみる	13	試	875	コツ	3	乞	55
		梏	109	こころよい	7	快	1517			兀	1023
		黒	1730	ござ	14	蓙	1320		8	矻	185
	14	穀	109	こさけ	20	醴	393			忽	1677
		熇	1675	こし	12	越	1076		10	笏	1677
		誥	106		13	腰	1040			骨	111
		酷	1675		17	輿	979		11	惚	1678
	16	穀	109	こしかけ	14	榻	1531		13	滑	1700
	17	縠	109	こしき	17	縠	109		14	榾	112
		觳	109			甑	1353	ゴツ	3	兀	1023
	18	鵠	110	こしらえる	9	拵	1309	こて	19	鏝	449
こく	6	扱	217	こじり	19	鏢	1589		21	鐺	292
こぐ	14	漕	1301		21	鐺	292	こと	7	言	969
ゴク	5	玉	1018	こじる	7	抉	69		8	事	673
	12	極	200	こじれる	8	拗	1038		10	殊	839
	14	獄	1021	こす	12	越	1076		11	異	1127
	16	穀	109			超	1455		12	琴	215
こけ	9	苔	1535		14	漉	399		14	箏	1211
	21	蘚	762		18	濾	375	ごと	6	毎	455
こけら	8	杮	1574	こすい	9	狡	150	ことごとく	6	尽	1376
こける	15	瘦	845	こずえ	8	杪	1451		9	咸	1623
こげる	12	焦	1454		11	梢	1453		11	悉	899
ここ	6	此	1394	こすき	8	枕	1647			畢	1599
	9	是	870	こすむ	6	尖	1434	ことさらに	9	故	99
	10	茲	1179	こずむ	11	偏	1568	ごとし	6	如	976
こごえる	10	凍	339	こする	15	摩	440		8	若	944
ここに	3	于	1050		17	擦	1405	ことづかる	10	託	1524
	9	爰	1067	こそぐ	8	刮	139	ことなる	11	異	1127
	10	茲	1179	こぞって	10	挙	49	ことば	12	詞	684
ここの	2	九	156	こたえ	12	答	284		13	辞	685
ここのつ	2	九	156	こたえる	7	対	306	ことぶき	7	寿	833
こころ	4	心	900			応	1112	ことほぐ	7	寿	833
	11	情	1269		12	堪	26	こども	16	豎	847
	13	意	1116			答	284	ことわざ	16	諺	973
こころざし	7	志	1362	こち	17	鮗	599	ことわり	11	理	425

ことわる	11	断	276	こまる	7	困	110	ころげる	11	転	1236
	13	辞	685	ごみ	8	芥	39	ころす	10	殺	698
こな	10	粉	626	こみち	8	径	74		12	弑	874
こながき	15	糀	707		17	蹊	1664		13	誅	1333
	17	糝	708	こむ	5	込	1170		15	戮	418
こなれる	15	熟	851	こむら	12	腓	650	ころぶ	11	転	1236
こねる	10	捏	244	こめ	6	米	518	ころも	6	衣	1114
この	3	之	1354	こめる	5	込	1170	こわ	7	声	771
	6	此	1394		22	籠	403	こわい	8	怖	1579
	9	是	870	こも	12	菰	104		10	剛	32
	12	斯	683		16	薦	1430			恐	124
このしろ	16	鮗	343	こもごも	6	交	149		11	強	34
	19	鯯	1285	こもる	14	隠	1103	こわす	13	毀	1726
	22	鱅	1285		22	籠	403		16	壊	147
このむ	6	好	1666	こやし	8	肥	642	こわれる	13	毀	1726
こはぜ	15	鞐	1613	こやす	8	肥	642		16	壊	147
こばむ	8	拒	49	こよみ	14	暦	378	コン	4	今	208
こひつじ	10	羔	100	こらえる	8	怺	1002		6	艮	17
こびる	12	媚	523		12	堪	26		7	困	110
こぶ	15	瘤	414	こらしめる	18	懲	1392			近	202
	22	癭	1005	こらす	16	凝	1113		8	坤	110
こぶし	10	拳	189		18	懲	1392			昆	110
こぶね	13	艇	1271	こり	11	梱	110			昏	1675
こぼす	13	溢	1164	こりる	18	懲	1392			金	209
こぼつ	13	毀	1726	こる	16	凝	1113		9	建	52
こぼれる	13	零	389	これ	3	之	1354			恨	1617
こま	8	狛	529		6	此	1394		10	根	204
	15	駒	173		9	是	870		11	婚	1675
	20	齣	1403		11	惟	1092			混	1676
こまか	11	細	780		12	斯	683			梱	110
こまかい	11	細	780		14	維	1096			痕	1732
	16	緻	1507		15	誰	846			紺	26
こまぬく	9	拱	124	ころ	11	頃	77			袞	110
こまねく	9	拱	124	ころがす	11	転	1236		12	渾	1677
ごまめ	23	鱓	763	ころがる	11	転	1236			棍	111
こまやか	16	濃	263		17	輥	1244			焜	1677

コン		燉	1732		查	678		6 侔	858
		菎	111		砂	678		再	1205
	13	澒	1677		茶	270		西	737
		献	1646	10	唆	679		7 材	1208
		跟	207		姿	679		災	1208
	14	滾	111		差	1397	サイ	8 妻	1418
		蒟	172		紗	681		采	1413
		褌	111	11	梭	682		斉	1276
		魂	1677		莎	683		9 哉	1208
	16	墾	21	12	渣	683		洒	816
		諢	1073		座	1320		砕	817
	17	懇	21		詐	684	10	倅	858
		餛	1677	13	嗟	1399		宰	1208
	19	臗	138		嗄	684		晒	817
		鯤	111		嵯	1399		栽	1208
	25	鱨	138		裟	685		柴	872
ゴン	6	艮	17	14	槎	686		殺	698
	7	言	969		瑳	1400		豺	873
	8	欣	1732		瑣	817		財	1208
	12	勤	206		蓑	686	11	啐	1339
		琴	215	15	鯊	687		崔	1466
	15	権	191	16	鮓	1184		彩	1414
	17	厳	974	17	蹉	1400		採	1414
	19	斷	1107	18	鎖	817		済	1278
【さ】					鯊	687		猜	873
サ	3	叉	1393	さ	3 小	784		皆	1278
	5	乍	659		6 早	1287		眦	1279
		左	1317		12 然	987		砦	1415
	6	再	1205	ザ	7 坐	1318		祭	1279
		扠	1394		9 剉	1319		細	780
	7	佐	1318	10	座	1319		菜	1414
		作	1184		挫	1320		釵	1399
		沙	670	12	痤	1320		斎	1209
	8	些	674	14	瘥	1320	12	最	1466
	9	剉	1319	サイ	3 才	1204		焠	858
					4 切	1245		犀	743

読み	画数	漢字	ページ
サイ		妻	1418
		裁	1210
		靫	1415
	13	債	1415
		催	1467
		塞	728
		腮	874
		歳	783
		溠	1210
		載	1210
	14	摧	1468
		塞	1415
		縡	1415
		際	1281
	16	儕	1283
		蕞	1468
	17	賽	728
	18	臍	1284
		顋	876
	20	鰓	728
	23	纔	1210
さい	14	骰	1549
ザイ	3	才	1204
	6	在	1206
	7	材	1208
	10	剤	1277
		財	1208
	11	済	1278
	13	罪	1320
さいころ	14	骰	1549
さいなむ	14	嘖	1417
さいわい	8	幸	1641
		祉	1363
	10	倖	1641
		祥	719
	12	禄	399
	13	禎	1271
		福	597
ざえ	3	才	1204
さえぎる	14	遮	1400
さえずる	21	囀	1245
さえる	7	冴	1667
	14	障	1202
さお	9	竿	19
	12	棹	322
さおさす	12	棹	322
さか	7	坂	1558
		阪	1558
	9	逆	980
	10	酒	1330
	11	斜	109
さが	8	性	772
さかい	9	垓	1630
		封	604
		界	86
	11	域	983
	12	堺	88
	14	境	81
	19	疆	38
さかえる	9	栄	1002
さかき	14	榊	896
さかさま	10	倒	315
さかしい	15	慧	1664
	16	賢	1652
さがす	10	捜	839
	11	探	1530
さかずき	8	杯	556
	9	盂	558
	13	盞	1189
	17	觳	109
		爵	1187
	18	觴	727
さかな	8	肴	1716
	11	魚	953
さかのぼる	13	溯	806
	14	遡	806
さからう	7	抗	1628
	9	逆	980
さがり	17	鍑	599
さかる	11	盛	774
さがる	3	下	1602
さかん	6	壮	1194
	8	旺	1031
		昌	1409
	10	殷	1103
	11	隆	420
		盛	774
	16	熾	1506
	20	藹	936
さき	6	先	752
	8	岬	31
	9	前	1231
	11	埼	233
		崎	234
	19	嚮	1644
	21	曩	248
さぎ	24	鷺	398
さきがけ	14	魁	147
さきに	6	向	1641
	19	嚮	1644
	21	曩	248
サク	5	冊	1416
	7	作	1184
	9	削	688
		昨	1186
		柵	1416
		柞	1187
		炸	1187

サク	10	朔	688		6	叫	197			差	1397
		窄	1400		12	喊	1624			挿	708
		索	688		17	嚇	1717		13	稓	730
	11	筰	1416	さける	10	剖	613		14	筴	1400
		蚱	1416		12	裂	387	さすが	13	遉	1271
	12	腊	751		16	避	1598	さずかる	11	授	840
		策	1416	さげる	3	下	1602	さずける	11	授	840
		酢	1455		12	提	1281	さぞ	15	嘸	503
	13	搾	1402	さこ	8	迫	529	さそう	14	誘	1096
		稓	730	ささ	3	小	784	さそり	19	蠍	24
	14	嘖	1417		11	笹	780	さだか	8	定	1263
		槊	688		17	篠	807	さだまる	8	定	1263
		蒴	688	ささえる	4	支	1354	さだめる	8	定	1263
	15	醋	1457		8	拄	1328		12	奠	1238
	16	錯	1402	ささげ	10	豇	34	さち	8	幸	1641
	17	籍	1403	ささげる	11	捧	604	サッ	6	早	1287
		簀	1417		13	献	1646	サツ	5	冊	1416
	28	鑿	1403	さざなみ	14	漣	383			札	1405
さく	8	拆	1524			漪	1118		8	刷	816
		析	750	ささやか	11	細	780			刹	1405
	9	柝	1524	ささやく	21	囁	769		9	拶	1405
		咲	795	ささら	17	簓	1305		10	殺	698
	10	剖	613	ささる	8	刺	1177			桚	1405
	12	割	1621	さざれ	11	細	780		14	察	1405
		裂	387	さし	15	緝	527			箚	1400
	15	劈	578	さじ	2	匕	639			颯	708
さくら	10	桜	938			匙	873		15	撮	1466
さぐる	11	探	1530	さしがね	10	矩	167			撒	698
	14	摸	480	さしはさむ	10	挿	708		17	擦	1405
	16	謀	1437		13	揞	1385		18	薩	698
ざくろ	14	榴	414		16	縉	1386	さつ	11	猟	388
さけ	10	酒	1330	さしまねく	15	麾	1726	ザツ	14	雑	1191
	17	鮭	199	さす	8	刺	1177	さつき	11	皐	104
さげすむ	11	貶	1571			注	1328	さっぱ	19	鯯	1285
	15	蔑	469		9	指	1364	さて	6	扨	1144
さけぶ	5	号	1665		10	射	679			扠	1394

		11	偖	1399		14	寬	443	
さと		7	里	424			寥	406	
		11	郷	1643	さびれる	11	寂	1221	
さとい		8	怜	389	さぶらう	8	侍	868	
		10	哲	1430	さま	14	態	1536	
			敏	526			様	951	
		12	智	1371	さます	7	冷	366	
		14	聡	1465		12	覚	15	
		15	慧	1664	さまたげる	7	妨	549	
		16	叡	1009		13	碍	936	
		17	凝	968	さまよう	7	彷	549	
さとうきび	15	蔗	1183		9	徊	1710	
さとし	14	聡	1465		11	徘	560	
さとす	12	喻	1093			逍	801	
	16	諭	1099			徜	723	
さとぶ	9	俚	424		12	徨	1706	
さとる	2	了	406	さむい	12	寒	1618	
	10	悟	1015	さむしい	11	淋	432	
	12	暁	1717	さむらい	3	士	659	
		智	1371		8	侍	868	
		覚	15	さめ	17	鮫	155	
	15	懍	81	さめる	7	冷	366	
さながら	8	宛	1026		12	覚	15	
さなぎ	13	蛹	1048		14	寤	1017	
さね	5	札	1405		16	醒	777	
	8	実	897	さや	11	莢	1660	
	10	核	1636		16	鞘	1457	
さば	19	鯖	1443	さより	26	鱵	1516	
さばく	10	捌	1562	さら	5	皿	469	
	12	裁	1210		7	更	45	
さばける	10	捌	1562	さらう	10	浚	1337	
さび	11	寂	1221		12	渫	766	
	15	錆	846		23	攫	1695	
	16	錆	1413	さらける	19	曝	1585	
さびしい	11	寂	1221	さらす	10	晒	817	
		淋	432		11	梟	1717	

	14	漂	1588				
	15	暴	1584				
	19	曝	1585				
さる	5	去	47				
		申	882				
	12	然	987				
	13	猿	1071				
	16	避	1598				
ざる	10	笊	1292				
される	19	曝	1585				
ざれる	15	戯	1736				
さわ	7	沢	1537				
	11	皐	104				
さわがしい	16	噪	1304				
	18	騒	807				
	20	躁	1306				
さわぐ	16	噪	1304				
	18	騒	807				
	20	躁	1306				
さわす	15	醂	432				
さわやか	11	爽	723				
さわら	13	椹	906				
	20	鰆	1482				
さわる	13	触	1458				
	14	障	1202				
サン	3	三	699				
		山	689				
		彡	706				
	7	刪	692				
		杉	706				
	8	参	1406				
		芟	707				
	9	珊	693				
		舢	693				
		閂	693				
	10	剗	1188				

サン		桟	1188		嶄	1408	自	1173
		蚕	1190		慚	1408	至	1361
		訕	693	15	憖	1408	芝	1361
	11	惨	1407		暫	1191	7 伺	669
		産	693		槧	1408	址	1362
	12	傘	694	18	竄	1404	志	1362
		喰	880	19	壍	1408	孜	1177
		散	694	20	巉	1408	私	671
	13	盞	1189		懺	1409	豕	868
	14	算	696	24	讒	1409	8 使	674
		蒜	696	ざん 20	攙	1409	侈	1501
		酸	697				刺	1177
	15	撒	698	【し】			姉	1178
		潸	697				始	869
		毿	707	シ 3	之	1354	肢	1362
		賛	1403		士	659	枝	1362
	16	穇	707		子	1171	祀	675
		篸	1403		尸	866	祉	1363
		餐	1404		巳	659	9 俟	676
	17	燦	1404	4	支	1354	杏	1179
		穇	708		止	1355	咫	1364
	18	繖	697		氏	910	姿	1179
	20	懺	1409	5	仕	659	屎	869
		攙	1409		仔	1172	屍	869
		篹	1404		史	662	思	676
		霰	697		司	662	指	1364
	21	驂	1409		只	1355	施	869
	22	巑	1404		四	663	柿	870
		讃	1404		市	866	祇	229
	23	纔	1210		矢	867	食	877
	27	鑚	1404		示	867	10 差	1397
	29	爨	1404	6	弛	1126	師	680
ザン	10	残	1188		旨	1361	恣	1179
	11	惨	1407		次	1393	脂	1368
		斬	1407		此	1394	砥	1369
	14	塹	1408		死	666	祗	1369
					糸	668		

シ		祠	681		獅	685		鯔	1507
		紙	1369		肆	685	20	鰓	728
		翅	873		摯	1182	21	鰤	687
		奢	230		觜	1182		齋	1210
		舐	1370		詩	874		齎	1210
		茨	1179		試	875	26	釃	876
		祉	1179		資	1182	ジ	2	二	1120
	11	偲	873		飼	686		5	仕	659
		匙	873	14	漬	1371			尼	267
		厠	1500		緇	1506			示	867
		徙	681		蓍	876		6	地	1356
		梓	1209		誌	1372			字	1172
		梔	1503		雌	1183			寺	666
		瓷	1179	15	幟	1506			次	1393
		疵	1179		摰	1372			而	1126
		眥	1278		賜	686			耳	1126
		眦	1279		輜	1506			自	1173
		視	873		駛	686	7	似	669
		笥	683		駟	686		児	913
		趾	1370		鰤	687	8	事	673
	12	啻	874	16	嘴	1499		侍	868
		廁	1500		熾	1506		治	1501
		弑	874		積	1224	9	峙	1502
		揣	1490		篩	687		恃	869
		斯	683		縒	1507		持	1366
		痣	1371		諮	1183	10	除	1277
		粢	1180		諡	876		時	870
		紫	1181		錫	752		茲	1179
		覗	684		髭	1183		痔	1369
		詞	684		鴟	1507	11	匙	873
		歯	1503	17	篠	687		瓷	1179
	13	嗣	685		鮨	1372		痔	1503
		嗜	236		鴲	1372	12	滋	1179
		嘶	1504		鴘	1507	13	慈	1181
		塒	874	18	贄	1372		摯	1182
		滓	1210	19	識	882		蒔	874
							辞	685

	14	爾	1130		11	筋	1416		11	軸	1478
		磁	1182	しかり	12	然	987		12	軸	1478
	15	餌	1130		14	爾	1130		17	鰤	1130
	17	鰤	1130	しかる	5	叱	1387	しけ	12	絓	145
	19	璽	728		8	呵	5	しげし	16	繁	571
じ	13	路	396		11	喝	23	しげる	8	茂	496
	14	箇	44	しかるに	6	而	1126		10	茲	1179
しあわせ	8	幸	1641		12	然	987			茸	1047
シイ	12	弑	874	シキ	6	式	876		12	滋	1179
しい	12	椎	1473			色	728		13	摰	1182
しいたげる	9	虐	1615		9	拭	877		16	繁	571
しいな	9	秕	645		18	織	1375			蕃	571
	10	粃	648			職	1376		29	鬱	1063
しいら	25	鱪	746		19	識	882	しこ	17	醜	1475
しいる	11	強	34	しぎ	16	鴫	1244		20	鯷	1285
	14	誣	503		23	鷸	1728	しこうして	6	而	1126
しお	2	入	1166	ジキ	8	直	1372	しごく	6	扱	217
	6	汐	750		9	食	877	しこる	13	痼	105
	11	鹵	396	しきい	16	閾	984	しころ	16	錣	1433
	13	塩	996	しきがわら	16	甎	1244	しし	6	肉	1100
	15	潮	1302			磚	1244		7	宍	1101
しおからい	20	鹹	1624	しきみ	11	梱	110		11	鹿	399
しおり	10	栞	19			樒	638			猊	1008
しおれる	12	萎	1081		15	樒	528			猪	1215
しか	11	鹿	399	しきりに	11	累	409		13	獅	685
じか	8	直	1372		17	頻	656	しじ	14	榻	1531
しかし	8	併	585	シク	6	夙	849	じじ	13	爺	943
しかと	14	瞠	1274	しく	5	布	1578	しじかむ	18	蹙	1479
	15	確	1694		6	如	976	しじみ	13	蜆	1652
しかばね	3	尸	866		8	若	944	しじら	13	綟	1130
	9	屍	869		9	施	869	しず	14	静	1274
しかめる	18	蹙	1479		15	舗	1583		15	賤	1430
	24	顰	656			敷	619	しずか	12	閒	19
しからず	4	不	629			鋪	1584			閑	1619
しからば	12	然	987		18	藉	1184		14	静	1274
しがらみ	9	柵	1416	ジク	7	忸	266		17	関	60

読み	画数	漢字	ページ
しずく	11	雫	264
	14	滴	1223
しずまる	14	静	1274
	18	鎮	1386
しずむ	7	沈	1511
		没	490
	11	淪	418
	12	湮	1145
しずめる	7	沈	1511
	14	静	1274
	18	鎮	1386
した	3	下	1602
	6	舌	763
したう	14	慕	481
したがう	8	服	594
	10	従	1312
		悌	1277
		殉	853
	11	陪	561
	12	循	854
		随	841
		順	855
	15	遵	1338
したがえる	10	従	1312
したがき	15	稿	106
しだく	8	拉	363
したしい	16	親	1508
したしむ	16	親	1508
したたか	11	健	54
		強	34
したためる	14	認	1146
したたる	14	滴	1223
	19	瀝	378
したむ	12	滑	743
	26	醼	876
シチ	2	七	1509
	12	蛭	1388
	14	漆	1511
	15	質	1388
シッ	12	集	1390
シツ	2	七	1509
	5	叱	1387
		失	896
	8	虱	858
	9	室	899
	10	桎	1387
		疾	1387
	11	執	1389
		悉	899
	12	湿	859
		蛭	1388
	13	嫉	1388
		瑟	858
	14	漆	1511
	15	膝	858
		蝨	859
		質	1388
	17	蟋	899
	19	櫛	1349
ジッ	2	十	906
ジツ	4	日	1159
	8	実	897
	9	昵	268
		衵	1164
しっかり	15	確	1694
しつけ	16	躾	524
しつらえる	11	設	764
しと	7	尿	264
しとぎ	12	粢	1180
	15	糈	745
しとね	10	茵	1145
	14	蓐	1044
	15	褥	1044
しとみ	15	蔀	620
しとやか	11	婉	1027
		淑	851
しな	9	品	1590
		科	127
		級	219
	12	階	88
しなう	15	撓	265
しなびる	12	萎	1081
しなやか	5	冉	995
	12	鞄	1145
	13	嫋	265
しぬ	6	死	666
	8	歿	490
	9	殂	1290
	14	殞	1062
	17	薨	1725
しの	17	篠	807
しのぎ	18	鎬	1674
しのぐ	10	凌	421
	11	陵	421
しのばせる	7	忍	1144
しのびごと	13	誄	404
しのぶ	7	忍	1144
	11	偲	873
しば	6	芝	1361
	10	柴	872
	14	屢	409
しばしば	13	数	843
	14	屢	409
しばたたく	18	瞬	856
しばらく	4	少	792
	5	且	1393
	8	姑	96
	15	暫	1191

しばる	16	縛	533	12	湿	859		這	1215
しびれる	13	痺	650	18	観	137	12	奢	683
		痲	440	しめる 5	占	1253		煮	1180
しぶ	11	渋	708	11	閉	1575		碵	1399
しぶい	11	渋	708	12	湿	859	13	蜥	1400
しぶる	11	渋	708		絞	153		鉈	685
しべ	14	稽	23	15	緊	240	14	賒	686
	16	蕊	1009		締	1446		遮	1400
	16	蕋	1009	しも 3	下	1602	15	蔗	1183
	20	蘂	1010	17	霜	727	16	赭	1183
しぼむ	10	凋	1291	しもと 13	楉	946	17	謝	687
	12	萎	1081	しもべ 2	丁	1257	18	瀉	687
しぼり	21	纈	1738	8	卒	1311		藉	1184
しぼる	12	絞	153	14	僕	598	22	鷓	1184
	13	搾	1402	16	隷	393	ジャ 8	邪	675
しま	9	洲	1329	シャ 3	叉	1393	11	蛇	683
	10	島	315	5	且	1393	21	麝	687
	16	嶼	746		写	661	しゃがれる 13	嗄	684
		縞	1673	7	沙	670	シャク 3	勺	1184
しまう	2	了	406		社	670	4	尺	1419
しまく	18	繞	1043		車	1395	5	石	747
しまる	11	閉	1575	8	舎	675	7	呎	1419
	12	絞	153		炙	1178		折	1249
	15	緊	240		者	1178		杓	1186
		締	1446	9	卸	676		灼	1186
しみ	9	染	995		洒	816		芍	1186
しみる	7	沁	904		柘	1179		赤	1218
	8	泌	641		砂	678	8	昔	750
	9	染	995	10	借	1396		炙	1178
	10	凍	339		娑	679	10	借	1396
	14	滲	707		射	679		笏	1677
しむ	5	令	388		紗	681		酌	1187
	8	使	674	11	偖	1399	11	婥	1187
しめ	15	標	1588		捨	681		惜	751
	17	鵠	1372		赦	682		釈	751
しめす	5	示	867		斜	682	13	碏	730

	14	綽	1187		取	1492		聚	1498
	16	積	1224	9	洲	1329		誦	816
		錫	752		炷	1330		需	845
	17	爵	1187		狩	836	16	儒	1098
	19	爍	689		首	836		樹	846
	21	嚼	1188	10	修	837		竪	847
		癪	1226		酒	1330	17	嬬	1099
ジャク	8	若	944		株	1332		孺	1099
	10	弱	946		殊	839		濡	1099
		迹	1220		珠	1332	18	臑	262
	11	寂	1221		茱	839	19	襦	1100
		笛	1221	11	娵	1472	23	鷲	1499
		著	1215		娶	1497	シュウ 4	収	818
		雀	1187	12	椶	1314	5	主	1321
	12	着	1400		衆	1348		囚	832
	13	楉	946		須	842	6	州	1323
		惹	943	13	腫	1314		舟	1324
		搦	268		溲	842	7	秀	833
	19	鵲	1187	14	種	1314	8	周	1327
	21	鶸	948	15	諏	1474		宗	1312
しゃくる	16	噦	973		趣	1499		取	1492
しゃけ	17	鮭	199	16	輸	847	9	拾	859
しゃち	19	鯱	1674	20	繻	848		洲	1329
しゃちほこ	19	鯱	1674	22	鬚	849		狩	836
しゃっくり	16	噦	973	ジュ 2	入	1166		柊	1312
しゃべる	12	喋	1436	7	住	1325		祝	1476
		喃	247		寿	833		秋	1470
じゃれる	15	戯	1736	8	受	834		臭	1496
シュ	4	手	819		呪	1327		酋	1472
		殳	826	10	准	1336	10	修	837
	5	主	1321		從	1312		袖	839
	6	守	832	11	授	840	11	脩	840
		朱	1323	12	就	1497		售	840
	8	侏	1327	13	頌	815		執	1389
		拄	1328	14	竪	845		終	1313
		籹	345		綬	845		羞	841

シュウ		習	859		23	雛	849			萩	851
		週	1332			鷲	1499		17	縮	1479
	12	啾	1473		24	驟	1499		18	蹙	1479
		就	1497	ジュウ	2	十	906		19	蹴	1479
		愀	1454		4	什	909		22	鷫	1336
		湿	859			廿	1169	ジュク	11	孰	849
		萩	1473		5	汁	1350		14	塾	851
		衆	1348		6	充	1487		15	熟	851
		集	1390			戎	1102	しゅくば	11	郵	1056
	13	愁	842		7	住	1325	シュツ	5	出	1482
		楫	1350		9	拾	859		8	卆	1311
		楸	1473			柔	1091		10	秫	1487
		溲	842			重	1345		17	蟀	813
		葺	1350		10	従	1312	ジュツ	5	朮	1487
		遒	1333		11	渋	708		6	戌	857
		酬	844			終	1313		8	怵	1487
	14	甃	1474			習	859			述	857
		聚	1498		12	揉	1093		9	恤	1728
		蒐	844			絨	1102		10	秫	1487
		蓚	844			集	1390		11	術	857
	15	皺	1474		14	銃	1465	シュン	6	旬	852
		蝤	1474		15	糅	1098		9	俊	1336
		諏	1474		16	獣	847			春	1480
		銹	846			縦	1316		10	峻	1336
	16	褶	860			蹂	1099			悛	1235
		輯	1391		18	鞣	1100			浚	1337
	17	戳	1350	しゅうと	13	舅	170			隼	1337
		螽	1316	しゅうとめ	8	姑	96		11	逡	1337
		鍬	1458	シュク	6	夙	849			晌	854
		醜	1475		8	叔	849		12	皴	1337
	18	鞦	1476		9	祝	1476			竣	1337
	19	繡	848		11	倏	849		13	舜	856
		蹴	1479			宿	849		14	僬	1338
	20	鰌	1476			淑	851		17	駿	1338
		鯢	1476			粛	851		18	瞬	856
	22	襲	860		12	粥	1336		20	鰆	1482

	21	蠢	1339
ジュン	6	旬	852
		巡	852
	9	洵	853
		盾	853
	10	准	1336
		殉	853
		笋	853
		純	853
		隼	1337
	11	惇	331
		淳	854
		眴	854
	12	循	854
		筍	855
		閏	1102
		順	855
	13	準	1337
		楯	855
		詢	856
		馴	856
	15	潤	1102
		蕁	856
		諄	856
		遵	1338
		醇	856
	19	鶉	857
ショ	5	且	1393
		処	1417
		疋	1599
	7	初	1447
	8	所	794
		杵	1214
		杼	1214
	9	胥	739
		苴	1215
	10	書	739
	11	庶	742
		渚	1215
		蛆	1216
	12	湑	743
		暑	743
		黍	744
	13	署	744
		睢	1217
	14	緒	745
	15	蔗	1183
		糈	745
		諸	1282
	16	嶼	746
	17	曙	746
	18	薯	746
		蹠	1420
	20	藷	1217
	25	鱮	746
ジョ	3	女	253
	6	如	976
		汝	977
	7	助	1288
		序	738
		抒	739
	8	沮	1214
	9	叙	739
	10	徐	739
		除	1277
		恕	739
		茹	979
	12	絮	743
		舒	744
	13	耡	744
	15	鋤	746
		鱮	746
	18	薯	746
ショウ	3	上	709
		小	784
	4	井	1258
		少	792
		升	860
		爿	1193
	5	召	793
		正	1259
		生	730
	6	丞	861
		匠	1194
		庄	1194
	7	声	771
		床	714
		抄	1447
		肖	1447
	8	妾	1435
		姓	771
		尚	715
		性	772
		承	861
		招	1450
		沼	794
		昇	861
		昌	1409
		松	813
		杪	1451
		炒	1451
		牀	716
		青	1437
	9	俏	1451
		咲	795
		庠	716
		政	1266
		昭	796

ショウ				菖	1410		頌	815
	9	星	773	訟	815	14	嘗	725
		相	716	逍	801		彰	1412
		省	774	徜	723		慴	860
		荘	1197	12	廂	723	摺	1257
	10	倘	719	愀	1454		獐	1202
		倡	1409	湘	723		箏	1211
		哨	1453	掌	1201		精	1272
		宵	796	晶	1271		裳	725
		将	1198	勝	863		誦	816
		峭	1453	椒	1454		障	1202
		従	1312	焼	801	15	廠	1412
		悚	815	焦	1454		衝	1490
		悄	1453	猩	775		慫	1315
		消	796	痟	804		憔	1457
		陞	863	硝	1454		憧	343
		症	1351	稍	1455		樟	1203
		祥	719	竦	815		樅	1316
		称	1516	粧	1201		漿	1203
		秤	1516	翔	723		箱	725
		笑	797	葉	999		蕉	1457
		秒	1453	装	1201		請	1442
	11	商	719	証	1351		賞	726
		唱	1410	詔	1299		踪	1316
		娼	1410	象	724		銷	806
		悄	1410	鈔	1456		霄	807
		捷	1435	13	傷	724	餉	1644
		渉	768	勦	1456		麨	1457
		清	1439	奨	1201	16	嘯	807
		猖	1410	摂	769		墻	1203
		梢	1453	照	1299		樵	1457
		盛	774	睫	1437		橡	726
		章	1199	聖	776		燋	1457
		笙	737	蛸	1457		瘴	1203
		紹	801	詳	725		縦	1316
		春	1047	鉦	1272		踵	1316

ショウ		錆	1413		状	715		繞	1043
		鞘	1457	8	定	1263		蟯	1043
	17	償	727		帖	1435	20	攘	953
		檣	1204	9	乗	862		瀼	953
		變	769		城	773		讓	953
		牆	1204		浄	1265		醸	953
		礁	1458		貞	1267	21	嚢	953
		篠	807	10	娘	248		饒	1043
		聳	1049		烝	1350	じょう	11	尉	1081
		薔	1204		茸	1047	しょうぶ	11	菖	1410
		蕭	807	11	剩	1170	ショク	6	式	876
		鍬	1458		常	721		色	728
		鍾	1317		情	1269	9	促	1458
	18	觴	727		掟	1270		俗	809
		蹤	1317		盛	774		拭	877
		醬	1204		紹	801		食	877
		鬆	816	12	場	1200	11	側	1499
	19	簫	808		畳	1436		埴	1503
		鏘	1204	13	條	1299	12	喞	1349
	20	瀟	808		嫋	265		属	810
		鐘	1317		蒸	1351		植	881
	21	囁	769	14	嘗	725		殖	881
		懾	769		嫦	1630	13	嗇	730
	22	讐	1204		滌	1420		続	811
	23	鷦	1458		静	1274		蜀	1458
	26	鱶	728	15	誼	1275		触	1458
	27	顳	769		縄	865		軾	881
ジョウ	3	上	709		諍	1211		飾	881
		丈	1193		鄭	1274	15	嘱	1459
	4	仍	1170	16	壤	952		稷	1375
		冗	1044		嬢	952		蝍	1349
	5	仗	1194		橈	1042		蝕	882
	6	丞	861		錠	1275	17	燭	1459
		成	769	17	孃	265	18	織	1375
	7	条	1289	18	擾	1042		職	1376
		杖	1194		穣	952	22	贖	812

ジョク	10	辱	1043	しる	5	汁	1350	しろよもぎ 21 蘩	573
	13	溽	1044		8	知	1363	しわ 12 皴	1337
	14	蓐	1044		15	漿	1203	15 皺	1474
	15	褥	1044		18	醪	428	しわい 7 吝	430
	16	濁	1525		19	識	882	しわがれる 13 嗄	684
		縟	1044	しるし	6	印	1143	しわぶき 18 謦	82
		耨	265		11	著	1215	しわぶく 9 咳	1630
しら	5	白	561		14	徴	1391	しわる 15 撓	265
しらかげ	21	驃	1590		15	標	1588	シン 4 心	900
しらげごめ	14	粺	130		18	驗	1648	5 申	882
しらげる	14	精	1272		19	璽	728	7 伸	883
じらす	12	焦	1454			識	882	岑	1190
しらせる	8	知	1363		24	識	1409	沁	904
	12	報	591	しるす	7	志	1362	沈	1511
しらべる	9	査	678		9	紀	229	臣	883
	12	檢	56		10	記	230	身	884
	15	調	1303		13	署	744	辛	885
	16	撿	57		14	箚	1400	辰	1377
しらみ	8	虱	858			誌	1372	8 参	1406
	15	蝨	859			銘	475	呻	886
しり	5	尻	94		16	録	401	芯	904
	9	後	1719		19	識	882	9 信	886
	17	臀	348	しるべ	15	標	1588	侵	1512
	19	臗	138	しれる	8	知	1363	津	1377
しりがい	18	鞦	1476		13	痴	1504	怎	1350
しりぞく	7	却	12	じれる	12	焦	1454	矧	887
	9	卸	15	しろ	5	代	303	神	887
		退	1545			白	561	10 唇	853
	11	逡	1337		9	城	773	娠	890
しりぞける	5	斥	1419			素	798	宸	890
	7	却	12	しろい	5	白	561	振	1378
	9	卸	15		11	皎	153	涔	1190
		退	1545		12	皓	1672	浸	1513
	11	屏	587		15	皚	936	晋	1380
	17	擯	656	しろがね	14	銀	1105	疹	1380
		黜	1487	しろつち	11	堊	917	真	1380

シン		秦	1383	23	鱏	906	21	贐	896
		針	1513	24	識	1409	23	鱏	906
	11	深	904	26	鱸	1516	しんがり	13	殿	1240
		清	1439	ジン	2	人	1131			
		晨	891			儿	1137	【す】		
		梣	1514		3	刃	1137	ス	3	子	1171
		脣	854		4	仁	1137		5	主	1321
		紳	891			壬	1165			司	662
		進	1383		5	仞	1143		6	守	832
	12	森	707		6	任	1165			州	1323
		裑	891			尽	1376		7	寿	833
		診	1384			迅	883		9	洲	1329
		軫	1384		7	沈	1511		10	修	837
	13	寝	1514			臣	883			素	798
		慎	891		9	甚	904		11	笥	683
		搢	1385			神	887		12	須	842
		斟	1389			衽	1166		13	数	843
		新	891		10	浸	1190		15	諏	1474
		蜃	896			恁	1166		20	蘇	808
	14	榛	1385			荏	1166	す	6	州	1323
		滲	707			訊	891		9	洲	1329
		賑	1385			陣	1379		11	巣	800
	15	審	906		11	深	904		12	酢	1455
		瞋	1385			袵	1166		14	酸	697
		箴	1191			進	1383		15	醋	1457
		蓡	707		12	尋	905		17	簀	1417
		請	1442			靭	1145		18	鬆	816
		震	1386		13	腎	895		19	簾	387
	16	縉	1386			椹	906	ズ	4	手	819
		薪	896			稔	1166		7	図	312
		親	1508		14	塵	1385			杜	344
	17	糂	708		15	糂	707			豆	344
		鍼	1515		16	儘	1386		8	事	673
		駸	1516			蕈	906			呪	1327
	18	簪	1191			蕁	284		10	修	837
	21	襯	1501		18	燼	896			途	316

	11	逗	345			雖	848	すがめ	9	眇	493
		誦	816	すい	12	酢	1455	すがめる	9	眇	493
		酘	345		14	酸	697	すがやか	11	清	1439
	15	廚	1333			醋	1457	すがる	6	尽	1376
	16	頭	346	ズイ	12	惴	1490		16	縋	1474
ず	4	不	629			随	841	すき	6	耒	403
	5	弗	637			隋	842		8	枦	1647
スイ	4	水	826		13	瑞	744		12	犂	374
	5	出	1482		16	蕊	1009		13	隙	202
	7	吹	1491			蕋	1009		14	銚	1042
	8	垂	835			隧	846		15	鋤	746
		佳	1468		19	髄	848	すぎ	7	杉	706
		炊	1492		20	蘂	1010		12	椙	1411
	9	帥	836	ずいむし	16	螟	476	すぎる	12	過	128
	10	祟	839	スウ	8	枢	1468	スク	11	宿	849
		粋	840		10	芻	1472	すく	6	好	1666
		衰	818		11	祟	857		7	抄	1447
	11	彗	1664			陬	1473		8	空	120
		悴	1490		12	菘	858		10	透	1548
		推	1472		13	嵩	858		11	梳	801
		酔	1497			数	843		13	耡	744
	12	棰	1473		15	皺	1474		14	漉	399
		椎	1473		17	趨	1475		15	鋤	746
		萃	1490		18	雛	1475	すぐ	8	直	1372
		遂	841	すう	6	吸	1733	ずく	14	銑	760
	13	睡	844	すえ	5	末	450	すくう	7	抔	610
		綏	844		8	季	85		10	振	1378
		觜	1182		11	陶	317		11	掬	181
	14	翠	1498		12	稍	1455			救	168
	15	穂	845		13	裔	1008	すくない	4	少	792
		誰	846	すえる	11	据	50		13	尠	759
	16	膵	1490		21	饐	1120		14	寡	130
		錘	1474	すが	12	菅	134		17	鮮	762
		錐	1475	すかす	10	透	1548	すくむ	12	竦	815
		隧	846		17	賺	387	すぐれる	8	卓	1524
	17	燧	848	すがた	9	姿	1179		9	俊	1336

		12	偉	1081		17	篠	807	すたれる	12	廃	1576
			勝	863		23	鑢	363	ずつ	8	宛	1026
		13	傑	55	すすき	7	芒	453	すっぱい	14	酸	697
		17	優	1058		16	薄	532	すっぽん	25	鼈	583
			邁	461	すずき	27	鱸	399	すでに	3	已	1124
			駿	1338	すすぐ	11	雪	764		10	既	230
すけ	4	介	38		14	漱	844	すてる	10	捐	986
	7	佐	1318			滌	1420		11	捨	681
		助	1288		16	澣	1620		13	棄	236
	9	亮	371		17	濯	1525		15	遺	1097
	12	弼	1599	すずしい	10	凉	371	すな	7	沙	670
すげ	12	菅	134		11	涼	371		9	砂	678
すける	10	透	1548	すずな	12	菘	858	すなお	6	朴	529
すげる	10	挿	708	すすむ	10	晋	1380	すなどる	14	漁	966
すごい	10	凄	1418		11	進	1383	すなわち	2	乃	248
すこし	4	少	792	すずむ	10	凉	371		7	即	1348
すごす	12	過	128		11	涼	371		9	便	1568
すこぶる	14	頗	1556	すずめ	11	雀	1187			則	1507
すごむ	10	凄	1418	すすめる	8	享	1642		12	就	1497
すこやか	11	健	54			侑	1089			曾	1351
すさぶ	9	荒	1701		11	進	1383	すね	11	脛	75
すさまじい	10	凄	1418		13	勧	190		18	臑	262
すさむ	9	荒	1701			奨	1201	すねる	8	拗	1038
すし	16	鮓	1184		15	慫	1315	すのこ	17	簀	1417
	17	鮨	1372		16	薦	1430	すばやい	19	趫	156
すじ	7	条	1289	すずり	12	硯	988	すばる	9	昴	493
	9	肋	204	すすりなく	11	歔	1736	すべ	11	術	857
	10	脈	462		16	歔	1646	すべからく	12	須	842
	12	筋	206	すする	11	啜	1431	すべて	3	凡	573
	13	腱	54	すそ	13	裾	50		6	全	1227
	15	線	761	すだく	12	集	1390		11	都	318
	17	繊	768	すだま	15	魅	461		12	渾	1677
すじる	11	捩	386		18	魍	455		14	総	1462
すす	13	煤	461		21	魑	429	すべる	5	辷	1163
すず	13	鈴	389	すたる	12	廃	1576		12	惣	1462
	16	錫	752	すだれ	19	簾	387			統	1544

	13	滑	1700		17	擦	1405	青	1437
	14	総	1462	ずるい	9	狡	150	斉	1276
		綜	1315	するどい	15	鋭	1009	9 城	773
		縮	136	するめ	19	鯣	984	政	1266
すぼまる	10	窄	1400	すれる	14	摺	1257	星	773
すまう	7	住	1325		17	擦	1405	牲	736
すます	11	済	1278	すわえ	13	楉	946	省	774
		清	1439			楚	1456	砌	1444
	15	澄	1391	すわる	7	坐	1318	穽	1267
すみ	7	角	13		10	座	1319	10 凄	1418
	9	炭	1526		11	据	50	晟	774
	11	陬	1473	スン	3	寸	1459	栖	742
	12	隅	1057	すんで	10	既	230	逝	739
	14	墨	505					11 情	1269
ずみ	11	栂	15	**【せ】**				悽	1418
すみやか	10	速	810					旌	1270
すみれ	11	菫	206	セ	5	世	777	済	1278
すむ	7	住	1325		9	施	869	清	1439
	10	栖	742		13	勢	783	盛	774
	11	済	1278	せ	5	兄	1660	12 堉	743
		清	1439		9	背	557	婿	743
	12	棲	743		10	脊	1419	掣	1431
	15	澄	1391			畝	493	晴	1441
すめらぎ	9	皇	1703		19	瀬	405	棲	743
すもも	7	李	422	ゼ	9	是	870	猩	775
すもり	16	鵐	280	セイ	4	井	1258	甥	737
ずり	10	砕	1564		5	世	777	菁	1442
する	8	刷	816			丼	1258	萋	1418
		抹	451			正	1259	貰	782
	9	為	1079			生	730	13 勢	783
	11	掏	317		6	成	769	腥	775
	13	搨	1531			西	737	歳	783
	14	摺	1257		7	声	771	晴	1271
	15	摩	440		8	制	1276	靖	1271
	16	擂	404			姓	771	筬	776
		磨	441			征	1265	聖	776
						性	772		

セイ		誠	777	せいご	17	鯑	593		16	積	1224
	14	察	784	せがれ	6	伜	858			錫	752
		精	1272		10	倅	858		17	績	1225
		聟	745		11	悴	1490		18	藉	1184
		蜻	1442	セキ	3	夕	746			蹠	1420
		製	1281		4	尺	1419			蹟	1225
		誓	745		5	斥	1419		20	籍	1225
		静	1274			石	747			鬩	1403
	15	嘶	876		6	汐	750		21	鶺	1420
		請	1442		7	呎	1419	せき	9	咳	1630
	16	儕	1283			赤	1218		12	堰	973
		整	1275		8	舎	675		14	関	136
		醒	777			刺	1177	せく	9	急	218
		錆	1413			昔	750		12	堰	973
	18	臍	1284			析	750		13	塞	728
		薺	1284		9	炻	750	せぐくまる	9	侷	181
	19	瀞	1275		10	射	679		14	跼	181
		螫	1285			席	750	せせなぎ	14	潺	430
		鯎	1285			脊	1419	せせる	10	捼	402
		鯖	1443			迹	1220	セチ	13	節	1252
	21	齋	1210			隻	1420		14	察	1405
	22	霽	1285		11	寂	1221		20	癤	1253
		鱠	1285			惜	751	セツ	4	切	1245
せい	9	背	557			戚	1420		7	折	1249
	10	脊	1419			淅	751		8	刹	1405
ゼイ	8	柄	1007			責	1416			拙	1311
	10	脆	1497			釈	751			泄	763
		蚋	1007		12	晳	751		9	契	86
	12	税	782			腊	751			洩	764
		毳	1498		13	跡	1221			窃	1250
	13	勢	783		14	碩	752		10	屑	764
		筮	744			蓆	752			殺	698
		蛻	784			蜥	752			浙	1251
	14	説	766			適	1223		11	啜	1431
	16	噬	746		15	潟	752			接	1256
	18	贅	1490			瘠	1420			梲	1251

セツ		紲	764		21	讘	68			閃	767
		設	764	せり	7	芹	204		11	剪	1236
		雪	764		25	耀	1306			旋	756
	12	渫	766	せる	8	迫	529			船	756
	13	摂	769		20	競	83			釧	1429
		楔	766	ゼロ	13	零	389		12	喘	1429
		節	1252	せわしい	6	忙	453			孱	1189
	14	截	784	セン	3	千	1421			揃	1238
		截	1253			山	689			筌	1238
		説	766			川	1423		13	僉	1435
	16	蕝	1468		5	仙	752			尟	759
	17	褻	767			占	1253			戰	1238
	20	癤	1253		6	亘	220			腺	759
ゼツ	6	舌	763			先	752			煎	1240
	12	絶	1251			尖	1434			羨	759
ぜに	14	銭	1243			阡	1427			詮	1240
せばまる	9	狭	1658		7	串	132			践	1429
せばめる	9	狭	1658			圳	1427			跣	760
せぼね	14	膂	375		8	疝	692		14	僭	1408
せまい	9	狭	1658			芝	707			塼	1243
		陋	408		9	前	1231			煽	760
	10	窄	1400			宣	755			箋	1243
	13	隘	934			専	1234			錢	1243
	14	褊	1569			染	995			銑	760
せまる	8	迫	529			泉	1428			銓	1243
	9	拶	1405			浅	1428			銛	768
	13	遒	1333			洗	779		15	嬋	760
		逼	1601			穿	1429			撰	1403
	16	薄	532			苫	1255			潜	1190
	18	蹙	1479			茜	1428			潺	1189
せみ	14	蜩	1301		10	剗	1188			箭	1243
	18	蟬	762			扇	756			線	761
せめぐ	18	鬩	1649			旃	1236			選	760
せめる	7	攻	119			栓	1236			遷	1429
	11	責	1416			涎	986			賎	1430
	20	譲	953			訕	693		16	擅	1430

セン		甄	1244		15	髯	998			疏	804
		磚	1244		16	膳	762			訴	804
		薦	1430		18	繕	762			酢	1455
		遷	768			蟬	762			酥	842
		穆	707		20	蠕	992		13	嗾	804
	17	氈	1244		23	鱓	763			塑	805
		篋	1305	センチグラム						想	724
		繊	768		14	厙	427			楚	1456
		餞	1244	センチメートル						溯	806
		鮮	762		15	糎	428			龜	1473
	18	瞻	1435	セント	13	聖	776			鼠	744
		蟬	762	ぜんまい	17	薇	524		14	遡	806
	19	氈	1244	【そ】					15	噌	1211
		蟾	768							醋	1457
	20	譫	768	ソ	5	且	1393		16	蔬	807
		瞻	768		8	咀	1212		18	礎	1458
		鐫	1245			姐	1212		20	蘇	808
		闡	1430			岨	1213			齟	746
		騙	762			徂	1290		33	麤	1476
	21	殲	768			沮	1214	そい	11	酳	345
		蘚	762			狙	1214	ソウ	4	双	909
		饌	1404			阻	1290			爪	1285
	22	癬	763		9	怎	1350		5	匆	1461
		顫	1245			咀	1290		6	争	1210
	23	籤	1435			俎	1290			壮	1194
	24	鱣	1245			祖	1290			扱	217
ゼン	5	冉	995		10	疽	1215			早	1287
	6	全	1227			租	1292			艸	1447
	9	前	1231			素	798		7	宋	813
		染	995		11	措	1293			抓	1289
	10	涎	986			梳	801			皁	1290
	12	善	758			粗	1293			走	1326
		喘	1429			組	1294		8	宗	1312
		然	987		12	曾	1351			帚	1468
	13	禅	759			甦	803			忩	1461
	14	漸	1255			疎	803		9	奏	1329

ソウ		忽	1462		蒼	1412			簇	1308
		相	716		楤	1462			糟	1305
		草	1451		牒	1191			蹌	1413
		荘	1197		葱	1462			霜	727
		送	814	14	嗾	844		18	叢	1465
	10	倉	1409		嗽	844			贈	1353
		捜	839		嘈	1300			蹤	1317
		挿	708		層	1501			鎗	1413
		桑	719		槍	1412			騒	807
		笊	1292		漱	844			鬆	816
		蚤	1292		漕	1301		19	繰	1305
	11	巣	800		箏	1211			藪	848
		崢	1211		箒	1474			藻	1305
		掃	801		粽	1315			鏘	1204
		曹	1293		総	1462		20	孀	727
		淙	1313		綜	1315			躁	1306
		爽	723		聡	1465		21	囃	1193
		窓	1410		遭	1301			竈	1306
		陬	1473	15	噌	1211		22	鰺	808
	12	創	1411		蔟	1308	そう	8	沿	985
		喪	723		槽	1303		11	副	616
		惣	1462		瘡	1413			添	1434
		曾	1351		瘦	845		12	然	987
		棕	1314		箱	725	ゾウ	10	造	1291
		棗	1299		諏	1474		11	曹	1293
		湊	1333		諍	1211		12	象	724
		葬	1200		踪	1316		14	像	725
		装	1201	16	噪	1304			増	1352
	13	僧	864		操	1304			憎	1353
		剿	1456		澡	1304			慥	1301
		勦	1456		艙	1413			雑	1191
		嫂	842		艘	807		15	蔵	1203
		想	724		輳	1334		18	贈	1353
		愴	1411		錚	1211		19	臓	1204
		搔	805	17	燥	1304		22	臢	1204
		滄	1411		甑	1353	そうろう	10	候	1722

そえ	11	酘	345		17	簇	1308		8	卒	1311
そえうま	15	駙	620		19	鏃	1309		9	帥	836
	21	驂	1409	そくず	14	蓚	688		10	倅	858
そえる	11	副	616	そげる	9	削	688		11	率	420
		添	1434	そこ	8	底	1213			啐	1339
そぎ	8	枌	626	そこなう	10	害	1634	そで	10	袪	50
ソク	4	仄	1499			残	1188			袖	839
	7	即	1348		13	傷	724	そでにする	10	袖	839
		束	808			損	812	そと	5	外	1032
		足	1306			賊	1221	そなえる	8	供	119
	9	促	1458	そこねる	13	損	812			具	165
		則	1507	そしる	8	刺	1177		12	備	648
	10	息	880			非	642			奠	1238
		捉	1400		10	訕	693		21	饌	1404
		速	810		12	訾	1216	そなわる	8	具	165
	11	側	1499		13	毀	1726		12	備	648
	12	喞	1349		15	誹	653	そにどり	16	鴗	437
		惻	1500		17	謗	555	そね	10	埆	15
		測	1500		19	譏	239		12	硈	15
	13	塞	728		24	讒	1409	そねみ	13	嫉	1388
		触	1458	そそぐ	7	沃	1020	そねむ	11	猜	873
	14	嗽	844		8	注	1328		13	嫉	1388
		熄	882		9	洒	816	その	8	其	226
	15	蝍	1349		13	溲	842			苑	1066
		蔌	812		15	澆	1042		13	園	1070
	17	燭	1459		17	濯	1525		17	薗	1073
そく	9	退	1545		18	瀉	687	そば	8	岨	1213
そぐ	9	削	688		21	灌	138		11	側	1499
	10	殺	698	そそのかす	10	唆	679		12	傍	554
ゾク	9	俗	809		14	嗾	844		13	稜	422
	11	族	1308	そぞろに	7	坐	1318	そばだつ	6	屹	1733
	12	属	810		14	漫	448		8	岨	1213
		粟	811	そだつ	8	育	1101		9	峙	1502
	13	続	811	そだてる	8	育	1101	そばだてる	12	欹	235
		賊	1221	ソチ	9	帥	836	そび	16	鴗	437
	15	蔟	1308	ソツ	6	伜	858	そびえる	17	聳	1049

そびやかす	17	聳	1049	そろえる	12	揃	1238		9	咄	1364
そま	7	杣	692	そわ	8	岨	1213		15	誰	846
そまる	9	染	995	そわせる	11	添	1434		20	鯛	1524
そむく	4	反	533	そわる	11	添	1434	ダ	3	大	292
	5	北	621	ソン	6	存	1309		4	太	1533
	8	乖	146			忖	1460		5	打	1519
	9	叛	539		7	邨	1460		6	朶	1522
		背	557			村	1460		7	兌	1534
	10	倍	559		9	拵	1309			妥	1522
		畔	540		10	孫	812		8	陀	1522
そむける	9	背	557		12	尊	1310		10	拿	242
ぞめく	18	騒	807			巽	812		11	唾	1523
そめる	7	初	1447		13	損	812			舵	1523
	9	染	995		14	遜	813			茶	319
ソモ	9	怎	1350		15	噂	1338			紽	1523
そもそも	7	抑	968		16	樽	1338			蛇	683
そら	4	天	1424		19	蹲	1339			雫	264
	8	宙	1328		23	鱒	1339		12	堕	1523
		旻	526	ゾン	6	存	1309			惰	1523
		穹	187						13	楕	1523
		空	120	**【た】**					14	駄	1536
そらす	4	反	533	タ	3	大	292		15	駝	1523
そらんじる	16	諳	928		4	太	1533		16	橢	1524
		諷	1594		5	他	1518		17	懦	242
そらんずる	13	暗	927		6	多	269		20	糯	242
	14	誦	816		7	佗	1522		22	驒	1529
そり	16	橇	1499			汰	1535	ダース	5	打	1519
そる	4	反	533		8	侘	1396	タイ	3	大	292
	9	剃	1444		11	茶	319		4	太	1533
それ	4	夫	607			紽	1523		5	代	303
	8	其	226		12	隋	842			台	305
それがし	9	某	480		13	詫	1523		7	体	1443
それる	5	外	1032			躱	1523			兌	1534
	11	逸	1164			鉈	685			対	306
そろい	12	揃	1238	た	4	手	819			汰	1535
そろう	12	揃	1238		5	田	1226		8	毒	326

タイ	9	耐	253			内	248	たかい	3	兀	1023
		帝	1277		5	代	303		7	炭	218
		待	307			台	305		8	尭	1038
		怠	1535		7	弟	1275			杲	99
		胎	1535		8	奈	252		10	高	100
		殆	1535		9	怠	1535		11	崔	1466
		玳	308		11	第	1279			崇	857
		苔	1535		12	提	1281			峻	421
		退	1545		16	醍	1284			隆	420
	10	帯	308		18	臺	311		12	喬	153
		泰	1535			題	1284		17	巍	968
	11	堆	1546	だいだい	16	橙	351		21	巍	1037
		袋	309	たいまつ	9	炬	49	たがい	4	互	1664
		逮	1445	たいら	5	平	1571	たがいに	8	迭	1387
	12	替	1445		8	坦	1526	たがう	10	差	1397
		貸	310	たえ	7	妙	492		13	違	1082
		軑	1445		10	栲	100		15	靠	106
		隊	310	たえて	12	絶	1251	たがえる	13	違	1082
	13	滞	1445	たえる	6	任	1165	たかつき	7	豆	344
		瑇	311		9	耐	253	たかどの	13	楼	409
		碓	311		12	堪	26		14	閣	16
	14	態	1536			勝	863	たがね	19	鏨	1408
		腿	1546			絶	1251		27	鑽	1404
		颱	1536	たおす	10	倒	315	たかぶる	4	亢	1627
	15	蔕	1446		16	殪	975		8	昂	933
		褪	1546	たおやか	11	婀	915	たかべ	20	鯖	1524
		駘	1536		13	嫋	265	たかまる	10	高	100
	16	頽	1547	たおれる	4	仆	607	たかむら	15	篁	1706
		黛	311		10	倒	315	たかめる	10	高	100
	17	戴	311		16	殪	975	たがやす	10	耕	75
		擡	311		18	斃	1577		13	農	262
	18	薹	311		19	蹶	192	たから	8	宝	588
たい	19	鯛	1306	たか	6	竹	1335		10	財	1208
ダイ	2	乃	248		10	高	100		11	貨	1692
	3	大	292		24	鷹	1114	たかる	12	集	1390
	4	太	1533	たが	14	箍	106	たき	13	滝	402

	18	瀑	1585		19	疇	1334	たしなむ 10 耆	230
たきぎ	16	薪	896	たぐえる 18	類	415		13 嗜	236
たぎつ	16	激	59	たくましい 11	逞	389	たしなめる 12 窘	184
たぎる	8	沸	641	たくみ 3	工	112	たす 7 足	1306
	14	滾	111	5	巧	149		20 贍	768
タク	6	宅	1536	6	匠	1194	だす	5 出	1482
		托	1524	たくむ 5	巧	149	たすかる	7 助	1288
	7	択	1537	たくらむ 6	企	221	たすき	22 欅	51
		沢	1537	たくわえる 10	畜	1477	たすける	4 介	38
	8	卓	1524	12	貯	1216		5 右	1051
		拓	1419	13	蓄	1478		6 丞	861
		拆	1524	たけ 3	丈	1193		7 佐	1318
	9	度	313	6	竹	1335		佑	1054
		柝	1524	8	岳	917		助	1288
	10	啄	1524	10	茸	1047		扶	610
		託	1524	15	篁	1706		9 相	716
	11	琢	1525	17	嶽	920		毘	645
	15	磔	1417	だけ 3	丈	1193		祐	1055
	16	橐	1525	たけし 8	武	496		12 幇	555
	17	濯	1525	10	赳	197		弼	1599
	18	謫	1225	11	健	54		援	1070
	21	鐸	1525		猛	464		13 資	1182
	22	籜	1403	たけなわ 12	酣	28		14 輔	593
たく	8	炊	1492	17	闌	360		17 翼	1131
	9	炷	1330	たけのこ 12	筍	855	たずさえる 13 携	1727
	12	焚	627	たける 8	長	1194	たずさわる 13 携	1727
	14	綰	136	10	哮	1717	たずねる 10 原	1067
	16	薫	1724	11	猛	464		訊	891
ダク	15	諾	242	17	闌	360		討	1540
	16	濁	1525	たこ 5	凧	192		11 訪	554
だく	8	抱	1579	9	胝	1368		12 尋	905
	12	跑	1582	12	胼	582	ただ	4 止	1355
たぐい	4	匹	1598	13	蛸	1457		5 只	1355
	6	伉	1627	たしか 14	慥	1301		7 但	274
	10	倫	418	15	確	1694		10 徒	315
	18	類	415	たしかめる 15	確	1694		11 唯	1092

読み	画数	漢字	ページ	読み	画数	漢字	ページ	読み	画数	漢字	ページ
		惟	1092	たたる	10	崇	839		24	羈	240
	12	惷	874	ただれる	17	糜	524	たつみ	12	巽	812
たたえる	10	称	1516		21	爛	361	たて	3	干	16
	12	湛	283	タチ	12	達	281		9	盾	853
	15	賛	1403	たち	15	質	1388		13	楯	855
	22	讃	1404		16	館	137		14	竪	845
たたかう	13	戦	1238	ダチ	12	達	281		16	縦	1316
	16	鬨	1680	たちばな	16	橘	200			館	137
	18	闘	1549	たちまち	5	乍	659	たで	15	蓼	407
たたく	5	叩	93		8	忽	1677	たていと	11	経	75
	6	扣	164		11	倏	849	たてがみ	25	鬣	388
	14	敲	105	タッ	12	塔	1531	たてふだ	14	榜	555
ただし	7	但	274	タツ	12	達	281	たてまつる	3	上	709
ただしい	5	正	1259	たつ	5	立	433		8	奉	603
	9	是	870		7	辰	1377		13	献	1646
		貞	1267		9	建	52	たてる	5	立	433
ただす	5	正	1259			発	544		9	建	52
	6	匡	141		10	站	1407			点	1254
	7	批	641			起	231		11	閉	1575
		糺	197			竜	407		16	樹	846
	9	糾	197		11	断	276	たとい	16	縦	1316
		訂	1267		12	絶	1251	たとえ	20	譬	654
	10	格	58			裁	1210	たとえる	8	例	392
	11	規	198		14	截	1253		12	喩	1093
	13	督	329	ダツ	8	妲	281		20	譬	654
		董	342		11	脱	1529	たどる	7	辿	1428
	15	質	1388		14	奪	1530	たな	8	店	1253
	18	鞫	182		19	獺	281		9	架	6
たたずむ	7	佇	1211		22	韃	281		12	棚	639
ただちに	8	径	74	たっとい	12	尊	1310	たなご	25	鱮	746
		直	1372			貴	196	たなごころ	12	掌	1201
ただに	10	翅	873	たっとぶ	8	尚	715	たに	7	谷	108
	12	啻	874		11	崇	857		11	渓	88
たたみ	12	畳	1436		12	尊	1310		15	澗	21
たたむ	12	畳	1436			貴	196		17	谿	90
ただよう	14	漂	1588	たづな	22	轡	654	たぬき	10	狸	425

たね	9	胤	1102		11	球	168	ためいき	12	喟	1081
	14	種	1314		12	弾	1527	ためし	8	例	392
たのしい	12	愉	1093		13	瑶	1041	ためす	13	試	875
	13	楽	356		14	魂	1677		18	験	1648
たのしむ	7	佚	1163		15	璆	172	ためらう	4	予	1005
	10	娯	1014			霊	390		11	逡	1337
	12	凱	41		18	璧	579		15	跙	1372
		愉	1093			瓊	82		21	躊	1334
	13	愷	43	たまう	12	給	219	ためる	13	溜	414
		楽	356		15	賜	686		17	矯	155
	15	嬉	1736			賚	404	たもつ	9	保	590
たのむ	8	怙	1669	たまき	17	環	1698			持	1366
	9	恃	869	たまご	7	卵	359	たもと	9	袂	476
	12	馮	658		11	蛋	277		10	袪	50
	15	嘱	1459	たましい	14	魂	1677	たやす	12	絶	1251
	16	憑	658		15	霊	390	たゆむ	6	弛	1126
		頼	405			魄	569	たより	9	便	1568
たのもしい	16	頼	405	だます	16	瞞	449	たよる	16	頼	405
たば	7	把	1553		17	賺	387	たら	13	楤	1462
		束	808		19	騙	1570		22	鱈	767
たばかる	16	謀	482	たまたま	6	会	1707	たらい	14	槃	541
たばこ	11	莨	364		11	偶	1056		16	盥	137
たばねる	17	繦	639		14	適	1223	たらす	8	垂	835
たび	9	度	313	たまもの	15	賜	686		14	誑	143
	10	旅	373			賚	404	たらのき	13	楤	1462
	22	羈	240	たまる	12	堪	26	たり	9	為	1079
	24	羇	240		13	溜	414	たりる	7	足	1306
たぶ	12	椨	618	だまる	15	黙	505		20	贍	768
たぶのき	12	椨	618	たまわる	12	給	219	たる	7	足	1306
たぶらかす	14	誑	143		15	賜	686		16	樽	1338
たべる	9	食	877	たみ	5	民	525	たるき	11	桷	15
たぼ	15	髱	1584	たむし	22	癬	763		12	榱	1473
たま	3	丸	1695	たむろ	4	屯	347		13	橡	988
	5	玉	1018	たむろする				たるむ	6	弛	1126
	6	圭	197		4	屯	347	たれ	11	埀	849
	10	珠	1332	ため	9	為	1079		15	誰	846

だれ		15	誰	846			痰	283		【ち】
たれる		7	低	1211		14	端	279				
		8	垂	835			綻	1528	チ	6	地	1356
たわごと		22	囈	1010		15	憚	1528			弛	1126
たわむ		15	撓	265			歎	1528			池	1360
		16	橈	1042			潭	283		8	治	1501
たわむれる							緞	280			知	1363
		15	戯	1736			誕	1528		9	胝	1368
		16	謔	1616		16	壇	280		10	値	1502
たわら		10	俵	1587			蕁	284			恥	1503
たわわ		15	撓	265			輾	280			致	1503
タン		4	丹	273			貒	280		11	笞	1536
			反	533		17	賺	387		12	智	1371
		5	旦	273			鍛	280			植	881
		7	但	274		18	簞	280			遅	1370
		8	坦	1526		19	壜	284		13	痴	1504
			担	281			譚	284			稚	1505
		9	単	274		20	鐔	906			置	1505
			胆	282		22	灘	1528			雉	1506
			段	276			驔	1529			馳	1506
			炭	1526	ダン	5	旦	273		14	徴	1391
			眈	1530		6	団	273			蜘	1371
		10	站	1407		7	男	244		15	褫	1506
			耽	1530		9	段	276			質	1388
		11	啖	282		11	断	276			踟	1372
			探	1530		12	弾	1527		16	緻	1507
			淡	282		13	暖	242		17	穉	1507
			郯	283			椴	279			薙	1446
			蛋	277			煖	243			螭	428
			貪	1531		15	緞	280		19	邌	375
		12	堪	26			談	283		21	魑	429
			弾	1527		16	壇	280		22	躓	1372
			湛	283			擅	1430		23	黐	429
			猯	277		17	檀	280	ち	3	千	1421
			短	277		19	譚	284		6	血	1655
		13	嘆	1528		22	灘	1528		8	乳	1088

		茅	479	ちのみご	9	孩	1630			紬	1333
	14	箇	44		17	孺	1099		12	厨	1333
ちいさい	3	小	784	ちびる	7	禿	326			註	1333
	14	瑣	817	ちまき	14	粽	1315			鈕	266
ちかい	7	近	202	ちまた	7	岐	225		13	稠	1300
ちかう	13	盟	464		9	巷	1628			誅	1333
	14	誓	745		24	衢	174		14	綢	1333
ちがう	13	違	1082	チャ	9	茶	270		15	廚	1333
ちがえる	13	違	1082		13	楪	1257			鋳	1334
ちかづく	9	昵	268	チャク	11	著	1215			駐	1334
ちがや	8	茅	479		12	着	1400		17	鍮	1100
ちから	2	力	376		14	嫡	1222		19	疇	1334
ちぎ	7	杠	32			適	1223			籀	1334
ちぎる	9	契	86		18	擲	1420		20	籌	1334
チク	6	竹	1335	チュ	8	拄	1328		21	躊	1334
	10	畜	1477	チュウ	4	丑	1476	チュツ	17	黜	1487
		逐	1477			中	1339	チュン	13	椿	1482
	12	筑	1478		6	仲	1344	チョ	7	佇	1211
	13	蓄	1478			虫	1488		8	杼	1214
	16	築	1478		7	肘	1326		9	苧	1215
	22	鰲	1480			忡	1488		11	猪	1215
	24	矗	1459			沖	1489			著	1215
ちち	4	父	607			狆	1489		12	貯	1216
	8	乳	1088		8	宙	1328		13	楮	1216
ちぢまる	17	縮	1479			忠	1489		14	緒	745
ちぢむ	17	縮	1479			抽	1468		15	樗	1217
ちぢめる	17	縮	1479			注	1328			潴	1217
ちぢらす	17	縮	1479		9	青	1329			箸	1217
ちぢれる	17	縮	1479			昼	1329		18	儲	1217
チツ	8	帙	1387			柱	1330		19	瀦	1217
	10	秩	1388			紂	1330	チョウ	2	丁	1257
	11	窒	1388		10	紐	266		4	弔	1285
	15	膣	1388			衷	1490		5	庁	1437
	17	蟄	1516			酎	1332			打	1519
ちなむ	6	因	1144		11	偸	1549		6	兆	1286
ちぬる	25	釁	1732			惆	1472			吊	1286

チョウ	7	町	1262			跳	324	チン	6	灯	349
		疔	1263		14	徴	1391		7	沈	1511
	8	帖	1435			暢	1412		8	枕	1512
		長	1194			漲	1412		9	亭	1265
	9	恰	1734			肇	1301			珍	1377
		挑	314			蔦	1301		10	朕	1389
		迢	1453			蜩	1301			砧	1513
		逃	314			趙	1301		11	陳	1384
		重	1345			銚	1042		13	填	1238
	10	冢	1462		15	嘲	1301			椿	1482
		凋	1291			潮	1302			榛	906
		挺	1268			澄	1391			賃	1166
		晁	1291			蝶	1257		15	鴆	1389
		鬯	1410			調	1303		18	鎮	1386
	11	停	1268		16	諜	1437			闐	1552
		帳	1198			雕	1304	ちん	7	狆	1489
		張	1199		17	燿	1304	ちんば	12	跛	1556
		彫	1292			樫	1275				
		悵	1410			聴	1442	**【つ】**			
		掉	317		18	懲	1392	ツ	10	通	1541
		眺	1293		19	寵	1465		11	都	318
		釣	1295			鯛	1306	つ	9	津	1377
		頂	1270		20	鰈	1257		14	箇	44
		鳥	1296		22	鯲	1306	ツイ	7	対	306
	12	喋	1436		25	糴	1306		9	追	1468
		塚	1462	チョク	8	直	1372		11	堆	1546
		提	1281		9	勅	1507		12	椎	1473
		朝	1298		10	捗	1419		14	槌	1474
		脹	1411	ちらかす	12	散	694		15	墜	1474
		貂	1455	ちらかる	12	散	694		16	縋	1474
		貼	1436	ちらす	12	散	694			錘	1474
		超	1455	ちり	7	坌	625		18	鎚	1475
	13	腸	1202		14	塵	1385	ついえる	12	費	650
		楪	1257	ちりばめる					15	潰	193
		牒	1436		19	鏤	410	ついず	6	次	1393
		誂	1300	ちる	12	散	694	ついたち	10	朔	688

ついで	7	序	738		10	宰	1208		著	1215
	10	秩	1388		12	掌	1201	12	就	1497
	11	第	1279		14	管	135		属	810
ついに	11	竟	75	つかす	6	尽	1376		着	1400
		終	1313	つかねる	15	鞏	126	13	搗	323
	12	遂	841	つかまえる	10	捕	1581	15	衝	1490
ついばむ	10	啄	1524	つかまつる	5	仕	659		撞	291
ついやす	12	費	650	つかまる	10	捉	1400	16	憑	658
ツウ	10	通	1541			捕	1581		築	1478
	12	痛	1543		14	摑	148	17	擣	326
つえ	7	杖	1194	つかむ	14	摑	148	つぐ	6	次	1393
	12	策	1416		15	摯	1372	7	亜	912
つか	7	束	808		23	攫	1695	8	注	1328
	9	柄	586	つからす	10	疲	1596	11	接	1256
	10	冢	1462	つかる	10	浸	1513		紹	801
	12	塚	1462		14	漬	1371	13	嗣	685
つが	9	栂	480	つかれる	7	労	395		継	88
つがい	12	番	570		10	疲	1596	22	襲	860
つかう	8	使	674		15	弊	1577	つくえ	2	几	192
	13	遣	66		19	羸	428	6	机	192
つがう	12	番	570	つかわす	10	差	1397	10	案	923
つかえ	12	痞	650		13	遣	66	つくす	6	尽	1376
つかえる	4	支	1354	つき	4	月	1074	11	悉	899
	5	仕	659		7	坏	556	14	竭	23
	8	事	673		15	槻	199	21	殲	768
	10	宦	1697		17	鵄	482	つくだ	7	佃	1231
	11	閊	694	つぎ	6	次	1393	つくづく	15	熟	851
つかさ	5	司	662	つきそう	11	扈	1671	つぐなう	15	賠	561
	6	吏	422	つきばな	9	洟	1127		17	償	727
	8	官	132	つきる	6	尽	1376	つくばい	19	蹲	1339
	13	衙	916		14	竭	23	つくばう	19	蹲	1339
	14	僚	406	つく	5	付	608	つぐみ	20	鶫	22
	15	寮	406		7	即	1348	つぐむ	16	噤	216
	18	職	1376		8	突	332	つくり	10	旁	553
つかさどる	5	主	1321			附	611	つくる	7	作	1184
		司	662		11	舂	1047		10	造	1291

	12	創	1411	つづける	13	続	811		12	勤	206
	14	製	1281	つつしむ	9	恪	15		13	罷	527
つくろう	18	繕	762		10	恭	125	つな	14	維	1096
つける	5	付	608			祗	1369			綱	36
	7	即	1348			虔	53	つながる	19	繋	90
	8	附	611		11	粛	851	つなぐ	7	系	85
	12	就	1497		12	敬	78		11	婁	409
		着	1400			欽	1733		19	繋	90
	14	漬	1371		13	慎	891	つなし	19	鰤	1285
つげる	7	告	95		17	謹	208	つね	6	毎	455
	9	訃	612	つつましい	10	倹	55		8	典	1231
	14	諸	106		13	慎	891		9	恒	1629
つごもり	11	晦	1711	つづまやか	9	約	945		10	矩	167
つじ	6	辻	909		10	倹	55		11	常	721
つた	14	蔦	1301	つつみ	12	堤	1280			庸	1047
	23	蘿	353		12	隄	1281			経	75
つたう	6	伝	1230	つづみ	13	鼓	105		12	尋	905
つたえる	6	伝	1230	つつむ	5	包	1577	つねに	9	恒	1629
つたない	8	拙	1311		9	苞	1580	つねる	7	抓	1289
つたわる	6	伝	1230		14	裹	130	つの	7	角	13
つち	3	土	1537		19	韜	326	つのる	12	募	480
	6	地	1356	つづめる	9	約	945	つば	11	唾	1523
	12	椎	1473	つづら	13	葛	23		17	鍔	920
	14	槌	1474	つづらめ	18	瞿	174		20	鐔	906
	16	壌	952	つづる	14	綴	1433	つばき	13	椿	1482
	18	鎚	1475	つて	6	伝	1230	つばさ	10	翅	873
つちかう	11	培	560	つと	9	苴	1215		17	翼	1131
つちのえ	5	戊	495			苞	1580	つばめ	16	燕	992
つちのと	3	己	221	つどう	12	集	1390	つぶ	11	粒	437
つちふる	22	霾	461	つとに	6	夙	849		17	顆	131
つつ	10	砲	1581	つとまる	12	勤	206	つぶさに	8	具	165
	12	筒	1544	つとめる	2	力	376		12	備	648
	14	銃	1465		7	努	261	つぶす	15	潰	193
つつが	10	恙	949			孜	1177	つぶて	20	礫	379
つつく	10	啄	1524		10	勉	467	つぶやく	8	呟	1649
つづく	13	続	811		11	務	497	つぶら	4	円	1065

つぶる	15	瞑	476	つむぎ	11	紬	1333	つる	6	吊	1286
つぶれる	15	潰	193	つむぐ	10	紡	553		8	弦	1649
つぼ	8	坩	25		17	績	1225		11	絃	1652
		坪	1573	つむじかぜ	20	飄	1589			釣	1295
	12	壺	1671		21	飆	1590		13	鉉	1652
つぼね	7	局	174			飇	1590		15	蔓	449
つぼまる	10	窄	1400	つめ	4	爪	1285		21	鶴	1616
つぼみ	11	蕾	1623	つめたい	7	冷	366		23	攣	385
	17	蕾	405	つめる	13	詰	1737	つるぎ	10	剣	55
つま	4	爪	1285	つもる	16	積	1224	つるす	6	吊	1286
	8	妻	1418	つや	7	沢	1537	つるばみ	16	橡	726
	13	棲	1418		19	艶	998	つれる	10	連	379
	17	嬬	1099	つゆ	5	汁	1350	つわぶき	16	橐	1525
つまずく	12	跌	1388		21	露	398	つわもの	7	兵	584
	17	蹉	1400	つよい	9	勁	75	つんざく	15	劈	578
	19	蹶	192		10	剛	32	つんぼ	22	聾	403
	22	躓	1372		11	健	54				
つまだてる	11	跂	234			強	34	**【て】**			
	18	翹	156		14	豪	1672				
つまびらか	13	詳	725		15	毅	1118	て	4	手	819
	15	審	906		16	彊	37	デ	7	弟	1275
つまみ	12	鈕	266	つよし	8	侹	18	てあし	8	肢	1362
つまむ	7	抓	1289	つよまる	11	強	34	テイ	2	丁	1257
	8	拈	259	つよめる	11	強	34		5	叮	1259
	14	摘	1222	つら	9	面	465			庁	1437
	15	撮	1466	つらい	7	辛	885			汀	1259
つまる	13	詰	1737	つらつら	15	熟	851		7	体	1443
つみ	13	罪	1320	つらなる	6	列	385			低	1211
		辟	578		10	連	379			呈	1262
つみする	18	謫	1225		17	聯	384			廷	1262
つむ	13	詰	1737		19	羅	353			弟	1275
	14	摘	1222	つらぬく	7	串	132		8	定	1263
	16	積	1224		11	貫	134			底	1213
		錘	1474	つらねる	10	連	379			抵	1214
	17	薀	1023		11	陳	1384			邸	1214
	20	蘊	1023		17	聯	384		9	亭	1265
										剃	1444

テイ		帝	1277		14	綴	1433		22	覿	1226
		涕	1127		15	締	1446			躑	1421
		柢	1214			蔕	1446	デキ	13	溺	268
		訂	1267			鄭	1274		14	滌	1420
		貞	1267		16	諦	1446	できもの	7	疔	1263
		酊	1268			蹄	1284		14	瘍	952
	10	庭	1268		17	嚏	1446	でく	13	塑	805
		悌	1277			檉	1275	てぐるま	15	輦	384
		挺	1268			聴	1442	てこ	11	桿	19
		涕	1444			薙	1446			梃	1270
		逓	1445		18	鵜	1284		14	槓	126
		釘	1268		19	蠑	1275	でこ	5	凸	1430
	11	停	1268		20	鯷	1285	デシメートル			
		偵	1269	デイ	8	泥	267		10	粉	626
		掟	1270		11	埿	268	てすり	17	闌	360
		梯	1278		19	禰	260		20	欄	360
		棖	1270	てかせ	11	桎	109	テツ	8	迭	1387
		第	1279	テキ	3	彳	1419		9	姪	1387
		羝	1216		7	狄	1217		10	哲	1430
		逞	389		8	的	1220		11	啜	1431
	12	啼	1280			迪	1220		12	跌	1388
		堤	1280		10	剔	1419		13	綴	1431
		提	1281		11	惕	1420			鉄	1431
		渟	1271			笛	1221		14	綴	1433
		隄	1281			荻	1221		15	徹	1433
		睇	1281			逖	1221			撤	1433
		程	1271		14	嫡	1222		16	錣	1433
		艇	1216			摘	1222		19	轍	1434
		詆	1216			滴	1223	デツ	10	捏	244
	13	滞	1445			滌	1420			涅	258
		碇	1271			翟	1224	てら	6	寺	666
		禎	1271			適	1223	てらう	9	炫	1649
		遉	1271		15	敵	1224		11	衒	1650
		艇	1271		17	擢	1525	てらす	13	照	1299
		髢	1445		18	擲	1420	てる	13	照	1299
		鼎	1272		19	鏑	1225	でる	5	出	1482

てれる	13	照	1299			粘	1255		3	与	975
テン	4	天	1424		13	殿	1240		4	戸	1665
	6	伝	1230			電	1241		5	外	1032
	7	迚	1428		16	澱	1244		10	砥	1369
	8	典	1231			鮎	1256		13	跡	1221
		店	1253		17	臀	348		20	礪	376
		忝	1434		18	癜	1244	ド	3	土	1537
	9	恬	259						5	奴	260
		点	1254		**【と】**				7	努	261
	10	展	1235	ト	3	土	1537		8	吶	261
	11	唸	259		4	斗	344			帑	1531
		添	1434		6	吐	1539			弩	261
		甜	1435		7	図	312		9	度	313
		転	1236			抖	344			怒	261
	12	奠	1238			肚	344		12	渡	321
		睍	1255			杜	344		14	酴	325
		貼	1436		8	兎	1540		15	駑	262
	13	填	1238			妒	1548	とい	11	問	510
		椽	988		9	度	313		15	樋	1545
		殿	1240		10	徒	315	といし	15	厲	375
	14	槙	1243			途	316	トウ	2	丁	1257
	15	塵	1243		11	兜	345			刀	312
		碾	258			荼	319		4	斗	344
		篆	1243			都	318		5	冬	334
		譖	1435		12	堵	319			忉	312
	16	靦	1244			屠	319		6	吋	1460
	17	輾	1244			渡	321			当	286
	19	顛	1244			登	349			灯	349
	21	囀	1245			菟	1540		7	抖	344
		纏	1245		13	塗	322			投	1547
	24	癲	1245		14	酴	325			豆	344
てん	12	貂	1455		16	賭	325		8	到	313
デン	5	田	1226			頭	346			東	337
	6	伝	1230		17	鍍	326			枓	345
	7	佃	1231		24	蠧	347			沓	284
	11	淀	1236	と	2	十	906		9	恫	1541

トウ		逃	314			等	350			闘	1549
		迯	314			筒	1544			擊	344
	10	倒	315			統	1544		19	禱	326
		倘	719			道	320			蟷	291
		党	288		13	條	1299			鐺	291
		凍	339			搨	1531			韜	326
		套	1548			搗	323		20	騰	351
		島	315			滔	324			鞜	291
		唐	288			董	342			鐙	351
		桃	317		14	榻	1531		21	籘	351
		桐	340			稲	324			籐	351
		疼	341			箚	1400			鐋	292
		納	247			綯	325		23	攩	292
		討	1540			読	329		24	蠹	326
		透	1548			骰	1549	とう	4	父	607
		鬥	1549		15	幢	291		10	疾	1387
	11	偸	1549			撓	265			訊	891
		兜	345			樋	1545		11	訪	554
		悼	317			踏	284			問	510
		掉	317		16	縢	351		13	聘	658
		掏	317			橙	351		18	釐	311
		桶	1543			糖	291	ドウ	6	同	335
		淘	317			蕩	1533		8	呶	261
		盗	319			頭	346		9	恫	1541
		逗	345		17	擣	326			洞	339
		酘	345			膯	351		10	胴	340
		陶	317			檔	291			桐	340
	12	塔	1531			濤	326		11	動	341
		搭	1531			盪	1533			堂	290
		棟	342			螳	291		12	棠	290
		棠	290			蹋	286			童	342
		棹	322			蹈	326			筒	1544
		湯	1531		18	櫂	326			萄	322
		痘	345			礑	291			道	320
		登	349			藤	351		13	働	342
		答	284			襠	291		14	僮	343

ドウ		働	1545		15	徹	1433	とく	10	疾	1387
		銅	343		16	融	1103		11	釈	751
	15	導	325	とが	8	咎	165		13	溶	1047
		幢	291		9	科	127			解	1634
		憧	343	とかす	13	溶	1047		14	説	766
		撞	291			解	1634	とぐ	9	研	985
		撓	265		15	銷	806		16	磨	441
	16	橈	1042		16	融	1103		20	礪	376
		瞠	291		18	鎔	1049	ドク	8	毒	326
		耨	265		19	爍	689		9	独	327
	17	獰	260	とがた	8	科	345		14	読	329
		瞳	343	とがめ	8	咎	165		23	髑	1459
	18	臑	262		21	譴	68	どく	9	退	1545
		檸	1005	とがめる	4	尤	1050	どくだみ	17	蕺	1350
		艟	343		21	譴	68	とげ	8	刺	1177
	20	钂	265	とがる	6	尖	1434		12	棘	202
とうげ	9	峠	716	とき	8	刻	14	とける	13	溶	1047
どうして	9	怎	1350		9	秋	1470			解	1634
とうとい	12	尊	1310		10	時	870		14	熔	1048
		貴	196		11	斎	1209		16	融	1103
とうとぶ	12	尊	1310		12	期	235		18	鎔	1049
		貴	196		15	鴇	593	とげる	12	遂	841
とお	2	十	906		16	鬨	1680	とこ	7	床	714
	9	拾	859		17	鴾	482		11	常	721
とおい	11	悠	1093	とぎ	7	伽	5	とこしえ	5	永	1000
		迢	1221	ときあかす	12	註	1333		8	長	1194
	13	遐	1612	トク	7	禿	326	ところ	5	処	1417
		遠	1071		10	匿	268		8	所	794
とおし	17	篦	687			特	1550	とざす	11	閉	1575
とおす	10	通	1541		11	得	348		18	鎖	817
	12	疏	804		13	督	329	とし	6	年	256
	15	徹	1433		14	徳	311		10	敏	526
とおる	7	亨	1661			読	329		13	歳	783
	10	通	1541		16	篤	330			稔	1166
		透	1548		18	瀆	331		14	聡	1465
	12	達	281		19	犢	331	どじょう	20	鰌	1476

としより	10	耆	230		12	渟	1271	とぼそ	8	枢	1468
とじる	9	封	604		15	駐	1334	とま	9	苫	1255
	11	閉	1575	とどめる	4	止	1355	とまる	4	止	1355
	13	閟	32		11	停	1268		8	泊	529
	14	綴	1433		13	禁	215		10	留	413
	15	織	1624		15	駐	1334		11	停	1268
とち	8	杤	1214	とどろく	21	轟	148	とみ	12	富	618
	9	栃	1711	となえる	10	倡	1409	とみに	13	頓	331
	16	橡	726			称	1516	とむ	12	富	618
トツ	5	凸	1430		11	唱	1410	とむらい	12	葬	1200
	7	吶	266		14	誦	816	とむらう	4	弔	1285
	8	咄	332	となり	15	鄰	430	とめる	4	止	1355
		突	332		16	隣	430		7	求	164
	11	訥	266	となる	15	鄰	430		8	泊	529
とっく	10	疾	1387		16	隣	430		10	留	413
とつぐ	9	姻	1145	とねりこ	11	梣	1514		11	停	1268
	10	帰	193	との	13	殿	1240	とも	4	友	1050
	13	嫁	9	どの	13	殿	1240		6	共	117
とても	8	迚	1345	とばす	9	飛	645		7	伴	538
どてら	15	褞	1022	とばり	11	帷	1092		8	供	119
とと	4	父	607			帳	1198			朋	638
とど	13	椴	279		12	幄	920		9	侶	373
とどく	8	届	85		13	幕	442		14	鞆	588
とどける	8	届	85	とび	14	鳶	990		22	艫	398
とどこおる	13	滞	1445		16	鴟	1507	ども	6	共	117
ととのう	8	斉	1276		17	鵄	1507		8	供	119
	15	調	1303	とびら	12	扉	649	ともえ	4	巴	1553
	16	整	1275	とぶ	9	飛	645	ともがら	11	曹	1293
		諧	1636		12	翔	723		15	輩	561
ととのえる	8	斉	1276		13	跳	324		16	儕	1283
	15	調	1303		14	蛩	651	ともしい	13	羨	759
	16	整	1275	どぶ	13	溝	170	ともしび	6	灯	349
とどまる	4	止	1355	とぼける	9	恍	1701		17	燭	1459
	10	留	413		11	惚	1678	ともす	6	灯	349
	11	停	1268	とぼしい	4	乏	1601		9	炷	1330
		逗	345	とぼす	6	灯	349			点	1254

ともづな	28	纜	362		8	采	1413		【な】
ともなう	7	伴	538			取	1492		
ともに	3	与	975		10	拿	242	ナ 7	那 242
	10	俱	167			捉	1400	8	奈 252
	11	偕	1634			捕	1581	9	南 245
どもる	6	吃	1732		11	執	1389	10	拿 242
	7	吶	266			採	1414		納 247
	11	訥	266		13	摂	769	11	捺 244
とよ	13	豊	1594		15	撮	1466		梛 242
どよめく	9	哄	1678			撈	397	な 6	名 469
とら	8	虎	1669	ドル 5	弗	637	11	菜 1414
	11	寅	1145	とろ 19	瀞	1275	16	蔬 807
どら	20	鐃	265	どろ 8	泥	267	ナイ 2	乃 248
とらえる	4	勾	161	11	垤	268	4	内 248
	5	囚	832	トン 4	屯	347	ない 3	亡 452
	8	拘	166	6	団	273	8	罔 453
	10	捉	1400		灯	349	11	莫 442
		捕	1581	11	惇	331	12	無 497
とらわれる					豚	331	ないがしろ 15	蔑 469
	5	囚	832		貪	1531	なう 14	綯 325
	10	捕	1581	12	敦	331	なえ 8	苗 492
とり	7	酉	1088	13	遁	348	なえぐ 17	蹇 54
	11	鳥	1296		頓	331	なえる 12	萎 1081
	13	禽	216	15	遯	348	なお 4	仍 1170
	19	鶏	90	16	嚊	332	8	尚 715
とりいれる					燉	332	12	猶 1094
	18	穫	1695	とん 11	問	510	なおす 8	治 1501
とりこ	9	俘	612	ドン 7	呑	1525		直 1372
	13	虜	396	11	貪	1531	なおる 8	治 1501
	16	擒	216	12	鈍	347		直 1372
とりで	11	砦	1415	14	嫩	265	なか 4	中 1339
	12	堡	591	15	緞	280	6	仲 1344
		塁	409	16	曇	283	ながあめ 16	霖 432
	13	塞	728	19	壜	284	ながい 5	永 1000
	14	寨	1415	とんび 14	鳶	990	8	長 1194
とる	7	把	1553	どんぶり 5	丼	1258	11	脩 840

ながえ	17	轅	1073	なげく	13	嗟	1399	なづける	6	名	469
ながす	10	流	411			嘆	1528	なつめ	12	棗	1299
なかだち	12	媒	459			慨	43	なでる	15	撫	503
なかば	5	半	535		14	慷	36	など	7	抔	610
		央	932			慟	1545		12	等	350
なかま	10	党	288		15	歎	1528	なな	2	七	1509
ながめる	11	眺	1293	なげる	7	投	1547	ななつ	2	七	1509
ながら	5	乍	659	なごむ	8	和	1689	ななめ	11	斜	682
ながらえる	6	存	1309	なごやか	8	和	1689	なに	7	何	1607
なかれ	4	勿	513	なさけ	11	情	1269	なにがし	9	某	480
		母	495	なし	11	梨	425	なの	2	七	1509
	11	莫	442	なじむ	9	昵	268	なびく	19	靡	525
ながれる	10	流	411	なじる	13	詰	1737	なぶる	17	嬲	265
なぎ	6	凪	1355	なす	5	生	730	なべ	17	鍋	131
	11	梛	242		6	成	769	なべて	8	並	585
なぎさ	5	汀	1259		7	作	1184	なま	5	生	730
	11	渚	1215		8	茄	6	なまぐさ	13	葷	1724
なきはは	7	妣	641		9	為	1079	なまぐさい	13	腥	775
なく	8	呱	96		11	済	1278		19	羶	1244
		泣	1111		12	就	1497	なまける	9	怠	1535
	10	哭	109	なずな	18	薺	1284		19	懶	353
	11	喉	374	なずむ	8	泥	267	なまじ	16	憖	1106
	12	啾	1473	なする	17	擦	1405	なまじいに	16	憖	1106
		啼	1280	なぞ	17	謎	524	なます	17	膾	1713
	14	鳴	475	なぞらえる	13	準	1337		19	鱠	1285
なぐ	6	凪	1355		17	擬	1118		24	鱠	1714
	17	薙	1446	なた	13	鉈	685	なまず	16	鮎	1256
なぐさむ	15	慰	1083	なだ	22	灘	1528		18	癜	1244
なぐさめる	15	慰	1083	なだめる	9	宥	1091		19	鯰	999
なぐる	8	殴	166	ナッ	10	納	247	なまめかしい			
	15	撲	531	ナツ	11	捺	244		15	嬌	154
	18	擲	1420	なつ	10	夏	1610		19	艶	998
なげうつ	8	抛	1579	なつかしい	16	懐	1713	なまり	13	鉛	989
	18	擲	1420	なつかしむ	16	懐	1713	なまる	11	訛	1025
なげかわしい				なつく	16	懐	1713	なみ	8	並	585
	13	嘆	1528	なつける	16	懐	1713			波	1553

		10	浪	364	ならわし	9	俗	809	なんぞ	7	何	1607
		17	濤	326		11	習	859			那	242
		20	瀾	360		14	慣	135		9	胡	1670
なみだ	8	泪	408	ならわす	11	習	859		10	奚	1634
	10	涕	1444	なり	3	也	939	なんなんとする			
		涙	408		7	形	1661		8	垂	835
なめしがわ	9	韋	1080	なりわい	13	業	975				
	18	鞣	1100	なる	5	生	730	【に】			
なめす	18	鞣	1100		6	成	769	ニ	2	二	1120
なめらか	13	滑	1700		9	為	1079		4	仁	1137
なめる	10	舐	1370		12	就	1497		5	尼	267
	14	嘗	725		14	鳴	475		6	弐	1126
なやす	12	萎	1081	なれる	8	狎	932			耳	1126
なやます	10	悩	264		13	馴	856		7	児	913
なやむ	10	悩	264		14	慣	135		14	爾	1130
	16	懊	1017		15	熟	851	に	4	丹	273
	17	蹇	54		17	褻	767		10	荷	1611
なら	9	枹	612	なわ	8	苗	492		18	瓊	82
	13	楢	1096		10	索	688	にい	13	新	891
ならう	10	倣	553		15	縄	865	にえ	16	鑈	1694
	11	習	859		17	縲	415		18	贄	1372
	14	模	481	なわて	13	畷	1431	にえる	12	煮	1180
ならす	7	均	199	ナン	7	男	244	にお	13	鳰	1170
	13	馴	856		9	南	245	におい	4	匂	252
	14	慣	135		10	納	247		9	臭	1496
		鳴	475		11	軟	986	においざけ	10	鬯	1410
ならびに	8	並	585		12	喃	247	におう	4	匂	252
ならぶ	4	双	909		13	楠	247	にがい	8	苦	97
		比	639		18	難	243	にがす	9	逃	314
	8	並	585	なん	7	何	1607			迯	314
		幷	586	なんじ	2	乃	248	にがな	11	茶	319
	18	駢	582		3	女	253	にがむ	8	苦	97
ならべる	6	列	385		6	汝	977	にがめる	8	苦	97
	8	並	585			而	1126	にがる	8	苦	97
		幷	586		8	若	944	にかわ	15	膠	154
	18	駢	582		14	爾	1130	にぎ	8	和	1689

読み	画	漢字	頁	読み	画	漢字	頁	読み	画	漢字	頁
にきび	12	痤	1320		17	螺	352	にわか	9	俄	915
にきみ	12	痤	1320	になう	8	担	281			忽	1462
にぎやか	14	賑	1385		10	荷	1611		16	霍	131
にぎる	7	把	1553	にぶい	12	鈍	347		17	遽	51
	12	握	920		15	驚	262		24	驟	1499
にぎわう	14	賑	1385	にぶる	12	鈍	347	にわかに	9	勃	543
ニク	6	肉	1100	にべ	18	鮸	468		13	溘	1627
	7	宍	1101	ニャク	8	若	944	にわたずみ	15	潦	407
	10	辱	1043		10	弱	946	にわとり	19	鶏	90
にくい	14	憎	1353	にやす	12	煮	1180	ニン	2	人	1131
にくしみ	14	憎	1353	ニュウ	2	入	1166			儿	1137
にくむ	11	悪	917		8	乳	1088		3	刃	1137
	14	憎	1353		9	柔	1091		4	仁	1137
にくらしい	14	憎	1353	ニョ	3	女	253			壬	1165
にげる	3	亡	452		6	如	976		6	任	1165
	9	逃	314	ニョウ	3	女	253		7	妊	1165
		迯	314		7	尿	264			忍	1144
	11	逋	1582		18	繞	1043		9	姙	1165
にごす	16	濁	1525		20	鐃	265		14	認	1146
にごる	12	渾	1677	にら	13	韭	170	**【ぬ】**			
	13	溷	1677		17	薤	1636
	16	濁	1525	にらぐ	12	焠	858	ヌ	5	奴	260
にし	6	西	737	にらむ	9	眈	1530		9	怒	261
	17	螺	352		13	睨	1008	ぬいとり	19	繡	848
にじ	9	虹	1680			睥	650	ぬう	16	縫	606
	16	霓	1009	にらめる	13	睨	1008	ぬえ	19	鵺	126
にしき	16	錦	216	にる	7	亨	1661			鵼	943
にじむ	14	滲	707			似	669	ぬか	13	粳	46
にじゅう	4	廿	1169			肖	1447		17	糠	37
にしん	19	鯡	654		9	俏	1451		18	額	937
	20	鰊	385		11	烹	1564	ぬかす	7	抜	542
にせ	11	偽	1080		12	煮	1180	ぬかずく	13	頓	331
	19	贋	925		14	髣	555	ぬかる	7	抜	542
ニチ	4	日	1159	にれ	13	楡	1096	ぬき	16	緯	1084
ニッ	2	入	1166	にわ	7	廷	1262	ぬきんでる	10	挺	1268
にな	14	蜷	191		10	庭	1268		17	擢	1525

ぬく	7	抜	542	ね	3	子	1171	ねむる	10	眠	467
	8	抽	1468		9	音	1108		13	睡	844
	11	貫	134		10	値	1502	ねや	14	閨	198
	17	擢	1525			根	204	ねらう	8	狙	1214
ぬぐ	11	脱	1529		17	嶺	392	ねる	12	寐	459
ぬくい	12	温	1021	ネイ	7	佞	260		13	寝	1514
ぬぐう	9	拭	877		8	柄	1007			煉	382
ぬくもる	12	温	1021		14	寧	260		14	練	383
ぬけがら	13	蛻	784	ねがう	19	願	1073		16	錬	384
ぬける	7	抜	542	ねかす	13	寝	1514		19	邌	375
	11	脱	1529	ねぎ	13	葱	1462	ネン	5	冉	995
ぬげる	11	脱	1529	ねぎらう	7	労	395		6	年	256
ぬさ	15	幣	1577		14	犒	1672		8	念	259
ぬし	5	主	1321	ねぐら	13	塒	874			拈	259
ぬすむ	9	窃	1250	ねこ	11	猫	493		11	捻	259
	11	偸	1549	ねざす	10	根	204			粘	1255
		盗	319	ねじける	8	拗	1038		12	然	987
	20	攘	953	ねじる	8	拗	1038		13	稔	1166
ぬなわ	15	蓴	856		11	捻	259		15	撚	258
ぬの	5	布	1578			捩	386		16	燃	991
ぬのこ	13	褐	23	ねじれる	8	拗	1038		19	鯰	999
ぬま	8	沼	794	ねずみ	13	鼠	744	ねんごろ	5	叮	1259
ぬめ	12	絖	142	ねだい	8	牀	716		10	殷	1103
ぬめる	13	滑	1700	ねたむ	8	妬	1548		14	慇	1105
ぬらす	17	濡	1099		10	悋	430		15	鄭	1274
ぬる	13	塗	322		11	猜	873			諄	856
ぬるい	12	温	1021		13	嫉	1388		17	懇	21
	15	緩	1029	ネツ	10	捏	244				
ぬるむ	12	温	1021			涅	258	【の】			
ぬるめる	12	温	1021		15	熱	993	の	2	乃	248
ぬれぎぬ	10	冤	1067	ねばい	11	粘	1255		3	之	1354
ぬれる	17	濡	1099	ねばる	11	粘	1255		11	野	941
				ねぶと	20	癤	1253		16	篦	653
【ね】				ねぶる	10	舐	1370	ノウ	9	衲	247
ネ	10	涅	258	ねむい	10	眠	467		10	悩	264
	19	禰	260	ねむたい	10	眠	467			能	266

		納	247	のぞく	10	除	1277		12	舒	744
	11	脳	264		12	覘	684		14	演	990
	13	農	262			覢	1255	のぼす	3	上	709
	15	儂	263		15	撒	1433	のぼせる	3	上	709
	16	濃	263		16	窺	199	のぼり	15	幟	1506
	17	膿	263	のぞむ	11	望	454			幡	571
	21	曩	248		17	覬	239	のぼる	3	上	709
	22	囊	248		18	臨	432		4	升	860
のう	12	喃	247	のたまう	4	曰	1029		8	昇	861
のがす	9	逃	314		9	宣	755		10	陞	863
のがれる	7	佚	1163	のたまわく	4	曰	1029		12	登	349
	9	逃	314	のち	6	后	1718	のみ	3	已	1124
	11	逋	1582		9	後	1719		6	耳	1126
	13	遁	348	ノット	10	浬	425		10	蚤	1292
	15	遯	348		13	節	1252		28	鑿	1403
	18	竄	1404	のっとる	8	法	575	のむ	7	呑	1525
のき	6	宇	1052		9	則	1507		9	咽	1145
	10	宸	890	のど	4	亢	1627		12	喫	241
		軒	1646		7	吭	1628			飲	1110
のぎ	5	禾	1685		9	咽	1145		19	嚥	992
	7	芒	453		12	喉	1723	のり	6	式	876
	18	鯢	82	ののしる	15	罵	461		8	典	1231
のく	9	退	1545	のばす	7	伸	883			法	575
のける	10	除	1277		8	延	984		9	則	1507
のこぎり	16	鋸	51		9	衍	985			度	313
のこす	10	残	1188	のびる	7	伸	883			律	419
	12	貽	1130		8	延	984			紀	229
	15	遺	1097		12	舒	744		10	矩	167
のごめ	7	釆	580		14	暢	1412		11	規	198
のこる	10	残	1188	のべる	7	抒	739		15	儀	1118
	15	遺	1097		8	延	984			範	575
のし	15	熨	1083			述	857			糊	1673
のす	7	伸	883		9	叙	739		16	憲	1647
	15	熨	1083			宣	755	のる	7	告	95
のせる	9	乗	862		10	展	1235		9	乗	862
	13	載	1210		11	陳	1384			宣	755

		祝	1476		10	馬	438			貝	1562
	12	搭	1531		11	婆	1556		8	枚	457
		載	1210		15	罵	461			玫	457
	15	駕	12	ば	12	場	1200		9	苺	458
	18	騎	239	ばあ	11	婆	1556		10	倍	559
のろ	14	獐	1202	ハイ	7	吠	1574			唄	1563
	22	轤	1204			坏	556			梅	458
のろい	12	鈍	347			沛	1562		11	培	560
のろう	8	呪	1327		8	佩	1563			排	560
	12	詛	1216			拝	556			陪	561
のろし	11	烽	605			杯	556		12	媒	459
	17	燧	848			柿	1574			買	459
ノン	13	暖	242		9	肺	1574			焙	561
						背	557		13	楳	461
【は】						胚	558			煤	461
						盃	558			蜅	1564
ハ	4	巴	1553		10	俳	558		15	賠	561
	7	把	1553			倍	559		22	霾	461
	8	波	1553			悖	1563		23	黴	525
		爬	1554			配	559	はいたか	21	鷂	1043
		芭	1554		11	培	560	はいる	2	入	1166
	9	派	1554			徘	560	はう	9	匍	1580
		玻	1554			排	560		11	匐	595
	10	破	1554			敗	1563			這	1215
		耙	1556		12	廃	1576	はえ	9	栄	1002
	12	菠	1556			焙	561		19	蠅	865
		跛	1556			牌	1564	はえる	5	生	730
	14	頗	1556		13	稗	1564		9	映	1002
	15	播	1556			蜅	1564			栄	1002
	19	簸	1557		15	罷	1557	はか	10	捗	1419
		覇	1564			輩	561		13	塋	1004
は	3	刃	1137		17	癈	1577			墓	494
	6	羽	1053		18	擺	1557		15	墳	628
	12	葉	999		19	轡	561	はかす	10	捌	1562
		歯	1503	はい	6	灰	1709	ばかす	4	化	1680
	14	端	279	バイ	7	売	456	はかどる	10	捗	1419
バ	8	芭	1554								

はかない	16	儚	464		6	百	567	バク	7	麦	461
はがね	16	鋼	37		7	伯	569		11	莫	442
はかま	11	袴	104		8	帛	569		12	博	530
はからう	7	図	312			拍	529		13	幕	442
	9	計	87			泊	529			漠	443
はかり	10	秤	1516			狛	529		14	寞	443
	15	権	191			迫	529			摸	480
	16	衡	1663		9	柏	569			獏	462
ばかり	8	所	794			陌	462			貘	482
	11	許	1646		10	剥	530			駁	531
はかりごと	12	策	1416		11	粕	530		15	暴	1584
	16	謀	482			舶	530		16	縛	533
	20	籌	1334		12	博	530		18	瀑	1585
はかる	6	忖	1460		13	搏	531			藐	443
	7	図	312			雹	531			貘	462
	9	咨	1179		14	膊	531			邈	443
		度	313			箔	531		19	曝	1585
		計	87		15	魄	569			爆	1585
	10	料	406		16	璞	533		21	驀	463
	11	商	719			薄	532	はぐき	13	齶	920
	12	揆	198		19	覇	1564	はぐくむ	8	育	1101
		揣	1490	はく	6	吐	1539	はぐさ	11	莠	1093
		測	1500		8	佩	1563	はげしい	10	烈	386
		評	1574			刷	816		15	劇	202
		量	371			欧	166			厲	375
	13	詢	856		9	咯	15		16	激	59
	14	銓	1243			穿	1429	はげます	7	励	373
	15	諏	1474		10	呪	1650	はげむ	7	励	373
	16	衡	1663		11	掃	801		15	厲	375
		諮	1183		12	喀	45	はける	10	捌	1562
		謀	482		14	嘔	171	はげる	7	禿	326
	20	議	1120		15	履	427		10	剥	530
はぎ	11	脛	75	はぐ	9	矧	887	ばける	4	化	1680
	12	萩	1473		10	剥	530	はこ	2	匸	547
はきもの	10	履	200		11	接	1256		7	匣	31
ハク	5	白	561		15	褫	1506		8	函	1623

読み	画数	漢字	頁	読み	画数	漢字	頁	読み	画数	漢字	頁
	11	筥	683	はしたか	21	鷂	1043	はず	12	筈	139
	13	箱	51	はしため	11	婢	648	はずかしい	10	恥	1503
	15	篋	1660	はしばみ	14	榛	1385	はずかしめ	10	辱	1043
		箱	725	はじまる	8	始	869	はずかしめる			
はこぶ	12	運	1060	はじめ	1	一	1146		10	恥	1503
	13	搬	541		4	元	1064			辱	1043
	16	輸	847		7	甫	588		11	羞	841
はざま	9	峡	1658			初	1447	はずす	5	外	1032
	12	間	19		8	孟	463	はずむ	12	弾	1527
はさまる	9	挟	1658		9	首	836		13	勢	783
はさみ	15	鋏	1660	はじめて	7	甫	588	はずれる	5	外	1032
	17	螯	1018			初	1447	はぜ	14	粺	400
はさむ	7	夾	1657	はじめる	8	始	869		18	鯊	687
	9	挟	1658		12	創	1411		20	櫨	397
	10	挿	708		14	肇	1301	はせる	13	馳	1506
	13	摺	1385	はしゃぐ	17	燥	1304	はぜる	19	爆	1585
		鉗	72	はしら	9	柱	1330	はた	9	畑	1235
	14	箝	72	はじらう	10	恥	1503		10	将	1198
	15	鋏	1660	はしる	7	走	1326			旆	1236
はし	11	梯	1278		8	奔	625			秦	1383
	14	端	279		11	逸	1164		11	旌	1270
	15	箸	1217		15	駛	686		14	旗	236
	16	嘴	1499		17	趨	1475			端	279
		橋	154		24	驟	1499		15	幢	291
はじ	10	恥	1503	はじる	7	忸	266			幡	571
	13	愧	147		10	恥	1503		16	機	237
	20	櫨	397		11	羞	841	はだ	6	肌	221
はしか	10	疹	1380		13	愧	147		15	膚	620
はじかみ	12	椒	1454		14	慚	1408	はたあし	13	旆	414
	17	薑	37		15	慙	1408	はだか	13	裸	352
はじく	12	弾	1527	はす	7	芙	611	はたがしら	19	覇	1564
はしけ	13	艀	619		10	荷	1611	はだぎ	10	袢	570
はじける	9	炸	1187		11	斜	682		19	襦	1100
はしご	11	梯	1278		13	蓮	382		21	襯	1501
はじし	19	靫	1107		19	藕	1059	はたけ	9	畑	1235
はした	14	端	279		21	鱒	876			疥	40

ひし	12	菱	421	ヒチ	17	篳	1600		12	等	350
ひじ	7	肘	1326		20	觱	1600			釣	199
	8	肱	148	ヒツ	4	匹	1598	ひとつ	1	一	1146
	17	臂	653		5	必	1598		7	壱	1163
ひしお	17	醢	1636			払	637		9	単	274
	18	醬	1204			疋	1599		10	隻	1420
ひしぐ	8	拉	363		8	泌	641	ひとみ	11	眸	480
ひしこ	20	鰶	1285		9	苾	1599		13	睛	1271
ひしめく	12	犇	628		11	畢	1599		17	瞳	343
ひしゃく	3	勺	1184		12	弼	1599	ひとや	7	牢	403
	7	杓	1186			筆	1599		8	圄	389
ひじり	13	聖	776		13	逼	1601		14	獄	1021
ひずむ	9	歪	1031		17	篳	1600	ひとり	3	子	1654
ひそか	7	私	671		20	觱	1600		8	孤	97
	11	密	527	ひつ	14	匱	193		9	独	327
ひそかに	9	窃	1250		18	櫃	193	ひな	14	鄙	651
	11	密	527	ひつぎ	9	柩	167		18	雛	1475
	12	間	19		12	棺	134	ひなた	12	陽	950
ひそむ	15	潜	1190	びっこ	12	跛	1556	ひねる	8	拈	259
ひそめる	15	潜	1190	ひっさげる	12	提	1281		11	捻	259
	19	嚬	656	ひつじ	5	未	517			陳	1384
	24	顰	656		6	羊	948		15	撚	258
ひそやか	11	密	527		20	穰	376	ひのえ	5	丙	584
ひた	8	直	1372	ひつじさる	8	坤	110	ひのき	17	檜	1713
ひだ	16	褶	860	ひづめ	16	蹄	1284	ひのと	2	丁	1257
	19	襞	579	ひでり	7	旱	1617	ひび	12	皴	1337
びた	20	鐚	917	ひと	1	一	1146		14	皸	185
ひたい	18	額	937		2	人	1131			皹	185
ひたす	10	浸	1190		4	仁	1137		15	濱	1680
		浸	1513		5	他	1518		17	罅	1613
	11	淹	974	ひどい	14	酷	1675	ひびき	19	韻	1062
		涵	1623	ひとえ	9	単	274	ひびく	20	響	1644
	14	漬	1371	ひとえに	11	偏	1568	ひびろ	11	絎	1523
ひだり	5	左	1317	ひとがた	9	俑	1045	ひま	12	閑	1619
ひたる	10	浸	1513	ひとしい	7	均	199		13	暇	10
	14	漬	1371		8	斉	1276			隙	202

ひめ	10	姫	1735			漂	1588			披	1596
	12	媛	1070		15	標	1588		9	発	544
ひめがき	11	埤	648		16	憑	658		11	啓	87
ひめる	10	秘	647			瓢	1589		12	開	41
ひも	10	紐	266			僄	1589		16	墾	21
	14	綬	845		17	縹	1589		18	擺	1557
	23	纓	1005		19	鏢	1589		20	闢	1430
ひもとく	18	繙	572		20	飄	1589	ひらける	12	開	41
ひもの	26	鱶	728		21	飆	1590	ひらたい	9	扁	1567
ひもろぎ	16	膰	571			飇	1590	ひらめ	16	鮃	1574
ひや	7	冷	366			驃	1590	ひらめく	10	閃	767
ひやかす	7	冷	366		22	鰾	1590	ひる	3	干	16
ヒャク	6	百	567	ひょう	13	雹	531		9	昼	1329
ビャク	5	白	561	ビョウ	5	平	1571		11	乾	53
ひやす	7	冷	366		8	杪	1451		12	蛭	1388
ひゆ	11	莧	1651			苗	492		14	蒜	696
ビュウ	18	謬	415		9	眇	493		19	簸	1557
ひよ	19	鵯	654			秒	1453	ひるがえす	18	翻	572
ヒョウ	5	平	1571		10	病	586		21	飜	573
		氷	657		11	屏	587	ひるがえる	15	翩	1570
	7	兵	584			描	493		18	翻	572
	8	凭	658			猫	493		20	飄	1589
		拍	529		12	揣	1565		21	飜	573
		表	1586			森	494	ひるむ	8	怯	57
	9	苹	1574			渺	494	ひれ	21	鰭	240
	10	俵	1587		15	廟	495	ひろ	12	尋	905
		秤	1516			鋲	588	ひろい	5	広	139
		砰	1564		17	錨	495			弘	1678
		豹	1587		18	藐	443		6	汎	574
	11	彪	1587	ヒョク	13	逼	1601		7	宏	148
		票	1587	ひよどり	19	鵯	654		9	恢	1711
	12	評	1574	ひら	4	片	1565		10	浩	1671
		馮	658		5	平	1571			紘	148
	13	裱	1588		21	鰶	876			莚	454
		剽	1587	ひらく	8	拓	1419		12	博	530
	14	嫖	1588			拆	1524			森	494

	13	寛	135		10	敏	526		計	612
		滉	1706			秤	1516		負	612
		漠	443			紊	510		赴	612
	17	濶	1701			罠	526		風	1591
		谿	1701		11	瓶	587	10	俯	613
		闊	1701			貧	655		浮	613
	19	曠	143		12	閔	526		釜	615
ひろう	9	拾	859		13	憫	527	11	埠	616
	10	捃	184			鼆	527		婦	616
ひろがる	5	広	139		14	閩	527		桴	617
	8	拡	1694		15	憫	527		符	617
ひろげる	5	広	139			縉	527		趺	617
	8	拡	1694		17	頻	656	12	傅	617
ひろまる	5	広	139		18	檳	656		富	618
ひろめる	5	広	139		24	鬢	657		普	591
		弘	1678	びん	19	壜	284		腑	618
	12	博	530		**【ふ】**				跗	618
ひわ	21	鶸	948					13	稃	619
ヒン	6	牝	654	フ	4	不	629		蜉	619
	8	玢	654			仆	607		鳧	619
	9	品	1590			夫	607	14	孵	619
	10	浜	654			父	607		榑	619
	11	彬	655		5	付	608		腐	619
		貧	655			布	1578		蒲	1583
	13	稟	1590		6	缶	132		誣	503
	15	賓	655		7	巫	495	15	敷	619
	17	擯	656			扶	610		膚	620
		頻	656			芙	611		賦	620
	18	殯	656		8	府	611		駙	620
	19	嚬	656			怖	1579		麩	620
		瀕	656			附	611	16	諷	1594
	20	繽	656			斧	611		鮒	621
	24	顰	656			歩	589	19	譜	593
ビン	8	旻	526			阜	612	ふ	2	二	1120
		泯	526		9	俘	612	ブ	4	不	629
	9	便	1568			枹	612			分	622

ブ		夫	607		11	深	904		10	哺	1580
		母	495	ふかす	7	更	45		12	哺	1624
	8	侮	479		11	深	904		14	餔	1624
		奉	603		13	蒸	1351	ふくめる	7	含	1623
		附	611	ふかまる	11	深	904	ふくよか	16	膨	1565
		武	496	ふかめる	11	深	904	ふくらす	12	脹	1411
		歩	589	ふき	10	袘	1127		16	膨	1565
	9	負	612			衸	1179	ふくらむ	16	膨	1565
	11	部	617		16	蕗	397	ふくれる	12	脹	1411
	12	無	497	フク	6	伏	594		16	膨	1565
	13	葡	1582		8	服	594	ふくろ	11	袋	309
		豊	1594		11	副	616		22	嚢	248
	14	蒲	1583			匐	595	ふくろう	11	梟	1717
		諞	503			袱	595	ふける	6	老	393
	15	嘸	503		12	幅	1584		7	更	45
		撫	503			復	595		10	耽	1530
		舞	503		13	腹	596		11	深	904
	16	蕪	504			福	597		13	蒸	1351
フィート	7	呎	1419		14	箙	599	ふご	10	畚	626
ふいご	19	韛	654			複	598	ふさ	8	房	551
		鞴	561		15	蝮	599		14	総	1462
フウ	4	夫	607		16	輻	599	ふさがる	13	塞	728
	9	封	604		17	鍑	599			填	1238
		風	1591		18	覆	599		16	閼	926
	12	富	618			馥	599		29	鬱	1063
	13	楓	1594		19	轐	654	ふさぐ	11	梗	75
	14	瘋	1594		20	鰒	600			窒	1388
	16	諷	1594	ふく	7	吹	1491		12	堙	1145
ふえ	11	笛	1221		9	拭	877			湮	1145
	14	管	135		13	葺	1350		13	塞	728
	19	籥	808		15	噀	1646			填	1238
	22	鱎	1590			噴	628		16	甕	1024
ふえる	12	殖	881	ふぐ	20	鰒	600			錮	106
	14	増	1352	ふくべ	11	瓠	1671	ふさる	9	臥	1024
ふか	26	鱶	728		16	瓢	1589	ふし	10	柴	872
ふかい	10	窈	1039	ふくむ	7	含	1623		13	節	1252

ふじ	18	藤	351	ふち	10	俸	604	ふまき	8 帙 1387
ふす	6	伏	594		12	淵	987	ふみ	4 文 506
	9	臥	1024		15	潭	283		5 冊 1416
	11	偃	973			縁	990		史 662
ふすべる	14	薫	1724		16	廩	421		8 典 1231
	18	燻	1725	ぶち	14	駁	531		10 書 739
ふすま	10	衾	215	フツ	4	仏	636		15 篇 1569
	15	麩	620		5	弗	637		16 翰 1621
	18	襖	1018			払	637		20 籍 1225
ふせぐ	6	扞	1616		8	怫	638	ふみにじる	16 蹂 1099
	7	抗	1628			沸	641		23 躙 431
		防	550		10	祓	638		27 躪 431
	8	拒	49	ブツ	4	仏	636	ふむ	12 跋 546
	17	禦	968			勿	513		13 践 1429
ふせご	16	篝	173		8	物	513		15 履 427
ふせる	6	伏	594	ぶつ	5	打	1519		踏 284
	9	臥	1024	ふで	12	筆	1599		16 蹂 1099
	10	俯	613		16	翰	1621		17 蹋 286
ふた	2	二	1120	ふとい	4	太	1533		蹈 326
	4	双	909		10	莞	1027	ふもと	19 麓 401
	6	弐	1126	ふところ	16	懐	1713	ふやける	15 潤 1102
	14	蓋	43	ふとる	4	太	1533	ふやす	12 殖 881
ふだ	5	札	1405	ふな	6	舟	1324		14 増 1352
	8	版	1559		11	船	756	ふゆ	5 冬 334
	11	票	1587		16	鮒	621	ぶゆ	10 蚋 1007
	12	牌	1564	ぶな	16	橅	504	ぶよ	10 蚋 1007
	13	牒	1436	ふなぐら	16	艙	1413	ふらす	13 触 1458
	14	榜	555	ふなばた	11	舷	1652	ぶり	21 鰤 687
	15	槧	1408	ふなよそい	19	艤	1119	ブリキ	16 錻 504
	18	簡	22	ふね	6	舟	1324	ふる	10 振 1378
ぶた	11	豚	331		10	舫	554		降 33
ふたたび	6	再	1205		11	船	756	ふるい	5 古 91
ふたつ	2	二	1120		15	槽	1303		旧 162
	4	双	909		16	艘	807		9 故 99
	6	両	368	ふびと	5	史	662		11 陳 1384
		弐	1126	ふまえる	15	踏	284		16 篩 687

	17	篩	687	17	糞	629		聘	658
ふるう	7	抖	344	24	鱝	629	14	蓖	1597
	10	振	1378	ブン 4	分	622	15	幣	1577
	11	掉	317		文	506		弊	1577
	12	揮	1726	10	紊	510		餅	588
	15	震	1386		蚊	510	16	變	1577
	16	奮	628	14	聞	511		篦	653
	17	篩	687	ふんどし 14	褌	111		蔽	1577
ふるえる	13	慄	420					鮃	1574
	15	震	1386	【へ】			18	斃	1577
	22	顫	1245	へ 4	戸	1665	ベイ 5	皿	469
ふるす	5	古	91	7	屁	641	6	米	518
ふるびる	5	古	91	11	部	617	7	吠	1574
ふれぶみ	17	檄	60	14	綜	1315	9	袂	476
ふれる	9	牴	1214	べ 5	辺	580	11	陪	561
	10	振	1378	11	部	617	ページ 9	頁	1656
	12	觝	1216	ヘイ 5	丙	584	ヘキ 13	辟	578
	13	触	1458		平	1571	14	碧	578
フン 4	分	622	7	兵	584	15	僻	578
	6	刎	508	8	並	585		劈	578
	7	吻	509		併	585	16	壁	579
		坌	625		坪	1573	18	璧	579
		扮	625		弁	586		癖	579
	8	忿	626	9	柄	586	19	襞	579
		粉	626		炳	586	20	甓	579
		玢	654		苹	1574	21	霹	579
		芬	626	10	陛	1575	24	鸊	579
	10	粉	626		病	586	ベキ 16	冪	465
		紛	627	11	堋	648	19	羃	465
	12	焚	627		屏	587	へこむ 5	凹	1037
		雰	628		瓶	587	へさき 11	舳	1478
	13	賁	651		閉	1575	22	艫	398
	15	噴	628	12	塀	588	べし 5	可	2
		墳	628		萍	1574	へす 5	圧	929
		憤	628		迸	588		12	減	27
	16	奮	628	13	睥	650	へそ 18	臍	1284

へた	15	蔕	1446		扁	1567		9 保	590
へだたる	8	阻	1290	11	偏	1568		葡	1580
	12	距	50		貶	1571		10 哺	1580
	13	隔	58	12	胼	582		圃	1581
へだてる	12	距	50		遍	1569		捕	1581
	13	隔	58	14	褊	1569		浦	1581
	14	障	1202	15	糒	582		畝	493
ヘツ	10	捌	1562		篇	1569	11	埠	616
ベツ	7	別	582		箯	1569		晡	1582
	15	蔑	469		編	1569		脯	1582
	17	瞥	583		翩	1570		逋	1582
	25	鼈	583		蝙	1570	12	堡	591
へつらう	7	佞	260		諚	1275		菠	1556
	15	諂	1435	18	騙	582		補	592
	16	諛	1099	19	騙	1570	13	葡	1582
へな	11	埴	1503	ベン	5	弁	579	14	蒲	1583
べに	9	紅	1678		抃	580		輔	593
	20	臙	992	8	免	465	15	舗	1583
へび	11	蛇	683	9	便	1568		鋪	1584
へや	7	坊	549	10	勉	467	ほ	4 火	1682
	8	房	551		娩	445		6 帆	574
へら	16	篦	653	11	冕	467		15 穂	845
へらす	12	減	27	13	黽	527	ボ	5 戊	495
	13	損	812	15	箯	1569		母	477
へり	15	縁	990	16	辨	1560		7 牡	478
へりくだる	14	遜	813	18	鞭	1570		8 拇	495
	17	謙	72		騈	582		9 姥	479
へる	10	耗	480		鮸	468	11	莫	442
	11	経	75	19	瓣	1560	12	募	480
	12	減	27	ペンス	4	片	1565		菩	592
	13	損	812	**【ほ】**			13	墓	494
	14	歴	378				14	慕	481
ヘン	4	片	1565	ホ	4	父	607		暮	481
	5	辺	580		5	布	1578		模	481
	7	返	538		7	甫	588	15	攀	482
	9	変	580		8	歩	589	16	橅	504

	19	簿	621	11	麭	1582		魴	555
ホウ	2	亡	547		崩	638		鴇	593
	4	方	547		捧	604	16	縫	606
	5	包	1577		部	617		鮑	1584
	7	亨	1661		烽	605	17	繃	639
		呆	455		烹	1564		謗	555
		彷	549		萌	464	19	鵬	639
		抔	610		訪	554	ボウ 3	亡	452
		芳	549		逢	605	4	乏	1601
		邦	550	12	傍	554	5	卯	492
	8	咆	1579		堡	591		矛	478
		奉	603		報	591	6	妄	452
		宝	588		幫	555		忙	453
		庖	1579		搥	1565		网	453
		抱	1579		棚	639	7	呆	455
		抛	1579		焙	561		坊	549
		放	551		琫	578		妨	549
		朋	638		絣	639		尨	549
		肪	553		迸	588		防	550
		法	575		跑	1582		忘	453
		泡	1580	13	硼	639		芒	453
	9	保	590		蜂	605	8	房	551
		封	604		豊	1594		肪	553
		胞	1580		鉋	1582		茅	479
		枹	612		飽	1583	9	厖	553
		苞	1580	14	榜	555		冒	479
	10	倣	553		鞄	1583		昴	493
		俸	604		髣	555		某	480
		剖	613		鳳	606		苺	458
		峰	604	15	澎	1565		虻	463
		峯	604		磅	555	10	剖	613
		疱	1581		蔀	620		旁	553
		砰	1564		蓬	606		梆	480
		砲	1581		褒	1583		紡	553
		舫	554		鋒	606		耄	480
		袍	1582		髱	1584		茫	454

ボウ	11	悃	454	ほお	6	朴	529	ほこさき	15	鋒	606
		茜	475		16	頬	1660	ほこら	10	祠	681
		望	454	ほおける	15	蓬	606	ほこり	10	埃	934
		眸	480	ほおぼね	27	顴	138	ほこる	6	伐	573
	12	傍	554	ほか	5	他	1518		9	矜	220
		帽	480			外	1032		13	誇	129
		棒	605		7	佗	1522	ほころびる	14	綻	1528
		莽	454	ぼかす	13	暈	1724	ほさき	16	穎	1005
		貿	503	ほがらか	10	朗	364	ほし	9	星	773
	13	滂	555	ほき	11	崖	934	ほしい	11	欲	1044
		甼	527	ホク	5	北	621	ほしいい	16	糗	173
	14	膀	555	ボク	2	卜	593			糒	653
		滕	555		4	仆	607	ほしいまま	8	侈	1501
		榜	555			攴	594			放	551
		貌	482			木	482		10	恣	1179
		鉾	482		5	目	486		13	肆	685
	15	暴	1584		6	朴	529		16	擅	1430
		犛	428		8	牧	489			縦	1316
		鋩	455		13	睦	490	ほじくる	9	穿	1429
	16	儚	464		14	僕	598	ほじし	11	脩	840
		膨	1565			墨	505			脯	1582
		薨	464		15	撲	531		12	腊	751
		謀	482		16	樸	533		14	膊	531
	17	謗	555			穆	490	ほす	3	干	16
		鵬	482		19	蹼	599		11	乾	53
	18	蟒	455	ぼける	11	惚	1678	ほぞ	8	柄	1007
ほうき	8	帚	1468		13	暈	1724		15	蔕	1446
	11	彗	1664	ほこ	4	戈	126		18	臍	1284
	14	箒	1474			殳	826	ほそい	11	細	780
ほうむる	12	葬	1200		5	矛	478		17	纖	768
ほうる	8	抛	1579		10	桙	480	ほそげ	11	毫	1671
		放	551		11	戛	926	ほそめる	11	細	780
ほえる	7	吼	1718		12	戟	200	ほそる	11	細	780
		吠	1574		14	槊	688	ほた	14	榾	112
	8	咆	1579			鉾	482	ほだし	11	絆	540
	10	哮	1717		15	鋒	606	ほだてる	23	攪	156

ほたる	11	蛍	1663	9	恍	1701	ほろぼす	3	亡	452
ボタン	6	扣	164		洸	142		13	滅	468
	11	釦	169	ほのめかす	4	仄	1499		21	殲	768
	12	鈕	266	ほばしら	17	檣	1204	ホン	4	反	533
ホッ	8	法	575	ほふる	12	屠	319		5	本	600
ホツ	5	払	637	ほほ	16	頬	1660		7	坌	625
	9	発	544	ほぼ	11	略	367		8	奔	625
ボッ	7	坊	549			粗	1293		9	叛	539
ボツ	7	没	490	ほまれ	13	誉	1008			品	1590
	8	歿	490	ほむら	8	炎	995		10	畚	626
	9	勃	543		12	焔	996		12	犇	628
	10	悖	1563	ほめる	13	誉	1008		13	貴	651
	12	渤	546			頌	815		18	繙	572
ほっけ	19	𩸽	1694		15	褒	1583			翻	572
ほっする	11	欲	1044			賞	726		21	飜	573
ほつれる	13	解	1634			賛	1403	ボン	3	凡	573
ほてる	15	熱	993		22	讃	1404		5	犯	574
ほど	12	程	1271	ほら	9	洞	339		7	坌	625
ほとぎ	6	缶	132	ぼら	19	鯔	1507		9	盆	626
	16	甌	173	ほり	11	堀	185		11	梵	575
ほどく	13	解	1634		14	塹	1408		13	煩	570
ほとけ	4	仏	636		17	壕	1673	ポンド	9	封	604
ほどこす	9	施	869			濠	1673		15	磅	555
ほとばしる	12	逬	588	ほる	8	抛	1579	ぼんやり	10	茫	454
ほとびる	15	潤	1102		11	彫	1292				
ほとり	3	上	709			掘	185	**【ま】**			
	5	辺	580		19	鑿	1408	マ	10	馬	438
	10	畔	540		20	鐫	1245		11	麻	440
	16	頭	346	ほれる	10	耄	480		13	痲	440
ほとんど	9	殆	1535		11	惚	1678		15	摩	440
ほね	10	骨	111	ほろ	13	幌	1706			碼	441
ほのお	8	炎	995	ぼろ	20	襤	362		16	磨	441
	12	焔	996	ほろぐるま	15	輀	1506		17	蟇	441
		焰	996	ほろびる	3	亡	452		21	魔	442
	16	燄	998		8	泯	526	ま	5	目	486
ほのか	4	仄	1499		13	滅	468		10	真	1380

		馬	438		6	曲	107		8	枉	1031
	12	間	19		7	迂	1054		9	紆	1056
マイ	6	毎	455		8	枉	1031	まご	10	孫	812
		米	518		9	巻	188	まごころ	8	忠	1489
	7	売	456			紆	1056		12	款	134
	8	妹	457		22	彎	450	まこと	4	允	1101
		枚	457	まき	8	牧	489		8	実	897
		玫	457		9	巻	188		9	信	886
	9	昧	458		14	槙	1243		10	真	1380
	10	埋	458		16	薪	896			衷	1490
	17	邁	461	まぎらす	10	紛	627		13	詢	856
	22	霾	461	まぎらわしい						誠	777
まい	15	舞	503		10	紛	627		15	摯	1372
まいない	13	賂	404	まぎらわす	10	紛	627			諒	372
まいなう	13	賄	1712	まぎれる	10	紛	627	まことに	7	良	370
まいらす	8	参	1406	マク	11	莫	442		9	洵	853
マイル	10	哩	424		13	幕	442	まこも	12	菰	104
まいる	8	参	1406		14	寞	443	まさ	5	正	1259
まう	15	舞	503			膜	443		8	昌	1409
まえ	9	前	1231	まく	9	巻	188		9	柾	1267
まが	13	禍	1693		11	捲	190	まさかり	13	鉞	1077
まがい	17	擬	1118		13	蒔	874	まさに	4	方	547
まがう	10	紛	627		14	幔	448		5	且	1393
まがき	15	樊	571		15	撒	698			正	1259
	17	篳	1600			播	1556		6	当	286
	18	藩	572	まぐさ	10	芻	1472		7	応	1112
	25	籬	429			秣	451		10	将	1198
まかす	6	任	1165		13	楣	524			祇	1369
	9	負	612	まくら	8	枕	1512	まさる	12	勝	863
まかせる	6	任	1165	まくる	11	捲	190		13	愈	1096
	8	委	1078	まぐれる	10	紛	627		14	増	1352
まかなう	13	賄	1712	まぐろ	17	鮪	1100		17	優	1058
まかぶら	11	眶	142	まぐわ	10	耙	1556	まざる	6	交	149
まがり	16	鋺	1073	まげ	16	髷	109		11	混	1676
まかる	15	罷	1557	まける	9	負	612		14	雑	1191
まがる	4	勾	161	まげる	6	曲	107	まじえる	6	交	149

		15	糅	1098	またぐ	13	跨	129	
まして		8	況	1701	またたく	18	瞬	856	
まじない		8	呪	1327	まだら	12	斑	540	
ましら		13	猿	1071		14	駁	531	
まじる		6	交	149	まち	4	区	161	
		11	混	1676		7	坊	549	
		14	雑	1191			町	1262	
		15	糅	1098		12	街	9	
		16	錯	1402		18	襠	291	
まじろぐ		18	瞬	856	マツ	5	末	450	
まじわる		6	交	149		8	抹	451	
		11	接	1256			沫	451	
ます		4	升	860			茉	451	
			斗	344		10	秣	451	
		8	枡	862		14	鞨	452	
		10	倍	559	まっ	10	真	1380	
			益	1131	まつ	8	松	813	
		14	増	1352		9	俟	676	
		23	鱒	1339			待	307	
まず		6	先	752		12	須	842	
まずしい		11	貧	655	まつげ	13	睫	1437	
ますます		10	益	1131	まっしぐら	21	驀	463	
ませ		25	籬	429	まったく	6	全	1227	
まぜる		6	交	149	まったし	7	完	1026	
		11	混	1676	まっとうする				
		14	雑	1191		6	全	1227	
また		2	又	1049		7	完	1026	
		3	叉	1393	まつり	11	祭	1279	
		6	亦	979	まつりごと	9	政	1266	
		8	股	98	まつる	8	祀	675	
		9	俣	1014		10	祠	681	
		10	胯	127		11	祭	1279	
		12	復	595	まつわる	21	纏	1245	
		16	還	1698	まて	19	蟶	1275	
まだ		5	未	517	まで	7	迄	1733	
またがる		13	跨	129	まと	8	的	1220	
						18	鵠	110	
					まど	11	窓	1410	
					まとい	21	纏	1245	
					まとう	14	綢	1333	
						18	繞	1043	
							繚	407	
						21	纏	1245	
					まどう	12	惑	1675	
					まどか	4	円	1065	
					まとまる	21	纏	1245	
					まとめる	21	纏	1245	
					まどわす	23	蠱	107	
					まな	13	愛	934	
					まないた	9	俎	1290	
					まなこ	11	眼	923	
					まなじり	11	眥	1278	
							眦	1279	
						13	睚	936	
					まなびや	9	庠	716	
					まなぶ	8	学	1613	
					まぬかれる				
						8	免	465	
					まねく	8	招	1450	
					まねる	14	摸	480	
					まばたく	18	瞬	856	
					まばゆい	10	眩	1650	
					まぶし	15	蔟	1308	
					まぶしい	10	眩	1650	
					まぶす	13	塗	322	
					まぶた	11	眶	142	
						18	瞼	57	
					まぶち	11	眶	142	
					まぼろし	4	幻	1696	
					まま	11	崖	934	
						13	継	88	
						16	儘	1386	

まみ	12	獱	277		9	廻	1710			巳	659
	16	貓	280	まわり	6	巡	852		7	身	884
	25	蘿	1699		8	周	1327		8	実	897
まみえる	7	見	60	まわる	6	回	1708		10	躬	187
	15	謁	926		9	廻	1710		11	深	904
まみれる	13	塗	322	マン	3	万	443		12	御	955
まむし	15	蝮	599		6	卍	445		14	箕	237
まめ	7	豆	344		11	曼	446	みえる	7	見	60
	8	実	897		12	満	446	みお	16	澪	391
	12	萩	851		14	幔	448	みおろす	17	瞰	30
まもる	6	守	832			慢	448	みか	18	甕	1024
	16	衛	1083			漫	448	みがく	9	研	985
	20	護	1674		15	蔓	449		10	砥	1369
まゆ	9	眉	521		16	瞞	449		11	琢	1525
	18	繭	68		18	蹣	449		14	瑳	1400
まゆずみ	16	黛	311		19	鏝	449		15	厲	375
まゆみ	17	檀	280		20	饅	449		16	磨	441
まよう	9	迷	520		21	鬘	450		20	礪	376
まり	11	毬	168		22	鰻	450	みかど	9	帝	1277
	16	鋺	1073	まんじ	6	卍	445	みき	13	幹	21
	17	鞠	182					みぎ	5	右	1051
まる	3	丸	1695	**【み】**				みぎり	9	砌	1444
	4	円	1065	ミ	5	未	517	みぎわ	5	汀	1259
まるい	3	丸	1695		8	味	519		11	涯	934
	4	円	1065			弥	520			渚	1215
	6	団	273		9	眉	521		19	瀬	656
まるめる	3	丸	1695			美	521	みこ	7	巫	495
まれ	7	希	1735		10	娓	523	みこと	8	命	472
	12	稀	1736		13	微	523		12	尊	1310
まれびと	9	客	44			楣	524	みことのり	9	勅	1507
まろ	18	麿	442		15	魅	461		12	詔	1299
まろい	3	丸	1695		17	彌	524	みごまる	7	妊	1165
まろうど	9	客	44		20	瀰	525	みごろ	12	裄	891
	15	賓	655			獼	525	みさお	16	操	1304
まろぶ	17	輾	1244		21	亹	525	みさき	8	岬	31
まわす	6	回	1708	み	3	三	699	みさご	13	雎	1217

		20	鵲	921	みぞれ	15	霄	807		樒	528
みささぎ	11	陵	421		17	霙	1005	みつ	3	三	699
みじかい	8	侏	1327	みたす	12	満	446		8	参	1406
	12	短	277	みだす	7	乱	358	みつぎ	10	租	1292
	13	矮	1031		10	紊	510		12	税	782
みじめ	11	惨	1407		23	攪	156		15	調	1303
みず	4	水	826	みたまや	15	廟	495	みつぐ	10	貢	125
	13	瑞	744	みだら	11	婬	1109		15	賦	620
みずうみ	12	湖	1671			淫	1109	みっつ	3	三	699
みずかき	19	蹼	599		12	猥	1036	みとめる	14	認	1146
みずから	6	自	1173	みだり	18	濫	362	みどり	14	碧	578
	10	躬	187	みだりに	6	妄	452			緑	400
	16	親	1508		12	猥	1036			翠	1498
みずたまり	15	潴	1217		14	漫	448	みどりご	17	嬰	1005
		潢	1706	みだれる	7	乱	358	みな	9	咸	1623
	19	瀦	1217		10	紊	510			皆	40
みずち	7	虯	197			紛	627		13	僉	1435
	12	蛟	153			訌	1680	みなぎる	14	漲	1412
	17	螭	428		13	猾	1701	みなごろし	19	鏖	1018
みずのえ	4	壬	1165		18	擾	1042	みなしご	8	孤	97
みずのと	9	癸	86	みち	6	阡	1427	みなと	12	港	1629
みずぶき	8	苆	25		8	径	74			湊	1333
みずら	16	髻	90		9	軌	192	みなみ	9	南	245
みせ	8	店	1253		10	倫	418	みなもと	13	源	1070
	13	肆	685			途	316	みにくい	17	醜	1475
	15	舗	1583		12	道	320	みね	7	岑	1190
		廛	1243		13	塗	322		10	峰	604
		鋪	1584			路	396			峯	604
みせる	7	見	60		16	隧	846		17	嶺	392
	18	観	137	みちびく	15	導	325	みの	14	蓑	686
みぞ	12	渠	50	みちる	6	充	1487	みのる	8	実	897
	13	溝	170		9	盈	1003		13	稔	1166
	18	瀆	331		12	満	446		18	穣	952
みそか	11	晦	1711	ミツ	11	密	527	みはり	10	哨	1453
みそぎ	14	禊	89		14	蜜	528	みはる	16	瞠	291
みそなわす	25	覽	385		15	樒	528	みまかる	17	薨	1725

みみ	6	耳	1126		観	137	むくげ 12	毳 1498
みみしい	22	聾	403	ミン 5	民	525	15	槿 207
みみずばれ	10	瘠	1369	8	泯	526	むぐら 13	葎 420
みめよい	10	娥	915		明	472	むくろ 16	骸 1636
みや	10	宮	187	10	眠	467	18	軀 174
ミャク	10	脈	462	みんな 9	皆	40	むける 6	向 1641
みやこ	8	京	73				むこ 12	塔 743
		府	611	【む】				婿 743
	11	都	318	ム 4	母	495	14	瑿 745
	15	畿	237	5	矛	478	むごい 11	惨 1407
みやつこ	10	造	1291	8	武	496	14	酷 1675
みやび	13	雅	916		罔	453	むこう 6	向 1641
みやびやか	13	雅	916	11	務	497	むささび 20	鼯 1018
みゆき	8	幸	1641	12	無	497	むさぼる 11	婪 361
ミョウ	6	名	469	13	夢	491		貪 1531
	7	妙	492	16	橅	504	むし 6	虫 1488
	8	命	472		謀	482	むじな 9	狢 1615
		明	472	19	霧	504	13	貉 1615
		苗	492	む 4	六	416	むしのたれぎぬ	
	10	冥	474	むい 4	六	416	8	帔 1596
		茗	475	むかう 6	向	1641	むしば 24	齲 1059
	11	猫	493	7	対	306	むしばむ 15	蝕 882
	12	森	494	19	嚮	1644	むしる 8	毟 479
ミリメートル				むかえる 7	迎	1001	9	挘 386
	10	粍	480	9	逆	980	むしろ 10	席 750
みる	7	見	60	17	邀	1042	13	筵 989
	9	相	716	むかし 8	昔	750	14	寧 260
		看	18	むかで 15	蜈	1349		蓆 752
	11	視	873	むかばき 16	縢	351	むす 10	烝 1350
	12	診	1384	むぎ 7	麦	461	13	蒸 1351
	14	察	1405	むく 6	向	1641	むずかしい 18	難 243
	15	監	29	10	剝	530	むすぶ 11	掬 181
	17	瞰	30	12	椋	371	12	結 70
		瞥	583	むくいぬ 7	尨	549	15	締 1446
		覧	361	むくいる 12	報	591	むすめ 3	女 253
	18	瞻	1435	13	酬	844	10	娘 248

	16	嬢	952		13	群	184		15	瞑	476
むせぶ	9	咽	1145		15	閭	375		16	螟	476
	15	噎	992		18	叢	1465		17	謎	524
むせる	15	噎	992	むらがる	13	群	184	めい	9	姪	1387
むだ	4	冗	1044		15	蔟	1308	メートル	6	米	518
	10	徒	315		17	簇	1308	めかけ	8	妾	1435
	18	贅	1490		18	叢	1465	めかす	12	粧	1201
むち	11	笞	1536	むらさき	12	紫	1181	めくばせする			
	12	策	1416	むらじ	10	連	379		11	眴	854
	18	鞭	1570	むらす	13	蒸	1351	めぐみ	10	恩	1103
むちうつ	11	掠	367	むれ	13	群	184	めぐむ	8	芽	914
	18	鞭	1570	むれる	13	群	184		9	恤	1728
むつ	4	六	416			蒸	1351		10	恵	1664
	13	睦	490	むろ	9	室	899		19	寵	1465
	19	鯥	418					めくら	8	盲	463
	24	鰻	936		【め】				18	瞽	107
むつき	17	襁	37	メ	10	馬	438	めぐらす	6	回	1708
むっつ	4	六	416		14	瑪	440		11	旋	756
むつまじい	13	睦	490		15	碼	441		12	運	1060
むつむ	13	睦	490	め	3	女	253	めぐりあう	17	邂	1636
むな	10	胸	1729		5	目	486	めくる	11	捲	190
	12	棟	342		8	芽	914	めぐる	6	回	1708
むながい	14	鞅	933		11	眼	923			巡	852
むなしい	8	空	120		14	雌	1183		8	周	1327
	11	虚	1645	メイ	6	名	469		9	廻	1710
	19	曠	143		8	命	472		10	般	540
むね	6	旨	1361			明	472		11	旋	756
	8	宗	1312		9	迷	520			週	1332
	10	胸	1729		10	冥	474		12	循	854
	12	棟	342			茗	475			運	1060
	17	膺	1114		13	溟	475		14	斡	926
むべ	8	宜	1116			盟	464		17	環	1698
むら	7	邨	1460			酩	475		18	繞	1043
		村	1460		14	榠	475			繚	407
		邑	1111			銘	475		23	邐	354
	12	斑	540			鳴	475	めし	12	飯	540

めしい	8	盲	463	も	12	喪	723	もがさ	10	疱	1581
	18	瞽	107			最	1466		12	痘	345
めす	5	召	793		14	裳	725	もがり	18	殯	656
	6	牝	654		19	藻	1305	もぎる	11	捥	1027
	14	徴	1391	モウ	3	亡	452	モク	4	木	482
		雌	1183		4	毛	476		5	目	486
めずらしい	8	奇	228		6	妄	452		7	沐	489
	9	珍	1377			罔	453		8	牧	489
	13	崎	236		8	孟	463		9	苜	490
メツ	13	滅	468			盲	463		15	黙	505
めっき	17	鍍	326			罡	453	もく	7	杢	489
めでたい	13	瑞	744		10	耄	480	もぐ	11	捥	1027
めでる	13	愛	934			耗	480	もぐさ	6	艾	933
	15	賞	726		11	惘	454	もぐら	23	鼹	973
めどぎ	13	筮	744			望	454	もぐる	15	潜	1190
	14	蓍	876			猛	464	もし	8	若	944
めとる	11	娶	1497		12	帽	480		10	倘	719
めまい	10	眩	1650			莽	454	もじ	14	綟	375
める	12	减	27		13	盟	464		16	錑	366
メン	8	免	465		14	網	454	もしくは	8	若	944
	9	面	465			蒙	491	もじり	14	綟	375
	12	棉	467		17	濛	491	もじる	11	捩	386
	13	黽	527		18	曚	492	もす	16	燃	991
	14	綿	467			朦	492	もず	15	鴂	59
	15	瞑	476			魍	455		18	鵙	60
		緬	468		20	矇	492	もそろ	18	醟	428
		麪	468	もうける	11	設	764	もだえ	12	悶	526
	18	鮸	468		18	儲	1217	もだえる	12	悶	526
	20	麵	468	もうす	5	申	882	もたげる	17	擡	311
【も】						白	561	もだす	15	黙	505
					11	啓	87	もたらす	21	齎	1210
モ	5	母	477	もうでる	13	詣	1008	もたれる	8	凭	658
	8	茂	496	もえさし	18	燼	896		15	靠	106
	14	摸	480	もえる	11	萌	464	モチ	4	勿	513
		模	481		16	燃	991	もち	11	望	454
	15	摹	482	もがく	15	踠	1073		15	餅	588

		20	糯	242	もとどり	16	髻	90			12	傅	617
		23	籾	429	もとめる	3	干	16				森	707
もちあわ	10	秏	1487		7	求	164			14	銛	768
もちいる	5	以	1125		10	索	688	もる	11	盛	774
		用	1045		14	傛	1042		14	漏	410
	11	庸	1047			需	845	もれる	8	泄	763
	12	須	842	もとより	8	固	96		14	漏	410
もちごめ	20	糯	242	もとる	7	戻	373	もろ	6	両	368
モツ	7	没	490		9	剌	361		15	諸	1282
	8	物	513		10	悖	1563	もろい	10	脆	1497
もつ	6	有	1085	もどる	7	戻	373	もろこし	10	唐	288
	9	保	590	もぬけ	13	蛻	784	もろみ	18	醪	407
		持	1366	もの	8	物	513	もろもろ	11	庶	742
もっこ	10	畚	626			者	1178		15	諸	1282
もって	5	以	1125	ものうい	19	懶	353	モン	4	文	506
もっとも	4	尤	1050	ものぐさい					8	門	509
	12	最	1466		19	懶	353			紋	510
もっぱら	9	専	1234	ものさし	4	尺	1419		11	問	510
もつれる	17	縺	384	もみ	9	籾	1145		12	悶	526
もてあそぶ	7	弄	402		15	樅	1316		14	聞	511
	8	玩	1027	もむ	12	揉	1093	もんめ	4	匁	506

【や】

	15	甑	1029	もも	6	百	567				
もてなす	22	饗	1644		8	股	98	ヤ	3	也	939
もと	3	下	1602		10	桃	317		7	冶	939
	4	元	1064		14	腿	1546		8	夜	939
	5	旧	162		18	髀	653			邪	675
		本	600	もや	24	靄	936		9	耶	941
	9	故	99	もやう	10	舫	554		11	野	941
	10	原	1067	もやす	11	萌	464		12	揶	943
		素	798		16	燃	991		13	椰	943
	11	基	232	もよおす	13	催	1467			爺	943
		許	1646	もらう	12	貰	782		19	鵺	943
もとい	11	基	232	もらす	8	泄	763	や	2	八	1560
もどき	17	擬	1118		14	漏	410		3	与	975
もどす	7	戻	373	もり	6	守	832		5	平	1665
もとづく	11	基	232		7	杜	344				

		矢	867			燎	407	やすんじる 13 綏	844
	7	谷	108	やぐら	13	楼	409	やすんずる 6 安	921
	8	弥	520		19	櫓	397	9 保	590
	9	哉	1208	やけ	6	宅	1536	13 靖	1271
		屋	1020	やける	8	妬	1548	やせち 15 境	1042
		耶	941		12	焼	801	17 礒	155
	10	家	7	やさしい	8	易	980	やせる 15 瘠	1420
	15	箭	1243		17	優	1058	痩	845
	16	輻	599	やし	13	椰	943	19 羸	428
ヤード	15	碼	441	やしき	8	邸	1214	やつ 2 八	1560
やいと	7	灸	164		11	第	1279	5 奴	260
やいば	3	刃	1137	やしなう	10	畜	1477	やっこ 5 奴	260
やかた	16	館	137		15	養	952	やつす 9 俏	1451
やがて	24	軈	1114		17	鞠	182	16 窶	173
やかましい	12	喧	1725	やじり	19	鏃	1309	やっつ 2 八	1560
やから	11	族	1308	やしろ	7	社	670	やつれる 11 悴	1490
	12	属	810	やす	13	秸	730	15 憔	1457
	15	輩	561		17	簎	1403	16 窶	173
やがら	19	簗	22	やすい	6	安	921	やど 8 舎	675
ヤク	4	厄	936		8	易	980	11 宿	849
	7	役	979		10	泰	1535	やとう 12 雇	105
		扼	937		11	康	34	13 傭	1047
	9	疫	983		13	廉	387	賃	1166
		約	945			靖	1271	やどす 11 宿	849
	10	益	1131		14	寧	260	やどる 6 次	1393
	11	訳	983	やすまる	6	休	1726	11 宿	849
		軛	937	やすむ	6	休	1726	やな 11 梁	371
	13	葯	946		10	息	880	17 簗	372
	16	薬	946	やすめる	6	休	1726	やなぎ 9 柳	410
	21	躍	948	やすらう	6	休	1726	13 楊	951
やく	7	灼	1186	やすらか	6	安	921	やに 10 脂	1368
	8	妬	1548		7	妥	1522	やぶ 19 藪	848
	10	烙	354		9	恬	259	やぶさか 7 吝	430
	12	焼	801		10	泰	1535	10 悋	430
	13	煠	1191		13	綏	844	13 嗇	730
	16	燔	571	やすり	23	鑢	376	15 慳	21

やぶる	10	破	1554		18	鎗	1413		12	湯	1531
	12	敝	1577		22	鑓	68	ユイ	5	由	1085
やぶれる	10	破	1554	やる	10	破	1554		11	唯	1092
	11	敗	1563		13	遣	66			惟	1092
	12	敝	1577	やわらか	9	柔	1091		14	維	1096
	15	弊	1577		11	軟	986		15	遺	1097
	16	壞	147	やわらかい	9	柔	1091	ユウ	2	又	1049
やま	3	山	689		11	軟	986		4	友	1050
やまい	10	疾	1387	やわらぐ	8	怡	1127			尤	1050
		病	586			和	1689		5	右	1051
	13	瘠	916		12	凱	41			由	1085
やまいぬ	10	豺	873		13	愷	43		6	有	1085
やまぐわ	9	柘	1179		15	熙	1737		7	佑	1054
やましい	8	疚	166		16	穆	490			邑	1111
やまと	10	倭	1031			諧	1636			酉	1088
やまのいも	18	薯	746	やわらげる	8	和	1689		8	侑	1089
やみ	17	闇	929		17	燮	769			油	1089
やむ	3	已	1124						9	勇	1046
	4	止	1355	**【ゆ】**						宥	1091
	6	休	1726							幽	1091
	8	疚	166	ユ	5	由	1085			柚	1092
	10	病	586		8	油	1089			疣	1055
	14	熄	882		12	喻	1093			祐	1055
やめる	3	已	1124			愉	1093		10	悒	1112
	4	止	1355			遊	1094			涌	1046
	10	病	586		13	愈	1096			浥	1112
	13	辞	685			腴	1096		11	悠	1093
	15	罷	1557			楡	1096			莠	1093
やもお	21	鰥	1699			瑜	1096			蚰	1093
やもめ	14	寡	130			逾	1096			郵	1056
	20	孀	727		16	諭	1099		12	揖	1112
	21	鰥	1699			諛	1099			湧	1047
やや	7	良	370			踰	1099			游	1094
	12	稍	1455			輸	847			猶	1094
	14	漸	1255		18	癒	1100			裕	1095
やり	14	槍	1412	ゆ	3	弓	186			遊	1094
					11	斎	1209				

		釉	1096	ゆする	8	沺	25	ゆるむ	6 弛 1126
		雄	1063		12	揺	1039		15 緩 1029
	13	楢	1096	ゆずる	12	揖	1112	ゆるめる	15 緩 1029
	14	熊	1064		13	禅	759	ゆるやか	12 舒 744
		誘	1096		14	遜	813		13 寛 135
	15	憂	1058		20	譲	953		14 綽 1187
		蝤	1474	ゆたか	8	阜	612		15 緩 1029
	16	融	1103		12	裕	1095	ゆれる	12 揺 1039
	17	優	1058		13	寛	135	ゆわえる	12 結 70
		鮪	1100			豊	1594		
	18	鼬	1100		18	穣	952	**【よ】**	
ゆう	3	夕	746		21	饒	1043	ヨ	3 与 975
	12	結	70	ゆだねる	8	委	1078		4 予 976
ゆえ	9	故	99	ゆでる	10	茹	979		予 1005
ゆか	7	床	714		13	煠	1191		7 余 977
ゆがむ	9	歪	1031	ゆばり	7	尿	264		9 昇 979
ゆき	11	裄	1663		13	溲	842		13 瘀 966
		雪	764	ゆび	9	指	1364		誉 1008
ゆぎ	12	靫	1415	ゆみ	3	弓	186		預 1008
		鞴	1145	ゆめ	13	夢	491		17 輿 979
ゆく	3	之	1354	ゆらぐ	12	揺	1039		19 礜 979
		于	1050	ゆる	11	淘	317	よ	5 世 777
	6	行	1637		12	揺	1039		代 303
	8	往	1030	ゆるい	15	緩	1029		四 663
		征	1265	ゆるがせにする					8 夜 939
		徂	1290		8	忽	1677	よい	5 可 2
	9	殂	1290	ゆるぐ	12	揺	1039		6 吉 240
	10	逝	739	ゆるす	4	允	1101		好 1666
	14	適	1223		9	宥	1091		7 良 370
	17	邁	461		10	容	1046		8 佳 5
ゆげ	7	汽	226			恕	739		9 美 521
ゆさぶる	12	揺	1039		11	赦	682		10 宵 796
ゆず	9	柚	1092			許	1646		能 266
ゆすぐ	17	濯	1525			釈	751		11 淑 851
ゆすぶる	12	揺	1039		16	縦	1316		12 善 758
ゆずりは	13	楪	1257		17	聴	1442		13 義 1117

	14	嘉	10		煠	1191		14	漸	1255
	17	徽	1726		溶	1047	ようよう	14	漸	1255
	22	懿	1120		瑶	1041	よぎる	12	過	128
ヨウ	4	夭	1037		蓉	1048	ヨク	7	抑	968
	5	孕	1170		蛹	1048			沃	1020
		幼	1084	14	様	951			杙	1131
		用	1045		榕	1048		10	浴	1043
	6	羊	948		熔	1048		11	欲	1044
	7	妖	1037		瘍	952			翌	1131
		沃	1020		踊	1049		15	慾	1044
	8	佯	948	15	影	1004		17	翼	1131
		拗	1038		窯	1042			薏	1119
		杳	493		養	952	よく	7	克	200
	9	俑	1045	16	甕	1024		10	能	266
		栄	1002		擁	1024		12	善	758
		洋	948		謡	1042	よける	10	除	1277
		要	1038	17	幪	1114		16	避	1598
		頁	1656		邀	1042	よこ	15	横	1714
	10	容	1046	18	曜	1042	よこいと	16	緯	1084
		恙	949		燿	1043	よこしま	6	奸	17
		涌	1046		鎔	1049		8	邪	675
		宵	1039	19	蝿	865		9	姦	18
		窈	1039	20	耀	1043	よこす	13	遣	66
	11	庸	1047		贏	1005	よごす	6	汚	1013
		瘍	949	21	藝	1005	よごれる	6	汚	1013
	12	揚	950		瓔	1005	よし	5	由	1085
		揺	1039		鷂	1043		8	芦	396
		湧	1047	23	癰	1024		13	葦	1082
		葉	999		纓	1005			葭	10
		遥	1040		鷖	1000		20	蘆	397
		陽	950	24	鷹	1114	よしみ	6	好	1666
	13	傭	1047	よう	2	八	1560		13	媾	169
		徭	1040		9	酊	1268		15	誼	1118
		腰	1040		11	酔	1497	よじる	11	捩	386
		楊	951		13	酩	475		19	攀	542
		煬	951	ようやく	12	稍	1455	よせる	11	寄	233

		12	寓	1056	よる	4	仍	1170			齢	392
よそう		12	装	1201		5	由	1085	よわまる	10	弱	946
よそおう		7	扮	625		6	因	1144	よわめる	10	弱	946
		12	粧	1201		8	夜	939	よわる	10	弱	946
			装	1201			依	1115	よん	5	四	663
よだれ		10	涎	986			凭	658				
よつ		5	四	663			拠	49	**【ら】**			
よつぎ		14	嫡	1222		10	倚	1116	ラ	8	拉	363
よっつ		5	四	663		11	寄	233		12	喇	352
よど		11	淀	1236		12	寓	1056		13	裸	352
よどむ		11	淀	1236			馮	658		17	螺	352
		16	澱	1244		15	撚	258		19	羅	353
よなげる		7	汰	1535			縁	990		21	騾	353
		11	淅	751			選	760		23	蘿	353
			淘	317		16	憑	658			邏	354
よね		6	米	518			縒	1507	ら	12	等	350
よばう		8	呼	1667	よろい	5	甲	30	ライ	5	礼	392
		12	喚	1697		18	鎧	44		6	耒	403
よばわる		8	呼	1667	よろいぐさ	13	芀	946		7	来	365
よぶ		8	呼	1667	よろこぶ	4	予	1005		11	徠	366
		12	喚	1697		7	忻	1732		12	萊	366
よみがえる		12	甦	803		8	怡	1127		13	雷	404
		20	蘇	808			欣	1732		15	厲	375
よみする		14	嘉	10		10	悦	992			磊	404
よむ		10	訓	1723		12	喜	1736			賚	404
		12	詠	1004			賀	1612		16	擂	404
		14	読	329		14	説	766			頼	405
よめ		11	嫁	1472		15	慶	81		17	蕾	405
		13	嫁	9			歓	1698		18	癩	375
よもぎ		6	艾	933	よろしい	8	宜	1116		19	懶	353
		14	蒿	1672	よろず	3	万	443			瀬	405
		15	蓬	606	よろめく	17	蹌	1413			邋	375
		17	蕭	807	よわい	10	弱	946		21	癩	353
より		3	与	975		12	孱	1189	ラク	9	洛	354
		6	自	1173			歯	1503		10	烙	354
よりどころ		8	拠	49		17	懦	242		12	絡	356

		落	354		【り】		リツ	5 立	433
	13	楽	356					9 律	419
		酪	358	リ	6 吏	422		10 栗	420
	16	駱	358		7 李	422		11 率	420
	18	擽	368		利	422		13 慄	420
ラチ	10	埒	244		里	424		葎	420
	15	蜊	361		9 俚	424	リットル	5 立	433
ラツ	8	拉	363		10 哩	424	リャク	11 掠	367
	9	剌	361		悧	425		略	367
	10	埒	244		浬	425		14 暦	378
	12	喇	352		狸	425		18 擽	368
	14	辣	361		莉	425	リュウ	5 立	433
	15	蜊	361		11 梨	425		9 柳	410
らっきょう	17	薤	1636		理	425		10 流	411
らる	8	所	794		12 犁	374		留	413
ラン	7	乱	358		痢	426		竜	407
		卵	359		裡	426		11 琉	413
	11	婪	361		13 蜊	426		笠	436
	12	嵐	361		裏	426		粒	437
	15	醂	432		15 履	427		隆	420
	16	燗	360		犛	428	12	硫	414
	17	覧	361		璃	428	13	旒	414
		闌	360		黎	375		溜	414
	18	濫	362		16 羅	428	14	榴	414
		藍	362		18 釐	428	15	瘤	414
	19	瀾	360		鼇	428	16	鳩	437
		懶	353		鯉	428	18	嚠	415
		蘭	360		19 離	428		瀏	415
	20	欄	360		25 籬	429	リョ	7 呂	373
		瀾	360		26 醴	876		9 侶	373
		襤	362	リキ	2 力	376		10 旅	373
	21	爛	361	リク	4 六	416		13 虜	396
		籃	362		11 陸	417		14 膂	375
	22	欄	361		15 戮	418		15 慮	375
	28	纜	362		19 鯥	418		閭	375
	30	鸞	361	リチ	9 律	419		20 稷	376

	23	鑢	376		諒	372	17	磷	431
リョウ	2	了	406		輛	372	18	臨	432
	5	令	388		遼	407	19	轔	431
	6	両	368		霊	390	20	藺	431
	7	良	370	16	燎	407	23	躙	431
	8	囹	389	17	療	407		鱗	431
	9	亮	371		瞭	407	24	麟	431
		怜	389	18	糧	372	27	躪	431
	10	凌	421		繚	407			
		涼	371	25	蠟	388	【る】		
		料	406	26	鱗	388	ル	10	流	411
		竜	407	リョク	2	力	376		留	413
	11	崚	421	6	朸	377	11	婁	409
		梁	371	14	緑	400		琉	413
		涼	371	リン	7	吝	430	13	僂	409
		猟	388	8	林	431	14	屢	409
		聊	406	9	厘	424		瑠	414
		陵	421	10	倫	418	16	瘻	410
	12	喨	371		悋	430	17	縷	410
		椋	371	11	淋	432	19	廬	375
		菱	421		淪	418		鏤	410
		量	371	12	琳	432	る	8	所	794
	13	楞	422	13	痳	432	ルイ	8	泪	408
		稜	422		稟	1590	10	涙	408
		粱	372		鈴	389	11	累	409
		粮	372	14	綝	430	12	塁	409
		裲	372		綾	422	13	誄	404
	14	僚	406		綸	418	15	樏	414
		寥	406	15	凜	421	16	瘰	352
		漁	966		輪	418	17	縲	415
		綾	422		鄰	430	18	類	415
		踉	372		醂	432	19	贏	428
		領	390	16	廩	421	るつぼ	12	堝	128
	15	寮	406		燐	430			
		撩	407		隣	430	【れ】		
		蓼	407		霖	432	レイ	5	令	388

レイ		礼	392		14	暦	378		**【ろ】**
	7	伶	389			歴	378		
		冷	366		19	櫟	379	ロ	7 呂 373
		励	373			瀝	378		8 炉 396
		戻	373		20	礫	379		芦 396
	8	例	392		22	轢	379		11 鹵 396
		囹	389		23	靂	379		13 絽 374
		怜	389	レツ	6	列	385		賂 404
	9	柃	389			劣	386		路 396
		玲	389		10	烈	386		14 漏 410
	10	荔	374		11	捩	386		15 魯 397
	11	捩	386		12	裂	387		16 蕗 397
		唳	374	レン	10	恋	381		盧 397
		羚	389			連	379		18 濾 375
		聆	389		13	廉	387		19 墟 397
	12	犂	374			楝	382		廬 375
	13	鈴	389			煉	382		櫨 397
		零	389			蓮	382		20 櫨 397
	14	綟	375		14	漣	383		蘆 397
	15	厲	375			練	383		穭 376
		霊	390		15	憐	384		21 鱒 397
		黎	375			輦	384		露 398
	16	澪	391		16	撿	57		22 艫 398
		鋠	366			錬	384		24 鷺 398
		隷	393		17	斂	387		25 顱 399
	17	嶺	392			縺	384		26 驢 376
		齢	392			聯	384		27 鱸 399
	18	癘	375		18	鎌	73	ロウ	6 老 393
	19	藜	375		19	簾	387		7 労 395
		邐	375			鏈	385		弄 402
		麗	376		20	瀲	387		牢 403
	20	礪	376			鰊	385		9 郎 363
		醴	393		21	蘞	387		陋 408
	21	欐	392		23	攣	385		10 挊 402
	24	鱧	393		25	虉	385		朗 364
レキ	10	鬲	378	れんじ	21	櫺	392		浪 364